来宾市志

LAIBIN SHIZHI

来宾市地方志编纂委员会　编

上

方志出版社
Publishing House of Local Records

图书在版编目（CIP）数据

来宾市志 / 来宾市地方志编纂委员会编 .-- 北京：方志出版社，2020.9

ISBN 978-7-5144-4423-0

Ⅰ . ①来… Ⅱ . ①来… Ⅲ . ①来宾－地方志Ⅳ . ① K296.74

中国版本图书馆 CIP 数据核字(2020)第 210359 号

来宾市志

编　　者：来宾市地方志编纂委员会
责任编辑：冯　松

出 版 者：方志出版社
地址　北京市朝阳区潘家园东里 9 号（国家方志馆 4 层）
邮编　100021
网址　http://www.zgfzcb.cn
发　　行：方志出版社图书经销中心
电话（010）67110500
经　　销：各地新华书店
装帧设计：南宁市佳彩广告设计有限公司
印　　刷：深圳市精一瑞兰印刷有限公司

开　　本：889 × 1194　　1/16
印　　张：143.25
字　　数：4804 千字
版　　次：2020 年 9 月第 1 版　　2020 年 9 月第 1 次印刷
印　　数：0001 ～ 1800 套

ISBN　978-7-5144-4423-0　　定价：1060.00 元（全 3 册）

来宾市地图（2005年）

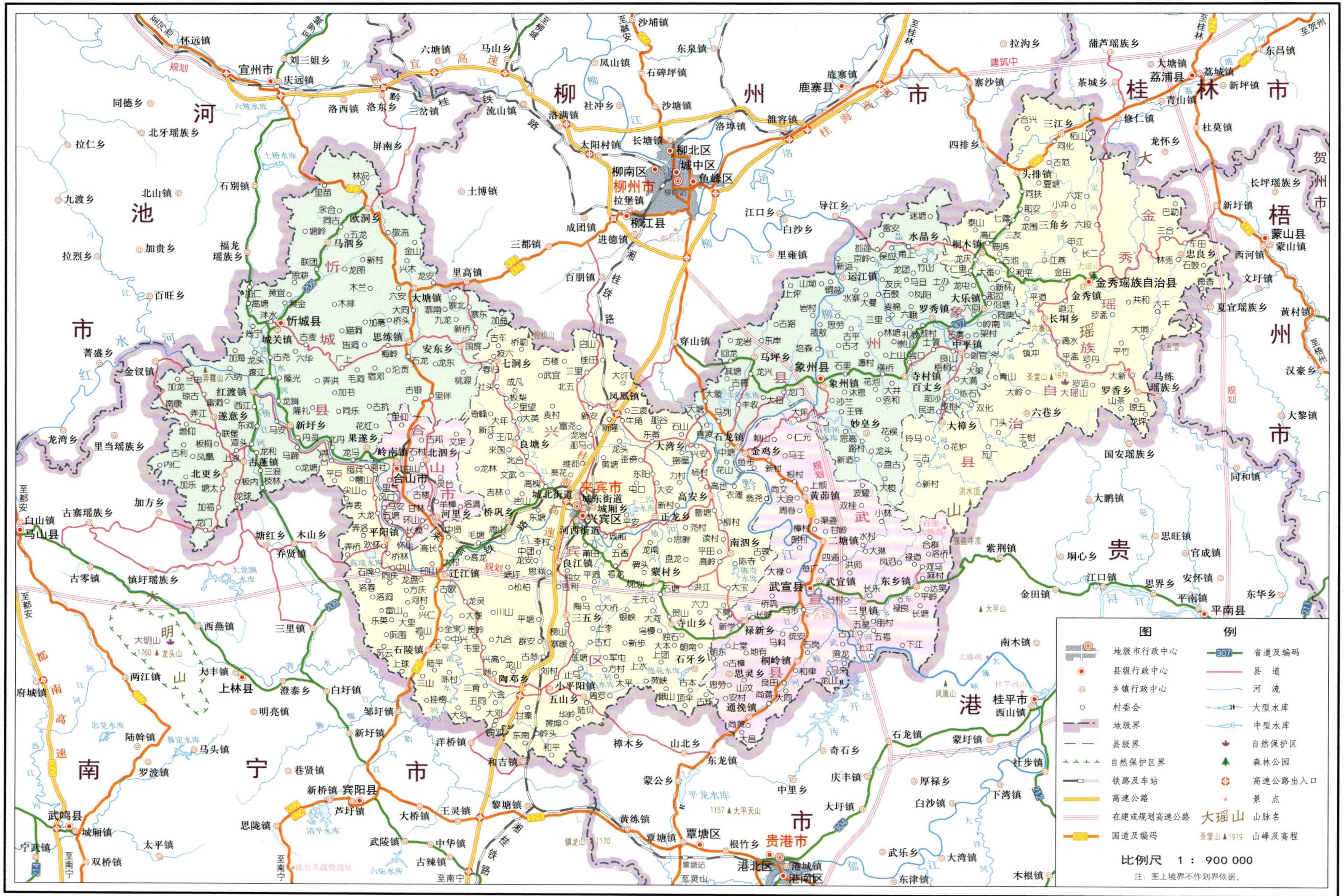

广西壮族自治区地图院编制

审图号：桂S（2020）13-008号

2020年9月

来宾市城区图（2005年）

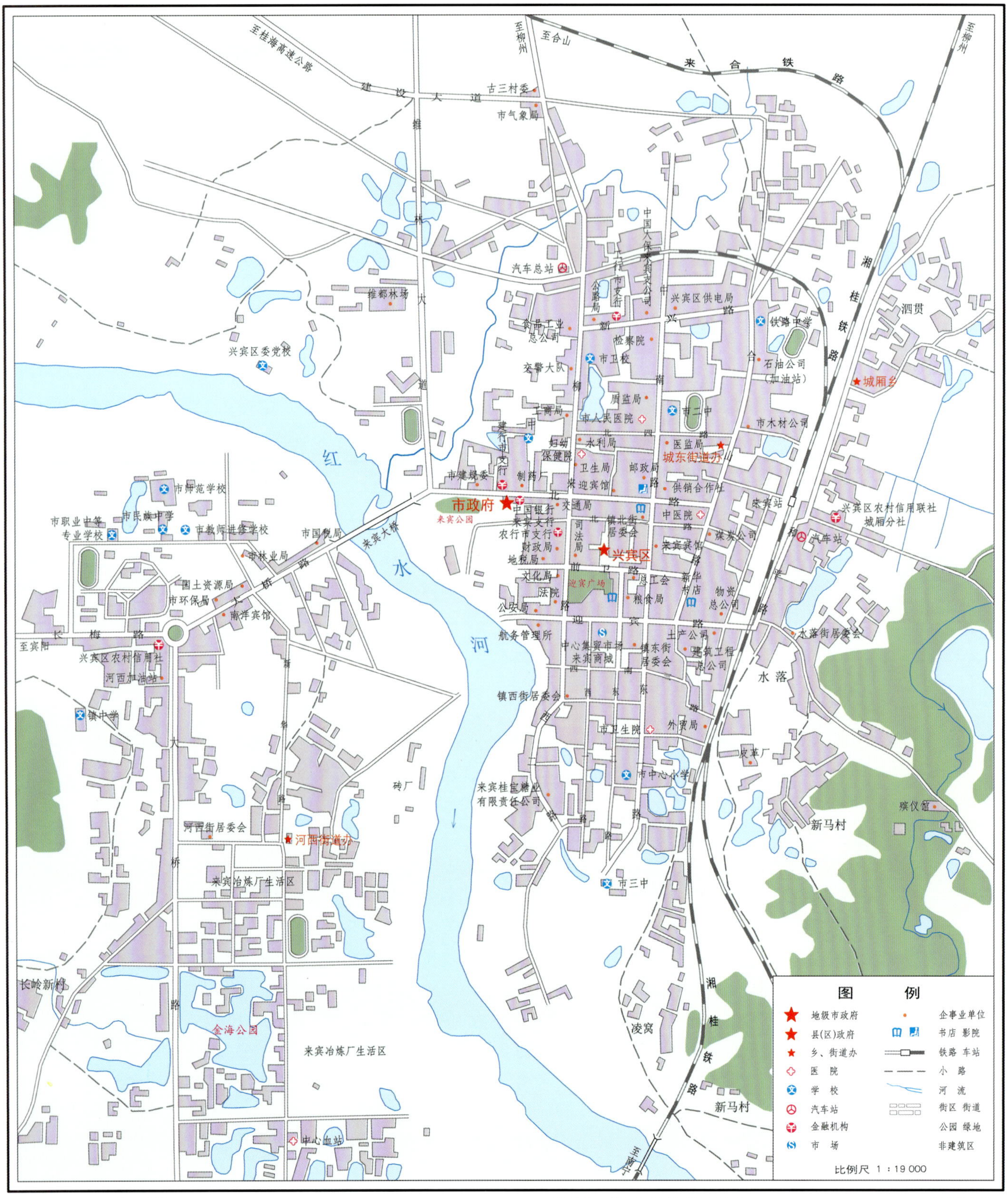

广西壮族自治区地图院编制　　审图号：桂S（2020）13-008号　　2020年9月

领导关怀

2005 年 6 月，自治区党委书记、自治区人大常委会主任曹伯纯（左二）到来宾市项目工地考察

2005 年 8 月，自治区主席陆兵（右二）到来宾市企业了解生产经营情况

2005 年 1 月，第九届广西政协主席马庆生（前右）在来宾市慰问群众

2004 年 5 月，中共来宾市委书记覃瑞祥（中）陪同自治区人民政府原主席韦纯束（右）、自治区党委原常委林超群（左）深入来宾市城北新区建设工地调研

2005 年 6 月 10 日，来宾市市长张少康（左一）检查防汛抗旱工作

来宾风光

来宾圣堂山千年铁杉

来宾市区红水河晨曦

来宾市城区夜景

新兴来宾市——桂海高速公路来宾段风光

来宾市平安湖的旖旎风光

来宾市龙洞山风景区

来宾市蓬莱洲

来宾市三利湖湿地公园

独具“壮族·土司·生态·现代”风格的忻城县城风貌改造

“壮乡小三峡”——忻城乐滩库区红水河风光

忻城县薰衣草庄园

忻城神秘湖

美丽的壮乡风光——忻城县城关镇一景

柳江河畔象州县城

象州风光

象州温泉

象州县农田

象州县运江古镇

象州县中平古榕

武宣县城全景

武宣县五马拦江

武宣县千亩葵花

武宣县百崖槽峡谷

武宣县八仙天池

武宣县牛心柿丰收时节

金秀县城

金秀圣堂山

金秀莲花山

金秀峡谷漂流

金秀瑶族民居

合山市人民公园

合山市夜景

合山市人民中路城市面貌

合山怀集水库

合山市龙王清泉

古迹文物

来宾是一座具有3万年文明史、2000多年建城史的古城；汉代州邑，唐朝庙宇，宋代碑刻，明代衙署、塔楼，清朝庄园……无不述说着这里的文脉鼎盛、薪火相传。

麒麟山人遗址。位于来宾市兴宾区桥巩乡合隆村。据考证，“麒麟山人”距今约2万年前的旧石器时代晚期。为广西文物保护单位

蓬莱洲象州故城遗址。距来宾市区16公里，总面积8200平方米，系红水河中一孤岛。公元1263年至1277年南宋象州城建于蓬莱洲。为广西文物保护单位

蓬莱洲上的摩崖石刻。高 2.66 米，宽 2 米的摩崖碑刻（象州故治修城碑），为广西尚存的最完整最大的宋代碑刻。为广西文物保护单位

莫土司衙署。位于忻城县城翠屏山北麓，始建于明万历十年（1582 年），为全国重点文物保护单位，是全国保存最完整的土司建筑之一

文辉塔。位于来宾市兴宾区迁江镇扶济村红水河北麓。为明万历年间（1573—1620 年）参将黄文辉所建，故名文辉塔。属全国重点文物保护单位

武宣文庙。位于武宣县城城南街一巷，始建于明朝宣德六年（1431 年），为全国重点文物保护单位

武宣北门城楼。位于武宣县老县城北街，始建于明朝宣德六年（1431 年）

忻城县思练排坊双拱桥。位于忻城县思练镇思练社区排坊村，始建于明万历十年（1583 年）

圣堂山石墙。位于金秀瑶族自治县长垌乡圣堂山山腰，为明代大腾峡地区瑶民起义军所修筑，为广西文物保护单位

龙王屯古民居群。位于合山市北泗镇六龙村龙王屯，始建于明代洪武年间（1368—1398 年）

司烟山瑶族遗址。位于合山市北泗镇北泗街东面，为明清时期当地瑶民居所遗址

思光壮族山寨遗址。位于合山市岭南镇思光村，为明清时期当地壮族人民居所遗址

兴隆古民居群。位于合山市东亭村兴隆屯，明朝嘉靖年间（1522—1620 年）建村

抱村清代古建筑群。位于象州县百丈乡挽村，为清代乾隆年间创建，为第三批广西传统村落

纳禄古建筑群。位于象州县罗秀镇纳禄村，为明朝靖江王朱氏王族后裔于明末清初创建，为第一批“全国传统村落”

新运古建筑群，位于象州县运江镇新运村，建于清道光年间（1820—1850 年），为广西第三批传统村落

运江古镇古建筑群。位于象州县运江镇柳江河畔，运江古镇建制于汉朝。现存多为清末建筑

龙腾古寨。位于金秀瑶族自治县桐木镇那安村，建于清朝中叶

郑小谷故居。位于象州县寺村镇白石村，为清代有名的学者、文学家、教育家和经学家郑献甫（别名郑小谷）生息地。为清朝乾隆年间（1736—1795 年）建造

三里戏台。位于武宣县三里镇老街中心，建于清同治十二年（1873 年）

大夫第。位于忻城县城西宁街，为忻城莫土官族于清朝同治年间（1862—1874 年）建造

罗秀当铺。位于象州县罗秀镇罗秀南街，属清咸丰年间（1850—1861 年）建造

龙女天主教堂，位于象州县大乐镇龙女村，始建于清光绪十二年（1886 年）

和平街当铺。位于来宾市兴宾区小平阳镇和平村，系清代建筑

法国教堂。位于象州县运江古镇，系民国初期所建

刘炳宇庄园。位于武宣县东乡镇下莲塘村，始建于1908年，为全国重点文物保护单位、广西重点文物保护单位

黄肇熙庄园，位于武宣县二塘镇樟村，1913 年始建，1942 年全部建成。为广西文物保护单位

郭松年庄园。坐落于武宣县桐岭镇雅岗村，建于 1920 年，1924 年建成，为广西文物保护单位

陈鸿庆故居。位于武宣县东乡镇长塘村，建于清朝同治九年（公元 1870 年）

新兴来宾

2002 年 12 月 13 日，中国共产党来宾市第一次代表大会开幕

摘自《来宾年鉴》

2002 年 12 月 28 日，地级来宾市在市城区来宾二中操场隆重召开成立庆祝大会

摘自《来宾统计年鉴》

2003 年 2 月 28 日，来宾市行政办公大楼、10 万吨浆纸工程、市城区北江路、市疾病预防控制中心四项目举行奠基仪式

摘自《来宾统计年鉴》

2003 年 4 月 2 日，恶滩水电站（位于来宾市忻城县）扩建工程正式开工建设　　摘自《来宾统计年鉴》

2003 年 12 月 13 日，第二届中国来宾·法国狂欢节在来宾市闪亮登场：花车巡游、化妆彩面、燃放烟花、烧稻草、上刀山、过火海、跳民族歌舞等，东西方文化和谐交融，热情好客的来宾市民与远道而来的法国友人共同沉浸在欢乐的海洋中

摘自《来宾年鉴》

2003 年 4 月 8 日，来宾市下六甲水电站工程开工建设

摘自《来宾统计年鉴》

2004 年 9 月 27 日，广西乐滩水库引水灌区工程进水口工程正式开工。项目总投资 49 亿元，建成后将惠及 30 个乡镇、267 个行政村，满足桂中地区 8.59 万公顷耕地、160 万人口饮水需求

摘自《来宾统计年鉴》

2005 年 2 月 24 日，国家东方歌舞团到来宾市慰问演出

摘自《来宾统计年鉴》

2005 年 3 月 22 日，经自治区、来宾市、忻城县三级质监部门评审，忻城县金银花地方标准正式发布实施。这是广西首个金银花地方标准。该县金银花种植已经有 3300 多公顷，年产量 3400 多吨

摘自《来宾统计年鉴》

市徽、市树、市花

来宾市市徽

来宾市市树——香樟树

来宾市市花——洋紫荆

《来宾市志》三级评审会、审查验收会

2016 年 10 月 9 日，《来宾市志》三级评稿会在来宾市行政中心多功能厅举行。图为专家分组讨论，发表意见

2019 年 3 月 29 日，《来宾市志》召开审查验收会

2019 年 3 月 29 日，《来宾市志》审验会专家和来宾市地方志办公室编纂人员合影

来宾市地方志编纂委员会

（2003年11月—2007年3月）

（2007年3月—2008年4月）

（2008年4月—2008年12月）

（2008年12月—2010年12月）

《来宾市志》编辑部

(2006 年 7 月—2010 年 2 月)

主　　编:韦　仕
副 主 编:李　勇
总　　纂:韦　仕
副 总 纂:李　勇　谭志鲜
责任编辑:李　勇　谭志鲜　雷学玲　兰龙生　黄海春　杜红旗　罗旭升　覃怀领
特聘编辑:何　赤　黄志韬　张亮胜　李大明　黄宗信
编务人员:韦冬梅　闭肖烈

(2010 年 2 月—2013 年 5 月)

主　　编:罗旭彤
副 主 编:李　勇　文光兴　谭志鲜
总　　纂:罗旭彤
副 总 纂:文光兴　谭志鲜
责任编辑:罗旭彤　李　勇　文光兴　韦　仕　谭志鲜　雷学玲　兰龙生　黄海春　杜红旗
特聘编辑:何　赤　黄志韬　张亮胜　卢　奇
编务人员:韦冬梅　甘海钰　陈　颢

(2013 年 5 月—2020 年 7 月)

主　　编:李　勇
副 主 编:文光兴　廖金朗
总　　纂:李　勇
副 总 纂:文光兴　廖金朗　谭志鲜　兰龙生
责任编辑:文光兴　廖金朗　谭志鲜　雷学玲　兰龙生　黄海春　杜红旗　罗钰余　黄小丽
特聘编辑:黄增祥　张亮胜　何　赤　黄志韬　覃　贤　覃体东　黄运巩　卓素芬
编务人员:韦冬梅　韦宏姣　黄付荣　兰　淇　蓝梦窈

(2020 年 7 月—2020 年 9 月)

主　　编:赖祥旭
副 主 编:廖金朗　谭　勇
总　　纂:赖祥旭
副 总 纂:廖金朗　谭　勇　兰龙生
责任编辑:赖祥旭　廖金朗　谭　勇　兰龙生　黄海春　杜红旗　罗钰余　黄小丽　杨鸿挽
编务人员:韦宏姣　黄付荣　覃慧芳

评议和审验单位

一、评议单位：自治区地方志办公室

评稿人员：李秋洪　蓝日基　邓敏杰　王艳珍　韦光化　洪训昌　施均显　梁燕鸣　韦　晓　陈小军　黄家接　苏麟忠　何立云　刘　妍

二、审验单位：自治区地方志办公室

审验人员：邓敏杰　蓝日基　晏源源　叶建维　韦　晓　韦韩韫　王德宾　莫声光　陈小军　梁燕鸣　苏麟忠　韦坚祥　欧薇薇　韦宝全　陈京秋　黎春梅　覃彦儒　覃汉恩

《来宾市志》承编单位编写小组名单

（排名不分先后）

市委办 苏建荣 玉　德 谭宜平 金　华 王世一 李　君 谢忠辛 曾小瑶 蓝海琴 张冠思 蓝民锋 蒙志迅 韦能军

市委组织部 陈　翔 韦绍壮 梁天喜 卢源民 覃燕由 陈礼锋 莫克兵 张建忠 莫云山 莫红兵 周祖流 房红波 何基用 罗　炜

市委宣传部 黄世芳 李振品 韦凤云 杨天台 陆金学 陆　敏 陈　坤 张　捷 韦付玲 金　华 覃维华 韦建富 吴保春 覃德璜 谭　勇 莫永继 吴慧瑜 黄良忻 韦鹤群 韦湖明 蓝英纳 张银芸 罗梅凤 蓝俊昆 凌　翀 田润娟 李　清 何富人

市直机关工委 蒙永泉 张宏义 罗志邦 罗里绫 梁艳芬 文光兴 韦　颖

市纪委监委 邹颖明 蓝福武 熊爱武 贾陆新 张冠思 罗昌勇 袁任阁 宁永明 韦德常 麦　君

市委统战部 苏立环 谭念宗 蔡学军 韦志巷 韦　颖 梁光盛 邱文东 罗扬扬 黄以林 刘韦洪 莫仁忠 欧阮华

市委政策研究室 张增忠 刘裕兴 金　华 毛正灵 韦红春 覃双顶

市委保密办（市国家保密局） 覃建武 卢保忠 张若冰 邓红专 覃龙琪

市委老干部局 谭少勇 唐雄燕

市委党校 邹凤豪 朱名宏 曲树用 赵前吉 韦玲玲 韦　馨

市人大办 黄振江 韦先奖 李世文 马　平 覃新权 梁　朝 叶官谋 石平乐 苏敏忠 毛正灵

市政府办 兰筱斌 朱柱伟 黎瑞江 唐桂伦 廖望坤 莫德业 程文豪 林　琦 卓声画

市政协办 钟为人 谭雄荣 玉光常 蓝旦昌 刁其疆 赵比练 韦朝阳 阮贤耀 兰家乐 甘秋江 吴贤明 廖金朗 韦凤华 余浪平 廖慧玲 廖妙灵 杨天台 张　蕾 贾陆新 朱国涛 肖忠良 肖茂宣 黄　涛 盘路航 黄玉凤 林文忠 李汉喜 吴　宁 韦冠林 唐献溢

来宾军分区司令部 赵志伟 陈坤山 刘永红 凌传飞 韦培杨 王永成

广西陆军预备役步兵师第一团 张国平 陈锦涛 张　岩 赵剑波

市政法委 周湘华 韦庆伟 余华章 蒙家贺

市人口和计划生育委员会 韦武青 韦　庆

市民委 韦穆尤 莫金梅 韦正荣 于向东 黄谢贤 何志文 罗朗贰 莫永继 徐卫嵩 蒙　鲜 蒙家贺

市妇女联合会 覃凯萍 蒙孟兰 莫秀球 罗君钰 袁晗文 廖燕玲 覃　瑜 邱　丽 邹美玲 白春秋 赵翔燕 卓声画 韦丽菊 谭燕妮

共青团来宾市委 罗昌勇

市科协 潘革洪 刘香婷 陈清海 覃继权

市文联 陆远怀 曾向洋 蓝海洋 侯　珏 黄　程

市残疾人联合会 黎耀宗 谢尔雄 杨福桃 沈学新 荣　敏 唐　宏 谢文贤 覃　妙

市检察院 刘金星 冯幸福 钟敬一 黄亦平 潘军强

市中级人民法院 杨长富 黄秋环 杜冬敏

市司法局（市法制办） 谢宝华 韦剑萍 梁尚荣 郭宏平 韦微芬 俞柏祥 黎秀菊 罗世基 陈　斌 张　杰 廖刚成 杨春西 廖炳光 蒙世凯 杨绍卿 陈鲜荣 黄晓蓓 肖一坤

市公安局 农海鹰 黄新秋 黄怀永 李超文 熊元念 陈安军 江美兰 谭贵宾 李婉婷 吴玉兵 岑　晟 杨　清 黄启社 杨　杰 韦定江 梁署光

武警来宾市支队 王德仁 曾慧军 刘德如

武警来宾市消防支队 徐　辉

市发改委（含原市物价局） 余治平 周正风 黎春梅 蒙　俊 陈　健 覃德泰 胡　然 李绍权 张旭丽 陈锦其 覃书稳 梁柽康 覃志雄 覃春飞 罗圣皓 杨红卫 张秀兰 肖仁华 覃　强 陈科宇 陆　静 陈京秋 陈建强 黎助秋 覃亚柑 郭文彬 卢景茂 覃海惠 周祖明 陆冠彬 刘　羽 覃艳兰 陈定明 巫连峡 陈　玲 韦宗文 黄如珍

市统计局 林中松 王　维 徐燕芳 梁茂腾 罗旭彤 蓝　江 覃淑华 覃家树 唐火英 韦　华 高明明 莫艳英

国家统计局来宾调查队 卢定新 冯翔宇 罗生翔 韦　柱

市水产畜牧兽医局 覃汉恩 黄世硬 权永兴 巫连华 莫华武 罗勇明 张裕芳 杨　杰 刘俊民

市农机局 陆　泉 覃志新 何建呢 覃　江 覃洲雷 刘景秀 胡春荣 韦妙芳 周向群 秦子山

市农经处 温庆龙

市林业局 臧海恩 李桂芳 张向京 陈开辉 龙　清 刘定朗 黄　敢 罗端德 韦贻清 覃崇贵 龚　盛 谢　繁 谭广金 黄茂成 覃驿茗

市水利局 蒋剑农 赖祥旭 肖燕芬 覃彦儒 蓝勇强 谭　毅 陈超群 刘庆柱 钟远鹏 杨俐娇 梁星洁

市桂中治旱乐滩水库引水灌区建设管理局 韦贵方 黄美连

市移民局 潘木金 蒋剑农 蒙　燕 丁志强 江宏清 龚秀宁

市国资委 李维文 韦现珍

市工信委 兰向东 方　革 沈国章 江祖参 肖善芳 蔡　华 杨　光 方　杰 杨桂勇 黄　勇 谭静宇 潘克建 邝明华 黄海成 郝宁宁

来宾供电局 钟旅筠 邓凤妃

市糖业局 李晓江 李健君 李　晨 阮　毅 龚文广

市供销合作社 李俐俐

中石化柳州分公司 兰梅巧

市烟草专卖局 何燕飞

市粮食局 覃文松 韦宝全 陈江南 涂海鹰 覃华权 吴锦明 姚美华 曾祥文

市文化广电旅游局 方　萍 覃永学 李　雪 何智能 黄志武

市交通运输局 罗美兰 黄　强 韦兴宗 黄春红 覃卫清 谭超典 黄大乘 韦光茂 李　昌 巫世学

市商务局 周耀忠 蓝　海

住建设局（市住建委） 梁宏逵 刘桂丽 李新曜 李大敢 唐艳红 黄光彩

市城市管理局（市政管理局、综合执法局） 朱柱伟 肖修建 韦悦湘 玉　珊 陆天兄 韦光迪 陈　黎 郑冬妮 韦红秀 黄钚凡 朱　丽 何　旋

市气象局 莫崇越 韦江红 黎惠金 汤丽莎 李荣迪 刘春峰 赵艳玲 赵　林 吴凤莹 陈映谷 韦勇娟 覃爱金 黄勇位 赵　倩

市环保局 覃振权 玉　德 陈　林 陆海波 谢　霏 刘世峰 潘　武 朱柳英 陈开辉
李会杰 孙桂珍 潘国川 黎惠秋 谭筱春 卓　强 杨胜才 黄文宝 蓝唯源
罗　鸿 黄　赳 吴金龙 罗　良 黄艳艳 韦丽芳 吴福波 刘琰琪

市场监督管理局（市质量技术监督局、市食品药品监督局、市工商局）
李庆洪 覃振权 韦　敏 谭桂宁 黎永军 覃登万 曾伟峻 覃彦婷 罗春华 莫炳干
莫若锋 黄晓蓓 覃保富 蒋锦峣 姜新宁 黄玉衡 黄柳波 陈幸伟 何建川 黄龙云
白露凌 陈才安 谢素娟 蓝　相 陈锐明 黄如涛 周晓华 李崇威 黄　佐 杨　帆
张雄新 李　敏 蒙广来 罗　斌 卓　强 廖　松 陈彦洁

市应急管理局（市安监局） 苏彩勤 江振文 韦　俊 曾　彪 潘庆安 杜华威 潘　静 杨志山
伍安勤 翟立铭 樊东鑫 覃校新 冯云幸

市审计局 陈建强 韦祖乾 韦炳高 朱双明 吴运生 刘建平 覃锦平 钟世权 陈盛福
廖冬强 何春强 黄文胜 蒙增扬 曾晓云 陆　平 谭志学

市自然资源局（市国土资源局） 冼华增 卢显泰 覃凯萍 罗　贤 宋增霖 冯云动 易学军
覃仕帅 黄俊杰 卢子霜

来宾市税务局（市国税局、市地税局） 张万成 全　新 刘秋萍 周秋容 王丽劼 黄　剑 余宗迁

市财政局 林世权 王　华 冼　平 韦　彦 陈文军 黄洪洋 韦书利 唐雪芳 韦　益
莫春东 潘　锋 江　婷 唐忠坤 陆正平 吴　曼 莫若飞 黄宝秀 何怀明
覃　江 莫桂碧 温桂佩 巫九军 陈　丹

市机关事务管理局 李林才 韦立新 陈志萍 刘香婷 方　静 左红梅 韦修达

市驻柳管理处 梁宪智 潘运英

市住房公积金管理中心 陈刚怀 欧飞能 谭道平 韦志强

中国人民银行来宾市中心支行 沈庆鸣 张仲翔 梁海胜 陈　倩 李信军 蒙启续

市金融办 覃敬钧

来宾桂中农村合作银行 樊初仲 陶玉惠

市人防办 邱明振

市编办 李世文 覃志锋 秦翠云 潘助成 唐惠娟 周　莹 姚　蓬 覃　波 黄鹏彪 韦富忠
盘　涛 杨春秀 杨　彬 叶道学 陶宝明 赵　玉 李志雪 唐林桢 谭惠幸 银河欢
覃梦德 黄冬妮 周　晔 陆光杰

市民政局 黄少清 莫益路 朱成光

市外事侨务办 蒙志坚 曹小健 刘　利 张祖良 徐雪莲

市教育体育局（市教育局、市体育局） 侯代忠 陈京秋 梁运球 张雪玲 梁显春 黄岳开
樊广平 黄新都 蓝　星 卓卫力 骆征宇 罗韦斌
韦柳庆 韦　玮 罗永实 黄福耀 朱武灵 罗南村
谭　毅 莫建新 张耀祖 杨彩云 樊盛承 莫　成
卓子雄 谢露军 张广亚 罗小丽 杨永忠 邓韦寨
陆　莹 谢　礼 蓝海芳

市人事和社会保障局 张　慧 覃　宇 莫建民 梁辉宏 覃　岚

市档案局（馆） 兰焕才 肖　胜 雷崇明 覃炳勤 谢雪青 覃松梅

市广播电影电视局 权永能 肖　晓

市文化和新闻出版局 盘路航 陈大权

来宾日报社 叶玉生

市卫生局 邓海明 谢学军 覃志喜 石美玉 黄妙珍 石育康 刘民哲 肖璞曦 骆永禧
李洪英 刘振明 黄　威 陈君鸾

市医疗保障局 覃加义 罗仁用 吴承成 肖 龙

市招商促进局 高贤斌 邱耀兵 罗 尧 樊林康 熊 燕 刘桂江 陈 波 闻飞熊 谭龙志 谭小兵 左信帅

市农业局 张洪程 罗代红 吴 平 宁 虎 邓红华 虞日宁 覃曦静 韦广锋 栾小兵 吴 双 蓝韦惠 洪泽彬 韦向新 董卫洪 罗 张 张大刊 陶玉清 王 斌 黄芳鹤 黄剑锋 陈卡宾 黄培森 周志和 冯 斌 陈韶晖

市地震局 蓝子胜

市地方志办 韦 仕 罗旭彤 李 勇 赖祥旭 文光兴 廖金朗 谭 勇 谭志鲜 兰龙生 黄海春 杜红旗 罗旭升 覃怀领 罗钰余 黄小丽

市调处办 李向福 李启武

市信访局 蓝柳杨 梁 荣 覃意清 谭龙志 左少斌 曾祥志 蒋 云

市扶贫办 兰 夏 武树长 盘哲辛 陆 锋 苏荣胜

市接待办 李林才 覃 仲

市科技局 吴桂强 黄佳盛 徐兴才 樊丽君 黄秀球 罗美娥 韦宗锦 韦引利 周玲琳 沈 红 胡秀菊 谭宜平 方 革 王兰兴 胡秀菊 蓝 武 蓝民锋 王盛华 何奕响 林思贝 黄士桃 黄先碧 蓝晗兮 樊丽君

市总工会 贾陆新 吴光杰 梁金笛

市侨联 韦宝全 黄凤英 连 涛 覃春绺

市工商联 卢干超

市红十会 谭周玉

市工业区管委 兰焕材 陈 刚 韦曾珂 徐玉华

市大数据局(市政务服务中心) 丘兆文 兰光英 韦树很 黄安福 蓝 强 覃 杰 权方建 韦家景 韦玉标 鄢富武

来宾邮政公司 罗仁江 苏 航 温春海 李贵喜 石有坤 赵燕玉 樊艳萍

电信来宾分公司 罗印明 潘晓燕 韦巧楠 林梦蝶

红河农场 覃柏容

兴宾区 雷宗志 覃金葵 毛云姣

忻城县 蒙国强 蓝尔谋

象州县 江俊亭 余群英 梁贵高 翁柳彬

武宣县 臧志宏 李文湘 陈忠达 覃彩江 李金秀 黄珩坤 张队儒 刘业常

金秀县 黄立喜 冯春生 刘金花 冯春才 谭国生 黄庆英 刘明原

合山市 黄 冲 徐忠文 徐友香

来华投资区 罗代红 李增忠 覃 鸣 郑斯琼 谢壁璟 韦书强

序

盛世修志，志载盛事。在市委、市人民政府坚强正确领导下，2006年开始启动，经过十五年艰辛编纂，来宾市第一部社会主义新方志——《来宾市志》终于出版问世。这是全市人民政治生活中的一件大喜事，也是来宾市社会主义精神文明、社会文明建设的一大成果。值得祝贺！

2002年来宾市成立。这是一座年轻的城市，也是一座历史悠久和文化底蕴深厚的城市。考古证明，距今二三万年的旧石器时代就有"麒麟山人"（来宾人）繁衍生息于市境。先秦时，来宾为百越民族杂居之地，秦始皇三十三年（公元前214年），秦统一岭南，在武宣设中留县，为来宾市有行政建制之始，至今已有2200多年的历史。历史上，来宾市境内各州县十分重视编修志书，宋代著有《象郡志》《象州志》《象台志》，清代著有《象州志》《来宾县志》《武宣县志》《迁江县志》等州县志，为后人提供了来宾的地理沿革、历史变迁、自然风貌、风土人情及社会生活等珍贵的史实文献和地情资料。

《来宾市志》分上、中、下三册，约500多万字。文约事丰，图文并茂。它坚持辩证唯物主义和历史唯物主义的观点，全面客观地记载了来宾有史以来到来宾建市初期的政治、经济、文化及社会各个方面的发展和现状，是一部观点正确、资料翔实、体例完备、特点突出、文风端正、语言平实、记述严谨、详略得当的地方志书，是认识、了解和研究来宾的权威文献资料。

"治天下者以史为鉴，治郡国者以志为鉴"。总结历史，是为了更好地开辟未来。在来宾建市十八周年之际，《来宾市志》的出版正逢其时。"修志为用"，希望《来宾市志》在发挥"存史、资政、育人"的同时，对全市各项事业的发展进步有所裨益。

衷心感谢《来宾市志》的编修工作者，衷心感谢关心、支持《来宾市志》编修工作的各界人士！

中国共产党来宾市委员会

来宾市人民政府

2020年9月

凡例

一、《来宾市志》(简称本志)以马克思列宁主义、毛泽东思想、邓小平理论、“三个代表”重要思想、科学发展观、习近平新时代中国特色社会主义思想为指导,坚持辩证唯物主义和历史唯物主义的立场、观点和方法,实事求是地记载来宾市行政区域自然、政治、经济、文化和社会的历史与现状。

二、本书记事时间,上限因事而异,尽量追本溯源,从能搜集到的资料开始记述。下限至 2005 年 12 月底止。大事记和图片资料视情况可作适当后延。

三、本书记述地域范围,按 2005 年行政区域往前追溯。来宾市辖区的称谓,2002 年 9 月地级来宾市成立以前统称“来宾市境内”或简称“境内”,2002 年 9 月地级来宾市成立后称“来宾市”或“全市”(含 3 个县、1 个自治县、1 个县级市、1 个区)。2002 年以前涉及“柳州地区”的有关数据材料无法分开的本志适当记载。金秀瑶族自治县除在概述中写全称外,在其他篇章节中可简称为金秀。

四、本书分上、中、下三卷。采用述、记、志、传、图、表、录等载体,以志为主,采用篇、章、节、目体共设 32 篇。本书志前有序、地方志编纂委员会、市志编纂人员、审查验收单位及人员、凡例、目录、图照、概述、大事记,志末有附录、索引、后记。各篇章有插图,表随文设。大事记以编年体为主,兼用纪事本末体。

五、人物篇由传略、简介和表组成。坚持生不立传的原则,立传者为在本市有重大社会影响的已故人物,包括本籍和外籍人士,兼及籍属本地而客居外地有影响者;其他人物采用简介的形式,时间和内容适当后延;市籍院士、师级、厅级领导干部、正副高级专业技术职务人员、获省部级以上(含省部级)党政军部门表彰的先进个人设表;设英名录以彰烈士。革命烈士,以自治区民政厅审批为准。

六、纪年方法。清代及清以前,用朝代帝王年号纪年加注公元纪年;民国时期用民国纪年,每个自然段第一次出现加注公元纪年,记述中共领导的革命斗争用公元纪年;中华人民共和国成立后用公元纪年。

七、历代政府、职官、行政区划等名称,按当时称谓,地名采用今标准地名。本志人名,一律直书姓名,不加称谓,不冠褒贬之词。

八、计量单位按国务院 1984 年 2 月公布的《中华人民共和国法定计量单位》执行。由于目前全国广大农村生产生活中仍以亩为土地面积的计量单位,所以本志在记述农业事项时仍有使用“亩”作为土地面积的计量单位,1 亩 =666.67 平方米,随文不再括注换算比例。

九、数据统计。中华人民共和国成立前采自有关史料;中华人民共和国成立后原则上以政府统计部门所提供的数据为准。少数采自其他部门提供的经核实的统计数据。

十、本书资料源于各部门、各县(市、区)提供的第二轮修志资料以及编者从各县(市)第一轮新编的县(市)志、年鉴中搜集的资料。附录资料选辑于有关本市的文章、报告、文件和公开出版的报刊、书籍。

总目录

上册

中册

下册

目　录

第五篇　城乡建设　环境保护

第六篇　共产党

第七篇 国民党 民主党派 社会团体

第八篇 政权 政协

第九篇　政　法

第十篇　军　事

概　　述

来宾市地处广西中部，北纬23°16′10″—24°28′14″，东经108°24′39″—110°27′18″，北回归线贯南部境内。地势北高南低，周围高中间低，从西北向东南倾斜。东部是大瑶山山脉的西南段，有海拔1979米的圣堂山，为广西第五高峰；中部为宽阔的平原和部分丘陵、台地；西部以岩溶地貌类型为主。境内最低点是武宣县三里镇的黔江河内孤岛泗孤洲，海拔41.5米。来宾地处广西中部，东北、东与桂林市、梧州市接壤，南、东南与贵港市毗邻，西、西南与南宁市相接，西北与河池市相靠，北与柳州市相依，有红水河、柳江、黔江三大河流过，水运通粤港。地理条件十分优越。全市行政区域土地总面积13411平方千米。2005年，全域总人口246.80万人，居住着壮、汉、瑶、苗、侗、仫佬等18个民族，其中壮、瑶等少数民族人口占总人口的74.9%。

一

“来宾”之名最早起源于唐代，天宝二年(743年)严州所辖怀义县改名为来宾县(今兴宾区)，因位于来宾水(今北之江)之东而名。今来宾市境有行政区设置的时间更早，秦始皇三十三年(公元前214年)，秦统一岭南，始置桂林郡、象郡、南海郡。今来宾市为桂林郡辖域，在武宣境内设中留县(治所在今武宣县三里镇勒马村)，距2005年有2219年的历史了。之后，历代在境内设置郡、州、县。三国吴(274年)置桂林郡(治所在今象州县境)，桂林郡隶属广州，是来宾市境内最早的郡(州)级行政建制(相当于今地级市行政建制)。唐代，来宾市境内有象州(治所在今象州县)，唐末辖3县；芝州(治所在今忻城县)，唐末辖7县；严州(治所在今兴宾区)，辖3县；思刚羁縻州(治所在今兴宾区迁江镇)，先后属岭南道、岭南西道。其中，天宝元年(742年)废州改郡，乾元元年(758年)废郡改州。汉代至唐代，境内设县众多，武仙县隶属象州，忻城县隶属芝州。宋代，废芝州入忻城县、严州入来宾县，思刚羁縻州改为迁江县。元代，境内设来宾县、迁江县、武仙县、忻城县、象州阳寿县。明代改武仙县为武宣县，改忻城县为土县。民国1年(1912年)，象州改为象县。民国17年忻城土县改土归流。至民国末年(1949年1月1日至9月30日止)，来宾市境内仅有县级行政建制，有来宾、象州、迁江、武宣、忻城5县，分属第二、第三、第十三行政督察区。1949年11月至12月，来宾县、武宣县、象县、合山市隶属柳州专区；1949—1950年，忻城县、迁江县隶属武鸣专区(1952年迁江县并入来宾县；同年，武宣县与象县合并为石龙县，驻石龙镇)，来宾县、石龙县、忻城县属宜山专区。迁江县1951年改属南宁专区，后南宁专区改称宾阳专区，迁江县随属之。1952年6月，中共宾阳专区委员会口头宣布迁江县的5个区划归宾阳专区上林县。1950年3月前，忻城县属武鸣专区，同年3月改属宜山专区，1958年8月属柳州专区。1952年5月28日，境内金秀正式成立大瑶山瑶族自治区(县级)，1955年8月，改称大瑶山瑶族自治县，属平乐专区管辖。1958年，大瑶山瑶族自治县改属柳州专区辖。1966年4月，大瑶山瑶族自治县改称金秀瑶族自治县。1971年，柳州专区改为柳州地区，来宾县、武宣县、象州县、忻城县、金秀瑶族自治县隶属柳州地区。1981年，国务院批准设立合山市(县级)，由柳州地区代管。2002年9月29日，经国务院批准，撤销柳州地区和来宾县，设立地级来宾市和来宾市兴宾区。12月28日，来宾市和来宾市兴宾区挂牌成立。2005年，全市行政区划为1区、4县、1市(县级，代管)；37个乡、29个镇、3个街道办事处；768个村(居)民委员会。

二

来宾市自然环境优越。境内河流纵横，境内流域面积200平方千米以上的河流有25条。流域面积200平方千米以下的小河和溪涧遍布乡镇。全市河网密度0.31千米每平方千米。境内地下河广泛发育，岩溶泉水丰富。市境属中亚热带季风气候区，光照、雨量充足。由于地形的差异，海拔高度不同，各地年平均气温也不一样。金秀大瑶山区年平均气温为17.3℃，其余各县(市、区)20.7~21.2℃。气温适宜，四季宜耕。境内年平均降雨量为1500毫米。其中，年平均降水量最高的是金秀瑶族自治县，多年平均降水量达2000毫米以上，是境内第一大暴雨区；年平均降水量较低的是武宣县、忻城县和兴宾区，多年平均降水量1100毫米左右，是境内少雨区。境内盛产稻谷、甘蔗、花生、茶叶、桑、八角、灵香草、绞股蓝、粉葛、金银花、三华里、龙眼、柑橘、西瓜、香瓜、红瓜子等。农业以甘蔗、稻谷、桑蚕、林果和畜牧业等产业为主，是广西和全国重点蔗糖基地之一。象州盛产优质稻谷，素有“桂中粮仓”“优质米之乡”美誉。金秀八角产量全国第一，被誉为“中国八角之乡”。来宾市是广西的重点林业区，杉木、油茶籽产量居广西各市之首。金秀瑶族自治县是珠江流域重要的水源地和广西珠江流域防护林工程建设重点县之一，也是广西最大、最重要的天然林和水源林保护区，被誉为“天然绿色水库”。1997年，大瑶山森林公园建立。2000年，大瑶山成为国家级自然保护区。境内有高等植物327科1388属5400余种，占广西现有维管束植物8354种的65.5%。全市陆栖脊椎野生动物有460多种，占广西884种的52.1%。其中瑶山鳄蜥是国家一级保护动物。全市林业用地面积61.01万公顷，森林面积44.47万公顷，活立木总蓄积量1523万立方米。自治区直属林场广西国营维都林场，林地分布在兴宾区境内，场外联营面积辐射到合山、忻城、武宣、象州等县（市），全场经营面积17466.67公顷。2005年全市完成造林面积5625公顷，森林覆盖率34.66%。

来宾市是广西重要的能源基地。境内水域面积2.87万公顷，可利用水能117.12万千瓦小时，已开发9.93万千瓦小时。装机容量60万千瓦的乐滩水电站是南盘江红水河水电基地10级开发的第8级，桥巩水电站是《红水河综合利用规划报告》规划建设的第9座水电站，是广西“十五”规划新增开工及实施“西电东送”电源建设工程的重大项目。来宾市矿藏丰富。抗日战争时期，著名地质学家李四光、张文佑等曾到来宾市境内进行地质矿产调查。来宾境内已探明的主要矿藏有重晶石、锰、铜、铝、锌等13种。其中重晶石、煤炭、锰等矿藏储量居广西各市之首。来宾冶炼厂的锌铟系统是世界最大的铟冶炼基地。象州县是“中国重晶石之乡”，重晶石出口量居全国第一。合山市被称“广西煤都”，是广西重要的能源城之一，煤矿开采始于清光绪三十一年（1905年）；民国三十三年（1944年），李宗仁曾在这里投资开采煤矿。1987年，来宾县被国家煤炭部列为全国100个重点产煤县之一。八一锰矿是国家三大主要锰矿生产基地之一。

来宾市是观光旅游度假的好地方。金秀大瑶山风光秀丽，空气清新，冬暖夏凉，是观光旅游和避暑胜地；象州温泉被誉为“中南第一温泉”，久负盛名；武宣百崖大峡谷，“一瀑十八叠”，景观奇妙，有“广西的九寨沟”之美誉；红水河风景区，风光壮美；来宾市为观赏石之乡，红水河奇石、合山石、武宣国画石，风格不同、形态各异、品质优良，驰名中外。

三

来宾市历史悠久，钟灵毓秀。域内很早就有人类文明的足迹，据中国科学院古脊椎动物研究所考证，早在旧石器时代晚期（距今二三万年）就有“麒麟山人”（又称来宾人）在境内繁衍生息。自古以来，来宾市境内各族人民战天斗地，逐渐养成爱憎分明、追求正义、刚毅果敢的民族性格，屡建传奇，涌现出众多优秀人物。

宋熙宁九年（1076年），来宾良江权村人权凤，参加科举考试获得殿试探花，为有记载的境内进士第一人。其初授任梧州知事，后晋升为江西副史。宋宣和三年（1121年）象州县谢洪、谢泽两兄弟同榜进士，博学能文，时人誉为“广西二贤”。宣和三至七年（1121—1125年），谢洪先任南海尉，后升任贺州（今贺县）知州；谢泽先任昭州（今平乐县）知州，后任南平州（今福建省南平市）知州。明朝洪武—天启年间（1368—1627年），域内大藤峡地区先后共爆发十余次大规模的农民起义。起义军活动范围不仅在广西，还多次打到广东、湖南、江西等省。武仙、迁江、马平等地农民先后参加大藤峡起义，起义前后历时200多年，是广西地区历时最久、规模最大的农民起义。从隋开皇十八年（598年）开科取士至清三十一年（1905年）废除科举考试，来宾市域考取进士18人。清代教育家郑献甫（象州寺村人），被誉为“两粤宗师”。武宣、象州是清太平天国起义的策源地之一，也是太平军初期征战的激烈战场，涌现出西王萧朝贵、幕王谭绍光、偕王谭体元、节王覃瑞麟、顶王萧朝富、丞相何震川、曾水源等太平天国领袖人物。

1926年12月，武宣县建立境内最早的中共地方组织——中共武宣支部。大革命时期，有许多仁人志士为革命献出宝贵生命，其杰出代表有象州农民运动的先导者刘策奇、象县农民运动主要领导人之一李忠惠、中共武宣支部第一任负责人翁尧年，还有刘铁民、韦天强等革命烈士。抗日战争时期，境内自发成立有多支抗日义勇队。抗日义勇队先后在武宣县东乡红石滩、迁江红水河南岸、迁江县境内给入侵日军以沉重打击。著名漫画家廖冰兄（象州人）自1932年首次发表漫画，被称为“悲愤画神”；抗日战争爆发后，22岁的廖冰兄在武宣县桐岭镇湾龙村他母亲家里，画了100多幅宣传抗战的漫画，于1938年初带到广州举行了廖冰兄抗战连环漫画展，宣传抗日，轰动全国；后来又先后创作出版《猫国春秋》《愚公移山》《自嘲》等漫画集，在中国漫画史上有很高的地位。在解放战争时期，域内的中共组织发动中秋起义，领导武（宣）贵（县）边起义和古（蓬）思（吉）起义，来宾县迁江县两县游击队民兵起义，建立多个人民武装。建立桂中、都宜忻、柳来象边区、迁江、上林北区(今属忻城)等革命根据地。游击队粉碎敌人的多次“围剿”。都宜忻人民解放总队在忻城境内阻击国民党白崇禧部黄杰兵团,是解放战争中广西境内规模最大、战斗最激烈的阻击战。中共桂中支队先后开展的中兴夺粮、江西战斗、百丈反“围剿”、罗秀截击战等对敌斗争活动,彻底粉碎广西第十三专署保安独立十三营对象县游击区的“围剿”,为解放战争的胜利作出应有贡献。中华人民共和国成立初期,境内中共组织领导人民武装,配合解放军消灭土匪,镇压反革命,巩固人民政权,取得清匪反霸斗争全面胜利。在抗美援朝战争中,有295位来宾市属各县籍烈士为国捐躯;在对越自卫还击战中,有55位来宾市属各县籍烈士光荣牺牲。

中华人民共和国成立后,优秀人物层出不穷。至2005年末,全市历年累计有9人获国务院批准享受政府特殊津贴的专家,28人获正高级专业技术职称,6人获国际体育比赛前三名,产生了“世界体操王子”李宁、李争等世界冠军。还涌现出陈保善、崔屹、黄吴怀、武剑青、黄格胜等国际上优秀、杰出的真菌病毒学专家、纳米材料科学家、发明家和中国当代著名书法家、作家、国画家。

四

远古时代,来宾市先民以渔猎为生,使用石制工具。秦汉以后,中原汉人南迁“与越杂居”,带来铁制农具、畜力耕作等先进的生产工具和技术,农业生产得到发展。秦汉时期种水稻,养禽畜。唐代盛产竹蔗,象州茶叶入编陆羽《茶经》而驰名。宋代,境内有双季稻生产,象州优质谷“长腰玉粒,为南方之最”。清代,境内相继引进玉米、番薯、花生、烟草等作物。民国时期,广西省建设厅从美国购进拖拉机分配给境内垦殖公司,为境内农业机械化之始。在漫长的历史岁月里,农耕经济由简单到多样,渐次发展。

中华人民共和国成立后,人民政权积极探索发展农业经济的道路。1951—1954年,境内各县先后完成土地改革,农民获得土地。1952年,象县、武宣、来宾等地的农民先后创办农业生产互助组(简称互助组);1953—1954年,互助组陆续转为初级农业生产合作社(简称初级社);1955年开始,境内各县试办高级农业生产合作社(简称高级社),至1956年底,98.5%的农户参加了高级社。1958年8月后,市境内各县先后成立人民公社,境内农业社会主义改造基本完成,土地所有制从私有制变为集体所有制。人民公社初期,刮浮夸风,搞“大跃进”“跑步进入共产主义社会”“吃饭不要钱”,把群众的生产工具、土地等生产资料全部收归集体、大办公共食堂、大炼钢铁等,加上自然灾害影响,造成三年经济严重困难;1961年,中共中央颁布《农村人民公社工作条例修正(草案)》(即“六十条”),各地开展整风整社运动,实行“三级所有,队为基础,按劳分配”原则,农业生产得以恢复。1963—1966年,中共中央在全国城乡开展社会主义教育运动,前期在农村“清工分,清账目,清仓库和清财物”;后期在城乡表现为“清思想,清政治,清组织,清经济”的“四清”运动。1964年冬至1976年,各地掀起“农业学大寨”运动,在学习大寨人自力更生、艰苦奋斗、战天斗地的精神以及弘扬爱国家爱集体的共产主义风格的同时,搞“政治挂帅”“以阶级斗争为纲”,批斗“重副轻粮”,取消自留地,割“资本主义尾巴”,推行“大寨式”评工记分和“自报公议”。农民劳动力被固定在单一的特定组织和生产计划品种上,没有出工和生产、经营的自主权,生产的主动性、创造性未发挥,加上持续不断地广泛深入开展的政治运动消耗了不少精力,农业农村经济的发展受到影响;但走集体化道路,便于国家集中力量加大对农业的投入,兴修水利,推广良种、农业先进技术、农业机械等,农业生产持续发展。忻城县1975年粮食总产量达11.95万吨,为忻城历年来最高水平;武宣县,1976年粮食总产比1965年增长47.31%,1976年农业人口人均有粮从1965年的308千克增加到338千克。实行改革开放政策后,1981年来宾市域各地基本落实家庭联产承包责任制,扩大农民生产经营的自主权,推动多种经营,使人力和地力同时得到释放。来宾县作出“以粮为基础,以蔗为支柱,蔗粮并举”的决策。象州县作出大力发展优质稻、糖蔗、桑蚕、水果和乡镇工业的决定。武宣县制定了“稳定一个基础(农业),建设六大基地(优质米、甘蔗、茶叶、烟草、林果、生猪生产基地),加强三大支柱(制糖、建材、冶金)”的产业发展计划。忻城县在抓好玉米、水稻、黄豆、红薯等粮食生产的同时,把甘蔗、烟叶、柑橘、种桑养蚕等纳入脱贫致富生产项目。金秀瑶族自治县,在不放松粮食生产的前提下,重点发展优质、高产、高效农业,重点办好十大基地:即“优质米、香料、绞股蓝、竹子、纸材、三木药材、甘蔗、杂果、茶叶、畜牧渔业”。同时提出发展商品经济,提高农产品商品率,后来进一步提出加强农业综合服务体系建设、农业产业化经营的思路。1990年，来宾县实现农业总产值1.86亿元，其中，种植业占67.2%（粮食占42.9%，甘蔗占11.6%）；林业占1.1%；畜牧业占20.0%；副业占10.8%。象州县粮食总产量17.75万吨，比1950年的4.90万吨增长2.62倍；糖蔗总产量12.19万吨，柑橘3090吨。1990年与1980年相比，农、林、牧、副、渔产值在农业产值中的比重，由24.6%上升到31.9%；经济作物产值在种植业产值中的比重，由17.9%提高到24%。武宣县粮食总产量13.63万吨，比1978年的9.38万吨增长45.2%；农业总产值11560万元，比1978年增长112.81%。忻城县农业生产总值7752万元，甘蔗种植面积40915亩，总产量10.70万吨。面积、总产量分别比1979年增长2.6、4.5倍；晒烟种植面积3419亩，总产量241.5吨；烤烟种植面积607亩，总产量56.7吨。金秀瑶族自治县，粮食总产量5.30万吨。

从20世纪80年代始，柳州地委、行署发动境内各县（市）大力发展甘蔗支柱产业，各县都建设糖厂，发展甘蔗种植和产业化生产经营。2003年，来宾市建市之后提出“农业稳市”的工作思路，继续推进农业产业化生产的发展。2005年，全市共有糖厂13家，日榨能力68850吨，甘蔗种植面积达12.2万公顷，糖料蔗产量在广西14个地级市中排名第二。兴宾区进厂料蔗342.54万吨，甘蔗产量连续4个榨季居全国县（区）首位，是全国最大县级糖料蔗基地，甘蔗生产成为来宾市重要的经济支柱产业之一。其他农产品的深加工也得到加强。2005年，全市实现农业生产总值52.81亿元，全市全年粮食总产量89.04万吨，甘蔗777.32万吨，水果23.33万吨，蔬菜98.80万吨，木薯总产量8.59万吨，食用菌0.83万吨。

来宾市域旅游业起步于20世纪80年代后期。1987年，金秀瑶族自治县成立原柳州地区第一家旅游开发办公室。1988—2002年，境内不断加大旅游开发力度，把旅游业当作支柱产业来抓，初步形成旅游业特色。撤地建市后，提出“突出发展旅游业，把旅游业作为第三产业的主导产业来抓”的战略决策，坚持政府主导型的旅游发展战略，制订《来宾旅游产业发展总体规划》，做出《关于加快旅游产业发展的决定》。以金秀“圣山、圣水、圣都（世界瑶都）”旅游景区为龙头，着力打造“大瑶山生态民俗文化旅游”新品牌。实现旅游产品的规模化和品牌化，使“大瑶山生态民俗文化旅游区”跻身于广西六大全面推进规划建设的旅游区行列。把金秀、武宣、忻城三县纳入全区十大精品旅游线路中，使来宾市初步成为南北黄金旅游带中的热点城市。2005年，全市共有金秀大瑶山国家森林公园、忻城莫氏土司衙署、武宣百崖大峡谷、象州花池温泉等25处风景区（点），1个国家AA级旅游区、2个国家森林公园、1个国家级重点文物保护单位、2个自治区级风景名胜区、6个自治区级重点文物保护单位等旅游项目，开放了金秀圣堂山风景区、莲花山风景区、银杉公园、金圣漂流、瑶族博物馆、孟村民俗村、古占民俗村、象州温泉、中平古榕、忻城莫土司衙署、翠屏山、红水河风光、三界庙、武宣百崖大峡谷、武宣文庙、黄肇熙庄园、八仙天池等诸多旅游景区（点），接待游客183.72万人次，实现旅游总收入6.29亿元。

五

来宾市境内有手工业生产活动始于汉代，时有龙窑生产陶器。至唐代，采冶的金银进贡朝廷；芝州的壮锦驰名八桂。宋代，有铁矿、铅锌矿开采；象州的“象布”行销各地，闻名京都。清末，煤矿开采初现。民国，官商合办合山煤矿，此外，各县均有打铁、印刷、榨油、榨糖、制面、酿酒、织布、陶工、石工、木工等手工小作坊。

中华人民共和国成立后，煤炭、冶金、建材、造纸、农产品加工、制药、机械、电力、制糖、食品、化工等工业生产全面兴办。1950年，境内全民工业、集体工业、个体手工业得到一定的发展。1956年，经过手工业和资本主义工商业的社会主义改造，私营工商业转为公私合营，大多数手工业者加入生产合作社。1958年，境内公私合营、合作社转为县办国营企业。1960年，境内国营企业有59家。集体企业有社队办的小煤窑、农具厂、砖瓦厂、农副产品加工厂、林场等。“文化大革命”初期，工矿企业停工停产“闹革命”，1969年后逐渐恢复正常生产。1970年，境内全民所有制企业有193家。1978年始，先后建设4座年生产能力3000吨的氮肥厂、6家农械厂、4家糖厂和一批矿产品加工、林木产品加工企业，初步形成煤炭、电力、建材、机械、食品、化工、冶金、轻工、农产品加工等门类比较齐全的工业体系。其中主要的企业有合山矿务局、合山电厂、八一锰矿、迁江糖厂、来宾糖厂、忻城壮锦厂、来宾县氮肥厂和水泥厂、忻城县氮肥厂和水泥厂、象州县氮肥厂和水泥厂、武宣县氮肥厂、磷肥厂和水泥厂等。“文化大革命”期间，社队企业被当作“资本主义倾向”批判，发展不快,1978年,集体企业有3443个。中共十一届三中全会后,境内全民所有企业经过一系列市场化改革,初步形成以制糖、能源、矿产、铁合金、有色金属采选炼、建材等为骨干的区域性工业体系。境内集体所有制企业兴盛于二十世纪六七十年代。农村实行联产承包责任制后,大部分集体企业被吃光分光,1983年减少到1360个。是年,中共中央发出必须努力办好社队企业的指示后,境内乡镇企业飞速发展,1995年企业数有11万个。1996—2005年,由于产权和机构改革,乡镇企业数下降到49007个。到2002年末,境内所辖6个县(市、区)规模以上工业企业资产总值118.35亿元,比1990年增加79.45亿元,增长2.04倍;实现工业总产值(当年价)82.50亿元,比1990年增加70.91亿元,增长6.12倍。

来宾市建市之初,提出"水电结合、电冶结合、糖纸结合、农副产品深加工结合"的"工业强市"思路,大搞工业项目和工业区建设,大力发展县域工业,顺利推进国有企业产权改革。2003—2005年,境内工业经济进入市场走上较快发展阶段。电力工业快速发展,产业实力不断增强;制糖工业快速推进,来宾市成为广西最大制糖基地之一;冶金工业挖潜改造升级,成为来宾市又一支柱产业;茧丝工业发展强劲,逐步成为新的支柱产业;浆纸业快速发展,成为市轻工业的优势产业;电子工业实现零的突破,填补了境内高新产业空白。国有企业产权改革进展顺利。英国糖业公司收购了象州县罗秀糖厂和武宣县糖厂;东糖集团公司增资控股了迁江糖厂、凤凰糖厂、桂宝糖厂、石龙糖厂;永鑫集团公司收购了来宾二糖厂;南华集团收购忻城糖厂和思练糖厂;民营企业主投资建设合山糖厂。工业经济总量不断扩大。到2005年底,全市工业企业7835家。其中,主营业务收入500万元以上(规模以上企业,下同)工业企业99家,全部从业人员29989人。全市工业企业实现工业总产值(当年价)154.7亿元。其中,规模以上工业企业实现总产值103.46亿元;规模以上企业完成增加值45.73亿元。全市规模以上工业企业实现利税总额20.49亿元。县域工业经济稳步发展,忻城县工业经济增长强劲,增幅达119.7%,合山市增长110.5%,金秀瑶族自治县增长72.4%,武宣县增长29.8%,象州县增长16.2%,兴宾区增长3.4%。全市6个县(市、区),有4个县(市、区)实现工业总产值超10亿元。其中,兴宾区工业总产值达到83.38亿元,合山市25.69亿元,象州县14.18亿元,武宣县12.12亿元。

六

来宾市境内比较成规模的商贸活动始于宋代。当时,来宾、武仙、柳州、梧州等地商贾纷纷到象州购运稻米和手工业制品,集市颇为繁荣。清代,广东、湖南等地工商户在象州建坊设店,经营手工业和商业。集市交易有稻谷、杂粮、牲畜、棉纱布匹、油盐、农具等商品。民国1年(1912年),忻城县林家"德隆"商号生意兴隆,雇有若干佣人,经营花生油、红糖、蜂蜜、蛤蚧、土产、药材收购和出口,从梧州运进煤油,从柳州购进布匹、棉纱、铁钉等回忻城销售。来宾县大湾乡水陆交通方便,有汽船通浔梧,到达港澳,为大西南数省军运和民运的中转站,商贾云集,货物广售,最繁华时停泊在红水河两岸码头的大小船只有300多艘,人数多达数万人。民国16年,来宾有各种消费社。民国20年,大湾街叶记商号有3艘汽船运销货物至香港。中华人民共和国成立前,商业集市主要分布在水陆交通要冲以及大小河流沿岸。交易商品以粮食和日用品居多,本地经营者多为小商贩,富商大贾大多来自广东、福建、湖南、香港等地。1930年,来宾初现粮油专营,粮油贸易操纵在官僚资本手中,收购、加工、储运、销售,全是私人经营,人民群众饱受物价飞涨之苦。中华人民共和国成立后,1951年,境内各县组建国营贸易公司,并逐步按行政区组建供销合作社;1953年,各地实行粮食、食油、生猪、棉纱、棉布、木材等商品统购(或派购)统销政策,打击投机倒把活动,平抑物价、稳定市场;1954年,国营商业领导城镇市场,供销合作社领导农村市场;1956年,基本完成对私营商业的社会主义改造,私营商贩参加公私合营或合作商店(组);1958年,国营商业与供销合作社合并,公私合营、合作商店(组)大部分并入国营商业;1961年,恢复供销合作社和合作商店(组),放宽集市贸易。1978年,国营商业和供销社三分三合,集市贸易时开时闭,城乡市场由国营商业和供销社"垄断"。改革开放后,市场逐步放开,个体工商户涌现。1982年后,商业体制改革,多种经济成分并存,国营、集体、个体商业竞争格局逐渐形成,市场日趋繁荣,第三产业得到长足发展,社会商业零售总额逐年增加。至20世纪90年代,境内商品价格逐步放开,市场竞争日益激烈,国营、集体商业处境困难,私营、个体商业发展迅速,农贸市场更加繁荣。进入21世纪,国营商业企业实行改革,全面改制，国有民营，盘活资金，逐渐摆脱困境。来宾市正式建市后，市委、市政府提出“商贸旺市”的决策部署，商贸业加速发展。2002年12月，来宾市供销合作社下辖16个公司，另有6个县（市、区）供销合作社及下属公司。2005年，全市城乡集市贸易市场129个，市供销合作社有企业41家，基层供销社67个，经营网点1000多个，全年综合经营总额达8.52亿元，同比增长42.45%，其中，粮油商业企业63家，全年销售粮食4.33万吨。全市服务业企业单位224个，总资产计166.21万元，全部从业人员年平均人数1339人，主营业成本244.81万元，营业利润24.99万元，主营业务税金及附加20.79万元，利润总额31.44万元。

七

来宾市域交通，唐代已开辟有柳湟驿道，从桂林、荔浦进入来宾市境内，经象州、妙皇、武宣等地到达大湟江口，跨来宾市境内200千米。从唐至清时期，桂州（今桂林）至邕州（今南宁）的驿道纵贯来宾市境内。公路交通，民国14—16年（1925—1927年），修建有柳州—石龙—武宣公路、大塘—迁江—宾阳两条公路。民国时期境内修建广西第一条铁路即来（宾）合（山）地方铁路和湘桂铁路凤凰至大湾支线。水路交通，主要通航河道有红水河、柳江、黔江。红水河至黔江航段，因滩多水急，只有吨位不高（100吨左右）的木帆船货运；柳江至黔江航段，在民国时期，开辟有柳梧航线，有客、货私营电船定期航行。中华人民共和国成立后，20世纪50年代至70年代，境内公路交通发展较快，新修公路里程不断增加，各地先后设立了国营汽车客运站和国营公路运输企业。20世纪80年代以后，公路、水路、铁路交通运输快速发展。市、县、乡、村公路网逐步形成，桂海高速公路贯穿南北，千吨船舶直航广州、香港、澳门。湘桂铁路纵贯境内。2005年，全市累计完成交通基础设施投资2.27亿元，其中公路投资1.88亿元，港口码头投资9.3万元，道路运输站场投资3002万元。66个乡镇全部通公路，公路总里程2548.41千米（其中高速公路70千米）；市境内铁路线段支线、专线总长130多千米；水路运输，内河通航里程430千米，建设港口5个、码头18个，运输船舶210艘计64901载重吨，已经成为广西重点开发的“西江黄金水道”红水河经济带的重要组成部分。来宾市是桂北与桂南、桂西与桂东的连接部，市区距柳州市60千米，距南宁市156千米，距桂林市220千米，是大西南出海通道的重要组成部分。

来宾市境邮政电信业晚于手工业、交通的发展。清代前，来往文书靠驿站传送。清末，来宾、象州始设邮政代办所。民国时期，邮政电信业发展极为缓慢。民国9年（1920年），武宣县始设邮政局；民国16—17年，迁江、来宾两县分别设立电报局；民国17—24年，象州、石龙、大塘、迁江、来宾、武宣、金秀等地才先后安装电话，使用电话通讯。民国28—30年，象县、来宾、石龙、大塘先后设立邮政局；民国29年，象州县城设无线电分台；民国31年，大湾设立邮政局；民国38年，在忻城、金秀设立邮政局。中华人民共和国成立后，中国邮政电信得以持续、快速、健康发展。1958—1960年，境内各县、公社及其所辖的小乡（今村民委员会）全部通邮路，公社装电话交换机，所有公社、小乡全部通电话，大多数生产队通邮。20世纪70年代，农村电话线路全面改造；80年代，电信设备更新，电报通信实现全自动化；90年代后，境内邮政电信更是迅猛发展，程控电话、市话交换机和通信设备不断更新，从有线电话到无线寻呼，从固定座机到移动手机再到互联网，从模拟信号到数字信号，日新月异，容量不断增大。2005年，全市邮路280条，邮路总长8229千米。固定电话用户29.86万户，比上年增长9.82%；移动电话用户40.66万户，比上年增长41.62%；计算机互联网用户1.98万户，比上年增长0.34%；电信业务服务收入1292.8万元，比上年增长10.84%；互联网服务收入1088.9万元，比上年增长21.72%；邮电业务总量达4.29亿元，比上年增长2.38%。

八

唐代以前，来宾市境内的文化教育事业就有萌芽和发展。唐初，境内始建州学。唐元和十—十四年（815—819年），柳宗元任柳州刺史，到武宣县兴办教育。唐贞观年间（827—849年）开办县学。清光绪年间，废科举，办学堂，延续至民国时期，旧学日渐衰落，新学蓬勃兴起。清末至民国时期，今来宾市籍陆续有优秀人才考取公费或私费出国留学，据史料不完全统计有24人。1950年后，境内文化教育事业迅速发展。中共十一届三中全会后，对“文化大革命”拨乱反正。恢复高考制度后，文化教育事业大发展。2002年12月来宾市成立后，全面实施科教兴市战略，积极推进素质教育，开展普及九年义务教育工作，加大资金投入，加强基础设施建设，严格教育管理，全市呈现出学前教育、义务教育、少数民族教育、中等专业教育、高等教育、职业教育和成人教育协调发展，公办民办等多种办学形式并存的良好格局。2005年，来宾市有高等学校1所，在校生4497人，职业中学11所，在校生9999人，普通中学137所，在校生16.29万人，小学776所，在校生21.05万人，幼儿园150所，在园儿童33644人，小学适龄儿童入学率99.3%，高考大学（专）生录取8756人，同比增长0.85%。全市"两基"教育成果得到巩固和提高，高考本科上线率位列全自治区第3位，全市的大学新生没有一个因家庭贫困而失学。

来宾市境内科学技术方面有优良的传统。从先秦时期起就以水稻种植、陶瓷和冶金技术、织锦工艺先进而闻名。汉代，象州先民在柳江建龙窑，生产陶器。宋朝，象州培育出长腰玉粒优质水稻良种，为"南方之最"，推广到周边郡县。壮、瑶、苗族制造的铜鼓，工艺精细，图纹精美，是闻名中外的民族文物。唐代，象州采冶的金银，进贡朝廷。明清时期，壮族的龙凤花纹图案壮锦被列为朝廷贡品。广泛流传于民间的"药线点灸"，为少数民族独特医术。清乾隆二十四年（1759年），象州县发生5级地震，境内开始重视地震监测。民国7年（1918年），境内开始有水文观测记录；民国17年，气象、地质勘查起步。中华人民共和国成立后，科学技术快速发展。特别是改革开放后，工业、农业、医学、地质、气象、水文、地震监测等飞速发展，科技人才辈出。

境域于秦汉时期就受到中原文化的影响，汉诗文广为流传。清代出现岭南诗人郑献甫，民国时期刘策奇被誉为"中国民俗学开创时代的致力者"。来宾山歌源远流长，劳动人民常以歌代言。据史料记载，唐代境内已有关于歌仙刘三姐的故事传说，刘三姐的山歌唱得财主莫怀仁（忻城县人）心惊胆战。宋至明代，壮、瑶族居民流行民族歌舞，重大节日，青年男女成群结队，吟唱山歌。清代，街道、码头的杂技、曲艺、戏剧表演，精彩纷呈，在会馆、庙宇等热闹的地方常有演出活动。民国年间，重大节日，舞龙舞狮活动比比皆是。抗战时期，一些抗日歌曲被翻译成壮瑶语言在乡间传唱。中华人民共和国成立后，群众性文艺活动广泛开展。"文化大革命"期间，文化艺术活动一度中断。1979年，"拨乱反正"后，艺术创作和表演更具多样性、时代性，境内歌舞、影视、图书等事业有较大发展。文化名人有象州县人廖冰兄（曾任中国美协理事，2004年12月获中国文化部颁发第二届"造型艺术成就奖"）；武宣县人黄格胜（曾任广西艺术学院院长、中国美协常委，2005年，其作品《漓江烟雨》随神舟六号载着题为《神州颂》的油画长卷遨游太空）。20世纪90年代以后，书刊发行、图书出租等书刊市场迅速兴起，新兴的网络技术开始对文化产生影响，市场经营的歌舞厅、电子游戏室、台球活动室、录像放映室、网吧在大街小巷随处可见。2002年12月来宾建市以后，致力于打造"天下来宾，来者上宾"等城市文化名片，大力开展麒麟山文化、盘古文化等研究探索，《麒麟山诗词》、影视文学12部等作品顺利出版，中国书法家协会会员增至3人。2003年，全市有文化市场经营户836家，从业人员4020人；12月26日来宾市民族歌舞剧团演出壮族山歌舞剧《麒麟山人》公演；出版党史丛书，编撰党史正本，编修地方志书，编写年鉴地情，完善公共文化服务网络，加强乡镇文化站建设，打造群众活动广场，举办文化下乡等公益性文化活动；申报"盘古文化""瑶族石牌制"2个国家级和"壮师戏""壮族蜂鼓""瑶族黄泥鼓""壮族布纡文化"4个自治区级非物质文化遗产项目，确定征集文物968件，抢救征集历史民族文物129件。2005年，全市集中的专业奇石市场有30多家，分散的家庭式赏石馆有100多家，全市广播综合覆盖率90.3%，电视综合覆盖率92.3%。城乡文化建设的氛围浓厚。

境内壮医、瑶医等民族民间医药代代相传。清代，境内已有中草药铺、中草医诊室。群众治病多为民间个体医生，采用中草药治病。民国初年，西医西药传入来宾。但因缺医少药，广大劳动人民的健康得不到保障。中华人民共和国成立后，医疗条件得到改善，人民政府增加投入，建立卫生防疫、医疗、保健制度。但是，一直到20世纪60、70年代农村"赤脚医生"盛行时，域内农村部分地区民间还同时流行利用陶片针刺、灯草心点灸、刮痧等壮医方法进行治病。1959年，金秀瑶族自治县成立医药研究所。瑶族副主任医师刘扬健等编著的《瑶医效方选编》为国内出版的首部瑶医药专著。改革开放后，卫生设施大为改观，城乡居民基本医疗保障制度和医疗卫生保健体系逐步建立，防疫、医疗、保健卫生网络初具规模。2005年，全市卫生机构已有1209家（其中，医院、卫生院97家），卫生机构人员5685人（卫生技术人员4598人），平均每千人口拥有医院床位1.46张，每千人拥有卫生技术人员2.24人，人民健康得到有效保障。

清代，境内民间体育有武术、舞狮、弈棋、赛龙舟、抢花炮等活动项目。清末，新式学堂始设学校体育课程。民国时期，又传入体操、球类等体育项目。中华人民共和国成立后，从1951年起，体育课列入学校教学课程。1956年，境内各县级体育领导机构和体育协会成立。1958年，学校体育普及，职工体育蓬勃发展。1960年起，举行体育运动会。1971年起，体育事业呈现生机，各地成立体育协会，城镇体育、学校体育、农村体育、少数民族体育活动广泛开展。1984年，各县兴建运动场，城乡出现全民办体育、社会办体育的新气象。2002年后，实施全民健身运动。2005年，全市有体育场地2403个，其中标准体育场地1763个，年内市体育部门组队参加全国、全自治区比赛，获金牌33枚、银牌39枚、铜牌30枚。是年，来宾市运动员获得世界冠军1个、世界亚军3个、亚洲冠军1个、全国冠军4个、全自治区冠军33个，向国家队输送运动员4名。

来宾市境内民间自远古以来尤其信仰和尊崇英雄的祖先和佑民的神灵，中华人民共和国成立后“跟共产党走”日益成为域内老百姓的坚定信仰，也不排斥域外宗教。宗教在来宾市境内普遍传播始于清晚期，有天主教、佛教以及有基督教的浸信宗南美浸信会、浸信宗美国宣道会、基督复临派美国安息日会。中华人民共和国成立初期，外国传教士离境回国，天主教、基督教由中国教徒自主办教，自主管理。这个时期，各种宗教活动仍然正常。“文化大革命”时期，教堂、寺庙遭严重破坏或占用，各种宗教活动被迫停止。1979年后，落实党的宗教政策，各地陆续恢复正常的宗教活动。截至2005年，市辖区内主要有基督教、天主教、佛教3个教别，正式登记的宗教活动场所有31处，信教群众1万余人。

九

自古以来，来宾市境内老百姓长期生活在农业社会起伏渐进缓慢发展的落后状态。唐代，社会经济处于半自给自足的自然经济状态之下，圩市交易的商品以日常生活必需的农副产品为主。到宋代，商品贸易才比较活跃。而明代，因战事不断，大量农田荒芜，社会经济发展一度滞后。清代，满汉战火蹂躏，官府催钱要粮，地主欺压盘剥，百姓民不聊生。18世纪中叶后，帮会起事、大成军攻城略地，社会动乱，境内人民生活在水深火热之中。民国年间，抗日战争爆发前，境内曾有过一段社会环境比较稳定的时期，城镇居民生活慢慢步入新型的城市生活，修路、办学兴起，近代生活设施如大道、楼房、银行、电力等以及新式戏院、大酒楼、无声电影、团体体育比赛等文化娱乐悄然出现在居民的日常生活中。但是，社会贫富悬殊，老百姓的生活依然艰辛。抗日战争爆发后，日寇的侵略，更是给来宾人民造成了高达400.27亿元法币的巨大的财产损失。城乡人民背井离乡，流离失所，蜗居于深山岩洞之中。今兴宾区凤凰镇东汉塘村，全村遭受日军屠杀蹂躏，男女老少，无一幸免，尸骨成堆，村庄家园变成一片废墟。抗日战争胜利后，百废待兴，国民党政府又发动内战，境内连年战争，留下满目疮痍，市场萧条，物价飞涨，失业严重，广大劳动人民挣扎在死亡线上，平民生活每况愈下。中华人民共和国成立初期，境内各县相继成立治安委员会。20世纪50年代，各县相继成立政法工作组，经过清匪反霸、镇压反革命、土地改革，1950年至“文化大革命”前，经济社会秩序渐渐恢复，城乡居民生活渐趋稳定。社会治安情况良好，人民安居乐业。其间，“大跃进”“人民公社”虽给社会经济造成严重冲击，但城乡居民的收入仍缓慢增长，人民生活维持在基本温饱水平。1966—1976年十年“文化大革命”社会混乱、动荡不安。20世纪50年代初至70年代末，社会政治运动起起伏伏，但党和国家始终关心人民群众的福祉。1959年，卫生部召开全国卫生工作会议，正式肯定农村合作医疗制度。1965年9月，中共中央批转卫生部党委《关于把卫生工作重点放到农村的报告》，极大地推动了农村合作医疗保障事业的发展。即使在“文化大革命”中，农村合作医疗也能基本解决农民看病难的问题，深受农民欢迎，至1976年，来宾90%的农民都参加了农村合作医疗。1978年，中共十一届三中全会后，拨乱反正，社会治安好转，国民经济快速发展。境内各县（市）同全国一样，通过改革开放，落实国家政策，城乡居民收入快速增长，城乡面貌大变样。20世纪80年代至90年代，境内各县（市）成立劳动服务公司，组织劳务输出，扩大就业门路，减少社会就业压力，促进社会和谐稳定，增加城乡居民收入。从1980年起，各县（市）逐步改革劳动用工制度，实行“面向社会，公开招聘，全面考核，择优录用”的用工制度。1988年起，各县（市）设立劳动就业培训中心，对国有、集体所有制单位新吸收人员进行岗前培训。1991年起，各县（市）劳动服务公司积极开展劳动用工专业培训、岗前培训和再就业培训，举办烹调、美容、美发、家电维修、计算机、缝纫、电工、电焊、养殖、种植、建筑、会计、汽车维修等各类培训班，提高劳动者劳动技能，有效促进下岗和待业人员就业。1996年后，各县(市)开始实行农村社会养老保险制度，同时建立机关事业单位职工养老保险制度，改革单位职工医疗保险制度。2002年12月来宾建市后，逐步建立完善城乡居民基本生活保障体系，城乡居民收入水平和生活质量稳步提高，衣食住行及社会治安状况全面改善。2002年，来宾市地区生产总值113.81亿元，2005年增加到170.01亿元，增加56.2亿元，三年间分别增长10.7%、13.1%和13.5%，年均增长12.4%，高于全国、全区平均水平；2002年财政收入10.23亿元，2005年增加到17.51亿元，增加了7.28亿元，三年间分别增长10.6%、21.4%和27.5%，年均增长19.6%。城镇居民人均可支配收入，2004年为6811元，2005年增加到8166元，比上年增加1355元，增长19.89%；农民人均纯收入，2002年为1769元，2005年增加到2385元，人均纯收入平均增长10.5%。2004年开始减征或免征农业税，为农民减轻负担。全社会固定资产投资增长34.7%，全社会消费品零售总额增长16.2%。农村居民人均生活消费支出1788元；城镇居民人均消费支出5350.14元；城镇在岗职工年平均工资13104元；年末人均存款余额257.86元；农村居民人均住房面积29平方米，城镇居民人均住房使用面积26.7平方米。来宾市建市后，组织开展社会治安专项斗争，严厉打击反动组织、黑恶社会势力、车匪路霸等犯罪团伙和卖淫嫖娼、聚众赌博、传销活动等违法犯罪行为，清除封建迷信，净化社会环境，维护社会稳定；全面实施“环境立市、工业强市、城建塑市、农业稳市、商贸旺市”的发展战略，经济社会发生了深刻变化，生态文明建设取得重大进展。工业发展全面提速，主导地位不断巩固，循环经济初具规模，形成了具有全国知名度较高的糖业循环经济品牌，电冶、电热等循环产业逐步成型。农业发展基础不断夯实，桂中治旱工程项目启动实施，农业产业化不断推进。一批公路、铁路、港口建设加快，综合交通网络逐步形成，交通区位优势日渐凸显。西江经济带产业布局有序展开，区域合作不断扩大。城镇化步伐加快，城市框架迅速拉大，公益性基础设施建设快速推进，城乡面貌焕然一新。城乡居民收入实现翻番，科教文卫等社会事业全面进步。与地级市相适应的机构逐步完善，市与城区关系进一步理顺。“天下来宾，来者上宾”的城市名片逐步打响，城市知名度和影响力日益提升。来宾建市三年，工业经济快速增长，农业和农村经济持续发展，城镇化水平逐步提高，项目建设随处可见，县域经济快速提升，改革开放全面推进，各项事业协调发展。来宾作为广西工业发展“一轴两廊”布局的重要轴点，是广西最重要的能源、制糖基地之一，也是全国重点锰系铁合金生产基地之一，有色金属铟产量更是占世界总产量四分之一。农业支柱产业中的甘蔗、蚕茧产量居广西第二位。随着国家启动北部湾经济区建设，广西已站在新的历史起点上，迎来前所未有的发展机遇，而拥有得天独厚区位、产业优势的新兴来宾市必然具有十分广阔的发展前景。

来宾市当前仍属欠发达、后发展地区，基础薄弱，经济总量小；工业化、城镇化和农业产业化水平不高，产业层次低、结构比较单一，科技创新能力不强；经济发展方式仍较粗放，资源环境约束压力加大；社会事业发展滞后，基本公共服务保障能力不强，城乡居民收入不高。但全市247万各族人民有信心、有决心、有能力、有魄力把来宾市建设成为广西新兴的现代化工业城、生态宜居水城、民族特色文化城、循环经济示范基地、现代特色农业示范基地和区域商贸物流中心。

大事记

远古至清代

公元前5万—1万年 来宾一带洞穴已有人类居住。1956年1月14日，中国科学院古脊椎动物研究所在今来宾市兴宾区桥巩乡合隆村的麒麟山洞发现一个人类头骨的颅底部分化石，该人头骨化石被命名为“麒麟山人”。

公元前1万—8000年 土著居民在红水河、柳江沿岸渔猎为生。

秦

秦始皇三十三年(公元前214年) 秦统一岭南，始置桂林郡、象郡、南海郡。今来宾市为桂林郡辖域，境内始置中溜县(治所在今武宣县三里镇勒马村)。

汉

汉高祖四年(公元前203年) 南海郡尉赵佗攻占桂林、象郡，境内属南越王国。

元鼎五年(公元前112年) 武帝派兵分5路进击南越。一路从象州、武宣向南，驻兵勒马，修筑勒马古城(在今武宣三里镇勒马村)，后为重要商埠。

元鼎六年(公元前111年) 南越归附汉朝，境内置潭中县(治所在今柳州市鱼峰区驾鹤山附近)、中留县(治所在今武宣西南桐岭镇，东汉改中溜县)、桂林县(治所在今象州东南)，属郁林郡。

公元前206年至公元220年 象州先民已在柳江边建龙窑，生产陶器。

汉建安十五年(210年) 东吴孙权略定岭南，境内属吴管辖。

三　国

吴凤凰三年(274年) 孙吴分郁林郡置桂林郡，治武安县(今象州县境)，隶广州，至三国末期，辖及有武安(今来宾象州县境)、潭平、桂林、武林、潭中、武化、军腾、中溜8县，辖及今柳州、来宾、柳江、永福、武宣、金秀等市、县(自治县)地。其中，旧治今属市域的有武安、桂林、中留等县，辖及今市域的有潭中、潭平、武化等县。

晋

太康元年(280年) 晋武帝灭吴，统一南方。境内属桂林、郁林郡地。

南朝宋、齐时期(420—502年) 境内置桂林郡(郡治宋在今武宣、齐移今象州)。

南朝梁(502—557年) 置韶阳郡，隶桂州，治阳寿县(今象州县)。

隋

隋开皇八年(588年) 隋文帝平定南方。境内属广州始安郡、郁林郡地。

初置西宁县，旧治今属象州县南，隶桂林郡。开皇十一年(591年)，置象州，治桂林县(该县隋迁治今象州东南上古城)。时辖桂林、阳寿等县。开皇十八年(598年)，韶阳郡淮阳县更名阳宁县。大业初，象州废省，西宁县亦省并入桂林县，阳宁县省入阳寿县。桂林、阳寿两县因之改隶始安郡。

唐

武德四年(621年) 析始安郡之阳寿、桂林等县复置象州，以象山为州名，治武德县。同年，析桂林县置武德、武仙、西宁三县。并析阳寿县置长风县，析桂州建陵县置武化县。两县初隶晃州。贞观年间(627—649年)，置芝州，治忻城县。

永徽初(650—652年) 唐高宗堂侄李道宗流放象州，途中病卒。

显庆二年(657年) 中书令柳奭被贬为象州刺史，四年(659年)被处死于象州。

龙朔三年(663年) 境内少数民族首领吴君解起兵反唐，朝廷派兵镇压。

乾封元年(666年) 省桂林县入武仙县。次年，析南昆州地置严州，因在严冈上而名，治来宾县(今兴宾区东南旧来宾县)，辖来宾、循德、归化三县。

乾封二年(667年) 置严州，改乐沙县为怀义县。

上元二年(675年) 右威卫大将军薛仁贵被贬象州，代州都督。不久赦归。

武周长寿元年(692年) 开凿相思埭运河，沟通桂江与柳江水路运输，灌溉农田。

唐天宝元年(742年) 象州郡改为象郡，严州改为循德郡，芝州改为忻城郡。同年，武德县省入阳寿县。

天宝二年(743年) 怀义县(治今兴宾区城厢)更名为来宾县，属严州，为来宾县得名之始。

乾元元年(758年) 象郡复改为象州，循德郡复改为严州，忻城郡复改为芝州。

大历十一年(776年) 象州迁治阳寿县。唐末，实领阳寿、武仙、武化三县，芝州领忻城、富川、平西、乐光、乐艳、多云、思龙七县，严州领县依旧。

大历十二年(777年) 象州建府学。

贞元十年(794年)八月 西原州少数民族首领黄少卿率众攻占象州。

乾符四年(877年) 象州设象台驿，武仙设仙山驿，严州设在城驿。

五代

后唐天成二年(927年) 马殷为楚国王，境内属楚。

后周广顺元年(951年) 南汉据有岭南，境内归属南汉。

宋

开宝二年(969年) 来宾县城东南隅建县学。

开宝四年(971年) 宋太祖遣潘美灭南汉，来宾境内归宋，设象州。

开宝七年(974年) 废严州，循德、归化县并入来宾县，隶象州。

景德三年(1006年) 八月，象州爆发牛瘟。

景德四年(1007年) 象州升为防御州。十月，驻宜州军校陈进率众进攻象州，因主帅卢成均投降官军，王师赶至，陈进在象州被杀。

天禧四年(1020年) 设迁江县，属思刚州。1952年并入来宾县。

徽宗年间(1101—1125年) 右正言张廷坚被徙象州。

崇宁二年(1103年) 中侍御史龚夬，被徙象州，靠沿街乞钱度日。

靖康初(1126年) 尚书右丞王安中被贬象州。

绍兴至乾道年间(1131—1173年) 浔州马坪场(今武宣境)始采铅锌矿。

淳熙元年(1174年) 象州旱灾，闹饥荒。

景定三年(1262年) 为避元军，象州州治迁来宾县蓬莱州。

元

至元十三年(1276年) 象州设安抚司。

至元十五年(1278年) 州治从来宾县蓬莱州迁回阳寿，象州升为路设路总管府。隶广西两江道，来宾县属象州路。

大德九年(1305年) 象州大旱，次年饥荒，赈粮两月。

大德十年(1306年) 迁江县牛瘟，牛死亡殆尽。

延祐元年(1314年) 秋，忻城八寨瑶壮农民起义。

泰定元年(1324年) 朝廷免象州差税一年。

泰定三年(1326年) 象州闹饥荒。

至正十九年(1359年) 象州大旱。

至正二十年(1360年) 来宾县润五月至八月，无雨，大旱。

明

洪武元年(1368年) 六月，来宾、武仙、迁江、象州等县隶属柳州府。

洪武二年(1369年) 象州降为散州初辖武仙，后无辖县。

洪武三年(1370年) 迁江建县学；忻城县建儒学。

洪武四年(1371年) 象州、武仙、来宾、大瑶山瑶壮人民参加大藤峡瑶民起义。

洪武九年(1376年) 思恩府属八寨(今忻城、上林县境)、迁江、武仙瑶壮农民起义。

洪武十四年(1381年) 复置来宾县白牛镇巡检司。

洪武二十二年(1389年) 十月二十八日，明太祖朱元璋准忻城教谕骆基奏，免忻城县学岁贡生员。

洪武二十四年(1391年) 免忻城赋税1428石。

洪武二十五年(1392年) 迁江屯田千户所建于县于县治东隅，隶两广都司。

洪武三十一年(1398年) 设守御来宾中前千户所，隶柳州卫。旋即筑来宾县治砖城。

永乐二年(1404年) 陈公宣率领忻城、宜山两县农民起义。

宣德元年(1426年) 九月二十日，巡按广西监察御史史申春奏准，罢忻城儒学。县学由兴至废，凡57年。十二月，增置柳州府来宾县界牌镇巡检司土官副。巡检一员。

宣德二年(1427年) 忻城瑶族农民首领谭团率众1000余人在忻城起义。

宣德六年(1431年) 一月，武仙县改名武宣县。三月县城从阴江迁高立(今武宣镇)。

宣德七年(1432年) 界牌镇巡检司由来宾县治所在地移至石牙村。

宣德八年至正统五年(1433—1440年) 土著莫敬诚，协同官军“剿抚有功”，授为世袭土知县，协理忻城，是为忻城土流并置之始。

景泰元年(1450年) 来宾、迁江地区壮民起义，组织右江划马军,活动至明末。

天顺五年(1461年) 因连年旱灾朝廷免府属各县征粮。

天顺七年(1463年) 七月三十日象州发生3.2级地震。次年大饥。

弘治年间(1488—1505年) 象州吕景蒙编纂《柳州府志》16卷。

弘治二年(1489年) 三月,迁江降雹,大如鸡蛋,击毙人畜。

弘治九年(1496年) 十月十四日,经两广总督邓廷瓒奏准,裁革忻城流官知县,降忻城为土县,由土官莫鲁世袭统治。

成化十九年至二十二年(1483—1487年) 象州连续五年旱灾,闹饥荒。

正德十二年(1517年) 四月十二日,来宾、迁江昼夜降雹,破屋折木杀鸟雀。

嘉靖二十四年(1545年) 以谭公柄为首的北三(今来宾市兴宾区七洞乡辖)壮族人民起义,号称“划马军”,先后攻入来宾、武宣、平南、贵县、南宁、广东清远、三水等县、州城。

万历年间(1573—1620年) 迁江八所所目黄文辉重建(始建于何年无考)扶济村红水河北岸砖塔“文辉塔”。

万历二十六年(1598年) 土知县莫镇威在忻城县北三里建古学桥,是忻城现存最早的石桥。

万历三十二年(1604年) 莫氏土司家族内讧,毁城焚署,土知县莫恩辉及子莫昂均死于难。此后,忻城10年无土官。

万历四十六年(1618年) 来宾大旱,田皆赤土,饿殍枕藉,流离自鬻者无数。

崇祯十年(1637年) 周大綎撰写《来宾县志》(已佚)。

崇祯十一年(1638年) 二月十三日,著名地理学家徐霞客考察八寨。

崇祯十四年(1641年) 迁江大旱,民饥死者大半。

崇祯十五年(1642年) 六月初六,来宾发生3.2级地震。

清

顺治四年(1647年) 明永历帝逃经象州。

顺治八年(1651年) 孔有德取柳州、梧州及旁近诸州县,象州归清。来宾县知县朱统铨、千户所所目方昭、百户所所目姜观、吴邦朝拒不降清,闭门投井殉职。

顺治九年(1652年) 忻城莫氏土司家族再次内讧。土官莫猛暨子宗启、宗昌俱遭杀害,三子宗诏时三岁,乳母藏于猪窝草内幸免。忻城再次10年无土官。

顺治十一年(1654年) 清兵由象州、武宣进击明兵于横州(今横县)。

顺治十六年(1659年) 四月至次年正月,来宾县大旱,田皆赤,民大饥。

康熙二年(1663年) 五月,忻城土官莫宗诏缴印投诚,正式归顺清朝。

康熙二年至七年(1663—1668年) 师公戏从贵县传入来宾石牙等地。

康熙九年(1670年) 邑令王锡九主修清代第一部《武宣县志》。

康熙十二年(1673年) 吴三桂部属总兵李象新在忻城集粮招兵,被忻城土官莫宗诏率土兵擒拿并斩于巢角山。

康熙二十一年(1682年) 忻城土官莫宗诏拆县城土垣改建石墙,高5尺,厚1.5尺,周长160丈,南倚翠屏山,设东、西、北三门。

康熙二十二年(1683年) 邑令翁年伦主修清代第二部《武宣县志》。

康熙二十六年(1687年) 来宾县大旱,民饥死者众。

康熙二十七年(1688年) 知县翁年伦在武宣县城创设义学。

康熙三十五年(1696年) 忻城土官莫宗诏建关帝庙。

康熙三十八年(1699年) 忻城土官莫宗诏重修城隍庙。始建失考。

康熙四十年至五十三年(1701—1714年) 忻城土官莫元重修土司衙门。

康熙六十年(1721年) 来宾县大旱。次年大饥,“饿殍枕藉”。

雍正元年(1723年) 在象州城西南重建义学。

雍正三年(1725年) 宾州改为直隶州。来宾县、迁江县、武宣县从柳州府改隶属宾州直隶州。同年,象州署东南重建常平仓18间,厨粮备荒。

雍正八年(1730年) 武宣县改属浔州府管辖。

雍正十一年(1733年) 武宣县三里台村陈仁、陈旭同举进士。

雍正十二年(1734年) 祖丞祐主纂《象州志》成书。同年,迁江县改隶思恩府,来宾县复归柳州府。

雍正十三年(1735年) 在象州安中里中平圩创办壮瑶义学。

乾隆元年(1736年) 象州创办养济院,收养孤贫儿6名。

乾隆五年(1740年) 正月,来宾县大雪,平地盈尺。

乾隆七年(1742年) 迁江苗民竖旗聚众谋攻县城。

乾隆九年(1744年) 忻城土官莫景隆纂修《忻城莫氏宗谱》成书。

乾隆十年(1745年) 忻城土官莫景隆设坛祭雨,建花婆庙。

乾隆十二年(1747年)和十四年(1749年) 虎两次入来宾城。其间,被虎噬者达200余人。直至十四年,知县募贵州猎户围猎,获虎13只,虎患始息。

乾隆十三年(1748年) 正月初二,象州下雨雹,大者如斗;三月初,又下雨雹。当年丰收。

乾隆十四年(1749年) 二月二十九日,来宾县发生3.2级地震。

乾隆十六年(1751年) 汤奕浚撰《来宾县志》。

乾隆十八年(1753年) 忻城土官莫景隆建莫氏祠堂。发动乡绅筹建观音阁、重修关帝庙,在县署右侧建社仓3间。

乾隆十九年(1754年) 忻城土官莫景隆参与编纂《庆远府志》。

乾隆二十四年(1759年) 十月二十五日,象州东南发生5级地震。当年大丰收。

乾隆二十九年(1764年) 二月,蒋曰莱主纂《象州志》四卷成书。

乾隆四十三年(1778年) 武宣里浪村梁士聪中武科进士。同年八月初后,象州久旱,禾苗日枯,缓征田赋,赈济灾民。

乾隆四十六年(1781年) 闰五月,忻城大旱,寡妇涩塄(今泮水水库)干涸,“人心汹汹,月余,忽一夜,大水涌出,泛溢沟溪,色带朱红,臭若硫磺,数日方清”。

乾隆五十八年(1793年) 七月二十四日,武宣发生4.4级地震。

嘉庆十三年(1808年) 知县高攀桂主修第三部《武宣县志》。

嘉庆二十四年(1819年) 忻城土司官族莫欺中己卯科乡试第三名举人,时年48岁,是忻城土县和莫氏土官族的第一个举人,著有《草草诗》,辑有《廉书》和《传傅传》。

道光四年(1824年) 夏,合山大旱,七月中旬始播种。

道光七年(1827年) 建象州粤东会馆。

道光十年(1830年) 土官莫世喜按清工部莺造法重建土司衙门。

道光十二年(1832年) 合山北泗蝗虫成灾,稻禾深受其害。

道光十四年(1834年) 合山北泗闹蝗灾。

道光十五年(1835年) 象州郑献甫举进士,任刑部主事。

道光十六年(1836年) 夏,合山大旱,灾情严重。

道光二十年(1840年) 土官莫世喜将三清观改建成三界庙。

道光二十七年(1847年) 忻城土官莫昌荣重建莫氏祠堂。十月,洪秀全、冯云山等到象州大樟三江口甘王庙,指挥众人捣毁甘王偶像。洪秀全在壁上题诗痛斥甘王罪行,书写拜上帝会的《大款天条》。

道光二十八年(1848年) 四月,武宣东乡平岭村陈亚贵在东乡创立天地会,举旗起义,纵横黔、浔两江地区。

道光二十九年(1849年)四月初四(4月26日) 象州境内风雷大作,有墨炭火、夹臭硫磺气,吹倒东门外一带坊表,拔大树,颓孤亭,压死2人,重伤4人。

道光三十年(1850年) 五月,以颜八(贵县桥圩人)、李四为首会党攻入来宾县城。颜在回途中中炮身亡。同年八月,以张亚珍、钟亚养等为首会党四千余人攻入迁江县城。知县许鹍等弃城逃跑。道光帝喻:“迁江知县许鹍、典史孟嘉桀、把总周发琪,着一并革职。”

咸丰元年(1851年) 二月,柳江陡涨大水,淹没象州沿河一带村屯,蝗虫遍野。同年二月十一日,太平军进扎武宣东乡。三月二十三日,洪秀全在东乡登基称天王。十二月十七日,武宣东乡人肖朝贵在永安州(今蒙山县)受封太平天国西王。

咸丰元年至十一年(1851—1861年) 太平天国军在象州一带活动。

咸丰二年(1852年) 合山北泗闹蝗灾。

咸丰三年(1853年) 来宾早稻出穗时遭蝗灾,飞蝗蔽天,所至田禾俱尽。同年四月,迁江知县傅作檀将行署移至合山河里。

咸丰四年(1854年) 春,合山北泗大旱,闹蝗灾。同年,武宣连发3次蝗灾,毁稼殆尽,谷米贵,民饥饿。该年,廖亚湘(宾州人)会党三四千人攻入迁江县，焚毁衙署、庙宇。

咸丰五年（1855年） 合山瘟疫大作。

咸丰六年（1856年） 二月二十五日，大成国平靖王李文茂率军攻占武宣县城，擒杀知县茅本蕙等人，把武宣县改为文兴县。四月，李文茂率军攻占象州，改称相州，任梁森为知州事。

咸丰六年至七年（1856—1857年） 大成国军占领武宣、象州。

咸丰七年（1857年） 廖亚湘（宾州人）会党攻入迁江县城，改县名为双河县，旋即被团丁击溃。九月，大成国李文茂攻占庆远府城，其分部十一日攻占忻城县治。同年，思练会党会同迁江东乡会党彭八斤攻破卜佑村，杀莫氏土官族莫云卿等140余人。至冬，思练莫氏为了报仇雪恨，凑合数百人，并乞援马平团乡及来宾莫氏宗族，邀得壮丁400余人，几路进军，于思练一带连日杀戮，屠杀男女老幼600余人。

咸丰九年（1859年） 十一月，太平天国石国宗、赖裕新部到来宾良塘、桥巩驻扎。十一月中旬，迁江知县曾春昂移县署至河里乡环山村（今合山市辖）。

咸丰九年（1859年）**九月至咸丰十年**（1860年） 太平天国翼王石达开部活动于忻城、迁江一带。

咸丰十年（1860年） 仲冬，郑献甫（象州人）著《补学轩诗集》8卷、《鹤唳集》4卷出版。同年，迁江县发生瘟疫。

咸丰十一年（1861年） 东乡那沙村覃贵福（壮族）中太平天国武科状元。

同治元年（1862年） 三月十七日，杨邦四、江亚纪会党攻陷迁江县城，知县林则章战死。六月，来宾知县吴梦桂调团镇压，江亚纪被擒。

同治二年（1863年） 十一月，武宣下大雪，地面积雪一尺余。

同治三年（1864年） 四月，忻城土官莫昌荣续修《莫氏族谱》，广西学政鲍源深、象州进士郑献甫为之作序。同年，来宾、迁江大旱。

同治四年（1865年） 夏秋，迁江和象州均旱、虫、瘟疫大作。来宾县境诸溪皆涸；冬大雪。

同治五年（1866年） 象州米贵，每斤四十余文（铜钱），后涨至六十余文（铜钱），为象州前所未有。

同治八年（1869年） 暴风雨将红水河上舟船覆没殆尽。

同治九年（1870年） 郑献甫（象州人）主纂《象州志》成书。

同治十年（1871年） 为越南国王贡象过境大修驿道，于来宾正龙圩附近红水河面造浮桥（后过境贡象游渡，未过桥）。

同治十一年（1872年） 清代经师、诗人郑献甫（象州人）病故。同年十二月，武宣大雪，草木凋枯。该年，来宾县建粹英书院；设水勇，渭“扒船”，有船4艘。

同治十三年（1874年） 武宣师公剧种在通挽乡发展成师公歌舞，后推广到整个武宣壮乡。同年三月十九日，来宾县发生3.8级地震。

光绪二年（1876年） 六月，象州发生地震，瑶山山洪暴发，鸡得、那利、王汉等村损失无计。同年，来宾粹英书院改为雷江书院；设义渡、医院、育婴堂。

光绪九年（1883年） 五月，外国教士在象州买地建教堂。同年，金秀召开全瑶山首次石牌会，成立金秀总石牌。设来宾县监狱。

光绪十年（1884年） 法国天主教传入武宣。初在三里街设教堂，后迁经堂村建新教堂。

光绪十一年（1885年） 忻城土官莫绳武重修三界庙。

光绪十二年（1886年） 来宾县废咸丰新钱，通行制钱。

光绪十三年（1887年） 武宣大雪成灾，老榕树、龙骨刺枯死。

光绪十四年（1888年） 五月初九至二十日，象州连下大雨，山洪暴发，河水泛涨，北上、安中、东安、昌化、南乡五里，淹倒民房235间，淹坏稻田3375块。

光绪十七年（1891年） 基督教传入武宣，在县城南门外设教堂（民国12年移至县城北街）。同年，颜嗣徽撰《迁江县志》。

光绪二十一年（1895年） 象州大旱；次年大饥，贫苦百姓饿死者甚多。广州五大善堂运米赈济象州。夏，大旱，来宾米价昂贵，饥民群起拦抢红水河航运米船。

光绪二十三年（1897年） 象州各地“三点会”盛行。

光绪二十四年（1898年） 免忻城土官莫增瑞职，委汉员弹压。土官量才使用，为“改土归流”作准备。

光绪二十五年（1899年） 十月，象州发生地震，震声自北而南，金铁皆鸣。同年十一月二十一日，武宣发生5级地震。

光绪二十六年（1900年） 铜圆在来宾县市场流通（民国24年禁用，但禁而不止。1950年，人民政府明令禁止后，铜圆不复作货币流通）。

光绪二十八年（1902年） 六月初，柳江大水，淹没沿河一带民房和稻田。是月，城乡均有瘟疫，以上西（今岩村一带）为甚。集义村水岩流出红水，村中老幼瘟死50余人。同年，武宣县创办初等小学堂。夏，黔江始有拖船航行。至秋冬，武宣大旱，耕种无收，翌年大饥，民多卖儿卖女。该年，大水淹来宾城，水退爆发霍乱，死者数十人；同时，迁江县亦受水灾，五谷无收，民采野菜充饥。

光绪二十九年（1903年） 朝廷蠲缓象州、来宾、武宣、迁江县被水灾应征钱粮。

光绪三十年（1904年） 武宣县成立商会。来宾南一里（今兴宾区三五、榜山、古梦等村一带）诸村发生鼠疫。

光绪三十一年（1905年） 春，迁江县立高等小学设立于印山书院。来宾县设私立桥潖两等小学堂，两广学务处发给西省小学第四校钤记。同年，武宣县人刘统丞在合岭山土法采煤，为合山开采煤矿之始。该年，彩调剧从宜山传入来宾平阳。

光绪三十二年（1906年） 武宣仙城书院改为县高等小学堂，招高小2个班，并附设简易师范1个班。来宾雷江书院内设官立来宾高等小学堂，招生2个班57人；私立桥潖两等小学移至大湾圩；正龙圩立榕深两等小学堂；寺脚（今寺山）圩自强两等小学堂。同年，象州改象台书院为两等小学堂，为象州新学之始。该年春，合山北泗大旱，田间禾苗枯近半。

光绪三十三年（1907年） 九月二十三日，武宣县城设邮政代办所。

光绪三十四年（1908年） 正月，广西巡抚奏裁忻城汉典史，委叶佩蘅为忻城土县弹压委员。是年冬，期满调职，县民数百人，公议送叶氏万民伞一把，并送叶至高阳驿站茶亭，依依惜别。旋在茶亭旁立"弹压叶公佩蘅去思碑"一块，以志纪念。此碑今存忻城土司博物馆。同年，彩调剧由桂北传入武宣。六月二十八日，象州石龙设邮政代办所。迁江设邮政代办所。

宣统元年（1909年） 三月，来宾设邮政代办所；六月，来宾、迁江设大报房。武宣县设议事会；宾（阳）上（林）迁（江）中学堂成立（校址宾州镇）；象州创办济生善堂，略具医院形式；忻城城厢国民小学开办。同年，右江道总镇李国治带兵入金秀瑶山，镇压"三点会"活动，随后将瑶山分为罗香、滴水、金秀、六巷4团，并分委团总。

宣统二年（1910年） 忻城开办地方自治，疆域归并宜山县。同年，武宣县典吏杨景台"串同劣绅，演戏开赌"，被两广总督革职。

中华民国

元年（1912年）

1月 武宣县公署成立，首任知事古祥炎。是年，武宣县参议会成立。民国3年撤销。

是年 来宾县议会选举，来宾县选出议员24名。次年，翟富文当选国会众议院议员，王树槐当选省议会议员，巫维汉当选省议会候补议员。

是年 改象州为象县，设象县公署（首任知事李炳元）。象县参事会、议事会成立。

是年 象县两等小学堂改为县立高等小学校。

2年（1913年）

8月16日 来宾县发生3.5级地震。

是年 南宁市艺人将粤剧传入迁江街。

是年 来宾县学堂改称学校，废读经。小学学制初等4年，高等3年；中学4年。

是年 忻城县开办思练国民小学、三寨国民小学。

是年秋 武宣县立初级中学成立；县立女子小学校成立。

是年 国民党组建象县地方组织。

3年（1914年）

是年 忻城县开办大塘国民小学。

是年春 武宣县知事唐朝绳主修第四部《武宣县志》。

4年（1915年）

是年 来宾县废除田赋按亩征收制，改行收益课税法。8月赋课征收按田地等级，以量价值为征收标准。

是年 来宾县设烟酒专卖分栈。

5年（1916年）

是年 象县农会成立。

是年 武宣县益合、三益公司始采锰矿。

是年 忻城丝弦戏"欣同和班"成立。

6年（1917年）

12月2日 象州发生3.5级地震。

是年 忻城县开办加仁国民小学。同年，忻城县绅民首次公推代表，赴邕请愿，要求恢复正县。

是年 国民党象县党员组织成立中华革命党象县分部。

7 年(1918 年)

2 月 3 日 武宣县发生 3.2 级地震。

是年 为防匪患，金秀瑶民在金秀镇召开第三次全瑶山石牌大会。

是年 修仁县在金秀桐木设立“修仁县立第二高等小学堂”。

8 年(1919 年)

3 月 1 日 武宣县三里始设雨量站观测雨量，为柳州水文之始。

是年 廖博斋等人在来宾县大湾办数家锰矿公司。

是年 欧振东等人在来宾县城组织农林公会，于县城郊辟地办场种稻种果。迁江县开设林场于城南郊。

是年 象县罗秀、中平、寺村等地铁匠开始仿制猪仔炮、台枪、洋枪、板枪等兵器。

是年 合山河里乡创办国立国民基础中心小学。17 年改称迁江县第十小学。

10 年(1921 年)

6—7 月 浔州镇守使兼前敌指挥韦荣昌和林俊廷、韩彩凤、刘炳宇、刘达庆、黄肇熙、李子麦等“司令”，率部 8000 余人，由浔州退驻武宣县城，在武宣召开军事会议，推举韦荣昌为“广西自治军总司令”，以东街义学为总司令部。

6 月下旬 忻城弹压周安舒被差兵杀死于署。

是年 来宾县修志局成立，知事兼局长。16 年 9 月，改组修志委员会，县长兼会长。19 年改称修志馆，县长兼馆长。25 年调整修志人员，翟富文任馆长兼总纂。26 年，《来宾县志》出版。

是年 粤军占迁江县城，知事张作人携省颁县署铜印和警兵快枪 70 余支弃城而逃，途中印、枪全失。

是年 篮球运动传入象县学校。

11 年(1922 年)

4 月 孙中山任命的柳州警备司令刘玉山部回武宣。

6 月 15 日 滇军攻入来宾县城，城民走避一空，滇军于同月 24 日离去。

是年 旧桂系军阀数千人在象县上西乡一带烧杀劫掠，新庆村十多座房屋被烧毁，模范村二十余人被杀害。

是年 黔滇军路过象县境，居民财产损失惨重。沐恩、模范等村遭焚劫，群众被烧死、杀死数十人，强行拉走百余人。

14 年(1925 年)

2 月 2 日 广西绥靖督办李宗仁、会办黄绍竑率定桂讨贼联军在武宣向被逐出广东回桂的沈鸿英部发动进攻，8 日，沈军弃柳。定桂讨贼联军李石愚部占领柳州。

3 月 象县商会成立。

是年 来宾县翟念浦由中央教育部会同外交部资遣赴美国阿利京省立大学医科学习，后转芝加哥大学纯粹化学系，民国 18 年学成回国。为来宾市人公费留学之先。

是年 南宁至柳州公路(今国道 322 线)北泗、河里段开工。17 年 5 月全线通车。

15 年(1926 年)

4 月 15 日 来宾县韶明团(今兴宾区南泗乡高岭、南泗、读村、陈寺等村)降冰雹，大者径四、五寸。

6 月 秦景明办的三益公司于晒谷岭、牛栏岭开采锰矿。

是年夏 国民党象县党部筹备处成立。

7 月 柳(州)宾(阳)公路动工，次年 5 月通车。途径来宾、迁江县。

9 月 20 日 石龙至柳州公路建成通车。

是年秋 国民党广西省党部农民部秘书张胆(中共党员)到象县活动，宣传农民运动。

11 月 广西省农民部陈炳璋担任农民运动特派员，到武宣县指导农民运动。

12 月 中共武宣支部成立(支部书记翁尧年)，隶属中共梧州地委。

是年 刘策奇(中共党员)、覃智增在象县成立革命青年社。

是年 中共党员张胆到来宾师范讲学，宣传马克思主义，为来宾县党组织建立奠定了思想基础。

16 年(1927 年)

2 月 陈岳秀(中共柳州支部书记)、刘策奇(中共党员)到象县指导农运工作。同月，象县师范讲习所成立。

是年春 舒文(女)、周德贞(女)到象县开展妇女运动,全县成立妇女会十余个,会员四百多人。

5月 李忠惠、覃智增等人在国民党柳庆区党员特别训练班学习结业,回象县开展农民运动。同月14日,武宣东乡区农民协会成立。

6月 广西省政府批准来宾陆公存办的两益公司、刘范成办的骏业和永贞公司分别在六穹山和铜鼓、高桥等岭开采锰矿。

6月 柳庆公路建成通车。庆远邮电局在忻城县城开设“邮政代办所”。

8月1日 来宾县议事会罢废县府三局(民团、财政、教育),按地划东西南北中五部分,各推荐2名代表组成地方事务委员会主持县政,会长覃拣都(民国19年省令罢废地方事务委员会,复由县府主政)。

是年秋 象县农民协会成立,主席李忠惠。

9月 柳邕公路建成通车。经境内合山、来宾。

10月 国民党柳庆区清党委员会委员黄勉到象县清党,以“共党嫌疑”罪名逮捕覃智增、郑佩民,押柳州审讯。

12月17日 中共党员、中国民俗学开创时代的致力者、象县农民运动的先导者刘策奇被国民党反动派杀害于南宁第二监狱刑场。

17年(1928年)

1月5日 中共广西省委书记邓拔奇到武宣组织成立中共武宣县委。

2月22日 经广西省政府批准,忻城土县改为忻城正县。弹压委员张先春改任县长,忻城县正式成立。

5月 中山大学采集队入金秀瑶山考察。

11月 地质学家冯景兰、乐森璕、李承三、张更合著《广西迁江合山、罗成寺门煤田地质》调查报告,首次将合山煤田时代确定为二叠纪。并绘制合山煤矿地质图(北泗圩)一份。此图为合山煤田最早的地质图。

是年 来宾县大旱,闹饥荒。秋冬间,米百斤价银逾十圆。次年春涨至十四、十五圆,县府呈请省府赈济蠲缓田赋。

18年(1929年)

4月 境内各县先后架设乡村电话线路。

是年秋 象县革命青年社负责人韦昌廷、韦日昭、李农被象县当局逮捕杀害。

10月 象县白石乡农民协会负责人郑功成,被象县当局逮捕解押柳州,不久被害。

是年 武宣县城至金鸡、石龙公路建成通车。

是年 广西电话管理局在忻城大塘设大塘通讯处,开通长途电话,开办大塘至柳州、迁江、宜山等地的长话业务。

19年(1930年)

4月 象县县城及石龙、寺村、罗秀等乡镇始设电话。

6月3日 象县革命青年社负责人覃智增被象县当局逮捕,次日在县城东门外英勇就义。

是年 桂林艺人将桂剧传入来宾县城厢街。同年,来宾县城设电话总机。

20年(1931年)

1月6日 象县农民协会主席、20年代象县农民运动主要领导人李忠惠,被象县当局逮捕,次日在县城东门外英勇就义。

8月 象县创办初级中学。

是年 广西省令各县置量雨器、寒暑表、风向旗等器材,是各县气象观测之始。

21年(1932年)

3月 来宾凤凰至大湾铁路支线建成通车。

是年 象县始改双星尺为市尺,改司马秤为市秤。

22年(1933年)

5月 同德、同福两公司合并,成立“合山煤矿股份有限公司”。

6月 武宣县县长朱昌奎主修第五部《武宣县志》。同月,武宣县城公园内(今粮食局处)始设气候、雨量测量站。

是年 忻城县建成第一条乡村电话线路,并于年末成立乡村电话处,是为忻城自办电话之始。同年,象县县城始通长途电话。

是年 象县创办县图书馆。

是年 广西省政府议决《开辟瑶山案》。提出改善瑶民生活,建设瑶山公路、兴办瑶民教育、改良乡村组织及开发瑶山旅游避暑等事业的具体方案。

是年 地质学家张文佑、陈家天实地考察合山煤田,写《广西迁江合山大隆煤田地质》一文,绘制

1∶250000 地质图一份，并创立“合山煤系”和“大隆层”之说，后称”“合山组”和“大隆组”。

23 年(1934 年)

1 月 武宣县城东街设立县医务所。26 年 8 月升格为县立卫生院。

5 月 22 日 境内开始推行新度量衡器。

是年秋 象县刘剑仙等人合股创办长风印书局。

是年 武宣县初等小学改称国民基础学校。各乡（镇）完全小学改称国民基础中心校，实行乡（镇）长兼任校长制。

11 月 来宾县从柳州行政监督区划归南宁行政监督区。

是年 象县开始办理户籍登记；象县政府在城东门外修建公共体育场；象州“南栈”、罗秀“林桂”两大商号，各自收购桐油出口香港，进口布匹、煤油等日用工业品。

是年 天主教有神父到南五里长清团（今大湾、那谷、东番、石山等村）成田村设教堂传教，是该教传入来宾县之始。

是年 合山煤矿股份有限公司聘请一名英国人为工程师，聘期 3 年。此为合山首次聘用外籍专家。

是年 合山煤矿股份有限公司在白鹤隘自行发电，解决公司照明用电问题。此为合山煤矿用电之始。

24 年(1935 年)

是年春 中共来宾陶邓支部建立，书记韦绍良，隶属中共宾阳县委，是来宾县最早的中共支部。

5 月 象县城厢、罗秀、寺村等镇始设医务所。

是年秋 柳江上西乡小河同时暴涨，冲坏田块无数。

9 月 来宾至合山轻轨铁路破土动工。民国 30 年 10 月 1 日全线通车，全长 64.82 千米，为广西第一条轻轨铁路。

10 月 3 日 “麦民生”“张利和”货船同日在布袋滩触礁沉没，损失盐 7 万余公斤，米 5.5 万余公斤。

10 月 17 日 忻城发生 4 级地震，震中“声如雷鸣，裂地喷出五色泥浆”。

10 月 18 日 应广西省政府特约，社会学学者费孝通、王同惠夫妇由北平抵达象县东南乡（今金秀瑶族自治县六巷乡），进行瑶族社会考察。

11 月 24 日 王同惠在考察中不幸遇难，留有遗作《花蓝瑶社会组织》《桂行通讯》等。

是年 设迁江水文站。

是年 象县县城孙顺记商号收购生猪、红瓜子、花生等运销香港，经营进出口贸易。

25 年(1936 年)

5 月 14 日 来宾县发生 3.5 级地震。

6 月 22 日 象县抗日救国会抗日救国。

6—7 月 武宣县在城东修建简易飞机场，当年底竣工。

8 月 忻城思练镇练江村莫西凡（原名莫效康）在梧州加入中国共产党，是忻城县第一个中共党员。

11 月 11 日 中共广西工委书记陈岸到武宣发展党员，重建中共武宣支部。

是年冬 疏浚黔江工程处成立，并开工疏浚。历时半年，疏炸红水河迁江至大湾段内险滩 20 处。

是年 面额 1、5、10、20、50 分的镍币开始在来宾县市场上流通。

是年 象县创办幼稚园。

是年 迁江县发生旱灾，粮食歉收，灾民卖女童 30 余人。

26 年(1937 年)

4 月 5 日 中共武宣支部改为中共武宣县工作委员会。

7 月 来宾县城成立来宾县立国民中学。

9 月 迁江县城成立迁江县立国民中学。

9 月 湘桂铁路衡（阳）来（宾）段动工兴建，1941 年 9 月竣工通车。

是年 在忻城县思练乡设柳西警备区署，在修仁、蒙山、象县之间金秀瑶山，设金秀警备区署。

26—34 年 地质学家李四光、张文佑、赵金科、孟宪民等先后到象县进行地质调查。

27 年(1938 年)

4 月 境内各县实行农业督导员督导制度。

7 月 16 日 日机飞机两批 17 架次滥炸迁江县城，投弹 200 余枚，致使该县财产损失 1000 万元国币以上。

8 月 柳南段铁路动工，民国 28 年 9 月通车至来宾水落村。

11 月 象县国民中学学生韦纯束、韦章平等 20 余人投笔从戎，参加广西学生军，奔赴抗日救亡前线。

是年 象县罗秀大丰碾米厂以煤气机为动力，

设1千瓦发电机，为象县最早的火力发电。

是年 苏瀚涛主纂《象县志》。

是年 境内各县始建消费合作社、供给合作社。

28年(1939年)

2月 境内各县临时参议会先后成立。

2月 来宾、迁江两县从柳州区划属浔州区。

3月 境内各县设团管区(30年撤销团管区)。

9月3日 日机再次狂轰滥炸迁江县城。

9月 广西省电话局南宁分局迁江营业处设立。

11月26日 桂林行营主任白崇禧设指挥所于迁江县，指挥昆仑关战役。

是年 象县创办浔州区卫生事务所象县分诊所。

29年(1940年)

1月8日 蒋介石自桂林经柳州至迁江督战。

1月29日 日骑兵300余人窜扰陶邓圩，翌日离去，六畜被掠劫一空，为来宾县地遭日寇蹂躏之先。

1—6月 象县民众患麻疹、伤寒、鼠疫、天花、疟疾等传染病死亡177人。

3月 广西省政府在金秀设医务社，推行瑶区卫生行政。

6月7日 一架日军飞机在象县中西乡平坚村迫降，机上2名飞行员被当地民团自卫队击毙。

8月28日 广西省政府在柳州设立军民合作总站，境内各县设立分站。

9月15日 下午4时许，9架日军飞机轮番轰炸石龙镇柳江河面船只，炸毁大小船只百余艘，死伤群众80多人。

是年 来宾、迁江两县合作金库分别成立。

30年(1941年)

9月10日 湘桂铁路柳(州)来(宾)段建成。线路长71.8千米。

9月 来(宾)合(山)轻便铁道全线通车(民国24年8月开工修筑)。全长64.2千米。

是年秋 中共组建武宣区工委，归中共贵县中心县委领导。

是年 忻城开办县立初级中学，校长莫承宣。

是年 吴磊伯专程赴象县桐木、水晶一带调查重晶石矿，估算储量为700余万吨。

是年 广西农事试验场配给象县上西乡英华等垦殖公司少量硫酸铵和三料过磷酸钙，为象县使用化肥之始。

是年 武宣县国民基础学校改称国民学校，实行专任校长制。

31年(1942年)

1月 辖区各县开展土地陈报工作。

2月5日 辖区各县庆祝第一届农民节并举办农产品展览。

5月 黄肇熙在武宣县二塘樟村开办“武宣县私立惠儒中学”。

7月 金秀警备区署改为金秀设治局。

7月 来宾县凤至大湾铁路支线构筑。次年4月通车(今已废)。

10月 中国共产党大湾小组成立，省工委代理副书记黄彰兼组长。

10月 中共武宣工委改为中共武宣县特别支部，书记江明彬。

12月 中共广西省工委代理副书记黄彰在来宾大湾领导开展桂东南、桂西南党的工作。

是年 国营无线电台大湾局分台和省营无线电台来宾县分台设立。

是年 迁江县阮村建立基督教坛道所。

32年(1943年)

3月 金秀瑶民联合攻打金秀设治局，广西绥靖公署派兵镇压，枪杀瑶民12人，头人全金标在桂林被害。

3—4月 中共广西省工委在来宾大湾街“天马运输行”内设交通站。

是年 迁江县征调民工6000人修建临时军用机场(在今迁江糖厂北侧，柳邕、来迁公路交会处附近，已废)。

4月18日上午8时 一架美国空军的B224型轰炸机途径合山时，因故障坠落于马安村附近红水河中，飞行员溺亡，机上其余4人获救生还。

6月 迁江县因旱灾发生饥荒。

10月30日 来宾县举行体育运动会；12月21日，迁江县举办体育运动会。比赛项目有田径、国术、舞狮、踢毽子等。

33年(1944年)

2月 中共修仁支部成立，支部书记韦天强，副书记韦章平。

2月 从博白、贵县、梧州等地转移到大湾的部分党员，遵照中共广西省工委指示，在大湾建立中共来宾特别支部委员会，有党员12人，书记梁山（周汉平）。

3月15日—18日 中共广西省工委代理副书记黄彰在武宣县通挽乡召开部分党员骨干会议。会议决定进一步把党的工作重点转移到农村。

是年秋 象县成立抗日自卫队。

9月初 一架美国作战飞机在象县寺村士会岭坠毁，飞行员跳伞获救。

9月 一架美国飞机在金秀镇强昂村附近撞山坠毁，机上13名美国人全部遇难。

10月 中共党员韦章平、韦纯束、黄史山、林岚等人，从修仁转移到象县开展抗日救亡工作，中共修仁支部改称象县支部，支部书记韦章平。

11月3日 日军入侵武宣县东乡圩；4日上午，入侵武宣县城。

11月5日 日军104师团步兵161联队清水园大佐率队侵入象县县境；8日，日军侵入来宾县城，12月1日败退，12月5日再次入侵来宾县城。

11月11日 日军侵入迁江县境，占据县城。

11月13日 日军侵入忻城县境，17日占领县城。

11月 日军侵袭象县石龙镇屯巩村，村民奋起抵抗，日军放火烧毁全村房屋。

12月14日 日军侵占里兰矿场；次日，合山沦陷。

12月22日晚约12时 日军数十人由大湾入侵石龙镇，打死群众10余人。次日离去时，放火烧毁4条大街380余间房屋。

是年 广西二区（柳州）专保公署饬令境内各县组织抗日自卫队。

是年 象县大樟、中平、下西等乡天花流行，死200余人。

34年（1945年）

1月22日 来宾南泗乡避难于秋风岩的600余人，被日本侵略军用稻草、辣椒燃熏，死44人。

1月25日 武宣县东乡抗日义勇军在下峡江红石滩伏击日军船队，击毙日军海军陆战队联队长向井立夫等100余人。

2月12日 日军由象县运江入三里，居民惨遭杀害，多名妇女被强奸致死。

是年春 中共来宾特支派党员杨林、郭坚同爱国进步人士张毅樵在牛岩乡一带组建"大华山抗日游击队"。

3月24日 迁江县抗日自卫团围攻日军前田部，毙敌28名，伤敌30余名。

3月29日 一股日军企图洗劫武宣县大琳乡上锰村，遭村民奋起抵抗，击毙日军30余人，迫使日军败退。

5月12日 日本侵略军将三寨乡（今平阳）大龙村古愿屯21人劫至石牌乡（今平阳乡石碑村）火山村龙安屯附近用刺刀逐一刺死。

5月20日 日本侵略军侵入凤凰乡东汉塘村奸污妇女，掳掠财物，杀人放火，全村60多户有108人惨遭杀害。

6月1日 中国军民收复迁江县城，13日收复来宾县境，毙伤俘敌无数，缴获大批武器弹药和其他军用物资。

6月16日 武宣县自卫队在二塘牛行桥伏击撤退的日军，击毙日军30余人。

是年秋 河里乡四季村流行霍乱，死亡53人，余生者被迫迁移，村庄荒芜。

是年夏、秋 境内粮食减产，几十万饥民反征粮征税，强行开仓借粮，驱赶、袭击征粮征税人员。

8月 象县发大水、闹虫灾。

9月 象县各乡霍乱流行，仅寺村、义和、人和3个乡约有500人死亡。

是年 忻城县卫生所在板河村成立。

35年（1946年）

4月 迁江县立国民中学改为县立初级中学。

4—5月 武宣大旱，全县5万余民众靠吃树皮、草根度日，饿死214人。

5月 合山煤矿股份有限公司陆续恢复生产。

是年夏 二塘、武宣、马步一带发生鼠疫、霍乱，病死者不计其数。

7月中旬 国民党特务在昆明刺杀民主同盟中央委员李公朴、闻一多教授。忻城等地中学师生纷纷举行集会、发表宣言，对国民党反动派的罪恶行径表示强烈抗议。

8月1日 迁江县成立修志局，县长兼任局长。

8月 辖区各县国民党党部开展"办理党籍登记""重新登记党员"并吸收新党员和"调查奸党活动"。

是年秋 北泗乡部分村屯流行伤寒、霍乱，死亡137人。8—9月，合山矿区流行伤寒，死亡10余人。

是年 夏、秋，境内各地霍乱流行，死者不计其数。

是年 日本侵略军浩劫旧伤未愈，水、旱、风、虫、雹等灾害又接踵而来。境内各县自上年10月起连续8个月无雨，受灾县粮食减产二分之一，米贵至每市斤国币700元，5~12岁的女孩仅能换谷75公斤，灾民靠吃野菜树根度日，仅武宣县就饿死5000余人。

36年(1947年)

1月8日 广西省府撤销金秀设治局，改建金秀警备区署。

2月 中共象县支部改称中共象县特支，书记韦纯束。

3月4日 来(宾)贵(县)公路动工修筑。

7月 中共中央香港分局决定撤销中共广西省工委，成立中共桂柳区工委，境内党组织归其领导。

9月16日—10月4日 中共地方组织领导各族人民举行古思起义、中秋起义、贵武边起义。

9月 上林县立初级实用职业学校(今忻城县古蓬中学)开办，樊茂春兼校长。

10月 红水河铁路钢桁桥梁动工兴建。1949年12月13日停建。1950年10月15日复工，次年10月竣工正式通车。

11月1日—17日 国民党和三青团实行党团组织合并，境内各县国民党党部开展党团员重新登记。

12月30日—31日 柳(江)来(宾)象(县)3县联防会在穿山举行，民团司令及毗邻各乡乡长参加。会后成立第二保安司令部柳来象联防绥靖指挥所。

是年 迁江县发生参议会参议长与一议员盗卖救济化肥4万公斤巨案。

37年(1948年)

1月 中共宾阳地区特支在青岭乡(今兴宾区小平阳乡)刘村蒙庆祥(蒙歌)家建立交通站。

5月 桂中区人民解放工作委员会通挽区分会成立，主任委员甘德颂。

6月 在青岭乡(今兴宾区小平阳乡)刘村成立中共贵武来迁边区支部，7月改为特支。同时成立贵武来迁边区武工队。10月，中共贵武来迁边区特支改为贵武来边区特支。

7月 中共桂中南地工委成立。武宣县工委、来宾特支、迁江总支、迁江特支属其领导。

是年秋 金秀警备区署改为金秀警察局。

12月中旬 中共象县武工队正式成立。指导员陈钜，队长韦章平，副队长林立。

12月下旬 中共中央香港分局决定撤销中共桂柳区工委，分别成立中共广西省农村工作委员会(以下简称省农委)和中共广西省城市工作委员会。省农委负责领导都宜忻、柳北、桂中、桂北、桂东等地区的党组织和武装斗争。

是年 刘策群主纂《象县志》完稿成书。

38年(1949年1月1日—1949年9月30日)

1月15日 来宾县、迁江县宣布戒严，以此对付共产党游击队活动。

2月 广西保安副司令莫树杰在贵县召开武宣、象县、来宾、迁江等县县长、民众自卫队副总队长、参议会议长会议。布置七县“会剿”中共游击队。

2月下旬 武宣县人民解放同志会成立，会长韦敬礼。

3月 迁江县、莲洞(今兴宾七洞乡)地区游击队扩编定名为“人民解放西南六纵队”，7月，改编为“粤桂边解放军迁江独立大队”，11月，改称“中国人民解放军粤桂边纵队第八支队迁江独立大队”。

3月27日 境内各专区成立清剿区，联合“清剿”共产党游击队。

4月 广西省农委接收象县地下党的组织关系。撤销象县区领导机关，成立中共象(县)修(仁)雒(容)区领导机关，由陈钜、韦章平、李明3人组成，负责人陈钜，直属省农委领导。

5月 中共桂中南地工委决定，成立中共武宣县工作委员会，书记韦敬礼。

5月上旬 中共桂中区工作委员会在通挽区立志村成立，书记廖联原，副书记韦纯束。

5月中旬 达开纵队在武宣县大陆村改编为桂中区人民解放总队，司令员兼政委廖联原，副司令员韦志龙，副政委兼政治部主任韦纯束。

6月下旬 连降大暴雨，红水河、柳江、黔江等河水暴涨，象县水位达75.24米，武宣黔江水位达65.08米。来宾、象县、武宣等县水灾严重。红水河尤甚，淹没来宾县城街道，摧毁建筑，淹毙人畜，至7月7日洪水始退出。仅来宾县受淹水田达26万亩，粮食作物损失九成以上。

6年夏 红河武工队(后改称南泗独立武工队)在来宾县南泗乡建立。

7月初 武宣游击队改编为粤桂边区人民解放

军第十九团武宣独立营，营长兼教导员韦昌铁。

7月7日 广西省政府增设十三、十四、十五区。将二区之武宣、来宾、象县划出归十三区专署(驻桂平)。

7月 中共柳来象边区特支在大湾乡东番村成立。

8月 柳来象边区人民解放军武工队在大湾乡甘苗村狮子岩组建。

8月 境内各县成立“反共宣传委员会”，先后召开反共大会。

8月 “解放迁江来宾武装工作委员会”在连洞乡莲洞(今兴宾七洞乡)社头村成立。

8月 武宣县民众自卫总队第三分队长将正义在三里区大片塘率队起义，参加中共领导的桂中区游击队。

9月上旬 柳来象边区人民解放独立大队成立。

9月中旬 中共来宾特支在来宾县分界乡(今兴宾区三五乡)方村成立。

9月22日 象县、武宣、来宾、迁江、忻城等县党政机构，在武汉市筹组。

中华人民共和国

1949年(10月1日—12月31日)

10月 桂中区人民解放总队改编为中国人民解放军桂中支队。

10月下旬 中国人民解放军桂中支队来宾县大队成立。

11月27日 中国人民解放军进驻忻城县城，宣告忻城解放。

11月28日 来宾县长刘宇光弃城逃跑;29日，国民党“四县联防”指挥官蒙志仁率部弃城逃跑。30日，柳来象边区人民解放独立大队、中国人民解放军桂中支队、中国人民解放军粤桂边纵队先后入城会师，宣布来宾县解放。

11月29日晚 中国人民解放军先头部队进入象县县城，宣告象县解放。

11月30日 中国人民解放军桂中支队在武宣二塘阻击国民党残军，俘敌千余人。次日，武宣县城解放。12月23日，中共武宣县委员会成立;12月24日，武宣县人民政府成立。

12月1日 中国人民解放军歼国民军湘西纵队六二、六三、八二师各一部共1100多人，解放迁江县城。次日，粤桂边纵队第八支队迁江独立大队进驻迁江县城。19日，迁江县临时人民政府成立，县长黄炎隆。粤桂边区人民解放军迁江独立大队改编为粤桂边纵队第八支队独立第一团，团长韦善隆。

12月中旬 境内各县中共县委会或工作委员会，各县人民政府先后对外办公。

12月17日 由南下工作团组建的中共来宾县委书记张子明和人民政府县长孙芸生等主要领导成员到达来宾县城。20日，来宾县人民政府成立。31日，张子明在县干部扩大会上宣布中共县委会领导全县工作，同时撤销其他原有组织机构。

12月25日 中共象县县委、象县人民政府正式成立，县委书记祖振兴，县长张兆凯，副县长崔耀华。

1950年

1月9日 “中国反共救国军粤桂边纵队”及王岖、高义等股匪千余人攻打象县中平区人民政府。12日，中国人民解放军三十九军三四七团与八团二营配合，击毙匪团长以下300人，俘国民党国防部少将视察官郭宏炳以下404人。

1月17日 中国人民解放军三二大队4个连在蔚章率领下由迁江到来宾县剿匪。

1月20日—21日 来宾县各界临时代表大会召开。

2月1日 剿匪部队在来宾县蒙村乡下王村俘获匪首蒙志仁，后押送南宁处决。

2月2日 忻城县人民政府成立。县长樊茂春。

2月18日 武宣县数百名土匪围攻县城，被解放军击溃。

2月20日 中共迁江县委员会成立，书记郭珍。调整迁江县人民政府主要领导成员，改由马忠英任县长。

2月27日 中共忻城县委员会成立。

3月5日 武宣县在县城召开第一次各界人民代表会议。

3月26日 解放军在象县马坪圩击毙韦士德股匪70余人。

4月6日—9日 象县各界人民临时代表会议在县城举行。

4月10日—12日 来宾县第一届各界人民代表会议在县城城厢举行。至1954年3月共召开6届各界人民代表会议。

4月24日 忻城县以杨杰、吴光庭为首的土匪暴乱，围攻县城。

4月 象县开始减租退押工作，至1951年秋结束。

5月1日 来宾县发生土匪暴乱，匪首韦炳堂（自称县长）率千余人围攻石塘等区、乡政府，抢劫公粮、杀害干部。

5月 象县农民协会成立。

6月14日 韦士德股匪400余人在中西乡发动暴乱。30日下午，解放军四十九军四三七团在马平围剿全歼韦士德股匪。

6月24日 剿匪部队三营在大湾区包围"华中军政长官第二旅独立团"，激战一昼夜，击毙匪徒60人，俘获匪副团长韦章鼎及部下97人。

7月1日 柳（州）来（宾）段铁路通车。

7月10日—12日 象县第一次各界人民代表会议在县城召开。

7月25日 境内各县根据中共中央《关于在全党全军开展整风运动的指示》在县级以上党员干部中开展整风运动，历时4个月。

8月2日—5日 迁江县第一届各界人民代表会议在县城举行。至1952年6月共召开3届各界人民代表会议。

8月3日 解放军在四三七团在马旦村歼俘林秀山股匪469人。

8月12日 遭土匪破坏的来宾至合山煤矿铁路修复通车。

8月下旬 武宣县发生大规模土匪暴乱。

9月9日 合山煤矿公司办理采矿登记手续，并改为国营矿山。

9月22日—10月6日 来宾县机关干部开展整风学习。

10月25日 象县瑶山重点剿匪开始。

10月27日 解放军四三七团二营和四三五团三营，在象县大乐消灭林秀山股匪532人。

10月29日—30日 忻城县第一届各界人民代表会议在县城举行。

10月 象县收音站成立，专事收听、记录中央人民广播电台和广西人民广播电台重要新闻。

11月13日 剿匪部队擒获匪首韦炳堂，并于12月6日在良江圩将其处决正法。

11月13日 象县第二次各界人民代表会议在县城召开。

12月 金田武工队在美村抓获国民党土匪师长杨生堂。

12月 境内各县进行第一次工业普查。

是年冬 广西省电影队在来宾县城放映《丹娘》《区委书记》等苏联影片，是来宾县首次放映有声电影。

是年 境内各县先后发生多起土匪猖狂杀害共产党干部、普通群众，围攻地方政府，抢劫公私财物，破坏公共设施等恶性暴乱事件。

是年 各地开展剿匪及镇压反革命运动，至次年11月结束。

是年 象县工商联合会成立；新华书店象县支店成立并营业。

是年 各县掀起抗美援朝捐献热潮，人民群众捐钱捐物，广大青年踊跃报名参加中国人民志愿军。

1951年

1月8日 人民解放军14个半团挺进大瑶山，拉开瑶山剿匪序幕。至2月底，历时50余天，剿灭土匪3.8万余人，主要匪首甘竞生、林秀山、韩蒙轩、李荣保等无一漏网，瑶山会剿胜利结束。

1月25日 经政务院批准撤销武鸣专区，迁江县从武鸣专区划归南宁专区，旋即撤南宁专区设宾阳专区。次年6月，迁江县划归宾阳专区上林县。

是年春 壮、汉族居住地区的县（来宾、象州、武宣、忻城）开始土地改革试点工作。至1953年3月，各县土地改革任务全面完成。

是年春 迁江县天花流行。县人民政府组织24名医务人员分赴各乡，为6.8万余人种痘。4月上旬，又组织21名医务人员分赴各乡，给2.9万余人注射预防霍乱疫苗。

3月4日—6日 忻城县第二次各界人民代表会议在县城召开。

3月5日 湘桂铁路来宾至南宁段通车。

4月 来宾县减租退押运动开始，至10月结束。参加运动的农民达十万人以上，占全县总人口70%。

4月中旬 境内各县抗美援朝分会成立。至1952年5月，各族干部群众共捐献抗美援朝军费133.66亿元（旧版人民币）。

4月 象县第一家国营商业企业象县贸易支公司成立。

6月1日 忻城县人民法院成立。

6月28日 境内各县贯彻专区抗美援朝代表会议通过的《关于深入普及抗美援朝教育》《关于抗美援朝总会三大号召》协议。

6 月 武宣县在县城召开第二次各界人民代表会议。

7 月 30 日 中共来宾县委会作出《关于镇压反革命及不法地主的决定》。

7 月 人民币成为来宾县市场唯一货币。

7 月 中南局电影放映第二分队到象县放映《中华儿女》《抗美援朝》等影片，此为象县第一次放映有声电影。

8 月 10 日 由金晓邨、陈岸等率领的中央民族访问团到大瑶山，对民族地区群众进行慰问和考察。

9 月 4 日 柳州开往运江的复兴电船，在导江下碧寮沉没，致 21 位旅客遇难。

10 月 24 日 象县第三次各界人民代表会议在县城召开。

12 月 26 日 象县第四次各界人民代表会议在县城召开。

12 月 境内各县根据上级指示，开始“三反”(反贪污、反浪费、反官僚主义)运动。

12 月 境内各县开始在区、乡成立供销合作社。

是年冬 武宣县大米厂用柴油机发电，县城机关居民开始用上电灯照明。

是年 各县开始执行《中华人民共和国婚姻法》。

是年 各县人民武装部成立。

1952 年

2 月 武宣县公私合营三里锰矿公司成立。

3 月 16 日 象县第五次各界人民代表会议在县城召开。

4 月 13 日—15 日 忻城县第五次各界人民代表会议在县城召开。

6 月 1 日 中共大瑶山瑶族自治区(县)委员会正式成立。

6 月 24 日 象县第六次各界人民代表会议在县城召开。

6 月 大瑶山瑶族自治区(县)卫生院成立。

7 月 13 日 境内各县贯彻柳州专署《关于开展禁烟禁毒的指示》。开展禁烟禁毒。此后，毒品犯罪和吸毒现象基本绝迹。

7 月 境内各县国家机关、事业单位工作人员全部享受公费医疗。享受公费医疗待遇人员凭“公费医疗证”到指定的医疗单位就诊，一般不得转外地治疗，特殊情况须通过县卫生院证明，经县卫生科批准方能到外地国家医院就医。

8 月 24 日 广西省政府决定将来宾县、迁江县合并(实际合并于 11 月 15 日)，称来宾县，县治旧来宾县城(今兴宾区城厢村)。

9 月 1 日 象县、武宣县合并为石龙县，成立石龙县人民政府，县长韦章平；成立中共石龙县委员会，书记张国兴。

9 月 中国人民银行石龙支行成立。

10 月 1 日 石龙县象州片第一家集体所有制商业大乐供销社开业。

10 月 中国人民保险公司石龙支公司成立。

是年 象县的梁书明、黄金敦，来宾县的卢世仪、蒋锦芳，武宣县的黄礽基、韦敬身、郑致贵等人分别组织常年互助组。

是年 各县在国家干部中开展“三反”(即反对贪污、反对浪费、反对官僚主义)运动，在私营工商业者中开展“五反运动”(即反对行贿、反对偷税漏税、反对偷工减料、反对盗骗国家财产、反对盗窃国家经济情报)。

是年 石龙县建成第一批乡镇卫生院。

1953 年

1 月 来宾县划分 15 个行政区，按次序称谓。

1 月 20 日 忻城县供销社联合社成立。县长樊茂春兼主任。

是年春 中共来宾县委根据《中共中央关于农业生产互助合作的决议(草案)》精神，号召农民组织互助组。当年，全县组织起互助组 5048 个，共有 18450 户计 72397 人加入互助组。

2 月 各县开始掀起农业互助合作运动。此后，各地农民纷纷成立农业生产互助组。

2 月 3 日—7 日 石龙县首届妇女代表大会召开。

3 月 27 日 各县宣传贯彻婚姻法。

3 月 忻城县贸易公司成立。

3 月 石龙县公安局取缔“同善社”“归根道”“一贯道”等反动会道门。

4 月 23 日 大瑶山瑶族自治区(县级)成立。区治金秀。1955 年 9 月 18 日改称大瑶山瑶族自治县。1966 年 4 月 8 日更名为金秀瑶族自治县。

5 月中旬 忻城县连降大雨，春玉米被淹 4035 亩，房屋被淹数百间，倒塌 11 间，河坝、塘堤严重崩塌。

6 月 30 日 24 时 各县开始进行第一次人口普查。

6 月 中共石龙县委、县人民政府及镇机关从武宣镇迁至石龙镇。

是年秋 来宾县供销社(筹委)代国家收购、供应商品粮，至1954年实行统购统销时始改由粮食局办理。

8月 石龙县中学成立并开学。

9月 忻（城）马（泗）公路建成通车。

12月 来宾县召开三级干部扩大会，贯彻国家过渡时期总路线。

是年 各县试办农村信用合作社。1958年后，逐渐以生产大队设置分社。

是年 石龙县建成第一座火力发电厂并向县城供电。

是年 来宾县推行水稻一造改二造；推广黄泥水、石灰水选种；推广播合式秧田、小株密植技术；推广解放1号、白花谷、水芽156号、旱禾4号、马房黏等水稻品种；推广七寸步犁、53步犁、牛拉水车、耘田器等农具；始种绿肥；始用硫酸铵化肥。

是年 来宾县始征商品流通税，收入16万元。

是年 武宣县开始引进约克、长白等良种猪。

是年 中央语言研究所和广西民族学院派员在来宾寺山区进行壮语拉丁化实验教学。

是年 来宾县人民政府由旧县城（城厢街）迁至新县城（原来宾镇）。

1954年

1月 各县开始实行粮食统购统销，取消粮食自由市场。

2月 瑶族聚居地区（大瑶山瑶族自治区）以民主协商方式开展土地改革运动。至4月全面完成土地改革任务。

是年春 各县农民试办初级农业生产互助合作社。

6月21日 各县采取试点方法，对手工业进行社会主义改造。

7月 各县成立审查干部工作委员会及其办公室，对干部历史进行审查。

9月15日 各县开始实行棉布统购统销和计划供应。

9月 大瑶山瑶族自治区（县）初级中学成立。

10月 南宁市私营源丰大米加工厂到来宾县城组建大米加工厂。

11月8日 各县城镇开始实行粮食凭证定量供应，使用全国通用粮票和地方粮票，至1993年粮票正式停止使用。

12月 各县先后召开第一届人民代表大会。

12月 来宾县工商联合会成立。

是年冬 大瑶山区瑶族自治区（县）粮店成立并在县城经营粮食销售业务。

是年 各级粮食统购委员会成立。

是年 始用“666粉”作农药。仅来宾县用量当年就达0.14万千克。

1955年

1—8月 来宾县麻疹、腹泻、百日咳、疟疾、水痘、痢疾等病流行。

2月 忻城县人民检察院成立。

2月 广西宜山县血吸虫病防治所第二防治分队在马泗乡成立，次年3月改为忻城县血吸虫病防治站。

4月18日 来宾清水河引水工程竣工，正式放水。

4月 运江成信兴碾米厂实行公私合营，为石龙县第一家公私合营工业企业。

6月 各县开展内部肃清反革命运动，至1959年8月结束。

7月10日 中国农业银行石龙支行成立。

8月中旬 各县普遍开展粮油“三定”（即定产、定销、定购）到户工作。

9月 广西省电影队第38队划归来宾县，并改称来宾电影队，成为该县第一个电影队。

12月 大瑶山瑶族自治县第一条公路（桐木至金秀）动工修建。

是年 境内各县开始实行义务兵役制。

是年 大瑶山瑶族自治县建成火力发电厂。

是年 各地农村开始试用人力打谷机。

是年 境内各县开始对手工业和资本主义工商业进行社会主义改造。

1956年

1月1日 象州、武宣、来宾、忻城县属桂西壮族自治州辖。

1月14日 中国科学院古脊椎动物研究所野外队在来宾县桥巩乡合隆村麒麟山盖头洞发现旧石器时代晚期人类化石——“麒麟山人”。

1月18日 石龙县水晶河引水工程动工，1958年3月通水灌溉。

3月1日 忻（城）古（蓬）公路动工，次年3月28日完工，4月通车。

4月5日—23日 各县先后召开中国共产党第一次代表大会。

6月 忻城县百货公司成立;大瑶山瑶族自治县税务局成立。

8月 忻城县人民医院建成。

是年秋 忻城县初级中学开始办高中班,并改称忻城县中学。同时另创办思练、新圩、遂意三所初级中学。

9月 石龙县广播站成立,为石龙县有线广播之始。

9月 忻城火电厂建成发电,供机关单位和部分居民照明用电。

9月 忻城县都乐水利网工程动工,1958年3月竣工。

9月 象州县开办罗秀、桐木2所初级中学。

10月25日 金秀至桐木公路通车。

10月 来宾县创办壮文学校,校址城厢,1957年迁来宾镇,1959年停办。

12月25日 忻城县人民广播站成立。

12月 忻城县壮文学校成立。

是年冬 国营武宣农场第八队引进第一台拖拉机。

是年 境内各县乡乡通邮路。

是年 石龙县第一座小水电站——罗秀水电站建成发电。

是年 各县基本实现农业合作化,加入高级农业合作社的农户占总户数的98%以上。实现农业合作化后,农村中丧失劳动能力,生活无依靠的孤、老、残、幼者,由农业社给予保吃、保住、保穿、保医、保葬(儿童为保教)“五保”照顾。

是年 各县基本完成对农业、手工业、个体商业和资本主义工商业的社会主义改造。

1957年

1月6日 石龙县创办壮文学校。

1月18日 石龙县开设法律顾问处,开启专业律师为民服务先例。

4月19日 忻城县北更区遭冰雹,2112亩玉米受灾。

6月8日 各县成立“整风反右”领导小组,开展“整风反右”运动。

7月 来宾县城火力发电站正式投产。安装64千瓦电机1台。机关、居民安装电灯1200多盏,成为来宾县用电照明之始。

10月 来宾县提出大力兴修水利。至12月,全县共兴修中型水库5座,中型引水工程2个,小型水库51座,为当年自治区兴建水利先进县,得到省领导的肯定。

10月 中央广西省委第一书记刘建勤、省长韦国清亲临来宾县视察水利建设。

10月 大瑶山瑶族自治县广播站建立。

11月 忻城县板寻水库动工,次年春竣工。

12月 忻城县板毛水库动工,次年4月建成。

12月 大瑶山瑶族自治县水力发电站建成发电。

12月 石龙县创办茶花山林场,为县内第一个国营林场。

12月 来宾县泡水煤矿开办,是县办煤矿之始。

12月 来宾县三利水库动工兴建,次年冬建成主坝。

是年 来宾县建成国营水产养殖场。

是年 忻城县清水河公路桥动工,1960年竣工通车。

是年 忻城县壮锦生产社成立。

1958年

1月15日 境内各县根据上级指示,把干部下放到农村基层任职或当农民。

1月22日 境内各县根据宜山地委发出的《领导干部种试验田的指示》开展工作。

1月22日—25日 广西省大中型水利工程现场会议在来宾县三利水库工地召开。

1月 忻城县鸡叫地下河拦河坝工程动工,次年2月竣工。

3月1日 境内各县实行食糖凭证限量供应。

4月 为适应“大跃进”需要,各地“三日圩制”改为“星期日圩制”。

5月28日 石龙县长村水库动工兴建,1960年建成放水灌溉。

6月18日 石龙县罗秀河引水工程动工兴建,1960年3月通水灌溉。

6月 中共广西壮族自治区委员会(简称自治区党委)决定,中共宜山地方委员会改为中共柳州地方委员会,境内各县党委归其领导。7月,地委机关从宜山庆远镇迁至柳州市。

6月24日 自治区党委发出《关于实行地市统一领导的决定》,决定柳州市委和柳州市人委分别划归柳州地委和柳州专署统一领导。境内各县属之。

6月26日 石龙县石祥河中型水库开工兴建,1960年11月竣工。

7月8日 来宾县实现乡乡有卫生院。

7月19日 宜山专区更名为柳州专区。

7月 石龙县创办中虎岭林场;8月,创办笔架山林场。

8月15日—29日 境内各县实现人民公社化。

8月21日 境内各县根据上级精神召开三级干部会议,布置“大办钢铁”和农业“大跃进”。

8月 中共来宾县委书记张文卿被邀列席中国共产党第八届委员会第二次全体会议,并在会上作关于来宾县水利建设的发言。

8月 境内各县根据上级指导,大办民兵师,各县开始组建民兵师。

9月初 环江县一块1.13亩的实验田,当天收割1.057亩,收到干谷140217.4斤,折合亩产130434.14斤。“浮夸风”在柳州专区发展到顶点。

9月27日 来宾县钢铁生产指挥部成立,全县投入大办钢铁的劳力近26万人,占全县总人口58.1%,先后建成大小高炉11996座,生产烧结铁2864吨。为了多产钢铁,古塔、古庙及部分民房被拆除,山林、村前屋后林木几乎砍光,甚至连群众的锅头、犁头、锄头等废钢铁都要回炉熔化。

9月 忻城县欧洞、龙南国营林场成立。

9月 石龙县各学校停课,师生参加“大炼钢铁”生产运动。

10月22日 中共中央总书记兼国务院副总理邓小平、中共中央书记处候补书记兼中央办公厅主任杨尚昆率冶金部、铁道部、交通部负责同志到柳州视察大办钢铁工作。

10月31日 煤炭部副部长贺炳璋到忻城考察群众开采煤炭情况。

12月 石龙县通挽乡荣获周恩来总理签署国务院授予的“农业社会主义建设先进单位”奖状。

是年 各地大办公共食堂,吃饭不要钱。至1961年先后停办。

是年 境内第一家全民所有制企业、日榨100吨甘蔗的第一个机榨糖厂——来宾糖厂建成投产。1961年停产,1972年重建。

是年 石龙县通用机械厂建成投产;自来水塔建成并向机关单位和居民供水;开始气象观测预报;开始大规模兴修水利(至1960年,共兴建、续修水利工程200余处,水库有效库容6601.7万立方米)。

是年 境内各县先后开始进行第一次土壤普查,至1960年结束。

是年 各地人民公社整顿。方针是:统一领导,队为基础,分级管理,权力下放。三级核算,各计盈亏。

1959年

4月1日 各地实行市秤改革,将16两1斤制改为10两1斤制。

4月 石龙县图书馆成立,藏书万余册。

6月19日—20日 中共忻城县第二次代表大会在县城召开。

是年夏 石龙县文工团成立,为县内有专业剧团之始。

7月26日 石龙县柳江河面出现9级大风,吹翻7艘渔船,船上2人不幸溺亡。

7月27日 忻城县将“七日圩制”改为“五日圩制”。

8月1日 广西八一锰矿在来宾县凤凰建立。

8月31日 忻城县暴雨致板寻水库坝首崩塌10余米,下游70多家农户被淹,10间房屋倒塌,750余千克大米损失,7379亩水稻、玉米被淹。

9月 来宾县南泗乡高安老年造林队队长廖明昌赴京参加中华人民共和国成立十周年庆典活动。

11月 各地农村以大鸣、大放、大辩论的形式开展社会主义教育运动。

12月 忻城县麻风病防治站成立。

是年 忻城县开办农械厂、造纸厂、农药厂、砖瓦厂、综合加工厂、副食品厂、造船。1962年全部下马。

是年 境内各县发生浮肿、干瘦、妇女子宫脱垂、小儿营养不良4种疾病(简称“新四病”)。从1959年开始,各县成立防病治病领导小组,抽调医务人员组成医疗组,重灾区的县办临时医院,集中治疗较重病人。

1960年

1月24日 来宾县民兵在红水河中打捞出1架民国33年(1944年)坠落的美国B224型轰炸机。

1月 境内各县要求干部职工和农村社员大种瓜菜,实行瓜菜代粮,以解决粮食不足之困难。

3月8日—12日 中共石龙县第二次代表大会召开。

5月初 境内各县在县级以上单位开展“反贪污、反浪费、反官僚主义”的新三反运动。

5月30日 石龙县改称象州县。1962年3月27日象州县析出原武宣县地并恢复武宣县。

9月 自治区副主席覃应机到合山煤矿视察，下矿井看望当班工作。

11月1日 柳州经石龙至象州的汽车客运开始运营。

12月20日 各地开展整风整社运动，处理“一平二调”（亦称刮“共产风”）问题。

12月 境内各县生产大队全部通电话。

是年 象州县首次出口重晶石1200吨。

1961年

1月 各地精简机构，干部被下放到农村、工厂、基层任职。

6月 象州县对外贸易站成立，为县内第一个对外贸易专设机构。

7月 自治区党委决定，柳州地市党政机关分开，恢复原建制。境内各县仍属柳州专员公署领导。

8月17日 忻城县“五日圩制”改为“三日圩制”。

10月 象州县建成拖拉机站，有大、中型拖拉机4台。

11月14日—18日 忻城县第四届人民代表大会在县城召开。

11月 来宾县外贸站（今外贸局）成立。

12月 广西军区后勤部在象州县黄茆公社八仙岭建军马养殖场。1981年改为黔江种畜场，隶属自治区农业厅。

是年 来宾县文工团成立。

是年 中共来宾县委党校成立。

是年 来宾县开始征收集市交易税。

1962年

2月至次年9月 来宾县共有14个月无透雨，全县996个生产队，158307人受灾。

2月下旬 武宣县建成抽水站，从黔江抽水供应机关居民用水，为县城用自来水之始。

4月1日 象州县、武宣县分开办公，象州县治从石龙镇迁回象州镇。

4月 中共象州县委员会成立；象州县人民委员会成立。

5月28日 在大瑶山瑶族自治县县城召开庆祝大瑶山瑶族自治县成立10周年大会。

6—7月 受普降暴雨影响，象州县水位达71.8米，受灾田地2666公顷，损失粮食330万千克，房屋倒塌625间；武宣县黔江水位达62.94米，淹没农田2万多亩，民房倒塌140余间。

9月15日 自治区党委书记处第一书记韦国清到武宣县考察。

是年冬 各地实行生猪由国家食品部门统一购销政策（1985年，取消生猪派购政策）。

是年 象州县人民医院成立。

1963年

1月15日 象州县城出现极端低温天气，最低气温 -3.4℃。

2—6月 忻城县大旱，有4.5万亩早稻无水插秧。

3月 忻城县果遂龙马电灌站动工，次年竣工使用。

3月30日—4月4日 中共象州县第一次代表大会在县城召开。

4—6月 大瑶山瑶族自治县大旱。金秀镇3个月的降雨量分别只有24.0毫米、95.1毫米、57.3毫米。全县有6000余亩早稻未能按时种植。

6月28日 第二批印尼归国华侨及家属298人抵来宾华侨农场安家落户。

6月下旬 自治区主席韦国清到武宣县考察，了解旱情，并到禄新公社古禄村与群众一同抽水抗旱。

7月 全国侨联副主席蔡廷锴到来宾县考察。

8月 中共中央政治局常委、国务院副总理陶铸到武宣县视察抗旱救灾工作。

9月5日 象州县城出现极端高温天气，最高气温40.0℃。

9月 中央救灾工作组副组长、全国供销合作总社副主任王佑儒在自治区党委书记乔晓光陪同下，到武宣县考察了解灾情。

10月20日—25日 忻城县第五届代表大会在县城召开。

11月16日—19日 中共忻城县第三次代表大会在县城召开。

是年 各县开展“学雷锋”活动，广泛宣传雷锋模范事迹。

是年 境内遭受历史上八十年来最严重的旱灾，受灾人口79.57万人，粮食减产21.63万吨。72.6%的生产队因灾减产。

是年 象州县在罗秀创办良种示范场，培育繁殖良种水稻。

是年 忻城土司衙署列为自治区重点文物保护单位。

1964 年

3 月 1 日—5 日 中共武宣县第一次代表大会在县城召开。

3 月 自治区党委第一书记韦国清到忻城县考察。

4 月 5 日 武宣县城遭龙卷风袭击，汽车站、农械厂部分房屋被吹翻倒塌。

4 月 6 日 武宣的三里、东乡、二塘、新禄和象州的马坪、罗秀等地下冰雹。武宣县被毁坏房屋达 978 间。

5 月 8 日 武宣县计划生育委员会成立，开始宣传人口计划生育政策。

5—9 月 各地开展以“四清”为内容的社会主义教育运动试点工作。

6 月 30 日 各县进行第二次人口普查。

8 月上旬 中国人民解放军成都军区司令员韦德中将到武宣视察鱼塘码头战备工作。

9 月 各县首批城镇知识青年、应届初、高中毕业生到农村插队。

11 月 中共中央书记处书记、国务院副总理谭震林到来宾县考察，指示要充分利用红河水灌溉农田。

是年冬至 1976 年 各县陆续掀起农业学大寨高潮。

是年 来宾县始实验使用磷肥。

是年 象州县开始试用木结构人力插秧机。1966 年后推广铁结构人力插秧机。

是年 象州县在石龙镇开办农业技术学校。

1965 年

是年春 武宣县流行乙型脑炎、白喉病，患病者达 8323 例，死亡 89 人。

4 月 16 日 广西区党委、柳州地委决定把象州县作为农业稳产高产重点县，在经济政策上给予支持。

4 月中旬 武宣县连降大雨，致 75 间民房倒塌，多处农田被淹；山洪暴发，11 处山塘水库毁坏。

7 月中旬 武宣县的三里、二塘、黄茆遭台风袭击，2032 间民房瓦片被吹翻，231 间房屋倒塌。

8—9 月 忻城、来宾、武宣、象州等县全面开展“四清”（清政治、清经济、清组织、清思想）的社会主义教育运动。

10 月 各县实行粮食征购任务“一定三年”和超产、超购、超奖的办法，1971 年改为“一定五年”。

是年秋 各县教育部门贯彻“两条腿走路”办学方针，发展全日制中小学，创办半日制小学，普及每公社办一所农业中学和若干耕读小学。

是年 象州县建成自来水厂，机关单位和居民首次用上自来水。

是年 各地陆续接收南宁、柳州及各县城知识青年到农村插队落户。

1966 年

2 月 2 日 各县党委传达中共中央中南局《关于深入开展工业学习毛主席著作运动的决定》，此后各县掀起学习毛主席著作高潮，举办学习毛主席著作学习班。

2 月 15 日 各县在干部中开展学习焦裕禄的活动。

3 月 日榨 500 吨料蔗的红河糖厂建成投产。

4 月 29 日 西（津）柳（州）段电路工程完工送电。

5 月 30 日 境内各县根据上级布置开展“文化大革命”。1976 年 10 月，“文化大革命”结束。

5—6 月 境内各县先后成立“文化大革命”领导小组。

8 月 各地中小学成立“红卫兵”“红小兵”组织，学校开始“停课闹革命”，一批学校领导和老师遭到批判。同时，红卫兵以破“四旧”，立“四新”（即破旧思想、旧文化、旧风俗、旧习惯，立新思想、新文化、新风俗、新习惯）为由，毁坏了许多民族传统文化书籍和文物古迹、器具。

9 月前后 各地掀起画毛泽东像、写毛主席语录于墙上的“红海洋”高潮。

9—12 月 各地红卫兵停课闹革命，到全国各地搞大串连。

9 月 境内各县邮电局始开办国际长话业务。

1967 年

1 月 11 日 武宣县东乡首例流行性脑脊髓膜炎。至 5 月上旬，全县患病者多达 809 人，其中死亡 56 人。

1 月 各县成立各种造反派组织，掀起夺权高潮，各级党政机关、各部门、各单位陷入瘫痪状态。

2—3 月 各县驻军和人民武装部派干部到地方实行“三支两军”（支左、支工、支农、军管、军训），成立“抓革命促生产指挥部”，行使县党政职权。

3月7日 来宾县塘圩公社治安主任陶显大被潜逃上山为匪的原国民党军577旅大队长陶耀标等杀害于山洞中。当晚,县人民政府组织县公安局、县武装部、县中队力量进洞搜索,将陶耀标等3名匪徒击毙。战斗中县中队副队长罗常源被土匪刺成重伤。后罗荣立一等功。

4月 来宾县畜牧兽医站引进"长白猪"品种。此后,长白猪成为来宾县当家猪种。

5—8月 武宣、忻城、来宾等地先后形成"无产阶级革命派联合指挥部"(简称联指)和"四二二造反大军"(简称四二二)两大派对立的群众组织。

9月6日 柳州铁路局"文化大革命"派性组织60余人伙同来宾本地若干人到来宾县武装部抢夺枪支弹药,杀害武装部守军2人,打伤2人;武装部守军奉命还击,派性组织一方死16人,伤10余人。12月,忻城县亦发生派性组织("联指"和"四二二")抢夺当地武装部枪支弹药及财物事件。

11月 广西最大的火力发电厂合山电厂破土动工。

1968年

3月26日 来宾县的桥巩、良塘、迁江、北泗公社首次飞机播种造林1.5万公顷获得成功。

3月下旬至4月下旬 各县先后成立县"革命委员会",取代原"抓革命促生产指挥部",实行党政军一元化领导,行使党政职权。

4月 来宾县在石牙公社青翠村举办千人参加的"农业学大寨"学习班,掀起农业学大寨热潮。

4月起 各地掀起"三忠于"(忠于毛主席、忠于毛泽东思想、忠于毛主席革命路线)热潮,男女老少人人携带"红宝书"、跳"表忠舞",搞"早请示""晚汇报"。

6月7日 境内各县革委会召开三级干部会,传达柳州军分区会议精神,布置向"阶级敌人"刮"十二级台风",掀起大规模的"批斗"高潮。至12月底止,各县均发生乱抓人、乱斗人、乱打人、乱杀人乱象,来宾县因之造成207人非正常死亡,金秀瑶族自治县因之造成148人非正常死亡,象州县因之造成183人非正常死亡,忻城县因之造成301人非正常死亡。

6月20日—28日 忻城县大雨,降雨317.3毫米。大水淹没农田4万亩、民房241间;致2人死亡,1人受伤。

9月起 各县组织"工农兵毛泽东思想宣传队"分期分批进驻各级机关、单位、学校,领导"斗、批、改"运动。

9月 忻城县召开四级干部大会,再次掀起"农业学大寨"热潮。

10月27日 八一锰矿电炉炼锰成功,开始铁合金生产。

10月 各县开办"五七干校",大批在"文化大革命"中遭批斗的干部被下放到干校劳动,接受审查。

是年 境内农村开始实行合作医疗制度。之后逐年发展壮大,1976年达到顶峰。1978年后,开始走向低潮,到80年代,随着农村家庭承包责任制的推行,乡村公共积累下降,以集体经济为基础的合作医疗逐渐解体,1986年基本停办。

是年 武宣、忻城、来宾各县的"联指"和"四二二"两大派群众组织,先后多次发生"打、砸、抢"及持枪武斗事件。该年是"文化大革命"时期最为动乱、武斗死伤人数和非正常死亡人数最多的一年。

1969年

1月 合山矿务局《煤矿工人》油印报创刊。1977年改名为《合山工人报》,铅印。1984年全国发行。1987年与自治区煤炭厅合办,改为《广西煤矿工人报》。

2月12日 阿尔巴尼亚国家军事代表团到黄茆军马养殖场商议购买300匹军马事宜。

4月1日—24日 象州县寺村公社王院大队党支部书记何金光,在北京出席中国共产党第九次全国代表大会。

7月1日 忻城县将"三日圩制"改为"五日圩制"。

9月 来宾至合山铁路窄轨距改标准轨距工程开工。1971年7月全线通车。

是年 各县大办教育,生产队办小学,大队办初中,公社办高中。学制缩短,小学实行"五年制",中学实行"二二制"(初、高中各二年)。

是年 天津市和广西结核病医院共28名卫生技术人员下放到金秀瑶族自治县医院工作;天津市33名医务人员下放到忻城县大塘、古蓬卫生院工作。

1970年

3月 来宾县筹建县水泥厂,6月中旬试产成功。此后三次扩建,至1990年,年产量4.4万吨。

7月16日 柳江大水,象州最高水位71.5米。

8月6日 武宣县出现台风暴雨,黔江水位达62.45米,沿江2万多亩稻田被淹。

是年 来宾、武宣、忻城等县创办共产主义劳动大学。1972年后均改为中等师范(或专业技术)学校。

是年 各县革委会成立党的核心领导小组,行使中共县委员会职权。各公社恢复党委活动。

是年 武宣县水泥厂建成投产,年产水泥2.2万吨。

1971年

1月15日 金秀镇遭特大暴雨,公路交通中断。

2月 象州县水泥厂建成投产。

3月 武宣县乐梅中型水库扩建工程竣工。

6月3日 武宣县遭大风暴雨,山洪暴发,冲毁民房259间、山塘水库23座。

10月27日 越南民主共和国驻南宁总领事范金雄、副领事范魁到忻城县考察农业。

11月上旬 境内各县开展揭批林彪反革命集团叛党叛国罪行和批林整风运动。

是年冬 来宾县划出61个生产大队为甘蔗生产基地。

是年 柳州专区改为柳州地区。境内各县随之改属柳州地区。

是年 各县恢复中共县地方委员会和各级党组织。

是年 武宣县磷肥厂建成投产,年产钙镁磷肥2182吨。

1972年

3月1日 忻城县马泗公社农民蓝桂权乱丢烟头引发火灾,烧毁国有林木400多亩。

3月23日 武宣县接通柳南电网,始用上西津水电。

8月 金秀郎旁水电站动工兴建,次年9月建成。

8月 象州县氮肥厂建成投产。

10月中旬 忻城县组织2万民工,兴建红河渠。1974年5月第一级站工程完工,启闸提水成功。

是年秋 武宣县稻飞虱大爆发,全县损失稻谷5000多万千克。

是年 忻城县在龙马大队建成专治小儿麻痹症的龙马医院。

是年 忻城县自来水厂建成供水,县城机关单位和居民从此用上自来水。

是年 境内各县进行第三次森林调查。

是年 象州县农业技术干部和种田能手9人,到贵州省施秉县、台江县传播水稻栽培技术。

1973年

1月2日 来宾县良种繁殖场改为县农业科学研究所。

1月4日 来宾县农业机械研究所成立。

8月16日 来宾县邮政局与电讯局合并,改称邮电局。

8月24日—28日 象州县中平公社多福大队党支部副书记覃其修,出席中国共产党第十次全国代表大会。

9月6日 柳州地区航运分局桂民204客轮从梧州开往柳州途中,在象州的金滩发生沉船事故,死71人,经济损失20万元。

12月12日 武宣氮肥厂破土动工,1976年建成投产。

是年 象州县城开始有黑白电视机销售。

是年 忻城县屏山糖厂建成投产,日榨甘蔗150吨。次年技改后日榨甘蔗200吨。

1974年

3月7日 忻城县兴建县氮肥厂。当年10月建成投产。

5月24日 来宾县农业机械化学校成立。

7月1日 象州县大暴雨,山洪暴发,11个公社受灾,830间房屋倒塌,3万多亩早稻被淹,粮食损失200多万千克,冲坏水库9座,小水电站32座,淹死6人;忻城县降雨232.8毫米,淹没农田5.65万亩,粮食损失400万千克。

7月 金秀瑶族自治县发生洪灾,全县损失早稻909亩,中稻844亩,旱地作物255亩,木材457立方米,晚稻谷种1823千克。房屋被毁19间。

9月17日 来宾迁江红水河公路大桥动工兴建。

9—10月 金秀瑶族自治县大旱,全县1296亩晚稻、1690亩晚玉米受灾。

11月 中央血防检查团到忻城检查血防工作。

12月 在柳州召开"华南泥盆系会议"上,大会将大乐剖面确定为华南地区泥盆纪近岸浅海类型地层,简称"象州型地层"。1985年自治区人民政府将大乐剖面列为重点保护文物。

12月14日 迁江糖厂筹备处成立,次年11月,迁江糖厂建设指挥部成立。1979年1月,日榨2000

吨的迁江糖厂建成投产。

是年末 忻城县电影院动工兴建，1976年竣工。

是年 各地贯彻中央〔1974〕12号文件精神，开展“批林批孔”运动。

是年 各县先后派技术干部参加我国援外农技组到非洲加蓬共和国工作。

是年 来宾县引进湿地松；象州县农科所杂交水稻制种成功。

1975年

2月3日下午 象州县3个公社遭遇特大冰雹袭击，损坏房屋19182间，死1人，伤66人。

2月3日晚 金秀、三角六巷、忠良等公社遭遇特大风雹灾害，致1人死亡、13人受伤、424间房屋损坏。

3月3日 武宣县大琳、周眷、黄茆、上额、尚文一带遭冰雹袭击，毁坏房屋1023间。

5月9日 自治区党委书记覃应机到合山矿务局视察，并深入井下检查煤炭开采工作。

7月 迁江糖厂专用铁路工程开工，1987年9月25日建成通车。

9月15日 忻城县委书记谢永人出席全国农业学大寨会议。在会议上，忻城县被命名为“全国学大寨先进县”。

10月 广西林学院在来宾县城设分院。1982年迁回南宁。

11月中旬 境内各县贯彻全国农业学大寨会议精神，开展“农业学大寨”运动，并要求“三年建成大寨式的县”。

12月14日 武宣县大雪，地面积雪达5厘米厚，全县冻死耕牛200多头。

是年 象州县第一座可供放电影、演出和开会用的大礼堂修建落成。

是年 忻城县壮锦生产社改为壮锦厂。

是年 忻城县农民培育的“联顶”1号玉米种被选送北京农业展览馆参展。

1976年

1月9日 境内各县机关、学校、企事业单位，自发组织悼念国务院总理周恩来逝世的活动。

1月 武宣县霜冻，冻死耕牛433头。

1月 金秀瑶族自治县普降大雪，金秀镇气温-4.8℃，且冰冻长达20余天。交通受阻，电话中断。

年初 迁江红水河公路大桥竣工通车。

3月 根据中央〔1976〕4号、5号文件精神，各县开展所谓“批邓”“反击右倾翻案风”运动。

7月12日 武宣县黔江水涨，水位62.92米，淹没沿江民房1535间、农田5.6万亩。

7月 象州县柳江大洪水，象州最高水位72.9米。水淹早稻39079亩、旱地作物11314亩，粮食损失597.5万千克，房屋倒塌951间，死4人。

9月18日 境内各族人民在当地举行追悼大会，沉痛悼念毛泽东主席逝世。

10月24日 粉碎江青反革命集团的消息公布后，境内各地举行盛大集会、游行。

12月 象州县练石水电站竣工发电。

12月 广西第一座现代化大型综合冶炼厂——来宾冶炼厂动工兴建(后因国家调整基建计划而缓建)。1986年续建锡冶炼工程系统，1988年12月29日建成投产。

是年 武宣、象州、石龙县3座公路大桥兴建。

是年 忻城县大塘中学校园内出土一个西周中晚期的乳钉纹铜甬钟。

1977年

1—5月 金秀瑶族自治县大旱，总降雨量227.4毫米。多条河水断流，山塘水库干涸。全县7800亩早稻受灾。

1月15日 合山矿务局被煤炭部命名为“大庆式企业”。

2月 恶摊水电站(后改称乐滩水电站)一期工程开工建设，装机容量6万千瓦。1981年5月15日建成发电。系红水河第一座水力发电站。

3月 忻城县水泥厂动工兴建。1978年竣工投产。

6月26日 武宣县暴雨，山洪暴发，冲毁民房38间，淹没农作物3620亩。

6月 武宣县师范学校成立。

7月1日 金秀瑶族自治和平水电站1600千瓦1号机组安装竣工，投产发电；10月10日，1600千瓦2号机组建成并投产发电。

8月12日—18日 忻城县思练公社毛洞大队党支部书记罗家明出席中国共产党第十一次全国代表大会。

8月 武宣县矿粉厂成立。

10月20日 来宾县林业科学研究所成立。

11月15日 横跨境内红水河南北两岸的预应力混凝土铁路斜拉桥动员兴建，1980年12月1日竣工,共投资500多万元。1981年9月1日正式通车。大桥总长409米,高38米,10孔11上墩台,正桥最大跨度96米。

11月 来宾红水河公路大桥动工兴建。

是年 各地恢复大学、中专招生考试(高考、中考)制度;恢复小学、初中升学考试制度。

是年 象州县石龙糖厂建成投产。

1978年

2月 来宾县科学工作者代表大会召开,成立农、林、医等14个专门学会。

4月 象州县矿粉厂建成投产,设计年产量7.5万吨,为广西最大重晶石矿粉生产厂家。

4月 全国锰矿座谈会在八一锰矿召开。

7月1日 武宣县电视差转台建成,转播中央电视台和广西电视台节目。

7月 金秀瑶族自治县降雨量比历年同期平均数少33%,致780亩旱稻、7000亩玉米、3000亩旱禾受灾。

8月 各地学校撤销“红卫兵”“红小兵”组织,恢复少先队、学生会组织。

8月 象州县开办县师范学校;忻城县开办高级中学。

10月15日 忻城县思练公社桃源大队一小孩在山上玩火,引发火灾,烧毁大队集体林木1800亩,国营林场林木700亩,经济损失计15余万元。

12月5日 来宾红水河公路大桥建成通车。该桥为广西第一座大跨径箱型拱桥,系广西首个获得国家银质奖的公路大桥。

12月 全国人大常委会副委员长费孝通第二次访问金秀瑶族自治县。

12月31日 合山电厂六号机组建成投产,装机容量10万千瓦,为当时广西最大的火力发电机组。

是年冬 象州县首个公社文化站建立。

是年 各县多批次接收被越南当局驱赶回国的难侨,分别安排在境内的国营农场或林场安家落户。

是年 各县小学、中学学制恢复六年制(小学6年,初中、高中各3年)。

1979年

1月 武宣县东乡公社长龙、王道大队部分生产队率先推行包工到组,联产计酬,超产奖励的生产责任制,拉开农村经济体制改革的序幕。此后,境内各县进行农村经济体制改革,陆续推行各种形式的家庭联产承包责任制。

1月 忻城县龙马医院迁回县城并改为忻城县中医院。

3月9日 13时35分17秒,忻城县大塘镇发生ML3.2,MS2.5级地震。

3月 各县青年踊跃报名参加对越自卫反击战,仅来宾县就有1369名青年参军入伍。

4月29日—30日 忻城县连降暴雨,致1.75万亩农作物被淹,6人死亡,7人受伤,房屋倒塌严重。

5月14日 金秀瑶族自治县75个生产队遭受洪灾,2539亩旱稻、500多亩其他作物和240间房屋被淹;其中20间房屋倒塌。

6月15日—16日 国际泥盆纪考察团到大乐公社石朋村,对大乐泥盆纪作野外地质考察。国际地科联地层委员会泥盆纪分会主席齐格勒教授担任考察团团长,成员有日本、联邦德国、美国、英国、法国、比利时、加拿大等国的专家。

是年秋 金秀瑶族自治县大旱,全县14260亩农作物受旱,其中1131亩农作物失收。

11月3日 《广西日报》发表本报记者关于武宣农村改革的长篇调查报告,并配发简短评论,肯定和支持武宣县联产承包的做法。

12月21日 武宣县东乡一农民在劳动中不慎失火,酿成重大火灾,烧毁林木7675亩。

12月 忻城县林业局调查发现古蓬马尾松优良种源。国家林业部将古蓬松列为良种基因库。

是年 忻城县被列为全国菜牛出口基地县。

是年 金秀瑶族自治县建成电视差转台,转播中央电视台和广西电视台节目。

1980年

4月20日 “来宾导航台”建成使用。

6月17日 15时25分59秒来宾县良塘乡发生ML3.1,MS2.4级地震。

是年秋 各县(市)调整中学布局,按片区保留少数高、完中,撤销大部分原公社办的高中,只保留初中。

8月29日 武宣县科技人员职称评定委员会成立,首先在农业、工业、卫生系统中评定职称。

11月11日 忻城县所有圩市,恢复传统的“三日一圩”制。

11月 境内各县开展土壤普查工作。象州县于次年9月结束;来宾县于1983年12月底结束。

是年 忻城遂意烈士纪念亭建成。

是年 来宾县在蒙村公社搞以农业机械化为重点的“四化”试点。该社当时有大中型拖拉机83台，手扶拖拉机104台(多由国家调拨)。最终这种由国家包干的办法没有获得成功。

是年 各地开始把计划生育当作大事来抓,开始推行“独生子女”政策。

1981年

1月30日 忻城县境广西恶滩水力发电厂建成发电。

1月 各地开始执行第二部《中华人民共和国婚姻法》。

1月 各县撤销“革命委员会”,恢复县人民政府。

2月14日 来宾县南泗公社的14个自然村遭到罕见的风、雨、冰雹袭击,死5人,伤7人。

3月15日 合山电厂至柳州超高压输电线路竣工通电,全长90多千米。

3月15日 在红水河上境内建设的第一个水力发电站——恶滩电站并网发电。

3月27日 武宣县东乡受冰雹袭击,毁坏房屋150间。

3月 国务院首次发行国库券,各县分配给机关单位干部职工购买。

4月 象州县运江公社遭大风、冰雹袭击,毁坏房屋850间,吹倒圩房16间、电杆76根。

5月9日—11日 来宾、武宣、金秀等县(自治县)大暴雨,淹没稻田、毁坏民房、冲垮水坝,灾情极为严重。

6月29日 国务院批准设立合山市(县级)。

7月1日 金秀瑶族自治县忠良乡暴雨成灾,降雨272.5毫米,河水暴涨,淹没农田835亩,损失晚稻种1万千克,毁坏水利沟渠200余条,冲毁旱地作物2236亩,冲倒房屋24间,毁坏桥梁、公路多处。

7月 各县开展农业区划工作,至1983年结束,各县编成农业区划报告集。

8月25日 来宾县志编写(后改为编纂)委员会成立。

8月 费孝通第三次访问金秀瑶族自治县,考察自治县经济发展状况。

8月 自治区科委组织40个科研单位44人参加大瑶山综合考察,历时2年4个月完成考察任务,出版《广西大瑶山自然资源考察》一书。

9月1日 中国第一座、世界第四座预应力钢筋混凝土铁路斜拉桥——来宾红水河斜拉桥建成通车并获国家优质工程银质奖。

9月16日 来宾县中共党史资料征集小组成立。

11月 国务院批准《关于红水河综合利用规划审查会议的报告》。红水河梯级及开发方案中境内有恶滩、桥巩两级水电站。

12月20日 来宾县殡仪馆(时称火葬场)建成。12月1日起开展业务。

12月 象州至穿山公路建成通车。

是年 来宾县基本扫除少青壮年文盲并于1983年获柳州地区基本扫除少青壮年文盲县奖。

是年 各县(市)全面实行各种形式的家庭联产承包责任制。

是年 来宾县城开始有电冰箱销售。

1982年

2月 象州县地热电站建成并进行发电试验。

3月22日 来宾县蔗糖生产办公室成立。

3月 经国家建委批准、煤炭部拨款兴建的红水河东江大桥竣工(始建于1980年,是来宾县境内红水河段第三座公路桥)。

4—5月 金秀瑶族自治县在县城开办全国首期瑶文实验班。

5月9日—15日 煤炭部副部长赵子尚到合山矿务局视察。

6月 象州县落脉河电站建成投产。

7月1日 境内各县(市)进行第三次人口普查。

8月2日 来宾县第一届文学艺术工作者代表大会召开。

10月1日 煤炭部副部长李奎生到合山矿务局视察。

10月1日 忻城县红渡公路大桥建成通车。

10月28日—11月25日 地区、县、公社联合工作组在来宾石牙公社搞村民委员会试点。此后在各县逐步推行村民委员会。

12月8日 湘桂铁路柳州至黎塘复线工程,从来宾至和吉村的6个区段开通使用。

12月12日 忻城县新村糖厂动工兴建,次年建成投产。

是年 自治区人民政府批准在境内建立大瑶山综合自然保护区。

是年 武宣县农场糖厂建成。

是年 各县开展“五讲四美”活动。

是年 来宾县黄豆和粮食总产量创县年产量历

史最高纪录。

是年 境内各县开展林业“三定”（定山权、林权、管护权）工作。

1983 年

1 月 22 日 忻城县城下雪厚达 3—6 厘米，屏山 6 根高压电杆被压断。

2 月 21 日 来宾县陶邓公社九合大队一场篮球赛后，凡屯村与青岭公社木塘村篮球队，因一只篮球发生争吵、互殴，打死 14 人。同年 9 月凶犯受到法办。

2 月 25 日 水电部副部长李鹏到合山电厂考察。

4 月 境内各县（市）开始处理“文化大革命”遗留问题。

9 月 各地开展“从重从快打击刑事犯罪分子”专项斗争。

10 月 8 日 将柳江、柳城两县划归柳州市管辖。

10 月 10 日 武宣县锰锌矿一辆载矿车人货混装，在东乡禄道翻车掉到河里，死 5 人，重伤 4 人，轻伤 17 人。

10 月 25 日 国家科委确定大瑶山为全国科学技术综合开发的四大名山之一。同月，自治区党委和区人民政府作出重点开发大瑶山的决定。

11 月 23 日 广州军区在来宾县召开预备役部队应急动员演习观摩现场会。

11 月 全国瑶族文学讨论会在金秀瑶族自治县召开。

12 月 各县（市）宣布对“四类分子”改造工作完成，“四类分子”全部摘帽。

是年 武宣县安装传真机，开始试用传真机接递文件。

1984 年

1 月 22 日 自治区科委组织的大瑶山综合考察队林业组，在大瑶山发现珍贵稀有树种青钩栲林群落。

1 月 象州县第一座电视差转台建成使用。

2 月 27 日 境内各县（市）推行法定计量单位。

2 月 各县（市）根据中央政策，鼓励集体、个人办企业，允许农民到城镇从事商业、运输业、服务业、和加工业。

3 月 《金秀瑶族自治县志》编纂委员会成立，开始编纂自治县首部县志。

6 月 1 日 广西自行设计施工的第一座钢构公路大桥——象州县石龙大桥建成通车。该桥 1980 年 1 月动工，1984 年 5 月竣工。总投资 840 万元。

7 月 17 日 国务院批准将鹿寨县头排区、象州县桐木公社划归金秀瑶族自治县管辖。

10 月 27 日 1979 年 10 月动工兴建设柳州至黎塘铁路双线工程全线建成通车。该铁路在来宾境内里程长 83 千米。

10 月 象州县个体劳动者协会成立。

11 月 16 日—20 日 合山市第一届人大代表大会第一次会议在合山召开。

11 月 经国务院批准，武宣县被列为广西壮族自治区 48 个贫困县之一。

12 月 由自治区民委发起，全国瑶族干部代表商定：农历十月十六日“盘王节”为瑶族的统一节日。

是年 来宾境内所有公社完成撤销公社体制，建立乡（镇）政权工作。

是年 境内商业企业实行经营承包责任制，推动责、权、利有机结合的经营管理办法，成为独立经济实体。至 1989 年，境内 51 家商业企业，实行经营承包责任制的有 42 家，占总数的 82.3%。

是年 各县（市）个体工商户人数增长迅速。

1985 年

1 月 20 日 武宣县二塘乡小琳村一村民失火酿成特大火灾，毁林 2 万多亩。

1 月 境内人民公社政社分开工作结束，乡镇一级人民政府全部建立。

2 月 1 日 境内各县（市）开始取消生猪派购，实行议购议销。

2 月 16 日 忻城县电视差转台建成使用。

2 月 境内各县（市）成立整党领导小组，分期分批进行整党。1987 年月，整党结束。

3 月 境内取消木材统购，开放木材市场，实行议购议销。

3 月 忻城县百货大楼建成。

4 月 21 日 上海电影制片厂拍摄组到忻城县土司衙门拍摄《流亡大学》部分场景。

4 月 武宣县发生特大瓢虫灾害，3 万多亩黄豆受灾。

5 月 29 日—30 日 中国共产党合山市第一次代表大会在合山召开。

7 月 28 日 欧洲民间援华集团吴邦达博士等人首次到忻城县考察壮锦生产。

7 月 境内各县农村取消粮油统购改为合同

定购。

9月10日 境内各县(市)隆重庆祝第一个教师节。

10月2日 象州县柳江大桥破土动工,总投资718万元。1987年12月8日建成通车。

10月16日 广西、广东电力联网重点工程的合山—来宾—梧州22万伏高压输电线路胜利架通。

11月14日—15日 欧洲农业发展集团负责人奔德·朱伊斯曼先生等人到忻城县考察壮锦生产。

12月9日 忻城县新村糖厂发生锅炉爆炸事故,造成经济损失10万元。

是年 根据中央和自治区文件精神,各县进行工资改革,废除等级工资,党政机关、事业单位实行结构工资制(基础工资、职务工资、工龄工资和奖励工资),国营企业试行工资总额与经济效益挂钩的结构工资制。

1985—1990年 自治区文化厅拨专款25.5万元修缮忻城县土司衙门。

1986年

2月8日 合山电厂与广东电网并网。

2月 来宾县和八一锰矿共同投资34万元兴建八一锰矿贸易市场。次年1月正式交付使用。

3月10日 金秀林场林业工作者谭海明、赵进源、苏林在金秀瑶山首次发现国家一级保护植物——“银杉”。

5月 广西第一座现代化大型综合冶炼厂——来宾冶炼厂续建(始建于1976年,该年底停建)。

6月29日 自治区主席韦纯束、自治区人大常委会副主任黄嘉到合山市检查工作。

6月 境内的来宾、武宣、象州、忻城、金秀瑶族自治县和合山市人民政装部移交地方,改为地方建制。1995年恢复部队建设。

6月 金秀瑶族自治县在县城建立瑶医门诊部。

7月1日 武宣县建成地面卫星电视接收站。

7月28日 国际友人巴林先生等人再次到忻城县考察壮锦生产并无偿援助33.5万元人民币更新生产设备。

8月5日 象州县城附近发生地震,震级ML2.4,MS1.6;震中烈度1~2度;深度16.8千米。

9月 金秀瑶族自治县大旱。全县25700亩晚稻受灾,粮食减收136万千克。

9月29日 自治区党委书记陈辉光到合山矿务局视察。

10月8日 自治区主席韦纯束到武宣县考察农业生产和扶贫工作。

10月27日 合山火力发电厂最后一台机组——八号机组交付使用并正式投产发电。全厂装机容量49.5万千瓦,成为广西最大的火力发电厂。

11月29日—12月1日 卫生部部长崔月犁到境内考察调研少数民族卫生工作。

12月8日 来宾变电站投产运行,是广西电力系统大型中心枢纽站,也是广西电网向广东送电的中转站。

12月18日 水电部副部长赵庆夫到合山电厂考察。

是年 来宾县制药厂生产的石淋通冲剂被评为广西优质产品。

是年 武宣县六峰山林场“杉木地理种源选择试验”项目成功,获得国家科委等部门表彰,1987年获林业部科技进步一等奖,1989年获国家“科技进步”一等奖。

是年 国务院确定金秀瑶族自治县为定点扶持贫困县。

是年 境内遭受春旱、夏涝、秋旱、病虫等灾害。

1987年

2月20日 武宣县电池厂生产的丽光牌电池首次远销欧洲和美国。

2月 广西艺术研究所和柳州地区文化局联合在来宾县举行广西首次壮师剧研讨会。

3月15日 金秀瑶族自治县受风雹袭击,伤100余人,毁坏房屋5895间。

5月25日—26日 自治区主席韦纯束一行10人到来宾县检查工作,考察黔江示范牧场、来宾冶炼厂、来宾火电厂、县饲料厂、造纸厂、豆制品厂和县城市容。

5月下旬 自治区主席韦纯束到象州县罗秀乡敖村村公所视察农村基层政权建设。

5月 境内各县(市)首次颁发居民身份证。

5月 忻城县翠屏山植物公园建成。

6月1日 新来宾火车站投入使用。该站是自治区内县级火车站中最大的一个,候车室可同时容纳600多名旅客。

6月 忻城县电石厂建成投产。

7月6日—17日 欧洲农业发展集团驻华代表处莫华先生和巴林先生到忻城考察壮锦援建项目计

划实施情况。

7月17日 境内各县(市)木材实行林业部门收购,多家销售的办法。

7月31日 列入国家"星火计划"的广西第一家生产酵母蛋白颗粒饲料厂——来宾红河农场饲料厂建成投产。

8月2日—6日 中国历史博物馆研究员史树青等3人到忻城县考察土司历史,并发掘出土一批唐宋时期的重要文物。

8月20日 经象州县人民政府批准,大乐龙女、中平新联二处天主教聚合点和寺村基督教聚会点恢复活动。中华人民共和国成立后停止的宗教活动正式恢复。

9月26日 来宾火电厂铁路专用线开通使用。

10月31日 武宣县在县城礼堂举办首次重阳老人节纪念大会。

10月 忻城县土司博物馆成立。

11月 国家民委副主任赵延年到金秀瑶族自治县考察。

12月3日 武宣大桥动工兴建。1990年8月1日建成通车。

是年下半年 各县(市)开始评定专业技术职务职称。

是年 来宾县被国家列为全国100个重点产煤县之一。

是年 来宾县溯社乡被自治区命名为"体育之乡";来宾镇北街道壮师队获国务院授予全国"民族团结先进集体"。

1988年

1月上旬 中共中央书记处政策研究室派员从融水调购1000株沙田柚果苗,给该室定期调查点的来宾县良江乡思横村100户调查户种植。

1月10日 水电部副部长张凤祥到合山电厂考察。

1月 忻城县公安局破获一起横跨忻城、上林两县,盗窃耕牛多达30余头的盗窃大案。

2—3月 忻城县因低温阴雨天气,13万亩春玉米烂苗重种,占实种面积50%。

3月2日 中共中央政治局常委、国务院副总理、中共中央纪律检查委员会书记乔石到武宣县视察。

3月 境内2—3月日平均气温低于12℃的达40天。

3月起 象州县国营企业职工退休费开始实行社会统筹,由县社会保险所按工资总额15.5%向企业收取统筹金。

4月4日 来宾溯社乡中许村个体煤矿,违反国家《中华人民共和国矿产资源法》,违章作业,造成严重事故,淹死12人,重伤1人。

4月7日—8日 欧洲农业发展集团驻华代表处莫华先生第二次到忻城县考察新、老壮锦厂的生产情况。

4月中旬至5月 忻城县高温干旱,12万亩玉米枯萎无收,2万亩旱稻无水插秧,2万亩旱稻受旱绝收。

4月25日 象州县罗秀糖厂动工兴建,当年12月31日建成投产。

4月28日 象州县制革厂开办。

4月 忻城县氮肥厂改建为铁合金厂。次年1月4日点火试机成功。

5月6日 忻城县业余体校运动员蓝燕云参加全国女子举重锦标赛,以70公斤的成绩打破52公斤级抓举世界纪录。

5月21日 国务院财贸小组副组长刘海波到来宾县检查指导工作,对该县发展甘蔗生产表示赞赏,希望该县利用好蔗渣(生产卫生纸)、水面(养鱼)、草场(养奶牛)。

6月5日—7日 欧洲农业发展集团驻华代表处莫华先生第三次到忻城县考察壮锦生产。

6月 忻城县新村糖厂扩建,由日榨650吨扩大到日榨1200吨。次年2月扩建工程完工。

6—8月 忻城县暴雨成灾,农田被淹,民房倒塌74间。

是年秋 忻城县民族中学开办。

8月20日—24日 广西民族研究会在忻城召开"土司制度学术讨论会"。

8月31日 境内各县发生特大洪灾。红水河上游连降暴雨,河水猛涨,迁江河段水位87.28米;同时柳江河洪水回涌,泛滥成灾,象州水位72.69米,农作物被淹60277亩,房屋被淹3096间,倒塌222间。

9月 武宣县发生稻瘿蚊灾害,晚稻受灾面积达11.9万亩。

10月9日 自治区人民政府公布:武宣县的百崖槽、八仙天池,金秀瑶族自治县的大瑶山等为自治区级风景名胜区。

10月22日 广西第一座现代化大型综合冶炼

厂——来宾冶炼厂建成投产。该厂采用国内外锡冶炼最新技术和科研成果,生产技术达到80年代世界先进水平,年产精锡1.2万吨。

10月25日—30日 自治区副主席龙川在武宣县召开扶贫工作会议,推广武宣县“统一规划,连片开发,分户经营,联合服务”的扶贫工作经验。

10月 考古队在忻城县红渡镇白巷村宋代古窑址发掘考古,出土一批器物和陶瓷残片。

11月10日—14日 全国瑶族研讨会第二届年会暨学术讨论会在金秀瑶族自治县召开。

12月15日—17日 由全国政协副主席、国家民委主任司马义·艾买提率领的中央慰问广西代表团四分团到来宾县参观慰问。

12月18日 著名社会学家、全国人大常委会副委员长费孝通到金秀瑶族自治县访问。

是年 境内发生春、秋大旱,受灾面积11.3万公顷,受灾众人人口113.71万人,粮食减产15.71万吨。

是年 有线电视开始兴起,至1990年,境内各县(市)先后在县城建设有线电视网络,至1997年,乡镇政府所在地均建成有线电视网络。

是年 自治区消灭疟疾考察组到来宾县考察,并宣布来宾县为基本消灭疟疾县。

是年 来宾县党史办编写的《中共来宾县党史大事记》出版(内部发行),并获1988年度广西史料征集研究优秀成果三等奖。

是年 自治区人民政府报请国务院批准,确定来宾、武宣县为重点糖料甘蔗生产基地,实行综合开发,适度规模经营。

1989年

1月4日—7日 自治区主席韦纯束到象州、来宾两县检查指导工作。

1月 联合国难民署拨款15万美元援建武宣县华侨砖厂。

1月 武宣县在三里东矿创办“敬老院”。

2月12日 全国政协副主席钱正英到忻城县视察新圩乡北城村北敢洞地下水和广西恶滩(后称乐滩)电厂。

3月10日 横跨两广的50万伏超高压输变电工程的重要枢纽工程——来宾50万伏变电站开工建设。

3月 来宾火电厂投产,装机容量12.5万千瓦。

7月中旬至12月底 境内各县秋冬大旱。除柳江、红水河及洛清江以外,其余河溪全部断流,为五十年来所罕见。

9月 来宾县农民女子篮球队代表广西参加全国农民篮球邀请赛,获女子队第三名。

11月19日—21日 美国瑶人协会代表团一行10人,到金秀瑶族自治县开展寻根访祖活动。

11月26日 来宾县七洞乡司机黄某驾驶19座个体客车载客28人(其中超员9人),由七洞乡开往县城。下午1时,行至来(宾)迁(江)线7千米又260米处的古瓦桥,因严重超载且超速行驶,车辆失控撞断古瓦桥右栏杆,坠入12.3米桥下并撞碰河中巨石,致22人当场死亡,6人重伤。事故发生后,柳州地区、来宾县有关领导亲临现场和交警共同处理事故,做好善后工作。

12月 象州县首家合资企业“象州矿泉水厂”建成投产。

1990年

1月中旬 金秀瑶族自治县初级农村电气化建设达标,为原柳州地区第一个初级农村电气化建设达标县。

1月11日 忻城县古蓬镇凌头村黄朝新等5户村民无证办煤窑,因瓦斯爆炸,民工死亡23人,重伤5人,轻伤7人。国务院总理李鹏、国务委员邹家华分别作重要批示,自治区副主席王容贞亲临现场处理事故。

2月13日 全国政协副主席钱正英一行7人抵达来宾县考察水利设施。

2月25日 能源部部长黄毅诚到溯河矿考察。

3月1日 来宾县7万青少年走上街头学雷锋、做好事,此次活动是来宾县开展学雷锋活动以来规模最大的一次。

3月27日—29日 十级龙卷风夹带雷电冰雹袭击来宾、忻城、武宣等县。致来宾17人死亡,54人受伤,30头猪、牛死亡,3600亩庄稼被毁,3.1万千克粮食损失,400余间房屋倒塌,200根电线杆倒地,3000多棵大树折断,折合经济损失300多万元;忻城34674亩农作物被淹,8间房屋倒塌,159间瓦房毁坏,一处水库坝崩塌,6000余亩林木被毁,损失40万余元;武宣县亦损失惨重。

4月4日 欧洲农业发展集团驻华代表处巴林先生等人再次到忻城县考察壮锦生产厂。

4月5日 中国科协授予象州县全国农村科普工作先进集体荣誉称号。

4月25日 来宾县中学生男女篮球队参加柳州地区中学生篮球运动会,双双荣获冠军。

5月25日 来宾县委作出《关于大力造林种果,十年绿化来宾的决定》,决定从1990年起,力争7年内消灭宜林荒山,10年绿化来宾大地。

6月7日 广西“3730”项目获世界粮食援助政策及计划委员会第24届会议批准,象州县工程6项,共获外援小麦27848吨,折合人民币2290.55万元,自治区配套资金2855.82万元。

7月1日 零时,各县(市)进行第四次全国人口普查。

7—8月 来宾县开展严厉打击刑事犯罪分子活动,共收缴砂枪241支,手榴弹3枚,炸药5.5吨,雷管1.2万发,各种管制刀具201把。

8月18日—21日 菲律宾金融专家依沙贝拉女士到忻城县壮锦厂考察生产情况。

8月25日 来宾县举行首届“国防杯”射击比赛,共600名民兵参加比赛。

11月 忻城县遂意乡爆发甲肝病,县人民政府及时委派医务人员到疫区免费治疗,349个病人全部康复。

11月 忻城县农民女子篮球队参加广西农民女子篮球选拔赛,荣获冠军。

12月8日 忻城县北更供销社工业品门市部值班人员玩忽职守,酿成特大火灾,烧毁平房9间和价值14.51万元的商品。

12月 忻城县博物馆会同自治区考古专家郑超雄到忻城县红渡镇矮山村征集文物,获得晋代岩洞葬品得贝闭、骨针、蚌刀、蚌饰品、石斧等100余件珍贵文物。

12月 考古队在忻城县宁江乡三堆屯附近发掘三堆封土,出土大石铲11把;发掘芝州古城遗址,出土土砖、瓦等文物10余种。

12月 金秀瑶族自治县被评为全国造林绿化先进县。

1991年

1月27日 中共广西壮族自治区委员会(以下简称自治区党委)书记赵富林到来宾县考察。

1—6月 来宾县的16个乡(镇)59个村屯流行小儿麻痹症,发病83例。中共来宾县委、县人民政府及时抽调2370名医务人员分赴各乡镇展开工作,疫情得到控制。

3月3日 自治区计委主任张敦颢到来宾县调研“七五”期间经济社会发展、“八五”期间工作主要指标等情况。

3月21日—22日 国家卫生部部长陈敏章一行5人到金秀瑶族自治县桐木镇卫生院等检查儿童计划免疫和初级卫生保健工作。

3月23日 自治区农业厅厅长张广山到来宾县检查春耕生产和禽畜“5号病”情况。

4月25日 来宾火电厂冷却水水利工程建成通水。该工程总投资320万元,可灌溉农田655公顷。来宾、城厢、良江三个乡(镇)灌区的18个自然村共2万多人直接受益。

6月 忻城县连降雨11天,局部涝灾。3.5万亩农作物受灾,25间房屋倒塌,5座桥梁、1座渡槽、2座闸坝、3处电灌站被冲坏,直接经济损失54万元。

是年秋 忻城县大旱,13万余亩秋玉米受灾,其中11万亩绝收;14.万人饮水困难,占全县人口37.9%。

9月18日—19日 自治区党委书记赵富林到合山市、武宣县考察工作,19日在武宣召开象州、来宾、柳江、桂平、武宣5个县的县委书记座谈会。

12月 忻城县在大塘建成全县第一个敬老院。

12月17日—20日 自治区党委书记赵富林在象州、武宣和金秀瑶族自治县进行调查研究,与基层干部群众座谈。

是年 境内各县开始征收水资源费。

1992年

1月4日 大瑶山水源林保护区工作人员在金秀瑶族自治县城附近的一个水源林保护区内,发现桫椤群落。桫椤,又称树蕨,国家一级保护植物,像这样的桫椤群落在全国极为罕见。《人民日报》对此作了报道。

1月 原柳州地区首届壮族“三月三”歌节在来宾县举行。

3月22日 来宾县自行车运动协会成立。

4月5日—7日 中国人民武装警察总部政委徐寿增中将,到金秀瑶族自治县武警中队考察。

4月17日—18日 以日本九州岛大学名誉教授、著名学者冈田武彦为顾问、山形县东北振兴研究所理事长著名学者地主正范为团长一行14人,中方以浙江社会科学院院长、研究员王凤贤为团长的“王阳明遗迹日中联合学术考察团”,考察忻城县八寨部分寨址和忻城土司博物馆。

4月24日—26日 全国太平天国革命学术研

讨会在象州举行。研讨太平军在象州的活动及太平天国起义初期的有关问题。

5月9日—11日 自治区副主席李振潜到来宾县考察综合治旱工程。

5月14日 日本国际事业协调团协调员上田仁等到来宾县考察治旱工程。

6月20日 象州县1988—1991年共完成白内障复明手术207例，获“全国白内障手术复明先进单位”称号。

7月6日 英国牛津大学历史系高级讲师P·A布尔博士一行5人抵达来宾县，与我国专家合作，对县境岩溶地质和岩溶沉积物进行为期半个月的考察研究。

8月28日 中共来宾县委和县人民政府在县城河西经济技术开发区举行开工典礼仪式。

8月29日 忻城县大塘经济开发区举行奠基典礼。

8月 《金秀瑶族自治县志》正式出版发行，为原柳州地区第一部新编县志。之后，各县(市)志先后出版发行。

9月1日 境内各县(市、区)贯彻原柳州地区行署《关于加快发展二轻集体工业的若干规定》《关于奖励引荐外来投资的暂行规定》《关于鼓励外商投资的若干规定》《关于鼓励外地投资企业的优惠办法》。

9月28日 投资400万元的来宾县新汽车站动工兴建。

10月3日 忻城县缫丝厂建成投产。

10月 各县(市)组织史资料先后出版。

11月26日 象州县林业局干部梁峰为扑救县城北郊林区山火而大面积烧伤，经抢救无效牺牲。次年被自治区人民政府追认为革命烈士。

11月26日—12月3日 金秀瑶族自治县庆祝自治县成立40周年。

12月6日 中共中央政治局常委、中央军委副主席刘华清到柳州军分区、柳州预备役师视察。

12月15日 合山市专业森林消防队成立；16日，对外贸易公司成立；17日，物资总公司成立；21日，供销总公司成立。

12月21日 柳州邮电局移动通信系统(大哥大)工程开通投产。至1995年底，境内各县(市)移动通信全部开通运营。

是年 境内各县贯彻落实柳州地委、行署《关于对农户进行实用技术培训的实施意见》。

是年 境内各县(市)商业开始实行以落实企业经营自主权为主要内容的“四放开”(经营放开、价格放开、分配放开、用工放开)改革。武宣县作为改革试点取得成功。截至12月，各县商业企业改革面达83.5%。

1993年

2月4日 国家体委主任伍绍祖抵达境内检查体育工作。

3月上旬 忻城县“壮锦牌”乳鸽酒参加第一届国际名酒香港博览会评比，荣获金奖。

3月15日 广西林纸厂万吨底层纸工程建成投产，年产0.5万吨，成为境内大型骨干企业。

4月8日 合山市通信系统BP机网络开通。

4月17日 下午3时至4时，罕见的大冰雹袭击来宾县五山、三五乡5个村公所的20个自然村，致1252户农民受灾。灾后县保险公司及时给受灾群众赔付保险费。

4月20日 交通部部长黄镇东到来宾县境内考察建设中的桂柳高速公路。

4月27日 境内各县举行首批人民警察授衔仪式。

4月28日 境内各县进行首次第三产业普查。

6月25日 忻城县500门程控电话启用。次年底扩大到2000门。

7月1日—10日 来宾县连降大暴雨，雨量达350毫米，迁江红水河水位81.58米，超过警戒线0.58米。洪水致1.5万人受灾，4人死亡，直接损失1236万元。

8月20日 来宾县邮电局正式开通使用126无线寻呼台。

10月11日 合山市民工在道路施工中挖出唐、宋时期铜钱45千克。

10月26日 自治区党委副书记、人大常委会主任刘明祖到武宣县考察，参观了八仙岭绿化点和分岭茶叶生产基地。

10月 合山市开始出售公有住房。

是年 境内各县(市)先后开通无线寻呼业务。至2005年停用。

是年 境内各县先后兴建移动电话通信基站，至1995年陆续建成使用。

是年 境内各县(市)取消非农业户口粮食定量供应办法。

是年 忻城县兴建芝州集贸市场。次年10月

1日建成使用。

是年 全国第一个瑶族博物馆——金秀瑶族博物馆建成投入使用。

1994年

1月18日 合山市程控电话开通。

1月31日 合山市发生一起歹徒行凶报复杀人事件。武警来宾县中队队长宾义华见义勇为,孤身赤手与15名歹徒搏斗,身负重伤。自治区党委、柳州地委分别作出向宾义华学习的决定。4月13日,柳州地委、行署决定授予宾义华"人民卫士"称号。

2月5日 由香港东方企业公司投资7000万元人民币,广西来宾东方水泥有限公司在来宾县南郊兴建的年产30万吨水泥立窑工程奠基动土。

3月 来宾县城厢乡莆田石膏矿产品(3000吨)首次打入国际市场。

4月 境内各县划定基本农田保护区。

4月 国务院增列忻城县为国家"八七"扶贫攻坚计划扶持贫困县。

6月13日—18日 境内发生百年一遇的特大洪灾。来宾县24个乡镇的223个村公所1260个村屯9.89万户81.1万人受灾,直接经济损失7.8亿元;武宣县13个乡镇的86个村公所2.75万户13.76万人受灾,直接经济损失4.5亿元;忻城县9个乡镇受灾,农作物受灾2666.67公顷。

7月3日 联合国灾害评估小组一行4人,深入武宣县实地进行核实与视察。

7月8日 中共中央政治局常委、国务院副总理朱镕基到柳州地区视察灾情,指导抗洪救灾工作。

7月12日 龙卷风袭击来宾县、金秀瑶族自治县、象州县,致金秀150亩八角林被毁,55间房屋倒塌,直接经济损失35万元;来宾1200多棵树被毁,1000多间房屋顶被掀翻,640公顷玉米倒伏,313.3公顷早稻被淹;象州1人死亡,169公顷甘蔗折断,96间房屋倒塌,直接经济损失超过180万元。

7月21日 自治区党委书记赵富林到武宣指导抗洪救灾工作。

8月31日—9月2日 自治区政协主席陈辉光一行3人到武宣调查了解灾情,指导武宣干部群众抗灾救灾、恢复生产。

9月16日 自治区副主席袁正中到广西八一铁合金厂现场办公,为企业解决困难。

9月19日 合山市一煤井被突然喷涌的地下水淹没近200米,造成16人死亡,1人受伤。

9月20日 各县分设国家税务局和地方税务局。

9月 新编《象州县志》出版发行。

11月10日 来宾市华锡冶化有限公司成立。同日该公司的锌铟综合利用工程在来宾破土动工。

11月28日 由来宾县大湾籍香港商人陈国威捐资30万元和该县筹措资金建设的"陈国威新村"落成庆典。

12月4日 零点起,境内各县(市)的电话号码升为7位,一齐进入柳州本地电话网。

12月6日 大瑶山水源林自然保护区管理委员会工作人员,在进行树种调查时,分别在海拔1000米、1200米、1380米3个地段发现中国特有的珍稀国家一级重点保护植物——银杉。这是金秀第二次发现银杉群落。

12月 武宣县东乡、河马、新龙、桐岭、通挽乡,象州县寺村、罗秀、大乐乡,金秀瑶族自治县罗香乡、桐木镇等10个乡镇,先后被批准为革命老根据地。

是年 境内各县(市)造林灭荒达标。

是年 境内商业企业开展"国有民营""抽资承包"改革。象州、来宾、金秀、合山等县(市)小型企业实行"国有民营"改革,柜台原有商品由职工自筹资金买断,在国有名义(或国有企业招牌)下由职工自己组织资金和商品开展经营。

1995年

1月下旬 自治区党委书记赵富林到来宾、忻城县慰问工人、农民。

1月17日 忻城县古蓬镇一联营煤矿发生瓦斯爆炸,致24人死亡。

3月22日 来宾县召开大会,授予3月17日与暴徒搏斗献身的石牙乡派出所所长霍建很"人民忠诚卫士"称号。

3月25日 国内贸易部第一副部长兼国家粮食储备局局长罗植龄专程到忻城县检查粮食工作。

3月26日 境内各县(市)组织开展政府机关工作人员向公务员过渡考试。

4月10日 忻城县部分乡镇村屯遭受龙卷风和冰雹袭击,致1.8万亩玉米受灾,14002间民房毁坏,直接经济损失650万元。

4月24日 来宾县召开首次国有土地使用权公开拍卖大会,成交22间房地,成交额207.3万元。

4月 武宣县电池厂生产的"丽光牌""偶塔牌"

大号电池,参加1995年全国新技术产品展销会,荣获金奖。

4月 境内各县开展第三次工业普查。

5月12日 司法部副部长陈卓到忻城县检查指导工作。

6月26日 来宾县溯社乡中许村公所中许村"柳州地委机关工会联营煤矿"发生特大瓦斯爆炸事故,致16人死亡,4人重伤,直接经济损失40多万元。

6月30日—7月2日 中共中央组织部在北京召开优秀县(市)委书记表彰大会。忻城县委书记罗黎明是获得表彰的100名优秀县(市)委书记之一。

8月19日 忻城县思练糖厂动工兴建。

9月10日—12日 全国政协考察团一行11人对武宣县、来宾县糖业进行考察。

10月1日—4日 合山市在北京民族文化宫举办"广西柳州合山奇石展"。展览期间,原国务院副总理谷牧等领导观看奇石展。《光明日报》等媒体先后作了报道。

10月6日—12日 经自治区卫生厅考察检测确认,金秀瑶族自治县成为自治区第一个消灭疟疾的少数民族自治县。

10月26日 广州军区动员部部长谭喜生到来宾县考察预备役部队工作。

12月7日 全国第一个BOT试点项目来宾火电厂正式招标。1996年5月8日,自治区人民政府在北京举行广西来宾电厂BOT项目开标仪式。

12月20日 忻城县新村糖厂扩建工程竣工投产。

1996年

1月8日—9日 由自治区政协副主席贺祥麟带领的考察组到来宾县考察社会办学情况。

1月16日 民政部副部长李宝库到来宾县考察撤县改革工作。

2月2日 中共中央政治局常委、中央书记处书记胡锦涛代表中共中央向柳州地区各族人民进行春节慰问,开展视察考察活动。

3月7日 八一铁合金厂被自治区冶金厅和外经委授予1995年度"广西出口创汇大户"称号,成为广西冶金行业唯一获此殊荣的企业。

5月10日 日本驻中国北京事务所官员到来宾县小平阳镇考察验收"治旱工程试点项目"。

5月10日—11日 交通部副部长李居昌率队考察红水河。

5月30日 由农业部人事司司长白志健带领的中央党校考察组到来宾县考察甘蔗生产和畜牧工作。

7月2日 自治区副主席奉恒高到来宾县小平阳镇检查扶贫工作和治旱工程。

7月 境内各县(市)撤销村公所改设村民委员会工作结束。

8月7日 民政部副部长杨衍银到来宾县检查指导救灾工作。

9月11日 合山市北泗乡发生特大恶性透水事故,致38名旷工遇难,直接经济损失100多万元。

9月 来宾县荣获"全国体育先进县"称号。

9月 来宾县被农业部定为秸秆养牛示范县和旱作农业示范基地。

9月 南柳高速公路来宾段全线动工。该高速公路跨县境78.7千米,经陶邓、小平阳、三五、良江、来宾、凤凰等6个乡镇。该高速公路1998年12月8日建成通车。公路为双向四车道,全长138千米,设计行车时速120千米。

10月2日 中共中央政治局常委、国务院总理李鹏在柳州地区农村视察。

10月30日 中共中央总书记、中央军委主席江泽民在柳州接见柳州地区领导。

12月26日 来宾县"五保"老人入院集中供养庆祝会在良江乡召开,自治区党委副书记马庆生参加大会。至此,该县全面实现乡乡(镇)建有敬老院。

12月29日 自治区副主席刘洪到来宾县糖厂检查日榨2000吨技改工程。

1997年

1月1日 从1日起,境内各县(市)同时进行第一次农业普查。

2月25日 境内广大干部群众收看收听邓小平同志追悼大会实况转播。

2月 来宾县筹措110万元兴建来宾公园(今来宾市人民公园),并于春节正式开放使用。

3月8日 南柳高速公路161千米处发生塌方事故,致10人死亡,8人受伤。

3月8日 法国电力公司总裁到来宾电厂参观考察。

3月24日 武宣县被中宣部文明办列为全国农村精神文明建设示范县。

4月20日 林业部副部长王志宝到来宾县南

泗乡考察桉树资源情况。

5月22日 自治区副主席李振潜到来宾县小平阳镇考察调研治旱工程。

5月 国家计委、农业部批准象州县为1997—1998年度全国商品粮基地。

7月1日—9日 武宣、象州、来宾、忻城、金秀5县(自治县)遭受水灾,致1.38万公顷农作物受灾,874间民房倒塌,武宣、金秀部分公路及通讯中断,直接经济损失2亿多元。

8月4日—5日 自治区党委书记曹伯纯到来宾县五星机械厂、城厢乡村级联办万亩果场和陶邓乡陈业泉万头养猪场考察。

9月3日 来宾电厂BOT项目特许权协议在京签字。来宾电厂B厂装机容量为2×36万千瓦的燃煤机组,总投资为6.16亿美元,以"建设—经营—移交"的BOT方式建设。自1995年5月批准立项以来,经过两年多的谈判,法国电力—通用电气阿尔斯通联合体取得项目的特许权。该项目是中国第一个由中央政府批准的BOT项目。

10月16日—18日 全国政协副主席钱正英到来宾县、武宣县考察治旱工作。

10月25日—26日 自治区各地市县歌手到来宾县参加《小康民谣》歌王比赛,自治区党委常委、宣传部部长潘琦出席大赛。

11月7日 由象州县罗秀糖厂与英国糖业(海外)有限公司合资组建的广西博华食品有限公司正式成立。

11月19日—20日 自治区人大常委会主任赵富林先后到来宾县和忻城县考察国有企业改革、城市建设、市场建设等情况。

12月3日 合山市唯一制糖民营独资企业合山糖厂建成投产。

12月19日 来宾县平阳镇188煤矿发生重大瓦斯爆炸事故,致16人死亡。

1998年

1月5日 自治区副主席李振潜到来宾县考察改水项目。

1月 自治区副主席袁正中率自治区慰问团到来宾县慰问来宾电厂B厂BOT项目法(国)方朋友和参建员工。

2月7日 来宾县拉开人畜饮水工程大会战序幕,县直机关部门219名干部进驻缺水村屯,帮助群众办实事,解决饮水问题。

3月15日 合山市北泗乡小煤窑发生特大透水事故。

4月1日 来宾华侨农场、迁江华侨农场、凤凰华侨农场3家华侨企业委托来宾县管理交接仪式在县城举行。

4月29日 广西军区政委周遇奇到来宾县检查武装工作。

6月18日—26日 境内连降暴雨。来宾县227个村委会中1275个自然村计85687户435057人受灾,致11人死亡,2.82万公顷农作物被淹,直接经济损失2.2亿元;武宣县13个乡镇的116个村委会中40381户计18.41万人受灾,3.27万公顷农作物被毁,1.25万多间房屋被淹,直接经济损失2.21亿元,间接经济损失3.96亿元。来宾县蒙村乡清潭水库水位高达114.73米,蓄水量达1040万立方米,超出880多万立方米的有效库容,造成溢洪道崩塌,危及地八、中团等18个自然屯。溢洪道崩塌后,县党政军民奋力抢救,库区1200多户5500多人无一伤亡。

6月27日 自治区主席李兆焯到来宾县良江镇白面水库、三五乡红岩村检查抗灾救灾情况。

7月16日 自治区党委书记曹伯纯到武宣镇清水村考察调研小康文明示范村、生态农业建设情况。同时到荣获"自治区青年文明号"的通挽交警中队看望慰问干警。

8月1日—2日 自治区人大常委会副主任张敦颢带领检查组到来宾县检查《广西建设工程质量管理条例》贯彻执行情况。

10月25日 合山市、忻城县小煤井发生透水事故,致36名民工死亡。柳州地区、县(市)党政领导到现场组织指挥抢救。事故主要责任人分别向柳州地区公安局治安支队投案自首。

11月21日—22日 自治区政协主席陈辉光到来宾县迁江糖厂、来宾火力发电厂和来宾华锡冶炼有限公司检查工作。

11月23日 自治区党委、区人民政府、广西军区授予来宾县"双拥模范县"、合山市"双拥模范先进市"、忻城县"双拥模范先进县"。

12月21日—24日 自治区政协主席陈辉光到武宣县、来宾县、象州县考察调研农村"生态农业"和甘蔗生产情况。

12月 象州县被教育部、财政部授予"普及九年义务教育、扫除青壮年文盲先进单位"称号。

是年 金秀瑶族自治县获得"全国造林绿化百

佳县”奖。

是年 象州县获得“全国科技工作先进县”荣誉。

是年 境内商业系统实行“抽资承包”改革。企业由整体统一经营转为柜组或个人自主经营，资金来源由完全依靠银行贷款转为职工个人筹资经营，商业企业批零结构由批发为主转为零售为主，从根本上转变国有职工的固定身份传统观念，打破“铁饭碗”，走进市场。同时，境内商业系统推行产权制度改革，国有商业按照“产权明晰，权责分明、政企分开、管理科学”的要求，实现由计划经济体制向市场经济体制转变。

1999年

3月4日—8日 中国、美国、俄罗斯、加拿大等国的10位地质学家到来宾县，对蓬莱滩和县城东红水河边二叠纪地层剖面进行地质考察。据专家们推测，此地层剖面将成为世界上二叠纪地层剖面的二叠纪统和阶最佳分界点。

4月1日—2日 中共中央宣传部宣教局农村精神文明建设调研组一行6人，到武宣县清水村等6个创建示范点进行实地考察调研。

5月8日—10日 各县(市)分别举行集会，声讨以美国为首的北约对中国驻南使馆进行导弹袭击，造成人员伤亡和财产损失的罪行。

7月10日 中国最大乃至世界最大的铟锌冶炼厂——来宾冶炼厂正式投产。广西来宾冶炼厂铟锌工程的冶炼技术和方法，全部由中国科研人员自行攻关、研制完成，机械设备全部国产化。1998年，该厂试车产品经国家权威部门检测，产品质量达到国际标准，冶炼工艺流程处于世界领先水平。该厂试产的铟产品，成功打入日、英、法、德、美等国家市场。

9月6日 境内各县(市)实现村村通广播电视。

9月13日 财政部副部长高强到来宾县调研华侨企业生产经营情况。

9月16日 武宣县荣获全国创建文明村镇先进县。

9月23日 自治区党委书记曹伯纯到来宾县调研考察农业综合开发工作。

9月29日 来宾县第一批大中专院校344名应届毕业生到24个乡(镇)213个村委会挂职工作。

11月6日 柳州举办首届国际奇石节。合山市的马安彩陶，武宣草花石等大批奇石精品在柳州参展。

11月16日 来宾县桥巩乡毛塘村农民韦壮在挖地基时，挖出一对用牛角精雕而成的珍贵文物“龙凤牛”。其中公牛肚上刻有“大清朝康有为”6字。新华社专电给予报道。

12月13日 合山市东矿发生特大透水事故，致25人死亡，直接经济损失450万元。

12月20日 境内各族各界举行各种庆祝活动，喜迎澳门回归祖国。

12月21日—27日 境内各县(市)遭受连续霜冻。其中来宾县遭遇解放以来最严重的霜冻和冰冻灾害，造成直接经济损失4.08亿元。

2000年

1月19日 受国务院副总理温家宝委托，由农业部派出的灾情调查工作组到武宣调查。

3月5日 建设部城建司司长杨鲁豫到来宾县考察县城建设情况。

3月8日 国务院工作组在自治区粮食局、民政厅及地区领导陪同下考察来宾、武宣两县上年冬霜冻灾情，并听取地委书记彭祖意关于全地区灾情的工作汇报。

4月4日 经国务院批准，成立广西大瑶山国家级自然保护区。同时成立广西大瑶山国家级自然保护区管理局。

4月5日 世界体操王子李宁回家乡来宾县南泗乡探亲，并赠送家乡学校师生40台价格20万元的联想电脑。

4月11日—12日 柳州地委、行署在忻城、合山、来宾等县(市)召开地(田)头水柜建设现场会。

5月6日—10日 武宣、忻城、象州、来宾等县遭暴雨袭击，损失严重。

5月24日—25日 自治区主席李兆焯考察来宾电厂B厂和A厂。

6月7日 上午11时17分，202次旅客列车在来宾县三五乡平塘K625+500道口处与一辆手扶拖拉机相撞，造成10人当场死亡、13人受伤的特大交通事故。

6月9日—10日 全国乡镇商会工作现场交流会在金秀瑶族自治县召开。中央统战部副部长田鹤年、全国工商联副主席王以铭、区党委副书记杨基常，柳州地区领导彭祖意、覃瑞祥等出席会议。

8月7日 自治区思想政治工作调研组到象州

县开展调研活动。

9月5日 根据林业部、自治区林业厅的部署，境内全面开展“保护森林资源3号行动”。

9月5日 第二届广西农民读书活动展示周在金秀瑶族自治县举行。

9月20日 八一铁合金总厂与香港锦华矿产贸易有限公司在柳举行新2×6300千伏安矿热电炉补偿贸易合同签字仪式。

9月 来宾县荣获科技部授予“全国科技工作先进县”称号。

10月8日 原八一铁合金总厂整体改制为母子公司体制，成立国有控股广西八一铁合金（集团）有限责任公司。

10月9日 迁江糖业（集团）有限公司成立。

10月26日 中央电视台“走进西部”栏目组到金秀瑶族自治县就民族教育问题进行调查。

11月1日 境内各县（市）进行第五次全国人口普查。

11月7日 自治区党委书记曹伯纯到武宣县检查指导治旱工程建设，重点考察了禄新、思灵等乡镇的田地头水井建设。

12月2日 广西第一个租赁国企糖厂的个体老板黄汝廷出资7000万元租赁的忻城县糖厂正式开榨。

12月15日 来宾至武宣二级公路工程开工。次年12月建成通车。

12月19日 中国铁合金工业协会在广西八一铁合金（集团）召开第五届会员大会第三次会议，研究行业生产经营现状，总结行业自律工作和分析市场形势。

12月26日 中日两国学生美术作品交流展在来宾县三中开展。

是年 境内商业企业实行全面改制，改制的重点主要集中在商业系统内部。

2001年

1月1日 来宾县各界人民在迎宾广场举行庆祝元旦暨迎宾广场落成典礼活动。

1月4日 自治区冬春水利建设现场会在来宾召开。全区各地（市）县及自治区有关部门领导100多人参加。

1月16日 “中日青年来宾生态示范林揭牌仪式植树活动”在来宾县城厢乡举行。来自日本的13名朋友与中方2000名青年参加活动。

2月17日 全国“保护母亲河行动”工程部专家组一行3人到来宾县检查“保护母亲河行动”的具体工程项目落实情况，并对编写《红水河流域综合治理项目可行性研究报告》进行技术性指导，提出建议。

3月17日 澳门著名慈善家林东先生及其弟子一行到金秀瑶族自治县中学考察。

4月4日凌晨 武宣县禄新、三里、马步、桐岭等乡镇遭受8级大风及冰雹袭击，灾情严重。据统计，受灾农作物3871.67公顷、受损民房6000多间，倒塌83间，受损校舍136间，因灾停课学校13所，受灾人数4万多人，直接经济损失3800多万元。

4月24日 柳州地区召开来宾、合山、忻城3县（市）小煤矿安全生产限期整改工作会议。

5月14日 自治区人大常委会主任赵富林与武宣县的自治区人大代表、部分县人大代表座谈，并考察三里镇旧县村奶水牛养殖场、三里镇东岭村和黄茆玉村高效农业示范基地建设情况。

5月18日—20日 自治区林业厅和金秀瑶族自治县主办的“2001年广西（大瑶山）第二届森林旅游登山节”在金秀瑶族自治县举行。

5月22日 国家西部大开发西南出海大通道的第一个建设项目，广西“十五”期间计划新建的5个港口中的第一个——来宾港口的工程建设合同在来宾县签订。

7月19日 广西金嗓子有限责任公司并购忻城县制药厂签约仪式在忻城县举行。

7月25日 公安部“打黑办”赴广西检查组到合山市检查指导“打黑除恶”工作。

8月1日 来宾县凤凰镇桂中现代农业实验区项目可行性报告在南宁通过评审。该项目的实施，将为桂中旱片乃至广西树立农业示范样板。

8月31日 境内各县（市）“2001年全国质量月”活动正式拉开帷幕。

9月3日 武宣县糖厂和英国糖业（海外）有限公司在柳州举行成立合资广西博宣食品有限公司签约仪式。

9月8日 广西规模最大的农业园区——桂中现代农业实验区在来宾县凤凰镇全面动工。

10月17日 来宾县举行“新世纪来宾第一届体育运动会”，世界体操王子李宁和世界体操冠军李春阳等嘉宾参加活动。

10月31日 在“中国名特优经济林之乡”评审中，金秀瑶族自治县被评为“中国八角之乡”，并荣获林业部授予的“全国经济林建设先进县”荣誉称号。

12月10日—11日 广西质量技术监督系统规范化管理现场会在武宣县召开。

12月17日 自治区党委决定，追认舍己救人的象州县中平镇梧桐村民兵排长梁锡贵为中国共产党党员。

12月18日 自治区矛盾纠纷排查调处工作经验交流现场会在来宾县召开。来自广西各地市县100多名代表参加会议。来宾县、柳州地区、桂林市等地市县在会上作经验介绍。

12月21日 中央电视台春节特别节目《大拜年》在来宾县开摄。

12月21日—24日 自治区主席李兆焯率自治区有关部门领导到来宾、武宣、象州、金秀、忻城等县调研。

是年 来宾县荣获自治区党委、政府、广西军区授予全区双拥模范县称号。

2002年

1月26日 共青团中央、林业部官员和来宾县1000多名青年与日本友人在凤凰镇古排村举行成人宣誓暨植树造林活动仪式。

3月上旬 大瑶山剿匪纪念公园破土动工。纪念公园位于金秀瑶族自治县县城西北部，占地1.93公顷，投资250万元。

3月20日 境内各县(市)抢修中小学危房和扶困助贫行动正式启动。

3月29日—31日 美国麻省理工学院S.Bowring教授及中科院地质专家一行6人，到来宾县对来宾蓬莱滩剖面进行野外考察及样品采集研究。

4月4日 法国记者团一行20多人到来宾希诺基发电运营维护有限公司采访。

4月17日 共青团中央国际联络部部长江广平到来宾县凤凰镇古排村检查“中日青年友谊林”项目的实施情况。

5月9日 全国首个乡镇社区——来宾县良江镇良江社区成立。

6月14日 自治区党委书记曹伯纯到八一铁合金(集团)有限责任公司调研。

7月16日 来宾城北区规划评审会在来宾县城召开，《来宾县城北区规划》获专家评审通过。

8月1日 合山市发生小煤窑透水事故，地区领导覃瑞祥、杨和荣、邬弘辉等亲临现场指挥抢救。

8月18日 中共中央办公厅机要局副局长林波到来宾县检查指导工作。

8月20日 受14号热带风暴“黄蜂”影响，武宣县普降暴雨，造成洪涝灾害，致全县7267户共87896人受灾，受灾农作物达1.86万公顷，经济损失1.12亿元。

8月26日 合山市全面推行政务公开制度。

9月20日 第一批国家级农业标准化示范项目、全区首个桑蚕地方标准在象州县开始全面施行，该项目标志着象州县由此迈出了实施桑蚕业品牌战略关键的一步。

9月21日 金秀瑶族自治县境内发生特大交通事故，造成7人死亡，20人受伤。

9月29日 国务院批准撤销柳州地区和来宾县，设立地级来宾市和来宾市兴宾区，并调整柳州市行政区划。

10月3日 武宣县境内的桂东淀粉有限责任公司在治理氧化塘废水臭气作业过程中，因违规操作导致一起特大群体中素事故发生，造成14人中毒，其中死亡5人。

10月20日 国家行政学院第七期青干班来原柳州地区挂职的8名学员到来宾县乡镇挂职锻炼，并到挂职点开展工作。

11月11日 一辆汽车从金秀瑶族自治县三角乡向七建乡行驶途中冲入山沟，车上100桶共20吨砒霜散落三角河边，少量砒霜泄漏到河中，国务院领导亲自作出指示。由于处置及时妥当，没有酿成污染事故。

11月25日 金秀瑶族自治县成立50周年大庆，国家民委、全国人大民族事务委员会的代表以及自治区领导到场祝贺。

11月26日—27日 中共来宾市兴宾区第一次代表大会召开。

12月1日 柳州地委、行署在柳州召开柳州地区撤地设市工作动员大会，正式传达贯彻国务院、自治区党委和自治区人民政府关于撤销柳州地区设立地级来宾市的文件精神。

12月13日—14日 中国共产党来宾市第一次代表大会在来宾市兴宾区隆重召开。

12月15日—16日 中国人民政治协商会议来宾第一届委员会第一次会议在来宾市兴宾区召开。

12月17日—19日 来宾市第一届人民代表大会第一次会议在来宾市兴宾区隆重召开。

12月28日 地级来宾市成立庆祝大会在兴宾区二中体育场隆重举行。自治区领导曹伯纯、刘奇葆、陈秀榕、彭祖意等出席大会。

12月28日 来宾港正式破土动工。

2003年

1月9日 自治区表彰2002年“爱科学月”活动先进单位、个人，来宾市8所学校和8名教师分别被评为先进集体、优秀科技辅导员。

1月9日 以全国总工会书记处书记董力为组长的中办国办督察组到来宾市检查贯彻十六大精神、解决困难群众生产生活等工作。

1—7月 来宾市先后遭遇滑坡泥石流、山体断裂、低温霜冻、风雹洪涝、干旱等自然灾害，108.8万人受灾，3人因灾死亡，900多间民房倒塌，9.7万多公顷农作物受损，直接经济损2.9亿多元。

1月22日 自治区党委副书记刘奇葆在市领导覃瑞祥、张少康陪同下到兴宾区桥巩乡慰问贫困残疾人。

2月10日 市长张少康主持召开来宾市人民政府第一届第三次常务会议，会议研究并通过《来宾市人民政府工作规则》。

2月19日 来宾市农业和农村工作研讨会在来宾召开，覃瑞祥书记、张少康市长等四家班子主要领导参加会议。

2月23日 建设新来宾动员大会隆重召开，市四家班子领导出席会议，市委书记覃瑞祥作讲话。

3月2日 自治区副主席杨道喜率自治区有关部门领导到来宾市就工业发展问题进行调研。

3月14日 来宾市残疾人联合会第一次代表大会召开，市委书记覃瑞祥出席大会并与全体代表合影留念。

3月25日 来宾市第一次妇女代表大会召开，市领导覃瑞祥、张少康等出席会议。

3月28日 共青团来宾市第一次代表大会召开，市领导覃瑞祥、张少康出席大会并作讲话。

3月29日 来宾市区城北区建设总指挥部挂牌成立。

4月2日 广西恶滩水电站(位于来宾市忻城县)扩建工程正式开工建设。

4月3日 自治区党委副书记、自治区副主席王万宾到忻城县考察工作。

4月8日 来宾市下六甲水电站工程开工建设。

4月24日 来宾市委书记覃瑞祥到麒麟山人遗址考察并要求把麒麟山人文化品牌做大做强。

4月25日 自治区防治“非典”督察组到来宾市检查指导工作。

4月25日 来宾市工业立市大会隆重召开，市领导覃瑞祥、张少康出席大会并作讲话。

4月29日 来宾市城北新区首项建设工程—建政大道破土动工，新城区市政建设拉开序幕。

5月7日 来宾市大型农产品加工龙头企业——象州佳绫丝绸公司揭牌成立。

5月13日 来宾市社会治安会议召开，会议提出建立健全社会治安管理长效机制，全面推行“打防控”一体化建设。

5月 忻城县红渡镇发生一例输入性“非典”病例。经过精心救治，5月20日来宾市首例、也是唯一一例“非典”病人康复出院。至此，来宾“非典”病例统计为零。

5月20日 来宾市华侨经济开发公司在来宾华侨农场正式成立。

5月21日 来宾市文化产业发展座谈会召开，市领导覃瑞祥、张少康出席会议。会议提出要大力打造麒麟山人文化品牌。

5月22日 为控制“非典”疫情蔓延，来宾全市各交通要道(站)启用旅客健康申报卡。要求出入交通道口的所有人员测量体温，填报健康卡。

5月22日 来宾市水产畜牧生产现场会在武宣县召开。

5月30日 来宾市行政审批服务中心正式挂牌成立。

6月9日 国务院安全检查组到来宾市检查工作。

6月18日 自治区政府调研组到来宾市就优化甘蔗种植结构问题开展调研，市领导覃瑞祥、张少康等有关领导出席汇报会。

6月20日 自治区党委常委、政法委书记彭祖意到来宾市检查社会治安综合治理工作。

6月28日 来宾市人民医院护理部主任石美玉被中共中央组织部授予“全国防治非典型肺炎工作优秀共产党员”称号。

7月1日 自治区2003年青少年篮球赛在来宾市举行。

7月3日 市政府在全市范围内开展108项开工项目和122项前期工作的双百工程大会战，总投资达129.14亿元。

7月15日 来宾市召开秋冬菜开发工作会议，全面部署是年秋冬菜开发工作。计划开发种植60万亩，实现总产量100万吨，力争总产值7.6亿元。

7月18日 广东东糖集团与来宾市迁糖集团增资合作项目敲定。组建后的新迁糖将成为全国最大的糖业生产企业之一。

8月28日 广西方元电力股份有限公司来宾电厂挂牌成立。

9月6日 来宾建市以来引进的首家民营企业——广西宝林轮胎有限责任公司正式建成投产。

9月6日—7日 来宾市首次面向全国公开招考国家公务员和机关工作者,共有1931人竞争239个职位。

9月10日 来宾市各界人士中秋茶话会召开,市长张少康参加茶话会。

9月10日 来宾市召开就业工作座谈会,市领导覃瑞祥、张少康等四家班子领导出席会议。

9月18日 市首家民航售票机构桂林环宁航空服务有限公司来宾营业部对外营业。

9月23日 中日青年友好考察团到来宾市进行"保护母亲河行动——中日青年来宾生态绿化工程"考察交流。该项目于2000年启动实施,共造林600公顷,日方投入资金4000万日元。

9月28日 市区防洪排涝工程正式开工,市区防洪堤分河东区、河西区、城北区3个项目,总长5.17千米,总投资1.2亿元。

10月13日 来宾市与法国敦刻尔克市缔结为友好往来城市。中共来宾市委书记覃瑞祥在敦刻尔克市与该市市长德雷巴尔签署两市合作意向书,两市将在经济、贸易、科技、文化、教育、旅游、人员培训等方面开展多种形式的交流与合作,促进共同发展繁荣。

10月14日 来宾市城区维林大道景观美化工程启动。

10月15日 来宾市党员带头奔小康系统工程信息服务中心网站开通。

10月17日 来宾市首届少儿科普活动在全市范围内拉开序幕。

10月21日 来宾市公务员小区正式动工兴建。该小区建设用地510亩,投资2亿元,是广西目前最大的公务员住宅小区。

10月22日 市建设开发投资公司和广西黑五类食品集团公司签约,双方合资建设磨东水厂,投资总额5275万元,主要开发生产自来水和纯净水项目。

10月25日 市人民政府与广东东糖集团举行合作投资协议签字仪式,来宾市以迁糖集团的迁糖、桂宝、凤糖、来宾造纸厂等四家企业净资产和甘蔗资源作为投入,东糖集团以投入2.1亿元控股,共同投资设立广西来宾东糖有限公司。

10月26日 全国政协副主席李兆焯到来宾市考察,强调要发挥优势,开拓创新,建设新来宾,把来宾建设成为具有浓郁特色、文明、繁荣富强的现代化城市。

10月27日 来宾市体育健儿首次参加全区运动会。来宾代表团共参加了篮球、田径、游泳等9个项目的比赛,荣获5金4银12铜及体育道德风尚奖,其中男子篮球队以6战全胜的好成绩夺得金牌。

10月30日 来宾市创建绿色生态城市总体规划通过评审。总体规划由国家林业局中南调查规划设计院负责设计,市林业局协作设计。计划用15年左右的时间把来宾市建成人与自然和谐共处的生态文明城市。

11月2日 来宾市磨东商城安置小区开工典礼。该小区计划安置磨东村200家拆迁户。

11月6日 来宾市召开2003—2004年度冬春水利建设工作会议。

11月7日 来宾市与香港环通旅游规划开发集团签署金秀大瑶山"世界瑶都"景区项目,总投资达2000万美元。

11月18日 位于金秀瑶族自治县六巷乡的下六甲水利枢纽工程正式动工。总投资5.6亿元,为广西重点建设项目。

11月28日 总投资1715万元的来宾港码头工程在红水河畔拉开序幕。该港口是西南水运出海通道中线起步工程广西段配套建设的主要港口,是来宾市"双百工程"的重点项目。

12月1日 全市各级各类医疗机构体温检测、预检分诊和发热门诊正式启动,门诊医护人员全天24小时密切监控发热病情,市"非典办"恢复24小时值班。至次年7月结束,各项工作运作正常。

12月7日—9日 象州县委、县人民政府、广西社科院联合在象州召开历史文化名人郑献甫研讨会。

12月10日 经广西壮学学会专家认定:来宾市是盘古文化的重要发祥地。市委、市政府就此重大发现召开新闻发布会。盘古文化的重大发现,首次确定和弄清了盘古文化的重要发祥地在红水河下游的来宾地区。这在中国历史文化研究中将是一次重大突破,具有重要的学术价值和历史价值。

12月10日 市开展拖欠农民工工资专项大

检查。

12月20日 自治区党委书记曹伯纯到合山电厂考察。

12月24日 来宾市第一张行政区划图面世。

12月28日 市人民政府网站(http：//www.laibin.gov.cn)正式开通运行。

12月28日 市政府行政办公大楼、10万吨浆纸工程、北江路、市疾病预防控制中心四大项目举行奠基仪式,为市庆1周年献礼。

是年 来宾市全面深化国有商业企业改革,强化企业内部管理,采取“因企施策、分门别类、灵活多样”的原则引导企业改革,宜股则股、宜破则破、宜撤则撤、宜租则租,不搞一刀切,不搞行政干预。

是年 金秀瑶族博物馆被确定为国家重点博物馆。

2004年

1月4日 来宾国际大酒店开业。该酒店按国际四星级设计,是来宾当时档次最高的酒店。

1月6日 红水河流域产业培育及区域经济发展规划研究座谈会在来宾市召开。

1月13日 来宾市决定由财政列支204万元支付政府部门拖欠的建筑领域农民工工资。

1月14日 市启动“中国百姓生活游”活动,重点推介来宾市麒麟文化、盘古文化、瑶族文化、郑小谷文化等人文旅游资源。

1月16日 武宣县荣获中宣部等12个单位授予全国文化科技卫生“三下乡”先进单位荣誉称号。

2月6日 来宾市在全市范围内开通城市低保金发放投诉电话。

2月9日 象州县石龙镇遭受特大霜灾,冻死280.67公顷龙眼树和2666.67公顷甘蔗。

2月9日—11日 自治区党委副书记刘奇葆对来宾市工农业、城建、对外开放等方面工作进行考察调研。

2月10日—11日 来宾市农业和农村工作会议召开。

2月13日 来宾市召开非公有制企业和社区党建工作会议。

2月16日 来宾市社区建设工作现场会召开。

2月16日 来宾市山歌协会成立。

2月17日 桂中日报报道:去冬今春,来宾市共完成农村人畜饮水工程1128处,解决了近5万人的饮水困难问题。

2月18日 市初中升学考试(简称“中考”)制度改革,出台《来宾市2004年初中升学考试实施方案》。

2月18日 来宾市2003年双百工程重点项目——市中心血站业务大楼竣工。

2月19日 北京清华设计院编制的《来宾市城市总体规划》经专家评审获得通过。

2月20日 来宾电厂扩建、广西汇元锰业首期建设项目启动暨桥巩水电站项目建设筹备办公室揭牌等举行庆典仪式,三大项目总投资达96.1亿元。

2月25日 来宾市组织开展打击非法传销活动拉开序幕。相关单位共抽调干部360多人,分成四个小组展开行动,当天共遣返非法传销人员400多名。该活动持续时间1个月,有效遏制了非法传销活动在来宾市的蔓延。

2月25日 曾就读于来宾县第二中学的美国“十大杰出青年科学家”崔屹博士,回母校与校友交流,畅谈自己的学习、创业经历,受到校友们的热烈欢迎。

2月25日 象州县5个种粮大户获农业部奖励,每人获得5000元的新型农机具购置补贴款。

2月25日 自治区党委常委、宣传部部长沈北海到来宾市就发掘盘古文化和麒麟山文化进行调研。

2月25日 来宾市政府决定,2004年投入300多万元免费培训农民工1.2万人。

4月1日—6日 全国青少年射击锦标赛中南区预赛在湖南省长沙市举行。忻城县业余体校射击队队员蓝宇雯代表广西参加其中三个项目的比赛,分别以566环的成绩取得青年女子气步枪3×20的第一名、以391环的成绩取得青年女子气步枪40发第二名、以581环的成绩取得青年女子气步枪卧射60发的第四名。

4月2日 桂中日报报道:武宣县东乡镇六良村一村民在村后山岭挖到一个青色铜鼓。鼓重约20千克,高约44.5厘米,鼓面直径约66.5厘米,上面镶有4只青蛙,中心有一个类似太阳的图案,向外是一圈圈的同心圆,共有24个。最奇妙的是,从鼓心开始,每个圈敲打出来的声音都不同,而且鼓声今天仍然悦耳动听。

4月8日 市城区公交线路开通。市公交公司投资365万元,购买16辆无人售票公交车投入运营。

4月8日 来宾市民间组织发展促进会成立。

4月13日 象州县设立桑蚕发展互助基金,共筹集到基金50万元,用于桑蚕的技术培训、新技术推广等。

4月14日 中共来宾市委工作会议召开,决定将2004年定为来宾市的"招商引资年",在全市开展"亿千百十"行动和营造"全民招商""全员招商"的氛围。

4月14日 水利部原副部长、自治区政府原副主席张春园一行6人,到武宣县考察研究水资源开发利用和桂中治旱工程建设情况。

4月26日 中共来宾市委、市人民政府决定设立来宾华侨投资区,负责管辖来宾、凤凰、迁江3个华侨农场,行使县一级行政管理职能。

4月29日 来宾市启动风景名胜和地域名注册商标工作,抢注"红水河"等118个商标。

5月1日 全市范围内遭受历史上罕见的秋冬春三季连旱。自2003年9月份以来,降雨量仅为318.2毫米,比上年同期减少353.5毫米。全市大小水库干涸134座,其中500万立方米以上的水库干涸7座。全市农作物受旱面积达50万亩。

5月9日 金秀瑶族自治县瑶医医院正式挂牌成立。

5月9日 由广西电影制片厂拍摄的中国首部反映土司文化的电视剧《忻城古月》在忻城土司衙署开拍。

5月26日—27日 合山市举办首届龙王民族民俗文化艺术节。

5月27日 在俄罗斯举行的世界青年举重锦标赛中,17岁的象州籍国家队运动员李争一举拿下56公斤级抓举、挺举、总成绩三枚金牌。同年12月3日在多哈亚运会上,李争以287公斤的总成绩夺得56公斤级举重金牌。

6月2日 来宾市最大的盗牛团伙"牛魔王"被判刑。该盗牛团伙成员11人1年间共作案71起,盗销耕牛125多头,价值20多万元。

6月18日 来宾华侨投资区华侨安居工程奠基。该工程占地410亩,建设面积38万平方米,共3000多套住房,可供1万多人居住。

6月23日 来宾市红十字会成立。

6月29日 来宾市召开庆祝中国共产党成立83周年大会。大会表彰了一批先进基层党组织和优秀共产党员、优秀党务工作者。

7月18日—22日 全市普降暴雨,共有70个乡(镇)遭受洪涝灾害,致61.95万人受灾,3人死亡,2.36万人被洪水围困,26266.7公顷农作物受灾;1036户的1890间民房倒塌、3112间损坏。因灾造成直接经济损失2.77亿元。

7月24日 兴宾区、合山市被自治区党委、自治区人民政府评为2003年度"广西县域经济发展十佳县(市、区)"。

7月29日 市正式启动实施新型农村合作医疗制度。

8月2日 武宣县被定为国家野生稻保护区。

8月12日 全市农村贫困残疾人危房改造项目启动仪式在兴宾区桥巩乡彩村举行。

8月26日 金秀瑶族自治县经有关专家学者评审,荣获"广西民间艺术之乡"荣誉称号。

8月31日 国家统计局公布最新排定的2003年全国大型工业企业名单,八一铁合金集团公司以销售收入7.2亿元,总资产14亿元,跃居同行榜首。

9月1日 中国名牌战略推进委员会正式公布"2004年中国名牌产品"名单,来宾市东糖集团"QT"牌白砂糖榜上有名。

9月1日 自治区主席陆兵、副主席杨道喜到合山矿务局考察。

9月6日上午 武宣县三里镇三里中学23名学生被雷电击中,其中4名学生被当场击昏。事发后,23名学生被紧急送往医院救治。

9月9日 来宾市庆祝第二十个教师节大会隆重召开。大会表彰了436名优秀教师、优秀班主任和优秀教育工作者。

9月15日—19日 水利部水电规划设计总院在广西召开会议,对《广西桂中治旱乐滩水库引水灌区工程规划报告》进行审查,基本同意该规划报告。

9月15日 合山电厂改扩建工程2号机组正式投入商业运营。工程机组装机容量330兆瓦,年可发电25亿千瓦时。

9月16日 来宾电厂改扩建项目前期工程举行开工仪式。工程项目计划投资25.49亿元,于2007年投产。建成后,来宾电厂、B电厂总装机容量将达到1570兆瓦。

9月20日 乐滩至溯河220千伏送电线路工程启动试运行。这是广西首条220千伏双回路送电线路,全长33.6千米,共建86个基铁塔。

9月27日 广西乐滩水库引水灌区工程进水口工程正式开工,项目总投资49亿元,建成后将惠及30个乡镇267个行政村,满足桂中地区128.8万亩耕地、160万人口饮水需求。

9月29日 市在象州县石龙镇举行首批渔业

船舶证书和船牌颁发仪式。

10月10日 国家质检总局在北京公布2004年度国家免检产品及其生产企业名单,26大类489家企业的产品获免检资格。来宾市永鑫糖业公司生产的“晶龙牌”一级白砂糖榜上有名。

10月10日 象州县通过国家桑蚕标准化示范县验收。

10月20日 市“安居工程”正式启动。工程规划用地14711平方米,总建筑面积26379.37平方米,工期为240天,竣工后将可解决328户人家的住房困难。

10月27日 九三学社来宾支社成立,这是来宾建市后第一个参政党地方基层组织。

10月28日 来宾华侨投资区举行隆重挂牌仪式。该区位于市区西面,辖区总面积55平方千米。

11月2日 法国敦刻尔克市代表团参观来宾华侨投资区和来宾电厂B厂,并考察建设经营情况。

11月3日—6日 首届中国—东盟博览会在南宁召开。博览会期间,来宾共签约33个项目,总投资29.6亿美元。

11月5日 武宣县奶水牛农业标准化示范区项目经自治区考核验收专家组的综合测评,以91.5分的好成绩顺利通过了国家考核验收。

11月21日 市首期328套经济适用房工程正式动工兴建。并于2005年11月底全部交到用房户手中。

11月30日 市举行大规模销毁盗版走私光盘活动,共销毁3.8万多张盗版走私光盘、1.8万多册非法书刊。

12月4日—7日 金秀瑶族自治县发生一起森林火灾,火线长达16千米,过火面积达600多公顷,其中有林面积约53.33公顷。全市共出动600名消防人员,奋战3天,最终将大火扑灭。不幸的是,消防人员蓝仁松殉职。

12月15日 市首批“人才小高地”(市铁合金冶炼人才小高地、市糖纸产业人才小高地、市桑蚕和种养加工人才小高地)挂牌成立。

12月27日 来宾军分区成立大会隆重举行。

12月27日 总投资8800万元的象州廷岭、中平两个水电站工程正式开工。

12月28日 来宾市行政中心项目正式动工建设。

12月29日 兴宾区平阳镇发生一起非法煤井透水事故,致10人死亡。

12月30日 市人民政府发出关于在全市实施第一次全国经济普查的公告。

同月 来宾市首届文艺创作“麒麟奖”揭晓。获奖作品包括文学、戏剧等十大类20件,还另设特别奖。

2005年

1月5日 兴宾区永康乳品厂获得食品质量安全市场准入资格,成为来宾市首家获得食品质量安全准入资格的乳制品生产企业。

1月8日 在“广西·浙江合作项目推介会”上,总投资1亿元的来宾市金秀“世界瑶都”旅游开发项目正式签约。

1月17日 市首届盘古文化灯会开幕,此次灯会是一次融现代造型、民俗文化、歌舞戏曲于一体的文化盛会,为盘古文化注入新的内涵。

1月18日 金秀瑶族自治县以90分的成绩顺利通过国家级八角农业标准化示范县项目验收,正式成为全国高产优质高效农业标准化示范区。

1月20日 来宾市老年人体育协会召开第一次会议。全市有乡镇老年人体协24个,活动场地39个,辅导站20个。

1月21日 《广西来宾市旅游业发展规划》和《广西金秀瑶族自治县旅游业发展规划》在南宁顺利通过专家组终期评审。

1月26日 来宾市保持共产党员先进性教育活动工作会议在兴宾区礼堂举行。

1月27日 中国移动通信来宾用户突破10万户大关。

1月30日 自治区政协主席马庆生,自治区党委常委、宣传部部长沈北海率自治区春节慰问团到来宾开展春节慰问。

2月22日 市盘古文化民间艺术团在盘古文化重要发祥地兴宾区良塘乡盘古山下正式成立。该团成员共有106人,由3个壮师剧队、2个文艺队组成。

2月24日 国家东方歌舞团到来宾市开展“三下乡”慰问演出,为市民献上了一道丰盛的文化大餐。上午,30多名演员到下料村联欢。

3月8日 来宾市评出首届“十大女杰”,并颁发奖杯和证书。

3月9日—10日 中央、自治区督导组到来宾市开展保持共产党员先进性教育活动督导。

3月17日—18日 全国“村村通”广播电视工

作现场会在来宾市召开。来宾市已解决了近6万农村人口看电视难的问题。

3月22日 经自治区、来宾市、忻城县三级质监部门评审，忻城县金银花地方标准正式发布实施。这是自治区首个金银花地方标准。该县金银花种植已达到5万亩，年产量达3400多吨。

3月23日 来宾市城市建设工作会议召开，会议要求加快来宾建设步伐，扩大投资规模，城北区建设计划投资11.03亿元，老城区改造计划投资2800万元。

3月25日 来宾市举行首次鱼类人工增殖放流活动，将6万多尾以赤眼鳟为主的优良土著性鱼苗投放入清水河。

4月6日—7日 来宾市召开全市整村推进贫困村扶贫开发工作会议。

4月11日 自治区党委巡视组一行到来宾开展为期4个月的巡视工作。

4月15日—18日 自治区党委书记曹伯纯深入到来宾市各县（市、区）就春耕生产和发展县域经济进行考察调研，并强调要以先进性教育活动为动力，扎实做好当前各项工作。

5月5日 17:00一场罕见龙卷风袭击金秀瑶族自治县，仅1个小时，致该县七建、头排、桐木和三江等四个乡镇的15个村60个屯计2.12万人受灾，经济损失500多万元。

5月5日 特大冰雹袭击兴宾区正龙乡，致4个村委及正龙街近4000间房屋损坏，10人受伤，牲畜1死1伤，约5400亩农作物受灾。

5月12日 “2005年来宾——法国狂欢节”中小企业商品交易会开幕。来自湖南、广东、上海等地50多家中小企业带来100余种商品参加交易会。

5月23日 全区发展生态蚕业现场会在象州县召开。

5月25日 国务院印发《关于表彰全国民族团结进步模范集体和模范个人的决定》（国发〔2005〕16号），柳州地区民族高级中学、象州县象州镇龙富村村委会获模范集体称号，兰向东获模范个人称号。

6月3日 来宾市红水河二桥项目框架协议签订。该桥全长496.24米，宽27.5米，概算投资约8796.18万元。

6月中旬 来宾市村级“两委”（村支委会班子、村委班子）换届选举试点工作在象州县马坪乡圆满结束。

6月20日 金秀瑶族自治县六巷乡境内发现罕见的千年原生古茶树群。

6月20日—21日 全市遭受特大洪涝灾害，6个县（市、区）均遭受不同程度洪灾，74个乡镇的740个村受灾，12个村被洪水围困，受灾106.9万人，因灾死亡9人，因灾失踪7人，因灾伤病3741人，被洪水围困5万人，饮水困难12.77万人，紧急转移7.36万人；农作物受灾78618.6公顷，其中农作物绝收14299.7公顷，耕地毁坏3096.9公顷，11571户的43789间民房倒塌；直接经济损失13.02亿元。

6月22日 自治区党委副书记郭声琨到象州县指导抗洪救灾工作。强调要确保灾民生命安全，迅速组织群众重建家园。

6月24日 民政部救灾救济司司长宋继华在自治区民政厅和市领导陪同下，到象州县察看灾情，强调当前首要任务是安排好灾民的吃穿住医问题。

6月25日 市委召开全市抗洪救灾工作会议。会议号召全体共产党员、全市人民团结一致，振奋精神，打好灾后重建这场硬仗。

7月1日 来宾市抗灾工作现场会在象州县召开。

7月6日 自治区政协主席马庆生到合山市考察红河时代广场小区建设。

7月18日 自治区人民政府令第10号公布从2005年起在全区范围内免征农业税。全市停止征收农业税。

7月18日 全区灾后重建和恢复生产工作现场会在象州县召开。自治区党委副书记、纪委书记马铁山参加会议。

7月18日—22日 来宾市普降暴雨，全市有70个乡（镇）遭受洪涝灾害，受灾人口61.95万人，被洪水围困2.36万人，农作物受灾面积26266.70公顷，民房倒塌1036户1890间、损坏3112间，因灾造成直接经济损失2.77亿元。

7月23日 象州县莲桂纸业项目正式签约。该项目固定资产总投资1亿元，年总产值3亿元。

7月27日 自治区政府副主席吴恒到象州县督查农村中小学二期“危改”项目和学校灾后重建项目实施情况。

7月31日 水利部副部长矫勇在自治区和来宾市领导陪同下，对象州县灾后水利工作进行调研，要求充分调动一切积极因素，进一步抓好水利设施的修复工作，确保群众的农业生产不受影响。

8月3日 广西企业联合会、广西企业家协会发布广西2004年广西50强企业名录，来宾市八一铁合金集团跻身17强。该企业2004年销售收入13.89亿元。

8月10日 来宾首个党员服务中心在合山市成立，该服务中心主要任务是为基层党员提供咨询、指导、帮困和培训等党内服务。

8月21日 广西桉树研讨会在武宣县召开，国家林业局桉树研究中心、自治区林业局、自治区林科院、市林业局等有关部门领导和专家出席会议。与会专家认为，武宣县种植桉树有先天优势，但缺乏技术、经验，必须科学种植，规模发展。

8月23日 自治区国资委同意合山矿务局改制立项。

8月26日 市中级人民法院审判综合楼奠基。该项目总投资3500万元。

9月1日 兴宾区来宾镇撤销。同时，兴宾区城北街道办事处、城东街道办事处、河西街道办事处成立。

9月6日 来宾市第一册综合年鉴——《来宾年鉴》(2004卷)出版发行。

9月9日 秋季学期，全市74619名贫困中小学生第一次获得免费教科书，发放的免费教科书价值358.74万元。

9月14日 来宾市与柳州市就有关原柳州地区驻柳直属企业及农科所交接协议正式签订。至此，柳州地区撤地设市移交工作全部结束。

9月22日 来宾市首届残疾人文艺会演在兴宾区礼堂举行，演出舞蹈、声乐、器乐三大类共19个节目。来自全市50多名残疾党员参加角逐。

9月29日 广西贫困地区农村实用技术、农村基层干部培训基地在来宾市农村党员干部科技培训示范基地挂牌。该基地占地255亩，分为培训教学区、特种动物养殖及名优林果菜种植区、奶水牛养殖场和优良牧草种植区、稀优瓜果标准化生产和育苗基地、富裕小康生态家园示范区等5个小区；由自治区扶贫办和中共来宾市委组织部共同筹建。

10月1日—8日 “十一”黄金周期间，全市共接待旅游者14.92万人次，旅游综合收入3486.83万元。

10月19日 来宾市与菲律宾共和国拉瓦格市缔结为友好城市。

10月20日 来宾市在第二届中国—东盟博览会项目签约仪式上共签订10个投资合作项目，总投资金额18亿元。

10月22日 来宾市旧城区路灯改造工程完工。该工程共立灯杆137座，安装路灯192盏。

11月1日 全市人才小高地建设工作暨首批拔尖人才表彰会召开。不到一年时间，全市9个人才小高地共引进人才247人。

11月6日 自治区人大常委会副主任徐爱俐到合山电厂考察。

11月10日 自治区党委书记曹伯纯率自治区有关领导到象州县检查指导水毁民房恢复重建工作。

11月11日 来宾市水毁民房恢复重建工作冲刺会议在象州县召开。

11月22日 教育部农村寄宿制学校项目评议专家组到忻城县，对该县中小学校的国家农村寄宿制学校项目建设进行检查评议，并对该县中小学校的国家农村寄宿制学校项目建设给予充分肯定。

11月23日 自治区党委副书记李纪恒到象州调研，深入象州县中学视察、了解学校教学工作。

12月1日 自治区在象州县召开全区110个灾民新村结合实施社会主义新农村建设现场会。自治区党委副书记、纪委书记马铁山出席会议并讲话。

12月9日 来宾市希诺基公司成立社会捐助工作接收点。这是市第一个外资企业成立的社会捐助工作接收点。

12月23日 民政部救灾救济司司长宋继华率国家水毁民房及冬令救济工作巡视组到象州县检查指导。

12月23日 来宾市首个农村客运站——周安汽车客运站正式开业。该站投资200万元，按三级站标准建设，占6亩，建筑面积420平方米。

12月28日 市人民广播电台开播。

12月28日 来宾城区兴宾北路、北江路和五一路建成通车；来宾高中、宁柳友谊小学动工兴建等8大项目开、竣工。

12月29日 市首次试鸣防空警报。

12月 市青年企业家协会成立。

是年 来宾市国有资本从现有商业系统中小企业中全部退出。

第一篇

行政区划

秦始皇三十三年(公元前214年),秦统一岭南,设中留县(治所在今武宣县三里镇勒马村),为县级行政建制之始。西汉元鼎六年(公元前111年),设桂林县(旧治今属金秀瑶族自治县,隋迁今象州县上古城)。三国吴,凤凰三年(274年)置桂林郡(治所在今象州县内)。桂林郡隶属广州,是境内最早的郡(州)级行政建制(相当于今地级市行政建制)。唐代,境内有象州(隋开皇年间置,大业年间废,唐复置。治所在今象州县),唐末辖3县;芝州(唐置,治所在今忻城县),唐末辖7县;严州(唐置,治所在今兴宾区),辖3县;思刚羁縻州(唐置,治所在今兴宾区迁江镇)。宋至民国时期,境内区域分别隶属柳州(宜山)专区、平乐专区、武鸣专区、宾阳(南宁)专区、邕宁专区。

1949年11月—12月,来宾县、武宣县、象县属柳州专区,迁江县、忻城县属武鸣专区。次年,忻城县改属宜山专区。1952年4月23日,迁江县并入来宾县,5月25日,成立大瑶山瑶族自治区(县级),属平乐专区。同月30日,武宣县与象县合并为石龙县(驻石龙镇)。8月,柳州专区并入宜山专区,来宾县、石龙县、忻城县属宜山专区。1955年8月26日,大瑶山瑶族自治区改称大瑶山瑶族自治县。1956年,今市域设来宾、石龙、忻城、大瑶山瑶族自治县4个县。1958年6月,宜山专区改称柳州专区(专署由宜山县庆远镇迁驻柳州市),来宾县、石龙县、忻城县、大瑶山瑶族自治县属柳州专区。1960年5月30日,石龙县更名为象州县。1962年3月,复置武宣县(驻武宣镇),象州县城迁至象州镇。1963年,市境内设来宾县、象州县、武宣县、忻城县和大瑶山瑶族自治县5个县共52个区。1966年4月8日,大瑶山瑶族自治县改称金秀瑶族自治县。1971年,柳州专区改称柳州地区,来宾县、象州县、武宣县、忻城县、金秀瑶族自治县改属柳州地区。

1971年,境域属柳州地区。2002年9月29日,经国务院批准,撤销柳州地区,设立地级来宾市。撤销来宾县,改称兴宾区。12月28日,来宾市正式挂牌成立。辖兴宾区、忻城县、象州县、武宣县、金秀瑶族自治县(简称金秀)、代管合山市,全市共29个镇、37个乡、3个街道办事处,768个村(社区)村(居)委会,行政区划1.34万平方千米,市区建成区面积23万平方千米。占广西土地总面积的5.68%,在自治区14个地(级)市中排第7位。至2005年年末行政区域没有变化。

第一章　位置　建置

第一节　位　置

来宾市位于北纬23° 16′ 10″—24° 28′ 14″,东经108° 24′ 39″—110° 27′ 18″。居广西中部偏东北,故有“桂中”之称。东与梧州市相连,东南、南与贵港市毗邻,西南、西与南宁市相接,西北与河池市相靠,北与柳州市为邻,东北与桂林市接壤。市境东西横距202.1千米。行政区域总面积1.34万平方千米。来宾市政府位于市区城北街道人民路1号,距广西壮族自治区人民政府所在地南宁市153千米,距柳州市60千米,距桂林市220千米。来宾市地处桂中,铁路、公路、水路纵横交错,为联结广西区内外的重要交通枢纽。湘桂、焦柳铁路干线贯穿其中;G72泉南高速公路、G209、G322、G323国道公路和S231、S134、S304、S305、S307、S210省道公路纵横境内;“西江黄金水道”柳江、黔江、红水河航道直通港澳。城区距柳州白莲机场60千米,距桂林两江国际机场200千米。来宾市是桂北与桂南、桂西与桂东的连接部,是大西南出海通道的重要组成部分。

来宾市地处桂中低山丘陵区,红水河横贯东西,水系呈树枝状辐射,经东南部流出。地势北高南低,周高中低,从西北向东南缓缓倾斜如湖盆状。地貌主要由山地、丘陵和河谷平原构成,山地占总面积的38.4%,丘陵占26.2%,台地占8.8%,平原占22.5%,水域占2.2%,其他占1.8%。东部是大瑶山山脉的西南段,以中低山地貌类型为主,纵贯金秀瑶族自治县(以下简称金秀)全境;中部多为平原和台地,中西部以丘陵平原和岩溶地貌类型为主。境内主要山峰有圣堂山、莲花山、五指山、罗汉山等。最高峰圣堂山位于金秀,海拔1979米,为广西第五高峰;最低点是武宣县三里乡的黔江河内孤岛泗孤洲,海拔41.5米。

第二节　建　置

先秦以前,今来宾市境属百越地。

秦始皇三十三年(公元前214年),设中留县(治所在今武宣县三里镇勒马村),属桂林郡,旧治今属武宣县西南。

西汉元鼎六年（公元前111年），设桂林县（旧治今属金秀瑶族自治县，隋迁今象州县东南上古城）。之后，汉、三国、南北朝时期，境内设桂林郡，郡治在今象州县内。

汉置桂林县，旧治今属金秀瑶族自治县，与中留县同隶郁林郡。

三国属吴，凤凰三年（274年），置桂林郡，治武安县（今象州县境），隶广州，至三国末期辖及武安、潭中、桂林、武林、潭平、武化、军腾、中溜8个县，辖及今兴宾、象州、武宣、金秀等县（区、自治县）地。其中旧治今属市域的有武安、桂林、中留等县，辖及今市域的有潭中、潭平、武化等县。

晋初，桂林郡从武安县移治潭中县（旧治今属柳州市东南）。其所领的潭平、羊平辖及今象州等部分县地。东晋大兴元年（318年）置晋兴郡（旧治今属武鸣县）的领县中，旧治今属市域的有中胄、新林两县。

南朝梁置韶阳郡，隶桂州，治阳寿县，址所在今象州县象州镇。领辖阳寿、淮阳等2个县。

隋初置西宁县，旧治今属象州县，隶桂林郡。开皇十一年（591年）置象州，治桂林县（该县隋迁治今象州县东南上古城）。时辖桂林、阳寿等县。开皇十八年（598年），韶阳郡淮阳县更名阳宁县。大业二年（606年），象州废省，西宁县亦省并入桂林县，阳宁县省入阳寿县。桂林、阳寿两县因之改隶始安郡。

唐朝，境内置象州、严州（州治在今兴宾区）、芝州（州治在今忻城县）、思刚州（州治在今兴宾区迁江镇）等。

唐武德四年（621年），析始安郡之阳寿、桂林等县复置象州，以象山为州名，治武德县。同年，析桂林县置武德、武仙、西宁三县。并析阳寿县置长凤县，析桂州陵县置武化县。两县初隶封州，后隶晃州。贞观五年（631年），在今迁江镇（今属兴宾区）地置羁縻思刚州，属邕州都督府。贞观十一年（638年），武化、长凤改隶象州。同年，象州徙治武化。并省西宁入武德县。贞观年间（627—649年）置芝州，治忻城县。乾封元年（666年），省桂林县入武仙县。次年，析南昆州地置严州，因在严冈上而名，治来宾县（今兴宾区东南旧来宾），辖循德、归化、怀义3县。乐沙县更名怀义县。天宝元年（742年），象州改为象郡（又名象山郡），严州改为循德郡，芝州改称忻城郡。同年，武德县省入阳寿县。唐天宝二年（743年），怀义县改为来宾县（为来宾县得名之始），隶严州。乾元元年（758年）象郡复改象州，循德郡复改严州，忻城郡复改为芝州。大历十一年（776年），象州迁治阳寿县。唐末，象州实领阳寿、武仙、武化3个县，芝州领忻城、富川、平西、乐光、乐艳、多云、思龙7个县，严州领县依旧。

五代先属楚国。天福二年（917年），属南汉国。

宋开宝七年（974年），严州及其循德、归化两县俱省入来宾县。来宾县因之改隶象州。同年，贺水县省入上林县。天禧四年（1020年）废思刚羁縻州设迁江县，属宾州，为迁江得名之始，沿称至1952年并入来宾县始废。庆历三年（1043年）以羁縻芝忻、归思、纡州地合并置忻城县，属广南西路右江道宜州管辖。熙宁四年（1071年），象州废武化入来宾县。元祐元年（1086年）复置武化县。景定二年（1261年），象州于来宾县地蓬莱州筑州城；景定三年（1262年），象州州治从阳寿迁至来宾县蓬莱洲。景定（1260—1264年），又省武化县。咸淳元年（1265年）忻城县属庆远府。宋末，象州实辖来宾、阳寿、武仙3个县。

元至元十三年（1276年）象州设安抚司，属湖广行中书省；忻城县属庆远路安抚司。十五年（1278年），象州改为象州路，治所从蓬莱洲迁回阳寿。十六年（1279年）忻城县改属庆远路。大德元年（1297年）忻城县又改属庆远南丹溪峒等处军民安抚司。大德年间（1297—1307年）象州路复改为象州，辖阳寿、来宾、武仙3县；至正二十三年（1363年），今市境属广西行中书省。

明洪武元年（1368年）七月，象州属柳州府，忻城县属庆远府。次年，象州及其辖武仙、来宾两县和迁江县改属柳州府，忻城县改属庆远南丹军民安抚司。三年（1370年）忻城县又改属庆远府。十年（1377年）五月，武仙、来宾两县直属柳州府。宣德六年（1431年）武仙县更名武宣县。因“宣”与“仙”音近而名，为今县名之始。县治移今武宣镇，隶属因之。弘治十年（1497年），忻城县改为忻城土县，仍属庆远府。明时，金秀境北部属平乐府修仁、荔浦县，西部属柳州府象州、南部属浔州府桂平、平南县，东北部属平乐府永安州（今蒙山县），西南部属武宣县。

清雍正三年（1725年），宾州改直隶州，来宾、迁江、武宣到改属宾州直隶州。雍正八年（1730年）武宣县改属右江道浔州府。雍正十二年（1734年），迁江县又改属思恩府。来宾县改属柳州府。清朝象州依旧隶属柳州府，忻城土县改隶庆远府。金秀瑶族自治县归属基本沿明时不变。

民国1年(1912年),象州改称象县。次年6月,来宾、象、迁江等县及忻城土县改隶柳江道,武宣县改属郁江道。民国3年武宣县改属苍梧道。民国16年三月,来宾、象、迁江、武宣等县及忻城土县直隶广西省。次年2月,忻城土县改流置忻城县。至此,今市域来宾、象、迁江、武宣、忻城等5个县直隶广西省。民国19年,来宾、象等县改属柳州民团区,迁江县属的宾阳民团区,忻城县改属宜山民团区,武宣县属苍梧民团区。民国21年,武宣县改属梧州民团区,迁江县改属的南宁民团区,忻城县改属柳州民团区。民国22年,来宾县、象县、忻城改属柳州行政监督区,武宣县改属梧州行政监督区,迁江县改属南宁行政监督区。同年11月,来宾县改属南宁行政监督区,象县改属梧州行政监督区。民国25年10月,武宣县、象县改属浔州行政监督区。次月,忻城县改属庆远行政监督区。同年11月后,来宾、迁江两县改属浔州行政监督区。民国29年,迁江县属第一行政督察区,武宣、来宾、忻城、象县等县属第五行政督察区。同年,设金秀警备区署。民国31年,设金秀设治局,来宾、忻城、象县、迁江县改属第二行政督察区,武宣县改属第三行政督察区。民国36年,象县又改属第三行政督察区,撤销金秀设治局。次年,武宣县改属第二行政督察区。民国38年,来宾县又改属第十三行政督察区。

1978年,市境设5个县58个公社。1981年6月29日,经国务院批准设县级合山市,划辖来宾县的北泗公社,由柳州地区代管。

2002年9月29日,撤销柳州地区和来宾县,设立地级来宾市和县级兴宾区。12月28日,来宾市正式挂牌成立。辖兴宾区、忻城县、象州县、武宣县、金秀瑶族自治县,合山市(代管)。

2005年,来宾市辖6个县(市、区)、37个乡、29个镇及3个街道办事处;37个社区居委会、731个村委会。境内居驻有壮、汉、瑶、苗、侗、仫佬等18个民族,共有67.82万户246.80万人,其中,非农业人口36.66万人;少数民族人口184.85万人,占74.90%。

第二章　行政区域

早在二三万年前,境内就有“来宾人”繁衍生息。春秋战国时,来宾属古代“百越”地。秦、汉、三国、南北朝,境内曾设置有郡、州、县,历代行政区划屡变。民国1年(1912年)后,境内先后属柳州、梧州、武鸣、庆远府管辖。

1949年12月广西中华人民共和国成立后,象县、武宣、来宾属柳州行政区,迁江、忻城属武鸣行政区。1995年12月31日,柳州地区行政公署下辖合山市、象州县、武宣县、来宾县、金秀瑶族自治县、忻城县等。

2002年9月29日,撤销柳州地区设地级来宾市,辖象州县、武宣县、来宾县、金秀瑶族自治县、忻城县和代管合山市。至2005年来宾市行政区域不变。

第一节　行政区域划分

公元前221年(秦始皇二十六年)—公元1911年(清宣统三年),境内曾设置郡、州、府、县等行政区划。

秦代,设郡、县等行政区划。秦始皇三十三年(公元前214年)置中留县,属桂林郡。中留县所辖行政区域大致包括今武宣、象州、兴宾、合山等县市区境。今忻城、金秀瑶族自治县属桂林郡。

汉置桂林县,辖行政区域大致包括金秀瑶族自治县、象州县。置中留县,所辖行政区域大致包括今武宣县。桂林县与中留(东汉改为中溜)县同隶郁林郡。今兴宾区、合山市、忻城县介于郁林郡的中留、桂林、谭中、定周、广郁、领方等县中间。

三国时期,置中留县(中溜改为中留),隶郁林郡,所辖行政区域大致包括今武宣县。置武安县,隶桂林郡(治所在今象州县境),所辖行政区域大致包括今象州县。置桂林县,隶桂林郡,所辖行政区域大致包括今金秀瑶族自治县、象州县。今兴宾区、合山市介于林浦(领方更名)中留、桂林、谭中等县和桂林郡桂林县中间。忻城县大致属临浦县,隶郁林郡。

两晋时期,置中胄县(中留县改为中胄县),隶郁林郡,辖行政区域大致包括今武宣县。置武熙县(太康元年改置武安),隶桂林郡,所辖行政区域大致包括今象州县。置桂林县,隶桂林郡,所辖行政区域大致包括今象州县、金秀瑶族自治县。置新林县,隶郁林郡,所辖行政区域大致包括今忻城县。今兴宾区、合山市介于领方、新林、谭中、桂林、中留等县之间。

南北朝时期,南朝梁置阳寿县、淮阳县,隶邵阳郡;置桂林县,隶晋兴郡;置武化县,隶桂林郡,4县辖行政区域大致包括今象州县。置中留县(中胄县复名中留县),隶马平郡,所辖行政区域大致包括今武宣县。置中留县(齐中胄县复名中留县,梁陈又改为中胄县),隶马平郡,所辖行政区域大致包括今武宣县。置新林县,隶马平郡,所辖行政区域大致包括今忻城县。今兴宾区、合山市介于马平县、中留县、安城县、领方县、新林县之间。今金秀瑶族自治县介于荔浦县、阳寿县、桂林县、邵阳县之间。

隋代,初置西宁县,隶桂林郡;开皇十一年(591年),置象州,辖桂林、阳寿县。十八年(598年),邵阳郡淮阳县更名阳宁县。大业初,象州废省,阳宁县亦省并入桂林县,阳宁县省入阳寿县。桂林、阳寿县改隶始安郡。上述州、县所辖行政区域大致包括今象州县。开皇十一年,中胄县复省入桂林县,隶郁林郡,所辖行政区域大致包括今武宣县。今兴宾区、合山市介于始安郡桂林马平县、郁林郡领方县之间。今金秀瑶族自治县介于象县、建陵、荔浦、隋化、桂林、阳寿县之间,属始安郡。今忻城县介于马平、领方县之间,属郁林郡。

唐代,武德四年(621年),析始安郡之阳寿、桂林等县复置象州。析桂林县置武德、西宁、武仙县,隶象州;置阳德县(同年易名循德县),隶南昆州。析阳寿县置长风县,析建陵县置武化县。长风、武化两县初隶封州,后隶晃州。其中,武德为象州治。武德、西宁、长风、武化县等县所辖行政区域大致包括今象州县。武仙县所辖行政区域大致包括今武宣县。置贺水县,隶南方州。所辖行政区域大致包括今忻城县。贞观十一年(638年),长风、武化改隶象州。象州迁治武化县,并省西宁入武德县。贞观(527—649年)中,置芝州。辖富川、平西、乐光、乐艳、多元、思龙等县。此后,还曾置归思、思顺羁縻州和安宁、钦化、岩栖、吉南、罗遵、都恩、许水等縻县,上述州、县所辖行政区域大致包括今忻城县。天宝元年(742年)象州改为象郡,武德县省入阳寿县。乾元元年(758年),象郡复改为象州。大历十一年(776年),象州迁治阳寿县,长风省入阳寿县。乾封元年(666年)武仙县省入桂林县。乾封二年(667年),置归化、怀义县。析南昆州置严州,辖循德、归化、怀义县。天宝元年(742年),严州改为循德郡;芝州改为忻城郡。次年,怀义县易名来宾县。乾元元年(758年),循德郡复改为严州;忻城郡复改为芝州。大历(776—779年)中,置思刚羁縻州。严州所辖行政区域大致包括今兴宾区。归思、思刚羁縻州所辖行政区域大致包括今兴宾区迁江镇、合山市。今金秀瑶族自治县介于象、蒙、思唐等州之间。

五代十国时期,象州及阳寿县、武化县今属象州县。武仙县今属武宣县。严州及循德、归化、来宾县今属兴宾区。象、蒙、思唐等州之间今属金秀瑶族自治县。芝州、归思、思顺羁縻州今属忻城县。归思、思刚州羁縻州今属合山市、兴宾区迁江镇。

宋代,开宝七年(974年)严州及循德、归化俱省入来宾县,隶象州,今属兴宾区。天禧四年(1020年)废思刚州置迁江县,隶宾州,所辖行政区域大致包括今兴宾区迁江镇及合山市。象州之阳寿县、武化县所辖行政区域大致包括今象州县。武仙县所辖行政区域大致包括今武宣县。庆历三年(1043年)芝州、归思等羁縻州县俱废入忻城县,隶庆远府,所辖行政区域大致包括今忻城县。今金秀瑶族自治县介于桂、柳、象、浔、昭等州之间。景定三年(1262年),象州迁治来宾县蓬莱州,领来宾、阳寿、武仙3县。

元代,迁江县所辖行政区域大致包括今兴宾区迁江镇、合山市。象州之阳寿县今属象州县。武仙县今属武宣县。来宾县今属兴宾区。忻城县今属忻城县。金秀瑶族自治县介于静江路修仁县、平乐府立山县、浔州路平南县、象州、武宣、阳寿等县之间。

明代,迁江县所辖行政区域大致包括今兴宾区迁江镇、合山市。象州县今属象州县。武仙县(宣德初武仙县改为武宣县)今属武宣县。来宾县今属兴宾区。金秀瑶族自治县介于修仁县、永安州、象州、平南县、桂平县之间。忻城县(弘治九年降为忻城土县)今属忻城县。

清代,迁江县所辖行政区域大致包括今兴宾区迁江镇、合山市。象州县今属象州县。武宣县今属武宣县。来宾县今属兴宾区。金秀瑶族自治县属介于修仁县、永安州、象州、平南县、桂平县之间。忻城土县今属忻城县。

民国1年(1912年)3月1日,来宾、象县(今象州县)属柳州府,武宣县属浔州府,迁江县(今兴宾区迁江镇)属武鸣府,忻城土县属庆远府。

民国2年6月,裁柳州府设柳江道,象县、来宾、迁江及忻城土县等属柳江道辖,武宣属郁江道(民国3年改属苍梧道)。

民国16年11月废道,柳江道辖各县直属省政府。

民国17年2月,忻城土县改为忻城正县。

民国19年9月,广西改建民团制度。象县、来宾县属柳州民团辖,忻城县属宜山民团区,迁江县属宾阳民团区,武宣县属苍梧民团区。

民国23年3月10日，广西省将民团区改为行政监督区，柳州区辖区不变。同年11月，柳州行政监督区析出来宾县划归南宁行政监督区，象县划归梧州行政监督区。

民国25年10月，梧州行政监督区划出象县、武宣等9县置浔州行政监督区。同年11月，柳州行政监督区析出忻城等8县改属庆远行政监督区。

民国28年2月，柳州行政监督区改为广西第四行政监督区，象县、武宣、来宾、迁江属第五区（桂平），忻城属第七区（宜山）。

民国29年7月，行政监督区改为行政督察专员公署（简称专署），来宾、武宣、象县、迁江属第五区专署（桂平），金秀成立警备区署（驻修仁），忻城属第七区专署（宜山）。

民国31年3月，将第四区（柳州）、第七区（宜山）合并为广西省第二行政督察区专员公署，下辖忻城、象县、迁江、来宾等18个县。武宣县属第三区（梧州）。同年7月1日，设立金秀设治局（治所在今金秀镇），以平南县罗香、罗运、平竹3个乡；蒙山县古朴，岭祖2乡；修仁永宁、崇义2乡；象县东北、东南2乡；桂平县木山乡置。直属广西省政府。

民国35—36年，广西省第二区下辖象县、来宾、迁江、忻城、金秀（设治局）等19个县1个局。武宣县属第三区（梧州）。

民国36年冬，金秀设治局因财政困难等原因而裁撤（复设警备区），各乡区域分别归原属各县管辖。

民国37年9月，第二区原辖宜山等8个县划出，另设第十区。第二区下辖象县、来宾、武宣、忻城等11个县。

民国38年7月，各区辖县重新调整，将二区之来宾、武宣、象县，三区之桂平、平南，九区之贵县划出，另设十三区（驻桂平县桂平镇），忻城县在二区，迁江县属南宁区。

1949年12月，来宾市境内解放，各县建立新生的人民政权。象县、武宣、来宾县隶属柳州行政区专员公署。迁江（含今合山市）、忻城县属武鸣行政区专员公署。1950年2月，柳州行政区专员公署改称柳州区专员公署。象县、武宣、来宾县随之。忻城、迁江县隶属武鸣区专员公署。次年1月25日，武鸣专区撤销，迁江县划归南宁专区管辖，忻城划归宜山专区管辖。1952年8月11日，迁江县改属宾阳专区。1953年4月23日，撤销迁江县，其行政区域并入来宾县。1952年5月25日，设置大瑶山瑶族自治区，属平乐专区。8月11日，柳州区并入宜山区，南宁专区改设为宾阳专区，迁江县隶属宾阳专区。同年9月，武宣与象县合并置石龙县，11月，迁江县并入来宾县，石龙、来宾县属宜山区。12月，桂西壮族自治区成立，宜山区划属桂西区，下辖忻城、石龙、来宾等县。1956年2月，桂西壮族自治区改为州，宜山区改属自治州、辖县不变。9月，大瑶山瑶族自治区称为大瑶山自治县。

1958年3月5日，广西壮族自治区成立。7月19日，宜山专区更名为柳州专区，忻城、来宾、石龙及从平乐专区析出的大瑶山瑶族自治县均属柳州专区管辖。1960年5月30日，石龙县更名象州县（辖今象州、武宣两县）。1962年3月27日，复置武宣县，属柳州专区辖。1965年5月18日，柳州专区下辖武宣、象州、来宾、忻城、大瑶山瑶族自治县等11个县。1966年4月8日，大瑶山瑶族自治县更名为金秀瑶族自治县。1971年，柳州专区改称柳州地区，今来宾市辖区属之。1981年6月29日，设置合山市（县级），由柳州地区代管。1995年12月31日，境内合山市、象州县、武宣县、来宾县、金秀瑶族自治县、忻城县隶属柳州地区行政公署。

2002年9月29日，撤销柳州地区和来宾县，设立地级来宾市和县级兴宾区（原来宾县行政区域为兴宾区行政区域）。来宾市辖原柳州地区的金秀、象州、武宣、来宾（改称为兴宾区）、合山、忻城6个县（市）。同年12月28日，来宾市正式挂牌成立。

至2005年底，来宾市下辖6个县（市、自治县、区）即兴宾区、象州县、武宣县、忻城县、金秀瑶族自治县和合山市，37个乡、29个镇、731个村委会、37个居委会。

桂林郡

秦、三国吴先后两次设置桂林郡。

秦置桂林郡是秦始皇三十三年（前214年）统一岭南后设置的岭南三郡之一。秦桂林郡旧治今属桂平市西南。初辖县数不详，较早的史料仅明确记载有中留县（今武宣县地）。辖域大至为东南包括今广东省肇庆、茂名、阳江等市，西达百色市右江区及凌云县一带，南界玉林市，北至桂林市龙胜各族自治县和柳州市三江侗族自治县；东北至桂林市兴安县；西南至南宁市城区及武鸣县；西北至河池市。包括今广西桂林市东、西、南、中部，柳州、来宾两市全部，河池市东、南及东北部，百色市东北部，南宁市中、北部，贵港市全部，玉林市北部及梧州市大部。西汉初，桂林郡属南越国。元鼎六年（前111

年）桂林郡废撤。岭南三郡析置为郁林郡等9郡。郁林郡为秦桂林郡的主要传承者。故秦置桂林郡存续时间约105年左右。

吴置桂林郡是三国吴凤凰三年(274年)，析郁林郡再次设置桂林郡。初治武安县（今柳州市东南），隶广州。至三国末期领武安、潭中、桂林、武丰、潭平、武化、军腾、中留8个县，辖及今柳州、来宾、象州、柳江、永福、武宣、金秀等市、县（自治县）地。其中，旧治今属市域的有桂林、中留等县，辖及今市域的有潭中、潭平、武化等县。晋初从武安县移治潭中县（今柳州市东南），辖潭中、武丰、常安、潭平、羊平、龙冈、夹阳、武城、军腾9个县。辖及今柳州、来宾等市诸县地。其中，旧治今属市域的有桂林、中胄等县。辖及今市域的有潭中、潭平等县。南朝迁治中留县（今武宣县西南），齐又复迁武安县旧治。梁天监六年(507年)，桂林郡改隶桂州。陈末，领武熙、潭中、安化、西宁等4县，辖及今柳州、柳江、象州等市县地。隋开皇年间(581—600年)废。故吴置桂林郡存续时间约320年左右。

象　州

秦属桂林郡。西汉属郁林郡桂林县。三国桂林县隶桂林郡。晋初，桂林县改隶郁林郡。大兴元年(318年)，桂林县改隶晋兴郡。南朝梁置邵阳郡及阳寿、淮阳两县。邵阳郡及阳寿县均旧治今属象州镇，淮阳亦旧治今属象州县境西南。邵阳郡隶桂州。南朝桂林县依旧隶晋兴郡。隋初置西宁县，旧治今象州县南，隶桂林郡。开皇十一年(591年)，置象州，治桂林县（今象州县东南）上古城。辖桂林、阳寿等县。十八年(598年)，邵阳郡淮阳县更名阳宁县。大业初，象州废省，西宁县亦省并入桂林县，阳宁县省入阳寿县。桂林、阳寿两县改隶始安郡。唐武德四年(621年)，析始安郡之桂林、阳寿等县复置象州。治武德县。同年，析桂林县置武德武仙、西宁三县。析阳寿县置长风县，析桂州建陵县置武化县。其中，武德县旧治今属象州县西北柳江之西，隶象州，为州治。西宁县旧治今属象州县南，隶象州。长风县旧治今属象州县东，武化县旧治今象州东北。两县初隶封州，后隶晃州。贞观十一年(637年)，武化、长风改隶象州。同年，象州迁治武化县，并省西宁入武德县。乾封元年(666年)，省桂林县入武仙县。天宝元年(742年)，象州改为象郡。同年，武德县省入阳寿县。乾元元年(758年)，象郡复改象州。大历十一年(776年)，象州又迁治阳寿县，长风县省入阳寿县。唐末，象州辖阳寿、武仙、武化等3县。五代因之，属南汉。宋开宝七年(974年)，象州划辖原隶严州之来宾县。熙宁七年(1074年)，武化县废省入来宾县。元祐元年(1086年)，复置武化县。景定三年(1262年)，象州迁治来宾县之蓬莱州（今兴宾区东南）。元至元十五年(1278年)，象州改为象州路。大德(1297—1307年)后，象州路复改为象州，并复迁治阳寿县。依旧领阳寿、来宾、武仙等3县。明洪武二年(1369年)，阳寿县废省入象州。同年，象州及其来宾、武仙改隶柳州府。十年(1377年)，象州析出来宾县直隶柳州府。宣德六年(1431年)，象州领辖之武仙县改名武宣县。清雍正三年(1725年)，象州析出武宣县改隶宾州。

民国1年(1912年)，象州改为象县。次年六月，象县隶属柳江道。民国16年，象县直隶广西省。民国19年，象州改隶柳州民团区。民国22年三月，象州改属柳州行政监督区。同年十一月，象县改隶梧州行政监督区。民国25年七月，象县又改隶浔州行政监督区。民国29年四月，象县改属第五行政监督区。民国31年三月，象县改属第二行政监督区。

1949年11月29日，象县解放。属柳州专区。1952年9月1日，象县、武宣县合并设立石龙县。属桂西壮族自治区宜山专区。1958年7月19日，石龙县改属柳州专区。1960年5月30日，石龙县改名象州县，仍属柳州专区。1962年3月27日，象州县析出武宣县地重置武宣县，并迁治象州镇。1971年，象州县改属柳州地区。2002年12月至2005年，象州县改属来宾市。

严　州

唐乾封二年(667年)，析南昆州置严州，因在严冈上而名，旧治今属兴宾区东南旧来宾（今兴宾区城北街道磨东村一带）。同年，置辖怀义、归化等县，并划辖原属南昆州之循德县。其中，怀义县州同治，归化县治在今城厢乡二沟村。天宝元年(742年)，严州改为循德郡。次年，怀义县因地处都泥水（即红水河）、来宾水（今名北之江）之东而易名来宾县。乾元元年(758年)，循德郡复改为严州，依旧领来宾、循德、归化3县，所辖行政区域大致包括今兴宾区。宋开宝七年(974年)，严州及其归化、循德两县俱省入来宾县，来宾县因之改隶象州。此后，严州改称为来宾县至2002年9月29日，所辖行政区域大致包括今兴宾区。2002年9月29日后，改称兴宾区，所辖行政区域不变。

来宾市

2002年9月29日，撤销柳州地区和来宾县，设地级来宾市和县级兴宾区（原来宾县改为兴宾区，所辖行政区域不变）。来宾市辖6个县（市、区），即兴宾区、武宣县、象州县、忻城县、金秀瑶族自治县、合山市（代管）至2005年不变，全市辖6个县（市、区）、37个乡、29个镇及3个街道办事处。

表1-1　2005年来宾市辖区县（市、区）乡镇（街道）情况

县（市、区）	乡镇（街道）数			乡镇	街道
	镇	乡	街道		
兴宾区	6	14	3	迁江镇、凤凰镇、平阳镇、小平阳镇、良江镇、石陵镇、城厢乡、大湾乡、正龙乡、七洞乡、良塘乡、桥巩乡、石牙乡、寺山乡、蒙村乡、南泗乡、高安乡、三五乡、五山乡、陶邓乡	城东街道、城北街道、河西街道
忻城县	5	7		城关镇、大塘镇、思练镇、红渡镇、古蓬镇、马泗乡、欧洞乡、安东乡、果遂乡、新圩乡、遂意乡、北更乡	
象州县	7	4		象州镇、石龙镇、运江镇、寺村镇、中平镇、罗秀镇、大乐镇、马坪乡、妙皇乡、百丈乡、水晶乡	
武宣县	7	3		武宣镇、二塘镇、桐岭镇、东乡镇、三里镇、黄茆镇、通挽镇、禄新乡、思灵乡、金鸡乡	
金秀瑶族自治县	3	7		金秀镇、桐木镇、头排镇、三江乡、大樟乡、忠良乡、长垌乡、六巷乡、罗香乡、三角乡	
合山市	1	2		岭南镇、北泗乡、河里乡	

第二节　行政区域界线

1996年后，境内各县市成立勘界工作领导小组，同时设立勘界办公室。根据国务院《关于开展勘定省、县两级行政区域界线工作有关问题的通知》和《广西壮族自治区毗邻地市之间县级行政区域界线勘定办法》以及柳州地市勘界领导小组《联合勘定柳州地市县级行政区域界线实施方案》（柳地市勘字〔1997〕1号）、柳州地区行政公署办公室《关于印发1999年柳州地区勘界工作实施方案的通知》（柳署办发〔1999〕40号）的要求，在上级有关部门的指导下，开展县（市、区）边界勘定工作。

从1997年7月起，勘界工作领导小组组织广大勘界工作队员，奋战在勘界工作第一线上，全面完成市、县（区）与周边县市的行政区域界线勘界任务。至2002年，各县（市）完成县级行政区域界线勘定。2003年10月，全市完成乡镇行政区域界线勘定，总长2237.5千米的132条乡镇界线全部贯通。

1996年，金秀与相邻县市边界的勘定工作开始进行。1997年3月起，象州县、武宣县、来宾县（今兴宾区）、忻城县和合山市先后开展与相邻县市边界的勘定工作。当年，象州县勘界工作以柳江县相邻的县界为重点，分3路对2县边界进行实地勘察，核定2县县界70.3千米，完成勘界任务的89.2%，余下8.5千米未定县界及时组织材料上报自治区请求裁决。1998年，因各种原因，勘界工作暂停。

1999年3月，勘界工作继续开展。为全面完成县级边界勘定划界工作，各县（市）人民政府调整充实勘界工作领导小组和勘界办公室成员，加强对勘界工作的领导，相关乡镇亦成立相应的工作机构，并安排专款、专车，为勘界工作提供物质保障；同时组织勘界人员学习《国务院办公厅关于做好勘界工作维护边界地区稳定的通知》，扎实做好勘界工作。为了做好勘界工作，勘界人员冒着酷暑严寒，披荆斩棘，跋山涉水，走遍边界的山山岭岭，实地踏勘。为收集有争议地段归属权证明材料，勘界人员不辞劳苦，走村串寨查访调查，获取书面证据材料。在对有争议的地段谈判中，做到尊重事实，提供证据，坚持原则，据理力争，维护了核定边界的公正性和客观性。

此次勘定的行政区域线，作为划分各县市之间行政管理区域的法定依据，任何一方不得随意变更。相邻双方人民政府重申：行政区域界线走向不一定与土地资源权属完全重合，凡是与行政区域界线不重合的土地资源，都作为对方的插花地处理，插花耕地、林地等权属不变，即其所有权、经营权和使用权均不作为变更。任何一方不得以任何理由侵占和蚕

食另一方的插花耕地、林地，也不得擅自扩大在对方的插花耕地、林地面积。原为双方群众共同利用的放牧地、坟场、水源、水井等，勘界后仍为双方群众共同使用。

至2000年底，象州、武宣全面完成勘界任务。象州与相邻金秀、柳江、来宾、武宣、鹿寨划定了县边界线，边界总长364.07千米，并与邻县边界相关地段填埋了界碑，全面完成勘界工作。武宣县与金秀瑶族自治县、来宾县、象州县、贵港市、桂平市相邻的6条县界298.15千米全部贯通并完成埋桩、测绘、资料立卷归档上报工作。

2001年8月，来宾县和忻城县勘界任务完成。来宾县与3县4市边界总长520.52千米，并全面完成与周边县市的520.52千米的行政区域界线，确定3县4市交会点8个。实地埋设三面桩6个，两面桩4个。忻城县完成与合山市、来宾县、柳江县、宜州市、马山县、都安县、上林县的勘界工作，确定县界全长396.89千米。

2002年底，金秀瑶族自治县行政区域与相邻县市边界的勘定全部完成。该县与3个地(市)7个县(市)毗邻，县界涉及自治县9个乡镇181个自然屯，全长503千米。

2002年开始乡镇行政区域界线勘定工作。全市共有乡镇勘界线132条，总长2237.5千米，在各县(市、区)政府的统一领导下，经各级民政部门的艰苦努力，至2003年10月底全面完成，全市132条乡镇界线全部贯通。兴宾区主动提出"充分总结勘定县界的工作经验，努力搞好自治区级的乡镇行政区域界线勘定试点工作"。经过1年多的努力，兴宾区乡镇行政区域界线共50条，总长841.34千米，全部贯通，全面完成埋设界桩、测绘及资料汇总归档工作。武宣完成全县11条乡镇界线勘定，总长度290.4千米。金秀全面完成勘定乡界18条，总长340千米，8个"三交点"(三县地界交接点)，11个乡镇共涉及59村委会，占行政村总数73%，全县18条380千米的乡级行政区域界线全部贯通，同时确定好8个"三交点"，埋设好4个"三交点"的花岗岩界桩，同时编写18条乡镇间行政区域界线协议书，签订行政区域界线协议书360本，绘签边界线地形图(协议书附图)39本256幅，形成勘界成果档案90卷，为完成此次勘界，自治县财政投入经费10万元。

2005年，来宾市重点完成县界年检工作，先后组织金秀与象州、忻城与合山、兴宾与武宣、武宣与象州、兴宾与宾阳、兴宾与覃塘、兴宾与上林、忻城与上林、忻城与宜州、忻城与都安13条县级行政区域界线联合检查，总长度830.81千米，签订联检协议书39份，形成联检会议纪要文件41份，修复界柱2座。

市级界线

来宾市东与梧州市相连，东南、南与贵港市毗邻，西南、西与南宁市相接，西北与河池市相靠，北与柳州市为邻，东北与桂林市接壤。境域面积13411平方千米。行政区域界线总长1685.44千米，其中市辖内县级界线长522.17千米(界线重合部分不计)，毗邻市的县级界线长1163.27千米。来宾市与周边市的行政区域界线：

与南宁市的行政区域界线287.39千米。其中：忻城县与马山县82.82千米，忻城县与上林县48千米，兴宾区与上林县66.84千米，兴宾区与宾阳县89.73千米。

与柳州市的行政区域界线290.38千米。其中：忻城县与柳江县50千米，兴宾区与柳江县71千米，象州县与柳江县72.56千米，象州县与鹿寨县44.32千米，金秀瑶族自治县与鹿寨县52.50千米。

与桂林市的行政区域界线68.90千米，为金秀瑶族自治县与荔浦县之间的界线。

与梧州市的行政区域界线101.89千米，为金秀瑶族自治县与蒙山县之间的界线。

与河池市的行政区域界线134.07千米。其中：忻城县与宜州市129.40千米，忻城县与都安瑶族自治县4.67千米。

与贵港市的行政区域界线280.64千米。其中：金秀瑶族自治县与平南县80.67千米，金秀瑶族自治县与桂平市27.49千米，武宣县与桂平市65.64千米，与贵港市港北区36千米，武宣县与贵港市覃塘区11.50千米，兴宾区与贵港市覃塘区59.34千米。

表1-2　**2005年来宾市毗邻地级市的市级界线一览表**

界线名称	界线长度(千米)	起始	结束	经过乡镇
来宾市兴宾区－柳州市(柳江县)	71.00	柳江百朋龙泉村、兴宾七洞古车村、忻城安东加益村起	柳江穿山板塘村、象州石龙大塘村、兴宾大湾凌仓村止	兴宾区：大湾、凤凰、七洞，柳江县：穿山、百朋

续表

界线名称	界线长度（千米）	起始	结束	经过乡镇
来宾市兴宾区－贵港市(覃塘区)	59.34	古樟中塘村、宾阳和吉华罗村、兴宾小平阳龙葛村起	覃塘东龙三六村、武宣思灵古铁村、兴宾石牙古炼村止	兴宾区：五山、石牙，覃塘区：古樟、山北、东龙
来宾市兴宾区－南宁市宾阳县、上林县	156.57	覃塘古樟中塘村、宾阳和吉华罗村、兴宾小平阳龙葛村起	林木山琴水村、兴宾平阳平巨、忻城红渡龙塘止	兴宾区：五山、小平阳、陶邓、石陵、平阳、迁江，宾阳县：邹圩、洋桥、和吉，上林县：木山、三里、覃排
忻城县－南宁市上林县、马山县	130.82	南宁市马山县金钗镇东屏村、忻城县红渡镇六蝶村、都安县百旺乡龙燕村三县边界线线交会会点的红水河河床中心起	南宁市上林县木山乡琴水村、兴宾溯社乡平巨村、忻城县红渡镇龙塘村三县边界线交会处一山坡上止	忻城县：红渡、遂意、北更、古蓬，上林县：镇圩、中可、塘红、乔贤、木山，马山县：金钗、加方、里当
忻城县－河池市宜州市	129.40	忻城县红波镇六蝶村与宜州市福龙瑶族乡高山村和都安瑶族自治县百旺乡龙燕村交界处起	柳江县土博乡五合村与忻城县大塘镇金山村和宜州市屏南乡合寨村交界处止	忻城县：红渡、城关、欧洞、马泗，宜州市：福龙、石别、太平、洛西、屏南
忻城县－河池市都安瑶族自治县	4.67	忻城县红渡镇六蝶村与宜州市福龙瑶族乡高山村和河池市都安瑶族自治县百旺乡龙燕村交界处起	马山县金钗镇东屏村与忻城县红渡镇六蝶村和都安瑶族自治县百旺乡龙燕村交界处的河中心止	忻城县：红渡，都安县：百旺乡
忻城县－柳州市	50.00	柳州市柳江县土博乡五合村与忻城县大塘镇金山村和宜州市屏南乡合寨村交界处起	柳江县百朋乡龙泉村与兴宾七洞乡古车村和忻城县安东乡加益村交界处止	忻城县：大塘、安东，柳江县：土博、里高、百朋
象州县－柳州市柳江县	72.56	柳江县白沙镇新安村，象州运江新运村(柳江河主航道中心开始向西)	象州龙平村、龙平尾村、下伦村、柳江土宜、铁山冲、下送村至柳江穿山板塘村、象州县石龙大塘村、来宾兴宾区大湾凌仑村	柳江县：里雍、穿山，象州县：马坪、石龙，兴宾区：大湾
象州县－柳州市鹿寨县	44.32	柳江河主航道中心开始向东	鹿寨县四排新庆村、象州县水晶新村、金秀桐木那马村(三界庙岭顶)	鹿寨县导江，象州县水晶，金秀瑶族自治县桐木，鹿寨县四排
武宣县－贵港市覃塘区	11.50	覃塘区、武宣县交界点	港北区、武宣县、兴宾区三交点	覃塘区东龙镇，武宣县通挽镇、思灵乡
武宣县－贵港市港北区	36.00	武宣县、桂平市、港北区三交点	武宣县、港北区交界点	武宣县桐岭镇、通挽镇，桂平市石龙镇，港北区中里乡
武宣县－贵港市桂平市	65.64	桂平、武宣、金秀三县市三交点	港北、桂平、武宣三县市三交点	桂平市石龙镇、紫荆乡和金田林场，武宣县东乡镇、三里镇、桐岭镇
金秀瑶族自治县－柳州市鹿寨县	52.50	金秀瑶族自治县桐木镇	鹿寨县寨沙	金秀瑶族自治县桐木、头排、三江，鹿寨县四排、寨沙
金秀瑶族自治县－桂林市荔浦县	68.90	金秀瑶族自治县三角乡	荔浦县县修仁镇三河村	金秀瑶族自治县柘山、长乐，荔浦县茶城、修仁、三河
金秀瑶族自治县－梧州市蒙山县	101.89	金秀瑶族自治县忠良乡	蒙山县夏宜瑶族乡	金秀瑶族自治县忠良乡，蒙山县新圩、西河、夏宜
金秀瑶族自治县－贵港市平南县	80.67	金秀瑶族自治县大樟乡	平南县马练	金秀瑶族自治县大樟乡、六巷乡、罗香乡，平南县大鹏镇、国安瑶族乡、马练瑶族乡
金秀瑶族自治县－贵港市桂平市	27.49	金秀瑶族自治县大樟乡	桂平市垌心乡	金秀瑶族自治县大樟乡，桂平市紫荆乡、垌心乡

县级界线

兴宾区与周边邻县(市)行政区域界线总长520.52千米。其中:与忻城县边界52.05千米,与合山市边界81.35千米,与象州县边界24.46千米,与武宣县边界75.75千米,与南宁市宾阳县边界89.73千米,与南宁市上林县边界66.84千米,与贵港市覃塘区59.34千米,与柳州市柳江县边界71千米。

忻城县与周边邻县(市)行政区域界线总长407.38千米。其中:与兴宾区边界52.05千米,与合山市边界40.44千米,与南宁市上林县边界48千米,与南宁市马山县边界82.82千米,与柳州市柳江县边界50千米,与河池市宜州市边界129.40千米,与河池市都安县边界4.67千米。

象州县与周边邻县(市)行政区域界线总长363.37千米。其中:与兴宾区边界24.46千米,与武宣县边界78.12千米,与金秀瑶族自治县边界143.91千米,与柳州市柳江县72.56千米,与柳州市鹿寨县44.32千米。

武宣县与周边邻县(市)行政区域界线总长257.08千米。其中:与兴宾区边界75.75千米,与象州县边界78.12千米,与金秀瑶族自治县边界26.09千米,与贵港市的桂平市65.61千米;与贵港市港北区36千米,与贵港市覃塘区11.50千米。

金秀瑶族自治县与周边邻县(市)行政区域界线总长501.45千米。其中:与象州县边界143.91千米,与武宣县边界26.09千米,与柳州市鹿寨县52.50千米,与桂林市荔浦县边界68.90千米,与梧州市蒙山县边界101.89千米,与贵港市平南县80.67千米,与贵港市桂平市27.49千米。

合山市与周边邻县(市)行政区域界线总长121.97千米。其中:与兴宾区边界81.35千米,与忻城县边界40.44千米。

乡镇界线

2005年,来宾市下辖6个县(市、区),共37个乡、29个镇及3个街道办事处,有乡镇勘界线132条,长度2237.5千米,各条乡镇界线全部贯通。其中,兴宾区乡镇界线50条总长841.34千米;武宣县乡镇界线11条总长度290.4千米;金秀瑶族自治县乡镇界线18条总长380千米。

第三章 城区 县(市)

秦三十三年(前214年)象州地设桂林郡,始有郡治城区。西汉元鼎六年(前111年)境内武宣置中榴县,象州置桂林县,始有县治城区。隋开皇十二年(592年),置象州。唐武德四年(621年)武宣江阴地置武仙县治。乾封元年(666年)来宾武东地筑严州城。天宝元年(742年)象州改称象郡,乾元年(758年)象郡改称象州。宋景定三年(1262年)在蓬莱洲筑象州治。明洪武年间(1368—1398年)在城厢街置来宾县治。宣德六年(1431年)武仙县治移至武宣镇改称武宣县。万历十年(1582年)在翠屏山北麓置忻城县治。2002年在来宾县地置来宾市治。从公元960—2005年的千余年来,来宾市境内县郡州治迁移反复,城址湮灭无迹。境内较著名的古代郡(州、府)县治所有桂林郡城、象州府(路)城、芝州城、忻城土司城衙署、严州城5处治所,从中略知其州郡地之兴废始末、市城区之规模建筑、开发变化、县市区治之建置沿革、基本状况。

2002年12月28日,地级来宾市举行成立庆典大会,自治区党委书记曹伯纯为中共来宾市委员会授牌,自治区副主席周明甫为来宾市人民政府授牌。地级来宾市的成立庆典是全市各族人民的盛事,标志着来宾市新的起点从此开始。

第一节 州郡城

桂林郡城

三国时期桂林郡隶广州,治武安县,故址在今象州县罗秀镇军田村,至三国末期领武安、潭中、桂林、武林、潭平、武化、军腾、中留等8个县,辖及今柳州、来宾、象州、柳江、永福、武宣、金秀等市、县(自治县)地。其中,旧治今属市域的有武安桂林、中留等县,辖及今市域的有潭中、潭平、武化等县。

晋朝沿用三级政区,桂林郡辖及潭中、武丰、长安、潭平、羊平、龙冈、夹阳、武城、军腾等县。辖及今柳州、柳江、象州等市县地。郡治武熙县,治所在今柳州市东南。武熙县与郡同治,辖及今柳州市部分城区、象州等地。

军田村古城址位于象州县城东北罗秀镇的军田村。约在战国时期,已有军田城池。军田村古城址,有内城和外城,内城平面呈圆角三角形。全城面积较大,约15.5万平方米,其中内城面积6.4万平方米。城址有内外两重城垣,内城垣全长1.35米,其中北垣残长约345米;西垣残长约350米;东垣残长约340米。残垣高约3~8米,底宽15余米,上宽3余米。外城垣全长约1725米,其中北垣残长约640米;西垣残长约585米;东垣残长约500米,残垣高约1~4.5米,底宽8.5余米,上宽3余米。军田古城规模宏大,可容纳300余户,2000多人。据村中老人回忆,军田村在20世纪50年代还存在比较完整的古城墙和东、南、西、北四个城门。只可惜在“大跃进”时,铜鼓墩、四个古城门和古城南、西、北三面古城墙已被人拆毁。

象州府(路)城

宋代(960—1279年),象州治象州建有土城。明洪武年间(1368—1398年)建东西南北4个门。成化十四年(1478年)在西、南、北门上各建1座楼。嘉庆九年(1530年),变土城为砖城。万历十三年(1585年)重开小南门,改称进贤门,并建1座楼。明末清初战乱频繁,城坦屡毁。康熙六十年(1721年)重建。雍正三年(1725年)加修。乾隆二十年(1755年)重修,城高1丈8尺,厚1丈,周长5950丈,朵口1645个,城门5个,东为宾阳门,南名镇南门,西称朝江门,北叫象台门,小南门称进贤门。道光十一年(1831年)重建东、西楼。道光二十年重建南楼,后均毁于兵焚。同治二年(1863年)重建北楼,未竣工。同治八年续建北楼,重建东西南三楼,西门楼称瑶光楼,最为壮观。城楼上有匾2幅,上匾题“江天一览”,下匾题“瑶光楼”,两侧锈楹联一副:“鲸波鳄浪皆如砥,水色山光总入楼”,临江一侧城门拱顶镶有“长风城”石额1块。民国11年(1922年),修葺城墙,四周城墙筑炮楼11座。次年,于东门外广济桥头增加建一门,称“穗绥门”。25和27年,分别修饰东西楼。民国28年,防城墙被日军利用,县长黎植松令民众拆除四周城墙及炮楼,剩下东西南北4座城楼。20世纪50年代北门城楼因年久失修崩塌拆除,20世纪60年代西南东门城楼拆除。古城遗址仅剩南门洞东门洞,城内古建筑文庙、武庙、城隍庙和州、县署衙门和城外文昌阁、东山寺、西山寺、南山寺、北山寺在民国时期大部分拆毁,仅有武庙幸存。民国末年(1949年1月1日至9月30日止),城区面积0.25平方千米,4000人口,有个体手工业19户,铺店69户。

景定三年(1262年),象州迁治来宾县之蓬莱洲(今兴宾区城厢乡平安二沟村)。元至元十五年(1278年),象州改象州路。大德(1297—1307年)后,象州路复改为象州,并复迁治阳寿县。清《柳州府志》载,蓬莱洲为古循德县署址,山光水色,映碧浮青,颇具胜概。蓬莱洲象州故城城墙沿洲岸而筑,城墙两面用长34厘米、宽15厘米、厚9厘米的青砖建筑,中间夯土厚4.5米,城墙下用大块青石筑成台阶式护城堤,规模宏伟。今洲上城墙遗址依稀可见。

芝州城

唐贞观年间(627—649年),置芝州,治忻城县。天宝元年(742年),芝州改为忻城郡。乾元元年(758年),忻城郡复改为芝州。弘治九年(1496年),忻城县降为忻城土县。故芝州古城即为忻城县城之前身。明万历十年(1582年),土知县莫镇威把县署从落喇院(一说喇院)移建于修文里(初称为龙廖里)翠屏山北麓。在这里“拓衙署,筑城围”。县署坐南向北,其主体建筑有大门、头堂、二堂和三堂,均为三开间砖木结构,其城围系土墙,周有135米。万历三十三年(1605年),土县衙署被农民起义队伍攻克,焚署毁城。自此之后,临时设县署在山冲村,后转迁回原处。清朝康熙二十一年(1682年),土知县莫宗诏改建城围为石墙,其高1.67米,厚0.5米,周有480米,开设东、西、北3个门。

忻城土司城衙署

明朝洪武三年(1370年)知县危安在今城关高塘村板现屯创建,正统年间(1436—1449年)杨敬重修。明朝万历十年(1582年),第六任土官莫镇威将县署迁修文里(先称为龙廖里)翠屏山北麓,“拓衙署,筑城围”建衙署。衙署主体建筑纵深110米,建筑面积3073.71平方米。万历三十年(1605年)衙署被农民起义队伍攻克,焚署毁城。清朝康熙二十一年(1682年),土知县莫宗诏城围为石墙,石墙高1.67米,厚0.5米,周长480米,开设东、西、北3个门。清朝光绪三十二年(1906年)土司制度被废除后,改为弹压公署。中华人民共和国成立初期,1950—1955年,县政府曾在衙署办公。因兵焚等原因,衙署部分建筑被毁后按原样重建。1605年、1653年、1756年、1830年有过较大维修。1965年,广西壮族自治区拨专款大面积维修。1981—1996年,国家、自治区拨款55.50万元按原样重建东花厅、三堂、厢房、后苑闺房，基本恢复莫土司衙署原貌。

衙署整体建筑为砖木结构，山墙为青砖，梁柱均为珍材制作，屋架穿斗安榫接合。主体建筑由土司莫镇威完成，后经历任土司先后拓建附属建筑，这些附属建筑群有大夫第、参军第、官族府第、三清阁、汉堂邸、后花园、礼房、卡房、练武场、官塘、关帝庙、城隍庙、花婆庙、伴云亭、东城门、西城门、北城门、土司陵园等。这些与主体建筑构成庞大的建筑群，占地面积4万平方米。

土司衙署有420多年的历史，是广西乃至全国现存古建筑保存完整、历史最长的土司衙署。1963年、1996年先后公布为自治区重点文物保护单位和全国重点文物保护单位。

严州城

唐乾封二年(667年)，析南昆州置严州，因在严冈上而名。治来宾县东南武东村(今兴宾区磨东村一带)。辖怀义、归化、循德3县。其中，怀义县州同治，归化县治今城厢乡二沟村。天宝元年(742年)，严州改为循德郡。次年，怀义县因地处都泥水(即红水河)、来宾水(今名北之江)之东而易名来宾县。乾元元年(758年)，循德郡复改为严州。依旧领来宾、循德、归化等3县。唐末，严州治从武东村迁至白面村(今兴宾区良江镇白面村)。宋开宝七年(974年)，严州及其归化、循德两县俱省入来宾县，县治白面村。元初，县治迁至旧来宾县城(今兴宾区城厢街)。

明洪武年间(1368—1398年)，来宾县治始建土城。永乐十三年(1415年)改建砖城，城墙周长为510丈，高1.8丈，厚1丈，建有东安、西清、镇南、迎恩4个闸门。景泰年间(1450—1456年)，城墙毁于贼。天顺四年(1460年)修复城墙。清康熙六年至五十六年(1667—1717年)重修城之北楼和西楼。清雍正二年(1724年)重修城之东楼。清乾隆八年(1743年)重修城墙。清乾隆十三年至道光十三年(1748—1833年)，城墙曾两次遭受水患，地处红水河旁和清溪边的城墙崩倒。清咸丰年间(1851—1861年)，城墙只余东西南北4座城楼。清同治十一年(1872年)建翠英书院。清光绪二年(1876年)，改翠英书院为雷江书院，并建义渡、医院、育婴堂。清光绪八年(1882年)，复筑环城土墙。清光绪二十三年(1906年)于书院设两等小学。清宣统元年(1909年)设邮政局。

民国20年(1931年)，改城庙址为县政府新址。民国24年，对原有的17条街道进行整修，拆掉城北城西两座城楼和北楼西侧城墙。对坑洼弯曲及宽不足6尺的街区地段，一律挖填取直拓宽。于西清门地侧建接龙圩集贸市场，在其北面筑1座城楼，在三台岭南侧建体育场和中山纪念亭。县城面积为0.7平方千米。城内房屋(多为砖瓦结构平房)建筑面积8.5万平方米。民国26年，于迎恩门外设接龙圩。全城有17条街，即黉宫街、西门街、镇江街、义井街、十字街、文昌街、东门街、盐埠街、方家塘街、南门街、西桥街、书院街、接龙圩东街、接龙圩西街、接龙圩南街、北门街、迎董街。

1949年12月21日，来宾县人民政府成立，撤销原中山乡，设城厢区，改原东南街为民主街、西北街为解放街。县城区新建部分瓦房和1座简易礼堂。

第二节　市城区

唐乾封二年(667年)，置严州，治来宾县东南武东村(今兴宾区磨东村一带)，辖怀义、循德、归化等3个县。怀义县与严州同治。天宝元年(742年)，严州改为循德郡。次年，怀义县易名来宾县。乾元元年(758年)，循德郡复改为严州，依旧领来宾、循德、归化等3县。唐末，严州治从武东村迁至白面村(今兴宾区良江镇白面村)。宋开宝七年(974年)，严州及其归化、循德两县俱省入来宾县，县治白面村。元初，县治迁至旧来宾县城(今兴宾区城厢街)。此后直至中华人民共和国成立初期历经680余年，来宾县治不变。1953年，来宾县政府从城厢街迁到新来宾县城(即来宾镇)。来宾市城区就是在新来宾县(来宾镇)城区的基础上建设发展起来的。

2002年12月28日，来宾市兴宾区成立大会

2002年12月28日，地级来宾市

成立。建市时,经济总量小,产业结构单一,工业基础薄弱,农业产业化程度低,民生欠债多,人才极其匮乏,城市基础设施老旧,城区面貌比较落后。

2003年,市委、市政府确立"环境立市、工业强市、城建塑市、农业稳市、商贸旺市"的发展战略目标后,来宾市城区建设开始步入高速发展的快车道,城市交通、公共服务设施、市容景观及棚户区改造等重点工程建设齐头并进,各项城市基础设施建设不断完善,至2005年,市城区面积已扩大到23平方千米,人口达到31.3万人,城区面貌焕然一新。

城区规划

1953年,来宾县人民政府从旧址城厢迁出后,即着手进行县城总体规划。从1953年起至1990年,来宾县城所在地来宾镇先后进行过7次总体规划:1953年第一次规划,按当时城镇人口500人发展到5000人的规模,规划用地0.5平方千米。1972年和1974年的第二、第三次规划,均只作少许调整。1976年第四次规划,人口规模远期(2000年)为10万人,用地为29平方千米,调整河东城区布置,制定建设河西城区方案,确定红水河公路大桥桥址,安排广西第七冶金建筑公司基地和来宾冶炼厂厂址等。1978年,进行第五次规划,调整原计划,增设红水河公路二桥和环城路,远期(2000年)城镇人口规模为18万人,用地33平方千米。1980年9月第六次规划,对人口和用地规模、路网结构作适当调整,对环境保护、土地合理利用等问题作补充修订。1981年3月,进行第七次总体规划,远期(2000年)人口规模10万人,为留有余地,按12万人计算,计划建成区用地为12.4平方千米,总体建设分布分河东河西两个城区。确定河东区城区着重以旧城改造为主,一般不再安排大中型建设项目。河西区城区以冶炼厂和火电厂为中心建成工业区。各项公共福利和文化生活设施的安排,以方便职工为原则。此规划业经自治区建委1982年7月23日以桂建字〔82〕61号文件正式批准实施。

1993年和1999年,来宾县对县城规划进行4次不同程度的编制与修订。历次的编制与修订,对不同时期的县城建设与发展起到积极的推动作用。1993年5月14日,来宾县人民政府成立来宾县总体规划领导小组,配合广西城乡规划设计院完成来宾县城区30万人口城市的总体规划。县委、县人民政府委托广西城乡规划设计院编制的《来宾县城总体规划》(1993—2015)确定,来宾县城将建成柳州地区南片以电力、冶炼、制糖、造纸等工业为主的综合性工业城市。

1994年,来宾县城乡建设委员会和广西城乡规划设计院合作,重新编制《来宾县城总体规划》。规划目标期限为近期(1993—2000年)和远期(2000—2015年)两个阶段。考虑到远景2015年以后的规划,规划区面积为240平方千米。1992年规划建成区用地面积为6.65平方千米,人口6.6万人,人均用地面积101平方米;至2000年规划建成区用地面积为15.12平方千米,人均用地面积116.3平方米;至2015年规划建成区用地面积为32.76平方千米,人口27万人,分为3个区,河东区7.4平方千米,人口7.5万人;城北区8.22平方千米,人口7万人;河西区17.14平方千米,人口12.5万人。2000年末,来宾县城实际规划面积已达32.76平方千米,建成区面积18平方千米,人口15.6万人。

1995年2月13日,自治区人民政府批准实施《来宾县城总体规划(1993—2015)》。近期规划至2015年,县城区域面积为240平方千米,人口38万人。城区面积为32.76平方千米,人口27万人,基本构筑了中等工业城市的框架,体现科学构建、组织有序、布局合理。

1999年5月30日,来宾县重点抓县城城北区控制性规划、空间景观规划、空间形态、重点地段设计、火车站广场、建设大道广场、县政府迎宾广场、人民广场的规划。

2000年,来宾县完善县城总体规划和城北区详细规划,完成县城60万人口区域规划工作。完成维林桥南端、红水河桥头东面景点规划设计和公园东门路段、来宾镇政府旧址0.94公顷综合批发市场、来宾华侨农场规划方案2.83平方千米、维欢路东段1.60公顷开发、迎宾广场3.55公顷、职业中学等8个单位用地面积12.71公顷的勘测规划。编制县磨东水厂、水落立交桥、农副产品批发市场、工业产品批发市场、无害化垃圾处理场、五一路、北江路、城北区排水系统、迎宾广场等招商引资项目规划。

2001年,来宾县人民政府委托上海同济城市规划设计院编制《来宾城北区规划结构调整方案》,专家们形成共识,要有高起点、高标准的远景城市规划;充实调整河东老城区,重点建设城北新区,把城北区建设成为具备新的行政中心和商贸、科研教育及居住等综合性的城市公共中心;发展的方向以北为主,以西为辅,加强红水河和草鞋沟的河滨绿化,创造一个宜人的具有地方特色、园林化的城市景观环境。

2002年，来宾县城市远景规划是充实调整河东老城区。近期规划至2015年，规划城区面积为32.76平方千米，人口27万人，基本构筑中等工业城市的框架。力争把来宾县建设成为广西重要的电力生产基地和国家“西电东送”工程输变电中心枢纽，建成广西重要的冶炼基地桂中最大的糖、纸加工基地，建成桂中现代水果蔬菜、畜牧产品生产和加工基地，建成一个文明富裕、人民幸福的现代绿色生态新兴工业城。

2002年9月29日，国务院批准撤销柳州地区和来宾县，设立地级来宾市。12月28日，来宾市成立后，市区所在地设在原来宾县来宾镇，市直机关搬迁到来宾镇。随着地级来宾市的成立，原《来宾县城总体规划(1993—2015年)》已不能满足地级来宾市城市综合服务功能的需要。地级来宾市委、市人民政府按照“科学规划、建新改旧、西进北扩、突出特色”的发展思路，坚持“富规划、穷建设”方针，稳步推进城市规划、建设和管理。对来宾市重新作总体规划是城市建设的重要内容。来宾市立足实际，放眼未来，按照高标准、高起点、高质量的要求，编制来宾市城市总体规划，考虑到地级来宾市的城镇总体发展情况，并为以后发展成为桂中经济区副中心城市，以电力、制糖、造纸、有色金属和建材等产业为主的区域工业基地，富有地方文化和民族特色的山水园林城市和市域政治、经济、文化中心打下基础。

来宾县城总体规划图(1993—2015)

2003年，来宾市委托北京清华城市规划设计研究院承担来宾市城市总体规划重新编制任务，在原《来宾县城总体规划(1993—2015年)》的基础上进行修编，完成了《来宾市总体规划(2003—2020年)》，2003年11月6日，规划通过市四家班子和自治区评审。2004年3月，北京清华城市规划设计研究院根据专家提出的意见，对《来宾市城市总体规划(2003—2020年)》进行完善和调整，完成《来宾市城市总体规划(2003—2020年)》送审稿。3月19日，自治区建设厅受自治区人民政府委托在南宁市主持召开《来宾市城市总体规划(2003—2020年)》厅际联席审议会，与会代表和专家对《来宾市城市总体规划(2003—2020年)》方案进行认真讨论和审议，形成会议纪要。10月，《来宾市城市总体规划(2003—2020年)》经自治区建设厅审核后上报自治区人民政府批准实施。2006年1月14日，自治区人民政府批准《来宾市城市总体规划(2003—2020年)》实施。规划期限是2003—2020年，分近期、中期、远期规划，近期为2010年，中期为2015年，远期为2020年。来宾市总体规划研究的范围是来宾市全市区域范围，总面积1.34万平方千米，包括1区1市4县，30个镇、44个乡。其中城市规划区划分为三个层次，即城市规划控制区、城市总体规划用地和城市规划建设用地。其中近期建设目标为：至2010年，来宾市城区人口发展到30万人，城市建设用地42平方千米，主要建设区为城北区、河西区、来华区北区、工业区A区、C区。远期建设目标为：至2020年，来宾市城区人口发展到43万人，城市建设用地52平方千米，主要建设区为来华区南区，来合铁路以北，高速公路以东，柳来路以西片区，工业区东区东片区。来宾城市主要功能中心区分为城北行政商贸中心区、旧城商业贸易中心区、华侨农场综合发展区、城东综合发展区、仓储物流区和城南南部工业区。

根据《来宾市城市总体规划(2003—2020年)》，来宾市提出“强化中心，依托轴线，带动全域”的城镇体系发展战略。来宾市的城市中心辐射功能明显增强，城镇化水平不断提高。

2004年4月，来宾市设置来宾华侨投资区。随着来宾华侨投资区的设立，其在总体规划中的地位发生相应变化，对原来宾华侨投资区的规划作相应

来宾市城市总体规划(2003—2020年)用地规划图

的调整,来宾市委托广西城乡规划设院承担修编调整任务,9月完成概念性规划。由于区域发展环境的变化和城市内部发展条件的变更,为适应新形势的发展要求,来宾市委审时度势,形成"要把来宾建成一个人们向往的城市,经得起历史检验的城市"的思路,提出了"富规划,穷建设"的理念,坚持城市建设,规划先行。随着工业化、城镇化步伐不断加快,城市规划必须具有前瞻性,要为城市发展留下足够的空间。"富规划"当然就是从人、财、力等方面向规划工作倾斜,请顶级的规划团队来规划城市,既能高瞻远瞩为城市预留发展空间,又能结合区域特点,科学定位城市特点,凸显城市品位。

2005年,来宾市完成来宾高级中学、城北区F-9地块项目编制、城北区财富168小区、公务员小区二期工程、建设大道安置小区、东糖集团年产9.8万吨文化用纸基地等规划。

城区建设

来宾市城区是在原来宾县城区的基础上改造扩建发展起来的。1953年前,来宾县城区仅有水落街十几户人家,杂草丛生,野兽出没,一片荒凉。1953年,来宾县人民政府从城厢老街(旧县城)迁至来宾镇(新县城)后,即开始新县城建设。

1953—1954年,在前卫路和南一路一带先后建筑了中共来宾县委会、来宾县人民政府、县总工会、粮食局、邮电局、人民银行、保险公司、贸易公司、百货公司、饮食服务公司、新华书店等单位的房舍,并完成城南圩亭4幢(800平方米)、人民医院房舍和红水河码头等建设项目。

1956年,建成来宾县糖纸厂、印刷厂、鼎锅厂、淀粉厂、花纱布公司、日杂门市部、县中学(今二中)、壮校(今一中)、镇北(今实验小学)、镇东和镇西小学等单位的房舍。1957—1959年,来宾县城重点进行街道建设,到1964年,河东区街道路网基本形成,并建有多处公共福利设施和商业服务网点。

"文化大革命"开始至1967年3月,来宾县城建设停顿。1968年4月,来宾县自来水厂建成投产。20世纪70年代初,相继建成来宾县磷肥厂、制药厂、砖瓦厂和竹种场。1976年,来宾冶炼厂筹建(厂址在县城区红水河西岸)。到1979年底,来宾县城建成各种房屋面积17.54万平方米。1978年12月5日,来宾县城区红水河公路大桥通车后,于河西相继兴建县第一中学(今教师进修学校所在地)、民族中学、职业中学及来宾火电厂。至此,河西工业区框架基本形成。1990年末,来宾县城区面积5.7平方千米,比城厢旧城大7.1倍,人口57059人,县城建设已初具规模。河东城区,地方中小型企业分布在城北和湘桂铁路东侧,县镇的行政、经济、文化机构分布在城中。河西城区,则以冶炼厂、火电厂为主体。县城区内,教育设施有中等专业学校2所,中学9所,小学6所,保育院1所,农机校1所,党校1所。科技设施有科技情报所、农科研究所、农业机械科学研究所、林业科学研究所等。文化艺术和体育设施有电影院、影剧院、电视差转台、露天影场、文化宫、文化馆、新华书店、图书馆、青少年之家、老年活动中心等。卫生设施有人民医院、中医院、防疫站、妇幼保健站、镇医院等。交通设施有铁路桥2座、公路桥1座、火车站、汽车站、港口、国际航空导航台等。财政金融设施有财政局、税务局、人民银行、工商银行、农业银行、建设银行、保险公司等。工业设施有自治区、地区、县和镇办工厂共30余家。商业贸易设施有国营、集体和个体商业1300余家。全城建有大小街道(路)40条,沿街(路)和周围建有各种房屋7500多幢,131.25万平方米,圩场4个,圩亭建筑面积7472平方米,露天市场面积1.9万平方米,肉摊台116张。

1991年,来宾县重点实施县城新华路、维林大道、建设大道、来迁路建设,完成柳来路长1390米宽34米占地面积47260平方米砼结构铺筑。1992年末,来宾县城区建设面积达12.4平方千米,人口发展到13万余人。

1992年—1998年3月,来宾县投资6468.3万元,建设县城区道路总长10881米,不断完善县城区基础设施建设。先后建成北二路、中南路、大桥路、合山路、新华路、维林大道等县城区砼结构道路,总面积37.35万平方米。

1993—1996年,来宾县城区建设规模平稳发展,城区建设面积从12.4平方千米发展到16平方千米,非农业人口从9.2万人发展到10.7万人,人均居住面积从4平方米增加到8平方米。

1999年,来宾县投资3500万元修建建设大道(后改称盘古大道)全长2200米,宽60米,路基全线开通,铺设1200米长路基碎石垫层,捣制200米长砼路面,两跨31米长路桥工程全面施工,投入资金2700万元。8月,全部完成北四路长650米,宽24米,路基碎石垫层和建好排水沟。东一路长320米,宽7米,投资68万元的砼路面工程改建,8月1日竣工投入使用。东二路长378米,宽7米,投资34万元的沥青路面工程改建,9月29日竣工交付使用。

2000年,来宾县城区建设新开工的项目12个,总投资984万元。竣工的砼路面工程项目是前卫路、来宾公园东门、西二路、西一路、南一路、南三路、维林桥头端路面、北一路、柳来路、中南路人行道更换青石板阶砖;三小路、南四路路段砼路西完成工程量70%,新兴北路东段路基已完成。中南路北段砼路工程完工,投资400多万元;合山路砼路面建成。年末,来宾县城区面积扩大到18平方千米,人口发展到12万余人,人均居住面积18平方米。

2001年,来宾县加大新华路、维林大道、建设大道砼路面工程建设的力度,分段施工;改建柳来路南端工程;改建南一路西段步行街工程;拓宽长梅路;修建合山路停车场,修建来华路与维林大道交叉砼路工程,改建河西区民族路工程;完成城区5条主干道接口的20条港道各进深20米长的路面硬化。各项市政工程建设进展顺利。投资2110.7万元,完成16个工程项目建设。新华路、维林大道、建设大道砼路面工程、排水道、人行道配套工程;县二中足球场竣工交付使用;改建柳来路南端工程竣工交付使用;改建南一路西段步行街工程12月中旬竣工;落实北四路东段改直工程,12月10日开始拆迁施工,2002年2月底竣工;改建拓宽长梅路工程于12月底竣工;修建合山路停车场及周边70米长下水道工程,9月竣工;改建城北区排污管道(新城桥至建设大道口)工程,9月竣工;修建中南路排水道工程10月竣工;完成县城区5条主干道接口的20条巷道进深各20米长路面硬化,8月底竣工;修建来华路与维林大道交叉砼路面工程,10月15日竣工;改建河西区民族路(人民银行至大桥路)路段工程,12月底竣工;建设河西桥头道路、涵道、景点工程,11月15日施工,2002年5月竣工;投资145万元新建改建县城4条排污管长1045米。在南一路、柳来路南段、前卫路种植145株吊丝榕、榕树、扁桃树、重新铺种迎宾广场草地和花木及铸铁护栏,补种各类苗木1842株。城市路灯增加。县城区主次道路30条全部安装路灯,共1081杆(盏),亮灯率达98%以上。

2002年,来宾县投资9650元进行市政基础设施建设;完善新华路、维林大道、建设大道配套工程;建设爱华路(县四中、二小路)长400米,宽34米,投资500万元;在北四路建一座10坐墩位公厕和垃圾中转站,投资30万元;建设维林大道、建设大道、来宾县城高速路出入口处园林景点和道路硬化,投资300万元;改建新兴路,中南路北段、柳来路北段行人道彩砖铺装,投资100万元;续修河西大桥头涵道、道路及景点工程,投资400万元;建设来华路(维林大道至柳来路)砼结构,投资350万元;改建柳来路(新城桥至建设大道)砼结构,投资350万元;完善无害垃圾处理场配套设施,投资200万米;实施草鞋沟治理及景观工程,投资750万元;城北区中心区详细规划,投资200万元;北四路东段改直,投资150万元;县城区主排水沟,投资400万元;维欢路东段开发项目;迎宾广场商场招商引资开发项目,投资2500万元;城北区丽景苑小区137亩地投资2500万元;来宾城市规划模拟规划图投资200万元;建设一座城市标志投资150万元;维林大道、南一路、建设大道绿化投资100万元。至2002年末,县城区规划面积为33.4平方千米,成为地级来宾市的政治、经济、文化、科学技术中心。

2003年,来宾市委、市政府成立来宾市区城北区建设指挥部,负责城北区建设项目的招商引资、工程勘察、规划设计、征地拆迁、资金调度、项目管理、招投标等工作的组织、监督和管理。同年5月21日,市人民政府接管来宾华侨农场。同年,把农场15平方千米土地列入来宾市总体规划和发展目标。总投资1715万元的来宾港码头工程在红水河畔拉开序幕,该港口是西南水运出海通道中线起步工程广西段配套建设主要港口，是来宾市"双百工程"重点项目之一，计划建设3个各250吨级的泊位，年货物吞吐量37万吨。同年11月，来宾市政府投资222万元维修新兴路、中南路、南一路、维林大道等部分城区道路和改建人行道。投入38万元，维修城区路灯，投入40万元维修城区排水系统。投入120万元完成维林大道、南一路、爱华路路灯改造，投入26万元改善城区路面排水。年末，市城区面积52平方千米，建成区面积18.2平方千米，市城区常住人口12万人，流动人口6万人。市城区城市道路总长35.52千米，面积82.5万平方米。有城市桥梁4座(铁路桥和公路桥各两座)，路灯3930盏。排水管道长64千米，供水管道长78.5千米，全年供水量1636万立方米，日供水量达13.3万立方米，市城区用水普及率100%。燃气用户27420户，用气人口9.5万人。市城区投入营运公交车40辆；有公厕3座，粪便无害化处理率100%；绿化覆盖面积180公顷，建成区绿化覆盖面积132公顷，园林绿地面积148公顷，建成区园林绿地面积109公顷，公共绿地面积75.2公顷，建有公园2个，面积37公顷。

2004年，市城北新区重点工程项目北江路、迎宾路、兴宾北路、来宾港码头相继开工建设。投资2.3亿元、建设用地6.7公顷、项目建设规模为日处理能力600吨的来宾垃圾处理厂准备动工兴建。5月28日，来宾华侨安居工程项目启动，选址在来宾华侨农场中心区，用地面积35.1公顷，投资3.2亿元人民币，建筑面积38万平方米，安排2900住户，安置1万多名华侨农场职工、归侨侨眷、侨属。

2005年，市委、市政府组织开展"城市建设年"活动，重点建设城北新区滨江园小区、经济适用房、迎宾路南段、兴宾北路北段、北江路、磨东水厂2号工程、建政变电站和燃气工程等重点工程。7月，占

为新兴城市建设提供土地保障。图为城北新区建设工地

图为来宾市新城区一角

地面积18公顷、解决1800户职工住宅的华侨城破土动工。来宾电厂2×300兆瓦机组扩建项目、汇元锰业电解锰和二氧化锰工程、东糖集团年产9.8万吨文化用纸项目、桥巩电站等重大项目施工顺利。市行政中心大楼和滨江园公务员小区即将建成交付使用。年末，城市建设初具规模，城市综合功能日趋完善。市城区规划面积45平方千米，建成区面积19.53平方千米，人口12.90万人。市城区街道43条，其中主干道18条，次干道9条，支路11条，总长47.68千米，占地面积151.52万平方米，街道总面积122万平方米，比上年增长13.93%，人均道路铺筑7.23平方米，混凝土结构路面长32.86千米，沥青路路面长14.82千米；市区内有桥梁4座；路灯4700盏，比上年增长20%。市区排水管道长82.6千米，比上年增长15.25%，全年生活供水902万吨，增长5.87%，市区用水人口14万人，居民家庭用水量667万吨；液化石油气供气0.64万吨，液化气用气人口12万人；市区投入营运公交车55辆，比上年增长12.73%，全年公共汽车客运400万人次，增长6.25%；环卫部门管理公厕4座，粪便无害化处理率100%；建成区绿化覆盖面积302.38公顷，绿地率10.4%，人均公共绿地面积10.5平方米。在城区内安装6座高杆灯，在各主次支道路安装1306盏路灯及装饰灯，实现道路建到哪里，路灯就亮到哪里。

第三节　县(市)城区

中华人民共和国成立前，境内县(市)城区框架小，建设资金投资少，发展慢。

中华人民共和国成立后，境内各县(市)人民政府加大投入，在改造旧城的同时，逐步建设新的城区道路，各县(市)城区迅速发展，城区面积不断扩大，城区基础设施不断完善，城市功能齐备，街道四通八达。1952年5月25日，设大瑶山瑶族自治区(县级)。

同年9月，武宣与象县合并置石龙县，11月，迁江县并入来宾县。1955年9月18日，大瑶山瑶族自治区（县级）更名为大瑶山瑶族自治县。1960年5月30日，石龙县更名为象州县。1962年3月27日，象州县析出原武宣县地重置武宣县。1966年4月8日，大瑶山瑶族自治县更名为金秀瑶族自治县。1981年6月29日，合山市成立（县级）。至此，来宾市境内有来宾、象州、武宣、忻城、金秀5个县（自治县）和合山市（县级）。

2002年9月29日，经国务院批准，撤销柳州地区和来宾县，设立地级来宾市和来宾市兴宾区。来宾市辖兴宾区（治来宾镇）、忻城县（治城关镇）、武宣县（治武宣镇）、象州县（治象州镇）和金秀瑶族自治县（治金秀镇），合山市（治岭南镇）。

来宾县城区

唐代，置严州、怀义县，州县同治武东村（今兴宾区磨东村）。唐末，严州治从武东村迁至白面村（今兴宾区良江镇白面村）。宋开宝七年（974年），严州及其归化、循德两县俱省入来宾县，县治白面村。元初，县治迁至城厢街（今兴宾区城厢村）。1953年，来宾县政府从城厢街迁至来宾镇。新来宾县城初建时，占地仅0.5平方千米，人烟稀少，到处一片荒凉，只有东面水落村十几户人家。至1990年，城区面积5.7平方千米，房屋面积131.25万平方米，居民12235户，57059人。城区分河东、河西两部分。河东片区，地方中小企业如制糖、建材、造纸、食品、制药等星罗棋布，亦是县和镇的政治、经济、文化中心，商业网点和公共设施、市区道路已有相当规模；河西片区，是以来宾冶炼厂、来宾火电厂、永鑫糖业等为主体的工业区。1992年，城区面积12平方千米。2000年末，来宾县治来宾镇辖区总面积120平方千米，城区建成面积18平方千米，常住人口11.99万人，人均居住面积18平方米。2001年，县城基础设施建设总投资2.11亿元，实施19个工程项目建设。2002年，来宾县筹措资金1499万元用于城镇基础设施建设，建设了一批重点工程项目。实施濂溪公园一期工程，占地4500平方米，总投资75万元；改建来宾一桥河西桥头立交桥、绿地景点工程，占地13500平方米，总投资430万元；改直北四路东段砼路面工程，长162米，面积380方面，总投资80万元；改造县城高速公路出入口处砼路面及绿化工程，面积3700平方米，总投资52万元；改造维林大道人行道彩砖铺设工程920米长，总投资23万元；完成中南路、新兴路人行道青石板铺设工程，总投资150万元；改建新兴北路600米长、14米宽的砼路面及配套工程，总投资178.55万元。

忻城县城区

明万历十年（1582年），土知县莫镇威把县署从落喇院（一说喇院）移建于修文里（初称为龙廖里）翠屏山北麓。在这里“拓衙署，筑城围”。县署坐南向北，其主体建筑有大门、头堂、二堂和三堂，均为三开间砖木结构，其城围系土墙，周有135米。万历三十三年（1605年），土县衙署被农民起义队伍攻克，焚署毁城。自此之后，临时设县署在山冲村，后转迁回原处。清朝康熙二十一年（1682年），土知县莫宗诏改建城围为石墙，其高1.67米，厚0.5米，周有480米，开设东、西、北3个门。

民国后期，县城内曾有东安、西宁两条街，街道宽约4.5~4.8米，全长约750米。民国33年（1944年），国民党忻城县政府搬至歧山乡，直至日本侵略军投降后迁回原址。

中华人民共和国成立前，忻城县治所在地城关镇发展缓慢，直到1949年，县城占地面积只有0.5平方千米，居民300多户，1200多人。城内只有1条东至西长约1千米，宽5~6米的街道。自南而北只有一条小巷。

中华人民共和国成立后，县城区街道建设迅速发展。1986年7月，忻城县人民政府对新建街道逐一命名。1990年，忻城县城新增街道10条，全长8.6千米。县城占地面积扩大到4.5平方千米，人口增加到2.53万人。翠屏南路（长330米，宽10米）、翠屏北路（长700米，宽20米）、翠屏西路（长370米，宽24~27米）、芝州一路（长1500米，宽20~24米）、芝州二路（长2500米，宽24米）、城中路（长120米，宽24米）、城中西路（长430米，宽15米）、古学路（长900米，宽20米）、鞍山路（长1500米，宽20米）、鞍山东路（长250米，宽20米）。

1991—1996年，忻城县加大投资修建县城街道，先后修建县城广园路、榕蝴路、鞍山东路（全长740米）。1996年，忻城县城区规划面积16平方千米，建成区面积2.8平方千米，县城区人口2.6万人。主要街道11条，道路总长18千米，总面积15万平方米，人均道路面积10.7平方米。桥梁6座，排水管道长10千米，年排放污水416吨。园林绿地面积47公顷，公共绿地面积25公顷，公园1个面积25公顷，人均公共绿地面积17.9平方米。自来水厂1座，日供水能力6000吨,另有单位自备水源2000吨,供水管长16千米,年供水总量520万吨,其中生活用水176万吨,用水人口3.5万人,人均日生活用水137.8升。房屋建筑面积68.9万平方米,其中住宅建筑面积42.2万平方米,居住面积19.9万平方米,人均居住面积6.6平方米。文化、教育、卫生及生活服务设施完善。

1997—1999年,忻城县先后投入资金300万元,对县城基础设施进行改造建设。主要建设项目有河堤防洪墙、路面改造、"亮化工程"、土司商业步行街建设、城中路商业步行街建设、森林公园道路建设。1997年,投资20万元修建双胜河堤防洪墙。10月15日,蝴蝶小区开工建设,1999年10月25日交付使用,占地面积2.33公顷,建有天地楼户数为108户,总建筑面积3.77万平方米。1998—1999年,投资130万元修建城区道路。

2000—2005年,忻城县委、县人民政府提出县城建设总体要求,把县城建设成为"花园式特色山庄,历史文化旅游城"。规划县城"334"十大建设工程(建设县城中心文化广场、县鞍山农贸市场、县土司广场、县人民礼堂、县民族宾馆、县体育活动中心、县城芝州一路、县城鞍山东路、县城翠屏北路、县城红川路)。总投资1170万元,完成县水电局至乐滩电厂生活区道路建设,路长400米、宽8米;县和平桥至县直幼儿园道路建设,面积900平方米。完成芝州一路县府路段旧城改造工程,全长880米。完成县城"亮化工程"第一期工程建设,安装路灯350多基。完成土司商业步行街建设工程,铺设青石板路面2000平方米。完成森林公园道路建设,全长3500米。完成城中路商业步行街修建,全长500米、宽8米;土司步行街修建,全长300米。完成芝州二路北门至东门道路建设,全长800米。2002年5月9日,开工建设县城中心文化广场,12月28日竣工并交付使用。广场占地面积16700平方米,铺贴花岗岩石地面,广场附有音乐喷泉(祥龙献珠)、雕塑、凉亭、壁画等。广场建设采用"以地养城"的办法,通过招商引资筹措资金,由鹿寨县村镇建设开发有限责任公司负责广场和芝州一路沿街商住楼工程项目建设。芝州一路沿街商住楼全长300米,总投资260万元。2003年,忻城县城区规划面积16平方千米,建成区面积3.51平方千米,县城区人口3万人,县城人口密度每平方千米0.83万人,绿地覆盖率7.76%。2004年,投资20万元在盘鹤岭公园建成县烈士纪念碑,投资12万元建成公园人行道路。2005年,县人民政府投资300万元,完成县委、县府大院绿化工程建设。县城主要街道两边种植天竺桂、小叶榕、杧果、扁桃等绿化树,街道绿化长度共12千米。

图为忻城县城区一角

象州县城区

象州县治象州镇,是历史上的阳寿县治、韶阳郡治、象州治所在地。民国以前的城区情况详见本章第一节之象州府(路)。

民国时期,象州城区的街道布置基本是方格棋盘式。每个街区呈方块形,主街道最宽4米,一般街巷2~3米。主要街道有正东、正西、正南、正北、中北五条。原为鹅卵石路面,民国26年(1937年),改建为三合土路面,并将正南、正北十字街口之南北两侧长约100米地段由2米拓宽为4米。修整后的街道一般宽4米,最宽处正北街尾段宽6.4米;最窄处正东街西段斜坡处仅3.5米。次要街巷有:刘家巷、火星塘巷、仓背巷、徐家巷、牛角巷、周塘巷、武衙街、盐埠、劳边街、文昌街、周家背巷、孤老院巷、鲤鱼巷、长巷、教场巷、阳尚街、铺押街。

中华人民共和国成立后,象州县城拓宽部分旧街,并开辟新街道。1969年,拆劳边街、鲤鱼巷、武衙街修建建新路。1973年,开始大规模拓建,从县物资公司起至县人民银行,北南走向,长900米,宽14米,铺沥青路面。沿街两侧有物资、邮电、饭店、百货、糖烟、日杂、医药、五金、粮油等营业门市部数10处,是城区的商业中心。1977年开始,逐步拆旧城东门内外房屋修建,从汽车站起至县人民政府接建新路,东西走向,长300米,东段宽24米,西段宽14米,筑水泥混凝土路面,1979年4月,铺筑西段县政府门口至防疫站巷口地段北侧水泥路面,1983年铺筑东段汽车站至新华书店段南侧水泥路面。1969

年起逐年分段建筑由县文工团起至旧城南门的东井路，东西走向，长510米，宽18米，筑水泥混凝土路面，东段为集贸市场，1989年建成。江南路原为人行小道，1980年开始扩建，该路从县委大院至外贸公司，北南走向，长530米，宽16米，沙石路面，1986年建成。1985年10月，修建由县建筑公司至水厂的河东大道，东西走向，长750米，宽40米，沥青路面，1987年12月建成。至1990年，县城街道总长9千米，总面积6.75万平方米，其中水泥混凝土和沥青路面5千米，3.94万平方米。

改革开放后，随着新城区的开发，城区的不断扩大，县城街道建设也发生了巨大的变化。

1991年，象州县城区规划面积3.6平方千米，建设区面积2.5平方千米，人口1.4万人，其中，非农业人口中1.3万人；县城区人口密度每平方千米3889人，人均居住面积9.86平方米。

1991—2005年，象州县城建设主要以道路、供水、供电为主。先后投入大量城市基础设施建设资金(1991—1995年1270.2万元、1996—2000年5000万元、2001—2005年1.5亿元)。新建、改建、扩建县城的道路有朝阳路、河东大道、象石路、光明路、城东开发区、象桐路、城南路、北山路、外环路、东井路、建新路、象江路。

1991—1992年，投资265万元，完成县城朝阳路段县政府门口至车站的扩建、河东大道及柳石路水泥路面铺设；投资250万元新建县城自来水厂过滤工程及供水设备改造，新增供水管道5.6千米。1993—1994年，投资574.5万元，完成光明路、城东开发区水泥路面铺设及象桐路拓宽改建；投资72万元，新建、改、扩建县城区排水工程6914米；投资88.7万元，改装路灯、供电设施及电讯设备。至1995年，县城道路累计总长12千米，其中，高级道路11千米；排水管道长8千米，路灯163盏，自来水供水管道17.8千米，年供水210吨，用水人口中2.5万人，自来水普及率100%。县城建成区面积3平方千米，人口2.5万人，其中，非农业人口2.3万人；人口密度每平方千米6944人，人均居住面积13.88平方米。

1996—2000年，象州县城市基础设施建设共投入资金4830万元，其中，道路建设维护3980万元，园林绿化650万元，路灯改造200万元。新建、改建、扩建工程主要有：新建排水沟6366米；1996年，投资200万元改造城南路口柏油路面；1996—1998年，投资1200万元扩建北山路，铺设混凝土路面；1997年投资200万元改造县城路灯；1998年投资1800万元扩建象桐路出口，铺设混凝土路面；投资150万元扩建外环路路基；投资161万元，完成对旧街、东井路、新建路、象江路、象桐路等街道的维修。2000年，投资20万元对城东部分街道进行改造。至年末，县城道路长度14.8千米，排水沟(管)长12千米，安装路灯215盏，自来水供水管道15.95千米，年供水201吨，用水人口3.5万人，自来水普及率100%。县城建成区面积4.5平方千米，人口3.5万人，其中，非农业人口2.75万人；人口密度每平方千米7778人，人均居住面积15平方米。

2001—2003年，象州县实施县城“九大重点工程”(文化广场建设、行政广场建设、外环路西段建设、象桐路出口路段示范小区建设、改造象桐路西段人行道、改造象桐路西段路灯、象石路汽车站至农业局路灯改造、象州温泉及青山石巷迷宫开发、县城取水源点搬迁)建设。2001年，投资70万元对旧城区道路、排水设施维护和绿化，完成北山路花圃改造，种植苗木1.7万株。对行政广场土建部分进行招标建设，投资143万元，建成面积2.67万平方米。2002年，开始实施县城九大建设工程，建设文化广场和行政广场；投资100万元完成外环西路柏油路面及人行道建设；建设象桐路出口段示范小区；投资104万元用石材边料和花岗岩铺设象桐西路人行道；改造象桐路西段路灯和象石路路灯；开发建设象州温泉及青山石巷迷宫；取水源点搬迁。2003年，投资100万元对部分城区自来水管道进行改造，全城网管80毫米以上30千米，县城区道路总长15.8千米，面积23.9万平方米，排水管道长12千米，安装路灯523盏。2004年2月，动工兴建占地面积2.87万平方米的县城文化广场，总投资3870万元，同年9月27日竣工。对县城路灯进行整改，修理路灯460盏，新装路灯155盏，新增文化广场绿化面积6000平方米，街道绿化1万平方米。

2005年，象州县在2003年“九大重点工程”建

图为象州县城一角

设的基础上，又实施了“七大工程建设”（县城文化广场、汽车客运站迁移、外环路东段建设、东岗公园建设、工业园的调整规划、旧市场改造、行政中心迁移）。至年末，县城街道总长由1990年的9千米增至2005年的16.2千米，面积24.5万平方米，全部是水泥混凝土和沥青路面。县城建成区面积从1991年的2.5平方千米增至5.2平方千米，人口从1.4万人增至4.5万人，其中，非农业人口从1.3万人增至3.57万人；县城区人口密度每平方千米从3889人增至6730人，人均居住面积从9.86平方米增至14.5平方米。

武宣县城区

武宣县治武宣镇是武宣县经济、政治、文化中心。

明朝宣德六年(1431年)前，县城在三里镇旧县村。明洪武初，县城在阴江(今三里镇旧县村)。洪武三年(1370年)，官府议将县城从三里旧县村迁高立(今武宣镇)筑土城。宣德六年(1431年)县城移今武宣镇。宣德四年(1429年)大建城廓官署衙门。成化六年(1470年)重建文庙。清乾隆三十二年(1767年)重修城墙，高2丈宽1丈3尺，周围长293丈，城门分东南西北4个拱门，拱门上建有碉楼。民国19年(1930年)开始铺设城区街道青砖，石块路面宽3~4米，城区面积1.15平方千米。历清朝、民国不变。

1960年以后，武宣县先后投资123万多元，建设城东路、城西路、城南路、城北路、城房路、城黔路6条新街道，总长7950米。

1971年，武宣县拆南门城楼。1973年，武宣县采取财政拨款12万多元，干部职工和街道居民集资及义务投工等方式，拆西门城楼及城墙，对原旧城区十字街道进行拓宽改直工作，并打上三合土。整修后，东街宽5米，长207米；西街宽7米，长205米；上南街宽9米，长165米；下南街宽6米，长250米；上北街宽8米，长200米，河边街宽5米，长900米。1983年，武宣镇人民政府从镇办企业收入中，拿出7万多元对下北街进行改直和修整，路面铺上混凝土，改变了原来不能通汽车、环境卫生差的面貌。

1987年，武宣县动工新建鞍山路，先后投资850万多元，征地14.7公顷，开辟新城区，建设以城房路口为中心，西接武宣大桥，东朝马鞍山方向，宽40米，长960米的鞍山路。1990年，鞍山路与城房路交接处形成了街心小广场，全部铺上混凝土。广场中心用铁栏杆围成一个圆形小花园。花园中间建了一个喷水池，池的中间竖起一个数米高水泥结构的荷花塔，“八仙女”围在池边起舞喜迎宾。鞍山路两旁，高楼林立，街道宽敞平直，新县城初具规模。1990年城区面积达12.5平方千米，比1949年扩大9.8倍。

1991—2005年，武宣县城建设主要是旧城改造和新区开发。旧城改造主要是老城区及城南旧城；新区建设有仙密园住宅小区、西环路综合开发区、凯丰商贸城小区、建材鸿城、时代郦都住宅区、鸿福鑫城、高立山商业城及河西工业区的开发。

1992年，鞍山路(四十米大街)铺筑工程及花带绿化、糖厂路拓宽改造工程完成。1993年，投资2100万元，完成糖厂路、二小路、鞍山路、朝阳路街道拓宽改直及铺面工程，新建高立山集贸市场等配套工程；投资35万元完成东三路建设。1994年，实施武宣县城总体规划，近期至2000年，远期至2015年，总面积从4.2平方千米扩展到90.3平方千米。人口近期(2000年)3.8万人，远期(2015年)8万人。用地规模，近期城市建设用地395.8公顷，人均114.2平方米，远期城市建设用地938.9公顷，人均117.4平方米。规划形成河东、河西2个区，河西区以工业为主，河东区以生活居住、商业、金融、行政办公、工业仓储为主的综合区。

1995年，投资32万元拓宽修建二小路，投资126万元铺设城区内连接武柳路和鞍山路的东三路柏油路面。年末，城区面积12.5平方千米，比1994年扩大9.8倍，街道总长18千米，面积20万平方米，人均10平方米，下水道长10千米，园林绿地面积17公顷，公共绿地面积6.2公顷，公园1个面积3公顷，人均绿地面积2平方米，自来水厂供水管道总长23千米，年供水量320万吨，其中生活用水190万吨，人均日生活用水量140升，城区人口用水普及率100%。邮电设施装有自动交换机，交换网并入全国数字通信网，文化教育设施齐全。

武宣县城区图

1998 年，完成西环路规划建设，该路总长 2.71 千米，总投入建设资金 450 万元；投入 200 万元进行县城北路改造工程。2001 年，完成东一路规划建设，路段总长 800 米，投入建设资金 100 万元；投资 105 万元进行了鞍山路路面改造工程，共改造路面 880 米 16500 平方米。投入资金 15 万元建成马鞍山公园上山主路 4 条，长共 1100 米；2003 年，完成了县城城北路延长段、鞍山路、西环路南段、东一路、东二路、政法路人行道彩砖铺设工程，总面积为 1.7 万平方米，总投入资金 110 万元；2004 年，投入资金 8.7 万元进行了县城人行道改造及彩砖铺设共计 1500 平方米；投入 200 多万元，完成城东、城北、太平路等路段全长 4 千米的人行道彩砖铺设；投资 105 万元进行了鞍山路路面改造工程，共改造路面 880 米 16500 平方米。硬化马鞍山环山路 250 米，朝阳路、星湖路路面维修扩建工程；彩砖铺设工程约 1.7 万平方米；县城居民区、社区巷道建设，共完成 7 条，1300 多米 6000 多平方米。

2005 年，投资 37 万元进行休闲文体广场的扩建和绿化工程，扩建面积 20 亩，完成的项目有：马鞍山公园扩建一期工程，扩建休闲、娱乐、健身场地 1.5 万平方米，硬化马鞍山环山路 250 米，新增休闲绿地 2500 平方米，新增青石板地面活动场所 2800 平方米，新增健身器材 2 套 43 件，新增羽毛球场 2 个、篮球场 1 个；安装石桌凳 5 套，埋设排水管道 180 米；主干道交通标线画设，共画人行道斑马线 26 处、行车线 7 千米，并设置县城主要街道路牌；“八仙池”转盘喷泉景观改造工程。通过改造和建设，城区不断扩大，面积由 1991 年的 14.68 平方千米，增加到 2005 年的 40.15 平方千米。

金秀瑶族自治县城区

金秀瑶族自治县治金秀镇，东北距桂林市 206 千米，西北距柳州市 152 千米，东南距梧州市 278 千米，西南距南宁市 415 千米。

1940 年，始置金秀警备区。1942 年，改设金秀设治局，局址在金秀村。1943 年，金秀设治局征工征料，在狼庙岭脚雷王庙坪（现县府旧宿舍楼所在地）建起 2 栋 4 间土墙瓦顶平房，同时又在金秀村与六拉村之间的鸠暖（瑶语地名）一带，陆续建造永宁乡公所（现县税务局所在地）、小学（现县农业银行所在地）、参议会（现邮电局老宿舍所在地）等平房建筑。在小学与参议会之间，有育几家商贩、车缝、银匠铺；在参议会至六拉村之间的田块上搭建有 1 座临时圩厂。鸠暖一带初步形成小街道。

1952 年，金秀设县前，金秀（含 4 个村）仅有居民 160 户约 800 人，没有街道。1953 年 4 月，大瑶山瑶族自治区（县级。今金秀瑶族自治县）设置后，在鸠暖东头至金秀村之间的石岩田一带，劈边山、填边坡，开辟宅居地，建成包括供销社、文化馆、贸易公司、书店、客栈、饮食店、商店、车缝社等在内的金秀小街道。1953 年后，沿金秀河两岸金秀村至县交通局、县外贸局至林业站的 2 条主街道，以及通往县公安局、金秀小学、县香料厂的路面均以砂石铺就的几条小街道相继建成。自此，金秀镇初具规模。1987 年底，县城街道总长 4.85 千米，面积 3.6 万平方米，全部为混凝土路面。沿金秀河两岸，建成混凝土大街 2 条。

改革开放后，政府加大投入，县城市政建设快速发展。1979 年，县城总体规划出台，1981 年经柳州地区行署批准实施。1988 年，县城区建成面积 0.64 平方千米，人口中 1.02 万人（含流人口）。1990 年 11 月，根据城市经济和社会发展的需要，完成对县城总体规划进行第二轮的修编工作，并通过评审，报自治区人民政府批准实施。县城规划性质为“以发展避暑，旅游业为主体的自治县政治、经济和文化中心，有山区和民族特色的小城镇”。规划区扩展到 3.5 平方千米，人口近期(1997 年）1.25 万人，远期(2010 年）1.8 万人。1995 年末，县城规划区面积 3.5 平方千米，建成区 1 平方千米，各类建设用地 54.7 公顷，人口 0.9 万人，其中非农业人口 0.8 万人，城区街道长 6 千米，均为混凝土路面；桥梁 9 座，沟通金秀河两岸街道；排水管道和防洪堤各 3 千米。自来水厂日供水能力 3000 吨，供水管道长 9 千米，年供水量 48 万吨，人均日用水 127 升，用水普及率 100%。人均公共绿地面积 7.8 平方米，房屋建筑面积 27.1 万平方米，其中住宅建筑面积 15.1 万平方米，居住面积 7.1 万平方米，人均居住面积 6.9 平方米。通讯

金秀城区

使用程控电话。文化、教育、卫生、娱乐及生活服务设施齐全。1996年,规划拆迁解放桥至林业局沿河两岸旧房面积0.36万平方米。2001年,规划拆迁功德桥至白沙桥沿河两岸的建筑面积0.43万平方米。1988—2002年,城区建设共投资2228万元,铺设混凝土路面7.2千米,道路面积8.34万平方米,筑建防洪堤3千米,防护栏杆3.5千米,排水管道2.5千米,增建桥梁3座,维修人行道面积1.21万平方米,安装路灯950盏,路灯亮灯率95%以上。

2003—2005年,县城市政建设投资595万元,自来水、道路、路灯、园林绿化、城镇卫生等市政工程日趋完善。2004年,按照自治县党委、自治县人民政府提出“民族化、山城化、公园化”的县城建设指导思路,《县城总体规划(2002—2020年)》的第三轮修编工作完成,并通过评审上报来宾市人民政府批准实施。由2002年城市建成区面积0.64平方千米、人口1.03万人(含流动人口),规划到2020年城市面积2平方千米、人口2.5万人。县城规划性质为“自治县政治、经济、文化、科技、信息中心,逐步建设成为以旅游业为支柱产业,环境优美,富有少数民族特色的山水城镇”。

2005年,县城自来水管道总长15.1千米,日供水0.35万吨。县城有混凝土路面19.0千米,道路面积15万平方米,县城安装有路灯950盏,路灯亮灯率95%以上。筑建防洪堤4千米,防护栏杆3.5千米,排污水管道2.5千米,当年增建桥梁5座,维修功德桥一次,维修人行道面积1.36万平方米。县城有绿化林木3.95万株,绿化面积13.33公顷,人均绿化面积12.95平方米。

合山市城区

1981年6月,合山市成立,市治岭南镇。市中心距自治区首府南宁168千米,北距柳州市97千米,东南距来宾市67千米。

合山地域,秦属桂林郡,汉为领方县地,三国属临浦县,两晋至隋复属领方县,唐属思刚州,五代因之。宋天禧四年(1020年)属迁江县,元至民国沿袭不变。1952年迁江县并入来宾县,合山随之为来宾县辖地。1981年6月29日国务院批准,以合山煤矿区为中心,划出来宾县北泗公社成立合山市(县级)。1982年,合山市城建局与自治区规划院合作,在1978年编制的《合山矿区总体规划》的基础上,编制合山市总体规划,1993年自治区人民政府批准合山市中心区规划布局。总体规划近期(1982—1990年)城市人口规模5.4万人。城市性质以煤电工业为主导的工业城市。1989年对总体规划调整,市总体布局划分为五片一区,近期规划年限为1989—1995年,远期规划年限为1989—2010年。1993年3月,对总体规划调整充实。

合山市实施规划,按新兴工矿城市布局要求进行建设。1982—1990年全市基本建设投资总额1.19亿元,房屋竣工面积45.02万平方米,其中住宅竣工面积22.07万平方米。城区修建下水道22条共长9千米,为现阶段服务所需的城区建筑物迅速建成,配套功能齐全,城区已具规模。至1990年,合山市城区建设已初具规模。完成机关企事业单位等的建设用地规划;城区建成的街道7条。东西向街道4条,从南至北依次称一街、二街、三街、四街。各长300米,宽10米,南北向街道3条,与东西向街道垂直交叉,各长250米,宽20米,街道路面为油渣路面;完成长2400米、宽42米的人民中路以及城中路、思光路等15条街道的建设,总面积27.60万平方米,耗资2918万元。人民中路安装高压汞路灯108盏;建成日产4000吨的市自来水厂,城区先后种下各种林木21.08万株,城区人均有绿化面积26平方米。路树、花草、喷泉、假山……嵌镶在城区主要街道和生活区间。

1991—2005年,市政府加强对已建成的街道进行维护、更新和改造;并新建电北路、八二路中、东段、金融路西段、人民南路等。

1992年,合山市街道工程有人民中路、人民南路、城中路、思光路、建安路、电北路、八二路、中心市场街道等。人民中路南起合山市人民政府,北至十字路口,全长2440米,第一期工程从市人民政府至自来水厂路段,长1800米,投资额261万元,第二期工程从自来水厂至十字路口路段,长640米,投资145万元,1992年9月开工,1994年2月竣工。人民南路南起里兰第一铁道口,北至市人民政府门前,长831米,宽30米,总投资160万元,1992年7月开工,1995年7月竣工。城中路东起合山火车站,西至合山矿务局建筑安装工程处,与人民中路交会成“丁”字形,长450米,宽35米。思光路位于城中区南侧,东起东环路,西至房地产开发公司与人民中路、建设路交会成“十”字,长450米,宽24米,总面积6340平方米,铺硅阶砖302.5平方米。建安路东起岭南镇人民政府大门南侧,北至建筑安装工程处,长373米,宽7米,面积2611平方米,铺设沥青路面。电北路东起北泗集镇“丁”字路口,西至合山电厂厂区，城区内路段长900米，宽12米，1992年6月竣工。八二路东起二级公路（石油公司加油站北侧）路口，西北至合山电厂，长3100米，宽30米，途径市灰沙砖厂、市人民政府大院、合山矿务局砖厂。中心市场居民区共有街道7条，其中东西向，街道4条，各长300米，宽20米；从南至北依次称为一街、二街、三街、四街；街道东低西高，呈3%坡度。南北向街道3条，各长250米，宽20米。7条街道纵横交错，集贸市场位于中心。街道于1988年铺石砂面，1989年铺一、二、三街和其中两条南北向街道沥青路面。

至1995年，随着南柳二级公路合山段改建工程的建成通车，给合山市的城建发展注入新的活力。城镇建设初具规模。建成人民中路、红河时代广场、清雅湾、岭南榕园、民贵花园等。建成区面积5.3平方千米，人口5.9万人，铺设混凝土、沥青街道15条长16.44千米，道路面积22.89万平方米，新建水厂1座，日供水能力1万吨，供水管道长8千米，人均日生活用水量261升，用水普及率85.5%，城区有下水道路14条，总长6424.35米；人民南路、城中路、思光路、建安路等各主要交通要道安装路灯150盏；境内设邮电中心，业务门类齐全，市话交换容量2000门。城区房屋建筑面积140万平方米，人均居住面积5.4平方米。园林绿地面积282公顷，人均公共绿地面积1.26平方米，公共汽车公司有营运公共汽车13辆，营运线路长45千米，年客运量167万人次。

1999年，投资80万元完成拓宽电北路与二级路交叉路口工程。规划设计是东至二级路，西至大唐桂冠合山发电公司，全长3000米。1999年开工建设八二路中段（市府门口至市司法局铁道口）水泥路面，全长280米，总投资68.6万元元，（含花带、路侧石、水沟盖板），2000年9月建成验收交付使用。

进入新世纪，合山不断修编和调整、完善城市建设总体规划，加大财政投入，积极推进城镇化建设，不断创新经营城市理念、提高城市管理水平。根据合山组团式的城区特点，把城市总体规划和局部规划有机结合起来，突出城镇个性和民族风格，提高文化品位和环境质量，做到科学布局、合理规划。坚持“先规划，后建设，先设计，后施工，先地下后地上”的原则，避免不必要的重复建设。以市政府、广场公园、八二路一带为重点，以道路建设为纽带，加快沿路的经济适用房建设，坚持走综合开发，配套建设的路子，实现工业区域化，食宿小区化，把城镇供水、绿化美化、亮化等市政基础设施建设放到重点位置，加大投资力度，不断增强合山的城市综合功能，使城镇化建设不断健康发展。2000年，实施中心市场1~7街砼路面改造工程，2001年完工，工程面积9317平方米，总投资73.6万元。2001年，完成八二路东段（市司法局铁道口至二级路）油路面工程建设，全长1173.4米，总造价325万元（含排水、路沿石、人行道工程）。该工程4月动工，11月22日竣工通车。该路南面是当时合山乃至来宾市各县（市）中规模最大、最靓丽的商住小区——红河时代广场。北面是合山未来新的行政办公区。投资70万元建设岭南开发区道路。

2002年底完成人民公园园内浮雕、凉亭、长廊、道路等设施和园内绿化以及新世纪广场、八二路、人民南路、人民中路花带改造和亮化等重大工程建设。合山城市绿化覆盖面积336公顷，其中，建成区绿化覆盖面积176.73公顷；园林绿地面积313.6公顷，其中建成区园林绿地面积158.84公顷，建成区绿地率30.25%，建成区绿化覆盖率33.96%，人均公共绿地面积3.92平方米。

2003年，合山市开工或完成建设市人民南路路灯工程、公园亮化硬化绿化工程、市中心商贸城、广场商业街、建安商业街、市招待所改扩建工程、里兰新市场小区、矿务局建安及总公司小区经济适用房工程、市人民路人行道改造工程等重大项目。合山市中心城区已涵盖市政府所在地组团、合山矿务局里兰组团、合山电厂厂区、溯河矿和柳矿组成，东起

合山市区图

南柳二级公路，西至红水河畔，南至河里纸厂，北至柳花岭林杨的区域，面积约20平方千米。建成区面积5.7平方千米，人口5.71万人。道路网络骨架基本形成，交通便利；绿化覆盖率34.64%，绿树成荫，人均公用绿地面积4.75平方米；住宅面积94.93万平方米，人均居住面积16.63平方米，燃气和供水普及千家万户。

2004年，为把合山建成区域性的政治、经济和文化中心，实现富强美工矿园林城市的目标，按照规模适度、功能配套、优美舒适的市政建设规划，先后实施城区住宅小区、集贸市场、商业街，绿化、亮化、美化建设，以及中小学教学楼改造、村村通公路工程、建设乡镇文化站、卫生院和敬老院等。

2005年，投资15万元完成建设广场商业街北面人行道。投资63万元进行里兰旧街道路改造等。投资80万元完成建设金融路西段水泥路面工程，全长450米，宽30米。

至年底，合山市建成区东起思光村，西至合山电厂；南自合山矿务局里兰矿，北至岭南村一带，面积5.5平方千米，市区人口6.18万人，城镇化率44%，名列来宾市首位；市区人均居住面积19.58平方米；城市道路长度58.3千米，道路面积64.28万平方米，人均道路面积10.36平方米；建成区绿化覆盖面积191.6公顷，绿化覆盖率34.84%，绿地率30.76%，人均公共绿地面积4.37平方米。安装输供水管道口径150毫米以上的全长15.3千米，管网面积3700平方米。城市供水综合生产能力5万立方米／日，市区自来水普及率达100%。

第二篇

自然环境

来宾市地质构造属华南板块南端的南华活动带，其地质演化史在距今5.7亿年前的寒武纪时期。早三叠世、中三叠世后末期发生印支运动，使全区褶皱上升，海水全部退出而成为陆地。晚三叠世开始，区域进入内陆构造盆地的发展阶段。第四纪开始，区域地壳活动仍处于缓慢抬升阶段，遭受侵蚀和剥蚀，岩溶地带形成四个等级的阶地和溶洞。

境域地貌类型分为山地、丘陵、平原及岩溶区。地处亚热带，夏季盛行温暖湿润的海洋气团，冬季多寒冷干燥的大陆气团，夏长冬短，雨热同季，形成热量丰富、四季宜耕，降水丰沛、干湿分明，灾害频繁、旱涝突出的气候特征。境内水资源丰富，水系发达，但降雨、径流量时空分布不均匀，降水量主要集中在4—8月，汛期径流量约占全年的80%。全市总体水环境质量良好，所辖河段水质多年保持在Ⅱ～Ⅲ类的水平。

境内土壤共划分为水稻土、红壤、赤红土、黄壤、石灰土、红色石灰土、紫色土、冲积土8个土类，总面积为78.41万公顷。全市比较大的植被区域是常绿阔叶林带，分别分布在山地丘陵地带和柳江流域、红水河流域广大地区。

全市可耕地面积35.84万公顷，森林覆盖率43.4%。地表水资源总量114.05亿立方米，地下水资源总量53.66亿立方米，水能资源蕴藏量34.17万千瓦（不含过境河流），可开发量14.86万千瓦，已开发量3.44万千瓦；已探明各种矿藏20多种，其中重晶石、煤炭、锰等七种矿藏储量居广西首位；高等植物资源有327科1388属1.54万种，占广西现有维管束植物种的65.5%；陆栖野生动物有460余种，占广西此类动物种的52.1%。来宾奇石主要产于红水河来宾市域忻城、合山、兴宾河段，主要以合山、兴宾为出产量最多，20世纪90年代以来随着赏石文化的兴起，来宾奇石声名鹊起，饮誉中外。

境内自然灾害主要有干旱、暴雨、洪涝、低温、冷害、雷电、大风、冰雹、病虫害，其中以旱涝灾害最为突出。干旱是来宾市的主要气候灾害之一，有春旱、夏旱、秋旱和冬旱，其中以春旱和秋旱最重。境内夏季雨量集中，各地年暴雨（日雨量50.0毫米）日数为3.4~6天，持续性的暴雨常导致洪涝灾害。冰雹多出现在每年的3—5月。遭受冰雹影响次数最多的是金秀瑶族自治县，其次是象州县、忻城县、兴宾区（来宾县）。

境内短时、局部的大风每年均有发生，大多数为17~25米/秒(8~10级)，个别地方曾短时出现40米/秒大风。大风发生较多的时间为3—9月，大风对农作物和人民生命财产造成一定的损害。境内是雷电多发区，历年雷暴日数平均值为78天，雷电的频繁发生给人民生命财产造成一定的损失。

第一章　地　质

来宾市地质构造属华南板块南端的南华活动带，其地质演化史最早可追溯到古生代早期，在距今5.7亿年前的寒武纪时期。早古生代末的广西运动之后，海水自南向北侵入，开始地台发展阶段。早三叠世，来宾—合山一带为浅海，早期沉积砂页岩和薄层灰岩；晚期海水变浅，沉积白云岩和鲕状凝灰岩。中三叠世仍属浅海环境，末期发生印支运动，使全区褶皱上升，海水全部退出而成为陆地。距今约2亿—3亿年的晚三叠世开始，区域进入内陆构造盆地的发展阶段。距今200万~300万年以前的第四纪，来宾市区域地壳活动仍处于缓慢抬升阶段，遭受侵蚀和剥蚀，岩溶地带形成四个等级的阶地和溶洞。

第一节　地　层

今来宾市境域范围内沉积岩类型繁多，分布面积占总面积的99%以上，地层发育齐全，从前泥盆系的寒武系到第四系（除奥陶系、志留系、侏罗系、新近系、古近系外）均有出露。

寒武系

主要分布于金秀大瑶山区及武宣东南部，为槽盆相区，可分为两个组：小内冲组以浅绿色细砂岩、页岩为主，夹炭质页岩，厚度1451~1820米。黄洞口组灰绿色厚层状含砾石英砂岩，粉砂岩夹页岩，厚度638~1220米。

泥盆系

主要分布于金秀西部、象州—武宣的东部及兴宾区东南部，地层发育齐全，沉积相多样，古生物化石丰富，其中代表滨岸碎屑岩—碳酸盐台地相的象州大乐剖面被列入中国南方海相泥盆系重要标准剖面之一。中国华南泥盆系地层标准剖面。该标准剖面位于象州县大乐镇附近。自金秀瑶族自治县西河口起至象州县大乐、马鞍山一带，由河口、落脉、侣塘—那同、石朋、马鞍山5段组成。地层出露齐全，层序清楚，露头良好，自下而上包括泥盆系3个统8个组，总厚2864米。化石丰富，有14个门类97个组合带。代表近岸、浅水、富氧、水动力强的沉积环境下，由滨海向碳酸盐台地过渡的典型剖面。

石炭系

分布广泛，除金秀外均有分布，岩性变化较大，总体以碳酸盐岩为主，局部为碎屑岩及硅质岩，含煤及锰矿。

二叠系

古生代地层单位。主要分布于合山、忻城、兴宾区及武宣。地层发育完整，为海相、海陆交互相碎屑岩、泥质岩、碳酸盐岩、硅质岩及海底基性火山岩。分上下统，共有9个岩石地层单位。化石主要有类菊石、腹足类等。与下伏石炭系一般呈整合接触，局部为平行不整合接触。上下统之间大都为平行不整合接触，少数为整合接触。厚385~7164米。形成于2.95万万年前至2.5万万年前，时代为晚古生代。赋存铝、煤、锰、铁、黄铁矿等矿产，是广西重要含矿地层。

三叠系

主要分布于兴宾区、合山市及忻城。为浅海相碳酸盐岩、碎屑岩夹中基性火山岩；下三叠统分南洪组、马脚岭组、北泗组、罗楼组和石炮组，为浅海相碳酸盐岩、碎屑岩夹中基性火山岩。主要有菊石、双壳类、牙形石、腹足类和介形类等化石，与下伏二叠系呈整合接触，厚376~5400米。马脚岭组，为青灰色、灰色灰岩、泥灰岩和钙质泥岩，产克氏蛤、王氏克氏蛤等化石。红高岭组为紫红色泥岩夹砂岩、泥灰岩和黄色泥岩，产克氏蛤、多饰正海扇、泰氏正海扇等化石。

白垩系

分布在来宾境内的白垩系均为陆相沉积，与下伏三叠系地层呈角度不整合接触。白垩系上下两统发育齐全，为山麓相至河流湖泊相沉积碎屑岩，自下往上划分为新隆组、大坡组、双鱼咀组、西垌组及罗文组；桂中至桂东北仅见下白垩统，称永福群。化石主要有双壳类、介形类、腹足类、植物、轮藻及脊椎动物（恐龙）等，其中新隆组和罗文组均含恐龙化石。与下伏侏罗系地层为角度不整合接触。厚903~4938米。形成于1.37万万年前至0.65万万年前，时代为晚中生代。有石膏、膨润土、沸石、珍珠岩、黑曜岩等矿产，是广西重要含矿地层。

第四系

新生代地层单位。主要分布于兴宾区、象州县及武宣县。更新统和全新统地层发育良好，有河流沉积、洞穴沉积、滨海沉积等沉积类型和其他堆积，如冲积、洪积、坡积、残积等。更新世时期的火山喷发活动，形成火山岩及火山碎屑岩。形成于250百万年前至1万年前，时代为新生代。赋存矿产极其丰富，有黏土、沙金、砂锡、钛铁矿、稀有金属、分散元素，砂、砾石及堆积型锰矿、铝土矿、褐铁矿、红锑矿、磷矿等，是广西重要含矿地层。

表2-1 来宾市地层简表

年代地层		岩石地层	同位素年龄（百万年）
新生界	第四系	全新统	
		更新统	
中生界	白垩系	西垌组	
		永福组	
		新隆组	
	三叠系	板纳组	
		北泗组	
		马脚岭组	

续表

<table>
<tr><th colspan="2">年代地层</th><th colspan="2">岩石地层</th><th>同位素年龄(百万年)</th></tr>
<tr><td rowspan="22">上古生界</td><td rowspan="4">二叠系</td><td colspan="2">大隆组</td><td rowspan="10">137~195—230
—285—</td></tr>
<tr><td colspan="2">合山组</td></tr>
<tr><td>茅口组</td><td>孤峰组</td></tr>
<tr><td colspan="2">栖霞组</td></tr>
<tr><td rowspan="6">石炭系</td><td>马平组</td><td rowspan="3">南丹组</td></tr>
<tr><td>黄龙组</td></tr>
<tr><td>大埔组</td></tr>
<tr><td colspan="2">都安组</td></tr>
<tr><td>英塘组</td><td>巴平组</td></tr>
<tr><td>尧云岭组</td><td>鹿寨组</td></tr>
<tr><td rowspan="12">泥盆系</td><td rowspan="2">融县组</td><td>五指山组</td><td rowspan="2">—305—</td></tr>
<tr><td>榴江组</td></tr>
<tr><td colspan="2">巴漆组</td><td rowspan="12">400~500
—570—</td></tr>
<tr><td>唐家湾组</td><td>东岗岭组</td></tr>
<tr><td colspan="2">四排组</td></tr>
<tr><td colspan="2">大乐组</td></tr>
<tr><td colspan="2">官桥组</td></tr>
<tr><td colspan="2">二塘组</td></tr>
<tr><td colspan="2">上伦组</td></tr>
<tr><td colspan="2">郁江组</td></tr>
<tr><td colspan="2">那高岭组</td></tr>
<tr><td colspan="2">莲花山组</td></tr>
<tr><td rowspan="2">下古生界</td><td rowspan="2">寒武系</td><td colspan="2">黄洞口组</td></tr>
<tr><td colspan="2">小内冲组</td></tr>
</table>

第二节　地质构造

来宾市境域内经历了印支和燕山两次较剧烈的构造运动。因受东西向压力影响，构造线大部分呈近南北走向，以褶皱为主，断裂次之。新构造运动表现为上升运动。

深大断裂

市境内发育的深大断裂以南北向或北北东向为主，次为近东西向的弧形断裂。

桂林—来宾断裂　区域性断裂。南起来宾市迁江镇，经柳州市、永福县、桂林市、兴安县至全州县附近，向北延入湖南省。广西境内长约350千米。走向北东，由几条平行断裂组成。东北段主要倾向北西，倾角30~60度，为逆断层，断距1000余米。西南段主要倾向南东，倾角50度左右，为正断层或逆断层，断距较小。该断裂切割寒武系至白垩系，控制晚古生代沉积相，形成沿断裂带分布的条形深水沉积盆地，主要沉积岩为盆地相硅质岩。燕山期断裂带复活，且多斜切印支期褶皱。沿断裂带角砾岩化、硅化、片理化和劈理等发育。地貌上多表现为断层谷，东北段两侧地形高差悬殊，构成湘桂狭道(古生代连接湖南省南部和广西壮族自治区东北部之间的狭长沉积海槽)，西南段有宽达100余千米的条形谷地。在区域布格重力图上，东北段显示出北东向重力高突起，西南段处于北西侧的北东向重力低值与东南侧的北西向重力高值交接处。断裂带上有早白垩世盆地断续分布。该断裂带内曾发生多次4级左右的地震，震中多位于该断裂与其他断裂交会处。

大黎断裂　走向北东东，自武宣县通挽，藤县大黎至桃花，昭平县樟木向北东与富川断裂相交，属复合断裂，控制岩浆活动及金矿分布。区域性深断裂。南起贵港市东龙镇，向北东经武宣县通挽镇、桂平市紫荆镇、藤县大黎镇、蒙山县陈塘镇、昭平县五将镇东部，至钟山县清塘镇东部，北东端与富川断裂相交，长约 250 千米。断裂走向北东东，在通挽—紫荆段倾向南东，紫荆镇以东倾向北西，倾角 50°~65°，大部为逆冲断层。断裂主要切割寒武系和泥盆系，断裂破碎带内构造透镜体、糜棱岩、断层角砾岩、硅化、劈理化、擦痕等现象较普遍，断层谷、断层崖及断层三角面发育。加里东期花岗斑岩群在平南县同和镇罗平村附近平行断裂分布；据重力资料分析，贵港市大天平山、桂平县西山等地的燕山期酸性侵入岩可能仍受断裂控制；平南县马练瑶族乡一带的燕山期和喜马拉雅期煌斑岩、基性岩和超基性岩的形成，可能与该断裂和南北向断裂的复合控制有关。断裂具有多期次活动特点。荔浦断裂区域性大断裂，北起平乐县二塘镇，向西走向近南北，南起武宣东乡，经中平、桐木到永福，切割泥盆系，控制重晶石，多金属矿，属复合断裂。

东乡—永福断裂　区域性断裂。位于武宣县至永福县一带。南起武宣县东乡镇，经象州县中平镇、金秀瑶族自治县桐木镇、鹿寨县四排乡，北延至永福县一带与桂林—柳州断裂相接，全长 190 千米，走向近南北向。断裂由一系列近于平行的次级断裂组成，构成宽 3~10 千米的断裂带，断面倾向变化大，主断裂为倾向西的逆断层，附近为一系列向东倾斜的阶梯状正断层，倾角一般 50°~80°。断裂为大瑶山隆起的西缘控制性大断裂，属复合断裂，主要切割泥盆系，同时也是大瑶山西侧重晶石、铅锌多金属矿成矿带的主要控制断裂。主要有象州县寺村重晶石矿床、潘村重晶石矿床，武宣县风沿铅锌矿床、花鱼岭铅锌矿床等。

象州—武宣大断裂　位于大乐、中平、百丈西边 2~5 千米，往北延伸经桐木、头排、永福、龙胜入湖南境；往南延展直抵武宣东乡一带，长 300 多千米。多种名称或叫法不一，有称之为“大瑶山西侧断裂带”或“桐木大断裂”，亦有称“象州—武宣大断裂”或“永福—武宣大断裂”。该断裂于象州境内由 2~3 条大致平行或分枝的断层组成 1~3 千米宽的断裂带，有时被北西向平推断层错断而产生北西或南东向位移。断裂面向西倾斜，倾角 55~75 度，地层挤压破碎明显，并有较强烈的硅化和重晶石、铜、铅、锌等矿化现象。西侧 5~10 千米范围内，重晶石、铜、铅、锌矿床、矿点、矿化点众多，并成群或带分布，显示大断裂对这些矿产的形成具有十分明显的控制作用。此外，紧挨大断裂西侧寺村龙保一带还分布有 9 条煌斑岩岩脉，可见大断裂切穿地壳较深。

象州—武宣大断裂于早泥盆世即开始发生活动，沿大断裂带地壳受强烈拉张作用，产生北北东向海底断裂和地壳大幅度下沉，断裂带内沉积近 4000 米的巨厚泥盆纪地层，其厚度数倍于大断裂以外泥盆纪地层，其活动直接影响泥盆纪地层的沉积。中生代中三叠世末，该大断裂受“印支运动”剧烈影响，再次产生强烈活动，西侧地层往东逆冲覆盖于东侧较新地层之上，造成数百米至 2000 余米地层断距。新生代第四纪以来，大断裂两侧地貌反差明显，东侧大瑶山呈陡峻的中低山地形，海拔高程在千米左右。西侧为低缓丘陵，高程在 100~300 米之间。从卫星照片上反射出断裂带有呈串珠状第四纪条形凹地分布，与大断裂之最新活动有一定关系。

构造分区

根据地质构造特征，全市在构造上大致以东乡——永福断裂及大黎断裂为界分属两个构造分区。

大瑶山隆起位于贵港、金秀至贺州八步区间的龙山、大瑶山、大桂山、鹰扬关一带，呈北东向展布。以早古生代地层为主，主要为寒武系。南北边缘泥盆系不整合覆于早古生代地层之上。岩浆岩不发育，仅鹰扬关震旦系中有中—基性火山岩，金秀—大黎—藤县和梧州—信都具有一系列的印支—燕山期花岗岩、花岗闪长岩小岩体、岩株和岩脉群。加里东期褶皱分布广泛，以紧密线状复式褶皱为主，构造线以近东西和东偏北方向为主，其次为北东、北西向，局部近南北向。南北边缘晚古生代地层则以短轴向斜为主。发育有北东、东偏北和南北向三个方向的断裂。

上述两断裂东南侧，位于隆起带的西缘部分，由两个构造层组成：①基底构造为寒武系组成的一系列紧密线状褶皱，走向为北东东向，在金秀瑶族自治县城附近有加里东期及燕山期花岗岩小岩株及小岩体产出。②盖层主要为泥盆系，分布于隆起边缘，呈向西倾斜的单斜构造，近南北向和北北东向断层发育，沿断裂带内矿产丰富。如金秀那马、公朗、长乐铜矿，武宣县九岩、花鱼岭、朋村、古立、太平洞、水村等地铅锌矿以及象州县的潘村、龙保、寺村的重晶石矿等。

桂东北——桂中拗陷中的来宾拗陷带位于上述两断裂西北侧，总体上为上古生界构造的开阔向斜，内部的次级褶皱大都呈北偏东或北偏西走向，褶皱宽展，轴面近直立，核部岩层产状平缓，两翼较陡。

第二章　地　貌

来宾市境域地貌类型以山地丘陵为主，山岭连绵，地形复杂，可分为山地、丘陵、平原及岩溶区。山脉主要是大瑶山山脉，位于金秀瑶族自治县境内，象州县、武宣县境内山脉均属大瑶山支脉，兴宾区分属莲花山、大明山、凤凰山三大支脉。忻城县境山脉由宜山、都安分别延伸而来。境域内海拔1000米以上的山峰均属大瑶山脉，绝大部分位于金秀瑶族自治县境内大瑶山核心区和武宣县双髻山。

第一节　地貌类型

来宾市境域由中、下泥盆纪至二叠纪沉积的各期灰岩，经溶蚀侵蚀作用和地壳升降发育形成，以石山为其直观特征。主要分布于兴宾区、合山市及忻城县。处于桂中—桂东台陷，桂中凹陷之来宾断褶带南部。发育有峰林、孤峰、溶蚀洼地、溶蚀盆地、溶洞等岩溶地貌。地貌类型以山地丘陵为主，山岭连绵，地形复杂；处在莲花山余脉、凤凰山余脉的交接地带，地势南北略高，中部及东部较低且较平坦。山脉走向以近南北向为主，岩溶峰林与谷地发育。以石山峰林—平原为主。北、西部多为岩溶峰丛洼地，南部为峰林谷地，东部为孤峰平原及红水河沿岸阶地，为典型的岩溶溶蚀地貌。大部分地区地势在海拔200米以下，一般丘陵海拔在100米左右，河谷阶地海拔在70~100米之间。地势东西高，中部低，按地貌形态、海拔高度和切割深度，可分为山地、丘陵、平原及岩溶区。

中山区

境内中山区主要分布于金秀北面雷劈岭至南面圣堂山一线，海拔1000~1979米，属大瑶山区中部。山脉走向近南北向，由寒武系及岩浆岩构成。为金秀瑶族自治县内最高部位，处于中部主轴线上。据1983年广西科学技术委员会大瑶山自然资源综合考察队测算，面积38282.3公顷(574235亩)，占全县总面积15.21%，为金秀瑶族自治县主要天然水源林区。山高、谷深、坡陡。最高峰圣堂山海拔1979米，次为老山山系的猴子山1651米，高贞岭1638米和天堂岭1579米，河谷高程最低140米。相对高差1839米，坡度30°以上。按地块分为金秀、花炉—太阳两大块。金秀中山块位于忠良乡、金秀镇、长垌乡、六巷乡一带，面积35761.9公顷(536429亩)，占全县中山组面积93.41%。花炉—太阳中山块，位于县西南端大樟乡，面积2520.4公顷(37806亩)，占中山组面积6.59%。武宣县中山区面积24.74平方千米，占该县总面积的1.42%。象州县中山地主要分布在大乐镇至百丈乡的东部边缘，寺村镇东南部雷山—笔架山、妙皇乡东部腰六山—高楼岭和南部廷笔岭—天盖山一带，属大瑶山脉的西缘和支脉。海拔500~1000米，比高300~750米。山脊走向为北北东向或南北向，与岩层或断层走向基本相同，基岩裸露，较少残坡积物。主要由下泥盆统砂岩、泥质砂岩、粉砂岩、泥岩和泥质灰岩组成。地形切割深，山坡陡，坡度在20~30度以上。山脊窄而延伸长，流水侵蚀强烈。山谷多呈"V"字形，并沿断层或节理发育。大部形成冲沟、溪涧，往下汇集成河流。忻城县峰丛石山主要分布在县南部和西南部的果遂、红渡、北更、遂意等乡镇，海拔406~800米之间，相对高度200~300米，其中西部弄霞山海拔895米，是县境最高峰。面积445平方千米，占总面积17.5%；浅切割低山1677平方千米，占总面积66%。

低山区

主要分布于金秀、象州、武宣及忻城一带，海拔500~1000米，由寒武系、泥盆系及石炭系构成，山脉走向北偏东及北偏西。位于金秀瑶族自治县境东西两侧。海拔115~1055米，面积14.55万公顷，占该县总面积的57.79%。武宣县中山区面积496.6平方千米，占该县总面积的28.55%。象州县低山地零星散布于柳江以东地区，大致分为北、中、南三片。北片位于良山—茶花岭—大岭一带；中片含六蒙岭—乌岭、古路岭—狮子山和马鞍山—正山—桥头山一带；南片位于雷劈岭—回面山一带。海拔250~500米，比高150~300米。山岭平缓，山脊明显或圆滑，山坡坡度15~30度，坡残积物较发育。基岩主要由中泥盆统页岩、粉砂岩、泥质砂岩和泥质灰岩、灰岩和硅质岩组成。忻城县总面积为2541平方千米，其中低丘47平方千米，占总面积1.8%；中丘35平方千米，占总面积1.4%。

象州石巷迷宫石林是典型喀斯特石林地貌。位于象州县城东南3千米的青山村。泥盆系下、中统灰、深灰色厚层状生物碎屑灰岩、灰岩,含大量珊瑚与腕足类等化石。面积约5公顷。形态独特:岩层垂直节理深长,溶沟沿节理发育,形成深2~3米纵横交错的石巷,并把岩石分割成6~10平方米不等的方块,高2~3米,岩块表面发育有次生的微型石芽溶沟。已开发成旅游景区。

麒麟山人洞是典型的喀斯特溶洞。位于来宾市兴宾区西约15千米的桥巩圩北麒麟山。山顶海拔125米,山体由早二叠世栖霞阶灰岩构成。山脚1个岩洞(高出地面约7米)即麒麟山人洞,长25米,宽15米,高10米。1956年1月,在洞内发现1个人类头骨的颅底部化石,属新人阶段的男性老年个体,没有明显的原始性质,地质年代为更新世晚期,距今约2万年。伴生动物化石有鹿牙、猪牙、肢骨碎片以及大量的腹足类壳,还有打制的石器。洞内文化堆积物厚1.70米。下层为红色土状堆积,中有结核和碎石块。上层胶结坚硬,堆积物为黄灰色土及钙质层,麒麟山人化石发现于上层堆积物中。

丘 陵

主要分布于象州—兴宾一线之东南侧,侧中山、低山、岩溶地貌之外的地区,海拔标高小于500米,相对高差小于200米。其中桐木一带主要由中、下泥盆统碎屑岩组成,局部为硅质岩,中厚层状灰岩、白云岩等;武宣—兴宾区一带主要由石炭系—三叠系以及少量白垩系碎屑岩、硅质岩及燧石灰岩组成。武宣县河北片、象州与鹿寨之间多为低缓的低丘陵,以种植甘蔗、木薯为主。部分高丘陵用于营造桉树、马尾松林等。

象州县丘陵平原—平原丘陵地貌分布于水晶、运江、罗秀、寺村和象州等乡镇,是该县内面积较大、开发较好的地貌单元。海拔100~200米,局部高于200米,呈波状起伏,低丘山坡坡度一般在10度以下,坡残积层发育,蓄水洼地常见,为原丘陵地貌经剥蚀作用而成为准平原地貌。基岩由中、下泥盆统泥岩、粉砂岩、泥质砂岩、泥灰岩、泥质灰岩和灰岩组成。倾斜山前平原分布于大乐、中平、百丈、寺村和妙皇等地,即中低山陡坡地貌的前缘。以堆积作用为主,由一系列冲积锥、坡洪积裙构成。堆积物由粗细不等的碎屑物组成,越近锥顶碎屑物越粗。

位于合山市的合山溶蚀丘陵,属典型喀斯特溶蚀丘陵地貌。与忻城县果遂乡及兴宾区平阳镇、溯社乡等地。东西宽约16.5千米,南北长约22.5千米,面积约210平方千米。一般溶蚀丘陵海拔400~600米,相对高度一般100~200米,坡度20°~25°。岩层为下三叠统薄层板状灰岩、条带状灰岩、泥质灰岩夹钙质泥岩、鲕状灰岩,下二叠统夹燧石团块灰岩、白云岩、白云质灰岩。近南北向向斜构造和断层控制着丘陵间谷地走向。丘陵坡面基岩多裸露,但坡积层较厚,以二氧化硅砾石成分为主,土壤贫瘠,植被难以生长,土质粗松,较易发生崩岗式水土流失。有漏陷地貌发育,地表漏水严重,部分降水由地表径流排泄,沟谷中季节溪流发育。忻城县总面积为2541平方千米,其中低阶地182平方千米,占总面积7.2%;低丘47平方千米,占总面积1.8%。忻城县丘陵主要分布在思练、大塘和古蓬三镇及欧洞林场和宁江乡的一部分。这些地区丘陵土岭比较集中连片。海拔200米左右,相对高度100~200米,坡度较缓,山冲和阴坡土质较肥沃。

河 谷

来宾市范围内分布有柳江、红水河、黔江、运江及清水河五条较大的河流,在其两岸形成了阶地,心滩及河漫滩等河流堆积地貌,地表多以黄色黏土及含沙砾土层为主。兴宾区平原谷地分布在沿红水河两岸、黔江沿岸和南泗河、河敏河、凤凰河流城,平阳—迁江—石陵,陶邓等地区。由泥盆系碳酸盐岩、碎屑岩、硅质岩,白垩系碎屑岩,第四系冲积、洪积层组成。海拔小于100米,相对高度10~30米。多呈北东及南北向长条状或不规则状展布,地势微呈坡状起伏,地下水埋藏较浅,蓄水洼地常见,水系发育,为区境主要产稻区。但由于境内红水河河床切割很深,在岩溶作用下,沿河漏斗、落水洞、地下暗河发育,两岸平原地带干旱仍然严重。

平 原

来宾市范围内有来宾平原、罗秀平原、武宣平原及迁江平原四个主要平原,其中来宾平原为岩溶溶蚀平原,罗秀平原及迁江平原为河流冲洪积平原。

来宾平原属溶蚀—冲积平原。位于来宾市兴宾区中部和东北部,面积1038平方千米。基底岩层主要为石炭系灰岩,部分岩层为二叠系硅质灰岩和砂页岩。红水河自西向东贯穿中部,在溶蚀出露的石灰岩上堆积冲积物,形成溶蚀—冲积平原。河流沿岸高河漫滩仅高出河面10米左右,离河边稍远的地势逐渐增高,呈阶梯状分布。有不少洼地和湖泊,地表多为红土层覆盖,红土层中夹有品位较高的锰结核层,储量大的成为锰矿,如八一锰矿等。平原上有石芽劣地及喀斯特孤峰散布。河流沿岸地势稍低,常被洪水淹没。底部石灰岩漏水,地表普遍干旱。农作物主要以玉米、甘蔗、木薯等耐旱作物为主。忻城县相对较大的平原,主要分布在县境东北的大塘和思练二镇,为该县主要的农业耕作区,面积155平方千米,占全县总面积的6.1%。

第二节　山脉　山峰

山　脉

来宾市境域山脉主要是大瑶山山脉,位于金秀瑶族自治县境内,外延到鹿寨、荔浦、平南、桂平、武宣、象州、蒙山等县(市)边缘。呈北北东—南南西走向。全长约110千米,宽35~45千米。一般山峰海拔1100~1300米,海拔1300米以上的山峰有60多座,主峰圣堂山海拔1979米,是广西中部的最高峰。山体由寒武系黄洞口组不等粒沙岩、长石石英砂岩、粉砂岩与页岩呈不等厚互层组成,西坡与北坡岩层则为泥盆系莲花山组紫红色砂沙岩、砂岩、粉砂岩、泥岩等。二叠纪末苏皖运动地壳上升为陆,燕山运动又继续抬升,形成现代地貌的基本轮廓。由于地壳隆起幅度很大,山地十分高大雄伟,峰峦绵延。岩层倾角较大的地方形成单斜山;倾角较小的地方,由于岩性坚硬,垂直节理深长,形成砂岩峰林地貌,如莲花山、圣堂山、五指山一带。桂中最重要水源林区,有25条河流发源于此,较大的有滴水河、金秀、长滩河、大垌河等,呈放射状外流分别注入桂江、柳江、黔江和浔江。年产水量和水能蕴藏量均居广西众山之首。植物资源丰富,维管束植物种类居广西第一,药用植物1300多种,有国家一级和二级保护植物银杉和桫椤,国家一级保护动物鳄蜥,特有观赏植物——大瑶山变色杜鹃。是候鸟迁徙途中必停之地;广西重要的杉木、毛竹生产基地,已建成国家级大瑶山自然保护区。莲花山风景区、圣堂山风景区都是旅游胜地。

象州县、武宣县境内山脉均属大瑶山支脉,从金秀瑶族自治县的东温山出脉,入武宣县境的河马乡,然后分两支,一支北上古情山、鸡冠山、孤独山,一支南伸百崖漕山、金龙山、双髻山、龙殿山、大藤山,过黔江河,形成龙山山脉,弧环桐岭、新龙、通挽等乡。

兴宾区分属莲花山、大明山、凤凰山三大支脉。海拔在500米以上的主要山峰有61座,其中莲花山支脉16座,大明山支脉14座,凤凰山支脉31座。忻城县境山脉由宜山、都安分别延伸而来。主要山脉有梅子山脉、人仔山脉、弄霞山脉和岜毛山脉。

山　峰

来宾市境域内的较高的山峰均属大瑶山脉,位于金秀瑶族自治县境内,外延到鹿寨、荔浦、平南、桂平、武宣、象州、蒙山等县(市)边缘。呈北北东—南南西走向。全长约110千米,宽35~45千米。一般山峰海拔1100~1300米,海拔1300米以上的山峰有60多座,主峰圣堂山海拔1979米,是广西中部的最高峰。海拔1000米以上的主要山峰有:

圣堂山　构造中山。位于金秀瑶族自治县南部。长约30千米,宽约26千米。为大瑶山主峰,海拔1979米,一般山峰海拔多在1600米以上。主峰及西边山地主要由泥盆系下统莲花山组砂岩组成;东边山地由寒武系小内冲组灰绿色块状砂岩、长石石英砂岩、粉砂质页岩,黄洞口组不等粒砂岩、长石石英砂岩、粉砂岩与页岩、粉砂质页岩呈不等厚互层等组成。岩层坚硬,山高险峻,山峰多为砂岩峰林地貌,石峰林立秀美,悬崖峭壁有如丹霞。在海拔1500米以上的山顶附近多有古冰缘地貌出现,不少地方有石海分布。有特有的变色杜鹃等,森林覆盖率高,原始森林面积大,属大瑶山自然保护区的一部分,是桂中地区重要的水源林区。已建成风景旅游区。

莲花山　构造中山。位于金秀瑶族自治县城西边8千米左右,走向呈近东西向,长约10千米,宽约3千米,面积近24平方千米。山体高大耸立,海拔1000米以上的山峰有5座,最高峰是莲花山1350米,而最低的金秀河河口处海拔550米,相对高度达800米,倍显山地的高大挺拔。山体主要由下泥盆统莲花山组砂岩组成。由于组成岩层十分坚硬,山体海拔1000米以上多为悬崖峭壁,金秀河谷两侧也是陡立的石壁。岩层中巨大的垂直节理贯穿厚层与巨厚层砂岩,最长的节理可达400米左右,如龙凤亭对面悬崖,使岩体分离大量岩块、岩柱等。从岩体中心向外围,节理发育越加强烈,岩块的离立度越大。这种完全离立的岩块岩柱很不稳定,特别是在沟谷两侧,岩块或岩柱容易崩塌下来,留下陡峭的山坡。坡面土层稀少,多数树木只能生长在岩石裂隙之中,构成绝妙的景观。金秀莲花山已开发成广西著名旅游景区。

五指山　在金秀瑶族自治县圣塘山东南面,东西宽8千米,南北长5千米。最高峰海拔1969米,为境内第二高峰。因山上有5座高峰竞插云天，形如五指，故名。地层属泥盆纪下统莲花山组紫红色砂岩，丹霞式刚棱峭面柱塔地形发育，多砂岩峰林，为金秀瑶族自治县内多雨地区之一。

天堂岭　在金秀瑶族自治县城东北，忠良圩西北。东西宽4千米，南北长5千米，海拔1579米。地层属泥盆系下统莲花山组紫红色砂岩，多丹霞式刚棱峭面柱塔地形，山顶阔而平，纵横约1.5千米。南坡地下有花岗岩。据清朝光绪版《永安州志》记载，相传天堂岭"岁时丰和，山上常有鼓乐声"。

金秀老山　位于金秀瑶族自治县城东、南部，为境内最大片的天然林区，主要河流发源之处。山体庞大，基本上分为东、南两大片。东片较高，南北长10.5千米，东西宽5.5千米，海拔1300米以上的山峰有13座，最高峰猴子山海拔1651米，次高峰高贞岭海拔1638米。南片由金秀瑶族自治县城向南延伸至长桐乡桂田村，南北长9千米，东西宽3.5千米，最高峰横冲顶海拔1462米。金秀老山地层，除猴子山一带为泥盆系下统莲花山组紫红色砂岩外，其余大部分为寒武系水口群碎屑岩。

罗汉山　在金秀瑶族自治县莲花山南面，中隔金秀河，海拔1335米，因山峰形似罗汉，故名。地质与莲花山同。两山之间，为美村河谷，长约5千米。金秀至柳州公路穿峡谷而过。

黄婆榄孙　在金秀瑶族自治县城南部，罗香圩西部为金秀与平南之界山。最高峰海拔1581米，地层为泥盆系下统莲花山组砂岩，山形酷似一老太婆怀抱两小孙，故名。

龙军山　在金秀瑶族自治县城南部罗香圩西南部，最高峰海拔975米，地层系泥盆系下统莲花山组砂岩。山脊自北东到南西绵长4千米。每当湿暖气流从东南方向进入时，就会在山前猛烈抬升，形成大量降雨，成为金秀瑶族自治县降雨中心。

洪水顶　在金秀瑶族自治县城西南端，大樟圩东南面，山南为桂平县。海拔1314米，大樟河发源于此，地层系泥盆系下统莲花山组砂岩。

双髻山　在武宣县东乡乡松响水库东面，距武宣县城28千米，南北走向，长1千米多，宽约1千米，海拔1004.1米，山体属泥盆纪页岩。双峰耸翠，上出重霄，冈峦起伏，形势险要，山畔有岩，形如犁头覆盖，故称犁头岩。1944年10月30日，国民党政府军据守双髻，抗击日本侵略军，毙伤日军180多名，国军损失亦重。旧县志以"双髻晴岚"列为县八景之一。

第三章　气　候

来宾市地处亚热带。受季风环流影响，夏季盛行温暖湿润的海洋气团，冬季多寒冷干燥的大陆气团，故夏长冬短，雨热同季，形成热量丰富、四季宜耕，降水丰沛、干湿分明，灾害频繁、旱涝突出的气候特征。

第一节　太阳辐射　日照

太阳辐射

来宾市太阳年总辐射为376.6~502.1千焦/平方厘米。其中，金秀瑶族自治县山区为376.6千焦/平方厘米以下。兴宾区则达到502.1千焦/平方厘米。按地形分，河谷盆地太阳年总辐射高于丘陵山地，背风面高于迎风面。

由于太阳高度角和云量的差异，在不同的月份，太阳总辐射量发生变化。按季节分：夏季（6—8月）最多，秋季（9—11月）次之，冬季（12—2月）最少。据1960年实测，夏季太阳辐射量为154.7千焦/平方厘米，占年总辐射量的35.93%；秋季为114.5千焦/平方厘米，占26.58%；春季为82.2千焦/平方厘米，占19.07%；冬季为79.4千焦/平方厘米，占18.42%。

日平均辐射量6—10月较多，为1.3~2.1千焦/平方厘米；12—1月较少，不足0.8千焦/平方厘米。

日　照

来宾市境域年平均日照时数为1499~1605小时，金秀瑶族自治县山区1119小时。按季节分，夏季太阳高度角高，太阳直射，日照时间长，晴天日照可达12小时以上；冬季太阳高度角最小，太阳斜射，日照时间短，晴天日照只有10小时。2、3月冷暖空气在华南地区上空交汇，阴雨天气多，造成光能资源的低值期；5—6月光能资源突增，7—9月多晴天，成为光能资源的高值期，7月日照为最多190.3小时，其次是8月180.2小时；10月至1月冬季风逐渐控制本地，云量虽然少，但太阳高度角逐渐减小，光能逐渐减少。1月至4月均在100小时以下，3月最少，仅45.8小时，2月次之，50.5小时。

1991—2005年，来宾县（兴宾区）年平均日照时数为1351.1小时，日照百分率为31%。日照时数最少的为1994年，仅为980.6小时，最高为2004年1593.8小时；日照最低值出现在3月份，总日照时数为53.1小时。

武宣县年平均日照时数为1472.5小时，年日照百分率为33%。日照时数最少为1994年940.9小时，最高为2003年1922.8小时；7月日照为最多189.6小时，其次是8月179.2小时，1—4月均在100小时以下，3月最少，仅44.8小时，2月次之，51.8小时。

象州县年平均日照时数为1541.5小时，年日照百分率为35%。日照时数最少为1997年1248.9小时，最高为2003年1888小时；7月日照为最多194.1小时，3月最少，52.1小时。

忻城县年平均日照总时数为1484.8小时，日照百分率为31%，最多为1992年1706.2小时，最少为1997年1163.9小时；日照季节变化较大，8月最多，平均日照时数为193.4小时；3月最少，平均日照时数为50.9小时。最多的8月与最少的3月平均日照时数之差142小时左右。山内日照时数较少。

金秀瑶族自治县平均年日照时数为1092.9小时，日照百分率只有25%。冬春雨季日照较少（春季最少），平均每天不足够3小时；夏秋两季日照较多，平均每天也只有4个小时，对农作物的生长发育有一定影响，但对耐阴或需光量较少的植物如杉树等，则较适宜。一年内，以3月最少，平均为48.8小时；10月最多，平均为122.8小时。7—12月各月均大于100小时。山外桐木镇及头排镇一带常年日照时数较高，约1850小时左右。

第二节　气　温

年平均气温

由于地形的差异，海拔高度不同，各地年平均气温也不一样，金秀瑶族自治县山区年平均气温为17.3℃，其余各县（市、区）20.7℃～21.2℃。其中，金秀瑶族自治县最高年平均气温为18.9℃，最低年平均气温为16.4℃；来宾最高年平均气温为22.3℃，最低年平均气温为19.7℃。

1995年7月31日，来宾市境域出现极端最高气温，武宣县极端最高气温为38.9℃，忻城县极端最高气温39.5℃。

1999年12月，来宾市境域内出现极端最低气温天气，打破来宾境内最低气温历史记录，同时出现严重的冰霜冻灾害天气，日平均气温达到零度以下，造成水果、甘蔗、冬菜等农作物严重受灾。金秀瑶族自治县气温为零下5.0℃，武宣县为的零下1.6℃，忻城县极端最低气温0.4℃。

2003年，来宾市年平均气温18.4℃～21.9℃，年平均气温偏高，极端最高气温33.7℃～38.9℃，极端最低气温－2.3℃～1℃。各县有所差异，除金秀瑶族自治县外，其余各地差异不大。兴宾年平均气温21.8℃，比历年平均值偏高1.0℃，年极端最高气温为38.9℃，出现在7月23日，年极端最低气温0.5℃，出现在1月7日；忻城县年平均气温21.6℃，比历年平均值偏高0.9℃，年极端最高气温为38.4℃，出现在7月23日，极端最低气温1℃，出现在1月7日和8日；武宣县年平均气温21.9℃，年极端最高气温为37.8℃，出现在7月23日，年极端最低气温0℃，出现在1月8日；象州县年平均气温21.5℃，极端最高气温为38.5℃，极端最低气温0.3℃；金秀瑶族自治县年平均气温18.4℃，极端最高气温为33.7℃，极端最低气温零下2.3℃。

2005年，来宾市全市年平均气温大部分为20.9℃～21.4℃。与常年比较偏高0.2℃～0.4℃，极端最高气温为忻城县8月13日的38.2℃，极端最低气温为金秀瑶族自治县1月1日的零下4.0℃。

最冷月平均最低气温

来宾市最冷月一般出现在1月份，月平均气温在10.6℃～11.4℃之间，金秀瑶族自治县为8.8℃；月平均最低气温7.6℃～8.4℃，金秀瑶族自治县5.4℃。在同一纬度的地区，海拔高度不同，气温亦有差异，如金秀瑶族自治县月平均最低气温比忻城县低3.5℃。

最热月平均最高气温

来宾市最热月为7月份，因地形的关系，各地气温亦有差别，海拔较高的金秀瑶族自治县月平均最高气温28.3℃，其余各地月平均最高气温33℃～33.6℃。

2003年，来宾市主汛期（4—9月）除金秀瑶族自治县外各县日极端最高气温大于35.0℃的天气为

17~23 天，是历年最多的年份之一。主要出现在 7—8 月份，其中 7 月连续高温晴热天气 9~16 天，8 月份连续高温晴热天气 5~8 天。

气温的垂直变化

气温垂直高度的变化大于水平距离的变化。实测表明，每上升 100 米，气温平均下降 0.55℃~0.65℃，即气温平均垂直差异为6.0℃/千米。

四　季

按 5 天日平均气温低于 10℃为冬季，高于 22℃为夏季，10℃~22℃为春、秋季，来宾市夏季平均开始于 4 月中下旬，结束于 10 月中下旬，达 6 个月左右，金秀瑶族自治县约开始于6月初，结束于8月底，约 3 个月左右；金秀瑶族自治县冬季平均开始于 12 月中旬，结束于 2 月中旬，约 2 个月，高寒山区约为 3 个月，其他各县不足 1 个月。

无霜期

来宾市无霜期为 341~351 天，金秀瑶族自治县山区 317 天。年平均霜冻日数 3.7~6.5 天，金秀瑶族自治县 13.5 天，霜日当天大部地区最低气温一般低于 5℃。

来宾市境内平均初霜日期为 12 月中旬，金秀瑶族自治县山区为 12 月上旬；平均终霜日期：忻城县、武宣县为 1 月上旬，兴宾区、象州县为 1 月中旬，金秀瑶族自治县山区为 2 月上旬。最早初霜日金秀瑶族自治县出现在 1980 年 10 月 26 日，象州县、武宣县出现在 1971 年 11 月 19 日，来宾县出现在 1975 年 11 月 24 日，忻城县出现在 1962 年 12 月 2 日。最迟终霜日金秀瑶族自治县出现在 1974 年 3 月 28 日，其余各县最迟终霜日为 3 月 3 日，集中出现在 1972 年和 1986 年。

第三节　降水　蒸发

来宾市境内属中亚热带过度的季风气候区，降水充沛，多年平均降水量为 1500 毫米，降水量主要集中在 4—9 月，约占年降水总量的 70%，金秀瑶族自治县大瑶山为来宾市第一大暴雨区，多年平均降水量达 2000 毫米以上。而武宣县、忻城县和兴宾区多年平均降水量只有 1100 毫米左右，是来宾市少雨区，也是著名的桂中干旱片区。全市多年平均蒸发量为 666.5 毫米，平原地区蒸发量大于山区，兴宾区迁江镇多年平均蒸发量为 833.6 毫米，而金秀瑶族自治县只有 620.0 毫米。

降　水

市境受海洋暖湿气流影响较大，夏季风盛行时间长，雨量相对较充沛，各地年平均雨量在 1218~1742 毫米之间，全市有一个多雨区和一个少雨区。其中多雨区在金秀瑶族自治县的罗香、中良一带，它位于西南东北向大瑶山的东南侧，从东南海洋上来的大量水汽在迎风坡形成动力抬升，出现大暴雨的机会多，年雨量 1840~2700 毫米。少雨区包括武宣县禄新乡、黄茆乡、二塘乡的西北部，兴宾区南泗乡东部，象州县妙皇乡一带。它位于大瑶山脉背风一侧，东南暖湿气流下沉扩散，台风雨强度随之减少，年雨量在 1100 毫米左右。

由于季风气候的影响，全市年雨量分配不均，有着明显的双峰型及干湿季节待征。夏半年(4—9 月)为湿季(或称雨季)，降水量占全年的 75% 以上，其中 5—8 月多大雨、暴雨；冬半年(10 月至次年 3 月)为干季，降水量仅占全年的 25% 以下。雨量高峰月大部出现在六月份，金秀瑶族自治县山区因易受台风影响，雨量高峰月出现在 8 月。各地年平均降雨日数在 151~188 天之间，最大日雨量象州县 2005 年 6 月 21 日 336.4 毫米，来宾县 1994 年 7 月 6 日 311.8 毫米，金秀瑶族自治县 1968 年 8 月 23 日 249.7 毫米，武宣县 1968 年 5 月 25 日 228.1 毫米，忻城县 1998 年 6 月 24 日 213.4 毫米。最长连续无降水日数来宾县 57 天，出现在 2004 年 9 月 9 日—11 月 4 日；武宣县 53 天，出现在 1996 年 10 月 8 日—11 月 29 日；象州县 47 天，出现在 1988 年 11 月 18 日—1989 年 1 月 3 日；忻城县 45 天，出现在 1969 年 11 月 23 日—1970 年 1 月 6 日；金秀瑶族自治县 36 天，出现在 2004 年 9 月 26 日—10 月 31 日。

2003 年，来宾市年降雨量 1073.6~1602.0 毫米，属偏少年份，降雨不均，受 7 号台风影响出现洪涝，秋冬干旱严重。各县略有差异，金秀瑶族自治县降雨量 1602 毫米，为全市降雨量最多的县，其余各地差异不大。

全市各县(市)10—12 月总降水量均是有气象记录 40 多年来的最少年份。其中，10 月份，来宾各地月雨量特少，各站月雨量不足 5 毫米，比历年同期偏少 9~10 成；11 月，各地雨量继续偏少 9~10 成，降雨中心忻城县月降雨量仅 6.5 毫米；12 月份各地雨量仍继续偏少。兴宾区 10—12 月降水合计只有

21.6毫米，是历年降水最少的年份，比历年平均偏少8成。其中，10月份降水是历年(46年记录)最小的，11月降水是历史(41年)最小记录倒数第4位(1964年、1971年、1996年各年11月降水分别为0.2毫米、0.5毫米、1.3毫米)，12月降水在倒数第24位。

象州县合计只有20.8毫米，是历年降水最少的年份，比历年平均偏少9成。其中，10月份降水是历年(41年记录)最小记录倒数第4位(1978年、1989年、2002年各年10月降水分别为2.7毫米、1.6毫米、1.0毫米)，11月降水是历史(41年)最小记录倒数第4位(1958年、1964年、1996年各年11月降水分别为1.4毫米、0.0毫米、0.6毫米)，12月降水在倒数第16位。

忻城县降水合计只有16.2毫米，是历年降水最少的年份，比历年平均偏少9成。其中，10月份降水是历年(41年记录)最小记录倒数第3位(1959年、1992年各年10月降水分别为2.5毫米、2.9毫米)，11月降水是历史(41年)最小记录倒数第四位(1964年、1974年、1986年各年11月降水分别为1.4毫米、1.0毫米、2.8毫米)，12月降水在倒数第9位。

武宣县降水合计只有13.5毫米，是历年降水最少的年份，比历年平均偏少8成。其中，10月份降水是历年(41年记录)最小记录。11月降水是历史(41年)最小记录倒数第2位(1996年11月降水为0.5毫米)，12月降水在倒数第12位。金秀瑶族自治县降水合计只有26.8毫米，是历年降水最少的年份，比历年平均偏少9成。其中，10月份降水是历年(41年记录)最小记录倒数第2位(1992年10月降水为2.2毫米)，11月降水是历史(41年)最小记录倒数第四位(1958年、1964年、1974年各年11月降水分别为1.4毫米、0.7毫米、3.1毫米)，12月降水量在倒数第17位。

2005年，来宾市年降雨量为1165.9~1798.1毫米，与常年相比，大部分偏少50~134.8毫米(偏少4%~10%)。但象州县降雨量偏多3成，日最大降雨量为象州县6月21日的336.4毫米。

蒸　发

来宾市境域历年平均蒸发量为1537.8~1907.6毫米，金秀瑶族自治县1071.9毫米，除金秀瑶族自治县外，各县(区)蒸发量均超过年降雨量。合山蒸发量方面，1991—2005年，一年中蒸发量最少的是3月，蒸发量只有68.2毫米；最多是8月份，蒸发量达197.7毫米。这16年中蒸发量最少的是2001年，蒸发量只有1444.9毫米，最多的是1992年，蒸发量达1992.7毫米。忻城县境内平均蒸发量1971.7毫米；月平均最多为8月，蒸发量178.6毫米；月平均最少为2月，蒸发量64.3毫米；最多年蒸发量出现在2005年为3244.4毫米，最小年蒸发量出现在2001年为1322.6毫米。从历年统计资料对比，1—月、9—12月份，蒸发量多于降雨量，5—8月份降雨量多于蒸发量。武宣县年平均蒸发量1853.8毫米，最大2195.6毫米(1991年)，最小亦有1578.8毫米(2001年)。月蒸发量以7月最大220.8毫米，2月最小83.9毫米，1月次小86.2毫米。月蒸发量除5、6月外，其余月份均大于降水量。

2003年，来宾市年蒸发量为1500.1毫米。忻城县为1637.4毫米，武宣县为1975.6毫米，象州县为1546.5毫米，金秀瑶族自治县为1166.6毫米。

第四节　气压　风

气　压

由于海拔每升高100米气压下降11毫巴左右，山地较多的金秀瑶族自治县、忻城县年平均气压在1000毫巴以下，其余各县为1002.4~1004.6毫巴，均在1000毫巴以上。除与海拔高度呈负相关外，气压一般还与气温呈负相关，夏季(6—8月)气温高，气压最低，冬季12月、1月气压最高，除金秀瑶族自治县外，各地冬季月平均气压均在1000毫巴以上。

1991—2005年，统计结果表明，一年中气压最低值出现在9月，气压值为990.1豪巴，最高值出现在12月份，气压值为1002.3毫巴。气压最低的是1999年，气压值为992.5毫巴，最高值是2005年，气压值为995.0毫巴。

风

风向及频率　从全市风向的频率来看，各地静风出现的频率均大于19%，为各风向之首，忻城县静风出现的频率甚至高达43.1%。在其余16个风向中，各地都是以偏北风出现频率最大，其中，来宾的年最多风向为东北风；忻城县东北风最多；象州县北风最多；武宣县北西北风最多。

平均风速　全市各地年平均风速在1.6~2.5米/秒之间，其中来宾县(兴宾区)、武宣县、象州县2.3~2.5米/秒，忻城县、金秀瑶族自治县1.6~1.8米/秒。各县月平均风速在4.0米/秒以下，以季节分，风速以冬春两季为大，夏季最小。

第四章　水　文

来宾市境内地形复杂，雨量充沛，水资源丰富，水系发达，属珠江流域西江水系，河网密度约为0.31千米/平方千米。但降雨、径流量时空分布不均匀，降水量主要集中在4—8月，汛期径流量约占全年的80%。全市总体水环境质量良好，所辖河段水质多年保持在国家《地表水环境质量标准》Ⅱ～Ⅲ类的水平。

第一节　地表水

来宾市境内地表水主要为河流，属珠江流域西江水系，地表水资源约为114.05亿立方米。市境内地势从西北向东南倾斜，周高中低，形成集水盆地，使河流水系呈树枝状向湖盆中央汇集，红水河自西北向东南穿越来宾市区。

河　流

全市集水面积200平方千米以上的河流有25条，其中柳江7条、红水河14条、黔江4条；集水面积在200平方千米以下的小河流和溪涧遍布全市，几乎每个县城或乡镇都有，河网密度约为0.31千米每平方千米。较大的河流主要有黔江、红水河、柳江、清水河、运江、北之江。

黔　江　黔江是珠江流域西江水系的干流，是市境内最大的一条河流，由红水河与柳江在象州县石龙镇三江口汇合后形成，流经兴宾区、武宣县，从武宣县三里镇勒马村流入桂平市，在市境内河段长122千米，境内集水面积1480平方千米，河段平均坡降为0.06‰，多年平均径流量约1279亿立方米。实测最大流量45600立方米/秒，相应水位为65.08米(85基准)。

红水河　红水河是珠江流域西江水系干流，发源于云南省曲靖市东北部的马雄山麓，经黔桂边界进入河池市天峨县，流经东兰、都安等县进入来宾市忻城县，流经合山市、兴宾区，从兴宾区高安乡古六村三江口与柳江汇合后注入黔江。境内河段长659千米，境内集水面积54542平方千米，面积占总集水面积13.77万平方千米的4%，河段平均坡降为0.15‰～0.2‰。多年平均径流量约644.1亿立方米。实测最大流量18400立方米/秒，实测最高水位为87.99米(85基准)。

柳　江　柳江是珠江流域西江水系一级支流，发源于贵州省独山县更顶山，流至柳城县凤山镇与龙江汇合后称柳江，流经柳州市后在象州县运江镇入境。流经象州县、武宣县，从象州县石龙镇龙楼村与红水河汇合注入黔江。柳江干流长743千米，流域面积5.84万平方千米，干流平均坡降0.39‰，柳江在市境内河段长65千米。

清水河　清水河发源于广西上林县，经兴宾区石陵镇入境，流至兴宾区迁江镇刘家村汇入红水河。在市境内河段长64千米，境内集水面积870平方千米，面积占总集水面积0.42万平方千米的21%。河段平均坡降为0.93‰，多年平均流量107立方米/秒。

运　江　运江发源于金秀大瑶山北麓，上游称中平河，流至象州县运江镇与水晶河汇入后称为运江，从象州县运江镇运江村西北500米处汇入柳江。干流均在市境内，河长106千米，平均坡降3.32‰，流域面积0.22万平方千米。

北之江　北之江为红水河一级支流，发源于柳江县黄甘村，经忻城县大塘镇入境，在兴宾区城北街道磨东村西南1.5千米处汇入红水河，干流长109千米，流域面积1362平方千米。河道平均坡降2.34‰。

水文特征

径　流　地表径流以大气降水补给为主，在时间和地区间的变化较大，其特点与降水相似。年内分配不均，年际变化较大，地区分布不均。径流年内分配受降水影响，在时间分布上表现出较大的差异性。径流年内分配主要集中在汛期，径流量占年径流量的65%~72%。黔江控制站武宣(二)站多年平均径流量1279亿立方米，红水河控制站迁江站多年平均径流量655.1亿立方米，柳江控制站柳州(二)站多年平均径流量401.7亿立方米。

2005年，迁江水文站为红水河出口控制站，测得年最高水位84.42米(珠基)，年最低水位57.58米，年平均水位62.57米。年平均流量1630立方米/秒，年径流量515.5亿立方米。武宣水文站为黔江控制站，年最高水位62.85米(珠基)，年最低水位32.75米，年平均水位36.79米。年平均流量3430立方米/秒，年径流量1082亿立方米。中平水文站为运江区域代表站，年最高水位9.64米（假定基面，假定基面+131.21米=黄海基面），年最低水位3.03米，年平均水位3.29米。年平均流量14.6立方米/秒，年径流量4.62亿立方米。

暴雨、洪水 市境内处于亚热带季风气候区，直接受印度洋、太平洋水汽补给。暴雨主要受天气系统和地形条件的影响，全市的主要天气系统有：锋面、切变线、低压、低涡、高空辐合。受大瑶山脉等地形影响，在其迎风坡气流抬升明显，容易形成暴雨中心。由于上下游暴雨同时性差，一次连续性降水不易形成较大洪水过程，需经两次或多次降雨形成的洪水叠加，才能形成大洪水过程，因此较大洪水过程多为双峰或多峰形。洪水上涨快，退水较缓慢，较大洪水多数发生在5—8月。

据历史资料记载，黔江控制站武宣（二）站实测最高水位为66.06米，实测最低水位为32.58米；红水河控制站迁江水文站实测最高水位为87.99米，实测最低水位为57.76米；柳江控制站柳州（二）站实测最高水位为93.10米，实测最低水位为68.87米。

2003年7月24日—25日，全市受第7号台风“伊布都”影响，出现大风天气最大风速为20.4米/秒（风力8~9级），25日降暴雨，日雨量为81.7毫米。

2005年6月下旬，市境内各河流相继发生了大洪水，中平河甚至发生了特大洪水。中平站6月21日9时48分洪峰水位9.64米，为140年一遇的洪水，为有历史调查资料以来的最大洪水；柳江象州站6月21日18时洪峰水位71.74米，为15年一遇的洪水；黔江武宣站6月22日10时洪峰水位为62.85米，为15年一遇的洪水。因为暴雨引起山洪暴发，运江流域的大樟、百丈、中平、罗秀、运江乡（镇）沿河的部分村庄进水，房屋、农田、道路被洪水冲毁，人民群众的财产损失巨大。

泥　沙 穿越境内的红水河，是广西多年平均含沙量最大的河流，红水河控制站迁江水文站多年平均含沙量为0.66千克/立方米，最大含沙量为11.5千克/立方米。多年平均输沙量为4420×104吨，多年平均输沙模数为343吨/平方千米。

柳江控制站柳州（二）站多年平均含沙量为0.17千克/立方米，最大含沙量为4.47千克/立方米。多年平均输沙量为616×104吨，多年平均输沙模数为136吨/平方千米。

黔江控制站武宣（二）站多年平均含沙量为0.43千克/立方米，最大含沙量为6.19千克/立方米。多年平均输沙量为5370×104吨，多年平均输沙模数为273吨/平方千米。

水质监测

市水文水质监测站隶属于区水文水资源柳州分局。柳州水文部门水质监测工作起步于20世纪50年代，1959—1968年在广西主要8个站点（包括今来宾市）开展水质化验和收集水化学资料，1969年—1982年4月因故一度中断。20世纪80年代早期，柳州水文分站恢复开展水质监测工作。1983年在柳州地区所辖6条主要河流上的6个水文站断面进行天然水的化学分析，其中包括今来宾市所辖2条河流红水河及黔江上的迁江和武宣2个水文站断面的水质分析，20世纪90年代后逐步开展对水质污染物的监测，监测频次多为隔月1次，近年调整为每月1次。2005年起，在红水河来宾大桥上、下游的河西水厂和来宾水厂各设一个监测断面，每月上旬采样监测水源水的质量状况。

监测结果表明，全市总体水环境质量良好，所辖河段水质多年保持在国家《地表水环境质量标准》Ⅱ～Ⅲ类的水平。但近年的监测也发现，在来宾市区河段水质出现细菌学指标超标。此外，近年来宾市辖区内曾发生过几起突发水污染事件，诸如2002年12月金秀瑶族自治县境内发生的砒霜运输车侧翻污染水晶河事件。所幸污染事件由于监测及防范及时均未造成人员伤亡及财产重大损失。

2005年，来宾市常规水质监测断面的布设及监测频次与2004年相同；来宾市饮用水源地水质监测为在红水河兴宾区来宾水厂和河东水厂各设1个监测断面，每月采样1次进行水质监测，监测项目按国家《地表水环境质量标准》GB3838-2002执行。年内来宾市红水河及黔江水质都较好，除黔江武宣水文站断面汛期挥发酚低倍数超标达Ⅳ类水标准外，其余断面各期水质均符合国家《地表水环境质量标准》GB3838-2002 Ⅱ或Ⅲ类水标准。

第二节　地下水

市境内岩溶广布，地下河发育，变质岩、砂页岩山地裂隙断构造较多，地下水丰富。地下水多藏于地下20~30米处的裂隙溶洞中，有的地下水距地面不到10米，有的地方地下水集中排泄，形成地下河和岩溶大泉。

地下河

兴宾区 较大的地下河18条，主干总长246.2千米，其中补给面积100~200平方千米的3条，超过200平方千米的3条；枯流量每秒超过500~1000升的5条，超过1000升的2条。

忻城县 较大的地下河12条，主干总长146.5千米，其中补给面积100~200平方千米的1条，超过200平方千米的1条；枯流量每秒超过1000升的2条。

武宣县 较大的地下河5条，主干总长42.5千米，其中补给面积100~200平方千米的1条；枯流量每秒500~1000升的1条。

合山市 较大的地下河有5条，主干总长84千米，其中，补给面积100~200平方千米的1条；超过200平方千米的1条；枯流量每秒超过1000升的2条。

泉

境内由变质岩、岩浆岩、砂岩和泥质页岩发育的山地、丘陵地区，多在构造线赋存裂隙水含水层；岩溶地区的中等、弱等岩溶化岩，含溶洞裂隙蓄水层和裂隙水含水层；第四系沉积物多孔隙水含水层，故境内出露的泉水较多。

冷　泉 全市较大的泉水点中，发育于岩浴地、流量在0.1立方米/秒以上的泉水共17点，占广西大中型岩溶泉总数15.74%。其中象州县中型岩溶泉3个，武宣6个，兴宾区大型泉1个、中型7个。按泉水出露形式分：上升泉群4个，下降泉群13个；按出口标高分：100米以下11个，100~230米6个。

热　泉 象州县寺村镇东、西热水村之间有高热泉1处。据广西水文地质工程地质队勘测，热矿水属承压裂隙溶洞水，且同出一源，单孔最大涌水量q=7升/秒·米，S=5米，Q=35升/秒。地面水温72℃~79℃，热矿泉总流量16升/秒，热水运移在中泥盆统郁江阶中。地下热矿水运动可分浅层、较深部和深部3种形式，浅层热水运移在地面以下25~30米、100~120米深的岩溶通道内，最高水温78℃~82℃；较深部热水运移在120米以下的断裂硅化带及破碎带和岩溶通道和裂隙通道，水温高达82℃~85℃；24号勘探井孔深度240米，属深部热水，尚未揭露断裂带与热通道，孔内无水，但孔底温度已达86℃，预计揭穿热通道后，水温还将上升。热矿水属低矿化度硫酸钙型硅酸矿水，溶解气体以氮为主。热水的热源可能与热液活动有关，亦可能与地层更深部可能存在的酸性火成岩有关。

第五章　土壤　植被

境内土壤共划分为8个土类，总面积为78.41万公顷，其中水稻土占11.96%，红壤占67.97%，赤红土壤占4.07%，黄壤占7.56%，石灰土占6.75%，红色石灰土占0.02%，紫色土占0.34%，冲积土占1.51%。全市比较大的植被区域是中亚热带常绿阔叶林带和南亚热带具有热带成分的常绿阔叶林带，分别分布在市境连绵起伏的山地丘陵地带和柳江流域、红水河流域广大地区。

第一节　土　壤

全市范围内曾开展过2次较大规模的土壤资源调查。1958—1960年，境内开展第一次以耕作土壤为主要对象的土壤普查工作，初步摸清境内耕作土壤情况，总结农民群众在生产实践中积累的认识土壤、利用土壤和改良土壤的经验。1979年10月，根据国务院〔1979〕111号文件精神和自治区的统一部署，开展第二次土壤普查工作，历时5年零3个月，参加土壤普查人员达14190人次，其中技术干部1233人次。共调查土壤面积78.41万公顷，其中耕地25.30万公顷(水田9.38万公顷，旱地15.93万公顷)，林荒地53.12万公顷，查清境内土壤类型、分布面积、理化性质、生产性能、增产潜力，编制村、乡、县各级图、文、表整套成果资料，全面论述了境内土壤形成条件及分布规律、土壤分类、土壤类型概述、土壤的肥力状况及土壤改良利用分区、土地资源合理利用。

根据第二次土壤普查结果，来宾市境内主要成土母质有砂页岩、硅质页岩、页岩、石灰岩、花岗岩、第四纪红土、砂岩、河流冲积物、洪积物。旱地及自然土壤，类型丰富，既有地带性土壤又有地域性土壤，旱地土壤面积15.93万公顷，占全市土地总面积20.31%，占全市耕地面积62.93%；自然土壤面积53.12万公顷，占全市土地总面积67.73%。土壤共划分8个土类，21个亚类，81个土属，219个土种。地带性土壤有红壤、砖红壤性红壤(赤红壤)和黄壤三个土类；非地带性土壤有水稻土、石灰(岩)土、红色石灰土、紫色土、冲积土五个土类。全市8个土类的面积78.41万公顷，其中水稻土9.38万公顷，占11.96%；红壤53.30万公顷，占67.97%；赤红壤3.20万公顷，占4.07%；黄壤5.93万公顷，占7.56%；石灰土5.15万公顷，占6.57%；红色石灰土120公顷，占0.02%，紫色土0.26万公顷，占0.34%；冲积土1.18万公顷，占1.51%。

水稻土

全市境内有水稻土9.38万公顷，占全市耕地面积的37.07%；划分为7个亚类，28个土属，120个土种。水稻土亚类分述如下：

淹育性水稻土 12322.4公顷，占全市水稻土总面积13.1%，是主要水稻土类之一。主要分布于象州、兴宾、武宣等县(区)。

潴育性水稻土 潴育性水稻土面积大，分布广，不仅是主要的水稻土，而且也是本市生产性能最好的稻田土壤。有57376.4公顷，占水稻总面积61.2%，多成片状分布于各县(市、区)的河溪两岸较低阶地、山前广谷、平原及缓丘田垌。以兴宾、象州及武宣等县(区)分布最大。

潜育性水稻土 潜育性水稻土7459.2公顷，占全市水稻土总面积8%，零星分布在各县(市、区)的山冲、沟谷、丘陵、槽谷、平原、低地及水库底的低畦处。其中以象州县分布最多。

沼泽性水稻土 面积仅有1130.9公顷，占全市水稻土的1.2%。主要零星分布于合山、兴宾等市(区)。

侧渗性水稻土 面积26.5公顷，占全市水稻土总面积的0.03%。零星分布于金秀、象州等2个县的丘陵与垌田交接处的梯田。

盐渍性水稻土 面积15446.5公顷，占全市水稻土总面积的16.5%。除金秀外，其余各县(市区)均有分布，其中以兴宾、忻城、武宣等3个县(区)分布面积最大。

矿毒性水稻土 仅29公顷，占全市水稻土总面积0.03%。零星分布于武宣、象州及忻城3个县的矿山脚下。

砖红壤性红壤(赤红壤)

来宾市境域红壤面积31949.8公顷，占全市土壤总面积的4.07%，其中旱地4230.8公顷，占全市旱地总面积的2.66%；自然土27719公顷，占全市自然土总面积5.22%。分布在北纬22°~23° 30以内，海拔高700米以下的丘陵谷地，在武宣、兴宾两县(区)的南部。

红　壤

来宾市境域红壤面积53.30万公顷，占全市土壤总面积的68.97%，其中耕型红壤6.58万公顷，占全市旱地总面积41.29%；自然土红壤46.73万公顷，占全市自然土总面积的87.98%。分布于北纬23° 30以北，海拔850米以下的低山、丘陵及谷地，全市6个县(市、区)均有分布，其中以象州、武宣、兴宾等县(区)面积最大。

黄　壤

来宾市境域的黄壤面积5.93万公顷，占全市土壤总面积的7.56%。分布于海拔850米以上的山地，其中金秀的圣堂山一带，是来宾市主要黄壤分布带。

石灰土

来宾市境域石灰土面积5.15万公顷，占全市土壤总面积的6.57%。其中耕型石灰土1.87万公顷，占全市旱地面积11.76%；自然土石灰土3.28万公顷，占全市自然土总面积的6.17%。全市6个县(市、区)都有分布。

红色石灰土

来宾市境域色石灰土分布在兴宾、象州2个县(区)，总面积120公顷，占全市土壤总面积的0.02%。其中耕型红色石灰土63公顷，占全市旱地面积0.03%；自然土红色石灰土67公顷，占全市自然土总面积的0.01%。

紫色土

来宾市境域紫色土主要分布于合山市、兴宾区，象州县有零星分布。面积2629公顷，占全市土壤总面积0.34%，其中，旱地363公顷，自然土2266公顷。

冲积土

来宾市境域冲积土主要分布在兴宾、象州、武宣及忻城4个县(区)，金秀瑶族自治县和合山市有零星分布，面积1.18万公顷，占全市土壤总面积的1.51%。其中耕型冲积土1.14万公顷，占全市旱地面积7.15%；自然土冲积土440公顷，占全市自然土总面积的0.08%。

第二节　植　被

来宾市境域由于土壤、气候等自然条件差异，植被类型有亚热带针叶林、常绿阔叶林2种基本类型和低山丘陵常绿针叶林、典型常绿阔叶林等8种亚类型。植被多为常绿阔叶林、针叶阔叶混交林、草本植被和灌木、藤类、灌丛植被。丘陵的野生植被主要有桃金娘、马尾松类型，人工栽有杉木林、竹林、马尾松林、尾叶桉、果林、茶林、农作物等。金秀瑶族自治县因其特殊的自然环境，造成植被广阔，类型多样，植被率达92%以上。

天然林

来宾市境内天然林可分为中亚热带常绿阔叶林带、南亚热带常绿阔叶林带。

中亚热带常绿阔叶林带　多分布在连绵起伏的山地丘陵地带，是来宾市及广西的主要林区。金秀圣塘山主峰以北为中亚热带常绿阔叶林（典型常绿阔叶林），主要由壳斗科、樟科、木兰科、山茶科、金缕梅以及杜英科等常绿阔叶树种组成，如铁锥栲、甜锥（木锥栲）、罗浮栲、金毛柯、美叶石柯、大叶青冈（云山稠）、华东润楠、基脉润楠、刨花润楠、狭叶润楠、毛叶木姜、广东山胡椒、光叶木兰、木莲、深山含笑、荷木、银荷木、厚皮香、亮叶杨桐、大头茶、船柄茶、马蹄荷、大果木五加、五列木、日本杜英、山杜英、猴欢喜、绿樟等。圣塘山以南，除有北坡的种类外，还出现了不少热带性的种类，如青钩栲、冬豆栲、华栲（锥栗）、红锥（刺栲）、黄叶树、红山梅、橄榄、单室茱萸、肖榄、黄桐、药乌檀、海木、厚壳桂、柄果木、斜脉暗罗、红车、山槟榔、鱼尾蕨、树蕨、麒麟尾、野芭蕉、黄藤等。

中山地区还保留部分原生森林植被，以壳斗科、茶科，金缕梅科和樟科为主，其中以壳斗科的栲属植物最多，柯属植物次之。灌丛以映山红、白栎、茅栗、南烛为多见，面积较大的为次生植被，以马尾松、杉木、毛竹、油茶、三年桐为主。草丛以白茅、芒箕、龙须草、罗汉果等为主，还有魔芋等草本植物。林下蕨类植物普遍可见。

岩溶石山地区原生植被为石灰岩山地常绿、落叶阔叶混交林，以青岗栎、小栾树、化香、黄连木、圆叶乌桕为主；次生林以青檀、朴树为主。藤刺灌丛随处可见。

果树有柑、橙、金橘、柚、板栗、枇杷、梨、桃、李等热带和温带果品。

稀有珍贵树种　列为国家重点保护的稀有珍贵植物共28种。其中属一级保护树种有松科的银杉、桫椤科的树蕨；属二级保护树种有红豆杉科的白豆杉、柏科的福建柏、木兰科的香花木（观光木）、茶科的猪血木、金莲木科的线齿木（合柱金莲木）、粘木科的粘木、无患子科的伞花木、南华木科的南华木（伯乐树）、五加科的大果木五加（马蹄参）、赤铁科的紫金木和茜草科的异形玉叶金花等；属三级保护的，松科的油杉、广东松（华南五针松）、南方铁杉、长苞铁杉，罗汉松科的鸡毛松（岭南罗汉松），红豆杉科的穗花杉，樟科的闽楠，红树科的齿叶竹节树，苏木科的任木（米杠），金缕梅科的半枫荷（金缕半枫荷），壳斗科的青钩栲、省沽油科的银鹊树，安息香科的银钟树，毛茛科短萼黄连和小蘖科的八角莲等。

此外，属于特有和珍贵的种类还有厚皮香、乌饭树、船柄茶、常山、金耳环、粗柄木莲（瑶山木莲）、毛糙果茶、甜茶、青钱柳、单宝茱萸、广西山茉莉、小叶红豆（紫檀木）、竹柏、三尖杉和黄叶木等。

南亚热带常绿阔叶林带　包括柳江流域和红水河流域广大地区。林带的东部为山地，中西部以岩溶地形和丘陵台地为主。森林优势树种以樟科的厚壳桂属、琼楠属为主，亦有壳斗科、樟科的青钓栲、越南栲、华南栲等。珍稀树种有银杉、油杉、桫椤、伯乐树、马蹄参、紫荆木等。具有热带成分的常绿阔叶林，优势树种为华南柯、泡叶柯、红楠、米槠等；次生林以马尾松杉木占优势，次为八角、油茶、油桐、竹、紫胶寄生林、桉树等。灌丛以桃金娘、岗松、杜鹃、余甘子、芒箕为主。草丛以五节芒、金茅、棕茅、刺芒、野古草、淡竹叶、灵香草等占优势。中山山地林下多阴地蕨科、膜蕨科等类植物。

岩溶石山区以青岗栎、大叶栲、麻轧木、华南皂夹为主。石山灌丛常见榕类、阴香、青檀、灰毛浆果楝、红背娘、蛇藤、小叶榕，并有楝科、橄榄科、桑科、金银花等植物。次在林以马尾松、大叶桉、小叶桉为主。

果树有亚热带的柑橘类、柚、柿、桃、梨、李、枇杷等，还有热带成分的荔枝、龙眼、木瓜、芭蕉、橄榄、阳桃、番石榴等。

人工林

中华人民共和国成立前，来宾市境域内的人工造林面积较少，森林覆盖率较低。

据《广西年鉴》第三回记载：民国27年(1938年)，象县森林面积2.42万亩，其中天然林0.55万亩，人工林1.87万亩，森林覆盖率0.85%。民国38年，武宣县覆盖率为12.18%。来宾、迁江两县森林覆盖率仅为0.3%。

中华人民共和国成立后，人民政府每年春季发动群众植树造林，大力发展国营造林和农村社队林场，森林面积逐年有所增加，提高森林覆盖率。境内森林覆盖率最高是金秀瑶族自治县。1973年，开展森林资源调查，金秀瑶族自治县森林覆盖率为29.54%，象州县森林覆盖率16.27%，忻城县森林覆盖率为9.3%，来宾县森林覆盖率仅为5.4%。

1980—1986年，由于农村实行“家庭联产承包”责任制时，忽视林业生产周期长的特点，木材市场开放，思想工作跟不上，群众怕政策变，急功近利，又出现乱砍滥伐林木的现象。森林资源遭到严重破坏，原生植被普遍受破坏，仅有少量残存于低山地带的沟谷中。1980年，忻城县森林覆盖率为5.2%，比1973年下降4.1个百分点。1981年底，武宣县森林面积比1973年增长21.19%，森林覆盖率提高1.5个百分点。1984年9月，森林法公布，全面加强对林业的管理，林业生产逐步恢复。1985年后，农村家庭联产承包责任制日臻完善，荒山造林承包进一步落实，林区出现林业生产重点户、专业户，森林覆盖率上升。1987年，金秀瑶族自治县森林覆盖率上升到52.62%。1989年，境内各县(市)开展森林资源二类调查，象州县森林覆盖率19.69%。来宾县森林覆盖率4.9%。忻城县森林覆盖率仅为3.8%。1990年，合山市森林覆盖率为10.20%。

1991年后，境内各县(市)开展造林绿化，消灭荒山活动，大力发展林果生产，改善生态环境，区域水土流失得到初步治理和控制，生态环境逐步走上良性化。在植树造林灭荒工作中注重按地类划分和林种划分，林种以尾叶桉、湿地松、马尾松、荷木、油桐、杉木、马荷、小叶榕、麻竹、桉树、阔叶林等；果树主要以龙眼、板栗、枇杷、李子、荔枝、黄榄果、坚果、黄皮和杂果，森林植被逐步恢复。1991年，武宣县森林覆盖率为18.4%。1994年，境内各县(市)基本实现造林灭荒达标。1995年，金秀瑶族自治县进行林业调查，全县森林覆盖率为73.11%。1998年，来宾县实现平原绿化达标，全县森林覆盖率为30.17%。

1999年，境内开展森林资源调查，通过人造卫星遥感调查，境域内森林覆盖率有所提高。金秀瑶族自治县森林覆盖率由1987年的52.62%提高到87.2%。来宾县森林覆盖率由1989年的4.9%提高到30.73%，象州县森林覆盖率由1989年的19.69%提高到39.2%。忻城县森林覆盖率由1989年的3.8%提高到22.36%。武宣县森林覆盖率由1991年的18.4%提高到40.5%。

2000年后，来宾市境域内全面实施工程造林建设，实施世界银行贷款国家造林工程、珠江防护林工程、绿色工程、退耕还林工程、森林生态效益补助等，将森林区划界定为公益林和商品林两大类进行分类经营。各地按照因地制宜、适地适树，乔、灌、藤、木相结合的原则，在退耕地上植树种草，大力发展良种尾叶桉，培育松、杉和龙眼、荔枝、李子、柿子、竹子等，增加森林覆盖面积，提高森林植被。至2003年，全市森林覆盖率达到43.4%。

2005年，全市林业用地61.01万公顷，森林面积44.47万公顷，占林业用地的72.9%；灌木林地面积13.74万公顷，占22.5%；疏林地面积0.43万公顷，占0.7%；无林地面积2.37万公顷，占3.9%。森林面积中，针叶林面积26.19万公顷，占58.9%；阔叶林面积11.95万公顷，占26.9%；针阔叶混交林面积1.23万公顷，占2.8%；经济林面积4万公顷，占9.0%；竹林面积1.09万公顷，占2.4%。当年，全市造林面积5625公顷。活立木总蓄积量1401万立方米，其中，桉树面积2.66万公顷，蓄积量120万立方米，松树面积12.55万公顷，蓄积量390万立方米；竹林面积3582公顷，森林率34.66%。辖区内各县(市、区)森林覆盖率为：金秀瑶族自治县84.5%，象州县37.08%，武宣县38.15%，兴宾区14.06%，合山市24.66%，忻城县9.5%。

第六章　自然资源

来宾市境域自然资源丰富。全市可耕地面积35.84万公顷，宜林地面积54.15公顷，宜牧地面积20.21万公顷，水域面积3.18万公顷，森林覆盖率43.4%。全市地表水资源总量114.05亿立方米，地下水资源总量53.66亿立方米，水能资源蕴藏量34.17万千瓦(不含过境河流)，可开发量14.86万千瓦，已开发量3.44万千瓦；已探明各种矿藏20多种，其中重晶石、煤炭、锰等七种矿藏储量居广西首位，象州重晶石连续多年出口居广西第一，合山煤炭储量达6亿吨，号称“广西煤都”。金秀大瑶山蕴藏着金、铜、铁、水晶、重晶石、花岗岩等十多种矿产，素有“万宝山”之称；高等植物资源有327科1388属1.54万种，占广西现有维管束植物种的65.5%；陆栖野生动物有460余种，占广西此类动物种的52.1%，至2005年末，全市有国家一级保护动物8种，国家二级保护动物31种，属广西重点保护动物的有120多种；全市有自然景观32处。

第一节　土地资源

土地总面积

民国22年(1933年)，广西省陆地测量局测量结果，来宾县土地面积为2572.25平方千米(折合385.84万亩)，迁江县土地面积为2444.5平方千米(折合366.68万亩)，忻城县耕地面积2.49万公顷(折合37.4万亩)，象县有耕地2.21万公顷(折33.17万亩)。民国26年《来宾县志》载，来宾县土地总面积8900方市里(当时的面积单位)。民国32年，武宣县土地面积为18.35万公顷(折合275.18万亩)。民国35年，象县耕地面积2.19万公顷(折32.73万亩)。

中华人民共和国成立后，来宾市境域内土地面积数据使用是沿用数，耕地是由生产队统计逐级上报汇总数，其他地类是相关业务部门的统计数。1950年，来宾市境域内(不含金秀)耕地沿用数为14.7万公顷(折220.46万亩)。其中，来宾县8.52万公顷(折127.74万亩)，武宣县1.93万公顷(折28.98万亩)，忻城县1.82万公顷(折27.26万亩)，象县耕地面积2.43万公顷(折36.41万亩)。1952年，来宾市境域内耕地面积为18.74万公顷(折281.1万亩)。其中，武宣县耕地面积2.42万公顷(折36.3万亩)，象州县耕地面积3.04万公顷(折45.56万亩)，来宾县耕地面积8.87万公顷(折133.01万亩)，忻城县耕地面积3.87万公顷(折合46.31万亩)，金秀瑶族自治县耕地面积0.54万公顷(折8.14万亩)。1964年，来宾县(含今合山市)土地面积为4732.93平方千米(折合709.94万亩)，象州县耕地面积3.17万公顷(折47.59万亩)，金秀瑶族自治县耕地面积5780公顷(折8.67万亩)。

1981年，来宾县(不含今合山市)土地面积为4382.93平方千米(折合657.44万亩)。1983年《来宾县农业区划资料集》载，全县土地面积为654.63万亩，折合43.64万公顷、4364.18平方千米，忻城县土地面积为25.41万公顷(折合381.15万亩)。

1985年，来宾市境域内各县(市)开展土地资源利用现状调查工作(亦称土地详查)。经土地详查，来宾市境域内土地总面积为1975.22万亩，折合131.68万公顷、131.68万平方千米。其中，合山市土地总面积为52.46万亩，折合3.5万公顷、349.76平方千米，象州县土地总面积为313.66万亩，折合20.91万公顷、2091.05平方米千米，武宣县土地总面积为260.91万亩，折合17.39万公顷、1739.40平方千米，来宾县土地总面积为654.63万亩，折合43.64万公顷、4364.18平方千米，金秀瑶族自治县土地总面积为312.41万亩，折合20.83万公顷、2082.76平方千米，忻城县土地总面积为381.15万亩，折合25.41万公顷、2541平方千米。来宾县土地总面积比1983年增加39895亩，折合2659.67公顷。

1987年底，金秀瑶族自治县土地总面积为374.23万亩，折合24.95万公顷、2494.85平方千米。在此之后，金秀瑶族自治县与周边各市、县的土地有小的调整。1988年10月—1990年12月，金秀瑶族自治县开始对土地利用现状调查工作。经调查金秀瑶族自治县总面积为372.90万亩，折合24.86万公顷、2485.98平方千米。土地总面积比1987年减少13305亩，折合887公顷。

1988年8月—1992年上半年，合山市开展土地利用现状调查结果显示，全市土地总面积53.94万亩，折合3.60万公顷、359.59平方千米。1991年1月—1993年12月，来宾县利用卫星航天遥感技术进行土地详查，精确计算出全县土地总面积为660.51万亩，折合44.03万公顷、4403.40平方千米。

1996年，来宾市境域土地总面积为2008.80万亩，折合133.92万公顷、13392平方千米。忻城县土地总面积为378.72万亩，折合25.25万公顷、2524.79平方千米。

1995年和1999年，金秀瑶族自治县在柳州地区和中南林业设计院帮助下，两次利用卫星航天遥感技术对全县的森林资源进行调查，并利用遥感成像对照地图，精确计算出全县土地面积为377.70万亩，折合25.18万公顷、2518平方千米。2002—2003年，经过自治区组织实施的乡级行政勘界确定，金秀瑶族自治县土地总面积370.55万亩，折合24.70万公顷、2470.34平方千米。

2003年，来宾市土地总面积为2008.80万亩，折合133.92万公顷、13392平方千米。其中：耕地

34.21 万公顷，占土地总面积的 25.54%；园地 0.75 万公顷，占 0.56%；林地 47.68 万公顷，占 35.61%；牧草地 7.97 万公顷，占 5.95%；其他农用地 6.62 万公顷，占 4.95%；居民点及工矿用地 3.63 万公顷，占 2.71%；交通用地 0.38 万公顷，占 0.29%；水利设施用地 0.71 万公顷，占 0.53%；未利用土地 31.80 万公顷，占 23.75%；其他土地 0.15 万公顷，占 0.11%。

随着经济社会的快速发展，全市土地利用状况已发生较大变化。2005 年末，全市土地总面积 133.92 万公顷，共分 3 个一级类、10 个二级类、46 个三级类。其中：农用地面积 97.34 万公顷，建设用地 4.89 万公顷，未利用地 31.69 万公顷，三者分别占土地总面积的 72.68%、3.66% 和 23.66%。

第二节　水资源

来宾市境域内地形复杂，雨量充沛，水资源丰富，水系发达，属珠江流域西江水系，水系多呈树枝状分布，全市河流集水面积 50 平方千米以上的有 45 条，集水面积在 50 平方千米以下的小河流和溪涧遍布全市，每个县城或乡镇均有分布，河网密度约为 0.31 千米 / 平方千米，除地表河流外，全市岩溶分布面积广，地下河广泛发育。此外还有很多岩溶泉水。

全市地表水资源总量 114.05 亿立方米，地下水资源总量 53.66 亿立方米。其中 62% 属红水河，17% 属黔江，19% 属柳江，2% 属桂贺江。全市水能资源蕴藏量约为 34.17 万千瓦（不含过境河流），可开发量 14.86 万千瓦，已开发量 3.44 万千瓦。

2003 年，来宾市水域面积达 297.5 平方千米，主要属珠江流域西江水系。其中 62% 属西江干流红水河，17% 属黔江，19% 属柳江，2% 属桂贺江。由于地势从西北向南倾斜，周高中低，形成集水盆地，使河流水系呈树枝状向湖盆中央汇集。集水面积 3000 平方千米以上有黔江、红水河、清水河 3 条。

黔江是西江水系的干流，是来宾市最大的一条河流，由红水河与柳江在武宣县三江口汇合而成直至桂平市城区。在来宾市境内河段长 118 千米，集水面积 1480 平方千米，河段坡降平均为 0.07‰，多年平均流量 4120 立方米 / 秒。

红水河为西江上游河段，在来宾市内为河箐盛至三江口，市境内河段长 307 千米，集水面积 7887 平方千米。多年平均流量 2370 立方米 / 秒。

清水河发源于广西上林县，至来宾迁江镇流入红水河。在来宾市境内河段长为 90 千米，集水面积 750 平方千米，占总集水面积 4169 平方千米的 18%，多年平均流量 107 立方米 / 秒。

至 2005 年底，来宾市先后建成水利工程 24687 处，其中以灌溉为主的中小型水库 283 座，总库容 5.74 亿立方米，小型蓄水工程（含小山塘、水柜、水井）17294 处，引水工程 5377 处，正常引水流量 89.24 立方米 / 秒，提水工程 1733 处 /2311 台，装机容量 7.88 万千瓦，有效灌溉面积 151 万亩。建成地方小水电站 174 座（含微型水电站），装机容量 34414 千瓦，当年完成发电量 13030 万千瓦时。

第三节　生物资源

植物资源

据 20 世纪 80 年代大瑶山自然资源综合考察以及金秀、武宣、忻城等县重点林区调查统计，全市高等植物（包括苔藓、蕨类）有 327 科 1388 属 5400 余种，占广西现有维管束植物 8354 种的 65.5%，其中主要乡土树种有 106 科 326 属 1047 种。资源植物门类主要有用材、纤维、鞣料、芳香、油脂、树脂、胶用、淀粉、食用、色素、甜味、饲料、药用、观赏等。

材用植物　主要有杉树、马尾松、湿地松、油杉、楠木、檫木、香樟、黄樟、闽楠、荷木、柠檬桉、窿缘桉、柳桉、尾叶桉、粗皮桉、邓恩桉、巨桉、大花序桉、圆角桉、蓝桉、任木、小叶红豆、马蹄荷、枫香、阿丁枫、光皮桦、华南桦、甜槠、青钩栲、南岭栲、罗浮栲、栲树、红锥、水青冈、金毛柯、麻栎、白栎、椰榆、苦楝、香椿、罗浮槭、酸枣、木腊、拟赤杨、泡桐、菜豆树、黄杞、香港四照花、毛八角枫、云贵山茉莉、金毛木周、多穗木周、小果冬青、山核桃、鸭脚木、陀螺果、山牡荆、广西槭等 417 种，占广西 630 种的 66.2%。

纤维植物　主要有黄竹、粉丹竹、吊丝竹、绿竹、刚竹、毛竹、撑篙竹、撑（篙竹）绿（竹）杂交竹、清甜竹、麻竹、吊丝球竹、马尾松、柠檬桉、尾叶桉、假萍婆、杨柳、脉柳、糙叶树、朴树、光叶山黄麻、山黄麻、青檀、苎麻、大叶苎麻、青钱柳、萱草、白藤、棕榈、芦竹、芒、棕叶芦等 283 种，占广西 416 种的 68%。

鞣料植物　主要有桃金娘、余甘子、黑荆树、合欢、杨柳、脉柳、杨梅、肖杨梅、毛杨梅、黄杞、化香树、枫杨、君迁子、菝葜、薯茛等 180 种。

树脂植物　主要有马尾松、湿地松、广东松、漆树、光漆树、毛漆树等80余种。

胶用植物　主要有杜仲、杜仲藤、凉粉果、花皮胶藤、白叶藤等50种。

淀粉植物　主要有金狗毛、蕨、狗脊、槲蕨、倒卵叶山龙眼、网脉山龙眼、小叶山龙眼、木鳖、锥栗、水椎栲、罗浮拷、川鄂栲、大叶栎、南岭栲、硬叶栲、水青冈、金毛柯、烟斗柯、大鳞柯、木周木、光叶柯、多穗木周、麻栎、白栎、饭甑木周、青木周、慈菇、淡紫百合、土茯苓、魔芋、石蒜、薯莨、山薯、鱼尾葵等92种。占广西112种的82%。

油脂植物　主要有黄樟、山胡椒、山钓樟、油茶、假苹婆、乌桕、油桐、千年桐、蝴蝶果、柠檬桉、橄榄、乌榄、油橄榄等240种，占广西381种的63%。

芳香植物　主要有红花八角、大八角、厚叶八角、八角、肉桂、黄樟、平阳厚光桂、香叶树、山胡椒、山苍子、瑶山金耳环、枫香、柠檬、野花椒、柑、宜昌橙、香椿、刺芫荽、密蒙花、桂花、月桂、茉莉、灵香草、野薄荷、薄荷、紫苏、山姜、野姜、华山姜、青香茅等106种，占广西220种的48.2%。

甜味植物　主要有罗汉果、甜茶、野甘草、天门冬、多花黄精、白茅等14种。

色素植物　食用色素植物有苋、血苋、枫香、杞子、胡萝卜、密蒙花、红兰、六角杜鹃、米饭花、南瓜、金樱子、火辣、鸡矢藤、落葵等18种。纺织品染料有小叶红豆、野青树、紫茉莉、冻绿、紫草、薯莨等12种。

食用植物　全地区有130种，其中野果有中华猕猴桃、番石榴、桃金娘、赤楠蒲桃、蒲桃、地稔、佛手瓜、假苹婆、余甘子、蛇梅、野枇杷、金樱子、粗叶悬钩子、青杨梅、毛杨梅、杨梅、野葡萄、柠檬、橄榄、乌榄、酸枣、南酸枣、香港四照花、冬桃等。野菜有蕨、鱼腥草、荠菜、香椿、水芹、狗肝菜、野百合、毛竹笋、金竹笋、桂竹笋、麻竹笋、吊丝球竹笋、清甜竹笋等。代茶饮料有甜茶、绞股蓝、草珊瑚、锯叶竹节树、尖嘴林擒、积雪草等。

药用植物　主要有黄柏、银杏、马尾千金草、密枝木贼、厚朴、木莲、小钻、肉桂、威灵仙、阔叶十大功劳、北江十大功劳、大血藤、金果榄、防己、马蔸铃、园叶细辛、瑶山金耳环、鱼腥草、九节风、黄花远志、大金不换、黄花倒水莲、远志、土人参、商陆、土荆芥、牛膝、紫茉莉、胶股兰、罗汉果、假瓜蒌、天花公、天花粉、使君子、地挑花、巴豆、飞杨草、大戟、常山、瑶山常山、甜茶、野百合、大叶千斤拔、鸡血藤、杜仲、假玉桂、枫寄生、桑寄生、吴茱萸、八角枫、喜树、香白芷、当归、柴胡、川芎、前胡、蛇床子、茴香、女贞、杜仲藤、杞子、巴戟天、川续断、灵香草、桔梗、枸杞、藿香、益母草、薄荷、天门冬、麦冬、土茯苓、石菖蒲、天南星、千年健、天麻、灯芯草、白茅、淡竹叶等2396种，占广西3623种的66.1%。

观赏植物　主要有苏铁、银杏、油杉、华南五针松、海南五针松、柳杉、圆柏、龙柏、侧柏、短叶罗汉松、小叶罗汉松、脉叶罗汉松、罗汉松、鸡毛松、竹柏、三尖杉、广西木莲、含笑花、深山含笑、白花含笑、野含笑、荷花玉兰、紫花含笑、金叶含笑、醉香含笑、黄心含笑、阔瓣含笑、阴香、秋海棠、木槿、圆锥绣球、黄杨、木榕、榕树、血色杜鹃、女贞、桂花、月桂、玉叶金花、垂柳、鱼尾葵、棕榈、紫竹、佛肚竹、四方竹、人面竹、花竹、金竹、粉丹竹、刚竹、瑶山山槟榔、棕竹、假槟榔等748种。

境内金秀瑶族自治县植物资源宝库中，蕴藏着丰富多样的珍稀濒危物种。根据国务院1999年8月4日正式批准公布的《国家重点保护野生植物名录(第一批)》，金秀瑶族自治县共有国家重点保护野生植物109种，其中属一级保护的6种，即银杉、南方红豆杉、伯乐树、瑶山苣苔、合柱金莲木、异形玉叶金花，其中瑶山苣苔为金秀瑶族自治县特有，地球上亦仅分布于此处；属国家二级保护的有金毛狗脊、桫椤、黑桫椤、苏铁蕨、柔毛油杉、广东松、福建柏、白豆杉、樟树、闽楠、任豆、花榈木、半枫荷、伞花木、喜树、紫荆木等16种。此外，金秀瑶族自治县还生长着众多的其他珍稀濒危植物，如罗汉松、鸡毛松、竹柏、脉叶罗汉松、穗花杉、海南粗榧、观光木、光叶拟单性木兰、锯叶竹节树、粘木、巴戟天、花叶开唇兰、春兰等。

在金秀瑶族自治县珍稀濒危植物种质资源库中，作为国家十五大重点保护植物种(2001—2030年)之一的兰科植物种类亦十分丰富，共有27属47种，其中种类最多的是石斛、流苏石斛等，十分珍贵。

动物资源

据20世纪80年代广西林业勘测设计院珍贵动物资源调查队以及大瑶山自然资源综合考察资料，已知来宾市的陆栖脊椎野生动物有460余种，占广西884种的52.1%。

野生兽类　主要有猕猴、短尾猴、熊猴、穿山甲、华南兔、松鼠、豪猪、中华竹鼠、赤狐、貉、豺、黑熊、鼬獾、水獭、大灵猫、小灵猫、班林狸、果子狸、红颊獴、食蟹獴、豹猫、云豹、华南虎、野猪、林麝、河麂、小麂、黑麂、毛冠鹿、四川水鹿、苏门羚等63种，占广西野生兽类136种的46.3%。

两栖类 主要有黑眶蟾蜍、中国雨蛙、华南雨蛙、虎纹蛙、棘胸蛙（山蚂蚜）、沼蛙、泽蛙、日本林蛙、湍蛙（油蚜）等50余种，占广西两栖类74种的67.6%。

爬行类 主要有平胸龟、地龟、鳖、鳄蜥、锦蛇、老挝白环蛇、黑背白环蛇、眼镜蛇、眼镜王蛇、竹叶青亚种、金环蛇等40余种，占广西爬行类动物157种的25.5%。

鸟 纲 主要有苍鹭、绿鹭瑶山亚种、池鹭、中背鹭、白鹭、豆雁、小天鹅、鸳鸯、苍鹰、红隼南方亚种、鹧鸪、白额山鹧鸪、灰胸竹鸡、红腹角雉、黄腹角雉、白鹇、环颈雉、白颈长毛雉、红腹锦鸡、竹鸡、山斑鸠、鹰鹃、棕腹杜鹃、四声杜鹃、大杜鹃、小杜鹃、乌鹃、褐翅鸦鹃、普通夜鹰、林夜鹰、白腰雨燕、普通翠鸟、白胸翡翠、大拟啄木鸟、山拟啄木鸟、棕啄木鸟、家燕、全腰燕、虎纹伯劳、红尾伯劳、八哥、红嘴兰鹊、喜鹊、大嘴乌鸦、小嘴乌鸦、白颈鸦、画眉、红嘴相思鸟、黄眉柳莺、大山雀、山麻雀等290种，占广西鸟类520种的55.8%。

来宾市动物资源：世界动物活化石“瑶山鳄蜥”（2003年摄）

来宾市现有国家一级保护动物8种，国家二级保护动物31种，属广西重点保护动物有120多种。

表2-2 来宾市国家级重点保护陆生野生动物名录

序号	中文名称	别名	科别	属别	保护级别
1	金斑喙凤蝶		凤蝶科	喙凤蝶属	国家一级
2	金雕		鹰科	雕属	国家一级
3	白颈长尾雉	哑巴鸡	雉科	长尾鸡属	国家一级
4	瑶山鳄蜥	大睡蛇	鳄蜥科	鳄蜥属	国家一级
5	蟒	南蛇	蟒科	蟒属	国家一级
6	熊猴	大青猴	猴科	猕猴属	国家一级
7	云豹	龟魂豹	猫科	云豹属	国家一级
8	豹	金钱豹	猫科	豹属	国家一级
9	短尾猴	红面猴	猴科	猕猴属	国家二级
10	藏酋猴		猴科	猕猴属	国家二级
11	猕猴	黄猴	猴科	猕猴属	国家二级
12	穿山甲	鲮鲤	鲮鲤科	鲮鲤属	国家二级
13	黑熊	狗熊	熊科	熊属	国家二级
14	斑林狸	过山彪	灵猫科	林狸属	国家二级
15	小灵猫	七间狸	灵猫科	小灵猫属	国家二级
16	水鹿	山爬	鹿科	鹿属	国家二级
17	金猫	红春豹	猫科	猫属	国家二级
18	鸳鸯		鸭科	鸳鸯属	国家二级
19	白鹇	寒鸡	雉科	鹇属	国家二级
20	红腹锦鸡	金鸡	雉科	锦鸡属	国家二级
21	红腹角雉	角鸡	雉科	角雉属	国家二级
22	褐翅鸦鹃	红毛鸡	杜鹃科	鸦鹃属	国家二级

续表

序号	中文名称	别名	科别	属别	保护级别
23	小鸦鹃	小红毛鸡	杜鹃科	鸦鹃属	国家二级
24	草鸮	猴面鹰	草鸮科	草鸮属	国家二级
25	黄嘴角鸮	猫头鹰	鸱鸮科	角鸮属	国家二级
26	红角鸮	猫头鹰	鸱鸮科	角鸮属	国家二级
27	小隼		隼科	小隼属	国家二级
28	红隼	红鹰	隼科	隼属	国家二级
29	灰背隼	鸽子鹰	隼科	隼属	国家二级
30	鸢	老鹰	鹰科	鸢属	国家二级
31	苍鹰	老鹰	鹰科	鹰属	国家二级
32	雀鹰	鹞鹰	鹰科	鹰属	国家二级
33	普通鵟	老鹰	鹰科	鵟属	国家二级
34	蛇雕	老鹰	鹰科	蛇雕属	国家二级
35	鹗	鱼鹰	鹗科	鹗属	国家二级
36	林麝	麝香	麝科	麝属	国家二级
37	大壁虎	蛤蚧	壁虎科	壁虎属	国家二级
38	大鲵	娃娃鱼	隐鳃鲵科	大鲵属	国家二级
39	虎纹蛙	田鸡	蛙科	虎纹蛙属	国家二级

第四节 矿产资源

分布地域

来宾市矿产资源较丰富，已发现的矿产有38种，能源、化工、建材及有色金属是来宾市矿产资源的一大优势。其特点是品种多、储量小、分散分布。已探明矿产资源量的有23种，其中煤、重晶石、锰、耐火黏土等七种矿藏储量名列广西首位。矿产资源的分布有明显的地域差异。由于成矿地质条件的明显差异，来宾市西部、中部和东部形成各自独特的矿产资源。

东部地域以中低温热液型矿产为主，分布有有色金属、化工原料矿产、石材矿产及热矿泉水，是广西重晶石的主要产地。

中部地域以沉积型和风化型矿产为主，蕴藏有黑色金属矿产、建材矿产，是来宾市锰矿、铝土矿、水泥用灰岩及白云岩重要产地。

西部地域以沉积矿产为主，赋存有能源矿产、黑色金属和非金属矿产，是广西的重要煤炭基地，其次还有锰矿、耐火黏土和铝土矿及石灰岩矿产。

矿产储量

来宾市各矿种的成矿规模以小型及零星分散为特点，中型以上的矿床较少。在广西探明的89种矿产中，来宾市有38种。包括煤、锰、铜、铅、锌、铝、银、耐火黏土、重晶石、硫铁矿、石膏、水泥用灰岩、饰面材料等。银、硫等为伴生矿产。

至2005年，来宾市已探明各种矿藏20多种，其中重晶石、煤炭、锰等7种矿藏储量居广西首位。已探明蓄量分别是：煤6.98亿吨、锰矿327万吨、铜金属量4.78万吨、铅锌金属量104.4万吨、重晶石矿2292.77万吨、铝土矿324万吨、石膏470万吨、石灰岩2亿多吨、矿热水年总流量为169万吨。

煤 矿 来宾市境域内的煤矿资源主要分布在合山、兴宾、忻城等地，煤田地质总储量7.45亿吨。其中，合山市境内煤田地质储量6.7亿吨，藏煤面积260平方千米，地下含煤9层，可采4层，层厚0.3~8.6米不等，顶板和底板均为灰岩。合山煤田开采始于1906年，迄今已在东矿、柳花岭、溯河、里兰、上塘、河里等处设矿开采，此外还有大小不等的小煤窑分布在煤田各处，目前已经采空，煤炭资源日趋枯竭。兴宾区有小型煤矿床3处，矿点13处，分布在迁江、平阳、溯社、大里、石陵、陶邓、三五、城厢等乡（镇），累计探明资源储量2061.5万吨，保有资源储量1649.1万吨，灰分12%~45%，含硫5.88×10^{-2}，属高灰分、高含硫量的贫煤。忻城县煤矿产地10处，其中小型矿床分别为红渡、古蓬、遂意、龙王山矿区

4处，矿点6处。属贫煤，累计探明基础储量128.30万吨、资源量164.32万吨。保有基础储量9.60万吨、资源量388.70万吨。

石灰石 来宾市境域内的石灰石广泛分布于境内各县(市、区)，面积广、厚度大、资源丰富、质量好，尤其以中石灰统黄龙组灰岩统马平组灰岩较好。用于水泥生产、建筑、装饰材料等，是来宾市的主要矿产，已探明资源理论储量超过52亿多吨，主要分布在忻城县、武宣县、兴宾区、合山市内。忻城县石灰石资源储量为49.8亿吨。武宣县已探明资源蓄量1.94亿吨，保有资源储量1.9亿吨。

兴宾区已探明的新鸡笼石灰岩矿区，资源储量2313万吨；保有资源储量约1100万吨。合山市石灰岩分布面积。境域内的石灰石质量好，用它煅烧出来的石灰洁白度高，附着力强，如南星石灰厂生产的石灰，被誉为“石灰王”，该产品畅销区内外，远销到东南亚。用合山石灰石来制造的水泥和石粉质量也很好，如合岳牌水泥是远近闻名的建筑材料，北泗石粉在建筑和化工领域有很好的口碑。

锰　矿 2005年，来宾市境域内锰矿资源，境内有中型1处、小型矿床各16处，矿点24处。辖区内各县(市、区)均有分布，主要以兴宾区、象州县、武宣县、忻城县为主，累计探明资源储量锰矿327万吨，开采已久，主要矿体已基本采完，仅剩下少量难采残余矿体与零星分布的小矿体。

兴宾区境内有中型、小型矿床各1处，矿点15处。凤凰锰矿区为中型，勘查程度为详勘，累计探明资源储量408.2万吨，为下二迭统孤峰组含锰硅质岩、含锰灰岩经长期风化淋滤、堆积而成，保有资源储量仅有2.4万吨。寺山锰矿区六力矿段为小型矿床，勘查程度为详查，累计探明资源储量99万吨，保有资源含量约50万吨。

锌、铅 来宾市境域内共有3个中型矿床，8个小型矿床，10个矿点，相对集中分布于武宣县河马乡风沿，东乡镇花鱼岭，桐岭镇盘龙，二塘镇风门坳、六峰山、水村、九岩、石山和三里镇朋村、古立等，探明锌金属量44.67万吨，铅金属量17.82万吨。2000年底，保有锌金属量32.99万吨，铅金属量11.92万吨。2005年，因开采难度大，基本停止生产。

铜　矿 来宾市境域内的铜金属量为4.78万吨。主要分布于金秀瑶族自治县桐木镇公朗至三江乡八里塘一带，桐木、头排、三江、三角等乡均有分布，估计地质藏量206万吨。清朝年间，公朗铜矿已经开采。已有南宁、柳州、荔浦等地客商在桐木那马矿区、三江金龙河矿区、长乐矿区等地开采，累计投资650万元，年生产矿石能力3万吨、选矿2.4万吨，常年矿石产量1万吨左右。武宣县探明小型矿床1个，铜锌铅矿床2个，矿点4个，分布于二塘镇水村、古远，东乡镇六洞、花鱼岭及河马乡观音岩。探明铜金属8233吨，2000年底保有储量8000吨。

金　矿 来宾市境域内的金矿主要分布在金秀瑶族自治县罗香乡，面积约40平方千米，有采矿点5处，矿石品位平均为每吨5克、最高达102克。罗香龙坪金矿发现于1958年，并于当年由金秀瑶族自治县开采。1978—2000年，由罗香乡乡镇企业开采。现由私营企业开采。2005年，因开采难度大，已停止生产。

铝土矿 有小型矿床1处，矿化点1处。大罗铝土矿床勘查程度为详查，位于兴宾区陶邓乡大罗村西面，为沉积型矿床，产于上二迭统合山组底部，矿石类型为一水型铝土矿，矿石品位：三氧化二铝50.78×10^{-2}，铝硅比3.58，三氧化二铁16.65×10^{-2}探明资源储量324万吨。含稀散元素镓。由于铝硅比值太低，很难利用。2000—2005年，忻城县新探明境内的铝土矿理论储量达2亿吨，三氧化二铝品位30%~45%，属高铁铝土矿，尚未大规模开发利用。

重晶石矿 来宾市境域内重晶石矿主要以象州县为主，武宣、金秀两县次之。2005年，全市已探明重晶石矿储量为2292.77万吨。象州县境柳江以东至大瑶山脚9个乡镇的低山矮丘，到处可见成群成带矿块和露头。仅已经普查和勘探的普和、寺村、龙保和潘村矿区，就探明重晶石各级储量2600多万吨，占全广西已探明储量的55.74%，预计储量在4000万吨以上，在全国亦颇具地位。因此，象州享有“重晶石之乡”的美誉。

武宣县探明小型矿床6个，矿点8个，主要分布在六峰林场界首，二塘镇风门坳、石山，河马乡甘禄，三里镇朋村、古立，桐岭镇盘龙及东乡等地，探明储量494.1万吨，2005年底保有储量320万吨。金秀瑶族自治县重晶石矿主要分布在桐木镇和头排镇，长垌、大樟等乡也有少量分布。地质储量在300万吨以上，矿产品硫酸钡含量在80%~90%之间，比重4.3以上，为国内同类矿产品中的优质品。已大量开采并建立9个矿山，年生产能力22万吨，年产量100万吨左右。

石膏矿 有小型矿床1处，矿点1处。莆田石膏矿床产于下白垩统永福群，属内陆湖沉积泥膏及次生脉状纤维石膏矿床，勘查程度为详勘，探明资源储量911万吨。保有资源储量约472.5万吨。

煤矸石　矸石，是煤里所含的石块，其中的可燃物很少，不易燃烧；它是煤矿的副产品，每生产1吨原煤，可产生0.16吨煤矸石。来宾市每年可有32万吨煤矸石排出，全市煤矿已产煤矸石总量超过1500万吨（含小煤窑），堆积占地800亩。主要在合山市。煤矸石以氧化钙（Cao）和二氧化硅（SiO_2）为主，含量较高。在水泥生产中不但可代替黏土，而且可代替部分石灰进行配料。利用煤矸石配料后，可代替30%的石灰石、80%的黏土，熟料煤耗降低10%，而且还可降低产品生产成本。每生产1吨水泥，约可消耗0.5吨煤矸石。合山现有的煤矸石可生产水泥3100万吨。

大理石　据广西地质勘查部门的调查，境内可供开发利用的有紫红色和斑色大理石等，储量超过11亿立方米，石质地细腻，纹理秀丽，抗压力强，有红、黄、绿、蓝、褐、纯墨诸色，埋藏极浅，可露天开采。忻城县经勘探调查大理石储量超过10亿立方米，有灰、黑、黄、白、红、花等数十个种类。合山市岭南镇里仰村，有地质储量为208万立方米的大理石资源。武宣县探明大理石资源储量6073万立方米，保有资源蓄量为6072万立方米。金秀瑶族自治县桐木镇，地质储量在3000万立方以上。

花岗岩　彩色花岗石主产于金秀瑶族自治县长垌乡，储量约200万立方米，有红、绿黑、白等色。现已有客商投资，在长垌乡滴水村建厂开采。

耐火黏土　已探明迁江耐火黏土矿区韦里矿段、王汉—白花矿段2个中型矿床，矿体赋存于上二迭统合组底部，常与煤、铝土矿共生，矿石中含三氧化二铝35.4×10^{-2}，二氧化硅35×10^{-2}；耐火度1580℃~1770℃。韦里矿段：勘查程度为详查，探明资源储量339.7万吨，保有资源储量339.4万吨，其中硬质黏土274.3万吨，软质黏土65.1万吨；五汉—白花矿段：勘查程度为普查，探明资源储量897.5万吨，保有资源储量897万吨。

表2-3　**2005年来宾市主要矿产资源储量表**

矿产名称	资源储量单位	储量	基础储量	资源量	查明资源储量	备注
煤炭	万吨		4825.70	8935.60	17532.84	矿石
锰	万吨		199.33	347.67	517.05	矿石
铜	吨/万吨		275.40/8.23	2347.34/173.59	3073.93/192.76	金属/矿石
锌	吨/万吨		105629.05/6198.67	157353.68/8214.22	262847.04/13172.40	金属/矿石
铅	吨/万吨		105182.29/2013.87	144488.58/2494.46	249813.50/5132.55	金属/矿石
重晶石	万吨		200.12	387.92	1558.42	矿石
石膏	万吨		12.70	97.84	120.48	矿石
水泥用灰岩	万吨		11.47	3047.14	1033.31	矿石
水泥配料用黏土	万吨			151.80	79.76	矿石
方解石	万吨			18387.87	331.71	矿石
冶金用白云岩	万吨			295.46	309.06	矿石
滑石	万吨			60.30		矿石
硅土矿	万吨			75.85		矿石
热矿泉水	立方米/天				22.40	矿石
花岗岩矿	万立方米		43.70	86.60	132.70	矿石
大理石矿	万立方米			607.20	607.30	矿石
耐火黏土	万吨			1236.40	1237.20	矿石
铝土矿	万吨			324	324	矿石

第五节 来宾奇石

来宾奇石又名来宾石，是产于来宾市一种观赏名石。主要源于红水河。国土资源部授予来宾市——全国观赏石之乡。

来宾奇石主要产于红水河来宾市域忻城、合山、兴宾河段，主要以合山、兴宾为出产量最多。红水河从西向东横贯境内，共流经境内长达307千米。沿河是熔岩地带，河床中沉积着各种岩石砾块。红水河来宾河段，河床狭窄，弯多滩险，水落差大，流急砂多，对河床中的岩石砾块不断地搬运、翻滚、撞击、磨蚀，从而造就了各种各样的奇石。据地质专家鉴定，来宾奇石的原岩距今已有2.5亿—3亿年以上的历史。早在明朝，来宾奇石便已列入国家石谱。作为大自然艺术品的来宾奇石可归纳为景观、象形、抽象、图纹四大类，境内奇石资源丰富，品种多样，至今发现的主要品种有彩釉石、素陶石、鸳鸯石、绿玉石、墨石、卷包石、油卵石、物化石、壮锦石、玛瑙石、宝塔石、钟乳石等10多种。

来宾奇石既具备传统的瘦、皱、漏、透、丑赏石标准，也符合当今的质、形、纹、色、韵赏石要求。其形千姿百态，其色瑰丽璀璨，其质晶莹坚硬，其纹清晰如雕，其声宛如洪钟。二十世纪九十年代以来，来宾奇石声名鹊起，饮誉中外。慕名前来的奇石爱好者、收藏家长年不断，他们来自香港、台湾及内地各省市(区)，日本、韩国等友好邻邦。不少朋友对来宾奇石“情有独钟”，叹为观止。自二十世纪九十年代初期以来，慕名前来光顾的中外石友、专家长年不断，使来宾石的观赏价值、收藏价值、经济价值得到了较好体现。来宾奇石曾多次参加省级和全国性、国际性的奇石展览并获得多种殊荣。1993年12月，来宾奇石参加“桂林首届全国珠宝奇石交易会”，专家们称赞“其独特的风格出足风头”。1994年11月，“中国第二届赏石展”在柳州市举办，来宾奇石获准参展的精品颇多，有16件被载入《中国第二届赏石展精选》一书，其中一等奖5件，二等奖4件，三等奖7件。

草花石 也称国画石，分布于武宣县黄茆镇八仙岭一带，系硅质灰岩，未做过地质勘查工作，是群众自发开采发现的一个新矿种。此矿种石质坚硬，经切割加工、打磨后具有优美的图纹，有较高的欣赏价值。二塘镇坡贯村有多家加工厂。

第六节 地质灾害

灾害类型

来宾市境域地质灾害类型主要有滑坡、泥石流、地面塌陷、崩塌(岩石)、地裂缝、地震等，现有的地质灾害隐患点多面广，有逐年增多的趋势。来宾地震活动频度较高，地震震源深度较浅，地震烈度相对较高，具有小震级高烈度的特点。据不完全统计，到2005年底止，全市岩崩、滑坡、泥石流、地面塌陷、地裂缝等地质灾害隐患区(点)共有219处，其中大型12处、中型49处、小型158处，各县(市、区)都有分布，大多数隐患区(点)处在不稳定和及不稳定阶段。

地质灾害

来宾市境域属岩溶地区，山多地少，山高坡陡，久经日晒雨打，山石风化松动，造成严重极易发生滑坡、泥石流、地面塌陷、崩塌(岩石)、地裂缝等自然灾害。

灾　情 1960年10月一天21时，忻城县遂意乡加北村汉下屯后背山发生山崩，约50立方米石头从150米高处崩塌下来。砸烂3间瓦房，砸死3人，砸伤1人。

1967年6月一天上午9时许，天下大雨，忻城县北更乡凤凰村曹江屯后背山发生一次大塌方，约5000立方米石头从200米高处滚下来。砸烂10间瓦房，砸死4人。同年冬，忻城县新圩中学所在地发生地裂。该校占地面积19.5亩，校舍90多间。地裂后，校内地皮普遍开裂，较大一条裂缝长25米，宽12厘米，一般长10米，宽10厘米。由于地裂引起地皮变动，使部分校舍墙体开裂。裂缝最宽5厘米，一般3厘米，形成危房，不能使用。忻城县新圩乡新圩村西宜教学点于1972年8月修建12间泥瓦房。1975年8月发现墙体开裂多处。1988年全部推倒重建砖墙瓦房。1989年2月又发现校内地皮普遍开裂。裂缝长1~3米，宽3~10厘米。新建的校舍墙体也普遍开裂。其中有9间形成危房，不能使用。

1971年2月一天凌晨1点钟，忻城县遂意乡加龙村下浪屯后背山发生山崩，约50立方米石头从400米高处翻滚下来，砸烂5间瓦房，砸死两人。

1977年7月一天上午10点，忻城县新圩乡新圩村加蕊屯后背山发生山崩，约100立方米石头从300米高处崩塌下来，砸成重伤2人，轻伤1人，砸烂瓦片1000多块。

1986年春，天大旱，忻城县大塘镇兴木、金山两村共有293.33公顷水田全都受旱，群众启动灌区内的23处抽水站，日夜抽水抗旱抢插早稻秧。由于耗水量大，水位急剧下降，地表土层失去浮力，从4月15日起，先后有兴木村的古乃、古旺、十八、徐家、坡龙、窑瓦和金山村的金矿等屯以及兴木、金山小学发生地陷现象。到4月30日止，共陷塌59处，其中金山村30处（田峒28处，水塘、电灌站各1处）。兴木村29处（田峒23处，水利渡槽3处，学校、公路、民房各1处）。陷坑呈圆形，椭圆形和鼎锅形，大的直径长10米，小的1米，最深6米，浅的0.5米，共损坏土地5亩多。受地陷影响，兴木小学教室倒塌2间，宿舍1间，波及4家民房15间、校舍13间，水利渠道3处、万伏高压电杆1处，电灌设施1处，受波及处地皮均有不同程度裂缝，大的3厘米，小的0.5厘米，受波及的建筑物，墙体开裂，房屋歪斜。4月16日，金山村金况屯农民蒙某牵牛去犁田时，牛在田中踩空下陷，只见两只角露出水面，最后请20多人抢救，把牛抬出来。5月3日，该屯22岁青年莫某，在其家外打水时，因水井沉陷而丧生。

1988年7月5日下午6时许，忻城县古蓬镇内联村下俭屯后背山发生山崩，约1500立方米石头从100米高处崩塌下来，最大一块约50吨重，一般10多吨重。有5户农家深受其害，17间房屋全被砸平。房屋和家产折算损失约4万元。

据不完全统计，武宣县从1991—2005年，共发生地质灾害158处，其中地面塌陷75处、崩塌48处、滑坡11处、地裂缝（均为膨胀土引起的地面变形）24处。此外，尚有11处不稳定斜坡，是崩塌或滑坡隐患点。全县地质灾害造成的经济损失86.45万元，死亡人数33人。其中崩塌造成直接经济损失41.9万元，死亡3人，地面塌陷直接经济损失21.28万元，死亡30人，滑坡造成直接经济损失11.96万元，地裂缝造成直接经济损失10.9万元，不稳定斜坡变形造成直接经济达0.67万元。

1998年6月19日—20日，来宾县境内受强降雨影响，该县三五乡榜山村民委员会红岩村背石山崩塌，一块直径为10米的大岩石滚下，砸毁民房11间，压死5人，伤1人，压死中猪5头，耕牛1头。

2000年5月10日，忻城县宁江乡隆光村旧龙屯因内涝灾害，发生山体滑坡，造成2人死亡。

2003年，来宾市发生地质灾害共222起，其中滑坡81起、崩塌134起、泥石流5起、地面塌陷2起，直接经济损失730.10万元，没有伤亡事故发生。

2004年，全市地质灾害易发区5处，地质灾害隐患点590处，涉及和威胁946户4711人的生命财产安全。当年因地质灾害毁坏房屋7间、耕地25亩，直接经济损失370万元，潜在经济损失247.5万元，幸无人员伤亡。

2005年6月，全市普降大到暴雨，致使象州、金秀、武宣、忻城等县大范围发生地质灾害，共发生滑坡、崩塌、地面塌陷等地质灾害2183处，毁损房屋2386间。但均未造成人员伤亡。同年2月5—21日，忻城县大塘镇龙安村那赖屯先后有26户农户的71间房屋发生开裂，裂缝宽度1厘米不等，部分民房门框严重变形，房门无法关闭。

防　治　来宾市把可能构成严重经济损失或直接威胁人民生命安全的重要地质灾害隐患点作为群测群防点，监测方法采用设桩或固定标尺等简易监测为主，部分采用宏观地面变形目视监测。监测责任落实到具体的单位与个人，并建立起市、县（市、区）、乡（镇）、村四级群测群防网络。

2003年，来宾市国土局积极开展地质灾害防治工作，完成合山市地质灾害调查与区划工作，武宣县被列入国土资源部的地质灾害调查与区划项目。组织拟定并由市、县（市）人民政府出台《地质灾害防治预案》，发出《关于把地质灾害危险性评估及压覆矿产资源评估纳入城镇规划城镇建设项目报批前置条件的通知》。年内基本完成市、县、乡、村四级地质灾害监测网络建立工作，开展了地质灾害气象预报预警与治理前期准备工作。全年共投入地质灾害防治资金129.5万元，治理滑坡、泥石流等地质灾害面积9000公顷，成功预报各类地质灾害20起，避免185人伤亡，减少直接经济损失263万元。受到地质灾害威胁的金秀瑶族自治县十八家屯10多户人家搬进了移民新村。

2004年，来宾市、县（市、区）人民政府出台《地质灾害防治预案》《和地质灾害应急预案》，市、县、乡、村四级基本建立地质灾害监测网络，全市共开展地质灾害巡查工作50多人次。象州县成功预报6次地质灾害，避免人员伤亡585人和600多万元损失。全市共有地质灾害易发区5处，地质灾害隐患点590处涉及和威胁946户4711人的生命财产安全。

2005年，市国土局完成《来宾市2005年地质灾害防治预案》和《来宾市突发性地质灾害应急预案》编制。及时预测并公布地质灾害易发区和25处中型以上地质灾害危险点，并提出预防措施和要求。全市有关部门组织对辖区内4个县和1个县级市、1个区开展汛前检查，督促当地政府做好防灾准备。加强地质灾害基础调查和信息系统建设，完成4个县(市、区)的调查与区划任务，并将成果全部移交当地政府使用。加强对中型以上地质灾害危险点勘查与治理，完成合山市洛山危岩1处中型地质灾害危险点治理。在全市范围内开展矿山地质环境调查与评价工作，自治区拨专款对合山矿区开展地质灾害专项勘查评价。

第七章 自然灾害

境内自然灾害主要有干旱、暴雨、洪涝、低温、冷害、雷电、大风、冰雹、病虫害，其中以旱涝灾害最为突出。

干旱是来宾市的主要气候灾害之一，按干旱发生的季节划分，有春旱、夏旱、秋旱和冬旱，其中以春旱和秋旱最重。境内夏季雨量集中，各地年暴雨(日雨量≥50.0毫米)日数为3.4~6天，持续性的暴雨常导致洪涝灾害，给工农业生产和人民生活造成极大的影响。

境内冰雹多出现在每年的3—5月。遭受冰雹影响次数最多的是金秀瑶族自治县，其次是象州县、忻城县、兴宾区(来宾县)，武宣县发生冰雹次数相对较少。

来宾市境内短时、局部的大风每年均有发生，大多数为17~25米/秒(8~10级)，个别地方曾短时出现40米/秒大风。大风发生较多的时间为3—9月。出现大风机率最大是兴宾区，其次是武宣县、象州县、忻城县、金秀瑶族自治县。大风对农作物和人民生命财产造成一定的损害。

境内是雷电多发区，历年雷暴日数平均值为78天，雷电的频繁发生给人民生命财产造成一定的损失。

第一节 旱 灾

来宾市境域内地处广西降雨低值区和高温区。4—9月降水量占全年70%以上，且降雨分布不均，大部地区多年平均降雨量1345.6毫米；多年平均气温20.7℃，极端最高气温39.7℃，7月份平均气温28.6℃，多年平均蒸发量1700毫米。市境内除金秀瑶族自治县大瑶山区以外，其他地域均属于桂中旱片，大部分河流为季节性河，80%土地是熔岩发育区，溶洞裂隙多，耕作层浅薄，土壤铁质、砾石、硅石含量大，保水性差，降雨形成的径流快速渗漏到地下，易出现干旱。桂中旱片干旱特点是受春旱、夏旱、秋旱和连旱。在年度干旱中，一般春旱占34.8%，夏旱占2.5%，秋旱占60.2%，连旱占23.7%。大旱之年一般是上年秋冬雨水少，出现春夏连旱或夏秋连旱。洪涝和干旱往往也表现为洪旱逆转，或洪旱交替发生。据不完全统计，999—1949年950年间，境内发生较大的干旱灾害年份共有63年，平均15年一遇。其间旱情最严重的年份是明万历四十六年(1618年)。1950—2005年55年间，市境内发生较大的干旱灾害年份共有44年，平均1.33年一遇。

据各县志记载，1950年以前较严重的旱灾有10次。1950—1995年，市内较严重的干旱年有1956年、1958年、1963年、1966年、1977年、1979年和1985年。极端干旱年为1963年，尤其是来宾、象州县两县，受灾农作物面积20.74万公顷，受灾人口79.57万人，粮食减产21.63万吨，直接经济损失3792.7万元。1988—1990年，境内3年连旱，降雨比常年减少30%，许多河流干涸断流，3年受灾面积29.67万公顷，平均每年受灾9.87万公顷，3年粮食减产20万吨，平均每年损失粮食6.7万吨，3年甘蔗减产85万吨，平均每年损失甘蔗28万吨。

干旱是来宾市的主要气候灾害之一。按干旱发生的季节划分，有春旱、夏旱、秋旱和冬旱。危害来宾市的旱灾主要是春旱和秋旱。象州县、来宾、忻城县、武宣县等县春旱发生频率为50%~70%，金秀瑶族自治县为35%，秋旱除金秀瑶族自治县山区较少发生外，其余各地发生频率80%。

《来宾县志》记载，发生最早的旱灾为唐宪宗元和三年(808年)，《象州县志》最早记载旱灾为宋淳熙元年(1174年)，其余各县志在明代以后也有记述。

宋咸平二年(999年)来宾县：旱。

宋淳熙元年(1174年)象州县阳寿县：旱，饥。

宋淳熙七年(1180年)来宾县：自七月至九月无雨，岁饥。

宋淳熙十一年(1184年)，象州县阳寿县：四月无雨至八月，冬无雨至次年二月，旱，饥。来宾县：旱，大半年不雨，民众饥荒，赈粟贷种，岁饥。

宋开禧元年(1205年)来宾县：旱，赈之。

元大德五年(1301年)象州县阳寿县：旱。

元大德九年(1305年)象州县阳寿县、来宾县、迁江县：八月大旱。

元至正十九年(1359年)象州县阳寿县：大旱。

元至正二十年(1360年)来宾县：大旱，自闰五月至八月无雨；迁江县：大旱。

明天顺三年(1459年)广西各州县旱。来宾县：秋大旱。

明成化十九年(1483年)象州县阳寿县：十九年至二十三年，连年旱，民饥。

明弘治四年(1491年)来宾县：旱。

明弘治九年(1496年)来宾县：旱。

明弘治十一年(1498年)来宾县：旱。

明嘉靖三十九年(1560年)来宾县：秋，旱。

明万历七年(1579年)象州县阳寿县、来宾县：旱。

明万历四十五年(1617年)来宾县：大旱，赤地千里，民死过半，卖子女者数千人。

明万历四十六年(1618年)来宾县：大旱、田皆赤，无收，饿死枕藉，流离自鬻者无数。盗贼四起，县民仅存十分之一。迁江县：大旱，无收；武宣县、象州县阳寿县：大旱，米贵，饿殍枕藉，流离遍野。忻城县土县：大旱，虫害严重，白穗满田，粮食无收过半，哀鸿遍野。

明万历四十七年(1619年)来宾县、迁江县：旱灾，赤地千里，流离遍野，米价腾贵。

明天启四年(1624年)来宾县：大旱。

明崇祯十四年(1641年)来宾县：旱，民饥，死者大半。迁江县：旱，民众饥荒，死者甚多。忻城土县：旱灾为虐，民饥死者尤多，粮价高昂。

清顺治六年(1649年)来宾县：大旱。

清顺治八年(1651年)来宾县：旱，大饥。

清顺治十六年(1659年)来宾县：自四月旱，至翌年正月，田皆赤，是岁大饥。

清顺治十七年(1660年)来宾县：旱，大饥。

清康熙十九年(1680年)来宾县：旱。大疫。

清康熙二十年(1681年)来宾县：大旱。

清康熙二十三年(1684年)来宾县：旱。

清康熙二十六年(1687年)来宾县：大旱，饥死者甚众。

清康熙六十年(1721年)来宾县：大旱，次年饥，饿殍枕藉。

清乾隆十二年(1747年)象州县：经旬无雨，早禾正值扬花之时。

清乾隆十五年(1750年)来宾县：五月到七月，旱，是岁饥。武宣县：夏，大旱。

清乾隆三十八年(1773年)武宣县：大旱。

清乾隆四十年(1775年)武宣县：大旱。

清乾隆四十二年(1777年)象州县、武宣县：大旱，民饥。

清道光四年(1824年)来宾县、迁江县：夏，大旱，七月始播种。

清道光十六年(1836年)来宾县、迁江县：夏，大旱。

清道光二十八年(1848年)武宣县：八月至十二月，旱。

清咸丰二年(1852年)来宾县、迁江县：四月，旱。

清咸丰三年(1853年)来宾县、迁江县：春，旱；武宣县：大旱，饥民食薇薇。

清咸丰四年(1854年)来宾县、迁江县：春，大旱。

清咸丰六年(1856年)武宣县：大旱。

清同治三年(1864年)武宣县：夏，大旱。

清同治四年(1865年)来宾县：岁大旱，红水河之中流见底，县境诸溪水皆涸，七、八、九月大旱，杂粮无收；迁江县：四至九月，大旱；武宣县、象州县：夏秋，大旱；金秀瑶族自治县：桐木大旱失收。

清光绪九年(1883年)象州县：大旱，雨水延期。晚稻歉收。

清光绪二十一年(1895年)来宾县、武宣县、象州县大旱，饥民阻截米船被痛巢；金秀瑶族自治县桐木一带大旱，次年大饥，饥民饿死甚多，典卖子女者相属于道。

清光绪二十二年(1896年)武宣县、象州县：夏，旱饥。

清光绪二十六年(1900年)来宾县：岁旱，饥。知县发义仓谷平价出售。次年春间，广东仁善堂运米至县散赈。

清光绪二十八年(1902年)武宣县：春秋，大旱；金秀瑶族自治县：秋，县境内各地大旱，霍乱流行，仅桐木、头排一带病死者达数百人；来宾县：大水后又大旱，竟秋不雨，早稻伤于水，晚稻无收，遂饥。

清光绪二十九年(1903年)象州县：大旱，大疫。

清光绪三十年(1904年)来宾县：八月至十二月，旱，大饥，卖儿女，饿死人，人相食。

清光绪三十二年(1906年)来宾县：旱，饥。迁江县，春大旱，禾稼尽枯，六月初六日大雨，禾稼复苏，农民始有收获之望。

民国14年(1925年)象县:夏、秋大旱,收成大减;武宣县:秋旱,收成大减。

民国17年(1928年)来宾县、迁江县:大旱,六至八月不雨,有卖田及儿女者,有易子而食者,有饿死庙门者;武宣县:九月、十月大旱,农作物失收,民大饥;迁江县:严重干旱,农作物失收,民众逃荒。

民国22年(1933年)武宣县:夏,旱,民饥。

民国25年(1936年)忻城县:五月,干旱,粮食减收,次年春发生饥荒患病21000人,病死8751人,卖儿卖女246人,流离他乡2152人;来宾县:七、八月间遭旱灾。水田皆干裂,禾苗枯黄;象州县:八月,旱;迁江县:大旱,农作物失收。

民国26年(1937年)忻城县:二至五月,大旱,无法播种,米价暴涨;迁江县:春,旱,二万多人受灾,有因饥而死去的;武宣县:秋冬,旱。

民国27年(1938年)忻城县:二至五月,大旱,无法播种,粮价暴涨;来宾县:春,大旱,春耕失时,米价飞涨;象州县:自春至夏无雨,立秋后始雨,复发虫灾,附城数十里,收成锐减;武宣县:春、夏大旱。

民国31年(1942年)忻城县:春旱和秋旱,受旱农作物1907公顷,人畜饮水困难;来宾、迁江:六月十五日,来宾、迁江旱,部分灾民相率入山采野菜充饥,哀鸿遍野,饿死路旁者,时有所闻。

民国32年(1943年)忻城县:春旱,二月无雨,三月下一天小雨,人畜饮水困难;迁江:六月旱灾和饥荒。

民国34年(1945年)武宣县:春夏,旱,冬种不能下种,翌年五月又大旱,金鸡、黄茆、马步、禄新四乡上山挖野菜充饥者有5万余人,全县13万余人绝粮者3.4万人,饿死241人;象州县:九月至次年三月,无雨,附城十五里内,颗粒无收;冬种不能种;来宾县:受旱3000公顷,迁江受旱133公顷,加上虫害等原因,作物较上年减收四成。

民国36年(1947年)四月,来宾、迁江发生严重旱灾。五月以后,来宾又连续发生严重的旱灾。

中华人民共和国成立后,来宾市境域几乎每年都出现不同程度的旱情。1950—1995年,来宾市境内较严重的干旱年有1956年、1958年、1963年、1966年、1977年、1979年和1985年。极端干旱年为1963年,尤其是来宾县和象州县,受灾农作物面积20.74万公顷,受灾人口79.57万,粮食减产21.63万吨,直接经济损失3792.7万元。1988—1990年3年连旱,降雨比常年减少30%,许多河流干涸断流,3年受灾面积29.67万公顷,平均每年受灾9.87万公顷,3年粮食减产20万吨,平均每年损失粮食6.7万吨,3年甘蔗减产85万吨,平均每年损失甘蔗28万吨。

1957年秋至1958年6月下旬,来宾县300多天无透雨,全县除红水河、清水河外,其余河流断流,山塘、水库大部分干枯,受旱面积达2.67万公顷,有829个自然村人畜饥水极为困难。

1963年,境内遭遇春、夏、秋连旱,4—9月,各地降水量持续偏少,发生较长时期的严重干旱。旱灾面积超过2万公顷的有来宾县,因旱灾减产粮食超过500万千克的有来宾、象州县等县。来宾县境内除红水河外,其余溪流全部断流,全县受旱面积4.69万公顷,其中成灾面积3.90万公顷,减产粮食2075.78万千克。武宣县全县536条河溪断流,82座水库干涸,1760个山塘和138条水渠无水,受旱早稻6280公顷,受旱中稻199公顷,其中枯死33%,花生、玉米、芝麻、黄豆等旱死的以千万亩计,人畜饮水极为困难,需到3~5千米外取水饮用约19万人,到6~7千米外取水的9000余人,到10千米以外取水的2800余人。

1966年春,来宾县大旱,受旱面积达2.69万公顷,全县粮食比上年减产2868.5万千克;3月—10月中旬,武宣县受旱,水稻受旱8270公顷,粮食大减产。

1972年,武宣县发生春旱、夏旱。忻城县从上年冬至1972年5月,180多天未下透雨,河溪干涸,全县12个大队12万人饮水极度困难,每日有5万多个劳动力挑水吃。城关公社的苗洞、木排等大队,群众爬下30~40米深的岩洞去挑水吃。因旱缺水,全县耕牛死亡499头,猪死亡7657头。

1977年,来宾市境域内发生大范围春旱,忻城县春旱面积超过1万公顷,来宾县发生秋旱,晚稻受旱1.07万公顷,粮食比上年减产2415万千克。

1982年5月下旬至9月中旬,来宾县无透雨,受旱面积达4.33万公顷,有21个村庄的1.42万人饮水发生困难;6、7月,武宣县受旱早稻2.67万公顷。

1984年,来宾县秋旱严重,受灾面积3.07万公顷,成灾面积2.22万公顷,粮食比上年减产2974.5万千克;武宣县春夏旱,受旱作物1.73万公顷,失收2800公顷。

次年,武宣县春旱,农作物受灾面积3.31万公顷;忻城县春旱,农作物受灾面积2393公顷,无水插秧1258公顷;象州县夏旱,农作物受灾面积3333公顷。

1986年,来宾县、象州县、金秀瑶族自治县发生干旱,47.76万人受灾,45.03万人饮水困难,农作物受灾面积6.18万公顷，成灾3.86万公顷。

次年，武宣县春旱，早稻受灾1.3万公顷；来宾、金秀瑶族自治县干旱，39.1万人受灾，34.21万人饮水困难，农作物受灾面积3.05万公顷。

1988年，武宣县发生春旱，2.6万公顷农作物受灾；来宾、象州县、金秀瑶族自治县、忻城县干旱，93.4万人受灾，54.16万人饮水困难，农作物受灾面积11.36万公顷，其中来宾县68万人受灾，粮食减产4250万千克。

1990年，武宣县秋旱重，7条内河断流，47个山塘水库的引水工程干涸，受旱晚稻8000公顷，受旱甘蔗、秋玉米、黄豆、红薯等7800公顷；来宾县秋旱，从7月中旬开始，延续到9月23日，全县玉米、黄豆、红薯、甘蔗等受旱面积达1.71万公顷。

次年，来宾县发生春旱，境内80%的山塘水库干涸，72%的河溪断流，有812个村屯6.25万户31.79万人受灾，人畜饮水困难。忻城县发生春夏连旱，境内33条河溪中有30条干涸，另3条也先后断流，全县有19万多人和14万头牲畜发生严重的饮水困难，有2900公顷水田缺水无法插秧，有1.68万公顷春玉米因高温干旱大面积歉收，上半年粮食减产2588万千克；尔后又遭受秋旱，种下8667公顷秋玉米，全部受“卡脖子”旱，有收面积仅1033公顷，全县13个乡镇中，有5个乡镇14.6万人饮水极度困难，占总人口37.9%；武宣县秋旱，农作物受灾面积7217公顷，山塘水库干涸53个，6.86万人饮水困难。

1995年，忻城县春旱、夏旱，农作物受灾面积1.81万公顷。

表2-4 1950—1995年来宾市典型干旱年情况表

年份	受旱县市	受旱季节	受旱面积（千公顷）	成灾面积（千公顷）	受灾人口（万人）	粮食减产（万吨）
1958	来宾县、象州县	春旱	114.1	20.9	47.39	1.65
1963	来宾县、象州县	夏秋连旱	207.4	90.1	79.57	21.63
1966	来宾县、忻城县	秋旱	68.4	17.8	37.44	1.26
1977	来宾县、武宣县、金秀瑶族自治县、忻城县、象州县	春夏秋连旱	147.6	55.9	54.09	6.08
1979	来宾县、金秀瑶族自治县、忻城县、象州县	秋旱	108.1	33.8	52.29	2.41
1985	来宾县、武宣县、金秀瑶族自治县、象州县	秋旱	91.5	56.5	72.22	9.27

1996—2005年，来宾市境内干旱发生相对频繁、旱情有加重趋势。市境内按受灾乡（镇）个数占全市乡（镇）总数统计，受旱面35%~65%的有4年，92%~97%的有5年，100%有3年；年平均有61个乡（镇）受旱，受旱面达82%。累计因旱引起人畜饮水困难的人数263.09万人次，牲畜225.3万头次，农作物受旱面积142.43万公顷，损失粮食62.59万吨；年平均因旱引起人畜饮水困难的人数20.24万人次，牲畜17.33万头次，农作物受旱面积10.96万公顷，损失粮食4.81万吨。2004年、2005年连旱。2004年是来宾市自1957年有观测记录以来观测到的第三个罕见干旱少雨年份。旱情持续时间长，受旱范围大。1月1日至5月6日，各地降雨量在204.5~254.4毫米之间，比历年同期减少23%~40%。7月降雨量在402.1~451.1毫米之间，比历年同期多38%~61%。入8月后，连续54天无降雨过程。9月各地降雨量比历年同期减幅达29%~74%。10月上、中旬，全市除忻城县降雨量1.3毫米外，其他县（市、区）无降雨。最旱时全市有160座水库干涸，占水库总数的57%，有56条河溪断流。

2005年1月—4月，各地降雨量减少3~6成，最旱时全市水库有效蓄水量仅占有效库容的13%，有97座水库干涸。继6月特大洪灾后，又出现严重秋冬旱。进入7月后，全市各地降雨量持续偏少，江河来水量偏少，水库蓄水严重不足。7月1日—11月中旬，全市各地降水量在165.7~615.6毫米之间。金秀瑶族自治县比常年同期偏少2成，其余大部地区比常年同期偏少4~6成。当年秋旱全市作物农受旱面积16.6万公顷，成灾面积9.05万公顷，绝收面积1.94万公顷。粮食减收8.58万吨，经济作物损失2.51亿元；因旱造成饮水困难人口67.39万人，大牲畜饮水困难69.41万头。

表 2-5 1996—2005 年来宾市旱灾统计表

年份	受灾县市区（个）	受灾乡镇（个）	干旱引起饮水困难人口数（万人）	干旱引起牲畜饮水困难头数（万头）	农作物受旱面积（千公顷）	损失粮食（万吨）	直接经济损失（亿元）	受旱时段	未受灾县市区
合计			263.09	225.30	1424.30	62.59	27.70		
1996	4	35	3.98	3.26	63.92	1.33	1.50	9 月 1 日—12 月 30 日	来宾 合山
1997	4	26	4.95	4.59	29.17	1.14	0.75	9 月 1 日—9 月 30 日	来宾 合山
1998	4	48	4.68	3.83	74.69	3.98	1.56	8 月 1 日—11 月 15 日	来宾 合山
1999	6	74	29.65	27.98	114.67	2.11	1.64	3 月 1 日—12 月 30 日	
2000	5	47	25.85	27.23	123.23	2.46	1.18	7 月 1 日—10 月 15 日	合山
2001	6	74	9.28	8.41	125.11	8.24	1.57	7 月 20 日—11 月 10 日	
2002	6	74	11.84	10.46	106.91	4.53	1.41	1 月 3 日—10 月 15 日	
2003	6	72	15.21	14.38	112.62	5.92	1.31	7 月 2 日—8 月 14 日	
2004	6	72	50.16	32.04	158.21	7.00	2.47	2 月 2 日—11 月 30 日	
2005	6	66	67.39	69.41	16598	8.58	2.51	7 月 11 日—11 月 12 日	

注：直接经济损失为当年价

第二节 水 灾

来宾市境域地形复杂，降雨量大，水系发达。水灾主要有洪灾、涝灾和山洪灾害三种。每年汛期，中小河流常因强降雨或山洪暴发而泛滥，沿河乡镇村屯易遭洪灾。忻城县及武宣县、兴宾区（原来宾县）、合山市部分石山地区岩溶发育，洼地封闭，每逢暴雨消水洞消水不及，或者地下溶洞暴满，水溢于洼地内，容易发生内涝。山洪灾害主要发生在金秀瑶族自治县大瑶山区。流域性洪灾隔数年出现一次，局部性洪涝灾害基本上年年发生。

柳江洪水来自中上游山区暴雨，每年 5—7 月受各类暴雨天气的影响，易发生大洪水。根据多年对柳江水位的观测和实地调查所制订的沿江洪涝标准，当象州县水位站水位达 64 米时，沿江部分农田被淹，部分村庄被水围困，交通受阻；高于 70 米为大洪涝。据史料载，自 1525—2005 年，柳江发生洪涝灾害 40 年次，其中大洪涝灾害为 16 年次。水灾发生周期分别为：1525—1886 年 5 次，重现期 72.4 年（因史料记述不全，加以当时居住人口密度小，故成灾显示并不严重）；1902—1948 年 16 次，重现期 2.93 年，其中大水灾 6 次，重现期为 7.83 年；1949—2005 年 19 次，重现期 2.6 年，其中大水灾 9 次，重现期 6 年。大洪水是因全流域范围或大面积特大暴雨造成。柳江流域 3—4 月降雨已较频繁，5—7 月暴雨骤增，柳江汛期从 4 月起持续到 9 月。象州县河段因受下游黔江及红水河顶托，水位持续时间较长，一般一次为 4~7 天，长者可持续达 8~10 天，24 小时最大涨幅 12.43 米。柳州至象州县洪水传播时间一般为 15 小时；鹿寨对亭至象州县一般为 13 小时。据象州县水位站 1954—2005 年资料，实测到最高洪水位为 1996 年 7 月 20 日的 74.04 米。可调查到历史最高洪水位发生在 1902 年 6 月，为 76.35 米。柳江象州县河段及上游的洪水传播速度受红水河顶托影响。顶托越大，水位越高，传播速度越慢，洪水历时越长，灾害越重。

据迁江水文站 1936—2005 年水文资料，可实测到最大洪水发生在 1988 年 9 月 1 日，最高洪水位 87.28 米，最大洪水流量 18400 立方米每秒（不考虑龙滩水电站拦洪，50 年一遇洪水流量为 23700 立方米每秒，20 年一遇洪水流量为 21000 立方米每秒）。可调查到历史最大洪水发生在 1926 年，最高洪水位 89.70 米，测算洪峰流量为 23300 立方米每秒。每年 5—9 月为洪水季节，最大洪水基本上发生在 6—8 月，占 93.3%。据《迁江县志》记载，公元 999—1923 年共发生过 32 次大洪水。红水河源远流长，流经 3 个省（区），气候不同于桂北，故洪水季节一般比柳江推迟1个月左右。红水河洪水传播，从都安站到迁江站约19小时，从迁江站到武宣县站约20小时。红水河洪水传播速度及水位除由其上游来水量决定外，还受黔江顶托影响。

据武宣县水文站1935—2005年水文资料，可实测到最大洪水发生在1949年7月1日，最高洪水位65.64米，洪峰流量45600立方米每秒(100年一遇洪水流量为51500立方米每秒，50年一遇洪水流量为47600立方米每秒)，最大流速3.45米每秒。可调查到历史最大洪水发生在清光绪二十八年(1902年)农历五月十一日(1902年6月16日)，最高洪水位67.32米，测算洪峰流量为51000立方米每秒。

暴雨洪涝是来宾市的主要气象灾害之一。暴雨主要出现在4—9月(汛期)，且以5—8月居多。持续性的暴雨常导致洪涝灾害，给工农业生产和人民生活造成极大的影响。武宣县等地，洪涝频率只有30%~50%，其余地区50%~80%。出现的洪涝灾害多集中在6—8月。

据不完全统计，999—1949年950年间，市境内发生较大水灾的年份共有61年，平均15.57年一遇。期间灾情最为严重的年份是乾隆二十八年(1763年)七月初五。1950—2005年55年间，市境内发生较大水灾的年份共有46年，平均1.25年一遇。

来宾市境域内记载水灾最早年代为“宋咸平二年(公元999年)秋、来宾大水”。

宋咸平六年(1003年)五月，严州(在来宾境内)严州淫雨，连绵五昼夜不止。

元致和元年(1328年)七月，来宾大水。

明永乐十三年(1415年)，来宾大水。

明天顺八年(1464年)五月，来宾大水，伤稼。

明成化十三年(1477年)六月，来宾大水。

明嘉靖二年(1523年)六月，象州县大风雨，官署城楼民舍多倾坏，漂没行舟。

明嘉靖四年(1525年)夏六月二十六日，象州县大风雨，公署城楼，军民房屋多倒塌，河船沉溺，淹死甚众。

明隆庆五年(1571年)五月，来宾大水。

明万历四十二年(1614年)，来宾大水。

明天启七年(1627年)，来宾大水。

明崇祯十七年(1644年)，迁江大水，饥馑相继，民不聊生。

清康熙十五年(1676年)五月，来宾大水。

清康熙五十八年(1719年)七月，来宾大水。

清雍正八年(1730年)六月，来宾大水。

清雍正九年(1731年)七月，来宾大水。

清乾隆十三年(1748年)七月，来宾大水，伤稼。

清乾隆二十八年(1763年)，象州县水灾。

清乾隆三十年(1765年)夏，武宣县大水。

清乾隆三十七年(1772年)，武宣县大水。

清乾隆四十九年(1784年)五月，武宣县大水，坏民庐田。

清嘉庆二十二年(1817年)五月，迁江大水。

清道光四年(1824年)，迁江大水。

清道光十年(1830年)，迁江大水。

清道光十三年(1833年)五月，红水江暴涨，淹入来宾县城，南城淹至城隍庙前庭(即旧县署)，西城至义井社大街，北城至儒学副斋署前。

清道光十四年夏(1834年)，武宣县黔江水灾，淹塌沿江田舍。

清道光十九年(1839年)四月，迁江大水，倒塌城池及民房二百余间，冲坏田禾无数。

清道光二十六年(1846年)夏，迁江大水。

清咸丰元年(1851年)二月，象州县右江大水，淹没运江埠及象州县下沿河一带村庄，蝗虫满野。

清咸丰六年(1856年)夏，武宣县大雨三昼夜，成灾，坏田舍，迁江大水。

清咸丰八年(1858年)四月，迁江大水，洛春、廖村山崩，压坏民房十余间。

清咸丰九年(1859年)四月，迁江大水。

清同治九年(1870年)，来宾暴风雨，红水河舟复殁殆尽。

清同治十一年(1872年)六月，来宾红水河暴涨，一如清道光十三年六月状，北门大街淹至儒学副斋署前，其深至二尺许，五日始渐退。

清光绪二年(1876年)六月，象州县地震，水灾。鸡德、那英、那利、王汉等村损失无算。

清光绪十一年(1885年)五月，来宾红水河盛涨，西门淹至北门大街口。

清光绪十六年(1890年)七月，来宾红水河盛涨，西城淹至黉宫前，自初六日至初十日始退。

清光绪二十八年(1902年)五月十一日，武宣县大江水涨，三里区及沿江一带汪洋如海，淹坏田房甚多，秋冬大旱，耕种无收。六月初八，象州县大河水发，漂没沿河一带民房田禾。六月十三日，来宾红水江盛涨，较同治十一年(1872年)加深一尺许，来宾县城以东，北至正龙圩，下游至大湾圩水势递大，自县城以西至桥巩圩、塘圩以次递减。同年，迁江大水为灾，后又大旱，六苗无收，人民采野菜树根树叶充饥。

民国1年(1912年)5月,武宣县水灾,大藤山及南岸之山溪田,大半被铲光。是年秋,象州县大水。

民国2年(1913年)4月26日,武宣县大雨连宵,山水暴发,禾苗被铲净,东北两乡尤甚。7月22日又大雨,将熟之稻又被铲尽。

民国3年(1914年)6月13日—15日,武宣县大雨,大江水涨,沿江一带淹坏田庐甚多,东乡田禾,被铲成河。

民国4年(1915年)4月28日,来宾大雨,南二三两里尤甚,濂溪暴涨,寺脚石塘两圩水淹,深者数尺,沿溪居民家具牲畜,有漂没者。

民国12年(1923年),迁江县大水,淹坏各乡禾苗甚巨,近河房屋,多被淹塌。象州县大水。

民国15年(1926年)7月4日,来宾红水江暴涨淹入县城,6日退,淹处较清光绪二十八年浅4~5寸,正龙、大湾较1902年减,桥巩、塘圩较1902年水势大。象州县大水。

民国18年(1929年)夏,象州县瑶山水暴发,冲坏田亩甚多,小河上游,有数处更变水道。

民国24年(1935年)秋,象州县大水,上西乡小河水同时暴涨,冲坏田亩无算。8月,象州县水灾。

民国35年(1946年),来宾县、迁江县发生水灾。两县比常年平均减产二分之一以上,灾民挖食野菜者满山遍野。

民国36年(1947年)夏,忻城县水灾,受灾农作物面积一万八百亩,损失稻谷三万五千担,受灾九千九百八十九人。因灾粮价暴涨,饥民逐日增加。

民国38年(1949年)6月27日—30日,武宣县连降3场暴雨1场中雨,黔江水涨,水位65.08米,7月15日,黔江水复涨,水位62.9米,淹田地3.1万多亩,淹村庄233户;来宾县于7月28日后下大雨,山洪暴发,红水河水位陡升15丈多,30日水淹县城,8月7日始退,全县被淹没洼地26万亩,粮食损失9成以上,摧毁公私建筑,淹毙人畜,水退后哀鸿遍野;象县:夏,特大洪水,柳江象县河段最高水位75.24米,沿江低洼地带房屋、庄稼损失严重。

中华人民共和国成立后,来宾市境域内水灾频繁,每年汛期均有洪涝灾害发生,境内较大范围的水灾发生在1976年、1988年、1994年、1996年、1998年和2005年。

1952年7月12日,金秀瑶族自治县罗香乡山洪暴发,7个村中有6个受灾,其中最严重的罗香乡受灾568户,损失稻谷6万千克,倒塌房屋10间,压死2人,损失松木9100根;来宾县蒙村、寺山、南泗等3个区连降大雨3个多小时,山洪暴发,农作物损失5.5万千克,冲垮水利工程1处,淹死小孩2人。

1962年6月28日—30日,象州县大水灾,严重程度仅次于1949年之水灾;6月25日—7月1日,黔江水位涨至62.94米,武宣县受淹233户,损坏房屋142间,淹水田1.73千顷,淹旱地1020公顷。

1976年7月,来宾市境域内发生大水灾,来宾县、武宣县和象州县受灾严重,合计受淹水田面积7670公顷,受淹旱地面积2350公顷,受淹房屋983间,倒塌房屋61间。

表2-6 来宾市若干县1976年大洪水灾情统计表

县(市、区)	受淹水田面积(万公顷)	受淹旱地面积(万公顷)	受淹房屋(间)	倒塌房屋(间)
合计	7.67	2.35	983	61
象州县	2.10	0.67	581	55
来宾县	3.20	1.08	204	
武宣县	2.37	0.60	198	6

1979年4月29日—30日,忻城县普降暴雨到特大暴雨,全县96个大队1007个生产队受灾,因灾死亡6人,伤7人,农作物受灾面积7800公顷;5月4日,金秀瑶族自治县暴雨成灾,75个生产队受灾,受损稻田172公顷,被淹房屋241间,倒塌19间,损坏水泵5台、电站6座、水渠1040米;5月13日,武宣县暴雨,山洪暴发,东乡冲坏田地45亩;来宾县因红水河水涨,被淹农作物2667公顷。

1981年5月9日—10日,来宾县遭遇大暴雨和特大暴雨,雨量最大的陶邓公社达323毫米,250~300毫米的有2个公社,200~250毫米的有4个公社,全县16个公社122个大队40.31万人受灾,因灾死亡2人,受伤1人,耕牛死亡5头,倒塌房屋722间,造成危房1309间,冲垮山塘水库7处,农作物受灾9013公顷,绝收2880公顷,损失粮食7.5万千克。

1988年8月下旬至9月上旬，来宾市境域内大旱之后又遭受大水灾。受灾人口47.59万，死亡8人，倒塌房屋1545间，受灾农作物面积3.07万公顷，损失粮食4.37万吨，经济损失8817万元。其中来宾县灾情最重，全县受灾人口20.6万，死亡5人，受淹房屋3610间，倒塌房屋653间，受淹工矿企业34个，受灾农作物面积1.50万公顷，损失粮食1.65万吨，直接经济损失2674万元；该县高安乡房屋受淹643间，倒塌63间，受灾267户，晚稻受淹面积占种植面积的78%，玉米受淹面积占种植面积的76%，粮食减产42%。

表2-7 来宾市若干县(市)1988年大洪水灾情统计表

县(市)	受灾人口(万人)	死亡人数	倒塌房屋(间)	受灾农作物面积(万公顷)	损失粮食(万吨)	经济损失(万元)
合 计	47.59	8	1545	30.71	4.37	8817
金秀瑶族自治县	0.17			0.03		5
合山市	0.91		24	0.35	0.08	160
忻城县	11.72		91	4.45	0.81	1036
来宾县	21.06	5	653	15.01	1.65	2674
象州县	5.22	1	352	4.36	0.77	3099
武宣县	8.51	2	425	6.51	1.05	1843

1992年4月—7月，忻城县出现暴雨洪涝，农作物受灾1747公顷，绝收70公顷，房屋倒塌12间；6月7日—8日，武宣县出现暴雨洪涝，农作物受灾1267公顷，倒塌房屋14间；6月23日—26日，象州县出现洪涝，64738人受灾，损坏房屋30221间，农作物受灾1645公顷。

1994年6月13日—15日及7月5日—6日，来宾市境域内先后2次大范围遭受暴雨袭击，水灾损失惨重。合计受灾人口106.26万人，死亡17人，倒塌房屋6.07万间，受灾农作物面积6.86万公顷，损失粮食10.61万吨，直接经济损失16.6亿元。来宾县在6月17日和7月6日分别出现大暴雨，致使河水猛涨，山洪暴发。6月17日，全县24个乡镇202个村公所6.44万户31.92万人受灾，1.56万间民房被淹，其中倒塌6606间，农作物受灾面积2.67万公顷，损失粮食9700万千克，全县经济损失2.45亿元。7月6日受淹房屋6.74万间，倒塌2.4万间，损坏房屋2.54万间，造成危房1.79万间，农作物受灾面积3.03万公顷，绝收的5270公顷，损失粮食0.53亿千克，13家工业企业受灾，直接经济损失341.5万元，水毁公路28处，损失470.3万元，通信中断，损失19.7万元，毁坏水利工程113处、山塘413张、电机74座、水泵电站28座，学校受灾523所(点)，教室倒塌456间，面积28000平方米。6月18日，武宣县遭受中华人民共和国成立后最大的洪涝灾害，崩冲口防洪堤被淹没冲毁，城区有25家工厂企业受淹，受灾人口1.44万人，淹没耕地1767公顷，淹没房屋1417间，直接经济损失达1.3亿元。全县受灾农作物1.32万公顷，12个乡镇都遭受洪涝灾害，受灾人口13.76万人；损坏房屋8875间，倒塌房屋6721间，损失价值共2亿元。

表2-8 来宾市1994年洪涝灾害情统计表

县(市)	受灾人口(万人)	倒塌房屋(间)	死亡人数(人)	农作物受灾面积(万公顷)	损失粮食(吨)	直接经济损失(亿元)
合山市	1.45			3.53	14	
来宾县	50.61	6144	5	30.29	44800	3.16
象州县	12.34	20396		16.56	27500	6.40
武宣县	19.84	19769	8	18.45	30600	4.00
忻城县	22.91	14344		18.03	2700	2.98
金秀瑶族自治县	0.56	27	4	3.30	500	0.06
合 计	107.71	60680	17	71.13	106100	16.60

1996—2005年，来宾市境域内水灾频繁。按受灾乡（镇）个数占全市乡（镇）总数来统计，市境内年受灾乡镇面达53%~60%有5年，达61%~75%有3年，达88%~97%有4年，达100%有1年；年平均有55个乡（镇）受灾，受灾面83.33%。累计受灾人口755.99万人次，死亡47人，倒塌房屋10.19万间，农作物受灾51.99万公顷，减收粮食45.19万吨。

1996年7月12日—20日，柳江流域普降暴雨到特大暴雨，造成百年一遇的特大洪灾。7月20日，象州县水文站水位达74.04米，为百余年来最高水位，超警戒水位10.04米。7月21日，武宣县水文站水位达64.1米，超警戒水位9.1米。象州县、武宣县两县受洪涝同时袭击，两县有20个乡（镇）受灾，受灾人口21.57万人，死亡3人，农作物受灾面积2.53万公顷，减收粮食1.37万吨，直接经济损失7.19亿元。同年7月21日，武宣县遭受七号台风影响，普降大暴雨，水库普遍排洪，黔江发大水。全县受灾人口13.58万人，被困人口1.75万人，死亡1人；死亡大牲畜23头；损坏房屋15864间，倒塌房屋1692间；受灾农作物1.41万公顷，绝收1027公顷；冲坏公路2千米，冲毁桥梁19座；直接经济损失2.3亿元。

1997年上半年，来宾县境内连降大雨，河流水位迅速上涨，共有273个自然村29610户149725人受灾，房屋倒塌1139间，802人无家可归。

1998年6月，柳江流域持续降雨12天。6月26日，象州县水文站水位达71.22米，超警戒水位7.22米；武宣县水文站水位达62.25米，超警戒水位7.25米。象州县、武宣县两县受外洪内涝袭击，共23个乡（镇）受灾，受灾人口29.22万人，死亡3人，农作物受灾面积2.5万公顷，减收粮食1.23万吨，造成直接经济损失4.01亿元。

6月19日—20日，来宾县在20小时内连降暴雨，降雨量在160~200毫米，24个乡镇1275个村屯43.3万人受灾，造成危房18791间，倒塌7078间。6月19日—24日，忻城县境内普降暴雨，总降雨量352.5毫米，6月24日总降雨量213.4毫米，雨量集中，持续时间长，降雨范围广，出现山洪暴发，河水猛涨，造成特大洪涝灾害。全县13个乡镇的1644个自然屯受洪灾袭击，受灾5.8万户25.53万人，占全县人口的60.3%，其中重灾区人口2.9万户13.11万人，特别重灾区人口1.02万户4.6万人；农作物受灾面积2.15万公顷；其中成灾面积1.95万公顷；稻谷损失150万千克。校舍倒塌261间面积7830平方米、损坏1882间，危房2541间，全县46所小学8103名学生被迫停课。民房受淹1436户房屋3592间，民房倒塌707间，房屋损坏3280间，造成危房4257间。因灾企业停产19家，部分停产企业7家。洪水淹没道路508处共长207千米，公路中断5条；水淹鱼塘面积3500亩。水灾造成死亡1人、伤3人，牲畜死亡232头，家禽死亡9000只。全县直接经济损失1.12亿元，间接经济损失2.35亿元。

2000年6月13日，武宣县遭受台风灾害，降雨106毫米，水库普遍排洪，农田受涝严重。黔江发大水，超过警戒水位5.74米。全县受灾人口5.37万人；死亡大牲畜38头；倒塌房屋4间；受灾农作物4043公顷，绝收1325公顷；冲坏公路12千米，直接经济损失0.2亿元。

2001年6月，来宾县部分乡镇出现水灾。6月11日—13日，有659个村庄29089户147783人受灾，冲毁鱼塘3540亩，房子倒塌432间，造成危房1433间，造成1人受伤，49人死亡，7133公顷农作物受灾，损毁公路21千米，全县直接和间接经济损失3542.52万元。6月11日—6月12日，武宣县受第3号强台风“榴莲”和4号台风的连续侵袭，日最大降雨量为106.4毫米，造成黔江流域山洪暴发，江水暴涨，沿江4个乡镇告急。全县12个乡镇受到外洪内涝的灾害影响，受灾人口6.1万人，倒塌房屋38间，受灾农作物3.96万公顷，绝收1.16万公顷，直接经济损失0.17亿元。

2002年，来宾市兴宾区受第14号热带风暴“黄蜂”的影响，19日和20日连降暴雨，全区24个乡（镇）遭受不同程度的内涝灾害，受灾农户8万户40万人，甘蔗倒伏2万公顷，秋菜受灾2000公顷，鱼塘受淹67公顷，晚稻受灾3333公顷，秋玉米、花生、瓜子等受灾3000公顷，小平阳镇一小型水库被暴雨冲垮，暴雨造成危房30间，其中倒塌6间，受灾造成直接经济损失约3000万元。

2004年7月19日，兴宾区普降大雨或暴雨，红水河水位急剧上涨，大湾、陶邓、高安、良江等20个乡镇均遭受不同程度的洪涝灾害，受灾人口12.99万人，因灾死亡2人，造成房屋倒塌1137间，损坏房屋853间；农作物受灾面积8030公顷，绝收面积1440公顷，直接经济损失2565.9万元，其中农业直接经济损失2019.5万元。7月12日—7月21日，武宣县遭受暴雨灾害，全县普降大暴雨。7月1日—22日，连续降雨20天，降雨量404.8毫米。7月22日21时黔江水位最高达61.18米，超警戒水位6.18

米。武宣县全县直接经济损失4935.03万元。全县7个乡镇(金鸡、黄茆、二塘、武宣、马步、桐岭、三里)37个村委会101个自然村受淹。受灾人口7.93万人,房屋倒塌158间;农作物受灾面积4401公顷,绝收28.6公顷,减收粮食0.19万吨;水产养殖损失面积1公顷,损失0.52万吨;毁坏公路路基2.7千米,公路中断11条次;损坏水闸2座;损坏灌溉设施190处;损坏电站1座,机电泵2座。

2005年6月19日—22日,来宾市遭受特大暴雨袭击,造成严重洪涝灾害,象州县、金秀瑶族自治县、忻城县受灾尤为严重。全市768个村(居)委会中,有740个村(居)委会受灾,占96.35%。有52个村5万多村民被洪水围困,紧急转移7.36万人;灾区有12.77万人饮水困难,7万余人无家可归。全市受灾人口共109.27万(占44.27%),倒塌房屋4.42万间,死亡10人,失踪11人。农作物受灾面积8.32万公顷,成灾5.04万公顷,绝收2.78万公顷,大牲畜死亡3.62万头,水产养殖损失面积3100公顷,损失水产品4800吨;洪灾使31个工矿企业停产,公路中断111条次,毁坏公路路基(面)747.33千米,损坏输电线路26.67千米;损坏通信线路23.05千米;有402所中小学校受灾,300余所中小学校因洪水被迫停课。洪灾造成全市直接经济损失13.13亿元。受灾特别严重的有象州县中平、大乐、百丈、寺村、罗秀等乡(镇),忻城县宁江乡的板石、板六、隆光等村屯,兴宾区的大湾、高安、城厢等乡(镇)。

因洪灾全市水利基础设施损失惨重。全市27座水库被毁坏或出现险情,其中,中型水库2座,小型水库25座,毁坏堤防31处10.12千米,损坏护岸37处,损坏水闸11座,冲毁塘坝452座,损坏灌溉设施1264处,水利渠道损坏203.70千米,损坏机电井3眼,机电泵站37座,损坏小水电站198座(含微型电站),水利职工住房毁坏127间3165平方米,造成水利水电设施直接经济损失1.21亿元。

表2-9　**1996—2005年来宾市洪涝灾害情况统计表**

年份	受灾县、市、区(个)	受灾乡镇(个)	受灾人口(万人)	死亡人口(人)	倒塌房屋(万间)	直接经济损失(亿元)	农作物受灾面积(万公顷)	减收粮食(万吨)	未受灾县、市、区名称
合计			755.98	47	10.19	42.75	519.85	45.19	
1996	5	56	63.60	6	0.22	8.20	42.60	2.75	合山市
1997	4	44	34.70	2	1.35	4.68	24.65	1.91	来宾县、合山市
1998	4	45	54.92	6	2.28	5.16	46.59	1.27	来宾县、合山市
1999	5	42	33.75	1	0.03	1.60	19.28	1.13	来宾县
2000	5	45	29.12	9	0.55	1.76	22.98	2.06	合山市
2001	6	55	43.60	0	0.12	1.32	34.46	2.31	
2002	6	65	55.40	0	0.07	1.95	31.41	2.64	
2003	4	43	56.65	2	0.04	1.14	28.62	0.65	合山市、忻城县
2004	6	72	57.22	3	0.13	3.39	26.87	3.53	
2005	6	66	109.27	10	4.42	13.55	81.62	16.56	

注:直接经济损失为当年价

第三节　寒害　冻灾

寒　害

春季低温阴雨　来宾市境域内每年3月中、下旬,各地进行早稻播种育秧,谷种在较暖的天气出芽、长叶。如果此时南下的冷空气与北上的暖湿气流对峙,出现连续3天或以上日平均气温低于12℃天气,就可能危害早稻育秧,此即人们常说的"倒春寒"。

来宾市大部地区春播期低温阴雨平均结束于3月11日—12日,低温阴雨平均总天数13.8天,年最多低温阴雨总天数29天,最少0天,倒春寒发生的概率约2年一遇。

由于来普遍采用早稻旱育稀植技术等科学防寒育秧方法,早稻育秧对气温的要求已不是很严格,但长时间、气温低的低温阴雨天气仍会对早稻育秧产生较严重的影响。

1950—2005 年主要低温阴雨灾害有：

1960 年 3 月 13 日—20 日，桂北、桂中大部出现一次低温阴雨天气过程，象州县有 267 公顷秧田死兜 30% 左右，烂秧损失谷种 68 万多千克。

1965 年 3 月 28 日，合山市出现 4 天倒春寒天气，烂秧损失谷种 22 万千克。

1972 年 4 月上旬受强寒潮影响，合山市烂秧 19 万千克。

1976 年，武宣县：春寒烂秧 95.8 万千克。

1980 年 3 月 24 日—28 日，来宾县出现倒春寒，烂秧损失谷种 9.2 万千克，黄豆、玉米、花生也出现烂秧死苗现象。

1982 年 3 月 25 日—29 日，来宾县出现“倒春寒”，损失谷种 28.85 万千克。

1985 年，桂南、桂中出现重的倒春寒天气，合山市杂优稻烂秧 1.2 万千克，忻城县受灾 7067 公顷，来宾县 3 月 30 日—4 月 2 日出现倒春寒 4 天，烂秧损失谷种 14.02 万千克，旱地作物烂种死苗较普遍，其中玉米 1833 公顷、黄豆 1200 公顷。

1988 年 3 月 20 日—4 月 1 日，合山市出现低温阴雨倒春寒天气，日平均气温有 7 天低于 12℃。杂优稻烂秧折谷 2.5 万千克，常规品种烂秧折谷 4.8 万千克。冻死耕牛 986 头。由于倒春寒时间长，推迟插秧期，早稻结实率降低 5%，晚稻插秧相应推迟 15~20 天，抽穗扬花期未能避过寒露风，全年粮食减产 100 多万千克。

每年 2 月，正值春种玉米播种季节，由于受冷空气影响，易出现日均温低于 8℃并连续 5 天以上阴雨天气，造成玉米烂秧、死苗现象。

1991—2005 年，忻城县 2 月上旬日均低于 8℃以下连续 3 天以上的有 3 年，平均 5 年一遇，等于或大于 8℃以上保证率 81%。中旬没有出现低于 8℃连续 3 天以上的天气，等于或高于 8℃以上保证率 100%。下旬出现低于 8℃连续 3 天以上的有 3 年，等于或高于 8℃以上保证率 81%。1992 年 3 月中、下旬，象州县出现低温阴雨天气，早稻烂种 11.03 万千克。

1996 年 4 月上旬，金秀瑶族自治县出现低温阴雨天气，造成严重烂秧现象。

秋季寒露风 每年 9 月下旬至 10 月上旬是来宾境内晚稻大量抽穗扬花时期，当强冷空气入侵，形成 3 天以上日平均气温 22℃的“寒露风”天气，严重影响抽穗扬花和灌浆。“寒露风”造成水稻受粉率下降，空秕率增加，籽粒不饱满，产量下降。

1950—2005 年，来宾市境内的寒露风灾害主要有：

1967 年 10 月 17 日，合山市出现寒露风天气，有 467 公顷晚稻受重寒露风影响，粮食减产 23 万千克。

1970 年，受 9 月底 10 月初寒露风及其以后寒露风影响，合山市晚稻减产 30 万千克。

1971 年 10 月中旬，来宾县受寒露风影响，每公顷减产 93.75 千克，总产减少 171.25 万千克。

1975 年，受寒露风影响，来宾县每公顷减产 142.5 千克，总产减少 453.71 万千克。

1976 年 10 月 13 日，境内大部受寒露风影响，晚稻每公顷单产 2197.5 千克，与上年比较减产 18.6%。

1984 年，受寒露风影响，合山市杂优水稻空秕率达 20%，减产 24 万千克；金秀瑶族自治县晚稻受影响。

1986 年 9 月中下旬，金秀瑶族自治县受寒露风影响，晚稻减产。

1988 年 9 月下旬，金秀瑶族自治县受寒露风影响，晚稻受影响。

冰　灾

来宾市境域内冬季受寒潮、强冷空气入侵，出现降雪、雨凇、霜冻、冰冻等灾害天气影响，以霜（冰）冻为主的寒冻灾害较多，霜（冰）冻的出现对越冬作物和果树、林木等均造成一定的影响，还会冻死耕牛等牲畜。特别是持续时间长、极端气温低的严重霜（冰）冻过程对农、林业造成的灾害则更为严重。

来宾市主要冰冻灾害天气有：

明景泰四年（1453 年）冬，来宾县大雪。

明弘治十七年（1504 年），武宣县大雪。

明嘉靖十二年（1533 年）三月，武宣县大雪，竹木皆冻枯。

清顺治十一年（1654 年）十一月，来宾县大雪。

清康熙五十一年（1712 年）冬，武宣县风雪杀晚稻，十分收一。

清乾隆五年（1740 年）正月，来宾县大雪，平地尺厚；象州县雨雪；二月，武宣县大雪。

清乾隆十五年（1750 年）十一月，武宣县雪。

清乾隆十六年（1751 年）十月，来宾县严寒，结冰；武宣县有冰。

清乾隆三十三年（1768 年），武宣县下雪如绵。

清乾隆五十九年（1794 年）十二月，武宣县中雪。

清嘉庆二十五年（1820 年）冬，象州县絮雪盈尺。

清道光十一年（1831 年）冬，象州县絮雪亦盈尺。

清道光十五年（1835 年）冬，武宣县大雪。

清咸丰五年(1855年)十二月,武宣县大雪。

清同治二年(1863年)十一月,武宣县冬雪积地尺许。

清同治三年(1864年)十一月,武宣县大雪。

清同治四年(1865年)冬,来宾县大雪;正月,武宣县大雪。

清同治十一年(1872年)十二月底,武宣县大雪,草木凋枯。

清同治十二年(1873年)冬,武宣县大雪。

清同治十三年(1874年)十二月,来宾县大雪,旬日。

清光绪元年(1875年)十一月,来宾县大雪,屋瓦积雪数寸;武宣县大雪。

清光绪十三年(1887年)冬,武宣县大雪,老榕树、龙骨刺尽被打枯。

清光绪十八年(1892年)十一月,来宾县雨霰旬日,严寒,人家缸水皆冰;象州县絮雪盈天,连降三日;十二月中旬,武宣县大雪,江鱼冻死,榕树皆枯。

民国18年(1929年)十二月,来宾县大雪,奇寒,雪厚尺许,河水皆冻结。

1966年12月下旬中期受强冷空气影响,金秀瑶族自治县、忻城县霜日6~8天。

1969年1月28日—30日,广西自北向南出现强寒潮天气过程,气温急降,30—31日,象州县两天雨凇,高山迎风坡碗口粗桉树、松树枝杆折断。

1972年1月上旬,武宣县霜冻,甘蔗、木薯等作物受伤害死亡。

1975年12月中、下旬,金秀瑶族自治县降雪、霜冻天气过程,冻死许多耕牛,大雪封山,压断树木、电线,公路结冰,交通中断。电线上雨凇直径达1寸以上,山区更为严重;12月13、14日,武宣县降雪,山区树木被压断,冻死耕牛200多头。

1976年1月,武宣县霜冻,死耕牛443头,死烤烟92公顷。

1977年,象州县因雨凇造成灾害;武宣县1月、2月特冷,冻死耕牛2352头。

1980年1月底,金秀瑶族自治县大范围下雪、结冰,地面积雪6~7厘米。

1982年12月中、下旬,来宾市境域出现两次霜冻过程,来宾县冻死蔗种2267公顷,耕牛1800多头,武宣县甘蔗受冻害91.2公顷,其中严重冻害306公顷,经济损失约20万元。

1984年1月上旬后期,来宾市境内域内出现大范围霜冻天气,来宾县甘蔗受到损失,原料蔗糖分明显降低,产量下降。

1991年12月27日—28日,象州县出现霜冻天气,4950公顷农作物受灾。

1999年12月下旬,受强冷空气和晴天辐射降温的影响,来宾市境域内大部出现了持续5~9天的霜、冰冻天气,来宾县、忻城县、象州县、武宣县、金秀瑶族自治县、合山市等县(市)农作物受灾8.43万公顷,绝收面积1.51万公顷,直接经济损失9.21亿元。12月19日—22日,武宣县遭受历史罕见的严重冰霜冻灾害,最低温度达-1.6℃,导致低谷地带、平地的农作物受冻死亡,受灾严重。12月21日—27日,来宾县遭受解放以来最严重的霜冻、冰冻灾害,全县荔枝、甘蔗等亚热带农作物大面积被冻伤、冻坏,受灾面积达3.80万公顷。12月22日—27日,忻城县普遍遭受霜冻天气,越冬农作物受灾严重。甘蔗、番茄、佛手瓜、冬玉米、水果等受灾面积8416公顷,受灾农作物造成直接经济损失达3109.7万元。

2001年12月23日—26日,武宣县出现霜冻,1.11万公顷农作物受灾。

2002年12月25日—28日,金秀瑶族自治县出现霜冻,3.82万公顷农作物受灾。

2003年1月初,境内忻城县大部遭受霜冻侵害,受灾农作物7238公顷,成灾6388公顷,绝收282公顷。仅果遂乡就有70%的玉米被冻死,造成直接经济损失达70多万元,甘蔗、蔬菜成片结霜受冻。全县因霜冻灾害,造成直接经济损失2067.24万元。

2004年2月9日—10日,武宣县出现霜冻,6353公顷农作物受灾。12月底,来宾市2次受到强冷空气过程影响,境内普遍出现低温天气,最低气温低于1℃,农作物受灾面积1.57万公顷,成灾面积2047公顷,因灾造成直接经济损失2989万元。

2005年,来宾市主要霜冻发生在1月和12月,全市2次受到强冷空气过程的影响,境内普遍出现强低温天气,气温明显下降,最低气温低于1℃。农作物受灾面积1.35万公顷,成灾1800公顷,果树受灾2200公顷,成灾207公顷,因灾造成经济损失2989万元。

第四节　风灾　冰雹灾　雷电灾害

来宾市境域内短时的、局部的大风每年都有发生,大多数风力为17~25米/秒(8~10级),个别地方曾短时出现40米/秒大风。大风发生较多的时间为3—9月,约占86.6%,基本为雷雨大风,也有少数由于冷空气猛袭所形成的大风。从各县(市、区)观测记录来看,兴宾区出现大风的机率最大,其次为武宣县、象州县、忻城县、金秀瑶族自治县。冰雹灾、雷电灾害等害性天气也会随着季节变化而发生。极端强对流天气易发生冰雹灾害,暴雨天气容易发生雷电灾害。

风　灾

大风对农作物和人民生命财产造成一定的损害。

明嘉靖二年(1523年)夏六月,象州县阳寿县大风雨,官署城楼、民舍多倾坏,漂没行舟。

明嘉靖四年(1525年),象州县阳寿县大风雨,官署城楼、民舍多倾坏,漂没行舟。

清乾隆十三年(1748年)三月,来宾县大风拔木,北城圮。

清道光二十九年(1849年)四月初四日,象州县阳寿县风雷大作,天变异常,风行空中,有墨碳火,作硫黄气,吹倒东门外一带坊表,拔大树,颓孤亭,压死二人,重伤数人;迁江县:四月初四日,风雷大作,天变异常。

清同治九年(1870年)六月二十八日,来宾县大风暴雨自北来,屋圮船漂。

清同治十二年(1873年)三月,武宣县禄村区大风拔树,破坏民屋。

清同治十三年(1874年)三月初旬,武宣县大风拔木,屋瓦飞扬。

清光绪十一年(1885年),武宣县夏日大雨,禄村区地有、上堂两村间平原旋风大作,草木被吹倒。

清宣统三年(1911年)二月初九日申刻,象州县天忽黑如黄昏状,风雨大作,吹倒东城楼,压死数人,城外节孝坊表,亦多吹倒。

民国35年(1946年),来宾县晚稻遇风灾,哀鸿遍地,以树根、树皮、木叶、野草充饥者不知凡几。

1964年7月,台风为害武宣县,倒塌房屋231间,吹翻屋瓦3032间。

1965年7月中旬,武宣县东乡、三里、二塘遭大风袭击,吹倒房屋92间,吹翻屋瓦748间。

1975年2月3日,金秀瑶族自治县出现大风天气,大风持续2次约3分钟,风力约28~30米/秒,风向不定,带旋转性;全县有4个公社2049户(占全县农户45.1%)14978人(占全县人口29.9%)遭灾,轻伤11人,重伤1人,死1人,损坏房间424间,倒塌3间,死亡耕牛2头,农作物受灾65公顷。3月3日,武宣县大风,小琳、周春、黄茆、大浪、上额、尚文受冰雹害,坏房屋1023间,坏农作物数千亩。

1989年7月19日,武宣县东乡镇出现大风,农作物受灾1400公顷,损坏房屋1101间,倒塌18间。

1990年,来宾市境域内先后遭遇大风灾害。2月16日,象州县出现大风,损坏房屋24间,倒塌3间;3月28日,武宣县金鸡乡出现大风,4987人受灾,7人受伤,损坏房屋2956间,倒塌13间;同日零点40分许,10级大风袭击来宾大湾、凤凰、七洞、良塘、北五等乡镇,死17人,伤54人,其中重伤8人。房屋倒塌400多间,刮倒输电线路200余根,折断大树3000多根,毁坏庄稼2467公顷,经济损失约300万元;忻城县3月受龙卷风影响,农作物受灾700公顷,倒塌房屋32间。

1991年7月19日,象州县出现大风,建筑物损坏940间、倒塌4间;农作物绝收461公顷,减产稻谷79.38万千克,甘蔗1142.86吨,围墙倒塌110米,刮倒高压电杆4根、电话线杆15根、广播线杆30根,直接损失51万元。

1992年6月19日15时许,武宣县思灵发生大风天气,持续时间达30分钟,风力8级,导致屋顶瓦片横飞,许多树木被连根拔起,一棵50厘米直径大树被刮倒,受灾严重的有19个村屯2457户12565人,损坏房屋7458间,烤烟房204个,瓦片损失38万块,农作物受灾面积387公顷,成灾面积123.33公顷,受灾人口直接经济损失49万元。

1993年4月25日,象州县出现大风和雷电,风力8~10级,2个乡镇受灾,受伤5人、死亡2人,建筑物损坏850间、倒塌5间,农作物受灾180公顷。5月9日,忻城县境内出现雷雨、大风、飑灾害性天气,致使部分农作物受到不同程度的灾害,据统计,全县玉米倒伏3376公顷。8月21日—22日,受台风影响,部分地区遭受大风、暴雨袭击,使农作物受不同程度的受灾,甘蔗受灾尤为严重,据统计,全县甘蔗受灾面积达2867公顷。

1994年4月,来宾县出现大风等强对流天气,建筑物损坏207间,受灾玉米19公顷,倒电杆28根,中断电信48小时,直接损失3万元。7月12日,象州县出现大风,最大风力6~7级,瞬时9级,风向西,死亡1人,建筑物倒塌98间,农作物受灾291公顷,损失粮食4200万千克,损失水果5.2万千克。

1995年4月10日,忻城县古蓬镇、北更乡受龙卷风袭击,农作物受灾1633公顷,损坏房屋4348间,林木被吹折723棵,毁坏林木43公顷。

1998年4月27日,来宾县大湾、南泗出现大风,房屋、庄稼不同程度的损失。

2002年5月5日晚19时许，大风雨夹着冰雹，袭击来宾县部分乡镇，其中灾情较严重的是陶邓乡的韦里、贵岭、九合和兴高4个村。此次灾害，农作物受灾面积911公顷，房屋受损25间，倒塌11间，受灾人数达1.26万人，直接经济损失40.5万元。6月15日，象州县马坪乡木堂村出现龙卷风，农作物受灾21公顷，损坏房屋85间，大片树木被刮倒，其中有4棵直径75厘米以上的樟树被连根拔起。

2003年7月24日—25日，受第7号台风“伊布都”影响，来宾市境内出现大风和暴雨等强对流天气，忻城县、象州县、武宣县、兴宾区等4县(市、区)受灾严重，有50个乡镇，1609个村庄受到不同程度的大风和暴雨灾害，倒塌房屋319间、损坏房屋6672间;受灾人口60.91万人，因灾死亡1人，伤7人;受灾农作物面积4.15万公顷，鱼塘受淹面积2666亩，毁坏水利渠道41.30千米，通信线路受损28处共13千米，树木折断5000多棵。台风造成直接经济损失8449.72万元。

2004年，全市农作物受风灾面积773公顷。

2005年，全市农作物受风灾2830公顷，绝收317公顷。

冰雹灾害

来宾市境域内冰雹多出现在每年的3—5月，其次是2月、6月和7月;降雹时间多在下午15~19时，一次降雹时间多为1~2分钟，也有5~10分钟的;雹粒半径一般不超过黄豆、拇指大，鸡蛋大的雹粒较少。遭受冰雹影响次数最多的是金秀瑶族自治县，其次是象州县，武宣县较少。

来宾市冰雹路径宽度一般较窄，故群众归纳称“雹打一条线”。在人群集中居住的地方，冰雹造成的灾害较严重。

据不完全统计，1489—1949年460年间，市境内发生冰雹的年份共有15年，平均30.67年一遇。1950—2005年55年间，市境内共发生冰雹的年份共有18年，平均3.16年一遇。

据民国《来宾县志》记载最早冰雹灾害为明弘治二年(1489年)三月，迁江雨雹，如鸡子大，击杀人畜。

明弘治十二年(1499年)四月，来宾县大风雨雹，毁官民庐舍，屋瓦皆飞。

明正德二年(1507年)四月十二日，来宾县大雨雹，破屋折木，杀鸟雀。

明正德十一年(1516年)夏四月，来宾县大雨雹，风雨大作，雹大如鸡卵，破屋折木。

明正德十二年(1517年)四月丙辰，来宾县大风雨雹，毁官民庐舍，屋瓦皆飞。

明万历四十年(1612年)二月，来宾县大风雨雹。

清乾隆十三年(1748年)正月初二日，象州县雨雹，伤麦。

清乾隆五十八年(1793年)，武宣县东乡雨雹，折断树木，毁民房屋。

清咸丰二年(1852年)正月，来宾县大雨雹，雹大如鸡卵，毁木折屋。

民国9年(1920年)三月初一日，武宣县雨雹大风拔树。三里台村、灵湖、上任尤甚。

民国15年(1926年)4月10日，来宾县有大风雹入境，自北二里至南一、南二、南三、南五里诸村落(今桥巩、良江、蒙村、石牙等地)，出武宣县境。11、12日复雨雹，初则大如鸡卵，再则大如斗，重7斤余，成灾。这年春，迁江亦遭大雹。

民国19年(1930年)3月，武宣县雨雹，上召、猛上、花绿各村树木多坏。

民国38年(1949年)12月7日15时许，金秀瑶族自治县七建乡一带下冰雹约二十分钟，雹如拇指大，百分之九十以上的瓦片被打烂，行人无处藏身。

1957年4月19日晚，忻城县北更遭遇大风、冰雹袭击，玉米损失2112亩。

1961年4月下旬初，来宾县出现冰雹、狂风，冰雹平均直径7毫米，有的重1~1.5千克。

1964年4月6日，象州县出现冰雹，伴有雷暴，低凹处积雹3~7厘米。最大冰雹直径40毫米，一般重5.6克，作物被打断、打死，房屋被损坏;武宣县、东乡、三里、二塘、禄新刮九级狂风夹冰雹，打坏房屋978间，其中倒塌262间，伤3人，打坏大麦、小麦、雪豆、春玉米、高粱等4147亩，早稻秧苗(谷种)9200多千克。

1972年4月18日，忻城县城关、红渡、古蓬等公社刮大风下冰雹，倒房24间，打坏房屋12419间，损失280多万块瓦，打烂玉米、早稻秧苗8万亩，损失种子7725千克。

1975年2月—3月，来宾市境域内2次遭到冰雹灾害，损失严重。2月3日，忻城县部分地区出现严重的冰雹灾害天气，雹粒密度大，普遍有鸡蛋、拳头大，最大如柚子。马泗、大塘公社6个大队受灾，被打坏房屋6599间，损坏屋瓦最严重的达80%~90%，损失最小的也有10%~20%，4人受伤。象州县出现罕见的特大冰雹灾害，下雹时，闪电雷鸣并伴以狂风骤雨，刮8级左右西北大风，一般冰雹直径30~50毫米，重灾区个别地区为60~80毫米，迎风面墙根下冰雹厚达3.3厘米左右，全县15个大队142个生产队5010户25618人受灾，其中特重灾76个生产队2782户13218人，重灾36个生产队1065户5855人，打坏房屋19173间、瓦12347万块、用具819件，67人受伤，重伤1人，打断电线而触电死1人，树上鸟雀被打死，小树枝及树叶被打落遍地，大树皮被打烂，毁坏电话线路27条。运江、水晶、桐木等地雹粒有鸡蛋或拳头大。金秀瑶族自治县出现冰雹，持续2次约5~7分钟，观测场冰雹粒平均重量4.75克，最大重量13.5克，直径40毫米，每平方米约15~20颗。全县有4个公社2049户(占全县农户45.1%)14978人(占全县人口29.9%)遭灾，轻伤11人，重伤1人，死1人，损坏房间424间，倒塌3间，死亡耕牛2头，65公顷，茶树被冰雹打坏。县直机关、广场、学校和金秀瑶族自治县镇共15个单位倒房20栋，55个单位的房屋瓦面门窗被打烂，损失青瓦138万块，商品及其他损失约4万元。3月2日晚，金秀瑶族自治县4个乡降冰雹伴有大风，吹翻瓦片23万块，吹倒草房78间。武宣县全县有大风，6个乡镇降冰雹，损坏房屋1023间。

1977年3月29日22时左右，受北方冷空气和高空槽影响，忻城县城关公社六华大队出现大风、冰雹，影响自西南向东北，为狭长漏斗状。降雹时间仅2分钟，冰雹最大如鸡蛋，最小的像手指头大，但密度较大。共7个生产队受灾，春玉米受灾面积172公顷，打碎瓦片6万~7万块。

1978年1月15日15时许，武宣县二塘、黄茆出现冰雹、大风和暴雨，风力10级，打坏房屋1103间，伤多人，受害作物1241亩。

1980年3月，金秀瑶族自治县2703人受到风雹袭击，受损房屋2612间。

1981年2月，来宾市境域内部分地区遭遇冰雹灾害。2月15日2时至4时，来宾县蒙村、南泗、桥巩和来宾华侨农场，发生大风冰雹灾害。雹粒有的似拳头、鸡蛋大小，有的似碗大。此次雹灾，损失严重，农作物受损162公顷，损失粮食8.45万千克，房子倒塌压死5人，重伤1人，轻伤6人。武宣县东乡、二塘公社出现冰雹，东乡公社长龙大队灵机村的冰雹大如拳头，小如手指头；二塘公社朗村、樟村有冰雹。受风雹影响，有3个大队1282户6992人受灾，房屋受损1081间，损失瓦片270万块，损失早稻种2000千克、农作物38公顷，1160.5千克早稻谷种因电杆被吹断无法抽水播种。

1982年，来宾市境域内遭遇2次严重冰雹灾害天气。4月22日凌晨1时30分，忻城县马泗公社、里苗、林况、欧洞、永合4个大队出现严重冰雹灾害天气，雹粒大如茶杯，小如手指头，密度较大，持续时间20分钟，致使11座山头以及树木花草全部光秃、削平，如冬季景象，冰雹出现时还伴有10级左右大风，共有58个生产队受灾，933公顷春种春播作物绝收，倒塌房屋5间，造成危房20间。11月5日14时左右，武宣县出现罕见冰雹、大风灾害天气，历时20分钟，28个大队9379户57368人受灾。大风达12级，30~50厘米直径的苦楝树、桐油树被拦腰吹断，晚稻受灾1380公顷，损失产量277万千克，甘蔗受灾212公顷，损失产量17180吨，987户1160间房间被刮坏，损失瓦片47.31万块。

1983年3月24日晨7时，武宣县金鸡一带降冰雹，早稻秧损失大，25日上午10时，黄茆、二塘降冰雹，4月23日凌晨2时，东乡、禄新降冰雹。

1985年3月28日晨，武宣县镇遭冰雹袭击。

1987年3月15日，金秀瑶族自治县长垌、忠良乡遭冰雹袭击，损坏房屋1000间，11公顷农作物受灾。

1990年2月—3月，来宾市境域内武宣县、忻城县、来宾县部分乡镇遭遇冰雹袭击，损失严重。2月17日，武宣县出现冰雹，351人受灾，损坏房屋71间；3月27日，忻城县刮龙卷风、下冰雹，吹倒房8间，打烂瓦房159间，毁林400公顷，损失40万元，作物损失2312公顷。3月28日零时至2时，武宣县金鸡乡遭遇龙卷风和冰雹袭击，风力12级以上，7个村868户5213人受灾，毁房2948间，伤7人；受损农田441公顷，刮倒高低电线杆、通讯电杆488根；毁坏树木折合2000立方米，堵塞水利渠道54处。同日，兴宾区北五、大湾等地降冰雹，倒塌房屋数百间，死亡16人，受伤8人。

1992年3月、4月和5月，来宾市境域内的金秀瑶族自治县、来宾县、武宣县遭遇冰雹灾害。金秀瑶族自治县3月16日、22日和5月8日，3次受冰雹灾害，3月16日的冰雹灾害，使2个村381户1542人受灾，打烂瓦片共20万块，直接经济损失近13万元。3月22日的冰雹，最大雹径4厘米，密度为50颗/平方米，降雹路径自南向北移动，金秀瑶族自治县镇、长垌乡、罗香乡共436户受灾，损失塑料地膜800千克、瓦25.5万块，灵香草绝收15亩，损坏小发电机2台，直接经济损失20万元。5月8日金秀瑶族自治县城降冰雹，最大雹径45毫米，全县11个乡镇的78个村、8个国营厂矿企业受灾。4月21日，武宣县思灵、通挽、新龙、桐岭、三里、东乡等乡镇出现冰雹，农作物受灾485公顷，绝收74公顷；5月3日15时—16时，来宾县出现大风、冰雹天气，5个村67公顷玉米受灾。

1993年4月17日下午3—4时，一场罕见的冰雹袭击来宾县三五、五山2个乡镇的5个村公所20个自然村1252户，县保险公司及时给受灾农民赔款。

1995年4月19日晚，忻城县古蓬镇、北更乡境内遭受冰雹袭击，2个乡（镇）13个村公所的380个自然屯2748户10423人受灾。4102间民房被损坏，其中倒塌35间；19所中小学（含教学点）校舍受损246间，910名学生被迫停课。农作物严重受灾，面积1677公顷。

1996年4月18日—19日，象州县出现暴雨、冰雹、大风天气，雹径有拳头大，降雹持续3~5分钟，最大风力10级，11个乡镇39723户19.9万人受灾。

1998年3月9日，金秀瑶族自治县出现冰雹，最大直径41毫米，最大平均重量7克。损坏房屋800间，农作物受灾面积1万公顷。此次降雹过程，造成的损失共计75万元。4月17日，来宾县大湾、南泗2个乡镇出现龙卷风、冰雹天气过程，造成当地房屋、庄稼不同程度的损失。

2001年4月4日，武宣县东乡镇、三里镇、桐岭镇、禄新乡出现冰雹、大风，13192人受灾，1人死亡，农作物受灾3969公顷，损坏房屋8031间，倒塌905间。

2002年5月5日晚19时许，大风雨夹着冰雹，袭击来宾县部分乡镇，其中灾情较严重的是陶邓乡的韦里、贵岭、九合和兴高4个村委。此次灾害，农作物受灾面积0.91公顷，房屋受损25间，倒塌11间，受灾人数达1.26万人，直接经济损失40.5万元。

2003年4月2日22~24时，由于高空槽、切变线、地面冷锋共同影响，来宾市忻城县的遂意乡、红渡乡、古蓬乡、果遂乡等8个乡镇出现冰雹、大风等强对流天气。据该县民政局调查统计，受灾人口12.32万人，成灾人口10.35万人，因灾伤病人口1人；农作物受灾面积6960公顷，农作物成灾面积5910公顷，农作物绝收面积1050公顷；房屋倒塌31间，损坏房屋32977间，大牲畜死亡3头，直接经济损失5267.54万元。

2005年5月5日和8月14日，来宾市兴宾区（正龙乡）、金秀瑶族自治县（头排、七建）、象州县、忻城县（城关、红渡镇）等4个县（区）出现冰雹、强风对流天气，冰雹最大直径平均为27~30毫米，最大重量平均4克，3个县（市、区）受灾房屋4151间，农作物受灾面积510公顷，人员受伤10人，牲畜死伤各1头，直接经济损失524.97万元。

雷电灾害

雷电灾害是来宾市的主要气象灾害之一，来宾市历年雷暴日数平均值为78天，一年四季都有雷暴发生。

据《中国气象灾害大典》（广西卷）记载和近年雷灾上报记录，来宾市境域历年雷电灾害个例如下：

1957年4月19日晚，忻城县北更区遭遇雷雨袭击，雷电击死1人，伤3人。

1976年7月8日下午，象州县水晶公社屯连生产队社员在地里劳动时遭雷击，伤24人，死2人。

1985年7月31日，象州县运江镇新运村发生雷击，死亡6人，重伤1人。县内各地亦时有雷击发生，造成不同程度伤亡。

1992年4月22日，来宾县被雷击死1人，伤1人。5月3日15—16时，来宾县三五乡下李村1妇女被雷击身亡。

1995年7月，象州县马坪电灌管理处被雷电击坏变压器1台，损失3万元。

1996年4月18日17时—19日08时，象州县出现雷雨天气，雷电击死2人，伤21人。7月14日，象州县寺村遭雷击，损坏100千伏变压器，损失金额6100元。11月3日，象州县供电公司遭雷击，损坏5台变压器。12月2日，象州县马坪乡盘龙村委会介板村1台变压器遭雷击，损失2000元。

1997年5月，象州县石龙电灌管理处白屯沟电灌站被雷击坏225千瓦电动机1台，损失8500元。5月5日，象州县人民银行的日立牌5匹冷暖空调机遭受雷击，损失1.33万元。6月，象州县马坪乡新庆村1村民牧牛时被雷击身亡。6月2日，忻城县思练镇的住宅楼遭雷击，损失金额3万元。同日，象州县马坪乡民宅遭雷击，死亡1人，损失金额2万元。6月15日，象州县马坪电灌管理处被雷击坏50千伏安变压器1台，损失1万元。7月3日，象州县罗秀小学教室被雷击，死亡1人，伤7人，损失金额10万元。7月28日，武宣县淀粉厂的生产设备遭雷击，损失2万元。12月29日，武宣县华侨砖厂的电脑及生产设备遭雷击，损失金额5.70万元。

1998年，来宾市境内多次遭到雷电灾害。4月11日，象州县百丈乡大陈村一村民的房屋遭雷击，损失1500元。7月5日，武宣县职业中学学生宿舍遭雷击，损失金额7万元。4月16日，武宣县金山砖厂的制砖设备遭雷击，损失金额2万元。4月27日，武宣县磷肥厂的部分机械遭雷击，损失金额3万元。6月20日，武宣县淀粉厂的生产设备遭雷击，损失金额9万元。7月，象州县清凌电站的280千瓦电机遭雷击，损失金额1.1万元。8月，金秀瑶族自治县电视转播台的部分设备遭雷击，损失金额5万元。

1999年4月，象州县水晶河水管所被雷击坏电焊机1台，损失1700元。5月18日，来宾县电视台的放大器及部分设备遭雷击，损失金额1.8万元。6月10日，来宾县大理乡的防盗报警器遭雷击，损失金额1.1万元。6月23日，象州县供电局的5台变压器遭雷击，损失金额1万元。7月11日，象州县鸡沙村1台变压器被雷击；县防汛办计算机的1台调制解调器被雷击坏；马坪电灌管理处被雷击坏变压器1台，损失4万元；击坏电视机6台，损失1000元；同日，马坪乡一村民住宅遭雷击，死亡1人，损失金额1.5万元。

2003年，据不完全统计，来宾市共发生雷电灾害15次。主要是因防雷设施不合格或完全无防雷设施，而遭到雷击，致使家用电器及输电变压器损坏，造成直接经济损失。当年，武宣县电力公司位于绿新乡、桐岭镇、金鸡乡、东乡、河马乡、黄茆镇、三里镇的9台变压器，分别于4月14日和17日、5月31日、7月3日、5日和27日和8月14日、26日遭雷击损坏，造成经济损失31.63万元；忻城县城关小学和思练镇得丽升酒楼分别于4月和7月遭雷击，电子设备及电器损坏，损失0.9万元；8月，市机关事务局维林宿舍小区遭雷击，损坏彩色电视机6台；金秀瑶族自治县圣堂山云海宾馆雷击，电话盒受雷电感应损坏；10月，来宾市兴宾区委机要局一台程控机遭雷击损坏，价值2万多元。

2004年5月24日，金秀瑶族自治县香草湖电站遭受雷击，击坏变压器1台，损失3万多元。5月30日，来宾电厂(A厂)生活区遭受雷击，损坏电脑、电视机等家电约60台，经济损失12万元。6月26日，兴宾区河宾变电站(110KV)遭受雷击，击坏设备260多个(组)，直接经济损失80多万元，间接经济损失300多万元。同日，兴宾区三五变电站遭受雷击，损失约8万元。6月27日，兴宾区检察院遭受雷击，损坏空调16台，另有电视、电脑等家电被雷击，损失约15万元。同日，兴宾区蒙村乡银峡村委会高山新村一村民在田边大石下避雨被雷击身亡。金秀瑶族自治县公路局田村管理站(道班)遭受雷击，击伤工作人员1名、击伤狗1只。7月4日，兴宾区农业局遭受雷击，损坏家电约30台，经济损失6万多元。9月6日上午，武宣县且三里中学一栋教室遭受雷击，有23位学生被雷击伤。

2005年3月28日13时30分，金秀瑶族自治县城受雷击，被雷击坏电视机、电话、电脑等家电设备38台。4月12日上午7时左右，忻城县红渡镇马安村上古梨屯，4人躲到公路边大竹坡底下避雨，4人同时被雷击伤翻倒在地。4月25日上午10时左右，象州县中平镇梧桐村委梁村一村民在修田坎时遭受雷击，当场死亡。大乐镇丛笼村一村民在田间放田水时遭受雷击，当场死亡。中平镇信用社、大乐镇信用社分别遭受雷电波侵袭，共造成2台光端机、2个转换器、1台显示器、1台传真机、2个调制解调器被击坏，损失9000多元。象州县中平镇农行遭受雷电波侵袭，造成1台光端机、1个转换器损坏，损失约4000元；中平镇派出所遭受雷电波侵袭，1个转换器、1个调制解调器损坏，损失约1500元。6月2日2时，金秀瑶族自治县粮食局头排镇储备粮所19号粮仓遭受雷击，横梁被雷击断，谷子被烧毁一批。6月21日10时，象州县水晶乡一药材仓库被雷击，雷电击穿墙壁和铁门后，引燃价值14万多元的中药材。同时，大火烧毁仓库，仅一墙之隔的肥料仓也因大火蔓延被烧毁，造成价值近6万元化肥被烧焦。此次雷灾直接经济损失约21万元。

据统计，2004—2005年，全市因受雷击死亡27人，受伤56人，击坏变压器、电动机等机电设备703台(套)，击坏空调、电视机，电脑等家电设备598台(套)，经济损失1267万元，具体数据详见下表。

表2-10　2004—2005年来宾市雷电灾害统计表

年份	年雷灾次数	击死人数	击伤人数	击坏房屋(间)	击死牲畜(头)	击坏设备(台套)	击坏家电(台套)	经济损失(万元)
2004	127	16	47	3	14	496	371	547
2005	164	11	9	4	8	207	227	720
合计	291	27	56	7	22	703	598	1267

第三篇

人口与计划生育
民族　居民生活

历代在来宾市境内设置郡、州、府、县，人口不断发展变化。中华人民共和国成立后，来宾市境内人口得到恢复和快速发展，人口数量逐年增加。由中华人民共和国成立前的低出生、高死亡、低自然增长转变为高出生、低死亡、高自然增长。1950年，来宾市境内总人口19.98万户，89.88万人。1980年32.03万户，179.92万人；2000年54.43万户，241万人；2005年，来宾市总户数67.82万户，总人口246.80万人。

人口增长过快与自然资源及社会发展产生不协调现象，表现为人均耕地面积减少，人均产值增长缓慢，儿童入学难，成人就业难等社会矛盾突出。来宾市境内各级党委、人民政府根据国家有关计划生育政策或法令，制订出相应的地方政策和措施，大力推行计划生育，控制人口过快增长，促进人口增长与国民经济发展相适应。

境内为多民族杂居之地，有壮、汉、瑶、苗、侗、仫佬等18个民族，其中，壮族、汉族、瑶族、苗族是世居民族。2005年，全市总人口246.80万人，其中汉族人口约62.30万人，占全市总人口的25.2%；少数民族人口约184.5万人，占总人口数的74.8%，少数民族人口中以壮族人口最多，约176万人，占全市总人口的71.30%；瑶族人口7.50万人，占全市总人口的3.06%；苗族人口5000人，占全市总人口的0.19%；仫佬族人口约4500人，占全市总人口的0.18%；侗族人口1000人，占全市总人口的0.04%。来宾市民族关系融洽，壮族、汉族、瑶族和其他少数民族群众和睦相处。

中华人民共和国成立前，来宾市境内各族人民生活水平普遍低下，衣、食、住、行极为困难。中华人民共和国成立后，在党的领导下，各族群众翻身作主人，在土地改革中分得土地后，积极发展生产，经济收入增加，生产和生活条件不断改善。特别是改革开放后，调动了广大农民群众的生产积极性，农村经济得到迅速发展，农村发展、农业增效、农民增收，彻底改变了农村的生活环境；随着城镇居民收入的快速增长，来宾市居民生活水平得到明显的改善，收入有了较大增长。城乡居民生活在解决温饱后，正向全面小康生活迈进。

第一章　人　口

历代在来宾市境内设置郡、州、府、县，人口不断增加。秦朝三十三年（公元前214年）来宾市境内共2.32万户，7.60万人。清嘉庆二十五年（1820年）来宾市境内发展到9.93万户，41.21万人。民国33年（1944年），来宾市境内达到12.80万户，55.74万人。

中华人民共和国成立后，来宾市境内人口得到恢复和快速发展，人口数量逐年增加。由中华人民共和国成立前的低出生、高死亡、低自然增长转变为高出生、低死亡、高自然增长。1950年，来宾市境内总人口19.98万户，89.88万人；1980年32.03万户，179.92万人；2000年54.43万户，241万人；2005年，来宾市总户数67.82万户，总人口246.80万人。

第一节　人口数量与分布

人口数量

秦三十三年（公元前214年），桂林郡下辖的象县（今象州县）、中留县（今武宣县）和忻城县人口为2.32万户7.60万人。唐贞观十三年（639年），象州郡6县总计1.19万户，1.25万人，平均每县1974户2087人。唐开元元年（713年），象州3300户，严州（辖及今兴宾区大部分区域和武宣县部分县地）1700户。唐天宝元年（742年），象郡辖3县，共5500户10890人，平均每县1833户3630人。天宝十一年（752年），象州（辖及今象州县，武宣县部分县地）5500户，1.09万人；严州（辖及今兴宾区）1900户，7100人。北宋元丰年间（1078—1085年），象州有主户（有土地纳赋税户）5435户，客户（佃户）3283户，总计8719户。元代，象州辖3县（今象州、武宣、兴宾大部分区域），计19558户92126人，平均每县6519户3.07万人。元朝至元二十七年（1290年），人口增至5.02万户，15.22万人，户均3人。明朝中后期，由于内部战乱，加上捐税奇重，疾病流行，境内人口锐减至2.87万户，13.06万人。清朝中期，推行奖励垦荒、免科减赋、地丁合一等护国安邦新政策，经历一段时间的繁衍生息，清乾隆二十九年（1764年），象州共1.34万户4.79万人，内有男24058人，女23806人。清嘉庆二十五年（1820年），辖区人口增至9.93万户，41.21万人，户均4.2人。

民国1—16年（1912—1937年），因军阀混战、社会动乱、自然灾害频繁，来宾市境域内人口下降至8.04万户，32.55万人，比嘉庆二十五年减少1.89万户，8.65万人。民国15年，新桂系统一广西后，施行新政，社会安定、疫病减少、经济发展，人口恢复增长。民国26年(1937年)辖区内人口增至10.05万户，43.95万人。民国26—34年8月，日本侵占期间，因日军残杀和瘟疫，大量民众死亡，来宾市境域内人口再度减至9.50万户，42.07万人。

中华人民共和国成立后，随着国民经济的恢复和发展，人民生活水平不断提高，体质普遍增强，医疗卫生保健事业的发展与完善，来宾市境域内人口发展进入新时期，由中华人民共和国成立前的低出生、高死亡、低自然增长转变为高出生、低死亡、高自然增长。1950—1989年，除1959—1961年因三年自然灾害，粮食减产，人口出现递减外，其余年份均呈上升趋势。其中1962—1989年，由于“文化大革命”和人口政策失误，27年间来宾市境内人口从105.85万人猛增至213.96万人，以年均增加4万人的人口增长速度快速增长。1980年后开始严格执行计划生育政策，至2005年25年间，人口增幅降为每年增加2.57万人。

1950年，来宾市境内总人口为89.88万人，1960年达到102.22万人，10年增加12.34万人，平均每年增加1.23万人。1970年，来宾市境内总人口146.63万人，1980年达到179.92万人，1990年为218.01万人，2000年达到240.86万人，2003年为244.16万人。2005年末，来宾市总人口从1950年的89.88万人增加到246.80万人，增加156.92万人，年人口平均增长速度为2.85%。

表3-1　1950—2005年来宾市境内总户数、总人口及户均人口统计表

单位：人、户

年份	总人口数	总户数	户均人口	年份	总人口数	总户数	户均人口
1950	898838	199805	4.5	1978	1732861	312314	5.6
1951	907525	202623	4.5	1979	1764636	313729	5.6
1952	923970	206382	4.5	1980	1799210	320336	5.6
1953	929411	209230	4.5	1981	1839568	328160	5.6
1954	964069	210180	4.6	1982	1770586	313356	5.7
1955	986202	216388	4.6	1983	1897837	340550	5.6
1956	1018624	219684	4.6	1984	1954073	354481	5.5
1957	1040880	228869	4.5	1985	1988854	360050	5.5
1958	1068908	246758	4.3	1986	2022769	375577	5.4
1959	1065703	237465	4.5	1987	2064084	393083	5.3
1960	1022171	234718	4.4	1988	2103992	406923	5.2
1961	1006936	241919	4.2	1989	2139605	416014	5.1
1962	1058493	240066	4.4	1990	2180153	399374	5.0
1963	1106977	244846	4.5	1991	2212278	450691	4.9
1964	1122212	248283	4.6	1992	2246155	463116	4.9
1965	1189948	253354	4.7	1993	2270228	477557	4.8
1966	1236296	254815	4.9	1994	2280719	489343	4.7
1967	1257904	252149	5.0	1995	2326748	500628	4.7
1968	1309329	258451	5.1	1996	2361261	511755	4.6
1969	1367192	265105	5.2	1997	2383146	513604	4.6
1970	1416313	275578	5.1	1998	2384614	527351	4.5
1971	1457667	279831	5.2	1999	2401044	543955	4.4
1972	1492598	283708	5.3	2000	2408617	544331	4.5
1973	1535303	287803	5.3	2001	2383271	561746	4.2
1974	1580263	290214	5.5	2002	2409470	573657	4.2
1975	1619280	293519	5.5	2003	2441592	618782	3.9
1976	1658343	304052	5.5	2004	2451301	649775	3.7
1977	1693901	305478	5.6	2005	2468040	678280	3.6

表 3-2

1950—2005 年来宾市各县(市、区)总人口表

计量单位:人

年份＼县市区	合山市	象州县	武宣县	兴宾区	金秀瑶族自治县	忻城县	总计
1950		323423		348396	26495	200524	898838
1951		326782		351731	26837	202175	907525
1952		332628		357889	27297	206156	923970
1953		333793		360591	27510	207517	929411
1954		343311		375258	31910	213590	964069
1955		366314		384107	32284	203492	986197
1956		372922		402973	33497	209232	1018624
1957		380895		412621	33550	213814	1040880
1958		388195		435035	35291	210387	1068908
1959		384432		434725	35806	210740	1065703
1960		366975		413451	35209	206536	1022171
1961		360865		411766	35282	209023	1016936
1962		195614	180612	430316	35295	216656	1058493
1963		203116	188934	451255	36987	226685	1106977
1964		205334	190743	459021	37574	229540	1122212
1965		218309	201900	487631	39618	242390	1189848
1966		226207	209774	508532	41124	250629	1236236
1967		230277	213200	512600	42427	259400	1257904
1968		242902	221800	538100	43327	263200	1309329
1969		255003	232400	565500	44789	269500	1367192
1970		263537	240635	585515	46064	280562	1416313
1971		270305	245577	607172	47179	287434	1457667
1972		276435	251758	622235	48257	293913	1492598
1973		285195	258591	641101	49899	300935	1535721
1974		292272	265100	663987	51169	307735	1580263
1975		298980	270953	684093	52418	312836	1619280
1976		305168	276078	705335	53428	318334	1658343
1977		310025	281553	723838	54208	324277	1693901
1978		314596	287661	745746	55285	329573	1732861
1979		319542	291483	762798	56441	334372	1764636
1980		324698	297335	781028	57212	338937	1799210
1981		330167	303650	803268	57876	344634	1839595
1982	101694	291196	305362	706982	121914	345132	1770586
1983	104659	339670	314407	724221	59332	355548	1897837
1984	107524	303650	321086	734370	126240	361203	1954073
1985	109628	309201	327154	745472	129448	367951	1988854
1986	111626	314052	332869	760514	132424	371284	2022769
1987	123691	318433	338333	773703	134763	375161	2064084
1988	128867	326421	342384	791163	136408	378747	2103990

续表

年份＼县市区	合山市	象州县	武宣县	兴宾区	金秀瑶族自治县	忻城县	总计
1989	133390	329502	348822	808634	138137	381120	2139605
1990	137904	328877	358270	835979	139044	380079	2180153
1991	139625	330623	362188	850817	140710	388015	2211978
1992	142502	331668	365586	875750	141606	389043	2246155
1993	142118	335138	369610	890988	142316	390058	2270228
1994	140269	336352	373179	906563	143088	390878	2290329
1995	142288	339367	380121	925177	143911	395884	2326748
1996	142364	341838	389001	943866	144968	399234	2361271
1997	142606	344706	394643	955166	145547	400478	2383146
1998	142002	346750	397796	951069	145916	401061	2384594
1999	142247	348072	401964	961426	146380	400955	2401044
2000	140308	348994	402689	967114	147414	402098	2408617
2001	136901	345056	405429	951466	146349	398070	2383271
2002	138677	345689	412401	966722	146768	399213	2409470
2003	139387	349029	415819	992428	148078	396651	2441392
2004	138642	350013	416562	996663	149948	399473	2451301
2005	138550	351167	418926	1007900	150858	400639	2468040

人口分布

人口密度　中华人民共和国成立前，来宾市境内人口分布密度较小。民国16年(1927年)，象县每平方千米42.6人。民国24年忻城县每平方千米45人。象县从民国21—36年的16年中，以民国30年分布密度最大，每平方千米76.79人；分布密度最小的是民国21年，每平方千米41.26人。民国36年，象县每平方千米76.30人。民国33年，来宾市境内的来宾、迁江两县人口密度约为每平方千米65人。民国36年，忻城县每平方千米48人，户均5.35人。

中华人民共和国成立后，人口不断增长，密度相应增大。1950年，象州县每平方千米90.71人，来宾县人口密度每平方千米79人。1952年，忻城县每平方千米81人，武宣县每平方千米94人。

1953年，来宾市境内人口为92.94万人，人口密度为每平方千米69.36人。

1964年，来宾市境内各县开展第二次人口普查，境内总人口112.22万人，人口密度为每平方千米85.29人。武宣县人口密度最大，为每平方千米111.38人，其次是来宾县人口密度每平方千米105.17人，金秀人口密度最小，每平方千米仅15.32人。象州县每平方千米94.54人，忻城县每平方千米92.06人。

1982年，来宾市境内各县开展第三次人口普查，境内总人口177.06万人，人口密度为每平方千米139.80人，每平方千米比1964年增加54.51人。各县(市)人口密度为：武宣县177.90人，来宾县164.73人，象州县153.38人，金秀瑶族自治县50.4人，忻城县138人，合山市293.64人。

1990年，来宾市境内进行第四次人口普查时，境内人口总数为218.02万人，人口密度为每平方千米163.10人，各县(市)城区人口密度较大，乡村特别是偏远山村人口密度较小。按县(市)人口密度合山市最大为每平方千米394.01人，金秀瑶族自治县人口密度最小，为每平方千米55.91人。城镇人口密度最大为来宾镇，每平方千米达2261人。

象州县每平方千米为169.72人(均不含桐木)，其中，每次普查均以中平乡分布密度最大，水晶乡分布密度最小。

武宣县人口密度为每平方千米198.43人，武宣镇包括县直属机关人口密度较大为每平方千米401.81人，密度最大的为新龙乡每平方千米423.30人，通挽乡391.10人，稍稀疏的金鸡乡为每平方千米111.51人。

来宾县人口密度为每平千米190人，人口密度大的有来宾镇为每平方千米2261人，八一锰矿956人，来宾华侨农场389人，寺山乡246人，小平阳乡232人。每平方千米200人以上的还有良江、三五、石牙、五山、平阳5个乡。人口密度小的多是山区和丘陵地区，如大里乡雷山村，寺山乡上团村等平均每平方千米仅49人。

忻城县每平方千米151人，其中城关镇每平方千米433人，古蓬镇每平方千米230人，新圩乡每平方千米214人，果遂乡每平方千米380人，红渡镇每平方千米172人，遂意乡每平方千米162人，北更乡每平方千米145人，安东乡每平方千米137人，宁江乡每平方千米136人，大塘镇每平方千米135人，思练镇每平方千米122人，欧洞乡每平方千米107人，马泗乡每平方千米80人。

合山市每平方千米人口密度394.01人，高于全国平均密度的3.71倍。人口密度大的地段为城区、矿区和厂区；其次为北泗乡的北泗街、屯山、东亭、在勤、瀑泉、古楼村，河里乡的河里街、环山、长模、甘林、仁义、怀集村，岭南镇的石村、古城、思光、岭南、溯河、里兰村。里仰、灵台、文定、洛满、怀集5个行政村的人口密度较为稀疏，每平方千米约180人。

2000年，来宾境内各县（市）开展第五次人口普查，今市境总人口为226.83万人，平均人口密度为每平方千米179.85人。其中，象州县人口密度为每平方千米183.83人，武宣县人口密度为每平方千米232.19人，来宾县人口密度为每平方千米222.52人，忻城县人口密度为每平方千米158.32人，金秀瑶族自治县人口密度为每平方千米59.09人，合山市人口密度为每平方千米400.88人。

2003年，来宾市总人口244.14万人，人口密度为每平方千米182.19人。人口密度最大为合山市为398.25人，最小为金秀瑶族自治县59.35人。

2004年，来宾市总人口245.13万人，人口密度为每平方千米182.93人，比上年每平方千米多0.74人。

2005年，全市人口246.8万人，人口密度为每平方千米184.18人，比2000年每平方千米多4.33人。

区域分布 中华人民共和国成立后，来宾市境内人口区域分布不均，平原地区人口数量大，山区分布小。

1953年，来宾市境内人口为92.94万人，各县分布为石龙县（含今武宣县、象州县）33.38万人，占35.98%；来宾县36.06万人，占38.76%；忻城县20.75万人，占22.31%；金秀瑶族自治县2.75万人，占2.95%。

1964年，来宾市境内人口为112.22万人，来宾县45.9万人，占40.91%；武宣县人口19.07万人，占16.95%；象州县人口20.53万人，占18.30%；忻城县人口22.95万人，占20.45%；金秀瑶族自治县人口3.76万人，占3.35%。

1982年，来宾市境内总人口187.23万人。其中来宾县为70.69万人，占总人口的38.22%；武宣县人口30.54万人，占16.53%；象州县人口29.12万人，占17.91%；忻城县人口34.51万人，占18.72%；金秀瑶族自治县人口12.19万人，占3.14%；合山市人口10.17万人，占5.49%。

1990年，来宾市境内开展第四次人口普查，普查的标准时间为7月1日零时，根据普查结果，来宾市境内人口总数为216.53万人，按区域分布，较平坦地区人口较多，山区人口较少。来宾县总人口为83.6万人，占38.25%；忻城县总人口38.5万人，占17.62%；武宣县总人口34.51万人，占15.79%；象州县总人口32.22万人，占14.74%；金秀瑶族自治县总人口13.9万人，占6.36%；合山市总人口13.79万人，占6.31%。来宾县的来宾镇总人口达63305人，占该县总人口的7.57%，小平阳为50154人，占该县总人口的6%，该县超过4万人以上的乡镇有凤凰、良江、三五、平阳、迁江、寺山、蒙村7个乡镇。象州县人口分布于柳江以西的石龙、马坪2乡镇共51724人，占该县总人口的16.05%；分布于县域北部丘陵地区的运江镇、水晶乡共60239人，占18.7%；分布于南部丘陵地区的象州镇、妙皇乡共60334人，占18.73%；分布于中、东部较平坦地区的百丈、中平、寺村、罗秀、大乐5乡共149902人，占46.52%。人口最多是寺村乡，全乡人口44833人，占全县总人口的13.91%，人口最少的是百丈乡，全乡人口18235人，占全县总人口5.66%。合山市市内厂矿人口主要是合山矿务局、合山电厂、合山火车站、王所火车站、河里火车站和柳花岭林场的职工和家属。合山矿务局总人口47906人，占全市总人口34.74%，其中柳花岭矿6435人，溯河矿4874人，里兰矿5349人、东矿11786人，上塘矿2418人，石村矿2448人，河里矿2417人，合山煤矿机械厂、机电总厂、矿务局机关、工人医院、水泥厂、技工学校、建筑安装公司等单位共12179人。合山电厂4517人，占全市人口3.28%。3个火车站1442人，占全市总人口1.05%。

1995年，来宾市境域内开展1%人口抽样调查，今来宾市人口为2326748人，其中来宾县925177人，占39.76%，象州县339367人，占14.59%，武宣县380121人，占16.34%，金秀瑶族自治县为143911人，占6.19%，忻城县395884人，占17.01%，合山市142288人，占6.12%。

2000年，来宾市境内开展第五次人口普查，根据普查结果，境内总人口为226.83万人。各县（市）人口分布为来宾县96.71万人，占40.13%，象州县34.9万人，占14.32%，武宣县40.27万人，占16.82%，忻城县40.21万人，占16.69%，金秀瑶族自治县13.64万人，占6%，合山市14.03万人，占6.19%。

2005年，来宾市开展1%人口抽样调查，全市人口总数为246.8万人，兴宾区人口100.79万人，占全市总人口的40.84%，比2000年提高0.71个百分点。象州县35.12万人，占14.23%，比2000年下降0.09个百分点。武宣县41.89万人，占16.97%，比2000年提高0.15个百分点。忻城县40.06万人，占16.23%，比2000年下降0.46个百分点。金秀瑶族自治县15.09万人，占6.11%，比2000年下降0.01个百分点。合山市13.85万人，占5.61%。比2000年下降0.21个百分点。

第二节 人口变动

人口自然变动

中华人民共和国成立前，由于人民生活困苦，医疗条件差，人口生产处于高出生、高死亡、低增长状态。

民国26年(1937年)，象县共出生4144人，出生率为32.01‰；死亡3534人，死亡率达25.76‰，自然增长率为4.54‰。武宣县出生人口2731人，死亡2160人。民国29年，象县出生2088人，出生率为14.56‰；死亡1992人，死亡率为13.89‰，自然增长率0.67‰。民国31年，武宣县出生3409人，死亡3603人。

中华人民共和国成立后，来宾市境内人口自然变动大致经历6个时期：

1950—1953年，人口缓慢增长。其间经过土地改革，恢复国民经济，群众生活有所改善，人口开始由中华人民共和国成立前的高出生、高死亡、低增长向高出生、低死亡、高增长转化。1953年，来宾市境内人口比1950年增加3.06万人，年均增加1.02万人。象县人口自然增长率为9.22‰，比民国29年(1940年)高出8.55个千分点。

1954—1958年，出现中华人民共和国成立后第一个生育高峰期。1954年，来宾市境内人口自然增长率年平均为22.96‰。各县人口自然增长率为：石龙县（今象州县、武宣县）19.51‰，来宾县27.48‰，忻城县26.75‰，金秀瑶族自治县18.10‰。1955年，来宾县人口出生38410人，出生率为35.98‰，死亡率15.78‰，自然增长率20.22‰。1958年，各县人口自然增长率普遍下降，辖区内除金秀瑶族自治县人口自然增长率有所上升外，石龙县从19.51‰下降到12.32‰，来宾县从27.48‰下降到25.38‰，忻城县从26.75‰下降到13.82‰，金秀瑶族自治县从18.10‰上升到19.23‰。

1959—1961年，来宾市境内人口下降。其间，因连续遭受自然灾害与国家经济政策失误，造成国民经济困难，人民生活困苦，出生率下降，非正常死亡率提高。1959年，石龙县人口自然增长率从上年的12.32‰降至1.50‰，来宾县人口自然增长率从上年的25.38‰降至8.20‰，忻城县人口自然增长率从上年的13.82‰下降到5.27‰，金秀瑶族自治县人口自然增长率从上年的19.23‰降到2.25‰。1960年，来宾市境域内人口自然增长率出现负增长，石龙县人口自然增长率为负20.62‰，来宾县人口自然增长率为负5.98‰，忻城县人口自然增长率为负19.09‰，金秀瑶族自治县人口自然增长率为负18.70‰。

1962—1966年，来宾市境内各县出现补偿性生育，人口自然增长率恢复正常。1962年，来宾市境内人口自然增长率年平均为33.95‰。其中，象州县人口自然增长率为32.78‰，武宣县人口自然增长率为35.58‰，来宾县人口自然增长率为37.01‰，忻城县人口自然增长率为29.68‰，金秀瑶族自治县人口自然增长率为34.71‰。1964年，武宣县出生7419人，出生率38.32‰，死亡1756人，死亡率9.06‰，自然增长率29.26‰。1965年，来宾县人口出生率为46.35‰，死亡率7.98‰，自然增长率38.92‰，象州县人口出生11029人，出生率为51.56‰，死亡率9.29‰，自然增长率42.27‰。金秀瑶族自治县人口出生1885人，出生率为48.43‰，死亡率10.94‰，自然增长率37.47‰。到1966年，来宾市境内人口自然增长率年平均为36.43‰。其中，象州县人口自然增长率为38.48‰，武宣县人口自然增长率为38.34‰，来宾县人口自然增长率为36.80‰，忻城县人口自然增长率为32.84‰，金秀瑶族自治县人口自然增长率为35.70‰。

1967—1976年,来宾市境内人口生育出现第二个生育高峰期。1967年,来宾市境内人口自然增长率年平均为30.01‰。根据统计,1969—1976年,象州县共出生人口72680人,平均每年出生9085人,年平均出生率32.34‰;死亡14876人,年平均1860人,年平均死亡率6.62‰;净增人口57804人,平均每年净增7226人,年平均自然增长率25.72‰。金秀瑶族自治县共出生人口13077人,平均每年出生1635人,年平均出生率33.87‰;死亡2958人,年平均370人,年平均死亡率7.53‰;净增人口10119人,平均每年净增1265人,年平均自然增长率26.34‰。1970年,来宾县出生人口出生率为39.87‰,死亡率5.95‰,自然增长率33.92‰。1974年,武宣县出生人口8414人,出生率31.74‰,死亡1546人,死亡率5.81‰,自然增长率25.93‰。1975年,来宾县出生人口出生率为34.37‰,死亡率5.41‰,自然增长率28.96‰。1976年,来宾市境内人口自然增长率年平均为23.26‰。

1977—1990年,来宾市境内计划生育工作逐步加强,广大群众的计划生育意识日渐提高,人口出生率逐年降低,有效地控制了人口高增长的势头。1977年,来宾市境内人口自然增长率平均为22.16‰,象州县14年共出生人口88025人,平均每年出生6288人,年平均出生率19.54‰;净增64071人,平均每年净增4577人,年平均自然增长率14.22‰,比1969—1976年平均自然增长率降低11.5个千分点。金秀瑶族自治县14年共出生人口24613人,平均每年出生1758人,年平均出生率18.86‰;净增16705人,平均每年净增1193人,年平均自然增长率16.69‰,比1969—1976年平均自然增长率降低9.65个千分点。1980年,来宾县人口出生率为28.73‰,死亡率4.14‰,自然增长率24.59‰。1982年,武宣县出生6511人,出生率21.25‰,死亡1239人,死亡率4.04‰,自然增长率17.19‰。1985年,来宾县人口出生率为16.06‰,死亡率4.02‰,自然增长率12.04‰,1987年,武宣县出生6763人,出生率20.15‰,死亡1243人,死亡率3.70‰,自然增长率16.45‰;

1990年,来宾市境内人口自然增长率年平均为7.34‰。其中,合山市人口自然增长率为6.91‰,象州县人口自然增长率6.48‰,武宣县人口自然增长率10.52‰,来宾县人口自然增长率为8.19‰。忻城县人口自然增长率为5.54‰,金秀瑶族自治县人口自然增长率为6.38‰。

1991—2002年,是来宾市境内人口持续低出生时期。人口出生率大幅度下降,人口持续低出生原因是党和国家更加重视计划生育,规定实行计划生育是中国的一项基本国策,制定了一系列政策措施,对推行计划生育、控制人口生育提供了极为有利的条件。1993年,自治区人民政府出台《广西壮族自治区计划生育条例》,提出“一孩放环,两孩结扎,三孩结扎加重罚”的口号。实行计划生育凭“准生证”生育,年度考核对党委、政府实行“一票否决”,坚持党政一把手亲自抓,明确当地党委一名副书记具体抓。各部门齐抓共管,开展“春、夏、秋”计划生育集中服务月活动,各县(市)抽调各部门人员,组织计划生育工作队,积极参与乡镇开展计划生育工作,使境内的人口出生率大幅度下降。

1991年,来宾市境内人口自然增长率平均为6.52‰。其中,象州县人口自然增长率为7.4‰,武宣县人口自然增长率为7.95‰,来宾县人口自然增长率为8.2‰,忻城县人口自然增长率为3.64‰,金秀瑶族自治县人口自然增长率为4.68‰,合山市人口自然增长率为7.23‰。

1995年,来宾市境内人口自然增长率平均为6.73‰。其中,象州县人口自然增长率为7.4‰,武宣县人口自然增长率为7.86‰,来宾县人口自然增长率为11.00‰,忻城县人口自然增长率为3.01‰,金秀瑶族自治县人口自然增长率为5.57‰,合山市人口自然增长率为5.56‰。

2000年第5次人口普查统计,今来宾市人口出生率为11.6‰,其中合山市8.30‰,象州县12.03‰,武宣县14.53‰,兴宾区13.76‰,金秀11.35‰,忻城县9.77‰。死亡率为5.88‰,其中合山4.45‰,象州县6.82‰,武宣县5.12‰,兴宾区4.94‰,金秀瑶族自治县6.52‰,忻城县7.46‰。自然增长率为5.72‰,其中合山市3.85‰,象州县5.21‰,武宣县9.41‰,兴宾区8.73‰,金秀4.83‰,忻城县2.31‰。

2005年,全市人口自然增长率为6.87‰,其中合山市自然增长率为4.94‰,象州县自然增长率为6.2‰,武宣县自然增长率为9.23‰,兴宾区自然增长率为8.26‰,金秀瑶族自治县自然增长率为5.78‰,忻城县自然增长率为4.49‰。

人口迁移变动

省(自治区、直辖市)际及区内市县间人口迁移 中华人民共和国成立初期,境内人口流动量小,只有少部分南下干部分配到各县工作;五六十年代至七十年代末期,除了辖区各县工厂建设、招工吸纳极少部分人口迁入外，流动人口都是市辖区各县范围内人口流动。20 世纪 80 年代后，随着改革开放的不断深入，外出读书、参军、经商、务工的人数不断扩大，人口流动频繁，且数量不断增多。2005 年，全市迁入人口 20325 人，其中，省内迁入 1.42 万人，省外迁入 6137 人；迁出人口 2.22 万人，其中，迁往省内 13307 人，迁往省外 8925 人。

港澳台地区及国外之间的人口迁移　2002 年 12 月，来宾市成立后共迁居香港 271 人、迁居澳门 27 人、迁居台湾 31 人，迁往国外定居 56 人。

农村人口向城镇流动　改革开放后，特别是来宾市成立后，随着城镇化的不断推进，人口城镇化也随之剧增。1963 年（全国第二次人口普查，以下简称二普，依次类推），今市城区和及辖区各县（市）政府所在地的城镇人口为 4957 户、33510 人，1982 年（三普）为 68198 人，增 103%，1990 年（四普）为 35873 户、158632 人，增 132.61%，2000 年（五普）为 71590 户、223670 人，增 41%，2005 年为 575092 人，增 257%。户口迁移主要是迁入市城区和县城区，迁入人员除招工招干外，大量迁入主要是：20 世纪 90 年代初，农民为摆脱贫困，向往享受城镇人口同等的待遇，大批农业人口交几千元的城镇增容费将自己的农业户口变为城镇非农业户口；改革开放后农村生活发生翻天覆地的变化，大批通过发家致富的村民进城自建或购房将户口迁入城镇（为子女将来的读书、就业创造条件）。2005 年，全市城镇人口 57.51 万人，占总人口的 23.30%。

表 3-3　**来宾市各县（市、区）若干年份人口城镇化统计表**

年限	1963 年		1982 年		1990 年		2000 年		2005 年	
单位	户数	人数	户数	人数	户数	人数	户数	人数	户数	人数
合山							23008	80811		59247
象州	985	7096	2708	14212	4994	23606	13020	41012		42375
武宣	1325	9291	2159	14212	6952	31575	15011	51165		50858
兴宾	1750	10108	4229	23599	13921	63796	29528	91149		366593
金秀	160	2213	1029	6430	3498	14279	3973	6005		20444
忻城	737	4802	1953	9745	6508	25376	10058	34339		35575
合计	4957	33510	12078	68198	35873	158632	71590	223670		575092

注：2002 年 12 月前为来宾县，2003 年后为来宾市兴宾区

城市人口向农村流动　20 世纪 90 年代初大批量农村农业户口人员交纳城市增容费后将户口迁到市区变为城区非农业人口，实际还是居住在农村，只是户口性质改变而已。非农业户口在城区能给他们带来实惠甚少，而党的富民政策使农村面貌焕然一新，这一批人相当一部分要求将户口转迁原籍农村，出现人口向农村“回流”意愿。

经济落后地区人口向发达地区迁移　20 世纪 90 年代以后以婚迁为主，社会、经济的发展，带来人、财、物的大流动。据来宾市劳动部门统计，2003 年，全市通过劳动系统劳务输出 4.35 万人，其中输出到外省 3.73 万人；2004 年，全市通过劳动系统劳务输出共 6.81 万人，其中输出到外省 5.4 万人；2005 年，全市通过劳动系统劳务输出共 8.81 万人，其中输出到外省 7.4 万人；再加上社会面自行外出打工、经商，据不完全统计，来宾市每年外出务工、经商人员 30 万 ~50 万人，其中未婚青年占 80% 以上，务工青年们在工作中与全国各地的打工者相识、相恋，尤其是女青年嫁到经济发达地区多，仅 2005 年统计户口迁出外省的女青年就有 8925 人。

第二章　计划生育

自古以来，虽受“多子多福”观念影响，辖区居民多无计划生育观念，但由于受医疗、生活水平、灾害、战事等多因素的制约，中华人民共和国成立之前，人口生育多呈现低出生、高死亡、低自然增长的特征。中华人民共和国成立后，人民生活水平提高，医疗条件不断改善，死亡率减少，来宾市辖区内人口增长较快，人口密度加大。1950 年来宾市每平方千米人口为 67.07 人，1970 年增加到 105.71 人，1980

年增加到134.27人。人口增长过快与自然资源及社会发展产生不协调现象,表现为人均耕地面积减少,人均产值增长缓慢,儿童入学难,成人就业难等社会矛盾突出。

来宾市境内各级党委、人民政府根据国家有关计划生育政策或法令,制订出相应的地方政策和措施,大力推行计划生育,控制人口过快增长,促进人口增长与国民经济发展相适应。

2005年,来宾市委、市政府贯彻落实中共中央、国务院《关于全面加强人口和计划生育工作统筹解决人口问题的决定》,按照每个村配备1名财政拨款的计生包村专干要求,加强乡(镇)第一线计划生育干部队伍建设,充实乡(镇)计划生育服务所医务技术人员,全市共聘用村级计生专干和屯级人口管理员12694人。至年末,全市人口和计划生育系统三级共有财政全额拨款工作人员730名(其中干部编制384名、工人编制346名),其中,市本级18人,县(市、区)级有207人、乡镇级有505人。另有村级计生专干和屯级人口管理员12694人。

第一节 机 构

来宾市计划生育机构

2002年12月,来宾市计划生育委员会成立,正处级行政单位。内设办公室、宣传教育科技科、政策法规科、规划统计科,机关人员编制13名,其中机关行政编制12名、机关事业编制1名。办公地址在柳来路335号。辖兴宾区、象州县、武宣县、忻城县、金秀瑶族自治县和合山市计划生育局。乡镇计划生育管理办公室改称乡镇计划生育服务所,原职能不变。

2003年9月,来宾市人民政府印发《来宾市贯彻执行〈广西壮族自治区人口与计划生育条例〉和〈广西壮族自治区人口与计划生育管理办法〉若干规定的通知》(来政发〔2003〕86号),在每个村设1名专职计划生育副主任。

2004年,来宾市计划生育委员会改称人口和计划生育委员会,内设机构增加流动人口计划生育管理科,人员编制不变。来宾市各级计划生育管理机构在历次政府机构改革中,得到进一步巩固和发展,市级计划生育委员会人员编制由1996年第1次机构改革定编12人增至2005年18人,市计划生育药具管理站由1987年的3人增加到2005年6人。

2005年末,来宾市人口和计划生育委员会,因人口和计划生育委员会职能工作增加,来宾市人口和计划生育委员会人员编制增至18名,其中行政编制15名,事业编制3名,内设办公室、政策法规科、规划统计科、宣传教育科、科学技术科、流动人口管理科6个科(室),下辖计划生育药具管理站和计划生育技术服务中心(属两块牌子一套人员)2个事业单位及6个县(市、区)人口和计划生育局。全市计划生育队伍共730人。

市人口和计划生育委员会历任主任:杜爱华(女,2002年12月—2003年12月)、王华(2003年12月—2005年12月)。

县(市、区)计划生育机构

1958年6月,石龙县(今象州县、武宣县)人民医院设立避孕指导室。1964年前,来宾市境域内各级无计划生育管理机构。1964年后,辖区各县先后成立计划生育委员会,负责计划生育工作。5月,象州县成立计划生育委员会,区、乡设兼职人员抓计划生育工作。1965年6月,各县成立计划生育领导小组办公室,在县卫生局挂牌,由一名副局长兼任办公室主任,配两名专职行政干部,负责指导计划生育宣传、启动工作。1966年"文化大革命"开始,各县计划生育管理机构自行撤销。1971年,辖区各县计划生育领导小组办公室恢复在卫生局挂牌。

1974年5月,来宾县成立计划生育领导小组。1979年,来宾县设计划生育领导小组办公室,各公社建立计划生育领导小组,始设计划生育助理,配备专职工作人员1~2人。1980年9月25日,中共中央发表《关于控制我国人口增长问题致全体共产党员和共青团员的公开信》,把计划生育定为国家的一项基本国策,各县计划生育领导小组办公室从卫生部门分出,设立正科级计划生育领导小组办公室,业

来宾县计生业务培训会　(1996年摄)

务上由柳州地区计划生育领导小组办公室指导。各县(市、区)计划生育领导小组办公室配8~9人;今境内县乡共有计划生育行政管理干部135人。1983年,来宾市境域内各县(市)成立计划生育委员会或计划生育委员会办公室。1985年,境内各县(市)建立计划生育宣传指导站,乡镇设计划生育工作站,各配备专职工作人员3~5人。1986年3月,每个村委会(后改村公所)设计划生育专干1人。至此,形成县、乡、村计划生育工作网络。1986年后,各县(市、区)计划生育领导小组办公室先后更名为“计划生育委员会”,隶属柳州地区计划生育委员会。同时成立县(市、区)计划生育指导站,隶属柳州地区计划生育技术指导站。

1990年,境内县、乡、村共有专职计划生育工作人员244人,其中,县20人,乡镇48人,村176人。

1991年,来宾市境内县(市)计划生育领导机构称为县计划生育委员会,69个乡(镇)成立乡(镇)人民政府计划生育管理站,负责管理辖区内的计划生育工作。1995年,来宾市境内各县(市)改称计划生育局,职能不变。至年末,来宾市境内共有计划生育行政管理干部653人,技术服务管理干部97人。1996年,来宾市境内各乡(镇)人民政府设计划生育办公室,在同级计划生育服务所挂牌办公,配专职计生工作人员。

1997年下半年,来宾市境内各县(市)进行机构改革,计划生育委员会改称计划生育局,隶属柳州地区计划生育局,乡(镇)计划生育管理站改称“计划生育办公室”;各县(市、区)计划生育局定行政编制8~12名,乡(镇)计划生育办公室按大乡(镇)8~10人,中、小乡(镇)4~6人落实编制。

1999年7月,来宾市境内各县(市)根据乡(镇)计划生育工作网络薄弱,计划生育基层人口统计网底出现漏洞的实际情况,加强计划生育队伍建设,配齐配强县、乡、村三级计划生育队伍,乡镇要按总人口万分之四的比例配备计划生育专干。同年9月,各县(市)计划生育指导站改称计划生育服务站,隶属柳州地区计划生育技术服务站。

2002年12月,来宾市各县(市、区)设计划生育局。乡镇计划生育管理办公室改称乡镇计划生育服务所,原职能不变。

2004年,各县(市、区)计划生育局改称人口和计划生育局,乡(镇)设计划生育办公室和计划生育服务所,至2005年不变。

第二节 人口规划与执行

人口计划编制

1981—1990年,来宾市境域内人口计划指标由自治区下达,1991年以后,人口计划列入各县(市、区)议事日程。根据自治区下达的1991—1995年“八五”期间,今来宾辖区出生人口控制指标,柳州地区充分考虑今来宾市各县(市、区)的自然条件、经济文化水平、育龄妇女结构、民族、婚姻习俗、工作基础等因素,按照《广西壮族自治区计划生育条例》中对农业人口和非农业人口、壮族、汉族与其他少数民族等情况和全国第四次人口普查中,各县(市、区)1989年和1990年的出生数区别对待,并采用不同的计划生育率、总和生育率对各县(市、区)进行分类,象州县、合山市为一类县(市),金秀瑶族自治县、忻城县为二类县,武宣县和兴宾区为三类县,由柳州地区人口计生委同地区计委,编制柳州地区“八五”人口计划,报原地委、行署领导审核通过后,于1991年初分解下达各县(市、区)执行。

表3-4 来宾市境域内“八五”期间人口计划

单位:人

单位＼年份	1991年		1992年		1993年		1994年		1995年	
	出生人数	多孩数	出生人数	多孩数	出生人数	多孩数	出生人数	多孩数	出生人数	多孩数
合计	40400	1580	40040	1320	39680	1070	39200	770	39020	480
合山市	2300	90	2240	70	2180	60	2100	40	2070	20
象州县	6000	220	5940	170	5880	120	5800	70	5770	50
武宣县	6500	170	6440	130	6380	90	6300	60	6270	30
兴宾区	15500	750	15440	670	15380	600	15300	480	15270	280
金秀瑶族自治县	2800	100	2740	80	2680	60	2600	40	2570	30
忻城县	7300	250	7240	200	7180	140	7100	80	7070	70

1995 年初，经过对生育旺盛期育龄妇女数的调查、预测和全国第四次人口普查相关数据的分析，在摸清底数的前提下，先由下而上，再从上而下的程序充分酝酿，编制出 1996—2010 年人口计划。

表 3-5　来宾市境域内“九五”期间人口计划

项目 / 时间	1996 年	1997 年	1998 年	1999 年	2000 年
人口出生数（人）	48000.00	49000.00	49000.00	49400.00	38700.00
出生率（‰）	21.91	20.40	20.00	15.00	14.90
计生率(%)	83.00	84.00	85.00	85.00	85.00
计划外多孩率(%)	4.00	3.00	3.00	3.00	3.00

表 3-6　来宾市“十五”期间人口计划

项目 / 时间	2001 年	2002 年	2003 年	2004 年	2005 年
人口出生数（人）	33750.0	34000.0	32500.0	35000.0	37000.0
出生率（‰）	14.5	14.0	13.5	13.0	13.0
计划生育率(%)	83.0	84.0	85.0	86.0	87.0
计划外多孩率(%)	3.0	2.5	2.5	2.0	2.0

人口计划实施与管理

1990 年 2 月 6 日，柳州地委、行署印发《关于实行计划生育目标管理责任制的通知》，将自治区下达的柳州地区“八五”人口计划分解下达到各县（市），由各县（市）委书记、县（市）长与地委、行署，乡（镇）书记、乡（镇）长与县（市）委、县（市）政府签订计划生育目标管理承包责任状，并明确规定，责任状签订的各项责任制目标，在执行期间不因人事变动而变更，如党委、政府换届或有关责任负责人变动，本责任制目标仍继续有效。如原责任人在任职期间不完成责任制目标的，调离后仍要跟踪追究其领导责任。1991—2002 年，来宾市境内各县（市）每年 3、4 月份均召开人口和计划生育工作会议，贯彻地区人口和计划生育工作会议精神，总结表彰上年度计划生育工作先进单位、先进个人，布置年度计划生育工作目标任务，各县（市）党、政主要领导与乡（镇）党、政主要领导签订年度人口与计划生育目标管理责任状。

2002 年后，来宾市委、市人民政府每年年初召开全市人口与计划生育工作会议，部署计划生育工作，市党政领导与各县（市、区）主要领导签订年度人口与计划生育目标管理责任状，加强对完成人口与计划生育目标管理。1996—2005 年，来宾市境内市、县、乡三级党委、政府均把实施人口与计划生育目标管理责任状的情况纳入各年度重大督查项目，由市委办公室、市政府办公室牵头，组织市人口与计划生育领导小组成员单位的领导组成督查组，对各县（市、区）、乡（镇）党委、政府落实责任状的情况进行督促检查和通报。全市在实行人口与计划生育目标管理责任制过程中，做到考核目标明确、考核重点突出、考核奖惩措施得当，每年 10 月份，由市人口和计生领导小组委托市计划生育委员会组织实施考核验收，经检查验收合格者，市委、市政府按有关规定给予奖励；经检查验收不合格者，按责任状相关规定给予相应的处罚，人口出生、多孩控制指标都突破者，县（市、区）委、县（市、区）政府要向市委、市政府写出书面检查报告，说明原因；连续两年不合格的，要追究有关领导人的责任；同时在“双文明”和县域经济发展的“十佳县和十佳乡镇”评比中坚决实行计划生育“一票否决”制。2000 年后，来宾市实行的人口与计划生育目标管理责任制，由原来的“两线”目标管理责任制发展为“三线”计划生育目标管理责任制，即在原来党委、政府线和计划生育线实行目标管理责任制的基础上，发展到市、县、乡党委、政府所辖各部门一把手，层层与党委、政府领导签订人口与计划生育目标管理责任状，在全市形成横向到边、纵向到底的计划生育综合管理格局，为人口和计划生育工作的顺利开展和各年度人口计划的完成提供强有力的人力、财力、物力保障。

人口计划执行结果

1981年以来，来宾市境内实行严格的计划生育管理，人口迅猛增长的势头得到有效控制。1991年后，实行严格的人口计划目标管理责任制，全市的计划生育工作取得显著成效。2005年人口出生率和自然增长率分别为10.04‰和6.87‰，比1981年的26.5‰和21.3‰分别下降16.46个千分点和14.43个千分点，人口再生产实现由高出生、低死亡、高增长向低出生、低死亡、低增长类型转变。实行计划生育25年来，全市总计少生81万人。1996年5月，象州县荣获“全国计划生育红旗先进单位”奖；2005年，来宾市人口和计划生育委员会荣获国家人事部、国家人口和计划生育委员会授予“全国计划生育系统先进集体”荣誉称号。

表3-7　**1981—2005年来宾市人口计划执行情况统计表**

单位：人、%、‰

年份	计划执行	出生人数（人）	出生率(%)	计划生育率(%)	自然增长率(‰)	年份	计划执行	出生人数（人）	出生率(%)	计划生育率(%)	自然增长率(‰)
1981	计划 完成	39059	26.52		21.30	1994	计划 完成	39200 33501	12.23	81.05	7.47
1982	计划 完成	39510	27.03		21.70	1995	计划 完成	39020 28804	11.13	88.20	6.34
1983	计划 完成	36209	18.53		13.65	1996	计划 完成	48000 27030	21.91 11.72	83.00 90.36	5.91
1984	计划 完成	42270	21.54		16.84	1997	计划 完成	49000 23173	20.40 10.01	84.00 92.10	5.32
1985	计划 完成	39140	18.81		14.42	1998	计划 完成	49000 23778	20.00 10.24	85.00 87.76	5.14
1986	计划 完成	36904	18.84		14.50	1999	计划 完成	49400 21829	15.00 9.33	85.00 89.50	4.76
1987	计划 完成	33938	17.04	24.24	12.56	2000	计划 完成	37980 23950	14.90 10.16	85.00 90.34	5.89
1988	计划 完成	28609	15.98	83.87	11.43	2001	计划 完成	33750 23196	14.50 9.76	83.00 88.89	5.66
1989	计划 完成	25439	13.19	81.99	8.76	2002	计划 完成	34000 22282	14.00 9.34	84.00 92.04	7.79
1990	计划 完成	48650 34875	12.56	79.78	8.02	2003	计划 完成	32500 25076	13.50 12.59	85.00 89.68	7.12
1991	计划 完成	40400 38374	10.22	78.56	6.12	2004	计划 完成	35000 24930	13.00 10.35	86.00 90.14	6.73
1992	计划 完成	40040 36408	13.90	60.23	9.52	2005	计划 完成	37000 24372	13.00 11.05	87.00 90.63	6.87
1993	计划 完成	39680 38760	12.72	72.12	7.87						

第三节　经　费

1970—1980年，来宾市境内的计划生育工作和计划生育经费管理原由卫生部门负责。1980年7月，各县（市）计划生育办公室从卫生局分离后，配备专职财务管理人员，建立健全计划生育财务管理制度，计划生育经费开始全部由计划生育部门负责管理。1983—2005年，国家实行“块块包干，分灶吃饭”的财政管理体制，经费来源主要是国家和地方各级财政下拨的计划生育事业费、避孕药具经费和征收的社会抚养费（时称计划外超生子女费）。

1981—1990年，柳州地区计划生育事业费结算支出928.7万元，年均决算支出103.2万元，年人均经费0.30元。1981—1991年，实行计划生育经费纳入各级财政预算包干，计划生育事业费严重不足的矛盾突出，县乡拖欠卫生部门计划生育节育手术费增多，10年间，柳州全地区依法征收计划外生育费1.44亿元，用以弥补计划生育事业经费的不足。1991年，中共中央、国务院下发《关于加强计划生育工作，严格控制人口增长的决定》后，各级党委、政府把计划生育经费投入，纳入年度人口目标管理，作为重要考核指标，促使地方各级财政按每年财政增长幅度增加计划生育经费投入。至2005年，全市计划生育经费投入达4333.6万元，人均投入增至18.06元，比1990年增加46.31倍。

计划生育事业费　实行工作任务和工作质量挂钩，把经费指标与控制人口计划指标挂钩，再根据计划生育率高低不同档次核定计划生育事业费的包干标准，一并下达计划，一起考核。实行节育手术费按例包干，承包到乡（镇）计划生育办公室。坚持为农村、为基层服务的方针；坚持压缩行政支出，保证业务性支出，保证重点，兼顾其他，专款专用的原则。

避孕药具经费　1986年底前，全自治区避孕药具的供应，一直采取财政补贴、免费供应的办法。1987—1990年实行“经费包干、计价调拨”的管理办法。1992年起，在坚持避孕药具按计划免费供应政策不变的前提下，在全市城乡普遍实行按计划免费发放与市场零售相结合的“双轨制”管理办法。

表3-8　1990—2005年来宾市财政投入计生经费情况（含自治区追加经费）

年度	事业费（万元）	药具费（万元）	合计（万元）	总人口（万人）	人均
1990	141.44	1.24	142.68	218.55	0.39
1991	253.38	3.51	256.89	221.23	0.69
1992	438.73	20.55	459.28	224.63	1.23
1993	506.54	12.98	519.52	227.02	1.39
1994	793.10	38.40	831.50	228.07	2.22
1995	701.44	25.06	726.50	232.67	1.91
1996	899.80	23.20	923.00	236.13	2.41
1997	1030.20	12.60	1042.80	238.31	2.72
1998	1092.40	1.00	1093.40	238.46	2.82
1999	1475.00	17.00	1492.00	240.10	3.85
2000	1786.00	10.00	1796.00	241.00	4.59
2001	2259.00	11.00	2270.00	238.33	5.75
2002	3499.00	3.00	3502.00	240.95	8.87
2003	3462.00	3.00	3465.00	244.16	14.44
2004	3794.78	3.50	3798.28	245.13	15.70
2005	4332.10	1.50	4333.60	246.80	18.06

第四节　生育调节

生育政策

中华人民共和国建立前，“养儿防老”“多子多福”的观念几千年来深入人心，无节制生育普遍成风。1952年，来宾市境域内始实行国家第一部婚姻法，反对封建包办和买卖婚姻制度，宣传婚姻自主、婚姻自由政策。规定婚龄为男子20岁、女子18岁。1956年，来宾市境内开始宣传计划生育。1963—1965年，来宾市境内在干部工人中号召节制生育。当时只有少数育龄夫妇响应，且节育者多数生育2胎，只生1胎者甚少。1966—1974年，因受“文化大革命”影响，计划生育、晚婚晚育工作停滞不前。

1975年1月，第四届全国人民代表大会第一次会议把计划生育作为基本国策后，来宾市境内实行“晚、稀、少”的计划生育方针，对生育进行调节，提倡一对夫妇生两个孩子，生育间隔3年以上。1978—1980年，来宾市境内在各县范围内开展计划生育宣传活动，下发文件至各公社、村，号召一对夫妇只生一个孩子，规定对晚婚、晚育、节育、绝育者给予优先安排住房，增加婚、产假期。并规定国家职工领取了"独生子女优待证"，由所在单位发奖金100元。农村社员由社队发给同等数量的奖金或记工分，每个独生子女每年由所在单位发给保健费50元，独生子女户在城镇分配住房和农村安排宅基地、自留地时，均按两个孩子数分配。独生子女可以凭证优先入托儿所、幼儿园、入学和就医。而早婚、超生者则给予适当的惩罚。1980年起，来宾市境内全面推行节制生育调节措施，认真贯彻思想教育为主、长效避孕为主、经常化工作为主的节育办法，制订人口生育计划：一是实行凭证生育，条件允许生育二胎的要间隔四年；二是提倡一对夫妇只生一个孩子；三是制止多胎生育；四是推行节制措施。

1981年，来宾县已婚育龄妇女8789人中，落实节育措施的5897人，节育率67.1%。1982年后，各县（市）委和县（市）人民政府根据国家有关计划生育的指示或法令，制订出相应的地方政策和措施，大力推行计划生育，来宾县以〔1982〕第36号文件《关于计划生育若干问题的处理意见》下发至各公社、村和各厂、矿及区、地驻县单位。12月，来宾县召开全县计划生育工作会议，重新制定实行计划生育政策和措施。规定国家职工、城镇居民，凡无指标生育第2胎者，所生二胎小孩的口粮自出生之日起至小孩7周岁止，按议价粮供应。凡超孕的干部职工（包括集体单位的干部职工）经多次教育仍无采取补救措施，坚持超生，影响较大者，视其情节轻重，给予党纪、政纪处分。超生夫妇在经济处罚期间不得转正、转干、晋升或提拔。

1983—1987年，来宾市境域各县（市）利用各种宣传形式，大力宣传计划生育的重要意义，并采取思想教育和避孕为主的方针，思想教育与行政干预、经济制裁相结合的办法，层层落实责任制，定期检查和兑现政策，把计划生育的落实作为各乡（镇）、机关单位、各厂、矿、场承包责任的指标之一，使全县人口增长速度趋于平稳。1985年，各县（市）制定《关于贯彻执行国家计划生育政策的若干规定》，重申计划生育工作的奖惩措施。在城乡开展声势浩大的"三服务"上门活动，即政治思想工作服务上门、计划生育药物药具服务上门、计划生育术后回访服务上门。

1988年，境内通过落实国家计划生育政策，结合各地实际，落实节育措施，有效开展生育调节。来宾县已婚育龄妇女92269人，落实节育措施的65068人，节育率为70.52%，有2247对夫妇领取了独生子女证。象州县已婚育龄妇女46518人，落实各种节育措施37401人，节育率为80.4%。武宣县落实各种节育措施9559人。合山市落实各种节育措施3931人。

1989年1月1日，来宾市境内开始实施《广西壮族自治区计划生育条例》，每年春节或计生中心工作期间，运用墙报、黑板报、文艺演唱、电影、录像或图片展览等形式，广泛宣传，以增强人们的计划生育意识，控制人口过快增长，提高人口素质，人口出生率和自然增长率逐年下降。人口生育开始步入按计划发展轨道。

1989—1990年，来宾市境内各县（市）在控制人口增长的同时，认真做好优生、妇幼保健等工作，利用墙报、标语、广播、民歌、图画、电视、电影等形式，向群众宣传生育原理、妇幼卫生、新法接生的优越性等，开展妇女孕期和产前检查保健工作。保证妇女儿童的健康。这期间，来宾县采取长效避孕措施有13284人，使用药具23124人，少生60779人，领取独生子女证3166人。象州县采取长效避孕措施35878人，使用药具4571人，节育率85.53%。合山市采取长效避孕措施4026人，领取独生子女证1940人。

1991年，自治区第七届人大常委会对《广西壮族自治区计划生育条例》作出补充规定；其中，在优生节育中规定："有生育能力的夫妇，已生育一个孩子的，要有一方落实长效避孕措施，已生育两个孩子以上的，要有一方采取绝育措施"。来宾市境内各县（市）为解决长期困扰控制抢生、超生、政策外多孩的难题，扭转计划外多孩率居高不下的被动局面，各县（市）先后出台有关计划生育的补充规定，继续执行"一胎上环、两胎结扎、杜绝第三胎"的规定，开展落实"一环二扎"的计生政策。先干部，后群众，凡已生育了一个孩子的已婚育龄妇女要放环、吃药避孕；生育两个以上孩子的夫妻，女方年龄在40周岁以下（含40周岁）要有一方做绝育手术，确保计划生育环、扎滚动到位。但一部分群众依然存在陈旧的生育观念，不生男孩决不罢休，逃避计划生育的现象比较严重，增加了计划生育工作的难度。1993年，贯彻"三为主"方针后，将孕后管理转变为孕前管理。为防止计划外生育，对已婚育妇实行定期（每年4次）查环、查孕制度，做到早期发现及时补救，群众也越来越自觉地支持、参与计划生育工作。各县（市）

委、县(市)人民政府为加强对流动人口计划生育管理,出台《关于加强对流动人口和计划生育管理工作的规定》,规定“流动人口无计划生育证件的,有关单位不得给予办理暂住户口,审批住宅,用工单位及个人不得给予办理临时工、合同工、雇用工。”加强流动人口计划生育管理。通过落实各项计划生育法律法规和地方政策规定,境内人口得到有效调节,人口出生率逐年下降。

1994年11月,自治区第八届人大常委会对《广西壮族自治区计划生育条例》作第一次修正版;2002年7月,通过第二次《广西壮族自治区人口与计划生育条例》(2002年9月1日起实施);《广西壮族自治区人口与计划生育条例》继续沿用《广西壮族自治区计划生育条例》的生育条款,只对其中生育二胎的政策进行了修改或补充:一是第一个子女经设区的市人口和计划生育行政部门组织医学专家进行医学鉴定确诊为非遗传性疾病致残,不能成长为正常劳动力的;二是符合本条例规定要求生育第二个子女的,生育间隔时间应当满4周年,但女方年龄满28周岁以上的,不受生育间隔时间限制。全市认真贯彻执行《广西壮族自治区人口与计划生育管理办法》第十四条规定:已婚育龄夫妻应当自觉落实避孕措施,接受计划生育技术服务指导,预防和减少非意愿妊娠。

2003年,来宾市各级党委、政府高度重视生育调节工作,坚持党政一把手亲自抓、负总责。2月,来宾市委、市人民政府成立人口与计划生育领导小组,2月23日,市委、市政府召开全市人口与计划生育工作会议,在全市推行人口与计划生育目标管理责任制。市委、市政府主要领导与各县(市、区)党委、政府签订本年度人口与计划生育目标管理责任状。市委、市政府以来发〔2003〕19号文件将各项指标分解下达各县(市、区),各县(市、区)再将责任状指标层层分解下达乡(镇),定期督查责任制指标完成情况,同时把完成责任状情况作为考核各级党委、政府政绩的重要依据。市计划生育委员会主任与6个县(市、区)计划生育局局长签订2003年人口与计划生育目标管理责任状。实行党政、计生双线管理。市直机关和市人口与计划生育领导小组成员单位,由法人代表与市政府领导签订人口与计划生育目标管理责任状。同年7月,自治区第十届人民政府第7次常务会议审议通过新的《广西壮族自治区人口与计划生育管理办法》(以下简称《管理办法》)。同年9月,来宾市人民政府结合来宾市的实际,制定出台《来宾市贯彻执行〈广西壮族自治区人口与计划生育条例〉和〈广西壮族自治区人口与计划生育管理办法〉的若干规定》(来政发〔2003〕86号),是全广西第一个制定计划生育利益导向政策性文件的地级市。对加强市、县、乡、村计划生育队伍建设,落实计划生育队伍优惠待遇,实行计划生育对象的奖励,违反计划生育现行政策的行政经济处罚作出具体明确的规定。市委、市政府根据国家《流动人口计划生育管理办法》和《广西壮族自治区人口与计划生育条例》,把流动人口计划生育管理工作纳入各级政府人口与计划生育目标管理责任制之中。市政府领导与市公安局、工商局、劳动局、建规委、民政局等相关部门法人代表签订了《流动人口计划生育目标管理责任书》,明确规定这五个部门在办理审批各种证件时,必须查验计划生育证明,并定期对五部门发挥其职能作用,配合综合治理好流动人口计划生育管理工作的情况进行考评,年终落实奖罚。全市进一步加强计划生育合同规范化、法制化管理,全市育龄群众自觉与乡镇计划生育行政管理部门签订计划生育“两化”合同18.22万份,占应签数96.97%,合同兑现率94.35%。依法管理人口与计划生育工作,提高广大群众的法制观念,自觉依法实行计划生育的人越来越多,年内没有发生因计划生育执法不当引发的计划生育恶性案件。按计划生育系统年末进村调查考核,辖区户口年内实际出生人数比自治区下达的人口出生控制计划少生7424人。全市人口出生率为10.47‰;自然增长率为7.06‰。据计划生育部门统计,在出生人数中,一孩率为64.23%,二孩率为34.17%,多孩率为1.60%。计划生育率为89.86%。年末全市已婚育龄妇女为41.83万人,已落实节育措施的有37.4万人,综合节育率为88.9%。妇女总和生育率为1.82,低于全区同期平均水平,全市计划生育工作成绩显著。来宾市委、市政府获自治区党委、自治区人民政府授予完成人口与计划生育目标管理责任制先进单位奖。金秀瑶族自治县获自治区授予计划生育“三好一满意”合格单位荣誉称号(计划生育最高奖)。象州县、合山市获全区计划生育达标先进单位奖。

2004年,来宾市委、市人民政府下发《关于来宾市2004年人口与计划生育工作的意见》,提出全年的工作目标、要求和措施,继续落实人口与计划生育目标管理责任制,明确规定年内人口与计划生育目标管理责任制不达标,出现因执法不当引发计生突发事件或乱收费,在国家和自治区、市级人口与计划生育考核中发现有严重问题的单位，实行末位追踪戒勉制度，并重申计划生育工作“一票否决”制。

2005年，来宾市继续执行计划生育法律、法规，将依法管理计划生育，文明执法的要求纳入各县（市、区）、乡（镇）党委、政府年度人口与计划生育目标管理责任状的同时，全面推行计划生育行政执法责任制和执法过错责任追究制。全面推行计划生育村民自治工作，全市763个村民委员会全部开展村民自治工作，其中，已签订计划生育合同的38.5万人，占应签订的39.8万人的96.76%，全市人口出生率稳中有降，继续保持低生育、低增长状态，共出生2.72万人，出生率为10.04‰，比自治区下达的控制数少生1.26万人。全市妇女总和生育率1.86，高于全国的平均水平，低于全自治区同期平均水平。

晚婚　晚育

中华人民共和国成立前，视晚婚为耻，男满18岁、女满16岁者即可结婚生育。中华人民共和国成立后，随着计划生育工作的开展，晚婚被作为计划生育重要环节加以提倡。1976年2月13日，象州县革委会文件规定，城镇男青年28周岁、女青年25周岁，农村男青年25周岁、女青年23周岁以上初婚者为晚婚。1985年5月31日象发字(85)第122号文件规定，男青年25周岁、女青年23周岁初婚者为晚婚。晚婚职工增加婚假12天，一方符合，一方享受，双方符合，双方享受。

1981年，武宣县制订和推行晚婚晚育的节制生育规定，符合晚婚条件的，增加婚假12天；符合晚育条件的，增加产假14天，在产假期间领取独生子女证的，增加产假30天。是年，全县新婚2527人，其中晚婚1652人，晚育率65.37%；1983年，新婚2341人，其中晚婚1079人，晚婚率46.09%；1987年，新婚2613人，其中晚婚926人，晚婚率35.44%。

改革开放以来，随着经济社会的发展，生育观念的更新，境内晚婚逐步成为社会风尚，在农村、城镇地区普遍都是男女25岁以上甚至近30岁结婚，30岁以上未婚男女为数也不少。

第五节　技术服务

工作机制

1986年前，境内县（市）计划生育系统无技术服务机构，各县（市）计划生育节育手术主要由各县、乡医疗卫生部门承担。1986年境内各县（市）先后设置县级计划生育服务站，69个乡（镇）成立计划生育管理站。1987年后各县（市）计划生育技术服务站隶属柳州地区计划生育技术服务站。1995年底，辖区内共配备专职计划生育技术人员138人。2002年底，全市有6个县级计划生育服务站，66个乡服务所，724个村级服务室，服务机构逐步发展完善，有1个县级站达自治区一级站标准；有3个县站达二级站标准。村室建室率为71%（其中40%村室与合作医疗合办）。基本形成以县站为中心、乡所为纽带、村室为基础的计生技术服务网络，按照“面向基层、深入乡村、服务上门、方便群众”的方针，开展“宣传教育、技术服务、药具供应、岗位培训”四大综合服务。

2003年，来宾市6个县（市、区）74个乡（镇）全部建立计划生育服务站（所），622个村民委建立计划生育服务室，占全市768个行政村的80.1%，在技术人员配备上，市、县、乡共配备计划生育专业技术人员178人，学历构成为大专以上35人，中专143人；其中高级职称2人，中级职称25人，初级职称100人。至2005年底，市、县、乡三级计划生育技术人员由1995年109人增加到343人。其中，市级3人、县级109人、乡（镇）级231人；具有技术职称343人，其中，中级职称137人、初级职称206人。80%的县站配备万能手术床、无影灯、双目显微镜、台式B超、乳腺疾病检查仪和治疗仪、半自动系列化分析仪等较先进设备。全市66个乡（镇）服务所分别配有1~2台便携式B超、妇检包、放（取）环包、高压消毒锅、妇检床、康复床等设备；40%的乡（镇）服务所配有便携式B超并添置有双目电光显微镜；91%的村委按要求配有村级服务室。各县站、乡所均配备有录像机、影碟机、照相机及彩色电视机等宣传设备。在业务用房方面，全市投入经费248万元对计生服务所房屋进行改扩建，使之基本符合医疗卫生标准要求，为全面开展计划生育优质服务打下坚实基础。市、县组配备医学专业副局长管理计划生育科技工作，严格执行计划生育政策，切实解决群众在生育、节育、生殖保健方面存在的实际问题，推动计划生育工作的开展。市、县计生局设有独生子女病残鉴定小组和节育手术并发症鉴定小组，按照职责分工，县级负责残疾鉴定初审和材料上报工作，市级负责病残儿体检、评审，市计生委最后提出审批结论。1996—2005年，共鉴定一胎病残儿1000人，符合残疾鉴定标准批准生育二孩870人，符合率87%。并发症鉴定30例。县级服务站功能整体提升，由原来仅能开展放环、结扎等服务向生殖健康检查、输卵（精）管吻合术等方面拓展；乡级承担孕前管理、查环查孕的主要工作，基本做到放环不出乡。村级计生服务室配有懂医学知识技术员，村民小组有送药员，负责避孕药具发放及药具使用随访工作。

“九五”期间，县级计划生育服务站负责各种计划生育手术服务；乡级服务所负责上（取）环等部分计划生育手术和环情孕情监测、咨询指导服务。县级开展输卵（精）管吻合手术成功率80%以上，涌现出许多优质服务典型，其中梁昭琴（柳州地区计划生育技术服务站副站长）、李绛珠（合山市计划生育技术服务站医师）、黄合姣（武宣县计划生育技术服务站医师）、蒙美莲（忻城县计划生育技术服务站医师）4人，于1994年荣获国家计划生育委员会、卫生部“万例计划生育手术无事故先进个人”称号。从2000年开始，首先在象州县开展计划生育优质服务试点工作，2001年在柳州地区铺开。同年，象州县被自治区计生委确定为柳州地区第一批创建计划生育优质服务县单位，由此计划生育工作发生根本性改变，从单纯行政管理向社会服务与为群众提供综合性优质服务相结合转变。为加快柳州地区计划生育优质服务工作步伐，地区人口计生委制定《计划生育优质服务五年工作规划实施方案》，以每年30%~40%的乡、村递进速度开展服务工作，使已婚育龄妇女生殖健康康检率达80%。1989年后，设置广播、电视、墙板报宣传专栏等多种形式，为农村育龄群众宣传讲解优生优育、避孕节育、生殖健康知识，提高农村育龄群众生殖健康基础知识水平。免费为育龄群众提供以查环、查孕、查病（“三查”）为主的生殖健康优质服务。

2003年，来宾市计划生育技术服务网络进一步健全。全市6个县（市、区）74个乡（镇）已全部建立计划生育服务站（所），622个村委会建立计划生育服务室，占全市768个村的80.1%，市、县、乡共配备计划生育专业技术人员178人，市、县（市、区）服务站全面开展创优质服务站活动，共深入乡、村为育龄妇女开展生殖保健体检24.30万人次，查治妇科病2.13万例，共做节育手术21674例，占全市总手术数38754例的55.9%，同时开展优生优育，避孕节育咨询28.9万人次，手术回访1.73万人次。

2004年，全市强化技术服务法制化、规范化、制度化管理，积极开展创建全区“四优一满意”计划生育优质服务示范点（所）活动，推行避孕方法知情选择，加强科技队伍建设和技术服务网络建设，全面提升计生科技管理和服务工作水平。全市计划生育技术服务机构共完成计划生育手术3.68万例，深入乡、村为育龄妇女进行生殖健康检查35.37万例，查出妇科病3.11万例，治疗各种疾病1.83万例，治愈1.43万例，查出不孕人数437例（治疗和转诊292例），开展计划生育优生优育、避孕节育、生殖保健咨询服务29.12万人次。

2005年，来宾市全面推行计划生育优质服务，开展以技术服务为主，孕情跟踪管理和生殖健康等优质服务。各县（市、区）组织宣传、技术骨干深入乡、村为育龄夫妇开展生殖健康优质服务，共为32.11万名育龄妇女进行生殖健康检查，康检率82.69%（三年为周期，其中男性康检率为21.3%），查出患病人数13177人，治疗9528人，治愈率86.2%，查出不孕人数230人。8月，邀请自治区生殖保健中心专家到兴宾区计生服务站为629名育龄妇女免费做宫颈癌防癌普查普治。

药具管理与服务

1986年以前，来宾市境内避孕药具管理由各级卫生部门负责，通过县、乡医院、卫生所供应给育龄妇女。1986—2005年，来宾市计划生育避孕药具管理工作随着计划生育工作的不断深入发展，逐步建立、形成初具规模的调拨、供应、发放、管理工作体系。经过20多年的努力，特别是进入21世纪，在新时期、新形势、新任务的要求下，全市各级计生委、局和计划生育药具管理部门不断探索适应新形势发展的药具管理工作新路子，逐步建立和完善计划生育药具管理运行机制，促进计划生育药具的规范管理。2005年末，全市共建市级药具管理站1个，县级站6个，乡级所66个，村级药具室875个，共配备有专兼职药具管理员1640人。形成覆盖城乡、进村入户的计划生育药具服务网络，做到保证供应，满足需要，方便群众，提高效率，满足育龄群众对计划生育药具供应需求。全市已婚育龄妇女42.8万人，累计使用药具避孕38.15万人（含宫内节育器），使用药具人数每年占综合节育措施的43.97%，药具应用率为93.97%，有效率99.34%。

药具管理 1996年7月1日自治区计生委制定的《广西计划生育药具管理工作规范》试行

以来，境内各级计生委（局）采取有效措施，确保规范的实施。把药具管理工作摆上位置，做到“三纳入”“三统一”“四到位”，即把药具工作纳入人口与计划生育目标管理责任制，纳入“三为主”的考核内容，纳入创建文明单位的重要依据；做到统一领导、统一规划、统一部署；保证药具管理工作安排到位、任务指标到位、工作措施到位、督促检查考核到位。

2003 年，来宾市计生委加强市、县、乡、村四级计划生育药具管理网络建设，在全面建立完善市、县、乡药具管理机构的基础上，市、县、乡共新增 42 名药具管理技术人员充实三级药具站（所）的管理服务队伍，全市共建立市、县、乡药具管理站（所）81 个，村计划生育药具室 614 个，占应建村室数的 80%，共配四级药具专（兼）职管理员 1542 名。年内分期分批培训药具管理员 1387 人次，占应培训人数的 90% 以上，乡级药管员持证上岗率 95% 以上。在全市形成覆盖城乡，进村入户的药具服务管理网络，建立以县站为龙头，乡所为主体，村服务室为基础的经常性服务工作机制和一套完整的药具管理制度以及药具管理人员岗位职责制度。加强基础设施建设，市、县、乡均设有独立的药具办公用房，药具仓库，县级药具站库房面积达到 20 平方米，同时配有药具货架、防火设备和恒温调控机等，并保证有 4 个月的库存周转量，70% 的乡（镇）配有独立的药具室和药具专柜，村村有药具箱，6 个县（市、区）药具站都配有药具服务专用车。

2004 年，全市各级计划生育药具管理部门按照《广西壮族自治区计划生育药具管理工作规范》的要求，不断探索药具管理工作新路子，逐步建立和完善药具管理运行机制，促进计划生育药具的规范化管理。全市建立健全县、乡、村计划生育药具管理网络 849 个，有专兼职人员 1450 人，乡级以上药具管理人员持证上岗率 95% 以上。

2005 年，全市县、乡、村均设置药具管理机构，共设立药具站、所、室 875 个，专兼职药具管理员 1640 人。开展药具“四级五合同”签订工作，全市结合计划生育村民自治工作的开展，把药具管理和服务的内容融入“两化”合同中，抓好药具使用对象签订工作，合同签订率由 1999 年的 30% 升至 2005 年的 90%。开展药具管理“合格村”创建工作，至年末，药具“合格村” 85% 以上。

药具服务　计划生育工作的重点和难点在农村。按照自治区计生委提出的要把计划生育工作重心下移的工作思路，建立以“村为主”的工作机制。来宾市各级计划生育药具管理部门把主要精力放在加强计划生育免费发放主渠道的畅通和基层药具管理上，保证供应，使群众满意。开展药具知情选择，普及避孕药具知识，指导药具对象在整个育龄期内落实一种安全有效的药具避孕。提高服务质量，做好宣传指导，让育龄群众在“知情”的前提下，自主选择适宜的药具避孕，及时处理药具副反应，保障药具对象的安全。加强定期随访，及时准确了解育龄群众避孕节育情况，做好跟踪服务，做好随访登记，建立健全档案。

2003 年，来宾市的计划生育药具服务部门，主动送药具进村入户为群众服务。年末，全市累计使用药具避孕达 15413 人（含宫内节育器放置人数）。占综合节育措施的 42.05%，药具应用率达 96.11%，有效率达 99.69%。

2004 年，全市逐步建立了覆盖城乡、进村入户的药具服务工作网络，满足了育龄群众对药具供应的需求。市人口和计划生育委员会筹资 8 万元修建市计生药具站办公室和药具仓库，投入 2 万多元为药具站配置两台电脑和一台打印机。合山市和兴宾区分别投 1 万元和 1.5 万元装修县（市）级药具办公室和药具仓库，并配备货架、防火设备、恒温调控机等，70% 的乡（镇）建立了独立的药具室，并配药具专柜，100% 的村配有计生药具箱，有效地保证了广大农村育龄群众的生殖保健需求。全年累计使用药具避孕人数为 3.04 万人，比上年同期增加 572 人；使用药具人数达 15.88 万人（含宫内节育器），占综合节育措施的 42.14%，药具应用率为 93.59%，使用有效率达 99.7%。

2005 年，全市建立了以县站为龙头、乡所为主、村服务室为基础的经常性服务工作机制和整套完整的药具管理制度以及药具管理人员岗位责任制度，计划生育药具管理工作按国家和自治区相关规定扎实开展，极大地方便了群众。年末，全市已婚育龄妇女 42.8 万人，期末避孕人数为 3.12 万人，比上年同期增加 789 人；放环 13.47 万人，使用大药具人数为总计 16.59 万人（含宫内节育器），占综合节育措施的 43.47%。药具应用率为 93.9%，有效 99.34%。

第六节　宣传　执法

1981 年前，号召党、团员带头执行国家新的生育政策，自觉实行计划生育，生多生少没有硬性规定。1981年8月，境内各县（市）贯彻落实柳州地委、行署制定的《柳州地区关于计划生育的若干规定》，提倡晚婚、晚育、少生、优生，提倡男26岁、女24岁以后结婚，鼓励女25岁以后生育；提倡一对夫妇只生一个孩子；严格控制二胎，坚决杜绝三胎。对金秀瑶族自治县的瑶族适当放宽，对独生子女实行优待政策，对超生作出处罚。

1982—1988年，贯彻落实《中共广西壮族自治区委员会、广西壮族自治区人民政府关于贯彻国家计划生育政策的若干规定（试行）》（桂发〔1982〕77号文）和《广西壮族自治区人民政府关于贯彻国家计划生育政策的若干规定》（桂政发〔1985〕46号，以下简称《规定》），各县（市）停止执行原柳地发〔1981〕29号文件，把原制定的宽松的计划生育政策统一到《规定》上来，各县（市、区）制定贯彻落实自治区《规定》，加强计划生育依法管理的《若干规定》。要求各部门要相互支持，齐抓共管。其中，忻城县人民政府制定（忻政发〔1985〕113号文件），明确规定“对人口在一千万以下的少数民族和确有困难的家庭，给予适当照顾生育二胎”，并规定“凡国家干部、职工经多次教育，仍坚持超生第二胎以上者，要给予直至行政开除的处罚”。1986年4月，忻城县县长马某严重违反有关规定，其妻隐瞒超生第四胎，给该县和柳州地区带来“政府领导带头超生”的恶劣影响，柳州地委、行署于1986年5月10日研究决定，给予马某开除党籍、公职的处罚，报请自治区纪律检查委员会审批，自治区纪委于1986年8月4日给予马某开除党籍、公职的处理，使人民群众看到党和政府执行计划生育基本国策的坚决性，刹住了机关干部、职工抢生、超生的势头，为1989年全面实施《广西壮族自治区计划生育条例》奠定良好的基础。

1989年，今市境内贯彻实行1988年9月17日自治区人大常务委员会第五次会议通过的《广西壮族自治区计划生育条例》（以下简称《条例》），计划生育工作从单纯的行政管理开始走向依法管理的轨道。各县（市、区）计生委先后设置计划生育政策法规股，加强计划生育依法管理。柳州地委、行署相继堵住金秀瑶族自治县给进入瑶山工作5~8年的汉族、壮族干部可以生育第二胎和瑶族农民、居民可以生育第三胎的政策口子。1989年6月20日，《广西壮族自治区计划生育实施细则》发布实施。1991年8月17日，自治区七届人大对《条例》作补充规定，其中在优生节育中规定“有生育能力的夫妇，已生育一个孩子的，要有一方落实长效避孕措施，已生育两个孩子以上的，要有一方采取绝育措施”。据此，境内从1991—1993年，打响突破二孩结扎攻坚战，县、乡成立以书记任指挥长，县（市）长和分管副书记、副县（市）长任副指挥长的活动指挥部，采取抓领导，领导抓，抓各级干部带头结扎，带动农村二孩结扎，涌现出忻城县县长、金秀瑶族自治县委书记带头结扎的感人场面，促进了境内的二孩结扎到位，有效遏制政策外多孩超生，扭转计划生育工作后进局面。1993年，自治区人民政府出台《广西壮族自治区计划生育条例》，提出“一孩放环，两孩结扎，三孩结扎加重罚”的口号。实行计划生育凭“准生证”生育，年度考核对党委、政府实行“一票否决”，坚持党政一把手亲自抓，明确各级党委一名副书记具体抓。各部门齐抓共管，开展“春、夏、秋”计划生育集中服务月活动，并在各部门抽调人员，组织计划生育工作队，积极参与乡镇开展计划生育工作，使境内的人口出生率大幅度下降。2002年7月17日，自治区第九届人大通过新的《广西壮族自治区计划生育条例》（2002年9月1日起实施）；2003年7月4日，自治区第九届人大通过新的《广西壮族自治区计划生育条例实施细则》（以下简称《实施细则》）；期间，市、县认真贯彻落实。1997年9月，在忻城县召开柳州地区计划生育合同规范化、法制化管理现场会，推广忻城县抓计划生育合同化管理的经验。至2002年底，全市共签订“两化”管理合同25.7万份，兑现24.6万份。1998年12月—1999年3月底，在境内开展以促进《实施细则》贯彻落实到位为目的的“四清查、四落实”活动，即：清查1990年以来人口出生瞒报、漏报情况，抓已婚育龄妇女避孕节育措施落实到位：清查1990年以来共产党员、国家干部违反计划生育政策超生情况，抓处罚措施落实到位：清查历年计划外生育欠征收社会抚养费情况，抓新旧欠账征收落实到位；清查流动人口、下岗人员计划外生育情况，抓流动人口、下岗人员计划生育管理服务工作落实到位。此次活动，境内共组织清查工作队7200多人，投入启动经费61万元，抽调汽车412辆，计生医务技术人员366人，至1999年6月结束，共清查出1990年1月至1998年12月人口出生漏报、瞒报3.83万人，假报1.28万人，清查出的出生瞒、漏报夫妇落实节育措施1.2万人，占应落实人数的77.40%；清理出党员计划外生育282人，作出经济处罚和党、政纪处分138人，处罚率达84.47%；清理出国家干部超生

258人，作出经济处罚和降、免职处分241人，处罚率达96.29%。在贯彻落实自治区《条例》的基础上，1999年7月6日，境内各县（市、区）贯彻柳州地委、行署《关于进一步加强计划生育工作的决定》（柳地发〔1999〕34号）（以下简称《决定》），在人口规划、生育指标审批、“生育证”发放、节育措施落实以及奖、罚等都按《决定》执行，有章可循，有法可依。从2000年开始，在今市辖区内进一步推行计划生育行政执法责任制和执法过错追究制，对违法行政事件追究当事人责任；建立行政执法政务公开监督制度，实行执法人员职务、责任、举报电话、行政执法程序、生育政策、计划生育行政处罚依据公开，村级实行计划生育政策、处罚政策、生育安排、人口变动情况公开。

2004—2005年，来宾市以贯彻新的《广西壮族自治区人口与计划生育条例》（以下简称《条例》）和《广西壮族自治区人口与计划生育管理办法》（以下简称《办法》）为重点。市委、市政府在继续把执行计划生育法律、法规，依法管理计划生育，文明执法的要求纳入各县（市、区）党委、政府年度人口与计划生育目标管理责任状的同时，全面推行计划生育行政执法责任制和执法过错责任追究制，年末开展全市人口和计划生育行政执法检查。

2005年，全市开始全面推行部分农村计划生育家庭奖励扶助制度试点工作。为使实行计划生育的家庭在政治上光荣、经济上得到实惠，生活上得到保障，解决老有所养问题，从当年起，国家在部分省市推行农村部分计划生育家庭奖励扶助制度，农村只有一个子女和两个女孩的计划生育家庭，夫妇年满60周岁后，每人每年将得到政府发给的600元奖励扶助金。来宾市作为试点，从当年3月开始对农村符合条件的对象进行调查摸底工作。对照政策对符合奖励扶助的对象及申报、确认程序和奖励标准等情况进行认真反复的核对，并经村、乡、县三级三榜公示，自下而上交群众监督，再经乡、县、市三级审核把关，全市确认的2005年度奖励扶助对象为1335人，至12月底，共发放奖励扶助金80.1万元。

第七节　计生自治

根据中国计划生育协会提出关于发展地方计划生育协会组织的要求，境内各县（市、区）相继成立计划生育协会。从此，今来宾市的计划生育工作从单一的政府行为发展为政府管理与群众自我管理相结合的新模式。1991年，境内成立计划生育协会组织7个，会员258人，此后，各级计生协会不断增加。1995年以来，今来宾市各级计划生育协会根据中国计划生育协会1995年7月制定颁布的《民主参与和民主监督暂行办法》和《实施细则》，重点对基层计划生育优惠政策落实情况、人口计划执行情况、依法凭证生育情况、人口统计质量的情况以及在计划生育工作中某些脱离群众的做法与不正之风等情况，召开乡、村计生协会会员座谈会1600多次，多渠道听取广大会员意见，实行民主参与和民主监督。各级计生协会协助党委、政府稳定低生育水平为目标，以继续开展“生育关怀行动”为重点，以协会章程为依据，不断转变作风，提高协会工作质量，服务基层、服务群众。不断抓好基层协会组织整顿工作。2001年4月柳州地区印发《柳州地区实行计划生育村民自治五年规划》，给各县（市、区）下达2001—2006年规划实现计划生育村民自治的任务。柳州地区人口领导小组于2001年3月初在来宾县桥巩乡周山村开展计划生育村民自治试点，并于4月初在该乡召开经验交流会，各县（市）积极稳妥地推行计划生育村民自治。2005年，来宾市继续巩固和提高计划生育村民自治，在上年全市713个村委会开展计划生育村民自治的基础上，投入计划生育村民自治活动经费117.7万元，继续开展计生村民自治，年内新增50个村委会开展计生村民自治，全市763个村委会全部开展计划生育村民自治工作，其中已签订计划生育合同38.5万人，占应签订合同39.8万人的96.76%，已兑现合同35.6万人，兑现率为92.47%，群众参与率为95.5%，群众满意率93.6%。

至2005年，全市市、县、乡、村4级共组建计划生育协会859个，其中市级1个，县级6个，乡级84个，村级768个。全市共有计生协会会员244988人，会员人数占全市总人口的10%。763个村（居）委会计生协会都配备协会专职副会长、秘书长。2005年，全市共调整充实村级理事会理事162人，中心户长378人，发展新会员8343人；经市级评估，先进村（居）协会150个，合格村（居）协会458个，基础薄弱村（居）协会159个。继续开展“生育关怀行动”活动。各级协会紧紧围绕“生育传承希望，关怀相伴和谐”这一主题，利用“5·29”全国会员活动日活动、“7·11”世界人口日活动、“9·25”全区会员活动日，通过山歌对唱、文艺演出、文化广场等多种形式，在全社会营造“生育关怀行动”的浓厚氛围。全市共举办大型宣传活动76场，文艺演出70场(次)，举行计生知识有奖竞赛活动250场、山歌演唱80场、组织协会会员举行篮球、拔河比赛82场，出版宣传板(墙)报195版，免费发放各种计生宣传品18万多份，避孕药具33000盒，为群众义诊18000多人(次)，慰问贫困母亲、独生子女和双女家庭3200户。

1991—2005年，市、县、乡、村四级计划生育协会，通过把群众中的积极分子组织起来，做到管自己、教子女、带亲戚、带头实行计划生育，已成为政府在推行计划生育基本国策方面一支不可代替的社会力量。据统计，14年来，经各级计划生育协会会员宣传、教育、带头作用，全市有3.52万多对符合生二孩的夫妇不再生育二孩，有5.63万多对生两个女孩的夫妇带头实行绝育手术。

1991—2005年，全市计生协会积极推进“两委负总责、协会当骨干、家庭为中心、群众做主人”的自治网络。在“5·29”全国会员活动日活动期间，各级协会会长通过电视广播宣传2510次，建立计生宣传长廊500条，出计生板报2914版；在“7·11”世界人口日活动中，各级计生协会以“生育关怀”“生殖健康”“婚育新风”“保护妇女合法权益”为主要内容的系列服务宣传活动，组织协调有关计生协会理事成员单位召开座谈会、恳谈会268场次，参加会议人员1.55万人，出版宣传板墙(板)报2289版，悬挂大幅标语635条，张贴大小标语28200张；在“9·25”全区会员活动日活动期间，共发放宣传资料27.80万份，开展计生知识竞赛235场，山歌演唱160场，组织文艺队进村演出宣传295场，进行篮球、拔河比赛155场。全市参加庆祝活动的计生协会会员和群众达62万人次；在“12·1”世界艾滋病日宣传活动中，市计生协会积极配合和参与由市妇儿工委组织的“关注母亲，关爱女孩”“尊重生命，尊重爱”和倡导“男女平等，破重男旧俗，树尊女新风”等活动。各级协会在这次活动中，组织开展宣传服务活动320次，参加人员4.6万多人(次)。

1996—2005年间，各级计划生育协会配合各级政府发动、组织广大计生协会会员开展计划生育“三结合”活动(即：计划生育工作与发展经济相结合、与帮助农民致富奔小康相结合、与建立文明幸福家庭相结合)，共举办农业种、养技术培训班2100期，培训计生帮扶对象25647人次，协调开展帮扶项目3087个，筹措帮扶资金3253万元，共帮扶计划生育困难户38420户。

第八节　流动人口计生管理

1996年起，今来宾市6个县(市、区)先后成立县直流动人口计划生育管理站，2000年前属财政差额拨款事业单位，2004年7月，市、县(市、区)先后设置流动人口计划生育管理科、股，加强行政管理。至2005年底，全市共配有市、县(市、区)直流动人口计划生育管理专职干部职工42人，6个县(市、区)流动人口计划生育管理站全部改为财政拨款事业单位，为全市抓好流动人口计划生育管理工作提供组织和经费保障。县(市、区)流动人口计划生育管理站和乡(镇)计划生育办公室，通过与流动人口签订计划生育合同，明确流动人口实行计划生育的义务和权利，加强对流动人口计划生育管理和服务。据统计，1996—1999年，今来宾市共签订流动人口计划生育合同29860多份，经各年度检查，合同兑现率达90.63%。

1996—2003年，今来宾市未能形成齐抓共管的格局，流动人口的计划生育管理出现“五难”即：思想教育难开展，避孕节育措施难落实，计划外生育难控制，计生政策法规难兑现，年度人口出生难统计。不少民营企业老板和包工头超生的孩子数年不报出生，不申报户口登记。2004—2005年，在实行合同制管理的基础上，全市开始将流动人口计划生育管理纳入各级党委、政府年度人口与计划生育目标管理责任制，把流动人口计划生育管理与常住人口计划生育管理摆在同等位置上来抓，做到同管理、同考核、同奖罚，确保各年度工作目标任务的全面完成。

市委、市人民政府在把流动人口计划生育管理纳入各级党委、政府年度人口与计划生育目标管理责任制的基础上，每年还与市公安局、工商局、劳动局、建规委、卫生局等与流动人口联系密切的部门法人代表签订流动人口计划生育管理责任书，明确规定：各部门在审核办理流动人口各种证照时，必须查验流动人口《婚育证明》，年中和年末由市人口与计划生育领导小组委托市计生委组织考核验收，报市人民政府，根据考核结果兑现奖罚，同时作为市委、市人民政府考核责任单位主要领导政绩的重要依据。全市逐步形成流动人口计划生育管理纵向到底、横向到边、齐抓共管、综合治理的新格局。在依法管理流动人口工作上，坚持“谁出租谁负责、谁经营谁负责、谁用工谁负责”的原则，改变过去“重收费、轻管理”的现象，采取多层次、多渠道对流动人口要求其履行其应尽的责任和义务的同时，享有其应有的权利，对执法人员严格按照《行政许可法》和“七不准”要求正确执法、文明执法、依法行政，维护党和政府的良好形象。

2003年，随着地级来宾市的建立，流动人口大量增加。伴随着流动人口大量涌现所产生的计划生育管理等一系列问题，引起市委、市人民政府的高度重视，各县（市、区）对原有的流动人口计划生育管理站进行充实加强，专职干部由2002年度的42人增加到64人，其中兴宾区从2002年末的4人增加到24人，经费来源从原来的财政差额拨款全部改为财政全额拨款事业单位，并配备流动人口计划生育管理专用车。在加强机构人员配备的同时，对全体流动人口计划生育管理站的人员进行岗前思想业务培训，为抓好全市流动人口计划生育经常性管理工作提供了组织保障。年内，市委、市人民政府根据国家《流动人口计划生育管理办法》和《广西壮族自治区人口与计划生育条例》，把流动人口计划生育管理工作纳入各级政府人口与计划生育目标管理责任制之中。市政府领导与市公安局、工商局、劳动局、建规委、民政局等相关部门法人代表签订了《流动人口计划生育目标管理责任书》，明确规定这五个部门在办理审批各种证件时，必须查验计划生育证明，并定期对五部门发挥其职能作用，配合综合治理好流动人口计划生育管理工作的情况进行考评，年终落实奖罚。市公安局下发文件规定各派出所在办理流动人口暂住证时必须查验计划生育证明；市建规委规定在审批开工手续时，严格查验施工队员的计划生育证明并签订流动人口计划生育合同书。市劳动和社会保障局规定在办理劳务证时，严格查验流动人口计划生育证明。各有关部门认真把好流动人口计划生育关，形成齐抓共管、综合治理的局面，有效地确保本年度全市人口与计划生育目标管理责任制各项任务的完成。

2004年，随着来宾市城市化建设步伐加快，经济的快速增长，流动人口数量也迅速增加。年报统计，全市流动人口32.11万人，其中流入人口13.98万人，流出人口18.12万人。在流动人口中，35岁以上的占80%，说明流动人口的主体是处在生育旺盛期的青壮年育龄人口，对计划生育和生殖健康服务有巨大的需求，流动人口计划生育问题日益成为新形势下人口和计划生育工作突出的问题。针对这一特点，来宾市全面贯彻落实《流动人口计划生育工作管理办法》《流动人口计划生育管理和服务工作若干规定》，及流动人口计划生育相关的法律法规，按照“公平对待、合理引导、完善管理、优质服务”的原则，坚持以人为本，管理和服务相结合，积极采取抓措施，抓紧抓好流动人口计划生育管理和服务。

2004年3月1日，市人民政府与公安、工商、劳动、民政、建规委等部门签订流动人口计划生育综合治理责任状，将流动人口计划生育工作纳入目标管理责任制，同部署、同考核、同奖惩。当年劳动部门规定流动人口凭《婚育证明》才能办理流动人员的劳务关系和有关务工证件，无《婚育证明》的不予办理。工商部门规定办理流动人口营业执照凭《婚育证明》办理，缺《婚育证明》，在15天内不能补全的，不予办理。公安部门规定凭计划生育部门查验的《婚育证明》办理流动人口暂住证。城建部门规定业主不得雇用无《婚育证明》的民工，违者对施工企业给予批评教育、停业整顿、吊销资质等处理。

2004年5月—6月，在全市范围内集中开展查验《流动人口婚育证明》活动，共验证1.76万本，限期补证2853人，落实补救措施10例，落实节育措施42例。同时建立了较完善的流动人口已婚育龄妇女档案，实行动态管理，形成用工单位、业主、出租屋、屋主一齐参与的承担计划生育管理责任的良好局面。同年8月，经市委、市人民政府批准，市人口和计划生育委员会成立流动人口管理科。年内全市共有流动人口计划生育专（兼）职管理和服务人员131人。

2005年，来宾市推行流动人口计划生育部门管理目标责任制，市委、市政府将流动人口计划生育管理与服务纳入社会治安综合治理管理体制，明确了相关部门职责，定期召开协调会，及时解决综合治理中的问题。在依法管理流动人口工作上，坚持“谁出租谁负责，谁经营谁负责、谁用工谁负责”的原则，改变了过去重收费轻管理的做法，采取多层次、多渠道对流动人口要求其履行其应尽的责任和义务的同时，享有其应有的权利，对执法人员严格按照《中华人民共和国行政许可法》和“七不准”要求正确执法、文明执法，依法行政，维护党和政府以及计划生育队伍的良好形象。

第三章 民 族

先秦时，境内为百越民族杂居之地，公元前214年，秦统一岭南，设置桂林郡，境内属桂林郡地。此后至唐朝以前所称“桂林”，包括今来宾市辖区一带。元、明、清、民国时期，境内所属各县行政区域屡次变化，曾居住多个不同民族。

中华人民共和国成立后，境内行政区域曾多次变化，辖区内各民族的构成分布也有所变化。

2002年9月29日，国务院批准设立地级来宾市，行政区域辖兴宾区（原来宾县）、武宣县、象州县、忻城县、金秀瑶族自治县，代管合山市。境内有壮、汉、瑶、苗、侗、仫佬等18个民族，其中，壮族、汉族、瑶族、苗族是世居民族。

2005年，全市总人口246.80万人，其中汉族人口约62.30万人，占全市总人口的25.2%；少数民族人口约184.5万人，占总人口数的74.8%，少数民族人口中以壮族人口最多，约176万人，占全市总人口的71.30%；瑶族人口7.50万人，占全市总人口的3.06%；苗族人口5000人，占全市总人口的0.19%；仫佬族人口约4500人，占全市总人口的0.18%；侗族人口1000人，占全市总人口的0.04%。

金秀瑶族自治县是来宾市唯一的民族自治县，全县总人口15.34万人，少数民族人口约12.06万人，占总人口的78.6%，其中瑶族人口5.34万人，占总人口的34.8%。该县是瑶族聚居地，境内瑶族人口众多，分布有茶山瑶、盘瑶、坳瑶、花蓝瑶、山子瑶等五个支系，享有“世界瑶都”之称。

壮族分布在全市6个县（市、区），其中兴宾区壮族人口最多，约63.5万人，占该区总人口的63%；忻城县壮族人口约37万人，占全县总人口的92.3%，是全市壮族人口比例最高的县。

汉族分布在全市6个县（市、区），其中以兴宾区人口最多，约30万人，约占该区总人口的三分之一。

苗族仅零星分布于各县（市、区），多因婚姻、工作、经商等迁入。除忻城县有1000多人，兴宾区有2000千余人外，其余各县（市、区）苗族人口均不足1000人。

来宾市民族关系融洽，壮族、汉族、瑶族和其他少数民族群众和睦相处。1984年，自治区召开第一次民族团结进步表彰会，1988年，国务院召开第一次民族团结进步表彰大会，来宾市获得表彰的先进集体12个，先进个人12人。自治区召开6次民族团结进步表彰会，来宾市获得表彰的先进集体66个，先进个人127人。

第一节 机 构

民族事务委员会

中华人民共和国成立后，境内各县（市）民族事务管理工作由民政局兼管，事业隶属宜山专署民族事务委员会、柳州专署民族事务科。1985年，境内各县（市）先后成立民族事务委员会，隶属于1984年5月成立的柳州地区民族事务委员会。1997年1月，各县（市）民族事务委员会改称民族事务局，上级主管部门为柳州地区民族事务局。

2002年12月，来宾市民族事务委员会成立，属正处级行政单位，内设办公室、民族经济科、民族文教卫政法科和民族语言文字科。编制9人，在职8人。下辖兴宾区、武宣县、象州县、忻城县、金秀瑶族自治县、合山市民族事务局。至2005年，市民族事务委员会内设秘书科、民族经济科、民族文教科、民族语言文字科。

来宾市民族事务委员会主任：钟为人（2002年12月—2005年12月）。

少数民族语言文字工作办公室

1985年，境内各县按照自治区壮文工作会议有关精神，设立少数民族语言文字工作办公室，配民语工作专职干部1~2名，主要负责推行壮族文字工作。1997年后，各县（市、区）少数民族语言文字工作办公室在民族事务局挂牌，办公室主任由民族事务局1名副职兼任。至2005年不变。

2002年12月，来宾市成立后，来宾市少数民族语言文字工作办公室在市民族事务委员会挂牌，办公室主任由民族事务委员会1名副主任兼任，至2005年不变。

第二节 壮 族

源 流

壮族是中国55个少数民族中人口最多的民

族，是岭南的土著民族。壮族来源于秦汉时期的西瓯和骆越人，东汉及至隋唐的“乌浒”“俚僚”以及“蛮”人，是壮族的古代先民。宋代以后，壮族以“僮”“土”等名称载于史籍，1950年统称僮族。1965年，根据周恩来总理建议，经国务院批准，将“僮”改为“壮”。

先秦时期，西瓯人一部分活动于柳江流域的东部，骆越人一部分活动于柳江流域以西地区，这些地区都是今柳州市及来宾市管辖地域，故今来宾市的壮族绝大部分是本地土著民族的后裔。另一少部分壮族，则是秦代以后，因战事、政事或经商陆续迁入本地区的汉人，其中一部分因与壮族长期杂处，互相交往通婚，逐步演化为壮族。武宣、象州、来宾县部分壮族，其祖先是元、明时期从湖南、广东及广西区内各地迁入的汉人，因与当地壮族人长期杂居而演变成后来的壮族。

人口构成及分布

境内是壮族的主要聚居区，壮族人口在总人口中占有较大比例。历年占比均在50%以上。

1953年第一次人口普查，境内总人口92.94万人，壮族人口64.49万人，占69.39%。其中，来宾县壮族人口24.15万人，占境内壮族人口总数的37.46%，石龙县（今象州、武宣县）壮族人口21.71万人，占境内壮族人口总数的33.66%，忻城县壮族人口18.53万人，占境内壮族人口总数的28.74%，金秀瑶族自治县壮族人口951人，占境内壮族人口总数的0.15%。

1964年第二次人口普查，境内总人口112.22万人，壮族人口77.74万人，占总人口的69.17%。其中，来宾县壮族人口30.38万人，占壮族总人口的39.08%；武宣县壮族12.63万人，占壮族总人口的16.25%；象州县壮族13.38万人，占壮族总人口的17.22%；金秀瑶族自治县壮族人口5768人，占壮族总人口的0.74%；忻城县壮族20.76万人，占壮族总人口的26.71%。

1982年第三次人口普查，境内总人口187.22万人，其中，壮族人口130.59万人，占总人口的69.75%，比1964年增0.58个百分点。其中，合山市壮族人口6.32万人，占壮族总人口的4.84%，象州县壮族人口19.23万人，占壮族总人口的14.73%，武宣县壮族人口20.1万人，占壮族总人口的15.40%，来宾县壮族人口47.87万人，占壮族总人口的36.66%，金秀瑶族自治县壮族人口5.64万人，占壮族总人口的4.32%，忻城县壮族31.41万人，占24.05%。

1990年第四次人口普查，境内总人口215.22万人，其中，壮族人口151.78万人，占总人口的70.52%。其中，合山市壮族人口8.62万人，占壮族总人口的5.68%，象州县壮族人口22.7万人，占壮族总人口的14.96%，武宣县壮族人口23.01万人，占壮族总人口的15.16%，来宾县壮族人口56.75万人，占壮族总人口的37.39%，金秀瑶族自治县壮族人口6.05万人，占壮族总人口的3.99%，忻城县壮族34.63万7人，占22.82%。

2000年，境内总人口226.83万人。其中，壮族129.44万人，占总人口数的53.71%。象州县壮族人口24.8万人，占壮族总人口的19.16%；武宣县壮族27.46万人，占壮族总人口的21.22%；来宾县壮族人口64.39万人，占壮族总人口的49.75%；忻城县壮族人口32.46万人，占壮族总人口的25.08%；合山全市壮族人口9.79万人，占壮族总人口的7.56%。

2003年，来宾市总人口244.14万人，其中壮族人口174万人，占全市总人口的71.29%。壮族分布在全市6个县（市、区），其中以兴宾区人口最多，约62.47万人，占该区总人口的62.68%，占全市壮族总人口的35.9%；忻城县壮族人口约占全县总人口的91.29%，是壮族人口比例最高的县。

2004年，全市总人口245.13万人，其中壮族人口174.75万人，占全市总人口的71.29%。

2005年，全市人口246.8万人，其中，壮族人口176.5万人，占全市总人口的71.3%。全市壮族人口均有分布，以兴宾区和忻城县壮族人口最多，兴宾区壮族人口63.5万人，占全市壮族人口的35.98%；忻城县壮族人口37万人，占全市壮族人口的20.96.3%，忻城县是壮族人口比例最高的县，该县壮族人口占全县总人口的92.3%；象州县壮族人口25万人，占全市壮族人口的14.16%；武宣县壮族人口19.5万人，占全市壮族人口的11.05%；金秀瑶族自治县壮族人口6.5万人，占全市壮族人口的3.68%；合山市壮族人口9.3万人，占全市壮族人口的5.27%。

壮语　壮文

语　言　境内壮语属北部方言。以红水河为界，分为柳江壮语区（今兴宾区、忻城县红水河以北地区）；红水河壮语区（象州县、武宣县、金秀瑶族自治县及今兴宾区、忻城县红水河以南地区）。各壮语区之间的语音、词汇和语法大部分相同，仅个别声母、韵母的发音及调值不同，可以相互交谈。壮语中的民族固有词以单音节居多，如表示“洗”动作的有 Swiq（洗脸）、Saeg（洗衣物）、lang（冲洗）、ca：t（刷洗）等等。句子成分的基本次序是主—谓—宾—补。以名词、量词为中心的修饰或合成词，中心成分在前，修饰成分在后，如菜刀，壮语为刀菜(caxbyaek、gyaxbyaek)。壮族语言词汇丰富，除有其固有词汇外，还借用汉语词汇，特别是新名词和数量众多的政治、科技术语，都借用汉音(桂柳方言)来表达。汉语词汇的融入和渗透，丰富了壮族语言词汇，促进了壮族语言和文化的发展。

文　字　壮族借用汉字的形、音、义，创造出“方块壮字”，又称“土俗字”。今兴宾区、象州县、武宣县、忻城县等地至今在民间传唱的山歌本中仍有用古壮字记录的民歌手抄本。

1952 年，中国社会科学院会同广西有关部门，对壮文字的流行情况进行调查。1955 年，根据壮族群众的意愿，制订以拉丁字母为主要文字记录符号的《壮文方案》。1957 年 11 月经国务院批准推行。1956 年 11 月，来宾、忻城县壮文学校创办，壮文逐步推行。“文化大革命”中，壮文推行中断。改革开放后，1980年5月，恢复推行使用壮文。1990年以后，一些地区的学校特别是民族学校开设壮文班或开办壮文课程，壮文得以进一步推行，2000 年后基本停止活动。

第三节　瑶　族

源　流

境内瑶族分为茶山瑶、盘瑶、花蓝瑶、坳瑶、山子瑶与红瑶等支系。

茶山瑶　自称拉珈。明初从湖南、广东以及从象州县、贵县(现贵港市)、浔州等县迁入金秀瑶山。

盘　瑶　自称“棉”或“勉”。因信奉盘王(盘瓠)而得名。宋代迁至湖南、广东、广西交界一带，明代初期进入广西中部。因盘瑶妇女头部装饰尖头、平头、红头，因而又有尖头瑶、平头瑶、红头瑶的别称。

花蓝瑶　自称“耐”，因妇女服饰皆绣有精美图案，色彩斑斓，因而得名。传说从贵州迁入。明代景泰年间曾参加广西大藤峡起义，失败后进入金秀瑶山。

山子瑶　自称“门”，以佃耕山地而得名，传说从广东韶关府经广西桂平迁入金秀瑶山。

坳　瑶　自称“标门”。传说从贵州经广西百色、南宁、桂平后迁入金秀瑶山。

金秀有五个瑶族支系——山子瑶、花篮瑶、茶山瑶、盘瑶、坳瑶。

人口构成及分布

境内瑶族主要聚居在金秀瑶族自治县。该县是来宾市唯一的民族自治县，是瑶族聚居地，境内瑶族有盘瑶、坳瑶、花蓝瑶、山子瑶、茶山瑶等支系，号称“世界瑶都”。按支系分，盘瑶人数最多，多集中于金秀瑶族自治县的金秀、三角、忠良、长垌、罗香、大樟、六巷、三江等乡镇；茶山瑶主要集中于金秀、罗香、长垌、三角、忠良等乡镇；花蓝瑶主要分布于六巷乡、罗香乡和长垌乡的一些自然屯；山子瑶主要分布于长垌乡、三角乡、六巷乡的部分自然屯；坳瑶主要公布于罗香、六巷、大樟乡的部分自然屯。兴宾区、忻城县、象州县、武宣县和合山市也有少数瑶族居住。

1953 年，境内瑶族人口 2.55 万人，大瑶山瑶族自治区(今金秀瑶族自治县)1.92 万人、忻城县 4696 人、来宾县 1625 人、石龙县 57 人。

1964 年，境内瑶族人口为 2.72 万人，大瑶山瑶族自治县(今金秀瑶族自治县)2.06 万人，占全部瑶族人口的 75.87%。

1982 年，境内瑶族人口为 4.54 万人，金秀瑶族自治县 3.49 万人，占全部瑶族人口的 76.9%。忻城县 5469 人、来宾县 3893 人、合山市 883 人、象州县 193 人、武宣县 47 人。

1990 年，境内瑶族人口为 6.71 万人，金秀瑶族自治县 4.88 万人，占全部瑶族人口的 72.80%。忻城县 7924 人，占全部瑶族人口的 11.80%。来宾县 7251 人，占全部瑶族人口的 10.80%。合山市 1828 人、象州县 1072 人、武宣县 191 人。

2000 年末，境内瑶族总人口 6.75 万人，占总人口的 2.80%。其中，金秀瑶族自治县瑶族人口 5.11 万人，占瑶族总人口的 75.71%；来宾县瑶族人口 9450 人，占瑶族总人口的 14.00%；合山市瑶族人口 2198 人，占瑶族总人口的 3.26%；象州瑶族 1340 人，占瑶族总人口的 1.99%；武宣县瑶族 263 人。

2003 年，来宾市瑶族人口 7.43 万人，占全市总人口的 3.06%；2004 年，全市瑶族人口约 7.50 万人，占全市总人口的 3.06%。金秀瑶族自治县瑶族人口 5.11 万人，占全市瑶族人口的 68.74%。

2005 年，全市瑶族人口约 7.73 万人，占全市总人口的 3.06%。金秀瑶族自治县瑶族人口 5.18 万人，占全市瑶族总人口 67.02%。

瑶语　瑶文

语　言　盘瑶、坳瑶、山子瑶操“勉语”，属汉藏语系苗瑶语族瑶语支；花蓝瑶、红瑶操“炯耐”语，属汉藏语系苗瑶语族苗语支；茶山瑶操“拉珈”语，属汉藏语系壮侗语族侗水语支；由于瑶民与周边地区的壮、汉、苗、侗民族长期交往，民族方言受一定影响。瑶族内部同一语支的语言，因地域不同存在着方言或土语之间的差别。如盘瑶、坳瑶操“勉——金方言优勉土语”；山子瑶则操“勉——金方言金门土语”。

勉语共有 30 个声母，114 个韵母；分 8 个声调，勉语的特殊语法现象为有两套基数词。如“二”，第一套基数词为“l”，第二套基数词为“nei_6”。但“二十”不能用上述基数词的“二”，而用“ni_6”。另形容词修饰名词时，名词在前，如红花为 pia_2（花）si_7（红）。

拉珈语共有 34 声母，120 个韵母；分 10 个声调，以人称代词、联合词组、支配词组作定语时，在被修饰成分之前。如“这一本是我的书”为 p_2n_3（本）ni_2（这）tok_7（是）tsil（我）p_2n_3（本）sFn_1（书）。

炯耐语共有 41 个声母，54 个韵母；分 9 个声调，其名词修饰名词时，修饰的名词在前，如鸡蛋；形容词修饰名词时，被修饰的名词在前。如肥肉为 kai_2（肉）fo（肥）。

文　字　瑶族原无文字，1956—1958 年，中央民族学院组织瑶语调查队到瑶族地区开展瑶语普查，确定以金秀瑶族自治县长垌乡的勉语口音为瑶文标准口音。1982 年，由盘承干、邓方贵、刘保元 3 位瑶族科研人员制定瑶文方案，并编印出瑶文课本。次年，金秀瑶族自治县办瑶文试验班推广瑶文。住在美国的瑶民曾先于我国瑶族创制瑶文，为便于文化交往，美国瑶族协会倡议统一两国瑶文。1984 年，美国瑶族协会代表团访华，经两国学者协商，初步确定中美两国瑶族文字统一方案。瑶文方案是以金秀勉语语音为基础的拉丁字母文字。

第四节　汉　族

源　流

屯兵（耕兵）　汉朝时就曾屯兵象州县、武宣县一带。明嘉靖年间（1522—1566 年），镇压瑶民的军士大部居留为“耕兵”。象州县《孟氏宗支簿》记载其家族：“自七儿始，其先世居山东定州属泰州府。公于明代宣德二年从军征广西柳庆各郡苗族，历经象州，乃迁居于象。清定鼎以来，世袭于象州，始也同居象州，继而散层乡里，幸而宗支繁衍，较前尤胜。”

移　民　秦统一中国后，从中原地区移民至岭南，与当地壮族杂居，象州等县均有。

躲避战乱　原居中原的汉人及客家人，因历史上的几次战乱，经江西、福建、广东到境内居住。

流放谪迁　早在秦汉时期便有汉族先民被谪戍流入，其后代成为境内各县汉族居民。

经　商　清代以后，粤、湘等省商人至境内柳江、红水河流域地区经商。民国时期，有的县成立有粤同乡会馆、湖南同乡会馆等。

人口构成及分布

境内 6 个县（市、区）汉族人口均有分布，以兴宾区人口最多，约占该区总人口的三分之一。

根据历次人口普查，各时期汉族人口分布及占总人口的比例也有不同。1953 年，境内总人口 92.94 万人，汉族人口为 25.67 万人，占境内总人口的 27.62%。其中，石龙县 11.66 万人，占全部汉族人口的 45.42%。来宾县 11.67 万人，占全部汉族人口的 45.47%，忻城县 1.6 万人，占全部汉族人口的 6.24%。大瑶山瑶族自治县 7356 人，占全部汉族人口的 2.87%。

1964 年，境内总人口 112.22 万人，汉族人口为 31.48 万人，占境内总人口的 27.05%。其中，象州县 7.13 万人，占全部汉族人口的 22.65%，武宣县 6.43 万人，占全部汉族人口的 20.45%，来宾县 15.16 万人，占全部汉族人口的 48.19%，忻城县 1.63 万人，占全部汉族人口的 5.16%，大瑶山瑶族自治县 1.12 万人，占全部汉族人口的 3.55%。

1982 年，境内总人口 187.23 万人，汉族人口为 51.57 万人，占境内总人口的 27.54%。其中，合山市 3.73 万人，占全部汉族人口的 7.23%，象州县 9.86 万人，占全部汉族人口的 19.11%，武宣县 10.42 万人，占全部汉族人口的 20.20%，来宾县 22.26 万人，占全部汉族人口的 43.17%，金秀瑶族自治县 3.05 万人，占全部汉族人口的 5.92%，忻城县 2.25 万人，占全部汉族人口的 4.35%。

1990 年第四次人口普查，境内总人口 215.23 万人，其中，汉族人口 55.66 万人，占总人口的 25.86%。其中，合山市汉族人口 4.61 万人，占汉族总人口的

8.28%，象州县汉族人口 9.30 万人，占汉族总人口的 16.72%，武宣县汉族人口 11.45 万人，占汉族总人口的 20.56%，来宾县汉族人口 25.31 万人，占汉族总人口的 48.47%，金秀瑶族自治县汉族人口 2.95 万人，占汉族总人口的 5.30%，忻城县汉族 2.04 万人，占 3.66%。

2000 年，境内总人口 226.83 万人，其中，汉族人口 53.35 万人，占总人口的 23.52%。象州县汉族人口 9.74 万人，占汉族总人口的 18.26%；武宣县汉族 12.75 万人，占汉族总人口的 23.90%；来宾县汉族人口 28.29 万人，占汉族总人口的 53.03%；忻城县汉族人口 1.44 万人，占汉族总人口的 2.70%，金秀瑶族自治县汉族人口 3.17 万人，占汉族总人口的 5.94%，合山市壮族人口 3.92 万人，占壮族总人口的 7.34%。

2003 年，来宾市总人口 244.14 万人，其中汉族人口达 61.48 万人，占全市总人口的 26.2%；汉族分布在全市 6 个县(市、区)，其中兴宾区汉族人口最多，有 29.46 万人，占全市汉族总人口 47.92%。

2005 年，全市总人口为 246.80 万人，汉族人口 62.30 万人，占全市总人口的 25.2%。兴宾区汉族人口最多，约 30 万人，占该区总人口的三分之一，占全市汉族人口的 48.15%。

汉　语

方言种类　境内的汉民族，操汉语方言，因居住地域不同或族源差异，语言形式呈多样化。以汉语桂柳方言流通范围最广，其次是客家话；此外今兴宾区有宾州话、侬话、古昔话、粤话(白话)、闽南话和疍民(船民)话；象州县和武宣县有伢话等方言，忻城县有湖广话方言。本节以桂柳方言为重点予以记述。

方言发音特点

声　调　桂柳话发音较平直，象州县域大体可概括为 4 个声调：阴平、阳平、上声、去声。象州县桂柳话与普通话比较大体为：普通话阴平调 = 桂柳话阴平调，如“刀”，普通话、桂柳话均为 dāo；普通话去声调 = 桂柳话阳平调，如“大”普通话为 dà，桂柳话为 dá；普通话阳平调 = 桂柳话上声调，如“围”，普通话为 wéi，桂柳话为 wèi；普通话上声调 = 桂柳话去声调，如“口”，普通话为 kǒu，桂柳话为 kòu。

声　母　象州县桂柳方言有 18 个声母(普通话为 21 个声母)。没有舌尖后音 zh、ch、sh、r，但比普通话多出舌面后的浊鼻音[ŋ]韵母。通常有 36 个韵母。

第五节　其他民族

境内除壮族、汉族和瑶族外，尚有苗族、仫佬族、侗族、回族、毛南族、满族、布依族、水族、蒙古族、藏族、傣族、土家族、黎族、白族、彝族、高山族、维吾尔族、朝鲜族、哈尼族、哈萨克族、景颇族、仡佬族、鄂温克族、京族、畲族等其他少数民族。这些少数民族中，苗族、仫佬族人口较多，苗族人口约 5000 人，占全市总人口的 0.19%；仫佬族人口约为 4800 人，占全市总人口的 0.18%；侗族人口 1000 人，占全市总人口的 0.04%；其他少数民族人口均不超过 2000 人。这些少数民族多为因婚姻、工作等原因迁入来宾市，散居于机关单位及城乡各地。

1953 年，境内其他少数民族人口为 2226 人，占总人口数的 0.24%，1964 年，境内其他少数民族人口为 2849 人，占境内总人口的 0.25%；1982 年，境内其他少数民族人口为 5265 人，占境内总人口的 0.28%；1990 年，境内其他少数民族人口为 1.06 万人，占境内总人口的 0.49%；2000 年，境内其他少数民族人口为 3.71 万人，占境内总人口的 1.64%，比 1990 年第四次人口普查时增加 2.65 万人，增长 2.5 倍。其他少数民族增加主要是外地人口到境内经商等原因。

2005 年，全市总人口 246.8 万人，其中少数民族人口约 184.5 万人，占总人口数的 74.8%，其中以壮族人口最多，有 176 万人，占全市总人口的 71.30%；瑶族人口约 7.50 万人，占全市总人口的 3.06%；其他少数民族 1.5 万人，占全市总人口的 0.61%。在其他少数民族中，苗族人口约 5000 人，占全市总人口的 0.19%；仫佬族人口约 4800 人，占全市总人口的 0.18%；侗族人口约 1100 人，占全市总人口的 0.04%。

第六节　民族关系

民族关系

古代民族关系　秦始皇统一岭南以前，境内生活着部分西瓯人和骆越人。在长期的历史演变进程中，逐渐形成境内的壮族等少数民族，他们在这块土地上一直独立生活到公元前 218 年。

公元前 221 年，秦始皇统一中原六国。公元前 218 年派尉屠睢率五十万大军分五路进军岭南地区，遭到西瓯人和骆越人的顽强抵抗。公元前 214 年，秦始皇征服岭南地区，在这里设置郡县，委派官吏，实行封建统治。同时，从中原地区调拨数十万汉族人移居岭南，与当地的西瓯人和骆越人杂居。从此，岭南各族正式加入中华民族大家族，境内的少数民族开启与汉族交往的历史。汉族迁入境内，在此后还有几次，尤其是在中原北方不断的战乱中，南迁的汉族不断增多，他们与境内的少数民族融合在一起，共同推动社会历史的发展。

近代民族关系　1840年鸦片战争以后，由于帝国主义的侵略，中国逐渐沦为半殖民地、半封建社会。中国社会不仅依然存在着农民与封建地主阶级及其政治代表清王朝之间的矛盾，而且存在着日益严重的中国各族人民与帝国主义侵略势力之间的民族矛盾，各族人民为反对帝国主义侵略和封建主义压迫进行了不屈不挠的斗争。

社会主义民族关系　中华人民共和国成立后，经过社会主义改造，社会主义民族关系逐步形成。其基本特征是：各民族都已摆脱阶级剥削制度，产生民族对抗的阶级根源已不存在，民族关系是建立在各民族根本利益一致的基础之上的，各族劳动人民间的关系是平等、团结、互助的关系。社会主义民族关系是社会主义民主和社会主义物质文明、精神文明的体现，是全社会团结一致、友爱互助、共同奋斗、共同前进的新型社会关系。

民族斗争

西瓯人和骆越人的抗秦斗争　公元前218年，秦始皇派遣大军远征岭南地区，遭到居住在广西北部的西瓯人和骆越人的英勇抵抗，他们凭着有利地势，勇猛作战，击溃秦军的多次进攻，杀死主帅尉屠睢，秦军损失惨重。西瓯人和骆越人的顽强抵抗，秦始皇征服岭南计划直到公元前214年才得以完成。

大藤峡瑶族农民起义　历代封建统治者把壮族和南方其他少数民族蔑称为“蛮”“南蛮”，政治上实行民族歧视政策，经济上实行残酷的剥削，迫使各族人民奋起反抗封建王朝专制统治。在反对历代封建统治阶级的民族压迫和阶级压迫的斗争中，大藤峡瑶族起义历时最为持久，影响极其深远。

大藤峡位于广西中部黔江下游，介于武宣、象州、金秀、蒙山、桂平、平南、藤县等地之间，是广大瑶族同胞聚居地。明朝刚建立时，延续历代汉族封建王朝对少数民族的抚纳政策，一段时期内社会稳定。特别是元代确立的土司制度在明代更为完善，统治者“以夷制夷”，任用少数民族上层阶级对广大少数民族群众进行统治。经过一段时间后，各种社会矛盾逐渐暴露，各族人民不仅受明王朝的民族压迫，而且还受土司衙门的残酷剥削，阶级矛盾和民族矛盾日益激化，特别是明王朝对与生产、生活密切相关的铁和盐采取专卖及禁运手段，直接导致大藤峡瑶族农民起义。明洪武八年(1375年)瑶民第一次高举反明义旗，此后历经大大小小多次起义，斗争烽火遍及两广地区，前后持续两个半世纪，极大地动摇了明王朝在南方少数民族地区的统治地位。

“刬马军”的抗明斗争　明朝时期，明王朝利用设置土官的办法，对广大各族人民进行最直接的统治。在土司制度下，绝大部分土地属于土官所有，农民只有少量土地。同时，土官还凭借手中的权力强行侵占农民的耕地。农民只能租种土官的土地，阶级矛盾和民族矛盾日益激化。明隆庆年间(1567—1572年)，境内迁江县北三、北五和柳州的三都、五都等地先后爆发壮族人民起义，其中声势最大的是迁江北三壮族首领谭公柄领导的起义，队伍号称“刬马军”，起义军攻打州县，杀土官、汉官，没收官库，势力发展到两广地区。“刬马军”抗明斗争坚持将近四十年，最终被明王朝镇压。

太平天国革命运动　清朝末年，1851年1月11日爆发广西太平天国革命运动。这次起义的领导者之一萧朝贵，是武宣县东乡人。太平天国革命运动在境内的战役主要有武宣三里圩之战、象州中平圩战役、武宣和桂平交界的双髻山战役等，三个战役击溃清兵的多次围剿和进攻，队伍日益壮大。太平天国运动高举反帝反封建大旗，加速了清王朝的灭亡。

近代革命斗争　“五四”运动时期，境内进步学生受科学、新思想的影响，开展救国运动。大革命时期，武宣、金秀、象州、忻城等县的农民运动轰轰烈烈，锻炼和造就了一批优秀的共产党员和农民革命骨干，为境内革命的继续开展奠定了基础。抗日战争时期，境内各级中共组织建立抗日民族统一战线，成立柳南地区的“贵、武、来抗日联防委员会”，依靠广大各族群众，打击日本侵略者。解放战争时期，境内各地成立武工队和解放纵队，展开游击战，与驻桂中地区国民党部队斗争，配合中国人民解放军南下部队，解放境内各县。中华人民共和国成立初期，中共党组织团结依靠各族人民，保卫新政权，与国民党残余部队和土匪进行坚决的斗争，取得剿匪斗争全面胜利。

民族政策

郡县制统治 公元前221年秦始皇建立统一的封建国家后，对周边各民族开展大规模的征服战争。公元前218年，秦始皇派遣尉屠睢率领50万大军南下征服岭南，境内并入秦国版图。同时，中原数十万汉族迁居岭南地区。秦朝在岭南地区设立南海、桂林、象郡，委派官吏实行封建统治。两汉时期，岭南的郡县制进一步健全和推行。三国两晋南北朝时期，封建王朝统治仍沿袭秦汉时期的郡县制。历代王朝，在少数民族地区设置郡县，拓宽疆土，征服过程实际上也是开疆拓土的过程。

羁縻制度 唐王朝对周边民族地区统治中，除沿袭历代王朝的郡县制的同时，推行"以夷制夷"政策，所谓的羁縻制度就是在少数民族地区设置羁縻州县，委任当地民族首领为官吏。芝州（今忻城县）和思刚州（今合山市、兴宾区迁江一带）是唐代在来宾地区设置的两个羁縻县。羁縻州县的官职皆为世袭，羁縻州县一般不承担国家规定的赋税，但要向唐中央王朝作象征性朝贡，并有为唐王朝出征打仗的义务。这一制度的实施，客观上加强了境内同中原王朝政治、经济和文化的联系。

土司制度 北宋初年，王朝参照唐代旧制，在广西西南边远地区设置羁縻州县，境内忻城县为羁縻州县。宋皇佑年间（1049—1054年），王朝为进一步加强对边疆羁縻州县的控制，在唐代羁縻州县的基础上建立土司（土官）制度，分封地方少数民族首领或权贵世袭官职，称为土官。在土司制度下，绝大部分土地为土官所有，他们将土地计口分配给所属的农民耕种，农民只有土地使用权，没有所有权，每年要向土官缴纳租税、服劳役。从元朝末年到清朝光绪三十二年（1906年）四月，莫氏土司世袭治理忻城近500年间，忻城县莫氏土司不但强占农民的土地，而且侵吞邻近土司的领地，几乎把"三百里区域"的忻城变成莫氏的天下。

"改土归流"政策 随着社会生产力的发展，落后的封建领主经济的土司制度，在桂西壮、瑶各族人民反抗斗争的沉重打击下，难以继续存在，清朝光绪三十二年（1906年）四月清政府在原属土官统治下的忻城等县推行"改土归流"政策，裁革原来土官的世袭官职，改由封建王朝派遣流官（汉官）直接统治。这既是政治制度的变革，也是经济制度的变革。改土归流后，以委任的流官代替世袭的土官，消除土官统治独霸一方的割据状况，有利于边远地区各族和其他民族的交流和往来。

民国时期，在民族问题上国民党政府提出所谓的边疆政策。在此之前，孙中山也曾提出"三民主义"，其中也包括民族主义。国民党的边疆政策的基本内容是：保证各民族一律平等，扶植各民族自治，发展边疆教育、文化、经济，尊重边疆民族的宗教和习俗。但是，国民党是大地主大资产阶级利益的代表，他们虽然高唱民族平等，宣扬民族自治，鼓吹实业政策，实际上仍然是维护本阶级利益。

中华人民共和国成立后，党和政府在各时期所制定的具有时代性、法律性、自治性、实业性的民族政策进一步推动中国统一多民族国家的形成。

1949年中国人民政治协商会议制定的《共同纲领》中明确规定："各少数民族聚居的地区，应实行民族的区域自治，按照民族聚居的人口多少和区域大小，分别建立各种民族自治机关。"1952年颁布的《中华人民共和国民族区域自治实施纲要》、1954年颁布的《中华人民共和国宪法》都对有关民族区域自治作出详细的规定。1984年颁布的《中华人民共和国民族区域自治法》，标志着中国民族区域自治走上法制化的轨道。

金秀瑶族自治县根据经济社会发展实际情况，除制定和修订完善《金秀瑶族自治县条例》外，还相继制定和颁布实施《金秀瑶族自治县森林资源管理条例》《金秀瑶族自治县野生植物保护条例》《金秀瑶族自治县旅游管理条例》等3个单行条例，并经自治区人大常委会批准实施。该县还加紧制定《金秀瑶族自治县水资源管理条例》《金秀瑶族自治县瑶医药管理条例》。这些立法工作对构建和谐社会、推动当地经济社会发展起到积极的作用。

第七节 民族事务

民族识别

历代统治阶级所制定和执行的民族政策，无论是从主观愿望，还是客观效果来看，由于阶级压迫的存在，阶级斗争和民族压迫在协调民族关系过程中表现最为突出。由于历代统治阶级实行民族压迫和民族歧视政策，各民族发展的程度也不一样，相当一部分少数民族甚至在称呼上被迫隐瞒或更改自己的民族成分。中国共产党是中国工人阶级的先锋队，同时是中国人民和中华民族的先锋队，它代表各族人民的根本利益，主张废除一切形式上的压迫和剥削制度。中华人民共和国成立后,为实现民族平等,让少数民族真正当家作主,从 1953 年开始,由中央到地方的各级民族事务委员会组织科研队伍进行大规模的民族考察识别工作。民族识别是以马列主义的民族理念为指导,根据我国各民族实际,从各民族的现实特征出发,进行综合的考察和分析,科学地确定民族成分和民族名称,使国内各民族享受平等的各项权利。到“文化大革命”前,民族识别工作基本完成,在来宾市范围内,被确定的主要少数民族有壮族、瑶族、苗族等几个少数民族。

民族区域自治

民族区域自治政策是中国共产党根据马克思主义关于民族问题的基本原理,结合中国的实际,把民族自治与区域自治正确地结合起来,实现民族平等,解决民族问题的一项基本的政治制度。

在革命战争年代,中国共产党就提出民族平等、民族自治的观点。中国共产党之所以能够统一中国,就是它始终如一地团结全国各族人民,团结一切可以团结的力量,建立广泛的民族统一战线。中华人民共和国成立后,中国共产党坚持民族平等、民族团结政策,保障少数民族的权益,实现真正意义上的民族平等,在各少数民族聚居的地方实行民族区域自治。1952 年 5 月 28 日,全国第一个瑶族自治县——大瑶山瑶族自治县(后改为金秀瑶族自治县)成立,选举金宝生(瑶族)为县长。1984 年 5 月 31 日第六届全国人民代表大会第二次会议通过《中华人民共和国民族区域自治法》,并于 1984 年 10 月 1 日起实施。民族区域自治法颁布后,境内各级党委、政府高度重视,切实贯彻落实好民族区域自治法等党和国家的民族政策。2002 年来宾市成立后,市委、市政府根据上级相关民族政策,制定相关民族发展政策,为建立平等、团结、互助的社会主义民族关系提供保障。

落实民族政策

少数民族干部政策 少数民族干部是党和国家联系少数民族群众,沟通民族关系的桥梁,因为他们土生土长,来自本民族群众之中,通晓民族语言和风俗习惯,熟悉本民族的历史和现状,懂得本民族的经济特点和生产优势,了解本民族的疾苦和要求,同本民族人民有着血肉联系,对改变本民族地区的落后面貌,建设社会主义和共产主义有着强烈的愿望和责任感。因此大力培养少数民族干部,是民族工作的重要组成部分,是党和国家的一贯政策,是实行民族区域自治,实现民族平等,帮助少数民族进步、发展和繁荣的关键。

培养和使用少数民族干部是马克思主义的一贯思想,是马克思主义民族自治原理的一个基本内涵,中国共产党历来十分注重少数民族干部的培养和使用,在革命战争年代,已经培养了一大批少数民族干部,使他们成为民族解放事业的骨干力量。中华人民共和国成立后,为帮助少数民族地区发展经济和文化,尽快赶上发达地区的发展水平,改变贫穷落后的面貌,党和国家从 20 世纪 50 年代起,逐步筹建了为少数民族地区培养民族干部和各种专业技术人才的民族院校,在各少数民族地区选送一批批具有培养前途的少数民族干部进入院校学习。境内选送一大批少数民族干部进入中央民院、中南民院、广西民院以及其他高等院校学习,他们毕业后回到本地工作,成为本地少数民族干部的骨干力量和专业技术人才。

民族干部培养使用 中华人民共和国成立后,境内重视民族干部的培养和使用。金秀瑶族自治县成立后,少数民族干部成长较快,该县成立时,仅有瑶族干部 34 人。瑶区分属的各县党委及各级工作队,以及后来成立的大瑶山瑶族自治区(县)党委,注意在实际工作中培养少数民族干部。金秀瑶族自治县贯彻“大胆大量地,破格培养提拔少数民族干部”方针,并采取由外来干部“带徒弟”和组织少数民族干部到北京等地参观学习的方式,帮助少数民族干部。到 1953 年底,有 100 多名少数民族干部到过北京等地参观学习。瑶族干部、罗香区区长盘炳炎,刚参加工作时怕困难,舍不得离家。1953 年赴朝鲜慰问,了解到中国人民志愿军和朝鲜人民艰苦奋斗的英雄事迹后,深受感动,回县后工作积极,后来加入中国共产党,被选为副县长。

1960 年,忻城县有民族干部 1861 人,占全县干部总数的 78.56%。1962 年,来宾县干部有 1295 人,民族干部 545 人,占干部总数的 42.09%;武宣县干部有 1711 人,民族干部 852 人,占 49.80%。1966 年,忻城县直机关民族干部 1021 人,占该干部总数的 52.66%。1970 年,武宣县民族干部 970 人,占全县干部总数的 46.54%。1977 年,来宾县民族干部 2910 人,占全县干部总数的 50.69%。

1978 年以来,随着境内经济建设的发展,干部队伍要求革命化、年轻化、知识化、专业化,大批有实践经验的少数民族干部被选送到高等院校学习培训。金秀瑶族自治县瑶族干部胡德才,1973 年被选送到广西民族学院政治系学习，1975年毕业回到金秀瑶族自治县工作，1983年送中央党校学习，1986年学成回到金秀瑶族自治县后，被选为金秀瑶族自治县县长，1989年春被增补为全国人民代表大会代表，后历任柳州地委副书记、自治区扶贫办主任等职。到1987年底，金秀瑶族自治县3432名国家干部中，瑶、壮等少数民族干部2442名，占干部总数71.15%；其中瑶族干部1253名，占少数民族干部51.31%。

1980年，境内民族干部培养和使用得到较快发展，特别是在民族地区的忻城县和金秀瑶族自治县，民族干部占全县干部总数均达70%~80%，来宾、象州、武宣县民族干部也占50%以上。是年，忻城县民族干部有3021人，占全县干部总数的83.41%。武宣县民族干部有1897人，占全县干部总数的58.16%。1981年，来宾县民族干部有3727人，占全县干部总数的57.94%。1985年，忻城县民族干部有4215人，占全县干部总数的88.92%，武宣县民族干部有2427人，占全县干部总数的60.39%。1988年，象州县干部总数有4517人，其中少数民族干部2711人，占60%。

1990年，境内各县(市)少数民族干部比例逐步提高，据忻城县、象州县、武宣县、来宾县和合山市统计，共有干部2.39万人，其中民族干部共1.68万人，占干部总数的70.1%。少数民族干部占比最高是忻城县，该县少数民族干部4938人，占93.01%，合山市为69.67%，武宣县为65.97%，来宾县为64.51%，象州县为57.51%。

据统计，在来宾县四家班子正副职领导33人中，有少数民族干部17人，占51.5%；部委办局领导190人中，少数民族干部123人，占64.7%。各乡镇党委、乡镇人民政府正副职领导198人中，有少数民族干部158人，占79.8%。在全县少数民族干部5513人中，有中共党员2090人，共青团员1030人；具有大专以上文化程度的911人，中专2337人，高中1177人，初中及其以下188人。全县科技人员5652人中，少数民族3536人，占总数62.56%，其中具有高级职称的48人，中级职称的938人。金秀瑶族自治县成立35年来，各级领导干部中，少数民族所占比例较大，文化程度也有较大提高。历任县委书记9人中，有7人为瑶族；9名县长中，亦有7人为瑶族。现有中共县委正副书记、县人民代表大会常务委员会正副主任、县人民政府正副县长、县政协正副主席22人中，有瑶族11人、壮族5人；科局(乡镇)级正副职领导204人中，有瑶族、壮族128人；县委书记、县人大常委会主任、县长均为瑶族。建县初期，少数民族干部大部为半文盲或文盲；通过办夜校、送院校培训、吸收有文化的青年参加干部队伍等形式，帮助少数民族干部提高文化水平。在少数民族干部中，具有大专以上文化程度的214人、中专779人、高中559人，以上干部人数占少数民族干部63.55%。少数民族干部中，有中共党员786名，共青团员256名。

来宾市委、市人民政府把培养、选拔、使用少数民族干部作为维护民族团结、实现共同繁荣的战略举措。来宾市委党校(行政学院)是培养少数民族干部的重要阵地，为不断加强少数民族干部的培养选拔工作力度，2003年6月又建成“来宾市、兴宾区党员培训基地”，作为培养少数民族干部的基地。

为贯彻实行好民族区域自治政策，合理配备和培养少数民族干部，通过选派、调派、轮换、招聘录用、外出学习和挂职锻炼等办法，培养选拔少数民族干部，全市少数民族干部逐年增多，一些优秀的少数民族干部先后担任市、县党委、人大、政府、政协的主要领导。在公务员考试录用中，对少数民族自治县给予政策倾斜、对少数民族考生给予加分照顾等。经过培养和选拔少数民族干部，初步形成一支包括党政、司法、农业、科技、文教、卫生等各行业的少数民族干部队伍。

2004年，来宾市共选派24名少数民族干部到全国先进省市、中央和自治区直属单位挂职锻炼。年内，全市处级后备干部423人中，少数民族干部272人，占64.3%，提拔的28名处级干部中，有16名为少数民族干部。

2005年，全市有少数民族干部2.4万人，占干部总数的65.7%。其中厅级少数民族干部15人，占同级别领导干部总数的47%；副处级以上少数民族干部216人，占同级别领导干部总数的52%；副科级以上少数民族干部1348人，占同级别领导干部总数的79%。全市6个县(市、区)党政班子中共配备62名少数民族干部，占县(市、区)党政班子处级干部总数的73.81%。全市处级后备干部458人，其中少数民族后备干部322人，占全市处级后备干部总数的70.30%，为全市经济社会发展提供了强有力的组织保证和人才保证。

民族语言文字推行

1956年11月，来宾县创办壮文学校。共办2

期24个班,培训1100多人。

1957年,由国家民委拨款15.8万元,创办壮文学校,还在感龙(今石陵镇)、胜利2个民族乡办2间民族小学。同时,该县开始在平阳、溯社、石牙、蒙村、城厢等乡镇的部分村屯使用壮文扫盲。同年冬,石龙县、忻城县创办壮文学校,忻城县壮文学校至1960年共培训初小群师1439人,高小群师405人,小学教师61人,全部投入农村壮文扫盲工作。

1958年"大跃进"时期至其后的3年国民经济暂时困难时期,民族教育工作处于停顿状态。

1964年11月,忻城县壮文学校复校,象州县借罗秀中学复办壮文班1个,招收学员50人,次年返回石龙镇原县壮校旧址,办2年期壮文班1个,学员50人。

1984年8月,自治区壮文工作会议召开后,忻城县、来宾县、武宣县等县先后恢复壮文学校。1985年,有壮文教师36人,举办壮文班24期,参加学习889人。1986年,境内各县(市)均建立民语办机构,配备民语干部19人,建壮校8所,配备教职工256人,壮文小学共有124个试点班,学生3407人。1988年,忻城县、来宾县壮文试点第一批小学壮文班毕业。同时,两县壮校招收3个壮文初中班,学生150人。

1989年5月,在来宾县召开柳州地区恢复推行使用壮文以来的第一次壮文进校研讨会。11月,在忻城县召开柳州地区民语工作会议,对原柳州地区壮文进校试点进行调整,由原来的10个乡15所学校114个班调整为6个乡6所学校88个班(含学前班)。

1990年,自治区下发《自治区人民政府印发自治区壮文指导委员会第二次会议纪要的通知》桂政发〔1990〕24号文件后,壮文进校工作交由教育部门管理。来宾县、忻城等县有壮文试点的小学教学工作移交给教育部门统一管理,壮文进校工作纳入正规的管理轨道。

1991年,自治区下发《关于重申使用壮、汉两种文字书写挂牌的通知》(桂政办〔1991〕59号)文件要求,原柳州地区在全国第四届民运会举办前,共挂出壮、汉文牌匾3160块,占应挂牌数的90%以上。2002年成立来宾市后,城区法定单位的所有牌匾都冠上汉壮两种文字。

1992年,原柳州地区民语办的深入到金秀瑶族自治县大樟乡、桐木镇等地进行少数民族语言文字调研,整理形成《大瑶山壮语音系》文章,确定了大瑶山壮语音系。

除推行壮族文字外,在少数民族地区还推广瑶文、侗文等少数民族语言文字。1983年6月和1985年3月,金秀瑶族自治县举办两期瑶文班,金秀、来宾等县的教师和干部共55人参加学习。

来宾市成立后,完成了全国第一部瑶语电影《黄河绝恋》及《冲出亚马逊》《性病防治》《优生优育》等影片的瑶语电影翻译配音工作,填补了来宾市民语电影的空白。

民族古籍收集整理

1986年5月,自治区少数民族古籍整理会议召开后,金秀瑶族自治县、象州县、来宾县、忻城县等县先后开展古籍普查工作。据不完全统计,收集到家族谱8本、祖公来历及高文举2本,师公唱本82本,壮欢1497首,歌谣3762首,民间谚言、谚语3007条,壮族方块土俗字300个,文物3件,历史相片24张等。

1987年,境内各县开展民族古籍收集整理工作,收集到师公唱本293本,师公铜印1个,师公蜂鼓1个,民间故事351个,神话、传说故事33个,民间长诗歌谣1.47万首,民间谚语3411条,寓言13个,古对联12付,古诗7首,古旧书246本,古剑1把,古服装6件(其中武宣征集到龙袍1件),石碑66块,族家谱19本,秀才照片2张,录音磁带55盘。其中各县整理成书的有:来宾县出版《歌谣集》,收集歌谣1830首;出版民间医药验方1本,收集验方226条;整理有《布伯与雷王》《壮欢》《妲七》等5本共15万字。武宣县整理有《民间故事》和《民间谚语集》共25万字。1991年,原柳州地区民委参与翻译整理壮欢《莫一大王》一书(已出版)。

民族经济

大力帮助少数民族发展经济,实现各民族共同繁荣,是新时期民族工作的根本任务,国家和自治区为帮助少数民族地区加速经济发展,制定并实施了一系列扶持少数民族地区经济发展的特殊政策,并从财政、物资和技术等方面给予大力支持和扶助。

民族经济政策 由于历代统治阶级实行阶级压迫和民族压迫政策,加之少数民族地区自然条件差,教育科技文化落后,人才缺乏,劳动者素质差,交通闭塞等原因,中华人民共和国成立前境内民族经济发展十分缓慢,工业基本上没有,农业十分落后,有些地方甚至处在刀耕火种阶段。中华人民共和国成立后，境内各族人民从阶级压迫和民族压迫中解放出来成为土地的主人，政治上获得平等。但由于经济发展不平衡，与汉族地区相比，仍然存在差距。为消除历史上遗留下来的各民族间事实上的不平等，实现真正的民族区域自治，党和国家一是制定一系列适合民族地区特点的经济政策，在政策上给予倾斜性的照顾。例如民族区域自治法中规定，民族自治地方可以自主地安排和管理地方性的经济建设事业，包括开发自然资源、地方基本建设项目、企业、对外贸易、财政、税收等均给予充分的地方自主权。二是在人力方面给予极大的援助。中华人民共和国成立前，来宾市金秀瑶族自治县及其他一些少数民族地区生产十分落后，基本没有自己的科技人员。中华人民共和国成立后，党和政府派来了大批的科技人员，并使之成为少数民族地区各行各业的技术骨干。三是国家在资金上对少数民族地区进行援助。中华人民共和国成立后，为帮助少数民族地区发展经济，国家进行了大量的投入，尤其是改革开放以来，国家对少数民族贫困地区实行一系列扶持优惠政策，它们包括：减免农业税；免除贫困户购买国库券任务；实行赊销棉胎、棉布；减免国家能源交通重点建设基金；新办的开发性企业免征所得税；核定贫困县上缴税收基数，超收全留；实行以工代赈；发放支援不发达地区发展资金，老少边穷地区开发贷款；扶贫专项贴息贷款、扶贫专项贷款、贫困县办工业贷款；少数民族贫困地区温饱基金等。管理少数民族事务的政府机构——民族事务委员会还掌握着少数民族补助费和民族发展资金，全部用于少数民族地区的经济建设、基础设施建设以及教育文化事业的发展。

扶持民族地区发展经济　1984年5月以前，境内民族工作由统战部门管理，由于各种条件的制约，当时的民族经费不多，据统计，1973—1984年，自治区民委下拨给原柳州地区的少数民族地区补助费共计659.58万元，主要用于解决少数民族贫困地区群众生产、生活上的困难，基本上是无偿发放，属“输血型”扶助，只治标不治本，收效不大。1984年5月，原柳州地区民委恢复以后，从1985年开始，少数民族地区补助费的使用由“输血型”向“造血型”转变，并采取无息有偿和无偿扶助两种形式相结合进行发放。

1973—1994年，自治区民委共下拨给原柳州地区少数民族发展补助经费1247.77万元。据不完全统计，修建人畜饮水工程22处，解决1522户8021人的饮水难问题；举办农村实用技术培训班99期，培训农村技术人员1.04万人次；修建行人桥67座、道路35.2千米，维修中小学危房201间，修建村公所房屋97间，修建风雨桥32座。

来宾市成立后，2003—2005年，自治区民委下拨少数民族发展资金合计463万元，用于修建道路61.5千米，受益人口4.32万人。桥梁8座，受益人口9290人，修建人畜饮水工程10个，建成水池8个，受益人口1.71万人。修建学校、卫生院13个，受益人口1.89万人。

民族工作示范点建设　2004年，根据自治区民委的统一部署，来宾市将金秀瑶族自治县三江乡古范村列为市级民族工作示范点，向上争取资金和协调有关部门共投入资金127万元，进行道路、人畜饮水、桥梁以及篮球场、学校教学楼等基础设施建设。建成宽4米、长2.9千米，连接桂柳二级公路的村级水泥道路一条；修建水毁桥梁一座，维修河坝36米；建成古范村自来水工程；村间道路全部硬化，维修古范小学校舍及篮球场建设，村文化场所等设施全部建成投入使用，极大地改善该村少数民族群众的生产生活条件，基本达到“生产发展，生活宽裕、乡风文明、村容整洁、管理民主”的社会主义新农村建设的标准，起到较好的示范作用。

2005年，来宾市继续抓好民族示范村的项目建设，对全市6个民族工作示范点逐一进行检查。对金秀瑶族自治县三江乡古范村、象州县象州镇石贵村、武宣县武宣镇五台新村、忻城县古蓬镇东因村、兴宾区城厢乡上茂村综合养殖场、合山市北泗乡龙王村等来宾市首批民族工作示范村建设项目进展情况进行检查。大多数示范村项目建设基本完成。金秀瑶族自治县三江乡古范示范村获得20万元的建设项目，解决人畜饮水困难问题，重建被洪水冲毁的村前桥梁，对学校教学楼进行装修维护。

扶持民族企业发展　1988年，自治区二轻工业管理局和自治区民委联合印发的《自治区二轻工业管理局、自治区民族事务委员会关于下达重新审定的少数民族用品生产定点企业的通知》桂二轻〔1988〕少字第02号文件，关于下达重新审定少数民族用品生产定点企业的通知，共审定全区168个民族用品生产定点企业，其中，境内有金秀瑶族自治县的民族用品厂、忻城县的壮锦厂等17个企业。获得自治区审定为少数民族用品生产定点企业。

1988年4月19日—5月5日，由国家民委牵头，在北京民族文化宫举办“全国少数民族用品暨民族地区名特优产品展销会”，我市组织竹木器编织工艺、糖、酒、药材、矿石等50种名特优产品参加展销，深受国内外客户的好评，对促进地区民族用品企业的发展起到促进作用。

“十一五”期间，来宾市不断加强对民贸民品优惠政策的宣传和服务工作，广西中丝茧丝绸有限公司、广西来宾市民族纺织有限公司、广西来宾华海民族工艺木制品有限责任公司、广西中丝茧丝绸有限公司等6家企业获国家民委批准为来宾市“十一五”期间少数民族特需商品定点生产企业，享受到国家流动资金贷款优惠利率、技改贷款贴息和税收减免等优惠政策。

民族教育

学　校　清末，在瑶山腹地金秀等地设立“化瑶”小学，由清政府拨款，学生免费入学。民国23年(1934年)，广西省府教育厅“苗瑶教育委员会”，在县境内罗香、门头、六庙、小横村等地分别设立“化瑶”小学。民国24年，广西推行“三位一体”国民基础教育制度，县境内小学一律改名为国民基础学校，少数民族子弟，均可免费入学。

1950年后，境内各县人民政府帮助少数民族发展经济和文化教育事业，除积极恢复和改造旧有学校外，还在少数民族聚居的地方有计划有步骤地新办中学、小学。1956年11月，来宾县创办壮文学校。共办2期24个班，培训1100多人。1957年，由国家民委拨款15.8万元，创办壮文学校，还在感龙(今石陵镇)、胜利2个民族乡办2间民族小学。同时，该县开始在平阳、溯社、石牙、蒙村、城厢等乡镇的部分村屯使用壮文扫盲。同年冬，石龙县、忻城县创办壮文学校，忻城县壮文学校至1960年共培训初小群师1439人，高小群师405人，小学教师61人，全部投入农村壮文扫盲工作。1958年“大跃进”时期至其后的3年国民经济暂时困难时期，民族教育工作处于停顿状态。1964年11月，经自治区语委语推字〔1964〕64号文件批复，忻城县壮文学校复校，象州县借罗秀中学复办壮文班1个，招收学员50人，次年返回石龙镇原县壮校旧址，办2年期壮文班1个，学员50人。

“文化大革命”期间，少数民族教育受到严重摧残。境内所有壮文学校全部停办。

1980年，来宾县恢复推行壮文工作委员会。1981年，金秀瑶族自治县在县中学开设民族初中1个班，特别照顾边远山区瑶族子女，且采取定向招生办法，使每个乡都有学生升学，学生入学全部免费，寄宿生可向学校借被子、蚊帐、垫毯，家庭经济特别困难的学生还可增加助学金和发给寒衣，成绩优秀者可获奖学金。民族班经费由自治区民委及县财政专项拨款。

1982年，来宾县、忻城县恢复壮文学校。来宾县壮文推广工作委员会下设办公室于壮文学校，与壮文学校合署办公。1982—1984年，来宾县共办班5期，培训小学教师、群师、中专毕业生366人。小学教师通过培训要掌握壮文的音、韵、调和拼音方法、壮语文的基础知识，能胜任小学壮文教学工作。至1983年8月，来宾县小学壮文试用班在迁江、良江、寺山、五山、南泗5个公社的11个大队的19个教学点试行，至1985年，因各方面原因，来宾县壮文班被停办12个班。至1987年，来宾县小学壮文班有4个年级共39个班，学生1214人。

1983年，忻城县把遂意乡增仰小学改为遂意乡增仰民族小学。在城关、宁江、遂意、古蓬、北更、红渡等乡镇开设小学壮文试点班(至1987年底，先后办多期壮文师资培训班，学员400人)。1984年，忻城到把马泗乡五龙小学、古蓬镇古稠小学改为民族小学。同年，忻城县人民政府申请，经自治区民族事务委员会批准，自当年起，对该县的五龙、增仰、古周、新村4所民族小学实施免费入学。前3年，享受免费入学的少数民族学生达3770人次，免费金额达5.26万元。1984年，象州县由自治区语委拨款在县城东郊建壮文学校，武宣县在县城北部建壮文学校，来宾县投资31.5万元(其中自治区民委、语委及财政厅拨款27万元，县财政拨款4.5万元)在河西建壮校。1985年6月，自治区语言委员会下拨4000元专款，聘请中央民族学院和广西民族学院教授担任教师，在金秀瑶族自治县开办一期瑶文培训班，招收14名瑶族学生，由县内部分小学派28名教师参加培训。同时，金秀瑶族自治县增设民族高中班。民族班的学生来源于经济较困难、文化较落后的边远山区少数民族农村子女，采用升学考试择优录取和特殊照顾相结合的办法招生。民族班的学生在校期间的生活、学习费用均由国家给予补助；家庭经济特别困难的，还增加助学金和寒衣补助。同年9月，武宣县壮文进入全日制小学，县语委在新龙乡的良水、古龙、平良3所村小学开办壮文试点班(至1988年，共发展至17个班，学员600人)。1986年秋，来宾县创办县民族中学，平阳乡私立民族中学创办，当年招收4个班，学生173人，每周开设2节壮文课。

1988年,忻城县壮文学校改称忻城县民族中学,重点负责少数民族学生的初中教育。

1991年,自治区确定在金秀瑶族自治县三角乡中心小学、象州县中平乡古磨村完全小学改为民族实验学校。

1995年5月,武宣县民族中学迁到新龙乡初级中学,改称武宣县新龙民族中学,有民族班5个,开设普通班所学科目外,增加壮语课。新龙乡的壮语教学从学前班、小学到初中成为"一条龙"教学。

2002年,金秀瑶族自治县民族中学正式挂牌。2003年,金秀瑶族自治县民族中学共有寄宿制民族生150人;2004年,初一年级招寄宿制民族生100人,全校共有民族生200人;2005年,全校共有民族生250人。

2005年,全市有小学双语教学班36个,在校生1505人;民族初中班9个,在校生450人;民族高中班9个,在校生450人。其中,金秀瑶族自治县有民族生250人。

寄宿制教育 中华人民共和国成立后,境内各县(市)民委积极协同教育部门抓好民族教育工作,办好民族高、初中班和小学寄宿班。1985年3月,自治区教育厅、财政厅和民委联合通知,在金秀瑶族自治县设有自治区级定点的寄宿制民族班学校2所,即六巷中心小学和金秀瑶族自治县中。六巷中心小学1个班45名学生,县中6个班300人。自治区每年拨付民族班的经费40.5万元,初中为600元每年每生,小学为500元每年每生。这些经费主要用于民族班学生的杂费、书费以及日常生活用品。

1985—2001年,金秀瑶族自治县高中民族班学生每生每年补助生活费336.60元,受助学生200人,每年发放生活补助6.73万元;初中民族班学生每生每年补助生活费336.60元,受助学生150人,每年发放生活补助5.05万元;小学民族班每生每年补助生活费234元,受助学生300人,每年发放生活补助7.02万元。

1988年,金秀瑶族自治县在金秀镇、长垌乡、罗香乡、三角乡、大樟乡、六巷乡、忠良乡、三江乡8个乡镇,每个乡镇开设小学四、五、六年级寄宿制民族班,由县财政给予每个班每年1万元的民族班学生生活补助费,其中,六巷乡小学四、五、六年级寄宿制民族班经费由自治区民委下拨。

自治区人民政府财政补贴金秀瑶族自治县开设的民族小学班、民族初中班和民族高中班,民族班学生名额600名(小学生300名,初中生、高中生各150名),民族小学生每生每年获得生活补助500元,民族初中生、民族高中生每生每年获得600元的生活补助。少数民族班学生每年共获得自治区财政补助经费17.2万元。

2002年,金秀瑶族自治县小学开设五、六年级寄宿制民族班,每年在山内8个乡镇招收五年级学生100名,到县小学民族班就读,县财政给予每班每年1万元的补助用于学生的生活补助。2002—2005年,县人民政府、县教育和科技局对全县小学给予经费倾斜,共投入经费250万元,用于全县小学民族班综合教学楼、民族班学生宿舍的建设。

根据自治区民委、自治区教育厅、自治区财政厅《关于进一步加强寄宿制民族班管理工作的意见》,从2002年起,自治区适当提高寄宿制民族班学生的生活补助标准,小学民族班从每生每年234元提高到500元,金秀瑶族自治县受助学生300人,民族初中班、民族高中班每生每年从336.60元提高到600元,受助学生350人。2002年、2003年,金秀瑶族自治县每年安排发放生活补助36万元。

2003年,金秀瑶族自治县大力兴办民族寄宿制学校,扩大了民族班的招生规模,真正办出了民族教育的特色,使民族学生能够"进得来,留得住,学得会"。全县有小学民族班16个,在校生640人,初中民族班3个,在校生150人,高中民族班3个,在校生150人。全县民族班共培养少数民族中小学8000多人。

2004年,根据来宾市民委、市教育局、市财政局《关于下达2004—2006年新增寄宿制民族班指标的通知》,调整金秀瑶族自治县2004年高中民族班人数为150人,初中民族班人数为200人。金秀瑶族自治县全县有民族寄宿制小学50所,在校寄宿生3560人;民族寄宿制中学8所,在校寄宿生2130人。有小学民族教学班18个,在校生720人;初级中学民族教学班5个,在校生250人;高级中学民族教学班3个,在校生150人。从2004年起,自治区教育厅每年给予金秀瑶族自治县民族中学100名民族生招生指标,给予金秀瑶族自治县民族高中50名民族生招生指标,有关民族班经费均由自治区教育厅下拨。2004年寄宿制民族班经费共发放36万元。从2004年起,自治区民委设立"少数民族特困优秀生入学专项补助经费",专门用于解决考上大学或重点高中而因家庭经济困难无力入学的少数民族优秀学生第一学年的学费,确保特困少数民族优秀学生不因家庭经济困难而失学。金秀瑶族自治县获此项补助学生,2004年为大学生4人、高中生7人,补助金额共2.14万元;2005年大学生3人、高中生3人,补助金额共1.20万元。

2005年,金秀瑶族自治县寄宿制民族班共20个班,除县城外,山内的金秀镇、长垌乡、罗香乡、三角乡、大樟乡、六巷乡、忠良乡、三江乡8个乡镇分别有2个民族班。调整初中民族班人数250人。补助标准仍按2002年的标准不变。2005年发放39万元。对考上大学的民族贫困生,金秀瑶族自治县人民政府有关部门亦给予相应的补助。

壮汉双语教学实验 1988年8月,来宾县和武宣县的两所民族中学和7所小学进行试点并推广,贯彻"以壮为主,壮汉结合,以壮促汉,壮汉兼通"的教学方针,促进民族教育的发展。1991年,自治区召开"壮文进学校"工作会议,确定壮文学校归属教育部门管理,进行"壮文进学校"试点。境内保留来宾县五山乡六贝村完小、寺山乡六力村完小为试点(也称"双语教学")学校。武宣县在新龙乡各小学进行"壮文进学校"试点工作。1997年5月,自治区教委民族教育处领导到来宾县五山乡六贝村完小、寺山乡六力村完小检查教育工作,对上述学校"壮文进学校"给予肯定。1998年12月,六贝村完小被授予"广西壮族自治区民族团结进步先进集体"称号。2002—2005年,兴宾区五山乡六贝村完小、寺山乡六力村完小等学校一直开展壮汉双语教学。

第四章 居民生活

中华人民共和国成立前,来宾市境域辖区各族人民生活水平普遍低下,衣、食、住、行极为困难。中华人民共和国成立后,在党的领导下,各族群众翻身作主人,在土地改革中分得土地后,积极发展生产,经济收入增加,生产和生活条件不断改善。特别是改革开放后,调动了广大农民群众的生产积极性,农村经济得到迅速发展,农村发展、农业增效、农民增收,彻底改变了农村的生活环境,城乡居民生活在解决温保后,正向全面小康迈进。由于历史原因,城镇居民与农村居民收入差距历来较大。20世纪80年代以前,辖区内执行计划经济体制,一般生活必需品均按计划生产、供应。就业者的收入形式单一,工资性收入平均化,年收入高低差别不大。家庭生活收入的高低决定于家庭人口多少和20世纪80年代后,改革开放促进经济发展,居民生活开始从温饱步入小康。各阶层居民收入都有较大增长,但涨幅受到家庭人口、就业人数、就业者所在行业的经济效益及非工资性收入等因素的制约,其差异呈逐步扩大趋势。同年度、同单位、同工种的人员收入差别小,而先富起来的部分家庭与一般普通工人家庭,年收入差别大。

第一节 农村居民生活

经济收入

中华人民共和国成立前,境内由于实行土地私有化,大量土地集中垄断在封建地主阶级、官僚阶级手中,大多数农民占有少量土地,受地主和官僚地租、雇工、赋税和高利贷的残酷剥削和压迫,生活十分贫困。两极分化严重,社会财富也掌握在地主、官僚买办阶层,广大农民阶级长期处于贫困潦倒状况。《来宾县志》(清乾隆十六年版·风俗)载:"考其素业,非渔则猎,非农则樵,富无过于千金,贫则鬻其子女。"

清乾隆五年(1740年),境内农民帮地主打工,做满1年期,得工银1两、衣裤各2件。

清末,农村半自耕农、佃农缺少生产资料,货币价值不稳定,经济收入甚微。

民国17年(1928年),长工年酬金(供伙食)来宾县35~36元,迁江县40元。民国26年,粮食产区的象县,农民出卖农产品所得(农产品含粮食、豆类、芝麻、花生、油菜籽、棉花、烟叶等;畜产品含猪、羊、鸡、蛋等物价指数),小于农民购买消费品、生产资料所付(物价指数:消费品含麦粉、猪肉、蓝土布、白洋布、食用油、盐、红糖、茶叶、火柴等;生产资料含牛、人粪、豆饼、菜籽饼、芝麻饼、犁、耙、锄、镰等)。民国22年小于8,民国24年小于9,民国27年小于10,民国29年小于60,民国31年小于10.97。据《广西年鉴》记载,民国31年,忻城县人均有粮120千克。为维持生计,出卖劳力打长短工。雇工月薪非常低微,农忙时男长工47元,女短工24元;农闲男长工25元,女短工20元,其他经济收入微乎其微。

表 3-9　**民国若干年份象县所得所付物价指数农民购买力数**

民国 26 年 =100

年份	农民所得	农民所付	购买力	备注
民国 22 年	81	89	91	1. 此资料载于中央农业实验所农业经济系《乡村物价报》18 号 2. 采用加权几何平均法
民国 24 年	84	93	90	
民国 26 年	100	100	100	
民国 28 年	149	126	90	
民国 29 年	303	363	83	
民国 30 年	766	966	79	
民国 31 年	2747	3844	71	

民国 31 年(1942 年),据 8 月 31 日出版的《广西农业通讯》(第七、八期合刊)报道的象县农村:"一般农民终年劳碌,只换得每天两餐稀饭,一餐糙饭。"民国 36 年,武宣县清水村 42 户,给人打工 16 人,卖草维生 30 户,卖儿女 7 户。

民国 38 年(1949 年)统计,武宣县大榕乡有 405 户 2133 人口,其中打长工 81 人,打短工 410 人,当乞丐讨饭 7 人,当丫鬟 19 人,被卖 9 人,逃荒流浪异乡 19 户 76 人,饿死 19 人,无家可归孤儿 27 人,冷天无被盖者 257 人,死时无棺葬者 95 人。

中华人民共和国成立后,境内消灭土地封建所有制,农民成为土地的主人,生产得到发展,经济收入不断增加,人民生活不断改善。

1952 年,境内农村群众收入有所增加。金秀瑶族自治县农村居民人均农业产值实现 140.8 元,人均有粮(贸易粮)233.8 千克。1956 年,武宣县农民年人均纯收入 44 元,人均吃粮 290.5 千克谷、5.1 千克油。1957 年,来宾县北泗公社农民日劳动工分(10 分)值人民币 0.06~0.12 元,有两个劳动力的农民家庭户年总收入在 400 元左右。

1958—1961 年,境内农村经济受高指标、高计划、高征购、共产风、浮夸风、瞎指挥风、强迫命令风、干部特殊风影响,生产下降,农民收入减少。1960 年,出现以野菜充饥的情况,个别地方还有饿死人的现象发生。1961 年春,境内各县(市、区)贯彻中央《农村人民公社工作条例(草案)》(简称农业六十条),进行整风整社,调整国民经济,落实以生产队为基本核算单位,生产得到恢复。1963 年,金秀瑶族自治县农村居民人均农业产值达 152.6 元,人均有粮 256.6 千克贸易粮。来宾县北泗公社农民人均经济收入为 100 元。1966 年,象州县农民人均分配现金由 1962 年的 34 元上升至 77.3 元。

"文化大革命"时期,境内错误地坚持"以阶级斗争为纲",生产上推行"以粮为纲"的单一经营方针,分配上吃"大锅饭",生产发展缓慢。农民人均口粮徘徊在 260~290 千克幅度,年人均分配现金在 80 元以下。1970 年,金秀瑶族自治县农民人均农业产值达 172.3 元,人均有粮 258.6 千克(贸易粮)。武宣县农民年人均纯收入 79.3 元。来宾县北泗公社农民人均日劳动工分值 0.08~0.20 元。

1978 年后,境内各县(市、区)农村实行经济体制改革,全面落实家庭联产承包责任制,农村经济迅速发展,农民经济收入逐步增加。

1980 年,合山市部分农民开始抓第二产业,经济收入大幅度增加,仅养猪人均年收入 65 元。金秀瑶族自治县农民人均农业产值达 205.1 元。当年,今境内农民人均纯收入 67 元。其中:兴宾区 58 元、忻城县 58 元、象州县 94 元、武宣县 71 元、金秀瑶族自治县 78 元、合山市 65 元。

1982 年,境内各县(市、区)农民家庭平均每人纯收入为象州县 237.62 元,武宣县 202.53 元,忻城县 187.68 元。

1985 年,境内农民人均纯收入提高到 259 元。其中:来宾县 264.87 元、忻城县 259.22 元、象州县 305.79 元、武宣县 260.70 元、金秀瑶族自治县 149 元、合山市 172 元。农民人均纯收入从 1983 年到 1990 年的 8 年间,年均增长 9.6%。

1990 年,境内农民人均纯收入 346 元。其中:来宾县 486 元、忻城县 298 元、象州县 479 元、武宣县 431 元、金秀瑶族自治县 419 元、合山市 442 元。合山市北泗乡屯山村有居民 666 户 3335 人,除从事农业外,还从事其他产业,增加收入。全村从事建筑业 141 人、运输业 40 人、文化教育 16 人、商业 21 人、饮食业 3 人、卫生业 2 人、其他行业 5 人。

1991 年后,境内农村劳动力外出打工逐年增多,农村居民外出务工收入成为主要来源之一。来宾县农村居民人均纯收入584元，忻城县359元，武宣县627元，金秀瑶族自治县415元。

1995年，境内农民人均纯收入达1219元。其中：来宾县1228元、忻城县851元、象州县1442元、武宣县1419元、金秀瑶族自治县1016元、合山市1421元。从1991—1999年，全市农民人均纯收入年均增长20.4%。农村居民人均家庭经营性纯收入占人均纯收入的60%，工资性收入占人均现金收入的26.86%。

2000年，农民人均纯收入1458元。其中：来宾县1658元、忻城县1107元、象州县1488元、武宣县1458元、金秀瑶族自治县1191元、合山市1284元。

2003年，全市农村居民人均纯收入1927元，比上年增长6.8%；人均现金收入2382元，增长9.5%。

2005年，来宾市农村居民人均纯收入实现2385元，增长12.9%。其中兴宾区2602元，忻城县2048元，象州县2539元，武宣县2331元，金秀瑶族自治县1779元，合山市2218元。

农村居民收入来自五个方面：

农业结构调整产生积极效应，农业经济效益进一步提高，农民出售农产品收入稳定增长。2003年，农民人均粮食播种面积1.3亩，同比减少0.2亩，人均经济作物播种面积0.84亩，同比增加0.15亩。粮经比为1∶0.65，与2002年的1∶0.59相比，经济作物的比重上升了，整个结构更趋合理。

农村劳动力转移取得新进展，农民的就业机会增多，使农民获得的工资性收入明显增加。2003年，工资性收入对农民人均纯收入增长的贡献率为44%。2005年，工资性收入对农民人均纯收入增长的贡献率为50%。

农产品价格的恢复性提升，加快了种植业和畜牧业收入的增长。大宗产品除了糖料蔗价格略有下降外，蔬菜、水果、猪产品、蚕茧价格分别上升12%、8%、7%和40%。

党的各项农村政策得到进一步贯彻落实，农民负担继续减轻。2003年农民实际税费支出22元，比上年减少7元，仅此一项农民人均实际可增收7元。其中，农民人均农业税13元，下降25%，减免后的农业特产税人均仅为0.01元。

国家继续实施退耕还林政策，农民因此得到更多实惠。2003年农民人均得到国家退耕还林还草补贴5.3元。每亩耕地还林后，农民得到种苗费50元，每年管理护理费20元、粮食300斤。国家惠农政策对农民收入的增长产生了积极影响。

2005年，农村居民收入组成结构呈现如下特点：

家庭经营收入稳步增长　第一产业收入保持了稳步增长的良好态势。全年农民从事农业生产经营得到的人均纯收入为1328元，同比增加89元，增长7.2%。其中，种植业收入934元，增长7.6%；林业收入24元，增长20%；牧业收入353元，增长5.1%；渔业收入16元，增长14.3%。第二、三产业收入略减。其中，第二产业纯收入16元，同比减2元；第三产业纯收入74元，同比减7元。

工资性收入增长较快　2003年工资性收入430元，同比增加69元，增长19%。其中，在本乡地域内劳动得到收入126元，同比增加25元，增长24.8%；外出从业得到收入245元，同比增加41元，增长20.1%。2005年，工资性收入675元，同比增加183元，增长37%。

占比重较小的财产性收入和转移性收入持平略增　2005年，全市农村居民收入有较大增加，比上年和2002年分别增加272元和616元，分别增长12.9%和34.8%。

农民现金收入较快增长　2005年，仅上半年农民人均现金收入2018元，同比增加280元，增长16.1%。促进农民收入增长主要有两大因素：一是农村剩余劳动力转移加快，工资性收入继续快速增长。随着来宾市经济的快速发展，城镇化建设步伐不断加快，为农村剩余劳动力的转移提供了较大空间，加上近年来宾市农村劳动力转移的组织程度不断提高，劳动力培训工作进一步加强，有力地推动农村富余劳动力的转移。上半年农民外出务工人数占劳动力的比重达26.29%，比上年同期提高1.7个百分点；农民人均工资性收入457元，同比增加111元，增长32%。二是农业生产形势较好，出售农产品收入稳步增长。主要表现：首先是糖料蔗价格持续走高，出售糖料蔗收入大幅增长；其次是出售上年库存储备粮比同期增多；再次是出售水果的数量和价格形势较好；第四是蚕茧价格上涨促进桑蚕业强劲增长，出售蚕茧得到的收入明显提高。特别是市委、市人民政府积极贯彻中央助农增收的一系列文件精神，克服"旱灾"以及农资产品价格上涨等不利因素的影响、加大农村产业结构调整力度，千方百计增加农民收入。年内，在本地域内劳动得到的现金收入、外出务工的人均现金收入、种植业收入、林业收入、牧业收入等各项收入比上年同期有较大增加。

2005年，全市农民人均纯收入2385元。比上年增加272元，增长12.9%。其中：兴宾区农民人均纯收入2602元，增长13.0%；忻城县农民人均纯收入2048元，增长13.5%；象州县农民人均纯收入

2539元，增长15.0%；武宣县农民人均纯收入2331元，增长10.8%；金秀瑶族自治县农民人均纯收入1779元，增长7.2%;合山市农民人均纯收入2218元，增长16.0%。

农民收入构成

从收入结构看，来宾市农民家庭经营收入和工资性收入处于主导地位，两者占农民人均纯收入的97.99%。家庭经营中的各行业收入均实现了不同程度的增长，种植业和牧业对农民人均纯收入增长的贡献率分别为59.5%和19.7%。占比例较小的转移性收入和财产性收入有所下降。

农民收入增长的主要因素

工资性收入稳步增长 随着来宾市工业化、城镇化建设步伐不断加快，为农村剩余劳动力的有序转移提供了广阔空间。近年来，来宾市把劳务输出作为增加农民收入、缓解农村就业压力的一个支柱产业来抓，取得较好成效。劳务输出的组织化程度不断提高，培训工作进一步加强，技能培训、就业介绍、就业后服务管理融为一体，逐步实现农村富余劳动力的有序转移。2005年外出务工农民占劳动力的比重为11.35%，农民人均工资性收入675元，同比增加143元、增长19.4%。

糖料蔗增产及价格上涨，桑蚕产业成为农民收入新增长点 2005/2006年榨季，来宾市各地相继出台一系列优惠和激励政策，保持蔗糖生产政策的连续性和稳定性。加快新品种、新技术的推广运用，甘蔗良种覆盖率逐年上升。制糖企业实行糖料蔗与糖价格挂钩联动，执行二次结算，蔗款兑现及时，确保蔗农利益。全市糖料蔗总产777.32万吨，按平均280元/吨计，产值21.76亿元，按农业人口人均1035.74元。近年来，抓住国家“东桑西移”的发展机遇，积极普及小蚕共育等种桑养蚕新技术，全市桑蚕产业迅速发展，尤其是象州、忻城两县发展速度最为迅猛。蚕茧出售价格稳定在较高水平。2005年来宾市蚕茧产量2.52万吨，同比增长41.5%。

第二、三产业收入稳步增长 随着城镇化和县域经济的蓬勃发展，全市农民从事第二、三产业收入稳步增加。2005年农民从事二、三产业收入128元，同比增加18.9元。其中，农民从事工业和批零贸易餐饮业收入为21元和61元。

2005年，全市农民人均纯收入2385元，比上年增加272元，增长12.9%。

表3-10 2005年度来宾市农民人均纯收入对比表

单位：元

县(市、区)	2005年	2004年	2005年比2004年	
			+、-	%
总计	2385	2113	272	12.9
兴宾区	2602	2302	300	13.0
忻城县	2048	1805	243	13.5
象州县	2539	2208	331	15.0
武宣县	2331	2104	227	10.8
金秀瑶族自治县	1779	1660	119	7.2
合山市	2218	1912	306	16.0

表3-11 来宾市1982—2005年农民人均纯收入统计表

单位：元

年度	收入	年度	收入	年度	收入	年度	收入
1982	209	1988	307	1994	874	2000	1458
1983	245	1989	434	1995	1219	2001	1639
1984	245	1990	436	1996	1510	2002	1769
1985	259	1991	497	1997	1918	2003	1927
1986	258	1992	603	1998	2168	2004	2113
1987	299	1993	713	1999	2322	2005	2385

表 3-12　**来宾市各县(市、区)若干年度农民人均纯收入对比表**

单位:元

县(市、区)	1950 年	1980 年	1985 年	1990 年	1995 年	2000 年	2005 年	2005 年比 2000 年	
								增减 %	年均增减 %
总　计	38	67	259	436	1219	1458	2385	63.6	10.3
兴宾区	42	58	265	486	1228	1658	2602	56.9	9.4
忻城县	24	58	258	298	851	1107	2048	85.0	13.1
象州县	40	94	306	279	1442	1488	2539	70.6	11.3
武宣县	41	71	261	431	1419	1458	2331	59.9	9.8
金秀瑶族自治县		78	149	419	1016	1191	1779	49.4	8.4
合山市		65	172	442	1421	1284	2218	72.7	11.6

表 3-13　**2004—2005 年来宾市农村住户调查总收入与总支出表**

单位:元

指标＼年度	2004	2005	指标＼年度	2004	2005
一、总收入	3277	3750	(一)食品消费支出	989	1117
其中:人均纯收入	2113	2385	(二)衣着消费支出	53	74
(一)工资性收入	492	675	(三)居住消费支出	267	347
(二)家庭经营收入	2693	2987	(四)家庭设备、用品消费支出	66	78
(三)财产性收入	6	11	(五)交通和通讯消费支出	144	192
(四)转移性收入	86	78	(六)文化教育、娱乐消费支出	239	280
二、总支出	3117	3669	(七)医疗保健消费支出	84	99
人均生活消费支出	1871	2230	(八)其他商品和服务消费支出	31	42

生活消费

中华人民共和国成立前,境内群众生活消费水平低。民国 23 年(1934 年),境内的武宣、象县、忻城、迁江、来宾等县的农民平均吃大米饭的占 49.78%,吃粥占 30.22%,吃杂粮占 7%,粥加杂粮占 13%。农民住房:瓦房占 86.18%,茅房占 13.82%。瓦房中,泥墙占 77.74%,砖墙占 11.54%,篱笆墙占 1.49%,木板墙占 9.23%;茅房中,泥墙占 71%,篱笆墙占 22.79%,木板墙占 5.89%,砖墙占 0.32%。农民衣着分购买、自织两项,购买项中,买布占 51.51%,买纱占 48.49%。

境内农民饮食传统习惯为早粥夜饭。20 世纪 50—70 年代中期,农民较为贫穷,大部分农民家庭的饮食,人均日开支大米 0.4~0.5 千克,人均日蔬菜 0.5 千克,户均肉类每月 0.5~2 千克,多为逢年过节购买。1958 年,境内以生产队为单位办农民集体饭堂,1959 年后陆续撤销。20 世纪 80 年代开始,农民生活随着经济条件好转不断改善,肉类从过去每月的 2 千克提高到 5 千克,经济条件好的家庭达 10 千克以上。到 1990 年,农民饮食水平接近城镇居民的水平。

20 世纪 50 年代,农民家用物具每户一般有大木箱 1~2 个,用于贮存衣裤和细软物品;桌子 1~3 张,凳子若干张;炊具有铁铸鼎锅和宽口铁锅 2~4 个,橱柜 1 个。20 世纪 50—60 年代中期,部分农民家庭有加工粮食的石臼、石磨、木齿磨等。经济条件较好的个别农户购买自行车、缝纫机、手表等。

20 世纪 80 年代初,电视机开始进入农民家庭。1987 年,境内开始有农民购买电冰箱、洗衣机等家用电器。1990 年,合山市农民拥有各种机动车 286 辆,自行车 11416 辆,缝纫机 8382 台,电视机 4275 台、其中彩色电视机 233 台,电冰箱 174 台。

20 世纪 50—70 年代,境内农民的消费结构主要是投入建房、禽畜饲养、衣着三个方面，受社会低收入、低消费影响，农民的各项消费处于低水平状态，投入建房占全年总收入65%以上，建一座三开间式砖木结构平房，约需资金1000元，有些家庭筹措资金3~10年方可建成。禽畜饲养投入主要用于鸭苗、猪仔的购买，占全年总收入10%~15%。衣着消费占总收入10%左右。20世纪80年代开始，农民消费意识更新，消费项目增多，消费结构变化较大。实行家庭联产承包责任制后，生产投入增大，农户每年投入再生产资金约1000元，用于购买生产资料，占全年总收入30%；其次为子女读书消费比例加大，凡子女在外读书的农户，就读费用占总收入30%~50%，少数农户高达80%；农民建房消费视经济情况而定；其他项目消费10%~15%。

1962—1990年，境内农民人均生活消费支出年均增长9.6%，农民人均生活消费支出占纯收入的比重达87%左右。1962年，武宣县农民人均生活消费支出51.5元，1968年75元，1979年83元，1982年188.13元，1985年260元，1987年264.22元，1990年达315.40元。1985年，象州县农民人均生活消费品支出分项为食品160.77元、衣着16.39元、住房27.49元、燃料16.30元、用品及其他20.74元。1990年，象州县农民人均生活消费品支出增加到：食品342.34元、衣着23.62元、住房35.19元、燃料26.02元、用品及其他58.34元。

据统计部门对武宣县364个农户抽样调查，1991年人均生活消费支出413.82元，比上年增37%，占当年纯收入66%，其中食品消费占69.73%，衣着占5.52%，居住占8.66%，燃料占5.01%，其他消费占11.35%。1994年农民人均生活消费支出858.9元，比1991年增长1.07倍，其中食品占64.63%，穿占6.15%，住占14.47%，燃料占4.21%，用占10.54%；全县城乡居民人均年末存款余额44.81元；农民人均有粮387.2千克，平均每百户耐用物品拥有量：自行车169.78架，缝纫机73.08架，手表141.48块，收录机31.87台，电视机63.18台，人均住房面积14.65平方米，电冰箱、摩托车等开始进入农家。1995年，农民人均生活消费支出1147.6元，比1994年增长33.6%，其中食品消费占62.86%，衣着消费占6.54%，居住消费占3.37%，用及文化生活消费占27.23%。1996年，农民年均生活消费支出1326元，比1995年增长15.5%，出现了农民购买高档家私多、到圩镇参与开发经营多、参加各种科技培训多的好现象，涌现了三里镇慕古村委、武宣镇武南村委、二塘朗村村委、黄茆乡新贵村委、通挽镇分岭村委等小康文明示范村，武宣镇清水村邱建科等1312个小康文明户，8165户致富文明户。

1996—2000年，象州县各年度农民人均现金消费依次为945.2元、1045.7元、1008.6元、1140.2元、1153.8元，年均递增1.05%，消费水平逐年提高，主要表现在消费品购买力增加。1996年，全县农民人均投向食品的购买力（按可比价计算，下同）为320.8元，2000年该项支出增至440.2元，增长32.7%；农民人均投向穿着方面的购买力和居住方面的购买力分别为50.1元和100.4元，2000年分别增至58.6元和157.4元，分别增长16.9%和56.7%；在购置家庭设备及日用品方面，农民人均支出为57.2元，2000年增至108.9元，同比增长89.2%。其次是文教卫生、交通通信消费水平提高。随着农民对文教卫生的重视；教育投资和医疗保健消费相应提高，对交通通信消费投向加大。从调查资料显示，2000年农村居民人均投向教育、文化娱乐及服务支出236.77元，比1996年增长52.9%；医疗保健人均支出43.1元，比1996年增长22.27%；交通通信支出61.1元，比1996年增长1.4倍。第三农业生产资料购买力增强。2000年，农民投向农业生产资料购买力为636.1元，比1996年增长1.7%。在农业生产资料购买投向中，化学农药增长34.2%，农用薄膜增长23.8%，各种农业机械、农机具增长65.1%。

1992年，邓小平视察南方重要讲话后，境内农村发生了翻天覆地的变化，农民人均纯收入有了较大提高。从1991—1999年期间(2000年为换点期间数据不全)，农民人均纯收入年均增长20.4%；农民人均生活消费支出年均增长16.6%。其中：食品、衣着、居住、家庭设备及用品、文化娱乐等消费支出不断增加，农村居民生活水平有了较大的提高。农民人均生活消费支出占纯收入的比重达到65%，呈逐年下降趋势，显示了农民消费支出能力增强。

2003—2005年，来宾市农村居民人均生活消费支出逐年增加，恩格尔系数呈逐年下降趋势，反映农村居民生活逐年提高，从全市农村居民生活消费支出来看，农村居民家庭恩格尔系数从2002年的49.1%下降到2005年的48.3%，下降0.8个百分点。

2003年，来宾市农村居民人均生活消费支出1615元。在生活消费八项支出中，食品消费支出

850元，占52.6%；衣着消费支出58元，占3.6%；居住消费支出202元，占12.5%；家庭设备及用品消费支出62元，占3.8%；交通和通讯消费支出125元，占7.7%；文化教育及娱乐消费支出216元，占13.4%；医疗保健消费支出74元，占4.6%；其他商品和服务消费支出为29元，占1.8%。

农村居民消费结构特点

生产投入支出平稳增长 2003年，来宾市农民用于生产投入支出人均1032元，比上年同期增加49元，增长5%。生产消费支出主要用于家庭经营费用支出和购置生产性固定资产支出，家庭经营费用支出974元，同比增加44元，增长4.7%。其中，第一产业生产费用支出851元，同比增加33元，增长4%；第二产业生产费用41元，同比增加1元，增长2.5%；第三产业生产费用82元，同比增加10元，增长13.9%。购置生产性固定资产支出58元，同比增加5元，增长9.4%。主要用于购置建筑生产用的建筑物材料和购买运输机械，扩大农业再生产，增强农业生产发展后劲。

生活消费支出比上年有所减少 2003年，来宾市农民人均生活消费支出1615元，同比减少24元，下降1.5%。

农民税费支出明显降低 2003年，来宾市农民人均税费支出22元，同比减少7元，下降24.1%。

财产性支出和转移性支出大幅下降 2003年，来宾市农民人均财产性支出和转移性支出分别为3元和49元，同比分别减少1元和31元，降幅分别达25%和38.8%。

2005年，随着农民收入的快速增长，农民生活水平得到明显改善。大宗耐用消费品拥有量也大幅增加，全市农民平均每百户拥有摩托车48.1辆、手机71.1部、彩色电视机78.4台，比2002年分别增长1.3倍、4.2倍和1.1倍。农民生活质量明显改善，农村居民商品性消费支出（扣除服务支出）增长18.0%，农村居民的购买力逐步提高，消费支出相应增加，活跃了农村消费品市场。近年来，随着国家各项支农惠农扶农政策的逐步落实和新农村建设步伐加快，以及“万村千乡市场工程”建设的实施，农村居民收入稳步增加，人均现金收入持续增长，为消费能力的提高奠定了基础。农村市场淡、旺季明显，农民对消费品的购买主要集中在节假日。由于平常忙于农业生产和外出务工，平时只购买日常用的消费品，对于衣着和其他耐用商品及大件耐用消费品购买很少，大多集中在元旦、春节、国庆等节日购买。各商贸企业和个体工商户抓住春节、元旦、清明、中秋、国庆等节假日有利商机，针对农村消费者的需求心理，采取各种打折、让利、抽奖、特价、周年庆典等促销活动，刺激农村居民消费欲望，有效拉动农村市场的繁荣。家电下乡和汽车下乡活动的开展，使农村居民消费结构发生较大变化，主要是家用电器的升级换代，促使家电商品热销。据农村住户调查统计，2005年，农村居民用于购买家庭设备人均支出184.8元，同比增长4.6%，用于医疗卫生、保健用品消费人均支出183.79元，同比增长30.1%，增幅居各类消费首位。其中医疗费人均支出110.8元，同比增长88.9%。

2005年，农村固定资产投资进一步拉动内需，带动农村消费品市场的活跃，农村固定资产投资快速增长带动了消费品市场的繁荣。当年，全市农村固定资产投资为76715万元。全市社会消费品零售总额为32.77亿元，比上年增长12.6%。其中：城区市场实现零售额18.18亿元，同比增长11.8%；农村市场实现零售额14.59亿元，同比增长19.6%，高于全市7.3个百分点。当年，全市农民人均生活消费支出2230元，比上年增长19.19%。

表3-14 **来宾市1982—2005年年农民人均生活消费支出统计表**

单位：元

年度	消费	年度	消费	年度	消费	年度	消费
1982	180	1988	306	1994	758	2000	
1983	190	1989	379	1995	1013	2001	1411
1984	200	1990	380	1996	1245	2002	1639
1985	239	1991	473	1997	1359	2003	1615
1986	237	1992	513	1998	1460	2004	1871
1987	268	1993	591	1999	1514	2005	2230

第二节　城镇居民生活

中华人民共和国成立前，城镇非农业居民，大部分无固定职业，靠肩挑贩运、搞临时性小买卖、砍柴卖草给地主富商打工来维持家庭最低生活。中华人民共和国成立后，城镇居民除国家职工外，多为饮食、搬运、缝纫、铁木器加工、砖瓦、建筑等从业人员及其家庭成员，上述非农业居民的生活水平得到逐步提高。

经济收入

境内城镇居民经济收入主要来自工资性收入和非工资性收入两大类。

工资收入　清代称工资为俸薪。来宾知县年俸银27两零9分，薪银36两，闰年加银3两7钱5分。清顺治十三年(1656年)，改为俸薪并计知县年银45两，闰年不加。县署六房书办，人年俸薪10两，闰年不加。

民国初期，来宾县县长月薪160元，科员月薪20元，书记员月薪10元。民国2年(1913年)，武宣县知事月薪银100元，科长60元，科员40元，炊事员4元。民国23年，县长月薪国币110元，科长70元，科员60元，办事员45~50元，勤杂20元，中学校长42元，教员15~35元。民国16年，执行包办制，来宾县府全体公务员月薪共886元。民国23年，武宣县政府职工月工资20~110元，中学教职工月工资15~42元。按上述价格计算，县政府职工月工资可购买白米416~2292市斤；中学教工可购313~875市斤。由于当时在外谋职业的多为男性，上述工资如赡养家人，生活依然紧绌。

在金秀设立的金秀警备区署、金秀设治局、金秀警察局等国民政府机构的职员及军警各期分别为60人左右。民国32年(1943年)，局长薪俸每月250元(时币，下同)，秘书200元，股长140~160元，警察队长、巡回教育队长各90元左右。其余职员、警士、警兵等收入在25~70元之间。当时各乡公所乡长月薪80元，副乡长75元、户籍干事60元，乡警13元，公役20元，村长35元；各中心小学校长70元、教导主任(兼教师)65元，辅导主任80元(含10元辅导费)，教师80元左右。

民国37年(1948年)后，由于货币贬值，物价飞涨，纸币失去信用，政府公职人员的薪俸改发实物，境内县长月薪折谷680斤、科长440斤、科员380斤、办事员220斤、勤杂200斤。但因战事频繁，时势混乱，财政收入锐减，公职人员不能按月领到大米或谷子，一部分职员为生活所迫而弃职返乡。

民国38年(1949年)9月，迁江县长月薪800斤原谷，科长月薪500斤原谷。

民国后期，合山煤矿股份有限公司雇员和职员的工薪以大米支付，月人均大米30~80千克。20世纪50年代，合山煤矿职工人均年工资500~600元，其中年最高为638.17元，年最低为352.69元。

中华人民共和国成立后，党和人民政府把解决城镇居民、职工生活列入议事日程。1950年，境内职工实行供给制，1951年改为包干制，1952年2月，国家行政机关、人民团体大部分实行供给包干生活费制。企事业单位和教职工实行工资制。实行包干供给制的职工，由单位按大、中、小灶标准统一开支生活费，每人每年发单衣2套，每两年发棉衣1件，夹裤1条；县级干部每人每月发津贴费1.85万元；区级干部每人每月1.1万元；勤杂人员每人每月7500元。每个职工月供应大米22.5千克。理发费每人发大米1千克(折人民1100元)；保健费一等大米2千克，二等1.5千克，三等1千克，猪肉费5000元，还发每人单人蚊帐、棉被各1床(以上各款额均为旧版人民币)。

金秀瑶族自治县成立时，职工实行工分制。根据职务月评定工分，例如小学教师最高140分，最低90分。工分值，按当月《广西日报》或专区级报纸公布的《月薪工分分值表》折算现金；职工每月伙食费由国家提供，每月还可领取2.5~3元(折现行人民币)零用钱，每年发得外衣裤一套、鞋1双、棉衣一件等生活用品。1952年9月以后，国家行政干部开始评定级别，实行工资制度。

随着国民经济的发展，职工生活福利不断得到改善。从1952年起，境内职工均享受公费医疗、探亲假、女职工产假和病故丧葬抚恤等待遇。每年按规定领取解暑、取暖补助费。个别职工家庭遇上特殊困难，经领导批准，可以享受困难补助费。工矿企业和部分事业单位的职工，可按工种规定领取劳动保护用品。职工退休可以按月领取退休养老金。

1952年2月，境内各县改包干供给制为按工资分计发。每人每月大灶60工资分，中灶85工资分，小灶110工资分。每分所含实物定量为：食粮0.4千克，白布0.07米，植物油0.25千克，食盐0.01千克，煤1千克，各项实物采取当地多数人习惯用的中等品质，以国营公司或国营零售店价格计算分值，然后以工资分乘分值即得当月工资额。

1953年年末，来宾市境域全部职工年人均工资为343元，其中，象州县302元，武宣县300元，来宾县417元，忻城县353元。

1955年，国家实行工资制，1956—1990年，境内先后进行了两次工资改革(1956年、1985年)和14次工资调整。在工资改革和调整中职工工资增加，生活不断改善。

1955年，原来宾县实行按月发放工资制，全县干部职工月均工资31.17元(新版人民币，下同)。1956年，县进行工资调整，有6481名职工参加。调整后人月均工资由31.17元增加到33.92元，人均月增2.75元。1964年，人月均工资44.67元。与1955年比人均月增资13.3元。1955—1964年，工资比上年有所增加的有7年，增加最多的是1960年，比1959年增8.84元；比上年有所下降的有3年，下降最多的是1958年，比1957年减2.50元。1964年，人均月工资44.67元。到1977年，人均月工资仍是44.67元。民国13年中，有所增加的4年，增加最多是1972年，比1971年增5.17元；有所减少的5年，减少最多的是1970年，比1969年减2.91元。1983年人月均工资62元。此后至1990年连年增资，增加最多的是1985年，人均月增17.92元，比1955—1964年的10年增资幅度多4.62元，为1965—1977年的13年增资幅度17.92倍。

1956—1990年，国家对职工工资有10次较大的调整和改革。

1956年，职工实行工资制，根据职工职务等分别确定工资级别。金秀瑶族自治县职工中，最高的月薪140元，最低25元；当年末，职工月平均工资31.80元。在此之后，曾先后10次调整和改革所有或部分职工工资。至1987年底，金秀瑶族自治县职工平均月工资123.83元，比1952年增长4.7倍，比1978年增长187.4%。由于工资收入增加，职工及其家庭生活水平也得到逐步提高。

1957年，武宣县职工人均年工资272元。1964年447元，比1957年增加175元。1975年516元，比1964年增加69元。1980年615元，比1975年增加135元。1985年1063元，比1980年增加412元。1990年1953元，比1985年增加890元，比1957年增长7.18倍。

20世纪60年代，受三年经济困难和文化大革命影响，境内职工人均收入出现中间略高，两头偏低现象。来宾县北泗公社1967—1969年在555~591元之间，年最低为474.09元。20世纪70年代，合山矿务局职工人均年工资逐年上升。1970—1972年在562~591元之间，1973—1978年在605~682元之间，1979年上升到734.21元。合山电厂职工人均年工资：1970—1974年在491~540元之间，1975—1979年在471.21~558.13元之间。

1964年，来宾县调资3666人，占调资面40%，人均月增资6.91元。

1974年，农场职工工资下延工资标准，原来宾县下延1166人，下延面16.73%，人均月增资10.75元。1977年，来宾县国家机关、企事业单位调资1024人，调资面65.22%，人均月增资4.83元。1978年，来宾县在集体所有制单位职工727人中调资588人，调资面80.88%，人均月增资4.94元。

20世纪60年代以后，国家几次调整提高粮油等农副产品、工业品和副食品的购销价格。为使职工不因农副产品和工业品提价而降低生活水平，先后给职工加发了粮油差价、副食品差价补贴，发了水电补助等。从1972年7月起，武宣县从三类工资区提到四类工资区。党的十一届三中全会以后，为使职工发挥专长安心搞好本职工作，分别给职工发放技术、教龄、护龄津贴、民族补贴和奖励工资。1985年后，除从四类工资区调到五类工资区外，还实行目标管理奖。

1979年，境内国家机关、企事业单位职工，根据劳动态度、技术高低、贡献大小考核升级，来宾市升级4689人，升级面40.27%，人均月增资6.24元。

1982年，来宾县在国家机关、科学文教卫生部门3849人，占调整单位职工总数74%，人均月增资7.39元。

1985年，进行工资改革，实行基础工资、职务工资、工龄工资、奖励工资的结构工资制，取消等级工资制，原来宾全县机关、事业职工增资7074人，人均月增资16.68元。同年，全县企业有4722人参与工资改革，另有418人参照机关事业单位工资套改，人均月增资13.87元。

1989年，境内农林牧渔业工人改行国家机关技术工人工资标准，月工资额比原来提高；同年，对全民所有制单位职工进行工资普调，除受党内严重警告、行政记大过以上处分不满1年的人员以及违反计划生育的人员外，人人升级，其中原来宾县升两级7027人，占升级人数的61.58%，普调后人均月增资13.07元。

附:湖河矿职工生活状况调查

湖河矿区位于今合山市城区人民路北段,隶属合山矿务局。1959年8月建矿。1990年,全矿有1260户5556人。

收入方面,1959年户均482.89元,人均76.25元。1969年户均740.44元,人均116.91元,比1959年分别增加53.34%和53.32%。1976年户均收入1130.39元,人均145.34元,比1969年分别提高52.61%和24.32%。1982年户均收入1592.89元,人均收入204.80元,比1976年各增加40.92%。1990年户均收入3225.90元,人均收入509.35元,比1982年分别提高1.03倍和1.48倍。生活消费方面,户均月生活费1959年33元,1969年为39.82元,1976年提高到100.50元,1982年为143.28元,1990年增加到203.21元。衣着消费方面,1958年人均8~15元,1969年人均10~20元,1976年人均70~200元,1982年人均300元,1990年人均450元。子女就读费用20世纪50—70年代中期,每个学生每年交学杂费6~20元。1980年后,子女就读费逐年增加,1990年增加到每生约108元。职工住宅方面,1958年户均面积16平方米,1969年提高到19.50平方米,1976年为23平方米,1982年为26平方米,1990年为31平方米。家用器具方面,自行车1969年21辆,1976年有96辆,1982年有223辆,1990年有604辆;缝纫机1969年16台,1976年54台,1982年487台,1990年708台;电视机1976年26台,1982年307台、其中彩色电视机6台,1990年有1003台、其中彩色电视机60台;其他家用器具1990年有电冰箱70台、高级音响17台、录像机5台、电风扇973台、洗衣机701台、照相机5部、组合柜303个,机动车有摩托车2辆、汽车2辆。

1990年,来宾市境域全部职工年人均工资1991.5元,其中来宾县1801元、象州县1992元、武宣县1929元、忻城县1875元、金秀瑶族自治县2015元、合山市2337元。

表3-15 **1950—1990年来宾市全部职工工资一览表**

年度项目	年末人数	年总额(万元)	年人均(元)	年度项目	年末人数	年总额(万元)	年人均(元)
1950	2493	54	216.61	1971	45561	1975	433.49
1951	4404	109	247.50	1972	50790	2268	446.55
1952	7088	189	266.65	1973	54238	2718	472.59
1953	8453	282	333.61	1974	57513	2814	489.28
1954	9464	324	342.35	1975	61523	3265	530.70
1955	12285	420	341.88	1976	65345	3236	495.22
1956	16963	642	378.47	1977	66638	3393	509.17
1957	18234	756	414.61	1978	88693	4441	500.72
1958	28948	957	330.59	1979	91037	5511	605.36
1959	41271	1357	328.80	1980	96685	6703	693.28
1960	44287	1858	419.54	1981	92407	6693	724.30
1961	32628	1507	461.87	1982	87808	6533	744.01
1962	25082	1299	518.90	1983	88146	6820	773.72
1963	25401	1216	478.72	1984	87443	8615	985.21
1964	28782	1425	495.10	1985	90084	9079	1007.84
1965	30191	1453	481.27	1986	95449	11131	1166.17
1966	31147	1466	470.67	1987	101936	13860	1359.68
1967	32519	1525	468.96	1988	107162	16765	1564.45
1968	33644	1566	465.46	1989	109032	18920	1735.27
1969	31066	1464	471.26	1990	112362	21529	1916.04
1970	36994	1656	447.64				

注:数据来源《柳州地区统计历史资料》(1950—1990年)

改革开放后实行新的工资制度,国家机关先后进行几次大的工资制度改革。1985年,来宾市在岗职工平均工资1027元,比1980年713元增加314元,增长44.04%。其中:在岗职工平均工资兴宾区924元、忻城县987元、象州县1046元、武宣县1063元、金秀瑶族自治县1058元、合山市1147元。1990年,全市在岗职工平均工资1992元,比1985年增长93.96%。

从1993年10月起,对机关、事业单位工资制度进行重大改革,一改过去机关、事业单位单一的工资制度,在党政群机关实行职务级别工资制,事业单位实行专业技术职务工资制度。当年来宾市辖区机关行政人员和工人参加工资制度改革,行政人员人均月增资67元,工人人均月增资45元。事业单位人均月增资74.6元。同时,提高机关、事业单位离退休人员离退休费,行政机关离退休人员人均月提高110元,事业单位离退休人员人均月提高66.5元。

1995年,境内在岗职工年平均工资4779元,比1990年增加2787元,增长139.91%。

2000年,境内在岗职工年平均工资7056元,比1995年增加2277元,增长47.65%。

2004年,全市在岗职工年平均工资13104元。

2005年,全市在岗职工年平均工资15290元,比2000年增加8234元,增长116.70。年均增长53.85%。

表3-16 来宾市各县(市、区)若干年度在岗职工年平均工资对比表

单位:元

县(市、区)	1950年	1980年	1985年	1990年	1995年	2000年	2005年	2005年比2000年	
								增减数	年均增减%
总计	214	713	1027	1992	4779	7056	15290	116.70	
兴宾区	212	742	924	1801	4706	7630	16267	113.20	16.35
忻城县	158	656	987	1875	4008	5789	12855	122.06	17.30
象州县	234	676	1046	1992	4689	6745	13827	105.00	15.44
武宣县	230	651	1063	1929	4784	5772	13108	127.10	17.83
金秀瑶族自治县		643	1058	2015	4690	6049	14329	136.88	18.82
合山市			1147	2337	5405	9430	18667	97.95	14.63

其他收入

民国23年(1934年)7月,境内的来宾、武宣、象县、忻城、迁江等县,自膳的建筑业木工日工资平均0.51元,按每月出工25日计,月工资12元;泥水工日均工资0.48元,月工资12元;打铁匠日均工资0.44元,月工资11元;挑夫日均工资0.46元,月工资15.5元。按当年市场物价计算,木工、泥水工、铁匠、挑夫月工资可购买白米的数量分别为265、250、229和323市斤;或可购买猪肉的数量分别为48.7、45.8、42和59.2市斤。民国27年,象县城镇居民劳工每日工银2角至5角不等,长期雇工于商业每年工银100元至200元。

民国34—38年(1944—1948年),据对武宣县的武宣、桐岭、二塘3圩镇15户非农业居民(其中富商2户、小商2户、贫民11户)的调查,经常断炊的有11户,占调查户73.3%,租借别人房子住的有6户,占调查户40%;给地主富商打工的有15人;卖儿卖女的有5户共7人。

中华人民共和国成立前,金秀瑶族自治县内的城镇人口极少。山外仅桐木圩、头排圩、七建圩等集镇有少量人员从事专业的经商、缝纫、搬运、铁木、竹器加工等非农业劳动;山内,仅金秀村有几户外来汉族工匠从事商业、金银饰具加工。城镇居民生活一般都比较清苦,收入仅够糊口而已。

中华人民共和国成立前,境内城镇居民多数靠从事手工业、运输业、商业和其他服务业等取得生活费,总体上处于较低水平。

中华人民共和国成立后,来宾市境域内各县人民政府引导城镇居民组织起来,成立公私合营企业、合作店组、饮食服务社、五金修理社、车缝社、搬运社、副食品生产合作社、劳动服务队等,使居民有劳动就业的机会,收入相对稳定,生活逐步改善。

1950—1957年,经过国民经济恢复、"一五"时

期的建设和完成对农业、手工业、资本主义工商业的社会主义改造，城镇居民收入增加，基本解决居民家庭生活所必需的吃饭和穿衣问题。

1958年以后，由于受“大跃进”、人民公社化运动、刮“共产风”等影响，城镇居民生活有所下降。“文化大革命”中，大打“批私批修”总体战，合作商业遭吞并，个体商业被取缔，居民收入减少。

1978年以后，实行改革开放的方针政策，城镇居民解放思想，发挥自己的优势和专长，广开致富门路，发展第二、第三产业，收入逐年增加。

1983年，金秀镇居民总收入13.83万元，人均收入424元；1985年总收入21.71万元，人均670元，1987年总收入27.55万元，人均810元。居民叶贻奎，全家4口，有劳力2人，1983年从事个体屠宰业，当年纯收入4500元，1984年收入5000元，1985年收入6000元，1987年收入8000元。大部分居民新建各式楼房，添置电视机、自行车、收录机、缝纫机等高中档生活用品。1984年，城镇集体所有制职工年人均收入714元，比1978年的528元增加186元；1987年人均收入1110.57元，比1984年增加396.57元；1990年人均收入1754元，比1987年增加643.43元。

合山市城区街道居民来自全国6省（自治区）、38个县（市）。1986年相继迁入。到1990年，城区共有居民387户，1970人，大部分居民经商。1990年，城区有国营、集体、个体商店167家，其中经营布匹、成衣类和运输业各31家，经营饮食业22家，其他综合商店114家。当年总收入366.32万元，人均收入1860元，居民住宅总面积51220平方米，人均住宅面积26平方米。有汽车26辆，摩托车47辆，手扶拖拉机12辆，自行车748辆，电视机391台，电冰箱49台，录（放）相机5台，高级音响6台，洗衣机67台，照相机24部，组合柜57个。

随着经济和各项社会事业发展，境内城镇居民就业机会增多，街道居民普遍经营工业、商业、服务业，收入大增。

1988年，象州县城镇居民年人均收入1054.8元，比1978年增加733.58元，增长228.39%。1991年象州县城镇居民人均货币收入923元，1995年增至1678元，增加755元，增长81.8%。1991年，武宣县城镇居民年均收入1231元，1995年提高到3216元，增加1985元，增长161.25元。

2005年，全市城镇居民家庭人均总收入8886.87元，增长19.9%。其中工薪收入6198.67元，增长23.8%，经营净收入722.59元，减少3.5%，财产性收入259.89元，增长276.3%，转移性收入1705.72元，增长11.2%。全市城镇居民家庭人均可支配收入8165.90元，比2004年增长19.90%。其中兴宾区8442.80元，增长21.56%，忻城县7517.30元，增长18.78%，象州县8392.60元，增长20.75%，武宣县7861.50元，增长18.30%，金秀瑶族自治县8346.90元，增长20.80%，合山市8082.90元，增长19.22%。

据调查全市城镇居民平均每户就业率总计46.84%，兴宾区45.49%，忻城县52.20%，象州县52.90%，武宣县49.49%，金秀瑶族自治县49.84%，合山市37.45%。全市人均住房建筑面积33.88平方米，兴宾区27.56平方米，忻城县43.24平方米，象州县45.94平方米，武宣县43.59平方米，金秀瑶族自治县37.71平方米，合山市21.38平方米。

全市城镇居民家庭人均现金收入。期初手存现金211.70元，兴宾区154.84元，忻城县209.68元，象州县232.39元，武宣县326.74元，金秀瑶族自治县235.96元，合山市203.31元。家庭人均总收入8886.87元，兴宾区9256.07元，忻城县7873.61元，象州县8827.48元，武宣县8318.53元，金秀瑶族自治县8822.27元，合山市9430.57元。出售财物收入总计143.70元，兴宾区3.76元，忻城县978.65元，象州县43.02元，武宣县29.01元，金秀瑶族自治县2.44元，合山市0.28元。借贷收入总计3117.65元，兴宾区1428.23元，忻城县4483.47元，象州县1647.97元，武宣县3505.72元，金秀瑶族自治县5651.36元，合山市6352.16元。

全市城镇居民家庭人均实物及服务收入155.77元，兴宾区47.95元，忻城县314.05元，象州县148.09元，武宣县310.69元，金秀瑶族自治县287.00元，合山市117.55元。全市人均食品消费121.27元，兴宾区31.71元，忻城县216.66元，象州县119.81元，武宣县265.83元，金秀瑶族自治县254.52元，合山市95.63元。全市城镇居民家庭人均衣着消费2.27元，兴宾区1.23元，忻城县4.82元，象州县4.89元，武宣县2.73元，金秀瑶族自治县1.30元，合山市0.31元。全市城镇居民家庭人均家庭设备用品及服务消费9.09元，兴宾区2.47元，忻城县29.82元，象州县20.01元，武宣县1.65元，金秀瑶族自治县16.33元，合山市3.61元。全市城镇居民家庭人均医疗保健消费8.68元，兴宾区3.64元，忻城县5.13元，象州县0.05元，武宣县27.55元，金秀瑶族自治县3.5元，合山市 15.32 元。全市城镇居民家庭人均交通和通信消费 2.43 元，兴宾区 2.86 元，忻城县 1.59 元，武宣县 6.53 元，合山市 0.94 元。全市城镇居民家庭人均教育文化娱乐服务消费 8.71 元，兴宾区 3.12 元，忻城县 48.33 元，象州县 1.39 元，武宣县 3.27 元，金秀瑶族自治县 6.29 元，合山市 0.37 元。

来宾市从 2004 年起开展城镇住户调查工作。2004—2005 年全市经济持续稳定增长，人民群众从发展中得到实惠。城镇居民人均可支配收入从 2004 年的 6811 元增加到 2005 年 8166 元，增长 19.9%；人均消费支出从 2004 年 4883 元增加到 5350 元，增长 9.6%，城镇居民可支配收入和消费总体呈现持续快速增长。

收入结构

境内城镇居民家庭收入结构由工资性收入和非工资性收入构成。工资性收入包括就业标准工资、奖金、岗位津贴、工龄补贴等。

1979 年以前，城镇居民家庭收入结构形式单一，即就业者的标准工资约占总收入的 80%~90%。1979 年后，趋向多渠道、多元化的特点，工资总额大幅增加。1981 年和 1982 年，国家相继提高文教、卫生、体育系统及国家机关、科研等单位职工工资。1983 年和 1984 年，又理顺企业职工工资。1985 年，国家机关、事业单位和文教卫生部门进行工资改革，企业实行浮动工资制度，职工的劳动报酬与职务、职称、劳动成果直接挂钩，职工的工资逐年提高，收入大幅度增长。另外，职工还从单位得到的其他收入，包括福利费、独生子女补贴、书报费、交通补助费、洗理费等。

至 1988 年，国机机关和事业单位全面兑现以职务工资为主的结构工资制；对中小学教师提高 10% 的基础工资；在文教、卫生部门发放教育津贴和卫生津贴。1989 年，进行工资普调，加大升级面。

2004 年，来宾市城镇居民家庭人均收入为 6975.65 元，其中可支配收入为 6428.07 元。收入来源主要有工薪收入、经营净收入、财产性收入、转移性收入等。家庭人均支出 6523.59 元。

2005 年，全市城镇居民收入有较大增加。人均可支配收入 8166 元，比上年增加 1355 元，增长 19.9%。城镇居民收入增长的主要原因：多数县（市、区）从上年下半年开始增资及年终奖在 2005 年初兑现，致使工薪收入呈两位数以上增长；居民投资意识增强，出租房屋、股息、红利增加，致使财产性收入呈倍数增长；随着县域经济的发展，从事个体经营人员增加，致使经营性收入较快增长；社会保障逐步完善，养老金、辞退金、社会救济等收入增加，致使转移性收入等平稳增长。全年城镇居民转移性收入人均 1705.72 元，同比增长 11.2%。其中，养老金或离退休金人均 1173 元。全年城镇居民经营净收入人均 722.59 元。全年城镇居民财产性收入人均 259.89 元。居民投资呈多元化。其中，出租房屋人均收入 195.28 元；股息与红利人均收入 18 元；其他投资人均收入 36.91 元。

但在城镇居民收支快速增长的同时，高低收入差距大、物价上涨过快，低收入群体生活压力加大等问题应引起重视。

全年各县（市、区）城镇居民人均可支配收入排序为：兴宾区 8442.8 元；象州县 8392.6 元；金秀瑶族自治县 8346.9 元；合山市 8082 元；武宣县 7861.5 元；忻城县 7517.3 元。增长速度由快到慢依次为：兴宾区 21.56%、金秀瑶族自治县 20.80%、象州县 20.75%、合山市 19.22%、忻城县 18.78%、武宣县 18.30%。

生活消费

民国 30 年（1941 年），境内城镇居民居住条件差。合山煤矿股份有限公司有职工宿舍 413 间，面积 8260 平方米，为草棚和泥木结构平房。床架以原木钉成，分上下铺，形如马栏，房内光线阴暗，地面潮湿。20 世纪 50 年代末，职工住宅仍有部分茅草平房。20 世纪 60 年代，职工住宅均为单间式土木或砖木结构平房。20 世纪 70 年代初始建集体宿舍楼，到 20 世纪 80 年代，有些集体宿舍配有专职管理人员和服务人员。1990 年，全市有集体宿舍面积 8.71 万平方米，其中合山矿务局 7.68 万平方米。

20 世纪 70 年代以前，境内厂矿职工少带眷属，带眷属的职工每户分给住房 1 间，无厨房。20 世纪 80 年代初，境内职工家属到厂矿安家增多，住宅逐步配套化。合山矿务局各矿在原平房住宅前建厨房，每间 8~10 平方米。1973 年，厂矿相继建套间住宅楼房，有两室一厅和三室一厅，集卧室、厅、阳台、卫生间为一体，面积 50~70 平方米。

民国初期，合山煤矿股份有限公司雇员和职员的粮油主要在附近集市购买，每天人均大米 1 千克。民国后期，公司在东矿场、河里火车站、老矿等处设置粮店。1949—1954 年，职工粮油凭卡定量售给，在公共饭堂开餐的职工，粮卡由总务处统一保管、支配。职工家庭户粮卡自行保管，职工指标粮品种有2号米、3号米、面粉、面条、玉米等，逢年过节供应少量优质大米、糯米、富强面粉、黄豆、绿豆等，指标油凭粮本认购，种类有花生油、菜籽油、茶油等。到1990年，仍实行职工粮油指标供应办法。

职工副食品多到集市购买。民国后期，货币贬值，集市贸易以物换物，合山煤矿股份有限公司职工的副食品供应紧张、价格昂贵。1950—1957年，副食品市场敞开供应，职工购买副食品货源充足，价格低廉。1960—1962年，受国民经济暂时困难影响，副食品货源短缺，价格大幅度上涨。职工副食品供应受到很大影响。1963—1976年间，副食品价格平稳。1972年起，国家对职工实行限量供应猪肉办法，月人均0.75千克，非农业户口的家属月人均0.5千克，次年各增至1.75千克和0.75千克，凭票当月认购。价格由国家平衡划定。1985年取消猪肉定量供应办法，改由财政补贴，月人均补贴2.20元。禽、蛋、鱼、蔬菜等副食品到集市购买。1982年，合山市人民政府划定北泗乡35个生产队、合山矿务局职工家属3个生产队、农场及合山电厂部分地域为蔬菜种植基地。1983年上市蔬菜37.25千克，1990年增至81.30万千克。

民国时期至20世纪50年代，职工家用物具简陋，职工用的床架、桌椅等由单位按规定配给。每户家具一般有木箱1~4个，餐桌1张，矮凳数张，铸铁鼎锅1个，小碗柜1个。职工衣着以工作服为主，小孩一般有衣服1~2套。1957年开始凭票购买纺织品，当年人均发布票7.35米。1964年后人均5米。1984年取消。在此期间，购买布匹、毛巾、袜子等棉制品都要凭一定数量的布票。20世纪60年代末，只有少数职工有购买自行车、手表、缝纫机、收音机等的能力。1968年开始，自行车、手表、上海产的缝纫机实行票证购买办法。

随着国家建设事业的发展，职工居住条件不断得到改善。20世纪60年代以前，党政机关干部，一般是2~3人共住1间房，厂矿场职工是4~6人1间房。20世纪70年代以后，基本上是一职工1间房。结婚后安排配套住房。20世纪80年代以后，大多数机关单位，都建有职工宿舍楼，大部分职工住上两房一厅或三房一厅，水电、卫生设备配套齐全。1985年后，部分职工还在县城、乡镇所在地建有私房。

由于生活不断改善，职工几乎家家置有电风扇、自行车、缝纫机、收录机、电视机，部分职工还买有摩托车和电冰箱。

职工家庭生活消费结构，20世纪50年代重点是解决吃饭和穿衣问题，每户职工年生活费100~150元，占总收入25%，衣着消费年人均10~40元，占总收入7%左右。20世纪60年代末至70年代初，自行车、缝纫机、手表、收音机等消费品已为职工消费能力所承受。20世纪70年代末，职工家庭消费侧重电视机、电风扇、收录音机、电饭锅、电炒锅等日用电器，占职工年收入40%。20世纪80年代初，洗衣机、电冰箱等电器及摩托车等交通工具逐步进入普通职工家庭，消费量占职工年收入60%。到1990年，此项消费呈上升趋势。与此同时，职工消费结构重点转移到智力投资方面，有子女就读大学、中专的职工，读书费用每年高达3000~5000元，占总收入50%以上。

据1990年对武宣、桐岭、二塘3圩镇15户居民的调查统计：有电风扇38台，户均2.53台；自行车42辆，户均2.8辆；缝纫机16架，户均1.06架；收录机13台，户均0.86台；电视机19台，户均1.26台；洗衣机6台，户均0.4台；电冰箱2台，户均0.13台。同时还户户建了新楼房。

1991—1995年，境内城镇居民消费支出有以下特征：食品实物购买量增多，粮食、蔬菜、糖相对减少。象州县居民食品支出由1991年的595元，增至1995年的947.5元，增长59.24%；衣着消费支出增幅大，1995年象州县城镇居民人均衣着支出65.3元，比1991年的33.2元增长96.69%；家庭耐用品向更高层次发展，象州县城镇居民购买量与1991年相比，电炊具增长61.96%，收录机增长86.67%，电冰箱增长36.84%，彩色电视机增长9.5%；文教、娱乐、交通、通信支出增加，1991年，象州县城镇居民人均用于文化教育娱乐支出为45.9元，1995年增至61元，增长32.9%。1996年，象州县城镇居民人均货币支出为1472.8元，比1995年增长15.68%，2000年支出增至2107.7元，比1996年增长37.17%。

2000—2003年，忻城县人民政府发放城镇居民最低生活保障资金，城镇居民最低生活保障人数10796人次，发放金额506万元。

2004年，来宾市城镇居民家庭人均支出6523.59元，支出渠道主要有消费支出、购房与建房支出、转移性支出、财产性支出、社会保障支出。

2005年，全市城镇居民人均家庭总支出7535.79元。其中兴宾区7129.71元，忻城县7649.60元，象州县7674.02元，武宣县7196.89元，金秀瑶族自治县8233.69元，合山市8463.30元。借贷支出总计4066.79元，兴宾区2593.91元，忻城县5799.47元，象州县2230.10元，武宣县4686.29元，金秀瑶族自治县6228.03元，合山市6638元。全市城镇居民人均家庭总支出比上年增长15.5%，消费支出增长9.6%，食品支出增长9.3%，衣着支出增长38.6%，家庭设备用品及服务支出增长0.2%，医疗保健支出增长12.8%，交通和通讯支出增长1.6%，教育文化娱乐服务支出减少2.7%，居住支出增长13.6%，杂项商品和服务支出增长71.4%。

全市城镇居民家庭人均消费支出5350.14元。其中兴宾区4992.19元，忻城县6120.62元，象州县5862.36元，武宣县5081.16元，金秀瑶族自治县5656.75元，合山市5319.80元。消费支出食品类2317.35元，兴宾区2250.71元，忻城县2346.59元，象州县2438.44元，武宣县2233.87元，金秀瑶族自治县2328.56元，合山市2430.33元。消费支出非食品类3032.79元，兴宾区2741.48元，忻城县3774.03元，象州县3423.92元，武宣县2847.30元，金秀瑶族自治县3328.19元，合山市2889.47元。衣着类404.38元，兴宾区406.32元，忻城县476.26元，象州县514.05元，武宣县346.93元，金秀瑶族自治县515.06元，合山市271.85元。家庭设备用品及服务支出342.26元，兴宾区346.51元，忻城县377.75元，象州县340.39元，武宣县337.17元，金秀瑶族自治县476.52元，合山市273.85元。医疗保健支出312.63元，兴宾区328.00元，忻城县298.81元，象州县312.63元，武宣县276.78元，金秀瑶族自治县365.06元，合山市308.07元。交通通信支出623.39元，兴宾区479.32元，忻城县1073.07元，象州县831.42元，武宣县559.32元，金秀瑶族自治县560.61元，合山市496.36元。教育文化娱乐服务支出629.27元，兴宾区486.46元，忻城县725.71元，象州县516.72元，武宣县616.76元，金秀瑶族自治县714.24元，合山市983.46元。居住支出576.89元，兴宾区595.16元，忻城县620.28元，象州县655.97元，武宣县549.49元，金秀瑶族自治县548.91元，合山市461.12元。

随着城镇居民收入的快速增长，来宾市居民生活水平得到明显的改善。2005年，全市城镇居民八大类消费构成全面增长，主食消费下降，居民消费水平继续提高。同比增长46.9%；通讯人均消费184.4元，同比增长14.1%。衣着人均支出260元，同比增长24.4%，位居第三。其中，服装类、鞋类人均分别支出189.5元和57.9元，同比增长20.7%和40%。杂项商品和服务人均支出94.3元，同比增长23.3%。伴随着居民生活水平的提高，居民用于日用杂品、化妆品、理发以及其他服务的支出同比增长较快。教育文化娱乐人均支出297.5元，同比增长6%。其中，由于免除县城以下农村公办学校义务教育学杂费，教育费用人均支出109.5元，同比下降19.8%；居民用于文化娱乐的费用增加，人均支出188元，同比增长32%。食品人均支出1231.2元，同比增长5.2%。其中蔬菜类增长3%；糖烟酒饮料类、干鲜瓜果类和糕点、奶及奶制品的支出分别增长29.5%、38.5%、33.9%；在外饮食同比增长26.2%，而粮油类支出下降7.9%，肉禽蛋水产品类下降4.3%，居民饮食结构进一步优化。家庭设备用品及服务人均支出184.8元，同比增长4.6%。普通耐用品基本大众化普及，耐用品消费同比下降6.6%；而家庭厨、餐、茶具、清洁用杂品等同比增长了31.9%。居住人均支出297.5元，同比增长2.9%。其中，水电燃料及其他人均支出243.2元，同比增长16.1%；房租因普遍上涨，人均支出同比增长29.8%。

表3-17　**2004—2005年来宾市城镇居民收入、消费支出结构表**

单位：元、人

指标＼年度	2004	2005
一、总收入	7358	8887
其中：可支配收入	6811	8166
（一）工薪收入	5007	6199
（二）经营净收入	749	723
（三）财产性收入	69	260
（四）转移性收入	1534	1706

续表

指标＼年度	2004	2005
二、总支出	6524	7536
消费支出	4883	5350
其中:服务性消费支出	1228	1183
(一)食品	2121	2317
(二)衣着	292	404
(三)家庭设备用品及服务	342	342
(四)医疗保健	277	313
(五)交通和通讯	613	623
(六)教育文化娱乐服务	647	629
(七)居住	508	577
(八)杂项商品和服务	84	144

第四篇

国土资源管理

国土资源管理具体包括土地管理和矿产资源管理。自秦朝开始在来宾境内建立地方治理政权开始,土地管理一直是地方政权机构的重点工作之一,承担保护与利用境内土地、矿产、森林、湿地、水等自然资源的责任。但长期以来,土地利用一直处于"各取所需",缺乏刚性约束。直到中华人民共和国成立后,情况有所改观。

20世纪50年代后期,来宾市境域各县单位和个人用地基本上履行审批手续。20世纪60—70年代初受公社化的"集体所有"影响,尤其是"文化大革命"期间,政府职能机构瘫痪,用地单位和个人"各取所需",没有法律规范。20世纪70年代中期以后,国家颁布了一系列土地管理法规,用地单位和个人必须依法经过申请、审查、批准程序。1986年,境内各县土地管理局成立前,征用土地的审批权先后归各县民政局、农业局。1986年,设立国土资源管理机构以来,审批权除法律法规有规定者外,一般归县(市)土地管理局。县(市)配备专职干部,乡镇配备土地管理助理,成立乡镇土地管理所(国土所),配给土地管理干部,在行政村配备土地监察联络员,在自然村配备土地监察信息员,形成城乡土地管理网络。1987年1月1日起,来宾市境域各县(市)实施《中华人民共和国土地管理法》(下简称土地法),严格征用土地审批权限和征地手续。对用地单位依法征收补偿费、安置费和青苗补偿费。1990年,来宾市境域各级国土资源管理部门,开始组织实施国家有关土地资源、矿产资源的规划、管理、保护、开发等合理利用。

2002年,来宾市国土资源管理部门成立后,即着手开展科学地编制土地利用总体规划。根据全市土地供给的可能与经济社会发展需要,提出全市各类用地的控制性指标及各类用地的管理措施,对合理利用土地资源,促进经济建设和发展起到积极的作用。至2005年,全市行政区域土地总面积为1.34万平方千米(1339158.61公顷),全境农用地面积97.33万公顷(可耕地面积34.19万公顷,占35.13%;林业用地面积47.82万公顷,占49.23%),建设用地面积4.90万公顷;难利用地面积13.03万公顷;水域面积2.87万公顷;其他用地面积0.20万公顷。

第一章 机 构

来宾市国土资源管理机构先后有柳州地区土地管理局、柳州地区矿产管理局、柳州地区国土资源管理局、来宾市国土资源管理局及其二层事业单位。各县(市、区)管理机构成立时称土地管理局,2001年后与矿产管理局合并,称国土资源管理局。

第一节 地(市)级机构

柳州地区国土资源局(土地管理局)

1986年之前,来宾境内未设有地市级土地管理机构。1986年柳州地区设立国土资源管理机构——柳州地区土地管理局,为柳州地区行政公署主管土地资源的规划、管理、保护、开发与合理利用以及测绘行政管理等工作的行政部门。编制13名,机关内设秘书科、规划利用科、地籍管理科、土地纠纷调解处理办公室4个科室。二层机构有土地技术服务站、土地监察大队、地产公司3个。

此后,地区所辖县(市)配备专职干部,乡镇配备土地管理助理,成立乡镇土地管理所(国土所),配给土地管理干部,在行政村配备土地监察联络员,在自然村配备土地监察信息员,形成城乡土地管理网络。土地管理部门在此基础上开展土地利用现状调查,摸清土地资源家底。对辖区内的土地进行调查、登记,进一步掌握全地区土地的数量、质量、分布和利用现状,为编制国民经济计划、土地分类、土地面积、土地等级、土地价值和土地权属界限的划定提供可靠的依据,编制土地利用总体规划,促进经济建设和社会的安定。同时承担柳州地区地质灾害的防灾减灾工作。

1987年1月1日起,柳州地区境域各县(市)实施《中华人民共和国土地管理法》(下简称"土地法"),严格征用土地审批权限和征地手续。对用地单位依法征收补偿费、安置费和青苗补偿费。

2001年,柳州地区土地管理局与矿产管理局合并,成立柳州地区国土资源管理局。为柳州地区行政公署主管土地、矿产等自然资源的规划、管理、保护、开发与合理利用以及测绘行政管理等工作的行政部门。编制41名,内设办公室(党委办公室)、政策法规科、土地规划与调控科、财务科、耕地保护科、土地利用管理科、行政审批科、地籍与测绘管理科、矿产资源管理科、地质环境管理科、执法监察科、人事科(纪检监察室)12个。

此后,柳州地区境域各级国土资源部门,开始组织实施国家有关土地、矿产资源的规划、管理、保护、开发及合理利用的法律法规,抓好土地利用由传统的计划模式向市场经济体制转变。建立健全监察网络,开展土地执法监察活动,查处违法违章用地案件,进行大规模地清理建设用地。清理整顿土地市场,坚持“开源”与“节流”并举的方针,实施土地用途管制。依法管理矿产资源探矿权、采矿权,进行土地登记发证工作。划定基本农田保护区,进行征拨土地及土地有偿使用等,有效地保护国土资源,并承接原柳州地区地质灾害的防灾减灾职责。

来宾市国土资源管理局

2002年12月,来宾市国土资源管理局成立,正处级行政单位。核定人员编制41名,在职41人。办公地址位于大桥路原来宾县国土资源管理局办公大楼,是主管来宾市土地、矿产等自然资源的调整、评估、规划、管理、保护、开发与合理利用等工作的市人民政府工作部门,内设办公室、财务科、人事教育与科技科、地籍与测绘管理科、耕地保护科、土地利用科、国土资源规划管理科、矿产开发管理科、地质勘查与地质环境管理科、执法监察与政策法规科、国土资源纠纷调处科。局属事业单位有:市土地整理开发中心(市征地办公室)、市土地储备中心、市国土资源执法监察支队、市国土资源市场交易中心、市国土资源信息技术服务中心。派出机构:兴宾分局。局机关和事业单位在职干部职工113人。辖象州县、武宣县、忻城县、金秀瑶族自治县国土资源管理局和代管合山市国土资源管理局。

2003年1月8日,来宾市国土资源管理局正式挂牌对外办公。

2005年,市国土资源管理局核定编制36名,在职干部职工36人,内设办公室、财务科、人事教育与科技科、地籍与测绘管理科、耕地保护科、土地利用科、国土资源规划管理科、矿产开发管理科、地质勘查与地质环境管理科、执法监察与政策法规科、国土资源纠纷调处科11个科室。派出机构为兴宾分局。下辖合山市、忻城县、武宣县、象州县、金秀瑶族自治县国土资源管理局。来宾市国土资源管理局下属事业单位有市土地整理开发中心(市征地办公室)、市土地储备中心、市国土资源执法监察支队、市国土资源市场交易中心、市国土资源信息技术服务中心。

市国土资源管理局历任局长:罗耀平(2002年12月—2003年7月)、冼华增(2003年7月—2005年12月)。

二层事业机构

2002年12月,来宾市国土资源管理局成立时,下属事业单位有市土地整理开发中心(市征地办公室)、市土地储备中心、市国土资源执法监察支队、市国土资源市场交易中心、市国土资源信息技术服务中心,来宾市地质勘察院。

来宾市土地储备中心　成立于2003年4月,为来宾市国土资源局管理的科级事业单位。2005年11月改为市直属事业单位。

来宾市土地开发整理中心、来宾市征地办公室　2003年4月成立来宾市土地开发整理中心、来宾市征地办公室,两块牌子,一套人马,为来宾市国土资源局管理的科级事业单位。

来宾市国土资源执法监察支队　2003年4月成立,为来宾市国土资源局管理的科级事业单位。

来宾市国土资源市场交易管理中心　2003年4月成立,为来宾市国土资源局管理的科级事业单位。

来宾市国土资源信息技术服务中心　2003年4月成立,为来宾市国土资源局管理的科级事业单位。

第二节　县(市)机构

民国时期,来宾市境域土地由民政科和田粮处管理。民国32年(1943年)1月,来宾市境域内各区成立地籍整理办事处,第六区地籍整理办事处,管理武宣、象州等县地籍工作。第一区地籍整理办事处,管理来宾县、迁江县。年内地籍整理结束。民国33年1月撤销。

民国35年(1946年),来宾市境域内各县政府设地政科,管理土地工作。7月,象县政府设立地政科,负责全县地政管理工作。

中华人民共和国成立后,来宾市境域内各县(市)土地管理工作由民政部门管理。

1986年8月—10月,来宾市境域内各县(市)成立土地管理局。是县(市)人民政府直属职能常设机构,定为科级单位,编制3~16人不等,内设办公室(秘书科),土地规划利用、地籍管理、监察调处等机构,负责土地管理工作。1988年2月后,各乡镇成立土地管理所。1995年,各县(市)土地管理局内设办公室、财务室、规划利用股、地籍管理股、监督检查股、调处土地纠纷办公室。县(市)土地管理局下设土地技术服务站、土地监察大队、地产公司,来宾县还增设土地利用勘测技术服务所。1997年,来宾市境域内各县(市)机构改革,继续保留土地管理局,人员编制和内设机构基本保持不变。2001年后,来宾市境域内各县(市)土地管理局与地质矿产局合并,改称国土资源管理局。内设办公室,耕地保护股,土地利用、规划环境管理股,地籍管理股,测绘行业管理办公室,矿山开发管理股,执法监察股等职能股室。

2002年,来宾市国土资源管理局成立后,各县(市)国土资源管理局隶属来宾市国土资源管理局。2003年,来宾县国土资源管理局上划来宾市国土资源局。2004年3月,来宾市人民政府印发来宾市国土资源管理局"三定方案",明确设立来宾市国土资源管理局兴宾分局,为来宾市国土资源管理局的派出机构,托管兴宾区内的国土资源。

至2005年,各县(市)国土资源局根据工作职责内设机构不尽相同,人员编制也不同。武宣县国土资源局内设行政秘书股、耕地保护和规划与测绘管理股、地籍和土地利用管理股、矿产开发管理股、地质勘查与地质环境管理股、执法监察与政策法规股、国土资源纠纷调处股等7个职能股室及1个办文服务大厅。由于内设机构增加,而人员编制不变,工作人员严重不足,地质勘查与地质环境管理股的职能因此并入矿产开发管理股。全局实有干部职工21人,其中干部19人、工人2人。忻城县国土资源局内设办公室,耕地保护股,土地利用、规划环境管理股,地籍管理股,测绘行业管理办公室,矿山开发管理股,执法监察股室,编制19人;下辖国土资源执法监察大队、县土地整理中心、县土地价格评估事务所、临时煤矿矿山执法监察队、县土地交易所等5个事业机构,职工46人;乡镇国土资源管理所12个,职工28人。金秀瑶族自治县国土资源局内设办公室、地籍管理股、耕地保护与土地利用管理股、规划环境管理股,下属二层机构有地产公司、国土资源执法大队、矿产监督站和10个乡镇国土资源管理所。共有职工42人。

第二章　土地权属　土地资源及类型

第一节　土地权属

清代之前,来宾境内已有土地买卖。土地权属是土地买卖进行的前提。买卖田地的契约项目,一般有立契时间、双方身份、出卖田地原因、所卖田地来历、面积、价值、地权转移的确认等。民国时期土地买卖较清代盛行。在武宣县,土地买卖兼并使许多小地主沦为贫农,雇农成分渐增。民国时,典地期限一般为3年,最长为5年。中华人民共和国成立后至土地改革前的几年间,城乡仍有土地买卖现象,但无具体统计数据。

1990年5月19日,国务院颁布《中华人民共和国城镇国有土地使用权出让和转让暂行条例》(简称国务院〔1990〕第55号令)及《外商投资开发经营成片土地暂行管理办法》(简称国务院〔1990〕第56号令)后,自治区人民政府在当年8月29日制定颁布《广西壮族自治区实施〈中华人民共和国城镇国有土地使用权出让和转让暂行条例〉办法》(简称自治区人民政府〔1990〕第9号令)和《广西壮族自治区关于外商投资开发经营成片土地暂行管理办法》(简称自治区人民政府〔1990〕第7号令)。1992—1993年间,柳州地区及各县(市)先后制定与国家和自治区上述文件相对应的政策文件。

改革的内容概括为"三个转变",即变无偿、无期限、无流动为有偿、有期限、有流动,将土地所有权和使用权分离,具体形式有行政划拨、出让、转让土地使用权等诸种。另外,实行农村宅基地和乡镇企业用地有偿使用。除梧州市全面推行改革试点外,部分地、市、县(市)开始试行将原划拨土地使用权,以补办手续的方式出让。

1994年12月,全自治区土地使用制度改革工作会议召开。传达和贯彻全国土地使用制度改革会议精神。会议总结广西近几年此项改革的成果是:以市场机制配置土地资源,有效地遏制了乱占、滥用耕地的势头,增强了政府宏观调控能力,体现土地资产效益,改善了投资环境。

根据1985—1996年土地利用现状调查结果,1996年,来宾市境域土地总面积133.92万公顷,按土地权属分,国家所有12.48万公顷,占全市土地总面积的9.32%;集体所有121.44万公顷,占全市土地总面积的90.67%;未定权属66.25公顷,占全市

对经营性土地使用权执行招标、拍卖、挂牌出让。图为拍卖来宾华侨投资区的一宗商住用地

（2004 年拍摄）

土地总面积的 0.01%。在国有土地中：耕地 1.05 万公顷，占全市国有土地的 8.42%；园地 1671.09 公顷，占 1.34%；林地 5.84 万公顷，占 46.77%；牧草地 6728.57 公顷，占 5.39%；居民点及工矿用地 5146.06 公顷，占 4.12%；交通用地 3187.69 公顷，占 2.55%；水域 2.12 万公顷，占 16.99%；未利用土地 1.80 万公顷，占 14.41%。在集体土地所有权中：耕地 33.23 万公顷，占全市集体所有土地的 27.36%；园地 3037.76 公顷，占 0.25%；林地 38.02 万公顷，占 31.33%；牧草地 12.37 万公顷，占 6.79%；居民点及工矿用地 38.01 万公顷，占 2.57%；交通用地 13.54 万公顷，占 0.74%；水域 2.46 万公顷，占 2.02%；未利用土地 35.13 万公顷，占 28.93%。未定权属的 66.25 公顷土地全部于兴宾区内，其中耕地 21.35 公顷，园地 0.75 公顷，牧草地 35.34 公顷，居民点及工矿用地 0.15 公顷，交通用地 1.78 公顷，水域 6.88 公顷。

第二节　土地资源调查

土地详查

中华人民共和国成立后至 1988 年，来宾市内没有开展过系统的土地资源调查。

1988 年 5 月，忻城县率先开展土地资源调查。该县成立县土地资源调查领导小组，土地资源调查技术指导、检查验收小组和土地权属定界小组等工作组织机构。县野外调绘专业队到各乡（镇）后，各乡（镇）土地管理员参加组成权属定界小组，负责该乡（镇）、村公所权属定界工作。至 1989 年 6 月底，忻城县全县（1∶1 万地形图 123 幅，航片 603 张）外业调绘工作结束。县境辖区土地总面积 3787187.7 亩（合 2524.79 平方千米），比沿用 25.41 万公顷（合 2541.00 平方千米），减少 0.16 万公顷，减少 0.64%。土地总面积出入原因：沿用面积是中华人民共和国成立初期在小比例尺地形图上量算，精度受到影响。而详查面积是应用全国先进遥感技术进行，采用航空摄影相片，通过实地踏界调绘，内业转绘，量算平差，逐一地类、地块统计汇总得出，精确度高，数据科学、准确、可靠。全县调查耕地面积 5.77 万公顷，比 1989 年统计数 3.06 万公顷多 2.71 万公顷，增加 88.68%。详查数与统计数比面积增加原因：过去统计面积不够准确；近十多年来，各地大量垦复，开垦耕地增加面积。全县调查园地面积 0.88 万公顷，比 1989 年统计数 0.48 万公顷多 0.40 万公顷，增加 81.65%。增加原因是近年来在商品经济推动下，农村向荒山、荒坡、荒地造地种果，增加收入。全县调查林地面积为 6.07 万公顷，比 1980 年调查数 3.42 万公顷多 2.65 万公顷，增加 77.61%。增加原因是实施发展大农业，加强林地管理，采取造林灭荒、封山育林等措施，林业好转，面积增加。全县调查牧草地 0.60 万公顷，过去没有调查数据，从总体来看，由于农村体制转变，随着生产建设发展，牧草地地区已经逐渐减少。全县调查的居民点及工矿用地面积 0.45 万公顷，过去没有调查数据，由于人口不断增长和经济建设快速发展，居民点及工矿用地面积将逐渐增多。全县调查交通用地 1738.8 公顷，比 1980 年调查数 641.2 公顷多 1097.6 公顷，增加 171.18%。全县调查水域面积 0.40 万公顷，比 1980 年调查数 0.23 万公顷多 0.17 万公顷，增加 72.61%。增加原因是 20 世纪 90 年代以来，由于重视水利建设、兴修和复修水利设施，以及开发利用低洼地和废弃河床增加面积。忻城全县调查未利用土地面积 11.72 万公顷。

1991 年 1 月，来宾县土地利用现状调查（简称土地详查）工作正式启动，先后有各级干部、工程技术人员及群众 2126 人参与，历经 3 年整，耗资近 80 万元，于 1993 年 12 月完成。该县土地详查获得大量的文、图、表、片成果，达到全国土地利用现状调查技术规程的要求，详查全县 44.03 万公顷耕地田园和山林水域，核定全县 24 个乡（镇）257 个村公所（含 6 个街委会）和 39 个大厂、矿、场的境界；签订权属核定书 579 份（其中乡镇界 64 份、村界 439 份、厂矿场界 76 份）共计 3141.89 千米界线；争议原由书 73 份；村公所权属封闭图 252 份；标界 1∶1 万地图 196 幅；调绘有行政、权属界线和地类的航空相片

561片;土地利用现状外业调查记载表189本;飞地登记表130本;田地埂扣除系数测定记录表24本,汇总表10份;全县乡镇界、地形图、航片接合表1张;1:1万分幅土地利用现状工作底图196幅;全县各类土地面积统计表;县内国家企事业单位各类土地面积统计表;县内农林场各类土地面积统计表;县内农村乡间争议地各类土地面积统计表;耕地坡度分级面积汇总表;飞地一级分类面积汇总表;土地资源调查面积与统计面积对比表;各乡(镇)各类土地面积统计表;各村各类土地面积统计表;县1:10万土地利用现状图;各乡(镇)1:1万土地利用现状图;土地利用现状调查报告;各乡(镇)土地利用调查说明书。

城镇地籍调查

来宾境内的地籍调查首先从来宾县开始。

1993年3月,来宾县进行城镇地形地籍测量。1994年5月10日,通过上级土地管理局联合检查组的检查验收。

来宾县城镇地籍调查成果:完成土地权属调查7350宗,其中个人7156宗、单位194宗,完成土地登记发证5431本;控制原始记录95本;界址测量原始记录5本;控制展点图(1/500、1/10000)、图幅分幅与街坊接合图各1份共4张;控制计算资料1本;埋石点成果表1本,解析界址点成果表1本;埋石点记4本;仪器检定资料1本;地形着墨图206幅、地籍原图、着墨图各187幅;面积量算和平差原始记录1本;以街坊为单位宗地面积汇总表2册、城镇土地分类面积汇总表1册。

土地变更调查

1996年,来宾境内根据国家土地管理局的相关要求,首次进行土地变更调查,将1985年开始至1995年期间进行的土地利用现状调查数据变更到1996年10月31日同一时点数据后,从1997年开始,每年都进行一次土地变更调查。土地变更调查,即是对辖区内各地类增减变更情况的调查,从上年的11月1日开始至当年的10月31日止为一个调查年度。

1997年,来宾市境域各县(市)开展土地变更调查,土地总面积133.92万公顷,耕地面积34.30万公顷,园地面积0.58万公顷,林地面积44.72万公顷,牧草地面积8.73万公顷,居民点及工矿用地3.70万公顷,交通用地1.27万公顷,水域面积4.58万公顷,未利用土地面积36.06万公顷。

表4-1　**1997—2001年来宾市土地变更调查各地类面积表**

单位:公顷

年度	土地总面积	其中							
		耕地	园地	林地	牧草地	居民点及工矿用地	交通用地	水域面积	未利用土地
1997	1339158.61	342948.14	5755.41	447146.95	87245.14	36971.37	12718.54	45766.45	360606.61
1998	1339158.61	343093.25	5787.87	447042.15	87135.23	37029.00	12778.35	45762.88	360529.88
1999	1339158.61	343092.93	5833.71	446929.57	88421.62	37081.08	12895.45	45757.59	360479.99
2000	1339158.61	343997.55	6339.07	446523.40	86684.18	37104.21	12918.61	45746.69	359844.89
2001	1339158.61	344291.21	6736.31	473740.44	80218.37	37205.82	13098.79	45718.27	338149.40

从2002年开始,全国统一规定土地变更调查地类分类由原来的8个一级分类改为3个一级分类、10个二级分类。

从2002年开始,来宾市每年均按时完成土地变更调查工作。

2002年,来宾市完成年度的土地利用现状变更调查,该项工作经自治区国土资源厅验收合格。全市2002年度土地总面积133.92万公顷,占全区土地总面积的5.64%。年末全市农用地为97.17万公顷,建设用地面积4.78万公顷,未利用土地为31.97万公顷。

2005年,全市土地总面积133.92万公顷,占全区土地总面积的5.64%。年末全市农用地为97.33万公顷,比2002年净增0.16万公顷;建设用地面积4.90万公顷,比2002年净增0.12万公顷;未利用土地为31.69万公顷,减少0.28万公顷。

表 4-2　**2002—2005 年来宾市土地变更调查各地类面积**

单位：万公顷

年度		2002 年	2003 年	2004 年	2005 年
全市土地总面积		133.92	133.92	133.92	133.92
农用地	耕地	34.37	34.14	34.21	34.19
	园地	0.74	0.76	0.76	0.76
	林地	47.43	47.80	47.80	47.82
	牧草地	8.00	7.97	7.95	7.94
	其他农用地	6.63	6.63	6.63	6.63
	合计	97.17	97.29	97.34	97.33
建设用地	居民点及工矿用地	3.72	3.73	3.76	3.82
	交通运输用地	0.35	0.35	0.36	0.37
	水利设施用地	0.71	0.71	0.71	0.71
	合计	4.78	4.79	4.84	4.90
未利用土地	未利用土地	29.82	29.69	29.59	29.53
	其他土地	2.15	2.15	2.15	2.16
	合计	31.97	31.83	31.74	31.69

第三节　土地类型

土地类型分为农用地、建设用地和未利用土地。随着经济社会的快速发展，来宾市土地利用状况也发生较大变化。2005 年末，全市土地总面积 133.92 万公顷，共分 3 个一级类、10 个二级类、46 个三级类。其中：农用地面积 97.34 万公顷，建设用地 4.89 万公顷，未利用地 31.69 万公顷，三者分别占土地总面积的 72.68%、3.66% 和 23.66%。

农用地

耕　地　1950 年，来宾市境域耕地面积 16.25 万公顷，其中，水田面积 9.79 万公顷，占耕地总面积的 60.25%。耕地面积最多的是来宾县 8.52 万公顷（水田 4.84 万公顷）；其次是忻城县 2.86 万公顷（水田 1.24 万公顷）；象州县 2.43 万公顷（水田 2.21 万公顷）；武宣县 1.93 万公顷（水田 1.36 万公顷）；最少是金秀瑶族自治县 0.52 万公顷（水田 0.14 万公顷）。

1955 年，来宾市境域耕地面积 19.56 万公顷（折 293.31 万亩），比 1950 年增加 3.3 万公顷，增长 20.31%。水田面积为 10.83 万公顷（折 162.45 万亩），占耕地总面积的 55.41%。其中，来宾县 9.57 万公顷（水田 5.17 万公顷），水田面积占耕地总面积的 54.06%；是象州县 3.45 万公顷（水田 2.61 万公顷），水田面积占耕地总面积的 75.65%；武宣县 2.76 万公顷（水田 1.55 万公顷），水田面积占耕地总面积的 56.16%；忻城县 3.17 万公顷（水田 1.32 万公顷），水田面积占耕地总面积的 41.64%；金秀瑶族自治县 0.61 万公顷（水田 0.18 万公顷），水田面积占耕地总面积的 29.51%。

1965 年，来宾市境域耕地面积 18.43 万公顷（折 284.14 万亩），耕地面积比 1955 年减少 0.61 万公顷。其中，水田面积为 9.30 万公顷（折 139.49 万亩），占耕地面积的 50.46%，水田面积减少 1.53 万公顷。除武宣县、金秀瑶族自治县耕地增加外，武宣县 2.89 万公顷（折 43.37 万亩），增加 0.13 万公顷（1.91 万亩），水田面积 1.43 万公顷，占耕地面积 49.55%；金秀瑶族自治县 0.63 万公顷（折 9.38 万亩），增加 0.02 万公顷（0.3 万亩），水田面积 0.17 万公顷，占耕地面积 27.20%；其余各县耕地均减少。其中，来宾县耕地面积 9.17 万公顷（折 137.52 万亩），减少 0.4 万公顷（折 6 万亩），水田面积为 4.26 万公顷，占耕地面积 46.45%；象州县 3.36 万公顷（折 50.40 万亩），减少 0.09 万公顷（折 1.29 万亩），水田面积为 2.46 万公顷，占耕地面积 73.21%；忻城县 2.81 万公顷（折 42.21 万亩），减少 0.36 万公顷（折 5.4 万亩），水田面积为 0.98 万公顷，占耕地面积 34.71%。

1975 年，来宾市境域耕地面积有所增加，耕地面积达 20.28 万公顷（折 304.15 万亩），比 1965 年耕地面积增加1.85万公顷。其中,来宾县9.17万公顷(折142.52万亩),增加0.33万公顷(折5万亩),象州县3.69万公顷(折55.40万亩),增加0.33万公顷(折5万亩),武宣县3.34万公顷(折50.08万亩),增加0.45万公顷(折6.71万亩),金秀瑶族自治县0.66万公顷(折9.91万亩),增加0.04万公顷(折0.53万亩),忻城县3.08万公顷(折46.26万亩),增加0.27万公顷(4.05万亩)。

1985年,来宾市境域耕地面积20.36万公顷(折305.33万亩),其中,水田面积为9.40万公顷(折140.98万亩),占耕地面积的46.16%。来宾县耕地面积8.76万公顷(折131.37万亩),水田面积为3.91万公顷,占耕地面积44.64%;象州县3.26万公顷(折48.96万亩),水田面积为2.14万公顷,占耕地面积65.71%;武宣县3.37万公顷(折50.52万亩),水田面积1.52万公顷,占耕地面积45.10%;金秀瑶族自治县1.27万公顷(折19.05万亩),水田面积0.61万公顷,占耕地面积48.24%;忻城县3.12万公顷(折46.86万亩),水田面积为0.87万公顷,占耕地面积27.74%;合山市0.57万公顷(折8.57万亩),水田面积为0.35万公顷,占耕地面积61.40%。

1990年,来宾市境域耕地面积20.34万公顷(折305.05万亩),其中,水田面积为9.15万公顷(折137.25万亩),占耕地面积的44.99%。来宾县耕地面积8.76万公顷(折129.60万亩),水田面积为3.80万公顷,占耕地面积43.39%;象州县3.26万公顷(折48.89万亩),水田面积为2.11万公顷,占耕地面积64.72%;武宣县3.37万公顷(折50.77万亩),水田面积1.48万公顷,占耕地面积43.92%;金秀瑶族自治县1.27万公顷(折21.68万亩),水田面积0.61万公顷,占耕地面积48.03%;忻城县3.12万公顷(折45.87万亩),水田面积为0.82万公顷,占耕地面积26.28%;合山市0.55万公顷(折8.24万亩),水田面积为0.33万公顷,占耕地面积60%。

1995年,来宾市境域耕地面积20.87万公顷(折313.05万亩),其中,来宾县耕地面积9.12万公顷(折136.83万亩),占境内耕地面积的43.71%;象州县3.28万公顷(折49.2万亩),占15.72%;武宣县3.45万公顷(折51.75万亩),占16.53%;忻城县3.04万公顷(折45.6万亩),占14.57%;金秀瑶族自治县1.40万公顷(折21万亩),占6.71%;合山市0.58万公顷(折8.7万亩),占2.78%。

2000年,来宾市境域耕地面积21.47万公顷(折322.05万亩),其中,来宾县耕地面积9.20万公顷(折137.96万亩),占境内耕地面积的42.84%;象州县3.51万公顷(折52.65万亩),占16.35%;武宣县3.67万公顷(折55.11万亩),占17.11%;忻城县3.07万公顷(折46.05万亩),占14.30%;金秀瑶族自治县1.46万公顷(折21.86万亩),占6.79%;合山市0.56万公顷(折8.46万亩),占2.63%。

2005年,来宾市耕地面积21.29万公顷,占全市土地总面积的15.88%,全市耕地面积比2000年减少0.18万公顷,减0.84%,年均减少0.17%。其中,水田8.76万公顷,占耕地总面积的41.15%,旱地12.52万公顷,占耕地总面积的58.85%。耕地面积最多的是兴宾区9.15万公顷,占全市耕地总面积的42.98%;其次是象州县3.96万公顷,占全市耕地总面积的18.60%;武宣县3.47万公顷,占全市耕地总面积的16.30%;忻城县2.92万公顷,占全市耕地总面积的13.72%;金秀瑶族自治县1.21万公顷,占全市耕地总面积的5.68%;合山市0.57万公顷,占全市耕地总面积的2.68%。

园　地　1985年,来宾市境域园地面积1600公顷,其中合山市8公顷、象州县312公顷、武宣县196公顷、来宾县743公顷、金秀瑶族自治县139公顷、忻城县239公顷。1996年,来宾市境域园地面积4700公顷,占全市土地总面积的0.35%,其中果园4100公顷,桑园84.63公顷,茶园193.09公顷,其他园地326.21公顷。2005年,全市园地面积7600公顷,占全市土地总面积的0.56%,其中果园6300公顷、桑园543.23公顷、茶园352.23公顷、其他园地381.26公顷。果园面积最大的是兴宾区2385.92公顷,其次是金秀瑶族自治县1113.57公顷、武宣县1045.43公顷、象州县830.57公顷;桑园以象州县和忻城县为主;茶园最多是金秀瑶族自治县164.96公顷,其次是武宣县80.65公顷、忻城县45.62公顷、兴宾区35.85公顷、合山市21.07公顷;其他园地以忻城县为最多。

林　地　根据《柳州地区国土资源》记载,1985年,来宾市境域宜林地面积58.89万公顷,其中有林地面积17.83万公顷、宜林荒地32.16万公顷。合山市宜林地面积1.31万公顷,有林地面积3047公顷,宜林荒地9513公顷;象州县宜林地面积10.5万公顷,有林地面积3.09万公顷,宜林荒地5.71万公顷;武宣县宜林地面积6.8万公顷,有林地面积3.35万公顷,宜林荒地2.48万公顷;来宾县宜林地面积14.88万公顷,有林地面积2.35万公顷,宜林荒地11.07万公顷;金秀瑶族自治县宜林地面积18.55万公顷,有林地面积7.4万公顷，宜林荒地8.52万公顷；忻城县宜林地面积6.85万公顷，有林地面积1.35万公顷，宜林荒地3.43万公顷。

1996年，来宾市境域林地面积林地为43.88万公顷，占全市土地总面积的32.77%，其中有林地28.04万公顷，灌木林地7.87万公顷，疏林地4.31万公顷，未成林造林地2.77万公顷，迹地8700公顷，苗圃186.55公顷。

2005年，全市林地面积47.85万公顷，占全市土地总面积的35.74%，其中有林地32.17万公顷，灌木林地8.14万公顷，疏林地4.30万公顷，未成林造林地2.64万公顷，迹地5737.49公顷，苗圃222.21公顷。有林地最大面积是金秀瑶族自治县19.97万公顷，其次是象州县4.36万公顷、武宣县3.19万公顷、兴宾区2.68万公顷、忻城县1.12万公顷、合山市8600公顷；灌木林地面积最大的是忻城县4.47万公顷，其次是兴宾区2.35万公顷、象州县8000公顷，三者约占全市灌木林地面积的93.54%；疏林地以象州县、金秀瑶族自治县居多，二者约占全市疏林地的72.54%；未成林造林地面积较大的是兴宾区1.03万公顷、武宣县6700公顷，其次是象州县4801.15公顷、忻城县2449.44公顷、金秀瑶族自治县1318.49公顷、合山市898.89公顷。

牧草地　根据《柳州地区国土资源》记载，1985年，来宾市境域宜牧地面积26.35万公顷，其中现牧地面积23.41万公顷（含林间牧地38266公顷是重复计算的面积），宜牧荒地3.94万公顷。各县（市）各类牧地分布情况是：合山市宜牧地面积1146公顷，现牧地面积833公顷，宜牧荒地313公顷；象州县宜牧地面积5.76万公顷，现牧地面积5.54万公顷，宜牧荒地2229公顷；武宣县宜牧地面积2.21万公顷，现牧地面积2.07万公顷，宜牧荒地1400公顷；来宾县宜牧地面积9.23万公顷，现牧地面积8.70万公顷，宜牧荒地5295公顷；金秀瑶族自治县宜牧地面积4.57万公顷，现牧地面积1.56万公顷，宜牧荒地30153公顷；忻城县宜牧地面积4.45万公顷，现牧地面积4.45万公顷。

1996年，来宾市境域牧草地8.92万公顷，占全市土地总面积的6.66%，其中天然草地8.83万公顷，改良草地784.51公顷，人工草地146.37公顷。2005年，全市牧草地面积7.90万公顷，占全市土地总面积的5.90%，其中天然草地7.81万公顷，改良草地733.82公顷，人工草地109.43公顷。天然草地面积较大的是象州县4.16万公顷、兴宾区2.18万公顷，二者约占全市天然草地面积的81.10%；改良草地和人工草地主要分布在兴宾区。

其他农用地　2005年，全市其他农用地面积6.63万公顷，占全市土地总面积的4.95%，其中畜禽饲养地0.39公顷，农村道路9643.02公顷，坑塘水面5751.95公顷，养殖水面2635.35公顷，农田水利用地8669.88公顷，田坎3.95万公顷，晒谷场等用地58.07公顷。农村道路面积最大的是兴宾区5527.61公顷，其次是忻城县1400.48公顷、武宣县1016.13公顷、象州县861.80公顷、金秀瑶族自治县502.42公顷、合山市334.59公顷；坑塘水面面积较大的是兴宾区3850.84公顷、象州县895.65公顷、忻城县688.93公顷，三者约占全市坑塘水面面积的94.50%；养殖水面以武宣县1368.25公顷居最大，兴宾区1023.41公顷次之，二者约占全市养殖水面面积的90.75%。

建设用地

居民点及工矿用地　1990年，来宾市境域居民点及工矿用地面积2.10万公顷，占市境域土地总面积的1.47%。其中，合山市920公顷，象州县2766.67公顷，武宣县5233.33公顷，来宾县2706.67公顷，金秀瑶族自治县920公顷，忻城县8486.67公顷。

1996年，来宾市境域居民点及工矿用地3.63万公顷，占全市土地总面积的2.71%，其中城镇用地1600公顷，农村居民点2.70万公顷，独立工矿用地6200公顷，特殊用地1500公顷。

2005年，全市居民点及工矿用地面积3.82万公顷，占全市土地总面积的3.73%，其中城市用地1379.32公顷，建制镇用地2021.23公顷，农村居民点2.69万公顷，独立工矿用地7176.34公顷，特殊用地1505.13公顷；城市用地中，市城区为959.49公顷，合山市为419.83公顷；建制镇用地武宣县760.53公顷最多，其次为兴宾区422.50公顷、象州县362.08公顷、忻城县324.99公顷、金秀瑶族自治县151公顷；农村居民点面积最大是兴宾区1.08万公顷，其次为武宣县5754.03公顷、象州县4450.61公顷、忻城县3730.11公顷、金秀瑶族自治县1425.78公顷、合山市802.73公顷；独立工矿用地面积最大是兴宾区3669.19公顷，其次是合山市1003.39公顷、象州县889.70公顷、武宣县769.28公顷、忻城县524.19公顷、金秀瑶族自治县320.59公顷；特殊用地面积最大是兴宾区1009.11公顷，其次是武宣县304.84公顷，忻城县113.91公顷，三者占全市特殊用地面积的94.86%。

交通运输用地 1985年，来宾市境域交通运输用地面积3857.93公顷，占全市土地总面积的0.29%，其中铁路用地620.85公顷，公路用地3224.13公顷，港口码头用地12.95公顷；铁路用地主要分布在兴宾区、合山市；公路用地最多的是兴宾区1395.60公顷，其次是金秀瑶族自治县492.29公顷、忻城县475.20公顷、武宣县374.11公顷、象州县314.4公顷、合山市172.48公顷。

1990年，来宾市境域交通运输用地面积6400公顷，占市境域土地总面积的0.48%。其中，合山市220公顷，象州县566.67公顷，武宣县1806.67公顷，来宾县2606.67公顷，金秀瑶族自治县533.33公顷，忻城县640公顷。

2005年，全市交通运输用地面积7754.81公顷，占全市土地总面积的0.83%，其中铁路用地620.85公顷，公路用地7121.01公顷，港口码头用地12.95公顷。其中，合山市交通用地479.97公顷，兴宾区交通用地1948.4公顷，忻城具交通用地1738.82公顷，武宣县1970.1公顷，象州县1125.33公顷，金秀瑶族自治县492.29公顷。

水利设施用地 2005年，全市水利设施用地面积7125.78公顷，占全市土地总面积的0.53%，其中水库水面6843.78公顷，水工建筑用地282公顷；水库水面面积较大的为兴宾区2979.74公顷、象州县2439.00公顷，其次为武宣县610.07公顷、忻城县367.45公顷、合山市275.43公顷、金秀瑶族自治县172.09公顷。

未利用地

2005年，全市未利用土地面积29.53万公顷，占全市土地总面积的21.98%，其中，荒草地13.80万公顷，盐碱地0.50公顷，沼泽地355.71公顷，沙地148.20公顷，裸土地768.69公顷，裸岩石砾地149090.21公顷，其他未利用地5861.05公顷；荒草地面积最大为兴宾区7.40万公顷，其次为忻城县3.32万公顷、武宣县2.41万公顷、象州县2750.75公顷、金秀瑶族自治县2592.13公顷、合山市1423.55公顷；裸岩石砾地面积最大为忻城县6.90万公顷，其次为兴宾区5.91万公顷、武宣县1.38万公顷、合山市6334.02公顷、象州县514.16公顷、金秀瑶族自治县336.16公顷；其他未利用地面积较多为兴宾区2632.63公顷、忻城县2651.32公顷、武宣县436.07公顷，三者占全市其他未利用地面积的97.59%。

其他土地

2005年，全市其他土地面积2.15万公顷，占全市土地总面积的1.61%，其中河流水面17682.58公顷，湖泊水面6.81公顷，苇地4.21公顷，滩涂3849.40公顷；河流水面面积最大为兴宾区6448.91公顷，其次为象州县4273.41公顷、武宣县3324.19公顷、忻城县1746.73公顷、金秀瑶族自治县1531.42公顷、合山市357.93公顷；滩涂面积最大为兴宾区2315.95公顷，其次为忻城县536.81公顷、金秀瑶族自治县504.80公顷、武宣县437.90公顷、象州县39.52公顷、合山市14.43公顷。

第三章　土地利用

1995年之前，来宾市境内土地利用基本实行“各取所需”原则，虽有土地管理部门备案，但由于缺乏法律依据和刚性约束，没有利用规划作指导，土地利用的随意性大。

1995年，来宾市境域各县（市）根据《中华人民共和国土地管理法》以及广西壮族自治区的有关规定和文件精神，编制土地利用总体规划，历时4年，至1999年，来宾市境域各县（市）完成土地利用总体规划1997—2010年的编制，严格按照总体规划控制指标，开展土地利用工作，全面落实耕地保护指标、基本农田保护目标、新增建设用地指标，加强对基本农田进行特殊保护，抓好土地开发利用。

第一节　土地利用规划

1995年5月，来宾市境域内各县（市）开始编制土地利用总体规划，至2001年上半年，全部完成各县（市）、乡镇土地利用总体规划编制工作。编制的土地利用总体规划，以1997年为基础年，2000年为近期年，2010年为目标年，总目标是实现耕地总量动态平衡并略有增加，逐步提高耕地质量，农业用地得到有效保护和综合治理，改善用地结构和布局，在保障国家重点建设项目用地的情况下，非农建设用地总量得到有效控制，适度开发后备土地资源，土地整理由点到面逐步开展，实现土地利用的集约化经营，提高土地利用效益，改善土地生态环境。

1995年6月15日，来宾县成立土地利用总体规划领导小组，开始编制县级土地利用总体规划，此次土地利用总体规划编制坚持“一要吃饭，二要建设”和“开源”与“节流”并举的方针，通过供给制约引导需求，统筹安排各业用地。1996年2月，完成土地利用总体规划，并经自治区验收达标。来宾县土地利用总体规划的土地利用目标：2000年，全县耕地16.07万公顷，园地1.88万公顷，林地9万公顷，牧草地2.39万公顷，居民点及工矿用地1.57万公顷，交通用地7466.7公顷，水域2.09万公顷，未利用土地10.29万公顷；2010年耕地16.07万公顷，园地3.32万公顷，林地11.60万公顷，牧草地2.61万公顷，居民点及工矿用地1.66万公顷，交通用地8066.7公顷，水域2.13万公顷，未利用土地5.84万公顷。耕地新增加2000公顷，其中整理复垦耕地1000公顷，新开发耕地373.3公顷，退耕133.3公顷，建设占用1480公顷。1997—2000年，来宾县耕地净增加73.4公顷，至2000年耕地达到16.04万公顷，人均耕地为0.16公顷，新增非农建设用地692.20公顷，其中占用耕地为416.10公顷；整理复垦耕地115公顷，新开发耕地374.40公顷。园地面积达到5000公顷，林地达到7.86万公顷，牧草地2.41万公顷，水面1.45万公顷，农林果牧渔综合发展。居民点及独立工矿用地1.57万公顷，其中县城达1014公顷，较1997年增加184公顷，其他建制镇565公顷，较1997年增加100.10公顷，集镇453公顷，较1997年减少5公顷，农村居民点9300公顷，较1997年减少138.6公顷，独立工矿用地3356公顷，较1997年增加39.6公顷，特殊用地1012公顷，

1996年，来宾县（今兴宾区）土地利用总体规划通过自治区评审验收

较1997年增加14.8公顷，交通用地达到7500公顷，较1997年增加202公顷；水利设施用地达到4182公顷，较1997年增加20.5公顷。至2000年，全县的土地综合利用率提高到70.4%，农果林牧综合利用率达到60.9%，可养殖水面利用率达到70%。规划到2010年，来宾县耕地动态平衡及保护目标，耕地面积为16.07万公顷，人均耕地0.15公顷；规划期内耕地总量得到有效控制并略有增长，从2001—2010年，净增加耕地253公顷，整理复垦耕地385公顷，新开发耕地1305公顷。基本农田保护区划定面积14.29万公顷，保护率为89.1%。建设用地目标，规划期内，县城人均用地控制在90平方米以内，一般建制镇控制在89平方米以内，农村居民点控制在人均120平方米以内（集镇控制在人均92平方米以内），到2010年，城乡居民点及独立工矿用地达到1.66万公顷，其中县城达到1780公顷，其他建制镇达到1094公顷，农村居民点减少到9182公顷（集镇减少到342公顷），独立工矿用地达到3502公顷，特殊用地达到1032公顷，交通用地达到8050公顷，水利设施用地达到4202公顷。规划期内，新增建设用地2380.4公顷，占耕地1470公顷，其中新增居民点及独立工矿用地1587.9公顷；占用耕地950公顷，新增交通用地752公顷，占用耕地500公顷，新增水利设施用地405公顷，其中占用耕地20公顷。土地生态环境目标，改善生态环境，大力开发丘陵山地、荒地资源，使园地面积提高到土地总面积的3.07%，林地面积提高到土地总面积的29.56%，绿化率在2010年达到35%。规划期内加强红水河及其支流北之江、凤凰河、谷江河、龙降河、古塔河的水源林建设，加强水土流失治理。降低城区二三类污染工业用地规模，加强农区土壤改良力度，全面提高生态环境综合质量。提高土地利用率及生产力目标，至2010年，全县土地综合利用率提高到84.89%，土地垦殖指数提高到36.49%，农果林牧综合利用率达到75.04%，可养殖水面利用率达到85%。至2010年，每公顷耕地单产粮食突破3.6吨，每公顷糖料蔗突破90吨，每公顷果园产果突破8吨；林地森林活立木蓄积量达到20立方米/公顷，牧草地载畜量控制在1.0头牛单位/公顷。粮食总产量2010年达到44.4万吨，人均有粮达到403.6千克；甘蔗总产量达到500万吨，水果总产量达到10.5万吨，水产品总产量达到1.5万吨。主要农产品的土地生态力跨入全区中等水平。

1999年1月1日，新修订的《中华人民共和国

土地管理法》施行，来宾县土地利用总体规划按规定要重新修编。2002 年，来宾建市，兴宾区（原来宾县）土地利用总体规划重新修编。

1997 年 8 月，忻城县开展土地利用总体规划工作，1998 年 1 月完成。规划以忻城县国民经济和社会发展“九五”计划和 2010 年长远规划、县土地利用现状调查及 1996 年 10 月完成的土地利用变更调查资料为基本依据，根据全县社会经济发展需要和土地资源条件，对各业用地需求量进行预测和综合平衡。

1999 年，武宣县完成《武宣县土地利用总体规划 1997—2010 年》的编制。控制指标主要有：耕地保护指标、基本农田保护目标、新增建设用地指标。耕地保护指标：全县耕地保有量目标为 5.89 万公顷，规划实施后，耕地总量从 1997 年的 5.79 万公顷增加至 5.84 万公顷，上升 0.3 个百分点，至规划目标年，完成规划指标。基本农田保护目标：划定的基本农田保护面积指标为 5.13 万公顷，保护率 88.96%，规划实施至 2003 年基本农田保护面积为 5.13 万公顷，与规划指标持平，规划实施过程中对基本农田进行特殊保护。新增建设用地指标：全县有 771.36 公顷，规划实施至 2003 年新增建设用地 350.19 公顷，与 1997 年相比增加 0.23 个百分点。

2003 年，来宾市国土资源管理局启动《来宾市土地利用总体规划》和《来宾市矿产资源总体规划》的编制工作。《来宾市土地利用总体规划》于 6 月 27 日通过广西壮族自治区国土资源厅会同广西壮族自治区农业厅组织的评审验收；《来宾市矿产资源总体规划》于 6 月 19 日通过广西壮族自治区国土资源厅组织的评审验收，并于 11 月 22 日获得广西壮族自治区人民政府以桂政函〔2003〕296 号文件批复，同意实施。是年，全市土地面积 133.92 万公顷。其中耕地 34.21 万公顷，占土地总面积的 25.54%；园地 0.75 万公顷，占 0.56%；林地 47.68 万公顷，占 35.61%；牧草地 7.97 万公顷，占 5.95%；其他农用地 6.62 万公顷，占 4.95%；居民点及工矿用地 3.63 万公顷，占 2.71%；交通用地 0.38 万公顷，占 0.29%；水利设施用地 0.71 万公顷，占 0.53%；未利用土地 31.80 万公顷，占 23.75%；其他土地 0.15 万公顷，占 0.11%。认真做好国土资源总体规划的实施与监督检查，履行好会审材料是否符合总体规划的审查职责。指导、督促各县、市、区《矿产资源总体规划》和《土地利用总体规划》编制工作，年底已全面完成。按时做好年度土地利用计划编制，及时解决建设用地指标不足的问题，为建设项目用地提供保证；对新增建设用地是否符合年度计划实行适时管理，建立计划使用统计台账制度，对计划的执行进行监督，充分发挥土地利用计划的调控作用，严格将农用地转用控制在计划下达的指标内。

2004 年，市国土部门全面完成市本级和各县（市、区）《矿产资源总体规划》的编制和发布实施，开展新一轮土地利用总体规划修编的前期工作，组织修编人员集中学习培训，《土地利用现状与潜力分析》《土地需求量预测和土地供需形势分析》两个专题调研及编写。完成 2005 年度土地利用计划的编报工作。

2005 年，市国土资源管理局根据国土资源部《关于开展土地利用总体规划实施评价和修编前期调研工作的通知》（国土资发〔2004〕133 号）以及《国务院办公厅转发国土资源部关于做好土地利用总体规划修编前期工作意见的通知》（国办发〔2005〕32 号）文件精神，武宣县成立土地利用总体规划修编工作领导小组以及修编专家咨询小组。此次土地利用总体规划的修编是以 2004 年为基期年，2010 年为近期年，2020 年为目标年，土地利用现状数据采用自治区国土资源厅地籍管理部门认定的 2004 年更新数或变更数，并按照国办发〔2005〕32 号文件进行查清，并报上级单位批准使用为基期年土地利用数据。要求 2005 年完成 2004 年修编基数的调查，确定 2004 年的土地利用现状数据。

是年，市国土资源管理局完成全市和各县（市）的“四查清、四对照”的数据汇总工作。市本级完成土地利用总体规划修编前期重大课题研究成果及征求意见汇总，完成《来宾市土地利用总体规划修编前期研究综合报告》《土地利用现状和潜力分析》《土地利用总体规划实施评价》《土地需求量预测和供需平衡分析》《加强耕地和基本农田保护问题研究》《城市人口与建设用地规模论证报告》《土地利用战略与统筹区域土地利用问题研究》等 6 个课题征求意见稿。完成 2006 年土地利用计划的编报工作。

总体规划成果

文字成果 总体规划的文字成果为《来宾市土地利用总体规划大纲文本(2006—2020 年)》《来宾市土地利用总体规划大纲说明书(2006—2020 年)》《前期专题研究报告》。

图件成果　总体规划的图件成果为：来宾市土地利用现状图(2005年)、来宾市土地利用总体规划图(2006—2020年)、来宾市城郊接合部土地利用现状图(兴宾区)(2005年)、来宾市城郊接合部土地利用规划图(兴宾区)(2006—2020年)、来宾市城郊接合部现状衔接图(兴宾区)(2005年)、来宾市城郊接合部规划衔接图(兴宾区)(2020年)、来宾市城郊接合部土地利用现状图(迁江工业集中区)(2005年)、来宾市城郊接合部土地利用规划图(迁江工业集中区)(2020年)、来宾市城郊接合部土地利用现状图(凤凰工业集中区)(2005年)、来宾市城郊接合部土地利用规划图(凤凰工业集中区)(2020年)、来宾市重点项目分布图(2006—2020年)、来宾市土地利用功能分区图(2020年)。

表4-3　**来宾市规划建设用地控制目标**

单位：公顷

批地指标	总量			增量			指标类型
	2005	2010	2020	近期	远期	规划期	
建设用地总规模	48960.71	55190.27	57733.88	4229.56	3286.02	8773.17	约束性指标
城乡建设用地	36703.71	37508.23	39491.20	790.20	1982.97	2773.17	约束性指标
城镇工矿用地	9814.32	11694.87	16272.36	1880.55	4577.49	6458.04	预期性指标
中心城市用地	3275.66	5080.00	7390.00	1804.00	2946.00	4114.00	约束性指标
兴宾区	2187.29	3200.00	4900.00	1012.71	1700.00	2712.71	约束性指标
迁江工业集中区	38.02	430.00	840.00	3919.98	410.00	801.98	约束性指标
八一工业集中区	1050.35	1350.00	1650.00	299.65	300.00	599.65	约束性指标
农村居民点用地	26903.71	25813.36	23218.84	−1090.35	−2594.52	−3684.87	预期性指标
基础设施用地	12257.00	14257.00	18257.00	2000.00	4000.00	6000.00	预期性指标

注：中心城市用地包括兴宾区、迁江工业集中区和八一工业集中区组团用地

表4-4　**来宾市土地利用结构调整目标**

单位：公顷

地类		2005年	2010年	2020年
农用地	小计	973315.60	986220.70	1034273.48
	耕地	341886.59	341430.11	337178.11
	林地	478197.40	488723.23	514414.53
	其他	153231.61	156067.36	182680.84
建设用地	小计	48960.71	53190.27	57733.88
	城镇工矿	9814.32	11694.87	16272.36
	农村居民点	26903.71	25813.36	23218.84
	基础设施	12242.68	14257.00	18267.00
未利用地		316882.28	299747.62	247151.23
合计		1339158.59	1339158.59	1339158.59

表4-5　**来宾市各县(市、区)建设用地控制目标**

单位：公顷

区分	2005年			2010年			2020年		
	建设用地总量	新增建设用地	基础设施用地	建设用地总量	新增建设用地	基础设施用地	建设用地总量	新增建设用地	基础设施用地
兴宾区	21318.07	—	6079.00	24077.09	3669.70	7762.00	27040.96	8702.04	9939.00
合山市	2792.27	—	585.00	2974.37	245.43	652.02	3170.00	582.00	835.00
武宣县	8407.03	—	2791.00	8981.50	645.21	2944.64	9598.63	1530.00	3771.00

续表

区分	2005年			2010年			2020年		
	建设用地总量	新增建设用地	基础设施用地	建设用地总量	新增建设用地	基础设施用地	建设用地总量	新增建设用地	基础设施用地
象州县	8524.51	—	1294.00	8813.27	501.41	1190.04	9123.47	1189.00	1524.00
金秀瑶族自治县	2506.37	—	624.00	2678.82	189.77	721.52	2864.08	450.00	924.00
忻城县	5412.47	—	885.00	5665.22	318.39	987.79	5936.74	755.00	1265.00
合计	48960.71	—	1258.00	53190.27	5569.91	14258.00	57733.88	13208.04	18258.00

备注:兴宾区中心城市用地包括迁江工业集中区和八一工业集中区用地

表4-6　各县(市、区)耕地和基本农田保护目标

单位:公顷

单位项目	2005年				2010年				2020年			
	耕地保有量	耕地增加	建设占用耕地	基本农田面积	耕地保有量	耕地增加	建设占用耕地	基本农田面积	耕地保有量	耕地增加	建设占用耕地	基本农田面积
兴宾区	160549.61	—	—	142579	160335.23	2774	1982	—	158330.51	5215	4698	139571
合山市	10271.30	—	—	8535	10257.59	129	88	—	10129.33	356	209	8355
武宣县	43671.14	—	—	39030	43612.83	334	239	—	43067.52	712	556	38207
象州县	57853.35	—	—	51191	57776.11	260	186	—	57053.71	554	440	50110
金秀瑶族自治县	12750.73	—	—	9993	12733.71	93	66	—	12474.49	251	157	9782
忻城县	56790.46	—	—	50765	56714.64	158	113	—	56122.55	315	268	49693
合　计	341886.59	—	—	302093	341430.11	3748	2674	—	337178.11	7402	6340	295718

农用地转建设用地指标计划

1999—2005年,来宾市6个县(市、区)经广西壮族自治区人民政府和国务院批准的新增建设用地1813.34公顷,其中农用地1284.45公顷,未利用地528.9公顷。

2002年12月28日,来宾市成立后,城市建设用地需求加大,为缓解城市建设用地与保护耕地的突出矛盾,广西壮族自治区人民政府从2004年开始,每年给来宾市一定的农用地转为建设用地的指标,以解决城市建设项目的用地困难。2004年,自治区人民政府下达给来宾市的农用地转为建设用地指标300公顷,由于4月30日后全国停止审批建设用地,因此,至年底全市报批建设项目实际使用农用地转用指标仅143公顷。2005年,自治区人民政府分解给来宾市农用地转用计划指标为67公顷(其中耕地40公顷)。

表4-7　1999—2005年来宾市新增建设用地统计表

年度	新增建设用地(公顷)	其中:农用地(公顷)		其中:未利用地(公顷)
		小计	其中:耕地(公顷)	
1999	25.41	18.81	18.81	6.60
2000	34.55	26.79	25.93	7.77
2001	138.05	121.74	102.12	16.31
2002	150.91	117.18	76.90	33.73
2003	608.75	594.74	410.77	12.00
2004	180.20	140.04	91.08	40.15
2005	675.47	265.14	164.62	410.33
合计	1813.34	1284.45	890.24	528.90

第二节　土地开发利用

来宾的土地开发利用据史载可追溯至春秋前的“火耕水耨”和春秋战国时的“雒田”。唐代畬田和梯田的开发,反映来宾多山和土地开发的特点。民国时期的二十世纪三十年代中期,广西政府出于建设“模范省”的需要,扶助农桑,鼓励民间开垦荒地,成为耕地增加最快的时期。

来宾和全广西一样,建设用地之征地最早出现在清光绪三十一年(1905年)。民国时期,民国16年(1927年)11月以前,广西实施民国4年的《土地收用法》。民国16年省政府颁布《广西全省筑路收用土地条例》,收用土地多援引该条例处理。民国25年后,征收土地统一按国民政府公布的《土地法》规定办理。

中华人民共和国成立后,来宾市境域各县(市)贯彻“开源节流”并举方针,加强对土地利用开发,把非农业建设用地指标和开发耕地指标以及年末耕地总面积,人均耕地面积的控制指标分解下达各乡镇,实行宏观控制,微观管理,全面落实土地开发利用政策法规,做好土地开发利用。

农用地开发利用

开发利用来宾市境域具有山区丘陵、平原、台地、河谷、洼地以及岩溶地貌等多种多样地类类型,其中山地、丘陵所占比重较大,岩溶石山广布,地貌类型复杂,宜农宜林荒地面积大,开发利用前景广阔。在已利用土地中,面积较大主要是林地、耕地和牧草地。2005年,全市林地面积占土地总面积的35.74%,耕地面积占土地总面积的25.55%,牧草地占土地总面积的5.9%。

1950年,来宾市境域耕地面积16.25万公顷(折243.75万亩),人均耕地面积2.71亩,高于全广西人均耕地面积1.97亩水平。1965年,来宾市境域各县开发利用耕地有一定效果,耕地面积18.43万公顷(折284.14万亩),比1950年增加耕地面积2.18万公顷,但由于人口增加,人均耕地面积比1950年减少0.32亩。人均耕地面积为2.39亩,高出广西平均水平的0.87亩。除武宣县耕地增加0.13万公顷(1.91万亩),金秀瑶族自治县增加0.02万公顷(0.3万亩)外;其余各县耕地均减少。其中,来宾县耕地面积减少0.4万公顷(折6万亩),象州县耕地面积减少0.09万公顷(折1.29万亩),忻城县耕地面积减少0.36万公顷(折5.4万亩)。

1975年,来宾市境域各县加大对耕地开发利用,开垦宜农荒地,境内耕地面积有所增加,耕地面积达20.28万公顷(折304.15万亩),比1965年耕地面积增加1.85万公顷,人均耕地面积为1.87亩,高于广西平均水平。其中,来宾县9.17万公顷(折142.52万亩),增加0.33万公顷(折5万亩),象州县3.69万公顷(折55.40万亩),增加0.33万公顷(折5万亩),武宣县3.34万公顷(折50.08万亩),增加0.45万公顷(折6.71万亩),金秀瑶族自治县0.66万公顷(折9.91万亩),增加0.04万公顷(折0.53万亩),忻城县3.08万公顷(折46.26万亩),增加0.27万公顷(4.05万亩)。

1985年,来宾市境域各县(市)贯彻《中华人民共和国土地法》,加强对耕地保护工作,通过开发利用耕地,新增耕地面积0.08万公顷,年末,耕地面积20.36万公顷(折305.33万亩),人均耕地面积为1.54亩,高出广西平均水平0.54亩,高出全国平均水平0.16亩。境内尚有宜农荒山2.02万公顷未开发利用。

1990年,来宾市境域耕地面积20.34万公顷(折305.05万亩),比1985年减少0.02万公顷。人均耕地面积为1.51亩。高出广西平均水平0.59亩。耕地减少的主要原因是改革开放后,各县(市)非农建设用地增加,特别是农村富裕后,农民建房增加快,农村违法占用耕地建房严重,开发利用耕地与建设用地出现反差。

20世纪90年代后,各级政府采取有力措施,不断调整农业产业结构,推广科技新技术,提高复种指数,发展高效农业,提高土地利用率和产出率。优化林相组合和林种结构,发展名、特、优经济果木林,提高森林覆盖率。对现有牧草地通过进行人工改良,提高牧草产量和牧草质量,大力发展节粮型畜禽养殖,缓解争粮矛盾,加强畜禽品种改良。充分利用水域开展特色养殖,提高水产养殖的经济效益。

1995年,来宾市境域各县(市)实施农田基本保护,全面实施耕地占补相关政策,落实行政首长耕地保护责任制,加强开发耕地利用,新增耕地面积0.43万公顷,年末耕地面积20.87万公顷(折313.05万亩),人均耕地面积为1.35亩。

2000年,来宾市境域各县(市)进一步落实土地利用总体规划,严格控制非农用地,增加投入开发耕地利用,年末耕地面积21.47万公顷(折322.05万亩),人均耕地面积为1.34亩。新增耕地面积0.60万公顷(折9万亩)。

上图左右分别为黔江示范牧场土地开垦现场和石陵镇挂榜村委会廖村土地开垦现场　　（2002 年摄）

2001 年，来宾县选择黔江示范牧场和石陵镇挂榜村委会廖村两个耕地开垦项目 355.80 公顷土地进行开垦利用，总投资 1530 万元，经自治区有关专家对项目评估论证，至 2002 年完成石陵镇挂榜村委会廖村开垦利用耕地 817.5 公顷，并经自治区有关部门的验收和确认。

2003 年，来宾市加大土地开发整理项目立项申报和工程建设力度，为全市经济建设占用耕地提供用占补平衡提供保障。组织完成石牙朝南、南泗六五等全市 12 个土地开发整理项目的可行性研究报告的编制，并通过广西壮族自治区国土资源厅批复立项，总面积 3818.39 公顷，预计新增耕地面积 1771.54 公顷。通过广西壮族自治区国土资源厅验收的有兴宾区石陵镇挂榜村、武宣县桐岭镇四安村等 3 个土地开发整理项目，确认新增耕地面积为 244.11 公顷。市国土资源局多方筹集资金，开展土地开发整理工作，取得良好的经济、社会效益，有效增加耕地面积，不仅实现全市耕地总量的动态平衡，而且为来宾市建设项目用地储备了补偿耕地指标。是年上报的建设用地 20 个批次和 3 个单独选址项目，新增建设用地占用的耕地，全部采取先补后占的方式进行补充，全年调拨耕地储备库的耕地指标 401.90 公顷用于新增建设用地的占补。是年，新增耕地面积 1842 公顷，其中新开荒 1495 公顷，园地改还耕地 291 公顷，基建还耕地 21 公顷，其他 35 公顷。年末全市耕地面积 24.09 万公顷（折 361.35 亩），人均耕地面积 1.48 亩。

2004 年，全市通过开荒等途径新增耕地面积 4265 公顷，其中新开荒 3214 公顷，园地改还耕地 263 公顷，基建还耕地 20 公顷，其他 768 公顷。年末全市耕地面积 24.39 万公顷（折 365.85 亩），人均耕地面积 1.49 亩。

2005 年，全市宜农荒地开垦立项 2 个项目，实施开垦面积 184.40 公顷，经自治区组织验收下发确认批复文的开垦项目有 7 个项目（含往年立项的项目），新增耕地面积 836.88 公顷。全年新增耕地面积 1154 公顷，其中新开荒 989 公顷、园地改耕地 146 公顷、其他 19 公顷。年末耕地面积 21.29 万公顷，占全市土地总面积的 15.88%，全市耕地面积比 2000 年减少 0.18 万公顷，减 0.84%，年均减少 0.17%。其中，水田 8.76 万公顷，占耕地总面积的 41.15%；旱地 12.52 万公顷，占耕地总面积的 58.85%。耕地面积最多的是兴宾区 9.15 万公顷，占全市耕地总面积的 42.98%；其次是象州县 3.96 万公顷，占全市耕地总面积的 18.60%；武宣县 3.47 万公顷，占全市耕地总面积的 16.30%；忻城县 2.92 万公顷，占全市耕地总面积的 13.72%；金秀瑶族自治县 1.21 万公顷，占全市耕地总面积的 5.68%；合山市 0.57 万公顷，占全市耕地总面积的 2.68%。

生活用地

1985 年，来宾市境域生活用地开发与利用面积为 400~467 公顷。1989 年后，来宾市境域各县（市）加强生活用地开发建设，逐年增加投入，农村用地开发取得一定进展，每年农村用地开发利用面积 1 万公顷以上。是年共开发利用 12065 公顷，1992 年共开发农村土地 15513.15 公顷。1993 年，农村用地开发利用面积减少到 6752.25 公顷，1994 年，农村用地开发利用面积减少到 5941.05 公顷，1997 年，农村用地开发利用面积有所回升，开发利用面积 16451.25 公顷，1999 年达到 19715.10 公顷。2002 年降至 7248.60 公顷，2003 年，全市开发利用农村土地 13520.85 公顷，2005 年，开发利用农村土地 18038.85 公顷。

表 4-8　1987—2005 年来宾市农村用地开发利用统计表

年份	面积(公顷)	年度	面积(公顷)	年度	面积(公顷)	年度	面积(公顷)
1987	6158.40	1992	15513.15	1997	16451.25	2002	7248.60
1988	7268.40	1993	6752.25	1998	19590.90	2003	13520.85
1989	12065.40	1994	5941.05	1999	19715.10	2004	18384.60
1990	13109.10	1995	8393.25	2000	13119.45	2005	18038.85
1991	15395.10	1996	6972.75	2001	10000.95		

县乡建设用地开发

县　城　中共十一届三中全会以前，来宾市境域县城建设用地开发利用较少，改革开放后，各县(市)加大开发建设力度，县城建设用地不断增加。1987 年，来宾市境域县城建设用地共开发利用 3.40 公顷，1988 年为 9.9 公顷。1993 年，来宾市境域县城开发利用土地面积增加到 49.17 公顷，1996 年达到 175.10 公顷，2000 年增加到 743.62 公顷，2002 年达到 2203.10 公顷，2003 年为 9775.87 公顷，2005 年增至 10204.95 公顷。

1991 年，来宾县人民政府制订《个人建房用地管理暂行规定》，建设用地逐步走向规范化。1995 年 10 月，来宾县人民政府通过拍卖县政府门前鱼塘、县政府招待所、县汽车修理厂等形式，对县城 3 宗国有土地开发行利用，面积共 9940 平方米。

1993 年 2 月，武宣县建设局、土地局等部门联合开发武宣县第一个住宅小区——头窝小区。此后，通过招商引资等渠道开发天成小区、武宣镇、二小、建材鸿城、鸿福鑫城、步行街、仙蜜园、商贸中心等小区，1991—2005 年，共开发面积 3000 多亩。其中仙蜜园小区开创武宣县商品房住宅小区的先例。1992—2005 年，全县各乡镇分别开展土地使用制度改革和小城镇建设，共开发土地 1254968 平方米。

1992 年，忻城县工商局在县城芝州一、二路之间繁华地段征地 35 亩，投资 650 万元，建立新农贸中心。新农贸中心功能齐全，集农贸土特产品、工艺品、日用百货批发、零售为一体。农贸中心主楼为三层，总面积 9639 平方米，摊位 800 多个，停车场面积 2000 平方米，容纳赶集人数 2.5 万人。1992 年县房地产开发公司在县城征地 73.83 亩，解决 290 多户居民住宅用地。1994 年县房地产开发公司在县城征地 21 亩，解决 80 多户居民住宅用地。1998 年县房地产公司在县党校前征地 38 亩建县党校居民住宅小区，解决 120 多户居民住宅用地。

表 4-9　1987—2005 年来宾市县城建设用地开发利用统计表

年度	面积(公顷)	年度	面积(公顷)	年度	面积(公顷)	年度	面积(公顷)
1987	3.39	1992	—	1997	88.75	2002	2203.10
1988	9.90	1993	49.17	1998	388.28	2003	9775.87
1989	—	1994	48.45	1999	20.67	2004	1296.72
1990	—	1995	31.85	2000	734.62	2005	10204.95
1991	3.24	1996	175.10	2001	2596.28		

乡　镇　来宾市境域乡镇建设用地开发利用，始于 1987 年，当年乡镇建设用地开发利用 4060.20 公顷，1994 年，乡镇建设用地开发利用 3960.44 公顷，1995 年增至 5164.95 公顷，1998 年达到 10450 公顷，1999 年后，乡镇建设用地开发利用有所下降，呈逐年下降趋势，当年乡镇建设用地开发利用从保持上年的 10450 公顷降至 3762.27 公顷。2002 年，开发利用面积为 2903.1 公顷，2003 年为 3775.86 公顷，2005 年开发利用面积为 2204.95 公顷。

表 4-10 1987—2005 年来宾市乡镇建设用地开发利用统计表

年度	面积(公顷)	年度	面积(公顷)	年度	面积(公顷)	年度	面积(公顷)
1987	4060.20	1992	4805.25	1997	6293.50	2002	2903.10
1988	3603.70	1993	3542.08	1998	10450.00	2003	3775.87
1989	4280.70	1994	3960.44	1999	3762.27	2004	3296.72
1990	4600.30	1995	5164.95	2000	1734.62	2005	2204.95
1991	3732.60	1996	941.05	2001	3596.28		

工业用地开发

1992 年之前,来宾市境内工业用地基本实行“各取所需”原则,虽有土地管理部门备案,但由于缺乏法律依据和刚性约束,没有利用规划作指导,土地利用的随意性很大。

1992 年,柳州地区行政公署开始审批工业用地开发。率先审批忻城县大塘经济开发区建设用地,分 6 次报批,共征用土地 246.45 亩。同年 8 月,经柳州地区行政公署批准,由武宣县人民政府和柳州地区联合兴建柳州地区林业经济开发区。开发区位于武宣县大桥南头。与此同时,经批准,由武宣县糖厂兴建的设计年产 16 万吨水泥的八宝水泥厂,也选址于武宣大桥南头地带。由于两者连成一片,为便于管理,统称为武宣县工业开发区。1993 年,乐滩水电厂职工生活区项目建设征用土地 2.67 公顷。1995 年,忻城县糖厂技改项目征用土地 0.90 公顷。2001 年,乐滩库区水电站扩建工程前期准备项目分两次报批,共征用土地 868.2 亩。2002 年,忻城 110 千伏变电站建设征用土地 12.45 亩。

2003 年 2 月,来宾市提出工业区建设设想,5 月正式筹建,11 月 26 日正式挂牌成立来宾市工业发展有限责任公司,完成登记注册事宜。年内工业区的各项前期工作进展顺利。A 区的地质灾害与防治初探、数字化地形图测绘、总体规划及第一期控制性详细规划、可行性研究报告、环境及生态评价报告等五个前期工作,由通过招标投标中标的单位组织实施,12 月底全部提交文字报告;B 区的总体规划初步方案图已绘制完毕;制定出台《来宾市工业区投资优惠政策》《招商引资奖励办法》等一些政策性文件,为投资者提供政策依据;采取设计规划与项目引进并举的方法,边筹建边引进项目及客商。到 12 月底止,有 18 个项目的客商表达了进入工业区的意向,其中,有 7 个项目通过立项审批,总投资额约为 21 亿元。

2005 年,来宾市采取“一区多园”的模式,推进河西循环经济工业园、华侨投资区高新技术工业园、八一工业园区的开发建设,取得一定成效。制订、完善《来宾市工业园区发展规划——建设“一区多园”来宾工业园区的构想》《来宾市关于加快工业园区建设的意见》《来宾市工业园区管理办法》及《来宾市工业园区投资优惠办法》加快工业园区开发建设文件,完成河西循环经济工业园总体规划、第一期控制性规划、地质勘探、数字化地形图、可行性研究报告、环境影响评价报告等基础性前期工作;完成华侨投资区高新技术工业园和八一工业园总体布局规划;在“十一五”期的《广西工业园区建设与发展规划》中,广西壮族自治区经济委员会、发展改革委员会已把来宾循环经济工业园区列为全区四个循环经济园区(试点)之一;入驻河西工业园的东糖集团年产 9.8 万吨文化用纸项目、广西汇元锰业公司锰系列产品加工项目、来宾 A 电厂 2×30 万千瓦机组扩建项目及来宾港码头等 4 个项目累计完成投资额 10.6 亿元。为改善投资环境,来宾市累计投入资金 3200 万元(主要用于征地补偿),为入驻园区项目的顺利开工建设创造条件。忻城县有广西忻城县宏图锰业有限责任公司和广西忻城中远矿业有限责任公司共开发工业建设项目 2 个,征用土地 6.09 公顷。

地产开发

中华人民共和国成立前,来宾市境域尚无房地产开发,中华人民共和国成立后,特别中共十一届三中全会后,实行改革开放政策,大力推进和加快城镇化建设,推行住房商品化,城镇土地进入有偿使用等政策出台,加上落实私房政策,鼓励农民进城经商办企业,使来宾市境域房地产业得到迅速恢复和发展,集资建房,购买商品房,成为解决住房困难的主要途径。

20 世纪 80 年代,来宾市境域各县(市)始对县城所在地部分不符合城镇建设规划的住房进行拆迁,并改建、拓宽、取直和延伸旧街道,铺设混凝土路面或沥青路面。县城区域建设逐步扩大，房地产开发迅速发展，逐步发展成为新兴的产业，各房地产开发机构相继成立，城镇房地产用地开发快速发展。

1985 年 3 月—1988 年 6 月，来宾县先后成立 3 家房地产开发公司，在县城进行房地产开发。至 1990 年共开发利用县城土地 4.78 公顷。1988 年，象州县共开发利用县城土地 4 公顷，建商品房 255 套，总面积 3.72 万平方米。金秀瑶族自治县实施大寨垌和新汽车站等 2 个小区的开发建设。

随着经济社会迅速发展，城镇化率不断提高，城市要建设，各县（市）根据实际，实施县（市）城区改造，打开围墙，就地建设，提高土地利用率，拆除一些不符合城镇建设规划的建筑物，建设综合性的商贸网点以及住宅小区，即可节约建设用地，又可解决一部分人就业问题，还可安排一些人居住。

1991 年 3 月，来宾县房屋开发公司在河西 A、B 开发区开发房地产 63 间，开发面积 0.66 公顷。销售商品房面积 486 平方米。

1992 年后，来宾市境域各县（市）城区经济开发逐步走向高潮，形成资源开发、产品加工、商品销售、科技咨询特色，带动了房地产开发，成为房地产开发的重点。各级人民政府认真实施“十分珍惜和合理利用每寸土地，切实保护耕地”的基本国策，贯彻“一保吃饭，二保建设”的管地方针，形成对土地利用率、节约用地、合理用地的共识，为地产开发提供优越的环境条件。是年，来宾县、象州县、忻城县和全山市共对城区开发利用 9.27 公顷。其中，来宾县开发利用 0.26 公顷，合山市 0.61 公顷，忻城县开发 4.92 公顷，象州县开发 3.48 公顷。

1993 年，来宾市境域房地产开发逐步活跃，在房地产开发工作中，除本地房地产开发公司参与开发外，外地公司始进入本地房地产开发市场，形成竞争机制。是年，三亚公司进入来宾县房地产开发市场，开发建设面积 0.57 公顷。来宾县开发利用县人民医院、工商局临街面、县武装部、河西开发区等地段、小区的开发建设，共开发房地产 399 间，面积达 3.44 公顷。象州县开发县城城南小区，商品房面积 3.15 万平方米。武宣县开发第一个住宅小区——头窝小区。

1994 年 5 月，来宾县实施旧城改造地产开发的工作方案，在县城范围内有计划有步骤地开展旧城改造工作。首先划定县城区内各单位临街国有土地为重点开发对象，其次是开发各单位不符合城镇建设规划的旧宅基地。是年，来宾县开发金三角开发区、健宾市场、水电局、农机二厂、县委围墙北面、河西水厂房地共 288 间，开发面积 3.13 公顷，同时，还开发县食品工业公司、县工商局、来宾镇农械厂、县造纸厂东面等单位的旧宅基地 12 宗，土地面积 6.13 公顷，占全县非农业建设用地 33.60 公顷的 18.25%，安排 712 户居民住宅用地 712 间 43000 多平方米，节约土地 4 公顷。忻城县房地产开发利用土地 1.4 公顷，解决 80 多户居民住宅用地。象州县房地产开发利用土地 2.33 公顷建成县城光明小区。金秀瑶族自治县拆除沿河边的房子，开发大寨垌新城区，兴建和改建一大批既有民族特色又有现代化气魄的建筑物，使县城面积达 1.8 平方千米。

1995 年，来宾县实施合山路沿街面、县二中南面围墙、人民医院北四路西边临街面、汽车修理厂沿街面、实验小学东南临街面的土地开发。对成片开发利用土地的，来宾县政府给予优惠政策，以鼓励开发利用县城土地。广西林业房地产开发公司开发建设的维林新区，开发公司承担修筑维林大道 50 米宽、34 米宽和 28 米宽的道路及绿化等基础设施任务，政府不投资，而根据开发公司承担任务量大小，将部分出让金留给开发公司拆迁、建设基础设施。是年，来宾县开发汽车修理厂、煤炭局、河西小学开发区、人民医院、来宾镇政府、农机局、地税局、实验小学房地 252 间，开发面积共 2.15 公顷。来宾县自实施县城改造土地开发利用以来，共完成县城改造地产开发 66 宗，面积 70.40 公顷，解决居民住宅用房 2913 间（套），并建成一批经商门面，旧城改造土地开发，使县城发生了变化。实现了集约利用土地，有效节约了土地，保护了耕地，共节约耕地 68 公顷。来宾县旧城改造的做法，于 1995 年在全区土地管理工作会议上作了介绍推广。

1996 年，来宾县在地产开发中，主要开发建设县府招待所东面、长梅村委开发区、立新农贸市场。

1999 年，兄弟县（市）领导考察原来宾县县城旧城改造土地开发项目

还在县农机校、交警大队、县砖厂、城厢农技站、老干部局、汽修厂、城厢农机站、鑫都花苑开发区等，开发利用1987间，面积11.92公顷。

1997年，来宾县地产开发仍然以旧城改造为主，主要开发兴宾路开发区、殡管所、城管队、维林新城区、机械工业公司、五金公司738间地产，开发面积6.58公顷。

1998年，来宾县开发地产公司、农机供应公司、信访局、劳动保护监测站、县二中、来宾镇甘蔗站、县二小、纸厂、食品公司饲养场、健宾市场、一幼开发点、国税河西开发区、国税维林开发区、国税来宾镇分局、粮所小区、鱼苗场、县苗圃、中国银行、公路局、渔政站、改水办、木材公司等地产1132间，开发面积26.53公顷。合山市在岭南批发市场开发土地4公顷，开发建设商住楼宅基地200套。1999年，合山市开发房地产基础50套，并已有65套在开发区投入建设。来宾县开发新华路212间地产，开发面积1.39公顷。忻城县开发县党校前土地2.53公顷建县党校居民住宅小区，解决120多户居民住宅用地。2001年，合山市成功开发市区岭南开发区房地产开发项目，面积4公顷。

1996—2000年，象州县开发的房地产项目有县城工业园小区、北山路小区、象桐路出口路段。其中县城工业园小区，规划占地90公顷，第一期开发占地13公顷，商品房占地8.5公顷，至2000年已开发面积13.07公顷。北山路全长860米，开发商品房面积2.38万平方米，商品房宅基地167套，至2005年售出住167套。象桐路出口路段长1623米，开发商品宅基地312套，面积3.65万平方米，至2005年售出住房312套。1991—2005年，武宣县共开发面积3000多亩。其中仙蜜园小区开创武宣县商品房住宅小区的先例。

2002年，地级来宾市成立，随着城镇化的发展，房地产开发建设逐步增多，商品房的开发建设进入全新时代。2003年，全市商品房建筑施工面积14.60万平方米，竣工面积13.28万平方米；商品房销售面积2.86万平方米。合山市积极推进城镇化建设，通过招商引资开展房地产开发利用，先后开工或完成建设市中心商贸城、广场商业街、建安商业街、里兰新市场小区、矿务局建安及总公司小区经济适用房工程等重大房地产项目。

2004年，象州县城实施商品房开发建设，先后开发商业步行街、鸣大商住小区、光明富苑小区和桂裕花园小区。其中光明富苑小区投资680万元，建筑面积1.7万平方米；鸣大商住小区投资301万元，建筑面积0.69万平方米；商业步行街等住宅小区投资1500万元，建筑面积3.23万平方米；桂裕花园小区投资1200万元，建筑面积1.48万平方米。

2005年，来宾市房地产开发完成投资58000万元，商品房新开工面积33.30万平方米，施工面积89.13万平方米，竣工面积46.30万平方米。批准预售商品房建筑面积31.50万平方米，商品房销售面积22.45万平方米，售房合同额5.23亿元，全市商品房均价为1000元/平方米，市区商品房均价为1400元/平方米左右。象州县引进2家房地产开发企业，投资开发万象商城和象东新城。万象商城开发建筑面积3.15万平方米；象东新城开发小区开发土地面积6.67万平方米。

第三节　土地开垦整理

2003年4月前，来宾市未开展土地开发整理工作。2003年4月24日，来宾市土地开发整理中心成立后，逐步开展土地开垦、土地整理工作。

土地开垦

2003年4月24日，成立来宾市土地开发整理中心后，即开展土地开垦工作。2004年，来宾市立项宜农荒地开垦项目2个，实施开垦面积205.81公顷，计划新增耕地面积165.64公顷。经广西壮族自治区组织验收确认开垦项目5个（上年立项的项目），新增耕地1005.40公顷。至2005年末共立项土地开垦项目10个，实施面积1569.06公顷。其中：市级土地开垦（自发）项目10个，实施面积1569.06公顷。已实施竣工并通过自治区级验收确认的土地开垦项目10个，实施面积1569.06公顷，确认新增耕地面积1312.45公顷。

土地整理

2003年以前未开展此项工作。2004年6月27日《来宾市土地开发整理规划》通过广西壮族自治区国土资源厅会同广西壮族自治区农业厅组织的评审验收，来宾市国土资源局按照整理规划，加大土地开发整理项目立项申报和工程建设力度，组织完成兴宾区石牙镇朝南村、南泗乡六五村等全市12个土地开发整理项目的可行性研究报告的编制，并通过广西壮族自治区国土资源厅批复立项，总面积3818.39公顷，预计新增耕地面积1771.54公顷。通过广西壮族自治区国土资源厅验收的有兴宾区石陵镇挂榜村、武宣县桐岭镇四安村等3个土地开发整理项目，确认新增耕地面积为244.11公顷。来宾市国土资源局多方筹集资金，开展土地开发整理工作，取得良好的经济、社会效益，有效增加耕地面积，不仅实现全市耕地总量的动态平衡，而且为来宾市建设项目用地储备了补偿耕地指标。2003年上报的建设用地20个批次和3个单独选址项目，新增建设用地占用的耕地，全部采取先补后占的方式进行补充，全年调拨耕地储备库的耕地指标401.90公顷用于新增建设用地的占补。

2005年，来宾市立项的土地整理项目15个，实施面积4161.51公顷，新增耕地面积1575.38公顷。其中，兴宾区凤凰镇土地整理项目实施面积855.4公顷，新增耕地面积86.1公顷；迁江镇古欧村土地整理项目实施面积473.61公顷，新增耕地面积24.48公顷；桥巩等2个乡水毁农田整理项目实施107.7公顷，新增耕地面积86.7公顷。武宣县三里镇台村土地整理项目实施面积561公顷，新增耕地面积54公顷均为旱地；三里镇等2个乡镇水毁农田整理项目实施面积110.3公顷，新增耕地面积89.5公顷均为水田。象州县马坪乡马坪村土地整理项目实施面积221.2公顷，新增耕地面积38.5公顷均为旱地；百丈乡水毁农田整理项目实施面积105公顷，新增耕地面积99.5公顷均为水田；中平镇水毁农田整理项目实施面积103.2公顷，新增耕地面积83.7公顷均为水田；罗秀镇水毁农田整理项目实施面积110.8公顷，新增耕地面积90.6公顷均有水田；运江镇水毁农田整理项目实施面积108公顷，新增耕地面积89.6公顷均为水田；运江镇京岭村土地开发项目实施面积580公顷，新增耕地面积439公顷，均为旱地。忻城县城关镇等2个乡镇水毁农田整理项目实施面积104.2公顷，新增耕地面积86.4公顷；果遂乡等2个乡镇水毁农田整理项目实施面积105.4公顷，新增耕地面积85.3公顷；思练镇水毁农田整理项目实施面积132.7公顷，新增耕地面积107.6公顷。金秀瑶族自治县桐木镇古池村土地整理项目实施面积372.70公顷，新增耕地面积25.20公顷，均为水田。六巷乡等2个乡水毁农田整理项目实施面积110.3公顷，新增耕地面积89.2公顷。

第四节　基本农田保护

中华人民共和国成立后，来宾市境域各县人民政府出台相关文件，加强对基本农田的保护工作。1959年10月，石龙县（今象州县、武宣县）人民委员会作出《关于基本建设管理的规定》，提出要珍惜土地和合理利用耕地的意见，各机关、公社、大队对基建用地情况进行检查。1965年前，部分机关、事业、企业单位，基本建设占用土地没有执行《国家建设征用土地办法》，未经批准自行占用土地，出现早征迟用、多征少用等浪费现象。1975年，象州县工业品公司油库、职工宿舍、样品间和县“六・二六”制药厂等工程，未申报征用土地即施工；县食杂站酒厂等单位8项工程用地29.8亩，只办征地补偿协议即施工。针对上述违章用地情况，县革命委员会发文通报批评。文件明申，凡未经批准擅用土地的，社队有权制止，财政、银行不予拨款，物资部门不供应材料，施工单位不得承建。1986年6月11日，根据中央〔1986〕7号文件精神，象州县人民政府发出《严肃认真清查处理城乡个人违法违章建房的通告》。县、乡（镇）成立清查领导小组，雇请专职清查人员，对1982年5月后违法占地、违章建房的单位及个人，实地丈量核实面积，造册登记立案，按照广西壮族自治区人民政府桂政发〔1986〕90号文件精神分别处理。1987年底基本查清，象州县查出国家机关单位、城镇集体及农村集体违法占地案15件，占用土地80.59亩，其中耕地11.5亩。对14件给予罚款1.16万元处理；查出个人违法占地违章建房共4971户，占地1271.04亩（其中耕地732.39亩），对4539户罚款23.78万元。经过清查处理，基本刹住乱占、滥用土地的现象。

1972年，武宣县革命委员会针对一些单位乱占耕地搞建设，发出《关于国家建设征用土地几个问题的通知》，乱占耕地建房得到了初步制止。1981年以后，农村推行家庭联产承包责任制，部分群众对政策不理解，随意乱占耕地或擅自在自己承包的耕地上建房。1979—1982年象州县占水田建房户共306户，面积131.17亩，建914间。1981年—1982年10月中旬，象州县全县12个公社、镇共有3263户占用水田399.21亩，旱地682.25亩建住房。1983年4月，象州县人民政府全面清理农村侵占耕地建房，按规定逐户处理：1平方丈（11.11平方米）水田每年赔偿土地损失6元，1981年4月17日前侵占的赔偿土地损失3~4年，以后侵占的赔偿土地损失5~7年。同时制订农房建设规划，没有统一规划，不准建新房。1985年武宣县农村建房占用耕地267亩。

1986年以前，来宾市境域耕地面积呈现逐年下降趋势。土地管理部门成立后，贯彻《土地管理法》，把耕地保护工作纳入各级政府的年度目标考核内容，各县土地管理部门进行土地后备资源开发，耕地面积呈现逐年上升趋势。

1990年后，来宾市境内各县（市）人民政府签订责任状，把耕地开发工作纳入各级政府的年度目标管理。

1991年，来宾市境域各县（市）开始实行耕地保护制度，将耕地保护列入各级政府目标管理，对各县（市）耕地保护进行考核，签订保护耕地“四项目标”（即年末耕地总面积、人均耕地面积、非农业建设占用耕地面积、开垦耕地面积）责任状，各县（市）人民政府贯彻落实各项考核指标，抓好耕地保护工作。

1994年，来宾市境内各县（市）根据国务院国发〔1992〕6号文件和国务院发布的《中华人民共和国基本农田保护条例》规定及广西壮族自治区人民政府《关于实施〈中华人民共和国基本农田保护条例〉办法》的有关精神，开展划定基本农田保护区工作，将土质与灌溉等生产条件好，且连片集中的高产稳产田划为基本农田保护区。保护区分一级保护和二级保护。一级保护属长期性，永久性，不得占用的耕地。划定保护区标准，一级保护，一般是生产条件好、产量高，公路交通沿线和居民集中的耕地部分；二级保护，一般是生产条件较好，集中连片的，在规划期内不得占用的土地。是年7月，原柳州地区行政公署在武宣县进行划定基本农田保护区试点工作，12月，在武宣县召开试点工作总结现场会，部署全面铺开，并层层签订责任状，把划定基本农田保护区工作纳入政府工作目标责任考核内容。

1995年，来宾市境域各县（市）全面铺开基本农田保护区划定工作。3月中旬，来宾县铺开划定基本农田保护区工作。县土地管理局将全县定为农田保护区的点绘入农田保护区分布图，在农、林、水、规划等部门配合下，按要求划定保护区耕地等级、编号，制订好农田保护措施方案、村规民约，组织技术人员绘制好县、乡镇、村三级农田保护区分布图。至12月中旬，完成了全县的基本农田保护区划定工作，将全县现有耕地面积15.13万公顷（详查数，下同）划为两个等级进行保护，保护面积13.62万公顷，占耕地面积的90.05%。其中一级保护区设2138块，保护面积11.48万公顷，占84.26%；二级保护区设965块，保护面积2.15万公顷，占15.74%。4月，武宣县成立基本农田保护区指挥部，开展全县

2000年，来宾县凤凰镇基本农田保护区分布示意图 （2000年10月摄）

基本农田保护区划定工作。至1995年底，采用传统土地分类面积，武宣县全县共建立基本农田保护区15个、143片、713块，面积15.37万公顷，占耕地总面积的90.85%。5月，金秀瑶族自治县开展划定基本农田保护区工作，将现有耕地面积（基期年为1996年）13218.60公顷，目标年耕地面积(2010年）13600公顷，划为两个等级进行保护，保护面积9900.70公顷，占耕地面积74.90%。其中一级保护区保护面积为7333.33公顷，占保护区面积74.07%；二级保护区保护面积2567.37公顷，占保护区面积25.93%。忻城县通过预测最后确定全县基本农田保护区面积5.09万公顷，划分为两个等级进行保护，并通过划区定界予以落实。划定为一级农田保护区面积为4.08万公顷，占基本农田保护区面积的80.32%。划定为二级农田保护区面积1.01万公顷，占基本农田保护区面积19.68%。象州县共划定基本农田保护区2.92万公顷，占耕地面积的89.5%。共有农田保护区11个，保护片119个，保护块827个。其中，一级保护区481块，2.15万公顷；二级保护区346块，7733.3公顷。合山市划基本农田保护区3个，保护片29个。全市有耕地9806.13公顷，划定保护面积8550公顷，保护率87.2%，全市基本农田保护区立保护措施牌9块，保护标志7组，埋设界址桩1000个。

至1996年底，境内各县（市）基本农田保护区划定工作基本完成，共划定基本农田保护区面积38.85万公顷，保护区内埋设界桩、标志牌，有规划图件，有界桩标志，有公约制度，有管理机构。来宾市境内各县（市）在划定基本农田保护区工作中，成绩突出，来宾县、金秀瑶族自治县、象州县和武宣县受到中共广西壮族自治区委员会、广西壮族自治区人民政府的

严格耕地保护，市国土资源局与各县（市）局签订耕地保护责任状　（2004年摄）

表彰，来宾县获一等奖，金秀瑶族自治县获二等奖、象州、武宣县获三等奖。

2000年8月，来宾市境域各县（市）根据国土资源部、农业部《关于印发〈基本农田保护区调整划定工作验收办法〉的通知》精神，各县（市）人民政府成立基本农田保护区调整划定工作领导小组，对1994年划定的基本农田保护区进行调整划定。基本农田保护调整划定时，采用土地详查数据，对各类土地面积依据土地利用总体规划进行调整，依据各县（市）经济发展、农业产业结构调整、非农建设占用耕地等实际情况，对基本农田保护区规模和范围进行调整。

2001年4月下旬—6月上旬，忻城县共调整划定13个保护区，128个保护片，2882个保护块（其中一级保护1732块、二级保护1150块），全县共调整划定基本农田保护区面积5.09万公顷，其中调整划定一级保护面积4.08万公顷，调整划定二级护面积1.01万公顷，保护率88.17%。6月，金秀瑶族自治县全面完成基本农田保护级别划分工作任务。全县共划定基本农田保护区11个78片2302块，面积10010.04公顷，保护率为75.73%（上级下达的保护率为74.9%）；共建立保护标志牌84块，埋设保护界桩2152个。基本农田保护区全部达到有管理机构、有规划图件、有界桩标志、有公约制度、有档案资料，经地区及自治区国土资源部门检查验收达到优秀水平。象州县调整划定基本农田保护面积3.87万公顷，基本农田保护区11个，保护片121个，其中耕地保护面积3.87万公顷，实现耕地占补平衡。来宾县对全县14.73万公顷的基本农田保护区进行调整划定，分内外业进行，内业完善各种保护责任制度和档案图件的整理，外业完成保护标牌，埋设界桩，经广西壮族自治区国土资源验收总分110.5分，被评为优秀。至2005年，这些保护区没有太大的变化。

1997—2005年，今来宾市6个县（市、区）划定基本农田保护区共70个，基本农田保护面积29.03万公顷，保护率87.4%。

表4-11　**1997—2005年来宾市划定基本农田保护区一览表**

县（市、区）	乡镇名称	规划基期年耕地面积（公顷）	划定保护区面积（公顷）、保护率(%)			
			合计	一级	二级	保护率
兴宾区	来宾镇	2561.80	1098.20		1098.20	42.90
	城厢乡	6466.50	5777.70	4152.70	1625.10	89.30
	凤凰镇	10917.00	10295.00	8424.00	1871.00	94.30
	迁江镇	8897.40	7910.00	6250.60	1659.40	88.90
	北五乡	4490.40	4005.00	3331.60	673.40	89.20
	良江镇	8813.60	8091.80	7721.40	370.40	91.80
	三五乡	8698.10	7756.30	7158.10	598.20	89.20
	小平阳镇	9587.70	8915.00	8831.10	83.90	93.00
	五山乡	4285.80	3915.00	3513.90	401.00	91.30
	陶邓乡	8223.50	7770.00	7300.00	470.00	94.50
	桥巩乡	7777.80	6991.00	5805.00	1186.00	89.90
	良塘乡	5565.60	4835.00	3977.00	858.00	86.90
	七洞乡	2838.50	2240.00	1750.40	489.60	78.90
	大里乡	4426.60	3949.90	3006.40	943.50	89.20
	石陵乡	6600.70	5995.00	4307.90	1687.10	90.80
	平阳镇	5984.10	5535.00	4415.70	1119.30	92.50

续表

县(市、区)	乡镇名称	规划基期年耕地面积（公顷）	划定保护区面积(公顷)、保护率(%)			
			合计	一级	二级	保护率
兴宾区	湖社乡	2602.90	2300.00	1630.00	670.00	88.40
	蒙村乡	9826.70	8770.00	7356.00	1414.00	89.20
	寺山乡	6654.20	5895.00	4676.80	1218.20	88.60
	石牙乡	5625.20	5140.00	4533.50	606.50	91.40
	南泗乡	6323.10	5395.00	5057.70	337.30	85.30
	高安乡	3519.10	3100.00	2794.30	305.70	88.10
	大湾乡	7112.00	6450.00	6108.40	341.60	90.70
	正龙乡	4860.60	4428.30	3973.30	455.00	91.10
	其　他	7688.20	6270.00	6270.00		81.60
	小　计	160347.10	142828.20	122345.80	20482.40	
合山市	岭南镇	2824.17	2457.03	1965.62	491.41	87.00
	北泗乡	3334.08	2912.38	2431.84	480.54	87.35
	河里乡	3647.88	3180.59	2452.54	728.05	87.19
	小　计	9806.13	8550.00	6850.00	1700.00	87.19
金秀瑶族自治县	头排镇	2568.40	2115.00			82.35
	桐木镇	5570.50	4629.50			81.95
	长垌乡	456.80	356.80			78.11
	罗香乡	663.60	440.00			66.34
	六巷乡	424.30	281.70			66.39
	大樟乡	1047.10	628.30			60.00
	三江乡	913.00	624.20			68.30
	金秀镇	672.00	322.60			48.00
	三角乡	356.50	198.20			55.60
	忠良乡	545.50	304.40			55.80
	小　计	13218.60	9900.70			
武宣县	金鸡乡	5436.50	4854.79			89.00
	黄茆镇	5123.20	4605.76			90.00
	二塘镇	9942.70	9008.09			91.00
	武宣镇	7732.11	6659.23			86.00
	三里镇	5895.80	5229.57			89.00
	东乡镇	4771.00	4143.72			87.00
	桐岭镇	6210.50	5512.53			89.00
	通挽镇	3060.60	2760.66			90.00
	禄新镇	5477.40	4907.75			90.00
	思灵乡	4225.20	3713.95			88.00
	小　计	57875.01	51396.05			
象州县	马坪乡	5749.89	4972.94	4972.94		86.48
	石龙镇	4442.19	3829.44	3829.44		86.21
	妙皇乡	2942.29	2501.14	2501.14		85.00
	象州镇	3207.69	2688.74	2688.74		83.82
	运江镇	6485.99	5720.74	5720.74		88.20

续表

县(市、区)	乡镇名称	规划基期年耕地面积(公顷)	划定保护区面积(公顷)、保护率(%)			
			合计	一级	二级	保护率
象州县	百丈乡	2033.39	1686.14	1686.14		82.92
	罗秀镇	3305.09	2780.64	2780.64		84.13
	大乐镇	2712.89	2256.34	2256.34		83.17
	水晶乡	3378.69	2858.04	2858.04		84.59
	寺村镇	5861.15	5075.34	5075.34		86.59
	中平镇	3317.09	2805.50	2805.50		84.58
	其　他	299.30	0.00	0.00		
	小　计	43735.65	37175.00	37175.00		
忻城县	城关镇	10464.67	8714.95	8714.95		83.00
	马泗乡	3777.11	3427.65	3427.65		92.00
	欧洞乡	3339.70	2977.01	2977.01		89.00
	大塘镇	6740.87	6071.87	6071.87		90.00
	思练镇	9402.65	7994.40	7994.40		85.00
	安东乡	2612.12	2246.69	2246.69		86.00
	果遂乡	4220.51	3817.87	3817.87		90.00
	新圩乡	1451.02	1278.73	1278.73		88.00
	红渡镇	5092.91	4074.72	4074.72		80.00
	古蓬镇	3520.51	3141.39	3141.39		89.00
	北更乡	3022.33	2619.68	2619.68		87.00
	遂意乡	2962.56	2590.92	2590.92		88.00
	国有场站	183.65				
	小　计	56790.61	48955.88	48955.88		
全市合计		331967.00	290255.80	208476.70		87.40

第四章　建设用地管理

1958年以前，来宾市境域内国家单位和个人建设需要土地，因无法规可循，缺乏完善的审批制度，均不办理申报征用手续，而由用地单位与被征地者协商划拨，并给予青苗补偿费。1958年1月后，来宾市境域执行国务院颁布《国家建设征用土地办法》，加强建设用地管理，用地单位需要征用土地，需办理申报土地征用手续，经政府批准并按规定付土地补偿费后，方能使用土地。1962年10月后，征用土地都要报经广西壮族自治区人民委员会审批。1972年后，国家机关、厂矿企事业单位，部队征用土地，都依法经过申报，经审查批准后，按国家颁行的政策、法律、法规办理。1982年后，征用水田或特殊土地(鱼塘、果园、菜地)0.5亩，旱地2亩，其他荒地5亩以下，拆迁民房5户以内由县人民政府审批；征用水田或特殊土地1亩，其他土地10亩以内，拆迁民房10户以内，由柳州地区行政公署审批；征用土地超过10亩，拆迁民房超过50户，要报经广西壮族自治区人民政府批准。

1986年土地管理局成立前，征用土地的审批权先后归县民政局、农业局。土地管理局成立后，审批权除法律法规有规定者外，一般归土地管理局。1987年1月1日，《中华人民共和国土地管理法》开始实施，各县(市)土地管理部门严格征用土地审批权限和征地手续，对用地单位依法征收补偿费、安置费和青苗补偿费，并依法惩处违反土地管理法的各种行为。1963—1990年，来宾县征用土地1075.36公顷；

1970—1990 年，武宣县征用土地 210.63 公顷，象州县征用土地 100.75 公顷，忻城县征用土地 199 公顷。

1991—1998 年，来宾市境域按《广西壮族自治区土地管理实施办法》有关审批权限的规定：征用耕地 100 亩以上、其他土地 200 亩以上，经县以上人民政府逐级申报国务院批准；征用耕地 4 亩以上 100 亩以下、其他土地 15 亩以上，200 亩以下的，由县以上人民政府逐级审查，经柳州地区行政公署批准，报广西壮族自治区人民政府土地管理部门备案；征用耕地 3 亩以下，其他土地 10 亩以下的，由乡、镇人民政府审核，经县人民政府批准，报柳州地区行政公署土地管理部门备案；征用城市郊区的菜地、鱼塘、藕塘，由县人民政府审查，报广西壮族自治区人民政府批准。

1999—2005 年，来宾市根据新修订的《中华人民共和国土地管理法》，依法执行集中、统一、计划、全面、科学管理制度，对建设用地的征用实行逐级审批把关，确保地尽其用，并做好被征用地单位的安置补偿工作。凡国家、集体、个人建设用地，土地管理部门严格把关。使用土地的单位和个人在规划用地时，土地管理人员到场审查是否符合建设规划；土地使用单位和个人获批准施工后，土地管理人员到场划址定界；建设工程竣工后，土地管理人员到场验收是否按照审批用地面积用地，防止用地单位和个人征少用多，征而不用，或有其他有违反土地管理的行为。

第一节　建设用地征收

农用地转用

中华人民共和国成立后，单位和个人用地，20 世纪 50 年代初期无法规可循，缺乏完善的审批制度。20 世纪 50 年代后期，基本上履行审批手续。20 世纪 60—70 年代初受人民公社化的“集体所有”影响，尤其是“文化大革命”期间，政府职能机构瘫痪，用地单位和个人“各取所需”，没有法律规范。20 世纪 70 年代中期以后，国家颁布了一系列土地管理法规，用地单位和个人必须依法经过申请、审查、批准手续。1987 年 1 月 1 日起实施《中华人民共和国土地管理法》，严格征用土地审批权限和征地手续，农用地转用必须履行审批手续。对用地单位依法征收补偿费、安置费和青苗补偿费。

1999 年，新修订的《中华人民共和国土地管理法》实施后，农用地转用，必须进行征地前调查，对被征地单位的现状即耕地面积、农业人口、劳动力人口进行调查，发布征地补偿安置方案预公告，向被征地单位告知征地补偿安置标准，告知被征地单位对补偿安置标准有异议有要求举行听证的权利，然后根据被征地单位的需要举行听证会。农用地转用和征用土地方案由拟征用土地所在的县、市人民政府国土资源行政主管部门根据调查情况拟订。农用地转用和征用土地方案拟订后，由县、市人民政府按照土地管理法规定的批准权限，报经广西壮族自治区国土资源厅审查后，报广西壮族自治区人民政府批准。征用土地方案依法定程序批准后，由县级以上人民政府在当地予以公告。

1987—2005 年，今来宾市市本级（兴宾区）、忻城县、合山市、武宣县、象州县、金秀瑶族自治县经过各级政府审批的农用地共计 2353.41 公顷，其中耕地 1445.56 公顷。

表 4-12　1987—2005 年来宾市农用地转用与审批情况表

单位：公顷

年度	农用地转用		年度	农用地转用		年度	农用地转用	
	小计	其中：耕地		小计	其中：耕地		小计	其中：耕地
1987	74.75	61.69	1994	44.78	11.05	2001	121.74	102.12
1988	37.46	28.91	1995	58.66	41.19	2002	117.18	76.90
1989	274.82	161.04	1996	133.06	57.28	2003	594.74	410.77
1990	83.39	0.72	1997	167.79	91.20	2004	140.04	91.08
1991	25.90	19.12	1998	35.63	6.67	2005	265.14	164.62
1992	74.51	48.23	1999	18.81	18.81	合计	2353.41	1445.56
1993	58.22	28.22	2000	26.79	25.93			

建设用地审批征用

来宾市境域各县(市)的建设用地含城市建设用地、乡镇村企业等其他建设用地、城镇居民用地、农村居民建房用地,其审批征用,在土地利用总体规划确定的城市建设用地区内使用建设土地,由市、县人民政府统一规划、统一征用、统一开发,并向广西壮族自治区土地管理部门申请办理相关手续。乡镇村企业和农村居民建房用地,按照相关法律法规,依法向县级土地管理部门报批。

建设用地审批程序由县、市人民政府土地行政主管部门根据土地利用总体规划、城市规划、土地利用年度计划和现有建设用地的利用情况,向广西壮族自治区国土资源厅申请办理农用地转用、征收土地手续。广西壮族自治区国土资源厅对农用地转用、征用土地和占用耕地补偿方案及现有建设用地利用情况等进行审查后,报同级人民政府批准。征用土地和占用耕地补偿方案经依法批准后,由县、市人民政府土地行政主管部门组织实施。将农用地转用、征用土地和供地方案予以公布,按批准的用途和范围一次或分期实施,并设定各类建设用地的具体用途及供地方式等,按建设项目实行供地。1958年前,国家建设需要土地,由用地单位与被征地社、队或农户协商后划给,只给少量青苗补偿费。新办国营苗圃、林场、园艺场,由县主管单位与有关社、队协商后划定场界,签订协议,报县人民委员会备案即可,不付土地补偿费。1958年1月6日国务院《国家建设征用土地办法》公布后,行政机关、事业、企业基本建设所需土地,须向县人民委员会申报征用土地,经批准后,按规定付给土地补偿费才能施工;新办的农、林场圃,经县人民委员会同意后,只搞划界协议,不办征用手续,不付土地补偿费。

1962年,国家建设征用土地统一由自治区审批。1964年10月1日起,国家建设征用土地5亩以下由县人民委员会审批;5亩以上、迁移居民5户以上,由县报柳州行政区专员公署或广西壮族自治区人民政府审批。1981年,调整国家建设征用土地审批权限,征用水田或特殊土地5分、旱地2亩、其他土地5亩以下、迁移居民5户以内,由县人民政府批准;超过以上面积,仍报柳州行政区专员公署或广西壮族自治区人民政府审批。1983年6月6日起,国家建设审批权限改为征用耕地2亩以下、林地5亩以下、其他土地10亩以下,由县人民政府批准;超过以上规定面积,由县报柳州行政区专员公署或广西壮族自治区人民政府批准。

1983年前,来宾市境域国家建设用地征收,实施土地补偿。征用水田以征用前3年实际产量的总产值为标准计算补偿费,菜地等特殊土地补偿费略高于水田,旱地略低于水田;果树、林木按征用时的收获情况和成材程度情况而定;空地荒地不给补偿费。1983年6月后,来宾市境域按广西壮族自治区规定实行补偿。水田补偿年产值的6倍;菜地、鱼塘、藕塘补偿年产值的5倍;旱田旱地补偿年产值的4倍;开荒地轮歇地补偿年产值的3倍;林地、牧地、柴草地参照轮歇地补偿年产值的1~2倍;征用荒山、荒地、宅基地及无收益的土地不予补偿。征用土地上所有作物,施工时未成熟的按1次产值另给青苗补偿费;征用地面附着物房屋根据拆除、搬迁、回建等具体情况,参照当地修建同类房屋的费用,合理商定补偿。对收益高的龙眼、荔枝、沙田柚、柑橙等果树按年产值的3~6倍补偿;一般果树按年产值的2~4倍补偿。另根据人均耕地面积情况按年产值的3~8倍给予安置补助费。

1986年土地管理机构成立前,征用土地的审批权先后归县民政局、农业局。各县(市)土地管理局成立后,审批权除法律法规有规定者外,一般归土地管理局。1987年1月1日起来宾市境域内实施《中华人民共和国土地管理法》,严格征用土地审批权限和征地手续。对用地单位依法征收补偿费、安置费和青苗补偿费。并依法惩处违反土地管理法的各种行为。

1999—2005年,来宾市根据新修订的《中华人民共和国土地管理法》,依法执行集中、统一、计划、全面、科学管理制度,对建设用地的征用实行逐级审批把关,确保地尽其用,并做好被征用地单位的安置补偿工作。

临时使用土地 临时用地单位就临时用地征得土地所有者或国有土地使用者同意,并就补偿和使用后土地恢复等事项初步达成协议。

临时用地单位向当地县、市人民政府土地行政主管部门提出临时用地申请,并附建设单位与土地所有者或国有土地使用者的原则协议。在城市规划区的,还应当取得城市规划行政主管部门的同意。

县、市人民政府国土资源行政主管部门对临时用地的用途、使用方式、土地权属、补偿、复垦措施及退还时间等进行审查后,作出是否批准临时用地的决定。

临时用地经依法批准后,临时用地单位根据土地权与土地行政主管部门或者农村集体经济组织或者村民委员会正式签订临时使用土地合同,并按照合同的约定支付临时使用土地补偿费。

中华人民共和国成立后，来宾市境域各县(市、区)依据各时期建设用地管理方针政策，开展建设土地征用划拨工作，为经济社会发展和城市建设发展服务。据不完全统计，来宾县1958—1962年，共征用划拨土地4.41万公顷，1963—1990年，征用划拨土地1075.36公顷；武宣县1970—1990年，征用划拨土地210.63公顷；象州县1963—1990年，征用划拨土地100.75公顷；忻城县1979—1985年，在征用划拨建设用地中占用耕地面积为166.47公顷，经上级民政部门和县政府审批的84公顷，有82.47公顷耕地被占用没有办理审批手续。1986—1990年，忻城县公共建设及居民建房占用良田32.53公顷。金秀瑶族自治县1952—1987年，征用划拨土地33.39公顷。

1991年后，来宾市境域各县(市)土地管理部门按《广西壮族自治区土地管理实施办法》有关审批权限的规定，审批非农建设用地，对重点工程建设，从规划到利用都优先给予考虑，并尽快落实征地划拨，保证国家重点工程项目建设。来宾县先后给南宁至柳州二级公路、南宁至柳州高速公路、县第二糖厂、凤凰糖厂、广西壮族自治区电力工业局中心调度所微波站、大里乡雷老新村、大湾乡陈国威新村、县邮电局长途通讯光缆、广西壮族自治区邮电局维都张村山微波站、河滨11万伏变电站、县第二小学、来宾镇中学、立新农贸市场、来宾B电厂、县武装部武器仓库及军事训练基地、县职业中学生产基地、县第三小学、龙凤石膏矿等单位划拨征用建设用地。是年，来宾市境域共征收划拨建设用地5077.00公顷。

1994年，来宾市境域实行建设用地统一规划、统一征地、统一开发、统一出让、统一管理，加强对县城区域地产的管理，共征收建设用地7844.41公顷。是年，来宾县审批非农业建设用地120宗，面积26.52公顷。其中开发旧城区内国有土地12宗，出让面积6.16公顷，划定宅基地712套，收取土地开发费1320万元；单位建设用地43宗，计面积25.74公顷；个人建房用地77宗，计面积0.80公顷。

1996年，来宾市境域共办理建设用地审批征用2960.10公顷。来宾县全年办理征拨国家建设用地21宗，计面积1284.56公顷。在征用划拨的国家建设用地中，来宾电厂B厂99.47公顷，南宁至柳州高速公路来宾段1100公顷，有效保证了国家重点项目建设的顺利进行。忻城县办理欧洞林场等3个单位用地3宗，面积0.72公顷。

1999年1月1日起施行新《土地管理法》，征用农用地的，需先办理农用地转用审批，且征地批准权由自治区级以上人民政府批准。来宾市境内各县(市)土地管理部门通过重新修编县(市)、乡镇土地利用总体规划，对基本农田保护区进行调整划定，加强对耕地的保护力度，充分利用好存量土地，加强城乡建设用地管理，保证城市发展需要。

1999—2005年，来宾市本级及所辖县(市、区)经国务院和广西壮族自治区人民政府、来宾市人民政府批准征收的土地共计1894公顷，其中农用地1284.45公顷(其中耕地890.24公顷)，建设用地80.58公顷，未利用地528.9公顷。1999年，来宾市境域共征收城乡建设用地827.71公顷。是年，来宾县出让存量国有土地13宗，面积3.32公顷，收取土地出让金和开发费1805万元。2005年，全市征收城乡建设用地10204.95公顷。

表4-13 1987—2005年来宾市建设用地统计表

年度	面积(公顷)	年度	面积(公顷)	年度	面积(公顷)	年度	面积(公顷)
1987	1500.36	1992	7067.08	1997	4426.32	2002	2203.10
1988	5486.37	1993	3872.82	1998	1020.24	2003	9775.87
1989	742.01	1994	7844.41	1999	827.71	2004	1296.72
1990	514.99	1995	4115.55	2000	734.62	2005	10204.95
1991	5077.00	1996	2960.10	2001	2596.28		

表4-14 1999—2005年来宾市农用地转用与征收情况表

单位：公顷

年度	征收土地总面积	其中：农用地		其中：建设用地	其中：未利用地
		小计	其中：耕地		
1999	25.41	18.81	18.81		6.60

续表

年度	征收土地总面积	其中:农用地		其中:建设用地	其中:未利用地
		小计	其中:耕地		
2000	34.55	26.79	25.93		7.77
2001	150.37	121.74	102.12	12.32	16.31
2002	156.29	117.18	76.90	5.38	33.73
2003	650.50	594.74	410.77	41.76	14.00
2004	188.67	140.04	91.08	8.47	40.15
2005	688.14	265.14	164.62	12.67	410.33
合计	1894.00	1284.45	890.24	80.58	528.90

表 4-15 **2002—2005 年来宾市城区(含兴宾区)征地审批情况表**

单位:公顷

项目名称	批准文号	用地总面积	农用地				建设用地	未利用地
			合计	其中:耕地				
				小计	水田	旱地		
来宾县 2001 年第三批城市建设用地	桂政土批函〔2002〕114 号,02A18	1.56	1.07	0.87		0.87	0.18	0.31
来宾县 2002 年第一批城市建设用地	桂政土批函〔2003〕13 号,03.2.14	40.79	39.23	32.46	6.40	26.06	1.27	0.30
来宾县 2002 年第二批城市建设用地	桂政土批函〔2003〕14 号,03.2.14	43.28	35.96	34.82	9.54	25.28	5.53	1.79
来宾市 2002 年第三批城市建设用地	桂政土批函〔2003〕15 号,03.2.14	47.23	45.26	31.88	2.58	29.30	1.35	0.62
来宾县 2002 年第四批城市建设用地	桂政土批函〔2003〕16 号,03.2.14	40.69	38.23		13.12	21.56	2.46	
来宾市兴宾区 2003 年第一批城镇建设用地	桂政土批函〔2003〕354 号,03.12.31	143.96	134.30	49.06	6.37	42.69	7.23	2.43
来宾市 2003 年第一批城市建设用地	桂政土批函〔2003〕231 号,03.09.30	14.41	6.70	4.76	0.07	4.69	7.71	0.00
来宾市 2003 年第二批城市建设用地	桂政土批函〔2003〕336 号,03.12.12	50.39	38.25	32.17	11.41	20.76	12.14	0.00
来宾市 2003 年第三批城市建设用地	桂政土批函〔2003〕230 号,03.09.30	52.20	49.45	34.89	6.71	28.18	2.74	0.00
来宾市 2003 年第四批城市建设用地	桂政土批函〔2003〕276 号,03.11.3	35.89	35.68	34.85	6.23	28.61	0.21	0.00
来宾市 2003 年第五批城市建设用地	桂政土批函〔2003〕335 号,03.12.12	34.86	34.69	34.07	10.20	23.88	0.17	0.00
来宾市 2003 年第六批城市建地用地	桂政土批函〔2003〕337 号,03.12.12	35.27	35.27	29.47	13.19	16.28	0.00	0.00
来宾市 2003 年第七批城市建设用地	桂政土批函〔2004〕43 号,04.04.30	13.84	10.67	4.49	0.85	3.64	1.89	1.28
来宾港口建设用地	桂政土批函〔2004〕123 号,04.04.09	7.92	4.26	4.26	0.00	4.26	0.21	3.45
汇元锰业有限公司电解二氧化锰和电解金属猛项目建设用地	桂政土批函〔2005〕3 号,05.01.26	31.83	25.99	21.33	3.68	17.64	1.90	3.95

续表

项目名称	批准文号	用地总面积	农用地					建设用地	未利用地
			合计	其中:耕地					
				小计	水田	旱地			
来宾东糖有限公司年产9.8万吨文化用纸技改工程项目用地	桂政土批函〔2005〕6号,05.02.1	65.30	44.58	18.10	5.37	12.73		0.00	20.72
汇元锰业有限公司配套渣场建设用地	桂政土批函〔2005〕465号,05.12.31	16.23	3.86	3.66	0.00	3.66			12.37
来宾市2005年第一批城镇建设用地	桂政土批函〔2005〕546号,05.12.31	0.61	0.39	0.29	0.00	0.29		0.22	0.00
来宾市2005年第二批城镇建设用地	桂政土批函〔2005〕251号,05.12.23	6.44	5.85	5.36	0.27	5.08		0.58	0.00
来宾市2005年第一批城市建设用地	桂政土批函〔2005〕158号,05.11.20	30.48	17.75	15.65	0.04	15.61		8.77	3.96
来宾市2005年第二批城市建设用地	桂政土批函〔2005〕287号,05.12.26	14.34	13.86	3.17	0.45	2.73		0.10	0.39

第二节　建设用地评估

地价评估

民国32年(1943年),迁江、来宾、武宣、象州等县及石龙、运江等乡镇办理地价登记,平均每亩地价4324元国币,其中每亩最高地价为石龙30000元国币。民国33年,来宾县大湾乡对土地进行地价登记,平均每亩4224元国币,其中最高为33000国币,最低为172元国币。

1994年,境内各县(市)成立地价评估机构,开展地价评估。先后评估各县(市)烟草公司、建设银行、合山石油公司和农机公司等45家土地价值。下半年,来宾县成立地价评估委员会,开始在小范围内开展地价评估工作,并配合全县清理违法用地发证,选派人员参加柳州地区和广西壮族自治区土地管理部门开办的地价评估培训班学习,有6人获得土地估价师资格。武宣县开展县城区分等定级和基准地价工作,按商业用地、住宅用地、工业用地分别划分基准地价。商业用地一级每平方米1776~813元、二级每平方米1002~344元、三级每平方米426~185元;住宅用地一级每平方米938~371元、二级每平方米617~300元、三级每平方米312~133元;工业用地一级每平方米346~227元、二级每平方米254~140元、三级每平方米183~112元。武宣县城区出让或划拨转出让用地均按基准地价缴纳土地出让金,各乡镇按基准地价三级地价收取。

1995年,来宾县全面开展县城基准地价评估工作,在城区土地估价中,选择商业、住宅与工业三大类用地分别评估,对每类用地又采用多种方法测算地价,在同一方法中又建立多个模型分析比较与印证,最后综合确定出各级别各类用地的基准地价。一级商业每平方米1500元、住宅每平方米590元、工业每平方米340元;二级商业每平方米1060元、住宅每平方米420元、工业每平方米250元;三级商业每平方米760元、住宅每平方米310元、工业每平方米180元;四级商业每平方米590元、住宅每平方米260元、工业每平方米140元;五级商业每平方米340元、住宅每平方米170元、工业每平方米390元。根据县城的现状,采取静态与动态相结合、与社会经济水平相适应、相协调的原则。评估当前的基准地价,同时建立标准宗地体系,以后跟踪这些标准宗地地价的变化,用以调整基准地价。在县城基准地价评估时,有一个基准点,就是不让国有资产大量流失,也不影响县城经济社会的发展速度,评估的基准地价不能太高,也不能太低。

1996年,来宾县土地管理部门先后对县城区商业、服务、文化、娱乐业等1000多家1992—1994年的营业额、利润、税后留利、流动资产、固定资金、职工人数、工资总额、用地面积与位置等和城区全部独立核算的工业企业1992—1994年的固定资产、流动资金、职工人数、工资总额、年利润、年税后留利、占地面积等数据指标作详细调查。县城区商业服务业样点资料主要有门面租赁、门面买卖2种类型，仍属于“隐形”交易，实际成交的租金与售价普遍高于申报的租金与售价。县土地管理部门还与国有资产管理部门联合举办地价评估培训班，除加强对各个企业土地资产评估结果审核认定外，直接为10个国有企业做好土地资产评估工作，当年全县有62个国有企业进行清产核资土地估价，土地资产价值2.25亿元。来宾县在原柳州地区率先完成县城区12.5平方千米的今来宾市城区土地定级与基准地价评估工作。1997年7月，成立来宾县地价评估事务所，着手开展建立来宾县宗地地价评估体系和标准宗地体系工作。当年评估土地面积102.5万平方米，收取评估费4.09万元。同时收集大量的地价资料，对1996年1月完成的全县基准地价进行2处修正，初步确立来宾县地价评估的科学体系，为全县土地转让、抵押等提供中介服务。

表4-16　**1997年来宾县城区商业住宅工业用地价格表**

级别	用途	平均价格(元/平方米)	变化幅度(元/平方米)
一	商业	1500	1200~1800
	住宅	590	470~710
	工业	340	270~410
二	商业	1060	850~1270
	住宅	420	340~500
	工业	250	200~300
三	商业	760	610~910
	住宅	310	250~370
	工业	180	140~220
四	商业	590	470~710
	住宅	260	210~310
	工业	140	110~170
五	商业	340	270~410
	住宅	170	140~200
	工业	90	70~110

表4-17　**2002年来宾县城区房地产路线价表**

区段路	范围	路线价（元/平方米）	区段路	范围	路线价（元/平方米）
东二路	前卫路——西南一路	2193	西南三路	西一路——东一路	1047
西南一路、东南一路	柳来路——中南路	2161	柳来路	新兴路——北桥头	1034
西一路	西南一路——西南三路	1867	中南路	邮电局——新兴路	992
东二路	西南一路——西南三路	1831	北二路	桥头——建行	877
东一路	东南一路——西南三路	1793	东南一路	合山路——铁路道口	875
西南二路	西一路——东一路	1786	新兴路	全段	834
柳来路	北二路——西南一路	1633	北一路	柳来路——中南路	826
北二路	柳来路——中南路	1618	大桥路	桥头——转盘	805
中南路	北二路——东南一路	1595	合山路	采购站——北一路	802
中南路	邮电局——北二路	1549	井冈路	全　段	727
柳来路	新兴路——北二路	1405	长梅路	全　段	680
东南一路	中南路——合山路	1322	中南路	新兴路从北	656
北二路	建行——柳来路	1250	大桥路	长梅路——井冈路	647
北二路	中南路——合山路	1200	和平路	铁路道口——立新路	594
前卫路	全段	1160			

从1999年10月起，根据国务院关于社会中介机构与政府主管部门脱钩的有关精神，境内各县(市)土地评估中介服务机构与土地行政管理部门彻底脱钩。土地评估(中介)机构成立后，为企业改制、单位及个人抵押贷款提供土地评估。

至2000年底，来宾市境域各县(市)已经完成县(市)城建成区土地分等定级和基准地价评估工作，来宾、象州、忻城、合山、武宣等县(市)通过广西壮族自治区土地管理部门组织验收，为土地进入市场，全面、科学、合理使用城镇土地提供科学依据。

2003年，来宾市完成国有土地使用权出让地价评估150宗(包括个人)评估土地总面积189.87万平方米，评估土地总价值5.3亿元；办理土地估价报告备案业务996宗，备案涉及评估土地总面积472.32万平方米土地总价值16.31亿元；对兴宾区凤凰镇小城镇建设项目第一期用地地价进行测算，并开展违法用地的地价评估和超面积用地的地价差额评估及补办工作。

2004年5月，来宾市按照城市建设发展的需要，对原来宾县城区(今市区)的土地定级与基准地价评估成果进行更新。当年，市国土资源局办理土地估价备案1100宗，备案及评估土地面积约587.85公顷，土地总值约9.7亿元。

2005年，市国土资源局共办理土地估价报告备案651宗，其中涉及出让底价评估101宗，涉及土地使用权抵押评估150宗，其他类型评估400宗。评估地价总值38725万元，面积3210公顷。

第三节　建设用地划拨

1958年以前，来宾市境域各县(市、区)国家建设需要土地，均不办理申报征用手续，而由用地单位与被征地者协商划拨，并给予青苗补偿费。新办国营苗圃、林场、园艺场，由县主管单位与有关社、队协商后划定场界，签订协议，报县人民委员会备案即可，不付土地补偿费。1958年1月后，执行国务院颁布《国家建设征用土地办法》，开始办理申报土地征用手续，用地单位经批准并按规定付土地补偿费后，方能使用土地。国家建设用地大都采取无偿划拨的方式，给建设单位划拨土地，保证国家建设用地需要。新办的农、林场圃，经县人民委员会同意后，只搞划界协议，不办征用手续，不付土地补偿费。1985年以前，来宾市境域各县(市)内国营和集体单位建设用地实行行政划拨，无偿无期无流动地使用，这对当时的国民经济发展曾起到一定的促进作用。

1950—1985年，来宾县将县城国有土地划拨给百货公司、县总工会、农业银行、粮所等单位使用。1953年12月，来宾县先征后划拨土地给中国人民解放军54043部队仓库用地615.92公顷，同年，来宾县先征用后再划拨给铁帽山林场、青峰林场、来宾糖厂、红河农场、迁江农场、凤凰农场、八一锰矿、东江煤矿、维都林场、水运站、交通局、林业局、县拖拉机站、水电局、县淀粉厂等单位建设、生产用地共4.41万公顷。1984年，经广西壮族自治区民政厅批准，划拨来宾县中心苗圃土地1.33公顷给来宾县民族中学办学用。划拨来宾县中心苗圃土地3.22公顷给来宾县职业技术学校办学用。经广西壮族自治区农牧渔业厅批准，划拨来宾县园艺场土地2.62公顷给来宾县第三中学办学用。1985年，经广西壮族自治区农牧渔业厅批准，划拨来宾华侨农场土地5公顷给来宾220千伏变电站使用。

1987年1月《中华人民共和国土地管理法》(下简称土地法)颁布实施后，按照土地法的相关规定，严格审查、审批，履行征用手续，行政划拨土地走上法制化和科学化轨道，国家机关、部队、文化、教育、卫生和体育等单位非经营性用地，以及技术先进，产品进出口，优先发展符合国家产业政策的企业用地，根据建设需要和实际情况，按审批权限逐级上报经批准后，实行行政划拨制使用土地，并逐步向市场化发展，国家建设用地从无偿划拨向有偿划拨转变。

1991年后，来宾市境域各县(市)土地管理部门对重点工程建设，从规划到利用都优先给予考虑，并尽快落实。来宾县先后给南宁至柳州二级公路、凤凰镇菜农、来宾镇菜农、南宁至柳州高速公路、县第二糖厂、凤凰糖厂、广西壮族自治区电力工业局中心调度所微波站、石料场、大里乡雷老新村、大湾乡陈国威新村、县体育运动委员会、来宾盐业大仓库、县邮电局长途通讯光缆、迁江中继站、广西壮族自治区邮电局维都张村山微波站、河滨11万伏变电站、县第二小学、来宾镇中学、立新农贸市场、来宾B电厂、县武装部武器仓库及军事训练基地、县职业中学生产基地、县第三小学、龙凤石膏矿等单位划拨征用建设用地。1990年，来宾县人民政府划拨县园艺场1公顷土地给县第三中学使用。1991年，来宾县人民政府划拨迁江镇榜山南祖山0.13公顷土地给广西壮族自治区电力工业局中心调度所微波站使用。1992年，来宾县人民政府划拨0.60公顷土地给县体育运动委员会使用。1994年，来宾县人民政府划拨维都林场0.27公顷土地给导航站使用。1995年,来宾县共办理征用划拨建设用地27宗,面积15.69公顷,其中采取有偿划拨土地24宗。1996年,经广西壮族自治区土地管理局批准划拨来宾A电厂土地38.31公顷给来宾B电厂。1998年,来宾县划拨土地使用权24宗,土地面积67公顷。经广西壮族自治区土地管理局批准划拨10.08公顷土地建设维林大道。

2001年,经广西壮族自治区土地管理局批准,来宾县征用划拨土地3批次共12宗,计73.53公顷,利用城镇存量建设用地,通过出让、划拨方式为单位和居民个人建房提供用地16宗,面积49627.74平方米,其中出让47770.93平方米、划拨1856.81平方米、收取土地出让金和地产开发费907万元。

2003年,来宾市国土资源部门划拨转出让土地3宗,实际用地面积46.95万平方米。2005年,武宣县以划拨方式供地0.41公顷。

第四节　国有土地使用权出让

来宾市境内在国土资源部《招标拍卖挂牌出让国有土地使用权规定》(国土部11号令),以下简称《规定》)实施前,出让国有土地使用权给单位和个人基本上都是采用协议出让方式,不能最大化的体现土地价值。《规定》实施后,对商业、旅游、娱乐和商品住宅等经营性建设用地均采用招标、拍卖、挂牌方式公开出让。

1991年后,来宾市境域各县(市)土地管理部门对国家重点工程建设,从规划到利用都优先给予考虑,并尽快落实用地,保证国家重点工程建设顺利进行。1992年7月31日,来宾县人民政府印发《来宾县城镇国有土地使用权出让和转让的暂行规定》,决定在全县范围内实行乡镇国有土地出让和转让,并由县人民政府垄断国有土地出让市场。采取协议、招标和拍卖的方式出让国有土地使用权。是年,来宾县出让国有土地使用权3宗,面积1.41公顷。1995年4月24日,来宾县首次举行公开拍卖县人民政府招待所围墙东面的国有土地使用权。该地共有住宅地22块,每块面积60平方米,共1320平方米。拍卖结果,每块地平均出让金9.42万元,比底价5万元高出88.45%,其中有1间出让金高达13万元,平均每平方米成交价1570.45元,比底价500元高2.14倍。是年,来宾县以拍卖方式出让土地3宗。1996年,来宾县在实施旧城改造中,开发出让国有土地使用权5宗、面积8.89公顷。1997年,全县出让国有土地使用权33宗,面积47.4公顷。1998年,来宾县开发出让维林小区、来宾粮所、鱼苗场等地块28宗,收取土地出让金和开发费计2250万元。1999年,来宾县土地管理部门出让存量国有土地13宗,面积3.32公顷,收取土地出让金和开发费1805万元。象州县在妙皇拍卖国有土地14宗,收取有偿使用费25万元。2000年,来宾县土地管理部门实施旧城改造地产开发,有效地盘活国有土地资产,共收取土地出让金和地产开发费1010万元。

2001年,象州县人民政府出台《象州县土地市场管理暂行规定》《象州县城镇国有土地使用权招标拍卖管理暂行规定》,把竞争机制充分引入土地市场。当年对罗秀镇旧城区进行改造,面积7000多平方米,除公用设施用地外,将余下的3600多平方米国有土地划分成45小宗作为商宅用地出让。通过招标拍卖成交额220多万元,高出底价40多万元。来宾县利用城镇存量建设用地,通过出让方式为单位和居民个人建房提供用地16宗,出让面积4.83公顷,收取土地出让金和地产开发费907万元。

2002年4月,忻城县协议出让中共县委员会、县人民政府大院前门面用地1318平方米,收取土地出让金170万元。7月,国土资源部关于《招标拍卖挂牌出让国有土地使用权规定》实施后,来宾市境域各县(市区)对国家政策规定实行协议出让土地外,商业、旅游、娱乐和商品住宅等经营性建设用地均采用招标、拍卖、挂牌方式出让。

2003年,来宾市国土资源局完成审批建设用地20宗,实际用地面积73.81万平方米。其中协议出让17宗,实际用地面积26.86万平方米,划拨转出让3宗,实际用地面积46.95万平方米。补办土地出让948宗,补签出让合同980份,补办面积5.99万平方米,补收出让金337.11万元。在用地审批中,继续加大对国有企业改革土地处置,盘活国有资产工作的力度。完成来宾中兴汽车运输公司,迁江糖业集团公司,桂宝糖业公司等企业土地使用权补办出让手续,共办理用地4宗,土地处置面积50.20万平方米,评估地价总额5909.09万元。同年7月,忻城县挂牌出让县食品公司用地、县供销联社用地23925.66平方米,收取出让金1320万元。象州县采取招标、拍卖、挂牌方式出让国有土地使用权5宗共2.12公顷,总成交价1363.66万元,收取土地出让金500多万元,高出底价100多万元。

2004年，来宾市对全市除法律规定可以实行划拨方式供地外，其他用地全部实行出让等有偿使用方式供地，对于经营性土地、一宗地有两个以上意向用地者的实行招标拍卖挂牌方式供地；对改变划拨用地用途的，不能办理一次性出让的大力推行年租制。全年共办理土地出让手续120宗，出让面积约95.85公顷（折1437.73亩），土地出让成交额约2.75亿元。以拍卖挂牌方式出让土地44宗，出让面积约68.87公顷（折1033.00亩），土地出让成交额约2.05亿元。同时，着力解决城郊农村农民的居住问题，加快旧村改造。全年实施旧村改造，设置了3个安置小区，共安置被征用土地农民529多户，面积22.47公顷。同年2月和9月，忻城县挂牌出让县城迎宾旅社用地1142.46平方米、县第一建筑公司用地24123.84平方米，分别收取出让金225万元、550万元。忻城县挂牌出让县城旧市场用地1422.00平方米，收取土地出让金185万元。11月，忻城县协议出让忻城县缫丝厂用地86459.47平方米，收取土地出让金500万元。

2005年，市国土资源局严格执行《招标拍卖挂牌出让国有土地使用权规定》，凡商业、旅游、娱乐、房地产开发等经营性用地，均以招标、拍卖或挂牌出让方式供地。年内，出让国有土地37宗（不含划拨转出让、个人建设用地出让），面积193.70公顷，政府收取土地出让金51585.65万元。其中招标拍卖挂牌20宗，面积70.38公顷，协议出让17宗（含工业用地出让2宗），面积123.31公顷。

同年1月和2月，忻城县挂牌出让大塘集市贸易小区用地15746.40平方米、县电影院开发小区用地2223.00平方米、县外贸开发小区用地1260.00平方米，共收取土地出让金1292万元。是年，象州县通过招标、拍卖、挂牌出让国有土地使用权19宗共16.14公顷，总成交价1490万元。武宣县以招标、拍卖、挂牌式供地0.61公顷，其余11.03公顷正在编制供地方案组织供地。

第五节　国有土地使用权转让出租抵押

20世纪80年代，随着社会主义市场经济的发展，来宾市境域国有土地和集体土地进行自发交易，土地二级市场逐步形成。土地二级市场是在土地一级市场上土地使用权受让者将剩余年限的土地使用权让予其他土地使用者而形成的市场。土地二级市场主要交易形式有：转让、出让、抵押、出租和入股等。20世纪90年代初期，推行土地使用制度改革，土地使用权转让、出让、抵押、出租管理日趋规范，逐步纳入政府管理，走上规范化、法制化轨道。

转　让

1991年后，来宾市境域各县（市、区）逐步推行国有、集体所有土地实行“有偿、有流动、有期限”的使用制度。

1992年，来宾市境域各县（市）先后制定土地有偿使用的相应政策，实行城镇国有土地使用权出让和转让制度，变无偿、无期使用为有偿、有期限使用。建立土地商品化的流转制度，允许有偿取得的有限期的土地使用权横向流动。

是年7月31日，来宾县人民政府印发《来宾县城镇国有土地使用权出让和转让的暂行规定》，制定国有土地使用权转让的相关政策规定：通过出让方式取得土地使用权并投入开发建设资金已超过投资总额30%以上（不含地价）的土地使用权可以转让；对土地使用权转让者一律按土地增值额的35%收取土地增值税（费）；如土地使用权转让时的价格明显低于县人民政府的有关规定的价格，县人民政府有权按其价格优先购买，收回土地使用权；办理国有土地使用权转让变更登记按转让价额交纳0.8%的手续费，由变更后的土地使用者向县土地管理局交纳；通过行政划拨方式取得土地使用权的单位和个人，不得擅自将国有土地使用权转让，如需转让，需按县人民政府的有关规定办理土地出让手续，并交纳出让金之后方可转让；通过行政划拨方式取得土地使用权的单位和个人，未办理土地使用权出让手续，已将地上建筑物，其他附着物转让的，土地使用权也随之转让按相关规定补办手续。

1994年，象州县根据广西壮族自治区人民政府《关于开展清理整顿划拨土地使用权自发进入市场工作的通知》《关于对清理整顿土地使用权自发进入市场工作进行检查验收的通知》，县人民政府发布《关于在全县范围内开展清理整顿土地市场的通知》，对清理整顿土地隐形市场的范围、方法、出让金及收益金补交方式、检查验收办法等作出明确规定。是年11月，金秀瑶族自治县查出转让土地使用权2宗、面积223.42平方米。

1995年9月，象州县全面完成清理整顿。全县实际清理城镇国有（集体）土地使用权自发进入市场交易行为1480宗，面积2.32公顷，占应清理数的100%；实收各种规费37.37万元，占应收费的100%，其中，国有土地使用权转让167宗，收取出让金7.12万元。

1996年，来宾县国有土地使用权转让198宗，转让面积19.53公顷。

1997年，来宾县国有土地使用权转让157宗，转让土地面积136.93公顷。其中，来宾县国有土地使用权协议转让2宗，面积123.2公顷，有偿转让收入477万元。其中省区1宗，土地转让面积123公顷。

1998年，来宾县国有土地使用权转让107宗，面积29公顷。实行有偿转让27宗，面积28公顷，转让土地收入1990万元。其中，省区1宗，土地面积8公顷；地区2宗，土地面积5公顷；县24宗，土地面积15公顷。是年转让国有土地使用权收入2250万元。

1999年，来宾市境域依照《广西壮族自治区实施〈中华人民共和国城镇国有土地使用权出让和转让暂行条例〉办法》规定，开展土地转让、土地炒卖清查。象州县全年依法批准国有（集体）土地使用权转让土地181宗，面积1.46公顷，其中，国有建设用地转让172宗，面积1.39公顷，集体建设用地转让5宗，面积366平方米；批准集体未利用土地转让4宗，面积320平方米。

1999—2000年，来宾县对全县的土地转让和炒卖进行清查，共查出土地转让771宗，土地面积12.77公顷，对查出的非法转让的80宗土地，均依法处理。2000年，忻城县办理国有土地使用权转让24宗。

2001年，来宾县利用城镇存量建设用地，协议转让土地使用权面积47770.93平方米，收取土地转让金和地产开发费共计907万元。县土地管理部门继续推行土地巡查责任制，重点查处县城区和城乡接合部以及公路沿线两旁的土地，清查县城来良路段和高速公路桥至来华路段的违法占地建房100多户，共依法处理480宗土地买卖案件，收取罚没款150万元。

2003年，来宾市完成4期国有土地使用权拍卖，推出16个地块，成交16个地块，成交价款总额403.16万元；完成8期国有土地使用权挂牌公开交易，推出8个地块，成交8个地块，成交价款总额3429万元。象州县建立和完善一系列政策、规定、制度，实现所有经营性土地使用权采用招标、拍卖、挂牌的方式进行，依法批准土地使用权转让75宗，总面积0.83公顷，房屋转让90宗共1.25公顷。

2004年，来宾市兴宾区国有土地使用权转让290宗，面积1.76公顷。

2005年，兴宾区国有土地使用权转让367宗，面积2.31公顷。象州县依法批准国有土地使用权转让57宗共1.82公顷。

出　租

20世纪90年代，来宾市境域土地市场逐步形成，划拨土地使用权自发进入市场，严重干扰了土地法的正常实施，对此原柳州地区行政公署及各县（市）人民政府高度重视，制订相关政策、规定，成立机构，加强对隐形土地市场的管理。

1992年7月31日，来宾县人民政府印发《来宾县城镇国有土地使用权出让和转让的暂行规定》（来政发〔1992〕44号），制定了国有土地使用权出租的相关政策规定：通过行政划拨取得土地使用权的单位和个人，未办理土地使用权出让手续，已将土地使用权出租或地上建筑物、其他附着物出租（给单位或个人经营亦在此例），或改变土地建筑物、其他附着物的使用性质，用以自行、联合进行经营活动的，原土地使用者必须在1992年7月31日至10月31日内，到县土地管理局办理国有土地使用权出租申报登记手续，缴纳土地受益金（从1990年6月计起），如不按期缴纳则按日加收相当于土地受益金数额的3‰的滞纳金，并视其情况轻重处以缴纳土地受益金1~3倍的罚款。1992年，金秀瑶族自治县在县城（金秀镇）进行城镇国有土地隐形市场的摸底调查，查出出租土地53户、承租土地161户，面积共0.44公顷，年租金19.41万元。

1994年，忻城县人民政府决定在全县开展清理整顿划拨土地使用权自发进入市场工作。同年9月，县成立清理整顿土地隐形市场工作领导小组，由县人民政府县长任组长。从县直有关单位及县土地管理局抽调21人组成清理整顿土地隐形市场工作队。各乡镇成立相应领导小组和工作机构，分别负责行政辖区内清理整顿工作。1994年11月，金秀瑶族自治县完成县城和11个乡镇所在地及农村清理整顿土地市场工作。共查处土地违法案件1250宗、面积17.76公顷（折合266.37亩），其中罚款处理1243宗、面积17.76公顷；查出出租土地（含出租房屋连同出租土地）220户、330宗、面积2.02公顷，应收土地收益金12.28万元、已收上10.50万元，占应收数的85.5%；查出转让土地使用权2宗、面积223.42平方米，收取出让金4559.36平方米，收取土地罚没款

24.65万元，耕地占用税及农业税5.5万元，收取各种土地税费41.41万元。当年基本完成全面清理整顿土地隐形市场工作任务。

1995年3月，忻城县清理整顿土地隐形市场工作全面铺开。工作队分成2个组，采取定时间、定人员、定任务，包宣传、包核实、包通知、包收费的方法，通过与承租人了解所交租金及到县地方税务局了解收取门面出租营业税等，确定各单位收取租金和应上交收益金。县城区共核查出未经批准将行政划拨土地用于房屋出租单位54个，房屋出租389.5间，土地218宗，面积9688.18平方米；未经批准将行政划拨土地改变用途用于商业性经营活动单位1个，房屋5间，面积119.30平方米。同年6月，对核查出来有问题用地单位进行处理。同年9月，忻城县清理整顿土地隐形市场工作结束。全县清理用地225宗（不包括乡镇），其中补办出租房屋连同出租土地手续218宗，补办改变土地用途手续1宗，收取款项13.79万元，其中收取土地收益金12.93万元，税费0.60万元，土地抵押管理费0.26万元。

是年8月11日，来宾县根据《广西壮族自治区人民政府关于开展清理整顿划拨土地使用权自发进入市场工作的通知》精神，制定《来宾县人民政府关于在全县范围内开展清理整顿土地市场工作的暂行规定》，对县城国有土地使用权出租作出政策性的补充规定：通过行政划拨取得国有土地使用权的单位和个人，从1987年1月1日起至1990年5月18日止，将国有土地使用权出租的，必须补办土地出租登记手续，一般不作经济处理；1990年5月19日后，未经土地管理部门批准而将国有土地使用权出租的，除补办登记手续外，还依法补交土地出让金和土地收益金。8—10月，来宾县根据上述相关规定，在清理整顿土地市场中，对非法进入市场交易的1256宗国有土地，面积4.57公顷作出处理，并进行登记，补办出让手续。其中，买卖房屋连同买卖土地21宗，面积0.18公顷，出租房屋同出租土地594宗，面积1.97公顷，出租土地14宗，面积0.38公顷，擅自改变土地用途601宗，面积1.89公顷。对上述违法行为依照政策应收取各种收益金199.23万元。

同年9月，象州全县实际清理城镇国有（集体）土地使用权自发进入市场交易行为1480宗，面积22970平方米，占应清理数的100%；实收各种规费37.37万元，占应收费的100%，其中，土地出租860宗，收取收益金21.05万元。

抵　押

1992年7月31日，来宾县人民政府印发《来宾县城镇国有土地使用权出让和转让的暂行规定》（来政发〔1992〕44号），制定国有土地使用权出租的相关政策规定：通过行政划拨取得土地使用权的单位和个人，未办理土地使用权出让手续，已将地上建筑物、其他附着物抵押的，土地使用权亦随之抵押，需按有关规定补办土地抵押变更登记手续，向县土地管理局交纳土地抵押变更登记手续费。

1995年，来宾市境域各县（市）结合清理整顿土地市场，制定相关政策规定，加强对土地使用权抵押管理。8月11日，来宾县印发《来宾县人民政府关于在全县范围内开展清理整顿土地市场工作的暂行规定》，对县城国有土地使用权抵押作出政策性的补充规定：通过行政划拨取得土地使用权的单位和个人，从1987年1月1日起至1990年5月18日止，将国有土地使用权出租的，必须补办土地出租登记手续，一般不作经济处理；通过行政划拨取得土地使用权的单位和个人，未经县土地管理局批准，从1990年5月19日以后将土地使用权抵押的，除补办土地抵押审批手续外，还依法补交土地出让金和土地收益金；申报补办土地抵押审批手续程序和收费标准以土地或以房屋连同土地抵押的，由抵押人持国有土地使用证和房产证及与抵押权人双方签订的协议书到县土地管理局办理土地抵押审批手续和土地抵押变更登记手续，缴纳土地抵押风险金后，发给《城镇国有土地使用权抵押证明书》；将县城区、乡镇圩镇所在地及国道、省道、县道公路沿线范围内的集体土地抵押的，参照《来宾县人民政府关于在全县范围内开展清理整顿土地市场工作的暂行规定》的有关规定进行处理。1995年，象州县在清理城镇国有（集体）土地使用权自发进入市场交易行为中，清理未经批准进行土地抵押21宗，收取抵押金0.79万元。

1996年，来宾县土地管理部门按县人民政府的有关规定，共办理土地使用权抵押183宗，面积18.87公顷。

1997年，来宾县土地管理部门加强对抵押登记管理，年内办理宗地抵押119宗，面积206公顷。其中，国有土地使用权抵押普通住宅占地4公顷，土地评估价值400万元，抵押678万元；抵押工业仓储占地202公顷，地价评估额8400万元，抵押7322万元，合计抵押占地206公顷，评估价为8000万元。

1998 年，来宾县全县土地使用权抵押 84 宗，土地面积 198 公顷，资金 15681 万元。

2000 年，象州县办理土地使用权抵押 78 宗，面积 47.12 公顷。忻城县办理土地使用权抵押 19 宗，抵押面积 0.65 公顷，抵押款额 104.5 万元。2001 年，来宾县土地管理部门办理国有土地使用权抵押登记 498 宗，抵押土地面积 261.65 公顷，抵押金额 19949 万元。

2003 年，象州县办理土地使用权抵押 26 宗共 1.22 公顷。

2004 年，兴宾区国有土地使用权抵押 448 宗，面积 620.29 公顷，地价评估额 549246.73 万元，抵押贷款金额 224882.32 万元。

2005 年，来宾市兴宾区国有土地使用权抵押 336 宗，面积 563.06 公顷，地价评估额 189624.66 万元，抵押贷款金额 93330.91 万元；忻城县办理国有土地使用权抵押 47 宗，抵押面积 36.68 公顷，抵押款额 3924.5 万元。象州县依法批准国有土地使用权转让 57 宗共 1.82 公顷。

第六节　集体建设用地管理

1950—1985 年，来宾市境域各县（市）乡镇（公社）或村委会（大队、生产队）的集体建设用地，无具体的政策和法律规定。

1986 年，来宾市境域各县（市）成立土地管理部门后，县（市）人民政府，制定集体建设用地相关政策文件，加强对集体建设用地的管理，保护和减少浪费耕地。此后，集体建设用地有具体的政策文件规定。凡是使用集体土地进行建设的都视为集体建设用地，其包括乡镇、村企业用户，农村公共设施、公益事业用地，以及农村个人建房用地，乡镇或村在集体的土地上修建并管理的道路、水利、电力和通信设施等设施占用的土地。

集体建设用地实行无期、无偿使用制度，各项集体建设用地要符合乡镇、村集体土地利用总体规划，要节约和合理用地，要尽量不占或少占耕地。

乡镇、村企业建设用地必须向县级土地管理部门申请，按征地的审批程序办理，按广西壮族自治区人民政府规定的用地标准使用土地。

农村个人建房要使用原有的宅基地和村内空闲地以及其他非耕地，并经村民委员会审核，报乡镇人民政府批准。需占用耕地的，要向村民委员会申请，经集体讨论，乡镇人民政府审核，报县人民政府批准。农村个人建房按广西壮族自治区人民政府规定的用地标准使用土地，不准超过。

凡依法申请使用集体土地进行建设，涉及农用地转用的，先依法办理农用地转用审批手续。在已批准农用地转用范围内及依法申请使用集体建设用地的具体建设项目用地，按以下权限批准：

总面积在 0.3 公顷以下（含 0.3 公顷）的建设用地，经乡（镇）级人民政府审核，报县人民政府审批，报来宾市人民政府备案；总面积在 0.3~3 公顷（含 3 公顷）的建设用地，由来宾市人民政府批准，报广西壮族自治区人民政府备案；总面积在 3 公顷以上的建设用地，由县级以上人民政府审查，逐级报广西壮族自治区人民政府批准。

1988 年起，由于国家经济建设规模扩大，随着集体经济的发展，征用土地增多，当年平均每宗征用土地 0.8 公顷，征用总数比 1986 年增长 7.62 倍，其中耕地征用增长 7.71 倍，占征用总数 40.71%。1988 年征用数比 1986 年增长 18.88 倍，平均每宗征地 0.46 公顷。1989 年，国家控制建设规模，1989 年以后征地数下降建设征用地减少。1990 年征地数与 1988 年基本持平，但征用的耕地增多 66.15%，占当年征用总数 65.38%。

1992 年，市本级及各县大搞起“经济开发区”，征用地开始回升。到 1995 年，年征地数为 1988 年的 93.39%。

1991 年 9 月，柳州地区行政公署申报，经广西壮族自治区人民政府批准开办“柳州地区六座经济开发区”（1992 年 4 月改称“古亭山经济技术开发区”）；接着，广西壮族自治区人民政府批准设柳州地区鹿寨县城南综合技术开发区。到 1995 年止，上述开发区共征用土地 104.5 公顷，其中耕地 100.6 公顷。其他市县也申报开发区项目，经柳州地区行政公署批准的开发区有武宣县通挽乡、原柳州地区三江侗族自治县丹洲乡、原柳州地区融水苗族自治县融水镇、象州县城东新区等 14 个，实际用地面积 48.7 公顷。全地区 16 个经济技术开发区共用地 153.18 公顷（其中未办理用地手续 18 公顷，占 11.75%），占规划用地总数 6.59%。

1993 年，根据国务院《关于严格审批和认真清理各类开发区的通知》精神，柳州地区对各类经济开发区进行清理，柳州地区行政公署原批准的 14 个开发区全部撤销，改为建设项目基地和项目开发点，对已征用的土地，现无建设项目、近期不用的退还农民，如忻城大塘经济开发区，原与农民签订协议用地 24.3

公顷，实际只用4.7公顷，其余暂退还农民。1993年征用土地宗数比1990年多11宗，征用土地数量为1990年的48.74%；平均每宗征地0.36公顷，比1990年每宗平均征地少0.41公顷。1995年征地数为1993年的93.97%，其中耕地征用为1993年的70.01%。

1986—1995年，原柳州地区共征用土地2620宗，总面积1415.3公顷，其中耕地724.3公顷，占1995年末耕地总面积0.22%。

2003年，全年完成征地348公顷。2005年，市本级实施征地丈量登记499.2公顷(7488亩)。全市供应土地221宗，面积269.23公顷，地价总额64578.86万元。

第五章　矿产资源管理

来宾市境域矿产资源开发始于清末至民国初期。中华人民共和国成立后，来宾市各级国土资源管理部门，加强对境内矿产资源的管理，制定矿产资源规划，做好矿产资源勘探，合理开发利用矿产资源，做好地质勘探行政管理和地质环境保护监督。

第一节　矿产规划

合山煤田矿区规划

清末至民国初期，煤炭开采只是个体商人行为，矿区无发展规划与设计。民国22年(1933年)，合山煤矿由个体矿商联合组建股份有限公司以后，为创造生产条件，开始搞基本建设，采取股份集资、贷款、利用外资等方式筹集资金，开发合山、大隆、里兰、河里、东矿、牛栏岭、嘉巴岭等矿井，修筑公路，兴建轻轨铁路，购置汽车、火车、船只及其他运输器材设备，办修理厂，建生活设施等，到民国27年共耗费粤钞440万元，其中绝大部分用在修建铁路上。

1950年后，合山煤矿的建设开始有计划有步骤地进行。从1959年起，合山煤矿对矿区进行过3次较全面的矿井建设规划。

第一次规划：1959年，初定合山矿年产达140万吨。到1963年达到219万吨的生产规模。

第二次规划：1965—1970年，目标是把合山矿务局建成年产300万吨原煤的矿务局。

第三次规划：1970—1977年间进行，计划至1990年，设计生产能力为583万吨/年，整个规划目标分阶段达产。后因矿井被淹、市场销售疲软等影响，大大削减合山矿务局产煤能力。

1950—1995年，合山矿务局先后建8个矿区，四煤井17对，年设计生产能力310万吨。1969年，改窄轨为准轨铁路97千米，建发电厂一座，装机容量5300千瓦，房屋建筑面积67万平方米，征用土地3668公顷，基建总投资1.96亿元。

县(市、区)矿产规划

2001年以前，来宾市境域各县(市、区)无矿产资源规划。2001年3月，来宾县矿产资源规划编制工作领导小组成立，组织开展规划编制工作。11月《来宾县矿产资源总体规划》(征求意见稿)完成，并征求有关部门的意见。2002年12月《规划》通过预审，同月，撤县设区，《规划》改为《来宾市兴宾区矿产资源总体规划》，并进行修改。2004年2月13日，广西壮族自治区国土资源厅同意《规划》发布实施。

规划适用期限：基准年为2000年。规划期为2001—2005年，展望到2010年。

2003年1月，来宾市及辖区各县(市、区)开展矿产资源总体规划编制工作。市国土资源局启动《来宾市矿产资源总体规划》的编制工作，于6月19日通过广西壮族自治区国土资源厅组织的评审验收，并于11月22日，《广西壮族自治区人民政府关于同意〈来宾市矿产资源总体规划〉的批复》(桂政函〔2003〕296号)同意实施。各县(市、区)《矿产资源总体规划》编制工作，年底亦全面完成。

第二节　矿产勘查

来宾市的矿产品可供性和资源保证程度分为三种情况：一是资源充足的矿产，有贫煤、铅锌矿、重晶石、大理石、石灰岩、方解石等，这些矿产能满足本市经济发展的需要，部分可以外销。二是近期基本自足，期后短缺的矿产，有铜矿、石膏。三是优质煤、铜、锰等矿产品不能满足需要，需要从外地购进。

来宾市境内西部和中部是桂中盆地的南部，东部为大瑶山的西南段，横跨桂中煤、锰沉积盆地和大瑶山铜铅锌多金属成矿带。

2003年，完成了1∶20万区域地质及矿产调查，

1∶20万化探扫面，1∶20万~1∶50万水文地质、环境地质调查及航磁测量，局部地区完成了1∶5万地质及矿产调查等工作，对本地区的矿产分布、水文地质条件、环境地质状况等方面有了基本的了解，为本地区的矿产勘查、矿产资源开发利用提供了丰富的基础地质资料。发现了铜、金、锡、锰、铅锌、重晶石、铁、硫、石膏、萤石、铝等矿种。2005年，完成新设置68个探矿权申请的初查。完成88个探矿项目年度监督检查的初审及审核工作，勘查涉及矿种为金、铜、铅、锌、铁、锰、石膏、重晶石、铝土矿、石油、天然气等。

勘查评价

经过长期勘查评价，在来宾市范围内按矿产种类和成矿地质条件可以分为两个成矿区(带)；大瑶山北西侧多金属成矿(区)带，该带包括金秀、象州东部、武宣县东部地区，矿种以铜、铅锌、重晶石为主。桂中盆地沉积矿产成矿(区)带，该带包括兴宾区、忻城县及合山市及象州、武宣县西部地区，矿种以锰、方解石和石灰岩等矿产为主，该地区还潜在有规模较大的油气矿产、铁矿床和铝土矿矿床。

2005年，来宾市范围内的矿产种类煤、铜、铅锌、重晶石、锰、方解石、石灰岩、油气矿产、铁矿床和铝土矿具有开发价值。资源储量为煤5.67亿吨、锰矿327万吨、铜金属量4.78万吨、铅锌金属量104.4万吨、重晶石矿2292.77万吨、铝土矿324万吨、石膏470万吨、石灰岩2亿多吨、矿热水年总流量为169万吨。

合山煤矿勘探

民国8年(1919年)贵县(今贵港市)人龚政(雨亭)为解决广东造币厂所需燃料，派采矿技术人员到迁江县溯河乡合岭山勘察，并成立“迁善公司”开采煤炭，不到一年时间，亏损倒闭。随之，有伍廷扬等矿商来办矿，都因运输困难，资金耗尽而停顿。民国17年广西省政府组织矿务视察团到合山煤田视察。认为该煤矿有发展前途，省政府邀请国立中央地质研究所冯景兰、乐森碍、李承三和张更等地质学家前往对合山一带作地质矿产调查。后著有《广西合山罗城寺门煤田地质》一文，并绘制《广西迁江县北泗圩合山煤矿地质图》。民国22年，国立中央地质研究所又派地质学家张文佑、陈家天前往考察，填有1∶250000地质图，撰写《广西迁江大隆煤田地质》一文，并首提“合山煤系”之说。民国24年春，合山煤矿公司聘请广东潮州林焘六工程师实地踏勘，林从里兰沿红水河两岸勘查，发现了里兰和大隆煤层。同年7月，广西省政府邀请中国工程师学会组织广西考察团到合山煤矿考察，对开矿工作提出了建议。民国27年张文佑率领燕京大学学生勘察，认为合山煤矿有发展前途。

民国25年，合山煤矿股份有限公司成立探矿队并用加力士钻机，在柳花岭打了第一个深27.4米的钻孔，此为合山煤田地质机械钻探之开端。合山煤矿股份公司于民国35年11月，成立河里探矿工程处。经勘探，发现石墨岭、雷公岭、拉表岭均有煤可采。此外，公司组织技术人员和老工人在煤田范围内进行踏勘、巷探，寻觅新矿源，先后发现德马岭、嘉马岭、牛栏岭、德绩岭一带的煤层。牛栏岭、德绩岭的煤层厚度、煤质、岩层走向还与老合山一样。

1952年，合山煤矿成立地质普查小组开展巷探。1954年，成立探矿队，队员100多人，探明里兰、东矿大德马岭两个井田。1959年撤销探矿队。

1956年5月，中南煤田地质勘探局派员前往考察，6月成立130勘探队合山分队。8月，130队合山分队扩建，命名为150队。该队从柳花岭、里兰等10个探区，对合山煤田进行全面勘查。

1974年10月，广西地质局第九地质队进驻合山进行煤田深层(500米水平以上)勘探会战。整个煤田勘探工作于1979年上半年结束。至此，历时近60年的合山煤田勘查落幕。其中，较富于成效的是中华人民共和国成立后的勘探。10个探区共钻孔610个，总进尺207975.92米，孔均进尺340.94米，平均每个探区钻孔61个，进尺20797.59米。10个探区中，平阳探区只钻孔15个，总进尺2401米，孔少网稀，只达普查要求。其他9个探区均属详查，平均每个探区钻孔达66个，进尺22842米，孔均进尺348米，平均每平方千米打孔2.5个。合山煤田的地质水文状况、煤田地质藏量基本摸清。

勘查重点

2003年，为了满足来宾市的矿产品供应，来宾市加强对重点矿产资源的勘查，组织专家对境内各县(市、区)的重点矿产资源进行勘查。在来宾市的西南部开展铝土矿勘查，北部和中部开展水泥用石灰岩矿勘查和铁矿勘查，都有较大收获。桂中盆地西部进行石油天然气勘查，这些矿种将是来宾市矿产开发的接替资源。来宾县矿产资源丰富，已发现的矿种有26种108个矿床(点)，主要有：锰、铝土、钼、石膏、耐火黏土、重晶石、石灰岩、煤等,已探明储量的矿产品累计潜在价值为100多亿元。

至2005年,来宾市已设置探矿权150个,主要分布在如下勘查区:

象州妙皇—武宣三里铜、铅、锌、重晶石勘查区 该勘查区位于金秀瑶族自治县西南部、象州县东南部、武宣县东北部,面积684平方千米,已发现铜、铅锌、银矿床(点)20处,重晶石矿床(点)9处,其中水村、风沿、九崖、花鱼岭等矿床做过详查,共探明不同级别的资源储量铜金属0.82万吨、铅金属11.67万吨、锌金属34.49万吨、重晶石360.5万吨。其他矿床(点)工作程度较低。

武宣东乡—通挽铅锌矿勘查区该勘查区 位于武宣县南部,面积244平方千米,已发现铅锌矿床(点)4处,其中朋村、古立、盘龙都是中型铅锌矿床,组成北东向的朋村—盘龙铅锌矿带,已探明资源储量锌金属12.98万吨、铅金属37.40万吨。矿床本身仍有远景,矿床外围成矿条件相似,矿点多。

象州县运江锰矿勘查区 位于象州县西北部,面积31平方千米;本区是下田锰矿的北延地段,有锰矿点1处,并且区内多处发现氧化锰矿石的堆积。

花山—枇杷山锰矿勘查区 位于象州县西南部、武宣县西北部和兴宾区的东部,面积342平方千米;已发现锰矿床(点)4处,探明锰矿资源储量54.39万吨,但控制程度较低。

思畔—六力锰矿勘查区位 于兴宾区东部寺山乡,面积141平方千米;已发现锰矿床(点)4处,探明资源量114.9万吨,除六力矿床外,大部分地区工作程度较低。

长余—金龙河铜矿勘查区 位于金秀瑶族自治县北部,面积151平方千米,已发现铜矿床(点)4处,其中对长余铜矿床做较详细勘查工作,探明铜金属资源储量5795吨,其余矿床(点)工作程度很低。

夏塘—公朗铜矿勘查区 位于金秀瑶族自治县西北部,面积136平方千米,已发现铜矿床(点)6处,其中夏塘、大风、公朗为小型铜矿床,探明铜资源储量2779吨,外围矿化点较多,工程程度较低。

滴水锡矿勘查区 位于金秀瑶族自治县中部,面积26平方千米,已发现锡矿点1处,并发现锡矿化的蚀变岩层和锡石重砂异常。

基列—七洞锰矿勘查区 位于兴宾区西北部及忻城县东北部,面积246平方千米,已发现锰矿点3处,已探明资源量1万吨。

里苗—塘岭锰矿勘查区 位于忻城县西北部,面积144平方千米,已发现有3个锰矿床(点),探明资源储量120万吨。

铝土矿勘查区 位于兴宾区南部、武宣县西南部及合山市、忻城县南部。约1500平方千米范围内已圈定铝土矿矿体16个,预测资源量1.15亿吨,达大型矿床规模,有进一步找矿前景。

油气勘查区 位于桂中盆地的忻城—合山,忻城—兴宾区一带,在忻城县的思练—大唐镇—城关镇一带已发现四个储油构造,并进行了钻探,估算该区石油地质储量6.3亿吨,天然气地质储量7.9亿立方米,相当于一个中型油田。桂中盆地仍有找油气前景。

八一工业园区水泥用石灰岩矿勘查区 位于兴宾区北部原八一锰矿以北地区。该区石灰岩矿质量优良,可用作制水泥原料,储量达50亿吨以上。

大瑶山北西侧金、银、铅、锌、锡及重晶石矿产资源调查评价区 本项目是广西壮族自治区规划中"大瑶山北西侧铅锌金银矿评价"项目的组成部分,本市范围包括金秀瑶族自治县西南部、象州县东部和武宣东部,调查的重点是了解区带内各种矿产的资源分布特点、成矿条件、预测资源量,并提出找矿靶区,为后续的勘查工作提供依据。

桂中地区锰矿、石灰石、方解石、石膏资源调查评价区 本项目是广西壮族自治区规划中"桂中盆地锰矿资源评价"的组成部分,本市范围包括象州县西部、武宣县西部、兴宾区东部及西北部、忻城县北部等。调查的重点是了解区内各类矿产资源分布特点、成矿条件、预测资源量,并提出找矿的靶区,为后续锰矿勘查工作提供依据。

第三节 管 理

矿业权审批

矿业权审批分为部、省、市、县四级管理。市级国土资源部门负责除《矿产资源开采登记管理办法》规定的34种储量规模为小型的矿产资源的采矿权审批发证。县级国土资源部门负责除部、省、市审批发证外的小矿及普通建筑用砂石矿产资源的采矿权审批发证。探矿权的审批发证由省级以上国土资源主管部门负责。

20世纪90年代后,来宾市境域各县(市)依法管理矿产资源,贯彻落实国家有关矿资源管理的法律法规,打击滥挖乱采行为,严格实行矿产资源开采证制度。1996年,象州县共发放采矿许可证46本,其中重晶石矿43本、锰矿2本、石灰石1本;换证14本,5个无证开采点补办开采许可证。1997年,象州县依法审批发放重晶石矿采矿许可证68本、锰矿2本、铅锌矿2本、石英矿1本、河砾石1本,采矿持证率达100%。1999年,来宾市境域各县(市)严格办证条件和规范办证程序,依法办理矿产资源开采许可证。是年,象州县共审查受理各类矿山企业申报换证资料96份,经初审合格上报广西壮族自治区地质矿产厅办理1本,柳州地区地质矿产局办理70本,县地质矿产局审批发证26本,换证率达100%。办理石灰石矿场采矿许可证12本,矿产品经营许可证20本,矿产品深加工许可证6本。

2001年,来宾市境域各县(市)建立采矿权审批、会审和责任追究制度。

2002年,象州县依法审批采矿权发证16本,其中重晶石开采8本、采矿场6本,换证130本,完成应换率92%。经广西壮族自治区检查验收组抽检采矿点123个,抽检率94%,合格率100%。完成矿产品加工、经营许可证年检43本,完成应检率的94%,合格率100%。象州县国土资源管理部门获国土资源部颁发全国采矿许可证换证先进单位称号。

2003年,来宾市国土资源局建立实施《来宾市国土资源局采矿权申请登记审批制度》《来宾市国土资源执法监察工作制度》和组织制定《来宾市探矿权采矿权招标拍卖挂牌管理办法暂行规定》等,明确工作流程,规范矿业权管理。全面完成采矿许可证的清理,共依法注销64个采矿许可证已失效或者连续两年不参加年检的矿山采矿权,原有部分矿山通过合并重组减少采矿权数70个,依法颁发73个新立矿山企业采矿许可证。年底,全市持有效采矿许可证矿山企业301个。同年,象州县依法审批采矿权发证22本(采石场)。忻城县完成矿山年检,办理换办证15本。

2004年,全市持有采矿许可证矿山322个,新颁发采矿许可证51本,延续采矿权35本。对象州县重晶石矿山采矿权进行合并重组,将74个矿山采矿权合并重组减少到37个。是年,象州县受理行政审批(2003年5月1日前已受理)和有偿出让采矿权共51本,其中新立采矿权36本,延期采矿权5本,采矿权重组10本;颁发矿产品选矿加工许可证19本;年检63本矿证、22本矿产品加工(选矿)许可证、28本矿产品经营许可证,年检率96.9%,合格率100%。忻城县完成矿山年检自检矿山53个,抽检矿山42个。办理采矿权延续登记4本,初审通过7起探矿权申请。

2005年,市国土资源部门强化矿产资源开发管理,全面整顿和规范矿产开发秩序,对重点矿区、矿产、小煤矿、砂石、有色金属矿等进行专项整治,严厉打击非法探矿和采矿违法行为,规范矿产资源开发活动,建立和维护良好的矿产资源开发秩序。推进矿产资源整合,实现矿山规模化、集约化取得成效,切实解决以重晶石、铅锌矿、普通建筑石料为重点的矿山布局不合理等问题。象州县的重晶石矿山从103家矿山企业,106个矿山(采矿权)减少到9家矿山企业,38个矿山(采矿权)。规范采矿权的审批程序,进一步完善采矿权申请、延续、变更、注销等相关管理制度。做好采矿许可证登记发证和年检工作,年内全市有效持证矿山317个,年检302个,其中新设发证14本,延续采矿登记15本。是年,象州县各类矿山企业持有效采矿证88本,其中重晶石矿37本、锰矿1本、普通建筑用灰岩32本,页岩、黏土类17本。年检参检率95%,合格率100%。忻城县完成矿山年检自检矿山53个,抽检矿山42个,办理采矿许可证8宗。

采矿权出让

矿山企业因企业合并、分立,与他人合资、合作经营,或者因企业资产出售以及有其他变更企业资产产权的情形,需要变更采矿权主体、转让矿业权的,需要经省级以上国土资源部门审批。

2002年9月,地级来宾市成立后,来宾市决定从2003年起,全面推行采矿权有偿出让制度,新立采矿权以招标拍卖挂牌形式出让,延续采矿权以协议形式出让。

2003年,来宾市国土资源局组织制定《来宾市探矿权采矿权招标拍卖挂牌管理办法暂行规定》等,明确工作流程,规范矿业权管理,全面完成采矿许可证的清理,共依法注销了64个采矿许可证已失效或者连续两年不参加年检的矿山采矿权,原有部分矿山通过合并重组减少采矿权数70个,依法颁发73个新立矿山企业采矿许可证。按照规定停止采矿权、探矿权的行政审批,以挂牌方式出让采矿权。来宾市挂牌出让采矿权5宗,成交金额23.5万元。

2004年,全市挂牌出让采矿权56宗,成交金额171.91万元。其中市级挂牌出让7宗,成交金额84.03万元,县级挂牌出让11宗,成交金额29.8万元,协议出让38宗,出让金额58.08万元。

2005年，全市挂牌出让采矿权32宗，成交价款106.1万元。采矿权有偿出让，使之形成制度化，对加强矿产资源管理，遏制矿产资源浪费和乱采滥挖起到积极作用。

矿产开采

来宾市已开发的矿产资源有煤、锰、铜、铅、锌、冶金用白云岩、重晶石、滑石、石膏、方解石、水泥用灰岩、建筑石料用灰岩、制灰用灰岩、建筑用砂、砖瓦用页岩、砖瓦用黏土、水泥配料用黏土、硅土等18种。矿业经济结构有国有、集体、联营企业、有限责任公司、个人独资(含个人合伙)、港澳台商投资企业6大经济类型。

来宾市境域矿产资源丰富，开采历史悠久。清同治年间(1862—1874年)，广东嘉应州(今梅州市)人黄德立任忻城县官职期满后，路经思练堡厂上村回原籍时，发现此地有铁矿，便留下组织民众挖矿炼铁，开厂铸锅。清光绪三十一—民国21年(1905—1932年)间，先后有矿商在合山煤田刨坑采煤，而采矿建井工程，始于民国22年同德、同福两公司联合组建的合山股份公司。至民国37年先后建了合山、大隆、里兰、河里、东矿、牛栏岭、嘉巴岭等矿井。

中华人民共和国成立后，来宾市境已开采的有煤、锰、铁、重晶石、石灰石、石膏等10多种，其中煤、锰、石灰石产量最大。合山矿务局于1958—1980年，先后建了柳花岭、溯河、石村、马鞍、上塘等矿井。

煤矿开采 来宾市境域煤炭资源主要分布在合山煤田和来宾县东江矿区、迁江煤田、泡水煤田及忻城县的红渡、古蓬、思练、北更、遂意等地。

民国32年，合山矿原煤产量达9.42万吨。次年12月，日本侵略军进占合山，矿区沦陷，员工们机智、勇敢地与敌人斗争，使敌人未能拉走一吨煤。

中华人民共和国成立后，来宾市境域煤矿开采进入全新时代，人民政府接管合山煤矿公司，翻身的矿工，积极修复铁路，加紧生产。1951年，合山煤矿公司产煤5万多吨。1954年合山煤矿股份有限公司更名为广西省合山煤矿。是年，合山煤矿产煤8.40万吨。1955年矿区由主采五煤转为四煤。同年矿区全面开展地质勘探、兴建自备电厂，添置设备，培训人员，煤炭生产进入新的发展时期，全年产煤19.63万吨。来宾县和忻城县是广西的产煤大县，其煤矿开采从20世纪50年代开始，其后两县均成立煤炭机构，负责管理煤炭开采。20世60年代，来宾市境域的县办煤矿基本处于停产状态。20世纪70年代，广西壮族自治区把来宾县、忻城县列为重点产煤县，给予大力扶助，逐年增加对忻城煤炭工业的投入，矿区在推行经济承包责任制的同时，实行个体、集体和国营三者齐办矿的方针，来宾市境域乡镇煤矿开采业发展较快，来宾县除平阳、溯社外，迁江、石陵、大里、三五等公社都就地进行开采。忻城县思练、古蓬、果遂、红渡、北更、遂意、大塘、马泗等公社社办煤场相继建立，煤矿开采有较大发展，原煤产量大增。

1978年，合山矿务局原煤产量为210.08万吨，来宾县原煤产量56万吨。1979年，合山矿务局原煤产量为215.84万吨，来宾县原煤产量32万吨。忻城县原煤总产量达45.62万吨，其中县办煤矿4.86万吨，社队办40.76万吨。

1986年后，国家放宽对矿产资源开发的限制，允许国家、集体和个人共同经营，县境乡办、村办、联户办和个体办煤矿迅速发展，原煤产量急剧上升。1987年来宾县产煤70.56万吨，其中集体、个体办矿产57.7万吨。当年来宾县被国家列为全国100个重点产煤县之一。1988年产煤86.06万吨，1989年，来宾县原煤产量99.94万吨，创历史最高纪录。忻城县产煤35万吨，实现税利271.98万元，是历年经济效益较好的一年。1990年，来宾县原煤产量降至82.36万吨。忻城县原煤产量34万吨。

1981—1990年，合山市共产原煤2422.12万吨，其中连续有8年年产量都在200万吨以上，1989年最高达323.28万吨，创历史新纪录。10年的产量，占广西壮族自治区总产量的33.03%。

20世纪90年代后，来宾市境内合山矿务局大矿井陆续衰老报废，生产后劲不足，各县小煤井的生产管理工作又跟不上，在国营大矿井范围内经营的集体和个体小煤井，不同程度地影响了大井田的开采，再加上煤田赋存条件不好，煤井水文地质复杂，矿井涌水量大，生产成本提高，亏损大，在煤炭市场上缺乏竞争力，加之国家严格矿产资源管理，严格控制小煤矿生产，来宾市境域煤矿枯竭，各县(市)及合山矿务局煤炭生产开始走下坡路，现有矿井的生产能力已逐年减退，实际产量呈下降趋势。1991年，来宾县原煤产量69.99万吨，比1989年减少29.95万吨。1998年，来宾县强行关闭61个布局不合理或经整改仍达不到安全生产条件的乡镇煤矿(有证)，取缔非法小井100多个(处)，共压产60万吨。2000年，来宾县原煤产量43.93万吨。同年12月，合山矿务局又关闭6对资源枯竭的矿井。合山矿务局原煤产量由1989年250.34万吨减少到2000年的

153.65 万吨，2005 年，合山矿务局原煤产量为 220.3 万吨，10 年减少三分之一。来宾县 1991—2000 年，全县完成原煤产量 5684 万吨。

2002 年，来宾市原煤产量为 151.84 万吨，2003 年，为 141.18 万吨，2004 年为 148.19 万吨，2005 年为 220.33 万吨。

表 4-18 1981—1990 年合山市原煤产量、产值一览表

年度	产量（万吨）			产值（万元）			占自治区煤炭总产量（%）			合山局产量占区统配矿产量（%）	市属矿产量占自治区地方矿产量(%)
	全市	其中		全市	其中		全市	其中			
		国营	小井		国营	小井		国营	小井		
1981	177.18	153.69	23.49	2232	1809	23	41.61	36.09	5.52	36.09	
1982	191.39	155.62	35.77	2537	1893	644	41.06	33.39	7.67	33.39	
1983	218.79	173.37	45.42	2890	2072	818	43.41	34.40	9.01	34.40	
1984	221.77	188.44	37.87	3212	2530	682	30.41	25.84	4.57	38.74	13.73
1985	209.19	170.92	38.27	2872	2200	672	34.93	28.54	6.39	40.14	22.11
1986	201.15	162.30	38.85	3111	2413	699	31.47	25.39	6.08	39.85	16.75
1987	283.45	231.82	51.63	3490	2222	1268	35.59	29.11	6.48	44.89	18.44
1988	309.10	252.02	57.19	4822	3792	1030	29.69	24.17	5.52	41.17	13.37
1989	323.28	250.34	72.94	4992	3757	1235	28.35	21.95	6.40	39.83	14.25
1990	282.17	210.93	71.24	4555	3273	1282	28.81	21.54	7.27	36.33	17.86

表 4-19 1991—2005 年合山矿务局原煤生产统计表

项目 年度	计划产量（万吨）	实际产量（万吨）	完成计划(%)	项目 年度	计划产量（万吨）	实际产量（万吨）	完成计划(%)
1991	200.00	237.70	118.85	1999	188.00	188.23	100.12
1992	200.61	245.70	122.48	2000	154.00	153.65	99.77
1993	188.00	235.38	125.20	2001	139.79	147.38	105.43
1994	195.00	196.02	100.52	2002	100.40	148.80	139.35
1995	200.00	191.19	95.60	2003	115.00	141.18	122.77
1996	195.00	189.32	97.79	2004	130.50	148.18	113.55
1997	185.00	179.34	96.94	2005	222.00	220.33	99.00
1998	163.00	211.53	129.77				

锰矿开采 来宾市境域锰矿主要分布于象州县西部、武宣县西部、兴宾区东部及西北部、忻城县北部等地，兴宾区以北五、凤凰、蒙村、寺山居多，已探明储量 1400 多万吨。矿石品位为 20%~40%。

早在民国初期境内就已开采锰矿。民国 5 年（1916 年）以后，武宣县三里开设合益、广合、三益、三德、广良、仁和、振业、兴发、利武、益利等公司。公司将铁铲、铁锤等采矿用具，借给采矿农民，然后收购锰矿石。民国 8 年，来宾县廖博斋，梁子德等人在大湾墟开办数家联营的锰矿公司。民国 15 年，来宾县秦景明组织的三益公司在晒谷岭、牛栏岭开采锰矿。次年，陆公存组织两益公司，刘范成组织骏业、永贞公司，分别在六穹山和峒鼓岭、高桥岭等地开采锰矿。民国 25 年，武宣县利武等公司复工开采。民国 26 年秋，因日本进行侵华战争，遂行停采。武宣县历年生产的锰矿石约 10 余万吨。

中华人民共和国成立后，来宾市境域开采锰矿逐步形成生产规模。1952 年 2 月 1 日，武宣县成立公私合营三里锰矿公司。后经中央派 411 探矿队测探，同意由武宣组织开采。1957 年，来宾县建立凤凰锰矿。1959 年，广西壮族自治区在凤凰公社建八一锰矿，从此，境内锰矿资源得以较充分的开发。

20 世纪 50 年代，锰矿开采采用人工挖掘，肩挑运矿，手工筛选毛矿，每个矿工日产净矿 100 千克左

右。1958年,石龙县共采得冶金锰矿石9.25万吨,产值575.67万元,利润183.88万元。1962年,逐步采用机械开采和水力开采,采矿效率提高,生产迅速发展。1963年武宣县共生产冶金锰矿石305吨、化工锰矿石2095吨,产值30.92万元,利润9.48万元。

20世纪70年代,锰矿生产处于兴旺时期,来宾县平均年产26万吨左右,比20世纪60年代增74.1%。1977年,武宣县锰矿产量3.70万吨。此后,由于资源逐渐枯竭,产量相对减少。

20世纪80年代,来宾县平均年产锰矿约20万吨,比20世纪70年代下降23%。武宣县锰矿平均年产量0.28万吨。1990年,来宾县锰矿石产量30.41万吨,其中广西壮族自治区直属单位办矿产16.74万吨,县办矿产4.44万吨,乡村办矿产4.62万吨,联户及个体办矿产4.61万吨。武宣县锰矿产量1405吨。据统计,来宾县1958—1990年,全县共生产锰矿石679万吨。

1991年,来宾县锰矿石产量为24.42万吨,象州县锰矿石产量为2.61万吨,武宣县锰矿产量0.68万吨。1992年,来宾县锰矿石产量为31.53万吨,象州县锰矿石产量为2.47万吨,武宣县锰矿成品产量1.83万吨。1994年,来宾县锰矿石产量达到51.12万吨,象州县锰矿石产量为0.73万吨,武宣县锰矿成品产量4.45万吨。1996年,来宾县锰矿石产量128.96万吨,武宣县锰矿成品产量0.38万吨。此后,因资源减少,产量迅速下降,1997年,来宾县锰矿石产量仅2.15万吨,减少126.81万吨,2000年为2.08万吨。

2002年,来宾市锰矿成品产量为12.33万吨,2003年为11.89万吨,2004年为1.54万吨,2005年为1.79万吨。

来宾市所产锰矿石,除供八一锰矿生产铁合金外,还销往山西阳泉钢铁厂、安徽马鞍山钢铁厂、江西新余锰铁厂以及广西灵川铁合金厂等20多个钢铁企业,部分供外贸出口。

生产企业八一锰矿建于1959年8月1日,地跨来宾、柳江两县,分思荣、凤凰两个矿区。矿部设在湘桂铁路凤凰火车站东面,距县城32千米。原属广西壮族自治区办企业,现为来宾市管理。

矿区面积77平方千米,探明锰矿储量为998万吨。设计规模为年产锰矿石35万吨。是国家三大锰矿生产基地之一。矿区建有洗矿、选矿、烧结及水电等工程设施。烧结机车间年产烧结锰矿能力为18万吨。矿区还建有19千米的准轨铁路专线,24千米的公路干线。全矿拥有大小机动生产车辆180多台。建矿之初,采取边基建边生产的方针。1962年前,矿山在建,采用人工开采。1965年采用机械开采,形成年产12万吨的生产能力。1967年定型为水力机械开采。1969年形成年开采35万吨的能力,生产能力随之提高,年产锰矿石由采用水力机械开采前的20万吨左右上升到30万吨左右。产量最高的1978年,达34.76万吨。此后,由于矿石资源逐渐枯竭,产量时多时少,1987年只产6.69万吨。经过32年的开采,该矿共生产锰矿石670多万吨。该矿已转向铁合金生产。

重晶石矿开采 来宾市境域重晶石资源丰富,重晶石矿主要分布在象州县,总储量在4000万吨以上,已探明储量2600万吨,占广西已探明储量的55.74%,占来宾市的76.5%,故象州有“重晶石之乡”美誉。象州重晶石藏量大,品位高,是化工、石油、国防等工业的重要原料。产品远销美国、加拿大、日本、印度、罗马尼亚、中东等国际市场,国内销往河北、江苏、辽宁、天津等省市及大庆、胜利、南海油田。外贸出口量占总销量85%以上。1983年和1984年,出口重晶石块矿和矿粉分别荣获国家外贸部优质产品荣誉证书。

象州县重晶石矿开采始于1958年,当年设立重晶石矿场,组织、管理重晶石开采。1959年,象州县产重晶石4600吨,销往柳州。自20世纪60年代后,重晶石矿产开采、加工业迅速崛起,逐渐形成开采、加工、销售体系,产量产值逐年增加。1961年6月,象州县外贸部门组织民工60人,开采普和村南面岭重晶石矿,当年生产外销531吨;1962年达9245吨。1963年后,采矿点逐步扩大到横桥村芭蕉山、上山村1—7号岭(采矿点编号)、寺村古兰岭。1966年,象州县成立横桥重晶石矿场,负责组织管理开采。此后,开采量逐年增加,1969年达68354吨。1972—1980年,象州县新增加开采的矿山有寺村矿床中的

象州县重晶石开采现场 (2004年摄)

火把岭；崇山、普和矿床中的花池、木屯；思高矿区的思高、塘头、新造、瓮岭、古帽岭及小腊、沐恩等矿，产量较大幅度增加。1982 年产量达 46.6 万吨，开采点又增加雷山矿区的欧阳、北海；潘村矿床外围的永利、界牌及三里等。为加速矿产资源开发利用，适应生产和经济发展需要，1986 年 9 月成立县矿产公司；为利于回收小矿及含泥质较多的低度矿，同年 10 月成立县矿粉厂。

表 4-20　**1966—1990 年象州县重晶石矿产量表**

年度	产量(吨)	年度	产量(吨)	年度	产量(吨)
1966	5000	1975	126328	1984	379023
1967	41454	1976	117542	1985	32562
1968	5655	1977	147302	1986	165915
1969	68354	1978	150432	1987	278222
1970	62591	1979	289988	1988	558640
1971	60281	1980	354400	1989	662000
1972	68412	1981	371579	1990	721300
1973	57390	1982	466000		
1974	134607	1983	349100		

20 世纪 90 年代，引进资金、技术，采用大规模机械化开采，矿山生产效率大为提高，重晶石矿年产量上升至 100 多万吨。年出口量达 100 万吨，占全国出口总量的 50%，居全国第一。2000 年后，象州县较明显且稍有规模的矿脉开采活动不断向后期推进，地表矿已开采枯竭，80% 以上生产矿点主要从事散矿生产和残矿、尾矿、废矿回收。

2001 年，象州县重晶石矿产量为 131.12 万吨，2002 年为 84.53 万吨、2003 年为 83.65 万吨、2004 年为 79.15 万吨、2005 年 111.99 万吨。

来宾市境域除象州县外，来宾、武宣等县也有少量重晶石开采。来宾县重晶石矿储量约 50 万吨。矿石含硫酸钡在 52.69%~98.21% 之间，85% 以上者居多。1979 年由县民矿站组织当地民工开采，年产量 1 万多吨，产品主要销往美国。由于销路不畅，从始采至 1990 年，共生产 5.69 万吨，出口 4.26 万吨。1980 年，武宣县重晶石产量 8.8 万吨，1986 年，武宣县重晶石矿产量 4.88 万吨，1990 年，武宣县重晶石矿产量 6.46 万吨。1991—1994 年，武宣县重晶石矿产量分别为 2.76 万吨、4.58 万吨、2.80 万吨、4.96 万吨；重晶石矿粉产量分别 1.51 万吨、1.46 万吨、0.77 万吨、9.59 万吨。1995—1997 年，武宣县重晶石矿粉产量 3.81 万吨。

2002 年，来宾市重晶石矿 101.60 万，其中，象州县产 84.53 万吨，占全市产量的 83.20%；2003 年，全市重晶石产量 89.63 万吨，其中象州县为 83.65 万吨，占全市产量的 93.33%；2004 年后，全市重晶石产量主要由象州县生产，当年生产 79.15 万吨；2005 年，全市产重晶石 111.99 万吨。

来宾市已开发的矿产资源除煤、锰、重晶石外，铜、铅、锌、冶金用白云岩、滑石、石膏、方解石、水泥用灰岩、建筑石料用灰岩、制灰用灰岩、建筑用砂、砖瓦用页岩、砖瓦用黏土、水泥配料用黏土、硅土等也有开采，部分矿产资源开采量少。

矿产监察

来宾市加强矿产资源开发利用与保护监督管理；依法进行本市探矿权、采矿权审批登记发证和采矿权转让审批登记；依法收缴探矿权、采矿权价款、采矿权使用费及矿产资源补偿费的征收管理，参与矿山企业可行性研究和初步设计的审查工作；矿产储量、含量评审机构的资质管理和评审结果的认定；矿产资源占用和压覆情况的审批；矿产资源储量的登记、统计和矿产品综合统计、发布统计通报等。

1992 年，来宾市境域各县(市)根据《中华人民共和国矿产资源法》《广西壮族自治区矿产资源管理条例》，为加强矿业管理，成立县(市)公安局矿业派出所，负责矿山违法案件的查处。主要任务是保护矿产资源，维护矿区正常的治安秩序和生产秩序，制止矿山私拉乱调现象，使矿山生产正常开展，使矿产品流通领域的工作纳入依法管理轨道。

1993 年，来宾市境域各县(市)根据广西壮族自治区人民政府的有关指示，成立机构，组织开展对本地区的矿山秩序整治工作，规范矿产品流通秩序，防止国家税费损失，使矿产品流通领域的工作纳入依法管理轨道。来宾县成立由分管工业的副县长任组长的县矿产秩序治理整顿领导小组，负责治理整顿全县范围内的矿业开发开采和流通秩序，从各有关部门抽调一大批人员、车辆，开展一系列的矿业秩序治理整顿活动。

1996年，来宾市境域贯彻落实《国务院关于整顿矿业秩序维护国家对矿产资源所有权的通知》，全面推进矿产开发监督管理工作：采矿权人必须在统一规划的范围内凭证开采，并接受县、乡矿产管理部门的管理；所有开采出来的矿石由矿产站统一收购给指定有外销权的外贸、矿产、矿业集团；凭县矿产局统一印制的调运单外运，在主要路口接受验票检查，凭票统一结算。

1998年，来宾县依法对全县矿山进行整顿，对不符合生产条件和非法矿山全部关停整顿，严厉打击乱采滥挖的违法行为。全县强制关闭了61个布局不合理或经整改仍达不到安全生产条件的乡镇煤矿（有证），取缔非法小煤井100多个（处）。从1991—2000年底，来宾县对违法开采矿山的违法分子，移交司法部门追究刑事责任，有1人被判处有期徒刑2年，有5名被刑事拘留，有8名被行政拘留。

1999年，来宾市境域贯彻实施《矿产资源法》，落实广西壮族自治区人民政府《关于进一步整顿矿产勘查开发秩序实现全区矿业秩序全面好转的通知》（桂政发〔1999〕12号），各县（市）矿产管理部门认真制定实施方案，组织人力依法对境内矿山企业进行全面清理整顿，严格办矿条件，依法维护矿业秩序。加强安全生产管理，举办非煤矿山矿长资格培训，审查各类矿泉水企业申报换证，落实专人负责包片整顿治理。同年，象州县举办非煤矿山企业矿长资格培训班1期，培训矿长47名；审查受理各类矿山企业申报换证资料96份，依法办理96份。1996—2000年，象州县共查处私拉乱调矿石222人，200多车次，没收矿产品5000多吨。

2001年，来宾县全县共关闭有证煤矿12个（广西壮族自治区煤炭行业管理办公室已注销煤炭生产许可证），取缔并炸毁一些屡教不改非法矿山，对违法分子采取强制传呼24小时和行政拘留等措施，共行政拘留6人，有效打击了乱采滥挖的嚣张气焰。

从2001年10月开始，来宾市境域各县（市）开展矿产资源管理秩序治理整顿和非煤矿山专项整治工作，制定《矿产资源管理秩序治理整顿工作实施方案》《非煤矿产资源管理秩序治理整顿实施方案》，组织执法大队进行巡查、整治，取得显著成效。2002年，来宾县10个有证煤矿，因属“四个一律关闭”对象，已按“三不留一封闭”的要求全部关闭。对无证乱采滥挖的违法媒井，坚决取缔。全年共开展大小规模的矿山整顿21次，出动车辆120辆（次），铲斗车15部（次）翻斗车15部（次），抽调人员1200人（次），使用炸药4000千克，封炸媒井350个，炸毁工棚80多个，没收原煤600多吨，锰矿15吨。

2003年，来宾市组织开展非法小煤井专项整治工作，取得实效。全市在小煤矿关井压产前共有小煤矿510个，关井压产后除保留50对煤井外，均被注销。合山、忻城、兴宾3个有煤矿资源的县（市、区）政府，共炸封无证小井350个（对），炸毁工棚80多个，推倒工棚36个，没收或毁坏非法采矿设备18台，强制拆除采矿设备30多台（件），没收非法采出原煤955吨。对非煤矿山企业下发停止违法采矿行为通知书155份，下发限期整顿通知书36份，取缔无证采矿215个，扣押采矿设备60余件，关闭不符合采矿条件的矿山7个，填封无证采矿场19处，调处采矿纠纷9起，炸封无证采矿小竖井129个，没收非法采出矿产品1035吨，就地封存矿石4060多吨，罚款2.95万元，依法移送公安机关处理8人。

兴宾区组织开展对东江、平阳、百乐等重点产煤区进行3次集中重点整治，共投入资金20多万元，出动人员460多人次，车辆150辆（次），炸填非法小煤井2217个，没收煤炭约850吨，没收采矿设备21台，对非法开采的行为人37人进行拘留等，有效制止产煤区的非法开采。象州县组织有关部门规范和治理整顿矿产资源管理秩序，对优势矿产、砂石开采、非法转让探矿权采矿权及现有探矿权采矿权等重点问题进行专项治理整顿。对矿证进行全面清理，经重组合并或注销后保留64本，全部补齐采矿登记资料；集中专项检查6次，下发限期整改通知26份；查处无证偷采矿点5起、无证经营运输矿产品5起，铲毁封填无证采矿窿口25个，拆除厂棚51间，遣散作业民工140人；强制拆除采洗矿设备28套，柴油机28台；没收非法开采、加工的矿产品420吨，炸药80.2千克，雷管485发，导火索1051米；立案查处6起6人。

2004年，来宾市组织开展矿产资源监察执法巡查，发现矿业违法行为451起，制止448起，立案查处矿业违法案件40件，结案38件，结案率为95%；收罚没款12.87万元，没收违法矿产品60吨，追交规费3.95万元。兴宾区组织开展18次打击非法采矿活动专项整治行动，出动人员3500人次、车辆830

辆、铲车9部，下达停止非法采矿通知书200多份，取缔非法采矿点907多个，没收非法采矿工具一批，没收非法采出的矿产品591吨，罚没款4.53万元。象州县在治理整顿矿产资源管理秩序期间，检查51本采矿证、9本矿产品选矿加工许可证、8个探矿权，均没有发现违规违法现象；对63本矿证、22本矿产品加工（选矿）许可证、28本矿产品经营许可证进行年检，年检率96.9%，合格率100%；严厉打击非法采矿活动，组织较大规模专项整治活动6次，出动车辆140多台（次）、人员500多人（次），处理非法采矿行为62起，下发《责令停止矿产资源违法行为通知书》44份，取缔无证采矿点12起，查处无证经营、运输矿产品9起，没收违法矿产品221吨，拆除洗矿机5台，柴油机4台，没收采矿工具一批，填封窿口（洗矿点）7个，处罚款7.9万元，遣散非法采矿民工140多人。

2005年，市国土资源部门抽调人员参加全市面上矿山联合集中整治执法队，加强矿产资源管理，严厉打击乱采滥挖、破坏和浪费矿产资源的违法行为，出动铲车翻斗车34辆次，炸封非法矿井、矿点1200多个，捣毁工棚及井口设施182处和非法采矿的发电机组、选矿机等机械设备30多套，没收非法采出的矿产品2830吨，没收拉运非法煤炭800多吨、锰矿50多吨，没收发电机组18套（台）、选矿机13套（台）、卷扬机4套（台）、电雷管133枚，罚没款45万元，行政拘留非法采矿人135人、抓捕3人。全市查处矿产违法案件43件，其中无证开采36件，占矿产违法案件总数的83.72%，结案42件，收罚没款52.1万元。兴宾区开展打击乱采滥挖、破坏和浪费矿产资源违法行为，没收非法采出的矿产品830吨，罚没款25万元，通过炸、填、封等方式取缔非法矿井、矿点600多个，行政拘留非法采矿人员123人，抓捕3人。捣毁非法采矿发电机组、洗矿设备等40多套，没收非法采矿工具1批。象州县重点打击非法采矿违法行为，采取专项治理行动3次，出巡130多次，出动执法人员270人（次），车辆170台（次），取缔违法采矿点7起，拆除工作台1座、洗矿机1台、浮选机1套、发电机组1套，暂扣挖掘机2部，没收违法矿产品500多吨、采矿工具一批，处罚款9.68万元，遣散非法采矿民工100多人。

第六章　地质灾害防治　地质遗迹保护

来宾市辖区山高坡陡、地质构造发育、岩层风化强烈、岩溶分布广、矿山采矿历史悠久、各项工程建设不断起动，地质灾害频繁发生。地质灾害类型主要有滑坡、泥石流、地面塌陷、崩塌（岩石）、地裂缝等，现有的地质灾害隐患点多面广，有逐年增多的趋势，给人民生命与财产造成了严重损失。据不完全统计到2005年底止，岩崩、滑坡、泥石流、地面塌陷、地裂缝等地质灾害隐患区（点）共有219处，其中大型12处、中型49处、小型158处，各县（市、区）都有分布，大多数隐患区（点）处在不稳定和极不稳定阶段。

来宾市地质遗迹有蓬莱洲金钉子地层剖面地质遗迹和象州大乐泥盆系剖面地质遗迹。为加强对全市地质遗迹保护工作的组织和领导，来宾市人民政府成立来宾市地质遗迹保护委员会，委员会下设办公室，负责地质遗迹保护的日常工作。

第一节　地质灾害防治

灾害类型

来宾市地质灾害类型主要有地震、滑坡、泥石流、地面塌陷、崩塌（岩石）、地裂缝等，现有的地质灾害隐患点多面广，有逐年增多的趋势。

地　震

据有关历史、资料记载，明天顺七年（1463）至民国25年（1936年），柳州地区现属县（市）记录3.2~5.2级地震共33次；其中里氏4.4~4.5级地震3次，占总数9.09%；5~5.6级地震2次，占6.06%。

1970年广西设立地震监测台网后，1971—1994年共记录柳州地区1.5~4级地震90次。其中1.5~2.0级共24次，占26.67%；2.1~3.0级61次，占67.77%；3.1~4.0级5次，占5.56%。按地区分布，来宾共发生33次，占36.67%；忻城26次，占28.89%；融安共发生9次，鹿寨、融水各7次，分别占总数，10%、7.78%、7.78%；象州县发生4次，武宣3次，分别占总数4.44%，3.33%；三江发生1次，占1.11%。

山　崩

轻微山崩各县山区均有发生。造成人、财、物损失的山崩，记于地方志的有：民国25年（1936年）4月8日，象州县回面山崩，压死1人。忻城县1960、

1967、1971、1977、1988年均发生山崩，共砸坏房屋36间，死10人，伤5人。

地裂　地陷

地　裂　1967年，忻城县新圩中学校内地裂，最大的一条裂缝长10米、宽10厘米。1989年2月，忻城县新圩村西宜教学点地裂，裂缝长1~3米，宽3~10厘米。

1972—1977年，武宣县城发生地裂，损坏房屋60余幢，武宣农场85%房屋受不同程度损坏。

地　陷　1986年春，忻城县大塘镇兴木、金山村天旱，23个抽水站日夜抽水抢插。4月15日—30日，金山村地陷30处，兴木29处。陷坑呈圆形、椭圆形和鼎锅形。大的直径10米，小的1米；最深6米，最浅0.5米。

表4-21　明天顺七年(1463年)至民国25年(1936年)境内地震情况表

地震时间	地点	震级(里氏)	地震时间	地点	震级(里氏)
1463年7月23日(明天顺七年)	象州	3.2	1899年4月(清光绪二十五年)	象州	
1642年6月6日(清崇德七年)	来宾	3.2	1899年11月21日(清光绪二十五年)	武宣	5.0
1686年1月2日(清康熙二十五年)	来宾	3.2	1900年冬(清光绪二十六年)	武宣	3.2
1749年2月(清乾隆十四年)	来宾	3.2	1905年8月17日(清光绪三十一年)	来宾	3.2
1752年(清乾隆十七年)	忻城		1911年(清宣统三年)	石龙	3.2
1759年(清乾隆二十四年)	石龙		1913年秋(民国2年)	来宾	3.2
1759年10月25日(清乾隆二十四年)	来宾	4.4	1918年2月3日(民国7年)	武宣	3.2
1793年7月24日(清乾隆五十八年)	武宣	4.4	1923年(民国12年)	来宾	3.2
1836年10月(清道光十六年)	来宾	3.2	1935年9月(民国24年)	忻城	
1874年3月19日(清同治十三年)	来宾	3.8	1936年(民国25年)	石龙	
1875年(清光绪元年)	来宾		1936年(民国25年)	来宾	
1876年(清光绪二年)	石龙				

表4-22　1971—1995年境内地震情况表

县	1971—1980年			1981—1990年			1990—1995年		
	1.5~2.0	2.1~3.0	3.1~4.0	1.5~2.0	2.1~3.0	3.1~4.0	1.5~2.0	2.1~3.0	3.1~4.0
合计	4	14	2	14	20	—	—	12	—
忻城	3	7	1	3	8	—	—	4	—
武宣	—	—	—	2	1	—	—	—	—
象州	—	—	—	1	2	—	—	1	—
来宾	1	7	1	8	9	—	—	7	—

据不完全统计到2005年底止，岩崩、滑坡、泥石流、地面塌陷、地裂缝等地质灾害隐患区(点)共有219处，其中大型12处、中型49处、小型158处，全市各县(市、区)都有分布，大多数隐患区(点)处在不稳定和极不稳定阶段。

表4-23　2003—2005年来宾市发生地质灾害情况统计表

年度	合计(起)	滑坡(起)	崩塌(起)	塌陷(起)	泥石流(起)	伤亡人数(人)		直接经济损失(万元)
						伤	亡	
2003	518	500	8	7	3	1	3	549.0
2004	222	81	134	2	5	0	0	730.1
2005	2130 (46)	757 (27)	1363 (9)	5 (5)	5 (5)	4	2	4134.5
合计	2875	1339	1505	14	13	5	5	5413.6

地质灾害易发区

来宾市根据地质环境条件的不同和灾害分布的特点，共划分为五个地质灾害易发区。

金秀地质灾害易发区　该区主要发育在碎屑岩地区，区域内以中、高山切割地形为主，坡陡、高差大，断裂发育，岩石破碎、风化强，坡积层厚度大且松散，地质环境脆弱，人为影响因素多，易产生滑坡、岩崩、泥石流等地质灾害。

武宣县东南部易发区　该区以中低山地形为主，泥盆系地层广泛分布，地形坡度大，是山体滑坡、岩崩地质灾害易发地区。

武宣县中西部和忻城易发区　该区属喀斯特岩溶盆地，石灰岩广泛分布，山势陡峻，岩体风化严重、裂隙和岩溶发育，是岩崩、地陷、地裂地质灾害易发区。

合山、兴宾易发区　该区内采矿活动历史久、范围广，以采煤、采石膏为主，且多在群众生活区附近和生活区下采矿，易引发地面塌陷、地裂和矿坑突水等地质灾害；兴宾区的溯社、平阳、迁江等乡镇石灰岩分布广泛，风化强烈，裂隙发育，易引发岩崩地质灾害。

公路易发区　区域内因修公路（如金秀—桐木二级公路等），高削边坡，易发生滑坡、崩塌地质灾害。

灾害防治

2003年以前，市境内重视地质灾害防治，主要开展了三个方面的工作：一是开展地质灾害调查与区划工作。按照上级统一部署安排，有计划地开展合山市、武宣县地质灾害调查与区划，查明两地地质灾害发育情况，划出地质灾害易发区，建立地质灾害信息系统，建立并健全群测群防网络，有计划地开展地质灾害防治，减少灾害损失，保护人民生命财产安全。二是开展突发地质灾害应急调查。对合山电厂煤灰库岩溶地面塌陷等地质灾害点开展调查，深入调查发生的原因及其规模、危害程度以及存在的隐患等情况，同时提出了应急防治措施建议。三是开展建设项目地质灾害危险性评估工作。

来宾市从2003年起，每年市级和部分县（市、区）都编制和下发年度地质灾害防治预案，加强对地质灾害的防治工作。

2003年，来宾市完成合山市地质灾害调查与区划工作，武宣县被列入国土资源部的地质灾害调查与区划项目。市、县（市）人民政府分别出台《地质灾害防治预案》，发出《关于把地质灾害危险性评估及压覆矿产资源评估纳入城镇规划城镇建设项目报批前置条件的通知》。完成市、县、乡、村四级地质灾害监测网络建立工作，开展了地质灾害气象预报预警与治理前期准备工作。投入地质灾害防治资金129.5万元，治理滑坡、泥石流等地质灾害面积9000公顷，成功预报各类地质灾害20起，避免185人伤亡，减少直接经济损失263万元。受到地质灾害威胁的金秀瑶族自治县十八家屯10多户人家搬进了移民新村。

2004年，来宾市本级及各县（市）人民政府制定本级《地质灾害防治预案》和《地质灾害应急预案》，建立市、县、乡镇、村四级地质灾害监测网络，全市国土资源部门深入开展宣传地质遗迹保护、地质灾害防治知识，提高人们防灾意识。全市地质灾害易发区5处，地质灾害隐患点590处，涉及和威胁946户4711人的生命财产安全。市、县两级国土资源部门，组织开展地质灾害易发区和隐患点巡查工作，全市共巡查50多人次。象州县成功预报地质灾害6次，避免人员伤亡585人，经济损失600万元。是年，受汛期暴雨的影响，金秀、合山、武宣、忻城等县（市）发生山体滑坡、岩崩、山体开裂、泥石流、岩溶塌陷、矿区地面开裂塌陷等地质灾害222起（处），其他滑坡81起，崩塌134起，泥石流5起，地面塌陷2起。毁坏房屋7间，耕地1.67公顷，直接经济损失247.5万元，无人员伤亡。

2005年，全市对10个建设用地的地质灾害危险性评估报告进行审查备案。完成《来宾市2005年地质灾害防治预案》和《来宾市突发性地质灾害应急预案》编制。及时预测并公布地质灾害易发区和25处中型以上地质灾害危险点，并提出预防措施和要求。全市有关部门组织对辖区内4个县和1个县级市、1个区开展汛前检查，督促当地政府做好防灾准备。进入6月份，全市普降大到暴雨，致使象州、金秀、武宣、忻城等县大范围发生地质灾害，全市共发生滑坡、崩塌、地面塌陷等地质灾害2183处，毁损房屋2386间。加强地质灾害基础调查和信息系统建设，完成4个县（市、区）的调查与区划任务，并将成果全部移交当地政府使用。加强对中型以上地质灾害危险点勘查与治理，完成合山市洛山危岩1处中型地质灾害危险点治理。在全市范围内开展矿山地质环境调查与评价工作，广西壮族自治区国土资源厅拨专款对合山矿区开展地质灾害专项勘查评价。

第二节　地质遗迹保护

来宾市为加强对全市地质遗迹保护工作的组织和领导，市人民政府成立分管副市长为主任的来宾市地质遗迹保护委员会，委员会下设办公室，负责地质遗迹保护的日常工作。

蓬莱洲金钉子地层剖面

来宾市蓬莱洲金钉子地层剖面地质遗迹位于来宾市区东南部12千米的蓬莱洲南岸，为浅灰、浅红色层状“来宾灰岩”海相沉积地层，含牙形类化石，是二迭系上统与下统分界的最佳剖面。该地层剖面是20世纪30年代由中国著名地质学家李四光领导的中央研究院地质研究所赵金科院士发现，引起了同行专家的关注，随后有中国科学院、日本、德国、美国、澳大利亚、俄罗斯等国内外专家先后曾16次专程到来宾蓬莱洲研究考察。2005年9月被国际地质科学联合会国际地层委员会认为世界上最好的晚二迭纪地球历史记录，是世界地层研究中最具有代表性的典型剖面，批准其作为国际标准地层剖面（“金钉子”）。是中国拥有的四枚金钉子剖面之一，在科学研究、教学、旅游等方面均具有十分重要的价值。

保护级别分为“金钉子”两侧和两端均外扩50米，作为核心保护范围，实行一级保护，从核心保护范围向外扩展，根据地质地貌划出外围保护地带，实行二、三级保护，其外围边界至少应有100米。保护区内禁止采石、挖土、砍伐、放牧、种植、建房、修路、采矿等活动。

象州大乐泥盆系剖面

象州大乐泥盆系剖面地质遗迹位于象州县大乐镇附近和中平镇马鞍山附近，剖面分五段，全长15千米，露头良好，层序清楚，化石群类丰富，计有14个门类97个组合带，是我国华南泥盆纪代表近岸、浅水、富氧、水动力强的沉积环境下由滨海向碳酸盐台地过渡的典型剖面之一，它与国外著名的泥盆纪地层标准剖面毫不逊色。象州大乐泥盆纪地层于1973年“华南泥盆系会议”确定为标准剖面，1979年，联合国教科文组织由英、法、美、德等7国专家组成的考察团参观考察了该剖面，1985年经广西壮族自治区人民政府立碑保护。保护级别为沿剖面线20米范围内实施二级保护。

1974年，在柳州召开的“华南泥盆系会议”上，将大乐剖面定为代表华南地区泥盆纪近岸浅海型的地层，简称“象州型地层”，会议还决定以大乐乡（现为大乐镇）应堂村命名的“应堂组”作为象州地层中泥盆统早期地层名称。

1985年，广西壮族自治区人民政府在大乐镇何良村南、中平镇与罗秀镇交界的马鞍山东面的山脊上勒石立碑，将大乐剖面列为重点文物加以保护。该保护碑20世纪90年代被毁。

第七章　地籍测绘

民国24年（1935年）起，来宾市境域根据新民法规定，确定各县土地产权及境界，进行土地所有权登记。1952—1954年，来宾市境域内各县在土地改革时，发给农民土地证。1956年，实行农业合作化后，土地分属国有和集体所有，不登记发证。1988年，来宾市境域内各县（市）开始土地初始登记发证工作。2003年，来宾市国土资源主管部门完成农村集体所有权登记发证试点工作；全面开展房改房（城镇住房制度改革中原公有住房出售给个人的房屋）土地登记发证工作；加快农场土地发证工作；建立了相关的工作制度，积极开展地籍与测绘管理业务知识培训工作；认真完成本年度土地利用变更调查工作。2004年，来宾市根据广西壮族自治区国土资源厅《转发国土资源部关于进一步规范土地登记工作的通知》（桂国土资发〔2003〕57号）精神，结合土地市场治理整顿，对全市现有土地登记进行全面清理。全年共办理10093宗土地登记。2005年，来宾市共办理11109宗土地登记。

1988年，来宾市境域各县（市）结合土地初始登记，开展县城区地籍调查，绘制县城区1：500比例尺地籍图。1991—1995年，来宾市境域部分县（市）根据土地管理需要开展地籍图测绘工作。2005年3月，根据广西壮族自治区测绘局《关于开展市、县基础测绘规划编制工作的通知》（桂测发〔2004〕73号）文件精神，来宾市组织开展《来宾市基础测绘规划（2006—2020年）》编制工作。

第一节 地籍管理

民国24年(1935年),来宾市境域根据新民法规定,确定各县土地产权及境界,进行土地所有权登记。1942年3月,来宾市境域象县进行土地陈报、丈量全县田地,评定等级。由于丈量评等人员未能认真办理,面积、等级均有错误。1943年8月—10月,广西省第六区地籍整理处派员到象县,对城区、石龙2镇土地重新测量测绘。城区镇测量面积为103.2公顷;石龙镇测量面积90公顷,其中税地面积71.6公顷。测绘结束后由县发给营业执照。民国35年办理城区、石龙2镇土地登记。民国32—33年,迁江、来宾、武宣3县及象县石龙开展土地登记,领取土地证明书。来宾县大湾乡向来宾县地籍整理处申请进行土地登记,领取土地所有权证明书。

1952—1954年,来宾市境域内各县在土地改革时,发给农民土地证。1952年,石龙县查田定产,丈量全县耕地,确定土地改革后各户土地房屋占有面积,石龙县人民政府于1953年首次发给土地证。1956年,实行农业合作化后,土地分属国有和集体所有,不登记发证。

1988年,来宾市境域内各县(市)开始土地初始登记发证工作。原柳州地区在象州县开展土地登记发证试点工作,各县(市)土地管理局分管领导和技术人员,参加在象州县开展土地登记发证试点工作。象州县试点工作结束后,各县(市)根据实际也在一个乡镇进行试点。各县结合土地登记,开展城区地籍调查,绘制县城区1∶500比例尺地籍图,建立县乡两级地籍档案,同时应用土地登记和地籍调查成果调处土地权属纠纷。同年6月,象州在县城开始土地申报、登记发证工作试点,年底完成土地权属申报登记共1952宗,总面积129.88万平方米。其中国家机关、企事业单位245宗,占地面积107.5万平方米。经过权属调查,实地丈量核定面积和四至界址,绘制宗地图,填写表、卡、册,象州县人民政府于1989年11月9日首批颁发国有土地使用证和集体土地建设用地使用证67宗,面积1.71万平方米。1989年,象州县在石龙、运江、寺村、罗秀4个乡镇所在地进行土地申报登记,共申报2678宗,占地面积17.76万平方米。

1990年,象州11个乡镇开展土地申报登记,当年在22个行政村进行,年底,县人民政府发第二批土地证3111本,面积55.65万平方米;其中,国家集体单位51本,面积16.27万平方米;居民525本,面积4.59万平方米;农民2535本,面积34.79万平方米。1991—1995年,象州县共颁发土地使用证48974本,其中国有土地使用证3490本,集体土地使用证45484本。1998年,象州县累计发证2164宗,面积466982.33平方米。其中:国有土地605宗,面积234607.84平方米;集体土地1559宗,面积232374.50平方米。2000年,象州县完成土地初始登记发证735宗,面积90636平方米。其中:国有土地登记发证459宗,面积50684.58平方米;集体土地登记发证276宗,面积39951.42平方米。2001年,象州县共办理土地登记965宗,其中办理土地初始登记发证745宗,土地权属变更142宗,土地使用权抵押78宗。年内重点开展旧版集体土地证书换证,换发集体土地证书2.1万多宗,完成应换发率的60%。

1991年4月—1992年11月,来宾县根据土地管理法规定和上级有关依法开展土地登记发证工作部署,成立领导机构,组织225人的工作队,深入到全县183个村公所开展土地申报登记发证工作。当年申报87024户66896宗,发证4万余户。1992年,来宾县完成县城土地(住宅办公用地)及其他用地的申报登记的审核工作,登记审核用地10088宗、9229个单位和个人,申报面积2.44万公顷。全县农村应发放土地证书129267户(本),土地面积63.06万公顷。其中国有土地使用证8100户,8560本,土地面积10.19万公顷,集体建设用地土地使用证120919户(本),土地面积18.07万公顷;集体土地所有证248户(本),土地面积3.48万公顷。实际发放土地证书69650户,70500本,土地面积0.15万公顷。其中,国有土地使用证39户40本,土地面积5.35万平方米;集体建设用地土地使证69650户70500本,土地面积1430.48万平方米。全县城镇实际发放土地证书1662户1687本,土地面积14.87万平方米。其中,国有土地使用证1458户(本),土地面积9.32万平方米。1993年,来宾县对独立厂、矿、场单位建设用地进行确权发证,县境内的39个单位发证工作全部完成。至1997年,来宾县应发土地使用证11.96万宗,已发11.09万宗,发证率92.73%。其中农村应发土地使用证9.63万宗,已发8.98万宗,发证率92.77%;城镇应发2.29万宗,已发2.12万宗。全县土地登记发证面积2.26万公顷。至1996年6月30日止,忻城县应发土地证72197宗,已发证69227宗。其中:国有土地使用权应发证2614宗,已发证2398宗;集体土地使用权应发证69583宗,已发证66829宗。金秀瑶族自治县累计发放土地使用证29531本,面积411.96公顷。其中,城镇5368本、面积74.88公顷,农村24163本、面积337.07公顷。在城镇发证中,国有土地使用证2646本、面积56.46公顷,集体土地建设用地使用证2722本、面积1.84公顷;在农村发证中,国有土地使用证4756本、面积92.03公顷,集体土地建设用地使用证19407本、面积245.04公顷。

1996年6月,来宾市境域各县(市)初始土地登记发证工作,通过柳州地区行政公署验收,全部发证工作符合国家和广西壮族自治区的有关规定。特别是来宾县农、林、厂、矿、场等独立大宗用地的登记发证工作,得到广西壮族自治区土地管理局的肯定,并在全区推广。

此后,国家单位建设用地和城乡居民建房用地逐年增多,土地登记发证增多。

2003年,来宾市国土资源主管部门完成农村集体所有权登记发证试点工作;全面开展房改房土地登记发证工作;加快农场土地发证工作;建立了相关的工作制度,积极开展地籍与测绘管理业务知识培训工作;认真完成本年度土地利用变更调查工作。全年完成国有土地使用权登记发证3501宗,其中市本级1066宗;集体土地使用权登记发证3101宗,其中市本级161宗;完成集体土地所有权登记发证8宗;完成农林场登记发证7宗;房改房土地登记3宗地,共颁发42本证书;办理土地使用权抵押登记852宗,其中市本级724宗。

2004年,来宾市根据广西壮族自治区国土资源厅《转发国土资源部关于进一步规范土地登记工作的通知》(桂国土资发〔2003〕57号)精神,结合土地市场治理整顿,对全市现有土地登记进行全面清理。全年共办理10093宗土地登记,其中国有土地设定登记发证2037宗,变更登记发证1838宗,换证172本,房改房登记发证1243本;集体土地设定登记发证2866宗,换证1296本;国有土地使用权抵押登记641宗。其中市本级共办理3494宗土地登记,其中国有土地设定登记发证81宗,变更登记1267宗,换证99宗,房改房发证52本;集体土地设定登记1537宗;国有土地使用权抵押权设定登记458宗。是年,象州县全县土地登记总数48173宗,其中国有土地使用权5605宗,集体土地使用权42568宗,清理登记48097宗,占登记总数的99.84%。清出并纠正不规范登记160宗(其中权属不清120宗,登记程序不合法20宗,违反“五不登记规定”20宗)。设定土地初始登记987宗,换证282宗。

2005年,来宾市共办理11109宗土地登记,其中,国有土地设定登记发证2494宗,变更登记发证1746宗,换证255本,房改房登记发证2271本;集体土地设定登记发证3414宗,换证73本;国有土地使用权抵押登记856宗。调处土地登记发证后的土地权属纠纷工作,年内共受理土地权属纠纷30宗,调处22宗,调处率73%。按时按质完成2005年度全市土地变更调查工作。做好土地登记资料公开查询工作,年内共接受土地登记查询1678人(次)。开展县级土地利用数据库建设工作,全市6个县(市、区)已有4个完成土地利用数据库建设工作。

至2005年,忻城县全县应发证89744宗,已发证80989宗。其中:国有土地使用权应发证2716宗,已发证2626宗;集体土地使用权应发证87028宗,已发证78303宗。兴宾区共完成登记发证130952本,其中,国有土地使用权登记发证10483本,发证率89.71%;集体土地所有权登记发证8本,发证率3.11%(按发证至村民委员会计);集体土地使用权(主要是农村宅基地)登记发证120461本,发证率86.36%。在开展土地初始登记的同时,做好城镇地籍调查及土地变更登记发证工作,城镇地籍调查累计已完成面积24.47平方千米,变更土地登记发证累计24227本,其中,国有土地使用权变更登记12509本,集体土地所有权变更登记8本,集体土地使用权变更登记11710本。武宣县完成集体土地建设用地使用权发证69890宗,国有土地使用权发证18201宗,变更登记25135宗、土地他项权利登记450宗。象州县土地初始登记672宗,换证157宗,完善地籍档案2100宗。

第二节　测绘成果及技术

地籍测绘成果

民国23年(1934年),广西省财政厅清理田亩总局对迁江等县进行土地三角测量。民国27年,迁江等县进行三角测量。民国29—30年,民政厅地政科对象县、金秀警备区进行地形测量,绘制1∶60000地形图。民国32年8月—10月,广西省第六区地籍整理处派员到象县对县城区及石龙、运江2镇土地重新测量测绘,城区测量面积为1548亩(103.2万平方米);石龙镇测量面积1350亩(90万平方米),

其中税地面积1074亩(71.6万平方米)。测绘结束后由县发给营业执照。民国33年,来宾县地籍管理处成立,对大湾土地进行测量。

1988年,来宾市境域各县(市)结合土地初始登记,开展县城区地籍调查,绘制县城区1∶500比例尺地籍图。1991—1995年,来宾市境域部分县(市)根据土地管理需要开展地籍图测绘工作。1993年3月开始,来宾县进行城镇地形地籍测量。1994年5月10日,通过上级土地管理局联合检查组的检查验收。来宾县城镇地籍调查成果:完成界址测量原始记录5本;控制展点图1∶500、1∶10000图幅分幅与街坊接合图各1份共4张;控制计算资料1本;埋石点成果表1本,解析界址点成果表1本;埋石点记4本;仪器检定资料1本;地形着墨图206幅,地籍原图、着墨图各187幅;面积量算和平差原始记录1本;以街坊为单位宗地面积汇总表2册、城镇土地分类面积汇总表1册。象州县1989年完成的1∶500地籍图施测面积2平方千米,忻城县1991年完成的1∶500、1∶1000施测面积各4平方千米、1.7平方千米,合山市1994年完成的1∶500、1∶1000施测面积各0.19平方千米、4平方千米,武宣县1993年完成的1∶500施测面积7.68平方千米,金秀瑶族自治县1995年完成的1∶500施测面积1.4平方千米。1996年8月,来宾市境域各县(市)城区地籍测量工作通过广西壮族自治区验收,取得"城镇地籍调查合格证书",其中,忻城县获广西壮族自治区地籍调查科技成果二等奖、国家城镇地籍调查优秀成果三等奖。

测绘技术运用

1957年以来,来宾市境域各县先后完成各种平面控制网点648个,其中C级GPS控制网点58个、D级GPS控制网点36个、E级GPS控制网点51个、Ⅰ等三角网点1个、Ⅱ等三角网点71个、Ⅲ等三角网点41个、Ⅳ等三角网点17个、Ⅰ等军控点373个;完成各种高程控制网点530个,其中Ⅰ等水准网点24个、Ⅱ等水准网点153个、Ⅲ等水准网点275个、Ⅳ等水准网点78个。至2005年底,来宾市1∶100万、1∶50万、1∶25万、1∶10万、1∶5万、1∶1万比例尺地形图已覆盖全市13342平方千米;完成基本比例尺模拟地形图施测297.47平方千米,其中1∶500比例尺地形图41.47平方千米、1∶1000比例尺地形图28.3平方千米、1∶2000比例尺地形图236.7平方千米。2001—2004年4年间,今来宾市为满足城市建设的需要,投入大量资金进行大比例尺数字化地形图测绘,分4次共完成市区73平方千米1∶500数字化地形图测绘。

2005年3月,根据自治区测绘局《关于开展市、县基础测绘规划编制工作的通知》(桂测发〔2004〕73号)文件精神,来宾市组织开展《来宾市基础测绘规划(2006—2020年)》编制工作。

第八章　土地监察

来宾市各级土地管理部门成立前,土地监察工作仅限于对国家建设用地的监督管理。土地管理部门成立后,全面贯彻落实土地管理法,依法加强土地执法监察工作,设立土地监察机构,配齐配全管理人员,形成县、乡镇、村土地监察信息网络,开展日常土地执法监察,积极查处土地违法案件,土地管理部门依法对违法用地实施监督检查,配合开展清理整顿土地市场,清查土地炒卖,开展声势浩大的土地执法监察活动,与公安、检察、法院、司法行政、城市管理等部门搞好联合执法,强制拆除违法占地建房和违章建筑,对违法户给予坚决打击,并移送司法机关。预防、制止和查处违法用地行为,维护土地管理正常秩序,维护土地所有者和使用者的合法权益,促进来宾市经济社会发展。

第一节　清查违法用地

来宾市各级国土资源管理部门内设土地监察科(股),乡镇由土地管理所负责。1992年,来宾市各县(市)土地管理局与同级人民法院、公安部门一起,相继成立人民法院土地执行室、土地公安执勤室。各县(市)土地管理局还成立土地监察执法队,在村(街)居民委员会聘请土地监察信息员,加强对违法用地的管理。

清查非农建设用地

1987年,来宾市境域根据国家和广西壮族自治区的指示,各县(市)成立"清查非农业用地领导小组”,组织工作队深入农村,在广泛宣传贯彻土地管理法,进行爱惜保护耕地教育的基础上,对非农业建设用地进行全面清理,清查工作于1988年结束。是年7月,来宾县召开会议贯彻广西壮族自治区在玉林市召开的土地管理工作会议和柳州地区在武宣县召开的土地工作会议精神,将清查非农建设用地列入党委议事日程,制定《关于严肃处理违法占地违章建房的具体规定》,抽调干部83人组成清查办公室,实行分片包干,全面落实清查工作。培训清查业务人员230人,在清查非农建设用地的同时,建立档案。对被清查的用户立档登记,装订成册,以备后查。经清查,全县违地占地建房1982年为78户,1983年上升至254户,1984年发展到486户,1985年猛增至1411户,1986年达到3476户,建房6700间,占地面积89.74公顷。至1988年止,来宾县查出违法用地单位13个,其中有4个用地手续不完善,占地面积0.67公顷,给予罚款796元,并补办手续。查出个人违法占地建房7807户,占全县总户数的5.7%,建房14600间,占地面积125.53公顷,按有关文件作出定案处理5431户,占应定案户数的69.5%,其中,罚款5228户,交罚款342.73万元,拆房还地203户1.34公顷,没收非法所得71.50万元。武宣县共清理违法占地违章建房共4647户,占用耕地800.5亩,其中水田104亩,旱地272.5亩,荒地424亩。遂责令违法用地户补交土地费25.71万元,实交21.43万元。对于违章建房又影响水利、交通和城乡建设规划的房屋94间,全部予以拆除。

1997年,来宾市境域各县(市)开展第二次清查非农业建设用地工作。清查范围:1991年1月1日至1997年4月14日非农业建设用地。为了做好这项工作,各县(市)成立清查工作领导小组,组长由县人民政府分管土地工作副县长担任,乡镇也相应成立领导机构,领导小组下设办公室。从有关部门抽调人员到领导小组及办公室工作。设立清查举报电话和清查举报箱,培训清查工作人员,利用各种形式开展宣传。经过调查摸底、实地核对、登记造册、数据统计汇总和查漏补缺。清查工作于1997年10月底结束。对清查出的问题,按《广西壮族自治区人民政府关于对非农业建设用地清查中有关问题处理的通知》(桂政发〔1997〕77号)文件规定进行处理。查清来宾市境域在实际用地中,国家建设用地1433宗,面积1938.77公顷(耕地1108.75公顷),其中经批准用地1356宗,面积871.53公顷(耕地469.83公顷),未经批准用地77宗,面积1067.24公顷(耕地638.92公顷);集体建设用地378宗,其中经批准用地253宗,面积105.24公顷(耕地40.75公顷);未经批准用地125宗,面积160.78公顷(耕地50.92公顷)。个人建房用地57818宗,面积555.58公顷(耕地114.24公顷),其中经批准用地52408宗,面积497.45公顷(耕地94.52公顷);未经批准用地5334宗,面积56.51公顷(耕地18.83公顷)。

来宾县人民政府成立清查非农业建设用地领导小组及办公室。县领导小组下发文件,召开会议,制定方案。乡、镇人民政府也相应成立清查非农业建设用地领导小组和办公室。全县共抽调128名干部配合县清查办开展工作。清查出各类非农业建设用地4793宗,面积481.69公顷(耕地149.57公顷)。其中经批准用地4093宗(含欠交出让金项目用地10宗),面积270.25公顷(耕地100.35公顷);未批先用628宗,面积210.80公顷(耕地78.71公顷);非法批地14宗,面积0.08公顷(耕地0.05公顷),买卖土地58宗,面积0.56公顷(耕地0.46公顷)。来宾县对清查出的问题,按《广西壮族自治区人民政府关于对非农业建设用地清查中有关问题处理的通知》(桂政发〔1997〕77号)以及《来宾县人民政府关于贯彻执行自治区人民政府对非农业建设用地清查中有关问题处理的实施意见的通知》(来政发〔1997〕53号)的规定提出处理意见,发出行政处罚决定书或行政处理通知书710宗,处罚没收地上建筑物作价优先卖给其业主349宗,建筑面积3.73万平方米,作价款72.58万元,追回欠交土地出让金和税费150万元。通过大清查,基本掌握了全县1991年以来的非农业建设用地总量和违法用地情况:非农建设用地偏大,违法占地不少。有628宗地未批先用,用地单位为县第二糖厂、小平阳镇经济开发小区、兰天水泥厂、城厢乡和桥巩乡多家砖厂等,平均每宗用地面积3.33公顷,最多的宗地达25.33公顷。个别乡镇非法批地,把耕地改为非耕地来进行审批。

忻城县成立清查工作领导小组,组长由县人民政府分管土地工作副县长担任,全县13个乡镇也相应成立领导机构,领导小组下设办公室。全县抽调150多人到领导小组及办公室工作。全县设立清查举报电话14部,设立清查举报箱29个,培训清查人员200多人,书写张贴大小标语200多条,挂跨街横幅41幅,出板报墙报28期,出动宣传车巡回宣传15辆(次),圩日广播宣传26次。查出非农业建设用地共7880宗,面积181.32公顷,其中,国家单位建设用地131宗,面积72.36公顷,集体单位建设用地52宗,面积 38.82 公顷；个人住宅用地 7727 宗，面积 71.95 公顷。在 7880 宗非农业建设用地中，未经批准用地 761 宗，按有关政策处理 761 宗，收取各种款项 48.96 万元，其中耕地占用税 3.98 万元，作价款 45 万元。

清查干部职工“三违”建私房

1989 年 8 月，来宾市境域内各县（市）根据《中共广西壮族自治区委员会关于清查干部职工违法违章建私房的指示》，成立领导小组和办公室，组织清理违章建房工作队，对县、乡镇、直属机关的干部工人占地建房情况进行清查。1991 年，清查干部职工违法违章建私房工作全部结束。武宣县组织 167 人的清理违章建房工作队，对县、乡（镇）、直属机关的干部工人占地建房情况进行清查。查出全县干部工人买地建房有 842 户，其中超面积 465 户 1.95 万平方米，按规定罚款 95 万元，实交了 82 万元。有 353 户退出了原住公房迁入新居。来宾县成立清查干部、职工建私房领导小组，抽调 398 名干部组成清查“三违”工作组，全面开展清查工作。查出干部职工建有私房 1093 户，占地 8.91 万平方米，其中干部 627 户，在 627 户干部中，处级 9 户，科级 71 户，科级以下干部 547 户，作出行政处罚决定 1093 户。象州县共查出干部、职工建私房户数 382 户，其中，干部 262 户。经过核查，有 210 户干部存在违法违章违纪建私房行为，其中，超标 158 户，占地面积 4590.7 平方米；购定商品房 52 户（含购旧房 48 户）。

清查违法占地建房

《中华人民共和国土地管理法》颁发实施后，来宾市境域各县（市）人民政府加强宣传贯彻落实土地管理法，依法对违法占用土地建房的清理，严肃查处土地违法案件。

1986 年，武宣县开展农村违法占地建房工作，全县农村建房占用耕地达 360 亩。其中有 201 户未办任何手续就占地 108 亩建房。来宾县清理农村非法占地建房 3476 户，占地面积 89.74 公顷。

1991 年，来宾县人民政府下发《关于加强土地监察严肃查处违犯土地法规行为的通知》及实施办法，为指导全县查处违法用地工作提供政策依据。县共查处土地违法案件 84 起，全部结案，其中拆除违章建房 15 起，退还土地面积 920 平方米。清查出违法违章建筑 2051 户，面积 20.14 公顷，收取土地罚没金 129 万元，耕地占用税 33.90 万元，土地管理费 13.31 万元。

1992 年后，来宾市境域各县（市）成立土地监察大队，各县分别成立县人民法院土地执行室和县公安局土地执勤室。两室与监察大队合作，增强土地执法效果。1992 年 5 月，忻城县人民政府印发《关于处理城乡个人违法占地违章建房的若干规定》，在全县范围内开展城乡违法占地违章建房清查工作。首先在城关、红渡、安东 2 镇 1 乡试点，经过一个月工作，在县城区内查出违法占地违章建房 320 户，收取土地罚没款 20 多万元。安东乡查出 160 多户，收罚没款 1 万多元，红渡镇查出 300 多户，收罚没款 1 万多元。是年 4 月，来宾县土地监察队重点查处了在县矿产局、县税务局、县保险公司、县第二小学和来宾电厂等单位和部门征地范围内强占土地建房、违法占地建房案件，全县查处违法违章占地建房 2051 户，面积 23.48 公顷，发出处罚决定书 1759 份，面积 20.14 公顷，收取罚没款 75 万元。

1993 年，来宾县重点查处来宾镇、迁江镇、凤凰镇、平阳乡等几个乡镇违法占地案件。在县城，强行拆除违章建筑 32 户，安排拆迁宅基地户 25 户，调查处理土地侵权案件 5 起。全县查处违法占地案件 1253 起，收取土地罚没款 125 万元。忻城县共查处违法占地违章建房 3918 户，罚没处理面积 27.94 公顷，其中耕地 10.12 公顷，非耕地面积 17.83 公顷，拆除房屋 24 户，面积 1158.06 平方米，收取各种土地款项 116.62 万元，其中土地罚没款 94.75 万元，耕地占用税 16.22 万元，土地使用权价款 5.65 万元。

象州县 1991—1995 年，共查处违法占地案件 1308 件，面积 12.04 万平方米，收缴罚没款 15 万元。1994 年，来宾县加强土地执法工作，共清查违法用地违章建房 308 户 308 宗。结案 256 户 256 宗，涉及违法用地 3.03 公顷，收取土地罚没款 57 万元。金秀瑶族自治县共查处土地违法案件 1250 宗、面积 17.76 公顷，其中罚款处理 1243 宗、面积 17.92 公顷。

1996 年，来宾县在县城规划区内清理土地违法案件 188 件，面积 35.35 公顷，拆除违章建筑 35 宗。其中依法申请人民法院强制拆除 13 宗，收回土地 53.54 公顷，制止 58 户 61 宗违法案件发生。清理农村违法占地建房 173 户。

1998 年，来宾县查处土地违法案件 527 起，面积 102.35 公顷。1999—2001 年，来宾县立案查处土地违法案件 100 起，面积 183.87 公顷，罚款 380 万元。1996—2000 年，象州县共查处违法用地案 181 件，责令拆除恢复耕地原状 5 宗，行政处罚款 52 多万元，通过制止违法行为挽回损失约 17.61 万元。2001 年，象州县共查出违法用地案件457宗，面积11.11公顷，案件查处率达90%以上，结案率85%。1988—2005年，金秀瑶族自治县共查处土地违法案件882件、面积17.20公顷，拆除占地违法违章建筑11处、面积0.49公顷。

2003年，来宾市国土资源局根据《国务院办公厅关于深入开展土地市场治理整顿严格土地管理紧急通知》和广西壮族自治区人民政府、广西壮族自治区国土资源厅的部署和要求，对2003年以来的土地占用、整顿未批先用、征而未用、乱占滥用和随意改变土地用途情况进行清查，查明上报广西壮族自治区审批的批次用地和建设项目用地24批(项)次，共584.77公顷，能按规定办理有关手续。2003年以来来宾市新上项目38个，总用地面积为1102.74公顷，其中拟占用耕地面积为386.65公顷。经各级政府批准已办理用地手续的项目有15个，批准用地总面积270.12公顷。查明2003年以来报批建设用地项目33个，占地面积820.51公顷，应缴新增建设用地有偿使用费7038.26万元，已全额上缴广西壮族自治区财政厅，无拖欠现象。经批准征用的农民集体土地面积877.53公顷，应付征地补偿费16243万元，已征用土地747.40公顷，支付征地补偿费17209万元，已足额支付给村集体和个人。针对制度不够健全完善的问题，从市本级到各县(市)都及时纠正，制定了《建设用地供应总量控制制度》《国有土地有偿使用制度》《城市建设用地集中供应制度》《土地收购储备制度》《土地使用权公开交易制度》和《基准地价定期更新制度》等九项制度。通过完善相关制度，用制度管人，用制度管地，促进土地市场秩序步入制度化、规范化轨道。抓紧查处国土资源违法案件。全年发生土地违法案件1203件(含旧案)，涉及土地面积59公顷，立案查处323件，结案303件，收罚没款114.5万元。

2004年，全市立案查处国土资源违法案件260件，查处结案234件，结案率为90%，收罚没款228.60万元，其中土地违法案件立案220件，结案196件，涉及占地面积14.56公顷，结案率为89.09%，收罚没款215.76万元，没收建筑物9474.81平方米，拆除违法建筑物263间、面积10805平方米，收回土地1.08公顷。其中，市本级立案查处违法案件92件，查处结案74件，结案率为80.40%；收罚没款100.5万元，其中土地违法案件立案91件，结案73件，涉及占地面积12.50公顷，结案率为80.2%，收罚没款99.50万元，没收建筑物8088.81平方米，拆除违法建筑物263间、面积10805平方米，收回土地1.08公顷。在查处国土资源违法案件中，对执法监察支队报送查处的88件国土资源违法案件的法律文书及有关案卷材料进行认真审核，做出处理决定的案件客观公正，证据充分，事实清楚，适用法律正确，程序合法，质量明显提高，没有发生错案现象。

2005年，来宾市国土资源部门进行土地动态巡查841批2908人次，发现土地违法行为1055起，及时教育纠正、制止923起，涉及土地面积5.01公顷，挽回经济损失156.3万元；下达《责令停止违法行为通知书》48份。拆除市城区违法占地建(构)筑物92间，面积7580平方米。全市共立案查处国土资源违法案件299件，其中：土地违法案件256件，涉及土地面积6.84公顷(其中耕地3.89公顷)；结案235件，涉及土地面积4.23公顷(其中耕地2.47公顷)，拆除建(构)筑物7655平方米，没收建(构)筑物11372平方米，收回土地1.96公顷(其中耕地0.02公顷)，收罚没款194.19万元。

表4-24　1996—2005年来宾市查处土地违法案件情况统计表

年度	发生(件)	立案(件)	结案(件)	收罚没款(万元)	行政处分(人)
1996	502	502	502		
1997	2853	1841	1512		
1998	1563	1563	2040 (含处理历史遗留等案件)	276.00	
1999	1147	1147	1231	188.35	7
2000	1225	1225	1539	263.00	
2001	1089	1089	1032	310.78	
2002	831	757		200.00	1
2003	1203	323	303	114.50	
2004	260	220	196	215.86	
2005	1055	256	235	194.19	

土地纠纷调处

来宾市境域土地权属纠纷案件由土地管理部门负责调查处理。

1986—1990年，金秀瑶族自治县共受理土地纠纷案件2240件，调处结案2029件，结案率为90.58%。象州县1991—1995年共处理土地纠纷24起，接待群众来访1200人（次），处理群众来信1021件。1991—2000年，金秀瑶族自治县加大土地纠纷案件的调查处理工作。其间共受理案件4280件，调处结案4019件，结案率为93.9%。平息因“三大纠纷”引起的群众性械斗4起。1990—1995年，来宾县土地管理部门受理土地纠纷信访件426件，来访6636人次，立案374件，调处结案370件，涉及土地面积3985.60公顷。1996年，来宾县土地管理部门调处土地纠纷案32起，面积293.33公顷。1993—1997年，金秀瑶族自治县调处土地纠纷18件，面积61.59公顷。1997年，金秀瑶族自治县被评为广西壮族自治区土地监察工作先进单位。2001年，金秀瑶族自治县受理土地纠纷案件196件，调处结案176件，调处结案率为92.6%。

2003—2005年，来宾市国土资源行政主管部门共立案受理国土资源纠纷案件718件，共调结606件，调结率84.5%，解决争议土地面积2912.58公顷，其中，市国土资源局国土资源纠纷调处科立案受理国土资源纠纷案件124件，调结124件，调结率100%。解决争议的土地面积2045.95公顷。2004—2005年，武宣县共受理案件64件，调结58件，调结率为90.6%，解决争议土地面积627.79公顷，其中以协议的方式调结土地纠纷案10起，即解决了黄茆镇玉村与武宣黔江农场8队、黄茆镇玉村与武宣黔江农场9队、金鸡乡新村与武宣黔江农场10队、武宣镇大岭村与武宣黔江农场2队、武宣镇清水村与武宣黔江农场2队、三里镇台村与武宣黔江农场2队、金鸡乡新村与武宣黔江农场10队、武宣镇盘龙村与武宣黔江农场2队、三里镇五星村委第4队与第6队、金鸡乡马良村委第2队与第3队的土地权属争议。同时调结县城高立山商业步行街建设、鸿福鑫城项目建设、鸿城建材项目建设，国道209线、武宣至平南二级公路等城市建设用地和重点建设项目用地中发生的用地纠纷问题。

第二节　治理土地市场秩序

1992年，来宾市境域各县（市）根据上级有关文件精神，开展土地隐形市场整顿。

1994年，来宾市境域各县（市）根据广西壮族自治区人民政府《关于开展清理整顿划拨土地使用权自发进入市场工作的通知》《关于对清理整顿土地使用权自发进入市场工作进行检查验收的通知》，县（市）人民政府发布关于开展清理整顿土地市场的通知，对清理整顿土地隐形市场的范围、方法、出让金及收益金补交方式、检查验收办法等作出明确规定。采取广泛宣传、深入动员、调查研究、制定方案、自查自报、查证核实等方法和措施开展清理整顿工作。1995年9月，全面完成整顿。1994年4月—7月，金秀瑶族自治县办理出租土地使用权275宗，面积18671.77平方米；改变土地用途28宗，面积1016.07平方米；转让土地使用权41宗，面积209557.9平方米；抵押土地使用权14宗，面积168856平方米。收入土地收益金68万元。同年8月，柳州地区行政公署在金秀瑶族自治县召开现场会推广金秀瑶族自治县的经验。各县（市）在重点清理县城土地隐形市场的同时，对县内未经批准擅自出租转让、抵押及改变用途的国有土地使用权进行清理整顿。至1995年，来宾市境域内清理土地隐形市场交易为8231宗，清理面积占应清理面积的97.44%，收取土地收益金447.83万元，收费率为94.47%。象州县实际清理城镇国有（集体）土地使用权自发进入市场交易行为1480宗，面积22970平方米，占应清理数的100%；实收各种规费37.37万元，占应收费的100%，其中，土地转让167宗，收取出让金7.12万元；土地抵押21宗，收取抵押金0.79万元；土地出租860宗，收取收益金21.05万元；改变土地用途431宗，收取收益金8.41万元；依法补办各种土地证书2760本（张）。来宾县清理非法进入市场交易的国有土地1256宗，面积45249.2平方米，全面进行登记，补办出让手续，并依照政策收取各种土地收益金199.24万元。其中买卖房屋连同买卖土地21宗，面积1795平方米，出租房屋连同出租土地259宗，面积19513.05平方米，出租土地14宗，面积3796.80平方米，擅自改变土地用途601宗，面积18736.19平方米。忻城县城区共核查出未经批准将行政划拨土地用于房屋出租单位54个，房屋出租389.5间，土地218宗，面积9688.18平方米；未经批准将行政划拨土地改变用途用于商业性经营活动单位1个，房屋5间，面积119.30平方米。同年6月，对核查出来有问题用地单位进行处理。全县清理整顿土地隐形市场共清理用地225宗（不包括乡镇），其中补办出租房屋连同出租土地手续218宗，补办改变土地用途手续1宗，收取款项137848.50元，其中收取土地收益金129334

元，税费 5965.66 元，土地抵押管理费 2548.84 元。

1996 年，来宾县土地管理部门加强对土地市场动态监测工作，除代表县人民政府垄断土地一级市场进行出让和有偿划拨外，对出让后取得的土地和原划拨取得的土地，需转让、抵押、入股联营的土地进行登记，办理有关手续，规范土地二级市场。对未经办理有关手续的土地违法进入市场的，一经发现则依法处理。原拍卖出让的县府门口鱼塘 5020 平方米地块，受让方不履行合同，又擅自转让土地，已被依法处理，发出通知、通告、勒令停工，限期补交出让金。1999—2000 年，来宾县对全县的土地转让和炒卖进行清查，共查出土地转让 771 宗，土地面积 191.6 亩，对查出的非法转让的 80 宗土地，均依法处理。1999 年，象州县开展土地转让、土地炒卖清查。全年共依法批准转让土地 181 宗，面积 14488.07 平方米，其中，国有建设用地转让 172 宗，面积 13804.06 平方米，集体建设用地转让 5 宗，面积 366 平方米；对 4 宗（面积 219.49 平方米）未经批准利用集体土地建房的违法交易依照有关政策进行处理。2001 年，来宾县土地管理部门依法处理 480 宗土地买卖案件，收取罚没款 150 万元。

2003 年 2 月 20 日—2004 年 1 月，来宾市根据《国务院办公厅关于深入开展土地市场治理整顿严格土地管理紧急通知》和广西壮族自治区人民政府、广西壮族自治区国土资源厅的部署和要求，在全市范围内开展土地市场秩序治理整顿工作。来宾市成立以分管副市长为组长的治理整顿工作领导小组，制定《来宾市进一步治理整顿土地市场秩序工作方案》和《来宾市加大力度治理整顿土地市场秩序工作实施方案》，全面开展进一步治理整顿土地市场秩序工作。为使治理整顿工作取得实效，市国土资源部门狠抓业务培训，通过广播、有线电视、出板报、张贴标语、文艺演出和发送资料等形式，开展广泛宣传，宣传治理整顿的政策措施，为治理整顿工作的顺利进行创造有利条件。全市共举办培训班 58 期，培训业务人员 1272 人次。全市通过广播、有线电视、出板报、张贴标语、文艺演出和发送资料等形式进行宣传 40 多次，印发宣传资料 5.5 万多份，张贴标语 1.25 万多条，出板报、墙报 33 期，上街进行法律咨询 35 次，印发公告 1900 多份，建立举报信箱、举报电话 12 个。通过完善相关制度，用制度管人，用制度管地，促进土地市场秩序步入制度化、规范化轨道。针对制度不够健全完善的问题，从市本级到各县（市）都及时纠正，制定了《建设用地供应总量控制制度》《国有土地有偿使用制度》《城市建设用地集中供应制度》《土地收购储备制度》《土地使用权公开交易制度》和《基准地价定期更新制度》等 9 项制度。认真贯彻落实国务院办公厅《关于暂停审批各类开发区的紧急通知》《关于清理整顿各类开发区加强建设用地管理的通知》，和监察部、国土资源部联合召开的经营性土地使用权招标、拍卖、挂牌出让执法监察电视电话会议的精神，全市认真抓好经营性土地使用权招标、拍卖、挂牌出让工作，并取得明显成效。年内，来宾市已建立土地交易中心 1 个、土地交易所 5 个；进行招标、拍卖、挂牌出让土地 38 宗，面积 18.27 公顷，收地价款 6172.39 万元。

来宾市国土资源局对 2003 年以来的土地占用、整顿未批先用、征而未用、乱占滥用和随意改变土地用途情况进行清查，查明上报广西壮族自治区审批的批次用地和建设项目用地 24 批（项）次，面积 584.77 公顷，能按规定办理有关手续。

2003 年以来，全市新上项目 38 个，总用地面积为 1102.74 公顷，其中拟占用耕地面积为 386.65 公顷。经各级政府批准已办理用地手续的项目有 15 个，批准用地总面积 270.12 公顷。查明 2003 年以来报批建设用地项目 33 个，占地面积 820.51 公顷，应缴新增建设用地有偿使用费 7038.26 万元，已全额上缴广西壮族自治区财政厅，无拖欠现象。经批准征用的农民集体土地面积 877.53 公顷，应付征地补偿费 16243 万元，已征用土地 747.40 公顷，支付征地补偿费 17209 万元，已足额支付给村集体和个人。

经清理和治理整顿土地市场秩序，来宾市土地市场秩序逐步进入制度化、规范化、法制化轨道。2004 年，全市凡商业、旅游、娱乐、房地产开发等经营性用地，均以招标、拍卖或挂牌出让方式供地。全年，全市经营性用地全部实行招标、拍卖或挂牌方式出让，通过招标、拍卖、挂牌出让宗地 18 宗，面积 41.03 公顷，成交价款 11412.72 万元，其中拍卖出让 3 宗，面积为 0.43 公顷，成交价款 299.5 万元；挂牌出让 15 宗，面积为 40.59 公顷，成交价款 11113.22 万元。

2005 年，来宾市严格执行《招标拍卖挂牌出让国有土地使用权规定》，凡商业、旅游、娱乐、房地产开发等经营性用地，均以招标、拍卖或挂牌出让方式供地。年内，出让国有土地 37 宗（不含划拨转出让、个人建设用地出让），面积 193.70 公顷，政府收取土地出让金 51585.65 万元。其中招标拍卖挂牌 20 宗，面积 70.38 公顷，协议出让 17 宗（含工业用地出让 2 宗），面积 123.31 公顷。

第五篇

城乡建设　环境保护

来宾市境内城乡建设历史悠久,早在3万多年前,壮族先民麒麟山人就开始筑巢舍以求生存,繁衍后代。各县域在封建时代都建有规模不大的城廓。今兴宾区境内,唐朝建有金峰寺,宋代开始建有土城。南宋凿有蓬莱洲摩崖石刻,元代修龙洞河正平石拱桥,明朝重建文辉塔,清朝建龙洞寺,民国造正龙红水河浮桥。民国时期,来宾县城面积约1平方千米,房屋面积约10万平方米,多为砖瓦结构的平房。市境内各县(市、区)城乡建设发展缓慢。乡村建设依山而设,依水而建,各乡镇所在地设有中心小学校和农贸市场,各行政村设有小学校。农村房屋建筑面积约300万平方米,多为土木、砖木结构瓦房,边远山区和少数民族村屯则多为杆栏结构的茅草房、泥草屋。恶劣的环境,加上兵匪之患,不少村庄自生自灭。

中华人民共和国成立后,中国共产党和各级政府把城乡建设纳入重要议事日程,实行规划、建设和管理。尤其是改革开放以来,进一步加强城乡建设,城乡面貌发生显著变化。特别是设立地级来宾市后,中共来宾市委员会、市人民政府坚持一手抓新城区开发建设,一手抓旧城区改造,以新城区建设为重点,着力推进新区道路、桥梁、公园、管网、供水、供电、通信、广播电视等基础设施建设,快速拉开城市建设框架,不断提高城市承载能力,城镇化水平逐步提高。城北新区、华侨投资区、河西循环经济工业园区等新城区建设齐头并进。建城区绿化、亮化、美化、供气、供水、排水、排污等城镇基础设施综合服务功能日渐完善,城镇居住环境有较大改善。

2005年,来宾市按照统筹推进全市项目建设,拉大城市建设框架,扩大投资规模的总体要求,积极开展城市建设年活动,从强化城市功能性基础设施建设和硬化美化市容市貌入手,加快城市建设步伐。实施"环境立市"和"城建塑市"发展战略,提出把来宾建设成为富有浓郁地方文化和民族特色的山水园林宜居城市的目标。不断加大对城市规划建设的投入,抓好引水入城工程、教育园区、体育文化中心和特色街区等项目的规划设计,燃气、公交、市区道路绿化、户外广告、环境卫生基础设施、城市排水等专项规划相继完成,红水河三桥、四桥建设规划,土地利用总体规划修编工作如期推进。全市城镇规划体系进一步完善,规划修编工作不断取得新进展。

第一章　城乡建设管理

自民国以来,来宾市境域各县均设建设机构,先后称为实业科、建设科、城市建设科、公产管理所、城镇建设办公室、基建局等。尤其是中华人民共和国成立后,随着城乡的快速发展需要,机构配置人员随之增加,职责也随之拓宽。各县建设部门不断加强城乡建设的规划管理,不断规范岗位责任制,提高服务质量,严格落实干部廉洁自律管理制度,在办理工程施工许可证和勘察设计项目中签订廉洁自律合同书,强化《中华人民共和国建筑法》《中华人民共和国城市规划法》和《中华人民共和国招投标法》的实施力度,严格规范工程招投标程序,遏制"暗箱操作"。

第一节　机　构

行政机构

来宾市建设与规划委员会于2002年12月28日成立,新设立的来宾市建设与规划委员会由原柳州地区建设局及上划合并的原来宾县建设局共同组成,为正处级行政单位。办公地址位于来宾市兴宾区北二路318号。

2003年,来宾市建设与规划委员会核定行政编制29名,在职29人。其中,具有中高级以上职称26人,工程专业技术人员17人。内设办公室、人事教育法规科、计划财务科、工程建设管理科、勘察设计与技术管理科、城市规划管理科、城乡建设管理科和房地产管理科等8个科室,下设房产管理局、建设工程质量监督站、建设工程安全监督管理站、城市规划建设监察管理支队、招标投标管理办公室、房屋拆迁管理办公室、新型墙体材料改革办公室、造价管理站、城乡规划设计室、规划综合技术服务中心、综合设计院、建设工程交易中心等12个二层机构。管辖忻城县、象州县、金秀瑶族自治县、武宣县、合山市等5个县(市)建设局。

2005年,市建设与规划委员会核定编制32名,其中:行政编制29名,工勤编制3名;领导职数为主任1名,副主任4名;科级领导职数14名。内设办公室、人事教育法规科、计划财务科、工程建设管理科、勘察设计与技术管理科、城市规划管理科、城乡建设管理科、房地产管理科等8个职能科室,下设房产管理局、建设工程质量监督站、建设工程安全监督管理站、城市规划建设监察管理支队、招标投标管理办公室、房屋拆迁管理办公室、新型墙体材料改革办公室、造价管理站、城乡规划设计室、规划综合技术服务中心、综合设计院、建设工程交易中心等12个二层机构。管辖忻城县、象州县、金秀瑶族自治县、武宣县、合山市5个县(市)建设局和兴宾区村镇规划建设管理办公室。

主任 张协奎(2002年12月—2003年7月)、罗耀平(2003年7月—2004年5月)、温远辉(2004年5月—2005年12月)。

县(市)建设局 自宋代有县城、乡村建设开始,来宾市境域各县(市)城乡建设均由县政府(衙、署)直接管理,没有单独设置机构。至民国16年(1927年),各县政府,大都设有建设局(科)。民国22年后,裁局设科,建设局改为建设科或实业科,管理建桥、修建公路、勘察、测绘、设计、预算等业务。民国35年,广西省第二区(柳州)、第十区(宜山)均设有建设科或实业科。

中华人民共和国成立后,来宾市境域各县(市)均设立建设行政主管机构,负责辖区内的城乡建设管理,建设主管部门先后称实业科、建设科、城市建设科、公产管理所、城镇建设办公室、基建局、城乡建设环境保护局、城乡建设委员会、建设局(村镇规划建设管理办公室)。分别隶属柳州、宜山行政区专员公署建设科、柳州专区建筑工程局、柳州行政区专员公署计划委员会建设科、柳州专区革命委员会基建局、柳州地区城乡建设环境保护局、柳州地区城乡建设委员会、柳州地区行政公署建设局。

20世纪50年代,来宾市境域各县人民政府设建设科或实业科,负责全县工程建设计划、勘查、测绘、设计、预算等业务。1952年,来宾、石龙(今象州、武宣)、忻城、金秀瑶族自治县人民政府设建设科,主管城乡建设工作。"文化大革命"初期,各县建设机构一度瘫痪。1968年,来宾市境域各县成立革命委员会,城建工作由县革委会生产指挥组物资计划小组兼管。20世纪70年代,来宾市境域各县成立城镇建设办公室或基建局,主管城乡建设工作。

20世纪80年代,来宾市境域各县(市)恢复设立城镇建设办公室或基建局。1984年,来宾县、象州县、武宣县、忻城县、金秀瑶族自治县和合山市成立城乡建设环境保护局,主管城乡建设和环境保护工作。1987年后,来宾市境域各县(市)城乡建设环境保护局分设为城乡建设委员会和环境保护局或环境保护办公室。城乡建设委员会主要负责城乡建设规划、建设和管理工作。1997年机构改革后,来宾市境域各县(市)城乡建设委员会,改称建设局。主要负责辖区工程建设、城市建设、村镇建设、建筑业、房地产业、市政公共事业、城乡建设规划和管理等工作。各县(市)建设局行政编制8~12名不等,设局长1名,副局长2~3名,内设秘书股、规划股、施工股、财务股等。2002年12月28日,来宾县建设局上收来宾市。

2003年,来宾市除兴宾区外,象州、武宣、忻城、金秀瑶族自治县和合山市均设有建设局,隶属来宾市建设与规划委员会。2004年6月,成立兴宾区村镇规划建设管理办公室,隶属来宾市建设与规划委员会。

2005年,来宾市辖区有6个县级建设行政管理机构。即象州县、武宣县、忻城县、金秀瑶族自治县和合山市建设局和兴宾区村镇规划建设管理办公室。

事业机构

2003—2005年,来宾市建设与规划委员会下属

市房产管理局挂牌成立

有房产管理局、建设工程质量监督站、建设工程安全监督管理站、城市规划建设监察支队、招投标管理办公室、房屋拆迁管理办公室、新型墙体材料改革办公室、造价管理站、建设工程交易中心9个科级事业单位。

来宾市房产管理局 2003年4月25日，由原来宾县房地产管理所上划组建而成，科级事业单位，在职职工45人、退休3人，核定人员编制15名。内设办公室、财务股、产权产籍股、房产测绘股、档案管理股、评估交易股、迁江房管站、小平阳房管站等职能部门。2005年在职人员49人。

建设工程安全监督管理站 1988年9月12日成立，科级事业单位核定人员编制15名，在职19名。2005年在职人员19人。

城乡规划设计室 2005年1月22日成立，科级事业单位，核定人员编制45名，在职27人。

房屋拆迁管理办公室 2003年6月9日成立，科级事业单位，核定人员编制6名，在职6人。2005年在职人员6人。

新型墙体材料改革办公室 2003年12月17日成立，科级事业单位，核定人员编制3名，在职人员3人。2005年在职人员3人。

招投标管理办公室 2003年12月17日成立，科级事业单位，核定人员编制3名，在职3人。2005年在职人员3人。

来宾市住房公积金管理中心 2003年6月18日挂牌成立。设立来宾市后，来宾县住房资金管理中心撤销，人、财、物并入来宾市住房公积金管理中心。

2005年，来宾市住房公积金管理中心内设综合科、归集管理科、计划信贷科三个科室，下辖金秀、象州、武宣、合山、忻城5个管理部。市住房公积金管理中心对所属管理部的人、财、物和业务实行统一管理、统一核算、统一规章制度，核定编制30名，实有29人。

第二节　城乡规划

来宾市城市总体规划

2002年9月29日，国务院批准撤销柳州地区和来宾县，设立地级来宾市和兴宾区。12月28日，来宾市挂牌成立后，市区所在地设在兴宾区，市直机关搬迁到兴宾区。随着地级来宾市的成立，原《来宾县城总体规划(1993—2015年)》已不能满足地级来宾市城市综合服务功能的需要。

中共来宾市委员会、市人民政府立足实际，放眼未来，按照高标准、高起点、高质量的要求，组织编制来宾市城市总体规划。

2003年，来宾市委托北京清华城市规划设计研究院对来宾市城市总体规划进行重新编制，编制工作在原《来宾县城总体规划(1993—2015年)》的基础上进行，2003年11月完成的《来宾市总体规划(2003—2020年)》通过广西壮族自治区评审。2004年3月，北京清华城市规划设计研究院根据专家提出的意见，对《来宾市城市总体规划(2003—2020年)》进行完善和调整，完成《来宾市城市总体规划(2003—2020年)》送审稿。3月19日，广西壮族自治区建设厅受广西壮族自治区人民政府的委托在南宁市主持召开《来宾市城市总体规划(2003—2020年)》厅际联席审议会，与会代表和专家对《来宾市城市总体规划(2003—2020年)》的方案进行认真的讨论和审议，形成会议纪要。10月，《来宾市城市总体规划(2003—2020年)》经广西壮族自治区建设厅审核后上报广西壮族自治区人民政府批准实施。2006年1月14日，广西壮族自治区人民政府批准《来宾市城市总体规划(2003—2020年)》实施。规划的期限是2003—2020年，分近期、中期、远期规划，近期为2010年，中期为2015年，远期为2020年。来宾市总体规划研究的范围是来宾市全市区域范围，总面积1.34万平方千米，包括1区1市4县，30个镇、44个乡。其中城市规划区划分为三个层次，即城市规划控制区、城市总体规划用地和城市规划建设用地。其中近期建设目标为：至2010年，来宾

2003年11月完成《来宾市城市总体规划(2003—2020年)》用地规划图　　(2005年6月摄)

市城区人口发展到30万，城市建设用地42平方千米，主要建设区为城北区、河西区、来华区北区、工业区A区、C区。远期建设目标为：至2020年，来宾市城区人口发展到43万，城市建设用地52平方千米，主要建设区为来华区南区，来合铁路以北，高速公路以东，柳来路以西片区，工业区东区东片区。来宾城市主要功能中心区分为城北行政商贸中心区、旧城商业贸易中心区、华侨农场综合发展区、城东综合发展区、仓储物流区和城南南部工业区。

来宾市在《来宾市城市总体规划(2003—2020年)》的指导下，提出并实施来宾“强化中心，依托轴线，带动全域”的城镇体系发展战略，城市中心辐射功能明显增强，城镇化水平不断提高。2004年4月，来宾市设置来宾华侨投资区。随着来宾华侨投资区的设立，总体规划中的相应功能区发生变化，需要对原来宾华侨投资区的规划布局作相应的调整，来宾市委托广西城乡规划设计院承担修编调整任务，9月完成概念性规划。

县(市)城区总体规划

来宾市境域初步规划阶段始于20世纪50年代。率先进行初步规划的县城是金秀、来宾。1952年金秀瑶族自治区(县)成立，县政府组织技术人员，对金秀村沿河两岸建街和商业服务设施布局，以及机关单位建房，进行轮廓规划。1953年，来宾县驻地从旧县治城厢街迁至来宾镇(现来宾市旧城区)，进行第一次规划，规划区面积0.5平方千米，规划人口5000人，1972年以后又多次进行调整。1959年，忻城县城关镇进行初步规划，于1979年进行修改。

总体规划阶段　来宾市境域各县(市)城区总体规划工作，始于1979年，由广西壮族自治区城建处和原柳州地区基建局组织技术力量，先在来宾县进行规模试点。各县(市)完成并批准实施的时间是：1981年象州、金秀；1982年来宾县；1983年合山市；1984年武宣、忻城县。此次总体规划，6个县(市)城的规划区面积，远期为73.8平方千米，其中以来宾县最大，为20平方千米，金秀瑶族自治县最小仅0.70平方千米。至2000年人口发展为51万人，其中合山市14万人，最少为金秀瑶族自治县规划1万人。随着经济和社会的发展，城镇化建设步伐加快，从1981—1990年实施结果看，来宾市境域内城市人口已达40.75万人，已有3个县超过或接近远期规划指标，城区面积已扩展到86平方千米，多数突破远期规划指标，1990—2002年，广西壮族自治区对全区县(市)总体规划多次进行调整。

调整完善阶段　来宾市境域各县(市)城区总体规划完成于《中华人民共和国城市规划法》颁布实施之前，对标规划法，存在着没有进行行政区域城镇体系规划、详细规划不详细等许多地方不完善之处。至1990年城市用地、人口规划等指标已经超过或接近2000年指标。根据广西壮族自治区人民政府的部署要求，所有县(市)对城区总体规划进行调整完善。1995年后的几年，来宾市境域内6县(市)均对县(市)城区的规划进行了调整和完善。据6个县(市)城区调整后的总体规划设计资料，规划区面积共计80多平方千米，比第1次总体规划面积扩大40平方千米，到2015年，人口规模达到60万，比1995年实有人口多25万人，增加2倍以上，其他各项规划指标到2015年都有较大提高。

1994年，广西城乡规划设计院编制的《来宾县城总体规划(1993—2015)》和修编的《武宣县城总体规划(1994—2015年)》完成。1995年2月13日和1997年1月，广西壮族自治区人民政府分别批准实施《来宾县城总体规划》《武宣县城总体规划》。来宾县城规划目标期限为近期(1993—2000年)和远期(2000—2015年)两个阶段。考虑到远景2015年

1994年编制的《来宾县城总体规划图》

以后的规划，规划区面积为240平方千米。1992年规划建成区用地面积为6.65平方千米，人口6.6万人，人均用地面积101平方米；至2000年规划建成区用地面积为15.12平方千米，人均用地面积116.3平方米；至2015年规划建成区用地面积为32.76平方千米，人口27万人，人均用地面积121.33平方米。规划分为3个区：河东区7.4平方千米，人口7.5万人；城北区8.22平方千米，人口7万人；河西区17.14平方千米，人口12.5万人。2000年末，来宾县城实际规划面积已达32.76平方千米，建成区面积18平方千米，人口15.6万人。

1995年，金秀瑶族自治县、合山市根据“统一规划，合理布局，有利生产，方便生活”的原则，对城区总体规划进行调整、补充、完善。1996年完成编制《合山市总体规划》。1999年，由广西城乡规划设计院编制的《象州县城总体规划(1999—2020年)》《忻城县总体规划(1999—2020年)》完成，2000年12月20日，经广西壮族自治区人民政府批准实施。忻城县规划2005年县城建设用地总面积4.17平方千米，县城城镇人口4万人，人均占地104.3平方米；规划2020年县城建设用地总面积6.98平方千米，县城城镇人口7万人，人均占地99.77平方米。

2002年，金秀瑶族自治县委托广西城乡规划设计院编制《金秀瑶族自治县县城总体规划(2002—2020)》，本次规划期限为2002—2020年，近期2002—2010年，远期到2020年，同时考虑远景2020年以后30年左右的发展。到2020年以后，从城区生态环境容量和社会经济可持续发展考虑，远景城区人口规模控制在2.5万人左右。规划近期至2010年，全县总人口为15.44万人，城镇化水平为36.27%，县城人口规模为1.4万人，县城建设用地规模为100公顷，人均建设用地为71.43平方米；规划远期至2020年，全县总人口为16.40万人，城镇化水平为50.51%，人口规模为2.0万人，县城建设用地规模为152.50公顷，人均建设用地为76.25平方米。2004年，金秀瑶族自治县提出“民族化、山城化、公园化”的县城建设指导思路，完成《县城总体规划(2002—2020年)》的第三轮修编工作，并通过评审上报来宾市人民政府批准实施。由2002年城市建成区面积0.64平方千米、人口1.03万人(含流动人口)，规划到2020年城市面积2平方千米、人口2.5万人。县城规划性质为“自治县政治、经济、文化、科技、信息中心，逐步建设成为以旅游业为支柱产业，环境优美，富有少数民族特色的山水城镇”。

2003年8月，合山市人民政府委托广西城乡规划设计院承担新一轮《合山市城市总体规划(2003—2020)》的修编工作。由于规划编制历时较长，期间根据评审会议纪要的修改要求，将规划年限从2003—2020年调整至2008—2025年，并将基础资料进行了更新，规划中主要的经济、人口指标采用2007年的数据。规划于2009年完成并上报来宾市人民政府批准实施。规划区总用地面积96.9平方千米。近期至2015年，总人口为10.5万人，城区人均建设用地指标控制在105平方米以内，则建设用地面积约为11平方千米，城区的绿地总面积约为123.2公顷，占城市建设用地11.4%，人均绿地面积11.7平方米，绿化覆盖率大于32%，规划人均公园绿地面积为4.8平方米。远期至2025年。总人口为20万人，城镇化水平为72.8%。城区人均建设用地指标控制在110平方米以内，则建设用地面积约22平方千米。本次规划2025年人均建设用地指标为109.6平方米，城市建设用地面积21.92平方千米；2015年人均建设用地指标为103.2平方米，城市建设用地面积10.84平方千米。空间管制规划主要综合自然资源、工程地质条件、生态适宜性、文物保护等多方面因素，规划在合山市区范围内划分为已建区、适宜建设地区、限制建设地区和禁止建设地区。

集镇规划

1998年，来宾县有5个镇18个乡，其中城厢乡在县城规划区内，应完成规划22个，有迁江镇、凤凰镇、小平阳镇、平阳镇、良江镇、良塘乡、桥巩乡和陶邓乡等8个乡镇完成集镇规划，完成36.4%。合山市有3个乡镇，其中岭南镇在市城区规划区内，北泗乡和河里乡全部完成集镇规划。金秀瑶族自治县有2个镇8个乡，应完成规划10个，有六巷乡、七建乡、三江乡、头排镇等4个乡镇完成集镇规划，占40%。忻城县有4个镇8个乡，其中宁江乡在县城规划区内，应完成规划11个，有大塘镇、思练镇、红渡镇、古蓬镇、马泗乡、遂意乡、北更乡等7个乡镇完成集镇规划，占63.6%。武宣县有6个镇6个乡，应完成规划12个乡镇，有二塘镇、黄茆镇、三里镇、东乡镇、桐岭镇、通挽镇、金鸡乡、河马乡、马步乡、新龙乡、禄新乡、思灵乡等12个乡镇完成集镇规划，占100%。象州县有3个镇7个乡，应完成规划10个乡镇，有石龙镇、运江镇、寺村镇、百丈乡、水晶乡、马坪乡、妙皇乡，中平乡、罗秀镇、大乐乡10个乡镇完成集镇规划。

1999—2000年，象州县完成水晶乡的规划调整修编。1999年，来宾县乡镇规划任务14个，已完成现状图14个，完成规划14个；忻城县乡镇规划任务4个，完成现状图及规划4个。忻城县对8个乡级集镇进行规划调整。2000年，来宾县完成迁江镇等7个建制镇和17个集镇的规划调整修编任务，完成小平阳、良江、平阳、凤凰、迁江、北五、蒙村等23个集镇的规划编制，确定迁江镇、来宾镇、凤凰镇为小城镇建设的重点镇。2001年，金秀瑶族自治县完成罗香、长垌、大樟等8个集镇的建设总体规划。

2002年，象州县寺村镇聘请广西城乡规划设计院修编寺村镇建设规划；大乐镇、运江镇分别完成建设规划编修。忻城县城关镇和大塘镇被广西壮族自治区人民政府列为全区重点镇后，县人民政府于2004年向广西壮族自治区建设厅争取资金12万元，完成大塘镇总体规划编制。

2003年，来宾市重点抓好集镇的规划编制工作。完成金秀瑶族自治县的金秀镇、桐木镇，忻城县的城关镇、大塘镇，武宣县的武宣镇，象州县的象州镇、寺村镇等7个重点镇的总体规划，规划总面积为13813.4公顷，建成区面积为3306.7公顷。兴宾区的迁江镇、凤凰镇，武宣县的二塘镇，象州县的石龙镇，合山市的岭南镇等5个重点镇的总体规划正在修编。

2005年，为明确第十一个五年规划期间来宾城镇化的发展方向和战备重点，合理确定城镇化建设中长期发展目标，来宾市人民政府根据来宾经济社会发展状况，编制《来宾市城镇化发展专项规划方案》，确定2010年、2015年、2020年全市城镇化建设目标。分别规划为：建制镇由2004年的29个分别达到32个、38个和42个，城镇人口由63.51万人分别达到89万人、122万人、144万人；城镇化水平由25.91%分别提高到35%、45%和50%。到2010年人均居住面积达到18平方米，道路硬化率从现有的66.5%达到85%，人均公共绿化面积由5.58平方米达到8.91平方米，每万人拥有公交车辆达到3.2标台，计划新建、改建、扩建、开发城镇基础设施项目14项，总投资26.55亿元，开发面积1603公顷。在来宾市总体规划和市域城镇体系规划指导下，城镇规划管理得到进一步加强和完善。金秀瑶族自治县县城总体规划得到来宾市人民政府批准实施。全市12个全国、全区重点镇有4个总规修编已批准实施，有8个正进行规划修编。

村屯规划

来宾市境域村屯规划起步于20世纪50年代。1958年和1970年，武宣县进行2次新农村建设规划。1983年，又拨出专款，抽调107名科技人员，按照“着眼未来，布局合理，节约耕地”的要求，对全县12个圩镇528个自然村进行粗线规划，并绘制了粗线规划图。

1990年，来宾市境域完成4831个村庄规划，占村庄总数的44.9%。1992年，各县（市）加强规划管理，进行城镇建设试点和乡村建设试点。1994年，来宾市境域各县（市）政府加强城乡规划编制工作，完成中心村规划707个。1995年，来宾市境域各县（市）有18个村庄的规划进行调整完善。1996年，来宾市境域各县（市）建设部门做好水毁民房重建规划建设工作。7月26日，来宾市境域各县（市）城乡建设委员会领导、规划人员参加柳州地区召开的水毁民房重建规划建设会议，通报水毁民房情况，制定重建规划方案。同年，广西壮族自治区建设厅、柳州地区行政公署建设局及各县城乡建设委员会专家40人，组成水毁民房灾民新村建设规划设计组，连续作战1个月完成水毁民房灾民新村点规划任务。来宾市境域完成水毁民房重建新村规划设计36个、单位设计30个，约3600户。1999年，来宾县建设局加快小城镇规划建设和农村住宅建设，落实14个集镇和113个中心村的规划测设调整编制工作，完成规划86个。投入1.3万元，完成来宾镇磨东新村、凤凰镇三加村、北五乡甘么村、大里乡雷老村、石陵镇新陆村小康示范的详细规划定点画线。

1999—2000年，象州县完成106个中心村的规划编修任务。1998—2002年，武宣县先后进行了38个村庄规划；完成了金鸡乡宗安小康示范村、金鸡乡龙山小康示范村、武宣镇盘龙小康村示范村建设。

2000年，来宾市境域村镇建设以试点建设为龙头，全面推进农村住宅建设步伐。新确定各级建设试点村庄34个。各县（市）共完成少数民族村落民居改建、水（火）毁新村建设以及各类小康示范村建设60个。来宾县完成144个中心村的规划调整编制。确立凤凰镇三加村、北五乡甘么村、大里乡雷老村、石陵镇新陆村为小康示范村。

2003年，来宾市城乡建设与规划委员会注重抓好村屯规划编制工作，为建设小康示范村做好服务，完成武宣县二塘镇樟村，武宣镇清水村和兴宾区凤凰镇新隆村的小康示范村的规划。在城镇建设管理过程中,来宾市城乡建设与规划委员会结合开展保持共产党员先进性教育活动创造性地开展“三下乡、五服务”活动,组织科技、规划、设计等三方面的技术力量下乡,为村镇建房、修路、改水、改厕、改善人居环境提供服务,改变农村无序建设的局面。武宣县完成广西壮族自治区重点镇二塘镇樟村、全国重点镇武宣镇清水村的小康村建设规划。

2004年,武宣县编制了五台民族文化示范村、清水生态示范村规划;完成了通挽镇文体活动中心详细规划;投入资金49万元完成了二塘樟村戏台、武宣镇清水村广场建设。

2005年,来宾市建设与规划委员会在村屯建设管理过程中,为改善农村人居环境,建设新农村提供服务,做好新农村小康生态家园户型设计,改变农村建房无设计图的局面,为农村发放930册《小康生态家园建设户型集》,供农村居民建房选用。武宣县委托南宁市城市规划设计院完成了三里镇五台新村、二塘镇樟村村委和桐岭镇大祥村委的规划设计。兴宾区注重抓好村级示范点建设,完成城厢村委小康生态家园示范村和迁江移民村规划。

规划管理

来宾市境内各县(市)完成县城区总体规划后,严格按照规划组织实施城市建设和管理,境内各县(市)建设局设城建办公室(股),对城市规划进行管理。象州、武宣等县将广西壮族自治区人民政府批准的总体规划蓝图,张挂在主要大街中心地带。武宣、象州、合山和来宾等县(市),制订实施城市规划办法,公布《关于县城规划管理决定(或办法)》,印发《关于全面实施县城总体规划,取缔违章建筑的通告》等。各县(市)按照城市规划法等有关法规,认真查处违章占地和违章建筑。

来宾市境域各县(市)规划管理工作,由县(市)人民政府分管城建工作的领导负责。具体管理办法:任何组织和个人,凡在县(市)城规划区内兴建的一切建设项目,必须服从县(市)城规划,经过申请,报经规划主管部门审批并发给建筑执照后,方能兴建。否则均以违章建筑论处,动员或强行停建、拆除,酌情罚款。

来宾县自从1974年以来,县人民政府除了原常设的职能局(科)外,还先后成立了有关方面相应的临时机构和工作组。1984年1月5日,国务院颁发《城市规划条例》,是年3月和1985年2月,来宾县先后制定和印发了《关于县城规划建设管理的规定》和《关于全面实施县城总体规划取缔违章建筑的通告》,加强规划管理,明确所有在县城规划区内的任何组织和个人,凡在规划区内兴建的一切建设项目,都必须服从规划和按照规划的要求进行建设,并事先报经规划主管部门审批和发给建筑执照后,方能兴建。否则,均以违章建筑论处。从而加强了管理,维护了规划的严肃性,促进了规划的顺利实施。1987年,来宾县处理违法占地违章建房案件1200多起,涉及7000多户。1989年10月—1991年12月,来宾县开展清理干部职工“三违”建私房工作,有1092名干部职工“三违”建私房,大多为县城私房。当年,来宾县城拆除违章建筑244间2288平方米。1990年,合山市处理违章建筑、违章占地300户次,面积2.40万平方米;签发各种处理意见书326份,强制拆除违章临时摊棚53间,面积786平方米。

1991—1995年,来宾市境域各县(市)加强城市规划管理,对违反城市规划的违章、违法建筑进行清理拆除,严肃城市规划管理。其间,武宣县共查处违章违法建筑371起,强行拆除6起。1991年,合山市进行一次城市规划实施检查,清理整顿店铺门面2.40万平方米,处理违章占地300户,强行拆除违章摊点53间,面积786平方米,罚款6442元。1992年,来宾县对违反县城规划的违章建筑进行清理,拆除违章建筑19间752平方米。1993年5月19日,来宾县人民政府印发《来宾县城规划实施管理暂行规定》。《规定》内容有县城各项建设规划管理、石山及河流规划管理、旧城区改造的规划管理、奖励和处罚等。1993—1996年,来宾县查处违反县城区规划的违章建筑1142户(间),乱搭乱盖1447起。1993年,合山市处理未经规划部门审批的违法建筑等行为87起,发出违章建筑通知书56人次,拆除违章建房100平方米。1995年,合山市按照规划蓝图依法查处违章建筑3起,申请人民法院强行拆除临时房30平方米,诉讼案件1起。1996年,金秀瑶族自治县按规划拆迁解放桥至林业局桥沿河两岸旧房屋面积0.36万平方米。

1997年,合山市加强规划管理工作,对违反城市规划的违章建筑进行清理,发出纠正违章通知书905份,处理16次乱搭乱盖违章建筑,依法强行拆除18户,面积428.6平方米。立案查处8起违章占道建筑。1999年8月,合山市集中力量整顿了人民中路、电北路、二级路口等主要干道的市容市貌,拆除了主干道路上的临时摊点,乱搭乱盖、车辆乱停乱放,建筑材料乱堆放的现象。先后依法查处违章建筑（构筑）物32起，面积1346平方米。是年，武宣县制定《武宣县城城区规划建设管理的具体规定》，加强对县城总体规划管理。来宾县取缔占道摊点和跨坎经营摊点462处，拆除乱搭乱盖房屋256间。

2001年，合山市查处八二路违法建筑1410平方米，立案查处3起，处理违法占道案件10件。金秀瑶族自治县按规划拆迁功德桥至白沙桥沿河两岸的建筑面积0.43万平方米。依法制止12起违反规划建设案件，发出私人违章建房停建通知25份。来宾县查处违法建筑、构筑物204起。

来宾市境域各县（市）在查处违反规划乱搭乱建，乱摆摊占道经营等违反城市规划行为，加强对城市规划内符合规划要求的公私建筑实施审批发证，依法依规管理城市。不准擅自改变建设工程规划许可证规定进行的建设或未经建设行政主管部门批准，无“三证一书”（即建设选址意见书、建设用地规划许可证、建设工程规划许可证、建设工程施工许可证）进行建设施工。1991—2005年，武宣县对县城区私宅和公建项目的违法违章建设清理整顿，共补办私人建房手续700户；核发用地规划许可证4718份，核发建设规划许可证4351份。1995—2005年，合山市累计发放（办理）公用、私人“建设用地规划许可证”865本，用地面积59.40公顷。发放（办理）“建筑工程规划许可证”1199本，建筑面积56.83公顷。其中，1998年发放（办理）公用、私人“建设用地规划许可证”225本，规划用地面积4.10公顷；发放（办理）公用、私人“建筑工程规划许可证”93本，建筑面积3456.5平方米。2004年发放（办理）“建设用地规划许可证”和“建筑工程规划许可证”分别为113本和107本，总面积13.87公顷。

2002年，来宾市各县（市）先后成立城建监察大队，市容市貌综合治理领导小组等管理机构，建立一支城市管理队伍。同时制订《文明县城建设管理规定》《市容市貌综合治理实施方案》等管理制度，促进城镇管理步入制度化规范化轨道。兴宾区改造城区南一路西段时，拆迁15户，拆除建筑面积0.27万平方米；规范420多个单位及私房建设行为，查处违章建筑88件，规范经营摊点569个。同年，各县（市）参加广西“南珠杯”市容环境综合竞赛评比活动，在加快基础设施建设的同时，重点对城市交通、供水、排污、环卫、绿化、垃圾处理、违章建筑等进行综合整治，人居环境，城市面貌进一步改善。在柳州地区文明县城评比活动中，合山市被评为文明县城。

2003年，来宾市加强规划管理，严格“一书两证”（项目选址意见书、建设工程规划许可证、建设用地规划许可证）和规划审批制度，加强规划管理，建立公开、透明的审批程序，在市行政审批服务中心开设建设审批服务窗口，实现一条龙服务审批方式。经过初审、审核、审批的程序，环环相扣，层层把关，重大项目的由市规划审查委员会或建设风貌审查委员会审定。3—4月，突击审查在建工程项目“两证”共1258家，对其中的83个违规建设项目依法进行纠正和处罚。全年共核发项目选址意见书38份，建设用地规划许可证225份，建设工程规划许可证630份，办理私人建房审批792户，建筑面积21.5万平方米，单位建设项目审批56个，建筑面积27.4万平方米。7月，市国土资源局和市城乡建设与规划委员会联合发布清理违法用地、违章建设的公告，市人民政府成立清查小组，联合有关部门对违法占地和违章建筑进行全面的清理，对643起违法建设予以立案，对不影响城市总体规划的违法建设作出处罚后补办规划手续141起，处理违法建设面积0.4万平方米。打击和查处违反强制性标准的违法建设行为，重点打击不报建、少报多建，或不按规划建设行为，印发《来宾市城区违章建筑问题处理暂行办法》。全年查处违章建设144户，暂扣违章建房材料83户，强制拆迁房屋3起，保障了城市规划建设的有序进行。

2004年，来宾市建设主管部门根据来宾市人民政府制定印发《来宾市城市规划管理办法》和《来宾市城市规划管理技术规定》，根据《来宾市城市总体规划（2003—2020年）》范围，加强城区规划管理工作，进一步规范城市规划管理工作，严格建设项目“一书两证”制度。当年共核发项目选址意见书69份，核发建设工程用地规划许可证662份，用地面积367.27万平方米，核发建设工程规划许可证665份，总建筑面积217.09万平方米。清查工程项目1740个，查处违章建设144户（项），查处违章建筑面积2.80万平方米。8月出台《来宾市城区违法用地违法建房遗留问题处理办法》，年底登记违法占用土地、买卖或非法转让土地、违法建房，经原来宾县土地、建设部门处罚，持有原来宾县土地、建设部门发给临时房地产使用证及相关手续的4000余户，经审查对符合来宾市城市总体规划和土地利用总体规划的，给予发放建设工程用地规划许可证，颁发国有土地使用证，对不符合来宾市城市总体规划和土地利用总体规划的坚决予以拆除。

2005年，来宾市严格规划审批程序，规范建设行为，充分发挥城市规划的控制协调作用。认真贯彻落实施城市规划法，严格一书两证制度，年内共审核发放建设项目选址40宗，总用地面积144.08公顷，用地规划许可555宗，用地面积238.57公顷，其中公共建筑64宗，用地面积235.57公顷，私人建筑491宗，用地面积3公顷。工程规划许可649项，总建筑面积63.12万平方米，总投资6.07亿元，其中公建57宗，建筑面积46.94万平方米，总投资5.58亿元，私建592宗，建筑面积16.18万平方米，总投资4860万元。规划技术服务工作得到强化。全年完成市土地储备中心等207个单位的用地红线图，用地面积734.50公顷，366户私人建房规划用地红线图，共计占地面积2.87万平方米，建筑面积12.19万平方米，定点放线150宗，其中公建56宗，私建94宗。市建设与规划委员会加大城市规划监察力度，监察队员深入到城区各片区进行巡查，重点查处少报多建、不报建、不按规划建设的违章违法行为。全年共调查在建工程1900户，下发停工通知书215份，调解因建筑引起的纠纷73起，立案查处违章建设230宗，违章建设结案230宗，查处违法建设面积22750平方米。

第三节 市容管理

改革开放以来，市境内城市管理工作从探索中起步、在创新中发展、在发展中突破，不断更新观念、提升境界、开拓创新，城市的建设由起步到发展。2002年以前，来宾市境域市容管理由各县（市）建设局负责。2002年12月，来宾市设立市政管理局，负责来宾市的市容管理工作，承担来宾市城市管理行政执法监察、给排水、园林绿化、市容环境卫生、城市道路与桥梁、户外广告设置、公共交通、路灯、燃气等工作。2004年后，来宾市逐步实施城市道路、园林绿化、市容环境卫生等一系列城市市政基础设施建设。到2005年，来宾市城区城市道路总面积122万平方米；市区内有桥梁4座（其中铁路桥2座、公路桥2座）；路灯4700盏。市区排水管道长82.6千米，全年生活供水总量902万吨，市区用水人口14万人，居民家庭用水量667万吨；液化石油气供气总量0.64万吨，液化用气人口12万人；市区共投入营运的公交车55辆，全年公共汽车客运总量400万人次；环境卫生部门管理的公厕有4座，粪便无害化处理率达100%；建成区绿化覆盖面积302.38公顷；建成区园林绿地面积191.28公顷，绿地率10.4%，人均公共绿地面积10.5平方米。

第四节 城建监察

20世纪90年代初，来宾市境域各县（市）根据国务院《城建监察规定》，设立城建监察队伍，负责各县城区的市容管理工作，开展建设法律、法规宣传，开展城市规划、市政工程设施、公用事业、市容和环境卫生、园林绿化管理监察和城市拆迁等工作，在建设局委托的范围内，以委托行政机关的名义实施行政处罚。1999年，武宣县城建监察大队获全区先进城建监察队伍称号。

2003年，来宾市根据国务院《城建监察规定》和市人民政府《关于来宾市城区环境卫生和城建监察机构编制及事权调整下放的通知》精神，设立来宾市城建监察支队，实施城市市政工程设施监察，城市公用事业监察，城市市容环境卫生监察，城市园林绿化监察，及在市政管理局委托的范围内，以来宾市市政管理局的名义实施行政处罚。

来宾市城建监察支队成立后，将市政工程设施监察列入日常工作管理事项紧抓落实，加强对损坏、危害、占用挖掘城市道路、桥涵、排水等市政设施违法、违章行为的监察，在市容环境卫生监察工作中，实行定岗、定员、定责、定标准与首问负责制相结合，机动巡查与定岗监控相结合，对城区脏、乱、差等现象进行整治，进一步加强园林绿化方面的监察。2003—2005年，共审批建筑性占道96宗；检查单位及个人挖掘城市道路、建筑性占道、经营性非经营性占道4644起；纠正城市道路违法行为12起；下发1400余份限期整改通知书。纠正违章行为476次，并下发责令停止违法通知书。对市容集中整治76次；召开户外广告整治专题会20次；清理垃圾200余吨；检查整改挖掘城市道路等市政设施的违法行为700余起；现场教育纠正各类违章人员行为50000余人次；下发限期整改7589份；暂扣各类违章物品600余件（起）；清理小广告“牛皮癣”12万多处；查处车辆乱停乱放6000余起；拆除违章设置的门头及街道横（条）幅、彩旗广告等2000余条；拆除违章设置户外广告牌850余块；处理简易程序案件7243宗，一般程序案件273宗，使违章现象得到有效的遏制，市容市貌有明显好转。处理违法损毁园林绿地及占用公用绿地案件1956宗；教育损坏园林绿地群众2670余人次。

第五节 村镇建设管理

机 构

1995年，境内县(市)村镇建设管理机构，隶属1992年成立的柳州地区村镇建设管理站。乡镇设有建设管理机构。县(市)政府及其村镇建设主管部门，按照国务院颁布的《村庄和集镇规划建设管理条例》和《广西壮族自治区村镇建设管理办法》，由乡镇、村公所(村委会)具体实施其管理职能。

1999年，境内乡镇建设管理机构，全部建立，并按照广西壮族自治区规定，建制镇和一类乡设置乡镇建设办公室，二、三类乡设乡村建设助理员。

2000年，境内各县(市)大部分建立村镇建设管理机构，配备兼职或专职管理人员。

2003年，来宾市已有18个乡镇设立村镇建设管理站(所)，6个乡镇成立城镇监察队。

2005年，来宾市66个乡镇，建立村镇建设管理机构66个，配备兼职或专职管理人员102人。有66个乡镇组建有环卫清洁队，使城镇管理进一步规范化、制度化。

管 理

来宾市辖6县(市、区)有村庄(自然村)5622(兴宾区1664个、忻城县1829个、象州县796个、武宣县527个、金秀瑶族自治县647个、合山市159个)，平均2.49平方千米有一个自然村，全市村庄现状用地面积22275公顷，平均每个村庄用地3.96公顷；村庄住户37万户，平均每个村庄54.64户，村庄人口200多万人，平均每个村庄303.17人。村庄房屋建筑总面积6289.25万平方米，其中楼房831.17万平方米，占13.22%，混合结构317.57万平方米，占总面积2.5%。住房使用面积4688.93万平方米，居住面积3849.81万平方米，人均使用面积14.68平方米，人均居住面积12.06平方米。乡村道路总长5767千米，其中高级、次高级道路546千米，桥梁366座，防洪堤5千米。有自来水设施的村庄526个，人口26万人。2000年，境内各县(市)采取有效措施，加强村镇建设管理工作。一是贯彻执行的《广西壮族自治区村庄和集镇规划建设管理条例》，依法管理村镇；二是健全执法机构，充实执法人员，把县城建监察机构延伸到乡镇；三是严格执行“一书两证”(建设项目用地预审与选址意见书、建设用地规划许可证、建设工程规划许可证)“一书一证”(农民建房实行选址意见书、开工许可证审核制度)制度；四是严肃查处村镇建设中的违法行为。

2003年，来宾市辖忻城县、象州县、武宣县、金秀瑶族自治县和兴宾区4县1区1市(代管县级合山市)，共30个镇、44个乡，768个村(居)委会，91个集镇，其中74个为乡镇政府驻地。全市人口254.46万人，其中农业人口192.35万人，城镇人口62.11万人，城镇化率为24.41%。全市村镇建筑面积3957.02万平方米，建制镇住宅建筑面积213.53万平方米，人均10.8平方米，公共建筑面积17.3万平方米，人均0.88平方米。集镇住宅建筑面积92.8万平方米，人均10.20平方米，公共建筑面积12.12万平方米，人均1.33平方米。村庄住宅建筑面积1013.28万平方米，人均14.15平方米，公共建筑面积18.23万平方米，人均0.25平方米，集镇自来水普及率100%，村庄为42%。市建设主管部门贯彻落实国务院《村庄和集镇规划建设管理条例》，加强乡镇建设规范化管理，逐步建立健全乡镇建设管理机构和管理制度。全市已有18个乡镇设立村镇建设管理站(所)，6个乡镇成立城镇监察队。严格“一书两证”和“一书一证”的核发工作，核发率为100%。全市村镇区域得到协调发展，村(屯)财政扶贫资金基础设施项目建设加快。2005年，全市村(屯)道路建设90条，272千米，完成计划任务81.7%。至年底，城镇化率达到26.66%，比上年增长0.75%。

第六节 建筑市场管理

中华人民共和国成立后，来宾市境域各县(市)建设行政主管部门认真贯彻落实建筑法和建筑工程质量管理条例，逐步加强建筑市场管理，严格执行建筑工程质量监督、监理，工程竣工验收，备案等制度。进一步完善施工图文件审查制度，建立质量保证运行机制，加强工程质量的监督，严把质量关，认真做好工程质量问题的投诉受理和组织核查工作。强化对工程施工的安全和质量管理，严格执行工程建筑强制性标准、资质管理、工程管理、施工图设计文件审查、工程竣工、重大安全责任追究、项目法人等规章制度。境内各级建设部门认真贯彻执行《中华人民共和国建筑法》《中华人民共和国招标投标法》《建筑工程质量管理条例》和《建筑工程勘察设计管理条例》等法律法规，依法行政，依法监督，建立和完善工程建设管理、工程质量监督、工程招标投标等管理制度，整顿和规范建筑市场，开展创优评比活动，取得显著成效。

工程监理

20世纪80年代以来，来宾市境各县(市)建设主管部门每年都对施工企业进行资质年审，对施工企业要求按资质等级、营业执照承包工程。对无证无照施工的各类建筑企业和越级承包、转手倒包的施工队伍，从严处理。据1985年3月统计，外地进入来宾县境的施工队伍达22个，对来宾县建设有一定的竞争和促进，但也存在不少问题：有未经主管部门审批办理相关手续，就擅自揽接工程的；有无执照施工，乱搞承包的；有压价夺标，偷工减料的等等，一定程度上影响工程质量，也给一些建筑投机商趁机骗款而逃，造成损失。为纠正混乱局面，来宾市境域各县(市)相继成立建筑工程管理站、工程招标投标站和工程质量监督站，依据相关法律法规，加强建筑市场管理，并代表政府行使处罚权。

1986年，来宾市境域各县(市)人民政府根据上级相关文件精神，成立领导小组，发出开展建筑市场整顿紧急通告，对已进入县境的外地施工队伍进行全面清理整顿，对符合资质条件的施工队伍补办手续，对不符合资质条件的11个施工队给予清退。1988年9月12日，来宾县成立建筑工程管理站、工程招标投标站和工程质量监督站。1989年6月，武宣县城乡建设委员会(后更名为武宣县建设局)下设文明工程质量监督站、招投标站、建筑工程管理站、工程标准定额站实行一套人马，挂四个站牌子，联合办公，实行自收自支管理。1995年12月，武宣县建筑安装工程质量监督站更名为武宣县建设工程质量监督站。1997年，武宣县监督工程98个，面积9.72万平方米，投资3439万元。

1998年3月1日《中华人民共和国建筑法》颁布实施后，来宾市境域在建设工程领域推行建设工程监理制度，凡是属于下列建设工程必须实行监理：国家重点建设工程；项目总投资在3000万元以上的大中型公用事业工程；建筑面积在5万平方米以上的成片开发建设的住宅工程；使用世界银行、亚洲开发银行等国际组织贷款资金的项目，使用国际组织或者外国政府援助资金的项目；项目总投资额在3000万元以上关系社会公共利益、公共安全的基础设施项目和学校、影剧院、体育场馆项目。对实行监理的建设工程，由建设单位委托具有相应资质条件的工程监理单位监理。建设工程监理单位必须依照法律、行政法规及有关的技术标准、设计文件和建设工程承包合同，对承包单位在施工质量、建设工期和建设资金使用等方面，代表建设单位实施监督。1998年7月，武宣县建设工程质量监督站与武宣县建设工程质量监督试验室实行一套人马两块牌子，主要从事建设工程质量监督管理和检测试验工作。当年，武宣县监督工程40个，面积4.17万平方米，投资1824万元。1999年，忻城县城建局成立建筑工程监理公司，挂靠柳州建筑工程监理公司，全面推进建筑工程监理制度，有效提高工程质量和工程进度。是年，来宾县监理工程项目17个，面积3.96万平方米，工程总造价3241万元。武宣县监理工程项目26个，面积1.91万平方米，工程总造价806万元。

2000年，来宾市境域内工程报监率为100%，工程合格率为100%，工程优良率按面积计为25%，按个数计为23%，没有发生重大安全质量事故。创“桂中杯”优质工程11个，创自治区级优质工程2个，实现区优质工程零的突破。10月，来宾县工程建设监理有限责任公司成立，当年承接监理工程项目30个，建筑面积9.8万平方米，工程总投资4900万元，竣工验收工程项目10个，工程质量合格率100%，其中，优良工程4个，优良率占40%。监理公司承接监理的八一铁合金总厂4栋住宅楼、公安厅交警总队高速公路支队三大队办公、住宅楼，工程竣工验收评为柳州地区优良工程。武宣县监督工程39个，面积3.63万平方米，投资1917万元；2001年，来宾县监理公司承接监理工程项目33个，建筑面积11.8万平方米，工程总投资5400万元，工程竣工验收18个，合格率为100%，其中，优良工程9个，优良率达50%。如：承接监理的县实验小学综合楼、县四中教学楼、来宾宾馆装修、空调、消防工程监理，竣工验收评为优良工程。武宣县监督工程19个，面积1.48万平方米，投资643.4万元。来宾县建设局整顿和规范建筑市场工作获国家建设部表彰。

2002年，来宾县工程监理项目41个，建筑面积18万平方米，工程总投资9300万元，竣工验收23个，合格率100%，优良工程12个，优良率63%。工程项目优良率从1991年的2.1%，提高到2002年的51.5%。其中，县第一建筑工程公司工程优良率达到55%。武宣县监理工程54个，面积6.85万平方米，投资3164万元。

金秀瑶族自治县以建设工程项目执法监督为突破口，加大对自治县新建、扩建、改建工程项目建设的监督管理力度，严格把好工程建设审核程序关,1998—2005年,累计完成681个建设工程项目的施工许可、审核和发证工作,开工工程投资额2.54亿元,建筑面积51.22万平方米。坚持开展工程质量安全生产检查,评比评优和工程建材价格的调查活动,完善工程报建、质量安全报监制度,开工工程报建、报监率均为100%,竣工工程595个,验收合格率100%。

2003年,来宾市认真贯彻《中华人民共和国建筑法》,加强工程项目监理工作,严格执行监理制度,严格执行建筑工程质量监督、监理,工程竣工验收,备案等制度,提高工程监理覆盖率,全年监理工程项目316个,工程总造价4.08亿元,建筑面积71.47万平方米,工程监理覆盖率100%。

2004年,来宾市全面贯彻招投标法及相关的法律法规,对进入来宾市建筑市场的招标代理、勘察设计施工、监理企业的资质、经营范围进行严格审查,杜绝无证、超越资质范围的勘察设计施工、监理等违章行为。全年应招标的70项工程,全部实行招标,其中23项实行公开招标。建立评标专家库,入户专家85人。加强对招标行为监管和评标专家的管理、培训,严查招标活动中的违法行为,确保招标活动公开、公正、公平。根据相关法律法规对4家施工企业、2家招标代理机构、2家监理企业的管理不到位、人员配备不齐全或行为不规范进行通报批评,限期整改。

2005年,全市监督新建项目69项,建筑面积48万平方米,工程竣工验收161项,建筑面积26万平方米,处理质量事故2起,查处工程质量隐患108起,发出质量整改通知108份,处理用户质量投诉4起,保证工程建设的质量。同时加强施工图文件审查管理,严格落实施工图文件审查制度,对不经过施工图文件审查的工程项目坚决不予开工建设,从源头上把安全隐患消灭在萌芽状态。年内共审查施工图文件245个,工程项目建筑面积190.26万平方米,投资总额11.53亿元,共查出涉及不安全不可靠不稳定469项,违反强制性条文678项,违反相关专业规范规定2570项,不满足深度要求4358项,其他问题2165项,查出问题总计10240项。

质量监督

20世纪80年代,来宾市境域各县(市)相继成立建筑工程质量监督站,对一般工业与民用建筑工程和建筑构件厂(场)实行质量监督。1984年12月,武宣县成立建筑安装工程质量监督站。1988年9月12日,来宾县成立建筑工程管理站和工程质量监督站,为县城乡建设委员会下属事业单位,代表县人民政府行使工程质量管理职能。各县(市)建设主管部门除日常加强质量监督外,每年都进行一次建筑工程大检查或开展“质量月”活动。

1991—1995年,来宾市境域认真贯彻执行《中华人民共和国建筑法》《建筑工程质量管理条例》和《建筑工程勘察设计管理条例》等法律法规,依法行政,依法监督,建立和完善工程建设管理、工程质量监督等管理制度,整顿和规范建筑市场,开展创优评比活动,取得显著成效。1991—1995年,象州县监督工程项目213个,面积20.39万平方米,其中合格工程205项,合格率96.24%,优良工程8项,优良率3.76%。1992年,来宾市境域各县(市)建设主管部门贯彻国家建设部颁布的《建设工程施工现场管理规定》和广西壮族自治区城乡建设委员会、计划委员会、工商行政管理局联发的《关于在全区统一实行工程报建制度和施工许可证制度的通知》,加强对境内建筑市场的各类建筑企业的工程承发包活动进行监督,查处违章经营、无照无证设计、无证施工和越级承包、转手倒包等违章行为。是年,来宾县监督工程项目41个,建筑面积2.7万平方米,总投资1069万元,验收竣工项目31个,其中评为优良工程1个,合格工程27个,不合格工程3个,合格率为90%。1994年,来宾县质量监督部门认真抓好工程审批验收,全年监督工程项目57个,建筑面积85710平方米,总投资3257万元,经验收工程合格率为81%,优良率3.1%,工程合格率和优良率分别比上年提高6个百分点和1.6个百分点。在严格的质量监督下,工程合格率不断提高,1994年质量监督的工程327项,面积3.3万平方米,项目合格率达到84.4%,面积合格率达90.27%。1995年,来宾县质量监督工程76项,建筑面积10.9万平方米(包括历年遗留工程),核定工程质量31项,建筑面积4.68万平方米,评定合格工程18项。

1996—2000年,来宾市境域各县(市)贯彻执行《中华人民共和国建筑法》和《广西壮族自治区建设工程质量管理条例》,依法加强工程质量监督。其间,象州县监督工程项目155个,建筑面积16.8万平方米。其中:合格工程144项,合格率92.9%;优良工程11项,优良率7.64%;获评柳州地区“桂中杯”优质工程2项(广西博华食品有限责任公司热电站技改工程、象州县电力公司电网调度大楼)。不合格工程严格按《广西壮族自治区建设工程质量管理条例》

规定全部返工。1996年5月、8月和12月，来宾县先后开展建设工程质量大检查，对不报建、报监工程，不采取安全措施，低劣伪质工程，坚决予以曝光，并限期整改，保证建筑工程达标。当年，全县累计监督工程82项，建筑面积18.68万平方米，核定工程质量等级23项，优良工程3个，工程总投资1052万元，纠正质量隐患事故5起，经检查验收的工程合格率为92.5%，优良率达5.7%。根据相关规定查处无证施工8起，对未办理报建、报监、未取得建筑施工许可证即擅自动工兴建，责令有关单位按规定补办工程报建、报监及相关手续。对桂平市第二建筑工程公司，因未取得进驻来宾县承接施工资格而承接工程施工予以处罚。

1997年，来宾市境域各县(市)加大对建设工程项目执法监察力度，组织工作队深入辖区的在建工程项目进行检查，对无立项、无批文工程和少报多建工程的单位，提出了批评并限期办理报建报监手续。8月，来宾县组织两个工作组深入24个乡镇的在建工程项目进行执法监察，对22个重点工程项目进行抽查。通过检查大部分建设单位均能按工程建设程序办理相关手续。全年监督工程项目47个，建筑面积14.13万平方米，投资5371万元，竣工验收工程合格率为95.5%，优良率为10.7%。工程合格率和优良率分别比1991年增加24.5个百分点和8.6个百分点。武宣县监督工程98个，面积9.72万平方米，投资3439万元。

1998年，来宾市境域各县(市)实施《中华人民共和国城市规划法》《中华人民共和国建筑法》《中华人民共和国房地产管理法》等法律情况，通过广西壮族自治区人民代表大会常务委员会执法检查组和广西壮族自治区建设厅、监察厅和柳州地区组织的检查评比，获得检查组的好评。来宾县对年内报建的89个工程项目，进行4次大检查，使建设工程质量得到有效保障。该县建设工程质量监督站监督项目68个，建筑面积24.27万平方米，工程总投资10742万元，工程合格率为97.6%，优良率12.5%。武宣县监督工程40个，面积4.17万平方米，投资1824万元。

1999年，来宾市境域各县(市)建设局会同纪律检查、监察、交通、粮食、教育、卫生、工商、商业等部门组成执法检查组，对辖区的工程质量进行大检查，对不报建不报监的工程项目，下发停建通知书，限期整改，对违规单位和承包商下发行政处罚决定书，收到良好的效果，规范了工程报建报监、工程监理工作。来宾县由40多人组成执法检查组，开展3次工程质量执法大检查，重点检查95个工程施工项目，对不报建不报监等不规范的15个工程项目下发停建通知书，对12个工程项目限期整改，对10个违规单位和承包商下发行政处罚决定书。来宾县是年办理报建报监工程项目44个，建筑面积6万平方米，投资额5000万元；办理民用建筑开工证400多户，建筑面积6050平方米；质量监督新的工程项目33个，续建工程项目21个，总建筑面积7.38万平方米，工程质量监督覆盖面达97%，验收工程27个，合格率为100%，其中优良工程7个，优良率25.93%。武宣县监督工程26个，面积1.91万平方米，投资806万元。

2000年，来宾市境域强化工程质量管理，严格审批工程项目的报建、报监及办理施工许可证手续，杜绝无项目经理资质证承接工程现象，使建筑工程质量验收全部达到合格标准，一次交付验收合格率达到80%，优良品率达到25%。来宾县全年办理60个单位的工程项目报建、报监手续，建筑面积13.67万平方米，投资额7300万元；办理居民建房施工许可证600多户，建筑面积1.38万平方米。同时，进一步加强资质管理，对全县14个施工企业进行资质年检，对128名工程项目经理资质进行复查，复查认定合格的工程项目经理122名给予发证，取消6名不合格工程项目经理资质。加强对工程质量监督管理，监督工程项目65个，建筑面积18.69万平方米，总投资6542万元，工程质量监督覆盖面达100%。武宣县监督工程39个，面积3.63万平方米，投资1917万元。

2001年，来宾市境域各县(市)举办建设法律法规、项目经理和质量安全生产培训，来宾县举办3期建设法律法规、项目经理和质量安全生产培训班，召开会议和组织现场检查等措施，强化质量安全管理和施工企业管理，确保工程施工安全和质量达标。严格审批工程项目的报建、报监及办理施工许可证手续，加强对施工企业的资质年检和项目经理资质认证和资质升级认证，加强工程质量监督工作，严把工程质量关。来宾县举办培训班培训人员215人，召开质量安全会议18次，组织8个相关单位23名领导和技术人员深入施工现场，先后对全县建筑施工现场安全及工程质量进行8次大检查，通过审查给符合条件的53个单位的工程项目办理报建、报监手续，建筑面积14万平方米，投资总额5000万元；办理居民建房施工许可证700户，建筑面积18.4万平方米。完成对14个施工企业的资质年检和110名项目经理资质认证和资质升级。对58个工程进行质量监督，总建设面积20.41万平方米，投资7145万元，工程质量监督覆盖面达100%，工程竣工验收45个，工程质量合格率100%。其中，优良工程21个，优良率达46.7%。武宣县监督工程19个，面积1.48万平方米，投资643.4万元。

2002年，来宾市建筑工程质量管理工作，向规范化、法制化轨道迈进，工程报建、报监形成制度化，擅自开工建设、无证揽接承包工程等不良现象得到有效遏制。通过开展建筑工程质量大检查，促进勘察、设计质量的提高，不断强化对施工图设计文件审查工作的管理。在各企业自检的基础上，抽查工程项目36项，发现没有进行施工图设计文件审查27项，违反《工程建设标准强制性条文》126条；违反相关专业规范58项。是年，全市共审查工程项目施工图66项，建筑面积19.8万平方米，工程投资2.858亿元，共查出违反《工程建设标准强制性条文》及相关专业规范、标准共4945条。兴宾区全年举办158名项目经理培训班，召开10多次工程质量会议，组织工程质监、工程监理等部门深入工地，认真排查，签发停工通知4份，整改通知书12份。办理工程项目报建、报监及办理施工许可证495本(户)，建筑面积12.6万平方米。工程质量监督53个，工程竣工验收(含上年结转)15个，工程质量监督建筑面积25万平方米，工程质量监督覆盖面积达100%，工程竣工验收合格率100%;工程项目优良率51.5%。其中，来宾县第一建筑工程公司工程优良率达到55%。

1988—2005年，金秀瑶族自治县坚持开展工程质量安全生产检查，评比评优和工程建材价格的调查活动，完善工程报建、质量安全报监制度，开工工程报建、报监率均为100%，竣工工程595个，验收合格率达100%。金秀瑶族自治县建设工程质量安全监督站，监督工程360项、建筑面积27.6万平方米。工程质量监督覆盖率100%，验收竣工工程512项，其中合格工程509项，合格率99.41%，优良工程88项，优良率17.19%。2001—2005年，象州县共受理监理工程29个施工项目，施工面积37.74万平方米，投资19593.68万元。所监理的施工工程项目均未发生质量事故。

2003年，来宾市城乡建设与规划委员会下设建设工程质量监督站，负责全市建设工程质量监督，该站成立后，认真贯彻落实建筑工程质量管理条例，严格执行建筑工程质量监督、监理，工程竣工验收，备案等制度，进一步完善施工图文件审查制度，建立质量保证运行机制，加强工程质量的监督，严把质量关，认真做好工程质量问题的投诉受理和组织核查工作。全年竣工项目284个，建筑面积52.48万平方米，工程合格率100%。为提高企业信誉和市场竞争力，鼓励施工企业创造优质工程，按照《广西壮族自治区优质工程评选与管理办法》，在全市范围内开展第二届“红河杯”优质工程评选活动，经“红河杯”优质工程评选委员会按照国家建设部颁发的建筑工程质量检验评定标准有关规范，对2003年度竣工的工程项目进行质量评审，广西新桂路桥建筑工程有限公司承建的柳州市金龙苑1＃、2＃职工住宅楼，鹿寨县第二建筑工程公司承建的武宣县人民法院审判楼，金秀瑶族自治县第二建筑工程公司承建的金秀瑶族自治县财政局职工住宅楼，广西柳州联勤建设有限责任公司承建的八一铁合金厂职工医院住宅楼4个施工单位的5个程工项目获来宾市第二届“红河杯”优质工程荣誉称号。

2004年，来宾市认真贯彻国家有关工程质量管理法规和技术标准，开展《工程建设标准强制性条文》《建设工程施工质量管理条例》的培训，提高工程质量管理水平，各工程质量监督机构认真履行对工程质量的监督职能，不断完善工程质量检测设备、实施对现浇混凝板厚检测、钢筋保护层检测和铝塑门窗检测。当年，全市工程质量验收合格率达100%。

2005年，来宾市建设行政主管部门加强建筑工程质量的监督和管理，监督新建项目69项，建筑面积48万平方米，工程竣工验收161项，建筑面积26万平方米，处理质量事故2起，查处工程质量隐患108起，发出质量整改通知108份，处理用户质量投诉4起，保证工程建设的质量。年内，市城乡建设与规划委员会、来宾市建筑业联合会组织开展第四届“红河杯”优质工程评选活动。广西新桂路桥建筑工程有限公司、来宾市兴宾区第三建筑工程公司、柳州地区建筑工程总公司等三个施工单位承建的来宾市经济实用住房小区2#和11#楼、来宾市兴宾区第二中学教学楼、合山市党政办公大楼等四个工程项目获“红河杯”优质工程奖荣誉称号。

招标投标管理

1984年，来宾市境域各县(市)开始推行工程招标投标制度。1987年以后，来宾市境域各县(市)相继成立建筑工程招标投标管理站。1995年11月14

日，颁布实施《广西壮族自治区建设工程施工招标投标管理条例》，进一步加强招标投标管理工作，来宾市境域开始进行建筑工程招标投标管理。

1997年，来宾市境域各县（市）根据《广西壮族自治区建设工程施工招标投标管理条例》，为加强建设工程施工招投标管理，确保工程质量，提高投资效益，保护施工招标投标者的合法权益，维护建筑市场的正常秩序，防止腐败行为，结合各地实际，制定建设工程施工招标投标管理办法，规范建筑工程招标投标工作，使之管理更加细致，更具可操作性。同年10月30日，来宾县人民政府印发《来宾县建设工程施工招标投标管理办法试行》，对招标投标实施管理。

1999年，来宾市境域境域各县（市）建设主管部门贯彻《柳州地区行政公署建设局关于加强建设工程施工招标投标的规定》，工程建设管理步入法制管理轨道，首次实现工程管理中工程报建率100%，报监率100%，应招标工程招标率100%。来宾县对13个纳入招投标的工程项目，全部实行招标投标，建筑面积3.97万平方米，工程造价1742万元。县建设局按照招标投标法的相关规定和县人民政府的试行办法要求，全年共发布工程信息28期，完成招标工程31个，投资额6400万元，建筑面积11.18万平方米，工程招标率达96.8%。

2000年，来宾县建设局全年共发布工程信息（不含邀请招标）12个，完成招标工程34个，建筑面积122万平方米，工程造价3628万元，全县工程招标率达到100%。代理招标工程项目31个，建筑面积10万平方米，工程造价4200多万元。

2001年1月30日，来宾县根据全县建筑市场发展之需要，依据《广西壮族自治区建设工程招标投标管理条例》和县人民政府关于《来宾县建设工程施工招标投标管理办法（试行）》的规定，报请县人民政府批准成立来宾县建设工程造价招标投标事务所。该所成立后，积极开展代理工程施工招标投标，代编投资评估、编审工程预、结算等中介服务。当年来宾县代理招标工程项目34个，建筑面积16万平方米，工程造价3628万元。

2002年，按照广西壮族自治区建设厅的工作部署，柳州地区行政公署建设局制定《2002年整顿和规范建筑市场经济秩序实施意见》，指导和组织各县（市）对建筑市场转包、违法分包、串标、挂靠及出卖图签等违法行为进行查处。各县（市）共检查工程项目227个，建筑面积30.9万平方米，工程投资2.99亿元。柳州地区行政公署建设局会同柳州地区行政公署监察局在各县（市）自查自纠的基础上进行抽查，共抽查工程项目39项，建筑面积21.13万平方米，工程造价1.21亿元，对严重违反工程建设基本程序和《工程建设标准强制性条文》的10个工程项目，进行查处。建筑施工招标投标管理工作进一步规范。来宾县进一步完善工程招投标管理，发布工程信息13个，邀标25个，建筑面积12万平方米，工程造价5370.71万元，工程招投标率100%。忻城县公开招标项目2个，议标33个。金秀瑶族自治县1998—2005年实行招标工程39个，建筑面积7.6万平方米，投资额5944万元，招标率100%。

2003年，来宾市建设与规划委员会下设招投标管理办公室，负责全市建设工程招投标工作。市人民政府为加强建筑市场管理，印发《来宾市建筑市场管理规定》，市建设行政主管部门会同市监察局联合下发《关于进一步加强来宾市有形建筑市场的管理规范各种招标投标活动的通知》，建立评标专家库，推行科学、合理的评标办法，加强建筑市场管理，规范市场行为，促进工程交易的公正、公平、公开，使全市有形建筑市场得到进一步的健全和规范，招标和投标的违法违规现象得到有力的纠正；转包、违法分包和挂靠等行为得到遏制。切实加强对业主行为的监管和规范，查处违反强制性标准的违法、违规行为。按照广西壮族自治区建设厅和中共来宾市委员会、市人民政府的统一部署，加大对建筑市场的管理力度，着重抓好工程招投标，加强对业主行为的监管，严格执行工程建设强制性标准，执行资质管理、工程监理、合同监理、施工图设计文件审查、工程竣工验收、重大安全事故责任追究、项目法人等规章制度。全市共招标项目91个，招标率100%，其中公开招标58个，投资额2.07亿万元，邀请招标33个，投资额8377.24万元，直接发包项目214个，投资额1561.47万元。

2004年，来宾市全面贯彻招标投标法及相关的法律法规，对进入来宾市建筑市场的招标代理企业的资质、经营范围进行严格的审查，杜绝无证，超越资质范围的招标代理行为，对2个招标代理机构的管理不到位，人员配备不齐全，行为不规范的违规行为在全市给予通报批评，限期整改。加强对招投标行为监管和对评标专家的管理，建立评标专家库，共有评标专家85名。为提高评标专家的评标水平，市招标投标管理办公室请广西壮族自治区建设工程定额管理总站对来宾市评标专家进行培训。严肃查处招标活动的违法违纪行为，认真查处群众举报的串标、围标和假资质、假营业执照、假业绩的投标行为。当年，全市应招标工程70项，实际招标70项，招标率100%；应公开招标工程23项，实际公开招标23项，公开招标率100%；每项评标活动都在市招标投标管理办公室和中共来宾市纪律检查委员会执法监察室的监督指导下进行，均能按法定程序进行监督，确保招标活动的公正、公平、公开。

2005年，市建设主管部门加强招投标市场管理，严肃打击查处假招标、规避招标和围标、串标及假资质、假证件投标等违法违规行为。查处广东省建筑工程总公司假营业执照、假资质投标行为。年内全市应招标工程45项，建筑面积56.92万平方米，实际招标45项，招标率100%；应公开招标工程17项，实际公开招标17项，公开招标率100%，建筑市场各方主体行为得到进一步规范。

安全生产管理

1965年以前，来宾市境域建筑安全生产管理较好，事故很少发生。

“文化大革命”期间合理的规章制度遭到破坏，忽视安全生产，事故时有发生。1974年，来宾县就发生3起建筑安全事故，共伤亡6人，其中，来宾县糖纸厂在水池工程施工中，发生倒塌事故，压死3人。1977年，境内各县建筑企业恢复和健全规章制度，严格操作规程和施工规范，各施工企业成立安全生产领导小组，由1名领导抓安全生产管理工作，从县建设局到施工企业公司均有领导负责安全管理工作，施工企业从公司到班组均设有安全质量员。各县建设局举办班组长和施工安全生产专业培训班，企业添置安全网、安全帽等安全设备，从上到下形成了人人讲安全的良好风气，从此事故发生甚少。1986年和1987年，来宾县第一建筑工程公司先后被评为柳州地区建筑安装系统安全生产第一名。

1992年，来宾县注重加强安全生产教育，先后召开安全生产工作会议5次，以会代训，培训安全员，受训人数达650人次，在全县范围内开展3次安全生产大检查，施工企业坚持持证上岗施工，有效地杜绝了不安全因素的发生。

1994年，来宾市境域各县（市）高度重视安全生产，分工1名领导主管安全工作，建立健全安全管理制度，严格按安全技术标准及程序进行施工，安全检查工作形成了标准化、规范化。

1995年，来宾市境域各县（市）城乡建设委员会根据上级要求，认真做好安全检查工作，通过检查提高施工人员的安全意识，对一批违反施工程序和安全的施工单位进行处理，有效地杜绝了不安全因素，防止事故发生。10月份，来宾县城乡建设委员会领导会同劳动部门，对全县建筑行业进行1次安全大检查，同时处理了一批违反施工程序和安全的施工单位。

1998年，来宾市境域各县（市）为提高广大干部职工依法行政意识，举办建设法规领导干部和骨干学习班，安全生产培训班，参加培训人员来自施工单位领导、工程项目经理、质量检查员，安全员。在此基础上，会同纪律检查、监察、交通、粮食、教育、卫生、工商、商业等部门的领导和技术人员组成执法检查组，深入建设工地开展安全生产大检查，对公共设施，建筑施工现场，楼、堂、馆、所等建筑物进行全面检查，重点检查工程施工项目安全情况，使工程施工安全得到有效保证。来宾县对年内报建的89个工程项目，进行4次安全生产大检查。举办2期建设法规学习班，举办3期安全生产培训班。组成执法检查组，开展3次安全生产大检查，重点检查95个工程施工项目安全情况。

2000年，来宾市境域各县（市）强化安全生产管理，认真抓好上级关于加强安全生产有关规定的落实，通守召开辖区安全生产会议、组织施工现场安全生产大检查等，对不符合安全生产规定的单位，下发停工、整改通知书限期整改，使安全生产措施落到实处。来宾县先后召开全县安全生产会议5次，组织施工现场安全生产大检查4次，对不符合安全生产规定的10个单位，签发停工通知书，对32个单位发出整改通知书，限期整改，全县14个施工企业安全生产合格率达到100%。

2001—2002年，来宾市境域各县（市）加强建设工程安全管理工作，通过举办安全生产培训班，培训各施工企业安生产管理员，结合开展施工安全生产大检查及时发现不按施工操作规定，违反安全生产制度盲目施工等不安全因素，责成施工单位及时进行整改，强化安全生产管理。来宾县举办安全生产培训班3期，培训安全监督人员215人。召开安全会议18次，组织相关8个单位23名领导和技术人员深入施工现场，先后对全县建筑施工现场安全进行8次大检查，对13个施工工程存在严重安全问题的单位，下发停工通知书13份，并责令其立即停工。对25个单位存在不按施工操作规定，违反安全生产制度盲目施工，下发整改通知书25份，限期整改。

通过举办培训班，召开会议和组织现场检查等措施，强化安全管理，严格执照安全生产之规定，施工企业持证上岗率达100%，杜绝了无证上岗现象，确保工程施工安全达标。对不符合相关要求的工程项目坚决不给予办理施工许可证，从源头上杜绝不安全的因素发生。2002年，来宾县建筑工程安全管理工作向规范化、法制化轨道迈进，工程安全生产得到较大提高。全年召开10多次安全生产会议，组织工程质量监督、工程监理等部门深入工地，认真排查，签发停工通知4份，整改通知书12份。

2003年，来宾市建设与规划委员会下设建设工程安全监督管理站，负责全市建设工程安全监督管理，并根据《广西壮族自治区建筑施工安全生产管理暂行规定》，认真制定切实可行的实施办法，抓好建筑施工安全生产工作，加强安全培训，提高施工人员的安全意识，严格持证上岗制度。开展“安全生产月”活动，通过对施工现场的检查整顿，加强宣传教育，提高安全生产水平。在全市范围内共组织5次质量和安全大检查，共检查工程项目92个(次)，面积38.5万平方米，涉及投资2.3亿元，发出整改通知书3份。责令停工整改项目6个，对违反安全管理的8个工地进行经济处罚。

2004年，来宾市加强对建筑施工安全管理，开展安全生产法律法规和安全技术标准培训，参加培训的企业法人、项目经理、安全员共1300人次。开展4次建筑施工安全的检查，重点检查施工企业的安全生产责任制的落实、施工管理人员及技术工人持证上岗情况，施工现场的安全防护情况等。检查工程项目192项，建筑面积73万平方米，工程造价6.45亿元。发出安全整改通知书31份，停工整改5项，对严重违规的施工企业和项目经理给予一定经济处罚，全年未发生建筑施工重大安全事故。

2005年，市建设主管部门开展4次建筑施工安全专项检查，建筑面积98.5万平方米，工程造价7.65亿元，发出整改通知59份，停工整改8项，对严重违规的施工现场给予经济处罚。年内市建设与规划委员会共组织举办各种安全生产法律、法规及规章再教育培训班15期，参加培训人员2000多人次，增强施工人员及管理人员的安全生产意识。6月开展建设系统“安全月”活动，市建设与规划委员会、市安全生产监督管理局在迎宾广场组织安全生产管理法规咨询活动，出版六期安全生产墙报，发放安全生产资料3000多份，并通过在城市主要街道、施工现场张挂安全生产标语、开展安全生产咨询活动等形式，大力宣传安全生产法规，增强市民安全生产意识。

行政执法

1986年，来宾市境域各县(市)人民政府根据广西壮族自治区和柳州地区行政公署关于强化建筑市场管理的文件精神，加强建筑市场管理，对进入境内的施工企业资质进行全面清理和审查。同年6月，来宾县成立领导小组，发出紧急通告，对已进入县境的外地施工队伍，进行全面清理，对符合资质条件的施工队伍补办手续，对素质低不符合资质条件的11个施工队，给予清退。1990年，成立柳州地区整顿建筑市场领导小组，发出《关于治理整顿建筑市场秩序工作的几点意见》。第八个五年计划期间，全地区共清走无证无照、队伍管理不善、部分施工质量不合格的外地队伍101个，4461人。清退偿还拖欠工程款39.4万元。拆除违章建筑7起57间，1500平方米，处理无证、无照施工、设计的27起，对违章建筑处以罚款13200元，处理违法乱纪者2人。

1991—1995年，来宾市境域各县(市)认真贯彻执行《中华人民共和国建筑法》《中华人民共和国招标投标法》《建筑工程质量管理条例》和《建筑工程勘察设计管理条例》等法律法规，依法行政，依法监督，建立和完善工程建设管理、工程质量监督、工程招标投标等管理制度，整顿和规范建设市场，加强管理进入境内建筑市场的各类建筑企业的工程承发包活动，查处违章经营、无照无证设计、无证施工和越级承包、转手倒包等违章行为，开展创优评比活动，取得显著成效。

1996年，来宾县依法查处无证施工8起，分别为县农机公司综合楼、县政协住宅楼、县信用社综合楼、红河市场商品房、良江独女完小教学楼、凤凰龙头完小教学楼、凤凰三凌完小教学楼等工程和县水产公司等单位违反有关法律法规，未办理报建、报监、未取得建筑施工许可证即擅自动工兴建，并责令有关单位按规定补办了工程报建报监及相关手续。对桂平市第二建筑工程公司未取得进驻来宾县承接施工资格而承接工程施工给予处罚。

1999年，来宾市境域各县(市)均建立有形建筑市场，工程招标投标均按规定进入有形建筑市场交易，成为全广西第一个机构健全的地区。是年，境内共清理在建工程项目425个、设计项目326个、勘察项目130个。清理出不报建不报监14项，不竣工验收交付使用15项，规避招标1项，不依法行政1件，下发违规整改通知书 63 份，经济处罚 20 项。同年 6 月和 10 月，来宾县进行 2 次大规模的建筑市场综合治理工作，责令违规单位停工 15 个，限期整改 12 个，给予行政处罚 8 个，有效地规范建筑市场，整顿取得实效。

2001 年，来宾市境域各县(市)加强对建筑工程执法力度，严肃查处违规招投标，多建少报、不报建及违规施工行为，组织有关部门深入施工现场，加强督促检查，对违反建筑法规的及时查处。来宾县建设局组织 8 个相关单位的 23 名领导和技术人员深入施工现场，先后对全县建筑施工现场进行 8 次大检查，对 13 个施工工程存在严重安全问题的单位，下发停工通知书 13 份，并责令其立即停工。对 25 个单位存在不按施工操作规定，违反安全生产制度盲目施工，下发整改通知书 25 份，限期整改，查处了少报多建，规避招标工程项目 9 个单位 10 个项目，并按相关法规给予处罚，罚款 52900 元。

2002 年 5 月 22 日，来宾市境域各县(市)建设主管部门贯彻原柳州地区行政公署建设局关于《柳州地区 2002 年整顿和规范建筑市场秩序实施意见》的通知，依法整顿和规范建筑市场。

2003 年，来宾市严格执行建设行业的相关法律、法规，加强对建筑市场的管理，重点加大对《中华人民共和国城市规划法》《中华人民共和国建筑法》《中华人民共和国建设工程招标投标法》《中华人民共和国房产法》执法力度。重点查处不报建，少报多建，或规避招标投标等违法违规行为。全年共查处违章建设 144 户(项)，暂扣违章建房材料 83 户(项)，强制拆除房屋 3 起，共征收罚没款 70.78 万元。

2004 年，来宾市严肃查处招标活动的违法违纪行为，认真查处群众举报的串标、围标和假资质、假营业执照、假业绩的投标行为。年内对 4 个施工企业，2 个招标代理机构，2 个工程监理企业的管理不到位，人员配备不齐全，行为不规范的违规行为在全市给予通报批评，限期整改。全年检查工程项目 192 项，建筑面积 73 万平方米，工程造价 6.45 亿元。发出安全整改通知书 31 份，停工整改 5 项，对严重违规的施工企业和项目经理给予经济处罚。

2005 年，来宾市建设与规划委员会同市纪委监察局组织两次建筑市场执法检查活动，检查工程项目 96 项，建筑面积 57.5 万平方米，工程造价 4.35 亿元，发出整改通知 59 份，停工整改 8 项，对严重违规的公司和项目经理给予经济处罚、停止承接施工任务，并限期整改。严肃打击查处违法违规行为，查处广东省建筑工程总公司假营业执照、假资质投标行为。

清理拖欠工作

2003 年，中共来宾市委员会、市人民政府为贯彻落实国务院、广西壮族自治区人民政府关于清理拖欠农民工工资和工程款的精神，成立市清理拖欠农民工工资及工程款工作领导小组。领导小组下设办公室，设在市建设与规划委员会。落实专人负责全市的清欠工作的协调及信息的统计和上报工作。设置民工投诉专用电话，接待民工上访。2004 年，全市共接待民工投诉 103 件，办理广西壮族自治区清理拖欠农民工工资及工程款工作领导小组办公室转来的投诉 12 件，涉及工程款 1098.7 万元，涉及农民工工资 34 万元，都根据实际情况给予答复和处理，并做好追踪督办工作。至年底，兑付农民工工资 626.5 万元，兑付工程款 6509.88 万元。并按广西壮族自治区人民政府和市人民政府的有关文件精神，责成欠款单位制定还款计划，保证在 3 年内付清工程欠款。

2005 年是完成中共中央、国务院三年清理建设领域拖欠工程款和农民工工资工作任务重要的一年。来宾市清理拖欠农民工工资及工程款工作领导小组办公室扎实推进清理建设领域拖欠工程款和农民工工资工作。当年提前一个半月完成国务院和广西壮族自治区人民政府下达的年度清欠目标任务。至年底，全市共解决 2003 年底前拖欠工程款 9441.71 万元，解决比例为 83.50%；其中解决政府投资项目拖欠工程款 7496.73 万元，解决比例为 82.73%，得到广西壮族自治区清欠协调小组和来宾市人民政府的表扬。2004 年后新竣工项目的工程款和农民工工资拖欠得到较好的控制，各项防止产生新的拖欠政策措施逐步得到落实。

创优评优

2003 年，来宾市建设主管部门，为提高企业信誉和市场竞争力，鼓励施工企业创造优质工程，按照《广西壮族自治区优质工程评选与管理办法》，决定从当年起在全市范围内开展第二届“红河杯”优质工程评选活动，对当年度竣工的按照国家建设部颁发的建筑工程质量检验评定标准和有关规范进行质量验评，经“红河杯”优质工程评选委员会评审，有 4 个施工单位和 5 个程工项目获来宾市第二届“红河杯”优质工程荣誉称号，即广西新桂路桥建筑工程有限公司承建的柳州市金龙苑1＃、2＃职工住宅楼，鹿寨县第二建筑工程公司承建的武宣县人民法院审判楼，金秀瑶族自治县第二建筑工程公司承建的金秀瑶族自治县财政局职工住宅楼，广西柳州联勤建设有限责任公司承建的八一铁合金厂职工医院住宅楼。

2005年，为进一步促进全市工程质量管理水平的提高，来宾市在建筑施工企业中广泛开展质量创优活动，市建设与规划委员会和市建筑业联合会组织开展第四届“红河杯”优质工程评优活动。广西新桂路桥建筑工程有限公司、来宾市兴宾区第三建筑工程公司、柳州地区建筑工程总公司等三个施工单位承建的来宾市经济适用住房小区2#和11#楼、来宾市兴宾区第二中学教学楼、合山市党政办公大楼等四个工程项目获“红河杯”优质工程奖荣誉称号。

第二章　城区市政公用事业

城区市政公用事业，涉及全家万户，涉及市民生活的方方面面，完善的市政公用事业，是城市建设发展的重要标志，是建设宜居城市的重要条件。市政公用事业包括城市街道、房屋、排水、防洪、桥梁、城市供水、街道路灯、城市燃气、公园、广场等设施建设，是城市建设的重要组成部分，是城市居民生活的必备条件，不断改善城市居住环境，创造城市宜居环境，改善民生，是各级政府的重要职责，把城市基础设施建设放到重点位置，加大城镇公共设施建设投入力度，不断增强城市综合功能。公园、广场是城市休闲活动场所，便捷的公共交通，使市民出行更加方便，减少城市交通压力和环境污染，加强城市绿化和环境卫生设施建设，不断提高城市环境质量，建设宜居城市，促进城市公用事业协调发展，为市民提供良好的居住环境。

第一节　街道房屋

市城区道路

来宾市区是原来宾县治所在地。水落村始建于明万历十年(1582)，1953年仅有10多户人家，没有街道和桥梁。1953年，来宾县治从城厢街搬迁至来宾镇水落街。来宾县人民政府搬迁至水落街后，开始第一次县城规划，并根据县城规划布局，1955年始建和平路、南一路、南二路、南三路、合山路、合山东一路、合山东二路、前卫路、柳来路等土砂街道。

1956—1957年，兴建南四路、西一路、西二路、北一路、北二路、北三路。

1958年，将南一路长1060米，宽10米的泥沙路打成三合土路。

1959年，兴建东二路。1962年，兴建中南路，将前卫路到人民医院长900米、宽20米筑成三合土。1964年，开辟新兴路。河东区基本形成街道网络。

1965年，将南一路原三合土路900米长10米宽、前卫路350米长14米宽、东二路北段200米长从南一路至前卫路12米、柳来路南段长250米宽14米等4处总长1700米改建为混凝土路面，成为县城混凝土街道问世之先。

1974年，把南二路全长300米、宽24米和西一路自南一路至南四路长287米、宽24米，打成三合土路面。

1976—1979年，河西新区的大庆、建新、创业、新华、七三、延安路以及其他街道相继建成。1978年冬，河东区在扩建北二路的同时，将柳来路从财政局大门南侧往北至北二路，从十字路口至红河公路大桥头长550米宽10米，改建成沥青路面，成为河东沥青路问世之始。1982年，来宾县人民政府颁布《来宾县城总体规划》后，始对县治来宾镇部分不符合城镇建设规划的住宅进行拆迁、改建、拓宽、取直和延伸几条街道，铺设混凝土路面或沥青路面。

来宾市城区经过30多年的新建、改建、扩建之后，截至1989年上半年止，累计已建有街道40条，总长为25.921千米，占地面积686170平方米。路面装修为混凝土路面有8.709千米，沥青路面有7.29千米，三合土路面1.8千米，泥石路面8.122千米。其中：河东区有街道22条总长14.77千米，属混凝土路面的4.33千米，沥青路面的3.97千米，三合土路面1.80千米，泥石质路面4.67千米。河西区有街道18条总长11.15千米，属混凝土路面4.38千米，沥青路面3.45千米，泥石砂路面3.32千米。河东、河西两个城区各有1条主干道。

1990年，来宾市城区建有大小街道(路)40条，总长26千米，其中河东城区22条，长14.80千米，河西城区18条,长11.20千米,混凝土路面8.71千米,柏油路面7.30千米,三合土路面1.80千米,泥石质路面8.12千米。城区街道次干道有河东区的南一路、柳来路、合山路、中南路、新兴路和河西的创业路、七三路、长梅路8条。均宽30米,总长度9.52千米,占地面积28.56万平方米。

1991年,建设新华路、维林大道、建设大道、来迁路,完成柳来路长1390米、宽34米,占地面积4.73万平方米混凝土结构路面铺筑。

1992年—1998年3月,先后建设北二路长1594米宽40米,占地面积6.38万平方米;中南路长1182米宽34米,占地面积4.02万平方米;大桥路长1773米,宽50米,占地面积8.87万平方米;合山路长1280米,宽28米,占地面积3.59万平方米;新华路长2200米,宽34米,占地面积为7.48万平方米;维林大道长1777米、宽50米,占地面积8.89万平方米混凝土结构道路铺筑工程。完成江滨路段测量和设计工作,前期拟建长3780米,路宽24米。

1999年7月,来宾县对新华路重新按34米宽进行规划测设。9月与施工单位重新签订施工合同。是年,总投资3500万元的建设大道长2200米,宽60米工程施工顺利,搬迁坟墓68座,完成38户建房需要拆迁的调查取证工作,18户有证人家领取拆迁补偿费并自行拆除,路基全线开通,铺设1200米长路基碎石垫层,捣制200米长混凝土路面,两跨31米长路桥工程正在施工,投入资金2700万元。8月,全部完成北四路长650米,宽24米,路基碎石垫层和建好排水沟。东一路长320米,宽7米,投资68万元的混凝土路面工程改建,于8月1日竣工投入使用。东二路长378米,宽7米,投资34万元的沥青路面工程改建,于9月29日竣工交付使用。为来宾县第三中学全体师生和群众铺上一条平坦的道路。是年末,维林大道长1200米,宽50米开工建设,该路已完成路基碎石垫层,排水沟砌筑和配套设施完成70%的工程量,维林桥已竣工投入使用。是年,城区有9条主干道、15条次干道、38条支道,总长30多千米,形成了以柳来路、中南路、合山路、新兴路、北四路、北二路、大桥路、维林大道、建设大道为街道网络的联系河东区、河西区、城北区的框架,使整个城区基本具备四通八达、交通便利的条件。

2000年,新华路基础土方,挡土墙、涵洞项目竣工,碎石垫层完成900米路段,混凝土路面900米路段主车道捣制完成;建设大道基础土方,挡土墙、通道、涵洞项目完成;混凝土跃路面完成63600平方米,占总量的90%,白路岭桥桥墩、防护坡完成,预应力空心梁在捣制中;北四路混凝土路面完成550米;维林大道长1780米,完成混凝土路面90%。是年,新开工的工程项目12个,总投资984万元。竣工的混凝土路面工程项目是前卫路、来宾公园东门、西二路、西一路、南一路、南三路、维林桥头端路面、北一路、柳来路、中南路人行道更换青石板阶砖;三小路、南四路路段混凝土路面完成工程量70%,新兴北路东段路基已完成。

是年,长1500米、宽34米的中南路北段混凝土路工程完工,投资400多万元;长1100米、宽28米,耗资350万元的合山路混凝土路工程建成;昔日污水四溢、尘埃满天的西一路,在1个多月内完成长100米、宽16米的混凝土路改建;埋好了城区主要道路的定位桩任务,完成兴宾路、沿河路、长梅路、爱华路、改革路、城北路、来迁路、维林路的中心控制桩埋设;大桥路建设采用投标、招标方式进行,南宁市市政工程总公司夺标,大桥路的建设是来宾县历史上城区道路建设规模最大、耗资较多,对改善河西区的投资环境有着重大意义,路长1773米,宽50米,混凝土路面耗资达1260万元。

2001年,来宾县加大新华路、维林大道、建设大道混凝土路面工程建设的力度,分段施工;改建柳来路南端工程;改建南一路西段步行街工程;落实北四路东段改直工程;拓宽长梅路;修建合山路停车场,修建来华路与维林大道交叉混凝土路工程,改建河西区民族路工程;完成城区5条主干道接口的20条港道各进深20米长的路面硬化。

2001年,来宾县城的维林大道

2002年12月28日,来宾市正式挂牌成立,由县城升级为地级城市时,城市功能单一、基础薄弱,市政基础设施不完善。中共来宾市委员会、市人民政府重视城市规划和市政基础设施建设，投入大量资金，加大市政基础设施建设力度，对建成区道路逐步改造，重点发展城北新区。

2003年，南一路、爱华路的改扩建、北江路建设以及维林大道和北二路的建筑立面景观改造4个重点工程全部开工建设，其中南一路、爱华路的改扩建、维林大道和北二路的建筑立面景观改造基本完成。南一路是旧城区的主要商业街道及交通次干道，全长460米，宽30米。于11月动工改造修建南一路。对维林大道及北二路进行建筑立面改造。

2004年，市区街道分别开工建设北江路、迎宾路和兴宾北路。北江路建设工程全长2100米，道路红线宽30米，中标价2172万元。工程于2月3日开工，工程施工单位为南宁市市政工程总公司，工程监理单位为武汉诚信建设工程监理有限责任公司。完成排水、路基水稳及部分拆迁和路面工程，累计完成工程造价1650万元，占工程总投资的76%。迎宾路建设工程全长3000米，宽50米，混凝土路面，总投资5750万元。其中一期工程（建设大道南段）长1550米，中标价2681万元，工程于6月21日开工。工程施工单位为广西建工集团第三建筑工程有限责任公司，工程监理单位为湖南大学建设监理中心柳州部。至年底，完成部分路基、排水等工程，累计完成工程造价600万元，占一期工程的22.4%。兴宾北路建设工程全长2800米，道路红线宽度50米，混凝土路面，总投资4983万元。其中一期工程（建设大道南段）长1392米，中标价为1486.59万元，工程于8月20日开工。施工单位为广东长城建设集团有限责任公司，工程监理单位为湖南大学监理中心柳州部。完成排水路基、土方及部分路面铺设等工程，累计完成工程造价300万元，占一期工程的20%。

2004年11月27日，中共来宾市委员会书记覃瑞祥（前右一）和市长张少康（前右二）检查建政路工程建设

至2005年末，市城区建有街道43条，总长45.11千米，城市道路面积122万平方米，人均道路铺筑7.23平方米。混凝土结构路面32.86千米，沥青路14.82千米。市城区街道主干道有桂中大道、盘古大道、维林大道、红水河大道、大桥路、新华路、人民路、长梅路、合山路、北二路、中南路、柳来路、迎宾路、兴宾北路、政和路、五一路、星城路、新侨路18条。市城区次干路有北四路、前卫路、西二路、东一路、新华路、爱华路、文化路、冶金路、来华路等共9条。市城区支路有北一路、南三路、南四路、西一路、东二路、文明路、民族路、南京路、长岭路、金塘路、三小路等共11条。市城区巷道有东一路三巷、东南四路三巷、西一路一巷、东南三路一巷、铁道二路、合山路西一巷、柳来路西一巷、来华路南一巷、北三路二巷、北三路三巷、北三路四巷、北三路无名巷、北三路一巷、新兴北路二巷、新兴北路三巷、南京路、六力新村一巷、南京路东一巷、南京路无名巷、金海路、城西三路、城西二路、城东一路、城东二路、城东三路、城西一路、城西一路一巷、城东四路、长岭路、城南一路、保险公司主路、飞龙一路、北一路一巷、长岭小学路、长梅小学路、那尾路、新华路一巷、规划三路等共38条。

2005年，市城区主干道有桂中大道、盘古大道、维林大道、红水河大道、大桥路、新华路、人民路、长梅路、合山路、北二路、中南路、柳来路、迎宾路、兴宾北路、政和路、五一路、星城路、新侨路18条。部分主干道详细介绍如下：

桂中大道由广西综合设计研究院设计，广西建工集团第二建筑工程有限责任公司施工，投资总额4533.186万元，2003年5月开工建设，2005年4月竣工通车。东起维林大道西接桂海高速路来华立

桂中大道街景 （2005年摄）

交桥，全长 2443.7 米，规划红线宽 60 米，其中，机动车道宽 24 米，两侧分隔带各宽 4.5 米，非机动车道各宽 5.5 米，人行道各宽 8.0 米。东段（维林大道至迎宾路）长 1930 米，混凝土路面；西段（迎宾路至桂海高速路来华立交桥）建市前已建成二级路，路面宽 9 米。

迎宾路南起滨江北路，北至麒麟路，全长 2684.4 米，规划红线宽 50 米，其中，机动车道宽 23 米，侧分隔带各宽 3.0 米，非机动车道各宽 4.5 米，人行道各宽 6.0 米。分两段施工，南段（滨江北路至盘古大道）长 1550 米，混凝土路面(2004 年 6 月开工）；北段（盘古大道至麒麟路）混凝土路面。由柳州市政科学研究院设计，广西建工集团第三建筑工程有限责任公司施工。沿路由南向北有滨江园小区西门、来宾市公安局交警支队二大队、裕达金座小区、中国银行迎宾路支行、来宾市城北加油站等。

迎宾路街景　　(2005 年摄）

红水河大道南起滨江北路，北至麒麟路，全长 2651.5 米，规划红线宽 50 米，其中，机动车道宽 23 米，侧分隔带各宽 3.0 米，非机动车道各宽 4.5 米，人行道各宽 6.0 米。南段（滨江北路至盘古大道）长 1392 米，混凝土路面(2004 年 8 月开工）。

红水河大道滨江园东门段　　(2005 年摄）

维林大道位于城北区，南接北二路来宾大桥头，北至麒麟路，全长 2568.3 米，规划红线宽 50 米，其中，机动车道宽 20 米，侧分隔带各宽 2.0 米，非机动车道各宽 5.0 米，人行道各宽 8.0 米。建市前建成北二路至盘古大道段 1777 米，混凝土路面。该段由来宾县规划设计室设计，由广西壮族自治区林业厅房地产开发公司承建，总投资 2754.3 万元，1990 年开工建设，1998 年 3 月建成长 1777 米，宽 50 米，面积为 8 万平方米的混凝土结构街道。该路建市前是来宾县城区通往高速路口的主要通道。沿维林大道由南向北在大道两旁主要有相思公园、东盟国际商业广场、光辉岁月娱乐城、国际大酒店、百家惠超市维林店、维林市场、来宾市地方税务局、来宾东糖集团等。

维林大道街景　　(2005 年摄）

政和路南起滨江北路北至麒麟路，全长 2419.30 米，规划红线宽 40 米，其中，机动车道宽 15 米，侧分隔带各宽 2.0 米，非机动车道各宽 4.5 米，人行道各宽 6.0 米，2005 年 8 月开工建设，混凝土路面，2005 年 12 月竣工交付使用。

滨江北路由维林大道至桂海高速公路，全长 2442.7 米，规划红线宽 30 米，其中，机动车道宽 15 米，人行道各宽 7.5 米。东段（维林大道至迎宾路）长 2103 米，2004 年 2 月开工建设，混凝土路面。

柳来路位于河东区中部，因系柳州到来宾进出县城必由之路而得名。南起西南一路，北至麒麟路，全长 2927.49 米，规划红线宽 30 米，其中，机动车道宽 10 米，侧分隔带各宽 1.0 米，非机动车道各宽 4.0 米，人行道各宽 5.0 米。南段（南一路至新城桥）长 1549.59 米，混凝土路面。1955 年始建，宽 24 米，1965 年将南段长 250 米、宽 14 米路段改建为混凝土路。1978 年冬将财政局大门南侧至北二路路段改建成沥青路，成为河东区沥青路问世之始。1978

柳来路实验小学段　　（2005 年摄）

年和 1986 年 3 次扩建，削平 2 个岭坡，填平 3 个水塘，改弯接直拓宽 30 米，将长 1.39 千米的车行道铺筑成沥青路和混凝土路。1991 年，投资 246 万元，由来宾县第一建筑工程公司和第二建筑工程公司承建，将全长 1.39 千米道路全部拓宽为 34 米，成为混凝土结构街道，占地面积 4.73 万平方米。沿路有原县人民法院宿舍区、兴宾区大礼堂、图书馆、文工团、财政局、来宾市农业银行柳来支行、兴宾区交通局、兴宾区卫生和计划生育局、来宾市妇幼保健院、兴宾区水利局、兴宾区农机管理中心、兴宾区工商行政管理局、来宾市交通警察支队、来宾公路局、气象局等单位。

大桥路为河西区主干道，位于河西区南部，东至来宾公路大桥头，西至电厂圆盘转向南至冶炼厂厂区大门接天然桥路，全长 2906 米，规划红线宽 50 米，其中，机动车道宽 22 米，侧分隔带各宽 2.0 米，非机动车道各宽 5.0 米，人行道各宽 7.0 米。1976 年始建时为泥石质路，1979 年、1986 年和 1989 年分 3 次铺筑，全长 2.85 千米，宽 10 米的行车道均铺筑混凝

大桥路桥头段　　（2005 年摄）

土路和沥青路。该路宽度从大转盘以南至终点长 1.8 千米为 40 米宽，大转盘以北至来宾大桥头长 1.05 千米为 50 米宽，占地面积共 12.15 万平方米。1995 年 7 月，投资 1300 万元，由柳州市建筑科学研究院承建，完成长 1.77 千米、宽 50 米，占地面积 8.87 万平方米的混凝土结构街道。沿路有兴宾区国税局、兴宾民政局、兴宾区交通货运站、来宾市环境研究所、兴宾区司法局宿舍区、电厂生活区菜市、兴宾区公路执法大队、来宾冶炼厂等。

北二路位于河东居民区北部，东起合山路，西至红水河来宾公路大桥头，全长 1.59 千米。1956 年始建，东起合山路，西接柳来路，长 700 米，宽 24 米。1976 年来宾县城第 4 次总体规划时改为主干道。1977 年从柳来路往西延伸 550 米至来宾大桥头，成为总长度 1.25 千米，宽 30 米道路，其中宽 10 米铺成沥青路。1981 年 3 月进行第七次县城总体规划

北二路人民公园北门段街景　　（2005 年摄）

改为宽 34 米路面。1986 年将其余 700 米路面铺筑成混凝土路。1992 年 7 月投资 473 万元，由来宾县第一建筑工程公司、第二建筑工程公司、广西壮族自治区变电公司承建，将该路建成长 1.59 千米、宽 40 米，占地面积 6.36 万平方米的混凝土结构街道。规划红线宽 40 米，其中，机动车道宽 14 米，侧分隔带各宽 1.5 米，非机动车道各宽 4.0 米，人行道各宽 7.5 米，混凝土路面。北二路为河东区主干道。沿路有兴宾区第一、二、四建筑工程公司、建设银行、兴宾区文化馆、人民公园、来宾市一中、实验小学、兴宾区教育局、来宾市疾病预防控制中心、兴宾区农业局、兴宾区畜牧水产养殖局、兴宾区妇幼保健院等单位。

中南路位于河东区中部，因系河东区中部纵穿南北的一条大道而取名，原称大寨路。南接南一路，

北至盘古大道，全长2014.72米，规划红线宽30米，其中，机动车道宽16米，人行道各宽7.0米。建市前建成南一路至新兴路段，长1250米，混凝土路面。1962年兴建，宽20米。1976年城建规划改为宽24米。1981年3月县城总体规划改为宽30米。经扩建改建，在南西拓通南一路时拆迁了原粮食局2幢仓库共计面积448平方米，加上拆迁1幢小楼房和1个厕所，共赔偿拆迁费11060元。从县人民医院以北延伸至新兴路时，填平了一些水塘和水田，才有全线南北贯通和1.18千米、宽10米的平直道铺成沥青路，成为河东区街道之冠。1994年3月投入393万元，由县建筑工程总公司承建，将长1.18千米、宽34米道路建成混凝土结构，占地面积35840平方米。沿街有兴宾区粮食局、来宾宾馆、工商银行中南分理处、来宾电影院、来宾市邮政局、兴宾区供销社、来宾市中医医院、兴宾区食品公司、来宾市第二中学、兴宾区药材公司、来宾市质量技术监督局、兴宾区地方税务局、兴宾区科技局、兴宾区检察院等单位。

合山路位于河东居民区东部，南起南一路，北至盘古大道，全长2063.24米，规划红线宽40米。建市前建成南一路至新兴路段，长1280米，宽24米，其中，机动车道宽12米，人行道各宽6.0米，混凝土路面。1955年始建泥石质路，宽24米，1978年改为宽28米，1979年动工修筑路面。1996年5月投资348万元，由县建筑工程总公司承建混凝土结构工程，占地面积8.89万平方米。

新兴路位于河东区北部，西起柳来路，东接合山路。1964年开辟，长750米，宽34米。机动车道宽14米，人行道各宽8.0米，混凝土路面，建市前建成(2005年在原水泥路面加铺沥青层)。1984年8月改建为沥青路。1989年由县房产开发公司施工建设街道，投资78.5万元，占地面积2.55万平方米。其中，新兴北路由维林大道至合山路，全长1369.26米，宽24米，其中，机动车道宽16米，人行道各宽4.0米，混凝土路面。

城区房屋建设

1950年，来宾市城区始建公房。是年，在湘桂铁路旁建成来宾盐业仓库和来宾火车站等公用房屋。来宾火车站房屋建筑面积400平方米，砖木结构，高12米，投资2.5万元。至1952年，建成来宾县总工会房屋，县城仅有湘桂铁路火车站和来合段火车站约3000平方米的平房。1953年，来宾县人民政府迁至今城区后，来宾县粮食局、邮电局等单位在南一路北侧建办公楼和宿舍。来宾县粮食局在南一路建设来宾粮所苏式高门仓库1幢容量100万千克，基建房式仓1幢，容量150万千克，面积115平方米，砖木结构，造价68万元。投资14万元，于前卫路建设来宾县人民政府办公楼2幢，面积1800平方米；在南一路建成苏式砖木结构的县邮电局办公用房，建筑面积142平方米；建成中国人民银行来宾支行办公楼。1954年，在南一路建起新华书店、贸易公司、人民饭店，在南二路建起800平方米圩亭。是年，县人民医院、红河码头等一批建设项目动工。1956年，建成来宾县糖纸厂、印刷厂、鼎锅厂、淀粉厂、百货和花纱公司、日杂门市部、县中学(今县二中)、县壮校(今县一中)、镇北小学(今实验小学)、镇东小学、镇西小学等单位宿舍。1957年，建成火力发电站，开工建设来宾糖厂。1959年，来宾县造纸厂建成投产。至1964年，河东区街道路网基本形成，并建有多处公共设施和商业服务网点。

1960年，在今市区建设来宾县人民大礼堂2000平方米，砖木结构，投资16万元。1961年，建设中共来宾县委党校。1963年，建设来宾县汽车站。1963年，城区大旱，因今城区属喀斯特地貌，地下溶洞多，城区内一些建筑物墙体及其周围地面开裂，原中共来宾县委员会、县人民政府的办公楼从3层平顶楼拆下1层改为瓦屋房。1966年，建设县水电局宿舍400平方米和县水厂厂房300平方米，均为砖木结构，建设工农兵旅社1000平方米，高15米，砖混结构楼，投资6万元。1969年，在城区建设来宾县磷肥厂、县水泥厂、县陶瓷厂、县农机厂厂房和县食品厂仓库和宿舍，均为砖木结构。

20世纪70年代，来宾县在今城区先后建设一批公用房屋。在河西建设县砖瓦厂30孔轮窑1700平方米厂房，投资5.2万元。建设来宾糖厂厂房、住宅、给水房3706平方米，投资27万元。1975年，经长沙地质勘察学院派员到来宾县城实地钻探得出科学结论后，解除人们迷信认为县城不能建高楼的思想禁锢，各种不同结构和不同层次的楼房逐年增多。是年，建设框架结构的县商业楼，建筑面积2476平方米，投资19万元；1976年，建设广西林学院来宾分院(1982年迁往南宁)教学楼及住宅楼1480平方米，砖混结构，投资8.5万元。1977年，建设来宾县迎宾旅社2800平方米，投资16万元；县百货公司样品楼932平方米，投资7万元；建成来宾县电影院1100平方米，投资18万元；1978年，建设来宾县火葬场主体工程1100平方米，投资13万元；建成来宾华侨农场住宅楼3290平方米，投资19.1万元；1979年，建设来宾铁路住宅楼1200平方米，造价10万元；建成县水泥厂窑房1050平方米，投资18万元；年末，来宾冶炼厂建成房屋面积17.54万平方米。

20世纪80年代，城区公房建设迅速发展。1980年，在今城区先后建设来宾冶炼厂住宅楼1157平方米，砖混结构，投入9.5万元；动工兴建来宾导航台房屋，在河西筹建来宾县职业中学和民族中学；1981年，在今城区先后建设来宾县公路段住宅楼721平方米、来宾导航台机房和住宅楼300平方米，来宾县百货公司住宅楼700平方米。1983年，在今城区先后建设来宾县百货公司营业楼面积997平方米，框架结构，造价12.16万元；建设农业银行来宾县支行办公楼1042平方米，框架结构，投资12.8万元；建设来宾县人民医院病房996平方米，投资11.96万元。1984年，南宁—柳州—桂林微波专线来宾站动工兴建。1985年，改建来宾火车站客运站，建筑面积2232平方米，其中候车室800平方米，一次可容纳600多名旅客候车，拥有10股道和拱跨天桥及宽60米长500多米的站台，候车室前有2500平方米广场，成为广西最大的县级火车站。是年，来宾县第三中学动工兴建。1986年，投资18.32万元建设来宾县供销社综合楼1740平方米；建设来宾县制药厂片剂车间1600平方米，框架结构，投资30万元；建设来宾县造纸厂造纸车间1587平方米，总造价25万元。1987年建设来宾县图书馆阅览室1191平方米，造价16万元；建设中共来宾县委党校办公楼1981平方米，框架结构，造价28.5万元；建设来宾县总工会影剧院700平方米，框架结构，投资15万元；建设来宾县人民政府办公楼2576平方米，框架结构，投入资金38.5万元；建设来宾县工商局办公大楼806平方米，框架结构，投入15万元。1988年，建成来宾县电视差转台，来宾冶炼厂建成投产，来宾变电站建成使用。

中共十一届三中全会后，社会经济得到快速发展，原来缓建的来宾冶炼厂进行了续建。确定在河西区新建大型火力发电厂来宾火电厂，1986年开始动工。今市城内各种行政办公、商业服务、饭店旅社、食品加工、住宅、学校、医疗卫生、文化娱乐、大中小型工业厂房星罗棋布。至1988年，今市城区公房总面积已达99.64万平方米。按房屋建筑结构分，其中砖混结构为37.92万平方米，钢筋混凝土结构5.54万平方米，钢结构4541.96平方米，砖木结构36.20万平方米，土木结构13.66万平方米，结构不分开统计的3.46万平方米。按房屋层数分，平房60.53万平方米，楼房35.65万平方米，其中2~3层的14.12万平方米，4~6层的21.27万平方米，7层以上的2648平方米。按房屋的用途分，住宅43.72万平方米，工交仓库用房24.88万平方米，商业服务用房10.21万平方米，教育医疗科研用房6.84万平方米，办公用房4.45万平方米，文体娱乐和其他用房的3.25万平方米，多用途3.46万平方米。仅1980—1988年，今市城区公房建筑面积达42.61万平方米。其中1986—1988年3年的建筑面积达23.22万平方米，相当于20世纪70年代总和数39.83万平方米的58.28%，比20世纪50年代和20世纪60年代的总和还多4971.09平方米，增长68.91%。

1989年，市城区建成区内有来宾冶炼厂、来宾火电厂、维都林场、来宾航空导航站等中央、自治区直属单位；还有国家银行4家、保险公司1家；有国营、集体、个体商业贸易1300多家；有电影院、电视差转台、影剧院、文化宫、文化馆、图书馆、新华书店、露天影场、青少年之家、老年活动中心等；有中小学校10多所，中专2所，保育院、党校、农机校、业余体校各1所；有医院5家和防疫站、妇幼保健站及老干部门诊等公共设施；文化生活设施和科学技术方面设有科技情报管理所、农业、林业、农机等研究所；工业方面建有中央、自治区、地区、县、镇办工业30多家。最大的冶炼基地工程建筑面积57401平方米，厂房长258米、宽18米、高20米，烟囱高160米，投资1.13亿元，锡冶炼车间已于1988年底建成投产。来宾火电厂一期工程建成厂房3654平方米，烟囱高210米、底部直径21.6米。其生活区房屋面积2.05万平方米，厂区公路2.5千米和通湘桂铁路良江站的铁路专线。第一台12.5万千瓦发电机组于1989年1月24日正式并网发电。

是年，建设来宾县司法局住宅楼896平方米，砖混结构，投资20万元；建设来宾镇政府住宅楼900平方米，砖混结构，投入20.1万元；建筑来宾县卫生学校住宅楼1000平方米，砖混结构，投资24.5万元。

1990年，建设来宾县检察院办公楼框架结构，总面积1000平方米，投资25万元；建设来宾县新华书店办公楼141平方米，投入18.3万元；建设来宾县财政局综合楼建筑面积1187平方米，投入资金26.61万元。1991年，建设中国工商银行来宾县支行住宅楼1313平方米，砖混结构，总投资52.5万元；建设来宾50万伏变电站住宅楼850平方米，投入34万元。1992年9月，来宾县新汽车客运站破土动工，投资400万元;9月4日,来宾县体育中心动工兴建;来宾B电厂举行奠基典礼;是年,建设来宾县五金公司营业楼1600平方米,高12米,框架结构;建设来宾县政协住宅楼1000平方米,高18米,砖混结构,投资25万元。1993年,建设来宾县第二小学教学楼1090平方米,框架结构,投入70万元;建设来宾镇中心小学教学楼955平方米,框架结构,投入31万元;建设县劳动局综合楼1593平方米,楼高26米,框架结构,投入74万元。1994年,建设来宾县煤炭局住宅楼2500平方米,砖混结构,造价150万元;建设来宾县检察院住宅楼1100平方米,楼高18米,砖混结构,投资25万元。1995年,建设来宾县劳动服务公司综合楼2307平方米,框架结构,投资76万元。1996年9月17日,动工兴建来宾商城,占地面积4950平方米,建筑面积16800平方米,投资1000万元。是年建设来宾县林业局住宅楼2020平方米,砖混结构,投入103万元;建设农业银行来宾县支行住宅楼1820平方米,框架结构,投资81万元;建设来宾县水电局住宅楼3230平方米,砖混结构,投入99万元。1997年,来宾B电厂动工兴建。是年,今市城区有制糖、造纸、制药、食品、建材、冶炼、发电等工业企业厂房及驻来宾县城的中央、自治区、地区、县工业企业30多家厂房,还有20所学校校舍。1997年,来宾县邮电局房屋面积达2.21万平方米,比1985年的9464平方米多1.26万平方米。1998年12月,中共来宾县委党校新址举行奠基典礼。1999年,建设来宾县检察院办公楼1600平方米,框架结构,投入77万元;建设来宾县司法局综合楼3325平方米,投入127万元;建设来宾县实验小学办公楼960平方米,投资46万元;总投资4561万元的中央直属广西来宾粮食储备库和总投资490万元的广西来宾粮库建成使用(占地4692平方米,总容量为10016吨)。来宾县中医医院、来宾县人民医院房屋建筑面积分别达到10338平方米和36751.5平方米。

2000年,建设来宾县卫生学校住宅楼2441平方米,砖混结构,投入83万元;建设来宾镇中心小学住宅楼2775平方米,砖混结构,投入103万元;建设来宾镇政府住宅楼2679平方米,投入87.7万元;2001年9月11日,来宾县第四中学落成开学,投资650万元,建筑面积2.85万平方米。是年,建设来宾县轻工机械厂综合楼3541平方米,框架结构,投资123万元;建设工商银行来宾县支行综合楼1556平方米,框架结构,投入70万元;建设来宾县公安局综合楼1371平方米,框架结构,投入62万元。

2002年6月28日,来宾宾馆建成投入使用,建筑面积1.40万平方米,高17层,为县城第一高楼。建设来宾县第一糖厂仓库1933平方米,框架结构,投入87万元;建设来宾县检察院住宅楼2086平方米,砖混结构,投入98万元;建设来宾县体育局综合楼3334平方米,框架结构,投入150万元。是年,来宾县教师进修学校房屋面积1.52万平方米,县卫生学校2.88万平方米,县职业中学0.27万平方米,县民族中学1.04万平方米,来宾县第一中学4.00万平方米,来宾县第二中学2.58万平方米,来宾县第三中学1.74万平方米,来宾县第四中学2.85万平方米,来宾县附属小学1.36万平方米,县第二小学0.97万平方米,县第三小学0.71万平方米。

2003年,来宾市市直单位使用的公房大部分由原来宾县国有企业或集体商业企业承租,一直以来都是政策性租用公房,因企业改制或实行承包制,承租单位涉及处理职工安置和分流等问题,在一定程度上影响公房的改造和租金制度改革步伐。

2005年,市房产管理局投资39.53万元,对于市东一路123号和西南一路13号2处公房进行维修,维修面积1041平方米。城区公房主要有:原来宾县各级行政机关办公用房、中国银行来宾支行、中国建设银行来宾支行、来宾宾馆、来宾市交通大厦等。

私房建设始于1953年,来宾县治从城厢水街迁到水落村,当时水落村仅有私房不足10户人家。县治到此后以县名改水落村为来宾镇,街区呈网络状沿红水河两岸分布。从城厢及各地村镇陆续到这里谋生定居的群众,多分散居住在和平路、南一路、合山路等路段。20世纪50年代房屋以土木结构为主,20世纪60年代以砖木结构为主,进入20世纪80年代后,又从砖木结构演变为砖混结构,并向高层发展。

20世纪50年代,今城区建有私房3.02万平方米。20世纪60年代,今城区私房面积3.75万平方米,20世纪70年代,今城区私房面积4.21万平方米,20世纪80年代,城区私房增加到15.22万平方米。至1988年末,城区私房总面积达到26.20万平方米。按房屋结构分,其中砖混结构97169.62平方米,砖木结构162636平方米,土木结构2185.07平方米。土木结构的房屋渐趋淘汰。从房屋层数分析,其中2层以上的楼房建筑面积81182.69平方米,2~3层的76046.46平方米,4~6层的4383.41平方米,7层以上的852.82平方米,平房180802平方米。按房屋用途分,住宅用房258253.8平方米,占总数的

98.55%。

但是，在建设程序上存在先建房后建街道和地下排水道的失误，给后来建设造成困难。如坐落在许多街道上民房，给后来街道扩建、改建，造成大量人为拆迁。相当多的民房，由于既成事实，不愿搬迁，致使城内主次干道上的房屋为瓦房所占领。再就是由于先地上后地下，给后来建地下排水道时带来工程施工困难。如1983年建设南三路和东一路下水道时，就出现通过许多民房廊檐前，甚至有的穿过房屋等现象。

1987年，来宾县在城区处理违法占地违章建房案件1200多起，涉及7000多户。1989年10月—1991年12月，来宾县开展清理干部职工“三违”建私房工作，有1092名干部职工存在“三违”建私房现象，大多数都是在城区建的私房。

1991年3月25日，来宾县人民政府决定在城镇开展房屋所有权登记发（换）证工作。

1992年，城区永固大厦在柳来路落成，高12层，建筑面积11000平方米。

1993—1997年，来宾县城区建成楼房200多幢1340套（间），建筑面积7.8万平方米，为1103户2000余名干部职工和居民解决住房问题。1994年，来宾县对旧城区进行改造，开发12个单位12宗旧宅基地共6.13公顷，安排712户居民住房用地712间共43000多平方米，解决了一些城区无房户的住宅用地问题。1995年，今城区有私房面积46.32万平方米。1996年，来宾县抓好城区地产开发，为城区居民解决建房用地，主要开发县政府招待所东面、长梅村委会开发区、立新农贸市场等，通过统一规划，统一建设，按每间60平方米左右进行规划，销售给居民建房。还在县农机校、交警大队、县砖厂、城厢乡农技站、老干部局、汽修厂、城厢农机站、鑫都花苑开发区等处开发房地1087间，面积11.81万平方米。县房地产开发公司开发了县城中部鑫都花苑宅基地233间，大部分5米×12米开间，总占地面积41792.69平方米。其中，房地面积13706.67平方米，市场面积4485.34平方米，道路面积19664.68平方米，绿地面积3936平方米。1997年，地产开发仍然以旧城改造为主，主要开发兴宾路开发区、殡管所、城管队、维林新城区、机械工业公司、五金公司738间地产，开发面积65100平方米。

1998年，来宾县在城区建设地产公司、农机供应公司、信访局、劳动保护监测站、县第二中学、来宾镇甘蔗站、县第二小学、纸厂、食品公司饲养场、健宾市场、第一幼儿园开发点、国税河西开发区、国税维林开发区、国税来宾镇分局、粮所小区、鱼苗场、县苗圃、中国银行、公路局、渔政站、改水办、木材公司等房产1132间，开发面积26.27万平方米。

1994—1998年，来宾县城镇住房制度改革，5年向干部职工共出售公有住房4383套，干部职工集资建房2100套。

今市城区旧居民区，主要分布在南一路以南、红水河的地块内及北四路、中南路、合山路、北二路相交的地块内。合山路以东、铁路以西、南一路以北主要是铁路用地。新建居民私宅主要分布在河东区铁路以东及凌窝和河西区大桥路以南、河西大桥以北、长梅路以南的地块内。

至2002年，来宾县城区建设建宾市场房产110间，占地17533平方米，每间占地面积60平方米，建筑面积60平方米，110间建筑面积共6600平方米；金三角项目建设18间，每间占地面积50多平方米，18间建筑面积6000多平方米；水电局在北四路西头两边开发25间，每间占地面积60平方米，建筑面积7500多平方米。上述房地要求建5层以上的楼房。还在城区开发14处房地产项目，占地面积39.24万平方米，按照统一规划、统一出图、统一施工、统一建设，六层基础，先建3层以上。

房地产开发，既解决了居民的建房用地难及临街经商用地问题，加快了私房建设进度，又筹集到城市建设资金，加快城区公用事业建设。

2003—2005年，市城区私房建设开工项目2354个，建筑面积68.2万平方米，总投资26800万元。

2003年，来宾市对城区私房建设除少部分符合城市规划折旧房建新房外，停止审批新的私房建设，转向以高层楼房为主的商品房建设审批。是年，市建设主管部门共办理城区私人建房审批792户，建筑面积21.5万平方米。商品房建筑施工面积14.60万平方米，竣工面积13.28万平方米；商品房销售面积2.86万平方米，销售金额3.72亿元，商品房的平均售价为每平方米1300元。发放房屋产权证4389本，其中私房2156宗，房改（集资）房2233宗，建筑面积73.12万平方米。

2004年，市房产管理局共核发房屋产权证5231本，面积126.60万平方米，商品房施工面积6.59万平方米，竣工面积2.30万平方米，销售均价为每平方米1300元。核发商品房预售许可证面积9.29万平方米。

2005年，核发房屋权属证书6423本，确认产权面积 103.45 万平方米，市房地产开发完成投资 5.80 亿元，房地产的投资情况处于平稳增长状态。年内，全市商品房新开工面积 33.30 万平方米，施工面积为 89.13 万平方米，竣工面积 46.30 万平方米。批准预售商品房建筑面积 31.50 万平方米，商品房销售面积 22.45 万平方米，售房合同额 5.23 亿元，市区商品房均价为每平方米 1400 元左右，同比增长约 8%。

第二节　排水防洪市政桥梁

排　水

来宾市中心城区地处石灰岩地区，地形北高南低，建市前排水采用雨水和污水合流制形成。排水出路，一部分地区排入红水河，一部分地区排至溶洞直接流入低洼池塘流入红水河。中心城区排水设施，2002 年以前由原来宾县修建老城区街道时，铺设部分街道的排污水管。老城区主要道路上均设有排水管渠，但管渠断面较小。由于没有经过统一的规划设计，管渠布置凌乱，走向不合理。中心城区的雨污水近河入河，近塘入塘，通过冲沟及溶洞最终全部合流入红水河。

1988 年，来宾县城区排水设施已建成地下排水管道总长 20.42 千米。1992 年，来宾县投入 12 万元，完成鼎锅塘至草鞋沟 300 米长的地下排水沟建设。1994 年，投资 26 万元，组织 475 人参加城北排洪工程，挖土 6500 方、挖通深 5 米宽 2.5 米长 650 米的排水沟。2001 年，城区修建合山路停车场及周边 70 米长下水道工程，面积为 3178.85 平方米，投资 20 万元；改建城北区排污管道(新城桥至建设大道口)工程长 540 米，混凝土管内直径 1800 毫米，投资 120 万元。两项排水工程于 9 月竣工；修建中南路排水道工程长 280 米，投资 31 万元，于 10 月竣工；投资 145 万元新建改建县城 4 条排污管长 1045 米。年末，中心城区的排水工程设施已建有各种大小、长短不等的地下排水管道总长度为 20.42 千米。其中：河东区 9.38 千米；河西区 11.04 千米。但城市防洪排涝工程建设被忽视，没有修建城市防洪工程，1988 年 9 月 1 日洪水侵入城区时，地处低洼的许多公共建筑物和生产建筑物以及民房被洪水淹没。

2002 年 12 月 28 日，来宾市成立后，城北区在进行道路施工建设中，均按照雨污分流排水体制进行设计施工。污水管均预留接入城东污水处理厂的污水管，雨水均汇流至迎宾路排入红水河。

2003 年，来宾市投资 400 万元，建设中心城区的主排水沟渠。2003 年 6 月—7 月，来宾市投入 40 万元对城区主要排水系统进行全面维修，共清理排水沟 3000 米，埋设内直径为 1500 毫米的排污主管 120 米。2004 年，市城区修建排水管道长 15652 米。

2005 年，市中心城区排水工程，结合城北区的规划建设，将城北区排水系统改为雨污分流制，改变了原雨污合流制，修建排水管道 19195 米，年末，市区排水管道长 82.60 千米。

防洪工程建设

防洪概况　来宾市城区位于广西中部，红水河下游，红水河横贯城区东西，城区居民最低起淹水位为 77.4 米(相当于 5 年一遇洪水位)。1988 年洪水，城区最高洪水位为 80.89 米，受灾人口 10695 人，直接经济损失 50.2 万元；1994 年洪水，城区最高洪水位 80.66 米，直接经济损失 811.9 万元；1996 年洪水，城区最高洪水位 80.0 米，洪水所造成的直接经济损失 1800 万元。

2003 年 4 月 4 日，来宾市人民政府以来政函〔2003〕4 号同意将来宾市城区内河流和 100 平方千米以上的河道(河段)：红水河、清水河、北之江、凤凰河等河道内的防洪堤规划、建设以及河道采砂管理职能划归来宾市水利局统一管理。

2003 年，市城区内人口 27.37 万人，其中城市常住居民人口 16.56 万人，规划期内 2020 年城市常住人口 48 万人，规划用地面积 52 平方千米。参照《防洪标准》(GB50201-94)，来宾市在规划期内为三等城市，防洪标准应为 50~100 年一遇洪水。受来宾市水利局的委托，柳州水利电力勘测设计研究院于 2005 年完成《广西来宾市城区防洪工程规划报告》。防洪规划报告依据《红水河流域综合利用规划》和正在施工的上游龙滩水利枢纽，推荐来宾市城区防洪工程采用 20 年一遇洪水标准方案。该方案和正在施工的龙滩水利枢纽防洪方案结合起来，龙滩水利枢纽近期预留 50 亿立方米防洪库容，可使来宾市城区的防洪标准达到 50 年一遇洪水标准以上，远期预留 70 亿立方米库容，可使来宾市城区的防洪标准达到 100 年一遇洪水标准。按照目前 20 年一遇洪水标准设防，规划设防洪堤 19 段，总长 7.38 千米；设排涝泵站 10 座，总装机容量 3285 千瓦；自派涵闸 11 座。规划工程静态总投资 20247.63 万元。

防洪建设　1997 年，柳州水利电力勘测设计研究院编制完成原来宾县城区防洪治涝工程规划。

1998年，广西壮族自治区水利厅下发《关于来宾县城区防洪排涝工程规划的批复》，同意来宾县城区防洪排涝总体布置和分期实施方案。2001年，来宾县编制《广西来宾县城区防洪工程濉溪堤防段项目建议书》，广西壮族自治区水利厅以桂水计〔2001〕110号文批复同意项目立项，工程分期、分区实施。近期防洪工程为濉溪和陵凹堤防工程，远期为电厂生活区堤段、龙洞堤段、新房岭堤段和金村堤段。工程防洪标准为50年一遇，防洪堤长5.17千米，排涝闸5座，排涝泵站5座，总装机容量2635千瓦，防洪保护城区面积11.97平方千米，保护城区人口5万人，工程总投资1.23亿元。濉溪堤防工程防洪标准20年一遇，防洪保护区面积3.98平方千米。主要建设防洪护岸长248米，排涝闸1座，排涝泵站1座，装机容量620千瓦，濉溪堤段长90米。2003年4月24日，广西壮族自治区水利厅以桂水水管〔2003〕33号文批复来宾市城区防洪工程（维林桥至来宾大桥护岸）初步设计，批复的建设内容有维林桥至来宾大桥段的护岸，批复的总投资为293.44万元。工程通过招标，选择桂林水电建设有限责任公司承建（维林桥至来宾大桥段护岸0+130—0+248.56桩），中标价144.06万元，工程于2003年9月28日动工，工程监理单位是柳州园明监理有限责任公司。至2004年12月底止，全部按设计完成，完成投资197万元。

市政桥梁

来宾市城区桥梁建设始于20世纪50年代，后随城市发展和街道建设沟通，桥梁建设也随之增加。市区主要桥梁有来宾公路大桥、维林桥、民贵桥、新城桥、来华桥等。

来宾公路大桥位于市区南部，跨越红水河。该桥是联结市城区河东河西及南部各地和桂南各县市的主要通道。1976年5月，大桥由广西交通规划勘察设计研究院设计，由广西壮族自治区冶金局投资建设，1977年1月广西路桥总公司第二工程处施工兴建，次年12月18日竣工，总投资416万元，来宾县组织800多名民兵负责施工。大桥全长377.56米，高35米，桥面宽14米，设计桥跨布置为四孔（2×90+105+30米）无支架吊装等截面钢筋混凝土拱桥，桥梁总宽为14米(10米行车道+2×2米人行道)，设计荷载为汽-15，挂-80。洪水频率1/100。通航净空符合5级航道要求。设计荷载汽-15，挂-80。

来宾公路大桥 （2005年摄）

维林桥又名维都桥，距红水河约200米，桥下不通航。全桥长72.94米，桥面宽18+2×2米人行道，桥型为三孔20米跨预应力梁桥，设计荷载为汽-20，挂-100。大桥由广西交通规划勘察设计院设计，由维都林场开发区投资建设，由广西路桥公司第二工程处施工。1999年6月建成通车。

新城桥由桂中公路管理局设计施工，属钢筋混凝土桁架拱桥。桥长58米，桥宽14+2×2.5米。1991年3月建成通车。

民贵桥位于来宾市新兴北路，是横跨草鞋沟上的一座中型拱桥，上构为预应力空心板，桥长44.0米，宽12+2×3米。由桂中公路勘察设计院设计，原来宾县建设局协调开发商投资建设及施工。2001年10月建成通车。

来华桥位于国道来宾至迁江路，跨越清水河，桥长32.5米，宽11+2×1.25米，双曲拱桥，荷载等级为汽-20，挂-100。由桂中公路管理局建设，桂中公路勘察设计院设计。1989年3月建成通车。

第三节　供水　路灯　燃料

城市供水

供水设备　中华人民共和国成立前，城区无供水企业，居民吃水全靠人工到红水河肩挑解决。中华人民共和国成立后至1953年，只有1个小型铁路抽水站，来宾县城机关和街道居民用水，还是靠人工到红河肩挑解决。1957年8月，来宾县人民政府购买1台120匹马力柴油发电机，在来宾镇医院南西建电力抽水站，将凌窝的水抽上来供机关和居民饮用。由于供水能力有限，满足不了需要。1958年，来宾县组织机关干部、街道居民开挖大道引水渠，把水引到县城，水引到县城后因水质污染严重不能饮用。1967年4月，来宾县投资14万元专款在西二路红水河东岸兴建自来水厂，日供水100立方米，于1968年4月建成投产。1969年，今城区又新建1

个容量为500吨的清水池和1个容量为100吨的水塔。1974年和1975年，来宾县糖纸厂和原广西农学院林学分院相继自建自来水厂。1977年，来宾县先后利用4年时间，投资100多万元，钻探水井29口，经技术鉴定符合国家规定标准且建成投产的消耗井3口。1978年冬，来宾冶炼厂水厂建成。1986年，来宾县水厂扩建1个封闭式容量100吨的清水池、2个容量各1000吨的沉淀池和过滤池。1988年，来宾县自来水厂改原抽水泵船为沉淀式钢筋混凝土结构的抽水泵房，建设1条长100米，宽2米的隧道，安装55千瓦和75千瓦电动机各1台，出水管道直径由150毫米改为直径400毫主，并安装管道长9.65千米，通过一系列的改、扩建后，供水能力从原来的每小时100立方米，增加到每小时520立方米，年供水量由20万立方米，增加到1990年的328万立方米，城区供水能力比原来增加16.4倍。随着中心城区人口增多和工业用水增加，河东水厂已不能满足城区生活生产用水需求。1991年12月，总投资69.99万元的城区自来水跨河水管安装工程动工，1992年4月27日竣工。1992—1996年，来宾县自来水厂自筹资金500多万元，在来宾红水河公路桥上游西岸约2000米处，建设河西水厂及附属工程，新建成日供水量4万吨的水池及3万吨的过滤池各1个，总投资105万元。2000年，来宾县自来水厂又筹集资金500万元对河东水厂进行日供水5万吨的改造。2001年，来宾县自来水厂成功开发了康洁纯净饮用水，完成河东水厂改建工程。是年，今中心城区铺设供水管道总长110.8千米，铺设供水主管道(100毫米以上)29.8千米，城区管网覆盖面积达100%。日供水能力4万吨，全年供水总量600.3万吨。

2002年，市中心城区供水管道总长33千米。新增中心城区供水管道长9305米，其中，管径d600毫米为420米、管径d400毫米为500米、管径d300毫米为1280米、管径d200毫米为3415米、管径d150毫米为3670米。城区磨东水厂扩建工程启动，总投资5274万元，供水工程完成项目选址和项目可行性研究评审。新铺供水管道4千米。

2003年，市城区供水管道总长78.5千米，全年供水量1636万立方米，日供水能力达13.3万立方米，市区用水普及率达100%；新增城区供水管道总长32480米，其中：管径内直径小于75毫米的26800米，管径75毫米内直径小于300毫米的4870米，管径300毫米内直径小于600毫米的810米。

2004年，对老城区进行管网改造和建设，分别完成维林大道公称内径300毫米管590米的安装，南一路和西一路公称内径700毫米管610米的安装，改造建政大道供水管道公称内径200毫米共1020米，改造四中供水管道公称内径110毫米管210米以及河西变电站供水管网公称内径100毫米管380米；完成全长约7千米工业园区的供水安装工程，完成全长7.6千米公称内径300毫米PE管来宾华侨投资区供水管网安装工程。新增城区供水管道总长44780米，其中：内直径小于75毫米的30350米，75毫米内直径小于300毫米的8200米，300毫米内直径小于600毫米的6230米；年末城区供水管道长199千米，全年生活供水总量1230万立方米，日实际供水能力7.5万立方米，市区用水户1.94万户。

2005年，城区供水新增管道总长54480米，其中：内直径小于75毫米的41000米，75毫米内直径小于300毫米的7830米，300毫米内直径小于600毫米的2400米，600毫米内直径小于1000毫米的3250米；全年生活供水总量1302万立方米，同比增长5.87%，市区用水人口14万人，居民家庭用水量667万吨；城区内已建有来宾市自来水厂、维林水厂、来宾冶炼厂水厂、来宾电厂水厂、来宾铁路水厂5家供水企业，市自来水厂全年供水能力为750万吨，其他水厂为内部生活用水，少量外供。供水覆盖率已占全城机关单位和城镇居民总数的90%以上(不含自备水源)。其中市自来水厂的管路东至殡管所，东北至来宾县水泥厂，西至河西居民区长梅路口一带，南至来宾县委党校和第三中学，北至平西沙村，总长45.75千米。冶炼厂自来水厂管道总长为20.08千米，维都林场自来水管道总长为10.5千米。磨东水厂一期工程高性能计供水量为5万立方米，配套管网34.5千米，总投资5275万元，部分工程开工建设。来宾水厂发展新用户1668户，新安装管道长度19318.9米，水质综合合格率为99%，高于国家饮用水标准，完成供水量750万吨。

供水价格　1993年，物价部门对来宾县城区自来水价格进行调整，生活用水从每立方米0.34元提高到0.57元，提高67.6%；工业营业性用水从每立方米0.41元提高到0.67元，提高63.4%，并规定水价每立方米另加收水资源费0.015元。1994年，今城区自来水价格为居民生活用水每立方米0.73元，工业用水每立方米0.78元，并规定收取供水建设附加费每立方米0.13元。1997年，调整城区自来水价格，生活用水每立方米1.15元，工业用水每立方米1.20元，营业性、建筑性用水每立方米1.25元，洗车用水每立方米1.40元。2002年3月，城区居民生活用水价格提高到每立方米1.16元。其他行业用水价格也相应提高。

来宾市自来水厂前身是来宾县自来水厂，1966年，始在西二路红水河东岸兴建规模为100立方米/日的自来水厂，并于1967年4月动工兴建，1968年4月建成投产。1988年，通过一系列的改、扩建后，供水规模从原来的每小时100立方米，增加到每小时520立方米，年供水量由20万立方米，增加到1990年的328万立方米，比原来增加16.4倍。供水管道总长度45.75千米。1992年完成直径600毫米长400米的过河管安装任务，保证了河西水厂工程早开工。随着河东、河西管网的联通，年底，河西水厂工程顺利开工，整个工程投资400万元，1995年5月一次性投产成功，改变了县城人民群众吃水难问题。1998年，全年中心城区供水总量484万立方米，县城供水率达100%，保障县城13.8万人口用上卫生、清洁的自来水。1999年底，聘请有关专家论证，改建河东水厂，规模为5万吨/日，采用较为流行的平流式沉淀池设计改造，整个工程投资400万元。2002年6月，县自来水厂在职员工152人，固定资产达1398万元，年供水量600万立方米，管道全长110.8千米，年产值664.4万元，实现利税203.4万元，利润总额为144.9万元。2003年3月25日，上划来宾市市政管理局。

2005年，市自来水厂下辖河西水厂、河东水厂、古三地下水厂及磨东水厂。其中，河西水厂供水规模为4万立方米/日、河东水厂供水规模为4.5万立方米/日、古三地下水厂供水规模为0.7万立方米/日、市自来水厂供水规模为9.2万立方米/日、在建的磨东水厂规模一期为5万立方米/日，二期达10万立方米/日。市自来水厂供水范围包括河东区、河西区、城北区、来华投资区、循环工业区、城东区及周边村屯，供水人口由建厂初期的1000多人，发展到14万人，供水量由初期20万吨发展到902万吨。河东供水管网和河西供水管网通过直径600毫米的过江管并网运行，管道长度76.55千米（管径公称内径75毫米以上）。

铁路水厂属柳州铁路局柳州供电段主管，是柳州铁路局来宾段生活自备水厂，供水能力为1.0万立方米/日，供水范围为柳州铁路局来宾段生活区、工段、来宾火车站及铁路沿线部分居民用水，供水人口约1万人，管网长度22千米（管径公称内径75毫米以上）。

维林水厂是维都林场自备水厂，为对外扩展供水的私营承包企业，其处理工艺、设备均较为简陋，供水能力为2万立方米/日，供水范围为维林小区、维林大道沿线及磨东、古三、平西、来宾一中、豆制品厂等部分农村和居民生活用水，供水人口约4万人，管网长度30千米（管径公称内径75毫米以上）。

来宾市自来水厂河西水厂生产车间

（2005年摄）

来宾冶炼厂水厂属冶炼厂的一个供水车间，供水能力为1.2万立方米/日，为间歇供水，供水范围包括冶炼厂厂区、生活区用水，同时还无偿供应市区长岭村、基隆村、金海市场等地的居民生活用水，供水人口约1.35万人（包括无偿供水人数），管网长度10千米（管径公称内径75毫米以上）。

来宾电厂水厂设在河西水厂内，企业改制后从电厂脱离，隶属于广西投资集团来宾天河物业管理有限公司。供水能力为1.2万立方米/日，供水范围为来宾电厂A厂、B厂生活区及周边少数居民生活用水，供水人口约1万人，管网长度9千米（管径公称内径75毫米以上）。

路灯建设

市中心城区于1965年始有路灯照明，共有白炽灯40多盏。1973年改白炽灯为日光灯，共有60盏。1975年安装少量高压汞灯和高压钠灯。至1990年末，城区路灯照明线路全长7千米，全部使用水泥灯柱，安装路灯250盏，其中125瓦水银灯160盏，250瓦水银灯50盏，250瓦高压钠灯40盏。1997年，城区完成柳来路和北二路路灯装饰。1998年，在城区主要街道安装150块灯箱广告牌、10家大型建筑物泛光工程、70家霓虹灯彩灯装饰、14个临街单位门面装饰。2001年，城区3条主次干道全部安装有路灯，计 1081 杆（盏），亮灯率达 98% 以上。其中在维林大道等 3 条路段投资 78 万元，安装 140 杆（盏）路灯。

2003 年 11 月，来宾市城区路灯管理所成立。是年，市区安装有高杆灯、景观灯 555 杆，灯盏 298 盏，总功率为 4461.75 千瓦，照明全长 19.44 千米，亮化率保持在 95% 以上。其中，维林大道 1420 米，两边安装 79 根灯杆共 158 盏路灯；建设大道 1450 米，安装 80 根灯杆和各种不同功率的灯 473 盏；柳来路 1550 米，安装 63 根灯杆 138 盏路灯；中南路 1150 米，安装 27 根灯杆 59 盏路灯；北二路长 1150 米，安装 35 根灯杆 70 盏路灯；大桥路长 2150 米，安装 100 根灯杆 219 盏。2004 年 1 月 2 日，由桂林市第二建筑安装工程公司来宾分公司开工建设来宾市南一路路灯过街管线工程。

2005 年 1 月 31 日，投资 24.8 万元，由江苏省高邮市神州电器厂开工建设来宾市新华路路灯设备采购及安装工程。新安装路灯 196 杆，维修城区路灯 820 盏，更换灯罩 245 盏。年底，市区共有路灯 4700 多盏，实现主干道装灯率达 100%，小街小巷路灯安装基本普及，确保城区路灯亮化率达 95% 以上。灯杆和灯型也不断更新换代，灯杆从使用水泥杆发展到钢杆。灯型也由单一的白炽灯（木瓜灯）发展到形态各异和多灯头的组合灯和长、短臂灯等。来宾市通过改造城市照明工程建设，使城市主干道路更突出来宾特色的亮化照明景观。桂中大道是来宾市的一条主干道，桂中大道的路灯将体现来宾的城市文化底蕴，它是在常规路灯的基础上，加上山水字面；维林大道则选装了有民族装饰的灯型加装一对祥云鼓灯；迎宾路选装中华灯杆并加装一对龙形灯笼添灯，表达喜庆与迎宾之意。来宾市在路灯的整体改造中，要求灯型绚丽而不失庄重，坚持低碳原则，积极应用高新技术，同时突出本地少数民族文化、图案、色彩等。

光　源　20 世纪 80 年代初，城区主要使用的还是白炽灯和高压汞灯，由于城区主要街道少，路灯约有 300~400 盏。到 20 世纪 90 年代后，来宾城区主要安装第三代新光源—高压钠灯。整个城区的所有主、次要街道都是安装高压钠灯，而迎宾广场、相思园广场还装有球形节能灯和地埋灯以及庭院灯共 953 盏。钠灯占整个城区路灯总数的 90% 以上。

光　控　来宾城区自利用光源作路灯照明以来，路灯线路和路灯数量也同步增加。延伸的线路由于没有与磁吸开关电路网相接，路灯光黑的控制是分片的，由专人定点按季节的光黑时差而定时早晚操纵时钟开关。建市后，随着城市道路照明技术的不断发展，来宾市区路灯控制逐步从人工操控走向使用电脑智能控制，路灯控制逐步准确、安全、省电。

线　路　2002 年以前城区路灯主要是架空的照明线路，受通信线及绿化树木影响，维修十分不便，容易发生危险，且电线形同蜘蛛网，影响市容。2002 年后，所有的线路相继铺设为地下电缆，市区地下电缆线路约 11.30 千米，地下电缆主要是采用铜芯电缆。由于线路装置逐步完善合理，线路损耗少节能灯具广泛使用，路灯用电有所减少。

灯　杆　来宾市城区路灯的灯杆 90% 是使用钢管柱灯杆，通过不断改造更新，建市前所使用水泥杆灯杆已全部更换。尚有一些小街小巷由于道路窄小，一般少设和不设路灯杆，将路灯（油灯或电灯）安装在以扁铁或角铁作为支架的屋角、檐口或骑楼边。

灯　型　20 世纪 90 年代初，城区道路的路灯灯型为垂吊式灯头，白炽灯泡（灯头有铜制和硬塑两种），搪瓷灯罩。有不少路灯没有灯罩，安装在水泥杆上，灯泡形似木瓜，居民称之为“木瓜灯”。随着城市发展的需求，特别是撤地建市后，来宾市城区的路灯也发生变化，搪瓷罩的白炽灯灯型逐步被淘汰。

迎宾路选装中华灯杆并加装一对龙形灯笼添灯，表达喜庆与迎宾之意　（2005 年摄）

维林大道则选装了有民族元素的灯杆加装一对祥云鼓灯　（2005 年摄）

在所有的主、次干道、广场、楼宇上普及安装单、双挑式的高压钠灯，中、高杆灯、地埋灯、柱灯、中华灯及投射玫瑰灯等。

城市燃气

城区燃气建设 20世纪90年代，来宾市城区始用燃气。2002年以前城区仅有1家储配企业和1家管道液化气企业，储气规模100立方米，市政燃气管网建设为零。

2003年7月，来宾市燃气管理站成立，主要职责是审批城市燃气供应网点资格、燃气用具销售单位经营资格；发放“城市燃气供应网点资格证书”“燃气用具销售单位经营许可证”；核准燃气燃烧器具安装维修企业资质；指导燃气经营企业完善各种规章制度及做好燃气安全生产；开展燃气管理的法律、法规，安全知识宣传；对燃气经营企业进行安全检查和事故的调查处理。同年8月1日，北京帝恒集团与来宾市人民政府签订《来宾市管道燃气项目建设经营合同》，负责来宾市管道燃气项目的投资、建设和经营，包括管道燃气的生产、储运、输配、供应和用户管理以及与此相关联的建设经营项目。项目计划总投资1.5亿元人民币，建设用气规模达7万户。是年，市中心城区拥有3个燃气储配站和23个液化石油气供应网点。

2004年，市区管道燃气工程可行性研究报告完成，主体一期工程投资约4500万元。项目委托中国市政工程西南设计研究院完成部分设计。管道燃气工程是全市第一个“百企入桂”的市政建设招商引资项目，该工程建设规模为年平均供气3.5万吨(供气量可覆盖8万户)，计划总投资15000万元。项目投资方为北京帝恒集团公司，该公司在来宾市注册成立来宾市帝恒燃气公司。其主要建设内容：燃气储备站及气化站、城区中压主管网、聚乙烯塑料配气支管及庭院户内管道等。同年11月开工建设滨江园小区和建政大道的燃气管道铺设。年末，市中心城区燃气储配站3个，储气500立方米。市区内液化气供气网点20个，兴宾区乡镇有液化气供气网点32个，全年液化气供气总量5024吨，燃气用户2.90万户，使用液化气人口达10万多人。

2005年12月，市区管道燃气工程，完成投资117万元，该工程的可行性研究报告已由中国市政西南设计研究院完成。为积极配合政府的道路建设工作，至3月底，完成建政大道2.2千米的燃气管线敷设及北江路、兴宾北路、华桥投资区3号路、B号路和滨江园小区的过路预埋工作。同时，根据来宾市政府的城市建设工作进度，完成滨江园小区的庭院管网施工设计，并与小区整体项目同步建设。

年末，市区内有燃气储配企业3家，储气规模500立方米；其中管道燃气企业1家，建有压缩天然气储配站1座，瓶组供应站点3个，管道燃气用户500多户，市政管网4.50千米；市区有证液化石油气供应网点23个。市燃气管理部门为确保燃气经营、使用的安全，不定期对全市的燃气安全生产进行6次全面检查。对网点设置进行改革，实行燃气网点挂靠管理工作，即由原来的个人申请设立网点改为由燃气企业申请设立。对1家未完善手续就进行营业燃气储配站进行处理，并限期改正。完成市木材气库搬迁项目的实施和种子公司小区瓶组间供气工程竣工验收工作。城区液化石油气供应总量0.64万吨，用气人口12万人。

城区燃气企业 来宾市兴宾液化石油气库于2004年8月建成并投入运营。气库总占地面积约8700平方米，其中生产区占地约5300平方米，生活区占地约0.33公顷。气库建有100立方米储气罐2只、15立方残液罐1只；充装台占地约150平方米，有电脑自动气体灌装机4台、容积为1000立方米，消防蓄水池2个，配套有抽水泵3台、全套隐形喷淋消防系统、自动气体报警装置、大小泡沫灭火器36只。

来宾市兴宾区宏兴燃气储备站于2004年12月成立，自有气瓶5000只，托管气瓶4000只；充装及其他设备100立方米液化石油储罐2个，残液储罐1个，气液分离罐1个；压力管道有液相进液管89米，液出管89米，气相管179米，残液总管57米，残液罐气相管57米。配备有压缩机ZBW075/10—15型1台，烃泵YH15—5型2台，充装磅M2C—500kg4台，水泵IS100—200A3台，报警器JB—QFXW20001台，配电箱XL—21一台，发电机组MODEL500F50一台。

第四节　公园广场

来宾市人民公园位于市区北二路，毗邻红水河畔，占地面积11.20公顷。1996年4月10日，经中共来宾县委员会、县人民政府同意，由来宾县政协管理，成立来宾县公园建设工程领导小组。同年，来宾县城乡建设委员会和柳州市园林规划建筑设计所绘制来宾公园图纸。1998年3月18日，来宾县人民政府把来宾公园承包给个人经营管理。引进资金

人民公园内的革命烈士纪念碑　　(2005 年摄)

1500 万元建设的来宾公园破土动工，年末公园内西面老人娱乐区、广场、儿童游乐场，北门西面办公楼，东门、排水沟等公园内配套设施项目的场地加紧施工。1999 年，完成来宾公园第二期 10 个工程项目和投资 400 万元的建设任务并向市民开放。内有来宾革命烈士纪念碑，位于公园最高处，建于 1990 年，落成于 1991 年。纪念碑总占地面积为 286.1 平方米，坐东向西，主碑高度为 16.6 米，正方上书“革命烈士永垂不朽”8 个大字，碑的底座正面雕塑 4 名烈士的英雄形象，碑顶雕塑一只和平鸽。来宾市人民公园为群众提供娱乐和革命历史传统教育基地及健身等一体的休闲活动场所。游人入园参观实行门票收费，每张门票 1 元。开园 1 年共接待游客 10 万人次，综合收入 200 万元。至 2000 年，人民公园内基础设施有公园管理楼 1 座、烈士纪念碑 1 座、儿童游乐场 8 个、动物园 1 个、民族风情园 1 个。2003—2005 年，来宾市政府完成对来宾公园的整治工作。2005 年，市政府把来宾人民公园修建性详细规划工作列入旧城改造项目之一。根据修建性详细规划，完善来宾公园功能布局，基础设施不断完善，随着环园路、林荫小道等公园内主要路段铺设完毕，河东来宾公园成为市民休闲娱乐的首选之地。

金海公园位于大桥路以东，新华路以西，北临爱

金海公园湖水、绿地、桥亭　　(2005 年摄)

宾路延长线，来宾冶炼厂职工住宅区内，建于 1993 年 10 月，占地面积约 21 公顷，其中绿化面积 14 公顷，水域面积约 6.8 公顷。园内景点依水而建，有游泳池、溜冰场等休闲娱乐设施。乔木冠大荫浓，绿化植物以红花羊蹄甲、小叶榕、垂柳为主基调，缺乏物种的多样性。至 2000 年，园内已建成四周围墙、园内道路 5000 多米、花桥 1 座、游乐场所 3 个、游泳池 1 个、铁索吊桥 1 座、凉亭 3 个、溜冰场 1 个、米格式飞机展览 1 处等设施。园内铺草坪，种植花木已形成一定规模，总投资达 400 多万元。

龙洞山公园 2000 年 1 月 5 日，经来宾县人民政府县长办公会讨论，决定开发龙洞山旅游景点，龙洞山景点的土地权属归来宾县人民政府，来宾县旅游总公司负责规划和开发。景区的开发建设以龙洞山岩洞游览观光为主题，以田园风光、历史古迹、观光游览、休闲度假为特色。设门景小区、广场小区、湖景小区、疏林草地小区、龙洞山景小区、娱乐活动小区、龙洞河度假村小区等。

图为龙洞山公园远眺——龙洞眠云

(2005 年摄)

迎宾广场位于城区前卫路，原为来宾县人民政府旁鱼塘。由来宾县建设局规划设计室设计图纸，柳州市园林建筑公司承建。广场建设工程于 2000 年 6 月中旬开工，同年 12 月 28 日竣工并投入使用。总投资 700 万元。规划用地面积 22686.65 平方米，其中广场占地面积为 14380 平方米，宅基地面积 2123.3 平方米分为 40 间，商场占地面积 2544 平方米，市政公用建设用地面积 426 平方米，道路和绿化用地面积 3213.35 平方米。广场造型设计采取中心下沉式园林建筑结构，地面装潢以七洞乡生产的青石板、大理石、花岗石为主，绿化设计以广场中心向上扩大放射形，广场东面两侧各设 9 个草坪，植物种植具有南方特色的扁桃、大王椰、黄素梅为主，并在东西两面修建 2 个音乐喷泉池，池上各有 1 座石桥。

灯饰以大型华灯修具为主,配以家庭院灯、步行灯、泛光灯及各色彩灯。

第五节 公共交通

出租车

1991年,来宾县城区始有出租车运营,但规模小、车型少,人员流动主要集中在建宾市场、迎宾广场、火车站、汽车站、柳来路、北二路以及河西一带。城区出租车公司拥有出租车25辆,出租车起步价3元(全程价)。2001年11月,来宾县运通出租车公司成立,投入50辆微型出租车在城区运营,起步价3元。2002年7月,来宾县福来出租车公司成立,投入30辆微型出租车在城区运营。同年12月,地级来宾市成立后,随着商贸物流业不断发展和城区道路得到迅速延伸,特别是新修建于老城区外围的桂中大道,以及开发建设来华投资区和城北新区,城区客运里程迅速扩大,城区客运量不断增加。至年末,城区有出租车120辆。

2003年,市城区有福来、运通、新联、旺达、顺达和路兴6家出租车公司,投入营运的出租车150辆,出租车实行打表计程收费,起步价3元,后每千米1.70元。2004年,来宾市城区出租车公司增至7家,运营出租车数量增至346辆。2005年,市城区出租车公司7家,投入运营的出租车365辆。出租车实行打表计程收费,起步价3元,每千米1.70元。

城市公共汽车

1998年,来宾县城区始有城市公共交通。是年9月15日,成立"来宾县公共汽车客运有限公司"(简称公交公司,下同),属民营经济企业,购置32辆19座中巴客运车作为城区公共汽车,试行线路4条。其中第1条由火车站至电厂厂区共32班次。途经中医院、电影院、人民医院、保险公司、卫生学校、水电局、县一中、河西桥头、河西转盘、电厂生活区、长梅村等地;第2条由火车站至华侨农场共98班次,途经县中医医院、电影院、防疫站、水电局、汽车总站、古三村、磨东村路口等地;第3条由县水泥厂至二糖厂,途经城厢供销社、老汽车站、粮食局、农贸市场、公安局、交通局、县一中、河西转盘、良江路口、冶炼厂等地;第4条由三中至良江街,途经建宾市场、粮食局、县政府、交通局、县一中、河西桥头、良江路口、长岭村、福凌村、桥贵村、李村路口、大良村路口等地。1999年初,公交公司重新规划线路,规划后的公交线路有4条,分别为1路车、2路车、3路车、4路车。1路车由火车站至电厂厂区,途经中医院、电影院、县一中、河西桥头、电厂菜市、电厂生活区、长梅村等地;2路车由滨江饭店至彩村,途经劳动大厦、粮食局、县政府、交通局、永固大厦、公路局、汽车总站、磨东村路口、华侨农场等地;3路车由滨江饭店至二糖厂,途经粮食局、县政府、交通局、县一中、河西桥头、电厂菜市、金海菜市、金海公园等地;4路车由建宾市场至良江镇,途经粮食局、县政府、交通局、县一中、河西桥头、电厂菜市、征稽所、长岭村、龙洞山路口、福凌村、桥贵村、李村路口、大良村路口、良江街。

2002年12月,地级来宾市成立后,随着商贸物流业不断发展和城区道路得到迅速延伸,特别是新修建于老城区外围的桂中大道,以及后来开发的来华投资区和城北新区,城区客运里程迅速扩大,城区客运量不断增加。至年末,城区有运营公交车38辆。

2003年1月,来宾县公共汽车公司更名为"来宾市公共汽车有限责任公司",简称"来宾市公交公司",隶属于来宾市市政管理局。当年公交公司购回16辆江淮25座客运公交车,调整公交营运线路为6条,其中第1条由火车站至电厂厂区,途经中医医院、电影院、县一中、人民公园、河西桥头、河西转盘、电厂菜市、电厂生活区、长梅村等地;第2条由公安局至彩村,途经劳动大厦、粮食局、县政府、交通局、永固大厦、公路局、汽车总站、磨东村路口、华侨农场等地;第3条由汽车总站至城厢平安三香,途经粮食局、建宾市场、铁道口、老汽车站、水落小学、城厢一中、岜山村、泗贯坳、新横路塘、新背岭、平安村、三合村等地;第4条由县烟草公司至良江镇,途经建宾市场、粮食局、县政府、交通局、县一中、河西桥头、河西大转盘、良江路口、长岭村、福凌村、桥贵村、李村路口、大良村路口等地;第5条由县粮食局至城厢村委会,途经建宾市场、铁道口、老汽车站、水落小学、岜山路口等地;第6条由县粮食局至格兰村委会,途经建宾市场、铁道口、老汽车站、水落小学、岜山路口、格兰砖厂、格兰桥等地。

2004年,市公交公司在线路上营运的公交车有48辆,增加3条营运线路,分别为5路车、6路车、7路车。5路车由公安局至平西,途经森明大厦、永固大厦、公路局、古三桥、古昔村等地;6路车由公安局至莆田,途经建宾市场、煤炭公司、火车站路口、供电公司、保险公司、卫校、汽车总站、维林市场、国际大酒店、国税局、国土局、电厂菜市、电厂圆盘、征稽所、冶炼厂、二糖厂、新安村等地；7路车由迎宾广场至金海公园，途经购物中心、来宾一中、来宾公园、国税局、国土局、电厂菜市、电厂圆盘、征稽所、金海市场等地。

2005年，市公交公司购回16辆东欧25座客运公交车，在线路上营运的公交车共有64辆，增加8路和9路2条营运线路。8路车由迎宾广场至铁路货场，途经来宾宾馆、来宾二中、供电公司、铁路桥、红河小区等地；9路车由房产局至周城和马上村，途经老汽车站、水落小学、城厢一中、邑山村、泗贯坳、新横路塘、老横路塘、新利荣、老利荣、桥头村等地。由于一些路段泥沙多、路面不平，且客源少、里程短，迎宾广场至铁路货场的8路车营运了1个多月后进行了调整，线路改由迎宾广场至高速路口，途经森明大厦、永固大厦、公路局、汽车总站、维林市场、行政审批中心等地。市区投入营运公交车64辆，运营线路有9条。公共汽车客运总量400万人次。

市城区除出租车、公交车运营外，尚有1392辆三轮摩托车参加载客运营。

公共汽车票价

1998—2004年初，公交车采用人工售票方式，车上安排有乘务员，负责向乘客收取票款，乘车不计远近，票价均为1元/人次。2004年4月，公交车开始采用无人售票方式，车上不设找零，乘客上车后，将钱币投入钱箱，乘务员负责监票。收班后，由财务人员开箱取款。乘车票价仍保持在1元/人次。由于汽车燃油上涨等多种因素，2005年经市物价局批准，公交公司对一些线路如1路车、2路车、4路车等营运的车辆票价由1元/人次提高至1.5元/人次。月票发售始于2005年，学生月票每张50元，普通月票每张80元，10人以上团体购票则优惠每张70元。

公交停车场地站台

1998年9月—2005年底，公交公司一直没有固定的停车场，每天收班后，公交车到处停放；公交公司总部设在北二路一幼街10号，只有几间办公室和一间窄小的会议室。1998年9月—2004年底，公交公司在公交车线路起点站和终点站及城区内公交车经过的主要路段设置的简易单杆铁制站牌约有20多块；铁制简易候车亭有7个。候车亭主要设置在合山路的建宾市场、柳来路的交通局、妇幼保健院、北二路的来宾一中一带。2005年，公交公司制作10多块单杆和双杆铁制站牌。分别设置在房产局、迎宾广场、高速路口、河西水厂、金海公园等站点。

第六节　城市绿化

来宾城区的园林绿化始于20世纪50年代。1954年，成立来宾县苗圃。每年春季，来宾县人民政府发动县直机关、企事业单位干部职工、学校师生、街道居民参加义务植树造林活动。由县苗圃统一供应苗木，各单位在各自负责绿化区域挖坑种植苗木。至1966年，城区先后绿化了河滨公园、来宾县委老党校、县电影公司、县邮电局、县保育院、县老干部退休房、县人民医院、县二中、县一中、县第二建筑工程公司等地的荒坡。1967—1970年，又在河西区建立知青林场和县竹种场。1971年10月，成立来宾镇绿化管理站，1973年撤销，1974年重新成立，改称来宾县来宾镇园林绿化管理站，具体负责各绿化点、绿化带的树木和花圃管理工作。1971—1976年，城区河东区街道绿化树木从2899株增加到4278株。树种从大小叶桉和杂树增添了天竺桂、相思树、银桦树、羊蹄甲、九里香、黄皮、枇杷等品种。河西区今教师进修学校、职业中学、民族中学、冶炼厂、来宾电厂生活区一带800多亩荒地也披上绿装。尤其是位于县城西北原广西农学院林学分院设立后，给城区绿化工作起了示范作用。该院占地面积118公顷，有林面积26.67公顷，占总面积的25%以上，堪称城区绿化工作的楷模。1982年，城区河东区街道绿化树增加到4479株，比1976年增加201株，增长4.6%，比1971年增加1620株，增长54.5%。

1985年以前，每年植树节来宾县城区各部门各居民门前执行自我绿化，苗木由绿化站供给，居民自行挖坑栽种，成活率低。1986年以后，每年植树均由绿化站统一定点、定品种和种植，并采用大苗种植，成活率高达90%以上。位于河西区来宾冶炼厂，1986—1998年3年共种植成活的各种绿化树2万余株。品种有隆绿桉、赤桉、柠檬桉、天竺桂、文玉兰、白玉兰、大力楠、泡桐树、喜树、樟树、苦楝树、银桦树、九里香、羊蹄甲等20多种。从建新路以南至厂区大门口沿途880米长道路两旁绿化树已成林荫带。

随着城区的发展，来宾县不断加大城区绿化的资金投入，成立绿化站，建设苗圃，培育绿化种苗，开展绿化城区街道。至1987年末，中心城区绿化面积达95公顷，绿化覆盖率为5.9%，绿化面积人均4.71平方米。其中公共绿化17公顷，道路绿化覆盖面积2.50公顷。在建成区内绿化得较好的有来宾县园艺场、河滨公园、原林学分院、县党校、竹种场、苗圃、县委、县政府大院、大礼堂周围、县一中、县二中、保育院等。至1988年9月，中心城区柳来路、合山路、前卫路、公园路、和平路、南一路、南二路、南三路、西二路等16条街道植树有相思树、天竺桂、大叶桉、小叶桉、羊蹄甲、银桦、黄皮、枇杷、九里香、夹竹桃等绿化树共3535株。

1992—2002年，来宾县投入城区绿化经费近100万元，种下黄素梅、九里香、扁桃、杧果、假槟榔、吊丝榕、黄榕、红背桂、樟树、白玉兰、从生鱼尾葵、红花继木、盆架子、红花蹄甲等20多个花灌木、乔木品种达10万多株，铺设玛坭垃草皮4600平方米，绿化街道长11.50千米，逐步形成“一街一景”的优美城市风貌。城区绿化按园林城市规划标准完成新兴路、柳来路、北二路、中南一路、大桥路、合山路、北四路、维林大道等10多条街道及迎宾广场、来宾公园的绿化种植工作。建成区绿化覆盖率达32%，园林绿地率28.6%，人均公共绿地面积为5.40平方米，各项园林绿化指标均高于柳州地区各县(市)。良好的生态环境给县城市民工作、生活提供了舒适的环境空间。2002年初，来宾县城建成区绿化覆盖率达32.8%，绿地率28.6%，人均公共绿地面积5.4平方米。

2002年12月28日建市后，中共来宾市委员会、市人民政府提出“环境立市”发展战略，大力开展城市园林绿化建设，来宾城市绿化进入快速发展阶段。

2003年，中共来宾市委员会、市人民政府加大城市园林绿化资金投入，加快园林绿化建设步伐，大力开展城市园林绿化建设。完成维林大道、桂中大道、新兴北路、长梅路、新华路、爱华路等6条市区主干道绿化建设，对迎宾广场进行绿化改造。针对市区街道绿化树品种少，特色不鲜明的状况，市政管理局多方筹措经费，组织园林部门在维林大道、北二路种植黄金榕等苗木10万株；在新兴北路种下杧果400株和补种植大桥路杧果80株；在柳来路等市区公共绿地种植草皮2.64万平方米；更换迎宾广场、北二路、前卫路花钵3次，共计3500多盆；培育夹桃、吊丝榕等袋苗、扦苗14万株；在建设大道等主要街道绿化带及圆盘的花卉摆设采取多样搭配，逐步形成市区园林绿化一街一品的特色景观；接管建设大道的绿化养护工作；全面修剪市区行道树和绿化带四次，确保树木、花带整齐美观，城市绿化环境得到进一步美化。

2004年，来宾市投入绿化经费82.2万元，完成爱华路、维林大道、大桥路等绿化改造工程。市园林管理部门完成2次大规模的绿化种、补植工作，在维林大道、北二路、大桥路、北四路、爱华路、南一路、前卫路、中南路、迎宾路、合山路、柳来路、新兴北路、迎宾广场等城区路段种、补植黄素梅、福建茶、高山榕等苗木14.03万株，各种乔木、灌木1450株，各种袋苗12.56万袋。种、补植的树木成活率98.7%，花卉成活率98.5%。

2005年，来宾市投资48.8万元对市区部分道路绿化工程及市区绿化补植工程建设。市园林部门对原旧花圃场地进行修整，培育各种花卉10万多盆，按规定做好城市树木的砍伐、移植、修剪和改变城市用地性质的审批发证工作，共审批砍伐、移植、修剪树木的申请事项11宗，砍伐枯死和长势不良树木232株，新植行道树424株，补植行道树126株，移植行道树3株，新植灌木3300株，补植灌木3.1万株，新建树池60个，修剪行道树392株；对市区花木全面松土、施肥、修剪4次，补植苗木5万多株，并做好病虫害的防治工作；做好园林绿化内部管理体制改革工作，《来宾市园林绿化内部管理责任制方案》已于当年7月1日正式实施。至年底，市建城区绿化覆盖面积302.38公顷，覆盖率16.5%；建城区绿地面积191.28公顷，绿地率10.4%，人均公共绿地面积2.5平方米。其中生产绿地7.26公顷、防护绿地68.25公顷、单位附属绿地91.62公顷；市区建有街头绿地3处、广场绿地2处、游园绿地1处、共有街道树木3669株。

第七节　环境卫生

环卫设施

2002年以前，来宾市环卫设施设备落后，清运垃圾采用机动三轮车、手扶拖拉机等简单运输工具。1991年，城区设有150个垃圾箱。1998年，来宾县财政拨款63万元新建1个占地面积13.33公顷的生活垃圾处理场，投资50万元购置6辆机动垃圾车，投资20多万元在在城区道路设置200个果皮箱。2000年，来宾县投入1.7万元对柳来路垃圾中转站进行改造，购置1台13万元的装载铲运机。2001，来宾县加大环境卫生设施建设力度，投入1.7万元对柳来路垃圾中转站的更新改造，投资48万元购置密封式垃圾车、装载机、清扫车各1台及一批生产工具。投入20万元在北二路等4条路段设置140个不锈钢果皮箱。

2003年，市区主要街道安装果皮箱252个，购置洒水车，垃圾清运车等环卫设备。2004年，来宾市人民政府立项建设来宾市垃圾焚烧发电厂，由北京中科通用能源环保有限责任公司施工，建设规模为500吨/日，总投资2.4亿元。

2005年，市区环卫基础设施仍比较落后，市区仅有1座垃圾转运站，8处垃圾临时收集点，垃圾清运成本大。共有环卫专用车67辆，其中，压缩车1辆，农用车2辆，多功能垃圾车3辆，密封车1辆，铲车1辆，洒水车1辆，小型装载机2辆，上门服务车55辆和1辆濒临报废的扫地车。

道路清扫保洁作业

1991年，来宾县城区街道清扫面积约28万平方米，设立白天流动清扫组，负责处理3处公厕、150个垃圾箱等环境卫生工作，日清运垃圾30吨。1995年，县城区街道清扫由来宾县环卫站负责，制定了“定员、定量、定责”方案，将以往单一的劳动型作业逐步改为管理型、机械型作业，实行全天三班制，做到街道白天有人清扫，大路日日洒水。全年清扫街道面积24.97万平方米。1997年3月30日，来宾县人民政府印发加强县城环境卫生管理通告。县建设局与城区沿街各单位、居民签订门前“三包”（包绿树、包环境卫生、包规范化摆摊设点）合同，强化脏、乱、差现象治理，街道清扫面积40万平方米。年末县城区有57个单位被评为“花园式”文明单位，获得广西第二届市容环境“南珠杯”竞赛柳州地区总分第一名和进步城市奖。1998年，县城区街道清扫保洁实行卫生区包干、任务到班组、路段到人的责任制，街道清扫保洁面积40万平方米。

2000年，县城区继续推行完善门前“三包”责任制，有2510户落实三包责任制。2001，县城区街道清扫保洁面积45万平方米。加强工程运泥、运料和建筑垃圾清理监察，依法教育处罚违章行为1220人次，罚款3万余元，有效整治了城区街道脏、乱、差现象。2002年，来宾市城区道路清扫保洁面积50多万平方米。

2003年，市环境卫生管理所强化市城区道路清扫保洁作业，设定凌晨清扫、白班清扫和夜班保洁3个班次，设立5个市场清扫组与12条道路清扫组，市城区道路清扫保洁面积增至76万平方米。

2004年，来宾市制定了《来宾市市容环境卫生管理制度改革方案》，进一步加强环卫队伍建设和制度管理，提高环卫作业质量标准。对市城区街道清扫班组进行科学组合划分，将原来30个班组精简为12个小组。对市城区38条主次干道（广场）实行内部承包，其中划出北二路与合山路由专人负责；对44条小街小巷实行社会公开招投标。为使市城区环境卫生管理更好地适应市场经济发展要求，来宾市环境卫生管理所把原有的清扫保洁队伍分为城东队、城南队、城西队和城北队，并对各个保洁队责任区的划分、管理、作业方式和质量要求作出明确规定。清扫保洁作业严格按照部颁标准执行。一级道路实行一扫三保制度，质量要求达到“六无五净”（即：无堆积物、无果皮纸屑、无砖瓦砂石、无污泥积水、无泼洒食物、无人畜粪便，人行道净、人字沟净、墙根净、树穴净、花带周围净）；二级道路实行一扫二保制度，质量要求达到“四无三净”（即：无堆积物、无连片果皮纸屑、无污泥积水、无人畜粪便，路面净、砂井口净、树穴净）；三级道路实行一扫一保制度，质量要求达到“三无一少”（即：无堆积物、无污泥积水、无砖瓦碎石，灰尘少）；小街小巷实行一扫不保制度，质量要求达到“三无”（即：无堆积物、无污泥积水、无砖瓦碎石）。2004年，市城区清扫保洁面积为109万平方米。其中，市环境卫生管理所负责城区清扫保洁道路（广场）38条（处），面积为76万平方米；未列入环境卫生部门清扫保洁范围道路（广场）面积为33万平方米，其中火车站、汽车站等广场清扫保洁面积3.1万平方米由相应车站负责，集贸市场等清扫保洁面积2.5万平方米由市场服务中心负责。

2005年，继续执行《来宾市市容环境卫生管理制度改革方案》，全面落实环境卫生作业检查考评制

2004年迎宾广场清扫保洁作业

度。市环境卫生主管部门分管领导每月不定期现场检查两次以上。每月组织环境卫生工作质量考核评比并通报考评情况,奖优罚劣。全年,获奖班组达29组次,奖金总额达21430元。2005年,市城区清扫保洁38条主次干道(广场)和44条小街小巷,清扫保洁面积114.2万平方米。另外,全年义务清理城乡接合部生活垃圾300多吨。

垃圾清运处理作业

清　运　1991年,市城区内日清运垃圾约30吨。1995年,城区日清运垃圾约40吨,年清运垃圾14600吨,创收1.6万元。1996年,县城区开始实行上门收集垃圾有偿服务工作,服务对象约3500户,日清运垃圾约50吨。1997年,上门收集垃圾有偿服务8000户,县城区日清运垃圾60~80吨。1998年,来宾县财政拨款63万元,新建1个占地面积13.33公顷的生活垃圾处理场,对县城区生活垃圾进行简易填埋处理。1998年,上门收集垃圾有偿服务10800户。

2000年,上门收集垃圾有偿服务12328户。2001年,来宾县投资48万元购置密封式垃圾运输车、装载机,减轻环卫工人装运垃圾的工作强度,全年清运垃圾3.3万吨。2002年,来宾市城区开始全面实行上门收集垃圾有偿服务,服务作业进一步规范管理。上门服务人员用人力手推车收集后,堆放在指定的垃圾箱或临时收集点,由清运队进行统一清运。全年上门收集垃圾有偿服务户数达14546户。市城区日清运生活垃圾100吨以上。

2003年起,上门收集垃圾有偿服务作业实行单人分片收集,年底共有36名上门服务人员,服务户数达17300户(含机关单位,下同);城区日清运生活垃圾165吨,年清运处理垃圾6.02万吨,做到当天产生垃圾及时清运,填埋化处理率达100%。

2004年,市环境卫生管理所进行管理制度改革,垃圾清运作业开始实行内部承包。清运队分为机务组与装载组,负责市区生活垃圾清运。2004年底,上门服务人员增至40名,服务户数增至1.9万户。

2005年,市环境卫生管理所拥有用于收集清运垃圾的车辆67辆(其中:上门服务车55辆,垃圾车10辆,装载机2辆),上门服务人员增至58人,服务户数增至2.17万户,市城区居民服务率达95%,收取服务费85万元。市城区日垃圾清运量约200吨,全年清运垃圾7.3万吨,比建市前增加1.2万吨。

年处理城市生活垃圾18万吨的来宾市垃圾焚烧发电厂

处　理　1998年,来宾县建成1座生活垃圾处理场,负责对城区垃圾进行简易填埋处理,配备垃圾装运工具1台,处理方式较落后。设置1座建筑垃圾消纳场,堆放建筑垃圾。2004年5月,来宾市垃圾焚烧发电厂开工建设,将对城区生活垃圾进行焚烧发电,使市区生活垃圾处理实现无害化。

设施建设　2004年,来宾市人民政府立项建设来宾市垃圾焚烧发电厂,由北京中科通用能源环保有限责任公司施工,建设规模为500吨/日,项目总投资2.4亿元。2004年5月,来宾市垃圾焚烧发电厂开工建设。来宾市垃圾焚烧发电厂位于来宾市城厢乡莆田村,厂区占地面积4.14公顷(折合62.02亩),由福建中安通用能源环保股份有限公司、北京中科通用能源环保有限责任公司联合投资,来宾中科环保电力有限公司建设运营。该厂采用中国科学院自主开发研究的循环流化床焚烧技术,配备35吨循环流化床焚烧炉2台、7.5兆瓦凝汽式汽轮发电机2台,每年可处理城市生活垃圾18万吨,年发电1.2亿千瓦时,垃圾无害化处理率达100%。

公共厕所建设管理

公共厕所是城镇重要的公用设施。来宾县自1954年建成南三路中部南西面第1个公厕后,至1988年末,建成区内的公共厕所数量已有11个(不包括县人民政府大礼堂和县第二建筑工程公司的公厕在内)。其中:分布在南二路西头南侧、南三路中部南侧、镇西小学面前东侧、西二路中部西南河边、东一路南部环卫站北面、北三路东头北面、老计量所后背、合山路北端东侧、汽车站南侧、立新路西头北面、建新路北面(河西广场北面东侧)各1个,共设蹲位130个。其中,建于南二路西头南侧(猪仔、鸡、鸭、鱼)行南侧这座公厕为封闭式,建设三级化粪池,设34个蹲位,镶嵌白瓷砖,成为县城第一个收费管理的公共厕所。此外，其余公厕均为旧式，加上年久失修，管理欠佳，破烂不堪，使用率低。公厕设施未能满足人们的需要。

1991年初，来宾县投资11万元重建镇东公厕和镇北公厕，于6月竣工使用，缓解了群众如厕难的问题。1998年，来宾县投资40多万元建设2座24蹲位水冲式公厕。

2002年，城区有公厕5座，其中1座为移动公厕。

2003年以前，市城区公共厕所建设标准低、质量差、数量少。柳来路公厕、北三路三巷公厕2个新建公厕基本不能使用，市区内能使用的公厕屈指可数，市民出行如厕困难。

2005年，市城区属环卫管理的公厕仅有4座。其中3座是水冲式二类公厕，分布在西一路、中南路、西南三路；1座是移动公厕，位于东一路总工会旁。公共厕所采取对外发包方式，由承包人收费经营管理并维护，承包人每年向环卫所上缴一定数额承包金。

第三章　县城建设　村镇建设

来宾市辖六个县（市、区）城，除兴宾区属市中心城区外，有县级合山市（1981年6月经国务院批准设置）和象州县城、武宣县城、金秀瑶族自治县城、忻城县城。中华人民共和国成立后，为了加强和巩固区域政治、经济、文化中心的地位和功能，各县（市、区）均加大投入，不断提升完善城市基础设施。同时注重加强村镇建设，以水、电、路建设为先导，不断完善各种公共设施，提高城镇化水平。在农村，加强规划管理，减少乱占滥用耕地现象。

第一节　县城建设

中华人民共和国成立前，来宾市境域县（市）城区建设，投资小，发展慢。来宾市辖6个县（市、区）城，除兴宾区属市中心城区外，有县级合山市（1981年6月经国务院批准设置）和象州县城、武宣县城、金秀瑶族自治县城、忻城县城。

今象州县城作为历代郡、州、县治，至今已有1400余年历史。宋代以前建有土城，明洪武年间（1368—1398年）建有东、西、南、北及小南5个门。嘉靖九年（1530年）改砌砖城，明末清初因战乱城垣屡毁，清康熙六十年（1721年）重建，雍正三年（1726年）加修，乾隆二十年（1755年）又重修。城高1丈8尺，厚1丈，周长5950丈，垛口1645个，建有东、南、西、北、进贤5个城门，城垣颇为壮观。到民国时期，城区街道布局基本是方格棋盘式，有正东、正西、正南、正北、中北5条主要街道，主街宽4米，一般街巷2~3米。原为鹅卵石路面，民国26年（1937年），改建为三合土路面，并将正南、正北十字街口之南北两侧长约100米地段由2米拓宽为4米。修整后的街道一般宽4米，最宽处正北街尾段宽6.4米；最窄处正东街西段斜坡处仅3.5米。次要街巷有：刘家巷、火星塘巷、仓背巷、徐家巷、牛角巷、周塘巷、武衙街、盐埠、劳边街、文昌街、周家背巷、孤老院巷、鲤鱼巷、长巷、教场巷、阳尚衔、铺押街。中华人民共和国成立前象州县城区面积仅0.25平方千米，与外界交往主要靠水路。

武宣县城为历代县治已有600多年历史，明洪武三年（1370年）始筑土城，明宣德四年（1429年）大建城廓官署，清乾隆三十二年（1767年）重修城垣，高2丈，宽1丈3尺，周长293丈，分东、南、西、北四拱门，城区街道均是青砖、石块路面，宽3~4米。城区面积为1.15平方千米。

忻城县城明万历十年（1582年），土知县莫镇威把县署从落喇院（一说喇院）移建于修文里（先称为龙廖里）翠屏山北麓。在这里“拓衙署，筑城围”。县署坐南向北，其主体建筑有大门、头堂、二堂和三堂，均为三开间砖木结构，其城围系土墙，周长135米。万历三十三年（1605年），土县衙署被农民起义队伍攻克，焚署毁城。自此之后，临时设县署在山冲村，后转搬回原处。清朝康熙二十一年（1682年），土知县莫宗诏改建城围为石墙，其高1.67米，厚0.5米，周长480米，开设东、西、北3个门。民国后期县城内曾置有东安、西宁两条街，街道宽约4.5~4.8米，全长约750米。民国33年（1944年），国民党忻城县政府搬至歧山乡，直至日本侵略军投降后转回原址，亦有400多年历史。

1940年8月以前金秀瑶族自治县县域未设置县一级政权机构，地域分属沿山各县管理。故境内没有形成政治、经济、文化中心。自1940年8月，广西省政府为开化瑶山，用武力攻占大瑶山腹地金秀、白沙、六拉、昔地4村，并在金秀村设置金秀警备区署,统辖整个大瑶山瑶族地区之后,金秀4村便开始成为大瑶山政治中心。1942年,警备区署改为政治局,局治仍设在金秀。当时的金秀包括白沙、金秀、六拉、昔地4村,居民仅160户共七八百人,除了几户车缝、铁匠、银匠、商贩外,其余人家均务农。署、局初设时,租用金秀村农民龚道源、全家让、陶建章等家炮楼办公,局警察队在金秀村北头临时搭厂棚作为营房。1943年,设治局征工征料在狼庙岭脚雷王庙坪(现县人民政府旧宿舍楼所在地)建起两栋四间土墙瓦顶平房,上栋为局衙门,下栋平房为警察队营房。同时又在金秀村与六拉村之间的鸠暖一带,陆续建起永宁乡公所(现县税务局所在地)、小学校(现县农业银行所在地)、参议会(现县邮电局老宿舍所在地)等。除此之外,在小学校和参议会之间还有几家商贩、车缝、银匠铺。在参议会至六拉村之间的田块上还搭棚建了临时圩场1座。鸠暖一带初步形成一条小街道。

来宾县城于明洪武年间(1368—1398年)始建土城。明永乐十三年(1415年),改建砖城,城墙周长510丈,高1.8丈,厚1丈,置东安、西清、镇南、迎恩四门。景泰年间(1450—1456年),城墙“毁于贼”。天顺四年(1460年)修复。清康熙六年至五十六年(1667—1717年),重修城的北楼和西楼。雍正二年(1724年),重修东楼。乾隆八年(1743年),重修城墙。乾隆十三年至道光十三年(1748—1833年),城墙曾两遭水患,地处红水河旁和定清溪边的城墙崩塌。咸丰年间(1851—1861年),城墙复遭破坏,只剩东西南北四座城楼。同治十一年(1872年),建萃英书院。光绪二年(1876年),改萃英书院为雷江书院,并建义渡、医院、育婴堂。光绪八年(1882年),复筑环城土墙。宣统元年(1909年),设邮电局。民国20年(1931年),县政府从南门街移至东门街。民国22年,将黉宫改建为简易师范,后简易师范改为县国立初级中学。民国23年建县府电话总机。民国24年,对原有的17条街道进行整修,拆除城北城西两座城楼和北楼两侧城墙,对坑洼弯曲和宽不足6尺的街区地段,一律挖填取直拓宽,并建地下排水道1条。在西清门南侧建集贸市场(接龙圩),北侧筑1座城楼,于三台岭南侧建体育场和中山纪念亭。整座县城面积为0.7平方千米,房屋建筑面积8.5万平方米,多为砖瓦平房,少数为砖瓦楼房。

迁江县城于宋嘉定三年(1210年)从瓦山(今迁江镇雅山村)迁建于红水河北岸古佳镇(今迁江糖厂处)。明洪武二十三年(1390年)再迁建于红水河南岸今迁江镇处。洪武二十五年(1392年),始建屯田千户所,修筑砖城,周长117丈,高1.5丈,辟安东、共和、平夷、镇江四城门。万历十三年(1585年)增建城墙,周围不足4里。清顺治元年(1644年)续修,因兵乱复毁。康熙二十一年(1682年)复修。乾隆十年(1745年)重修城墙,周长667.3丈,高1丈,基宽2丈余,顶宽约0.9丈,城墙垛1586个,设东西南北城门和小南门。南面和西面筑1条深1.5丈的护城壕沟。城内街道27条,均用石板、青砖铺筑。宽2~6尺不等,两侧以土石填实,以西门街为市。乾隆四十八年(1783年),建印山书院。道光十九年(1839年)洪水进城,正副学署和民房倒塌200余间。民国15年(1926年)9月至16年5月,柳邕公路建成通车,公路通过县城。民国20年将城隍庙改建为电报局,并建汽车站和汽车渡。民国24年,圩尾街(南胜街)拓宽为5米,并打成三合土。对沿街两侧,要求建2层以上楼房(骑楼),有钱者自建,否则租给别人建,以房租抵建金,抵够后房交原主。同年,于地母庙旁建速成师范1所(民国26年改为县国立初级中学)。民国27年7月至28年9月,县城多次被日本侵略军飞机轰炸,毁房130余间。民国34年,于城内街县府西侧建公共体育场、中山纪念亭、医务所和公园等。

各县城区在千百年的历史变迁中,发展比较缓慢,规模小,设施落后。市政设施道路数量少,且弯曲狭窄,主要街道宽4~5米,少数6米,一般街道2~3米。房屋矮小破旧,楼房很少,高不过3层,没有自来水、电灯。多数县城不通汽车,大江大河没有现代桥梁,交通靠木船,过河靠渡船,文化、教育、卫生等公共设施亦很少。到1950年,来宾市辖区县城占地总面积不足5平方千米,人口约2万人。

中华人民共和国成立后,来宾市境域各县(市)重视县城规划建设,特别是改革开放后,各县(市)人民政府加大投入,增加县城公用事业建设资金投入,在改造旧城的同时,逐步建设新的县城区道路,使各县(市)城区建设迅速发展,城区面积不断扩大,各项公用事业不断完善,街道四通八达。

县城街道建设

中华人民共和国成立后,来宾市境域各县城街道建设事业迅速发展。1949年12月,来宾县人民政府成立后,改原东南街为民主街,西北街为解放街。尔后,新建部分瓦房和1个简易礼堂。1953年,来宾县城迁至今城区。1950年，忻城县城区只有1条东至西长约1千米，宽5~6米的街道。自南而北有一条小巷。1950年春至1951年春，迁江县城兴建医院1所、新圩亭5幢。整个县城占地面积约1.2平方千米，各种房屋建筑面积11.5万平方米。1952年，金秀建县后，在鸠暖东头至金秀村之间的石岩田一带，采用劈边山、填边坡的办法开辟宅居地，建成金秀小街。形成有供销社、文化馆、贸易公司、书店、客栈、饮食店、商店、车缝社等机构的街道。1953年后，沿金秀河两岸金秀村至县交通局、县外贸局至林业站的2条主街道，以及通往县公安局、金秀小学、县香料厂的几条小街道，也相继而成，路面均以砂石铺就。金秀瑶族自治县城规模初步形成。中华人民共和国成立后，武宣县对县城东街、西街、上南街、下南街、上北街、下北街和河边街拓宽改直，街道多为三合土和砖石路面。

20世纪60—70年代，各县城陆续修建街道，改善县城交通环境。1960年以后，武宣县先后投资123万多元，建设城东路、城西路、城南路、城北路、城房路、城黔路6条新街道。1973年，武宣县采取财政拨款12万多元，干部职工和街道居民集资及义务投工等方式，拆西门城楼及城墙，对原旧城区十字街道进行拓宽改直工作，并打上三合土。象州县先后建成县城建新路、朝阳路、东井路、光明路、象石路及东、西、南、北街等县城街道。

20世纪80年代后，来宾市境域各县(市)加大对城区基础设施建设投入，各县(市)城区街道建设进入快速发展阶段，城区交通等基础设施不断改善，方便了居民出行。1980年，象州县将象桐路自汽车站往北至林业苗圃段划入县城范围建设，并开始扩建江南路。1983年12月，合山市始建南北走向，规划全长2100米，其中中段长1800米，宽42米的人民路，总投资89.79万元。1984年，合山市建设东起火车站，西接人民路中段，长400米，宽15米城中路(金融街)，建设东起铁路道口，西接人民路中段，长300米，宽15米的思光路(教育路)。1985年10月，象州县修建河东大道。1982—1987年，金秀瑶族自治县城沿河两岸建起混凝土大街2条、各长约1千米，河上架起钢筋水泥桥4座，其中功德桥颇具民族风格。县城街道总长4.85千米，面积3.60万平方米，全部为混凝土路面。城区面积0.68平方千米，人口已达6457人。1987年，武宣县动工新建鞍山路，先后投资850万多元，征地14.7公顷，开辟新城区，建设以城房路口为中心，西接武宣大桥，东朝马鞍山方向，宽40米，长960米的鞍山路。1989年，合山市平整路基建设东起岭南镇人民政府大门南侧，在市水电局大门处北折至合山矿务局建筑安装工程处，长398米，宽12米的建安路。1990年，象州县建成北山南路混凝土路面。武宣县鞍山路与城房路交接处形成了街心小广场，全部铺上混凝土。鞍山路两旁，高楼林立拔地而起，街道宽敞平直已初具规模。

至1990年，象州县城有建新路、朝阳路、东井路、光明路、象石路、象桐路、江南路、河东大道等街道总长9千米，总面积6.75万平方米，其中混凝土和沥青路面5千米，3.94万平方米。忻城县城街道有翠屏南路、翠屏北路、翠屏西路、芝州一路、芝州二路、城中路、城中西路、古学路、鞍山路、鞍山东路10条，全长8.6千米。县城占地面积4.5平方千米，人口2.53万人。武宣县鞍山路与城房路交接处形成了街心小广场，全部铺上混凝土。鞍山路两旁，高楼林立拔地而起，街道宽敞平直已初具规模。合山市城区建成的城中区有街道7条，东西向街道4条，从南至北依次称一街、二街、三街、四街。

1991—1995年，来宾市境域各县(市)人民政府加大投资修建县城街道，象州县先后投入县城基础设施建设资金1270.2万元，新建、改建、扩建县城的道路有朝阳路、河东大道、象石路、光明路、城东开发区、象桐路、城南路、北山路、外环路、东井路、建新路、象江路。忻城县先后修建县城广园路、榕蝴路、鞍山东路，全长740米。1992年，武宣县完成县城鞍山路(四十米大街)铺筑工程及花带绿化;完成糖厂路拓宽改造工程。是年9月，合山市动工修建南起合山市人民政府，北至十字路口的人民中路，全长2440米，第一期工程从市人民政府至自来水厂路段，长1800米，投资额261万元，第二期工程从自来水厂至十字路口路段，长640米，投资145万元，1994年2月竣工。人民南路南起里兰第一铁道口，北至市人民政府门前，长831米，宽30米，总投资160万元，1992年7月开工，1995年7月竣工。城中路东起合山火车站，西至合山矿务局建筑安装工程处，与人民中路交汇成“丁”字形，长450米，宽35米。思光路位于城中区南侧，东起东环路，西至房地产开发公司与人民中路、建设路交会成“十”字，长450米，宽24米，总面积6340平方米，铺硅阶砖302.5平方米。建安路东起岭南镇人民政府大门南侧，北至建筑安装工程处，长373米，宽7米，面积2611平方米，铺设沥青路面。电北路东起北泗集镇“丁”字路口，西至合山电厂厂区，城区内路段长900米，宽12米，1992年6月竣工。八二路东起二级公路(石油公司加油站北侧)路口，西北至合山电厂，长3100米，宽30米，途经市灰沙砖厂、市人民政府大院、合山矿务局砖厂。1993年，武宣县投资35万元完成东三路建设。1995年，武宣县投资32万元拓宽修建二小路，投资126万元铺设城区内连接武柳路和鞍山路的东三路柏油路面。

1997—1999年，忻城县人民政府先后投入资金170万元，对县城进行改造建设。主要建设项目有河堤防洪墙、路面改造、路灯工程、土司商业步行街建设、城中路商业步行街建设、森林公园道路建设。1998年，武宣县完成西环路规划建设，该路总长2.71千米，总投入建设资金450万元；投入200万元进行县城北路改造工程。

2000—2005年，中共忻城县委员会、县人民政府提出县城建设总体要求，把县城建设成为“花园式特色山庄，历史文化旅游城”。规划建设县城中心文化广场、县鞍山农贸市场、县土司广场、县人民礼堂、县民族宾馆、县体育活动中心、县城芝州一路、县城鞍山东路、县城翠屏北路、县城红川路，总投资1170万元。完成县水电局至乐滩电厂生活区道路建设，路长400米、宽8米；完成和平桥至县直属幼儿园道路建设，面积900平方米。完成芝州一路县政府路段旧城改造工程，全长880米。完成土司商业步行街建设工程，铺设青石板路面2000平方米。完成城中路商业步行街修建，全长500米、宽8米；土司步行街修建，全长300米。完成芝州二路北门至东门道路建设，全长800米。2001年，武宣县完成东一路规划建设，路段总长800米，投入建设资金100万元；投资105万元进行鞍山路路面改造工程，共改造路面880米16500平方米。投入资金15万元建成马鞍山公园上山主路4条，长共1100米。2003年，武宣县完成了县城城北路延长段、鞍山路、西环路南段、东一路、东二路、政法路人行道彩砖铺设工程，总面积为1.7万平方米，总投入资金110万元。2004年，武宣县投入资金8.7万元进行了县城人行道改造及彩砖铺设共计1500平方米；投入200多万元，完成城东、城北、太平路等路段全长4千米的人行道彩砖铺设；投资105万元进行了鞍山路路面改造工程，共改造路面880米16500平方米。硬化马鞍山环山路250米，朝阳路、星湖路路面维修扩建工程；彩砖铺设工程约1.7万平方米；完成县城居民区、社区7条巷道建设，共1300多米6000多平方米。

1996—2005年，象州县先后投入县城基础设施建设资金2亿元，对县城基础建设，对城区道路进行改造，新建、改建、扩建县城的道路12条，全面实施县城“九大重点工程”建设(文化广场建设、行政广场建设、外环路西段建设、象桐路出口路段示范小区建设、改造象桐路西段人行道、改造象桐路西段路灯、象石路汽车站至农业局路灯改造、象州温泉及青山石巷迷宫开发、县城取水水源点搬迁)和“七大工程建设”(县城文化广场、汽车客运站迁移、外环路东段建设、东岗公园建设、工业园的调整规划、旧市场改造、行政中心迁移)建设。县城街道总长由1990年的9千米增至2005年(到2003年是15.8千米，面积23.9万平方米)的16.20千米，面积24.5万平方米，全部是混凝土和沥青路面。1988—2005年，金秀瑶族自治县城区市政公用事业建设投资共2823万元，县城市政工程日趋完善。

至2005年底，象州县城街道总长16.2千米，面积24.5万平方米，全部是混凝土和沥青路面。忻城县城面积扩大到4.55平方千米，人口增加到40281

象州县温泉大道街景　　(2005年摄)

改造后的金秀瑶族自治县县城街景

(2005年摄)

人，人口密度为每平方千米平均158人，户均3.45人。合山市已建成街道总长58.3千米，人均道路面积10.36平方米，累计投资2900万元以上，为城市经济发展和人民群众出行条件改善做出了重要贡献。金秀瑶族自治县城有混凝土路面街道19千米，街道面积15万平方米，防护栏杆3.50千米。

县城供水

中华人民共和国成立前，来宾市境域各县城居民饮用水，全靠到居民河边挑水或井水饮用。象州县城北有北门井、牌坊井、水牯岩井；城东有东井、棱角井、杨家涧；城南有南门井。

中华人民共和国成立后至20世纪60年代中期，来宾市境域各县城居民仍无自来水，20世纪60年代中后期，各县城始逐步建设自来水厂，解决居民饮水困难。但80%居民都是挑河水饮用，每挑一担水都要登越阶梯陡峻的码头，故有"挑水上天"之说。随着县城建设的发展和人口的增加，各县城区陆续建设自来水厂，解决县城区生产和居民生活用水。

1962年秋，武宣县城区投资7万多元，在上南街建一个体积为150立方米、高30米的自来水塔，为县城转供过滤的黔江水。1965年，象州县始在城区西城门南侧建自来水厂，修太平池2个，在街道设11个供水站，机关单位自建蓄水池。1969年，忻城县在古学桥头筹建自来水厂，后因取水点水源不足，且受氮肥厂废水污染，1974年，改在1000米外的泮水水库取水，由于密封管道太长，渗漏量大，又改在古学桥约100米处掘一口井抽取地下水，日供水量1600吨，可供3万多人使用。1971年，象州县水厂增建容量120立方米、300立方米水池各1个。1973年，象州县水厂增建高28米、容量50立方米水塔1座，日可供给7000人用水量。1976—1982年，武宣县先后投资40多万元，兴建马鞍山和兵站两口地下水抽水站，日供水量2640吨。1981年，金秀瑶族自治县政府投资12万元，建起县城自来水厂，解决了部分机关单位和城区居民的生活用水困难。同年12月，象州县财政投资393万元，在城北建新水厂，建高28米、容量80立方米水塔1座，日供水能力6000吨，供水管延伸到居民家中。1982年，忻城县在日供水量1500吨自来水的基础上，在酒厂附近的杳水再建一座同样规模的自来水厂。1985年，武宣县投资15万元，兴建城东地下水抽水站，日供水量1440吨。1988年11月，合山市供水工程设计日供水量6000立方米，投资额475万元。取水泵站原设在溯河村能容暗河天窗的红水河堤岸上，后因该暗河受电厂煤灰水污染，转把取水泵站设在电厂明渠旁，地面标高约110米，安装容量30千瓦、45千瓦、75千瓦的水泵各1台。至1988年，象州县城共铺设直径75~300毫米供水管道25千米，城区供水普及率达85%，基本满足城区生产、生活用水。金秀瑶族自治县城自来水厂日供水量1000吨。1990年6月20日前，合山市城区生活用水由合山矿务局水厂供给，6月20日后由市水厂供给，日供水量2000吨，供水管道长3346米。是年，象州县城铺设直径300毫米供水管道3千米，日供水能力达8000吨。武宣县城铺设直径80毫米水管总长14.3千米，日供水能力5000吨，年供水总量约125万吨。

1991年，象州县城有自来水厂1座，日供水能力7000吨，供水管道长12千米，年供水量200万吨，用水人口1.4万人，自来水普及率98%。忻城县城区年供水量110万立方米，供水人口达2万人，用水处理能力为120立方米/日。合山市安装管网2185.39米，增加用水户55户。1992年6月，武宣县筹集10多万元改建2＃、3＃泵站，同年，设计日供水量1.5万吨的新水厂建设项目立项。该项目占地1.92公顷，总投资1700万元，分一级、二级取水供水，1993年3月，武宣县新水厂建设项目一期工程正式动工。是年，合山市增加投入212万元在建安背后铁路旁建成二级泵站，添置直供、净化、消毒和化验等设备，日供水量由建成时的日供4000吨提高到日供6000吨。1993年11月，合山市投资212万元，修建净水泵站，地面标高128米，安装55千瓦水泵3台，设计有孔室旋流反应池、斜管滤沉淀池、虹吸滤池、清水池产水工艺流程，完善了直供、净化、消毒、化验等配套设施，水质、水压符合国家标准；在电视差转站所处山顶建设蓄水池2座，蓄水量均为1000立方米，输供水管道长15.3千米，管网面积3700平方米。新安装管网4085米，增加用水户58户。1994年9月中旬，黔江上游遇特大暴雨，河水猛涨，最高水位高达66.36米，武宣县城供水水源有4个泵站被淹，供水中断几个小时。是年，合山市筹资15万元建设加氯消毒、水质化验等配套工程，解决了历史以来洪水季节吃浑浊水质的难题；水质综合合格率达100%，水质、水压符合国家标准，并于当年取得了供水资质证书，结束了合山市民长期饮用混浊水质的历史。

1995—1996年,武宣县城配合新水厂建设项目,铺设输水管道(包括过河管道),延伸城北路管网,同时对4 #泵站进行技术改造。1997年春,新水厂建设项目一级取水泵房完工,试机抽水。1995年,合山市完成电北路50多米DG250钢管供水主管道的改装任务;扩建八二路、市一中500多米DG100钢管供水管道,解决200多人饮用水的问题。

1997年,合山水厂投入10多万元增扩从十字路口至二级路两侧DG150管道。完成了医药公司、农资公司、民政局等8个单位的水管工程安装。全年安装水管长度2107米,增加用水户30多户。1998年4月,武宣县新水厂建设项目竣工,县城区日供水能力达2.1万立方米。是年,合山市自筹资金80233.86元安装水管长度2397.49米,完成了土地局、房改办安居工程、建设局新楼、公园等工程的供水安装,扩大了供水管网。1999年,合山市安装DG40以上主管道250米,完成岭南开发区、岭南中学、电北路等接水工程,发展新用户60多户。2000年,合山市铺设扩伸口径DG40以上供水主管道长534.56米,增加用水户96户。2001年,合山市投资5万元铺设从市府门口沿八二路至二级路口供水主管道(Pg150)1000米。全年安装供水主管道(Dg50—80)230米、(Dg100—150)1500米。增加用水户43户。忻城县自来水公司接通城关镇江平、范团、古尧等村供水管道。

2002年,象州县城区年供水总量211万立方米。武宣县城区供水总量797万立方米。金秀瑶族自治县城区供水总量62万立方米。合山市投资10万元完成中心市场管网改造,年供水总量1220万立方米。

2003年,合山市先后投资15万元完成溯河集贸市场管网改造和配合人民路改造及时移管、维护和更新了人民路政府门口至广场、建安街口至城站路口、十字路口桂鑫公司至机电总厂三条跨路面口径160毫米的供水主管道。当年更新、新增和改造供水主管3580米。

2005年,象州县城有自来水厂1座,日供水能力1.5万吨,供水管道长25千米,供水区域覆盖面积5平方千米,用水人口4.5万人(含流动人口)全年供水量240万吨,自来水普及率100%。武宣县投入资金35万元,先后多次对供水管网进行改造,投入资金7.6万元对县城供水管网改造,共改造供水管线0.8千米,县城区供水范围东至新路桥,西至八宝坳,南至桂中码头,北至草厂一带,面积9.2平方千米,用水人口约6万人,管网长度(DN80管以上)30千米。忻城县城区自来水供给范围逐步扩大到周边农村,年供水量达216万立方米,供水人口达4万人,用水处理能力为2500立方米/日。

金秀瑶族自治县城区自来水管道总长15.1千米,日供水3500吨。合山市城区共安装供水管道直径150毫米以上的全长15.3千米,管网面积37万平方米。总安装自来水管网3.5万米,总投资90多万元。

饮用水源管理

随着县城建设的加快,饮用水源保护成为各地发展中十分重视的问题。

象州县域主要河流为境内柳江河,是县城、运江镇、石龙镇居民饮用水水源,也是境内工业废水和生活污水的排放通道。为加强对城镇饮用水源的保护,象州县人民政府1991年制定《关于县城饮用水源保护区污染防治管理暂行规定》(象政发〔1991〕90号),划定了地表水源、地下水源和自来水厂生产区一、二级保护区范围,有效地减少江河水质污染。1997年象州县人民政府印发《象州县主要河流水污染防治规划》(象政发〔1997〕112号),在实施过程中,加强对沿河厂矿企业的排污状况及环保设施运行进行检查督促,确保河流水质。

1991—2005年,武宣县环境保护部门贯彻落实《中华人民共和国环境保护法》,制定《武宣县城镇饮用水源保护区污染防治管理规定》《武宣县征收排污费的暂行规定》。以环境目标责任制为龙头,以综合整治黔江河为重点,治理工业污染,整治矿山生态环境,实现全县主要工业污染物达标排放的目标,使城镇整体环境质量保持在良好状态。1996—2005年建设饮用水源保护区、烟尘控制区、噪声控制区、环境监督管理;至2005年,县城城区大气环境基本保持在国家《大气环境质量标准》GB30950~1996中的二级以上标准;县城酸雨频率为零;县城饮用水达到地表水二类水质标准,黔江河边界水质保持在国家地面水质Ⅱ类—Ⅲ类标准,东乡河、豪江河、武来河、七星河等黔江河支流符合相应区域地表水环境质量标准。

来宾县在县城发展中特别重视饮用水源保护。注重加强农村环境卫生工作,积极防治农村面源污染,引导农民合理使用化肥、农药,搞好畜禽养殖规划和污染治理,保护好饮用水源。

1992年8月,合山市政府发布《合山市市区饮用水水源保护区污染防治管理规定》，对饮用水源保护区的划分，以及水源的保护、监督、管理、奖励与惩罚等作出规定。1998年4月，市政府发布《合山市饮用水源保护区污染防治管理办法》，再次划定水源保护区的范围，以及奖励与惩罚的规定。1999年，制定《合山市酸雨和二氧化硫污染综合防治规划》；5月，印发《合山市二氧化硫和酸雨污染控制管理暂行办法》，规定二氧化硫排放控制及惩罚规定。2002年6月，市政府发布《合山市水环境功能区划分及监督管理办法》，对区划范围、区划控制依据及原则，水环境功能区划，水污染防治的监督管理等作了明确规定。至2005年，合山市没有发生过饮用水源污染事故。

忻城县"九五"计划期间的环境保护计划目标，落实重点河段的污染防治规划尤其是红水河忻城河段沿岸及县城区生活饮用水源保护区沿河段的重点企业和污染行业。1997年8月，县人民政府专题讨论忻城县糖厂酒精废液综合治理项目的污染源问题。1998年，筹建忻城县糖厂酒精废液综合治理年产1万吨复混肥厂。县人民政府制定出台《贯彻〈国务院关于环境保护若干问题的决定〉实施办法》《忻城县饮用水源保护污染防治管理规划的通知》《忻城县主要污染物排放总量控制实施办法》等有关政策，推动环境保护计划目标的实现。

"十五"计划期间，忻城县污染防治规划重点抓大气污染防治、水体污染防治、噪声污染防治、固体废物污染防治。其中，水体污染防治，主要是加强县城、乡镇建设规划与管理，防止工业废水和生活废水对水体的污染。县人民政府制定环境保护计划(2001—2005年)和2010年远景目标。相继制定出台《关于完善开发生产建设项目水土保持方案审批制度的通知》(忻政发〔2002〕2号)、《忻城县矿产资源开发利用总体规划》等文件，规划要求到2005年，有效控制全县环境污染和生态破坏加剧的趋势，生态环境恢复"一控双达标"(污染物总量控制，工业污染物排放达到国家标准，空气和地面水质功能区达到国家规定的环境质量标准)，大气、噪声、水环境质量明显改善和提高。到2005年，全县大石山区环境做到市场经济发展与环境保护相协调，生态环境良性循环，城乡环境清洁优美、安静。

金秀瑶族自治县划定了广西面积最大的水源林保护区，面积10.578万公顷(158.95万亩)。每年涵养水源26亿立方米以上。这些水量通过大小29条河流，流向周围各市县，为近1000万亩耕地、200万人口提供丰富优质的生产生活用水。自治县在发展中，在保护和稳定水源林等公益防护林基础上，加强饮用水源保护，控制发展用材林，大力发展八角、油茶、水果、竹类、药材等高效经济林。1988年以来，自治县注重自然生态环境的保护，健全机构，投入资金，着重保护森林资源为主的自然生态资源，治理工业废水、废气、废渣和河流排污治理，使自然环境日趋好转。至2005年底，在自治县境内成立广西大瑶山水源林保护区、大瑶山国家级森林公园、广西大瑶山国家级自然保护区。保护区面积占自治县总面积50%以上。

县城排水

中华人民共和国成立前，来宾市境域各县城区排水设施较落后。民国时期，象州县县城主要排水沟有北门沟、南门沟、鲤鱼巷沟、仓背巷沟4条阳沟和北街阴沟。

中华人民共和国成立后，来宾市境域各县(市)城区在规划建设中，加强对城区排水系统建设。1969年，象州县拓建新街时，修筑宽0.8米、深1米的暗沟500米。1979年，象州制定县城建设总体规划，同时制定排水方案，并逐年拨款修建。到1988年，象州县先后在南街、西街、刘家巷、东井路、朝阳路、象江路、建新路等地段修建砖石结构暗、明排水沟17条(段)3634米，1990年末，象州城区下水道长5千米。忻城县城区地下水道，经过多年的疏通改造，基本形成排洪、排污、排灌"三位一体"的地下水道网络。其结构为片石砌边墙，拱面。1972—1986东门至气象站长2500米、宽1米、高2米。1982年，将起自东门，经中医院、县政府到交椅村前的排洪、排污水沟，延伸到气象站后面的旧河床，在河床中建一个污水处理池(氧化池)。1983年，建成土产仓库至汽车站排水沟长120米、宽0.6米、高1米；1982—1986年建成粮食局至新华书店前排水沟长400米、宽1米、高1米；1986年建成北门拱至五金楼排水沟长520米、宽1米、高1米；退休干部房角至主干沟长70米、宽0.8米、高1米；加工房至汽车站排水沟长40米、宽0.8米、高1米；1988年建成教育局后至双胜河的排水沟长70米、宽0.8米、高1米；1989年建设芝州一路中段至翠屏北路涵洞长250米、宽0.8米、高1米；邮电局后至百货楼排水沟长100米、宽0.8米、高1米；中医院至离休房排水沟长150米、宽0.8米、高1米；镇中至翠屏北路涵洞长200米、宽0.8米、高1米。1990年，忻城县城区有 11 条排水沟使用正常，总长 4420 米。至 2005 年，县城机关干部职工和城镇居民生活污水未经处理通过暗埋排水沟排入双胜河、都乐河。县城排水管道共 15 条，管渠断面尺寸为 D500、D800、500×500 等。

1984 年，合山市开始建设市人民政府和市公安局至红水河下水道两条，总长 450 米。合山市城区排污系统，1985 年由广西规划设计院规划设计完成，系生活用水、雨水全流之形式管渠。1986 年，开设市城建局和开发公司至思光河下水道两条，总长 850.50 米。1988 年建南华旅社和城中路地下排水道 2 条，总长 1601.30 米；1989 年建广屯至废水渠排水道 1 条，长 196 米。至 1990 年，合山市城区共有排水道 7 条，总长 3097.80 米。1994 年投资 100 多万元先后完成了市中心市场下截街道、广屯铁道口至污水处理厂、人民北路两边等排水工程的建设。1997 年，投资 9.67 万元建设了安居工程、电厂过车道等排水工程。1998 年，投资 4 万多元实施二级路口邮电分局安居工程排水建设。2000 年，投资 22.4 万元实施建安门前、妇保站、建安路等排污改造。基本形成了市区主干道的排水系统，即：十字路口以南、矿务局建安公司以北排向水利沟，市人民政府段片以南排到市电视局处交汇，通过市中心市场 1 街的涵洞接通东环路排水渠，经铁路涵洞排出，流向思光新村的自然排水沟。1990 年，合山市中医医院（原合山市人民医院）曾安装污水处理器 1 台，年处理污水 6 万吨。

2005 年，象州城区排水管道 12 千米。武宣县投资 45 万元建成高立山步行街接往黔江河的排水主管道 200 多米，对“八仙池”转盘一带的排水系统进行清淤改造；埋设排水管道 180 米；城北路、星湖路排水系统共 1886 米。

县城路灯

来宾市境域各县（市）城区路灯始于 20 世纪 60 年代中后期。1962 年，象州县城区始设路灯，当年县城区安装街道路灯 30 盏，此后随街道建设逐步增加路灯。1988 年底，合山市城区照明线路安装完毕，在人民路安装白炽路灯 37 盏。1990 年，象州县共有路灯 150 盏，通夜照明，路灯年用电量约 4.8 万千瓦小时。忻城县城共有照明电杆 165 根，安上 165 盏式样不一的路灯。

1991 年，来宾市境域各县（市）不断加大财政投入，加强城市照明的维护管理和更新改造等亮化工程建设，确保城市照明照亮城市的每一个角落，为城市夜生活提供方便。象州县有路灯 175 盏。1994 年，武宣县投资 6 万元竖起了小转盘高杆灯；投入 200 万元进行县城北路改造工程，主要进行路灯安装、行道绿化、礼堂小广场建设、临街建筑立面装修等。投入资金 47.25 万元完成县城城北路中段、西环路路灯改造、安装工程，共安装路灯 105 杆。1995 年，合山市城区人民南路、城中路、思光路、建安路等各主要交通要道安装路灯 150 盏。1996 年，合山市投资 50 万元，先后完成安装了电北路、人民中路北段和十字路口等共计 1966 米，44 杆 188 盏路灯。1997 年，合山市投资 25 万元完成安装人民南路路灯 34 杆，总功率 8500 瓦。为加强对全市的路灯管理和维护，1999 年，合山市人民政府批准设立路灯管理所（编制 4 人），并于当年筹措 100.8 万元改建人民中路路灯工程，新安装五花式庭院灯 145 杆，在金融路口和二级路口安装了 8 杆双相灯。筹措 18 万元完成安装二级路口、中心市场、思光路、公园等处的路灯。2001 年，合山市投资 105 万元在八二路安装风帆式等种式灯 26 杆，人民北路安装风帆吊挂灯等 34 杆，人民南路安装了 64 杆五花式庭院灯。在国税局门口新安装 20 米高杆灯 1 杆，并及时抢修线路故障 40 多次，总长 3200 米。武宣县投入资金 47.25 万元完成县城城北路中段、西环路路灯改造、安装工程，共安装路灯 105 杆；投入资金 19 万元安装了城北路标准高杆路灯 30 盏；投资 50 万元实施了城北路、鞍山路、朝阳路等路灯改造工程，共改造和新增路灯 169 盏。2002 年，合山市进一步加大城市亮化工作力度，投资 35.96 万元进行路灯改造，在八二路东段、人民北路安装了 36 杆风帆灯，二级路口安装了一杆高杆灯，全市亮灯率 95%。武宣县投入 45 万元，进行东环路高杆灯建设及对城区路灯、八仙迎宾池水下彩灯进行全面维修；投入 20 多万元建设太平路至鞍山路的路灯建设。

2003 年，合山市城区路灯管理得到进一步加强，年内投入 33 万元安装市人民南路路灯 45 杆、市人民公园庭院灯 39 杆，50 千伏变压器一台。2004 年，象州县城设置路灯管理所，当年对县城路灯线路进行整改，修理路 460 盏，新装路灯 155 盏。合山市城区在电厂路段安装单挑灯 50 杆。

2005 年，合山市城区在里兰公园路安装了 15 杆单挑灯，里兰民贵菜市场安装了 6 盏钠灯，溯河开发区安装了 7 盏 250 瓦钠灯，更换了电北路路段灯头灯具44套。象州县城新安装路灯378盏,县城路灯安装总数达到1392盏。加强路灯线路的维护和检查,全年路灯处于安全正常使用状态,县城路灯完好率在97%以上,灯亮率达98%。武宣县投资60多万元,完成马鞍山路灯和城北路至县府大门路灯的改造工程,共改造和新装路灯110盏;安装朝阳路、星湖路、城北路标准化路灯共137杆。金秀瑶族自治县城区安装有路灯950盏,路灯亮灯率95%以上。

县城供气

来宾市境域各县城区液化气供气始于20世纪90年代。1990年,合山市设立液化石油气供应点。1991年,合山市燃料公司从外地购进液化气试销。象州县物资公司与广东电白县石油气公司联营,在象州县城开设石油液化气销售业务,当年开户2390户,年供气量100吨左右。1992年,今来宾市各县(市)城区燃气由柳州地区燃料公司储气站设点供气,用户3000多户,每年供气1500~2000瓶,月供气约20吨。1993年,象州县石油公司亦增加液化气供应业务,县城用气人口逐年增加,年用气量240吨左右。1995年,合山、象州、武宣、忻城等县(市)1.2万多户城镇家庭使用液化气,年供气量1500吨。2000年,各县(市)城区燃气普及率87.39%。2001年,象州县有液化气储配站1个,燃气供应点52个,外购气量3375吨。2002年,来宾市辖区液化石油气供气总量为合山市1730吨、象州县3830吨、武宣县2970吨、金秀瑶族自治县245吨、忻城县1927吨。2003年,象州县加强燃气安全管理,开展燃气经营专项治理,清理出5个镇(乡)十多个无证照散点经营户,有效遏制了村屯燃气散点死角。抓好经营户上岗培训,使燃气从业人员受培训率达93%,燃气市场逐步走向规范化管理。合山市通过招商引资,引进博白县投资商投资建设"合山市信合石油液化气站"。气站规模:储气量200立方米,占地面积6500平方米(约9.8亩)建筑面积650平方米(其中生产用房350平方米,生活和办公用房300平方米),投资150万元。从而进一步完善合山市的城市基础设施,打破合山只有一家气站供气的垄断局面,促进良性竞争。2004年,各县(市)城区有燃气供应网点102个。

2005年,各县(市)城区有燃气企业10家,县城区液化石油气普及率98%。象州县供气网点70家,县城供气327吨,用气人口4.5万人。

县城公共交通

清代至民国时期,来宾市境域各县城区陆地代步的客运交通工具主要是轿子、马车,水路交通依赖渡船。

中华人民共和国成立初期,民间客运交通仍以马车、渡船为主。

1986年前,合山市公共交通由合山矿务局汽车队经营,主要线路有里兰至东矿、里兰至河里矿两条。1986年,合山市内公共交通由市公共汽车公司经营,主要线路有里兰至东矿,沿途站点有工人医院、市政府、中心市场、溯河矿、十字路口、柳花岭矿、大弯弓,全长12千米;里兰至河里新街,沿途站点有工人医院、市政府、中心市场、溯河矿、十字路口、石村、北泗街、合山煤矿机械厂、水泥厂、瀑泉、甘林,线路全长24千米。当年,市公共汽车公司购进广州产客车4辆,中型客车2辆;每日出车3趟,1990年日出车5趟。合山市有个体微型汽车124辆,日客运量2000~3000人次。1992年,合山市公共汽车公司贷款新购8辆18座中巴客车投入营运,并实行经济承包责任制,但一直经营不佳,多年亏损。1994年,合山市有微型出租车辆124辆,其中中巴车11辆,日客流量5000人次。1995年,合山市有运营公交车辆13辆,运营线路长37千米,客运量167万人次。1996年,合山市公共汽车公司把经营权租赁给个体户,公司统一管理,租赁人按合同规定向公司交管理费。线路主要有市内线、东矿线和乡镇线,均自里兰发车,营运公交车19辆。1998年对市汽车公司进行抵押承包,并建立了董事会、监事会,加强企业内部管理。同年还新购进4台客车投入运营。1999年5月起,市汽车公司以租赁方式把营运车辆承租到个人,使企业摆脱连年亏损的局面;至2001年底完成企业改制,全面走向市场。当年有营运车辆16台,安全营运行程1296千车千米,客运量338万人次。2002年完成改制后,更新了8辆中巴车。全年营运1298千车千米,运送乘客368万人次。

2003年,合山市出租车公司成立。2004年,来宾市境域除金秀、忻城两县外均发展了出租汽车客运,拥有出租车企业5家,出租车103辆。

2005年,全市各县(市)城区内有出租车公司7家,投入运营的出租车123辆。合山市区有公交车19辆,全年完成出车1288千车千米,运送乘客386万人次,累计收入27.98万元。有个体微型车和的士出租车199辆，其中微型车154辆，的士45辆。共完成客运量237.25万人，客运周转量711.75万人千米。客运量和周转量分别由1991年的27.20万人和237.25万人千米，增加到2005年的534.43万人和711.75万人千米。个体微型车客运量和周转量分别是1991年的8.72倍和1.33倍。

县城园林绿化

20世纪60—70年代，来宾市境域各县（市）成立绿化机构，负责县城绿化工作。20世纪60年代后各县城逐步建设新街，开始在街道两侧植树。1972年，武宣县城绿化队成立后，采取群众运动和专业队种管相结合的方法，对县城街道及风景区进行绿化。先后种下天竺桂、槐树、相思树、小叶桉、大叶桉、棕榈树、榕树、杧果等近40种，绿化面积约26.67公顷。1973年9月，象州县成立县城绿化队，负责城区街道绿化和园林管理。每当新街道建成，即种树绿化。1981年，金秀瑶族自治县林业局设立花木组，负责县城、公园的花木种植、护理。1985年，金秀瑶族自治县林业局花木组归县城乡建设委员会主管。1986年，象州县县城街道共有常绿树1155株。1987年，金秀瑶族自治县花木组共修整1500米河岸，设置1000平方米的铁质护栏花圃，种下以桂花树为主的各种花木1.8万株。1988年，金秀瑶族自治县城有绿化林木1.8万株。

1990年，象州县城区除四条旧街道无法绿化外，所有新街道均已绿化，共有树木2000多株。武宣县直属机关67个单位搞庭院绿化，种下槐树、荔枝、龙眼、杧果、松柏、枣果等27600多株，均长大成林，还种上各种花卉，净化美化环境，县城区城东路、城北路、城黔路街道两旁，高立山、马鞍山风景区的各树木已高大成荫郁葱成林。

1991—1998年，合山市先后完成街道路树、分车带的花木补植、套种补植中心市场1~4街上段街道的绿化。1995年，来宾市境域县（市）城区规划区面积144.7平方千米，绿化覆盖面积1018公顷，覆盖率仅0.7%，园林绿地面积941公顷，人均17.32平方米，公共绿地面积124.5公顷，人均公共绿地2.29平方米。

1999年，合山市街道种植黄素梅9000株、九里香绿篱4100株、扁桃树苗40株、水蒲桃200株、草皮2000平方米，增加绿地面积4000平方米。2000年，来宾市境域各县（市）城区公共绿地面积156.2公顷，增长25.46%，人均公共绿地面积2.86平方米，建成区绿地覆盖率达20.16%。合山市先后投入48万元，完成人民中路1.8千米长花带改造及市府小绿地、市影剧院两侧绿地建设工程，绿化面积4000多平方米，新种植黄素梅、红叶林、假槟榔等苗木11.17万株。投资10万元完成人民路（包括人民中路、人民南路、人民北路）和八二路的花带及路树进行补植，补植长度5000米，补植面积3000多平方米，种植树苗215517株，铺设草皮7000多平方米，实现了城区绿化覆盖率35.36%，建成区绿地率32.25%，人均公共绿地面积3.97平方米。2001年，象州县投入县城园林绿化资金10多万元，对城区绿化进行改造。完成北山路2400平方米花圃改造，种植苗木1.7万株，培育苗木12万株；更换花台2个，花盆3000盆。武宣县筹集绿化建设资金5万元，种植各种苗木8000株，并首次进行了大树移植；投入资金10万元对县城马鞍山公园进行绿化，种植树木437株；投入资金8万元完成马鞍山公园二期绿化及西环路绿化工程，共种植小叶榕、木棉等各种苗木617株。2002年，来宾市各县（市）绿化美化工程投入250万元，县城区绿化覆盖面积443公顷，建成区绿化覆盖率达10.97%，园林绿地面积457公顷，公共绿地面积60.01公顷，人均公共绿地面积2.88平方米，有公园7个，公园面积39.86公顷。象州县投入资金50万元对象桐路花圃和城区街道部分路树更新改造，种下绿化芒、南蒲桃等苗木1.58万株，种植草皮7570平方米，更换花坛7000多盆。

2003年，忻城县投资500多万元兴建盘鹤岭森林公园，规划面积60.13公顷，公园森林面积约45公顷，主要以松树、大叶桉、柠檬桉为主，建成亭台楼阁、雕塑石刻、休闲小广场、革命教育基地等景段，种植各种观赏花木，形成曲径通幽，万木葱茏之效果，突出绿色、文化、和谐的主体。忻城县城区绿地

合山市世纪公园 （2005年摄）

覆盖率7.76%。象州县投入城区绿化资金6万元，将象桐路大皇椰成功移植到行政广场，城区绿化率13.83%。2004—2005年，武宣县完成马鞍山公园二、三、四期绿化工程的规划设计，共种植风景桃花800株、三角梅200株、小叶榕1500株、木棉树15株。2004年，象州县新增文化广场绿化面积6000平方米，街道绿化面积1万多平方米，协助做好单位庭院绿化美化获广西壮族自治区行业文明庭院奖。至2005年，武宣县共培育各种苗木1万多株，花卉15000多株(盆、袋)，为城区绿化提供了大量的苗木和花卉，完成广场扩建的绿化，共种植大叶榕36株、垂叶榕110株、假槟榔68株、桂花树8株，铺设草皮1万平方米。投资20万元完成马鞍山公园三期绿化工程，共植树550株；投资37万元进行休闲文体广场的扩建和绿化工程，扩建面积20亩，共种植草皮5400平方米，成功移植大树27株，种植花带1000多米。合山市城市绿化覆盖率面积336公顷，其中建成区绿化面积191.6公顷，绿化覆盖率34.84%；园林绿地面积313.7公顷，绿地率30.76%，其中建成区园林绿地面积158.85公顷，建成区绿地率31.25%，人均公共绿地面积4.9平方米。象州县完成行政小区2.7万平方米绿化，县委行政广场绿化5万平方米，街道绿化面积0.5万平方米，改造象桐路路段绿化。县城绿化面积181.4公顷，其中包括各类公园共计4.4公顷；公共绿地9.4公顷；生产绿地11.3公顷；风景林地36.7公顷，防护林地66.4公顷。忻城县投资300万元，完成县委、县府大院绿化工程建设。县城主要街道两边种植天竺桂、小叶榕、杧果、扁桃等绿化树，街道绿化长12千米。金秀瑶族自治县城有绿化林木3.95万株，绿化面积13.33公顷，人均绿化面积12.95平方米。

县城环境卫生

街道清扫 1990年，忻城县环卫站清扫街道面积6.6万平方米。1991年，忻城县清扫面积1.3万平方米。象州县年清扫街道面积11万平方米，年清扫垃圾4000多吨。1993年，象州县城公厕实行有偿服务，指定专人定时冲洗，改善了卫生条件。武宣县清扫面积5万平方米，年清理垃圾6700吨左右。1994年，象州县在县城主要街道设置垃圾桶、果皮箱50个，街道保洁面积有所增加，并根据县城实际，制定《县城环境卫生管理暂行规定》和《县城市容和环境卫生有偿服务》。1995年，今来宾市6个县(市)环卫站，有职工300余人，有大型环卫车(含垃圾车、吸粪车、洒水车)25辆，清扫面积95万平方米，年清运垃圾粪便15万吨。环境卫生方面，有环卫站6个，大型环卫车辆20辆，清扫面已达60%。1995年，有偿服务户数800户，有偿服务费收入5.87万元，街道保洁面积18.5万平方米，清运垃圾6853吨。1999年武宣县清扫面积17.8万平方米，日清理垃圾量40吨左右，建设有公厕3座，设置铁制果皮箱40个，配有1辆洒水车，承包8辆私人手扶拖拉机作为清运垃圾的专用车，有偿服务数2500户，年收服务费9万元。2000年，境内加强城市环境卫生管理工作，对乱倒、乱摆、乱停、乱放等行为进行整治。2001年，忻城县环卫站在县城开展上门收集垃圾业务，县城街道清扫面积达23万平方米。2002年，象州县进一步加强对城区环境卫生的管理，加大城区清扫和保洁及垃圾清运工作。使环卫人员能够更好地相互配合，协调融洽，提高工作效率，避免相互扯皮推诿现象，采取分组包干，自由组合人员的办法，使环境卫生工作脱节现象得到解决。2003年，武宣县城清扫面积扩大到23万多平方米，职工增为63人，其中临时清扫工45人，管理人员10人，垃圾收运工8人，用后机动车辆直接运垃圾到垃圾场，服务户数达4000多户，年收服务费16万多元，新增不锈钢果皮箱50个，铲车1辆，引资建成隐蔽落地式垃圾中转站两座。2005年，忻城县人民政府投资31.7万元购买垃圾压缩运输车1台。清扫面积3.6万平方米。象州县有环卫专用车辆8辆，街道清扫面积30万平方米，年清运垃圾1.28万吨，有偿服务户数3000户，有偿服务费收入33万元。县城有公厕5座。对县城建新路、河东大道、象桐路、朝阳路、光明路、北山路等主要街道实行全天保洁，做到城区扩大到那里，环卫服务跟到哪里，并对卫生死角及时清理，加强检查监督，保证县城环境卫生清洁，为市民创建良好的生活环境。武宣县对部分街道清扫实行私人分段承包管理模式，节省了经费，提高了效率。1991—2005年，合山市累计清扫街道面积8亿多平方米，清扫率100%，保洁面积83%。累计清运垃圾17多万吨。1996年11月1日开始，根据合政发(1996)第37号文件精神，取消大街两边的垃圾桶和垃圾池，实行上门收垃圾有偿服务。

垃圾处理 来宾市境域各县(市)城区垃圾处理，主要是采取填埋处理，各县(市)建设垃圾填埋场。1994年，象州县投入资金8万元，建成占地7公顷的垃圾无公害处理场，年处理垃圾6000多吨。1995年11月，武宣县人民政府划拨县城河西区老虎山脚下土番坳（地名）荒地2公顷作为垃圾处理场用地，使垃圾处理达到了简易填埋的标准。2000年，合山市租用柳花岭林场2.84公顷土地建立新的垃圾场。2001年，合山市新建两座落地式垃圾中转站。忻城县人民政府投资22万元购买红渡镇渡江村弄岩处2.67公顷土地作垃圾处理场。同时，为县环卫站配备垃圾清运车4辆、垃圾集装车1辆、洒水车1辆、环卫车1辆、人力车10部。2005年，象州县投资30万元，有占地10公顷垃圾处理场1处，年处理垃圾1万多吨。金秀瑶族自治县有垃圾车2部，放置垃圾箱（桶）284个，年处理垃圾4500吨。

第二节　集镇建设

清代至民国，来宾市境域各县内集镇街面房屋多呈“一”字形对合，街道凹凸不平，弯曲狭窄，街道一般宽3~6米，路面铺设卵石或块石。房屋大都是参差不齐的素土墙瓦房，没有自来水和电灯，也没有固定的共用货摊。居住在圩镇的商贩，利用自己的住房开铺设市，或在自家门前摆摊，早设夜撤。外地商贩货摊随地摆卖，农民出售的农副产品，多是在街道屋檐下摆卖或游动叫卖。货物流通，多靠肩挑、人抬、牛拉、马驮。1949年，象州县10个集镇共有街道31条，总长4526米。

1950年后，来宾市境域各县农村集市贸易不断扩大，从20世纪60年代开始，各集镇逐步兴建新街道、圩场和商业、金融、医疗、教育、文化等公共设施。各集镇先后由农村小水电和自设柴油发电机供电照明，20世纪70年代后逐步由电网供电。1981年，来宾县24个集镇均设有粮食、供销、商业、饮食服务业、财政、金融、信贷、税务、工商、文化、教育、医疗、邮电、交通、农技、农机、兽医等公共福利设施及文化生活设施。建有各种公共建筑面积共51.16万平方米，其中混合结构面积14.45万平方米；生产建筑面积17.78万平方米，其中混合结构面积1.84万平方米；建有圩亭面积3.15万平方米，露天市场面积8.56万平方米，有售肉台665张。各集镇均通班车，用上了电。凤凰、大湾、寺山、迁江、三五5个集镇均建有自来水厂，全县集镇建设用地面积804.10公顷。1988年，象州县10个集镇共建宽8~10米的新街道10条，总长4739米，其中混凝土和沥青路面街道1450米，水泥路面街道1230米，泥路街道2059米；新圩场54幢；商业、金融、医疗等楼房建筑70余幢。集镇居民的住宅建筑也逐步增多，质量提高。20世纪70年代初，来宾市境域各县集镇先后开始修建自来水设施，向居民供水。至20世纪70年代末，象州县10集镇均建成自来水厂。

20世纪80年代后，各县集镇多是建筑砖木结构平房和混合结构楼房。如象州县石龙镇街道居民1980—1986年新建楼房151幢16840平方米，平楼42幢900平方米；运江镇1971年规划建设新街，镇直属机关相继在新街建筑房屋，居民亦相随迁建，至1986年，全镇居民在新街共建筑新房215幢，其中砖瓦平房150幢1.2万平方米，混合结构楼房55幢0.44万平方米。金秀瑶族自治县11个乡镇集镇共有钢筋混凝土房屋面积14.4万平方米；水泥道路共17万平方米。

1990年末，象州县集镇实际用地面积743.52万平方米，住宅建筑99.51万平方米，其中砖瓦房27.10万平方米（楼房12.69万平方米），实际居住面积60.33万平方米，人均居住面积14.43平方米；公共建筑面积16.36万平方米，其中混合结构15.29万平方米；生产建筑面积2.19万平方米，其中混合结构1.22万平方米；集镇道路长31.5千米，其中，混凝土和沥青道路11千米，普通道路15.5千米。全县集镇有自来水厂10个，供水管道21千米，日供水能力6500吨。当年供水124.54万吨，其中生产用水40.43万吨，生活用水84.11万吨。忻城县集镇占地面积33098平方米，建有砖木质或钢筋混凝土的圩亭65栋，982间，面积共16675平方米。各圩镇先后用上了电，大塘、思练、红渡、古蓬、马泗、欧洞、新圩、果遂等圩镇建立了自来水厂，共埋设水管长4.4千米，平均年供水量13万多吨，居民吃用水困难的问题已经解决。来宾县集镇建筑面积共51.16万平方米，其中混凝土结构14.45万平方米，生产建筑面积17.78万平方米，（混凝土结构1.84万平方米），集镇建设用地1643公顷。集镇拥有大圩亭138栋，小圩亭5栋，市场面积16.43万平方米，其中圩亭面积4.54万平方米，比1950年扩大8倍多，露天市场11.89万平方米。市场较盛者有来宾、迁江、蒙村、寺山、小平阳、凤凰等。武宣县9个集镇（不计武宣镇）均通水通电，修建街道，形成集市，成为乡镇政治、经济、文化及商品交易、流通集散地。河马集镇建设占地面积9.75公顷，其中房屋建筑面积1.81万平方米；东乡集镇建设占地面积16.87公顷，新建房屋面积14.3万平方米；三里集镇房屋面积累计19.78万平方米。二塘集镇总面积44公顷，累计新建房屋面积16.2万平方米；黄茆集镇圩镇面积22.4公顷，累计新建房屋面积11.87万平方米；金鸡集镇面积13.32公顷，累计新建房建筑面积1.59万平方米；禄新集镇新建房屋面积10.2万平方米；思灵集镇房屋面积累计1.56万平方米；通挽集镇新建房屋面积13.6万平方米；新龙集镇房屋建筑面积1.46万平方米；桐岭集镇房屋面积16.12万平方米；马步乡驻地共建有3层以上砖混结构平顶楼4幢，面积约1860平方米。

1991年后，来宾市境域各县（市）加强集镇规划建设，加大投入，不断完善集镇公共设施建设，改善集镇居住环境，集镇不断扩大。象州县投资46.58万元，在罗秀、石龙、大乐、马坪扩建市场或建简易市场，10个集镇（不含县城），有住户0.99万户，人口4.23万人。其中农业户0.63万户，人口2.91万人，非农业户0.36万户，人口1.31万人；建筑面积94.72万平方米（含楼房面积14.48万平方米），其中公共建筑18.76万平方米，生产性建筑2.25万平方米，居住面积14.44万平方米；建设投资373.26万元，其中住宅投资286.26万元，公共建筑投资87万元。来宾县24个集镇有圩场44个，拥有大圩亭138栋，小圩亭5栋。市场面积16.43万平方米，其中圩亭面积5.54万平方米，露天市场11.89万平方米，全县圩镇建设用地总面积1643公顷。合山市投入59.52万元集镇建设资金，建设里兰集贸市场、门面，建设岭南市场和北泗市场。

1992年5月，中共金秀瑶族自治县委员会、县人民政府制定的《关于加快我县城乡集贸市场建设的决定》提出，集贸市场建设“谁投资谁受益”，采取由工商行政管理部门集资或单位、个人独资、合股投资等各种形式，兴建各地综合市场或专业市场。当年，由有关单位、机关干部合股投资35万元，建成面积1340平方米的桐木猪花专业市场，成为金秀瑶族自治县和桐木镇周边各县乡镇的主要猪花集散地。是年，象州县投资105.2万元（其中贷款50万元）用于建设寺村、妙皇、运江、水晶、中平、百丈市场，投资50万元建设县城东井路集贸市场。

1993年，武宣县二塘农贸市场投资70多万元建成一栋二层钢混结构的圩亭，面积2350平方米，上层摊位150个，主要经营服装、小百货；一楼摊位200个，经营肉类、菜市、各类农副产品。象州县投入58.67万元用于完善县城东井路集贸市场工程和建设秀和、新庆等村级市场。合山市投入资金18.28万元建设柳矿市场。

1994年6月30日，来宾县人民政府下发《关于筹集集贸市场建设资金加快来宾集贸市场建设的通知》。通知要求各乡镇人民政府、县直属各单位、各厂、矿、场统一思想，提高对集贸市场建设重要性的认识，坚持“政府领导、统一规划、合理布局，多方兴建、工商登记、统一监督管理”的原则，因地制宜地把集贸市场建设好；切实解决集贸市场建设资金、用地等问题；新建市场和旧市场扩建改造，4年内免交有关费用等。合山市投入资金9.71万元建设城中市场门面12间，投入13.26万元建设河里市场。

1995年，武宣县投入135万元建成东乡市场1720平方米，街道4条，圩亭2个，出租商业住宅门面150套；投资30万元开发新城区和旧街道拓宽改直硬化。引资兴建桐岭供销社二门市后商贸市场，面积1050平方米。建设通挽集贸市场总面积9681平方米，圩亭四周有商铺住宅区，设有成衣行、菜市、鱼肉行、工业品行、农副产品行等。金秀瑶族自治县头排镇建成1.5平方千米的新城区，硬化街道24条面积共1万多平方米；投资650万元，建成占地2万余平方米的大型农贸市场，实现农贸市场第二次搬迁。象州县在培育和发展集镇市场体系方面，有目的在商品产地、销地或集散地的集镇培育专业市场和批发市场。如寺村大牲畜专业市场、中平猪花市场、寺村猪花市场、石龙大牲畜专业市场等。在大乐乡建造钢筋混凝土框架结构市场460平方米，在运江镇三里村建了120平方米的砖瓦结构村级市场。

1996年，武宣县三里镇政府征地6.53公顷建设三里镇开发区，建成6个钢混结构的圩亭共计3600平方米，四周有商店门面60多间，建成2条街道，宽分别为15米和10米。金秀瑶族自治县工商局与罗香乡政府合资12.6万元，建成面积800多平方米的腊河口市场，为罗香乡罗运村、罗丹村、大垌村、大新村、平竹村，长垌乡平孟村、滴水村、桂田村群众提供新市场，成为金秀最大的八角集散地。合山市投入资金253.24万元建设东矿市场，投入163.16万元用于里兰、北泗、城中等市场的维修及附属工程的建设。

1997年，来宾县投入1524.98万元，新建集贸市场2个，扩建市场5个。全县24个集镇拥有集贸市场45处，集贸市场总面积21.2万平方米；有私营企业、个体户13270家，有国营企业、集体企业1376家。人均集贸市场面积超过广西壮族自治区规定0.3

平方米的标准。武宣县在马步乡人民政府前建成一个面积800多平方米的新圩亭，四周有商店门面，结束了马步乡没有集贸市场的历史。金秀瑶族自治县工商局投资400万元，建成圩场面积6000多平方米的桐木综合市场，使桐木成为方圆100千米之内各县市中最大的集镇。合山市投资118.71万元对城中、东矿、河里、北泗、里兰等市场进行维修建设。

1998年，忻城县古蓬镇人民政府投入资金50万元，完成街道硬化3千米；武宣县桐岭镇人民政府迁至集市西北方的塘角新址，在镇府旧址兴建新贸易市场，三个圩亭面积1530平方米；综合交易市场4座2100平方米。金秀瑶族自治县桐木镇按照20年总体城镇建设规划，突出基础设施建设，加快旧城区改造，推进新城区开发，完善城镇功能，将桐木按一般县城规模进行建设。

1999年，来宾市境域各县（市）人民政府多渠道筹措资金，加大集镇基础设施建设，来宾县投资3521万元、象州县投资1770万元、金秀瑶族自治县投资579万元，实施集镇道路、园林绿化、排水、路灯等工程建设。忻城县古蓬镇修建周安至古蓬柏油路全长4千米。武宣县金鸡农贸市场建成占地3.09公顷，总投入220多万元，设有猪肉行、米行、菜市、水果行、牛市、农产品行等，结束了金鸡乡没有农贸市场的历史。新扩建东乡集贸市场圩亭2个，露天圩场1个，面积3800平方米，设肉行、布匹行、菜市、成衣行、水果行、家禽行、家具行、牛市以及农副产品行等。

2000年，来宾市境域各县（市）在建的集镇基础设施和公用事业项目有15项，计划投资3314万元。各县（市）人民政府与柳州地区行政公署签订小城镇和中心村建设试点工作目标责任状，至6月中旬，已落实试点乡镇25个，试点村庄34个。境内试点工作较快的有武宣县和来宾县。各县（市）小城镇建设和中心村建设遵循"量力而行，突出重点，循序渐进，分步实施"原则，在1999年就确定部级试点1个；自治区级试点镇3个（金秀瑶族自治县桐木镇和来宾县凤凰镇等）。村庄20个；地、县、乡三级试点村庄86个。金秀瑶族自治县大樟乡建成市场1000平方米，并在新市场四周建成100多栋私人楼房。来宾县投入98.89万元，新建夏至、迁江、寺山、石牙等市场钢架棚圩亭5820平方米。投入39.83万元维修小平阳、陶邓、三五、七洞等集镇危旧圩亭。至1999年"管办"脱钩分离时，合山市工商局投资建设集贸市场10个，占地42780平方米，建筑面积26972平方米，基本形成了市、乡、矿商品流通网络，改善了市场经营环境。

2001年，金秀瑶族自治县头排镇投资4.5万元，引进种植1000棵小叶榕树，进行城区街道绿化。六巷乡投资360多万元，先后建成乡卫生院综合门诊大楼、中心小学学生宿舍楼、治安所、司法所、畜牧站、党政办公大楼，硬化街道1.1千米，并安装好路灯；按照"山城化、民族化"要求，建设占地0.69公顷的小岭住宅、商贸、办公开发区。引进开发商投资46万元，在忠良圩开发住宅小区2300平方米。合山市投入资金10.61万元维修建设城中市场。是年9月，广西壮族自治区人民政府把忻城县大塘镇列入全区重点镇后，至2003年，忻城县大塘镇投资兴建镇人民政府办公大楼和镇文化综合楼；引进资金1074万元，其中投资600万元兴建大塘集贸中心，占地面积40000平方米。思练镇人民政府投资修建水泥公路2条，共长1500米；修建社区水泥路2条共长1300米。红渡镇投资48万元，建成镇党政办公大楼，面积900平方米；投资15万元，装修镇宣传文化站办公楼，面积720平方米；投资30万元，建成渡江等7个村民委办公用房，维修西江等3个村民委办公用房。红渡镇完成马蹄村街道硬化、古房码头建设，上镇屯400多米的道路硬化工作，实现渡口屯350米村道、450米巷道的硬化。古蓬镇完成古蓬社区道路硬化全长11千米；投资9万元，完成古蓬法庭至医院道路硬化全长3千米；投入资金12万元修建老年人活动中心。

2002年，来宾市按照高起点，高标准，高效能要求，加快集镇基础设施建设步伐。全市在建项目87项，计划投资1.55亿元，完成投资1.03亿元，其中园林绿化在建项目5个，计划投资300万元，完成投资250万元。城镇道路建设694千米，人均道路面积5.66平方米。城镇亮化工程投资367万元，新安装路灯787盏，改造路灯338盏。绿化美化工程投入250万元，城镇建成区绿化覆盖率达10.97%。城镇房屋竣工建筑面积43.6万平方米，其中，住宅建筑面积38.2万平方米。金秀瑶族自治县忠良乡投资30万元扩建农贸市场450平方米，投资15万元完成乡政府至乡中学670米道路硬化。

2003年，来宾市以撤地设市为契机，加强城镇基础设施建设，新增一批城镇道路、广场、桥梁、路灯、绿化、供水、排水等配套设施工程。新增供水管道83千米，集镇供水量达53万吨/日，集镇道路

34千米，面积44万平方米，新增排水管道48.9千米，新增公共绿地面积8.9公顷，新增公厕32座，垃圾无害化处理率增长31.7%，液化气率增长30.9%，每万人拥有公交车辆增至3.2标台。集镇建筑面积3957.02万平方米，建制镇住宅建筑面积213.53万平方米，人均10.8平方米，公共建筑面积17.3万平方米，人均0.88平方米。集镇住宅建筑面积92.8万平方米，人均10.20平方米，公共建筑面积12.12万平方米，人均1.33平方米。忻城县大塘镇投资兴建镇人民政府办公大楼和镇文化综合楼；引进资金1074万元，其中投资600万元兴建大塘集贸中心，占地面积4万平方米。思练镇投资修建水泥公路2条，共长1500米；修建社区水泥路2条长1300米。红渡镇投资48万元，建成镇党政办公大楼，面积900平方米；投资15万元，装修镇宣传文化站办公楼，面积720平方米；投资30万元，建成渡江等7个村委会办公用房，维修西江等3个村委会办公用房。红渡镇完成马蹄村街道硬化、古房码头建设，上镇屯400多米的道路硬化工作，实现渡口屯350米村道、450米巷道的硬化。古蓬镇完成古蓬社区道路硬化11千米；投资9万元，完成古蓬法庭至医院道路硬化全长3千米；投入资金12万元修建老年人活动中心。是年10月，武宣县投资24万元建成面积2000平方米的三里镇休闲广场，成为全县乡镇的第一个休闲广场。金秀瑶族自治县罗香乡投资建成乡人民政府新办公大楼、乡卫生院门诊、住院大楼。乡政府驻地街道全部实现水泥硬化。

2004年，来宾市从人力、物力、财力上加大对城镇基础设施建设的投入。年内动工建设的集镇基础设施配套工程项目有58个，计划投资总额2.21亿元，年底完工项目9个，实际完成投资6983.7万元，占总投资31.59%。新建集镇区道路17.3千米，面积25.33万平方米，新增排水沟37千米，公共绿地面积48.7公顷。武宣县投入4万元建成东乡集市540平方米的新圩亭，投入4.5万元改造旧街道150米，宽7.5米；投入16.9万元修建2条214米长的地下排水沟。金秀瑶族自治县桐木镇引资1200万元，开始河东小区商贸、住宅开发区建设。在此之后，引进外来资金建设的东海花园、桐鑫丽园、河东防洪堤、向阳街综合整治、雅文路和桐惠路主道加宽及人行道硬化、粮所商业步行街改建、供销社等，镇属单位旧址改造等工程相继投入建设，使桐木镇面貌发生了根本变化，多年来分别被评为“广西乡镇希望之星”(1997年)、广西壮族自治区小城镇建设试点镇(1998年)、广西壮族自治区第四届市容“南珠杯”竞赛进步乡镇称号(2002年)、广西壮族自治区文明示范小城镇(2004年)。

2005年，来宾市集镇基础设施建设项目756个，计划总投资1.86亿元。实际完成投资额1.52亿元，占总投资额的81.39%。新建成集镇道路8千米，面积16.5万平方米，新增排水沟18千米，公共绿地面积12公顷。年底全市城镇化率达到26.66%，比上年增长0.75%。象州县10个集镇(不含县城)，有人口4.3万人，住宅建筑面积126.89万平方米(其中楼房面积58.92万平方米)，人均居住面积15.71平方米；公共建筑面积27.04万平方米，生产性建筑面积2.94万平方米。每个集镇都建有自来水厂，用水普及率95%以上。集镇实有道路长51千米(其中高级、次高级道路23千米)；有路灯368盏、公厕56座，绿化覆盖面积63公顷，建设投资1948.5万元，其中住宅投资1360.5万元，公共建筑投资588万元。兴宾区24个乡镇街道拥有集贸市场47处，占地总面积17.20万平方米，覆盖面积5.65万平方米，露天圩亭面积11.55万平方米，人均集贸市场面积0.17平方米。武宣县三里镇投资6万元安装街道路灯，镇城区发展至10公顷；投资98万元建成黄茆集市面积1500平方米的成衣行，1440平方米的政府开发区市场，1000平方米的供销社开发区市场，建有摊位96个，建有避雨农贸市场1660平方米，有商店门面27间。建成二塘集市饮食、水果市场，摊位80多个，封闭式牛市一个，圩日成交牛150头左右，是周边乡镇最大的牲畜交易市场；投入20万元，安装桐岭集市街道路灯，修建街道地下排水沟、街道铺设混凝土、购买各种环卫设备；集镇范围内实现道路硬化，路灯亮化。忻城县思练镇政府投资200多万元，硬化思练社区、板三、板四、板六和石龙上尧、练江小进、厂上沙冒等7条屯级公路和镇人民政府大院出口道路。全县建制镇4个(不含县城所在地的城关镇)，镇域面积1045.32平方千米，城区人口2.4万人，住宅建筑面积0.73万平方米，公共建筑面积12.05万平方米，生产性建筑面积2.24万平方米；供水设施4个，年供水量85万立方米，街道路长14千米，安装路灯530盏，共厕所22座。金秀瑶族自治县集镇9个(不含金秀镇)，集镇建设用地总面积27.9公顷，其中住宅建设面积12公顷、公共建设面积1.94公顷、生产性建筑面积1.96公顷。住户0.73万户2.57万人，其中农业户0.38万户1.44万人、非农业户0.35万户1.13万人。集镇住宅总面积

69.42万平方米，其中，楼房26.19万平方米、居住面积45.12万平方米。建制镇住宅面积43.33万平方米，人均居住面积23.01平方米。乡集镇住宅面积26.09万平方米，人均居住面积21.46平方米。集镇共有公共建筑面积22.78万平方米，其中混合结构建筑19.20万平方米；生产性建筑面积4.07万平方米，其中混合结构建筑1.94万平方米。集镇道路总里程18.28千米。其中铺装水泥路面13.76千米，其他铺装道路4.52千米，道路总面积18.44万平方米，其中铺装水泥路面积13.78万平方米，其他铺装道路面积4.66万平方米，安装道路照明灯400盏。集镇有自来水厂5座，日供水能力1万吨，年均供水总量137万吨，供水管道46千米，自来水受益人口2万人，集镇自来水普及率95.23%，有效地改善了乡镇的综合环境。

第三节　村庄建设

中华人民共和国成立前，农村住宅多为土木结构，富裕一些的人家，建有三间两廊，屋墙为泥土夯成或泥砖砌成，天面盖小青瓦。绝大部分农户多为茅草杉树皮盖顶，甚至以篱笆作间墙。地主、富农住宅多为砖瓦结构，一般为平房，亦有楼房。官僚、地主住宅十分讲究，多建独门独院，以围墙圈围，大门建筑坚固、精致，有门楼、枪眼、推笼，朱漆大门，门柱为石料，或圆或方，门檐龙兽角喙，内房十间八间不等，内设厢房，正屋，中为厅堂，两侧为卧室、书房，一般设有走廊，中有天井，屋檐多有浮雕。清乾隆十六年(1751年)，来宾县有612个村庄。村庄以二三十户至一百户为一个自然村的居多。中华人民共和国成立前，来宾县流传着“一蒙(蒙村)二龙(龙头)三大宝(大宝)”这句话，说的是来宾县最大的村庄人口最多的村庄是蒙村乡的蒙村、凤凰镇的龙头村和南泗乡的大宝村。1949年前，广东、平南、藤县等地常有农民逃荒到武宣、象州、金秀瑶族自治县境边远深山开荒种地，住的都是茅厂(棚)。中华人民共和国成立前，来宾县民房建筑面积455.40万平方米。

中华人民共和国成立后，经过土地改革，许多缺房少屋的农民分得房屋，初步改善居住条件，逐步把茅草房改为土木或砖木结构，农民生活逐步改善，各项建设逐渐增多。

1950年，来宾县农村房屋建筑面积人均仅有6.54平方米。1952—1954年，武宣县翻身后的农民，出现了建房热，3年间新建房屋面积21.6万平方米。1956—1965年，以大队、生产队兴建集体房屋居多。20世纪50年代，武宣县农村建房面积77.8万平方米，20世纪60年代农村建房面积9.76万平方米，20世纪70年代农村建房45.14万平方米。

中共十一届三中全会后，实行家庭联产承包责任制，农民生活明显改善，农村各项建设事业迅猛发展，农民建房明显增多，且质量不断提高。

1979年以后，农村实行改革开放，调动农民建房积极性，在比较富裕的乡村首先建设一批住宅。一些建房拥挤的村庄，新建住宅纷纷向村外发展，三间两廊一院为农村住宅建筑普通形式。

1981年后，随着生产的发展和生活的改善，农村建设突飞猛进，农村建房出现了前所未有的高潮，建房逐年增多，且质量不断提高。经济发展较快的村庄，建起钢混结构“平顶”楼房。1979—1984年，来宾县农村每年建房农户达5000多户，每年建房面积达50多万平方米。1981年，来宾县城厢公社格兰村315户农民，就有51户建新房，占全村总户数的15.5%，共建新房244间，多为砖瓦平房，有4户建砖混结构二层楼房。还建有小学教学楼、大队部办公楼、影剧院、卫生室、车库等公共建筑，面积5000平方米。建有电力抽水站1个，架设高压线路3千米，全村各户都用上了电灯和自来水，并建成6千米长的公路和1座公路桥。1980—1981年，良江公社248个生产队，就有208个队的705户社员建新房2140间，让5000多人迁入新居，不少青年有新房后圆了新婚梦。1984年，武宣县有6669户农民建新房，占农村总户数13%，当年竣工面积11.68万平方米。1985年，武宣县有9400农户建房，占农村总户数17.4%，竣工面积39.48万平方米，其中砖混结构楼房6.31万平方米、砖瓦房33.17平方米。1980—1986年，象州县运江镇农村建房3828间，总面积13.4万平方米，其中砖瓦结构平房90间，钢筋混凝土结构15间，共3690平方米。1986年，象州县有4029户农户建筑新房，共32.22万平方米，其中楼房面积2.83万平方米，砖瓦房面积0.36万平方米，泥瓦房、土草房29.03万平方米。1987年，武宣县建新房有6783户，投资1329.8万元，竣工面积54.10万平方米，其中砖混结构楼房11.04万平方米，砖瓦房34.81万平方米，其他8.25万平方米。金秀瑶族自治县有自然村486个13.46万人，自然村房屋面积120.2万平方米，人均房屋面积8.93平方米。尚有33个行政村266

个自然村(屯)未通公路,分别占行政村和自然村总数的42.8%和54.73%。只有34个行政村337个自然村通电,占行政村和自然村总数的44.16%和69.34%。1988年,金秀瑶族自治县只有行政村通有线电话,自然村均没有接通有线电话。除县城附近外,全县农村均没有电视。至1988年,来宾县农村房屋建设面积累计达1306.32万平方米,比1950年455.40万平方米,多2倍多。其中:楼房面积5.64万平方米;砖瓦房面积365.58万平方米;土木结构房屋面积935.10万平方米。

20世纪90年代后,来宾市境域内各县(市)在靠近城镇和交通沿线的农村,住宅开始向现代化、豪华型发展,所建楼房一般三四层,装饰采用马赛克、釉面砖、大理石和双飞粉涂料,有的室内安装空调、壁灯、淋浴、盆浴、吊顶花灯等。但广大农民仍以土木砖瓦结构为主,一般三间两廊一小院的建筑形式居多。收入处于贫困线以下的少数农户,住房狭小、破旧、三代同堂,人畜同居。

1990年,来宾县农村房屋建筑面积达1399.91万平方米,人均18.10平方米,比1950年人均6.54平方米增长1.77倍。其中:混合结构楼房面积5.87万平方米;砖瓦房面积380.20万平方米;土木结构瓦房面积972.50万平方米。修筑乡村道路794.05千米,有152个村屯通汽车;建成大批人畜饮水工程,有21.94万人、10.35万头牲畜解决了饮水难的问题。架设农村电话线路595千米,载波线路23条,安装电话单机970部。有1597个村屯用上了电。有29个圩镇和932个村屯编制了建设规划,并有计划地进行建设。中华人民共和国成立前后,从忻城等地迁居县境西部大里、平阳、石陵等乡的29个瑶、苗少数民族村屯,原先居住茅草房的农户达90%以上,经县人民政府先后拨款40.3万元建设新居,到1990年末有900多户住上了砖瓦房,占少数民族村屯总户数的90%以上。此外,还建有村校22所,卫生室11间,电力抽水站7个,人畜饮水工程25处,沼气池226个。象州县农村有782户建新房,竣工面积9.1万平方米,其中砖瓦房、楼房3.61万平方米。全县农村共有住宅面积551.81万平方米,其中砖瓦房、楼房19.8万平方米,泥瓦平房527.83万平方米,土草房4.17万平方米。实际居住面积303.5万平方米,人均10.91平方米。公共建筑面积2.15万平方米,其中混合结构1.05万平方米。731个自然村通电,占自然村总数95.8%。武宣县当年投资152.78万元,建成新房14.67万平方米。全县农村住房总面积300.34万平方米,人均住房面积9.59平方米。忻城县有1924个村庄,全县农村有住房面积642.28万平方米,其中钢筋混凝土楼房7.75万平方米,砖木混合结构楼房8.74万平方米,土木草房5.37万平方米,其余为泥瓦房。砖瓦房和砖混结构楼房较多是红渡、古蓬、城关、大塘等乡镇的农村。全县农村人均住房已达15.76平方米,乡镇非农业人口住房为13.65平方米。合山市有自然屯154个,全市农村房屋总面积115.23万平方米,其中楼房面积2.68万平方米,占房屋总面积2.33%。

1991年,来宾市境域各县(市)加大村庄建设力度,村庄建设迅速发展,农村住房建设速度加快,各项基础设施不断改善,村容村貌焕然一新。象州县有790个自然村,住户5.36万户(全部是农业户),人口28.14万人。当年村庄建设投资完成934.94万元,其中住宅投资910.64万元,公共建筑投资24.30万元,有948户建新房。年末全县村庄建筑面积567.77万平方米(楼房13.89万平方米),其中公共建筑面积2.22万平方米;居住面积307.47万平方米,人均居住面积10.92平方米。忻城县1924个村庄,农村住房面积642.28万平方米,其中钢筋混凝土楼房7.75万平方米,砖木混合结构楼房8.74万平方米,土木草房5.37万平方米,农村人均住房15.76平方米,乡镇非农业人口人均住房13.65平方米。据忻城县思练镇调查,该镇1992年住宅建筑面积50.41万平方米,其中楼房7400平方米,占1.49%,混合结构8700平方米,占1.75%;砖木结构9.6万平方米,占19.33%;其他结构(土木结构)39.2万平方米,占78.92%。

1994年6月17日和7月6日,来宾县连续两次遭受中华人民共和国成立以来最大的洪涝灾害。大湾乡原马王村和迎恩村受到两次特大洪涝灾害后,在共产党和政府的关怀下,在八方群众、有关单位以及香港陈国威先生等的援助下兴建新村。陈国威新村位于县境东北部,距县城35千米,距大湾乡政府8千米,共有60户人家,分布在公路两旁,每户占地面积156.79平方米。建筑面积83.01平方米,其中一层砖混结构建筑面积为71.67平方米,后面院子的两间小房建筑面积为11.3平方米,单位造价为每户18433.12元。60户工程总造价为110.60万元。村庄各项基础设施配套齐全,整个新村建设工程造价为130.10万元。10月8日,中共来宾县委员会、县政府在该村举行“来宾县大湾乡陈国威新村奠基典礼”。由来宾县第一、第二、第四建筑工程公司和县建筑总公司4个施工单位承建，于11月25日完成全部工程，经县建设工程质量监督站检验质量全部合格。在陈国威新村建设过程中，政府精心组织，协调指导，各部门通力协作，全力以赴，县直各有关单位出人出物，无偿为灾区群众提供援助，使工程提前完成。11月28日，新村落成典礼，60户灾民住进新居，每户83平方米。

1997年，来宾县实施村村通电扶贫改建工程，投入815万元资金，为102个未通电的自然村安装线路，11月8日，来宾县村村通电表彰大会在寺山乡东瓜村举行，接通最后1个村的通电开关，至此，全县1973个自然村屯全部通电。

1998年2月7日，来宾县拉开人畜饮水工程大会战的序幕，县直机关派出219名干部进驻缺水村屯，帮助群众解决饮水难问题。9月22日，全县111个缺水村屯基本实现通水，解决6.2万人和507万头牲畜饮水维的问题。同月，全县乡村公路建设大会战动员大会在南泗乡王了村召开，投入村村通公路建设资金1179.45万元，新增、改建村级公路59条共455千米，群众投工投劳89.94万个工日。

1999年4月29日，中共来宾县委员会、县人民政府转发《广西壮族自治区人民政府关于加快村镇住宅建设的决定》，要求各乡镇党委、政府，县直单位把《决定》落到实处，把来宾县村镇住宅建设工作推上一个新的台阶。同日，成立来宾县小康示范村建设总指挥部，由中共县委书记担任政委、县长担任指挥长、1名县委副书记和1名副县长及中共来宾县委员会组织部长担任副指挥长，中共来宾县委员会组织部、中共来宾县农村基层组织建设领导小组办公室、县土地管理局、城乡建设局等有关单位领导担任成员的小康示范村建设工作指挥部，中共来宾县委员会书记、县人民政府县长分片包干负责。总指挥部下设办公室，负责小康示范村建设的协调工作。总指挥部下设来宾镇磨东村、凤凰镇三加村、北五乡甘么村和大里乡雷老村四个分指挥部。9月，实现全县行政村村村通汽车的目标。

2003年，来宾全市村庄住宅建筑面积1013.28万平方米，人均14.15平方米，公共建筑面积18.23万平方米，人均0.25平方米，集镇自来水普及率100%，村庄为42%。来宾市按照党的十六届五中全会提出的“生产发展、生活宽裕、乡风文明、村容整洁、管理民主”新农村建设要求，以经济发展、农民增收为中心，以基础设施建设为突破口，以政治建设、文化建设、社会建设和党的建设为保证，科学规划，统筹安排，扎实推进，实现全市社会主义新农村建设的良好开局。

2004年，来宾市将象州县象州镇普和村，寺村镇上山村，石龙镇大石塘村，马平乡毛郎村，妙皇乡大枝村，运江镇石鼓村，中平镇白依村、古磨村，水晶乡公举村，武宣县武宣镇盘龙村，二塘镇禄茂村，金鸡乡宗安村，兴宾区凤凰镇维都村，金秀瑶族自治县桐木镇前柱屯，忻城县马泗乡堡上屯等15个村列为全市小康示范村，进一步推动了农民生活质量的提高，发挥小康示范带头和辐射作用。市建设与规划委员会、国土资源局联合编印《新来宾新农村新家园，来宾市富裕小康生态家园示范户3型集》，其中推出了A、B、C、D、E、F、G共七种户型，每一户型都列有总体效果图、单体效果图和一、二、三层平面图，以及立面图和剖面图，并附设简单说明，让人一目了然。农民朋友们要建房，再也不需请人设计，只要照着这本书任选一种户型即可。中共忻城县委员会、县人民政府按照科学发展观的要求，把和谐社会建设摆在重要位置，着力改善农村生产生活条件，提高农民的文明素质，构建和谐新农村。各乡镇因地制宜，以城镇化的理念和总体定位，抓好村镇建设规划，优化区域城镇布局，使人口、产业向中心集镇、重点村集中。采取改水、改路、改厕，人畜分离，推广使用沼气等措施，大力治理“脏、乱、差”，逐步改善农村人居环境。全县投入资金183.92万元（含财政扶贫资金和群众自筹资金），修建村屯道路57千米，项目覆盖8个乡镇13个行政村，受益群众达1790户8529人；投入财政扶贫资金179.3万元，修建人畜饮水工程12处、家庭水柜1154座；投入财政扶贫资金124.8万元，建设沼气池3120座。

2005年，全市村镇区域得到协调发展，村（屯）财政扶贫资金基础设施项目建设加快，全市村（屯）道路建设90条长272千米，完成计划任务81.7%。全市农村个人建房投资5.77亿元，增长44.6%；零星投资9055万元，增长67.4%。忻城县村庄建设，除城关镇列入县城建设范围外，有11个乡镇106个村（居）委1694个村庄，共有人口26.83万人，暂住人口0.19万人，村庄用地面积3577公顷，住宅实有建筑面积687.46万平方米，公共建筑面积17.21万平方米，生产性建筑面积1.13万平方米。金秀瑶族自治县通过社会主义新农村建设以及农村通公路、通水、通电、通信、通广播电视等“五通”工程建设，农村面貌焕然一新。全县投资2656.8万元，帮助216个自然村修建人畜饮水工程，基本解决了群众的饮水困难。全县自然村645个13.03万人，房屋面积233.59万平方米，人均房屋面积17.93平方米。未通公路的仅有六干、瓦厂、大岭等3个行政村29个自然村，分别占行政村和自然村总数的3.90%和4.50%。所有的行政村和自然村（屯）都通了电网，群众都用上了电，农村均通有线广播，移动信号覆盖73个村委会，覆盖率95%；村庄信号覆盖523个，通讯覆盖率81%，人口覆盖率94%，广播电视卫星信号实现全覆盖，各地农村都可以收听无线广播、收看电视。象州县有村民委员会121个、自然村776个，人口26.4万人。村庄建设投资15462万元。共有住宅面积746.57万平方米（其中楼房228.5万平方米），人均居住面积22.37平方米。有公共建筑22.8万平方米（其中混合结构3.18万平方米）；实有道路长668千米（其中普通道路129千米，次高级道路74千米）。自来水受益村庄320个，受益人口17.98万人；通电村庄752个，有路灯32盏。

第四章　建筑业

中华人民共和国成立前，来宾市境域建筑工人分散在城乡各地，以泥水匠、木匠、石匠、漆匠为主。建筑工人社会地位低下，工作艰苦，生活困难。其时生产工具主要有砖刀、浆桶、斧、刨、锯等，当时只能盖普通泥砖瓦房和两层楼板房。

中华人民共和国成立后，来宾市境域建筑工人的社会地位和生活水平不断提高，工作条件得到改善。随着钢筋混凝土结构建筑物的兴起，和灰机、搅拌机、震动器、卷扬机等建筑机械逐步取代原始、简陋的建筑工具，建筑工程开始向多层次发展，施工由手工作业逐渐转向半机械化、机械化作业，建筑材料除较多地使用钢筋水泥外，并能做水磨石地面，使用阶砖、瓷砖、马赛克、大理石、墙布等装饰地面和墙面，使用钢管作脚手架等。来宾市境域建筑业，经历发展、调整、再发展过程，逐步走向法制化、规范化、标准化管理轨道，建筑企业各项装备条件显著提高，建筑企业在结构调整中提高整体竞争能力。通过对建筑施工企业的资质就位、建筑施工企业通过重组、兼并，基本实现建筑业宏观调控的目标。随着社会生产力的发展，钢筋混凝土结构建筑的兴起，特别是进入改革开放后20年，各项新的建筑材料，机械设备得到广泛运用，建筑业也由原来的手工作业向机械化、半机械化作业，建筑技术水平不断提高。建筑市场管理更加规范化，建筑工程质量要求更高，各主管部门及施工单位严格坚持“质量第一”的方针，加强工程质量管理，完善安全生产措施，防止事故发生。使全县建筑、施工、质量、安全均得到较好的发展，活跃了建筑市场，促进建筑市场健康有序发展，为城乡建设服务。

2003年末，来宾市共有施工企业33家，其中二级施工企业4家，三级施工企业29家，年末从业人员0.966万人。2005年末，来宾市城区有建筑施工企业15家，其中二级资质3家，三级资质12家，职工人数0.12万人，资产总额7.4亿元，经审查合格项目经理109人。

第一节　建筑企业

机构人员

中华人民共和国成立前，来宾市境域无建筑施工机构。城乡房屋建筑，聘请本地的业余泥水师傅来修建。较大的工程和官僚地主所起的楼房，请外地的建筑专业队来兴建。来宾、迁江两县建筑工人共约300人。分散在城乡各地，以泥水匠、木匠、石匠、漆匠为主。

中华人民共和国成立后，来宾市境域各县（市）相继成立互助合作建筑小组、建筑工会或建筑施工队，负责境内简易施工。20世纪50年代，来宾市境域内没有建筑队伍，各县（镇）组建建筑工会修建队，共有职工500人。1950年，来宾县成立互助合作建筑小组，象州县城的建筑工人组织成立象县建筑工会。1951年，象州县罗秀、寺村、运江等地相继成立建筑工会，会员达70人。1953年，来宾县成立建筑工会。金秀瑶族自治县组建成立建筑队，有工人50名。1954年3月，忻城县成立建筑社，时有职工15人，以修建民房为主。1957年，象州、武宣2建筑队合并为石龙县建筑工程队，共300人，属集体所有制性质。1959年，来宾县建筑工会改称来宾县国营建筑公司，为来宾县第一个国营建筑施工企业。该年年末，来宾市境域内6县（市）有9个建筑公司（队），职工增至1721人。

1962年4月，武宣县成立民房修缮队，职工136人。是年，石龙县建筑工程队分为象州县和武宣县2个建筑工程队。来宾县在精简机构中，该县国营建筑公司部分工人调走，公司下马，后由留下的12名工人及其家属组成房屋修建队，1963年9月17日，改称来宾镇建筑工程队，属集体企业。忻城县建筑社改为县建筑队，有职工47人，其中技术员1人。1964年3月，来宾县北泗公社北泗大队组建1支60名农民的建筑队。是年，武宣县成立武宣县建筑工程队，属于集体所有制企业，有职工120人，其中国家干部2人，集体干部2人，工人116人。1965年，武宣县各公社和部分生产大队自发成立17个建筑副业队共370人。1966年，忻城县大塘公社成立建筑队。1968年，来宾镇建筑工程队与人畜力车运输队合并称来宾运输大队，职工300余人。1971年10月，成立来宾县建筑工程队。1971年和1974年，来宾县北泗公社组建2支农民建筑队。至1975年末，来宾市境域各县建筑企业职工人数2532人。

1976年2月，来宾县第二建筑工程队由县财政局房屋修建队改组而成，属集体建筑施工企业，职工306人。是年，来宾县建筑工程队改称来宾县第一建筑工程队，职工182人。武宣县建筑工程队改称县建筑工程公司，隶属县基建局，为集体企业，时有职工165人，为三级资质建筑施工企业。1977年，忻城县建筑队职工增加到370人，为加强领导，人事部门调进3名国家干部担任领导工作，1979年改为县第一建筑工程公司，属集体单位。1977年，金秀瑶族自治县成立县建筑公司，有职工94人。1979年4月，象州县建筑工程队改称象州县建筑工程公司，三级建筑企业。1980年，来宾县北泗公社3支建筑队共有员工94名。1982年1月，武宣县社队企业建筑服务公司成立，并将全县一些技术水平较高的农村建筑队纳入公司内，由公司直接领导。12月30日，忻城县成立第二建筑工程公司，属集体企业，归县企业局管辖。注册资金15万元，流动资金11万元，从业人员169人。1983年，根据来宾县人民政府《关于县第一、第二建筑队改为来宾县第一、第二建筑工程公司的通知》精神，来宾县第一建筑工程队和来宾县第二建筑工程队分别改称来宾县第一建筑工程公司和来宾县第二建筑工程公司。是年，两家公司在职员工为508人，其中，第一建筑工程公司为252人，第二建筑工程公司为256人。1983年，合山市建筑队伍有员工150名。1984年4月，武宣县社队企业建筑服务公司改称县第二建筑工程公司。是年12月，成立武宣县房地产开发公司，实行独立财产、自主经营、独立核算、自负盈亏的实行企业管理的事业单位。公司隶属于武宣县建设局管理，经广西壮族自治区建设厅审定为县四级资质开发企业，具有年开发500万元房地产的综合开发能力。公司成立初始，编制人员为10人。忻城县大塘建筑队取得柳州地区基建主管部门评为三级质量等级。

1985年1月，象州县由乡镇建筑队联合组成象州县第二建筑公司，四级建筑企业。象州县建筑工程公司有职工303人，主要建筑设备有带锯、木工刨床、双面压刨床、牛头刨床、铣床、钻床、推土机各1台，车床、塔吊、中型拖拉机各2台，混凝土搅拌机9台，卷扬机8台，钢管“井”字架7台，汽车2辆，手扶拖拉机5辆。金秀瑶族自治县成立县第二建筑公司，由金秀镇领导，为四级施工企业。是年12月，由原县联合建筑公司组建的集体企业来宾县第三建筑工程公司成立。行政属乡镇企业局领导，业务属县城乡建设委员会指导。后改称第四建筑工程公司。来宾市境域6县（市）有建筑公司11个，职工人数3246人。

1986年，象州县第二建筑公司有职工251人，建筑面积竣工12500平方米，主要建筑机械有混凝土搅拌机10台，卷扬机16台，震动器15台，打灰机16台，喷灰机15台，碎石机3台，电锯（刨）5台，钢筋调直机5台。合山市由市乡镇企业局组建1家建筑公司，属集体企业。1988年1月9日，大塘建筑队改称忻城县第三建筑工程公司，属乡镇企业性质，注册资金30万元，其中流动资金10万元，在册人数210人，其中技术员19人。至1988年，来宾县拥有建筑施工企业20个，职工1662人，比1950年的59人增长27倍，有固定资产185.6万元。此外，全县经县城乡建设主管部门和工商行政管理局批准发证的乡镇施工队共13个，在册职工871人。拥有固定资产和流动资金共11.38万元。合山市城乡建设委员会和岭南镇人民政府分别组建建筑公司。隶属市城乡建设委员会的建筑公司称第一建筑工程公司；隶属市乡镇企业局的建筑公司称第二建筑工程公司；隶属岭南镇人民政府的建筑公司称第三建筑工程公司。

1990年，来宾县有建筑企业9家，职工845人。

忻城县建筑企业有职工 207 人,企业等级为四级。象州县有建筑工程公司 2 家,职工 532 人。武宣县建筑企业 3 家,人员 965 人。合山市内 4 家建筑公司均属建筑施工四级企业,全市建筑行业有员工 800 人。来宾市境域建筑企业 18 家,有固定职工 3142 人。建筑从业人员 4075 人。

1991 年,忻城县有建筑施工企业 7 个,分别为县第一建筑工程公司、县第二建筑工程公司、县第三建筑工程公司、县第四建筑工程公司、县第五建筑工程公司、县城乡建筑工程公司、县修建公司等。象州县县内有经资质审查的建筑施工企业 2 家,从业人员 400 人。其中三级企业 1 家(县建筑工程公司),从业人员 280 人;四级企业 1 家(第二建筑工程公司)从业人员 120 人。武宣县建筑工程公司有职工 185 人。来宾县市政工程队成立,1992 年 11 月,改称来宾县建筑工程公司,属事业单位。主要负责城市道路、桥梁、上下水道、挡土墙、大型土石方工程,城市道路等公用设施的建设、维护和维修工作,具有 3 级资质的城市市政建筑施工资格。同年 7 月,县城乡建筑工程公司成立,该公司具有工业与民用建筑县四级资质。12 月,来宾镇建筑工程公司成立,具备四级建筑施工资质。是年,忻城县第三建筑工程公司破产。1993 年 4 月,来宾县建筑工程总公司成立,职工 112 人,具备三级资质建筑施工企业。6 月,来宾县房改住宅建筑工程公司成立,该公司具备四级资质。1994 年 10 月,武宣县成立市政工程公司,资质等级为县三级,为国有企业,属于县建设局二层机构。是年,忻城县第四建筑工程公司破产。1993—1994 年,象州县先后成立第三建筑工程公司、第四建筑工程公司、水电建筑工程公司和市政工程公司,均属四级企业,职工属挂靠。1992—1995 年,合山市共有建筑企业 13 家,资质均为三级,从业人数约为 260 人。

1995 年末,来宾市境域 6 个县(市)有 12 家建筑公司,从业人员 5178 人。其他系统的建筑企业 38 个,职工 5066 人。各县(市)、乡(镇)的建筑公司和建筑队 1748 个,从业人员 26212 人。

1996 年 1 月 1 日,来宾县第三建筑工程公司成立,企业资质为县四级,当年平均职工数为 80 人。4 月,来宾县房地产建筑工程公司成立,属县四级建筑施工企业。8 月 8 日,来宾县政兴建筑工程公司成立,企业资质为四级。1996—1998 年,象州县第三建筑公司、市政公司和水电建筑工程公司相继撤销。1997 年,忻城县县修建公司破产。2000 年,忻城县县城乡建筑工程公司破产。

2002 年 6 月底前,来宾县有建筑施工企业 14 家。其中,5 家为三级资质施工企业,其余 9 家为四级资质施工企业。7 月 1 日以后,来宾县对全县建筑施工企业资质重新审查和定级,经过整顿和重组,逐级上报审查,由广西壮族自治区建设厅审批,全县建筑施工企业由上半年的 14 家减少到 8 家,企业资质均为三级。分别为来宾县第一建筑工程公司、第二建筑工程公司、第三建筑工程公司、第四建筑工程公司、县建筑工程总公司、市政建筑工程公司、县房地产建筑工程公司(原住宅建筑工程公司并归)和来宾县联兴建筑工程公司(由原城乡建筑工程公司、来宾镇建筑工程公司和政兴建筑工程公司合并组成)。8 家建筑工程公司经审查合格的项目经理 146 人。年末,来宾市城区有建筑企业 95 个,其中二级资质 4 个,三级资质 91 个,职工人数 2.51 万人,资产总额 5.7 亿元,经审查合格的项目经理 1255 人,开工项目 522 个,建筑面积 104.2 万平方米,总投资 5.22 亿元。

随着改革的不断深入,全县农村经济得到快速发展,农民经济收入逐步增加,农村生活水平得到较大的提高,农村住房条件逐步改善,农民富裕后兴建楼房较为普遍,随之农村建筑从业人员不断增加,全县农村涌现出一大批农民建筑工,承包农村农民的楼房建设,乡村学校及村委办公楼的建设,这些农民建筑工,有的农忙干农活,农闲时则搞建筑,有的已经完全脱离农业生产,从事建筑施工。像这样的农村建筑施工人员,全县每个村屯都有 1~2 个自发组织的 5~7 人的农民建筑队、活跃在农村建筑市场,为建设新农村而贡献力量。

2003 年,随着来宾市城区建设步伐加快,中心城市区域不断扩大,高层建筑增多,城区除本地的建筑施工企业外,南宁、柳州及广东、江西、福建、北京等外地建筑施工企业纷纷涌入,参与城乡建设,有力地促进和加快全市建筑业的发展。来宾市共有施工企业 33 家,其中二级施工企业 4 家,三级施工企业 29 家,从业人员 0.97 万人。忻城县第一、二、五建筑工程公司更名为建筑工程有限责任公司,并进行企业改组改制,增强经济实力,有效提高竞市场争力。

2005 年,原有建筑企业,在激烈市场竞争中,有些企业退出来宾建筑市场。年末城区有建筑施工企业 15 家,其中二级资质 3 家,三级资质 12 家,职工人数 0.12 万人,资产总额 7.4 亿元,经审查合格的项目经理 109 人,全市新开工项目 156 个,建筑面积 98 万平方米。象州县经广西壮族自治区建设厅审核办有资历证书的县级建筑施工企业 3 家,从业人员 580 人,其中三级企业 3 家,从业人员 580 人。武宣县建筑企业 3 家,从业人员 209 人。合山市重新调整建筑企业资质后,还有 4 家建筑企业,其中二级资质 1 家,三级资质 2 家,房地产开发企业 1 家。

管 理

中华人民共和国成立后,各县建筑企业设有财会人员,并制定财务管理制度,做到会计和出纳各自分管好账和钱。会计、出纳、保管三者账钱相符,杜绝各种违反财经制度行为。各企业对物资实行专人保管,健全物资入出库检验、记账、定期盘点、专项立账等管理制度。对机械设备管理,实行租赁制,坚持使用、保养责任制,使机械利用率和寿命不断提高。“文化大革命”期间,企业合理的规章制度被视为“管、卡、压”,致使企业管理混乱,严重地影响了企业的生产。中共十一届三中全会后,建筑企业逐步恢复了规章制度,企业管理情况好转。随着体制改革和建筑市场开放,企业竞争激烈,企业以班组和幢号承包后,打破了原有的管理制度。1985 年开展企业整顿,进一步完善和健全规章制度,同时改进领导作风,加强职工思想政治教育和业务技术培训,建立企业职工代表会议制度,发扬工人当家作主精神,积极参加企业管理,从而有效地提高了企业管理水平,促进了企业生产的发展。

20 世纪 80—90 年代,实行公司行政管理人员设若干个股室,下面一线生产工人设若干个班组。在劳动安排上,根据各幢号工程实际情况进行灵活安排。在劳动管理上,健全和严格岗位责任制度、考勤制度、请销假制度和奖惩制度,以调动广大职工的生产积极性,提高劳动生产率。工资报酬实行固定工资制度,大寨评工记分,固定工资加奖励和计件工资等。实行班组承包后,实行浮动工资制、即职工工资与企业经济效益挂钩,上不封顶,下不保底,上下浮动,实行多劳多得。

1996—2000 年,境内建设主管部门把职工教育和人才培训向多元化的各类执法类执法岗位、技术管理岗位、技能操作岗位培训全方位推进。到 2000 年,境内工程建设经培训持项目经理证 902 人,持施工员、质检员、材料员、资料员、预算员上岗证 3765 人次,持安全员上岗证 2930 人次,通过计算机等级培训及工程预算软件培训 2389 人,持各类执法上岗证 240 人。有效地提高建设职工队伍的政治、业务、文化素质,改变人才队伍的文化、技术结构,促进事业发展。

市区主要建筑施工企业

广西裕达房地产开发有限公司 公司是 2004 年注册的一家具有独立法人资格的房地产开发企业,公司注册资本 5000 万元。公司现有员工 220 多人,民工 2000 多人,有中高级技术人员 40 多人,拥有一支专业齐全、业务熟练、技术精湛的高素质的员工队伍。公司在来宾市成功开发裕达华庭商住小区、裕达国际酒店、裕达城市广场·银邸、裕达城市广场·金座、地源小区、建设小区、裕达中央城等项目,为来宾市的城市建设和发展注入了生机与活力。

柳州地区建筑工程总公司 建立于 1959 年 1 月的国有建筑施工企业。公司房屋建筑工程二级,主要从事房屋建筑工程施工总承包,土石方工程专项承包,建筑装修装饰工程专业承包,混凝土预制构件专业承包等建筑工程。总公司连续九年获“广西安全生产先进单位”;连续十一年被广西壮族自治区工商行政管理局评为“守合同,重信用”企业。

广西柳州联勤建筑有限公司 前身是广州军区后勤部柳州建设大队,创建于 1995 年 4 月 8 日。1999 年根据中央军事委员会文件规定,军办企业与军队脱钩,移交地方管理。转地方后即按公司法规定改制为广西柳州联勤建设有限责任公司。公司属房屋建筑工程施工总承包二级资质企业,同时具有建筑装修、装饰工程专业承包和土石方工程专业承包二级资质、市政工程承包二级、钢结构工程专业承包三级及起重设备安装工程专业承包三级资质。公司遵循以客户为中心的质量管理理念和以人为本的职业健康安全管理理念。公司通过 GB/T19001~2000idtISO9001 :2000 质量管理体系认证、GB/T24001~2004idtISO14001 :2004 环境管理体系认证、GB/T28001—2001 职业健康安全管理体系认证。公司以持续改进和不断创新的精神,保持管理体系有效运行,并取得良好效益:连续 9 年评为广西壮族自治区“重合同、守信用”企业;连续四次获柳州地区建设系统先进单位;二度评为“广西建筑先进企业”“安全生产(管理)先进单位”;获得“广西壮族自治区优质工程”奖;获得广西壮族自治区“文明工地”奖;获柳州市“文明工地”奖;获得柳州地区“桂中杯”优质工程奖 4 项;获来宾市“红河杯”优质工程奖;在 2001 年 6 月接受国家建设部、中国建设建材工会组织的全国建筑安全生产检查中获“安全优良工程”奖等各类奖 31 项。工程合格率为 100%,

安全达标率为100%,合同履约率为100%,从未发生过重大安全质量事故。公司有合理的人才结构配置和技术装备。各类专业技术人员161人,其中高中级技术专业人员71人,现场施工人员均按国家建设部规定持证上岗。公司有满足承担各类工业与民用建筑、建筑装修、装饰以及土石方工程及市政工程等施工机械设备,具有与企业资质同步的管理技术水平和较强管理力量。

来宾市兴宾区第一建筑工程公司　成立于1950年10月,企业性质为集体所有制。企业资质等级为房屋建筑工程施工总承包二级。有职工535人,管理人员88人,具有中专以上学历153人,二级建造师27;具有职称人员166人,其中:高级工程师2人,工程师33人,助理工程师106人,技术员8人;持证上岗402人,持证上岗率90%以上。公司拥有各种施工机械358台(件)。公司近年来所承建的工程项目达100个以上。

来宾市兴宾区第四建筑工公司　创建于1983年5月12日,工业与民用工程施工三级资质企业。公司注册资本为609万元人民币,企业主项资质"房屋建筑工程施工程总承包三级"的承包工程范围,可承担单项建筑安装合同额不超过企业注册资本金5倍的房屋建筑工程的施工。

来宾市宏业集团有限公司　创建于2005年。公司总资产3800万元,有员工200余人,其中:中、高层管理员工30余人。集团形成一个以宏业劳务公司为核心,下设宏达水电建筑公司、宏业建筑公司、宏业贸易公司、宏业职业技能培训中心、宏业广告公司等五家子公司的集团化公司,是一家集劳务派遣、劳务分包、求职招聘、技能培训、环卫保洁、房产经纪、建筑施工、贸易经营、连锁超市、广告发布于一体的多元化的现代综合性服务企业。

设计机构人员

中华人民共和国成立初期,来宾市境域各县人民政府建设科配备技术干部(后转入建筑队),负责县内简单的建筑工程设计。

1975年前,来宾市境域无设计单位,工业与民用建筑施工图,由建设单位或委托施工单位到广西壮族自治区直属设计单位及区外省、市设计单位设计,或套用外地施工图纸。各县建筑设计室成立前,县城凡建3层以上楼房的工程项目,均由建设单位到县外请人设计。所请的设计者,有的有证,有的无证。建3层以下的,便由施工单位技术员画个草图便施工,以致工程质量得不到保证,事故时有发生。

1978年后,来宾市境域各县相继成立建筑设计室,建筑设计室成立后,扭转了上述现象。

1978年12月,象州县设立建筑设计室,配人员4人,其中工程技术人员2名。1983年增至7人,其中工程师1人,助理工程师1人。1987年3月,经广西壮族自治区城乡建设委员会审定为建筑工程丁级设计室,具有设计7层以下混合结构楼房的技术能力。1990年,象州县建筑设计室有工作人员7人,其中助理工程师2人。

1979年4月16日,来宾县基本建设局设计室成立,属基建局下属机构,有干部职工6人,1985年4月,经县人民政府及城建局批准,改称"来宾县建筑设计室",定为自收自支事业单位。1990年,来宾县建筑设计室有工作人员11人,其中有专业技术职称的6人。1997年4月,来宾县建筑设计室职工人数增至10人,其中,具有中级职称4人,初级职称6人。1998年4月,来宾县建筑设计室由事业单位改制为企业单位,成为自主经营、自负盈亏的企业法人,职工人数增至12人。2000年,来宾县建筑设计室职工人数增加到20人,其中,具有中级职称2人,初级职称18人。来宾县建筑设计室自1979年4月16日成立以来,历经24年,设计力量从小到大,不断发展,共完成大小工程项目设计861个,设计建筑面积累计达81.23万平方米,项目投资累计28646万元,收取设计费累计439.3万元,上缴国家税金累计35.84万元,实现利润37.8万元。

1981年,忻城县建筑设计室成立,当时有技术员2人。先后设计县五金公司办公营业楼、县供销社办公营业楼、科委办公楼、农科所教学楼和广播电视楼等。之后,陆续有大中专毕业生充实建筑设计队伍。到1990年,有工程技术人员8人,其中具有大专学历4人,中专学历4人,全部获得助理工程师技术职称。1981—1990年,共完成工程项目设计87个,总面积5.82万平方米。

1986年5月21日,武宣县建筑设计室成立,前身为武宣县人民政府基建科设计室,成立时全称为"武宣县建筑勘察设计室",1986年12月改为"武宣县建筑设计室",为全民所有制勘测设计单位,事业编制,实行企业化管理,独立核算,自负盈亏,编制8名,行政上归口武宣县建设局管理。1999年改为独立社会中介机构。2005年底在职员工9名,其中工程师4名,助理工程师5名,有5人获国家二级注册建筑师。

1987年，合山市建筑设计室成立，至1990年，市建筑设计室设计出各类不同功能、风格各异、具有地方色彩的工用、民用建筑300多座。1991年后，合山市建筑设计室不断加强自身建设，改善办公条件，逐步实现电脑设计，提高设计效率和质量。严格实施“先设计后施工”原则，较好地减少了无图乱施工现象，基本做到了凡工程施工必先有设计图纸的要求。1996年，实现电脑设计后，先后参加了市教育局“双基”基建工程的新教学楼设计、危房的修复设计、寨山文化遗址修复、市民政扶贫楼工程以及全市基建工程技术交底、设计更新、结构检验、竣工验收等工作。全年设计项目30个，总面积75297平方米。1999年建筑设计22个项目，面积30576平方米。至2005年，累计设计建筑工程项目500多项，建筑面积34.97万平方米，较好地保证了建筑工程质量和有序施工。

1988年3月，来宾县城乡建设规划设计室成立。同年5月，取得广西壮族自治区建设委员会颁发的“城市规划设计证书”和“工程设计证书”。1992年8月，来宾县城乡建设规划设计室正式定编为事业单位，编制10名，其中4名人员经费由县财政拨款，6名为单位自收自支。1993年，来宾县城乡建设规划设计室与县财政脱钩，成为自收自支的企业管理型事业单位，干部职工13人，其中，具有中级职称2人，初级职称11人。1994年有设计人员13人，其中工程师2人。1995年8月，有人员16人，其中工程师7人，助理工程师及工程技术人员9人。1996年，人员增加到17人，具有中级以上专业技术资格人员7人，初级专业技术资格人员10人。1998年，设计室有设计人员16人，具有大专以上文化程度6人，工程师4人，助理工程师及技术员12人。2001年，县城乡建设规划设计室设计人员增加到20人，其中，大专以上文化程度11人，占总人数的55%，具有中级职称人员5人，初级职称人员15人。2002年1月—6月，县城乡建设规划设计室在职设计人员20人，具有大专以上学历12人，占总人数的60%，具有中级技术职称的5人，初级技术职称15人，全室拥有计算机16台，并在全室联网，配置建筑、规划、工程预算等先进软件，经纬仪3台、全站仪、水准仪、晒图机、打印机、复印机、绘图机、扫描仪等现代办公设备，建筑设计、规划设计及建筑工程预算全部在电子计算机上进行，提高了设计质量和工作效率。

1997年1月2日，武宣县规划设计室成立，为全民所有制规划设计单位，事业编制，实行企业化管理，独立核算，自负盈亏，编制5名，行政上归口武宣县建设局管理。工作职责：建制镇总体规划编制和修订；20万人以下城市的各种专项规划、详细规划的编制；中小型建设工程项目规划选址的可行性研究。

2002年，来宾市共有14家勘察设计单位，其中乙级有3家，丙级有2家，丁级有9家，其中有2家丁级年检不合格，限期6个月整改。

工程设计

1990年，象州县建筑设计室完成建筑工程设计2.8万多平方米。至年末，来宾县建筑设计室累计设计的各种工程项目共763个，其中民用建筑724个，工业厂房39个，设计建筑面积69.55万平方米，投资4918万元，收取设计费90.01万元。其中，县教育大厦、县第一中学实验楼荣获柳州地区优秀设计评选三等奖。

1991—1995年，来宾市境域各县(市)建筑设计室共承接设计项目1736个，设计建筑面积143.86万平方米，设计产值46216万元，共收入622.73万元，盈余89.92万元。象州县建筑设计室完成建筑工程设计11.37万平方米，产值3625万元。来宾县建筑设计室完成236个工程的设计，总设计建筑面积19.20万平方米，工程总投资8748万元，收取设计费124.82万元。来宾县城乡建设规划设计室完成设计面积69.55万平方米。

1996—2000年，来宾市境域有勘察设计单位15家，从业人员178人，设计产值4.67亿元，实现设计收入365万元。拥有计算机201台，绘图仪、晒图机等机械设备42台件，计算机出图率达80%，县直及部分县市设计单位计算机出图率达95%。按照国务院办公厅转发国家建设部、国家计划委员会《关于工程勘察设计单位体制改革若干意见》，部分勘察设计单位由事业单位向科技型企业转变。5年间，创业级优秀设计项目28项，其中6项获自治区级奖。象州县建筑设计室完成建筑工程设计12.33万平方米，产值4460万元。设计合格率达100%，优良率达90%以上。来宾县建筑设计室共完成59个工程项目的设计、设计总建筑面积26.41万平方米、工程总投资10725万元，收取设计费160.89万元，上缴国家税金8.61万元。来宾县城乡建设规划设计室先后完成县工商行政管理局屠宰场、县妇女联合会综合楼等建筑设计，建筑设计面积达27210平方米；对平阳镇进行了调整规划设计，调整规划设计面积为184.8公顷。县城规划设计主要完成了县第二糖厂的规划设计,设计面积共26.1公顷,在县城居民住房规划设计共完成了600户居民住房的规划设计,完成了江滨路1.5千米长面积6000平方米的道路施工图的设计。完成了县中医医院综合楼等单位的建筑设计任务,建筑设计面积共29466平方米。完成迁江综合小城镇示范2000公顷面积的规划设计,完成良塘集镇118.8公顷的规划设计方案,完成中共来宾县委员会新党校、维林新城等面积为77.9公顷的规划设计,完成县城495户私房的规划设计工作,完成维林路长1.6千米,面积为80000平方米的县城道路施工图。完成县农业局综合楼的设计,设计面积55800平方米。完成陶邓集镇及县城小区共280公顷的规划设计方案。完成县城居民私房550户的规划设计。完成以建设路为主体的城市道路长2.86千米,总面积为1297200平方米的设计图纸。为蓬莱洲景点及河东公园共26.2公顷的景点及园区景点进行规划设计。完成县民族中学教学楼等建筑工程的设计,设计建筑面积60417平方米。完成寺山乡等14个集镇,118个中心村屯共40公顷的规划设计。完成建设大道等县城主干道路的规划设计及沿路居民私房250户的规划设计,县城建筑大道等规划设计面积为8.12公顷,同时为搞好旧城改造工程,为南一路等县城道路施工设计施工图,南一路等旧城道路改造施工全长4045米,总面积96994平方米。完成石陵镇塘稔村等小康文明示范村5.95公顷的规划设计。完成民用航空导航台等118.8公顷的规划设计和来宾华侨农场284公顷的可行性规划设计方案。配合城北区道路建设规划设计县城居民住房280户。配合创建文明县城硬件建设,完成县城北二路等人行道改造工程施工图的设计,设计面积26860平方米。完成红河大桥头奇石景点及迎宾广场等3.6公顷的设计以及县城农副产品批发市场等8个项目的可行性研究论证,为农副产品批发市场等工程项目的开工建设提供依据。共收取设计费316.7万元,上缴税收18.5万元,固定资产88万元。

2001年,来宾县建筑设计室共完成56个工程项目的设计,设计建筑面积88333平方米,项目总投资3533万元,收取设计费共53万元,上缴国家税金3.41万元,实现利润3.8万元。来宾县城乡建设规划设计室先后完成了七洞乡石材工业园、凤凰新城等村镇的规划设计,规划设计面积21.5公顷。完成来宾码头、县城河西客运中心、金福苑住宅小区、华侨农场市场等县城工程项目的规划设计,上述各项规划设计总面积为247.99公顷。完成县城居民私人住房331户的规划设计。为县城建政路、来华路等城市道路施工设计施工图纸。设计县城河西桥头景点、维林桥河堤等,设计面积59600平方米。收取设计费69.2万元,为国家创税4.7万元,取得了较好的经济效益和社会效益。

2002年1月—6月,来宾县建筑设计室完成40个工程项目的设计,总设计建筑面积4万平方米,工程总投资1600万元,收取设计费32万元,上缴国家税金2.3万元,实现利润2.5万元。来宾县建设系统有2家设计单位,在职人员40人。全县建设系统建筑设计项目45个,面积9400平方米,工程造价3800万元,设计收入45万元,设计质量达标100%。此外,县内还有水电、林业、交通等部门的设计队伍,负责本系统工程及一些民用建筑项目设计任务。

2003年,全市完成勘察设计项目377个,完成设计面积140.65万平方米,其中房屋建筑设计面积33.36万平方米,公路设计面积107.29万平方米,完成勘察设计项目投资额4.88亿元。办理委托工程施工图审查56个,投资额8983万元。全年共为各建设单位用地测绘及规划设计500.44公顷,涉及单位120多个,其中市重点建设项目有来宾市高级中学、法国专家别墅区、来宾市经济适用住房小区、汽车客运站广场、市工业区、公务员小区等。为私人建房定点放线82户。单位建房定点放线130栋。

2005年,完成勘察设计项目233个,房屋建筑设计面积92.55万平方米,完成勘察设计项目投资额5.59亿元,房屋建筑设计项目投资额2.95亿元。

主要建筑工程勘察技术单位简介

来宾市综合设计院　是从事建筑行业(建筑工程)设计的国有自收自支事业单位。初建于1975年4月,拥有建筑行业(建筑工程)乙级资质证书,有在职职工共38人,其中技术人员35人(其中高级工程师14人、工程师13人)。成立30年来,完成许多工业和民用建筑项目设计,2004、2005年完成一大批设计项目如:柳钢职工培训中心综合大楼、柳钢医疗办公大楼、柳州市兴全房开鸿兴名园共8栋楼、防城港国大糖业发展公司4.5万吨/年糖制品及仓储项目、广西马山汉邦房开公司桃园世家共16栋楼、广西易通盛鼎房开公司琅东花园共6栋楼、大同桐木商业城共18栋楼、柳州市佳力集团1#、2#车间、广西华佳丝绸有限公司(象州)捻丝、缫丝车间等。

来宾市城乡规划设计院 成立于2005年4月(前身为来宾县城乡建设规划设计室),属于自收自支的事业单位。现持有建筑行业建筑工程丙级、城市规划丙级、工程测绘丙级资质证书,有员工59人,其中高级工程师2人,工程师9人。业务范围有:各类工业与民用建筑设计,建制镇总体规划编制和修订,城市的各种专项规划、详细规划的编制,工程项目规划选址的可行性研究,工程测绘,同时参与行政辖区范围内建设项目的场地勘察选址,对建筑物进行定点放线与验线、验基工作。自成立以来,完成规划,建筑设计项目300多项。2005年营业收入95.3万元。

柳州水利电力勘测设计研究院 成立于1958年,2005年有在职职工146人,其中工程技术人员130人,高级工程师56人,中级职称47人,初级职称27人。设有勘测、规划、水工、机电、土建等专业设计室和明园工程监理公司及科园招投标代理公司。拥有先进的勘测、设计、科研设备和计算机辅助设计系统。该院主要从事水利水电勘察、设计、咨询、监理、招投标代理等业务。持有水利行业工程设计甲级、工程勘察乙级、水利工程建设监理甲级、水文水资源评价乙级、招投标代理乙级等资格证书。

来宾市地质勘察院 始建于1972年,是来宾市唯一的综合地质勘察单位,其前身系柳州地区地质队、柳州地区地质勘察院,隶属来宾市国土资源局。拥有固体矿产勘查、地质灾害危险性评估、工程勘察以及工程测量等资质。能够进行设计、勘察、施工、化验、测试、成图等工作。开展矿山矿产资源储量地质简测(核实)、小型露天采石场开发利用方案编写、办理探矿权申请、工程地质勘察、地质灾害危险性评估、地质灾害治理勘查工程、工程测量、矿物化验、土工测试等工作,同时还开展地基处理、桩基检测、公路线测等业务,取得大量的成果并积累丰富的经验。2005年底,有高级工程师10人,工程师17人,助理工程师及技术员18人,固定资产1420余万元。

第二节 建筑材料与机械设备

建筑材料

中华人民共和国成立前,来宾市境域建筑施工技术落后,当时仅能盖普通泥砖瓦房和两层板楼房,建筑材料多为砖瓦等。中华人民共和国成立后,随着社会生产力的发展,钢筋混凝土结构建筑的兴起,特别是改革开放后,科学技术广泛运用到建筑行业,各项新的建筑材料得到广泛运用,建筑技术水平不断提高。

20世纪80年代前,来宾市境域建筑材料以砖木结构居多,少数工业建筑采用砖混或钢筋混凝土结构。墙体多为红砖砌筑,原浆勾缝,内墙粉白灰砂浆刷大白灰水,屋面为双坡屋面,盖以红平瓦,装饰比较单调。进入20世纪90年代,砖混、钢筋混凝土结构增多,各种新型建筑材料墙体相继出现,各种外装修也日益增多:墙面拉毛、水刷石、干粘石、塑料弹涂、剁假石都有采用。地方建材一直受市场容量小、产品质量上不去、能耗高、运输成本大及工业基础薄弱等因素的困扰。当时,建房所用的墙材是当地砖厂生产的黏土实心砖。2000年以后,来宾市境域建筑材料及装修材料发生根本性的变化,市容直观由原一律灰、红色调演变为黄、奶黄、乳白、银灰、浅红等五颜六色的涂料。在用材上,公用建筑大多采用马赛克、玻璃马赛克、霹雳砖、釉面砖、花岗岩、大理石等材料。室内装修的墙及天棚,除抹灰外,加刷涂料,有彩色弹涂、喷涂、喷塑、油漆、刮腻子、贴墙纸(布)等。比较考究的公共建筑则采用轻钢龙骨或铝合金吊顶,并用石膏板、钙塑板、保丽板、柚木、楠木等材料进行饰面装修,门窗采用铝合金材料。

2002年,来宾市随着城市快速发展,建筑工程在高度、结构、体形、外墙装饰等方面发生很大变化,楼房已从低层、多层向10层以上的高层发展。建筑材料用量和品种有所增加,除实心砖外,还有当地新墙材企业生产的普通小型混凝土砌块、加气混凝土砌块、轻质隔墙板等新型墙体材料。从一般的砖混结构向剪力墙、钢筋混凝土框架结构发展;基础工程从一般的条型、片筏基础向桩基础发展,有钢筋混凝土预制桩、人工挖孔桩、冲孔灌注桩、水泥粉煤灰碎石桩(简称CFG桩);墙体材料从实心砖向多孔空心砖、混合砖发展;下水道管材从镀锌铸铁管向聚氯乙烯塑料管材发展;外墙装饰从粗灰面层、洗砂、马赛克贴面向涂料、花岗岩、微精晶石板材等新型装饰材料发展,高层建筑外墙还使用具有现代化标志的玻璃幕墙;传统的定型模板普遍被9层胶合板所代替,钢模板及滑模施工技术逐步应用于各个建筑项目,传统的钢筋绑扎、电弧焊接因材料浪费大,且黏结力低,逐步更新为先进的气压焊接、电碴压力焊接、直螺纹机械联结、钢筋套筒机械联结。

2005年，来宾市进一步做好建筑业地基基础和地下空间工程技术、高性能混凝土技术、高效钢筋与预应力技术、新型模板及脚手架应用技术、钢结构技术、安装工程应用技术、建筑节能和环保应用技术等10项新技术推广应用，建设工程的技术、质量整体水平得到进一步提高，墙体新材料全面推广应用。

机械设备

中华人民共和国成立前，来宾市境域施工工具主要有砖刀、浆桶、斧、刨、锯等，当时只能盖普通泥砖瓦房和两层楼板房。

中华人民共和国成立后，来宾市境域建筑施工企业不断改进施工技术，增加资金投入，增添施工机具，减轻建筑工人劳动强度。

20世纪50年代，来宾市境域建筑企业的建筑设备仅有砖刀、灰桶、砖锤、铁铲等简易手工工具；拌浆、提砖、上瓦均靠人工进行。

20世纪60年代后，来宾市境域各县建筑队大多数扩大为建筑公司，逐步发展使用卷扬机、搅拌机、振捣器、翻斗车、载重汽车等。

20世纪70年代后期，来宾市境域的建筑施工已初步实现机械化。建筑施工普遍使用250自落式混凝土搅拌机、砂浆机、井字架升降机、推土机、铲车等机具。机械设备得到广泛运用，建筑业也由原来的手工作业向机械化、半机械化作业迈进，建筑技术和施工效率不断提高。

1990，来宾县建筑企业共有各种施工机具218件（台）。合山市建筑企业共有拌浆机6台、拌灰机11台、喷灰机6台、水磨机8台、碎石机7台、预制板设备4套、手持电钻机10台、钢筋切割机10台、电焊机6台、潜水泵12台、混凝土振动机25台、井式升降机9台、铁脚手架、铁制模板、安全帽、安全网等施工器械一批。

1990—1995年，来宾市境域各县（市）施工企业资质等级相继提高，承包工程范围升级，柳州地区建筑工程总公司（二级），可承担30层以下，30米跨度以下的建筑，高度100米以下构筑物建筑施工。各县（市）建筑工程公司（三级），可承担16层以下，24米跨度以下的建筑，高度50米以下的构筑物的建筑施工。1995年，来宾市境域8家施工企业有机械设备1047台（件），设备生产用值809万元，设备功率6446千瓦，技术装备率人均1690元，动力装备率人均1.3千瓦。

2000年后，来宾市境域各施工企业机械化程度逐步提高，较大型工程的垂直运输使用塔吊、人货升降机，原来的井字架升降机普遍改为双吊篮式升降机；引进大量的750强制式大容量搅拌机，大中型土方工程普遍使用挖掘机，基槽、基坑、管道沟的开挖也被挖掘机所代替，钢管脚手架普遍使用于各县（市、区）的高层建筑。

第三节　建筑工程

中华人民共和国成立前，来宾市境域建筑工人分散在城乡各地，以泥水匠、木匠、石匠、漆匠为主，生产工具主要是砖刀、浆桶、斧、刨、锯等，当时仅能盖普通泥砖瓦房和两层楼板房。较大的工程和官僚地主所起的楼房，请县外或省外的建筑专业队兴建。

中华人民共和国成立后至20世纪50年代，来宾市境域随着社会主义事业的发展，城乡各项建设不断增多，各县（市）、乡（镇）相继成立建筑队伍，每年施工任务在6.5万平方米。1950年，来宾县互助合作建筑小组，开始组织建筑施工，先后承建来宾大火车站和小火车站、来宾大火车站为砖木结构，高12米，工程面积400平方米，总投资2.5万元，工程竣工验收评为优良工程。1959年，来宾县国营建筑公司先后承建来宾县人民政府办公楼、邮电局办公楼、人民银行县支行办公楼、广东雷州半岛驻军营房，中共柳州地区委员会住房、柳州针织厂厂房及宿舍、柳城凤山糖厂厂房及住宅用房，大埔糖厂厂房及职工宿舍等工程施工，这些工程均为砖木结构，最高为25米。柳州针织厂厂房跨度大，施工难度较大，该工程总建筑面积为1万平方米，投资7万元。

20世纪60年代，境内各县（市）建筑企业的施工面积，每年均在10万平方米左右。1965年，武宣县建筑队伍承建房屋5161平方米，竣工5066平方米。来宾县国营建筑公司承建的工程有人民大礼堂、平阳粮所仓库、县水电局宿舍、县水厂厂房、水池、工农兵旅社、食品厂车间、仓库及宿舍等，大部分为砖木结构，只有工农兵旅社为砖混结构，该工程高15米，总建筑面积1000平方米，投资6万元，竣工验收被评为优良工程。

20世纪70年代，随着国民经济逐步好转，经济建设开始回升，基本建设有所加快，各项建筑施工任务也有所增加。1975年，来宾市境域8家建筑企业，完成建筑产值756.39万元，施工面积19.78万平方米。武宣县完成房屋建筑面积1.2万平方米。来宾县第一建筑工程公司，共承建大小工程项目238个，竣工面积17.15万平方米，工程造价1693万元，遍及县境及县外的柳州、桂林、广东雷州半岛等8个省、市、县。

20世80年代，来宾市境域建筑企业加强工程管理，保障工程施工质量。1980年，武宣县建筑企业承建房屋竣工面积1万平方米，其中县内0.85万平方米，县外0.15万平方米。总产值84.98万元，其中上缴税金1.73万元，实现利润1.92万元。1981年和1983年，来宾县第一建筑工程公司先后承建柳州地区民族高中教工住宅楼和生活用水塔。住宅楼高4层，面积1673平方米，砖混结构。水塔高40米，塔身为砖砌，水箱为现浇混凝土圆筒体，容积100立方米。两项工程均按时竣工交付使用，且质量好，经柳州地区基建局等有关单位验收，均被评为优良建筑工程。1985年，来宾市境域11个建筑企业，建筑产值1786.28万元，施工面积23.05万平方米。武宣县完成房屋建筑面积2.78万平方米，其中县内2.18万平方米，县外0.6万平方米。总产值198.5万元。1987年，武宣县承建房屋竣工面积2.75万平方米，总产值425.4万元，上缴税金19.35万元，实现利润24.14万元。1976—1988年，来宾县第一建筑工程公司，共承建大小工程项目238个，竣工面积17.15万平方米，工程造价1693万元，遍及县境及县外的柳州、桂林、广东雷州半岛等8个省、市、县。来宾县第二建筑工程公司从1976年成立至1988年，共承建各种工程项目226个，施工面积22.46万平方米，完成建筑安装工作量1647.89万元，竣工面积12.82万平方米，全员劳动生产率，由1976提的2500元提高到1987年的11100元，创县历史和柳州地区同行业的最好水平。至1988年，来宾县20个建筑施工企业，有固定资产185.6万元，曾先后在县境和县外的柳州、桂林、广东雷州半岛等10多个县市承建工程项目500多个，建设楼房560幢。

20世纪90年代，特别是1992年邓小平视察南方重要讲话发表后，城乡建设事业快速发展，工程建设不论在项目、投资额和建筑面积、楼房高度、层数和跨度等，都大幅度增长，建筑市场异常活跃。1990年，来宾市境域各县(市)建筑企业，完成施工面积21.94万平方米，建筑产值2123万元。当年武宣县建筑企业承建房屋竣工面积1.55万平方米，总产值361万元，上缴税金12.36万元，实现利润12.14万元。1991—1994年，来宾县13家建筑施工企业共承建大小工程项目建筑面积35.63万平方米，竣工面积26.03万平方米，完成建筑安装工程量6296.98万元。象州县承接建筑安装产值2750万元，工程项目213个，面积20.39万平方米，其中合格工程205项，合格率96.24%，优良工程8项，优良率3.76%。

1995年，来宾市境域各县(市)建筑企业，完成施工面积37.80万平方米，建筑产值1.07亿元，建筑施工面积比1975年增加0.91倍，建筑产值增加13倍。来宾县建筑施工项目310个，面积1.34万平方米，投资总额4496万元，竣工交付使用的工程面积8.64万平方米。完成建成建筑安装工程量3753.2万元。在310个建设项目中，居民建房260户，占83.87%。居民建房面积3.7万平方米，占整个建筑施工面积1.34万平方米的27.73%，投资1126万元，占总投资额的25.04%。1991—1996年，武宣县建筑企业建筑施工面积96.64万平方米，总投资18191.3万元，竣工面积85.99万平方米。1991—1995年，象州县建筑企业承接建筑安装产值2750万元，工程项目213个，面积20.39万平方米，其中合格工程205项，合格率96.24%，优良工程8项，优良率3.76%。

1996—2000年，来宾县建筑企业施工项目2448个，建筑面积88.37万平方米，投资总额31319万元，竣工面积74.55万平方米。完成建筑安装工程量24317.49万元。来宾县第二建筑公司承建的来宾县第一中学实验楼，被评为地区级优良工程，是该县建筑行业首次获此殊荣。承建的来宾河西水厂综合楼，荣获1998年广西壮族自治区安全检查优良工程，并荣获安全文明工地称号。1999年，来宾县第一建筑工程公司所承建的工程项目质量合格率100%，优良率33%，承建县检察院办公楼、县司法局综合楼、县实验小学办公楼竣工经有关部门检查验收，评定为优良工程。象州县建筑企业承建工程项目155个，投资额6851.78万元，建筑面积16.8万平方米，经验收合格工程144个，合格率92.9%；合格工程中优良工程11个，优良率7.64%；创柳州地区“桂中杯”优质工程2项(广西博华食品有限公司热电站技改工程、象州县电力公司电网调度大楼)，不合格工程11个。

2001年，来宾县建筑企业承接施工项目761个(户)，其中，居民建房700户。建筑施工面积35.03万平方米，其中，私人建房面积18.80万平方米。工程总投资11680万元(居民建房投资5640万元；占48.29%)。

2002年12月，来宾市成立，来宾市建筑业在结构调整中提高整体竞争能力，建筑施工企业经过整顿后，加强企业管理，确保工程质量和施工安全，取得较好的经济效益和社会效益，促进建筑施工的健康发展。通过对建筑施工企业资质就位，建筑施工企业通过重组、兼并，全市建筑施工企业基本实现建筑业宏观调控目标。兴宾区建筑工程开工项目559个（户），开工面积24.36万平方米，工程总投资10935万元。其中，居民建房510户，施工面积12.73万平方米，投资3820万元。

2003年，来宾市随着城区区域的扩大，高层建筑增多，城区除了本市的建筑施工企业外，南宁、柳州等外地建筑施工企业纷纷涌入，参与来宾市的城乡建设，有力地促进和加快了全市建筑业的发展。年末全市共有施工企业33家。其中二级施工企业4家，三级施工企业29家，年末从业人员0.966万人。全社会完成建筑增加值7.60亿元，比上年增长31.3%，具有资质等级的建筑企业房屋建筑施工面积91.49万平方米，增长128.2%，竣工面积55.05万平方米，增长200.5%。

2004年，来宾市深入贯彻《中华人民共和国建筑法》《中华人民共和国招标投标法》《中华人民共和国安全生产法》等建设法律法规，加大对建筑市场的监管力度，强化工程建设的质量和安全管理，不断提高工程质量和安全生产水平，提升建筑业在国民经济中的比重。全市新开工工程156项，房屋建筑面积98万平方米，比上年增加27.2%；房屋竣工面积53万平方米，比上年增加20.5%；完成建筑总产值约3.80亿元，比上年增长13.4%；完成增加值8674万元，比上年增长15.32%。

2005年，来宾市新开工工程项目共206项，建筑面积107.728万平方米，工程投资6.21亿元，全市施工企业完成建筑业总产值60172万元，比2004年增长25.34%；房屋建筑施工面积108.12万平方米，比2004年增长28.76%，房屋建筑竣工面积63.6万平方米，比2004年增长27.12%；完成增加值2018万元，比2004年增长33.27%。

第四节　主要建筑

来宾建行综合楼

位于北二路，由建设银行来宾县支行建设，柳州地区综合设计院设计，广西壮族自治区第五建筑工程公司承建设，总投资655万元，总建筑面积6230平方米，于1994年5月27日动工兴建，1995年10月30日竣工。

来宾宾馆

位于中南路原来宾县人民政府招待所原址，由来宾县人民政府招待所建设，中国人民解放军第二炮兵设计院设计，柳州市建筑总公司第一公司承建，总投资1643万元，总建筑面积14000平方米，高17层，宾馆于1995年4月20日动工兴建，1996年5月15日竣工。该宾馆竣工后成为当时来宾城区最高楼。

中国银行业务楼

位于北二路311号，由中国银行来宾支行建设，柳州市建筑科学研究院设计，广西壮族自治区第五建筑工程公司承建设，总投资600万元，总建筑面积6000平方米，于1995年6月动工兴建，1996年6月

建于1995年的来宾宾馆　（2004年摄）

竣工。2002年,来宾市成立后,中共来宾市委员会、来宾市人民政府、来宾市人民代表大会常务委员会、中国人民政治协商会议来宾市委员会等市级机关单位租用该楼作为办公场所。

滨江园小区

2004年开发,是建市之初,为解决由柳州市区搬迁到来宾市的干部职工住房问题,来宾市定向向公务员开发的大型住宅小区,整个滨江园小区占地面积43.85万平方米(约657亩),总建筑面积为28.07万平方米。其中住宅26.07万平方米,室内车库12200平方米,会所6558平方米,幼儿园1208平方米,建筑群楼为180栋,总住户为1477户。

裕达华庭

是广西裕达房地产开发有限公司在广西开发的首个精品楼盘,该项目位于来宾市新行政城区的黄金中心地段,地理位置优越,周边行政、交通、教育、生活、休闲娱乐项目一应俱全。项目占地面积2.01公顷,总建筑面积68000平方米,其中住宅面积5万平方米,商业面积1.8万平方米。

裕达城市广场·银邸

为高档住宅小区,用地面积6.67公顷,建筑总面积12.84万平方米;由8栋多层住宅及3套高层住宅(29~33层)组成,采用院落作为规划“母体”进行布局,由南北、东西两条主轴划分4个院落。南北轴是景观轴,东西为交通轴,在两交汇处偏南布置大型中心绿地及地下室停车场,其中具有来宾标志性建筑的裕达城市广场银邸,该小区的绿化面积达35%,种有桂花、榕树、木棉树、香樟树等10多种和草皮,还有一套占地面积800多平方米的休闲健身游乐场,供广大业主游乐。

裕达·中央城

建筑形式为高层,超高层,风格为现代。开发商为广西裕达集团有限公司。项目地址位于来宾市红水河与桂中大道交汇处(原红河建材市场),项目占地12.67公顷。建设用地面积12.8万平方米,建筑投资20亿元人民币。分为水漾人家、江临天下等6期。共规划建设33栋高层住宅楼,其中超高层2栋,建筑高度160米。项目总建筑面积80万平方米,其中住宅60万平方米,商铺商场12万平方米,地下室8万平方米,配套建设大型商场,星级酒店,数码港,商务办公,金融保险及休闲娱乐等区域性服务中心,倾力打造来宾首个中央商务区。小区内建有12.7万平方米的水系和绿化景观工程。

丽景苑商业城

建筑形式为高层,风格为现代。开发商为柳州银宇房地产开发有限公司。项目地址位于来宾市古三东路。丽景苑(1期)新老城区结合部,是来宾市最大的“旧城改造”项目,一期丽景苑(商业城)总建筑面积9万平方米,其中商业面积4万平方米,8部电梯,500个停车位。丽景苑(2期)位于盘古大道。小区住宅有单身贵族公寓,一房、二房、三房、四房、楼中楼,面积52.48~230平方米,商业面积32~2700平方米,价格为4500~18000元每平方米。

上宾观邸

建筑形式为高层,风格为现代。项目位于来宾市红水河大道258号。开发商为厦门经济特区华特集团、来宾市美福房地产开发有限公司。项目为新古典主义风格建筑,临近市政府和广播电视中心,处在盘古公园和城市中央绿化带的第一排,可以俯瞰9万平方米的湖景。小区建筑为南北向的板式小高层(18层)外立面以灰色为主色调,外墙为高级瓷砖和高级仿石面。建有6000多平方米的法式皇家风情园林,小区的底层设有4米高的架空层用作绿化休闲长廊。

香格里拉

建筑形式为高层,风格为现代。开发商为来宾金冠世纪地产开发有限公司。项目地址位于来宾市盘古大道中108号。项目占地1.6万平方米,总户数495户,最高层32层,面积80~140平方米。起价为每平方米2860元,6楼以下每层增加20元,6楼以上每层增加30元。

四季康城

开发商为来宾市铭鑫实业有限公司。项目地址位于来宾市华侨投资区中心区(柳南高速公路出口旁)。建筑面积31万平方米,其中住宅面积25.8万平方米,商业面积6780平方米。21栋点式高层建筑,面积77.03~140平方米,建设商品房2000套。

第五章 房地产业

中华人民共和国成立前，凡买卖、典押土地房屋必须向官府登记纳税，民国时期颁布《验契条例》和《实施细则》，明文规定凡土地房屋产权在买卖、典押转移时所立之凭证，必须官府呈核，按条例规定缴纳契税。契税是土地和房屋买卖、典当、赠与交换而产生权属转移时由承受人向国家缴纳的一种税。

据民国24年(1935年)《广西财政纪要》统计，民国21—24年(1932—1935年)征收契税情况，原来宾县分别为235.31元(国币、下同)、494元(其中纸术册费104元)、499元(纸术册费96元)、206元；原迁江县分别为104.2元、609元(其中纸术册费89元)、290元(其中纸术册费14元)、400元。民国36年，原来宾县征收房捐22767元。

中华人民共和国成立后，来宾市境域房地产事务由各县政府财政科(局)兼管。此后，各县成立房产管理所，逐步地全面开展公房管理、城镇房屋普查登记以及发证换证、房地产交易、房地产价格评估、房地产抵押登记等业务。

1970年10月起，国家规定，城镇居民的私人房屋，在国家允许的范围内，经房产部门批准，可以买卖、典当、转让和交换，房产转移时，由承受人依法纳税，按差别价值比例计征，由承受人依法纳税，按差别和价值比例计征，买卖契税率6%，典当契税率为3%，赠与按现值价征2%，交换按价差额征6%。

1987年起，来宾市境域按照国家财政部颁布的《关于改进和加强契税征收管理的通知》精神，开始征收契税。1987年，来宾县共征收房产税8.42万元，1988年，房产税征收收入15.80万元。1997年，来宾县征收房产税60.4万元。

2003年，来宾市房地产管理局成立后，按照上级指示，加强房地产管理工作，促进房地产管理走上规范化、法制化轨道。

第一节 房产管理

房屋普查

1985年，来宾市境域根据国家规定和要求对城镇房屋进行普查。国家规定全国城镇房屋普查的标准时间为1985年1月起至12月31日止。根据广西壮族自治区布置进行房屋普查的市、县、镇明细表要求，各县(市)成立房屋普查领导小组，下设办公室，工作人员由县房产管理所和县城乡建设环境保护局抽调。机构成立后，房屋普查办公室即派专业人员参加柳州地区举办的房屋普查培训学习，接着各县也举办各自普查单位人员培训班，培训结束即全面开展普查工作。年末，来宾县完成房屋普查任务。据县房屋普查办公室1986年4月5日上报自治区普查办公室的数据统计，此次普查公房面积为109.10万平方米，其中，房产部门直接管理的公房面积1.01万平方米，全民所有制单位自管的公房面积101.22万平方米，集体所有制单位自管的公房面积为6.87万平方米。私房面积23.97万平方米。公私房屋总面积为133.07万平方米。根据普查结果，钢结构的房屋面积为4904平方米，占房屋总面积133.07万平方米的0.37%；钢、钢筋混凝土结构的房屋面积为16384平方米，占总面积1.23%；钢筋混凝土结构的房屋面积为18326平方米，占总面积的1.38%，以上三项结构的房屋主要是全民所有制单位和集体所有制单位自管户。混合结构的房屋面积为38.99万平方米，占房屋总面积的29.30%，其中，房屋管理部门直接管理公房6100平方米，占直管公房面积的60.29%，全民所有制单位自管房29.17万平方米，占单位自管房面积101.22万平方米的28.82%，集体单位自管房1.74万平方米，占自管房总面积6.87万平方米的25.27%，私房7.48万平方米，占私房总面积23.97万平方米的31.20%。砖木结构的房屋面积为77.31万平方米，占公私房屋总面积的58.10%。其中，房管部门直管面积为4018平方米。占其管房屋总面积的39.71%；全民所有制单位自管房屋面积为55.66万平方米，占其自管房面积的54.98%；集体所有制单位自管面积4.99万平方米，占其自管房面积的72.62%；私房面积16.26万平方米，占私房总面积的67.86%；其他结构的房屋面积为128082平方米，占公私房屋总面积的9.62%。其中，全民所有制单位自管房面积为12.51万平方米，占全民单位自管房面积的12.36%；集体所有制单位自管房屋面积为716平方米，占集体单位自管面积的1.04%；私房面积2265平方米，占私房总面积的0.94%。

武宣县经普查县城房屋总面积52.52万平方米，其中县财政局代管2196平方米。国营单位自管32.62万平方米。集体单位自管5.57万平方米，个人私房13.98万平方米，其他897平方米。在县城房屋中，平房28.79万平方米，框架结构1503平方米，砖混结构17.47万平方米，其他结构6.11万平方米；住宅31.53万平方米，仓库用房7.51万平方米，教育卫生科技用房3.26万平方米，文化体育用房6018平方米，办公用房2.96万平方米，其他用房7.73万平方米。

象州县对城区（含下田锰矿）96个单位3121户9455人的房屋进行普查，房屋总面积51.53万平方米，其中住宅用房26.51万平方米，占房屋总面积的51.4%；实际住人面积8.56万平方米，户均住房面积27.43平方米，人均住房面积9.05平方米。人均住房面积在2平方米以下的有14户100人；2~4平方米的147户764人；4~6平方米的421户2048人；6~8平方米的565户2382人；8~10平方米的448户1566人；10平方米以上的1526户2595人。

私房管理

1985年，来宾市境域各县（市）开展城镇房屋普查后，为加强私房产权产籍的管理，各县（市）从1986年开始全面换发房屋所有权证，各县（市）房地产管理所的主要任务就是转入城镇房屋登记发证、换证工作，依法进行房屋所有权证的发（换）证工作，这是房产管理工作走向法制和有序管理轨道的一项基础工作，政策性强，涉及面广，关系到千家万户私有财产利益和单位的产权确认。1986—1995年，房屋所有权证发放70%。1988年，合山市房地产管理所开始在市内发放“房产所有权证”，并制定出《合山市房产登记工作规程》，规定房产产权申报工作从登记、调查测绘、审核确权、缮证发证等，形成一条作业流水线。当年12月，合山市人民政府颁发《关于颁发房产所有权证的通告》。1989年，合山市在城区居民点试行发证工作，年底全面铺开。到1990年，合山市共发证1623本。1991年，来宾县房地产管理所做好房屋产权的确认发证工作，全年颁发房屋产权证543本，颁证面积62057平方米，配合县城清理违章建房，发临时房产证620户，查处农民占地建房1148户，经审查给153户发了临时房产证。1992年，来宾县房地产管理所共颁发房屋产权证643本，颁证面积71454平方米，同时给单位发房产证4310本。1994年，象州县开展对县城单位和个人房屋所有权证书的办理发放工作。至年底，合山市房产所共测量房屋1496栋，建筑面积42.40平方米，颁发“房产所有权证”2028本，其中出售公房405套，2.19万平方米，发证405本。1995年5月，武宣县开始办理“房屋所有权证”。是年，来宾县房地产管理所颁发房屋产权证书773本，颁证面积84521平方米。1996年，武宣县开始出售公产房。1996—1999年，武宣县办理“房屋所有权证”在700~800本之间，2000年后开始下降，2000年、2001年、2002年3年办理“房屋所有权证”分别为520本、561本、442本。2003年6月，中共武宣县委员会、县人民政府组织了一次大规模的“清房”活动，办理“房屋所有权证”升至775本。2004年、2005年办理“房屋所有权证”分别为245本、233本。至2002年，来宾县共颁发房屋产权证15569本，颁证面积229.08万平方米，同时给单位发房产证4310本，换证3436本。

1994—2005年，象州县共办理发放“房屋所有权证”8007本，登记房屋产权面积113.4231万平方米，办理房地产交易登记面积18.81万平方米，办理房屋他项（抵押）登记面积134.49万平方米、登记抵押贷款29335.73万元。金秀瑶族自治县1988—2005年，共完成房屋登记发证5048宗，发证面积104万平方米；权属抵押登记3369宗，抵押登记金额6652万元。

至2005年，合山市累计发放“房产所有权证”12053本，建筑总面积143.7万平方米。其中公房发证280本，建筑面积70万平方米；私房发证2020本，建筑面积8.4万平方米；房改房发证7260本，建筑面积43.5万平方米；商品房发证205本，建筑面积2.3万平方米；集资房发证2288本，建筑面积19.5万平方米。房屋抵押贷款登记1675户（宗），抵押贷款额50250万元。

1995年—2000年2月20日，原柳州地区直属86个产权单位办理房屋产权登记。共发出房屋产权证8254户。按办理房屋产权证要求，产权单位必须提交的办证资料有：用地证明文件或者是“国有土地使用证”（由柳州市土地管理局办理）；“建设用地规划许可证”（由柳州市规划局办理）；“红线图”（由柳州市规划局办理）；“施工许可证”（由柳州地区建设局办理）；“房屋竣工验收合格证”（由柳州地区建设局办理）；“计划委员会批文”（由柳州地区建设局办理）。由于历史及其诸多的特殊原因，地区直属各产权单位尚缺上述所需资料，有58个单位共301栋缺少“土地使用证”，有45个单位共228栋缺少“建设工程规划许可证”,有33个单位共160栋缺少计划委员会批文及部分其他资料。资料不全的原因是:由于建设年限较久,产权单位的建设档案管理不善;建设档案没有办理移交手续;“文化大革命”期间人为造成的建设档案遗失;自然灾害损失;1987年以前工程报建审批管理制度及城市规划管理制度不健全。

2003年,来宾市房产管理部门按照中共来宾市委员会、市人民政府的文件精神,加快市区及兴宾区房屋产权产籍管理机构的组建,成立来宾市房产管理局,同时加强房屋产权产籍管理,强化各县(市)的产权产籍管理逐步走向规范化。全年共发放房屋产权证4389本,发证面积73.12万平方米。严格执行商品预售许可制度。加强商品房预售及销售管理,强化房地产开发项目资本金制度和项目手册制度,严格按商品房预售的条件审核发放预售许可证,加强商品房合同管理,打击合同欺诈行为。全年共发放商品房预售项目1个,建筑面积2.36万平方米。

2004年,市房地产行政主管部门加强对房地产产权产籍的管理,不断规范房地产权属的登记、发证、抵押等工作。全市共颁发房屋产权属证书5231本,发证面积126.60万平方米,全市已建立房产产籍档案60834宗。

2005年,来宾市各级房地产管理部门认真执行城市房地产管理法和城市房屋权属登记管理办法等房地产产权管理法律法规,严格房屋权属登记管理制度,全年共颁发房屋权属证书6423本,确认产权面积103.45万平方米。房产产权档案收集整理工作得到进一步的加强,市级房产产权档案管理全部实现网络化,共收集、整理房产档案13541宗。

公房管理

市房产管理局是全市公房管理的机构,担负全市的房屋经营管理工作。20世纪50年代,公房由财政部门或镇人民政府管理。1963年以后,有少数县建立房产管理所。

20世纪80年代,各县(市)都成立房产管理所。房租的收缴,本着以租养房的原则,租金分住宅和公用营业门面两种。

公用门面租金20世纪50年代,每平方米0.15元,0.25元,0.35元3个等级;20世纪60年代,每平方米0.20元,0.30元,0.45元3个等级;20世纪80年代,每平方米0.40元,0.70元,1元3个等级。

住宅租金20世纪50年代,每平方米0.05元,0.08元,0.12元,0.15~0.18元4个等级;20世纪60—70年代,每平方米0.08元,0.12元,0.15元,0.20元4个等级;20世纪80年代,每平方米0.22元、0.27元、0.3元3个等级。

来宾市城区的公房建设,始于1953年。此前,只有湘桂铁路来宾火车站和来宾至合山段火车站约0.3万平方米左右的平房,其余是一片荒野之地。1953年,中共来宾县委员会、县人民政府从城厢街搬迁至今前卫路办公后,各机关先后兴建办公用房和宿舍。至1959年,来宾县城公房建筑面积6.01万平方米。20世纪60年代,公房建筑面积7.74万平方米。20世纪70年代后期,中央企业七冶基地和冶炼厂在河西兴建,公房建设大增,建筑面积达43.29万平方米,比20世纪60年代增加35.55万平方米,增长4.58倍。中共十一届三中全会后,在改革开放,搞活经济方针的指引下,原来宾缓建的冶炼厂已续建,广西大型火力发电厂——来宾火电厂破土动工,县城内厂房、办公楼、宿舍楼等各种建筑拔地而起。1980—1988年的公房建筑面积达42.60万平方米,至1988年底,县城公房面积为99.64万平方米。这些公房,按建筑结构分,砖混结构37.92万平方米,钢筋混凝土结构5.54万平方米,钢结构0.45万平方米,砖木结构36.20万平方米,土木结构13.66万平方米,结构分不清5.87万平方米。按房屋层数分,平房60.53万平方米,楼房35.65万平方米(其中二至三层的14.12万平方米,四至六层的21.27万平方米,七层的0.26万平方米),没有分层统计的3.46万平方米。按房屋用途分,商业服务10.21万平方米,教育医疗科研6.84万平方米,办公用房4.44万平方米,文体娱乐和其他3.25万平方米,工业交通仓库用房24.88万平方米,住宅4415万平方米。

公房管理实行房产部门直接管理和用房单位自行管理的办法,1968年,来宾县房产管理所直接管理公房出租面积为1.01万平方米,占县城公房面积的1.02%,其余均由用房单位自管。来宾县房地产管理所从1963—1988年底,共收取房屋租金96.88万元。武宣县1964年对公产房进行清查登记,全县有民国时期遗下的公产房6430.12平方米,其中县城3015.66平方米,桐岭1414.33平方米,三里1119.07平方米,二塘559.51平方米,禄新39.6平方米,东乡210平方米,黄茆72平方米。1990年,来宾县城公房面积为99.69万平方米,县房地产管理所直接管理的公房面积为0.84万平方米。忻城县城公房15.74万平方米，其中，全民所有的14.72万平方米，集体所有的0.73万平方米，部队住房0.29万平方米。1993年，境内各县开始实行住房制度改革，实施“售房为主，先售后租，合理定价，新房新价，超标部分按市场价，购房优惠”等住房改革方案，以资金管理中心为起点，建立住房金融体制，推行公积金制度。1995年，原柳州地区各县（市）直管公产房8.3万平方米，办公用房（含营业用房）面积312.6万平方米。2001年，来宾县城直接管理公房面积为0.324万平方米。1983—1995年，合山市建成公房1920栋，建筑面积42.72万平方米（不含矿务局和电厂）。

2003年，来宾市各县（市、区）尚有公产地2.58万平方米，公产房建筑面积1.97万平方米，其中20世纪90年代后改建的面积1.50万平方米，其余4524.24平方米为危旧公产房。来宾市房管部门管理的未改造的公产房租金仍沿用1992年原来宾县物价局核定的标准，即门面按5.50元/平方米，砖混住宅1.80元/平方米，砖瓦住宅按0.8元/平方米计收，改造后的公产房按市场价格出租。全市各县（市、区）直接管理公房25817平方米，公产房建筑面积19737.49平方米，其中改建面积为15013.25平方米，危旧公产房4524.24平方米。年内，公产房租金收入63.75万元。

2004年，来宾市直属单位使用的公房大部分由原来宾县国有企业或集体商业企业承租，一直以来都是政策性租用公房，因企业改制或实行承包制，承租单位涉及处理职工安置和分流等问题，在一定程度上影响公房的改造和租金制度改革步伐。

2005年，来宾市房产管理局投资39.53万元，对于市东一路123号和西南一路13号两处公房进行维修，维修面积1041平方米。

房屋安全鉴定及白蚁防治

来宾市房产管理部门强化房屋安全管理，重点加强危旧房屋的管理，组织技术力量对全市范围内的危旧房屋进行检查鉴定。市房地产行政主管部门为控制白蚁危害，加强房屋白蚁防治管理，坚持“预防为主、防治结合、综合治理”的方针，严格按照《城市房屋白蚁防治管理规定》要求，对全市新建、扩建、改建的房屋实施白蚁防治，房屋白蚁防治工作取得实质性效果。

从1999年起，市房地产行政主管部门加强房屋白蚁防治管理，市级白蚁防治部门对新建、扩建、改建的房屋实施白蚁预防。2003年，对13宗危房进行鉴定，建筑面积5204平方米。全年实现房屋白蚁预防面积14.59万平方米，白蚁防治面积3045平方米。为加强白蚁防治工作，象州、武宣、合山三县市在2004年度筹备成立白蚁防治机构。当年完成白蚁预防面积23.31万平方米。

2005年，辖区内的武宣、忻城、合山三县（市）已建立白蚁防治机构，并正常开展白蚁防治工作。当年，全市各级房产管理部门加强新建、扩建、改建房屋的白蚁防治工作，完成白蚁防治工程项目325项，其中灭治项目11个，防治灭治总面积达83.56万平方米，同比增长18%。

第二节　房地产开发

市区房地产开发

中华人民共和国成立前，来宾市城区尚无房地产开发。

中华人民共和国成立后，特别中共十一届三中全会后，实行改革开放政策，大力推进和加快城镇化建设，推行住房商品化，城镇土地进入有偿使用等政策实施，加上落实私房政策，鼓励农民进城经商办企业，使城区房地产业得到迅速恢复和发展，集资建房，购买商品房，已成为解决住房困难的主要途径。

1985年3月7日，来宾县房地产开发公司（属县城乡建设综合开发公司）成立，标志着城镇房地产用地开发走上了新的征途。1986年，来宾县城房地产开发得到迅速发展，逐步发展成为新兴的产业。1987年10月，来宾县开发城北小区房共172间，面积2262.5平方米，销售商品房面积1985平方米。同年12月，县房地产开发公司征得房产开发土地2.73公顷，年内建成县委大院东面商品房面积2851.28平方米。1988年6月，来宾县在镇中南路二中开发房地产43间，开发房地产面积0.66公顷，开发县公安局交警大队临街面房地产面积720平方米。销售商品房面积为12766平方米。1989年，对河西陵凹4802平方米土地进行房地产开发建设。年内，销售商品房面积7790平方米。1990年，开发河西Ⅱ—Ⅰ区面积6603平方米的土地，当年销售商品房面积为7606平方米。1991年3月，开发河西A、B开发区房地产63间，面积0.66公顷。销售商品房面积486平方米。

1992年后，来宾县经济开发逐步走向高潮，形成资源开发、产品加工、商品销售、科技咨询特色，带动了房地产开发，来宾镇已经成为全县房地产开发的重点区域。为搞好地产开发工作，县人民政府成立经济开发区指挥部，同年8月，县地产开发公司成立。年内，对县检察院临街面2541平方米的土地进行开发建设，销售商品房面积2364平方米。1993年，来宾县房地产开发先后完成县人民医院、工商局临街面、县武装部、河西开发区等地段小区的开发建设，共开发房地产399间，面积3.40万平方米。当年，销售商品房面积5463平方米。外地三亚公司始进入来宾县房地产开发市场，开发第一桩房地产项目为县人民医院20间面积为5636.2平方米的开发建设。1994年，来宾县实行规划、选址、定点、审批、开发一条龙服务，处理好单位与国家的利益。全年开发金三角开发区、建宾市场、水电局、农机二厂、县委围墙北面、河西水厂房地共288间，开发面积3.10万平方米，开发县食品工业公司、县工商局、来宾镇农械厂、县造纸厂东面等单位的旧宅基地12宗，土地面积6.13公顷，安排712户居民住宅用地712间4.30万平方米。1993年和1994年，来宾县职工个人集资建房总额1297万元，产权单位回拨住房资金902万元，上级划拨或银行贷款172万元，建设成套楼房60幢1340套，总建筑面积7.8万平方米，为1103户2000多职工解决住房困难。1995年下半年，来宾县实施合山路沿街面、县二中南面围墙、人民医院北四路西边临街面、汽车修理厂沿街面、实验小学东南临街面的房地产开发252间，面积2.12万平方米。来宾县实施县城改造土地开发以来，县土地管理局共完成县城改造地产开发66宗，面积70.40公顷，解决居民住宅用房2913间(套)，收取土地出让金和基础设施配套费8890万元。县城改造土地开发，使县城实现了集约利用土地，有效节约了土地，保护了耕地，几年来共节约耕地68公顷。来宾县城旧城改造这一做法，于1995年在全区土地管理工作会议上作了介绍。1996年，来宾县在房地产开发中，主要抓了县政府招待所东面、长梅村委开发区、立新农贸市场、县农机学校、交警大队、县砖厂、城厢农业技术推广站、老干部局、汽车修理厂、城厢农机站、鑫都花苑等开发1987间，面积11.81万平方米。河西区新华路的开发建设已进行征地拆迁工作，全年共收取地产开发费836万元。同时，对各乡镇的土地进行了试验性开发利用，来宾镇主要以本地集资建立新集贸市场。县房地产开发公司开发了县城中部鑫都花苑宅基地233间，大部分为5×12米开间，总占地面积41792.69平方米。其中，房地面积13706.67平方米，市场面积4485.34平方米，道路面积19664.68平方米，绿地面积3936平方米。

1997年，来宾县房地产开发主要开发兴宾路开发区、殡葬管理所、城管队、维林新城区、机械工业公司、五金公司等738间，面积6.51万平方米。1998年，开发地产公司、农机供应公司、信访局、劳动保护监测站、县第二中学、来宾镇甘蔗站、县第二小学、纸厂、食品公司饲养场、建宾市场、第一幼儿园开发点、国税局河西开发区、国税局维林开发区、国税来宾镇分局、粮所小区、鱼苗场、县苗圃、中国银行、公路局、渔政站、改水办、木材公司等地产1132间，面积26.27万平方米。1999年开发新华路212间房地产，面积13780平方米。

来宾市成立后，房地产开发得到长足发展。2003年，全市房地产开发面积4.64万平方米，其中商品房开发面积2.23万平方米。房地产开发完成实际投资5337.5万元，其中，房地产建设投资额4964.5万元，土地开发投资额373万元。按工程用途分，住宅(含别墅、高档公寓、经济适用房)投资2952.5万元，办公楼投资217万元，商业营业用房投资789万元，其他投资363万元。全年房地产开发经营收入9.19亿元。

2004年，来宾市加强对房地产开发建设的管理，严格房地产开发的项目资本制度和项目手册制度，严格商品房的预售和销售管理，执行商品房预售许可制度，当年核发商品房预售许可面积9.29万平方米。全市房地产开发完成投资1.49亿元，施工建筑面积8.88万平方米，投资比上年增长179.16%。

2005年，来宾市房地产开发完成投资5.8亿元，房地产的投资情况处于平稳增长状态。年内，全市商品房新开工面积33.30万平方米，施工面积为89.13万平方米，竣工面积46.30万平方米。

县(市)城区房地产开发

来宾市境域各县城房地产开发始于20世纪80年代。各县(市)成立房地产开发公司后，开始采取统一征地、统一规划、统一设计、统一建设、合理安排销售的办法开发房地产，房地产开发管理才逐步走上轨道。1982年，金秀瑶族自治县按照县城建设总体规划，改造旧城区，拆除旧平房，建起多层楼房，并开发了白沙区、财政局影院区、政府宿舍区、贸易市场4个建筑新区。仅1983年，金秀瑶族自治县房地产开发建筑面积2.4万平方米。1983年，合山市人民政府决定开发市中心市场居民区。1984年，市城乡建设环境保护局、市工商行政管理局、市房地产开发公司联合发出通告，欢迎市内外国营、集体企业以及居民到开发区建厂、办店、经商、办服务业。开发区以房产开发为主，实行两种建房办法，预付0.2~1万元基金者，其房屋从设计到施工由市房地产开发公司一包到底；预付1000元以上、2000元以下基金者，实行自建，但房屋设计式样须符合统一要求。开发区建设分2期进行，第一期工程始建于1985年11月，1986年7月竣工，建房287套，建筑面积31624平方米，其中自建房55套，建筑面积4950平方米。第二期工程始建于1986年1月1日，1987年底竣工，建房208套，建筑面积2.31万平方米，其中自建房15套，建筑面积1350平方米。开发区房屋设计开间有4.5米，5米和6米三种式样房屋。因开发区位于溯河矿和里兰矿采区范围内，为确保房宅的质量与安全，采取限制房屋高度(均为二层)、加设地脚标和沉降缝两种建房措施。尽管如此，到1990年，开发区内东面仍有一些房屋因地基下沉出现裂缝。1985年，武宣县重点开发新城区，加强对商品房管理。至1987年底，金秀瑶族自治县县城4个新区已建成4层以上钢筋混凝土结构楼房6万多平方米，贸易市场0.4万平方米。到1988年，象州县共征地4公顷，在县城建设商品住房255套，开发房屋总面积3.72万平方米。1989年，象州县城住宅竣工面积1万平方米。1990年，象州县城住宅竣工面积0.5万平方米，其中私人住宅3274平方米。当年末，县城房屋建筑面积共57.25万平方米，其中住宅建筑面积30.5万平方米，占建筑总面积的53.28%，人均居住面积8.3平方米。到1990年，武宣县共投资942万多元，完成40个单位公房建设任务，竣工面积62326平方米。建成商品房569套，面积35475.8平方米，有569户职工及城镇居民已迁进新居。

1992—1995年，来宾市境域各县城房地产开发在宏观调控和市场进一步规范过程中仍保持一定的规模，投资规模减少，资金更多地投向普通住宅。1992年，象州县房地产开发投资576万元，开发占地面积3.48公顷的县城广场小区，商品房面积1.56万平方米。忻城县房地产建设开发公司开发建成县城新园小区。1993年，象州县房地产开发投资689万元，开发县城南小区，商品房面积3.15万平方米。忻城县开发县城果园小区。合山市取得了建设商品房的资质和6560平方米的建设商品房指标。向岭南村征用土地0.48公顷，划拨汽车公司土地0.13公顷，共计0.61公顷，可建设商品房6127.3平方米。第一期工程安排建设68套商品房，总投资310万元，群众集资80万元，1993年完成30套商品房建设交付使用。1994年，合山市继续抓好广屯农贸市场房地产开发工程收尾和商品房出售工作，该商品房开发区自开工以来，已完成建筑面积6434平方米，总投资358万元。出售商品房2.17万平方米，出售宅基地6760万平方米。征收建设用地851.07万平方米，其中市直属部门征地181.03万平方米，合山矿务局征地366.79万平方米，合山电厂征地152.05万平方米，其他征地151.20万平方。象州县投资192万元开发占地2.33公顷的光明小区，开发面积2.4万平方米。1995年，象州县主要完成光明小区、城南小区商品房开发，总面积4.11万平方米，完成投资812万元。

1996—2000年，象州县开发的房地产项目有县城工业园小区、北山路小区、象桐路出口路段。1996年，象州县开发县城工业园小区，规划占地90公顷，第一期开发占地13公顷，商品房占地8.5公顷，至2000年，已开发面积13.07公顷。同年，开发北山路，全长860米，开发商品房面积2.38万平方米，商品房宅基地167套，至2000年底售出宅基地160套，到2005年售出167套。1998年，象州县开发象桐路出口路段，长1623米，开发商品宅基地312套，面积3.65万平方米，至2000年已售出宅基地154套，到2005年售出312套。中共合山市委员会、市人民政府作出“关于加快城区开发建设的决定”，在岭南批发市场征用土地4公顷。通过多方筹集资金478万元，开发出售商住楼宅基地200套，年底完成基础100套，建筑面积8000平方米，完成投资286万元。忻城县开发县城蝴蝶小区(西区)。1999年，合山市开发房地产宅基地50套，面积4000平方米，价值200多万元。1991—2000年，武宣县累计开发房地产项目3个，开发面积2.45万平方米，总投资额950万元。

2001—2003年，象州县房地产开发公司由于资金等原因停止房地产开发业务，另组建象州县第四建筑工程公司。2001年，忻城县开发县城蝴蝶小区(东区)。由于市场竞争力低，忻城县房地产开发有限责任公司效益不佳，公司业务停止运转。合山市开发占地4公顷，总投资600多万元的岭南开发区，并筹资30万元建设开发区内的钢棚架市场，面积2000平方米。建设了开发区道路，占地8000平方米，总投资70万元。2002年，忻城县人民政府通过市场运作招商引资，由鹿寨县村镇建设有限公司投资380万元开发县城芝州一路县政府段，兴建天地楼商品房20多间。2003年，忻城由来宾市大华房地产开发有限责任公司投资5000万元，启动县鞍山商贸城工程建设，开发建成鞍山商贸城小区。合山市通过招商引资，先后开工或完成建设了市中心商贸城、广场商业街、建安商业街、里兰新市场小区、矿务局建安及总公司小区经济适用房工程等重大房地产项目。

2001—2005年，武宣县先后有世行、万宏、神通、凯丰、鸿浩、华奇、三合、正元置业等8家房地产开发公司落户武宣，先后开发仙蜜园小区、凯丰商贸城、高立山步行街、时代郦都、鸿福鑫城、建材鸿城、华奇国际大酒店、武宣商贸中心、好日子·山水天城等10个项目，开发总建筑面积68万平方米，总投资额达5亿元，至2005年底完成开发建筑面积28.25万平方米，竣工面积14.43万平方米。2004年，象州县内有4家房地产开发公司在县城实施商品房开发建设，开发光明富苑小区投资680万元，建筑面积1.7万平方米；鸣大商住小区投资301万元，建筑面积0.69万平方米，商业步行街等住宅小区投资1500万元，建筑面积3.2307万平方米；桂裕花园小区投资1200万元，建筑面积1.4809万平方米。忻城县由第一建筑公司在公司旧址开工建设鑫源小区。

2005年，来宾市围绕“盖房子，抓建设，拉内需，促发展”的思路，解决无房干部职工住房难问题，实现“户户皆有房”的安居乐业目标，广泛调动社会参与经济建设积极性，有力推动住房建设发展，带动新农村建设，改善居民生活条件，提高人均居住面积、人均自有住房覆盖率。是年4月，忻城县由柳州汇成房地产开发有限责任公司投资500多万元，改造城关镇旧市场，建成翠屏小区；投资2000多万元，改造县电影院大院，建成县电影院小区。忻城全县开发建成住宅小区有乐滩小区、县邮政局小区、供电公司小区、石油公司住宅小区、县委县政府机关住宅小区、金嗓子有限责任公司住宅区、都乐收费站住宅区、果园住宅小区、鑫源住宅小区。累计建设一级公寓住宅楼54栋，住房844套。其中，行政事业单位502套，企业342套，乡镇99套，建设投资9200万元，普通公寓住宅建设投资9800万元。象州县又引进2家房地产开发企业，投资开发万象商城和象东新城。万象商贸城投资1782万元，建筑面积3.154万平方米；象东新城开发小区，开发土地面积6.67万平方米。金秀瑶族自治县县城区房屋建设完成投资1.47亿元，其中住宅投资8343万元，公共建筑投资6133万元；县城区建设用地总面积30万平方米，其中住宅用地23.33万平方米、公共建筑用地6.67万平方米。合山市先后完成或正在开发建设了溯河开发区、矿务局总公司、建安经济适用房小区、中心商贸城小区、里兰民贵花园商城、广场商业街、中心市场商业街、岭南榕园、教育嘉园等房地产项目。

第三节 房产交易

来宾市根据1988年8月8日建设部、国家物价局、国家工商行政管理局《关于加强房地产交易市场管理的通知》第三条规定：城镇房地产交易，包括各所有制房屋的买卖、租赁、转让、抵押、城市土地使用权的转让以及其他在房地产流通过程中的各种经营活动，均属房地产管理范围，其交易活动应到交易所进行。进行房产交易的单位和个人，必须持有关证件到当地房产管理机关办理登记、鉴证、评估、立契办过户手续，按规定交纳税费。

来宾市的房产交易自此按此政策执行。根据全国房产市场和本市房产发展的趋势及广大消费者的消费水平，制定合理的房产市场价格，把各种住宅基地划分为高、中、低档次，以适应不同的消费群体。房产交易市场的管理，贯彻国家有关房产价格政策，进行房产价格管理。按照国家的价格政策和物价指数，调整房产的计划价格。进行房产交易中的质量监督，保护消费者的利益，监督相关合同的执行，维护双方的合法权利和义务。贯彻执行国家的有关土地政策，严格监督土地征用、开发以及土地有偿转让使用的活动，一切属于国家享有的土地收益，须全部上缴国库，维护国家对城镇土地所有权不受侵害，保护国家利益。

1991年，来宾市境域开始进行房地产交易。当年来宾县房产交易3宗，交易金额172万元。1992年，中共来宾县委员会、县人民政府贯彻落实《中华人民共和国城镇国有土地使用权出让和转让暂行条例》《广西壮族自治区人民政府关于开展清理整顿划拨土地使用权自发进入市场工作的通知》精神，制定出台《来宾县城镇国有土地使用权出让和转让的暂行规定》《来宾县人民政府关于在全县范围内开展清理整顿土地市场工作的暂行规定》,做好房地产交易管理工作。1994—2005年,象州县共办理房地产交易登记面积18.81万平方米,办理房屋他项(抵押)登记面积134.49万平方米、登记抵押贷款29335.73万元。1995年8月,武宣县成立房地产交易管理所,1996年,武宣县始出售公产房。2000—2005年,武宣县房地产交易的数量(不含开发商出售的商品房)分别是37宗、23宗、14宗、26宗、16宗、28宗。至2005年,忻城县推动住房制度转型进入流通领域,每年约有50套已购公有住房上市交易。从机关单位中出售公有住房共1809套,建筑面积12万多平方米。1988—2005年,金秀瑶族自治县共完成房产交易、转让登记1455宗,业务收入977.3万元。至2005年合山市累计房产交易2160起,交易额12096万元。出售公房6350套,38.1万平方米;出售私房1750套,42.73平方米。

从1991年—2005年12月,兴宾区共办理房地产买卖1493宗、交易额为17338.68万元。

表5-1 1991—2005年兴宾区(来宾县)房产交易情况统计表

年度	交易宗数	交易价值(万元)	年度	交易宗数	交易价值(万元)
1991	3	172	1999	25	394.00
1992	7	184	2000	43	578.00
1993	8	212	2001	68	601.38
1994	11	278	2002	138	2531.41
1995	20	473	2003	339	5085.00
1996	23	503	2004	450	2894.89
1997	21	454	2005	320	3200.00
1998	27	494	合计	1493	17338.68

来宾市随着经济的不断发展和城市建设的扩大,商品房的开发建设逐渐增多,房产交易业务来断扩大。2003—2005年,全市房地产交易1989宗,交易额4.35亿元。

2003年,来宾市商品房销售面积2.86万平方米,销售金额3.72亿元,商品房的平均售价为1300元/平方米。严格商品房预售许可制度,严厉打击虚假和不规范广告行为,加强商品房合同管理,打击合同欺诈行为。全年发放商品房预售许可项目2个,建筑面积4.31万平方米。全市房产交易494宗,交易额3160万元。

2004年,全市商品房销售面积2.30万平方米,销售平均价格1300元/平方米,销售收入2984万元。商品房开发主管部门加强对房地产开发建设的管理,严格房地产开发的项目资本制度和项目手册制度,严格商品房的预售和销售管理,执行商品房预售许可制度,当年核发商品房预售许可面积9.29万平方米。全市房地产交易626宗,交易额5352万元。

2005年,全市批准预售商品房建筑面积31.50万平方米,商品房销售面积22.45万平方米,售房合同额5.23亿元,全市商品房均价为1000元/平方米,市区商品房均价为1400元/平方米左右,与上年度同比增长约8%。全市房地产交易869宗,交易额6504.9万元,为财政收缴契税81.4万元。

房地产价格评估

中华人民共和国成立前,境内房地产价格由买卖双方商定,没有专门机构和专门人员评估。改革开放后,随着市场经济的不断发展,房地产价格和其他商品价格一样,都是价值的货币表现形式。房地产产品的出售价格就是一次出卖产品的使用价值,实现其交换价值包括造价和销售费用和利润总额。随着社会主义市场经济体系的不断完善和社会经济的快速发展,房地产评估工作也随经济增长逐年增加。2001年,兴宾区共进行房地产价格评估1400宗,评估价值106662万元,比1991年评估宗数增1379宗,增长65.67倍,评估价值增加106156万元,增长209.79倍。1991—2005年,兴宾区共进行房地产价格评估8130宗,评估价值为355861万元。

表 5-2　1991—2005 年兴宾区(来宾县)房地产评估情况统计表

年度	宗数	价值(万元)	年度	宗数	价值(万元)
1991	21	506	1999	323	9034
1992	98	1944	2000	143	6300
1993	108	2193	2001	1400	106662
1994	149	4274	2002	932	63500
1995	198	4352	2003	1089	17000
1996	245	6273	2004	1407	58554
1997	264	7562	2005	1475	59743
1998	278	7964	合计	8130	355861

2003 年,来宾市为加强对房地产市场估价工作的管理,保障国家、集体和个人的合法权益,促进房地产市场的健康发展,根据桂建字〔1992〕第 28 号“转发建设部《城市房地产市场价格管理暂行办法》的通知”精神,市房产管理局认真按照上级文件精神,做好全市房地产评估工作。

2004 年,全市共进行房地产价格评估项目 6033 个,估价总建筑面积 157.35 万平方米,评估总价值 8.367 亿元。2005 年全市房地产中介服务市场发展势头良好。全市共有房地产评估机构 5 家,专职估价人员 34 人,注册资金 59 万元,全年完成房地产评估 2247 宗,评估值 8.75 亿元。

房地产抵押登记

来宾市房产管理局根据 1995 年 3 月 2 日建设部,中国人民银行《关于加强与银行贷款业务相关的房地产抵押和评估管理工作的通知》《中华人民共和国城市房地产管理法》及相关法律、法规的规定,为加强与金融部门贷款业务相关的房地产抵押和评估管理工作,发挥房产抵押对于银行贷款的担保作用,保护抵押人和抵押权的合法权益,方便银行办理各项以房产作为抵押的贷款业务,市房产管理局根据上级有关要求,为切实搞好房地产抵押登记工作,保证其真实性和有效性,要求房地产抵押当事人在签订书面抵押合同书之前,必须持相关证件到房地产管理所检验,经房地产管理部门依法对抵押物严格审查合格后方有效。

来宾县从 1998 年开始办理房产抵押登记业务,县房地产管理所与金融部门密切配合,进行房产抵押评估登记,全年评估登记房产抵押 164 宗,抵押金额达 1129.96 万元。1999 年,全年进行房地产抵押登记(含商品房预登记)432 宗、价值 2454.5 万元。随着经济和社会的发展,社会主义市场经济体系不断健全和完善,房地产交易市场活跃,房地产抵押登记担保作为一种有效的担保形式,已被越来越多的人所接受和应用。到县房地产管理所进行房地产抵押登记的人越来越多,房产抵押登记直线上升。2001 年共进行房产抵押登记 2921 宗(含商品房预登记),价值 14543.1 万元,比 1998 年分别增加 2757 宗和 13413.14 万元,增长 16.81 倍和 11.87 倍。至 2002 年 6 月 30 日,共进行房地产抵押登记(含商品房贷款预登记)1178 宗,抵押贷款总值为 9484.2 万元。县房地产管理所从 1998—2002 年,累计进行房地产抵押登记(含商品房贷款预登记)5054 宗,抵押贷款总值 47868.78 万元。

2003 年,来宾市共进行房产抵押登记 4013 宗(含商品房预登记),价值 4.44 亿元。2004 年共进行房地产抵押登记(含商品房贷款预登记)3998 宗,抵押金额总值为 5.28 亿元。2005 年共进行房地产抵押登记(含商品房贷款预登记)4309 宗,抵押金额 6.53 亿元。

第四节　住房制度改革

1992 年,来宾市境域各县(市)先后成立县城镇住房制度改革领导机构,制定政策方案和措施,开始推行城镇住房制度改革工作。把原住房建设投资、分配、维修、管理全部由国家、单位统包的旧体制改变为国家、单位、个人合理负担社会化、专业化运行的新体制。在城镇范围内开始实施住房制度改革,即提租发补贴、按标准价出售公有住房、建立住房公积金等一系列配套改革。由此迈开了住房商品化的步伐。

住房公积金制度

从1993年起，来宾市境域各县（市）始实行住房公积金制度，购买住房的职工（不含离退休职工），按基本工资5%交纳住房公积金。1995年，住房公积金按干部职工基本工资6%交纳。

住房公积金归集管理 1993年，来宾县实行住房公积金制度的单位95个，占应建立公积金单位52.2%，归集住房公积金121.31万元。当年的各项住房资金按规定全部缴入县住房资金管理中心。合山市通过建立住房公积金制度，参加缴存公积金人数2498人，缴存累计金额131万元，使全市城镇住房制度改革工作初见成效。1994年，来宾县归集住房公积金187.4万元。1995年，来宾县归集公积金290.3万元。1996年，来宾县归集住房公积金501万元。1997年，来宾县归集住房公积金300万元。1998年，合山市归集住房公积金319万元。1999年，来宾县归集住房公积金410万元。2000年，来宾县归集住房公积金482万元。全县建立住房公积金的单位151个，人数15100人，累计归集公积金2628万元，职工领取个人公积金332万元，用于购、建、维修住房，为职工改善居住条件发挥了积极作用。2001年，来宾县归集住房公积金1553.39万元。2003年，兴宾区归集住房公积金2610.97万元（数据至2003年6月底止，此后交市级管理）。

2003年，来宾市住房公积金管理中心积极地开展住房公积金的管理工作，督促尚未缴存住房公积金的单位尽快、足额地缴存住房公积金，对条件好的单位（特别是中央和广西壮族自治区直属单位）提高缴存比例。年内，全市共完成住房公积金归集9784万元，完成广西壮族自治区下达任务的195.68%，超额完成4784万元，同比增长10%。其中市本级完成5533万元。市住房公积金管理中心根据城镇住房制度改革的目的和政策，继续做好职工全额集资建房工作，不断改善干部职工的住房条件。是年，市本级共取得其他住房资金收入9277万元，其中职工集资建房资金7510万元。在住房资金的回拨方面，坚持各种手续全部齐全后才予以办理资金回拨。年内，全市共回拨建房资金6363万元，取得收入394万元，实现纯收益229万元，其中市本级取得收入237万元，实现纯收益144万元。至2005年，全市参加住房公积金缴存的单位1074个，应参加住房公积金缴存职工人数10.10万人，实际参加职工人数为5.45万人，住房公积金覆盖率为54%，住房公积金的缴存率为5%~15%。

住房公积金个人贷款 2003年，利用住房公积金发放个人政策性住房贷款，同时继续加大对逾期借款和非住房建设借款的清理和催收力度，坚决杜绝非住房建设（购房）借款。年内，发放贷款户数37户，发放贷款总额386万元，全市共收回借款449万元，其中市本级收回333万元。截至年底止，全市共有住房资金借款余额7592万元，其中市本级3616万元，占全市的47.63%。至2005年底，全市共发放住房公积金个人贷款29636万元，发放户数4802户。其中：市本级18851万元；发放户数2875户。合山市管理部发放个人委托贷款额1973万元，发放户数273户；象州县发放个人委托贷款额3535万元，发放户数550户；忻城县发放个人委托贷款额1424万元，发放户数239户；金秀瑶族自治县发放个人委托贷款额1820万元，发放户数518户；武宣县发放个人委托贷款额2033万元，发放户数347户。

住房公积金增值经营 市住房公积金管理中心在保证住房公积金安全运营的前提下，尽可能地使资金保值增值，并加强对各县（市）管理部的业务指导和宏观管理，完善内部的各种管理制度，将各项经济指标分解下放到各县（市）管理部，监督各项指标的计划完成情况。至2005年，全市共提取贷款风险准备金1098万元。其中：市本级623万元、合山市150万元、金秀瑶族自治县83万元、武宣县94万元、象州县95万元、忻城县53万元。提取城市廉租住房建设补充资金687万元，其中：市本级476万元、合山市50万元、金秀瑶族自治县42万元、武宣县45万元、象州县45万元、忻城县29万元。

公有住房出售

1992年2月，来宾市境域住房制度改革之前，各县（市）直属单位的公有住房，分配给职工住宿的按月收租金，租金较低，租金均在每平方米0.05元至0.10元。

1993年1月，来宾市境域实施住房制度改革，各单位出售住房，每月按1990年的基本工资5%给房租补贴。1995年，按基本工资6%给房租补贴，未购买住房的职工仍然交纳住房租金，1993年每平方米0.4元。1994—1995年，每平方米0.9元。

1992年4月，合山市成立城镇住房制度改革领导小组办公室。经过近一年的调查研究、广泛宣传、反复修改，1992年底制定《合山市城镇住房制度改革实施方案》及《合山市调整城镇住房租金的暂行办法》等7个配套政策，并于1993年3月正式在全市城镇范围内开始实施住房制度改革，即提租发补贴、按标准价出售公有住房、建立住房公积金等一系列配套改革。由此迈开了住房商品化的步伐。经过一系列的改革措施，合山市通过以标准价出售公有住房1571套，面积8.1万平方米，收回原投入的建房资金514万元。同年6月，来宾县成立县城镇住房制度改革领导小组办公室。7—10月，来宾县组织力量对县城镇住房基本情况进行调查，据调查县城应参加房改的单位共171个，其中行政事业单位74个，自收自支企业单位97个，共13095户，常住人口42085人，职工总数17152人，其中在职职工13204人，离退休职工3948人，住房拥有量616014.86平方米，其中成套楼房453407.76平方米，非成套楼房59999.50平方米，平房102607.60平方米。使用面积462011.15平方米，人均11平方米，其中成套房5465套，成套率45.92%，住平房（含非成套楼房）6436户，缺房874户，住私房320户。12月根据调查数据及时制定《来宾县住房制度改革实施方案》及9个配套方案，方案围绕以出售公有住房为突破口，抓好单位职工合作全额集资建住房和经济适用住房建设，建立住房公积金制度，提高住房租金力度，归集管理各项住房资金，停止单位建公有住房分配，逐步实行住房分配货币化。

1993年，来宾县逐步完善城镇住房制度改革配套方案，进一步推动城镇住房制度改革工作，全县有42个单位以标准价出售公有住房172栋，2894套，总面积183743.69平方米，收回房款3307.39万元，将回收售房款投入1123万元再建住房，实现住房资金良性循环，解决职工的住房困难。1994年，来宾县进一步完善城镇住房制度改革方案，大胆提出全额集资建住房。当年有12个单位以标准价出售公有住房17栋，290套，建筑面积1.85万平方米，收回房款333.72万元，收住房租金7.5万元，同时为解决职工住房困难，将回收的售房款投资1732万元建设新的职工住房，实现住房资金良性循环。来宾县被广西壮族自治区城镇住房制度改革工作领导小组评为先进县。

1995年，合山市开始对原以标准价购房进行产权比例计算，并发动干部职工由购买住房部分产权向全部产权过度，通过此项措施，至1997年底共完成部分产权向全产权过渡及出售旧公有住房1686套，9.05万平方米，收回原财政及企业投入的建房资金近1700万元。至此合山市直属机关、事业单位基本实现了由原来的住房实物分配制度向货币化分配制度转变。来宾县出售公有住房一律实行成本价，原按标准价出售的公有住房，全部衔接按成本价测算产权比例，补交足房价款和差额部分的利息后，办全产权房产证，当年按成本价出售公有住房7栋，119套，建筑面积8657.47平方米，收回房款166.67万元。按成本价重新测算原标准价售房3184套，收补交足房款818.43万元，当年将收回的售房款投入1229万元再建住房，解决职工住房困难。至1995年末，来宾县直属单位出售住宅3303套，建筑面积21.09万平方米，价款收入3807.78万元。

1996年，来宾县按成本价出售公有住房20栋，325套，建筑面积30310.98平方米，收回售房款455.20万元，当年将售房款投入983万元再建住房，解决职工住房困难。职工全额集资8栋，135套住房，建筑面积10655.98平方米，投资354.87万元。

1997年，来宾县贯彻落实上级会议精神，进一步加大住房制度改革力度，并在全县开展清理纠正领导干部违反规定建房、住房、购房、公款超标准装修住房等问题，结果203人按政策购买房改房，33人租住房子，34人自建私房，占地2363平方米，4人购买商品房，68人参加单位全额集资建住房，且有10人按住房制度改革政策规定退出原购公有住房，未发现领导干部存在违反“八个不准”规定建房、住房问题。当年按成本价出售公有住房11栋，235套，建筑面积10105平方米，收回房款329.14万元，当年将售房款投入335万元再建住房，解决职工住房困难。职工全额集资建住房11栋，220套，建筑面积19683.4平方米，投资859.65万元。

合山矿务局是合山市辖区内最大的老大难企业，大部分职工居住在20世纪60年代的破旧砖瓦房。也是合山市无房户、住房困难户最多的单位。由于该企业对住房制度改革意义认识不足，加上职工收入低等原因，一直未考虑实行住房制度改革来解决职工住房难及减轻企业负担问题。为了帮助该企业转变思想，1998年，实施《合山矿务局住房改革实施方案》。该企业通过实施住房制度改革出售公有住房3668套，面积18万平方米，收回建房投资2500万元。先后组织职工进行了三期集资建住房2875套，面积27.5万平方米。来宾县在全县所有单位进行住房普查登记。当年按成本价出售公有住房36栋，877套，建筑面积46477.5平方米，收回房款1228.33万元，当年将售房款投入1185万元再建住房，解决职工的住房困难。职工全额集资建住房32栋，562套，建筑面积 49030.92 平方米，投资 1725.96 万元。

1999 年，境内贯彻国务院国发〔1998〕23 号和广西壮族自治区人民政府桂政发〔1998〕63 号文件精神，停止新建公有住房实物分配，逐步实行住房分配货币化。同年 7 月《合山市进一步深化城镇住房制度改革加快住房建设实施方案》经广西壮族自治区住房制度改革委员会批复实施，通过回拨售房款方式使售房单位新建 329 套住房解决无房户职工的住房问题。通过发放住房工龄补贴 153 万元，让一些职工通过市场解决自身住房问题。并先后开发建设了 103 套，面积 0.82 万平方米的安居房，批准和鼓励单位利用自有空闲地组织职工集资建住房 523 套，面积 5.8 万平方米，有效地缓解了合山市财政紧张和干部职工的住房难问题。合山市通过住房制度改革，加快了住房建设，并取得了可喜成绩，解决和改善了 3500 多户 12000 多人的住房问题，使合山市的人均居住面积从住房制度改革前 6.5 平方米左右提高到 24 平方米左右。住房成套率也由 30% 提高到 70%。来宾县按成本价出售公有住房 7 栋 115 套，建筑面积 9300.3 平方米。收回房款 161.07 万元，职工全额集资建住房 22 栋 357 套，建筑面积 32613.14 平方米，投资 1073.3 万元，测算发放无房户住房工龄补贴 3 个单位 19 人，住房补贴金额 6.29 万元。

2000 年，来宾县转发广西壮族自治区人民政府办公厅《关于印发制止和纠正城镇住房制度改革中违纪违规行为意见的通知》和转发柳州地区住房制度改革委员会批复来宾县乡镇住房制度改革实施方案的通知，当年在实施住房制度改革中对 50 个单位 571 套住房违纪违规超标准面积进行按市场价测算补交房款 54.64 万元。同时在乡镇开始实施住房制度改革，按成本价出售公有住房 21 栋，308 套，建筑面积 12244 平方米，单位收回房款 431.39 万元。此外，还在县城职工全额集资建住房 33 栋 810 套，建筑面积 72470.70 平方米，投资 3165.09 万元。测算发放无房户住房工龄补贴 12 个单位，132 人，补贴金额 40.83 万元。至年底，来宾县累计出售公有住房 5607 套，建筑面积 34.25 万平方米，占应出售公有住房的 97.90%，累计建设住房 4189 套，建筑面积 37.70 万平方米，投资 16328 万元，其中利用售房款 2786 万元，职工集资 12749 万元，经济适用住房投资 793 万元，县城居民人均住房面积由住房制度改革前的 6 平方米增加到 2000 年的 14.07 平方米。

2001 年，来宾县根据《广西壮族自治区已购公有住房上市交易暂行办法》的规定，印发《来宾县已购公有住房上市交易实施细则》，当年已购房改房上市交易 56 套。同时按成本价出售公有住房 16 栋，210 套，建筑面积 9808.25 平方米，单位收回房款 294.13 万元。职工全额集资建住房 61 栋，1006 套，建筑面积 109697.96 平方米，投资 4791.02 万元，测算无房户住房工龄补贴 20 个单位共 358 人，补贴金额 99.70 万元。

2002 年，来宾县人民政府批转《来宾县住房制度改革委员会关于住房制度改革中有关问题的处理意见的通知》，明确离退休职工住房制度改革后领取房屋修缮费的问题和 2002 年政府机构改革中提前退休职工住房公积金继续缴存至法定年龄退休止。当年，按成本价出售公有住房 5 栋 120 套，建筑面积 7800 平方米，单位收回房款 280.8 万元。职工全额集资建住房 99 栋 1824 套，建筑面积 193764.59 平方米，投资 955.49 万元，归集住房公积金 2196 万元，办理房改房上市交易 193 套(含抵押贷款)。

2003 年，兴宾区按成本价出售公有住房 4 栋 26 套，建筑面积 1649.92 平方米，单位收回房款 49.27 万元。职工全额集资建住房 80 栋 1644 套，建筑面积 175178.58 平方米，投资 9401.61 万元，办理房改房交易 450 套(含抵押贷款手续)。测算无房户住房工龄补贴 1 个单位，职工 1 人，补贴金额 2536.00 元。

从 1993—2005 年，兴宾区(来宾县)贯彻落实国务院和自治区有关城镇住房制度改革文件，制定区(县)住房制度改革实施细则和配套方案，开展住房制度改革各项工作，取得显著成效。累计有 171 个单位归集住房公积金 8970.47 万元(数据至 2003 年 6 月止，此后归市级管理)，住房租金 20 万元，有 61 个单位 739 户交超标面积差价房款 63.85 万元，测算无房户住房工龄补贴 41 个单位 560 人，补贴金额 167.65 万元；按成本价出售公有住房 99 个单位 427 栋，7767 套住房，建筑面积 50.56 万平方米，收回售房款 1.29 亿元，将收回售房款用于再建住房投入 6587 万元，解决职工住房困难。职工合作全额集资建住房 142 个单位，建房 536 栋 10826 套住房，建筑面积 113.30 万平方米，投资 5.66 亿元，人均居住住房面积由 1992 年 11 平方米提高到 2005 年 30 平方米，缓解了城镇居民住房紧张局面。

经济适用房建设

1992 年，来宾市境域始实施经济适用房建设。是年 12 月，来宾县根据调查数据及时制定《来宾县住房制度改革实施方案》及 9 个配套方案，方案围绕以出售公有住房为突破口，抓好单位职工合作全额集资建住房和经济适用住房建设。2000年，来宾县经济适用住房投资793万元。

2004年，来宾市根据国务院和广西壮族自治区关于加快住房建设，进一步深化住房制度改革的相关文件精神，制定《来宾市住房制度改革方案》《来宾市经济适用住房管理办法》和《来宾市市场运作方式建设住房管理办法》，用以指导全市住房制度改革，规范住房制度改革工作。市人民政府及各县（市、区）人民政府，认真组织经济适用住房开发建设，切实加强对经济适用住房的开发建设、出售的管理，制定经济适用住房开发的扶持措施和办法，采取行政划拨方式供应建设用地，规范相关税费，经济适用住房的出售价格实行政府指导价，按以销定建、保本微利的原则确定。启动经济适用住房建设工程。第一期工程规划用地14711平方米，建筑总面积2.96万平方米，总投资2600万元，建设经济适用住房328套；第二期工程规划占地面积7.33公顷。在政府启动经济适用住房建设的同时，鼓励单位利用自有土地，组织职工开展全额集资建房，全市已有24个单位职工全额集资建房项目获得批准，共建设住房2399套，建筑面积33.3万平方米，计划总投资1.07亿元。此外，来宾市根据广西壮族自治区关于市场运作方式建设住房的政策，充分利用单位自有土地资源，改善职工住房条件，开展市场运作方式建设住房的试点工作。已有广西盐业公司来宾分公司、来宾市公安局交通警察支队用市场运作方式建设住房方案获广西壮族自治区住房制度改革委员会批准，共建住房210套，建筑总面积3.45万平方米，计划总投资2541万元。当年，市建设与规划委员会制订《来宾市城区最低收入家庭廉租住房管理办法》《来宾市城区最低收入家庭廉租住房管理办法实施方案》《来宾市城区廉租住房资金管理办法》《来宾市城区最低收入家庭住房档案管理办法》《来宾市城区廉租住房租赁补贴发放管理若干规定》等相关制度。会同民政局、房产管理局、街道社区等部门完成城镇最低收入家庭住房情况调查，建立住房困难家庭档案，明确廉租住房工作目标及发展规划。

2005年，市人民政府委托市住房制度改革委员会办公室负责建设来宾市经济适用住房一期工程，项目总投资2600万元，规划用地面积14711平方米，道路用地面积4414.5平方米；总建筑面积2.96万平方米，其中：住宅建筑面积2.82万平方米，商业建筑面积1377平方米，架空层面积2527平方米；建筑占地面积4214.18平方米；容积率：1.79；绿化率：43%；总户数328户，其中：87.8平方米户型168户，63.8平方米户型328户。于当年11月28日全部通过验收，是年12月8日开始全面交付住户。

集资建房

1992年，来宾市境域实施住房制度改革后，逐步实施职工全额集资建房工作。1994年，来宾县进一步完善城镇住房制度改革方案，大胆提出全额集资建住房。1995年，来宾县通过出售公有住房、收集公积金等措施，不断改善职工住房条件，全年通过职工全额集资建设楼房1栋12套，建筑面积1281.44平方米，投资44.01万元。1996年，来宾县职工全额集资8栋135套住房，建筑面积10655.98平方米，投资354.87万元。

1997年，来宾市境域贯彻落实上级会议精神，进一步加大住房改革制度力度，开展清理纠正领导干部违反规定建房、住房、购房、公款超标准装修住房等问题。来宾县经清理，有203人按政策购买房改房，33人租住房子，34人自建私房，占地2363平方米，4人购买商品房，68人参加单位全额集资建住房，有10人按住房制度改革政策规定退出原购公有住房，未发现领导干部存在违反“八个不准”规定建房、住房问题。当年为解决职工住房困难，全县职工全额集资建住房11栋220套，建筑面积19683.4平方米，投资859.65万元。1998年，来宾县职工全额集资建住房32栋562套，建筑面积49030.92平方米，投资1725.96万元。1999年，来宾县职工全额集资建住房22栋357套，建筑面积32613.14平方米，投资1073.3万元，测算发放无房户住房工龄补贴3个单位19人，住房补贴金额6.29万元。

2000年，来宾市境域转发广西壮族自治区人民政府办公厅《关于印发制止和纠正城镇住房制度改革中违纪违规行为意见的通知》，加强纠正城镇住房制度改革中违纪违规行为。来宾县在实施房改中对50个单位571套住房违纪违规超标准面积进行按市场价测算补交房款54.64万元。在县城职工全额集资建住房33栋810套，建筑面积72470.70平方米，投资3165.09万元。测算发放无房户住房工龄补贴12个单位，132人，补贴金额40.83万元。至年底，来宾县累计建设住房4189套，建筑面积37.70万平方米，投资16328万元，其中利用售房款2786万元，职工集资12749万元，经济适用住房投资793万元，为职工改善居住条件发挥了积极作用。2001年，来宾县职工全额集资建住房61栋，1006套，建筑面积109697.96平方米，投资4791.02万元，测算无房户住房工龄补贴20个单位358人，补贴金额99.70万元。2002年，来宾县职工全额集资建住房99栋1824套，建筑面积193764.59平方米，投资955.49万元。2003年，兴宾区职工全额集资建住房80栋，1644套，建筑面积175178.58平方米，投资9401.61万元。2003年后，无集资建房，全部实行商品房销售。

第六章　环境保护

中华人民共和国成立后，来宾市境内冶炼、电力、建材、食品、造纸、制糖等配套发展的工业基地逐步形成。经济发展，能耗增大，同时环境污染也随之增加。

1974年起，来宾市境内各县（市）紧跟广西壮族自治区步伐，开拓环境保护工作事业，至1983年底，境内各县（市）成立环境保护机构，来宾市环境保护专业队伍初步形成。这一时期，来宾市做了大量环境保护工作，积极宣传环境保护法律法规和环境保护知识；开展水、大气、声学环境质量调查；加强环境管理，处理好“三废”（废水、废气、废渣），围绕“三同时”（指一切新建、扩建和改建项目与技术改造项目的有关防治污染和其他公害的措施必须与主体工程同时设计、同时施工、同时投产使用）、环境影响评价、排污收费等多项环境保护管理制度开展，征收排污管理费等，环境保护工作初见成效，但全民环境保护意识尚不够强，每年用于环境治理的资金还较少，管理上执法力度还不够大，至2005年，市区尚未建有生活垃圾综合利用的处理设施，全市水环境、大气环境和声学环境均有待于进一步提高。

1984年起，来宾市境内各县（市）陆续成立环境保护委员会。

1984年后，来宾市境内环保工作在广西壮族自治区环境保护部门的指导下不断治理整顿和深化改革，取得了较大进展。

2002年12月28日来宾市成立，来宾市环境保护局随后成立，管辖来宾市辖区内各县（市、区）环境保护局。

2003—2005年，来宾市环境保护事业不断深入推进，全市生态环境明显改善。但由于来宾市境内交通便利，铁路、公路、水路运输繁忙，机动车辆和非机动车辆逐年增多，餐饮服务业、娱乐业、建筑业以及电力、建材、食品、造纸、制糖等工业快速发展，生产管理不够完善，城乡环境污染呈逐年加大趋势，“三废”（废水、废气、废渣）相应增多。2005年，全市工业废水排放量2.97亿吨，工业废气排放量941.74亿立方米，工业固体废弃物产生量506.16万吨。

第一节　机　构

市环境保护局

2002年12月28日，来宾市环境保护局成立，原来宾县环境保护局并入来宾市环境保护局，正处级单位。内设办公室、监督管理科、污染控制科、自然保护科、宣传法规科，核定编制14人，其中行政编制13人，事业编制1人。下设来宾市环境监察支队、来宾市环境保护监测站、来宾市环境保护科学研究所。

2005年，来宾市环境保护局内设办公室、监督管理科、污染控制科、自然保护科、宣传法规科，核定编制19人，其中行政编制19人。下设来宾市环境监察支队、来宾市环境保护监测站、来宾市环境保护科学研究所3个二层单位。年末，职工总人数170人。

历任局长：黄鹏飞（2002年12月—2005年12月）。

县（市）环境保护机构

20世纪80年代后，来宾市境内各县（市）成立环境保护机构，逐步开展环境保护工作。1984年，金秀瑶族自治县基建局改称城乡建设环境保护局。1984年，象州县城乡建设环境保护局有2名环保干部，专司环境保护监测与管理。1987年，成立金秀瑶族自治县环境保护办公室。1989年，武宣县环境保护办公室成立。1990年，来宾县、象州县、金秀瑶族自治县、武宣县成立环境保护委员会，配专职干部，专管环境保护工作。1991年2月23日，合山市环境保护委员会成立。忻城县环境保护办公室成立（不定级格），属事业单位，定编2人。1995年，环境保护机构称环境保护局。至1996年，合山市、来宾县、象州县、武宣县、忻城县等县（市）成立环境保护局，金秀瑶族自治县设立环境保护办公室。1997年机构改革后，各县（市）保留环境保护局机构，由行政单位改为政府直属事业单位，内设机构2~3个，人员编制4~9人不等。来宾县下设环境保护监测站和环境保护监理所 2 个二层机构。

1997 年，来宾市境内实施机构改革，各县（市）仍保留环境保护机构。1998 年，金秀瑶族自治县环境保护办公室改称环境保护局。

2001—2002 年，来宾市继续实施党政机关机构改革工作，在机关改革中，环境保护局由行政职能改为政府直属事业单位。内设机构 3~4 个，人员编制 6~9 人。2001 年，来宾县人民政府办公室印发《来宾县环境保护局职能配置、内设机构和人员编制规定》，保留县环境保护局。根据机构职能，县环境保护局内设办公室、监督管理股和污染法规股 3 个股室，二层机构设环境保护监测站和环境保护监理所。核定县环境保护局机关编制 9 名，其中行政编制 5 名，机关后勤服务事业编制 3 名，事业编制 1 名；领导职数 3 名，局长 1 名，副局长 2 名。人员编制由 1988 年 4 人增加到 2002 年末 46 人，业务人员由 3 人增至 25 人，其中获中级职称 14 人。2002 年 12 月 28 日，撤销柳州地区成立来宾市后，来宾县环境保护局整体上划来宾市环境保护局。

2001 年，忻城县环境保护局改为县人民政府直属事业单位，内设环境管理股、环境监理股。定编 6 人，领导职数设局长 1 名、副局长 2 名。2002 年，忻城县环境保护局机关内设办公室、监督管理股、污染控制和政策法规股等 3 个职能股（室），人员编制 6 名，其中行政编制人员 3 名、事业编制 3 名。

2003 年后来宾市管辖兴宾区、象州县、武宣县、忻城县、金秀瑶族自治县，代管合山市（县级）。兴宾区不设环境保护机构，由来宾市环保局直接管辖；其他县（市）均设立环境保护局。至 2005 年不变。

市直属事业机构

来宾市环境保护监测站　1976 年 10 月 4 日，成立柳州地区环境保护监测站，单位性质为事业单位，编制暂定 4 人。从成立至 1980 年 10 月，没有配置站领导，直接由环境保护办公室管理。2002 年 12 月，成立来宾市环境保护监测站，隶属于来宾市环境保护局，并将原来宾县环境保护监测站部分人员划归来宾市环境保护监测站，编制增至 41 人。来宾市机构编制委员会重新确认单位性质为：独立法人资格的全民所有制社会公益性科学技术事业单位。业务上受广西壮族自治区环境监测中心站指导。在全国环境监测系统网络体系中属国家二级环境保护监测站。

1996 年 11 月通过广西壮族自治区技术监督局计量认证，通过计量认证时，持有上岗证的专业技术人员共 18 人，占职工总人数的 66.7%，共有 40 个监测分析项目。环境监测工作走上规范化、标准化轨道。2001 年 11 月通过广西壮族自治区技术监督局计量认证复查。

2003 年 7 月，环境保护科学研究所从环境保护监测站分设出来，成为独立的法人事业单位，环境保护监测站人员编制从 41 人减至 38 人。

2004 年来宾市环境保护监测站具备测试能力共有四类 105 项，其中：水（含降水）和废水 51 项，环境空气（含室内空气）和废气 29 项，土壤、底质、植物、固体废物等 19 项，噪声 6 项。持证上岗的技术人员共有 30 人，占职工总人数的 81.6%。

来宾市环境保护科学研究所　2003 年 7 月由来宾市机构编制委员会批准单设来宾市环境保护科学研究所，为来宾市环境保护局的二层机构，属自收自支的事业单位，从来宾市环境保护监测站连人带编调整划转 3 名事业编制，划转固定资产 38 万元。2003 年，有专业技术人员 6 人，2004 年增加到 11 人，其中大学学历 7 人，大专学历 4 人，占全所职工人数的 92%。2005 年专业技术人员人数增加到 14 人，其中大学学历 10 人，大专学历 4 人，占全所职工人数的 93%。高、中级职称人员占全所职工人数的 42%。

来宾市环境监察支队　其前身为来宾市环境保护监理所，自 2003 年 6 月经来宾市机构编制委员会批准成立，人员由原来宾县环境保护监理所原班人马上划组成，是来宾市环境保护局二层执法部门，对辖区内单位和个人开展环境监察执法活动：贯彻国家和地方环境保护的有关法律、法规、政策和规章；依据环境保护行政主管部门的委托依法对辖区内单位和个人执行环境保护法规的情况进行现场监督、检查，并按规定进行处理；负责污水、废气、固体废弃物、噪声、放射性物质等超标排污费和排污费的征收工作；负责排污费财务管理和排污费年度收支预、决算的编制以及排污费财务、统计报表的编报、汇审工作；负责对生态破坏事件的调查并参与处理；参与环境污染事故、纠纷的调查处理；负责辖区内环境监察人员的业务培训和业务指导，总结交流环境监察工作经验；承担主管或上级环境保护部门委托的其他工作任务。

来宾市环境监察支队编制数为 14 人，在编 14 人；其中干部 9 人，工人 5 人；大专学历 7 人，本科学历 4 人，中专学历为 3 人；主任科员 1 人，副科 1 人，副主任科员 2 人，科员 5 人；监察执法上岗证为 100%。支队科室内设办公室、监察室、征管室三个科室，担负着全市环境监察执法工作。

第二节　环境保护规划

综合规划

1995年，武宣县环境保护局编制《武宣县环境保护第九个五年计划和二〇一〇年规划》，提出2000年、2010年的环境保护总目标、总方针。

“九五”计划期间，武宣县环境保护总目标是：环境污染基本得到控制，自然生态环境恶化的趋势开始得到好转，努力做到环境保护、环境建设与国民经济的发展相协调。环境保护的总方针是：环境建设与经济建设、城乡建设同步规划，同步实现，同步发展，实现经济效益、社会效益和环境效益的统一。“九五”计划期末，废水排放总量控制在860吨，对冶金、化学、建材、食品、造纸工业行业制定了具体完成目标；废气排放总量控制在131000万标立方米，对冶金、化学、建材、食品、造纸工业行业制定了具体完成目标；工业固体废弃物产生量控制在283吨以内，综合利用率达70%。

1997年，合山市被国务院列为酸雨控制区，为有效地控制酸雨污染，合山市环境保护局编制《酸雨与二氧化硫污染控制综合防治规划》，并经合山人民政府颁布实施。

1999年，武宣县环境保护局编制《武宣县环境保护“十五”计划和2012年远景目标》，根据可持续发展战略提出2005年环境保护目标。

“十五”计划期间，环境保护目标是：全县环境污染得到基本控制，生态环境破坏状况减轻，县城区域和河流环境指标有明显改善；基本建立完善的环境管理体系和与社会主义市场经济体制相适应的环境政策法规体系，逐步加大环境整治力度，全面实施“54114”环境整治工程。全面巩固和提高“九五”计划期间“一控双达标”（污染物总量控制，工业污染物排放达到国家标准，空气和地面水按功能区达到国家规定的环境质量标准）成果。工业废水中的氰化物、砷、重金属有害物质排放总量比“九五”计划期末有所减少，烟尘、工业粉尘、二氧化硫、工业固体废弃物等污染物排放量与“九五”计划期末基本持平，增产不增污；黔江河主要水质标准达到二类标准；加快城镇环境基础设施建设，环境空气质量达到二类标准，地面水环境质量达到Ⅱ～Ⅲ类标准；县城生活垃圾得到有效处置；县城噪声环境质量按功能区分全部达标；全县森林覆盖率达40%（不含灌木林），积极开展矿山生态恢复与重建，大力发展生态农业，提高旅游环境质量。

“十五”计划环境保护主要指标分为环境质量、污染物总量控制、生态环境保护、城镇环境基础设施建设、环境管理能力、环境保护投资六类指标。

2003年7月，来宾市环境保护局在《柳州地区环境保护“十五”规划》的基础上，制订《来宾市环境保护“十五”计划及2010年主要指标规划》，环境保护规划分为近期和远期目标，近期目标即至2005年全面实施环境功能分区管理，深化城区环境综合整治工作，使城区环境污染得到有效控制，城区环境质量有较大改善；远期目标即至2010年，全市工业结构、建设布局趋向合理，各功能区环境质量全面达标，城区环境状况良好。制订《来宾市水环境功能区规划》《来宾市噪声环境功能区规划》及《来宾市酸雨污染控制综合防治规划》。调整修改《来宾市酸雨与二氧化硫污染控制综合防治规划》《来宾市环境保护局行政处罚操作规则》，同时还规范执法文书，环境行政执法已形成从现场监督，到立案调查、取证直至作出行政处罚、行政复议、申请强制执行及应诉的一整套规范化程序。

2004年，来宾市环境保护局印发《来宾市建设项目环境影响评价文件审批暂行规定》，草拟《来宾市烟尘控制区管理办法》。完成全市区域范围内主要河流的功能区划分，进行水环境容量测算核定工作，摸清全市主要河流水环境容量的基本情况，开展全市和城市区域范围内的大气环境容量测算核定工作。开展烟尘控制区规划，规划到“十一五”计划末期（2010年）市区烟尘控制区面积51.9平方千米，2004年首期建成区的烟尘控制区面积11.6平方千米。

2005年，来宾市环境保护局协助完成珠江流域广西规划区水污染防治规划，继续开展来宾市“十一五”期间环境保护规划，着手开展来宾市饮用水水源地环境保护规划和生态市建设规划。印发《来宾市排污许可证管理暂行办法》，草拟《来宾市环境噪声污染防治管理规定》《来宾市城区饮用水源保护区污染防治管理规定》，上报市人民政府审定。

专业性计划

1993年，武宣县开展黔江河流污染控制研究工作，11月完成，编制《武宣县黔江河流污染控制优化方案研究报告》，武宣县人民政府批准印发该研究报告（武政发〔1994〕92号）。

研究报告调查研究了武宣县江河水环境状况、现有污染源情况,分析了黔江河现污染状况和发展趋势,提出黔江水域功能区分水环境保护目标和水环境保护目标综合措施,研究实施对促进武宣县经济发展,加快水环境管理起到积极作用。

水环境保护目标措施主要有七点:1. 实行排污许可证制度;2. 促进重点污染源的污水治理;3. 加强乡镇企业的环境管理;4. 做好高功能水域保护;5. 严格执行新、改、扩建设工程的环境影响评价制度;6. 统一规划、合理布局、调整产业结构;7. 加强环境科学研究,完善环境监测制度。

环境保护计划

1998—2002 年,武宣县根据柳州地区行政公署发展计划局(或计划局)下达的柳州地区环境保护计划,分年度下达具体环境保护计划指标到各单位。

表 5-3 1997—2002 年武宣县环境保护计划表

项目		1997	1998	1998	2000	2001	2002
污染物总量控制	COD (吨)	9000.000	14870.0	6956.0	12240.0	11000.0	3196.0
	石油类(吨)	—	2.5	2.5	5.5	1.8	1.4
	工业废水中有毒污染物(吨)	0.072	0.1	0.7	0.2	0.1	0.1
	SO_2 (吨)	3000.000	2710.0	2250.0	2510.0	3000.0	674.0
	烟尘(吨)	300.000	2930.0	2679.0	2553.0	4000.0	1112.0
	工业粉尘(吨)	2200.000	4410.0	3992.8	3000.0	2400.0	304.5
	工业固体废物(吨)	10000.000	61000.0	10000.0	3000.0	10000.0	6900.0
节能量(吨标准煤)		—	2000.0	2000.0	—	—	—
节能电(万千瓦小时)		—	180.0	180.0	—	—	—
"三废"综合利用产值(万元)		—	1570.0	1280.0	—	—	—
工业废水处理率(%)		—	45.0	90.0	—	—	—
工业废水处理率(%)		—	12.0	90.0	—	—	—
工业废水排放达标率(%)		—	12.0	10.0	—	—	—
工业固体废物综合治理率(%)		—	75.0	30.0	—	—	—

第三节 环境质量

水环境

来宾市境内主要河流有:红水河、清水河、柳江河、黔江等。各江河水环境质量评价:1996—2001 年,按照国家环境保护总局制定的 GB3838—88《地面水环境质量标准》的二类水质为标准进行评价。

表 5-4 1997—2002 年来宾市境内江河水环境质量

江河 \ 名称	县域名称	监测点数	获取监测数据	监测项目数	监测年限及水质类别 1997	1998	1999	2000	2001	2002
柳江	金秀瑶族自治县	2	216	18	四级	二级	三级	四级	四级	四级
	象州县	3	324	18	一级	二级	三级	三级	四级	三级
红水河	忻城县	2	264	22	二级	二级	二级	二级	四级	四级
	合山县	1	120	20	二级	二级	二级	二级	二级	三级
	来宾县	2	264	22	二级	四级	二级	二级	三级	四级
黔江	武宣县	2	216	20	二级	二级	二级	二级	四级	四级

2003—2005年，根据来宾市规划和所管辖的行政区域范围，江河水环境监测断面进行重新调整，调整后的来宾市江河水质监测有柳江、红水河、黔江。全市各江河流域水环境质量评价：全市各江河流域水环境质量评价按照国家环境保护总局制定的GB3838-2002《地表水环境质量标准》的二类水质为基准进行评价。据2004年1、4、7三个月来宾市环境监测站对辖区内的红水河垒亭、车渡和黔江的大陆洲三个自治区级监控断面进行枯、平、丰三个水期水质监测结果，市辖区内地表水水质达到GB3828-2002《地表水环境质量标准》三类标准，符合水质控制目标要求（三类）。平水期水质劣于丰水期和枯水期水质，与上年相比枯水期和平水期水质有所下降。

表5-5 2003—2005年来宾市水环境质量情况

江河名称	断面名称	年份	水质类别	主要污染因子
红水河	红河车渡	2003年	二级	总磷
		2004年	三级	氨氮
		2005年	三级	
	忻城垒亭	2003年	二级	总磷
		2004年	三级	氨氮
		2005年	二级	
	合山马安	2005年	三级	
黔江	武宣大陆洲	2003年	二级	总磷
		2004年	三级	氨氮
		2005年	二级	

地表水 来宾市境内地表水环境主要是江河水环境，主要江河（含流经）有红水河、柳江和黔江。

红水河发源于云南省沾益县马雄山，流经广西的西林、隆林、田林、乐业、天峨、南丹、东兰、巴马、都安、马山、忻城、来宾等县，至象州县石龙镇三江口与柳江汇合后称为黔江。

1972年，红水河水质较好。1973年，各断面酸碱度，溶解氧、化学需氧量、氨氮、亚硝酸盐氮、硝酸盐氨浓度等监测项目均符合生活饮用水卫生标准；挥发酚、氰化物、汞、砷、六价铬、铅等污染物多数未检出，有的只检出极少量。1974年，全部监测项目均符合生活饮用水卫生标准。1975年，在天峨河段检出酚、汞、砷、铬、铅等污染物，汞浓度最高，超标率达27.8%，最高超标4倍，其余项目均符合生活饮用水卫生标准。1976年，水质良好，全部监测项目均符合生活饮用水卫生标准。1978年，天峨河段受到汞和有机物污染，汞超标率达66.7%，化学需氧量超标率33.33%。1979年，枯水期和丰水期汞浓度均超标，超标率分别为5%和11.1%，酚超标率为12.5%。1980年，每日排入红水河的工业废水为71.7万吨，但水质良好，全部监测项目均符合生活饮用水卫生标准。1981年，个别断面酸碱度为8.7，悬浮物浓度平均值为264.6毫克每升，氨氮浓度较高，镉超标率为1.7%。1982年，有18.8%的水样酸碱度超过8.5，其余监测项目均符合生活饮用水卫生标准，水质良好。1983年，悬浮物浓度平均值达619.1毫克每升，最高值为834毫克每升，溶解氧浓度为4.4~10.9毫克每升。1984年，3个断面中有2个断面化学需氧量较高，平均值为5.38毫克每升和4.80毫克每升，最高达10.30毫克每升。1985年，受到有机物污染，上游的天峨县两个断面丰水期化学需氧量浓度分别达11.80毫克每升和19.40毫克每升。1986—1989年，除受到有机物的轻度污染外，其余水质保持在稳定状态。

从1990—1995年，红水河的水质从一级降至二级，污染趋势逐年上升，主要表现为高锰酸盐指数升高。

表5-6 1990—1995年红水河来宾监测断面水质情况表

年份	水质指数	水质级别	污染程度	超标的监测项目
1990	2.44	一级	清洁	无
1991	2.48	一级	清洁	无

续表

年份	水质指数	水质级别	污染程度	超标的监测项目
1992	2.67	二级	轻污染	高锰盐钾
1993	2.43	二级	轻污染	高锰盐钾
1994	2.48	二级	轻污染	高锰盐钾
1995	1.72	二级	轻污染	高锰盐钾

2002—2005年，来宾市江河水质监测进行优化布点，并入广西壮族自治区执行网络化管理。广西壮族自治区优化控制断面在来宾市行政辖区内的有：红水河、黔江；在市辖区内柳江流域只有县监测断面，广西壮族自治区环境保护局没有设置控制断面。为便于与广西壮族自治区环境保护局对江河水质统一管理的一致性，江河水环境质量水质评价，以广西壮族自治区优化控制断面为基准。2003年，来宾市对辖区内柳江、黔江、红水河等3条主要河流进行了枯、平、丰三个水期的水质监测，其中广西壮族自治区控断面3个、县(市)控断面14个，每个水期在一周内采样两次，全年开展25个水质监测项目，共获取有效监测数据2652个。

2005年，来宾市市环境保护局对辖区内柳江、黔江、红水河等3条主要河流进行了单月(1、3、5、7、9月)水质监测，其中广西壮族自治区控制断面3个，县(市)控制断面13个，每次采样1天，29个水质监测项目，1—10月份共获取有效监测数据2320个。广西壮族自治区环境保护局在来宾市行政辖区内的红水河增加马安控制断面。

表5-7 2002—2005年来宾市境内江河水环境质量情况表

年份	断面名称	水质类别		
		枯水期	平水期	丰水期
2002	车渡(区控断面)	一级	四级(超标因子:总磷)	一级
	来宾水厂	一级	一级	三级
2003	车渡(区控断面)	三级	三级	二级
	来宾水厂	三级	三级	二级
	来宾电厂取水口	一级	三级	二级
	城厢渡口	一级	三级	二级
2004	车渡(区控断面)	三级	四级(超标因子:氨氮)	三级
	迁江大桥	三级	四级(超标因子:氨氮)	四级(超标因子:氨氮)
	来宾水厂(饮用水水源地)	三级	四级(超标因子:氨氮)	三级
	桥巩	三级	三级	三级
2005	车渡(区控断面)	二级	二级	三级
	迁江大桥	二级	二级	三级
	来宾水厂	三级	二级	三级
	桥巩	二级	二级	三级

红水河从象州县石龙镇三江口与柳江汇合后为黔江。

1972年，除个别河段受到有机物污染外，水质总体良好。1973年和1974年没有进行监测。1975年，全部监测项目均符合生活饮用水卫生标准，水质良好。1976年没有进行监测。1977年，除有一份水样砷浓度超标和检出硫化物外，其余均符合生活饮用水卫生标准。1978年，除一份水样汞浓度超标外，其余均符合生活饮用水卫生标准。1979年，镉超标率为7.2%，其余符合生活饮用水卫生标准。

1980年，受酚和汞的污染，酚超标率为12.5%，最高含量为0.15毫克每升，超标14倍。汞超标率为8.3%，最高浓度为0.050毫克每升，超标49倍。1981年，酸碱度个别断面为5.5。溶解氧浓度个别断面低于4.0毫克每升,镉超标率为4.2%,其余均符合标准。1982年,水质良好,多数污染物未检出,大部分监测项目符合卫生标准。1983年,铅超标率为18.8%。1984—1990年,除局部受到有机物、酚、铅、汞等轻度污染外,其余均符合标准,水质基本维持在良好的状态。

1990—1995年,黔江水质较好,污染点变化不大,多为一级水质,只有1992年为二级,出现汞超标。

表5-8 1990—1995年黔江来宾监测断面水质情况表

年份	水质指数	水质级别	污染程度	主要超标污染物	年份	水质指数	水质级别	污染程度	主要超标污染物
1990	2.18	一级	清洁	无	1993	1.98	一级	清洁	无
1991	2.32	一级	清洁	无	1994	2.03	一级	清洁	无
1992	3.34	二级	轻污染	汞	1995	2.48	一级	清洁	无

1997年,在黔江河设置大陆洲(上)、勒马(下)2个监测断面,大陆洲为广西壮族自治区控断面,监控上游来水,勒马为武宣县控断面,监控出县水质。对2个监测断面丰水期、平水期、枯水期的水质进行监测,采样时间:枯水期为1月,平水期为5月,丰水期为8月,每期监测在1周内采样2次。检测项目:pH值、悬浮物、溶解氧、氰化物、氟化物、五日生化需氧量、汞、砷、铜、锌、镉、铅、六价铬、挥发酚、氨氮、亚硝酸盐、硝酸盐、高锰酸盐指数等18项。

1997—2000年,黔江河大陆洲断面、勒马断面丰水期水质符合《地面水环境质量标准》(GB3838-88)一类水质标准,平水期和枯水期符合二类水质标准。

2001年,参照《地面水环境质量标准》(GHZB1-1999),黔江河大陆洲断面水质达到二类标准,勒马断面水质符合四类水质标准。

2002年,黔江河大陆洲断面水质符合《地面水环境质量标准》(GB3838-2002)三类水质标准;勒马断面水质符合二类水质标准。

2003年,对黔江河枯水期水质进行监测,大陆洲断面符合《地面水环境质量标准》(GB3838-2002)三类水质标准;勒马断面水质符合《地面水环境质量标准》(GB3838-2002)二类水质标准。

2004年,黔江河大陆洲断面水质符合《地面水环境质量标准》(GB3838-2002)二类水质标准,勒马断面水质符合《地面水环境质量标准》(GB3838-2002)二类水质标准。

2005年,黔江河大陆洲断面水质符合《地面水环境质量标准》(GB3838-2002)三类水质标准,勒马断面水质符合《地面水环境质量标准》(GB3838-2002)三类水质标准。

地下水 来宾市境内岩溶广布,地下河发育,砂页岩山地裂隙构造很多,地下水很丰富。地下水赋存于裂隙溶洞中,埋藏于地下20~30米处,有的甚至不到10米。有的地方,地下水集中排泄,形成地下河和岩溶大泉。

1984年,境内各县(市)卫生防疫站对部分乡镇的饮用水源进行调查,在3月份枯水期和7月份丰水期进行水质监测,分8种水源类型,共采水样204个,其中地下水76个(井水54个,泉水22个),进行生活饮用水水质分析。

从监测结果看,按照国家颁布的《生活饮用水卫生标准》,地下水(井水、泉水)水质所分析项目的年平均值,除色度5.2度稍超标(标准5度)及大肠菌群超标一千多倍(标准3个每升)外,其他项目均达到生活饮用水卫生标准。1987年,卫生部门对合山市、来宾县部分工矿企业的地下水水质进行抽查,从监测结果看,用生活饮用水卫生标准来衡量,所有监测项目中,色度、PH、铁、铅、氰化物均有轻微的超标,细菌总数超标约50%,总大肠菌群超标100%。超标较为严重的有溯河矿井水出口处和末梢水均超标6个项目,其次是龙口茶场#2、#3泉水均超标5个项目,其他还有4个地下水超标3个项目。

大气环境

20世纪80年代,来宾市境内大气环境质量按照1982年国家颁布的《大气环境质量标准》(GB3095—82)进行评价。大气环境监测由柳州地区环保监测站和卫生防疫站配合开展,监测点选择比较有代表性的、空气环境质量较为突出的合山市作为区域代表进行空气环境质量监测。20世纪90年代,合山市每年都开展大气常规监测,其他县只有在厂矿企业作新建、改建、扩建建设项目进行环境影响评价时,才安排大气监测。

20世纪80年代，来宾市境内各县（市）大气环境质量情况如下：合山市、来宾县超过三级标准；忻城、武宣、象州达到二级标准；金秀瑶族自治县达到一级标准。由于各县（市）人民政府未划定二、三类区，根据历年大气监测结果、污染程度及实际情况暂时把合山市划为三类区执行三级标准，其他县划为二类区执行二级标准。即合山市、来宾县超标，忻城县、武宣县、合山市、象州县、金秀瑶族自治县达标。

1990—1995年，合山市大气环境质量每年都超过三级标准。其他各县（市）20世纪90年代大气环境质量：来宾县1994年达到三级标准，1995年达到二级标准；武宣县1992年达到三级标准，1994年达到二级标准；象州县1990年超过三级标准；忻城县1995年达到二级标准。

表5-9 1997—2002年来宾市境内各县空气环境质量表

县域名称	监测点数	监测项目数	年度获取监测数据	监测年限及空气类别					
				1997年	1998年	1999年	2000年	2001年	2002年
武宣	3			二级	一级	一级	二级	三级	二级
金秀	2			一级	一级	三级	一级	二级	二级
忻城	3			三级	二级	二级	一级	四级	二级
来宾	4			二级	二级	二级	二级	三级	三级
象州	3			二级	一级	一级	一级	二级	二级

2002—2005年，来宾市环境空气监测指标包括：二氧化硫（SO_2）、二氧化氮（NO_2）、可吸入颗粒物（PM_{10}）等3项污染物指标。4年的环境空气质量均为三级，主要污染物为可吸入颗粒物（PM_{10}）。对辖区内兴宾区、金秀瑶族自治县、武宣县、忻城县等城区进行空气和声环境监测，其中城区空气监测点12个、声环境监测点12个；兴宾区每季度监测1次，每次连续5天；其他县城区每季度监测1次，每次连续3天。空气环境监测项目为二氧化硫（SO_2）、二氧化氮（NO_2）和可吸入颗粒物（PM_{10}）等3项，全年共获取空气环境监测有效数据400个，声环境监测有效数据340个。对兴宾区开展降水监测，设置2个降水监测点，其中市环境保护局监测点较正常，该点全年共获取降水监测有效数据140个。

2003年，来宾市环境保护监测站对辖区内52家工矿企业的工业污染源废水、废气、废渣、噪声进行监测，建立污染源档案和污染源排污动态数据库，编制127份工业污染源监测报告，完成制糖、旅游、水电、商业等4个行业共7个技改扩建、新建项目的环境影响评价现状和环境质量监测。对辖区内的12个新建、改建、扩建建设竣工项目开展环境保护验收监测，编制12份验收监测报告。来宾市昼夜间道路交通噪声等效声级值低于GB3096—93《城市区域环境噪声标准》4类标准，市区声环境质量较好，基本符合GB3096—93《城市区域环境噪声标准》2类标准要求。

2004年，市区空气质量达到GB3095—1996《环境空气质量标准》三级标准，没有达到环境空气质量控制目标（二级）。其中，主要污染物可吸入颗粒物年日均浓度值为0.16毫克每立方米，超过二级标准限值（0.10毫克每立方米）0.6倍；二氧化硫年日均浓度值为0.063毫克每立方米，超过二级标准限值（0.06毫克每立方米）0.05倍；二氧化氮年日均浓度值为0.026毫克每立方米，达到二级标准。市区综合污染指数为2.97，污染负荷排序为：可吸入颗粒物 > 二氧化硫 > 二氧化氮。降水pH值为4.78，酸雨出现频率由上年度的0增长至54.3%，开始出现酸雨。

2005年，对来宾市城区进行了大气环境质量监测。城区空气监测点5个，单月（1、3、5、7、9月）监测一次，每次连续五天。监测项目为二氧化硫（SO_2）、二氧化氮（NO_2）和可吸入颗粒物（PM10）等3项，1—10月份共获取空气环境监测有效数据375个。市区城区空气中二氧化硫、二氧化氮年平均浓度均符合GB3095—1996《环境空气质量标准》二级标准，达到环境空气质量控制目标（二级）。其中，主要污染物可吸入颗粒物年日均浓度超过二级标准0.05毫克每立方米，符合三级标准，市区环境空气质量为三级。二氧化硫年日均浓度值为0.063毫克每立方米，超过二级标准限值（0.06毫克每立方米）0.05倍；二氧化氮年日均浓度值为0.026毫克每立方米，达到二级标准。市区综合污染指数为2.97，污染负荷排序为：可吸入颗粒物 > 二氧化硫 > 二氧化氮。降水pH值为4.47，同比下降0.31，酸雨出现频率59.6%，酸雨现象显著。

表 5-10　　2002—2005 年来宾市空气环境质量表

年份	监测点数	监测项目数	获取监测数据	质量类别	主要污染物
2002 年	4	3	240		
2003 年	4	3	240	三级	可吸入颗粒物
2004 年	4	3	240	三级	可吸入颗粒物
2005 年	4	3	360	三级	可吸入颗粒物

二氧化硫　1982 年，参照《大气环境质量标准》（GB3095—82），按 SO_2 年日平均浓度衡量，来宾市境域各县（市）情况如下：合山市达到三级标准，来宾县、武宣县达到二级标准，金秀瑶族自治县、忻城县、象州县达到一级标准。

表 5-11　　1982—1983 年来宾市境内各县（市）大气二氧化硫监测结果统计表

单位：毫克每立方米

县市	任何一次浓度范围值				日平均浓度范围值				年日平均浓度	监测年度
	春	夏	秋	冬	春	夏	秋	冬		
合山	0~1.488	0~2.458	0~2.020	0~1.408	0~0.662	0~0.872	0~1.118	0~0.693	0.203	1982 年
来宾	0~0.746	0~0.305	0~0.679	0~0.728	0~0.265	0~0.201	0~0.246	0.014~0.421	0.115	1982 年
金秀瑶族自治县	0	0~0.115	0	0	0	0~0.029	0	0	0.002	1983 年
忻城	—	0~0.260	—	0~0.067	—	0~0.179	—	0~0.037	0.022	1982 年
象州	—	0~0.056	—	0~0.105	—	0~0.022	—	0~0.092	0.020	1983 年
武宣	—	0~0.162	—	0~0.071	—	0~0.040	—	0~0.038	0.012	1982 年

2003—2005 年来宾市区域空气环境二氧化硫监测结果：2003 年和 2005 年没有超标情况，2004 年超标 6.25%，出现超标监测点在兴宾区人民政府监测点和来宾冶炼厂监测点。2005 年，来宾市城区空气中二氧化硫年平均浓度均符合 GB3095-1996《环境空气质量标准》二级标准，符合三级标准要求，市区环境空气质量为三级。

表 5-12　　2003—2005 年来宾市区域空气环境二氧化硫监测结果表

单位：毫克每立方米

测点名称	年份	一季度		二季度		三季度		四季度		全年	
		浓度范围	超标率(%)	浓度范围	超标率(%)	浓度范围	超标率(%)	浓度范围	超标率(%)	浓度范围	超标率(%)
技术监督局	2003	0.032~0.065	0	0.011~0.060	0	0.0015d~0.031	0	0.011~0.131	0	0.0015d~0.131	0
	2004	0.021~0.120	0	0.002~0.107	0	0.023~0.076	0	0.020~0.045	0	0.002~0.120	0
	2005	0.013~0.112	0	0.019~0.059	0	0.007~0.088	0	0.036~0.089	0	0.007~0.112	0
冶炼厂招待所	2003	0.020~0.071	0	0.006~0.035	0	0.013~0.057	0	0.006~0.017	0	0.006~0.071	0
	2004	0.034~0.170	20	0.023~0.157	20	0.022~0.064	0	0.023~0.068	0	0.002~0.170	10.00
	2005	0.021~0.143	0	0.022~0.057	0	0.003~0.082	0	0.030~0.092	0	0.003~0.143	0
市直办公区	2003	0.020~0.070	0	0.005~0.015	0	0.0015d~0.029	0	0.005~0.010	0	0.0015d~0.070	0
桥巩中学	2003	0.043~0.089	0	0.0015d~0.025	0	0.0015d~0.011	0	0.008~0.031	0	0.0015d~0.089	0
市环保局	2004	0.020~0.087	0	0.009~0.065	0	0.032~0.066	0	0.031~0.080	0	0.009~0.087	0
	2005	0.020~0.136	0	0.027~0.066	0	0.004~0.076	0	0.036~0.091	0	0.004~0.136	0

续表

测点名称	年份	一季度		二季度		三季度		四季度		全年	
		浓度范围	超标率(%)	浓度范围	超标率(%)	浓度范围	超标率(%)	浓度范围	超标率(%)	浓度范围	超标率(%)
兴宾区政府	2004	0.044~0.218	60	0.040~0.133	0	0.048~0.080	0	0.018~0.084	0	0.018~0.218	15.00
	2005	0.066~0.148	0	0.033~0.050	0	0.011~0.072	0	0.020~0.089	0	0.011~0.148	0
城区	2003	0.020~0.089	0	0.0015d~0.060	0	0.0015d~0.057	0	0.005~0.131	0	0.0015d~0.131	0
	2004	0.020~0.218	20	0.002~0.157	5	0.022~0.080	0	0.018~0.084	0	0.002~0.218	6.25
	2005	0.013~0.148	0	0.019~0.066	0	0.003~0.088	0	0.020~0.092	0	0.003~0.148	0

1990年，合山市以煤为生产燃料的大、小工厂有10余家，燃煤家庭5000多户，大气环境受烟气影响严重。来宾市境内烟气年排放量约17万标立方米，其中合山电厂废气年排量占全市废气总排量的98%。受烟气影响，市内部分地方的大气中二氧化硫浓度超过国家大气环境质量标准（国家标准为0.15毫克每立方米），大气中烟煤气年维持时间在170天左右。污染区室外大气中二氧化硫浓度为0.524毫克每立方米，超过国家环境质量三级标准（0.10毫克每立方米）的4.2倍；室内二氧化硫浓度0.354毫克每立方米，超过40.33%。以煤为燃料的家庭厨房二氧化硫超标率达71.9%。

1991年，合山市二氧化硫浓度范围为0.005~1.550毫克每立方米，最大值超标9.3倍。第二、第三、第四季度的日均浓度分别为0.238毫克每立方米、0.219毫克每立方米、0.270毫克每立方米，均超过大气环境质量二级标准。年日平均浓度为0.242毫克每立方米，超标3倍。第二、第三、第四季度的超标率分别为70%、50%、80%，第四季度最高。年平均超标率为66.7%。

1992年，合山市二氧化硫浓度范围为0.005~8.175毫克每立方米，最大值超标53倍，各季度日均浓度范围为0.112~0.375毫克每立方米，全年各季度均超标；年日均浓度为0.215毫克每立方米。超标2.6倍。各季超标率为13.8%~83.3%，最高是第四季度。年平均超标率为47.5%。

1993年（缺第四季度），合山市二氧化硫浓度范围为0.008~0.674毫克每立方米，最大值超标3.5倍。第一、第二、第三季度的日均浓度分别为0.198毫克每立方米、0.222毫克每立方米、0.147毫克每立方米，第一、第二季度均超标。年日均浓度为0.189毫克每立方米，超标2.1倍。年平均超标率为39.2%。

1995年，合山市二氧化硫浓度范围为0.008~0.642毫克每立方米，最大值超标3.3倍。年日均浓度为0.107毫克每立方米，超标0.8倍，年超标率为20%。

1996—2001年度，合山市环境空气中二氧化硫监测评价结果是：1998年和2000年为2级；1996年、1997、1999年、2001年均为3级。

表5-13　**1996—2001年度合山市空气二氧化硫评价情况表**

监测年份	监测点数	年度监测频率	年度获取监测数据	一次最大浓度值	评价类别
1996年	8	4		0.258	三
1997年	3	4		0.326	三
1998年	3	4		0.120	二
1999年	3	4		0.177	三
2000年	3	4		0.128	二
2001年	3	4		0.417	三

1997年，武宣县城二氧化硫日平均浓度范围在0.005d~0.013毫克每立方米之间，符合《环境空气质量标准》（GB3095-1996）一级标准。忻城县开始实施大气环境监测，县境二氧化硫浓度均值符合一级标准。象州县城区二氧化硫3日平均值为0.03毫克每立方米，符合《环境空气质量标准》（GB3095-1996，）一级标准。

1998—1999年，武宣县城区大气监测二氧化硫总检出率分别为44.4%、25.0%，日平均浓度范围分别在0.008d~0.038毫克每立方米、0.008d~0.030

毫克每立方米之间，都符合《环境空气质量标准》(GB3095-1996)一级标准。忻城县城区二氧化硫浓度均值为一级标准，二氧化硫浓度小时均值、日均值均值符合一级标准。象州县城区二氧化硫3日平均值为0.056毫克每立方米，符合一级标准。

2002—2005年，武宣县城区二氧化硫日平均浓度范围分别在0.010d~0.083毫克每立方米、0.007~0.037毫克每立方米0.003~0.090毫克每立方米0.013~0.031毫克每立方米0.009~0.016毫克每立方米之间，符合《环境空气质量标准》(GB3095-2001)，其中：2002年和2005年为二级标准，2003年和2004年为一级标准。2000年，忻城县城区二氧化硫3日均值为0.031毫克每立方米，日平均值达一级标准。象州县城区二氧化硫3日平均值为0.035毫克每立方米，符合一级标准。2001年和2002年，忻城县城区二氧化硫浓度小时平均值符合一级标准。2001年，象州县城区二氧化硫3日平均值为0.015毫克每立方米，符合一级标准。2003年，忻城县城区二氧化硫小时浓度均值为0.045毫克每立方米、日均值为0.029毫克每立方米，符合一级标准。2004年，忻城县城区二氧化硫均值达二级标准。象州县城区二氧化硫3日平均值为0.022毫克每立方米，符合一级标准。2005年，忻城县城区各监测点SO23日均值达二级标准。象州县城区二氧化硫3日平均值为0.023毫克每立方米，符合一级标准。

二氧化氮 根据2000年国家环境保护总局《关于发布〈环境空气质量标准〉(GB3095—1996修改单的通知)》(环发〔2000〕1号)文件，取消环境空气中氮氧化物(NOx)污染物评价环境空气质量指标，用二氧化氮(NO_2)污染物评价指标替代氮氧化物(NOx)污染物。从2001年起，在监测环境空气中监测二氧化氮指标替代氮氧化物(NO_X)指标，监测点位不变。

1999年，忻城县二氧化氮浓度均值符合一级标准。2000年，忻城县城区二氧化氮浓度为0.008毫克每立方米，总平价监测点项目日平均值达一级标准。2001年，忻城县城区二氧化氮浓度日平均值符合一级标准。合山市各监测点监测二氧化氮结果出现最大浓度值，从大到小的次序是：合山市人民医院监测点，最大浓度值为0.027毫克每立方米；南洪水库监测点，最大浓度值为0.024毫克每立方米；合山矿务局工会监测点，最大浓度值为0.016毫克每立方米。

表5-14 **2001年合山市环境空气二氧化氮监测结果表**

单位：毫克每立方米

测点名称	时限	浓度值范围	超标率(%)
合山矿务局工会	1季度	0.005d~0.016	0
	2季度		
	3季度	0.005d~0.013	0
	4季度		
	全年	0.005d~0.016	0
合山市人民医院	1季度	0.005d~0.027	0
	2季度		
	3季度	0.005d~0.026	0
	4季度		
	全年	0.005d~0.027	0
南洪水库	1季度	0.005d~0.023	0
	2季度		
	3季度	0.005d~0.024	0
	4季度		
	全年	0.005d~0.024	0
城市统计	1季度	0.005d~0.027	0
	2季度		
	3季度	0.005d~0.026	0
	4季度		
	全年	0.005d~0.027	0

2002 年，忻城县城区二氧化氮浓度均值符合一级标准，城区二氧化硫 3 日平均值为 0.022 毫克每立方米，符合一级标准。2003 年，忻城县城区二氧化氮小时均值为 0.031 毫克每立方米、日均值为 0.23 毫克每立方米，均值达到一级标准。2004 年，忻城县城二氧化氮浓度均值达一级标准。2005 年，忻城县城区二氧化氮 3 日均值达二级标准。

2003—2005 年，来宾市区各年份二氧化氮监测结果出现最大浓度值，从大到小的次序是：2004 年最大浓度值为 0.135 毫克每立方米；2005 年最大浓度值为 0.058 毫克每立方米、2003 年最大浓度值为 0.053 毫克每立方米。4 个监测点在监测的 3 年中，只有 2004 年兴宾区人民政府监测点在第 1 季度超标，超标率为 20%，该监测点全年超标率为 5%，2004 年来宾市城区超标率为 1.25%；其余各年度均未超标。

2005 年，来宾市城区空气中二氧化硫年平均浓度均符合 GB3095-1996《环境空气质量标准》二级标准。

表 5-15　**2003—2005 年来宾市区环境空气二氧化氮监测结果统计表**

单位：毫克每立方米

测点名称	年份	一季度		二季度		三季度		四季度		全年	
		浓度范围	超标率(%)	浓度范围	超标率(%)	浓度范围	超标率(%)	浓度范围	超标率(%)	浓度范围	超标率(%)
技术监督局	2003	0.022~0.044	0	0.004~0.025	0	0.002~0.007	0	0.019~0.053	0	0.002~0.053	0
	2004	0.021~0.046	0	0.007~0.031	0	0.016~0.027	0	0.014~0.032	0	0.007~0.046	0
	2005	0.005~0.033	0	0.020~0.034	0	0.004~0.046	0	0.014~0.021	0	0.004~0.046	0
来宾冶炼厂招待所	2003	0.028~0.045	0	0.011~0.030	0	0.005~0.017	0	0.012~0.028	0	0.005~0.045	0
	2004	0.021~0.050	0	0.011~0.061	0	0.020~0.032	0	0.015~0.030	0	0.011~0.061	10.00
	2005	0.016~0.040	0	0.014~0.027	0	0.008~0.026	0	0.011~0.023	0	0.008~0.040	0
市直办公区	2003	0.009~0.035	0	0.012~0.033	0	0.006~0.018	0	0.007~0.034	0	0.006~0.035	0
桥巩中学	2003	0.013~0.015	0	0.006~0.020	0	0.002~0.013	0	0.006~0.029	0	0.002~0.029	0
市环保局	2004	0.018~0.049	0	0.022~0.045	0	0.010~0.036	0	0.018~0.031	0	0.010~0.049	0
	2005	0.008~0.045	0	0.015~0.027	0	0.005~0.029	0	0.023~0.037	0	0.005~0.045	0
兴宾区政府	2004	0.009~0.135	20	0.017~0.036	0	0.006~0.025	0	0.019~0.041	0	0.006~0.135	5.00
	2005	0.023~0.058	0	0.024~0.030	0	0.004~0.021	0	0.005~0.033	0	0.004~0.058	0
城区	2003	0.009~0.045	0	0.004~0.033	0	0.002~0.018	0	0.006~0.053	0	0.002~0.053	0
	2004	0.009~0.135	5	0.007~0.061	0	0.006~0.036	0	0.014~0.041	0	0.006~0.135	1.25
	2005	0.005~0.058	0	0.014~0.034	0	0.004~0.046	0	0.011~0.037	0	0.004~0.058	0

氮氧化物　1991 年，柳州地区环境保护局在合山市实施环境质量监测，合山市氮氧化物浓度最大值为 0.166 毫克每立方米，最小值为 0.003 毫克每立方米，日均值 0.022 毫克每立方米，超标 3.3%。1992 年，合山市氮氧化物浓度最大值为 0.103 毫克每立方米，最小值为 0.003 毫克每立方米，日均值 0.019 毫克每立方米，超标 0.8%。1993 年，合山市氮氧化物浓度最大值为 0.076 毫克每立方米，最小值为 0.003 毫克每立方米，日均值 0.022 毫克每立方米，氮氧化物浓度均值符合一级标准。1994 年，合山市氮氧化物浓度最大值为 0.16 毫克每立方米，最小值为 0.003 毫克每立方米，日均值 0.02 毫克每立方米，超标 0.8%。1995 年，合山市氮氧化物浓度最大值为 0.044 毫克每立方米，最小值为 0.003 毫克每立方米，日均值 0.015 毫克每立方米，氮氧化物浓度均值符合一级标准。

1996—2000 年，合山市环境空气中的氮氧化物，各监测点监测结果出现最大浓度值，从大到小的次序是：北泗监测点，最大浓度值为：0.175 毫克每立方米、矿务局工会监测点，最大浓度值为 0.130 毫克每立方米、合山电厂监测点，最大浓度值为：0.124 毫克每立方米、十字路口监测点，最大浓度值为：0.116 毫克每立方米。1996 年 6 个监测点有 3 个超标，北泗监测点和十字路口均超标 10%；合山电厂监测点超标 5%；2000 年合山矿务局监测点超标 2.5%。其余各年度的各监测点均未超标。

表 5-16 1996—2000 年合山市氮氧化物监测统计表

单位:毫克每立方米

测点名称	1996 年		1997 年		1998 年		1999 年		2000 年	
	年范围值	超标率%	年范围值	超标率%	年范围值	超标率%	年范围值	超标率%	年范围值	超标率%
东矿	0.008~0.086	0								
北泗	0.003d~0.175	10								
十字路口	0.003d~0.116	10	0.025~0.062	0	0.020~0.043	0				
合山电厂	0.003d~0.124	5								
市政府	0.003d~0.034	0	0.007~0.031	0	0.009~0.046	0				
矿务局工会	0.008~0.032	0	0.006~0.035	0	0.010~0.032	0	0.003d~0.04	0	0.003d~0.130	2.5
人民医院							0.006~0.082	0	0.003d~0.06	0.0
南洪水库							0.007~0.040	0	0.003d~0.060	0.0
全市	0.003d~0.175	4	0.006~0.062	0	0.009~0.046	0	0.003d~0.08	0	0.003d~0.130	0.8

1997 年,来宾市境域各县城实施环境质量监测,氮氧化物浓度均值符合一级标准。当年,忻城县氮氧化物浓度均值符合一级标准。1998 年,忻城县氮氧化物浓度 3 日均值为 0.004 毫克每立方米,为一级标准。武宣县城区氮氧化物一次浓度范围在 0.003d~0.039 毫克每立方米和 0.003d~0.016 毫克每立方米之间,日平均浓度范围在 0.004~0.015 毫克每立方米之间,均符合《环境空气质量标准》(GB3095-1996)一级标准。

1999 年,武宣县城区氮氧化物检出率为 50.0%,一次浓度范围在 0.003d~0.045 毫克每立方米之间,日平均浓度在 0.003d~0.023 毫克每立方米之间,符合《环境空气质量标准》(GB3095-1996)一级标准。2000 年,武宣县城区氮氧化物 3 日平均浓度 0.006 毫克每立方米,符合《环境空气质量标准》(GB3095-1996)一级标准。

2001 年和 2002 年,武宣县城区氮氧化物小时平均浓度范围分别在 0.005d~0.031 毫克每立方米和 0.005d~0.074 毫克每立方米之间,日平均浓度范围分别在 0.005d~0.020 毫克每立方米和 0.005d~0.020 毫克每立方米之间,都符合《环境空气质量标准》(GB3095-1996)一级标准。

2003—2005 年,市环保局对辖区内兴宾区、金秀瑶族自治县、武宣县、忻城县等城区进行空气环境监测,其中城区空气监测点 12 个,兴宾区每季度监测 1 次,每次连续 5 天,其他县城区每季度监测 1 次,每次连续 3 天。空气环境监测项目为二氧化硫(SO_2)、二氧化氮(NO_2)和可吸入颗粒物(PM_{10})等 3 项,全年共获取空气环境监测有效数据 400 个。2005 年,来宾市城区空气二氧化氮年平均浓度均符合 GB3095-1996《环境空气质量标准》二级标准,市区环境空气质量为三级。武宣县城区氮氧化物日平均浓度范围分别在 0.007~0.026 毫克每立方米、0.001d~0.037 毫克每立方米、0.0015~0.030 毫克每立方米、0.0015d~0.010 毫克每立方米之间,都符合《环境空气质量标准》(GB3095-2001)一级标准。来宾市环境保护局对辖区内兴宾区、金秀瑶族自治县、武宣县、忻城县等城区进行空气环境监测,其中城区空气监测点 12 个,兴宾区每季度监测 1 次,每次连续 5 天,其他县城区每季度监测 1 次,每次连续 3 天。空气环境监测项目为二氧化硫(SO_2)、二氧化氮(NO_2)和可吸入颗粒物(PM_{10})等 3 项,全年共获取空气环境监测有效数据 400 个。

总悬浮颗粒物 1991—1995 年,柳州地区环境保护局在合山市设监测点,由柳州地区环境监测站对大气中总悬浮颗粒物进行监测,根据监测结果,合山市大气中总悬浮颗粒物日均浓度范围为 0.007~1.779 毫克每立方米,最大值超标 4.9 倍。年日均浓度为 0.179~0.297 毫克每立方米,均未超过大气环境质量二级标准。各年平均超标率为 10.7%~34.8%,其中 1991 年超标率最大。1991 年,合山市总悬浮颗粒物日均浓度范围为 0.007~1.460 毫克每立方米,最大值超标 3.8 倍。除第四季度日均浓度超标外,其他季度的日均浓度和年日均浓度均未超标。年平均超标率为 34.8%,其中第四季度超率最大为 60%。1992 年,合山市总悬浮颗粒物日均浓度范围为 0.020~1.779 毫克每立方米,最大值超标 4.9 倍。第二、第四季度的日均浓度超过大气环境质量二级标准。年日均浓度为0.297毫克每立方米，未超标。年平均超标率为30.0%，第一至第四季度的超标率依次为20%、44.8%、16.7%、40%。1993年，合山市总悬浮颗粒物日均浓度范围为0.020~1.330毫克每立方米，最大值超标3.4倍。各季度日均浓度和年日均浓度未超标。年平均超标率为18.7%，各季度超标率为12%~24%。1995年，合山市总悬浮颗粒物日均浓度范围为0.020~0.550毫克每立方米，最大值超标0.8倍。年日均浓度为0.179毫克每立方米，未超标。年平均超标率为10.7%。

表5-17　　1991—1995年四个年度合山市总悬浮颗粒物监测统计表

单位：毫克标准立方米

年份	季度	最大值	最小值	日均值	超标率(%)
1991年	一季度				
	二季度	0.832	0.007	0.216	30.3
	三季度	0.430	0.020	0.135	13.8
	四季度	1.460	0.020	0.413	60.0
	全年	1.460	0.007	0.256	34.8
1992年	一季度	1.040	0.050	0.237	20.0
	二季度	1.040	0.070	0.353	44.8
	三季度	0.620	0.020	0.137	16.7
	四季度	1.779	0.075	0.458	40.0
	全年	1.779	0.020	0.297	30.0
1993年	一季度	0.630	0.020	0.176	12.0
	二季度	1.290	0.020	0.274	24.0
	三季度	1.330	0.020	0.249	20.0
	四季度				
	全年	1.330	0.020	0.233	18.7
1995年	全年	0.550	0.020	0.179	10.7

1996—2001年，来宾市境域合山市总悬浮颗粒物监测仍由柳州地区环境监测站进行监测。合山市环境空气中的总悬浮颗粒物，各年份结果监测出现最大浓度值，从大到小的次序是：1996年最大浓度值为2.74，1997年最大浓度值为0.73毫克每立方米，2001年最大浓度值为0.52毫克每立方米，1999年最大浓度值为0.30毫克每立方米，1998年最大浓度值为0.27毫克每立方米，2000年最大浓度值为0.24毫克每立方米。

表5-18　　1996—2001年合山市总悬浮颗粒物监测结果表

单位：毫克每立方米

测点名称	1996年		1997年		1998年		1999年		2000年		2001	
	年范围值	超标率%	年范围值	超标率%	年范围值	超标率%	年范围值	超标率%	年范围值	超标率%	年范围值	超标率%
东矿	0.04~0.73	25										
北泗	0.02d~2.74	25										
十字路口	0.04~0..116	75	0.29~0.73	80	0.04~0.27	0						

续表

测点名称	1996年		1997年		1998年		1999年		2000年		2001	
	年范围值	超标率%	年范围值	超标率%	年范围值	超标率%	年范围值	超标率%	年范围值	超标率%	年范围值	超标率%
合山电厂	0.02d~0.35	5										
市政府	0.04~0.60	10	0.04~0.27	0	0.04~0.23	0						
矿务局工会	0.04~0.59	10	0.04~0.28	0	0.02d~0.25	0	0.05~0.28	0	0.02d~0.19	0	0.02d~0.16	0
人民医院							0.09~0.24	0	0.04~0.24	0	0.05~0.21	0
南洪水库							0.02d~0.30	0	0.02d~0.12	0	0.02d~0.52	10
全市	0.02d~2.74	25	0.04~0.73	27	0.02d~0.27	0	0.02d~0.30	0	0.02d~0.24	0	0.02d~0.52	3

1997年，象州县城区总悬浮颗粒物3日平均浓度为0.15毫克每立方米，符合《环境空气质量标准》(GB3095-1996，下同)二级标准。1998年，象州县城区总悬浮颗粒物3日平均浓度为0.20毫克每立方米，符合三级标准。1999年，象州县城区总悬浮颗粒物3日平均浓度为0.04毫克每立方米，符合一级标准。2000年，象州县城区总悬浮颗粒物3日平均浓度为0.07毫克每立方米，符合二级标准。2001年，象州县城区总悬浮颗粒物3日平均浓度为0.10毫克每立方米，符合二级标准。2002年，象州县城区总悬浮颗粒物3日平均浓度为0.09毫克每立方米，符合二级标准。2004年，象州县城区总悬浮颗粒物3日平均浓度为0.11毫克每立方米，符合二级标准。2005年，象州县城区总悬浮颗粒物3日平均浓度为0.11毫克每立方米，符合二级标准。

可吸入颗粒物 来宾市成立后，按照国家环境保护总局(现国家环境保护部)的统一调整，2003年，来宾市环境空气质量不再监测总悬浮颗粒物，改为监测可吸入颗粒物(PM_{10})。2003—2005年，来宾市可吸入颗粒物监测结果情况是：2003年超标35%；2004年超标39%；2005年超标37%。

表5-19 **2003—2005年来宾市环境空气可吸入颗粒物(PM_{10})监测结果情况表**

单位：毫克每立方米

测点名称	年份	一季度		二季度		三季度		四季度		全年	
		浓度范围	超标率(%)	浓度范围	超标率(%)	浓度范围	超标率(%)	浓度范围	超标率(%)	浓度范围	超标率(%)
技术监督局	2003	0.17~0.26	100	0.10~0.29	60	0.07~0.28	60	0.02d~0.14	0	0.02d~0.29	55
	2004	0.06~0.18	60	0.07~0.15	0	0.06~0.09	0	0.21~0.30	100	0.06~0.30	40
	2005	0.10~0.34	90	0.12~0.15	0	0.05~0.16	10	0.05~0.17	20	0.05~0.34	37
来宾冶炼厂招待所	2003	0.10~0.22	60	0.11~0.34	40	0.02d~0.13	0	0.05~0.10	0	0.02d~0.34	25
	2004	0.10~0.28	60	0.04~0.15	0	0.07~0.11	0	0.26~0.31	100	0.04~0.31	40
	2005	0.14~0.30	90	0.10~0.16	20	0.06~0.12	0	0.10~0.16	40	0.06~0.30	40
市直办公区	2003	0.15~0.27	80	0.12~0.25	80	0.02d~0.12	0	0.04~0.26	20	0.02d~0.27	45
桥巩中学	2003	0.08~0.28	40	0.10~0.26	20	0.06~0.09	0	0.05~0.13	0	0.05~0.28	15
市环保局	2004	0.04~0.18	40	0.06~0.12	0	0.09~0.14	0	0.25~0.31	100	0.04~0.31	35
	2005	0.07~0.31	70	0.09~0.20	20	0.04~0.11	0	0.04~0.13	0	0.04~0.31	27

续表

测点名称	年份	一季度		二季度		三季度		四季度		全年	
		浓度范围	超标率(%)	浓度范围	超标率(%)	浓度范围	超标率(%)	浓度范围	超标率(%)	浓度范围	超标率(%)
兴宾区政府	2004	0.08~0.26	60	0.07~0.17	20	0.06~0.11	0	0.14~0.34	80	0.06~0.34	40
	2005	0.14~0.44	90	0.10~0.13	0	0.05~0.17	20	0.13~0.17	60	0.05~0.44	43
城区	2003	0.08~0.27	70	0.10~0.34	50	0.02d~0.28	15	0.02d~0.26	5	0.02d~0.34	35
	2004	0.04~0.28	55	0.04~0.17	5	0.06~0.14	0	0.14~0.34	95	0.04~0.34	39
	2005	0.07~0.44	85	0.09~0.20	10	0.04~0.17	5	0.04~0.17	30	0.04~0.44	37

酸　雨　来宾市区域内仅有合山市开展酸雨测定,1986年7月合山市开始酸雨监测。合山市从1986年7月1日—1987年6月30日为期一年进行降水酸度监测,共布设六个监测点,共采降水样品总数255次,pH值小于5.6的酸雨样品数107次,酸雨频率为41.96%。pH值范围4.17~8.91,平均为5.69。进入20世纪90年代,合山市在柳州地区环保监测站的指导下,进行酸雨常规监测,每年逢雨必测,1990—1995年,酸雨频率最高发生在1990年达71.4%,最低是1992年为6.8%,降水pH最小值是在1994年为3.41,最大值在1995年是8.54。

表5-20　**2003—2005年度来宾市降水监测结果统计表**

年份	统计项目	一季度	二季度	三季度	四季度	全年
2003年	降水样品数(场)	12.00	28.00	46.00	0.00	86.00
2004年		63.00	87.00	79.00	27.00	456.00
2005年		68.00	97.00	71.00	19.00	255.00
2003年	酸雨样品数(场)	0.00	0.00	0.00	0.00	0.00
2004年		44.00	28.00	55.00	12.00	139.00
2005年		55.00	68.00	20.00	9.00	152.00
2003年	酸雨频率(%)	0.00	0.00	0.00	0.00	0.00
2004年		69.80	32.20	69.60	44.40	54.30
2005年		80.90	70.10	28.60	47.40	59.60
2003年	pH值最大值	6.57	6.62	6.93	0.00	6.93
2004年		6.81	7.58	7.42	7.44	7.58
2005年		7.36	7.64	7.54	7.62	7.64
2003年	pH值最小值	5.98	5.76	5.80	0.00	5.76
2004年		3.44	3.94	4.08	4.12	3.44
2005年		3.36	3.35	3.93	3.78	3.35
2003年	降水pH值均值	6.22	6.18	6.15	0.00	6.17
2004年		4.38	5.15	4.73	5.03	4.78
2005年		3.89	4.54	5.21	4.35	4.47
2003年	酸雨pH值均值	0.00	0.00	0.00	0.00	0.00
2004年		4.25	4.67	4.65	4.57	4.58
2005年		3.85	4.46	4.64	4.23	4.32

统计结果:2003年,来宾市无酸雨出现,2004—2005年,来宾市出现酸雨频率分别为54.3%、59.6%;2004年,来宾市酸雨pH年平均值为4.58,2005年,酸雨pH年平均值为4.32。

降　尘　1996—2002年,来宾市境内环境空气降尘监测,选点在合山市。2002年以后,由合山市环境保护局监测,结果直接上报广西壮族自治区环境保护局。1996—2001年,降尘监测结果超标情况分别是:1996年超标36%、1997年超标29%、2000年超标28%、1998、1999年超标27%、2001年超标25%。

表5-21　**1996—2001年合山市环境空气降尘监测结果情况表**

单位:吨/平方千米·月

测点名称	1996年		1997年		1998年		1999年		2000年		2001年	
	年范围值	超标率%	年范围值	超标率%	年范围值	超标率%	年范围值	超标率%	年范围值	超标率%	年范围值	超标率%
矿务局工会	2.44~8.90	0	1.52~7.38	36	3.03~12.19	42	0.93~11.97	33	1.74~9.93	42	1.97~11.70	42
市政府	0.99~16.92	10	1.63~8.72	9	1.89~5.50	0	2.34~5.72	0	1.82~4.86	0	2.11~4.58	0
十字路口	2.27~7.68	0	2.17~4.04	0	1.97~4.85	0	2.08~4.87	0	1.18~3.55	0	1.58~4.83	8
北泗乡	1.06~6.35	0	0.98~4.89	0	2.20~3.67	0	1.56~4.79	0	1.11~3.88	0	1.04~2.96	0
合山电厂	23.64~88.99	100	22.86~66.65	100	9.53~140.01	100	27.11~130.64	100	14.2~92.84	100	16.13~41.58	100
全市	0.99~88.99	36	0.98~66.65	29	1.89~140.01	27	0.93~130.64	27	1.11~92.84	28	1.04~41.58	25

合山市合山电厂工业区为重度污染区,每平方千米月降尘量35.60~137.60吨;电厂居民区、溯河矿区、溯河村公所辖区和岭南村公所辖区为中度污染区,每平方千米月降尘量2.20~26.90吨;市中心区、里兰矿区、柳花岭矿区及思光村公所辖区为轻度污染区,每平方千米月降尘量1.60~12.30吨。烟尘中含有铜、砷、锌、铅、镉、铬、镍和锰等金属元素,对人体和动、植物有不同程度的危害。

2001—2005年,合山市工业废气为锅炉燃煤废气和砖瓦厂炉窑燃煤废气。废气主要污染物为烟尘和二氧化硫。合山市全面开展烟尘治理。2001年,合山电厂改扩建后的1、2号机组采用静电除尘器除尘,除尘效率为99.6%。8号机组脱硫改造后也采用静电除尘。合山市祥星制糖有限公司动力车间除尘废水经2500平方米沉渣池沉淀后,全部回用于锅炉除尘器,不外排。该工程2002年3月通过建设项目竣工环境保护验收监测(柳地环监技字〔2002〕30号)。合山矿务局水泥厂经广西壮族自治区环保局组织验收检查,该厂废气中的烟尘、粉尘通过达标排放验收。

2002年以后,合山市水泥厂企业实行承包并做到污染物达标排放。2005年,来宾市企业全部实现烟尘达标排放。

废　渣　来宾市境内各县内主要有工业企业和城镇居民生活用煤废渣。

1978年,合山电厂建成1号灰场,基本解决灰渣的排放问题,1980年建成2号灰场,所排灰渣90%运往灰场。

1985年,合山市合山电厂采集炉渣样品进行化学分析和物理性能实验,结果证明灰渣可作普通水泥掺合料。

1988年象州县内10个主要排污单位统计,年耗煤0.75万吨,遗留炉渣0.37万吨;其他工业固体废弃物1.59万吨,堆放面积0.29万平方米。

1989年,广西壮族自治区电力局粉煤灰开发中心利用合山电厂灰渣作公路垫层试验取得成功,给废渣利用开辟了新的途径。忻城县县直水泥厂、糖厂、铁合金厂、制药厂、电石厂等5个主要排污单位的统计,工业固体废物产生总量为0.99万吨,其中炉渣0.33万吨,冶炼废渣0.25万吨,化工废渣0.14万吨,其他0.27万吨;县城居民生活中产生的垃圾量为0.55万吨,堆放占地面积为20亩。乡镇工业(包括企业群)585个单位的工业固体废物产生总量为2.55万吨。

1990年,合山市合山电厂灰场储量600万吨。国道322线改建二级路面,部分路段利用合山电厂灰渣作垫层。象州县10个单位遗留炉渣0.44万吨;其他工业固体废弃物1.41万吨,工业固体废弃物堆放总量达 4.50 万吨。生活中产生的垃圾也是主要污染源之一。

1985—1990 年，来宾县每年耗煤约 42.2 万吨，产生的废渣达 6.4 万吨，加上城镇生产、生活垃圾年约 25.5 万吨。

1996—2005 年，武宣县平均工业固体废物产生量为 183.654 万吨，平均年排放量为 16.70 万吨。

声环境

1997 年以前，来宾市境内未进行噪声普查监测和常规监测，声学环境质量监测工作未完全开展。噪声监测的结果是从各县城新改扩建项目环境评价资料中整理出来的，它能反映区域环境噪声状况。

1997 年，来宾市境域各县（市）开始对县城（市区）的区域进行区域声环境监测工作，各县（市）城区的区域范围较小，功能区尚未完全齐备，以城市区域的 2 类标准执行。2002 年以前一直未开展交通噪声监测。鉴于各县（市）人民政府未作“适用区域”的划定。因此，根据监测地点的实际情况来划分适用区域，定出执行的标准，以便衡量是否超标及超标多少分贝。

2002 年成立来宾市，2003 年，来宾市市区尚未明确划分功能区，市区交通主要干道声环境执行 4 类标准（市区道路交通干线道路两侧）。城市区域执行 2 类标准（即居住区、商业区、工业混合区）。

2003 年后，来宾市开展环境和交通噪声监测。环境噪声布点方法：监测点选在居住或工作建筑物外，离建筑物的距离不小于 1 米，传声器距地面的垂直距离不小于 1.2 米。环境噪声监测频率：每年一次，每次连续 10 分钟，每 5 秒钟测试一次。环境噪声测量方法：分别在昼间和夜间进行测量。在规定的测量时间内，每次每个测点测量 10 分钟的连续等效 A 声级（LAeq）。

2003 年，来宾市区开展环境噪声监测，昼间环境噪声为 2 分贝，夜间环境噪声为 3 分贝，

2004 年，市区昼夜间环境噪声符合 GB3096—93《城市区域环境噪声标准》二类标准，达到城市区域环境噪声控制目标（二类）；夜间受附近夜市喧哗及过往车辆噪声影响，4 个监测点中有 3 个点环境噪声等效声级超标。昼间道路交通噪声等效声级测量值为 71.4 分贝，超过 GB3096—93《城市区域环境噪声标准》四类标准 1.4 分贝，夜间等效声级测量值为 63.2 分贝，超过 8.2 分贝。

2005 年，市区昼夜间环境噪声符合 GB3096—93《城市区域环境噪声标准》二类标准，达到城市区域环境噪声控制目标（二类）；夜间受附近夜市喧哗及过往车辆噪声影响，4 个监测点中有 3 个点环境噪声等效声级超标。昼间道路交通噪声等效声级测量值为 71.4 分贝，超过 GB3096—93《城市区域环境噪声标准》四类标准 1.4 分贝，夜间等效声级测量值为 63.2 分贝，超过 8.2 分贝。

表 5-22　**2003—2005 年来宾市城区各环境噪声监测点监测结果表**

单位：分贝

年份	来宾一中		来宾冶炼厂招待所		兴宾区政府大院		公务员住宅区		市直机关办公区	
	昼间	夜间	昼间	夜间	昼间	夜间	昼间	夜间	昼间	夜间
2003 年	55.1	45.8	55.2	49.6	53.8	53.6	43.9	50.7	50.3	54.1
2004 年	54.8	49.3	58.2	50.2	58.2	58.1	58.5	55.4	—	—
2005 年	57.7	43.2	59.0	49.8	56.2	49.0	—	—	—	—
执行 GB3096—93 二类标准					昼间			夜间		
					60			50		

区域环境噪声　1997—2002 年，来宾市境内各县（市）城区的区域环境噪声质量监测点布设与环境空气质量监测点同位，选点以特殊住宅区和居民、文教区为代表各县城（市）的区域环境噪声质量；分昼间和夜间两个时段测量。城市区域环境噪声评价标准，按照国家规定的(GB3096-93)《城市区域环境噪声标准》进行评价。

表 5-23 1997—2002 年来宾市境内各县(市)城区环境噪声监测情况

单位:分贝

县(市)名称	1997 年		1998 年		1999 年		2000 年		2001 年		2002 年	
	昼间级别	夜间级别	昼间级别	夜间级别	昼间级别	夜间级别	昼间级别	夜间级别	昼间级别	夜间级别	昼间级别	夜间级别
来宾	3	3	2	2	1	1	1	1	3	2	2	3
忻城	1	1	2	1			1	1	1	2	1	2
合山			2	1	1	1	0	2	2	4	0	2
武宣	2	2	2	1	1	1	1	1	2	1	2	1
象州	2	2	1	1	1	1	1	1	1	1	2	2
金秀			1	1	1	1	0	0	0	1	2	3

1997 年,武宣县每年对县城区域环境噪声进行监测。在县城区域设置县人民政府、县党校、县六峰矿粉厂 3 个点为环境噪声监测点,监测项目为区域环境噪声。监测频率为分别于昼间和夜间各监测 1 次。1997 年、1998 年和 1999 年县城区昼间平均声值分别为 57.3 分贝(A)、54.8 分贝(A)和 52.3 分贝(A),符合《城市区域环境噪声标准》(GB3096–1993)2 类标准;夜间平均声值分别为 52.3 分贝(A)、48.6 分贝(A)和 45.1 分贝(A),符合《城市区域环境噪声标准》(GB3096–1993)2 类标准。1997 年,象州县城区环境噪声监测结果评价:昼间平均声值为 51.2 分贝(A),夜间平均声值为 45.2 分贝(A),昼间、夜间噪声均符合《城市区域环境噪声标准》(GB3096–93,下同)1 类标准,较为安静。1998 年,象州县城区环境噪声监测结果评价:昼间平均声值为 41.8 分贝(A),夜间平均声值为 38.4 分贝(A),昼间、夜间噪声均符合《城市区域环境噪声标准》0 类标准,较为安静。1999 年,象州县城区环境噪声监测结果评价为昼间平均声值为 53.2 分贝(A),夜间平均声值为 44.2 分贝(A),昼间、夜间噪声均符合《城市区域环境噪声标准》1 类标准,较为安静。

2000 年,武宣县城区昼间平均声值为 51.7 分贝(A),夜间平均声值为 41.3 分贝(A),符合《城市区域环境噪声标准》(GB3096–1993)一类标准。象州县城区环境噪声监测结果评价为昼间平均声值为 52.9 分贝(A),夜间平均声值为 46.4 分贝(A),昼间、夜间噪声均符合《城市区域环境噪声标准》1 类标准,较为安静。

2001 年和 2002 年,武宣县城区昼间平均声值分别为 56.5 分贝(A)和 58.6 分贝(A),符合《城市区域环境噪声标准》(GB3096–1993)二类标准;夜间平均声值分别为 40.8 分贝(A)和 44.2 分贝(A),符合《城市区域环境噪声标准》(GB3096–1993)1 类标准。2001 年,象州县城区环境噪声监测结果评价:昼间平均声值为 45.4 分贝(A),夜间平均声值为 41.1 分贝(A),昼间、夜间噪声均符合《城市区域环境噪声标准》一类标准,较为安静。2002 年,象州县城区环境噪声监测结果评价:昼间平均声值为 57.9 分贝(A),夜间平均声值为 48.2 分贝(A),昼间、夜间噪声均符合《城市区域环境噪声标准》2 类标准。

2003 年,武宣县城区昼间平均声值为 51.7 分贝(A),夜间平均声值为 43.3 分贝(A),符合《城市区域环境噪声标准》(GB3096–1993)1 类标准。

2004 年,武宣县城区昼间平均声值为 50.5 分贝(A),夜间平均声值为 49.6 分贝(A),昼间符合《城市区域环境噪声标准》(GB3096–1993)1 类标准,夜间符合 2 类标准。象州县城区环境噪声监测结果评价:昼间平均声值为 52.1 分贝(A),夜间平均声值为 45.6 分贝(A),昼间、夜间噪声均符合《城市区域环境噪声标准》2 类标准。

2005 年,武宣县城区昼间平均声值为 57.8 分贝(A),夜间平均声值为 47.8 分贝(A),昼间符合《城市区域环境噪声标准》(GB3096–1993)2 类标准,夜间符合 2 类标准。象州县城区昼间平均声值为 52.3 分贝(A),夜间平均声值为 40.3 分贝(A),昼间、夜间噪声均符合《城市区域环境噪声标准》2 类标准。

交通噪声 2003—2005 年,来宾市城区交通流量比较少,相对集中于城区主干道。2003 年,交通环境噪声质量监测暂定在北二路和中南路两条主干道,设置 2 个监测点;2004—2005 年,在保留 2003 年 2 个监测点以外,增设市直机关生活区点和市环境保护局 2 个监测点,共 4 个监测点。分昼间和夜间两个时段测量,以每监测点的年度为单元进行统计。

表 5-24 2003—2005 年来宾市城区道路交通噪声监测结果情况表

监测点名称	年份	昼间（分贝）	超标（分贝）	车流量（辆／小时）	夜间（分贝）	超标（分贝）	车流量（辆／小时）
中国银行	2003	68.8	0.0	—	68.5	13.5	—
	2004	74.5	4.5	2925.0	66.3	11.3	1374
	2005	74.1	4.1	2616.0	69.6	14.6	1176
市技术监督局	2003	67.3	0.0	—	64.1	9.1	—
	2004	70.0	0.0	1248.0	64.2	9.2	324
	2005	73.2	3.2	1092.0	64.8	9.8	510
市直机关生活区	2003	—	—	—	—	—	—
	2004	71.1	1.1	804.0	59.5	4.5	180
	2005	65.2	0.0	300.0	56.4	1.4	65
市环境保护局	2003	—	—	—	—	—	—
	2004	71.0	1.0	2067.0	63.3	8.3	360
	2005	71.8	1.8	2238.0	69.6	14.6	792
GB3096—93 二类标准		70.0	—	—	55.0	—	—

第四节 环境监测与污染治理

环境监测

水质环境监测 地表水监测 2003 年以前来宾市境内地表水监测由柳州地区环境监测站进行，2002 年末建市后改由来宾市环境监测站进行监测。2003 来宾市调整和新增市区内红水河监测点，调整后得监测的河流包括：金秀河、柳江、罗秀河、清水河、红水河、黔江等。2004 年，来宾市对境内的红水河流域功能区划分，对监测断面进行优化再调整。来宾市行政辖区内的江河水质监测断面包含广西壮族自治区、来宾市各县（市、区）的控制断面。

地表水监测的项目包括：水温、pH、悬浮物、化学需氧量、五日生化需氧量、溶解氧、高锰酸盐指数、氰化物、氨氮、硝酸盐氮、亚硝酸盐、挥发性酚、总硬度、总砷、总汞、六价铬、总镉、总铜、总锌、总锰、总磷、粪大肠菌群共 22 项。

2003—2005 年，来宾市地表水监测的频率为：2003—2004 年，每年分别在枯水期、平水期、丰水期，即：在 1 月份、4 月份、7 月份进行监测分析；每个水期在一周内间隔采样 2 次。2005 年每逢单月进行监测分析，每个水期在 1 周内间隔采样 2 次。市区红水河段设 4 个水质监测断面，分别为迁江大桥、桥巩、磨东公路桥、红河车渡断面。经监测，各监测断面水质均达 GB3838-2002《地表水环境质量标准》三类水标准，符合来宾市水质保护目标（三类）要求。

废水、污水监测 2002 年以前，来宾市区域内废水、污水监测由柳州地区环境监测站进行，负责对各县（市）工矿企、事业产生的废水、污水进行污染源监督性监测，监测结果每季度向主管部门和上级主管部门作季度监测书面报告制度。

1994 年，来宾市境域忻城县委托第三方监测机构开展对县新村糖厂的外排工业废水进行 1 次监测。1995 年 7 月，忻城县委托第三方监测机构开展对忻城县糖厂酒家、忻城县缫丝厂酒家等 25 家饮食行业单位外排综合废水进行 1 次监测；1996 年 5 月，忻城县委托第三方监测机构对忻城县新村糖厂的综合废水进行监测。1997 年 1 月，忻城县委托第三方监测机构对忻城县水泥厂开展废水监测，对忻城县第一化工厂开展废水监测；3 月，对忻城县思练糖厂开展废水监测；5 月，对忻城洗车场的废水和忻城县人民医院、忻城县中医医院的综合医疗废水进行监测；7 月，对忻城县制药厂和盘龙缫丝厂、忻城县缫丝厂以及忻城县食品公司屠宰场、忻城县铁合金厂等单位的废水进行监测。1998 年 3 月，忻城县委托第三方监测机构对忻城县第二糖厂、忻城县纤维板厂开展废水监测。7 月，对忻城县制药厂的废水进行监测。10 月，对忻城县中医院、忻城县食品公司屠宰场的废水进行监测。1999年1月，对忻城县第二糖厂的废水进行监测。9月，对忻城县人民医院、忻城县中医医院的废水进行监测。12月，开展污染源治理达标监测，先后对忻城县水泥厂和忻城县第二糖厂进行废水等项目的治理达标验收监测。

2001年1月，忻城县委托第三方监测机构对忻城县第一糖厂和第二糖厂废水进行达标验收监测。12月，忻城县境内开展建设项目施工建设期环境监测。先后对忻城县人民医院、忻城县中医医院的医疗废水进行监测。2002年1月，对忻城县糖厂、忻城县二糖厂的废水进行监测。7月，对忻城县水泥厂第二次达标治理验收进行监测。11月，对忻城县食品公司屠宰场废水、忻城县人民医院和忻城县中医医院的医疗废水进行监测。12月，对忻城县制药厂、忻城县缫丝厂、盘龙缫丝厂进行废水监测。

2003年，来宾市环境保护局根据《中华人民共和国环境保护法》、国家环境保护总局《污染源监测管理办法》（环发〔1999〕第246号文）的规定和《广西壮族自治区工业污染源监测管理办法实施细则》，下发《关于工业污染源监测问题的通知》（来环〔2003〕23号）对全市排污申报企业进行监督性常规监测。监测结果作为企业排污申报和环境保护部门征收排污费的依据。规定废水监测频率，每年1~2次。2003年，忻城县对南华一糖厂、忻城县二糖厂、金嗓子忻城制药厂的废水进行监测。2004年，对忻城南华一糖厂、忻城县二糖厂、忻城县人民医院、忻城县中医医院的废水、忻城县金嗓子药厂、忻城县缫丝厂的废水进行监测。2005年，对忻城县南华一糖厂、忻城县二糖厂、忻城县金嗓子药厂的和忻城县缫丝厂、忻城县人民医医院、忻城县中医院进行废水监测。

表5-25 1997—2005年来宾市境内污染源废水监测情况

年份	行业数	企业数	监测排放口数	获取数据数
1997年	13	80	111	3000
1998年	10	57	96	2769
1999年	10	60	69	2120
2000年	13	95	135	3899
2001年	12	76	103	5930
2002年	12	76	102	5087
2003年	11	49	63	2919
2004年	10	36	40	1972
2005年	8	47	33	1491

重点污染源废水监督性监测 1985年，合山市合山电厂下游里兰河段取样检验。1988年，对合山市岭南镇境内3条地下水径流带突水点溯河矿点、柳花岭矿点、东矿点的氰化物进行测定。

重大建设项目施工期间水质监测 红水河梯级电站之一的乐滩水电站位于忻城县红渡镇境内的红水河上游3千米，水电站扩建工程施工期间实行定期水质监督监测，2001年，开始乐滩水电站扩建工程施工期间进行监测，连续监测5年，至2004年结束。

监测点设置在电站坝址上游和坝上红水河上游与刁江汇合处、坝下游三个监测断面；水电站库区水质监测设两个监测断面：水库干流上游的禄建：刁江库尾拉烈大桥，施工期间的施工废水监测，设两个采样监测点：砂石系统、合拌系统两种废水总排放口，施工期间生活污水监测设两个采样监测点：生活区污水、卫生室污水。

红水河监测项目：水温、pH、溶解氧、高锰酸盐指数、化学需氧量、五日生化需氧量、悬浮物、氮、氟化物、硫化物、挥发性酚、总汞、总镉、六价铬、总铅、总锌、氰化物、总铜、总硒、总砷、石油类、阴离子表面活性剂、粪大肠菌群等共23项。

施工废水监测项目：水温、流量、pH、悬浮物、化学需氧量、石油类共6项。

生活污水监测项目：流量、pH、悬浮物、磷、氨氮、石油类、阴离子表面活性剂、化学需氧量、五日生化需氧量、粪大肠菌群共10项。

监测频率：红水河、生活污水每两个月采集水样监测一次；库区、施工废水以枯、平、丰水期采集水样监测一次。

2004年10月，对滴水河下六甲水利枢纽工程施工期进行水质监测。

滴水河水质监测点设置在下六甲坝址上游200米、兰督坝址下游200米；废水监测点设在施工生活区污水排放口。

滴水河水质监测项目为地表水监测项目：溶解氧、pH、悬浮物、高锰酸盐指数、五日生化需氧量、氨氮、石油类、粪大肠菌群共8项。

污水监测项目为pH、悬浮物、高锰酸盐指数、五日生化需氧量、氨氮、石油类、粪大肠菌群共7项。

监测频率为每季度监测1次，每次连续采样2天，每天采样监测1次，连续监测2年。

污染纠纷监测　2002年2月20日，忻城县思练镇思练水厂受严重污染，忻城县环境保护局委托柳州地区环境监测站对忻城县思练镇水厂周围地表水、地下水采集水样进行水质监测。监测布点共8个，地表水：思练水厂旁的鱼塘水，板荒河板荒村段、肯硕坝死水；地下水：思练水厂贮水池、水厂自来水、糖厂自来水、宗成德井水；污水：糖厂排出的综合污。地表水监测项目：pH、溶解氧、悬浮物、硫化物、氨氮、亚硝酸盐氮、硝酸盐氮、化学需氧量等共8项；地下水监测项目：色度、浊度、嗅和味、肉眼可见物、pH、溶解性总固体、氨氮、亚硝酸盐氮、硝酸盐氮、化学需氧量等共10项；糖厂废水监测项目：pH、悬浮物、硫化物、化学需氧量、五日生化需氧量等5项。

2001年4月28日，象州县象州镇第二村民小组群众60亩巨峰葡萄园受污染，5月9日—5月11日柳州地区环境监测站连续三天对受污染的葡萄园周围的象州有色冶炼厂、象州选矿厂、象州高宏化工有限责任公司三家产生污染源的企业进行调查和监测。监测布点，有色冶炼厂：精炼炉出口、合金炉出口、烧结炉出口；选矿厂：陶土车间烟囱出口；高宏化工有限责任公司：粗钡车间烟囱出口、动力车间烟囱出口。监测项目：二氧化硫。监测频率：三个厂均在正常生产时段随机采样；有色冶炼厂3次、选矿厂4次；高宏化工有限责任公司6次。

2003年2月26日，忻城县思练镇肯硕屯饮用水受广西忻城华亿糖业有限公司二厂排放的废水污染，肯硕屯59户200多人生活饮用水受到影响，忻城县环境保护局委托来宾市环境监测站对练江肯硕屯河段进行水质污染纠纷仲裁监测。监测采样点5个。监测布点：废水入肯硕河处、练江肯硕屯受污染河段、肯硕屯井水、肯大硕屯村民所饮用的自来水、练江板荒屯河段。监测频率：进行一次性的现场采样；监测项目：pH、悬浮物、化学需氧量、五日生化需氧量、硫化物。

突发性污染事故监测　2002年10月3日下午，武宣县桂东淀粉有限责任公司氧化塘内发生废气污染事故；柳州地区环境监测站成立应急监测组于10月4日上午赶到事发现场进行采样监测分析。监测布点：4—5日，1号氧化塘2个点，2号氧化塘1个点；6—7日，1号氧化塘3个点，2号氧化塘1个点；监测项目：pH、化学需氧量、硫化物等3项；监测频率：每天采样监测一次，连续监测4天。

2002年12月11日13时50分，金秀境内的三角乡三渡河村路段，一辆装载20吨砒霜货车翻下45米深山沟中，泄漏的砒霜直接进入七建河，使柳江河流受砒霜泄漏的造成特大环境污染事故。2002年12月11日柳州地区环境监测站成立金秀“12·11”交通事故环境污染应急监测小组，于12月11日赴现场事故开展环境监测，监测工作自2002年12月11日19时开始至12月25日12时结束；环境监测持续15天。监测布点：12月11日—14日为：距离事故点下游150米、距离事故点下游5000米的七建公路桥、距离事故点下游30000米的桐木大坝；12月15日—24日为：出事故地点下游150米、距离事故点下游5000米七建公路桥、距离事故点下游30000米的桐木大坝、仁里桥35000米；12月25日为：出事故地点下游150米、距离事故点下游5000米七建公路桥；监测项目：pH、砷2项。监测频率：每隔4小时采集水样监测一次。

降水酸雨监测　1998—2002年，来宾市境内降水酸雨监测由柳州地区环境监测站负责开展，降水酸雨监测点设置在合山市，受监测能力、监测仪器设备所限，监测工作不规范、不连续，项目监测也没有按照规定的要求进行，所获取的监测数据不完整。

来宾市成立后，2003年，降水酸雨监测点调整到来宾市市区，并正式将降水酸雨纳入来宾市环境监测站的常规监测工作任务。监测点设在市环境保护局、市第一中学。2004年，监测点设置调整为来宾高速公路管理所、市环境保护局和兴宾区人民政府3个测点。采样方法为自动器采样，逢雨必采。监测频率为每下1场雨测1次。2003年，监测项目为pH值；2004—2005年，监测项目pH值、电导率；每月任意抽取1场有足够雨水量测硫酸根离子、硝酸根离子、氟离子、氯离子、铵离子、钙离子、镁离子、钠离子、钾离子等9种离子成分。降水pH值小于5.6的称为酸雨。2005年，来宾市区降水pH值年均值为4.47，酸雨频率为59.6%，酸雨现象显著。

大气环境监测 来宾市境内各县（市）城区大气环境监测从1997年开始，各县（市）在城区设置监测点，进行监测，境内共设监测点18个。合山市在里兰矿、市政府大院、十字路口设点进行监测，象州县设县政府大院、县中学、县公安局3个点，武宣县在县政府大院、县中学、武宣镇政府大院设3个点，来宾县在县政府大院、县武装部、维都林场场部、来宾冶炼厂生活区设点监测，金秀瑶族自治县在县汽车站、县粮食局设点，忻城县在土司衙门、县政府大院、县中学设点进行监测。

监测项目 来宾市境内各县（市）监测项目有所不同。1996年，合山市监测的项目为二氧化硫、氮氧化物、总悬浮颗粒物、降尘等4项；1997—2000年，合山市监测的项目为二氧化硫、氮氧化物、总悬浮颗粒物等3项。1997年，来宾、忻城、武宣、象州、金秀等县监测的项目为二氧化硫、氮氧化物、总悬浮颗粒物等3项。1998—2000年，各县监测的项目为二氧化硫、氮氧化物、总悬浮颗粒物、总铅、氟化物等5项。2001—2002年，各县监测的项目为二氧化硫、二氧化氮、可吸入颗粒物等3项。

2003年后同，来宾市监测项目有二氧化硫、二氧化氮、可吸入颗粒物等3项。

监测频率 来宾市境内各县（市）大气监测的频率也有所不同。1996年，合山市大气每季度监测1期，1997—2000年，合山市大气改为每年监测2期，分别在第一、三季度监测，每期连续监测5天，每天采集样品监测4次。来宾、忻城、武宣、象州、金秀各县每年在夏季监测1期，连续监测5天，每天采样监测4次，每次监测相隔4小时。

2002年末，来宾市成立后，2003年，来宾市环境保护局印发《关于下达来宾市城区环境监测计划的通知》（来环〔2003〕15号），确定城区空气监测点位、监测项目、监测频率。经2003年监测1年后，2004年进行优化调整监测点位。

2003—2004年，来宾市区监测频率为每年的每季度监测1期，分别在1、4、7、10月进行监测；2005年，每逢单月进行监测1期，每期连续采样监测5天，二氧化硫、二氧化氮每天监测四次，每次采样1小时；可吸入颗粒物每天采1次样，连续采样12小时。

表5-26 2003—2005年来宾市区空气监测点情况表

监测点名称	年份	代码	监测点位置	功能区
市直机关办公区	2003	377	原西山村	行政文化中心
桥巩中学	2003	378	桥巩中学	对照区
冶炼厂招待所	2003	532	南京路1号	居民区
	2004			
	2005			
市技术监督局	2003	531	中南路305号	商业教学居民区
	2004			
	2005			
市环保局	2004	534	大桥路	居民、商业区
	2005			
兴宾区政府	2004	533	前卫路	居民、商业区

污染源废气监测 2003—2005年，来宾市污染源废气监测情况共监测行业26个，监测企业102个，监测排放口数134个，获得数据7355项。

表5-27 2003—2005年来宾市污染源废气监测情况

年份	行业数	企业数	监测排放口数	获取数据数
2003年	9	40	58	3291
2004年	8	32	37	2573
2005年	8	30	39	1491

重大建设项目施工期间空气监测 2001年，境内环保部门对乐滩水电站扩建工程施工期间水电站周围环境空气监测，共设置5个监测点：电站厂房区、电站大坝、砂石料生产区、电站施工单位生活区和运输公路下风向50米。监测项目为总悬浮颗粒物、二氧化硫、二氧化氮共3项。监测频率为施工期间每季度监测一次，每次连续监测5天；二氧化硫、二氧化氮分为小时平均浓度监测和日平均浓度采集样品监测；总悬浮颗粒物为日平均浓度采集样品。二氧化硫、二氧化氮小时平均浓度每天监测4次，每隔4小时监测1次，每次采集样品60分钟；日平均浓度连续18小时采集样品；总悬浮颗粒物日平均浓度连续12小时采集样品。

2003年，来宾市环境保护局对象州至桐木二级公路施工期间沿线环境空气监测，共设热水村、寺村民房、罗秀镇民房、大乐镇道班和桐木仁里村委会5个监测点，监测项目为总悬浮颗粒物1项。监测频率为在施工期间每年监测2次，间隔5个月1次，每次连续监测2天，测定浓度为日平均浓度，每天连续监测12小时。

2004年10月，来宾市环境保护局对滴水河下六甲水利枢纽工程施工期间水利枢纽工程周围环境空气监测，设置下六甲坝址、兰督坝址2个监测点。监测项目为总悬浮颗粒物。监测频率为施工期间每年监测2次，半年监测一次，每次连续监测5天，总悬浮颗粒物为日平均浓度采集样品，日平均浓度连续12小时采集样品。

声环境监测 1973年，境内环境保护部门对合山电厂声环境进行测定，电厂4号、5号汽机和凝结器旁的噪声分别为94.5分贝和97.3分贝，分别超标4.5分贝和7.3分贝，7号球磨机的噪声为102.5分贝，超标12.5分贝；3号冲灰泵噪声为98.3分贝，超标8.3分贝；送风机、引风机的噪声均在90分贝以上；锅炉排汽门、安全门的噪声为120分贝，超标30分贝。合山矿务局里兰矿抽风机噪声超标1.5分贝，大弯弓矿井抽风机噪声超标3分贝，溯河矿20立方米风机噪声超标2分贝，合山煤矿机械厂翻砂车间噪声超标5分贝，合山水泥厂立窑机风机噪声为90.7分贝，合山市灰沙砖厂打砖机的噪声为90.3分贝。

1997—2002年，来宾市境内环境噪声监测由柳州地区环境监测站负责进行。区域内各县(市)县城区噪声优化选择监测点。环境噪声布点方法为监测点选在居住或工作建筑物外，离建筑物的距离不小于1米，传声器距地面的垂直距离不小于1.2米，监测频率为每年监测1次。城市区域环境噪声评价标准，按照国家规定的GB3096-93《城市区域环境噪声标准》进行评价，对照监测结果为在1997—2002年的监测中，金秀、合山、来宾等县等效声有3级或3级以上的现象。合山市2001年夜间等效声为4级；来宾县在1997年的昼间和夜间，2001—2002年的夜间等效声均是3级；其他各县的区域环境噪声质量良好。1997年，忻城县开始实施环境噪声质量评价监测，噪声环境质量监测点设置在县政府大院、县中学、土司衙门，噪声监测项目为等效连续声级，日测量时间为昼间8点和夜间22点，县城区各监测点昼间和夜间噪声等效连续声级符合一级。2002年，忻城县城噪声环境质量昼间符合一类标准，夜间符合二类标准。

表5-28 **1997—2005年武宣县城区环境噪声监测结果**

单位：分贝

序号	监测点名称	年份	昼间	夜间
1	县人民政府	1997	60.0	55.0
		1998	53.8	47.1
		1999	53.1	45.6
		2000	52.0	41.0
		2001	59.3	40.2
		2002	62.3	44.4
		2003	51.5	42.1
		2004	49.8	40.7
		2005	58.1	46.5

续表

序号	监测点名称	年份	昼间	夜间
2	县党校	1997	53.0	54.0
		1998	54.9	47.3
		1999	51.3	44.5
		2000	50.0	40.0
		2001	52.8	39.8
		2002	47.7	43.8
		2003	52.6	43.1
		2004	46.0	49.2
		2005	59.3	47.2
3	县六峰矿粉厂	1997	59.0	48.0
		1998	55.8	51.5
		1999	52.5	45.1
		2000	53.0	43.0
		2001	57.5	42.5
		2002	65.7	44.5
		2003	51.0	44.8
		2004	55.6	50.9
		2005	55.9	49.8

2003年,来宾市环保局对兴宾、金秀、武宣、忻城等县城区进行空气监测,其中城区空气监测点12个。兴宾区每季度监测1次,每次连续5天;其他县城区每季度监测1次,每次连续3天。空气环境监测项目为二氧化硫(SO_2)、二氧化氮(NO_2)和可吸入颗粒物(PM_{10})等3项,全年共获取空气环境监测有效数据400个。2005年,来宾市区环境噪声符合GB3096-93《区域环境噪声标准》2类标准。

交通噪声监测 来宾市交通噪声监测开始于2003年。交通噪声布点方法:在城市主干道上布点监测。交通噪声测量方法:分别在昼间和夜间进行测量。在规定的测量时间内,每次每个测点测量20分钟的连续等效A声级(LAeq)和交通流量。交通噪声监测频率:每年一次,每次连续20分钟,每5秒钟测试一次。

表5-29 2003—2005年来宾市交通噪声监测点设置表

监测点名称	年份	代码	监测干线	功能区
中国银行	2003		北二路	
	2004			
	2005			
技术监督局	2003		中南路	
	2004			
	2005			
市直机关生活区	2004		建设大道	
	2005			
市环保局	2004		大桥路	
	2005			

污染治理

水体污染与治理　来宾市工业废水污染类型主要是以制糖及造纸所产生的有机废水污染为主，且呈季节性污染，直接影响地表水的水质。制糖工业排放的高浓度有机废水，成为河流水体的主要污染源。

从20世纪70年代起，来宾市境内开始对工业废水、生活污水进行治理，对工业废水、生活废水综合利用。

20世纪80年代，来宾市境内的工业得到迅速发展，导致工业废水排放量逐年增大。随着环境管理的加强与完善，废水的治理及利用也得到进一步的加强。

20世纪90年代以后，来宾市环境保护机构逐步完善健全，防治污染工作进一步深入。

1996—2004年，来宾市境内工业废水防治分为两个阶段：第一阶段是1996—2000年，按照《国务院关于环境保护若干问题的决定》（国发〔1996〕31号）和国家环境保护总局关于贯彻《国务院关于环境保护若干问题的决定》的紧急通知精神，在全市范围内大规模开展以“一控双达标”（污染物总量控制，工业污染物排放达到国家标准，空气和地面水按功能区达到国家规定的环境质量标准）为目标的工业废水污染防治工作；第二阶段是2000—2004年，全面落实以“总量控制”为目标的工业废水污染防治工作。

1996—2004年，来宾市境内采取措施防治水污染，保护水环境。

规划河段，确定水质目标。通过计算环境容量，根据该区域经济发展目标，确定可利用的水环境容量，以充分准备利用水体对污染物的净化能力，同时控制污染负荷的增加，逐步由浓度控制转向总量控制，保证水质管理目标的实现。

实行排污许可证制度。对排放水污染物的单位，均要申报登记，经审核后发放排污许可证，分配污染负荷，削减污染源的排放量，全面实行水污染物排放许可证制度。

限期治理。限期治理的重点放在无治理设施而又可以实施治理计划的排污单位，重点治理超容河段，这些超容河段的主要污染源是糖厂、纸厂、化肥厂等，根据污染源的性质、特征等情况，作出限期治理措施。

加强对新建、改建、扩建项目的环境管理。合理增设工业排污口，对新增工业废水入河排污口进行合理布设，选择在低功能河段使之不至于影响下游河段的用水；在饮用水水源保护区不准增建项目，特别是污染大的项目；其他功能区河段采取行业引导措施，该并的并、该转的转、该迁的迁，做到布局合理。

集中治理。对工业较为集中并有经济能力的区域进行集中治理，既节约资金，又增强水污染治理的效率。

表5-30　**1996—2005年来宾市境内工业废水排放情况表**

单位：分贝

年份 排放量	1996年	1997年	1998年	1999年	2000年	2001年	2002年	2003年	2004年	2005年
废水排放总量	9071.45	7207.91	6597.62	7218.11	6381.41	5276.66	5912.93	5398.03	5091.72	29677.41
工业废水排放总量	9071.45	7207.91	6507.62	7218.11	6381.41	5276.66	5912.93	5398.03	5091.72	29677.41

表5-31　**1996—2005年来宾市境内工业废水中各类污染物的排放情况表**

单位：吨

年份	汞	镉	六价铬	砷	铅	挥发酚	氰化物	石油类	化学需氧量	悬浮物	碳化物
1996年	100.00	1030.00	280.00	6260.00	4420.00	18860.00	270.00	56.83	81561.00	333936.0	27465.0
1997年	0.00	0.40	0.02	4.14	2.85	18.83	0.22	44.05	105627.00	57287.0	581.0
1998年	0.02	1.16	0.04	4.35	3.21	20.63	0.06	30.19	48146.00	23466.0	815.0

续表

年份	汞	镉	六价铬	砷	铅	挥发酚	氰化物	石油类	化学需氧量	悬浮物	硫化物
1999 年	0.00	1.13	0.00	3.63	5.87	57.89	2.63	25.05	52168.00	30922.0	358.0
2000 年	0.00	0.87	0.01	1.23	89.30	7.75	0.11	0.56	43052.00	18676.0	312.0
2001 年	0.08	1.07	0.01	2.36	68.20	5.98	0.81	0.79	58053.00	18892.0	360.0
2002 年	0.11	3.12	0.00	0.95	12.96	0.07	0.10	1.36	65058.00	20892.0	482.0
2003 年	0.00	0.66	0.00	2.00	1.15	0.00	0.00	5.07	57802.00	13982.0	533.0
2004 年	0.00	0.47	0.80	4.95	0.98	0.67	0.22	15.07	71704.00	15898.0	368.0
2005 年	0.00	1.02	0.01	4.48	1.51	0.69	0.87	23.93	76169.53	18693.1	623.6

表 5-32　1996—2005 年来宾市境内工业废水综合利用情况表

年份	工业废水排放量(万吨)	循环利用废水量(万吨)	工业用水总量(万吨)	废水循环利用率(%)
1996 年	9071.45	3870.46		
1997 年	7207.91	10362.50	51210.60	20.23
1998 年	6597.62	12242.00		
1999 年	7218.11	13931.00	55073.41	
2000 年	6381.41	17918.00	59860.00	
2001 年	5276.66	16453.81	88723.60	
2002 年	5912.93	25445.51	107599.46	23.65
2003 年	5398.03	20243.63	129621.29	15.62
2004 年	5091.72	21607.80	131989.17	16.37
2005 年	5609.00	31212.36	130391.19	64.42

表 5-33　1996—2004 年来宾市境内医疗机构废水治理情况表

单位名称	病床数（张）	治理设施名称	处理方法	处理能力（吨／日）	项目达标时间
来宾市人民医院	250	二氧化氯发生器	加氯消毒	800	1996 年 6 月
来宾市中医医院	140	二氧化氯发生器	加氯消毒、生化	400	1996 年 8 月
来宾市妇幼保健院	60	三级化粪池	加氯消毒、生化	100	1997 年 12 月
合山市矿务局总医院	150	二氧化氯发生器	加氯消毒	200	1997 年 2 月
合山市矿务局总医院东矿分院	120	三级化粪池	加氯消毒、生化	40	1998 年 11 月
合山市人民医院	96	二氧化氯发生器	加氯消毒	100	1997 年 12 月
忻城县人民医院	200	二氧化氯发生器	加氯消毒	240	1998 年 9 月
忻城县中医医院	60	三级化粪池	加氯消毒、生化	90	1999 年 2 月
象州县人民医院	200	二氧化氯发生器	加氯消毒	250	1996 年 7 月
象州县中医医院	50	二氧化氯发生器	加氯消毒	80	2000 年 2 年
武宣县人民医院	220	二氧化氯发生器	加氯消毒	100	2000 年 12 月
武宣县中医医院	60	三级化粪池	加氯消毒、生化	30	2000 年 10 月
金秀瑶族自治县人民医院	200	三级化粪池	加氯消毒、生化	500	2000 年 8 月

20世纪80年代，来宾市境内各县始实施征收超标排污费制度，全面加强环境保护，加强企业排污管理，严禁乱排乱放。合山矿务局工人医院、合山市人民医院分别安装“污水处理器”。两家医院年处理污水14.28万吨，治理效果达到国家规定的排放标准。1978年前，来宾市境内合山电厂每年排入红水河的废水为1832万吨。1980年，储灰场建成后，大部分废水随灰渣排进灰场，废水排河量逐年减少。

1985年起，忻城县实施征收超标排污费。象州县石龙糖厂投资9万元修建沉淀池，将污水沉淀净化后再排放。1986年起，来宾县对辖区污染较大的八一锰矿、迁江糖厂、红河糖厂、来宾糖厂、县豆制品厂、县造纸厂、县制药厂、县水泥厂和县小平阳乡水泥厂等单位，进行综合治理，利用返回的排污费和自筹部分资金建设沉渣池、排污水沟、清浊水分流、白水回收装置、除尘装置等5个工程项目，耗费315.6万元。来宾县人民政府制定《县城饮用水源保护区污染防治管理条例》，建立了1平方千米的县城饮用水源保护区。1986年开始，合山电厂使用冷却水灌溉农田。1987年7月，合山市水电厂建成投产，以合山电厂冷却水为动力。1989年，象州县下田锰矿、罗秀糖厂等6个单位共安排7个治理污水项目，当年竣工6个。其中象州县罗秀糖厂投资42.33万元，扩建污水净化设备，新增日处理废水能力8333吨。

1990年，来宾市境内实施超标排污费征收，加强污水治理，严禁超标排放，污水治理取得一定成效。来宾县废水治理率38%，废水中的污染浓度比1985年平均下降7.4%。来宾纸厂1985年前100%的废水直接向外排放，1986年建白水回收装置后，40%的白水得到了回收利用。废水量由治理前的年约97.46万吨下降到1990年的58.14万吨，废水中的硫化物、化学需氧量等物质浓度分别由治理前的16.83毫克/升、2138.24毫克/升下降到1990年的13.54毫克/升和1829.84毫克/升。合山电厂经治理后每年排入红水河的废水由1987年的每年1832万吨减少到每年534万吨。忻城县通过征收排污费给各企业增加压力，推动清污分流处理工程进度，全县共征收超标排污费34万元。征收超标排污费后，忻城县新村糖厂投资80万元，修清污分流工程。忻城县水泥厂投资6万元，改进生产工艺，安装除尘设备，推广冷脚水循环使用技术。象州县化工厂、选矿厂等5家企业建设废水治理项目6个，当年竣工5个，设计年处理废水量455.18万吨。象州县罗秀糖厂、石龙糖厂、选矿厂等10个企事业单位排放废水167.68万吨，其中工业污水151.39万吨，实际处理排放污水134.84万吨，占工业污水排放量的89.07%，去除有害污染物2.55万吨；工业重复用水量24.74万吨，为工业用新鲜水量191.61万吨的12.91%。

1991年，来宾市境内各县（市）将工业外排污染源列为治理重点，加强管理，加大投资建设治污项目，关停整顿未达标企业，促使各企业完成治污项目建设，实现达标排放。1994年12月初大唐桂冠合山发电有限公司沉渣池系统工程正式开工，到1995年12月系统主体工程基本完成，并部分验收试运行。其他配套工程于1996年底全部完工。沉渣池系统工程的竣工，实现了合山电厂4#—8#炉除尘冲灰水和炉底冲渣水的分排，增加了全厂泵房的排水能力，保证了全厂的废水均能输送到2#灰场，经过滤和自然沉淀澄清后，由回水管路回到厂区循环使用。1995年12月，沉渣池系统工程的竣工使用，标志着合山市完成了灰渣不下红水河的目标和厂区废水的零排放的目标。

1996年，来宾市境内各县（市）高度重视环境保护工作，全面实施环境保护目标管理制度，采取一系列措施推进环境保护。制订环保工作的总体规划和目标，以“一控双达标”（污染源排放总量控制在国家规定的排放总量指标内，环境空气、地面水环境质量分别达到国家规定的有关标准）为重点环保方略推行首长环保工作责任制；加强环保宣传，增强全民环保意识和法制观念；强化环保监督管理；加强治理工业“三废”（废气、废水、废渣），对不达标的企业责令限期治理；各乡镇及有关企业与县人民政府签署环保责任状，建立县、乡（镇）、企业“三位一体”的治理网络，在重点治理“三废”的同时，将绿色工程、生态环境保护和恢复抓好。武宣县下发《关于对有关污染源限期治理的通知》，列出限期治理企业清单，其中，工业废水限期治理项目6个。象州县对辖区企业坚持实施限期达标治理和总量控制，采取循环利用和资源化利用等措施，逐年加大废水治理力度，逐步实现达标排放。在1996年9月30日以前，象州县对现有年产5000吨以下的造纸厂、年产折牛皮3万张以下的制革厂、年产500吨以下的染料厂，以及采用“坑式”和“萍乡式”“天地罐”和“敞开式”等落后方式炼焦、炼硫的企业责令取缔。当年9月，关停象州县造纸厂。

1997年10月，广西八一铁合金总厂完成4×5000千伏安电炉冲渣水循环改造治理项目，共投资80万元，冲渣水处理能力为8000吨每日。象州县下发《象州县人民政府关于下达企业限期治理项目的通知》(象政〔1997〕82号),对石龙糖厂、罗秀糖厂等15个单位下达限期治理计划。其中,工业废水限期治理项目10个。忻城县第一糖厂投入资金1050万元,引用广西大学酒精废液浓缩加工技术,兴建年生产1万吨复混肥酒精废液综合治理项目;忻城县第二糖厂投资25万元,安装1台锅炉冲灰水“灰水分离器”设备,促进废水循环利用,减少工业废水外排量。

1998年,来宾县投入治理资金6354.18万元,其中环保治理专项资金337.5万元,完成凤凰糖厂、来宾糖厂、来宾县人民医院、来宾县中医医院等废水治理项目。广西凤凰糖厂完成酒精废液综合利用工程治理项目,共投入治理资金1268万元,废液处理能力为600吨每日和完成生产废水循环利用工程治理项目,投入治理资金100多万元,处理废水能力为7000吨每日。忻城县第一糖厂投入资金30.2万元,进行厂内工业废水“清污分流”整治工程;忻城县第二糖厂投入资金80万元,重新选址建设工业废水氧化塘1个,可储存工业废水20万立方米。忻城县人民医院投资15万元,兴建医疗废水处理厂,对产生的医疗废水经处理后排放。

1999年,来宾市境内各企业加大投入,加强治污项目建设。广西八一铁合金总厂冶炼厂完成生产废水综合利用工程,投入治理资金350万元,废水处理能力为15000吨每日。象州县石龙糖业公司、下田锰矿、高宏化工有限公司分别建成三级沉淀过滤池、二级氧化塘、酒精废液与锅炉冲灰水循环治理系统等治理示范工程并投入使用,取得良好效益。下田锰矿三级沉淀过滤池日处理废水量200吨,每年削减化学需氧量排放量9.2吨;石龙糖业公司酒精废液与锅炉冲灰水循环治理系统日处理锅炉除尘冲灰水1800吨,酒精废液280吨,使化学需氧量排放量削减3499吨每年。忻城县纤维板厂投入资金3万元,进行车间工业废水治理改造工程。忻城县第一糖厂投入资金70万元,安装2台锅炉冲灰水“灰水分离器”设备。武宣县下发《武宣县2000年工业污染源达标排放计划》,列出工业污染源限期达标排放企业清单,其中,工业废水限期达标排放企业7家,下达企业污染物总量控制指标、排污削减要求、达标排放的标准、限期治理的措施和年度时间表。合山矿务局达明化工厂废水治理工程完成300立方米沉渣池建设,并实现废水悬浮物达标排放。

2000年,来宾县投入治理资金415万元,其中环保治理专项资金360万元,完成来宾县人民医院、来宾县中医医院等单位的废水治理项目2项,共投入治理资金20万元。年末,来宾县关停和停产治理未达标的水泥厂。来宾县12类主要污染物排放量均控制在上级下达的指标内,其中工业排放二氧化硫、烟尘、粉尘和废水中的化学需氧量分别比1999年下降38.2%、41.5%、50.1%、43.2%。武宣县投入1346万元用于工业废水治理,7家污染源企业基本实现达标排放。其中,黔江糖厂于2001年1月8日通过广西壮族自治区环境保护局的达标排放验收,在全区同类型企业率先实现达标排放。象州县工业废水排放总量400.39万吨。其中,工业废水处理达标量400.2万吨(化学需氧量达标),占工业废水排放总量的99%,去除有害污染物达5.26万吨;工业重复用水量1347万吨,占工业新鲜用水量3544.74万吨的38%。

2001年,忻城县第一糖厂利用世界银行贷款,投入资金285万元,兴建“酒精废液循环冲灰利用技术”及增添治理设备设施等,解决酒精废液外排问题。县人民政府投资15万元,整改翠屏西路至县高中排污沟及下水道。

2002年3月,合山市祥星制糖有限公司废水达标治理工程通过建设项目竣工环境保护验收监测。

2003年,来宾市申报排污登记的企业数为70个,其中有废水排放的企业44个,有废气排放的企业56个,有固体废物产生的企业39个,废水治理设施38套,废气治理设施43套。市环境保护局根据《排污费征收使用管理条例》的有关规定,对兴宾区范围内的排污企业进行全面、足额征收排污费,共征收排污单位(个人)790个(中央、省属20个,市属14个,兴宾区属756个),征收排污费530万元。

环境保护部门通过开展环境污染专项整治工作,防止国务院明令关停取缔的十五种重污染,小企业死灰复燃;认真执行环境保护“三同时”(建设项目中防治污染的设施,与主体工程同时设计、同时施工、同时投产使用)制度,防止无治理措施的新污染源的产生。认真执行国家污染物排放总量控制政策,以总量控制作为污染治理的主线,把污染物总量控制目标层层分解到各排污企业,并制定相应的配套制度和政策措施,全面开展环境污染治理工作。全市共投入污染治理资金为1519.30万元,其中环保补助治理资金685.40万元,排污企业自筹资金823.90万元。各类主要污染物年削减量分别为:化学需氧量1.29万吨,石油类1.01吨,二氧化硫4.56万吨,烟尘106.87万吨,工业粉尘3.9万吨,工业固体废物综合利用 301.03 万吨。工业废水年排放量为 5398.03 万吨，废水排放达标量为 3410.38 万吨。工业用水循环利用率为 15.62 %，废水排放达标率为 63.18 %。二氧化硫年排放量为 19.38 万吨，二氧化硫年去除量为 4.6 万吨。工业粉尘年排放量为 3.24 万吨，工业粉尘年去除量为 3.79 万吨。工业固体废物年产生量为 460.72 万吨，综合利用量为 301.03 万吨，综合利用率为 65 %。全市县级以上的医疗机构均安装有医疗废水处理设施，二级以上的医院全部安装医疗废物焚烧炉。严格执行国家医疗行业废物处理的有关政策法规，强化依法督促管理，多次组织有关人员深入各级医疗机构检查和指导医疗废物处置工作，重点检查各医院的医疗废物处理设施的运行情况和管理措施的落实。截至年底，来宾市县级以上的医院均落实医疗废物处理专人负责制度，并出台相应的管理制度。全年各医疗单位处理医疗废水 75 万吨，医疗垃圾废物 850 吨，无害处理率达到 90%。

2004 年，来宾市环境部门加大环境污染专项整治工作，把污染物总量控制目标层层分解到各排污企业，并制定相应的配套制度和政策措施贯彻执行。全市共投入污染治理资金为 1133.70 万元，其中国家预算内资金 202 万元，环保专项资金 75.30 万元，其他资金 856.40 万元。完成工业治污项目 16 个，其中，废水治理项目 5 个。各类主要污染物年去除量分别为化学需氧量 1.87 万吨，氰化物 1.22 万吨，二氧化硫 24.60 万吨，烟尘 121.68 万吨，工业粉尘 4.41 万吨，工业固体废物综合利用 357.40 万吨。工业废水年排放量为 4336.49 万吨，废水排放达标量为 2972.21 万吨。工业用水循环利用率为 16.42 %，废水排放达标率为 68.54 %。二氧化硫年排放量为 12.88 万吨，共有脱硫设施 29 台套，脱硫能力每小时 11.76 吨，二氧化硫年去除量为 24.60 万吨。工业粉尘年排放量为 3 万吨，工业粉尘年去除量为 4.41 万吨，达标排放量 2.24 万吨。工业固体废物年产生量为 410.94 万吨，综合利用量为 357.40 万吨，综合利用率为 82.21 %。

2005 年，市环境保护部门对辖区内 117 家企业进行排污申报工作，其中有废水排放的企业 69 家，有废气排放的企业 99 家，有固体废物产生的企业 72 家，有废水治理设施 224 套。执行《排污费的征收使用管理条例》，全面足额征收排污费。年内，征收排污费 724.08 万元，其中废气排污费 495.15 万元，废水排污费 228.00 万元。

是年，全市工业废气排放量为 9417385 万标立方米，其中燃料燃烧过程中排放量为 7917409 万标立方米，生产工艺过程中排放量为 1499976 万标立方米，废气治理设施有 163 套，废气治理设施处理能力为 3556.15 万标立方米；工业用水量为 130391.19 万吨，其中新鲜水量为 99178.83 万吨，重复用水量为 31212.36 万吨，重复利用率为 23.94%，废水治理设施处理能力为 79.85 万吨 / 日，工业废水排放量为 29677.41 万吨，废水排放达标率为 64.42%；工业固体废物产生量为 506.16 万吨，综合利用量为 433.02 万吨，综合利用率为 85.55%。投入污染治理资金 557.5 万元，其中环保专项资金 64.0 万元，排污企业自筹 493.5 万元。共完成治理项目 19 个，其中废水治理项目 8 个，固体废物治理项目 3 个。各类主要污染物年削减量分别为：化学需氧量 18345.02 吨，氨氮 4.21 吨，二氧化硫 87557.54 吨，烟尘 22468.69 吨，工业粉尘 6264.03 吨，工业固体废物 5.98 万吨。

大气污染与治理 来宾市大气污染类型为煤烟型，以二氧化硫、烟尘和粉尘为主要污染物。工业废气排放量最大的县（市）为合山市和来宾县（今兴宾区），其次是武宣县。工业废气排放量最大的行业是火电行业、制糖行业和造纸行业。

来宾市境内各县（市）按照国家环保政策法规，推进大气污染治理工作。

表 5-34 1981—1990 年来宾市境域废气排放处理情况表

年份	废气排放总量（万标准立方米）	废气中：燃料燃烧过程中废气排放量（万标准立方米）	其中：经过消烟除尘的（万标准立方米）	废气中：生产工艺过程中废气（万标准立方米）	废气中：SO_2 排放量（吨）	废气中：烟尘排放量（吨）	工业粉尘排放量（万吨）	工业粉尘回收量（万吨）
1981 年	1922859.433	—	—	—	187470.308	315259.00	8.70	0.270
1982 年	3000821.749	2185778.79	—	815042.87	143043.000	16452.10	16.90	0.030
1983 年	967067.600	—	—	459796.60	137794.883	186817.96	4.10	0.178
1984 年	380903.120	—	—	379407.70	10346.369	33406.79	1.95	0.449

续表

年份	废气排放总量（万标准立方米）	废气中：燃料燃烧过程中废气排放量（万标准立方米）	其中：经过消烟除尘的（万标准立方米）	废气中：生产工艺过程中废气（万标准立方米）	废气中：SO_2排放量（吨）	废气中：烟尘排放量（吨）	工业粉尘排放量（万吨）	工业粉尘回收量（万吨）
1985 年	1122275.840	1166416.42	641157.08	755859.42	92512.180	45097.16	0.77	0.080
1986 年	11038275.000	7522243.00	5311781.00	3516032.00	304482.000	315259.00	31.00	30.000
1987 年	3588611.770	3042882.08	2964764.44	545729.69	56548.860	170379.98	0.65	0.560
1988 年	3597229.200	3025828.50	1131027.40	571400.70	93338.540	171431.44	0.79	0.310
1989 年	2035897.610	1562049.98	1470498.11	473847.63	200347.680	65092.37	1.94	2.390
1990 年	2462556.620	1771396.72	1659167.58	691159.90	187991.880	50482.43	2.56	3.100

表 5-35　**1996—2005 年来宾市工业废气排放量表**

单位：万标准每立方米

年份	废气排放总量（万标立方米）	燃料燃烧排放废气量（万标立方米）	生产工艺排放废气量（万标立方米）
1996 年	4164943	3047166	111777
1997 年	4848086	3426146	1421940
1998 年	4717016	3856177	860839
1999 年	5384049	4062361	1321688
2000 年	5717309	4207121	1510188
2001 年	9167289	6829158	2348121
2002 年	238885596	121761638	117123958
2003 年	6121555	5205099	916456
2004 年	6530672	5365749	1164923
2005 年	9417385	7917409	1499976

表 5-36　**1996—2005 年来宾市工业废气中污染物排放情况表**

单位：吨

年份	二氧化硫	烟尘	工业粉尘	年份	二氧化硫	烟尘	工业粉尘
1996	235114.00	84370.56	22949.95	2001	118855.94	30534.96	5679.57
1997	231763.65	69818.21	41025.91	2002	170876.12	99320.81	32537.58
1998	211734.00	61059.00	37328.00	2003	190673.52	100257.00	32392.80
1999	151964.98	48878.56	7604.18	2004	219992.11	104768.22	35184.23
2000	159478.11	59440.60	14493.12	2005	261577.19	113061.64	42533.58

20 世纪 70—80 年代，来宾市境内即开展大气污染防治工作。1975 年，合山电厂给 1~5 号炉加装“文丘里”水膜除尘装置，对排入大气的烟气进行过滤处理，除尘效果为：1 号、2 号、3 号炉各为 98.6%4 号、5 号炉各为 98.5%。1984 年，合山市市民生活燃料逐步以电、液化石油气替代煤。

1988年，象州县下田锰矿、县化工厂、东岗造纸厂、县矿粉厂、制革厂、石龙糖厂等企业对17台旧式锅炉、1座炉窑加以改造，并安装消烟除尘设备，其中改造达标的锅炉有4台。1988年，象州县内10个主要工业企业、事业单位排放废气3801.04万标立方米，其中经消烟排放的3735.33万标立方米，占废气排放量的98.27%。1989年，象州县罗秀糖厂、下田锰矿、化工厂、矿粉厂共投资11.2万元兴建7个废气治理项目，当年竣工3个。

1990年，来宾市境内不断加大对大气污染治理的资金投入，大气污染治理工作取得一定成效。象州县化工厂、矿粉厂等4企业投入8.22万元，建设7个治理废气项目，全部竣工，设计年处理废气量13057.68万标立方米。据10个主要排污单位测算，共排放废气6068.17万标立方米，经消烟除尘5926.18万标立方米，占年废气排放量的97.66%。来宾县废气治理率达90%，废气中烟尘削减率由1985年的11%提高到1990年的22%以上，二氧化硫等物质浓度也有所下降。来宾县豆制品厂、糖厂、制药厂、纸厂等企业，1987、1988年安装锅炉除尘设施后，除尘率均达90%以上。金秀开展工业企业污染防治设施建设，共安排资金15万元，完善自治县冶炼厂、纸厂和化工厂废气及废水治理设施的建设。

1994年，来宾市境内各县（市）全面开展排污登记制度，落实排污许可证制度，不断完善排污监督检查制度，使排污许可落到实处。来宾县开展排污登记工作，排污许可证发放制度逐步完善，发放临时排污许可证35个，换证40个，并逐步向酒楼饭店全面铺开。1995年，来宾县对县内32家有“三废”排放的企业进行监督管理，对其所有的污染处理设施建立运转情况登记档案，健全管理制度，全县环保设施运转率达90%以上。来宾冶炼厂的白砷车间由原湿法冶炼改为火法冶炼后，减少了白砷的外排，外排浓度达到国家规定标准。

1996—2000年，来宾市境内按照国务院“一控双达标”和“总量控制”要求，分步推进大气污染防治工作。共安装废气治理设施341套，设施设备原价19378.6万元，年运行费用为957.5万元。2000年“一控双达标”工作完成时，外排废气中经过消烟除尘的有403421万标准立方米每年，经过净化处理的有954218万标准立方米每年；工业二氧化硫去除量为每年35036.58吨，其中燃料燃烧中去除量为每年34940.05吨，生产工艺中去除量为每年96.5吨。1996年4月，金秀瑶族自治县纸厂与南宁玉宇环保机械设备厂签订碱回收工程项目协议书，投入250万元建设污水处理系统，建成后吨产品用水量减少到30多吨，碱回收率达到60%以上。1997年，忻城县第一糖厂投入资金1050万元，引用广西大学酒精废液浓缩加工技术，兴建年生产1万吨复混肥酒精废液综合治理项目；忻城县第二糖厂投资25万元，安装1台锅炉冲灰水“灰水分离器”设备，促进废水循环利用，减少工业废水外排量。忻城县铁合金厂投入治理资金11.75万元，对原安装的旋风布袋除尘装置进行技术改造，保证除尘设备的正常运行和除尘治理达标排放。1998年，广西金秀月皇制糖有限公司投入资金20万元，对锅炉冲灰水进行治理，废水中悬浮物去除率98.5%。2000年，来宾县成立县工业污染源达标排放工作领导小组，加强对工业污染源达标排放工作的领导，加强对新建、改建、扩建项目的审批，做好排污口规范化整治工作，加强对已达标污染源的检查，防止污染反弹。全县投入资金8150多万元进行污染源治理，全县所有污染源除八一铁合金总厂冶炼分厂个别车间外，其余全部达标排放。1996—2000年，金秀瑶族自治县工业企业共投入资金350万元，完成13个企业污染治理项目的建设。

2001—2002年，兴宾区共有6项新建、改建、扩建项目上马，项目环保“三同时”执行率达100%，合格率达100%，有效控制新污染源产生。推行总量控制制度，按照上级下达的污染物排放控制总量，制定各层次总量控制计划和实施方案，确保污染物排放控制总量达标；坚持新建项目排污总量审批制度，原则上做到增项目不增污；在工业污染源达标基础上，重新进行排污申报登记和许可证审查核定。2001年起，来宾市境内工业废气治理的重点转移到总量控制，更加严格地执行国家污染物排放总量控制政策。2001年，大唐桂冠合山发电有限公司建设合山电厂改扩建2×33万千瓦机组工程，该工程在环保上投资3.8亿元，采用静电除尘器除尘，除尘效率99.6%，采用石灰石—石膏湿法烟气脱硫装置脱除烟尘中的二氧化硫，脱硫效率为95%，烟尘和二氧化硫排放总量及排放浓度均控制在国家标准范围内；与原来相比，二氧化硫排放总量减少93.2%，烟尘排放总量减少91.7%。合山电厂改扩建后的1、2号机组采用静电除尘器除尘，除尘效率为99.6%。8号机组脱硫改造后也采用静电除尘。

2002年5月，合山电厂开始8号炉的循环流化床锅炉建设，工程的主要内容是拆除原煤粉炉，在拆除后的场地上建设一台相同容量等级的循环流化床锅炉，并将原水式除尘器改建为静电除尘器。至2004年6月底，安装调试后的8号炉进入试生产，9月投入运行。兴宾区主要污染源排放总量比2000年同期下降3%。

2003年，来宾市申报排污登记的企业数为70个，其中有废气排放的企业56个，有废气治理设施43套。全市投入污染治理资金为1519.30万元，其中环保补助治理资金685.40万元，排污企业自筹资金823.90万元。各类主要污染物年削减量分别为：化学需氧量1.29万吨，石油类1.01吨，二氧化硫4.56万吨，烟尘106.87万吨，工业粉尘3.9万吨。二氧化硫年排放量为19.38万吨，二氧化硫年去除量为4.6万吨。全市共安装脱硫设施29套，废气治理设施处理能力为每小时3282.88万标立方米，二氧化硫去除量为每年45571.46吨，烟尘去除量为每年1068745.65吨，工业粉尘去除量为每年37887.90吨。

2004年，来宾市共投入污染治理资金为1133.70万元，其中国家预算内资金202万元，环保专项资金75.30万元，其他资金856.40万元。完成工业治污项目16个，其中，废气治理项目8个。各类主要污染物年去除量分别为化学需氧量1.87万吨、二氧化硫24.60万吨。工业废气污染防治得到进一步加强，废气治理设施处理能力达每小时3479.11万标立方米，当年二氧化硫去除量为每年246014.75吨，烟尘去除量为每年1150274.06吨，工业粉尘去除量为每年26128.98吨。

2005年，市环境保护部门对辖区内117家企业进行排污申报工作，其中有废气排放的企业99家。执行《排污费的征收使用管理条例》，全面足额征收排污费。征收废气排污费495.15万元。全市工业废气排放量为9417385万标立方米，其中燃料燃烧过程中排放量为7917409万标立方米，生产工艺过程中排放量为1499976万标立方米，废气治理设施有163套，废气治理设施处理能力为3556.15万标立方米；投入污染治理资金557.5万元，其中环保专项资金64.0万元，排污企业自筹493.5万元。共完成治理项目19个，其中废气治理项目8个，废气治理设施处理能力达每小时3556.15万标立方米，二氧化硫去除量为每年133790.73吨，烟尘去除量为每年642951.38吨，工业粉尘去除量为每年25286.58吨。

其他环境要素和物质的污染与治理以及工业粉尘污染与治理 来宾市工业粉尘防治的重点是建材、冶炼、火电等行业。特别是建材行业的水泥厂，工业粉尘是水泥生产过程中主要排放的污染物，具有扬尘点多、排放量大的特点。来宾市工业粉尘治理开始于20世纪70年代后期。合山电厂3座烟囱排放出含有大量的粉煤飞灰渣的烟气，降落在25平方千米范围内。按烟尘降落程度的大小划分，全市降尘污染区可划分为3个等级为重度污染区、中度污染区和轻度污染区。合山电厂工业区为重度污染区，每平方千米月降尘量35.60~137.60吨；电厂居民区、溯河矿区、溯河村公所辖区和岭南村公所辖区为中度污染区，每平方千米月降尘量2.20~26.90吨；市中心区、里兰矿区、柳花岭矿区及思光村公所辖区为轻度污染区，每平方千米月降尘量1.60~12.30吨。烟尘中含有铜、砷、锌、铅、镉、铬、镍和锰等金属元素，对人体和动、植物有不同程度的危害。

20世纪70年代末至20世纪80年代初，合山市的思光、里兰、石村、古城、古樟、岭南、溯河7个行政村的农作物已受到不同程度的污染，受污染的水稻总面积534.4公顷，其中严重污染49.33公顷中度污染198.66公顷，轻度污染286.4公顷。

1987年，合山矿务局水泥厂建成1条年产4.4万吨普通水泥机立窑生产线，1993年和1995年分别扩大建设了第二条年产8.8万吨、第三条年产20万吨普通水泥的机立窑生产线，1998年8月第一条4.4万吨水泥生产线报废停产。1999年3月19日广西壮族自治区环境保护局桂环字〔1999〕12号将合山矿务局水泥厂列为1999年底限期治理达标重点污染企业。1999年11月，柳州地区环保监测站进行监测，结果全厂17个废气排放口，除2#线立窑烟尘浓度超标1.2倍外，其余全部符合GB4915—1996二级标准。2001年4月，柳州地区环境保护局根据广西壮族自治区环境保护局的委托，组织验收检查，同意该厂废气中的烟尘、粉尘通过达标排放验收。

合山市水泥厂1996年有旧立窑生产线（年产6.6万吨）、新立窑生产线（年产8.8万吨）、1999年5月进行达标治理，2000年6月因经营困难依法破产。2002年以后企业实行承包并做到控制污染物排放达标。

2000年，广西八一铁合金总厂采取全国公开招标的形式，选定无锡市东方工业环保有限公司提供的干法除尘，对其属下的冶炼厂两台12500千伏安电炉进行治理，总投入资金450万元，经治理烟尘浓度从进口的2728毫克每立方米降至出口的38毫克每立方米，符合GB9078-1996《工业炉窑大气污染物排放标准》二级标准，除尘率达98.6%。来宾县关停和停产治理未达标的水泥厂。全县12类主要污染物排放量均控制在上级下达的指标内，其中工业排放烟尘、粉尘分别比1999年下降41.5%、50.1%。武宣县工业粉尘年排放量212吨，每万标准立方米排尘量由1996年的11.17千克每万标准立方米下降至2000年的1.11千克每万标准立方米，每万标立方米废气回收10.06千克工业粉尘。

2001年起，合山市工业粉尘的污染治理全面进入总量控制管理阶段，工业粉尘污染得有效控制。2002年，合山市工业粉尘的年去除量为81028.69吨。2003年，工业粉尘去除量为37887.90吨每年；2004年度工业粉尘去除量为26128.98吨每年；2005年度工业粉尘去除量为25286.58吨每年。

二氧化硫和酸雨防治　1996年以前，来宾市境内开展二氧化硫的专项治理，一般只采用简单的水膜除尘兼顾脱硫，脱硫效率低，一般只在10%~20%之间，酸雨和二氧化硫污染没有得到有效的控制。

1996年后，来宾市境内防治二氧化硫通过改善能源结构和降低用煤量。砖瓦行业通过掺用含硫低的粉煤灰和煤渣减少燃煤用量；通过使用优质煤或脱硫煤减少二氧化硫排放量。在农村大力推广使用沼气，在城镇提高生活用电、气化率、型煤使用的普及率，逐步使能源结构得到改变。实施总量控制制度。每年由各县计划部门根据上级下达的指标，结合县内实际制定下达二氧化硫总量控制计划。强化企业达标治理和监督管理。对原有排放二氧化硫超标的设备，限期治理达标排放；对新建项目有二氧化硫排放的，严格执行建设项目环境影响评价制度和“三同时”（建设项目中防治污染的设施，与主体工程同时设计、同时施工、同时投产使用）制度，保证达标排放。

1997年起，来宾市境内各县（市）实施环境保护目标责任制后，对二氧化硫的排放进行了总量控制，将广西壮族自治区下达的二氧化硫排放指标分配到各县（市），各县（市）分解指标分配到各厂矿企业，减少企业二氧化硫的排放量，并依据国务院“一控双达标”要求，对超标排放二氧化硫的企业实行限期治理。武宣县政府与19个部门签订了环境保护目标责任状，把污染物排放总量分解到各有关部门。下发《关于对有关污染企业限期治理的通知》，给有关企（事）业单位下达限期治理时间。

1998年起，来宾市境内对高能耗、重污染、产品无竞争力的企业实行转产，转入生产低能耗、无污染、市场竞争力强的产品，减少二氧化硫的排放量；对水泥厂的立窑采取技术改造，进行湿法除尘，提高除尘效率，（可减少20%~40%二氧化硫的排放量）；对合山市、来宾县本地开采企业要求配套煤炭洗选设施，整顿和关闭不具备生产条件的小煤井；采用低硫煤替代高硫煤，如来宾电厂A厂和B厂全部采用外省的低硫煤，二氧化硫排放量大幅度减少；饮食服务行业大力推广应用石油液化气。1998年7月，合山市、来宾县分别制定《合山市酸雨控制区规划》和《来宾县酸雨控制区规划》，酸雨控制步入正轨。

1999年5月，武宣县制定《武宣县2000年工业污染源达标排放计划》，对全县19家企业明确达标排放粉尘任务时间表。限期县糖厂、广西黔江实业总公司糖厂、县八宝新型材料厂（原县八宝水泥有限公司）、县金光水泥厂（原县水泥厂）、广西黔江实业总公司水泥厂家重点粉尘、烟尘排污企业在2001年以前全部实现达标排放。广西下田锰矿投资27万元新建麻石水膜除尘系统一套，日处理废气量72.9万标准立方米。寺村矿粉厂、罗秀化工厂、毅发实业有限责任公司、江北化工厂四家生产矿粉的企业建成布袋或旋风式布袋除尘设施，年处理废气量2576万标准立方米，工业粉尘去除率达95%以上。

2000年，象州有色金属冶炼厂建成脱硫塔，外排的工业废气经过脱硫塔处理后，二氧化硫浓度大大降低，减少了二氧化硫对周边环境的影响；高宏公司、博华公司、石糖公司的废气治理采用先进的旋流板技术旋风脱硫水膜除尘装置，以废治废，使锅炉烟气中的烟尘、二氧化硫排放量大幅度降低。

2002年，合山市合山电厂扩建，投资2亿元安装脱硫设施，2004年项目竣工投产，脱硫能力为6万吨/年。

2003年，来宾市加大环境保护的执法力度，认真组织开展查处环境违法行为专项行动。根据国家环境保护总局、国家工商行政管理局等六部委的统一部署，6—11月，在全市范围内开展为期5个月的“清理整顿不法排污企业保障群众身体健康环保专项行动”，认真查处环境违法行为。对105家企业进行现场检查，对15家存在环境违法行为的企业进行立案查处，其中对2家企业作出关停处理决定，对8家企业实行限期整改，对5家企业进行相应的经济处罚。对全市现有的环境保护设施运行情况进行一次专项检查，对环境保护设施停运或运转不正常的个别企业，提出警告并予以处罚。从当年7月1日起，按照新的排污收费政策，开征二氧化硫排污费。

全市二氧化硫年排放量为19.38万吨，二氧化硫年去除量为4.6万吨。工业粉尘年排放量为3.24万吨，工业粉尘年去除量为3.79万吨。二氧化硫年削减量4.56万吨，烟尘年削减量106.87万吨，工业粉尘年削减量3.9万吨。广西东糖集团凤凰糖业有限公司扩建时，投资250万元，对燃烧锅炉安装脱硫设施，年底投产，经验收二氧化硫达标排放。全市共投入污染治理资金1519.30万元。

2004年，由于电煤紧缺，广西壮族自治区环境保护局放宽燃煤质量，来宾市燃煤的含硫量有所增高，如来宾电厂B厂，原来燃煤含硫量控制在0.56%~0.65%之间，2004年，开始该厂在锅炉燃烧条件允许的情况下以优质煤和劣质煤按比例混合作为燃料，燃煤含硫量达1.2%~1.6%，成为来宾市排污大户，对空气中二氧化硫浓度影响明显，由于点源、面源燃料硫份变化，造成来宾市区二氧化硫浓度增高，酸雨频率也随着增高，酸雨频率从2003年的0增加至54.3%，降水pH值由2003年的6.17降至4.78。

2005年，全市共投入污染治理资金557.5万元，完成治理项目19个，其中废水治理项目8个，废气治理项目8个，固体废物治理项目3个。各类主要污染物年削减量分别为：化学需氧量18345.02吨，氨氮4.21吨，二氧化硫87557.54吨，烟尘22468.69吨，工业粉尘6264.03吨，工业固体废物5.98万吨。对市区建筑施工工地扬尘污染等突出问题，重点对9家建筑施工工地进行了密切监控，防止扬尘污染。

固体废物处理与利用 来宾市固体废弃物主要种类分为：粉煤灰、煤矸石、冶炼废渣、尾矿、炉渣、生活垃圾等。其中产生量最大的行业是火电行业，产生量最大的区域是合山市和来宾县。1996—2004年，来宾县（市）固体废弃物的防治主要是根据固废的种类、性质和特征，结合科学有效的治理方法，有步骤地分类、分批、分期进行治理。

表5-37 **1996—2005年来宾市工业固体废弃物排放情况表**

单位：万吨

年份	工业固废产生量	工业固废排放量	年份	工业固废产生量	工业固废排放量
1996	324.16	64.93	2001	406.29	62.81
1997	289.32	24.82	2002	512.59	53.30
1998	442.78	70.00	2003	460.72	59.81
1999	223.32	32.84	2004	514.81	62.02
2000	275.07	14.74	2005	486.32	71.00

表5-38 **1996—2005年来宾市工业固体废弃物中主要种类排放情况表**

单位：吨

年份	冶炼废渣	粉煤灰	炉渣	煤矸石	尾矿	其他
1996	399135	1329600	192159	378750	432606	509374
1997	284196	1134419	152790	360049	337764	624016
1998	341135	1346193	183668	1874283	317414	365093
1999	192329	965402	148210	336000	341768	16698
2000	312500	1001100	160000	324600	447200	147400
2001	293190	1246363	158318	232661	362319	176810
2002	1665900	1064600	213900	262000	385800	1278700
2003	180500	1210400	190200	294000	194700	174410
2004	290700	952100	351500	0	39900	1689000
2005	235700	1842400	408800	260300	180200	1872500

表 5-39　**1996—2005 年来宾市工业固体废弃物综合利用情况表**

单位：万吨

年份	冶炼废渣	粉煤灰	炉渣	煤矸石	尾矿	其他
1996	399135	1329600	192159	378750	432606	509374
1997	284196	1134419	152790	360049	337764	624016
1998	341135	1346193	183668	1874283	317414	365093
1999	192329	965402	148210	336000	341768	16698
2000	312500	1001100	160000	324600	447200	147400
2001	293190	1246363	158318	232661	362319	176810
2002	1665900	1064600	213900	262000	385800	1278700
2003	180500	1210400	190200	294000	194700	174410
2004	290700	952100	351500	0	39900	1689000
2005	235700	1842400	408800	260300	180200	1872500

1988 年，象州县石龙糖厂利用蔗渣作燃料，节省燃料煤 1333 吨，价值 20 万元；下田锰矿用炉渣铺路填坑，清除堆积多年的 1600 吨废渣。其他生产生活垃圾指定地点堆放，经处理后作农作物基肥。当年，10 个主要排污单位综合利用固体废物 0.53 万吨，占工业固体废物产生量 1.96 万吨的 27%。1989、1990 年，象州县上述 10 个主要单位产生固体废物 8.5 万吨，综合利用 2.12 万吨，占 24.94%。1990 年，来宾县废渣处理率和综合利用率达 87%。城区从 1986 年开始，把过去堆放在街头路边的垃圾堆，改为设点放置，每天用垃圾专用车清除，送到距离县城约 6 千米的垃圾场处理。

1996—2000 年，来宾市境内结合“一控双达标”工作，督促、指导企业对工业固体废弃物的污染进行治理，并限期达标排放；1997 年，广西来宾县凤凰糖厂投资 1200 万元，利用压榨车间的滤泥生产复合肥，解决固体废弃物污染的问题，取得良好的经济效益和环境效益。

1996—2002 年，来宾市境内 6 个县（市）开展城镇生活垃圾的污染防治，每天收集生活垃圾并统一输送到专门的垃圾场填埋，进行无害化处理。

2000—2004 年，来宾市境内侧重巩固达标成果，加强总量控制管理措施，提高工业固体废弃物的处理率和综合利用率。2003 年，来宾市（包括兴宾、忻城、象州、金秀、武宣、合山，下同）工业用水循环利用率为 15.62 %，废水排放达标率为 63.18 %。工业固体废物年产生量为 460.72 万吨，综合利用量为 301.03 万吨，综合利用率为 65 %。

2005 年，来宾市城区没有建设生活垃圾综合利用处理设施，仍沿用原来宾县城区生活垃圾处理方法，即把统一收集起来的生活垃圾输送到专门的垃圾场填埋，进行无害化处理。是年，全市工业废水量重复用水量为 31212.36 万吨，重复利用率为 23.94%，废水排放达标率为 64.42%；工业固体废物产生量为 506.16 万吨，综合利用量为 433.02 万吨，综合利用率为 85.55%。

噪声污染与控制　1996 年起，来宾市境内采取多项措施控制噪声污染，通过城市（镇）环境综合定量考核制度和执行工业企业厂介噪声排放标准（GB12348-90）、建筑施工场介噪声排放标准（GB12523-90）等措施来控制环境噪声、城市（镇）噪声。

工业噪音整治主要措施包括严格执行环境保护“三同时”制度（环境保护设施必须与主体工程同步设计、同时施工、同时投产使用）；以“一控双达标”（到 2000 年，各省、自治区、直辖市要使本辖区的主要污染物排放总量控制在国家规定的排放指标内；全国所有工业污染源排放污染物要达到国家或地方规定的标准；直辖市及省会城市、经济特区城市、沿海开放城市和重点旅游城市的环境空气、地面水环境质量，按功能分区分别达到国家规定的有关标准）为契机，加大工业噪声污染源的治理力度；加强环境保护执法力度，开展环境专项整治工作，杜绝工业环境噪声污染反弹。

交通噪声的综合防治措施包括加强对交通噪声的管理，淘汰劣质和过时的车辆，将所辖各县（市）区域交通噪声列为常规监测项目等。

1997 年开始，来宾市境内环境噪声控制步入规范化管理的轨道。按照柳州地区行政公署发布的《关于控制城市(镇)环境噪声的通知》《关于控制交通噪声的通知》和《关于控制生活噪声的通知》,禁止在城区和近郊室外安装、使用广播喇叭;加强监管要求沿街的单位、商店和个体工商户使用音响装置,必须控制音量,其噪声白天不得超过60分贝,夜间不得超过50分贝等。同时,根据《中华人民共和国环境噪声污染防治法》,各县(市)环境保护局对环境噪声污染进行监督管理,严格执行环境保护“三同时”制度,城区范围内新开的饮食店、卡拉OK厅、歌舞厅等制造噪声的服务行业,必须到环境保护行政管理部门办理手续,没有安装隔音、消音等环境保护设施不予审批。1998年,武宣县糖厂投资3.5万元,安装汽轮消声器,噪声降到国家规定排放标准。1999年底,广西东糖集团迁江制糖有限公司投资10.8万元,建设五台锅炉风机噪声治理项目,采用隔声、风机安装消声器等措施,消声达25分贝以上。

2003年初,来宾市根据《中华人民共和国环境保护法》和《中华人民共和国噪声污染防治法》的有关规定,制定《来宾市市区交通噪声控制管理办法》,该办法规定拖拉机运输甘蔗等农副产品进城的时间和行驶路线;规定市区限制机动车辆的速度、不同类型车辆的行驶路线;建立禁鸣区;控制车辆单机整机噪声、安装和改善消声器;限制或全部停用黑烟浓、噪声大、严重污染环境的单缸柴油三轮车等。2004年后,市区交通噪声污染状况明显减少。

2004年初,来宾金钱草药业有限公司投资3万元,对粉碎机安装隔声、消声装置,经验收噪声排放达到国家标准。

2005年,市环境保护部门加强对城区的环境监管工作,重点查处城区噪声扰民问题,对6家环境噪声污染突出、群众反映强烈的文化娱乐场所进行了专项整治,其中对2家整改无望的娱乐场所作出停业处理决定。

第五节　宣传教育

环境保护宣传

《中华人民共和国环境保护法》颁布实施后,来宾市境内各县(市)注重开展宣传,充分利用广播、电视、报刊、墙报等多种形式开展宣传,提高全民环境保护意识。每年的6月5日分管环境保护工作的副县长与环境保护局局长都在有线广播电视上发表电视讲话。环保部门上街头,下乡进村,深入企业开展宣传、咨询、培训活动,到学校举行环境保护讲座,开展“环境保护知识下企业”等活动,宣传环境保护法律、法规以及有关环境保护的政策。“十五”期间,来宾市境内共发放宣传资料200万份,企业领导参加环境保护法律、法规学习培训达95%以上。各县(市)环保部门到企业开展环境警示教育宣传活动,在企业办警示教育图片展。利用节假日开展内容丰富、形式多样的环境保护征文、绘画、板报、篮球赛等活动,进一步群众对环境保护重要性的认识。

1996—2002年,来宾市境内各县(市)每年开展“6·5”世界环境日和6月环境宣传月活动,利用广播、电视、报刊等媒体,宣传环境保护知识,通过在中小学生当中开展环境知识竞赛、书画比赛等活动,培养青少年的环境意识。科协、环保、教育部门联合组织多次举办青少年环保摄影、绘画、书法作品竞赛活动。

2002年6月5日—9日,广西环境警示教育图片展在来宾县迎宾广场举行。

2003年,来宾市“6·5”世界环境日宣传活动,围绕“水——20亿人生命之所系”主题,融入《中华人民共和国环境评价法》和《中华人民共和国清洁生产促进法》知识,利用报纸、电视、广播等媒体及其他形式,开展宣传活动。市分管环保工作的副市长在桂中电视台作《保护环境　保护水资源》为内容的电视讲话,在《桂中日报》上刊登“6·5”世界环境日公益广告,与来宾邮政公司合作编印纪念“6·5”世界环境日宣传专刊2万份,发放《中华人民共和国环境评价法》《中华人民共和国清洁生产促进法》宣传资料6000份,在主要街口悬挂环境保护宣传标语,召开环境保护系统职工座谈会,纪念“6·5”世界环境日。

2004—2005年,来宾市每年开展环境宣传月活动,市领导高度重视,每年“6·5”世界环境日开展纪念活动,在电视台作讲话,以污染减排和生态来宾建设为重点开展系列宣传活动,向全市中小学生印发“低碳减排·绿色生活”环境保护倡议书,开展环境保护文艺表演、环境保护主题演讲、环境保护主题征文、环境保护主题书画比赛等活动,提高青少年环境保护意识;在迎宾广场、相思园广场等群众活动场所分发环境保护宣传资料、手册、宣传物品,接受咨询;向市直各机关、学校、宾馆、事业、企业单位,特别是电视台、电台、报社等宣传媒体单位发送环境保护宣传资料和《公民低碳生活36计》宣传手册等。在市区主要街道悬挂环保宣传横幅,张贴标语;在来宾电视台、广播电台播放环境保护宣传公益广告。各县(市、区)环保局、各有关企业、新闻媒体大力支持“6·5”世界环境日的宣传,形成了强大的宣传态势,宣传效应、影响程度、参与人数每年都有新的突破。2004年,全市围绕“6·5”世界环境日“海洋存亡,匹夫有责”主题,突出宣传环保专项行动、环保警示教育、《中华人民共和国环境影响评价法》《中华人民共和国清洁生产促进法》和《中华人民共和国行政许可法》。投入宣传经费1.13万元,悬挂环保宣传横幅标语23条,印发宣传标语1万张,各县市印发宣传标语5万张,与来宾市移动、联通等通讯企业联合制作“6·5”世界环境日宣传短信,向5万余部手机发送。组织市书法家协会承办“八一杯”环保书画展,展出书法精品50幅。在兴宾区宣传长廊展出《中华人民共和国环境影响评价法》《中华人民共和国清洁生产促进法》挂图,组织新闻媒体做好绿色环保系统宣传报道工作。2005年4月,市环境保护局和与市科协联合举办科学发展观图片展,投入经费3万元,展出图片166幅,在市区展出6天,参展人数达11000多人。年内陆续在各县(市、区)巡回展出,引起较大的社会反响。6月5日,市环境保护局与市文化艺术馆联合编印《来宾艺术》环境保护专刊2万份,专刊登载小品、喜剧、歌剧、方言快板等自创作品,以喜闻乐见的形式,宣传环境保护知识和科学发展观知识。加强《环境影响评价法》《固体废物污染环境防治法》《放射性污染防治法》《医疗废物管理条例》《行政许可法》的宣传,通过印发传单、张贴宣传画、板报、文艺会演的形式,开展环境保护法律法规的宣传。印发宣传单5000多份,完成兴宾区宣传长廊环保法规宣传画,在迎宾广场展出板报2次,协助广西壮族自治区环境保护宣传队宣传环境保护法律法规文艺演出,突出宣传环保专项行动、环境警示教育、《环境影响评价法》《清洁生产促进法》和《行政许可法》,市环境保护局和市妇女联合会共同举办来宾市首届“环保杯”妇女健美操比赛,投入经费2.8万元,28个队参赛,参赛运动员300多人,桂中电视台、桂中日报社对此次比赛进行报道。

环境保护教育

1993—1996年,来宾县环境保护局和来宾县职业技术中学联合开办三年制环境保护职业中专班,培养环境保护应用型人才42名。1997年后,来宾市境内停止开展环保专业教育工作。

从2001年起开展绿色环保系列创建活动。来宾市境内各县(市)与教育单位、共青团合作,在中、小学校中开展“中小学环境保护现场绘画”创建绿色学校活动,还在医院、酒店开展创建绿色医院、绿色酒店等活动。此后,认真总结绿色环境保护系列创建活动经验,继续探索、深化绿色创建活动的有效方法和途径,提高绿色创建活动的宣传教育质量、效果和水平,深入组织开展绿色环境保护系列创建活动。通过树立环境保护工作先进典型,推进环保各项工作的开展。

2001年,来宾县第一中学(今来宾市第一中学)、象州县中学参加了绿色环保系列创建活动,并于年底通过了绿色环保系列创建活动考评组的考核评估,获得了广西壮族自治区第一批“绿色学校”称号。

2003年,来宾市在全市开展“绿色学校(幼儿园)”创建活动。通过开展评比活动,来宾市第一中学荣获国家级“绿色学校”荣誉称号,来宾市蓝鹰大酒店荣获广西壮族自治区3A级“绿色饭店”称号。武宣县中学、武宣县二中、武宣县职业技术中学、象州县城东小学、金秀瑶族自治县高级中学、金秀瑶族自治县小学、合山矿务局里兰矿小学、合山矿务局上塘矿中学、合山矿务局中学、忻城县大塘镇第二初级中学等10所学校被评为来宾市级“绿色学校”,合山市幼儿园被评为来宾市级“绿色幼儿园”。

2004年,市环境保护部门与教育部门联合开展绿色环保系列创建活动,重点开展创建“绿色学校(幼儿园)”活动,通过开展绿色创建活动,宣传环境保护知识,环境保护从娃娃抓起,形成小手牵大手,环保知识进万家,普及和提高全民环境保护意识。在创建活动中,武宣县中学、武宣县二中,象州县城东小学、金秀瑶族自治县高级中学、合山矿务局上塘中学、合山矿务局中学、合山市幼儿园等8所学校(幼儿园)荣获广西壮族自治区评为“绿色学校(幼儿园)”称号。

2005年,来宾市职业中等专业学校参加广西壮族自治区绿色环保系列创建活动,并于年底通过了广西壮族自治区绿色环保系列创建活动考评组的考核评估,获得了广西壮族自治区第三批“绿色学校”称号。开展绿色环保系列创建活动,重点开展创建“绿色学校(幼儿园)”活动,来宾市职业技术中学被评为市级“绿色学校”,并顺利通过自治区级“绿色学校”评选。开展“绿色环保家庭”创建活动,把环保知识送入家庭,通过开展活动,有3个家庭被广西壮族自治区精神文明建设领导小组办公室、环境保护局、妇女联合会评为“绿色环保家庭”。

第六节　建设项目环境保护管理

环境影响评价制度

环境影响评价，是指对规划和建设项目（包括开发建设、规划、计划、政策、立法）实施后可能造成的环境影响进行分析、预测和评估，提出预防或者减轻不良环境影响的对策和措施，进行跟踪监测的方法与制度。其目的就是为了实施可持续发展战略，预防因规划和建设项目实施后对环境造成不良影响，促进经济、社会和环境的协调发展。

1990 年，武宣县第一个做环境影响评价（以下简称：环评）的项目是武宣县农场糖厂日榨 1500 吨技术改造项目，1990 年编制环境影响报告书，该项目的环评工作，为全县逐步开展环评工作奠定了基础。

1993—1995 年，武宣县办理工程建设环保评价手续 116 项，柳州地区环境保护局审批项目 1 项，广西壮族自治区环境保护局审批项目 3 项。1994—1995 年，广西国营黔江糖厂年产 8.8 万吨水泥技术改造项目、武宣县糖厂扩建年产 15 万吨普硅水泥工程项目、黔江糖厂日榨 3000 吨技术改造项目、武宣县糖厂日榨 3000 吨及热电站技术改造工程项目分别编制了环境影响报告书。1994 年，来宾县新建扩项目 30 项，有 26 项执行环境影响报告（表），环境影响报告执行率为 87%。1995 年，来宾县新建改建扩建项目 32 项，有 28 项执行环境影响报告，环境影响报告执行率为 87%。

1996 年后，国家和广西壮族自治区出台一系列建设项目环境影响评价相关法律法规，来宾市境内各县（市）结合本地工作实际，清理整顿一批违法违规的建设项目，限期补办环境影响评价文件审批手续，加大建设项目环境影响评价的管理力度，进一步规范环境影响评价工作。1996 年，武宣县开展编制环境影响登记项目 7 个。来宾县审批和评价 18 项建设项目，填环境评价影响报告表 15 项，环境影响报告执行率为 82%。1997 年，武宣县开展编制环境影响登记项目 4 个。1998 年，武宣县开展编制环境影响登记项目 10 个。1999 年，武宣县开展编制环境影响登记项目 24 个。来宾县审批和评价新建、改建、扩建项目 3 项，填环境评价影响报告表 2 项，环境影响报告执行率为 66.67%。

2000 年，武宣县开展编制环境影响登记项目 23 个，验收项目 1 个，合格率 100%。2001 年，武宣县开展编制环境影响报告书项目 4 个，编制环境影响报告表项目 4 个，编制环境影响登记项目 3 个。来宾县审批和评价新建、改建、扩建项目 6 项，填环境评价影响报告表 6 项，环境影响报告执行率为 100%。1996—2001 年，武宣县对来宾至武宣公路、八宝加油站等 4 项非工业项目分别编制环境影响报告书或环境影响报告表；飞雄锌品厂年产 2200 吨氧化锌项目、广集公司电炉锌粉生产线等 4 项工业项目分别编制环境影响报告书或环境影响报告表。

2002—2005 年，武宣县加强对辖区内建设项目环境监督管理，对未进行环境影响评价或未办理环境保护审批手续的建设项目进行清查。编制环境影响报告书项目 6 项，编制环境影响报告表项目 44 项，其中补办项目 27 项，均为矿产品开采项目。2002 年，武宣县开展编制环境影响报告书项目 4 个，编制环境影响报告表项目 17 个，编制环境影响登记项目 40 个。兴宾区所有新建、改建、扩建项目全部执行环境评价影响报告，环境影响报告执行率为 100%。

2003 年 9 月 1 日，《中华人民共和国环境影响评价法》正式实行，环境影响评价从一项环境管理制度上升为一项法律，执行力大大增强。当年，来宾市环境保护科学研究所完成了来宾龙光锌品厂扩建、来宾金钱草药业有限责任公司新产品开发、来宾市弘泰房地产开发有限公司时代广场、来宾市振强电力水泥制品厂空心砖、来宾鹏辉工程有限责任公司混凝土搅拌站、来宾冶炼厂锡焙砂加工、来宾泰富砂石有限责任公司搅拌站、来宾市兴宾区建航页岩砖厂、来宾市新墙材建材厂、来宾市吉利石膏矿西洋山采石场、来宾市恒顺耐热铸造有限责任公司铁化炉等 10 多项较大建设项目的环境影响评价工作。武宣县开展编制环境影响报告书项目 1 个，编制环境影响报告表项目 17 个，编制环境影响登记项目 33 个。

2004 年，来宾市对广西八一铁合金（集团）有限责任公司、广西农垦思源酒业有限责任公司、来宾东糖凤凰有限公司、广西广能水电有限责任公司等单位的新建、技术改造扩建项目进行环境影响评价，完成环境影评价报告书 11 份，报告表 45 份。武宣县编制环境影响报告书项目 1 个，编制环境影响报告表项目 15 个，编制环境影响登记项目 5 个。

2005 年，市环境保护局对全市 55 个建设项目进行环境影响评价。武宣县开展编制环境影响报告书项目 3 个，编制环境影响报告表项目 9 个，编制环境影响登记项目 10 个。2002—2005 年，加强对辖区内建设项目环境监督管理，对未进行环境影响评价或未办理环境保护审批手续的建设项目进行清查。编制环境影响报告书项目 6 项，编制环境影响报告表项目 44 项，其中补办项目 27 项，均为矿产品开采项目。

环境保护“三同时”制度

环境保护“三同时”管理制度是指一切新建、扩建、改建项目和技术改造项目，其有关防治污染和其他公害的措施必须与主体工程同时设计、同时施工、同时投产。实行定期监测、控制新的污染和执行排污收费制度。凡新建、扩建、改建的项目，都必须报送环境影响报告书或填写环境影响调查表，经环境保护部门批准后才能开工建设。凡没有落实“三同时”（同时设计、同时施工、同时投产）措施的工程项目，一律不准兴建；“三废”处理措施不完善的，也一律不予验收，不准投产。该项制度历来得到各级环境保护行政主管部门的重视，1996 年以后，已经形成一套比较完善的“三同时”管理程序。

1994 年，来宾县新建扩工程项目 30 项，在设计主体工程时，有 26 项执行环境影响报告收(表)，实施“三同时”制度，经环保部门审查后开工建设，“三同时”执行率为 87%。1995 年，来宾县新建改扩项目 32 项，在设计主体工程时，有 28 项执行环境影响报告，实施“三同时”制度，经环保部门审查后开工建设，“三同时”执行率为 87%。

1996 年 8 月 3 日，《国务院关于环境保护若干问题的决定》发布后，全国掀起前所未有的环保浪潮，环境保护成为一项基本国策。该《决定》除提出关停取缔十五种重污染的小企业和要求环境保护“双达标”（工业污染物排放达到国家标准；空气和地面水按功能区达到国家规定的环境质量标准）外，明确提出加强建设项目“三同时”制度监督管理的要求。境内各县由县政府牵头组织计划、经贸、建设、工商、林业、矿产、公安、监察等部门组成领导小组，对工业企业进行一次清理整顿，关停“十五小”企业，对已投入生产多年的企业进行环保设施“三同时”审查和环保设施竣工验收，使建设项目环境管理工作跃上一个新台阶，“三同时”管理走上法制轨道，并形成环境管理中不可或缺的一项重要制度。1996 年，武宣县对企业进行“三同时”执行情况检查项目 3 个。来宾县审批和评价 18 项建设项目，全部实行“三同时”制度，填环境评价影响报告表 15 项，“三同时”制度执行率为 82%。1997 年，武宣县对企业进行“三同时”执行情况检查项目 1 个。1998 年，武宣县对企业进行“三同时”执行情况检查项目 3 个。1999 年，武宣县对企业进行“三同时”执行情况检查项目 1 个。来宾县审批的新、改、扩建项目 3 项，全部执行“三同时”制度，填环境评价影响报告表 2 项，环境影响报告执行率为 66.67%。

2001 年，武宣县对企业进行“三同时”执行情况检查项目 7 个。2002 年，武宣县对企业进行“三同时”执行情况检查项目 6 个。2002 年，武宣县对企业进行“三同时”执行情况检查项目 6 个，验收项目 10 个，合格率 80%。2003 年，武宣县对企业进行“三同时”执行情况检查项目 12 个，验收项目 2 个，合格率 100%。

2004 年，全市开展一次建设项目环境保护“三同时”执行情况专项清查活动，加强建设项目环境保护验收。武宣县对企业进行“三同时”执行情况检查项目 10 个，验收项目 6 个，合格率 83%。

2005 年，武宣县开对企业进行“三同时”执行情况检查项目 18 个，验收项目 1 个，合格率 100%。

表 5-40　2003—2005 年来宾市环境影响评价、“三同时”和环保验收执行情况

年份	建设项目数(个)	环评执行情况		“三同时”执行情况		项目竣工环保验收情况
		项目数	执行率 %	项目数	执行率 %	项目数
2003 年	75	75	100	74	100	74
2004 年	39	39	100	33	100	33
2005 年	55	55	100	22	100	22

第七节　排污管理

来宾市境内各县(市)按照《中华人民共和国环境保护法》及国务院《征收排污费暂行办法》等有关规定，加强排污管理，依法对各排污单位征收排污费。

排污收费制度

排污收费制度是指向环境排放污染物或超过规定的标准排放污染物的排污者，依照国家法律和有关规定标准交纳费用的制度。征收排污费的目的是为了促使排污者加强经营管理，节约和综合利用资

源,治理污染,改善环境。排污收费制度是"污染者付费"原则的体现,可以使防治责任与排污者的经济利益直接挂钩,促进经济效益、社会效益和环境效益的统一。缴纳排污费的排污单位出于自身经济利益的考虑,必须加强经营管理,提高管理水平,以减少排污,并通过技术改造和资源能源综合利用及开展节约活动,改变落后的生产工艺和技术,淘汰落后设备,大力开展综合利用和节约资源、能源,推动企业事业单位的技术进步,提高经济和环境效益。环保部门严格执行排污费收支两条线制度,设立排污费征收专户和县财政下拨经费专户,排污费和办公业务经费账户分离,按时把征收上来的排污费上交县财政排污费专户入库,纳入财政预算管理。

1985年,来宾市境内各县(市)始实施排污费征收制度,对超过国家规定标准排放有毒有害物质的企业征收排污费,加强排污管理,对排污严重的单位责成处理并征收超标排污费,征收的超标排污费用于建设环保设施项目。武宣县征收的排污费用于建设武宣糖厂废水沉淀池、武宣农场糖厂废水处理工程、氮肥厂污染水田治理及搞人畜饮水工程、磷肥厂硫酸车间废水处理,水泥厂防尘贮尘设备等。根据污染程度,征收排污费,并认真调查处理各种环境污染投诉和纠纷案件,以此促进企业治理污染保护环境的积极性和治理资金的落实。

至1990年,来宾县共征收排污费120万元,其中已返回96万元给厂、矿搞综合治理;象州县共征收排污费16.8万元,返还给企业作治理资金14.26万元。企业投入治理资金80.68万元。"三废"综合利用产品值51.19万元,获利润14.58万元。武宣县共征收排污费征收超标排污费35.85万元,忻城县共征收超标排污费34万元。1991—1995年,忻城县对全县排污企、事业单位全面开征超标排污费,忻城全县征收排污费108.93万元。1994年,来宾县征收排污费120万元。1996—1998年,忻城县开征第三产业(饮食、娱乐服务和加工修理业等)个体工商户超标排污费,征收的项目由废水超标污染物、废气超标污染物扩大到排放污水收费、二氧化硫排污收费,全县征收排污收费191.07万元。1996年5月,来宾县对县城酒楼、发廊等服务行业进行调查摸底和登记发证工作,对有污水排放的收取超标排污费,对符合环保要求排放的,发给排污许可证,实行凭证经营,对企业采取按季度依法征收排污费制度,全县征收排污费254万元。1998年,来宾县环境保护局对拖欠排污费单位执行行政处罚措施,全县征收排污费450万元,超额完成柳州地区下达的150万元收费任务。

2000年,来宾市境内各县(市)认真贯彻国务院《排污费征收使用管理条例》及《广西壮族自治区排污费资金收缴使用管理办法》,依法征收排污费,根据各种项目情况,污染物从单因子收费扩大到多因子收费。2000年,来宾县环境保护局征收排污费516万元,其中第三产业收排污费14万元,并首次开征噪声超标排污费6000元。1991—2002年,来宾县累计征收排污费3889万元,返还企业污染治理资金1059万元。2000—2004年,忻城县共征收排污收费368.79万元。1996—2005年,象州县共征收排污费1634.66万元。2003—2005年,武宣到共征收排污费375.52万元。2005年,忻城县征排污费52.49万元。

从2003年起,来宾市环境保护局委托来宾市环境监察支队对有关排污者征收排污费,根据《排污费征收使用管理条例》对来宾市兴宾区范围内的排污企业进行全面、足额征收排污费,征收排污单位(个人)790个(中央、区属企业20个,市属企业14个,兴宾区属756个)。2003—2005年,全市征收排污费2054.08万元。

排污许可证制度

1994年,来宾县深入开展排污物登记工作,逐步完善排污许可发放制度,发放临时排污许可证35本,换证40本,并逐步向酒楼饭店全面铺开。1995年,来宾县新发放临时排污许可证26本,换新证50本。

1996年开始,来宾市境内各县(市)环保部门每年根据实际调整全县总量控制指标,制定污染物排放总量计划和污染削减计划,并由计划部门将各项指标分解到各镇乡、行业及重点企业,年终实行排放指标考核。同时,加强排污许可证管理,把排污许可证制度作为环境管理的一项有力措施。根据本县排污总量控制计划,按广西壮族自治区环保局的规范要求进行辖区排污申报登记,实行排污申报登记数据化管理,建立排污申报与污染物总量控制档案实行排污许可证制度的做法,加强监督管理。

1996年,武宣县在全县范围内开展排污单位摸底调查工作,制定《武宣县一九九六年资源综合利用和环境污染控制计划》和《武宣县一九九七年环境保护计划和污染物排放总量控制目标》,为开展全县性排污申报登记工作作准备。

1997年,武宣县完成全县排污申报登记工作,共申报登记107户，其中水污染物排污申报登记82户，气污染物排污申报登记25户。并制定《武宣县一九九八年资源节纸和综合利用及环境保护计划》。

1998年，武宣县实行排污申报制度正常化。根据柳州地区计划局下达的污染物排放指标，结合本县实际，编制《武宣县一九九八年环境保护实施计划》和《武宣县一九九八年资源节约和结实合利用及环境保护计划》，经武宣县计划局审核后下达实施。同时，根据排污申报的进展情况及审核结果，发放7个排污单位的排污许可证，其中废水污染物排放许可证5本，废气污染物排放许可证2本。1999年武宣县核发排污许可证2本。

2000年，武宣县完成污染源达标治理工作后，污染物排放量得到了有效的控制，污染物排放总量均控制在柳州地区环境保护局（来宾市环境保护局）下达的指标之内。

2002年，武宣县以第十个五年计划的污染物总量削减指标为依据，采取由末端治理向源头和全过程控制转变，由浓度控制向浓度控制与总量相结合转变的管理办法和措施，完成了全县工业企业污染物排放量的调查工作。

2003—2005年，象州县共核发排污许可证27个单位。2004年，武宣县根据排污申报审核结果，县环境保护局对排污许可证重新进行核发，加强排污许可证的管理工作，把排污许可证制度作为环境管理的一项有力措施。至2005年，武宣县共核发排污许可证23本。

环境保护目标责任制

1996年，来宾市境内各县（市）长签订第九个五年计划期间的环境保护目标责任书。环境保护目标责任制的考核内容为环境质量及污染物控制目标、环保工作目标两大部分，环境质量目标要求辖区内环境质量维持或优于上年的水平，污染物控制目标包括烟尘、工业粉尘、二氧化硫、化学需氧量、石油类、氰化物、砷、汞、铅、镉、六价铬等12项主要污染物排放控制指标。2000年前，环境保护目标责任制每年考核一次，对环境保护目标责任制完成得好的县市区和部门，给予奖励，完成差的给予通报批评。

1996年，来宾市境内县、乡两级政府以及相关工作部门和主要工业企业推行环境保护目标责任制管理。同年9月，各县（市）人民政府与柳州地区行政公署专员签订第九个五年计划（1996—2000年）环境保护目标责任书。10月，各县（市）人民政府与乡（镇）人民政府及经贸、建设、林业、工商局等部门分别签订1996—2000年环境保护目标责任书。

1997年，来宾市境内各县（市）人民政府将环境保护目标责任制纳入政府工作考核指标，制定环境保护目标责任制实施方案，开始在进行环境保护目标责任制考核，考核内容分为三部分：环境质量及污染控制目标、环境保护工作目标、办实事共15项指标。1997年，忻城县人民政府成立忻城县环境保护目标责任制工作领导小组，对辖区13个乡（镇）人民政府和10家县直属企事业单位，进行检查考评，被评为达标单位6个，合格单位13个，不合格单位3个。县人民政府被评为柳州地区达标单位。

1998年2月，武宣县对20个单位1997年环境保护目标责任制执行情况进行检查评比，经考评评出通挽镇、新龙乡、黔江实业总公司、黔江糖厂4个单位达标奖，评出及格单位13个，不及格单位3个。

1999年2月，金秀瑶族自治县对在1998年认真落实环境保护目标责任制并取得较好成绩的金秀镇、三江乡和三角乡授予先进单位荣誉称号。3月，武宣县对20个单位1998年环境保护目标责任制执行情况进行考评，评出达标奖单位4个，分别是黄茆镇、金鸡乡、黔江糖厂、三里镇；合格单位17个。11月，忻城县第二糖厂、县纤维板厂、县第一糖厂、县铁合金厂、县水泥厂、县第一化工厂等企业与县环境保护局分别签订污染物排放达标治理责任书。来宾县在实施环境保护目标责任制中，狠抓落实，全面实施行政首长亲自抓，分管领导具体抓，较好地完成了地区下达的各项考核任务，取得显著成绩。1997—2000年，来宾县政府连续4年获柳州地区环境保护管理目标责任制考核优秀奖。

2001年，来宾市境内各县（市）人民政府与柳州地区行政公署签订第十个五年计划（2001—2005年）环境保护目标责任书。同年7月，各县（市）与辖区乡（镇）人民政府、县经贸局、县工商局、县建设局、县农业局、县林业局、县水利局、县国土资源局和县市场管理中心等部门签订2001—2005年环境保护目标责任书。

2000年2月21日，忻城县组织由县人民政府办公室、环境保护局、监察局、计划局、经贸局、建设局、水电局、农业局、工商局、林业局、矿产局等部门领导组成的检查组，对辖区各乡镇、企事业单位1998—1999年环保目标责任制执行情况进行检查考评，被检查考评单位22个，被评为达标单位4个，合格单位18个。2001年2月22日，忻城县共检查考核21个单位，被评为优秀单位3个，达标单位18个。武宣县对20个单位2000年环境保护目标责任制执行情况进行考评，并对1996—2000年环境保护目标责任制资料档案进行检查。通过检查考核，评出黔江糖厂获优秀奖；武宣县经贸局、金鸡乡人民政府、马步乡人民政府等获达标奖；获及格单位15个。

2003年2月21日，忻城县人民政府组织对全县乡镇和企事业单位2001—2002年度环保目标责任制执行情况进行实地检查考评，经考核评定，被评为优秀单位6个，达标单位12个。是年，武宣县人民政府对与县人民政府签订第十个五年计划期间环境保护目标责任书的单位，进行2001—2002年环境保护目标责任制完成情况的检查和考核，考核办法分乡镇、企业考核内容和部门考核内容两种评分办法，经检查考核，评定广西黔江糖厂、博宣公司、武宣县环境保护局、武宣县工商局、通挽镇人民政府为优秀单位；桐岭镇等12个乡镇部门和企业为合格单位，金光水泥厂为不合格单位。

2004年5月25日，忻城县人民政府为获奖单位颁发牌匾和奖金。同年，在来宾市环境保护目标责任制执行情况检查评比中，忻城县被评为优秀奖。

第八节　环保监督

1985年以后，来宾市境内各县（市）加强环境保护监督力度，严格实施环境保护法律法规，依法实施环保监督，对单位新建扩建项目，进行环保设施与主体工程同时设计、同时施工、同时投产的检查监督取得实效。武宣县对县糖厂、氮肥厂、水泥厂、磷肥厂等13个单位新建扩建项目，进行环保设施与主体工程同时设计、同时施工、同时投产的检查监督。

1988年起，来宾县凡新建、扩建、改建的项目，都必须报送环境影响报告书或填写环境影响调查表，经环境保护部门批准后才能开工建设。凡没有落实“三同时”（同时设计、同时施工、同时投产）措施的工程项目，一律不准兴建；“三废”处理措施不完善的，也一律不予验收，不准投产。加强城区管理，控制污染源的扩大和蔓延。城区从1986年开始，把过去堆放在街头路边的垃圾堆，改为设点放置，每天用垃圾专用车清除，送到距离县城约6千米的垃圾场处理。

20世纪90年代，来宾市境内各县（市）加强环境保护工作，采取有效措施，依法监督管理，严格执行环境保护法律法规，加强宣传教育，落实目标管理岗位责任制，加强对重点污染源监测及主要污染物排放总量控制，对违反环境保护法律法规的企业从重处罚，使环境保护各项制度得到有效落实，环境保护部门加强监督检查，督促相关单位全面实施各项环保措施，促进清洁生产、绿色生产，保护蓝天白云、绿水青山。1994年5月，来宾县成立县环境保护执法检查领导小组，组织12个部门领导参加，对来宾县造纸厂、来宾火电厂、八一铁合金总厂、凤凰糖厂、县水泥厂及县城内11家酒楼饭店进行检查，对县水泥厂粉尘治理、八一铁合金总厂的废气处理提出了严格要求和整改意见。县环境保护局对全县28家纳入监督管理范围，对18家有“三废”排放的企业实行重点监管，其中，属乡镇企业的有4家，被列入重点污染源的有8家。1995年，来宾县对县内32家有“三废”排放的企业进行监督管理，对其所有的污染处理设施建立运转情况登记档案，健全管理制度，县内环境设施运转率90%以上。对几家企业的锅炉提出整改意见，其中来宾冶炼厂白砷车间由原湿法冶炼改为火法冶炼后，减少白砷的外排，外排白砷含量达到国家规定标准；凤凰糖厂三级沉淀氧化治理工程投入使用，废水基本不外排，污染凤凰河的现象不再发生。

1996年，来宾市境内各县（市）环境保护部门加强环境监督管理力度。根据本县排污总量控制计划，按广西壮族自治区环境保护局的规范要求进行辖区排污申报登记，实行排污申报登记数据化管理，建立排污申报与污染物总量控制档案实行排污许可证制度的做法，加强监督管理。1996年8月，来宾县取缔年产折牛皮3万张以上的县皮革厂，对属暂缓关闭的良江造纸厂提出治理要求，对县内4家糖厂、来宾火电厂、来宾冶炼厂、八一铁合金总厂下达限期治理达标。环境保护部门对县内26套环境保护设备运行情况进行监督检查，发现环境保护设备完好率100%，正常运转的设备达90%以上。同年9月，武宣县人民政府下发武政发〔1996〕72号文，取缔超标排污的武宣造纸厂和武宣县维力纸业有限公司。1996—1998年，象州县对寺村、罗秀、大乐、妙皇、水晶、百丈6个乡镇的235个采、洗矿点进行清理整顿，查封手续不完善、污染严重的矿点，对占用耕地、污染水源、农田的采、洗矿点实行关停迁；对靠近农田、水源的矿点，划定区域筛选，严格控制污染蔓延。

1997年，武宣县对第一批限期治理的4个项目进行了检查验收工作。

1998年，武宣县人民政府下发《关于加强对限期治理项目进行管理的通知》，对10个限期治理项目计划进行监督检查。当年完成治理项目2项，完成投资45万元，占总投资41.36%。

1999—2000年，象州县共清理整顿采、洗矿点83个，查封了8个选址不当的洗矿点，责令限期搬迁，对3个污染严重的洗矿点实行停业整顿。1999年6月，金秀瑶族自治县组织开展工业污染源达标排放工作，与10个未达标企业签订达标责任书，通过政府和企业的共同努力，年底统计达标率为75%。1999年，武宣县环境保护局把工业污染源限期达标排放工作当为环境保护工作的主线来抓，到年底全县完成达标率75%，其中治理达标的企业有14家，停产治理企业4家。4家企业开展整改工作。

2000年，来宾市境内加强对限期污染源治理项目进行监督检查，来宾县对10家重点污染源每季度进行监测1次，对28家污染源每年进行监测1~2次。年末，来宾县所有糖厂外排废水、废气全部达标，县境内水泥厂除八一、红河、维林、小平阳4家水泥厂达标外，对其余未达标的水泥厂进行关闭或停产处理；来宾火电厂、县制药厂、迁江华侨农场淀粉厂等主要废水排放单位均验收达标；全县18家砖瓦厂使用含硫量低于3%以下的燃煤，外排废气达标。武宣县19个非重点限期污染源限期治理项目，16个通过达标验收，2个自然停产，1个为治理调试阶段，5家自治区级重点限期治理企业黔江糖厂、黔江水泥厂、八宝新型材料厂、金光水泥厂治理实现达标排放目标，县糖厂经柳州地区环境保护局批复同意采取临时性措施处理酒精废液，2000/2001整个榨季不外排。非重点企业达标率94.74%，重点企业达标率100%。

2001年，武宣县组织开展达标工作“四查”活动（查企业贯彻执行环境保护法律法规和政策的意识，由“要我治”转变为“我要治”；查环境保护管理制度的落实情况，从行政管理手段、环境措施、环境保护运行机制上形成长效管理机制；查环境保护设施运行情况，依法监督管理，使全县企业的环境保护设施保持正常运行，杜绝偷排违法现象；查达标排放情况，从治理技术的可行性、先进性、实用性等方面做好治理指导工作。）在开展严查环境违法行为专项行动中，把巩固工业污染源达标排放成果作为目标之一，全面完成了达标排放验收工作。来宾县进一步巩固“一控双达标”成果，继续深化监督管理，实行污染源排污举报奖励制度，促进企业由部分达标转向全面稳定达标，对达标排放企业进行定期监督检查，对治理未完善企业督促进行整改，对未实现全部达标企业继续进行限期治理，遏制超标排放反弹。严格实施“三同时”制度，加强审批管理，防止新污染源产生。金秀瑶族自治县开展严肃查处环境违法行为专项行动，加大查处力度，共查处4个企业或建设项目。

2002年，来宾市境内通过加强对现有污染源的监管，开展污染物总量控制工作，开展严查环境违法行为专项环境保护行动，严格执行建设项目环境影响评价制度和环境保护设施与建设项目“三同时”制度，推行清洁生产和循环经济，巩固工业污染达标排放成果。忻城县加强环境保护监督管理，检查企业8家12次，纠查企业3家，立案限期治理企业1家。检查登记工业用放射源9个。

2003年，来宾市环境保护局组织制定《来宾市酸雨与二氧化硫污染控制管理暂行办法》，并通过市人民政府颁布实施，草拟《来宾市建设项目环境影响评价文件分级审批暂行规定》报市人民政府审议；制定《来宾市放射性环境污染管理办法》《来宾市环境功能区管理办法》《来宾市环境保护局行政处罚操作规则》，加大环境保护监督执法力度，认真组织开展查处环境违法行为专项行动。根据国家环境保护总局、国家工商行政管理局等六部委的统一部署，6—11月，在全市范围内开展为期5个月的“清理整顿不法排污企业保障群众身体健康环保专项行动”，认真查处环境违法行为。市政府就此制定专项行动方案，成立专项行动领导小组，形成联席会议制度。在专项行动期间，全市共出动250人次，对105家企业进行现场检查，对15家存在环境违法行为的企业进行立案查处，其中对2家企业作出关停处理决定，对8家企业实行限期整改，对5家企业进行相应的经济处罚。对全市现有的环境保护设施运行情况进行专项检查，对环境保护设施停运或运转不正常的个别企业，提出警告并予以处罚。加强饮用水源的保护、重点监控红水河沿岸的企业排污情况、严格达标排放、加强城区环境的监管等工作，实现城市环境综合治理目标。市环境监察执法人员联合工商行政、城市管理等部门开展城区环境综合治理，解决果品批发市场、禽畜屠宰点经营过程中产生异味污染周边居民环境问题。对市内部分沿街鸡鸭屠宰点作出限期搬迁处理，使城区环境较往年有了很大的改观。强化噪声和油烟整治工作，对市区娱乐场所及建筑噪声加强防治和控制，对市区内7家营业性娱乐场所噪声扰民问题进行立案查处，提出整改措施，其中对2家娱乐场所实施停业整顿和罚款处理，促使经营业主增强遵守环境保护法律法规的自觉性。是年，共接到建筑施工噪声扰民投诉案件15起，环境监察执法人员对建筑施工工地现场执法检查75人次，对违规超时施工作业的现象及时予以制止。从2月起，在全市范围内陆续开通“12369”环境保护热线电话，年内通过热线电话投诉的案件达190起，案件处理率达100%，结案率达90%以上。

2004年，来宾市开展环境污染专项整治，认真执行环境保护“三同时”制度，执行国家污染排放总量控制政策，把污染物总量控制目标分解到各排污企业，并配套相应政策制度措施贯彻执行。开展历时1年的“整顿不法排污企业，保障群众身体健康”环境保护专项整治行动，由市环境保护、工商行政管理、公安、城市管理、监察等部门抽调185人，组成联合执法组，对27家污染单位进行环境执法监察，对15个新建项目进行补办环境影响评价手续，对8家排放危废污染物的生产单位进行监察，现场监察32家企业。建议市人民政府取缔4家不法排污企业，行政处罚3家排污企业，同时对28家排污企业下达限期整改通知书，对6家企业进行立案处理。在专项行动整治中，环境保护部门出动80人次对市区有可能产生噪声和油烟污染单位进行监察，当场制止30起噪声扰民事件。

同年4月，忻城县重点整治建设项目违反环境影响评价法，不按规定时限进行排污申报及证照不全的企业，特别是造纸、酒精、淀粉、水泥、冶炼、铁合金行业违规建设与结构性污染以及公路建设、矿山开采中环境污染问题；红水河忻城河段沿岸及县城区生活饮用水源保护区沿河段的重点企业和污染行业；矿山尾矿库、企业废水贮存塘、医疗垃圾、废弃危险化学品污染、放射源污染和乡镇农村畜禽规模养殖业外排废水、废气污染及农药污染等问题。6月，在辖区内组织实施“清查放射源，让百姓放心专项行动”工作，重点检查忻城南华糖业有限责任公司忻城糖厂、忻城第二糖厂、忻城县水泥厂等企业。7月，忻城县组织相关部门人员，深入辖区矿山进行执法检查，对辖区内4个矿场（区），59个采矿（石）场进行检查。9月，完成金嗓子药业有限责任公司（忻城制药厂）新建宿舍楼、扩建生产车间和新增工业用燃煤锅炉等建设项目环境保护设施竣工验收。

2005年，来宾市开展为期5个多月的“清理整顿违法排污企业保障群众身体健康环境保护专项行动”，共出动检查执法人员300人次，出动车辆50台次，现场检查企业125家，其中对12家有环境违法行为的企业进行立案查处，对8家重点企业实行挂牌督办，对3家企业进行经济处罚。同时，由环境保护、卫生等有关部门组成联合检查组，重点对全市5家有放射源的单位（企业）以及15家医院医疗废物处理处置情况进行专项检查，对达不到环境保护要求的3家企业提出整改意见，有效消除放射源污染隐患。

是年，来宾市环境保护部门采取有力措施加强城区饮用水源保护工作，重点监控市自来水厂取水点上游排污问题，对红水河来宾段的水质执行月报制，确保市民吃上安全的“放心水、干净水”。同时，市环境保护部门联合工商行政管理、城市管理等部门对城区环境进行综合整治，对6家环境噪声污染突出、群众反映强烈的娱乐场所进行了专项整治，其中对2家整改无望的娱乐场所作出停业处理决定。市环境保护部门还针对市区建筑施工工地扬尘污染等突出问题，重点对9家建筑施工工地进行了密切监控，防止扬尘污染。

附：水质污染事件及处置

2002年12月11日，金秀瑶族自治县三角乡龙围村三渡河屯路段发生一起交通事故，金秀瑶族自治县冶炼厂一辆运载砒霜的专用运输车翻下河中，导致货物泄漏引发河水污染事故。事件发生后，市、县领导高度重视，果断组织开展事故应急处置工作，事故处理组及时赶到事故现场，采取拦河筑坝、挖沟引水，迅速采取将散落在河岸上的货物清运回厂渣场存放等有效措施进行妥善处理。当日17时30分，柳州地区环境保护监测站进入事故现场进行应急采样监测，并将分析测试室转移至头排镇，在事故地点及下游共设置4个监测断面，采样监测频率为每4个小时1次。至24日零时起，事故点、七建桥、桐木大坝和仁里桥4个监测断面河中砷浓度及桐木镇水厂出水中砷浓度均低于0.007毫克每升，符合GB3838-2002《地表水环境质量标准》三类水质标准。事故点河段附近村庄及桐木镇地下水质均符合GB/T4848-93《地下水质量标准》三类水质标准，未受到砷污染。为彻底清理残留在事故点河道的货物，经专家组共同研究，决定先铲除、运走受污染的沙石，然后就地固化剩余沙石，将河床残留的砒霜固化，达到永久封存的目的。整个事故现场处理历时15天，未发生人畜污染事故，未造成不良社会影响。

第六篇

共 产 党

中共来宾组织，从1926年建立第一个支部——中共武宣支部，至1949年12月发展到2个地工委、1个县工委、3个特别支部。在中共各级组织领导下，先后建立7支武装力量，共7700多人枪，经历无数次战斗，粉碎敌人的多次"围剿"，为解放广西作出重要贡献。这时期，许多党的优秀分子如刘策奇、翁尧年、潘业俊、韦天强、江明彬、莫江白等先后英勇牺牲。为争取人民的解放而被反动派杀害的中共党员、农会骨干、游击队员和先进分子达186人。

中华人民共和国成立后，中共来宾各级党组织领导各族人民，建立和巩固人民政权，消灭封建剥削制度和剥削阶级；完成社会主义改造；在探索社会主义建设中曲折前进；在"文化大革命"期间，大多数党员干部仍坚守岗位，抵制"左"倾错误。中共十一届三中全会以后，各级党组织坚持实事求是的思想路线，把工作重点转移到社会主义现代化建设上来。注意加强自身的组织建设、思想建设、作风建设，坚持不懈地组织广大党员学习贯彻马克思列宁主义、毛泽东思想、邓小平理论、"三个代表"重要思想和科学发展观，不断提高各级组织的战斗力。以经济建设为中心，认真贯彻"两手抓、两手都要硬"的方针，解放思想、更新观念、改革创新、锐意进取地开展各项工作。

1991年以后，随着经济发展方式的转变，个别地方党组织出现了涣散、软弱的现象，个别党员的理想、信念开始模糊，各级党组织按照中央和自治区党委的统一部署，先后在党员干部中开展以"三讲"（讲学习、讲政治、讲正气）、"三个代表"（代表先进社会生产力的发展要求、代表先进文化的前进方向、代表最广大人民的根本利益）重要思想和"保持共产党员先进性教育"为主要内容的党性党风教育，使党员干部思想政治素质不断提高，各级领导班子的凝聚力、战斗力不断增强。

在党风廉政建设方面，积极贯彻《中国共产党党内监督条例（试行）》《中国共产党纪律处分条例》和《建立健全教育、制度、监督并重的惩治和预防腐败体系实施纲要》，认真落实党风廉政建设责任制，深入开展反腐败斗争，推进惩治腐败和预防腐败的体系建设。

建市以后，中共来宾组织重视加强人大工作，推进了各级政协、民主党派、工商联和无党派人士政治协商、民主监督和参政议政的规范化和制度化建设，重大决策听取各民主党派、工商联、无党派人士的意见与建议成为常规；中国共产党领导下的多党合作体制取得显著成果。民族、宗教、外事侨务、对台工作不断加强，爱国统一战线进一步巩固和发展。加强和改善了中共对工会、共青团、妇联等的领导，充分发挥群团组织联系人民群众的桥梁和纽带作用。政务、村务、厂务公开不断拓展和规范，人民群众的知情权、参与权、监督权得到扩大和保障。

第一章　中华人民共和国成立前组织及活动

中华人民共和国成立前，境内共产党组织，领导各族人民反抗国民党统治，组织农民暴动，为广西解放作出重要贡献。

1926年12月，境内成立最早的中共地方组织——中国共产党武宣支部。土地革命时期，共产党人在武宣、象县、迁江一带从事革命宣传、发展组织工作和领导开展农民运动。抗日战争时期，中共地方党组织在武宣、象县、来宾、迁江、金秀等地领导人民群众开展抗日救亡运动。解放战争时期，共产党组织进一步发展壮大，先后成立桂中地工委、中共都宜忻地区工委、中共柳来象边区特支、中共武宣县工委、来宾特支、迁江特支等党组织。

1949年3月—12月，中共党组织相继在境内建立桂中、都宜忻、柳来象边区、迁江、上林北区（今属忻城）等革命根据地，拥有7支武装力量，7700多人枪。党领导的人民武装多次粉碎桂系军阀"围剿"，为解放广西作出重要贡献。

土地革命战争时期（1927年8月—1937年7月） 1926年秋，中共党员张胆（时任国民党广西省党部农民部秘书）到武宣县城从事革命宣传，开展农民运动。1926年12月，中共梧州地委派中共党员、省农民部苍梧道办事处主任林培斌到武宣指导农民运动，发展翁尧年、潘业俊、朱文拔等农民协会骨干入党，并建立中共武宣支部，翁尧年任书记，这是境内第一个中共支部。支部建立后，领导农民协会和组织农军对土豪劣绅进行斗争。同年冬，中共柳州支部干事会发展象县青年刘策奇加入中国共产党。是年，中共梧州地委派中共党员苏其礼、黄启韬等到平南县罗香、罗运两乡（今属金秀瑶族自治县）指导农民运动。1927年春，中共柳州支部书记陈岳秀、组织干事张胆和刘策奇到象县指导农民运动。张胆还到来宾、迁江县等地指导农民运动。

1927年"四一二"反革命政变,新桂系当局追随蒋介石"清党"反共。4月12日,开始实行分区"清党",伍廷飏负责柳庆区"清党"工作。9—12月,直接联系和领导来宾地区革命运动的共产党员张胆、林培斌、刘策奇和武宣农运特派员陈炳璋等先后被杀害。

1928年1月5日,中共广西地委书记邓拔奇根据中共中央南方局关于整顿和发展党的组织的指示精神,到武宣县东乡石崖村召开党员会议,研究组织暴动问题。1月8日,成立以潘业俊为书记的中共武宣县委,并建立中共东乡区委,全县党员发展至10余人,县委先后隶属中共广西地委、广西特委领导。6月1日,翁尧年被捕。28日被杀害于武宣县城。潘业俊被迫秘密转移外地,中共武宣县委解体。武宣、象县大批农会骨干被杀害,境内大革命运动转入低潮。

1934年3月,中共宾阳县委在迁江县陶邓乡那塘村,发展3名党员,建立了中共陶邓支部。1936年冬,成立中共宾阳、永淳、迁江3县临时工委。

1936年11月7日,中共广西省工委成立。1937年1月,省工委书记陈岸到武宣重建中共武宣支部,有党员5人。同年4月,中共广西省工委委员黄彰到武宣指导工作,将武宣支部改为中共武宣县工委,覃秉寿任书记,韦敬礼、韦天强为委员,下辖通挽、东乡、武宣中学3个支部,有党员16人。

抗日战争时期(1937年7月—1945年8月) 1937年7月7日抗日战争爆发后,中共武宣县工委的多数党员赴南宁、武鸣等地及北上延安,境内党组织活动停止。中共陶邓支部与上级党组织失去联系而消失。1937年10月,共产党员袁秀文、路伟良从南宁转到象县国民中学任教,开展革命活动,指导学生阅读进步书籍,宣传革命思想。1938年11月,象县国中学生韦纯束、韦章平、覃显、黄鹏(黄史山)、林进生(林岚)、韦纯宽、陈惠贤、陈斌宏、陈伯西等20余人,投笔从戎,参加广西学生军,奔赴抗日救亡前线。韦纯束、韦章平、李文达等人先后在学生军及省合训班加入中国共产党,并受组织派遣到平乐、蒙山、荔浦、柳江、榴江一带工作。1942年广西"七九"事件后,省工委通知各地党员撤退隐蔽。同年冬到1943年春,韦纯束、韦章平、黄史山、陈斌宏、陈惠贤、林岚等先后到修仁县任教,从事革命活动。1944年1月,中共党员毛仲平从修仁县转移到象县小古院村。10月,原属中共修仁支部的党员韦章平、韦纯束、黄史山、林岚等人,经桂东特派员黄嘉同意,从修仁转移到象县开展抗日活动。并将中共修仁支部改称象县支部,书记韦章平。此时,属中共柳州地方组织领导的党员李文达、陈伯西、韦纯宽、林松、甘瑛白等人亦经组织同意转移象县;共产党员陈斌宏、陈惠贤、罗维等亦从外地返回象县。当时在象县活动的党员共13人,其中象县支部8人。他们在象县支部统一领导下进行抗日斗争。11月5日,日军占领象县县城。中共象县支部针对当时形势,以抗日为中心任务,积极开展活动。党组织派林侠打入县自卫队任分队长,掌握部分武装,进行抗日斗争;派韦纯束做两营驻罗秀一带国民党川军杨森部队的工作,加强抗日民族统一战线;在大乐、寺村、中平等地组织"圣堂山抗日工作队""曦社""读书会"等群众组织;出版《抗日论坛》小报,宣传抗日,号召群众组织起来,保家卫国。1945年3月下旬,县长潘庆龄以"防异党活动"为由,下令取缔民众抗日武装。《抗日论坛》发表题为《异哉》的评论文章予以驳斥。抗战胜利后,国民党积极发动内战,企图消灭共产党和人民军队。中共象县支部根据斗争形势,重新部署工作,安排党员在县城、中兴、大乐、中平、寺村、近城等地以教师等职业作掩护,继续开展革命活动,积聚革命力量。

1938年春,原中共武宣县工委书记覃秉寿从桂林回到武宣恢复县工委,覃秉寿任书记。

1942年7月,广西党组织受到严重破坏,大批中共党员被杀害,大部分党员从城市转移到农村活动。10月,转移到武宣县的党员,成立武宣特支,江明彬任书记。12月,中共广西省工委代理副书记黄彰到来宾县建立中共大湾小组,自兼组长,以烧砖瓦为掩护,开展桂东南、桂西南中共党组织的工作。1944年2月,转移到来宾县大湾的党员,成立来宾特支,梁山任书记,时有党员10人,隶属省工委领导。

1944年初,中共桂东区特派员黄嘉将中共修仁、荔浦、蒙山特支划分为中共荔蒙特支和修仁支部。修仁支部设在三江乡(今属金秀瑶族自治县),书记韦天强,副书记韦章平;同年6月,韦天强调离,韦章平任书记。10月,修仁支部多数象县籍党员转移到象县进行抗日活动,修仁支部改为中共象县支部,韦章平任书记。

1942年,上级党组织委派中共党员司马孙、梁思义、杨伟等到金秀瑶山,组织抗日救亡巡回教育队。1944年夏,日军入侵广西,1944—1945年,中共武宣特支组织领导东乡和南河抗日武装伏击日本侵略军。中共党员覃宝龙、黄日昌、莫家星分别在都宜忻边境,组织领导抗日游击队,开展抗日武装斗争。

解放战争时期(1945年8月—1949年9月) 1946年春,中共象县支部由韦纯束负责。1947年2月,中共象县特支建立,韦纯束任书记。是年,在象县活动的党员有12人,其中象县特支9人。5月,中共广西省工委成立中共桂柳区工委,书记陈枫,委员李福海、路璠。象县、忻城等地的党组织属中共桂柳区工委领导。9月,中共中央香港分局(简称香港分局)发出《华南人民武装当前行动纲领》,为来宾市境内的武装斗争指明方向。9月16日,中共上林支部在今忻城县古蓬、思吉乡领导武装起义。9月29日,廖联原、韦志龙领导贵县、武宣、桂平3县交界的5000多名农民,在贵县达开乡举行"中秋起义"。10月4日,中共武宣县工委领导贵(县)武(宣)边近200名农民举行武装起义,后遭国民党广西省政府保安部清剿,起义部队化整为零,转入山区活动。

1948年2月14日—3月15日,中共桂柳区工委召开工作会议。象县韦纯束、黄绍亮,都宜忻地区吴师光、莫江白、韦勋猷、何文等11人参加。到会人员学习中国革命和党的建设基本理论,对如何开展农村工作和城市工作进行研究,会议作出《加紧努力,迎接新形势》的决议。

2月18日,中共党组织在象县小古院村建立象县第一个"穷人翻身小组"。此后,象县东部各乡相继建立穷人翻身小组(会)。3月,中共桂柳区工委决定建立中共象县区领导机关,负责人陈钜,韦章平加入区领导机关,李明协助领导机关工作。是时,在象县活动的共产党员有36人。象县区领导机关负责领导象县和柳江县的里雍,武宣县的黄茆、二塘,修仁县的头排、四排、十锦、桐木一带的革命斗争。4月,香港分局批准成立中共粤桂边区委员会。5月中旬至6月上旬,在中共象县区领导机关领导象县初级中学300多名学生掀起"反独裁、反贪污、反奴化教育"学潮,罢课20天。7月,中共桂中南地工委成立,杨烈任书记。武宣、来宾、迁江的党组织归中共桂中南工委领导。

8月24日—9月14日,中共桂柳区工委宣传委员路璠在融县永乐乡溪滨寨举办昆仑山武装斗争干部训练班。参加训练班学习的有都宜忻、象县等地的中共组织和游击队负责人。学习毛泽东、朱德的军事著作和香港分局关于武装斗争的指示。9月下旬,陈枫、路璠、莫矜、肖雷、莫江白等到香港参加香港分局武装斗争干部训练班学习。

1948年秋,党组织派李明到瑶族聚居的东北乡长垌、滴水等村寨开辟革命据点;建立大乐、中平和柳江县里雍党支部及里雍乡大佃村党小组。11月,象县区领导机关扩大会在柳江县白沙小学举行,传达香港分局《华南人民武装当前行动纲领》文件。会议根据文件精神,决定建立象县武工队,开展武装斗争。12月中旬,香港分局决定撤销中共桂柳区工委,成立中共广西省农委,负责领导桂北、桂东、柳北、桂中、都宜忻地区的党组织和游击战争。象县武工队在小古院村成立,队长韦章平,指导员陈钜,副队长林立,队员10余人。1949年3月,武工队扩展为3个队。

解放战争时期,境内在中共省农委领导下,先后成立中共桂中地工委、中共都宜忻地区工委,中共柳来象边区特支;在中共桂中南地委领导下,先后成立中共武宣县工委、来宾特支、迁江特支等党组织。

中共桂中地区工作委员会 1949年5月,中共广西省农委委员黄传林到武宣县通挽乡立寺村召开会议,宣布成立中共桂中地区工作委员会,书记廖联原,副书记韦纯束,组织部长李明,委员韦志龙、李捷三。下辖1个县工委、1个总支和5个支部。

1947年2月,中共广西省工委决定将象县支部改为象县特支,韦纯束任书记。1948年3月,桂柳区工委决定,将柳南(柳江县里雍、白沙一带)与象县合为象县区,建立中共象县区领导机关。1949年4月,中共广西省农委决定,成立中共象(县)修(仁)雒(容)区领导机关,象县区领导机关工作结束。同年8月,广西省农委决定,撤销象修雒区领导机关,成立中共象县工委,书记韦纯束,副书记韦章平,隶属桂中地工委领导,时有党员46人。同年12月,象县工委组织关系移交中共柳州地委。

中共都宜忻地区工作委员会 1947年8月,中共桂柳区工委书记陈枫到忻城县大塘乡睦麟村召开会议,研究开辟农村根据地问题,同时宣布成立中共上(林)忻(城)工委,书记吴师光,副书记丘铮,下设7个支部。1949年10月20日,中共广西省农委将上忻工委改为中共都宜忻地区工作委员会,书记路璠,副书记吴师光,委员覃宝龙、周廷扬、覃展、韦勋猷。下辖中共柳江县工委和8个支部,时有中共党员172名。12月,党员组织关系移交中共庆远地委和中共柳州地委。

中共柳来象边区特支 1949年7月,中共广西省农委决定成立中共柳来象边区特支,直属省农委领导,书记肖雷,时有党员13人。同年12月,中共来宾县委成立,特支组织关系移交县委。

中共武宣县工委 1947年4月,中共武宣特支划归中共贵县中心县委领导。6月,贵县中心县委书记杨烈将武宣特支改为中共武宣县工委，书记韦敬礼、委员覃秉寿、江明彬，仍属贵县中心县委领导，县工委下辖通挽区委和桐岭、东乡两个支部，有党员19人。同年9、10月，县工委领导武装起义。11月，县工委成员江明彬牺牲。12月，覃秉寿向国民党军自首，韦敬礼率领部分党员和武装人员转移到横县镇龙山活动，县工委工作停止。1948年7月，根据桂中南地工委指示，贵（县）武（宣）来（宾）迁（江）特支成立，特支书记梁德。同年10月，改为贵、武、来特支，书记梁德、林夏。1949年5月，中共桂中南地工委撤销中共贵武来特支，重新成立中共武宣县工委，隶属桂中南地工委领导，书记韦敬礼，下辖4个区工委，党员16人。1950年1月5日，桂中南地委派组织部长梁德将武宣县工委的组织关系交给中共柳州地委。

中共来宾特支　1949年8月，中共贵县工委派赖伟、梁宁到来宾工作，在来宾发展一批党员。9月，经贵县工委同意，成立中共来宾特支，书记赖伟、黄祖盛，隶属中共贵县工委领导，下设4个支部，1个党小组，有党员58人。12月，特支组织关系移交中共来宾县委。

中共迁江特支　1949年7月，中共桂中南地工委在迁江建立中共迁江总支部，有党员15人。同年12月19日，总支改为特支，特支书记覃耀庭。1950年2月，特支组织关系移交中共迁江县委。

中共上林特支　1949年1月上旬，中共桂中南地工委决定，中共上林支部改为上林特支。地工委委员张声震兼任特支书记。

1949年3月—12月，境内各级党组织先后建立7支人民武装力量，时有7700多人枪，先后粉碎国民党广西十三区专署保安独立十三营、象县民团武装的“围剿”，歼敌5000多人，在解放大军到来之前，先后解放境内5座县城，79个乡镇，配合南下解放军解放13个市、县。

中华人民共和国成立前境内中共地方组织沿革示意图

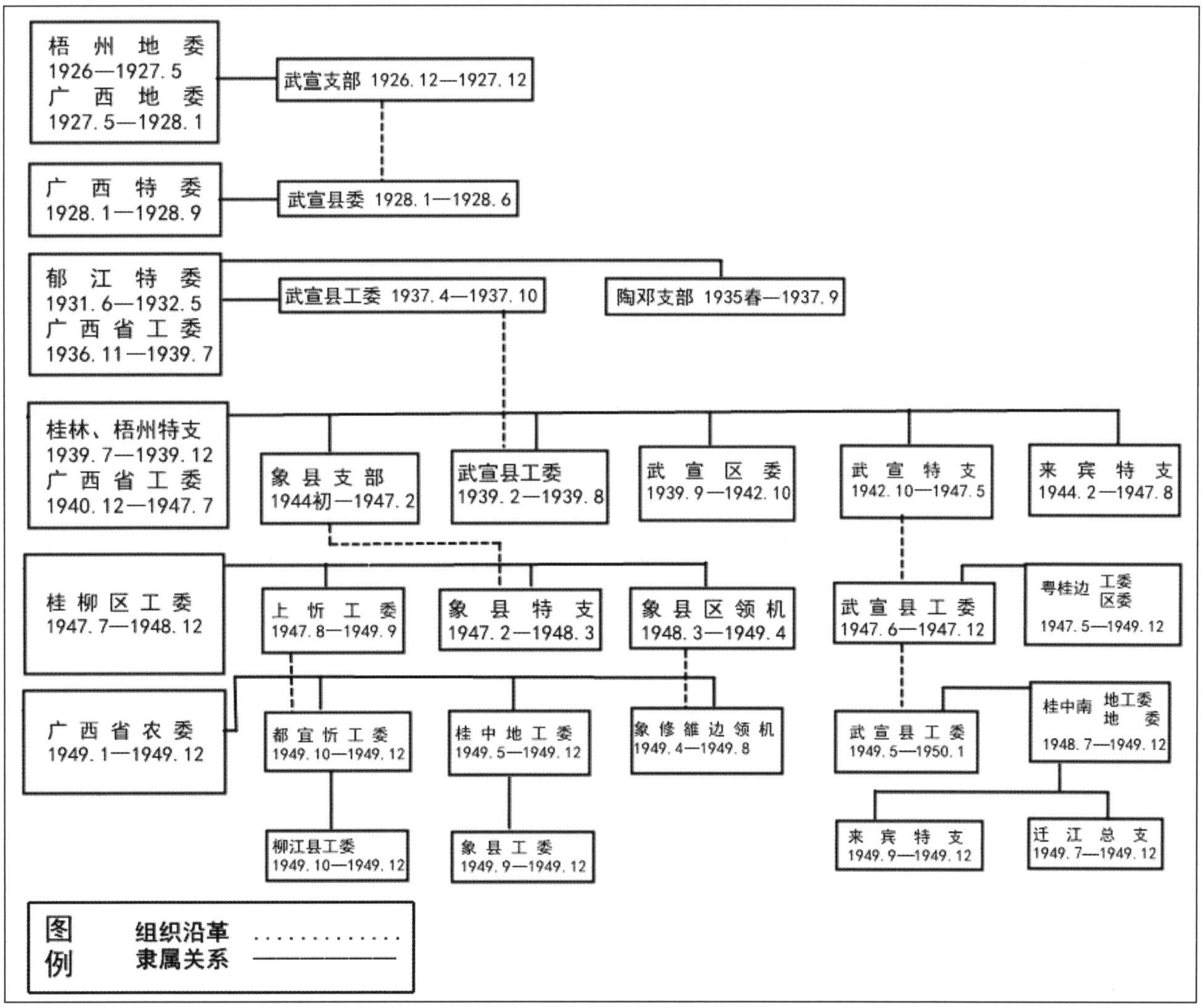

表 6-1 中华人民共和国成立前来宾市境内中共党员统计表

年度＼县别	武宣县（人）	来宾县（人）	象州县（人）	忻城县（人）	合计（人）
1926—1928	3				3
1934		3			3
1935		3			3
1936	2	3			5
1937	14	3			17
1938	14				14
1939	14				14
1940	14				14
1941	15				15
1942	14	3			17
1943	16	4			20
1944	15	10	7		32
1945	16	10	7		33
1946	17	10	6		33
1947	12	12	12	1	37
1948	86		37	16	139
1949	346	85	12	84	527

注：1. 迁江、合山在来宾一起统计；2. 表内数字指本地党组织内的党员数

第二章　中华人民共和国成立后组织机构

中华人民共和国成立初期，中共来宾地方党组织领导各族人民建立和巩固人民政权，清匪反霸、农村土地改革和城市民主改革等一系列革命运动。20 世纪 50 年代，境内地方党组织领导各族人民胜利完成恢复国民经济的历史任务，实施第一个五年计划，完成对农业、手工业和资本主义工商业的社会主义改造。“大跃进”运动至“文化大革命”时期，来宾和全国一样，社会主义建设受到“左”倾错误路线干扰，但党带领人民完成一批工业、农业、交通运输等基本项目建设，教育、科学、文化、卫生等社会各项事业得到一定的发展。

1978 年，中共十一届三中全会后，境内各级党组织，把工作重点转移到经济建设上来，带领各族人民在改革开放道路上开创社会主义建设新局面。

2002 年，来宾市成立后，中共来宾市委领导全市各族人民抢抓机遇，开拓进取，为把来宾建设成为新兴的绿色生态工业城市而努力奋斗。

中国共产党来宾市委员会（下简称市委） 2002 年 9 月 29 日，国务院作出《关于同意广西壮族自治区撤销柳州地区设立地级来宾市并调整柳州市行政区划的批复》（国函〔2002〕88 号），11 月 21 日，自治区党委、自治区人民政府印发《〈关于撤销柳州地区设立地级来宾市并调整柳州市行政区划工作指导方案〉的通知》（桂发〔2002〕18 号）。12 月 13 日—14 日，中国共产党来宾市第一次代表大会在兴宾区召开，会议选举产生中国共产党来宾市委员会领导班子；随之，产生中共来宾市委工作机构、派出机构、临时机构和事业机构。

至 2005 年 12 月，市委管理中国共产党地方县（市、区）委员会 6 个，机关党组 199 个，党的工作委员会 11 个，基层党委 135 个，党总支部 497 个，党支部 4974 个。党员总数 86828 人，其中少数民族党员占 73%，女党员占 19%。全年发展新党员 2630 人。

表 6-2　　中共来宾市委员会书记、副书记、常委名表

职务	姓名	民族	任职时间	备注
书记	覃瑞祥	汉族	2002 年 12 月—2005 年 12 月	
副书记	张少康	汉族	2002 年 12 月—2005 年 12 月	
	冯成善	壮族	2002 年 12 月—2005 年 12 月	
	黄　克	壮族	2002 年 12 月—2004 年 5 月	
	龙定茂	汉族	2002 年 12 月—2005 年 12 月	
	杨和荣	汉族	2002 年 12 月—2004 年 2 月	
	黄必贵	汉族	2004 年 8 月—2005 年 12 月	
常委	刘继斌	汉族	2002 年 12 月—2004 年 11 月	
	莫恭明	汉族	2002 年 12 月—2005 年 12 月	
	韦世德	壮族	2002 年 12 月—2005 年 12 月	
	黄必贵	汉族	2002 年 12 月—2004 年 8 月	
	苏建荣	瑶族	2002 年 12 月—2005 年 12 月	
	卢运福	汉族	2002 年 12 月—2005 年 12 月	
	陈　虹	汉族	2004 年 8 月—2005 年 12 月	（女）
	汤放明	汉族	2004 年 11 月—2005 年 12 月	

注：任职超过下限的，以 2005 年 12 月记载。

县（市、区）委员会　1949 年 12 月，境内除金秀外，来宾、迁江、忻城、象县、武宣等县相继解放。同月，来宾、象县、武宣先后建立中共县委领导机构。1950 年 2 月，中共迁江、忻城县委会成立。1952 年 6 月，中共大瑶山瑶族自治区委员会成立。各县县委机构成立后，隶属关系有所不同。1949 年 12 月—1951 年 8 月，来宾县委、武宣县委、象州县委隶属中国共产党柳州地方委员会，1951 年 8 月—1958 年 6 月，隶属中国共产党宜山地方委员会。1950 年 2 月，忻城县委、迁江县委隶属中国共产党武鸣专区委员会。1951 年，迁江县委改属中国共产党南宁专区委员会，后南宁专区改称宾阳专区，迁江随属之。1950 年 3 月，忻城县委隶属中国共产党宜山地方委员会。1952 年 6 月，中共大瑶族自治区委员会隶属中国共产党平乐地方委员会。9 月 1 日，中共武宣县委与象县县委合并称中共石龙县委员会。11 月，中共迁江县委并入中共来宾县委。1958 年 7 月，来宾县委、忻城县委、石龙县委、金秀瑶族自治县委隶属中共柳州地方委员会。1960 年 5 月，中共石龙县委改称中共象州县委员会，隶属中共柳州地方委员会。1962 年 3 月，恢复中共武宣县委员会，隶属中共柳州地方委员会。1971 年 7 月，境内各县委隶属中国共产党柳州地区委员会。1981 年 11 月 28 日，自治区党委批准成立中共合山市委员会（县级），隶属中共柳州地区委员会。至 2002 年 9 月，境内有中共象州县、武宣县、来宾县、忻城县、金秀瑶族自治县和合山市委员会，隶属中共柳州地区委员会。

2002 年 12 月 26 日—27 日，中共来宾市兴宾区召开第一代表大会，选举产生中国共产党来宾市兴宾区委员会。年末，来宾市辖区的中共来宾市兴宾区委员会、中共象州县委员会、中共武宣县委员会、中共忻城县委员会、中共金秀瑶族自治县委员会和中共合山市委员会隶属来宾市委员会。

2004 年 4 月 30 日，市委、市人民政府以来发〔2004〕14 号文件，下发《中共来宾市委　来宾市人民政府关于设立来宾华侨投资区的通知》，正式成立中共来宾华侨投资区委员会，行使县级党委职权。

2005 年，市委辖中共来宾市兴宾区委员会、中共象州县委员会、中共武宣县委员会、中共忻城县委员会、中共金秀瑶族自治县委员会、中共合山市委员会和中共来宾华侨投资区委员会。

表 6-3 兴宾区(来宾县)委员会历任区(县)委书记

职务	姓名	任职时间	备注
第一书记	张文卿	1956 年 6 月—1959 年 4 月	
第二书记	任志远	1956 年 6 月	
	黄　瑛	1957 年 12 月	
书记	陈　诗	1957 年 4 月—1959 年 4 月	
书记	张景凤	1960 年 3 月—1964 年 11 月	
书记	于子明	1964 年 11 月—1968 年 3 月	
书记	龙德源	1971 年 1 月—1974 年 8 月	
书记	于子明	1974 年 8 月—1976 年 11 月	
书记	卢子初	1976 年 11 月—1979 年 11 月	
第一书记	唐　彪	1978 年 6 月—1983 年 4 月	
书记	卢子初	1979 年 10 月—1984 年 6 月	
书记	蒋志友	1984 年 6 月—1986 年 10 月	
书记	覃广谋	1986 年 10 月—1991 年 8 月	
书记	黄　赤	1991 年 8 月—1996 年 4 月	
书记	钟想廷	1996 年 4 月—1998 年 8 月	
书记	覃国安	1998 年 8 月—2002 年 11 月	
书记	陈　平	2002 年 11 月—2004 年 10 月	
书记	吴穆鹏	2004 年 10 月—2005 年 12 月	

表 6-4 象州县(石龙县、象县)委员会历任县委书记

职务	姓名	任职时间	备注
书记	祖振兴	1949 年 10 月—1952 年 8 月	象县
书记	张国兴	1952 年 9 月—1954 年 5 月	石龙县
第一书记	张文卿	1954 年 5 月—1955 年 11 月	石龙县
书记	赵明清	1955 年 11 月—1956 年 5 月	石龙县
第一书记	孟广平	1957 年 12 月—1959 年 4 月	石龙县
书记处第一书记	孟广平	1959 年 4 月—1959 年 9 月	石龙县
书记处第一书记	祖振兴	1959 年 10 月—1961 年 11 月	石龙县
书记处第一书记	祖振兴	1960 年 5 月—1961 年 11 月	象州县
书记处第一书记	马忠英	1961 年 11 月—1962 年 3 月	象州县
书记	高仁忠	1963 年 1 月—1966 年 8 月	象州县
书记	何长寿	1966 年 8 月—1967 年 1 月 1971 年 1 月—1978 年 5 月	象州县
书记	莫尚礼	1978 年 5 月—1981 年 7 月	象州县
书记	覃广谋	1981 年 10 月—1984 年 4 月	象州县
书记	潘显威	1984 年 6 月—1986 年 6 月	象州县
书记	韦诚凡	1986 年 6 月—1993 年 1 月	象州县
书记	卢运逸	1993 年 10 月—1998 年 8 月	象州县
书记	卢运福	1998 年 8 月—2002 年 9 月	象州县
书记	王革冰(女)	2002 年 10 月—2005 年 12 月	象州县

表 6-5　**武宣县委员会历任县委书记**

代表大会	县委书记	任职时间
中共武宣县第一次代表大会	马忠英(回族)	(1964 年 3 月—1965 年 8 月)
	高凌云	(1965 年 8 月—1966 年 5 月)
中共武宣县第二次代表大会	孙言瑞	(1971 年 1 月—1973 年 8 月)
	江宗廉	(1973 年 8 月—1975 年 11 月)
	潘振快(代理)	(1975 年 11 月—1976 年 10 月)
	潘振快	(1977 年 1 月—1978 年 6 月)
中共武宣县第三次代表大会	龙兴荣(壮族) 县委第一书记	(1983 年 9 月—1984 年 5 月)
	潘振快(壮族)	(1978 年 7 月—1984 年 5 月)
	臧良兴(壮族)	(1984 年 5 月—1984 年 11 月)
	梁汉坤(壮族)	(1984 年 11 月—1985 年 5 月)
中共武宣县第四次代表大会	梁汉坤(壮族)	(1985 年 5 月—1987 年 6 月)
	黄业初(壮族)	(1987 年 6 月—1987 年 10 月)
中共武宣县第五次代表大会	黄业初(壮族)	(1988 年 7 月—1991 年 8 月)
	陈振贵(壮族)	(1991 年 8 月—1991 年 11 月)
中共武宣县第六次代表大会	陈振贵(壮族)	(1991 年 11 月—1993 年 10 月)
中共武宣县第七次代表大会	韦凤光(壮族)	(1993 年 10 月—1997 年 3 月)
	覃纪康(壮族)	(1997 年 3 月—1998 年 9 月)
中共武宣县第八次代表大会	覃纪康(壮族)	(1998 年 9 月—2001 年 2 月)
	李启亮	(2001 年 2 月—2002 年 10 月)
中共武宣县第九次代表大会	李启亮	(2002 年 10 月—2005 年 8 月)
	彭进瑜	(2005 年 8 月—2005 年 12 月)

表 6-6　**忻城县委员会历任县委书记**

职务	姓名	民族	任职时间	备注
第一书记	周景齐		1950 年 3 月—1950 年 4 月	驻军某团副政委兼
	彭名川		1950 年 8 月—1951 年 4 月	驻军某团政委兼
	田　野		1951 年春末—1951 年夏初	驻军某团政委兼
第一届县委书记	袁邦殿		1956 年 4 月—1959 年 5 月	
第二届县委书记	袁邦殿		1959 年 6 月—1963 年 3 月	
第三届县委书记	袁邦殿		1963 年 11 月—1964 年 11 月	
第四届县委书记	孙廷国		1970 年 10 月—1974 年 11 月	
	谢永人		1974 年 11 月—1978 年 5 月	
第五届县委书记	谢永人		1978 年 5 月—1980 年 7 月	
	蓝日开	壮族	1980 年 11 月—1984 年 9 月	
	韦文结	壮族	1984 年 9 月—1985 年 4 月	
第六届县委书记	韦文结	壮族	1985 年 4 月—1988 年 7 月	

续表

职务	姓名	民族	任职时间	备注
第七届县委书记	韦文结	壮族	1988 年 7 月—1991 年 8 月	
	罗黎明	壮族	1991 年 8 月—1991 年 12 月	
第八届县委书记	罗黎明	壮族	1991 年 12 月—1993 年 10 月	
第九届县委书记	罗黎明	壮族	1993 年 10 月—1995 年 8 月	
	邱春远	汉族	1995 年 8 月—1998 年 8 月	
	李家坤	壮族	1998 年 8 月—1998 年 9 月	
第十届县委书记	李家坤	壮族	1998 年 9 月—2001 年 2 月	
	吴俊明	汉族	2001 年 2 月—2002 年 10 月	
第十一届县委书记	吴俊明	汉族	2002 年 10 月—2005 年 12 月	

表 6-7　**合山市委员会历任市委书记**

姓名	任职时间	备注
刘云辉	1981 年 11 月—1984 年 2 月	第一书记
陈　诗	1981 年 11 月—1984 年 5 月	书记
赵　远	1984 年 5 月—1991 年 8 月	书记
林木养	1991 年 8 月—1993 年 9 月	书记
覃九宏	1993 年 9 月—1998 年 8 月	书记
韦加和	1998 年 8 月—2005 年 12 月	书记

表 6-8　**金秀瑶族自治县委员会历任县委书记**

	姓名	任职时间
中共金秀瑶族自治县第一次代表大会	金宝生	1956 年 3 月—1959 年 3 月
中共金秀瑶族自治县第二次代表大会	金宝生	1959 年 3 月—1963 年 2 月
中共金秀瑶族自治县第三次代表大会	金宝生	1963 年 2 月—1965 年 7 月
	江宗廉	1965 年 7 月—1971 年 3 月
中共金秀瑶族自治县第四次代表大会	罗彦清	1971 年 3 月—1973 年 8 月
	莫崇贤	1973 年 8 月—1978 年 10 月
中共金秀瑶族自治县第五次代表大会	莫义明	1978 年 10 月—1980 年 11 月
	赵乙生	1980 年 11 月—1984 年 1 月
	蔡秀林	1984 年 1 月—1985 年 5 月
中共金秀瑶族自治县第六次代表大会	邓有铭	1985 年 5 月—1988 年 10 月
中共金秀瑶族自治县第七次代表大会	潘权贵	1988 年 10 月—1991 年 11 月
中共金秀瑶族自治县第八次代表大会	胡德才	1991 年 11 月—1992 年 11 月
	郭文强	1992 年 11 月—1993 年 11 月
中共金秀瑶族自治县第九次代表大会	梁宪智	1993 年 11 月—1998 年 9 月
中共金秀瑶族自治县第十次代表大会	江文术	1998 年 9 月—2002 年 10 月
中共金秀瑶族自治县第十一次代表大会	江文术	2002 年 10 月—2003 年 1 月
	黄振江	2003 年 1 月—2005 年 12 月

第一节　市委工作机构

来宾市委根据《自治区人民政府关于撤销柳州地区设立地级来宾市并调整柳州市行政区划的通知》（桂政发〔2002〕58 号）、《自治区党委　自治区人民政府关于地级来宾市党政机构设置和人员编制方案的通知》（桂委会〔2002〕243 号）和《自治区党委　自治区人民政府关于印发〈关于撤销柳州地区设立地级来宾市并调整柳州市行政区划工作指导方案〉的通知》（桂发〔2002〕18 号）精神，结合实际，2002 年 12 月，市委工作机构采取移位、调整、撤并办法，组织市委机关工作机构设置及调整。

中共柳州地区委员会办公室、组织部、宣传部、统一战线工作部、政法委员会、政策研究室、直属机关工作委员会，柳州地区机构编制委员会办公室，分别整体移位并更名为中共来宾市委员会办公室、组织部、宣传部、统一战线工作部、政法委员会、政策研究室、直属机关工作委员会，来宾市机构编制委员会办公室。柳州地区机构编制委员会整体移位并更名为来宾市机构编制委员会。来宾市机构编制委员会办公室为市机构编制委员会的常设办事机构，既是市委的工作机构，又是市人民政府的工作机构，加挂来宾市事业单位登记管理局牌子。

中共柳州地区纪律检查委员会整体移位并更名为中共来宾市纪律检查委员会（纪律检查委员会机关与监察局合署办公）。

中共柳州地区委员会、柳州地区行政公署信访办公室，整体移位并更名为中共来宾市委员会、来宾市人民政府信访办公室，由市委办公室领导。

中共柳州地区委员会老干部局，整体移位并更名为中共来宾市委员会老干部局，由市委组织部领导。

中共柳州地区委员会保密委员会整体移位并更名为中共来宾市委员会保密委员会。中共柳州地区委员会保密委员会办公室（柳州地区国家保密局）、中共柳州地区委员会机要局、中共柳州地区委员会督查室分别整体移位并更名为中共来宾市委员会保密委员会办公室（来宾市国家保密局）、中共来宾市委员会机要局、中共来宾市委员会督查室，均在市委办公室挂牌，其党务人事、行政后勤等由市委办公室管理。

中共柳州地区委员会精神文明建设委员会整体移位并更名为中共来宾市委员会精神文明建设委员会。中共柳州地区委员会精神文明建设委员会办公室整体移位并更名为中共来宾市委员会精神文明建设委员会办公室，在市委宣传部挂牌，其党务人事、行政后勤等由市委宣传部管理。

中共柳州地区委员会台湾工作办公室（柳州地区行政公署台湾事务办公室）、柳州地区行政公署宗教事务办公室分别整体移位并更名为中共来宾市委员会台湾工作办公室（来宾市政府台湾事务办公室）、来宾市宗教事务办公室，均在市委统一战线工作部挂牌，其党务人事、行政后勤等由市委统一战线工作部管理。

柳州地区社会治安综合治理委员会、柳州地区处理“法轮功”邪教组织问题领导小组分别整体移位并更名为来宾市社会治安综合治理委员会、来宾市处理“法轮功”邪教组织问题领导小组。柳州地区社会治安综合治理委员会办公室、柳州地区处理“法轮功”邪教组织问题领导小组办公室分别整体移位并更名为来宾市社会治安综合治理委员会办公室、来宾市处理“法轮功”邪教组织问题领导小组办公室。社会治安综合治理委员会办公室在市委政法委员会挂牌，办公室挂靠市委政法委员会，其党务人事、行政后勤等由市委政法委员会管理。

中共柳州地区委员会档案馆（柳州地区档案局）整体移位并更名为中共来宾市委员会档案馆（来宾市档案局）。

办公室

1950 年 1 月，中共柳州地委设秘书处，1953 年 6 月，改称办公室。1968 年 8 月 20 日，柳州专区革命委员会（简称革委会）成立后，设办公室，行使地委、革委会工作机构职能。1973 年 9 月，撤销革委会办公室，成立地委、革委会办公室，1978 年 5 月，改称地委、行署办公室，两块牌子一套人马。1979 年 4 月，正式分开，恢复地委办公室。2002 年 12 月，整体移位更名为中国共产党来宾市委员会办公室。

党史研究室

2003 年 3 月，中共来宾市委下发来办〔2003〕55 号通知文件，成立中共来宾市委党史研究室，原中共柳州地委党史研究室人员、编制转入中共来宾市委党史研究室。同时实行与来宾市地方志办公室一套人马、两块牌子合署办公的机构体制（简称“市史志办”），核定编制 7 名，内设 3 个科室即秘书科、征编科、编审科。业务指导来宾市辖 6 个县(市、区)史志办公室。

第二节 市直属机关党组织

党 组

2002 年 12 月以后,中共来宾市委先后设立市人大常委会、市人民政府、政协来宾市委员会、市中级人民法院和市人民检察院党组。政府工作部门设办公室、经济委员会、发展与改革委员会、交通局、水利局、畜牧水产兽医局、农业局、农业机械化管理局、林业局、粮食局、供销社、商务局、财政局、国家税务局、地方税务局、招商促进局、城乡建设与规划委员会、环境保护局、劳动与社会保障局、人事局、科学技术局、教育局、卫生局、文化局、公安局、司法局、广播电视局、安全生产监督局、民族事务委员会、民政局、国土资源局、工商行政管理局、审计局、人口与计生委员会、统计局和扶贫开发办公室党组及工、青、妇等群众团体党组。

驻军党委

2002 年 12 月后,来宾市先后成立中共来宾军分区委员会、中共广西陆军预备役师步兵第一团委员会、中共武警来宾市支队委员会、中共武警来宾市消防支队委员会,至 2005 年 12 月,上述单位党组织关系不变。

金融单位党委(总支)

2002 年 12 月后,来宾市委先后在中国人民银行来宾市中心支行、中国银监会来宾分局、中国农业银行来宾市分行、中国工商银行广西来宾市直属支行、中国人民建设银行广西来宾市直属支行、中国银行来宾支行、中国人寿保险公司来宾分公司、中国财产保险公司来宾分公司等金融、保险单位设立党委(党总支),至 2005 年 12 月,上述单位党组织关系不变。

事业单位党委(总支)

2002 年 12 月后,来宾市委先后在来宾市农科所、市人民医院、市妇幼保健院、市疾病防疫控制中心、市综合设计院、地区高中、地区师范、柳州师专、农机学校、技校、电大、民族中专、经济干校等事业单位设立党委(党总支)。至 2005 年 12 月,上述单位除市农科所、地区医院等少数单位隶属关系变化外,大部分事业单位党组织关系均归来宾市委管辖。

企业单位党组织

2002 年 12 月后,来宾市委先后在广西八一铁合金集团有限责任公司、广西来宾东糖集团、来宾市自来水公司、来宾市公共汽车交通公司、广西来宾华侨农场、广西凤凰华侨农场、广西迁江华侨农场、广西国有维都林场等企业设立党委(党总支)。至 2005 年 12 月,上述单位党组织关系不变。

第三章 党代会及全委会

第一节 市、县(市、区)党代会

2002 年来宾市成立以前,境内代表大会主要是中共县级代表大会。中共县级代表大会在 1993 年以前每 3 年召开一次,1993 年以后每 5 年召开一次。2002 年 12 月,来宾市成立后,市级和县级代表大会均为每 5 年召开一次。

中共来宾市第一次代表大会

中国共产党来宾市第一次代表大会,2002 年 12 月 13 日—14 日在兴宾区召开,参加会议代表 382 人。覃瑞祥代表地级来宾市筹备工作领导小组向大会作《抓住新机遇,实现新跨越,为把来宾市建设成为新兴的绿色生态工业城市而努力奋斗》的报告;会议选举产生中国共产党来宾市第一届委员会委员、常务委员会委员和中共来宾市纪律检查委员会委员。

中共来宾市委员会常务委员会委员由覃瑞祥、张少康、冯成善、黄克、龙定茂、杨和荣、刘继斌、莫恭明、韦世德、黄必贵、苏建荣、卢运福 12 人组成。覃瑞祥当选为中共来宾市委员会书记。张少康、冯成善、黄克、龙定茂、杨和荣为中共来宾市委员会副书记。龙定茂当选为中共来宾市纪律检查委员会书记。

县(市、区)代表大会

中华人民共和国成立后,境内县(市)代表大会,按照党章规定,任届期满按期召开代表大会,进行换届选举。1952年9月,武宣县与象县合并为石龙县后,中共石龙县委分别于1956年和1960年召开了2次代表大会。1956—2005年,中共兴宾区(原来宾县)委共召开10次代表大会和1次代表会议。原来宾县委召开代表大会9次,代表会议1次,兴宾区委召开1次代表大会。中共忻城县委共召开11次代表大会。金秀瑶族自治县委共召开11次代表大会。1962年4月,恢复武宣县、象州县建置后到2005年,中共武宣县委召开了9次代表大会。中共象州县委召开9次党员代表大会和2次代表会议。1985—2005年,中共合山市委共召开6次代表大会。

来宾县 中共来宾县第一次代表大会于1956年4月14日—17日在县城召开。出席大会正式代表423人,列席代表14人。大会选举产生中共来宾县第一届委员会委员25名。张文卿当选县委书记。

中共来宾县第二次代表大会于1960年3月6日—9日在县城召开。大会选举产生中共来宾县第二届委员会委员33名、候补委员6名。选举出席中共广西壮族自治区第二次代表大会代表7名。张景凤当选县委书记。

中共来宾县第三次代表大会于1971年1月21日—24日在县城召开,出席大会的正式代表525人。大会选举产生由30名委员和3名候补委员组成的中共来宾县第三届委员会。龙德源当选县委书记。

中共来宾县第四次代表大会于1979年10月15日—18日在县城召开。出席大会的代表671人。大会选举产生中共来宾县第四届委员会(由38名委员和16名候补委员组成)。唐彪当选县委书记。

中共来宾县第五次代表大会于1985年5月15日—17日在县城召开。出席大会代表367人。大会选举产生中共来宾县第五届委员会委员25人,候补委员5人,纪律检查委员会委员12人。蒋志友当选县委书记。

中共来宾县第六次代表大会1988年10月5日—8日在县城召开。出席大会的正式代表238人,列席代表50人,特邀代表17人。大会选举产生中共来宾县第六届委员会委员25人,候补委员5人,纪律检查委员会委员15人。覃广谋当选县委书记。

中共来宾县第七次代表大会于1991年11月20日—22日在县城召开。代表人数267名,出席会议258名。

中共来宾县第八次代表大会于1993年10月6日—8日在县城召开。大会代表285名,到会代表279名。

中共来宾县第九次代表大会于1998年9月27日—29日在县城召开。大会代表人数295名,因病因事请假5名,实到会代表290名。

中共来宾市兴宾区第一次代表大会于2002年11月26日—27日在兴宾区人民礼堂召开。大会代表329名,实到327名。

石龙县 中共石龙县第一次代表大会于1956年4月5日—9日在石龙镇举行。出席大会正式代表422名,列席代表13名。

中共石龙县第二次代表大会于1960年3月8日—12日在石龙镇举行。到会正式代表417名,列席代表156名。

武宣县 中共武宣县第一次代表大会于1964年3月1日—5日在武宣镇举行。到会正式代表196名,列席代表40名,特邀代表3名。

中共武宣县第二次代表大会于1971年1月22日—25日在武宣镇举行,出席大会代表326名。

中共武宣县第三次代表大会于1978年6月30日—7月3日在武宣镇举行,出席大会代表494名。

中共武宣县第四次代表大会于1985年5月12日—16日在武宣镇举行,到会正式代表249名,列席代表31名。

中共武宣县第五次代表大会于1988年7月12日—16日在武宣镇举行。到会正式代表200名,列席代表81名。

中共武宣县第六次代表大会于1991年11月27日—29日在武宣镇召开。到会正式代表207名,列席代表82名。

中共武宣县第七次代表大会于1993年10月19日—21日在武宣镇举行。到会正式代表215名,列席代表91名。

中共武宣县第八次代表大会于1998年9月23日—25日在武宣县城召开。应出席大会的代表225名,实到会代表224名。

中共武宣县第九次代表大会于2002年10月21日—22日在武宣县城召开。大会代表共229名,实到会代表228名。

象州县 中共象州县第一次代表大会于1963年3月30日—4月4日在县城象州镇举行,正式代表309人,到会262人,列席代表70人。

中共象州县第二次代表大会于1971年1月21日—24日在县城举行。出席大会代表451人。

中共象州县第三次代表大会于1978年6月30

日—7月3日在县城举行。应到代表517人,实到496人。

中共象州县第四次代表大会于1985年5月15日—18日在县城举行。大会代表245人,到会代表232人,列席代表22人。

中共象州县第五次代表大会于1988年6月27日—30日在县城举行。出席大会代表203人,其中各级领导干部代表164人。

中共象州县第六次代表大会于1991年11月5日—7日在县城举行。应到代表242人,实到230人。

中共象州县第七次代表大会于1993年10月15日—17日在县城举行。应到代表244人,实到239人。

中共象州县第八次代表大会于1998年9月24日—26日在县城举行。应到代表258人,实到256人。

中共象州县第九次代表大会于2002年10月10日—14日在县城举行。应到代表273人,实到271人。

中共象州县党员代表会议1968年11月23日—12月1日在县城举行。到会代表228人,其中正式代表161人,列席代表67人。

中共象州县党员代表会议1970年12月2日—3日在县城召开,到会代表182人。

忻城县 中共忻城县第一次代表大会于1956年4月9日—12日在县城召开。出席会议代表358人,列席代表18人。

中共忻城县第二次代表大会于1959年6月19日—20日在县城举行。出席会议代表316名。

中共忻城县第三次代表大会于1963年11月16日—18日在县城召开。出席会议代表238人,列席代表13人。

中共忻城县第四次代表大会于1970年10月3日—7日在县城召开。出席会议代表480人。

中共忻城县第五次代表大会于1978年5月24日—26日在县城召开。出席会议代表513人。

中共忻城县第六次代表大会于1985年4月26日—29日在县城召开。出席大会代表234人,列席代表7人,特邀代表6人。

中共忻城县第七次代表大会于1988年7月11日—14日在县城召开。出席大会代表230人,列席代表69人,特邀代表3人。

中共忻城县第八次代表大会于1991年12月23日—25日在县城召开,出席大会代表223人。

中共忻城县第九次代表大会于1993年10月30日—31日在县城召开,出席大会代表223人。

中共忻城县第十次代表大会于1998年9月24日—25日在县城召开,出席大会代表261人。

中共忻城县第十一次代表大会于2002年10月16日—18日在县城召开,出席大会代表211人。

金秀瑶族自治县 中共金秀瑶族自治县第一次代表大会于1956年4月11日—13日在县城举行。到会正式代表61名,列席代表22名。

中共金秀瑶族自治县第二次代表大会于1959年2月25日—3月2日在县城举行。出席代表128名。

中共金秀瑶族自治县第三次代表大会于1963年2月18日—20日在县城举行。出席正式代表90名,候补代表8名。

中共金秀瑶族自治县第四次代表大会于1971年3月9日—12日在县城举行。出席大会的代表131名。

中共金秀瑶族自治县第五次代表大会于1978年10月28日—31日在县城举行,到会代表259名。

中共金秀瑶族自治县第六次代表大会于1985年5月12日—15日在县城举行。

中共金秀瑶族自治县第七次代表大会于1988年10月21日—24日在县城召开。到会正式代表152名。

中共金秀瑶族自治县第八次代表大会于1991年11月26日—28日在县城召开。出席大会代表169人。

中共金秀瑶族自治县第九次代表大会于1993年11月4日—6日在县城召开。出席大会代表169人。

中共金秀瑶族自治县第十次代表大会于1998年9月27日—29日在县城召开。出席大会代表199人。

中共金秀瑶族自治县第十一次代表大会于2002年10月28日—30日在县城召开。出席大会代表209人。

合山市 中共合山市第一次代表大会于1985年5月14日—16日在里兰召开。出席大会代表203名。

中共合山市第二次代表大会于1988年10月18日—21日在广屯举行。出席大会代表140名。

中共合山市第三次代表大会于1991年11月26日—28日在市人民政府小礼堂召开。出席大会代表140名。

中共合山市第四次代表大会于1993年10月26日—28日在市人民政府小礼堂召开。出席代

表 147 名。

中共合山市第五次代表大会 1998 年 9 月 24 日—26 日在市法院礼堂召开。出席代表 155 名。

中共合山市第六次代表大会于 2002 年 10 月 21 日—23 日合山市在市法院礼堂召开。出席代表 201 名。

第二节　市委全体会议

中共来宾市第一届委员会第一次全体会议

于 2002 年 12 月 14 日召开。大会选举产生中共来宾市委员会常务委员会，覃瑞祥、张少康、冯成善、黄克、龙定茂、杨和荣、刘继斌、莫恭明、韦世德、黄必贵、苏建荣、卢运福当选为中共来宾市委常务委员会委员。覃瑞祥当选为书记。张少康、冯成善、黄克、龙定茂、杨和荣为副书记。并对常务委员会进行分工。苏建荣为市委秘书长，黄必贵为组织部长，卢运福为宣传部长，江文术为统一战线工作部部长，龙定茂为纪律检查委员会书记，韦世德为政法委书记。

中共来宾市第一届委员会第二次全体会议

于 2003 年 12 月 23 日召开。会议听取和讨论了覃瑞祥受中共来宾市常务委员会委托作的工作报告，审议通过了《中共来宾市委关于学习贯彻十六届三中全会精神，加快建设新来宾的决定》。

中共来宾市第一届委员会第三次全体会议

于 2004 年 10 月 10 日—11 日召开。会议听取市委常委会工作报告，部署全面加强党的执政能力建设。会议强调突出抓好党的执政能力建设，在全市范围内迅速掀起学习贯彻党的十六届四中全精神的热潮。

中共来宾市第一届委员会第四次全体会议

于 2005 年 11 月 25 日召开。会议听取和讨论市委常委会工作报告，审议通过《中共来宾市委关于制定国民经济和社会发展第十一个五年规划的建议》。市长张少康就《中共来宾市委关于制定国民经济和社会发展第十一个五年规划的建议》(讨论稿)作了说明。会议强调，注重从体制机制上解决问题，以开展保持共产党员先进性教育活动为契机，以发展为第一要务，以开放为动力，努力推进全市经济社会持续快速健康发展。

第三节　市委其他重要会议

建设新来宾动员大会

2003 年 2 月 23 日，中共来宾市委、市人民政府召开建设新来宾动员大会。会议的主要任务是：全面推进经济、社会和各项事业持续、快速、健康发展，努力实现国内生产总值、财政收入、全社会固定资产投资、农民人均纯收入等主要指标的发展速度保持高于全国全区平均水平。经济质量和效益明显提高，经济结构更为合理，综合经济实力明显增强，农民人均纯收入和城镇居民可支配收入稳步增长。争取用 20 年左右的时间，把来宾市建设成为产业特点突出、基础设施较完善、城市功能配套的新兴新型工业城市和商贸集散中心，促进辖区经济社会的跨越式发展和各项事业的全面进步，实现全面建设小康社会的奋斗目标。来宾市“十五”期后三年(即 2003 年、2004 年、2005 年)国内生产总值、财政总收入年均递增 10% 以上，2006—2010 年年平均增长 15% 以上，2010 年实现国内生产总值比 2000 年翻一番。

全市农村工作会议

2003 年 2 月 23 日，中共来宾市委、市人民政府召开全市农村工作会议，学习、贯彻中央和自治区农村工作会议精神，分析来宾市农业、农村工作的新形势，研究如何处理好城市建设和农村工作的关系，部署当前和今后的农业和农村工作任务。会议强调要用工业理念发展农业，重点抓工业，就是重点把农业的龙头企业做好，为农副产品加工增值提供条件，促使农业大发展。会议要求，从 2 月 28 日开始，来宾市将全面启动绿色生态建设大会战。

全市工业立市大会

2003 年 4 月 25 日，全市工业会议在兴宾区人民礼堂召开，会议全面落实自治区党委、自治区人民政府关于加快工业化进程的战略决策，加快实现市第一次党代会提出的工业立市战略决策，加快工业发展，把新来宾建设成为新兴新型工业城市的宏伟目标，加快全面建设小康社会的步伐。会议分析新来宾工业经济形势，研究制定工业的有关规划、政策文件；明确工业发展的目标任务，研究部署加快发展工业的各项工作措施和全面推进建设新兴新型工业城市的各项工作。会议明确来宾市工业发展的目标是：

适应经济体制与增长方式两个根本性转变和对外开放的要求，建立比较完善的现代企业制度，各类工业企业经济效益明显提高，科技开发能力、市场竞争能力和抵抗风险能力明显增强。会议要求，工业发展速度要高于全国全区工业发展速度，到2005年，工业在GDP中的比重要达到全区平均发展水平，到2008年要达到全国平均发展水平，力争用10年左右的时间，把来宾建设成为一个新兴新型的工业城市。副市长段一中作了《关于加快来宾市工业发展的若干决定》《来宾市"十五"后三年至二〇一〇年工业发展规划》等有关文件起草说明。

全市农村税费改革试点工作会议

2003年6月24日，来宾市委、市人民政府召开专门会议，研究来宾市的农村税费改革试点工作。各县(市、区)汇报开展农村税费改革试点工作的情况。副市长郭连科传达了自治区召开的农村税费改革试点工作进展情况汇报会的精神，会议就如何贯彻中央和自治区对农村税费改革试点工作的有关文件精神，准确把握相关的重大政策原则，切实抓好来宾市农村税费改革试点工作作了部署，会议出台了《来宾市农村税费改革试点工作方案》(来发〔2003〕37号)文，并要求各县市区也制订相应工作方案。

全市对外开放工作会议

2003年7月21日，来宾市委、市人民政府在来宾宾馆多功能厅召开全市对外开放工作会议，会议传达了全区解放思想再讨论汇报会精神，总结上半年的工作和解放思想再讨论的成效和经验，研究部署全市兴起学习贯彻"三个代表"重要思想新高潮，将对外开放引向深入，全面完成2003年各项工作任务。

全市经济工作会议

2003年12月25日，市委、市人民政府在来宾宾馆三楼多功能厅召开全市经济工作会议，会议传达中央、自治区经济工作会议精神，总结2003年经济工作，部署2004年经济工作任务。会议认为全市经济发展遇到的困难比预期大，取得的成绩比预期好，国民经济呈现加快发展的良好态势，主要经济预期目标都能完成或超额完成，全市国内生产总值完成114.3亿元，同比增长11%；财政收入完成11.3亿元左右，增长10%；固定资产投资32.5亿元左右，增长34.8%。会议明确2004年全市经济工作的总体要求：坚持以人为本，树立全面、协调、可持续的发展观，扩大投入，调整和优化经济结构，进一步加强农业和农村工作，大力推进工业化、城镇化，加快县域经济和非公有制经济发展，加强基础设施和重大项目建设，深化改革，扩大开放，切实抓好就业和再就业，不断提高人民群众生活水平，充分调动各方面加快发展的积极性，实现国民经济持续快速协调健康发展和社会全面进步。

市委工作会议

2004年4月14日，市委工作会议在兴宾区大礼堂召开，会议传达贯彻自治区党委工作会议精神，学习广东经验，进一步解放思想，扩大开放，加大招商引资力度，加快来宾市经济发展。会议确定2004年为"招商引资年"，出台《来宾市招商引资工作方案》等系列相关文件，在全市开展"亿千百十"行动，落实招商引资工作责任制，营造"全民招商""全员招商"的氛围。会议还决定派出10个招商小分队赴广东、上海、浙江等发达地区开展为期一年的招商引资活动。

全市农村工作会议

2004年2月10日—11日，来宾市委、市人民政府召开全市农村工作会议，会议提出2004年农业和农村工作的发展目标：农业增加值增长5.5%，农民人均纯收入增长6%，农村基础设施建设、生态环境建设有较大改善，农业社会化体系进一步完善。为实现上述目标，重点要抓好9项工作：抓投入，打基础，加强农村基础设施建设；大力调整农业结构，壮大地方特色产业；广开门路，千方百计增加农民收入；大力发展农产品加工业，积极推进农业产业化经营；以提升农产品质量安全水平和增强农产品市场竞争力为重点，加快农业标准化生产；加快以100万亩速生丰产林基地建设为重点的绿色生态建设，促进农业可持续发展；以扩大"三田"建设规模和推广农业先进适用技术为重点，加快农业科技进步；以项目为载体，加大农业招商引资力度；深化农村改革，认真贯彻中央一号文件精神，落实党在农村的各项政策。

全市宣传思想工作会议

2004年2月25日，全市宣传思想工作会议在来宾召开。会议提出要把学习贯彻"三个代表"重要思想摆在首位；要围绕发展这个执政兴国大第一要务开展工作;要牢固树立以人为本的宣传工作理念;要拓宽内容,发挥优势,推动精神文建设向深度、广度发展;要进一步加强宣传思想文化阵地的建设和管理;要加强宣传思想干部队伍的建设。

全市机关党建工作会议

2004年4月20日,来宾市委召开全市机关党建工作会议。会议动员全市把机关党建作为当前一项重要工作来抓,要求当前机关党建工作要着重把握好加强党的执政能力建设;围绕经济建设中心;抓住加强机关干部工作作风建设切入点;明确"建设一流队伍、培育一流作风、创造一流业绩"目标;推广试点单位党建工作经验。通过抓好机关党建,促使各项工作不断开创新局面。

全市维护稳定工作会议

2004年5月27日,全市维护社会稳定工作会议在兴宾区召开。会议强调,中国—东盟博览会将于11月在南宁召开,为确保博览会顺利召开和全市社会政治大局及治安秩序稳定,各级党委各部门要继续抓好社会治安工作,深入推进自治区社会治安"三十百千"工程和来宾市"11050"工程,大力加强城乡基层的治安防控体系建设,提高打防控能力,坚持严打方针,始终保持对严重刑事犯罪的高压态势,坚决实行"命案必破"的责任制,遏制住重大刑事案件上升势头,解决人民群众反映强烈的社会治安热点问题,为来宾市经济建设和社会发展创造良好的治安环境。

全市人才工作会议

2004年6月23日—24日,来宾市委、市人民政府召开全市人才工作会议。会议强调,全市的人才工作重点把握好以解放思想为先导,牢固树立科学的人才观,特别是要有新的大人才观、人才战略观、人才价值观和人才使用观;以人才资源能力建设为核心,促进全市人才总量的增加和人才素质的提高;以改革创新为动力,完善人才工作的体制和机制,尤其是要创新人才的评价、选拔任用和激励机制;以党政领导人才建设为重点,培养造就高素质的党政人才队伍;以企业为基础,以项目为载体,培养造就高层次的企业经营管理和专业技术"领军人才";以做好大中专毕业生就业指导工作为契机,加大青年人才培养力度,促进人才工作可持续发展。会上,市委、市人民政府对一批优秀技术人才进行表彰,授予八一铁合金集团公司项目攻关小组等10个单位"构筑富民兴市人才新高地突击组"荣誉称号,16名个人"构筑富民兴市人才新高地突击手"荣誉称号。

学习贯彻"三个代表"重要思想新高潮动员大会

2004年6月26日,市委召开全市兴起学习贯彻"三个代表"重要思想新高潮动员大会。会议强调,要充分认识进一步兴起学习贯彻"三个代表"重要思想新高潮的重大意义;必须突出重点,融会贯通,全面、准确、深刻领会"三个代表"重要思想的基本精神;要注重理论联系实际,着力解决来宾市改革与发展中的实际问题。各级党组织要切实加强领导,确保学习成效。

未成年人思想和道德建设工作汇报会

2004年7月19日,来宾市委召开加强和改进未成年人思想和道德建设工作汇报会。会议认为加强和改进未成年人思想和道德建设是一项重要的战略任务。全市各级各有关部门要认真探究未成年人的成长规律和思想道德建设规律,努力培养"四有"新人;要不断创新工作机制、工作体制和工作方法,形成学校、家庭、社会"三位一体"的教育网络;要实现未成年人思想道德建设的规范化和制度化,建立健全领导体制、工作机制、责任考核机制和投入保障机制,确保这项工作落到实处,抓出成效。

加快第三产业发展工作会

2004年12月2日,来宾市委、市人民政府召开加快发展第三产业工作会议。会议提出要增强中心城市观念、市场观念、民营优先观念、为民服务观念,加快发展第三产业;突出高水平推进交通运输物流业、高品位培植旅游业、高标准提升商贸流通业、高质量提高金融保险服务业水平,全面提升第三产业发展水平。

国有企业改制工作会议

2004年12月7日,来宾市委、市人民政府召开全市企业改制工作会议。会议指出,近年来全市国有集体企业改制工作取得了阶段性成绩,全市208家国有集体企业,已改制116家,改制面为55%;137家国有企业中,已改制81家,改制面为59%;一批劣势企业退出市场。会议强调,全市各级各部门、各企业,要全力抓好企业改制攻坚战,积极推进经济战略性调整,加快现代企业制度建设步伐。

全市经济工作会议

2004年12月30日，全市经济工作会议召开。会议提出，要加快推进“工业立市”步伐，努力实现大的突破；高度重视解决“三农”问题，进一步加强和巩固农业的基础地位；开展“城市建设年”活动，大力推进城镇化建设；不断发展壮大第三产业，搞活城乡经济；大力发展非公有制经济，积极培育和壮大新的经济增长点；进一步加大改革力度，不断扩大对外开放水平。

保持共产党员先进性教育活动动员会

2005年1月26日，来宾市委召开全市保持共产党员先进性教育活动工作动员大会。会议强调，全市各级党组织要切实加强组织领导，确保先进性教育活动积极稳妥、扎实有效开展；要认真组织实施，务求第一批先进性教育活动取得明显成效。

全市思想政治工作会议

2005年1月26日，来宾市委召开全市思想政治工作会议。会议强调，认真抓好以实践“三个代表”重要思想为主要内容的保持共产党员先进性教育活动这条主线，全面加强和改进党的思想、组织、作风和制度建设。

全市农村工作会议

2005年1月27日，来宾市委、市人民政府召开全市农村工作会议。会议提出全市农业和农村工作目标要实现农林牧渔业总产值比上年增长6%，农业增加值增长6%，农民人均纯收入增长6%，农村劳动力转移就业新增长6%。会议强调，全市各级各部门必须把各项惠农政策不折不扣地落到实处；要以加强农业综合生产能力建设为重要切入点，采取综合性措施，全力做好农业农村各项工作。

全市工业工作会议

2005年2月28日，市委、市人民政府召开全市工业工作会议。会议强调，作为后发展地区，只有大力加快工业化进程，迅速增大总量，努力保持高于全区、全国发展速度，才能缩小与发达地区的差距，跟上全区、全国的发展步伐。各级各部门要积极探索具有来宾特色的新型工业化道路。

市委民主生活会情况通报会

2005年5月16日，市委召开2005年市委民主生活会情况通报暨第一批先进性教育活动整改提高阶段工作动员会。会议认为，市委常委会于4月29日召开的保持共产党员先进性教育民主生活会，是一次民主氛围浓厚，达到了增强党性、增进团结、统一思想、推进工作、共同提高的目的，得到了自治区党委常委、组织部部长陈际瓦以及自治区纪委、自治区组织部、自治区党委巡视组、自治区保持共产党员先进性教育活动督导组有关领导的充分肯定。会议还就市委常委会民主生活会征求意见情况和下一步整改措施进行了通报。会议强调，各级党组织和党员要充分认识开展好全市保持共产党员先进性教育活动整改提高阶段工作的重要性，联系实际，认真研究制定整改方案和整改措施，集中力量解决突出问题，切实加强对整改提高阶段工作的组织领导。

全市县域经济发展工作会议

2005年5月15日—16日，来宾市委、市人民政府组织市四家班子领导、县（市、区）党政主要领导、华侨投资区以及市直有关部门主要领导对全市县域经济发展亮点进行现场参观考察。之后于6月7日召开全市县域经济发展工作会议。会议明确了全市县域经济发展的总体思路、目标要求：即要以工业化为主导，以城镇化为支撑，以农业产业化为抓手，以改革开放为动力，以点带面，整体推进，集中力量抓好重点工作，使县域经济发展呈现新的良好态势。会议强调，发展县域经济要突出重点，大力发展特色经济。要大力发展特色产业，做大做强县域工业；要突出抓好县城和重点乡镇建设，加快推进城镇化；要着力提高产业化经营水平，推进农业发展；要加大招商引资力度，积极推进项目建设；要继续优化投资环境；要积极发展劳务经济，促进农村劳动力转移。

第四章　重大决策

2003年2月23日，市委、市政府召开建设新来宾动员大会。会议的奋斗目标和主要任务是：争取用20年左右的时间，把来宾市建设成为产业特点突出、基础设施较完善、城市功能配套的新兴新型工业城市和商贸集散中心。同年4月25日市委、市人民政府召开全市工业立市大会。会议明确来宾市工业发展的目标是:适应经济体制与增长方式两个根本性转变和对外开放的要求,建立比较完善的现代企业制度,各类工业企业经济效益明显提高,科技开发能力、市场竞争能力和抵抗风险能力明显增强。会议要求,工业发展速度要高于全国全区工业发展速度,到2005年,工业在GDP中的比重要达到全区平均发展水平,到2008年要达到全国平均发展水平,力争用十年左右的时间,把来宾建设成为一个新兴新型的工业城市。5月29日,市委、市人民政府作出《关于加快非公有制经济发展的决定》(来发〔2003〕44号),提出发展非公有制经济实行“五不限”,即不限人数,不限项目(国家明令禁止的项目外),不限经营方式,不限持股比例,不限规模,只要不污染环境,不生产假冒伪劣商品,不存在安全问题;放宽投资领域和经营范围等39条政策保障。6月3日,根据自治区党委“三大战略,六大突破”的决策和自治区关于加快工业化进程的决定,市委、市政府作出关于加快工业发展的决定(来发〔2003〕43号),确立了工业发展的指导思想和目标,要求把加快工业化进程作为来宾市一项重要而紧迫的任务抓紧抓好,从战略上调整和优化工业结构,实现结构优化升级。进一步深化企业改革,实现制度创新;加大科技开发力度,强化管理,实现技术、管理创新;扩大对内对外开放,抓好项目和招商引资工作;转变政府职能,创造良好环境;加大政策支持力度,确实加强对工业的领导。7月6日,市委、市政府决定在全市实施“2个135”工程:即100万头肉牛工程、100万亩速生丰产林基地;30万亩高标准瓜菜基地、30万亩高标准水果基地;50万亩桑蚕基地、50万亩“吨糖田”基地。10月24日,市委、市政府作出《关于加快全市农村生态家园建设的决定》(来发〔2003〕69号),明确加快农村生态家园建设的指导思想、主要目标、内容和基本原则,认真落实加快全市农村生态家园建设的工作措施。

2004年2月9日,制定《关于促进农产品加工业发展的意见》,提出2003—2010年来宾市农产品加工业发展的目标是:农产品加工业总产值、增加值年均增长20%以上,重点培育一批产业关联度大、技术水平高、经济实力雄厚、辐射能力强、有市场竞争力的农产品加工龙头企业,建成一批优势农产品生产基地;农产品加工业重点领域和发展方向是:蔗糖、果蔬、林纸、林化、水产畜牧、桑蚕、粮油、中草药及土特产品等农产品加工业。2月23日,市委、市人民政府决定从2004年开始,从市直机关抽调三分之一干部组成农村工作队、三分之一干部组成项目建设工作队、三分之一干部负责机关工作,切实加强全市农村、项目建设和机关工作。同年2月24日,制定《来宾市2004年重大项目建设实施意见》。提出新开工69个项目(其中基础设施项目33项、产业开发项目24项、社会公益项目12项)、续建33个项目(其中基础设施项目13项、产业开发项目14项、社会公益项目3项)、开展前期工作75个项目(其中基础设施项目27项、产业开发项目30项、社会公益项目11项、专项规划7项),在全市范围内开展重大项目建设大会战。3月10日,制定出台《关于进一步加强农村教育工作的意见》,提出实施“三大计划、12个项目”,即实施“普九”攻坚、服务“三农”、城乡帮扶三大计划,包括中小学危房改造、扶贫关爱、学校减负、教育兴农、劳动力转移培训、农业先进实用技术传播、县级示范职业学校基地建设、城市帮扶农村中小学、进城农民工子女就学服务、城市职业学校面向农村扩招、农村中小学教师培训、农村中小学现代远程教育等12个项目。加快来宾市农村教育改革和发展,促进农村经济社会和城乡协调发展。3月17日,市委、市人民政府发出《关于加快全市五保村建设的决定》,计划再用3年的时间,全市所有乡镇全部建有五保村。累计可以集中供养五保老人6030人,总体上解决40%以上的五保对象集中供养问题,以开创来宾市五保供养工作的新局面。4月14日,市委工作会议在兴宾区大礼堂召开。市委确定2004年为“招商引资年”,出台《来宾市招商引资工作方案》等系列相关文件,在全市开展“亿千百十”行动,落实招商引资工作责任制,营造“全民招商”“全员招商”的氛围。4月21日,市委、市人民政府下发《关于进一步深化我市华侨农场管理体制改革的实施意见》,设立来宾华侨投资区(管辖来华、凤凰、迁江三个华侨农场),成立中共来宾华侨投资区委员会、来宾华侨投资区管理委员会、中共来宾华侨投资区纪律检查委员会,并授予其行使行政、经济管理职能,对华侨投资区内的经济、社会事务、党政工作实行统一领导、统一规划、统一管理。6月27日,市委、市人民政府印发《关于加快旅游产业发展的决定》,全面打造“大瑶山生态民俗文化旅游”新品牌,实现旅游业发展新突破,尽快把来宾市建成全国优秀旅游城市,形成“一条黄金带、一个新品牌、四条特色旅游线路、七大旅游精品景区”的产业布局及产品结构合理的旅游发展总体格局,实现创建“中国优秀旅游城市”及成为国民经济支柱产业的目标。7月12日，下发《关于印发来宾市第一批市级文物保护单位的通知》，公布来宾市第一批市级文物保护单位22个，其中古遗址14处，即位于兴宾区的庙山遗址、甘东盘古庙遗址、龙洞寺遗址、鳌山庙遗址、蓬莱洲象州故城遗址，位于合山市的司烟山韦村瑶寨遗址、寨山遗址，位于金秀瑶族自治县的圣堂山石墙、大瑶山团结公约石牌，位于武宣县的敕赐永通峡石刻、仙岩石刻，位于忻城县的白虎山摩崖石刻，位于象州县的独鳌山摩崖石刻、六祖岩摩崖石刻；古墓葬2处，即位于象州县的三道汉墓群、六外汉墓群；古建筑6处，即位于兴宾区的文辉塔，位于武宣县的武宣北门城楼、刘炳宇故居、郭松年故居、黄肇熙庄园，位于金秀瑶族自治县的王同惠纪念亭。8月30日，市委、市人民政府下发《贯彻〈自治区党委、自治区人民政府关于进一步加强人才工作的决定〉的若干意见》，提出要从“牢固树立科学的人才观；强化教育和培训，全面提升人才队伍整体素质；建立来宾市人才小高地，带动和推进人才资源整体开发；建立激励机制，鼓励人才创新创造；努力营造引进人才的良好环境；切实加强对人才工作的投入和领导”等六个方面认真贯彻落实自治区党委、自治区人民政府关于进一步加强人才工作的决定，实施人才强市战略，实现人才资源开发与经济社会发展相协调，为建设新来宾，全面建设小康社会提供坚强的人才保证。12月2日，全市加快第三产业发展工作会召开。会议提出要增强四大观念（即中心城市观念、市场观念、民营优先观念、为民服务观念），加快发展第三产业；突出四个重点（即高水平推进交通运输物流业、高品位培植旅游业、高标准提升商贸流通业、高质量提高金融保险服务业水平），全面提升第三产业发展水平。12月10日，发出关于加快推进农业产业化经营的通知。提出今后五年，来宾市推进农业产业化经营的目标是：农产品规模化、专业化、标准化生产基地得到快速发展，全市基地农产品销售收入占农产品销售总收入的60%以上，带动一半以上农户进入农业产业化经营领域；全市重点培育3家自治区级农业产业化重点龙头企业，20家市级重点龙头企业；发展10家上规模、上档次、带动力强的自治区级农民专业合作经济组织。

2005年1月26日，市委、市人民政府制定《关于进一步加快第三产业发展的决定》，即到2010年，要实现第三产业增加值占国内生产总值的比重达到35%，年均增长率达到18%以上；第三产业从业人员占全社会从业人员的比重达到30%，平均每年递增约19个百分点；第三产业内部结构进一步优化，旅游、房地产、商贸流通、社区服务等行业稳步发展。3月9日，制定《来宾市2005年重大项目建设实施意见》，提出2005年计划安排重大新开工、续建、前期工作项目共128项；其中，新开工项目38项（其中基础设施项目19项，产业开发项目15项，社会公益项目4项）；续建项目36项（其中基础设施项目16项，产业开发项目17项，社会公益项目3项）；前期工作项目54项（其中基础设施项目25项，产业开发项目13项，社会公益项目10项，专项规划6项）。4月12日，市委、市人民政府出台《关于建设平安来宾的意见》，决定从2005—2007年底，在全市集中开展建设平安来宾活动。通过3年努力，实现全市80%以上的县（市、区）达到“平安县（市、区）”标准，平安乡镇（街道）达到90%以上，平安社区（村）达到95%以上，力争到2007年实现“六个提高”“六个下降”“六个防止”目标。5月13日，市委印发《关于进一步加强和改进群团工作的意见》，要求在新阶段新形势下，各级党委要从全面贯彻“三个代表”重要思想，巩固党的阶级基础和扩大党的群众基础，提高党的领导水平和执政能力，维护改革、发展、稳定大局的高度，从坚持党的群众路线，加强党的群众工作和构建和谐新来宾的大局出发，充分认识新形势下加强和改进群团工作的重要性和紧迫感，牢固树立全心全意为人民服务的宗旨，树立全心全意依靠广大人民群众的思想，充分发挥党的群团组织人才荟萃、网络健全、联系广泛的独特优势，把广大人民群众团结在党的周围，不断增强群团组织的吸引力和凝聚力，为建设和谐新来宾提供强有力的支持。群团组织要自觉接受党的领导，紧紧围绕党委的中心工作，突出群众组织的特点和优势，团结带领广大人民群众积极投身改革开放和社会主义现代化建设，为加快新来宾建设步伐，全面建设小康社会贡献力量。5月24日，来宾市认定广西来宾永鑫糖业有限公司、广西博华食品有限公司、象州县佳绫丝绸有限公司、武宣伟业淀粉有限责任公司、象州县红枫淀粉厂、广西武宣双髻龙茶业有限公司、武宣县金黔湾食品工业有限责任公司、合山市祥星制糖有限责任公司、来宾金钱草药业有限公司9家企业为第一批来宾市农业产业化重点龙头企业。8月22日，市委、市人民政府出台《关于来宾市工业区管理体制改革的实施意见》，组建来宾市工业区管理委员会和来宾市八一工业园区管理处。明确了来宾市工业区管理委员会为市人民政府的派出机构，赋予一定的行政职能，受市人民政府委托，重点对河西工业区实行统一领导、统一规划、统一开发和统一管理，并分别对河东工业园区、八一工业园区、华侨投资区工业园区实行产业规划布局和宏观指导。来宾市八一工业园区管理处为市人民政府直接管理的相当于正处级事业单位，赋予一定的行政管理职能，受市人民政府委托，对八一工业园区内的经济、社会事务、行政工作实行统一领导、统一规划和统一管理。理顺了市工业园区与市政府各部门之间的关系，增强对市工业区的领导和管理，推动了全市工业区经济的繁荣和社会各项事业的健康发展。12 月 29 日，市委印发《关于进一步发挥民主党派和无党派人士民主监督作用的实施意见》，进一步规范和健全了民主监督的内容、原则、形式、措施，理顺了各民主党派和无党派人士与党委、政府之间的关系，进一步完善了来宾市民主监督机制，加大民主监督的力度，对于坚持和改善党的领导，推进社会主义民主政治建设，促进党和政府科学决策提供了坚强的思想保证，同时，也推进党风廉政建设和工作作风建设，调动一切积极因素，共同致力于实现全市全面建设小康社会的奋斗目标。

第五章　组织建设

第一节　机构设置

1950 年 1 月成立柳州地委组织部。“文化大革命”初期，被群众夺权。1968 年 8 月 20 日，地区革命委员会成立后，政工组下设组织小组。1973 年 9 月，恢复柳州地委组织部。2002 年 12 月 25 日，根据《中共来宾市委　来宾市人民政府关于市委和市人民政府机构设置的通知》（来发〔2002〕2 号）文件精神，设置中共来宾市委员会组织部。根据《中共来宾市委　来宾市人民政府关于来宾市机构设置和人员编制方案的实施意见》（来发〔2002〕7 号）文件精神，将中共柳州地区委员会组织部整体移位更名为中共来宾市委员会组织部。是中共来宾市委主管组织、干部的职能部门，正处级单位，办公地址在北二路 331 号。

2003 年 1 月 8 日正式挂牌，内设办公室、干部综合调配科、组织员办公室、组织科、干部考察科、调研室、青年干部科、干部教育科、知识分子工作科、干部监督科 10 个科室。管理来宾市党员电化教育中心和农村党员干部科技培训中心。至 2005 年不变。

市委组织部部长：黄必贵(2002 年 12 月—2004 年 8 月)，陈虹（女，2004 年 8 月—2006 年 9 月）。

第二节　党员队伍

1926 年 12 月，中共党员林培斌到武宣县东乡指导农民运动，吸收翁尧年、潘业俊、朱文拔等农协会骨干入党。1928 年 1 月，中共武宣县委在东乡又发展了一批党员。1 月中旬，中共广西特委制订组织发展计划，要求武宣县委在 3 月要发展 300 多名党员。1932 年，进步青年龙德洽、覃秉寿、韦敬礼到广西师专就读，在马列主义思想影响下，加入了党的外围组织，1936 年，先后加入了中国共产党。1934 年，中共党员思混球在陶邓乡发展韦绍良、韦绍明、韦鸿基入党。1938 年，来宾县甘化民在桂平经省工委委员黄彰介绍入党。1936 年 11 月以后，覃秉寿、韦敬礼在武宣发展韦天强、覃登书、陈明普入党。1937 年，韦敬礼在武宣县通挽乡吸收韦昌维、韦子明、覃齐贤、韦建嵩、覃肖山等人入党。韦天强在武宣县东乡发展刘铁民、黄水恩等人入党。覃秉寿在武宣中学发展黄德卷、罗善启、韦文试、韦克忠等人入党。当时武宣县有党员 16 名。1942 年 10 月，武宣籍的党员韦天强、陈文渊、韦世宽、韦和山、黄文及贵县籍梁宁的组织关系从外地转武宣特支。武宣党员增加到 22 名。1944 年 10 月成立象县支部，1947 年 2 月象县支部改为象县特支，1949 年 9 月象县党组织改为象县工委。1946 年，中共来宾特支有 13 名党员，在大湾一带活动。1947 年 8、9 月间，中共武宣县工委恢复了原有党员的组织活动，并发展了一批党员。年底，武装起义受挫，覃秉寿被诱捕脱党。武宣党员多转移外地隐蔽。1948 年 3 月下旬，莫江白在忻城县马泗街成立加（仁）马（泗）地区马泗支部，成为忻城县第一个党支部，时有党员 5 名。5 月以后，武宣县的党组织恢复活动，党员队伍逐渐扩大。1949 年 8 月—9 月，桂中地工委开始在武宣发展党员。至年底，桂中南地委在武宣的党员增加到 270 名。桂中地工委在武宣的党员发展到76名。1948年下半年至1949年底，中共来宾特支有党员61名，中共迁江特支有党员18名，柳、来、象边区特支有党员13名，大青山支部有党员69名。至中华人民共和国成立前夕，来宾、迁江两县中共党组织共有党员161名。1949年底，中共象县工委移交给象县县委党员46人。

1950年，来宾、迁江两县共有党员91名（包括南下干部中的党员）。武宣县有党员346名。1952—1956年，境内各县按照“积极慎重，巩固地向前发展”的方针和“长年准备，分批发展”的原则，从经过清匪反霸、土地改革、农业合作化等历次运动锻炼和考验的积极分子和基层干部及贫雇农出身的优秀分子中发展新党员，不断壮大党员队伍。1952年10月，忻城县第1批发展农村党员15名，年底发展到120名。10月16日—11月6日，石龙县委举办第1期建党训练班，集中南部8个区（武宣片7个区加石龙区）农村积极分子234人，学习党史和党员八条标准，提高对党的认识。在训练期间，经个人申请，小组讨论，支部审查，县委批准，吸收新党员129人，其中女24人，同时建立支部。11月19日—12月8日，石龙县举办第2期建党训练班，集中北部7个区（象州片6个区加妙皇区部分乡）的农村积极分子309人进行培训，培训期间，有287人申请入党，批准入党202人，其中女36人。当年，石龙县共发展新党员483人。土改结束后，通挽区大革命时期的农运骨干，解放战争时期游击队战士、老党员韦敬身带头走互助合作道路，推广科学种田。在柳州地区首创粮食亩产千斤，获全省劳动模范称号，出席全国劳模代表大会，受到毛泽东主席的接见和政务院的奖励。是年，境内共有党员1629名，其中，来宾县514名，石龙县717名，忻城县437名，大瑶山瑶族自治区（县级）46名。1956年，境内各县委在农业合作化运动中，积极培养和发展农村党员，加强农村党员队伍建设。石龙县结合农业合作化运动，在农村发展新党员1137人，在机关、学校也发展一批新党员。年底，境内共有党员11576名，其中，来宾县3908名，石龙县4346名，忻城县2503名，大瑶山瑶族自治县819名。1957年，境内各县委执行中共中央关于“巩固提高”的方针，基本停止发展新党员，着重做好党组织的巩固、党员素质的提高和预备党员的考察转正工作。来宾县预备党员共转正987人，占预备党员总数80.46%。

1958—1965年，境内各县委根据自治区党委《关于吸收党员的指示》，吸收历次政治运动中积极分子入党。1959年，石龙县发展新党员1366名，年底全县共有党员6031人，其中农村4203人，机关1828人，全县726个大队都建立了支部，在2230个生产队中1708个生产队有党员。来宾县有党员6006名。大瑶山瑶族县有党员1339名，忻城县有党员3463名。到1965年底，境内有党员20465名，其中农村党员占80%。1966年，境内党组织受到“文化大革命”冲击，党组织处于瘫痪状态，发展党员工作基本停止。1966—1969年2月，来宾县没有发展党员。

1970—1971年，境内各县党的核心小组和恢复成立县委会以后，在“整党建党”“吐故纳新”“批林整风”“批林批孔”“反击右倾翻案风”等政治运动中，大批发展党员。1969年3月—1971年1月，来宾县吸收新党员723名。一些被诬为叛徒、特务、死不改悔的走资派的党员被清理出党，而一些打、砸、抢严重犯罪分子和犯有严重错误的人却被吸收入党，造成党组织严重不纯。在组织发展工作中，搞突击发展，党员人数由1970年的8231人，猛增到1976年的14585人，增加56.43%。其中1974—1976年突击入党4100多人。1966—1976年，忻城县搞“突击入党”，共吸收新党员5385名，其中1974年发展1583人。1967—1976年，象州县发展党员2232人。1977年，来宾市境域各级党组织已按党章要求进行清理。1972—1978年，来宾县发展新党员458名。1978年，武宣县党员增加到7660名，比1972年增加了3250名。

1979年3月，境内各县委贯彻自治区党委《关于妥善处理发展新党员中存在问题的意见》，对“文化大革命”中发展的新党员进行一次普遍检查，对那些经过教育帮助仍不具备党员条件的，或徇私舞弊混入党内的，进行必要的组织处理。同时各县委重视在知识分子中发展党员。1980—1985年，来宾县共发展新党员749人，其中发展知识分子191人。1981年，忻城县发展新党员32人，其中专业技术人员11人，占34.3%。武宣县文教战线党员从1978年的266名发展到1982年的636名。党员的文化素质不断提高，1980年，党员中大中专毕业的仅有400名，1987年大中专毕业的党员发展到583名。象州县至1990年共吸收党员1251名，其中1985年下半年至1990年，共吸收213名知识分子入党。

1985—1987年，境内各县（市）根据中共中央《关于整党的决定》分批进行整党，以加强党思想建设、组织建设和作风建设，提高党员的理想信念，纯洁党的组织，通过整党对党员登记和组织处理，境内共开除党籍 121 人，不予登记 556 人。1985 年 8 月—1987 年 11 月，来宾县委在全县分批进行整党。全县 16048 名党员(正式党员 15758 名，预备党员 290 名)，不予登记 203 名，开除党籍 40 名。整党期间，发展党员 207 名。忻城县 10265 名党员参加整党运动，缓登记 230 名，不予登记 130 名，开除党籍 12 人(其中被依法逮捕 3 人)，留党察看 5 人，党内严重警告 1 人，党内警告 5 人。同时发展新党员 262 人。象州县 7968 名党员参加整党。在整党中，有 290 名党员清退贪污、挪用、拖欠公款和非法收入 8.1 万多元；112 名党员补交违章占地建房补偿费和罚款 2.09 万元；350 名党员交超计划生育罚款 2.2 万元；查处违纪案件 21 起，给予党纪处分 19 人，其中开除党籍 6 人。在 7968 名党员中给予登记 7547 人，缓期登记 195 人，不予登记 53 人，暂未讨论登记 173 人。武宣县整党期间动员了一批不合格的党员退党。不予登记的党员 93 名，开除党籍 22 名。金秀瑶族自治县通过整党，给予登记的党员 3923 人，不予登记 74 人，缓登记 87 人、暂不登记 7 人；有 2 名党员被开除党籍、12 名党员受留党察看处分，9 名党员受严重警告，2 名党员受警告处分；处理党员贪污、受贿、诈骗、腐化、乱砍伐森林等重大违纪案件 9 起，有 9 名党员受开除党籍处分。整党中开展先进党支部、优秀党员评比活动。共表彰优秀党支部 25 个，优秀党员 198 个。合山市参加整党的党员 2049 名。通过党员登记和组织处理，开除党籍 32 人，不予登记 3 人，缓期登记 27 人，留党察看 4 人，撤销党内职务 1 人，严重警告 11 人，警告 2 人。在整党期间，发展新党员 92 人。

1990 年，境内各级党组织，认真贯彻“坚持标准，保证质量，改善结构，慎重发展”的方针，积极培养和发展党员，不断壮大党员队伍。当年忻城县吸收新党员 113 名。至 1990 年象州县共吸收党员 1251 名，全县共有党员 8608 名。来宾县共有党员 16476 名。其中女党员 1983 名，少数民族党员 11278 名，大学学历党员 532 名，中专、高中学历党员 2140 名。

1991 年，境内各县(市)委制定好每年发展党员计划，抓好积极分子培训，做好“推优”工作。在发展党员过程中，注重在科研、生产第一线的干部、工人和大中专学生毕业回乡的优秀团员、青年中发展党员。来宾县新发展党员 573 名，党员 16976 名。武宣县新发展党员 263 名，全县党员 9037 名，其中大学学历 413 名，中专 2112 名，初中 2491 名。合山市发展新党员 36 名。

1994 年，境内各有党组织，在发展党员中开始实施“推优”工作。来宾县新发展党员 538 名，武宣县当年新发展党员 343 名，合山市发展新党员 42 名。

1995 年，境内各县(市)委全面实施农村发展党员工作“123”目标(即每个行政村每年要在党群带富帮扶联合体中培养 3 名以上的入党积极分子，确定不少于 2 名的党员发展对象，至少发展 1 名党员)，加大在青年中发展党员和“推优”工作力度。

1999 年，境内各县(市)委在发展党员中“推优”工作全面铺开。2000 年，开始推行发展党员公示制度，广泛接受群众监督，对拟发展对象在单位进行公示，公示期为 7 天。2001 年 1 月开始，在基层党组织和广大党员中开展“实践‘三个代表’要求，为建党 80 周年献礼”主题活动，2 月，开展农村“三个代表”重要思想学习教育活动，广大党员的思想政治素质得到明显提高，思想作风和工作作风有明显转变，基层党组织的凝聚力和战斗力明显增强。

2002 年 12 月，中共来宾市委按照《中国共产党章程》《中国共产党发展党员工作细则(试行)》《中共中央组织部关于进一步做好新形势下发展党员工作的意见》的要求，严格遵循“坚持标准、保证质量、改善结构、慎重发展”的方针，注重发展 35 岁以下的党员、妇女党员、高中以上文化的党员、工作在农村、企业一线的党员和知识分子、人才队伍的党员；把工作的重点放在对入党积极分子的培养教育上，通过“推优育苗”“基层党建带团建”等工作提高入党积极分子队伍的质量；坚持以发展党员公示制为手段，严格规范发展党员的程序，提高发展党员工作的质量；继续坚持农村发展党员工作“123”目标，杜绝个别行政村党支部连续 3 年不发展党员的现象。兴宾区新发展党员 776 名，合山市发展新党员 56 名，武宣县发展新党员 504 名。

2003 年，来宾市各级党组织发展新党员 2754 名。全市党员总数 8 万余名，其中少数民族党员占 72.0%，女党员占 17.9%。全面推行党员提醒告诫教育制度，年内共提醒党员 1145 名，告诫 270 名，劝退 6 名，除名 22 名。

2004 年，来宾市着眼于保持党的先进性和纯洁性，切实加强党员队伍建设。对全市 88 个先进基层党组织、420 名优秀党员、101 名优秀党务工作者、190 个“五个好”乡镇党委、村党组织、44 个“四个好”县直单位、乡镇站所进行表彰。完善发展党员工作公示制，全面推行发展党员票决制，全年共发展党员 2279 名。创新机制，探索将党支部建在联合体上。

全市在联合体中建立党支部39个，党小组174个，共有1241名入党积极分子向党组织递交了入党申请书，确定591名党员发展对象，发展新党员222名。

2005年，全年发展党员2630名，并建立起一支有7426名结构合理、素质较高的入党积极分子队伍。至年底，来宾市有中国共产党的地方委员会7个，机关党组199个，工委11个，基层党委135个，党总支部497个，党支部4974个。党员总数86828名，其中少数民族党员占73%，女党员占19%。2005年合山市发展新党员27名。

第三节　干部工作

管理范围

1950—1956年初，对干部实行按系统分级管理。1956年6月后，将干部分为党群、政法、工业、财贸、文教四大系统，在组织部统一管理下分别由各系统实施具体管理。干部实行分管之后，政府人事部门主要负责各级组织机构的人员编制，各系统干部的工资福利，接收分配大、中专院校毕业生和办理政府各部门干部的提调任免工作。1974年后，实行集中管理与各系统分管相结合。交通、邮电部门的干部由业务主管部门与地方党委双重管理，时谓条块结合。1979年后，银行、金融部门的干部亦实行双重管理。1984年12月，贯彻分级管理、层层负责，管少、管好、管活的原则，下放干部管理权限，实行分级管理。原则上是上一级管下一级的主要领导干部，下两级干部任免备案。1988年，各乡镇党委书记、乡镇长职务干部由各县（市）委管理。1991—2005年，兴宾区（来宾县）先后制定和完善《关于干部管理工作的若干规定》《关于干部选拔任用工作的若干规定》《领导干部廉政、诫勉制度》《县委组织部领导谈心谈话制度》《关于加强全县各级领导班子思想作风建设的通知》等一系列干部管理文件，下发到各乡镇、街道、区（县）直各单位组织实施。

2003年，来宾市制定来宾市党政领导干部选拔任用工作流程图，使干部选拔任用工作进一步规范化，规范干部选拔任用工作的做法，如完善征求纪委、政法部门意见的办法和重新规范干部考察材料的写法等。大力推进干部考核评价体制改革。建立领导干部绩效考核评价体系，开发“来宾市领导干部考核评价系统软件”并投入使用，采用“无纸化”办公法对领导干部绩效进行科学测评。

2005年，市委管理的干部范围是：市纪委领导干部；市委工作部门的领导干部；市人大机关内设机构和市人大常委会办事机构的领导干部；市人民政府组成部门和市人民政府所属正、副处级机构的领导干部；市政协办公室和各专门委员会的领导干部；市中级人民法院、人民检察院的领导干部；市各人民团体的领导干部；各县（市、区）党委、人大、政府、政协的领导干部；各县（市、区）纪委书记、政法委书记、人民法院院长、人民检察院检察长、公安局局长、政委；市直属有关院校以及市直属企事业单位的领导干部。

公开选拔干部

1996年起，按照“公开、平等、竞争、择优”原则，采取公开选拔的方式，实行公开推荐与考试考核相结合的方法，面向社会选拔领导干部。

1999年以来，境内各县（市）普遍实行领导职务任职前公示。凡提拔任职的，都利用党报和地方有线电视台发布任职前公示，对拟从外地调任的干部，实行“分头公示制”，即除在当地新闻媒体公示外，还发函委托干部所在原单位代为公示。

2002年12月，来宾建市以来，共面向全区公开选拔3名副处级领导干部，在全市范围内公开推荐选拔25名副处级领导干部（其中30岁以下的10名），对科级领导干部进行公开选拔和公开推荐。

2003年3月，市委组织部在象州县开展在干部选拔任用工作中扩大民主试点工作。主要是从完善公开推荐制度，进一步扩大干部推荐中的民主；完善干部考察制度，进一步扩大干部考察工作的民主；完善公开选拔和竞争上岗制度，进一步扩大干部选任方式的民主；以完善干部任用“票决制”为重点，进一步扩大干部任用决策中的民主；完善干部选拔任用责任追究制度，进一步扩大干部选拔任用监督工作中的民主五个方面着手。试行党委全委会票决干部任免制度，落实群众对干部选拔任用工作的知情权、参与权、选择权和监督权。全市6个县（市、区）已经全面铺开此项工作，且票决对象扩大到所有拟任免的干部。

2004年，在全市开展建立党员旁听常委会（党委会）制度、县级党代会常任制、干部考察评价体系三个试点工作。在抓好试点工作的同时，不断推动干部人事制度改革向纵深发展。制定《党委全会票决干部制度》，并在市委一届三次全会成功票决了兴宾区委书记人选；制定《党政领导干部谈话谈心制度》，并首次在全市70多个单位近500名县处级领导干部中开展谈话谈心活动；制定《来宾市党政领导干部选拔任用工作流程图》《来宾市科级干部选拔任用暂行规定》《民主推荐县处级干部人选工作的暂行规定》等多项制度。

2005年，来宾市扩大民主，注重导向，干部人事制度改革迈出新步伐。以干部工作科学化、民主化、制度化为方向，认真贯彻落实中央“5+1”文件，在全市开展干部差额考察、能下能出、公开推荐拟任人选、完善党内选举制等试点工作；制定了《来宾市干部差额考察实施办法》，在全市范围内试行差额考察制度，并在县、乡两级换届考察中以及个别提拔考察中试行；在市、县两级全面推行党委全委会对下一级党政领导班子正职拟任人选和推荐人选票决制度；完善了党代会常任制；加大公开选拔和公开推荐领导干部的力度，全市共拿出8个副处级职位和12个副科级职位面向全区、全市公开选拔和公开推荐。

领导班子建设

1953年开始，境内各县对领导班子建设贯彻大胆大量提拔干部，宁弱勿缺、宁缺毋滥的原则，强调德才兼备。1958年，相继执行“又红又专，红透专深”的要求。1979年以后，逐步按专业化要求建设领导班子。1982年后，则按精干的原则和革命化、年轻化、专业化、知识化的方针配备各部门的领导班子成员。1986年后，要求按相对稳定、局部调整、改善结构、提高素质的方针来进行领导班子建设。1985年，境内各县(市)领导班子平均年龄为42.9岁，比上年下降7.7岁；大专以上文化程度占43.1%，比上年增加8%。1995年，境内县(市)领导班子平均年龄为42.6岁，大专以上文化程度占66.5%。

1991—2005年，兴宾区(来宾县)党委坚持以干部队伍“四化”(革命化、年轻化、知识化、专业化)建设为方针，坚持德才兼备标准，坚持尊重民意、注重实绩原则，狠抓全区(县)领导班子和干部队伍建设。提拔的176名干部均经过民主推荐和进行任前公示。忻城县委坚持民主推荐干部制度、严格考察人选制度、坚持集体酝酿制度、坚持集体讨论决定任免干部制度。全县共交流领导干部1285人，公开推荐优秀女干部129名，其中组织推荐6名、群众举荐42人、个人自荐26人。列入后备干部的优秀女干部72名，提拔48名人；确定科级党外后备干部27人，提拔21人；选派29名干部到发达地区挂职锻炼。创新载体，增强活力，领导班子和干部队伍建设实现新突破。至2005年底，兴宾区委管理的在职乡科级领导干部共515人(女92人)。其中，区直一层单位248人(女57人)；区直二层单位25人(女6人)；乡镇、街道242人(女29人)。忻城县在职干部1071人，其中研究生6人，大学313人，大专592人，中专106人，高中以下54人。全县乡(科)级领导干部345人，其中女领导干部53人，非党领导干部14人。

2003年初，来宾市对市直单位的领导班子重新进行配备、调整和充实。重新任命处级干部333名，调整充实市直单位领导班子成员115名，其中提拔使用89名。指导市直8个群团组织第一次代表大会选举工作。是年参照公务员管理单位提拔科级干部23人。从市外引进处级干部12名。

2004年，来宾市共考察598名干部，调整任免139名处级领导干部。全市共下派196名干部到乡镇、抽调27名干部到市直单位、选派14名干部到发达地区挂职锻炼。干部监督工作得到进一步加强，共对6个县(市、区)和50个市直单位贯彻《党政领导干部选拔任用工作条例》情况进行检查，完成60名领导干部任前公示，对其中1名因群众反映且经复核有问题的干部予以暂缓任用，把好任前关。

2005年，来宾市以落实科学发展观和树立正确政绩观为重点，推进领导班子和千部队伍建设。一是全面开展创建“学习创新型领导班子”活动，研究制定了《关于在县处级领导班子中开展创建学习创新型领导班子活动的意见》，对创建活动进行了动员部署。确定合山市等6个单位为全市创建活动示范点，对示范点的做法和经验进行总结交流。建立和完善创建活动的配套机制，制定了《来宾市县处级领导干部学习考核实施办法》等3个文件，建立县处级领导干部的学习档案。在年底进行的县处级领导班子换届考察中，对县(市、区)领导班子及处级领导干部进行了述学、评学。二是严格按照《干部任用条例》选拔任用干部。完成乡镇撤并及正职调整工作。三是加大“两个源头”建设力度。实施“3个100”干部培养计划，派出306名干部到发达城市、大中型企业跟班学习、到乡镇挂职锻炼，同时还在八一铁合金集团、来宾电厂、来宾冶炼厂、东糖集团、合山电厂等5家企业建立了来宾市党政干部培养基地。

后备干部队伍建设

1954年，境内各县采取领导与群众相结合的办法，分级建立提干后备名单制度。但是这一制度未能坚持下来。1964年7月，忻城县委作出关于培养提拔青年干部的决定。至1965年忻城县全县培养了成分好、政治可靠、身体健康25岁以下的年轻干部203名。其中从“四清”工作队中挑选25岁以下的农村知识青年补充干部队伍的38人。按德才兼备的要求，提拔到县、区各级领导岗位上的有81名。1980年7月，忻城县贯彻中央关于选拔培养优秀中青年干部的指示，全县确定96名中青年干部为各级领导班子的后备力量。年底和次年提拔了一批领导干部，其中3名任公社党委书记。1981年，各县（市）委组织部设青年干部科，专管后备干部队伍的建设。1984年11月，境内各县（市）委按照地委《关于建立后备干部制度的意见》要求，做好后备干部培养工作，各县（市）掌握县、处级后备干部200~260名。1988年，忻城县委对县直机关50个单位的委、办、局，正副职领导干部109人，组织群众进行民主评议。对胜任的继续留任，不胜任的则调整工作。

1991年后，境内各县（市）委组织部建立健全后备干部人才库。注重结合年度考核、换届考察等工作进行民主推荐科级后备干部，为领导班子建设提供较为充足的人才储备资源。落实措施，加强培养。对后备干部的培养主要是做到“三个明确”，即明确培养责任人、明确培养目标、明确培养措施。培养措施主要有加强培训、压担子、多岗位锻炼等方式，不断加大上派、下派、外派、互派挂职锻炼和跟班学习的工作力度，提高培养工作的针对性。坚持定期和不定期地对后备干部进行跟踪考察，及时掌握他们的思想、学习和工作动态。不拘一格，大胆提拔使用。注重加大对优秀年轻干部和妇女、党外、少数民族干部的选拔使用力度，抓住备用结合的关键，坚持“使用是最好的培养”的用人观点，破除论资排辈的思想，利用乡镇党政领导班子换届、团委、妇联换届等机会，对工作中表现突出、培养成熟的后备干部大胆提拔使用。

1991—2005年，兴宾区（原来宾县）委组织部注重做好区（县）、乡、村后备干部队伍建设和优秀年轻干部选拔工作。按照《党政领导干部选拔任用工作暂行条例》规定，全面贯彻执行干部队伍“四化”方针和德才兼备原则，把优秀年轻干部选拔进各级领导班子。建立党委主要负责人负总责工作责任制，签订干部培养选拔工作责任状，定期以书面形式向区（县）委组织部汇报。组织部经常督促、检查和追踪考察。每年挑选一批政治素质好，有一定实践工作经验，有培养和发展前途的年轻干部作为后备干部队伍，采取分级管理，按级负责办法，建立健全后备干部管理制度，并按领导职数配备干部，常年保持县级后备干部34名，乡科级后备干部777名，村级后备干部514名。根据中央、自治区、市组织部门关于加强培养优秀年轻干部有关文件精神，每年都按全区（县）在职领导职数1∶1.5的比例建立起优秀中青年干部人才库，青年干部人才库中30岁左右占50%以上，妇女干部占25%以上。2000年后，建立一个拥有770多人的乡科级后备干部人才库，为区（县）委选才用人提供参考依据，减少用人上的盲目性。2001年，来宾县加强后备干部队伍建设，建立健全后备干部人才库，做好副科、正科、副处、正处4级后备干部的推荐、培养选拔工作，经规定程序，上报地委组织部处级后备干部37名，结合年度考核推荐、确定乡科级后备干部815名，并做好存档入库工作。2002年，兴宾区按照“123”目标，建立了600多名后备干部人才库。其中，县直单位、乡（镇）正科100名，县直单位副科200名，乡（镇）副科300名。合山市进行干部动态管理，确定科级后备干部147名，全部造册入库，其中：女干部32名。在机构改革中，调整乡、科级干部102人，其中：提拔24人、免职2人、换岗交流29人、退休32人、改任非领导职务15人。忻城县共交流领导干部1285人，公开推荐优秀女干部129名，其中组织推荐6名，群众举荐42人，个人自荐26人。列入后备干部的优秀女干部72名，提拔48名人；确定科级党外后备干部27人，提拔21人；选派29名干部到发达地区挂职锻炼。创新载体，增强活力，领导班子和干部队伍建设实现新突破。

2003年，来宾市按照动态管理的原则，抓好后备干部队伍的调整。一是结合年度考核，做好处级后备干部推荐工作。全市共推荐处级后备干部433名，经过考察和遴选，确定255名处级后备干部。二是建立好后备干部档案，并对重点对象进行考察。三是选派后备干部参加培训，提高他们的素质。共选派2名处级干部到区党校中青班参加学习，选送53名科级干部到市委党校中青班学习。4月，兴宾区开展公开推荐优秀妇女干部活动，区委推荐确定为副科级以上后备干部158名，其中推荐为厅级后备干部3名，处级后备干部3名，副处级后备干部20名，正科级后备干部37名，副科级后备干部95名。全区人才库科级后备干部共295名。

2004年，来宾市按照“滚动管理、改善结构、提高质量、备用结合”的原则，不断调整充实处级后备干部队伍，共确定处级后备干部423名。加大优秀年轻干部培养锻炼的力度，全面提升年轻干部素质。全市共下派196名干部到乡镇、抽调27名干部到市直单位、选派14名干部到发达地区挂职锻炼。兴宾区共建立225名乡科级后备干部人才库，其中区直、乡（镇）正科级后备干部105名，副科级后备干部120名。

2005年3月，市委组织部青年干部科改名为干部三科，继续履行全市后备干部队伍建设工作职责，建立完善后备干部人才库，对后备干部实行动态跟踪管理。实施“3个100”干部培养计划，派出306名干部到发达城市、大中型企业跟班学习、到乡镇挂职锻炼，同时还在八一铁合金集团、来宾电厂、来宾冶炼厂、东糖集团、合山电厂等5家企业建立了来宾市党政干部培养基地。兴宾区选派15名和23名优秀中青年领导干部分别到先进发达城市和现代企业挂职跟班学习，选派11名党外干部到市委党校学习，选派25名区直单位优秀青年干部到25个行政村（社区）挂职锻炼。改进后备干部选拔和管理方式，抓好后备干部队伍建设。当年，合山市加强干部的动态管理，建立科级后备干部人才库，入库的后备干部共147名。

落实干部政策

中华人民共和国成立后，特别是1957年后，由于“左”的思想影响，党员干部在反右斗争和“反右倾”“四清”等运动中，受处理面偏宽、处分偏重，尤其是在“文化大革命”中制造了大量冤假错案、伤害了不少好党员好干部。各县（市）委根据上级指示，本着实事求是、有错必纠的原则。先后于1961—1962年，1978—1979年，1982—1988年，对以前处理的案件进行甄别平反工作。1976—1977年，对“清理阶级队伍”中处理的案件进行复查。1983—1988年，开展对地下党的遗留问题进行处理。1983—1995年，对“文化大革命”的冤假错案全部予以平反。

来宾县有197名党员干部、知识分子和党外人士被错划为“右派分子”，送农场劳动教养和留机关监督改造。有80名干部被错划为“中右”、有“右派言论”“右倾”而受到党纪、政纪、团纪处分。1979年以后，中共县委会对错划为右派的197名干部进行复查，认定为全属错划，全部平反纠正。同时对划为“中右”“右派言论”“右倾”的干部，进行了平反，撤销了党纪、政纪处分，并做好善后工作。对在“文化大革命”被迫害的党员、干部和群众538人给予平反昭雪，恢复名誉。

忻城县在反右斗争的后期，严重地扩大了打击面，全县共有83人被错划为右派分子，45人被错划为中右分子。右派分子全部送到红渡煤矿“劳动改造”。1979年对错划的所谓右派分子和中右分子全部给予平反纠正。1978年上半年开始，县委会指定1名副书记主管，1名常委专抓，配备35名专干，负责落实党的干部政策、知识分子政策、侨务政策和纠正“一平二调”，减轻农民的负担。对“文化大革命”中受审查作了结论定性偏高或偏严的124件案件，重新调查、重新作出实事求是的结论并予适当处理。错押、错监护的12人，给予平反，其中8人得补发被扣生活费。对未立案的210人，均分别由县委、公社党委领导在县、社三级干部会上宣布平反、恢复政治名誉。已调外县工作的8人，平反后函告本人。对被作自动离职处理的6人收回安排工作，全部补发回家期间工资。1979年县委组织专门力量，对“文化大革命”中立案审查的134名干部全部进行复查。原错定为敌我矛盾性质的案子26件（受党纪处分12人，政纪处分14人），均给予平反，按人民内部矛盾性质处理；被开除党籍的8名党员给予恢复党籍；被开除公职的8名干部，收回安排工作的7人，另一人获妥善安置。同年为错划的所谓右派分子平反。1983年6月17日，县委发出《复查“文革”前历史老案，处理地下党遗留问题的通知》，按此通知精神，全面进行复查。1984年正式发文件，对忻城地下党组织作出正确评价，5月9日还召开地下党员、游击队员会议，为“文化大革命”中遭受迫害的人员平反、恢复名誉。同时按照“文化大革命”处遗的方针、政策，对受迫害，铸成冤案的1490人，从政治上给予平反，对被摧残致死的602人的遗属和被殴打致伤致残的625人，做“思想愈合”工作，并给予经济上的补偿，共支“处遗”补助费32.59万元。对被迫害致死的38名干部职工，均让其子女顶替工作。

武宣县于1978年11月按照“实践是检验真理的唯一标准”和“有错必纠”的方针，开始全面纠正“文化大革命”的错误及处理以前的历史遗留问题，平反冤假错案。为武宣地下党组织遭受迫害平反：在历次政治运动中，特别是“文化大革命”中，武宣地下党组织及其党员，受到了错误审查，有219人被定为“叛徒”或变节自首分子。经复查，1984年11月10日，县委作出《关于为武宣地下党遭受迫害问题的平反决定》，指出“文化大革命”期间，原县革委把武宣地下党作为大案要案进行全面审查是错误的,对因审查被错误处理的地下党员、游击队员、地下工作人员给予彻底平反;对“文化大革命”中被杀害或被迫害致死的地下党员、游击队员、地下工作人员及其亲属,按自治区党委文件规定妥善处理;中华人民共和国成立以来被错误审查、错定敌我矛盾被开除党籍、公职的地下党员、干部要逐个复查、按规定处理;对中华人民共和国成立初期,因整编复员的游击队员,凡对革命有过贡献的,生产、生活确有困难的,要酌情给予补助和照顾。为“子夜社”被错定为反动组织平反:1956年的肃反运动中,中共武宣地下党组织的外围组织“子夜社”被原石龙县委定为“反动组织”,其成员长期蒙受冤屈。1984年11月5日,武宣县委复查后作出决定:撤销原石龙县委把“子夜社”定为反动组织的结论,推倒所强加给“子夜社”的一切罪名,恢复政治名誉。对因审查“子夜社”而受迫害和株连的同志,一律给予彻底平反。为在“文化大革命”中受迫害的党政干部平反:1983年7月13日,中共武宣县委会作出决定,原县革委会对原县委副书记覃炳刚、县长黄达等53名党政领导干部,以种种罪名进行长期隔离审查、摧残和迫害是错误的,给予彻底平反、恢复名誉。为文教界所谓牛鬼蛇神、“5·16”分子、资产阶级知识分子平反:“文化大革命”中,县“文化革命”小组、县革委会,把文化教育界一批比较有造就的领导和教学骨干,当作反动学术权威、黑帮、牛鬼蛇神、“5·16”分子、资产阶级知识分子进行批斗、管制和迫害。1983年7月13日,县委作出决定,对原武宣中学校长吴宏泰等50人当作反动学术权威、黑帮,对原文化馆干部黄炳信、桐岭中学教师谭恕征作“5·16”分子对象进行关押隔离审查,对陈汝生、龙国光等94位教师当作牛鬼蛇神、资产阶级知识分子来审查、批斗、管制、劳役是错误的,给予彻底平反,恢复政治名誉。

象州县“整风反右”时被错划为“右派分子”103人(含划“右派”后调象州工作)、“中右分子”67人。1979年,象州县根据中共中央《关于全部摘掉右派分子帽子决定的实施方案》,全部给予改正。但其中的63人尚留有政治“尾巴”,改正不彻底。1985年上半年复查,全部彻底改正。在“四清”运动中,象州县有483名职工受处分,其中开除公职164人,作退职处理230人。党的十一届三中全会后,对案件全面复查,属冤假错案的予以纠正平反,错开除公职的93人,给予改正并安排工作;被动员退职人员全部收回安排;以“文艺黑线”被批判处理的14人,予以平反。象州县对受迫害的地下党员、游击队员及其家属119人,发给一次性生活补助费8308元。对“文化大革命”中受迫害的738名职工、群众给予平反;受迫害致死的196人(其中职工26人,社会群众170人)发给埋葬费、抚恤费979790元;被错开除回家的职工,收回安排工作,补发工资140660元;被批斗并扣发工资的36名职工,补发工资61588元;被迫害造成生活困难的232人,发给补助费126350元。

金秀瑶族自治于县1979—1984年共复查处理建县后涉及420人的案件;其中维持原处分的172人、撤销原处分的178人、减轻处分的70人。在被取消原处分和减轻原处分的人中,给予恢复党籍的29人、恢复公职的65人、收回安排工作的27人、恢复干籍作退休退职处理的38人。1979年开始,对“反右派”、反“右倾”“四清”及“文化大革命”中的案件,按照“全错全改,部分错部分改,不错不改”的原则,进行全面复查。1958年所划50名“右派分子”属全部划错,给予全部改正,恢复名誉收回安排工作;对在“四清”和“文化大革命”等政治运动中错捕、错判、错处分的案件,均按政策予以纠正和平反。1983年5月,县内开始处理“文化大革命”遗留问题。给“文化大革命”中被迫害致死者的家属发给埋葬费和抚恤费共220元,有的还发给生产、建房等补助费;对“文化大革命”中被打伤的390人也发给医疗补助费。各项开支如下:抚恤、埋葬费27690元(119人),生产生活补助费52906元(170人),房屋修建补助11650元(75户),伤残补助费3600元(85人),被抄罚补贴2211元(46人),其他22591元,合计120648元。不包括处理“文化大革命”遗留问题前发给遗属的补助款项。另外,还安排22名遗属子女为国家职工,将27名农村遗属转为非农业人口,2个农村孤儿由政府抚养成人。

2003年,来宾市经审核报自治区党委组织部同意,对1949年10月1日至所在地解放期间参加革命工作的63名退休干部在生活上给予适当照顾。

干部监督

来宾市建立健全干部监督工作机制,坚持干部监督工作联席会议制度,加强与纪检、政法、人事、审计、信访等职能部门的联系,交流情况、沟通信息,加强对领导干部八小时外生活圈和社交圈的监督。推行领导干部任期经济责任审计制度、谈话和诫勉制度、函询回复制度,实行领导干部任前公示制等,把监督工作贯穿于干部选拔、培养和任用的整个过程。

领导干部任期经济责任审计制度:1996年,境内各县(市)开始实行领导干部任期内的审计考核制度,主要是对部分任期内的领导干部实行经济责任审计。1996—2002年,来宾县共对15名领导干部实行任期经济责任审计,其中科级干部14名,国有企业领导1名。设立兴宾区后,共对30名科级干部实行任期经济责任审计干部。2000—2005年,武宣县对领导干部进行任期(或离任)经济责任审计22人。2003—2005年,来宾市共对148名干部实行任期经济责任审计,其中处级47名,科级干部101名。

领导干部回复、诫勉和重大事项报告制度:1996年3月,境内各县(市)开始实行领导干部回复、诫勉制度。1997年12月,实行领导干部重大事项报告制度。1996—2002年,来宾县共有15名干部向组织回复群众反映问题情况,其中科级干部14名,国企领导1名。2000—2005年,武宣县领导干部向组织报告个人重大事项1493人次,回复组织函询63人。2003—2005年,来宾市共有60名干部向组织回复群众反映问题的情况,其中处级干部39名,科级干部21名。全市有13名领导干部被诫勉,其中处级干部7名,科级干部6名。

实行干部选拔任用监督员制度:1998年7月,境内各县(市)实行干部选拔任用监督员制度,在干部选拔任用工作中开始实行监督员制度。原柳州地委组织部聘用2名离退休干部为监督员,对各县(市)委讨论、选拔、任用干部实行监督。各县(市)也相继实行监督员制度。按地委组织部要求,各县(市)委讨论提拔1名以上副处级干部或讨论提拔5名以上科级干部的会议,要事先报告地委组织部派人列席,否则所呈报的方案将不予提交讨论。

领导干部任前公示制度

1999年,来宾市境域各县(市)委实行领导干部任前公示制度。1999—2002年,来宾县共对106名干部进行任前公示,其中,处级干部12名,科级干部94名。2003—2005年,来宾市共对1344名干部进行任前公示,其中处级干部329名、科级干部1015名。2004年,来宾市干部监督工作得到进一步加强,共对6个县(市、区)和50个市直单位贯彻《党政领导干部选拔任用工作条例》情况进行了检查,完成60名领导干部任前公示,对其中1名因群众反映且经复核有问题的干部予以暂缓任用,把好任前关。2005年,兴宾区共对108名干部进行公示,其中,处级干部13名,科级干部95名。

第四节　基层组织

1926年12月,中共梧州地委派党员林培斌到武宣指导农民运动,在武宣县东乡正式建立中共武宣支部。1934年春,中共宾阳县委在迁江县陶邓乡建立中共陶邓支部,书记韦绍良,党员韦绍明、韦鸿基。1944年建立中共来宾特支,有党员12人,书记梁山(周汉平)。1947年2月,中共象县支部改建为特别支部,韦纯束任书记。6月,中共武宣县工委成立通挽区工委,覃肖山任书记。1949年9月,中共来宾特支成立,赖伟任书记。1960年5月,中共石龙县委改称中共象州县委。1961年,象州县基层党委增至39个;大瑶山瑶族自治县设9个基层党委,党支部92个;忻城县设23个基层党委,1个党总支部,298个党支部;来宾县设36个基层党委,2个党总支部,543个党支部。1962年4月,石龙县分设为武宣县和象州县。1971年,地、县重新建立党委以后,全地区农村基层组织也恢复建立。1981年11月28日,广西区党委批准成立中共合山市委员会,并任命刘云辉为市委第一书记。1982年,地区开始进行党的基层组织整顿工作,武宣县台村大队党支部在整顿教育中开展"三查"、"三畅谈"活动。1984年,政、社分开后,在乡(镇)建立党委、村公所建立党总支或支部。1985年,地区开展对农村基层党组织和党员现状调查,除各县(市)开展调查外,地区还派小组到武宣、来宾等县农村进行调查研究,经分析比较,把农村基层党组织划分为好支部、一般支部、比较差支部三类。1987年底开始改进农村基层党组织设置。1990年,地区对农村党组织进行全面调查、分析、排队,列出好、一般、差三类党支部。同年,在武宣县武宣镇对后进支部进行整顿试点后,此项工作在全地区铺开。1996年,全地区完成行政村"撤所改委"工作,由"村公所"改为"村民委员会"。2000年,合山、来宾、武宣、象州等县(市)积极开展争创"基层组织建设先进县(市)"、"'六个好'红旗乡镇党委"、"'五个好'红旗村党(总)支部"的"三创"活动,同时合理调整村级党组织。2002年12月28日,地级来宾市正式挂牌成立。2003年,来宾市有中国共产党的地方委员会7个,机关党组208个,工委8个,基层党委139个,党总支部481个,党支部4934个。2005年,来宾市有中国共产党地方委员会7个,机关党组199个,工委11个,基层党委135个,党总支部497个,党支部4974个。党员总数86828人。

市直机关基层党组织建设

2002年12月28日，撤地建市后，市直工委接收原属兴宾区管辖的维都林场、来宾华侨农场、迁江华侨农场、凤凰华侨农场等4个基层党委；广西区黔江示范场党总支1个；来宾中医院、防疫站、妇保院、卫校、来宾一中、来宾进修学校、来宾职业中学、来宾烟草公司等8个党支部。新增设来宾市人民医院、市政管理局、土地资源局、邮政局、工商局、驻柳管理处等6个基层党委；新增设环保局、建规委、地税局、广西电大来宾分校等4个党总支；新增设市新闻出版局、市机关事务管理局、市人防办、市开发投资公司、皮防站等8个直属党支部。在柳州设立离退休人员党支部65个，下辖1060多名党员。先后指导建立了中兴汽运公司党委、公交公司、来宾商城党支部等3个非公有制经济党组织。至2003年末下辖20个基层党委、20个党总支部、426个党支部，有党员6041名。2004年，市直机关工委下辖基层党委23个、党总支24个、党支部428个、党员6570名。2005年，市直机关工委下辖15个基层党委、22个党总支部、273个党支部，有党员3843名。制度建设方面，来宾市成立后，相继制定下发《来宾市机关党建工作制度》和《来宾市党建工作检查督导制度》，完善了基层党组织集体领导制度，党委、总支、支部议事制度，党员活动日制度，“三会一课”制度，发展党员工作制度，廉政勤政制度，民主评议党员制度，民主生活会制度，争先创优制度，党费的收缴、使用和管理制度等十大方面的77项具体内容。建立和完善了群众帮扶、基层党组织选举、组织员、党费管理、发展党员、干部监督管理等多项制度。

县直机关基层党组织建设

20世纪50年代，境内各县机关党组织设党总支部或党支部。1971年后，来宾县、象州县、武宣县、忻城县和金秀瑶族自治县5个县始设县直属机关委员会。1981年合山市成立后，设置合山市直属机关委员会，境内县（市）直属机关委员会为6个，并相继健全会议制度和集体办公制度，每年召开一次基层组织建设会议。1988年，金秀瑶族自治县直属机关委员会下辖8个党总支部，92个党支部，党员876名。1988年，合山市直属机关委员会下辖党总支部1个，党支部78个，党员798名。1991年末，来宾县直属机关委员会下辖党支部131个，2022名党员。象州县直属机关党委员会下辖党总支部5个、支部131个，党员1625名。合山市直属机关委员会下辖党支部93个，党员499名。1997年，来宾县直属机关委员会改称来宾县直属机关工作委员会。中共合山市直属机关委员会下辖党支部103个，党员499名。2000年，合山市直属机关委员会下辖党支部114个，党员1384名。2002年，合山市直属机关委员会下辖党总支部2个，党支部109个，党员1465名。2000年，中共来宾县直属机关工作委员会下辖17个党总支，209个党支部，4021名党员。2002年12月28日。来宾县直属机关工作委员会称区直属机关工作委员会（简称区直工委），辖党总支12个，党支部187个，党员3875名。2005年，兴宾区直属机关委员会下辖党总支11个，党支部176个，共有党员3371名。象州县直属机关党委员会下辖党总支部8个，支部169个，党员2640名。金秀瑶族自治县直属机关工作委员会下辖6个党总支部，106个党支部，党员1481名。武宣县直属机关工作委员会下辖13个党总支，144个党支部，党员2410名。2005年，合山市直属机关委员会下辖党总支部3个，党支部109个，党员1460名。忻城县直属机关工作委员会下辖6个总支部，122个党支部，党员2356名。

农村基层党组织建设

1926年12月，境内建立中共武宣支部，这是境内第一个中共组织，党员10余名。1928年1月，中共武宣县委建立东乡区委，下设县直属党支部。1942年10月，建立象县党支部，后改建为特别支部。1950年4月，忻城县设4个区工委。1952年6月，中共大瑶山瑶族自治区（县级）委员会成立，并建立区（公社、乡、镇）一级党委会。1956年，境内各县在农村中建立党支部，基本达到每个小乡（高级社）有党支部。1958年1月，来宾市境域各县撤区建乡，在乡建立党的委员会。1960年，境内各人民公社建立党委会，大队建立党总支部或党支部，有3名党员以上的生产队都建立党小组。1963年，来宾市境域各县委在县委常委会中每半年举行一次领导成员的民主生活会议，并且逐步形成制度。1971年，境内各县重新建立党委后，农村基层组织也恢复建立。1981年11月28日，中共合山市委员会成立。1984年，来宾市境域实行政、社分开后，在乡镇建立党委，在村民委员会建立党总支部或党支部。1990年，来宾县设24个乡镇党委，建立83个农村党总支部和632个党支部。至2005年，来宾全市有乡镇党委66个，建制村党委4个、党总支部383个、党支部338个，农村党员58416名。

企业基层党组织建设

1951年,象州县企业有党员1名,1952年,武宣县工业系统有党员5名。1958年,金秀大瑶山瑶族县工业系统党员23名。1959年,来宾全县工业系统党员发展到292名。1971年,来宾县厂矿企业党组织恢复,全县企业党员233名。1988年,来宾县工业系统党员发展到826名,象州县发展到652名。1990年,武宣县在工业企业建立党支部51个,党员发展到1169名。来宾县工业系统党员716名。1995—1999年,境内各县(市)国有企业制定包括党管干部制度、党组织参与企业重大问题决策制度等多项党建工作制度。2002年成立来宾市经济贸易委员会党的工作委员会以加强对工业企业党的领导。2004年,成立来宾市国有资产管理委员会党的委员会。2005年,来宾市共有企业党组织790个,党员7961人,国资委党委下辖基层党委10个,党总支部10个,党支部101个。

社区基层党组织建设

2002年9月,来宾市始成立社区居民委员会,全市共设44个社区居民委员会,同时成立社区居民委员会党支部,其中兴宾区建立社区居民委员会党支部15个,象州县建立社区居民委员会党支部10个,忻城县建立社区居民委员会党支部7个,武宣县建立社区居民委员会党支部6个,金秀瑶族自治县建立社区居民委员会党支部4个,合山市建立社区居民委员会党支部2个。2005年8月底,来宾市社区完成第二届换届选举工作,共选出社区“两委”成员352人,其中:党支部(总支)书记44人,副书记45人,支部委员158人。年底,全市共有社区党组织47个,其中社区党总支部31个,社区党支部16个。

1960年5月,中共石龙县委改称中共象州县委。

1962年3月,恢复中共武宣县委员会。

1971年,地、县重新建立党委以后,全地区农村基层组织也恢复建立。

1981年11月28日,广西区党委批准成立中共合山市委员会,并任命刘云辉为市委第一书记。

1982年,地区开始进行党的基层组织整顿工作,武宣县台村大队党支部在整顿教育中开展“三查”、“三畅谈”活动。

1984年,政、社分开后,在乡(镇)建立党委、村公所建立党总支或支部。

1985年,地区开展对农村基层党组织和党员现状调查,除各县(市)开展调查外,地区还派小组到武宣、来宾等县农村进行调查研究,经分析比较,把农村基层党支部划分为好支部、一般支部、比较差支部三类。

1987年底开始改进农村基层党组织设置。

1990年,地区对农村党组织进行全面调查、分析、排队,列出好、一般、差三类党支部。同年,在武宣县武宣镇对后进支部进行整顿试点后,此项工作在全地区铺开。

1996年,全地区完成行政村“撤所改委”工作,由“村公所”改为“村民委员会”。

2000年,合山、来宾、武宣、象州等县(市)积极开展争创“基层组织建设先进县(市)”、“‘六个好’红旗乡镇党委”、“‘五个好’红旗村党(总)支部”的“三创”活动,同时合理调整村级党组织。

2002年12月28日,地级来宾市正式挂牌成立。

第五节　人才队伍建设

2004年6月22日—23日,来宾市召开第一次全市人才工作会议。8月30日,市委、市人民政府下发贯彻《自治区党委、自治区人民政府关于进一步加强人才工作的决定》的若干意见,筹建了市委人才工作协调小组和协调小组办公室;提出要从“牢固树立科学的人才观;强化教育和培训,全面提升人才队伍整体素质;建立来宾市人才小高地,带动和推进人才资源整体开发;建立激励机制,鼓励人才创新创造;努力营造引进人才的良好环境;切实加强对人才工作的投入和领导”等六个方面认真贯彻落实自治区党委、自治区人民政府关于进一步加强人才工作的决定,实施人才强市战略,实现人才资源开发与经济社会发展相协调,为建设新来宾,全面建设小康社会提供坚强的人才保证。市委每年召开人才工作协调小组会议,研究全市的人才工作,市财政从2005年起每年划拨100万元作为人才工作基金。

2005年,来宾市编制来宾市“十一五”人才发展规划,制定下发《贯彻落实来宾市人才发展“十一五”规划的实施意见》;以制定来宾市“十一五”人才发展规划和建设人才小高地为重点,加强对人才资源开发的总体谋划和研究,推动整个人才队伍建设。进一步建立和完善人才小高地建设。市、县两级已建人才小高地11个,引进人才96人,其中,市级三个人才小高地引进或柔性引进高级人才28人,当年，选拔出18名来宾市首批专业技术拔尖人才，并用3年时间，从市人才基金中安排部分经费，由拔尖人才自主择校，到高校进行为期3个月的专业对口培训。加强城市建设紧缺人才的培养。制定《来宾市科技副职选派管理暂行办法》，充分发挥到来宾市挂（兼）职高级人才的作用。开展来宾市首批专业技术拔尖人才的选拔和表彰工作。继续抓好农村实用人才的培养。

第六章　宣传教育

第一节　机构设置

1950年1月，境内各县宣传部门机构成立。“文化大革命”初期，派性群众组织夺权，各级政府部门机构瘫痪。1968年8月20日，柳州地区革命委员会成立，设宣传小组。1973年9月，柳州地委宣传部恢复。2002年12月25日，根据《中共来宾市委　来宾市人民政府关于市委和市人民政府机构设置的通知》（来发〔2002〕2号）文件精神，设置中共来宾市委员会宣传部。根据《中共来宾市委　来宾市人民政府关于来宾市机构设置和人员编制方案的实施意见》（来发〔2002〕7号）文件精神，将中共柳州地区委员会宣传部整体移位更名为中共来宾市委员会宣传部。正处级单位，办公地址在北二路331号，2003年1月8日正式挂牌。内设办公室、干部科、宣传科、新闻科、理论科、对外宣传科、网络管理科、调研室、精神文明建设科9个科室，核定编制19名，其中行政编制16名，事业编制3名。设部长1名，副部长3名（含文明办领导1名）；科级领导10名。管理中共来宾市委讲师团。来宾市精神文明建设委员会在市委宣传部挂牌。

2005年，市委宣传部内设办公室、宣传科（市国防教育办公室）、理论科（市哲学社会科学规划办公室）、新闻出版局、外宣科、干部科、调研室、精神文明建设活动科、未成年人思想道德教育建设科、网络管理科等10个科室。内设部长1名，副部长2名，部务委员1名（含文明办领导1名），对外宣传办公室（市人民政府新闻办公室）主任1名；科级领导11名。

市委宣传部部长：卢运福（2002年12月—2005年12月）。

第二节　理论学习

抗日战争和解放战争时期，境内中共地方党组织带领党员学习《论持久战》《新民主主义论》《目前形势和我们的任务》《将革命进行到底》等革命理论。解放战争时期，粤桂边区和桂中区党组织分别举办训练班，以《中国共产党章程》、毛泽东主席的《目前形势和我们的任务》《论人民民主专政》和《将革命进行到底》等文章为基本材料，传授党的基本知识、军事知识、群众工作方法、武工队斗争策略等，另将部分文章、材料油印发给党员。在武宣县通挽乡立寺村、桐岭乡古龙村、马步乡大禄村、二塘乡灯盏村、黄茆乡新桂村和在武宣县与贵港市交界的白花山、河马乡城学、合群等地办培训班，各受训300多人次。

1948—1949年底，中共来宾、迁江地下组织，结合当时形势，分别开办训练班，组织党员干部学习毛泽东关于游击战争的战略战术、《目前形势和我们的任务》《将革命进行到底》等著作。

中华人民共和国成立后，境内各县加强对党员干部的理论学习教育，不断提高党员干部的政治理论水平。各县委宣传部根据各个时期的中心工作，确定学习内容，提供学习资料，安排学习时间，普遍建立学习制度，县直各单位每周学习两个半天，区（乡）干部每月集中学习一两天。县委和各区（乡）组织学习中心组，辅导干部学习。不定期举行考试或测验。来宾县委对党员干部的理论学习教育，采取在职学习和离职轮训等形式进行。1950—1952年，各级党委组织新入伍的干部学习《大众哲学》《社会发展史》，进行辩证唯物主义和历史唯物主义以及革命人生观教育。1952—1953年，中共大瑶山自治区县委针对县内民族成分和民族关系复杂的状况，组织在职党员、干部学习马克思、列宁等革命导师有关民族问题的论述，学习党的民族政策，帮助全体党员和干部充分认识大瑶山社会的历史和现状，提高对实行民族区域自治政策的认识，树立无产阶级民族观；积极参加发展少数民族地区政治、经济、文化事业，为实现各民族、支系间的相互了解和团结，进一步打好了思想基础和组织基础。1953—1955年，境内各县建立干部理论学习组织和学习制度，干部理论学习分组进行，组织党员干部学习《经济建设常识读本》《社会主义建设的几个问题》、斯大林《苏联社会主义经济问题》等。1954—1956年，境内各县随着对农业、工业和商业的社会主义改造高潮的到来，组织学习中央编印的《经济建设常识读本》和《党在过渡时期总路线的学习和宣传提纲》，以及有关农业合作化的文件。提高党员和干部对社会主义发展规律的认识，为农村实现合作化打下了基础。1956年秋冬，境内各县组织党员干部学习党的“八大”文件。1957—1958年，境内各县组织学习《人民日报》编辑部发表的《关于无产阶级专政的历史经验》和毛泽东主席《关于正确处理人民内部矛盾的问题》《论十大关系》等。1958年，着重学习党的八届二中全会提出的“鼓足干劲，力争上游，多快好省地建设社会主义”总路线、《中共中央关于在农村建立人民公社问题的决议》。1959—1962年，境内各县组织学习毛泽东主席《论调查研究》《实践论》《反对本本主义》《关心群众生活、注意工作方法》等著作，纠正党员干部的“五风”（“共产”风、浮夸风、强迫命令风、生产瞎指挥风和干部特殊化风），对密切党与群众关系起到了一定的作用。1960年10月1日，《毛泽东选集》第4卷出版发行。各级党委组织党员干部学习“毛选”四卷。是年冬开始，来宾市境内各县广泛学习宣传中共中央《关于农村人民公社当前政策问题的紧急指示信》（即十二条）和《农村人民公社工作条例（修正草案）》（即六十条），强调“各尽所能，按劳分配，多劳多得”的分配原则和以生产队为基本核算单位的政策，调动农民的生产积极性。1961年，境内各县为加强干部学习培训，先后建立县委党校，开展对党员干部的学习培训，短期轮训县委管理的党员干部。1962年，各县组织学习中央宣传部编印的《社会主义建设的几个问题》，斯大林《苏联社会主义经济问题》等文件。

1963—1966年，境内各县委在社会主义教育运动和“四清”运动中，主要学习毛泽东关于阶级、形势、阶级矛盾和“反修防修”的论述，以及中央关于农村社会主义教育的一系列文件。要求全体党员干部领会社会主义历史阶段中存在着的阶级、阶级矛盾和阶级斗争，存在着社会主义同资本主义两条道路的斗争，存在着社会主义复辟的危险，自觉抵制资产阶级思想的侵蚀，防止修正主义在中国复辟。1964年，境内各县干部理论学习内容主要是毛主席的《为人民服务》《纪念白求恩》和《愚公移山》3篇著作（简称“老三篇”），把毛泽东语录当作一切工作的最高指示，崇尚所谓“活学活用，学用结合，急用先学，立竿见影”形式主义的学风。要求弄通背熟，树立克服困难，全心全意为人民服务的思想。同时以农村夜校、俱乐部为阵地，对农民进行阶级教育和爱国家、爱集体的教育。4月，象州寺村、大乐、妙皇3个区，建立农村夜校、俱乐部34所，黑板报189块。

“文化大革命”期间，境内干部群众采取办学习班和办政治夜校等形式，学习“无产阶级专班下继续革命”的理论，大办农村政治夜校。1975年，象州县有政治夜校1390所，辅导员3880人。

1978—1979年，境内各县委组织党员干部学习《人民日报》社论和党的十一届三中全会文件，开展“实践是检验真理的唯一标准”讨论，使党员干部冲破“两个凡是”（凡是毛主席作出的决策，我们都坚决维护，凡是毛主席的指示，我们都始终不渝地遵循）的束缚，坚持实事求是的思想路线。据1979—1988年统计，来宾县委党校共举办23期理论轮训班，学习中共十一届三中全会以来的路线、方针、政策等，参加学习的党员干部3565人次。

1983年，境内各县（市）组织学习党的十二大文件、《邓小平文选》《中华人民共和国宪法》，以及《中共中央关于整党的决定》等。还开展学习中央和自治区有关否定“文化大革命”运动的文件。

1984年，境内各县组织学习《中共中央关于经济体制改革的决定》及《当前农村经济政策的若干问题》《中共中央关于一九八四年农村工作的通知》，推动境内农村经济体制改革，促进商品经济发展。组织干部学习《关于建国以来党内若干历史问题的决定》，彻底否定“文化大革命”，处理“文化大革命”遗留问题。

1985年，境内各县（市）进一步学习中央有关经济体制改革的决定、方针和政策，以及《中共中央、国务院关于进一步活跃农村经济的十项政策》。配合整党工作，学习中央有关政策和原则。至1986年底，金秀瑶族自治县党校共办各类党员轮训班30期，参加学习的各级党员1336人。

1988年开始，境内各县（市）始建设乡镇党校，开展对农村党员干部的学习教育。来宾县有14个乡镇先后建立了乡镇党校，组织农村党员干部学习社会主义理论。

1989—1990年，境内各县（市）组织党员干部学习四项基本原则，以及国民经济“调整、整顿、改革、提高”的方针，中共十一届五中全会通过的《关于党内政治生活的若干准则》、六中全会通过的《关于建国以来党的若干历史问题的决议》，学习邓小平关于《建设有中国特色的社会主义理论》和《目前的形势和任务》等文献。从而使党员干部解放思想，拨乱反正，对于推动本地的改革开放，促进经济发展起到了一定的作用。

1991—1995 年，境内各县（市）组织党员干部学习邓小平视察南方重要谈话精神和《邓小平文选》，学习中共十三届七中全会精神，在干部职工中开展以《关于社会主义若干问题学习纲要》一书为主要教材的“双基”（基本路线、基本理论）教育。开展“社会主义市场经济问题”大讨论。1991 年，来宾县委宣传部组织党员干部学习江泽民“七一”讲话，培训干部 7000 余人。深入乡镇和县直单位宣讲十三届七中全会精神，并通过《来宾宣传》、县广播站以及县外有关新闻单位开展宣传活动。自治区党委宣传部在 1991 年第 4 期《宣传情况反映》载文介绍来宾县学习贯彻十三届七中全会精神做法，并将其反馈到中共中央宣传部。武宣全县共订阅 3000 多册“谈话”，1000 多册《纲要》，宣传部结合七中全会精神组织编写了 8 份学习辅导材料。在 5 月底 6 月初举办了 2 期领导干部和辅导员学习班，每期 4 天，共培训干部 300 余人。1992 年，来宾县着重抓好邓小平南方谈话精神学习和宣传，全县党员、干部和群众参加各层次集中学习 32 万人次。继续抓好党的十三届八中全会精神和党史知识学习及干部党建理论学习。1—4 月，武宣县委宣传部共订购《中共党史学习纲要》3500 册，编写五个专题的辅导材料，印发 1245 份学习资料。县乡两级共办学习班 234 期，参加学习达 5267 人次，有 46672 人参加学习考试，占应参加考试的干部人数 95.6%。组织干部职工学习邓小平南方谈话、《马克思主义党的建设理论学习纲要》、党的十四大文件精神，订购学习十四大辅导资料 5000 多份，宣传部编写了 8 个专题的辅导材料，印发学习资料 3000 多份。1993 年，境内各县（市）组织广大党员、干部群众学习党的十四大文件和邓小平建设有中国特色社会主义理论，学习《邓小平文选》第三卷和党的十四届三中全会《中共中央关于建立社会主义市场经济体制若干问题决定》。1994—1995 年，境内各县宣传部重点抓《邓小平文选》第一、二、三卷和党的十四届三中全会及四中全会文件学习。坚持以邓小平建设有中国特色社会主义理论武装全县各级领导干部和群众，理论武装工作重点是抓好各乡镇党委学习中心组学习。武宣县抓县、乡党委理论学习中心组的学习，以县、乡、村党校为阵地，培训骨干队伍，县党校共举办领导干部理论培训班 46 期 4376 人次，乡镇党校举办支委培训班 284 期 16270 人次，村党校办党员干部理论培训班 4378 期 128100 人次。

1996—1997 年，境内各县（市）组织开展“进一步解放思想，转变观念”的大调查、大讨论，探索改革发展的对策、思路。宣传部理论工作重点放在组织广大党员、干部学习“两个根本性转变”理论。1996 年，来宾县委组织广大党员干部学习贯彻党的十四届六中全会精神，组织各级党委学习中心组成员撰写理论文章、调查报告、学习心得 50 篇，编辑出版《论文集》500 册。次年，县委宣传部在桥巩乡召开全县乡镇党委中心组理论学习现场观摩会，总结该乡党委中心组通过学习用理论指导经济工作和农村精神文明建设的经验。武宣县党政机关利用每星期二、五学习时间，组织党员干部学习“发展是社会生产力理论”《邓小平文选》第三卷、《邓小平同志建设有中国特色理论纲要》《中国共产党章程》《党内政治生活若干准则》《中国共产党纪律处分条例》和党的十四届四中、五中、六中全会文件，中纪委的《公报》等，进行“大力发展社会生产力”“大力发展社会主义市场经济”“必须两手抓两手都要硬”“中国的问题关键在于共产党”等问题的讨论，开展“廉洁自律”“三严四自”教育活动。

1998—1999 年，境内按照《中共中央关于在全党深入学习邓小平理论的通知》精神，各县（市）组织广大党员干部特别是领导干部学习邓小平理论、邓小平经济理论和中共十五届三中、四中全会精神、全国九届人大二次会议有关精神及有关金融知识、法律知识，学习“三大战略六大突破”决策(1997 年 10 月自治区党委提出：实施区域经济、开放带动、重点突破三大战略，实现思想观念转变、经济结构优化、经济体制转换、对外开放、科技与经济结合以及人才开发使用六大突破）和“1234610”工作思路(1998 年 11 月自治区党委提出。“1”，即把农业摆在国民经济第一位；“2”，即农民人均纯收入今后 5 年每年增加 200 元以上；“3”，即土地承包期再延长 30 年“4”，即科技对农业增长的贡献率在本世纪末达到 40% 以上；“6”，即实施绿色工程、种子工程、流通工程、“三田”建设工程、教育培训工程、社会稳定工程六大基础工程；“10”，即抓好调整和优化农村产业结构；深化农村改革，大力推进农业产业化经营；加快以水利为重点的农业和农村基础设施建设；加大扶贫攻坚力度，推进农村小康建设；大力发展乡镇企业，加快农村小城镇建设；扩大农业和农村对外开放；坚持不懈地抓好农村计划生育工作；多渠道增加对农业的投入，加强农村民主法制建设和精神文明建设；加强党对农业和农村工作的领导等10项工作）。各县（市）层层建立理论教育联系点，为机关企事业单位作理论学习宣讲和形势报告。

2000—2002年，境内各县（市）理论学习突出“三讲”学习和“三个代表”重要思想学习，各县（市）委成立机构，制定实施方案，宣传部门积极培训骨干，组织宣讲团深入乡镇村开展学习宣传，在各种媒体上开辟专栏、专题广泛宣传。在党员干部中开展“三讲”学习教育，进行“三讲”教育回头看活动，检查在“三讲”教育活动中所存在的问题，继续解决党性党风方面存在的尚未解决的突出问题，将“三讲”教育与工作实际紧密联系起来，融入实践中去，进一步解放思想，开拓创新，创造性地开展工作；进一步恪尽职守，自我加压，增强经济发展紧迫感和责任感；进一步求实务实，勤政为民，提高科学决策水平和驾驭全局能力，加倍努力完成各项领导工作任务，并取得明显成效。学好“三讲”、用好“三讲”、学出成效，特别是以实事求是来剖析自我，密切联系群众，加强党群、干群关系，维护党的团结，提高执政党的地位，把活动作为推进领导班子成员、党员、中层干部以清廉形象、务实的作风，勤奋工作，成为人民群众的表率、纯洁党员、干部队伍，进一步增强了党员、领导班子成员及中层干部大局意识，牢固树立了正确的世界观、人生观、价值观、权力观，坚持和完善集体领导与个人分工负责相结合，严格规范领导干部权力运行，注重发挥民主集中制功能，充分发挥班子成员和员工的集体智慧，确保决策正确，各级领导人员带头示范作用更加明显，通过学习教育，解决领导班子和领导干部中存在的一些突出问题，全体党员干部，尤其使县级领导干部受到深刻的党性党风教育，政治上有明显进步，作风上有明显转变，纪律上有明显增强，达到预期效果。“三讲”教育结束后，各县（市）用2年左右时间，开展“三个代表”重要思想的学习教育活动，各县（市）委制定“三个代表”重要思想学习教育活动实施方案，有步骤地开展“三个代表”重要思想学习教育活动。解决机关和农村存在的问题，促进机关作风转变，提高干部队伍素质，提高农村基层干部的素质，各县（市）委集中举办学习培训班，培训县（市）、乡镇党政领导班子成员和县（市）直机关单位的正、副职领导。加深广大党员干部特别是领导干部对党的历史、对“三个代表”重要思想的科学认识，提高对“执政为民”的认识和理解。各级领导干部和机关干部，采取多种形式深入农村，走下基层，服务群众。2000年，武宣县着重抓好以学习邓小平理论和十五大精神、江泽民“三个代表”重要思想和开展“致富思源、富而思进”教育活动，发放学习资料12327册，其中机关、企业6609册，农村5718册。宣传部编写《武宣县党员“三讲”教育学习读本》，发放7000多册。2001年，武宣县学习邓小平理论、“三个代表”重要思想、党的十五届五中全会精神、农业产业结构调整、江泽民总书记在建党80周年大会上的讲话等内容。在学习时注意理论联系实际，每次学习都集中讨论解决1~2个问题。如三里镇党委通过理论学习，制定出三里镇农业产业结构调整，巩固发展三里镇水奶牛业产业，整治三里镇较混乱村屯，以及转变工作作风等问题的措施。黄茆镇党委结合发展农村经济和“万元田”建设，调整5700亩水田种植高效农作物，增加春秋冬菜开发和甘蔗品改面积，引进外商投资1460万元投资高效农业，建成油桃、大肉姜、圣女西红柿等三大科技示范园。来宾县委宣传部举办干部学习培训班8期，各乡镇党校共举办党员、干部理论培训班96期，党员受教育面达85%以上。县直机关235个党（总）支部通过上党课进行理论辅导3~4次，受教育党员干部4000多人。12月中旬，组织全县9320名干部职工参加理论学习考试，及格人数为9309人。2002年，武宣县委中心组理论学习到6月底止共举行理论学习2次，学习了4个专题（贯彻落实自治区第八次党代会精神，实践“三个代表”重要思想；深入贯彻十五届六中全会精神，扎实推进富民兴县新跨越；进一步加强和改进党的作风建设；学习贯彻胡锦涛在广西考察时的讲话精神），并结合全县干部素质状况，展开讨论。同时组织全县13个乡（镇）的党委书记一起参加学习，其中有15个领导作重点发言，通过分析全县干部队伍状况，提出了加强队伍建设的建议。忻城县通过“三个代表”重要思想的学习教育活动，各级干部深入基层为民服务，与民结亲。全县有1135名干部与1765户农民结为“穷亲”，为他们办实事、办好事3604件，得到广大人民群众的好评。兴宾区重点学习“三个代表”重要思想及十六大精神。区委中心组学习6次，区委宣传部通过多种形式组织广大党员干部开展理论学习。当年，除组织十六大宣讲团到各乡镇巡回宣讲28场次外，还邀请自治区讲师团团长到兴宾区做十六大精神专场报告。

2003年，来宾市理论学习主要是抓好十六大精神、“三个代表”重要思想和解放思想再讨论再教育活动。市委宣传部成立领导小组，召开各县（市、区）委宣传部领导会议，统一布置十六大精神的学习和宣传活动。重点抓好各级党委中心组的学习，各级党委中心组分四个专题系统学习十六大精神。年内，市委中心组集中学习8次，各县（市、区）及市直各部门党委（党组）中心组均集中学习6次以上，全市共有574名处级领导干部参加十六大精神培训班。采取广泛宣传发动、检查督促、通报进度等措施，全面组织广大干部群众征订学习资料，全市有4万多名党员干部群众自觉征订学习资料。在机关企事业单位，以举办学习贯彻十六大精神知识竞赛为载体，通过引导员工结合实际，以班组、支部为单位组织学习，做到学习生产两不误；在农村，采取干部进村宣讲、赠送辅导资料、开展辅导活动的形式开展学习，干部进村宣讲并赠送辅导资料3000余册。7月，来宾市承办全区“十六大知识竞赛”决赛并获组织一等奖，来宾市代表队参加竞赛获三等奖。是年，市委宣传部在举办处级领导干部学习“三个代表”重要思想研讨班中，拟出7个研讨课题，分成7个研讨小组进行研讨。然后由各组推荐一个代表在会上作汇报发言，整个研讨班共为市委、市政府提出问题和建议513条。全市举办领导干部学习贯彻“三个代表”培训班49期，培训干部2974人，举办“两委”干部、党员示范户和经济能人理论研讨班12期，培训农村党员1440人。到8月底，全市共举行“三个代表”宣讲活动308场（次），其中市宣讲团宣讲110场（次）；在“实践三个代表，建设新来宾”的征文活动中，共收到论文507篇。举办“三个代表”与“反腐倡廉”山歌大赛，将理论学习融入山歌演唱之中，全市有15万群众参与此项活动，决赛主会场参加人数1.5万人。同年4—7月，全市广泛开展以“建设新来宾，实现新跨越”为主题的解放思想再讨论再教育活动，分4个重点、5个阶段进行，下发意见征求表5000份，上收4775份，建议2263条，收到处级以上领导干部学习体会文章612篇。在桂中电视台开辟“解放思想大家谈”节目，开展讨论活动，群众反响大，效果好。全市把掀起学习和实践“三个代表”重要思想和落实“三贴近”的新高潮与解放思想再讨论相结合，有效地促进干部群众思想观念的转变，实现六“破”六“树立”，即破除用经营农业方法经营城市的旧观念，树立用工业理念经营城市的思想观念；破除小富即安、小进则满、不思进取的观念，树立与时俱进、开拓创新的新观念；破除“等、靠、要”的观念，树立主动出击找资金找项目的观念；破除“怕接触老板”“怕傍大款”的思想观念，树立大胆接触个体私营老板，大胆亲商、近商、爱商，大力发展非公经济的思想观念；破除封闭式搞建设的思想观念，树立对外开放、招商引资的思想观念；破除不敢用未来钱的观念，树立大胆用未来的钱搞建设的思想观念。在转变作风、提高效率方面，着重解决党政机关一些单位存在的“四难”（门难进、脸难看、话难听、事难办）、“三主义”（官僚主义、主观主义、形式主义）、“三乱”（乱收费、乱摊派、乱罚款）等问题。通过学习贯彻“三个代表”重要思想和落实“三贴近”活动，进一步增强为民服务意识，工作作风有明显改进。如市政府于5月底开通“市长热线电话”，6月初“市政府办证大厅”对外办公。为简化办事程序，减少办事环节，提高效率，营造宽松的投资环境，市政府组织清理审批项目和收费项目等文件，制定有关招商引资的优惠政策。5月8日，市委召集市直机关有关单位开展解放思想再讨论活动汇报会，市中级人民法院等10个单位作专题汇报，市委副书记冯成善对如何在市直机关掀起思想解放大讨论高潮，作具体部署。

2004年，全市继续深入学习宣传十六大精神和“三个代表”重要思想，开展“建设新来宾，我该怎么办”大讨论。市委对十六大精神学习宣传高度重视，周密安排，印发全市理论学习计划和市委中心组学习安排等文件，市委中心组8次开展十六大专题学习。市委领导班子成员亲自到各自联系点，对党员干部学习宣传十六大精神进行指导和辅导。3月下旬至4月上旬，根据市委要求，市委宣传部对全市学习宣传情况进行督促检查，通过检查，促进全市学习贯彻十六大精神的开展。召开学习观摩暨经验交流会。5月，市委在金秀召开中心组学习宣传十六大精神观摩暨经验交流，探讨新的学习宣传机制。为反映来宾市学习十六大精神成果，组织编辑出版《建设新来宾实现新跨越》论文集。同年，来宾市召开专题会议，对全市的“三个代表”重要思想学习进行部署，明确学习专题和具体要求。通过宣讲会（23场）、研讨会、墙报专栏等多种形式，深入学习宣传“三个代表”重要思想，围绕树立科学的发展观和加强党的执政能力建设等专题，着重抓干部的培训和各级党委中心组的学习，做到有计划、有组织、有形式、有内容、有重点、有检查、有落实、有成效。同时，加大督查力度，对各县（市、区）及市直部分单位进行一次全面检查并进行通报。召开1次县中心组学习观摩暨交流会，使各级领导干部成为学习贯彻“三个代表”重要思想的组织者、实践者、推动者，在指导实践、推动工作上取得明显成效。

2005年度，市委下发全市理论学习计划和市委学习中心组学习安排等文件，认真组织开展理论学习，促进全市理论学习的深入开展。认真抓好理论“三进”（进机关、进学校、进企业）工作。按照理论学习制度化、规范化的要求，各单位、各部门学习做到“六个有”，即有学习制度、有学习记录、有学习档案、有学习资料、有学习笔记、学习心得体会。组织开展全市“创建学习创新型”领导班子活动，建立领导干部“述学、评学、考学、督学”制度。并在合山市召开观摩交流会。做好理论宣传工作，在《桂中日报》《桂中电视台》等新闻媒体开辟理论学习专栏、专版，在大中专院校、企事业单位开辟广播、板报理论学习园地，做好理论宣传工作。举办各级干部理论学习培训班，全市各级共举办培训班65期，参加培训6000多人，并组织一次“万人理论大考试”。抓好理论宣讲工作，全市各级组织理论宣讲团在全市宣讲600多场，听众3万多人；市委讲师团给市直各单位和各县（市、区）上理论辅导课20多场次，1000多人参加，收到良好的效果。举行以保持共产党员先进性为主题的专场报告会、演讲比赛和山歌演唱会等。组织参加全区纪念抗日战争暨世界反法西斯战争胜利60周年理论研讨会，4篇论文入会交流，其中2篇获优秀论文奖。武宣县结合开展保持共产党员先进性教育活动和创建学习创新型领导班子活动开展理论学习，邀请市领导和有关专家给党员上党课；县领导给参加第一批先进性教育活动单位的党员干部上党课；单位领导给本单位和下属单位党员上党课。

第三节　社会宣传

1926年，中共武宣支部的党员到武宣、象州等地宣传，组织农民协会和农军，实行“二五减租”，反对贪官污吏，打倒土豪劣绅，开展反帝反封建斗争。解放战争时期，中共粤桂边、桂中、都宣忻等工委，利用各种形式，向群众宣传革命思想，组织群众配合解放军开展推翻国民党反动统治的武装斗争。

1950—1953年，境内各县围绕清匪反霸、抗美援朝、减租退押、土地改革和“三反”运动（反贪污、反浪费、反官僚主义）内容，由区（乡）政府组织知识分子到群众中去作政治宣传，宣讲革命胜利形势和剿匪、土地改革等政策。1951年1月1日，境内各级党组织认真贯彻中共中央《关于在全党建立对人民群众的宣传网的决定》。配合清匪反霸、土地改革进行宣传，揭露土匪、地主罪行，提高农民的阶级觉悟，胜利完成清匪反霸和土地改革等项任务。1950—1952年，忻城县主要宣传“清匪反霸”“减租退押”“镇压反革命”“土地改革”“抗美援朝”的正义性和有关政策。宣传《婚姻法》等等。全县农村宣传队伍也不断扩大，成立了宣传网，计有宣传员875人。还有腰鼓队92个，秧歌队170个，喇叭广播台462个，业余剧团29个，读报组194个，黑板报64块。各区设立传授站，由区委书记或区长定时间向宣传员作形势报告，提高他们的阶级觉悟和政策水平。1952年，象县委发出《关于在农村建立与巩固对人民群众的宣传网的通知》，进一步建立健全农村宣传员、报告员制度。报告员每月向干部、每两月向群众作一次形势、政策报告。时有大乐、塘头、沐恩、齐心、百丈、礼教、朝南等32个小乡建立了宣传小组。1953年，境内各县重点向广大干部群众宣传党在过渡时期的总路线、总任务，宣传农村互助合作的方针政策。是年，石龙县有农村宣传员800余人。大瑶山瑶族自治县着重宣传党的民族政策和《大瑶山团结公约》及其《补充规定》，以及民族团结模范的事迹，使干部及各族群众充分认识实行民族区域自治的重大意义，模范地执行民族政策和团结公约，促进民族团结和生产的发展。

1954年，境内宣传社会主义制度的优越性，分析小农经济的弱点，批判资本主义自发势力，宣传对手工业、私营工商业进行社会主义改造的意义，掀起农业合作化高潮。1955年，境内宣传毛泽东关于农业合作化的讲话，推动农业合作化运动的开展。大瑶山瑶族自治县在农业合作化运动中，宣传互助合作的必要性和优越性，教育和鼓励各族农民积极参加各种由低级到高级的互助合作组织。石龙全县有宣传小组2423个开展舆论宣传活动。1956年，境内各县始创办有线广播和报纸，开展社会宣传工作。石龙县创办有线广播和《石龙群众报》。

1958年，境内宣传党中央提出“鼓足干劲，力争上游，多快好省地建设社会主义”总路线，农村实现人民公社化，经济建设搞大跃进。各县调动所有宣传工具，采取各种形式，轰轰烈烈地开展宣传，宣传“人民公社是天堂”“跑步进入共产主义”和“人有多大胆，地有多高产”等不切实际的内容，主观上是想通过宣传来推动生产建设，客观上却助长“共产风”和“浮夸风”。1959年，石龙全县建立960个宣传队，1752个宣传小组，16579名宣传员，大张旗鼓地宣传“大跃进”、人民公社和建设社会主义总路线。

1960—1961年，境内各县宣传贯彻党对国民经济实行“调整、巩固、充实、提高”的方针，大办农业，克服工作中的失误，鼓舞人民团结奋斗，努力生产，战胜困难；宣传《中共中央关于农村人民公社工作条例（草案）》，宣传整风整社的意义和做法以及有关工业、农业、商业、教育、科学、文艺等工作条例（草案）；宣传国民经济和文化建设的成就、经验。1962年，宣传阶级斗争要“年年讲、月月讲、天天讲”。1963年，境内各县宣传“向雷锋同志学习”“以农业为基础，以工业为主导”的发展国民经济总方针，把发展农业放在经济建设的首要地位，正确处理工业和农业的关系，进一步宣传“八字”方针，调整国民经济、宣传社会主义教育运动（又称“四清”运动）有关文件和政策等。3月，象州县委组织在恢复农村经济中取得显著成绩的先进人物，组成巡回报告团到各区巡回报告，鼓舞群众，恢复农业生产。

“文化大革命”期间，境内党的宣传舆论工具被林彪、江青两个反革命集团所利用，宣传工作处于混乱状态。境内在舆论宣传上错误地批判“单干风”（指包产到户）和所谓“翻案风”，宣传“在整个社会主义历史阶段中，资产阶级都将存在，并有资本主义复辟的危险”“千万不要忘记阶级斗争”等阶级斗争扩大化和绝对化的有关论述，错误地宣传党内有一批走资本主义道路的当权派，社会主义教育运动的目的就是要反对走资本主义道路的当权派，搞乱了干部和群众的思想。这一时期，还宣传“农业学大寨”，学习大寨人战天斗地、治山治水、艰苦创业的革命精神；宣传农业生产有关水、肥、土、种、密、保、工、管的“八字宪法”，提倡科学种田。

1978年12月，境内广泛开展批判江青反革命集团活动，计举办学习班125期，培训骨干3180人次，召开批判会、声讨大会等，参加人数8万多人次；总批判专栏535期，写批判文章6126篇，漫画789幅。

1978—1981年，境内各县（市）社会宣传工作，继续揭批江青反革命集团的罪行，批判“两个凡是”的错误，开展“实践是检验真理的唯一标准”的讨论，进行思想战线上的拨乱反正，把党的工作重点转移到经济建设上来；宣传坚持社会主义道路，坚持无产阶级专政，坚持共产党的领导，坚持马克思列宁主义、毛泽东思想的四项基本原则。

1979年后，境内社会宣传工作，由过去着重宣传阶级斗争、两条路线斗争，转变为着重宣传经济建设和社会主义现代化建设。同时，针对改革中的农村新特点，加强圩镇宣传阵地建设，各乡镇文化站建立图书室、阅览室、贴报栏，乡镇各直属单位在圩市建立永久性宣传栏，乡镇广播站办圩日广播，加强圩镇宣传。电影院（队）进行映前宣传。1982年，根据农村实行家庭联产承包责任制后的新情况，着重宣传“两个不变”，即坚持社会主义集体化道路和土地等基本生产资料公有制长期不变；坚持农业集体经济实行生产责任制长期不变。宣传开展“五讲四美”（讲文明、讲礼貌、讲卫生、讲秩序、讲道德和心灵美、语言美、行为美、环境美）、“三热爱”（热爱祖国、热爱社会主义、热爱共产党）和精神文明建设活动的意义、做法。5月，针对农村实行生产责任制后，宣传思想工作面临的新情况，提出抓圩镇宣传的问题。之后，各乡镇陆续采取有线广播，宣传栏和出动宣传车等形式在圩镇上进行宣传。

1983—1986年，境内社会宣传工作，重点宣传党的十二大精神和经济、科技、教育体制改革，宣传中共中央《关于经济体制改革的决定》《中共中央关于社会主义精神文明建设指导方针的决议》，推动物质文明建设和精神文明建设，整党和计划生育的重要意义，促进干部群众思想解放；宣传彻底否定“文化大革命”。1985年，着重宣传深化经济改革，调整农村产业结构，发展商品经济。

1987—1990年，境内社会宣传工作，主要宣传党的十二大、十三大精神；宣传社会主义初级阶段的理论和建设具有中国特色的社会主义理论；宣传中央有关经济体制改革的决定，宣传农业、工业、商业等方面的体制改革。1987年，象州全县各乡镇培训宣传员2630人，广泛开展社会宣传工作。1988年，象州全县有宣传栏254个，宣传员771人。1989年，来宾县委在县委门前建起宣传长廊，根据各时期党的工作重点加强社会舆论宣传。1990年，境内每个村公所和村民委员会均设1名宣传员，社会舆论宣传工作得到加强。其间，计划生育宣传、科技和法制宣传也日渐普及和深入农村。

1991年，境内各县（市）在加强社会宣传的同时，通过新闻媒体加大对本县（市）的社会舆论宣传工作。来宾县7000多名党员参加“三基”（马克思主义基本理论、党的基本路线、党的基本知识）知识测验活动，获自治区党委宣传部、组织部“‘三基’知识测验先进组织奖”。县委在开展基本路线、基本国情教育和社会主义思想教育活动中，宣传部撰写辅导材料，干部群众受教育47.13万人次，占全县农村成人总数的50.02%，出专题黑板报4914版，墙报1828版，广播宣传2796次，影前宣传922次，录像宣传164场次，文艺演出376场，编写小标语36226条，永久生性标语4930条。给在社教中评上“爱国守法光荣户”的65032户农户制挂牌匾，占全县农户总数45%。参加柳州地区2期农村社教教材编写，并订购8000多册社教教材和1000多册其他辅导材料发给全县乡镇学习。来宾县关于《充分发挥报网优势，有效地开展农村社会主义思想教育》经验获自治区党委社教办好评，并被收入自治区农村社教经验汇编。宣传部门积极组织稿件参加有关报、刊、台举办的纪念中国共产党成立70周年征文活动。获《桂中日报》先进组织奖，有1篇征文被《广西日报》评为三等奖。7月1日，合山市组织开展纪念中国共产党成立70周年纪念日活动，出板报12版。组织12个代表队，举办“党在我心中”歌咏比赛和自治区党委宣传部举办的“党在我心中”知识竞赛。武宣县建立有37支农村业余文艺宣传队，业余文艺创作人员40多人，业余通讯员100多人，有宣传黑板300多块，宣传栏120多个，成立党员活动室100多个，青年民兵之家50多所，妇女之家20多所，老年活动室8所，农村技术学校60多所。组织11个舞狮队、6个舞龙队、13个街头演出队在县城和各乡镇进行巡回表演。举办武宣县首届“文明杯”篮球赛。开展老年人门球、乒乓球、足球、羽毛球、射击、拔河、斗鸡、山歌演出、美术书画展、游园文艺晚会等。编写形势教育材料，县直单位和厂、矿、场作形势报告，讲解当前东欧、苏联的局势变化以及国内的政治形势，阐述“两个坚持、一个中心”深刻内涵。

1992年，境内各县(市)所在镇均建起宣传长廊，形成以县城为中心、乡镇为依托、村屯为阵地的一体化、多功能的社会宣传网络。合山市开展建市10周年活动，出版建市10年来政治、经济、社会发展板报12版、工作成果图片展6版。1月20日—6月5日，合山市分别在市人民中路，北泗、河里街，开展首届科技活动周和世界环保日宣传活动，发放农业实用科技资料和有关环保知识资料共1万份。以“三优一学”活动为主要内容，组织市、乡镇宣传部门在全市开展创建文明单位、文明村宣传，出版墙(板)报4版，开辟宣传窗(栏)31版。武宣县在每个村民委员会配备1名业余宣传员，县直各企业配备1名政工员。农村有业余文艺宣传队38支，业余文艺创作员67人，业余通讯员195人，业余宣传员1768人。全县有宣传黑板344块，宣传栏146块。在高立山脚投资10万元建立宣传长廊，全长120米，高3.2米，宽0.95米，设有宣传橱窗27个。全县有广播线路984.1千米，入户喇叭17275只，占农户6.37万户的26.8%，设有调频广播室15个。举办了“武宣县青年歌手”演唱会，评出了“武宣十佳歌手”。

1994年，境内各级宣传部门组织力量开展抗洪救灾宣传和开展百部爱国主义优秀影视片金曲歌咏比赛、反腐倡廉演讲比赛，学习和宣传徐洪刚、李正海、宾义华和罗金富先进事迹等社会宣传活动。3月，合山市召开宾义华见义勇为表彰大会，宣传宾义华见义勇为先进事迹，号召全市人民向宾义华学习。7月上旬，开展反腐倡廉演讲比赛，参加的代表队6个共30人，观众2500人次。象州县围绕蔗糖生产和绿化灭荒主题，组织文艺队巡回演出13场；宣传何华民英雄事迹，组织报告团巡回报告37场次。1995年，合山市协助桂林电视台在合山拍摄反映宾义华见义勇为事迹的电视剧《热血金盾》。来宾县30个基层党委配齐宣传委员或宣传干事，完善县、乡、村三级宣传网络，全县90%以上村公所设有宣传黑板。象州县通过乡镇圩日开展科技、计生宣传和劳动法、兵役法、税法、检察官法、保险法宣传612次。

1996—2002年，境内县(市)、乡镇党委宣传部门，着力探索社会舆论宣传的新方式，采用横幅、标语、宣传车、出墙报、板报和利用圩日宣传等方式，对党的路线、方针、政策，国家的法律、法规，各县(市)党委、政府的工作思路，县(市)、乡镇各类先进典型，进行有效宣传。1997年7月，境内各县(市)开展庆祝香港回归宣传，组学校师生，举行迎香港回归，热爱祖国签名仪式。合山市700多人参加签名活动。9月，来宾县委宣传部制作“展示新成就，迎接十五大”板报，参加柳州地区板报比赛获二等奖。10月，来宾县委宣传部和自治区党委宣传部、自治区文化厅、柳州地委宣传部、柳州地区文化局共同筹备歌王大赛、小康民谣演唱会，新华社、中央电视台、中央人民广播电台以及自治区、地区各级新闻媒体均进行报道。1998年，来宾县组织演出队参加自治区成立40周年《理论歌谣》电视歌会获金奖。县委宣传部组织“奔小康”农民宣讲团，《桂中日报》《广西日报》均进行报道。当年，全县出版宣传墙报428期。

1999年，合山市在全市开展揭批“法轮功”邪教组织及其非法活动宣传，召开党员、干部职工座谈会9次，悬挂揭批“法轮功”宣传横幅5幅，张贴标语350条。来宾县举办国庆大合唱晚会和文艺晚会。县委宣传部协助中共柳州地委宣传部举办柳州地区青年歌手演唱比赛和“甲天下杯”国庆之声演唱比赛。同年全县共出版墙、板报486期。2000年1月25日下午，中央电视台“手拉手”艺术团赴来宾县慰问演出。5月11日，县委宣传部与县政法委组织柳州地区“十佳”政法干警报告会。11月19日上午，全县在新落成的来宾迎宾广场举办柳州地区科普大行动活动，地、县有关领导出席。参加活动单位有30多个，群众1.5万余人。同年，县委宣传部组织13万名中小学生参加全国青少年“走向新世纪”爱国主义读书教育活动，有2名小学生参加自治区演讲比赛获三等奖。当年，出版墙报14期215版。

2001年5月，来宾县向地委宣传部推荐北五乡全国人民满意司法助理江耀强为来宾县先进典型，并在《来宾报》《桂中日报》和《广西日报》上广为宣传。6月1日，来宾县选送1名学生参加全区青少年“讲公德、守法纪、听党话、跟党走”读书演讲比赛获三等奖。9月向地委宣传部报送迁江、城厢、凤凰为来宾县乡镇致富典型，报送卢玉良等12名农村致富典型。10月17日，来宾县举办新世纪首届运动会，邀请“世界体操王子”李宁参加，《人民日报》《桂中日报》《桂中电台》均进行现场报道。

2002年，兴宾区树立一批依靠科技、勤劳、守法致富的先进典型，并组织致富代表到24个乡镇巡回报告。《广西日报》作题为《身边典型可学可信》报道。同年，举办建市、建区庆典活动，拉挂横幅91条，竖幅186条，在主要庆典场所放置氢气球12个，从高速路口到市中心主要街道拉挂彩旗3万多米。在《广西日报》《广西画报》《桂中日报》等报刊和广播电视等媒体全面宣传报道兴宾区两个文明建设成就和投资环境，邀请《新华社》《人民日报》《广西日报》等新闻单位前来报道庆典活动。合山市组织开展打击非法彩票“六合彩”赌博活动系列报道，重点宣传从重严厉打击工作情况及成效。在市第二中学举行“反对邪教、破除迷信、崇尚科学、传播文明”签名仪式，参加签名的中小学校师生共2350人。1997—2005年，武宣县宣传部把新闻报道工作列为一项政治任务来抓，通过下发文件、制定奖励制度，要求各级党政一把手亲自抓，物力、财力上予以大力支持。全县有10个乡镇和45个县直单位建立新闻报道小组，有业余通讯员320多人，县委宣传部邀请《广西日报》和电视台等新闻单位的记者、编辑到县、乡上新闻辅导课，10年共举办新闻报道培训班39期，共培训业余通讯员1500人。

2003年，来宾市社会宣传工作主要是围绕重大节庆重要活动来开展。一是邀请广西壮剧团和广西艺术团到来宾演出，市内3000多人观看。广西壮剧团到忻城、武宣、象州、金秀等县宣传演出11场，观众场场爆满，效果很好。二是在国庆、市庆等重大节假日，布置和检查市直各单位悬挂宣传标语、升挂国旗，营造浓厚气氛。三是协同有关单位在市区、县、乡开展计划生育政策宣传、禁毒宣传、法律法规宣传、地震知识以及科普知识宣传等活动，另外，还组织协调有关部门制作《金秀瑶族博物馆》电视专题片编入《爱祖国爱广西——八桂爱国主义教育基地巡礼》电视专题片。3月，合山市通过合山市报、有线电视开辟专栏，从讲政治、讲大局、讲稳定、讲科学的高度，正确把握舆论导向，开展防治“非典”宣传，营造稳定人心的良好氛围。兴宾区组织文艺演出、文艺晚会，举办“区庆1周年绘画、书法、摄影展”，承办《大跨越——撤县设区1周年建设成就板报比赛》和千人团体操表演。组织送戏下乡100场，送电影下乡1682场次。组织图书下乡6次，共计5000多册。开展读书活动周活动，向读者发放宣传资料6000多份。开展捐书活动，共收到捐书2.4万册。向广大群众发放预防“非典”宣传单60多万份，发放预防“非典”书籍1200多册。

2004年，来宾市成立形势政策宣传教育活动工作领导小组，在广大干部群众中广泛深入地开展形势政策宣传教育系列活动：组织优秀共产党员报告团到市直及各县（市、区）巡回报告；共作9场关于革命传统教育和共产党员先进事迹报告会；协同市交警支队开展“道路交通法规”宣传启动仪式协同市计生局、卫生局、公安局、司法局、科协等单位开展“三下乡”活动，大力宣传计生政策、禁毒、法律法规、科普知识等，教育人数32万人次。市委宣传部把开展“弘扬和培育民族精神，全面建设小康社会”主题教育活动作为2004年社会宣传重点工作，以象州县武警中队、第二中学、博华公司中平镇梧桐村为试点，以学校、武警、企业、农村为代表单位，以读书活动、召开座谈会、写心得体会文章、出宣传板报、演讲比赛、“三下乡”等活动为载体，开展送书、文章评比、结合“三下乡”活动，发放弘扬和培育民族精神宣传资料1万余份；在象州县开展民族精神巡回宣讲6场、受教育人数5000多人。同时，选出2名选手参加全区演讲决赛获优秀奖。兴宾区开展纪念邓小平诞辰100周年论文评比、演讲比赛、板报比赛、文艺会演及书画展等系列宣传活动，历时1个多月，参加人数上千人，观众万余人。

2005年，来宾市在广大干部群众中开展以“回顾‘十五’辉煌成就，展望‘十一五’美好前景”为主题宣传教育活动7期，发放宣传资料3000多份，利用各种有效载体广泛开展爱国主义、集体主义、社会主义、艰苦奋斗等宣传教育活动。围绕普法、科普、交通、计生、禁毒、交通安全等工作，开展各种宣传教育活动，如“四五”普法依法治理、“12·4”法律宣传日、“人与自然和谐发展”、科技知识图片和科技知识咨询宣传、“道路交通法规”宣传启动仪式等，使党和政府的方针、政策深入人心、家喻户晓。同时配合全区在武宣县开展以“乡土情深”为主题的文化、科技、卫生“三下乡”活动启动仪式。有2万多名群众享受文艺科技大餐，自治区“三下乡”工作团给武宣县捐赠现金50万元，电脑、书籍等物资一批，价值约90多万元。积极开展典型宣传，认真挖掘各行各业的先进典型人物，在媒体上大力宣传。推荐上报蓝仁松、刘瑞军等两个先进典型，获自治区典型宣传二等奖。组织本市刘瑞军、蓝仁松先进事迹报告团到各县（市、区）和市直单位开展巡回宣讲活动。同时，配合做好自治区党委宣传部在来宾市开展王振磊先进事迹报告会的各项工作。围绕抗日战争暨反法西斯胜利60周年，组织开展图片展、书画展、座谈会、参观战场遗址等一系列的纪念宣传活动。合山市开展以保持共产党员先进性教育活动为主题的宣传活动。5月1日、7月1日，分别举办“五一”节保持共产党员先进性教育活动演讲比赛和“庆祝七一、永葆先进”歌咏比赛，参赛单位共13个，观众共6500多人次。兴宾区组织出版宣传墙报、板报705版，开展书画图片展3次，组织演讲比赛2次，举办大型文艺晚会5场次，悬挂各项工作宣传标语共1327条（幅）。组织送戏下乡70多场，电影下乡1400多场。组织送书活动5次，共计送书6400多本。开展读书活动周2次，向读者发放宣传资料9000多份。

第四节　对外宣传

来宾市主动配合招商引资、重大经贸洽谈等活动搞好对外宣传工作，利用中央和海外新闻媒体，全方位、多角度地展示来宾市独特的区位优势、丰富的资源优势和优惠的投资政策，宣传来宾市经济社会发展的战略目标和改革开放的思路。除继续抓好《来宾史话》《旭日来宾》《红水河畔新来宾》等对外宣传品的发行工作外，各有关部门围绕民族风情旅游主题，组织力量制作外送一大批反映新来宾新风貌的画册、邮册、明信片、挂历、折子及光碟。1991年，来宾县共被县外有关新闻单位采用的稿件1240篇，其中《广西日报》96篇，自治区电台139篇，自治区电视台39篇（条），地区电视台43篇（条），其他报刊923篇。1992年，来宾县全年被《广西日报》采用的稿件88篇，被广西人民广播电台采用的稿件150篇，被广西电视台采用的稿件40篇，被《桂中日报》采用的稿件300多篇，被其他新闻单位采用的稿件达900多篇。1994年，来宾县全年上《广西日报》的稿件145篇，广西电视台的稿件27篇，广西人民广播电台的稿件292篇，《桂中日报》稿件突破600篇，地区级以上的其他报刊稿件500多篇。1995年，来宾县上《广西日报》198篇，上中央电视台1篇、广西电视台27篇、广西人民广播电台120多篇、《桂中日报》650多篇、桂中电视台70篇；县内广播、电视新闻播出3135条，共出《来宾报》48期。1991—1996年，武宣县全县新闻报道，被地区级以上报刊采用的稿件3966篇，其中上自治区级以上报刊，电台、电视台的稿件1284篇。1996年，来宾县通过新闻稿件，广泛宣传全县经济建设成果，全县上《广西日报》288篇，《桂中日报》657篇，《大西南经济报》15篇，广西人民广播电台357篇；县广播电视共播出新闻2000多条，共出《来宾报》50期。1997年，来宾县首次实现24个乡（镇）都有稿件被《广西日报》采用。全县上《人民日报》（华南版）5篇，中央电视台5篇，《广西日报》306篇，广西电视台210条。1998年，来宾县在《人民日报》上稿6篇，在《广西日报》上稿310篇，上《桂中日报》641篇；县广播站、电视台共播新闻2961条，出版《来宾报》104期。

1999年，来宾县制作反映本县解放50年来各行业所取得伟大成就的精美画册《今日来宾》3000份，作为对外宣传、招商引资材料。全县完成《人民日报》上稿6篇，《广西日报》239篇，《桂中日报》649篇；县广播站、电视台共播出新闻3358条，来宾报社出版《来宾报》104期。2000年，来宾县印发《投资指南》7000册，出版《精神家园》刊物1000册。全县上《人民日报》（华南版）稿件5篇，《广西日报》稿件385篇、《桂中日报》稿件783篇；县广播站、电视台共播出新闻3505条，出版《来宾报》91期。2001年，来宾县委宣传部组织来宾报社、广播电视局、文化部门围绕全县各项工作，利用各种宣传媒介开展对外宣传活动，提高来宾县的知名度。县委宣传部全年被自治区党委宣传部采用单条信息 1 条，采用综合性信息 3 条，被地委宣传部采用单条信息 7 条。全县上《人民日报》（华南版）稿件 1 篇，上《广西日报》333 篇，上《桂中日报》815 篇；广播电视类上中央电视台新闻 2 条，广西电视台 72 条，广西电台 205 条，桂中电视台 250 条；县广播站播出新闻 2180 条，县电视台播出新闻 1980 条，《来宾报》共出版 148 期。2002 年，兴宾区上《人民日报》11 篇，《广西日报》252 篇，《桂中日报》698 篇。荣获《桂中日报》“新闻报道先进集体”称号。《来宾报》全年共出版 151 期。1997—2005 年，武宣全县上新闻稿 8482 篇（条），其中，《人民日报》16 篇，中央电视台新闻 8 条，《广西日报》462 篇，广西人民广播电台 517 篇，广西电视台新闻 371 篇，《桂中日报》2619 篇，桂中电视台新闻 1973 条，其他地区级以上报纸杂志 2977 篇。2000—2005 年，合山市在各级报刊发表新闻报道共 2684 篇，其中，《人民日报》37 篇，《广西日报》425 篇，《桂中日报》2035 篇，其他报刊 187 篇。在电视、电台播放合山市经济建设成就的新闻有 1069 篇，其中，中央电视台 3 篇，广西电视台 291 篇，桂中电视台 288 篇。

2003 年，兴宾区新闻上《新华网》《人民日报》《经济日报》《农民日报》《中央电视台》等中央级新闻媒体稿件 12 篇，《广西日报》338 篇，《桂中日报》833 篇，《广西人民广播电台》30 条，电视新闻 900 多条。

2004 年，市委、市人民政府以中国东盟博览会为契机先后到广东、浙江、香港及东南亚一些国家开展一系列招商引资推介活动。围绕这些推介活动，市委宣传部组织制作电视、电脑多媒体宣传光碟，配合编写招商引资宣传材料，并在《人民日报》《广西日报》、国内 12 家西部省电视台，《香港文汇报》，泰国《星暹日报》、马来西亚《星洲日报》组织专版或电视专题宣传。兴宾区新闻上《新华网》《人民日报》《经济日报》《农民日报》《中央电视台》等中央级新闻媒体稿件 17 篇；上《广西日报》359 篇，《桂中日报》980 篇，《广西人民广播电台》31 条，《广西电视台》59 条，《桂中电视台》187 条，《桂中电视台兴宾新闻》497 条。

2005 年，以举行第三届“来宾 · 法国狂欢节”为契机，做好对外宣传。来除桂中日报、桂中电视台两家本市媒体全力以赴投入宣传报道外，宾市委宣传部还邀请 22 家 45 名区内外、国外和涉外媒体记者参加节前新闻发布会和狂欢节期间的采访报道活动，所邀请的新闻媒体包括电视、广播、报纸、刊物、网络。除国内媒体外，海外媒体有法国电视一台，涉外媒体有《香港大公报》《文汇报》、广西对外广播电台、《荷花》（越文）杂志等。前来采访的记者人数之多前所未有，仅广西电视台就派出 3 个栏目 11 名记者的摄制节目；《广西民族报》《广西画报》、新华社、《广西日报》《南国今报》等分别派出 3~4 名记者采访组，报道量大，宣传面广。4 月 28 日，狂欢节新闻发布会召开。5 月 14 日，狂欢节正式举行的当天晚上，广西电视台、广西人民广播电台、广西对外广播电台（粤语、越语）、广西桂龙网等媒体立即进行首播（放）当天新闻，继而连续滚动播放：广西电视台除在广西新闻、新闻在线、公共频道、南国晨风等频道（栏目）播放外，还向中央电视台西部频道和国际频道传送专题节目：《人民日报》以《狂欢节给来宾人民带来欢乐》为标题发稿；《香港大公报》以《狂欢无国界》为标题发稿；《广西日报》《南国今报》《广西民族报》《桂中日报》等均编发整版彩版报道；新华社分别以法、美、中文，图片中文，中文对外，国内通稿的多种形式向国内外发稿，并通过卫星，把狂欢节的盛况，市领导与法国朋友同庆狂欢节的图片向全球媒体发布；新华网广西频道、广西桂龙网、新桂网及各大媒体网站均在国际互联网上宣传报道狂欢节盛况。8 月 29 日，来宾市与拉瓦格市签署《中华人民共和国广西壮族自治区来宾市与菲律宾共和国北伊洛省拉瓦格市建立友好城市关系意向书》，10 月 19 日，来宾市市长张少康与拉瓦格市市长迈克尔福法里那斯在南宁市签署友好城市条约。兴宾区发表各类新闻报道 2900 多篇，其中电视新闻 1800 多条，上《人民日报》10 篇，《广西日报》381 篇，《桂中日报》803 篇。

第五节　信息与网络

1992—1998 年，来宾县有 47 篇信息稿件被上级宣传部门采用。1999 年，来宾县被有 14 篇信息稿件上级宣传部采用。2000 年，来宾县有 10 篇信息稿件被自治区党委宣传部、柳州地委宣传部采用，编发《文明简报》7 期，《思想动态》3 期。2001 年，来宾县委宣传部被自治区党委宣传部采用单条信息 1 条，采用综合性信息 3 条，被地委宣传部采用单条信息 7 条。

2002—2004 年，兴宾区（来宾县）被自治区党委宣传部、来宾市委宣传部采用信息稿件 19 篇。

2003 年，来宾市共撰写上报宣传信息调研文章

60多条(篇),被采用30多条(篇)。2004年,来宾市建立健全宣传信息制度和传输网络,做好宣传信息的采集、编写和报道工作。市委宣传部获2004年自治区宣传信息三等奖。根据自治区有关地、市、县一级不单独建立新闻网站和非新闻宣传单位未经批准不得自行采写、发布和转载新闻等有关规定,市委宣传部于7月下发《关于加强来宾市互联网站新闻管理的通知》(来宣〔2004〕13号),要求全市已开通的互联网站进行自查,已建立新闻网站的自行关闭,非新闻宣传单位网站有违反规定登载新闻业务的要立即取消登载。市内两家未经批准、无相关手续、个人自办的综合网站《来宾都市在线》《来宾在线》按相关规定自行关闭。

2005年,向上级有关部门报送信息109条,被采用20条(其中《宣传信息参考》采用7条;《舆情信息参考》采用1条;区党委办公厅采用4条;中央办公厅、中宣部采用8条),市委宣传部调研室报送的《武宣县构建社会宣传网络》被区党委宣传部评为好信息。市委宣传部对全市所有已开通互联网站进行一次全面的检查和内容审核。“来宾市党建网”“来宾市政府网”“来宾教育信息网”和“来宾旅游在线”四家网站自行取消转载新闻宣传版块,并对自行采写的有关内容进行规范,不刊登与本网站业务之外的其他信息内容。“来宾娱乐网”取消新闻链接。兴宾区委宣传部被自治区党委宣传部、来宾市委宣传部采用的信息稿件10篇;利用兴宾办公网、兴宾党建网等网站向外发布信息270多条。

第七章 精神文明建设

第一节 机 构

2002年12月25日,根据《中共来宾市委 来宾市人民政府关于市委和市人民政府机构设置的通知》(来发〔2002〕2号)文件精神,设置中共来宾市委员会精神文明建设委员会。根据《中共来宾市委 来宾市人民政府关于来宾市机构设置和人员编制方案的实施意见》(来发〔2002〕7号)文件精神,将中共柳州地区委员会精神文明建设委员会整体移位更名为中共来宾市委员会精神文明建设委员会。中共柳州地区委员会精神文明建设委员会办公室整体移位更名为中共来宾市委员会精神文明建设委员会办公室,在市委宣传部挂牌,其党务、人事、行政后勤等由市委宣传部管理。办公地址在北二路331号。

市精神文明建设委员会办公室主任:韦宏明(2002年12月—2005年12月)。

第二节 文明创建活动

20世纪50—70年代,境内精神文明建设主要是在广大干部群众中大力宣传黄继光、雷锋、王杰、焦裕禄等英雄模范事迹。市境内不怕苦、做好事、全心全意为人民服务蔚然成风,社会风气发生大变化,人的精神面貌焕然一新。1979年,改革开放,各级党组织把精神文明建设列为重要议事日程,当作宣思想战线工作的一项重要内容,常抓不懈。

20世纪80年代后,境内各县精神文明建设工作结合本地实际,从群众关心的事情入手,以武宣县“三星”达标活动为示范,坚持不懈地抓思想教育、抓创建、抓载体,进行大胆尝试与探索,走出一条有本地特色的精神文明建设新路子。党的十四届六中全会后,创文明县城、文明村镇、文明单位“三大”创建活动在各县(市)迅速掀起高潮。1981年,抓“五讲四美”(讲文明、讲礼貌、讲卫生、讲秩序、讲道德和心灵美、语言美、行为美、环境美)教育,促“3个好转”(党风、社会治安、社会风气),做“3件事情”(搞好环境卫生、整顿公共秩序、改进服务态度)。1982—1983年,合山市委突出抓好“五讲四美”活动,编印宣传材料3000份,解决社会上“脏、乱、差”的问题。1982年3月,忻城县开展“五讲四美”活动。全县城乡有15.38万人,植树38.38万棵,种花4221盆,建花圃340个;清除垃圾1251吨,积肥4742吨;清污水沟301条,长9858米;平整路面102条,长8328米;新建厕所87间,广大共青团员走上街头为群众做好事,义务替群众理发、修理自行车等共2.03万件。同年冬,忻城县委宣传部和县武装部与宁江乡加仁街结成军民共建文明村。1982年,境内各县开展“文明礼貌月”活动,促进社会主义文明建设。1983年5月,柳州地区在武宣县召开“创建文明村”经验交流会,总结推广柳州军分区、县、市人武部和地方党委组织民兵参加创建文明村活动的经验。1984年9月，忻城县进行文明村(单位)检查评比，评出文明村8个，文明单位8个，文明学校3个。1984年，境内开展“三优一学”(优美环境、优良秩序、优质服务、学习雷锋等先进人物)活动，百万余人受到教育，1300多人上街为过路群众做好事，25.1万人次参加治脏治乱劳动，清理垃圾4600多吨。各县(市)85个文明村点，有12个达标。1985年，合山市深入开展创建文明村和文明单位竞赛活动。北泗乡六龙村党总支委员会，为群众办好事12件，深受群众欢迎。1985年10月25日，忻城县委发出《关于加强精神文明建设的意见》，提出精神文明建设具体内容。文明村、文明单位、文明学校、文明商店建设，层层有人抓。11月，忻城县委成立精神文明领导小组。城关镇一小(今实验小学)和宁江乡加仁村获自治区党委和区人民政府授予文明单位(文明村)称号；忻城旅社、公安局看守所、县新华书店和马泗乡沟龙屯、大塘镇敬流屯、思练镇伦贡村、古蓬镇板桑屯、遂意乡板里屯、北更街获柳州地委、柳州地区行署授予文明单位(文明村)称号。1986年，金秀共评出地区级文明单位(文明村)5个，县级文明单位(文明村)23个。

1990年，各地精神文明建设突出“学雷锋，树新风”内容，境内共有15万人上街为群众做好事。5月，合山市对城区进行综合治理，市委抽出机关干部15名组成工作队，拆除在公路或村头路口乱搭乱盖摊点15处。开展“三优一学”竞赛活动，每年领导组织进行检查评比。1987—1990年，合山市先后评出文明单位15个，文明集体33个。1990年10月，合山市成立社会主义文化管理委员会，查处淫秽录像，黄色书刊，非法出版小报，取缔桌球赌博活动。到1990年先后查录像磁带960盒，送审480盒。1988—2002年，金秀加大文明乡镇，文明村屯、文明单位创建力度，制订《金秀瑶族自治县精神文明建设“九五”计划》，制作《金秀瑶族自治县县城精神文明建设指南》。1988—2005年，金秀有36个单位获市级以上(含市级)文明村镇、文明单位称号，获县级文明单位(庭院、乡镇、村)200多个，文明单位、文明村镇、文明社区、文明行业创建和“三下乡”“四进社区”“百城万店无假货”等创建活动有序开展。

1991年，境内各县重点抓好“四有”(有理想、有道德、有文化、有纪律)，“五爱”(爱祖国、爱人民、爱劳动、爱科学、爱护公共财物)教育，突出思想道德建设，提高人的素质。3月11日，武宣县委作出深入开展学雷锋活动的决定，以“岗位学雷锋、行业树新风”为主题，做各种助民、利民的好事。来宾县对获自治区、地区命名的文明单位和文明村做好巩固、完善和考核工作。经考核，原获地区命名的9个文明村、3个文明单位，获自治区命名的2个文明村以及获国务院命名的1个全国文明市场均能保持原来的荣誉。

1992年，境内各地把开展“三星户”(守法光荣户、致富文明户、小康文明户)达标活动，作为“三优一学”和创建文明村的落脚点，共组织8875个学雷锋小组，43.1万人次上街为群众服务，评出“三优一学”先进集体2个，地区级文明单位8个，自治区级文明村公所9个，学雷锋标兵2人，学雷锋积极分子11人，有20余万户农户达到“三星户”标准。3月，中共合山市委员会作出《关于开展创建文明城市的决定》，出台《合山市创建文明乡镇活动工作方案》等重要决策，在全市范围内开展创建文明单位、文明乡镇、文明村和文明户活动。4—10月，武宣县各乡镇把农村“三星文明户”的复评和新评工作作为一项重要工作来抓，对已评上的5.20万户一星级文明户进行复评，有4.73万户合格，100户不合格，被摘下牌匾，同时新评上一星级文明户4531户。被评为二星级文明户的9666户，经过复评，继续评上的有6628户，新评上的有3038户，评上双文明户的有1955户。

1993年，境内各地的精神文明建设又增加“三德”(社会公德、职业道德、家庭伦理道德)教育内容，11.6万余人参加“岗位学雷锋，行业树新风”活动。4月5日，武宣县革命烈士纪念塔在马鞍山落成并举行剪彩仪式，干部、学生共1200多人参加揭幕典礼，并进行爱国主义教育。8月1日，武宣县精神文明建设委员会发出《武宣县文明单位(村)建设管理办法》。

1994年，境内共放映中央推荐的100部爱国主义教育影片190场次，观众9.2万人次。各县(市)组队参加地区革命歌曲演唱比赛，反腐倡廉演讲比赛等活动。根据农民奔小康的愿望日益迫切，“求知、求乐、求安、求富”成为新时期农民的四大需要。根据形势变化，将原来的老“三星文明户”改为“守法光荣户”“致富文明户”“小康文明户”新“三星文明户”。新一轮三星升级活动把精神文明和物质文明结合起来，突出奔小康的主旋律，适应农村变化形势和农民的需要，得到广大群众的拥护和支持。来宾县在“三八”期间，县委宣传部与县妇联组织开展“五好家庭”评选活动，全县评出“五好家庭”58户。结合“三优一学”竞赛活动，制定实施方案，对县城的交通秩序和环境卫生进行全面清理整顿，查出无证无牌的各种机动车辆125部，清理违章占道80余处，县城面貌大为改观。全县被自治区评为文明单位、文明村各1个，地区级文明村1个，县级文明单位6个。武宣县三里镇慕古村一位农民在获得"小康文明户"牌匾后在自家门口贴一副对联："过去我是老贫农，今天我是小康户"，横批：全家光荣。武宣县以参加自治区创建文明县城达标竞赛活动为契机，连续三年（1994年、1995年、1996年）发布创建文明县城布告，根据武宣县实际，发扬自身优势，大胆提出"绿化、美化、净化、灯饰化、规范化"的"五化"目标，把广泛开展"做文明市民、兴文明家庭、创文明单位、树行业新风、建文明县城"作为全县群众性精神文明建设的重点来抓。突出抓好思想道德建设，大力加强市政基础建设，加强社会秩序和市容市貌整治，加强城市综合治理，努力提高市民的文明素质，促进县城文明程度的提高。

1995年，境内各县（市）农村继续开展"三星户"达标活动，武宣县东乡乡上棉村在开展这一活动中，10名妇女自发组成"禁赌协会"，把有赌博恶习的人集中起来学习，并要他们写保证书，刹住了赌博风。各级发动青年参加"热爱祖国、做四有新人"读书活动，有6800多人分别获全国、自治区组委会的奖励，有7名代表出席全国表彰会。各县（市）和部分厂矿企业组织参加爱国主义知识竞赛，并组队参加全区电视决赛，获得第1名。5月，来宾县委、县人民政府下发《关于来宾县精神文明建设管理暂行规定》和《来宾县文明单位（村）管理办法》，召开创建文明县城誓师大会，创办文明市民学校，使创建文明县城工作深入人心，形成人人争做文明市民，个个为创建文明县城出力的良好风尚。各有关职能部门重点整治县城的脏乱差，使县城的市容市貌大为改观。在农村开展三星文明户达标升级评比活动，全县14.64万户，参加评比活动的农户14.35万户，占全县农户的98%，评上小康户0.81万户，致富户4.07万户，爱国文明户7.90万户。评出致富文明村10个，小康文明村2个。评出文明单位39个，花园式单位11个。11月9日，武宣县委、县政府审核批准县财政局等31个单位为武宣县1994年度文明单位；批准三里乡慕古村公所等13个单位为文明村。

1996年，各县（市）主要以"三德"教育作为加强社会主义精神文明建设的基础工作来抓，在窗口行业开展创"十佳"活动。5月20日，武宣县委、县政府批准县人事局等50个单位为1995年度文明单位；批准武宣镇清水村公所等20个单位为文明村；批准10人为武宣县"十佳"营业员。7月15日，武宣县委印发《武宣县创建全国文明村镇示范县活动1997—1999年总体规划》。来宾县围绕"快翻番，奔小康，创一流，建新市"的目标，继续抓好农村"三星文明户"的升级达标评比工作。来宾县获自治区党委、自治区人民政府授予"创建文明县城工作进步县城"称号。

1997年，各县（市）在精神文明建设活动中，制定创建文明县城工作方案和文明市民公约，规范各种文明创建活动。4月25日，武宣县委、县府发出《关于实施全国文明村镇创建示范县工作方案》的通知。来宾县制定《国家干部职工行为规范》和《来宾县文明市民公约》，把创建文明县城、文明单位、花园式单位和文明户的评比工作纳入"讲文明、树新风"活动内容。9月，县精神文明建设委员会下发《关于开展文明示范点创建活动的通知》，在全县开展创建文明门店示范点、文明摊铺各10个、文明集贸市场示范点5个、文明商场示范点2个、文明小区示范点2个、文明机关大院示范点2个、文明示范点乡镇4个、文明示范点村委会10个、文明示范点村10个、小康文明户20户、五好家庭示范户等活动。会同有关部门开展创建青年文明号柳来路文明示范街、师范学校师生创建北二路示范活动和开展来宾首届"十大杰出青年"评比表彰活动，号召全县青年向"十大杰出青年"学习，在广大青年中掀起"三优一学"和"比、学、赶、超"活动的热潮。武宣县被中宣部列为广西唯一的创建文明村镇示范县。忻城县开展"讲文明、树新风"活动。9月，在县城召开"讲文明、树新风"活动动员大会，以战线为单位进行"讲文明、树新风"签名活动，组织县直机关单位干部职工、学校师生、城关镇和宁江乡干部职工共1万多人，开展环游县城宣传活动。全县有40个村（屯）被评为乡镇文明村镇。合山市与自治区签订创建文明城市责任状后，市委、市政府抓住这契机，化压力为动力，召开全市创建文明城市誓师动员大会和破陋习、讲文明、树新风暨争创文明城市大会。由市委宣传部牵头，围绕争创文明城市开展游园晚会、交谊舞比赛、创文明城市知识抢答竞赛等活动。此外，每年还开展诸如"十佳文明市民""十佳文明青年""十佳文明单位""十佳营业员"和军民共建等评选活动。千方百计筹措资金不断完善有关硬件设施。先后筹措1亿多元改道修建二级公路合山段；投入500多万元修建北泗乡四级公路，投入30多万元修建全市的乡村公路；投入350多万元修建合山公园；投入200多万元安装人民南路路灯和电北路路灯；筹措500多万元进行二级路拓宽、路灯改造、修建公厕和垃圾中转站等；投入21万元用于全长441米的东环路排洪清淤工程。象州县被地区列为创建地区级文明县城示范县。

1998年，各地群众性精神文明建设活动向乡镇村延伸。8月，武宣县被作为全区农村精神文明建设试点县。9月3日，自治区、地区抽调的干部抵达武宣县，与武宣县抽调的干部组成83人的区、地、县三级联创工作队，一起抓全区农村精神文明建设武宣县的试点工作。重点抓好“1233”工程，即创建一个文明县城；抓好武宣、三里两个文明镇的创建；武宣镇抓好武南村民委员会、武北村民委员会、清水村民委员会；三里镇抓好慕古村民委员会、三里村民委员会，台村村民委员会的五台新村创建工作。来宾县委宣传部会同有关部门举办小康文明示范村党支部书记和贫困村党支部书记培训班，参加培训的80位党支部书记比较系统地掌握了农村精神文明建设有关知识，对开展农村精神文明建设起到积极促进作用。筹集资金350万元搞好乡镇庭院建设，以乡镇带动农村，共同发展。全县有4个单位被自治区授予文明单位称号，龙安村委会被自治区授予文明村称号，11个单位、10个村别被地区授予文明单位（文明村）称号，3个乡镇成为地区示范乡镇，14个单位为地区文明单位，成为地区文明行业示范单位有14个，地区文明示范户15户，地区文明标兵单位2个，地区文明行业标兵单位2个。全县表彰五好文明家庭标兵户10户，文明五好家庭41户。

1999年4月15日，武宣县获全国创建文明村镇先进县。经中央文明办授权，自治区文明办以中央精神文明建设指导委员会办公室的名义，给武宣县“全国精神文明创建活动示范点”挂牌，设立标志。9月，武宣县被中央文明委命名为广西唯一的“全国创建文明村镇工作先进县”。全县建成省级文明单位（村）12个，地区级文明单位（村）49个，县级文明单位（村）137个。

2000年，各地群众性精神文明建设活动，主要开展创建文明县城、创建农村文明示范“五村”（科普文明示范村、文化文明示范村、计生文明示范村、卫生文明示范村、安全文明示范村）为重点，开展文明乡镇创建活动，开展创建文明单位、文明庭园、文明示范街活动。武宣县开展建“创优美环境，建美好家园”集中行动。命名县公路局、县人民医院等10个单位为首批创建花园式文明单位。把鞍山路作为“巾帼共建示范街”、朝阳路作为青年文明号示范街，把城黔路定为“军、警、民共建示范街”。武宣县评出一星级“守法光荣户”5.30万户、二星级“致富文明户”1.26万户，三星级“小康文明户”4410户。随着农村社会经济的进一步发展，从2001年下半年开始，武宣县农村的精神文明建设转入以创建“文明五村”为重点的文明村镇创建活动。来宾县有1个单位被自治区授予文明单位，9个单位被地区授予文明单位，获军民共建文明单位1个，获地区授予的文明村1个，县级文明单位3个，文明村3个。忻城县评出文明村（屯）23个，文明单位共14个，其中县直机关6个单位，乡直单位8个。

2002年12月28日成立来宾市后，来宾市探索加强和改进思想政治工作的新途径和新方法，切实加强公民思想道德建设，采取各种形式和方法，大力宣传文明守则和文明公约，印制下发《来宾市市民文明手册》。以来宾城区市民为重点，组织成立文明市民学校。继续开展各种精神文明创建活动和各种主题教育活动，狠抓未成年人思想道德教育，加强“扫黄打非”，强化互联网管理，着重抓好爱国主义读书教育、青年志愿者、扶弱济贫献爱心、保护母亲河等活动，组织参加全国爱国主义读书活动，获得组织优秀奖。抓好各种文化基础设施建设和“西部开发助学工程”，充分挖掘和全力打造麒麟山、盘古、郑小谷等民族文化，组织编写“麒麟山文化”系列丛书16本，《来宾书画》2集，《媒体看来宾》等一批书画精品。各种喜庆性、群众性文娱活动，科技、文化、卫生“三下乡”活动丰富多彩。

2003年，来宾市制定印发《来宾市公民文明公约》，编印《来宾市市民文明手册》；在主要路段设立公益性广告牌，并通过桂中电视台的逐条解读，大力宣传《来宾市公民文明公约》和市民“十不要文明规范”；开办文明市民学校，组织有关单位对员工及家庭子女（学生）进行文明礼仪知识培训；组织市直机关14个部门印发争当文明市民的《倡议书》5000份，并在《桂中日报》、桂中电视台上刊（播），倡导广大市民履行和遵守《来宾市公民文明公约》，养成良好的文明习惯。从典型示范抓起，着力激发各行各业参与创建的热情。抓单位创建，共有50个单位申报创建来宾市第一批文明单位（乡镇、村），有27个单位参加来宾市“十佳文明窗口”创建，在全市开展“十佳诚信文明宾馆（饭店）”评比活动；开展“创建文明行业·诚信建设年”主题活动，全市有7个行业参加；根据来宾市《关于开展首届全市“五好文明家庭”及先进协调组织表彰活动的通知》（来好创协〔2003〕1号）文件精神，抓家庭创建，联合有关单位开展“五好家庭”“十佳市民”评比活动，开展“十佳诚信文明个体工商户”评比活动。评选推荐来宾市首届“五好文明家庭”。大力宣传获全国精神文明建设先进单位的广西恶滩开投有限责任公司的先进事迹。组织文明单位的领导到青岛、大连等地考察学习先进地区城市精神文明建设的做法、成效和经验。在创建文有城市中，从热点难点问题抓起，着力让广大市民感受精神文明建设的实惠。加强环卫保洁工作，市政局把建设大道、新兴北路等8条街道列入日常清扫保洁范围，使城区清扫保洁面积由建市前的97万平方米扩大到现在的144万平方米，并加强市容卫生巡察工作，对违章行为及时纠正。加大城市综合管理力度，由市政局牵头，开展市容市貌“百日综合整治”活动，对市容市貌“脏、乱、差”重点区域进行重点整治，对建筑占道、建筑垃圾的运输、建筑工地围栏等影响市容市貌的现象进行清理整顿。市交警支队在市区开展“百日交通秩序整治”行动，重点整治机动车辆乱停、乱放、乱开和行人不遵守信号或标志标线，不经审批挖掘或占用道路等违章行为；针对市区三轮摩托车营运混乱，容易造成交通堵塞的现象，对营运三轮摩托车实行单双日管制。进一步完善市政基础设施，对城区所有路灯进行全面检查、维修，保证市区路灯亮化率达到95%以上；对北二路、维林大道进行街景全面改造；对城区地下排水系统进行一次全面清理，基本解决街道排水不畅通的问题；对新兴路、中南路、南一路、维林大道等部分城区道路、人行道进行改建和维修。加强社会治安综合治理和严厉打击各种犯罪，为市民和外商创造一个安全的生活环境和投资环境。狠抓“文明五村”创建活动，按照“依托优势、城乡共建、网式拉动、区域发展”的工作思路，在6个县（市、区）各创建10个五种类型的示范村；按照“公正、公开、公平”的原则，抓好“西部开发助学工程”“甲天下助学工程”，经调查、推荐和公示等程序，全市受助于“西部大开发助学工程”的品学兼优的特困学生15人，每人每学期5000元，其中大学生9人，高中生6人；有180名品学兼优的贫困在校学生得到广西甲天下集团的资助，每人1000元；配合组织部门按照“文明五村”的要求，提出具体的建村标准。

组织市直机关“三下乡”（科技、文化、卫生）服务队深入乡镇开展服务活动；开展10月科普大行动，“婚育新风进万家”活动，“知识工程”捐书活动，文明示范村活动，开展县级图书馆评估和图书馆服务宣传周活动。全市举办科技大集18场，开办培训班317期，培训人员15.2万人（次），发放资料19.5万份，书籍8.8万册，挂图4908幅，科技光碟30张，出版宣传墙报763期，科技讲座3场，下乡人数1.5万人；组织送戏下乡525场，观众52万人，送图书8.1万册，送电影下乡1020场，卫生队开展咨询、免费为群众体检3300人次，有18个乡镇卫生院得到对口支援设备、药品价值7.24万元。武宣县获得全国“三下乡”先进集体称号；象州县获自治区“三下乡”先进集体称号。在自治区党委宣传部和文化厅的大力支持下，来宾市新建成57个标准高、功能全的乡镇宣传文化站；兴宾区、金秀瑶族自治县图书馆建成电子阅览室，并创建一批社区图书馆。

来宾市以十六大精神为动力，以建设新来宾为契机，组织本市业余作家及其他艺术家进行8次创作笔会和改稿会，创作出一批与时俱进、贴近生活、突出民族特色的优秀作品：完成壮族歌剧《达圣娘》的初稿创作；编排演出大型壮族山歌舞剧《麒麟山人》；创作出《偷牌》《卖酒》《一袋谷种》《逃官》等剧目（参加全区彩调比赛，获2个剧目奖、2个编剧奖、6个表演奖、2个音乐设计奖）。来宾市选送的歌手获全区“甲天下杯”声乐大赛1个二等奖、1个三等奖、1个优秀奖；一名歌手参加全国西部民歌大赛获银奖；一名歌手获全国第二届新星选拔赛民族唱法银奖。来宾市还组织专家充分挖掘和全力打造麒麟山文化、红水河文化、土司文化、郑小谷文化、瑶都文化，精心编写5种文化丛书，并创办市级文艺期刊《麒麟》。各县（市、区）开展广场文化活动1800多场次，观众36万人次。11月，与广西山歌协会举办2003桂中歌王选拔赛广西歌王擂台赛，打造山歌品牌；举办全市反腐倡廉山歌演唱会、“TCL杯”声乐大赛、首届“中国移动杯”卡拉OK大赛等活动。通过各种选拔赛、“三下乡”及培训，扶植帮助专业表演艺术人才和后备人才、民间文艺人才，全市共举办文艺骨干培训班148期（含乡镇），培训文艺骨干6216人次。

2004年，来宾市通过组织宣讲团、开展演讲比赛的形式，组织各级文明单位、文明村镇深入学习党的十六大和十六届三中、四中全会精神，引导广大党员干部群众深刻认识、全面把握“三个代表”重要思想的重大意义，进一步提高贯彻“三个代表”重要思想、加强党的执政能力建设的自觉性和坚定性；通过开展“弘扬和培育民族精神、全面建设小康社会”为主题的教育活动,深入进行民族优良传统教育、改革开放和现代化建设辉煌成就教育、全面建设来宾美好前景教育,锻造和铸就昂扬向上的精神;组织以庆祝中华人民共和国成立55周年、纪念邓小平同志诞辰100周年为主题的宣传教育活动,歌颂社会主义、歌颂改革开放。

在创建文明城市中,市文明办坚持一手抓市民文明行为养成,一手抓城市环境整治工作,文明城市创建活动取得一定成效。结合中国—东盟博览会的开展,开展“新来宾、新形象”主题宣传教育活动,组织开展“迎南博,做文明公民、树行业新风、展城市风采”系列活动。在文明城市创建中主动参与不当旁观者、美化家园不做局外人。兴宾区文明村镇创建活动以创建先进文化示范乡镇、示范村、示范户为抓手,在24个乡(镇)全面铺开,每个乡镇至少确定一个村(屯)进行重点创建工作,取得显著成效。大湾乡、石陵镇、小平阳镇、凤凰镇等4个获文明乡镇称号;大湾乡的东番村、委国威新村等28个自然村(屯)获文明村(屯)称号。

是年,来宾市积极探索新形势下“文明五村”创建工作,推动农村精神文明建设深入开展。各级党委政府在充分利用广播、电视、报纸、板报、标语、宣传资料、山歌、文艺演出等宣传形式进行宣传,增强农民群众的参创意识,制定完善的、规范化、制度化的创建工作激励机制,创建工作实行动态管理,实行一年一小评,一年一升降,由市创建活动领导小组对创建对象进行年度检查及考评,达标的给予挂牌表彰,不完善的责成改进,有严重问题的收回牌匾。全市创建的300个“文明五村”初具规模,并且逐步体现出较明显的辐射和带动功能,促进了农村精神文明的建设。

全市积极探索区域性精神文明建设的新路子,象州县和武宣县分别实施“百里科普文明示范带”和“宣传旅游文化长廊”创建活动。象州县重点抓好“科普文明示范村”的创建工作,并以公路沿线两旁村屯为区域性创建对象,形成一条示范带。创建期限以5年为一创建期,从2001—2005年,全县农村精神文明创建工作要在现有创建成果的基础上,逐步实现全面创建、整体推进、形成网络、成效显著、实现小康的创建思路。创建范围是马坪乡至大乐镇的省道20134线为轴,长度为50千米,其中包括马坪、象州、寺村、是平、罗秀、大乐6个乡(镇)、73个村(屯),第一期工程先在公路沿线两旁群众积极性较高的22个村屯开展创建活动,用示范的成功经验,以点带面,全面推进。从年初开始,武宣县从县城至百崖峡谷景区沿途38千米周边的乡镇村屯作为区域性连片创建示范点。采取县、乡(镇)、村三级联创的办法,重点是在公路沿线设置10个各具特色的示范点,把长廊沿途乡镇的文化旅游景点、历史文物古迹和行政管理生态文明创建融为一体,打造一条集文明创建、文化开发、观光旅游、社会宣传、思想教育为一体的宣传旅游文化长廊,在创建过程中既注重示范效果,又考虑社会效益。如三里镇五台民族文化示范村的创建,以提高农民素质、增加农民收入为切入点,集生态文明、农业生产、休闲购物、旅游观光为一体,该村由建设部门设计创建规划,计划修建进村柏油路、兴建奇石、盆景、根雕展厅(销售厅)、停车场,宣传旅游文化长廊等,是来宾市城乡精神文明创建模式的又一新尝试。

来宾市在对文化站进行规范化管理的同时,充分发挥文化站的职能作用,积极组织开展多种形式的宣传教育活动,受到农村广大干部群众的普遍欢迎。宣传文化站正逐步成为农村思想道德教育的重要阵地;成为传播科学文化知识的生动课堂;成为丰富群众精神文化生活的重要场所;成为农村精神文明创建活动的有效载体。全市乡镇文化站共举办理论学习培训班24期3.5万人次,实用科学技术培训班30期6万多人次,组织文艺演出11场、各种体育活动35场,图书借阅量10万多人次,受教育群众30多万人次。市文明办开办文明市民学校,通过文明市民学校对广大市民进行必要的文明礼仪知识培训,引导市民树立“在社会上做个好公民、在单位做个好员工、在家庭做个好成员”的思想意识,使每一位市民都明确应该做什么、不该做什么、怎样为创建新来宾做贡献。在美化城市面貌的同时,市民的精神境界也得到了洗礼和升华。在实现无线传播“村村通”的基础上,向有线传播升级。全市74个乡镇本建立广播电视站(室),基本实现“村村通”。

来宾市通过开展深入扎实的群众性精神文明创建活动,取得了丰硕成果。农村精神文明建设,通过改路、改水、改厕、改房,建村门,植树种果,村容村貌明显改观。兴宾区新陆村开展创建卫生文明示范村活动,村民自筹资金、投工投劳,按绿化、美化要求,建成1条宽4米、长1200米的水泥混凝土环村道,1个村大门,1个水塔,1个文化室,1个水泥篮球场,1个演出场地,装上广播、闭路电视、电话,户户建有卫生厕,全部饮用卫生水,村有宣传栏和黑板报。在“文明五村”，广大群众自己主动读书看报、学法用法守法，村风民风明显好转。如兴宾区的塘念村，通过开展文化文明示范村创建活动，建成图书室、文化娱乐室、宣传栏，成立农民素质学校、业余文艺队、红白理事会等，文化户占全村总户数的80%以上，青少年初中普及率达100%。忻城县定点创建的10个计生文明示范村，计划生育率均为100%，真正实现了计生工作“五无”村（居）委会。在科普文明示范村，广大群众积极学用科学技术，自觉了解产业结构调整的方法、经验，增强致富本领，找到致富门路。如忻城县马泗乡联团村堡上屯，通过开展创建科普文明示范村活动，及时调整产业结构，形成“养殖—沼气种植”三位一体的生态农业模式，全屯农民人均纯收入达2350元，仅种果一项人均收入就达1600元。2004年，全市创建的300个“文明五村”大都有明显进步，在社会上特别是在周边村民中引起强烈反响，不少的未列入创建对象的村纷纷自发组织到附近的“文明五村”参观学习，然后制订本村创建规划，筹集资金、物资，投工投劳，着手整治村容村貌，理清致富思路，全市逐步掀起你追我赶、争先恐后的争创“文明五村”热潮。如金秀瑶族自治县金秀镇长二、三段两个村派出代表到本县头排镇的“文化文明示范村”参观后，自发修建文化室、舞（戏）台、球场和宣传栏，成立村业余文艺队并联系外出罗香、长垌两乡交流演出；这两个村群众还积极开荒辟地，修建茶园，种下优质茶3000多亩，成为全镇种茶叶最多的“文化文明示范村”和“科普文明示范村”。

2005年，市委宣传部围绕“南珠杯”竞赛目标活动，以“城市建设年”为契机，认真抓好城市建设管理和精神文明建设活动。加强市容卫生巡察工作，对违章行为及时纠正；集中开展综合整治活动，对市区主要街道的建筑占道、乱摆乱买、夜市摊点脏乱差等影响市容市貌的现象进行重点整治。在市区内开展交通秩序整治行动。重点整治机动车辆乱停乱放和行人不遵守信号或标志标线、不经审批挖掘或占用道路等违章行为。继续巩固、提高科普文明示范村、文化文明示范村、卫生文明示范村、计生文明示范村、安全文明示范村创建工作；全面实施社会主义新农村建设工作。武宣县三里镇五台文化村利用自然优势，全村发展以加工制作盆景、奇石、根雕为主的特色经济，产品远销广东、香港等地，建成集“奇石、盆景花卉、根雕、休闲、娱乐”为一体的新型农村。该村被评为全国创建文明村镇工作先进村。十六届五中全会，提出建设社会主义新农村口号，来宾市按照“生产发展、生活宽裕、乡风文明、村容整洁、管理民主”的社会主义新农村要求，在“文明五村”基础上，大力实施小康生态示范村建设，引导农村群众改善人居环境，不断提高文明村的创建质量和水平，促进农村“三个文明”建设的协调发展。在城乡家庭中开展创建“五好文明家庭”“五好文明家庭标兵户”“学习型家庭”“廉政家庭”评比等系列活动，全市有158户家庭获表彰。全市乡镇文化站共举办理论学习培训班52期8万多人次，实用科学技术培训班50多期10万多人次，组织文艺演出100多场次、各种体育活动150多场次，图书借阅量超20万多人次，受教育群众60多万人。

2005年，自治区下达来宾市530个村屯“村村通”广播电视工程建设任务，完成537个村屯，占任务总数的101.3%。此项工程得到广电总局的肯定，在来宾市召开全国“村村通”工程现场会。2005年，来宾市获全国文明单位1个（柳州地区民族高级中学）；全国精神文明建设工作先进单位2个（中国农业银行来宾分行、象州县公安局交通警察大队）；全国创建文明村工作先进县1个（武宣县）；全国创建文明村镇工作先进村1个（武宣县三里镇五台新村）；自治区级文明县城1个（象州县城）；自治区级文明单位62个、文明村镇49个；市级文明单位153个、文明村镇38个。

2005年，合山市按自治区、地区评选标准，先后开展文明单位、文明村和文明户评比活动7次，评出自治区级文明单位4个；地区级文明单位6个；本市级文明单位14个、文明村39个、文明户24558户次，文明小区（庭院）7个，五好家庭68个。2005年，忻城县有文明村（镇）185个，文明乡镇示范点有3个，文明示范村示范点有8个，文明窗口单位示范点有7个，文明市场示范点有3个，文明企业示范点有2个，文明学校示范点有5个，文明医院示范点有3个，文明机关示范点有4个，文明示范户共有100户。金秀下发《2005年自治县群众性精神文明创建工作要点》，明确全县精神文明创建工作的规划和目标，解决创建工作中存在的困难和问题。在农村，通过抓农户、抓村屯、抓乡镇文明创建，屯促村、村促乡、乡促县、城乡互助、结对共建；在县城，以文明单位、文明小区、文明庭院为重点，引导小区、庭院内加强居民道德建设，创造优美环境，维护优良秩序，提高优质服务，丰富文化生活，加强基础设施建设，资源共享，提高创建水平。加强各文明单位的后期管理，对地市级文明单位、村（镇）进行复查提出整改意见和整改措施。对整改态度积极,整改效果明显,创建工作明显提升的单位和村(镇)提请市文明委予以重新确认;对整改不力,创建工作滑坡的单位和村(镇)提出撤销建议。县法院等13个单位、金秀镇等3个村(镇)申报重新确认。县民族小学、县水利局新申报市级文明单位。县国税局被确认为自治区级文明庭院。兴宾区重新确认并命名凤凰镇麦村村民委员会、佳田村民委员会,三五乡群安村民委员会,迁江镇高长村民委员会下六屯等11个村(屯)为来宾市第一批文明村(屯)。忻城县对原获柳州地区命名的5个文明村(屯)和历年来获自治区命名的5个文明村(屯)进行复查,按照2005年规定的条件重新进行确认和更换牌匾。

第三节　思想道德建设

解放战争时期,粤桂边区和桂中区党组织分别举办训练班,以《中国共产党章程》、毛泽东主席的《目前形势和我们的任务》《论人民民主专政》和《将革命进行到底》等文章为基本材料,传授党的基本知识、军事知识、群众工作方法、武工队斗争策略等,另将部分文章、材料油印发给党员。

中华人民共和国成立初期,开始系统地对党员进行马克思主义基本原理和毛泽东思想的教育。加强党员党性修养,按照党员标准严格要求自己,提高思想道德水平,事事处处起模范带头作用。各县直单位、区(乡)普遍建立学习制度,县直干部每周学习两个半天,区(乡)干部每月集中学习两天,县委和各区(乡)党委还组织成立学习中心组,辅导党员和干部学习。

20世纪50—60年代,各级党组织在广大干部群众中大力宣传英雄模范事迹,社会风气发生大变化。党员教育转为制度化,实行"三会一课"制度(即每月开1次支委会、1次支部会、1次小组会和上1次党课),对党员进行党的性质、任务、目标、组织原则、党员标准和权利义务等方面的教育,以加强思想道德建设。

党的十一届三中全会后,党员教育恢复"三会一课"制度,以《实践是检验真理的唯一标准》、全会公报和邓小平等中央领导讲话为基本教材,组织党员大学习、大讨论。除正常的学习制度外,还以办班形式,分期分批轮训党员,轮训面达93%。党员实事求是,解放思想,打破"两个凡是"观点的束缚,批判林彪江青反革命集团流毒,为实现党的工作重点的转移,拨乱反正,平反冤假错案以及经济体制改革、对外开放打下思想基础。党的十二大后,引导党员用邓小平提出的关于建设有中国特色社会主义理论武装头脑,指导行动,在改革开放和现代化建设的新的历史时期发挥先锋模范作用。党的十三大以后,教育党员以党在社会主义初级阶段建设有中国特色社会主义的基本理论为中心内容,深入学习《邓小平文选》。改革宣传教育方法,引入电化教学。开展"创优争先""民主评议党员"等活动。激励党员同心同德,开拓进取,为社会主义现代化建设作出新的贡献。随着党校的建立,以党校为培训党员基地,党员教育走上正规化轨道。

1982年后,对公民进行恢复和发扬优良传统等方面的思想道德教育,境内各县组织1万多人次上街为过路群众做好事,50多万人次参加治脏治乱劳动,清理垃圾9200多吨。1983年春节,忻城县农村开展"五讲四美""四提倡、四反对"(提倡节俭,反对大办婚事;提倡男女平等、敬养老人,反对歧视虐待妇女,遗弃老人;提倡相信科学,反对封建迷信;提倡健康的文化娱乐,反对赌博)的宣传活动。

1990年后,公民思想道德教育重点以"学雷锋,树新风""四有""五爱""三德"等为主要内容。各县宣传徐洪刚、李正海、宾义华、何华民和李万明等人见义勇为、无私奉献精神,组织英模事迹报告会,反映强烈;各级发动青年群众参加"热爱祖国,做四有新人"读书活动。各县(市)和部分厂矿还组织人员参加爱国主义知识竞赛,并组队参加全区电视决赛。1993年,来宾县开展"助人为乐"活动,约10万人参加各种义务服务活动。共做好事5万件次,表彰先进集体750多个、先进个人2450多人。1996年后,境内各县(市)加强党员干部的思想道德教育,从抓好县(市)委中心组的学习入手,抓好各乡镇党委中心组和广大党员干部的理论学习,掀起学习邓小平理论,深化思想道德教育的高潮;开展"三严四自"工程、"三讲"(讲学习、讲政治、讲正气)等教育活动,进行"三个代表"重要思想学习大讨论,讲学习、讲正义的风气正在形成。与此同时,各县(市)文明办陆续向广大干部群众发放《中华美德贤文》《文明市民守则》《精神文明建设知识读本》等资料,在作为思想道德教育、精神文明教育的补充材料。充分利用文明市民学校、文明家长学校乡镇宣传文化站和众多农民夜校,对全民进行深入持久的爱国主义、集体主义、社会主义教育,使文明市民学校、文明家长学校、农民夜校和乡镇宣传文化站成为加强全民思想道德建设,倡导文明新风,培养四有新人的载体，并得以健康蓬勃发展。1996年4月，武宣县对服务行业人员进行“三德”（社会公德、职业道德、家庭伦理道德）培训，并要求培训结束后，一律凭证上岗。同时把县一中、镇二小、县国税局、县百货公司、县中医院等单位作为武宣县“三德”教育试点单位。来宾县文明办把“三德”教育作为加强社会主义精神文明建设基础工程来抓，以《中华美德贤文》作为“三德”教育教材。忻城县委宣传部下发文件，要求党政机关、企事业单位干部职工、学校师生、个体工商户开展社会道德教育。全县征订“三德”教育教材共14833册，其中在校学生人手一册。同年5月，开展全县性“三德”教育活动，县委宣传部编印《文明市民读本》共6000多册发给市民。

2001年，境内各县（市）以中央颁布的《公民道德建设大纲》主要内容，开展公民道德建设培训活动，推进“三德”教育和反“法轮功”邪教组织活动。武宣县组织原法轮功练习者学习教育2次，防止“法轮功”邪教组织活动反弹。同年，武宣县以开展思想道德年为切入点，全面贯彻落实《公民道德建设实施纲要》，从2001年10月起，在全县各中小学校开展“学纲要、讲道德、创文明校园”活动。开展十佳文明校长、十佳教育工作者、十佳德育工作者、十佳教师、十佳学生、十佳学生干部、十佳共青团员、十佳少先队员、十佳少先队辅导员的“九个十佳”评选活动。

2002年，各县（市、区）深入开展“公民道德建设实践年”活动，掀起以为人民服务为核心、以集体主义为原则，以职业道德、社会公德、家庭美德为重点的社会主义道德教育新高潮。兴宾区开展贯彻落实《公民道德建设实施纲要》活动，以“倡导新道德、塑造文明形象”为主题，紧紧抓住影响人们道德观念形成和发展的关键环节，通过各种渠道和方式，广泛深入开展公民道德教育和实践。

2003年，来宾市的公民道德教育从理想信念教育抓起，着力增强广大市民建设新来宾的积极性。通过组织宣讲团、开展演讲比赛的形式，组织各级文明单位、文明村镇深入学习党的十六大精神，引导广大党员干部群众深刻认识、全面把握十六大精神和“三个代表”重要思想的重大意义，进一步提高学习贯彻的自觉性和坚定性；通过开展“弘扬和培育民族精神、全面建设小康社会”为主题的教育活动，深入进行民族优良传统教育，进行改革开放和现代化建设辉煌成就的教育，进行全面建设新来宾美好前景的教育，铸就昂扬向上的精神；在“9·20”全国公民道德宣传日前后开展系列的宣传活动，宣传典型，开展“争当文明市民”宣誓和签名仪式，广泛开展以“在社会上做个好公民、在单位做个好员工、在家庭做个好成员”为主题的道德实践活动，大力宣传和倡导20字公民基本道德规范；通过制作大型户外广告牌，悬挂“手牵手，心连心，共同建设我们美好的家园”“来宾，我们的港湾、我们的家”“改革开放的来宾欢迎你”等标语，鼓舞广大干部群众投身到新来宾的建设中。加强精神文明阵地建设项目，全市新建成57个标准高功能全的乡镇宣传文化站，开展县级图书馆的评估和图书馆服务宣传周活动，启动“文化信息资源共享工程”，建成兴宾区、金秀瑶族自治县图书馆的电子阅览室，并创建一批社区图书馆。抓好“西部开发助学工程”“甲天下助学工程”。全市受助“西部开发助学工程”的品学兼优的特困学生15人（每人每学期5000元），受助“甲天下助学工程”贫困在校生180人，每人1000元。

2004年，来宾市继续抓好“百县千乡宣传文化工程”，拨出3.8万元给各乡文化站添加设备，并要求各县市区财政下拨相应的配套资金。建成并投入使用的宣传文化站23个，完成主体工程与装修9个，在建5个。已建成投入使用的乡镇宣传文化站面积均在200平方米以上。全市乡镇文化站共举办理论学习培训班24期3.5万人次，实用科学技术培训班30期6万多人次，组织文艺演出11场，各种体育活动35场，图书借阅量10万多人次。大部分乡镇基本实现广播电视“村村通”。组织实施的“西部开发助学工程”，全市有6名品学兼优的大学生和9名贫困高中生得到资助。同年组织以庆祝中华人民共和国成立55周年、纪念邓小平诞辰100周年为主题的宣传教育活动；评选各行业道德实践标兵，通过典型示范作用，宣传和倡导“20字”公民基本道德规范。7月19日，召开市委常委会，专门听取会议精神汇报，研究和分析现状，提出贯彻意见。8月12日，召开全市加强和改进未成年人思想道德建设工作会议，印发《来宾市文明委贯彻落实全国、全区加强和改进未成年人思想道德建设工作会议精神今年下半年需办的115件实事》的通知和《来宾市文明委贯彻落实〈中共中央、国务院关于进一步加强和改进未成年人思想道德建设的若干意见〉的目标任务分工的通知》，在《桂中日报》和桂中电视台上进行宣传。整顿文化娱乐场所，净化未成年人的社会环境，市文明委协调市工商局、新闻出版局、公安局、文化局等部门联合对来宾城区的书刊影碟销售出租点、网吧等文化市场进行拉网式的专项检查治理行动，检查书刊市场2个、书店出租销售门面30家、影碟销售出租点12家和网吧10个，纠正违法经营户15家，加大对网吧监督力度。广泛开展未成年人道德实践活动，利用“学雷锋活动月”和“六一”国际儿童节组织中小学生开展慰问“五保户”和“军烈属”、看望特教学校少年儿童等活动，使中小学生在活动中接受爱国主义、集体主义和社会主义再教育，增强其社会责任感和历史使命感；“母亲节”发放贺卡7000多份，让小学生送给自己母亲；开展为未成年人办好15件实事好事。

2005年，着重抓好理想信念教育，激发市民建设新来宾的积极性，组织开展展示“新来宾、新形象”为主题的宣传教育活动。4月28日在市迎宾广场举行以社会主义荣辱观为主题的“构建和谐社会、共铸诚信来宾”活动启动仪式，拉开来宾市学习和树立社会主义荣辱观的序幕。中央8号文，自治区29号文件下发后，全市各有关部门认真贯彻落实中央和自治区的重要决策和部署，从实际出发，积极探索新世纪新阶段未成年人思想道德建设工作的规律，不断创新内容、载体和方法，扎实推进全市未成年人思想道德建设工作全面开展。把未成年人思想道德建设作为精神文明建设的重中之重，围绕“实施‘三大工程’建设，加强三支队伍建设，完善三个阵地建设和净化社会环境建设”做大量工作，为未成年人的健康成长营造了良好的环境。逐步建立和完善未成年人思想道德教育建设的领导体制，成立未成年人思想道德教育建设科，未成年人思想道德教育建设的领导、组织、规划、实施、协调工作逐步走上正轨，落实未成年人思想道德建设专项经费24万元列入财政预算。初步建立了学校、社会、家庭“三位一体”的未成年人思想道德教育网络。积极配合自治区文明办开展广西第一个“未成年人思想道德教育建设宣传日”暨“健康生活，快乐成长”主题系列活动，抓好《小小律师》动漫片的宣传和推广，推动法制教育进校园、上电视频道，丰富未成年人思想道德教育建设的内容和载体。组织开展全市未成年人思想道德教育建设创新案例征集评选活动，共评出一等奖5名、二等奖10名，为各县(市、区)推进未成年人思想道德教育建设提供有益借鉴。做好自治区未成年人思想道德教育建设的专项督查迎检工作，促进全市未成年人思想道德教育建设重点工作以及为未成年人办的15项实事的落实。忻城县加强公民道德建设和爱国主义教育，认真贯彻公民道德实施纲要，抓好县城、农村、学校、机关、企业等各行各业、各个层次的思想道德建设，提高公民的道德水准。研究、制定未成年人思想道德建设的办法，增强未成年人思想道德建设实际效果。同年，开展“关爱活动”共结对帮扶困难群众2101户，帮扶困难群众上致富项目414个，为困难群众提供致富信息2426条，办实事好事2366件，帮扶钱物价值87.4万元。开展党内互助捐款活动，共收到党组织和党员捐款12万元，对45名符合条件的困难党员对象进行扶助，扶助金额2.05万元。

第四节　破除陋习

20世纪50年代，境内赌风泛滥。“文化大革命”期间，赌博之风在一些地方有所抬头。境内各地除配合公安机关查禁赌博，依法严厉打击屡教不改的赌头赌棍。同时通过开展创建“文明单位”“文明城市”“文明村镇”“无赌社区”等活动，从根本上破除赌博陋习。

1995年，武宣县东乡乡上棉村在继续开展“三星户”达标活动中，10名妇女自发组成“禁赌协会”，把有赌博恶习的人集中起来学习，要他们写保证书，刹住赌博歪风。1998年后，境内开展“讲文明，树新风”活动，各行各业围绕“文明言行、优质服务、交通秩序、环境卫生、剔除陋习”等主题开展工作。交通部门开展“讲文明，树新风，共创一个良好的交通秩序”活动，提高中小学生的交通意识，交通部门、学生、家庭、社会共建一体；机关部门开展“三优一满意”和“文明科室”评比活动；窗口行业开展“建文明窗口，树行业新风”活动；商业部门开展“百城万店无假货”活动；农村则开展“婚育新风进万家”活动。通过活动，全地区各地“讲文明、讲礼貌、讲卫生、讲秩序”“说文明语，做文明人”“创文明城，做文明市民”“婚事新办、丧事简办、封建迷信活动不办”成为广大群众、市民追求的良好风尚。

2001年后，境内城乡出现“六合彩”赌博活动，成为替代文化生活的娱乐消遣；一些地方，群众热衷于建庙堂，摆神坛，搞封建迷信活动；一些陋习滋生。针对这些问题，各级党委、政府注重从丰富人民群众文化生活入手，从根本上破除各种陋习。其中兴宾区共建立146个农村文艺队，壮剧、彩调和腰鼓等民族传统文艺百花齐放，一大批弘扬真善美、抨击假丑恶，充满浓郁乡土气息的文艺节目常年进村入屯演出，群众“足不出村”就欣赏到丰富多彩的文艺节目，在潜移默化中不断提高文明道德水准。

2003年，来宾团市委组织800多名团员青年在兴宾区迎宾广场举行“争当文明市民”签字活动，号召广大青少年讲文明、讲卫生、守纪律，参加活动的团员青年纷纷签名庄严宣誓改掉陋习，做文明市民。团市委还联合工会、妇联等单位向全市市民和广大团员发出“争当文明市民，养成卫生好习惯”的倡议书。

2004年，兴宾区塘念村通过开展文化文明示范村创建活动，成立农民素质学校、业余文艺队、红白理事会，建成图书室、文化娱乐室、宣传栏等，文化户占全村总户数的80%以上，青少年初中普及率达100%，从根源上破除陋习。忻城县定点创建10个计生文明示范村，计划生育率为100%，实现计生工作“五无”村(居)委会，破除农村一些人重男轻女的落后思想。

第五节　取缔邪教组织

1997年7月，中国政府将“法轮功”认定为邪教组织，并予以取缔。境内各县迅速开展对邪教“法轮功”的打击处理工作，摧毁“法轮功”邪教组织体系，教育转化“法轮功”练习者；深挖邪教“法轮功”二、三线人物，依法查处继续组织、策划、指挥、参与非法活动的邪教“法轮功”顽固分子和重点人员；对“法轮功”邪教组织坚持“团结教育挽救绝大多数，依法打击极少数”的方针。

2002年12月28日，地级来宾市成立后，来宾市针对“法轮功”邪教组织活动反弹的情况，将深挖打击“法轮功”邪教地下组织指挥体系和幕后组织策划者作为主要任务，严厉打击，坚决遏制邪教“法轮功”违法犯罪的势头。

2003年，来宾市委、市政府与各县(市、区)签订工作责任状，下发《关于进一步做好“法轮功”人员教育转化工作的意见》，加大对邪教“法轮功”人员教育转化和监控，防范境内外邪教“法轮功”人员通过电话、传真、电脑网络进行反动宣传和电影节目播出。深入开展“四个纳入”工作，把同邪教“法轮功”斗争纳入“三个代表”重要思想学习教育活动、纳入党的基层组织建设及纳入社会主义精神文明建设活动中，创建同“法轮功”斗争的长效机制。全市处理“法轮功”邪教组织问题领导小组办公室工作机构和干部队伍建设得到加强。

2004年，来宾市针对境内外“法轮功”邪教组织非法渗透活动频繁，在广大农村深入开展以“崇尚科学、关爱家庭、珍惜生命、反对邪教”为主题的反邪教警示教育活动，培训骨干8199人次，播放影碟629场次，观看人数23.31万人次，发放宣传资料17.27万份；开展专题讲座359场次，参加人数12.63万人次；图片展览842场次，观看人数51.55万人次，广大基层干部群众反邪教意识和抵御邪教渗透能力得到进一步增强。年内多次发生“法轮功”邪教组织利用录音电话、传真干扰和“法轮功”人员散发非法宣传品事件，境内外一些非法宗教组织也伺机开展非法传教和渗透活动，各级政法部门收缴邪教“法轮功”影碟6张、非法宗教光碟30张、资料318册，转化2名邪教“法轮功”顽固分子。

2005年，全市破获邪教“法轮功”宣传煽动案件2起，收缴邪教“法轮功”宣传资料一批，实现零进京进邕、零聚集、零插播。加大对冒用宗教名义的所谓“主神教”邪教的监控力度，防止其在来宾市形成组织和气候。

第八章　统一战线

第一节　机构设置

1951年1月成立。“文化大革命”时期被群众组织夺权。1973年9月，恢复地委统一战线工作部。2002年12月25日，根据《中共来宾市委来宾市人民政府关于市委和市人民政府机构设置的通知》(来发〔2002〕2号)文件精神，设置中共来宾市委员会统一战线工作部。根据《中共来宾市委　来宾市人民政府关于来宾市机构设置和人员编制方案的实施意见》(来发〔2002〕7号)文件精神，将原中共柳州地区委员会统一战线工作部整体移位更名为中共来宾市委员会统一战线工作部。为市委工作部门，正处级单位，办公地址在北二路331号。

2003年1月11日，中共来宾市委统一战线工作部(简称市委统战部，下同)挂牌成立，内设办公室、民族宗教科、经济联络科、统战科4个科室，核定编制10名。全市有市、县(市、区)两级统战工作机构7个，统战干部40人。来宾市人民政府宗教事务办公室和中共来宾市委台湾工作办公室(来宾市台湾事务办公室)在市委统战部挂牌;各县(市、区)宗教办、台办也在统战部内挂牌。至2005年,机构、人员不变。

市委统战部部长:江文术(2002年12月—2005年12月)。

第二节 民主党派工作

组织建设

2002年底建市时,来宾市只有民主党派成员而没有民主党派组织,民主党派成员除忻城县支部9名成员属民盟广西区委员会直管外,其余都是参加各民主党派柳州市组织,并参加柳州市开展的党派活动。2002年底来宾市所辖机关、企事业单位在7个民主党派中共有成员92人,其中民革10人、民盟61人、民建1人、民进无、农工民主党6人、致公党5人、九三学社9人。为形成来宾市多党合作的政治格局,在2003年完成各民主党派建档的基础上,2004年市委常委会研究同意市委统战部拟订的《来宾市民主党派组织建设的意见》,市委统战部按照中央有关文件精神,制订党派基层组织建立的基本原则、基本方法、基本步骤和党派成员发展的基本要求。市委统战部多次与各民主党派广西区委会负责人协商来宾市各民主党派成立基层组织的各项事宜,至2004年12月31日止,协助成立"九三学社来宾市支社""民盟来宾市总支部委员会""民进来宾市支部""民革来宾市总支部委员会""致公党来宾市支部",并做好其他党派筹备成立的前期工作。至2005年12月,来宾市共有6个民主党派基层组织,5个总支部委员会,1个基层委员会,19个支部(支社)。

参政议政

2004年,来宾市各民主党派围绕党委、政府中心工作,到金秀瑶族自治县、忻城县和兴宾区的桥巩乡进行调研,为党委、政府发展蔗糖生产和畜牧业提供参考意见;到金秀瑶族自治县、忻城县、合山市等开展社会服务活动,资助贫困学生、援建学校和修路、救济村民,共引进海内外捐资助学、捐赠物品救灾、修桥款物价值45万元人民币。2005年,各民主党派基层组织在参政议政、民主监督、促进来宾市经济建设和社会全面发展等方面,发挥积极作用。在参与自治区党委常委、政法委书记彭祖意在来宾市主持召开的构建平安广西座谈会上,提出有价值的意见和建议;参与市政府工作报告(草案)的修改;在人大、政协的会议上,针对来宾市的经济发展提出很好的议案和提案;积极参与来宾市第一批"保持共产党员先进性教育"的监督评议;接受党委出题、党派调研工作任务;搞好"三下乡"活动;积极开展捐资助学活动,共争取到助学资金36.29万元;积极参与抗洪救灾捐款,争取海外资金和物资支持,联系澳门、香港的海外人士捐款40多万元,捐衣物折款3万多元,到象州、金秀、合山等地支援灾区重建家园。

2004年,市委统战部召开27次协商会、通报会,向民主党派征求意见和建议,对各民主党派在发展成员、成立组织等方面进行督促检查。同时加强民主党派成员的思想教育,搞好政治交接教育实践活动,举办民主党派骨干成员培训班4期(次)。年内,推荐12名民主党派成员为市人大代表和市政协委员,其中2名(民进成员凌尔健,九三学社成员韦文智)为市政协副主席,5名为市政协常委,5名在政府部门任副处以上职务。

至2005年,来宾市各民主党派围绕党委、政府中心工作,深入调研,开展社会服务活动和社会公益事业活动,资助贫困学生,援建学校、道路、新农村,支援抗灾救灾,为群众送医送药等,共筹集资金330万元,引进项目协议资金3.5亿元,到位资金1.2亿元。在参与人大、政协的会议上,针对全市经济社会发展共提交提案170多件,内容涉及全市经济和社会发展的各个方面。

第三节 党外人士工作

举荐安排

2002年底,来宾市直机关共有8名副处级党外干部,38名党外科级干部,各县(市、区)人大、政府、政协安排党外副处级领导干部36名,安排无党派人士(党外干部、党外知识分子)为各级人大代表157人,安排为各级政协委员会290人。聘请为政法、公安、金融、税务、教育、卫生等系统的特邀评议员(监察员)120人。

2003年换届后,全市共提拔党外干部42名,其中提拔为厅级6名(有4名副处级干部破格提拔为副厅级干部),处级12名,科级24名。全市安排推荐 505 名党外人士为人大代表，其中市级 110 人、县级 395 人；安排 661 名党外人士为政协委员，其中市级 151 人、县级 510 人。全市处级和科级后备干部中党外干部有 31 人和 26 人。

2004 年，市、县（市、区）、乡镇三级领导班子中配备党外干部 57 名，其中，市人大副主任 1 名，市政府副市长 1 名，市政协副主席 4 名；县（市、区）人大常委会副主任 5 名，副县（市、区）长 1 名，政协副主席 13 名；乡（镇）正副乡（镇）长 30 名。此外，市直部门领导班子配备党外干部 6 名，担任正科职务党外干部 82 人（其中 1 人为副处级非领导职务），副科级职务 138 人；县（市、区）直部门领导班子中配备党外干部 53 人。

2005 年，全市党外人士担任县级以上人大代表 505 人，其中市级 110 人，县（市、区）级 395 人；担任政协委员 661 人，其中市级 151 人，县（市、区）级 510 人；党外领导干部共 411 人，其中厅级 6 人，处级 32 人，科级 373 人；在 137 名民主党派成员中，安排了 14 人为市人大代表和市政协委员，其中 2 名为市政协副主席，5 名为市政协常委，5 名在政府部门任副处级以上职务，6 个县（市、区）人大、政协领导班子基本配齐了党外领导干部。年内，统战部向组织部举荐拟任处级领导职务的优秀党外干部 41 名（其中正处 6 名）。

培训学习

2004 年，全市建立有 568 名党外知识分子的党外知识分子人才库档案，举办专题培训班 7 期，培训党外人士 1117 人次，其中选送外出学习考察党外知识分子 156 人。2005 年，全市通过上挂、下派、选派外出学习、办班学习等形式培训优秀党外干部 1417 名，其中选送 42 名党外干部到上级社会主义学院培训，党外干部、市水利局副局长朱贾莲还被选派到国外学习深造。6 月在市行政学院举办 1 期党外优秀干部培训班，从党外后备人才库中挑选 55 名党外优秀科级干部参加培训。各县（市、区）也多渠道地开展形式多样的党外干部培训活动，合山市与广西社会主义学院联合，在南宁举办一期合山市党外优秀干部培训班。按规定落实全市党外领导干部的政治和经济待遇。组织部与统战部联合下发《〈关于加强培养选拔党外干部工作的意见〉的通知》（来组通〔2005〕32 号），把党外干部培训纳入总体规划，今后在安排干部下派、上挂、外派挂职锻炼时，要按挂职干部总数 10% 的比例安排党外干部，自 2005 年起每年举办 1 期 50 人左右的党外干部培训班。

第四节　商会建设

2002 年 12 月来宾建市后，市委统战部积极筹备商会建设工作。2003 年 4 月，召开来宾市工商业联合会第一届会员代表大会，成立来宾市总商会。之后，全市各乡镇相继成立商会。全市有县（市、区）商会 6 个，乡镇商会 74 个，全市商会共有会员 5599 人。年末，全市有个体工商户 35974 户，从业人员 45115 人，注册资金 3.85 亿元；私营企业 535 户，从业人员 12761 人，注册资金 44524.5 万元。此后，来宾市私营、个体经济发展迅速。2005 年 11 月 15 日，来宾市第一个异地商会福建商会成立。全市商会新发展会员 460 名；完成部分乡镇商会的换届选举工作，增选执委、常委、副会长。6 个县（市、区）均设有工商联机构，全市 74 个乡镇全部建设商会，建设有乡镇企业协会 2 个，同业公会 3 个，行业协会 1 个，异地来宾福建商会 1 个；全市共有会员 6374 名，其中企业会员 153 个，团体会员 26 个，个人会员 6195 人。全市个体私营企业又有新发展，共新增私营企业 395 家，从业人员 1.1 万人；新增个体户 1 万多户，从业人员 1.58 万人；二者新增注册资金共 6.17 亿元，共实现产值 5.26 亿元。

第五节　非公有制经济领域统战工作

经济活动　1992 年，邓小平同志南方谈话发表后，全国上下兴起了新一轮创业兴业、发展民营经济的热潮。1992 年 7 月，广西当时最大的工业用石膏矿生产企业——来宾县农民陈宇棠独资经营的莆田石膏矿正式投产，至 1993 年底，已产出工业石膏矿 12 万吨，销售收入 1800 万元。1994 年，广宁澳门有限公司与地区对外经济贸易公司签订了 1994 年供货 6 万吨的合同，3 月 18 日开始按合同陆续运往澳门。

1998 年 3 月 30 日—31 日，柳州地区召开地区加快发展个体私营经济工作暨表彰会，对有突出贡献的 1000 余名个体工商户、私营企业经营者进行表彰。同年的 5 月 1 日，柳州地委、柳州行署印发《关于加快发展个体私营经济的决定》，为非公有制经济发展发展壮大提供政策支持。

1998 年 6 月 12 日，柳州地区第一个乡级商会——武宣县三里镇商会举行挂牌仪式，自治区商会、自治区工商联柳地办事处领导到会祝贺。在统战部门的努力下，柳州地区商会工作得到了中央、自治区的高度肯定。

1999年9月7日—8日，自治区工商联乡镇商会工作经验交流会在金秀瑶族自治县县城召开。

2000年6月9日—10日，全国乡镇商会工作现场交流会在金秀瑶族自治县召开，中央统战部副部长田鹤年、全国工商联副主席王以铭出席会议。来自全国各省、自治区、直辖市的统战部、工商联近百人代表参加了会议。

2000年12月2日，广西第一位租赁国企糖厂的个体老板黄汝迁出资7000万元租赁的忻城县糖厂正式开榨。

2001年1月8日，柳州地区召开发展个体私营经济座谈会。会上对全地区个体私营经济情况进行了通报，据统计，2000年，柳州地区登记注册个体工商户54532户，其中新发展13750户，完成全年新发展增长10%目标任务的108%；私营企业登记注册540户，注册资金27167万元，其中新发展185户，完成新发展增长任务的142%。个体私营经济已成为柳州地区经济发展的新增长点。

2001年3月20日，柳州地委、行署在柳州召开全地区非公有制经济工作会议。会议强调，各级党委、政府要增强时代责任感和紧迫感，要更新观念，把发展重点转移到二、三产业上来，推动柳州地区经济跨越式发展。地区四家班子领导、各县（市）党委书记、县（市）长及地县（市）有关部门负责人出席大会。

2003年，市委统战部编写“非公有制经济人士学习党的十六大报告五个专题材料”，印发给非公有制经济代表人士学习。在非公有制经济人士中组织开展“诚信来宾”活动，评选“诚信文明户”。抓好在合山市的乡镇商会会员小额信贷活动试点工作，编印《来宾市乡镇商会会员小额信誉贷款试点指导意见》。试点工作5月份启动后，参加小额信誉贷款的会员达200多户，贷款金额达400多万元。12月28日，组织非公有制经济举办来宾市建市一周年首届商品展销会和首届地方特色风味小吃暨名菜展评，参与展销商家150多家。

2004年2月27日，召开全市个体工商企业无抵押小额信贷经验推广会，全市参加无抵押小额信贷的个体工商企业6320户、贷款金额近2亿元。新华社、广西日报社专门派记者下来调研并在内参上编发来宾市个体工商企业无抵押小额信贷的开展情况，《广西日报》5月15日在头版通栏标题和5月18日分别专题报道此项工作，自治区党委统战部、自治区工商联也3次到来宾市进行专题调研。是年，联合市监察局、纠风办，开展清理党政机关在酒家饭店、汽车修理等服务行业拖欠费活动，协助合山市委统战部与工商联举办“发展非公有制经济现场答疑会”。至2005年底，全市累计发放小额信贷资金约4亿元，推动县域经济发展和新农村建设。2004—2005年，为解决全区个体工商户资金短缺困难，推动非公有制经济快速发展，统战部、工商联、农村信用联社密切配合，共为2734户个体工商户办理小额信贷6620.35万元。其中2004年办理1363户3338.95万元，2005年办理1371户3281.4万元。

2005年，在广大非公有制人士中开展“学先进，求进步，争做优秀社会主义建设者”教育活动。据不完全统计，全市共召开座谈会、报告会43次，近4000人参加，组织民营企业集体学习40次，1600多人参加，有200多人撰写心得体会文章200多篇。最后评选出26个商会为来宾市学习型商会，100名非公有制经济人士为来宾市合格中国特色社会主义建设者，进行表彰，并推荐3名企业家参加全区的优秀社会主义事业建设者评选，其中1人入评。

招商引资　在招商引资活动中，积极组织企业参加洽谈会，协助签订意向合同，邀请国内外、区内外客商到来宾进行投资考察、召开项目洽谈会。

2002年，组织会员企业到桂林参加广西乡镇企业洽谈会，签订意向合同180多万元。

2003年，联系浙江、深圳、台湾、南宁、柳州等区内外多批客商到来宾市进行投资考察。

2004年，联系23名闽籍企业家到来宾市召开项目洽谈会，达成意向合同项目18个，邀请台湾岛内、在广西各地投资的台资企业负责人50多人到来宾开展联谊活动，组织台商45人在南宁举行投资推介会，引进台湾民俗风情园有限公司在金秀瑶族自治县投资1100万元人民币兴建花王山庄，引进中国星辰国际集团有限公司在来华投资区投资11亿美元兴建星辰来宾生态科技文化城及农副产品保鲜加工基地、桂中铝制品厂。

2003—2005年，联系到来宾的客商230多人，达成意向合同项目26个，投资意向总额13.75亿多元。

第六节　光彩事业

2002年，来宾市委统战部完成广东11家民营企业资助境内11所光彩事业学校的建校工作，引进香港爱国人士捐资50多万元建2所光彩小学和资助11名家庭贫困的大学生完成学业。

2003年，来宾市委统战部组织全市非公经济人士捐资2万元助学，联系九三学社广西区委会到金秀瑶族自治县桐木镇仁里小学开展助学活动，捐资2000元以及新衣服200套。

2004年，来宾市委统战部争取到香港等外援资金及捐赠物品价值近45万元，组织非公有制经济人士捐资47.89万元，用于资助贫困学生、援建学校和修路、救济村民。

2003—2005年，来宾市委统战部完成13所光彩事业学校的建校工作，资助多名学生完成学业，全市非公经济人士为光彩事业共捐资和引进资金188万多元。

第七节　港澳台及海外联谊

来宾市利用广西同乡会、宗亲会、展销洽谈会等活动，加强与台湾同胞、港澳同胞和美国、新加坡、泰国等海外侨胞的交流交往。

1991—2005年，兴宾区（来宾县）办理赴台探亲126人次；接待回乡探亲访友、经贸考察、观光旅游台胞共200人次；做好10名台胞回乡定居工作，其中有6名已病故，有4名尚健在；办理涉台婚姻70对；为台属办理台属证287本1453人，为台属办理农转非50人，为台属办理继承遗产手续5人次。合山市接待华侨回合山探亲访友12人。给侨眷办理出国定居12人。忻城全县共接待回乡探亲“三胞”201人次，并邀请部分台胞到县城座谈、观光，介绍忻城经济社会发展情况，有6位台胞自愿捐款770美元建设翠屏山公园，莫谦、潘云辉、韦启文三位台胞自愿捐资17120元人民币给芝州民族职业中学建校；港胞罗紫彦等三位先生到本县考察时捐助32000元港币给宁江乡尚宁小学建教学楼；港胞霍伟伦夫妇捐款400元人民币给大塘二中建校。

在海外联谊工作中，通过与海外侨胞的书信、贺卡、座谈会等多种形式开展交流交往，向他们介绍来宾市的投资环境和政策优惠。邀请22批136人到来宾市进行投资考察，引进海外资金2600多万元支持来宾市的教育及新农村建设等。1997—2005年，兴宾区（来宾县）共给台胞寄发贺年卡956张，给台属寄发慰问信3236份；召开台胞台属中秋座谈会16次，到会930多人（次）。

第八节　宗教事务管理

1950—1965年，境内宗教事务主要是对宗教社团进行登记，贯彻执行宗教信仰自由政策；吸收宗教人士参政议政；落实宗教团体房产政策。“文化大革命”期间所有的宗教活动场所停止活动。中共十一届三中全会后，重新落实宗教政策，境内宗教活动场所活动逐渐得以恢复。1994年后贯彻落实国务院发布的《宗教活动场所管理条例》，执行审批登记制度。凡拟设立宗教活动场所的，须向县（市、区）宗教局（办）提出申请，由宗教局（办）报县（市、区）人民政府批准后给予正式登记。

宗教活动场所建立有场所管理、教务管理、财务管理、自检自律等制度，并执行年度检查，颁发《年度检查证》。2005年国务院颁布《宗教事务条例》并正式施行，来宾市宗教活动场所逐步实现法制化、规范化、制度化管理。同时，在宗教活动场所中组织开展以“民主管理好、遵纪守法好、正常活动好、服务社会好、环境安全好”为主要内容的五好宗教活动场所创建活动，并重新建立人员、财务、会计、治安、消防、文物保护、卫生防疫等管理制度。宗教工作部门广泛宣传党的宗教方针政策，并与政法等有关部门配合，对非法传教及邪教活动给予严厉打击和取缔，控制基督教无序发展的势头。

1991—2000年，原来宾县加强宗教工作管理。1995年根据上级的要求，按照宗教活动场所登记办法有关规定，对申请登记的宗教活动点作书面答复，全县6个活动点有2个活动点给予暂缓登记，有4个活动点不予登记。1997年对暂缓登记的活动点进行调查了解，整理好有关材料送县人民政府审批。经县人民政府审查，给大湾乡成田村天主教活动和凤凰镇甘村基督教活动给予登记。每年对依法予以正式登记的大湾乡成田村天主教活动点和凤凰镇凤凰街基督教活动点进行年度检查。并严格按照国务院宗教局《宗教活动场所年度检查办法》的规定执行。配合公安部门坚决制止和打击非法宗教聚会活动。2000年4月和10月分别在县城来良路和建宾市场民房依法取缔两起非法聚会点。组织大湾成田村天主教聚会点和凤凰镇凤凰街基督教聚会点的领教群众学习中国天主教“一会一团”（中国天主教爱国会、中国天主教主教团），中国基督教“两会”（中国基督教协会、中国基督教三自爱国运动委员会），《人民日报》评论员文章、中国外交部发表的声明等，坚决反对梵蒂冈借"封圣"搞反华的行径。

依法制止自封传道人传教布道活动及其他非法活动。1990—1993年,来宾县等地一些自封传教人,不经批准,没有任何手续,先后窜到县境迁江镇高龙村、桥巩乡岜寺村、良塘、良江等地进行传教布道。他们宣扬耶稣可以保平安,有病不吃药打针,祷告就会自然好,要入教群众下红河"受洗",有病的群众信以为真,参加了宗教,有5人因患病,下河洗礼后病情恶化死亡,引起民愤,县委统战部配合县政府、公安部门,协同有关乡镇反复做群众的思想教育工作,宣传党的宗教政策,依法取缔聚会点,并收审传教人。1992年4月,有少数不法分子造谣惑众,散布什么"今年天下要大乱,世界末日即将来临,人们要遭受大灾难了。只有去寻找耶稣降临,才能避免灾难"谣言。部分信教群众听信谣言,变卖家产出走他乡。其中,信教群众出走比较多的有桥巩乡、迁江镇、良江乡、良塘乡,共44户172人。这些出走到广东的信教群众,在组织者的煽动下有的聚会进行非法传教;有的以找工作为名,到当地政府闹事。出走到广州市白云区的青年男女,不论结婚与否,均由组织者按"主"的旨意抽签配对非法同居。少数宗教信徒煽动非法宗教活动,扰乱社会治安。为制止非法宗教活动,维护全县社会稳定,县委统战部与公安局代县委拟发了《关于认真做好遣返信教盲流人员善后工作的通知》文件下发各乡镇。宣传党和国家的宗教政策、法律、法规,对信教群众进行教育。统战部领导深入乡镇给信教群众上课,宣讲正常宗教活动和非法宗教活动的界限,要求他们在党和国家的宗教政策和法律规范围活动。同时,利用反面教材,对参加不正常宗教活动的群众进行教育。印发了良塘乡来国村公所来国村韦金秀、黄炳齐谈入教、受骗上当的控诉材料,教育启发信教群众。做好被遣返信教群众的接待和善后工作,解决好他们回来后在生产、生活上的困难。配合公安部门对煽动、组织领教群众进行非法宗教活动的为首分子进行查处,没收非法传教,坑害群众的材料,打击不法分子。

治理乱建庙宇和露天佛像工作。1997年3月始,原来宾县开展了一场声势浩大的治理乱建庙宇和露天佛像的专项整治,经过半年的努力,于8月22日全面完成对全县范围内乱建的涉及18个乡镇的117座庙宇的专项治理工作。中央、自治区文件下发后,县委非常重视,并指定县委主管政法工作的副书记亲抓此项工作,召开相关单位专项治理会议,学习上级文件精神,根据情况研究部署全县整治工作。同时,印发《中共来宾县委办公室、来宾县人民政府办公室关于清理乱建庙宇和露天佛像的通知》,就各乡镇党委和县直有关单位对乱建庙宇和露天佛像专项治理的范围、方法和步骤作了具体的布置和安排,县、乡(镇)成立了制止乱建庙宇和露天佛像专项治理领导小组。经调查全县24个乡镇均没有佛像,溯社、石陵、平阳、七洞、北五、南泗6个乡镇无庙宇。有庙宇的乡镇是:蒙村乡4座,石牙乡4座,高安乡1座,寺山乡12座,迁江镇14座,大里乡1座,良江乡9座,小平阳镇3座,三五乡8座,五山乡10座,陶邓乡10座,来宾镇6座,城厢乡16座,凤凰镇3座,正龙乡2座,大湾乡2座,良塘乡4座,桥巩乡8座,全县乱建庙宇共117座,均属非信教群众自建自管,其中建筑面积100平方米以上的13座。在整个治理过程中,县、乡党委在组织上给专项治理工作提供强有力的领导力量和组织保证,在经费上给予支持。县专项治理工作领导小组成员,分头到各自所联系的乡镇检查指导督促。利用报社、电视台、广播站、标语、宣传车等宣传形式,使专项治理工作家喻户晓,使广大干部群众对乱建庙宇和露天佛像的危害性形成共识,从而激发广大群众积极参与破除迷信,参与专项治理工作。很多乡镇的庙宇都是群众自己拆除。各乡镇书记、乡镇长或主管副书记亲自担任组长,负总责,组织、动员,并到场督战,采取有力措施,全县乱建的117座庙宇拆除99座,占总数的84.61%;拆毁佛像16座,占13.6%,作为人文景观保留2座。

1992年以来,武宣县乱建庙宇,宗教非法聚会活动频繁,信教者达1000多人,严重影响人民群众的生产、生活和社会稳定。为解决这一问题,在调查研究掌握全面情况的基础上,于1996年组织了治理宗教非法活动工作队,深入各点宣传党的宗教政策,教育启发群众,取缔了一些非法聚会点,强行拆除乱建露天佛像、庙宇,同时依法批准5个宗教聚会点,使全县宗教活动走上法制化轨道。

1992年,象州县人民政府批准,恢复寺村、象州街天主教、寺村街基督教聚会点;1993年,象州县有1人被国务院宗教局授予"全国基层宗教先进工作者"称号。1995年,恢复石龙镇高龙天主教。

1994—2001年,金秀瑶族自治县制止非法传教8起,处理和教育非法传教37人次,其中美国11人,台湾1人。

1996—2000年,象州县遵照党的尊重和保护宗教信仰自由这一对宗教问题的长期的基本政策,认真落实江泽民总书记对宗教工作的“三句话”(全面、正确地贯彻执行党的宗教政策;依法加强对宗教事务的管理;积极引导宗教与社会主义社会相适应)。依法抓好全县宗教事务的管理。在依法管好全县原批准恢复的7个宗教活动堂点的基础上,经过认真调查,反复对照政策,报县人民政府批准,开放设立石龙街基督教聚会点、百丈雷山寺佛教点;暂缓登记佛教点1处(象州县城东山寺佛教点)。全县有信教群众854人,神职人员(含出家人)4名。为使信教群众能正常开展宗教活动,主要抓好几方面工作:加大力度宣传党在新时期的宗教法律法规。1996年以来,针对县内宗教堂点多、分布面广的特点,县统战部、宗教办的干部经常深入宗教堂点向信教群众宣传党的统战及民族宗教法律法规,信教群众学法守法,宗教与社会主义社会相适应,号召教徒积极参与社会主义两个文明建设活动,贯彻好宗教的“三自”(自治、自养、自传)方针。为提高广大信教群众的法律意识,于1996年、1998年分别组织信教群众进行知识考试,并收到好的效果。信教群众积极参与社会公益活动,培养爱国爱教神职人员。县统战部门在宗教界开展慈善的公益活动,据不完全统计,县内宗教界人士积极参与社会捐款救灾、县城建设等活动,捐资额6万多元;百丈雷山寺自筹资金1万多元修通上雷山寺的公路,方便了群众上山参加佛教活动。坚决抵制境外宗教非法传教和制止乱建庙宇活动。一些国外宗教人员打着扶贫的幌子到县内一些边远的山村借着对贫困山村群众的关心,以采取小恩小惠的施舍为手段发展非法聚会点,企图通过宗教渗透达到其活动的目的。经群众向有关部门汇报,统战部、宗教办主动与县公安部门配合,及时给予制止和取缔。在贯彻落实中共中央办公厅、国务院办公厅《关于转发中央统战部国家宗教局〈关于制止乱建庙宇和露天佛像的意见〉的通知》(中办厅字〔1996〕38号)时,做到态度坚决,依法取缔非法聚会点5个,教育、解散信教群众230多人,依法没收各类经书151本、圣歌82首、印刷品101张,给予治安拘留16人,有效地打击了非法传教活动的嚣张气焰。依法治理“两乱”(乱建庙宇、乱塑神像)取得明显效果,将原来的98座庙宇取消,其中改作他用的12座,拆除86座;拆除神像366尊。依法抓好宗教活动场所的年检工作。在统战部,宗教办的直接管理下,9个场所均符合年检要求,没有违反党的宗教的法律法规,并多次获得上级的表扬奖励。

1996—2003年,忻城县委统战部依法管理宗教事务,加强对宗教界人士和信教群众的思想教育工作。2001年设立县宗教事务办公室,2003年全县有基督教堂点3个,信教群众402人;佛教寺庙4个,信徒1338人;依法取缔非法宗教活动点2个,驱逐外来非法宗教人员4人。各宗教堂点先后为扶贫助学、修路、救灾、旅游等公益事业出资、捐资20万元。

2001年,来宾县依法对宗教事务进行管理,坚决制止打击非法宗教活动。一是以县宗教办文件,批复大湾乡成田村天主教教委员会要求回建教堂的请示。二是协助上级宗教部门调查了解来宾信教群众到广东活动情况。经调查,全县信教群众出走广东深圳一带有8人,这些人出去后一直没有返回来宾。三是依法对全县大湾乡成田村天主教活动场所和凤凰街基督教活动场所进行年检工作。四是配合公安部门,坚决制止和打击邪教活动及非法宗教聚会活动,依法取缔来宾镇建宾市场和城厢乡老背岭141号民房两起基督教非法聚会点。另外,查处凤凰镇甘村一座非法庙宇,打击封建迷信的抬头,维护社会稳定。五是针对一些乡镇、村出现一些不正常的宗教活动,统战部下发《关于依法查处宗教活动的通知》,要求各乡镇党委、政府要依法对宗教工作的管理,对未经批准和私设的聚会点,要依法给予取缔;对外地自封传道人进行非法侍者布道的,要坚决制止。六是给全县44名原“法轮功”邪教组织练习者上有关宗教信仰知识,国家有关宗教政策及法律法规课。经过学习教育,原“法轮功”邪教组织练习者表示与“法轮功”邪教组织彻底决裂,不再参与练习。

2003年,来宾市全面贯彻党的宗教政策,依法管理宗教事务,积极引导宗教与社会主义社会相适应,坚持独立自主自办原则,抓好31处宗教活动场所的年检工作。开展创建“五好”(民主管理好、遵纪守法好、正常活动好、服务社会好、环境安全好)宗教活动场所评比活动。武宣县三里镇天主教堂、象州县象州镇天主教堂和忻城县城关镇通天寺被自治区宗教局评为“五好”宗教活动场所组织奖。

兴宾区依法加强对宗教事务的管理。3月完成对大湾乡在田天主教、凤凰镇基督教两个场所的年检。开展创建五好宗教活动场所活动。9月依照宗教政策规定,批准北五乡白山基督教活动点正式登记。协助自治区、市宗教部门到北五乡白山基督教、古三开元寺佛教和龙洞寺佛教三个宗教活动点开展宗教调研。对兴宾区2个批准登记的宗教活动场所和5个未批准登记的宗教聚会点开展抵御境外宗教渗透的调研。

2004年,来宾市辖区内主要有基督教、天主教、佛教三个教别,正式登记的宗教活动场所共31处,信教群众约1万人。其中:基督教10处,信教群众1319人;天主教14处,信教群众1500人;佛教7处,皈依教徒1369人,信教群众约5000人。分布情况:金秀瑶族自治县天主教5处;象州县天主教6处、基督教2处、佛教2处;武宣县基督教3处、天主教1处、佛教1处、忻城县基督教3处、佛教4处;合山市天主教1处、兴宾区基督教2处、天主教1处。近几年来全市申请登记的宗教活动点10处。其中佛教5处,受洗信徒400多人;基督教5处,皈依信徒300多人。这些点有的符合登记条件,有的基本符合登记条件,有的不符合登记条件。经核查,符合登记条件的有兴宾区的长岭基督教活动点、古三开元寺,基本符合登记条件的有兴宾区的龙洞寺、合山市1处佛教点,象州、武宣基督教、佛教各1处。

2005年末,全市主要有基督教、天主教、佛教3个教别,合法登记的宗教活动场所共31处,信教群众1万多人。其中基督教10处,教职人员5人;天主教14处,教职人员1人;佛教7处,教职人员7人。分布情况:金秀瑶族自治县天主教5处;象州县天主教6处、基督教2处、佛教2处;武宣县基督教3处、天主教1处、佛教1处;忻城县基督教3处、佛教4处;合山市天主教1处;兴宾区基督教2处、天主教1处。

第九章　纪检监察

第一节　机构设置

中共来宾市纪律检查委员会

2002年12月13日—14日,召开中国共产党来宾市第一次代表大会,选举产生中国共产党来宾市第一届纪律检查委员会。中共来宾市纪律检查委员会(简称市纪委,下同)机关与来宾市监察局合署办公,履行党的纪律检查和政府行政监察职能。12月25日,根据《中共来宾市委　来宾市人民政府关于市委和市人民政府机构设置的通知》(来发〔2002〕2号)文件精神,设置中共来宾市纪律检查委员会。根据《中共来宾市委　来宾市人民政府关于来宾市机构设置和人员编制方案的实施意见》(来发〔2002〕7号)文件精神,将中共柳州地区纪律检查委员会整体移位更名为中共来宾市纪律检查委员会。为市委工作部门,正处级单位,办公地址在北二路331号。纪律检查委员会机关与监察局合署办公。

2003年1月8日,从柳州市搬迁到来宾市正式挂牌。内设办公室、监察综合室、干部室、宣教研究(法规)室、党风廉政建设室(市反腐败办)、纠风室(挂来宾市人民政府纠风办牌子)、执法监察室、纪检监察室、案件审理室、信访室(举报中心)等10个职能室。市纪委、市监察局机关编制38名,其中行政编制35名,事业编制3名。领导职数:市纪委常委9名,其中纪委书记1名,副书记3名;市监察局局长1名(同时任副书记),副局长2名(同时任市纪委常委);市纪委常委2名;职能室正、副主任20名。全市纪检监察机构113个,其中市纪委派驻机构35个;6个县(市、区)78个。全市纪检监察专职干部371人。

2005年,全市市直机关派驻纪检组增加到55个,35个市直机关成立监察室,配备监察室主任。来宾市纪委监察局对派驻市直55个部门的纪检组实行统一管理,以利于加强对所驻部门领导班子及其成员的监督。市纪委内设机构和人员不变。

纪委书记:龙定茂(2002年12月—2005年12月)。

监察局局长:贾文林(2002年12月—2005年12月)。

县级机构

中华人民共和国成立后,来宾市境域各县委相继设立纪检监察机构,隶属关系随行政区域变化而改变。1950年3月,建立中共来宾县纪律检查委员会。1951年3月,设置石龙县纪律检查委员,1952年8月撤销。同年12月,金秀瑶族自治县设立纪律检查委员。1953年1月29日,忻城县设立纪律检查委员会。1954年4月,恢复石龙县纪律检查委员会。1955年7月,金秀瑶族自治县纪律检查委员改称监察委员会。11月,石龙县纪律检查委员改称监察委员会。12月,成立中共来宾县监察委员会,撤销纪律检查委员会。1956年2月20日,忻城县纪律检查委员会改称忻城县监察委员会。1963年8月,金秀瑶族自治县监察委员会改称纪律检查委员会。1964年，石龙县分设为武宣县和象州县后，两县分别设立纪律检查委员会。1967年1月，因造反派夺权，机关瘫痪，停止工作。1968年3月，忻城县革命委员会成立，监察工作由政工组兼管。4月，金秀瑶族自治县革命委员会成立后监察委员会被撤销。1969年9月，来宾县革命委员会设政工组行使监察委员会的工作。1976年6月，恢复忻城县纪律检查委员会。1973年11月—1978年5月，象州县委组织部履行监察委员会职责。1978年6月，成立象州县委纪律检查委员会。7月，成立武宣县纪律检查委员会。10月金秀瑶族自治县恢复纪律检查委员会。1979年7月，恢复中共来宾县纪律检查委员会，10月，中共来宾县第四届委员会第一次全体会议根据党章的规定，选举产生来宾县纪律检查委员会，各单位、乡镇设立纪律检查委员，有的单位设立纪律检查组。1982年12月，合山市委设立纪律检查委员会。1984年6月，忻城县纪律检查委员会正式成立。1985年5月，合山市召开第一次党代会，选举产生市第一届纪律检查委员会。1993年，来宾市境域实施党政机关机构改革，各县（市）纪委与县（市）监察局合署办公，实行一套工作机构，两个机关名称，履行两种职能。工作机构一般设办公室、信访室、案件检查室、执法监察室、宣传教育室、纪检监察室、案件审理室、党风廉政室等。2月，武宣县纪委与县监察局合署办公。5月，来宾县纪委与县监察局合署办公。6月，忻城县纪委与县监察局合署办公。金秀瑶族自治县纪委与县监察局合署办公。2002年12月，来宾县纪律检查委员会撤销，设立来宾市兴宾区纪律检查委员会。其余各县（市）称谓不变，隶属来宾市纪律检查委员会。

第二节　党风廉政建设

来宾市境域各级党组织十分注重加强党风廉政建设。1949年7月4日—6日，中共上忻工委组织400余名党员干部在宜山县马泗乡（今属忻城）龙闷屯开展整风学习，克服在一些干部中存在的乡土观念、发财思想和官僚主义等不良思想作风。在整风学习会上，都宜忻游击队政委莫江白先作自我批评，然后号召游击队指战员努力学习，认真改造思想，并积极帮助领导改进作风。

1950年6月，来宾市境域各县委按照中共广西省委《关于整党的指示》，召开县处级干部和区委书记会议，用2~3周时间，通过阅读文件，总结工作，分析情况，开展批评与自我批评，进行一次大规模的整风运动。整风的重点是县以上领导机关和领导干部，主要内容是整顿思想、反对官僚主义、命令主义和解决党内团结问题，这次整党整风运动至1950年冬结束。9月，来宾县委会开展整风，党员和党政、军干部学习毛泽东在党的七届三中全会上的讲话，开展了批评与自我批评，对居功自傲、脱离群众、命令主义、闹不团结和少数人违法乱纪等问题进行了严肃认真的整顿。通过整风，增强了团结，端正了作风，纠正了乱打人、乱骂人、乱押人等错误做法。10月中下旬，忻城县委进行整风，党内区级以上主要领导干部13人参加，历时7天，学习毛泽东《论批评与自我批评》及《党员与非党员群众合作》，习仲勋《反对官僚主义与命令主义》，中共宜山地委《整风会议总结报告》、贺亦然《为剿匪胜利而动员起来》等文章、文件，总结县委会8个月来的工作。检查官僚主义和命令主义的种种表现。通过整风，推动了清匪反霸及土地改革运动的顺利开展。

1951年7月，来宾市境域各县委根据中共第一次全国组织工作会议精神，加强党风建设，组织学习共产党员标准的八项条件，按照八项条件对照，开展批评和自我批评，克服各种非无产阶级思想。

1952年，来宾市境域各县结合土地改革运动，对基层组织进行一次整顿，克服了组织不纯和思想不纯的现象。10—12月，忻城县72名党员全部参加整党。这次整党主要是解决党员中阶级立场模糊，敌我不分，认为革命成功了可以松口气的思想等问题。学习党的基本知识和党员“八条”标准。整党中，每个党员都要按照党员标准自觉衡量自己，不达到党员标准的劝其退党。经整党运动，自动退党的4人；因犯官僚主义错误，组织纪律性差，受警告处分2人。1956年上半年，忻城县贯彻广西省委“以教育提高为主，严肃慎重”的整党方针，结合农业合作社发展情况和党员思想变化情况，开展以反对保守思想为中心的整党运动。全县99个农村党支部，共有1742名党员参加整党。整党前进行分类排队，有三类支部13个，三类党员152人。经过整党以后，尚余三类支部3个，三类党员42人。但对“以教育提高为主，严肃慎重”的整党方针认识不足，反对保守思想压力过大，缺乏划清界限，处分犯错误的党员多达47人，其中开除党籍3名、留党察看2名。

1957年秋，来宾市境域各县委按照中共中央《关于整风运动的指示》，各县委成立整风运动领导小组，在各级党组织中开展以正确处理人民内部矛盾为主题，以反对官僚主义、宗派主义和主观主义为内容的整风运动。由于反右派斗争，这次整风未能达到反对官僚主义、宗派主义、主观主义的预期目的，1958年初基本结束。8月，忻城县农村开展揭发、斗争不法地主、富农、残余反革命分子破坏合作社、反攻倒算的群众运动。年底，结合农村进行的大鸣大放、大字报、大辩论的群众运动，整顿党的组织。针对少数党员阶级立场模糊，丧失革命意志及有"资本主义"思想行为等情况，进行阶级教育，批判"阶级斗争已基本结束"的论点。运动后进行组织处理并健全组织。全县1753名党员参加这次整党，受组织处理16名，占总数0.81%，其中开除党籍3人，留党察看2人，严重警告5人，警告6人。

1969年3月—1971年1月，来宾市境域在各县开展整党整风运动。按照毛泽东提出的"党组织应是无产阶级先进分子所组成，应能领导无产阶级和革命群众对于阶级敌人进行战斗的朝气蓬勃的先锋队组织"的五十字建党方针，在党员中开展"自我革命"和"斗私批修"，提出在政治上、思想上、组织上肃清所谓"刘少奇反革命修正主义路线"的流毒。并进行"开门整风"，邀请党外群众评议党员，帮助党整风。最后按"吐故纳新"原则，处理党员。来宾县在整党整风中按"吐故纳新"原则，处理党员196名(其中一些被诬为叛徒、特务、死不悔改的走资派的党员被清理出党)，吸收新党员723名(其中有严重犯罪分子和犯有严重错误的人被吸收入党)。忻城县从1969年4月11日开始在全县铺开整党建党运动至1970年4月30日结束，忻城全县新建农村党支部105个，机关支部71个，吸收新党员391人；334名党员新任了党内职务；清除出党28人，开除党籍40人，劝退30人，取消预备期34人。1969年3月10日—16日，象州县举办第一批铺开的76个支部整党学习班，各公社、大队主管整建党的负责人及每支部1名优秀党员，每大队1名贫下中农代表参加。学习班结束后，第一批整党即正式开始，至12月，全县169个支部全面铺开。至1970年底，给予警告处分6人，取消预备期4人；吸收新党员103人，1330名预备党员转正。由于受"左"的错误思想影响，此次整党建党的"吐故纳新"问题很多，没有取得预期效果。

1975年11月26日至次年1月3日，象州县委召开整风会，进行开门整风。中间休会27天，实际会期12天。参加整风会有县委常委、委员和候补委员，县革委委员，县直各部、委、办、局领导和各公社党委书记及部分大队支部书记。在"左"的思想指导下，整风以"建设大寨县标准"进行对照。县委领导检查了对资本主义不敢批不敢斗等"软"的表现和骄傲自满、固步自封、因循守旧的"右倾"保守思想，提出县委常委人年均参加劳动100天的任务。这次整风会，把县革委1974年先后下达的关于民工挖矿收入实行多劳多得，超产奖励的分配办法的4个文件，当作"资本主义的根子"进行批判。在县委整风的同时，89个农村支部进行整党。县委在整党总结中提出："这次整党以大寨党支部为榜样，对农村党支部进行整顿，抓住发展农业的方向、道路这一主要问题，解决领导班子内存在的路线、作风和干劲等问题。"整党中，以党小组为单位召开贫协会员和贫下中农大会，对党员进行评论，共评论160名犯有这样那样缺点错误的党员，参加整党的支部一律进行改选。

1976年12月—次年9月，忻城县委抓大寨点1个大队，农村"三分之一"点24个大队，4个厂矿的"批修批资"的整党整风运动。解决党员中"思想不纯、组织不纯、作风不纯"的问题。由于"左"的影响，这次整党整风，29个支部中，组织调整17个支部，调整支书5人，副支书9人，支委34人。重点批评28人，给党纪处分30人。1976年12月21日—25日，忻城县委召开公社党委书记会议，部署公社党委开门整党工作。至次年1月3日止，共有公社党委常委63人，委员86人，大队党支部书297人、社直机关领导干部85人、贫下中农代表16人参加的各公社党委的整风。通过学习文件，提高阶级斗争觉悟，"上挂下联"，揭批江青反革命集团，揭矛盾评路线，并作整改方案。1977年10月6日—1978年3月，忻城县开展农村整党整风运动。10月6日那天，召开全县广播大会，中心会场设在县人民礼堂，各公社所在地和县"五七"干校、红河渠二级站指挥部设分会场，统一听动员报告。这次运动通过揭发批判江青反革命集团的谬论，联系实际，抓阶级斗争，批资本主义倾向，解决党支部存在的"软、懒、散"问题。全县9个公社，108个大队，社直属机关66个单位及6个企业，共6840名党员参加。1978年，党的各级纪律检查机关恢复。1978年1月16日—30日，忻城县各公社党委领导、各大队党支书及社直机关负责人共254人，围绕"真学大寨还是假学大寨"问题，开展了整党整风运动。

1982年，来宾市境域各县纪检部门注重加强党风廉政建设，抓紧对党员进行纪律教育，防止拜金主义思想侵蚀党的机体。

1985年秋，来宾市境域各县（市）委成立整党领导小组，按照中央“统一思想，整顿作风、加强纪律、纯洁组织”的要求，自上而下分期分批进行整顿党的作风，整党运动分为学习文件、评议党员、党员登记、整改等步骤，1987年底结束。8月，来宾县委根据中共中央《关于整党工作的决定》，分3批在县、乡、村三级组织进行整党。参加整党的党员16048人（正式党员15758人，预备党员290人）。县委按照整党要求，组织党员学习《中共中央关于整党的决定》《关于党内政治生活的若干准则》《中国共产党章程》，提高党员的思想认识，党员按照党章和党的十一届三中全会以来的路线、方针和政策对照检查，认真整改。最后，通过党员登记和组织处理，开除党籍40人，不予登记203人，缓期登记309人，给予留党察看、撤销党内职务、严重警告、警告等党纪处分35人。到1987年11月，全县整党结束。整党期间，发展了207名新党员。7月，忻城县委成立整党领导小组及办公室。从9月开始，在全县分3期进行整党。至1987年3月。忻城县10265名党员参加这次整党运动，在组织处理中缓登记230名，不予登记130名，开除党籍12人（其中被依法逮捕3人），留党察看5人，党内严重警告1人，党内警告5人。同时发展新党员262人。通过这次运动，县直有5个单位清退了乱发公款87203元；制止了党政机关经商办企业；清理了以贷谋私1人；清退了贪污款32206元，退赔了挪用公款61581元。还清理了拖欠公款368012元。1987年7月，整党结束。武宣县在整党过程中边整边改，清退滥发钱物，整顿各种“公司”、清查倒卖外汇、国家紧缺物资、违章建私房，查处严重以权谋私、违法乱纪案件等，给国家挽回经济损失21.5万余元。清理出县直一、二层单位滥发钱（包括物折款）32926元，清出农村党员贪污、挪用公款55350元，归还公物350多件。全县8436名党员，参加整党8380名，占党员总数99.3%，给予登记7278名，占党员总数86.2%，缓登记756名，不予登记93名，留党察看19名，开除党籍22名。象州县县直一层机构的54个支部613名党员为第一批，从1985年9月初开始，1986年5月底结束；县直二层机构和乡镇、村的275个支部7527名党员为第二批，1986年6月下旬开始，1987年1月结束。整党中，全县有290名党员清退贪污、挪用、拖欠公款和非法收入8.1万余元；112名党员补交违章占地建房补偿费和罚款2.09万元；350名党员交超计划生育罚款2.2万元；查处违纪案件21起，给予党纪处分19人，其中开除党籍6人。7968名党员参加整党，给予登记7547人，缓期登记195人，不予登记53人，暂未讨论登记173人。1986年8月，合山市委分3批在市、乡、村级党组织进行整党，参加整党的党员2049名。按照整党要求，最后，通过党员登记和组织处理，开除党籍32人，不予登记3人，缓期登记27人，留党察看4人，撤销党内职务1人，严重警告11人，警告2人。1987年11月，整党工作结束，在整党期间，合山市发展新党员92人。

1986年，来宾市境域各县委成立端正党风领导小组办公室，纪检部门抽调人员参加工作，在普遍教育的基础上，对个别以权谋私的领导干部通报批评。

1988年，来宾市境域各县（市）委认真贯彻《中共中央关于党和国家机关必须保持廉洁的通知》《经济要繁荣　党政机关要廉洁》和《关于各级党组织和党员在稳定经济，深化改革中要严守纪律的通知》等文件。各县（市）纪委组织党员学习中央关于党和国家机关必须保持廉洁的通知精神，加强党风廉政建设。

1988—1990年，来宾市境域各县（市）委在加强党风廉政建设中，对群众反映最强烈的“三违”（违章、违纪、违法）建私房和“三乱”（乱罚款、乱摊派、乱收费）的问题，严肃查处，切实加以解决。来宾县委查处“三违”建私房共1064户，其中干部605户；查出“三乱”违纪金额156.83万元。合山市委查处干部职工建私房135户，查处“三乱”违纪金额7.82万元。武宣县查处干部工人买地建房842户，其中超面积465户1.95万平方米，按规定罚款95万元，实交了82万元。有353户退出了原住公房迁入私房。象州县检查职工建购私房452户，其中超面积建筑213户，私下买卖或转让宅基地6户，建房后用于出租或出卖9户，以亲属名义申报要地建房56户，资金与收入不符12户。已对违章的63户实行罚款，金额68835元。建私房后仍占住公房的337户退出公房。1989年4月—5月，来宾县委制订10条廉政建设制度，合山市委制订19条廉政建设制度。1990年，来宾市境域各乡（镇）和县（市）直机关单位建立健全了廉政建设规章制度，各县（市）纪委和监察局设立举报箱，揭露机关工作人员利用职权进行贪污、贿赂及其他违纪违法行为。

1991年，来宾市境域各县（市）对党员进行党纪党规教育考试，机关党员受教育面达95%以上，农村党员受教育面85%以上。来宾县成立党规党法教育领导小组，下发《关于在全县党员中开展党规党法教育的意见》。5月，组织购买《党规党法教育文件汇编》2204册，做到领导干部人手1册。10月，县委召开县直机关党员大会进行学习动员，各基层党组织按县委布置认真抓好本单位的学习教育活动，全县党员参加学习达90%以上，并用7天时间组织全县党员参加党规党法基本知识考试，参加考试的党员达100%。此外还利用墙报、板报、电教、广播等多种形式开展党风党纪和领导干部廉洁自律教育，先后在县、乡播放《越轨行动》《权与钱的考验》等4部反腐电教片。忻城县组织开展全县党员干部学习党纪政纪法规学习教育活动，共编印学习资料1000多份、考试试卷7000多份。全县45名在职副处级以上领导干部，427名副科级在职领导干部，6000名左右普通党员和公务员参加了学习考试。是年8月—12月，合山市开展以《行政监察条例》为主要内容的党风廉政建设和"护航杯"行政监察知识测验和竞赛活动。参加活动的单位共80个，干部职工1315人。在全市放映党风党纪教育片《大地情深》20场次，观众24000人次。

1993—1995年，来宾市境域各县(市)委按照原柳州地委、行署和纪检监察等部门下发《柳州地区各级党政领导干部廉洁自律方面十项规定》《关于进一步加强行政事业性收费管理的规定》《关于公务活动中接待工作的规定》《关于制止党政机关领导干部用公款学开车，进一步搞好廉洁自律的意见》和中纪委《党政机关县(处)级以上领导干部收入申报的规定》《党政机关县(处)级以上领导干部收入申报的若干问题》等文件，规范党员干部的行为。来宾县先后下发《关于贯彻落实中办发〔1992〕10号文件精神，开展清理党政机关及其工作人员利用职权无偿占用企业钱物的实施意见》《关于完善党政机关工作人员在公务活动中食宿接待标准》《关于严禁领导干部开公车的规定》《中共来宾县委　来宾县人民政府关于制止奢侈浪费行为的规定》《关于制止党政机关领导干部擅自用公款学开车的通知》和《关于贯彻落实党风廉政建设责任制的意见》等文件，抓好清理党政机关与所办经济实体脱钩工作。全县党政机关有33个部门开办经济实体共44家，注册资金897.7万元；从业人员613人，其中科级以上干部14人，一般干部294人，社会聘请305人。经清理，这些经济实体全部与原单位脱钩。全县共清理出超标小轿车12辆，均已按规定处理。对于党政机关干部用公款吃喝玩乐不正之风，召开专门会议，狠抓落实，取得明显效果。

1993年9月，来宾市境域各县(市)委贯彻原柳州地区纪委《关于我地区贯彻落实党中央近期反腐败斗争工作部署的实施意见》，重点抓好社会主义道德教育活动，把社会主义道德教育作为反腐倡廉和党风党纪教育的重要工作抓紧抓好。各县(市)按照原柳州地区纪委、监察局《关于加强对救灾物资使用管理监督检查的通知》，加强对救灾物资使用管理监督检查，组织党员学习《致全地区共产党员的一封公开信》，要求党员干部做遵纪守法的模范。来宾县举办社会主义道德学习班210期，参加学习班人数2.04万人次，播放反腐电视录像74场，观看人数达1.50万人次，征订学习资料1432册，出板报宣传137版，95.9%党员受教育，非党员干部职工受教育3656人。县纪委监察机关组织检查组深入重灾区城厢、大湾、正龙、高安、南泗、蒙村、小平阳、石牙等乡镇和县卫生局、水电局、教育局、民政局等单位，督促检查救灾款物的管理、发放工作，确保全县24个乡镇救灾款物及时足额发放到位。合山市根据中共中央"五个不准"和自治区党委"十个方面的要求"，在全市开展党风党纪专题教育活动。活动期间，印发学习资料4452册，举办培训班和召开报告会共31期次，在市报、市有线电视台刊载和播放宣传稿件92篇、电视录像39场次，出墙报、板报96版。

1995年，来宾市境域各县(市)在加强党风廉政建设中，贯彻落实原柳州地区纪委与监察局《关于重申招生工作纪律和加强招生工作监察的通知》，要求党员干部带头贯彻执行。是年，民主生活会制度由县(市)委、政府及各部、委、办、局，向乡镇机关及其所属站、所和国有企业领导班子延伸。来宾县召开副处级以上领导干部会议，学习中央提出的关于县处级领导干部廉洁自律为内容的民主生活会。全县应参加以廉洁自律主题民主生活会县处级领导干部61人，实际参加59人，占96.7%，自查中有6名领导干部拒收礼金6050元。在全县党员干部中深入开展党风廉政教育活动，组织观看《雷池》《党风政纪教育系统小品》等党风教育录像32场次，观看人数5854人，观看自治区反腐倡廉文艺演出2400多人。同时组织全县1109名副科级以上领导干部参加廉洁自律知识考试，及格率达100%。1997年，忻城县组织全县广大党员和国家公务员积极参加学习党风廉政法律法规活动，发放《党风廉政法律法规教育学习资料》4000多册，参加《党风廉政法律法规》竞赛考试5100人。合山市举办以学习党风廉政建设和领导干部廉洁自律、行政监察法业务知识为主要专题的培训班2期，参加培训的党员领导干部100人。

1997年，来宾市境域各县（市）在加强党风廉政建设中，注重抓好超标准接待、超标小汽车、超标准住房、通信工具、公款吃喝、乱收钱物等群众反映强烈宾问题，进行专项治理，取得一定成效。来宾县党政机关企事业单位领导干部制止请吃喝500次，仅此就节约经费25万元。拒绝请吃344人440次，拒收财礼、拒贿30人（次）。金秀瑶族自治县各乡镇和直属机关单位，逐步恢复机关食堂。县委、县人民政府重新明确接待标准。当年，全县公务接待费比上年节约29.8万元。从1997年起，金秀瑶族自治县对领导干部的小汽车超标、住房、通信工具等进行专项清理。县委、县人民政府将直属机关13辆小车作为县四家班子领导对应的工作用车，清理出来的3辆超标小车作妥善处理；按规定拆掉所挂军车警车牌22块，停建县委办公室1栋、取消装修办公楼2栋，共节约资金154万元；有247名副科级以上领导干部填报了《领导干部建房、住房情况申请表》，其中35人自查自纠住房、建房方面的问题；清理公费安装住宅电话353部、移动电话105部，作价共收回资金18万余元。

1998年11月，来宾市境域各县（市）在加强党风廉政建设中，县（市）委、政府成立党风廉政建设责任制领导小组，深入推进党风廉政建设责任制的贯彻落实，形成“党委统一领导，党政齐抓共管、纪委组织协调、部门各负其责，依靠群众支持和参与”的反腐败领导体制和工作机制。来宾县纪委对全县468名在任科级领导干部建立廉政档案，对领导干部的廉政情况进行跟踪考察，每年2次，年终廉政考核与县委对领导干部考核同步进行。金秀瑶族自治县落实领导干部收入申报、礼品、个人重大事项报告制度。全县参加申报的单位共164个321人，共登记礼品折合人民币1.5万元，领导干部有12人25次共拒收“红包”2.14万元。当年，金秀瑶族自治县还压缩和精简会议8次，节约经费5.8万元。对568名新任职科级领导干部进行了廉政教育谈话；对36名科级领导干部进行诫勉谈话，对一些苗头性、倾向性问题提前打招呼及时打好预防针。6—9月，合山市征订《纪检监察工作政策法规选编》《党风廉政法律法规教育学习资料》共1650册，在全市开展学习党风廉政法律法规活动，党政机关45个单位，分别组织干部职工开展专题学习7次，上辅导课3次。组织全市（含厂矿）党员3521人，参加自治区举办的《行政监察法》知识竞赛，及格率100%。

1999年，来宾市境域各县（市）在加强党风廉政建设中，建立健全党风廉政建设责任制，将党风廉政建设责任制落实到位，抓出成效。忻城县委制定党风廉政建设责任制实施办法，对责任的具体内容、实施及考核办法及追究都做了明确规定，促进了各级领导班子和领导干部增强贯彻执行党风廉政建设责任制的责任感。来宾县继续完善廉政档案制度，要求每位领导干部每年写1份廉政自律材料存档。实行领导干部廉政报告制度，建立领导干部廉政谈话制度，对提拔和任职期间的领导干部进行廉政谈话，并提出廉洁自律方面的具体要求。进一步落实党风廉政建设责任制，签订党风廉政建设责任状，强化各级党政“一把手”的责任意识，抓好党风廉政建设，实行责任细化、量化和规范化管理，重抓责任追究。组织全县党员干部深入学习《邓小平论党风廉政建设和反腐败》，开展学习宣传中央《关于实行党员廉政建设责任制的规定》，副科级以上党员领导干部均参加学习，一般党员干部达96%。组织观看《中国共产党纪律处分条例（试行）》电视系列片，全县播放300多场次，机关党员、干部观看人数达98%，农村党员达87%，全县观后召开专题座谈会286次，写心得体会600多篇。3—7月，合山市组织党政机关干部职工2993人，农村党员、群众10174人次，观看《中国共产党党纪处分条例（试行）》电视系列片75场。召开处级干部座谈会3次，民主生活会2次，撰写观后感体会24篇。举办党风廉政建设培训班2期，参加培训的科局长共285人。组织党员1978人，观看反腐话剧《春寒惊雷》。87个单位分别与市委市政府签订党风廉政建设责任状。

2000—2002年，来宾市境域各县（市）继续落实党风廉政建设责任制，全面推行党风廉政建设向纵深发展，结合“讲学习、讲政治、讲正气”教育，建立领导干部工作职责和党风廉政职责“一岗双责”责任制并公布上墙，接受群众监督，促进领导干部廉洁自律工作的顺利开展。2000年，忻城县委以“三讲”教育为契机，加强对领导干部廉洁自律教育，建立健全廉政制度，起草制定《关于党政机关副科级以上领导干部廉洁从政的规定》《关于建立领导干部廉政档案的暂行办法》和《关于违反党风廉政建设责任制行为责任追究的实施细则》等制度。结合党纪政纪法规学习活动，利用胡长清、成克杰等重大典型案件对党员干部进行警示教育，使党员树立正确的世界观、人生观、价值观,牢记全心全意为人民服务的根本宗旨。来宾县召开学习专题座谈会 167 次,各级领导干部写学习心得体会文章 3400 多篇,695 名副科级以上领导干部参加党风廉政建设责任制知识考试,及格率达 100%。9—10 月,重点抓好全县党员干部警示教育,全县购回《邓小平论党员领导干部廉洁自律》《成克杰案件警示录》等学习资料进行学习教育,共播放《胡长清案件警示录》电视录像 400 多场,观看人数 5 万多人次,全县各级党组织共召开警示教育座谈会 260 多次,党员、干部写心得体会文章 5600 多篇。还对 16 名领导干部党风廉政建设责任执行不力进行追究。金秀瑶族自治县从当年起,每年各乡镇和县直科级以上单位的党政主要领导,分别与县委书记、县长签订《党风廉政建设和反腐败工作目标管理责任状》,各乡镇党委、人民政府还与辖区内的村委会、直属单位签订责任状,县直单位与系统内的二层机构签订责任状。合山市委、市政府制定《关于企事业单位电话费使用暂行规定》和《关于违反预算外资金管理处理办法》。向 5 个企业单位,派驻财政总监 5 名。

2001 年,忻城县委贯彻落实《关于加强和改进党的作风建设的决定》,从源头上预防和治理腐败,建立并实行纪委负责人同下级党政负责人谈话制度。抓好党风廉政建设责任制的贯彻落实,全县副科级以上领导干部都制定有党风廉政岗位职责,实行"一岗双责"。全县建立领导干部廉政档案 478 名,并向社会公布举报电话。来宾县按责任制有关规定追究 20 名擅自开公车党员干部责任。共对 15 名科级领导干部进行廉政谈话,加大监督力度,完善监督制约机制,出台特邀监察员十条管理制度,加强特邀监察员的工作和管理;实行领导干部任期经济责任审计制度和领导干部回复反映本人有关问题制度等,加强对领导干部生活作风、工作作风和工作纪律等监督。合山市建立副科级以上领导干部廉政档案 220 人。下发《关于严禁党员干部滥发"红帖"的规定》,当年,13 名党员干部,收回已发"红帖" 2000 张,取消宴请计划 13 个。

2002 年,忻城县委制定《忻城县落实 2002 年党风廉政建设和反腐败工作任务责任分工的意见》,将反腐败各项工作进一步分解到各有关部门。来宾县实行信访举报监督书制度、信访监督谈话制度和信访监督档案制度等,加强组织对领导的监督。合山市组织纪检监察人员针对 11 个单位的领导干部(2000—2001 年)话费使用情况检查,查处超标报销话费 24136.6 元。对全市 87 个单位,科级以上领导干部进行廉政勤政情况考核,建立个人廉政档案 212 人。

2003—2005 年,来宾市委、市政府相继制定、完善《来宾市贯彻〈关于实行党风廉政建设责任制的规定〉的实施办法》《来宾市党内监督实施细则(试行)》,组织党员干部学习《中国共产党党内监督条例(试行)》和《中国共产党党员权利保障条例(试行)》《中国共产党产党纪律处分条例》等党内法规。把党风廉政建设宣传教育纳入党的宣传教育的总体部署,与市委组织部、宣传部、党校、市直工委、市文化局、广电局、来宾日报社、来宾电视台、自治区驻来宾新闻单位建立联席会议制度。各级纪检监察机关也相应制定协调会议制度和例会制度,从而进一步完善反腐倡廉"大宣教"格局,增强党风廉政建设宣传教育工作的整体合力。按照立足教育,着眼防范的要求,以"七个一"为载体,即组织学习一套文件、树立一批先进典型、观看一组反腐倡廉电教片、讲一堂廉政党课、组织开展一次党纪政纪条规知识测试、观看一台以党风廉政教育为主要内容的文艺晚会和分级办好一期新任职领导干部廉洁从政培训班,在全市以多种形式组织开展"艰苦奋斗,廉洁从政"主题教育活动。精心组织编印《"艰苦奋斗廉政从政"主题教育活动学习资料》,免费发给全市副处级以上领导干部学习;组织开展各级"一把手"带头"讲廉课";继续在《来宾日报》开辟"反腐倡廉,取信于民"专栏,刊登党政"一把手"的学习体会和反腐倡廉理论文章等。

2005 年,市纪委与市委宣传部、市文化局、市文联联合下发文件,组织开展反腐倡廉山歌征集和演唱活动,征集到反腐倡廉山歌 1400 余首,并从中评出一等奖 5 名、二等奖 10 名、三等奖 15 名、特别奖 3 名,分别给予奖励。还筛选出近 500 首山歌汇编成《来宾市反腐倡廉山歌集锦》,印刷 1500 册免费发给全市副科级以上单位、优秀山歌手和所有参与这次反腐倡廉山歌创作的作者。国庆前夕又在兴宾区宣传长廊出版 8 版反腐倡廉山歌宣传墙报。还与市委宣传部、市文化局、市文联等部门联合,于 11 月 20 日晚在市区举行大规模的反腐倡廉山歌演唱会,自治区监察厅副厅长余海燕等领导到场指导,《中国纪检监察报》《广西日报》等区内外 10 多家新闻单位分别派出记者前来作现场采访报道。由市纪委牵头,市委宣传部、市文化局等部门配合,组织开展反腐倡廉对联征集和评比活动,仅 3 个月时间,就征集到来自全国13个省(市、区)作者创作的对联1028副,组织区内有关楹联专家评比出一等奖2名、二等奖4名、三等奖6名,给予奖励。将征集到的优秀对联作品编成《来宾市反腐倡廉对联集》,印制1500册赠送给全市各级领导干部。

第三节　执法监察

来宾市境域各县(市)纪检监察部门自成立以来,注重加强执法监察工作,特别是对人民群众反映强烈的涉及农业、农村和农民问题的问题,开展执法监察,以保障党和国家的政策落到实处,保障人民群众的切身利益。1990年,象州县纪委会同监察局等有关部门,对党政机关办公司、企业进行执法监察,共清查处理党政办企业18个,其中撤销6个,停办5个,转让7个,在企业任职的71名党政干部全部与企业脱钩。1991—1993年,武宣县监察局会同有关部门对干部违章违纪建私房、乱集资、乱摊派、乱罚款经销清理。来宾县纪检监察机关从1992/1993年榨季开始,联合县公安、工商等部门组成工作组,对个别糖厂蔗区倒卖原料蔗情况进行执法检查,共没收倒卖料蔗非法总价款5168.03元。1993—1994年,合山市进行执法专项监察9项,其中,对市劳动部门未经市政府同意,擅自招收全民所有制合同制工人情况进行专项监察,查处擅自招收各行业人员为全民所有制合同制工人365名,分别挂靠企业和单位33个,收取各种费用共21.11万元。1994年,来宾县遭受特大洪涝灾害,损失惨重。灾后共收到救灾款556万元和物资一批。县纪委监察机关组织检查组深入重灾区城厢、大湾、正龙、高安、南泗、蒙村、小平阳、石牙等乡镇和县卫生局、水电局、教育局、民政局等单位,督促检查救灾款物的管理、发放工作,确保全县24个乡镇救灾款物及时足额发放到位。武宣县清理涉农文件143份,对193个乱收费项目进行清查,查出不合理收费7456.26万元。1993/1994年榨季,来宾县纪检监察部门会同有关部门组成蔗区执法监察巡逻队,杜绝一些单位和个人乘机炒卖甘蔗行为。象州县对罗秀糖厂、石龙糖厂实行挂牌保护,杜绝党政机关事业单位到糖厂拉关系炒卖食糖。应各企业要求,为全县42家企业挂牌服务。1995—1996年,武宣县依法重点检查学校、医院及经济管理部门等乱收费问题,查处乱收费金额49.8万元。依法清查机关企事业单位预算外资金58.1万元。同时还查处用公款吃喝和请客送礼、外出旅游等问题。1996/1997年和1997/1998年榨季,来宾县纪检监察部门对部分甘蔗站蔗款发放情况进行执法监察,发现有些甘蔗站巧立名目,克扣蔗农蔗款。共查处克扣农民甘蔗款9764.9元,乡政府在蔗款中扣蔗农治安费2540.31元,还存在炒买炒卖甘蔗票和甘蔗集资票行为。责成甘蔗站和乡政府全部退还克扣蔗农蔗款,没收炒买炒卖甘蔗票所得非法收入。1995年,合山市开展追缴单位和干部职工个人拖欠公款专项监察,查处单位88个,干部职工233人,拖欠公款、借款1749.86万元,当年追回欠款392.82万元,其中:个人还款202.27万元。对尚未追回的拖欠款和借款,责令当事人限期归还。1996年,来宾县纪委监察机关对县乡部分单位经费使用情况进行专项检查,检查10个单位,立项检查9个项目。共查出违纪金额375.4万元,挽回经济损失275.4万元。县纪检监察机关会同县农办、教育局、物价局组成联合调查组,对桥巩、凤凰、良江、小平阳、城厢、来宾镇等乡镇及县直有关单位开展减轻农民负担专项检查,共查出违纪金额1.84万元,全部清退给农民。当年,县委、县人民政府下文取消229项涉农收费项目。

1996—2000年,象州县执法监察对象范围扩大,对部分县直机关单位和乡镇党政机关及妙皇、水晶、马坪三个乡镇二层单位的“七站八所”开展执法监察,没收违纪金额124.8万元;对粮食流通体制改革开展执法监察,对全县11乡镇66户粮食经营单位和个人进行资格审查,查处不符合经营条件的个体粮食经营11户,查处非法经营粮食违法行为223起,没收大豆10.3万千克,稻谷31.8万千克,玉米0.5万千克,罚款106万元;对建筑市场招标投标开展执法监察,规定建筑市场招标投标监督检查的主要内容、范围、方法、要求等,从政策制度上严格监督管理建筑市场招标投标工作。1997—2005年,武宣县加强财经纪律专项检查,共查处各种违纪金额954万余元,挽回184万余元。同时,开展对经营土地使用权招标拍卖挂牌出让工作的执法监察和开展查处土地违法违规案件专项行动。1997年、2001年、2005年,武宣县分别对教育系统财务收支情况进行执法检查,共查出违纪金额840余万元。

1997年,金秀瑶族自治县顺利通过自治区检查验收,实现辖区内公路基本无“三乱”。对全县73所中小学春、秋学期收费情况进行监督检查,查处中小学乱收费案件41起,纠正中小学收费中违纪问题27起，涉及金额470万元，纠正乱收费72万元，退还学生51万元。健全并规范涉农收费五项制度，取消农民不合理负担一批，累计减轻农民负担1620多万元，农民人均负担始终控制在总收入5%以内。清理、打击哄抬农资价格、制售假劣农资坑农害农行为40件，共涉及金额14.86万元。

1998年，来宾县检查县第一糖厂和县造纸厂企业负担，主要是对面向企业的行政事业性收费、罚款、集资、基金项目。建立企业收费监督卡，执行凭证收费，取消不合理收费项目1项，当年为企业减负3.6万元。专项检查南柳高速公路来宾段3个乡镇土地补偿费。共查出虚报征地面积领取土地补偿费66万元、挪用征地费11万元、某镇土地所所长虚报冒领征地费12.9万元占为己有等问题。对查出的问题进行立案处理。对粮食流通体制改革情况执法监察。共查处非法收购及贩运粮食案件32件，涉案人员40人，没收原粮5.15万千克，罚款4.47万元。对社会保障基金管理使用执法监察。发现县养老保险所将170万元的养老保险金以定期存款的方式存入银行，未纳入财政专户管理，违反有关规定，责成养老保险所将上述款及时转入县财政局“社会保险基金财政专户”管理，杜绝资金外流。通过检查，有效地规范了建筑市场，防止暗箱操作和工程质量事故的发生。合山市对市教委、岭南教办，以及中、小学校收费情况进行检查，取消收费项目5项，查处乱收费4.5万元。1999年，合山市对粮食流通体制进行专项监察，查处河里粮所挪用粮食基金90万元，行政处分责任人2名。对企业收费项进行全面清理，取消收费项目20个，查处违规收费单位30个，违纪金额102.25万元。同时，清理有关部门下文规定向企业收费项目3项，减轻企业负担93.1万元。清理实行“收支两条线”管理单位55个，清出并存入财政专项金额1935万元。2000年，合山市对9个行政单位、8个事业单位、4个企业单位的“小金库”进行清理，查出违纪金额46万元，对市党校予以立案查处。

2001年，来宾市境域各县（市）纪检监察部门加强执法监察力度，深入治理公路“乱设站（卡）、乱罚款、乱收费”（简称“三乱”）、加大对行政事业性收费、罚没收入“收支两条线”管理执法监察，全面清理行政收费项目，规范收费行为，有效制止各种乱收费行为。来宾县整顿医药购销市场，取缔无证或超范围违法企业4家、违法经营55家、非法医疗场所22个、违规医疗服务23起，立案查处7件，查出违规收费金额39.8万元。治理中小学校乱收费，使全县中小学收费减掉1300多万元。治理公路“三乱”，全县取消公路站点3个，查处公路“三乱”案件1件。加大对行政事业性收费、罚没收入“收支两条线”管理执法监察，查出违纪金额170多万元，已责成有关部门进行纠正，并对严重违纪单位进行立案查处。全面清理行政收费项目，规范收费行为，全县取消收费项目50项，下调收费标准58项，降低收费标准11项。忻城县对县卫生局、县矿产局、红渡教育组三个单位进行执法监察，在检查中发现这三个单位都不同程度地存在乱收费、私设账外账、私分公款等违反财经纪律的问题。共查处违纪金额79.80万元，没收上缴县财政19.20万元。对县中等职业技术学校进行立项检查，发现该学校1997年春季至1999年秋季学期擅自设立项目收费，每学期向每学生收取电脑“上机费”55元和75元不等，共收得违纪款3.40万元全部上交国库。对部分县直单位的通信话费进行检查，共查出超标准报销话费2万元，查出县工商局城关分局用公款配备手机30部计4.9万元。对县农机局及其所属的县农机监理站和农机校的涉农收费情况开展执法监察，查出违纪金额11.68万元，追缴违纪款4.07万元。象州县通过执法监察，查出县医药公司于1994年6月—2000年12月期间设置“小金库”，集体私分30多万元，违纪款项被收缴国库，案件移交司法机关处理；查出罗秀镇农村合作基金会1997—1998年违规多收贷款利息（跟踪服务费）22.9万元留作“小金库”，2000年3名工作人员趁基金会即将收归镇财政管理之机私分“小金库”余款21万元，人均7万元，涉案人员交由检察院立案查处。合山市进行医药和医疗服务价格、四项资金管理使用情况进行专项监察，对北泗卫生院、财政所医药和医疗服务价格，四项资金管理使用的账务立项2项，查结违纪金额7万元。忻城县对全县65家药品经营企业开展了76人（次）的执法检查，没收假劣药品84种，价值1.6万多元，立案3起，取缔无证照企业1家，整改了1家药品经营企业，取缔无照营医1家，处理无证照游医47人（次），没收并销毁药械一批，价值2000多元。严格执行药品集中招标采购制度，集中采购药物的品种为163个，采购金额达376.84万元。

2002年，来宾市进一步加大执法监察工作力度。先后对土地资源，矿产资源，专项资金开展专项治理，对安全生产，招投标，房地产开发，土地招标拍卖拍挂等开展专项检查。对35个重点项目工程建设情况进行重点监督。会同有关部门对土地市场、建筑市场进行治理整顿，积极推进经营性土地招标拍卖挂牌出让制度和建筑工程招标投标制度。参与13起重特大安全责任事故的调查处理，追究有关人员的责任。会同有关部门清偿征地补偿费近768万元，清欠农民工工资356万元、工程款3.3亿元，牵头清理党政机关工作人员投资入股煤矿资金136万元。全市自立执法监察项目27项，涉及违纪金额9420.61万元，收缴上缴财政2456.61万元，其中市本级自立项目23项，已查结19项纠正违规项目资金865万元，涉及违纪金额489万元，收缴865万元上缴财政。参加工程招投标监督34项，行政审批制度、财政管理制度、投资体制、政府采购管理体制等方面的改革继续深化。为保证市委、市政府关于科学发展重大决策部署的贯彻落实，各级纪检监察机关还进一步加强对干部作风和行政效能建设情况以及节能减排、固定资产投资、节约集约用地等政策执行情况的监督检查，认真纠正和查处违背科学发展，影响和妨碍振兴战略实施的错误行为，为来宾保增长，保民生，保稳定，保发展，促进社会和谐作出重要贡献。

兴宾区整顿药品生产流通秩序，共清理销毁假劣和过期药品、医疗器械总价值5.5万元，查处药品违规案6起。监督检查建筑工程项目招投标制度落实情况。共查出违规建筑项目3个，涉及金额400多万元，立案查处责任人2名。忻城县对宁江二中1999—2002年财务执行情况进行检查，查出违纪金额22.24万元。及时制止有关部门违反规定进校销售课外书《崇倡科学、传播文明》和《公民道德实施纲要》的行为，责成将已收取的书款29万余元如数退给学生或学生家长。共开展了4项执法检查，办结3项，查处违纪金额136万元，挽回经济损失91万元，收缴违纪金额上缴财政63万元。合山市对市直和矿务局所属学校春季学期收费情况进行检查，查出并清退乱收费10万元。开展对市电力公司的经营管理、人事局审批工资津贴、妇幼保健院私设“小金库”和“账外账”等3项检查，查处违纪金额59.2万元，挽回经济损失85万元。

2003年，来宾市派驻纪检监察机构针对部门特点组织开展执法监察，切实解决群众反映的热点问题，维护群众利益。如市劳动和社会保障局组织对社会保障资金的专项检查，对忻城县社保所存在挤占基金、挥霍浪费问题在全市劳动保障系统内通报批评；市审计局联合水利局、教育局等部门对国债资金的使用情况进行执法检查，没有发现有违纪行为，为今后更好地使用国债资金总结了经验；市统计局组织开展对统计法执行情况的检查，共查出违法统计案件37件，其中罚款16件，通报批评21件。兴宾区监督检查计划投资4174.86万元涉及林业、水利、小城镇开发、中小学危房改造、高中扩招等38个在建国债项目，确保专款专用。加强预算外资金管理。查涉违纪金额145万元，纠正、清退违纪金额28.2万元，提出整改建议6件。逐步规范行政事业性收费。合山市对市教育局1998年1月—2000年2月执行财政法规情况进行执法监察，查处违纪金额67.7万元，并对有关责任人给予党纪政纪处分。

2004年，来宾市认真贯彻《全面推进依法行政实施纲要》，紧紧围绕市委、市政府的中心工作和群众反映强烈的社会热点问题开展执法监察。重点加强对行政许可法、土地管理法、招投标法贯彻执行情况的监督检查。围绕影响行业生产经营的问题、重大建设工程项目以及政府投资的重大建设项目资金、国债资金、社保资金、扶贫专项资金和救灾捐赠款物的管理使用情况开展执法监察。全市共立项31项，查出违纪金额1167.63万元；挽回经济损失239.2万元；收缴财政194.88万元；提出监察建议34件；发现案件线索10条，转立案10件，给予党政纪处分14人。一批违规违法行为被严肃查处。在工程招投标监督中，共发出监察建议书6份，促进了工程招标投标的公平、公正和公开。全市年内上马的五个市政工程项目，预算控制总价达1.78亿元，通过招投标监督，实际中标价1.53亿元，为国家节约2550多万元。兴宾区对专项资金管理使用、行政事业性收费和罚没收入“收支两条线”执法监察。查出“小金库”49万元，挽回经济损失15万元；教育收费工作情况的执法监察，共查出外出经商、擅自离岗教师44人，追缴其间领取财政工资62万元，规范教师队伍管理。合山市对市广播电视局1996年1月—2003年5月执行财政法规情况进行专项监察，查处超标，违规发放劳务费、奖金和补助，私设“小金库”以及虚列开支等行为，涉及违纪金额77.05元，对负有领导责任的原局长莫某予转立案审查。对市第一期国有土地出让进行执法监察，查出出让国有土地5宗，土地成交价83.6万元。

2005年，来宾市认真抓好《行政许可法》贯彻实施情况检查，制定和公开了行政许可项目及其实施主体目录，全市行政许可项目清理后保留1326个，取消和调整221个，废止文件19件，建章立制1796件。强化对建设工程招投标和经营性土地使用权拍卖、挂牌出让制度执行情况的监督。全市56宗经营性土地使用权出让全部采用挂牌或拍卖的方式供地；对广西汇元锰业有限公司钢结构厂房制作等34个重大市政工程项目招投标进行监督，其中市级23个工程预算控制价共28699.9万元，工程中标价26338.1万元，节约工程造价2361.8万元，下浮8.23%；县（市）级11个工程总造价节约668.54万元，下浮11.43%。紧紧围绕市委、市人民政府的中心工作和群众反映比较强烈的一些热点问题开展执法监察，全市执法监察自立项目共37项（其中市本级7项）已办结37项，查出违纪金额808.56万元，挽回经济损失360.20万元，纠正和退还违纪款139.33万元，避免经济损失237.10万元。开展对征用农民土地补偿、城镇住房拆迁补偿、企业排污、运蔗收费等问题的专项执法检查。其中检查排污企业367家次，查处违法行为14起，责令11家企业限期整改，立案11件，清理纠正文件2件。抓好国家机关工作人员和国有企业负责人投资入股煤矿问题的清理整顿工作，全市共有10名国家机关工作人员和国有企业负责人按要求退出了投资入股煤矿，涉及金额179.5万元。积极参加抗洪抢险、防治禽流感等突发公共事件的应急处置工作，加强对专用资金和物资管理使用的监督检查，全市没有发生贪污挪用抗洪抢险、防治禽流感等专用资金和物资的现象。

兴宾区围绕“全局意识、服务意识、服务质量、廉洁从政、工作实绩”等五个方面认真开展行政效能投诉受理工作。通过效能监察，树立党政机关“勤政、廉洁、务实、高效”形象。抓好安全生产管理执法监察和责任事故追究力度，配合有关部门对矿山、水上道路交通、公共场所消防、易爆物品、危险化学品等五大安全隐患领域进行专项整治，特别是对非法采矿活动进行严厉打击。配合政府开展机关工作人员和国有企业负责人投资入股煤矿清理纠正工作。根据全区82个单位共9400人报来的登记材料进行调查核实，没有发现机关工作人员和国有企业负责人有投资入股煤矿的现象。忻城县设立“行风热线”，开设“行风视窗”，聘请县级行风评议员对县司法局、农业局等六个部门开展行风评议工作。开展执法检查4项，办结2项，查处违纪金额201.2万元，挽回经济损失122.22万元。合山市进行国家机关工作人员和国有企事业负责人投资入股办小煤矿的专项监察，查处国家机关工作人员和国有企业负责人10名，投资入股办小煤窑金额179.5万元。其中国家机关工作人员2人，入股50.7万元；国有企业管理人员8人，入股128.8万元。

第四节　纠正不正之风

来宾市纪检监察部门注重做好纠正部门和行业不正之风工作。各县（市）纪检监察机关按照上级和县（市）委、县（市）政府的统一部署，深入贯彻“纠建并举”的方针和坚持“谁主管谁负责”的原则，加大纠正部门和行业不正之风工作力度，为地方经济发展创造一个良好宽松的政治环境。

1980—1990年，来宾市境域各县（市）纪检监察部门会同有关部门先后开展纠正部门和行业不正之风专项治理工作。

1991年6月，来宾市境域各县（市）纪检监察部门贯彻国务院召开的全国纠正行业不正之风工作电话会议精神，各县（市）建立纠正行业不正之风（简称纠风）工作办事机构，抽调精干力量专司纠风工作，做到有分管领导、办事机构、办公场所和办事人员。

1993年5月，来宾市境域各县（市）纠风工作主要是统一立项，集中治理，根据群众反映的热点问题，抓专项整治。在公安系统着重治理出入境管理、交通监理和户口“农转非”方面的歪风；在工商系统着重治理利用“办案、收费、办证、发照和安排摊位”职务便利谋取私利的歪风；在税务系统着重整治与纳税人联系密切的税收征管、减免税工作中的歪风；在审计系统侧重纠正一些工作人员利用职权吃请受礼行为；在电力系统重点查纠供电人员“吃、拿、卡、要”的歪风；在邮电系统突出解决在市话装移机中的敲诈勒索行为和报刊投递短缺、延时问题；在教育系统着重治理乱收费、乱印复习资料、乱办班等“三乱”问题；在卫生系统着重加强卫生行业管理和医德医风建设，整顿药品市场和卫生服务秩序，坚决制止乱收费。各县（市）根据自治区确定的有关重点治理单位抓好纠风工作。突出重点抓好治理公路“三乱”，防止和纠正上路执法的部门多家上路、超范围执法等问题，严禁出现公路“三乱”行为，确保“绿色通道”畅通。配合有关部门加强对中小学收费情况进行督查，抓好治理中小学乱收费行为。采取各县（市）教育局领导与教办主任（中心校校长）、中学校长签订责任状，狠抓责任落实，实行中小学收费项目能及时向社会公示制度，对一些学校提高收费标准，擅立收费项目多收费和乱集资乱摊派，以及搭车收费等行为进行严肃查处。按照上级的统一安排，抓好减轻农民负担工作。各县（市）纪检监察部门会同有关部门加强对涉农收费项目专项治理，进一步规范收费项目和标准。全面纠正医药购销和医疗服务不正之风。加强对行业干部职工的医德医风教育，全面提高医疗、医护服务质量。严格实行药品招标采购制度，取缔无证照经营者和制造假劣药品的违法行为，加强卫生医疗单位对药品的管理。

1991—1996年，合山市重点加强对招工、招干、户口农转非、公路"三乱"、中小学收费的不正之风进行检查。其中，清出本市涉农负担文件7件8个项目。开展预算外资金的清理整顿工作，查处违纪金额17万元，挽回经济损失12.7万元。1993—1994年，来宾县委、县人民政府多次召开纠风专题会议，下发3个文件，成立专门机构，组织减轻农民负担和企业负担专项检查。县纪委、监察局、减轻农民负担办公室等抽调干部深入到12个乡镇及31个县直机关单位进行重点检查，共取消不合理收费项目229个，挽回经济损失30万元。1993年起，金秀瑶族自治县重点开展治理公路"三乱"以及减轻农民负担、中小学乱收费、医药购销中的不正之风工作。全县撤销2个不合理公路检查站，对2人进行立案查处，清退不合条件人员4人，妥善解决"南菜北运"在县境内省道上的运输过境问题。1995年，象州县清理并停止执行行业收费项目39个，减轻农民负担358.6万元。清理机关事业单位财务，清出无偿占用企业钱物（价值）61.9万元，并责成退还。

1996年，按照中央、自治区的统一部署，清理和取消一批涉企收费项目，治理向企业乱摊派、乱罚款、乱拉赞助等加重企业负担的行为，进一步减轻企业负担。取消涉及加重企业负担项目236项。认真抓好减轻农民负担工作。来宾县落实各乡镇党政领导为减轻农民负担工作负总责，重点检查本地区农民负担现状及《条例》规定5%限额的执行情况，特别是"三提五统"的管理使用情况。通过检查，纠正部分乡镇及学校搭车收费及乱收费现象，挽回经济损失65万元。忻城县重点检查各单位贯彻落实减轻农民负担工作情况，村提留乡统筹比上年下降25%，共减少342万元；中小学实行"一费制"、电网改造后，全县农民负担减轻600万元。成立忻城县治理中小学乱收费工作领导小组，并与各学校签订责任状。在全县范围内实行农村中小学义务教育收费"一费制"和"公示制"，把收费项目以《致学生家长的一封信》发到全县6.67万名在校学生的家长手中。督促部分学校清退补课费6万多元，清退自立项目收费3万多元。对全县19所中学、133所小学的收费情况进行专项督查，为学生和学生家长减轻负担800多万元。

1997—2005年，兴宾区（来宾县）通过查处涉农案件，清退乱收费项目，推行涉农价格收费公示制，规范收费行为，加强对农村用电、农民建房收费、中小学收费等问题的专项治理，共减轻农民负担5980万元。

1996—2005年，来宾市境域加强对减轻农民负担问题的监督检查，清理和取消一批涉农收费项目，严肃查处和纠正涉农乱收费等问题，共减轻农民负担9230.56万元，认真落实各项惠农政策，农民得到实惠3800多万元。在治理公路"三乱"（乱收费、乱设卡、乱罚款）中，先后撤销公路违规收费站点34个，查处公路"三乱"问题32起，清理取消对机动车辆行政事业性收费、基金、集资、摊派等项目。1995年6月，来宾县人民政府成立治理公路"三乱"领导小组，1996年4月，来宾县、乡及有关单位实行治理公路"三乱"目标责任制，签订责任状。通过宣传教育，检查核实，撤销擅自设立站卡3个，查处各种违章行为603起。到1998年10月，来宾县辖区内国道1条34千米，县道13条451.6千米，乡道14条216.16千米，均实现基本无"三乱"目标，达到自治区考核验收标准。忻城县做好减轻农民负担工作，规范农业税征管，农业税人均减少2.8元，全县农民减负103.3万元。清理取消对机动车辆的乱收费项目6项，涉及金额12.3万元。

1997年，金秀瑶族自治县抓好纠正医药购销中不正之风的工作，强化医药市场管理。清查医疗单位280家，取缔非法药品生产、经营户20多家，取缔非法私人诊所102家，捣毁制假药窝点31个，纠正零售药店不正当行为88次，取缔非法广告牌6块；集中招标采购230多种药品总金额4500多万元，让利患者710万元。重点对假冒伪劣医药产品、医疗器械和医药虚假广告等问题进行治理，共查处案件257件，涉及金额128万元，从而保证了药品质量，降低了药品价格。认真解决在建筑业、服务业、加工业等领域拖欠农民工工资问题，农民工工资得到妥善解决；开展治理党政部门报刊散滥和利用职权发行专项工作，有效制止报刊散滥和利用职权发行问题。先后对公安、教育、卫生、工商等125个单位和部门，开展民主评议行风活动，同时延伸到乡镇各基层站所共234个。聘请了180多位行风评议员，进行行风的监督和评议。通过民主评议行风，有效地纠正了一些部门和行业存在的政令不畅，徇私枉法，吃拿卡要，作风粗暴，工作拖拉和收费"三乱"等问题，群众反映强烈的一些腐败行为得到有效的遏制，行业作风有了明显好转。

1998年，来宾县监察局、财政局、物价局、教育局联合下发《关于规范我县中小学收费问题的若干规定》，文件就全县中小学校收费问题作出11条规定。1999年，来宾县纪委监察局把治理中小学校收费问题列入重点，下发《关于加强我县中小学校收费监察工作的紧急通知》，重申治理中小学收费问题。同年9月，查处石陵镇中心校乱收费，对校长给予撤职处分，降一级工资。把乱收费款额5.88万元全部退给学生家长。并以案促纠，在全县发出通知。仅半个月时间，就自查自纠出乱收费项目20项，金额达309万元。是年，来宾县查处来宾卫校附院药品回扣及来宾卫校违纪金额220万元，并对其主要责任人进行立案查处。2000年，来宾县通过春、秋季开学检查，平时不定期调查，以及查处乱收费案件，取消或减少收费项目16项，减轻学生家长负担共867万元。象州县查处中小学收费案件3件，涉违规金额0.4万元，取消中小学收费项目2个，减轻中小学生负担146万元，其中治理学生用书减轻中小学生费用负担金额50万元。当年，来宾县人民政府办公室下发《来宾县纠正医药购销不正之风工作实施意见》，组织卫生、医药、工商、纠风办、公安等单位对药品经营市场进行全面检查。重点对全县96家大小药店进行检查，取缔11家无证经营或购药渠道不正常药店，捣毁2个地下批发药品黑窝点，扣压药品342件，价值达15万多元。合山市对企业收费项进行全面清理，取消收费项目20个，查处违规收费单位30个，违纪金额102.25万元。同时，清理有关部门下文规定向企业收费项目3项，减轻企业负担93.1万元。2001年，合山市为减轻个体工商户负担，责成市工商局纠正要求个体户征订2002年《广西工商报》的规定。

2003年，来宾市深入贯彻《广西壮族自治区2003年纠风工作实施意见》，市委、市政府成立来宾市纠风工作领导小组，对纠风工作作出部署。深入治理教育乱收费，各级纠风部门密切配合，严肃查处教育乱收费的典型案件，全市共查处教育乱收费案件5件，涉及金额14.2万元，共清退7.2万元，有1人受到了党政纪处分，3人受到了责任追究。巩固深化纠正医药购销中的不正之风，县级以上医疗机构通过开展药品集中招标采购，实现药品进销差价收入286.51万元，其中，中标（成交）药品实现进销差价收入143.69万元，中标药品采购量占药品费的50.6%，对患者让利总额为147.94万元，让利给患者的比例为60.2%。从2002年开始，将一次性灭菌医疗器械及医用卫生材料也纳入集中招标采购范围，中标品种达185个，年采购量计600多万元。不断加大查处医院乱收费的行为，严肃查处了原来宾县人民医院自立项目乱收费案件，涉及违纪金额90多万元。认真做好减轻农民负担工作，全国农村税费改革试点工作会议后，及时召开会议研究部署贯彻落实中央精神的具体办法，在全市全面推行涉农税收、价格及收费公示制。全市未发现严重的涉农负担案（事）件，全年通过专项治理减轻农民负担659.9万元。抓好治理公路“三乱”工作，配合公路、交通等部门，对境内经自治区批准设立的交通联合稽查站进行检查，协调有关部门就“非典”期间确保我市运输物资安全畅通开展专项检查，通过明察暗访，未发现存在突出问题。根据群众举报，责成合山市严肃查处了该市农机人员上路拦车乱罚款的问题，给予有关责任人政纪处分，并在《桂中日报》上公开曝光。深入开展民主行风评议活动，完成了对人事、国土资源系统的面对面评议工作，两个部门就评议当中所反映的问题作进一步整改。市纠风办与市文明办在联合组织开展“创造文明行业、诚信建设年”的活动，导入民主评议行风机制。确立了公安、教育、卫生、交通、建规委、工商、国税、地税、环保、质量技术监督等10个与人民群众关系密切的部门作为市级重点评议对象。合山市重点纠正医药购销中的不正之风，通知无证行医停业9家，申请法院执行6家，罚处金额0.6万元，没收诊疗器械100件，药品数10种。

2004年，来宾市坚持纠建并举，深入开展纠风专项治理。继续抓好治理中小学乱收费工作，实行收费公示制、义务教育阶段学校“一费制”和严格规范高中收费管理，全市共减轻中小学校学生经济负担905.8万元；查出中小学校违规收费8.9万元，已全部清退。开展医德医风教育，加强对药品集中招标采购的管理和监督，进一步整顿药品生产流通秩序。全市18家县级以上医疗机构全部按有关规定进行招标采购，中标药品金额占总金额的55.55%，药价降幅平均达24.6%。开展对农村税费改革政策落实情况的监督检查，通过专项治理共减轻农民负担7100多万元，全市农民人均减负34.88元。全面治理报刊散滥和利用职权发行工作，全市实行村级订报费用“限额制”，2004年停办2种县（区）级报刊，公费订阅报刊5596份，同比下降21.9%；征订金额97.06万余元，同比下降9.4%。采取多种监督形式进行明察暗访，继续巩固治理向机动车辆乱收费和整顿道路站点工作成果，全市没有发现违规设站等公路“三乱”方面的投诉。兴宾区大力纠正医药购销和医疗服务不正之风，共查出卫生院擅自提高药品进销差价70多万元，挽回经济损失23万元。推行医疗器械统一招标采购制度，医疗器械销售价格下降15%~20%，年让利患者50多万元。

2005年，全市各级各部门以解决当前损害群众利益的突出问题为重点，强化纠风工作。市纠风办制定了《民主评议行风工作监督员的管理办法》和《民主评议行风日常工作考核的实施办法》，切实加强民主评议行风日常考核工作，使民主评议行风活动实现了制度化和规范化。先后组织开展“树立行业新风，优化发展环境”民主测评行风主题活动和“千人评议政务环境”专项活动，对市政府部门、直属机构及其他有行政管理职能，与经济发展密切相关的47个单位的政务环境进行评议评价，切实解决部门“门难进、脸难看、事难办”问题，查处和纠正“不作为”“乱作为”的行为。建立以市、县主要新闻媒体和市政府网站为平台的“政风行风热线”，拓展民主评议政风行风的对象和层面，加大了对各级政府部门和行业窗口单位政风行风建设的民主监督、社会监督和新闻舆论监督的力度，机关工作作风进一步好转。继续深化“四项治理”。全面推行义务教育阶段公办学校“一费制”收费办法，查处义务教育阶段学校乱收费9.85万元，进一步规范了中小学校收费行为；开展医德医风教育，加强药品集中招标采购的管理和监督，全市18家县级以上医疗机构全部按有关规定进行了招标采购；围绕农村税费改革，对各项政策落实情况进行了重点监督检查，全市共减轻农民负担12100多万元，人均减负58元；治理公路“三乱”和报刊散滥及利用职权发行问题成果得到进一步巩固。

兴宾区继续对全区医疗系统行业作风进行监督检查，并在全区医疗系统全面推行药械集中招标采购制度，使药械销售价格下降15%~20%，年让利给患者95万多元。同时促进有关部门和卫生院制定和完善相关管理制度，使全区卫生院管理和医疗工作逐步走上规范化轨道。忻城县对全县163所中小学的收费情况进行4次专项检查，责成学校退还乱收费金额87500元；实行“两免一补”政策，减轻学生家长负担355.4万元。查处非法行医、假劣药品、违规广告等问题21件，完善药品集中采购制度，集中采购的药品达321种，金额349万元，直接让利患者20.3万多元。加大减负监督管理力度，农民负担减轻743万元，人均减少17.7元；取消各种不合理收费，向农民退还各种不合理收费5.75万元。从源头上预防和治理公路“三乱”工作，取消对机动车辆的乱收费1个，涉及金额9万元。杜绝用拖欠工程款的方式来搞政绩工程现象，清欠工程款126.33万元。

第五节　案件查处

中华人民共和国成立后，来宾市境域各县纪检监察部门，根据党规党纪，一方面加强对党员的党风党纪教育，要求党员增强党的纪律观念，站稳无产阶级立场；另一方面对违纪党员严肃处理，严肃查处各种违法违纪案件。

1951—1956年，石龙县象州片结合清匪反霸、“三反五反”、土地改革和农业、手工业、资本主义工商业社会主义改造，重点对党员隐瞒个人历史、丧失无产阶级立场、对抗社会主义改造等违纪案件进行查处，共处理违纪党员72人，其中开除党籍30人。石龙县武宣片党员因私通匪特暴露组织机密，贪污腐化等方面受处理29名。其中开除党籍16名，留党察看3名。党内警告10名。1958—1960年，来宾市境域各级党的监察机关围绕“反右倾”“反地方主义”等工作，运动受到“左”的影响，有的党员干部错误地受到批判或处分。1957—1961年，石龙县经历了“整风反右”“反右倾”“新三反”等政治运动，由于受“左”的影响，纪检工作存在处分面过宽、过重的偏向，5年间，石龙县共处理违纪党员263人，其中开除党籍112人。1960—1961年，石龙县教育党员克服“共产风”、浮夸风、瞎指挥风、强迫命令风、干部特殊化等，对犯有“五风”的党员、干部进行帮助或处理。并清除蜕化变质分子60名，各级赔退平调金额（合实物折款）共17494元，从而严肃了党纪，密切了党群关系。

1964年，来宾市境域在“四清”（清思想，清政治，清组织和清经济）运动中，混淆敌我矛盾，不少基层干部被打成“走资本主义道路的当权派”，受到批判或处分。

1952—1966年，来宾县共处分违纪党员746人，其中开除党籍283人，留党查看147人、撤销党内职务36人，党内严重警告163人、党内警告135人。忻城县党员因违反纪律，受党纪处分计有598人，其中开除党籍或清除出党263人，占违纪处分总数43.9%；留党察看129人，占21.5%。金秀瑶族自治县共处分违纪党员256人，其中党内警告74人、党内严重警告61人、撤销党内职务6人、留党查看56人、开除党籍59人。1957—1966年，武宣县被定为反革命分子、破坏分子、阶级异己分子以及贪污盗窃、腐化堕落等而被处分的党员375名。其中开除党籍144名，留党察看88名，撤销党内职务22名，严重警告76名，警告45名。

1961—1963年，来宾市境域各县委对1958年以来，在大跃进、合作化和反右倾等运动中，被扣上反党反社会主义、右倾机会主义等帽子，受到批判或处分的党员干部进行甄别平反工作，对1667件党外人士受批判的案件，也进行甄别平反。

1961年6月，来宾市境域各县根据中共中央指示，对最近几年来受过批评和处分的党员、干部实事求是地进行甄别。同年9月—1962年8月，石龙县纪委对1958年以来在"反右倾""拔白旗""新三反"等历次运动中处理的4078个案件进行甄别、复查。对处分不当的案件进行纠正，取消原处分550件，减轻处分588件。1968—1978年，武宣县应复查案件358起，维持原处分的178人，减轻处分的43人，撤销原处分的37人，纠正面占受处分人数的19.2%。其中恢复党籍33人。

1957—1966年，武宣县应复查案件267起，维持原处分的135人，减轻处分的38人，撤销原处分的94人，纠正面占受处人数的35.2%。其中恢复党籍60人。1961年9月—1963年初，忻城县遵循"有错必纠"的精神，复查1958年后，属"三反"（反贪污、反浪费、反官僚主义）和"反右倾"中受党纪处分的党员有43人，经甄别纠正原处分的34人，占复查数的79%。

"文化大革命"期间，党的纪律检查工作受到冲击，处理党员时受到派性和"左"倾错误的影响，党员冤假错案增多。

1966—1976年，来宾市境域各县委主要查处"四清"运动和"文化大革命"中党员违纪案件。由于"四清"纳入"文化大革命"，一大批党员干部被当作"走资本主义道路的当权派"或"四不清干部"受到处理。这期间，象州全县受党内纪律处分的党员达1127人，其中开除党籍534人。

1968—1978年，武宣县党员因贪污盗窃、投机倒把、作风败坏、违法乱纪、隐瞒政治历史、强迫命令、丧失立场包庇坏人、打击报复、行凶杀人等而被处分的412名。其中开除党籍113名，留党察看159名，撤销党内职务8名，严重警告68名。警告64名。武宣县应复查案件358起，维持原处分的178人，减轻处分的43人，撤销原处分的37人，纠正面占受处分人数的19.2%。其中恢复党籍33人。忻城县违纪党员受处分274人，其中开除党籍或清除出党121人，留党察看74人，分别占受处分总数44.1%和27%。

中共十一届三中全会后，来宾市境域各县纪检机关加强对党员的纪律教育，组织学习中共中央《关于党内政治生活的若干准则》等文件。绝大多数党员严格遵守党纪国法、自觉地以《准则》规范行动。对违反纪律的党员严加追究处理。1979年，来宾市境域各县纪检机关开始对历次政治运动中的冤假错案进行复查平反。1979—1987年，来宾县共复查历史案件1094件，涉及1096人。经过认真复查甄别后，维持原处分决定151人，撤销原处分决定311人，改变或减轻处分357人。在被取消原处分和减轻处分的人中，给予恢复党籍28人，恢复公职217人。合山市共复查历史案件103件，经过辨别认定为全错或部分错误的60件，并给予实事求是地纠正。金秀瑶族自治县共复查处理建县后涉及420人的案件；其中维持原处分的172人、撤销原处分的178人、减轻处分的70人。在被取消原处分和减轻原处分的人中，给予恢复党籍的29人、恢复公职的65人、收回安排工作的27人、恢复干籍作退休退职处理的38人。武宣县应复查案件90起。维持原处分的63人，撤销原处分的8人，减轻处分的19人，纠正面占受处分人数的30%。1979年下半年开始，象州县对"四清""文化大革命"及"文化大革命"前案件进行复查。至1985年4月复查完毕，共复查各种案件1033件，恢复党籍646人，恢复公职264人，减轻处分247人，减免经济退赔753人。1979—1987年，来宾县共复查历史案件1094件，涉及1096人，经过认真甄别、复查后，维持原处分151人，撤销原处分311人，改变或减轻处分357人。在被取消原处分和减轻处分的人中，给予恢复党籍28人，恢复公职217人。1982—1988年，武宣县对应进行复查的90件案件进行复查，经复查维持原处分的63人，撤销原处分的8人，减轻处分的19人，纠正面占受处分人数的30%。但由于当时历史条件所限制，平反工作仍不彻底。

1982年，来宾市境域各级纪检机关与有关部门紧密配合，在辖区范围内开展打击经济领域犯罪活动斗争，重点查处走私贩私、贪污受贿、投机诈骗、盗窃国家和集体财产等大案要案。1983年，来宾市境域各级纪检机关参与对"文化大革命"中追随林彪、江青反革命集团造反起家的人、帮派思想严重的人和打砸抢分子（简称"三种人"）的核查处理工作，分别给在"文化大革命"中犯有错误的党员给予党纪处分。1979—1983年，来宾县共查处违纪党员554人，其中开除党籍174人、留党察看157人、撤销党内职务11人、严重警告110人、警告102人。1983—1984年，来宾市境域开展查处“文化大革命”中的“三种人”的工作。各县(市)通过学习文件，提高认识，群众检举，自我检查，组织决定，上级批准等程序，查处在“文化大革命”中犯有严重错误的党员。金秀瑶族自治县共查处在“文化大革命”中犯有严重错误的党员130人，其中开除党籍68人、留党察看22人、党内严重警告25人、警告12人。象州县重点查处在“文化大革命”中党员违纪违法案件，全县共处理违纪违法党员121人，其中开除党籍35人，留党察看23人，撤销党内职务1人。来宾县查处“三种人”7人、犯有严重错误的党员304人，其中开除党籍91人、清除出党47人、留党察看85人、撤销党内职务3人、严重警告35人、警告43人。合山市共查处在“文化大革命”中犯有严重错误的党员122人，其中开除党籍63人，留党察看18人，严重警告19人，警告20人，劝退党2人。

20世纪80年代，来宾市境域各县(市)纪检部门，加强对在改革开放中的党员因违反国家经济政策的违法违纪案件查处，严肃党的纪律。1985—1987年，金秀瑶族自治县在打击经济领域严重犯罪活动中，查处违纪党员16人，其中开除党籍3人、留党查看8人、党的严重警告5人。至1988年象州共处理违纪违法党员90人，其中开除党籍16人。武宣县查处党员因贪污盗窃、投机倒把、收受贿赂、违反财经纪律、违反计划生育、以权谋私等而被处分的168名。其中开除党籍62名，留党察看148人，撤销党内职务3名，严重警告22名，警告41名。至1990年，合山市在打击经济领域严重犯罪活动中，查处违纪党员113人，其中开除党籍56人，留党察看15人，撤销党内外职务3人，严重警告21人，警告18人。来宾县在打击经济领域严重犯罪活动中，查处违纪党员39人，其中开除党籍16人，留党察看10人，党内严重警告5人，党内警告8人。

1989年，来宾市境域各县纪委抽调力量清查干部职工违法、违纪、违章建私房行为，对群众反映强烈、经济反差大的案件进行立案查处。

1990年3月，合山市煤炭检查站发生重大团伙贪污受贿案，地区纪委书记亲自率领地、县办案组调查，有关人员分别受到党纪政纪处分。至年底，象州县纪委会同监察局等有关部门，对干部建私房进行清理检查。全县职工建购私房452户，其中超面积建筑213户，私下买卖或转让宅基地6户，建房后用于出租或出卖9户，以亲属名义申报要地建房56户，资金与收入不符12户。已对违章的63户实行罚款，金额6.88万元。来宾县查处干部“三违”建私房605户。忻城县违纪党员受处分667人，其中开除党籍或清除出党413人，留党察看108人。

1991—2002年，来宾市境域各级纪检监察机关主要严肃查办在改革开放和社会主义市场经济条件下发生在领导机关和领导干部中滥用职权、贪污受贿、腐化堕落、失职渎职的案件。通过严肃查处各类违纪违法案件，达到维护政治稳定和党纪政纪的严肃性，教育广大党员干部的目的。1991—1996年，武宣县纪检监察机关立案查处党员违纪案92件，其中腐化堕落道德败坏20件，贪污挪用等经济案32件，参赌案11件，其他29件。已结案92件。受党纪处分82人，其中开除党籍38人，留党察看25人，撤销职务4人，党内严重警告9人，警告6人，被处分的党员中，科级党员领导干部8人，一般党员干部74人；处理行政案39件，结案39件。给予政纪处分55人，其中开除公职11人，开除留用12人，记大过9人，记过8人，警告处分8人，降级处分4人，移交司法机关处理3人。1991年，合山市立结案4起，其中，贪污案1起；挪用公款案1起；嫖娼案1起；其他1起，涉及科级干部2人，一般干部2人。1992年，合山市立结案5起，其中：嫖娼1起；私借枪支玩忽职守1起，经济案1起，协助市人民检察院查处市开发公司、医药公司刑事经济案2起。1993年，合山市立结案24起，给予涉案人党纪处分21人，其中：开除党籍14人；留党察看3人；党内警告4人。给予政纪处分2人，其中：撤销行政职务1人；警告1人。1994年，合山市立结案14起，主要是嫖娼、诈骗、挪用公款等。1995—1996年，合山市立结案11起，查处违纪资金32万元。追回罚没款交市财政26万元。

1991—2000年，来宾县纪检监察机关共立案查处各类违纪案件363件，其中组织人事类案件1件，经济类案件110件，失职类案件69件，侵犯党员权利公民类案件34件，严重违反社会主义道德类案件53件，违反社会治安管理秩序类案件66件，其他类案件30件；共处分党员230人，其中开除党籍93人，留党察看29人，撤销党内职务3人，党内严重警告50人警告55人，免予处分7人；处分干部197人，其中开除公职26人，开除留用察看7人，撤职20人，降级44人，记大过21人，记过31人，警告33人，免予处分15人。

1997—2005年，武宣县共查处各种违纪案件276件，金额954万余元，挽回184万余元。给予党纪处分171人，其中开除党籍73人，留党察看24人，撤销职务1人，党内严重警告28人，警告40人，给予政纪处分106人，其中开除公职22人，撤职1人，记大过17人，记过8人，警告处分37人，降级处分11人。1997年，合山市立结案13起，给予党纪处分29人；政纪处分20人。建议有关单位给予政纪处分69人。挽回经济损失90万元。侦破市矿产局煤炭交易站团伙受贿案1起，查处涉及人员85人，违纪金额90万元。1998年，合山市初查案件24件，立案14件，结案13件。给予党纪处分3人，政纪处分15人。追缴违纪金额37.5万元。1999年，合山市立案23起，结案19起，给予党纪处分6人，政纪处分15人。追缴违纪资金18.1万元。2000年立结案24起。涉及干部23人，其中:给予党纪处分8人，政纪处分15人。追缴违纪金额10万元。

2001年，来宾县纪检监察机关共初查案件170件，其中信访结案109件，转立案62件，其中经济类案件38件，失职类案件12件，违反社会管理秩序类案件7件，其他类案件5件。受党纪处分26人，其中:警告9人，严重警告4人，留党察看3人，开除党籍9人，免予处分1人；受政纪处分34人，其中:警告13人，记过4人，记大过3人，撤职1人，开除1人，免予处分12人。涉及科级干部15人，一般干部党员48人。通过查办案件共为国家和集体挽回经济损失133.4万元。合山市立结案28起，涉及乡科级干部11人，一般干部和其他人员19人，其中:给予党纪处分15人，政纪处分15人，双重处分2人。挽回经济损失55.3万元。

2002年，来宾县纪检监察机关全年共初查案件203件，24个乡镇有19个乡镇立有1个案件以上，占乡镇总数的79.1%。所立的53个案件中，本委局立案18件，乡镇立案25件，县直纪检级立案10件。涉及现任副科级以上干部7人。共为国家和集体挽回经济损失215万元。合山市立案17起，其中:属大案要案5起，结案13起，涉及乡科级干部、一般干部、其他人员共16人，其中:开除党籍7人；留党察看2人；党内警告2人；行政降级1人；行政记过2人；行政警2人。挽回经济损失26.6万元。

1988—2005年，金秀瑶族自治县共受理群众来信来访和电话举报924件(次)，立党纪政纪案213件，结案213件，给予党政纪处分189人。双重处分12人。

1991—2005年，忻城县立案查处违纪案214件，结案196件，涉及党员18人，处分党员17人，免予党纪处分1人；复查党员申诉案7件7人。受理监察业务范围的案件78件，直接立案查处10件，挽回经济损失1.1万多元；给予行政降级处分2人、撤职处分1人、降级处分1人、其中1人已构成犯罪，移送司法部门处理；嫖娼案3件，分别给予行政降级职处分1人、降级处分1人、记大过1人。其他案件2件，分别给予行政警告处分1人、建议人事部门解聘1人。同时受理各部门报送审批的5件，由有关部门行文处分的2人。查处各种违法案件8件，结案8件，立案结案率100%；到各单位进行案件初查工作7件25人次，协助指导乡镇纪委办案4件15人次，使乡镇纪委当年立案查处的10件10人全部结案，立案结案率100%。2005年，忻城全年立案27件。查结27件，审结19件，处分违纪人员19人，其中科级干部2人，一般干部11人，其他6人。在查处的经济案件中，万元以上大案有5件，涉及金额31.17万元，挽回经济损失6.05万元；追缴4名受处分人员违规多领的工资、奖金7638元；做好3名被处分人员的回访教育工作。

2003年，全市纪检监察机关共初核案件218件，其中大要案15件，结案204件。给予党政纪处分210人，其中党纪处分123人，政纪处分101人，双重处分14人。在受处分的人员中，县处级干部5人，乡科级干部42人，一般干部65人，其他人员98人。市本级共完成初核案件9件，立案9件，其中移送司法机关处理6件，涉及人员10人，涉案金额1000多万元，先后对7名违纪人员执行“两规”。在查办案件过程中，注重对违纪金额的收缴工作，共收缴违纪金额200多万元。合山市立结案22起。涉及人员23人，给予党纪处分5人，政纪处分18人。挽回经济损失8.65万元。查处河里古杠岭“7·29”煤窑透水事故，因工作失职被追究责任的部门领导3人。

2004年，全市各级纪检监察机关新立案205件，其中涉及县处级领导干部4件，乡科级领导干部36件；结案211件(含上年遗留案件)，给予党纪、政纪处分205人。通过查办违法违纪案件，严惩了一批腐败分子，为国家和集体挽回经济损失共142.24万元。2004—2005年，合山市立结案共32起，给予党纪处分9人，政纪处分21人。挽回经济损失分别为14.69万元、7.88万元。

2005年，全市各级纪检监察机关共立案194件，其中属大要案的10件；涉及县处级干部4件，乡科级干部34件;结案147件,给予党纪、政纪处分146人。为国家和集体挽回经济损失187.53万元。加大对重特大责任事故的查处力度,重点抓好对兴宾区大里乡“4·30”非法采煤死亡事故、来宾市桥巩水电站工地“7·8”重大人身伤亡事故、八一铁合金(集团)公司冶炼厂503#炉1#电极爆炸造成一人死亡事故、来宾市星宇电力工程有限责任公司“5·26”死亡事故责任的调查,给予党政纪处分5人。2003—2005年,兴宾区纪检监察机关共初查案件223件,立案151件,其中党纪立案96件,政纪立案55件;受理案件87件,审结87件,审结率100%,给予党纪政纪129人。查涉违纪金额320多万元,共为国家和集体挽回经济损失83万元。

第六节　信访举报

来宾市各级纪检监察机关信访举报部门通过受理来信、接听举报电话、接待来访以及网上受理举报等形式,开展案件举报与审理。全市案件审理工作严格按照“事实清楚、证据确凿、定性准确、处理恰当、手续完备、程序合法”的要求,严格依纪依法办案,在案件审理工作,注重申诉、申辩和案件质量,保障被调查人的合法权益,认真履行内部监督和把关职责,确保案件质量和处理效果。

1991—1996年,武宣县共受理群众来信来访663件次,审查结案639件次,办结率96.4%。1991—2000年,来宾县纪检监察机关共受理群众来信来访2721件(次),其中来信2074件,来访7件(次),信访办结率为99.34%。

1997年以来,来宾市境域各县(市)纪检信访工作逐步由机关事业单位向农村基层拓展,建立健全县、乡、村三级信访网络。县乡村三级都成立信访工作领导小组,落实专人负责,做到来访有人接待、来信有人处理、举报的问题有人查办。各县(市)越级访、重复访、集体访逐步减少。1997—2005年,武宣县纪检监察系统共接待来信来访2042件(次),其中:属检举控告类1954件(次),占总件数95.7%,申诉类72件(次),占总件数3.5%。在处理来信来访中,当年办结率都达93%以上。县纪检监察机关设立投诉中心,并通过县电视台公布投诉电话。至2005年,武宣县10个乡镇共有信访领导小组10个,成员112人,村级信访小组148个,成员513人。全县10个乡(镇)纪委制定信访工作制度,设有举报电话、举报箱,按规定建立各种信访登记簿,各村委亦按要求制定村级信访工作制度。各乡(镇)、村按要求开展信访工作,做到接待信访有记录,处理问题有记录。通过开展处理信访问题示范乡镇示范村活动,全县共建立示范乡镇2个、示范村28个,把信访问题解决在基层,把矛盾化解在基层。

1988—2005年,金秀瑶族自治县共受理群众来信来访和电话举报924件(次),立党政纪案213件,结案213件,给予党政纪处分189人。双重处分12人。通过查办案件,为国家和集体挽回经济损失上亿元,为促进自治县经济健康有序发展做出了应有的贡献。1991—2005年,忻城县共受理来信来访423件,办结420件,办结率99.3%。举报涉及党员137人;监察对象125人,科级干部110人,一般干部90人,其他人员98人。通过信访案件处核,共查出违纪金额430万元,挽回经济损失545万元,追缴上缴财政430万元。2005年,全县共受理群众来信来访40件(次),办结40件,涉及乡科级干部14人,一般干部19人,其他人员7人,查处违纪金额102.2万元,挽回经济损失58.22万元,收缴违纪款28.5万元。出台了《实名举报回告办法》《信访工作人员守则》《来信来访须知》等职责和制度共15个,村委会则制定了《村级信访领导小组工作职责》《接待群众来信来访制度》《处理群众来信来访基本程序和方法》等制度和职责,调整充实了133个村(社区)的屯级信访联络员。兴宾区(来宾县)纪检监察机关共受理群众来信来访4059件(次),其中来信3219件,来访128件(次),申诉227件,非纪检机关485件,信访办结率为99.34%。合山市设立基层信访机构3个;建立信访民调小组29个,有基层信访员104名。接受信访举报2278件,办结2073件,办结率93.2%。挽回经济损失29万元。

2003年,全市纪检监察机关共受理群众来信来访、电话举报1189件次,其中来信957件次,来访106件次,电话举报16件次。共查办信访案件289件,信访跟踪督办140件,挽回经济损失370多万元。组织在象州县运江镇开展“信访下乡”活动,当日接待来访群众156人次,受理信访问题54件,当场办结29件,当场办结率53.7%。全市纪检监察机关共审理案件88件,审结87件,审结率98%,给予党纪处分59人,政纪处分36人,双重处分12人。

2004年,全市各级纪检监察机关共受理来信来访和电话举报1088件,其中,市纪委本级受理来信来访579件;初核案件线索230件,同比增长6.98%。基层各级纪检监察机关共受理信访举报507件,同比下降 16.47%；建立健全信访制度 10 多项，使信访工作逐步科学化、规范化。《中国监察报》等报刊对来宾市开展“信访下乡”工作经验作了宣传报道。全市纪检监察审理部门严格依纪依法审理一批违纪案件，共受理移送案件 166 件 171 人，其中市级受理 8 件 8 人。审结 166 件，审结率 100%，审结待批 9 件 10 人，给予党纪处分 92 人，政纪处分 77 人，党政纪双重处分 14 人，免予党政纪处分 6 人。深入开展案件质量的检查工作，全市共对 2001—2003 年审结的 343 件党纪政纪案件的质量进行了检查，案件合格率 100%。对 516 件党纪政纪处分案件的执行情况进行检查，查出处分执行情况存在问题的案件有 76 件 76 人，其中的 63 件当年予以纠正。对受处分人员进行回访教育共 79 人，按规定办理解除行政处分手续 58 人，给予恢复党员权利 6 人。全市共受理申诉案件 4 件，变更原处分决定的 1 件，维持原处分决定 3 件。

2005 年，全市各级纪检监察机关接受群众来信来访电话举报 731 件次，同比下降 34.5%，涉及地厅级干部 10 件，县处级干部 89 件，乡科级干部 278 件，一般干部 143 件；初核线索 174 件，同比下降 24.34%，涉及党员 124 人，涉及监察对象 109 人；其中，涉及县处级干部 7 件，乡科级干部 57 件，一般干部 51 件，其他人员 59 件。“信访下乡”、信访网络建设得到了进一步深化。全市纪检监察审理部门受理移送案件 151 件，审结 151 件，审结率 100%。给予党政纪处分 162 人。其中，党纪处分 99 人，其中开除党籍 39 人，留党察看 7 人，撤销党内职务 2 人，严重警告 23 人，警告 28 人；政纪处分 63 人，其中，开除公职 7 人，留用察看 10 人，撤销行政职务 5 人，降职 1 人，降级 3 人，记大过 9 人，记过 15 人，警告 13 人；党政纪双重处分 5 人。市本级纪委受理 4 件，涉及处级干部 4 人，已办结 4 件。给予开除党籍处分 2 人，党内严重警告处分 1 人，行政开除公职 2 人（其中 1 人受双重处分）。同时，还对政纪处分执行期满后，给予按期解除处分 44 人，给予 3 名恢复党员权利。

第七节　行政效能建设

来宾市成立后，全市行政效能建设形成“党委统一领导，政府组织实施，纪检监察组织协调，部门各负其责，群众积极参与”的领导体制和工作机制。建立健全政务公示制、首问负责制、服务承诺制、限时办结制、否定报备制、岗位目标责任制、绩效考评制和失职追究制等 8 项基础制度。

来宾市纪委监察局设置行政效能监察室，在全市开展机关作风整顿活动。针对机关存在的“四难”“三乱”问题和办事效率低、工作拖拉、互相推诿扯皮及“中梗阻”问题，开展行政效能监察，转变机关作风，提高工作效率。积极推行政务公开。在进一步深化村务公开、乡镇政务公开和厂务公开、校务公开、院务公开工作的同时，认真抓好县级政务公开备案制度，并推进市级政务公开工作。全市政务公开的形式呈现多样化，除利用固定公开栏、报纸、电视等形式公开外，还有 31 个单位利用网络进行政务公开。全市政务公开工作基本形成以政府本级为核心、各职能部门为重点公开窗口、覆盖面宽的公开格局，步入日常化、制度化、规范化、网络化的轨道。对损害投资软环境行为实行责任追究。督促具有行政审批和服务职能的单位进驻市、县（市、区）两级行政服务中心实施行政审批服务，全面推行“一厅式办公”“一站式”服务模式，各驻政务大厅单位 99% 的审批权下放到政务大厅窗口。通过第二代电子监控平台，加强对行政机关及其工作人员履行职责、依法行政的监督；加强对进入电子监察系统的县（市、区）审批事项进行监督，共对 5 件涉嫌超时的审批事项进行调查，对进入市行政审批服务中心个别窗口单位存在的服务态度不好、办事拖拉等问题进行纠正。

2003 年，为加快来宾市行政机关作风建设，促进行政机关及其工作人员依法行政，切实解决行政机关“门难进、脸难看、话难听、事难办”，办事效率低以及“中梗阻”等问题，营造良好的发展环境，在市直机关开展行政效能监察：实施《来宾市机关效能监察暂行办法》，成立领导小组和办事机构，确立 6 个试点单位，以全面提升行风建设的起点为目标，着力推行 6 种管理制度，试点单位在全市的行风建设中起到带头作用。各县（市、区）也结合实际逐步推行此项工作，象州县的做法比较成功。建立行政审批服务中心。于 5 月 30 日建成行政审批服务中心，实行“一个窗口”对外，“一站式”办证，“一条龙”服务。市直机关 43 个部门进驻该中心办公，涉及审批项目 500 多项，受理 6035 件，已办结 5516 件。全面推进和深化政务公开制度，认真抓好县级政权政务公开工作，抓住政务公开内容、公开形式、公开时间、监督机制、领导体制五个关键环节，特别是在公开的内容上，凡政府部门的“事权”“财权”“用人权”“执收执罚权”等社会和群众比较关心的事项，除规定需保密的以外都要随时公开。在公开的形式上也尽量做到灵活多样，采取以公开栏为主，报纸、电视、通报会、座谈会等方法为补充的形式，使政务公开更具多样性、时效性和透明性。年内，全市县级以上政府和相关部门共设立280个政务公开栏。通过建立相关配套的制度，使县级政务公开工作逐步走向科学化、民主化、制度化、规范化的轨道，初步形成以政府各部门为界面，与县、乡级政务公开、村务公开、厂务公开、校务公开、院务公开等公开制度相衔接配合的公开格局。四是设立市长公开电话。市政府设立了"12345"市长公开电话，疏通群众投诉和咨询问题的渠道。从6月1日起至11月底止，市长公开电话共受理群众投诉和反映问题2100多件次，办结（答复）率达94%。市纠风办共受理市长热线电话转办的投诉5件次，办结率100%。

2004年，来宾市坚持以促进依法行政、有效履行职责和提高行政效率为重点，在全市各级行政机关中开展行政效能监察活动。积极配合市委、市政府开展机关作风整顿活动。针对机关存在的"四难""三乱"问题和办事效率低、工作拖拉、互相推诿扯皮及"中梗阻"问题，开展行政效能监察，有效地转变机关作风，提高了工作效率。在进一步深化村务公开、乡镇政务公开和厂务公开、校务公开、院务公开工作的同时，认真抓好县级政务公开备案制度，并推进市级政务公开工作。全市政务公开的形式呈现多样化，除利用固定公开栏、报纸、电视等形式公开外，还有31个单位利用网络进行政务公开。全市政务公开工作基本形成以政府本级为核心、各职能部门为重要公开窗口、覆盖面宽的公开格局，步入了日常化、制度化、规范化、网络化的轨道。对损害投资软环境行为实行责任追究。全市共接到群众对损害投资软环境行为方面的投诉8件，批转有关部门处理4件，市效能办处理1件。

2003—2005年，全市行政效能投诉中心共受理效能投诉1138件，办结1127件，办结率达99.03%。全市共接到群众对损害投资软环境行为方面的投诉95件，批转有关部门处理86件，市效能办处理9件。

第十章　信　访

20世纪50年代，来宾市境域信访突出问题主要是中共党员和游击队员在"三反"和整党中受处分不服申诉案件，以及在土地改革、镇压反革命、社会主义改造、粮食统购统销、公私合营、农民盲目流入城市被清理返乡、公社化和"大跃进"中人民向政府反映的问题和要求。

20世纪60年代，来宾市境域信访问题主要是土地山界纠纷和历次整治运动中受处分不服的申诉和在社会主义教育（四清）运动、返乡复退军人、精简机构职工下放、动员城市居民下乡、知识青年上山下乡的问题和意见。

20世纪70—80年代，来宾市境域信访问题主要是申诉在反右派、反右倾、"四清"运动和"文化大革命"期间的冤假错案，要求平反，处理遗留问题；反映农村在实行家庭联产承包责任制中排挤、驱赶外来户，干部以权谋私等问题。

20世纪90年代，来宾市境域信访问题主要反映土地、山林、水利纠纷问题。2000—2005年，来宾市信访突出问题主要是农村土地征用；城镇房屋拆迁；国有企业改制；涉法涉诉；企业军转干部；抗美援朝复员军人，对越自卫反击战退伍军人；清退聘用代课教师；工商市场分流人员；土地、山林、水利"三大纠纷"等。

第一节　机　构

中共来宾市委员会、来宾市人民政府信访办公室

1957年成立人民来信来访科。1979年，地委办公室设信访科。1986年7月，成立地委、行署联合信访办公室。2002年12月25日，根据《中共来宾市委来宾市人民政府关于市委和市人民政府机构设置的通知》（来发〔2002〕2号）文件精神，设置中共来宾市委员会、来宾市人民政府信访办公室（简称市信访办公室，下同）。根据《中共来宾市委　来宾市人民政府关于来宾市机构设置和人员编制方案的实施意见》（来发〔2002〕7号）文件精神，将中共柳州地区委员会、柳州地区行政公署信访办公室整体移位更名为中共来宾市委员会、来宾市人民政府信访办公室，正处级单位。由市委办公室领导。

2003年1月8日，市信访办公室内设办公室。核定编制5人，在职人员5人。所辖6个县（市、区）信访办公室，在编人员22人，74个乡镇均配备专职信访干部，769个村（居）委会配备信访调解员，全市从事信访工作人员875人，形成县（市、区）、乡镇、村

(街)三级信访网络。

主任:兰松(2002 年 12 月—2005 年 12 月)。

至 2005 年,在市级机关中,设立专门信访机构(科)的有市人大常委会(联络处)、市政协、市纪委、市人民检察院、市中级人民法院、市公安局等,市直属各部委、办、局,均有专兼职信访工作人员。

县(市、区)级机构

1987年起,来宾市境域合山市、象州县、武宣县、来宾县、金秀瑶族自治县和忻城县 6 个县(市、区),均建立信访工作领导小组,成员 7~9 人。设立县委、县政府信访办公室,县直属部、委、办局设专兼职信访干部,县委、县政府由副书记、副县长各 1 人分管信访工作。来宾建市后,下辖合山市、兴宾区、象州县、武宣县、金秀瑶族自治县、忻城县 6 个县(市、区),信访机构不变。

基层网络

1989—2002 年,来宾市境域各乡镇均建立信访工作领导小组。1990 年,辖区各县(市)建立健全了基层信访网络,乡镇建立了信访工作领导小组,村建立信访民调领导小组,县直局级以上单位落实分管信访的领导和专(兼)职信访干部。来宾县 24 个乡、镇全部建立了信访工作领导小组,有成员 160 人;全县 256 个村公所(街委会)也已建立信访民调领导小组,共有信访民调人员 1230 人;全县 1497 个村民委员会中已有 1482 个配备信访民调员,共 3156 人。县直局级以上 89 个单位有 54 个已落实分管信访的领导和专(兼)职信访干部。

2003—2005 年,全市所辖 6 个县(市、区),69 个乡(镇、街道办)配备专兼职信访干部,773 个村委(居委、街委)配备信访调解员,从事信访工作人员达 2886 人。市辖区大型企业和部分中型企业共成立信访工作领导小组 69 个,设有专兼职信访工作人员 86 名。

第二节　来信办理

1950—2005 年,来宾市境域按照信访工作“分级负责、归口办理”和“谁主管,谁负责”的原则,及时妥善处理群众反映的焦点、热点问题,倾听人民的呼声,关心群众的疾苦,做到件件有着落,事事有回音。

2003—2005 年,人民来信均是当年信访,当年办理,凡是能解决的问题,就地妥善解决,一时不能解决的,做好思想疏导工作,及时化解矛盾。

表 6-9　2003—2005 年来宾市办理人民来信统计表

年份	来信数
2003	573
2004	1073
2005	1014

从 1951 年 9 月起,来宾市境域各县按照中央人民政府政务院颁布的《关于处理人民来信和接见人民来访工作的决定》建立人民来信的登记、存档、转办、催办、检查、研究等制度。

收到人民群众来信后,及时拆封把信纸和信封完整地装订在一起,加盖收信日期章,在来信登记簿上按照项目填写来信反映的基本情况。

对每日的来信总数,分地区或单位登记清楚,月终作出来信综合统计,存档。

对来信情况进行逐月、季度、半年、年终分析研究,及时掌握动态,提供有关领导和工作部门参阅或办理。

根据来信内容,及时转交有关部门或下级机关办理,并检查催办。对上级机关交办的信件,及时办理后回报结果;若有特殊情况不能及时处理,告知来信人及交办机关,不让拖延。

2003—2005 年市信访办共收到人民来信 5449 件,其中:转组织、人事部门办理的有 96 件;转纪检部门办理 112 件,转土地部门办理的 1595 件,转公检法司部门处理 390 件。

1954 年 8 月,来宾市境域各基层党委、各工厂企业事业单位的领导中有一位领导干部主管信访工作,亲自批办一些重要的人民来信和接见一些重要的来访,并定期布置检查,总结人民来信、来访工作。

2003 年,来宾市四家班子领导阅批来信来访 855 件,批办 105 件。2004 年,市四家班子领导阅批来信来访 1180 件,批办 133 件。2005 年,市四家班子领导阅批来信来访 1250 件,批办 142 件。

1950—2005 年,接待人员除节假日每天坚持上班,从不间断,20 世纪 60 年代,各县领导不定期接待群众和人民代表来访,20 世纪 70 年代逐步形成制度,由信访办安排接待时间,20 世纪 80 年代每周定一天为接待日,领导人员亲自接待人民群众来访,得到普遍欢迎。

1953年，象州县接受信访678件，处理结案616件，结案率91%。1957年，象州县共收到来信594件，接待来访982人，来信办理结案547件，占来信总数92%。来宾县信访部门对公民来信来访反映的问题登记造册后，依照分级负责、归口管理的原则，送有关领导审阅、批示后立案、催办、审查结案，或转有关单位处理。1957年9月，县召开第1次信访工作会议，要求各级党政机关重视群众来信来访，尊重群众权利，接受群众监督。当年中共县委会、县人民政府收到群众来信884件，结案680件。

1960—1969年，因受各种政治运动影响，信访量减少。10年间，来宾县只收到群众来信1978件，接待来访500人次。

1970年以后，信访量开始增多，特别是在处理"文化大革命"遗留问题期间，信访量成倍增多。信访要求解决的问题，涉及政府工作的方方面面。受理的案件基本上做到有落实有结果。在此期间，来宾县对在1958年反右斗争扩大化中被错划为"右派"的197人和在"文化大革命"中被迫害致死的425人全部平反昭雪，恢复名誉，并按政策支付安葬费和抚恤费，死者原是国家职工的，还安排其子女1人到国营或集体单位当工人全县安排31人。1962—1980年，武宣县共受理人民来信来访13657件次，其中来信12754件，来访903人次。经调查了结12849件次，结案率为94.1%，其中处理来信11976件，解决来访问题873件次。其间曾较好地解决了国营武宣农场与周围生产队的地界纠纷问题。1965年，象州县接待信访134件，处理结案107件，结案率79.8%。1973—1977年底止，忻城县共受理来信38223件，这些来信大部分都是要求恢复1962年被下放的城镇非农业人口和1962年被下放的干部、职工及人民教师复工、复职的占总案件的75%。1980年，武宣县全县受理的599件次信访中，反映土地、山林、水利纠纷问题的48件，占当年信访总数8%；反映落实农村经济问题的76件，占12.7%；反映干部作风问题、揭发坏人坏事的49件，占8.1%；对政府工作提出建议的20件，占3.3%。1983年，武宣县开始处理"文化大革命"遗留问题。5月，县委决定在"处理文革遗留"办公室内设信访组，专门受理涉及"文化大革命"问题的人民来信来访。到1984年7月，一共受理人民来信3846件，接待来访1230多人次，有效地促进了"处遗"工作的顺利开展。象州县共受理人民来信来访4132件次3452人，结案2090件次1504人，结案率50.58%。1984年，象州县共受理人民来信来访2507件次，仍以"文化大革命"遗留问题为主，结案2097件，结案率83.6%。1986年，"处遗"工作进入尾声，信访出现"三少一多"趋势，即信访量减少，反映历史遗留问题的信访减少，要求复工复职、下放回收、四清乱罚没要求退赔的信访减少；反映新情况、新问题和提合理化建议的信访增多。全年象州县受理人民来信来访808件次，结案771件次，结案率为95.4%。

1989年后，因历年陈案大部分已得到解决，信访量有所减少。1989年，来宾县共接受信访案969件，是1985—1990年信访量最少的1年。武宣县信访办共受理来信205件（自治区转来72件，地区转来43件），处理结案192件，占受理来信总数93.7%。同时接待来访548人次，其中关于土地、水利、山林纠纷集体上访25批462人次。经对话说服教育，解决了25批487人次，占来访数87.4%。武宣县13个乡镇政府，共受理信访1196件次，其中来信564件，来访632人次。立案处理403件，结案369件，结案率91.3%。

1978—1990年，忻城县受理群众来信共19091件，其中处理来信14994件。1980—1990年，完成自治区、地区交办的重要信访案件145件，县委、县政府领导交办重要信访案件有57件，自立重要案56件。1988—1990年，象州县受理人民来信578件，接待来访105人，信访内容主要是反映生产生活、工资福利，提建议、申诉，反映违纪现象及各种纠纷，均给予答复或归口办理。1990年，来宾县信访量有所增多，县信访局共受理信访案1614件，比1989年的969件上升了66.6%。同年，基层信访网络受理来信438件，接待来访593批2623人，立案查处284件，查结238件，结案率为84%，共劝阻集体越级上访群众58批1110人。当年，县委、县人民政府主要领导阅批群众来信来访共806件（人次），占当年信访总数1614件（人次）的49.9%。武宣县共受理人民来信来访4598件次（来信2353件，来访2245人次），其中县信访办受理346件次，各乡镇府受理2340件次，县直各单位受理1912件次。经处理结案3737件次，占受理总数81.3%，其中信访办结案326件次，各乡镇府结案1932件次，县直各单位结案1479件次。

1991—2005年，武宣县信访办公室共受理人民群众来信来访7087件次，其中，来信1841件，来访5246批18994人次。受理自治区、来宾市和本级信访事项2628件，办结2242件，办结率85.31%。兴宾区（来宾县）信访办共接待群众来访2248批15126人次，占信访总量的36%，其中集体上访580批11617人次；

立案调查607件，办结576件，结案率95%。1991年、1992年、1993年是上访较多的年份。接受办理群众来信4481件次，占信访总量的64%，其中初信2828件，重复信1653件。信访办回复解答群众来信11082件，有关职能部门解答1718件，所有信件材料都在承办时限内得到及时阅示、交办和转办，群众来信所反映的问题都得到及时办理或答复。忻城县共办理群众来信来访4317案次，其中受理群众来信2164件次；接待群众来访1987批次11537人次，其中集体访255批次7615人次。上级交办的信访案件305件，结案305案，结案率100%；县本级自立案件262件，结案为216件，结案率为82%。

1950年2月，来访反映的主要内容有批评、建议、询问、控诉、致谢、请示、祝贺、坦白、检举等。接待人民群众来信来访，以发扬人民民主，密切联系群众，遵照国家政策法律，尽可能满足群众的正当要求为原则。群众对各项工作提出的批评和建议，凡属正确的、可行的，认真研究采纳；同政策有抵触的或者难以实行的，进行解释，并对有关政策加以宣传。对已发生的群众集体上访，做好耐心细致的思想工作和接待处理工作，把上访群众稳定在本地、本部门，对群众来信来访中反映的属于司法机关处理的问题，引导信访者向司法机关反映，通过法律手段解决。群众控告国家机关干部不良作风和违法乱纪行为，交给被控告者的上级领导机关或者监察部门处理。对于假借来访名义进行无理取闹的人员，根据情节轻重，分别进行批评、教育，或者交有关部门处理。中华人民共和国成立初期，人民来信来访主要涉及烈士家属、军人家属和工人家属请求政府给予照顾，以解决困难，复员回乡军人请求安排工作等方面内容；20世纪60年代主要是在反右派斗争、“大跃进”和人民公社化运动中以及国民经济调整时期，被批斗处理和被精简下放人员，要求复查，重新处理并安排工作较多。

中共十一届三中全会之后，来信来访主要反映“文化大革命”和历次政治运动中被政治迫害而要求落实政策、给予彻底平反和恢复政治名誉，以及要求严惩违法乱纪者等。各级信访部门做好日常接待工作。

领导接待

中华人民共和国成立后，群众的来信来访中，事关重大涉及面广的，县主要领导都亲自过问，研究解决。1982年4月，象州县建立县委、人大、政府、政协四家领导轮值接待群众来访日制度，每10天或半月接待一次。1990年原则上确定每月14日—16日的县城圩日为接待日。1982年4月—1990年底，县领导先后接待群众来访387次，批阅来信186件。领导轮值接待群众信访日的建立，得到自治区党委、自治区人民政府办公厅的肯定和表扬，并召开现场会在全区推广。

从1983年5月31日起，武宣县委、县政府领导实行接待群众来信来访制度，规定每月的10、20日、30日为领导接待群众信访日，由县委常委、县人民政府正副县长轮流值班，接待群众来访和阅处人民来信，直接与群众对话，解决实际问题。1984年，根据自治区党委文件和自治区第五次信访工作会议精神，武宣县领导通过直接对话等途径，解决了五星村公所一起延续3年的责任田纠纷案，使某村外来户分到了责任田。忻城县委、县政府研究决定建立县党、政领导轮流接待群众来访制度，决定每月逢10、20、30日，为领导接待群众来访日，届时领导都分别按规定日主动到信访局接待群众来访。从1984年6月开始到1990年，忻城县委、县政府领导接待来访者有2579人(次)。1987年，武宣县委副书记值班时，接待了一位被单位无辜除名的职工来访，经调查核实进行处理，使该职工得以复职。同年，武宣县委书记黄业初，利用接待日时间共阅处群众来信510件，接待群众来访813人次，并与县政府主要领导到黄茆周春村具体查看氮肥厂对周围生产队污染的情况，当场决定，由氮肥厂出资，解决当地群众人畜饮水和稻田被污染的问题，了结了这桩久拖未结的悬案，群众非常满意。通过解决这起污染纠纷。不仅维护了安定团结，而且促进工农业生产。

1991年开始，来宾市境域各县(市)实行四家领导班子接待日制度，规定每周二为领导群众信访日，由市四家领导班子成员轮流值班，接待群众来信来访和阅处人民来信，直接与群众对话，解决实际问题。对群众来信来访反映的重大案件，如“三大”纠纷等。市四家班子主要领导亲自到实地进行现场办公，解决群众普遍关注的热点难点问题。至2005年，武宣县县领导接待群众来访317批4910人次，批阅重要信访事项971件，办结808件，办结率79.11%。共解决问题134件。忻城县委、县府主要领导坚持阅批群众来信、接待群众来访，每月安排1天时间到县信访办接待群众来访，县四家班子领导其他成员定期轮流到县信访办公开挂牌定点值班亲自接待群众来访。至2005年，县领导亲自接待群众来访243

批次，阅批群众来信288件次。合山市共接待来信852件，来访5066人次。查办久拖不结的案件311件，其中：办结296件，办结率95.18%。

来宾市成立后，市领导接待日的接待地点设在信访接待室，由信访办负责人或信访干部陪同接待。对于一些老大难上访户或典型问题的上访人，则选择其他地点单独接待。必要时还请来访者单位的领导一起接待听取来访人员的申诉意见，处理来访人员提出的信访问题。

对来访人员提出的要求，政策界限明确的，当即向来访人答复，讲明其反映的问题可以解决；需要调查后才能弄清问题的，由接待领导指定有关单位或专人负责调查，待弄清情况和作调查处理后再答复来访人；问题涉及几个单位或部门的，则由有关单位共同协商处理，或由领导召集有关单位负责人共同研究处理；来访人属于思想认识问题或对政策不够理解，即做思想疏导和政策解释工作；提出过高或无理要求的，对来访者进行思想教育工作。

1986年以前，来宾市境域信访查办工作均视具体情况由主管领导批示进行。1986年3月，执行中共中央办公厅，国务院办公厅发出《关于加强信访工作的通知》后，加大信访查办力度。2002—2004年，来宾市信访立案618件，结案571件，结案率92.39%。

1991—2005年，忻城共办理群众来信来访4317案次，其中受理群众来信2164件次；接待群众来访1987批次11537人次，其中集体访255批次7615人次。上级交办的信访案件305件，结案305案，结案率100%；县本级自立案件262件，结案为216件，结案率为82%。主要解决农村合作基金会、蔗农蔗款兑现、机构改革后被分流人员要求重新上岗、国有企业改制问题、代课人员、工商市场管理人员分流、涉军、农村"三大纠纷"等问题。

第三节　信访目标管理

从1990年开始，来宾市境域开始实行信访目标管理，逐步实现信访工作规范化、制度化、科学化、使信访工作更好地为维护安定团结，发展经济，促进改革开放，推进廉政建设，全心全意为人民服务。

目标管理内容

信访目管理要求把信访工作列入党委和政府工作的日程，每年作出具体安排，党委、政府均安排领导分管信访工作，经常听取信访工作情况汇报，及时研究解决信访工作中的重要问题，县级领导亲自阅处的来信来访件占本机关信访总数不少于15%，各县领导定期或不定期接待来信来访群众，对重大信访问题和疑难案件，领导同志亲自参与研究处理。各县设置信访机构配备专兼职信访干部，设立县、乡、村三级信访网络，把信访信息工作列入工作日程，及时、准确地向领导反映重要信访情况。做好信访的立案、结案、办信、接访工作，加强信访的业务建设。

目标管理评比

根据目标管理的内容具体分为组织领导、机构设置、信访信息、查办案件、办信接访、业务建设6项目标，按百分制进行打分，指标分达95分以上的评为自治区信访目标管理达标单位，积分较多的单位评为信访工作先进单位。

目标管理成果

信访工作推行目标管理，强化了信访工作。市境内各县（市）均全面推行信访工作目标管理，为强化信访处置工作"一盘棋"，将地直各有关部门纳入解决信访问题责任主体，要求落实一名主要领导或分管领导负责信访工作，解决本单位工作职责范围内或分管领域信访问题。1990年，地直各部门根据地委、行署的要求，有47个单位落实了分管信访工作领导和配齐专（兼）信访工作干部，其中第一把手分管的有14个。同年6月12日来宾县与合山市一些复员军人串联准备组织几百人到来宾县城游行，要求安排工作，6月武宣县80多位建国前参加地下革命活动的同志联名致信自治区要求增加生活补贴，声称如得不到解决，"七一"就到自治区党委静坐。地委韩涛、张世华两位领导先后召开民政、信访、公安、组织、人事等单位领导紧急会议，研究措施，帮助来宾、合山、武宣县（市）政府共同做好说服教育工作，成功将两起集体上访事件化解于萌芽状态。当年，地委、行署领导共阅批人民群众来信、来访事项619件，接待群众来访226人次，批示由信访办处理78件，其中，地委书记曹息余阅批215件、接访63人次，行署专员黄任文阅批131件、接访27人次。

1990—2005年，市（地）信访办推行目标管理，1997年，柳州地委、地区行署被评为自治区信访先进单位，另有12个单位被评为自治区信访先进单位，有8人被评为自治区信访先进个人。是年，地区召开表彰大会，对一批实行信访工作目标管理成果显著的先进单位和信访干部予以表彰奖励，授予36个单位地区信访工作先进单位，授予35名个人地区信访工作先进个人。

第四节 《信访条例》宣传

2005年5月，国家修订的《信访条例》正式颁布实施。市信访部门把学习、宣传、贯彻《信访条例》作为一项突出的工作任务来抓。各县（市、区）共举办《信访条例》培训班47期，培训人员达2922人。在《桂中日报》开辟专栏，让群众全面正确解《信访条例》的基本内容，解信访渠道，信访问题的程序和信访人的权利、义务以及相关的法律责任。同时，由市政府分管领导在桂中电视台发表以《信访条例》为内容的电视讲话，引起全社会对信访工作的重视。全市订购1万多册《信访条例》发放到机关单位、村屯、社区和各基层单位，做到市直机关科级以上干部及县、乡、村领导人手一册《信访条例》。还发放张贴塑质《信访条例有关规定》812张，张贴每个村委、社区。圩日街头宣传发放《信访条例》宣传资料9万份。板报展示标语3750条。利用圩镇文化长廊，板报展示《信访条例》全文，进一步扩大《信访条例》的宣传面。

第五节 信访信息

从1986年开始，各县（市）信访工作根据改革开放发展的需要，加强调查研究和信息反馈工作，至2005年底，共收集、整理、反馈各种信息4448条，被采用2309条。对群众的信访动态做到早发现、早报告、早处置，掌握好主动权。

信息收集

1986年，中共中央强调，信访工作部门既要解决信访中的历史问题和现实问题，同时，也要进行必要的调查研究，做好信息反馈工作。1987年，各县（市）信访部门树立反应敏捷，沟通及时的信息意识，在综合性方面下功夫，注意从群众来访中解掌握各类社会矛盾的性质、特点，分析其发展趋势、影响大小，将潜在的不稳定因素比较集中的社会矛盾，有普遍性、倾向性、全局性的问题及时报送给党委、政府，为领导指导工作和决策服务。建立健全调查研究制度，对调研工作要做到年初有计划，年中有检查，年终有总结，特别是对本地区，本部门的信访热点和难点问题，努力了解真实情况，掌握第一手材料，及时研究解决办法，制定相应的措施。

信息反馈

1989年，各县（市）信访办公室建立信访信息反馈工作制度，每月有信访信息报告，每季有信访情况分析，半年有信息工作小结，全年有信息综合总结。坚持编发《信访动态》《信访情况通报》，让党政领导及时解、掌握新的信访动态。同时，在乡（镇）建立和健全信息网络，收集群众来信来访中反映带有苗头性、倾向性热点和难点问题，为领导机关解社情民意，掌握社会动态，进行科学决策和正确实施提供依据。

2004年9月8日，市委、市政府领导听取市信访办反馈的情况，研究决定建立处理信访突出问题及群众性事件联席会议制度，由市委副书记、纪委书记龙定茂，市委常委、政法委书记韦世德，市委常委、秘书长苏建荣，副市长黄桂廷担任召集人。联席会议下设联席会议办公室，负责解、掌握信访突出问题及群众性事件的情况动态；分析、研究判断社会稳定形势，针对信访突出问题及群体性事件提出对策建议，组织协调有关方面处理跨部门、跨行业、跨地区的信访突出问题及群体性事件，总结交流有关方面处理信访突出问题群体性的成功经验，推动相关工作的有效开展，督促检查有关部门和各地区处理信访突出问题及群体性事件各项措施的落实。

表6-10 2003—2005年来宾市信访信息情况统计表

年份	信访总数（人次）	信息（条）	
		反馈表	采用数
2003	6843	191	78
2004	8064	186	55
2005	9577	252	97

第十一章　中华人民共和国成立后历次政治运动

第一节　土地改革

境内土地改革大致可分为两批进行。1951—1952年先在壮汉地区进行;1954年在其他少数民族地区进行。

壮、汉地区的土改,历经三个过程。第一阶段,减租退押;第二阶段,土地改革(简称土改)试点和全面铺开;第三阶段,土改复查。

1950年,忻城县作为土地改革试点率先进行土改。忻城县的土改工作分四批进行。1950年12月25日,县委、县政府抽调干部和农村积极分子164人组成第一批土改工作队。1951年,经过在县城短期学习培训后,工作队164人分别进驻县城附近条件较好的村屯,开始土改试点工作。工作队历时35天,顺利完成第一批土改任务,为后来的土改工作积累了经验。3月,工作队仅用45天就顺利完成了39个村的第二批土地改革任务。紧接着,又用一个多月的时间,完成了64个村的第三批土改任务。6月,工作队进入30个边远山区村屯,至7月也顺利完成了最后一批土改工作任务。自此,忻城全县土改工作基本结束。

忻城县的土地改革运动大体分四个阶段进行:第一阶段,宣传发动群众;第二阶段,划分农村阶级成分;第三阶段,没收地主的土地财产分给农民;第四阶段,组织动员农民发展生产。

1951年象县、武宣县的部分乡亦开始土地改革试点工作。

象县的土改工作从1950年开始。采取边减租退押边土改的方式。4月,县委布置各区乡开展退租减息,凡地主、富农出租的土地,均实行“二五减租”。至6月,全县退得租、息谷30万千克。后因土匪暴乱,未能正常进行。1951年2月,重点剿匪结束后,继续开展减租退押。6月初,县委发出《关于减租退押工作的指示》,要求尚未土改的一、二、七区及其他区尚未土改的村,以减租退押为中心,结合其他方面开展工作;正在土改的三、四、五、六区,以土改为中心,结合减租退押开展工作。7月12日,县委发出《关于贯彻干部及农代会决议开展大规模减租退押运动的指示》,强调“必须结合减租退押的经济内容贯彻政治斗争”,指出“我县过去减租退押不彻底”。为此,县委在学校放暑假期间,组织300余名教师下村,配合工作队宣传减租退押,发动群众揭发斗争地主的压迫剥削罪行,把经济斗争与政治斗争结合起来,为土改作好准备。1951年4月—8月,象县共获减租退押等稻谷257.9万千克(含物资折谷)。

象县土地改革是分期分批进行的。第一批于1951年3月初开始至4月20日结束,分别在寺村区王院、齐心,中平区架村、古磨,大乐区大乐、六回6个小乡试点;第二批于4月20日—6月底,在11个小乡铺开;第三批于7月初至8月15日,在17个小乡进行。此后有36个小乡分两批土改,10月完成。其余尚有罗秀乡于1952年完成土改,石龙街无农业人口不进行土改。当时属武宣县的妙皇区于1951年完成土改,属鹿寨县的运江、新运、京岭、都莲、雷安等乡镇于1953年土改。象县土改工作队由省、地、县499名国家干部、知识分子和农村基层干部组成。县委、县人民政府和各级党政领导干部亲自带领工作队,深入村寨,与贫苦农民同吃、同住、同劳动,访贫问苦,扎根串连,发动群众。1951年4月22日,县委在印发的《象县土改试点初步总结》中指出,要深入发动以雇贫农为主的广大农民,通过诉苦、找穷根、查地主发家史,提高阶级觉悟;经济斗争与政治斗争紧密结合,既要摧毁地主阶级的经济特权,又要打垮其政治威风;要认真执行政策,坚持说理斗争,区分清楚守法与违法,认罪与顽抗情形。土改中,执行依靠雇贫农,团结中农,保护富农,孤立地主的政策。土改大致按4个步骤进行:宣传动员,扎根串连;对地主、恶霸开展斗争;划分阶级成分;没收地主财产。根据《中华人民共和国土地改革法》规定,废除地主阶级封建剥削的土地所有制,实行农民的土地所有制。没收地主财产,征收富农出租的土地。象县在土改中,划为地主阶级成分989户;没收征收水田193180亩,旱地58080亩;没收房屋6923间,耕牛26013头,农具317349件。分配给18615户贫苦农民。地主户留有一份生产、生活资料(参见《农业·生产关系》)。

土改运动由于时间短、任务重、干部力量弱等原因,工作中出现了一些问题。1951年开始至1953年,根据上级指示,境内各县先后进行土改复查工作,对土改工作出现的偏差以及土改不深透、不彻底的乡村,再次发动群众,解决存在问题。

境内少数民族地区主要是大瑶山瑶族自治区（县级）。1952年，广西省人民政府组织民族调查组对苗瑶、侗等少数民族聚居地区进行了社会历史调查。调查结果报告认为，这些地区的经济结构和阶级关系比较复杂，民族特点比较突出。封建地主经济虽然普遍存在，但土地还不很集中，地主、富农阶级占总人口数较少，土地占有不多；有些地区阶级分化不明显，自然经济占统治地位；有些地区土地私有制是主要的，但集体所有制占有一定的比重，其中公山公林比重更多一些。这些集体占有的山林，一般是集体经营，家族公耕和集体出租，收入平分；地主对农民主要是通过地租、放债、雇工进行剥削，而地租剥削又以实物地租为主，并采用特有的劳役地租和实物地租相结合（即“种树还山”）的剥削形式。根据这些特殊情况，1954年广西省委出台了关于少数民族地区土地改革实施方案，决定在少数民族地区，土改采取慎重的、温和的、曲折的阶级斗争形式进行。根据中央精神，结合本地实际，大瑶山瑶族自治区的土改步骤是：第一步，先由区政府召集各乡村的民族上层人士集中学习土改方针政策和实施方案，争取他们支持土改或至少保持中立，然后召开有土改工作队参加的各阶层人士代表会议，进行协商。第二步，划分阶级成分，开展必要的说理斗争。划分阶级成分时，按照划分阶级的经济标准，经群众或农民代表会评议。在确定阶级成分时，实行“就低不就高”即“宁降勿升”的原则，对地主分子，大多数划而不戴地主分子帽子，作为人民内部矛盾处理。第三步，没收征收及分配。大瑶山瑶族自治区共没收地主田地82.6公顷，杉木164742株，茶山7.6公顷，山林2.53公顷，征收富农水田15.73公顷，杉木40328株。分配给无地或少地的雇农和贫农。第四步，健全组织，颁发土地证。

1951—1954年6月，来宾市境内各县先后完成土地改革任务，废除了几千年来的封建土地所有制，广大农民从此获得了土地，解放了生产力，生产积极性得到充分发挥。

第二节 “三反”“五反”运动

1951年底至1953年6月，境内各县均开展了“三反”“五反”运动。

1951年12月1日，中共中央发出《关于实行精兵简政，增产节约，反对贪污，反对浪费，反对官僚主义的决定》，8日发出《关于反对贪污斗争必须大张旗鼓地去进行的指示》后，象县县直行政机关和企事业单位迅速开展“反贪污、反浪费、反官僚主义”（简称三反，下同）运动，各单位干部职工广泛开展学习文件、自我检查和检举活动。同月，象县召开各界人民代表会议，县委领导在会上作了增产节约专题报告，并指出县领导机关中贪污、浪费、官僚主义现象，号召干部职工大张旗鼓地开展“三反”运动。1952年2月，省委发出《关于县区乡三反运动推迟的指示》，象县“三反”中查出113名干部有贪污行为，共贪污公款14751元（折新币），大米6200千克，有3人被停职反省，58人作检讨。1952年1月26日，中共中央发出《关于在城市中限期展开大规模的坚决彻底的“五反”斗争的指示》。同年下半年，“反对行贿、反对偷税漏税、反对盗骗国家财产、反对偷工减料和反对盗窃经济情报”（简称五反，下同）运动在石龙县城镇私营工商业界中开展。通过查账等方式，查出石龙县石龙、武宣两镇，私商偷漏税25000元（折新币），象州镇25家私商有偷漏税行为。

1952年1月2日，忻城县“三反”委员会成立。5月23日，县长樊茂春在参加“三反”运动干部大会上作动员报告，“三反”运动正式拉开序幕。在运动中，全县查出贪污100万~1000万元（旧人民币，下同）的有9人；贪污1000万~5000万元的有10人。贪污者退出的财物和贵重物品按当时市价折算共计4090590万元。因贪污5人受刑事处分，其中机关管制1人，劳动管制2人，被判有期徒刑2人。同年5月底，忻城县在私营工商业者中开展“五反”运动。政府组织私营工商业者集中学习“五反”文件，展开讨论，对照文件逐一检查。有偷税漏税自己坦白并补税的给予宽大处理；顽固抗拒的从严处理。城厢街商业者陈某不遵守国家法令，既不承认偷漏税事实，还发牢骚，被逮捕法办。

根据中央文件精神，1951年12月，来宾县、迁江县开始在机关干部中开展“三反”运动。6月中旬后，迁江县区干部和土改工作队共310多人集中到宾阳专区用1个月时间开展“三反”运动；来宾县干部集中在县城开展运动。在“三反”的同时，“五反”运动同步进行。迁江县的有纱布业、商业、饮食业、服务业、手工业等1724人参加了运动。至1952年底，“三反”“五反”运动先后结束。两县人民法庭审理贪污、受贿案10件，涉案12人；偷税漏税案64件，涉案74人；盗窃案23件，涉案34人。根据有关条例和政策，判处有期徒刑10~15年的8人，5~10年的55人，5年以下的45人，免于刑罚12人。

1953年，来宾县委对“三反”案件进行复查甄别，9名党员处分取消，其中1人恢复党籍。1960年10月—1961年6月，根据自治区党委、柳州地委指示，县委决定在全县开展新的反贪污、反浪费、反官僚主义的“三反”运动。运动采取坦白交代、互相检举揭发和批判斗争办法，计查出贪污者378人，涉案金额22.69万元；挪用公款1999人，涉案金额7.22万元；有小偷小摸行为者1936人，严重违法乱纪者280人。1961年8月—1962年5月，来宾县委对此次运动受处分和受批判的人员进行甄别。七洞公社原定大、小队干部原认为贪污的158人，甄别后还有49人；社直属机关原认定贪污的54人，甄别后还有23人；甄别后清白者政治上予以平反、恢复名誉，经济上作出赔退处理。

第三节　社会主义改造运动

农业社会主义改造

农业的社会主义改造业叫农业合作化运动，境内各县同全国各地一样，历经互助组、初级社、高级社三个阶段后基本完成。

1952年后，境内各县先后出现互助组。其中有象县的梁书明，武宣县的黄礽基、韦敬身、郑致贵，来宾县的黄金敦，迁江县(今兴宾区)的韦启寿，金秀的黄元文等人组织的互助组。互助组的形式有常年互助组、季节性互助组和临时性互助组。至1954年12月，境内互助组发展到31623个。互助组的发展，促进了农业生产的发展，境内1953年粮食产量比1952年增产6135吨。在互助组发展的过程中，1953年，部分互助组率先转为初级社。初级社按照入社自愿，退社自由，互助互利的原则，实行土地入股，集体所有，统一经营，统一分配。至1955年底，境内成立初级社4103个，入社农户1334904户，占总农户数36.7%。1955年10月，中共中央作出《关于农业合作化问题的决议》后，境内各县开始试办高级社。1956年，广西省委提出各地要在年底秋收前完成高级农业合作化要求。柳州地委根据中央和广西省委指示，对初级社进行扩大、合并、升级，大力发展高级社。到1956年底，境内高级社发展到1229个，保留初级社1227个，入社农户568178户，占总农户数的98.5%。但由于建立高级社的时间比较仓促，缺乏经验，管理上、分配上工作不到位，政治思想工作也跟不上，上年受灾严重，部分社员减收，因而出现了社员闹退社的情况，其中退社较多的是石龙县，退社社员占到总农户数的21%，并有62个合作社解体。其次，来宾县闹退社的情况也比较严重，全县有1781户社员退社，占入社总户数的1.77%。针对退社问题，1957年秋，柳州地委遵照中共中央《关于向全体农村人口进行一次大规模社会主义教育运动的指示》，采取大鸣、大放、大辩论的方法，批判“单干风”，批判不法地主、富农和坏分子，退社风得以平息。至1957年12月，境内高级社共有1414个，初级社有12个，入社农户为366626户，占总农户数97.5%。高级社的建立，基本上完成了农业的社会主义改造，完成了土地个体所有制到社会主义集体所有制的转变，基本实现了主要生产资料公有制。

手工业的社会主义改造

中华人民共和国成立初期，境内个体手工业主要有铁器、木器、纺织、车缝、造纸、榨油、竹器等行业，生产以家庭为单位，生产规模小，设备简陋，技术落后，生产效率低。为了适应国家经济建设和人民生产生活发展的需要，对手工业进行社会主义改造势在必行。1954年，境内各县按照中央“积极领导，稳步前进”的方针，积极稳妥地推进手工业社会主义改造工作。至1955年，石龙县建成手工业生产合作社5个，从业人员82人，供销合作社5个，从业人员79人，生产小组30个，从业人员309人；忻城县建成手工业生产合作社1个，供销合作社2个，生产小组11个。1956年，石龙县已有高级手工业生产合作社36个，生产小组1个，从业人员1152人，占个体手工业户95.6%；忻城县建成手工业合作社(组)33个，从业人员677人，占全县手工业者人数95%。是年，境内各县先后基本完成手工业社会主义改造。

私营工商业的社会主义改造

1954年，境内各县先后开展对私营工商业的社会主义改造。该年，石龙县通过加工订货、统购包销形式，把私营工业纳入初级国家资本主义轨道。同年底，由国营商业、供销合作社加工订货、统购包销的私营工业有6家。其中，碾米1家，面粉加工1家，酱料加工制造2家，缸瓦制造2家。1955年，根据中共中央“统筹安排、经济改组、按行改造”的方针，各县开始采用公私合营、合作商店、合作小组等形式，把私营工业纳入高级国家资本主义轨道。4月，石龙县第一家公私合营企业成信兴粮食加工厂成立。

6月，石龙县组织合作店（组）17个，入店商户101户，从业114人，流动资金11046元；组织经营小组18个，入组商户78户，从业128人，流动资金6117元。1956年初，境内各县开始部署对资本主义工商业的改造工作。1月，石龙镇私营正华印务局实现公私合营，建成公私合营石龙县印刷厂。2月，武宣镇黄合昌、黄广盛、信福等私营厂家的酱园门面房及3家陶瓷厂参加公私合营，建成公私合营武宣酱料面粉陶瓷加工厂。4月，忻城县纳入国家资本主义轨道的商户有310家，从业人员361人，占原有从业人员91.3%，固定资产4299元，流动资金1.83万元。6月，象州镇私营嵩安船碾实行公私合营。年底，石龙县纳入改造的有1687户，从业人员1869人，改造面达92.43%。其中，组织公私合营商店10个，合作商店105个，合作小组63个，经销、代销店89个，服务社1个。允许个体经营的摊贩47户。忻城县直接过渡到国营门市部的有1个，共11户；组成公私合营商店的有7个共52户；组成合作商店的25个共253户；组成合作小组的13个共64户；组成经代销点的37户。至此，境内各县私营工商业社会主义改造基本完成。社会主义“三大”改造后期，由于急于求成，工作粗糙，也遗留下一些问题。

第四节　整风和反右派斗争

1957年4月27日，中共中央发出《关于整风运动的指示》，决定在全党进行一次以正确处理人民内部矛盾为主题，以反对官僚主义、宗派主义和主观主义为内容的整风运动。广大群众和爱国人士，响应党中央的号召，向各级党组织和党员干部提出大量的批评和建议，对整风起到积极作用。但与此同时，极少数资产阶级右派分子，趁机攻击、否定共产党的领导和社会主义制度。针对新情况，6月8日，中共中央发出《关于组织力量准备反击右派分子进攻的指示》。根据中央的指示，各地原来的整风运动很快转变为反右派斗争运动。反击极少数右派分子进攻本来是正确的、必要的。但运动不适当地采用“大鸣、大放、大字报、大辩论”，乃至“引蛇出洞”“上挂下联”等方法，把一些正常的批评意见或属于思想认识上的错误，都视为“反党反社会主义言论”，把一些属于人民内部矛盾的问题也当作敌我矛盾来处理，导致了反右严重扩大化错误。其中来宾县197名党员干部、知识分子和党外人士被错划为“右派分子”，送农场劳动教养和留机关监督改造，长期蒙受冤屈，有80名干部被错划为“中右”、有“右派言论”“右倾”而受到党纪、政纪、团纪处分。忻城县广播站3个干部就有2个被划为“右派”分子，县文化馆4名干部就有2人被划为“右派”分子。

1960年，境内各县根据党的政策，开始给右派分子摘帽并安排工作。当年至1962年，石龙县共摘帽11人，未摘帽安排工作23人。1979年后，来宾县委对错划为右派的197名干部进行复查，认定为全属错划，全部给予平反纠正。同时对划为“中右”“右派言论”“右倾”的干部，进行了平反，撤销了党纪、政纪处分，并做好善后工作。

第五节　“大跃进”

社会主义改造和第一个五年计划的胜利完成，极大地鼓舞了全国人民建设社会主义热情。为顺应广大人民群众尽快改变“一穷二白”落后面貌的迫切愿望，1958年5月，中共八大二次会议通过了“鼓足干劲，力争上游，多快好省地建设社会主义”总路线。由此掀起了全国工农业生产的新高潮。但由于各级领导没有建设经验，急于求成，缺乏实事求是的科学态度，忽视客观规律，以致高指标、瞎指挥、浮夸风、“共产风”等“左”倾错误严重泛滥。为了实现农业“大跃进”，各地兴起虚报高产、竞放“卫星”高潮。1958年，石龙县提出“实现亩产万斤县，人均产粮2万斤，夺取全国粮食产量最高记录冠军”口号；1958年，来宾县粮食总产量只有4646万千克，上报地区却是3亿千克，1959年，粮食总产量只有5717万千克，上报自治区却是2.8亿千克。高指标导致了粮食的高征购。高征购造成农民口粮的缺乏，到处闹饥荒，社员群众生活极为困难，加上自然灾害，1961年，忻城县非正常死亡2191人；1959—1960年，来宾县19422人非正常死亡；1959—1961年的3年间，石龙县非正常死亡人数高达24000余人。境内其他县也都出现饿死人的情况。为了实现工业“大跃进”，各县全民大炼钢铁。1958年，石龙县委提出“年产铁1万吨”，决定抽调全县47%的农村劳动力（7.8万人）组成钢铁大军。全县总人口73%的群众计29.5万人，都投入到挖铁矿、建高炉、砍树、烧炭、运输、炼铁等与大办钢铁有关的劳动，农业受到极大削弱，森林遭到严重破坏。来宾县，成立钢铁生产指挥部，抽调26万劳动大军，建起11996座炼铁高炉（投入生产仅210座）。为了解决大炼钢铁的燃料，全县乱砍滥伐，严重破坏森林资源，而换来的仅是2864吨质量很差的烧结铁，得不偿失。“大跃进”期间，无论是工业、农业，境内的其他各县均出现类似的情况。“大跃进”运动，给工农业生产带来了巨大的损失，但在水利兴修、公路建设、县办工厂等方面取得一定的成绩。

第六节　人民公社化运动和整风整社运动

1958年8月17日，中共中央北戴河会议作出了《关于在农村建立人民公社问题的决议》，决定在农村普遍建立人民公社。会后，全国各地很快掀起人民公社化运动。境内最早在来宾县凤凰区建立起人民公社。公社设立管理委员会，下辖6个生产团。管委会下设办公厅、农业、工业、财政、供销、文教、武装等6个部和人民食堂、幸福院、卫生院、幼儿园等机构。社内一切生产资料和全部劳动力，统一由公社调配和使用。社员的自留地和零星果树等，全部为公社所有。社员一律实行工资制，分等级按季发给。同时，公社大办食堂，实行粮食供给制，“吃饭不要钱”。由于实行公社所有，统一核算，统一分配的管理制度，于是出现了平均主义和无偿调拨的“共产风”，严重挫伤了广大农民的生产积极性，给农业生产带来了灾难性后果。

1960年11月，中共中央发出《关于农村人民公社当前政策问题的紧急指示信》（即十二条），重新确定人民公社实行“三级所有，队为基础”管理体制；要求彻底纠正“一平二调”（平均分配、无偿调拨）的“共产风”和浮夸风、强迫命令风；允许社员经营少量自留地和小规模家庭副业；实行按劳分配，恢复农村集市贸易，进行整风整社。中央文件下达后，柳州地委即派出工作组开展试点工作，并布置各县开展以纠正“五风”（即共产风、浮夸风、强迫命令风、干部特殊化风、生产瞎指挥风）为内容的整风整社运动。随后，境内各县委召开三级干部会，学习贯彻《指示信》，总结1958年以来的经验教训，部署本县整风整社工作。石龙县委书记祖振兴在干部大会上作检讨说：“1958年公社化后，石龙县刮‘共产风’一直没有停止，1959年秋发展公社经济，大办四厂五场，出现了刮‘共产风’高潮，从粮食、猪、鸡、鸭等生活资料的无偿调拨，进而发展到劳动力、耕地、耕牛、农具等生产资料的‘一平二调’，严重挫伤了群众的积极性，县委负有主要责任。”各县整风整社的具体措施是，把“大跃进”中无偿调拨的生活、生产资料偿还给农民，实物还在的退还实物，实物已不在的折算成现金偿还；犯“五风”严重错误的领导干部，给予党纪政纪处分或法律制裁；重新落实“三级所有，队（大队）为基础”的管理体制；落实社员自留地、饲料地。1960年12月，忻城县委首先在城厢公社进行整风整社试点，落实经济退赔。经清查，全公社刮“共产风”涉案价值16万余元，其中个人14万元。除退还猪100头，牛12头、马27匹、马车27架、土地800多亩外，国家、公社最后拿出7万元来退赔给群众。1961年1月中旬，忻城县委会召开整风整社训干会，县委书记袁邦殿在会上作动员报告，整风整社运动在全县正式铺开。在整风整社中，对犯有严重错误的15名国家干部、19名大队干部分别给予处分。其中2名国家干部被开除公职，2名大队干部和1名牛场场长被逮捕法办。至3月，各县整风整社运动结束。

第七节　“四清”运动

1963年2月，中共中央召开工作会议，提出“阶级斗争，一抓就灵”的指导思想，并决定以抓阶级斗争为中心，在农村开展以“四清”（清理账目、清理仓库、清理财务、清理工分）为主要内容的社会主义教育运动。5月20日，中共中央发布《关于目前农村工作中若干问题的决定（草案）》（简称“前十条”），要求大规模开展社会主义教育运动，“重新组织革命的阶级队伍”，打退资本主义和封建主义的进攻。9月，中共中央又发布《关于农村社会主义教育运动中一些具体政策的规定（草案）》（简称“后十条”），明确提出运动要“以阶级斗争为纲”。是年底至次年初，境内各县先后召开三级干部会议，布置落实中央文件精神，开展农村社会主义教育运动。运动中，来宾县查出社队干部贪污5.98万元（含实物折款）；忻城县查出54人贪污2779.85元，127人挪用公款6639.14元；武宣县查出经济不清544人，贪污挪用公款和多吃多占实物折合人民币34028元。1965年1月，中共中央发布《农村社会主义教育运动提出的一些问题》（简称“二十三条”），错误地提出运动的重点是“整党内那些走资本主义道路的当权派”，把斗争的矛头集中指向党内的各级领导干部，把原来的“清理账目、清理仓库、清理财务、清理工分”改为“清政治、清经济、清组织、清思想”，从而把斗争的重点从“清经济”为主要内容转向以“清政治”为主要内容的“四清”运动，经济“四清”演变为政治“四清”。在农村大开展“四清”运动的同时，各县在城市开展反对贪污盗窃、反对投机倒把、反对铺张浪费、反对分散主义、反对官僚主义的“五反”运动。直至1966年“文化大革命”开始,“四清”运动才告结束。“四清”运动对加强人民公社经营管理,改进干部作风起一定促进作用,但是,由于阶级斗争扩大化、绝对化,后期又提出运动的重点是整“党内走资本主义道路的当权派”,打击和错误处理一批干部,严重损害基层干部的积极性,造成许多冤假错案。

对“四清”运动案件的处理。在“四清”运动中有1912人受处分,其中:受双开除83人、开除公职414人、开除党籍189人、党内留党察看213人、党内撤销职务26人、行政开除141人、行政撤职降级126人、降工资53人、其他党内外处分的667人。经复查,积留的案件1944件全部复查完。复查后属全错全纠的1036人,占应复查数的53.2%;不错不纠的908人,占应复查数的46.8%复查改变不定敌我矛盾的115人,占原定敌我矛盾性质的94.26%。在复查案件的同时,对于“四清”运动作退职、退休安置的,收回安排工作250人(退休重新安排工作12人,退职收回238人)。

第八节 “文化大革命”

1966年5月16日,中共中央发出《中国共产党中央委员会通知》(即《五一六》通知)。文件下达后,各地遵照中央通知,开始布置开展“文化大革命”运动。同月30日,柳州地委书记王杞桓作了《关于开展文化大革命问题》的报告。之后,境内各县相继成立“文化大革命”领导小组。而后抽调干部组成工作组,到机关、学校单位,组织干部职工和学校师生学习毛泽东著作,学习有关“文化大革命”运动的文件,并要求大家联系本地区、本单位的“阶级斗争实际”“大鸣、大放”,揭发、声讨“资产阶级”代表人物。8月18日,中共中央作出《中国共产党中央委员会关于无产阶级“文化大革命”的决定》(即“十六条”),明确规定“文化大革命”的对象是“党内走资本主义道路的当权派”和“资产阶级的反动学术权威”。根据上级部署,各地县委利用暑假举办中小学教师集训班,掀起“大鸣、大放、大辩论、大批判”高潮。来宾县在声讨所谓“黑帮”的群众大会上,对89名被认为是“黑帮”分子的教师和干部进行批判斗争。除了开“批斗会”外,学生们还走上社会,开展“破四旧”(即旧思想,旧文化、旧风俗、旧习惯)活动。许多传统文化书籍和文物古迹,均被视为“四旧”而遭到毁灭(如中国古代四大名著;象州中学内2座“进士坊”、南城和西城门楼、沸泉铭碑等文物古迹;甚至忻城县土司衙门建筑上的翘角飞檐等均遭殃)。9月,各县、区各中小学纷纷成立“红卫兵”“红小兵”、机关厂矿场成立各种“战斗队”等组织,到全国各地进行“大串联”活动,到处刮起批判所谓“资产阶级反动路线”风潮,各种所谓“打倒走资本主义道路当权派”的大字报、标语、传单满天飞,各级党政机关普遍受到冲击,不过当时机关单位仍能基本坚持日常工作。

受上海所谓“一月风暴”影响,1967年1月底至2月,从柳州地委、行署到下级各党政机关单位,掀起了一股“造反派”夺权风潮,各级党政机关工作顿时陷入瘫痪。中共中央鉴于此情况,决定人民解放军介入地方“文化大革命”,实行“三支”(支工、支农、支左)“两军”(军管、军训)。3月14日,柳州军分区宣告成立“抓革命促生产指挥部”,行使领导“文化大革命”和管理生产的权力。随后,境内各县也成立相应的“抓革命促生产领导小组”,行使党政职权。随着“文化大革命”运动的深入,4—5月,由于思想、观点、立场不同,境内武宣、忻城、象州、来宾等地先后形成“无产阶级革命派联合指挥部(简称联指)”和“四二二造反大军(简称四二二)”两大派对立的群众组织。在林彪、江青反党集团“怀疑一切”“打倒一切”“文攻武卫”等口号蛊惑下,两大派群众组织从文斗变为武斗,且武斗不断升级,规模越来越大,双方均先后多次发生“打、砸、抢”公私财物,甚至抢劫部队枪支弹药和其他物资,以及用枪用炮攻击对方等重大事件。1968年,武斗造成重大的流血事件有:2月16日,“象州联指”联合“地专联司”“柳州联指工交兵团”计300余人攻打“融安造反大军”粮库,打死23人。同月22日,来宾县“联指”和“四二二”两派在县大礼堂武斗,死6人,伤2人。忻城县“3·7流血事件”,事件起源是忻城“四二二”方在2月22日伏击“联指”方,打死3人,“联指”方决定报复,并联合宜山、合山等地“联指”组织计3000余人攻打“四二二”方的大塘“据点”,3月7日晨,“联指”方在大塘敬流村杀害前一日夜晚抓到的“四二二”方10人,同时在岩峨村攻打“四二二”方,交火中双方死亡10人。5月10日,武宣县两派群众组织在县城武斗,历时两天,双方死亡97人,毁房67间。

1968年3月—4月,境内各县革命委员会相继成立。6月,各县革委会召开三级干部会,传达柳州军分区会议精神,布置向“阶级敌人”刮“十二级台风”,掀起大规模“批斗”高潮。至12月底止,各县均发生乱抓人、乱斗人、乱打人、乱杀人乱象,许多干部群众无辜被斗致残或致死。其中来宾县造成207人非正常死亡;金秀瑶族自治县造成148人非正常死亡;象州县造成183人非正常死亡;忻城县造成301人非正常死亡。1968年,是“文化大革命”时期境内最为动乱,批斗、武斗致人非正常死亡人数最多的一年。是年8月,“文化大革命”运动进入到“斗批改”阶段。境内各县革委会召开干部会议,部署“清理阶级队伍”运动。清查没有改造好的地、富、反、坏、右分子和暗藏的特务、叛徒以及死不悔改的“走资派”等。1970—1976年,各县革委会成立“第三办公室”,专门审查地下党组织和老干部的政治历史问题,清查所谓“五一六”反革命集团、追查“反共救国军”,并把所谓有问题的干部集中到“五七”干校劳动,边批斗边审查,造成许多冤假错案。1976年10月,中共中央一举粉碎江青反革命集团,文化大革命宣告结束。

1983年5月,根据自治区党委的指示,各县委(市)成立处理“文化大革命”遗留问题领导小组,负责领导本县(市)“处遗”工作。经过“处遗”,“文化大革命”中受迫害的党员、干部和群众得以平反昭雪,恢复名誉,“文化大革命”中被枪杀或迫害致死的遗属得以补发丧葬费、抚恤费。在“文化大革命”中参与杀人或与杀人案件有牵连的392人受到立案审查,最后定案处理382件(其中追究刑事责任的13人、给予开除党籍和公职的2人、开除公职的6人、开除党籍的129人)。同时各县委还成立处理地下党遗留问题领导小组,纠正地下党遗留问题冤假错案225件,解决了许多历史上长期没有解决的问题。经过近两年时间工作,“文化大革命”处遗工作于1985年1月结束。“处遗”后,知识分子政策、侨务政策、工商业政策、统战政策、宗教政策等得到贯彻落实。

第十二章　其他党务

第一节　机关党建

市直属机关工作委员会

1955年1月成立。1956年5月和1960年4月,分别召开第一、二次党代会,选举产生中共宜山(柳州)地专直属机关第一、二届委员会。1973年9月,成立地直机关临时党委,1986年2月,召开中共柳州地区直属机关第三次党代会,选举产生中共柳州地区直属机关第三届委员会。1989年12月,将地直党委改为中共柳州地区直属机关工作委员会。

2002年12月18日,中共柳州地区直属机关工作委员会整体移位改称中共来宾市直属机关工作委员会。正处级行政单位。内设纪工委、办公室、组织部、团工委。核定编制7名,在职7人。

2005年,市直工委内设纪工委、办公室、组织部、宣传部、妇工委。人员编制不变。

书记:韦仕(2002年12月—2005年12月)。

党员教育

2002年11月,党的十六大召开后,来宾市直属机关工委组织全体党员观看十六大开幕式电视转播,重点学习江泽民总书记的十六大报告,认真通读和开展讨论,力求完整地、准确地、深刻地理解十六大精神实质和十六大报告中的一系列理论创新成果,把思想认识统一到十六大精神上来。

2003年从3月份开始,市直工委认真抓好各党委、党总支、支部学习贯彻十六大精神,重点是学习贯彻总书记江泽民在党的十六大作的报告,全面、准确地领会精神实质,要求每一名党员都要争做解放思想、与时俱进、勇于实践、锐意创新的模范,做一名合格的共产党员。

2005年,以加强党的执政能力建设为重点,扎实开展以实践“三个代表”重要思想为主要内容的保持共产党员先进性教育活动。为切实提高先进性教育活动质量,市直机关工委专门印制“开展保持共产党员先进性教育活动笔记本”7500本,发给市直机关党员人手一本。订购《保持共产党员先进性教育活动学习问答》400本,发至基层党支部。合山市以坚持第一要务,牢记两个务必,实践“三个代表”重要思想为主题,采取边学习边整改措施,在机关党员中开展“三优一学”教育活动。发动机关党员征订《党的十六届四中全会学习资料》,做到党员人手1本。开展保持共产党员先进性教育活动。参加教育活动的党总支部3个,党支部101个,党员1341人。举办《中国共产党章程》知识竞赛1次,党员参赛率达98.7%。组织市直机关2个党总支部,104个党支部,党员1510人,开展学习创新型党支部建设活动。

组织建设

2002年12月28日，撤地建市后，市直机关党组织发生较大变化，市直工委把建立健全市直机关基层党组织作为年内的一项重大工作来抓。根据市委的部署，接收原属兴宾区管辖的部分基层党组织：维都林场、来宾华侨农场、迁江华侨农场、凤凰华侨农场等4个基层党委；广西区黔江示范场党总支1个；来宾中医院、防疫站、妇保院、卫校、来宾一中、来宾进修学校、来宾职业中学、来宾烟草公司等8个党支部。新增设来宾市人民医院、市政管理局、土地资源局、邮政局、工商局、驻柳管理处等6个基层党委；新增设环保局、建规委、地税局、广西电大来宾分校等4个党总支；新增设市新闻出版局、市机关事务管理局、市人防办、市开发投资公司、皮防站等8个直属党支部。为有利于对离退休党员的教育管理，有利于继续发挥离退休党员的作用，根据市委的指示精神，在柳州设立离退休人员党支部65个，下辖1060多名党员。配合新来宾市发展的需要，市直机关工委认真抓好非公有经济的党组织建设工作，在非公有制经济组织中开展建立党的基层组织试点活动，充分发挥党组织在非公有经济中的政治领导核心作用。先后指导建立了中兴汽车运输公司党委、公交公司、来宾商城党支部等3个非公有制经济党组织。

2003年，市直机关工委在市直机关党组织中开展"三优三创"（树立优良作风、开展优质服务、营造优美环境，创建学习型机关、创建服务型机关、创建创新型机关）、保持共产党员先进性教育活动等主题活动，不断解决机关党员干部中存在的政策水平和理论素养不高等突出问题，引导党员牢固树立和认真落实科学发展观，围绕发展这个党执政兴国的第一要务，提高发展的本领，树立艰苦创业的精神，强化为人民服务的宗旨意识，激发建设新来宾的主人翁责任感。至年末，市直工委下辖20个基层党委、20个党总支部、426个党支部，有党员6041名。

2004年，来宾市直机关工委围绕机关党员理论武装、党组织建设、精神文明创建和机关党风廉政建设，继续推进以"坚持第一要务，牢记'两个务必'，实践'三个代表'重要思想为主题的'三优三创'（即树立优良作风、开展优质服务、营造优美环境；创建学习型机关、创建服务型机关、创建创新型机关）"活动，党建工作取得新的成效。市直工委加强对入党积极分子的培养、教育和考察工作，5月下旬，举办一期入党积极分子培训班，共有98名入党积极分子参加培训。年内共发展新党员222名，完成年计划148%。在新党员中，女党员113人，占50.9%；35岁以下197人，占88.7%；高中以上198人，占89.2%；少数民族党员108人，占48.6%；经过"推优"的有151名。按期办理预备党员转正157名。市直机关工委先后为62名党员在市直机关范围内办理平转手续；为上划和挂靠市级管理的单位的2075党员办理转进手续；为1751名党员办理了转出手续，其中，8月份，市直机关工委将原属地直工委管理的三门江林场党委、柳州农机供应分公司、区畜牧研究所党总支部以及原地直企业单位党组织移交给柳州市管理，共计基层党委7个、党总支部9个、直属党支部25个，党员1500多名。年末，市直机关工委下辖基层党委23个、党总支24个、党支部428个、党员6570名。

2005年1月，来宾市第一批先进性教育活动正式启动，全市共有865个机关党组织（党委、总支、支部），12052名机关党员参加第一批先进性教育活动。参加第一批先进性教育活动的党组织和党员结合来宾市实际，牢牢把握"保持先进性、建设新来宾"这一主题，把先进性教育活动提升到加强党的执政能力建设、巩固党的执政地位、完成党的执政使命的战略高度来认识，放到实现富民兴市新跨越、全面建设小康社会的大局来谋划，与推动全市改革发展稳定的中心工作结合起来，与为民办实事好事结合起来，与改进机关作风结合起来，切实加强领导、精心组织，坚持标准、把握节奏，扎实推进、卓有成效，圆满完成各项任务。市直工委按照基层党组织建设的有关规定，及时抓好直属各基层党组织的缺额补选、换届改选等工作，及时做好党组织领导班子成员的调整工作，进一步建立健全基层党组织。新增设了市供电局党委和市国税局、市一中2个党总支部；共有36个直属党支部进行了缺额补选或换届改选，并根据实际工作需要增设科技情报所和文联2个直属党支部。市直工委严格政审把关，确保机关党员质量，做好入党积极分子培养、教育、考察工作。5月下旬，市直工委举办了一期入党积极分子培训班，共有200名入党积极分子参加了培训。年内共发展新党员125名，完成了年度计划数。在125名新发展的党员中，女性党员40人，占32%；35岁以下99人，占79.2%；高中以上103人，占82.4%；少数民族党员78人，占62.4%；生产一线95人，占76%。与此同时，市直工委讨论批准预备党员转正56名，讨论决定取消预备党员资格1人。至年末，市直机关工委下辖15个基层党委、22个党总支部、273个党支部，有党员3843名。

组织生活制度

2003年，中共来宾市直属机关工作委员会所辖426个基层党支部委员给6000多名党员上党课，学习十六届三中全会文献342课。2004年，市直属机关工委加强对各基层党组织开展党组织生活情况的督导和检查，并要求基层党组织定期汇报有关情况，督促指导50个党组织对存在问题进行整改，进一步建立健全各项规章制度。2004—2005年，市直机关工委领导共深入指导基层党组织民主生活会90多次。

提醒告诫制度

2003年7月，市直机关推行党员提醒告诫教育制度，工委下发《关于推行党员提醒告诫教育制度的通知》（来市直字〔2003〕57号）文件，并印制8000份《党员提醒告诫教育制度手册》，发至党员人手一册。各基层党组织从自身实际出发，实施党支部目标管理制度，对党员进行教育、管理和监督，对那些革命意志衰退，不愿意履行党员义务，组织纪律淡薄，不愿意参加党的组织生活，不按比例交纳党费的党员进行提醒教育。

开展“三优三创”活动

2004年起，为切实加强机关作风建设，促使市直机关及广大党员干部从事务型向学习型、从管理型向服务型、从被动型向创新型的转变，在市直机关各级党组织和广大党员中广泛开展“三优三创”（树立优良作风、开展优质服务、营造优美环境；创建学习型机关、创建服务型机关、创建创新型机关）活动。年初首先在市水产畜牧局、市工商行政管理局和市政管理局3个单位进行试点，以点带面，全面推进“三优三创”活动，取得初步成效。

2005年初，中共来宾市直机关工委印发《关于在市直机关中进一步开展深化“三优三创”活动、推动学习型、创新型、服务型机关再上新台阶的意见》，进一步推进和深化“三优三创”活动，要求围绕“端正思想，讲求实效；解放思想，与时俱进；执政为民，廉洁高效”创建“学习型、创新型、服务型”机关。9月，召开来宾市直机关党建工作现场会，对开展“三优三创”活动进行总结，市工商局等5个单位在会上作经验介绍。通过开展“三优三创”活动，在一定程度上解决部分机关党员和干部中存在的“门难进、脸难看、事难办”等突出问题，促进机关作风明显好转，工作效率明显提高。

党建考评制度

2003年初市直属机关工委下发《关于市直机关2003年度党建目标责任制的通知》（来市直字〔2003〕6号）文件，建立党建目标管理责任制，制定考核评分表，包括考核内容、考核标准、年终评分检查，对所属各级党组织实行党建目标管理。

2004年，下发《2004年度党支部工作目标管理责任制》，进一步健全党建目标管理责任制，促进基层党建工作制度创新。

2005年，印发《市直机关2005年度党支部工作目标完成情况考核评分表》和《关于市直机关党支部工作规范化管理规定的通知》，进一步加强和改进机关党的思想建设、组织建设和作风建设，促进机关党建工作经常化、制度化、规范化。

评比表彰活动

2002年以后，来宾市每两年都表彰一定数量的“创先争优”红旗基层党组织、先进基层党组织和优秀党支部书记、优秀共产党员。

2003年，来宾市直机关工委“七一”前召开表彰大会，共表彰市直机关先进基层党组织32个，优秀共产党员98名，优秀党务工作者26名。在抗击“非典”过程中涌现出来的蓝荣伟、覃志喜等一批先进典型获得表彰。

2004年，市直工委协助市委组织部评选自治区、来宾市先进基层党组织、优秀共产党员、优秀党务工作者。经民主推荐、评选，市物价局、市委组织部党支部被评为来宾市先进基层党组织，冯天寿、王毅前、陆良3人被评为来宾市优秀党务工作者，潘学忠、黄世硬、包绍宗、莫景辉4人被评为来宾市优秀共产党员（其中潘学忠、黄世硬2人还被评为自治区优秀共产党员）。

2005年6月24日，市直机关工委印发《关于表彰2003—2004年度先进基层党组织、优秀共产党员和优秀党务工作者的决定》，同月29日，市直工委召开市直机关庆祝建党84周年暨表彰大会，表彰先进基层党组织47个、优秀共产党员172名和优秀党务工作者57名。合山市评选并表彰优秀党务工作者110名；优秀党员298名。

查处违法违纪党员

2003年，来宾市直属机关工委共受理来信来访3件。在处理违纪处级党员领导干部中，由市直工委提出处分意见的共有3人，其中开除党籍2人，留党察看1人；市直工委审理查处的科级违纪党员，党内严重警告1人。

2005年，市直工委按照市纪委的部署，重点以开展保持共产党员先进性教育活动为契机，抓好《中国共产党纪律处分条例》《中国共产党党内监督条例（试行）》的学习；配合市纪委贯彻落实《建立健全教育、制度、监督并重的惩治和预防腐败体系实施纲要》，促使纪检监察工作进一步制度化、规范化；抓好案件查处和信访举报工作。年内，市直工委对4名违纪的科级干部进行了处理，其中给予开除党籍2名、留党察看1名、严重警告1名；报送市纪委处分的6名，其中给予开除党籍2名、严重警告2名、警告2名。对一些信访举报，按规定进行查处或向市纪委作汇报。

第二节　政策研究

市委政策研究室

前身是中共柳州地区委员会政策研究室，于1950年1月成立。1963年2月撤销。1979年9月，成立中共柳州地区委员会调查研究室，1984年4月，改称中共柳州地区委员会农村政策研究室，1985年2月撤销。1986年恢复中共柳州地区委员会政策研究室。2002年12月18日，中共柳州地区委员会政策研究室整体移位并更名为中共来宾市委员会政策研究室，正处级单位。内设综合科和调研科。2003年，核定编制8名，在职8人。至2005年，内设机构不变，核定行政编制8人，工勤编制1人，在职人员9人。

主任：梁世和(2002年12月—2005年12月)。

县级机构

中华人民共和国成立后，境内各县（市）委均设立政策研究室。

1950年春，武宣县建立县委政策研究室，1965年撤销。1952年，来宾县设立政策研究室。1959年6月，忻城县设立政策研究室，1963年1月撤销。同年冬，来宾县政策研究室改称政策研究办公室，1962年撤销，政研业务划归农村政治部。

1973年10月，来宾县设政策研究组。1975年，武宣县设政研组。1979年，来宾县恢复政策研究室；忻城县恢复政策研究室，后改为县委调查研究办公室。1978年10月，武宣县恢复政研室，1984年10月撤销。1988年3月，武宣县恢复成立县委政策研究室，属县委直属正局（科）级单位。1990年，来宾县政策研究室配员3人。1991年，来宾县委政策研究室行政编制4人。忻城县调查研究办公室编制1人。1996年，武宣县委政策研究室有干部5人，其中主任1人、副主任3人、副主任科员1人。1997年，机构改革，来宾县政策研究室行政编制4人。武宣县委政策研究室行政编制3人。2000年，来宾县政策研究室在职5人。2002年5月，武宣县委政研室实有工作人员2人（主任1人，秘书1人），6月，机构改革，撤销县委政研室，其人员并入县委办公室，其职能交由县委办公室新设的信息政研股负责。忻城县撤销县委调查研究办公室，改为县委办公室政研股。来宾县政策研究室改称兴宾区委政策研究室。

调查研究

20世纪60年代，调查研究贯彻执行“调整、巩固、充实、提高”八字方针的情况。1982年3月，自治区党委调查组，调查金秀瑶族自治县水源林的保护问题，形成设立金秀瑶族自治县水源林保护区的调查报告。1983—1985年，开展调研落实“文化大革命”处遗政策，山林承包责任制政策，发展乡镇企业政策等。

党的十四大以后，政策研究工作重点围绕建立社会主义市场经济体制，实现两个根本性转变，实现跨世纪的宏伟目标开展调查研究。1993年5月—7月，金秀瑶族自治县党委、政府在桐木镇创办全地区第一个农村合作基金会。是年5月，进行延长土地承包期试点工作。延长土地承包期30年不变，山林50~70年不变，允许土地流转。1991—1996年，武宣县委政策研究室为县委、县政府起草“关于加快武宣农村经济发展步伐”“加快发展乡镇企业”“县、乡两个文明建设目标管理责任制”等有关文件，为县劳模表彰会采写、整理典型材料；深入乡村厂矿场，跟踪调查党的方针政策贯彻落实情况，并协助有关单位起草“发展乡镇企业有关优惠政策的补充意见”“关于加快武宣水果生产的意见”等文件；完成对县委、县人大、县人民政府、县政协四家班子年终两个文明建设目标管理责任制材料的收集、整理上报工作，完成对县直一层机构及乡镇两个文明建设目标年终考评和上报任务；完成县委农村是社会主义思想教育办公室所承担的各项具体工作任务；办好《政策与开发》刊物。

1997—2003年，武宣县委政研室每年组织发动各乡镇、县直各单位征订中央政研室主办的《学习政研·参考》刊物和自治区党委政策研究室主办的《政策天地》刊物，做好《桂中瞭望》的发放工作。1991—2005年，武宣县委政研室把全县各级领导干部撰写的优秀调查报告或理论文章推荐上送地区、自治区调研刊物，被《桂中瞭望》《政策天地》《广西工作》《广西经济》等刊物采用的达79篇。武宣县委政研室参与县委、县府制定《中共武宣县委、武宣县人民政府关于扶持乡镇企业发展的优惠政策》《武宣县关于招商引资优惠办法》《武宣县关于对引荐外商投资人员的奖励办法》等政策。办好《政策与开发》刊物（该刊物2002年改为《武宣调研》），共出版43期（其中《武宣调研》7期），共发表全县各级领导干部调研报告或理论文章共181篇。

1991—2005年，忻城县政策研究室（政研股）围绕工业、旅游、城镇等重点课题，组织开展调查研究活动，完成调查研究报告100多篇。

2003年，来宾市委政策研究室围绕城市建设特色、来宾市发展定位、政府职能转变等进行调研，撰写《来宾市城市形象设计探讨》专稿，对新建地级来宾市城市建设的指导思想、目标定位、城市建设特色、对策措施等提出建设性意见，并参加来宾城市风貌特色研究座谈会、初审会和评审会；撰写《来宾市城市发展战略探析》《来宾城市发展定位再探索》和《实施"工业立市""工业强市"战略把来宾建设成为新兴的新型工业城市》等专题文章；撰写《努力建设服务型政府为经济发展创造良好环境》《来宾市第一个蔗农协会运作情况调查报告》等调研文章。其中《努力建设服务型政府为经济发展创造良好环境》的调研报告被编入广西解放思想再讨论理论成果丛书来宾市卷《建设新来宾实现新跨越》。

2004年，围绕来宾市发展定位论证，抓住中国—东盟建立自由贸易区和中国东盟博览会的机遇，如何加快来宾市的发展，加快县域经济发展和促进农民增产增收及机关公务用车改革等方面开展调研活动。形成《抓住南博会机遇　全面与东盟对接进一步扩大对外开放促进来宾市经济更快发展》的调研报告。《来宾市县域经济发展情况的报告》《来宾市农业增产农民增收调研报告》，为市委、市政府起草《关于来宾市定位为新兴的现代化工业城市的报告》《来宾市直属机关公务用车改革实施方案（讨论稿）》。

2005年，对来宾市近年来开展招商引资情况进行全面调查研究，深入全市6个县（市、区）、来华投资区和部分市直部门进行调查研究，撰写《来宾市招商引资情况调查报告》。根据市委决定，由政策研究室牵头，市直有关单位参加，开展"关于理顺来宾市、兴宾区两级关系的调查"。分别就市区两级事权划分、财政体制、城市社区设置与管理、城区治安管理、兴宾区矿山管理及区域经济发展等6个专题进行调研，经政策研究室综合整理，形成7个专题调查报告。由政策研究室牵头组织市直20多个单位，对近年来来宾市贯彻落实中央、国家和自治区有关政策、向上争取项目、资金情况进行调研，形成《中共来宾市委政策研究室关于来宾市进一步用好用足中央、国家和自治区有关政策的建议》。由政策研究室牵头会同来宾市糖办开展"蔗糖生产管理体制改革"课题调研，形成《来宾市蔗糖生产管理调研报告》。是年8—10月，政策研究室牵头组织市直10多个单位，开展"县域经济发展战略"课题调研。通过深入基层调研和外出考察，形成《来宾市县域经济发展战略调研报告》《来宾市县域工业发展战略调研报告》《来宾市县域农业发展战略调研报告》《来宾市县域城镇化建设调研报告》等4份调研报告。

目标管理

1987年，境内各县（市）完成四家班子双文明目标管理责任制方案的制定、检查、落实、考评和兑现奖罚工作。

2003—2005年的目标管理工作由来宾市委政策研究室负责。党政机关目标管理责任制考评的主要内容包括物质文明建设和精神文明建设。物质文明建设包括：国内生产总值、工业总产值、全社会固定资产投入、乡镇企业总产值和总收入、财政收入、外贸进出口总额，实际利用外资、农民人均纯收入、粮食总产量等。精神文明建设包括：党的建设、思想政治工作、领导班子建设、党风廉政建设和反腐败工作、计划生育和教育卫生工作、机关作风、社会治安综合治理等方面。指标一年一定。

刊物出版

《桂中瞭望》月刊于1994年7月创办。2003年后由来宾市委政策研究室承办。《桂中瞭望》免费发送各乡镇、县（市、区）直一层机构、县（市、区）四家班子领导成员等。《桂中瞭望》重点编发各级领导对工作实践的体会文章，调研报告和理论探讨文章，在改革开放和物质文明、精神文明建设、政治建设、社会建设、党的建设方面的好经验、好典型等。设有领导论坛、探索与思考、科教文苑、改革纵横、企业天地、绿野来风、政法天地、党建园地、经济纵横、文化长廊、他山之石等栏目。根据形势变化增加新栏目。

第三节　老干部工作

市委老干部局

1984年1月，中共柳州地委成立老干部局。市（地）老干部局定编8~12人，领导职数一正二副。2002年12月25日，中共柳州地区委员会老干部局，整体移位并更名为中共来宾市委员会老干部局，正处级单位，由市委组织部领导。办公地址在柳州市友爱路5号。

局长：杨江锋(2002年9月—2004年4月)，谭少勇(2004年4月—2005年12月)。

县级机构

来宾市境域各县（市）在1985年以前均未设立专门的老干部工作机构，老干部工作由县（市）组织部管理，在组织部内设老干部科（室）。1985—1986年，境内各县（市）设立老干部局。合山市1983年2月成立老干部科。1985年7月老干部科改为老干部局。金秀瑶族自治县1984年在组织部内设老干部科，1985年8月设立老干部局。1985年，来宾县、武宣县设立老干部局，1986年6月，象州县设立老干部局。2002年12月，来宾市成立后，原来宾县老干部局改称兴宾区老干部局。中共来宾市委老干部局（简称市委老干部局）于2002年12月25日成立，办公地址仍在柳州市友谊路5号。2003年，全市有市、县（市、区）两级党委老干部局工作机构7个；从事老干部工作专职人员42人。

根据老干部的特点和老干部工作的实际情况，各县先后制定各种相关的规章制度，主要有：老干部阅读上级文件制度；为离休干部免费订阅《中国老年》《中国老年报》《老年知音》等一报两刊制度；向老干部传达重要文件和重要会议精神制度；每半年向老干部通报本地区的政治、经济情况制度；两年一次组织离休干部到区外健康疗养、参观学习制度；两年一次给离休干部进行健康检查制度；召开老干部座谈会、走访慰问探视老干部制度；在职领导干部联系老干部制度；老干部活动中心学习娱乐制度；老干部用车制度等。这些制度在长期的老干部工作实践中，在新形势下，不断完善。由于建立并长期坚持这些行之有效的规章制度，老干部的生活、学习、娱乐等更加制度化、规范化、正常化，促进来宾市老干部工作有序、协调、稳步地开展。

1984—2005年，来宾市各县党委、政府和老干部工作部门结合本地实际情况，在贯彻落实党中央、国务院、自治区有关老干部的各项政策中，着重抓住老干部政策中的“基本政治待遇不变，生活待遇略为从优”两个待遇的落实。政治待遇方面：经常定期不定期组织老干部学习中央和地方各级党委、政府文件；给老干部免费订阅报刊，及时向老干部传达党的重要文件和重要会议精神；通报工作情况，作国内国际形势报告；建立离退休干部党支部。

1984—2005年，来宾市各县（市、区）组织和老干部工作部门，根据老干部身体健康状况、个人专长等实际情况，按照自愿量力、就地就近、面向社会、面向基层、面向群众的原则，先后组织老干部，分别在经济、政治、教育、文化等各个领域里发挥作用。来宾市各县（市、区）党委、政府重视、关心老干部的身心健康，投入大量的人力、物力和财力，建立一大批适合老年人生理特点的各种文化活动场所，配置各种学习资料、文体活动器材和娱乐用品，建立各种老年文体协会，积极开展各种有益于老干部身心健康的各种文体活动，促使老干部增长知识、修身养性、陶冶情操、增强自我保健意识和抗病免疫力、强身健体、延年益寿。

2003—2005年，来宾市建立老年文体协会335个，先后投资764.3万元，共建老干部活动中心25个，老干部活动室（站）173个，老年门球场21个，建立老年大学2所，配置有党报党刊、老年报刊等各种学习资料1360份，棋牌用品和健身器材等632套（副）。全市老干部在涉老部门的组织、引导下，积极开展学习保健、书法绘画、棋牌歌舞、拳球剑操等文体活动。168名老干部的优秀书画作品，曾分别入选全国、全区和本市书画展览，弘扬中国历史悠久灿烂的民族文化；全市共有40多个老年艺术团（文艺队），深入企业、学校、乡村、街道演出节目，宣传党的政策，歌颂好人好事，活跃城乡文化生活。全市还组建老年文体代表队，先后参加自治区老年运动会、自治区老年门球赛和自治区老年文艺会演，均获得奖牌名次。

第四节　党校工作

市委党校

中共来宾市委党校的前身是“柳州专区干部学校”，于1949年10月建校。1952年8月，柳州专区专员公署与宜山专区专员公署合并为宜山专区专员公署后，将1950年成立的中共宜山地委干部学校与宜山专区干部学校合并为宜山专区干部学校；1953年，宜山专区干部学校改称中共宜山地委干部学校。1958年6月，宜山专区易名柳州专区，宜山专区干部学校随之改称为中共柳州地方委员会党校。1962年9月，中共柳州地方委员会党校迁到柳州市北雀路88号（原柳州师专校区）。1968年10月7日，柳州地区革命委员会在鹿寨县雒容公社筹建柳州地区“五七”干部学校（简称“五七”干校，下同）。1969年1月，经自治区党委批准，柳州地委党校被撤销。1969年3月12日，“五七”干校革命委员会成立。1977年5月15日，地委党校恢复，并与地区“五七”干校共一套领导班子、一套办事机构。1979年2月，柳州地委决定停办“五七”干校。1987年8月，柳州地委党校搬迁至柳州市柳邕路375号。1996年2月2日，柳州地委党校兼办柳州地区行政学院；2002年9月23日，柳州地区社会主义学院成立。2002年12月28日，来宾市成立，原柳州地委党校更名为中共来宾市委党校，正处级单位。内设办公室、政工科、教务科、科研信息科、科学社会主义教研室、党建教研室、党史研究室、哲学教研室、政治经济学教研室、中文教研室、图书馆、行政科、保卫科，在职59人。内部机构重新核定为办公室、教务科、科研信息科、马克思主义基础理论教研室、经济学教研室、公共管理教研室、综合学科教研室、社会培训科、行政科、后勤服务部等10个科室，在职59人。高级职称10人、中级职称35人、初级职称5人。专职教师14人，兼职教师15人，其中副教授5人，讲师24人。

2004年6月，市委党校在兴宾区委党校设立教学区。同年9月，来宾市委决定把兴宾区委党校整体上划到市委党校，办事处撤销。

2005年7月21日，市委党校内设机构增设人事科。11月30日，市委、市人民政府决定将市委党校柳州校区（除教职工宿舍区和校内道路外）的资产划拨给柳州地区民族高中。年末，市委党校内设机构、编制人员不变。

2002年12月26日，市委决定成立中共来宾市委党校校务委员会。任市委副书记黄克为中共来宾市委党校校务委员会委员，校长（兼），任韦明生为中共来宾市委党校校务委员会委员、常务副校长，任杨品恒、孙德江为中共来宾市委党校校务委员会委员、副校长。

校长：黄克（2002年12月—2004年5月），黄必贵（2004年8月—2005年12月）。

常务副校长：韦明生（2002年12月—2005年12月）。

县（市）委党校

1961年，来宾市境内各县始建立县委党校，对党员干部开展培训工作。1961年，中共来宾县委党校建立，对县委会管理的党员干部进行短期轮训，组织农村党员干部学习社会主义理论。1961年6月，中共忻城县委党校建立，1968年末，因“文化大革命”被撤销，1978年6月，忻城县委党校恢复。1961年10月，中共金秀瑶族自治县委员会党校建立，1967年1月—1977年8月，并入自治县“五七”干校，1997年3月，金秀瑶族自治县行政学校成立。1962年8月，中共武宣县委党校建立，1966年5月被撤销，1969年并入武宣县“五七”干校，1978年6月，武宣县委党校恢复。1984年5月，中共合山市委员会党校建立。2000年5月，武宣县行政干部学校设立。2004年9月，兴宾区委党校上划来宾市委党校，至2005年末，辖区内象州县、武宣县、忻城县、金秀瑶族自治县和合山市均设有县（市）委党校。

干部培训

从1954年，党校起开始组织干部进行理论学习和形势教育，开设党训班，学习当前党和国家的路线、方针、政策和农村的新任务、农村党支部建设的有关问题、经济建设常识、党的基本知识。

1961年，来宾市境内各县委党校建立后，对县乡党员干部进行培训轮训，1966—1969年，受“文化大革命”冲击，各县委党校被迫撤销，干部培训轮训工作停止。1969—1971年，各县“五七”干校的主要任务是组织下放到干校的干部进行理论学习和生产劳动改造。学习马列著作和《毛泽东选集》，进行形势和任务教育，教学方式以原著辅导为主，时间安排视农时而定，农忙时节以生产劳动为主，加班加点抢种抢收；农闲时节以学习为主，与适当生产劳动相结合。1977年6月，各县党校恢复并开办第一期读书班，主要对象是科级以上领导干部。在兼顾“五七”干校生产劳动的同时，党校的干部培训轮训工作逐步从繁重的生产劳动中分离出来。1987—1989年，忻城县开办在职干部中专班（49人），学制为2年。1989年下半年，忻城县为村级领导干部办班2期，辅导学习江泽民《在庆祝中华人民共和国成立四十周年大会上的讲话》。1979—1988年,来宾县委党校共举办23期理论轮训班,学习中共十一届三中全会以来的有关材料,参加学习的党员干部3565人次。1990年上半年,忻城县为现任科局正副职领导干部办读书班1期。1991—1996年,武宣县党校共举办了20期培训班,参加培训的领导干部3057人次,其中,村级干部5期1044人次;乡级干部2期173人次;县直科局级领导13期1840人次。

1991—2003年,兴宾区(来宾县)委党校共举办各类干部培训班74期,参加培训干部1.48万余人次。1997—2005年,武宣县县党校与县委组织部、人事局等部门合作,共同举办了各类培训班176期,培训21529人次。

1991—2005年,忻城全县共轮训乡科级干部和村级干部、农村党员等49期,受训2897人次。合山市举办主题短期培训班次59期,培训3122人次。协助各有关单位举办各类党员干职培训班77期,培训学员7800人次,培训内容为党的基本知识、时事政治理论和国家法律法规等理论知识。

撤地设市后,为适应城市建设的需要,培训轮训内容紧紧围绕城市社会经济建设主题,以专题研讨班的形式开办,如工业化与信息化、农业产业化、和谐来宾、文化来宾、平安来宾、生态来宾、城市建设等专题。2003—2005年,中共来宾市委党校共举办培训班122期,培训干部11033人次。

在学历教育方面:1993—2005年,市委党校招收中央党校函授本科班36期5174人,毕业4199人,开设有党政管理、经济管理、行政管理、涉外经济、领导干部、政法、法律等专业。1996—2005年,招收广西区委党校函授本科班17期1232人,毕业953人,开设有行政管理、党政管理、法律、国土资源管理、公共政策与人口管理等专业。1987—2005年招收广西区委党校函授专科班36期2557人,毕业2231人。2004年开始开办广西区委党校在职研究生班,2004—2005年共招生42人。由于函授教育工作成绩突出,被自治区党校授予2005年函授教育先进单位荣誉称号。

1993年9月,忻城县成立广西区委党校函授学院忻城函授站,开始学历班教育。1993—2005年,忻城函授站共招函授大专班14期716人,毕业664人。党校办中专班共培养了229名中专毕业生。1997—2004年,武宣县分别与广西区党校、广西工学院和广西农业广播电视学校联办函授大中专班,开展学历教育,共办大中专班14个班,入学人数639人,毕业496人。至2004年,兴宾区(来宾县)委党校干部学历教育先后开设有政治、经济管理、行政管理和法律4个专业,开设大中专班26个班,接受教育1569人,毕业1440人。1991—2005年,合山市党校举办函授大专班12班次,输送大专毕业生653人次。

教学改革

建市以来,市委党校不断改革教学方式和培训方式,针对不同培训班次,创新采用研讨式、报告式、互动式、案例式教学及学员论坛、多媒体课件等新的教学方法。同时,以党校为阵地,由市委组织部会同市委宣传部、市经委、市建规委、市委政法委、法制办、民政局、发改委、工业园区、市政管理局等部门,采用“菜单式选学”方式,共同举办工业化与信息化、工业化与城镇化、社会建设等县处级干部自选专题研讨班。先后与广西大学、广西工学院、桂林工学院、广西妇女干部学校等院校达成协议,请高校的教师到本市上课,同时有针对性组织一些培训班学员到高校进行培训。

2003年,市委党校共组织17个班到相关院校进行培训,到高校培训人数达1000多人。先后与清华大学公共管理学院、中国人民大学公共管理学院、国务院发展研究中心无锡培训基地、深圳经理进修学院、广州市委党校、西安市委党校、苏州市委党校、嘉兴市委党校、苏州农干院、深圳市经理培训中心等区外培训机构开展合作,组织干部到这些培训机构进行培训。2003年以来,共与外地培训机构举办培训班22期,参加培训的干部达1500多人。对于公务员培训和事业单位人员培训工作,则采取集中上课与自学讨论相结合的方式,并根据医院、学校等单位人员不能全日脱产学习的特殊性质,采取送教上门、利用空闲时间和晚上集中授课的方式开展工作。

2004—2005年,市委党校进一步深化教学改革、创新培训内容、改进教学方法,不断探索提高教学水平的新途径。在理论讲授中,内容上不断适应新形势新任务的需要,增加新知识、新信息、新观点,让学员耳目一新。在授课方式上,推行课堂讲授与学员互动相结合的方式,激发学员的参与意识,努力实现教学相长、学学相长。坚持因人、因班制宜采取不同的教学方式,对于职务层次较高班次的学员采取专题研究、案例教学、行动学习法等,以体现研究性和理论性。对于职务层次相对较低班次的学员采取课堂讲授、角色扮演等方法,以体现操作性和应用性。

在培训过程中不断创新教学方式，如研究式、案例式、情景模拟、现场教学、行动学习法、研讨答疑等，通过不断创新教学方式来增强培训的实效性。

学术研究

建市以来，市委党校按照“科研成果上档次、进决策、进课堂”的总体目标和要求，2003 年，修改完善了《来宾市委党校科研工作管理办法》和《社会调查研究工作管理办法》等，科研工作逐步走上制度化。

科研论坛阵地建设方面：建市之前，党校的科研论坛载体十分薄弱。1988 年《理论园地》创刊至 1990 年 1 月因经费紧缺停刊，前后只办了 4 期。1990 年以后至 2002 年几乎处于停顿状态。建市后，2003 年恢复创刊《桂中论坛》，每年出版 4 期，2003—2005 年，发表各类理论文章和调研报告 62 篇。刊物也由教员“封闭式”投稿逐步变为由学员、领导干部、校内外读者、本校教员等“开放式”投稿，文章质量迅速提升，成为来宾市市情研究、来宾市党校教学改革探索等主要论坛平台之一。

科研咨政方面：建市以来，党校鼓励科研出精品，不断探索加强科研的对策。经过几年的努力，确立了“项目带科研”的战略方针，提出了“以项目建课题、以课题带科研、以科研促教学”的工作目标。2002—2005 年累计撰写论文 70 篇，公开发表地级市以上论文 27 篇，完成校级课题 2 项，完成市级重点课题 2 项，完成自治区党校系统课题 1 项。

师资、设备

2000 年以来，市委党校先后输送 6 名教员到区党校、中央党校进行研究生学历培训。2005 年以来，通过招聘、调入 6 名具有本科及本科以上学历的毕业生和 1 名高级专业技术人员。2003—2005 年，全市先后聘请 60 多名高校教师和科研院所的专家到来宾市授课。

来宾建市后，为适应新来宾建设对干部培训的需要，2004 年 6 月，市委党校在兴宾区委党校设立教学区，对原有的大阶梯教室进行改造，建设可容纳 200 人的多媒体教室，作为党校未搬迁来宾之前的教学过渡期。2004 年 9 月兴宾区委党校整体上划市委党校后又建设了第二个可容纳 100 人的多媒体教室。至此，市委党校共有 4 间多媒体教室。来宾校区面积 68.6 亩，建筑面积 5450.45 平方米，其中有教学楼、礼堂、食堂、职工住宅楼各 1 栋。

第五节　对台工作

机　构

2002 年 12 月成立来宾市以后，重新核定台办三定方案（职能配置、内设机构和人员编制方案），明确中共来宾市委台湾工作办公室（来宾市人民政府台湾事务办公室）在统战部挂牌，级别为副处级，人员编制不另行分开。1973—1974 年，来宾市境域各县及合山矿务局、八一锰矿、来宾华侨农场等先后成立对台工作领导小组，配备专职干部 1~3 名。1980—1984 年，各县成立对台工作办公室。1992—1995 年，改称台湾工作办公室至今不变。

去台人员

1949 年前，来宾市境域去台湾的人员共 619 人，其中象州县 102 人；武宣县 132 人；金秀瑶族自治县 53 人；来宾县 194 人；忻城县 78 人；合山市 60 人。他们主要居住在台北、台南、高雄等市地。据 1973—1990 年的调查，来宾县去台人员约 200 人（第一代）。其中上将 1 人、少将 5 名、上校 9 名、中校 1 名、少校 13 名、上尉 13 名、中尉 6 名、少尉 16 名、司机 6 名、军医 2 名、国大代表 1 名、空军中队长 3 名、飞行员 10 名、伞兵 2 名、技术员 6 名、勤杂人员 11 名。全县 24 个乡镇均有人在台湾。其中城厢、蒙村、大湾、南泗、寺山、良塘、迁江、高安、平阳、良江、凤凰、大里等乡镇为最多。他们分别居住在台湾的台北、高雄、基隆、台中、台南市和宜兰、桃源、新竹、苗栗、彰化、云林、南投、嘉义、屏东、花莲、台东、澎湖等地，以居住在台北、桃源、台中、高雄、台南、新竹、花莲等市县的为多。

1978 年后，来宾县对在历次政治运动中因在台湾有亲属关系而被错误处理的人，复查改正，冤假错案一律平反。归还了原迁江县长、去台人员吴其嵩在迁江街的私人房产，恢复了去台人员凌强的女儿凌玉英的非农业户口，退还了去台人员叶严俊之弟叶年愈在来宾镇的私房；给台属 3 人恢复了党籍和公职；给台属邬玲恢复了政治名誉。

2000 年底，象州县还有去台人员 64 人，其中有 5 人回大陆定居。

对台宣传

20 世纪 70 年代对台宣传由对台工作部门组织台属写家书，录音讲话，拍生活照，写新闻稿，寄给中央人民广播电台、中国人民解放军福建前线广播电台、中国新闻社《香港大公报》等新闻单位。稿件内容体现中国共产党的方针政策，介绍家乡建设新面貌，新成就。

1970年7月—1977年，来宾县委对台办在新闻报道方面有44篇对台宣传稿件被上述新闻单位采用；1981—1985年，来宾县有219篇对台宣传稿件被新闻单位选用，其中：中国人民解放军福建前线广播电台采用55篇，中央人民广播电台采用17篇，中国新闻社采用8篇，《香港大公报》刊用42篇，厦门传单站采用91篇。通讯稿《美不美家乡水》用城厢乡格兰村的变化事实歌颂社会主义的优越性，被中国人民解放军福建前线广播电台评为1982年好通讯奖。

涉台教育

1989—1995年，来宾市境域各县（市）对台属进行涉台教育，共写信给台属300多封，专题广播600讲，编印教育材料370份。各县县乡专职干部先后走访上千户台属进行涉台教育，有70多名到台湾探亲、奔丧的台属在台均表现良好，并按时返回大陆。1998年以后，两岸交往开始密切，每年赴台人数为200多人（次）。

至2000年，象州县台属赴台探亲达60多人次，县台办对他们进行赴台前教育，返来时进行回访。2002年，金秀瑶族自治县对263名台属及台胞进行立档造册登记。

1991—2005年，来宾县统战部门开展涉台教育的基本内容是党对台方针政策教育、爱国主义和社会主义教育，台湾政局和两岸关系形势教育，反渗透反腐蚀教育，台胞投资的法律法规教育等。通过开展涉台教育，全区广大干部群众更加坚定走有中国特色社会主义道路的信念，坚定实现祖国统一的信心，进一步了解台湾与大陆的历史渊源，了解台湾政局和两岸关系发展的形势，全面、客观、正确地认识台湾社会，认识祖国统一的艰巨性、复杂性和长期性。开展涉台教育的方法形式多样，对台属赴台探亲时，进行赴台行前教育，每年春节前夕，给台胞台属寄慰问信，贺年卡进行教育，1997—2005年，来宾县共给台胞寄发贺年卡956张，给台属寄发慰问信3236份；召开台胞台属中秋座谈会16次，到会930多人（次）。

通信联谊

台湾当局允许间接通航、通邮、通商以前，去台人员难与家人通信。至1973年止，来宾县有18名去台人员转道美国、马来西亚、加拿大、泰国、印度尼西亚等国家和中国香港地区与家人通信联络，占去台人员的9.1%。1987年台湾当局允许间接通航、通邮、通商后，来宾县去台人员廖家清、林炜等19人很快就与家人联系上，有的已回乡探亲。2005年底，台属与台湾亲人通信联系达1000多户。

接待台胞

1987年，原国民党海军上士陆有轩退役后回来宾县五山乡六贝村社贝屯定居。同年，毕业于宪兵学校，后任总统府侍卫官蒙祖德回良江乡蒙村探亲，将其拟定的《龙洞水库计划大纲》送给县委对台办，表示他关心家乡的水利建设。1988年3月28日上午，中共来宾县委员会对台工作领导小组举行来宾县台湾同胞回乡探亲联谊座谈会，县领导14人出席座谈会。回乡探亲的去台人员有原国民党军上校团长周建纲、原国民党上海机场汽车团上校团长翟瞻芑、原国民党总统府少校侍卫官蒙祖德、原国民党南京军事学院上校教官翟瞻萁、原国民党台湾屏东机场空军职校书记官黄景萃等参加座谈会。至1990年底，来宾县共接待去台人员回乡探亲300多人次。1991—2000年，来宾县共接待回县探亲观光考察的台胞共600多人次。来宾县对台胞要求回乡定居，严格按照中央有关规定执行，从严掌握。对符合定居条件的台胞，协助他们办理定居手续。全县共有10名台胞回县定居，其中有6名台胞已病故。1991—2005年，来宾县区（县）办理赴台探亲126人次；接待回乡探亲访友、经贸考察、观光旅游台胞共200人次；做好10名台胞回乡定居工作，其中有6名已病故，有4名尚健在；办理涉台婚姻70对；为台属办理台属证287本1453人，为台属办理农转非50人，为台属办理继承遗产手续5人次。

1998—2002年，金秀瑶族自治县共处理台属台胞来信来访39人次。

至2000年，象州籍台胞已有120人次回乡探亲，统战部门均予以热情接待，并代表人民政府表示欢迎。

1997—2005年，武宣县共接待会大陆探亲、扫墓的台胞350人次。2002年帮助台胞冯国祥找到了离别55年之久的同胞哥哥冯国胜。每年的春节和中秋节都分别慰问有代表性的台胞、台属、侨属。1991—2005年间，武宣县籍台胞有225人次回到家乡探亲。2005年，台胞原国民党中将龚维朗回家乡探亲，武宣县委、县政府领导亲自接待。帮助6名武宣县籍的台胞(原国民党老兵)办理了回乡定居手续。协助15名本县籍女青年办理了涉台婚姻。

落实政策

1978年后，来宾县给在政治运动中因台湾关系被错误处理的人给予平反。归还原迁江县县长、去台人员吴其嵩在迁江街的私人房产；恢复去台人员凌强女儿凌玉英非农业户口；退还去台人员叶严俊胞弟叶年愈在来宾镇的私房。同年，给台属3人恢复党籍、公职；给台属邬玲恢复名誉。

1998年调查，象州县有125户台属，政治上平等，生活上处于中上水平，没发现有被歧视现象。

引进台资

1988—2002年，金秀瑶族自治县引进台资301.2万元兴办公益事业，同时还接受台胞捐赠60万元人民币。1997年11月—2002年，“甘氏奖学金”在七建乡发放总金额为161.05万元人民币。

2002年3月，武宣县引进台资企业“尚泰化工有限责任公司”(2005年改为轩泰有限责任公司)。该公司注册资金这1000万港币，主要从事化工产品的加工与生产，安排了110多个工人就业。2005年秋，首届广西—台湾经贸交流会在南宁举办，武宣县县长率队参加。利用交流会的机会，加大了对台招商引资力度，向台湾商界大力推介武宣，促进了与台湾商贾的商贸交流。

表6-11　**1991—1996年武宣县接受台胞捐款建设家乡情况表**

单位：元

姓名	籍贯	捐赠金额			用途
		人民币	台币	美元	
翁伯鸿	河马乡	13600		9200	建校赈灾
覃家韬	通挽镇	42000			建校公益
林其钧	东乡镇			11500	公益
谭正彰	新龙乡	3000	6000	50	建校公益赈灾
蒙　正	二塘镇	6370			建校赈灾
覃少亮	桐岭镇			1000	公益
周培青	桐岭镇			1000	公益
翁伯桑	河马乡			200	建校
韦宪族	通挽镇	200			赈灾
廖庆初	桐岭镇	100			公益
杨耀辉	武宣镇			100	公益
合计		65270	600	23050	

台属企业

1995年4月，台胞黄耀忠先生和李富曾先生共同投资20万美元(折合人民币约170万元)，在来宾兴建第一家台资企业——来宾富忠红砖厂。

2002年12月成立来宾市后，由于原柳州地区的4个县被划分出去，加上一些企业经营不善，全市台属企业减少至40家。至2000年，象州县共有台属个体经营户14家，利用台资80多万元人民币，主要开办个体运输、修理加工、养殖业等。

2003—2004年，全市有台资企业2家，投资总额约60万美元；投资1万元以上的台属企业有16家，总投资额215万元人民币，安排就业人员186人；取得较好经济效益的台属企业有5家。2005年来宾市有台资企业3家：武宣轩泰化工有限公司、来宾富忠红砖有限公司、忻城和旺人造宝石厂。武宣轩泰化工有限公司总资产1600万元，年销售额690万元，年交税金18万元。台属马永利用其在台亲属资助45万元人民币在兴宾区兴建来宾丰盛米粉厂。

第六节　保密工作

1951年，柳州地区建立保密组织，由10人组成，名称为“中共柳州地方委员会保密分会”。1952年8月，柳州地区与宜山地区合并，设中共宜山地方委员会保密委员会。1960年，中共宜山地方委员会保密委员会改称“中共柳州地方委员会保密委员会”。并规定，各级公安部门承担同级保密委员会的日常工作。

1967年“文化大革命”初期，保密组织瘫痪。1971年，柳州地区保密组织恢复，柳州专区保密委员会成立，办事机构仍设在地区公安处。1974年，改称“柳州地区保密委员会”。1981年9月，柳州地区保密委员会改为“中共柳州地区委员会保密委员会”，办事机构由地区公安处搬迁到地委大院由地委办公室代管。

1987年9月，地委、行署根据上级指示，同意地委保密委员会办公室对外称“柳州地区国家保密工作局”，两块牌子，一套人马。1994年更名为“柳州地区保密局”。1995年桂编12号文重申，保密办设在党委办公室不变，不作为党委办公室内设机构。至此，地区保密局与地委保密委员会办公室一个机构，两块牌子，局、办合一至2002年。2002年12月28日，撤销柳州地区，成立来宾市。与此相应，撤销柳州地区委员会保密委员会办公室、柳州地区国家保密局，成立来宾市委保密委员会办公室、来宾市国家保密局，办公地点从柳州市友谊路5号搬迁至来宾市北二路原中国人民银行来宾分行办公大楼。

2003年，根据《中共来宾市委办公室关于印发中共来宾市委办公室职能配、内设机构和人员编制方案的通知》（来办〔2003〕85号），来宾市委保密委员会办公室（来宾市国家保密局）在市委办公室挂牌，行政编制3人。领导职数：主任（局长）1人、副主任（副局长）1人；科级领导职数1名。

2004年，来宾市开展保密宣传教育、保密依法行政和保密技术防范、检查管理等工作。2005年，来宾市重点抓好党政领导机关和保密要害部门部位的保密工作，抓好涉密计算机信息系统保密管理，推进保密工作法制化。

主任（局长）：玉德（2004年4月—2005年12月）。

第七篇

国民党　民主党派　社会团体

第一章 国民党

第一节 组织机构

民国2年(1913年)象县开始筹建县党部。同年11月,袁世凯下令解散国民党,象县党部停止活动。民国15年,按照广西省党部的通知,象县、来宾、迁江等县先后成立县党部。民国16年春,蒋介石发动“四一二”反革命政变,下令各地组织清党委员会。广西省柳庆区清党委员会,执行蒋介石的命令,改组各县党部,将中共党员和国民党左派清除出国民党。民国17年,各县党部设组织、宣传、青年、妇女、农民、工人等部(股)。民国36年,各县党部奉令与三青团组织合并。

中国国民党象州县党部

民国2年(1913年),陆日山到象县组织国民党,后因袁世凯政府下令解散国民党而停止活动。民国6年,国民党象县党员推选聂友梅出面组织中华革命党象县分部,民国8年奉令取消。民国15年夏,国民党广西省柳庆党务整理处,派员到象县组建县党部筹备处,设主任1人,秘书1人,筹备员数人。民国16年春,改称筹备委员会,设主任及委员等职,由覃智增任主任。同年“四一二”反革命政变后,发生清党运动,奉令停止活动。民国17年,广西省党部派李球来县整理党务,建立党务整理委员会,筹备委员会同时恢复工作。同年建立国民党象县独立区党部,韦中昌任执委会常务委员,姚有章、周友榆、李华琳、秦楚培、刘钟为委员,巫建熙为监察委员。由各委员分掌组织、宣传、青年、妇女、农民、工人各部事宜,内设秘书、雇员各1人,省派干事1人。民国18年春,停止党务活动。民国19年恢复。民国21年,省派巫建熙、明继本2人到象县组织指导委员会。民国27年冬改为县党部,刘钟任书记长,下设干事、助理、录事各1人,部内设计划、经济审查两个委员会。当年始吸收新党员,组织各区分部。民国29年,书记长刘钟病逝,派白云霄接任,设干事兼秘书1人,助干2人,录事1人,将全县划为3个乡村党务督导区。民国31年,有区分部25个,区分部小组225个。民国33年,白云霄辞职,省派黄云焕接任。民国34年9月,黄云焕去职,派李智铎接任。民国35年1月,国民党象县第二次代表大会选举产生国民党象县党部第一届执行委员会委员和监察委员会委员,同年4月1日,执行委员会和监察委员会正式成立。7月下旬,省执委会圈派县党部执行委员覃桂郁任书记长。县执委会设干事兼秘书1人,干事2人,助理员2人,监察委员会驻会委员1人。同年,全县有3个区党部,分设于城区镇、罗秀乡、瓜山乡;区分部56个。民国36年6月,国民党象县第三次代表大会召开,选举产生国民党象县党部第二届执行委员和监察委员,经报省党部执行委员会圈定,覃桂郁为执行委员会书记长,陆培基、韦春煦、韦绍兰、龙济琳为执行委员,江士琦、覃桂森为候补执行委员;徐名普、黄荫芳为监察委员,盘铭新为候补监察委员。9月29日,执、监委员在县党部举行就职宣誓。11月,书记长覃桂郁去职,省党部派潘庆龄接任。民国末年(1949年1月1日至9月30日止)6月,潘庆龄去职,李来成接任。

中国国民党来宾县党部

民国14年(1925年),中国国民党在来宾县建立县党部。民国28年县党部有党员968人(女12人)。民国31年,中国国民党来宾县党部在来宾召开第一次县党员代表大会,选举中国国民党来宾县执行委员会、监察委员会,施敬让、罗大文、李一艳、韦章权、罗焕汉等为执行委员;梁德宽、谢任章、何文星等为监察委员。执行委员会下设组织、宣传、总务3股。县党部编制员额3人,其中书记长1人,干事、录事各1人,经费5940元(国币),所辖区分部18个,党小组110个。民国35年3月—6月,进行战后党员总登记,来宾县有党员290余人。同年,再次召开县党员代表大会,选举执行、监察两委员会,李一艳、覃立民、樊正义、文华帮为执行委员;何文星、梁启棠、方绪凯为监察委员。县党部下设22个区分部,其中县城5个,农村17个。区分部设书记1人,组织委员、宣传委员各1人,由党员互相推举。民国36年6月,来宾县党部增设民运股;执行、监察委员会换届选举,当选为执行委员的有李一艳、唐朝聘、覃锦章,文华帮、樊正义等,当选为监察委员的有梁启棠、方绪凯、张李树等。此时有党员210余人。从抗战胜利到1949年11月来宾县解放,县党部机关内部机构及人员设置是：书记长1人，干事兼秘书1人，助理干事、录事若干人。

中国国民党迁江县党部

民国14年(1925年)冬，广西省党部派韦赞唐、朱昌奎等5人为国民党宾阳县筹备处筹委。首先在宾(阳)上(林)迁(江)中学建立区分部6个、区党部2个。中国国民党迁江县党部于民国16年下半年筹建，次年上半年正式成立。民国31年，迁江县党部编制员额3人(书记长1人，干事、录事各1人)，经费5940元(国币)，所辖区分部15个，党员共计438人(女5人)，党小组37个。抗战胜利后到1949年12月1日迁江解放，县党部先后3次召开县党员代表大会，选举产生中国国民党迁江县执行委员会、监察委员会。民国35年，迁江县有党员244名。民国37年8月县党部所属党团员重新登记后，迁江县共有23个区分部。一至七区分部分别辖县府、县党部、县中学、司法处、榜印乡公所、民团司令部、表证校党员；八至二十三区分部分别辖河里、北泗、中安、良塘、莲洞、溯河、溯社、三寨、高槐、石牌、大里、石陵、韦里、陶邓等乡(村)党员。县党部有书记长1人，秘书、干事、录事3~5人。

中国国民党武宣县党部

民国14年(1925年)秋，中国国民党武宣县党部筹备处成立。广西省党部派巫维将来武宣任筹备员。民国16年，成立武宣县党务清理委员会。下设政工室、侦缉组。民国18年，广西省主席俞作柏下令解散国民党各级党部，武宣县党务清理委员会被撤销。民国26年，成立国民党武宣县党部指导委员会。民国30年，国民党武宣县党部指导委员会改称县党部筹备处。负责人先后是何瑞清、陈公义。民国31年，武宣县党部筹备处下设21个区分部、110个党小组，国民党员发展到1104名(其中男性1068名、女性36名)。民国32年12月，武宣召开首届县党代会，正式成立武宣县党部，执行委员5人，中国国民党监察委员3人。民国35年，武宣县党部下设25个区分部：即县党部和参议会区分部、县府区分部、县训练所区分部、县田粮处区分部、城厢镇区分部、城厢小学区分部、桐岭乡区分部、桐岭中心校区分部、通挽乡区分部、通挽中心校区分部、禄新乡区分部、禄新中心校区分部、马步乡区分部、二塘乡区分部、二塘中心校区分部、黄茆乡区分部、妙皇乡区分部、金鸡乡区分部、大琳乡区分部、三里乡区分部、台村小学区分部、东乡乡区分部、东乡中心校区分部、武宣中学区分部、惠儒中学区分部。各区分部只设书记1人，均由乡长或校长兼任。民国35年3月—6月，国民党武宣县党部遵照省党部公布的《广西省战后党员总登记办法》，对党员进行登记。登记的国民党员仅有百多名。民国36年1月，国民党武宣县党部执行委员设常委，由黄健飞、宋厚礽、覃耀龙组成，书记长黄健飞。同年底，县党部遵照9月9日中央党团联席会议暨国民党六届四中全会决议，实行国民党和三青团合并，实行党团统一组织，其目的是“将党团统一改造，谋党之自救，以救国家，以新生力量，必能消灭共产党而不为共产党所消灭”“当前本党员之步调，均以剿灭共匪为目标”。民国33年，国民党武宣县党部奉令大批发展国民党员。发展对象重点是县乡政府的公务员、县乡团局的骨干、学校教职员工和村、甲长等。同时，集中培训，办理集体入党手续。至当年10月，全县国民党员由原来67名增到1008名。民国37年9月，武宣县党部书记长覃允应。武宣县党部内设秘书和组织、宣传、监察等部门各配1~2人。民国末年(1949年1月1日至9月30日止)6月，武宣县有国民党员243名。

中国国民党忻城直属区党部

民国24年(1935年)，忻城县全县有国民党党员10人，广西省党部派行达华(女)到县任通讯员。民国28年，忻城县奉省饬令设县党部筹备处。民国31年，忻城县筹备处定员为3人(筹备员、干事、录事各1人)，经费5940元(国币)，党员发展到729人。民国31年，忻城县筹备处有23个区分部，民国35年6月29日，扩编到38个，每个区分部设委员3人(即书记、组训、宣传各1人)。民国35年，忻城县发动清党，党员登记后有600人，组织重建在城厢街。韦文杰、高福任、邓霭然先后任县党部筹备处筹备员。同年3月，经省党部核准成立忻城县国民党党部。5月初，筹备员邓霭然将党员材料移交给省党部圈定为书记长的韦鸿兰。民国37年3月，韦鸿兰任县参议长，梁钜章接任书记长至民国末年(1949年1月1日至9月30日止)9月。

中国国民党金秀直属区党部

1927年，国民党修仁县党部成立后，即在修仁县一致乡(今头排镇)、桐木镇、七建乡、六合乡(今桐木镇鹿鸣村公所辖地)分别建立国民党区分部。至1949年底，桐木区分部有国民党员257名，七建区分部有85名，六合区分部有131名。1941年初，中国国民党修仁县党部在金秀警备区署机关内建立中国国民党修仁县第二十九区分部，刘延年为书记，潘耀南、吴海洲为委员。当年下半年，国民党广西省党部派兰瑞祯为筹备员，到金秀筹建直属于国民党广西省党部的金秀直属区党部，并在金秀警备区署机关及各乡发展国民党员。至1942年上半年，分两批共发展国民党员60多名。这些国民党员主要是乡村甲长或当地有名望的人士。1942年7月，金秀设治局辖区内的各乡均已建立国民党区分部组织。经国民党广西省党部批准，金秀直属区党部（县级）正式成立，主任委员刘延年，书记长唐开乾。1943年7月前后，刘延年等区党部执行委员大部分离开金秀，区党部停止活动。1945年秋，国民党广西省党部再派唐开乾为筹备员到金秀重建国民党金秀直属区党部，重新登记国民党党员并发展新党员。1946年上半年，国民党金秀直属区党部重新成立，主任委员敖永龄（设治局长），书记长唐开乾；下设宣传、组织两股。1948年3月，因敖、唐调职离山，区党部自动撤销；金秀设治局所辖永宁、崇义、岭祖、古朴、平竹、罗香、罗运、东北、东南。木山10个乡公所及金秀、六拉等27个村的国民党区分部，分别由当时地域所属县国民党县党部管辖。各区分部发展国民党员，均采用集体宣誓入党方式。1949年底，永宁乡有国民党员108名、崇义乡40名、平竹乡75名。

第二节　主要活动

发展党员

国民党象县党部重点在公务人员和村、街、甲长中发展党员，可个别或集体入党。国民党员可优先委派工作。民国22年（1933年），象县有国民党员111人。民国23年为105人，其中女党员4人。民国28—31年，新吸收党员2820人，其中女39人。民国28年，忻城县始发展新党员，对象为职员，个别动员发展，以后在村（街）长集训时，有集体发展的，也有个别动员发展的。同年，来宾县党部有党员968人（女12人）。民国29年10月，象县党部书记长白云肖，到县国民中学作报告，动员师生加入国民党。他说：学生加入国民党，将来升学就业有好处，教师加入国民党，方能成为正式教师，否则只能做代课教师。听完动员报告后，在校的第五、六、七、八班学生及教师200多人，全部填写入党申请表，盖上指模，由党员教师介绍，集体加入国民党。入党后，规定每人购买《三民主义》《建国方略》《建国大纲》3本书。次年7月，县国民中学成立国民党区分部。当时寺村乡小学教师则用举手方式集体加入国民党。民国30年下半年，国民党广西省党部派兰瑞祯为筹备员，到金秀筹建直属于国民党广西省党部的金秀直属区党部，并在金秀警备区署机关及各乡发展国民党员。至31年上半年，分两批共发展国民党员60多名。民国31年，迁江县党部所辖区分部15个，党员共计438人（女5人），党小组37个。武宣县党部筹备处下设21个区分部、110个党小组，国民党员发展到1104名（其中男性1068名、女性36名）。忻城县党员发展到729人。民国33年，国民党武宣县党部奉令大批发展国民党员。发展对象重点是县乡政府的公务员、县乡团局的骨干、学校教职员工和村、甲长等。同时，集中培训，办理集体入党手续。至当年10月，全县国民党员由原来67名增到1008名。民国35年1月，忻城县党部办理党员登记，全县有国民党员480人。3—6月，进行战后党员总登记，来宾县有党员290余人。6—7月，忻城县对党员进行总登记（即重新登记）。忻城县发动清党，党员登记后有600人，县党部给重新登记的党员换发党证，给遗失党证的党员补发党证。民国35年，迁江县有党员244名。民国36年6月，象县有党员539人。来宾县有党员210余人。民国末年（1949年1月1日至9月30日止）6月，武宣县有国民党员243名。金秀设治局所辖永宁、崇义、岭祖、古朴、平竹、罗香、罗运、东北、东南，木山10个乡公所及金秀、六拉等27个村的国民党区分部，分别由当时地域所属县国民党县党部管辖。各区分部发展国民党员，均采用集体宣誓入党方式。年底，永宁乡有国民党员108名、崇义乡40名、平竹乡75名。桐木区分部有国民党员257名，七建区分部有85名，六合区分部有131名。

召开代表大会

民国15—36年（1926—1947年），象县、迁江、武宣3县党部先后召开3次代表大会，来宾、忻城2县党部先后召开2次代表大会，每次（届）代表大会都选举产生执行委员、监察委员、书记长。

民国17年（1928年）象县第一次代表大会在县城召开，由各区分部选出代表参加。大会以加倍票选举国民党象县区党部执行委员会委员和监察委员会委员。

民国32年12月,武宣县第一次代表大会召开,宣布正式成立国民党武宣县党部,并选举陈国瑞、覃学经、黄桂馥、陈炳兰、陈承材为执委,沈国华、张鸿慈为候补执委;覃耀龙、黄祖楷、陈雁宾为监委委员;书记长陈国瑞。

民国35年(1946年)1月20日,象县第二次代表大会在县城召开。大会选举国民党象县党部第一届执行委员会委员5人;监察委员会委员3人。5月,忻城县召开国民党忻城县第一届执监委员会会议,韦鸿兰当选执行委员兼书记长,莫承宣、梁钜章、劳宗皋、方登墀为执行委员;仇聚英和莫庆之、蓝初森分别被选为监委常委、监察委员。10月,武宣县第二次代表大会召开。选举黄健飞、覃允应、覃学经、覃健、黄钜英为执委;陈承材、覃耀龙为监委委员;书记长黄健飞。

民国36年(1947年)1月,武宣县第三次代表大会召开。广西省党部派监选员宋厚礽(原武宣县长)参加,宋在会上发表反共演说后解释选举规程。大会选举黄健飞、沈国华、覃学经、黄桂馥、覃健为执委;黄祖楷;覃耀龙、陈承材为监委委员;书记长黄健飞。会上,还选举黄钜英为广西省党代会代表。1月11日—12日,忻城县召开第二届代表大会,代表40人,韦鸿兰选任书记长,莫承宣、梁钜章、莫锡武、劳宗皋为执行委员;莫勋为监委常委,蓝初森、仇聚英为监察委员。大会通过了宣言。6月29日—30日,象县第三次代表大会在县城召开,到会代表38人。大会选举国民党象县党部第二届执行委员会委员6人,候补执行委员2人;监察委员会委员2人,候补监察委员1人。并给蒋介石发致敬电。大会秘书处印发的《中国国民党象县第三次代表大会报告书》,空谈"革命之首在民生""发展农村经济,改善人民生活""奠定民主政治基础";污蔑中国共产党"挑起内战,破坏建设",扬言"肃清以武力夺取政权"的中国共产党。

抗日救亡

民国26年(1937年)7月7日抗日战争爆发后,武宣县党部组织抗日救国委员会,书记长任主任,县长、议长任副主任。抗日救国委员会先后召开抗日救亡大会,组织公务员和部分师生下乡宣传。同时,组织人员在公园内观看泥塑大汉奸、国贼汪精卫的跪像,让民众参观唾骂。民国29年,国民党象县党部办《象县民众壁报》;民国31年改办《象县周报》,开展抗日救国宣传;民国32年,象县党部、县政府、县参议会出面组织象县学校师生战时服务团,下农村宣传抗日。全县分为6个宣传区,每区设一个队,每乡镇设一个支队,10月1日—15日,为服务团队下乡宣传时间。宣传形式有口头演讲、标语、壁报、美术、戏剧、歌咏等。县拨款14万元(国币)作服务团活动经费。民国33年,迁江县党部和县政府征集兵员8835人,征夫3.3万人,为前线运送军需品,其中运送军粮9467.17万千克。

反共活动

民国16年(1927年)4月12日,蒋介石发动反革命政变后,国民党广西省党部下令各县党部成立清党委员会,开展清党反共活动。民国16年5月4日,武宣县党部成立清党委员会,按照"扑灭共产党必先整理党务"的训令,率先在东乡圩举行反共游行,大造清党反共舆论。全县共有国民党员800多人,经过清党后仅剩下几十人。接着派人到各中小学校号召师生检举"参共亲共"分子,查禁进步书籍,开除亲共教职员工,强迫参共亲共学生写悔过书。在乡村压农民运动,先后杀害中共党员、农运骨干、国民党左派分子8人。民国30年10月至民国末年(1949年1月1日至9月30日止),各县党部通过办小报进行反共宣传。国民党象县党部利用其创办的《象县民众简报》进行反共宣传。县党部书记长、县政工室主任等人先后在《象县民众简报》发表题为《戡乱必胜建国必成》《加强反共力量争取最后胜利》《加强冬防肃清地方匪乱及告民众书》等数10篇反共文章和歌谣。县党部在中山纪念堂设民众讲堂,邀请国民党官员发表反共演说。民国35年3月—6月,各县党部办理党籍登记,调查跨党分子,遏制"奸党"活动。民国36年1月,各县实行国民党与三青团合并,目的是"将党团统一改造,谋党之自救,以救国家,以新生力量,必能消灭共产党而不被共产党所消灭"。"当前本党之步调,均以剿灭共匪为目标"。是年,各县党部在各区分部建立通讯网,搜集共产党及其游击队情报。武宣县党部书记长亲自带队下乡,充实情报网,扩编地方武装,实施"剿匪"总体战规划,配合保安团队,烧毁村庄,杀害7名游击队员。民国37年,迁江县党部反共救国委员会。组织县自卫队、警察队配合驻县国军,多次到良塘、七洞等乡围剿游击队;翌年7月,组织300余名武装人员包围在良塘乡来国村宿营的粤桂边区人民解放军迁江独立大队,杀害游击队员3人。国民党象县党部、县政府、县参议会积极制订组织实施,"象县戡乱建国、肃清共产党游击队"计划。民国末年(1949年1月1

日至9月30日止)5月,各县党部成立反共宣传委员会,召开反共大会。7月,来宾、迁江两县由县党部主持,成立反共宣传委员会。同年8月初,来宾、迁江两县县党部主持召开各界反共运动大会。同时,在中等学校成立宣传队,用文字、口头等形式诬蔑共产党。并组织调查网(或称通讯网),配备忠诚的国民党员为秘密通讯员。在共产党地下游击队活动活跃的三五、南泗等乡,配备通讯员1~3人,其他1乡或2乡配1人。通讯员的任务主要是搜集情报,防止共产党在境内活动。在此期间,有分界乡通讯员两次向监委会报告游击队活动情况。10—11月,象州县党部书记长李来成及县长周祖贵出面组织民众大会,开展反共宣传,并印发反共宣传提纲。同年11月,各县党部成立反共总体战督导组,督导政府实施"一甲一兵一枪",肃清共产党游击队,清壁空野,征兵征粮等反共总体战各项任务。

第二章　民主党派

2002年前境域只有民主党派成员而没有民主党派组织,民主党派成员除忻城县支部9名成员属民盟广西区委员会直管外,其余都是参加各民主党派柳州市组织,并参加柳州市开展的党派活动。2002年底建市时,来宾市所辖机关、企事业单位在7个民主党派中共有成员92人。其中民革10人、民盟61人、民建1人、民进无、农工民主党6人、致公党5人、九三学社9人。2005年,来宾市共有6个民主党派基层组织,5个总支部委员会,1个基层委员会,19个支部(支社)。

至2002年末,所辖各县(市、区)的民主党派成员甚少,民盟各支部按照隶属关系参加有关委员会活动,其他民主党派成员参加所在支部活动。

2004年后,来宾市各民主党派在参政议政、民主监督、促进全市经济建设和社会全面发展方面,发挥了积极作用。在参与市政府工作报告(草案)、"十一五"规划(草案)的修改中,提出许多有价值的意见和建议;在参与人大、政协的会议上,针对全市经济社会发展共提交提案170多件,内容涉及全市经济和社会发展的各个方面。

民　革

组织机构　2004年12月23日,中国国民党革命委员会来宾市总支部成立大会召开。会议选举产生中国国民党革命委员会来宾市第一届总支部委员,韦荣庆为总支主委。总支下辖2个支部,来宾支部、来宾市地质勘察设计院支部。

主要活动　民革总支围绕市委、市人民政府工作部署,认真履行和发挥参政党的职能作用。2005年,提交7件提案,举办民革、台联、无党派人士拥护反分裂国家法座谈会1次。在开展"四个一"活动中,民革总支捐给仁义村4吨水泥进行房子维修,为金秀三角乡小学筹集资金2万元用于解决办学条件,为忻城县古蓬中学送去价值3000元的体育器材,联系港商捐给合山市古楼村委夜校价值3000元的桌椅、捐给武宣金鸡小学和合山仁义小学书包1000个。

2004年12月22日,民革来宾市总支成立大会

民　盟

组织机构　中国民主同盟来宾市总支部原为柳州地区总支部,2004年成立来宾市总支部后,下辖柳州师专支部、地区民族师范支部、地区民族高中支部、地区歌舞团支部、来宾市科技支部、来宾市文教支部、忻城县支部,共有盟员91人。成员主要分布在各大中专院校,多为高学历、高职称的知识分子。其中,安排为各级人大代表3人,各级政协委员6人。

2004年11月12日,召开中国民主同盟来宾市第一次盟员大会,成立民盟来宾市总支部委员会。大会选举产生民盟来宾市第一届总支部委员会,张雪玲为总支主委。总支下辖市歌舞团支部、市科技支部、柳州师专支部、柳州地区师范支部、柳州地区民族高中支部和忻城支部。同年12月中旬,中国民主同盟来宾市总支委员会在柳州市举行第一次全委会,主要议题是进行委员分工,并研究组织建设和参政议政问题。

主要活动　1953 年，中国民主同盟盟员 1 人到忻城中学任教师，后来盟员增加到 3 人。1990 年民盟忻城小组盟员增至 10 人。忻城县民盟小组被民盟广西区委评为社会办学先进单位。盟员韦天康先后参加盟中央在天津、广州、西双版纳、北戴河等地召开的社会办学经验交流会，并在会上作经验介绍。1993 年 2 月成立民盟忻城支部后，与中共忻城县高中支部合作，先后办 7 届高、初中毕业生文化补习班，成绩显著。从 2003—2005 年，每年把民盟支部活动经费纳入财政预算，支部盟员对忻城县经济社会发展积极建言献策，每年所写提案得到党委政府的认可。2005 年，民盟在市政协会上提交提案 5 件，总支主委张雪玲分别就《科教兴市教育为本》《优化教育资源配置，加快来宾市城区学校建设》《教育公平是构建和谐社会的基石》等作大会发言，获得好评。4 月下旬组织部分盟员专家到忻城县中和忻城高中进行高考备考教学指导活动，使这两所中学当年高考取得历史上最好成绩。民盟总支组织盟员 21 人到合山市河里乡开展捐资助学活动，为河里乡仁义村小学师生送上 850 元慰问金及价值 1300 元的体育用品、学习文具一批，为河里乡初级中学现场筹资 5000 多元。盟员还为面临毕业的初三学生上心理健康教育课。

民　建

民建已筹备成立支部，夏洪峰为支部筹备小组负责人，因各方面条件未成熟，因此没有召开会议进行选举，2004 年有会员 2 人。其中，安排为市政协委员 1 人。

民主促进会

组织机构　2004 年 12 月 7 日，中国民主促进会来宾市支部成立大会召开，选举凌尔健为支部主委。总支下辖 2 个支部：机关支部，教育支部，共有成员 44 人。其中，安排为各级人大代表 1 人，各级政协委员 7 人。

2004 年 12 月，民进来宾支部成立大会

主要活动　2005 年，参加政协会议，履行参政议政职能，开展组织建设发展会员活动。民进总支组织机关支部会员到来宾市兴宾区良江镇开展卫生、林业、环保、蔗糖等科技服务活动。教育支部组织会员到来宾市兴宾区三五中学给毕业班上复习指导课，同时资助 3 名学习成绩优异的贫困生。总支会同香港国际狮子会到武宣县黄茆乡上额小学开展助学活动，捐赠 500 个书包（价值 1.5 万元），现金 3000 元；会同港澳委员董伟梁资助金秀三角乡文化室 15000 元，资助象州县贯村幼儿园 3000 元。农工党总支组织两个支部的内、外科 8 名医生和 2 名护理师到合山市河里乡开展送医送药下乡义诊活动，义务发放药品 3000 多元、资料 5000 多份，使 1000 多名群众受益。

农工党

组织机构　2004 年 6 月初，农工民主党广西区委统一安排各基层支部换届选举，来宾市疾病防治中心的农工民主党支部（即原柳州地区防疫站支部）已完成换届选举工作。原农工民主党柳州地区防疫站支部改为农工民主党广西区委会直属来宾支部，陈彪为支部主委，有党员 12 人。2005 年 6 月，成立农工民主党来宾市总支部，陈彪任总支部主委。至年底，农工民主党来宾市总支部下辖综合支部、疾控支部 2 个支部，共有成员 41 人。成员以医疗卫生界的医务人员为主。其中，安排为各级人大代表 1 人，各级政协委员 4 人。

主要活动　2005 年，参加政协会议，认真履行参政议政职能。开展组织建设，积极发展新党员，重点吸收高学历、高素质、高层次人才。充分发挥党派医卫界别优势，做好社会服务工作，深入基层开展送医送药等义诊活动。

致公党

组织机构　2004 年 12 月 23 日，中国致公党来宾市支部委员会成立。会议选举温维祥为支部主委。致公党来宾市支部委员会共有党员 10 人。成员主要分布在市直机关事业单位和华侨农场。其中，安排为各级人大代表 1 人。

主要活动　2005 年，对支部党员的学习和开展

2004年12月23日，致公党来宾市支部成立大会

政治交接实践活动进行部署，采取支部为活动单位开展学习。组织党员深入学习《中共中央关于进一步加强中国共产党领导的多党合作和政治协商制度建设的意见》（中发〔2005〕5号）文件，学习胡锦涛总书记在全国统战工作会议上的讲话和"七一"讲话，同时结合侨情、台情等新情况，组织学习《关于加强新形势下侨务工作的意见》和《反分裂国家法》。配合市外侨办、市侨联进行侨法宣传。积极争取致公党广西区委到来宾华侨农场中学开展助学活动，捐资4400元扶持11名困难学生。经邀请，致公党广西区委、广西区侨联组织广西医科大学的教授和区内医学专家组到来宾华侨农场开展义诊活动，专家们为侨民义诊和提供健康咨询300多人次，发放药品价值3500多元。联系香港爱心人士苏金碧捐助28万元给金秀长垌中心校建设金碧侨心教学楼1栋。联系马来西亚侨商苏先生为金秀长垌乡中心小学捐资3万元，给贫困学生捐衣服475套。

九三学社

组织机构 九三学社来宾市支社的前身为九三学社区直来宾支社，成立于2003年10月。2004年10月25日，九三学社来宾市支社成立大会召开。会议选举韦文智为九三学社来宾支社主委。九三学社来宾市支社成立时，全市社员人数为9人，至2005年底，九三学社来宾市支社共有成员32人，其中：安排为各级人大代表1人，各级政协委员4人。

主要活动 九三学社来宾市支社自2004年成立以来，围绕中共来宾市委、市政府中心工作，发挥专业优势，为来宾市经济社会发展积极建言献策。重视加强队伍思想建设。积极开展赈灾、扶贫、助学、助残等社会公益活动，通过争取九三学社广西区委和社会爱心人士的支持，为金秀、象州、合山等地农村和学校联系到救灾、助学助残捐款捐物价值共计92.33万元。

2005年，九三学社来宾市基层委员会协同九三学社广西区委副主席和社区委机关部分人员、广西农科院支社社员到金秀开展"送文化下乡"活动。邀请九三学社广西区委、南宁南国妇科医院专家到来宾市卫校附属医院开展"关爱妇女儿童健康"联合义诊活动，免费为患者诊病，免费发放价值1200元的家庭医疗保健箱、价值5000元的药品和健康保健资料1000本，义诊560人次。与海外爱心人士在兴宾区迎宾广场为来宾的残疾人员慈善捐赠50辆轮椅（价值2万元）。九三学社多方联系引进资金19.9万元，开展捐资救灾扶贫助学活动。

第三章　社会团体

第一节　工　会

境内工会组织在清时就已有，宣统三年(1911年)，迁江县成立苦力工会，为境内第一个工会组织。民国时期，境内工会组织不断发展，会员增加。

中华人民共和国成立后，境内各县相继成立县总工会，基层工会组织逐步建立健全，各行各业建立工会组织，会员发展迅速。1966—1976年"文化大革命"期间，工会工作中断。1978年中共十一届三中全会后，工会工作和其他行业一样得到恢复和发展。1990年，来宾县建立基层工会184个，职工之家112个，有职工20229人，发展工会会员16326人（女4665人），占职工总数80.7%。1997年，境域各县（市）始在乡镇建立乡镇工会工作委员会。2001年初，境域各县（市）委成立新建企业组建工会工作领导小组，县（市）乡镇企业、私营企业、外商投资企业先后组建工会组织。2002年底，来宾市有基层工会组织995个，会员85325人。与1990年相比，基层工会数增长39.9%，工会会员数增长76.7%。2005年，来宾市把工会组织建设和会员发展当作工会的首要任务来抓，市县两级总工会均成立相应的工作领导机构。当年全市共发展会员7375人，增长8.2%，组建工会126家，增长10.8%，均超额完成自治区总工会下达的目标任务。年末，来宾市总工会辖6个县（市、区）总工会和89个市直基层工会。全市基层工会组织1331家，会员97773人。

工会组织

县级组织　宣统三年（1911年），迁江县成立苦力工会。迁江圩有经营食盐铺面20余家，运输以船运为主，工人主要从事航运装卸劳作。民国30年（1941年），来宾大湾亦成立同类苦力工会，有会员800余人，设董事长1人，董事7人，会计、出纳员各1人。会员分为13个组，每组设组长1人。民国35年，象县有苦力工会1个，会员162人。民国36年，来宾、迁江两县成立县总工会。民国37年，来宾有工会1个，会员360人，其中男223人，女137人；迁江4个，有团体会员3个，个人会员1153人，其中男1139人，女14人。迁江团体会员中，包括产业（煤矿）工会1个，个人会员1085人，职业工会1个，个人会员30人，民船职员工会1个，会员38人。同年，两县另有“自由职业团体”、教育会计29个（迁江14个），个体会员1149人（迁江505人）。民国36年8月，合山煤矿股份有限公司工会委员会成立。民国37年，象州县有缝纫、渡艇、苦力工会，会员共248人。民国末年（1949年1月1日至9月30日止）8月，合山煤矿公司成立，除公司经理作为企业代表不参加外，其余员工一律为工会会员。

1950年，境内各县相继成立工会组织。同年2月，合山煤矿公司工会筹备委员会成立，3月7日，合山煤矿公司召开第一次工人代表会议，成立中国煤矿工会合山矿区工会委员会。1950年初，象县重新组织苦力工会，有会员100多人。同年春，武宣县工会筹备委员会成立。接着在城厢小学、建筑、搬运、商店、水上运输、油榨等行业发展会员，成立有5个基层工会。同年4月1日，忻城县工会成立，未配备专职干部。5月1日，来宾县工会成立，并选举王金才（县委组织部长）为工会委员会主任（兼），无基层组织。1951年5月，来宾县召开工人代表会，成立来宾县总工会，辖基层工会3个。有会员119人（其中女14人），占职工总数的52.4%。同年11月，象县工会筹备委员会成立，设财务、青工、组织、宣传、女工等5名委员。在城厢、石龙、罗秀等地建立基层工会，象县成立教育工会。1952年2月，北泗区工会北泗区相继建立有供销、粮食以及教育等基层工会组织。9月，武宣、象县合并为石龙县，石龙县工人联合会随之设立。是年，全县有会员1533名。1953年6月，忻城县工会改称县工会联合会。同年8月20日，忻城县工会县教育工会成立。同月，来宾县总工会改称来宾县工会联合会。同年9月，武宣在县城南楼召开工人代表会议，正式成立了武宣县工人联合会。1954年4月12日，石龙县召开首届工会会员代表大会，选举产生县工会委员，正式成立石龙县工会联合会。在工交、财贸、教育、农业等系统建立基层工会委员会55个，组织员单位22个，共有会员1829人。1954年，境内有基层工会组织134个，会员3241人。忻城县基层工会组织向邮电、建筑、财政金融等部门发展，忻城县共有基层工会31个，会员491人，占职工人数52.7%。1956年10月、1957年5月、1960年5月，石龙县召开了第二、三、四届工会代表会。1958年1月，金秀总工会成立。1958年9月，忻城县工会联合会改称县总工会，12月撤销。同年11月，来宾县工会联合会复称来宾县总工会。1959年4月，来宾县总工会干部全部被调离后自行解体。1960年4月，来宾县恢复工会组织。1960年后，金秀增加水利和林业系统工会组织。1962年4月，象州县总工会成立。成立武宣县总工会，配专职干部5人。1963年11月，象州县第一届工会会员代表会召开，选举产生象州县总工会首届委员会成员。当年有基层工会委员会66个，会员2286人。随着各项事业的发展，职工人数增多，工会组织不断扩大。武宣在县城召开工会代表大会，选举产生武宣县总工会第五届委员会（按石龙县届次）。同年12月，忻城县召开第三次工会会员代表大会，选举县总工会第三届委员，工会组织并入党委部门作为工人群众组织。

1967年1月，受“文化大革命”冲击，境内各县工会组织机构瘫痪，活动停止，由职代会取代之。1968年3月，来宾县工会并入文化馆。同年合山矿务局成立“工代会”，代替矿区工会委员会，撤销工会机构。1973年，境内工会活动恢复，各县相继召开会员代表大会，选举产生各县总工会委员会。6月，合山矿务局撤销工代会，恢复各级工会组织机构。局工会设办公室、宣传部、生产劳保和女工部。8月，建立合山电厂工会组织。11月，武宣召开第六次工会代表大会，武宣县总工会得到恢复。忻城县工会第四次会员代表大会召开后，工会组织始得恢复。来宾县恢复工会组织活动，当年有基层工会22个。北泗区工会有分会6个，小组11个，会员231人，占职工总人数的66.2%。1975年4月，合山电厂召开厂工会全体会员大会，选举产生第一届委员会，设主席1人，副主席2人，委员8人。1978年，金秀恢复建立科技、文化、教育、卫生战线的基层工会。总工会成立后，共召开过6次工会会员代表大会，选举产生各届工会委员会。1979年4月、1985年10月、1989年5月武宣县分别召开第七、八、九次工会代表大会。1982年11月，建立合山市总工会，设副主席1人，干事1人。1983年，合山矿务局工会配备干部职工共33人，其中：主席1人，副主席2人，办公室主任和正副部长共4人，干事8人，其他工作人员18人。1984年，来宾县有基层工会126个，会员11469人，占职工总数的67.87%。1986年9月12日，新《工会法》公布后，开始在党政机关、社会团体中建立工会组织。1987年2月，合山市召开第一次会员代表大会，选举产生第一届委员会，设主席1人，副主席1人，委员15人。1987年后，合山市总工会设文化宫、宣教部、秘书组织部、财务部、女工部。文化宫设主任1人，其他各部设部长1人。

1989年9月，忻城县教育工会恢复，83个中小学校成立基层工会。县直党政机关和部分乡镇党政机关中相继成立工会组织。1990年，来宾县有职工20229人，发展工会会员16326人(女4665人)，占职工总数80.7%，建立基层工会184个，职工之家112个。武宣全县有111个基层工会，其中农林水系统3个，工交系统15个，商业系统31个，教育系统32人，卫生系统5个，金融系统5个，科技战线1个，党政机关19个，共有会员6314名。忻城县基层工会组织发展到125个，工会会员7777人。合山市各行业基层工会71个，委员2481人，占职工总人数的90.1%。合山电厂工会下设分会16个，167个小组，会员2239人，占全厂职工总人数88.8%。合山矿务局设矿区基层工会15个，工区车间工会116个，小组715个，会员14488人，占矿务局职工总人数的85.82%。象州县有基层工会委员会120个，会员7347人。

1997年，境内各县开始在乡镇建立乡镇工会工作委员会。来宾县总工会在全县24个乡(镇)建立了“乡(镇)工会工作委员会”。按照《中华人民共和国工会法》和《中国工会章程》规定，2001年初，境内各县(市)委成立新建企业组建工会工作领导小组，县(市)乡镇企业、私营企业、外商投资企业先后组建工会组织。3月，来宾县在乡镇企业、私营企业、外商投资企业共组建工会44家，职工829人，会员745人。全县共有基层工会168个，职工212238人，会员11765人。合山市有基层工会71个，会员2481人。

2002年，来宾市有基层工会组织995个，会员85325人。与1990年相比，基层工会数增长39.9%，工会会员数增长76.7%。

来宾市总工会 2003年4月，来宾市总工会正式成立并召开市工会第一次代表大会。此后，来宾市总工会基层组织变动较大。是年，市直属党政机关、事业单位103个，建立健全工会组织99个，组建率达95%，其中市直机关新增工会组织40家，接收兴宾区上划的企事业单位22个，职工6426人；还理顺了广西康密劳铁合金有限公司工会的管理体制问题，接收会员800人。年末，全市基层工会组织1094个，会员85995人。2003年末市总工会在职干部职工11人。

2004年，来宾市重点开展非公有制企业工会组建工作。全市新增工会组织111个，增加会员4403人，全市100人以上的非公有制企业31家，建职代会26家，建制率83%。年末，全市基层工会组织1205个，会员90398人。

2005年，来宾市把工会组织建设和会员发展当作工会的首要任务来抓，市县两级总工会均成立相应的工作领导机构。当年全市共发展会员7375人，增长8.2%，组建工会126家，增长10.8%，均超额完成自治区总工会下达的目标任务。年末，来宾市总工会辖6个县(市、区)总工会和89个市直基层工会。全市基层工会组织1331家，会员97773人。兴宾区组建工会覆盖面增加到各大小超市、民营企业，基层工会数增加到237个，会员21167人。武宣县基层工会组织发展到220个，职工人数为12630人，会员11808人。合山市有基层工会组织194个，工会会员6506人，其中女会员2340人。有基层经费审查委员194个，女工部80个，乡镇工会工作委员3家，村级工会10个，会员485人。建设“职工之家”31个。2005年末市总工会编制12名，在职13人。

市总工会主席：卢运逸(2003年3月—2005年12月)。

代表大会

县级代表大会 1950年5月—1987年12月，来宾县共召开了9次工会会员代表大会，选举产生了9届委员会。1950年5月1日，来宾县各行业工人200余人聚集来宾县城成立来宾县工会，并选举王金才(中共县委组织部长)为工会委员会主任(兼)。时无基层组织。1951年5月，来宾县召开工人代表会,成立来宾县总工会,辖基层工会3个。有会员119人(其中女14人),占职工总数的52.4%。

1955年4月—1987年7月,忻城县先后召开7次工会联合会和总工会代表大会,选举各届工会领导人。1955年4月17日—20日,忻城县在县城召开第一次工会会员代表大会。出席代表27人。大会选举产生县工会联合会第一届委员会,委员9名,县委书记安隆兼任工会主席,另选出副主席2人。1957年12月14日—17日,忻城县在县城召开第二次工会会员代表大会。出席会议代表48人,列席代表7人。大会选举产生县工会联合会第二届委员会委员13人,候补委员3人。选举县委副书记焦生兼任工会主席,另选出副主席1人。1963年12月19日—21日,忻城县在县城召开第三次工会委员代表大会。出席代表60人。大会选举产生县总工会第三届委员会委员15人,选举县委组织部部长余子岑兼任工会主席,另选副主席1名。1968年3月忻城县成立县革命委员会,工会工作由县革委政工组群众工作小组统一包揽。1973年11月30日—12月1日,忻城县在县城召开第四次工会会员代表大会。出席代表151人,选举第四届委员会委员14人,其中常务委员7人,选举傅乃科任工会主席,另选副主席1人。1979年6月17日—19日,忻城县总工会第五次会员代表大会在县城召开。出席会议代表159人(工会会员达1942人)。大会选举产生县总工会第五届委员会委员21人,其中常务委员7人,选举王云程任工会主席。1983年11月21日—24日,忻城县在县城召开县总工会第六次会员代表大会,出席代表148人(代表4275名工会会员),特邀代表11人。大会以中国共产党第十二次代表大会精神为指针,学习中国工会第十次代表大会的文件,选举产生县工会第六届委员会委员21人,其中常务委员7人。选举莫恃修任工会主席。1985年4月莫恃修调职离任,调傅乃科任主席。1987年7月14日—17日,忻城县在县城召开县总工会第七次会员代表大会。出席代表151人(代表6200名工会会员)。大会听取和讨论傅乃科作《坚持四项基本原则,充分发挥工人阶级在两个文明建设和城乡改革中的作用,为振兴忻城而奋斗》的工作报告。大会选举产生第七届委员会委员17人,其中常委7人。选举傅乃科任工会主席。第二年傅乃科调职离任,主席空缺。1989年7月,忻城县召开县工会第七届全体委员会议,选举罗美兰(女)任工会主席,另选副主席1人。

1992年3月30日,来宾县召开第10次工会会员代表大会,出席会议代表241人,选举结果委员会主席樊国全,委员副主席梁华、叶德刚。7月,忻城县召开工会第八次代表大会,选举产生忻城县工会第八届委员会。10月5日—6日,武宣县总工会第十次代表大会在县城召开。出席大会代表170人,实到会代表147人,大会选举产生武宣县总工会第十届委员会委员、常务委员。马万科当选为主席、杨凤群(女)当选为副主席。1993年5月7日—8日,合山市召开工会会员代表大会第二次会议,出席代表89名,会议的主要内容:听取和审议合山市总工会第一届委员会工作报告和财务工作报告。选举产生合山市总工会第二届委员会委员17名、常务委员7名、主席1名、副主席2名。

1997年12月3日,来宾县召开第11次工会会员代表大会,出席会议代表251人,选举结果委员会主席樊国全、委员会副主席梁华、韦振康。12月24日—26日,武宣县总工会第十一次代表大会在县城召开,出席大会的代表169人,其中女代表57名,占代表总数的33.7%;工会工作者92名,占代表总数54.4%;先进模范人物31名,占代表总数的18.3%;科研管理人员5名,占代表总数的2.9%;非党代表26名,占代表总数的15.4%;归侨代表2名,占代表总数的1.2%。大会审议通过县总工会第十届委员会的工作报告、县总工会第十届委员会的财务工作报告、第十届经费审查委员会的工作报告,选举产生县总工会第十一届委员会委员和经费审查委员会委员。杨凤群(女)当选为主席,韦家玲当选为副主席。1998年1月8日—9日,召开合山市工会会员代表大会第三次会议,出席代表102人。大会议题:听取、审议并通过市总会第二届委员会工作报告和财务工作报告。选举产生市总工会第三届委员会委员17名;经费审查委员会委员5名;主席、副主席各1名。5月,忻城县召开工会第九次代表大会,选举产生忻城县工会第八届委员会。

2003年6月,忻城县召开工会第十次代表大会,选举产生忻城县工会第十届委员会。12月8日—9日,武宣县总工会第十二次代表大会在县城召开,出席大会的代表163人,其中工会工作者和工会积极分子92名,占代表总数的56.4%;生产一线工人15名,占代表总数的9.2%;先进模范人物30名,占代表总数的18.4%;女代表63名,占代表总数的38.7%;知识分子、科技人员代表65名,占代表总数的39.9%;少数民族和归侨代表108名,占代表总数的66.3%。大会审议通过县总工会第十一届委员会的工作报告、县总工会第十一届委员会的财务工作报告和第十一届经费审查委员会的工作报告，选举产生县总工会第十二届委员会委员19名和经费审查委员会委员。赵素娟（女）当选为主席，黄尚模当选为副主席。

2005年1月12日—13日，召开合山市工会会员代表大会第四次会议，出席代表124人。会议主要内容：一、传达贯彻中华全国十四大会议精神；二、听取和审议市总工会第三届委员会工作报告。报告简要回顾市总会第二届委员会工作情况，提出今后工作的主要任务；三、选举产生合山市总工会第四届委员会委员17名；经费审查委员会委员5名；主席、副主席各1名。6月30日，兴宾区召开第1次工会代表大会，出席会议代表人，选举产生工会委员会，工会委员会主席黄洪焕，委员会副主席韦振康、韦焕新。

来宾市工会代表大会 2003年4月23日—24日，来宾市工会第一次会员代表大会在来宾市举行。参加会议的代表团7个，代表人数210人。来宾市人大常委会副主任、来宾市总工会筹备工作小组组长卢运逸代表筹备组作题为《全面贯彻"三个代表"重要思想，与时俱进，团结奋斗，努力开创来宾市工会工作的新局面》的工作报告。会议审议通过筹备组的《工作报告》，选举产生来宾市总工会第一届委员会和经费审查委员会，卢运逸当选为来宾市总工会主席，王秀娟、兰焕材当选为副主席，潘桂安当选来宾市总工会经费审查委员会主任。

学习宣传工会法

2003—2005年，来宾市各级工会通过分散学、集中学、报告会、座谈会、黑板报、墙报、戏剧等形式，在职工中广泛开展学习、宣传、贯彻《中华人民共和国工会法》活动。

1991—1995年象州县组织职工写学习工会法心得体会195篇，参加工会法知识竞赛4000名。1996—2000年举办"两员"（劳动争议调解员、劳动法律监督员）培训班，参加培训的单位60多个70多人次。2001—2005年举办工会法专题学习培训班1期，培训乡镇领导、基层工会主席135人（次）。用广播、电视作宣传工会法，共征订发放工会法单行本2000本。

1991—1995年金秀瑶族自治县通过组织知识竞赛等形式和方法学习宣传工会法，参加知识竞赛活动的职工总数达98%以上。

政治思想教育

来宾市各级工会组织利用各种宣传阵地和举办学习班、召开会议、个别谈心等形式，采取正面教育、自我教育和启发、疏导的方法，广泛深入地在职工中开展政治教育工作。中华人民共和国成立初期至1956年，重点对职工进行阶级教育、中国共产党在过渡时期的总路线、总任务和第一个五年计划等的宣传教育。在全面开始社会主义建设时期，主要是向职工进行社会主义建设总路线教育和艰苦奋斗、勤俭建国、勤俭持家、勤俭办一切事业的教育。"文化大革命"中工会组织遭受破坏，1973年6月恢复后，思想政治教育活动主要是组织职工学习毛主席著作，建立工人阶级理论队伍，进行"批林整风"和在以阶级斗争为纲的错误路线指导下开展"评法批儒""反击右倾翻案风"。1978年中共十一届三中全会以来，重点对职工进行中国共产党的以经济建设为中心，坚持四项基本原则，坚持改革开放的基本路线教育；爱国主义、集体主义、社会主义教育；民主、法制、纪律和社会主义职业道德教育等。

技术培训

1980—1985年，境内参加各种技术短训班学习职工7400人次。1980—1990年，各级培训专职工会干部2100多人次，工会积极分子1900多人次。1990—1991年，各县（市）组织工会干部岗位培训320人次，系统学习《工会学》《劳动法学》《经济管理学》和《当代工运》等课程。1991—1993年，各级工会组织采取短期轮训方式，培训职工790人、工会积极分子1500余人。1993年，开办劳保人员培训班118期，训练基层劳保人员4180人。2002—2005年，来宾市培训各级工会干部4000余人次；举办女工培训班704期，培训女工4.28万人次。重点学习《中华人民共和国劳动法》《中华人民共和国妇女权益保障法》《女职工劳动保护规定》等法律法规。

2002—2005年，来宾市培训各级工会干部4000余人次；举办女工培训班704期，培训女工4.28万人次。重点学习《中华人民共和国劳动法》《中华人民共和国妇女权益保障法》《女职工劳动保护规定》等法律法规。

劳动竞赛

民国时期，合山煤矿选派工人参加全国工会竞赛委员会组织的工作竞赛，有13名采矿工、3名打石工获得优胜。

中华人民共和国成立后，境内各级工会组织根据中华全国总工会确定的各个时期的工作基本方针，围绕党在各个时期的中心任务，组织会员和广大职工开展各项劳动竞赛活动。

1955—1958年，境内各县工会开展以比出勤率、比完成任务、比安全生产、比劳动纪律、比节能降耗和比提出合理化建议为内容的循环红旗劳动大赛，提出合理化建议1778条，为国家节约开支1.8余元，合山矿务局有478人被评为矿功臣。

1959—1963年，境内各县工会开展以高质、高效、低耗、安全、团结为内容的比、学、赶、帮、超劳动竞赛，境内每年有58%以上的企业单位参赛。1960年，象州县1369个班组7953人参加以技术革新为中心内容的竞赛活动，提出技术革新建议2068条，采纳852条。1963年，来宾县农械厂工会发动职工开展技术革新。该厂工人在旱情严重的关键时刻仿制成功了高压水泵，给县内抗旱工作增添新的设备。1987年，工会发动基层企业单位开展"双增双节杯"活动，大挖企业增产潜力，提高经济效益，当年工业总产值完成计划的23.64%，比上年增产39.73%，可比产品总成本下降0.46%。1990年，来宾县造纸厂、迁江糖厂、县豆制品厂、县制药厂、县糖厂和县水泥厂参加全区百家企业竞赛活动。在竞赛中职工提出合理化建议130条，被采纳97条。工厂为此节约资金8万多元。

1963年，合山矿务局评出先进集体58个，标兵205人，先进生产者1077人；来宾县的韦奋志获全国劳动模范称号。

1964—1965年，境内工会组织开展以"工业学大庆"和"政治思想好、计划完成好、生产管理好、团结协作好、生活管理好"的五好企业竞赛活动。1976—1978年，境域各县(市)各厂矿企业单位在工业学大庆运动中，组织广大职工大搞革新挖潜，开展社会主义劳动竞赛，来宾县农械厂、合山煤矿、八一锰矿等厂矿企业单位大幅度超额完成年度生产计划任务。1979—1986年，境内工会开展增产节约，为"四化"立功活动，境域各县(市)共提出合理化建议1500条，被采用710条，创造价值25万多元。1987—1990年，开展"双增双节劳动竞赛"，全市每年有80%以上企事业单位参赛。1981年，来宾县工业总产值完成计划的123.64%，比上年增产39.73%，可比产品总成本下降0.46%。同年，象州县工交、商业、粮食、物资劳动竞赛等国营企业和供销社开展"双增双节"劳动竞赛，增收节支总额284万元。

1991—1999年，境域各级工会开展以"三杯"为主的多项劳动竞赛，围绕促进企业提高质量、增加品种、降低成本、保证安全和提高效益这个中心，组织企业单位和广大职工深入开展"经济效益杯""扭亏增盈杯""优质文明服务杯"和"百日安全生产无事故"等劳动竞赛。在职工中开展"合理化建议"劳动竞赛活动，开展技术革新、技术练兵活动，开展巾帼奉献双文明建功立业竞赛活动，开展"岗位创一流、班组创先进、企业创效益"活动。据不完全统计，9年来，参加劳动竞赛单位1200多家次，职工11.5万多人次，提出合理化建议1200多条，被采纳652条，实施327条，创经济效益200多万元；获先进集体(单位)称号2554个次，先进工作者(先进工作生产者)称号753人次，技术能手称号1169人次，2000年以后，各县市总工会不再组织企业开展厂际劳动竞赛，而组织企业开展群众性经济技术创新活动。

技术创新活动

2000年后，境内各级工会、职工技协组织广大职工技协会员开展以经济技术创新工程为内容的各种形式的群众性技术创新活动。2003年，来宾市总工会联合市经贸委、劳动和社会保障局、科技局在全市组织开展职工职业技能大赛。各县(市、区)、各直属企业参加选拔的职工有2431人。6月，全市进行车工、钳工、焊工3个工种决赛，来自全市11个单位共54名选手参加角逐，有5名选手被授予"来宾市技术能手"称号，并晋升为高级技工。电焊工选手黄纯玉获自治区决赛第三名，并代表广西参加全国比赛。当年，各行业工会还组织职工广泛开展岗位练兵、技术比赛、合理化建议和技术革新、发明创造等群众性经济技术创新活动。全市93家国有企业，除25家处于停产、半停产状态外，其余68家企业都组织职工开展了活动；有13家工业企业参加了全国"安康杯"竞赛。2004年，来宾市各级工会认真落实市委"工业立市"的指导思想，组织广大职工为建设新来宾建功立业，开展经济技术创新活动，受市总工会表彰的全市职工经济技术创新活动优秀成果13项、先进组织集体6个、经济技术创新标兵12名、优秀组织者7名。2005年，全市企事业单位中有2万多名职工参加群众性经济技术创新活动，提出合理化建议11259条，创经济效益2798万元。当年，在全市企事业单位中评选出"来宾市职工经济技术创新示范单位"10家，"来宾市职工经济技术示范窗"10

个,“来宾市职工优秀技术创新能手”10名,“来宾市职工优秀创新成果”10项,“来宾市职工技术创新活动优秀组织奖”10名。

劳动保护

1955年,合山煤矿按自治区总工会要求,建立劳动保护监察委员会。之后,市境各厂矿均按国家劳保条例建立起类似组织,工会小组设劳动保护监督检查员。1959年7月,劳动保护监察委员会对合山煤矿等企业单位的安全生产进行检查,机械事故有所下降,工伤事故上升。1963年,贯彻执行全国总工会修订的《基层工会和车间工会劳动保护委员会工作条例》和《工会小组劳动保护检查员工作条例》,企业劳保工作得到加强。

1966—1976年“文化大革命”时期,企业劳保工作被削弱。1980年后,企业劳保工作随着工会组织的恢复而逐步恢复,发动职工清污排废,做好防尘、防寒、降温工作,建设“花园”式厂区。1994年,境内各级工会加强对职业安全和工业卫生工作的参与和监督,加强对国家有关于劳动保护法规和全国总工会关于劳动保护三个条例的学习和宣传对职工进行劳动保护知识教育。1995年,境内各县(市)厂矿工会建立劳动保护监督检查委员会38个,车间工会建立劳动保护监督检查委员会135个,工会小组建立劳动保护监督检查员1182人,工会专职劳保干部35人。

2003年,全市工会劳动保护监督检查员、工会劳动保护监督检查委员会、工会小组劳动保护检查员三级网络建立,年末全市持工会劳动保护监督检查证人数占应持证人数的93%。来宾建市后,市总工会加大集体合同建制工作力度。2003年,市总工会加强工会维权机制的建设,继续加大集体合同和工资协商建制工作力度,强调劳资双方的权利和义务契约化。市总工会成立困难职工帮扶中心、职工维权中心、市法律援助中心工会工作站等维权机构,各企业工会成立劳动争议调解委员会。做好职工来信来访来电的接待工作,积极参加劳动争议的仲裁和调解。是年,全市工会劳动保护监督检查员、工会劳动保护监督检查委员会、工会小组劳动保护检查员三级网络建立,年末全市持工会劳动保护监督检查证人数占应持证人数的93%。

2005年来宾市各级工会组织从安全生产教育入手,加强职工劳动保护。6月13日,市总工会在迎宾广场开展“安全月”咨询活动,发放工会安全生产宣传资料2000份,为180多人次咨询安全生产问题。5月下旬,组织全市各级工会,对所属工会公共活动场所进行安全大检查,共查出事故隐患35起,其中25起立即整改,10起作出了整改方案。是年,全市应签集体合同的企业242家,已签集体合同240家,签订率为99.1%,其中公有制企业(含国有、集体及控股企业)162家,已签162家,签订率为100%;非公有制企业80家,已签78家,签订率为97.5%;工资集体协议应签订242家,已签订90家,签订率为37.1%。

民主管理与民主监督

1957—1959年,合山矿务局和八一锰矿先后建立职工代表大会制度,民主管理企业。1960—1965年,企事业单位民主管理与民主监督得到进一步加强。1966—1976年,受“文化大革命”冲击,企事业单位的民主管理与民主监督受削弱。1978年拨乱反正后,企事业单位的民主管理与民主监督得以恢复。此后至2005年,来宾市(地)总工会坚持推动企事业单位完善和发展以职(教)代会为基本形式的民主管理制度,促进厂(校)务公开和民主评议领导制度的建立健全,充分发挥职(教)代会的参与和监督作用,先后制定《坚持职代会制度的决定》《职代会实施细则》《关于加强职代会民主评议领导干部的实施方案》《关于全心全意依靠职工办企业的规定》等文件。企业每年召开职代会1~2次,企业的工作规划、方案、有关惩办法、福利、厂规、民主评议工作等均经职代会审议通过方可执行。1999年起,在境内国有企事业推行厂(校、院)务公开工作。2005年,全市国有及其控股企业81家,集体及其控股企业55家,科教文卫等公有制事业单位384家,均已建立工会组织、职代会制度、厂务公开制度,三项建制率均为100%;非公有制企事业单位127家,已建工会组织112家,建立职代会制度和厂务公开制度均为46家,两项建制率为41%。

权益维护

民国时期,一些企业资本家常借故扣工人工资,延长劳动时间,工会、工人多以请愿、罢工等形式,要求资本家补发被克扣的工资,缩短劳动时间,增加薪金。民国23年(1934年),合山煤矿连续5个月欠发工人薪金,200多名矿工罢工一天。民国24年10月,该矿工人为要求增薪亦举行过一次罢工。

中华人民共和国成立后,工人权益维护得到加强。1956年，在工商业社会主义改造阶段，各县工会配合县工商科与商业资方进行谈判，参加劳资协议会议，监督党的方针政策的执行和劳动保护、劳动保险、工资支付标准的兑现等。

20世纪60—70年代，境内各级工会组织职工权益维护重点是妥善解决好女职工的特殊权益问题，积极争取行政有关部门改进和扩建托儿所，建立哺乳室和卫生室，落实好“男女同工同酬”政策，对侵害女职工合法权益事件及调查和认真处理，解决好职工工作环境和住宿条件等。

1976—2005年，境内各级工会组织认真贯彻各个时期工会工作总体思路，突出维护职能。加大集体合同和工资协商建制工作的力度，使劳资双方的权利和义务契约化。加强工会维权机制的建设，2004年6月市总工会成立了困难职工帮扶中心、职工维权中心、市法律援助中心工会工作站等维权机构，各企业工会成立了劳动争议调解委员会。2004年中心共接待来信来访来电30件，涉及生活困难、子女上学困难、因重病致贫、集体上访问题，涉及职工2000多人次，涉及问题和事项，中心都妥善进行处理。2005年，全市共建企业劳动争议调解委员会240个，占应建数242个的99.1%；建立乡镇区域性劳动争议调解委68个，占全市乡镇数的100%。

集体合同签约

1995年，境内推进企业建立健全平等协商和签订集体合同制度，协助企业做好区域性、行业性集体合同签订工作，在所有企业重点是非公有制企业建立健全平等协商集体合同制度，督促集体合同到期的企业进行续签。2002年来宾建市后，市总工会加大了集体合同建制工作的力度，2005年，全市应签集体合同的企业242家，已签集体合同240家，签订率为99.1%，其中公有制企业（含国有、集体及控股企业）162家，已签162家，签订率为100%；非公有制企业80家，已签78家，签订率为97.5%；工资集体协议应签订242家，已签订90家，签订率为37.1%。

创建活动

创建“职工之家”　1983年10月23日，中国工会第十次全国代表大会通过的《中国工会章程》，要求把工会办成“职工之家”。1993年，合山矿务局里兰回采二区工会被全国总工会授予“全国模范职工之家”称号。2003年后，来宾市继续广泛开展创建合格职工之家活动。当年，广西恶滩水电厂工会、兴宾供电公司工会被自治区总工会评为“全区模范职工之家”；武宣公路局工会公路管理站分会、广西八一铁合金（集团）公司冶炼厂工会原料车间分会、广西合山电厂工会燃料部分会被自治区总工会评为“全区模范职工小家”；广西来宾电厂工会、广西合山电厂工会燃料部分会分别被全国总工会授予“全国模范职工之家”“全国模范职工小家”称号。2005年，兴宾区供电公司工会和大唐桂冠合山发电公司燃料部分会，分别被评为全国模范职工之爱和全国模范职工小家。

创建“十佳县”　自治区总工会决定，从1996年起至1998年末，在全区开展创广西工会工作十佳县（市）竞赛活动。境内6个县（市）总工会参加竞赛，武宣、来宾、象州3个县获“广西工会工作十佳县”称号。

创建“合格乡镇工会”　2003年，自治区总工会下发《关于在全区开展创建“合格乡（镇）工会”活动的通知》，要求各市总工会从2003年起，用3年左右的时间，使大部分乡镇工会基本做到组织体制和组织网络完善化、进行机制正常化、工作开展规范化、活动方式多样化。全面提高乡镇工会工作的整体水平。经过市、县、乡镇工会共同努力，至2004年，全市乡（镇）工会74个，建成合格乡（镇）工会67个，占90%。2004年，象州县寺村镇工会被自治区总工会评为全区模范乡（镇）工会。2005年，象州县罗秀镇、金秀瑶族自治县头排镇、兴宾区良塘乡、合山市河里乡等6个乡镇工会被来宾市总工会评为全市先进乡镇工会。

女职工素质提升

1954年，来宾县工会办业余学校3个，配备专职教员4人，兼职教员5人。借以扫除文盲，提高工人文化水平。计参加学习工人283名，其中女43名。1956—1957年，县俱乐部内设职工业余学校，以扫盲为主，兼设高小班、初中班、高中班，年均有学员300人左右。1958年停办。1963年复办。1970—1982年，学校以传授专业知识为主。1977年11月开办电工班。次年又开办英语班，学员71人。1982年，来宾县组织60人收看电视台举办的电工知识讲座。该校另与县妇联、妇保站联合举办保教人员轮训班，学员78人，还举办了法制短训班、理论学习班、美术班和文化、技术学习班等。

1989年忻城县工会设置女工部。

1982年后,武宣县总工会举办了职工业余夜校和文化补习班13期366人次,办音乐舞蹈学习班5期120人次,办健美学习班6期230人次。

1977年,金秀瑶族自治县总工会成立业余学习小组4个,有成员26人;举办各种技术学习班5期,124人参加学习。1979年,各基层工会组织办业余文化技术学校5所,有兼职教师9人,参加学习的达241人。同时还举办各种技术短训班,学习人数104人。

1973年合山矿务局建立有职工读书小组87个,1975年发展到117个,参加人数2204人。合山电厂1984年建立有政治、历史、地理、文学和科技4个读书小组,参加学习256人。1984—1985年举办各种知识竞赛6次,参加1300人次。

1991—1995年底,合山市共有13个企业,3140名职工参加竞赛活动,创经济效益3.80万元。1996年后,合山市总工会多次组织全市企业职工开展劳动竞赛活动。由市总工会制定竞赛实施方案,各企业的具体活动由基层工会分工负责。1998—2000年,评出17名企业职工为劳动模范。2003年,有1名女职工被自治区评为“巾帼建功”先进个人。

2002—2004年,来宾市总工会在全市女职工组织和女职工中开展素质达标活动,市、县、(市、区)两级总工会及市直基层女职工委员会制定出具体的实施方案,根据本地、本单位工作生产的需要及女职工个人的爱好、文化程度等实际情况,从政治思想、科学文化、业务技能和体能水平四个方面制定三年自我发展的目标。2003年,全市女职工组织223个。制定达标计划161个,制定面为72%:全市有女职工30703人,参加集体达标活动21498人,已达标女职工19342人,占女职工总数的63%。为了提高素质达标活动质量,市总工会组织12名女干部参加自治区总工会在柳州市举行的素质达标现场会,学习借鉴柳州市总工会及柳钢工会的先进经验。12月,举办1期“提高家庭婚姻质量”知识讲座,参加讲座的女职工干部骨干500多人。2004年,全市共有2.4万名女职工参加素质“自我达标”活动,达标率为91%。

2005年,市总工会在全市女职工中开展以安全生产知识、计算机网络、“女工技术操作竞赛”等为只要内容的“双工程”活动。全市参赛女职工2万多人,提出合理化建议216条,采纳123条。参加岗位练兵、技术比武女职工18026人,开展演讲比赛3次,参赛女职工136人,当年,评出“三八”业务技术能手16名、先进工作者682人,“五一巾帼标兵岗”10个、“五一巾帼标兵”20名,“女职工素质达标”先进集体20个、先进个人40名,文明家庭610户;获“全国女职工建功立业标兵岗”称号1个、“广西五一巾帼标兵”称号3名。

下岗失业人员再就业

从20世纪50年代起,来宾县工会发动会员组织互助储金会,解决职工临时性的困难。1960—1962年经济严重困难时期,来宾县工会组织职工养猪、种菜,借以改善生活,渡过难关。

2001—2005年,象州县举办摩托车驾驶与维修、电焊工、美容美发、厨艺、电脑等技术培训班5期,培训下岗失业人员357人(次)。

1991—2005年,武宣县总工会积极配合政府推进下岗职工和失业人员就业和再就业工程,举办和联办下岗职工技术培训班18期,培训人员697人次,为325名下岗职工、失业人员提供再就业信息服务,直接帮助116名下岗职工、失业人员实现再就业。

2002年,兴宾区区有114名领导干部与114户困难职工建立帮扶联系制度,使400名困难职工享受“低保”待遇。配合政府部门做好下岗职工和失业人员再就业工作,与劳动服务中心,联合举办下岗职工技术培训班27期,培训人员2326人(次),帮助1701名下岗职工、失业人员实现再就业。

2003年,来宾市各级工会组织多层次、多渠道、多形式地开展或协助开展下岗失业人员职业技术培训和职业介绍服务。市总工会合同中国平安保险公司来宾营业部举办2期保险业务、2期美容美发培训班,培训下岗失业人员共135人,武宣县总工会举办裁缝和电脑培训班,培训下岗失业人员112人;合山矿务局针对本局下岗失业人员多的特点,主动协助党政班子清退临时工和退休返聘人员,促使300名下岗职工实现再就业。当年,全市工会组织共举办各类就业和再就业培训班32期,培训下岗失业人员860名,为851下岗失业人员提供职业介绍服务,促进806名下岗失业人员实现再就业,完成自治区总工会下达的年促进再就业工作目标任务。2004年,来宾市各级工会组织举办或协助举办下岗失业人员提供培训班29期,培训下岗失业人员365名,为382名下岗失业人员提供职业介绍服务,帮助361名下岗失业人员实现再就业。2005年,来宾市总工会出台《各县(市、区)2005年工会促进再就业工作目标》文件,将促进再就业工作目标层层分解到基层,指导、督促、促进下岗失业人员再就业工作的有效开展。当年全市各级工会举办或协办下岗失业人员培训班25期，受训人员514人，为453名下岗失业人员提供职业介绍服务，促进303名下岗失业人员实现再就业。

“送温暖工程”

1995年，自治区总工会号召全区各级工会组织实施“送温暖工程”，境内各级工会组织和会员踊跃参与，年年开展，形成制度。2000年，各级工会履行帮扶特困职工“第一责任人”的职责，建立困难职工档案1076户，1802人，各级工会为困难职工送温暖、办实事1000多件(次)。2000年底，来宾县总工会“送温暖工程基层”达143223.99元。

2003年，全市各级工会筹集温暖慰问金185万元，慰问困难职工11474人，慰问困难劳模28人。“五一”前夕，市总工会领导会同市委、市政府领导分成三组看望慰问12名工作在一线的自治区级以上劳模和4名困难劳模。8月，市总工会在全市范围内开展捐资助学活动，共筹备资金20.93万元，帮助122名特困职工子女解决上学难问题。2004年，来宾市总工会克服办公场所紧张，资金匮乏的困难，多方筹资，因陋就简建立“来宾市困难职工帮扶中心”，并于6月29日正式启动。为困难职工开展了职业介绍、法律援助、生活救助等咨询、服务活动。还设立了职工法律服务热线电话。年内，市困难职工帮扶中心共接待来信来访来电30件，涉及生活困难、子女上学困难、因重病致困、集体上访问题，涉及职工2000多人次，涉及的事项和问题，中心都妥善进行处理。当年，全市各级工会组织共筹集送温暖慰问金155.8万元，慰问困难职工7655人、困难劳模32人。来宾市各总工会成立职工医疗互助保障工作领导小组。次年，市总工会下达《关于进一步推进职工医疗互助保障工作的通知》，各基层工会帮助患重大疾病的参保职工减轻医疗负担，解决更多的职工缓解因疾病带来的经济困难。

2005年，来宾市各级工会组织于元旦、春节、五一期间，配合党委、政府召开特困职工座谈会，筹措资金153.8万元对困难职工进行慰问。上述三个重大节日，市总工会领导带队对6个县(市、区)50个基层工会的124户困难职工、12名困难劳模、250名生产一线工人进行节日慰问，共送慰问金15.5万元。全市各级工会共慰问143个基层工会、困难职工8787户、困难劳模66名。此外，市总工会还在全市范围内广泛开展“金秋”助学活动，共筹措资金3.15万元，帮助53名特困职工子女解决上学难问题。市、县(市、区)总工会及合山矿务局等28家有困难的直属企业开展了领导联系困难职工户活动，对联系的困难职工户给予生活、子女入学、再就业等帮助，全市累计联系困难职工2048户。

文体活动

1953年石龙县总工会举办职工夜校，组织职工学习文化，当年参加学习职工313人。

1956年春，来宾县工人俱乐部成立，内设业余剧团、露天舞场、业余夜校、图书馆、阅览室等。1982年，建工人文化宫活动大楼1座，面积1000平方米。1988年新建工人影剧院1座，面积600平方米，总投资176.6万元。1980—1990年，来宾县共组织(含与有关单位联办)文体比赛64次，参加人数2万余人。

1964年象州县各基层工会建立俱乐部、文化室、图书阅览室、电视室，组织篮球、排球、乒乓球队，业余时间开展体育活动，节日举行体育比赛。1983年各基层单位举行体育比赛39次，参加人数464人。1985年开始建“职工之家”，至1986年建立“职工之家”75个。1990年增至120个，共藏书7113册，组织业余球队99个，900余人。

1985年，武宣县开始创办“职工之家”。县工会兴建了一幢3层楼、面积1220平方米的工人文化宫，内设图书阅览室、录像投影室、桌球室、象棋麻将室、舞厅、茶座室等，开放后，平均每晚有300人左右参加活动。

1991—2005年每年的五一国际劳动节期间，忻城县总工会都举办积极健康向上、内容丰富多彩的职工文体活动，活动的主要内容有全县干部职工篮球、气排球、乒乓球、羽毛球、象棋、拔河等赛事项目。每年赛事有50场(次)，参加活动的职工有550人(次)。

1982年金秀瑶族自治县总工会建成活动中心大楼1座，面积630平方米，设有棋类室、离退休老人娱乐室、阅览室、电视室、教室、文艺活动室、商店。1988—2005年，金秀瑶族自治县共有先进职工之家8个，合格职工之家30个，其中省级模范职工之(小)家2个、地(市)级先进职工之家3个。县级先进职工之家4个。

1985年以来合山市总工会普遍开展各种球类、棋类、田径等比赛。有的单位还组织音乐舞会和游园晚会。市直机关单位还组织有业余篮球队17个，共201人。1990年11月，合山电厂组织80人的音乐合唱队，参加自治区电力局举办的创业歌咏比赛，获创作二等奖。

2003年来宾市各企业工会组织职工开展岗位练兵、技术比赛、技术革新、发明创造等群众经济性活动，68家企业组织职工开展活动，占总数73%，13家企业参加全国"安康杯"竞赛。

2004年4月，来宾市总工会开展"创学习型组织，做知识型职工"知识竞赛活动，有5000多名职工参加。以该活动为载体，全市各级工会组织开展"广场文化"活动15次。

2005年，全市各级工会组织开展"广场文化"活动81场次，其中市总工会组织的"先锋杯"歌曲大赛、庆"五一"拔河赛、全市职工乒乓球赛影响较大。

第二节　青年组织

组织机构

革命青年社　民国15年(1926年)夏，象州、来宾等县成立革命青年社，社员800多人。

三青团县团部　民国30—36年(1941—1947年)，武宣、来宾、忻城等县先后建立三民主义青年团县团部(简称三青团)。民国末年(1949年1月1日至9月30日止)，三青团与国民党合并。

三民主义青年团　民国36年(1947年)7月，成立中国三民主义青年团(简称三青团)来宾县筹备室，不久改称筹备处。办公地点先在城厢小学，后移洪圣宫。筹备处设主任、办事员、录事、工友各1人。主要任务是发展团员、出版壁报等。曾于县城学校发展团员18人。多次出壁报用文章和漫画攻击、诬蔑共产党等。民国36年9月，国民党第六届四中全会通过三青团并入国民党方案。11月1日，两县三青团并入国民党。

民主青年互助会　1949年春末，肖雷和甘化民在大湾成立"民主青年互助会"，会员数十人。该会印刷和散发传单，宣传中共的方针、政策，揭露国民党的反动面目，掩护地下工作人员，传递情报，进行工作联络，并发动青年参加柳来象边区游击队，为游击队筹款买枪或借枪，支援游击战争等。来宾县境解放之际，该会活动终止。

共产主义青年团　1928年，在修仁县第一小学任教师的欧崇武(桂林市第二师范学生、中国共产主义青年团团员)，发展学生黄普仁(七建乡人)加入中国共产主义青年团组织。黄成为今金秀瑶族自治县境内第一个共青团员。1949年7月，中共桂中地工委派武怀良到武宣中学发展21名学生入团后，建立青年团武宣中学支部。1949年7月，在三江乡一带开展地下革命活动的中共党员刘大春，在社会和学校教师中发展廖李芳、李善明、肖耀忠、张杰、李奇青等人加入中国新民主主义青年团(前身为共产主义青年团)，并成立青年团三江支部。

1950年1月，各县相继成立青年团县委会。1950年4月，成立中国新民主主义青年团忻城县工作委员会。1950年南下干部、青年团员吴周南到忻城县中学任教导主任，当年吸收8名学生入团。成立中国新民主主义青年团象县工作委员会。5月，成立中国新民主主义青年团来宾县工作委员会，下辖9个团区工委。1950年3月，北泗乡成立中国新民主主义青年团支部北泗街团支部，为北泗区的第一个青年团基层组织。1951年4月，象县内开始分期分批进行土地改革，土改的区、乡，先后建立团区工委和团支部。当年上半年，发展团员94人。1951年，忻城县土地改革运动中全县发展团员到400人。1951年秋，中国新民主主义青年团武宣县委员会成立，内设组织、宣传、学校工作3个部。1952年9月，成立中国新民主主义青年团石龙县工作委员会。1952年夏，武宣各区团委先后成立，配专职团干1人。9月，武宣、象县合并为石龙县后，团石龙县委随之成立。1952年6月有青年团员37人。1952年7月，成立中国新民主主义青年团北泗区委员会。区直属机关企事业单位也相继建立团支部。1952年11月，迁江5个团区委和贵县第四区团委并归团来宾县委。1953年，忻城县全县团员总数为1467人，基层团委11个，团支部105个。1953年2月石龙县有186个团支部，340个团小组，2501名团员。4月，召开青年团石龙县第一届代表大会，选举产生青年团石龙县第一届委员会成员。1953年2月武宣县有186个团支部、340个团小组、2501名团员。1953年3月，来宾县召开县第一次团员代表大会，正式成立中国新民主主义青年团来宾县委员会，下设组织、宣传和学校工作3个部。1953年4月成立新民主主义青年团大瑶山瑶族自治区(县)工作委员会，在全县进步青年中发展青年团员，到年底有共青团员70名，建立基层乡镇团委、团支部各7个。1955年3月，在金秀召开区(县)第一次青年团员代表大会，选举产生团区(县)委领导成员，成立共青团县委。1956年忻城县团员总数6117人，基层团委9个，团总支2个，团支部132个。1957年6月，中国新民主主义青年团石龙县工作委员会改称中国共产主义青年团石龙县委员会。1957年8月20日中国新民主主义青年团忻城县工作委员会改称为中国共产主义青年团忻城县委员会。

1957年5月，中国新民主主义青年团改称中国共产主义青年团。县团组织随之更名。1958年，金秀瑶族自治县所有公社(区)均成立共青团委员会，各大队(乡、村)成立团支部、总支。1962年4月，恢复武宣县建置后，团县委随之恢复。1962年4月，成立中国共产主义青年团象州县委员会，全县有基层团委10个，团总支40个，团支部180个，团员4000余人。1963年3月，召开武宣县第一届团代会，选举产生共青团武宣县第一届委员会委员。1964年，忻城县团员总数为5136人，基层团委10个，团总支1个，团支部153个。1966—1971年“文化大革命”期间，团组织活动中断。1971年，境内各县先后恢复公社团委，1972年，恢复县团委，至此各级团组织全面恢复。同时对各级团组织进行整顿，在青年中发展团员。1971年3月，武宣各公社团委先后恢复。1972年6月，武宣县召开第二届团代会，选举产生团县委第二届委员会委员。1971年9月，来宾县21个公社相继恢复团委会。1972年11月，来宾召开第七次团员代表大会，选举产生新一届团县委会。1971年3月—5月，象州县各公社相继成立团委。1972年3月，召开共青团象州县第二届代表大会，选举产生团县委成员。1972年底，金秀重新建立团支部85个，占应建数100%；有共青团员1784名。同时组建乡镇团委。1979年，来宾县有基层团委25个，团总支263个，团支部1819个，团员总数23205名。当年新发展团员2383名，办理离团手续4383名，有226名优秀团员加入中国共产党。1980年，忻城县团员总数增加至9905人，基层团委9个，团总支增加至119个，团支部542个。1982年5月建立中国共产主义青年团合山市委员会，配有负责人1名。1983年底，金秀有乡镇厂场学校共青团委10个，团总支部15个、支部155个，共青团员2417名。1984年，桐木、七建、头排、三江等乡镇划入金秀瑶族自治县，团组织和团员数大增。1985年象州全县有团员8187人。1987年团员总数10298人，基层团委增至14个，团总支67个，团支部331个。至1987年底，象州全县共青团组织，计有团县委1个、总支部50个、支部30个，青年团员4479名，占全县人口13.32%、青年人数12.7%。1987年底，共青团金秀瑶族自治县委有专职干部5人，其中书记1人、副书记2人；下设组织部、宣传部、学校部和办公室。全县各乡镇共有专职团干部7人。1990年，来宾县有团员34056名，基层团委41个，团总支341个，团支部1737个，当年新发展团员6401名，给5713人办理离团手续，有148名优团员加入党组织。合山市基层团委会8个，总支委员会39个，支部193人，共有共青团员2961人，占全市青年总人数14.74%。象州县有基层团委18个，团总支159个，团支部710个，团员11667人，其中学校团员5094人。学校团员占团员总数的比例由1953年的8.5%上升到43.3%，农村团员所占比例由78.8%下降到46.2%。1990年团员总数9817人，基层团委16个，团总支83个，团支部460个。

1998—2000年，共青团来宾县委员会共有800多名优秀团员青年被吸收入党。2001年，来宾县发展新团员3168名，其中农民团员858名，占27.08%。2002年12月，共青团来宾县委员会改称共青团来宾市兴宾区委员会(简称团区委，下同)。2005年共青团来宾市兴宾区委员会有行政编制5名，其中团委书记1人，副书记1人。内设团委办公室、组宣部、城乡工作部，团区委下设45个基层团委，724个团(总)支部，共有21045名团员。

1991—2002年共青团武宣县委员会设有行政编制5个，2002年机构改革后，编制数为4个，其中设书记1名，副书记1名，干部2名。

1991年武宣全县共有基层团委21个，1993年成立共青团武宣县糖厂委员会，基层团委数增加到22个。2003年武宣撤新龙乡，2005年武宣撤河马乡、马步乡，新龙、河马、马步等3个乡团委分别并入桐岭镇、东乡镇、武宣镇团委，基层团委共19个。2005年武宣锰锌矿公司解制，团委随着撤销。基层团委数为18个。

1991年，合山市全市有基层团委11个，团总支部7个，团支部149个，有共青团员2862人，占全市青年总数的31.8%。2005年，有基层团组织51个，其中，农村29个、社区2个、市直机关1个、学校12个、企业3个、“两新”组织4个。有共青团员4192人，其中女团员2556人，占60.9%；少数民族团员(含壮族)共3057人，占75.3%。合山市建立基层团委(含矿务局、电厂)8个，总支委员会39个，支部193个，有共青团员691人，占全市青年总数的14.74%。2004年，合山市全市(含矿务局、电厂)建立基层团委12个，总支团委40个，支部195个，有共青团员12800人。

1991年，忻城县全县基层团委20个，团总支部

123个,团支部258个,团员总数18164名。2005年,忻城县全县基层团委27个,其中乡(镇)团委12个,中学团委13个,企业团委1个,县直团委1个,团(总)支部193个,团员19789人。

共青团来宾市委员会 2002年9月28日,撤销柳州地区成立地级来宾市,同时,共青团来宾市第一届委员会筹备组成立。2003年3月27日—29日,共青团来宾市第一次代表大会召开,选举产生共青团来宾市第一届委员会,下设办公室、组织宣传部、城乡青年工作部,编制9名,在职9人。下辖兴宾区、武宣县、忻城县、象州县、合山市、金秀瑶族自治县6个县级团委。2002年12月,共青团来宾县委员会改称共青团来宾市兴宾区委员会。2005年增设华侨投资区团委(相当于县级团委)。年末,共青团来宾市委内设机构、人员编制不变。

共青团来宾市委员会书记:覃文松(2003年3月—2005年12月)。

来宾市青年联合会 2004年3月,来宾市青年联合会一届一次全委会在来宾召开,来宾市青年联合会正式成立。会上,来自全市各族各界的155名市青年联合会委员,听取审议来宾市青年联合会一届一次全会的工作报告;选举来宾市青年联合会第一届委员会常务委员(31人),选举来宾市青年联合会副主席6人,选举来宾市青年联合会主席、名誉主席各1人。大会通过《来宾市青年联合会章程》。2005年12月,召开市青年联合会一届二次常委(扩大)会议。增补15名委员、常委、副主席。增补委员中,有4位来自港澳地区。

来宾市青年企业家协会 2005年12月,来宾市青年企业家协会第一次会员代表大会召开,来宾市青年企业家协会正式成立。市一届青企协51名会员参加会议,平均年龄35岁左右,大会审议通过《来宾市青年企业家协会章程》,选举产生协会第一届理事会理事、常务理事、会长、副会长、秘书长等。

代表大会

县级代表大会 1954—1957年7月,境域各县先后召开中国新民主主义青年团代表大会,选举产生新民主主义青年团各县委员会。忻城县共计召开4届代表大会。来宾县共计召开4次代表大会。

1957年8月20日,中国新民主主义青年团改称中国共产主义青年团(简称共青团,下同)。

1959年后,境域各县相继召开共青团代表大会,选举产生团县委。1959—1988年11月,共青团忻城县委员会相继召开5~12届代表大会。共青团来宾县委员会相继召开5~11届代表大会。1982—1988年,合山市先后召开两次团员代表大会。1988年11月合山市召开第二次团员代表大会,出席大会代表140人,选举产生合山市第二届团委会,设书记1人,副书记1人,委员15人。市团委配专职团干3人。1979—1990年,武宣团县委先后召开4届团代会。1991—2002年,共青团武宣县委员会共召开4次代表大会。选举产生共青团武宣县第八届至十一届委员会委员。2002年3月18日—20日共青团武宣县第十次代表大会在县城召开。出席大会代表200名,选举产生共青团武宣县第十一届委员会委员23名,常委7名,书记、副书记各1名。

1991—2000年,共青团合山市委员会共召开4次代表大会,分别选举产生共青团合山市第三届委员会委员15名,常务委员5名,书记1名,副书记1名;共青团合山市第四届委员会委员11名,常务委员5名,书记、副书记各1名;共青团合山市第五届委员会委员13名,常务委员5名,书记1名,副书记1名;共青团合山市第六届委员会委员15名,常务委员5名,书记、副书记各1名。1991—2005年,象州县召开五次团员代表会议,选举象州县第七届、第八届、第九届、第十届、第十一届团委会、常务委员会、书记、副书记。共青团忻城县委分别于1991年12月、1994年12月、1997年9月、2000年9月、2003年11月召开第十三次至第十七次代表大会。

共青团来宾市代表大会 2003年3月27日—29日,共青团来宾市第一次代表大会召开,出席大会代表210人,共青团来宾市委员会筹备组组长覃文松代表筹备组作弄工作报告,大会选举产生共青团来宾市第一届委员会,覃文松当选为共青团来宾市委员会书记,言玲、蓝文武当选为副书记。

主要活动

中华人民共和国成立前反帝反封建革命斗争活动 1919年5月4日,北京爆发学生反帝爱国运动,柳江道八县合立中学、柳江道师范学校等1000多名学生举行集会游行,声援北京学生反帝爱国斗争。当年,八县合立中学改为省立四中。1926年4月,柳江道属15县住柳学生发起成立柳江道学生联合会筹备处,6月正式成立柳江道学生联合会。出版会刊《柳江学生》,宣传大革命时期学生的任务,指导各县成立学生会组织,办理平民教育,帮助工农运动等。8月,马平县县知事钟秀杰包庇帝国主义传教士欺压剥削群众,派军警镇压群众运动。柳江道学生联合会举行1000多人的游行示威,并且包围马平县衙署,迫使广西当局撤掉钟秀杰的县知事职务。9月底,学联发出通电,声援省港工人罢工。10月,省立四中学生为反抗学校当局无理开除大批学生而举行离校罢课斗争。共青团柳州支部在罢课斗争中诞生。1926年秋,刘策奇从梧州国民党广西省立宣传员养成所结业,回象州组织革命青年社,张胆到象州指导革命青年社活动,革命青年社设立民众讲坛,宣传反帝反封建和孙中山的“联俄、联共、扶助农工”的三大政策,配合农民协会,破除封建迷信,捣毁神像,开展二五减租。1929年4月,象县发生饥荒,一些不法商人囤积粮食,运到外地谋取高利。古院村革命青年分社,拦截外运粮食船只,将3万千克大米就地赈济灾民。同年秋,古院革命青年分社负责人韦昌廷、韦日昭、李农3人遭象县当局杀害。1930年6月3日,象县革命青年社负责人覃智增在县城就义。1946年7月,忻城中学数百名师生举行示威游行,控诉国民党当局镇压爱国民主人士李公朴、闻一多的法西斯罪行。同年12月,忻城中学师生又集会声讨美军强奸北大女学生的罪行,并发出通电声援北京学生爱国反美斗争。1947年夏,来宾、忻城中学学生为反抗学校当局克扣学生伙食、贪污学杂费分别举行罢课斗争。1948年夏,象州县中学学生为反抗学校当局无理开除6名进步学生而举行离校罢课斗争,柳州、武宣等中学学生自治会去电声援。

中华人民共和国成立后革命建设活动　中华人民共和国成立后,各级团组织,发挥中国共产党的助手作用,围绕党的中心工作开展青年活动。20世纪50年代初期,以文化夜校为阵地,组织青年学习文化,发动团员青年投入清匪反霸、抗美援朝、土改运动。各级团组织发动团员和青年参加剿匪反霸、土地改革、抗美援朝等运动,提高大家的政治觉悟。1950年冬到1951年春,象县全县有1140名青年参军。

服务发展生力军工程:1951年武宣县有1200多名青年踊跃报名应征,有537名青年民兵参加了中国人民志愿军。20世纪50年代中期,发动团员青年带头搞农业合作化运动。石龙县建立258个青年生产队,295个青年突击队。在爱国增产竞赛中,全县评出30个模范生产队,其中20个是青年生产队。20世纪60年代,广泛进行革命传统教育和“农业是国民经济的基础”教育,开展学雷锋学王杰,争当“五好”青年、“六好”学生活动。1963年石龙县有230名团员青年被评为县以上五好青年标兵,有罗丽珍、韦德现2名团员出席自治区“农村社会主义建设积极分子代表大会”。团员罗丽珍被选为出席共青团第九次全国代表大会代表。1956年,石龙县组织团员和青年参加爱国增产运动,学习文化和科学技术。各农业社建立了258个青年生产队,295个青年突击队,组织发动29839名青年参加文化技术学习,在爱国增产运动中发挥了重要作用。当年,全县评出30个模范生产队,其中20个是青年生产队。武宣县分岭、赖山、大浪、新龙团总支,获自治区精神文明建设先进单位奖,尚满8队青年农科组推广杂优水稻良种,大搞科学种田,率先实现水稻年亩产超吨粮,被评为“全国新长征突击队”,赖山团总支书记潘富恒获“全国新长征突击手”称号。县锰锌矿西区团支部,组织团员利用工余节假日多贡献,挖捡矿石1680吨,为国家增加收入10480元。1986年后,组织开展“学雷锋学赖宁”“学科技脱贫致富”“经济小开发”“党在我心中”“我为四化多奉献”等活动。1987—1990年,武宣县成立业余团校13个,建有青年之家54个,有8702名青年入了团,有187名团员加入了中国共产党组织。全县办青年科技培训班248期,参加学习28528人次;搞经济小开发291项(其中青年联办小林场85个),造林面积2448公顷;建立为民服务组1199个,做好事179681件,修桥补路5732米,挖修水利沟45280米,给烈军属五保户送柴草14800千克,送农家肥29208担,帮收种农作物50.5公顷。金鸡乡成立青年为民服务小组586个,参加拥军优属和敬老活动2968人,做好事32156件。1988年金鸡乡被民政部评为拥军优属先进乡。1990年武宣县团县委获自治区学赖宁先进集体称号。

1991—2005年,开展建团70周年暨五四运动73周年纪念活动。深化爱国主义教育,推进青年志愿者行动和“青年文明号”竞赛活动。创建县级文明号活动组委会,开展“讲文明,树新风”青年文明创建活动。表彰1998年度县高中、县制糖有限责任公司等9个先进团委(团总支部)及12名优秀团干部,开展纪念“五四运动”80周年比赛板报评比活动。忻城县高级中学团委、忻城县果遂乡团委被共青团来宾市委授予共青团来宾市“五四红旗团委”。成功举办“青号杯”保龄球大赛和主题为“紧跟共产党走,全面建设小康社会”的首届庆“七一”“人和杯”青年歌手大赛。在抗击“非典”战役中,团县委通过在县中心文化广场举行活动启动仪式,发出抗击“非典”倡议书,组织开展了全县城乡青年志愿者“爱国卫生奉献周”活动,近万名志愿者上街头巷尾、进村入户，开展宣传、打扫卫生和喷洒消毒液等，迅速掀起全县“爱国卫生运动”新高潮。2004年，团县委被共青团广西区委授予“广西团建先进县”荣誉称号；被共青团来宾市委授予“来宾市五四红旗团委”荣誉称号。2005年，被共青团来宾市委授予“来宾市五四红旗团委”荣誉称号，团县委在来宾市共青团工作目标管理考核中获二等奖。

1991—2005年，兴宾区（来宾县）团县委带领全县团员青年服从服务于党委、政府发展农业生产，开展服务万村行动。1998年，在小平阳镇创建面积60亩的高产辣椒示范基地。2000年，用团员青年、少先队员缴纳的特别团队费，在凤凰三加村建成水柜32个，7000多立方米，挖坎2万多个。创建秋冬菜基地20个、林棵基地10个，面积1200多亩。2000年成立柳州地区首家广西桂中青年农副产品购销服务中心，为农民提供瓜菜良种，为群众收集市场信息。2004年创建“兴宾共青网”，加强团内沟通和团外交流。1991—2005年，团区（县）委组织开展青年志愿者行动，全区（县）共发展青年志愿者8963名，组织青年志愿者开展服务东盟博览会、“三下乡”服务等活动共847次，15万多人次，青年志愿者服务社会能力明显增强。2005年，希望工程工作室争取希望工程项目资金18万元在七洞乡建立了春归百利好希望小学。

抗灾抢险突击活动：1957年，来宾、象州、武宣、忻城等县共组织兴修水利青年突击队258个，有4773名青年参加。2005年6月，团市委举行团员青年支援灾区重建捐款捐物献爱心活动启动仪式，2000多名团员青年现场向灾区捐款9500多元、衣物2000多件、书籍1000多本、文具100多件。同月，组织100多名青年志愿者，组成10支青年突击队赴灾区第一线象州县罗秀镇礼教村支援灾区群众生产自救，重建家园，并送去价值近万元的救灾款和救灾物资。

青年科技致富活动：1964年2月，境内各县组织科学试验小组7794个，9.16万名青年参加，占青年总数22.9%。1979年、1985年，象州团组织围绕四个现代化建设广泛开展“新长征突击手”活动。桐木公社团员罗稳超和水晶乡团员韦雪英获团中央授予“新长征突击手”称号，陈俊光、龙绍刚2名团干部受到团中央表彰。中平公社朗村生产队“五四”农科组和水晶公社龙团生产队团支部，获团区委授予“新长征突击队”称号，11名团员获团区委授予“新长征突击手”称号。从1983年开始，象州团组织以实用技术培训为突破口，组织农村团员和青年开展“学技致富”“脱贫致富”“经济小开发”等活动。1986年象州县周芬玲被评为自治区“振兴八桂青年建功”先进个人。

1989年，在农村团员青年中广泛开展争当“科学种田能手”活动。1986—1990年，象州全县各级团组织牵头举办各种实用技术培训班401期，培训农村青年3246人次。水晶乡竹山团支部副书记韦雪英，高中毕业回乡后，坚持学习农业科学知识，摸索水稻高产经验，1983年，象州技术承包水田累计1200亩，年平均亩产750千克。1994年，各级团组织创建各种形式的青年科技服务机构10个、青年股份合作实体试点3个、经费来源基地476个。1995年，开展“树万名好团支书，创万个经济实体，扶万家脱贫致富”活动。

共青团员意识主题教育活动：1988—1990年，合山团市委在清明、“五四”“七一”“八一”和国庆等节日，先后请40多位离退休老干部和复员退伍军人到机关、学校、厂矿为青少年作思想品德和革命传统教育。团市委还组织以“党在我心中”为主题的知识竞赛、演讲比赛和演唱比赛。在教育活动中，举办各种报告会51场；演讲和文艺比赛16场，出版墙报240版；放电影和录像4场。1989年“五四”青年节，组织广大青年、团员参加自治区团委举办的“团知识学习竞赛”活动，参加考试的1400名团员中，有1370名合格，及格率达98.5%，成绩平均84分，被自治区团委授予“优秀组织奖”称号。合山矿务局1977—1982年有13个单位组织各种为民服务队，共540人，开设项目20多个，其中补衣服1052件、袜子1119双、水鞋1351只、锑桶235个、锑锅53个、脸盆127个，配制钥匙2350把，理发1288人次，修理自行车71辆。合山电厂1982年以来组织为民服务队，为群众开设修理家电、钟表和理发等10多个项目，做好事1万多件。汽机团支部被评为自治区学雷锋先进单位。团市委1986—1990年组织青年、团员为200多户军烈属、五保户和困难户送肥料3000担、柴火1400多担，抢插抢收水稻975亩，修桥16座，修路14千米。河里乡团委和市政府团支部在活动中，被评为自治区学雷锋先进单位。“青年之家”是青年思想教育的阵地，学习文化的课堂。1984—1990年，合山市29个行政村中有24个村建有“青年之家”26个。河里乡河里街“青年之家”于1986年被自治区团委授予“农村优秀青年之家”称号，其代表出席自治区表彰大会。

1991年开始，合山市各级团组织重点抓好团员青年的思想政治工作，组织学习团章，加强团纪教育。1995年，合山市重点抓好思想品德和树立团员形象教育，举办基层团组织培训班2期，培训团员骨干120名。各基层团组织以会代训的方式，培训团员1573人。1998年以后，合山市举办农村团员农业技术培训班3期，接受培训的团员青年骨干150人。2003年，合山市围绕贯彻落实《公民道德建设实施纲要》和合山市市民思想道德建设目标，结合团员青年的特点，组织岭南镇、北泗乡、河里乡团委在农村，以市属初、高中学以座谈会、读报、知识竞赛等方式开展学习教育活动8次，参加活动农村团员青年以及初高中在校学生共1150人。2004年5月4日，合山市在岭南、北泗、河里初中开展讲文明、讲卫生、守纪律，做文明市民活动，并向全市团员青年、在校中学生发出“争当文明市民”倡议书。2005年，合山市开展以学习实践“三个代表”重要思想为主线，以“永远跟党走，保持先进性”为主题，采取学团史、戴团徽、唱团歌、举团旗、守团章等形式的团员意识教育。出版宣传栏34板。举办以团员意识为主题的培训班、座谈会共33期次，其中在市直机关2期次；社区、村民委31期次，培训和参加座谈会的团员青年共3150人次。在乡农村团员青年受教育96.25%。

2005年3月，来宾市率先在兴宾区开展以“永远跟党走，保持先进性”为主题的团员意识主题教育活动试点工作。9月，在全市开展以学习实践“三个代表”重要思想为主要内容的增强共青团员意识主题教育活动。全市各级团组织在做好“规定动作”的同时，认真总结推广兴宾区试点工作经验，立足实际把整个活动细分为集中学习、对照检查、主题实践、建章立制四个阶段。紧扣教育主题，活化教育形式，坚持自主创新，深入开展“学团史，戴团徽，唱团歌，举团旗，守团章”“让青春在岗位上闪光”“成长成才路，科技伴我行”“我打工，我创业，我进步，我成才”“争当志愿者，青春献社会”“百名团员作榜样，千名团员争先进，万名团员做贡献”“青春文明行，建和谐社会”“高举团旗跟党走”等“八大主题”实践活动。2005年9月以来，全市发展团员5200名，比上年同期增长8%；1300多名团员提交入党申请书，比上年同期增长12%；入党人数300名，比上年同期增长9%。

党建带团建“强本固基”工程：2005年，来宾市在农村、学校、机关和企业中实施党建带团建“强本固基”工程示范点工作。通过深入实施“强本固基”工程，切实做到“三强两固四提高”（即强化意识、活动、机制，巩固组织、阵地，提高服务、凝聚、学习、合作能力），使团组织建设达到“五个好”的要求，全面开展创建“五四红旗团委”“五四红旗团（总）支部”活动。在开展活动的过程中，坚持结合实际分类指导的原则，农村团组织以建设社会主义新农村为契机，加强对青年乡土人才的挖掘和培养力度；学校团组织以荣辱观教育为载体，开展感恩教育和“我与祖国共奋进”主题活动；机关团组织坚持开展以共青团干部作风建设为主题的“四开四先”（开科学发展思想风气之先，开调查研究学习风气之先，开务本责实工作风气之先，开艰苦奋斗生活风气之先）活动；企业团组织以青工创新创效为主线，强化青工岗位学技活动，引领青年岗位建功，把团的运行机制与协会运行机制有机结合，探索建立一整套科学的企业团的运作机制。

青年植绿护绿行动：1994年，来宾县建县级青年绿化工程5处，乡镇级青年绿化工程301处。2000年3月，团来宾县委在城厢乡柳州地区综合治旱工程基地内举行县“保护母亲河”行动启动仪式，3000多名学校师生及武警、税务干部进行植树造林，共植芭蕉、毛竹1万多株。2002年1月25日，中日青年友好生态林第二期工程在凤凰镇正式启动，全县1000多名青年和日本友人共同种下100亩苗木。2003年，来宾市在城区红水河长梅社区开展创建“共青林”行动，参加植树造林的青少年3000多人，共造林30多公顷。2004年12月，市青年绿化一条街在文化路启动。市有关领导与市青联委员、团员团干部代表以及市民族中学等4所学校的300多名学生一起，在文化路两旁种下115棵四季常青的乔木蝴蝶果。1991—2005年，每年“3·12”植树节，团忻城县委与县委宣传部、县人民武装部等联合举行“学雷锋学李向群”活动，带领500多名青年种下500多株优质竹苗。组织县直一、二层机构干部职工到清水河段开展“保护母亲河”造林活动，共挖坎5000坎，植树绿化河床10千米；举办“保护母亲河”环保漫画展，参赛作品500件。

保护母亲河行动：2000年1月15日—19日，中日青年来宾县生态绿化工程启动仪式在来宾县凤凰镇古排村举行。该工程由全国青联与友爱青年协会联合申请日本日中绿化交流基金资助实施，计划种植生态林3000亩。2000年3月12日，团来宾县委开展“千禧年百对青年夫妇植幸福树奔新世纪”活动及220多个家庭参加的“百个家庭绘红水河绿色画廊”竞赛活动，向社会广泛宣传保护母亲河行动的重大意义。团来宾县委与县水电局共同协作，争取了“保护母亲河——红水河城厢乡项目”在县立项实施，整个工程近万亩，投资300万元。2001年1月16日，团来宾县委在城厢乡举行中日青年友好生态林第一期工程启动仪式，共种植200公顷生态林，1月团县委被评为全国保护母亲河行动先进集体。2002年1月26日，日本和团中央、林业部在该镇新安村委古排村开展“保护母亲河治沙”生态绿色活动。同年4月17日共青团中央国际联合部及自治区团委领导到该镇新安古排村检查“中日青年友谊林”项目的实施情况。2004年11月19日，全国林业总局、自治区林业局及团广西区委组成检查团，对古排村的“保护母亲河生态绿化项目”工程予以高度评价。举行忻城县万名青少年“盼祖国早日统一”签名仪式暨“保护母亲河”行动启动仪式。

青工技能竞赛：1987年，各县(市)组队参加全区第二届“五小”(小发明、小创造、小革新、小设计、小论文)竞赛，获二等奖13个，三等奖23个。1987—1988年，开展“双增双节”活动，为企业节约资金近100万元。1994年7月，企业青工技术比武活动覆盖率为85%以上。2005年，开展以“创业杯”为主题的技术比武、技能练兵、制作大赛和举办市首届十杰青年、十杰青年企业家、十杰青年农民颁奖晚会等活动。年内，来宾市选手在广西青少年科技创新大赛上获17个奖项，其中获优秀活动一等奖作品获选参加第20届全国青少年科技创新大赛决赛。

青年志愿者行动 1963—1966年，境内各级青年团组织团员开展“学习雷锋”活动。1966—1976年“文化大革命”期间，活动停止。1977年后，“学雷锋”活动又逐步开展。1981年，把学雷锋活动和“五讲”“四美”结合起来进行。1982年，象州县委召开“三优一学”(即优质服务、优良秩序、优美环境，学雷锋学先进)表彰大会，表彰“三优一学”先进集体69个，先进个人104人。1983年，象州全县青少年组织学雷锋小组、为民服务小组622个，参加为民服务做好事19万余人次。1989年9月，广泛开展为烈军属、伤残军人、五保户定点挂钩，上门服务活动。1990年，各县成立服务领导小组，建立送温暖小组、义务帮工队。落实定点挂钩烈属、军属、五保户，帮助犁田耙地、插田、收割庄稼、送肥、送柴草。次年底，武宣县民政局团组织等57个先进集体，象州团员覃汉书等96名先进个人受表彰。

1979—1985年，武宣全县建立学雷锋小组612个，送温暖小组180个，为民服务组125个，参加的团员青年23600多人，累计做好事47850件，造青年林558万株，修桥补路1100多米，挖水利沟渠300多米，给烈军属五保户送柴火26700多千克，有23个团组织和337名团员被评为县以上学雷锋树新风先进集体和个人。

1991—2005年，忻城团县委在全县青少年中开展学雷锋精神做“四有”新人活动，开展学赖宁为忻城添光彩活动。

1994年，来宾县团县委举办希望工程献爱心大型文艺晚会，向群众发放“爱心券”，获得社会各界捐款1.2万元，用于资助贫困学生上学。1997年，来宾县团县委争取到广西青少年发展基金会下拨广东健力宝集团希望工程援助资金15万元，在三五乡军屯村创办健力宝军屯希望小学。1998年，来宾县人民医院青年志愿者服务队同24个乡镇订常年定期下乡为敬老院病人义务看病的约定。1998—2000年，来宾县共筹资2万元资助230名贫困儿童上学。团县委在税务、公安、卫生等系统中组织开展以高度职业文明，争创一流业绩为宗旨的青年文明号创建活动，1999年9人获青年文明号建设奖，10人获得青年文明号“十佳号长”奖。2000年，来宾县国税城镇分局等4个创号集体获自治区级“青年文明号”，县交警大队等18个创号集体获地厅级“青年文明号”。

2004年3月，团市委举行“建设新来宾，青春献社会”青年志愿者服务学雷锋活动，1000多名青年志愿者参加志愿服务。2005年，召开“服务城市建设年，建设和谐新来宾”青年誓师大会，3000多名青年志愿者开展了保洁、义诊、理发、维修及法律政策咨询等志愿服务活动；青年志愿者礼仪服务团为市社区图书室建设捐赠仪式提供礼仪服务；组织青年志愿者礼仪服务团为全国村村通广播电视现场会提供现场参观引导、宾馆驻地迎宾等志愿服务。

青年人才工程

1991年，来宾县团县委联合农科部门举办各类农村种养实用技术培训班1000多期，发放资料5万多份，涌现青年科技致富能手260名。

2000年，来宾县青年岗位能手共为企业提高改造技术5项，创造经济效益380万元，迁江糖业有限责任公司“青年岗位能手”覃增志潜心技改，为公司创利几百万元，2000年被评为地区“十大杰出青年”。实施《中国少年雏鹰计划》，团县委联合国税城镇分局及实验小学举办县雏鹰纳税争章教育活动，3000多学生参加税法知识竞赛，实验小学苏晶晶获广西"百名好少年"称号，实验小学教师莫华获全国优秀少先队辅导员称号。

2004年2月20日，兴宾区有200多名团员青年参加曾宪礼教授创业讲座。来宾镇团委委员、长梅村团支部书记韦昌信通过到北五乡其林村食用菌示范基地学习后，自己种植草菇，两个月就获利2千多元，之后他又剪接种下平菇5000多袋，年利润2万多元。10月，兴宾区团委先后成立来宾市兴宾区青年中心、迁江青年中心、陆平村青年中心等区、乡镇、村三级青年中心6个。爱心超市4个、青年协会23个。兴宾区团委组织青年中心开展的烧烤联欢、创业讲座、慰问军烈属、五保老人、扶持孤寡老人、儿童等各类活动200多次。

少先队评比创建活动

1958年，境内广大农村建立红领巾农场、合作社、少年儿童突击队等。20世纪50年代，少先队开展除四害、讲卫生、积肥、"小秋收"活动；20世纪60年代，广泛开展共产主义教育和向雷锋学习活动。1962年，广大少年儿童开展"学习雷锋，助人为乐"活动。1964年上半年，象州县22间完小少年儿童，给生产队送肥料17万千克，选谷种4万千克。20世纪80年代，积极开展"学雷锋，创三好""我们爱科学""人人争戴小红花""红领巾小建设""五讲四美三热爱""红领巾助残""两小"（小发明、小论文）等活动，涌现出许多好人好事。1981年，在少年儿童中开展"可爱的祖国"以及"人人争戴小红花"活动。1981—1984年，合山矿务局有2名队员被评为自治区优秀少先队员，有3位教师被评为自治区优秀辅导员。1983年4月，来宾县实现"红领巾县"。1986年，象州县中平小学少先大队部覃万球获"全国好队长活动蜜蜂奖"。1987年，来宾镇中心小学少先队大队在全国"五有建设"（有组织、有阵地、有活动、有计划、有辅导员）竞赛中被评为"全国红旗大队"，凤凰中学辅导员陈仁芳被评为"全国少先队辅导员技能技巧能手"。1988—1990年，开展"五有"（有组织、有辅导、有阵地、有活动、有制度）"十率"（建队率、入队率、配备率、培训率、覆盖率、活跃率、普及率、利用率、健全率、潜力率）达标竞赛和学雷锋学赖宁活动。1988年6月，武宣师范附属小学学生韦小波，应征给日本熊猫命名"童童"，被日本选用，获重奖并到北京领奖。1988年，象州县参加各种专题活动的儿童近9万人次。1989—1990年，象州县少先队开展学赖宁活动，少先队员参加31万人次，为集体和群众做了大量的好事。1989年，来宾镇中心校覃涉被评为"全国好少年"。1990年，来宾县成立3986个学雷锋、送温暖小组，给"五保户"、烈军属送柴草13万千克，县少先队员有3项作品获自治区奖。迁江镇中心校少先队大队被评为"全国红旗大队"；来宾镇中心校五（四）中队被评为"全国红旗中队"。国家少工委授予象州县实验小学少先大队"全国学赖宁红旗大队"称号，授予该队大队长覃莉莉"全国学赖宁活动奖章"，授予中平小学少先大队六(1)中队"全国学赖宁红旗中队"称号。武宣镇第二小学五(3)中队、新龙乡大同小学一中队被评为全国"红旗中队"，三里中心小学少先大队被授予自治区"红旗大队"，有宋美球、覃美麦、覃鸾、黄仪英、彭慧5名少先队员被评为"全国奖章队员"。10月，武宣县附小学生梁亮代表柳州地区100多万少先队员出席"全国少年先锋队代表大会"。1988—1990年，合山市在开展学雷锋、学赖宁活动中，上门为军烈属、五保户、困难户服务。送柴火140担，挑水6000担，送肥料1000担。还成立有65个定点挂钩上门服务小组。北泗乡北泗小学少先队18中队和河里乡河里小学少先队员吴雪冰，长期坚持为"两属两户"（军属、烈属、五保户、困难户）上门义务服务，受到团中央和自治区团委的表彰；河里乡洛满小学少先队员吴龙益被评为全国学赖宁先进个人，学生韦育华被评为自治区"百名好少年"。1991年，境内各级少先队组织开展"手拉手"活动。1994年，金秀等民族县的40所学校与柳州、柳铁、桂林、北京等地学校开展"手拉手"和"争创少先队基础达标县（市）"竞赛活动，少先队活动室建立率：城镇95%，农村60%；鼓号队配备率：城镇100%，农村50%。1998年，"六一"前夕和"建队日"期间，象州县团委在全县组织开展老队员给一年级新同学宣传讲解《队章》知识，教唱《队歌》活动，吸引很多达龄同学申请入队，全县少先队组织不断壮大。1999年，来宾县、合山市、武宣县团委均举办"欢庆祖国五十华诞"系列活动：组织参观"国旗颂"大型图片展，观看电影《国歌》，举行"迎国庆"歌咏比赛。2000年，以开展学习"国旗、国徽、国歌"知识活动为载体，提高青少年的爱国情操。

2003年，来宾市组织广大团员青年认真学习贯彻《公民道德建设实施纲要》。结合共青团的工作特点，在农村、学校、厂矿以宣读、座谈、板报、晚会、知识竞赛等方式开展各种有教育意义的活动共400

多次，参加人数（次）近万人。并组织800多名团员青少年开展“热爱来宾市，争当文明市民”主题教育活动。同年7月，团市委与中国联通来宾分公司联合举办“联通七月绿色行青年人才训练营”活动，50多名青年学生参加了为期一个月的暑期社会实践活动。10月，团市委与市科协、市教育局联合举办“生活中的科学，你知道吗？”少儿科普活动，活动为期一个月，内容包括少儿科普知识素质考核和少儿科普创想竞赛活动。2004年，团市委根据未成年人不同年龄段的特点，以社会实践、志愿服务、雏鹰争创为主要载体，广泛开展“养成道德好习惯、争做文明礼仪小标兵”“十八岁成人宣誓仪式”“民族精神代代传”评比表彰首届来宾市“十佳少先队员”等活动，激发了未成年人的道德追求。同年，市青少年读书俱乐部、青少年健康指导中心、青少年围棋院等阵地成立。2004年5月，启动实施红领巾广播站援建计划，向全市24所小学捐赠广播器材及演出设备价值12万元。2005年，团市委，举行以“永远跟党走、永葆先进性”为主题的青少年志愿者服务活动和向先进党员学习活动；举办“民族精神代代传”网络征文比赛；举办青少年潜能培训暨爱诚信学习法公开课活动，广泛开展少先队员光荣感教育。开展“十八岁成人宣誓仪式”“民族精神代代传”“三下乡”“四进社区”和中学生“四个一”等活动，有8位学生分别被授予“广西十佳少先队员”和“广西百名好少年”荣誉称号，有3名学生获选代表广西到北京参加全国少儿歌手电视大赛、出席全国第五届少代会。

希望工程

1995年4月，通过广西少年发展基金会的牵线搭桥，武宣争取到香港静恩小筑佛弟子捐资23万元，扶贫215人，援助65名失学儿童，援建武宣县第一所希望小学即桐岭镇四安希望小学，维修禄新乡禄村小学。1996年，武宣由玉柴股份有限公司捐助20万元，自筹15万元在禄新乡建设方学玉柴希望小学。1997—1999年，争取到香港宝莲禅寺、上海青基会等海内外组织捐款85万元，援建了6所希望小学，即马步乡统安希望小学和福和希望小学；东乡镇李运希望小学、河马乡中心校希望小学；三里镇三江希望小学和长乐希望小学。援助1920名贫困学生，援助金额52万元。在团县委及各基层团组织、创建“青年文明号”单位通过开展各类活动，多方筹集资金资助4825名贫困学生。1997年，来宾县团县委争取到广西青少年发展基金会下拨广东健力宝集团希望工程援助资金15万元，在三五乡军屯村创办健力宝军屯希望小学。2005年，兴宾区争取希望工程项目资金18万元在七洞乡建立了春归百利好希望小学。

少年先锋队（儿童团）组织

1949年5月忻城县成立儿童团组织，团员120人。

中华人民共和国成立初期，学校、农村建立少年儿童团队。1951年起，合山境内学校始建立少年先锋队（简称少先队，下同）组织，设大队部，下分为中队、小队。大队和小队配设辅导员。1951年，来宾团县委开始在小学建立少年儿童队。1953年8月改称少年先锋队。1950—1952年，忻城县各中小学成立“中国少年儿童队”，发展儿童队员。至1955年9月，忻城县有77所小学，2所中学建立了少先队组织，有队员3477人，辅导员97人。1956年8月，石龙县2所初中、34所完小、413所村小成立少先队组织，队员25380人，占在校儿童73%。1950—1953年，各县团委开始在小学校建立少年儿童队（团）。1953年少年儿童队改为“中国少年先锋队”（以下简称少先队）。1954年，武宣中学、城厢小学、桐岭、二塘、三里中心小学首先建立了少年先锋队组织。1955年，来宾县设少先队总辅导员于教育科，负责少先队工作，有少先队员5841人，占在校适龄儿童24%，设13个大队，149个中队，聘请大、中队辅导员162人。到1956年8月，石龙县共有449个少年先锋小队，队员25380名，占在校学生数73%。20世纪60年代以前，在团组织的领导下，各学校少先队辅导员，利用组织队员过队日，讲故事做好事，开展拾谷穗，种植小实验等活动，培养少年儿童“爱祖国，爱人民，爱劳动，爱科学，爱护公共财物”（简称五爱）的情操，树立“好好学习，天天向上”的思想。20世纪80年代后，开展创“红领巾班”“红花少年”“五讲四美三热爱”活动。1960年，石龙县少先队组织有101个大队、577个中队、1525个小队，队员30704人。1966—1976年“文化大革命”期间，少先队为“红小兵”取代。1975年后，各县恢复少先队组织。象州县1978年10月恢复少先队，有队员25365人。1979年武宣县少先队得到恢复，全县53个少先大队，89个少先中队，314个少先小队组织，有15441名少先队员。1979年9月，来宾县恢复少先队组织。1990年武宣县少先队组织，有167个大队，1138个中队，45636名队员；少先队辅导员1305人。来宾县492所中小学校建有少先队组织，队员10.13万名，占在校儿童94.7%，辅导员2747人。合山市9所中学和43所小学都建有少先队组织，有少先队员23343名，分为64个大队和653个中队。少先队员占在校学生的82.2%。有大队辅导员64名，中队辅导员653名和校外辅导员31名。象州县有127个少先大队，744个中队，队员40018人，占在校儿童86%，共聘请辅导员1320人。忻城县全县有128所小学，3所中学建立少先队组织，有队员47974人，辅导员1530人。

1991—2005年，武宣县每个小学都建立有团队室，配有少先队辅导员，全县共聘用488位少先队辅导员。2005年，武宣县团队室共186个，配有少先队辅导员192名。

1995年5月16日，中国少年先锋队合山市工作委员会成立，办公室设在团市委。1996年合山市各级小学都建立少年先锋队达100%，在校小学生入队率90%。有少先队辅导员512名，经培训或参加函授学习取得任职资格证书达100%。每所小学设有少先队大队部、中队部、小队部，有总辅导员、副总辅导、大队辅导员和中队辅导员共426名。设少先队活动室30个；红领巾广播站5个，市实验小学、岭南小学分别设有少先队仪仗队各1队。

2004年成立来宾市少工委，至2005年，全市6个县（市、区）均成立县级少工委，市、县两级少工委工作运转正常。

第三节　妇女团体

组织机构

妇女会　民国13年（1924年），来宾县妇女协会成立，会员90人，为境内最早的妇女团体。民国15年6月，象县革命青年社成立，积极发动妇女参加反帝反封建斗争，并建立妇女会。同年，武宣县妇女协会成立。民国16年春，象县农民运动兴起，各乡村相继成立妇女会，白石村妇女在农协会主席郑功成的帮助下，建立妇女会，会员40余人。是年，象县共建立妇女会10多个，会员400多人；民国18年，农民运动被当局镇压，妇女会停止活动，组织亦渐消失。民国24年3月，象县妇女会成立，设理事长1人、理事3人、监事1人。民国25年春，来宾国民党县党部改组妇女协会为妇女会，在妇女会成立大会上，选举产生理事会，组织抗日募捐活动。民国26年，象县青年社妇女会成立，象县白石乡妇女会成立。民国26—31年，武宣等县妇女抗敌后援会成立。民国31年，忻城县设有县妇女会，但无活动。民国34年11月，象县妇女运动委员会成立，国民党县党部聘委员9人，指定1人为主任委员。民国36年，中共在忻城县马泗乡革命根据地开展革命活动，在冷水屯建立4个妇女小组，成员40多人。民国37年，武宣通挽乡汶村、立寺、花马、安村，桐岭乡的湾龙，三里乡的旺村等地先后建立了妇女会。是年，武宣县革命根据地成立8个妇女会，会员3164人；来宾有妇女团体1个，个人会员415人；迁江有妇女团体6个，辖团体会员5个，个人会员2764人；象县妇女运动委员会有会员85人。民国末年（1949年1月1日至9月30日止）8月15日，中共地方组织在大湾秘密发动10人组织姐妹会，宣传反抗国民党统治革命道理，发动妇女支援和参加地下游击活动。1949年9月，中共游击队在忻城县马泗地区建立妇女小组，初有成员40多人，后加仁等地相继建立妇女小组，成员200多人。解放战争时期，境内各县革命根据地纷纷成立妇女会。

县级妇女联合会　中华人民共和国成立初期，妇联基层组织多称为妇女会，实行委员制。1951年后改为代表制。1950年，境内各县先后成立民主妇女联合会筹备委员会。1月，武宣县民主妇女联合会筹备委员会成立，各区成立临时妇代会，县区配有妇女专干14名，其中县妇联2名，区妇联12名。武宣县有24592名农会女会员。3月，成立北泗区妇女联合会（简称妇联），乡建立妇女代表大会（简称妇代会），村建立妇女小组。4月1日，忻城县妇女委员会成立，县以下成立4个区妇女委员会（11月增至5个）。5月，象县民主妇女联合会筹备委员会成立，各乡成立临时妇代会（7月，有会员1450人）。6月，来宾县民主妇女联合会成立。1951年4月4日，中共象县委员会发出《关于妇女工作的指示》，要求各级党委、政府重视妇女工作，在土改前建立临时妇代会，土改后正式建立妇代会。7月，象县有43个乡建立妇代会，会员13721人。同年11月，忻城县妇女委员会改称忻城县民主妇女联合会。1952年3月，来宾县首次妇女代表大会召开，选举产生民主妇女联合会首届委员会，设9个分会。同年，迁江及贵县第四区民主妇联并归来宾。同年9月，大瑶山瑶族自治区（县级）妇女工作委员会成立；武宣、象县合并为石龙县，成立石龙县妇女联合会，各区设妇女主任。11月，大瑶山瑶族自治区（县）召开县第一次妇女代表大会，大瑶山瑶族自治区妇女联合会成立。1957年12月后，境内各县民主妇女联合会先后易名妇女联合会(简称妇联)。1958年1月后，境内各乡镇(区、公社)陆续建立妇女联合会，村(大队)仍设妇女代表会。1958年，忻城县撤区建乡建立27个妇女联合会。次年，忻城县改设10个人民公社妇女联合会。1961年，境内各大队开始成立妇女代表会，生产队设妇女队长，负责妇女工作。1962年4月，武宣、象州恢复建置后，象州县妇女联合会成立，武宣县全县各级妇联也随之建立。“文化大革命”初期，境内各县妇女团体被迫停止活动。1972年，境内县乡两级恢复妇联基层组织，公社妇女联合会称为公社妇女委员会。11月18日，来宾县妇女代表大会选举出新一届“妇女委员会”取代原妇联名称，1979年5月24日，县第四次妇女代表大会恢复“妇女联合会”名称。

1984年，来宾县妇联辖24个乡镇妇女联合会，253个村妇女代表会，3个街道妇女委员会。同年2月，合山市妇女联合会成立，设主任1人、副主任1人、委员11人。1984年，忻城县人民公社妇女联合会改为乡镇妇女联合会。1987年底，金秀瑶族自治县有村、街道妇代会78个，有妇女工作专职国家干部17人。1990年，忻城县有13个乡(镇)妇女联合会；武宣县有13个乡镇妇女联合会，148个村(街)公所妇代会，专职妇女工作干部18名；象州县有11个乡镇妇女联合会，121个村公所妇代会；合山市有乡镇妇女联合会3个，村公所妇女会30个，村民委员会妇女小组143个，合山矿务局和合山电厂在工会设有女工部，负责女工日常工作。

1991年，来宾县妇女联合会下设办公室、宣传部、权益部、儿童部。武宣全县有13个乡镇妇女联合会，148个村(街)公所妇代会，专职妇女干部18名。忻城县妇女联合会内只设办公室，干部4人；有乡镇妇女联合会13个，干部职工17人。1996年，来宾县妇联内设办公室、儿童股、维权股，下辖13个乡镇妇委会和149个村街妇委会，有专职妇联干部19人(其中县妇联6人)，妇代会主任149名。1997年4月，来宾县妇联不设内部机构。2002年12月，来宾县妇女联合会改称兴宾区妇女联合会。2002—2005年，兴宾区妇女联合会内设妇女发展部、综合部、办公室；人员编制5人，其中行政编制4名，机关后勤服务事业编制1名；领导职数为：主席1名，副主席2名。2005年，合山市成立乡镇妇代会3个；村委会、社区居委会妇代会小组31个，有妇代会成员365人。建立“妇女之家”27家，妇女活动中心63户。武宣县10个乡镇有妇女联合会，148个村民委员会(社区)有妇代会，专职妇女干部14人(其中县妇联4人，乡镇妇联10人)，妇代会主任148名。忻城县妇联内设宣传部、儿童部、权益部、发展部和办公室，编制4人，有乡(镇)级妇女联合会12个，妇代会130个、县直机关单位妇委会8个、分会14个，专职妇女干部147人，其中女党员110人。

来宾市妇女联合会 2002年12月28日，来宾市妇女联合会筹备处成立。2003年3月24日—26日，在来宾市兴宾区召开来宾市妇女第一次代表大会，选举产生来宾市妇女联合会第一届执行委员会委员29人，常委9人，来宾市妇女联合会正式成立。来宾市妇联内设办公室、妇女发展部、权益部、儿童部和宣传部5个部(室)，核定编制8名，在职人员8名。

2004年6月25日，市妇联组织女党员到种养基地实地参观学习

2005年，全市有县级妇联6个，乡镇妇联69个，村(居)妇委会769个，乡镇以上专(兼)职妇联干部130人。来宾市妇联内设机构、人员编制、在职人员不变。

市妇联主席：李丽华(2003年3月—2005年12月)。

代表大会

县级代表大会 1952—1999年，来宾县共召开了8次妇女代表大会。1952年3月召开第一次妇女代表大会；1954年11月9日召开第二次妇女代表大会；1972年11月14日召开第三次妇女代表大会；1979年5月24日召开第四次妇女代表大会；1985年4月10日召开第五次妇女代表大会；1989年6月26日召开第六次妇女代表大会；1994年9月17日—19日召开第七次妇女代表大会；1999年11月17日—19日召开第八次妇女代表大会。

1966—2003年,武宣县共召开了7次妇女代表大会。1966年2月13日—16日召开第一次妇女代表大会;1976年10月召开第二次妇女代表大会;1979年3月29日—31日召开第三次妇女代表大会;1985年4月2日—4日召开第四次妇女代表大会,1989年4月11日—14日召开第五次妇女代表大会,1994年11月24日—26日召开第六次妇女代表大会,2003年12月10日—11日召开第七次妇女代表大会。

1966—2005年,象州县共召开了8次女代表大会。1966年3月召开第一次妇女代表大会;1973年1月22日—25日召开第二次妇女代表大会;1979年3月召开第三次妇女代表大会;1985年3月29日—31日召开第四次妇女代表大会;1989年5月18日—19日召开第五次妇女代表大会;1994年10月18日—19日召开第六次妇女代表大会;1999年12月16日—17日召开第七次妇女代表大会;2005年11月17日—18日召开第八次妇女代表大会。

1951—1999年,忻城县共召开了8次妇女代表大会。1951年11月7日—9日召开第一次妇女代表大会;1963年12月13日召开第二次妇女代表大会;1972年11月7日召开第三次妇女代表大会;1979年5月16日—18日召开第四次妇女代表大会;1985年8月25日—26日召开第五次妇女代表大会;1989年11月28日—29日召开第六次妇女代表大会;1994年11月25日—26日召开第七次妇女代表大会;1999年12月15日—16日召开第八次妇女代表大会。

1953—2000年,金秀瑶族自治县共召开9次妇女代表大会。1953年12月23日召开第一次妇女代表大会;1955年3月30日召开第二次妇女代表大会;1958年12月30日召开第三次妇女代表大会;1972年10月17日召开第四次妇女代表大会;1979年5月11日召开第五次妇女代表大会;1985年6月3日召开第六次妇女代表大会;1989年4月25日召开第七次妇女代表大会;1995年3月26日召开第八次妇女代表大会;2000年9月21日召开第九次妇女代表大会;

1982—1999年,合山市妇联共召开了4次妇女代表大会。1985年6月26日—28日召开第一次妇女代表大会;1989年7月4日—6日召开第二次妇女代表大会;1994年7月8日—10日召开第三次妇女代表大会;1999年7月13日—15日召开第四次妇女代表大会。

来宾市妇女代表大会　2003年3月24日—26日,来宾市妇女第一次代表大会在兴宾区人民礼堂召开。会议听取和审议了李丽华作的《抓住新机遇,迎接新挑战,团结动员各族各界妇女为实现富民兴市新跨越而努力奋斗》工作报告。出席会议的代表274名,其中正式代表258名,特邀代表16名。会议选举产生来宾市妇女联合会第一届执行委员会委员27名,其中常委9名,选举李丽华为来宾市妇女联合会第一届执行委员会主席,莫秀球、蒙孟兰为副主席。

附:来宾市出席历次全国妇女代表大会代表:第3次,李佩珍(三届全国妇联执行委员)、韦英;第4次,龙秀凤、覃彩记、覃翠兰、李佩珍;第5次,龙秀凤、章孝凤、甘月明、莫玉琼;第6次,韦凤美;第7次,韦凤美、黄月秀;第8次,黄克莉;第9次,刘向群、李丽华;第10次,覃凯萍。

主要活动

民国13年(1924年),来宾县妇女协会主要在城厢街和附近农村活动,以争取男女平权、婚姻自主为己任。在妇女协会的帮助下,城厢的2位妇女挣脱封建樊篱,获得婚姻自主权。妇女协会还参与家庭纠纷的调解,保护被虐待妇女的人身权利及其他权利。民国15年,武宣县妇女协会组织妇女反对封建婚姻,争取男女平等。觉悟的妇女纷纷剪掉辫子,扯掉缠足裹脚布,走上社会,争当新女性。民国16年春,舒文(女)、周德贞(女)2人到象县开展妇女运动,建立妇女会,妇女会带领妇女进行反对封建礼教斗争,提出"男女平等,婚姻自由""反对包办婚姻,反对多妻制""反对童养媳,反对蓄婢"等口号,鼓动女子上学,剪掉长辫,走上社会,争当新女性。民国26年"三八"节,来宾县妇女会于城厢小学组织妇女300多人召开纪念大会,争取夫妻平等,鼓动广大妇女支持抗日。会后,妇女会员捐献鞋100双,款300多元赠送给前方将士。冬,林慧珍、蒙芹清、王和琴等11人入伍广西学生军,投身抗日。广西沦陷期间,林、蒙、王3人参加中共领导的游击队。民国28年,来宾县妇女会于城厢小学举办文化夜校补习班2期,每期3个月,每班四五十人。民国30年,来宾县林慧珍、蒙芹清、梁茜等12名女青年参加广西学生军。民国37年,武宣各村妇女会为地下游击队探听消息,传送情报和信件,护理伤病员和负责后勤工作。

解放战争时期,各县妇女会为游击队送情报、送粮食、打草鞋、护理伤病员，担负后勤保障工作，其中吴寿峰、韦肖娥、唐尚珍等一批妇女会骨干成为妇女工作队队员或游击队员。在粤桂边第8支队第22团反“围剿”战斗中，忻城县古蓬乡波老屯女青年韦达妹，为掩护游击队突围英勇牺牲；都宜忻、柳北总队女战士罗素仙、贺智华、梁翠松、林英亦在战斗中光荣牺牲。1950年2月，女工队长吴春燕、队员覃菊芳在与古砦土匪战斗时，壮烈牺牲。来宾县女青年广西学生军蒙芹清在西江（广东）纵队开展工作时，被国民党逮捕，英勇就义。来宾县大湾乡女青年叶昭鸾、叶昭容姐妹俩投奔陕北，参加贺龙部队政工队，在抗日前线从事政治宣传工作。叶昭容在战斗中光荣牺牲，叶昭鸾在战斗中锻炼成长，后在北京艺院任司长，成为国家文艺战线的骨干。

中华人民共和国成立初期，境内各地妇女会组织妇女学习文化，发动妇女参加移风易俗，清匪反霸、减租退押、抗美援朝、土地改革、农业合作化等运动。武宣县农会女会员，担任村干部的有334人，担任乡干部87人，提拔为国家干部30人。梁萱、陈淑慈、唐元玲先后任副县长，有12名女干部先后任部委办局和区（社）正副职领导。1950年冬至1951年春，金秀瑶族自治区七建乡妇女，为参加剿匪部队战士家属耕田119个工日。该乡16名妇女代表，1951年初参加修仁县举办的武装民兵检阅，成为修仁县妇女工作典型。当时，境内各地纷纷办识字班，动员广大妇女学习文化，不少家庭出现夫教妻、妻教夫、子女教父母的学习文化高潮。1950—1952年，“抗美援朝”期间，妇女会号召妇女支持家人入伍参战，或捐钱献物。在农业合作化运动中，妇女会鼓动广大妇女参加互助组、合作社。1955年，石龙县担任互助组长、农业社长、生产队长的妇女有383人。1958年，妇女会带领妇女投身“大跃进”和人民公社化运动。

20世纪60年代，武宣县组织妇女开展“向雷锋同志学习”活动，参加“大办农业大办粮食”劳动。其中甘加料、龙秀云、徐秀鸾、彭佩员、周素华、蒙玉珍、李碧珍、谢桂英、何永慧、罗秀芳、兰桂英等人获自治区“三八红旗手”称号，有125名妇女当选为县人大代表，有9名女干部提任局级和公社正副职领导，郗润华当选副县长。通挽公社大团大队妇女甘加料当选为全国人大代表。1964年，社会主义教育运动的时期，各县妇联组织妇女学习马克思、列宁主义和毛泽东著作，进行文化补习。“文化大革命”初期，各县妇女组织瘫痪，各级妇女团体停止活动。

20世纪70年代，境内各级妇联带领广大妇女大搞“科学种田”活动，武宣县89个生产大队1500多个生产队，建有“三八农科组”。1978年，通挽公社尚满大队第8生产队“三八农科组”8名女青年，进行杂交水稻高产试验，按农业“八字宪法”（土、水、肥、种、密、保、工、管）科学管理，用1.5公顷的试验田生产出25.56吨粮食，每公顷产量17.04吨，在柳州地区第一个实现亩产超吨粮，被自治区评为先进农科组，获自治区“三八红旗队奖”。是年，获自治区表彰的还有新龙大队妇代会、赖山八队、县副食品公司妇女小组。全县有96名妇女当选为县人大代表，有1名女干部担任县委常委、县革委副主任，担任公社党委书记、副书记4人，任部办局和公社革委会正副职领导的有8名。

20世纪80年代，境内各级妇联组织宣传并协助推行家庭联产承包责任制，对妇女进行职业道德和个人行为教育，开展“五讲四美”、创建“五好家庭”等活动。号召妇女加强理想、道德、文化和纪律修养，自我约束，“自尊、自爱、自重、自强”。武宣县各级妇女组织，带领广大妇女投入农村经济体制改革，开展计划生育、五好家庭、三八红旗手、学雷锋做好事、学文化学技术比成绩比贡献（双学双比）等活动。1987年，武宣县全县参加地区妇联举办的“学技术赛致富比贡献”活动有67户，获奖26户，其中获特等奖5户，一等奖12户、二等奖4户、三等奖5户。1988年，武宣县全系统开办各种实用技术培训班共151期，参加学习的妇女5685人，超额完成柳州地区下达培训4000人任务的42%。二塘乡上召村公所妇女兰仁登，用学到的种养技术，大显身手。1988年，她家实现人均产粮994.5千克，人均收入1645元。

1990年，武宣县全县参加“双学双比”竞赛的妇女28698人，占女劳动力47%，其中参加水稻高产竞赛9179户15289人，面积1215.7公顷，甘蔗高产竞赛1646人，面积29.5公顷，养猪竞赛168人、猪1838头。水稻高产竞赛达标7033户，占参赛户76%，其中亩产吨粮以上有1979户，亩产0.9吨以上有3289户，亩产0.8吨以上有1775户。武宣镇清水村妇女陈秀兰，参加甘蔗高产竞赛，平均亩产原料蔗8吨。河马乡王道村妇女刘仕英，在“双学双比”活动中，在“种养”二字上下功夫，全家6口人，实现人均纯收入2761元，人均有粮1.25吨。她致富不忘众乡亲，几年来借出人民币3.2万元，扶持本村困难户，帮助57户农民脱贫致富。1980—1989年，武宣县被评为“五好家庭”的有1441户，“三八红旗手”308人，其中获全国表彰的有“优秀班主任”覃毓中，“计划生育先进集体代表”李王珠，“五好家庭”黄桂琼、莫凤娥，“三八红旗手”黄桂琼、冯素珍、莫凤娥、覃毓中等8人；获自治区表彰的“五好家庭代表”“三八红旗手”有刁仕芬、陈秀玉、杨秀兰、张政坚、黄务英、廖美荣、陆桂华、罗水兰、廖秀华、徐曼、覃少玲等；获地区表彰的“五好家庭”有23户。当年，武宣县有女国家干部1068名，占干部总数22.9%，其中当年担任县四家班子领导有4人，任科局及乡镇领导职务有27人。

妇女组织建设

2003年，来宾市以“党建带妇建”为载体，推进妇女组织建设。2003年10月13日，中共来宾市委下发《关于加强和改进党对妇联工作领导的意见》，明确要求：“各级党委要把妇联工作列入议事日程，列入党建工作考核目标，切实担负起为妇联开展工作创造良好条件和社会环境的重要职责，在政策措施、人员编制、活动场所和设施建设、工作经费等方面支持妇联工作”。市妇联及时组织县、乡妇联认真学习贯彻《意见》精神。10月20日，市委组织部、市妇联联合下发《关于加强基层“党建带妇建”工作的意见》，提出以“三带”促“三强”的总体思路，即“带思想、强政治，带组织、强基础，带作风、强力量”。市委组织部、市直机关工委和市妇联联合下发《关于在机关事业单位成立妇女组织的通知》，并于10月30日由市委组织主持召开来宾市党政机关、事业单位妇女组织建设工作会议。2004年3月，来宾市市直机关妇工委成立。

2005年，来宾市各级妇联积极配合各级党委做好村级“两委”换届选举工作，动员广大农村妇女积极参与村级事务管理工作和正确行使民主权利，参与村级“两委”的换届选举。全市妇联系统抽调46人参与村级“两委”换届选举工作，共下村发放宣传资料8万余份，张贴标语1.5万余条，配合各级党委、政府举办换届选举工作培训班250多期。“两委”换届后，共有1490名妇女进入村级党组织、村民委领导班子，其中36名妇代会主任通过党员、村民直选当上村党支部书记和村民委主任。全市妇代会主任进“两委”的比例为87.6%。各级妇联以开展“学习创建型领导班子”活动为载体，进一步加强妇联基层组织建设，以挂职、培训等形式提高妇联干部素质，全市妇联系统有4名干部到区内大型企业挂职锻炼。

参政议政

1955年，来宾县有副县级女干部3人，正副局级15人；1990年，来宾全县有妇女干部1520人，占干部总数的19.13%，其中副县级3人，正、副局级24人。69名妇女当选为县人大代表。1997年，武宣全县有4名女干部担任副处级领导，有4名女干部担任县直一层单位正职领导，有20名女干部担任县直一层单位副职领导。1999年，武宣有6名女干部担任副处级以上领导，有4名女干部担任县直一层单位正职领导，有25名女干部担任县直一层单位副职领导。2002年，武宣县有4名女干部担任副处级以上领导，有13名女干部担任正科领导，有30名女干部担任副科领导；乡镇党委、政府换届选举时，全县有20名优秀妇女干部被选进党政班子，其中当选乡镇党委书记1名，乡镇长2名，副书记1名，副乡镇长6名，党委委员10名。

2002年12月16日—19日，来宾市第一届人民代表大会在兴宾区召开，参加会议代表343人，其中女代表89人，占25.94%；会议选出44人为来宾市出席广西壮族自治区第十届人民代表大会代表，其中女代表12人，占代表数27.27%。2002年12月15日—19日，中国人民政治协商会议来宾市第一届委员会第一次会议于兴宾区召开，参加会议的政协委员251人，其中女委员38人，占15.13%。

2003年4月，兴宾区妇联配合组织部门做好公开推荐优秀女干部工作，把政治素质好、业务能力强、政绩突出、群众公认、发展潜力大的优秀女干部向区委和组织部门推荐，全区共有1000多名干部、职工、群众参加公开推荐优秀女干部工作，其中，群众举荐女干部182人，个人自荐53人，组织推荐162人。公推半年内，已有3名女干部被提为正科级干部，占提任正科级干部的27%，有4名女干部被提任区直一层单位或乡（镇）主要领导，有7名女干部提为副科级领导干部，占新提任副科级领导干部的41%。

2005年，兴宾区有副处级女领导干部4人，占同级干部的11.11%，区直单位在职的正科级女领导干部12名，占同级干部的8.14%；副职女性23人，占同级干部的8.58%。乡（镇）党政换届选举，全区23个乡镇、街道有33名优秀妇女干部被选进党政班子，其中：当选为乡（镇）党委书记3名，乡长4名，副乡镇长10名，党委委员4名；党代会女代表数57人，占代表数20.3%；人大代表数90人，占26.79%；

政协女委员数64人,占委员数25.5%。武宣有23名女干部担任县直一层单位正副领导,有20名女干部担任乡镇党政领导。

妇女参与经济建设

20世纪50—70年代,境内各级妇女组织带领广大妇女在生产建设中发挥"半边天"作用。1960年石龙县运江公社女饲养员吴佩英、妙皇公社女饲养员李秀珍、象州公社女饲养员韦石玉,1979年象州县医院护士韦海兰、大乐公社女社员韦玉花获全国妇联授予"三八红旗手"称号。

1971—1972年,来宾县修建溯河灌区水利工程时,在参加施工的民工专业队的5000人中,有妇女1600人,占32%。她们熟练掌握凿石、开炮、砌浆等各项技术。1975年,象州县有"三八"农科组203个1027人,种试验田112.53公顷。1978年,合山境内有"三八"农科组722个4019人,管理田474公顷;1979年,合山境内有"三八"农科组65个602人,管理田108公顷;1980年,合山境内有"三八"农科组155个1457人,管理田185公顷。"三八"农科组管理的田,大都获得不同程度的增产。1982年,象州县水晶公社马旦大队女社员黄秀珍、运江公社京岭大队妇代会主任邱庆芳获全国妇联授予"三八红旗手"称号。象州县运江公社邱庆芳家,象州镇南街黄惠双家获全国"五好家庭"称号。1986—1990年,合山市妇联会同有关部门,举办各种实用技术培训班125期,参加人数5236人次。1985年以来,合山市各级妇联干部建立扶贫联系户198户,通过传授各种技术和信息,90%以上基本脱掉贫困帽子,其中1988年有12户获柳州地区奖励。1985年"三八"妇女节,合山市直属机关35个单位200多名女职工在市公园岭造"三八"林,种下各种林木528株。

1987年,境内各级妇女组织在扶贫联系户中开展"学技术、赛致富,比贡献"活动后,县、乡、村妇女组织都有自己的扶贫联系户。1989年,各级妇联组织广大妇女参加"双学双比"(学文化、学技术、比成绩、比贡献)竞赛活动,推动农业生产发展。截至1990年,象州县各级妇联同有关技术部门一道,举办生猪饲养、杂交水稻种植、水果种植、裁剪等实用技术培训班502期,培训妇女19822人次。象州县罗秀乡土办村妇代会主任,自治区、地区"双学能手"潘玉梅,连续10年卖粮给国家超万斤。象州县象州镇南街养猪专业户吴慈珍,科学养猪,1991年出栏生猪830头,1993年,她家仅养猪一项就收入8万多元。来宾县大湾乡那谷村曾宽荣,1992、1993年,共养鸡2520只,养鸭7300只,纯收入3万元,1993年,曾宽荣家饲养、孵化兼经营兽药,纯收入6万多元。合山市岭南镇溯河村妇代会主任韦振花,1993年带领本村48户125名妇女种菜18.27公顷,年产蔬菜65万千克,收入40万元,占全村当年总收入的40%。合山市北泗乡文定村上垌屯造林女能手石才勤,1993年种松、杉树150余亩,果树18亩,在她带动下,当年全村造林201.2公顷,人均收入1384元。

1990年,境内农村广大妇女参加营建"三八"林竞赛活动。1991年,各级妇联响应全国妇联的号召,在城镇妇女中开展"巾帼建功"竞赛活动,当年参赛妇女占妇女总数的70%。来宾县七洞乡的覃玉俏被评为全国"三八"绿色工程先进个人,来宾县的曾宽荣、象州县的吴慈珍分获全国养殖能手、养猪能手称号。1991—2000年,来宾县参加各种文化班学习的妇女8587人。经考试验收,这些妇女基本脱盲。参加各种科学种养技术培训班学习13万名,均掌握了1~2门实用技术。经科技部门评定,全县有9280人被评为女农民技术员。1997年1月—4月,武宣县妇联与农业局、畜牧局等分别到三里镇、黄茆乡、二塘镇、禄新乡举办妇女实用技术培训班4期,1.65万人次参加学习;全县有7289人参加家禽等科学种养技术培训班学习。1998年,武宣县妇联与桐岭镇推广站举办抛秧培训班7期,受训妇女3500多人次。1991—2005年,忻城县开展"双学双比"和种、养竞赛活动,表彰"双学双比"先进女能手100名、先进协调组织1个、先进单位1个,加强妇女的农村实用技术培训,创办"妇女之家",开展"妇女活动中心户"活动;大力宣传《中华人民共和国妇女权益保障法》《广西壮族自治区儿童发展"八五"计划、十年规划》,做好"三八"国际劳动妇女节和"六一"国际儿童节的庆祝活动。先后有宁江乡、马泗乡、古蓬镇妇联、遂意乡妇联、古蓬镇东河村公所妇代会等被自治区妇联授予举办科技培训和推广科技成果先进单位。全县共评比表彰五好文明家庭893户。全县有1095名文盲妇女参加文化学习,脱盲率达95%以上。组织和发动全县妇女参加植树造林和营造"三八"工程林活动,各级妇联组织8.1万名妇女上山造林,占女劳动力的89.8%。宁江乡加仁村公所妇代会、思练镇伦贡个体联产林场被评为柳州地区"三八"绿色工程先进单位。

2002年,境内各级妇联组织继续组织广大妇女开展"双学双比""巾帼建功"和"扶贫帮困"活动。

武宣县共创办“农村科技培训学校”13所，为农村妇女提供农业科技知识、市场经济知识的培训服务，举办科技培训班237期，配合农业、科技、林业等部门组织科技工作者送科技下乡26次，印发资料1.89万份。

2003—2005年，在组织开展“巾帼建功”竞赛活动中，全市党政机关、企事业单位有170多个单位(岗位)，1.5万名在职女职工参加“巾帼文明岗”的创建活动，27个单位(岗位)被授予市级“巾帼文明岗”，48人被评为来宾市“巾帼建功标兵”，26个单位(岗位)被授予自治区级“巾帼文明岗”，6个单位(岗位)被授予全国“巾帼文明岗”。各级妇联组织联合劳动部门举办下岗、失业妇女技能培训班43期2070人次，为妇女职介服务1582人次，帮助下岗妇女就业454人，举办劳务输出培训班27期，培训女劳动力2931人，输出2544人。组织59个文明岗位1971人参与岗村联动、牵手结对活动，投入经费14万元，捐赠实物531件，为群众办实事183件。在组织开展“双学双比”竞赛活动中，全市建立以专业技术人员和农村经济能人为主体的农村科技指导中心机构35个，农村妇女科技培训学校713所，建立“妇”字号示范基地795个，农村妇女种养协会67个。市、县、乡、村四级共举办实用技术、新型实用人才、蚕娘兴业和就业、劳务输出等各类培训班3550期，培训妇女27.65万人次，培训覆盖率65%以上，使农村妇女普遍掌握1~2门实用技术，全市累计有4128人获女农民技术员资格(职务)，24688名妇女获得绿色证书，市级农村妇女新型实用人才3715人。全市各级妇联组织在组织妇女为经济建设建功立业的同时，注重为广大妇女提供建功立业平台。2001年争取中国妇女发展基金会“大地之爱·母亲水窖”项目资金56万元，在4个县、8个行政村、24个自然屯修建家庭水窖500眼，解决500户2466人的吃水难问题。2003年，武宣县妇联配合部门举办各种科技培训班174期，受训妇女5.72万人次，印发资料3.32万份，全县有253名妇女获“绿色证书”。

2004—2005年，配合政府职能部门，为妇女提供就业服务，面向深圳、广州、珠海输送城镇和农村富余劳动力2600多人。2004年9月14日，兴宾区妇联在大湾乡开展“妇女致富培训工程”活动，培训项目有科技种养、家政服务和妇女维权等，同时为外出务工的妇女提供了广州、深圳、珠海等厂家“双向”外出务工信息10多条。2005年5月18日，在大湾乡举办农村妇女科学养殖知识讲座，聘请来宾市水产畜牧局两名专业技术人员授课，114名农村妇女参加培训。全区建立区、乡、村“妇”字号示范基地32个，“三八绿色工程”18个，面积200多公顷，培养科技致富女能手共200多名。武宣152名女农民获技术员职称，306名妇女获绿色证书。

维护妇女儿童合法权益

中华人民共和国成立后，党和政府十分重视维护妇女儿童合法权益工作。1951年9月中旬，来宾县第七区潘现来不堪忍受丈夫韦日耕、家婆罗秀兰的虐待投河自杀。主犯罗秀兰、韦日耕先后于1951年12月3日在蒙村乡、1952年1月16日在来宾县城被处以极刑。这个案件，给广大干部群众以极大地震动，对婚姻法的贯彻执行起到推动作用。1980年，国家颁布新婚姻法。此后，各级党委、政府进一步加强对“维权”工作的领导，把“维权”工作列入党委、政府议事日程，各县相继成立维护妇女儿童合法权益领导小组，“打击拐卖妇女儿童”领导小组等领导机构，下发“维权”文件，促使妇女在政治、经济、文化、社会和家庭生活等方面的权利得到保障。各级妇联针对新形势下的侵犯妇女儿童合法权益的新情况、新问题开展调查研究，配合有关部门做好维护妇女儿童的合法权益。1987—1998年，来宾县妇联组织配合公安机关多次到河北、河南、山东、广东、江西、山西、浙江等省和区内解救被拐卖的妇女儿童364人，解救被拐卖到来宾县境的外地妇女12名。1982—1988年，象州县、乡妇联处理来信来访200多件，帮助妇女解决婚姻和家庭问题；发动各单位为儿童捐赠图书、玩具等价值18669元。1986年，象州县、乡成立家庭教育委员会，县城、水晶、大乐等地开办家长业余学校，进行“合格家长”基础知识教育。1978—1990年，象州县配合公安部门打击拐卖妇女儿童犯罪活动，解救被拐卖妇女儿童60人。

1991年，来宾县妇联发出《关于动员全县广大妇女立即行动起来，投入到党的基本路线教育活动中去》的通知，在全县开展宣传教育工作，全县参加党的基本路线教育学习班的妇女有13万多名，其中农村妇女12.5万多名，有80%以上的成年妇女接受党的基本路线教育、社会主义教育、革命传统教育、国情教育和法制教育。1992年《中华人民共和国妇女权益保障法》颁布实施，境内各县(市)妇联组织宣传活动，针对新形势下的侵犯妇女儿童合法权益的新情况、新问题开展调查研究，配合有关部门做好维护妇女儿童的合法权益。6月11日，来宾县委办、县政府办批转县妇联等单位《关于开展〈中华人民共和国妇女权益保障法〉宣传月活动的意见》的通知，在全县开展《中华人民共和国妇女权益保障法》宣传月活动。7月，合山市贯彻实施《中华人民共和国妇女权益保护法》，开展妇幼维权活动，放电视讲座6场、广播宣传31次，利用宣传车在市内厂矿农村巡回宣传7天，出板报4期，张贴标语640条。1991—1995年，忻城县妇联共接待妇女来访咨询237人次，其中家庭暴力107件次，配偶有外遇85件次，其他45件次；配合有关部门办理225件次，协调处理12件次。1994年，合山市制定《合山市儿童发展规划实施方案》。1995年9月20日，来宾县妇联与县总工会联合召开专门会议，传达第四次世界妇女大会精神，参加人数200多人；10月25日，县妇联举行报告会，请出席世妇会的柳州地区妇联主任龙秀凤作专题报告，参加会议人员800多人。1991—1996年，武宣县宣传实施《中华人民共和国妇女权益保障法》《中华人民共和国未成年人保护法》，共受理妇女来信来访3025件次（来信657件、来访2368人次），帮助解决2996件次（来信648件、来访2348人次），结案率97.9%。武宣全县成立146个妇女禁赌防拐协会，会员3212人。配合民政司法部门调解婚姻纠纷216起，协同公安部门解救45名被拐卖的妇女和儿童。1996—2000年，忻城县妇联共接待妇女来访咨询286人次，其中家庭暴力102件次，配偶有外遇128件次，其他56件次；配合有关部门办理271件次，协调处理15件次。1996年，来宾县人民政府制定《来宾县妇女发展规划(1996—2000年)》，县妇联与来宾镇妇联在县城宣传长廊前以生动活泼山歌对唱形式进行宣传《纲要》《规划》，听众5000多人。1997年，合山市颁布《合山市妇女发展规划》。召开妇幼维权训干会3次，印发宣传资料360份。

1991—2005年，兴宾区（来宾县）妇联加强维护妇女儿童合法权益，参与解救妇女儿童336件，配合政法部门查获引诱、容留妇女卖淫38人，强奸案件65件，重婚案件33件；接待来信来访1200多件，2000多人次。2000—2005年，忻城县妇联共接待妇女来访咨询189人次，其中家庭暴力82件次，配偶有外遇102件次，其他5件次；配合有关部门办理182件次，协调处理7件次。2000年，合山市开展宣传《两纲》《两法》活动，出版墙报3期，张贴标语50张，编简报10期。开展《维护未成年人权益》《预防未成年人犯罪法》等法律法规知识竞赛，发放试卷2500份，宣传手册100本，参赛妇女2500人，及格率达100%。2002年6月3日，来宾县妇联与县综治办、禁毒办联合发出关于开展禁毒专项斗争宣传教育活动的通知，组织发动广大干部、职工、妇女、青少年及社会各界人士积极参加全区开展的“家庭学法、防毒拒毒知识竞赛”活动，购买《学习手册》1147本，参加《家庭学法，防毒拒毒知识》有奖知识竞赛试卷7000多人。在活动中，被评为自治区禁毒模范家庭1户，被评为地区“禁毒模范家庭”7户。是年，合山市年制定《2001—2010年合山市妇女发展规》和《2001—2010年合山市儿童发展规划》。配合公安机关前往博白县等地营救被拐妇女1人。

2003—2005年，来宾市妇联每年都与市禁毒办、综治办、司法局等有关部门联合开展禁毒防艾大型宣传活动，向群众解答、宣传有关禁毒法律政策及毒品、艾滋病等方面的知识。仅2005年6月24日一天在兴宾区寺山乡就发放宣传资料2.8万份，接受群众咨询3000多人次。市妇联争取市中级人民法院支持，在市中级人民法院和各基层法院成立来宾市维护妇女儿童合法权益合议庭7个，家庭暴力致伤鉴定中心1个，给妇女儿童提供法律援助机构12个，妇女儿童维权服务站69个，各级法院聘请21名妇联干部担任特邀陪审员。全市每年接待群众来信来访1000多件次，来信来访多为家庭暴力、第三者插足、出嫁女权益、离异子女抚养费等，处理率达90%以上，受理代理诉讼和非诉讼案件近100件。2004年10月8日，兴宾区妇联牵头，与综治办、禁毒办、教育局联合开展不让毒品进家的承诺活动，全区共签订不让毒品进家承诺书19万户，占总户数90%以上。当年，兴宾区妇联被评为自治区创建无毒社区重点整治工作先进单位。到2003年底止，象州县有近10万户家庭签订“不让毒品进我家”的承诺书。全市还组织371个妇女禁毒帮教队，帮教小组608个，参加帮教的妇女骨干和志愿者2908人，接受帮教的对象900多人。

创建活动

创建“妇女之家” 1987年，境内各县妇联开展创建“妇女之家”活动。各地创建“妇女之家”没有固定的模式，有的办在村公所里，有的利用学校为阵地，既能上课，又可以开展各种文体活动，还可以请学校的教师指导；有的设在妇代会主任或妇女专业户、妇女骨干家里，这样可以方便群众学习和交流，也解决了场地不足的问题；还有的是和“青年民兵之家"、文化站、成人教育中心等联合起来办，这样使场地、经费、师资不足等困难都得到解决。"妇女之家"的教师和管理人员，一般都是选用一些有文化知识和技术专长的人来担任，如教师、回乡知识青年等。各地"妇女之家"通过组织学理论、学文化、学技术、学法律等丰富多彩的学习活动来增强吸引力和凝聚力。广大妇女把"家"当作自己学知识、长本领、增才干的好课堂。1980—1990 年，境内被评为自治区"三八红旗手"和"五好家庭"的有 4 人、3 户，种田女能手 1 人；评为地区"五好家庭"31 户，"双学双比"竞赛活动女能手 11 人；评为县"三八红旗手"65 人，"三八红旗集体"27 个，"五好家庭"521 户；评为乡镇"五好家庭"251 户。象州村公所农民陈桂珍，1984 年联合 8 户农民，集资创办振华砖厂，自任厂长，强化企业管理，建立健全生产责任制，保证产品质量，企业经济效益不断提高。

1991 年后，各地妇联把"妇女之家"作为农村妇女技术培训的中心，根据当地实际及农事季节，坚持干什么、学什么、教什么的原则，组织妇女学科学学技术，帮助她们掌握 1~2 门农村实用技术。1991—2000 年，来宾县参加各种文化班学习的妇女 8587 人。经考试验收，这些妇女基本脱盲。参加各种科学种养技术培训班学习 13 万人，均掌握了 1~2 门实用技术。经科技部门评定，全县有 9280 人被评为女农民技术员。涌现出一批先进女能手、先进工作者，其中，曾宽获全国"三八"红旗手、"双学双比"先进女能手；获自治区"双学双比"先进女能手 12 名、先进工作者 3 名；获地区"双学双比"先进女能手 79 名、先进工作者 5 名、"三八绿色工程"先进女能手 3 名；获地委表彰的农村党员科技致富带头人的女党员 5 名；县、乡镇表彰的"双学双比"先进女能手 3758 名，达标户 7392 户。1991 年，合山市建立市、乡、村三级管理网络。与有关部门联合举办各种实用技术培训班 5 期，受训妇女 2787 人次。开展"双学双比"活动广播宣传 27 次，出板报 8 期，印发资料 680 份。1993 年，合山市表彰先进女能手 45 名，优秀妇干 6 名，先进协调单位 4 个，先进妇代会 6 个。1995 年，来宾县第二小学副校长卢连英被自治区妇联评为"广西十大女杰"，县第三中学潘秀清被评为广西十大杰出青年。1999 年，农业银行来宾支行柳来路第一储蓄所被自治区妇联评"巾帼文明示范岗"；县妇幼保健院院长黄瑶莉带领全院员工创一级甲等妇幼保健院，被评为全国城镇妇女"巾帼建功标兵"。同年 8 月，卢玉良被自治区妇联评为全区"三八红旗手"及全区"双学双比先进女能手"。县食品工业公司下岗女职工陈凤珍自筹资金承包饮料厂，安排 40 名下岗女职工实现再就业，被评为自治区"下岗女职工再就业先进个人""全区三八红旗手"。合山市带领妇干、妇女代表 20 人，到外县参观考察莲藕、蔬菜种植技术，在全市开展"三田"建设活动。2000 年，合山市举办实用技术培训班 6 期，参训妇女 500 人，获"绿色证书"102 人。来宾县地税局女职工韦祖静被自治区妇联、自治区地方税务局评为自治区先进税务工作者。2004 年，合山市组织各级单位以自办、联办的方式，举办妇女实用技术培训班 20 期，培训妇女 1000 多人次，免费赠书 500 册。创建"三八绿色工程"基地 4 个。2005 年，兴宾区妇联在全区创建区、乡、村"妇"字号示范基地 28 个，"三八绿色工程"18 个，面积 148.13 公顷，培养科技致富能手 200 多名。其中南泗乡养猪专业户卢玉良带动本乡群众调整产业结构，成绩突出，获"全国劳动模范"称号，在 2005 年"五一"期间，到北京出席全国劳动模范表彰大会。合山市组织各乡镇妇联主席、各村民委妇代会主任共 34 人，到象州县考察学习桑蚕业先进管理技术。

创建"五好家庭" 1956 年，境内各级妇女最早开展创建"五好家庭"活动，主要在城镇的职工家属中开展，旨在支援工人的社会主义劳动竞赛。"五好"活动内容是：家庭生活安排好；邻里团结互助好；鼓励亲人生产、工作、学习好；教养子女好；自己学习好。1957 年，全国妇联提出"勤俭建国、勤俭持家"的工作方针后，各地妇联又开展以勤俭持家为主要内容的"五好"活动。"五好"活动的内容变为"勤俭持家好，团结互助好，教养子女好，清洁卫生好，努力学习好"。这一活动还推向了农村，"五好"的内容也根据农村的实际定为：勤俭、爱社、爱国家、团结互助好；勤俭持家好；学习文化技术好；尊婆、爱媳、教育子女好；清洁卫生好。

1966—1976 年"文化大革命"期间，"五好家庭"评比活动一度中断。

1978 年，中共十一届三中全会以后，各级妇联结合各种社会活动再次兴起创"五好家庭"活动热潮。当时，全国妇联提出的"五好"内容是"热爱中国共产党、热爱社会主义祖国、热爱集体、遵纪守法好；努力生产、工作、学习、完成任务好；实行计划生育、正确教育子女、勤俭持家好；移风易俗、文明礼貌、清洁卫生好；家庭民主和睦、邻里团结好"。这个活动受到广大群众的拥护和社会各方面的积极支持。各地妇联因势利导,不断总结创新,使“五好家庭”活动不断发展。1982 年,各地妇联先在城镇一个街道或农村的一个公社或一个生产大队试点,然后在城镇、农村广泛推广。从 1982 年开始,“五好家庭”活动由点到面,由城镇到农村,由街道到工厂、机关、学校普遍地开展起来。

1991 年以后,“五好家庭”活动得到进一步的巩固和发展,境内各县(市、区)把“五好家庭”活动纳入精神文明建设的总体规划,统一布置,统一检查,并规定凡是评上文明单位、文明村(镇)的,一般都要求“五好家庭”的户数占总户数的 25%~30% 以上。根据新时期改革开放的要求,进一步补充和丰富了“五好”内容,把坚持党的四项基本原则,围绕党的中心工作,积极投身经济建设,坚持两个文明一起抓,在改革大潮中解放思想、转变观念、开拓进取,为四化多作贡献、崇尚科学文明生活方式等列为“五好”条件。2001 年起,“五好家庭”创建活动改称“五好文明家庭”创建活动。“五好”的内容是:“爱国守法,热爱公益好;学习进步,爱岗敬业好;男女平等,尊老爱幼好;移风易俗,少生优育好;勤俭持家,保护环境好”。各地根据本地的实际和不同阶层群众的思想情况来开展各种评比活动。在农村,针对经济形势有了明显好转,温饱问题基本得到解决,但由于一些地区政治思想工作薄弱,加上封建思想根深蒂固,封建陋习又有所抬头,特别是红白喜事大操大办,赌博风气盛行等不良倾向,在开展“五好文明家庭”创建活动中,境内各地妇联充分利用“妇女之家”这个阵地,举办各种讲座和文艺晚会,对农民进行破旧立新,勤俭节约,扩大再生产的教育。在城镇,针对工人和居民家庭在一定程度上仍然保留着旧的生活方式,而且文化水平普遍低下的特点,各地在进行“五好文明家庭”评选活动时,在伦理教育的基础上,突出素质教育,引导他们建立科学、文明、健康的生活方式。对个体经商户,则针对他们平时早出晚归,很少参加集体活动,赚钱心切的心理特点,突出职业道德和法制教育。2004 年 3 月 4 日,兴宾区表彰首届“五好文明家庭”50 户。

2005 年,来宾市妇联系统以“家庭和谐促进社会和谐”为主题,以“五好文明家庭”创建为载体,大力开展家庭美德建设、家庭文明建设、家庭助廉教育和家庭环保行动等活动,组织专题座谈会、培训班、播放反腐倡廉电教片,开展典型案例警示教育,组织领导干部及配偶观看以学习宣传中央和自治区两个《实施纲要》为主题的文艺会演,设立领导干部预防家庭腐败热线电话和求助机制为内容的“五个一”活动。市妇联、市纪委、市委组织部还向全市领导干部配偶发出“兴廉洁之风,建文明家庭”倡议书,编印家庭助廉宣传小册子发给领导干部配偶。还与市纪委联合组织 2900 多人参加全国、自治区“家庭助廉教育读书活动”知识竞赛及征文比赛活动,把党风廉政教育延伸到领导干部家庭,把好家庭廉政关。全市共评出“五好文明家庭标兵户”“五好文明家庭”“学习型家庭”“廉洁家庭”等共 158 户。

幼儿入托及“春蕾计划”

中华人民共和国成立后,广大妇女迫切要求从家庭拖累中解放出来,参加生产和社会政治活动,以改变自身的经济地位和政治地位。20 世纪 50 年代,境内出现街道办托儿所,农村农忙时办互助托儿所。1958 年人民公社化后,托幼工作也实现了“大跃进”,境内各县托儿所、幼儿园普遍建立起来,在居住及分散山区,则采取个别寄托的方式来解决幼儿入托问题。20 世纪 60 年代中期,受“文化大革命”影响,托幼组织工作受到影响。1975 年,在“农业学大赛”运动中,托幼所迅速发展。1979 年,生产队办的托儿所、幼儿园基本解散。1981 年,中共中央下发文件,要求“妇联应把抚育、培养、教育 3 亿以上儿童和少年作为自己的工作重点”,各级党委政府高度重视儿童少年工作。1985—1990 年,合山市各级妇联办幼儿班 57 个班,入托幼儿 1642 人,有幼儿教师 57 人。1992—1993 年,来宾县政府划拨 3 亩土地作为县第二幼儿园建设用地,自治区计委拨款 5 万元,县财政拨款 25 万元,兴建一幢 4 层 620 平方米的幼儿教学楼,解决该园(所)多年来借场地办班的难题。1995 年,来宾成立县儿童发展规划监测评估领导小组,并制定来宾县儿童发展规划的监测统计指标体系及检查评估方案。2001 年,来宾县制定《来宾县妇女儿童发展规划(2001—2010 年)》。12 月,县妇女儿童工作委员会被评为广西实施妇女儿童发展先进集体。

1992 年,中国儿童基金会与香港周洁冰(女)共同发起“春蕾计划”,并把境内的 4 个女童班作为“春蕾计划”的试点班。县、乡各级党委、政府高度重视,社会各界以及社会的热心人士纷纷伸出热情之手,一把面条、一斤米、一元钱、一支笔地捐,女童班得以生存并迅速发展,许多辍学、失学女童圆了读书梦。1995 年,来宾县在全县开展实施“春蕾计划”献爱心活动,县妇联发动各有关单位和社会各界爱心人士参与活动。忻城县实施“春蕾计划”,共有 127 名贫困女童得到社会各界人士的资助，贫困女童上学难问题得到解决。1996年，来宾县妇联被自治区妇联评为“亿万爱心献春蕾”活动先进集体。2002年6月，为激励更多的儿童努力学习，争做德、智、体、美、劳全面发展的好儿童，境内组织开展“十佳春蕾女童”评选活动。是年，香港妇协资助30万元，在象州县建立妇女儿童职业技术培训学校1所。2003年5月，兴宾区妇联宣传发动县直机关单位和个人为儿童捐款1.4万元，修建一条长155米、宽4.5米通往县直机关第二幼儿园的道路。2004年5月，兴宾区妇联被评为广西实施“春蕾计划”先进单位。2005年，忻城县妇联共筹集资金11.6万元，资助371名贫困女童就学，有3名女童被评为自治区“十佳春蕾女童”，县民族中学老师罗美珍被评为自治区“十佳春蕾”园丁，8名妇联干部被评为自治区、市实施“春蕾计划”活动先进工作者。

关心儿童工作

1981年，中共中央下发文件，要求“妇联应把抚育、培养、教育少年儿童工作作为自己的工作重点”。境内各级妇联认真贯彻落实，当年“六一”国际儿童节，各县（市）妇联联合共青团、教育局共同发文，要求各部门、各单位关心重视少年儿童工作，为儿童办好事做实事，各单位纷纷响应。来宾县的家长、职工为儿童捐款6400元，为儿童做好事2000多件。1985年5月，境内妇联以幼儿园、学校为阵地，创办家长学校，切实做好家庭教育工作。1986年3月，家长委员会利用电视录像、广播、幻灯、黑板报、墙报、专栏、印发资料、举行座谈会、经验交流会等开展宣传，来宾县专题节目广播63讲，放录像3场。影前宣传40次，召开家长会60次，发放宣传资料7000多份，观众3000多人。同时实施“小公民道德建设计划”和“九五、十五、十一五”家庭教育规划，开展“争做合格家长、培养合格人才”等系列家庭教育实践活动。1987年，“六一”国际儿童节，各县（市）继续为儿童、特别是边远山区少年儿童办好事实事。各县（市）卫生局、妇幼保健院给七周岁以下的儿童体检，有条件的县、乡“六一”当天为儿童少年免费或者折减收费放电影。1990年，为儿童办好事实事重点放在“提高民族素质，从儿童抓起，培养一代新人”的基点上，各单位除“六一”节为儿童送上节日的慰问礼物外，还组织多种形式的读书、讲故事、唱歌、朗诵、文艺演出、办展览、看电影、红领巾助残活动。1997年，来宾县委、县政府组织全县24个乡（镇）的66名孤儿到县城欢度节日，给孤儿赠送衣服、鞋、书包和学习用品。县四家班子领导亲自带孤儿到金海公园游览。2001年，来宾县制定《来宾县妇女儿童发展规划（2001—2010年）》。

2003年，来宾市委、市政府把为儿童办好事、实事作为市直部门长抓不懈的一项工作来抓，把支教工作与各单位的联系点结合起来，一定几年不变，从源头上为儿童办好事做实事。2003—2004年，市妇联挂点合山市河里乡马安村。为马安村小学争取到1.5万元用于修建学校围墙，平整运动场；筹集13500元为学校更新课桌椅，捐资2100元，扶助7个贫困女童读书，同时，协助学校做好绿化、美化工作。

2005年，市妇联挂点忻城县古蓬镇东江小学，筹集资金9.9万元、物质一批，帮助学校进行硬件环境改造，建1座有十个蹲位的钢筋水泥结构厕所、标准篮球场1个，硬化地板1600平方米，铺设体育运动跑道40米、绿化400平方米，建水泥乒乓球桌3台，12米的文化长廊1个。全部更换学生、教师课、桌、椅，帮助学校建设“五室一场”，配齐率和配备率达100%。帮助学校更新教学设备和体育设备，同时协助学校抓教学质量，改变该校30多年来的落后面貌。

截至2005年底，全市共有各类家长学校709所，国有幼儿园和中小学校的家长学校办校率达100%，全国“双合格”优秀（示范）家长学校1所，市级示范家长学校14所，自治区家庭教育实践基地2所，市级“双合格”家庭教育实践基地7所。

妇儿工委工作

20世纪90年代，境内各县（市）积极开展各种活动，在全社会营造尊重妇女、关爱儿童的良好环境。积极创建“爱婴医院”和加强产科质量建设。2000年起在境内启动“母亲安全工程”，产妇住院分娩率88%，在各乡镇卫生院、“爱婴卫生院”建立孕产妇转诊“绿色通道”，开展实施住院待产免费就餐，产后一碗蛋汤送温馨的家庭式服务；婴幼儿四苗全程接种率、乙肝疫苗接种率在95.97%以上。成立“来宾市维护妇女儿童合法权益合议庭”6个，“家庭暴力致伤鉴定中心”1个，为妇女儿童提供法律援助机构12个，各级法院聘请21名妇联干部为陪审员。抓好“希望工程”“春蕾计划”“结对子”一帮一活动，先后筹集105.25万元助学款，共有480多名女童和贫困学生得到结对，有3255名贫困女童得到资助，筹措希望工程款2000万元，建设希望小学60所。

2003年9月，来宾市妇女儿童工作委员会成立，主任由一名副市长担任，各县（市、区）人民政府对应成立相应机构，并由一名副县（市、区）长担任妇儿工委主任。来宾市妇女儿童工作委员会是市人民政府负责妇女儿童工作的协调议事机构。2004年10月，来宾市人民政府颁布实施《来宾市妇女发展规划（2001—2010年）》和《来宾市儿童发展规划(2001—2010年)》。6个县（市、区）人民政府均制定发布本地妇女儿童发展规划。

2005年，市妇儿工委办、市妇联、市计生委、市民政局等8个部门在象州县开展“尊重生命尊重爱——婚前医学检查知识宣传教育普及活动”启动仪式。

第四节　科　协

组织机构

县级机构　中华人民共和国成立后，境内各县成立科学技术协会。1959年4月9日，石龙县科学技术协会成立，设专职工作人员2人。1959年5月9日，忻城县科学技术协会成立，设主席1人，副主席3人。下设办公室，配干部3人。1961年10月，来宾县科学技术协会成立。1962年4月，撤销石龙县科学技术协会。1978年12月，武宣县科学技术协会成立。1978年8月，金秀科学技术协会成立。协会成立初期，与县科学技术委员会合并办公；1984年，金秀科学技术协会从县科学技术委员会分出。1982—1983年，忻城县城关、古蓬、红渡、大塘、果遂、思练、北更和遂意等乡镇建立科普协会。象州各公社（乡镇）成立科普协会。1981—1983年，武宣、三里、东乡、二塘、黄茆、禄新、通挽、桐岭等公社（镇）先后成立科普协会。1984年9月，成立合山市科学技术协会，为局级单位，设副主席1人。1985年，象州县科学技术协会改称科技协会。1988年，忻城县新设置的安东乡也建立起科普协会。1990年，象州县有县级学会13个，会员597人；乡镇科协11个，会员1506人；农村专业技术研究会88个，会员1052人。1987年，合山市科学技术协会设下属机构——市科学技术咨询服务部。1988年全市整顿公司，该部也停业整顿。1990年，合山市有卫生工作者协会132人、地方志协会167人、个体劳动者学会2793人、消费者协会19人、合山电厂职工技术协会和电机工程学会103人，电厂职工思想政治工作研究会124人，合山矿务局职工书画研究会和职工围棋协会以及职工灯谜协会325人，北泗乡、河里乡和岭南镇办有科协，会员有30人。1990年，科技协会下辖有学会、科普协会和民间科研组织研究会等40余个。1990年，武宣县科技协会有会员620名。1988—1989年，武宣县科协办事人员调离，期间无人办公。1990年，武宣县科协配员4人，其中主席1人，干事3人。

1991年，来宾县科学技术协会，行政定编4人，全额拨款事业编制5名，共9名。其中领导3名，办公室2名，科普部2名、学会部2名、咨询部2名。领导职数为主席1名，专职副主席2名，兼职副主席3名。忻城县科学技术协会下设科学技术普及协会办公室，编制3人。1994年，忻城县科协先后组建县级学会、协会、研究会12个，会员355人；乡镇科普协会9个，会员296人。1996年底，来宾县科协在职人数10人，干部9名，工人1名。县科协内设办公室、科普部、学会部。1997年，机构改革，来宾县科学技术协会核定事业编制9名，其中领导职数主席1名，专职副主席2名，不设兼职副主席，不设内部机构。年底在职人数11名。2001年，来宾县科协事业编10名，设主席1名，副主席3名，干部6名，工人1名。2002年，来宾县科学技术协会改称来宾市兴宾区科学技术协会，年底在职人数9名。武宣科协编制3人，设主席1人，副主席1人，办公室干事1人。武宣县有14个学科16个专业领域，根据自己学会学科及专业特点，开展一系列科研和技术推广工作。特别是水稻制种、杂交稻推广、抛秧技术推广、百日养猪、畜禽统防统治、甘蔗良种推广、水果良种推广等项目。合山市科协独立建制，市直学会有9个；乡镇科协组织3个；村（社区）成立科普小组31个，企业科协13个。

来宾市科学技术协会　2002年12月设立，正处级单位，核定行政编制7名，内设有办公室、学会部、科普部，下级系统有1市1城区和4个县科协，即合山市、兴宾区、金秀瑶族自治县、象州县、忻城县、武宣县科协。

2005年，市科协机关编制、内设机构，在职人员不变。所属市级学会、协会、研究会18个，会员4383名；县（市、区）级学会100个，会员6857名；乡（镇）科协56个，农村专业技术研究会148个，会员7411名；厂矿科协2个。年内，各协会、学会、研究会积极开展形式多样的学术交流和科学普及活动。覃荣平、何开永等2人获2005年全国农村科普先进工作者称号；来宾市科协及陈开辉、潘业新、梁德强等3人分别获广西2003—2005年度全区农村科普工作先进集体和先进工作者称号；李元田获2004—

2005年度广西科协学会先进工作者称号；象州县科协及汤丽莎、刘俊民、潘显乐等3人分别获2005年广西“十月科普大行动”先进集体和先进工作者称号。忻城县先后成立各种农村专业技术协会21个，会员8688人。县科协有县级学会17个，会员发展到638人；由9个乡镇科普协会发展到12个。

市科协主席：郑益群(2002年12月—2005年12月)。

代表大会

县级代表大会　境内各县(市)科学技术协会成立后，依据相关章程，召开代表大会，选举产生各级科学技术协会委员会。

1978年2月7日—10日，来宾县召开全县科技工作者代表大会，产生新的领导班子，协会活动恢复。1991年12月24日—25日，来宾县科学技术协会第一次代表大会在县城召开。1997年10月20日—23日，来宾县科学技术协会第二次代表大会在县城召开。

1978年11月27日，象州县召开科技人员代表会，成立象州县科学技术协会。科协设在科学技术委员会内，两块牌子一套人马。1982年4月，象州召开科协第二次代表大会。1988年12月19日—20日，象州召开县科协第三次代表会。1998年5月11日—12日，象州县召开科学技术协会第四次代表大会。2003年9月23日—24日，象州县召开科协第五次代表大会。

1978年12月，武宣县召开科技工作者第一次代表大会，武宣县科学技术协会正式建立，之后成立公社(后改为乡镇)科协并召开第一届代表大会。1979—2009年，由于各种原因，县级科协和大部分公社(乡镇)一直没有召开科协换届代表大会，县级科协领导成员由县委直接任命，乡镇科协主席由乡(镇)一名副书记或副乡(镇)长兼任。

1978年8月，金秀在县城召开全县第一次科学技术工作者代表大会，成立金秀瑶族自治县科学技术协会。

1979年1月10日—11日，忻城县在县城召开科学技术第一届代表大会。1994年11月23日—24日，忻城县在县城召开科协第二次代表大会。

1984年9月4日，合山市召开第一次科技人员代表大会，成立合山市科学技术协会。

来宾市科协第一次代表大会　2003年3月10日—12日在来宾市举行，参加会议代表团9个，代表118人。来宾市科协筹备工作领导小组成员郑益群(原柳州地区科协主席)代表筹备组作题为《与时俱进　创新发展　为建设新兴的绿色生态工业城市贡献智慧和力量》的工作报告。会议审议通过筹备组的《工作报告》，选举产生来宾市科协第一届委员会。郑益群当选市科协第一届委员会主席，吴贤明、覃耀华、韦宝全、朱双明、曾世林、刁其疆、张大刊当选副主席。大会还推选黄克为名誉主席。

学术交流

1979年5月26日—30日，农学会就境内粮食产量几年徘徊不前问题，组织有农业、林业、畜牧水产业共20多名科技人员参加专题研讨。大家认为，境内耕地土质差，耕作层浅，有机质少，肥料缺乏，施肥水平低，加之串灌漫灌的不良习惯，致使土壤条件日趋恶化，粮食产量受到制约。得出境内粮食生产上不去，主要矛盾不是“两旱”“两寒”，而是土肥问题的结论。同年，忻城县科协和县农学会就调整耕作制度问题举行学术讨论会，主张忻城县应少种秋玉米、多种秋黄豆，被县委采纳。1980年，忻城县秋黄豆种植计划由400公顷增至6667公顷，黄豆平均单产比秋玉米多10多千克。1990年5月，境域各学会、协会、研究会亦相应成立论文评定小组。至2001年底，已开展学术论文评选活动7次，送评论文12600多篇，评出优秀学术论文947篇，其中一等168篇、二等457篇、三等568篇、优秀150篇。1978—1990年，来宾县科协各专门学会组织各种学术报告会5次，共有842人参加。举行学术活动70次，约1000人参加。举行广播讲座2次，专题技术讲座23次。县人民医院医务人员积极参加医学会举办的学术活动，使全院医疗技术和医疗质量显著提高。武宣县共开展学术交流12次，参加的科技人员670人，撰写科技论文154篇。象州县召开科技成果、科技信息交流会16次，参加1258人次。

1991—1995年，象州县评出优秀科技论文200多篇。1991—2005年，来宾县科协举办兴宾区第一届优秀学术论文、科技建议评选活动，共收到论文180篇，评选出13篇优秀论文并予以奖励。

2001—2005年，境内先后开展“千厂千会协作”“金桥工程”“讲理想、比贡献”等学术活动。

2002年12月，来宾市初步完成《广西来宾市科技馆建设项目建议书》，全文5206字。2005年，再次修改后完成《广西来宾市科技馆建设项目建议书》，全文3830字。

2003年后，来宾市先后制定下发《来宾市科协所属社会团体管理试行办法》《来宾市科协所属学会召开全市会员代表大会及理事会换届工作条例（试行）》《来宾市科协所属社会团体工作评价考核办法（试行）》等管理办法，每年按时完成学会年检工作。市科协组织各级科协、学会开展各种学术探讨活动。年内，广西八一铁合金集团公司科协有8篇在中国铁合金学术委员会《铁合金》杂志上发表；有5篇论文在西南五省（市）学术交流会上发表，其中两篇获一等奖。市农机学会会员樊日文代表自治区科协参加“2003年西部论坛”，并在大会上作题为《农业机械化是产业结构调整和农民增收的必然选择》的发言。

2004年，市科协组织开展来宾市第一届自然科学优秀学术论文、科技建议评比活动，共收到参评学术论文141篇，评选出一等奖10篇、二等奖15篇、三等奖25篇。市农机学会会员樊日文被邀请携论文参加第七届中国中西部科技进步与经济社会发展专家论坛；八一铁合金集团公司推荐黄积福等5名青年学者参加第三届广西青年学术年会。年内，市科协所属市级学会积极开展活动，市畜牧兽医学会聘请河北远征兽药集团的专家到武宣举办学术报告会提高规模饲养场和饲养专业户的科学饲养水平；市医学会聘请自治区医疗保健专家在兴宾区大礼堂为市直和兴宾区干部职工举行生活保健知识讲座。市医学、质量标准计量管理、会计、政研、畜牧兽医等学（协）会还承担了政府委托的部分职能，如市医学会承担了卫生在职技术教育和医疗事故鉴定工作，市质量标准计量管理协会承担了质量体系认证工作，会计学会承担了会计人员继续教育培训和专业技术职称资格的考评工作，市畜牧兽医学会配合市政府调整农业产业结构，组织会员撰写《100万头肉牛生产基地可行性研究报告》和《100万头肉牛生产基地实施方案》，及时提供市委、市政府参考。市科协所属市级学会会员撰写的学术论文在省级以上刊物发表100多篇。

2005年，全市各级科协和学会举办学术会议6次，896人（次）参加，交流学术论文356篇，举办科普讲座92次，听众39万人（次）；举办科普讲座、报告会1246场次，参加人数19.76万人次；编印科技图书2000册，制作科技光盘40张，完成“科技金桥工程”3项，完成科技咨询服务（无偿）76项，反映科技建议21项。组织开展了来宾市第一届自然科学优秀学术论文、科技建议的评审表彰工作，共评出获奖论文、科技建议50篇，其中一等奖10篇、二等奖15篇，三等奖25篇。市气象学会6月28日召开青年科技工作者座谈会，吴镇疆理事长作气象学科前沿、发展方向的主题报告；市畜牧兽医学会针对乡镇机构改革后，乡镇畜牧兽医站兼并到农业技术服务中心，一些乡镇畜牧技术人员少，难以完成繁重的动物防疫工作，通过深入调查，写出了“关于搞好畜禽防治，促进畜牧业可持续发展的建议”的提案，被市政府采纳；市八一铁合金集团公司科协组织科技人员自主开发具有自主知识产权的专业产品“换底锭模”，投入使用后，降低了劳动强度，减少了锭模的消耗，经济效益显著。年内，科协系统共有50人（次）在科技攻关和合理化建议项目中获单位和企业的表彰奖励。7月18日召开科协主席办公会议，审议通过《来宾市科协所属社会团体管理试行办法》《来宾市科协所属学会召开全市会员代表大会及理事会换届工作条例（试行）》《来宾市科协所属社会团体工作评价考核办法（试行）》，并下发所属学会执行。8月25日—26日，联合广西区科协学会部在金秀举办“来宾市学会工作研讨班”，市科协所属学会理事长、秘书长，各县（市、区）科协主席参加。广西区科协学会部部长林杨莉出席研讨班并作了《学会改革与发展》的专题学术报告。

科技普及

来宾市各级科协组织积极开展科学技术普及工作。科普活动主要有“科技进百村”“‘科技、文化、卫生’三下乡”“十月科普大行动”“全民科学素质工程”“农村党员、干部电教科技工程”“全国科普日”“大篷车”科普宣传等。在厂矿企业、城镇社区开展“科普进社区”“讲理想、比贡献”“千厂千会协作”等。

科技培训 至1987年末，金秀共开办实用技术培训班202期，参训人员13232人次。1991—1992年，金秀桐木镇建立自治县科技管理中心，共开办适用技术培训班421期，受训人数18530人次，发放技术资料43000份。1993—1996年，金秀成立农村实用技术领导小组，每年开办实用技术培训班243期，每年参加人数15309人次。1997—2000年，开办农村实用技术培训班628期，培训37616人次。2003—2005年，金秀开办各种实用技术培训班981期，发放技术资料11.39万份，培训适用技术35种；举办科技、科普报告会5场，科技圩市1次，科普大篷车1次；

举办科级以上干部及科技人员培训班4期，培训人数500人次；星火学校举办农民实用技术培训1750人次，举办各种类型技术咨询、实地指导和讲座活动22次，参加技术咨询人数2.43万人次；展示新品种3种，挂图展示8套，发放有关科技资料27种7.91万份，参加培训人数28.56万人次。1986年3月6日，忻城县科学技术协会主持举办1期专利知识讲座。1990年，武宣县科协系统举办实用技术培训班316期，培训农民32423人次；举办技术咨询讲座187次；接受咨询2985人次；印发技术资料14690份。1991年，全县共开展农村实用技术培训391次、科普讲座40次，出科普墙报1150版，播放科教电影、录像110场，科普宣传车下乡宣传75次。

1992年，武宣县委、县人民政府出台《关于对农户进行实用技术培训的意见》文件，县人民政府成立农村科技培训领导小组，县科协副主席张毓权任副组长。全县掀起农村实用技术培训的高潮。培训内容以粮食、蔗糖、畜、禽、水产养殖、桑蚕、烤烟、农机、水果、林业、加工服务、财会管理、水利科灌及电业技术等为重点，任务分解到县直相关职能部门，争取通过普及先进实用科学技术，让每个农户学到1~2门实用技术。

1995—2000年，武宣县开展农村党员、基层干部实用技术和市场经济知识培训，五年共举办各类培训班905期，培训3万人次，获得"绿色证书"5000多人。获得农民技术员以上职称869人。科技示范户2600多户。确认43名村镇专业技术人员专业职称。

1999年，武宣县实施"电教科技工程"，县科协通过播放科技电教片现场指导，推广农业科学技术，提高农村广大党员、基层干部的素质和致富本领。

2001年，武宣县人民政府制定2001—2005年"绿色证书工程"实施方案，全县培训"绿色证书"学员3万人。

2004年，武宣县实施"科教兴村"计划，开展"科技百村行"活动，县科协在创建村石岗村、旺村、鱼步村、樟村、清水村举办科技培训班12期，每期培训30人以上。

1992年，合山市科协系统举办技术培训79期，培训农民8760人次，举办技术咨询讲座65次，接受咨询960人次，印发技术资料3500份。1991—1995年，象州县委、县人民政府作出"依靠科技振兴象州经济"决定。县科学技术协会配合县科学技术委员会、教育、农业等部门，开展学术交流、技术研究、科技培训、科技示范、科技咨询、技术讲座、新技术新品种推广、科技成果推广、科技下乡、科技扶贫等一系列科技普及活动。全县开展科普宣传58次、举办科普展览36次，"科普赶集"68次，举办培训班723期培训31263人次，解决技术难题4000多次。1991年，来宾县科协配合有关部门对农民进行实用技术培训1.5万人次，组织建立各种研究会4个，建设2个乡（镇）科协。组织放映科学种田、科技养殖等科教影片150场，农民受教育3万多人次，与学会、厂矿科协开展技术攻关、技术咨询活动，与教育局配合开展青少年科技活动，组织青少年开展小科学、小论文活动。1992年，来宾县科协举办各种技术培训班1137期，受训42850人次，放科教电影210场，观看观众0.56万人次，挂科教图片516幅，咨询服务群众1.3万多人次。1993年，来宾县科协配合有关部门举办各种培训班1268期，受训人数4.63万人次，发放种养资料3万多份，挂科教图片380多幅。1994年，来宾县科协举办各种培训班1358期，受训5.01万人次。1995年，来宾县科协举办各种培训班1321期，受训5.63万人次。科技人员深入各乡镇进行科技咨询，出动车辆120次，共接待群众咨询4.8万多人，发放科技资料4万多份。1996—2000年，象州县每年开展1次以"崇尚科学，反对封建迷信"为主题的大型科普挂图展览活动；举办种类科普宣传168次、科普展览60场次、"科普赶集"78次；组织科技人员680人次下乡开展科技服务，推广新技术、新品种130项。与有关部门合作实施"素质教育工程""绿色证书工程"；举办各种科技培训班886期培训5.32万人次，举办"绿色证书"培训班103期培训8240人次，2600人通过"绿色证书"考试。全面启动实施科局级领导干部"绿色证书工程"和中学应届毕业生"绿色证书工程"，386名科局级领导干部和1.2万名中学生获得"绿色证书"。1996年，来宾县科协与农业局、畜牧局、糖办、林业局、水果办等举办各种技术培训班1428期，受训5.38万人次，印发科技资料4.5万多份，出动车辆128辆次，共接待群众咨询4.2万人次，挂科技图片580多幅。1997年，来宾县科协举办各种技术培训班1426期，受训5.38万人次。共接待群众1.87万人次，科普挂图120幅，发放技术资料8万多份。1998年，县科协举办技术咨询培训班4476期，受训54813人次，印发科技资料6.8万份。1999年，来宾县科协配合县农业局、畜牧局、蔗糖局、水果办等单位举办技术培训班4086期，受训48518人次，全县256个村委村支书、村委主任共516人经系统培训，全部获得证书。2000年，来宾县科协配合有关部门举办培训班1856期，受训52368人次，请中科院、广西大学专家教授到县城举办科技讲座3场，听众约3600多人次；举办县级科普讲座28次，听众约4800人次。

2001—2005年，象州县共举办各类实用技术培训班5100期，培训58万人次。县桑蚕培训中心每年培训县、乡镇二级示范户、村干部和种养能手1000人以上；全县85%的农民每年获得3天以上的科技培训，并掌握1~2门实用技术；5500名农村党员、干部和农民获得实用技术培训"绿色证书"，其中600人获得技术员以上资格证书。2001年，来宾县科协与有关部门配合，共举办养猪、养羊、肉牛育肥、养鸡、养鸭、水果、蔬菜、水稻，旱育稀植抛秧技术等各种培训班1966期，受训人数62836人次。还举办县级科普讲座18次，听众4000多人。2月2日，在县三级干部会议期间，给全县村级干部每人发1套农村实用技术书籍，共4200多册，折人民币1.35万多元。2002年，兴宾区科协与区直各有关部门，配合搞素质工程，培训总人数63500人次(其中，农村党员干部13000人，妇女2100人)，编印各种教材120份，投入经费36万元，出科普宣传板报46期，编印发放科普资料86000多份，咨询人数32000多人次。合山市农业局、科技局、扶贫办、妇联等单位举办科技培训班18期，培训群众3000人次，其中农村党员867人，妇女512人。1991—2005年，兴宾区科协在良塘、凤凰、小平阳、寺山等乡镇建立4个蔬菜、水果、优质谷示范基地。蔬菜基地实施面积40公顷，年亩产值8000元，平均每亩纯收入3200元；在良江镇建立一个种养示范园区，种植13.33公顷美国油桃，养殖3000多只良种麻花土鸡。武宣先后创建三里、二塘、黄茆、桐岭等4个科普示范乡镇，旺村、樟村等7个科普示范村，何开永等711户科普示范户。全县学会16个，会员2315人。

2002—2005年，来宾市大力开展实用技术培训，为全市两个"135"农业丰产增效工程的推进提供技术支撑。组织实施《来宾市百万头肉牛养殖基地建设实用技术培训》项目。每年印发《来宾市科协系统农村科技培训工作实施方案》，将培训任务分配到各县(市、区)科协、各学会、企业科协。通过培训有不少受训人员成为农民技术员，成为发展农村经济的技术骨干和乡土人才。全市共举办培训班4700期，培训人数27万人次。同时，市、县两级科协结合支教点、扶贫点的联系工作，注重发挥科协的特长，做好"点上"的技术顾问，在经费、人员、技术等方面给予重点支持。组织专家服务团深入厂矿企业、农村帮助解决技术问题，与农户共同商议增收方案。

2003年开始，来宾市每年举办一期全市科协系统干部培训班，主要围绕科协业务工作开展培训。同时，每年召开至少2次以上的全市科协主席联席会，组织6个县(市、区)科协主席研究解决科协工作当前存在的困难和问题，拿出切实可行的实施方案。来宾市科协围绕宣传、贯彻《中华人民共和国科学普及法》，大力开展形式多样的科普宣传活动。4月，市科协在象州县召开创建"全国科普示范县"会议，推广象州县的科普工作经验。全市有25个科协、学会等单位67人参加。年内新建科普示范乡镇21个、示范村305个、示范户4060个，建立科普示范基地31个。6月，市科协与市人大、市委宣传部、市科技局等联合召开庆祝《中华人民共和国科学普及法》颁布一周年座谈会，有12个部门35人参加会议。6月26日，市科协与市委宣传部、科技局等市直有关部门在兴宾区广场联合组织举办"全国科普志愿者行动日——蒲公英科技传播行动"，市四家班子领导出席并在仪式上讲话，并给221名科普志愿者授旗。当天，有300多名科技人员参加仪式和科技咨询活动，为群众发放资料2万多份，接受群众咨询3000人次，义诊600多人次。6月29日晚上，市政府领导刘向群在桂中电视台作题为《依法开展科普工作提高公众科技素质》的电视讲话。桂中电视台连续七天晚上播放宣传科普法的标语口号。10月24日，市科协与市委组织部、宣传部、文明办和合山市委、市政府联合在合山市新世纪广场举行"十月科普大行动"启动仪式。市直16个学会81名科技人员、合山市直38个部门和学会212名科技人员及电信、电器、机械等21家厂、商参加活动。出版科技板报、宣传展板18块，展示各种科技成果263台(件)，发放科技资料2万多份，义诊400多人。市科协组织1180名科技工作者参加文化、科技、卫生"三下乡"活动，活动在36个乡镇、110个村开展，接受群众科技咨询7万多人次，举办科技讲座1210次，发放科技资料8万多份；新建科普示范乡镇21个，示范村305个，示范户4060个，建立科普示范基地31个。广西八一铁合金集团公司组织开展"讲理想、比贡献"活动，科技工作者给单位提出160项合理化建议，有152项被公司采纳，创经济效益816万元；确立40多项攻关项目，实施完成12项，创经济效益2350万元。兴宾区科协共培训人数为17500人(次)，编写各种教材150份，部门融资投入经费26万元左右,2月下旬组织开展兴宾区青少年科技创新大赛活动。组织科普集市50次,科普展览49次,科普讲座26次,科普影像(图展)200场,发放科普资料书刊5万份(册),开展科普咨询1.9万人次。合山市农技工作人员举办科普培训35期,受训人数5000人次,其中农村党员2000人次,妇女500人次。

2004年,市科协重点搞好大型科普活动。年初,组织开展科技下乡助农活动,先后组织科技人员4100多人(次)开展科技下乡活动89次,发放科技资料9.2万份,出版科普板报127期,播放科技录像、科技光碟59场(次)。年内,还通过举办科普一条街、科普集市、科普讲座、科普报告会、科普展览、科普文艺会演等多种形式普及科学知识。在"6·29"科普日,开展主题为"科学普及,共建新来宾"的科普活动,全市共有700多名科技人员参加,发放《快速育肥牛》《高产栽培西瓜技术》《八角速生种植》《水果高产技术》《葡萄防病虫害种植技术》等科技书籍7000多册,科普法及科普资料1.2万份,展出科普挂图2000多张(次),出版科普板报66期,接受群众咨询6000多人次,义诊3000多人次。还在当天的《桂中日报》头版报眼处刊登《致广大科技工作者的一封信》。与桂中电视台联合录制《科学普及,共建新来宾》专题电视报道,于6月29日—7月7日连续七天在桂中电视台黄金时间播出。10—12月,在全市联动式开展"十月科普大行动",活动启动仪式主会场在武宣县举行。大行动期间,全市有1650多名科技工作者参加活动,展出科普展板474块,科普挂图2150幅,展示水稻、甘蔗、水果、农机等新品种、新技术160多项,开展科技咨询项目957项,接受群众咨询7.5万人次,举办实用技术培训班1200期,培训人数3.2万人次。参加科普活动群众11多万人次。象州县获中国科协授予"全国科普示范县"称号。全市共有科普示范乡镇40个,示范村402个,示范户5260个;科普示范基地37个。其中2004年新建科普示范乡镇19个,示范村97个,示范户1200个;科普示范基地6个。市科协、兴宾区科协联合在兴宾区寺山乡石塘村创办无公害蔬菜生产基地,面积约40公顷,引进推广新技术、新品种取得较好的经济效益。武宣县桐岭镇和律村食用菌协会通过"协会+企业+农户"的模式,筹资14万元建立一个食用菌生产厂(年可加工3000吨鲜菇),有种植食用菌会员100户,年内会员每户增收1万元,会长何开永家纯收入10万余元;因该协会的辐射带动,近邻的石岗村也成立一个新的食用菌协会,会员650户,年种食用菌75万千克,产值250万元,年人均收入增加78元。当年,由市科协牵头,会同市教育局、团市委等部门联合举办一系列青少年科技活动。3月开展来宾市第二届科技创新大赛,全市106所中小学校及中专职校3150名学生参加,收到参赛作品2766件。有10件作品推荐参加自治区级大赛,获得3金、4银、3铜的好成绩,其中《象州青山石巷的保护和开发探讨》(象州县二中)、《关于市场食品卫生的调查报告》(柳地民师附小)、《新型花工厂》(金秀瑶族自治县小学)分别获优秀实践活动(中学组)、优秀科技项目(小学组)及科幻画等项目金奖。举办科技小论文征文竞赛、"星星火炬照征程"——庆祝建国55周年少年科普活动(主赛场设在武宣县),收到科技小论文310篇,评选出一等奖10篇、二等奖20篇、三等奖30篇。第二届全国少年儿童"科技之星"科普知识竞赛来宾赛区,全市137所中小学校5.3万学生参加。年内,举办来宾市青少年科技辅导员培训班3期,500名科技辅导员参加培训活动。当年,兴宾区科协组建乡镇级科协3个,村屯科普小组15个,社区科普小组6个。新建农技协会6个。全年培训1.2万人次,编印发放科技资料1.2万份,开展科技咨询1.2万人次。合山市举办实用技术培训班3期210人,法律知识培训1期50人。

2005年,来宾市各级科协共举办各类科普展览65次,有31.5万人(次)参观,举办各种技术培训班436期,有5.1万人(次)接受培训。举办各类科技培训班13220期,培训人数34.39万人次。举办各种培训班793场次,培训人员76612人次,其中培训农民党员34576人次,达到当地农村党员人数的64.49%。3月23日与市委宣传部、市环保局在兴宾区二中举办《科学发展观人与自然和谐发展篇——大自然的警示与启示》大型科普图片展的首展仪式。随后分别在6个县(市、区)及2个大型企业进行巡展,历经6个多月,共有8.9万名干部群众参观学习。是年,市科协会同市教育局、团市委等部门开展2005年青少年科技创新大赛和"十月爱科学月"科技小论文征文竞赛等系列活动。全市110所中小学校及中专学校24万名学生参加比赛,大赛收到参赛作品2800件。其中获自治区一等奖1件、二等奖5件、三等奖8件,获全国比赛三等奖1件。合山市请自治区蚕业技术推广总站农艺师在两乡一镇举办种桑养蚕技术培训4次,参加培训320人。举办水果、桑蚕、蔬菜、养牛羊猪等现场培训98次,受训6500人次。兴宾区科协在良江镇开展"科普一条街"活动,共发放科普资料 2000 多份。举办各类科技种养培训班，共培训总人数为 1.32 万人次。

十月科普大行动 1997 年开始，境内各县（市）每年坚持举办“十月科普大行动”。2003 年以来，来宾市每年选择在一个县（市、区）举办“全国科普日”“十月科普大行动”“科技活动周”等大型群众性科普活动。在来宾市科协的协调下，自治区科协少数民族科普工作队领导，玉林、梧州两市部分农业技术人员一同参加忻城县的“十月科普大行动”活动。2004 年，举办“科学发展观——人与自然”大型科普图片巡回展，展出科普图片 166 张，观众 22 万余人。市科协与桂中电视台联合拍摄的《科学普及，你我共参与》七集专题片在广西电视台、桂中电视台播出。2005 年 9 月底—12 月，在全市举办了大型科普品牌“全国科普日”和“十月科普大行动”活动，期间举办科普大集、科技培训、科普报告会等。全市共有 40 个部门、学会，1710 名科技工作者参加，展出科普展板 510 块，挂图 2200 幅，实物 470 种（件），发放科技书籍 7180 本，科技资料 310 种 29 万份，接受群众咨询 7.6 万人（次），播放科技光碟（录像）530 场，观众 6.6 万人（次）。各级科协组织 1372 名科技人员开展科技下乡助农活动，发放科技资料 4.85 万份，出版科技版（墙）报 187 期，接受群众咨询 4.5 万人次，放映科技录像、光碟 121 场次，观众 7.2 万人次。与中国科协声像中心、市电视台联合开办每周一期约 15 分钟、为期一年的“科普大篷车”电视科普栏目。相继开展“科普瑶山行”“科普壮乡行”和“大手拉小手”“科普专家贫困山区行”“科普校园快乐行”等大型特色科普活动。

公众科学素养调查 2003 年，广西分别进行公众科学素养调查，来宾市兴宾区、金秀瑶族自治县作为抽查样本，在市科协的领导下，两县（区）科协积极参与入户调查，并按预期目标顺利完成。调查结果表明，来宾市公众具备基本科学素养的比例为 1.31%，比广西公众具备基本科学素养的平均比例 1.22% 略高。

2004 年 7 月 21 日，象州县科协在象州县中平镇河村七星古榕树下开展科普活动

创建全国科普示范县 来宾市科协认真抓好创建全国科普示范县工作，加大全国科普示范县创建工作的指导力度，促进全市科普示范工作广泛开展。2004 年象州县创建工作顺利通过验收并成为“全国科普示范县”。2005 年，忻城县又被列入第三批全国科普示范县的创建行列，并成为全国科普惠农兴村计划中的“一站一栏一员”建设试点之一。通过抓好创建全国科普示范县工作，带动和促进了全市各项科普示范工作的广泛开展。

科普宣传

民国 28 年（1939 年），武宣县府设立的农业技术推广所曾负责推广良种和普及科学技术。1952 年，石龙县人民政府设情报中心组，不定期出版《石龙科技》；部分区乡和厂、矿、场、学校也建立情报点，1962 年，石龙县人民政府情报中心组撤销。20 世纪 70 年代中后期，进行“阶级斗争、生产斗争和科学实验”三大革命，农村大搞“试验田”“高产田”和“种子田”，厂矿企业大搞“技术革命”和“技术革新”，乡村农科组和厂矿“双革”小组设有科技情报员，开展情报交流活动。1954 年以后，武宣逐步建立县、公社（乡镇）、大队（行政村）、生产队（自然村）四级农科网，采取出版墙报、黑板报、印发资料和通过广播、电影、电视录像、科技培训等形式宣传科学文化知识，推广工农业新技术。1978 年 9 月，武宣县科技情报所创办《武宣科技》和《科技情报》等不定期内部刊物，印发县委、县人民政府及其所属部门和乡村队、厂矿场，广泛传播科学文化知识和新技术。1978 年起，自治区科协陆续给各县配备电影放映设备共 11 套，并建立科教电影放映队 11 个，普遍放映《杂交水稻》《水稻病虫防治》《甘蔗栽培技术》《科学养殖》《计划生育》等科教片。地区科协组织有关专业技术人员编印《科学与生活》《科学养牛》《科学养鸡》和《科学种柑橘》等 10.87 万册。

从 1979 年起，境内各县放映科教电影进行科普宣传。各县科技协会采取墙报、黑板报、广播、录像、印发资料和办培训班等方式进行科普宣传。1980 年，来宾县科协始用宣传车在各乡镇圩日开展科普宣传。县科协系统曾会同农委、农业局开展几次较大规模的科普宣传活动。1982—1990 年，象州县共出科技墙报、黑板报3809期，科技有线广播1136次，放映科教电影、录像133场，观众6.89万人次，印发科技资料62.2万份，借阅科技图书1.82万册次，举办技术讲座2242次，听众32.5万人次。1987年，象州县图书馆开展为"星火计划"服务，与水果技术员、柑橘专业户43户长期联系，为他们寄借科技图书和技术资料。罗秀乡下大周村柑橘重点户韦昔编利用图书馆提供《柑橘栽培及病虫害的防治》资料，防治果树红蜘蛛及炭疽病危害，当年柑橘产量比上年增产1倍。1986年1月—10月，来宾县利用宣传车运送、销售新技术书刊2万多册、畜禽饲料添加剂30多箱、驱虫精4000多支，科普宣传车行程累计3万多千米，宣传面达全县乡镇87.5%。1982—1986年，来宾县良江乡科普协会利用农民技术学校共举办各种培训班58期，参加培训人员4869人次。培训内容有水稻、甘蔗花生、水果、蘑菇、蔬菜等栽培技术和猪、牛鸡、鸭、鱼等饲养技术。1979—1990年，来宾县共放映科教电影320多场，观众约12万人次。来宾县各专业学会和乡镇科普协会印发30多万份科普资料，有的通过广播站广播，有的结合挂图照片和文字说明在宣传窗介绍。各乡镇科协出墙报、黑板报279期，观众约3.3万人次。1987—1990年，象州县科协、农业局利用科普宣传车到各圩场开展科学普及宣传82次。1987年底止，金秀科学技术协会订购科学技术书刊3000余册，出版科学技术墙报48版，印刷和分发《金秀科普与信息》1200份，绞股蓝栽培、科学养猪等农村实用技术资料近万份，放映科普电影，录像502场，观众10万余人次。1988年起，武宣县科协组织开展创建"科普文明村"活动。当年东乡乡古立村民委和通挽乡分岭村公所获自治区科协授予"科普文明村"称号。至1990年底，武宣县科技情报所共出版《武宣科技》54期、《科技情报》51期、《科技情报参考》6期。同时，武宣县科技情报所与县外871个科技情报部门、单位进行情报信息交流；而厂矿企业和大队（村）、生产队（屯）的情报员集体加入柳州地区情报学会，形成纵成线、横成片的科技情报网络。播放科普录像、电影310场次，观众9.2万人次；科普车下乡进村宣传51次；对2个村办茶场、75个村办、户办、联户办果场、3156户贫困户进行科技扶贫指导；传、帮、带科学养猪农户2000余户。武宣县"青少年辅导协会"在"爱科学月"活动中，有150名科技辅导员和3.15万名中小学生参加，制作科技作品1750件，撰写小论文175篇，阅读科普读物4.12万人次，观看科技电影、录像3.51万人次。

1991年，武宣县委、县人民政府提出"科技兴县"的战略决策，把科技工作纳入各项工作的主干线，把整个县纳入依靠科技进步带动经济升级的运行轨道，促使科技成果向现实生产力转化，积极开展"科学技术是第一生产力"宣传活动。忻城县科技部门每年都组织开展"科技活动周""十月科普大行动""科技致富一条街"等一系列科普宣传活动，以科技下乡为渠道，利用赶集会、街圩日、墙报、广播电视、示范基地、科技示范户等多种途径，开展宣传活动。从1992年起，武宣县玉京水牛奶开发有限责任每年都组织开展"广西科技活动周""全国五月科技活动周""宣传法律、传授致富技术一条街""全国6·29科普活动""十月科普大行动"等一系列科普宣传活动，以科技下乡为主渠道，利用群众集会、街圩日、墙报、广播电视、示范基地、科技示范户等多种途径，向农户宣传农村实用技术，农业科学技术普及率达50%以上。1988—2002年，金秀每年组织开展3次较大规模的科技普及活动，即青少年科技创新大赛活动，十月科普大行动及冬季科普大培训活动。共组织农业、畜牧水产、林业、卫生、农机等专业的科技人员开展科普宣传、咨询、培训活动80多场次，赠送科技书刊48000册，出版科技墙报100多期，放映科普电影、录像600多场，观众18万人次。1996—2000年，武宣县成立农村科普工作领导小组，加强对科普工作的领导，把农村科普工作的任务分解到各乡镇以及县直各有关单位，使农村科普工作有领导、有组织、有计划、有任务、有目标、按标准实施。全县创建科普示范村20个，其中县级示范村7个，乡镇级13个，科普示范户1415户。来宾县出台《关于加强科普宣传工作的意见》和《"九五"科普工作纲要》等一批政策性文件，以科技下乡、科普集市、科技讲座、实用技术培训等形式向广大群众普及科技知识，共组织开展各种大型科普活动1552次，举办科技培训班48116期，受培人数达347.04万余人次，向群众赠、发科技书籍、资料33.37万册、542.78万份，组织实施科普专项行动6次。2000年，金秀举办《崇尚科学文明，反对迷信愚昧》图片巡回展览11场，参观人数15000人次。

2002年，来宾市在桂中电视台及各县（市、区）电视台开设"科普大篷车"专栏，各地科普宣传栏、科普活动室持续发挥着科普宣传的良好作用。10月，忻城县科技部门牵头组织县直47个单位，20个县直科协学会，13个乡（镇）科普协会380名科技人员在县城举行“十月科普大行动”活动，发放科技资料15000份，接受群众科普咨询10500人次。兴宾区科普宣传经费36万元，出科普宣传板报46期，编印发放科普资料86000多份，咨询人数32000多人次。

2003年，市科协围绕宣传、贯彻《中华人民共和国科学普及法》，大力开展形式多样的科普宣传活动。6月，市科协与市人大、市委宣传部、市科技局等联合召开庆祝《中华人民共和国科学普及法》颁布一周年座谈会，有12个部门35人参加会议。6月26日，市科协与市委宣传部、科技局等市直有关部门在兴宾区广场联合组织举办“全国科普志愿者行动日——蒲公英科技传播行动”。当天，有300多名科技人员参加仪式和科技咨询活动，为群众发放资料2万多份，接受群众咨询3000人次，义诊600多人次。6月29日晚上，市政府领导刘向群在桂中电视台作题为《依法开展科普工作提高公众科技素质》的电视讲话。桂中电视台连续七天晚上播放宣传《科普法》的标语口号。金秀组织开展科普宣传活动4次，播放科教电影像80场，接受科技咨询1万人次，发放科普资料3.5万份(册)。出版科技墙报53版(次)，科普集市8次，科普展览8次，举办科普讲座9次。兴宾区编写各种教材150份，部门融资投入经费26万元，2月下旬组织开展兴宾区青少年科技创新大赛活动。组织科普集市50次，科普展览49次，科普讲座26次，科普影像(图展)200场，发放科普资料书刊5万份(册)，开展科普咨询1.9万人次。10月，忻城县科技部门牵头组织各学会及各乡镇科普协会，会同自治区少数民族科普队、来宾市科协以及南宁、玉林、桂林、河池等市科技示范单位在县中心文化广场开展科普大集活动；组织20个学会、乡镇科普协会150名科技人员和科普志愿者分别在县城、思练镇、古蓬镇开展科普宣传活动，向群众发放资料、图书等5万份(册)，展示新工艺、新产品、新品种等实物260件，接受群众咨询2万人次。

2004年，来宾市在《桂中日报·农村党员版》开辟专版专栏，每月发行两期，免费送给全市每个农村党员。市科协与桂中电视台联合拍摄的《科学普及，你我共参与》7集专题片在广西电视台、桂中电视台播出，在社会各界引起良好的反响。金秀组织开展大型科普宣传活动2次，接受科技咨询1951人(次)，发放科普资料26255份(册)。出版科技墙报2期，举办科普集市2次，科普展览8次，科普讲座8次。

2005年，来宾市组织开展“农村科技引领先锋行”活动和“农村科技引领先锋行”春季专项活动。通过开展结对共建、平台建设、科技下乡、星火培训四大行动，共组织签订技术合作对子80对，其中参与结对子的党支部84个，参与结对的农民党员人数1468人；组织科技下乡活动152次，下乡科技人员1150多人次；开展技术服务次数1337次，解决技术难题136项；赠送科技光盘603盘，赠送科技书籍3.83万册，发放技术资料12.25万份；开展科普讲座、报告97场；专家网上答疑202次，网上咨询人数1005人，发布供求、技术信息504条(次)，参加科技“110”咨询专家56人，接受科技“110”咨询907人次；全市共组织科技下乡125次，参加人数11.35万人次；开展科技活动周、新技术新产品展览会、科技集市等大型科普活动40次，参加人数31.04万人次；播放科普电影、电视、录像787场次，观众22.49万人次；发放科技资料、图书392605份(册)；投入科普经费35.66万元，其中政府投入25.86万元，部门投入6.80万元，社会投入3.00万元。2003—2005年，全市共组织开展各种形式的科普大行动722次，举办科技讲座(报告会)217场，举办科技培训班8327期，培训干部、科技人员、企业员工、农民群众187.6万余人次，发放科技资料(书籍)167.46万多份(册)。

2005年，武宣县玉京水牛奶开发有限责任发展科技示范户3000多户，培养科技种养能人300多人，建立科技示范基地10个(二塘镇樟村、二塘镇朗村、桐岭镇石岗村、武宣镇清水村、马步乡利村、金鸡乡宗安村、三里镇旧县村、通挽镇分岭村、河马乡金岗村、黄茆镇麻爪村)。忻城县全县共创建科普示范村57个，其中县级示范村57个。

农村科普

科技示范 1962年冬，象州县农业局在罗秀区敖村、麦棉公社晚稻田稻底播种苕子、红花草绿肥试验，亩产绿肥1000~1500千克，1963年春，象州县组织社、队干部参观，很快在全县推广，1964年播种面积0.59万公顷。20世纪70年代，通过生产队农科组种植的高产田、试验田示范，带动大田生产。1987年，象州县、乡镇农业部门实施杂交水稻示范样板、吨粮田示范样板、配方施肥试验示范共0.52万公顷。

1988年，广西农村致富技术函授大学(简称农函大)各县(市)辅导站成立。当年分校开始招生，设2个专业，共招收学员538人，其中果树栽培专业259人，畜牧兽医专业279人。1988年，象州县开始实施“粮食大面积增产综合技术开发”项目，当年示范样板田0.76万公顷。1989年和1990年，样板田面积分别扩大到 1.86 和 1.73 万公顷，均获较好增产效果。金秀瑶族自治县开始培育科技示范户，主要是培育种、养方面的科技示范户。1989 年，象州县畜牧部门推广以“七改四堆”为主要内容的综合养猪技术，建立示范户 6628 户，养猪 25895 头，当年出栏率比社会生猪出栏率提高 33.36 个百分点。武宣县开展科普文明村建设，至 1992 年，武宣县共建科普文明村 43 个，武宣县通挽乡分岭村成为全广西科普文明村十大标兵之一。分岭村全村 1063 人，建有专业技术研究会 7 个，技术学校 1 所，平均每个劳力参加技术培训 3.5 次，19 人领到农民技术职称证书，人均有粮 565 千克，收入 1300 元。1990 年，象州县实施“133 工程”，实行科学养牛、养猪、养禽，建立示范村 33 个，示范户 317 户。甘蔗、水果良种和高产栽培技术推广、养蚕新技术推广，都通过建立示范样板村、样板户、样板田、样板园示范。1988—1996 年，金秀科技局与自治区科技局、广西瑶医药研究所等科研单位，对金秀灵香草、绞股蓝的生产进行研究协作；同时，对瑶医药开发进行协作，开发出灵香草浸膏、绞股蓝茶等系列产品、瑶药护肝金药片、经血宁胶囊等系列产品。1996 年，金秀和桂林植物研究所共同研究与实施科技计划项目“大瑶山甜茶种苗繁育及高产栽培试验示范”。1998 年，金秀与广西科技情报研究所共同研究与实施科技计划项目“特优李果引种试验”。2000 年，金秀与广西农科院共同负责研究与实施科技计划项目“无公害蔬菜基地”。2001 年，金秀与柳州地区行署科学技术局共同研究与实施科技计划“少数民族地区科技培训工程”。1988—2000 年，金秀落实抛秧技术示范户 41 户，科技扶贫示范户 4 户，实施“1115”科技示范工程 663 户。建立“八角低改”和农业综合开发“一村一品”科普示范基地，并培育 600 户科技示范户。2001—2004 年，金秀落实实施扶贫科技示范户 820 户。

2000—2005 年，合山市引进推广农业新品种 32 个，先进实用技术推广 15 项，种植业和养殖业的优良品种覆盖有了明显提高，其中，水稻引进推广种植新品种占全市水稻播种面积的 96%，水果、蔬菜、玉米、黄豆均实现良种化，猪、羊、鸡、鸭、鱼等均初步实现良种化。推广旱育稀植和抛秧种植技术分别 18 万亩和 3 万亩，推广率 88%。全市已培育和建设 7 个科技示范村、100 户科技示范户，其中来宾市级示范村 7 个，重点示范户 40 户。两乡一镇和 7 个科技示范村都有了电脑网络设施，全市 30 个村民委员会都设有信息室，有 17 个村建设了科技培训中心和科技图书室，占村委会总数的 56%。

2003 年，来宾市新建科普示范乡镇 21 个、示范村 305 个、示范户 4060 个，建立科普示范基地 31 个。市科技局与金秀瑶族自治县科技局共同实施科技计划项目“科普示范村建设技术——来宾市金秀瑶族自治县桐木镇仁里村”，广西山区综合技术开发中心与自治县科技局共同研究与实施“山区可持续发展科技示范——龙庆村可持续发展科技示范”项目。金秀开展科普示范村建设技术与示范项目研究，以桐木镇仁里村为基地，两年共建立科技示范户 100 户，占全村总户数的 8.8%，建立 30 户科技骨干示范户，占科技示范户的 30%，建立完善了村科技图书室 1 个，有科技图书藏书 500 册，农业技术光盘 15 套。建立科技网络信息室 1 个，开通“三农”科技“110”热线。建立科普宣传长廊 50 米，举办农村实用技术培训班共 32 期，培训农民 3208 人次。2005 年，与广西山区综合技术开发中心合作实施创新计划项目灾后建设技术示范—金秀瑶族自治县山区可持续发展等项目灾后重建，八角、板栗、油茶、黄花梨等特色产品开发示范项目。与广西桂林茶叶科学研究所联合实施大瑶山资源开发技术集成与产业化——有机茶标准化加工技术应用与示范。

技术培训 1951 年 9 月，象州县举办农业技术训练班，培训区、乡生产助理 40 人。此后县、区每年举办农业、林业、水利技术训练班，培训基层干部和农科人员。训练班多根据生产季节和农事活动开办，每次 1~3 天，学习水稻选种、育秧、科学用水、科学施肥、病虫害防治，种植绿肥、烤烟、油菜、甘蔗、水果，养蚕、养猪、养鸡、养鱼，畜禽防疫及使用插秧机等实用技术。从 1974 年起，象州县财政拨培训专款，在县农科所举办农业技术培训班，每期学习 1 个月。1978 年，忻城县人民医院开办拉丁语学习班和县科协业余英语学习班，学员共 100 多人。全县参加各专业函授班学习的科技人员共 62 人。1979 年，忻城县举办一次有各公社管理委员会主任、大队干部参加的农业技术培训班，组织一次有各局领导和专业技术人员参加的玉米高产栽培技术讲座，请农艺师传授玉米高产栽培技术。当年，全县各公社先后举办农机、水果、养蚕、林业、畜牧、水稻、玉米、甘蔗、黄豆和各种农作物病虫害防治等各种专业技术培训班共 35 期，受训人员 1.11 万多人次。全县 9 个农业技术推广站，在职技术人员 45 人，各公社生产队农民技术员共 3000 多人。县农技站每年定期举办农民技术员培训班，由农艺师分别讲授玉米、水稻栽培技术及其病虫害防治等基础知识。1981年11月，象州县人民政府组织考核组，对农村各类技术能手进行技术考核，经考核合格的662名，由县人民政府发给《农民技术员证书》，其中水稻371人，林业23人、甘蔗25人、水果74人、蚕业54人、畜牧兽医115人。1980—1981年，忻城县、社举办温室育秧、科学养猪等各种形式的农民技术培训班20期，受训的农民6000多人次。此外，县还举办一次农民技术员学习班，409人参加学习，其中166人取得农民技术员资格，另有54名富有实践经验的农民给予免试，总共220名农民，均由柳州地区科委颁发“农民技术员”证书。1982年，来宾县良江乡科普协会建立农民技术学校至1986年该校共举办各种培训班58期，参加培训人员4869人次。培训内容有水稻、甘蔗、花生、水果、蘑菇、蔬菜等栽培技术和猪、牛、鸡、鸭、鱼等饲养技术。通过培训，全乡的科技示范户、专业户、重点户由1983年的180户增加到1986年的315户。忻城县畜牧局先后举办以养兔、养猪、养牛、养鸡及其疾病防治为主要内容的大队兽医人员学习班，参加学习共100多人。象州县各乡镇农业技术推广站、水果站、甘蔗站、畜牧水产技术推广站、科协等单位，设立圩日技术咨询处，开展技术咨询活动，解答农民在生产中遇到的技术难题。当年开办公社、大队干部培训班2期，蚕业技术培训班1期，学员共140人。1985年后，象州县农业技术推广中心每年办农业技术培训班5~13期，重点培训乡村干部、农业技术员、种养专业户。1982—1990年，象州县科委、农业局、畜牧水产养殖局、水果办、糖办、科协及所属乡镇站，举办各种技术短期培训班2829期，学员30.27万人次，平均每年314期3.36万人次。经过技术培训，部分农民成为种植或养殖能手，有的成为农村科技骨干、“科普二传手”，通过他们把科学技术传到千家万户。至1987年底，金秀共办实用技术培训班202期，参训人员达13232人次，使这些农民学会1~2门农村实用技术。1985年下半年至1986年底，来宾县开展“爱科学月”活动，共制出小作品205件，听科技故事866个，读科普书刊766本，看科教电影及录像82场，写科普小论文149篇。1987年，来宾县科协会同有关部门，举办英语学习班2期，学员80多人。1987—1988年，来宾县科协各专门学会、协会，每月逢10进行各种技术讲座，共486次，听讲人员6万多人次。1988年，金秀举办农村劳动力培训班115期，培训4929人次，印发技术宣传资料12870份，出版墙报176版，接待技术咨询15930人次。1989年，11个乡镇都配备有兼职科技助理，开展乡镇科技助理培训班3期，建立科技联系示范户53户，开展农村实施技术培训班327期，培训13337人次；举办推广应用粮食增产综合技术培训班140期，参加人数10715人次；技术上墙180期。1978—1990年，来宾县科协各专门学会组织各种学术报告会5次，共有842人参加。举行学术活动70次，约1000人参加。举行广播讲座2次，专题技术讲座23次。1982—1990年，来宾县举办各种技术培训班867期，参加学习人员11万多人次，主要传授种养技术。

20世纪90年代初期，忻城县科技部门每年以各种形式开展科技培训。让农民学会和掌握1~2门致富新技术，重点抓农村党员、专业户和示范户种养培训。历年编写的培训技术资料主要有《农村党员实用技术培训资料》《甘蔗栽培技术》《种桑养蚕技术》《金银花栽培技术》《玉米高产栽培技术》《科学养猪》《山羊圈养技术》《良种兔饲养技术》《沼气池建设及使用技术》《番茄种植技术》等。1991—1992年，金秀桐木镇建立自治县科技管理中心，共举办适用技术培训班421期，受训人数18530人次，发放技术资料43000份。1993—1996年，金秀成立农村实用技术领导小组，每年举办实用技术培训班243期，每年参加人数15309人次。1997—2000年，金秀对《科技进步法》贯彻落实情况进行检查，并学习《科技进步法》及《科技进步条例》，出墙报30期，印《科技进步法》90册；举办抛秧技术培训班10期，培训1400人次，技术咨询10000人次；放录像15场，观看群众3600人次；贴标语70多条；举办农村适用技术培训班608期，培训37616人次；编写印发资料42000多份，科普咨询讲座45次，接受咨询人数6.5万人次；发放科技图书2.49万册，展示科普图片200多块，出动宣传车72车次；印发农业“三田”建设技术资料1000多份，深入乡镇、村屯，举办农村知识培训班617期，培训农民3.86万人次，发放技术资料12.29万份。科技局抽出4名技术员3次到罗香、长垌、六巷深入村屯举办培训班11期，参加培训330人次；印发八角资料1140多份，咨询人数100多人次。农村科技实用技术培训教材主要有《灵香草综合技术开发—与病虫的综合防治》《大瑶山八角林营造及疏伐技术培训》《割松脂技术培训》《杂交水稻的不同生长环节的技术培训》《果树栽培技术》《科学养猪、养鸡技术》《绞股蓝栽培技术》《畜牧兽医技术培训》等。2001—2002年，金秀科技局每年都与县直相关部门举办两次科技下乡活动。共组织科技人员及专家下乡70多人次，举办科技培训班326期、培训人员13800人次，送科技图书及刊物45500余册，发资料2.6万份；到各乡镇实施开展技术咨询和实地指导讲座10次，发放技术资料42000多份，参加人数2500多人次，出动车辆20台次，农村技术员培训32000人次。各类技术培训班32期，组织科技园学习和参观2000人次（其中技术员500多人次，专业户和能人1500多次）。农村实用技术培训教材有《水果栽培技术》《西瓜栽培技术》《茶叶栽培技术》《瘦肉型猪繁育技术》《种草养鸡、兔技术》《食用菌栽培技术》《七桂粘技术培训》《紫红长茄技术》《番茄栽培技术》《甜蜜桃》《阳桃技术》《脐橙、椪柑、大果枇杷技术》《葡萄栽培技术》《板栗栽培技术》《八角低产改造技术》《毛竹低产改造技术》。

2003—2005年，金秀举办各种实用技术培训班981期，发放技术资料11.39万份，培训适用技术35种；举办科技、科普报告会5场，科技圩市1次，科普大篷车1次；举办科级以上干部及科技人员培训班4期，培训人数500人次；星火学校举办农民实用技术培训1750人次，举办各种类型技术咨询、实地指导和讲座活动22次，参加技术咨询人数2.43万人次；展示新品种3种，挂图展示8套，发放有关科技资料27种7.91万份，参加培训人数28.56万人次，发放、出售科技图书及刊物8760余册，出动宣传车70车次。农村实用技术培训教材有《无土栽培技术》《上架栽培技术》《覆盖栽培技术》《优质果栽培技术》《水果病虫害防治技术》《优质谷田间管理技术》《水果保鲜贮藏技术》《果树冬季管理技术》《瓜菜高产栽培技术和管理技术》《种桑养蚕》《甘蔗高产稳产技术培训》《香芋种植技术培训》。

1991—2005年，合山市全市组织开展各种形式的科普大行动33次，举办培训班100期，培训人员3万人次，发放各类技术资料12万册（份），接受咨询5万人次。2005年，武宣县职业技术学校被列为广西首批国家级星火学校，当年培训农民工1254人，转移劳动力1174人。忻城县全县举办科技培训班355期，参训人数2.05万人，有金银花人工栽培技术、种桑养蚕技术、甘蔗栽培技术、水果栽培技术、养猪技术培训班，赠送科技书籍2.5万册。请专家到现场指导活动19场次，发放各种技术资料4000多份，赠送科技图书5000多册。忻城县中等职业学校培训村级干部176人，培训农民工1900人，向广东等地转移劳动力1370人。

表7-1　1991—2005年兴宾区农村实用技术培训统计表

年度	举办培训班（期）	参加培训（人、次）	印发资料（份）	年度	举办培训班（期、次）	参加培训（人、次）	印发资料（份）
1991	296	32000	40000	1999	1760	170000	190000
1992	514	61000	70000	2000	1935	190000	200000
1993	603	69000	80000	2001	1782	210000	220000
1994	636	71000	85000	2002	2087	250000	256000
1995	951	102000	120000	2003	2533	280000	300000
1996	958	115000	130000	2004	2782	310000	320000
1997	1203	130000	150000	2005	2609	310000	320000
1998	1253	137000	150000				

科技情报　1974—1985年，来宾县不定期编印《来宾科技》，共印发108期，每期印4000份（1983年以后减为2000份）。《来宾科技》先后发表有关甘蔗生产的文章25篇，1987年因经费不敷而停刊。

1973年起，合山矿务局的科技情报工作实行专人管理。到1990年，合山矿务局与国内189个生产、科研、设计单位和高等院校有信息联系。1990年合山市订有报纸120种，杂志23种，涉及专业154个，跟有关部门互换刊物30多种，有科技工具书262册，科技图书1200多册。到1995年底，合山矿务局1690名科技人员参加活动。立项95项，完成91项。科技人员提出合理化建议99条，其中被采纳29条，产生效益480万元。1998—2003年，每年在合山矿务局科协、八一铁合金集团有限责任公司科协开展“千厂千会协作”“金桥工程”“讲理想、比贡献”等活动。

1999年，武宣县科技局建立了科技信息网络中心，发展科技信息用户250户，15个节点（6个乡镇、

9个村屯),培训信息服务员20名,上网发布信息470多条,为农民提供信息800条,网上销售水果、蔬菜等150多万元。2000年11月广西科技信息网武宣网节点顺利开通,武宣县科学技术情报研究所作为网节点单位,负责收集区内外各种实用新技术,并整理加工编印,转发给有关部门及乡镇。

1991年,忻城县为群众引进高产、早熟、优质的良种西瓜,抗病力强的哈密瓜,在马泗乡试种成功。同年,组织科技人员下乡展出台糠16号、20号、23号、杂交玉米、杂交水稻、大果甜阳桃等,挂图8套99幅,发放科技资料1万多份。至2005年,忻城县全县举办科技培训班205期,赠送科技书籍13000册。金银花农业标准化示范区项目顺利通过国家级验收,做好金银花原产地保护的材料和申报(国家级)。抓科技创新,引进新品种3个,新技术3项,推广应用新成果2项。组织编写《来宾市忻城县金银花产业发展规划》并评审通过,使本县的金银花产业依靠现代技术去组织实施项目。参加一年一度的广西科技活动周,带9个本县农产品参展,得到客商的好评。是年,象州县建立健全科普网络和科普队伍。乡镇科协机构健全,独立建制。乡镇科协主席由党委分管领导担任,副主席由科协专职人员担任;村委(社区)副主任负责科普工作,并设立科普员,做到乡村有专人抓科普工作;有县级学会14个,各中小学设置科技辅导员;各乡镇建有农技协,乡村建立农技协85个,会员3000多人。县成立广西农函大象州分校。科普志愿者队伍不断扩大,县级有59名,乡镇级200多名。建有科普示范村47个,科技示范户7500户,科普员130名,农民技术员600多名,获"绿色证书"资格6500多名,乡土拔尖人才2500多名。印发各类科技信息宣传材料4万多份。1987年底止,金秀科学技术协会印刷和分发《金秀科普与信息》1200份。1988—1996年,金秀瑶族自治县科技局与自治区科技局、广西瑶医药研究所等科研单位,对金秀灵香草、绞股蓝的生产进行研究协作,开发出灵香草浸膏、绞股蓝茶等系列产品、瑶药护肝金药片、经血宁胶囊等系列产品。1996年,金秀瑶族自治县和桂林植物研究所共同研究与实施科技计划项目"大瑶山甜茶种苗繁育及高产栽培试验示范"。1998年,金秀瑶族自治县与广西科技情报研究所共同研究与实施科技计划项目"特优李果引种试验"。2000年,金秀瑶族自治县与广西农科院共同负责研究与实施科技计划项目"无公害蔬菜基地"。2001年,金秀瑶族自治县与柳州地区行署科学技术局共同研究与实施科技计划"少数民族地区科技培训工程"。2003年,金秀瑶族自治县科技局与市科技局共同实施"金秀瑶族自治县桐木镇仁里村科普示范村建设"科技计划项目,与广西山区综合技术开发中心共同研究与实施"龙庆村山区可持续发展科技示范"项目。

青少年科普

1979—1981年,象州县中学、师范、象州镇中(今县初级中学)共制作飞机、航海模型及无线电遥控、动力牵引等各种模型77件。象州镇中制作的地热电站模型被自治区选送北京参加全国青少年科技作品展览会参展,获三等奖。1983年6月,象州县青少年科技辅导员协会成立,确定从当年起,每年10月为全县中小学"爱科学月"。每逢"爱科学月",学校普遍开展读一篇科普读物,看一场科技电影,听一次国内外科学家成长故事,发明制作一件科技作品,写一篇科学小论文活动。县中、城关中学在学生中建立天文地理、无线电、航海模型、航空模型小组,并开展科学实验,举办科技作品展览,组织学生到东岗岭、大乐泥盆纪、花池温泉等地考察。1984年以来,金秀利用每年暑假,举办中小学生科技夏令营。1987年,金秀参加科技夏令营活动的青少年共有500多人,编写科研作品431件,金秀中学被评为自治区第三次"爱科学月"活动先进集体、11人被评为积极分子、1人被评为优秀科技辅导员,金秀中学学生的小论文《大瑶山南麓的八角为何生长快,结果多》获自治区第四届青少年科技小论文竞赛三等奖。由金秀瑶族自治县科协、县教育局、县团委、县妇联等单位组成的县青少年科技辅导员协会,与各中小学校配合,共举办四次"爱科学月"活动,2000多人次的中小学生参加活动,并写出科技小论文等作品2000多篇。

1990年,象州县举办象州县中小学生第十届小论文、小发明竞赛和生物百项活动,中小学生3.3万人参加。17所中小学报送科技小论文69篇,小发明、小制作13件。1979—1990年,象州县共有33件(篇)小发明、小制作、小论文作品获得自治区教育厅、自治区科协等单位奖励,其中,获二等奖6件(篇),三等奖17件(篇),获优秀奖9件(篇)。

1994年,境内各县(市)先后成立青少年科学技术辅导员协会(简称青辅协),发展会员585人。2002年以来,每年组织开展"来宾市青少年科技创新大赛"和"爱科学月"活动。至2005年底,全市共有25万名师生参加活动,5200件作品参加市级竞赛,350件作品获奖。其中有41件分别获自治区(省级)1等奖6件、2等奖14件、3等奖21件。

2002—2005年,全市共开设青少年科技辅导员培训班12期,600多名中小学校长和科技辅导员参加了培训。同时,还注重开展青少年对外科普交流活动。每年都组织科技辅导员带领学生参加广西或全国"青少年科技创新大赛"。2003年、2004年市科协分别获自治区级"青少年科技创新大赛"优秀组织奖和"爱科学月"活动先进集体。

科技咨询

1983年,来宾县成立科协系统服务部和咨询服务部领导小组,县科技咨询服务部设在县科协。同年,良江、寺山、桥巩等乡相继成立科技咨询服务站。寺山农业科技咨询服务站共接待群众技术咨询3310人次,解决农科技术难题,群众把科技咨询服务站称作农作物医疗室。1993年,新兴、黎塘、石龙等糖厂开展"蔗糖汁蒸发系统改造技术""三废处理""蔗渣生产木糖"等3个项目的科技咨询服务,创造经济效益400多万元。2005年,市政策研究会以"如何大力发展县域经济"为主题,开展专项调查,形成调查报告,反映科技工作者的意见和建议,得到市领导及有关部门的高度评价。

1985年,象州县科协、乡镇科协全部成立了科技咨询服务部。县、乡镇科协组织及所属团体和科技咨询服务部进广场、进社区、进农村、进学校,广泛开展科普宣传、科技培训、科技咨询、科普报告、科技成果展示、科技电影播放、科普展品展示等活动。在各类科普活动中,科技人员认真向群众开展科技咨询,共接待群众咨询5万多人次,解决群众各类科技方面的难题8600多条。

武宣县科协自成立以来,根据上级科协部署,并结合县委、县政府各时期的中心工作,以乡镇文化夜校、党校、村级农民夜校为主阵地,开展"科技进百村""科技下乡""十月科普大行动""全民科学素质工程""全国科普日"和"大篷车"科普宣传等大型科普宣传活动,常年组织各学会专业技术人员和各行业科技工作者以及聘请区内外专家到乡镇、社区、农村、学校开展技术讲座、咨询、培训等活动,每年服务和接待群众技术咨询约5000人次。

2002年,忻城与柳州地区共同举办首届"十月科普大行动",全县、乡(镇)开设科技、咨询、宣传、义诊等"科普宣传一条街",活动发放科普资料10万多份、发放宣传物品2000多件,展出科普宣传板报25版。2003年,自治区科协少数民族科普工作队、玉林、梧州两市的部分农业技术人员参加忻城县的"十月科普大行动"活动。截至2005年底,忻城县科协每年都举办"十月科普大行动"活动。

1991—1992年,金秀桐木镇建立自治县科技管理中心,共举办适用技术培训班421期,受训人数18530人次,发放技术资料43000份。1993—1996年,金秀成立农村实用技术领导小组,每年举办实用技术培训班243期,每年参加人数15309人次。

1984年,合山市成立科学系统服务部和咨询服务部领导小组,市科技咨询服务部设在市科协。科技咨询服务站设在各个乡镇的农技推广站。农业科技咨询服务站共接待群众技术咨询583人次,解决农科技术难题,群众把科技咨询服务站称为农作物医疗室。

科普网络

2003年,象州县率先在全市建成科普活动中心。忻城县、金秀瑶族自治县相继完成青少年科技活动中心的建设,武宣县在城区建立22个科普宣传栏,忻城县在每个村委都建起专门的"科普宣传栏"。2005年,进一步完善以市、县(市、区)科协、学会、企业科协、乡镇科协、农村专业技术协会、科普示范户组成的科普组织网络。市委、市政府下发《关于建立健全基层科普组织加强农村科普工作的意见》和《关于建立"十、百、千米科普长廊"加强科普宣传的工作意见》。在抓好忻城县示范点建设的同时,注意对各县进行督促检查,促进两个《意见》的贯彻落实。同时,进一步完善科普基础设施建设。

2005年,来宾市建成乡级科技信息网点15个、发布信息924条,建立农村专业技术协会116个、发展会员3534人,建特色科技扶贫示范村8个、扶持科技示范村32个、示范户3150户,建设县级农业科技创新示范基地24个、星火学校2个、培训农民2250人,培育农业科技型龙头企业5个、带动农户2600户。建成县级"三农"科技信息服务网节点4个,示范乡镇31个,示范村11个,培训考核农村信息员25人,网上发布信息量1265条,供求信息数据量1113条,促进产品销售2582万元。

科技信息

1978年,境内各县相继成立科学技术情报研究所,以科学技术性刊物、实用技术资料刊物征订、收集和发布科技信息为主要业务,创办《科技致富信息》等4种科技情报刊物。1982—1987年，编印《科学致富实例选》4集，《科学种果》《科学养猪》《科学养鸡》《柑橘栽培》《杂果栽培》《科学养鱼》《肉鸽饲养技术》《农副产品加工》《经贸科技资料汇编》等小册子12500册。1985年后转向加强实物情报研究工作，情报服务主要面向各级党政和决策机关。面对农村，主要开展良种水稻、木薯、水果及其他作物调研，进行可行性论证，引种试验、示范和推广。1987年，开设科技情报录像播放业务，购进录像播放设备，翻录种桑养蚕等科教系列片10部，配合扶贫开发工作，深入农村开发声像播放服务。期间出版的《科技情报》期刊内容包括经济信息、适用技术、专利技术、科技成果信息等，供各级党委、政府和部门领导决策参考。创刊至1992年止出版340期，共印发24205份，登载信息3104条。1993年后该刊物改为《科技致富信息》月刊，至1994年止出版13期共10600份，发布信息151条。1998年探索发展信息产业，建立广西科技信息网地市分中心，受理项目咨询、成果鉴定、立项查询，编辑出版《网络科技快讯》。

1994—1995年，《灵香草生产与气象条件关系试验研究》《蚕桑产量与途径及气象的试验研究》等两项课题获广西科技进步三等奖。2002年来宾市生产力促进中心成立，继续加大科技信息化建设，先后开展《科技创新网络服务平台升级与区域科技信息服务体系建设》和《来宾市"三农"科技服务网络体系建设》课题研究。至2002年，先后开展《象州县水果生产现状及其对情报的需求》《"良种绿豆中绿一号"技术开发》《良种木薯南植—188引种示范》《"山东、莱州紧凑型玉米——掖单一号至十三号"课题跟踪调研》《高产优质水稻桂优—901引种示范》《金华藤稔葡萄引种试种示范》《灵香草生产与气象条件关系试验研究》《蚕桑产量与途径及气象的试验研究》《印尼双季茭白进行引种示范》等项目研究，取得显著成效。"中绿一号"在广西9个地（市）和广东、湖南、江西、贵州、四川等11个省区推广种植，面积10.5万亩，创经济效益1722万元。2005年制定"三农"科技服务网实施方案，开通"三农"网和农业咨询热线电话"110"，聘请5名农业专家顾问，为农民查询科技信息、种养急需的各种技术难题作解答服务。

网络服务

20世纪80年代以来，科技管理部门密切与农业等部门配合，组织实施"星火计划""丰收计划""燎原计划"，突出农业先进实用技术推广工作，引导传统农业向"优质、高产、高效"和产业化方向发展。1973—1981年，象州县设农科网，县有科委、农业技术推广中心站、农科所、畜牧兽医站、林科所、农机研究所，公社有农业技术推广站、畜牧兽医站、农机站，大队配置农科员，生产队有农科组。通过4级农科网开展科学技术普及工作。1976年，象州县生产队有农科组员6942人，共种植高产田、试验田、种子田0.17万公顷亩。1984年，境内各级政府积极推进科技体制改革，动员和组织科技人员进入经济主战场，为经济建设服务，解决工农业生产中的关键技术难题，取得较好的经济效益。1989年，象州县每个村公所配备1名农科员，每个村民委设1名科技助理，形成县、乡镇、行政村、村委会新的4级农科网络。1990年，象州县全县有45个专业技术研究会，会员642人。

1996年，境内各县（市）乡镇均建立乡镇科委，村民委配备了科技副村主任。1996年，实施农业、乡镇企业、工业、糖业、治旱、培训、信息等八大科技工程。全地区示范推广杂优稻284.88万亩，占水稻种植面积的90%；推广水稻旱育稀植面积159.21万亩；防寒育秧技术推广面积135.44万亩；推广高产优质杂交玉米新组合种植面积96.86万亩；推广水稻抛秧技术面积1533万亩。集资在金秀、忻城等4个县实施科技扶贫开发项目28项。建设吨糖基地10万亩，旱地甘蔗高产基地20万亩。2000年，工业坚持以市场为导向，以企业为主体，以技术进步为支撑，围绕增加品种，提高质量，节能降耗，防治污染和提高劳动生产率、采用新技术，带动产业结构优化升级。2002年，来宾市生产力促进中心成立，继续加大科技信息化建设，先后开展《科技创新网络服务平台升级与区域科技信息服务体系建设》和《来宾市"三农"科技服务网络体系建设》课题研究。2003年，全市引进、开发、示范推广农业新品种68个，先进实用技术30项。农作物种植的优良品种覆盖率有了较大提高，其中优质水稻播种面积、高产高糖料蔗面积、水果良种覆盖率均比上年有新的提高，蔬菜、玉米、黄豆基本实现良种化。全市科技型小区规模养殖新增2000户，规模养殖户总数发展到8085户。全年畜牧水产业产值与全市农业总产值的比重为39.1%，提高了3.2个百分点。

2005年，来宾市制定"三农"科技服务网实施方案，实行农业科技示范村、示范户建设目标责任制，市、县、乡、村各级政府、部门都有具体的工作计划、目标、任务。全市共建设60个科技示范村、

7200户科技示范户。市政府还制定农产品深加工科技创新发展规划、目标及重点领域计划方案，促进了科技的进步，促进了特色农产品深加工的发展，开发出奶制品、果品、茶叶、蚕丝、香料、淀粉、脱水农产品、保健食品、酒类及家具等40多个新产品。同年，境内建立县级服务中心5个、乡镇服务站34个、示范村14个、示范农业行业协会6个。同时，根据"广西科技文献共享与服务平台"视觉识别系统(VIS)要求，搭建了广西科技文献共享与服务平台来宾市服务节点，建立来宾市中小企业数据库、锎锰特色有色金属数据库、制糖及综合利用产业数据库数、种植加工产业(桑蚕、木薯、食用菌等)数据库、来宾市水黄牛等禽畜养殖加工数据库、来宾市中高级人才数据库，来宾市科技项目与成果数据库及来宾市政策法规数据库等7个数据库框架，存有数据1000多条。

第五节 侨 联

据统计1987年，来宾县共有华侨2529人，主要分布在25个国家。其中加拿大228人、美国394人、越南43人、新加坡66人、日本58人、泰国54人、马来西亚66人、英国126人、法国45人、印度尼西亚947人、缅甸6人、瑞典10人、澳大利亚21人、荷兰2人、西德38人、菲律宾3人、西班牙1人、丹麦7人、印度317人、尼泊尔3人、锡金24人、不丹56人、奥地利8人、瑞士5人、老挝1人。居住县境的归侨9535人。原分别居住在11个国家。其中印尼1232人、越南8039人、印度237人、马来西亚9人、泰国5人、缅甸4人、尼泊尔3人、锡金2人、柬埔寨2人、不丹1人、新加坡1人。侨眷(含港眷属)4606人。其中原居住在越南的1027人、印度32人、马来西亚23人、加拿大12人、澳大利亚11人、美国10人、泰国8人、新加坡6人、日本6人。1990年，象州县全县有侨居国外华侨12户60人，侨眷47户282人，归侨6人。2003年全市归侨、侨眷2万多人，其中归侨8600多人，归侨主要来自印度尼西亚、越南、印度、泰国、柬埔寨、缅甸、新加坡等18个国家和地区。旅居海外的华侨华人及港澳同胞近10万人，分布在45个国家和地区，70%以上居住东南亚。

组织机构

县级机构 来宾市6个县(市、区)最早筹备成立归国华侨联合会(简称侨联)的是象州县。1980年，成立象州县归国华侨联合会筹备小组，着手准备建立侨联事宜。1981年，金秀成立县侨务办公室，由县委统战部1名副部长分管。同年，成立县归国华侨联合会领导小组。1982年6月，金秀归国华侨联合会成立。1983年8月，象州县正式成立归国华侨联合会。1985年11月，武宣县归国华侨联合会正式成立。1985年1月22日—23日，来宾县召开第一次归国华侨、侨眷代表大会，正式成立县归国华侨联合会。1986年7月，合山市成立归国华侨联合会并召开第一次归侨侨眷代表大会。1983—1990年，象州县共召开3次归侨、侨眷代表会。2002年12月，来宾县归国华侨联合会改称兴宾区归国华侨联合会。

来宾市归国华侨联合会 2002年12月设立来宾市归国华侨联合会，正处级单位，核定编制4名，内设办公室1个科室。

2005年，来宾市归国华侨联合会内设机构及人员编制不变。全市有县(市、区)侨联5个，(忻城县和华侨投资区未成立侨联)，华侨农场侨联3个，归难侨安置单位侨联3个，厂(矿)侨联2个。全市有10名侨联工作者获中国侨联颁发的从事侨联工作20年以上荣誉证书。有3人获全国归侨、侨眷先进个人奖章，1人获中国侨联工作先进个人。

市侨联主席：温维祥(2003年3月—2005年12月)。

代表大会

县级代表大会 1983年8月31日—9月2日，象州县召开第一次归侨、侨眷代表会，到会代表48人，会议选举卜荣生等9人为县侨联第一届委员。联合会委员第一次会议，选举甄振球任主席，郭连任副主席。1987年3月6日—7日，象州县召开第二次归侨、侨眷代表会，到会代表51人，会议选举刘树铮等9人为联合会第二届委员。二届一次委员会议，选举甄振球任主席，郭亚莲任副主席。1990年10月10日—11日，召开象州县第三次归侨、侨眷代表会，到会代表51人，会议直接选举甄振球任联合会第三届主席，黄明等7人为委员。1998年6月24日，象州县召开归国华侨联合会第四次代表大会，到会代表47人(其中港澳眷属代表23人)，选举象州县侨联第四届委员会、常务委员和副主席。2003年7月9日，象州县召开侨联第五次代表大会，代表40名，到会代表38人，选举象州县侨联第五届委员会、常务委员、主席、副主席(兼)。

1983年11月28日—30日，武宣县召开第一次归国华侨联合会，出席代表87人，其中归侨代表8人，侨属代表18人，港属代表25人，台属代表36人。选出委员15名，主席卢家国，副主席龙振、刘汉宁。1988年7月5日—6日，武宣县召开第二次归国华侨联合会，出席代表45人，其中归侨代表11人，侨属代表10人，港属代表24人。选出委员13名，主席龙振，副主席陈甲贤、戴廷福。1991年10月21日，武宣县第三次归侨侨眷代表大会在县城召开。出席大会代表41人，会议选举生产武宣县第三届归国华侨联合会委员13名，主席1名，副主席2名。龙振当选为主席，李秀球（女）、戴廷福当选为副主席。1997年4月24日—25日，武宣县第四次归侨侨眷代表大会在县城召开。出席大会代表46人，会议选举生产武宣县第四届归国华侨联合会委员15名，主席1名，副主席2名。龙振当选为主席，何世勇、苏贤芳当选为副主席。

1994年10月，武宣国营黔江农场归国华侨联合会召开第三次归侨侨眷代表大会，会议选举产生国营黔江农场归国华侨联合会委员，苏贤芳当选为主席、阮朝贵当选为副主席。1999年10月，武宣国营黔江农场归国华侨联合会召开第四次归侨侨眷代表大会，会议选举产生国营黔江农场归国华侨联合会委员，阮朝贵当选为主席、张怀强当选为副主席。

1985年1月22日—23日，来宾县召开第一次归国华侨、侨眷代表大会，正式成立县归国华侨联合会。出席这次会议正式代表97人，选举首届侨联委员会。委员会由11人组成，设主席1人，副主席2人。郭新民任第一届委员会主席。1991年5月25日，来宾县第二次归侨侨眷代表大会在县城举行，会议通过投票选举，黄凤英当选为侨联主席，何永业当选为侨联副主席（兼）。1997年11月5日，来宾县第三次归侨侨眷代表大会在县城举行，黄凤英当选为侨联主席，何永业、程保林当选为侨联副主席（兼）。

1986年7月，合山市成立归国华侨联合会并召开第一次归侨侨眷代表大会。

来宾市归侨侨眷代表大会 2003年3月17日—18日，来宾市召开第一次归侨侨眷代表大会，出席大会代表119名，特邀代表18名，列席20名。大会议程有四项：听取和审议并通过筹备领导小组的工作报告；选举产生来宾市归国华侨联合会第一届委员会；聘请第一届侨联委员会顾问；来宾市归国华侨联合会挂牌庆典。

自治区侨联副主席李冠华、市委副书记黄克、市政府副市长刘向群分别在会上作了讲话；温维祥代表筹备工作领导小组作筹备工作报告；海外侨胞、加拿大潘泰克进出口及技术咨询公司总裁潘武宾代表被聘请的侨联顾问讲话。大会选举产生第一届侨联委员会委员25名，常委11名，温维祥当选为主席，黄凤英当选为副主席，周方、文上乾、黄民恭为兼职副主席。大会聘请潘武宾（加拿大潘泰克进出口及技术咨询公司总裁）、张小林（美国休斯敦生物化学博士）、毛齐南（香港美德有限公司董事长）、孙华锋（香港进安实业有限公司经理）、卢善邦（迁江华侨农场场长）、陈强（红河实业有限公司董事长）、韦善琪（黔江实业有限公司董事长）、许奇聪（国营维都林场场长）8位海外侨胞、港澳同胞及侨界领导为来宾市侨联顾问。

主要活动

为侨胞及港澳同胞服务 1956年武宣安置28名印尼归侨。1978和1979年，武宣安置越南难侨154人到武宣农场和六峰山林场。同时落实侨务政策，给在土改被没收私房的10户华侨补偿6万多元。1983年成立忻城县侨联小组。1984年后武宣兴为了解决归侨就业，办了华侨砖厂和采矿场，年产值148万元，上缴税利19万元。1992年，合山市政府回收20世纪60年代下放的归侨侨眷职工62人。1993年合山市回收被下放30年的归侨2人，作离岗养老安排。1994年，合山市调查处理并解决市医药公司副经理别某在“文化大革命”期间，因有海外关系，被划定为“匪特子女”的历史遗留问题。1996年，合山市政府为年满30年工龄的归侨侨眷3人解决退休并给予享受退休工资百分之百的待遇。另外，合山市政府还受理了河里乡河里老街侨胞吴某申诉关于落实房产问题的请求。1991—2005年合山市共接待合山籍泰国华侨4人、美国华侨2人。接待归侨、侨眷来访51人次，来信89件，处理侵侨案件3起。开展献爱心，迎新春，送温暖活动11次，慰问归侨侨眷中的困难户、下岗职工、退休干部职工、五保户、孤寡老人、长期患病者共237人次，慰问金共12000元。

2003年3月，来宾市归国华侨联合会成立后，进一步注重做好各项侨务工作。积极为华侨办好事、办实事。每年元旦、春节、中秋、国庆等重大节日，组织开展“献爱心、送温暖”慰问活动，看望老弱、病、残的归侨、侨眷。在自治区侨联及广西医科大侨联的大力支持下，由广西医科大组织内外儿妇心血管等7个科室的医学教授、主治医生13人组成的志愿服务队到市华侨投资区开展义诊活动，义诊人员580多人次，免费发放药品折合人民币3000多元。资助23名侨眷贫困学生，帮助他们完成中学和大学学业。面对百年不遇的洪灾，侨联干部积极捐款捐物，并及时收集全市归侨侨眷受灾情况向上级侨联汇报，有17户归侨职工得到江西省侨联的捐助。在四川汶川大地震发生后，来宾市侨联发动归侨侨眷为地震灾区人民献爱心捐款捐物。为金秀长垌乡中心校争取到“侨心小学”项目，港商苏金碧资助15万元、400套书包及用具，并在项目落成典礼时，向全校学生及教职工现场发放现金4.8万元。引荐香港慈善家林东捐助10万元给金秀桐木中学修建300余米的田径运动场。协助中国华侨历史学会开展抢救归侨历史“活资料”的采访工作，陪同走访八一铁合金厂、象州县和市直单位离退休归侨4人，其中有3人的事迹记载在中国华侨历史学会文库《蹈海赴国丹心志》。配合华侨农林场抓好归侨、侨眷职工及待业归侨侨眷子女的职能和就业培训，开设龙眼种植、计算机技术、烹饪培训班共10期974人。2005年10月10日，马来西亚华侨谢亚庆首次回到来宾寻亲。武宣籍旅居越南、缅甸、美国、英国、法国、加拿大、新加坡、马来西亚、澳大利亚、新西兰、哥斯达黎加等国的华侨29户。

维护侨胞与港澳同胞利益 20世纪80年代初、中期，各县(市、区)侨联成立后以各种形式宣传党的侨务政策，维护侨益。克服“左”的思想影响，纠正了华侨就是“里通外国”、对有“海外关系”的归侨、侨眷不信任的偏见。解决归侨、侨眷及其子女的转干、调动、就业、参军、入党、入团、入学升学、住房、调资、出入境、涉外婚姻、侨房清退等问题，使党的侨务政策落到实处。过去不敢暴露身份的侨户纷纷到侨联说明情况，要求参加侨联组织的各种活动。1976—1990年，来宾县侨办与有关部门共同努力，平反归侨、侨眷中冤假错案12起(人)。其中给1人发抚恤、抚养费1200元；1人恢复非农业户口并安排工作；1人恢复中共党籍和非农业户口；给20世纪60年代被取消分配资格的2名大学生重新安排工作，享受干部待遇；清退侨房6户(退回原房2户，248.17平方米；经济补偿4户，741.46平方米，1.09万多元)。为5人解决了夫妻两地分居问题。1997年，印尼归侨杨平辉承包开发乡村荒地1500亩，引进外资80万元发展种养业。当杨平辉投资40万元修通山路、开垦出1100亩，即将种上木薯和甘蔗时，受到一些群众干扰，严重侵犯了归侨的利益。来宾县侨联多次向县领导汇报，县长亲自召集有关部门领导会议，组成联合调处组，县人大谭任能副主任带领调处组到现场召开会议，做群众思想工作。县政府组织公、检、法、司200多名干警对此事进行综合治理，维护了归侨的合法权益。2002年5月，来宾县政府组织，由侨联牵头，同劳动、信访、法制、侨办等有关部门深入来宾华侨农场解决1993年334名职工被除名的历史遗留问题，334名归侨侨眷恢复职工身份。

1991—2005年，武宣共处理来信500多封，接待来访800多人次，协助办理涉外婚姻50多对，协助办理出国探亲、定居手续100多人次，为侨胞办好事实事100多件。接待侨胞、港澳同胞回乡探亲访友、旅游者800多人次，依法护侨事17件。1995年，武宣配合农场侨联为农场华侨砖厂争取到85万元的周转金(联合国难民署项目周转金)。2000年以来，武宣引进了北海佳益贸易有限公司到二塘镇投资100万元承包2000亩荒山从事农业综合开发，投资150万元从事矿产开采(锌矿)。引进外资创建武宣县二塘东山佳益矿场、武宣县濠丰矿业有限公司、武宣县三里堡村铅矿普查，引进资金5000万元。

2003年，来宾市侨联注重做好维护归侨侨眷的正当合法权益工作。开展大规模的侨法宣传月活动。2004年8月—9月，开展侨法宣传活动，市四侨部门(外侨办、侨联、人大外事华侨委、政协外事联谊委)联合发文到各县(市、区)指导活动开展，发放宣传小册子1500多册，在归侨侨眷集中的来宾、凤凰、迁江3个农场和维林、红河2个安置点设立宣传栏，在闹市区悬挂“来宾为侨服务，侨为来宾作贡献”等宣传横额，还组织涉侨部门的领导、归侨、侨眷代表召开座谈会宣传新侨法，市四家班子有关领导到会指导。各县(市、区)还开动宣传车沿街游行，用广播方式和张贴标语宣传侨法，《桂中日报》、桂中电视台等媒体作了宣传报道，使侨法宣传活动形式多样、宣传面广、受教育人数多，在全市面上产生了很大影响。全市侨联通过多种形式对外宣传“侨法”，电视宣传报道6次、出版宣传专栏12版、张贴宣传标语300多张、悬挂横幅12条、开展普法讲座5次、培训侨务干部200多人次、向市县直机关部门和广大社民发放侨法宣传资料2500多份。

海内外联谊 1982—1993年，武宣籍定居在台湾有133户、香港61户、澳门2户。先后回县探亲279人次。县委与有关部门热情接待。他们为家乡建设献计出力。1989年武宣侨胞刘天泽、港胞冼金伟、黎燕、曾桂钰、陈桂琼联名给县政协捐赠日本产9座小车1辆。1988—1993年，武宣翁伯鸿、韦宪族、覃家韬、甘祖团等台、侨、港胞18人，给家乡建校舍、修公路和赈灾等共捐赠6.17万元人民币，9550美元、4000港币、113万台币。1985年、1986年，武宣县政协配合县委、县政府在深圳召开两次武宣籍港胞座谈会，向他们通报了家乡目前工农业生产、教育卫生、城乡建设、人民生活的情况。通过开座谈会，港澳台同胞消除了疑虑，激发了爱国思乡之情。此后，回乡探亲访友观光不断增多，许多港澳台胞还踊跃捐资支援家乡办教育，搞建设。河马籍台胞翁伯鸿，1990年、1992年两次向武宣县捐资7700美元和1.36万元人民币给翁屋村建校和赈灾。通挽籍台胞韦宪族，1988年、1990年两次回乡探亲，并捐赠400美元给通挽乡政府办公益事业，捐赠1.2万元人民币给梧山村小学建校。1985—1993年，武宣“三胞”500多人次捐给家乡亲属发展生产共136.89万美元。1996年，武宣全县侨居国外的侨胞有35户，分布在12个国家，其中美国13户、英国2户、缅甸3户、新加坡3户、加拿大2户、法国2户、越南2户、澳大利亚3户、葡萄牙2户、新西兰1户、哥斯达黎加1户、日本1户，居住在香港有58户、澳门3户。1978年从越南回武宣的归侨249户1350人，他们的亲属侨居世界各国有68户，全县13个乡镇都有侨眷分布。2005年底，武宣全县共有归侨1400多人。

1991年9月，合山市组织人员参加在南宁市举办的世界广西同乡恳亲会。会上，拜访了回国参加大聚会的泰国广西会馆董事长及海外侨胞等，向他们介绍合山经济建设情况以及华侨在合山办企业的优惠政策。1993年10月19日，合山市组织港澳属及有关领导共7人，参加柳州地区侨办、侨联在深圳召开的柳州地区籍港澳同胞联谊会。2000年11月8日，合山市组织人员参加在深圳市召开“三胞联谊会”，参加联谊会的港澳台同胞共6人。会上港澳台同胞对合山的改革开放、经济建设等方面提出建议8条。1996年5月，合山市应香港96国际经贸活动中心的邀请，前往中国香港地区与泰国参加联谊活动，分别拜访了合山籍香港高级服装公司李雪英、香港群龙贸易股份有限公司泰国中国产物股份保险公司吴梅周、泰国风麟旅游有限公司经理吴清周等，向他们介绍了家乡情况和市人民政府对外开放的重要决策。1992—1993年，合山市通过开展对外联谊活动，引进侨胞资金20万元，开办小煤窑1个、华侨装潢服务部1家。1994年，引进澳门吴荣耀金枪制衣厂“圆领短袖文化衫”加工项目1项。1999年，合山市政府在广西香港投资贸易洽谈会上，与侨胞商家签约投资4个项目，预计投资1.03亿元。

2002年建市以来，来宾市侨联先后参加以市委书记为团长的市党政代表团对泰国、马来西亚、新加坡、印度尼西亚等国家友好访问；参加以自治区侨联副主席为团长的侨联代表团访问印度尼西亚；参加在澳门举行庆祝澳门特区成立五周年大型活动——华侨华人聚濠江联谊大会，参与以地缘、血缘、业缘为纽带组成的同乡联谊活动和经贸活动；响应中国侨联关于沿海发达地区侨联与西部地区侨联开展“结对子”的号召。2005年，来宾市侨联与广东省佛山市侨联签署建立友好合作侨联协议书，同时，促成来宾市各县（市、区）侨联与佛山市各市、区侨联建立友好合作单位搭建了平台；每年的中国—东盟博览会期间，市侨联利用侨联的优势广泛结识各国的客商、华商，向他们介绍来宾和推介来宾；组织参加在广西召开的泛珠江三角省区侨联协作年会；组织各县（市、区）侨联主席到江浙沪进行考察学习，学习外省侨联的先进理念和经验。

全市各级侨联组织积极开展海内外联谊活动：一是于春节期间分别给海外侨胞、港澳同胞及归侨侨眷寄贺年卡、发贺信、贺电向他们问候；二是召开迎春茶话会，三是上门拜访；四是邀请有实力的企业家到来宾市考察，先后接待匈牙利、新加坡、美国、巴西、加拿大、马来西亚、菲律宾、印度尼西亚、丹麦，以及中国香港、澳门、广东、深圳、河北省等侨商及侨联到来宾市考察联谊，如港商苏金碧，两次到金秀大瑶山扶贫助学；印度尼西亚商人朱南山四次到来宾市考察林业开发合作项目；佛山市侨联组织有经济实力的企业家17人到来宾市考察；五是聘请7名海外侨胞和港澳同胞为市侨联顾问。

参政议政 市侨界人大代表、政协委员围绕市经济建设、城市管理、社会治安、文化教育、落实侨务政策等社会关注的“热点”问题，写提案，提建议，在市人大、政协会议上提交议案、提案和建议共计31件，其中：人大代表和政协委员提出的设立“来宾市华侨投资区”一案，得到市委，政府的高度重视，成立调研组，对华侨农场进行专题调研。

2003年1月，侨联系统的市人大代表提出关于解决部分老归侨职工退休实际工龄计算的建议案，使部分老职工的实际工龄得到解决。4月，在来宾市一届人大第二次会议和政协来宾市一届二次会议上，侨联系统的人大代表和政协委员提出《关于设立“来宾市华侨经济管理区”》的提案，得到市委、市政府的高度重视。6月市委、市政府作出决定将来宾华侨农场收归市人民政府直接管理，并成立来宾华侨经济开发有限责任公司。

2004年4月，来宾市成立来宾市华侨投资区，为来宾市的3个华侨农场迎来了历史性的发展机遇；向市政府提出《关于在全市60个乡村全面推行乡村清洁工程纳入示范村建设》的建议，得到市政府领导重视。

2005年，市侨界人大代表和政协委员围绕市经济建设、城市管理、社会治安、文化教育、落实政策等社会关注的“热点”问题提出方案1件，提案5件。市侨界自治区人大代表牵头在自治区十届四次会议上提出的《关于给予农村客运班线优惠政策的建议》，引起自治区交通厅的重视，并重点办理，自治区政府发文转发农村公路客运车辆税费征收减免方案，规定3个档次的减免比例，优惠幅度50%~70%，农民群众“出行难”和客运业主营运难的问题得到妥善解决。

第六节　工商联

来宾市境域各级工商业者联合会，依照《中国工商业联合会章程》规定成立工商业联合会，召开会员代表大会，选举产生执行委员会，积极参政议政，召开非公有制经济代表人士座谈会，组建乡镇商会，加强工商联的基层组织建设，工商联会员积极献爱心，参与捐资捐物扶贫解困活动。

机构设置

中华人民共和国成立后，境域各县始建立工商业联合会。来宾县于1950年6月成立大湾工商业联合会。1953年2月，忻城县成立工商业联合会。

1966—1976年“文化大革命”期间，各县工商联停止活动，人员编制一并撤销。1987年后，各县恢复工商业联合会组织。1993年10月16日，各县成立总商会，与工商业联合会实行一套人马，两块牌子。1997年9月，忻城县恢复工商业者联合会，同时挂牌成立忻城县总商会。2003年12月，来宾县工商联改称来宾市兴宾区工商业联合会。2005年，忻城县共有会员721名。忻城县工商业联合会编制3人，乡镇商会12个共12人。武宣县工商联机关有在职人员5人，县总商会辖10个乡镇商会，拥有会员1496人，会员中非公有制经济会员占会员总数98%。

来宾市工商业联合会2003年4月17日成立。来宾市工商联内设1个职能科（室）。核定人员编制3名。领导职数：正职1名、副职1名、科级领导职数1名。至2005年内设机构及人员编制不变。

会长：潘启优（2003年4月—2005年12月）。

代表大会

县级代表大会　1954年12月26日—30日，来宾县在县城召开县第一次工商联会员代表大会，成立首届执行委员会。时县工商联的组成以私营工商业者为主体，外加国营企业和合作社、公私合营企业等。1957年3月26日—30日和1962年10月，以及1965年9月19日—28日，来宾县工商联在县城先后召开了第二、第三、第四次会员代表大会。

1991—2005年，忻城县工商业联合会于1997年9月、2003年5月召开第四次、第五次代表大会。金秀瑶族自治县工商联分别召开第三、四、五次会员代表大会。

1992年2月28日—29日，来宾县工商联在县城召开第5次会员代表大会，会员代表79人，选举产生27名执行委员会委员、15名常务委员。1994年5月16日—17日武宣县工商联第三次会员代表大会在县城召开。会议选举生产武宣县第三届工商业联合会执行委员15名、会长1名。1996年6月24日—27日，象州县在马坪乡召开象州县工商联第二次会员代表大会，选举产生象州县工商联第二届委员会、会长、副会长。1997年2月27日—28日，来宾县工商联在县城召开6次会员代表大会，会员代表91人，选举产生29名执行委员会委员，17名常务委员。4月16日—17日，武宣县工商联第四次会员代表大会在县城召开，出席会议代表62人，会议选举生产武宣县第四届工商业联合会常务委员9名、会长1名、副会长5名。1999年6月25日—26日，象州县召开工商联第三次会员代表大会，选举象州县工商联第三届委员会，选举常务委员、会长、副会长。

2002年4月27日—28日，来宾县工商联在城区召开第7次会员代表大会，会员代表96人，选举产生29名执行委员会委员、17名常务委员。5月21日—22日，武宣县工商联第五次会员代表大会在县城召开。出席会议代表84人，会议选举产生武宣县第五届工商业联合会执行委员26人，常务委员12人，会长1人、副会长4人。7月26日，象州县召开工商联第四次会员代表大会，选举象州县工商联第四届委员会、常务委员、会长、副会长。

2003 年 6 月 12 日，武宣县工商联召开五届二次执委会，增补何基维为副会长。2004 年 4 月 8 日，武宣县工商联召开五届三次执委会，增补张静冰为副会长。

来宾市工商业联合会第一次代表大会 2003 年 4 月 17 日在来宾市召开。会议听取和审议潘启优代表来宾市工商业联合会筹备小组作《来宾市工商业联合会第一届会员代表大会工作报告》的报告。出席大会的代表为 119 名。大会选举产生来宾市工商联合会第一届执行委员会委员 41 名、常务委员会委员 21 名，选举产生来宾市工商业联合会第一届领导班子，潘启优当选为会长，韦克照、江祖国、朱文明、何广梧、陆愈昌、莫国盛、黄刚、黄春林、覃燕明（女）、蓝常景等当选为副会长，黄刚兼任秘书长。

商会建设

1956 年，境域在对资本主义工商业的社会主义改造高潮中，因受“左”的思想影响，大量无雇佣剥削的小商、小贩、小手工业者（简称“三小”）被错划为资产阶级。国家对私营工商业进行改造，境域有 35 名小商、小贩、小手工业者被并入公私合营企业。1979 年底，境域贯彻中共中央批转中央统战部、国家计委党组《关于把原工商业者中的劳动者区别出来的问题的请示报告》。1980 年以后，私营、个体经济开始发展。1984 年 9 月，合山市将下放回家参加农业生产的 35 名小商、小贩、小手工业者全部收回安排工作。其中因年老体弱、不能继续工作的，按退职人员处理，每人每月由单位发给生活费 25 元。

1991 年 8 月，来宾县统战部门多方协调，收回原工商联办公用房和干部职工住房 200 多平方米，县政府拨给维修经费 2400 元，开始着手恢复成立县工商联组织机构。1992 年 2 月 28 日，来宾县工商联召开第五届会员代表大会，会议选出新一届工商联执委委员 27 名，执委常委 13 名，主委 1 名，副主委 4 名，秘书长 1 名，工商联开始恢复正常。

1997 年，境域各县（市）工商联全部组建和恢复。2000 年 4 月和 6 月，自治区党委统战部先后在金秀召开全区、全国乡镇商会工作现场经验交流会。同年 7 月，来宾县开始着手实施乡镇商会组建工作。县、乡镇两级均成立有乡镇商会建设工作领导小组，县财政拨给 4 万元作为专项经费，先在良江镇召开乡镇商会建设试点工作会议，然后在全县全面铺开。同年 11 月底，全县除南泗乡外，乡镇商会组建工作顺利完成，提前三年完成自治区下达组建乡镇商会任务，成为全自治区率先完成组建乡镇商会的县。

2003 年 4 月 17 日，召开来宾市工商业联合会第一届会员代表大会，成立来宾市工商联（来宾市总商会）。7 月 28 日，全市所有乡镇均成立商会。全市有县（市、区）工商联 6 个，乡镇商会 74 个，乡镇企业协会 2 个、同业公会 3 个、行业协会 1 个；共有会员 5599 人，其中企业会员 180 人，团体会员 5 个、个人会员 5414 人。

2005 年 11 月 15 日，来宾市福建商会成立。成为来宾市第一个异地商会。全市所辖 6 个县（市、区）均设有工商联机构，乡镇商会 74 个，乡镇企业协会 2 个，同业公会 3 个，行业协会 1 个，异地来宾福建商会 1 个；全市共有会员 6374 名，其中企业会员 153 个、团体会员 26 个、个人会员 6195 人。

参政议政

2003 年，市工商联认真履行参政议政职能，参与经济社会重大决策的政治协商和民主监督，为党和政府联系管理非公有制经济发挥桥梁助手作用。全市非公有制经济人士担任各级人大职务 19 人，担任各级政协职务 89 人。各级工商联组织和工商联会员就本地的政治生活、社会问题和经济建设问题，积极建言献计。市工商联还参与讨论、修改市委、市政府出台的《关于加快我市非公有制经济发展若干规定》，提出了建议，得到了市委、市政府的肯定和采纳。

2004 年，来宾市工商联深入调查研究，提高参政议政水平。突出围绕非公有制经济发展这一主题，进行调查研究，进一步了解和掌握全市非公有制经济的现状和非公有制经济人士的思想动态、发展思路以及需要帮助协调解决的问题，市工商联走访 20 多家民营企业，剖析民营企业发展存在的问题及对策，帮助指导在非公有制经济中的各级人大代表、政协委员认真履行职能，关注社会的热点、难点问题，写好提案在市、县“两会”会议上建言献策。年内，全市在非公有制经济中的各级人大代表、政协委员共提交提案 60 多件。

2005 年，市工商联充分利用“两会”等各种平台建言献策。据不完全统计，在全市各级人大、政协会议上，工商联界的人大代表、政协委员提交提案、议案和建议 60 多件。如忻城县古蓬镇商会提交的《关于修建忻城县古蓬镇周安至古蓬镇二级公路的建议》得到自治区交通厅的采纳并已立项建设。象州县工商联深入乡镇、外商企业进行调研，形成《象州县投资软环境情况调查报告》提交县委、县政府作决策参考。市工商联与市政协文史委联合对兴宾区非公有制经济发展状况进行调查。与市政协民族委、市招商局等单位对来宾市如何改善投资软硬环境进行调研，写出《关于改善来宾市投资环境的调查报告》，呈市委、市政府供决策参考。

非公有制经济

1991年以来，武宣县工商联按照“工业强县、农业稳县、科教兴县、商贸旅游活县”的总体思路，营造宽松的发展环境，推动非公有制经济快速健康发展。加大招商引资力度，促进县域经济调整，推动全民创业，以投资拉动经济发展。充分发挥商会的职能作用，以商招商推动重大项目建设的步伐，加强项目协调跟踪服务工作。1996—2002年，原柳州地委统战部组织召开三次民营企业经济发展工作会。境内各县(市)按照会议要求，大力发展非公经济。2003年，市委统战部编写“非公有制经济人士学习党的十六大报告五个专题材料”，即关于非公有制经济的经济地位的论述、关于非公有制经济的政治地位的论述、关于非公有制经济理论认识的论述、关于非公有制经济法律制度的论述、关于非公有制经济党的建设的论述等，发给非公有制经济代表人士学习。在非公有制经济人士中组织开展“诚信来宾”活动，评选“诚信文明户”。抓好在合山市的乡镇商会会员小额信贷活动试点工作，编印《来宾市乡镇商会会员小额信誉贷款试点指导意见》。试点工作5月启动后，参加小额信誉贷款的会员200多户，贷款金额400多万元。12月28日，组织非公有制经济举办来宾市建市一周年首届商品展销会和首届地方特色风味小吃暨名菜展评，参与展销商家150多家。

2004年2月27日，召开全市个体工商企业无抵押小额信贷经验推广会，全市参加无抵押小额信贷的个体工商企业6320户、贷款金额近2亿元。新华社、广西日报社专门派记者下来调研并在内参上编发来宾市个体工商企业无抵押小额信贷的开展情况，《广西日报》5月15日在头版通栏标题和5月18日分别专题报道此项工作，自治区党委统战部、自治区工商联也3次到来宾市进行专题调研。是年，联合市监察局、纠风办，开展清理党政机关在酒家饭店、汽车修理等服务行业拖欠费活动，协助合山市委统战部与工商联举办“发展非公有制经济现场答疑会”。至2005年底，全市累计发放小额信贷资金约4亿元，推动县域经济发展和新农村建设。2004—2005年，为解决全区个体工商户资金短缺困难，推动非公有制经济快速发展，统战部、工商联、农村信用联社密切配合，共为2734户个体工商户办理小额信贷6620.35万元。其中2004年办理1363户3338.95万元，2005年办理1371户3281.4万元。

2005年，在广大非公有制人士中开展“学先进，求进步，争做优秀社会主义建设者”教育活动。据不完全统计，全市共召开座谈会、报告会43次，近4000人参加，组织民营企业集体学习40次，1600多人参加，有200多人撰写心得体会文章200多篇。最后评选出26个商会为来宾市学习型商会，100名非公有制经济人士为来宾市合格中国特色社会主义建设者，进行表彰，并推荐3名企业家参加全区的优秀社会主义事业建设者评选，其中1人入评。

招商引资

2002年，组织会员企业到桂林参加广西乡镇企业洽谈会，签订意向合同180多万元。2003年，联系浙江、深圳、台湾、南宁、柳州等区内外多批客商到来宾市进行投资考察。2004年，联系23名闽籍企业家到来宾市召开项目洽谈会，达成意向合同项目18个，邀请台湾岛内、在广西各地投资的台资企业负责人50多人到来宾开展联谊活动，组织台商45人在南宁举行投资推介会，引进台湾民俗风情园有限公司在金秀瑶族自治县投资1100万元兴建花王山庄，引进中国星辰国际集团有限公司在来华投资区投资11亿美元兴建星辰来宾生态科技文化城及农副产品保鲜加工基地、桂中铝制品厂。

光彩事业活动

2002年，完成广东11家民营企业资助境内11所光彩事业学校的建校工作，引进香港爱国人士捐资50多万元建2所光彩小学和资助11名家庭贫困的大学生完成学业。2003年，组织全市非公经济人士捐资2万元助学，联系九三学社广西区委会到金秀桐木镇仁里小学开展助学活动，捐资2000元以及新衣服200套。2004年，争取到香港等外援资金及捐赠物品价值近45万元，组织非公有制经济人士捐资47.89万元，用于资助贫困学生、援建学校和修路、救济村民。

2005年，来宾市工商联积极组织和引导会员企业参与“光彩事业”。据不完全统计，全市非公有制经济人士企业会员为扶贫助学等公益事业捐款共28万多元。6月，来宾市发生特大洪涝灾害，全市各级工商联组织会员企业为灾区捐款捐物，深入灾区了解灾情，帮助群众尽快恢复生产和生活，支持重建家园。其中，市工商联副会长谭贵、张送强、梁燕安、覃继寒等捐款上万元。象州县是重灾区，县工商联积极组织会员企业为灾区捐款捐物，并运送救灾物品慰问受灾群众，共组织出动送救灾物品车辆41辆，共为灾区捐款10万多元，捐赠大米9吨，食品一批，衣物4000多件。受到党委、政府高度赞扬，被评为年度抗洪救灾先进单位。全市各级会员企业共为抗洪救灾捐款50多万元。

海外联谊

来宾市经常利用广西同乡会、宗亲会、展销洽谈会等活动，加强同台湾同胞、港澳同胞和美国、新加坡、泰国等海外侨胞的交流交往。

1997—2005年，兴宾区（来宾县）共给台胞寄发贺年卡956张，给台属寄发慰问信3236份；召开台胞台属中秋座谈会16次，到会930多人（次）。

1991—2005年，兴宾区（来宾县）办理赴台探亲126人次；接待回乡探亲访友、经贸考察、观光旅游台胞共200人次；做好10名台胞回乡定居工作，其中有6名已病故，有4名尚健在；办理涉台婚姻70对；为台属办理台属证287本1453人，为台属办理农转非50人，为台属办理继承遗产手续5人次。

1991年，合山有海外华侨1350人，有归侨62户，侨眷12户。1987年6月，成立合山归国华侨联合会（简称侨联），配合市统战部开展海外统战工作。1991—2005年，合山市接待华侨回合山探亲访友12人。给侨眷办理出国定居12人。

1991—2005年，忻城全县共接待回乡探亲“三胞”201人次，并邀请部分台胞到县城座谈、观光，介绍忻城经济社会发展情况，有6位台胞自愿捐款770美元建设翠屏山公园，3位台胞捐资17120元给芝州民族职业中学建校；港胞3人到本县考察时捐助32000元港币给宁江乡尚宁小学建教学楼；港胞2人捐款400元给大塘二中建校。

2003年，来宾市各级工商联组织广泛联谊、招商引资，以实际行动直接为经济建设服务。年内，市工商联共接待香港、北京、福建、浙江、温州、深圳、台湾、南宁、柳州等区内外的工商社团20多批，还与10多个工商社团和部分经济界人士建立了联系。两次组团赴广东、江苏、浙江等地进行考察和回访。

2004年，来宾市各级工商联组织加强与外地市工商联、商会、企业家的友好联系，扩大了招商引资渠道。市工商联组织工商联干部和企业会员赴杭州、温州、宁波、义乌等市学习考察、交流会务。先后接待福州、温州、香港广西同乡会、广东商会等商界人士到来宾考察、交流。

2005年，来宾市各级工商联组织紧紧围绕市委和市政府的中心工作，加大经济服务的力度，促进地方经济的发展。市工商联利用各种活动宣传来宾市的投资环境，推介“百企入桂”项目，加强保持与友好商会的密切联系。5月，组织会员企业到杭州、温州、宁波、义乌等商会进行考察和推介活动。7月，组织会员企业到广州、佛山进行招商。年内，共接待福建福州驰誉贸易房地产开发公司、广东韶关市远太路桥机械设备有限公司、广东肇庆祥化工有限公司、玉林市中亚建筑装饰工程总公司等7批次考察团到来宾市考察。与自治区工商联联合邀请广东总商会一行40人到来宾作商务考察；邀请广西亿顺稀土纳米离子材料有限公司董事长、加拿大籍华人等到来宾考察。引进广东客商投资380万元，开办采石场。引进广西新世纪农业科技有限公司在来宾投资，进行农业实业开发。

第七节　文　联

县级机构

来宾县文联　1960年9月，来宾县文学艺术界联合会成立。当时由县文化科管理，会员50余人。1967年1月后，因“文化大革命”冲击，文联中止活动，1981年，各县文联恢复。1982年8月2日，来宾县首届文艺工作者代表大会召开，通过《来宾县文学艺术工作者联合会章程》，并选举正、副主席各1人。活动经费由县文化局拨给，有会员79人。1987年3月，来宾县给文联下达行政编制3名。县文联下设文学、戏剧、音乐、美术、摄影、书法和民间文学等组，用以组织文艺工作者学习研究、交流创作知识和经验，推动文艺事业发展。1992年3月5日，来宾县第2次文联代表大会召开，与会代表123人，大会选举产生来宾县文联第二届委员17人；第二届委员会第1次会议选举产生文联主席1人，任命了秘书长。文学、民间文艺、书法美术、戏剧曲艺、音乐舞蹈、摄影等6个工作者协会成立。2000年10月27日，来宾县第3次文代会召开，出席会议的代表97人，特邀代表、领导和嘉宾 73 人，到会人员 170 人；大会选举产生来宾县文联第三届委员 25 人，第三届委员会第 1 次会议选举产生文联主席、副主席各 1 人，任命了秘书长。文学、书法、美术、戏剧曲艺、音乐舞蹈、摄影、民间文艺等 7 个工作者协会成立。12 月，来宾县文学艺术界联合会改称“来宾市兴宾区文学艺术界联合会”。

忻城县文联　1951 年，忻城县成立县文学艺术工作者联合会(简称县文联，下同)，莫本声任主席。1952 年，精简机构，忻城县文联撤销。1957 年 11 月，忻城县成立县文联筹委会，由县委宣传部长韦少江兼任筹委会主任。1958 年秋，忻城县指定文化馆 1 名馆员任县文联筹委会专职干事。1959 年 1 月，忻城县文联正式成立。1959 年底，忻城县文联干部下放农村参加劳动，文联活动停止。后调配 1 名专职干部，文联创作活动得以恢复。1960 年 1 月，忻城县文联创作活动进一步活跃起来。1964 年秋，忻城县专职人员抽去融安县参加“四清”运动，文联活动停止。2003 年 2 月，成立忻城县文学艺术界联合会(简称“文联”)，编制 3 人，属县财政全额拨款的正科级单位。

金秀瑶族自治县文联　1980 年 7 月，金秀瑶族自治县成立文学艺术工作者联合会，下设文学、戏曲、音乐、美术摄影等 4 个小组。1983 年 3 月，金秀瑶族自治县文学艺术工作者联合会在县城召开县第一次文学艺术工作者代表大会，到会代表 75 人。会上，选举莫义明为县文联名誉主席，苏胜兴为主席，王矿新、刘世昌为副主席。1985 年 3 月，金秀瑶族自治县文学艺术工作者联合会在县城召开县第二次文学艺术工作者代表大会，到会代表 81 人。选举赵键钊为县文联名誉主席，苏胜兴为主席，莫秉荣、杨天德、刘世昌为副主席。

象州县文联　1988 年 10 月，象州县文学艺术联合会成立，陈殿新兼任主席，周松歧任常务副主席。至 1990 年底，县文联出版《热泉》文艺小报 9 期，30 余万字；出版《八音岩》诗词、楹联小报 2 期。

武宣县文联　1991 年 7 月武宣县文学艺术界联合会成立，与县文化局合署办公，同年 11 月独立办公，有编制 2 人。2002 年 1 月，武宣文联有行政编制 2 个，有主席 1 人、科员 1 人。

合山市文联　1994 年 5 月 18 日成立合山市文学艺术界联合会(简称市文联)，事业单位。同年 5 月 24 日召开第一次会员代表大会，通过《合山市文学艺术工作者联合会章程》。1995 年核定编制 3 人，下设文艺工作者协会 6 个，杂文工作者协会 1 个，诗词楹联学会 1 人。

市级机构

来宾市文学艺术界联合会　2003 年 3 月，来宾市文化艺术联合会(简称市文联，下同)正式成立，正处级单位。市文联由 10 个协会组成，分别是作家协会、戏剧家协会、音乐家协会、舞蹈家协会、美术家协会、摄影家协会、书法家协会、民间文艺协会、曲艺协会和赏石协会。市文联下辖 6 个县(市、区)文联组织。当年，全市有文联协会会员 900 多人，参加自治区文联各协会 20 多人，参加全国文联各协会会员 10 人。

市文联主席：张庆琨(2003 年 3 月—2005 年 12 月)。

2005 年，市文联下辖集体会员 11 个，分别是来宾市作家协会、来宾市音乐家协会、来宾市美术家协会、来宾市戏剧家协会、来宾市书法家协会、来宾市民间文艺家协会、来宾市曲艺家协会、来宾市舞蹈家协会、来宾市摄影家协会、来宾市赏石协会和来宾市盘古文化研究会(原名麒麟山文化研究会)，其中来宾市民间文艺家协会下设来宾市山歌学会。全市文联系统有个人会员 1532 名，其中市级协会个人会员 298 名。全市有驻会干部 26 名，其中市直机关 5 名。武宣县文联各协会共有会员 89 名。其中有省(区)级理事 10 人，省(区)级会员 18 人，市级协会副主席 2 人，市级理事 16 人，市级会员 32 人。合山市文学艺术界联合会设文学、书法、美术、摄影、音乐、舞蹈、戏剧协会 7 个，诗词楹联、山歌学会 2 个。各协会、学会会员 186 人。其中：来宾市各协会、学会会员 37 人，其中理事 3 人；自治区各协会、学会会员 25 人，其中理事 1 人。兴宾区文联有干部职工 6 人，下设：作家、书法家、美术家、戏剧曲艺家、音乐家、舞蹈家、摄影家、民间文艺家等 8 个协会和联系来宾诗社，有会员 328 人，其中国家级协会会员 1 人，自治区级协会会员 36 人，来宾市协会会员 104 人。

代表大会

县级代表大会　1992 年 3 月 5 日，来宾县第 2 次文联代表大会召开，与会代表 123 人，大会选举产生来宾县文联第二届委员 17 人；第二届委员会第 1 次会议选举产生文联主席 1 人，任命秘书长 1 人。同时文学、民间文艺、书法美术、戏剧曲艺、音乐舞蹈、摄影等 6 个工作者协会成立。2000 年 10 月 27 日，来宾县第 3 次文代会召开，出席会议的代表 97 人，特邀代表、领导和嘉宾 73 人，到会人员 170 人；大会选举产生来宾县文联第三届委员 25 人，第三届委员会第 1 次会议选举产生文联主席、副主席各 1 人，任命秘书长 1 人。同时文学、书法、美术、戏剧曲艺、音乐舞蹈、摄影、民间文艺等 7 个工作者协会成立。2000 年 11 月 15 日，象州县召开文联第一次代表大会，正式代表 68 名，到会 85 人。大会讨论通过《象州县文学艺术界联合会章程》，选举象州县文联第一届委员会委员 13 名。当年成立文学协会、书法协会、美术协会、摄影协会、音乐舞蹈协会、戏剧曲艺协会 6 个县文联下属文艺协会。2005 年 12 月 22 日，象州县召开文联第二次代表大会，正式代表 106 名，到会 134 人。会议选举象州县文联第二届委员会委员、主席、副主席。当年增设山歌学会，县文联有文学协会、书法协会、美术协会、摄影协会、音乐舞蹈协会、戏剧曲艺协会、山歌学会共 7 个下属文艺协会(学会)。

境内各县市文联代表大会，由于各种原因，大部分县市多年未召开代表大会。

地市级代表大会 2003 年 3 月，来宾市文化艺术界第一次代表大会召开。

主要活动

文艺创作 境内少数民族题材的歌舞、戏剧创作取得一系列成果。歌舞戏剧创作，20 世纪 50—90 年代末，有大型侗戏《秦娘梅》、苗族题材民族舞剧《灯花》、大型瑶族歌舞节目《瑶族歌舞》和服饰晚会《瑶山五彩霞》歌剧《山村飞出金凤凰》；1993 年，来宾县黄宗信创作话剧小品《伴侣》；2000 年，来宾县黄刚毅与人合作创编大型彩调剧《听竹情》；2002 年，来宾县陈炳珍创作小品《抢家公》；2003 年，兴宾区王向新创作彩调剧《一袋谷种》；2004 年，兴宾区黄刚毅(与人合作)、谭恒芳创作壮族蜂鼓说唱《骑虎》等作品。

文学艺术学术研究 20 世纪 80 年代，陆炳兰的《瑶族音乐概述》和陈国凡的《侗族二声部民歌》入选《全国多声部民歌论文集》；孙亦华、朱碧光合著的《象州县壮族师公舞》入选《壮族舞蹈研究》；张国明的多篇瑶族舞蹈研究论文在国内和日本刊物发表。吴浩等著的《没有国王的王国——侗族研究》(1995 年 1 月中国社会科学出版社出版)，引起学术界的关注；蒙光朝、覃惠、区农乐、覃桂清、叶光睎合作出版《刘三姐歌韵歌例》，覃桂清发表刘三姐传说、戏剧、电影、民歌等多篇研究论文，其中《探索歌仙千古之谜——刘三姐纵横》由广西民族出版社出版，获广西民间文学研究成果一等奖；吴浩、张泽忠等对侗族歌谣进行研究，并出版多部论著；苏胜兴亦发表多篇研究瑶族民间文学的论文。

收集整理出版民间文学作品 1980 年 3 月，境内各县文联组织力量，抢救、收集、整理少数民族文化遗产。2000 年 6 月，来宾县文联编辑《红水河的传说》(广西民间文学作品精选来宾县卷，主编黄宗信、方大伦)。1981—2002 年，来宾县文联共出版民间文学作品 20 多本。

举办书画摄影展 建市以来，来宾市文联组织和主要参与组织的重大展赛，计有《来宾市建设一周年奇石、盆景、书法、摄影和美术作品展》《迎东盟、庆祝建设两周年——来宾市首届奇石展》《玉林百色来宾三市书法、美术作品展》；面向全国的“反腐倡廉楹联征大赛”。

挖掘传统民族文化 2003 年 3 月，中共来宾市委办公室下文通知，指出要“以麒麟文化为核心，大力挖掘红水河文化、瑶都文化、土司文化、郑小谷文化”等地方民族文化，“为建设新来宾创造良好的文化氛围”。市文联促成民间组织“来宾市麒麟山文化研究会”成立，并协助召开“来宾市麒麟文化工作方案研讨会”，为来宾市委办公室和市政府公室办联合下发的《关于打造来宾市麒麟山文化的工作意见》提供建议，并承担出版“麒麟山系列文化丛书”，编印文艺类内部刊物《麒麟》，组织来宾市文艺创作最高奖项“麒麟奖”评选等工作。

2004 年以来，来宾市文联编辑并出版《广西来宾麒麟山文化系列丛书》《广西来宾麒麟山文艺系列丛书》两套丛书。两套丛书中谌称翘楚的单本，有《春树慕云》《风雨望江楼》《岭南才子郑小谷》《忻城壮族土司文化探究》《瑰丽的金秀瑶都文化》《麒麟山及周边古迹、民俗》和《红水河民间故事传说及歌谣》。《麒麟》定位为纯文艺刊物，开设有“文坛桂军”“桂中星座”“红水河诗谷”“才智人生”“麒麟山论坛”“散文随笔”“综艺地带”“小说点击”“摄影小说”“东张西望”“作家印象”和“艺海人踪”等栏目。该刊从 2003 年创刊尤其是 2004 年改版后，立足来宾，放眼全球，编排时尚，版面精美，市内外读者反映良好。

2004 年、2005 年度，来宾市文联分别评出第一届、第二届“麒麟奖”，第一届“麒麟奖”，小说《夜投羊肚寨》等 20 部作品获作品奖。第二届评出歌舞剧《麒麟山人》等 16 个作品奖和“来宾市山歌学会”等 4 个特别奖。

第八节 残 联

来宾市成立(2002年12月)前,境内最早成立残联的是武宣县,最晚成立的是忻城县。2003年,全市有县(市、区)残联7个,乡镇残联74个,村(居)委会残疾人组织767个。2004年2月,来宾市残联获自治区残疾人工作协调委员会授予"2003年度地级市残联工作目标管理三等奖"。2005年,全市各类残疾人12.8万人,占总人口的5.53%。其中听力语言残疾占25%,智力残疾占36.7%,视力残疾占13.5%,肢体残疾占10.5%,精神残疾占2.5%,多重残疾占11.8%。尚未解决温饱的残疾人1.5万人。

机 构

县级机构 20世纪90年代,境内各县(市)成立残疾人联合会(简称"残联",下同),成立之初与民政部门合署办公,1997年后升格为正科(局)级单位,从民政局单列出来,独立办公。

1990年11月,武宣县残联成立,为副科级单位,与县民政局合署办公。12月7日,合山市残联成立。金秀瑶族自治县残联成立,为副科级单位,隶属于县民政局。1991年1月,设置象州县残疾人联合会。1月5日,来宾县残联成立,由县民政局代管。1月10日,忻城县成立残疾人联合会,暂定事业单位编制1人,经费由县财政拨给,正式从忻城县民政局单列出来。4月,武宣县成立县残疾人康复工作办公室,各乡镇相继成立残疾人工作领导小组。11月1日,忻城县成立县残疾人三项康复工作办公室,各乡镇相继成立残疾人工作领导小组。1994年1月,武宣县成立县残疾人工作协调委员会。1月24日,忻城县成立县残疾人工作协调委员会。5月,来宾县成立来宾县人民政府残疾人工作协调委员会。1996年12月,金秀残联升格为正科级单位,从自治县民政局分离单列,隶属于县委。1997年9月18日,来宾县残联升格为正科(局)级单位,编制为4人,其中领导职数2人(理事长1名,副理事长1名),全额列入财政预算拨款单位,从来宾县民政局单列出来,干部职工由原来的4人增加到6人。1998年4月,合山市残联从市民政局单列出来,有编制2人。1999年9月下辖的合山市残疾人就业服务所作为直属事业单位成立。同年3月2日,忻城县残联定为相当正科级事业团体单位,由原来县民政局代管改为归口政府管理和领导,在政府计划中单列户头,人员编制由原来核定2名增加至4名,各乡镇残联助理由乡镇民政助理兼任。4月18日,忻城县成立县残疾人劳动就业服务所,为县残联下属事业单位,暂定编制2名。

1999年6月,来宾县组建乡(镇)级残疾人联合会,同时建立村级残疾人工作领导小组236个。11月,武宣县残疾人联合会升格为正科(局)级单位,与县民政局分署办公,定编制4人,各乡镇残联助理由乡镇民政助理兼任。2002年1月,武宣县机构改革,县残联定编制3人。1999年3月,武宣县成立县残疾人劳动就业服务站。2000年5月,来宾县被自治区残工委评为全区残疾人事业工作先进县。2001年5月,来宾县残联机关内设残联办公室、残疾人劳动就业股、残疾人康复股、残疾人文体综合股。11月,来宾县残联被国务院扶贫开发领导小组、财政部、中国农业银行、中国残联授予全国残疾人扶贫工作先进单位称号。同年,象州县各乡镇成立残疾人联合会11个,由乡镇民政助理兼任,122个村(居)民委成立残疾人领导小组,从县到村建立残疾人事业管理机构。

2002年1月,忻城县机构改革,县残联定编制3人。10月,来宾县被自治区残工委评为全区残疾人康复工作先进县,县残联副理事长卓超碧被中国残联评为全国残疾人康复工作先进个人。12月28日,来宾县残疾人联合会改称来宾市兴宾区残疾人联合会,来宾县人民政府残疾人工作协调委员会改称来宾市兴宾区人民政府残疾人工作协调委员会,来宾县残疾人就业服务指导站改称来宾市兴宾区残疾人就业服务指导站。

2005年,兴宾区残联系统共有干部职工58人,其中区本级残联有干部职工9人,乡镇(街道)残联有兼职正副理事长49人。村(社区)建立残疾人工作领导小组256个,人数1536人;配备村(社区)专(兼)职残疾人协管员154人,占应有数的60.2%;配备村(社区)专(兼)职康复员256人,占应有数的100%。区残联内设机构与2001年相同。

市级机构 2003年3月,来宾市残疾人联合会成立,内设机构1个(办公室),事业编制5名。其中理事长1名,副理事长1名,科级领导职数1名。同月,来宾市残疾人劳动就业服务中心成立,其机构设置不变。来宾市各级残联组织以改善残疾人生活状况和加强基层工作为重点,抓好落实残疾人事业"十五"计划各项工作,扎实为残疾人办实事、做好事。全市所属的6个县(市、区)残联全部定为正科级,实行计划单列，有专职正、副理事长7人，全市74个乡镇全部建立有残联组织，配有理事长。市残联成立后，设立了盲人协会、肢残人协会、聋人协会、智力残疾人亲友协会、精神残疾人亲友协会等5个专门协会。

主席：刘向群(2003年3月—2005年12月)。

理事长：周建国(2003年3月—2005年12月)。

2005年，来宾市残联(含二层机构)全体干部职工共6名，其中理事长1名，副理事长1名，干部4名。来宾市残疾人联合会为正处级单位，辖6个县(市、区)，各县(市、区)均设置有残疾人联合会，为正科级单位。全市有五类残疾人12.8万人，占总人口的5.53%。其中听力语言残疾占25%，智力残疾占36.7%，视力残疾占13.5%，肢体残疾占10.5%，精神残疾占2.5%，综合残疾占11.8%。

代表大会

县级代表大会　1990—2005年期间，来宾县残疾人联合会共召开3次代表大会。1991年1月10日—12日，来宾县残疾人联合会第一次代表大会召开。1998年4月13日—14日，来宾县残疾人联合会第二次代表大会召开。2005年10月25日，原来宾县残疾人联合会第二届主席团主席会议召开；象州县残疾人联合会共召开3次代表大会。1991年1月27日，象州县残疾人联合会第一次代表大会召开。1998年1月8日，象州县残疾人联合会第二次代表大会召开。2004年8月，象州县残疾人联合会第三次代表大会召开；武宣县残疾人联合会共召开2次代表大会。1990年11月15日—16日，武宣县残疾人联合会第一次代表大会召开。1999年6月15日，武宣县残疾人联合会第二次代表大会召开；忻城县共召开1次代表大会。1990年12月13日，忻城县残疾人联合会第一次代表大会召开；金秀瑶族自治县共召开3次代表大会。1990年12月6日，金秀瑶族自治县残疾人联合会第一届代表大会召开。1999年6月，金秀瑶族自治县残疾人联合会第二届代表大会召开；合山市共召开2次代表大会。1990年12月8日，合山市残疾人联合会第一次代表大会召开。1998年4月14日，合山市残疾人联合会第二次代表大召开会。

来宾市残联第一次代表大会　于2003年3月12日—14日在来宾市永固大厦八楼召开。出席大会代表共116名。会议听取和审议了周建国代表来宾市残联所作题为《艰苦创业，与时俱进，努力开创来宾市残疾人事业新局面》的报告。主席团聘请市委副书记黄克为市残联名誉主席，刘向群为主席，玉德、韦有义、周建国、潘江、陈卫、杨福桃为副主席。主席团推举产生了来宾市残联第一届领导班子，周建国当选为理事长，由周建国推荐并经主席团通过潘江为副理事长。各类残疾人代表分别选举产生5个残疾人专门协会的领导。

残疾人康复

1988—1992年，残疾人康复内容为白内障复明、儿麻矫正和聋儿听力语言训练3项(简称“三康”)。1993年扩大7项：低视力配镜、特需人群补碘、智残儿童康复训练(含建站、培训智残儿童家长)、残疾人用品用具供应服务、社区康复、精神病康复和达标训练。

1991年4月，武宣县成立县残疾人康复工作领导小组，下设办公室。1992—1994年，来宾县共完成儿麻矫治康复手术298例，白内障复明手术904例。举办聋儿语培训班8次，培训人数64名。1994年9月，来宾县特殊教育学校创办，开设有4个教学班，在校聋哑、弱智学生23人。

1996—2000年，来宾县完成肢体残疾系统康复训练78名，智力残疾儿童系统康复训练46名，白内障复明手术1004例，低视力配镜43名，聋儿康复训练33名，聋儿家长培训13名，肢体矫治手术59例，假肢装配98例，矫形器装配56例，供应残疾人用品用具736件，视力、听力语言、智力三类残疾儿童入学率56%，比“八五”期末提高了11%。

1991—2005年，武宣县残联组织实施一系列的康复工作，县内医疗卫生机构承担白内障手术复明治疗；县特殊教育学校开展智力残疾儿童少年康复训练和聋儿语言训练。为全县1192名白内障患者实施复明手术；为19名低视力患者配用助视器；为36名肢残患者安装普及型小腿假肢；为35名聋儿进行语言听力训练；通过康复训练，53名智残儿童、肢残人得到不同程度的康复。2001—2005年，合山市开展“听力助残”活动，将拟装配助听器的聋儿集中到市残联，请来自治区聋康中心专家为聋儿进行听力测定，免费为60名贫困聋儿装配87台助听器。

1996年和1999年，境内分别组织、协调接受台湾曹氏基金会、澳大利亚西澳州扶轮会捐赠的轮椅149辆，分别送到6个县(市、区)的下肢体残疾人手中。1999年，全国实施“视觉第一中国行动”，当年10月自治区组派“视觉第一中国行动”广西医疗队赴来宾、忻城两县开展白内障复明手术。经过一个月的努力，共完成白内障复明手术844例，人工晶体植入率92.2%，脱盲率98.8%，脱残率96.8%，超额完成自治区下达的任务。2001—2005年，兴宾区（来宾县）完成智残儿童系统康复训练52名，聋儿语言康复训练94名，聋儿配戴助听器38台，脑瘫、偏瘫等肢残功能康复训练867名，假肢装配46例，肢体矫治手术58例，矫形器装配32例，白内障患者实施手术1504例，供应用品用具1048件，有187名贫困精神病患者连续3年得到免费服药救助，救助金额每人每年300~360元。全区（县）城镇残疾儿童少年入学率70%，农村60%，其中盲、聋哑、弱智三类残疾儿童少年入学率45%，达到国家评估验收标准，顺利通过"普九"评估验收。累计有436名贫困残疾儿童少年得到资助金额33.8万元，解决贫困残疾儿童少年上学难问题；资助24名贫困残疾学生和6名贫困残疾子女接受高等教育，资助金额为5.28万元。

2003年，来宾市有各类残疾人12.8万人，占总人口的5.53%。其中听力语言残疾占25%，智力残疾占36.7%，视力残疾占13.5%，肢体残疾占10.5%，精神残疾占2.5%，多重残疾占11.8%。尚未解决温饱的残疾人1.5万人。市本级成立"爱心助残万人康复工程"领导小组，建立健全6个县级和1个地市级白内障复明中心，6个县级康复站，1个县级和1个地市级儿麻矫治中心，完善了市、县两级康复网络。

2004年，来宾市实施聋儿康复训练32例，占任务的103.2%；聋儿家长培训27人，占任务的87.1%；肢体残疾康复训练22例，占任务的95.7%；脑瘫儿童训练4例，占任务的100%；智残儿童训练24例，占任务的88.9%；低视力配用助视器28例，占任务的103.7%；用品用具供应808件，占任务的89%；矫形器装配33件，占任务的100%；白内障复明手术1093例，占任务的113.8%。全市完成贫困残疾人康复需求调查工作，共需用品用具82件、助视器6件、畸残辅助用具194件、大腿假肢5件，需聋儿康复训练经费补贴47人，需救助精神病患者100人。

2005年，残疾人康复内容扩大为白内障手术、低视力康复、聋儿康复、麻风畸残康复、用品用具供应服务、康复训练与服务6大项19个方面的内容。市完成残疾人康复工作量为白内障复明手术1089例，占任务的115%；贫困残疾人白内障手术免费数167例，占任务的118%；低视力康复配用助视器23名，占任务的109%；低视力康复家长培训5名，占任务的125%；聋儿康复训练31名，占任务的129%；聋儿康复家长培训29名，占任务的107%；麻风畸残康复矫治手术3例，占任务的150%；麻风畸残康复辅助用具29件，占任务的107%；麻风畸残康复训练4名，占任务的67%；普及型小腿假肢安装11例，占任务的48%；普及型大腿假肢安装8例，完成任务的80%；用品用具供应数755件，占任务的107%；用品用具矫形器装配23件，占任务的115%；肢体残疾康复训练23名，占任务的109%；智残儿童训练总数18名，占任务的100%；脑瘫儿童训练6名，占任务的150%。

特殊教育

1991年9月，武宣县在三里乡开办聋儿听力语言训练班，第一期培训6名聋哑儿童。1994年9月，在武宣镇第一小学开办弱智儿童培智班，共培训29名弱智儿童。1997年6月，在县实验小学附设特殊教育学校，开设聋哑类和弱智类各一个教学班，有教师2名，教辅后勤人员2名，在校生14人。1991年全县随班就读的残疾学生名52人。1999—2005年，全县16名贫困残疾儿童得到社会各界人士和"扶残助学"项目工程的资助款共4.5万元。武宣县特殊教育学校实行以特殊教育为主导、普通教育学校随班就读相结合的特殊教育模式，把残疾儿童少年特殊教育纳入义务教育统筹规划、实施，使残疾人儿童少年得到同步接受义务教育。

2002年，全市有特殊教育学校4所，达到了人口在30万以上的县建有一所特教学校的要求，在校学生175人。实施"扶残助学"项目，2004年以来连续实施"中国彩票公益金助学"项目，使全市特殊教育学校的212名在校生每年得到资助17.4万元，实现了特教学校学生资助面的全覆盖。

2004年，来宾市完成中国残联专项彩票公益金助学项目，资助80名残疾适龄儿童入学。与市教育局共同制定《中国残联专项彩票公益金助学项目来宾市实施方案》，建立助学项目数据库。对扶残助学的77名残疾儿童完善扶残助学档案的管理，争取得到广东的对口扶持，原来资助的53名走读生每人每年300元从2004年起增至600元，经费已全部下拨到位。年内为全市高考上线的3名残疾考生、中专上线的8名残疾考生做好考务录取服务工作，使11名残疾考生全部录取入学。

2005年，来宾市继续实施"扶残助学""中国彩票公益金助学"项目，项目覆盖全市的6个县（市、区），157名贫困残疾学生直接受益。积极争取得到

"世界宣明会"的特殊教育助学项目资助,在全市的4所特教学校中已筛选出73名适龄残疾儿童少年上报"世界宣明会"。当年来宾市有8名残疾考生被高校录取。已上报符合资助条件的贫困残疾人子女12名,争取获得《中国残联专项彩票公益金助学项目》的资助。全市享受"两免一补"的贫困残疾学生及残疾人子女548人。基本做到贫困残疾学生及残疾人子女都能享受"两免一补"。为提高残疾人工作者的业务素质,更好地为广大残疾人服务,7月和柳铁残疾人工作办公室共同举办了《中国手语》培训班,培训残疾人工作者30名。

残疾人就业

1991—2005年,武宣县依托上级残联及有关部门,开展残疾人职业技能培训6次,培训残疾人446人次,其中电脑2人、盲人按摩8人、修理2人、农业生产388人次,其他46人次。1995年5月,武宣县人民政府制定扶持残疾人劳动就业优惠政策(武政发〔1995〕38号)。1999年3月,武宣成立县残疾人劳动就业服务站。2003年7月,武宣县人民政府出台《武宣县实施(广西壮族自治区分散按比例安排残疾人就业规定)办法》,至2005年底,武宣共有237名残疾人就业,其中:集中就业45人。

1996—2000年,来宾县贯彻实施自治区分散按比例安排残疾人就业规定意见的通知精神。采取稳定集中安排就业,推行按比例就业和鼓励个体从业的办法,促使残疾人就业工作。2000年,来宾县收取残疾人就业保障金27.6万元,安置城镇残疾人集中就业51名,按比例安排就业194人,个体从业495人。城镇有劳动能力的残疾人就业率76%。选送3名盲人参加自治区残联举办的"汉语双拼盲文"培训班,5名盲人分别到河池、柳州地区残联举办的盲人按摩培训班学习,6名残联干部参加了"中国手语"培训班;组织残疾人参加家电维修、服装裁剪、钟表修理、农、林、果、畜牧等实用技术培训班360名。

2001—2005年,兴宾区(来宾县)先后选送185名残疾人参加自治区、市残联举办的盲人保健按摩(初、中、高级)、家电、计算机、美容美发培训班;与自治区劳动就业指导中心联合举办中级盲人按摩师、足浴保健师培训班各1期,受培训人员共50人;聘请农业局、水产畜牧兽医局、来宾职业中学的技术员到有关乡(镇)举办农村实用技术培训班共14期,参加培训的残疾人或残疾人亲属2920人。依法征收残疾人就业保障金,分散安排城镇残疾人就业,集中安排残疾人就业等。各级残联、税务、工商等部门认真贯彻落实国家有关扶持优惠政策,通过工商税费减免、小额信贷、场地、摊位安排等方面,引导、鼓励残疾人从事个体经营。个体从业人数242名。

2003年,市各级残联组织有针对性地开展残疾人职业、实用技术培训工作。年内,举办一期盲人按摩保健培训班,17名经过培训的盲人中有16位经推荐到各地按摩院从事按摩工作,过上自食其力的生活,就业状况十分稳定,月纯收入400元以上。举办为期7天的农村实用技术培训班,聘请市职校和兴宾区水产畜牧局资深技术人员分别就龙眼、甘蔗、杂交柑等栽培技术和科学养牛、养猪、养鸡技术进行授课,采取传授理论和到职校种养基地实地参观学习相结合的办法,培训收到了良好的效果,使这些残疾人掌握一至两门实用技术。

2004年,来宾市新增按比例安排残疾人就业42人,新增残疾人个体就业71人。使用收取的残疾人就业保障金无偿为残疾人举办4期种养技术培训班、1期盲人保健按摩培训班。18名盲人经培训后全部推荐到盲人按摩院就业。年内,全市共培训城镇残疾人121人,完成培训任务134%;共举办各种种养技术培训班11期,培训农村残疾人1177人。

2005年,市残联分别举办盲人保健按摩培训班和残疾人家电维修培训班,免费培训学员28人,其中,盲人18名,肢体残疾人10人。参加按摩培训的盲人学员培训结束后,全部由市残联推荐到本市各盲人按摩院从事按摩工作;参加家电维修培训的学员结业后自谋职业,有的在个体店从事家电维修工作,有的独立开办家电维修店。各县(市、区)残联也根据求职残疾人的需要,积极开展残疾人职业技能培训工作,举办了多种形式的培训班。年内,全市共举办城镇残疾人职业技能培训班7期,培训城镇残疾人92人,完成年度培训任务的102%。残疾人就业工作坚持"安置为主,收金为辅"的工作方针,通过收缴残疾人就业保障金来促进按比例安排残疾人就业工作的开展。年内全市新增按比例安排残疾人就业56人,收缴残疾人就业保障金57万元;残疾人集中就业52人;残疾人个体从业103人。至2005年,全市按比例安排残疾人1470人,集中就业825人,个体就业3496人。全市城镇残疾人3.23万人,有劳动能力的残疾人1.42万人,先后举办美发美容、摩托车修理、家电维修、裁剪等培训班,共培训城镇残疾人1527人;对125名盲人进行免费保健按摩培训。

扶贫解困

1991—1995年，来宾县共募集到捐赠款25万多元，争取得到自治区残联为期三年的康复扶贫发展资金20万元，扶持56户贫困残疾人种植甘蔗2000亩。1996年以来，武宣县委、县人民政府将解决残疾人温饱问题纳入全县扶贫工作的总体规划，县、乡(镇)人民政府和村级组织将贫困残疾人列入重点扶助范围，给予照顾帮助，促进有劳动能力的贫困残疾人发展种植、养殖业，帮助他们实现劳务输出，增加收入。1997年，武宣县残联落实残疾人康复扶贫贷款30万元，扶持123户残疾人贫困户发展甘蔗生产。1998年，武宣县扶持71户，使部分残疾人家庭实现脱贫。1997—2005年，武宣县累计扶助194户残疾人发展农业生产，使80户残疾人家庭实现脱贫。

1998—1999年，来宾县通过投放康复扶贫贷款120万元，为3648名残疾人解决了温饱问题，130户特困残疾人基本生活得到保障。

2001—2005年，兴宾区(来宾县)累计投入扶贫资金32.27万元，扶持残疾人家庭3437户，解决温饱的残疾人4468人，家庭人口数1.3万人。

2002年，来宾市各县(市、区)根据自治区年扶3万户"温饱工程"计划的要求，把尚未解决温饱的可扶持的农村贫困残疾人作为重点对象，全市共投入中央康复扶贫贷款640万元，其中：投入经济实体(基地)244万元，扶持1839人，实际解决1779人。用小额信贷396万元扶持5487人，实际解决温饱4650人，举办养猪、养牛、养鹅、养蚕、甘蔗种植、名优水果种植等实用技术培训班，培训农村残疾人及其家属4043人次，全市有56个乡镇已培训乡镇科技致富能手。2003—2005年，兴宾区累计投入扶贫资金8.6万元，扶持贫困残疾人发展养殖业200户，发展种植业70户。投入资金3.6万元，赠送小母牛26头给26户贫困残疾人发展生产。2004年投入资金3.6万元，开展科技扶贫致富示范户活动24户。

2004年，忻城县政府投入18万元资金用于残疾人扶贫，志愿者结对子146户，使该县638户贫困残疾人脱贫；金秀11个乡、镇及县直各联系点帮扶残疾人农户116户，解决142名贫困残疾人温饱问题；兴宾区在实施"小牛工程"中扶持残疾人致富示范户24户。兴宾区作为全区农村贫困残疾人危房改造项目试点县、区之一，通过财政帮扶全社会募捐等渠道，共募集到捐款15.8万元，为61户残疾人危房户改建新居，其中无房户26户，极度危房户35户。受益人197人，其中残疾人94人。危改总投资512325元，危改总建筑面积3090平方米。至12月30日止，61房残疾人农户已全部搬入新居，改造后的住房条件均达到当地中等以上住房水平。2005年，在实施贫困残疾人危房改造项目中，金秀作为全区农村贫困残疾人危房改造项目县，县残联管好用好危改资金，充分发挥资金使用效益，共投入资金43万元为60户贫困残疾人建成人均使用面积约18平方米的住房。

2005年，来宾市共扶持农村贫困残疾人2327人，实际解决温饱2036人，其中政府扶持贫困残疾人1833人，实际解决温饱1582人。在实施"温饱工程"计划工作中，各县(市、区)残联通过送资金、送技术、送果树苗和送家禽、家畜等形式，帮助贫困残疾人脱贫致富。全市投入10万多元资金帮助193户贫困残疾人发展种植业和养殖业，使186户残疾人家庭摆脱了贫困。市残联和与合山市残联联合举办一期农村残疾人种养技术培训班。来自合山市、忻城县等50名残疾人参加培训。聘请市水果办等具有丰富实践经验的专业技术人员为学员传授枇杷、油桃、种桑养蚕、鸡、鸭等栽培技术和养殖技术，发放培训资料800多份，发放科技种养书籍350本。各县(区)残联举办各种形式的种养技术培训班8期，培训农村残疾人873人，发放培训资料4700多份，科技书籍450多本。通过培训，残疾人学到了一门以上实用技术，并在生产中发挥作用。至年末，政府和社会共扶持39635人，实际脱贫36454人。

法制建设和维权

来宾市各县(市、区)都指定1所以上律师事务所为残疾人提供法律援助，保障残疾人的合法权益。1991—1995年，来宾县法律援助机构共为残疾人受理司法案件12件，调解纠纷案件90件，减(免)案件受理费8960元。

1991—2005年，兴宾区(来宾县)接待来信来访157件次，99%的信访在初信初访得到妥善处理；创建"来宾市兴宾区法律援助中心"，在有条件的乡(镇)建立残疾人法律维权工作站，并开展"残疾人维权示范岗"活动，为贫困残疾人提供"优先、优质、优惠"的法律援助和法律服务。共为残疾人办理法律援助案件3件，提供法律咨询服务45人次，排解各种纠纷26多起。2003年5月，良江镇司法所受到司法部、中残联表彰，被命名为"残疾人维权示范岗"荣誉称号。

2003年，在农村税费改革活动中，市各级残联做好涉及残疾人利益工作。做好残疾人来信、残疾人来访工作，对提出的问题进行耐心细致地解答或通过协调帮助解决。兴宾区良江司法所在《残疾人保障法》宣传、落实及残疾人维权工作中成绩突出，获中国残联、司法部授予“残疾人维权示范岗”称号，成为来宾市第一个获此殊荣的基层所。

2004年9月，来宾市残疾人维权援助中心残联工作站建立，并逐步建立和落实各县(市、区)残疾人法律服务和维权机构。在第十四次“全国助残日”，市残联开展“情系我的兄弟姐妹，帮扶贫困残疾人”活动。助残日期间，市领导张少康专门打电话了解全市残疾人生产、生活情况。各县(市、区)党委、政府分管领导参加慰问活动，走访贫困残疾人农户、企业特困残疾职工、敬老院残疾老人、特教学校和盲人按摩院的残疾人。助残日当天，市残联、兴宾区残联组织有一技之长的残疾人上街为民服务，以自己的劳动回报社会的关爱。

2005年，全市全部建立和完善县(市、区)残疾人法律服务和维权机构。市、县两级残联以第十五次“全国助残日”活动为契机，利用广播、电视、张贴标语、悬挂横幅、印发宣传资料、开展法律咨询等形式，宣传残疾人事业和倡导扶残助残。

文体活动

1997年4月，境内残联组织节目参加第四届全区残疾人艺术会演，男声独唱《在那桃花盛开的地方》、男声四重唱《红河谷》、小品《关心》获一等奖，男声独唱《乌苏里船歌》获二等奖，小品《武大郎与潘金莲》《等待红玫瑰》获三等奖。2001年5月，组织节目参加第五届全区残疾人艺术会演，获团体二等奖。其中男声独唱《祖国，亲爱的母亲》、男女声二重唱《小小轮椅转辘辘》和舞蹈《生命在歌唱》获得一等奖，瑶族乐器拉里独奏《欢歌》、四重唱《希望》获二等奖，舞蹈《命运》获三等奖。同时获创作奖1个、新人奖1个、辅导奖1个，二等奖1人、三等奖4人、优秀奖9人。2002年11月，来宾市组队参加在百色举行的第五届全区残疾人运动会，获得5金6银奖牌。

2005年9月22日晚，来宾市首届残疾人文艺会演在兴宾区大礼堂举行。来自全市6个县(市、区)100多名的残疾人演员轮番登台。节目涵盖舞蹈、声乐、器乐、小品等四大类共19个节目。选送节目参加第六届全区残疾人艺术会演，获优秀组织奖。男声独唱《咱老百姓》、瑶族乐器拉篥独奏《瑶寨夜歌》获一等奖，二胡独奏《无题》获二等奖，其中瑶族乐器拉篥独奏《瑶寨夜歌》代表广西参加全国第六届残疾人艺术会演，并在广东赛区中获优秀奖。市残联借举办文艺会演为契机，向社会各界发起捐款倡议，共收到爱心捐款2.5万元。

2005年，市残疾人运动员黄甜甜、归玉娜、黄荣款在全区、全国、国际比赛中均取得好成绩。9月，黄甜甜在巴西举行的国际田径运动会上，代表中国队获得金牌一枚，铜牌二枚，在10月举行的全国残疾人田径锦标赛中获得1金1铜奖牌；归玉娜年内在芬兰举行的残疾人田径比赛中获第四名；黄荣款在全国残疾人田径锦标赛中获800米跑第四名。

表7-2 1995—2005年来宾市残疾人运动员获奖统计表

姓名	性别	项目	奖牌	单位	时间	运动会名称	备注
张华光	男	铅球	金牌	象州县	1999年	全区第四届残运会	肢残人
张华光	男	铁饼	金牌	象州县	1999年	全区第四届残运会	肢残人
张华光	男	标枪	金牌	象州县	1999年	全区第四届残运会	肢残人
张华光	男	铅球	金牌	象州县	2000年	全区第五届残运会	肢残人
张华光	男	铁饼	金牌	象州县	2000年	全区第五届残运会	肢残人
张华光	男	标枪	银牌	象州县	2000年	全区第五届残运会	肢残人
黄甜甜	女	铁饼	银牌	兴宾区	2000年	全区第五届残运会	肢残人
黄甜甜	女	铅球	银牌	兴宾区	2000年	全区第五届残运会	肢残人
黄荣款	男	400米	金牌	兴宾区	2000年	全区第五届残运会	聋哑人
黄荣款	男	800米	银牌	兴宾区	2000年	全区第五届残运会	聋哑人
甘惠秀	女	400米	银牌	合山市	2000年	全区第五届残运会	肢残人
黄甜甜	女	铁饼	金牌	兴宾区	2000年	全国田径锦标赛	肢残人

续表

姓名	性别	项目	奖牌	单位	时间	运动会名称	备注
黄甜甜	女	铅球	金牌	兴宾区	2000 年	全国田径锦标赛	肢残人
黄甜甜	女	铅球	金牌	兴宾区	2000 年	国际田径运动会	肢残人
黄甜甜	女	标枪	铜牌	兴宾区	2000 年	国际田径运动会	肢残人
黄甜甜	女	铁饼	铜牌	兴宾区	2000 年	国际田径运动会	肢残人
黄甜甜	女	铅球	金牌	兴宾区	2000 年	全国田径锦标赛	肢残人
黄甜甜	女	标枪	铜牌	兴宾区	2000 年	全国田径锦标赛	肢残人
黄甜甜	女	铁饼	铜牌	兴宾区	2000 年	全国田径锦标赛	肢残人

第九节　红十字会

机　构

20 世纪 80—90 年代，境内各县（市）先后成立红十字会。来宾市红十字会 2004 年从市卫生局划出，独立设置，为市委、市人民政府直接领导的社会救助团体，核定市红十字会事业编制 2 名，领导职数：会长 1 名（兼），专职副会长 1 名，科级领导职数 1 名，2004 年实有人数 2 人（会长由分管副市长兼任，副会长由卫生局领导兼任）。

会长：黄桂廷（兼）（2002 年 12 月—2005 年 12 月）。

副会长：骆冠斌（兼）（2002 年 12 月—2005 年 12 月）。

慈善救助

1990 年，来宾县大湾等地因龙卷风袭击，或山体滑坡等造成严重伤亡，红十字会及时组织医疗队前往救护，诊治伤病员 200 多人，慰问受灾群众 600 多人。1994 年、1996 年、1998 年，来宾县遭洪水灾害，来宾县红十字会协助县人民政府组织群众募捐、筹集各种救灾备灾物资，共向县内受灾群众发放粮食 40 吨、棉被 400 床、棉衣 300 件、衣物 3 批共计 2 万件，各种救灾药品 20 万元。协助港、澳、台查寻亲人 2 人次，转达各类信件 200 余封。柳州市 2000 年“7·7”特大交通事故，县红十字会积极与柳州市红十字会联系，协助政府寻查 6 名来宾籍遇难者的家属，并给予遇难者家属济困和救助。

1996 年 7 月中旬，象州县马坪、石龙、象州、运江等乡（镇）部分村屯遭受水灾，县红十字会、县卫生局组织 4 个医疗队到灾区为群众防病治病，投入医疗药品价值 7855 元，免费为 2293 位群众诊治各种疾病，发放卫生宣传资料 4000 份；派出食品卫生监督员到 4 个受灾乡（镇），对食品经营厂家巡回检查，销毁 5 家个体户出售的冷饮品；指导灾区消毒水井 171 口，投放消毒药品 601.5 千克，价值 1.2 万元，服务人口 6.1 万多人；红十字会会员为灾区捐款 2.5 万元，捐赠衣物一批。1998 年 3 月，为因应水上救护需要，县红十字会现场培训水上救护人员 15 人。

1995—2005 年，金秀红十字会及时向上级红十字会上报水灾、雪灾、龙卷风、冰雹、洪涝等灾情 20 余次，获得上级红十字会下拨各类急需救灾物资。1995 年，上级红十字会下拨救灾大米 40 吨（折款 8.56 万元）、棉被 200 床、棉衣 300 件，价值 2.45 万元；1996 年，上级红十字会下拨棉被 100 床、棉衣 200 件，救灾药品 9 箱，价值 2.88 万元；2003 年，上级红十字会下拨大米 35 吨、棉被和衣服 20 箱，价值 8.2 万元；2005 年，上级红十字会下拨大米 50 吨、蚊帐 500 顶、棉被 400 床、衣服 270 箱、消杀药 10 箱，以及 T 恤衣、毛巾被、书包、饼干、鞋等一批，价值 50.79 万元。

2003 年，来宾市红十字会在市内中心大超市、宾馆、医院放置募捐箱 19 个，各项收款累计 3.08 万元；5 月，自治区红十字会等分配给来宾市三批抗击“非典”物资，价值 9.10 万元。市红十字会将自治区红十字会分配给来宾市的 115 吨粮食及部分棉被、衣物发送到兴宾区和忻城、金秀等地。来宾市各级红十字会以培训班的形式普及《中华人民共和国红十字法》及红十字运动基本知识，分别在大学、高中、红会专（兼）职干部中举办 12 期培训班，培训人数 400 多人。来宾市红十字会共举办 2 次大型的红十字会知识竞赛活动，机关、事业单位、厂矿、学校等 15 个代表队 45 名队员参加比赛。同时利用电视、报纸、版报进行宣传卫生知识，红十字会会员上街开展义诊和健康咨询活动，共为群众义诊、接待健康咨询群众 2800 多人（次），发放宣传资料 4.80 万多份。2003 年，来宾市各级红十字会先后在忻城、兴宾、武宣等县(区)的交通、公安、建筑、教育、宾馆等部门和行业开展初级卫生救护培训,培训汽车驾驶员1.08万人,培训交通、建筑、服务行业人员2428人。培训内容包括止血、包扎、固定、搬运四大技术和心肺复苏训练等。此外,现场培训水上救护人员15人。

2004年12月,印度洋发生地震海啸灾难。金秀红十字会积极组织募捐活动。2005年1月12日,在县城广场举行"向印度洋地震海啸灾区捐赠仪式",向社会公布捐款热线电话、接收捐赠地点和银行账号。此次募捐活动,共收到各单位及社会各界人士捐赠款41.5万元,自治县红十字会分两次将全部捐款汇到自治区红十字会指定账户,交付给有关受灾国红十字会。

2005年6月,来宾市发生特大洪涝灾害,市红十字会会同卫生部门募集到救灾捐款41.5万元。

第十节　农民团体

组织机构

民国5年(1916年),象县成立农会,后改为农民研究会,有职员数人,会员数十人,活动经费由县补助和会员捐集,不久停办。1926年,在平南县活动的中共党员余碧光等人,深入罗香乡瑶区,开展农民革命运动。12月,在罗运及滑平等村,分别成立农民协会和农军。1927年2月,金秀的罗香乡罗燕、岑朗、龙坪、旱田等十余瑶村均开展农民运动,成立农民协会。至3月底,共有500多瑶汉农民参加了各村农民协会。4月上旬,平南县马练乡农运领导人龙铁�到罗香村,召开有罗香、龙军、六合、琼伍等地各族群众300人的大会,宣传打倒土豪劣绅,减租减息,农民当家作主等主张,宣布成立罗香乡农民协会。会后,群众捐献银毫500余元,作为农会雕印和制旗之用。4月下旬,余碧光等人在罗运召开百人群众会,成立罗运乡农民协会,并颁发了犁头会旗和印章。这一时期,罗香、罗运等地有农协会员近1000人,农会还建起农军。4月底至5月初,20多个村寨的农协会员、农军,会同马练的农协会及农军,先后派出150多人,参加攻打桂平县三江大地主刘觐堂、平南县马练同生团总蓝文英等豪绅的战斗。5月18日,罗香乡农民协会会员500多人在参加平南县大同(马练)区农民协会成立大会后,农军20多人在罗香农军大队长潘仲英的带领下,缴获国民党军40余人枪。同年,桐木、忠良、大樟等地农民,也组织农协会,要求"二五"减租。忠良农民协会组织农民,在当地实行"二五"减租近一年。

1926—1930年,在中共组织领导下,武宣县成立县农民协会筹备委员会,下辖4个区、39个乡农民协会会员2500人;平南县罗香、罗运两乡(今属金秀瑶族自治县)25个瑶族村屯成立农会,会员1000多人;象县成立县农民协会筹备委员会,下辖46个乡农会,会员2200人,宜山县马泗乡(今属忻城县)组织农会20多个,会员近千名。1947—1949年,在中共各级组织领导下,桂中区成立桂中人民解放委员会(以下简称"解委员"),象县解委会、武宣河北区解委会(下属9个区分会)、来宾县南泗区、石牙区、石塘区委解会分会,共有会员1万名;都宜忻地区的忻城县成立有村农会100多个,会员5000多人;粤桂边区的武宣、来宾、迁江县和上林北区(今属忻城县)成立有农会、人民解放同志会;柳来象边区成立有农民翻身会等。

1947年7月上旬,中共游击队在忻城马泗地区建立革命同盟小组。1948年春忻城县马泗、加仁两乡盟员分别460人和370人,同年6月忻城马泗地区建立革命同盟小组改称农会。3月,忻城古蓬、思吉地区也成立农会组织。1950年,县、区派出工作队深入各村宣传共产党的各项政策,并根据广西省农会组织章程,结合减租退押,清匪反霸和土地改革运动,在北泗区的29个行政村建立农会,由农会领导农民开展对地主阶级的斗争,并主持果实分配和土改复查工作。1950年2月忻城县农村普遍以行政村建立农民协会(简称"农会")。县农会设主席1人,政治指导员1人。

同年4月,农会主席改称主任,政治指导员撤销。1951年,忻城县农民协会有会员40446人,占当时农村人口39%。1953年,忻城县全县各乡政权普遍建立,各级农会组织自然消失。1950年5月,成立象县农民协会。7月,象县19个乡、158个村分别建立农协会,共有会员10293人。在减租退押、剿匪反霸、土地改革、镇压反革命等一系列斗争中,农协会不断发展壮大,各村均建立农协会组织,并在斗争中发挥积极作用。1950年春夏间,金秀境内各区乡在当时所属县组织下,都成立了农会组织。仅桐木区(含七建乡),就有农会会员1942人;其中女会员481人,农会干部241人。这一时期,农会作为农村的基层组织,负责发动和领导广大农民,开展党的各项工作。1951年,桐木、七建、头排、三江等乡镇开展减租退押时,被上级人民政府委派为减租退押的合法执行机关。

1951年，象县全县农协会会员47528人。1952年，北泗区有农会会员2533人。同年9月，成立石龙县农民协会。次年4月，石龙县农协会撤销。1953年后，农村逐步建立农业生产互助组、合作社，县、乡、村农民协会组织自然消失。1963年，中共中央在《关于目前农村工作若干问题的决议（草案）》中，强调“没有贫农便没有革命”，要求各地农村“重新组织阶级队伍”。1963年7月—9月，象州县在罗秀区敖村、礼教两公社进行社会主义阶级教育试点，公社成立贫下中农委员会，生产队成立贫下中农小组。此后，随着社会主义教育运动在面上铺开，各社、队相继建立贫下中农协会组织。1964年，一些县、公社、大队结合“社教”开始建立贫下中农协会。1965年，县、社、大队普遍建立贫下中农协会，生产队建立贫协小组。“文化大革命”开始后，各级贫协组织瘫痪。1973年，各级贫协经过整顿逐步恢复。1984年7月后，各县贫下中农协会被撤销。

代表大会

1965年4月，金秀瑶族自治县在县城召开全县贫农、下中农第一次代表大会，到会代表193人，列席代表16人。4月1日—5日，来宾县在县城召开县第一次贫下中农代表大会，选举产生第一届县贫下中农协会委员会。同月12日—15日，忻城县在县城召开忻城县第一届贫下中农代表大会，选举产生忻城县贫农、下中农协会，选出委员9名，代理县委书记何长寿兼任主席，副主席1名。同月7日—10日，召开象州县贫下中农代表会，成立象州县贫下中农协会筹备委员会。当年8月至次年9月，象州县全县开展“四清”运动，重新整顿各级贫下中农协会，成立象州县贫下中农协会，由林枝任副主任。

1968年3月忻城县革命委员会成立，贫协会工作由县革委政工组群众工作小组包揽。1973年2月12日—16日，武宣在县城召开武宣县第一届贫农下中农代表大会，到会代表1000多人，会议通过了抓好批修整风，进行路线教育，发挥贫下中农协会组织作用的决议。9月3日—10日，在县城召开武宣县第二届贫下中农代表大会，正式成立武宣县贫下中农协会。9月3日—10日，召开象州县第二次贫下中农代表大会，选举产生象州县贫下中农协会第二届委员会委员75人。9月4日—7日，来宾县在县城召开县第二次贫下中农代表大会，选举产生贫协第二届领导班子。大会选出委员77人，常委19人。此后至1985年，来宾县先后召开2次县贫下中农代表大会。1971年5月、1973年8月，金秀自治县分别召开贫下中农代表大会。1973年9月2日—9日，忻城县在县城召开第二次贫下中农代表大会，到会代表762人。忻城县贫协会得以恢复工作。1975年2月15日—19日，召开象州县第三次贫下中农代表会。1975年3月10日—15日，忻城县在县城召开第三次贫下中农代表大会，出席会议代表1225人。1976年11月11—15日，召开象州县第四次贫下中农代表会。当年成立各公社贫下中农协会，设专职主席1人。1983年10月，金秀瑶族自治县人民政府恢复后，县贫协会及其农村基层组织即自行消失。

农民运动

1926—1928年，中国国民党与中国共产党合作，实行联俄、联共、扶助农工的三大政策。中共梧州地委、柳州支部、武宣支部及国民党左派组织领导武宣、象州、来宾等县开展农民运动。1926年，各县农民协会成立后，提出“一切权力归农会”口号，组织领导农民向贪官污吏、土豪劣绅作斗争。象县政府财政、民团、教育3名局长，因调戏妇女，被农民协会抓获，捆绑游街后交县府惩处。县知事李镜堂私下放人，不予究办，激起公愤，农民协会组织队伍上街游行抗议。李镜堂惊恐万分，暗中乘船潜逃，被农会发现抓回。同年4月—5月，罗香、罗运乡农民协会清算团总蓝文英、蓝文艺等，缴获长枪9支，粮食一批，根据广西省有关“二五”减租细则的7条通令，各县农协会组织领导农民实行“二五减租”。武宣县通挽、东乡区农协会，把减租斗争矛头直指本地的几户土豪劣绅，仅当年夏收时就减收农民的几万斤粮食。象县寺村、大乐等乡农民协会发动农民群众拿抗拒减租的地主游街示众，令他们按二五减租条例，打开粮库，退出租谷。大乐乡农会向龙女天主教堂神甫进行说理斗争，令其退出租谷1.5万千克，退回强占农民的水田3.33公顷，水碾1座。武宣县通挽区农民协会为改善雇农待遇，规定雇农日工资由1毫钱提高到1毫5厘钱。通挽团局实行苛捐杂税，农民圩日上市的农副产品，样样抽税，通挽区农协会派人与团局交涉，于1927年春废圩捐。东乡团在圩上设“众秤”，任意收费、盘剥农民，东乡区农会派人掌管“众秤”，减半收费。

1927年，广西当局追随蒋介石发动“四一二”反革命政变，成立柳州清党委员会，进行清党反共。5月，为反抗国民党反动派的镇压，在中共党组织的领导下，武宣等县成立农民协会军事委员会，领导农军反击地主武装。武宣县成立300人枪的农民自卫军。7月，中央武宣支部书记翁尧年在东乡被捕，农军队长刘铁民率农军包围东乡团局救出翁尧年。1928年2月26日，武宣县县长唐熙年与团务局60多人枪，到东乡将农民协会派出掌管公秤的2名人员逮捕。武宣农军、农民1000多人前往包围东乡街，营救未果而撤退。此后，武宣、象县当局下令解散农民协会，搜捕农会骨干，先后有翁尧年、刘月高、李忠惠、覃智增等60多位农运骨干遭杀害。

解放战争时期，境域革命根据地各级农民组织，在中共地方组织的领导下，开展反抗国民党"三征"（征粮、征兵、征税）的斗争。1947年，举行古（蓬）思（吉）起义、中秋起义和武（宣）贵（县）边起义。1949年，组织近万青年民兵参加桂中、都宜忻、柳北、粤桂边、柳来象游击队的武装斗争，筹枪、筹粮、筹钱支援游击和解放大军。

1950—1952年，境域各县、乡、村农会，组织领导农民开展清匪反霸、减租退押、土地改革，废除几千年的封建土地所有制。广大农民，特别是雇农和贫农分得了土地、山林，雇贫农占有土地人13%上升至46%。接着，各级农会领导农民组织起来，走互助合作道路。1954年，境域各县农会撤销。1954年后，乡、村农会由互助合作组织代替。1964—1965年，境域县、社、大队建立贫下中农协会。

1966年6月，"文化大革命"开始后，境域内各县贫农协会不能正常工作。1968年3月忻城县革命委员会成立，贫协会工作由县革委政工组群众工作小组包揽。1972年后，合山市境内各大队和一些生产队恢复建立贫协组织。1973年2月12日—16日，武宣县召开第一届贫农下中农代表大会，会议通过了抓好批修整风，进行路线教育，发挥贫下中农协会组织作用的决议。同年9月2日—9日忻城县召开第二次贫下中农代表大会，县贫协会得以恢复工作。同年，来宾县恢复贫协组织。各级贫协的主要任务是协助中共党委会加强农村政治思想工作，带头搞好生产。1975年12月，合山市召开北泗公社贫下中农代表大会，整顿和健全大队、生产队贫协组织、发展会员。

1976年，象州县有贫下中农协会会员63682人。1978年1月底统计，来宾县225个大队，全部建立了贫协组织；3313个生产队中建立贫协组织的有3308个队，占生产队总数的99.8%；应入会185487人，已入会136716人，占应入会人数73.7%。1978年12月统计，合山市北泗公社17个大队293个生产队都建立有贫协组织，应入会人数14370人，已入会11649人，占81%。

1982年6月，象州县贫下中农协会消失，农会亦名存实无。1983年1月，合山市贫下中农协会自然消失。同年10月，金秀瑶族自治县人民政府恢复后，县贫协会及其农村基层组织即自行消失。1984年7月，武宣县撤销各级贫协组织。1985年1月22日，撤销来宾县贫下中农协会委员会。

第八篇

政权　政协

先秦时，境内为百越民族杂居之地。秦始皇三十三年(前214年)，秦统一岭南，在武宣设中留县(治所在今武宣县三里镇勒马村)，并相应设立行政机构。西汉元鼎六年(公元前111年)，境内设有桂林县(在今象州县境一带)。唐朝，境内置象州、严州(州治在今兴宾区)、芝州(州治在今忻城县)、思刚州(州治在今兴宾区迁江镇)等。唐武德四年(621年)，重置象州，辖阳寿、桂林、武德、西宁、武仙5县；设刺史、司法参军、司户参军等职官。天宝元年(724年)改为象郡，乾元元年(758年)复称象州。元至元十三年(1277年)，境内设安抚司。至元十五年，升象州为路，设路总管府，有路总管，辖阳寿、武仙、来宾3县。明洪武二年(1369年)，降为散州。清代，境内设知州、学正、训导、吏目、龙门寨巡检、象台驿驿丞、受纳仓大使各1员，后裁去驿丞、大使。

民国时期，境内设置有郡、州、府、县等行政区划机构，府、道、区、署等基层行政组织，主要施政活动是培训乡村干部，普及国民教育，创办各项事业。

中华人民共和国成立后，境内各县相继召开具有政治协商性质的各界人民代表大会，实行人民代表大会制度。同时，各县相继建立人民政府，下设机关行政部门，履行政府职能。“文化大革命”时期，人民代表大会停止活动，政府部门处于瘫痪状态。1968年3月，境内各县公社、大队管理委员会改称革命委员会。1969年，境内恢复人民公社体制，各人民公社设立公社管理委员会。“文化大革命”运动结束后，各县人大机关和政府部门恢复正常工作。

1981年，境内恢复人民代表大会制度，各县(市)人民代表大会依法选举人大代表，按期召开人民代表大会，依法行使监督权。同年1月，各县撤销县革命委员会，复设县人民政府。1984年，境内武宣、象州、金秀、忻城、来宾县(今兴宾区)和合山市相继成立县(市)政协委员会。

2002年9月，国务院决定撤销柳州地区，设立地级来宾市。2002年12月，来宾市人民代表大会及其常务委员会正式选举产生。来宾市人民政府、市人民政协挂牌成立。

第一章　州署　县署　县政府

秦朝至民国，境内先后设置郡、州、府、县等行政区划机构。民国时期，府、道、区、署施政活动有：建立基层行政组织，培训乡村干部，普及国民教育，创办各项事业，组织抗日，征收田赋，编修志书，镇压群众，剿杀共产党等。

第一节　州　署

汉、三国、南北朝时期在境内设桂林郡，郡治在今象州、武宣两县地带。隋开皇十二年(592年)置象州，州行政长官为刺史，辖桂林、西宁、淮阳3县；大业二年(606年)废象州。唐朝境内置象州、严州(州治在今兴宾区)、芝州(州治在今忻城县)、思刚州(州治在今兴宾区迁江镇)等。唐武德四年(621年)，重置象州，辖阳寿、桂林、武德、西宁、武仙5县；设刺史、司法参军、司户参军等职官。天宝元年(724年)改为象郡，乾元元年(758年)复称象州。宋景德四年(1007年)，赵恒帝诏：“象为名郡，克壮炎荒，地控百蛮，疆连五岭，属戎妖之窃发，当走集之奔冲，而能张彼军声，坚其城垒，诚输武勇，式遏寇攘，宜加防御之名，用表荩忠之效”。象州升为防御州，辖阳寿、来宾、武化、武仙4县；设知象州、通判、推官、司户参军、司法参军等职。元至元十三年(1277年)设安抚司；十五年(1279年)，升象州为路，设路总管府，有路总管，辖阳寿、武仙、来宾3县。明洪武二年(1369年)降为散州，先辖武宣，后无辖县；有知州、州同、州判、学正、训导、吏目各1员。清代，设知州、学正、训导、吏目、龙门寨巡检、象台驿驿丞、受纳仓大使各1员，后裁去驿丞、大使。咸丰四年(1854年)，原象州知州卢承薰，把总郭岐，吏目俞承锡，因抵御太平国军不力，被清廷革职。咸丰六年四月(1856年5月)，李文茂率大成国军攻占象州，改称相州，任梁森为知州事；十一年七月(1861年8月)，清军攻陷相州，复称象州，恢复清州署建制。光绪年间1875—1908年，州署曾设蚕桑局。

宋至民国时期，今来宾市所属各县(市、区)的行政区域屡屡变化。各个时期随着行政区域的变化，均相应变化设立行政机构。民国时期今来宾市所属的兴宾区(原来宾县)、忻城县、象州县(原象县)、武宣县分别属柳州、庆远、梧州、宾阳等府(道署、民团区、专员公署)等地区一级行政机构管辖，金秀设治局直属广西省政府。至民国37年(1948年)9月，原来宾县(兴宾区)、忻城县、象县(象州县)、武宣县统一属广西第二区(柳州区)。

第二节　县　署

县署为秦至民国初对县级行政权力机构之文称,俗谓县衙,最高行政长官称知事、知县。民国1年(1912年)象州改称象县,建立象县公署(属柳州府),县署设县长1人。民国3年,改县长为知事,设知事1人,县署佐治员初分民事、教育、财政、实业四科,司法、典狱各1人,后改设总务科,科长1人、科员2人,司法改设承审员1人,后又改财政科为财务课。民国2年6月改属柳江道,民国15年改属柳庆区,民国16年8月知事改称县长。民国16年,县议事会罢废县府3局(民团、财政、教育),按县地划东、西、南、北、中5部分,各推2名代表组成地方事务委员会主持县政。民国18年象县公署改称象县政府。

先秦时,来宾市境为百越民族杂居之地。秦始皇三十三年(公元前214年),秦统一岭南,在境内设有中留县(治所在今武宣县三里镇勒马村),并相应设立行政机构,为来宾境域有行政建制之始,至今已有2217年的历史。西汉元鼎六年(公元前111年),境内设有桂林县(在今象州县境一带),西汉元鼎六年(前111年),在今武宣一带设中留县,属郁林郡。东汉中留县改称中溜县,属郁林,三国属吴。东吴凤凰三年(274年)分郁林郡地,增置桂林、始安、临贺三郡,今武宣、象州一带属桂林郡,称桂林县,郡治武安,县治今象州县境。晋朝今武宣称中胄县,属郁林郡。南北朝时,宋、齐复置中溜县,武宣归中溜县,属桂林郡。梁、陈复置中胄县,武宣归中胄县,属桂林郡。宋、梁、陈郡治均在今武宣县境。隋文帝开皇十年(590年)增置桂林县,开皇十一年武宣县地并入桂林县,属始安郡,县治在今象州县境。唐武德四年(621年)分桂林县地,增设武仙县。开元二十一年(733年)武仙县属岭南道,咸通三年(862年)属岭南西道邕管象州。五代十国武仙县先属楚国,后周太祖广顺元年(951年)改属南汉,行政行域沿唐制不变。宋朝至道三年(997年)武仙县属广西路象州、州治阳寿(今象州县境)。元朝武仙县先属湖广行中书省,元末至正二十三年(1363年)属广西行中书省柳州路象州,州治阳寿。明洪武九年(1376年)武仙县属广西承宣布政使司右江道柳州府象州,府治今柳州市,州治今象州县境,县治今三里乡旧县村。宣德六年(1431年)武仙县改称武宣县,县治移今武宣镇,隶属因之。

清朝顺治、康熙时武宣县属柳州府,雍正三年(1725年)改属宾州直隶州,雍正八年改属右江道浔州府,府治今桂平县境。咸丰六年(1856年)大成国平靖王李文茂率军攻武宣城,把武宣县改称文兴县。咸丰十一年失守,武宣县仍复清制。清宣统三年(1911年),武宣县属浔州府。中华民国1年(1912年)武宣县属浔州府。

唐朝贞观初置忻城县(得今县名之始),为芝州治。天宝元年(742年)芝州改称忻城郡,乾元元年(758年)复为芝州,属桂州都督府。五代因之。宋庆历三年(1043年)以羁縻芝忻、归思、纡州地合并置忻城县,属广南西路右江道宜州管辖,宣和元年(1119年)属右江道庆远军,咸淳元年(1265年)属庆远府。元至元十三年(1276年)属庆远路安抚司,十六年(1279年)改属庆远路总管府,大德元年(1297年)又改属庆远南丹溪峒等处军民安抚司。至明朝洪武元年(1368年)属庆远府,二年(1369年)改属庆远南丹军民安抚司,三年(1370年)又改属庆远府,弘治十年(1497年)降忻城正县为土县,仍属庆远府。清朝,隶属关系因之,土县由宜山县承审。宣统二年(1910年),其地归入宜山县,划分为宜山县第十一区(即外堡,包括今县属大塘、思练镇和安东、果遂乡地域)和第十三区(即内堡,包括今城关镇、宁江、新圩乡和红渡镇的渡江、六纳、六铁3个行政村以及宜山县属的福龙乡大部分地域在内),但仍称忻城土县。中华民国1年(1912年),忻城土县属庆远府,民国2年属柳江道,民国15年属柳庆区,民国17年改土县复称忻城县(属柳江区)。

清时期主要政务

兴办桑蚕　光绪十六年(1890年),迁江县于县城集股(每股一千钱)筹办桑蚕业,知县颜嗣徽认集200股,两学、典史、城守、绅商也纷纷集股。同时设桑蚕总局于印山书院,雇募工匠,教民学习。后到梧州采买桑秧40万株,在县城各处荒地及全县14个圩栽种。桑苗桑种免费供应,蚕茧蚕丝官府收购。是年,来宾县在城厢设局,于城郊和大湾圩办桑园。

修驿设邮　光绪二年(1876年)、十五年(1889年),巡抚涂宗瀛、马丕瑶先后过境,县署都调民工大修驿道。宣统元年秋,来宾县设邮政局。

办学校建医院　同治十一年(1872年)来宾县于城内立萃英书院。光绪二年(1876年),来宾县设医院、育婴堂。光绪三十年、三十二年来宾县先后设立4所两等小学。光绪三十一年春,迁江县立两等小学于印山书院。

赈　灾　清朝,来宾、迁江两县发生旱、水、虫灾和瘟疫共12次。同治八年(1869年)清朝廷蠲缓两县地方额赋。此后29年中,蠲缓县地方额赋20次。光绪八年(1882年)迁江知县姚宝漠,为防备荒年,设义仓1座,存谷5.25万千克。

修县志　乾隆十六年(1751年),汤奕浚撰《来宾县志》。光绪十七年(1891年),颜未迪纂《迁江县志》。

镇压会党　同治元年(1862年)来宾知县吴梦桂调团练镇压会党,会党首领江亚纪被擒杀。咸丰七年(1857年)迁江知县率团围剿廖全湘会党。

革除庸官污吏　道光三十年(1850年)八月,会党攻入迁江县城。知县许鲲等弃城逃跑。当时许与典史孟嘉棨、把总周发琪一并被革职。光绪十七年(1891年),原来宾知县李守和因亏短仓谷,被逮捕革职,没收财产。光绪二十九年(1903年)前署来宾知县、候补知县郁家珍因妄拿无辜,肆意虐民被革职。宣统元年(1909年),试用通判易祥麟,因在署来宾县任内苛罚婪赃,署来宾五山司巡检、试用典史袁文焕因沾濡嗜好,不堪造就,均被革职。来宾知县罗廷珍因破坏选举被革职。

第三节　县政府

机　构

民国17年(1928年),改来宾县署为县政府,设县长1人,置财务、公安、教育、建设4局。民国19年,县设民团司令部,县长兼民团司令。民国23年,县民团副司令派兼副县长,协助县长办理各项事务;县府裁教育局,设教育科;裁民团司令部,设团务科。民国30年,县府人员编制为:县长1人;秘书室秘书、承审员、科员、统计员各1人,办事员2人,雇员6人,公役13人;民政科科长1人,科员、办事员各1人;财政科科长、科员、办事员各1人;教育科科长、科员、督学各1人;建设科科长、科员、办事员、农林技士、农林技佐、土木工程技佐、电话管理员、电话助理员、电话员、收音员各1人;军事科科长、科员、办事员各1人;粮政科科长、科员各1人,办事员2人;地政科科长、科员、技佐各1人,办事员2~3人,雇员3~4人;合作指导室主任、登记员各1人,指导员1~2人;会计室主任、会计员或助理员各1人。警佐室编制另定。民国37年,设县长,主任秘书、秘书、承审员、承审书记、政务指导员、出纳员、助理出纳员各1人,统计员、办事员各3人,雇员10人,民政、财政、教育、建设、军事5个科,各科有科长、科员、办事员等。

民国23年(1934年),迁江县府编制与来宾县同。县境沦陷期间(民国33年11月5日—34年6月18日),县府设县长1人,下设三室五科。总人数中,在职26人,占44人;疏散17人,占28.8%;停薪留职7人,占11.9%,其他9人,占15.3%。还设国民兵团、自卫联队、特务队等。民国末年(1949年1月1日至9月30日止)9月,县府改组后,设县长、主任秘书、军法承审员、承案登记员、督导员、人事管理员,还设4个科(第一、第二、第三科、田粮科),2个室(秘书室、政工室)、1个队(政工队)。

民国17年(1928年)4月,忻城土县改为忻城县,属柳江区。忻城县政府设有县长1人、秘书1人,下设财政、教育两局。民国19年忻城创办民团,民国21年设公安局,民国22年上半年忻城县政府设公安局、财政局、教育局。除县长、秘书各1人外,各局设局长1人,科员及办事员各若干人。同年6月撤局改科。民国23年4月,忻城按4等县,设第一(总务)、第二(财务)、第三(教育)、第四(建设)科。另设承审员、典狱员、检验吏各1人,督学若干人。民国25年3月忻城增设第五科办理民团及保安事项,由副县长兼任科长。据资料记载民国26年7月实有26人,年底增到33人。其中庶任3人,委任23人。雇员7人。民国27年4月,忻城增设会计室,因需要增设农业管理处,与科平级。民国28年9月,忻城县政府设民政科、财政科、教育科、建设科、军事科。县政府人员只设县长、各科科长、科员及若干办事员。短暂的沦陷时期,县政府机关瘫痪,光复后各科照常工作。民国末年(1949年1月1日至9月30日止),忻城县政府机构设有民政科、财政科、教育科、建设科和军事科。县属机构有县金库、司法处、田管处、稽征处、警佐处等。当年8月实定职雇员35名,公役8名。

民国18年(1929年)象县公署改称象县政府。民国19年属柳州民团区,民国21年设财务、教育、建设3局,民国22年裁局设科,民国23年8月始设副县长,同年,象县政府实有办事人员26人,其中县长、副县长2人、秘书1人、科长1人;一等科员3人、二等科员2人;一级办事员1人、二级办事员2人;承审2人、管狱员1人;一等书记3人、二等书记3人;学督2人、自治筹备委员3人。民国23年11月属梧州行政监督区,民国27年设司法、总务、民政、财务、教育等科。民国25年9月属浔州行政监督区。

民国31年3月属第二区(柳州),民国33年11月,日本侵略军逼近县境,县长梁拱挟枪款逃跑,县参议会召集绅士于罗秀开会,推选刘传忠暂代县长。民国34年2月1日,县府机关迁至中平圩办公,县城设县府临时办事处。同年4月,广西省政府以民选县长不合法为由免去刘传忠代县长职务,委任潘庆龄为县长。8月10日,县府机关迁回县城。民国35年(1946年),县府设秘书、警佐、会计3室,民政、财政、教育、建设、军事、地政、粮政7科,实有职员82人,雇员14人。民国36年属第三区(治苍梧),民国末年(1949年1月1日至9月30日止)中华人民共和国成立前夕,属第二区。民国37年增设统计室,民国末年于罗秀、中西乡设县政府办事处。

民国1年(1912年),武宣县属浔州府,沿袭宣统年间预备立宪,施行地方自治制度。由各区选派代表选举县议员组织议事会为自治立法机关;由议会选举参事员组织参事会为地方行政机关;司法则有承审员由知县荐任。实行三权分立。民国2年撤销府制;省下设道,由道领县,武宣县属郁江道。民国3年郁江道易名为苍梧道,袁世凯酝酿帝制,县参议会被迫解散,至民国14年秋恢复。这时,县公署知县改称县知事,其下属有司法(县知事兼)、民团总局、教育局、教育会。民国19年属苍梧民团区。民国21年属梧州民团区,县政府下设自治筹备委员会、教育局、财务局、建设局、民团司令部。民国22年,县政府组织机构及人员配备:县长、秘书各1人、司法2人、教育3人、财务4人、内务1人、管狱员1人,自治筹备委员会8人,其中正副委员长由县长、议长兼任,其他委员均为兼职人员担任。民国23年属梧州行致监督区,县府设县长、秘书、承审员、典狱员、检验吏,一科(民政)、二科(财务)、三科(教育)、四科(建设)。民国24年,承审员改称审判员,增设五科(军事)。民国27年,审判员改为司法处,还增设农业管理处。民国29年县政府属第三行政督察区,增设粮政科、地政科、合作指导室。民国31年县政府增设田赋管理处、警佐室,民国37年县政府在南河(桐岭)设立办事处。民国末年(1949年1月1日至9月30日止),县政府属广西省第二区,治所柳州市,县政府设五科两室。公务员有45人:县长1人、秘书室主任秘书1人、军法承审员1人、人事管理员1人、人事佐理员1人、特种科员1人、统计科员1人、警佐1人、办事员4人。第一科(民政)科长1人、科员2人、指导主任1人。第二科(财政)科长2人、科员4人。第三科(教育)科长1人、科员1人。第四科(建设)科长1人、科员3人。田粮科科长1人、科员2人。会计室主任2人、会计1人、出纳员1人、科员2人、学习员1人、办事员1人、助理员1人、雇员1人。

民国28年(1939年)以前,大瑶山境域无县一级行政机构,所有各乡均隶属沿山各县。民国29年以后,广西省府开始在大瑶山境内设置县一级特别行政机构。民国29年,在金秀设金秀警备区署,有署长1人、助理员1人、会计员1人、书记1人、办事员2人、宣导员4人、技士1人、技佐1人,警察队60余人。民国31年,金秀警备区署改组为金秀设治局,直属省府;有局长1人、秘书1人、会计1人;局下设民政、教育、建设、总务四股,各股均设股长1人、股员1人;另有技士、技佐各1人,雇员3人,一个警察中队。署(局)治均设在金秀村。各乡事务由警备区署及设治局与原属各县双重管辖。1947年冬,设治局复改为警备区署;1948年秋,改设警察局;设局长1人,正副督察长各1人,秘书1人,会计1人、文书1人,另总务若干人,警察1个中队。1949年11月1日,改为警察中队,编制同警察局。各乡归属均不变。1949年11月底至12月初,周围各县解放。12月1日,金秀警察中队被摧毁,县人民政府建立。1949—1950年,各乡原归属各县不变。

金秀警备区署、金秀设治局、金秀警察局,均为广西省府派出相当于县一级的机构,拥有民政、财政、建设、教育、治安等方面的管理权,但无司法权。实际上,大瑶山地区同时受上述机构及周围各县的双重统治。署、局下设立乡、村、甲等行政机构。乡设乡公所、有正副乡长各1人,文书户籍、乡队附各1人,乡警若干人;村设村公所,设正副村长各1人;甲设甲长。

行政会

武宣县　宣统元年(1909年),预备立宪施行地方自治,武宣县改六里为九区,由各区选派代表组织选举会,选举咨议员赴省组织咨议局,选举县议员组织议事会,为自治立法机关。自此,武宣县始设议事会。民国1年(1912年),县议事会改为参议会。民国3年,酝酿帝制,县参议会被迫解散。民国14年,奉令恢复县议会,省议会、国议会一概取消。民国20年,奉令组织自治筹备委员会整顿参议会。民国22年,县参议会重新组建后,后再没有更动。县参议会是“民意机关”,配员一般5人,即议长、副议长,委员及干事、录士各1人。每乡有一名参议员,代表民意上转下达。县参议会每年召开两次，凡全县地方兴革事宜，由县参议会决咨，请县长认可，转参事会执行。县参议会的主要职能是监督政府执行公务；参加县政府重要会议；审议各种提案和检查县府各部门对提案执行情况。县参议会设在武宣镇东街（今文化局所在地），县参议会第一任议长黄伯瑶，副议长潘天禄；第二任议长覃健，副议长黄伯福；第三任议长廖烈，副议长黄伯福。

象　县　民国1年(1912年)，象县参事会、议事会成立，两会合设议长、副议长各1人，参事会设会员4~6人。各区设董事会、议事会。民国3年，撤销参事会、议事会、董事会。民国7年恢复。县参事会、议事会议长郑伟、副议长覃嗣森。因政局不定，选举无法正常进行，议长、副议长辞职，暂选陆善谋任议长，陆黄庭任副议长，覃其秦为参事员。民国13年10月11日，陆善谋、陆黄庭、覃其秦3人向省长提出辞职，未获批准。民国15年，参事会、议事会停止活动。民国28年，象县临时参议会成立，由每乡镇民代表会选举县参议员1人组成。设议长、副议长各1人，驻会参议员2人。任期1年。民国31年县临时参议会有议员26人。至民国34年，县临时参议会5次换届，第一届（民国28—30年）议长苏寿松，不久辞职，选高雨民充任，副议长姚有章；第二届（民国31年）议长韦中昌，副议长孟庆芝；第三届（民国31年）议长张翰芳，副议长孟庆芝；第四届（民国32年）议长潘庆龄，副议长覃正斋。第五届（民国33年）议长孟庆芝，副议长高体常。民国35年，象县参议会正式成立，议员21人，黄卓群、余商铭分任第一届正、副议长，任期2年，但至民国末年(1949年1月1日至9月30日止）未选举换届。参议会一般每3个月召开一次常会，至民国末年6月，第一届参议会共召开13次常会。

迁江县　民国17—22年(1928—1933年)，来宾迁江两县均开过行政会议，用以决定施政方案。参加会议人员为县长、副县长、秘书、科长、乡村政务督察员、乡镇长、校长、地方职业团体代表、地方绅士（由县长聘）、地方财政监察委员会委员等。民国22年2月25日—3月4日，迁江县（今属兴宾区）在县城举行该年度第一次行政会议。时值该县贯彻《广西省施政方针及进行计划》，故提案关于经济建设类居多。大会共收到提案52件，其中经大会决议通过的28件，保留8件，搁置7件。通过提案中，最重要的有《各乡应设立医药所》《拟规定处罚不送已届学龄子女入学读书之顽固家长办法》《组织各乡水利委员会兴办水利以利农作》《规定各乡联防剿匪办法》等。民国28年，迁江县临时参议会成立，选出议长、副议长、驻会议员各1人。民国31年6月统计，县临时参议会有参议员18人，每1参议员代表民众11189人，职雇员6人；乡民代表会16个，代表人数300人，每1代表所代表民众371人。民国35年，首届参议会成立。据档案资料记载，民国35年1月—36年9月，共召开7次常会。临时参议会、各界参议会设参议长、副参议长、常驻议员、秘书、事务员、雇员各1人。会议选出肖藻铭为省参议会议员（民国35年至中华人民共和国成立前夕）。

忻城县　忻城县临时参议会，始于民国28年，终于1949年11月，莫熙南、莫令甫、莫善新、莫承宣、汤克仁、韦鸿兰先后选任各届参议会参议长。每届年一般开3~4次议员会议（每乡1人）通过决议案，拟请县政府令饬。

民国时期政务

建立基层组织　民国1年(1912年)1月1日，广西军政府任命刘古香为柳州军政分府总长。刘古香出任总长期间，整顿行政机构，组建各县政权，任命一批革命党人为军政分府要员及各县县长，整编民军，招募青年，筹划北伐，政绩显著。民国22年8月，各县依照新颁布之《广西各县组织大纲》，在各县建立区、乡（镇）、村（街）、甲。同时，开始实行户籍法，办理人口登记。

培训乡村干部　民国20年，柳州区开办两期乡（镇）、村（街）、甲长训练班，受训人员共1620人，进行“三自”（自卫、自治、自给）“三寓”（寓兵于团、寓将于学、寓征于募）和“三位一体”（乡镇、村街长兼学校校长和民团后备队队长）教育。民国29年秋，开办柳庆干部训练班，先后办25期，训练村（街）长2000余人。

疏浚航道　红水河两县境河段，夏天水涨时只可通二三吨载重船拖渡，秋末春初时滩多水急，航行不易，每年行船遭受触滩损失者不计其数。民国26年(1937年)，广西省政府应来宾迁江两县政府之请求，曾一度疏浚。但工作不彻底，收效甚微。

兴办水利　民国36年(1947年)，两县政府向救济分署领获协助兴办水利赈米各100吨，来宾县奉准核拨协助兴办的有新碑、白汗、长福、泗等、贺山、大炉、大王、山口等处，迁江县兴办的有达拉、伏龙、长湖、大旺、公南、凌马、感龙、穿岩、白鹤、山桃、陵口等处。当时来宾县水利指导员权某与北五乡卸任乡长莫某等人舞弊，侵吞北五乡的部分赈米，使该乡引水、排水工程均告中止。民众为此哗然。有参议员将此提案交参议会常会公决。后权被拘押，莫等人远遁。次年4月22日，《广西日报》对此事予以披露。

推广台湾甘蔗良种　民国23年(1934年)，在来宾、武宣等县推广台湾甘蔗良种。民国24年进行土壤调查。

赈　荒　民国17年(1928)来宾迁江两县旱。来宾县政府无法解决民众的饥饿问题，呈请省政府赈济，并请蠲缓田赋；迁江县政府饬令迁江筹赈分会筹款运米回县赈济。民国21年，两县救济组织只有仓廒一种。迁江县有仓廒1所，存谷7500千克；来宾县存500千克，仓廒数不详。民国22年，迁江县政府令各乡成立乡仓，以备荒歉。仓谷按人口比例，每丁口最低限度须谷10千克，向佃农、自耕农、商号等筹集。民国34年，迁江旱，遍地哀鸿，饿殍载道，县政府恳请广西省救济分署运物资下县赈济。

筑　路　民国5年(1916)，来宾开筑各乡村道路。由于管理不善，至民国36年时，这些道路已不堪行走。民国21年迁江县政府调壮丁开筑迁江至良塘、迁江至陶邓县道。民国24年，来宾县成立市政委员会，修筑县城街道路面；来宾、迁江建成县道分别为51.84千米和40.2千米，至民国34年，来宾、迁江县道分别增至345千米和225千米，但两县经济困难，工程草率，路基土方概不足数，路面亦少铺沙。民国16—22年，修建武宣至金鸡公路42.5千米。修建武宣至通挽公路35.4千米。民国26—30年，忻城县动员民工12625人，协筑湘桂、黔桂铁路，完成路基土方51.94万立方米。从29年冬开始，警备区署和金秀设治局连续3年征调民工修整金秀至修仁、金秀至七建、金秀至桐木、金秀至蒙山、金秀至平南的乡村大路。上述道路修整后，路面宽1.6米左右，道路所有桥梁均架通。

建　校　民国初年，象县公署着手改革清代旧的教育体制，于县城建立象县第一小学(完小)，同时逐步在乡村创办初级小学。民国9—19年(1920—1930年)，先后在中平、寺村、大乐、石龙创办4所完小。民国20年，创办象县初级中学。至民国25年，全县有幼稚园1所，初级小学242所，完小27所，初级中学1所，基本形成新的教育体制。民国15年，武宣县将20多座庙宇改建初级小学堂，并举办农民夜校。民国16年，迁江县有8所县立小学租用(或借用)民房、庙宇上课。民国17年，县长何珍执行县行政会议通过的提案，将各乡所有的“村老田”拍卖，充作建校经费，解决上述学校无校舍上课的问题。民国22年，两县政府均贯彻《广西省教育今后施政纲领》和《教育改进方案》。迁江县政府规定，不送已届学龄子女入学读书的家长，视情节轻重，给予罚款或苦役处罚，均初见成效。当年统计，来宾、迁江分别有60所和65所小学，学生3098人和2636人。至民国23年，来宾县小学数比上年增93所，平均每个村(街)1所，学生增5186人；迁江县小学比上年增120所，平均每个村(街)1.3所，学生增5807人。民国22年，武宣县长朱昌奎奉命推行普及国民教育，在每个村(街)建立国民基础学校。当时县府拨款272.5万元毫币，加上群众集资，兴建初级、高级小学98所，在校学生达5894人。民国30年，忻城县筹办国民中学。金秀刘延年在任期间，曾在各乡乡公所设立中心国民基础学校，大的村屯或数屯设立国民基础学校。至1949年冬止，辖区内共设有小学34所。

“清乡”反共　镇压革命　民国16年(1927)“四一二”政变后，境内各县政府大肆反共，镇压革命。民国17年，各县开始“清乡”，镇压农民运动，杀害农会骨干。2月26日，武宣县长唐熙年和县团务局局长王善征带领团丁60多人追入东乡区镇压农民运动，抓走由区农民协会派往东乡圩掌握公秤的农协会员黄亚荀、刘和隆。同年3月3日，唐熙年和梧州警备司令部第二团团长石化龙率兵300多人到东乡，放火烧毁东乡区农协会执行委员彭功甫、严治安两家房屋16间，围捕潘业俊、刘月高、刘德明等东乡区农协会领导人，并开枪打死李树岗村农协会员刘木寿。3月4日，唐熙年、石化龙下令收缴东乡区农协会旗印，并将潘业俊、刘月高、刘德明等11人的田地产全部查封充公。4月20日，石化龙、唐熙年在东乡进行大屠杀，区乡农协会骨干卢子文、罗子贤、刘新隆和农友黄亚荀、刘和隆被押到东乡圩杉木坪杀害。5月17日，石、唐派兵搜捕彭功甫、李荣山，押到桂平江口杀害。6月1日，搜捕中共武宣县支部负责人翁尧年，6月21日将翁尧年押到武宣县城杀害。民国22年，各县政府根据广西全省清乡条例，进行“清乡”。迁江县长潭演，配合国民党军队“清乡”，成立特别法庭，杀害无辜200多人。民国36年，来宾迁江两县成立“清乡”队。迁江县长陈桐带领“清乡”队到陶邓乡“清乡”，勒派该乡出“清乡剿匪”费150万元国币。民国16—20年，国民党象县当局血腥镇压象县农民运动。县长熊中甫先后派警逮捕、杀害革命青年社和农民协会负责人覃智增、李忠惠、郑功成、韦昌廷、韦日昭、李农等6人。民国29年8月，国民党以武力进驻金秀瑶山后，金秀警备区署纠集周围各县地方民团对曾经反抗过武装进驻的村庄及瑶民，实行烧杀掳掠。田村房屋全部被烧毁，打死村民10人，拘捕数十人，村民被罚款50~100元银毫。金秀沿河10村和江燕5村，每户交鸦片烟150克，银毫3元5角，被勒索2000元以上，同时被缴所有猎枪。民国35年5月，象县成立清乡委员会，县长吴克宽任主任，在全县“清乡”。同年12月，象县、柳江、来宾于穿山乡召开联防会议，成立三县联防指挥所，镇压人民革命斗争。民国36年2月，象县、武宣、桂平于大樟召开联防会议，建立情报联络制度和情报传递方法。迁江县成立县乡各级联防自卫委员会，敦聘地方绅士为委员，要求“万众一心，守望相助，消弭匪乱”。此后两年，来宾迁江两县政府为使共产党“无匿身遗地”，都“健全县政以下基层政治”，清查户口，编甲、编号，五家保结，即所谓“五户联保”。其内容是所谓不参匪、不通匪、不济匪、不窝匪等，5户中倘有1户犯有上述行为，则四户受株连。编组自卫队，实行保甲联防，来宾县编组壮丁8372人，占壮丁总数的29%，分担运输、守卡，“剿共戒严”等任务。8月16日，象县县长梁方津，向县初中、县图书馆发出手令，秘密取缔《烽火东北》等进步书刊。同时积极扩充反革命武装，县长、县参议长电请省保安司令部配发步枪300支，轻机10挺，手枪10支，各种枪弹5.5万发。“围剿”中共游击队，烧村庄杀害群众。10月2日，武宣县长宋厚礽派民团副司令覃国光带兵到通挽“围剿”中共领导的地下游击队。11月2日，覃国光带兵“围剿”东乡地下游击队，烧毁游击队负责人韦天强家等房屋45间。11月14日，新任县长李瑞金和省保安副司令莫树杰带省保安二、三团官兵开抵三里、东乡一带进行清乡点甲，悬赏缉捕韦天强，烧毁刘铁民家房屋，枪杀农民4人。11月下旬，莫树杰、李瑞金又带省保安四团开抵南河片“围剿”韦敬礼领导的游击队。27日进攻桐岭乡莲塘村。28日进攻古朴村，抓走手无寸铁的群众数百人，赖其勋等3人被杀害，群众财物被洗劫一空，203间房屋化为灰烬。12月4日，莫树杰、李瑞金又率兵进攻通挽乡伏柳村，烧毁韦敬礼家房屋，继而又进攻汶村、花马村，许多群众被抓走，群众财物被掳掠，并召开反共大会，强迫群众饮血酒和缴枪自首。民国36年“戡乱”以后，国民党统治机构进驻金秀，在金秀设治局及警察局。为防止中共在大瑶山内开展革命斗争，在通往各县的交通要道上设卡放哨，派团丁防守，盘查行人，缉拿中共地下活动人员。民国末年(1949年1月1日至9月30日止)1月15日，来宾迁江两县宣布戒严，以对付共产党领导的游击队的活动，戒严地域县长兼理军法职务。7月，象县县长潘昆华、县民团副总队长潘庆龄，带领县自卫队和西乡民团400余人围攻小古院村，烧毁民房多间，抓捕关押群众4人。8—9月，象县当局派县常备队两次围攻革命据点江西村，劫掠群众财物，烧毁房子，农民覃日昆，覃书麟2人遭杀害。9月3日，游击队员和农民黄汉文、韦雅章、韦玉杨、韦正善、黄德崇5人被象县当局杀害。同月，潘昆华、潘庆龄带县自卫队配合省保安团在百丈、屯鸾围剿游击队，烧毁民房150余间，杀害群众10人。11月，县长周祖贵带警察和自卫队100余人，围攻思善乡古楼村，拘留审讯群众数十人。民国末年(1949年1月1日至9月30日止)8月21日，金秀警察局长李成棣在罗运乡公所召开所谓瑶区治安会议，到会83人。会议强令各乡组织反共团队，规定乡团队“剿共”赏罚办法、抚恤标准、经费和装备解决办法。同月，金秀警察局与蒙山县政府在岭祖乡强迫村民集体举行反共宣誓。10月，金秀警察局为了镇压中国共产党领导的东北乡民兵组织，将局机关和警察中队移驻东北乡长垌村，强征瑶民运送粮食和军火，修筑工事，放哨守卡，并随意抓人，以摧毁东北乡地下民兵组织。迁江县把“剿”共列为当时施政重心，5—11月，县长陈藩国、吴其嵩先后率领县常备大队，与国民党柳州保安团，共1000人左右，3次对共产党领导的游击区——莲洞、良塘乡进行“围剿”，烧毁民房80多间，杀害游击战士和群众5人。11月，来宾县长刘宇光率保安团队到大湾“清乡”，“围剿”共产党领导的游击队。

禁　烟　民国25年(1936年)忻城县开始禁大烟，到民国29年底共查获吸大烟犯案36起，人犯88人，经禁烟，有1127名烟民戒烟。

抗　日　民国26年(1937年)8月，忻城县政府组织巡回演讲队，进行抗日救亡宣传，受广西省府给予“殊堪嘉许”的称号。民国28年12月，日本侵略军攻陷南宁。为支援前线抗敌，象县政府组织抗日游击队200余人，开赴来宾、贵县一带拆桥断路，阻止日军北上。次年4月撤退回县。民国33年秋，象县抗日指挥部成立，县长兼任指挥官。指挥部购置七九步枪200支，领取轻机枪18挺，组织自卫队3个大队，于石龙镇、下西乡、中西乡、上西乡建立西区民团自卫队3个大队400余人枪。从民国33年11月—民国34年6月，县、区、乡自卫队和人民群众对日军作战34次，毙敌300余人。县长刘传忠亲自带队在近城乡抗击日军；县民团司令部参谋潘润桃等数人在罗秀抗击日军战斗中阵亡；县自卫队第五中队副黄乃猷，带领敢死队冲进日军三里圩办事处，用手榴弹炸死敌人，以身殉国。

禁　赌　民国28年(1939年)忻城县开始禁赌，至民国31年破赌博案98起，捕人犯381人，罚金7267元(国币)，不少抓赌人也参加赌博，实为假禁。

抓壮丁　民国时期，凡男性年在18~45岁者，均列为壮丁。按“三丁抽二，二丁抽一”的征兵原则，凡年满18~20岁的男性均为应征对象。民国31—33年(1920—1922年)，忻城县宁江乡新村屯57户人家，有10名青年被征，绑送县当兵，有6人下落不明。民国37年，全县征兵157名，按人口平均，每700人被征1人。

征收田赋　民国31年(1920年)，武宣县成立田赋管理处也称税捐稽征处，区乡成立税捐稽征分处。此后，征收田赋年年增加。民国31—33年，田赋均征收实物，按正附税总额计算，每元征稻谷2市斗，次年征收4斗。第三年再加借1斗5升共5斗5升。此外，各区团局还巧立名目，向农民征收名目繁多的苛捐杂税充饱私囊，加之地主买农民的土地不过税，将土地税转嫁给农民，使农民处境十分艰难。

第四节　土司制度

从元朝末期至清光绪三十二年(1906年)，莫氏世袭土司统治忻城470多年。

土司田制

正七品的忻城莫氏土司，无俸禄，每年只领到朝廷发给的养廉银六两四钱三分五厘，而不入流的忻城汉典史其养廉银竟达80两。莫氏土司办理政务和官族生活开支，全靠霸占大量田地，把田地佃给土民耕种，收取田赋或要土民给其服种种无偿劳役，不服役者则需交纳实物或租金。

官田莫氏土司直接收租的田称官田。官田分为印田和自置田等。印田是封建国家专为土司处理公务所用和土司全家吃喝玩乐所需开支而赐给的，土司只有使用权而无所有权，如因罪被革职，这些田即被收去。印田多分布在宁江、加仁和都乐一带。此外，莫氏土司还有自置田以及祭田、酬劳田等，分布在县署前、木万村、古尚村、新村、木罗村和三寨、思练、北荡、板黄等地。这是莫氏土司的私人田产。这些田产有的是土司花钱购置的。如第十七任土司莫景隆就购祭田数十亩。有的是绝户土民的田产，而土司占为己有，有的是强占民田为己田的。官田到底有多少据广西少数民族学者刘介民国25年(1936年)到忻城进行的一次实地调查结果称：“忻城土县的田地，大半为官田、官族田、土目田、役田和兵田。土官直接收租之田为官田。支派繁衍，逐渐分割与旁支，是为官族田。民国初年，官田尚可收租谷五万多斤。虽已改流，土官后裔仍照常收租，佃户仍照常缴纳。因防争夺，曾投民国政府验税领得红契。然地方人士与有嫌隙之官族，每欲将此项租谷充公，故每换一任县官，即提议一次，而土官后裔又到署解说一次，结果仍予保留，此项官田多在三寨、思练、北荡等乡。某乡、某村有田若干丘、若干亩、其后裔茫然也。”

据土司莫绳武的孙子莫毅于1980年透露，土司后期“每年收租谷16万千克”。

官族田　系袭位土司将官田按《分田例议》分给诸伯叔兄弟，“食至三世，仍将原田归官”。第十九任土司莫绳武袭位后，分给其叔父传经加仁、拉寨的养膳田年可收租谷1.5万千克；分给其叔父国经养膳田(于加仁路边)可收租谷1.2万千克。

祭　田　亦称蒸尝田。这些田产每年招佃耕种，收获时临田收租。土司将分成所得租谷，兑成钱币，作为购置祭祀用品以及族内大事开支。若有余额，主要用于祠堂修葺、扩建，祖坟维修，土司子女婚嫁费用，丧事支出，鳏寡孤独赡养，族内子弟外出读书等费用。祭田多在县衙门前，有大小13垢，秧种50千克；木万村田等处，共162垢，秧种695千克。古人种田每亩约需3千克秧种，共计约232亩，年可收租谷约2.32万千克。

脂粉田、送礼田　脂粉田，是土司分给其妻、妾、姐妹、女儿的田产，将所得之租专供其购置衣妆、首饰、胭脂水粉之用。送礼田，是土司嗜好某物，令有此物的农民岁贡，兑以田产计。

嫁妆田　莫氏土司之女出嫁，有时亦以田地作嫁妆。据民国年间出版的《隆山县志》载：“金钗，原名夷江，据前辈相传为忻城土司官有地，因为嫁女适安定土司官为媳，吉期在迩，一时采办妆奁不齐，尚缺金钗一项，乃以夷江地抵作金钗陪嫁，至安定后，遂改以金钗地名。”另一说，清光绪年间，安定土司潘孟甲之女嫁给忻城土司莫绳武的兄弟莫仲求为妻，潘土官以夷江一个地方的田地做女儿陪嫁的首饰一金钗一给忻城，后将夷江改名金钗。

土目田　又称科房田，是土司配给：堡目、里正的田亩。土目享田四吊秧本。村老或垌长亦得稍少于土目的一份享田。他们耕种所得,即抵俸银禄米。

酬劳田 清顺治九年(1652年)忻城莫氏土司内讧,南丹土官族莫士英领兵前来镇压。莫逆党乱平,莫士英留兵护卫莫氏土司直至莫宗诏袭位。康熙六年(1667年)莫士英病逝,为感谢莫士英功劳,莫宗诏将其庄田中的新村、木罗、古尚三村的田地分给莫士英之子莫舆煌收租以作酬劳。

役　田 官田之外还有役田。役田是莫氏土司将部分田配给土民种,不用交租纳税,只给土司衙门服役。这些田名目有兵田、夫田、烧炮田、人头田、鸡谷田等。

兵　田 莫氏土司全靠武力统治,衙门平时有七八十名土兵守卫,此外,还有360名屯兵。每名差兵或屯兵都分给3亩田让其耕种。兵田多分于县城附近的后槽村一带及近郊的六显、三堆、水寨、古尚、甘棠、木落,稍远的思练、牌坊、三寨、石龙等处亦有。全县兵田1000多亩。差兵轮流守卫衙门,屯兵战时出征,平时则务农。

夫　田 夫田有两种,一为轿夫田,二为渡夫田。土司及官族出巡、祀庙、清明扫墓都要坐轿,有专门轿夫,分给轿夫的田称轿夫田(或抬轿田)。这些田多在板河、平山一带。土司出巡过渡,有专门摆渡的,称渡夫。渡夫亦分得一分田,叫渡夫田。渡夫田分于范团、板六、龙头等处。轿夫、渡夫,每人约分得田2亩多。

烧炮田 土司衙门正堂前月台上疆铁炮四门地炮三门。每天中午放“午炮”,晚上头更、二更各放一炮,五更放“醒炮”。土司出巡放地炮三响。官族喜庆和丧葬、每年三月三、清明扫墓等都要放地炮。烧炮手分给一分田,叫烧炮田。

人头田 土司后期无审判权,在忻城处决“犯人”,需由专人将被斩犯人的头挑到宜山验明,方算交差,专挑人头的分给一分田,称人头田。人头田在加仁街附近。

鸡谷田 土司养鸡,需谷子、玉米等。土司亦分些田地让佃农耕种,鸡谷田于县治近郊的拉兰、水洞等地。

此外,还有奶妈田、养姑田、杂役田等。

土司除从官田收租外,还从民田征收田赋和其他税课。土司亦向朝廷岁贡。忻城土县一般年景征熟民田66顷96亩5厘,各升科不等,一般每吊秧本征收35千克谷子。全县应征秋粮折色米286石1斗4合;应征折粮,熟银85两8钱3分1厘(内留银85两5钱9分起运银2钱4分6厘),遇闰加征7两1钱3分6厘。

道光年间(1821—1850年),忻城有万源、裕生、五美典当三间,年共收税银15两。

忻城岁贡土锦四色,长连20端;(古制,一端等于2丈)装潢银46两1钱,由府解缴盐法道转呈朝庭。

土兵制

莫氏土司建立有土兵队伍。自首任土官起就设土兵,明万历时曾多达1000人。清末降至360名。土兵世袭,祖祖辈辈为军户,不需纳粮服徭役。有战为兵,无事务农,每年操练一次。如无人为兵,兵田即被收回,各里堡均保持一定数量土兵。

土　兵 土司衙门平时驻守土兵七八十人,全县屯兵360人。边界、要冲则由就近里堡派土兵驻守、巡防。衙署平时从归仁、龙归、思练、同其、三寨、板黄6个里堡抽调35名土兵轮流卫戍。古尚堡为县西要冲,驻防土兵30名。归仁里与永定长官司交界,驻防土兵30名。江信、定南二里,隔红水河与八寨相望,各驻防土兵30名。龙归堡驻守土兵25名,思练堡驻守土兵21名,古平堡驻守土兵8名。思里堡驻守土兵18名,三寨堡驻守土兵19名。同其和板黄堡各驻守土兵15名。板罗和石牛堡各驻土兵10名。板梨堡驻土兵4名。此外,江信、定南、古尚里,各派5名土兵联合对凤凰山、牛角山及凤凰山峒巡风。

忻城土兵依明朝军田制,寓兵于农,平时屯种,战时出征。屯兵又分边远地区三分戍守,七分屯种;内地二分戍守,八分屯种。土官对出征土兵有不成文规定:举凡攻掠所得,一半归己;若得妇女,予以相配。凡种兵田,世代为兵;若无嗣,收回兵田,另分他人耕种为兵。

土兵每年正月由堡目里正带到县城集中进行演练。县城东郊“莫万操场”(在今县农科所)为操练地。训练项目:马上枪兵、步下弓兵、步下枪兵、腰牌兵、弩手、乌铳手、火兵、旗手等。兵器有捅子甲,长枪、手标、偏刀、牌盾、弓箭等。

土司除了有练兵场外,土司衙门西侧(土司官邸旁)还有一演武场。该场广约10亩,南面有一“阅台”,供土官检阅土兵训练。每次训练完毕,选武艺精湛的将士比试。同时,演武场亦是出征的点将台。

征　战 忻城土兵除维护地方治安外,且受省、郡、府征调,由土官带领参与镇压农民起义。

土官始祖莫保元至正年间(1341—1368年),粤西蛮寇犯边，奉命随征，设计擒贼，著有功绩，授千户职屯于宜山之八仙。

明宣德二年(1427 年)，忻城壮瑶农民起义，第二任土官莫敬诚奉檄领兵入瑶峒“征剿”。著有军功，授世袭土知县，协理忻城。正统年间(1436—1449年)，宾州八寨农民揭竿起义其又奉调“协剿”。

莫敬诚之子莫凤，虽未袭官，但正统年间，代父应调，“协剿”八寨。后又参与镇压武缘县、大藤峡等地农民起义。杀害农民军首领蓝受贰、覃公虫等30 多人。莫凤因病死于军旅中。

第六任土官莫镇威，万历四年(1576 年)，奉调领土兵镇压广东罗旁农民起义，杀害农民首领龙旺。因功官阶由七品升到四品，万历皇帝赐给黄伞、奖黄金 10 两、帛等物。万历七年，莫镇威又带领土兵1000 人，参与镇八寨农民起义，杀害农民首领樊公宾。万历年间，忻城边界马平等地农民起义，莫镇威又领兵随王尚文前往镇压，杀害农民首领韦王朋、韦王长、李公坛、蒙公占等 662 人。万历皇帝嘉其“功绩”，命将县边界他县的同其、功德、窑灰、凉阴等约百平方千米的土地拨归忻城管辖，并赐以金帛等物一批。

第七任土官莫志明，万历十四年(1596 年)奉剿东兰叛目陈星囚、“作乱”土官韦应龙。同年，又奉调“征剿一武缘农民起义军”。万历二十六年，莫志明奉巡抚戴耀调遣，领土兵“剿”恭城、平乐两县瑶壮农起义。

康熙五十九年(1720 年)，第十四任土官莫振国奉调“征讨”上林县东抚民“暴动”；雍正元年(1723)“征讨”宜山龙门司白牙马栏壮族农民起义；同年，又“征讨”宜山县喇粪村韦朝农民起义军。

雍正九年(1731 年)，古州苗族农民举义，莫振帮代第十五任土官率兵应调“征剿”“功上闻，以其子莫尚隆为太学生，赏给部照”。乾隆五年(1740 年)，白土壮族农民起义，第十五任土官莫景隆奉调出师，功上闻，加随带军功纪录二次。是年六月，莫景隆随移师征平义宁“逆苗”“功上闻”，军功加一级，纪录二次。次年，迁江县李彩等农民起义，莫景隆带土兵300 名，堵截要隘，俘获梁文臣等义军头领。

咸丰七年(1857 年)九月，太平天国起义军退至忻城思练一带，莫氏土司组织土兵乡勇数百人，与迁江县地方军联合，先后打死太平天国起义军 600 多人。广西巡抚将此事向咸丰帝奏报后，得到嘉奖，奉旨在思练建立昭忠祠，以纪念其与太平天国起义军作战死去的 140 多名族人。咸丰帝还恩准莫氏族人莫莆森以拔贡身份，入京参加会试。

狱 政

莫氏土司第六任土官莫镇威始建监舍 2 座于土司衙门内头堂前左侧，前座为明牢，关押轻犯；后座为暗监，关押重犯。狱内简陋，皆铺地砖，无论犯人多少，皆席地挤睡。关入暗监，犯人均扣上脚镣，或上木枷扎脚。牢房阴暗，通风透光极差，监内奇臭。犯人长年不得沐浴，长发垢面，干瘦如柴，多病狱中。宣统二年(1910 年)，关押狱中的 61 人，病死 16 人，占在押犯 26.23%。

刑具：明、清时期，忻城土司衙内，设有行具房(约 40 平方米)。房内设有老虎凳，木棍棒(用坚硬的木头制成长 5 尺)、断头剑(大劈用的大马刀)，吊笼(用木栅钉上的四方形六七尺高的吊笼，笼底有一块可抽掉的活动板，笼顶有一个约四寸见方的圆孔，对犯人行刑时将头套人孔内，抽掉底部活动板，犯人即悬空吊死于笼内)、大板棒、扎脚木枷等刑具。

刑罚：莫氏土司统治时有立毙杖下，上站笼、黑办、断水米等 4 种酷刑。立毙杖下，即在公堂将犯人打死。上站笼，是一种绞刑，让犯人站在吊笼里，把头套人孔内，抽掉活动板底，人在笼内悬空吊死。黑办，又谓之“打闷棍”，在监内执行。刽子手用木棒对准犯人头部猛打，头破血流而死，此刑惨不忍睹。断水米，将犯人断饮食活活饿死。除此外，还有用木枷戴在颈上跪于衙门外谓之“枷号示众”。打屁股，鞭背，打掌心，坐冷板凳，猴子捧桃等。民国时期开始废除肉刑，但打屁股、坐冷板凳仍有沿用。民国时期，监狱仍设在土司衙门内，只增设有 100 多平方米的放风场，每 7 天给犯人放风半天。民国 36—37 年(1947—1948 年)，在监犯 72 人(女犯 4 人)，民国 37年在监患病 33 人，病死狱中 5 人(女犯 1 人)。

第二章 人民代表大会

1950 年 4 月—6 月，境内各县相继召开具有政治协商性质的各界人民代表大会。1952 年召开的县各界人民代表大会，开始代行县人民代表大会职权，选举常务委员。1950—1953 年，各县先后召开

3~6届各界人民代表会议。

1954年开始实行人民代表大会制度,两年进行一次换届选举。1966—1976年"文化大革命"时期,人民代表大会活动停止。1981年恢复人民代表大会制度,此后三年进行一次换届。2002年后,每届任期5年。

来宾市成立前,境域内主要有来宾县、忻城县、武宣县、象州县、金秀瑶族自治县和合山市各县(市)人民代表大会,均依法选举人大代表,按期召开会议,审议政府工作报告、人大常委会工作报告、人民法院工作报告和人民检察院工作报告,选举产生县(市)人民代表大会常务委员会组成人员和政府组成人员,依法行使监督权,加强对"一府两院"的监督。

2002年9月29日,国务院决定撤销柳州地区,设立地级来宾市。来宾市第一届人民代表大会第一次会议于2002年12月16日—19日召开,市人民代表大会常务委员会正式选举产生。来宾市有地方人民代表大会常务委员会7个,其中市级1个,县(市、区)级6个。

第一节 机 构

1988年1月29日,自治区第七届人民代表大会常务委员会第一次会议通过了《关于在各地区设立人大联络处的决定》,决定在柳州地区设立自治区人民代表大会常务委员会联络处,作为自治区人民代表大会常务委员会的派出机构,主要职责是协助自治区人民代表大会常务委员会依法履行职责,指导县(市)人大工作。

1996年5月28日,自治区第八届人民代表大会常务委员会第二十二次会议通过了《关于设立自治区人民代表大会常务委员会地区工作委员会的决定》,决定撤销柳州地区联络处,同时设立自治区人民代表大会常务委员会柳州地区工作委员会。柳州地区工作委员会由主任、副主任、秘书长、委员组成。工作委员会下设办公室、综合处(2001年分设财经处和教科文卫处)、法制处。

来宾市人大常委会的组成 由市人民代表大会第一次会议主席团或市人民代表大会代表20人以上联名从本级人民代表大会代表中提名,经各代表团酝酿后,再由大会主席团根据多数代表的意见确定正式候选人名单,最后由大会全体代表以无记名投票方式选举产生。市人民代表大会第一次会议后的各次会议,也可以补选市人大常委会组成人员。市人大常委会的组成人员,不得担任国家行政机关、审判机关和检察机关的职务,在任期内,如有不称职者或因犯有严重错误等不宜继续任职者,市人民代表大会有权罢免。并设置办事机构。市人大常委会每两个月召开一次会议,实行民主集中制。

来宾市人民代表大会下设市人民代表大会法制委员会、财政经济委员会、农业和农村委员会、城乡建设环境保护委员会、教育科学文化卫生委员会、民族外事华侨宗教委员会等6个专门委员会。来宾市人民代表大会常务委员会下设办公室、研究室和选举联络工作委员会3个办事机构,以上机构均为正处级建制。市人大常委会办公室下设秘书科、信访科、法制财经科、建设环保农业科、科教外事科。市人大常委会机关成立之初,行政编制为35名。2004年4月增编2名,实有行政编制37名,事业编制8名。2005年,各专门委员会及办公室内设机构调整为市人民代表大会法制委员会秘书科、财政经济委员会秘书科、农业和农村委员会秘书科、城乡建设环境保护委员会秘书科、教育科学文化卫生委员会秘书科、民族外事华侨宗教委员会秘书科以及秘书人事科、信访科、行政科和选举联络工作委员会秘书科,均为正科级建制。

来宾市第一届人大常委会 来宾市于2002年12月16日—19日,召开的市一届人民代表大会第一次会议,选举产生常设机关——常务委员会,由1名主任、6名副主任和1名秘书长、21名委员组成。组成人员名单:主任:覃瑞祥(兼),副主任:韦诚凡、石月娟、韦凤光、毛裕玲、卢运逸(兼)、何美媛(兼),秘书长:阎保光(2002年12月—2004年2月)、胡江耀(2004年2月—2005年12月)。

市人大各专门委员会 市人民代表大会下设法制委员会、财政经济委员会、农业和农村委员会、城乡建设环境保护委员会、教育科学文化卫生委员会、民族外事华侨宗教委员会等六个专门委员会。来宾市法制委员会:主任委员:孙凤龙,副主任委员:韦敏荣;财政经济委员会:主任委员:潘绍东,副主任委员:罗广平;农业和农村委员会:主任委员:覃大关,副主任委员:刘远新(2004年2月21日当选);城乡建设环境保护委员会:主任委员:罗祖亮,副主任委员:韦正秋(2004年2月21日当选);教育科学文化卫生委员会:主任委员:陆远怀,副主任委员:梁友安;民族外事华侨宗教委员会:主任委员:胡江耀(2004年

2月21日蓝常景当选为主任委员），副主任委员：李开庆(2004年2月21日当选）。

市人大常委会工作机构 来宾市人民代表大会常务委员会下设办公室、研究室、选举联络工作委员会等三个办事机构。以上机构均为正处级建制。专门委员会正、副主任委员为专职，配备工作人员。委员会吸收一些有专长的市人大代表参加。根据市人大常委会会议和主任会议的决定，各工作（专门）委员会对一些重大问题和市政府、市中级人民法院和市人民检察院提请市人大常委会审议的有关事项组织视察、调查研究，提出初审意见和建议，为市人大常委会审议决定重大事项当好参谋和助手。各委员会还对代表议案、批评和办理情况进行检查督促，对全市经济社会各方面的工作进行调查、视察、走访，为市人大常委会审议决定问题提供情况和依据。

表8-1 2002—2005年市人大常委会正副主任名表

姓名	性别	籍贯	文化程度	职务	任职时间
覃瑞祥	男	广西北流	研究生	主任(兼)	2002年12月18日—2005年12月
韦诚凡	男	广西象州	大学	副主任	2002年12月18日—2005年12月
石月娟	女	广西忻城	中专	副主任	2002年12月18日—2005年12月
韦凤光	男	广西象州	大专	副主任	2002年12月18日—2005年12月
毛裕玲	男	广西融安	研究生	副主任	2002年12月18日—2005年12月
卢运逸	男	广西来宾	研究生	副主任(兼)	2002年12月18日—2005年12月
何美媛	女	广西柳城	大学	副主任(兼)	2002年12月18日—2005年12月

注：任职超过下限的，以2005年12月记载。

县(市、区)人大常委会

1981—2005年，在各县(市、区)召开的历届人民代表大会上均选举产生常务委员会，作为其常设机关，对本级人民代表大会负责并报告工作。各届常务委员会由主任1人、副主任4~8人、委员10~20人组成。县(市、区)人大常委会下设办公室和法制、财经、教科文卫、城建环保、民族华侨宗教、代表联络等工作委员会。

兴宾区人大常委会 2002年11月28日—30日，来宾市兴宾区第一届人民代表大会第一次会议召开，选举产生兴宾区第一届人民代表大会常务委员会。1991—2005年，兴宾区(来宾县)人大常委会工作机构设置为：办公室、教科文卫工作委员会、财政经济工作委员会、法制工作委员会、民族工作委员会、华侨工作委员会、信访代表联络工作委员会、农村工作委员会、选举联络工作委员会。

象州县人大常委会 1981年1月17日—22日，象州县第八届人民代表大会第一次会议召开，选举产生象州县第八届人民代表大会常务委员会，常委会主任、副主任共6人。1984年11月6日—10日，象州县第九届人民代表大会第一次会议召开，选举产生象州县第九届人民代表大会常务委员会。常委会正、副主任共7人。1987年11月8日—11日，召开象州县第十届人民代表大会第一次会议。1990年9月6日—8日，象州县第十一届人民代表大会第一次会议召开。此后，象州县人民代表大会又相继选举产生第十二届人大常委会、第十三届人大常委会、第十四届人大常委会。象州县历届人大常委会均设立办公室；1984年，设立财政经济工作小组、法律小组、文教卫生科技小组、议案批评和建议小组4个临时机构；1989年12月，成立教科文卫、法制、财政经济3个工作委员会；1992年2月，增设代表联络、信访工作委员会(1998年11月，代表联络、信访工作委员会撤销)；2003年9月，法制工作委员会更名为内务司法工作委员会。

武宣县人大常委会 1981年1月20日—26日，武宣县第三届人民代表大会第一次会议召开，选举产生武宣县第三届人民代表大会常务委员会。1984年5月20日—25日，召开武宣县第三届人民代表大会第四次会议。1984年11月19日—25日，武宣县第四届人民代表大会第一次会议召开，选举产生武宣县第四届人民代表大会常务委员会。1987年11月2日—6日，武宣县第五届人民代表大会第一次会议召开，选举产生武宣县第五届人民代表大会常务委员会。此后，武宣县人民代表大会又相继选举产生第六届(1990年1月起)、第七届(1993年11月起)、第八届(1999年1月起)、第九届(2002年11

月起）人大常委会，选举历届常委会主任、副主任和常务委员。

武宣县人大常委会自第六届人大常委会起，设“一室四委”，即办公室、财经工作委员会、法制工作委员会、教科文卫工作委员会、代表联系工作委员会(1992年2月设立)。1997年6月，进行机构改革，人大常委会设“一室二委”，即办公室、财经科教文卫工作委员会、法制代表联络工作委员会。2002年2月，人大常委会调整“一室二委”设置为办公室、内务司法城乡建设工作委员会、财经教科文卫工作委员会。

忻城县人大常委会 1981年1月15日—21日，忻城县第八届人民代表大会第一次会议召开，选举产生忻城县第八届人民代表大会常务委员会。1984年11月3日—7日，忻城县第九届人民代表大会第一次会议召开，选举产生忻城县第九届人民代表大会常务委员会。1987年11月11日—14日，忻城县第十届人民代表大会第一次会议召开，选举产生忻城县第十届人民代表大会常务委员会。常委会正、副主任共6人，常务委员10人。1990年8月29日—30日，忻城县第十一届人民代表大会第一次会议召开，选举产生忻城县第十一届人民代表大会常务委员会。常委会正、副主任共5人，常务委员12人。

1993年11月，经忻城县第十二届人民代表大会第一次会议选举产生忻城县第十二届人民代表大会常务委员会。1999年1月7日—11日，忻城县第十三届人民代表大会第一次会议召开，选举产生忻城县第十三届人民代表大会常务委员会。2002年11月25日—28日，忻城县第十四届人民代表大会第一次会议选举产生忻城县第十四届人民代表大会常务委员会。1981年2月，县人大常委会设办公室；1988年11月，设办公室和法制、财政经济、教科文卫3个工作委员会；1990年8月，增设代表联络工作委员会；1997年，调整合并各工委，设“两委一室”，即办公室、法制代表联络侨务工作委员会、财政经济教科文卫工作委员会；1998年12月，财经工委和教科文卫工委分离，设办公室、法制代表联络侨务工作委员会、财政经济工作委员会、教科文卫工作委员会；2000年11月，增设民族华侨工作委员会；2002年8月，改设“两委一室”，即办公室、内务司法城乡建设工作委员会和财政经济教育科学工作委员会。

金秀瑶族自治县人大常委会 1981年1月，经金秀瑶族自治县第七届人民代表大会第一次会议选举产生自治县第七届人民代表大会常务委员会。常委会主任、副主任共6人，委员17人。1984年11月22日—25日，金秀瑶族自治县第八届人民代表大会第一次会议召开，选举产生自治县第八届人民代表大会常务委员会。常委会主任、副主任共8人，委员19人。1987年11月16日—19日，金秀瑶族自治县第九届人民代表大会第一次会议召开，选举产生自治县第九届人民代表大会常务委员会。常委会由主任1人、副主任5人、委员17人组成。1990年9月8日—10日，金秀瑶族自治县第十届人民代表大会第一次会议召开，选举产生自治县第十届人民代表大会常务委员会。常委会由主任1人、副主任3人、委员10人组成。1993年11月24日—26日，金秀瑶族自治县第十一届人民代表大会第一次会议召开，选举产生自治县人民代表大会常务委员会。常委会由主任1人、副主任4人、委员10人组成。1999年1月14日—16日，金秀瑶族自治县第十二届人民代表大会第一次会议召开，选举产生自治县第十二届人民代表大会常务委员会。常委会由主任1人、副主任4人、委员10人组成。2002年12月8日—10日，金秀瑶族自治县第十三届人民代表大会第一次会议召开，选举产生自治县第十三届人民代表大会常务委员会。常委会由主任1人、副主任4人、委员10人组成。1988年，自治县第九届人大常委会成立“四委一室”，即办公室、法制工作委员会、财政经济工作委员会、教科工作委员会。2000年，自治县人大常委会根据机构改革方案，调整委室设置为“两委一室”，即办公室、民族法制委员会、财经教科文卫工作委员会。

合山市人大常委会 1984年11月16日—20日，合山市第一届人民代表大会第一次会议召开选举产生合山市第一届人民代表大会常务委员会。常委会主任1人、副主任5人。1986年5月28日—30日，召开合山市第一届人民代表大会第三次会议。1987年11月10日—14日，合山市第二届人民代表大会第一次会议召开，选举产生合山市第二届人民代表大会常务委员会。常委会由正副主任5人、常务委员8人组成。1990年9月18日—20日，合山市第三届人民代表大会第一次会议召开，选举产生合山市第三届人民代表大会常务委员会。常委会由正副主任4人、常务委员9人组成。1993年11月20日—23日，合山市第四届人民代表大会第一次会议召开，选举产生合山市第四届人民代表大会常务委员会。常委会由正副主任4人、常务委员9人组成。

1995年3月30日—4月2日，召开合山市第四届人民代表大会第三次会议。1999年1月12日—16日，合山市第五届人民代表大会第一次会议召开，选举产生合山市第五届人民代表大会常务委员会。常委会由正副主任5人、常务委员8人组成。2001年7月26日，召开合山市第五届人民代表大会第四次会议。2002年11月26日—28日，合山市第六届人民代表大会第一次会议召开，选举产生合山市第六届人民代表大会常务委员会。常委会由正副主任5人、常务委员8人组成。

表8-2　**1981—2005年来宾市各县(市、区)历届人大常委会主任名表**

县(市、区)	届次	职务	姓名	籍贯	任职时间
兴宾区（来宾县）	第七届	主任	黄　达	广西来宾	1981年1月—1984年11月
	第八届	主任	韦世伦	广西来宾	1984年11月—1987年11月
	第九届	主任	成家榴	广西来宾	1987年11月—1990年9月
	第十届	主任	成家榴	广西来宾	1990年9月—1993年11月
	第十一届	主任	成家榴	广西来宾	1993年11月—1999年1月
	第十二届	主任	韦国猷	广西来宾	1999年1月—2002年1月
		主任	覃国安	广西象州	2002年1月—2002年11月
	第一届	主任	冼华增	广西来宾	2002年11月—2003年8月
		主任	覃远春	广西融安	2003年8月—2005年12月
忻城县	第八届	主任	蓝玉兴	广西忻城	1981年1月—1984年11月
	第九届	主任	卢庆云	广西忻城	1984年11月—1987年10月
	第十届	主任	卢庆云	广西忻城	1987年10月—1990年8月
	第十一届	主任	刘永贤	广西马山	1990年8月—1993年11月
	第十二届	主任	蓝芳华	广西忻城	1993年11月—1999年1月
	第十三届	主任	黄维安	广西忻城	1999年1月—2002年11月
	第十四届	主任	蓝赞光	广西忻城	2002年11月—2005年12月
象州县	第八届	主任	戚海波	广西柳江	1981年1月—1984年3月
		代主任	黎超海	广西象州	1984年5月—1984年10月
	第九届	主任	何迈伦	湖南湘潭	1984年11月—1985年6月
		代主任	覃日茂	广西象州	1985年6月—1987年10月
	第十届	主任	覃日茂	广西象州	1987年11月—1990年9月
	第十一届	主任	黄芳权	广西忻城	1990年9月—1992年11月
		主任	潘运英(女)	广西象州	1992年11月—1993年11月
	第十二届	主任	潘运英(女)	广西象州	1993年11月—1999年1月
	第十三届	主任	潘运英(女)	广西象州	1999年1月—2000年2月
		主任	秦翠云(女)	广西鹿寨	2001年2月—2002年12月
	第十四届	主任	翁昌贵	广西象州	2002年12月—2005年12月
武宣县	第三届	主任	覃炳刚	广西忻城	1981年1月—1983年5月
	第四届	主任	蒙治享	广西武宣	1984年11月—1987年11月
	第五届	主任	蒙治享	广西武宣	1987年11月—1990年9月
	第六届	主任	李贵荣	广西武宣	1990年9月—1993年11月
	第七届	主任	李贵荣	广西武宣	1993年11月—1999年1月
	第八届	主任	覃大关	广西武宣	1999年1月—2002年11月
	第九届	主任	梁向阳	广西武宣	2002年11月—2005年12月

续表

县(市、区)	届次	职务	姓名	籍贯	任职时间
金秀瑶族自治县	第七届	主任	苏扶年	广西金秀	1981 年 1 月—1984 年 11 月
	第八届	主任	苏扶年	广西金秀	1984 年 11 月—1987 年 11 月
	第九届	主任	赵启才	广西灵川	1987 年 11 月—1990 年 9 月
	第十届	主任	赵启才	广西灵川	1990 年 9 月—1993 年 11 月
	第十一届	主任	莫礼章	广西金秀	1993 年 11 月—1999 年 1 月
	第十二届	主任	黄素炬	广西金秀	1999 年 1 月—2002 年 12 月
	第十三届	主任	黄素炬	广西金秀	2002 年 12 月—2005 年 12 月
合山市	第一届	主任	欧相达	广西来宾	1984 年 11 月—1987 年 11 月
	第二届	主任	吴志华	广西贵港	1987 年 11 月—1990 年 9 月
	第三届	主任	张秀珍	广西忻城	1990 年 9 月—1993 年 11 月
	第四届	主任	李　尤	广西来宾	1993 年 11 月—1999 年 1 月
	第五届	主任	潘海滨	广西来宾	1999 年 1 月—2001 年 7 月
		主任	韦加和	广西柳江	2001 年 7 月—2002 年 11 月
	第六届	主任	覃扬星	广西武宣	2002 年 11 月—2005 年 12 月

注:任职超过下限的,以 2005 年 12 月记载。

第二节　人民代表大会代表

来宾市地方各级人大人民代表大会代表选举工作,分为市人大代表选举和县(市、区)、乡(镇)人大代表选举。1953 年开始,境内各县依据国家人民代表大会代表选举法,普选乡、县人民代表大会代表。每次普选,县、乡均建立了选举委员会暨办公室,主持选举事宜,制定工作方案,划分若干选区,将乡、镇的人民代表名额分配到选区,按选区进行选举。经过选民登记,公布选民名单,协商代表候选人,然后在统一的选举时间内,按选区召开普选大会并设投票站,由选民选举代表,开展各级人民代表普选工作。1980 年以前,乡(镇)级人民代表大会代表采取直接选举的办法产生,代表由乡(镇)选民直接选出。县人民代表大会代表采用间接选举的办法产生,即通过召开乡(镇)人民代表大会,选举产生乡(镇)政权机构和出席县人民代表大会代表。表决方式:乡(镇)级人民代表大会初采用举手表决,后采用无记名投票方式表决;县级人民代表大会均采用无记名投票方式表决。从 1980 年起,县人民代表大会代表由各选区用差额选举办法直接选举产生。

2002 年以前,境内人民代表大会选举,除选举本级人大代表外,有时结合选举出席自治区人民代表大会代表。2002 年后,各县(市、区)除选举产生本级人大代表外,同时选举市人大代表。

市人大代表

2002 年 12 月,来宾市由兴宾区、忻城县、象州县、武宣县、金秀瑶族自治县、合山市、柳州军分区及来宾武装部队等八个选举单位共选出来宾市第一届人民代表大会代表 325 名。

来宾市第一届人民代表大会当选的 325 名人大代表中:工人农民和其他劳动者 98 名,占代表总数的 30.15%;党政干部 146 名,占代表总数的 44.92%;知识分子 73 名,占代表总数的 22.45%;归侨 4 名,占代表总数的 1.23%;人民解放军和人民武装警察及消防部队 4 名,占代表总数的 1.23%。当选代表年龄结构合理,老、中、青结合。当选代表文化素质较高,大专以上 233 人,占代表总数的 71.69%,中专(含高中)67 人,占代表总数的 20.62%,初中 25 名,占代表总数的 7.69%。当选代表中,共产党员 215 名,占代表总数的 66.15%;无党派、民主人士代表 110 名,占代表总数的 32.85%;妇女代表 80 名,占代表总数的 24.62%;少数民族代表 213 名,占代表总数的 65.54%。在当选的少数民族代表中,壮族代表 179 名,占代表总数的 55.08%;瑶族代表 19 名,占代表总数的 5.85%;侗族代表 8 名,占代表总数的 2.46%;仫佬族代表 2 名,毛南族和苗族代表各 1 名。

县(市、区)人大代表

来宾县人大代表　1980年9月—12月11日，来宾县进行第七次普选，直接选出公社(镇)人民代表3044人，其中妇女828人，工人26人，社员1097人，军人5人，知识分子79人，国家干部495人，集体企业、大队、生产队干部1342人；选出县第七届人民代表共414人，其中妇女111人，工人6人，农民291人，军人5人，干部85人，知识分子20人，其他7人。1984年8月上旬—10月上旬，来宾县进行第八次普选，选出乡(镇)人民代表2810人、县人民代表318人。1987年8月20日—11月10日，来宾县进行第九次普选，选出乡、镇人民代表大会代表1216人，其中女代表209人；选出县人民代表344人，其中女63人，占18.31%；党员256人，占74.42%；少数民族215人，占62.5%；农民212人，占61.63%；干部130人，占37.79%；大专文化以上38人，占11.05%；中专和高中89人，占25.87%。1990年5月—7月，来宾县进行第十次普选，选出乡镇人民代表1585人；选出县人民代表347人，其中妇女69人，工人2人，农民238人，干部107人，知识分子57人，汉族119人，壮族222人，其他民族6人。1993年8月24日—10月17日，来宾县举行县、乡人大换届选举工作，选出县人大代表346人，其中妇女代表52人；选出乡、镇人民代表大会代表1580人，其中女代表308人。1996年6月15日—7月30日，来宾县举行乡(镇)人大换届选举工作，选出乡(镇)人民代表大会代表1585人。1998年8月中旬—12月20日，来宾县举行人大代表换届选举工作，共选出县第十二届人大代表327名。经县第十一届人大常委会代表资格审查委员会审查，1名代表不能当选，其余代表的产生均合法。县第十二届人大代表为326人，其中女代表81人，占24.85%，非党代表106人，占32.5%。1999年4月27日—6月28日，来宾县举行乡(镇)第十三届人大代表换届选举工作，应选人大代表1585名，实际当选1580名。2002年6月6日—9月28日，来宾县举行县、乡两级人大代表换届选举工作，选出县人大代表328人；选出乡、镇人大代表1584人。

武宣县人大代表　1962年恢复武宣县建置，武宣县人民代表大会届数从新排定。武宣县第一届县、乡人民代表大会选举工作于1962年5月—6月间进行，选出县人民代表大会代表198人。武宣县第二届县乡人民代表大会代表的选举工作于1966年11月开始，12月选举结束，选举出席县人民代表大会代表247人。1980年8月，武宣县举行第三届县、乡换届选举，共选出县人民代表201名。在县代表中，妇女53名，占26.4%；壮族代表128名，占63.6%。1984年8月—11月，武宣县进行第四届县、乡人民代表大会代表的换届选举工作，选出县人民代表大会代表249人。1987年9月—11月，武宣县进行第五届县乡人民代表大会代表选举工作。选出县人大代表219人，其中女代表40人，占18.26%；壮族138人，占63%；农民143人，工人2人，干部74人(其中教育界14人，卫生界3人，科技人员13人)。1990年5月—7月，武宣县举行第六届县、乡人民代表大会的换届选举。选出县人民代表大会代表220人，其中工农代表148人，占67.3%；干部代表72人，占32.7%；女代表46人，占20.9%。

忻城县人大代表　1993年10月，忻城县换届选举，选出县第十二届人大代表241名。代表构成为：工农占63.90%；干部占35.27%；解放军占0.83%；中共党员占70.12%；妇女占23.13%；壮族以外的少数民族代表占4.98%；45岁以下占45.75%；大专以上文化占6.64%。

1998年11月，忻城县换届选举，选出县第十三届人大代表210名。代表构成为：妇女占24.8%；中共党员占66.2%；少数民族占91.9%；大学占3.8%；大专占17.6%；工人占1%；农民占61.9%；国家干部占33.8%；军人占0.5%。2002年6月，忻城县换届选举，选出县第十四届人大代表210名。代表构成为：中共党员占63.33%；妇女占26.19%；少数民族占93.81%；大学占17.62%；大专占17.62%；45岁以下占72.3%；农民占61.90%；国家干部占37.61%。

金秀瑶族自治县人大代表　1980年6月—12月，金秀瑶族自治县选举第七届人民代表大会代表，选出县人民代表130名。其中，农民74名，占57.8%；工人5人，占3.9%；干部39名，占30.5%；军队代表2名，占1.6%；知识分子6名，占4.7%；其他劳动者代表4名，占3.1%。按民族成分，瑶族代表70名，占55.1%；壮族代表23名，占18.1%；汉族代表37名，占29.1%。代表中，妇女39名，占30.5%；党员80名，占62.5%。1984年，自治县选举第八届人民代表大会代表。选出县人大代表170名，其中，瑶族代表84名，占49.4%；壮族代表43名，占25.3%；汉族代表42人，占24.7%。1987年，金秀瑶族自治县选出县第九届人民代表大会代表156名。其中，妇女代表25人，占16%；中共党员代表110名，占70.5%;瑶族代表82名,占52.6%;壮族代表51名,占32.7%;汉族代表23名,占14.7%;干部代表68名,占43.6%;工人代表2人,占1.3%;农民代表86人,占55.1%。

1990年5月—7月,自治县选出县第十届人民代表大会代表156名。其中,工人、农民和其他劳动者代表80名,占51.3%;干部代表75名,占48.7%;解放军代表1名,占0.64%;中共党员代表114名,占73.1%;妇女代表20名,占12.8%,少数民族代表122名,占78.2%。1993年8月—11月,金秀瑶族自治县选出县第十一届人民代表大会代表156名。其中,工人、农民和其他劳动者代表83名,占53.2%;干部代表72名,占46.15%;解放军代表1名,占0.65%;中共党员代表119名,占76.28%;妇女代表23名,占14.1%;少数民族代表124名,占79.5%。1998年9月—12月,自治县选出县十二届人民代表大会代表157名。其中,工人、农民和其他劳动者代表83名,占52.8%;教科文卫方面的代表7名,占4.4%;党政、团体方面的代表67名,占42.6%;中共党员代表127名,占80.8%;妇女代表26名,占16.5%;少数民族代表134名,占85.4%。

2002年6月—10月,自治县选出县十三届人民代表大会代表158名。其中,中共党员代表132名,占83.5%;妇女代表35名,占22.2%;少数民族代表127名,占80.4%。

合山市人大代表 1984年8月,合山市选举第一届人民代表,第一次选出人民代表151人,补选代表12名,共选出市人大代表163人。1987年7月2日—10月15日,合山市进行第二届人民代表大会代表选举,选出市人民代表144人。1990年6月1日—7月17日,合山市进行第三届人民代表大会代表选举,选出市人大代表144人。

1993年8月13日—10月16日,合山市进行第四届人民代表大会代表选举,应选代表144名,实际选出代表142名。1998年8月15日—12月18日,合山市进行第五届人民代表大会代表选举,应选代表157名,实际选出代表156名。2002年6月14日—10月15日,合山市进行第六届人民代表大会代表选举,应选代表157名,实际选出代表155名。

象州县人大代表 1953年冬,始举行人民代表普选,至1990年共进行10次普选。第一届至第六届县人大代表由乡镇人民代表大会选举产生。1968年,成立县、社革命委员会,列为第七届人民代表大会,但没有进行普选。革委会成员由机关、团体、人民群众协商推荐。第八届至第十一届县、乡人大代表,采用差额选举办法由选民直接选举。第十届县、乡人大代表与候选人之比均为1∶1.69。石龙县第一届县人大代表334人,其中,工人3人占0.9%,农民218人占65.3%,军队3人占0.9%,机关干部63人占18.8%,文教卫生21人占6.3%,私营、个体工商业21人占6.3%,民主、宗教人士5人占1.5%。妇女在人民代表中占有一定的比例。象州县第八届至第十一届县人大代表中,妇女代表占18%~30%不等。1980年以后的代表选举,在坚持革命化的同时,注意知识化和年轻化。1990年6月2日—1990年9月8日,11个乡(镇)共选出乡(镇)人大代表715名,分别召开乡(镇)人民代表大会,并在各乡(镇)人民代表大会上选举出席县十一届人民代表大会代表218名其中,高中、中专以上文化程度79人,占代表总数的36.24%,初中文化91人,占41.7%,高小文化48人,占22%;40岁以下84人,占38.53%,45~50岁89人,占40.83%,51岁以上45人,占20.64%。1993年8月10日—11月5日,11个乡、镇共选出乡(镇)人大代表727名,并由各乡(镇)人民代表大会选举出席县第十二届人民代表大会代表218名。1998年8月—11月30日,11个乡、镇共选出乡(镇)人大代表698名,并由各乡(镇)人民代表大会选举出席县第十二届人民代表大会代表198名。2002年6月7日—12月10日,11个乡、镇共选出乡(镇)人大代表669名,并由各乡(镇)人民代表大会选举出席县第十二届人民代表大会代表200名。

第三节 人民代表大会常委会及主任会议

1950年4月—6月,来宾市境内各县相继召开具有政治协商性质的各界人民代表大会。1952年召开的县各界人民代表大会,开始代行县人民代表大会职权,选举常务委员。1950—1953年,各县先后召开3~6届各界人民代表会议。1954年开始实行人民代表大会制度,2年进行一次换届选举。来宾市成立后,从2002—2005年,共依法召开来宾市人民代表大会4次。在历届市、县人民代表大会期间,市、县人大常委会根据工作需要召开常委会及主任会议。

人民代表大会

市人民代表大会 来宾市第一届人民代表大会第一次会议于2002年12月16日—19日召开。出席会议代表325人，符合法定人数。大会特邀、列席代表117人。大会主席团由31人组成。主席团第一次会议推定覃瑞祥、张少康、廖春林、冯成善、黄克、龙定茂、杨和荣、韦诚凡、覃晓东、石月娟、韦凤光、毛裕玲、卢运逸、何美媛为主席团常务主席。会议听取和审议张少康代表撤销柳州地区设立地级来宾市筹备工作领导小组作的《抓住新机遇，开创新局面，实现新跨越，努力把来宾市建设成为新兴的绿色生态工业城市》报告；覃瑞祥作的《来宾市第一届人民代表大会第一次会议筹备工作的报告》；韦诚凡作的《来宾市第一届人民代表大会筹备组代表资格审查委员会关于第一届人民代表大会代表的代表资格审查报告》；石月娟作的《关于来宾市第一届人民代表大会第一次会议议案审查的情况报告》。大会于12月18日选出覃瑞祥为来宾市人民代表大会常务委员会主任，选出韦诚凡、石月娟、韦凤光、毛裕玲、卢运逸、何美媛6人为来宾市人民代表大会常务委员会副主任，选出阎保光为来宾市人民代表大会常务委员会秘书长；选出张少康为来宾市人民政府市长，选出莫恭明、邬弘辉、黄桂廷、段一中、张协奎、郭连科、刘向群7人为来宾市人民政府副市长；选出黎家隆为来宾市中级人民法院院长；选出喻雪云为来宾市人民检察院检察长。12月19日，大会选出韦祖乾、韦晴川、成文峰、孙凤龙、李丽华、陆远怀、冼华增、郑益群、胡江耀、翁昌贵、凌小群、黄素炬、梁向阳、梁建强、覃大关、覃文松、覃扬星、蓝赞光、蒙星朗、潘运英、潘绍东21人为来宾市第一届人民代表大会常务委员会委员，还选出彭祖意、覃瑞祥、张少康、韦诚凡等43人为来宾市出席广西壮族自治区第十届人民代表大会代表。大会还讨论通过《关于设立来宾市人民代表大会专门委员会的决定》。新选出的市长张少康在闭幕会上作《尽职尽责忠于职守做人民公仆》讲话。

来宾市第一届人民代表大会第二次会议于2003年4月9日—12日召开。出席会议的代表355名，符合法定人数。主席团第一次会议推定覃瑞祥、冯成善、黄克、龙定茂、杨和荣、韦诚凡、石月娟、韦凤光、毛裕玲、卢运逸、何美媛11人为主席团常务主席，大会秘书长由韦诚凡兼任。会议听取和审议市长张少康作的《政府工作报告》；市发展计划委员会主任韦仕军作的《关于来宾市2002年国民经济和社会发展基本情况与2003年国民经济和社会发展计划(草案)的报告》；市财政局局长吕杰明作的《关于来宾市全市与原地区本级2002年财政收支情况和市与市本级2003年预算草案的报告》；市人大常委会副主任韦诚凡作的《来宾市人大常委会工作报告》；市中级人民法院院长黎家隆作的《来宾市中级人民法院工作报告》；市人民检察院检察长喻雪云作的《来宾市人民检察院工作报告》以及市第一届人民代表大会第二次会议议案审查委员会主任委员石月娟作的《关于来宾市第一届人民代表大会第二次会议代表提出的议案处理意见的报告》。本次会议作出《来宾市第一届人民代表大会第二次会议关于政府工作报告的决议》等6个决议。会议依法补选罗祖亮为来宾市第一届人民代表大会常务委员会委员，表决通过来宾市第一届人民代表大会各专门委员会主任委员、副主任委员和委员。孙凤龙为法制委员会主任委员；潘绍东为财政经济委员会主任委员；覃大关为农业和农村委员会主任委员；罗祖亮为城乡建设环境保护委员会主任委员；陆远怀为教育科学文化卫生委员会主任委员；胡江耀为民族外事华侨宗教委员会主任委员。

来宾市第一届人民代表大会第三次会议于2004年2月17日—21日召开。出席会议代表343名，符合法定人数。大会特邀、列席代表71名。大会主席团由35人组成。主席团第一次会议推定覃瑞祥、冯成善、黄克、龙定茂、杨和荣、韦诚凡、石月娟、韦凤光、毛裕玲、卢运逸、何美媛为主席团常务主席。会议听取和审议市长张少康作的《政府工作报告》及《关于政府工作报告修改情况的说明》；听取和审议市发展和改革委员会主任韦仕军受市人民政府委托作的《关于来宾市2003年国民经济和社会发展计划(草案)的报告》；听取和审议市财政局局长吕杰明受市人民政府委托作的《关于来宾市全市与市本级2003年预算执行情况和2004年预算草案的报告》及其对2004年预算草案与预算报告有关情况的说明；听取和审议市人大常委会副主任韦诚凡作的《来宾市人大常委会工作报告》；听取和审议市中级人民法院院长黎家隆作的《来宾市中级人民法院工作报告》；听取和审议市人民检察院检察长喻雪云作的《来宾市人民检察院工作报告》；听取和审议市人民政府副市长张协奎作《来宾市城市总体规划报告以及关于编制来宾市城市总体规划(2003—2020)(草案)》的说明；听取和审议市人大财经委主任委员潘绍东作的《来宾市第一届人民代表大会财政经济委员会关于本市2003年国民经济和社会发展计划执行情况与2004年国民经济和社会发展计划草案的审查报告》和《来宾市第一届人民代表大会财政经济委员会关于全市与市本级2003年预算执行情况和2004年预算草案的审查报告》；听取和审议市一届人民代表大会会议议案审查委员会主任委员石月娟作的《关于来宾市第一届人民代表大会第三次会议代表提出的议案处理意见的报告》。会议作出《来宾市第一届人民代表大会第三次会议关于政府工作报告的决议》《来宾市第一届人民代表大会第三次会议关于市2003年国民经济和社会发展计划执行情况与2004年国民经济和社会发展计划的决议》《来宾市第一届人民代表大会第三次会议关于全市与市本级2003年预算执行情况和2004年预算的决议》《来宾市第一届人民代表大会第三次会议关于来宾市人大常委会工作报告的决议》《来宾市第一届人民代表大会第三次会议关于来宾市中级人民法院工作报告的决议》《来宾市第一届人民代表大会第三次会议关于来宾市人民检察院工作报告的决议以及来宾市第一届人民代表大会第三次会议关于批准来宾市城市总体规划(2003—2020)的决议》。

来宾市第一届人民代表大会第四次会议于2005年2月18日—21日召开。出席会议代表343名，符合法定人数。大会特邀、列席代表75名。大会主席团由37人组成。主席团第一次会议推定覃瑞祥、龙定茂、黄必贵、韦诚凡、石月娟、韦凤光、毛裕玲、卢运逸、何美媛为主席团常务主席。会议听取和审议市长张少康作的《政府工作报告》以及《关于政府工作报告修改情况的说明》；听取和审议市人大常委会副主任韦诚凡作的《来宾市人大常委会工作报告》；听取和审议市中级人民法院院长黎家隆作的《来宾市中级人民法院工作报告》；听取和审议市人民检察院检察长喻雪云作的《来宾市人民检察院工作报告》；审议市发展和改革委员会主任韦仕军受市人民政府委托作的《关于来宾市2004年国民经济和社会发展计划(草案)的报告》；审议市财政局局长吕杰明受市人民政府委托作的《关于来宾市全市与市本级2004年预算执行情况和2005年预算草案的报告》及其对2005年预算草案与预算报告有关情况的说明；审议市人大财经委主任委员潘绍东作的《来宾市第一届人民代表大会财政经济委员会关于本市2004年国民经济和社会发展计划执行情况与2005年国民经济和社会发展计划草案的审查报告》和《来宾市第一届人民代表大会财政经济委员会关于全市与市本级2004年预算执行情况和2005年预算草案的审查报告》；审议市一届人民代表大会会议议案审查委员会主任委员石月娟作的《关于来宾市第一届人民代表大会第三次会议代表提出的议案处理意见的报告》。会议作出《来宾市第一届人民代表大会第四次会议关于政府工作报告的决议》《来宾市第一届人民代表大会第四次会议关于市2004年国民经济和社会发展计划执行情况与2005年国民经济和社会发展计划的决议》《来宾市第一届人民代表大会第四次会议关于全市与市本级2004年预算执行情况和2005年预算的决议》《来宾市第一届人民代表大会第四次会议关于来宾市人大常委会工作报告的决议》《来宾市第一届人民代表大会第四次会议关于来宾市中级人民法院工作报告的决议》《来宾市第一届人民代表大会第四次会议关于来宾市人民检察院工作报告的决议》。

县(市、区)人民代表大会

来宾县人民代表大会 来宾县第一届人民代表大会第一次会议于1954年6月27日—7月3日在县城召开。1954年11月12日—14日、1955年10月12日—16日召开第二、三次会议。第二、三、四、五届人大会议分别于1956年12月19日—22日、1958年2月14日—16日、1961年11月21日—25日、1963年10月25日—28日在县城召开。

第六届人民代表大会原拟于1966年12月10日—14日召开。但由于正值“文化大革命”,会议的各项议程没有进行。1981年1月14日—19日，第七届人大第一次会议在县城举行。1982年2月2日—5日、1983年3月5日—8日、1984年3月16日—20日召开第七届第二、三、四次会议。1984年11月20日—24日,第八届人民代表大会第一次会议在县城召开。1985年10月25日—28日、1986年5月27日—31日、1987年5月26日—28日召开第八届第二、三、四次会议。1987年11月11日—14日,第九届人大第一次会议在县城举行。1988年3月21日—23日、1989年2月25日—28日、1990年4月1日—3日召开第九届第二、三、四次会议。1990年9月10日—13日,第十届人大第一次会议在县城召开。第十届第二、三、四、五次会议分别于1991年4月9日—13日、1992年3月25日—28日、1992年11月13日—14日、1993年3月2日—5日在县城召开。1993年11月9日—12日,第十一届人大第一次会议在县城召开。1994年3月14日—16日、1995年2月27日—3月1日、1996年1月16日、1996年3月21日—23日、1996年9月20日、1997年3月17日—19日、1997年11月26日—27

日、1998年3月2日—4日召开第二次至九次会议。1999年1月9日—12日，第十二届人大第一次会议在县城召开。2000年3月1日—4日、2001年2月19日—21日、2002年1月15日—18日召开第二、三、四次会议。

兴宾区人民代表大会　2002年11月28日—30日，兴宾区第一届人大第一次会议在城区召开。第二次至五次会议分别于2003年4月16日—18日、2003年8月5日—6日、2004年2月24日—26日、2005年1月16日—18日在市区召开。

石龙县人民代表大会　1952年9月，武宣、象县两县并为石龙县。石龙县第一届人民代表大会第一次会议1954年7月1日—7日于县城石龙镇举行，第二次会议1955年11月8日—10日举行。第二届人大第一次会议1956年12月16日—20日举行，第二次会议1957年5月18日—21日举行。第三届人大第一次会议于1958年2月11日—12日举行。

象州县人民代表大会　1962年4月，石龙县分为象州、武宣两县。象州县第四、五、六届人大分别于1962年7月16日—18日、1963年10月23日—27日、1966年12月20日—24日在县城举行。1968年3月28日，在县城召开象州县革命委员会成立大会，此次大会列为县第七届人民代表大会。1981年1月17日—22日，召开第八届人大第一次会议。第二、三、四次会议分别于1982年2月11日—15日、1983年3月16日—20日、1984年3月18日—20日召开。1984年11月6日—10日，第九届人大第一次会议举行。1985年5月29日—30日、1986年3月17日—20日、1987年4月20日—23日召开第九届人大第二、三、四次会议。1987年11月8日—11日，第十届人大第一次会议举行。1988年4月15日—17日、1989年3月30日—4月2日、1990年3月26日—28日召开第十届人大第二、三、四次会议。1990年9月6日—8日，第十一届人大第一次会议召开。1993年11月—2002年12月，象州县先后举行第十二届、第十三届、第十四届人民代表大会。

武宣县人民代表大会　1962年4月，石龙县分为象州、武宣两县后，武宣县人民代表大会的届次从分县时起重新安排。武宣县第一届人大第一次会议于1962年9月26日—28日在县城举行，二次会议于1963年10月25日—29日举行。第二届人大第一次会议于1966年12月18日—22日召开。1981年1月20日—26日，第三届人大第一次会议召开。分别于1982年2月3日—7日、1983年2月21日—25日、1984年5月20日—25日召开三届第二、三、四次会议。1984年11月19日—25日，第四届人民代表大会第一次会议举行。于1985年10月28日—30日、1986年3月27日—30日、1987年4月12日—16日召开四届人大第二、三、四次会议。1987年11月2日—6日，第五届人大第一次会议召开。1988年3月28日—31日、1989年2月24日—28日、1990年3月26日—31日分别召开五届人大第二、三、四次会议。1990年9月7日—10日，第六届人大第一次会议举行。1991年3月30日—4月3日、1992年3月18日—20日、1992年11月19日—20日、1992年11月19日—20日、1993年3月16日—18日，六届人大二次至五次会议召开。1993年11月13日—15日，第七届人大第一次会议在县城举行。1994年3月23日—26日、1995年3月12日—14日、1996年1月8日、1996年4月9日—12日、1997年3月27日—31日、1997年11月24日—25日、1998年2月22日—24日，七届人大二次至八次会议召开。1999年1月10日—14日、2000年3月1日—4日、2001年2月26日—3月1日、2002年3月5日—8日，武宣县第八届人大第一次至第四次会议分别在县城召开。2002年11月25日—28日，第九届人大第一次会议在县城举行。2003年3月5日—7日、2004年3月3日—5日、2005年3月1日—4日、2005年11月10日—11日，县九届人大二次会议至五次会议在县城召开。

忻城县人民代表大会　第一届人大第一次会议于1954年6月27日—7月2日在县城举行，第二次会议于1955年11月10日—12日召开。第二、三、四、五、六届人大分别于1956年12月25日—27日、1958年2月13日—14日、1961年11月14日—18日、1963年10月20日—25日、1966年12月23日—25日在县城召开。

第七届人民代表大会于1968年3月26日举行，广西壮族自治区革命委员会筹备小组批准成立忻城县革命委员会筹备小组。1981年1月15日—21日，第八届人民代表大会第一次会议在县城召开。1984年11月3日—7日，第九届人大第一次会议召开。1985年12月28日—29日、1987年4月17日—19日，县九届人大二、三次会议在县城召开。1987年11月11日—14日，第十届人大第一次会议在县城召开。1988年4月18日—20日、1990年3月22日，分别召开县十届人大二、三次会议。第十一届、第十二届、第十三届、第十四届分别于1990年8月

29日—30日、1993年11月12日、1999年1月7日、2002年11月25日召开。

金秀瑶族自治县人民代表大会 大瑶山瑶族自治区(县)第一届人民代表大会第一次会议于1954年7月14日在县城召开,第二、三、四次会议分别于1954年11月1日—3日、1955年8月21日—26日、1956年3月9日—10日召开。第二届人大第一次会议于1956年12月28日—1957年1月2日在县城召开,第二次会议于1957年5月9日—11日召开。第三、四、五届人民代表大会分别于1958年2月5日—8日、1961年7月28日—31日、1963年10月18日—20日召开。金秀瑶族自治县(1966年4月大瑶山瑶族自治县经国务院批准改为金秀瑶族自治县)第六届人大于1966年12月19日—24日召开。1968年4月28日,在县城召开县革命委员会成立庆祝大会,县革命委员会成立后,取代了县人民代表大会。1981年1月16日—21日,第七届人大第一次会议召开。1988年4月18日—20日、1983年3月12日—14日,第七届人大二、三次会议分别召开。1984年11月22日—25日,召开第八届人民代表大会第一次会议。1985年12月18日—21日、1986年12月26日—29日、1987年4月7日—9日,县八届人大二、三、四次会议在县城召开。金秀瑶族自治县第九、十、十一、十二、十三届人民代表大会分别于1987年11月16日—19日、1990年9月8日—10日、1993年11月24日—26日、1999年1月14日—16日、2002年12月8日—10日在县城召开。

合山市人民代表大会 1984年11月16日—20日,合山市第一届人民代表大会第一次会议在合山矿务局工人礼堂召开。于1985年4月2日—3日、1986年5月28日—30日、1987年3月24日—25日,分别召开二、三、四次会议。第二届人民代表大会第一次会议于1987年11月10日—14日在市人民法院礼堂召开。于1988年3月28日—31日、1989年3月14日—17日、1990年3月6日—9日分别召开二次至四次会议。1990年9月18日—20日,第三届人民代表大会第一次会议在市人民法院礼堂召开。于1991年3月12日—14日、1992年3月24日—26日、1993年3月16日—18日分别召开二次至四次会议。1993年11月20日—23日,第四届人民代表大会第一次会议在市影剧院举行。1994年3月16日—18日、1995年3月30日—4月2日、1996年3月10日—13日、1997年3月14日—17日、1997年11月25日—26日、1998年3月16日—19日分别召开二次至七次会议。1999年1月12日—16日,第五届人民代表大会第一次会议在市影剧院举行。2000年3月14日—17日、2001年2月25日—28日、2001年7月26日,五届人大二次会议至四次会议分别在市区召开。2002年11月26日—28日,第六届人民代表大会第一次会议在市影剧院举行。2003年3月12日—14日、2004年3月3日—5日、2005年3月10日—12日,六届人大二次至四次会议分别在市区召开。

人大常委会会议

来宾市人大常委会会议 2002年12月26日,市一届人大常委会第一次会议在柳州举行。会议的主要议程是决定人事任免。会议以无记名投票的方式进行表决,任命市人大常委会副秘书长和工作机构的负责人,通过了市长、市中级人民法院院长提请的有关任职的事项。

2003年3月3日,市一届人大常委会第二次会议在来宾市举行。会议审议通过来宾市人民代表大会常务委员会关于召开来宾市第一届人民代表大会第二次会议的决定、列席人员的决定和关于设立来宾市第一届人民代表大会常务委员会代表资格审查委员会的决定;审议通过来宾市人民代表大会财政经济委员会关于来宾市第一届人民代表大会第一次会议第19号、第26号议案审议结果的报告;审议通过有关人事任免事项。4月1日,市一届人大常委会第三次会议在来宾市兴宾区举行。会议听取和通过《代表资格审查委员会关于代表出缺情况和增选代表的代表资格的审查报告》。6月19日,市一届人大常委会第四次会议在来宾市兴宾区举行。会议审议并通过《来宾市人民代表大会常务委员会议事规则》和《来宾市人民代表大会常务委员会监督司法工作办法》。7月28日,市一届人大常委会第五次会议在来宾市兴宾区召开。会议审议通过有关人事任免事项。8月21日—22日,市一届人大常委会第六次会议在来宾市兴宾区举行。会议审议并通过《来宾市人大常委会关于批准来宾市人民政府向国家开发银行融资的决定》。10月28日—29日,市一届人大常委会第七次会议在来宾市兴宾区举行。12月30日,市一届人大常委会第八次会议在来宾市兴宾区举行。会议审议通过《来宾市人大常委会关于召开来宾市第一届人民代表大会第三次会议的决定》;审议通过有关人事任免事项。

2004年2月10日,市一届人大常委会第九次会议在来宾市举行。会议审议通过关于变更召开市一届人大三次会议的时间和确定建议议程的决定。2月16日市一届人大常委会第十次会议在来宾市举行。会议审议市人民政府《关于来宾市城市总体规划(2003—2020)的议案》。4月22日,市一届人大常委会第十一次会议在来宾市召开。会议审议并表决通过《来宾市人大常委会关于规范行政处罚行为的决议》《来宾市人大常委会关于设立法律顾问组管理办法(暂行)》。会议还对市人大、市政府、市中级人民法院、市人民检察院提请的人事任免事项进行表决。6月29日—30日,市一届人大常委会第十二次会议在来宾市举行。会议通过《关于批准2003年来宾市本级决算的决议》;审议通过《来宾市人大常委会处理人大代表批评和意见办法》,来宾市2004年度述职评议对象名单,来宾市2004年度行政处罚法执法检查单位名单,有关人事任免事项。8月26日—27日,市一届人大常委会第十三次会议在来宾市举行,会议通过来宾市人大常委会法律顾问组人员名单。10月25日—26日,市一届人大常委会第十四次会议在来宾市举行。会议审议并表决通过市长张少康提请的关于尚伟挂任来宾市人民政府副市长的人事任命议案。会议同时审议市政府有关组成部门关于办理市人大常委会第13次会议审议意见情况的报告。12月23日—24日,市一届人大常委会第十五次会议在来宾市举行。会议审议并通过有关人事任免事项。

2005年1月14日,市一届人大常委会第十六次会议在来宾举行。会议审议通过市一届人大四次会议大会主席团和秘书长名单、市一届人大四次会议议案审查委员会名单以及市一届人大四次会议大会日程安排。3月25日,市一届人大常委会第十七次会议在来宾举行。5月30日—31日,市一届人大常委会第十八次会议在来宾举行。会议审议通过《来宾市人民代表大会常务委员会评议工作办法》,会议还通过有关人事任免。7月27日,市一届人大常委会第十九次会议在来宾举行。会议审议《来宾市人大常委会2005年述职评议实施方案》。9月28日—29日,市一届人大常委会第二十次会议在来宾举行。2005年11月28日,市一届人大常委会第二十一次会议在来宾举行。

县(市、区)人大常委会会议

来宾县人大常委会会议　1981年1月18日,经来宾县第七届人民代表大会第一次会议选举产生的人民代表大会常务委员会,是来宾县首次设立权力机关的常设机关,对县人民代表大会负责并报告工作。1991—1993年10月26日,来宾县十届人大常委会共召开30次会议。1993年12月—1998年,十一届人大常委会共召开第36次会议。1999年1月15日—2002年12月,十二届人大常委会共召开43次会议。

兴宾区人大常委会会议　2002年12月27日—2005年,兴宾区人大常委会共召开28次会议。

象州县人大常委会会议　1981年1月召开的象州县第八届人民代表大会第一次会议,建立县人民代表大会常务委员会。1981年1月—1984年11月,县第八届人大常委会共举行22次会议。1984年11月—1987年11月,第九届人大常委会共举行20次会议。1987年11月—1990年9月,第十届人大常委会共举行27次会议。1990年9月—1993年11月,第十一届常务委员会共举行23次会议。1993年11月—1998年12月,第十二届人大常委会召开40次会议。1999年1月—2002年11月,第十三届人大常委会召开39次会议。2002年12月—2005年12月,十四届人大常委会召开26次会议。

武宣县人大常委会会议　武宣县人大常委会于1981年1月26日建立。1985年8月,武宣县召开四届人大常委会第五次会议。1986年8月,召开四届人大常委会第十三次会议。1987年,召开五届人大常委会第七次会议。1991年3月—1992年8月,武宣县六届人大常委会共召开14次会议。1994年8月—1998年6月,七届人大常委会共召开36次会议。1999年3月—2002年7月,八届人大常委会共召开32次会议。2003年1月—2005年12月,九届人大常委会共召开26次会议。

忻城县人大常委会会议　1981年1月在县城召开忻城县第八届人民代表大会第一次会议,选举产生大会常设机关县人大常委会。第八届人大常委会共召开22次,九、十届各召开20次。1991—2005年,县第十一、十二、十三、十四届人大常委会依照法律赋予的职权,先后召开常委会会议121次。

金秀瑶族自治县人大常委会会议　金秀瑶族自治县人民代表大会常务委员会于1981年1月在县第七届人民代表大会第一次会议上选举产生。之后每两个月举行一次县人大常委全会,七届人大常委会共召开委员会21次。第八届人民代表大会常务委员会共召开19次全会。第九届人大常委会均在任期内依法召开常委会会议。1990—2005年共召开常务委员会全体会议125次,其中第十届人大常委会共召开21次全会。第十一届人大常委会共召开38次全会。第十二届人大常委会共召开35次全会。第十三届人大常委会共召开31次全会。

合山市人大常委会会议 1984—2005年,均依法召开市人大常委会会议,市第一、二届人大常委会,先后共举行38次例会。1991年1月—1993年10月,第三届人大常委会全体会议共召开16次。1993年12月—1998年12月,第四届人大常委会会议共召开35次。1999年1月—2002年10月,第五届人大常委会会议先后召开24次。2002年11月—2005年9月,召开第六届人大常委会会议32次。

市人大常委会主任会议

第一次会议 2002年12月20日上午在柳州召开。出席人员:覃瑞祥、韦诚凡、石月娟、韦凤光、毛裕玲、卢运逸、何美媛、阎保光。覃瑞祥主持会议。会议对分头落实四家班子会议的安排;关于人大机关机构人员编制问题;关于人大机关到来宾办公的问题;决定第一次常委会的时间地点和议程;决定副主任、秘书长的分工五个方面的议题进行讨论议定。

第二次会议 2002年12月26日上午在柳州召开。出席人员:覃瑞祥、韦诚凡、石月娟、阎保光。覃瑞祥主持会议。会议议题:人事任免。同意将人事任免名单提交常委会表决。

第三次会议 2003年2月19日在来宾召开。出席人员:覃瑞祥主任,韦诚凡、石月娟、韦凤光、毛裕玲、何美媛副主任及阎保光秘书长的分工。会议议题:确定第二次常委会的时间地点和议程;确定第二次代表大会的时间和地点。

第四次会议 2003年3月19日在来宾召开。出席人员:覃瑞祥、韦诚凡、石月娟、韦凤光、卢运逸、何美媛、阎保光。覃瑞祥主持会议。会议议题:研究市人大常委会第3次会议及市第一届人大二次会议的有关事宜。

第五次会议 2003年6月6日上午在来宾召开。出席人员:韦诚凡、石月娟、韦凤光、卢运逸、何美媛。韦诚凡主持会议。会议议题:研究第四次常委会议程和审议市人大常委会机关规章制度。

第六次会议 2003年7月18日下午在来宾召开。出席人员:覃瑞祥、韦诚凡、石月娟、韦凤光、毛裕玲、卢运逸、何美媛。覃瑞祥主持会议。会议议题:研究第五次常委会的议程,决定开会的时间地点。

第七次会议 2003年8月14日上午在来宾召开。出席会议的人员:覃瑞祥、韦诚凡、石月娟、毛裕玲、卢运逸、何美媛。覃瑞祥主持会议。会议议题:建议第六次常委会的议题共8个;决定第六次常委会的开会时间地点。

第八次会议 2003年9月29日下午在来宾召开。出席人员:覃瑞祥、韦诚凡、石月娟、韦凤光、毛裕玲、卢运逸、何美媛。覃瑞祥主持会议。会议议题:确定第七次常委会会议议程草案;确定第七次常委会的时间地点。

第九次会议 2003年12月2日下午在来宾召开。出席人员:覃瑞祥、石月娟、毛裕玲、卢运逸、何美媛。覃瑞祥主持会议。会议议题:确定第八次常委会的会议议程共有4项;确定第八次常委会的时间地点。2004年,市一届人大常委会主任会议在来宾市共召开7次。

第十次会议 于2004年2月5日召开。常委会主任覃瑞祥,副主任韦诚凡、石月娟、韦凤光、毛裕玲、卢运逸、何美媛出席会议。会议建议市一届人大三次会议召开时间,确定召开市一届人大常委会第九次会议的时间及会议议程。

第十一次会议 于2004年2月7日召开。常委会主任覃瑞祥,副主任韦诚凡、石月娟、韦凤光、毛裕玲、卢运逸、何美媛出席会议。会议由覃瑞祥主任主持。会议重新建议市一届人大三次会议于2月17日在来宾市召开,还确定市一届人大常委会第十次会议召开的时间(为2月16日)及会议建议议程。

第十二次会议 于2004年4月5日召开。常委会主任覃瑞祥,副主任韦诚凡、石月娟、毛裕玲、卢运逸、何美媛及秘书长胡江耀出席会议。会议由覃瑞祥主任主持。会议研究确定市一届人大常委会第十一次会议召开的时间和会议建议议程及有关人事任免事项。

第十三次会议 于2004年6月1日在来宾市召开。常委会主任覃瑞祥,副主任韦诚凡、石月娟、毛裕玲、卢运逸、何美媛及秘书长胡江耀出席会议。会议由覃瑞祥主任主持。会议研究确定召开市人大常委会第十二次会议的时间和会议建议议程。

第十四次会议 于2004年8月20日召开。常委会主任覃瑞祥,副主任韦诚凡、石月娟、韦凤光、毛裕玲、卢运逸、何美媛及秘书长胡江耀出席会议。覃瑞祥主任主持会议,会议确定市一届人大常委会第十三次会议召开的时间及会议建议议程,确定纪念全国人民代表大会成立50周年活动方案。

第十五次会议 于2004年10月13日召开。

常委会副主任韦诚凡、石月娟、卢运逸、何美媛及秘书长胡江耀出席会议。韦诚凡副主任主持会议。会议确定召开市一届人大常委会第十四次会议的时间及会议建议议程。

第十六次会议　于2004年12月14日召开。常委会副主任韦诚凡、石月娟、卢运逸、何美媛及秘书长胡江耀出席会议。韦诚凡副主任主持会议。会议确定召开市一届人大常委会第十四次会议的时间及会议建议议程。第十六次会议于12月14日召开。常委会副主任韦诚凡、韦凤光、毛裕玲、卢运逸及秘书长胡江耀出席会议,成文峰、孙凤龙、黄春部、韦先奖、李世文、罗广平、何镇波列席会议。韦诚凡副主任主持会议。会议确定召开市一届人大常委会第十五次会议的时间及会议建议议程。

第十七次会议　2005年1月5日在来宾召开。会议由常委会主任覃瑞祥主持。常委会副主任韦诚凡、石月娟、韦凤光、毛裕玲、卢运逸、何美媛,秘书长胡江耀出席会议。会议确定市一届人大常委会第十六次会议召开的时间及会议建议议程。韦先奖、李世文、孙凤龙、潘绍东、覃大关、罗祖亮、陆远怀、蓝常景、吴忠发、黄春部、何镇波、涂忠明列席会议。

第十八次会议　2005年3月14日在来宾举行。会议由覃瑞祥主任主持。副主任韦诚凡、石月娟、韦凤光、毛裕玲、卢运逸、何美媛及秘书长胡江耀出席会议。会议确定市一届人大常委会第十七次会议召开的时间及会议建议议程。韦先奖、孙凤龙、覃大关、罗祖亮、陆远怀、蓝常景、吴忠发、黄春部等列席会议。

第十九次会议　2005年5月23日在来宾召开。会议由覃瑞祥主任主持。副主任韦诚凡、韦凤光、毛裕玲、卢运逸、何美媛及秘书长胡江耀出席会议。会议确定了市一届人大常委会第十八次会议召开的时间及会议建议议程。韦先奖、覃大关、罗祖亮、陆远怀、蓝常景、黄春部、罗广平等列席会议。

第二十次会议　2005年7月19日在来宾召开。会议由覃瑞祥主任主持。副主任韦诚凡、石月娟、毛裕玲、卢运逸、何美媛及秘书长胡江耀出席会议。会议确定市一届人大常委会第十九次会议召开的时间及会议建议议程。韦先奖、李世文、孙凤龙、覃大关、罗祖亮、陆远怀、蓝常景、黄春部、罗广平、刘远新、韦敏荣、何镇波等列席会议。

第二十一次会议　2005年9月7日在来宾召开。会议由覃瑞祥主任主持,副主任韦诚凡、石月娟、韦凤光、毛裕玲、卢运逸、何美媛及秘书长胡江耀出席会议。会议确定市一届人大常委会第二十次会议召开的时间及会议建议议程。韦先奖、李世文、孙凤龙、覃大关、罗祖亮、陆远怀、蓝常景、黄春部、吴忠发、罗广平、刘远新、韦敏荣、何镇波、涂忠明等列席会议。

第四节　依法监督

审议工作报告

市、县(市、区)历届人大常委会依法履行监督职责,依法监督"一府两院"及政府组成部门,监督审批财政预决算、国民经济计划,审议政府工作报告。

2003年6月19日,市一届人大常委会第四次会议,审议市人民政府副市长刘向群作的《关于来宾市农业和农村工作的报告》;审议市水利局局长潘木金、市经贸委主任张洪烈、市建规委副主任黎耀宗受市人民政府委托分别作的《关于来宾市防汛、水库除险加固工作的报告》《关于来宾市2003年1月—5月工业生产情况的报告》和《关于来宾市城建工作的报告》。

2003年8月21日—22日,市一届人大常委会第六次会议,审议市财政局局长吕杰明、市发展计划委员会主任韦仕军、市卫生局副局长谢学军、市广播电视局局长赵庆荣受市人民政府委托分别作的《关于来宾市2003年上半年财政预算执行情况的报告》《关于来宾市2003年上半年国民经济和社会发展计划执行情况及重点建设项目建设情况的报告》《来宾市2003年上半年卫生工作情况的报告》和《来宾市2003年上半年广播电视工作情况的报告》;审议来宾市中级人民法院副院长李友宁作的《来宾市中级人民法院上半年工作情况的报告》;审议市人民检察院检察长喻雪云作的《来宾市人民检察院2003年上半年工作情况的报告》。

2003年10月28日—29日,市一届人大常委会第七次会议,审议市教育局局长蓝凡华、市科技局局长莫忍章、市文化局局长张桂龙、市计生委副主任梁昭琴、市国土资源局副局长曹红羽、旅游局局长吴立受市人民政府委托分别作的《关于来宾市2003年教育工作的报告》《关于来宾市2003年文化工作的报告》《关于来宾市2003年人口与计划生育工作的报告》《关于来宾市2003年国土资源工作的报告》和《关于来宾市2003年旅游工作的报告》;审议市人民政府副秘书长陈京秋受市人民政府委托作的《关于来宾市第一届人民代表大会第二次会议代表议案、建议、批评和意见办理工作情况的报告》;审议市财政局局长吕杰明、市发展计划委员会副主任黎春梅、市卫生局局长骆冠斌、市广播电视局局长赵庆荣受市人民政府委托分别作的《关于来宾市2003年上半年财政预算执行情况审议意见办理情况的报告》《关于来宾市2003年上半年国民经济和社会发展计划执行情况及重点项目建设情况审议意见办理情况的报告》《关于来宾市2003年上半年卫生工作审议意见办理情况的报告》和《关于来宾市2003年上半年广播电视工作审议意见办理情况的报告》;审议市中级人民法院院长黎家隆作的《关于来宾市中级人民法院2003年上半年工作审议意见办理情况的报告》;审议市人民检察院副检察长徐壹作的《关于来宾市人民检察院2003年上半年工作审议意见办理情况的报告》。

2003年12月30日,市一届人大常委会第八次会议,审议市财政局局长吕杰明受市人民政府委托作的《关于调整2003年市本级财政收支预算的报告》;审议市国土资源局局长冼华增、市教育局局长蓝凡华、市科技局局长莫忍章、市文化局局长张桂龙、市计生委主任杜爱华、市旅游局局长吴立受市人民政府委托分别作的《关于来宾市2003年国土资源工作审议意见办理情况的报告》《关于来宾市2003年教育工作审议意见办理情况的报告》《关于来宾市2003年科技工作审议意见办理情况的报告》《关于来宾市2003年计生工作审议意见办理情况的报告》和《关于来宾市2003年旅游工作审议意见办理情况的报告》。

2004年2月16日市一届人大常委会第十次会议,审议市人民政府《关于来宾市城市总体规划(2003—2020)的议案》。

2004年4月22日,市一届人大常委会第十一次会议,听取和审议邬弘辉副市长作的《关于来宾市2004年农民增收工作情况的报告》,市工商行政管理局局长张剑波作的《关于来宾市工商行政管理局2003年以来工作情况的报告》以及市质量技术监督局局长邹卫国作的《关于来宾市质量技术监督局2003年以来工作情况的报告》。

2004年6月29日—30日,市一届人大常委会第十二次会议,听取和审议市财政局局长吕杰明受市人民政府委托作的《关于2003年来宾市本级决算的报告》;听取和审议市审计局副局长韦文智受市人民政府委托作的《关于2003年来宾市本级预算执行和其他财政收支的审计工作报告》;审议市人民政府副市长邬弘辉、市工商局局长张剑波、市质量技术监督局局长邹卫国分别作的来宾市人民政府办理市人大常委会第十一次会议《关于2004年农民增收审议意见情况的报告》《来宾市工商行政管理局办理市人大常委会第十一次会议关于2003年工商行政管理工作审议意见情况的报告》和《来宾市质量技术监督局办理市人大常委会第十一次会议关于2003年质量技术监督工作审议意见情况的报告》;审议通过《关于批准2003年来宾市本级决算的决议》;审议通过来宾市2004年度述职评议对象名单;审议通过来宾市2004年度行政处罚法执法检查单位名单。

2004年8月26日—27日,市一届人大常委会第十三次会议,听取和审议市人民政府《关于2004年上半年国民经济和社会发展计划执行情况的报告》《关于重点项目建设情况的报告》《关于预算执行情况的报告》;听取和审议市公安局局长王松胜、市教育局局长蓝凡华的述职报告及市人大常委会对两位局长履职情况的调查报告;审议来宾市审计局办理市人大常委会第十二次会议《关于2003年来宾市本级预算执行和其他财政收支审计工作审议意见情况的报告》和《来宾市财政局办理市人大常委会第十二次会议关于2003年来宾市本级决算报告审议意见情况的报告》。

2004年10月25日—26日,市一届人大常委会第十四次会议,听取和审议市人民政府《关于建市以来外事侨务工作的情况报告》;听取和审议市中级人民法院和市人民检察院关于提高办案质量的情况报告;听取和审议市人大常委会执法检查组关于本市执行中华人民共和国气象法以及公安消防支队和市质量技术监督局分别执行《中华人民共和国行政处罚法》情况的检查报告;审议来宾市发展和改革委员会、来宾市财政局、来宾市教育局、来宾市公安局关于办理市人大常委会第13次会议审议意见情况的报告。

2004年12月23日—24日,市一届人大常委会第十五次会议,听取和审议《来宾市人民政府关于来宾市一届人大三次会议代表议案、建议、批评和意见办理工作情况的报告》;听取和审议市人民政府《关于调整2004年市本级财政收支预算的报告》;审议市人民政府、市中级人民法院、市人民检察院、市公安消防支队和市质量技术监督局分别办理市人大常委会第十四次会议审议意见情况的报告。

2005年3月25日,市一届人大常委会第十七次会议,听取和审议市人民政府副市长张协奎代表市人民政府所作的《关于来宾市城市建设工作的报告》。

2005年5月30日—31日，市一届人大常委会第十八次会议，听取和审议市财政局局长吕杰明受市人民政府委托作的《关于2004年来宾市本级财政决算的报告》、市审计局局长杜爱华受市人民政府委托作的《关于2004年来宾市本级预算执行和其他财政收支的审计工作报告》。

2005年7月27日，市一届人大常委会第十九次会议，听取市人民政府副市长李启亮代表市人民政府作的《关于来宾市抗洪救灾和灾后重建工作的报告》；听取和审议市发展和改革委员会副主任黎春梅受市人民政府委托作的《关于2005年上半年国民经济和社会发展计划执行情况的报告》以及市财政局局长吕杰明受市人民政府委托作的《关于2005年上半年财政预算执行情况的报告》。

2005年9月28日—29日，市一届人大常委会第二十次会议，听取和审议市民政局局长曹远林、市卫生局局长骆冠斌、市中级人民法院民事审判第一庭庭长、审判员张信生、市人民检察院检察委员会委员、检察员莫崇鲜分别所作的述职报告。

2005年11月28日，市一届人大常委会第二十一次会议，听取和审议市农业局局长贾文达的述职报告；听取和审议市财政局局长吕杰明受市人民政府委托所作的《关于调整2005年市本级财政收支预算的报告》。

述职评议

20世纪90年代，境内各县人大常委会每年进行述职评议活动。21世纪初，各县采取个别谈话、民意测验、召开座谈会以及举行常委会进行无记名表决方式进行评议。2004年7月16日，来宾市人大常委会召开2004年述职评议动员大会，决定开展2004年度评议工作。2005年9月28日—29日，常委会在来宾召开第二十次会议，主要议题为述职评议。会议对市民政局、市卫生局、市中级人民法院、市人民检察院检察委员会委员、市农业局等部门领导开展述职评议。

执法检查

20世纪50年代，境内各县成立的各界人民代表大会具有政治协商性质，人民代表大会常委会日常工作主要是配合党委政府抓好经济建设和到期换届选举工作。20世纪90年代，境内各县（市）人民代表大会，依法行使监督权，加强对"一府两院"的监督。

21世纪初，境内各级人大机关认真履行职责，加大执法检查力度。来宾市人大常委会依法开展对国家法律法规贯彻落实情况的执法检查。

2003年8月下旬至10月上旬，来宾市人大常委会组织执法检查组对本市贯彻落实《中华人民共和国税收征收管理法》的情况进行检查，形成执法检查报告，向市一届人大常委会第七次会议报告。

2003年10月—11月，来宾市人大常委会组织执法检查组对本市贯彻落实《中华人民共和国价格法》的情况进行检查，形成执法检查报告，提出意见和建议。2003年10月下旬至12月上旬，来宾市人大常委会组织执法检查组对本市贯彻落实《中华人民共和国农业法》《中华人民共和国农村土地承包法》情况进行检查。检查采取听取汇报、召开座谈会、查看资料、实地走访等方式进行。

2004年7月下旬至9月上旬，来宾市人大常委会组织执法检查组对本市贯彻落实《中华人民共和国教育法》和《广西壮族自治区教育条例》的情况进行检查。重点检查全市贯彻实施教育法和教育条例取得的成绩和经验、存在问题及对策、"普九"工作、建市以来学校"抢危"、教师队伍、教育投入和教育收费等方面情况。对检查中发现存在的突出问题，对受检查单位提出整改意见，限期整改。

2004年9月14日，来宾市人大常委会执法检查组按照《中华人民共和国行政处罚法》对市质量技术监督局、市公安消防支队两个单位进行检查。检查分三个阶段进行，重点检查行政执法部门的行政处罚情况，评价行政执法质量，规范行政执法行为。2004年9月20日，来宾市人大常委会依照《中华人民共和国气象法》《人工影响天气管理条例》《广西壮族自治区气象条例》《广西壮族自治区防御雷电灾害管理办法》精神对全市进行检查。检查采取听取汇报、召开座谈会、查看资料、现场调查等办法进行。2004年10月20日，来宾市人大常委会组织执法检查组对全市贯彻实施《中华人民共和国工会法》的情况进行检查，发现存在问题的，提出整改意见和建议。

2005年4月20日，来宾市人大常委会配合自治区人大常委会执法检查组听取来宾市人民政府及市安监局、经贸委、公安局、建规委、交通局、水利局、来宾海事处和合山市政府等有关部门关于贯彻实施《中华人民共和国安全生产法》情况报告。2005年

8月11日—12日，来宾市人大常委会配合自治区人大常委会执法检查组对来宾市《中华人民共和国归侨侨眷权益保护法》的执法情况进行检查。

信访监督

来宾市人大常委会依法开展信访监督，市人大机关对群众来信来访，按信访条例转交有关部门依法处理并进行答复。对人大代表和人民群众反映的热点问题，市人大常委会组织调查组调查，提出处理意见和建议。

2002年12月—2003年4月，来宾市人大常委会共受理来信40件，接待群众来访13次27人。市人大机关共受理人民群众来信188件，接待来访123次248人。2004年，来宾市人大机关共接待群众来访95次161人，受理群众来信229件。2005年，来宾市人大机关共接待群众来访105次408人，受理群众来信185件。

第五节　人事任免　决定重大事项

人事任免

来宾市人大常委会任免人事　2002年12月—2003年12月，依法任免国家机关工作人员190人，其中任免政府机关工作人员42人，人大机关工作人员7人，审判机关工作人员76人，检察机关工作人员65人。2004年1月—12月，依法任免国家机关工作人员29人，其中任免政府机关工作人员14人，人大机关工作人员6人(其中接受辞去委员职务1人)，审判机关工作人员4人，检察机关工作人员5人。2005年1月—12月，依法任免国家机关工作人员13人，其中任免政府机关工作人员5人(接受辞职1人)，审判机关工作人员8人。

来宾县人大常委会任免人事　1981—1990年，来宾县人大常委会先后共任命国家工作人员334人，其中代县长1人，副县长3人，委、办、局的主任、局长175人，法院代院长、副院长、正副庭长、审判委员会委员、审判员98人，检察院副检察长、检察委员会委员、检察员57人；免职105人，其中副县长2人，委、办局的主任、局长59人，法院副院长、正副庭长、审判委员会委员、审判员28人，检察院副检察长、检察委员会委员、检察员16人，罢免本县选为自治区人民代表大会代表资格2人。1991—2001年，来宾县人大常委会依法任免国家机关工作人员共487人次。

兴宾区人大常委会任免人事　2002年12月，兴宾区人大常委会依法任免国家机关工作人员40人(次)，其中人大机关13人，政府系统22人，法院审判机关3人，检察院机关2人。2003年1月，任免国家机关工作人员87人次。2003年8月—2005年4月，一届人大常委会第7次、第8次、第9次、第10次、第17次、第18次、第22次、第23次会议，通过有关人事任免事项。2005年6月，一届人大常委会第24次会议，共任免21人次。2005年8月—2005年11月，一届人大常委会第25次、第27次、第28次会议，通过有关人事任免事项。

象州县人大常委会任免人事　1981年1月—1984年11月，第八届人大常委会共任命县人民政府委、办、局主任、局长56人；县人民法院副院长、审判委员会委员13人；法庭庭长、审判员15人；县人民检察院副检察长、检察委员会委员8人，检察员21人。1984年11月—1987年11月，第九届人大常委会共任命县人民政府委、办、局主任、局长47人；县人民法院副院长、审判委员会委员12人，法院庭长、审判员15人；县人民检察院副检察长、检察委员会委员2人，检察员7人。1987年11月—1990年9月，第十届人大常委会共任命县人民政府委、办、局主任、局长46人；县人民法院副院长、审判委员会委员3人，法庭庭长、审判员8人；县人民检察院副检察长1人，检察员2人。1990年9月—1990年11月，第十一届常委会共任命县人民政府委、办局主任、局长39人；县人民检察院副检察长1人。1991年1月—2005年12月期间，象州县人大常委会依法履行人事任免权，共任免领导干部684人。

武宣县人大常委会任免人事　1981—1990年，各届人大常委会均严格按照法律程序任免国家机关工作人员。1991年3月—2005年12月，任命武宣县人大常委会工委(室)领导人56人，接受辞去县人大常委副主任职务2人，免去(或接受辞去职务)工委(室)领导、委员职务21人；任命县人民政府代县长4人、副县长32人，接受辞去县人民政府县长职务5人，免去或接受副县长辞去职务14人；任命县政府其他组成人员194人、免去或辞去职务49人；任命县人民法院代理院长2人、副院长12人、庭长51人、副庭长50人、审判委员会委员22人、审判员106人、人民陪审员13人，接受辞去县人民法院院长职务2人、免去或接受辞去职务副院长14人、庭长34人、副庭长36人、审判委员会委员17人、审判员 26 人；任命县检察院代理检察长 1 人、副检察长 11 人、检察委员会委员 33 人、检察员 77 人、反贪局局长 4 人、反贪局副局长 1 人，免去或接受辞去职务县检察院副检察长 5 人、检察委员会委员 17 人、检察员 17 人、反贪局局长 3 人。

忻城县人大常委会任免人事　1981—2005 年，第八、九、十、十一届人大常委会依法任免人大及“一府两院”工作人员 390 人，其中任命 295 人，免职 95 人；十二、十三、十四届人大常委会依法任免人大及“一府两院”工作人员 452 人，其中任命 292 人，免职 160 人。

金秀瑶族自治县人大常委会任免人事　1981 年 1 月—1990 年 9 月，第七届、第八届、第九届、第十届人大常委会，依法进行人事任免。1993 年 11 月起，第十一届人大常委会共任命国家机关工作人员 199 人，免去国家机关工作人员 53 人。1999 年 1 月起，第十二届人大常委会任命国家机关工作人员 156 人，免去国家机关工作人员 65 人。2002 年 12 月起，第十三届人大常委会共任命国家机关工作人员 121 人，免去国家机关工作人员 21 人。

合山市人大常委会任免人事　1984—2005 年，各届人大常委会坚持党管干部原则与依法行使任免权的有机统一，按照德才兼备的标准和干部“四化”方针要求，严格按照法律程序任免国家机关工作人员。1990—2005 年，依法任免国家机关工作人员 600 人次，其中任 373 人次，免 227 人次。其中第三届人大常委会任命国家机关工作人员 72 人、免 29 人。第四届人大常委会任命国家机关工作人员 122 人、免 65 人。第五届人大常委会任命国家机关工作人员 90 人、免 43 人。第六届人大常委会任命国家机关工作人员 90 人、免 29 人。

决定重大事项

来宾市人民代表大会及其常务委员会自选举产生后，根据法律规定，市人大常委会会议每两个月至少举行 1 次。

2002 年 12 月，常委会主持召开来宾市第一届人民代表大会第一次会议，会议作出《关于设立来宾市人民代表大会专门委员会的决定》。2003 年，常委会作出《关于来宾市人民代表大会常务委员会议事规则的决议》《关于来宾市人民代表大会常务委员会监督司法工作办法的决议》和《关于批准来宾市人民政府向国家开发银行融资的决定》。出台《来宾市人民代表大会常务委员会主任会议议事办法》《来宾市人民代表大会常务委员会议事规则》《来宾市人民代表大会常务委员会监督司法工作办法》。2004 年，主持召开市人民代表大会，审议市人民政府关于来宾市城市总体规划(2003—2020)的议案，大会批准该总体规划。同年，常委会审议、表决并作出《来宾市人大常委会关于规范行政处罚行为的决定》《来宾市人大常委会关于设立法律顾问组的决定》《来宾市人大常委会法律顾问组管理办法(暂行)》，审议通过《来宾市人大常委会关于讨论和决定本行政区域内重大事项的暂行规定》。

2002 年 12 月—2005 年 12 月，市人大常委共举行常委会议 21 次，主要听取和审议市人民政府、市中级人民法院、市人民检察院的工作报告和议案，对全市经济和社会发展等一系列重大问题，作出决定、决议。

第六节　议案　建议

2002 年 12 月—2005 年，市人民代表大会召开期间，代表依法提出的议案、建议、批评和意见共 241 件。市人大常委会设立专门工作机构，对代表议案、建议、批评和意见进行处理，建立登记、承办、函复、反馈、归档制度。

2003 年，市人大常委会转交市政府办理的市一届人大二次会议代表建议、批评和意见(以下简称建议)共 61 件，其中包括会议期间 59 件、闭会期间 2 件。提出建议中，涉及工业、交通方面 10 件，占 16.4%；农业、林业、水利、畜牧方面 20 件，占 32.8%；财政经济方面 8 件，占 13.1%；城建、旅游方面 8 件，占 13.1%；教育卫生体育方面 10 件，占 16.4%；人事劳动方面 3 件，占 4.9%；其他(综合类)2 件，占 3.3%。至 2003 年 12 月 25 日，由政府承办的代表建议已全部办结，并将每一件办理情况答复提出建议的每位代表，办复率为 100%。建议所提问题已经解决或基本解决的有 17 件，占承办总数 27.9%。得到部分解决或已列入规划实施的有 20 件，占承办总数的 32.8%。列入工作计划的有 19 件，占承办总数的 31.2%。因条件限制或其他原因不能解决的有 5 件，占 8.2%。

2004 年，市人大常员会转交市人民政府办理的市一届人大三次会议代表建议 57 件(其中议案转建议办理22件)。提出建议中，涉及工业交通方面8件，农林水方面 11 件，财政方面 15 件，城建旅游方面 8 件，教育卫生方面6件，机构方面6件，其他(综合类)

3件。经市人民政府审核后，市政府办于3月30日分别转交16个政府有关部门办理。至2004年9月30日，由市人民政府承办的代表建议已全部按规定期限办理完毕，并将办理情况回复有关提案人，给代表回复函491份，办复率100%。代表建议所提问题得到解决或基本解决30件，已列入规划实施8件，列入工作计划参考13件，代表建议没有采纳6件。主要办理情况：代表提出问题得到解决30件。代表提出问题得到部分解决8件。代表提出问题列入工作计划7件。代表建议得到解决或基本解决20件。代表建议正在解决或列入规划逐步坚决15件。代表建议列入工作计划参考或未能解决3件。

2005年，市人大常委会将市一届人大四次会议期间代表对各方面工作提出的67件建议（含议案作为建议处理的29件），分别交市人民政府研究办理65件，交由市人大机关有关委室办理2件。在这些建议中，属于工业交通方面的10件，占14.9%；属于农林水利方面的11件，占16.4%；属于财政方面的17件，占25.4%；属于教科文卫方面的9件，占13.4%；属于公共安全方面的4件，占6%；属于劳保就业方面的4件，占6%；属于市政建设方面的6件，占9%；属于人大业务方面的2件，占3%；其他（综合类）的4件，占6%。截至2005年10月19日，市一届人大四次会议代表建议已全部办理完毕并分别答复代表，办复率100%。代表所提的67件建议中，问题得到解决或基本解决的31件，占建议总数的46.2%；已列入规划实施的23件，占34.3%；列入工作参考的13件，占19.4%。

第七节　代表视察　调研

市人大代表选举产生后，主要开展如下活动：代表结合本职工作，进行单独活动，联系选区选民或选举单位，通过走访或召开座谈会，听取选民诉求。对有关重大问题或人民关注的“热点”，向有关部门提出建议意见，协助政府推动工作；参加代表小组活动，学习党的路线、方针、政策和国家法律法规，贯彻上级和本级人大的决议、决定，研讨国内外大事。代表小组就近开展视察，联系选民，走访有关部门，为群众办实事；参加市人大常委会或专门委员会组织的一般视察和专题视察活动，围绕代表大会通过的决议执行情况、群众反映比较强烈和带有倾向性的问题进行现场视察，并对法律、法规执行情况进行检查；部分代表应邀列席市人大常委会会议，列席选举单位的人代会，参加评议“一府两院”工作，通过知政、参政、议政，发挥人大代表的作用。

2002年12月—2005年底，来宾市人大常委会共组织代表400多人次开展各种视察活动。视察内容包括城市建设、工业发展、农业生产、救灾扶贫、社会治安、教育卫生等方面的工作。有的视察活动是全国、自治区和市三级代表联合进行。代表视察小组除听取有关主管机关工作汇报外，还深入所属多个基层（现场），听取群众意见，了解实际情况，并形成视察材料，按有关程序，送有关行政、司法机关要求其对有关问题进行整改答复。

2004年11月25日—18日，常委会组织本市选举产生的全国人大代表和自治区人大代表进行视察。视察分成两个团，一个团就地视察，另一个团与防城港市交叉视察。视察重点围绕落实中共中央提出的解决好农业、农村、农民问题，以落实科学发展观，加快广西改革、发展为主题，结合实际情况，突出城市建设和提高农民生活水平等人民群众比较关注的问题进行。

2005年3月15日—18日，常委会副主任韦诚凡率领市人大常委会组成人员及人大机关相关委室负责人赴防城港市、钦州市、北海市、玉林市、贵港市考察城市建设工作。3月21日—22日，常委会组成三个小组，分别对本市的城市建设工作情况、市区建设征地供地情况和市政管理情况进行专题调研。

2005年9月25日，第十届全国人大代表调研组到来宾市，就县乡财政困难情况进行为期4天的专题调研。其间，调研组听取市人民政府和武宣、象州两县的专题汇报。

2005年11月7日—10日，以市委书记、市人大常委会主任覃瑞祥为团长，市长张少康、市人大常委会副主任韦诚凡为副团长的十届全国人大代表和自治区十届人大代表共30多人到桂林市进行视察。其间，代表们听取桂林市经济社会发展情况的汇报；视察燕京啤酒股份有限公司、桂林国家高新区、两江四湖、兴安县的欧亚葡萄园、灵川县的生猪养殖沼气建设和雁山区愚自乐园建设情况等。2005年11月14日—18日，桂林市委书记莫永清等十届全国人大代表、自治区十届人大代表共40多人在本市市委书记、市人大常委会主任覃瑞祥、市长张少康等领导的陪同下对来宾市进行视察。视察期间，代表们听取本市经济和社会发展情况的汇报，视察广西汇元锰业有限公司、来宾B电厂、象州县水毁农田及民房建设情况和金秀瑶族自治县的旅游景点等。

第三章　人民政府

20世纪50—60年代，境内各县人民政府成立后，组织和带领群众完成土地改革工作，建立人民公社，走集体化道路，抓好当地各项建设。1966—1976年"文化大革命"时期，人民政府各部门无法正常工作，经济建设缓慢。20世纪80年代，境内各县经济体制改革，有效地调动人民群众的生产积极性，各项事业发展较快。21世纪初，境内各县着力调整经济结构和转变经济发展方式，大力推进工业化、城镇化和农业产业化进程。2003年，来宾市委、市人民政府提出"工业立市、农业稳市、商贸旺市、科教兴市、依法治市"的发展思路。2005年，市委、市政府把来宾定位为"建设广西新兴的现代化工业城市"，把发展战略调整完善为"环境立市、工业强市、城建塑市、农业稳市、商贸旺市"。

第一节　机　构

来宾市人民政府　2002年9月29日，国务院作出《关于同意广西壮族自治区撤销柳州地区设立地级来宾市并调整柳州市行政区划的批复》（国函〔2002〕88号）指出：一、同意撤销柳州地区和来宾县，设立地级来宾市。市人民政府驻新设立的兴宾区建设大道。二、来宾市设立兴宾区，以原来宾县的行政区域为兴宾区的行政区域。区人民政府驻来宾镇前卫路。三、来宾市辖原柳州地区的忻城县、象州县、武宣县、金秀瑶族自治县和新设立的兴宾区。原柳州地区的县级合山市由广西壮族自治区直辖。四、将原柳州地区的鹿寨县、融安县、融水苗族自治县、三江侗族自治县划归柳州市管辖。来宾市的各类机构要按照"精简、效能"的原则设置，所需人员编制和经费由你们自行解决。

2002年12月28日，来宾市人民政府正式挂牌成立，行政区域辖兴宾区、忻城、武宣、象州、金秀瑶族自治县和合山市（县级，自治区人民政府委托来宾市人民政府代管）。市长：张少康，男，汉族(2002年12月—2005年12月)。

表8-3　2002—2005年来宾市人民政府正副市长名表

姓名	性别	民族	籍贯	文化程度	职务	任职时间起止
张少康	男	汉族	广西贵港	大学	市长	2002年12月—2005年12月
莫恭明	男	汉族	广西防城港	研究生	常务副市长	2002年12月—2005年12月
邬弘辉	男	瑶族	广西恭城	研究生	副市长	2002年12月—2005年5月
黄桂廷	男	汉族	广西灵山	大学	副市长	2002年12月—2005年12月
段一中	男	汉族	湖南冷水滩	大学	副市长	2002年12月—2005年12月
张协奎	男	汉族	湖南桃江	研究生	副市长	2002年12月—2005年12月
郭连科	男	汉族	黑龙江宾县	大学	副市长	2002年12月—2005年12月
刘向群	女	仫佬	广西罗城	研究生	副市长	2002年12月—2005年12月
尚　伟	男	汉族	河南安阳	研究生	副市长(挂职)	2004年10月—2005年10月
李启亮	男	汉族	广西融水	研究生	副市长	2004年6月—2005年12月

注：任职超过下限的，以2005年12月记载。

市人民政府工作部门　设政府办公室、发展和改革委员会、经济委员会、教育局、安全生产监督管理局、科学技术局(知识产权局)、民族事务委员会、民政局、财政局、人事局、劳动和社会保障局、国土资源局、建设与规划委员会、交通局、农业局、商务局、水利局、文化局、卫生局、人口和计划生育委员会、审计局、环境保护局、统计局、粮食局、林业局、水产畜牧兽医局、广播电视局、体育局、旅游局、新闻出版局(版权局)、市政管理局、公安局、司法局、法制办公室、外事侨务办公室、监察局。

2004年6月23日，召开全市机构改革工作会议，进行政府机构改革工作。调整和设置市政府机构，组建市人民政府直属正处级特设机构1个(国有资产监督管理委员会)；组建市人民政府工作部门2个(商务局、经济委员会);撤销机构3个(对外贸易经济合作局、经济贸易委员会、在农业局挂牌的乡镇企业局);机构升格1个(安全生产监督管理局由部门管理升为政府工作部门);机构改名2个(发展计划委员会改为发展和改革委员会,保留物价局牌子,计划生育委员会更名为人口和计划生育委员会)。同年7月15日,来宾市红十字会从市卫生局划出,独立设置,为市委、市人民政府直接领导的社会救助团体。

事业机构有地方志办公室、农业机械化管理中心、供销合作社、招商促进局、接待办公室、档案局、机关事务管理局、地震局、工业区管理委员会、住房制度改革委员会办公室、住房公积金管理中心、驻北京联络处、稽查支队、普查城调中心、旅游质量监督所、农村能源办公室、直机关老干部活动中心、城镇职工基本医疗保险管理中心、劳动保障监察支队、社会劳动保险事业管理所、散装水泥办公室、城市建设档案馆、房屋拆迁办公室、环境监察支队、国土资源执法监察支队、民族经济发展资金管理所、财政预算编审中心、财政投资评审中心、财政稽查分局、国库支付中心。

至2005年,来宾市政府机构设置33个(不含单设的外事侨务办公室和特设的国有资产监督管理委员会),议事协调机构设置4个。

来宾市驻柳州管理处 2002年底,撤销柳州地区,成立地级来宾市。原柳州机关随迁往来宾市办公。设立中共来宾市委市人民政府驻柳州管理处(以下简称来宾市驻柳管理处),为来宾市委、市政府直属机构。

2003年1月1日,来宾市驻柳管理处正式挂牌成立,设办公室、机关事务房产管理科、联络接待科、保卫科。核定人员编制8名,其中行政编制7名,事业编制1名。同年2月,成立中共来宾市驻柳州管理处委员会,党委设书记1名(由中共来宾市直机关工委书记兼任)、副书记2名(其中专职副书记1名,管理处副主任兼任1名)、委员4名(由驻柳管理处行政副职兼任)。驻柳管理处党委当时管辖离退休党支部65个,离退休干部党员1092人;在柳事业单位党支部(总支)29个,党员1200多人。同年4月,设立来宾市驻柳管理处后勤服务中心,相当科级事业单位的机构设置,为驻柳管理处管理的财政全额拨款事业单位,核实事业编制13名,后来增编1名。调整后,来宾市驻柳管理处后勤服务中心人员事业编制14名。2005年4月,成立中共来宾市驻柳州管理处工作委员会和纪律检查委员会(以下简称纪工委),同时撤销驻柳管理处党委及其原任的领导职务。至2005年,驻柳管理处工委下属一个党委,15个党总支,133个党支部,党员2284人,其中在职党支部63个,离退休党支部70个,在职党员582名,学生党员391名,离退休干部党员1311名。

县(市、区)人民政府

1954年后,各县相继召开第一届人民代表大会选举县长、副县长,县政府领导由过去上级任命制改为人民代表选举产生。县人民政府改称县人民委员会。1955年10月,各县人民政府改作县人民委员会,由委员19人(县长1人、副县长2人)组成,实行集体领导,共同讨论决定事关全县的重大问题。

1966年5月,“文化大革命”开始后,各县人民委员会无法正常工作。1967年1月,县人民委员会受“文化大革命”冲击,停止工作。3月,以军队为主成立“抓革命促生产指挥部”,取代县人民委员会部分工作职能。1968年3月,各县革命委员会成立。县革命委员会下设政治工作部、生产指挥部、人民保卫部、办公室(简称3部1室)。1969年7月,各县将3部1室改为政治工作组、生产指挥部、办事组、保卫组。1971年1月,各县恢复县委员会后,县革命委员会原设机构归由县委统一领导,实行合署办公,人员设置不变。

1981年1月,撤销县革命委员会,复设县人民政府。各县(市)成立县(市)人民政府。各县(市)人民政府机构设置有:县府办公室、计委、农委、经委、科委、公安局、司法局、工业局、二轻局、交通局、邮电局、矿产局、经协办、计量局、乡镇企业局、农业局、林业局、国家税务局、地方税务局、水电局、畜牧水产局、农业机械管理局、气象局、扶贫开发办公室、商业局、供销合作社联社、外贸局、审计局、粮食局、工商行政管理局、民政局、统计局、体改委、档案局、民族事务委员会、人事局、劳动局、土地局、物资局、物价局、建委、环保局、信访局、计生委、爱国卫生运动委员会、教育局、文化局、卫生局、体委、职教办、地方志办、广播电视局、监察局、少数民族语言文字工作委员会、处理土地山林水利纠纷办公室等。

2003—2005年,县(市、区)政府机构历经数次改革调整,组织机构有所变化。截至2005年12月,各县(市、区)人民政府机构大致设置工作部门、部门管理机构加挂(挂靠、合署)办公机构、直属事业单位(参照公务员管理)等类50~60个。所设置的主要机构有:政府办公室、发展和改革委员会、教育与科技局、工业与信息化委员会、民族事务局、公安局、监察局、民政局、司法局、财政局、人事局、劳动与社会保障局、国土资源局、环保局、城市建设局、交通运输局、水利局、农业局、林业局、商务局、文化新闻出版(旅游)局、卫生局、人口与计生委员会、审计局、统计局、安监局、粮食局、法制办、食品药品监管局、调处办、物价局、扶贫办、县(市、区)志办、档案局、农机局、招商促进局、供销合作社联合社、机关事务管理局、糖业办公室、扶贫办公室等,以及工商局、国家税务局、地方税务局、质量技术监督局、气象局等中央、自治区直属驻地工作机构。

合山市人民政府　1981年6月29日,国务院批准成立合山市(县级)。9月2日,自治区组成以董以法任组长,邹优宁、武绍庭、欧相达任副组长的合山建市筹备工作组进驻合山,开展工作。1982年1月1日,市人民政府正式办公。临时办公地点设在合山矿务局石村矿。1984年10月迁至岭南镇人民中路,至今不变。1982年,市人民政府设办公室、公安局、民政局、人事局、财政局、税务局、商业局、粮食局、城建局、交通局、工商行政管理局、教育局、卫生局、农牧局、林业局、经济委员会、计划生育委员会17个政府工作职能部门。同时国家金融部门在合山市设立了人民银行、建设银行、农业银行等单位。1983年,市人民政府增设劳动局、物资局、供销合作社3个职能部门。1984年8月,行政机构改革,实行撤社设乡。撤销北泗公社,分设岭南镇、北泗乡、河里乡人民政府。1985年5月,市人事局与劳动局合并为劳动人事局,城建局改称为城乡建设环境保护局;增设审计局、统计局、科学技术委员会、蔗糖生产办公室、街道管理局、司法局、邮电局、编制委员会、文化局、市保险公司、打击经济领域严重犯罪活动办公室、民族事务委员会12个部门。同年撤销计划生育委员会,设计划生育办公室、街道工作管理局、乡镇企业局、烟草专卖局、水利电力局、农业机械化管理局、农业委员会、广播电视局、档案局、第二轻工业局、矿产管理局、经济技术协作办公室、调解纠纷办公室、战备办公室、地方志编纂委员会(下设办公室)、经营管理指导站、少数民族语言文字工作指导办公室、工商银行18个职能部门。1986年,劳动、人事分设,复称劳动局、人事局,撤销战备办公室,矿产管理委员会改为矿产管理局,增设职工教育培训办公室、土地管理局、高等教育自学考试办公室、物价局4个部门。1987年,增设水果生产办公室、地名办公室、扶贫办公室。1988年,撤销打击经济领域严重犯罪活动办公室,城乡建设环境保护局改为城乡建设委员会,成立环境保护局;增设监察局、体育运动委员会、标准计量局、财贸委员会、蔬菜办公室、气象局、信访办公室。1989年,水果生产办公室与农牧局合并。1990年,增设市副食品工作办公室、法制局。至年底,市人民政府下设各委、办、局、行共69个机构。

表8-4　中华人民共和国成立后至2005年来宾市管辖的县(市、区)历任县(市、区)长、革命委员会主任名表表

县(市、区)	职务	姓名	籍贯	任职时间
兴宾区(来宾县)	县长	孙芸生	山东	1949年12月—1950年4月
	县长	孙芸生	山东	1950年4月—1951年1月
	县长	肖　雷	广西临桂	1951年1月—1954年6月
	代县长	赵惠民	山东	1954年6月—1954年7月
	县长	谢承亩	广西来宾	1954年7月—1955年6月
	县长	黄　达	广西来宾	1955年6月—1956年12月
	县长	蒙光朝	广西来宾	1956年12月—1958年2月
	县长	黄　达	广西来宾	1958年2月—1961年3月
	县长	李光显	广西马山	1961年9月—1962年11月
	县长	李光显	广西马山	1962年11月—1963年10月
	县长	李光显	广西马山	1963年10月—1967年3月

续表

县(市、区)	职务	姓名	籍贯	任职时间
兴宾区（来宾县）	主任	龙德源	广西横县	1968年3月—1974年8月
	主任	于子明	河北平谷	1974年8月—1976年11月
	主任	卢子初	广西宾阳	1976年11月—1981年1月
	县长	莫崇贤	广西来宾	1981年1月—1982年6月
	代县长	罗慧敏(女)	广西融安	1984年6月—1984年11月
	县长	成家榴	广西来宾	1984年11月—1987年11月
	县长	甘德川	广西武宣	1987年11月—1990年9月
	县长	甘德川	广西武宣	1990年9月—1993年5月
	代县长	卢运逸	广西来宾	1993年5月—1993年9月
	代县长	钟想廷	广西鹿寨	1993年9月—1993年11月
	县长	钟想廷	广西鹿寨	1993年11月—1996年5月
	代县长	覃国安	广西象州	1996年5月—1996年9月
	县长	覃国安	广西象州	1996年9月—1998年8月
	代县长	陈　平	广西玉林	1998年8月—1999年1月
	县长	陈　平	广西玉林	1999年1月—2002年11月
	区长	吴穆鹏	广西恭城	2002年11月—2004年10月
	代区长	龚冠荣	广西兴业	2004年12月—2004年12月
	区长	龚冠荣	广西兴业	2004年12月—2005年12月
忻城县	县长	樊茂春	广西忻城	1950年2月—1953年3月
	县长	安　隆	河北	1953年8月—1954年5月
	县长	袁邦殿	河北	1954年6月—1955年11月
	县长	陈益兴	广西忻城	1954年6月—1955年4月
	县长	章顺周	广西宜山	1955年8月—1955年11月
	县长	章顺周	广西宜山	1955年11月—1958年1月
	县长	蓝玉兴	广西忻城	1958年1月—1965年7月
	县长	韦长仁	广西都安	1965年7月—1968年3月
	主任	孙延国	黑龙江	1968年3月—1974年11月
	主任	谢永人	广西永福	1974年11月—1979年4月
	主任	蓝日开	广西忻城	1979年4月—1981年1月
	县长	韦春茂	广西忻城	1981年1月—1984年11月
	县长	马再飞	广西忻城	1984年11月—1986年7月
	代县长	韦人耀	广西忻城	1986年7月—1987年10月
	县长	韦人耀	广西忻城	1987年10月—1990年8月
	县长	蓝芳华	广西忻城	1990年8月—1993年11月
	县长	李家坤	广西武宣	1993年11月—1998年8月
	县长	吴俊明	广西苍梧	1998年8月—2001年1月

续表

县(市、区)	职务	姓名	籍贯	任职时间
忻城县	代县长	卢　忠	广西鹿寨	2001年1月—2002年2月
	县长	卢　忠	广西鹿寨	2002年2月—2005年12月
象县	县长	张兆凯	河北献县	1949年12月—1950年3月
	县长	韦章平	广西象州	1950年3月—1952年8月
石龙县	县长	韦章平	广西象州	1952年8月—1953年12月
	代县长	张文卿	河北平谷	1953年1月—1954年5月
	县长	张振才	河北正定	1954年5月—1955年10月
	县长	韦可法	广西武宣	1955年11月—1962年3月
象州县	县长	韦可法	广西武宣	1962年4月—1962年7月
	县长	覃炳刚	广西忻城	1962年7月—1963年10月
	县长	唐　仁	广西都安	1963年10月—1968年3月
	主任	何长寿	广西柳城	1968年3月—1978年6月
	主任	莫尚礼	广西柳城	1978年6月—1979年4月
	主任	覃广谋	广西象州	1979年4月—1981年1月
	县长	覃广谋	广西象州	1981年1月—1981年10月
	代县长	廖兴元	广西象州	1981年10月—1982年2月
	县长	廖兴元	广西象州	1982年2月—1984年5月
	县长	覃建才	广西象州	1984年11月—1990年9月
	县长	覃九宏	广西象州	1990年9月—1993年2月
	县长	李生安	广西金秀	1993年2月—2002年1月
	代县长	贾朝强	广西贺州	2002年1月—2002年3月
	县长	贾朝强	广西贺州	2002年3月—2005年12月
武宣县	县长	韦敬礼	广西武宣	1949年12月4日—1949年12月23日
	县长	韦敬礼	广西武宣	1949年12月24日—1950年4月
	代县长	莫文骝	广西南宁	1950年5月—1950年10月
	县长	黄　达	广西来宾	1962年7月—1968年4月
	主任	文龙俊	河北	1968年4月—1970年6月
	主任	孙言瑞	辽宁	1970年6月—1973年8月
	主任	江宗廉	广西来宾	1973年8月—1975年11月
	主任	潘振快	广西武宣	1975年11月—1981年1月
	县长	李焕奎	广西武宣	1981年11月—1984年11月
	县长	黄业初	广西武宣	1984年11月—1987年9月
	县长	曾令山	广东	1987年10月—1989年12月
	代县长	陈振贵	广西武宣	1989年12月—1990年3月
	县长	陈振贵	广西武宣	1990年3月—1991年10月

续表

县(市、区)	职务	姓名	籍贯	任职时间
武宣县	代县长	韦守德	广西武宣	1991年10月—1992年3月
	县长	韦守德	广西武宣	1992年3月—1993年9月
	代县长	覃纪康	广西鹿寨	1993年9月—1993年11月
	县长	覃纪康	广西鹿寨	1993年11月—1997年3月
	县长	沈永明	广西融安	1997年3月—1998年3月
	县长	王革冰(女)	河南	1998年9月—2002年9月
	代县长	彭进瑜	广西兴业	2002年9月—2002年10月
	县长	彭进瑜	广西兴业	2002年10月—2005年8月
	代县长	韦文晋	广西柳城	2005年8月—2005年11月
	县长	韦文晋	广西柳城	2005年11月—2005年12月
金秀瑶族自治县（大瑶山自治县）	县长	金宝生	广西金秀	1952年5月—1961年7月
	县长	盘进斯拿（原名黄元经）	广西金秀	1961年7月—1963年10月
	县长	金宝生	广西金秀	1963年10月—1965年
	代县长	赵进旺	广西金秀	1965年—1968年12月
	县长	赵进旺	广西金秀	1966年12月—1968年4月
	主任	罗彦清	内蒙古	1968年4月—1973年
	主任	莫崇贤	广西来宾	1973—1978年
	主任	莫义明	广西金秀	1978—1980年
	县长	赵进贵	广西金秀	1981年1月—1984年
	代县长	邓有铭	广西金秀	—1984年11月
	县长	邓有铭	广西金秀	1984年11月—1985年12月
	县长	胡德才	广西金秀	1985年12月—1990年9月
	县长	苏建荣	广西金秀	1990年9月—1998年7月
	县长	莫忍章	广西金秀	1999年1月—2002年9月
	代县长	陈建强	广西金秀	2002年12月—2002年12月
	县长	陈建强	广西金秀	2002年12月—2005年12月
合山市	市长	陈　诗	广西北流	1981年12月—1984年6月
	市长	冯志坚	广西来宾	1984年6月—1987年11月
	市长	欧相达	广西来宾	1987年11月—1990年9月
	市长	胡红军	广西柳州	1990年9月—1993年1月
	市长	肖绍勋	广西融水	1993年11月—1996年3月
	市长	江振荣	广西来宾	1996年3月—1998年8月
	市长	梁家旗	广西南宁	1998年8月—2002年9月
	市长	曾广斌	广东南海	2002年9月—2005年12月

注:任职超过下限的,以2005年12月记载

第二节　重要会议

市人民政府全体会议

2002年12月，来宾市人民政府成立。2003年1月2日，召开市一届人民政府第一次全体(扩大)会议，研究部署全市经济和社会事业发展有关工作。2004年2月16日，召开市一届人民政府第二次全体(扩大)会议，会议讨论通过即将提请市一届人大三次会议审议的《政府工作报告》，研究部署有关工作。2005年2月17日，召开市一届人民政府第三次全体(扩大)会议，会议回顾总结了2004年市人民政府工作情况，研究部署2005年主要工作，讨论通过即将提请一届人大四次会议审议的《政府工作报告》。2005年8月29日，召开市人民政府全体(扩大)会议，要求各级各部门强化责任、确保各项目标工作任务的圆满完成。

市政府常务会议

来宾市人民政府成立后，于2002年12月20日召开来宾市第一届人民政府第1次常务会议。主要研究讨论市政府领导工作分工、当前有关工作问题以及加强政府自身建设有关问题。

2003年，来宾市人民政府共召开11次政府常务会议。1月3日，召开市第一届人民政府第2次常务会议，研究审议《来宾市城北新区建设征用古三村民委集体土地补偿安置办法》、来宾市重点建设项目有关、来宾市2003年干部职工医疗保险等问题，2月10日，召开市第一届人民政府第3次常务会议，主要研究审议《来宾市人民政府工作规则》。3月27日—28日召开市第一届人民政府第4次常务会议，主要研究讨论《关于建立行政审批办证大厅进一步改善投资软环境的实施意见》《来宾市投资优惠政策暂行办法》和《关于加快非公有制经济发展的若干决定》，组织学习国务院廉政工作电视电话会议精神和自治区领导关于落实电视电话会议的讲话精神。4月8日，召开市第一届人民政府第5次常务会议，主要研究审议《关于建设来宾市工业园区的意见》《关于加快工业发展的若干决定》《来宾市"十五"后三年至2010年工业发展规划》和建立来宾市汽车运输有限责任公司有关问题等。5月14日及5月20日，分别于召开市第一届人民政府第6次常务会议，由于特殊原因，会议分为两段进行。5月14日的会议研究审议《关于加快非公有制经济发展的若干决定》和《来宾市改善投资软环境暂行办法》；5月20日的会议审议金秀"12·11"运输砒霜翻车泄漏污染事故处理意见。7月1日，召开市第一届人民政府第7次常务会议，主要研究审议《来宾市工业园区投资优惠暂行办法实施细则》《来宾市关于中小型企业改革若干规定》《来宾市关于土地储备资金使用管理办法(暂行)》《来宾市耕地占用税实施办法》和《来宾市政府采购实施办法》等。7月16日，召开市一届人民政府第8次常务会议，主要研究审议《来宾市城区房屋拆迁管理暂行办法》《来宾市城区违章建筑遗留问题处理办法》《来宾市工业园区投资优惠暂行办法》《来宾市机关行政效能监察暂行办法》等，分析全市上半年经济运行情况及部署下半年主要工作。9月23日，召开市一届人民政府第9次常务会议，主要研究审议《来宾市科学技术进步奖励办法》《来宾市华侨农场国有土地资本运营及使用管理办法》《来宾市本级预算外资金实行按比例缴纳政府调剂金办法》《来宾市实施探矿权采矿权招标拍卖挂牌管理办法暂行规定》和《来宾市安全生产职责暂行规定》等。10月22日，召开市第一届人民政府第10次常务会议，主要研究迁糖集团与东糖集团合作的有关问题，审议《来宾市区河西工业用地征地拆迁补偿标准暂行办法》《来宾市固定资产投资项目审批制度改革的若干规定》《来宾市国有土地有偿使用制度》《来宾市城市建设用地集中供应制度》《来宾市土地收购储备制度》《来宾市土地使用权公开交易制度》《来宾市基准地价定期更新和公布制度》《来宾市国有土地使用权招标拍卖挂牌办法》《来宾市土地收购储备暂行办法》《来宾市引进人才试行办法》《来宾市城区房屋拆迁管理暂行办法》(修改稿)等。11月13日，召开市第一届人民政府第11次常务会议，主要研究审议《来宾市户外广告设置办法》《来宾市人民政府关于贯彻执行〈广西壮族自治区人口与计划生育条例〉和〈广西壮族自治区人口与计划生育管理办法〉的若干规定》《来宾市散装水泥管理实施细则》等。12月23日，召开市第一届人民政府第12次常务会议，主要研究分析来宾市2003年经济形势和2004年经济工作，讨论来宾市2004年财政收入预算盘子、来宾市2004年国民经济和社会发展主要经济指标计划、调整2003年市本级财政收支预算以及市直机关、事业单位工作人员发放2003年度年终奖金有关问题。

2004年,来宾市人民政府共召开13次政府常务会议。1月2日,召开市第一届人民政府第13次常务会议,主要研究审议新华路拆迁安置遗留问题、撤销柳州地区旅游公司、变更来宾宾馆管理权限、明确市公交公司管理部门等问题。1月29日,召开市第一届人民政府第14次常务会议,主要研究审议《政府工作报告(征求意见稿)》,研究防治高致病性禽流感疫情措施,部署市政府当前工作等。2月8日,召开市第一届人民政府第15次常务会议,主要研究审议《来宾市2003年国民经济和社会发展计划执行情况与2004年国民经济和社会发展计划(草案)的报告》《市本级2004年度收支预算编制及有关问题的报告》等。2月20日,召开市第一届人民政府第16次常务会议,主要研究审议《政府工作报告》。3月24日,召开市第一届人民政府第17次常务会议,主要研究审议处理新华路拆迁遗留问题、来宾市河道堤防管理范围及保护范围确权划界有关问题、市中小企业信用担保有限公司章程有关问题、关于加强森林防火工作有关问题、兴宾广场周边步行街建设有关问题、编制《来宾市信息化规划》《市电子政务工程可研报告》《市商贸流通产业发展规划》经费预算、市林业局行政管理职能的林业行政执法和管理部门的人员工资及公用经费纳入财政预算有关问题、调整市、县(市、区)防洪保安费分成比例等。5月20日,召开市第一届人民政府第18次常务会议,主要研究审议广西八一铁合金(集团)有限责任公司改制有关问题以及《关于加快旅游产业发展的决定》《来宾市人民防空管理暂行规定》等。同年6月2日,召开市第一届人民政府第19次常务会议,主要研究审议《来宾市行政区划调整规划》《关于调整来宾市办理项目前期工作涉及的政府部门收费标准的意见》《来宾市城区园林绿化管理暂行办法》《关于国有划拨土地使用权转为出让土地使用权遗留问题的批复》《来宾市城镇灵活就业人员参加基本医疗保险暂行办法》等。7月9日,召开市第一届人民政府第20次常务会议,主要分析总结上半年全市工作情况,研究下半年经济工作,研究审议《来宾市市容环境卫生管理制度改革方案》。8月12日,召开市第一届人民政府第21次常务会议,主要研究审议《来宾市建设项目环境影响评价文件分级审批暂行规定》《来宾市以工代赈项目管理办法(暂行)》《来宾市城区道路命名(更名)工作实施方案》以及来宾市在鹿寨县原地委党校和原雒容师范土地使用权的处置、制糖企业涉农违规收费处理、柳来路北段改造工程等问题。10月8日,召开市第一届人民政府第23次常务会议,会议听取了市发改委、市经委、市财政局、市统计局等部门关于经济工作的情况汇报,分析总结今年前三季度全市经济运行情况,研究第四季度经济工作。11月1日,召开市第一届人民政府第24次常务会议,主要研究审议《关于进一步加快第三产业发展的决定(草案)》《来宾市人民政府关于加快第三产业发展的若干规定(草案)》《关于给市人民医院利用外国政府贷款提供财政担保的意见》《来宾市重特大安全事故应急处理预案》《来宾市综合治理出生人口性别比升高问题的若干规定》等。同年11月12日,召开市第一届人民政府第25次常务会议,研究审议来宾市2004/2005榨季糖料蔗价格定价及有关蔗糖资金处置问题和《关于来宾市部分乡镇行政区划调整方案》。

2005年,来宾市人民政府共召开17次政府常务会议。1月5日,召开市第一届人民政府第26次常务会议,主要研究审议《来宾市国土资源管理体制改革的实施方案》《来宾市全额集资建房管理办法》《来宾市五保村管理暂行办法》及来宾电厂扩建工程项目用地享受工业项目投资优惠政策、经济适用房房价、追记刘瑞军个人二等功等问题。1月27日,召开市第一届人民政府第27次常务会议,主要研究审议《2005年政府工作报告(征求意见稿)》《来宾市2004年国民经济和社会发展计划执行情况和2005年国民经济和社会发展计划(草案)的报告》《来宾市全市与市本级财政2004年预算执行情况和2005年预算(草案)的报告》《2005年对兴宾辖区非法采矿经营运输专项整治工作方案》和给予蓝仁松追记二等功等。2月20日,召开市第一届人民政府第28次常务会议,研究审议和听取市一届人大会议各代表团审议《政府工作报告》时所提意见和建议的情况汇报;会议还研究了汇元锰业、东糖纸浆厂用地土地出让金及工业区道路征地补偿费等问题。2月28日,召开市第一届人民政府第29次常务会议,主要研究审议柳州地区商业总公司离退休职工养老金和在职职工安置费有关问题和《来宾市人民政府突发公共事件总体应急预案》等。同年3月24日,召开市第一届人民政府第30次常务会议,主要分析来宾市当前经济形势,研究部署下一步经济工作;研究审议《来宾市人民政府关于加快来宾市第三产业发展实施办法》和《来宾市行政许可项目及其实施主体目录》等。3月31日,召开市第一届人民政府第31次常务会议，研究审议《贯彻落实中央一号文件精神，切实加强我市农业和农村工作的意见》《来宾市市场运作方式建设住房管理办法》《来宾市工业项目用地投资优惠暂行办法》和桂中治旱乐滩水库引水灌区进水口工程建设桂中治旱上古岭隧洞建设配套资金问题等。4月27日，召开市第一届人民政府第32次常务会议，研究审议《来宾市城区房屋拆迁管理暂行办法》《来宾市城区违章建筑遗留问题处理办法》《来宾市工业园区投资优惠暂行办法》《来宾市机关行政效能监察暂行办法》等，分析来宾市上半年经济运行情况及部署下半年主要工作。5月10日，召开市第一届人民政府第33次常务会议，研究审议市人民医院建设问题和广西八一铁合金（集团）有限责任公司2004年度经营者年薪问题。5月26日，召开市第一届人民政府第34次常务会议，研究红水河二桥项目建设问题和来宾市农产品综合批发市场建设项目用地优惠政策问题。6月8日，召开市第一届人民政府第35次常务会议，研究审议《来宾市安全生产委员会成员单位安全生产工作职责规定》《来宾市暂住人口房屋出租管理规定（暂行）》《来宾市预拌混凝土管理办法》《关于行政中心办公楼等4个项目预算审批问题》和处置柳州地区行署驻上海联络处、磨东水厂原水管施工临时租地补偿费比设计概算超支所需经费等问题。7月8日，召开市第一届人民政府第36次常务会议，主要研究授予布莱恩沃伦博士"荣誉市民"、市粮食储备库项目建设有关问题以及《八一铁合金（集团）公司整体深化改革做大做强主业方案》等。8月22日，召开市第一届人民政府第37次常务会议，分析1—7月来宾市经济形势，研究原来宾县遗留市政项目拖欠工程款问题，审议《来宾市招商引资奖励金申请暂行办法》《来宾市实施无偿献血暂行规定》等。9月9日，召开市第一届人民政府第38次常务会议，研究审议《来宾市人民政府与柳州市人民政府关于原柳州地区驻柳州市直属企业交接协议及原柳州地区驻柳州市行政事业单位资产处置方案》和《来宾市本级单位部门预算办法（试行）》。10月10日，召开市第一届人民政府第39次常务会议，研究审议《来宾市城镇企业职工基本养老保险基金市级统筹制度》《关于2005年地方交通规费征收实行交纳征费风险金和超收奖励办法》《来宾市人民政府关于进一步深化我市国有粮食企业购销流通体制改革的意见》等。10月26日，召开市第一届人民政府第40次常务会议，讨论研究来宾市2005/2006年榨季糖料蔗收购价格、柳州财经学校并入柳州师范高等专科学校、原地区商业总公司机构和人员处置等问题。同年11月21日，召开市第一届人民政府第41次常务会议，研究审议《来宾市推进企业退休人员社会化管理服务工作的意见》《来宾市城市污水处理厂投资建设及运营合作框架协议》等。12月12日，召开市第一届人民政府第42次常务会议，研究来宾市国民经济和社会发展计划、财政预算草案、龙洞山景点开发以及《来宾市企业职工生育保险试行办法》等。

市长办公会

2003年2月10日，召开市第一届人民政府第一次市长办公会议，主要研究审议来宾市城北区规划、加强来宾市城区建设管理、2003年重大与重点项目前期工作及经费、市建设开发投资公司注册资金和授权经营等问题。3月25日，召开市第一届人民政府第二次市长办公会议，研究讨论2003年政府工作报告、来宾市和原柳州地区本级2002年财政收支情况及全市和市本级2003年预算（草案）、市2002年国民经济和社会发展基本情况与2003年国民经济和社会发展计划（草案）等问题。4月10日，召开市第一届人民政府第三次市长办公会议，听取一届人大二次会议各代表团审议《政府工作报告》时所提意见和建议的情况汇报。4月12日，召开市第一届人民政府第4次市长办公会议，听取制定改善投资环境、整顿机关作风等政策的建议。4月24日，召开市第一届人民政府第5次市长办公会议，研究讨论引进外资参与来宾市迁江糖业集团有限责任公司改制和组建来宾市迁江糖业集团等问题。6月3日召开市第一届人民政府第6次市长办公会议，研究讨论市直事业单位缴纳失业保险费、柳州海关办理在古亭山开发区的原建房产交付手续、建设合山市委市政府办公楼经费来源等问题。6月19日，召开市第一届人民政府第7次市长办公会议，研究讨论来宾市兴宾区消防中队营房建设、开发滴水河水电资源、原柳州地区交通局部分办公用房处置、来宾市100万头肉牛养殖基地实施方案、原来宾县农村信用合作社与原来宾县二糖有限责任公司抵押合同纠纷等问题。7月17日，召开市第一届人民政府第8次市长办公会议，讨论桂中现代农业实验区建设、市行政审批服务中心办公经费和二期工程建设、来宾市兴宾区消防中队营房建设、原柳州地区直属机关在柳资产处置和审议《关于实施来宾市财政资金项目前期工作经费管理办法》《来宾市户籍管理制度改革试行办法》等事项。8月12日，召开市第一届人民政府第9次市长办公会议，审议《来宾市户籍管理制度改革试行办法》，研究讨论来宾华侨农场优惠政策、全市当前抗旱经费、全区规模养殖小区现场会议启动经费、申报世界银行1000万美元淡水良种鱼项目、秋冬菜开发启动经费、市华侨经济开发有限责任公司开办经费及建设开发启动经费、申请成立来宾华侨农场派出所、维林大道和北二路改造等问题。9月17日，召开市第一届人民政府第10次市长办公会议，研究讨论迁糖集团各企业改制方案、建设大道土地回收、城北区征地拆迁增加补偿费用、在城北新区内按优惠价格向深圳市诺佳信实业有限公司出让建设用地、50万亩"吨糖田"实施计划、沼气池建设任务重新分配及解决配套资金、柳州水利电力勘测设计研究院改制、申办来宾市人民广播电台等问题。10月22日，召开市第一届人民政府第11次市长办公会议，研究讨论在市区增开四条新公交线路、处理新华路拆迁安置遗留、维林大道两旁建筑立面改造、2003年第一批城区防洪排涝工程建设配套资金、高速路两旁绿化种植果树部分样板点苗木经费补助、绿色生态市总体规划评审等问题。11月13日，召开市第一届人民政府第12次市长办公会议，研究讨论代建制工程项目拆迁费用标准、大桥路改建工程大桥桥涵工程暂缓建设、珠防林工程项目地方配套资金、市本级大额重病补充医疗保险、来宾市水务有限责任公司注册资本金、停止执行柳署人发〔2001〕27号文件等问题。

2002—2005年，来宾市人民政府召开市长办公会议共12次。

其他会议

2002年12月28日，来宾市正式成立，市委、市人民政府在兴宾区第二中学体育场举行庆祝地级来宾市正式成立庆典大会。同日，市委、市人大、市政府、市政协、市纪委机关正式挂牌，办公地点临时设在中国银行来宾支行（兴宾区北二路333号）。

2003年2月23日召开建设新来宾动员大会。会议的奋斗目标和主要任务是：争取用20年左右的时间，把来宾市建设成为产业特点突出、基础设施较完善、城市功能配套的新兴新型工业城市和商贸集散中心，促进辖区经济社会的跨越式发展和各项事业的全面进步，实现全面建设小康社会的奋斗目标。来宾市"十五"期后三年（即2003年、2004年、2005年）国内生产总值、财政总收入年均递增10%以上。同年4月16日，召开来宾市2003年第一季度经济运行分析会，会议分析了全市一季度经济运行情况，研究部署下一步工作打算。同年4月25日召开全市工业立市大会。会议明确来宾市工业发展的目标是：适应经济体制与增长方式两个根本性转变和对外开放的要求，建立比较完善的现代企业制度，各类工业企业经济效益明显提高，科技开发能力、市场竞争能力和抵抗风险能力明显增强。同年7月4日，召开全市消防工作会，总结分析来宾市消防工作情况，研究部署下一步消防工作目标、任务和措施。同年9月18日，召开全市农产品加工暨迎接东部地区产业转移工作会，研究部署加大迎接东部地区产业转移力度、加快来宾市农产品加工业全面快速发展的各项工作。

2004年1月6日，在来宾市召开红水河流域产业培育及其区域经济发展规划研究座谈会。来自国家发改委、自治区计委、电力公司、河池市及来宾市的有关专家学者为红水河流域发展出谋划策。红水河流域包括河池市的8个县（区）和来宾市全部所辖的6个县（市、区）。该流域既是重要的水能资源富集区，又是"老、少、边、山、穷、库"地区，经济发展水平低。专家们建议红水河流域产业发展及其空间布局设想为：加快电力工业发展；合理发展有色和黑色金属采掘及加工业；突出发展特色农业及其加工业；大力发展旅游业。专家还建议，自治区要向国家争取，力争把红水河流域列入西部大开发重点地区。2月20日，召开全市廉政工作会，贯彻落实国务院、自治区廉政工作会议精神，研究部署进一步加强建设廉政政府有关工作。6月23日，召开全市农村卫生工作会，贯彻落实《自治区党委、自治区人民政府关于进一步加强农村卫生工作，全面提高农民健康水平的决定》和全区农村卫生工作会议精神，研究部署新时期来宾市的农村卫生工作。9月3日，召开全市县（市、区）委书记、县（市、区）长工作会，会议要求努力实现"三突破"，完成并超额完成各项工作任务，以优异的成绩迎接党的十六届四中全会的召开。同年9月24日，召开来宾市暨金秀瑶族自治县旅游产业发展研讨会。广西旅游规划设计院对来宾市199个旅游资源单体调查后，由高至低，共评出五级资源6个，四级资源13个，三级资源48个，二级资源83个，一级资源49个。专家对来宾市旅游资源保护与开发提出建议：坚持旅游资源保护优先，实现旅游的可持续发展；审慎开发；分重点分阶段进行开发；突出文化内涵。同年10月21日，召开全市2003/2004榨季总结表彰暨2004/2005榨季工作会，表彰2003/2004年榨季生产先进单位和先进个人，总结全市2003/2004年榨季工作，部署2004/2005年榨季工作。同年12月2日，召开全市加快第三产业发展工作会。会议提出要增强四大观念（即中心城市观念、市场观念、民营优先观念、为民服务观念），加快发展第三产业；突出四个重点（即高水平推进交通运输物流业、高品位培植旅游业、高标准提升商贸流通业、高质量提高金融保险服务业水平），全面提升第三产业发展水平。

2005年1月6日，来宾市召开市容环境综合整治“南珠杯”竞赛动员大会。会议要求加强城市基础设施建设、市容和公共卫生整治；整顿市场经营秩序；抓好文明社区建设，提高市民生活质量，抓好思想道德建设，提高市民文明素质。会上，宣读了“南珠杯”竞赛活动方案。1月25日，召开全市第一季度防范安全事故工作会，总结2004年全市安全生产工作，部署2005年安全生产工作，特别是部署春节、“两会”期间的安全生产工作。2月22日，召开招商引资工作动员大会。会议要求开展更大规模、更扎实有效的招商引资行动，加强与广东、浙江的经贸合作；继续组织人员到广东、浙江挂职跟班学习培训；培育市场；改善软硬环境，营造良好的投资环境；切实抓好已签订协议项目的落实。4月12日，召开统筹推进重大项目建设动员大会。会议要求2005年要完成74个重大项目建设任务，其中，新开工项目38项，续建项目36项，涉及产业开发、基础设施项目、社会公益和公共设施等领域，总投资158亿元。5月15日—16日，召开全市县域经济发展工作会议。会议强调，大力发展特色经济。大力发展特色产业，做大做强县域工业；突出抓好县城和重点乡镇建设，加快推进城镇化；着力提高产业化经营水平，推进农业发展；加大招商引资力度，积极推进项目建设；继续优化投资环境；积极发展劳务经济，促进农村劳动力转移。5月26日，召开全市体育工作会，研究部署新时期体育工作，表彰先进单位及个人。8月23日，召开深化农村信用社改革试点工作会，贯彻落实全区清收农村信用社不良贷款工作会议精神，研究部署清收市辖区内农村信用社的不良贷款有关工作。10月12日，召开全市前三季度经济运行分析会，分析当前全市经济形势，总结前三季度主要工作，部署四季度经济工作。

第三节　政务纪略

来宾市政务

经济建设　2002年12月，建市之初，来宾市委、市人民政府提出“工业立市、农业稳市、商贸旺市、科教兴市、依法治市”的发展思路。2005年把来宾的发展定位为“建设广西新兴的现代化工业城市”，把发展战略调整完善为“环境立市、工业强市、城建塑市、农业稳市、商贸旺市”。着力调整经济结构和转变经济发展方式，大力推进工业化、城镇化和农业产业化进程。努力打造糖业、锰铝工业基地和电力基地，不断做大做强制糖、电力、冶炼三大传统优势产业，培育发展铝业、蚕茧丝、造纸、建材、农产品加工等新兴优势产业。至2005年，全市共签订招商引资项目1231个，合同（协议）金额453.9亿元；实施项目1560个（含续建项目），引进外来投资到位资金171.6亿元；全市粮食生产稳中有升，甘蔗、桑蚕、畜牧、水果等特色产业得到较快发展，产业结构不断优化；全市粮食总产量超过92万吨，甘蔗种植面积233.6万亩；全市有制糖企业14家，日压榨能力9万吨，年产蔗糖150万吨左右，产糖量位居广西第二位，占全国蔗糖产量的1/10；全市水电、火电发电装机335万千瓦，成为广西最重要的能源基地之一；全市铁合金生产能力45万吨/年，成为全国重点锰系铁合金生产基地之一；锡锭、锌锭、铟锭等产品远销欧、亚、美几十个国家和地区，其中铟产量占世界1/4；工业增加值年均增长19.0%；全市完成农林牧渔总产值71.33亿元。人均国民生产总值超过1000美元，财政收入10.23亿元，人均财政收入超过1000元。全社会固定资产投资24.11亿元，年均增长31.2%。

基础设施建设　2002年12月，来宾市按照“拉开框架、适当超前、完善配套、建新改旧、强化生态、造福市民”的思路加快市城区建设。城镇化步伐明显加快，城区面积扩大一倍多，全市城镇化率21.28%。抓好新城建设和旧城改造，城北新区、华侨投资区、河西循环经济工业园区等新城区建设齐头并进，行政中心办公大楼、公务员住宅小区、相思公园、中央绿化带、城市路网、红水河二桥、单位办公楼、商住楼、垃圾和污水处理、燃气供应、供电等一批重点工程相继建成使用。至2005年，城区绿地覆盖率23.89%，绿地率16.85%，绿地面积316万平方米，比建市前增加两倍。深入实施城乡清洁工程，人居环境不断改善。各县城区、乡镇政府所在地建设和社会主义新农村建设也取得长足进步。

环境保护 2002年,建市之初,来宾市开始谋划部署环境保护工作。2003年来,宾市人民政府制定了《来宾市环境保护“十五”计划及2010年主要指标规划》,提出2005年全面实施环境功能分区管理的短期目标和2010年来宾市工业结构、建设布局趋向合理,各功能区环境质量全面达标,来宾市城区环境状况良好的中长期目标。2004年,开始实施《来宾市环境保护“十五”计划及2010年主要指标规划》,划定市区烟尘控制区和全市主要河流功能区。至2005年,来宾市持续加大力度整治违法企业,连续3年开展“清理整顿违法排污企业保障群众身体健康环保专项行动”,来宾市环保、工商、公安、城管、监察部门联合执法,累计检查企业257次,立案查处企业79次。来宾市城区空气质量控制在GB3095-1996《环境空气质量标准》二级标准,城区空气质量为GB3095-1996《环境空气质量标准》三级标准(主要污染物是可吸入颗粒物和SO_2以及酸雨现象较频繁),全市水环境质量控制在GB3838-2002《地表水环境质量标准》三类水标准,全市水环境质量为GB3838-2002《地表水环境质量标准》四类水标准(主要的超标因子为氨氮),来宾市城区环境质量保持总体稳定。

廉政建设 2002—2005年,来宾市政府全面推进政务公开、政企分开、政府与市场中介分开等,进一步减少和规范行政审批事项。设立行政审批服务中心,推行“一站式”服务,提高了机关工作效率和服务水平。加强行政监督和审计监督,扎实开展行风评议活动,机关行政效率、服务意识明显提高。深入推进政务公开,开通“中国来宾”政府门户网站。认真落实党风廉政建设责任制,廉政勤政建设不断加强。加强公务员的业务培训。

中华人民共和国成立后境内县(市)政务

清匪反霸、镇压反革命运动 1950—1956年,境内各县开展清匪反霸、镇压反革命运动。1950年3月—1951年5月,重点清剿境内大股土匪,此后至1951年底,基本肃清境内漏网残匪。在剿匪的同时,境内各县开展反霸斗争和镇压反革命运动。各地召开公审大会,对民愤极大,通匪、济匪、窝匪、参匪的恶霸地主执行枪决;抓捕现行的土匪、恶霸、特务、反动党团骨干、反动会道门头子,清查长期伪装暗藏、残余漏网的反革命分子和其他刑事犯罪分子,至1956年6月运动结束。

土地改革运动 1951—1954年,境内各县先后完成土地改革,广大农民获得土地。

“三反”“五反”运动 1951—1952年底,境内开展“三反”(反贪污、反浪费、反官僚主义)和“五反”(反行贿、反偷税漏税、反盗骗国家财产、反偷工减料、反盗窃国家经济情报)运动。

社会主义改造 1951—1957年底,境内开展农业社会主义改造,历经互助组、初级社、高级社三个阶段,完成农业社会主义改造;1956年月1月,境内开始对手工业和私营工商业进行社会主义改造,至12月底完成。

整风运动和反右斗争 1957年6月,境内开展以反对官僚主义、宗派主义和主观主义为内容的整风运动,随后引发反右派斗争。1979年以后,对错划为右派的干部进行复查,认定为全属错划的全部平反纠正;对划为“中右”“右派言论”“右倾”的干部,给予平反,撤销党纪、政纪处分,并做好善后工作。

“大跃进”和人民公社化运动 1958年5月,境内各县委召开三级干部会议,贯彻中共中央八大二次会议提出的鼓足干劲、力争上游、多快好省地建设社会主义的总路线。号召掀起工农业生产“大跃进”高潮。1958年8月,中共中央政治局扩大会议通过《中共中央关于在农村建立人民公社问题的决议》,决定在农村普遍建立人民公社。境内各县掀起成立人民公社高潮。在“大跃进”和人民公社化运动中,一批敢于实事求是地向中共组织反映实际情况、提出批评意见的人受到打击,被诬为“反对三面红旗”,并受到不应有的组织处分(1978—1980年各县复查平反,撤销原处分决定)。

大规模农田水利基本建设和公路交通建设 “大跃进”期间,境内各县掀起大规模的农田水利基本建设和公路交通建设热潮。来宾县先后共兴修中小型水库等水利工程734处,有效水量2.14亿立方米,灌溉效能达54万亩。兴修来宾至七洞、来宾至石牙等3条公路,总长143千米,修建简易公路1264千米。忻城县大搞农田基本建,3年投工361万多个,国家投资122万元,建成水利工程238处,保水面积达8万亩,粮食连年丰收,1965年粮食总产比上年增长12.3个百分点。

“四清”运动 1963年5月下旬,境内各县召开三级干部会议,贯彻中共中央《关于目前农村工作若干问题的决定(草案)》(即“前十条”),决定在全县农村开展清理账目、清理仓库、清理财物、清理工分的“四清”运动。同年9月,中共中央又发布《关于农村社会主义教育运动中一些具体政策的规定(草案)》(即“后十条”)。明确提出运动要“以阶级斗争为纲”。1963年12月—1964年1月,各县各区召开三级干部会议,贯彻中共中央的两个文件精神。“四清”运动错误地批斗一批基层干部和群众。

“文化大革命” 1966年5月—1976年,境内各县开展“文化大革命”运动。“文化大革命”,给境内经济建设造成很大的损失,政治、经济、文化教育等各项事业均遭到严重摧残。但由于广大工人、农民、干部和解放军的抵制和斗争,坚守工作和生产岗位,经济工作仍取得一定的进展。

“农业学大寨”运动 1964—1976年,境内各县学习大寨经验,发扬自力更生,艰苦奋斗精神和爱国家爱集体的共产主义风格,建设“大寨县”,兴修水利,改造低产田,提高水稻产量。但由于“文化大革命”时期极“左”路线盛行,“以阶级斗争为纲”“以粮为纲”,忽视经济规律,千篇一律,取消多种经营和“多劳多得,按劳分配”原则,学大寨变成搞平均主义,严重挫伤群众的生产积极性。

处理“文化大革命”遗留问题 1983年5月—1985年9月,境内各县开展处理“文化大革命”遗留问题。县、社均成立处理“文化大革命”遗留问题领导小组。在“文化大革命”中受迫害干部职工、群众得到平反;受迫害致死的发给抚恤费。

农村经济体制改革 1978年中共十一届三中全会后,党中央发布《关于加快农业发展若干问题的决定》和《关于进一步加强和完善农业生产责任制的几个问题》等文件,境内各地农村开始探索各种不同形式的联产承包责任制改革。1981年,境内各地基本落实家庭联产承包责任制,农村和农业经济获得快速发展。

改革开放 党的十一届三中全会以后,各地拨乱反正。1979年10月,境内各县把工作重点从以阶级斗争为纲转移到社会主义现代化建设上来。党员、干部学习三中全会文件,开展真理标准问题讨论,清除“左”倾思想影响,社会主义建设事业迈上正轨。境内各县政府因地制宜,调整农业生产结构,在确保粮食生产的同时,大力发展农、林、牧、副、渔等多种经营。1982年后,商业体制改革,多种经济成分并存,国营、集体、个体商业竞争格局逐渐形成,市场日趋繁荣,第三产业得到长足发展,社会商业零售总额逐年增加。至20世纪90年代,境内商品价格逐步放开,市场竞争日益激烈,国营、集体商业处境困难,私营、个体商业发展迅速,农贸市场日趋繁荣。进入21世纪,国营商业企业实行改革,全面改制,国有民营,盘活资金,逐渐摆脱困境。

第四节　依法行政

机　构

20世纪90年代,境内各县人民政府不断推进执法责任制、公示制、督查制和过错追究制。各级政府法制部门履行政府法律顾问职责,围绕政府工作部署,制订计划,扎实做好规范性文件起草与审核,依法代理政府应诉和行政复议工作。1991年,各县(市)成立法制局(办),隶属柳州地区行署法制办公室。1997年1月,各县(市)人民政府法制局改称县(市)人民政府法制办公室,为县(市)人民政府办事机构。2001年,各县(市)人民政府法制办公室与山林、土地、水利纠纷办公室合署办公。2002年机构改革,各县(市、区)法制办在政府办公室挂牌。同年12月28日,设立地级来宾市,来宾市人民政府设置法制办公室,行政编制5名,设主任1名,内设机构2个(综合科、复议赔偿应诉科)。至2005年,来宾市法制办公室共有行政编制7名,工勤编制1名,设主任1名,副主任1名,内设机构3个(综合科、复议赔偿应诉科、政府法制监督科),实有在职干部7名。全市从事政府法制工作的人员实有44人。

历任主任:何子人(2003年3月—2005年1月,主持全面工作的副主任)、黄晓蓓(2005年1月—2005年12月)。

文件审查

1990年,境内由政府出台规范性文件,原则上经法制办作出合法性、适当性、可行性的审查。2002年12月28日设立地级来宾市后,市政府出台《来宾市人民政府工作规则》《广西来宾市投资优惠政策(暂行)》《来宾市工业区投资优惠暂行办法》《来宾市城北新区建设征用集体所有制土地补偿标准的规定》《来宾市人民政府关于促进农产品加工业发展的意见》等系列行政管理的规范性文件。至2005年,来宾市委、市政府每年将重要文件汇编成册。

复议与应诉

1990年10月1日《中华人民共和国行政诉讼法》施行,公民、法人或者其他组织认为行政机关和行政机关工作人员的具体行政行为侵犯其合法权益，有权向人民法院提起行政诉讼。政府作为被告的行政诉讼案件一般由本级法制部门代理政府出庭应诉。1991年1月1日国务院《行政复议条例》施行，对行政复议的受案范围、受理部门、办理行政复议案件的程序做出明确规定；1999年10月1日《中华人民共和国行政复议法》施行，同时废止《行政复议条例》。《中华人民共和国行政复议法》明确规定，向政府申请复议的行政复议案件由政府法制部门负责具体承办。2000年起，广西实行行政复议人员资格制度。至2005年，来宾市人民政府设立“行政复议庭”，为公正、公开审理行政复议案件提供平台。通过公开听证庭审模式与书面审理相结合，行政决定和说服教育相结合，来宾市各级行政复议机关解决行政争议的能力和效率不断提高，有效地发挥行政复议的层级监督功能，纠正违法行政行为，切实维护群众利益，维护社会稳定。全市有128人通过参加全自治区行政复议人员资格考试，取得《广西壮族自治区行政复议人员资格证》，从事行政复议工作。全市行政应诉与行政复议案件类别主要为土地山林水利等自然资源权属纠纷的行政裁决、行政处罚、劳动教养、注销权属证书、行政不作为、征地补偿争议等。其中：因不服政府对山林、土地、水利等“三大纠纷”做出的行政裁决而提出行政复议申请的案件占80%。

政府法律事务

1990年，境内各县（市）重点宣传《中华人民共和国行政诉讼法》《行政复议条例》。1992年，境内各县（市）贯彻落实《全民所有制工业企业转换经营机制条例》，受理企业对相关执法部门的投诉，协调企业在发展当中遇到的各种政策性问题。1994年，境内各县（市）政府法制部门行政执法监督的重点是对行政机关及其执法人员“三乱”行为（乱收费、乱罚款、乱摊派）进行检查、整改。同年9月，对行政执法单位“三乱”行为进行检查，并对交通、财政系统的执法情况进行重点抽查。检查结果表明，境内各级行政机关内部监督机制逐步完善，依法行政的意识和水平不断提高，执法机关及其工作人员“三乱”行为基本纠正。1994—1999年，重点宣传《中华人民共和国国家赔偿法》《中华人民共和国行政处罚法》。

2001年，自治区人民政府颁发《广西壮族自治区行政执法证件发放和管理办法》《广西壮族自治区行政执法监督检查证发放和管理办法》，在全自治区实行行政执法资格制度。境内抓好全区行政执法证和行政复议证申领工作，给经考试合格单位执法人员办理和发放行政执法证和行政复议证。继续围绕国务院《全面推进依法行政实施纲要》，全面对照上级文件和有关部门职能，按质按时完成全区行政许可项目和实施主体的清理工作。境内各县（市）每年由市法制办组织全市行政执法人员参加全自治区行政执法人统一资格考试，实行持证上岗。2004年初，来宾市政府对全市行政许可和非行政许可审批的实施主体和项目进行清理，将清理情况通过公示牌、报刊、网络等媒体向社会公开，并由市法制部门对全市行政许可审批事项实行动态管理。2005年，国务院《信访条例》颁布实施以来。市法制办充分发挥法律参谋和助手作用，对以市政府名义答复的各类信访回复件进行审查，深入调查、实事求是，准确适用法律法规和有关政策，切实解决群众反映强烈的问题，有效地控制非正常上访事件的发生。同年7月15日，来宾市人民政府于市区迎宾广场开展《中华人民共和国行政许可法》实施一周年咨询日活动。来宾市直38个行政许可实施主体，就所实施的行政许可项目、办理许可事项的条件、程序和期限、各项行政许可配套制度等内容印发宣传资料2万多份，接待群众现场咨询200多人。至2005年底，法制部门处置市政府各类重大法律事务345件，涉及标的10多亿元，为政府挽回和避免经济损失1.2亿元。

第五节　行政审批服务

市级政务审批

2002年12月，来宾市成立后，来宾市人民政府筹备建立来宾市行政审批办证大厅。2003年，审批中心总面积840平方米，有34个政府职能部门和2个服务单位进入中心大厅集中办公；政务中心开设服务窗口50个，窗口工作人员54个，共登记备案的行政审批和服务事项423项，其中即办件60项，承诺件363项。首批进入审批中心办公的市直部门有市发展计划委员会、建设与规划委员会、公安局、交通局、国土资源局、环保局、卫生局、文化局、劳动和社会保障局、民政局、市政管理局、工商局、国税局、地税局、质量技术监督局15个，窗口工作人员34人。同年5月20日，成立来宾市行政审批管理办公室。市行政审批管理办公室，作为市行政审批工作领导小组的常设办事机构，为市人民政府管理政务中心的派出机构，向社会提供“一站式”和“一条龙”的便民服务。办公室内设综合科，核定事业编制(参照公务员管理)4名，其中主任1名，副主任1名，科级领导职数1名。同年5月30日，来宾市行政审批服务中心(简称审批中心)挂牌成立。同年5—6月，来宾市行政审批管理办公室对国务院决定取消和改变的行政审批项目涉及市直部门40个，涉及项目共有237项，经对照清理核查，全市共取消行政审批项目218项，改变管理方式9项。2004年2月23日，召开全市贯彻实施行政许可法工作会议，布置贯彻行政许可法，对全市行政审批事项实施清理的相关工作。同年5月，市人民政府《关于进驻行政审批办证大厅办公的通知》(来政办发〔2003〕218号)精神，各部门所有的行政审批、许可、登记、收费等项目在清理以后，精简程序，全部进驻审批中心在办证大厅收件办理，原单位不得再接件。2005年4月，来宾市人民政府第三十次常务会议审议通过来宾市本级行政许可项目及其实施主体项目249项，并在《来宾日报》上公布实施。同年7月，来宾市人民政府《关于印发来宾市本级行政许可项目及其实施主体目录(续)和来宾市所辖各县(市、区)人民政府实施的行政许可项目目录的通知》(来政发〔2005〕34号)增加市本级行政审批项目58项，各县(市、区)人民政府实施的行政许可项目目录共27项。2005年6月，来宾市行政审批管理办公室与市招商促进局合并，取消市行政审批管理办公室，设立市招商促进局的“行政审批管理科”。同年9月15日，第二批进驻审批中心的部门为市经贸委、教育局、财政局、物价局、人事局、水利局、农业局、商务局、计生委、司法局、广电局、体育局、统计局、新闻出版局、林业局、粮食局、水产局、人防办、地震局、气象局、农机中心、烟草局、药监局23个。至2005年底，全市478项行政许可进行“一核查、两清理”的削减后，共取消不符合法律法规，与经济社会发展不相协调的行政许可项目168项，从478项削减至296项，削减幅度达33%，并及时调整相关行政许可项目办理的许可程序、申报材料、承诺期限等。

县(市、区)政务审批

2004年，境内各县(市、区)政务服务中心挂牌成立，中心隶属县(市、区)人民政府，与县(市、区)招商促进局实行“一套人马、两块牌子”的管理模式。同年2月，象州县设有办证厅5个、收费厅1个，总面积450平方米，使用通用行政审批软件和第二代电子监察系统。同年6月27日，合山市政务服务中心正式挂牌成立，19个单位进驻中心集中办公，共设19个服务窗口，办理审批项目有98项。2005年底，象州县进驻县政务服务中心办理业务的窗口单位有19个部门，共有审批事项216项，其中即办9项、承诺207项。

第四章　人民政协

20世纪80年代初，境内武宣、象州、金秀、忻城、来宾县和合山市相继成立县(市)政协委员会。各县政协常务委员会参政议政，参与政府经济建设活动。各工作组、委员会，每年组织常务委员、委员，深入基层进行视察。同时，接待回乡探亲的港、澳、台同胞，开展联谊活动。20世纪90年代，各县政协组织考察组到相关学校，对落实知识分子政策、师资缺乏、教学设备、经费困难等情况进行调查，并向县政府提出建议和批评意见。

2002年12月28日，政协来宾市委员会挂牌成立后，认真履行政治协商、民主监督、参政议政的职能。至2005年，第一届市政协经提案委员会审查，立案率94.5%。其中，经济建设类提案占立案总数的50.97%；科教文卫类提案占立案总数的30.7%；政治统战综合类提案占立案总数的18.33%。

政协来宾市委员会挂牌成立后，选择人民群众关心，党政部门重视，政协有条件做的课题，组织调查、研究，积极主动向党政领导机关提出建设性意见。2003年初，市政协领导率领相关专门委员会分赴区内外一些地区进行考察、调研，在充分论证的基础上，形成《关于农业结构调整、农民增收情况的报告》《关于来宾市非公有制经济发展状况的报告》等调研报告；2004年，针对加入世贸后来宾市水果发展问题和未成年人犯罪问题进行专题调研，向市委和市政府提交了《来宾市水果生产调研报告》和《来宾市未成年人犯罪问题的调研报告》；2005年，就来宾市城区社会治安问题、外商投资软硬环境的改善、农村公路建设发展情况、农村中小学危房改造情况等课题进行专题调研，写出了《改善投资软硬环境，加快来宾经济发展》等7个调研报告，提出意见建议30余条。

来宾市成立前，自治区政协柳州地区联络处(工作委员会)没有设立专门的外事联谊机构。撤销柳州地区设立来宾市后，来宾市政协设立外事联谊委员会工作机构。2003年春节前夕，市政协外事联谊工作机构向海外朋友发慰问信、贺年卡120份；3月，参与接待澳门广西联谊总会、广东虎门台商协会、梧州台商协会50余人到我市考察；4月，举办全区市地政协主席(工委主任)工作联系会第七次会议，交流工作政协工作经验；"非典"期间，先后与香港、澳门、台湾的广西联谊总会、广西同乡会联系沟通交流，表示慰问；12月，受邀出访考察台湾省，开展联谊活动，推介新来宾，为海峡两岸交流，促进祖国和平统一发挥政协优势作用。2004年4月，召开市政协港澳委员座谈会；同年，承办全区政协联谊委工作会议、广西区辖市政协秘书长工作联系会第十六次会议；组织部分政协委员及有关人员到钦州、防城、梧州等兄弟市学习取经，出国考察学习；接待海口、河池、崇左等多批考察团到来宾考察。2005年1月，第一届委员会第四次会议增加了港澳人士界别；2月，组织11位市政协港澳委员到来宾参加政协一届四次会议。通过沟通交流，鼓励各界人士参与来宾市各项公益事业，鼓励港澳委员亲自或引荐海外人士到来宾市开展赈灾、修桥铺路、建校助学等慈善活动。

第一节 机 构

政协来宾市委员会

2002年9月29日，撤销柳州地区，设立地级来宾市，来宾县改称兴宾区。来宾市辖兴宾区、象州县、武宣县、忻城县、金秀瑶族自治县和合山市6个县(市、区)。根据《中国人民政治协商会议章程》第四十条关于设立政协地方委员会的规定，2002年12月15日—16日，政协来宾市委员会第一次全体会议在来宾市城区召开。大会选举产生市政协第一届委员会主席、副主席、秘书长和常务委员，共计41名。

表8-5 政协来宾市正副主席名表

姓名	性别	民族	职务	任职时间
廖春林	男	汉族	主席	2002年12月—2004年2月
冯成善	男	瑶族	主席	2004年2月—2005年12月
韦幕川	女	壮族	副主席	2002年12月—2005年12月
农嘉勤	男	壮族	副主席	2002年12月—2005年12月
江文术	男	壮族	副主席	2002年12月—2005年12月
黄文龙	男	汉族	副主席	2002年12月—2005年12月
凌尔健	男	壮族	副主席	2002年12月—2005年12月
潘启优	男	壮族	副主席	2002年12月—2005年12月
韦文智	男	壮族	副主席	2002年12月—2005年12月

注：任职超过下限的，以2005年12月记载。

常务委员：韦亮(壮族)、韦启韬、邓瑞安、朱贾莲(女)、江易荣、江展飞、杨林忻(壮族)、苏金萍(女，瑶族)、苏洪铭(壮族)、李湘(女)、李晓江、连增贵(壮族)、邱春远、张旭、张雪玲(女)、罗美兰(女)、莫于慧(女)、莫秀球(女)、莫忍章、唐科、黄开拓、黄良武、黄春林、黄维安、黄锡萍(女)、覃文录、覃燕明(女)、曾令宏、蓝雪萍(女)、蒙荣兴、蔡春玲(女)、黎贵宗。

政协办及各专门委员会

2002年12月28日，中国人民政治协商会议来宾市委员会挂牌成立。设立常务委员会、党组等领导机构，市政协机关机构设立市政协办公室、提案委员会、经济科技委员会、外事联谊委员会、教育文化卫生体育委员会、法制民族宗教委员会、文史资料和学习委员会等正处级领导机构，设立办公室人事秘书科、综合信息科、行政财务科、接待科和提案委员会提案科等五个科为机关的正科级办事机构。2002年12月市政协成立之初，核定行政编制28名，2003年3月增加行政、事业编制各1名，总编制数30名。工作机构领导职数处级16个，科级10个。2003年

12 月增设机关后勤服务中心，核定事业编制 6 个。来宾市政协每届任期五年，每年至少举行一次全体会议。政协办公室及各专门委员会相继组成，2003 到 2005 年负责人名单：

办公室主任　邱小敏

提案委员会主任　阮贤耀

经济科技委员会主任　邱春远

外事联谊委员会主任　蒙荣兴

文教卫体委员会主任　韦洪交

法制民族宗教委员会主任　杨惠生(2004 年起)

文史资料和学习委员会主任　玉光常(2004 年)

县级政协机构

20 世纪 80 年代初，境内各县先后建立人民政协委员会。1984 年 5 月，中国人民政治协商会议武宣县、来宾县委员会成立。同年 11 月，中国人民政治协商会议金秀瑶族自治县委员会成立。11 月 2 日，中国人民政治协商会议忻城县委员会成立。11 月 5 日，中国人民政治协商会议象州县委员会成立。12 月，中国人民政治协商会议合山市第一届委员会成立。20 世纪 90 年代中期，各县(市)政协内部机构设置的名称和个数不统一，大体上设办公室、提案法制委、经济科技委、学习文史委、教卫文体委、民族联谊委等"一室五委"科级机构，但也有的县设"一委四室"，如象州、忻城、金秀等县，也有的县设"一室三委"。1997 年，根据自治区机构改革精神，大多数县(市)从自身工作需要将多个委合并为 2~4 个委，机构名称也自定。1999 年自治区再次进行机构改革后，有少数县政协经同级党委同意，或增加或减少一个机构。2005 年，来宾市辖 6 县(市、区)只有兴宾区设"一室三委"，其余 5 县(市)只设"一室二委"，被取消的委职能由机关办公室或综合委(办)行使。

第二节　政协委员

2002 年 10 月 28 日，成立来宾市政协第一届委员会第一次会议筹备工作领导小组，开始市政协第一届委员会的筹建工作。根据来宾实际情况，领导小组制定《中国人民政治协商会议来宾市第一届委员会第一次会议筹备工作方案》。政协来宾市第一届委员会设置中国共产党、民主党派、无党派人士、共青团、工会、妇女联合会、文学艺术、教育、体育、新闻出版、医药卫生、少数民族、科学技术、科协、经济、农业、归侨、台联、工商联、宗教、特邀等 21 个界别。

2002 年 12 月第一届委员会第一次会议市政协委员 251 人。选举产生市政协第一届委员会主席、副主席、秘书长和常务委员，共计 41 名。各界别委员组成如下：中国共产党 36 名、民主党派 3 名、无党派人士 10 名、中国共产主义青年团 7 名、总工会 7 名、妇女联合会 7 名、文学艺术界 13 名、教育界 16 名、体育界 8 名、新闻出版界 8 名、医药卫生界 13 名、少数民族 19 名、科学技术界 12 名、科协 7 名、经济界 21 名、农业界 20 名、归侨 7 名、台联 5 名、工商联 17 名、宗教界 5 名、特邀人士 10 名。在 251 名委员中，中国共产党 100 名，占 39.85%；非中共委员 151 人，占 60.15%；少数民族委员 79 人，占 31.47%；妇女委员 38 人，占 15.13%。2005 年 1 月，第一届委员会第四次会议增加港澳人士界别，11 位市政协港澳委员第一次到来宾参加政协一届四次会议。

表 8-6　**1984—2005 年来宾市各县(市、区)历任政协主席名表**

县(市、区)	届次	职务	姓名	籍贯	任职时间
兴宾区(来宾县)	第一届	主席	韦以庚	广西来宾	1984 年 11 月—1987 年 10 月
	第二届	主席	韦世伦	广西来宾	1987 年 10 月—1990 年 9 月
	第三届	主席	黄桂新	广西来宾	1990 年 9 月—1993 年 11 月
	第四届	主席	刘仕荣	广西北海	1993 年 11 月—1997 年 3 月
	第五届	主席	梁胜玉	广西武宣	1997 年 3 月—2002 年 11 月
	第六届	主席	覃文录	广西来宾	2002 年 11 月—2005 年 12 月
忻城县	第一届	主席	蓝玉兴	广西忻城	1984 年 11 月—1987 年 11 月
	第二届	主席	李高荣	广西忻城	1987 年 11 月—1989 年 9 月
	第三届	主席	卢庆云	广西忻城	1990 年 8 月—1993 年 11 月

续表

县(市、区)	届次	职务	姓名	籍贯	任职时间
忻城县	第四届	主席	蓝常赛	广西忻城	1993 年 11 月—1999 年 1 月
	第五届	主席	蓝常赛	广西忻城	1999 年 1 月—2002 年 11 月
	第六届	主席	黄维安	广西忻城	2002 年 11 月—2005 年 12 月
象州县	第一届	主席	唐元玲(女)	广西桂林	1984 年 11 月—1987 年 11 月
	第二届	主席	韦绍仁	广西象州	1987 年 11 月—1990 年 9 月
	第三届	主席	韦诚凡	广西象州	1990 年 9 月—1993 年 11 月
	第四届	主席	李胜琨	广西北流	1993 年 11 月—1999 年 1 月
	第五届	主席	何金保	广西象州	1999 年 1 月—2001 年 6 月
		主席	陈启文	广西象州	2002 年 3 月—2002 年 12 月
	第六届	主席	陈启文	广西象州	2002 年 12 月—2005 年 12 月
武宣县	第一届	主席	张　谦	广西武宣	1984 年 5 月—1987 年 11 月
	第二届	主席	张　谦	广西武宣	1987 年 11 月—1990 年 6 月
	第三届	主席	黄业初	广西武宣	1990 年 7 月—1991 年 12 月
		主席	肖本发	广西融安	1991 年 12 月—1993 年 11 月
	第四届	主席	梁向阳	广西武宣	1993 年 11 月—1999 年 1 月
	第五届	主席	梁向阳	广西武宣	1999 年 1 月—2002 年 11 月
	第六届	主席	罗骏和	广西武宣	2002 年 11 月—2005 年 12 月
金秀瑶族自治县	第一届	主席	赵启才	广西灵川	1984 年 11 月—1987 年 11 月
	第二届	主席	李灵恩	广东三水	1987 年 11 月—1990 年 9 月
	第三届	主席	胡德才	广西金秀	1990 年 9 月—1992 年 4 月
		主席	全家忠	广西金秀	1992 年 3 月—1993 年 11 月
	第四届	主席	莫有宏	广西金秀	1993 年 11 月—1999 年 1 月
	第五届	主席	叶文凤	广西金秀	1999 年 1 月—2002 年 12 月
	第六届	主席	莫金梅	广西金秀	2002 年 12 月—2005 年 12 月
合山市	第一届	主席	莫兆华	广西平乐	1984 年 11 月—1987 年 11 月
	第二届	主席	朱亚扬	广西贺县	1987 年 11 月—1990 年 9 月
	第三届	主席	朱亚扬	广西贺县	1990 年 9 月—1993 年 11 月
	第四届	主席	黄瑞鹤	广西来宾	1993 年 11 月—1999 年 1 月
	第五届	主席	黄瑞鹤	广西来宾	1999 年 1 月—2002 年 11 月
	第六届	主席	谭尚仕	广西合山	2002 年 11 月—2005 年 12 月

注:任职超过下限的,以 2005 年 12 月记载。

第三节　全体会议及其他会议

全体会议

第一届委员会第一次会议　2002 年 12 月 15 日—17 日,政协来宾市第一届委员会第一次全体会议在来宾市兴宾区礼堂召开。市委书记讲话,廖春林作《中国人民政治协商会议来宾市第一届委员会筹备工作报告》,251 位委员出席。会议经过充分酝酿和民主协商,选举了廖春林为政协来宾市第一届委员会主席,韦幕川、农嘉勤、江文术、黄文龙、凌尔健、潘启优、韦文智为政协来宾市第一届委员会副主席,邱小敏为政协来宾市第一届委员会秘书长,韦亮、韦启韬、邓瑞安、朱贾莲(女)、江易荣、江展飞、杨林忻、苏金萍(女)、苏洪铭、李湘(女)、李晓江、连增贵、邱春远、张旭、张雪玲(女)、罗美兰(女)、莫于慧(女)、莫秀球(女)、莫忍章(瑶族)、唐科、黄开拓、黄良武、黄春林、黄维安、黄锡萍(女)、覃文录、覃燕明(女)、曾令宏、蓝雪萍(女)、蒙荣兴、蔡春玲(女)、黎贵宗等41人为常务委员。

第一届委员会第二次会议　2003年4月9日—11日，政协来宾市第一届委员会第二次会议在来宾市兴宾区礼堂召开，253名委员出席会议。会议主要有听取和审议市政协第一届委员会常务委员会工作报告；听取和审议市政协第一届委员会常务委员会关于市政协一届一次会议以来提案工作情况的报告；列席市第一届人民代表大会第二次会议，听取并讨论政府工作报告及其他有关报告；通过市政协第一届委员会第二次会议政治决议；通过市政协第一届委员会第二次会议关于常务委员会工作报告的决议；通过市政协第一届委员会第二次会议关于市政协一届一次会议以来提案工作情况报告的决议；通过市政协提案委员会关于市政协第一届委员会第二次会议提案审查情况的报告。

第一届委员会第三次会议　2004年2月17日—20日，政协来宾市第一届委员会第三次会议在来宾市兴宾区礼堂召开，出席会议委员252名。会议主要有听取和审议市政协第一届委员会常务委员会工作报告；听取和审议市政协第一届委员会常务委员会关于市政协一届二次会议以来提案工作情况的报告；列席市第一届人民代表大会第三次会议，听取并协商讨论政府工作报告及其他有关报告；通过人事事项，补选政协来宾市第一届委员会主席（补选冯成善为市政协第一届委员会主席）；通过市政协第一届委员会第三次会议政治决议及其他各项决议；通过市政协提案委员会关于市政协第一届委员会第三次会议提案审查情况的报告及其他。

第一届委员会第四次会议　2005年2月18日—20日，政协来宾市第一届委员会第四次会议在来宾市兴宾区礼堂召开，出席会议委员257名。会议主要有听取和审议市政协第一届委员会常务委员会工作报告；听取和审议市政协第一届委员会常务委员会关于市政协一届三次会议以来提案工作情况的报告；列席市第一届人民代表大会第四次会议，听取并协商讨论政府工作报告及其他有关报告；通过市政协第一届委员会第四次会议政治决议及其他各项决议。

市政协常委会议

来宾市政协常务委员会会议（简称常委会议）一般每季度举行一次。第一届市政协共召开常委会议15次。每次常委会议邀请住来宾的自治区政协委员、机关各委（室）负责人和不是常委的各县（市）政协主席列席。

一届常委会第一次会议　2003年1月22日召开，会议上传达中国共产党来宾市第一次代表大会精神和传达自治区政协九届一次会议精神；会议审议通过《政协来宾市第一届委员会常务委员会关于市政协工作机构设置的决定》和人事任命事项；审议通过市政协2003年工作计划安排。

一届常委会第二次会议　2003年4月1日召开，会议审议通过关于召开政协来宾市第一届委员会第二次会议的决定和一届二次会议有关文件草案，审议通过人事事项。

一届常委会第三次会议　2003年9月26日召开，会议听取市人民政府副市长作1月—8月全市国民经济运行情况的通报、政协副主席作市政协第二次常委会会议以来工作情况的报告、秘书长作关于市政协委员视察农业结构调整、农业增产、农民增收情况的通报，审议通过市政协《关于尽快实施我市农业标准化建设的建议案》，会议鉴于韦启韬已调离来宾市，并根据本人请求，决定韦启韬不再担任政协来宾市第一届委员会常务委员、委员职务。

一届常委会第四次会议　2004年2月12日召开，会议审议通过关于召开市政协一届三次会议的决定和一届三次会议有关文件草案，审议通过人事事项，撤销廖春林的市政协委员资格，增补市政协委员2名。

一届常委会第五次会议　2004年3月25日召开，对2003年全市政协系统开展“四个一”活动成绩显著的单位和委员进行表彰和颁奖，审议通过人事事项（任命相关委主任2名，副主任2名，增补市政协委员6名）。

一届常委会第六次会议　2004年7月27日召开，会议学习全国政协十届二次会议通过新修正的《中国人民政治协商会议章程》，听取提案委主任作提案工作情况的报告和经济科技委主任作市政协关于水果生产专题调研情况的报告。

一届常委会第七次会议　2004年12月9日召开一届七次常委会议，会议听取关于视察团视察合山市工业化建设和金秀瑶族自治县水源林情况的报告，通过增补委员决定。

一届常委会第八次会议　2005年1月12日召开，会议审议通过关于召开市政协一届四次会议的决定以及一届四次会议文件草案，审议通过有关人事任命，增补市政协委员2名。

一届常委会第九次会议　2005年6月10日召

开,会议参观汇元锰业、东糖集团浆纸厂、来华投资区建设等重点项目。

一届常委会第十次会议 2005年9月22日召开,会议就如何发挥政协作用,构建和谐平安来宾作贡献进行专题发言。

主席会议

2002年12月23日,召开一届一次主席会议,研究市政协的机构设置,政协领导分工等问题。2003年1月21日,召开一届二次主席会议,研究人事安排、召开第一次常委会、2003年政协工作计划安排等问题。2003年3月28日,召开一届三次主席会议,研究召开市政协第一届委员会二次会议的筹备工作和人事事项。2003年4月29日,召开一届四次主席会议,总结第一季度工作,研究布置第二季度工作和筹备召开提案交办会等问题。2003年7月31日,召开一届五次主席会议,审议通过市政协机关15项规章制度,讨论开展专题调研的准备工作。2003年9月19日,召开一届六次主席会议,研究和讨论筹备召开第三次常委会会议的有关事项,讨论第二次常委会会议以来工作情况的报告稿,审议《关于尽快实施我市农业标准化建设的建议案(草案)》。2004年2月11日,召开一届七次主席会议,审议通过关于召开市政协一届三次会议的有关事项;审议人事事项,增补冯成善为市政协委员,提名冯成善为市政协主席候选人。2004年2月26日,召开一届八次主席会议,研究市政协机关的工作,讨论委员"四个一"活动和优秀提案,承办提案先进单位及先进个人的表彰事项,审议人事事项。2004年3月18日,召开一届九次主席会议,审议人事事项,讨论召开一届常委会第五次会议的有关事项、2004年市政协工作要点,主席、副主席分工等问题。2004年5月9日,召开一届十次主席会议,学习全国政协十届二次会议新修正的政协章程;研究政协工作,要求要办好《来宾政协》简报,决定创办《社情与建议》刊物,作为内刊。2004年7月21日,召开一届十一次主席会议,研究召开市政协一届常委会第六次会议的有关事项。2004年10月8日,召开一届十二次主席会议,研究召开一届常委会第七次会议的事项、开展专题调研和委员视察活动的工作,召开学习中共十六届六中全会精神和胡锦涛总书记在庆祝人民政协成立55周年大会上的讲话座谈会。2004年11月19日,召开一届十三次主席会议,研究召开一届常委会第七次会议(第十二次主席会议决定在12月召开一届常委会第七次会议)有关事项,审议增补市政协委员等事项。

2005年1月5日,召开一届十四次主席会议,研究召开一届常委会第八次会议和市政协一届四次会议有关事项,审议人事事项。2005年4月20日,召开一届十五次主席会议,讨论2005年市政协工作要点,研究召开一届常委会第九次常委会有关事项。2005年7月14日,召开一届十六次主席会议,专题学习《中共中央关于进一步加强中国共产党领导的多党合作和政治协商制度建设的意见》(中发〔2005〕5号)。2005年11月16日,召开一届十七次主席会议,研究开展委员视察工作和专委会专题调研活动事项。

第四节 参政议政

政治协商

1984年后,境内各县每年举行政协委员会会议,对国家和地方的大政方针以及政治、经济、文化和社会生活中的重要问题在决策之前进行协商和就决策执行过程中的重要问题进行协商。

2002年12月28日,成立中国人民政治协商会议来宾市委员会。市委就各个时期的大政方针,经济建设和政治、社会生活中的重要问题及重要人事安排等问题定期或不定期召开会议,邀请市政协领导,各民主党派、工商联和无党派人士参加,听取意见和建议。此外,市政协换届改选时的重要人事安排等问题与政协进行协商,让与会人员充分发表意见,畅所欲言。

至2005年,市政协每年召开的全会都就如何建设新来宾,怎样实施"工业立市、农业稳市、商贸旺市、科教兴市、依法治市"的总体思路或每年市委的重点工作等专题举办市政协委员与市党政领导和有关部门负责人直接对话的专题对话会。对话是由市政协委员(含市政协港澳委员)与市党政领导及有关部门负责人面对面地提出问题或意见建议。通过对话更好地沟通思想,解决问题。同时,市政协每年定期召开的常委会或不定期由相关专门委员会组织相关部门负责人就深化农村经济体制改革、深化国有企业改革、推进行政管理体制改革、全面提高对外开放水平、推进工业化建设、加快实施科教兴市战略、发展非公经济、社会治安综合治理、积极扩大就业和再就业、完善社会保障制度、加强反腐倡廉等方面问题，每次选择一个专题开展对口协商和专题协商。并在调查研究的基础上，撰写《关于农业结构调整、农民增收情况的报告》《关于来宾市非公有制经济发展的报告》等多篇汇报材料，报送市委、市政府，得到党政领导的关注和重视。

民主监督

20世纪80年代，境内各县参加人民政协的各民主党派、无党派爱国人士，各人民团体和社会各界爱国人士，就国家和地方的重要事务提建议、意见和批评，以及中国共产党同各民主党派、无党派爱国人士相互之间的民主监督，其中主要是对执政的中国共产党和政府的监督。

1984年12月，武宣县政协组织考察组到县中、二中、教师进修学校，对落实知识分子政策的情况进行调查，然后综合向中共县委会、县府反映学校师资缺乏，经费困难，教学设备差，教师住房紧张等问题。县政府对县政协考察组的建议和批评意见，并及时召开有关部门的领导会议，逐项研究落实，较好地解决了教育经费和危房问题。1988年初，武宣县市场食糖供应突然紧张，政协的提案法制委员会组织委员进行调查，发现某企业将食用糖指标挪作他用，造成供应不足，随即向县政府提出具体建议，县政府责成有关部门采取凭证供应等措施，很快解决了食糖供应紧张状态。1990年，市场上出现屠户往猪牛肉注水，损害消费者的利益。武宣县政协委员通过提案，向工商行政管理部门提出制止建议，工商部门立即召开专门会议，决定在县城和各乡镇成立屠宰场，所有猪牛都集中到屠宰场宰杀，杜绝猪牛肉打水的现象。

2003年，针对来宾市农业发展标准化问题，市政协开展专题调研，向市人民政府提出《关于尽快实施我市农业标准化建设的建议》的建议案。针对台资企业发展情况，市政协通过调查研究，撰写《来宾市台资企业情况调查报告》。市政协组织2个委员考察团对来宾市农业和非公经济发展情况进行考察。一个市政协委员考察团深入6个县（市、区）乡镇农村就农业结构调整、农业增产、农民增收及农业产业化情况进行考察，形成专题报告报市委、市政府。另一个委员考察团深入兴宾区、忻城县、合山市的非公企业和个体工商户进行考察，及时向市委、政府提出意见和建议，特别是“实施个体工商户无抵押小额信用贷款的办法”的建议案，得到自治区政协及上级有关部门的重视并拟完善推广。2004年，针对加入世贸后市水果发展问题和市未成年人犯罪问题进行专题调研，向市委和市政府提交《来宾市水果生产调研报告》和《来宾市未成年人犯罪问题的调研报告》。市政协选择“金秀瑶族自治县水源林保护与林农收入问题”和“合山市加快工业化建设与改善投资环境问题”两个课题，组织住来宾的自治区政协委员和市政协委员进行视察，写出两份专题视察报告，对如何增加林农收入问题，提出9条建议，对改善投资环境提出7条建议。2005年，市政协组织政协委员开展两次考察活动，分别写出《关于武宣县规模种养业发展情况的视察报告》和《关于忻城县桑蚕业发展情况的视察报告》提交市委、市政府。市政协组织委员，针对来宾市的城区社会治安问题、外商投资软硬环境问题、农村公路建设、中小学危房改造等课题进行专题调研，写出《改善投资软硬环境，加快来宾经济发展》等7个调研报告，提出建议30多条。

参政议政

20世纪80—90年代，各县（市）政协对政治、经济、文化和社会生活中的重要问题以及人民群众普遍关心的问题，开展调查研究，反映社情民意，进行协商讨论。通过调研报告、提案、建议案或其他形式，向中国共产党和国家机关提出意见和建议。

1984年，各县政协成立之后，政协委员每年列席县人大各届代表大会或人大例会，听取讨论政府工作报告、计划执行情况报告、财政预决算报告和法院、检察院的工作报告，并就报告中的问题提出意见和建议。1990年3月，象州县召开的县政协第二届委员会第五次会议，委员们对县人民政府工作报告讨论稿提出9个方面40条修改意见，被县人民政府采纳。县政协还通过委员们提建议、批评、意见来实现参政议政和民主监督。同年9月，该县召开第三届委员会第一次会议，委员们共提出建议、批评、意见849条。

1991年，来宾县政协受县委委托，组织施工，完成古三桥建设、来宾至六道19千米油路建设、邕柳线来宾境内18千米二级公路改建工程等。1992年，来宾县政协组织资金和人力、物力在正龙乡培育25000多株巨尾桉营养杯苗，免费送给正龙村公所种植。2000年，来宾县以政协常委会的名义向县委、县人民政府提交《关于把县府鱼塘改造建成休闲小广场》的建议案，得到县委、县府的高度重视，使该项目于当年6月破土动工。1999—2002年,武宣县政协根据自治区"1234610"农村工作思路,指导发动连片农业集约型生产经营,种植秋冬菜及反季节农作物,建办"万元田";督查指导九年义务教育及"两基"教育工作。2005年,兴宾区政协出台《兴宾区政协关于民主评议区政府职能部门的工作方案》,经区政协第一届委员会第13次常委会审议通过,报经区委同意后,对该区计生局、区监察局进行了民主评议,促进其依法执政能力的提高。

1991—2005年,政协合山市第三、四、五、六届委员会举行全体委员会议共13次,为政府施政出谋献策,提出提案509件。忻城县政协组织政协委员先后视察全县农业生产、城乡环卫、新农村合作医疗、职工基本养老保险、易地移民搬迁和北更、遂意、红渡等乡(镇)和县缫丝厂视察桑蚕生产、收购管理、缫丝生产以及公路养护管理、建设项目等情况,对全县非公有制经济、矿产资源、城镇化建设、教育资源整合、农业产业生产、新农村建设等开展专题调研活动,先后形成《关于我县农业社会化服务体系建设情况的调研报告》《关于整合优化我县农村教育资源,促进全县教育事业均衡发展的调研报告》。

至2005年,市政协每年都组织课题调研组,由主席、副主席牵头,专门委员会承办开展调研活动,通常还邀请市直有关职能部门参加调研,对报告进行协商讨论,反复征求意见,调研报告形成之后,选出1~2个报告提交市政协常委会讨论通过,形成建议案,通过召开有市委、市政府主要领导及相关部门的领导参加的协商会进行协商,促进问题的解决。各民主党派、政协各专门委员会每年自选1~2个课题开展调研,调研报告供市委、市府决策参考。市政协每年都要求委员撰写提案,在年初召开的例会时交提案审查委员会的属大会提案,会后由提案委整理交有关部门承办,平时提交的提案随时交相关部门办理。市政协还通过学习考察、视察、社情与建议等形式向市委、市政府提出意见和建议,反映群众呼声。市政协主席列席市委常委会议,各位副主席、秘书长也应邀参加市委、市政府的重大会议,共同参与重大问题的协商和决策。市直部门部分"一把手"是政协委员,市委在市直部门领导班子里有意识地配备政协委员中的民主党派、非党干部共同参与机关事务管理。

政协提案

2002—2005年,来宾市政协共征集提案451件,立案435件,占提案总数的96.45%,被采纳417件,采纳率为92.46%。依类别分,经济建设类立案219件,占立案总数的50.34%,科教文卫类立案119件,占立案总数的27.36%,政治统战综合类立案97件,占立案总数的22.30%。依年次情况来看,2002年征集到提案52件,立案52件,立案率100%,采纳49件,占立案总数94.23%,其中经济建设类25件,占立案总数的48.08%,科教文卫类16件,占立案总数的30.77%,政治统战综合类11件,占立案总数的21.15%。2003年征集到提案135件,立案132件,立案率97.8%,采纳123件,占立案总数的93.2%,其中经济建设类63件,占立案总数的47.73%,科教文卫类26件,占立案总数的19.70%,政治统战综合类43件,占立案总数的32.58%。2004年征集到提案145件,立案137件,立案率94.5%,采纳133件,占立案总数的97%,其中经济建设类72件,占立案总数的52.55%,科教文卫类41件,占立案总数的29.93%,政治统战综合类24件,占立案总数的17.52%。2005年征集到提案119件,立案114件,立案率95.8%,采纳112件,占立案总数的98%,其中经济建设类59件,占立案总数的51.75%,科教文卫类36件,占立案总数的31.58%,政治统战综合类19件,占立案总数的16.67%。

2003年5月,来宾市人民政府制定下发《来宾市人民政府关于印发承办人民代表大会代表建议、批评、意见和人民政治协商会议委员提案暂行办法的通知》(来政发〔2003〕36号),2004年3月来宾市政府办公室下发《来宾市人民政府办公室关于办理人大代表建议和政协委员提案有关问题的通知》,对提案办理工作提出具体要求。来宾市政协加强提案征集、审查、立案、交办、督办工作,2005年,开始实行对提案进行二次审查再决定立案,实行二次审查立案保证提案质量,委员和承办单位比较满意。每年召开一次提案工作座谈会,请各县(市、区)政协主席或分管提案工作副主席、提案委正、副主任一起总结交流提案工作经验、研讨提高提案质量和办理质量等问题。对政协常委和委员的专题发言、专委会的调研报告等经加工、提炼、整合后转化为精品提案。提案委配合新闻单位报道大会提案工作情况,在《广西政协报》《桂中日报》《来宾政协简报》等刊物宣传提案工作。

政协建议案

2003年9月,来宾市政协一届常委会第三次会议审议并通过市政协向市人民政府提出的《关于尽快实施我市农业标准化建设的建议》。

1991—2005年，忻城县政协组织政协委员先后提出《关于加快县城“一河两城”建设的建议案》《关于大力推广农业标准化生产的建议案》《关于加强我县农业社会化服务体系建设的建议案》《关于做好我县申报广西历史文化名城的建议案》《关于做好我县壮锦技艺生产保护工作，促进特色文化旅游产业化发展的建议案》《关于利用民族服装打造壮乡故宫品牌，加快忻城县旅游产业化发展的建议案》等建议案41篇。

委员视察、对外联谊

2003年，市政协发往海外慰问信、贺年卡共120份。受台湾中华工商协会、台北市广西同乡会邀请，由市政协副主席农嘉勤一行10人考察台湾。这次考察是来宾市建市以来首次以政府官员组团考察台湾的一次联谊活动。2003年，共组织委员视察团2个，有39名委员参加视察活动，形成视察报告2份。以市政协副主席韦幕川为团长的市政协委员视察团一行18人到来宾市各县（市、区）就农业结构调整、农业增产、农民增收及农业产业化情况进行视察。以市政协副主席、市委统战部部长江文术为团长的自治区政协委员和市政协委员视察团一行21人，对来宾市兴宾区、忻城县、合山市非公有制经济发展情况进行视察。

2004年，市政协常委会重点选择“金秀瑶族自治县水源林保护与林农收入问题”“合山市加快工业化建设与改善投资环境问题”两个课题，组织自治区驻市的政协委员、市直部分政协委员进行视察活动。通过视察，对金秀瑶族自治县在保护水源林当中存在的保护与生存、保护与开发、保护与发展的突出矛盾，特别是如何增加林农收入问题，提出9条建议；对合山市加快工业化建设和进一步改善投资环境提出7条建议。视察报告分别报市委、市人民政府作决策参考，并报送自治区政协。对在各县（市、区）市政协委员，常委会委托各地政协就近组织开展视察活动，也取得较好成效。年内，圆满完成全国政协委员、自治区政协委员视察团到来宾视察的接待任务。2004年，市政协充分利用政协自身条件，召开香港委员座谈会以及其他形式的座谈会、联谊会，开愿同科技、教育、妇女、港澳委员、归侨、侨胞等各界人士的联谊活动，弘扬中华民族的优良传统和爱国主义精神，增进各族各界人士在爱国主义和社会主义旗帜下的广泛团结，共同建设新来宾作出应有的贡献。年内，港澳委员在本市受到水灾和旱灾时，给予极大关注。还慷慨解囊，积极为金秀、合山、忻城等县（市）捐资捐物，其中黄壁莲委员组织香港同胞为金秀瑶族自治县捐赠款物21万元，为合山市捐款25万元，共计46万元，帮助修建学校及桥梁道路，深受当地群众的称赞。

2004年，市政协常委会注重加强和改进调研工作，主席、副主席亲自带队深入农村、厂矿和基层单位进行调查研究，全年共组织两次较大规模的专题调研活动并形成调查报告。年内，以市政协一位副主席为组长，组成有政协委员、有关部门领导和技术人员参加的调研组，利用4天时间深入各县（市、区）开展水果生产调研，形成《来宾市水果生产调研》为市委、市政府和有关部门提供决策参考。另外，由市政协一位分管副主席牵头，组织市政协法制民族宗教委和有关部门，就如何预防、控制未成年人违法犯罪，写出调研报告，提出意见和建议。

2005年，受自治区政协委托，市政协于11月29日—12月2日，组织驻来宾市的自治区政协委员到河池市视察东巴凤基础设施建设大会战各项基础设施建设情况。年内，市政协组织两个委员视察团，分别由农嘉勤、凌尔健副主席担任团长，带领市政协委员视察武宣县的规模种养业和忻城县的桑蚕业。委员们通过听取当地党委政府的工作汇报、实地考察、与农民座谈等形式，了解当地规模种养业和桑蚕业的发展情况，分别写出《关于武宣县规模种养业发展情况的视察报告》和《关于忻城县桑蚕业发展情况的视察报告》，既充分肯定成绩，又对今后的发展提出建议意见。各专门委员会紧紧围绕市委市府的工作大局及群众关心的热点难点问题，开展深入细致的调查研究，写出《改善投资软硬环境，加快来宾经济发展》等7篇调研报告，这些报告既有情况分析，又提出可操作性的意见和建议，报送市领导及相关部门。

第五节 文史资料征编

20世纪80年代初，境内各县政协成立后，开展向各界人士广泛征集县内文史资料。到1987年底，金秀共征集文史资料100多篇20余万字，编辑出版《金秀文史资料集》2集。1988年，忻城县政协召开文史资料征集座谈会，发征稿信，征集到政治、经济、军事、文化、教育方面文史资料34万字，编写《忻城文史资料》14 篇 6 万多字。1990 年合山市政协文史资料委员会编印《合山市文史资料》第一辑，收录合山市 1984—1990 年经济发展概况的典型材料，兼收地方民俗风情、往事追忆等 4 个方面的部分资料。至 1991 年 10 月，来宾县政协出版《来宾文史资料》第五辑。1994 年 7 月，来宾县政协出版《来宾文史资料》第七辑。1995 年 10 月，来宾县政协出版《来宾文史资料》第八集。2000 年 12 月，来宾县政协出版的《来宾文史资料》第十三辑。

2002 年建市以来，来宾市政协出版《来宾文史》2 辑。2003 年 12 月，出版《来宾文史》第一辑，全书 15.3 万字，记录设撤地设市史料、各县（市、区）概况、辖区内部分名胜古迹、来宾市名优特产、辖区内各民族风情、社会各界人物、来宾市大中型厂矿企业概况等。2005 年 2 月，出版《来宾文史》第二辑，全书 15.8 万字，收录来宾市非公有制经济典型中的发展历史和现状。

1991—2005 年，忻城县政协对忻城县政治、经济、军事、教育、卫生、科技、交通、邮电等方面史料进行收集整理，出版《忻城文史资料》第一至八辑共 218 万字；编纂出版《忻城土司志》，全书 30 万字，收集图片 60 幅。武宣县政协共编辑出版《武宣文史资料》五辑，合计 42.8 万字，印刷发行 1.15 万册。

第九篇

政　法

清代，各县社会治安由绿营、防勇、亲兵维持。民国初期，各县将防勇、亲兵改为警察。民国期间，兵燹频仍，盗匪横行，政府治理乏力，社会混乱。中华人民共和国成立后，境内各县政法部门通过清匪反霸、镇压反革命、取缔反动会道门、禁毒禁赌及以后的依法治安等措施，确立并维护了稳定的社会新秩序。“文化大革命”期间，无政府主义思潮和行动践踏民主法制，政法工作受到冲击。中共十一届三中全会后，境内各级政法机关迅速恢复，公、检、法、司管理机构得以重新健全，并对社会治安实行综合治理。为加强党对政法工作的领导，各县（市、区）成立县（市、区）委政法委员会，作为县（市）委的职能部门。强化法律意识，严肃国家法制，强化党对政法工作的领导，加强对公、检、法、司干部的管理和政法队伍建设，协调公安、检察、法院、司法行政之间的关系，共同搞好社会治安综合治理工作，严厉打击各种违法犯罪活动，以维护社会稳定为出发点，以推动经济健康快速发展为落脚点，全面围绕依法治国，重点加强政法队伍建设和基层基础工作，加大司法改革力度，确保严肃公正执法，锻造坚强过硬的政法队伍。

第一章　政法协调与社会治安综合治理

来宾市政法委员会在市委领导下，面对各种错综复杂的社会不稳定因素，以及在司法改革和政法队伍建设管理中遇到的各种新情况、新问题，紧紧围绕社会稳定这一首要任务，充分发挥各部门的职能作用，认真履行职责，扫黑除恶，坚定不移地为改革开放、为发展社会经济保驾护航。始终把维护社会政治稳定放在首位，全力以赴化解各类矛盾纠纷和社会不稳定因素，把大量的矛盾纠纷化解在基层，消灭在萌芽状态。坚持严打方针，严厉打击各种违法犯罪。

2003年后，来宾市先后制定“打、防、控”一体化建设的工作意见和进一步加强全市社会治安综合治理基层组织建设的工作方案，大力加强以110报警服务台为龙头的接处警机制和社会联动应急机制建设，社会治安综合治理基层组织建设不断加强，全市乡镇、街道综治机构得到健全。全面推进社会治安综合治理“打、防、控”一体化建设，深入开展以“争创人民满意政法干警（单位）”活动为载体，以抓班子带队伍为关键，促进政法队伍整体素质的不断提高。认真贯彻《中共中央关于进一步加强政法干部队伍建设的决定》，坚持从严治警与从优待警并重，实现政法队伍制度化、规范化建设。

第一节　机　构

1980年后，境内各县（市）委根据上级有关文件精神，成立县（市）委政法委员会，加强党对政法工作的领导，协调、督促、检查公安、检察、法院、司法行政机关的工作。1980年11月，中共武宣县委政法委员会（下简称政法委）成立。1981年2月，中共忻城县委政法委成立，政法委书记由1名县委副书记兼任，配有专职副书记和干部3名。4月，中共来宾县委政法委成立，由县人大常委会主任黄达兼任书记，县公安局局长任副书记，县人民检察院检察长莫盛荣、县法院院长沈源渊、县公安局副局长廖永荣、张树声为委员。1986年，境内各县（市）委政法委编制：来宾县7人，合山市7人，忻城县7人，象州县8人，武宣县10人，金秀瑶族自治县7人；实有干部：来宾县3人，合山市2人，忻城县4人，象州县7人，武宣县7人，金秀瑶族自治县5人。1987年，各县（市）委政法委均设专职副书记。10月19日，来宾县公安局政委潘耀才调任县委政法委专职副书记。1991年，各县（市）委政法委作为专职机构设置，配置干部：来宾县9人，合山市6人，忻城县4人，象州县6人，武宣县4人，金秀瑶族自治县4人。是年，境内各县（市）先后成立社会治安综合治理委员会（以下“社会治安综合治理委员会”简称“综治委”，下同），其办公室设在政法委；综治委与政法委合署办公。4月，武宣县成立综治委，其办公室设在政法委。6月，来宾县成立综治委。来宾县综治委建立后，即在县直178个单位、学校、厂（矿、场）以及24个乡（镇）257个村委会建立社会治安综合治理机构和群防群治组织。合山市成立综治委及其办公室。11月，忻城县成立综治委办公室为中共忻城县委的工作部门，定编制2人，与政法委合署办公。1997年6月23日，来宾县委办、县政府办下发《关于建立健全基层社会治安综合治理委员会及办事机构的通知》，全县24个乡镇相继建立综治办，由分管政法副书记兼任主任，成员由派出所、司法所、各村委会民兵营长等人员组成。2001年。境内各县（市）成立防范和处理邪教问题领导小组办公室，与政法委、综治委实行一套人马，三块牌子，合署办公。1月，武宣县成立处理邪教“法轮功”问题领导小组办公室及武宣县防范和处理邪教问题办公室，挂靠县委政法委。5月，合山市成立防范和处理邪教问题领导小组办公室。2002年初，武宣县实行机构改革，县委以武办〔2002〕10号文批准政法委设立内设机构3个，即秘书股、政工股和调研、执法监督股。政法委机关定编9名，其中政法委行政编制4名、后勤事业编制1名，综治办行政编制2名，防范邪教办行政编制2名。办公地址在武宣县公安局。

2003年6月18日，来宾市委政法委将机关从柳州市全部搬迁到来宾，临时租借维林大道维林新城576号民房办公。市委政法委是中共来宾市委领导、管理、监督、协调和指导政法工作的市委工作部门。内设办公室、政法部、执法监督室、调研室和政法纪律工作委员会。来宾市社会治安综合治理委员会办公室（简称市综治办）、来宾市处理“法轮功”问题领导小组办公室在市委政法委挂牌合署办公。综治办内设综合督导科，处理“法轮功”问题办公室内设秘书科。10月，来宾市处理“法轮功”问题领导小组办公室更名为来宾市防范和处理邪教问题办公室（对外挂市610办公室名称不变）。市委政法委下辖兴宾区、合山市、象州县、金秀瑶族自治县、武宣县和忻城县6个县（市、区）委政法委员会。2003—2004年，兴宾区加强乡（镇）、街道综治办和派出所、司法所建设。全区24个乡镇、街道综治办和司法所工作人员基本配齐。健全基层组织，筑牢第一道防线。共建立综治协会7个，治保会261个4380人，调解会281个2480人，解决农村治安防范不到位问题。

2005年，市、县（市、区）两级政法委员会共有编制71名，实有工作人员83人，其中市级政法委员会编制19名，实有工作人员19名。市委政法委书记韦世德，第一副书记由市人民政府副市长黄桂廷兼任，副书记蒙星朗、江展飞、毛正军，委员练时龙。县（市、区）级政法委员会编制52名，实有工作64名（兴宾区16名，合山市6名，象州县11名，金秀瑶族自治县12名，武宣县10名，忻城县9名）。市、县两级政法委员会干部队伍中，具有大专以上学历78人，其中市级18人，县（市、区）级60人。

第二节　政法队伍建设

政法干部学习教育

各县（市）委政法委贯彻执行《中共中央关于进一步加强政法队伍建设的决定》，组织开展学习教育整顿及争先创优活动，建章立制，实行领导干部交流轮岗、中层干部竞争上岗、普通干警“双向选择”的人事制度改革，坚持政治建警、从严治警、从优待警、加强政法机关领导班子建设和组织开展教育培训工作。

1981—1992年，组织政法各部门开展“爱民月”“岗位学雷锋、行动树新风”和“警民共建”等活动。1990年，来宾县所有乡镇建立综治办，配备一名专职干部任综治办主任，享受副科级待遇。健全县乡两级社会治安综合治理工作机构。1993—1996年，政法各部门以“创一流班子，带一流队伍”为契机，以围绕抓好领导班子建设带动队伍建设为目标，结合自身实际，组织广大干警学习党的十四届四中、五中全会精神，学习邓小平建设有中国特色社会主义理论和《人民警察法》《检察官法》《人民法官法》，对照中央政法委严肃执法的“十不准”（不准执法犯法，贪赃枉法；不准乱收费、乱罚款、乱摊派；不准利用职权搞创收；不准违反规定经商办“三产”；不准搞第二职业；不准有案互相推诿不办；不准以罚代刑；不准搞地方保护主义；不准越权办案；不准擅自设立和撤销机构）要求，开展对照检查、揭摆问题，提出反腐倡廉、严肃执法措施。贯彻落实中央政法委的“三条禁令”（绝对禁止政法干警接受当事人请吃喝、送钱物；绝对禁止对告状求助群众采取冷漠、生硬、蛮横推诿等官老爷态度；绝对禁止政法干警打、骂人、刑讯逼供等违法乱纪行为），各政法部门结合部门实际，制定落实“三条禁令”具体措施，采取交纳“违法违纪风险抵押金”制度，用强有力的措施、制度来保证“三条禁令”落到实处。1994年6月12日，来宾县委、县人民政府调整来宾县社会治安综合治理委员会成员。同时组建铁路护路民兵连共115人，在湘桂线来宾县境段小平阳、平塘、良江、来宾、凤凰、白山等火车站驻守巡逻护路。11月23日，县委、县人民政府成立来宾县整治农村社会治安斗争指挥部。县委书记担任指挥部政委，县长担任指挥长，另设5名副指挥长。1996年5月，武宣县政法各部门根据广西区党委的部署，全面实施“三严四自”工程（严格要求、严格管理、严格监督及自重、自省、自警、自励），开展“两个转变”（经济体制从传统的计划经济体制向社会主义市场经济体制转变，经济增长方式从粗放型向集约型转变）“双学”（学习邓小平同志建设有中国特色社会主义理论和《中国共产党章程》）“三德”（社会公德、职业道德、家庭伦理道德）和“党纪政纪条规”教育活动。

1997—1998年，各县（市）以开展“三严四自”（严格要求、严格管理、严格监督、自重、自省、自警、自励）工程活动为载体，对广大干警进行“三德”（社会公德、家庭伦理道德、职业道德）和全心全意为人民服务的宗旨教育，开展“敬业爱岗为民树形象”活动。地委政法委制定“仪表形象、执法形象、服务形象”等规范化标准。政法部门制定便民措施，完善办案制度，建立健全督查机制和奖惩机制，以制度上保证严格执法。同时，在政法系统中开展政法队伍集中教育整顿活动；抓好学习教育，帮助干警树立正确的世界观、人生观、价值观，增强干警抵御腐朽思想和歪风邪气侵蚀的能力；从群众反映强烈的问题入手，联系实际，搞好自查自纠；开展执法大检查，组织力量对1996年以来所办案件逐案复查，通过复查案件查干警的执法问题，抓住最容易发生消极腐败的部位和薄弱环节，整改建制。通过教育整顿，群众反映强烈的“三乱”（乱集资、乱摊派、乱收费）的现象得到有效遏制，刑讯逼供、打骂群众等问题得到有力整治，“四难”（门难进、脸难看、话难听、事难办）的现象明显改观。1997年，武宣县政法各部门根据《中华人民共和国国家赔偿法》及有关规定，制定并实施错案责任追究制，县公安局还制定了追究干警不依法履行职责责任的规定。县法院开展了执法大检查，对1995年以来审理的4450件案件进行逐案检查，对存在问题的个别案件的直接责任人进行处理，严肃执法教育。武宣县公安局提出“争创全国优秀公安局”目标。从“建章立制、以制治警，以岗定责、管理量化，强化教育、提高素质，以情待警、凝聚警心”等方面入手抓队伍教育管理，同年，获全区政法系统“十佳”单位和“全区优秀公安局”称号。6月23日，来宾县委办、县府办下发《关于建立健全基层社会治安综合治理委员会及办事机构的通知》，全县24个乡镇相继建立综治办，由主管政法副书记任主任，成员由派出所、司法所、各村民委民兵营长等人员组成。11月12日，成立来宾县“110”报警服务中心筹建领导小组。1998年，武宣县政法队伍教育整顿工作，采取开门整顿、接受群众监督的办法，开展了自查自纠和执法大检查。设立举报中心15个、举报电话15部、举报信箱14个，召开各界人士座谈会3次、参加座谈88人。检查案件3162件，占应检查案件3358件的94.16%；发现问题案件45件、干警违法违纪案件3件，全部纠正和处理，4人被批评教育、1人被行政处分。武宣县公安局实施“54321”工程（建立“五个联系”即每位民警联系一个村民委、一户困难户、一所学校、一名特困生、一个帮教对象；力争“四大突破”即侦审合一的刑侦工作突破、基层基础工作的突破、创安全文明小区的突破、队伍建设的突破；创建“三个一流”即一流的队伍、一流的业绩、一流的服务；树立“两个信心”即促进全县经济发展的信心和反腐倡廉、严格执法的信心；实现“一个目标”即创全国优秀公安局的目标）。1998年度获“全国优秀公安局”称号。

1999—2002年，以开展“三讲”（讲学习、讲政治、讲正气）教育和学习、践行“三个代表”重要思想为载体，在广大干警中开展“三项教育”（全心全意为人民服务的宗旨教育，实事求是的思想路线教育，严格、公正、文明执法的法制教育）活动和“整纪刹风”“警示教育”等教育整顿活动，重点加强领导班子建设，解决好领导班子的作风问题，着力解决干警“为谁掌权、为谁执法、为谁服务”的问题。1999年，武宣县公安局开展以治理刑讯逼供、滥用枪支和滥用强制措施为主要内容的“三项治理”活动，查处民警违法违纪案件2起2人，党纪处分1人，政纪处分1人。5月19日，来宾县委、县人民政府成立来宾县维护社会稳定工作领导小组。12月30日，成立来宾县创建“无毒社区”活动领导小组。2000年，武宣县政法各部门扎实开展“八查”“四清理”和“十严禁”活动，逐步完善执法监督制约机制，实行警务公开、检务公开、审务公开和司法行政业务公开，进一步加大人民群众和新闻舆论机构对违法办案和乱罚款、乱收费、乱摊派等现象的监督力度。全年共查处干警违法违纪案件3件3人，警诫1人，停止执行职务1人，党纪处分1人，政纪处分3人。

2001年，武宣县政法各部门认真开展纪律作风整顿，有1名干警被停止执行职务，有2名干警因犯罪被依法判刑。2月27日，来宾县召开全县政法工作会议，县综治委与102个县直单位、9个厂、矿、场、24个乡（镇）签订《2001年度社会治安综合治理目标管理责任书》。2002年，来宾县先后召开全县政法工作会议、全县社会治安综合治理工作会议、创建“无毒社区”重点整治工作会议、铁路护路工作会议等会议，研究布置综治工作。县委、县人民政府政府与各乡镇、各有关部门签订2002年社会治安综合治理责任书和创建“无毒社区”重点整治责任书，与铁路沿线乡（镇）签订铁路护路责任书。责任书明确党委主要领导是社会治安工作第一责任人。同时，还下发与责任书相配套的《创建“无毒社区”重点整治目标管理评分办法》和《社会治安综合治理目标管理责任制评分办法》，确保综治各项措施落到实处。另外，在全县综治工作会议上，还表彰了一批2001年度社会治安治理暨“严打”整治斗争先进集体和先进个人。4月，武宣县政法委成立了干警执法执纪专项治理工作领导小组，并印发了《预防和监督干警违法违纪十项制度》（个人重大事项报告制度、家庭走访制度、谈话诫勉制度、社会各界评议制度、群众举报制度、办案监督制度、执法执纪检查制度、领导责任追究制度、教育警示制度、讲评通报制度），在政法系统中开展执法执纪专项治理活动。5月9日，县公安局对原思灵派出所的两名干警进行停职审查。

2003—2005年，来宾市以开展“人民满意政法单位、政法干警”活动为主线，以开展“公正执法树形象”集中教育活动为载体，以“政治坚定、业务精通、作风优良、执法公正”为目标，以人民满意为标准，进一步加强队伍建设，努力打造服务型政法队伍。武宣县政法各部门全面开展“公正执法树形象”、取保候审专项执法检查和“规范执法行为，促进执法公正”专项整改活动，切实解决政法队伍中存在的执法不公和纪律作风问题。共查处干警违法违纪案件2起3人，通报批评2人，行政记大过1人。

2003年，全市政法系统有1个单位、2名干警被评为全国“严打”整治斗争先进集体、先进个人；市委、市政府授予10个单位、10名干警“十佳政法单位”“十佳政法干警”称号，授予52个政法单位、104名干警“先进集体”“先进个人”称号；提拔市直政法部门15名中层领导为副处级干部，5名领导班子副职为正处级领导；从县（市、区）选拔4名优秀青年政法干警到广东佛山市政法部门挂职，时间半年；查处干警违法违纪案件6起8人。2004年，结合开展“争先创优”和学习任长霞先进事迹活动，市委政法委组织报告团到全市6个县（市、区）作巡回报告，安排获得全国“人民满意司法助理员”的兴宾区司法局干部江耀强及市纪委、市委党校相关人员给政法干警作依法行政、理念宗旨、廉政道德和革命传统4个专题报告，以身边的先进事迹和先进典型教育广大干警，使他们学有榜样，赶有目标。当年，市委政法委还与组织部门协调，充实调整2个县（市）公安局领导班子，提拔政法干警236名；从市直政法部门中选派5名、从县（市、区）政法部门中选派8名德才兼备的优秀中青年政法干部到市、县（市、区）和市直政法部门挂职锻炼。

2005年，通过深入开展“保持共产党员先进性”教育活动，按照“抓班子、带队伍，保稳定”和干部“革命化、年轻化、知识化、专业化”方针，抓好各级政法领导班子建设。当年，全市提拔县（市、区）政法部门副处级领导4人，县（市、区）和市直政法部门科级领导职务44人，市直政法部门科级非领导职务60人，下派基层挂职2人，到发达地区挂职锻炼1人。市委政法委与市人事局、市委党校联合举办市直政法部门科级及科级以下干部培训班6期，培训干警902人，全市共查处干警违法违纪案件8起14人。

加强对政法部门执法的监督

1981年前，政法党组及政法委均为临时机构，未能履行对法院、检察、公安、司法行政等部门的执法监督职责。

党的十一届三中全会后，党加强对政法工作的领导。1998年3月，来宾县委政法委在全县政法队伍中开展集中教育整顿，组织开展执法大检查。县委政法委采取全面清查与重点检查相结合，自查自纠与相互帮助相结合，内部揭、摆、查与帮助相结合的办法进行执法检查。党委政法委和政法部门都成立执法检查组，对1997年以来办理的所有案件全面复查。据统计，全县政法部门共复查案件11151件，发现错案或存在问题的案件94件，全部予以纠正。县公安局要求24个行政派出所、15个厂矿、农、林场派出所及局机关18个股、室、所、队全部自查自纠，并组成4个检查组，聘请16名监督员，设置25个举报箱，抽查9个单位，对干警执法进行监督。县检察院成立案件复查小组，以交叉的形式对反贪局、刑检科等一线科、局、室自1997年以来的办案情况、赃款赃物保管、处理情况进行全面检查，重点对群众反映强烈的撤案、不捕案、不起诉案、法院宣判无罪、超越管辖范围、当事人多次申诉等案进行复查。复查不批捕案8件14人，不起诉案11件16人，决定撤销本院不起诉案件2件，并予重新起诉；复查撤案5件13人，复查反贪局立案14件14人。政法委把查办人民群众来信来访工作当作执法监督工作的重要环节，建立健全信访接待、审阅、调查、转办、督办、查处等制度，专人负责，使人民群众来信来访案件有着落有回音。政法委要求公安、检察、法院、司法等单位领导，认真做好来信来访工作，建立健全信访工作制度和执法监督信访领导接待日制度。通过查办信访案件，使一些错案、冤案和不公正的执法得到纠正，促使司法公正。

2002 年,健全和完善错案追究制度、重大治安案件查究制度及纪律处分制度,推行《预防和监督干警违法违纪十项制度》即个人重大事项报告制度、家庭走访制度、谈话诫勉制度、社会各界评议制度、群众举报制度、办案监督制度、执法执纪检查制度、领导责任追究制度、教育警示制度、讲评通报制度。

2000 年 1 月—2003 年 6 月,市、县两级政法部门共办理取保候审案件 1021 件 1332 人,其中检察、法院续保 90 件 119 人。采取保证人方式办理的 578 件 715 人,保证金方式办理的 443 件 617 人,收取保证金 285.59 万元。在各部门中,公安机关办理 629 件 875 人(财保 360 件 513 人,收取保证金 368.79 万元),检察机关办理 225 件 259 人(财保 27 件 28 人,收取保证金 1404 万元),法院办理 167 件 198 人(财保 3 件 3 人,收取保证金 2.4 万元)。政法各部门没有丢失取保候审案卷,也没侵占、挪用取保证金的情况,取保候审手续及法律文书基本齐全,填写规范。2003 年 7 月,来宾市政法委成立领导小组和联络组,开展取保候审专项执法检查工作。2005 年,市政法委全面开展"规范执法司法行为,促进执法司法公正"活动。按照中央和自治区的统一部署,从 5 月下旬起,在全市政法部门开展"规范执法司法行为,促进执法司法公正"专项整改活动,从容易发生徇私枉法、权钱交易,容易发生违规违法办案、执法司法不文明,容易发生玩忽职守、执法司法不作为,容易发生地方、部门保护、违法干预办案的岗位、环节上进行整改和规范,努力使执法司法行为进一步规范,取得了较好成效。法院系统以执行积案专项清理为重点共清理检查执行积案 367 件;检察机关对 2003 年以来的无罪判决案件、不起诉案件、涉检上访案件、检察干警违法违纪案件进行全面清理,共清理无罪判决案件 10 件 13 人,相对不起诉、存疑不起诉案件 132 件 178 人,涉检上访案件 18 件,检察干警违纪违法案件 3 件 4 人;公安机关以"大接访"为契机,全面推进专项整改工作,共投入办案人员 802 人,投入办案经费 32 万元,接待群众信访案件 272 起,受理群众信访事项 246 起,已办结 243 起,停访息诉 235 起,查破各类案件 20 起,抓获违法犯罪人员 39 名,查获犯罪团伙 1 个成员 3 名,解救受害人 1 人,解决户口问题 7 起,赔(补)偿经济损失 10 万元,行政处分民警 1 人,免职 1 人。同时,根据自治区和市集中处理信访突出问题及群体性事件联席会议办公室统一部署,继续深入开展集中处理涉法上访问题第二阶段工作,及时化解,妥善处置影响社会稳定的涉法涉诉上访问题,切实维护广大人民群众的合法权益。1—11 月,全市政法部门共处理来信来访 5133 件(次),排查涉法信访重点案件 55 件,结案 50 件,息诉罢访 47 件,有效促进了全市社会稳定。同时,加强对重大、疑难案件的协调监督工作。共协调重大疑难案件 32 件,督办案件 19 件,转办案件 91 件。

第三节 维护稳定

来宾市各级党委政法委成立后,履行职责,组织全市政法机关和全体人民开展社会治安专项治理斗争,严厉打击反动组织、犯罪团伙,卖淫嫖娼、黑恶社会势力、车匪路霸、聚众赌博等违法犯罪行为和扫除封建迷信等社会丑恶现象,有效地遏制了违法犯罪分子的行为,净化社会环境,维护社会政治稳定。

1990 年,来宾县政法委组织开展"打现行、破大案、挖团伙、追逃犯"专项治理活动。共查获和打击犯罪团伙 41 个,成员 237 名,及时侦破凶杀案 14 起,抢劫案 75 起,强奸案 23 起,重大伤害案 4 起,重大盗窃案 83 起,依法逮捕各种案犯 410 名。

1991—1993 年,武宣县组织开展打击"车匪路霸"及拐卖妇女儿童犯罪的专项斗争。共打掉"车匪路霸"犯罪团伙 5 个、成员 29 人,抓获"车匪路霸"犯罪嫌疑人 47 人;3 年共发生妇女儿童被拐卖案件 39 起 45 人,7 次组织警力先后到广东、河南等 6 个省市开展调查和解救工作,共查清妇女儿童被拐卖案件 23 起 28 人,解救 23 人,抓获人贩子 19 人,判刑 14 人。1994—1995 年,武宣县组织开展整治农村社会治安工作。重点整治思灵、三里、二塘和武宣 4 个乡镇,整治了 21 个村公所 23 个自然村。在县城和 9 个乡镇巡回召开公捕公判大会,举办"六害"(指卖淫嫖娼;拐卖妇女儿童;利用封建迷信骗钱害命;聚众赌博;制作、贩卖、传播淫秽物品;吸食、制作、贩卖毒品等违法行为)人员法制学习班 29 期、人数 879 人。同时整顿农村基层组织,调整村党支部书记 63 名、支委 257 名,调整充实治保会 82 个、调解会 28 个,撤换治保主任 36 人、调解会主任 33 人。1994 年,来宾县把严重危害社会秩序暴力性犯罪活动作为重点打击目标。共破杀人案 23 起,伤害案 55 起,抢劫案 137 起,强奸案 11 起,爆炸案 6 起。10 月 3 日,协调公安局破获南泗乡寺背村一女青年被 10 名歹徒轮奸恶性案件,将李某某等 9 名案犯抓获归案。1995 年,来宾县政法委协调公、检、法、司开展抓逃犯、破大案,打击处理和重点整治相结合斗争。共立报刑事案件965起，告破852起，破案率为88.2%；受理治安案件2308起，查处2286起，查处率99%。

1996年，武宣县人民政府印发了600份《关于敦促违法犯罪分子投案自首的通告》到乡镇、村和街道张贴。5月14日凌晨，组织381名政法干警及河马乡干部到河马乡甘禄村开展整治行动，依法传唤违法犯罪嫌疑人40名。6月6日凌晨，组织216名政法干警和54名二塘镇政府干部到二塘镇水村和古寨村开展整治行动，依法传唤违法犯罪嫌疑人27名，收缴枪支弹药一批。来宾县委政法委组织公、检、法、司对治安复杂村屯进行整治。重点整治良江镇权村与城厢乡平洞村因土地纠纷、历史积怨引起的群众性械斗；三五乡泡水村陈某某被老泡水村陈某某、陈某某等10余人抄家治安事件；城厢乡莆田村委小那蒙村覃某某纠集约100人到良江镇罗村村委姜某某家进行打砸抢重大治安事件；三五乡平塘村委古禅村韦某某破坏土地承包事件。

1998年，武宣县委政法委组织、协调，在全县范围开展各项维稳工作。组织开展"严打"整治和扫除"黄赌毒"专项斗争。4月22日，组织力量妥善处置了象州县妙皇乡上新造、中新造两村群众到禄峰林场界首站"虎头山"捣毁林场种下的竹子引发的群体性械斗事件；8月20日，组织力量妥善处置了蔗农在县城堵塞国道事件。

1999年，武宣县委政法委6次组织力量及时处置影响社会稳定的群体性突发事件。5月5日，河马乡上龙村和下风沿村因土地问题发生群体性突发事件，造成2死1伤及10名上龙村妇女被下风沿村扣作人质的严重后果。事件发生后，县政法委及时组织力量赶到现场处置，解救被扣人质。5月6日—8日，连续3天组织力量进村做善后和调查取证工作，防止了事态的进一步恶化。7月8日和8月5日凌晨，两次组织政法干警对黄茆镇大塘村群众破坏集体生产进行重点整治，依法传唤违法犯罪嫌疑人共58名。来宾县委政法委开展两次大"追逃"统一行动。7月27日出动干警160人、警车40辆、乡镇干部96名，抓获逃犯25名。8月25日凌晨，寺山派出所将公安部督捕全国网上通缉的3名逃犯抓获归案。9月10日凌晨2点30分，动用警力291人、车辆50多辆，抓获逃犯29名(其中网上3名)，县城清理"三无人员"454名。

2000年，武宣县委政法委组织力量及时妥善处置群体性事件7起。3月24日，禄新乡古塘村与思灵乡思畔村因土地问题引发的群体性事件；4月10日，黄茆镇黄花村李家与二塘镇樟村罗家因坟墓纠纷引发的群体性事件；5月，桐岭街部分群众不满政府征用土地，酝酿集体上访事件；6月27日，禄新乡复旦村8队群众破坏林业生产引发的群体性事件；7月10日，禄新乡古塘村与思灵乡思畔村因土地问题引发的群体性事件；8月27日，三里镇沙安村部分群众阻碍执行公务引发的群体性事件；9月14日，黄茆镇和平村及黄茆街部分群众因不服政府处理乱砍滥伐林木案，100多名群众围攻镇政府并殴打工作人员。1990—2000年，来宾县共调解各类民间纠纷2000余件。2001年，来宾县政法委组织政法干警先后整治34个村恶势力，收到良好效果。把整顿电子游戏室、网吧、音像市场，净化学校周边环境作为"严打"整治斗争重要内容来抓，增强学校师生安全感。

2002年，境内各级政法部门全面排查分析，找出影响稳定的10大因素，提出对策，供县(市)委、政府决策参考。各县(市)对"法轮功"人员全部造册登记，并建立帮教制度。

2003—2005年，来宾市委政法委全力抓稳定工作。在全国召开"两会"(指全国人民代表大会会议和政协全国委员会会议，下同)期间，全市组成8个维护稳定工作组开展为期20天的定位跟踪调查。市委政法委为来宾市委市政府协调组织万名工作队员进村入户，化解民间各种矛盾。2004年，来宾市按照自治区党委和市委提出"五个不发生"(即不发生敌对分子和邪教组织捣乱破坏事件，不发生危害严重的重大恶性刑事案件，不发生群体越级上访事件，不发生群死群伤的特大治安灾害和安全事故，不发生群体械斗事件。)和"三零"工作目标要求，以维护全国"两会"和首届"中国—东盟博览会"期间社会稳定为重点，加强领导，明确责任，落实措施，全力抓好维护社会稳定各项工作。全力维护全国"两会"期间全市社会稳定。迅速贯彻落实全区维护全国"两会"期间社会稳定工作会议精神，逐级召开会议，层层动员部署，明确责任，齐抓共管。各级党委、政府和各单位"一把手"亲自抓，分管领导全力以赴抓稳定，确保"两会"期间全市社会政治稳定。组织专门力量对全市可能影响全国"两会"期间社会稳定的主要问题进行全面排查，并逐一把调处化解责任落实到有关领导和部门人员，及时化解社会矛盾纠纷。市委、市政府还组织万人工作队进村入户，帮助群众发展生产，排忧解难，化解矛盾，维护农村社会稳定。

加强对各城区、交通要道、车站的查堵拦截和做好老上访户的重点教育工作，防止越级上访特别是集体越级上访及滋事事件发生，同时抽调工作人员到北京协助做好安全保卫、查堵和劝返工作。加强重点人员和重点场所监控，严防安全事件发生。由于措施有力，工作扎实，“两会”期间，来宾市无一人到北京上访，得到自治区党委的充分肯定。抓好首届“南博会”期间维护社会稳定工作。精心组织，逐级动员，周密部署“中国—东盟博览会”期间维护社会稳定工作。对排查出来的51起可能引发赴邕进京集体上访及其他重大群体性事件的不稳定因素造册登记，落实调处责任单位和责任人，限期解决。在兴宾区石陵镇设置卡点，加强对赴邕车辆检查，防止非法枪支弹药、易燃易爆和危险、剧毒物品以及超载、无牌无证、报废机动车辆进入南宁市，及时发现、拦截集体进邕上访滋事人员、“法轮功”顽固分子和其他危险人员。成立中国—东盟博览会来宾市维护稳定工作协调组维护稳定工作指挥部，制订工作方案，落实人员经费，确保各项工作顺利开展。坚持24小时值班制和每天零报告制度，确保信息畅通，同时组织3个督查小组在南博会期间长驻六个县市区开展督查，确保各项工作措施落到实处。由于认识到位、领导到位、责任到位、工作到位、措施到位，南博会期间，来宾市成功拦截了两批欲赴邕上访人员，及时化解一起可能引发集体赴邕上访的群体事件，圆满实现“五不发生”目标。深入开展集中处理涉法上访问题和取保候审专项执法检查工作。按照中央和自治区的部署，来宾市从2月中旬起在全市开展集中处理涉法上访问题工作，共排查处理涉法上访案件70起。主要做法：一是市、县及政法各部门均成立了集中处理涉法上访问题领导小组，由一名领导担任联络员，集中一定的人力、物力、财力开展此项工作。二是抽调力量开展调查，查清底数，并将排查出来的案件按照分级负责制和归口管理原则，逐一落实到责任部门。三是对具体涉法上访案件采取定领导、定人员、定时限、定方案的方式，逐一解决。属冤假错案的，坚决予以纠正；属上访人员对案件涉及法律条文不明的，有针对性地做好解释教育工作；属无理取闹的，依法进行劝解和处置。四是加强督促检查和总结，及时召开会议通报工作进展情况，加强信息沟通，总结经验方法，推动集中处理涉法工作深入开展。取保候审专项执法工作方面，2004年主要是抓好整改和健全完善取保候审工作机制及监督机制。要求政法部门对没有办理立案审批手续就采取取保措施的，一律补办立案手续；对于事实已经查清的案件，依法结案；对办理取保候审后中断侦查的案件，各有关公安机关要重新组织力量侦查；取保候审期限届满尚未解除的，及时解除取保候审。在采取措施加以整改的同时，坚持从源头抓起，完善措施，健全制度，加大监督，规范取保候审执法行为。兴宾区共排查出各类不稳定因素302件，调解矛盾纠纷287件，成功调解273件，调解成功率为95%。发生群体性事件54起，妥善处置54起，发现群体性事件苗头29起，成功化解29起。2005年，兴宾区建立健全群防群治网络。在城区成立治安巡逻支队，分为三个中队共100人；在主要道口和繁华地段建立10个治安岗亭，实行24小时值班巡逻制度。全区建立专职治安联防队40个共492人，义务联防队258个共2091人，城区的机关、企业、事业36个单位请保安人员263人，部分个体工商户、村屯开展5户联防10户联防，有的还组织护厂队、护村队、护校队、护院队，实行民警、保安、群众三级联动。23个乡(镇、街道)全部建立调解庭，256个村(居)民委已全部建立调解室。

2005年，来宾市做好全国“两会”和第二届“南博会”期间维护社会稳定工作。组织专门力量对全市可能影响全国“两会”和第二届“中国—东盟博览会”期间社会稳定的主要问题进行全面排查，共排查可能影响这一期间不稳定因素25件，对排查出来的问题逐一把调处化解责任落实到有关领导和部门人员，及时化解社会矛盾纠纷。加强对各城区、交通要道、车站的查堵拦截和做好老上访户的重点教育工作，防止越级上访特别是集体越级上访及滋事事件发生，同时抽调工作人员到北京和南宁协助做好安全保卫、查堵和劝返工作。加强重点人员和重点场所监控，严防安全事件发生。积极预防和化解人民内部矛盾。一是抓预防。市委、市政府要求各级各部门要切实解决好涉及群众利益的问题，着力解决好农民负担、征地拆迁补偿、土地水利山林权属纠纷、涉法涉诉上访等人员要求提高生活待遇、水库移民、工行工商粮食系统部分分流人员和教育系统代课教师等问题，从源头上预防和减少矛盾纠纷。市委政法委于4月专门组织召开市直综治成员单位领导会议，专题研究预防群众上访和群体性事件问题。二是抓排查。坚持县市区、乡镇、街道每月排查一次，市里每季度排查一次的不稳定因素和社会矛盾纠纷排查工作制度，做到底数清、情况明，及时准确掌握本地区可能影响稳定的重大问题。三是抓调处。对排查出来的社会矛盾纠纷，我们将其性质、涉及人数、可能引发的事件、化解责任单位和责任人、防范措施、解决时限等全部造册登记，建立工作台账，同时将调处责任层层分解，逐一落实到相关单位和责任人，限期解决，并派出督查组跟踪督办，努力把矛盾纠纷化解在基层。针对农村“三大纠纷”（指山林、水利、土地纠纷，下同）比较突出的问题，市委、市政府从政法委、调处办、林业局、国土资源局、水利局等部门抽调人员组成专门工作组，于10月下旬分赴各县（市、区）调查和指导“三大纠纷”调处工作，有效维护了社会稳定。年内全市共排查各类社会矛盾纠纷5110起，调结4864起，调结率为95.2%，防止民转刑案件63起1121人；“三大纠纷”案件359件，调结291件，调结率81%，排查影响社会稳定问题45起，基本实现了“大事不出，中事不出，小事少出并化解在基层”的工作目标。四是抓处置。对各种已发生的群体性事件，坚持按照我市制定的《预防和妥善处置群体性事件工作实施办法》，在党委、政府的统一领导下，坚持“可散不可聚，可顺不可激，可解不可结”的原则，以教育疏导为主，积极、慎重、果断处置。全市共妥善处置各种群体性事件77起，苗头69起。

第四节　社会治安综合治理

铲除社会丑恶现象

严查淫秽物品　1991年起，依法查处违章经营录像点，取缔非法书摊，捣毁以娱乐为名的赌场。1994年，重点整治录像厅、卡拉OK厅、音乐茶座、台球桌、电子游戏机、书摊点，收缴带有封建迷信色彩的非法出版物、黄色书刊、非法出版唱碟、录像带。1999—2005年，组织公、检、法、扫黄办、文明办等单位对城镇文化市场进行集中整治，查处电子游戏室，算命摊点，收缴盗版VCD、黄色影碟。2005年，市公安、文化、工商等部门多次联合行动，加大对学校周边网吧、娱乐场所、商业网点、占道经营等进行专项整治，取缔黑网吧9家，责令停业整顿网吧15家。

查禁卖淫嫖娼　1987年，贯彻中央政法委电话会议精神，开展查禁取缔买淫嫖娼活动和打击拐卖妇女儿童犯罪活动专项斗争。1989年，开展打击和扫除卖淫嫖娼、制作贩卖传播淫秽物品、拐卖妇女儿童、和吸食贩运毒品、聚众赌博和利用封建迷信骗财害人的“六害”等社会丑恶现象专项斗争。1992年以来，政法委组织力量开展查禁取缔引诱、容留、介绍妇女卖淫嫖娼等违法活动。2004年，全市共查处卖淫嫖娼和介绍容留妇女卖淫案件1530起，处理违法人员3592人，2005年，卖淫嫖娼行为得到有效遏制。共查处卖淫嫖娼案件80起，处理违法人员201人。

打击拐卖人口　1983年起，境内各县（市）贯彻中共中央办公厅(1983)第14号文件和中共自治区党委会(1983)桂发17号文件精神，成立打击拐卖妇女儿童犯罪活动领导小组办公室，组织解救人质，打掉犯罪团伙。4月，来宾县成立打击拐卖妇女儿童犯罪活动领导小组办公室，以县公安局为主。县检察院、法院、民政局和县妇联等有关部门抽调干部13人参加此项工作。至1990年，来宾县共依法逮捕拐卖人口案犯58人，解救被拐卖妇女儿童144人。1996年起先后到河北、河南、山东、广东、江西、山西、浙江等地对被拐卖妇女儿童进行解救。至2005年，拐卖人口事件减少。

严禁吸贩毒品　民国时期，来宾县境吸毒（鸦片）者颇多。据调查，民国25—29年(1936—1940年)，来宾、迁江两县共有4851人吸毒。1952年起，开展禁毒工作，吸毒贩毒在较长的时间内，已经基本消除，后来又出现吸贩毒品现象。1952年7月，来宾、迁江两县召开禁烟、禁毒会议，决定开展禁烟、禁毒宣传活动，并确定以大湾、城厢、牛岩、水落、良江和迁江等6条街道为重点，全面实行禁吸、禁卖、禁种罂粟（鸦片）等活动，采取边动员、边戒毒、边收缴毒品等措施。至10月，来宾、迁江两县共缴获烟土1040克、烟丸99粒、烟油55克、烟具一批，依法逮捕贩毒者、烟馆业主、窝赃犯等111人。至此，县境烟毒绝迹。1991年起即开展缉毒，收缴海洛因，铲除罂粟，抓获毒犯，捣毁吸毒窝点，对吸毒人员进行强制戒毒，开展创建“无毒小区”活动。1992年1月，合山市发现吸毒人员2人，到1999年9月，合山市在册吸毒人员上升到243人。为全面贯彻中共中央和自治区党委关于禁毒工作的战略部署，1999年9月9日，中共合山市委员会、市人民政府印发《关于开展创建无毒社区活动实施方案的通知》，成立创建无毒小区领导小组，由市政法委、市综治办组织牵头，抽调公安、司法、宣传、文化等各方面的人力物力，开展无毒社区创建工作。为实现无毒市目标，在创建活动中，按照区域管理和生活属地划分，全市划分创建无毒小区490个。各小区充分利用广播、电视、墙、板报、标语、会议等形式，加强宣传种、吸、贩毒的危害性和禁毒的重要意义。通过严格审查、排查、督察、考评,到2001年12月,达到无毒单位243个,达标率70%,2003年12月,合山市全部实现创造无毒小区目标和挂牌命名工作。

2004年,来宾市开展禁毒专项斗争。共查破毒品犯罪案件494起,其中重大案件61起,抓获毒品违法犯罪嫌疑人3429人,逮捕336人,劳动教养347人,缴获毒品海洛因3422克,摇头丸46.7克,铲除罂粟6806株。2005年,加大禁毒工作的力度。破获毒品案件118起,其中重特大案件27起,缴获毒品海洛因640.78克,摇头丸123克,K粉4克,抓获贩吸毒人员946人,逮捕112人,强制戒毒613人。

查禁聚众赌博 中华人民共和国成立前,境内赌博成风。民国28—31年(1939—1942年),来宾迁江两县共破获赌博案105起,人犯474人。1953年7月,境内贯彻广西省人民政府发出《关于禁止赌博安定社会秩序的布告》,开展查禁赌博活动,严厉打击赌头赌棍,赌风有所收敛。国民经济困难时期的1960年冬至1961年春,境内赌风重起,各县公安机关采取措施进行制止。"文化大革命"初期,县公安、检察、审判机关处于瘫痪状态,无法行使专政职能,赌风再次泛起。1977年,采取强有力措施,查禁赌博,严惩赌犯,遏制赌风。在查处赌博案件中,选择聚众赌博的罪犯典型材料,印发到基层,借以教育干部和群众。1980年后,在改革开放,搞活经济的新形势下,由于治安管理等工作跟不上,以致赌风重现。1981年,贯彻《关于严格禁止赌博活动的通知》,境内开展严厉查禁和打击赌博活动的斗争。1982年,来宾县以公社(镇)为单位,集中赌徒学习法律,同时在群众中开展法制教育活动。1986年,贯彻实施《广西壮族自治区禁止赌博条例》,取缔赌场,抓获赌徒。1989—1995年,赌风蔓延,对一些地方出现以举办"香港式""澳门式"高档娱乐城为名,实为公开聚众赌博的经营场所,进行取缔,铲除窝点。1982—1986年,来宾县县共取缔赌场349处,依法逮捕赌头、赌棍60人,行政拘留189人,罚款276人。1990年,来宾县取缔赌场261处。2003年,来宾市查处赌博案件4542起,处理违法人员22344人,端掉"六合彩"赌博窝点453个,处理违法人员693人。2004年,来宾市公安机关坚持把范围广、影响大、危害深的"六合彩"赌博作为打击重点,采取"捕庄家、断网络、端窝点"和"不管哪个警种,都对'六合彩'进行打击;不管何时接到举报,都要出警打击;不管大小庄家一律打击"的方法,对"六合彩"赌博活动进行集中重点打击。全市共出动警力6000多人次,组织行动265次,收到群众举报线索308条,查处"六合彩"赌博案件465起,捣毁"六合彩"赌博窝点302个、印制赌博信息资料窝点33个,抓获大小庄家172个、违法人员1152人,其中刑拘26人、劳教52人、治安拘留145人。全市共查处赌博案件1454起,抓获赌博违法人员6.6万余人;破获毒品案件112起,抓获贩、吸毒人员970人,缴获毒品海洛因764.12克,摇头丸342.75克,K粉62.8克。4月8日,公安机关一举捣毁位于兴宾区来宾镇郭村松树岭的特大赌窝,抓获赌头、赌徒17人,缴获赌资1万元、小车18辆、摩托车7辆及赌具一批,群众拍手称快。

2005年,打击"黄赌毒"违法犯罪活动,净化社会风气。公安机关成立打击赌博活动专项行动指挥部,按照内外结合、公秘结合的原则,采取"捕庄家、断网络、端窝点"和"不管哪个警种,都对'六合彩'进行打击;不管何时接到举报,都要出警打击;不管大小庄家一律打击"的方法,对"六合彩"赌博活动进行集中重点打击。在打击赌博活动中,公安机关针对全市实际情况,重点打击参与赌博的党政领导干部、国家公职人员、国有企事业单位负责人,"六合彩"赌博活动的组织者、庄家,充分运用追缴违法所得、没收用于赌博的本人财物和犯罪工具等措施,从经济上制裁违法犯罪分子,铲除赌博违法犯罪行为的经济基础。年内,共查处赌博案件1184起,查处赌博违法人员4959人;收缴"六合彩"资料4800多份,查处"六合彩"赌博案件525起,捣毁"六合彩"赌博信息资料窝点125个,处理违法人员1735人。

取缔迷信及邪教活动 1953年4月,来宾县制订一贯道、同善社和归根道等反动会道门的道首履行登记及道徒退道的办法,开展登记与取缔反动会道门工作。县公安局发出通告,限令一贯道坛主"三才"以上、同善社和归根道"天恩"以上的头子于1953年4月1日—5月15日止,履行登记完毕。这期间,全县登记的反动会道门成员246人,其中归根道"天恩"以上道首13人;取缔一贯道和归根道两个反动会道门组织,打击道首15人(其中4人组织武装暴乱被处决),缴获反动道经350本;同善社道徒1人自行解体。1956—1957年,迷信活动沉渣泛起,经过打击,活动减少。1979年,来宾镇罗某某加入反动会道门"红莲教",印制"中国长城复世正主"旗面弦4制神印、神牌和经书等道具一批,并先后发展成员19人。1981年,境内修建庙堂,重立社王的现象不断发生,有的地方抬木偶神像出游敛财取物，经抓捕神汉和迷信头子集中办班学习，此风被刹住。1987年3月被来宾县公安机关查获并予以取缔。1989—1991年，开展扫除“六害”专项斗争，查处非法天主教、耶稣教、基督教聚会点。1997年取缔“法轮功”邪教组织。2001年起，加强对“法轮功”练习者的法制教育和转化工作。2004年，针对境内外“法轮功”邪教组织非法渗透活动频繁，“2·13”专门工作对象串联聚集活动加剧，各种社会热点问题引发的群体性上访事件频发的情况，一是加强社会政治稳定情况的摸底排查工作。二是加强对“法轮功”邪教组织的斗争。在广大农村深入开展以“崇尚科学、关爱家庭、珍惜生命、反对邪教”为主题的反邪教警示教育活动，共培训骨干8199人次，播放影碟629场次、观看人数23.31万人次，发放宣传资料17.27万份，开展专题讲座359场次、参加人数12.63万人次，图片展览842场次、观看人数51.55万人次，广大基层干部群众的反邪教意识和抵御邪教渗透能力得到进一步增强。年内，来宾市多次发生“法轮功”邪教组织录音电话、传真干扰和“法轮功”人员散发非法宣传品事件，境内外一些宗教组织也伺机开展非法传教和进行宗教渗透活动。各级政法部门快速出击，及时收缴“法轮功”和宗教非法宣传品，坚决抵制非法传教和境外宗教渗透活动，做好群众思想教育工作，消除影响。全市共收缴“法轮功”影碟6张、非法宗教光碟30张、资料318册。此外，进一步加强对“法轮功”人员的教育转化工作，转化2名“法轮功”顽固分子。三是针对特殊群体人员串联聚集活动频繁的情况，各级政法部门密切关注，及时掌握动态，并在地方党委、政府的领导下，做了大量细致的思想教育工作，共化解聚集上访苗头32次。四是积极预防和妥善处置群体性事件，平息事态，维护社会政治稳定。全市共成功处置和妥善化解群体性事件及苗头110起，其中已发生79起，直接参与人数6037人。

打击非法传销活动 2003年，来宾市捣毁传销窝点3个，遣送传销人员523人。2004年，来宾市政法部门针对建市后非法传销人员聚集增多，严重扰乱社会经济秩序和引发治安刑事案件的情况，于3月下旬起在全市持续开展打击非法传销活动，仅3月25日—30日联合行动周，就捣毁传销窝点65个，遣返非法传销人员1000多人。全市公安、工商等部门联合开展行动50多次，捣毁传销窝点137个，查获传销人员1490人，教育劝返9200人，其中刑事拘留21人，行政拘留30人，劳教8人，解救被控制传销人员40人，缴获非法所得63万元，摧毁了在来宾市发展强劲的三大非法传销体系，狠狠打击了非法传销的嚣张气焰，维护了全市正常的社会经济秩序和社会治安环境稳定。

2005年，针对全市非法传销人员屡打不绝，严重扰乱社会经济秩序和引发治安刑事案件的情况，市委、市人民政府决定加大打击力度，成立打击传销和变相传销专业队，对非法传销活动进行“滚动式”不间断打击，重点打击非法传销组织头目，撕破非法传销网络，摧毁非法传销组织。全面清理出租屋，对非法传销人员居住的出租屋采取“地毯式”的全面清查，给予出租房主罚款处理，出租房方是党员干部职工的，依照有关规定给予党政纪处分。加大宣传力度，动员广大群众积极举报非法传销人员藏匿之处，主动配合政府打击非法传销活动。制订了来宾市2005—2007年打击传销和变相传销三年规划，建立打击非法传销活动长效规划和工作机制。年内，共开展集中打击非法传销大型活动和滚动打击10多次，出动人力2800多人次，捣毁传销窝点350个，教育遣散传销人员15000人，解救被控制传销人员45人，缴获非法所得数百万元。

打击刑事犯罪活动

中华人民共和国成立初期，肃清土匪、特务、反动党团骨干和反动会道门头子等敌对势力。1953年，来宾县公安机关以保卫农业生产互助合作为中心，及时打击严重干扰、破坏生产建设和社会生活秩序的杀人、放火、抢劫、强奸以及盗窃等犯罪活动。当年，依法逮捕犯罪分子150人，分别在寺山、迁江和青岭等3个区召开公判大会，对罪犯进行审判。1956年起，开展以打击现行犯罪分子为重点的斗争。开展清查流窜犯活动。5月，来宾县贯彻全国第7次公安工作会议精神，开展以打击现行犯罪分子为重点的侦查破案活动，采取集中搜捕与政治攻势相结合的办法，宣传中共“宽严”相结合的政策。在政策感召下，有375名违法犯罪分子向人民政府投案自首并揭发同伙的罪行。当年刑事发案68起，比上年同期下降48.4%，县境内治安稳定。1957年上半年，国民党从台湾派遣飞机4次进入境内上空，投下大批反动传单，境内一些敌对分子乘机造谣破坏，煽动拉牛退社，宣扬封建迷信。据来宾县11个区统计，有3万多人参加求神拜庙活动，严重影响社会治安秩序和春耕生产。当时，来宾县公安机关进行了重点侦查，依法逮捕现行反革命分子和刑事犯罪分子23人。同时集中巫婆、神汉及其他违法人员894人,以乡村为单位,学习中央和国家的政策、法律、法令。此役缴获短枪、子弹、手榴弹和刺刀等凶具一批。1960年3月,境内各县根据柳州专署公安处关于打击流窜犯突击组统一行动的部署,来宾县共抽调公检法干警164人,其他干部4088人,分别建立102个岗哨和组成236个搜查队,深入基层开展清查活动。3月13日—18日,来宾县共查出无户口居住和来历不明的人员161人。经审查,发现有重大嫌疑人员76人,其中属于畏罪潜逃人员8人,劳改、劳教逃跑人员8人,负案在逃人员6人,其他流窜犯54人。缴获短枪、子弹、手榴弹、各种尖刀和赃物、赃款一批。1961年,敌对分子利用境内遭受严重自然灾害,人民生活困难的时机进行破坏活动。来宾县当年仅1月就发案432起。来宾县公安机关组织干警深入基层开展破案工作,至3月底,共破获反革命案9起,普通刑事案127起,较好地维护社会秩序。"文化大革命"初期,境内各县公安、检察、审判机关被群众组织"夺权",民主法制遭受破坏。来宾县在所谓"群众专政"大潮中,1966—1968年计逮捕、拘留、教养、戴帽(群众管制对象)434人,造成了严重的冤假错案。1968年,各县成立县革命委员会后,军管会接管公安并行使公安部分职权。1973年后,各县恢复县公安局。1977年4月—6月,来宾县贯彻自治区第二次整顿铁路治安工作会议精神,县公安机关与柳州铁路局公安部门配合,以整顿铁路沿线社会治安秩序为中心的清查流窜犯统一行动。其间县成立整顿铁路沿线治安领导小组,先后组织干警、民兵、治保主任等1758人次参加行动。经过两次较大行动,查获流窜犯、投机倒把犯、盗窃犯和其他违法人员85人,缴获粉枪、子弹、匕首、炸药、雷管、导火索等凶具和金戒指、光洋、伪币、自行车、手表、花生、大米、枕木等赃款、赃物一大批,社会治安秩序明显好转。1983年起,开展打击拐卖妇女儿童犯罪活动专项斗争。同年,贯彻落实《中共中央关于严厉打击刑事犯罪活动的决定》(中发〔1983〕31号)文件和全国人民代表大会常务委员会《关于严惩严重危害社会治安的犯罪分子的决定》,各级党委、政府成立"严打"指挥部,由主管政法工作的领导任指挥长,从1983年9月—1986年8月,3年连续打3个大战役,以铁路沿线、边远山区结合部、治安问题突出的城镇、厂矿场、农村、公共场所为重点,把打击的锋芒对准杀人、放火、抢劫、伤害、强奸、盗窃、流氓等方面严重危害社会治安的犯罪分子。1983年9月—1986年底,来宾县共侦破各种刑事案件1487起,其中重大案件256起;摧毁各种犯罪团伙185个,瓦解团伙成员892人,依法逮捕犯罪分子1537人;缴获各种枪支、子弹、手榴弹、炸药、雷管、导火索和其他凶具一批;追回电视机、电风扇、自行车、衣车、手表和电动机、柴油机、手扶拖拉机、耕牛等一大批赃物。经过"严打"斗争社会治安有所好转。1990年,来宾县共查获和打击犯罪团伙41个,成员237名,及时侦破凶杀案14起,抢劫案75起,强奸案23起,重大伤害案4起,重大盗窃案83起,依法逮捕各种案犯410名。公安机关对全县30名参加"中国亲朋民主义民意党"非法组织活动的人员进行调查取证和办班学习。同时,取缔了迁江高龙村、大湾成回村、桥巩乡巴寺村和高槐村、凤凰龙头村等6个非法设立的天主教、基督教聚会传教点。

1991年,境内各级政法委组织开展以"打现行、破大案、挖团伙,追逃犯"为主攻方向的专项整治行动,重点打击车匪路霸、铁路偷盗、流氓滋扰和拐卖妇女儿童犯罪活动。1992年起,集中整顿治安比较复杂的场所重点,打击杀人、抢劫、强奸、盗窃、诈骗、拐卖人口以及破坏水利电力设备、车匪路霸、贩毒等犯罪活动。1992年,来宾县组织公、检、法、司开展收缴流散于社会的爆炸物品和枪支弹药专项斗争,共收缴长短砂枪近万支,炸药5000多千克和一批导火索及其他爆炸物品;集中整顿治安比较复杂的8个重点村屯(街道);进行5次"严打"战役,破获各种刑事案1214起(当年立案703起,历年隐案积案449起,外地案62起),破案率82.6%,查处人贩子12人,依法逮捕7人,解救被拐卖妇女69人,儿童7人;查处治安案件1185起,制止和查处群体治安事件74件。2月,合山市政法委组织协调围捕"打砸抢烧"恶性案件1起,抓获参与东矿打砸抢烧的来宾县良塘乡大村张某等43人。全案依法捕判为首分子4人,治安处罚39人。1993年7月,合山市委政法委协调查处报复政法干警亲属案。北泗乡中心校代课教师韦良向(女),因报复杀害办案人员的子女被处极刑。1994年,来宾县把严重危害社会秩序的暴力性犯罪活动作为重点打击目标,共破杀人案23起、伤害案55起、抢劫案137起,强奸案11起、爆炸案6起。10月3日,协调公安局破获南泗乡寺背村一女青年被10名歹徒轮奸的恶性案件,将李某某等9名案犯抓获归案。1995年,来宾县协调公、检、法、司开展抓逃犯、破大案,打击处理和重点整治相结合的斗争,共立报刑事案件965起,告破852起,破案率为88.2%；受理治安案件2308起，查处2286起，查处率99%。1991—1995年，武宣县发生治安案件6467起，查处5195起，查处率80%，行拘3350人。刑事案件发生1905起，破案1337起，破案率70%检察机关受理经济案件146件，立案66件，涉人数77人，挽回经济损失240多万元，受理公安机关提请批捕448件749人，决定批捕442件685人，人民法院审结刑事案件532件770人，经济案件41件59人。开展专项斗争15次，整顿混乱村屯8个，投入警力3930人次。

1999年，来宾县开展两次大的“追逃”统一行动。7月27日出动干警160人、警车40辆、乡镇干部96名，抓获逃犯25名。8月25日凌晨，寺山派出所将公安部督捕的全国网上通缉的3名逃犯抓获归案。9月10日凌晨2点30分，动用警力291人、车辆50多辆，抓获逃犯29名(其中网上3名)，县城清理“三无人员”454名。

2000年，来宾县组织近200人的工作队下乡，成功调解100余件民事纠纷，防止转化为刑事案件。1996—2000年，武宣县发生治安案件5461起，查4920起，查处率90%，行拘4185人。刑事案件发生1449起，破案983起，破案率68%检察机关受理经济案件102件，立案31件，涉及人数33人，挽回经济损失230多万元，受理公安机关提请批捕349件563人，决定批捕312件505人，人民法院审结刑事案件286件373人，经济案件14件16人。开展专项斗争16次，整顿混乱村屯9个，投入警力3933人次。2001年，来宾县先后整治34个村的恶势力，收到良好的效果。整顿市场，规范管理，把整顿电子游戏室、网吧、音像市场，净化学校周边环境作为“严打”整治斗争的一项重要内容来抓，增强学校师生的安全感。

2003年，全市公安机关继续深化“严打”整治斗争，结合来宾市的治安实际，确定打击重点和方式，先后组织开展春、夏、冬季三大破案战役，城区治安整治，收枪治爆，“猎鼠行动”禁毒攻坚会战以及打击经济犯罪等一系列“严打”整治斗争，打击刑事犯罪分子的嚣张气焰，遏制刑事案件上升势头，实现了全年刑事总案下降的目标。全年共立刑事案件5432起，比上年减少537起，下降8.9%，其中“两抢”案件768起，同比下降12%，盗窃案件3230起，同比下降9.8%，破获刑事案件2771起，破案率为41.2%。抓获各类犯罪嫌疑人2280人，刑事拘留2092人，逮捕1472人，劳教少教695人，打击处理数比上年同期提高3.9%，打掉犯罪团伙96个，成员340人，缴获赃款赃物折合人民币676.9万元。按照自治区公安机关的统一部署，2001年4月—2003年3月，全市公安机关开展了一场声势浩大的严打整治斗争。2年间，共破获刑事案件8722起，打掉犯罪团伙367个，成员1502人，抓获犯罪嫌疑人8027人，刑事拘留6668人，逮捕4522人，劳动教养1634人。查处治安案件19612起，处理违法人员41516人。缴获现金、汽车、摩托车、牲畜等赃款赃物折款2262.3万元。开展“打黑除恶”专项斗争。共打掉黑恶势力团伙66个，成员3474人，破获黑恶势力犯罪案件226起。在合山市，打掉了公安部挂牌督办的以凌贵科为首的黑恶势力团伙，抓获团伙成员70人，破案33起，缴获各类枪支6支，子弹370发，查扣汽车9辆，缴获赃款赃物折款170万元。加强对严重暴力犯罪的打击力度。共破获暴力犯罪案件2311起。开展治爆缉枪专项斗争。共缴获各类非法枪支8751支(其中军用手枪6支)，子弹1523发，管制刀具2779把，炸药7321千克，雷管27553枚，火索11333米。开展追捕逃犯专项行动。共抓获在逃犯罪嫌疑人821人，其中网上逃犯182人，自治区公安厅督捕逃犯22人。开展打击经济犯罪专项斗争。共破获经济犯罪案件162起，抓获犯罪嫌疑人184人，缴获假币11.1万元，查缴私盐8.7吨，走私烟2.7万条，为国家和集体挽回经济损失2292.6万元。重点整治治安混乱的村屯。共摸底排查治安混乱的村屯237个，整治237个，整好230个，整好率为97.5%。

2004年，来宾市各级政法部门坚持“严打”方针不动摇，突出重点，继续深入开展严打整治斗争，严厉打击各种刑事犯罪活动，促进全市社会治安明显好转。开展春季破案战役，遏制案件上升势头。针对年初刑事案件上升、破案率低的情况，来宾市于2月中旬至3月底开展了一场声势浩大的春季破案战役，共破获各类刑事案件518起，抓获犯罪嫌疑人422人，打掉犯罪团伙22个成员80人，缴获被盗抢汽车11辆、农用车2辆、摩托车40辆、手机11台、炸药843.75千克、柴油机5台、耕牛7头及其他赃款赃物一批；侦破了市政府领导督办的机动车被盗案，打掉在来宾市及柳州、南宁等地疯狂盗窃机动车25辆、价值达130多万元的盗窃机动车犯罪团伙，抓获盗窃团伙成员10人。开展“命案必破”战役，对命案进行专项打击。来宾市在全市开展了声势浩大的侦破命案专项斗争。全市共侦破命案91起，破案率达84.3%，抓获命案犯罪嫌疑人155人，破获自治区督办案件2起，抓获自治区督捕逃犯3人，抓获网上逃犯44人。4月18日，市公安局在10个小时内侦破兴宾区石陵镇新卓村一起4死3伤的特大案件，抓获了犯罪嫌疑人。坚决打击严重暴力犯罪活动，维护群众生命财产安全。来宾市公安机关坚持把杀人、放火、抢劫、伤害、绑架、强奸、爆炸等七类主要案件作为首要打击重点，集中力量攻坚，切实维护群众生命财产安全。全市共破获几类主要案件577起，破案率达61.9%。5月12日，公安机关经过缜密侦察，侦破了发生在市区柳来路的持刀抢劫绑架案，成功解救人质，7名犯罪嫌疑人全面落网。开展打击“两抢一盗”（指抢劫、抢夺和盗窃违法犯罪，下同）和“追逃”（指追捕逃犯）专项斗争。针对建市后人财物流动大，市区“两抢一盗”案件呈上升趋势，危及群众生命和财产安全的情况，来宾市公安机关周密部署，从8月1日—10月30日，在全市开展为期三个月的打击“两抢一盗”和“追逃”专项行动，通过加大巡防力量，伏击守候，组建打击“两抢一盗”行动队等方式，加大打击力度，有效遏制了“两抢一盗”案件上升的势头。全市共破获“两抢”案件163起，抓获犯罪嫌疑人499人，其中上网逃犯13人。2004年，全市发生“两抢”案件689起，同比下降3.5%，盗窃案2878起，同比下降9.1%。

2005年，市委政法委重点组织开展破案战役，严厉打击刑事违法犯罪活动。先后组织开展了春、夏、冬季破案战役，命案侦破，打击“两抢一盗”和严重暴力犯罪等专项斗争，狠狠打击违法犯罪分子的嚣张气焰，破获了一批刑事案件，抓获了一批违法犯罪分子，解决了存在的治安突出问题，实现了刑事案件持续下降和破案率上升的目标。年内，全市刑事案件4631起，同比下降8%，破获各类刑事案件2077起（不含破获年前案237起），破案率为44.8%，同比上升0.2%；共抓获刑事作案成员2168人，同比下降16.5%，刑事拘留1630人，同比下降10%，逮捕1480人，同比下降11.8%，查获犯罪团伙89个成员369人，同比分别下降28.8%、19.6%；发现受理治安案件4137起，同比下降47.9%，查处3603起，同比下降48.9%；检察机关共批捕犯罪嫌疑人1556人，提起公诉1543人。法院部门共受理一审刑事案件1069件，审结1068件，判决发生法律效力的被告人1376人。

第二章　公　安

清宣统三年（1911年）州府设立警察局。民国（1912年成立）时期，各县政府设警佐室，设警佐1人，下设政务警察。民国34年（1945年）于石龙圩设警察派出所，于罗秀圩设派出所。

1949年中华人民共和国成立初期，各县公安机关为捍卫和巩固新生的人民政权，维护社会治安，按照中共中央《关于镇压反革命活动的指示》，开展清匪肃特、镇压反革命运动。同时进行禁毒、禁赌、封闭妓院和打击刑事犯罪，有效地维护社会治安秩序、保障土地改革、民主改革的胜利进行和国民经济的恢复发展，进一步巩固新生的人民政权。

1966—1976年“文化大革命”时期，公安机关被冲击，广大公安干警在极端困难、复杂的条件下，协同军管会维护社会治安秩序，做了大量的工作。“文化大革命”结束后，根据中共十一届三中全会确定的路线、方针、政策进行拨乱反正，使公安工作沿着正确的政治路线，更好地发挥其职能作用，为建设社会主义新时期创造一个比较安定的社会环境。

20世纪70年代末，中国实行改革开放，社会主义现代化建设蓬勃发展。人、财、物大流动，刑事犯罪活动猖獗，卖淫、嫖娼、赌博、吸毒等丑恶现象沉渣泛起，案件增多，社会治安形势严峻。1983年8月，在全国统一部署下，采取统一行动、集中打击的办法，开展为期3年的严厉打击严重刑事犯罪活动（简称“严打”）斗争，破获一批案件，逮捕一批严重刑事犯罪分子，教养了一批违法犯罪人员，打击了刑事罪犯的嚣张气焰，改变了社会治安的非正常状况。1986年后，采取什么地方犯罪活动猖獗，就在什么地方开展集中打击的办法，不断开展破大案追逃犯、反入室盗窃、反吸毒贩毒、打击车匪路霸、打击贩枪、查禁嫖娼卖淫、扫黄等专项斗争，对治安混乱的地区和场所及时组织力量，进行重点治理，一直保持“严打”的势头。1991年3月，全国人民代表大会常务委员会颁布《关于加强社会治安综合治理的决定》，此后，公安机关以此为契机，贯彻“打防并举、标本兼治、重在治本”的方针，采取措施，加强社会治安防范，成立群众性治安联防队，设立治安岗等，扩大治安防范覆盖面。同时，强化治安管理，加强对外来暂住人口、特种行业、公共娱乐场所和酒吧的管理,取缔异性按摩,查禁赌博等,有效地打击现行犯罪,遏制社会丑恶现象的蔓延。

2002年撤地设市后,来宾全市公安机关自觉服从和服务于经济建设大局,充分发挥职能作用,严厉打击、严密防范敌对势力、敌对分子和“法轮功”等邪教组织的破坏活动;加强隐蔽战线的斗争,积极预防和妥善处置各类群体性事件,全力维护全市社会政治稳定;继续深化严打整治斗争,组织开展一系列“严打”专项斗争和统一行动,继续保持对刑事犯罪的高压态势,实现刑事总案数量持续下降的目标;严密治安防范和治安管理,以打击“六合彩”赌博和非法传销为重点,加强对治安复杂地区的整治,开展对民用爆炸物品、非法枪支弹药、矿山安全和交通秩序专项整治行动;继续推进派出所工作改革和治安防控体系建设,进一步加强公安行政管理工作并完成重大活动的安全保卫任务;加强交通、消防管理和交通、消防基础设施建设,预防和减少治安灾害事故的发生。坚持从严治警、依法治警方针,贯彻落实“五条禁令”(一、严禁违反枪支管理使用规定,违者予以纪律处分;造成严重后果的,予以辞退或者开除。二、严禁携带枪支饮酒,违者予以辞退;造成严重后果的,予以开除。三、严禁酒后驾驶机动车,违者予以辞退;造成严重后果的,予以开除。四、严禁在工作时间饮酒,违者予以纪律处分;造成严重后果的,予以辞退或者开除。五、严禁参与赌博,违者予以辞退;情节严重的,予以开除。民警违反上述禁令的,对所在单位直接领导、主要领导予以纪律处分。民警违反规定使用枪支致人死亡,或者持枪犯罪的,对所在单位直接领导、主要领导予以撤职;情节恶劣、后果严重的,上一级单位分管领导、主要领导应引咎辞职或者予以撤职。对违反上述禁令的行为,隐瞒不报、压案不查、包庇袒护的,一经发现,从严追究有关领导责任。此禁令自2003年2月1日起施行。公安部指出,原有规定与此禁令不一致的,以此禁令为准),实行队伍等级化管理,转变执法观念,端正执法思想,坚持执法为民,严格内务管理,加大教育培训力度,进一步提高公安队伍的整体素质和战斗力。

第一节 机 构

来宾市公安局名称更迭:1950年1月上旬,柳州行政区公安处正式成立;1950年1月8日,宜山行政区公安科成立;1950年6月上旬,宜山行政区公安处成立。1952年8月20日,柳州、宜山两专区合并为宜山专区公安处。1956年4月,桂西壮族自治州成立。根据上级指示,宜山专区公署公安处更名为“桂西壮族自治州宜山地区公安处”。1958年7月28日,宜山地委、专署机关搬迁柳州市,公安处也随之迁至柳州市,改称为“柳州专区公安处”。“文化大革命”期间,柳州军分区根据上级指示,对地区公、检、法机关实行军事管制。1968年3月15日,成立了“中国人民解放军柳州地区公、检、法军事管制委员会”,行使公安职能。1970年2月,经柳州地区革命委员会核心小组批准,成立“柳州地区革命委员会人民保卫组”。1973年7月9日,广西壮族自治区党委根据中央指示精神,决定撤销“中国人民解放军柳州地区公、检、法军事管制委员会”,同年9月,成立“柳州地区革命委员会公安局”。1980年10月,经柳州地委批准将“柳州地区革命委员会公安局”改为“柳州地区行政公署公安处”。1996年2月17日,根据中共广西壮族自治区委员会、自治区人民政府《关于柳州地区党政机构改革方案的通知》(桂委会〔1996〕35号)精神,柳州地区行政公署公安处更名为“柳州地区行政公署公安局”。2002年12月28日,撤销柳州地区,设立来宾市。2003年1月20日,根据中共来宾市委、来宾市人民政府《关于市委、市人民政府机构设置的通知》(来发〔2002〕2号)文件精神,柳州地区公安局更名为“来宾市公安局”至今。2003年3月25日,根据《来宾市人民政府办公室关于印发来宾市公安局职能配置、内设机构和人员编制规定的通知》(来政办发〔2003〕38号)文件规定,来宾市公安局专项编制数500名,地方编制数100名(含兴宾分局,不含交警支队)。来宾市公安局第一任局长:王松胜(2002年8月—2005年12月)。

自1949年中华人民共和国成立后,境内各县先后建立各县公安局,负责本县社会治安工作。1966—1973年,在“文化大革命”运动中,各县公安局被“砸烂”,各县公安局职能先后被县军事管制委员会和革命委员会保卫组所取代,由县人民武装部“军管”,组成县公检法“军管会”,取代县公安局、人民检察院,人民法院的工作。1973年,根据中共中央同意的全国公安会议提出的《撤销公安机关的军管制,恢复公安机关体制的意见》,各县公安局恢复建制。1949年12月20日来宾县公安局成立,2003年3月25日来宾县公安局改称“来宾市公安局兴宾分局”,属来宾市公安局派出机构,人、财、物由市公安局统一管理,在市公安局直接领导下负责兴宾区的社会治安管理工作;1949年12月象县公安局成立;1950年3月武宣县公安局成立;1950年4月忻城县公安局成立;1952年7月金秀瑶族自治县公安局成立;1982年合山市公安局成立。

2002—2005年,来宾市公安局下设兴宾分局(原来宾县公安局)1个分局,象州县、武宣县、忻城县、金秀瑶族自治县、合山市5个县(市)公安局。

民国时期警察机关

民国1年(1912年),各县政府设警佐一人,在城区设警察所。各县署设警备队,队员30人左右。冬,柳州商会北河护商营分两哨驻扎武宣,一为三江口东岸,一为勒马埠,以维持河道航运安全畅通。民国10年撤销警佐,各县设警备队。民国12年,又将警备队改为警察室,分公务、侦察、交通、卫生等组。境内北泗、河里、溯河3个乡均设乡警队,各设警长1名,警士5~10名。各乡下属村公所配村警1名。民国17年,忻城县设警察局,后裁局改称政务警察队,配队长1人,警士6个班88人,内分公务3个班,侦缉3个班,有长短枪93支。民国19年,广西省交通局在北泗加马隘设警察队,有警员20人。民国21年,忻城县撤销警察队,改设警佐室,下设警察队、侦缉队、保安队,配有警官18人、警察170人,专司镇压地方叛乱。民国22年,武宣警察队成立。民国23年,合山北泗加马隘设警察队移交迁江县警察局管辖,称北泗驻地分所,大队长改称所长,配员19名。民国24年,忻城县警佐室人员130人,有警佐长1人、侦缉队长1人、保安队正副队长各1人、科员4人、办事员4人、训练员2人、督察员2人、巡官3人、事务员2人、文书2人、侦缉队22人、警士80人。同年在思练设保安处,办事处主任1人、警长1人、警士34人,行政由县管理,具体业务由柳州公署直接领导,专司维护地方治安和交通安全。民国27年,合山煤矿股份有限公司设矿警队,配队长1人、副队长2人,下辖东矿、柳花岭矿、里兰矿、河里矿、思光火车站、河里火车站、白鹤隘火车站、来宾火车站8个警察班。民国29年后,各县设警佐室,办理警政事宜。广西省府开始在大瑶山境内设置县一级特别行政机构。民国28年—30年6月,在金秀设金秀警备区署,有署长1人、助理员1人、会计员1人、书记1人、办事员2人、宣导员4人、技士1人、技佐1人,警察队60余人。民国31年,武宣县府设警佐室,下辖警察队,负责维持治安、办理传票、催征、送达、解案和特殊行动保护。3月,撤销警佐室,设置市、县警察局。民国34年,经广西省府批准忻城县增配县警士64人,共计152人;新配步枪30支、马枪10支、轻机枪2挺、左轮手枪2支、驳壳枪2支、子弹2528发;新配警官3人、警长1人、副警3人、行政人员1人、雇员1人、伕役6人。民国37年后,撤销警察局,各县政府恢复警佐室。民国28年7月至民国34年12月,金秀警备区署改组为金秀设治局,有局长1人、秘书1人、会计1人,局下设民政、教育、建设、总务四股,各股均设股长1人、股员1人;另有技士、技佐各1人,雇员3人,一个警察中队。民国35年冬至民国36年秋,金秀设治局复改为金秀警备区署。民国36年秋至民国37年10月,金秀警备区署改为金秀警察局,设局长1人,正副督察长各1人,秘书1人,会计1人、文书1人,另总务若干人,警察1个中队。1949年11月,金秀警察局改称金秀警察中队,编制同警察局,12月1日被撤销。

人民公安机关

中华人民共和国成立后,1949年12月—1952年11月,境内各县先后建立县公安局,负责本县社会治安工作。1949年12月,来宾县成立"治安会",负责接管国民党警察机构,维护全县社会治安秩序;12月20日,撤销"治安会"即时成立来宾县公安局;同年同月成立象县公安局,武宣县人民政府设立公安科。1950年1月,武宣县成立警卫队,辖2个班15人,负责党政机关及首脑人物的保卫工作;2月,迁江县公安局成立;忻城县人民政府设公安科,配科长1人,办事员2人,主要任务是维持地方治安和社会秩序、肃反等;3月,武宣县公安局由县人民政府警卫队改编成立,共30人,下设秘书股、侦察股、治安股、执行股、看守所和公安警察中队;4月,忻城县撤销公安科,成立县公安局,配有局长1人,下设秘书室(7人)、治安股(4人)、侦察股(4人)、看守所(2人)、公安队(60人),全局共80人;10月,武宣县公安局原侦察股改为政治保卫股,公安警察中队编入现役序列;象县公安局设秘书、侦察、治安、执行股及看守所,各区设公安特派员。1951年6月,成立忻城县清匪治安委员会。委员会主任樊茂春(县长兼),县大队长葛长山、公安局长莫佩璇为副主任,委员樊大、安隆。1952年,忻城县公安局增配政治协理员,县中队配有政治指导员,负责干警、战士政治思想及人事工作;7月,金秀瑶族自治县建立公安局,行使保护县内社会治安职能,下设秘书、政保、治安、预审、劳改诸股及看守所；8月，金秀瑶族自治县成立公安局公安队，为中国人民解放军地方部队；9月，武宣、象县合并为石龙县，石龙县公安局成立，初址武宣；11月，忻城县从宜山公安处调来副局长1名，时有政治协理员1人，股、所、队领导9人，一般干部10人、工勤人员2人，年底全局共有40人。1953年6月，石龙县公安局迁至石龙镇；8月，金秀瑶族自治县公安局为县内各区配备公安特派员，共10人。1954年4月，忻城县公安局秘书室改称“秘书股”，治安股改称“政保股”，审讯股改为“执行股”，增设“保卫股”和“劳教股”，劳教股下设3个劳改中队（板河、大念、厂上），配有干部6人，对犯人进行管理、教育和监督劳动改造，同时将县公安队改编为“中国人民解放军公安部队忻城中队”。5月，第一区和第四区各配公安特派员1人。1955年10月，“忻城县人民政府公安局”改称“忻城县公安局”，“中国人民解放军公安部队忻城中队”改编为“人民警察部队忻城中队”。1958年12月，石龙县公、检、法三家合并成立政法公安部，隶属中共石龙县委会，下属各公社相应成立政法治安部，但对外仍保留公安局、派出所的牌子。1959年8月，石龙县恢复公安局；9月，成立金秀镇派出所。1960年，忻城县遵照中央“关于精简机构，压缩工作人员，支援农业生产第一线”的指示，从8月—12月，先后有人民法院3名，人民检察院5名，忻城县公安局9名干部调离公、检、法部门。1961年9月，忻城县公、检、法三家分开办公，恢复各自的机构及工作职能，县公安局配有正副局长各1名，局下设秘书、政保、内保、治安、预审股，全局共13人。1962年，恢复武宣县建置后，武宣县公安局随之恢复；石龙县公安局增设石龙、运江、桐木派出所；11月，精简机构，忻城县公、检、法三家合并办公，称“忻城县政法公安办公室”，下设秘书、侦察、治安、保卫司法等4个股。办公室领导由公安局长、人民法院院长、人民检察院检察长组成。政法办公室人员共38人，其中人民法院11人，人民检察院8人，公安局19人，取代公、检、法三家一切工作职能。1963年，忻城县公安局增配教导员1名，内保股、预审股和政保股各1人、干警1人，全局共有18人。1966年9月，“人民警察部队忻城中队”改编为“中国人民解放军忻城九九分队”，属解放军建制。1968年，境内各县成立中国人民解放军公检法军事管制委员会，对公安部门实行军管；3月，成立中国人民解放军象州县公检法军事管制委员会，成立中国人民解放军武宣县公检法军事管制委员会接管县公安司法行政机关；随后成立的武宣县革命委员会设“人民保卫组”，“人民保卫组”由军管会领导，兼及包括治安事务在内的全县公安、司法行政工作，并辖武宣、东乡、桐岭等3个派出所；4月，忻城县对公、检、法实行军事管制，称为“中国人民解放军忻城县公、检、法军事管制委员会”（下简称“军管会”），公安诸业务工作由军管会处理；6月，金秀瑶族自治县革命委员会成立人民保卫组，行使公安局职权，并继续实行军事管制，各区恢复设立公安特派员。保卫组下设第一小组（秘书）、第二小组（政治保卫）、第三小组（治安）以及看守所、金秀镇派出所。1969年，忻城县进行干部调整，公安局先后有15名干部被调离，年底有29名干警。1973年，根据中共中央同意的全国公安会议提出的《撤销公安机关的军管制，恢复公安机关体制的意见》，各县公安局恢复建制；10月，金秀瑶族自治县撤销县公检法军管会，恢复县公安局，下设秘书股、政治保卫股、内部保卫股、治安股、预审股以及看守所；10月，恢复象州县公安局；忻城县撤销“军管会”，恢复县公安局，下设秘书、政保、内保、预审、治安5股和看守所，配有正副局长各1人、政治教导员1人、正副股、所长14人，干警16人，工勤人员3人，共33人；武宣县军管会和人民保卫组撤销，恢复公安局建置，局内设立秘书、政保、内保、治安和预审5个股和1个看守所，以及城关、东乡、桐岭3个派出所，在职干警共53人。1975年12月，“中国人民解放军忻城县九九分队”，受地区武警支队和县公安局双重领导。1976年1月，中国人民解放军金秀瑶族自治县公安中队改为县公安局人民武装警察中队，归公安局直接领导。1978—1981年，忻城县公安局先后增设行政拘留所、刑侦队、消防股和拘役所。1981年底，忻城县公安局干警达68人。1982年，设立合山市公安局；8月，象州县增设马坪、妙皇、寺村、中平、百丈、罗秀、大乐、水晶8个派出所；9月，金秀瑶族自治县分别在金秀、三角、忠良、罗香、长垌、大樟、六巷7个公社成立派出所；武宣县增设武宣、三里、二塘、通挽、禄新和黄茆等6个派出所，武宣县全县8个公社1个镇全部建立公安派出机构。1984年7月，原属象州县公安局的桐木镇派出所和桐木拘役、行政拘留所，以及原属鹿寨县公安局的头排区派出所，同时划归金秀瑶族自治县公安局。1985年，忻城县公安局下属的股改为科、室建制，原秘书股改称办公室。政保、内保、治安、预审、消防股，改称为一、二、三、四、五科，增设政工科。1987年11月，武宣县公安局接管原县交通车辆监理站，成立县公安局交通警察队；年末，忻城县公安局下属改为政保、内保、治安、预审、消防、政工科，增设刑侦队、武装警察中队、看守所、行政拘留所，拘役所不变，全局人员增至73人；金秀瑶族自治县内成立七建乡、三江乡，同时在二乡内设立派出所。1989年，武宣县公安局交通警察队改称武宣县公安交通警察大队。1990年，象州县局内设10个科、室、队、所，各乡镇设派出所；武宣县公安局配政委1名，副政委2名，局长1名，副局长3名，公安局内设办公室、政工科、政保科、内保科、治安科、预审科、消防科、行政科、户政科、法制科、刑侦队、看守所、行政拘留所和纪检组及公安交通警察大队15个科、室、队、所，下辖城关、东乡、桐岭、黄茆、二塘、三里、禄新、通挽、河马、思灵、新龙、马步、金鸡等13个行政公安派出所和武宣农场、禄峰山林场、黔江种畜场、锰锌矿区等4个企事业公安派出所以及林业公安股、公路公安执勤室，全系统计有干警175人；合山市公安局下设办公室、政工科、政保科、内保科、治安科、消防科、预审科、户政科、刑侦队、交通警察队、看守所、行政拘留所共计12个室、科、队、所，下辖北泗、岭南、河里3个乡（镇）派出所及合山电厂、合山矿区、溯河矿、柳花岭矿、东矿等6个厂、矿派出所，配有正、副政治委员、正、副科长、所长、指导员以及行政人员、干警共计165人；忻城县公安局设有办公室、政工科、政保科、内保科、预审科、消防科、户政科、法制科、林业公安科、看守所、拘留所、拘役所12个室、科、所和13个派出所，在编人员141人。1991年，合山市公安局设有办公室、政保科（一科）、内保科（二科）、治安科（三科）、消防科（四科）、预审科（五科）、刑侦队、交警大队、纪检组、武警中队、看守所（收审所）、行政拘留所12个内设机构，有岭南、北泗、河里3个基层派出所，下辖矿区公安分局、合山电厂派出所；3月25日，忻城县公安局成立纪检组，增设行政科，6月，增加编制2人，年末，忻城县公安局全局机构编制9科1队1室1组，在编139人。1997年，合山市公安局设有办公室、政工股、政治保卫股、内保股（经济文化保卫大队）、治安股（治安警察大队）、刑侦股（刑事警察大队）预审股、缉毒股、户政管理股、法制股、机要通讯股、交通警察大队、看守所、行政拘留所13个内设机构，岭南派出所、北泗派出所、河里3个派出所；忻城县公安局内设13个机构，编制158人（含乡镇派出所人员编制），其中行政编141人，事业编17人（交警大队编制另行核定）。1999年4月，忻城县公安局增设巡警大队、督察大队、行政股和110指挥中心，10月开通110报警服务台。2001年11月，忻城县公安局成立恶滩水电站公安执勤室，招收15名保安员；年末合山市公安局设18个内设机构以及里兰、岭南、北泗、河里4个派出所。1991—2001年，来宾县公安局设18个内设机构；县城设城中、城北、城西3个派出所；乡镇设置城厢、桥巩、良塘、七洞、北五、凤凰、正龙、大湾、高安、南泗、蒙村、寺山、石牙、良江、三五、五山、小平阳、陶邓、石陵、迁江、大里、平阳、溯社和八一24个派出所。1991—2005年，武宣县公安局领导职位设局长、政委、党委（党组）书记、副局长、副政委、副书记、督导员、纪委书记。设置政工科、办公室、纪检监察、审计室、通讯科、政保科（即国安大队）、内保科（即经侦大队）预审科、行政科、出入境管理科、法制科、户政科、看守所、行政拘留所、刑侦大队、缉毒大队、治安大队、督察大队、交通警察大队、110巡警大队、110指挥中心20个内设机构；县城设城关1个派出所；乡镇设置金鸡、黄茆、二塘、河马、东乡、三里、通挽、新龙、马步、思灵、禄新、桐岭12个派出所。2002年，忻城县公安局设办公室、政工股、纪检股、警务督察大队等15个内设机构。2002年12月28日，撤销柳州地区公安处，成立来宾市公安局。2003年1月20日，来宾市公安局挂牌成立，内设15个职能科（室）20个直属单位，对兴宾公安分局及其所管理的派出所实行垂直领导。来宾市公安局管辖象州、武宣、金秀、忻城、合山等五县（市）公安局和兴宾分局。全市共设有派出所81个，其中市公安局直属派出所29个。2003年末，全市公安总编制为1613名（含交警292名），其中局机关和兴宾分局编制606名，实有公安民警1398名（含交警256名），其中局机关和兴宾分局民警496名，民警总数占全市总人口的万分之五点七。3月25日，来宾县公安局改称"来宾市公安局兴宾分局"，属来宾市公安局派出机构，人、财、物由市公安局统一管理，在市公安局直接领导下负责兴宾区的社会治安管理工作。兴宾分局设办公室、政工科、纪检监察审计科、行政科、国内安全保卫大队、治安警察大队、刑事侦查大队、毒品犯罪侦查大队、户政管理科、法制科10个内设机构，管理27个派出所。兴宾分局经济犯罪侦查大队、出入境管理科、机要通信科、巡逻警察大队、警务督察大队、看守所、治安拘留所、强制戒毒所10个科、队、室上收来宾市公安局，兴宾分局原监察审计科改称纪检监察审计科，在编人员246人。2005年，来宾市公安局内设纪委、政治部、办公室、机关党委、防范和处理邪教犯罪工作科、审计科、宣传科、出入境管理科、警卫科、信息通信科、预审监管支队、法制科、户政管理科、计划财务科、行政装备管理科、警务督察支队、国内安全保卫支队、经济犯罪侦察支队、治安警察支队、刑事侦查支队、行动技术侦查支队、禁毒支队、巡逻警察支队、公共信息网络安全监察支队、来宾市人民警察训练学校、来宾市看守所、来宾市拘留所、来宾市公安局强制隔离戒毒所、科技科、指挥中心、特警支队、交警支队32个机构，全局干警共325人。

2005年，忻城县公安局撤销拘役所，治安拘留所更名为忻城县拘留所。

基层公安机构

1950年，境内在区和部门圩镇配公安助理员一名，在县城设立公安派出所。8月，合山煤矿设警卫队，人员300余名。1950—1951年，合山北泗、河里、溯河3个乡各设一个武装机动中队和乡警队，一同配合驻地的人民解放军进行清剿土匪。1952年，设象州派出所；1953年5月，设立石龙水上派出所，负责运江至武宣峡江段的水上治安工作；6月，在武宣设立派出所。1958年8月，设来宾县公安局合山矿区派出所，配正、副所长、指导员各1人；合山煤矿设警卫队改称经济民警队。1959年9月，成立金秀镇派出所；11月，忻城县成立城关派出所，配有副所长1人，干警2人，属县公安局派出机构，主要从事城镇治安、户口、特种行业（客栈、旅社、饭店、雕刻）的管理工作。1962年，石龙县公安局增设石龙、运江、桐木派出所；10月，忻城县增设古蓬派出所，配有副所长1名，干警2名，负责古蓬、红渡、北更、遂意区社会治安、户口、特种行业管理。1973年，武宣县恢复公安局建置以及城关、东乡、桐岭等3个派出所；10月，忻城县恢复“忻城县公安局”和下属的古蓬、城关派出所，公安工作趋于正常；1978年11月，成立合山电厂派出所。1982年4月，合山市公安局成立北泗乡派出所；8月，象州县增设马坪、妙皇、寺村、中平、百丈、罗秀、大乐、水晶8个派出所；9月，金秀瑶族自治县分别在金秀、三角、忠良、罗香、长垌、大樟、六巷7个公社成立派出所，武宣县增设武宣、三里、二塘、通挽、禄新、黄茆6个派出所，至此武宣县全县8个公社1个镇全部建立公安派出机构；10月，成立合山电厂经济民警队，忻城县城关派出所改称为“城关镇派出所”，另成立城关公社派出所，古蓬派出所改称为“古蓬公社派出所”，增设红渡、北更、遂意、马泗、大塘、思练，果遂派出所。1983年6月，成立合山矿务局经济民警队。1984年，忻城县设欧洞、安东派出所，城关公社派出所改称“宁江派出所”；忻城县境恶滩电厂设派出所，配有所长1人、干警3人，同时，县林业局设林业公安股，欧洞、桃源林场派出所，配股、所长3人，干警10人；7月，原属象州县公安局的桐木镇派出所和桐木拘役、行政拘留所，以及原属鹿寨县公安局的头排区派出所，同时划归金秀瑶族自治县公安局。1985年5月，合山市设立岭南派出所。1987年1月，合山市各乡、镇、矿设治安队；11月，金秀瑶族自治县成立七建乡、三江乡，同时设立派出所。1988年，忻城县增设新圩派出所。1990年，忻城县全县13个乡、镇都建立派出所，有正副所长共23人，干警33人，全县共建有318个治保会，治保员2512人，较大的自然屯有治保员2~5人；象州县各乡镇设派出所；武宣县公安局下辖城关、东乡、桐岭、黄茆、二塘、三里、禄新、通挽、河马、思灵、新龙、马步、金鸡13个行政公安派出所和武宣农场、禄峰山林场、黔江种畜场、锰锌矿区4个企事业公安派出所，以及林业公安股、公路公安执勤室；合山市公安局下辖北泗、岭南、河里3个乡（镇）派出所及合山电厂、合山矿区、溯河矿、柳花岭矿、东矿6个厂、矿派出所，配有正、副政治委员、正、副科长、所长、指导员以及行政人员、干警共计165人。1991—2005年，武宣县公安局县城设城关派出所。乡镇设置金鸡、黄茆、二塘、河马、东乡、三里、通挽、新龙、马步、思灵、禄新、桐岭12个派出所。1991年，合山市公安局有岭南、北泗、河里基层派出所3个，下辖矿区公安分局、合山电厂派出所。1997年，合山市公安局下属岭南派出所、北泗派出所、河里派出所。2001年11月，忻城县公安局成立恶滩水电站公安执勤室，招收15名保安员；年末合山市公安局设里兰派出所、岭南派出所、北泗派出所、河里派出所。1991—2001年，来宾县公安局县城设城中、城北、城西3个派出所；乡镇设置城厢、桥巩、良塘、七洞、北五、凤凰、正龙、大湾、高安、南泗、蒙村、寺山、石牙、良江、三五、五山、小平阳、陶邓、石陵、迁江、大里、平阳、溯社和八一共24个派出所。2003年，来宾市公安局共设有派出所81个，其中市公安局直属派出所29个。

2005年，来宾市辖兴宾分局、武宣县公安局、金秀瑶族自治县公安局、象州县公安局、忻城县公安局、合山市公安局共1个分局5个县（市）公安局；27个城镇派出所；50个农村公安派出所。

第二节　镇压反革命　打击邪教

清匪反霸(清剿来宾、象州、武宣股匪,会剿大瑶山土匪,清剿合山、忻城土匪);镇压反革命运动,侦破反革命案件;打击反动邪教组织(取缔反动会道门、取缔"法轮功"邪教组织、取缔"主神教"邪教组织);打击有害气功组织;改造"四类分子"。

镇压反革命运动

1949年中华人民共和国成立初期,潜留境内的原国民党军政骨干分子、地主恶霸分子与股匪相互勾结,从事反革命活动,策划反革命武装暴乱,企图推翻新生的人民政权。1950年1月,武宣县第一次土匪暴乱被平息之后,社会上残存的反动势力暗中相互勾结,打黑枪组织暗杀队,继续进行反革命活动。3月,已向武宣县人民政府投诚的匪团长赵伯琼、国民党师长朱迈西、国民党县党部书记长覃允应,暗中与匪首黄钜英联系,策划反革命;绰号城厢虎的周日华,假装积极靠拢人民政府,获得各界人民临时代表大会代表和改编委员会委员资格,利用合法地位作内奸,包庇匪首黎式谷,活动奸商抗交税款,同时还参加土匪会议,策划反革命暴动;城厢镇张仁芳组织了一个反革命暗杀队,两次企图用手榴弹炸戏场和镇人民政府;金鸡、二塘的土匪包围攻打地区政府,全县有4名农会干部被杀,桐岭、通挽等地的国民党残渣余孽也组织了暗杀队。1950年初,来宾、迁江县对原国民党政府的党政警骨干人员和投诚起义人员进行登记,集中教育,并本着"宽大为怀,既往不咎"的原则予以处理。但当时一些隐藏下来的国民党特务、土匪、恶霸等敌对势力,互相勾结,制造谣言,蒙蔽和拉拢部分群众。1950年1月—9月,来宾县先后有反革命武装暴乱,攻打凤凰、良江、三五、分界等区、乡人民政府;劫掠农民耕牛、粮食等财物;杀害基层干部、解放军指战员和群众;破坏铁路、公路、桥梁、电话线,中断交通。这期间,土匪抢劫耕牛660余头、粮食40万余千克、生猪210头、棉纱120余股,烧毁房屋80余间,有232名国家干部、人民解放军和农会积极分子被杀害。11月,来宾、迁江两县县委和县人民政府根据中共中央《关于坚决镇压反革命活动的指示》精神,成立镇压反革命领导小组,纠正了这以前对反革命分子"宽大无边"的偏向,全面贯彻"镇压与宽大相结合"的政策,对罪大恶极,怙恶不悛的反革命首要分子实行镇压。两县公安机关配合驻县解放军,发动民兵和群众,在全县开展以剿匪为中心的镇反运动,经过11个月的斗争将暴乱平息。10月25日—12月15日,武宣县结合重点剿匪宣传镇反运动的重大意义和有关方针政策,然后根据反革命分子的罪恶事实,连俘带捕各种匪特分子830多名。12月23日开始,在掌握证据的情况下,进行全县性的大逮捕,前后7天,武宣县共捕1256名反动地主、恶霸及通匪、济匪、窝匪的罪犯。1951年1月10日和2月18日,象州县分别进行两次大逮捕,共逮捕从事反革命的地主、恶霸、特务、匪首等320人,在县城破获"一四七七部"和"二〇四团政工队"两匪特组织。1—5月底,武宣县结合反霸和土地改革,捕获散匪、特务及暗藏的反革命分子505名,破获"三星反共委员会""三民主义青年同盟会"等7个不同番号的反革命组织,缴获长短枪9656支、子弹21103发、手榴弹31枚、迫击炮2门、轻机枪一挺,共逮捕收押各种案犯2591名。根据"镇压与宽大相结合"的原则,实行"杀一批、关一批、管一批"的措施,处决489名、判处有期徒刑246名、管训劳改921名、宽大释放755名、自杀病死18名、争取回头自新的土匪162名。11月,境内各县镇压反革命运动结束。来宾县、迁江县计毙匪518人,伤匪3651人,俘、降匪259人;缴获各种枪支7000多支、各种炮弹、子弹38836余万发;依法逮捕土匪、特务、恶霸、反动党团骨干和反动会道门等1048人。按照"首恶者必办,胁从者不问,立功者受奖"的政策,视罪恶情节轻重,分别将被逮捕者依法处理,将为首组织暴乱的蒙志仁(原来宾、迁江、象县、武宣县"剿共"联防司令)等321名反革命分子判处极刑,另关押467人、管制140人、宽大释放120人。1953年,忻城县公安机关开展以保卫农业生产建设和农业合作化为中心,对严重干扰破坏生产建设的杀人、放火、投毒、抢劫、强奸、盗窃等犯罪活动,通过发动群众,检举揭发与专案侦破相结合,打击了各种违法犯罪分子。是年,依法逮捕犯罪分子70人,其中土匪骨干40人,恶霸3人,国民党反动党团骨干5人,道首2人,不法地主分子12人,坚持反动立场的军官2人,其他反革命分子6人。为防止敌特空降,金秀瑶族自治县建立防空哨103个,参加放哨民兵达1468人。1952年7月—1953年底,金秀瑶族自治县公安局配合各级人民政府和民兵,在全县开展镇压反革命运动,肃清残余土匪和国民党暗藏的特务,并负责关押、审讯被捕反革命分子。这期间共关押土匪64名、恶霸5名、不法地主1名、反革命嫌疑分子4名、其他反革命分子5名，共79名。对16名反革命分子判处有期徒刑，其中土匪17名、恶霸2名、不法地主1名、其他反革命分子2名。1954年，忻城县贯彻全国第七次公安工作会议精神，县公安机关、组织力量大力宣传中共党的“坦白从宽，抗拒从严”的政策，打击现行犯罪分子，采取集中搜捕审查与政治攻势相结合的办法，全面整治社会治安。当年发案12起，比上年同期下降57.8%，社会秩序稳定、风气良好。1955年6月，金秀瑶族自治县公安局在桂平县公安局配合下，破获木山乡(1957年2月划入桂平县)以赵积贵、赵伯辉为首组织的“反共救国军第一纵队西江支队”反革命案。该反革命组织于1955年春，在金秀、桂平、武宣三县交界地区，利用“亲串亲、友串友”的方式，仅三四个月就发展成员100余人；并密谋策划抢夺民兵枪支，抢劫粮仓、攻打区乡人民政府，图谋发动反革命武装暴乱。破案后，共逮捕12名反革命骨干分子，其中在县内逮捕赵积贵、李胜松、黄金华等3人，缴获驳壳手枪1支、子弹10发、匕首1把、反革命传单3张、该组织印章1枚。8月，象州县开展第二次镇反运动，进行两次逮捕，计逮捕反革命分子和各类刑事罪127人，在镇反运动中，判处罪大恶极的为首分子168人死刑。1955年初至1956年9月，金秀瑶族自治县开展第二次镇压反革命活动，县公安局逮捕反革命分子65名，分别罪行轻重予以处理。在镇压反革命运动中，还缴获各种枪支60支、手榴弹68枚、炮弹14发、子弹1万余发、鸦片10多两。1957年，国内外阶级斗争尖锐，台湾当局派遣飞机进入境内上空撒反动传单。忻城县北更区龙门、加福两乡以韦元昌、罗树荣为首有42人参加的反革命组织。该组织制定11条反革命纲领，制有旗一面，“广西反共救国军司令部”大印一枚，反革命传单10余张，假借该乡税收员兰某某收税不合理为由，组织落后群众冲进乡府捣毁电话机一台，剪断电话线路100多米。罗树荣等还组织10多名暴徒，埋伏在弄下山(地名)企图杀害县派下龙门乡搞生产救灾的工作队。幸工作队均携带武器，罗匪才不敢行动。经忻城县公安人员侦破，计有118名反革命分子，依法逮捕首犯罗树荣、韦元昌等20人，缴获反革命纲领2份，长枪4支，手枪1支，子弹93发。12月，按法律程序依法在北更区对有重大罪恶的罗树荣等3名首犯执行枪决。

侦破反革命案件　境内中华人民共和国成立初期残余的国民党匪特，在公开组织土匪武装暴乱的同时，暗中组织各种形式的反革命集团。公安机关设置政治侦察机构，负责侦破反革命案件。1955年6月，破获金秀瑶族自治县“反共救国军第一纵队西江支队”反革命案。该反革命组织于1955年春在金秀、桂平，武宣三县交界地区，发展成员100余人图谋发动反革命武装暴乱。破案后，共逮捕2名反革命分子，缴获枪弹、反革命传单、印章等。1957年1月，以来宾县地主分子韦付金为首组织“中国人民反共志愿军”反革命集团案，破案后，逮捕法办反革命骨干83名；同年，忻城县内北更区以韦元昌、罗树荣为首有42人参加的反革命组织，该组织制定11条反革命纲领，制有“广西反共救国军司令部”大印一枚，经侦破，依法逮捕20人，缴获反革命纲领2份、枪弹一批；同年12月，在北更区对罗树荣等3名首犯执行枪决。1959—1962年，国民经济困难时期，国际帝国主义和各国反动派掀起反华高潮，蒋介石叫嚣反攻大陆，国内敌我形势紧张，反革命集团案件增多。1960年11月，来宾破获以杨年吉为首的“中国国民党反共青年团”反革命集团案，首犯杨年吉被依法处决，其他13名罪犯分别被判处徒刑，投案自首30人，缴获罪证一批。1962年11月30日，金秀瑶族自治县公安局在柳州地区公安处的直接指挥下，与武宣县、象州县公安局配合，侦破以李进光、李玉盈为首组织的反革命集团案。8月，李进光的反革命组织与武宣县李玉盈为首的另一反革命组织纠合为“第一指挥部”，由李进光指挥，进行反革命活动。至11月底，该反革命组织先后在金秀、武宣、象州三县6个区22个乡发展成员100人，其中金秀瑶族自治县23人，武宣县54人、象州县23人，还任命“兵团司令”“指挥官”“参谋长”“师长”“团长”“副官”等59名，并计划在金秀瑶族自治县内设立“司令部”，下设2个“指挥部”，下辖“1个师、4个团”。该反革命组织成立后，伪造基层人民政府公章，书写投递反动恐吓信件，潜伏杀害国家干部(未遂)。破案后，县公安局依法逮捕了反革命组织首犯11人，并将拒捕的2人击毙。人民法院审理后，判处反革命组织首犯李某死刑。1967年3月7日，“文化大革命”军管期间，来宾县公安局歼灭陶某3名股匪。1991年，武宣县破获和查清反革命挂钩案和反革命标语案各1起、依法收缴非法宗教书刊64出、取缔解散了3个宗教非法聚会点。1992年，武宣县发现反革命挂钩嫌疑线索2起，宗教非法活动嫌疑1起，均已查明，不作立案处理。1993年，武宣县查清反革命挂钩案2起，遣送非法入境外国人9人；依法取缔解散4个宗教非法活动点，对参与非法宗教活动的78人分别进行教育处理。1995年,武宣县查清7起反革命挂钩案。1996年,武宣县公安局积极开展侦查措施,对发生在县内4起反革命挂钩案全部查清;8月27日,象州县中平乡大架村发现台湾空飘传单,当地公安机关发动群众收缴,计搜缴反动传单11种,重5千克,然后做好消毒工作。2003年9月22日上午,在象州县砖厂宿舍的白色墙上,发现有人用墨汁写:“解除共产暴政,维护基本人权,拥护资本主义,倡导多党竞争”及诋毁国家领导人的反动标语。在自治区公安厅直接指导下,于当月25日破案,将犯罪嫌疑人吴某(男,象州人)抓获归案。

打击反动邪教组织

2004年3月,来宾市公安局设置处理“法轮功”问题领导小组办公室,主管“法轮功”和有害气功组织的斗争工作。同年9月,来宾市公安局处理“法轮功”问题领导小组办公室更名为防范和处理邪教犯罪工作科(简称“反邪教科”),同时将防范处理冒用宗教名义的邪教组织工作从国内安全保卫部门移交到反邪教部门。全市公安机关切实加强反邪教工作,有力地打击各种邪教和有害气功组织的违法犯罪活动,确保社会大局的稳定。

取缔反动会道门 1949年中华人民共和国成立后,境内有一贯道、归根道、同善社等3个反动会道门组织。1953年3月,依法取缔反动会道门,张贴取缔反动会道门布告,广泛开展教育活动,发动道徒诉苦和声明,取缔工作至5月5日基本结束。3月,石龙县依法取缔反动会道门,张贴取缔反动会道门布告,广泛开展宣传教育活动;至4月底,石龙县全共逮捕道首3人,判管制1人,自首、管训、集训81人,476名道徒声明退道,反动会道门组织被摧毁。1954年,忻城县在全县张贴取缔反动会道门布告,广泛开展宣传教育活动,公安机关对搞封建迷信的巫婆、神汉、风水先生等全面登记。清出反动会道门道首38人,打击处理道徒29人,收缴封建迷信品(道具、道经)1564件,集训、管制道徒451人,反动会道门被摧毁。

取缔“法轮功”邪教组织 1999年7月22日,中华人民共和国民政部决定取缔“法轮功大法研究会”(简称“法轮功”),公安部同时通报李洪志其人其事。在中央取缔“法轮功”之后,境内公安机关迅速开展对“法轮功”的打击处理工作。8月,合山市公安局在全市范围内开展取缔邪教“法轮功”活动。在全合山市范围内取缔“法轮功”非法练习点5个;帮助教育转化解脱“法轮功”练习者68人;收缴“法轮功”书籍336本、录音带167盒、录像带2盒、影碟70碟、横幅2条、笔记本14本、名片6张、图片8张、图解表1张。1999—2002年,先后组织7次搜捕“法轮功”职业化势力的统一行动,收缴“法轮功”书籍、资料、音像等。2001年7月2日,合山市公安局抓获进京“上访护法”的法轮功练习者4人,并按有关规定,依法送劳动教养1年。2001年,武宣县继续开展同“法轮功”等邪教组织和宗教领域的非法活动的斗争,对法轮功练习者的教育、转化和监控工作逐个落实到辖区民警和分管领导负责,共取缔非法聚会点4处,驱散信徒147人。2002年,武宣县制定了《4.24打击“法轮功”违法犯罪活动集中统一行动方案》,并组织实施,对36名原邪教“法轮功”练习者做好教育、转化和监控工作。4月14日,依法取缔了通挽镇基督教非法聚会点2个,驱散教徒20多人。年内,为有关部门提供可能影响武宣县政治稳定的各种信息25条。2004年,武宣县在做好全县36名邪教“法轮功”练习者的监控工作的基础上,围绕重大敏感日期开展打击邪教“法轮功”的非法活动。同年共依法取缔东乡邓寺村、县城仙蜜路60号等4个非法宗教活动点,驱散非法传教人员及信徒146人次,收缴非法宗教书籍、资料80本(份)。2002年12月,来宾全市公安机关在打击邪教“法轮功”违法犯罪活动的斗争中,破获邪教“法轮功”传单案1起,抓获人员1名,收缴传单40份;破获邪教“法轮功”宣传煽动横幅案1起,抓获人员2名,收缴邪教“法轮功”横幅2条。2004年11月,境外邪教“法轮功”组织抛出《九评共产党》系列文章,“法轮功”邪教组织的性质发生根本转变。2005年1月—5月,来宾全市公安机关开展专项行动,深挖打击“法轮功”地下组织传播《九评共产党》,煽动“退党”等活动。行动期间,据统计全市收缴邪教“法轮功”传真5份,信件2封,《九评共产党》光碟2张。同“法轮功”邪教组织的斗争,始终保持高压势态,有效防止反弹。

取缔“主神教”邪教组织 1996年6月,“主神教”邪教组织头目刘家国因强奸罪、组织和利用邪教组织破坏法律实施罪、诈骗罪被判处死刑。1997年7月,湖南“主神教”邪教组织派人到来宾市象州县活动,发展成员,以象州县罗秀镇为中心,涉及象州县的运江、寺村、中平、百丈等8个乡镇28个村屯,涉及金秀瑶族自治县、武宣县部分乡镇,入教人数有400多人。武宣县开展对非法传教活动调查,掌握了三里镇经堂村天主教教主8人，367名教徒以及二塘镇上召村、黄茆镇玉村和金鸡乡滚水坝村3个基督教会聚会点，26名骨干分子，247名教徒的基本情况，依法取缔了武宣镇对河村、黄茆镇独寨村2个非法传教聚会点，驱散教徒140多人，强制遣送了4名外地非法传教者。1998年3月，武宣县取缔了3个非法传教窝点、驱散教徒189人、收缴传教经书79本、资料47册、脚踏风琴1台。9月份，邀请自治区宗教管理委员会领导到武宣县举办一期基督教骨干培训班，培训基督教骨干47人。1999年9月，对象州县“主神教”邪教组织立案查处，先后依法传唤涉案人员50多人、拘留审查骨干15人、劳动教养3人、摧毁秘密聚会点10多处，收缴了一批书籍和资料。2005年，外地“主神教”教徒窜到来宾市忻城县古蓬、红渡、北更等乡镇，向当地一些群众传播“主神教”活动，被公安机关依法查处，破案2起，抓获“主神教”教徒4人，分别处以行政拘留，收缴“圣经”5本，手抄本和资料数张。

打击有害气功组织

境内有害气功组织有“中功”“香功”“元极功”“中国自然特异功”4种。1999年8月—11月，在境内依法对“中功”科技生命学校进行查封取缔，处理骨干分子，教育转化一般练习者，收缴一批印章和资料。8—9月，合山市公安局开展对全市气功组织和“911”的全面调查，弄清了“911”外地人员在合山境内的活动情况，并收缴了“911”织挂在市老干局楼办公室大门的“柳州QL生命科技学校合山分校”牌匾1块、收录机1台、红布横幅1条。教育制止耶苏非法传教信徒到农村非法传教活动3起，在河里东甫村取缔查封非法传教点1个。2000年2月，按照公安部的部署，合山市公安机关开展处理有害气功组织的专项工作。经过宣传教育、发动群众、调查摸底、处理骨干、登记造册等活动的有效开展，截止2001年6月，有害气功组织的组织机构和体系基本被摧毁，经济基础基本被铲除，功法标志物和宣传品基本被清缴和销毁，练功活动已基本停止。

改造“四类分子”

1949年中华人民共和国成立初期，在镇压反革命、清匪反霸、减租退押和土地改革运动中，依法划定一批地主分子、富农分子、反革命分子和坏分子（统称“四类分子”），后来在历次政治运动中，又划定一些反革命分子和坏分子。根据1950年公安部对“地主、富农、反革命分子和坏分子要实行监督改造”的指示和1952年7月公布的《管制反革命分子暂行办法》的规定，公安机关依靠治保会和群众，对“四类分子”实行监督劳动改造，把他们改造成为自食其力的劳动者。在土地改革、镇压反革命、肃清反革命运动中，象县划定地主分子2658名、富农分子1209名、反革命分子821名、坏分子466名。1953年，忻城县全县划定地主分子1592名、富农分子1378名、反革命分子824名、坏分子657名，逐一登记造册，除部分开明地主、富农分子外，其余交由群众监督管制劳动改造，促使其变成自食其力的劳动者。1956年2月，根据中共宜山地委“关于解决地主富农入社问题”的指示精神，石龙县公安局决定分武宣和象州两个片开展四类分子评审工作。武宣片以二塘区樟村乡为试点，经群众评审，最后由县人民委员会审定批准给改造好的地主、富农改变成分18人，尚需继续改造的划入后补社员70人，吸收入农业社管制生产13人，全部解决了土改时划定地富成分的101人的入社问题。3月，来宾县根据《农业合作化运动纲要决议草案》的规定，在古昔区桥巩乡、青岭区刘平乡对“四类分子”进行入社评审工作试点。5月在全县铺开。通过“四类分子”个人自报、互评和群众评议、上报审批等手续，全县批准7873名“四类分子”中的1912名为社员，占总数的24.2%，4766名为后补社员，占60.5%，继续监督劳动的1195名，占15.3%。6月，石龙县对“四类分子”评审入社，视其在改造中的表现，表现好者吸收为农业合作社社员；一般为候补社员；差者继续戴帽交群众管制生产。经评定，2068名为正式社员，占23.9%；5282名为候补社员，占60.9%；1293名继续戴帽交群众管制生产，占15.2%，此后每年评审1次。年底，忻城县对地主、富农分子普遍进行一次评审入社工作，在劳动改造中表现好的，经群众评议，报上级批准吸收为农业合作社社员或候补社员；表现差的，继续“戴帽”由群众管制生产劳动改造。经评议审批吸收为正式社员的有2298名，占81.5%；批准为候补社员65名，占10.2%；尚有52名表现较差，继续管制劳动改造，占8.3%。同年，金秀瑶族自治县有“四类分子”526名，金秀瑶族自治县公安局对改造较好的157名给予农业合作社员待遇、295名给予候补社员待遇、其余74名交群众监督劳动改造。1950—1958年，在镇压反革命、清匪反霸、减租退押和土地改革运动中，依法划定一批地主、富农、反革命分子和坏分子（下称“四类”分子）。以村屯为单位对“四类”

分子进行监督改造,并定期(每月1~2次)让"四类"分子到乡政府汇报其现实思想及活动情况,并依照法律,剥夺一部分"四类"分子的政治权力。1959年,石龙县对"四类分子"实行"三包一保证"(包教育改造、包监督劳动、包防范破坏,使四类分子保证做到遵守政府法令)。9月,各县贯彻中共中央关于对"四类分子"要少捕、少杀、多管、大改造的指示精神,采用"十红夹一黑"(10个好人包教育1个坏人)和"包管、包教、包防范"的方法改造"四类分子"。来宾县有一批"四类分子"主动交出隐藏多年的武器、弹药和其他凶器共1236件,其中长短枪22支、子弹1045发、手榴弹39枚。武宣县以大队、生产队为单位成立了监督改造小组,对四类分子的监督改造工作实行专人负责,包监督、包教育改造、包掌握并汇报情况,定工生产、定期汇报、定期检查、定期鉴定,并要求四类分子订出守法保证、改造保证。通过实施严格的监督管理改造措施后,出现更多的改造好的四类分子,政府和群众也对他们的工作给予了肯定,及时对其进行评审并改变其成分,使其脱掉四类分子的帽子。1979年,根据中央《关于地主富农分子摘帽问题和地、富子女成分问题的决定》,忻城县公安局组织力量抓好全县2405名四类分子的评审工作。经广泛发动群众,调查摸底,群众评议鉴定,经政府审查批准2293名四类分子摘掉"帽子",并把原错划199人(其中地主分子71人、富农分子51人、坏分子30人、反革命分子36人、其他1人),错戴帽的四类分子给予纠正,解除管教,尚有52人(反革命分子)表现略差也给予摘帽子。至此,改造四类分子工作始告结束。2月,武宣县公安局以城关派出所辖区为试点开展四类分子评审工作。经群众评议并报县革委审批,纠正了错管制、错戴帽人员3人,对已改造好的四类分子42人摘除了帽子,使92%的原四类分子享受了普通社员的政治待遇。3月底,武宣县对全县2339名现管四类分子进行全面评审,并给2125人摘掉了地、富、反、坏的帽子。同时,给所有的地、富子女改变成分,享受普通社员家庭子女的政治待遇。3月,来宾县共有3496人经批准摘掉"四类分子"帽子,享受社员待遇;5月,金秀瑶族自治县公安局对全县尚有的150名"四类分子",摘掉帽子139名;5月底,象州县给全县4109名"四类分子"摘掉帽子,纠正错戴"四类分子"帽122人;11月,中共中央对"四类分子"摘帽问题作出决定后,各县革委会批准摘帽的"四类分子"进行张榜公布,发给摘帽通知,宣布给予享受社员待遇,同时把地、富子女的家庭成分改为社员。1980年2月,来宾县召开会议进行贯彻,并抽调15名公安干警组成4个小组,分片督促21个公社(镇)225个大队宣传贯彻落实。对经过县革委会批准摘帽的"四类分子"进行张榜公布,发给摘帽通知,宣布给予享受社员待遇,同时把地、富子女的家庭成分改为社员。1981年12月30日,北泗公社的562名"四类"分子全部予以摘帽。至此,合山对"四类"分子的监督改造工作宣告结束。1983年12月,境内各县(市)贯彻中共中央办公厅中发〔1983〕第54号文,按照法定程序宣布给予"四类分子"全部摘帽。至此,境内各县(市)"四类分子"的改造工作全部结束。

第三节 刑事侦查

来宾市公安局刑侦部门负责预防、制止和侦查违法犯罪活动;组织、领导全市刑侦业务工作;组织、指挥重特大案件的侦破工作,组织、指导对黑社会性质有组织犯罪、跨地区系列性案件、疑难案件侦破工作;分析研究全市刑事犯罪规律、掌握犯罪动态、预测犯罪走势、查找防范漏洞、提出打防对策、研究犯罪主体、剖析典型案件,确定阶段性打击、防范、控制的工作重点,适时组织专项行动。

案件侦查及处理

1950年1月和8月,武宣县公安机关先后配合中国人民解放军四0四团和一四六师四三七团平息了两次土匪暴乱,抓获土匪近400名。10月25日,武宣县开始镇压反革命运动,先后破获反革命组织7个,逮捕各种违法犯罪分子2591人。1952年7月,金秀瑶族自治县坚决打击严重危害社会治安和人民生命财产安全的杀人、放火、抢劫、强奸、爆炸、投毒、重大盗窃和流氓等刑事犯罪行为。1953年,各县公安机关以保卫农业生产互助合作为中心,及时打击严重干扰、破坏生产建设和社会生活秩序的杀人、放火、抢劫、强奸以及盗窃等犯罪活动。来宾县依法逮捕犯罪分子150人,分别在寺山、迁江和青岭等3个区召开公判大会,对罪犯进行审判。1954年,各县全面开展打击刑事犯罪活动。1955年9月—1956年1月,石龙县公安局多次组织搜捕镇反运动开展以来部分逃匿的反革命分子和刑事犯罪分子。1956年5月,各县贯彻全国第7次公安工作会议精神,开展以打击现行犯罪分子为重点的侦查破案活动,采取集中搜捕与政治攻势相结合的办法,宣传中共"宽严”相结合的政策。1956年全年来宾县共有375名违法犯罪分子向人民政府投案自首并揭发同伙的罪行。1957年上半年,国民党从台湾派遣飞机4次进入境内上空,投下大批反动传单,一些敌对分子乘机造谣破坏,煽动拉牛退社,宣扬封建迷信。据来宾县11个区统计,有3万多人参加求神拜庙活动,严重影响社会治安秩序和春耕生产。当时,县公安机关进行了重点侦查,依法逮捕现行反革命分子和刑事犯罪分子23人;同时集中巫婆、神汉及其他违法人员894人,以乡村为单位,学习中央和国家的政策、法律、法令。此役缴获短枪、子弹、手榴弹和刺刀等凶具一批。1958年9月,石龙县公安局破获黄茆“反共救国第五军”反革命组织案,该案首犯黄合某潜逃,并纠合原基干民兵黄清某于同月27日盗走步枪1支、子弹35发。12月26日,在查实了黄合某等的踪迹后,公安干警在民兵的配合下进行围捕,当场击毙黄合某、黄清某,捕获10名同案犯,缴获步枪1支、子弹6发。在围捕战斗中,公安员孙昌、民警韦宇山、蒙世同等3人光荣牺牲,另2人重伤、1人轻伤。

“文化大革命”初期,各县公安、检察、审判机关被群众组织“夺权”,民主法制遭受破坏。1966年,忻城县发生各种刑事案件60起。1960—1966年,根据上级公安机关关于打击流窜犯、现行反革命分子和各种刑事犯罪分子的部署,忻城县公安局集中力量,全面清查,采取发动群众检举、揭发与公安机关专案侦查的方法,动员全县干部群众1.18万多人,组成330个巡逻队,开展对公路沿线、客栈、旅店、车站、圩镇饭店,可容宿岩洞、主要关隘、草棚、砖瓦窑和流窜犯经常出没的地方,以及行踪可疑的人员进行重点清查。对流窜作案的惯犯,负罪在逃的劳改劳教人员及外逃的反革命分子进行搜捕,共抓获行踪可疑人员153人,其中:刑事拘留41人、依法逮捕91人(包括负罪在逃49人)、送劳改劳教21人;缴获长枪7支、子弹341发、手枪3支、子弹85发、手榴弹14枚、雷管12发、炸药7千克、其他凶器135件、伪造印章4枚、反动宣传品40张、各种物资一批(价值1.95万多元)。1966—1968年,来宾县共计逮捕、拘留、教养、戴帽434人。1973年5月,各县恢复县公安局。1977年4月—6月,为贯彻自治区第二次整顿铁路治安工作会议精神,来宾县公安机关与柳州铁路局公安部门配合,以整顿铁路沿线社会治安秩序为中心,清查和打击流窜犯。期间来宾县成立整顿铁路沿线治安领导小组,先后组织干警、民兵、治保主任等1758人次参加行动。经过两次较大行动,查获流窜犯、投机倒把犯、盗窃犯和其他违法人员85人,缴获粉枪、子弹、匕首、炸药、雷管、导火索等凶具和金戒指、光洋、伪币、自行车、手表、花生、大米、枕木等赃款、赃物一大批,社会治安秩序明显好转。4月,忻城县遵照上级指示精神,以公安机关为主,组织53个公安干警和405名党政干部、1533个民兵,出动4132人次,对流窜犯全面清查,并设卡86处,清查了260个处所,收审27人,破获大小案件73起,其中立案审查20起;缴获案犯炸药10千克,雷管20多发,自行车5架,收音机1台,现金8.45万元,粮食7785千克,其他物资一批。1979年,按照国家公安部《关于加强铁路治理整顿》通知的精神,忻城县公安局抽调31名干警到大塘、思练、城关等5个公社(镇)进行治安整顿,破获了一批案件,处理违法人员98人。在忻城县城召开打击刑事犯罪分子群众大会,参加大会的有县直机关、城关公社及城厢、都乐板河等村6000多人,宣布对刘某某等6名罪犯和违法人员的处理决定。1980年,合山市域内小煤矿生产有较大的发展,流动人员增多,各种案件时有发生。1982年,合山市公安局依靠群众,开展侦察破案,逮捕各类犯罪分子57名,缴获赃款12万多元。1983年1月14日,合山市发生一起特大强奸案,1名女青年先后被24名犯罪分子轮奸,案发后,合山市公安机关依法逮捕涉案成员6名,为首分子被依法枪决;2月21日,来宾县陶邓公社民间自发组织开展新春篮球赛,因争球引发矛盾从而导致发生一起一次杀死14人的特大凶杀案,9月凶犯受到法办。4月,为贯彻中共中央办公厅〔1983〕第14号文件和中共自治区党委会〔1983〕桂发17号文件精神,各县成立打击拐卖妇女儿童犯罪活动领导小组办公室。8月,象州县抽调机关干部、解放军、民兵和治安积极分子配合公安机关,开展打击刑事犯罪“第一战役第一仗”,逮捕了一批犯罪分子,打掉流氓、盗窃、拐卖妇女团伙28个,缴获各种枪支、凶器和赃物。8月17日,为了全面贯彻执行中共中央《关于严厉打击严重刑事犯罪分子的决定》,忻城县委决定成立忻城县打击严重刑事犯罪分子(简称“严打”)领导小组,县委书记蓝日开任组长,县委一名副书记任副组长,政法委、公、检、法、司各一名领导为成员。8月18日—19日,忻城县委、县府召开各公社主管政法工作的领导和县直各部委办局领导,公检法司全体干警会议,传达学习中共中央关于“严打”的决定,贯彻自治区、柳州地区实施“严打”斗争战斗方案。会后县公安局迅速抽调干警,并与县人民检察院、人民法院、司法行政、武警及行政机关配合协作，严厉打击刑事犯罪活动斗争的第一战役于9月2日凌晨开始，全县共有552人投入"严打"战斗，其中政法公安干警、解放军、武警170人，党政干部、民兵、治安积极分子382人，出动大小汽车16部，分赴全县各地，追捕盗窃犯、打击流窜犯、围歼车匪路霸等刑事犯罪。9月2日起，武宣县在县内开展"从重从快"打击严重危害社会治安的刑事犯罪分子的专项斗争，并专门成立"刑事案件侦破组"和"刑事在逃犯追捕组"；10月4日，武宣县追捕组在柳州市捕获二塘公社的劳改在逃犯陆某，并查实了陆某在逃期间先后在武宣作案多次，盗卖耕牛9头获得赃款9200元。9月，合山市公安局在全市范围内开展"严打"斗争，侦破案件61起，刑事发案率比1982年下降45.8%。1984年，象州县组织开展"第一战役第二、三仗"和"第二战役第一、二仗"，重点打击杀人、放火、爆炸、投毒、抢劫、强奸和严重破坏社会秩序的七类犯罪分子，当年打击处理刑事案272件，人犯334人。1983年9月—1986年底，来宾县共侦破各种刑事案件1487起，其中重大案件256起；摧毁各种犯罪团伙185个，瓦解团伙成员892人，依法逮捕犯罪分子1537人；缴获各种枪支、子弹、手榴弹、炸药、雷管、导火索和其他凶具一批；追回电视机、电风扇、自行车、衣车、手表和电动机、柴油机、手扶拖拉机、耕牛等一大批赃物。经过"严打"斗争社会治安有所好转。1987年，金秀瑶族自治县刑事案件发生35起，破案26起，破案率为74.2%；其中重、特大案件发生11起，破案9起，破案率达81.8%。1985—1988年，象州县共打击处理刑事案1002件，人犯556人。1986年2月13日凌晨，武宣县通挽派出所在通挽乡大昌村捕获杀死3人的凶犯吴某。至1987年1月"严打"斗争结束时，武宣县全县共破获反革命犯罪案件7起，其他刑事犯罪案件424起；打掉犯罪团伙86个，逮捕人犯889人；同时还查处治安案件726起，有986人被处以行政拘留。1987年2月起至1990年底止，武宣县全县共破获反革命犯罪案件3起，其他刑事犯罪案件1059起；打掉犯罪团伙141个，逮捕人犯645人；同时还查处治安案件2328起，2041人被处以行政拘留。1989年11月，根据国家公安部指示精神，武宣县公安局通过中共武宣县委会和县人民政府组织500名县乡干部构成的工作队，开展大规模的扫除卖淫嫖娼、制作贩卖传播淫秽物品、拐卖妇女儿童、私种吸食贩运毒品、聚众赌博、利用封建迷信骗财害人等"六害"的行动。至12月，武宣县公安局对犯有"六害"行为的2040人进行全面审查，对50名违法犯罪情节严重者，分别给予治安拘留(45人)和逮捕(5人)处罚。在扫除"六害"阶段，县公安局破获刑事案件21起，其中大案8起，打掉犯罪团伙19个，成员130人，查处治安案件29起。

1990年，来宾县侦破刑事案件1187件，查处治安案件1373件。合山市先后进行严厉打击各种刑事犯罪活动4个战役共14仗，破获各种刑事案件604起，其中重大案件194起，依法逮捕犯罪分子1100余人，缴获短枪、砂枪、子弹、炸药、匕首等凶器一批，追回赃款330万元。1989—1990年，象州县开展专项打击和治理行动，整治突出的社会治安问题。期间，先后在象州县大乐、罗秀、石龙3乡镇破获爬车越货路盗案件71起，其中重大案件16起，查获犯罪团伙4个，成员26人，缴获赃物折款18475元；打击拐卖妇女儿童犯罪活动，打掉拐卖妇女团伙9个，成员34人，依法处理人犯154人，收缴非法所得2万余元，解救妇女儿童33人；收缴流散在社会上的短砂枪、手枪144支，管制刀具164件，炸药382千克，雷管954枚，逮捕案犯2人；破获贩毒案1起，缴获鸦片450克；拔掉赌博窝点51个，处理赌徒3003人；查获卖淫嫖娼475人。

1991年，来宾县开展打击"车匪路霸"专项行动，查获并打掉在公路线上进行抢劫、盗窃犯罪活动的团伙7个、成员61名，破获抢劫案2起、盗窃案87起；配合铁路公安部门，深入开展打击货盗犯罪活动，查获货盗犯罪团伙4个、成员21名，抓获重大负案在逃犯4名，破获货盗案件22起(重大案9起)；抽调86名民警和妇联干部，组织19个查证解救小组，分别到16个省市的60多个县、市进行查证和解救工作，共破拐卖人口案件119起，查获和打掉拐卖人口犯罪团伙10个、成员45名，抓获人贩子57名，解救回被拐卖妇女119名、儿童12名，占应解救数的72%。来宾县全年破获各种刑事案件1282起，其中破重、特大案件286起；查获并打掉各种犯罪团伙62个、成员328名(其中抢劫团伙6个、成员20名，流氓团伙3个、成员24名，盗窃团伙40个、成员222名，诈骗团伙1个、成员3名，贩卖砂枪团伙1个、成员3名，破坏电力设备团伙1个、成员5名，拐卖人口团伙10个、成员45名)；抓获在逃犯93名(批捕在逃7人，负案在逃86名)、现行案犯1112名；依法逮捕545名，刑事拘留510名，劳动教养5名；破获拐卖人口案件119起，抓获人犯56名

(依法逮捕27名,劳教5名),解救被拐妇女152名、儿童12名;缴获假币2615元、黄金450克;为失主追缴回被盗摩托车4辆、汽车拖卡1辆、手扶拖拉机6台、自行车586辆、电视机54台、耕牛126头、生猪81头、现金12万多元以及其他财物折款37万多元。武宣县公安局破获盗牛37起,偷猪案27起,盗窃水利电力设施案6起,打掉盗牛团伙3个,盗猪团伙4个,抓获犯罪嫌疑人47人,追回被盗耕牛23头,生猪9头,打掉专在禄新、思灵一带盗窃水利电力设施的犯罪团伙,依法逮捕30人,治安处罚17人。武宣县全年共立刑事案件516起,破案322起,破案率为62.4%,其中重大案件立91起,破52起,破案率为55.3%;打掉犯罪团伙65个,成员243人,刑事拘留159人,逮捕197人,刑事案件比上年下降23.1%;破获一批拐卖妇女和儿童案件,抓获人贩子17名,其中逮捕8名,收容审查9人,解救妇女20人(其中10名越南妇女),儿童3名;破获走私案8起,收缴走私录像机48台,彩电7台,摩托车6辆。

1992年,来宾县全年破获刑事案件1214起,其中重、特大刑事案307起,破案率分别比上年提高15.1%和106%,双超柳州地区公安处下达的破案率达标任务;查获和打掉犯罪团伙53个、成员359名(其中抢劫团伙7个、成员48名,流氓团伙4个、成员31名,盗窃团伙28个、成员186名,拐卖人口团伙7个、成员29名);抓获在逃犯94名(批捕在逃7名,负案在逃87名),抓获现行案犯965名;全年依法逮捕人犯528名,刑拘524名,送劳动教养15名,送收容教养1名;为群众追缴回被盗出租小轿车1辆、摩托车29辆、手扶拖拉机10台、自行车3310辆、电视机54台、耕牛98头、生猪70头、侵害损失的现金9.4万元以及其他财物折款52.6万元。武宣县全年共立刑事案件379起,比上年516起下降26.5%,破各类刑事案件260起,破案率为68.6%;政治案件发3起,破3起,破案率为100%。打掉各类犯罪团伙57个,成员409人;抓获逃犯12人,刑事拘留134人,逮捕116人;解救被拐卖妇女儿童27人(其中越南妇女17名),劳动教养1人。

1993年,来宾县全年共立报刑事案件689起,比1992年同期的970起少发案281起,下降率为28.96%,破554起,破案率为80.4%。其中立报重大刑事案件205起,破重大刑事案件169起(破案率为82.4%),双超柳州地区公安处下达的破案率达标任务。通过破案,打掉犯罪团伙38个、成员214名(其中盗窃团伙33个、成员172名,抢劫团伙3个、成员14名,强奸团伙1个、成员25名);抓获各种案犯862名(其中批捕在逃犯2名、杀人在逃犯4名、负案在逃犯56名);依法逮捕311名,刑事拘留358名,送劳动教养11名;为群众追回现金12万余元、耕牛56头、生猪42头、马4匹、手扶拖拉机8台、摩托车2辆、电视机32台以及其他财物一大批,价值共46万元。武宣县公安局共立各种刑事案件277起,破案198起,破案率为71.48%,其中重特大案件立67起,破48起,破案率为71.64%,打掉犯罪团伙52个,成员266人,收容审查145人;刑事拘留80名,逮捕犯罪嫌疑人98人,教养20人。全年刑事案件比上年下降26.91%。破获拐卖妇女儿童案件5起,抓获犯罪嫌疑人1名,解救妇女儿童8人。

1994年,来宾县共组织开展6次以"破大案、挖团伙、追逃犯、打流窜"为主攻方向的破案战役和严打整治专项斗争:在迁江镇、石陵镇和凤凰镇查获3个重大车匪路霸团伙,抓获案犯21名,破获抢劫案件57起;12月,在良江乡、桥巩乡和大里乡共查获盗窃牲畜团伙3个,作案55起,盗窃耕牛99头、生猪49头,抓获案犯26人;2—12月,侦破杀人、伤害、强奸等暴力性犯罪案件4起,5名凶手被抓获归案,追捕逃犯4人。来宾县全年共立报刑事案件885起,破获751起,总破案率为84.85%,其中立报重大案件320起,破获263起,破案率为82.18%,还破隐积案314起(重大案件178起),破外地案154起;抓获犯罪嫌疑人1167名,批捕在逃犯4名,负案在逃犯62名,外地公安机关通缉的越狱在逃犯1名;查获和打掉犯罪团伙53个,瓦解团伙成员281名;共依法逮捕人犯457名,刑事拘留461名,送劳动教养21名,少管8名;为群众追回被盗抢的现金15万余元、汽车1辆、摩托车25辆、手扶拖拉机14台、耕牛137头、生猪60头、山羊32只、矿山绞车2台、电视机65台、冰箱3台以及其他财物一大批,价值106.2万元。武宣县辖区公路上发生车匪路霸案17起,武宣县公安局通过伏击守候,打掉3个犯罪团伙,抓获4名犯罪嫌疑人,县境内所发的车匪路霸案全部告破。武宣县全年共立刑事案件422起,破304起,其中重特大案件115起,破74起;打掉犯罪团伙81个,成员535人;收容审查151人,刑拘111人,逮捕129人,解救被拐卖妇女儿童11人。

1995年,来宾县公安局打掉车匪路霸团伙11个、瓦解团伙成员75名,依法逮捕了其中的35名,破获车匪路霸案件74起;侦破各类恶性案件300起,占发案总数的91.1%。1996年4月下旬至7月底,来宾县公安局在全县范围内开展为期3个月的严打统一行动，共投入民警289名，出动警车73辆，破获刑事案件322起，特别是破获重大杀人案7起、伤害致死人命案7起、抢劫案45起、强奸案4起、爆炸案2起，扭转了年初大案破案率低的被动局面。来宾县全年共立报刑事案件1161起，破获1068起，总破案率为91.9%，其中立报重特大案件451起，破获412起(重大案件破案率91.3%)，此外还破获隐漏案89起、重大在册积案11起、外地案13起，累计破获各类刑事案件1181起；通过破案和查处治安案件，共查获犯罪嫌疑人977名，抓获重大在册逃犯59名；查获和打掉犯罪团伙65个，瓦解团伙成员327名(其中打掉盗窃团伙47个成员230名，抢劫团伙8个成员46名，流氓团伙3个成员16名，拐卖人口团伙2个成员13名)；依法逮捕各种人犯426名，刑事拘留412名，报送劳动教养471名，其中少教9名；为群众追回被盗抢的现金10.6万元，汽车4辆、摩托车19辆、手扶拖拉机6台、耕牛114头、生猪72头，以及其他财物一大批，价值57.5万余元。武宣县对全县发生7起反革命挂钩案件，全部查清，对非法到武宣县旅游的3名外国人依法限制出境。针对发生在武宣县的一起抢枪、一起盗枪案(均为军用手枪)及时侦破，案犯杨某、韦某均被抓获归案并缴回枪弹；成功告破黄茆冶炼厂副厂长李某被杀案件，抓获犯罪嫌疑人劳某、覃某、邹某，经人民法院审理，劳某被判死刑。武宣县全年共发刑事案362起，破310起，其中重大案件105起，破90起，特大案件3起，破3起；打掉违法犯罪团伙284个，成员1776人；逮捕82人，刑事拘留64人，劳动教养249人，收审359人。

1996年，武宣县开展以“破大案、打团伙、追逃犯”为主攻方向的严打集中统一行动。破获武宣县糖厂1994年1月被盗巨款20万元特大案件，破获横跨几个县市作案的车匪路霸重特大抢劫案28起，其中武宣县6起，来宾县12起，柳江县4起，象州、三江、贵港市各2起，抓获流窜到武宣的在湖南省江华县杀死6人，被公安部通缉的特大杀人犯岑某，在都安县农福乡杀死2人，杀伤2人的杀人犯王某，在广东省钟山市古城镇抢劫杀人犯陈某3人。10月二塘镇小琳村发生一起凶杀案，覃某为了获取人肝作为药引杀死本村覃某沉尸河中，案件告破后从凶手覃某家中搜出其藏于烟叶中准备用来做药引的部分人肝，经人民法院审理，覃某被枪决。武宣县全年共立刑事案件312起，破案262起，其中重特大案件90起，破案80起，打掉犯罪团伙60人，成员232人，逮捕89人，刑事拘留36名，劳教少管300名，收容审查354人。

1997年，来宾县公安局击毙企图杀死人质(来宾华侨农场陆某的5岁小孩)的暴徒廖某(来宾华侨农场临时工)，平安解救人质；在大里乡破获李某还不起罗某一万元赌债而将罗某杀死、肢解尸体为7块、抛尸山上和河边的恶性案件；破获以招生为手段骗钱4万余元的系列案件，将犯罪嫌疑人抓获归案；与柳州市公安局郊区分局联手破获共拐卖32名儿童的重大团伙案，抓获5名主犯和6名同案犯，派出18名民警组成的解救工作组前往广东省普宁市，一举解救13名被拐卖儿童(其中来宾县11名)；破获盗窃摩托车系列案件共19起，抓获2名犯罪嫌疑人，追回被盗的摩托车19辆，县城摩托车被盗案大部分告破；在平阳镇欢怀村挖出14人组成的蒙面持械抢劫团伙，破获抢劫案7起、盗窃案2起，追回被盗的电动机、变压器等一批；刑侦大队在外地公安机关的协助下，将追捕多年共作案48起，有重大盗窃、抢劫、伤害、杀人嫌疑的江某抓获归案。来宾县全年共立报刑事案件962起，破获891起，总破案率为92.6%；其中立报重特大案件371起，破获重大案件334起，重大案件破案率90%；此外，还破获隐漏案30起、积案7起、外地案20起；通过破案和查处治安案件，共抓获犯罪嫌疑人858名；查获和打掉犯罪团伙32个，瓦解团伙成员131名；依法逮捕犯罪嫌疑人280名，报送劳动教养466名，打击处理率为86.5%；为群众追回被盗抢的现金7.9万元、摩托车39辆、手扶拖拉机6台、耕牛46头、生猪58头、彩电16台以及其他财物一大批，总价值89.4万元。武宣县摧毁一个由29人组成的特大盗窃耕牛团伙，一举破案40起；破获武宣县糖厂被诈骗100多万元的特大案件，挽回损失71.35万元；协助鹿寨县公安局抓获2个特大抢劫团伙，成员6人，先后将1995年以来的42名负案在逃犯缉拿归案。武宣县全年共立刑事案件208起，破188起，其中重特大案件78起，破71起，打掉犯罪团伙49个，抓获犯罪嫌疑人282人，刑事拘留78人，逮捕64人，劳教、少管297人。

1998年，来宾县继续坚持“严打”方针，严厉打击严重刑事犯罪活动。3月15日晚，来宾镇磨东村李某在县总工会都乐舞厅因口角被王某持刀捅伤，王某被公安民警当场抓获归案。5月25日，来宾县公安局破获由8人组成的，用维生素E胶囊冒充胆囊素进行诈骗的犯罪团伙，查明作案11起，共骗得现金64340元、手表2块、金戒指1个。6月28日，来宾县公安局侦破组抓获犯罪嫌疑人罗某，破获强奸三轮摩托车女司机系列案件。7月13日，来宾派出所查获作案28起、盗得生猪70头由3人组成的重大盗窃团伙。11月25日晚，谭某在来宾县城河西菜市被人报复砍伤致死，案发后来宾派出所组织警力多方开展调查，将7名犯罪嫌疑人抓获归案。一年来，来宾县公安局在严打工作中破获杀人案6起，伤害案68起，抢劫案129起，强奸案17起，放火案6起，投毒案3起，盗窃案295起，诈骗案17起。来宾县全年共立报刑事案件628起，破获596起，总破案率87.3%；其中立报重大刑事案件250起，破获213起，重大刑事案件破案率85.2%；此外还破隐漏案68起、积案10起、外地案9起；通过侦破刑事案件和查处治安案件，共抓获犯罪嫌疑人552名；查获和打掉犯罪团伙15个，瓦解团伙成员50名；刑事拘留犯罪嫌疑人425名，依法逮捕338名，报送劳动教养333名；为群众追回被盗的汽车3辆、摩托车34辆、手扶拖拉机1台、耕牛39头、生猪28头等财物一大批，总价值82.1万元。武宣县全县共立刑事案件211起，破165起，其中大要案发61起，破50起，打掉犯罪团伙13个，成员60人，逮捕93人，刑事拘留158人。

1999年，来宾县把暴力犯罪、有组织犯罪、盗抢机动车犯罪以及多发性犯罪作为打击重点，坚决铲除城乡各种流氓恶势力，对影响恶劣的杀人、抢劫、爆炸、强奸、投毒等案件，集中警力排难攻坚，及时破案。2月，来宾县公安局与合山市公安局配合作战，在柳邕二级公路来宾至忻城县路段打掉由8人组成的车匪路霸团伙，将8名犯罪嫌疑人全部抓获归案。来宾县年内共破获杀人案10起，伤害案54起，爆炸案4起，强奸案9起，抢劫案56起，盗窃案216起，诈骗案14起。按照公安部的部署，来宾县公安局开展两次大的“追逃”统一行动，共出动民警451人、警车90辆，共抓获逃犯54名；同时对饭店、宾馆、发廊、美容院、建筑业、出租屋等暂住人口及流动人口集结地的“三无人员”（无身份证、无固定住所、无固定职业）进行清理，共抓获逃犯29名（网上3名），县城清理“三无人员”454名。来宾县全年共立报刑事案件525起，破案403起，总破案率76.8%，其中立报重大刑事案件174起，破110起，大案破案率为63.2%；此外还破隐漏案23起，积案8起，外地案3起；通过侦破刑事案件和查处治安案件，共抓获犯罪嫌疑人460名，其中刑事拘留444名，逮捕364名，报送劳动教养150名；打掉犯罪团伙18个，瓦解团伙成员60名；为群众追回被盗汽车2辆、摩托车30辆、耕牛38头、生猪36头等财物一大批，总价值189多万元。武宣县全年共立刑事案件219起，破175起，其中大要案69起，破49起，打掉各类犯罪团伙47个，成员115人，逮捕98人，刑事拘留260人，收缴赃款赃物总价值30多万元，劳教少教116人。

2000年，来宾县采取集中统一行动和各小组突击作战的办法打击人贩子，成功解救被拐妇女82名、儿童1名，抓获人贩子3名、买主9名；抓好“追逃”斗争和“冬季破案战役”，把暴力犯罪、有组织犯罪、盗抢机动车辆犯罪以及多发性犯罪作为重点打击对象；打掉1个分组分工盗销摩托车的犯罪团伙，抓获犯罪嫌疑人5名，破获23起摩托车被盗案，追回赃车10辆；查获来宾冶炼厂被盗出口锡锭1吨多，价值6万余元的特大盗窃案，9名犯罪嫌疑人全部抓获；打击经济犯罪活动，全年共立经济案8起破7起，追回涉案金额358254.03元；打击农村恶势力，与检、法、司联合行动，对2起村霸恶势力给予坚决打击。来宾县全年共破刑事案件580起（立案1643起），破案率为35.3%，其中破几类主要案件283起（立案403起），几类主要案件破案率为70.22%；抓获犯罪嫌疑人576名，其中刑事拘留479名，依法逮捕420名，报送劳动教养27名。武宣县全年共立刑事案件499起，破案188起，其中重大案件发生143起，破案31起，抓获犯罪嫌疑人410人，逮捕122人。

2001年，来宾县结合本县实际，在注重打击村霸恶势力的同时深挖犯罪团伙，7—10月打掉犯罪团伙18个，“镇东帮”“水落帮”“双马帮”“飞鸽帮”“飞车帮”土崩瓦解；6月1日发生来宾电厂B厂法籍华人黄某被盗美金4万多元、人民币5万多元的特大盗窃案，刑侦、城西派出所将逃至广东躲藏的肖某抓获归案并破案；8月29日发生平阳镇高境水库采石场仓库100多千克炸药被盗，案情惊动自治区公安厅、公安部，来宾县公安局走访群众1000余人，经过8天8夜的排查终将2名作案人抓获，破获此案并追回被盗爆品；来宾县公安局经济侦查大队配合工商、税务、金融等部门开展调查摸底，破获建筑老板潘某偷漏税款36万元，为税务、金融部门追回流失款项100多万元。来宾县年内共立报各类刑事案件1967起，破获981起，破案绝对数相比去年同期多401起，其中立为重大刑事案件386起，破获298起，破案率77.2%，此外还破获年前隐案34起，协助外地破案158起，打掉刑事犯罪团伙59个，瓦解团伙成员249名，打掉黑恶势力11个，共抓获犯罪嫌疑人793名(其中在逃犯88名),刑事拘留677名,依法逮捕444名,移送起诉393名,实行劳动教养123名,少教20名;追回被盗汽车5辆,摩托车134辆,农用车7辆,计算机15台,彩电62台,牲畜133头,其他通信器材、日常用品等一大批,共折合人民币198万多元。武宣县摧毁恶势力团伙18个,成员63名,逮捕26人,劳教4人,破涉恶案件54起,全年共立刑事案件587起,破案393起,其中重特大案件发生233起,破案91起。抓获违法犯罪人员2194人,其中刑事拘留252人,逮捕177人,劳动教养89人,为群众挽回50多万元。

2002年,来宾县公安局打掉滋生于石陵镇凌胃农村结合部的恶势力,传唤成员8名,收缴来路不明摩托车28辆;摧毁自治区厅督办的溯社乡屯兵村黑恶势力团伙,抓获成员6名,缴获仿"五四"式手枪1支、军用"五四"手枪子弹3发,自制手雷1枚、牛角刀1把,赃物摩托车1辆、手机1部;捣毁良塘乡大年村委下巴村村霸恶势力团伙,抓获犯罪嫌疑人9名。来宾县全年共打掉村霸恶势力团伙8个,抓获犯罪嫌疑人85名;开展打击"两抢"专项斗争,全年共打掉抢劫团伙29个,破抢劫案217起,抓获犯罪嫌疑人83名;突破重特大案件,1月9日,大里派出所破获一起重大挟持人质强奸案,将犯罪嫌疑人抓获并成功解救人质;4月1日,城厢派出所侦破一起集盗窃、抢劫、强奸、强迫妇女卖淫为一身的重大犯罪案件。11月,来宾县公安局刑侦大队和小平阳派出所破获一起杀人焚尸案,将外逃的犯罪嫌疑人抓获归案。来宾县全年共立报刑事案件2579起,破1075起,破案率41.7%,其中立报重特大案件1194起,破402起,重特大案件破案率33.7%;打掉犯罪团伙48个,抓获167人,抓获负案在逃94人(其中网上在逃2人);全年共抓获犯罪嫌疑人843名,刑拘801名,移送起诉486名,逮捕532名,劳教300名、少教22名。武宣县全年共立刑事案751起,破案481起,打掉犯罪团伙17个,成员89人,抓获犯罪嫌疑人397人,逮捕231人,劳教少管148人。

2003年,来宾市公安机关继续深化"严打"整治斗争,结合来宾市的治安实际,确定打击重点和方式,先后组织开展春、夏、冬季三大破案战役,城区治安整治,收枪治爆,"猎鼠行动"禁毒攻坚会战以及打击经济犯罪等一系列"严打"整治斗争,打击刑事犯罪分子的嚣张气焰,遏制刑事案件上升势头,实现了全年刑事总案下降的目标。全年共立刑事案件5432起,比上年减少537起,下降8.9%,其中"两抢"案件768起,同比下降12%,盗窃案件3230起,同比下降9.8%,破获刑事案件2771起,破案率为41.2%。抓获各类犯罪嫌疑人2280人,刑事拘留2092人,逮捕1472人,劳教少教695人,打击处理数比上年同期提高3.9%,打掉犯罪团伙96个,成员340人,缴获赃款赃物折合人民币676.9万元。按照自治区公安机关的统一部署,2001年4月—2003年3月,来宾全市公安机关开展了一场声势浩大的严打整治斗争。2年间,共破获刑事案件8722起,打掉犯罪团伙367个,成员1502人,抓获犯罪嫌疑人8027人,刑事拘留6668人,逮捕4522人,劳动教养1634人。查处治安案件19612起,处理违法人员41516人。缴获现金、汽车、摩托车、牲畜等赃款赃物折款2262.3万元。开展"打黑除恶"专项斗争,共打掉黑恶势力团伙66个,成员3474人,破获黑恶势力犯罪案件226起。在合山市,打掉了公安部挂牌督办的以凌贵某为首的黑恶势力团伙,抓获团伙成员70人,破案33起,缴获各类枪支6支,子弹370发,查扣汽车9辆,缴获赃款赃物折款170万元。加强对严重暴力犯罪的打击力度,共破获暴力犯罪案件2311起。开展治爆缉枪专项斗争,共缴获各类非法枪支8751支(其中军用手枪6支),子弹1523发,管制刀具2779把,炸药7321千克,雷管27553枚,火索11333米。开展追捕逃犯专项行动,共抓获在逃犯罪嫌疑人821人,其中网上逃犯182人,自治区公安厅督捕逃犯22人。大力整顿和规范市场经济秩序,开展打击经济犯罪专项斗争,共破获经济犯罪案件162起,抓获犯罪嫌疑人184人,缴获假币11.1万元,捣毁传销窝点3个,遣送传销人员523人,查缴私盐8.7吨,走私烟2.7万条,为国家和集体挽回经济损失2292.6万元。开展禁毒专项斗争,共查破毒品犯罪案件494起,其中重大案件61起,抓获毒品违法犯罪嫌疑人3429人,逮捕336人,劳动教养347人,缴获毒品海洛因3422克,摇头丸46.7克,铲除罂粟6806株。持续开展禁娼、禁赌统一行动,共查处卖淫嫖娼和介绍容留妇女卖淫案件1530起,处理违法人员3592人,查处赌博案件4542起,处理违法人员22344人,端掉"六合彩"赌博窝点453个,处理违法人员693人。重点整治治安混乱的村屯,共摸底排查治安混乱的村屯237个,整治237个,整好230个,整好率为97.5%。兴宾区全年共立刑事案件2285起,加上立年前案125起共立报2410起,破获年内案832起、年前案232起,合计破案1064起,总破案率44.1%,发案率下降了8%,破案率上升了2.6%，人均破案数为4.36起，人均破案数比上年多1.26起。抓获犯罪嫌疑人954名，抓获负案在逃人员57名、网上在逃人员7名，逮捕548人，人均逮捕数2.27名；劳动教养329人，打击处理率为92%，人均打击处理数为3.56名；共打掉刑事犯罪团伙62个，抓获团伙成员217名，破获历年重大在册积案92起，通过破案为群众追回被盗摩托车92辆、汽车2辆、耕牛47头、家用电器28台(件)和其他被盗物品一批，折合人民币61.72万元。

2004年，来宾市公安机关继续深化严打整治斗争，针对各个时期犯罪活动的特点，先后组织开展春季破案战役、夏季破案冲刺、侦破命案、打击"两抢一盗""追逃"、冬季破案冲刺等一系列专项斗争和统一行动，实现刑事总案持续下降的目标。全年共立刑事案件5038起，比上年同期5432起减少394起，同比下降7.8%。破获刑事案件2248起，破案率为44.6%，民警人均破案2.2起。抓获各类犯罪嫌疑人2028人，刑事拘留1812人，逮捕1679人，劳动教养323人。打掉犯罪团伙125个，成员459人。通过破案，缴获赃款赃物折合人民币1476.05万元。全市公安机关按照上级公安机关的部署，结合来宾市的社会治安状况，适时组织开展了4次较大的专项斗争。一是开展侦破命案专项行动。全年全市共立命案108起，破获91起，破案率为84.3%，名列全自治区第三位；抓获涉命案犯罪嫌疑人155人。二是开展打击"两抢一盗"犯罪专项行动。全年立"两抢一盗"案件3567起，比上年3998起减少431起，下降10.8%，破案1254起，破案率为31.4%；其中立抢劫案件429起，比上年同期593起减少164起，下降27.6%，破案189起，破案率为44%；立抢夺案件260起，破案59起，破案率为22.6%；立盗窃案2878起，比上年同期3230起减少352起，下降10.8%，破案1006起，破案率为34.9%。三是开展打击盗抢机动车专项行动。全年共破获盗抢机动车案件288起，抓获盗抢机动车犯罪嫌疑人223人，追回被盗抢机动车128辆，价值折合人民币100万元。四是开展"追逃"统一行动。全年共抓获上网逃犯93名，其中自治区公安厅督捕逃犯4名，命案逃犯44名；破获积案310起，其中自治区公安厅督办案件11起；协助外地公安机关抓获逃犯85名，破获案件60起。兴宾区全年共立刑事案件2105起(其中重大案件1146起，特大案件161起)，破案864起，破案率41%。另补立年前案41起，破案116起。命案发案47起，破案36起，破案率为76.6%。抓获各类刑事犯罪嫌疑人1115名(其中网上在逃18名，负案在逃18名，自治区厅督捕在逃1名)，刑事拘留775人，打击处理740人(其中逮捕715人，劳动教养25人)，人均逮捕数2.5人，打击处理率95.5%。在侦查破案中打掉刑事犯罪团伙81个，抓获团伙成员246名，破获历年重大在册积案104起(其中在册命案3起)，协助外地警方破案20起(其中协破命案4起)。通过破案为群众追回被盗汽车27辆、摩托车62辆、家用电器59台、手机36部及各种被盗物品一批，折合人民币107万多元。

2005年，来宾市公安机关继续深化严打整治斗争。市公安局先后组织开展春季破案战役、侦破命案、打击"两抢一盗""追逃"、冬季破案战役等一系列专项斗争和统一行动，连续实现刑事总案持续下降的目标。全年共立刑事案件4631起，比上年同期5038起减少397起，同比下降7.8%。破获刑事案件2077起，破案率为44.8%，民警人均破案2.2起。抓获各类犯罪嫌疑人2168人，刑事拘留1630人，逮捕1480人，劳动教养323人，打掉犯罪团伙89个，成员369人。通过破案，缴获赃款赃物折合人民币1331万元。全年公安机关组织开展3次较大的专项斗争。一是开展侦破命案专项行动。全年全市共立命案88起，破获80起，破案率为90.9%；抓获涉命案犯罪嫌疑人115人。二是开展打击"两抢一盗"犯罪专项行动。全年立"两抢一盗"案件3356起，比上年3567起减少211起，下降6.28%，破案1197起，破案率为35.66%；其中立抢劫案件499起，比上年同期429起增加70起，上升14%，破案198起，破案率为39.68%；立抢夺案件200起，破案59起，破案率为29.5%；立盗窃案2657起，比上年同期2878起减少221起，下降8.3%，破案940起，破案率为35.38%。抓获"两抢一盗"犯罪嫌疑人522人，打掉"两抢一盗"犯罪团伙52个，成员193人，缴获赃物汽车7辆，摩托车117辆，赃款赃物折价人民币65万多元。三是开展集中打击赌博违法犯罪活动专项行动。从1—5月底，全市公安机关在全市范围内开展集中打击赌博违法犯罪活动专项行动，共查处赌博案件1825起，其中"六合彩"赌博案件525起，查处赌博违法人员5324人，其中"六合彩"赌博违法人员1735人。通过打击，刑事拘留58人，逮捕14人，劳教71人，治安拘留785人，罚款4468人。兴宾分局针对兴宾区刑事案件发案居高不下、命案发案数超过全市总数的一半、城区刑事案件发案数占到全兴宾区案件总数2/3的严峻形势，根据刑事犯罪发案特点，适时组织开展春季、冬季破案战役、“命案侦破”、打击“两抢一盗”犯罪及“反扒”“追逃”专项行动，重拳打击刑事犯罪活动。全分局共立各类刑事案件2095起(其中重大案件1125起，特大案件286起)，破案918起(其中重大案件413起，特大案件104起)，总破案率43.8%，另破获历年隐积案208起。命案发47起，破40起，破案率85.1%，破获自治区公安厅督办命案3起。刑事拘留犯罪嫌疑人902人(其中网上在逃23人，自治区公安厅督捕对象7人)，逮捕720人，劳动教养107人，打击处理率91.7%，人均破案数3起，人均逮捕数2.4人；打掉刑事犯罪团伙39个，抓获团伙成员181人；协助外地警方抓获逃犯20人(其中命案逃犯6人)，破案19起(其中命案6起)。通过破案为群众追回被盗抢汽车6辆、摩托车72辆及其他物品一批，折合人民币70余万元。

表9-1　**2003—2005年来宾市辖县(市、区)刑事案件发破案件表**

年份	发案(起)	破案(起)
2003	5432	2771
2004	5038	2248
2005	4638	2077

专项斗争

打击拐卖人口　1983—1987年，开展打击拐卖人口的专项斗争。成立专项斗争领导小组，下设办公室。1991—1992年，贯彻执行全国人大常委会《关于严惩拐卖、绑架妇女儿童犯罪分子的决定》，组织公安和有关部门分别到13个省区开展侦破和解救工作。

打击流窜犯　1960年3月15日—22日，境内以铁路沿线、城镇、矿区、基建工地及流窜犯经常出没的地区为重点，打击流窜作案的惯犯、盲流人口中的犯罪分子、外逃的反革命和坏分子、劳改犯。1984年10月，来宾、忻城、合山公安机关和煤炭部门，抽调37名干部组成联合工作组，集中对合山小煤窑进行全面清理，先后清理井口426个，破获刑事案件26起，抓获刑事犯罪分子12名。

打击车匪路霸　1993年5月，在合山召开会议，专题研究部署打击“车匪路霸”专项斗争。1995年4月，忻城县破获韦某某等8人组成的“车匪路霸”团伙，自1994年以来，在柳邕公路的大塘、欧洞等地路段，埋置蚂蟥钉刺破轮胎后，手持砂枪、尖刀拦车抢劫17起，计抢得钱、物折款2万余元。1998—1999年上半年，柳邕公路合山段、迁江段、大塘段先后共发生货车司机被抢劫案件27起，客车司乘人员被抢劫案件12起。合山市组建专案组开展侦查破案工作，经过半年多的侦查，先后抓获韦某某等“车匪路霸”20多人，打掉“车匪路霸”抢劫犯罪团伙3个。韦某某等4名为首分子被依法处以极刑。2001、2002年间，南柳高速公路来宾段接连发生“车匪路霸”抢劫案件。新成立的来宾市公安局党委专门从兴宾、合山抽调警力与市局刑侦支队组成联合专案组队对该系列案件开展侦查。专案组破获发生在南柳、宜柳高速公路的“车匪路霸”抢劫案件14起、发生在柳邕二级公路迁江路段的“车匪路霸”抢劫案件3起。同年度还破获一个假扮高速公路修路工人晚上设置路障进行抢劫的“车匪路霸”团伙，抓获团伙成员5人，破获抢劫案件16起。

打黑除恶　2001年2月，合山市以凌某某、梁某某、桑某某等黑恶势力进行立案侦查，该团伙在合山境内常年开设赌场，并涉嫌故意伤害、寻衅滋事、敲诈勒索、聚众斗殴、绑架和非法拘禁等多种罪名。经侦查先后抓获该团伙成员38名。

命案侦破

2004年，来宾市各级公安机关全力开展命案侦破和缉捕命案逃犯。12月31日，市公安机关以侦破石龙镇“12·4”牛贩被杀案为突破口，破获了几年来先后发生在象州、武宣、兴宾等县区疯狂作案9起，杀害9人，制造被称为“广西第一号案”、自治区公安厅列入挂牌督办案件的特大系列抢劫杀人案，犯罪嫌疑人黄某某被擒获，多起自治区公安厅督办的杀死牛贩案件随之告破。经人民法院终审认定：2002年以来黄某某独自一人采取残忍手段先后如法炮制了2002年度象州大乐“1·13”、武宣二塘“3·8”、象州寺村“6·3”、鹿寨雒容“6·27”、象州寺村“7·9”、来宾迁江“11·9”、象州石龙“11·25”以及2004年鹿寨雒容“4·23”、象州石龙“12·4”等血案,杀死9名牛贩子的犯罪事实,黄某某被判处死刑。至2005年,全市共发生命案274起,破246起,其中2004年发108起,破91起,破案率84.22%。

刑侦技术

2004年11月,来宾市公安局DNA检验设备安装调试成功并投入使用,开始承担全市DNA检验工作。2005年,接收案件46起,发挥作用35起,特别是在金秀黄某某杀人案中,在嫌疑人黄某某家中提取的处方单上检出死者的DNA成分,为案件侦破提供关键证据。法医室共勘查重特大案件现场23起,进行尸体解剖检验29具,人体损伤鉴定9起,出具检验鉴定书31份。理化室受理下级办案单位送检的毒物和毒品检验案件103起。

第四节 经济犯罪侦查

经济犯罪侦查是公安机关履行打击经济犯罪,维护社会主义市场经济秩序,保卫国家经济安全的重要职责。经济犯罪侦查部门是公安机关内部负责侦办经济犯罪案件的专门职能部门,掌握全市经济犯罪情报信息、动态,分析、研究经济犯罪规律和特点;部署防范、打击经济犯罪工作,组织、指导、协调和监督全市公安机关对经济犯罪案件的侦查工作;直接承办77种重、特大经济犯罪案件和上级公安机关交办的经济犯罪案件;组织、指导全市经济犯罪侦查秘密力量和职业据点的建设工作。

经侦机构(内部保卫)

经济犯罪侦查机构的前身是内部保卫,双称经济、文化保卫,简称内保科或二科,其主要职责是负责机关、团体、企事业单位的安全保卫和按国家规定的警卫对象、警卫目标及重要会议的安全警卫工作。1999年8月,境内各县(市)公安局成立经侦大队,原内保科的经保业务移交给治安部门,文保业务移交给国保部门,从此经侦机构走上专业化、实战化的发展道路,全面承担起经济犯罪案件侦查任务。2003年3月,来宾市公安局成立经济犯罪侦查支队,内设一大队、二大队、三大队,8月增设政秘科,警力配备由原来柳州地区公安局经济犯罪侦查支队7名民警配备到13名。

企事业保卫科(股) 1952年12月,各县市厂矿先后成立保卫科(股)。

企事业公安派出所 1966年,境内维都国营林场设立公安派出所,“文化大革命”中受冲击撤销,1976年3月恢复,此外还新增设武宣县六峰山、金秀瑶族自治县老山伐木场等2个派出所。

经济民警机构 1988年,合山矿务局、八一锰矿、来宾冶炼厂等厂矿,先后恢复和建立经济民警大队、分队和小队建制,到1996年底,内部单位的厂矿、糖厂、银行系统等单位,建立经济民警中队、分队和小队,在内保工作中发挥了积极作用,推动了生产发展。

护厂、护校队 20世纪50年代,来宾市一些工厂、学校分别成立防范小组,加强门卫看守,组织夜间巡逻。防范小组后改称护厂、护校队,在本单位开展护厂、护校活动,到20世纪90年代,护厂、护校队不断发展壮大,队员多为生产、工作中的积极分子。

治安责任制 1982年,来宾市的机关团体、企事业单位为加强内部治安管理,维护治安秩序,提高自防自卫能力,开始布置建立治安责任制,坚持“谁主管、谁负责”的原则,把落实治安责任制纳入企业管理,与政治荣誉、经济利益挂钩,制定规章制度,做到奖罚分明。由于治安责任制的落实,内部单位的案件明显减少。1991年,在象州县召开内保单位保卫科长会议,推广落实治安责任制的经验,把建立治安责任制逐步引向深入,取得较好的成绩。

打击经济犯罪

1999年8月30日,各县(市)公安局成立经侦大队,原经文保的经保业务移交治安部门管辖,文保业务移交国保部门管辖,经侦部门开始全面承担8大类77种经济犯罪案件的管辖和侦查任务。

2001年9月,武宣县经侦大队破获一起全国罕见、广西首例、涉案金额达1400多万元的特大高利转贷案,该案被列为2002年广西侦破的十大经济犯罪案件之一,为广西公安机关侦破此类案件提供了范例。

2003年,来宾全市公安机关经济犯罪侦查部门按照全国全自治区经济犯罪侦查工作会议的部署,履行法定职责,开展打击经济犯罪专项斗争,严厉打击各种经济犯罪活动。全年共立各种经济犯罪案件45起,破获37起,刑事拘留犯罪嫌疑人26人,逮捕18人,移送起诉30人,劳动教养2人,取保候审6人,缴获假币2.1万元,缴获非法制造的发票4100份(票面总额为42.5万元),为国家、集体和个人挽回经济损失共143.71万元。一是开展打击传销和变相传销专项整治行动。全年共开展整治行动50多次，依法传唤非法传销人员150多人，立非法经营案4起，破获4起，刑事拘留7人，行政拘留6人，逮捕1人，移送起诉1人，劳动教养1人，端掉传销窝点86个，教育遣散传销人员1000多人。二是开展打击制售假发票和建筑安装企业偷税等涉税违法犯罪专项整治行动。全年共破获出售非法制造发票案2起，偷税案1起，虚开增值税专用发票案1起，抓获犯罪嫌疑人4人，刑事拘留4人，逮捕3人，移送起诉3人，挽回经济损失76万余元。三是配合工商、质检、技术监督等部门，参与整顿和规范市场经济秩序行动。开展联合整治行动67次，对20多个重点行业进行整治，查处各类违法违规案件20起，依法处理违法人员36人。

2004年，来宾全市公安机关经济犯罪侦查部门履行打击经济犯罪、保卫国家经济安全、维护社会经济稳定的职责，开展整顿和规范市场经济秩序专项整治斗争，严厉打击各种经济犯罪活动。全年共立各种经济犯罪案件31起，破获30起(另破年前积案3起)，打掉经济犯罪团伙4个12人，抓获犯罪嫌疑人67人，刑事拘留35人，逮捕16人，移送起诉21人，劳动教养8人，取保候审17人没收非法所得63.35万元，缴获非法制造的发票2700份(票面总额为27万元)，为国家、集体和个人挽回经济损失168.08万元。全年共破获合同诈骗、金融诈骗案件8起，涉税犯罪案件6起，职务犯罪案件7起，追回税款65万余元，为国家、集体和个人挽回经济损失96万元。

2005年，来宾全市公安机关经济犯罪侦查部门履行打击经济犯罪、保卫国家经济安全。全年立经济犯罪案件31起，破获29起，抓获犯罪嫌疑人53人，刑事拘留32人，逮捕14人，劳动教养14人。缴获假币5万元，为国家和集体挽回经济损失561.5万元。积极开展打击传销和变相传销活动。全年共开展打击统一行动100次，捣毁传销窝点512个，刑事拘留传销头目106人，劳动教养18人，遣散传销人员9600多人。

打击五类经济犯罪 1999年11月，来宾县公安局经文保大队破获该县农业银行小平阳营业所营业员黄某勾结外部人员黄某某，变造金融票证，骗取银行资金130万元的特大金融诈骗案，为国家挽回经济损失94万元。

打击非法传销犯罪 2003年来宾市建市之初，省外一些传销组织就打着“深圳文斌贸易有限公司”“广州扬森公司”“新加坡派隆国际有限公司”等旗号，以“连锁销售”为名，在来宾进行非法传销活动，受欺骗的外省传销人员不断涌入来宾市区，最多人数曾经达15000多人。从2003年起，市委、市人民政府，成立了以工商局与公安局为主体的25个部门组成的打击传销行动组，开展打击传销专项整治行动。2004年6月15日，市局经侦支队破获的涉案金额达300多万元的李某某、孔某某非法经营案，传销头目李某某、孔某某于2005年7月15日被来宾市中级人民法院终审判决，各判有期徒刑八年，并处罚金20万元，没收赃款人民币153.14万多元，上缴国库。

2005年，来宾市加大打击传销工作力度，多次开展打击传销千人大行动

表9-2 2003—2005年来宾市经济侦查案件发破案件表

年份	发案(起)	破案(起)
2003	45	37
2004	31	30
2005	31	29

第五节 社会治安管理

来宾市公安局治安警察支队(危险爆炸物品安全监督管理办公室)(副处级)掌握全市治安管理情况和动态，分析、研究治安管理规律和特点；指导、监督全市公安机关依法查处危害社会治安秩序行为；指导、监督全市公安机关预防和处置群体性治安事件，查处治安案件和治安部门管辖的刑事案件；组织、协调查处跨市、县的治安案件和治安部门管辖的刑事案件；依法管理枪支弹药、危险物品、民用爆炸物品、核材料保护、公共娱乐场所、特种行业、集会游行示威等工作；指导防暴队建设和公安派出所的工

作;指导、监督全市公安机关对国家机关、社会团体、企事业单位、重点建设工程和大型活动的治安保卫工作;指导群众性保卫组织的治安防范工作;指导保安服务机构、经济民警管理工作;配合市安全生产管理部门查处厂矿、企业安全生产事故;负责审批、核准、审核治安行政性审批项目和发证工作。下设综合科、一大队、二大队、三大队、四大队、五大队。

土司时期,忻城县除设堡目、堡兵外,在主要交通要道设有烽火台。全县共有6处,较大的烽火台有古蓬镇周安村周内与龙利村小横山屯烽火台(时为上林县管辖),宁江乡江平村三堆烽火台,均用泥土垒成高3米余,宽7米,每处相距50~100米(至1990年三堆烽火台仍保留完好)。

1949年中华人民共和国成立前,境内赌博成风,治安混乱。合山地域内有警察队5个,但赌博盛行、盗窃甚多,社会混乱。忻城县实行村甲制外,还在主要交通要道和关隘,建哨所。东岗有斗二、对叉、高隘、杀人隘;西岗有俭潘、牛角、北弃、波风隘南面有渡口、新圩、岭老、六蝶等码头;北边有弄锁、乾洪、溺水桥等哨所;公路沿线有木罗、石叠堡垒。县城附近有三乍、新村俭黑、对门岭、四货等,全县共有哨所110多处。民国21年(1932年)开始,忻城县以隆光乡乡长蓝秀吉(恶霸地主)掌持民团300多人和家养30多名暴徒,横行一、六区全部,八、九区一部(红渡、古蓬、遂意),其明为民团,暗地长期利用黄金国(遂意人)为爪牙,指挥惯匪抢掠民众财物,坐地分赃。民国23年,忻城县蓝秀吉亲自率领30多名暴徒在高阳(今高塘村)屯岭背抢劫广东鸦片烟贩20人,打死3名烟贩保镖,得大烟百余斤,白银、铜币一批。民国29年至民国30年底止,在木罗、龙南、古银、古万、宿定、桥断一带发生抢劫、杀人案达218起。民国35年至民国末年(1949年1月1日至9月30日止),忻城县蓝勾结上林北六区(今忻城古蓬镇)大恶霸王文汉(时都安县长)及都安县恶霸地主蓝万福、马山县蒙兴堂组织3000多人枪“围剿”都安、东兰、万岗等共产党领导的游击队。忻城中华人民共和国成立前夕,蓝强迫群众捐款购买12挺轻机枪,支持反革命头子蒙运甲(马山县)、石宗琳(思吉乡乡长)匪部,“围剿”八、九区及马山县的金钗、里当等地革命游击队。三派以思练区主任何朝臣、吴光廷(大塘乡长后任思练区主任)为首组织“高楼农会”(土匪组织前身)约3000余人,指派彭志雄、吴光荣征粮款购买枪械,布置“总体战”。即将解放时“高楼农会”改称“东岗游击司令部”。

1949年中华人民共和国成立后,公安机关保卫人民政权,打击敌人,惩罚罪犯,为促进社会主义经济建设,维护社会稳定和国家的长治久安作出了贡献。1953年底,金秀瑶族自治县在全县42个乡(街)中,建立治安委员会40个,共有治安委员390人。1972年,金秀瑶族自治县对基层治安委员会进行整顿和调整,同时在生产队建立治安保卫小组。到年底,全县共有治安委员会52个,有委员324名;治安保卫小组331个,成员1143人。1987年底,金秀瑶族自治县77个村公所均建立起治安委员会。1990年,合山市69个机关单位建立了安全保卫责任制,30个村(街)公所成立了治安调解执勤队30个,成员90人。1991年1月,合山市公安局设立治安警察大队,2001年10月28日改为治安管理大队,下设治安管理中队、行动中队、户籍管理中队。

1991年,来宾县共制止和查处群众性治安事件54起。全县建立治安委员会411个共1322人,建立专业性治安队52个共95人,义务性治安联防队54个共509人。群众检举揭发犯罪线索233条,基层治保会、群防人员在巡逻守候中共抓获违法犯罪人员176名。全年共查处治安案件和事件1047起,治安拘留违法人员594名,罚款569名,警告548名,收审违法犯罪嫌疑人320名。查禁和取缔聚赌点103个、容留妇女卖淫窝点13个、播放淫秽录像点4个,抓获赌徒324名、卖淫妇女27名、嫖客54名。缴获砂枪1697支,土炮1门,子弹23发,炸药86千克,雷管584发,淫秽录像带21盒,各种凶器2795把。武宣县共发生治安案件1200起,其中扰乱公共秩序150起,妨害公共安全44起,侵犯公民人身权利190起,侵犯公私财物685起,妨害社会秩序131起,查处862起,行政拘留违法人员667人,治安罚款465人,罚款金额19.39万元,治安警告792人。清理整顿特种服务行业,打击卖淫嫖娼等违法犯罪活动。通过对路边酒店52家的清理整顿,发现有37家都存在不同程度的卖淫嫖娼活动,打掉卖淫团伙4个,成员12个,对于卖淫嫖娼较为严重的路边酒店取缔7家,停业整顿5家,治安处罚17家,处理卖淫嫖娼人员142人,其中收审61人,劳教5人,收容教育12人,治安处罚82人,逮捕3人,对全县10多个影(院)场和7个录像厅(室)进行全面整顿和管理,收缴砂枪4支、雷管2508发、炸药1059千克、火索2500米。3月22日,原武宣县二塘乡双桂村委副主任黄某纠集不明真相的群众130人到二塘乡府闹事,扬言砸烂派出所,打乡府领导，武宣县公安局出动60余名民警平息事态，并对黄某等33人予以拘留。

1992年，来宾县全县建立治安调解委员会340个共725人，建立专业性治安队71个共347人。全年共查获治安案件和事件1185起，其中制止和查处群众性治安事件74起，特别是集中整治了治安情况比较复杂的8个重点村屯。治安拘留违法人员468名，罚款1168名，警告521名，收审犯罪嫌疑人员284名。收缴军用手枪3支，仿六四式手枪1支、仿五四式手枪1支、子弹67发，土炮13门，长短砂枪574支，雷管17389发，炸药6720千克，黑火药1184千克，铁砂175千克、火结5.2万只、其他凶器一大批。武宣县治安案件全年共发立案1389起，其中扰乱公共秩序196起，妨害公共安全80起，侵犯人身权利217起，侵犯公私财物697起，妨害社会管理秩序199起，查处1105起，通过查处治安案件逮捕人犯4人，治安拘留违法人员576人，罚款640人，治安警告638人，罚款165088元。因山林、水利、土地、计生等问题引发的各种突发事件9起。其中，3月9日武宣县桐岭乡马来村石某等一伙人打伤非法拘禁湾龙村高某父子而引发两村的群众械斗，武宣县公安局及时出动，成功解救6名人质，避免了湾龙村200多群众至马来村报复的严重事件。10月15日，武宣县府组织县、乡计生工作队到禄村古朵村开展计生工作，受到200多名群众的围攻、殴打，事发后，武宣县公安局出动民警治安队97人迅速平息事态，依法拘留苏某等28人违法人员。对全县43家旅社(包括招待所)、29家废旧收购、6家印刷厂、5家复印打字、7家雕刻、51家电影院(站|队)、11家录像放映点、4家舞厅、37家桌球室、16家电子游戏室、8家卡拉OK厅、42家饮食店进行全面清理整顿，召开5次业主和从业人员会，通过清理整顿取缔一家违法经营的酒家，罚款4家，治安警告4家，并重新核发特种行业许可证和治安许可证。在对全县96个公共复杂场所进行清查中，收缴短砂枪7支，管制刀具93把、导火索19米、雷管202发，炸药2千克，催泪枪1支。在新龙乡古卜村等7个村委会成立了“妇女禁赌防拐协会”，成员达82人。全面加强对爆炸物品的管理，防止爆炸物品被盗和爆炸案件的发生。先后开办了三期爆破人学习班，学员88人，对5个非法使用爆炸物品的单位进行清理整顿，收缴非法购买的炸药1446.6千克，导火索1588.7米，雷管2639发，治安罚款9人，拘留2人，警告2人。

1993年，来宾县共取缔聚赌点185个、抓获参赌人员1360名，取缔有播放淫秽录像违法行为的录像点5个，迷信摊点6个，缴获淫秽录像带20盒以及黄色书刊等违禁物品一批。全年共受理治安案件1122起，查处1081起，查处率91.74%；共查处违法人员3142名，治安拘留295名，罚款2374名，警告473名，收审犯罪嫌疑人73名。缴获砂枪368支，钢珠枪31支，催泪枪12支，管制刀具452把，违反爆炸物品管理规定的炸药5544千克、雷管16010枚。武宣县发生治安案件1214起，查处987起，依法拘留违法人员692人，治安罚款848人，治安警告570人，收容审查145人，劳动教养3人，罚款金额20多万元，打掉赌博团伙12个，成员102人，卖淫团伙5个，成员25人，传播淫秽物品团伙案1个，成员3人，取缔卖淫窝点1个。6月22日，武宣县通挽尚满村和新龙银村因水利纠纷，双方组织群众几百人准备械斗，武宣县公安局组织民警、武警共100多人，迅速平息，避免事态恶化。

1994年，来宾县查处赌博案件294起，抓获参赌人员1512名；通过清理整顿复杂行业和公共娱乐场所，取缔5个有卖淫嫖娼活动的美容厅、发廊和旅社；查处传播淫秽物品案6起13人。群众检举揭发犯罪线索209条，基层治保会、群防人员和治安队员在巡逻守候中共抓获扭送违法犯罪人员233名。全年共受理治安案件1495起，已查处1462起，查处率为97%。治安拘留违法人员294名，罚款2331名，警告712名，收审犯罪嫌疑人116名。收缴非法持有的砂枪525支，管制刀器667把，炸药276千克，雷管952枚，导火索519米及其他违禁品一大批。武宣县治安行政管理以适应建立社会主义市场经济体制为要求，以“三个有利”(注：是否有利于发展社会主义社会的生产力，是否有利于增强社会主义国家的综合国力，是否有利于提高人民的生活水平)的标准，开展各项工作。全年共立治安案件1510起，查处1247起，依法拘留违法人员733人，罚款1216人，罚款金额100.7万元，警告663人，端掉赌窝29个，抓获赌徒935人，查处卖淫嫖娼50起，处理卖淫妇女36人，嫖娼人员96人。4月，武宣县禄新乡古抗村与来宾县南泗乡六五村因土地纠纷和古抗村小孩看牛不慎吃了六五村的青苗，六五村扣押古抗村耕牛，为此双方出动150多人械斗，各伤2人，次日，古抗村组织300多人再次前往六五村闹事，武宣县公安局及时赶到纠纷现场，平息事态。

1995年,来宾县全年受理各种治安案件2308起,已查处2286起,查处率99%;查处群众性重大治安事件15起,整治治安不好的地区10个,整好率100%。铲除赌博窝点146个,查获参赌人员3111名;打掉制贩砂枪窝点1个成员3名;全年共查处违法人员5583名,其中治安拘留388名,罚款4193名,警告1002名,收审嫌疑人员294名。武宣县全年共立治安案件1541起,查处1363起,治安拘留775人,罚款2046人,警告381人。对全县305家行业场所进行整顿治理,对业主和从业人员进行培训,制定出场所治安管理规定,签订治安协议书。对民爆物品管理实行改革,建立完善采购、运输、储存、审批、销售、使用一条龙的规章制度,改变多头经营的混乱现象,取缔非法生产、销售民爆物品案11起,没收炸药3000千克,雷管1980发。10月,武宣县公安局组建了"人民警察巡逻大队",即"110"巡警大队。

1996年,来宾县全年受理治安案件3138起,查处3089起,查处率98.4%;查处群体性治安事件24起,整治治安不好的地区19个,整好率100%。铲除赌博窝点52个,查获参赌人员3159名;打掉制贩砂枪窝点3个。全年共查处违法人员6278名,其中治安拘留225名、罚款4555名、警告1064名、收审624名。缴获军用手枪1支、砂枪276支、管制刀具415把、子弹10发。武宣县开展"收枪治爆"统一行动,根据公安部关于开展收缴非法枪支、爆炸物品和管制刀具通知,以多种形式,任务到人,在全县范围内,开展"收枪治爆"行动,共收缴非军用枪支1701支,炸药18千克,雷管70发,管制刀具239件。端掉武宣县河马乡马台村韦某父子自1995年以来长期非法制造销售民用枪支窝点,收缴长短砂枪20支,半成品102支及制枪材料和工具一大批,并依法逮捕韦某。全年因土地、山林纠纷,引发械斗、聚众闹事、打砸抢等群体性治安事件发生7起,造成1人死亡,伤38人。武宣县公安局先后成功地对武宣镇北汉村与福旺村、禄新乡地友村和桃村、新龙乡古朴村与良水村、河马乡甘禄村等治安混乱的村屯进行了集中整治。查禁取缔卖淫嫖娼、赌博等社会丑恶现象,共查处卖淫嫖娼案件103起294人,查取赌博案件208起1190人。清理整顿行业场所383家。全年通过处理各类治安案件,对违法人员实行劳动教养290人,少管10人。全年立治安案件1610起,查处1509起,治安拘留936人,罚款1665人,警告587人。

1997年,来宾县共受理治安案件2955起,已查处2920起,查处率98.8%。全年查处群体性治安事件8起,整治治安问题突出的地区、村屯9个,整好率为100%。铲除赌博窝点18个,查处参赌人员3166名。全年共查处违法人员6108名,其中治安拘留313名、罚款4615名、警告1180名。缴获砂枪188支、管制刀具206把。武宣县全年共立治安案件1298起,查处1273起,比上年度1610起下降19.4%。4月1日,在武宣全县范围内开展收枪治爆专项斗争,至年底,共收缴非法枪支1362支,炸药150千克,雷管452枚,导火索520米。查处赌博、卖淫嫖娼案件254起,抓获违法人员1428人,劳动教养、少管297人。

1998年,来宾县全年共受理治安案件2236起,查处2198起,查处率98.3%。全年查处群体性治安事件11起,整治治安问题突出村屯、公共场所8个。铲除赌博窝点16个,查处参赌人员2817名。全年共查处违法人员5038名,其中治安拘留688名,罚款3835名,警告515名;缴获砂枪134把,管制刀具340把,子弹204发。武宣县全年共立治安案件1010起,查处962起,治安拘留961人,罚款1179人,警告287人,劳教少管172人。收缴超范围配发给单位和个人的枪支16支,收缴流散社会的长短砂枪210支,同时组织力量5次对全县104个使用爆炸物品的单位和个人进行清查,没收炸药508千克,雷管305枚,导火索1000余米,销毁自制炸药一批。扫黄禁赌工作,年内查处赌博案件188起,991人,卖淫嫖娼案件71起,216人,介绍容留妇女卖淫案件8起24人,收缴淫秽录像带21盒、淫秽光盘580盘。3月31日,武宣县通挽进步村近100名村民因不服公安机关对该村5名破坏生产的违法人员的处理决定,于当晚围攻派出所,砸烂警车,殴打民警,县公安局迅速调集警力平息事态,抓获44名不法分子,并对其中22人给予劳动教养处罚。8月20日,武宣县二塘、黄茆、金鸡等乡镇的1200多名蔗农到县糖厂索要蔗款,达不到目的后聚集到国道209线上拦截过往车辆,经说服、疏导、教育工作后,10多名首要分子被强制带离现场,疏散了群众。

1999年,来宾县公安局加大扫除"黄、赌、毒"等社会丑恶现象,及时处置各种严重影响社会治安的群体性事件。全年共受理治安案件1433起,查处1404起,查处率98%。治安处罚违法人员3440名,其中治安拘留710名、罚款2046名、警告684名。

缴获砂枪68支,管制刀具253把。铲除赌博窝点13个,查处参赌人员1581名。武宣县继续开展收枪治爆工作,共收缴砂枪473支,炸药437千克,整顿有安全隐患采矿点13个。在打击黄赌毒活动中,共查处赌博案件103起730人,卖淫嫖娼案件53起134人,收缴淫秽录像带及光盘1073盘。全年共立治安案件1086起,查处1018起,治安拘留681人,罚款1047人,警告372人,劳教、少管116人。5月5日,武宣县河马乡上龙村和下风沿村因土地纠纷问题发生群体性事件,造成2死1伤。5月,武宣县三里、东乡、河马等乡镇屠宰商以税费收过高为由罢市,县公安局积极配合有关部门做好工作,维护市场秩序。11月24日,武宣县金鸡乡的400多名蔗农因糖厂打白打,到糖厂索要蔗款未成,集众到国道拦截车辆,县公、检、法、司与县政府配合,做好群众的疏散工作。

2000年,来宾县共受理治安案件1790起,查处1575起,总查处率为88%。治安处罚违法人员3857名,其中治安拘留979名、罚款2531名、警告337名、报送劳动教养27名。共收缴非法枪支9859支、子弹720发、炸药650千克、雷管3100枚、导火索4110米、制枪工具2套、管制刀具7275把。与文化、工商部门联合行动,加强对电子游戏、文化娱乐场所的检查、整顿和管理工作,对那些不合格而又秘密经营的场所,坚决予以取缔。当年来缴获用作赌博工具的电脑50台,查处赌博案件33起、抓获赌徒321名,清理整顿娱乐服务场所584家。武宣县全县共立治安案件895起,查处752起,处理违法人员1876人,其中劳教22人,治安拘留710人,警告335人,罚款777人,罚款54.6万元。全年共收缴流散在社会上的非法枪支1587支,子弹68发,炸药18千克,管制刀具29把,手榴弹1枚。对涉爆单位特别是矿山、石场爆品储存处进行安全检查104点次,整改隐患3处。加大扫黄禁赌工作力度。全年共查处赌博案、卖淫嫖娼案件146起,抓获违法人员701人,其中赌博109起,抓获赌徒590人,卖淫嫖娼案37起,人员111人。成功处置2起群体性上访、请愿事件,化解9起群体性事件苗头,调解和处理“三大”纠纷4起。7月10日,武宣县禄新乡上堂村与思灵乡思畔村因土地纠纷引发械斗,打死1人。8月27日,武宣县三里镇政府在兑现农民蔗款时,收取教育附加,造成沙安村200多名群众围攻镇政府。全年110巡警接受群众报案求助1113次,出动警力4952人次,协助破刑事案件5起,查处治安案件131起,处理违法人员345人,调解纠纷36起,救助群众64人次。

2001年,来宾县共收缴各类枪支1335支、子弹314发、炸药3567千克、雷管7297发、导火索4097米,烟花爆竹120万头、管制刀具1173把。加大对电子游戏、废旧收购等行业的管理力度,配合文化、工商部门清理取缔电子游戏室12家。全年共立治安案件2000起,已查处1612起,查处率为80.6%,治安拘留1170人,治安罚款2084人,警告169人。武宣县共立治安案件971起,查处768起,其中妨害社会管理秩序案164起,侵犯公私财物案334起,侵犯公民人身权利案250起,治安处罚1852人。开展“治爆缉枪”专项治理行动,破获涉枪刑事案件2起,查处涉枪涉爆治安案件35起,抓获处理违法犯罪人员98人,其中逮捕3人,劳教8人,治安处罚87人,缴获非法砂枪2390支,子弹625发,炸药945千克,雷管9450枚,管制刀具254把,烟花爆竹19万头。年内先后对黔江实业总公司8队、马步居龙村、禄新乡瑶兰村、二塘镇朗村、东乡镇江村和达昊村、黄茆镇佛子村、银村、通挽镇邑寺村、桐岭街、思灵乡朝东村、双林村、金鸡乡赖山村等14个村屯进行整治,收缴非法枪支15支,管制刀具7把、炸药1.5千克,雷管105枚,导火索206米,自制炸药5千克,抓获犯罪嫌疑人4人,传唤违法人员159人,初步扭转这些乡村治安不好的局面。年内查处卖淫嫖娼案件42起103人,赌博案件86起547人。110巡警全年共出警4560次,查破各类案件103起,抓获违法犯罪嫌疑人361人,提供救助服务172次。

2002年,来宾县查处“六合彩”赌博案件130多起,处罚215人,罚款38万余元。收缴非法枪支335支、炸药281.37千克、雷管366枚、导火索146米,管制刀具488把。来宾县公安局出动警力160多人次配合人民检察院、人民法院、国土局、经贸局等部门,使用车辆121车次、炸药552千克、雷管150发,对来宾县平阳镇、溯社乡、寺山乡、迁江镇等的一些死灰复燃的非法矿山进行整治,炸封井口60个、填埋井口15个,没收机械设备6台、煤260吨、锰8吨。共炸毁非法开采的矿井(井口)145个,没收机械设备一大批,防止了群死群伤事故的发生。全年共立治安案件2513起,查处2112起,查处率84%;查获违法人员5381名,治安拘留1068名、罚款4089名、警告128名。检查营业性网吧35家,查出“黑网吧”5家,给予取缔和处罚。武宣县共立治安案件1622起，查处1296起，处理违法人员3452人，其中治安拘留1089人，罚款2094人，治安警告269人，劳动教养人，劳教少管人数居全柳州地区10个县市第二名。加大对“黄、赌”等社会丑恶现象打击，年内共查处赌博案274起1021人，查处卖淫嫖娼案件97起332人，收缴黄色淫秽光盘297盘。5月18日，在二塘镇七星村成功地捣毁一个大型赌场，抓获违法人员7人，查扣丰田小轿车、五菱面包车各一辆，摩托车7辆，手机4部，在三里镇三里街端掉一个“黑彩”窝点，收缴赌具一大批，治安处罚20多人。11月，在县城对所有电子游戏室进行突击检查，没收用于“博彩”的麻将机、老虎机等20多台。对全县254家娱乐服务场所和64家特种行业做好检查、登记工作，对民用爆炸物品的储存、运输、使用各个环节的安全检查工作；110巡警积极开展防范工作，24小时不间断地在县城内巡逻，加强对社会面的控制，年内接受群众报警1987次，出动警力2815人次，协助破获刑事案件11起，查处治安案件101起，处理违法人员464人，调解群众纠纷29起，救助群众78人次，其他警务活动21次。

2003年，来宾全市公安机关共受理治安案件7310起，查处6055起，查处率为82.8%，处理违法人员12961人，其中劳教98人，治安拘留1302人，治安罚款5886人。全年共查处“六合彩”赌博案件301起，捣毁窝点203个，处理违法人员872人，其中劳教98人，查处其他赌博案件1387起，处理违法人员6414人。开展“扫黄除丑”工作，净化社会风气。全年共查处卖淫嫖娼和介绍容留妇女卖淫案件229起，处理违法人员641人。开展民用爆炸物品和烟花爆竹安全专项整治、矿山安全整治、毒鼠强专项整治、安全生产整治、危险化学品清理等行动。共查破涉爆案件32起，抓获违法犯罪人员38人，收缴非法枪支204支(其中军用枪1支)，管制刀具476把，雷管9299枚，炸药6468千克，火索1383米，毒鼠强等剧毒物品81.9千克。加强特种行业和公共娱乐场所的治安管理。全年开展专项整治行动5次，清理废旧收购点149家，发现案件线索4条，查处治安案件2起，处理违法人员2人。五是做好大型活动安全保卫工作。全年共完成大型活动安全保卫任务32次。六是强化基层基础工作，加强治安防范，推进“打、防、控”一体化建设，重点抓好派出所上等级工作。按照公安部《派出所等级评定标准》，经自治区公安厅考评验收，全市达标的一级派出所1个，二级派出所37个，三级派出所37个。5月，原来宾县公安局110报警服务台上收来宾市公安局，称来宾市公安局110报警服务台，划归市公安局指挥中心(办公室)直接管理。年内，全市各级公安机关指挥中心与110报警服务台坚持全心全意为人民服务的宗旨，做好接警、指挥、处警的各项工作，拓展社会服务职能，履行“有警必接、有难必帮，有险必救、有求必应”的承诺，面向基层，面向社会，面向群众，为群众排忧解难。全年各级公安机关110报警服务台共接受报警、求助、投诉等各种电话3.89万次，其中市公安局110报警服务台接受各种电话8236次，指挥出警6523次，处置违法犯罪案件4277起，处置火灾事故131起，处置交通事故753起，处理治安事件3起，处理各种纠纷341次，救助群众971次，为群众提供其他服务1787次。2003年，来宾全市社区警务建设铺开。4月，来宾市社会治安综合治理委员会和来宾市公安局联合下发《关于加强城市社区(街)治安工作的意见》(来综治〔2003〕4号)，对全市社区警务建设作了具体部署和要求。社区警务建设以加强重点人口、流动人口管理为核心，实行“一区一警”或“一片一警”的警务机制，开展警务咨询、法制宣传、调解纠纷等社区警务活动，加强社区民警与村(居)委会或者村民小组的协调和沟通，共同抓好社区警务的日常工作，重点抓好社区警务室建设和制度建设，建立以社区保安力量为主体，以群众联防力量为辅助的社区防范工作新机制，逐步把刑侦、治安、巡警、消防等部门的相应职能融入社区，构筑起“打、防、控”一体化工作格局。年内，来宾市公安局在市区的出城路口设立6个治安岗亭，设置6个警务室，成立治安巡防队1支，成员150人。各县(市、区)共组建社会治安专业巡逻队80支883人，建立治安岗亭28个，建立义务治安联防队741支5558人。兴宾分局共妥善处理45起群体性事件，及时发现和制止21起群体性事件上访、闹事苗头；参加各项安全保卫工作27次，出动警力860多人次，确保党委、政府各项工作和活动的顺利开展。在缉枪治爆工作中，对爆炸物品使用、储存点进行安全检查368次，检查涉爆单位115个，对37家存在隐患的涉爆单位予以限期整改，查处非法储存、使用、运输爆炸物品等治安案件16起，处理涉爆违法人员7名。共收缴炸药5901千克，雷管7593枚，导火索408米，砂枪82支，其中7月18日分局治安大队、凤凰派出所等20多名民警集中整治凤凰镇西汉塘村时，一次性收缴自制砂枪30支，处理违法人员5名。日常工作中收缴管制刀具82把，淫秽光盘98碟；治安部门联合工商、文化等单位检查娱乐场所87家，积极配合市委、市政府开展整顿矿山工作，重点整治小山场、小矿井、小煤窑253个；加强对内保单位特别是金融部门的安全检查工作，共检查254次，发出整改通知47份，督促整改的41份，出动警力600多人次，车辆250台次。在查禁“黄、赌”工作中，共打掉卖淫嫖娼窝点3个、赌博窝点156个，重点打击“六合彩”赌博活动，共铲除地下“六合彩”摊点97个，抓获庄家和上线173人、参赌人员329人，报送劳动教养37人，治安拘留20人，治安罚款307人，罚款金额52.16万多元，没收非法所得26.6万元，有力地打击了兴宾区地下“六合彩”赌博活动。全年共立治安案件1641起，查处1331起，查处率81%，抓获违法人员3184人，其中劳动教养23人，治安拘留597人，治安罚款2449人，警告73人，其他处理42人，罚没款353万多元。

2004年，来宾全市公安机关共受理治安案件7946起，查处7057起，查处率88.8%，处理违法人员1.48万人，其中劳教少教90人，治安处罚1.44万人，移交有关部门处理38人，其他处理365人。全市公安机关严厉打击涉黄涉赌违法犯罪活动。共查处涉黄涉赌案件3581起，捣毁窝点543个，抓获违法人员1.15万人，没收非法宣传资料1.16万份。深入开展清理收缴剧毒、非法枪支弹药专项行动、民用爆炸物品安全专项整治、矿山安全整治等行动。共查破非法制造爆炸物品、制贩枪支案件6起，抓获违法犯罪嫌疑人80人，收缴非法枪支256支，子弹9.01万发（其中气枪铅弹9万发），炸药1454千克，雷管2913枚，导火索5749米，毒鼠强2千克。注重加强校园及周边治安秩序的整治工作。全年共打掉犯罪团伙12个，查破案件140起，抓获犯罪嫌疑人196人，发现并整改隐患77处。切实加强内部单位的安全防范工作，提高自防自治能力。全年共组织320多人次对内部单位开展安全大检查，发现安全隐患667处，下达整改通知书595份，口头通知整改480处。开展保安服务业专项清理整治。全市共清理保安服务场所65家，查处违法保安人员4人，收缴非法着2000式保安服装7套，保安标志13件，下发整改通知书23份。加强基层基础建设，认真做好派出所等级评定工作。全市共创建一级公安派出所1个，二级公安派出所9个，三级公安派出所67个。不断完善全市各级公安机关指挥中心与110报警服务台接警环节，畅通接警渠道，强化协调、指挥、处置作用，提高快速反应能力，及时接受群众报警，为群众排忧解难。全年各级公安机关110报警服务台共接受报警、求助、投诉等各种电话近5万个，其中市公安局110报警服务台接受报警电话1.27万个，指挥出警1.27万次，处置违法犯罪案件6092起，处置火灾、交通事故1439起，处置治安事件、交通违章、灾害事故、各类纠纷3338起，救助群众1566人，为群众提供其他服务121次。兴宾分局妥善处置群体性事件54起，发现群体性事件苗头29起，成功制止29起，动用警力3327人次。共查处“六合彩”赌博案件425起，抓获参赌人员1119人（其中庄家402人），罚没款430.78万多元，劳教21人，逮捕9人。开展3次大规模的专项治理活动，检查整治废旧收购业75家、娱乐场所72家，行政处罚13家。对复杂场所安全检查15次，在行业管理工作中收缴管制刀具47把、砂枪16支、手雷1枚，行政拘留违法人员15人。查处赌博案件902起，抓获赌徒3774人；查处卖淫嫖娼案件44起，抓获卖淫嫖娼人员110人。狠抓危险物品管理、收枪治爆工作不放松。分别对辖区内的涉爆场所和涉爆单位及烟花爆竹销售点进行4次大检查，兴宾区72个民爆物品使用场所全部检查完毕，对存在隐患的11处场所分别发出整改通知书，并督促他们限期整改。通过开展专项检查和专项行动，共收缴各种长短砂枪117支、猎枪1支、小口径步枪2支、仿“六四”式手枪2支、仿“五四”式手枪5支、防暴枪1支，各类子弹356发，气枪铅弹9万多发，炸药89.6千克，雷管1517枚，导火索1067米，毒鼠强2千克，管制刀具380多把。抓获涉枪、涉爆和涉毒（毒鼠强）违法犯罪嫌疑人53人，有效地消除了社会治安枪爆隐患。全年共立治安案件3887起，查处3744起，查处率为96.3%，抓获违法人员6920人，呈请逮捕32人，报劳动教养60人，治安拘留670人，治安罚款5971人，治安警告128人，罚没款681.99万元。

2005年，来宾市公安机关共受理治安案件4137起，查处3603起，查处率为87.1%，处理违法人员8365人，其中劳教少教84人，治安处罚7945人，其他处理420人。一是开展清理收缴剧毒、非法枪支弹药、爆炸物品专项行动。共收缴非法枪支56支，子弹3558发（其中气枪铅弹3000发），炸药495千克，雷管1774枚，导火索349米，毒鼠强2

千克。二是贯彻落实公安部“八条措施”，加强校园及周边治安秩序的整治工作。全年共打掉扰乱校园及周边治安秩序的犯罪团伙14个，查破案件76起，抓获违法犯罪嫌疑人204人，发现并整改隐患82处。三是加强内部单位的安全防范工作，提高自防自治能力。全年共组织600多人次对内部单位开展安全大检查，发现安全隐患323处，下达整改通知书265份，口头通知整改138处。四是加强对行业场所的管理，适时开展专项整治。全市公安机关坚持“重检查、重管理、重监督”的原则，加强对宾馆、旅社、饭店、网吧、迪吧、电子游戏室、录像厅、废旧金属收购等行业场所的安全检查，共出动警力765人次，检查行业场所337家，发现并消除安全隐患132处，取缔“黑网吧”4家。全市公安机关指挥中心与110报警服务台畅通接警渠道，强化协调、指挥、处置作用，提高快速反应能力，及时接受群众报警，为群众排忧解难。全年市、县两级公安机关110报警服务台共接受报警、求助、投诉等各种电话52336个。其中市公安局110报警服务台接受报警电话14221个，指挥出警13647次，处置违法犯罪案件6229起，处置火灾、交通事故1513起，处置治安事件、交通违章、灾害事故、各类纠纷3768起，救助群众1676人，为群众提供其他服务312次。兴宾区出动警力2500多人次，妥善处理群体性事件68起，成功制止群体性事件苗头38起，有效地维护兴宾区社会治安稳定。查处卖淫、嫖娼案件16起，处理违法人员29人；查处赌博案件511起，抓获涉赌违法犯罪嫌疑人1983人，端掉赌博窝点66个，抓获团伙成员332人，没收赌资68.01万元，收缴用于印制“六合彩”资料的复印机1台、“六合彩”资料2万多份以及赌博专用的电脑设备11套。主动配合有关部门打击非法传销活动，切实维护市场经济秩序。共查处非法传销案件159起，抓获违法犯罪人员609人。对使用危险化学物品的来宾冶炼厂和来宾东糖造纸有限公司进行4次安全检查，并对其存在安全隐患及时发出整改通知，强化监督、限期整改。派出爆炸物品检查组对辖区内的烟花爆竹销售点进行4次大检查，对全兴宾区62个民用爆炸物品使用场所进行彻底清查，重点检查爆炸物品使用量较大的平阳、城厢、桥巩、迁江等乡镇的涉爆场所累计248次，对11处存在安全隐患的场所发出了整改通知书。收缴各类非法枪支40支，子弹30发，炸药465千克，雷管1156枚，导火索90米，爆竹60800头，烟花4932件，有效地维护了兴宾区的生产秩序和公共安全。对公共复杂场所、娱乐场所和废旧金属收购业、旅店业等特种行业场所进行2次规模较大的专项治理行动，发现问题及时纠正，责令整改。检查废旧收购业67家、大小娱乐场所65家，对公共复杂场所进行安全检查35次，保障了行业场所的良好秩序。加强对重点建设工程和重大活动的安全保卫工作，确保兴宾区、来宾市经济发展和各项活动安全。年内共制定重大安全保卫方案11个，参加安全保卫26次，动用警力3000多人次，车辆900多台次。对复杂村屯和恶势力进行综合整治，维护农村地区良好治安秩序。全年共参与大规模的整治行动7次，出动警力1600余人次，车辆400余台次。全年共受理治安案件1682起，查处1576起，查处率93.7%，抓获违法人员3605人，其中治安拘留1020人，治安罚款2033人，治安警告153人，调解纠纷30起。

禁 赌

民国时期，赌博成风。民国28—31年(1939—1942年)，来宾、迁江两县共破获赌博案件105起，人犯474人。中华人民共和国成立后1953年7月，广西省人民政府发出《关于禁止赌博安定社会秩序的布告》，各县即开展查禁赌博活动，严厉打击赌头赌棍，赌风有所收敛。1957年，忻城县破获赌博案72起，抓获赌棍、赌徒217人，依法逮捕赌棍14人，缴获赌具312件。

20世纪60年代，各县公安机关在整顿社会治安工作中，广泛开展查赌禁赌，在有赌博的地区，结合中心工作，深入开展禁赌教育宣传，发动群众检举揭发，打击处理赌头赌棍，办班教育赌徒，刹住了赌博歪风。“文化大革命”后，赌风在一些地方有所抬头。1960年冬至1961年春，来宾县内赌风重起，县公安机关采取措施进行制止。“文化大革命”初期，县公安、检察、审判机关处于瘫痪状态，无法行使专政职能，赌风再次泛起。

1977年，各县采取查禁赌博措施，广泛开展禁赌宣传活动，严惩赌犯，遏住赌风。在查处赌博案件中，选择两个聚众赌博的罪犯典型材料，印发到基层，借以教育干部和群众。

1980年后，在改革开放，搞活经济的新形势下，由于治安管理等工作跟不上，以致赌风重现。1981年1月，来宾县人民政府发出《关于严禁赌博活动的通告》。1982年10月，合山市公安局根据自治区公安厅《关于严厉打击赌博犯罪活动》的通知，从市直机关单位、公社和公、检、法部门抽调45人深入村屯调查摸底，集中参赌者60人办学习班，对3名惯赌、聚赌者给予行政拘留。1982年，来宾县以公社（镇）为单位，集中赌徒学习法律，同时在群众中开展法制教育活动。1983年，来宾市公安局不断加大打击赌博的力度，全年破获赌博48起108人，治安罚款38人，行政拘留62人，警告6人，没收赌具一批。1984年，合山市破获赌博5起21人，罚款21人，拘留10人，警告2人。1985年，合山市破获赌博12起89人，罚款56人，拘留33人。1986年，合山市破获26起54人，罚款34人，拘留54人。1982—1986年，来宾县共取缔赌场349处，依法逮捕赌头、赌棍60人，行政拘留189人，罚款276人。1987年，合山市破获39起118人，罚款60人，拘留58人。1988年，合山市破获50起226人，罚款196人，拘留16人，警告14人。1989年，合山市破获54起231人，罚款87人，拘留3人，警告140人。1990年，合山市破获51起206人，罚款92人，拘留4人，警告110人。1990年，来宾县取缔赌场261处。1982—1987年，来宾县共取缔赌场453处，抓获赌徒1211人，其中依法逮捕赌头、赌棍62人，行政拘留232人。1980—1990年，忻城县公安局共组织参加办班等学习法律的有2460人次，受刑事拘留184人，依法逮捕赌棍赌徒21人，罚款金额55万元。1983—1990年，合山破获赌博案件285起，抓获赌徒1053人。1989—1990年，象州县打掉赌博窝点51个，处理赌徒3003人。1989—2000年，来宾县共取缔赌场557个，抓获赌徒24021人。

20世纪90年代后，境内有的地方赌风越来越严重。各县（市）公安局先后成立治安特勤队，负责扫黄和禁赌工作。武宣县公安局于1993年8月9日开展抓赌统一行动，三里、二塘、桐岭一举打掉赌窝5个，抓获违法人员148人，缴获赌资1.6万多元。1993—1994年，武宣县打掉赌博团伙、端掉赌窝41个，抓获成员、赌徒1037人。1996年4月—6月，武宣县再次开展禁赌统一行动，查处赌博案件75起371人。金秀瑶族自治县公安局于1996年2月21日在金秀瑶族自治县忠良乡捣毁赌场1个，抓获赌徒57人，缴获赌资15000元，运送赌徒小汽车3辆，摩托车20辆，对讲机及赌具一批。忻城县公安机关于1991—1995年共查处赌博案件798起，查获赌徒4164人；1996—2000年，忻城查处赌博案件721起，查获赌徒4261人。合山市公安机关于1991—2005年共查处赌博案件共1160件，捣（摧）毁赌窝（摊）198个，抓获赌徒4429人，其中治安拘留61人、行政拘留157人、警告53人、罚款187人，没收赌资及财物折款共55.82万元。2001年下半年，来宾县迁江华侨农场开始出现“六合彩”赌博并迅速蔓延，12月4日，查处第一起“六合彩”赌博案件。

2002年，来宾建市后，各级公安机关坚持把范围广、影响大、危害深的“六合彩”赌博作为打击的重点，至年底，全市共查处“六合彩”赌博案件482起，捣毁窝点154个，抓获违法人员655人，逮捕20人，劳教23人，治安处罚632人。2003年，来宾全市公安机关共查处赌博案件1387起，抓获赌博违法犯罪人员6414人，其中查处“六合彩”赌博案件301起，捣毁窝点203个，抓获违法人员872人。2004年，来宾全市公安机关共出动警力6000多人次，组织行动265次，收到群众举报线索308条，查处赌博案件1454起，处理赌博违法犯罪人员6657人，劳动教养59人，治安拘留831人。其中查处“六合彩”赌博案件644起，捣毁“六合彩”赌博窝点485个，印制“六合彩”赌博信息资料窝点56个，抓获大小庄家285名，处理违法人员1537人，没收非法宣传资料1.16万份。4月8日，公安机关一举捣毁位于兴宾区来宾镇郭村松树岭的特大赌窝，抓获赌头、赌徒17人，缴获赌资1万元、用于运送赌徒的小车18辆，摩托车7辆及赌具一批。8月3日，市公安局治安支队在忻城县欧洞乡捣毁一特大野赌窝点，当场抓获赌徒29人，缴获赌资1万多元，对讲机1台及赌具一批，扣押用于运送赌徒的小车43辆，摩托车2辆。2005年，来宾全市公安机关重点打击“六合彩”赌博违法犯罪活动。全年共查处赌博案件1825起，其中“六合彩”赌博案件525起，处理赌博违法人员5324人，其中劳动教养71人，治安拘留785人，罚款4468人。2001—2005年，忻城查处赌博案件1147起，查获赌徒5308人。

禁　毒

民国时期，境内吸毒（鸦片）者颇多。合山境内时有鸦片烟馆7家，其他零售小鸦片者则难以计数。据调查，民国25—29年（1936—1940年），来宾、迁江两县共有4851人吸毒。

1950年，中央人民政府发布《关于严禁鸦片烟毒的通令》后，各级人民政府组织以公安人员为主的专门工作队，深入乡村宣传“通令”精神，并取缔烟馆，处罚贩卖烟土者，吸毒现象自此绝迹。1952年7月，来宾、迁江两县召开禁烟、禁毒会议，决定开展禁烟、禁毒宣传活动，并确定以大湾、城厢、牛岩、水落、良江和迁江等6条街道为重点，全面实行禁吸、禁卖、禁种罂粟（鸦片）等活动，采取边动员、边戒毒、边收缴毒品等措施。至10月，两县共缴获烟土1040克、烟丸99粒、烟油55克、烟具一批，依法逮捕贩毒者、烟馆业主、窝赃犯等111人。至此，来宾县境烟毒绝迹。1957年，忻城县公安局组织全县公安干警投入禁毒。查出吸毒者152人，贩徒42人，缴获毒品4.06千克（鸦片），烟具285件，拘留烟徒37人，逮捕烟贩3人，教育释放17人，交群众管制17人，登记自新种烟吸毒179人。

20世纪80年代末20世纪90年代初，受国际国内毒潮的影响，毒品犯罪和吸毒现象又重新出现，并有蔓延趋势。1990年10月，各县（市）成立禁毒领导机构。1992年9月，各县（市）公安机关先后成立缉毒队或缉毒大队，上下形成禁毒工作网络。

1991年，来宾县破获重、特大贩毒案1起，缴获海洛因1000克，有效地打击了贩毒犯罪活动。武宣县公安局根据缉毒工作形势发展的需要成立了从事打击贩毒走私的刑侦二队（即现在缉毒大队的前身），专管全县的缉毒工作，成功破获2起贩毒案，抓获贩毒人员3人。缴获毒品鸦片5700克。

1992年，来宾县全年共破获走私、贩毒案10起，抓获走私、贩毒犯35名，其中依法逮捕7名，缴获黄金456克、海洛因110克、鸦片9600克。

1993年，来宾县破获贩毒案件6起，抓获贩毒案犯11名，吸毒人员8名，缴获海洛因2克、鸦片9950克，在七洞乡铲除罂粟1320株。武宣县破获毒品案件7起，抓获吸毒人员49人，并对其进行强制戒毒，打掉吸毒团伙6个，缴获毒品海洛因23克，以及一批吸毒工具，缉毒罚款14万多元。

1994年，来宾县查处吸毒贩毒人员120名，缴获海洛因110.7克。5月27日，来宾县公安局经上级批准将刑侦二队（缉毒大队）改称缉毒大队。武宣县全年共破毒品案件6起，抓获吸毒人员20名并对其进行强制戒毒，打掉吸毒团伙3个，成员12人，缴获海洛因15.8克，缉毒罚款51180元。

1995年，来宾县共破获毒品案件25起，抓获贩毒人员14名；缴获海洛因398克，捣毁吸毒窝点4个，查外吸毒人员101名，强制戒毒65名，自愿戒毒19人。为宣传毒品的危害性，提高广大群众参与禁毒意识，出版禁毒宣传墙报2期，散发宣传材料400余份，进行电视宣传2次，召开群众大会1次，举办吸毒人员教育班8次。3月25日下午，从南宁市逃窜到来宾县进行贩毒活动的赖某被来宾县公安局民警当场抓获，缴获海洛因315克。武宣县破毒品案件4起，打掉贩吸团伙4个，抓获贩、吸毒人员13人，逮捕2人，缴获海洛因、鸦片等毒品141.6克。

1996年，原柳州地区登记在册吸毒人员中，来宾县430人，合山市164人，分别占吸毒人员总数的27.6%、13.8%。当年，来宾县捣毁吸毒窝点4个，查获吸毒人员114名，贩毒人员18名，破获毒品案19起，缴获海洛因30.82克，依法逮捕毒犯6名、报送劳动教养6名、强制戒毒22名、自愿戒毒4名。武宣县破获毒品犯罪案件5起，打掉贩、吸毒团伙5个，成员20人，缴获海洛因4.1克及一批吸毒工具。

1997年，来宾县全年共破获毒品案件16起，缴获海洛因28.1克；捣毁吸毒窝点4个，查处并强制戒毒603名，占在册吸毒人员总数的92.4%。其中在县戒毒所戒毒374名、因贩毒被送教养5名、因作刑案被送教养58名，已判刑68名、已死亡15名。在党校大院内新建的戒毒所现已建好16间病房，次年投入使用。合山市公安局设立缉毒股（称缉毒大队），负责打击贩毒吸毒案。

1998年，来宾县全年共捣毁吸毒窝点7个，查处吸毒人员401名，其中收进戒毒所强制戒毒364名。因非法持有毒品被劳教14名，因戒毒后复吸被劳教20名，破获毒品案44起，其中大案2起，共缴获海洛因94.5克。武宣县境内开展创建“无毒县”工作，年底武宣县被自治区评为“无毒县”，并获奖励桑塔纳轿车一辆。

1999年，境内各县（市）成立创建“无毒社区”活动领导小组。11月8日，来宾县政府印发《来宾县开展创建安全、“无毒小区”活动实施方案》，按属地管辖原则，组织开展创建安全、“无毒小区”活动，完善“三位一体”（打击、教育、管理）的预防和控制毒品违法犯罪的综合治理工作机制。进一步明确责任，把各项禁毒目标任务措施落实到每一个基层单位和帮教小组，做好吸毒人员戒毒目标任务和戒毒后的帮教巩固工作。是年，来宾县捣毁吸毒窝点6个，查处吸毒人员并强制戒毒223名，侦破首例在来宾县贩卖“摇头丸”毒品案，抓获犯罪嫌疑人4名，缴获“摇头丸”500多粒。武宣县缉毒工作以创造无毒单位、无毒学校、无毒村街为载体，继续开展“打、防、管”巩固以往的斗争成果。武宣县全县年内没有发生毒品案件。

2000年，来宾县全年共破毒品案件29起，逮捕贩毒人员12人，报送劳教17人，取缔吸毒窝点7个，抓获并送强制戒毒263人。2001年，来宾县破获毒品案件57起，其中立为重大刑事案件9起，立为一般刑事案件25起，立治安案件23起。缴获毒品海洛因167.88克，逮捕毒品违法犯罪嫌疑人36名，取缔吸、贩毒窝点8个，共收戒吸毒人员320名，送劳动教养43名。武宣县巩固无毒县成果。针对禄新乡吸毒人员较多，在乡党委政府的配合下，先后开展三次抓捕行动，依法处理2名涉毒人员。

2002年，来宾县共破毒品案件64起，其中治安案件25起，一般刑事案件35起，重大案件6起，特大案件1起，共缴获海洛因1522克，逮捕毒犯37名，劳教90名，强戒450人。打掉贩毒团伙6个，其中重大案件团伙2个。4月18日，来宾县公安局缉毒大队发现一起贩毒特大案件，经向柳州地区公安局、自治区公安厅汇报后成功破获，抓获毒贩2人，缴获海洛因1405克。4月、6月和11月在全县范围内开展集中收戒吸毒人员统一行动，共抓获吸毒人员77名，贩毒嫌疑人4名，破毒品案件3起，缴获海洛因1.8克。全县已创建“无毒社区”446个，年内对2001年度的15个有毒单位帮教对象进行尿检抽查均呈阴性，年度又有10个单位达到无毒社区标准。举办多种形式的禁毒宣传活动，全年发放禁毒传单1万多份，受到禁毒教育群众达50万人次。武宣县破获毒品犯罪案件5起，逮捕犯罪嫌疑人5人，强制戒毒12人，劳动教养春，治安拘留22人，缴获海洛因3.8克。

2003年，来宾全市公安机关禁毒部门坚持“四禁（禁吸、禁贩、禁种、禁制）并举，堵源截流，严格执法，标本兼治”的禁毒工作方针，加强侦查破案，开展重点整治，抓好综合治理，严厉打击毒品违法犯罪活动。来宾市和6个县、市、区均成立“禁毒办”，主要抓好禁吸戒毒、禁种铲毒、禁毒预防教育、创建“无毒小区”、重点整治和对吸毒人员帮教转化等工作。一是强化侦查措施，开展“猎鼠行动”禁毒攻坚会战，破获一批毒品案件。全年共破获毒品案件170起，其中重特大案件26起，抓获毒品违法犯罪嫌疑人977人，逮捕85人，劳动教养177人，打掉毒品犯罪团伙9个，缴获毒品海洛因2394.45克，制毒原料5200克。武宣县破毒品刑事案件14起，其中重特大案件6起，查处毒品治安案件21起；抓获涉毒人员28人，其中逮捕7人，强制戒毒10人，劳教2人，治安处罚2人。兴宾区端掉贩毒团伙5个，取缔吸毒窝点5个，逮捕毒犯21人，强制戒毒人员283名，复吸送劳动教养110名，缴获毒品海洛因69.95克。二是组织开展打击零包贩毒统一行动，破获一般毒品案件30起，逮捕犯罪嫌疑人25人。三是抓好禁吸戒毒工作。全年共开展收戒吸毒人员统一行动4次，强制戒毒744人。四是抓好创建“无毒县”“无毒社区”工作。当年，武宣县和金秀瑶族自治县被评为“无毒县”、象州县被评为禁毒先进县，全市共创建有“无毒社区”1902个，占社区总数2037个的93.4%。五是加大禁毒宣传力度，提高全民禁毒意识。全市各级禁毒部门在“6·26”国际禁毒日前开展以“远离毒品，关爱未来”为主题的系列禁毒宣传教育活动6次，受教育人数达50万人。

2004年，来宾市公安机关禁毒部门深入贯彻全国、全自治区禁毒工作会议精神，继续坚持“四禁（禁吸、禁贩、禁种、禁制）并举，堵源截流，严格执法，标本兼治”的禁毒工作方针，做好打击毒品犯罪、禁吸戒毒、禁毒宣传、创建无毒社区、重点整治等工作。一是组织开展“春雷行动”“遏制毒源”“扫毒行动”等禁毒攻坚会战，严厉打击毒品犯罪活动。全年共破获毒品案件119起，其中重特大案件25起，打掉犯罪团伙6个，抓获贩、吸毒人员1271人，逮捕100人，缴获毒品海洛因767.32克，摇头丸342.75克，K粉62.8克。兴宾区共破获毒品刑事案件38起（其中特大案件1起，重大案件7起，一般案件30起），查处毒品治安案件86起，缴获毒品海洛因183.43克，逮捕毒犯22人；强制戒毒245人，复吸人员报劳动教养101人，取缔吸贩毒窝点5个，实现五项任务全部达标。武宣县共查处毒品案24起，抓获涉毒人员23人，其中逮捕3人，强戒18人，劳教6人，行政处罚3人。二是加强禁吸戒毒工作，实行满员收戒。全年共收戒吸毒人员936人，转劳动教养184人。三是巩固“无毒社区”“无毒县”创建成果，打牢禁毒社会基础。年内，武宣县和金秀瑶族自治县继续荣获“无毒县”称号，全市1902个“无毒社区”（其中机关、单位、学校、企事业无毒社区1050个，无毒居委会60个，无毒村770个）无反弹，占社区总数2037个的93.4%。四是深入开展禁毒预防宣传教育工作。全市各级禁毒部门在“6·3”纪念虎门销烟165周年及“6·26”

国际禁毒日开展了系列禁毒宣传活动,数万名群众受到教育,7万多名学生和家长在“抵制毒品,参与禁毒”签名卡上签名,150多家娱乐场所签订禁毒责任书。

2005年,来宾市公安机关禁毒部门继续坚持“四禁(禁吸、禁贩、禁种、禁制)并举,堵源截流,严格执法,标本兼治”的禁毒工作方针,做好打击毒品犯罪、禁吸戒毒、禁毒宣传、创建无毒社区、重点整治等工作。一是严厉打击毒品犯罪活动。全年共破获毒品案件122起,其中重特大案件27起,抓获贩、吸毒人员1044人,逮捕124人,缴获毒品海洛因646.81克,摇头丸123克,K粉4克。二是加强禁吸戒毒工作,实行满员收戒。全年共收戒吸毒人员678人,转劳动教养191人。三是开展毒情调查活动,巩固“无毒社区”“无毒县”创建成果,打牢禁毒社会基础。4月25日—7月15日,来宾市禁毒委在全市范围内开展第七次毒情调查工作,至2005年6月30日,全市登记在册吸毒人员2722人,其中男2456人,女266人。现有吸毒人员2103名(男1880名,女223名),新滋生吸毒人员39人,新发现136人,吸毒人员成分有工人、农民、个体户、在校学生及社会无业人员。现有在册吸毒人员2103名中,有吸食海洛因的2084名,吸食摇头丸11名,吸食K粉8名。全市1902个“无毒社区”(其中机关、单位、学校、企事业无毒社区1050个,无毒居委会60个,无毒村770个)无反弹,占社区总数2037个的93.4%。四是深入开展禁毒预防宣传教育工作。全市各级禁毒部门在“6·26”国际禁毒日前开展一系列禁毒宣传活动,发放禁毒宣传资料20000多份,数万名群众受到教育,5万多名学生和家长在“抵制毒品,参与禁毒”签名卡上签名。兴宾公安分局以禁毒人民战争活动为契机,以打击贩毒犯罪为重点,以预防涉毒违法为基础,多管齐下,大力打击涉毒违法犯罪活动,开展2次统一收戒和毒情调查行动。6月3日,在兴宾区范围内开展收戒吸毒人员统一行动,共投入警力280余人,出动警车80余辆,清查场所60余处,家访吸毒人员179家,抓获涉嫌吸毒人员37名,破获毒品案件1起,缴获毒品海洛因0.5克。抓获的37名涉毒人员中有21人尿检呈阳性,当日21名吸毒人员全部送市戒毒所强制戒毒。6月5日,禁毒大队再接再厉、主动出击,又破获一起贩卖毒品案,抓获2名贩毒人员,缴获毒品海洛因20克。9月29日,组织开展打击贩卖、服食“摇头丸”“K粉”违法犯罪的统一行动,从几家大型娱乐场所中清查出涉毒人员16人,对存在吸贩毒问题的娱乐城发出限期整改通知书。全年共破获毒品案件44起(其中特大案件1起,重大案件4起),缴获毒品海洛因266.18克,逮捕毒犯48人,强制戒毒382人,劳动教养复吸人员114人,禁毒工作五项指标全部超额完成。

禁　娼

1950年后,境内各级人民政府对旧社会遗留的妓院进行取缔,把妓女改造成自食其力的劳动者,并明令禁止卖淫嫖娼。20世纪50年代至20世纪60年代中期,卖淫嫖娼的社会丑恶现象基本绝迹。20世纪70年代以后,淫秽读物流行和黄色录像带的传播,卖淫嫖娼现象在一些地方又死灰复燃。20世纪80年代受传播淫秽录像带影响,加之西方资产阶级生活方式的渗透,直接诱发了卖淫嫖娼活动,败坏社会风气。1987年8月—9月,各地政府组织公、检、法、司等部门统一开展查禁卖淫嫖娼活动和打击拐卖妇女儿童犯罪活动专项斗争,仅来宾、忻城两县共打掉拐卖人口、强迫、引诱、容留妇女卖淫的违法犯罪人员205人。20世纪90年代后,各县先后成立治安特勤队,负责扫黄和禁赌工作。

1991年,来宾县查禁和取缔容留妇女卖淫窝点13个、播放淫秽录像点4个,抓获卖淫妇女27名、嫖客54名,缴获淫秽录像带21盒。武宣县通过清理整顿特种服务行业,打击卖淫嫖娼等违法犯罪活动。清理整顿路边酒店52家,发现有37家都存在不同程度的卖淫嫖娼活动,打掉卖淫团伙4个,成员12个,对于卖淫嫖娼较为严重的路边酒店取缔7家,停业整顿5家,治安处罚17家,处理卖淫嫖娼人员142人,其中收审61人,劳教5人,收容教育12人,治安处罚82人,逮捕3人。

1993年,来宾县公安局与有关部门密切配合,对旅社、饭店、舞厅等复杂行业、公共场所进行经常性整顿,扫除丑恶现象,共查获卖淫窝点21个、卖淫妇女83名、嫖娼人员300名,取缔有播放淫秽录像违法行为的录像点5个,缴获淫秽录像带20盒以及黄色书刊等违禁物品一批。武宣县打掉卖淫团伙5个,成员25人,传播淫秽物品团伙案1个,成员3人,取缔卖淫窝点1个。

1994年,来宾县通过清理整顿复杂行业和公共娱乐场所,取缔5个有卖淫嫖娼活动的美容厅、发廊和旅社,查处卖淫嫖娼案件126起、卖淫妇女69

名、嫖娼人员121名;查处传播淫秽物品案6起13人。武宣县查处卖淫嫖娼50起,处理卖淫妇女36人,嫖娼人员96人。

1995年,来宾县公安局依法强化治安管理,维护正常治安秩序,取缔卖淫嫖娼窝点16个,查获卖淫妇女78名,嫖娼人员161名。1991—1995年,象州县查获卖淫团伙9个成员51人,取缔卖淫窝点8个,缴获淫秽录像带8盒,破获卖淫嫖娼案件94起218人,抓获各种违法人员1613人;忻城县公安机关查处卖淫嫖娼案件662起,查获违法人员1763人。

1996年,来宾县公安局以扫除社会丑恶现象,打击流氓恶势力为重点,维持正常治安秩序,促进全县精神文明建设。全年取缔卖淫嫖娼窝点8个,查获卖淫妇女201名、嫖娼人员377名。

1997年,来宾县取缔卖淫嫖娼窝点3个,查处卖淫妇女353名、嫖娼人员670名。武宣县查处赌博、卖淫嫖娼案件254起,抓获违法人员1428名,劳动教养、少管297名。

1998年,来宾县取缔卖淫嫖娼窝点5个,查处卖淫妇女343名,嫖娼人员533名。武宣县查处卖淫嫖娼案件71起,216名,介绍容留妇女卖淫案件8起24人,收缴淫秽录像带21盒、淫秽光盘580盘。

1999年,来宾县出动警力823人次清理公共场所13家,取缔卖淫嫖娼窝点4个,查处卖淫妇女244名,嫖娼人员272名。武宣县在打击黄赌毒活动中,共查处赌博案件103起730人,卖淫嫖娼案件53起134人,收缴淫秽录像带及光盘1073盘。忻城县1996—2000年,查处卖淫嫖娼案件484起,查获违法人员1070人。

2000年,来宾县查处卖淫嫖娼案件5起,查获卖淫妇女149名、嫖娼人员210名,清理整顿娱乐服务场所584家。武宣县加大扫黄禁赌工作力度,全年共查处卖淫嫖娼案件37起,抓获违法人员111人。

2001年,来宾县抓获卖淫妇女132名、嫖娼人员140名。武宣县查处卖淫嫖娼案件42起103人。

2002年,武宣县查处卖淫嫖娼案件97起332人,收缴黄色淫秽光盘297盘。

2003年,来宾市公安机关开展“扫黄除丑”工作,净化社会风气。全年共查处卖淫嫖娼和介绍容留妇女卖淫案件229起,处理违法人员641人。

2004年,来宾全市公安机关严厉打击涉黄涉赌违法犯罪活动。全市共查处涉黄涉赌案件3581起,捣毁窝点543个,抓获违法人员1.15万人,没收非法宣传资料1.16万份。查处卖淫嫖娼案件154起,抓获违法人员399人,其中打掉卖淫嫖娼团伙6个,抓获违法人员13人,捣毁卖淫窝点14个,抓获卖淫妇女114人,嫖客108人。

2005年,来宾全市公安机关加强对行业和公共娱乐场所的管理。全年共开展集体大检查4次,检查场所126家,消除安全隐患32处。

枪支、爆炸危险物品管理

中华人民共和国成立后,各县公安机关加强对炸药、雷管、导火索、烟花爆竹等易燃易爆物品的管理。1954年7月,鉴于一些不法商贩为图利而销售加足火药的炬炮,导致部分渔民将炮药拆开制成鱼炮使用,严重危及人身安全,根据广西省公安厅的指示,石龙县公安局作出规定:渔民、农民如确需火药,必须取得公安机关开具的准购证方可向经销者购买,经销者则需于月终填报产销表备查。1958年4月下旬,石龙县公安局在全县34个乡广泛开展了声势浩大的安全运动,缴获一批散存在社会上的枪支、子弹、手榴弹、炮弹、雷管和黑火药、炸药及各种管制刀具。武宣县公安局曾多次向全县发出通报,要求加强爆炸物品管理,严格购买、运输、保管和使用制度。公安部门并对散失在社会上的炸药、雷管和导火索进行全面的清查和搜缴。

20世纪80年代,经营此项业务的单位和个人,必须持单位证明和介绍信,经公安机关批准领取许可证,方可销售,购进使用。1982年10月,武宣县依照公安部《关于彻底收缴散存在社会上的枪支弹药、爆炸物品及其他凶器的通知》,县公安局即行开展收缴粉枪、子弹、雷管、炸药、导火索、匕首和其他凶器的行动。1984年1月,国务院颁布《中华人民共和国民用爆炸物品管理条例》后,各县公安局根据条例规定,与有关部门联合举办爆炸物品管理和爆破技术学习班,统一制发爆破物品购买证、运输证和使用爆破证,进一步加强对易燃易爆物品的管理。同年,来宾、武宣两县清理收缴不符合管理制度而储存的炸药695千克、雷管313730余发、导火索12750米。6月,武宣县成立“爆炸物品管理领导小组”,组长由县长兼任,并在公安局设置办公室,着手开展收缴工作。至12月底止,武宣县共收缴散存在社会上的炸药600千克,雷管283730发,导火索10800米。同时,还聘请爆破工程师担任教员,由公安局主持举办7期爆破员学习班,

437人得到培训，经考试合格发给“爆破员作业许可证”。经过严格审查，发放了“爆炸物品储存许可证”11本，“爆炸物品销售许可证”11本。1983年8月—1986年底，金秀瑶族自治县缴获炸药、雷管、匕首、手榴弹、砂枪等凶器189件。合山市由于采煤的需要，火药、雷管等爆炸物品在合山使用较多，市政法机关对爆炸物品的运输、储存、销售、使用情况进行监督检查、登记发证，凭证管理，使其制度化。对在小煤窑(矿)私存炸药、雷管和私自将炸药、雷管转手倒卖或让给无爆破证件的人使用，以及携带炸药、雷管进入公共场所者即予以没收，还根据情节轻重给予罚款或行政拘留。1990年，合山市被罚款15人，金额1.35万元，被行政拘留11人，没收炸药89千克，雷管347发。1989—1990年，象州、来宾两县共收缴流散在社会的短砂枪、手枪等枪支2638支，管制刀具850件，炸药20100千克，雷管37493枚。来宾县重点检查了迁江、小平阳、陶邓、来宾、南泗、高安等乡镇，严肃处理无证经营烟花爆竹的商店和经营者，至1990年底，来宾县40多个储存、销售、使用爆炸物品的单位和部门，均按有关规定办理手续，逐步实现管理、使用制度化。

1991年，来宾县缴获砂枪1697支，土炮1门，子弹23发，炸药86千克，雷管584发，各种凶器2795把。武宣县收缴砂枪4支、雷管2508发、炸药1059千克、火索2500米。

1992年，来宾县共查获和打掉窝点6个，收缴军用手枪3支，仿六四式手枪1支、仿五四式手枪1支、子弹67发，土炮13门，长短砂枪574支，雷管17389发，炸药6720千克，黑火药1184千克，铁砂175千克、火结5.2万只、其他凶器一大批。武宣县共收缴短砂枪7支，管制刀具93把、导火索19米、雷管202发，炸药2千克，催泪枪1支。对5个非法使用爆炸物品的单位进行清理整顿，收缴非法购买的炸药1446.6千克，导火索1588.7米，雷管2639发，治安罚款9人，拘留2人，警告2人。

1993年，来宾县缴获砂枪368支，钢珠枪31支，催泪枪12支，管制刀具452把，违反爆炸物品管理规定的炸药5544千克、雷管16010枚。

1994年，来宾县收缴非法持有的砂枪525支，管制刀器667把，炸药276千克，雷管952枚，导火索519米及其他违禁品一大批。

1995年，来宾县打掉制贩砂枪窝点1个成员3名。忻城县缴获砂枪420支，管制刀具、凶器736把，炸药90.5千克，雷管1386枚，子弹188发，军用手枪2支，军用手榴弹2枚，清理和收回超范围配给党政干部的手枪27支。武宣县对民爆物品管理实行改革，建立完善采购、运输、储存、审批、销售、使用一条龙的规章制度，改变多头经营的混乱现象，取缔非法生产、销售民爆物品案11起，没收炸药3000千克，雷管1980发。

1996年，境内开展“收枪治爆”统一行动，根据公安部关于开展收缴非法枪支、爆炸物品和管制刀具通知，以多种形式，任务到人，在辖区范围内，开展“收枪治爆”行动。来宾县打掉制贩砂枪窝点3个，缴获军用手枪1支、砂枪276支、管制刀具415把、子弹10发。武宣县共收缴非军用枪支1701支，炸药18千克，雷管70发，管制刀具239件。端掉河马乡马台村韦某父子自1995年以来长期非法制造销售民用枪支窝点，收缴长短砂枪20支，半成品102支及制枪材料和工具一大批，并依法逮捕韦某。

1997年，来宾县缴获砂枪188支、管制刀具206把。武宣县共收缴非法枪支1362支，炸药150千克，雷管452枚，导火索520米。11月14日，忻城县公安局在思练镇龙东村板谷屯捣毁一制贩枪支窝点，抓获非法制贩枪支案犯2人，当场缴获“五四”“六四”式仿真手枪5支以及半成品、造枪工具一批，从柳州、合山等地追缴回已出售流散到社会的枪支36支。

1998年，来宾县缴获砂枪134把，管制刀具340把，子弹204发。武宣县收缴超范围配发给单位和个人的枪支16支，收缴流散社会的长短砂枪210支，同时组织力量5次对全县104个使用爆炸物品的单位和个人进行清查，没收炸药508千克，雷管305枚，导火索1000余米，销毁自制炸药一批。忻城县收回超范围配发枪支4支。各公安机关将从县委政法委、司法局以及厂矿企业等单位收回的43支枪统一送柳州地区公安局保管。

1999年，境内各县(市)公安机关继续开展收枪治爆工作。来宾县缴获砂枪68支，管制刀具253把。武宣县共收缴砂枪473支，炸药437千克，整顿有安全隐患采矿点13个。7月，忻城县公安机关捣毁古蓬镇龙利村两个非法制贩枪支窝点，收缴流散社会的仿真手枪61支、军用子弹315发及制枪工具一批。在大塘取缔了两个爆炸物品非法销售点，缴获炸药1018千克，雷管8600枚，火索3600米。至1999年12月，忻城县缴获军用手枪2支，军用子弹

321发，土制手雷11枚，手榴弹2枚，仿真手枪112支，砂枪7146支，炸药1148千克，雷管9207枚，火索3711米，管制刀具、凶具1150件，子弹297发。同年，收回超范围配发枪支96支。

2000年，各县（市）公安机关按照自治区公安厅"收枪治爆"专项斗争的统一部署，开展"收枪治爆"专项斗争。来宾县共收缴非法枪支9859支、子弹720发、炸药650千克、雷管3100枚、导火索4110米、制枪工具2套、管制刀具7275把。武宣县共收缴流散在社会上的非法枪支1587支，子弹68发，炸药18千克，管制刀具29把，手榴弹1枚。对涉爆单位特别是矿山、石场爆品储存处进行安全检查104点次，整改隐患3处。2月—5月，忻城县在全县范围内开展了清理收缴非法枪支弹药，严厉打击涉枪违法犯罪活动的专项斗争，忻城县共缴获各类非法枪支6629支，子弹118发，炸药29.7千克，黑火药38.5千克，雷管348枚，土制手雷11枚，导火索100米，手榴弹2枚，管制刀具518件，端掉制贩枪支窝点18个。

2001年，境内深入开展收枪治爆专项斗争，消除社会治安隐患。来宾县共收缴各类枪支1335支、子弹314发、炸药3567千克、雷管7297发、导火索4097米，烟花爆竹120万头、管制刀具1173把。

2002年，来宾县收缴非法枪支335支、炸药281.37千克、雷管366枚、导火索146米，管制刀具488把。县公安局出动警力160多人次配合人民检察院、人民法院、国土局、经贸局等部门，使用车辆121车次、炸药552千克、雷管150发，对平阳镇、溯社乡、寺山乡、迁江镇等的一些死灰复燃的非法矿山进行整治，炸封井口60个、填埋井口15个，没收机械设备6台、煤260吨、锰8吨。共炸毁非法开采的矿井（井口）145个，没收机械设备一大批，防止了群死群伤事故的发生。武宣县在开展"治爆缉枪"专项治理行动中，破获涉枪刑事案件2起，查处涉枪涉爆治安案件35起，抓获处理违法犯罪人员98人，其中逮捕3人，劳教8人，治安处罚87人，缴获非法砂枪2390支，子弹625发，炸药945千克，雷管9450枚，管制刀具254把，烟花爆竹19万头。年内先后对黔江实业总公司8队、马步居龙村、禄新乡瑶兰村、二塘镇朗村、东乡镇江村和达昊村、黄茆镇佛子村、银村、通挽镇岜寺村、桐岭街、思灵乡朝东村、双林村、金鸡乡赖山村等14个村屯进行整治，收缴非法枪支15支，管制刀具7把、炸药1.5千克，雷管105枚，导火索206米，自制炸药5千克，抓获犯罪嫌疑人4人，传唤违法人员159人。

2003年，来宾全市开展民用爆炸物品和烟花爆竹安全专项整治、毒鼠强专项整治、危险化学品清理等行动，共查破涉爆案件32起，抓获违法犯罪人员38人，收缴各类非法枪支204支，管制刀具476把，雷管9299枚，炸药6468千克，导火索1383米，毒鼠强等剧毒物品81.9千克。同年5月20日，忻城县公安局破获一起非法制造、买卖、运输、储存危险物品案，抓获犯罪嫌疑人张某某，缴获毒灭鼠剂1500瓶，毒鼠强8千克。

2004年，来宾全市开展清理收缴剧毒、非法枪支弹药专项行动、民用爆炸物品安全专项整治、矿山安全整治等行动。共查破非法制造爆炸物品、制贩枪支案件6起，抓获违法犯罪嫌疑人80人，收缴非法枪支256支，子弹9.01万发（其中气枪铅弹9万发），炸药1454千克，雷管2913枚，导火索5749米，管制刀具213把，毒鼠强2千克。全市开展烟花爆竹安全检查16次，消除治安隐患107处。兴宾分局对复杂场所安全检查15次，在行业管理工作中收缴管制刀具47把、砂枪16支、手雷1枚，行政拘留违法人员15人。狠抓危险物品管理、收枪治爆工作不放松。分别对辖区内的涉爆场所和涉爆单位及烟花爆竹销售点进行4次大检查，兴宾区72个民爆物品使用场所全部检查完毕，对存在隐患的11处场所分别发出整改通知书，并督促他们限期整改。通过开展专项检查和专项行动，共收缴各种长短砂枪117支、猎枪1支、小口径步枪2支、仿"六四"式手枪2支、仿"五四"式手枪5支、防暴枪1支，各类子弹356发，气枪铝弹9万多发，炸药89.6千克，雷管1517枚，导火索1067米，毒鼠强2千克，管制刀具380多把。抓获涉枪、涉爆和涉毒（毒鼠强）违法犯罪嫌疑人53人，有效地消除了社会治安枪爆隐患。

2005年，来宾全市继续开展清理收缴剧毒、非法枪支弹药、爆炸物品专项行动。共收缴非法枪支56支，子弹3558发（其中气枪铅弹3000发），炸药495千克，雷管1774枚，导火索349米，毒鼠强2千克。兴宾分局对使用危险化学物品的来宾冶炼厂和来宾东糖造纸有限公司进行4次安全检查，并对其存在安全隐患及时发出整改通知，强化监督、限期整改。派出爆炸物品检查组对辖区内的烟花爆竹销售点进行4次大检查，对全兴宾区62个民用爆炸物品使用场所进行彻底清查，重点检查爆炸物品使用量较大的平阳、城厢、桥巩、迁江等乡镇的涉爆场所累计248次，对11处存在安全隐患的场所发出了整改通知书。收缴各类非法枪支40支，子弹30发，炸药465千克，雷管1156枚，导火索90米，爆竹60800头，烟花4932件。

巡警查处治安案件

1997年12月28日，来宾县公安局成立巡警大队，是专门负责处置重大群体性或突发性事件及"110"指挥中心接处警的新型警种。1998年，来宾县公安局巡警大队共接处警1473起，出动警力4539人次，预防处置各类群体事件7起，破获各类违法犯罪案件746起，抓获违法人员856人，救助伤员147人，救助群众59人，成功救助4名自杀者，处理交通事故158起，调解群众纠纷153起，为群众办好事196起，疏导交通168次，纠正违章204人次，抢险救灾183起。1999年，来宾县公安局巡警大队共接处警1558起，出动机动车1085车次，出动警力3108人次，其中处置治安违法案件974起，协助辖区所侦破刑事案件71起，处置治安事件7起，抢险救灾25起，处置交通事故143起，抢救自杀者6人，调解纠纷165起，救助群众193人次，抓获现场作案成员629人(其中逃犯5人)。2000年，来宾县公安局巡警大队共接处警1950起，其中违法犯罪案件1107起，治安事件3起，火灾事故24起，交通事故115起，纠正交通违章350起，自杀9起，调解纠纷120起。2001年，来宾县公安局巡警大队共接处警1706起，其中违法犯罪案件1047起，火灾事故25起，交通事故152起，纠正交通违章162起，参与查处治安灾害事故和灾害事故各1起，抢救自杀者7人，调解纠纷142起。2002年，来宾县公安局巡警大队共接处警1368起，其中违法犯罪案件884起，治安事件2起，火灾事故21起，交通事故106起，纠正交通违章42起，抢救自杀8人，调解纠纷162起。

2003年，由于受到撤地设市的影响，来宾的城市社会治安发现了许多新情况、新问题，犯罪的突发性增多，危害程度加剧。针对这些情况，来宾市公安局党委决定在原巡警大队的基础上成立巡警支队，民警编制定为40名，设四个大队。同年6月1日，来宾市公安局巡警支队正式挂牌成立。年内，巡警支队共接处警2958起，其中违法犯罪案件1740起，治安事件8起，火灾事故13起，交通事故168起，抢救自杀13人，为群众调解纠纷405次。

2004年，来宾市公安局巡逻警察支队共出警1.41万次，出动车辆4571辆次，处警4513起，其中先期处置违法犯罪案件2630起，查处治安案件79起，当场抓获犯罪嫌疑人494人，处理违法人员468人，接受公民求助664次，为群众调解纠纷560次，抢救自杀人员17人，救助伤病员294人，救助群众237人，处理治安事件15起，火灾事故37起，交通事故245起。

2005年，来宾市公安局巡警支队共接处警5751起，其中违法犯罪案件2296起，治安事件17起，火灾事故45起，交通事故159起，抢救自杀11人，为群众调解纠纷699次。

第六节　内部保卫

1991年，来宾县在县直178个单位、学校、厂(矿、场)以及24个乡(镇)257个村委会建立社会治安综合治理机构和群防群治组织。

2003年，来宾全市治安联防组织共269个2239人，为公安机关提供线索169条，抓获违法犯罪嫌疑人95人。建立治保会1354个4271人，起作用的1305个，不起作用的49个，建立治保小组2280个7178人。机关团体企事业单位设立保卫组织14个，保卫人员185人，提供破案线索41条，协查案件59起，抓获违法犯罪嫌疑人9人。经济民警机构建制25个，人数425人，协助破案145起，查获违法违纪人员250人，排除安全隐患98起。

2004年，来宾全市公安机关共组织320人次对内部单位开展定期和不定期的安全大检查，发现存在安全隐患667处，下达整改通知书595份，口头通知整改480处。年内，公安机关开展校园周边治安秩序重点整治工作，出动警力1063人次，打掉犯罪团伙12个，查破案件140起，抓获违法犯罪嫌疑人196人，清理校园周边出租屋218间，检查学校510所，发现并整改隐患77处，设立一批治安岗亭和报警点。2003—2004年，兴宾区24个乡镇、街道综治办和司法所工作人员基本配齐。健全基层组织，筑牢第一道防线。共建立综治协会7个，治保会261个4380人，调解会281个2480人，解决农村治安防范不到位问题。

2005年，来宾全市治安联防组织共483个2155人，为公安机关提供线索254条，抓获违法犯罪嫌疑人283人，挽回经济损失22万元。建立治保会728个2358人，起作用的703个，不起作用的25个，建立治保小组786个1825人。全市机关团体企事业单位设立保卫组织53个,保卫人员296人,提供破案线索50条,协查治安案件45起,抓获违法犯罪嫌疑人10人。经济民警机构建制25个,288人,协助破案11起,抓获违法违纪人员5人,排除安全隐患22起。全市公安机关先后出动警力420人次,组织对内保单位检查3次,发现存在安全隐患的826处,下达整改通知书325份,口头通知整改585处。组织举办来宾市第一期共有72人参加的内保人员培训班。年内共有38家单位聘请保安人员321人。对121所中小学和8所幼儿园进行安全大检查,共发现安全隐患89个,下发整改通知书18份,责令学校封存停用违禁用品60余件,帮助学校整改隐患82处。

第七节 网络安全监察

2003年撤地设市后,来宾市公安局设立公共信息网络安全监察支队。公安公共信息网络安全监察的职责:加强互联网安全管理工作,维护国家安全和社会稳定、维护网上公共秩序、保障信息网络安全。

信息安全管理

1992—2005年底,公安网络安全监察部门共发现和处置攻击党和政府及丑化党和国家领导人的有害信息和淫秽色情、违禁品、造谣诈骗等有害信息,为本地党委、政府、市公安局领导决策和有关业务部门开展工作提供依据和参考。

营业场所管理

2001年6月底开始对各县(市)的网吧全部统一安装网吧安全管理系统。2005年3月,来宾市开始对全市网吧实施年审制度,每年3月份重新登记网吧的法人、地理位置、网络结构等详细资料,整理存档;并采取统一检查和不定期抽查的方式对全市网吧进行信息安全检查。同年5月,对网吧实行网吧安全员培训制度,每两年对网吧安全员登记并培训一次,共培训网吧安全员610人(次)。

查处犯罪案件

2005年3月开始,网络安全监察部门配合协助国保、治安、刑侦等侦查办案部门的追逃、固定证据等工作和自办主要犯罪事实发生在互联网上的违法犯罪案件。

数据检验鉴定

电子数据检验鉴定是依据《中华人民共和国刑事诉讼法》《中华人民共和国民事诉讼法》《中华人民共和国行政诉讼法》及其他法律、法规的有关规定,基于客观、科学的技术原理对电子数据、程序代码、电子设备以及相关的文字资料进行技术分析,就电子数据的来源、特征、传播途径、传播范围;程序的来源、功能;电子设备的功能;嫌疑人的特征、行为、动机以及行为后果等出具定量或定性分析结论的一项工作。公安机关网络安全监察部门的专业人员可以担任电子数据检验鉴定工作。

第八节 预审与监所管理

监所管理

清乾隆二十年(1755年),象县添建内监3间,并重修外监,州衙前置木笼2座,以作人犯示众之用。光绪九年(1883年),设来宾县监狱。

宣统二年(1910年),忻城县关押狱中的61人,病死16人,占在押犯26.23%。

民国时期,忻城县开始废除肉刑。民国1年(1912年),来宾迁江两县设典狱署,属县政府管辖。典狱署设典狱官、看守丁、医生、公役等9人。民国14年重修象县监狱于县府左侧,南北对向2座,围以高垣。设典狱员1人,管理监押人犯。民国27年,来宾、迁江两县典狱署内分设监所和看守所。监所监禁未决要犯和已决犯,看守所暂押未决犯。来宾、迁江两县监所备设主任、看守丁、医生、公役等6人;看守所各设所长、管理员、医生和公役等11人。当时迁江县有监房3间,其中1间监禁女犯。1938年象县监狱改为"象县司法看守所",设所长1人,医士1人,雇员1人,主任看守1人。民国32年重修象县司法看守所。民国33年2月统计,象县军事犯在押人员达114人;4月达117人,其中女犯17人。民国36—37年,忻城县在监犯72人(女犯4人)。民国37年忻城县在监患病33人,病死狱中5人(女犯1人)。

中华人民共和国成立后,境内各县设立看守所。负责看守依法逮捕和审判阶段未决的犯人。看守所先后附设"收审所"和"拘留所"。1950年,迁江县改造旧监房3间;2月1日,忻城县人民政府设公安科,附设看守所,配有所长1人,干警20余人;

3月，武宣县公安局设看守所，地址在孔庙一侧房。象县公安局设立看守所，有所长1人、看守干事若干人。1951年，象州县于“尹家塘”设立“劳改大队”，组织被判刑或有劳动能力的犯人参加农、副业生产劳动；3月，象州县公安局成立了劳改中队，辖管雅村、双狮、缸瓦厂、樟村、官桥等5个人犯关押点，对被关押人员进行教育审查，并监督劳动改造。1952年7月，设立金秀瑶族自治县看守所；9月，武宣县和象县合并为石龙县后，石龙县公安局在看守所之外另设劳改股，作为全县劳改部门的行政管理和业务指导机构。1953年4月，由于原武宣县公安局劳改中队的5个关押点犯人大量减少，石龙县公安局决定将上述关押点的劳改犯集中于武宣官桥，编入石龙县公安局第三劳改中队。1954年3月，石龙县公安局官桥新生农场成立，对犯人的思想教育及其劳动改造实行规范化管理。1954年，来宾县在县城红水河北岸西侧处建新监房1座。1957年3月，官桥新生劳改农场的犯人编入其他劳改中队，其原有财产全部移交石龙县人民政府林业科。同年，象州县官桥农场撤销，判刑的罪犯分送露塘农场或其他农场劳改。忻城县在今马鞍山路田洞建泥瓦结构监舍10间，有活动场地200多平方米；同年冬，看守所迁入该监所。同年冬，来宾县将原监房迁至古三桥附近（今豆制品厂址）新建监房1座。1969年，来宾县又将监房移至县城东南面（原武装部附近），新建监房24间。1979年4月，各县设行政拘留所，收押有违反治安管理行为并经公安局裁决给予行政拘留处罚的人员。1980年6月，忻城县动工修建监舍16间，放风舍16间，全新砖房以及其他设施，总建筑面积为1216平方米。1982年1月，合山市公安局始设看守所。时借合山矿务局石村冲电房10间面积210平方米改为监舍。1983年，境内各县对监所的看守管理工作进行全面整顿和改革，年底，象州县将余刑未满1年的罪犯送寺村拘留所就地劳动改造。1984年7月，合山市看守所建成。1988年10月，合山市建立行政拘留所，拘留所与看守所分开。1989年，金秀瑶族自治县扩建看守所，扩建后占地面积2.98亩；有干警5人，设计关押人犯数为108人，实际关押人犯126人。

1990年，根据国务院颁布的《看守所条例》，武宣县公安局看守所改称县看守所，受县公安局管辖，并受人民检察院监督。1984—1990年，合山市共有9个人犯立功赎罪获提前释放。

1991年，武宣县公安局共受理各类刑事拘留案件163件207人，在法定时限内审结205人，报请人民检察院批准逮捕201人，经审查批捕197人，不批捕4人，受理各类逮捕案件156件201人，在法定时限内审结156件197人。全年共羁押各类案犯396人，其中去年留下未结犯4人。全年共处理381人，其中，投送劳改农场服刑231人，留所改造短刑犯15人，免于起诉、取保候审、缓刑等方面处理45人，枪决3人。共关押收容审查人员206人，经审查处理转捕28人，转劳动教养31人，就地解除收审放回家103人。

1992年，来宾县看守所被自治区公安厅评为“1992年度目标管理达标单位”。武宣县预审工作共受理各类刑事拘留案件103件134人，在法定时限内审结132人，报请人民检察院批捕116人，经审查批捕109人，不批捕7人，受理各类逮捕案件113件175人，在法定时队内审结112件173人。全年共关押违法犯罪人员438人，其中收容审查140人，各类案犯298人，在收审140人当中，经审查转捕38人，劳动教养42人，就地解除收审放回家65人。

1993年，武宣县预审工作围绕“严打”整治斗争为中心。全年共受理刑事拘留案件78起111人，依法逮捕98人，作其他处理10人，未结3人，提请人民检察院批捕102人，经审查批捕98人。全年共关押各类案犯177名，已处理126名，其中投送劳改农场服刑74人，留所改造短刑犯15人，免于起诉、取保候审、缓刑等方面处理34人，枪决3人。同时，年内还关押收容审查人员167人，经审查转捕11人，转劳动教养14人，就地解除收审放回家109人。经常开展对人犯个别教育和管区训话，特别是抓好死刑犯的管理。整治“牢头狱霸”，打击少数、教育多数，维护监所的秩序，确保安全。

1994年，武宣县共受理刑事拘留案件70起104人，依法转捕91人，未结3人，提请人民检察院批捕127人，人民检察院批捕125人。全年共关押各类案犯195人，年内已结案处理138人，其中判处死刑3人，判处死缓无期徒刑4人，判处有期徒刑投送劳改农场服刑86人，判缓刑、取保、免予起诉等16人，留所短期15人，作其他处理14人。年末在押逮捕犯53人，刑事拘留3人，拘役1人，留所短刑4人。同时收容审查177人，年内处理160人，其中，转捕24人，转外地处理4人，解除收审110人，转劳动教养10人。

1995年，武宣县预审工作全年共受理刑事拘留案45起65人，依法转捕58人，作其他处理人，1人未结案。提请人民检察院批捕88人，经审查批捕83人，有4人取保候审。共深挖案件线索17条，破一般案件16起，增捕人犯2人，挽回经济损失8665元。摸出有“牢头”行为21人，挖出长期争王争霸的“牢头”6人。全年共关押各种案犯144人，结案处理110人，其中判处死刑的5人，已执行3人，死缓1人，无期徒刑2人，判取有期徒刑投送劳改农场服刑86人，其他判缓刑、取保候审、免予起诉、保外就医审查391人，经审查转逮捕17人，解除收审释放115人，转劳动教养211人。自治区公安厅拨给金秀瑶族自治县看守所修理费2万元，用于维修监舍和放风场的铁门、围墙，进一步保障了看守所的安全。

1996年，武宣县共受理刑事拘留案件23起31人，依法逮捕24人，提请人民检察院批准逮捕89人，人民检察院批准逮捕85人，批捕率95.5%，案件审结及时率100%。共关押各类犯罪嫌疑人523人，其中逮捕犯126人，收审人员397人。实现了连续六年安全无事故。

1997年，武宣县根据公安部对公安工作改革思路，提出侦审合一，把预审工作并入刑事侦查工作中去，不再单独设立一个预审部门，武宣县在10月份完成此项工作。年内预审部门共受理刑事拘留案件48起78人，依法提请人民检察院批准逮捕64人，批捕62人，批捕率为96.7%，案件审查率100%。全年关押犯罪人员和犯罪嫌疑人508人。收容审查作为公安工作的一种侦查补助手段被取消。

1998年，武宣县看守工作按照《看守所规范化建设实施细则》和《看守所条例》，加强监管教育，整顿监舍秩序，坚持巡视检查，打击牢头狱霸，建立完善规章制度，并投入4万多元资金改善看守所设施，确保监舍安全。年内看守所收押犯罪嫌疑人和罪犯340人。同年看守所被评为“三级看守所”。

1999年，武宣县看守工作围绕“保安全、上台阶、创二级”的目标开展工作，坚持24小时双人值班，每天都进行安全检查，整顿监内秩序，严防牢头狱霸出现。全年共关押399人犯罪嫌疑人和罪犯，其中重要案犯16人，死刑犯2人。县看守所被自治区公安厅评为“二级监所”，荣立集体三等功。

2000年，武宣县共收押各类犯罪嫌疑人和罪犯292人，其中重点关押人员36人，死刑4人，没有发生脱逃、行凶、自杀等恶性事故，实现了连续10年安全无事故。同年县看守所被评为“二级看守所”1991—2000年，来宾县共收押和刑事拘留人犯7563名，减去各年度余押2477名，实押5086名。

2001年，武宣县共羁押犯罪嫌疑人318人，其中重刑犯8人，送劳改农场服刑112人。金秀瑶族自治县看守所民警编制8名，关押人犯124人，收押各类人犯创历史最高纪录(1447人次)。

2002年，来宾县看守所全年总收押犯罪嫌疑人812名，其中收押刑拘669名，逮捕145名；清理出监775名，其中押送农场劳教325名，刑满释放64名；全年日最高关押量397名，年底在押人员376名，其中刑拘156名，逮捕198名，短刑犯22名。拘留所全年关押1425名，其中被治安拘留人员1175名(男1060名、女115名)，其他252名(男238名、女14名)，平均每月关押拘留人员119名。全年没有发生哄监、闹事、自伤、自残和逃跑事故。武宣县共羁押犯罪嫌疑人528人，其中重刑犯42人，死刑犯5人，送劳改农场服刑108人。

2003年，武宣县共羁押犯罪嫌疑人407人，其中重刑犯37人，死刑犯5人，投送监狱108人，同年荣立集体三等功一次。金秀瑶族自治县从当年起，设立过渡监室和严管监室，对新入监人员进行为期1周的24小时跟踪观察。合山市看守所被自治区公安厅评为“三级”看守所。

2004年，武宣县共羁押犯罪嫌疑人385人，其中重刑犯22人，死刑犯4人，投送监狱劳动改造65人。

2005年，武宣县共羁押犯罪嫌疑人245人，其中重刑犯36人，死刑犯3人，留所服刑71人，刑满释放63人，投送监狱服刑76人。忻城县公安局投入资金7万多元，对看守所进行部分改造和装修，看守所顺利通过自治区公安厅考核组的验收，摘掉了全自治区重点整顿单位的帽子。1991—2005年，忻城县看守所坚持24小时值班制度，开展重点管理和教育，集体教育和个别教育相结合的办法，确保监所的安全。全县共收押各类案犯4393人。1991—2005年，合山市监所在押人员共5865人次，其中：刑事拘留1714人次、逮捕1884人次、治安拘留1751人次、收容审查516人次。

监所管理科

中华人民共和国成立后，一直由预审部门负责看守所工作的指导和业务管理。1979年8月20日公安部制定颁布《看守所工作制度》规定，县以上看守所由预审部门领导，看守所所长由预审部门一名副职领导担任。1998年，公安部部署全国公安机关刑事侦查工作改革，进行侦查和预审合二为一，取消了预审科。同时成立监所管理科作为看守所、拘留所的业务指导部门。2002年12月，设立来宾市公安局监所管理科。2003—2005年，来宾市公安监所管理部门共深入检查指导136次，提出工作意见733条。

至2005年，来宾全市13个监所，其中三级监所7个，二级监所5个（武宣县看守所、武宣县拘留所、忻城县拘留所、象州县拘留所、合山市拘留所）。

看守所

1950年2月1日，忻城县人民政府设公安科，附设看守所。3月，武宣县、象县公安局设看守所。象县看守所有所长1人；看守干事若干人。1951年，忻城县公安局为了适应当时犯人管教的需要，于1952年5月间设立板河劳改农场，先后收押犯人达1300名。1952年，忻城县增设大念劳改分场，1955年，忻城县增设厂上分场。同年，来宾县看守所在押人员在监内向民警揭发交代犯罪线索476条，转有关部门查处320条，破案227起。2002年12月28日，地级来宾市成立，将原柳州地区看守所搬迁至来宾，在原来宾县看守所基础上成立来宾市看守所。有监舍23间，监舍使用面积768平方米，铺位使用面积388平方米，设计的关押容量为323人。

拘留所

1980年6月，各县公安局设拘役所，主要收押经人民法院判决或裁定判处刑期6个月以下的罪犯。在押期间，拘役所除对犯人进行法制、政策和形势教育外，还组织他们搞农副业生产劳动。11月，撤销拘役所，原拘役犯人归县看守所管理。2002年12月28日地级来宾市成立后，即在原来宾县治安拘留所基础上成立来宾市拘留所。监舍20间，面积225平方米，设计的拘留人员容量为150人。全市拘留所依法进行管理教育，强化安全防范措施，监所管理秩序良好平稳，没有发生监所安全事故和事件。

第九节　户政管理

户籍管理

户口登记管理　民国19年（1930年），来宾、迁江两县政府政务警察队均设户籍警员，管理户口业务。自民国20年起，忻城县始办户籍管理登记。民国23年省政府规定，开始实行户口登记管理制度。忻城县民政科负责县、乡、村户口、出生、死亡、迁出、迁入和人口流动变化登记。乡、村（街）配有户籍干事1人，按季度由村街公所向乡公所累报人口变动情况。乡公所汇总报送县民政科，县整理后，按期呈送省政府。是年，忻城县全县3个区、17个乡、162个村（街）公所，1700个甲，18484户，91273人，其中男性有49351人，女性有41922人，适龄壮丁16059人，适龄学童17388人，其中男性学童10730人，女性学童6658人。民国35年，忻城县户口登记以户编造花名册，呈报村街公所保管。出生、死亡、迁出、迁入必须呈报村街公所。民国23年起，象县办理户籍登记，记载全县人口数目，出生、死亡以及婚姻。民国24年，来宾县开展户口调查，将全县保甲户数编排，填发住户门牌，办理户口登记。民国26年省政府规定，凡有出生或死亡，须由家人自动报告村、街公所，每月村、街公所将出生及死亡报告表汇送乡、镇公所，转送县政府或警察局分析整理，按月呈送省政府。民国33年，境内县、乡各设1名职员，具体负责辖区内的户口登记工作。来宾、迁江两县户籍均由县政府民政科管理。乡、村公所设户籍干事，管理户政、征兵和役夫。北泗乡及下属村公所设户籍干事，掌握户政、征兵和征夫等。象县户籍由民政科主管，设1个专办户政科员，乡、镇公所为主办机关，设1个专办户籍干部负责户口登记。当年统计：象县全县有居民25642户，141457人，其中男性72577人；女性68880人。民国35年，内务部户政司公布《户籍法》，规定“人民之籍别以省及其所属之县为依据”；“户籍登记以乡镇为管辖区域，以乡长兼任户籍主任”；“户口之查记为户之编造，凡在同一处所同一主管人之下共同生活或营共同事业者为一户”。根据中华民国内务部户政司颁布的《户籍法》规定，武宣县以乡镇为辖管区域，全面进行户口普查登记。

中华人民共和国成立后，各县公安局治安股兼管全县的户政管理工作，各区由民政助理代管户口登记工作。1949年12月，象县人民政府成立，由县公安局负责全县户口管理。1950年，境内各县公安局负责县境户口管理工作，今来宾市辖区人口总数为90.43万人。1951年3月，各县废除民国时期的保甲制度，在城镇建立居民小组。户籍由公安机关管理，并负责办理迁移户口手续。1952年7月，忻城县城镇户口（客栈、旅社、饭店、刻印业、收购废旧物品、修理等),分别由公安局或公安派出所管理,农村户口由区(乡、公社)具体负责管理。1953年,通过第一次人口普查,石龙县户政管理部门以区(乡、公社)为辖管区建立户口底册,城镇还实行钉挂门牌和户口簿制度,户政工作逐步进入制度化。忻城县土改复查结束统计,全县9个区,105个乡,有43188户、218776人,其中地主有1631户、10531人;富农1315户、27720人;中农14114户、71719人;贫农20748户、94305人;雇农4188户、10450人;小土地出租309户、1034人;小贩298户、1001人;小商贩122户、490人;贫民113户、333人;手工业95户、353人;游民5户、16人;自由职业者3户、9人;工人3户、7人;雇工者4户、12人;债利生活者6户、30人;其他成分234户、766人。1955年后,申请迁移户口手续交由区(乡、公社)办理。1956年冬,忻城县作出户口编制造册规定,不论迁出迁入户口,经区(乡、公社)政府审批,报县公安局备案存档。1957年2月,石龙县公安局武宣派出所为加强辖区的户口管理,对武宣镇进行了一次人口普查,以掌握人口基数,控制外流人员。同时,给镇内街道住户换发了新门牌。1958年1月,国务院公布《中华人民共和国户口登记条例》,规定出生、死亡、迁入、迁出等四项内容列为户籍管理制度。1960年后,来宾县原由区(乡、公社)办理户口手续改为由迁江、青岭、来宾、凤凰等4个派出所负责办理,蒙村片由蒙村人民法庭负责办理,其他厂、场由厂、场保卫科(股)负责办理。1964年7月,武宣县开展了第二次人口普查。通过人口普查,公安机关进一步健全了出生、死亡、迁出、迁入的登记制度。1979年11月,境内各县贯彻公安部《关于处理户口迁移的规定》,严格控制非农业人口增长,对农业人口申请转为非农业人口实行每年审批一次。1980年,境内人口总数达到176.16万人,其中来宾县68.93万人,忻城县33.89万人,象州县28.49万人,武宣县29.73万人,金秀瑶族自治县5.72万人,合山市9.39万人。1982年,成立乡镇派出所,实现1乡1镇1所制,农村户口管理由乡(镇)派出所接管。1982年以后,合山市公安局由治安科办理户籍,市公安局派出所对调入调出辖区及出生、死亡的人员进行增减造册登记;对暂住人口,发给暂住人口登记表,并报市公安局治安科备案。武宣县的户口登记工作全部移交辖区派出所管理。各派出所一并承担辖区年度人口统计工作。忻城县根据自治区党委、自治区政府文件规定精神,自治区公安厅同意有关科技人员与科局长(外籍人员在县内落户和工作满30年)以上的家属“农转非”,经县政府审批,由公安局办理。至1990年忻城县共办理“农转非”5647人。1985年,合山市人口109628人,农业人口67635人,非农业人口41993人,男60177人,女49451人,迁入2345人,迁出1688人。1987年3月,金秀瑶族自治县成立居民身份证颁发领导小组及其办公室,开始对全县16岁以上居民进行颁发居民身份证的工作。当年底,第一次向2771人颁发居民身份证,占全县总人数2.1%。1987年下半年,各县公安局开始对圩镇、厂、矿、场等暂住人口进行登记和管理。6—8月,武宣县公安局户政管理部门,依照《居民身份证条例》的规定,在县城开展了居民身份证的领证试点工作。同年9月,领证工作在全县铺开。1988年前,各县(市)户口管理业务由公安局治安科兼管。1988年后,户口管理业务从治安科分离出来,单独设立户政科,专司户政管理工作。各县公安机关开展颁发居民身份证工作。1989年,各乡镇的户管理工作由原来的分片管理改由当地公安派出所接管。

1990年,各县(市)公安局设立户政科,实现户口和居民身份证统一管理。各县(市)公安局内设户政室,主管户口和颁发居民身份证。至年末,武宣县共完成223235人的填卡制证工作。合山市有31589户137904人,其中:男72138人,女65766人。农业13703户77906人,非农业17886户59998人;迁入4086人,迁出2830人。全合山市16周岁以上应发证的83458人,已发证人数69427人,占应发证人数的83.18%。1973—1990年,忻城县户口、迁出、迁入、出生、死亡等项登记手续,由公安局和各派出所负责办理。1988—1990年,来宾县共为16岁上的居民颁发居民身份证45.86万份,办理临时身份证2593份。1990年,柳地境内人口达218.56万人。

1991年,来宾县户口“农转非”坚持“两公开一监督”和班子集体讨论的审批制度,全年共审批和办理户口“农转非”222人。全年共完成41677人的颁证工作任务,并按规范化管理要求,突击整理居民身份证底卡49万份。年底统计全县总户数164382户,总人口850817人,其中男性437316人,女性413501人,总人口中非农业人口为71515人。武宣县做好“一证两口”(居民身份证、重点人口、暂住人口)的管理工作。完成16周岁以下人员的常住人口登记工作和对居民身份证管理相配套的在关表格、目录的装订成册存档。同时还按规范化要求把225300人的身份证底卡入柜，通过管理，获取破案线索47条，破刑事案件18起，挖出犯罪团伙11个、成员34人，查处治安案件22起，处理违法人员62人；暂住人口做到人来登记，人走注销。全年共办暂住证886人。年内全县共有71186户，总人口362188人，非农业户口28018人，户口迁入2720人，户口迁出2496人。

1992年2月，来宾县全年经批准办理“农转非”户口共1898户，6249人。年末，全县总户数167571户，总人口875741人，其中男性459140人，女性416601人，总人口中非农业人口为84311人。

1993年，来宾县共办理身份证10321件，为外出经商务工的群众办理边境通行证2155件，临时身份证1224件；利用居民身份证底卡和户口底册协查治安案件573起，破获刑事案件169起，抓获刑事案犯298名，为群众查找亲友和办好事450次，此外还着重抓好农村门牌和户口簿的订制和发放。年末，全县总户数175597户，总人口890988人，其中男性466279人，女性424709人，总人口中非农业人口为134624人。武宣县做好“一证三口”工作，实行人口分层次管理。常住人口管理工作在完成16周岁以下人员的常住人口登记工作基础上，继续做好补漏补缺登记工作，以常住户口登记表取代户口底册。同时开展对暂住人口进行了清理、整顿、登记、发证、检查等工作，建立健全了登记、发证、检查、注销制度。全县共有暂住人口1977人，发证1965人，查处治安案件77起。继续抓好颁发居民身份证工作。全年共发居民身份证5746人，临时身份证1235人。9月在武宣县城关派出所开展农村钉挂门牌、制发户口簿试点工作，然后全县铺开，年内共钉挂门牌7090块，制发户口本25300。正常户口迁移1540人。年内全县总人口369610人，76206户。

1994年，实现农村户口城市化管理，完成农村一户一簿、一门一牌、一村一册、一村一员的管理工作体系，建立健全常住人口的出生、死亡、迁入、迁出、变更更正、居民身份证编号登记等制度。来宾县全年共办理边境通行证1550份，办理准迁户口手续1500户4329人，办理身份证21305人、临时身份证1200人，利用身份证底卡协助破案121起，查获违法犯罪人员125人。年末，全县总户数183355户，总人口906563人，其中男性471345人，女性435218人，总人口中非农业人口为137649人。武宣县农转非户口管理工作发生重大变化，农转非户口由过去按指标分配转变为有条件的开放，农业户口转成非农业户口不再受指标限制。全县农转非人口由过去每年30~40个指标，猛增1604人。全年共完成门牌钉挂2506块，户口本28721本；全县共有暂住人口2731人，发证2080人，发证率76.16%。同时办理户口迁移1405人。

1995年，柳地境内人口总数232.68万人。当年，来宾县共审核“农转非”3257户7565人。办理居民身份证21668人、临时身份证1387人、边境通行证1667人。加强对“两劳一少”人口管理。对劳释人员246人、劳教人员63人、少管58人进行了建档造册。利用户口底册和身份证底卡提供线索和查找亲属1519条/次，协助查破刑事案件256起，查处治安案件2042起，查获违法犯罪人员116人，追赃价值1万余元。年末，全县总户数188007户，总人口925177人，其中男性481842人，女性443335人，总人口中非农业人口为148128人。武宣县开展以人口管理为主，认真做好“一证三口”的管理工作，实行人口分层次管理。在常住人口管理方面进一步完善常住人口登记表的管理，实行一户一薄。一人一表管理，建立常住、暂住、出生、死亡、迁出、迁入、变更、更证等户口登记制度。结合严打工作，对全县暂住人口和租赁户屋进行清理、整顿、登记、发证、检查工作。年内共有暂住人口2689人，发证1664人，发证率61%。办理居民身份证9356人，临时身份证800人，户口迁移2560人，完成1260户2635人的“农转非”材料的收集、整理、审核工作。年内在马步、三里、金鸡等乡镇完成了14225户的门牌钉挂绘图和制发户口簿工作。1991—1995年，忻城县共办理“农转非”7135人。

1996年，来宾县全年共办理户口“农转非”3847人，办理“非迁非”607人，“农迁农”243人，办理因招工和工作调动而迁移户口902人，办理身份证19778人、临时身份证3221人，办理边境通行证1215件，并利用居民身份证底卡协助查破案件，充分发挥了户籍管理工作的职能作用。年末，全县总户数193052户，总人口943866人，其中男性491174人，女性452692人。总人口中非农业人口为153209人。武宣县暂住人口1261人，发证1090人，完成2815户“农转非”材料收集、整理、审核及填发准迁证的工作。颁发居民身份证5356人，临时身份证1770人。忻城县办理“农转非”人员逐年减少，当年“农转非”2000多人。5月，县境内全部使用电脑打印居民身份证底卡，完成城关镇居民住宅门牌钉挂任务,全县 13 个乡镇成立暂住人口管理站,加强对暂住人口、流动人口的管理。

1997 年,来宾县各乡镇 95% 已完成农村门牌的钉挂。年末,全县总户数 186023 户,总人口 955166 人,其中男性 501334 人,女性 453832 人。总人口中非农业人口为 154816 人。武宣县完成居民身份证颁发 22674 人,开展居民身份证编号清理纠错工作,将全县人口全部输入电脑,清理 1 人多证、错证 20000 多张,对全县范围内的暂住人口先后 19 次进行清理整顿,清查出暂住人口 2838 人,已发证 2147 人,破刑事案件 6 起,治安案件 16 起,依法收缴暂住证 12 人。完成 644 户 967 人的户口"农转非"材料收集、整理、审查、上报审批工作,办理户口迁移手续 331 户 481 人。

1998 年,来宾县户政部门继续组织人力运用微机完成全县居民身份证编号纠错,并将全部数据上送自治区公安厅,以便全自治区联网管理;上送自治区公安厅制证 40132 人,微机录入居同身份证底卡 70933 人,按规范化截切装箱 2.5 万人,还办理户口"农转非"934 户 1375 人;办理"非迁非""农迁农",工作调动户口迁移手续 879 人,年底基本上完成了全县常住人口登记表和居民户口簿的换发工作和农村门牌订挂工作。年末,全县总户数 195847 户,总人口 951069 人,其中男性 496321 人,女性 454748 人。总人口中非农业人口为 118407 人。武宣县在全县范围内全面铺开的常住人口登记表和居民户口簿的启用换发工作,全县共填发户口簿 62977 本,占总任务的 72.4%;钉挂门牌 56071 户,占总任务的 64.4%,居民身份证管理工作除了正常的换发证以外主要是开展清理纠错工作,全年共录入身份证底卡 255132 张,发现重号证 21326 人,错号证 1400 人,1 人多号 18300 人,发出纠错通知书 10618 份。同时认真组织 16 周岁以下公民编号和建立居民身份证校验码工作,为推广使用社会保障号码制度做好准备。对流动人口的管理坚持日常管理和专项治理整顿相结合,采取突击检查和集中整顿等形式,打击流动人口中的违法犯罪活动。抓好对流动人口的通报、协查工作。全县暂住人口 2968 人,发证 1894 人。通过对暂住人口的管理、整顿、破刑事案件 2 起,治安案件 34 起,抓获逃犯 1 人,打击处理违法犯罪人员 61 人。积极推进派出所人口信息系统建设,完成了县城关派出所的微机建设,并基本完成人口信息的录入工作。

1999 年,根据自治区公安厅要求是完成启用和换发新的常住人口登记表、居民户口簿工作的最后一年。境内各县(市)公安机关,认真做好户籍管理工作。来宾县全年共上送自治区公安厅制证 40212 人,微机录入居民身份证底卡 40612 人,按规范化截切装箱 2.5 万人,还办理户口"农转非"934 户 1375 人;办理"非迁非""农迁农"及工作调动户口迁移手续 1020 人;做好实施居民身份证号码前的准备工作,制定好工作方案,为 2000 年底前完成此项工作作充分准备。年末,全县总户数 205922 户,总人口 961426 人,其中男性 503526 人,女性 457900 人。总人口中非农业人口为 120025 人。武宣县年底完成启用和换发新的常住人口登记表、居民户口簿工作的 98.8%。实行农村户口城市化管理,做到"四个一"(一队一册、一户一门牌、一户一簿、一人一表)。暂住人口 2173 人,发证 1894 人,通过强化"三口"管理,查处治安案件 20 起,抓获各类违法犯罪分子 36 人。居民身份证管理上使用微机进行管理,杜绝了重事情、错号、一人多证等现象的发生,为下一步居民身份证编号升位工作打下基础。全年共办理居民身份证 13486 人。

2000 年,柳地境内户政管理工作主要以居民身份证编号升位工作为中心,推进城镇派出所人口信息系统建设。来宾县按规定为群众办理户口农转非、非迁非、农迁农、工作调动准迁手续 1621 人,上送自治区公安厅制作居民身份证 45372 人,办理临时身份证 5800 人 / 证。年末,全县总户数 208291 户,总人口 939443 人,其中男性 491344 人,女性 448099 人。总人口中非农业人口为 122341 人。武宣县 13 个乡镇派出所全部配置电脑,户口管理全部实行微机管理,且实行了全自治区联网。全年共办理居民身份证 22553 份,户口迁移证 900 份。2000 年,忻城县全县办理长期、临时居民身份证 92724 份;办理边境通行证 3557 份。完成常住人口登记表和居民户口簿查漏补缺工作,经过自治区公安厅抽查验收,荣获全自治区户籍管理基础工作达标单位;租用电脑 15 台,聘请专业人员将全县的常住人口信息资料统一录入电脑,录入全县常住人口 38.6 万多人,录入率达 95%,实现县级人口信息化管理,全县总户数 95557 户,总人口 388169 人。

2001 年,柳地境内各县(市)公安部门根据国务院和自治区人民政府的有关文件,为全面落实小城镇户籍改革做好准备工作。来宾县共印制身份证 48844 份,办理非迁非、农转非、工作调动转迁手续 1224 人,查验居民身份证底卡 9157 次,为侦察破案提供线索320条。年末，全县总户数211188户，总人口951466人，其中男性497400人，女性454066人。总人口中非农业人口为140558人。武宣县办理居民身份证29311人。6—9月，在全县范围内集中开展了清理整顿出租房屋规范流动人口管理专项行动，共投入警力382人，干部职工1164人，车辆69辆，清查暂住人口2566人，清理出租屋424户678间。通过清查整顿发现违法犯罪线索82条，破刑事案14起，查处治安案53起，抓获犯罪嫌疑人22人，其中现行犯10人，缴获赃物折款2300元，炸药85千克，雷管467枚，导火索325米，管制刀具26把，各种非军用枪支35支。全年共办理户口迁移1904人。4月，忻城县全县开始试行无底卡制作居民身份证。同年8月，正式实施无底卡制作居民身份证，并利用公安通信网络实施网上传输制证，缩短办理居民身份证的周期。

2002年，柳地境内根据公安部、自治区公安厅的布置和要求，各县(市)在原有人口信息系统的基础上，为乡镇派出所配备了电脑、打印机、数码相机，实现了无底卡制证，彻底改变了传统工艺流程中的打底卡和人工送证方式，降低证件制作成本又缩短证件制作周期，同时顺利完成"百城联网"的信息系统提高户政管理服务水平，为无底卡制证工作提供保证。来宾县按有关户口政策办理农转非、非迁非、农迁农及工作调动准迁手续2868人次；办理临时身份证5227证，边境通行证4250证；共收派出所送制的办理居民身份证人员花名册及相片41080人；全年共清理出租房1612间，清查暂住人口15893人；查询人口信息62899次，利用人口信息资料协助侦破刑事案件59起、治安案件235起。武宣县年内共办居民身份证20050人。继续抓好人口信息数据的录入补漏补缺工作，在原有人口信息的基础上，共补录了50000多人的人口信息，切实解决了人为造成居民身份证重号、错号、项目差错和人口信息项目不全等问题。抓好对暂住人口、流动人口的管理工作，在全县范围内开展3次集中对流动人口、出租房屋的清理、检查工作，清查出共有暂住人口2200人，持证1676人，并抓获违法人员129人，发证率76.1%，办理户口迁移2050人。忻城县购置14部数码照相机给户政科和13个派出所，利用数码照相为居民办理身份证，提高制证质量。

2003年，来宾全市公安户政管理部门按照《2003年全自治区治安工作要点》的要求，抓好各项户政管理工作，提高户籍管理的科技含量，完成各项工作任务。全年共制发居民身份证12.97万张，临时身份证6861张，暂住证1.70万张，边境通行证1.01万张，办理农转非手续2544人。一是加大户籍管理改革力度。结合来宾市的实际情况，于8月28日起在全市实施《来宾市户籍管理制度改革试行办法》。二是规范户籍档案建设，夯实户籍工作基础。全年各级公安机关户政管理部门全面清理户籍台账，并出台《来宾市办理户口工作规范》及《关于规范户口管理工作的通知》，工作收到预期成效。三是开展户口核对，为制发第二代居民身份证作准备工作。截至2003年9月，象州县和忻城县在全自治区率先完成户口核对工作任务。四是贯彻落实便民利民措施。在落实公安部推出的有关户籍改革的7条便民措施的基础上，又推出25条便民利民措施，方便人民群众。五是完成全市人口信息系统建设工作任务。全市78个派出所已全部建成人口信息管理系统。六是改进和完善居民身份证无底卡制证工作，将无底卡制证系统运用到派出所，全面推广身份证数码照相、办证一体化服务。兴宾区总户数229703户，总人口992428人，其中男性524669人，女性467759人。总人口中非农业人口为152501人。忻城县投入20多万元，为户政科和13个派出所购置电脑和打印机，全县统一换发电脑打印的居民户口簿。

2004年，来宾全市公安户政管理部门狠抓各项户政管理业务，理顺和规范户口管理工作。全年共办理边境通行证9427张，暂住证1万余张，办理农转非手续1327人，为单位和个人提供查询95967人次，协助查破案件365起，抓获犯罪嫌疑人729人。一是开展户口核对工作。全市共核对户口54万余户220万余人，补录户口11万多人次，换发规范户口本47万余本，打印新的常住人口登记表46万多张，变更更正户口登记项目29万多人次。二是全面推进人口信息系统升级改造工作，提供户口迁移"一站式"服务，实现户口"网上迁移"和"网上审批"。全年共转换人口数据133万人次，采集相片156万余张，清理纠错重户重号主项差错17.33万人次。三是改进和完善居民身份证无底卡制证工作。全年共制发居民身份证13.49万张。兴宾区共登记暂住人口14473人，发证14473本，共登记出租房屋661户、1152间；三是做好城乡门(楼)牌的制订与钉挂工作，积极会同市建规委绘制各街道、乡村、厂矿及单位楼房的方位平面图，编排好各住户、各单位的门(楼)牌目录表,全年共订制、钉挂门牌5435块;四是克服警力和经费困难,积极做好年度人口统计工作和分局交办的各项中心工作。年末,兴宾区总户数242157户,总人口996663人,其中男性522195人,女性474468人。总人口中非农业人口为153030人。

2005年,来宾全市公安户政管理部门狠抓各项户政管理业务,理顺和规范户口管理工作。全年共办理身份证38897张,准迁证3826张6889人,迁移证11060张30021人,发放户口簿43110本。全市共核对户口2306798人,补落户口155239人,纠正登记项目275800人,注销应销户口8555人,纠正身份证重号7899人,错号816人。全面推进全市人口信息系统建设。全市已完成人口信息数据录入工作,16周岁以上人员的相片采集率达到60%以上。兴宾区总户数253771户,总人口1007900人,其中男性526466人,女性481434人。总人口中非农业人口为158094人。至2005年,忻城县全县完成人口信息系统升级改造,开始在全县换发第二代居民身份证。全县办理长期身份证102078份,临时身份证8605份,迁移证7639份,过境通行证6000多份。

颁发居民身份证 1987年,各县(市)先后成立居民身份证颁证领导小组。1988年,颁证工作向乡、村全面铺开,乡、镇相应成立颁证机构,村公所指定专人负责这项工作。2005年,开始办理(颁发)第二代居民身份证。

2003年,武宣县全年共补录了30000多人口信息,还配合有关部门完成对县城开发区、新街道的命名工作,并对全县范围内3540名暂住人员进行登记办理暂住证,通过强化“三口”管理,获取案件线索36条,抓获各类违法人员24人。武宣县全年共办理居民身份证25006人,准迁证2650份。2005年5月,武宣县全县录入微机实有数418926,录入微机人数超过统计2364人,清理身份证重号有2050,注销重户人员1050人,清理地址空缺2687人。2005年5月起,来宾市人口信息户口管理实行联网办公,网上迁移,规范简化户口及身份证手续,全年共办理居民身份证14315份,户口迁移证330张。

暂住人口管理 1997年,自治区颁布暂住人口管理办法(条例),为暂住人口管理提供了依据。各级公安机关建立健全管理制度,形成市(地)、县、乡、村四级管理网络。2005年,来宾全市暂住人口管理工作有新突破,从6万名暂住人口中查获违法犯罪分子135人。其中,逮捕86人,劳教16人,治安处罚1652人,其他处理802人。

人口信息计算机管理 1998年,境内各级公安机关开始开展人口信息计算机管理系统建设工作,初步掌握利用计算机检索户口、统计人口、打印身份证底卡等。2002年,完成全市常住人口信息综合库并导入全国“百城联网”系统,实现全国联网。

年度人口统计 坚持年度人口统计制度,每年年底,组织专人对辖区人口进行统计,逐级上报汇总。公安机关每年召开县、乡两级年终人口统计工作会议,对年度人口统计工作进行部署;深入核对,对各家各户逐人逐项进行登记、核对统计,确保统计质量:审核汇总,逐级上报。

户籍制度改革 1987年放宽城镇入户条件,实行户粮脱钩,办理自理口粮户口。1990年,对“农转非”户口实行指标控制,由自治区计委下达“农转非”控制指标,分配给有关单位审核,公安机关审批。1990年,“农转非”实行一研一监督。

2005年,来宾市人民政府批转来宾市公安局关于《来宾市户籍管理制度改革实施意见》。其主要内容有:在全市范围内取消农业户口、非农业户口等类型的户口性质划分,建立城乡一体化的户口登记、管理制度;取消进城人口计划指标管理,实行以居民合法住所、职业、经济来源等主要生活基础为依据的户口准入制度;全面推行小城镇户籍管理制度改革。

第十节 出入境管理

中华人民共和国成立后,公安机关依法对中国公民、港澳台同胞和外国人出入中国国境和在华居留期间进行专门管理。

公民出入境与往来港澳台地区管理

公民出入境管理 1987年,象州县共计办理出国探亲2人(次)、定居12人;到香港探亲27人、定居7人。

1991年,武宣县全年共受理出境申请29人次,其中到国外定居的11人,到香港定居的3人,到香港探亲的10人,到台湾控亲的1人,除有4人申请到香港探亲的因有各种原因上级未批以外,其余的24人都在法定期限内得到批准。1997年,武宣县受理居民因私申请出国出境共47人次,对符合条件的36人次，及时受理上送材料。1999年，武宣县受理出国或出境条件的37人次申请。2001年，武宣县全县公民因私出境人数共有76人次，其中出国的有17人，出境到港澳台的59人次。2002年为公民办理出国护照34人，为台湾居民办理延期签证2人，办理内地居民往来港澳通行证61人，办理内地居民赴港澳定居4人，办理赴台湾通行证8人，办理台湾居民回大陆定居1人，共计受理材料101份，协助柳州地区外出入境管理部门调查核实出国（境）材料17份。2003年为公民因私出国办理护照67人，办理台湾签注23人次，办理内地居民来往港澳通行证148人，办理柳州地区外出入境部门调查核实材料8份。2004年，武宣县共办理公民因私出国护照62人，办理赴台湾签证11人次，办理内地居民来往港澳通行签证161人次，办理内地居民赴港澳定居4人，共计受理材料238份。2005年，武宣县出入境管理部门为公民因私出国办理护照82人，办理赴台湾签证15人次，办理内地居民往来港澳通行证266人次，办理内地居民到港澳定居4人。

2002年底，来宾市成立后，根据《中华人民共和国公民出境入境管理法》及其《实施细册》《中华人民共和国护照法》和《中华人民共和国普通护照签发管理工作规范》的有关规定，公民因前往外国定居、探亲、学习、就业、旅行、从事商务活动等非公务原因出国的，由本人向户籍所在地的县级以上地方人民政府公安机关出入境管理机构申请普通护照。属于因公出境的，由派遣部门向外交部或者外交部委托的省、自治区、直辖市和设区的市人民政府外事部门申请签发。

2003年，来宾全市公安出入境管理部门发挥公安出入境管理的职能作用，进一步改进和加强出入境管理工作。一是简化办证程序，提高服务质量，缩短办证时限，为申请出国出境的群众提供便利快捷的服务。全年共审批公民出国出境申请2854人，其中出国635人，前往港澳旅游1357人、探亲512人、定居76人、从事商务活动143人，前往台湾探亲96人，为台湾同胞和外国人办理签证延期35人。二是加强对临时入境和常住外国人的管理。2003年，临时到来宾市观光旅游的外国人有133人，常住的外国专家和工程技术人员有7人，全年无涉外案（事）件发生。三是开展反偷渡专项行动，清理和打击非法入境、非法居留、非法就业的越南人。全年共查处非法入境的越南人25名，遣送出境10人。

2004年，来宾全市公安出入境管理部门履行法定职责，推进公安出入境管理工作的发展。一是简化出入境办理手续，为群众提供快捷的服务。全年共受理群众出国出境申请4173人，批准4128人（其中出国1666人，前往港澳旅游1597人，前往港澳台探亲706人，前往港澳从事商务活动111人，前往港澳台定居48人），为入境外国人办理签证延期59人。二是开展反偷渡专项行动。全年共清理登记非法入境外国人434人，外国人非婚生子女133人，拘留审查35人，遣送出境32人。三是严格查处出入境领域违法犯罪活动。全年共查处以各种名义骗取出境证件的违法活动4起，拘留审查2人，吊销护照5本，收缴假身份证7张，收缴假户口簿4本。

2005年，来宾全市公安出入境管理部门按照全国全自治区公安出入境管理工作会议的部署，履行法定职责，推进公安出入境管理工作的开展。一是简化出入境办理手续，为群众提供快捷的服务。全年共受理群众出国出境申请4280人，其中出国1120人，前往港澳台旅游1794人，前往港澳台探亲1150人，前往港澳从事商务活动138人，前往港澳台定居36人，为入境外国人办理签证延期420人。二是开展违法违规办理出入证件专项清理登记工作。共清理排查2001年以来办理外国人签证245人，居留证128人，护照5219人，港澳证件及签注15728人，均无违法违规现象。三是深入开展打击出入境领域违法犯罪活动。全年共清理登记非法入境外国人167人，拘留审查15人，遣送出境9人。

往来港澳地区管理 根据国务院1986年12月3日批准的《中国公民因私事往来香港地区或者澳门地区的暂行管理办法》和2002年3月14日公安部制定的《中华人民共和国往来港澳通行证签注审批、签发管理工作规范》的规定，内地公民因私事前往或往来香港、澳门，必须向户口所在县公安局出入境管理部门提出申请。2003年，来宾市共办理前往港澳旅游1357人、探亲512人、定居76人、从事商务活动143人。2004年，前往港澳旅游1597人，前往港澳台探亲706人，前往港澳从事商务活动111人，前往港澳台定居48人。2005年，前往港澳台旅游1794人，前往港澳台探亲1150人，前往港澳从事商务活动138人，前往港澳台定居36人。

往来台湾地区管理 根据《中国公民往来台湾地区管理办法》（1991年12月17日国务院令第九十三号发布）《台湾居民来往大陆通行证、签注受理审批签发工作规范》的规定，2003—2005年，来宾市公安局为大陆居民办理往来台湾通行证及签注2191人。

对外国人管理

外国人入出境管理 根据《中华人民共和国外国人入境出境管理法》的规定，中国政府在国内受理外国人入境、过境、居留、旅行申请的机关，是公安部、公安部授权的地方公安机关和外交部、外交部授权的地方外事部门。1988年，象州县接待办理外国人旅行、洽谈业务11人次；1979—1988年，象州县共接待外国专家、企业家来县考察或洽谈贸易15次，48人。1991年，武宣县公安局依法清理遣返非法入境人员，打击拐卖越南妇女的违法犯罪活动。年内全县共有29名越南妇女非法入境被拐到武宣县，县公安局依法解救10名并遣送出境，打掉拐卖越南妇女团伙一个，依法逮捕人贩子7名，治安处罚1人。1995年，武宣县在全县开展对“三非”（非法入境、非法居留、非法就业）越南人的调查清理工作，查清全县有85名“三非”越南人滞留的原因和详细地址，完成16名“三非”越南人的清理遣送工作。1997年上半年，武宣县在县桥联的配合下，在全县范围内开展对“三非”越南人进行调查，重新登记，共查清“三非”越南人滞留在武宣县的共有137人，“三非”越南人主要集中在禄新、思灵、通挽、新龙，其次是桐岭、马步。全年清理遣送“三非”越南人6人。1999年，武宣县完成145名“三非”越南人的登记造册工作，并报自治区公安厅进电脑联网，遣送“三非”人员8人出境，驱逐6名非法到县内观光旅游的外国人，打掉了3个拐卖越南“三非”人员团伙成员6人。随着国门打开，非法入境在武宣县的情况也越来越严重，2001年县内共有“三非”越南人员341人，分布在13个乡镇，对这些人全部建立档案卡，并遣送了12名“三非”越南人员出境，驱逐3名非法到县内旅游的外国人。2002年，武宣县共办理涉外案件6起。为了落实全国反偷渡工作电话会议精神，遏制越南人非法入境，非法居留、非法婚姻的上升势头，根据柳州地区公安局的部署，从4月16日—6月30日，先后出动警力127人，车辆39辆次，在全县开展清查“三非”越南人员，共查出“三非”越南人员52人，其中照相39人，并做好档案记录。劝返“三非”人员12人次，遣返20人，行拘“三非”越南人22人。现时，驱逐12名非法到武宣县旅游观光的外国人。

2003年，武宣县公安局出入境管理科配合刑侦和派出所办理涉外案件4起，罚款380000元。3月2日—4月1日，为落实自治区公安厅关于“进一步清理登记非法入境越南人的通知”精神，出动警力98人次，车辆23辆次，在全县13个乡镇清查出“三非”越南人29人，并全部劝返出境。10月底至11月初，根据公安部六局部署开展了“秋风”专项整治工作，共查处了13名“三非”越南人，其中遣送5名“三非”越南人出境。同时年内驱逐英国、美国等9名非法到县内旅游的外国人。

2004年，武宣县公安局出入境管理科协助柳州地区内外出入境管理部门调查核实出国（境）材料5份，协查外国人14人。办理涉外案件3起，治安行政处罚2人，罚款2100元。全年出动警力119人次，车辆33辆次，清查“三非”越南人154人，其中劝返“三非”越南人出境37人，治安拘留34人，先后五次将“三非”越南人32人遣送到广西东兴边境拘留所，驱逐非法到县内参观旅游的外国人6人。

2005年12月，武宣县公安局在全县开展一次全面清理登记非法入境的外国人工作，共出动警力96人次，车辆19次，清查出“三非”越南人84人，劝返“三非”越南人出境7人，治安拘留审查8人，遣送出境“三非”越南人4人。

常住外国人管理 对常住来宾的外国人，按照《中华人民共和国外人入境出境管理法》和国务院、公安部有关外国人居留的有关规定进行管理，要求涉外单位督促外国人入境后及时持护照、就业证等相关证件到公安机关办理居留登记及许可手续，2003—2005年常住来宾的外国人有17人，来自法国，分别居住在来宾法资发电有限公司(B电厂)、来宾希诺基发电营运维护公司、广西博华食品有限公司、广西博宣食品有限公司、广西丹宝利酵母有限公司、广西一品鲜生物科技有限公司等独资、合资企业。

涉外案事件查处 对极少数居住在来宾市不遵守中国法律的外国人，公安机关依法对其进行查处，对情节较轻的，给予批评教育，加强管理。对情节严重，事实清楚、证据确凿的，依法处理。

第十一节 道路交通安全管理

管理机构

民国24年(1935年)，忻城县设思练保安处，办事处主任1人，警长1人，警士34人，行政受县领导，具体业务则由柳州公署直接管理，专司维护北泗、思练、大塘、木罗、里高路段公路交通安全，同时兼理车辆检查、监督工作。

1960年，忻城县成立“大塘车辆监理站”，配有工作人员2人，具体负责来宾、柳江、忻城3县路段的车辆安全管理工作，征收养路费，处理交通事故等业务。1965年底，各县设机动车辆监理站，隶属柳州车辆监理所。1978年1月，忻城县大塘车辆监理站，搬回县城办公。1979年1月，始成立忻城县交通监理站，工作人员增到7人。同年，成立忻城县交通监理站大塘分站，设分站站长1人，工作员2人。1982年2月，武宣县成立社会车辆管理办公室，负责管理全县的交通安全工作。1986年12月24日，忻城县交通监理站，从县交通局划出，归县公安局领导，改称为县公安局交通警察队，配有正副队长各1人，指导员1人，干警9人，业务受柳州地区公安交警支队领导，行政受县公安局管理。1987年4月，撤销武宣县车辆监理站，成立武宣县公安局交通警察队。1986年底以前为交通监理管理时期，1987年起城乡道路交通由公安机关交警部门接管。1987年，境内各县（市）公安局接管县交通车辆监理站，成立公安局交通警察队，交通警察队归县（市）公安局和柳州地区公安交警支队双重领导，负责对辖区内公路、车辆、驾驶员和行人等依照交通法规实行科学管理，改善交通安全设施，调整、疏导交通流量，车辆肇事现场勘查处理，驾驶员考核换证，车辆年检审查入户，处理交通肇事，同时对群众实施交通安全宣传教育。1月，成立象州县公安局交通警察队，设队长、指导员各1人，全部在编人员11人。4月，成立来宾县公安交通警察队，有民警15人。10月，成立合山市公安局交通警察队。11月，成立县公安局交通警察队。1988年，来宾县设立迁江中队。1989年8月，来宾县交通警察队更名为来宾县公安局交通警察大队。同年，武宣县设立金鸡中队，1990年，武宣县设立通挽中队。忻城县公安局交通警察大队，大队部设有：车辆管理股、事故处理股、宣传秘书股、交通秩序股，另外设大塘、思练2个分队。合山市公安局交通警察队有交警13人。武宣县公安交通警察部门完成了县城主要街道机动车道非机动车道和人行道的交通标线的划定工作，同时完善了全县主要路段的交通标志设置。公安机关接管道路交通管理工作后，尽管机动车辆不断增加，道路交通日益繁忙，但由于重视对道路交通安全的宣传教育，并进行规范化的管理，从未出现过一次死亡3人以上的特大交通事故。1977—1990年，象州县境内共发生交通事故488起，其中重大事故128起，死亡115人，受伤246人，经济损失折款26.96万元。1994年8月，成立来宾县公安交通管理局。同年，成立武宣县公安交通管理局，1997年12月，来宾县、武宣县成立公路巡逻民警大队。实行“三块牌子、一套人马”办公制，同时设立城区中队。同年，合山市公安局交通警察机构实行直线管理，更名为合山市公安交通警察大队。2002年底来宾县公安局交警大队为来宾市公安局交警支队兴宾大队。2003年，来宾市公安局交通警察支队内设正科级职能机构：办公室、政工科、监察室、计财科、秩序管理科、事故处理科、宣传科、设施科、法制科、警务保障科、科技科、特勤大队、巡逻大队、疏导大队、车辆管理所、考试中心和直属一、二、三大队。

交通监理 民国时期，境内设置有柳州车辆监理所和大塘、迁江交通管理站。中华人民共和国成立后成立柳州专区车辆监理所。1978年，各县设立交通监理站。

公安统管 1986年12月，根据国务院《关于改革道路交通管理体制的通知》，各县（市）交通监理站同时划归当地公安局。1987年，各县（市）相继成立交通警察大队。2003年1月20日，来宾市公安局交通警察支队挂牌成立。

机动车辆管理

1992年，摩托车、拖拉机等五小车辆由各县（市）交警大队管理，农用拖拉机委托农机监理部门管理。

客运车辆 民国15年(1926年)以前，境内旅客运输业采用畜力车、人力车等运输工具。民国15年9月，柳（州）石（龙）公路建成通车，柳庆公路局设置车务处，购车开办柳州至石龙的客货运输，为境内公路客运之始。1952年后，各县城设立汽车站，定时从柳州派出客车到各县从事客运。1958年后各县（市）汽车站陆续配备客车，在县内及县与县之间从事客运。1952—1984年，跨地区客运由国营汽车站独家经营，运行车辆少。1985年后，集体、个体客车相继参与客运业，公路客运车辆逐年增多。1991年，忻城县交警大队车管中队加强客运车辆管理方面，主要是落实安全责任制，严处交通肇事人和单位，加强检查落实，消除事故隐患。对超载、超速、人货混装、拖拉机搭人、车辆乱停放和无牌证等严重违章行为实行严管重罚。做好汽车类的注册登记、转籍、过户、车辆检验、车辆报废等项业务均由支队车管所办理和管理。1996年5月，忻城县对县城内的摩托车、“柔姿车”（边三轮）进行专项整治。从1996年5月开始，在全柳州地区范围内驾乘摩托车要求必须戴安全头盔和携带驾驶证和行驶证。1997年，忻城县境内县城“柔姿车”数量有200多辆。1998年，忻城县全县13个乡(镇)全部有公路客车运行。2002年3月，忻城县交警大队开展对摩托车违章的专项治理行动，出动警力135人次，共查处无牌无证摩托车267辆，处罚无证驾驶33人，不戴头盔195人次，违章载人56人次，超速行驶39人，扣车143辆，吊扣证件7本。经过整治，摩托车违章率控制在18%。2002年，忻城县拥有各种小客车594辆。

货运车辆 民国(1912年成立)时期，境内货运靠人力和畜力，以农副产品运输为主。民国15年(1926年)柳(州)石(龙)公路修成通车，柳庆公路管理局即使用汽车开行石龙至柳州的运输线路，接运由广州至石龙航运客货。尔后，迁江等地至柳州的公路相继建成。1950年后，公路货运车辆逐步增多。1958年4月，石龙县(今属象州县)购进7辆货车成立石龙县汽车队。至20世纪80年代初，各县汽车站、粮食、林业、土产等部门均成立有货运车队。1980年，象州县购有9辆日本进口8吨五十铃翻斗车从事矿业运输。1989年后，公路货运车辆增长较快，经营货运的大多为个体(联合)货车为主。1985—1995年，民间货物运输工具一般为承载力2.5吨以下的小货车、厢式三轮车、拖拉机和少量畜力车。至2002年，柳州地区拥有货运车辆16163辆，比1992年增长将近三倍。

拖拉机 境内拖拉机原系农耕机械。20世纪70年代初，少数装卸搬运企业开始购置拖拉机经营短途公路货物运输，营运性拖拉机拥有量最高为1987年10964辆。1987年以前，农用拖拉机的入户登记由交通监理负责，1987年后由公安交警统一管理。1991年4月，根据上级指示精神，拖拉机由公安委托农机部门代管。2004年5月1日交安法实施后，拖拉机由农机监理直接管理。

摩托车 在20世纪70年代，有公安，邮电等少数单位有公用的二、三轮摩托车。从20世纪80年代开始，城镇居民、农村群众购买摩托车逐年增多。20世纪90年代以来，城乡摩托车由过去用于生产或工作，逐步转变成为人们日常生活出行的代步工具，有些地方甚至用作载客的运输工具。1995年后各县、市陆续有“柔姿的”在县城及乡镇从事短途客运。来宾市区2004年有营运三轮摩托车2000多辆，残疾人机动轮椅车350辆。营运摩托车的出现，为解决城乡人民群众出行难起到一定的作用，缓解了客车运力紧张的状况，同时也给城镇交通管理带来许多不利因素。

2003年，来宾全市拥有机动车11.61万辆，机动车驾驶员14万人，全年检验机动车辆2.34万辆，处理各种违章16.48万人次，教育2.50万人次，暂扣车辆1.46万辆次，暂扣证件3.08万本，吊扣驾驶证958本，治安拘留61人。全年发生交通事故684起，其中重特大事故137起，死亡160人，受伤943人，直接经济损失折款193.5万元。交通事故起数、重特大交通事故起数、死亡人数、受伤人数、直接经济损失折款分别比上年同期下降13%、22%、20%、5%和24%。一是做好春运道路交通安全管理工作。共审验合格驾驶员资格1605名，出动警力5794人次，检查车辆3.33万辆，查处各种违章车辆1.18万辆次，查处报废车、非法改装车525辆次，暂扣车辆1822辆，吊扣证件3171本，御客转运1692人。二是在来宾市区开展“百日交通秩序整顿”行动，重点整治机动车辆乱停乱放、营运摩托车行驶禁行路段、机动车逆向行驶、无证驾驶机动车、酒后驾车、驾驶和乘坐两轮摩托车不戴安全头盔、闯红灯、行人不遵守交通信号或标志标线等违章行为。三是开展整治营运客车违章专项行动。共查处正在营运的报废车和非法改装车15辆，强制解体3辆。四是开展整治拖拉机、农用车违章载客专项行动。共处理农用车、拖拉机违章车辆3028辆，查处上路行驶报废农用车10辆，强制解体7辆，暂扣车辆55辆。五是贯彻落实公安部交通管理17项便民利民措施，方便群众，服务群众。六是抓好交通安全宣传教育。全年发放宣传资料38.50万份，张挂横幅标语1200条。8月，忻城县查获无牌无证摩托车198辆，假牌假证摩托车13辆，非法拼装摩托车28辆，暂扣驾驶证64本，强制报废摩托车74辆，按规定办理专用号段入户的摩托车50辆，处理违章人员75名，治安拘留2人。9月，忻城县公安局交警大队开展整治拖拉机、农用车违章载客的专项行动，查处农用车、拖拉机违章137起，其中违章载客121起，非法改装93辆，查处上路行驶的报废拖拉机3辆，暂扣驾驶证13本，扣车5辆。

2004年，来宾全市公安机关道路交通管理部门认真贯彻落实《中华人民共和国道路交通安全法》，扎实开展各项交通管理业务工作。全年发生交通事故1325起(其中死亡事故139起),死亡147人,受伤876人,直接经济损失折款173多万元。交通事故起数、死亡人数、受伤人数、直接经济损失折款分别比上年同期下降24%、8%、7%、10%。一是做好春运道路交通安全管理工作。共检查各种车辆1.58万辆次,查处交通违法8265起。春运期间,重大交通事故比去年同期下降26%,死亡人数下降25%。二是加强路面监控,开展交通秩序专项整治。先后开展了五个(春运、"两会"、南博会、五一劳动节、国庆节)重点时期专项整治、超限超载安全专项整治、压事故"百日战役"、摩托车违法行为专项整治、低速载货汽车三轮汽车拖拉机违法载客专项整治等行动。三是开展整顿汽车"大吨小标"、驾驶员和车辆管理工作。年内整顿汽车"大吨小标"2200辆,补录驾驶员档案1.50万份,机动车档案3000份。四是做好创建"平安大道"和实施"畅通工程"工作。年内,象州县、武宣县道路交通总体环境达到四等以上管理水平,合山市区、武宣县城城市道路交通管理达到四等以上管理水平,来宾市区达到三等以上管理水平。五是做好道路交通安全法律法规宣传工作。全年共发放宣传册39万余份,播放宣传光盘1298次,悬挂宣传标语2889条,展示事故图片5650张,刊发新闻稿件200多篇,组织驾驶员学习121次,到各单位上法制宣传课372场。

2005年,来宾全市公安机关道路交通管理部门认真贯彻落实《中华人民共和国道路交通安全法》,加强预防道路交通事故工作,扎实开展各项交通管理业务。全年出动警力5.75万多人次,检查车辆16.66万多辆次,查处各种道路交通违法行为8.64万多起,暂扣车辆1.53万多辆,查扣报废车1035辆,扣证3971本,吊销驾驶证121本,行政拘留122人,刑事拘留16人。全年发生交通事故466起(其中死亡事故142起),死亡161人,受伤761人,直接经济损失折款142.5万元。死亡事故起数、死亡人数、受伤人数分别比去年同期上升2%、9%、14%,事故起数和损失折款数同比分别下降10%和18.2%。一是做好春运道路交通安全管理工作。共检查各种车辆1.58万多辆次,查处交通违法8265起。查处营运、载客货车756起,报废车、改装车271辆,御客转运1341人次,吊扣证件3607本。二是加强路面监控,开展交通秩序专项整治。先后开展了"四节一会"(春节、清明节、"五一"节、国庆节、东盟博览会)重点时期专项整治,集中对过往的大、中型客车逐车检查登记,重点检查九座以上的客运车辆和自驾游车辆,杜绝超速、超载、违章超车违法行为。同时,严厉查处农用车、三轮车、拖拉机载人,打击非法客运车辆及无证、酒后驾驶、无牌、报废车上路等严重违法行为,加大夜间查处客运车辆夜间通过三级以下公路力度,严防此类车辆违法引发重特大道路交通事故。期间,共检查车辆1.86万多辆,查处交通违法行为547起,暂扣机动车186辆,吊扣证件4607本。三是开展打击盗抢机动车犯罪专项行动。交警部门共出动警力1500人次,检查机动车1.2万多辆,查获无证机动车1100辆,其中涉嫌被盗抢汽车2辆,摩托车7辆,抓获犯罪嫌疑人4人,缴获仿"五四"手枪1支,子弹5发,行政拘留12人。四是开展"五进"(即进学校、进企业、进农村、进公共场所、进社区)工作,做好交通安全宣传。全年共发放交通安全宣传资料32万份,印制和发放宣传挂图3.1万张,发放和刻录光盘800多张,上交通安全课6112次,进行挂图展览4362场次,悬挂大额横幅360条。五是加强车辆和驾驶员管理,促进全市道路交通安全管理工作。2005年,全市机动车保有量为169273辆,比上年增加18568辆,增长12.3%;全市机动车驾驶员保有量为298289人,比上年增加36786人,增长14.4%。为做好管理,交警部门积极完善车管所各岗位标准及规范,建立工作流程规范和责任规范制,全年共受理驾驶员年度体检80161人,办理新车入户18506辆,机动车年度检审73049辆,完成规费1117.4万元。

驾驶员管理

培 训 自1965年起,各县每年均按上级规定的标准对机动车辆进行年审,对驾驶员进行考核,合格者发给牌照和驾驶执照。1990年,经检验发给合格证的机动车辆6505辆(台),经考核发给合格证的驾驶员8656人。1992年后,汽车类的驾驶员由车管所负责培训与管理,摩托车类的驾驶员由各县(市)交警大队负责培训与管理。2001年6月以后,驾驶员培训工作实行社会化管理,交警部门与驾驶员培训彻底脱钩。1991—2002年,兴宾区(来宾县)共办理机动车注册登记35456辆,年检机动车31.43万辆,年审驾驶证49.19万本。共建立车辆档案35456份,查获来历不明车辆176辆;配合公安刑侦部门查获走私、盗窃车辆96辆。打掉盗机动车辆团伙:41个,共152人。2003年4月,来宾市支队车管所接管原来宾县公安局交警大队车管中队全部业务。

教育安联组 全称“驾驶员安全学习联合小组”(简称“安联组”)。监理管理时期,始有安联组,由各地汽车站、车队、有车单位单独或联合组成安联组,定期组织管辖内的驾驶员进行交通安全学习,原则上每月一次。公安接管后,继续发挥基层安联组的作用。1970年以来,各县车辆监理站每年不定期派出交通安全宣传车,到公路沿线圩镇、农村、厂矿进行宣传活动。1988年,各县开展宣传《中华人民共和国道路交通管理条例》活动,举办车辆驾驶员培训班,积极推行交通安全承包责任制。1994年下半年各地组建驾驶员联合会,安联组自行撤销。

驾　联 全称“机动车驾驶员联合会”(简称“驾联”)。1994年9月,各县(市)成立驾驶员联合支会。至2004年底,来宾市共有驾联会员10万余人。

记分制 从2002年8月1日起,驾驶员年审时,没有记分卡一律不予办理审验,在路查路检中,对没有记分卡的一律滞留其驾驶证副证,对在一个周期内被记满12分的,属本辖区驾驶员的一律实行交通法规复考。自2004年5月1日起,根据《中华人民共和国道路交通安全法实施条例》(2004年4月30日国务院令第405号公布)第二十三条:公安机关交通管理部门对机动车驾驶人的道路交通安全违法行为除给予行政处罚外,实行道路交通安全违法行为累积记分(以下简称记分)制度,记分周期为12个月。对在一个记分周期内记分达到12分的,由公安机关交通管理部门扣留其机动车驾驶证,该机动车驾驶人应当按照规定参加道路交通安全法律、法规的学习并接受考试。考试合格的,记分予以清除,发还机动车驾驶证;考试不合格的,继续参加学习和考试。

交通事故处理

1974年11月14日15时30分,柳州汽车总站一解放牌带挂货车运载食盐从柳州开往武宣三里途中,行至武宣新路桥时,因驾驶室超员,车辆人货混装,且超速行驶,导致车坠桥下,当场死亡5人,重伤1人。1978—1990年,来宾县计发生道路交通事故840起(其中重大事故218起),致死540人,造成直接经济损失758.8万元。1983年10月10日下午,武宣县锰锌矿一解放牌货车从东乡风沿载矿石返回矿部时,司机因酒后驾车,且违章载上34人,行至禄道河边时酿成车翻下河,当场压死5人、重伤4人、轻伤17人的特大交通事故。事故发生后,公安机关均及时派员协助交通监理部门妥善处理事故,并惩办肇事者。1987年以前,各县(市)交通监理站,负责处理本辖区内发生的道路交通事故,各县(市)公安局治安股(科)协助处理,重、特大事故监理所派人前往协助处理。1987年各县(市)组建公安交警大队后,由交警大队的事故中队专门处理,重大、特大交通事故地区公安局交警支队派员到现场协办。监理部门处理交通事故的程序是现场勘查调查取证、绘制现场图后,召集事故各方当事人或代理人到监理站处理,死亡事故需要追究刑事负责的,由县安委会、公安局、人民检察院等有关部门派人参加现场调查。1992年1月1日,按照国家《道路交通事故处理办法》和当年8月公安部《道路交通事故处理程序》进行处理。1993年10月,合山市在市交通要道清查机动车518辆,暂扣违章车167辆、证件87本。2001年9月19日—21日,合山市开展统一整顿行动,清查机动车475辆暂扣机动车151辆,其中无牌无证83辆,纠正交通违章171起次,暂扣证件27本。1991—2005年,合山市共处理重大交通事故196起。兴宾区(来宾县)境内共发生道路交通事故节3608起,其中重特大事故471起,致486人死亡、2825人受伤,直接经济损失744.20万元。发生道路交通事故原因主要是无证驾驶、酒后开车、超载、超速、违章(法)超车、人货混装、行人横穿公路以及机械失修等。对于肇事者,依其违法(章)轻重分别依据交通管理条例、治安管理处罚条例和刑事法律加以处罚。

2004年5月1日,来宾市开始根据《中华人民共和国道路交通安全法》及其《实施条例》和同时实施的《交通事故处理程序规定》的有关规定处理交通事故。

表9-3 2003—2005年来宾市交通事故统计表

年份	事故次数	死亡人数	受伤人数	直接经济损失(元)
2003	684	160	943	1935330
2004	519	147	876	1733009
2005	466	161	761	1425800

交通秩序管理

创建平安大道 1999年，境内交警大队把创建平安大道作为交管业务的一项重要工作狠抓落实。4月，原柳州地区交警支队先在武宣搞试点，把武宣境内国道209线3024千米至3097千米全长73千米选定为创建平安大道路段，由县公路局筹集资金将金鸡至武宣35千米的路面修整一新。各县(市)交警大队相继成立创建平安大道活动领导小组，并确定本县创建平安大道路段。来宾县开展以国道322线辖区路段为载体的创建"平安大道"活动。建立健全组织领导机构，依靠党委、政府组织、协调有关部门共同参与，组织声势浩大的宣传车队巡游宣传，动员广大交通参与者投入活动，形成齐抓共管局面，使活动变成"政府工程""全民工程"。在国道322线辖区路段创建"平安大道"工作中，主要是集中警力开展交通秩序专项整治，解决影响交通秩序的突出问题，重点整治乡镇路口的占道经营、车辆乱停乱放、无牌无证车辆上路等影响道路畅通、交通安全的突出违章行为；在国道沿线开展警民共建"交通安全文明学校"和"交通安全文明村"；建立以派出所、交警中队和基层治保干部为主体的治安防控网络，建立安全防范责任制，提高快速反应能力，打击车匪路霸犯罪活动；完善交通标志和安全设施。至2005年底，来宾市创建平安大道总长336千米。

文明示范路 1990年，原柳州地区交警支队组织开展创建文明一条路活动，确定国道322线的来宾迁江至忻城大塘路段、国道209线的武宣金鸡至通挽路段、国道323线的鹿寨三门江至金秀八里塘作为原柳州地区创建文明一条路路段。其他各县(市)自选一段交通流量大的路段或者县城、集镇作为文明示范路创建。据1998年统计，在安全文明示范路段上发生交通事故次数、死亡人数、受伤人数、直接经济损失四项指数分别比创建前下降71%、57%、69.3%、58.6%，经自治区交警总队验收全部达标。

交通整治 1988年各县组织开展交通秩序大整顿。2005年，来宾市公安局交警支队在道路交通整治理中共出动警力5.75万多人次，检查车辆16.66万多辆次，查处各种道路交通违法行为8.64万多起，暂扣车辆1.53万多辆，查扣报废车1035辆，扣证3971本，吊销驾驶证121本，行政拘留122人，刑事拘留35人。

交通管理设施

交通标线 2000年后，修通的忻城至合山、象州至新兴、武宣至来宾的二级公路均按设计标准施画道路分界线和道路边缘线。2002年底，市财政拨款62万元，由支队对原来宾县县城的每条街道，路口重新施划行车线共计6174平方米，行人斑马线1920平方米，导流线1900平方米，车道导向箭头线420平方米，人行横道预告标志288平方米，禁停方格网状线96平方米及停车泊位线。2005年，来宾市人民政府拨给城市维护费103万元，施画了市区9条街道7008平方米的交通标线。

交通信号 1994年，来宾县交警大队在县城的柳来路与北二路相交的十字路口设置使用红绿黄交通信号灯。2002年12月，在来宾市兴宾区大桥路与新华路、维林大道与新兴北路相交十字路口安装使用红绿黄交通信号灯、人行横道灯信号4组。2005年，在来宾市区主要道路增设太阳能黄闪灯18组、数码十视频电子警察3套，新增交通指示标志牌66块。在很大程度上改善了城市交通设施建设，提高市区道路通行效力。

岗台岗亭 来宾县于1994年在县城的柳来路与北二路相交十字路口设置交通岗台、岗亭各一个，安排有民警执勤疏导路口交通，一直使用至来宾市成立后的2003年3月重新更新岗台和岗亭。

隔离设施 1986年，在交通比较拥挤的忻城县大塘镇三岔路口设置隔离栏，用混凝土浇注的隔离墩与钢管连接成隔离栏500米摆设在公路两边，行人走在隔离栏外，机动车、非机动车与行人分离。

第十二节 消防管理

组织机构

民国23年(1934年)，象县政务警察设消防警10人。中华人民共和国成立初期，各县消防工作由县公安局治安股管理。

1950年，各县消防工作列入人民政府政务，由公安局治安科(股)负责。1950—1966年，实行群众义务防火，各县区(公社、乡镇)、大队(村)普遍建立群众防火组织。1977年8月，合山矿务局设立专业消防队，设队长1名，队员14名，购置消防水车、消防指挥车各1辆及一批灭火器材。1978年，各县公安局增设消防股。1979年1月，各县、市的厂矿都建立健全了防火安全委员会和消防队伍，城镇，农村有的还建立义务消防队、防火安全检查员和消防宣传员。合山电厂设专职消防队，队长1名，队员16名；购买消防水车、指挥车各1辆和一批灭火器材。1980年3月，来宾县成立消防中队，队员16人，设备有水罐封闭式全自动消防车2辆。7月和12月来宾县石油站、八一锰矿分别成立义务消防队和专职消防队，各设队长1人，队员若干，业务受县公安局领导。忻城县成立消防科。1985年1月，各县(市)消防股改称消防科。负责本县的消防监督指导工作，并开展全方位的公安消防业务。1986年5月，合山市公安局设武警消防科，设副科长1名，科员3名，配备消防指挥车1辆。消防科实行现役制(为正营级)，受公安局双重领导，具体指导城镇消防工作。象州县公安局设消防科，编制4人，实配3人。1987年，金秀瑶族自治县公安局设立消防科。1988年，境内迁江糖厂、来宾火电厂先后成立专职消防队，业务由县公安局消防科指导。1990年，来宾县有专职消防队3个，队员35人；兼职消防队2个，队员20人。当年，来宾县确定22个较大的厂、矿、场和企事业单位为消防重点单位，这些单位均成立义务消防队，队员200多人。另外，在乡镇也普遍建立消防组织，开展消防活动。同年，象州县建立消防档案45个，对重要部位的安全设备和历次检查情况作出记录。举办消防培训班6期，受训人员280人，为重点防火单位培训业余消防员580人。购置灭火器560台；消防带2800米；消防机动泵28台。商业、供销、粮食、经委等系统建立消防安全领导小组60个。组建义务消防队，有义务消防队员100人。1991年，来宾县公安消防大队，有消防车1辆，配员3~4人。1992年4月，来宾县建立广西方元电力股份有限公司来宾电厂专职消防队，配员8人，有消防水灌(车)2台；2000年1月，广西希诺基发电运营维护有限公司专职消防队建立，配员8人，有消防水灌(车)2台。2001年，来宾县公安消防大队被柳州地区公安消防支队授予先进党支部及2001年度消防工作先进单位等荣誉称号。

2002年12月28日，来宾市消防支队成立，下辖象州县、忻城县、金秀瑶族自治县、武宣县、合山市、兴宾区6个消防大队。

2003年成立地级来宾市后，来宾县公安消防大队更名为来宾市兴宾区公安消防大队，配员3~4人，有消防车1辆，业务监督检查车2辆。

2004年，来宾全市公安消防部门认真强化消防监督管理，落实消防安全责任制，推进消防工作社会化进程，开展一系列防火安全检查和专项整治工作，消除火灾隐患。

2005年，来宾全市公安消防部门认真强化消防监督管理，落实消防安全责任制，推进消防工作社会化进程，开展一系列防火安全检查和专项整治工作，消除火灾隐患。5月，成立来宾市消防支队兴宾中队。忻城县消防大队有现役士兵3名，专职消防员8名。

消防基础设施

营房设施 1975年1月修建来宾县望火楼，楼高22.1米，共有6层，设在来宾县公安局大院内，可观察来宾县城全貌。1985年12月，来宾县公安消防队撤销，望火楼由来宾县公安局管理使用。2004年12月，兴宾消防大队综合楼建成，位于北四路188号，共有5层，建筑面积2904平方米，解决了支队机关和兴宾大队官兵执勤训练、办公及住宿场地的问题。

车辆器材装备 20世纪70年代，武宣镇曾组织一个由街道民兵组成的城镇业余消防队，配有消防水枪12支。同时，商业、供销、物资、粮食、石油化工等部门及厂、矿、场等，均设有消防安全管理员，配备消防水池、灭火器材等，协助公安机关搞好本部门及全县的消防工作。从1978年开始，消防器材装备逐步发展，消防员配备消防头盔、消防战斗服、消防手套、消防靴、消防安全带、安全钩、消防腰斧等防护装备。1980年，忻城县在县直、各乡镇的商业、供销、粮食、银行、物资、厂矿企业、油脂、石油、机关、学校、车站、各种仓库等单位开展防火、防盗安全大检查，采取消防措施，全县购买灭火器41台，水枪358支，水管230米，消防带538米，城镇安装消防专用水龙头3处，建防火水池389个，砂池561个(容砂980多立方米)，消防泵5台，建立义务消防队13个，队员98人。对重点单位组建有消防员35人，并进行多次的消防培训和开展消防现场技术表演。忻城县消防科于1982年购买消防车一辆，水枪12支，消防泵1台，消防带150米，灭火器40台，安装消防水龙头1个。1981年后，来宾县消防中队和各有关单位共增添消防指挥车2辆，汽沫、水两用消防车6辆，手抬式水泵25台，消防栓39个，消防沙池30个，消防楼梯6架，灭火器2500个。至1990年12月底，武宣县消防科共给一、二级防火重点单位配备了手提式泡沫、干粉灭火器700多个，手抬式消防泵29台，消防栓12个，消防水带1000米。2002年，武宣县首次购回消防车，至2005年，武宣县共有消防车1辆消防头盔5顶、消防服3套、消防靴4双、消防手套4双。2004年11月，大唐桂冠合山发电公司投入68.9万元，为消防大队购买消防车2辆，机动链锯、切割机、液压剪扩器和无火花工具各一套。2005年后，配备云梯消防车等特种消防车辆和一批灭火救援器材，提高了处置各种灾害事故的能力。来宾市政府划拨专项经费购置了8具市政消防栓。2005年8月，合山市人民政府拨专款8万元，为市消防大队购置空气呼吸器、基地台、对讲机、防爆照明灯等装备。同年忻城县消防大队器材装备有消防车2辆，空气呼吸器2具，防化服2套，灭火战斗服6套，切割机1台。

防火监督　1991—2000年，来宾县进行消防知识专题宣传66次，印发宣传资料8500多份，下发消防法单行本4000多本，张贴标语1284条，悬挂横幅33条次，出版板报49版，录制和播放消防录像5辑，电视广播18条；举办防火专业培训班36班，组织专职消防队业务训练69次，举行消防专项治理8次；进行防火安全检查1536次，查出隐患1844处，下文整改750份，取缔消防不合格单位(店、铺)88个，处罚金11.51万元；审核建筑工程(项目)267个，22个重点保卫工单位建立防火档案。1991—2005年，武宣县共审核建筑工程248个，验收工程197个，开业前消防安全检查684个。办结率为98.7%，群众满意率为98.7%。共检查单位、场所1342个，发现火灾隐患1256处，下发《限期整改通知书》468份，复查意见书468份，整改火灾隐患1136处；共办理行政处罚案件120起，责令停业停产68处。审核建设工程的防火设计，检查消防措施的落实情况，并参加工程的竣工验收。

2001年，来宾县公安消防大队受理审核建筑工程消防设计项目48个，面积7.44万平方米，审核三级加油站4个，验收合格11个，审核验收生物燃化液存放点1个。加大执法力度，结合《广西消防条例》宣传其他工作对各种违反消防法律、法规的行为给予严厉惩处，共处罚53个单位或个人，罚款4.98万元；责令停产停业14家，警告1家。开展对公共聚集场所及易燃易爆化学物品专项治理5次，出动检查人员45人次，检查单位(场所)154个，发现火灾隐患170处，下达《责令限期改正通知书》61份，《当场改正通知书》28份，《重大火灾隐患限期整改通知书》1份，《复查意见书》61份，后整改的隐患170处，取缔无证经营易燃易爆化学物品的加油站、液化站(点)9个。

2002—2005年，来宾市消防支队共检查单位9743家，发现火灾隐患9378处，均依法督办、整改、处罚。2004年，来宾全市共检查单位2186家，组织检查组64个，出动1589人次，发现火灾隐患1986处，整改完毕1978处，挂牌督办单位2个，下发《责令限期改正通知书》498份，下发《重大火灾隐患限期整改通知书》2份，行政处罚41起。1991—2005年，合山市消防大队先后对全合山市加油站、液化站、建筑消防设施、公众聚集场所、部分特种行业，进行消防宣传、防火监督和火灾隐患检查16次，出警318人，发现存在火灾隐患，限期整改51处。接警灭火59起。忻城县消防大队开展消防知识专题宣传42次，印发宣传资料3500多份，下发消防法单行本300本；张贴标语384条，悬挂横幅20条，出版板报16版，录制和播放消防录像3辑，举办消防安全培训班16期，消防器材实地操作演练16次，举行消防专项治理8次，防火安全检查746次，查出隐患898处，下文整改434份，取缔消防不合格单位(店、铺)24个，罚款32000元，审核建筑工程(项目)97个，重点保卫单位建立防火档案63个。

火灾情况

历年火灾统计　1971年2月—1980年11月底止，忻城县全县共发生火灾74起，损失各种棉布、杂货、香烟、糖酒等价值50多万元，粮食11.27万千克，生猪85头，耕牛14头，山羊138只，衣车8台，烧毁房子214间，仓库28间，衣物、铺盖、家具价值14万多元。1985年9月10日，象州县寺村供销社工业用品公司门市部，因电线短路引起火灾，从晚上10时烧到深夜2时，直接财产损失34万元。1955—1990年，来宾县共发生火灾555起，死亡53人，伤残60人，经济损失折款203.3万元。1991—2000年，来宾县境发生火灾40起，死4人，折合损失233.9万元。1993年10月5日21时许，广西来宾电厂6千伏配电室因配电柜发生故障，产生放电，电弧引燃电缆成灾，直接财产损失60多万元。1991—2005年，忻城县全县发生火灾29起，死亡4人，折合损失人民币80万元。其中，电源接触不良引起火灾9起、人为不当引起火灾6起、纵火报复5起、玩火引起火灾1起。武宣县全县发生火灾40起，受灾41户，烧死4人，烧毁房屋21间及生活、生产资料一批，抢救人员60人；保护财产价值235万元。

2001年，来宾县共发生火灾20起，死4人，伤1

人，折合损失10.49万元。

2002年，来宾全市发生火灾26起，伤8人，折合损失8.32万元。

2003年，来宾全市共发生火灾74起，死4人，伤2人，受灾30户，烧毁建筑1454平方米，直接经济损失191.15万元。

2004年，来宾全市共发生火灾110起，死5人，伤6人，受灾56户，烧毁建筑2261平方米，直接经济损失132.29万元。

2005年，来宾全市全年共发生火灾112起，死2人，伤9人，受灾44户，烧毁建筑1397平方米，直接经济损失56.23万元。9月13日2时10分，来宾市柳来路249号立新摩托车行因电气线路短路发生火灾，消防官兵从火场中抢救出43名被困人员，并将大火成功扑灭。这次大火共造成2人死亡，1人重伤，5人轻伤，直接经济损失10.93万元。

火灾扑救 2003年以前，来宾市未设消防中队，全市（含各县）仅有1辆老式水罐消防车，人员和器材装备严重缺乏，发生火灾时需依靠各企业专职消防队协助扑救；2003年后，随着部队发展建设速度加快，人员和装备逐年增加，战斗力不断提高，各项灭火救援任务得以顺利完成。

表9-4 2003—2005年来宾市扑救火灾情况统计表

年度 \ 区分	接警（次）	出动（次）	投入力量				战斗成果		
			出动车辆（台次）		出动人员（人次）		抢救人员（人）	抢救财产价值（万元）	保护财产价值（万元）
			公安	专职	公安	专职			
2003	44	44	78	8	468	31	10	49	406.0
2004	96	96	177	6	1211	18	18	68	442.0
2005	107	107	252	4	1325	16	44	94	494.8

表9-5 2003—2005年来宾市抢险救援情况统计表

年度 \ 区分	起数（起）	投入力量		战斗成果		
		出动车辆（台次）	出动人员（人次）	抢救人员（人）	抢救财产价值（万元）	保护财产价值（万元）
2003	11	12	72	7	12	88
2004	17	31	177	8	19	120
2005	52	71	404	21	30	141

多种形式消防队伍

1995年，境内有合山电厂、来宾电厂、八一铁合金厂、迁江糖厂4个企业专职消防队，共有专职消防队员41人，消防车7辆；2000年1月，来宾希诺基发电运营维护有限公司专职消防队成立；2005年5月，合山市率先组建政府专职消防队，共有消防队员10人，消防车2辆；2005年8月，象州县政府专职消防队挂牌成立。

表9-6 2005年来宾市多种形式消防队伍有关情况统计表

队别	建队（站）时间	类别	人员配备（人）			车辆配备（台）				灭火剂（吨）	
		政府/企业	小计	现役	合同	水罐	泡沫	干粉	其他	泡沫	干粉
大唐桂冠合山发电有限公司专职消防队	1967年1月	企业	7		7	2					
广西八一铁合金集团有限责任公司专职消防队	1980年1月	企业	5		5	1					
广西来宾东糖迁江有限公司专职消防队	1985年5月	企业	6		6	1					
广西方元电力股份有限公司来宾电厂专职消防队	1992年4月	企业	8		8	2				3	
广西来宾希诺基发电运营维护有限公司专职消防队	2000年1月	企业	8		8	2				2	

第三章 检 察

民国3年(1914年),来宾县、武宣县和象县合设一初级厅,分理检察、审判业务。民国26年至民国末年(1949年1月1日至9月30日止),象县(今象州县)、来宾、迁江(今属来宾县)检察业务隶属广西省高等法院第三分院(后改为柳州分院)检察处。同时,设立地方法院检察处。未设立检察机构的县,仍由县长兼任行使检察职权。

1950年后,各县先后设立检察机构,行使检察职能。"文化大革命"时期各级检察机关中断业务。1978年,各县相继恢复重建人民检察院,各项检察业务不断完善,机构逐步建立健全,法律监督职能逐步得到发挥。2000年后,来宾市各级检察机关机构设置趋于完善,人员配备到位,装备改善,检察业务不断扩展。特别是来宾市人民检察院成立后,全市两级检察机关严格执行"公正执法,加强监督,依法办案,从严治检,服务大局"的工作方针,突出"强化监督、公正执法"的主题,严厉打击各种刑事犯罪活动,依法查办贪污贿赂、渎职侵权犯罪,强化诉讼监督,为维护社会"公平正义",为"建设新来宾,实现新跨越"作出了贡献。

第一节 机 构

民国时期机构

民国以前今来宾市辖区内无检察机构。

清代,刑事案件以自诉为主,官诉为辅,各县知县掌管司法实权。民国初年,南京临时政府和北京政府均沿用清朝末年的检察制度。民国3年(1914年),对清末以来的国家司法四级三审制实行调整,废除了原置于各县的初级检察厅,来宾县、武宣县和象县合设一初级厅,分理检察、审判业务。民国18年,来宾县、武宣县和象县检察业务隶属柳州地方法院检察处。

民国26年(1937年)至民国末年(1949年1月1日至9月30日止),象县(今象州县)、来宾、迁江(今属来宾县)检察业务隶属广西省高等人民法院第三分院(后改为柳州分院)检察处。同时,设立地方法院检察处。未设立检察机构的县,仍由县长兼任行使检察职权。柳州地方人民法院检察处直至1949年柳州解放才废置。辖区各县均成立司法处,实行司法行政分立,由县长兼理检察业务及司法行政,检察工作皆委审判官代办。民国33年5月后,各县县长不再兼理司法行政及检察业务,司法处内部设立检察员1名,专司检察业务。

人民检察机构

县级人民检察机构 中华人民共和国成立后,境内各县先后设立人民检察机构,开展检察业务。各县人民检察院按当时行政区域隶属其行政区域的上级检察机关。1951年,忻城县设立人民检察署。1954年8月,石龙县人民检察署成立,检察长由公安局长兼任,开始办理全县刑事案件的审查批捕和起诉。10月,设立大瑶山瑶族自治区(县)人民检察院。建院初期,仅配备有正副检察长各1人、检察员2人、助理检察员1人。1954年9月,第一届全国人民代表大会第一次会议通过和颁布《中华人民共和国宪法》《中华人民共和国人民检察院组织法》。根据新宪法和人民检察院组织法的规定。1955年,各县人民检察院相继成立。1月,来宾县人民检察院成立,设检察长1人,专职副检察长、检察员、书记员等6人。石龙县人民检察署改称人民检察院。5月18日,忻城县检察署改称忻城县人民检察院,由县长兼任检察长,配有2名检察员,检察业务始能正常开展。1956年2月4日宜山地委组织部任命忻城县人民检察院副检察长1名,县委组织部配备检察干部6名。院内分设有预审、起诉、审判等组。同年6月,根据最高人民检察院的指示,在乡一级建立人民检察通讯员组织,忻城县全县审批77名为检察通讯员,给检察机关作耳目,促进检察工作的开展。1957年底,来宾县人民检察院设秘书、刑事、经济、检察等股,配员14人。忻城县人民检察院有副检察长2人,检察员5人、干部3人。从1957年下半年至1966年5月"文化大革命"开始,境内各县检察机关曾与公安、法院几合几分,1959年"大跃进"时期,公、检、法三机关合并成立政法公安部,党内实行统一领导,对外保留三个机关的牌子,不久又分开。机构合署办公或者合并期间,检察机关干部削减40%~50%。1958年12月25日—1959年8月,石龙县人民检察院曾与公安局、人民法院并为政法公安部,作为中共石龙县委会一个工作部门，对外仍保留人民检察院的牌子。1958年，金秀瑶族自治县人民检察院同县公安局、县人民法院合并成立县政法公安部，1960年，恢复金秀瑶族自治县人民检察院。1962年，石龙县分设象州县和武宣县，石龙县人民检察院改称象州县人民检察院。4月1日，成立武宣县人民检察院。1966年“文化大革命”开始后，各县人民检察院瘫痪。公、检、法实行军管，检察机关的职权由公检法军事管制委员会行使，检察机关名存实亡，直至1978年恢复人民检察院。1975年1月，第四届全国人民代表大会通过的《中华人民共和国宪法》规定，检察机关的职权由公安机关行使，实际上检察机关已彻底解体。1978年3月，第五届全国人民代表大会通过的《中华人民共和国宪法》，决定重新设置人民检察院。境内各县先后恢复人民检察院，根据业务需要逐步建立健全内部机构，以适应检察业务工作需求。8月，象州县重新组建人民检察院。武宣县恢复人民检察院后，接着陆续设批捕、起诉、法纪、经济检察4个科和行政办公室，配有正、副检察长、检察员、助理检察员、书记员和法警等。11月，来宾县和忻城县人民检察院恢复。忻城县人民检察院配1名代理检察长，4名干部。1978年，重建金秀瑶族自治县人民检察院，下设刑事检察、经济检察、法纪检察，监所检察、院办公室等办公机构。1980年，各县人民检察院根据业务需要，内设机构不断健全，大体设办公室、刑事检察科、经济检察科和法纪检察科。1981年，各县人民检察院设立检察委员会，成员5~7人，加强集体领导，对重大案件实行集体讨论。同年6月，象州县人大常委会批准县人民检察院设立4科1室，即刑事检察科、法纪检察科、监所检察科、经济检察科和办公室。同时任命正副科长、主任和检察员，检察机构日趋完善。1982年，合山市人民检察院成立。时设检察长1人，副检察长1人，有检察员4人，助理检察员2人；下设办公室、经济检察科、刑事检察科。1986年，各县增设监所检察科。1987年底，金秀瑶族自治县人民检察院有检察长1人、副检察长2人、督导员1人、督促员1人、检察员9人、助理检察员6人、书记员2人、司机1人、炊事员1人。1988年，各县又设控告申诉检察科和经济、法纪案件举报中心。1990年3月，刑事检察科分开设立刑事检察一科、刑事检察二科。是年，合山市人民检察院有检察长1人，副检察长2人，检察员9人，助理检察员13人；下设办公室、刑检科、经检科、法纪科、控审科、监所科。武宣县检察机关共有干警职工41人。忻城县人民检察院增配1名副检察长。全院有干部39人，工人2人；来宾县人民检察院配员57人。

市人民检察院 2002年9月29日，经国务院批复同意撤销柳州地区设立地级来宾市。11月19日，自治区人民政府发出《关于撤销柳州地区设立地级来宾市并调整柳州市行政区划有关问题的通知》（桂政发〔2002〕58号），决定撤销柳州地区和来宾县，设立地级来宾市和来宾市兴宾区。2003年1月8日，来宾市人民检察院挂牌成立。2月21日，自治区机构编制委员会以桂编〔2003〕12号《关于撤销广西壮族自治区人民检察院柳州分院设立广西壮族自治区来宾市人民检察院撤销来宾县人民检察院设立来宾市兴宾区人民检察院的批复》：同意撤销广西壮族自治区人民检察院柳州分院，设立地级来宾市人民检察院；撤销来宾县人民检察院，设立来宾市兴宾区人民检察院。来宾市人民检察院辖忻城县、象州县、金秀瑶族自治县、武宣县、兴宾区以及合山市人民检察院。8月8日，来宾市人民检察院党组研究决定，成立来宾市人民检察院驻来宾市看守所检察室，撤销原来宾县人民检察院驻来宾县看守所检察室。8月25日，根据最高人民检察院和自治区人民检察院的统一部署，成立来宾市人民检察院职务犯罪大案要案侦查指挥中心。来宾市人民检察院内设办公室、政治部、侦查监督科、公诉科、反贪污贿赂局、反渎职侵权局、民事行政检察科、监所检察科、控告申诉检察科、法律政策研究室、技术科、监察科（与纪检所合署办公）、行政财务装备科、职务犯罪预防科、人民监督员办公室、司法警察支队等16个职能机构，共有干警80人。

检察长：喻雪云（2002年12月—2005年12月）。

2004年，来宾市人民检察院内设机构15个：即办公室、政治部、侦查监督科、公诉科、反贪污贿赂局、渎职侵权检察科、监所检察科、民事行政检察科、控告申诉检察科、检察技术科、职务犯罪预防科、法律政策研究室、纪检监察科、行政财务装备科和机关党总支部委员会。下辖忻城县、象州县、金秀瑶族自治县、武宣县、兴宾区及合山市6个基层人民检察院。

2005年，来宾市人民检察院管辖忻城县、象州县、金秀瑶族自治县、武宣县、合山市、兴宾区6个县（市、区）人民检察院。内设机构增设人民监督员办公室。其他机构与2004年相同。来宾市人民检察院的主要任务是依照宪法和法律规定履行法律监督智能。

第二节 刑事检察

审查批捕

1954年8月，石龙县人民检察署成立后，开始办理刑事检察业务。1955年上半年，各县由县公安局、检察院、法院派员联合组成批捕小组，对公安机关请捕的案件共同审查后，由县人民检察院呈报中共县委会审批。同年下半年，为贯彻正确、合法、及时的办案原则，批捕程序改由县公安机关将提请批捕的刑事案件移送县人民检察院审查决定后，报中共县委会审批。1955年，石龙县受理公安机关提请批准逮捕495人，经审查批准逮捕317人，不批准逮捕137人，检察署自行侦查逮捕12人，退回公安机关补充侦查29人。

1956年，是各项检察业务全面开展的一年，各项工作进一步走向正规。审查批捕按正规的审查程序和办案手续进行。

1955—1957年，来宾县共受理提请批捕的刑事案件834件、审查批捕633件。1958年，各县公安、检察、审判机关实行统一领导，联合办公分片包干的组织形式，审查批捕程序改由办案人员提出意见，“三长”（公安局长、检察长、法院院长）审查决定后，报中共县委会审批。1955—1966年，公安机关侦查大案、要案时，检察院派员参与现场勘查和预审等活动。来宾县对公安机关移送请捕的案件2581件，审查批捕的2030件。1961年，石龙县受理公安机关提请批准逮捕343人，经审查批准逮捕211人，不批准逮捕67人，退回公安机关补充侦查65人。至1966年，象州县人民检察院共受理公安局提请批捕2673人，批准逮捕1725人。“文化大革命”期间，侦查监督工作一度被中断，由于机构失去职能作用，刑事检察活动无法进行。1978年，各县恢复县人民检察院后，刑事检察得到正常进行。武宣县当年受理公安机关提请批准逮捕案11件11人，审查批准逮捕10件10人，不批准逮捕1件1人。金秀瑶族自治县人民检察院重建以来，共受理县公安局提请批捕618人次，经审查后，共逮捕516人次。1980年，各县开始实施《中华人民共和国刑法》和《中华人民共和国刑事诉讼法》，各县人民检察院设刑事检察科，开始独立行使检察权。检察机关以事实为依据，以法律为准绳，打击刑事犯罪分子，尤其打击刑事犯罪团伙的破坏活动。武宣县当年受理公安机关提请批准逮捕案件87件118人，经审查批准逮捕77件99人、不批准逮捕4件11人、退回公安机关补充侦查6件8人。1983年，贯彻中共中央《关于严厉打击刑事犯罪活动的决定》和全国人大常委会《关于严惩严重危害社会治安的犯罪分子的决定》，协同公安局、人民法院从重从快严厉打击杀人、放火、爆炸、投毒、抢劫、强奸和严重破坏社会秩序的犯罪案件。检察机关采取办理刑事案件实行“提前介入”。加快办案速度，实现快捕快诉，不在检察工作环节贻误战机。及时办理了大批刑事案件，稳、准、狠地打击了刑事犯罪分子的嚣张气焰，维护了社会稳定，大大提高了群众的安全感。当年武宣受理公安机关提请批捕案件191件338人，批准逮捕177件319人、不批准逮捕8件13人、退回公安机关补充侦查6件6人。1987年，各县（市）检察机关把杀人、强奸、抢劫、伤害、流氓犯罪团伙和重大盗窃等严重刑事犯罪作为打击重点。对此类案件，坚持提前介入，优先审理，依法从重从快给予打击。10月14日，来宾县三五乡平塘村发生杀死6人、重伤2人的特大杀人案，该县人民检察院副检察长成善作、检察员莫尚能，分院刑事检察一科科长韦炳宏、刑事检察二科韦惠文迅速会同公安赶赴现场勘查、取证，参与审讯，10月16日，公安机关提请逮捕该案犯，人民检察院17日批准逮捕，23日公安机关移送起诉，24日柳州人民检察分院向地区中级人民法院提起公诉。从审查批捕到起诉，仅用6天时间，从重从快办结了这起特大凶杀案，及时有力地打击了严重刑事犯罪。1988年，境内各县（市）检察机关继续贯彻依法从重从快的方针，以严厉打击重大刑事犯罪活动为重点，开展刑事检察工作，严厉打击中央规定的“七个方面”（杀人、抢劫、强奸、流氓集团、重大盗窃、拐卖人口、引诱容留妇女卖淫）的刑事犯罪分子，对重大特大的刑事案件和严重危害社会治安的案件，提前介入，集中力量优先审理，做到快捕快诉。1月1日，合山市潘良杰等4人抢劫客车案，合山市人民检察院提前介入，及时批捕罪犯，29日起诉到法院。1989年，各县（市）人民检察院刑事检察科分为批捕检察科和起诉检察科，各司批捕和起诉职责。当年，武宣受理公安机关提请批捕案100件172人，经审查批准逮捕93件159人、不批准逮捕4件10人、退回公安机关补充侦查3件3人。1978—1990年，武宣县人民检察院共受理公安机关提请批捕案件1459件2271人，经审查批准逮捕1282件1966人、不批准逮捕106件190人、退回公安机关补充侦查71件115人。象州县人民检察院受理提请批捕2254人，批准逮捕1830人、不批准逮捕201人、退侦31人、撤诉11人、建议增捕95人、积案72人。至1990年底，忻城县人民检察院受理公安部门提捕的2443人、批捕2196人，占总数的89.58%，其中批捕杀人犯91人、抢劫犯153人、强奸犯158人、伤害犯156人、盗窃犯961人、其他人犯677人。来宾县人民检察院受理公安机关提请批捕的案件344件，审查决定批捕305件、决定起诉283件、审查结案344件，结案率100%。1982—1990年，合山市人民检察院共受理公安机关提请审查批捕的各类案件580件1250人，经审查依法作出批准逮捕1092名。

1991年，境内各县（市）人民检察院为贯彻从重从快方针，检察机关采取提前介入的方法，对重特大案件，提前介入引导公安机关侦查。忻城县人民检察院提前介入原忻城县公安局治安科副科长兰仕鲜倒卖炸药、雷管案，由于迅速掌握案情，公安机关提请批准逮捕当天，县人民检察院在3小时内就作出了批准逮捕决定。在审理忻城县莫祟永特大杀人案、武宣派出所韦威瑶杀人案时，由于两县人民检察院办案人员提前介入，与公安、人民法院密切配合，两案均在较短的时间内审结，依法将莫、韦两犯判处死刑，执行枪决。武宣县人民检察院受理提请逮捕案件144件217人，批捕133件205人、不捕9件10人。1992年，武宣县人民检察院受理提请逮捕案件127件206人，批捕108件178人、不捕9件15人。1993年，武宣县人民检察院受理提请逮捕案件69件95人，批捕64件89人、不捕1件1人。1994年，武宣县人民检察院受理提请逮捕案件80件139人，批捕76件131人、不捕1件5人。配合公安机关开展打击“车匪路霸”和扫盗窃专项斗争和专项治理，全年共批捕重大盗窃案犯共35人。1995年，武宣县人民检察院共受理提请批捕的案件69件96人，批准和决定逮捕62件88人、不批准逮捕2件3人、退侦5件5人、提前介入重大刑事案7件10人。1996年，境内各县（市）人民检察院，继续贯彻“严打”方针，在做好刑事检察工作的同时，积极参加“严打”统一行动，配合公安机关开展大搜捕行动。武宣县人民检察院检察长李坚率队执行河马乡甘六村犯罪窝点的围捕，一举抓获违法犯罪人员30多名；刑事检察部门在“严打”统一行动中，提前介入公安机关预审，及时掌握案情，境内检察机关提前介入重大犯罪现场勘查110次、介入公安机关预审37件88人。武宣县人民检察院受理提请逮捕案件54件89人，批捕60件85人、不捕1件2人。全年提前介入公安机关重大案件的侦查活动39人次，参加“严打”斗争，依法批捕重大案件21件47人。1997年，武宣县人民检察院受理提请逮捕案件49件75人，批捕47件72人、不捕2件3人；开展打击残害妇女儿童犯罪专项行动，及时批捕、起诉了14名残害妇女儿童的犯罪嫌疑人。1998年，武宣县人民检察院受理提请逮捕案件55件95人，批捕52件91人、不捕3件4人，对2件窝藏、转移、收购、销售赃物犯罪案件进行立案监督。1999年，武宣县人民检察院受理提请逮捕案件84件130人，批捕70件112人、不捕13件17人。2000年，各县（市）人民检察院，深入贯彻全国、全自治区政法工作会议和检察长工作会议精神，坚定不移地贯彻“严打”方针，依法从重从快打击各种刑事犯罪活动，坚持“及时、准确”的办案方针，严厉打击各种犯罪活动，保障国家和人民群众的生命财产安全。在审查批捕工作中，立足提高业务水平，及时、准确地审查案件，有效遏制重特大案件和多发性案件的发生，积极参加社会治安综合治理和打击刑事犯罪的专项斗争。合山市人民检察院在1天时间内审结批捕涉毒犯罪案件7件7人。当年，武宣县人民检察院受理提请逮捕案件107件174人，批捕93件145人、不捕14件29人；受理立案监督案件5件23人。1991—2000年，来宾县人民检察院受理公安机关和检察院自侦部门提请批准逮捕犯罪嫌疑人3883人，经审查批准逮捕3651、不批准逮捕232人，其中不构成犯罪66人、事实不清、证据不足112人、情节轻微未逮捕54人。

2001年，境内各人民检察院刑事检察部门，贯彻落实中共十五届五中、六中全会和全国、全自治区政法工作会议及检察长会议精神，严格按照党中央在全国开展“严打”整治斗争重大决策和部署，统一认识，统一行动，积极投入“严打”整治斗争，充分发挥检察机关职能作用，对严重危害社会治安的刑事犯罪分子快捕快诉，稳准狠地打击刑事犯罪，刑事检察工作有新的突破性进展，各项刑事检察指标实现历史同期最高水平。检察机关刑事检察部门，为确保检察环节畅通，强化提前介入和证据意识，加快审查批捕工作。在专项斗争中，为实现快捕，稳准狠地打击刑事犯罪，检察机关积极主动介入重特大和疑难案件的侦查工作，通过参加案件分析会，提前阅卷，收集、固定证据以及提出侦查建议，协助侦查部门确定侦查方向，完善侦查措施。如，武宣县人民检察批捕科3人10天办结案件24件36人；来宾县人民检察院批捕科检察员韦宾，全年办案91件140人。各县(市)人民检察院根据“严打”专项斗争各阶段部署的打击重点，重拳出击，配合公安、人民法院严厉打击黑恶势力犯罪、涉毒犯罪和三类重犯罪案件。对惊动中央政法委的合山市以凌贵科为首的黑社会性质犯罪案件，合山市人民检察院在原柳州分院的指导下，批捕部门提前介入，扎扎实实做好案件审理工作，凌贵科黑社会性质犯罪团伙23名犯罪组织成员被及时批捕起诉。当年，武宣县受理提请逮捕案件123件151人，批捕110件136人、不捕13件15人、立案监督5件7人、提前介入重大刑事案件侦查工作40件。来宾县受提请逮捕案件356件530人，同比增加43件37人；经审查批准，决定逮捕345件506人，同比增加43件37人；受理监督案11件15人，审查后向公安机关发出《说明不立案理由通知书》5件5人、公安机关立案5件5人、报捕2件2人、已逮捕2件2人。

2002年，武宣县受理提请逮捕案件184件260人，批捕175件248人、不捕6件8人、立案监督案件3件3人，公安机关接通知书直接立案报捕3件3人，均批准逮捕。来宾县受理提请逮捕案件370件565人，经审查批准，决定逮捕343件508人、不批捕34人，向公安机关发出《说明不立案理由通知书》10件10人，公安机关立案报捕4件4人、已逮捕1件1人。

1991—2005年，忻城县人民检察院共受理审查批准(决定)逮捕刑事犯罪案2112件3155人，审结2039件3072人、批准(决定)逮捕2845人、不批准(决定)逮捕227人、纠正漏捕9件75人；受理应当立案而不立案案件32件39人，要求公安机关说明不立案理由32件、通知公安机关立案3件3人；公安机关接通知后已立案3件3人，监督立案后公安报捕12件20人，经审查批准逮捕12件20人；受理不应当立案而立案案11件11人，提出纠正34件34人，提出纠正后公安机关已纠正34件34人。合山市人民检察院侦查监督部门受理各类批捕案件1825件3202人，经审查批准、决定逮捕253人，不批准逮捕249人，退回报送单位补充侦查及报送单位撤回案件49件97人。

2003年，来宾市人民检察院设立后，全市两级人民检察院刑事检察部门，把维稳定作为检察工作的首要任务，始终坚持稳定压倒一切的指导思想，保持高压态势，严厉打击严重危害社会治安的刑事犯罪，做到“思想不松、力度不减、标准不降”，依法严打。不断加大社会治安综合治理力度，“打、防、控”整体推进，最大限度地遏制刑事犯罪的发生，为新来宾的建设发展营造良好的社会治安环境。侦查监督科办理的批捕案件类型增多，数量逐年递增。全年两级检察机关侦查监督部门共受理审查逮捕案件1189件1779人，同比分别上升3.39%和5.64%；审查后批准和决定逮捕1084件1586人，同比分别上升1.11%和2.26%；不批准逮捕90件149人，提请单位撤回15件44人，审结率100%；受理公安机关要求复议的案件1件2人，维持原不批准逮捕1件2人，建议公安机关增捕6人，批捕准确率99.9%。全市刑事检察工作开展顺利，打击力度进一步加大，执法水平显著提高，法律监督更加完善，与有关部门紧密配合，形成打击合力。全市检察机关突出打击重点，增强打击实效，依法从重从快严厉打击严重危害社会治安的刑事犯罪，切实把严重危害社会治安的犯罪遏制住，增强人民群众的安全感。当年，全市各类刑事犯罪有所下降，但一些恶性犯罪和多发性犯罪案件的发案率仍居高不下，针对这类突出的严重犯罪，检察机关始终坚持重点打击。对重点打击对象坚持快审快捕，共批准逮捕七种案件846件1213人，案件数和人数分别占刑事案件批捕总数的71.5%和68.1%。在批准逮捕的犯罪嫌疑人中，故意杀人48件60人、故意伤害221件133人、强奸65件74人、抢劫143件266人、盗窃225件395人、交通肇事59件59人、涉毒65件84人。全年办理延押案件32人次，纠正侦查机关违法行为8次，向公安机关发出《要求提供法庭审判证据意见书》100余份，提前介入侦查活动127件次。全年共受理立案监督案件线索32件，办理32件39人，其中向公安机关发出《要求说明不立案理由通知书》30件37人，公安机关主动立案25件29人，通知公安机关立案5件7人。

2004年，来宾市两级人民检察院，在刑事检察工作中，突出打击重点，增强打击实效，依法严厉打击严重刑事犯罪活动。全市人民检察院认真落实中央关于维护稳定的工作部署，始终把维护稳定作为首要任务，坚持把“严打”作为维护稳定的长期方针。在打击各种刑事犯罪活动中，检察机关结合全市实际，抓住重点，依法打击各种刑事犯罪活动，切实维护社会治安稳定，增强人民群众的安全感。全年共批准逮捕故意伤害、杀人、抢劫、爆炸、绑架、抢夺、盗窃七类重点案件共648件957人，占刑事案件批捕受理总数61.07%(件)和61.78%(人)，审查七类重点案件向法院提起公诉620件914人，占刑事起诉案件总数59.67%（件）和60.13%（人）。审查批捕部门坚决贯彻“从重从快”方针和“两个基本”原则，正确理解和把握批捕条件，加快办案节奏，依法快审快捕。通过学习掌握最高人民检察院下发的10种犯罪审查逮捕证据标准，积极提前介入引导公安机关取证，坚持与公安机关的联席会议制度，推行主办检察官办案责任制。认真开展社会治安综合治理，与有关行政执法机关制定了《来宾市行政执法与刑事执法相衔接工作机制实施办法》。坚持“打防结合，预防为主”的方针，按照“打、防、控”一体化的要求，认真研究新形势下检察机关参加社会治安综合治理工作的新途径、新方法，积极参加社会治安防控体系建设和矛盾纠纷排查调处工作。积极配合党委和政府，抽调力量参加“三大纠纷”“禁毒”“治安专项整治”“安全生产”“城市建设”和“综治督查组”等工作队开展社会治安综合治理工作。结合青少年刑事犯罪突出的情况，每个县（市、区）人民检察院都建立起学校联系点，由院领导兼任法制副校长，负责开展预防青少年违法犯罪工作。全市检察机关共受理审查逮捕案件1279件1897人，批准或决定逮捕1174件1705人，不批准逮捕96件183人，提请单位撤回8件8人。

2005年，全市检察机关刑事检察部门，把维护社会稳定作为首要任务，认真履行刑事案件审查逮捕职能，坚持实体与程序并重，打击犯罪与保障人权并重，依法快审快捕，始终保持打击严重刑事犯罪的高压态势，全力维护社会政治稳定和治安稳定。坚持“严打”方针，突出重点，严厉打击严重刑事犯罪，针对来宾市故意杀人、故意伤害、强奸、涉毒、“两抢一盗”等恶性和多发性案件发案率高的特点，进一步提高打击的针对性和时效性，集中力量严厉打击。全年刑事犯罪案件呈明显下降趋势，故意伤害案件、强奸案件、抢劫案件、盗窃案件、抢夺案件、非法拘禁案件分别下降了12.84%、2.78%、8.07%、9.16%、6.25%、18.2%，进一步增强了人民群众的安全感，社会治安环境得到进一步好转。审查逮捕工作坚持“两个基本”原则，坚决贯彻“从重从快”方针，正确把握批捕条件，规范办案行为，加快办案节奏，依法快审快捕，确保不在检察环节贻误战机。全年共受理审查逮捕案件1080件1578人，与上年同期比分别下降6.4%、8.3%；审查后批准或决定逮捕969件1398人，同比分别下降8.67%、9.74%；不批准逮捕97件153人，同比分别下降10.23%、7.83%。在决定或批准逮捕的案件中，检察机关侦查的职务犯罪案件21件27人（反贪案18件24人，渎职侵权案3件3人）。提请单位撤回9件15人；办理立案监督案件38件，要求公安机关说明不立案理由36件，公安机关主动立案35件；对公安机关不应当立案而立案提出纠正2件5人，公安机关立案后提请批准逮捕12件12人，批准逮捕9件13人；向法院提起公诉14件17人，法院已判决13件16人，均作有罪判决。全市立案监督工作稳步发展。全市办理立案监督案件38件，超额完成全年目标任务。主办检察官办案责任制得到进一步加强。全市在市院及兴宾区、象州、武宣、忻城四区、县人民检察院继续实行主办检察官办案责任制，坚持责、权、利相结合，在办案制度、工作机制、办案程序及文书制作规范化等方面得到进一步的完善和加强；加强建立行政执法与刑事执法相衔接工作机制。上半年，本市各基层人民检察院均建立了行政执法与刑事执法相衔接工作机制，及时与行政执法部门召开联席会，加强对有案不立、有罪不究，以罚代刑等问题的监督力度，提高发现、预防和打击犯罪的综合能力。

第三节　公　诉

中华人民共和国成立后，境内各县认真履行公诉职责。

1951年3月，来宾县人民政府组织临时人民法庭，受理公安局代表检察机关负责人许务民提起公诉，控告匪首刘国成的罪行。刘国成，男，30多岁，城厢泗贯村人，中华人民共和国成立前历任国民党军队排长、连长、副官等职，中华人民共和国成立初期为首组织土匪，充当土匪团长，勾结匪首江有亮，纠集匪兵1000余人，大肆进行杀人放火，掠夺财物等罪恶活动。刘匪于1950年1月2日，率领土匪50余人，到金锡坳（牛岗路）进行抢劫，开枪打死7人（其中有人民政府副区长王国成、区政府秘书何致公2人以及群众和学生5人），打伤群众2人，抢劫步枪1支和物资一批。经临时人民法庭审理查明：上述事实清楚，证据确凿，情节严重，手段残忍，民愤极大，依照首恶必办，胁从不问，立功受奖的政策，判处匪首刘国成死刑，剥夺公权终身，并于3月在县城召开宣判大会，到会群众、干部1000余人，宣判刘国成死刑，立即执行枪决。

1955年开始，随着宪法和人民检察院组织法的颁布施行，境内部分县人民检察院机构较健全，力量较足的人民检察院逐渐受理公安机关侦查终结移送起诉的案件。石龙县人民检察院受理公安机关移送起诉62人，经审查决定起诉59人，不起诉3人。1956年2月10日，广西省人民检察院对审查起诉工作发出指示，提出各地要把做好审查起诉工作当作中心任务，重视督促检查，及时总结和交流经验。并提出起诉案件的质量标准：一、起诉案件必须是能够判刑的；二、起诉案件必须犯罪事实清楚，具有法律效力的证据确实；三、起诉案件必须符合公安部关于逮捕反革命分子和各种刑事犯罪分子的政策界限要求。当年，境内各县检察院贯彻上述要求，审查起诉工作做得比较扎实。各种法律文书比较齐全，质量较高。

1955—1957年，来宾县人民检察院受理移送起诉的刑事案件385件，审查后决定起诉348件。

1958—1960年，在"左"的思想指导下，进行政法工作"大跃进"，检察机关与公安机关、人民法院时合时分，有一段时间合并成立"政法公安部"，实行"一长代三长""一员代三员"。办案程序被打乱，检察机关审查起诉的职能不能正常行使，有大部分的检察职能，由公安、法院代行，严重影响案件质量。在公检法3家合并或合署办公期间，采取"对内统一，对外合法"，起诉案件以人民检察院名义起诉。审判案件，以人民法院名义审判。但对一些重大案件的起诉，人民检察院仍坚持办案程序，认真审查材料，把好起诉关。1955—1966年，石龙县(象州县)共受理移送起诉案1325人，决定起诉1274人，不起诉26人(缺1959、1962年数据)。

1961年以后，各县人民检察院已从公、检、法三家合并中分离出来，审查起诉工作逐步走向正轨，直至1967年7月，检察机关批捕、起诉权归军事机关时止。1968年2月以后，中国人民解放军广西军区对全区各级人民检察院正式实行军事管制，此后各县人民检察院审查起诉工作由军管会取代。

1978年，境内各县人民检察院刚恢复筹建，未办理案件。

1979年，境内各县人民检察院贯彻全国、全自治区检察工作会议精神，发挥检察机关的职能作用，认真开展审查起诉工作，及时有效打击刑事犯罪分子，较好地维护了社会、生产、工作秩序，加强社会主义民主法制建设，巩固和发展安定团结的政治局面。在审查起诉工作中，坚持以事实为根据，以法律为准绳的办案原则；坚持"专人审查，集体讨论，检察长审核决定和重大疑难案件提交检察委员会讨论决定"的办案制度。当年境内人民检察院共受理公安机关移送审查起诉案件484件560人，其中，审结434件497人，分别占受理起诉案件的98.9%和98%；审查后决定向法院提起诉讼414件476人，占审结案件总数的95%；免予起诉17件18人、不起诉3件3人、退回公安机关补充侦查11件14人。

1980年，开始实施《中华人民共和国刑法》和《中华人民共和国刑事诉讼法》，同时开展整顿城市社会治安，打击刑事犯罪活动。检察机关对公安机关移送审查起诉的案件，坚持依法办案，按照法律的要求，认真审阅案件、讯问被告、核实证据、全面查清犯罪事实，有部分案件还亲自进行查证，分清罪责，防错防漏，保证起诉案件质量。各县人民检察院按照中央关于整顿社会治安秩序的有关文件精神，依法从重从快打击刑事犯罪分子，集中精力，集中时间，做好审查起诉工作。当年，武宣县人民检察院受理公安机关移送起诉103件134人，决定起诉81件103人、免予起诉1件3人、不起诉21件28人。

1981年，境内检察机关按照中央的指示精神，继续把整顿城市社会治安工作列为刑事检察工作的重点，对杀人、放火、抢劫、强奸、爆炸以及其他严重危害社会治安的现行犯罪分子，依法从重从快惩处的方针。对一般刑事犯罪分子，分情况区别对待，用多种方法进行处理。当年原柳州地区受理移送审查起诉、免予起诉案件共1344件2204人，审查后决定起诉1157件1858人，分别占受理审结案件数的95%和94%；起诉后法院作出有罪判决1047件1673人，有罪判决率达97%；不起诉39件60人，退回公安机关补充侦查48件63人(今来宾市辖区约占6成)。

1983年，贯彻中共中央《关于严厉打击刑事犯罪活动的决定》和全国人大常委会《关于严惩严重危害社会治安的犯罪分子的决定》，协同公安局、人民法院从重从快严厉打击杀人、放火、爆炸、投毒、抢劫、强奸和严重破坏社会秩序的犯罪案件。当年武宣县人民检察院受理公安机关移送起诉169件289人，决定起诉124件200人、免予起诉2件2人、不起诉43件87人。

1989年，各县(市)人民检察院刑事检察科分为批捕检察科和起诉检察科，各司批捕和起诉职责。各县(市)人民检察院，继续贯彻依法从重从快打击严重刑事犯罪分子方针，开展审查起诉工作。针对当年刑事犯罪活动猖獗，各类重大刑事恶性案件大幅度上升的情况，各县(市)人民检察院依法及时做好审查起诉工作，抓紧抓好重大刑事案件的审查起诉。当年，武宣县人民检察受理公安机关移送起诉94件160人，经审查决定起诉77件122人、免予起诉3件4人、不起诉14件34人。

1990年，各县(市)人民检察院积极开展打击流窜犯罪团伙、车匪路霸，打击“三贩”(贩枪、贩毒、拐卖妇女)，打击破坏电力、水利、交通、通信设备犯罪，抓逃犯反内盗等专项打击活动，及时审查起诉专项斗争中各类犯罪分子。对重大、特大犯罪案件，特别是重大团伙犯罪案件坚持提前介入公安机关的侦查、预审活动，掌握案情，及时起诉。当年，来宾县人民检察院决定起诉283件，审查结案344件，结案率100%。1978—1990年，象州县人民检察院共受理公安机关移送起诉案972件1585人，经审查，决定起诉806件1282人、免予起诉62件119人、不起诉10人、送柳州人民检察分院起诉61件87人。武宣县人民检察院共受理公安机关移送起诉案1327件2155人，经审查决定起诉1088件1681人、免予起诉69件150人、不起诉170件324人。忻城县人民检察院对公安部门提请起诉的案件进行审查，决定起诉1057件2443人、出庭支持公诉1029件2319人、发表公诉词721篇，法庭作出有罪判决1012件2127人、无罪判决4件16人、免予起诉13件76人。1983年8月18日，忻城县人民法院在县人民礼堂开庭审理马某某、廖某某故意伤害案，刑事科派专人出庭支持公诉，并发表公诉词1篇，旁听群众达1200多人，经过4个多小时的辩论、答辩，罪证事实，罪犯认罪。1982—1990年，合山市人民检察院共受理公安机关移送起诉案件496件911人，经审查决定起诉的案件480件850人，作出有罪判决743人；移送上级人民检察院起诉的重大案件69件101人。市人民检察院提起公诉的案件，除罪行较轻，并经市人民法院同意不出庭公诉外，均派员出庭支持公诉，并对人民法院审判活动进行监督。依法出庭支持公诉480件850人，发表公诉词329篇，人民法院作出有罪判决480件743人，无罪判决1件1人。

1991年，各县(市)人民检察院在审查起诉工作中贯彻从重从快方针，严格依法办事，对刑事犯罪的案件，突出了打击重点，及时审查起诉杀人、伤害、抢劫、强奸、爆炸、制造贩卖枪支、重大诈骗、流氓团伙等犯罪分子；认真贯彻全国人大常委会关于“禁毒”“惩治走私、制作、贩卖、传播淫秽物品的犯罪分子”“严惩拐卖、绑架妇女、儿童的犯罪分子”和“严禁嫖娼”的4个决定，开展公诉工作。武宣县人民检察院受理移送起诉案件144件232人，起诉128件203人、免予起诉16件29人。

1992年，各县(市)人民检察院组织刑事检察干警学习新颁布的《刑检工作细则(试行)》，增强责任感，严格办案制度，积极参加各县市先后开展的打击毒品犯罪和反盗窃、打击“三贩”(制、贩枪支弹药、贩卖毒品、拐卖人口)等专项斗争。其中，重点参与打击毒品犯罪的专项斗争。在各项专项斗争中加强审查起诉工作。当年，武宣县人民检察院共受理提请逮捕案件127件206人，批捕108件178人、不捕9件15人；受理移送起诉案件119件175人，起诉112件167人、免予起诉17件30人。

1993年，各县(市)人民检察院，贯彻全国、全区检察长会议精神，强化法律监督职能，严格执法，狠抓办案，严厉打击各种刑事犯罪活动，积极配合政府抓好综合治理工作，深入开展打击“车匪路霸”，扫除“六害”等专项斗争，依法做好审查起诉工作。检察机关突出抓好以打击重大盗窃、车匪路霸、贩卖毒品枪支、各种暴力犯罪为重点的专项斗争，对上述重大恶性案件，坚持与公安机关、人民法院紧密配合，保证审查起诉工作做到准确、及时、合法。武宣县人民检察院受理移送起诉案件70件105人，起诉51件79人、免予起诉8件12人。

1994年，各县(市)人民检察院，贯彻全国政法工作会议精神，深刻理解中央关于“严打”工作的重要意义，从思想上高度重视维护社会稳定工作，积极参与“严打”斗争和社会治安综合治理，贯彻依法从重从快方针，与公安、人民法院密切配合，加大对严重刑事犯罪的打击力度，履行法律监督职能，依法及时有效地做好审查起诉工作。武宣县人民检察院受理移送起诉案件87件141人，起诉70件115人、免予起诉7件10人。配合公安机关开展打击“车匪路霸”和扫盗窃专项斗争和专项治理，全年共批捕重大盗窃案犯共35人，起诉35人。

1995年，各县(市)人民检察院刑事检察部门，按照依法从重从快打击刑事犯罪方针，狠抓审查起诉工作。武宣县人民检察院受理审查起诉、免予起诉案件79件113人，提起公诉57件77人、免诉13件16人、出庭支持公诉49件67人。

1996年，在境内统一开展的“严打”斗争和打击流氓犯罪、涉抢涉毒、围剿“车匪路霸”、反盗窃、“扫黄打非”、打黑除恶、整顿规范市场秩序、深挖黑恶势力“保护伞”等专项斗争中，检察机关遵照“两个基本原则”(基本犯罪事实清楚，基本证据确凿)予以起诉。采取“提前介入”(对重大、特大、疑难复杂案件提前介入公安机关侦查工作),按照“专案专人负责,定时间,定要求”,“对团伙犯罪只要主要案犯到案,主要犯罪事实清楚,证据确凿充分就提起公诉”的原则,努力缩短办案时间,实现“从重从快”打击刑事犯罪。特别是合山市人民检察院配合柳州人民检察分院刑事检察二科受理的重特大案件,案情复杂,取证难度大,但办案人员齐心协力,日夜奋战,从严把关,从快起诉,做到“快、稳、准”。如被告人李有丁等5人特大抢劫案,5名被告人在1993—1994年间,在合山市河里乡国道线柳邕公路上,设置蚂蟥钉、斧头,过往车辆被刺破车轮胎被迫停车时,他们即持杀猪刀、砂枪抢劫车上财物,作案28起,共抢得钱财6万余元,并致1人死亡,6人受伤,犯罪情节和后果十分恶劣严重。经柳州人民检察分院起诉到地区中级人民检察院后,中级人民检察院判处5名被告人死刑。武宣县人民检察院受理移送起诉案件56件92人,起诉37件62人,免予起诉6件13人,出庭支持公诉43次。

1997年,境内各检察机关刑事检察部门,认真贯彻修改后的刑法和刑事诉讼法,贯彻从重从快方针,严厉打击各种刑事犯罪活动,依法履行检察机关工作职责,做好刑事检察工作,严把审查关、证据关和起诉关,注重起诉案件的质量。调整“提前介入”为“适时介入”,实行分级请示审批制度,对贪污、贿赂大要案执行“一要坚决,二要慎重,务必搞清”的原则,突出“准”和“快”,兼顾质量与效率,确保重大刑事案件在法定期限内提起公诉,实现不在审查起诉环节出现梗阻,有效发挥依法起诉的职能作用。武宣县人民检察院受理移送起诉案件44件64人,起诉31件39人。开展打击残害妇女儿童犯罪专项行动,及时批捕、起诉了14名残害妇女儿童的犯罪嫌疑人。

1998年,境内各县(市)人民检察院刑事检察部门,按照最高人民检察院和自治区人民检察院的部署,深入开展“严打”斗争,参与社会治安综合治理工作。武宣县人民检察院受理移送起诉案件55件85人,起诉36件44人,出庭支持公诉35件。

1999年起,境内各县(市)人民检察院刑事检察部门,大力推行主诉检察官制度改革,加强公诉队伍建设,针对公安机关移送起诉案件证据质量较差,退回补充侦查案件增多,影响起诉案件的质量和效率等问题,公诉部门坚持“准确、及时”的办案方针,为快办案办好案认真核实证据,严把证据关、程序关,充分发挥刑事检察部门在打击严重刑事犯罪活动中的作用。来宾、忻城县人民检察院试行“主诉检察官办案责任制度”试点。

2000年,境内各县(市)人民检察院,实行打击与保护并重,公正廉明,不办人情案、关系案、金钱案。在办案过程中,强化证据意识,用确凿充分的证据认定事实,把好案件质量关。在审查起诉时,办案人员为获取可靠证据,对重特大案件均采取提前介入公安机关的侦查活动。6月,境内各县(市)人民检察院全面推行主诉检察官办案责任制度。当年,武宣县人民检察院提前介入重大刑事案件侦查工作40件;受理移送起诉案件143件208人,起诉129件186人。1991—2000年,来宾县人民检察院共受理各类提请起诉案件2619件3551人,经审查后决定起诉2127件3013人、决定不起诉172件205人。上送柳州人民检察分院270件272人,退回公安机关补充侦查14件20人、移送不起诉4件4人。

2001年,各县(市)人民检察院刑事检察部门,贯彻落实全国、全区政法工作会议及检察长会议精神,按照党中央年初作出的在全国开展“严打”整治斗争重大决策和部署,充分发挥检察机关职能作用,对严重危害社会治安的刑事犯罪分子做到快审查快起诉,确保检察环节畅通。在专项斗争中,为实现快审快诉,全地区检察机关积极主动介入重特大和疑难案件的侦查工作,通过参加案件分析会,提前阅卷,收集、固定证据。地县两级人民检察院根据“严打”专项斗争的打击重点,对严重危害社会治安的重点案件快审快诉。来宾县人民检察院受理公安机关提请起诉案件403件585人,同比增加128件196人;审查后决定起诉329件469人,同比增加105件175人。加大审判监督力度,对同级人民法院判决提起抗诉4件4人,中级人民法院并依法改判3件3人,尚有1件1人在年度内审理中。武宣县人民检察院受理移送起诉案件143件208人,起诉129件186人。

2002年,境内各县(市)人民检察院刑事检察部门,按照全国、全区政法工作会议及检察长会议精神,抓重点,重质量,统一思想认识,全力以赴投入“严打”整治斗争,对严重危害社会治安的刑事犯罪分子做到快审查快起诉,确保检察环节不误战机。为实现快审快诉,公诉部门积极主动配合公安、法院适时介入重特大和疑难案件的侦查工作,重点打击严重暴力犯罪、毒品犯罪、带黑社会性质的团伙犯罪等。来宾县人民检察院共受理公诉案件379件547人,审查后提起公诉324件454人,相对不起诉3件

5人、报上级院29件57人、退侦15件17人、对法院提起抗诉2件2人、中级人民法院并依法改判1件1人。

2003年，来宾市两级人民检察院公诉部门，严格执行“公正执法、加强监督、依法办案、从严治检、服务大局”的检察工作方针，依法打击严重刑事犯罪，全力维护社会稳定，打击力度进一步加大，执法水平显著提高，法律监督更加完善，与有关部门紧密配合，形成打击合力。在撤地设市大搬迁中，没有因工作、生活环境差而情绪低落，斗志松懈，而是知难而进、克服困难、艰苦奋斗，以高度的政治责任感和崇高的使命感，切实履行法律职责。公诉部门加强业务学习，组织开展了出庭观摩、案件点评等活动，积极开展岗位练兵，不断提高办案水平。当年，全市检察机关共受理公安机关和检察机关自侦部门移送审查起诉案1256件1937人，同比分别下降1.72%和2.27%；审查后决定起诉1078件1575人，不起诉35件50人，审结率97.86%；退回公安机关补充侦查267件544人，移送单位撤回11件18人；移送其他检察机关审查起诉109件222人，出庭支持公诉1072次。

2004年，全市检察机关贯彻“从重从快”方针和“两个基本”原则，实行办案管理制度的改革，制定《来宾市公诉工作规范》、通过培训班、出庭观摩、跟庭考核、诉讼文书和法律文书检查以及构建侦诉一体化工作机制等活动，检察机关刑事诉讼工作机制得到了进一步的完善，办案质量和效率有了明显的提高。全市两级人民检察院全年受理移送审查起诉1414件2153人，移送不起诉4件5人、退查重报232件458人。审查后决定起诉1223件1501人、不诉72件98人、退回公安机关补充侦查280件524人、移送单位撤回2件2人，有罪判决率100%。移送其他检察机关审查起诉98件186人，出庭支持公诉1191次。

2005年，来宾市人民检察院按照全国、全区政法工作会议和检察长会议的部署，以开展保持共产党员先进性教育活动为契机，以“规范执法行为，促进执法公正”专项整改活动为载体，努力落实新时期检察工作主题和总体要求，工作思路明确，执法思想统一，全面履行法律监督职能，法律监督能力和办案水平不断提高，执法形象不断提升。公诉部门为提高公诉质量和效率，狠抓规范化建设，市人民检察院公诉科制定了《来宾市人民检察院公诉部门审查报告综合化实施意见》《无罪案件处置办法》《无罪案件分析报告》《来宾市人民检察院跟庭考核办法》《案件流程跟踪卡》等工作制度。全市两级人民检察院全年办案准确率达98.9%以上，无干警违法违纪案件发生。两级人民检察院全年受理移送审查起诉计1286件1913人，审查后决定起诉1054件1543人、不起诉72件102人、退回公安机关补充侦查304件575人、移送单位撤回13件20人、移送其他检察机关审查起诉123件217人、出庭支持公诉1050次。在公诉工作中，一是突出“严打”重点。针对本市故意伤害、杀人、强奸、涉毒、“两抢一盗”等案件高发的特点，全市检察机关紧密配合公安、人民法院，集中司法资源，提高打击的针对性和有效性，全年刑事案件呈下降态势，其中伤害、强奸、抢劫、盗窃、抢夺、非法拘禁案件分别下降12.84%、2.78%、8.07%、9.16%、6.25%、18.2%，增强了人民群众的安全感，治安环境得到进一步好转。二是从“快”和“准”上下功夫，确保案件效率和质量。首先，审查起诉工作坚持“从重从快”方针，依法快捕快诉，确保不在检察环节贻误战机。其次，人民检察院公诉部门与公安、人民法院加强沟通与配合，及时介入和引导侦查活动，确保办案效率和质量。第三，为确保案件质量，加强程序规范化建设，市人民检察院公诉部门先后制定了《来宾市人民检察院公诉部门审查报告综合化实施意见》《无罪案件处置办法》《案件流程跟踪卡》《来宾市人民检察院跟庭考核办法》等规范性文件。两级人民检察院当年办案准确率达98.9%以上。

支持公诉

境内各县人民检察院的出庭支持公诉工作，始于1954年。当年依照已有的法律、法规和条例精神，参照学习苏联等社会主义国家的检察工作经验，学习兄弟省、市、区的做法，结合广西的具体情况进行检察业务试验。由检察长负责，组织干部学习有关法律法令，制订工作计划，选择重大、有典型教育意义的刑事案件，出庭支持公诉。当时出庭有预审庭和审判庭两种。预审庭是人民法院的审判人员对人民检察院提起公诉的案件进行初审，裁定是否交付审判。审判庭是人民法院对人民检察院起诉的案件，经预审庭裁定交付法庭审判后进行公开审理判决。当时，由于检察机关初建，人员少，出庭支持公诉工作还未完全担负起来，只能选择一些重大有影响的案件，经过充分准备后，一般都由检察长或法律知识水平高，工作能力强的检察员承担第一次出庭支持公诉的任务。

1978年，各县人民检察院刚筹建未办理出庭支持公诉案件。随着机构的建立健全，各项检察业务相继开展，出庭支持公诉工作进入一个全面承担，提高质量的新阶段。为适应新时期的需要，境内各县人民检察院组织检察干部认真学习宪法、刑法、刑诉法和人民检察院组织法等有关法律，总结历史的经验教训，端正思想，掌握法律知识，为开展工作做好准备。

1979年起，各县检察机关着力培养公诉人，提高公诉质量和水平，认真做好庭前庭中庭后工作，包括阅卷、提审被告人、撰写公诉词、答辩提纲、研究庭审对策和预测、庭中发表公诉词等。1981年后，各县所有人民法院开庭审理之案件，均派人出庭支持公诉。1989年起，各县人民检察院院不定期组织公诉人员观摩庭审，借以提高公诉人员的公诉水平。1979—1990年，象州县人民检察院共出庭支持公诉案件937件1522人。1978—1990年，来宾县在人民法院开庭审理的2799件公诉案件中，县人民检察院共发表公诉词2800篇(次)。1982—1990年，合山市依法出庭支持公诉480件850人，发表公诉词329篇，人民法院作出有罪判决480件743人、无罪判决1件1人。1993年，境内各县(市)人民检察院公诉部门参加柳州人民检察分院优秀公诉人评选，忻城县人民检察院蒋光泽、来宾县人民检察院张伟先地区检察系统优秀公诉人；蒋光泽被评为自治区人民检察系统优秀公诉人。年底，最高人民检察院下发《关于加强贪污贿赂大要案出庭公诉工作的通知》，提出出庭支持公诉是检察机关在反腐败斗争中，集中精力办大案、要案工作的重要环节，不仅关系到巩固侦查工作成果，而且集中反映检察机关在查办大案要案工作中的作用，要加强贪污贿赂大案、要案出庭支持公诉工作。1991—2005年，象州县人民检察院共出庭支持公诉案件2018件2942人，人民法院审结案件1995件2937人，除2件2人作无罪判决外，其余均作有罪判决。

2003年，来宾市两级检察机关公诉部门，严格执行“公正执法、加强监督、依法办案、从严治检、服务大局”的检察工作方针，突出“强化监督、公正执法”的主题，进一步加强诉讼工作。全市检察机关全年共提起公诉案件1078件1575人，出庭支持公诉1072件1555人，出庭率为99%，人民法院审理后作出有罪判决914件1352人、无罪判决6人，组织公诉人员观摩中级人民法院庭审1次。

2004年，全市检察机关公诉部门共提起公诉案件1194件1756人，出庭支持公诉1191件1750人，出庭率为98%，法院审理后作出有罪判决1024件1408人、无罪判决4人，组织公诉人员观摩中级人民法院庭审1次。

2005年，来宾市两级人民检察院公诉部门，全年提起公诉案件1054件1543人，出庭支持公诉1050件1538人，出庭率为98%，法院审理后作出有罪判决996件1451人，没有无罪判决案件。组织公诉人员观摩庭审2次，其中组织公诉人员观摩中级人民法院庭审1次。

审判监督

1955—1966年，各县人民法院所审理的公诉和刑事案件，县人民检察院均派员出庭，以国家公诉人员身份支持公诉。对被告人及其辩护人所提的疑问，均以事实为依据，以法律为准绳给予回答。对县人民法院作出的一审判决，发现量刑不当的，即依法提出建议并按法律程序提出抗诉。使法院能及时地进行改判。1956年11月，来宾县人民法院开庭审理兰某某强奸1名孕妇后杀人匿尸一案时证据确凿。却仅判处罪犯有期徒刑20年。来宾县人民检察院以本案重罪轻判为由，依法提出抗诉。上级人民法院受理后，以量刑不当而撤销原判，予以改判，将该罪犯处死刑。

1978—1990年，来宾县人民检察院共对法院所作的判决发现量刑确实不当的9件9人，均依法提出建议和抗诉，使人民法院及时改判。1983年6月，来宾县人民法院开庭审理盗伐林木一案，以盗伐林木罪判处罪犯秦某某拘役4个月。县人民检察院派员出庭支持公诉时，认为本案事实确凿，情节严重，量刑偏轻。提出抗诉后，二审人民法院审理后认为本案确属量刑不当，撤销原判，改判该罪犯有期徒刑1年。1981—1990年，象州县人民检察院依据《中华人民共和国刑法》和《中华人民共和国刑事诉讼法》规定，对法院定性不准、量刑不当的30件刑事案件提出抗诉，均获正确处理。

1979—1996年，检察机关依法对人民法院作出的判决和裁定履行监督职责，设立判决裁定的审查机制，听取当事人及其亲属或其他公民的申诉，注意发现判决裁定中存在的认定事实或适用法律的错误，坚决予以纠正。检察机关对人民法院的判决裁定实行监督，对确有错误的判决裁定提出抗诉，以保证判决公正，对审判活动违法情况及时提出纠正意见；发现审判人员贪赃枉法、徇私舞弊构成犯罪的，坚决追究。1997年后，对抗诉案件严格把关，对审判活动是否合法，是否符合法定程序和判决结果加强监督，对二审、再审案件加强监督，对人民法院判无罪案件认真复查，对抗诉案件严格备案制度，并报同级人大常委会。1993年，金秀瑶族自治县人民检察院在起诉潘某某、周某某（在逃）案时，一审人民法院以被告人潘某某是从犯，以投案自首为由，判潘某某有期徒刑2年，缓刑2年。金秀瑶族自治县人民检察院认为量刑较轻，提出抗诉，柳州人民检察院分院予以支持。后经中级人民法院审理，改判被告人潘某某有期徒刑3年。

2003年，来宾市两级人民检察院坚持“增强监督意识，创新监督机制，完善监督方式，强化监督措施”，从监督违反诉讼程序入手，以惩治司法腐败为重点，以保障实现社会公平和正义为目标，加强审判监督工作，重点纠正有罪不究、枉法裁判等问题，卓有成效地开展诉讼监督活动，使审判监督取得实效。全年办理刑事抗诉案7件，法院改判2件。

2004年，全市检察机关从维护司法公正和社会正义的高度，进一步增强监督意识和责任意识，以监督纠正执法违法、司法不公为重点，以办案考核制度和专项检查行动为主要手段，全面加大诉讼监督力度，维护法律的统一正确实施。全年对人民法院判决的刑事案件提出抗诉9件9人，人民法院改判8件8人。

2005年，全市检察机关公诉部门坚持实行联席会议制度，与侦查机关、审判机关加强沟通配合，及时介入和引导侦查活动，确保办案效率和质量。对人民法院的判决提出抗诉6件12人，人民法院经审理改判3件8人。

第四节　反贪污贿赂检察

机　构

1957年，来宾县人民检察院始设经济检察股。之后，随着法律制度的健全，境内各县检察机关逐步开展经济检察工作。1966年以前，经济案件由侦查科负责审理。1979年开始，境内各县人民检察院内部设置经济检察机构，业务上受柳州人民检察分院于1978年8月成立的经济检察科指导。1979—1980年，各县人民检察院设经济检察科（组），依照《中华人民共和国刑法》和有关受案范围规定，承担对贪污、行贿受贿、偷税抗税等案件的立案侦查和起诉。1979年11月，象州县人民检察院设立经济检察科、忻城县人民检察院设经济检察组、金秀瑶族自治县人民检察院设经济检察科。1980年1月，来宾县人民检察院设置经济检察科、武宣县人民检察院成立经济检察科。1980年起，各县人民检察院按照刑事案件管辖范围办理经济犯罪案件。1980年11月以后，根据自治区人民检察院关于《经济检察管辖案件的立案标准和办案制度的几项规定》，逐步修改、补充和完善。立案标准、办案制度、检查案件质量的标准和案件备案制度等。1982年，合山市人民检察院设经济检察科。1996年，境内各县（市）人民检察院经济检察科改称反贪污贿赂局。业务上由原柳州人民检察分院反贪污贿赂局指导。2月，来宾县人民检察院经济检察科改称反贪污贿赂局。

2003年2月19日，中共来宾市委办公室《关于印发来宾市人民检察院职能配置、内设机构和人员编制方案的通知》（来办〔2003〕16号），设定来宾市人民检察院反贪污贿赂局局长1名（副处级）。2月21日，广西壮族自治区机构编制委员会桂编〔2003〕12号文批复：同意撤销广西壮族自治区人民检察院柳州分院，设立地级来宾市人民检察院，其内设机构之一反贪污贿赂局改称来宾市人民检察院反贪污贿赂局。其工作职责：负责对本市检察机关办理贪污贿赂、挪用公款、巨额财产来源不明、隐瞒境外存款私分国有资产、私分罚没财物等经济犯罪案件的侦查；直接立案侦查重大贪污贿赂犯罪件；组织、协调、指挥跨县（市）重大、特大贪污贿赂犯罪案件的侦查；协助上级检察机关侦查重特大贪污贿赂案件；研究分析全市贪污贿赂等犯罪特点、规律，提出惩治对策；承办下级人民检察院反贪污贿赂工作中疑难问题的请示；研究拟定反贪污贿赂检察业务工作制度、办法；参与办理主办检察官工作，研究拟定对主办检察官的管理办法。

查办贪污贿赂等经济犯罪案

1952—1953年，境内各县党政机关开展反贪污、反浪费、反官僚主义的“三反”运动；社会上开展反行贿、反偷税漏税、反偷工减料、反盗骗国家财产、反盗窃国家经济情报的“五反”运动。检察机关抽出主要力量参加“三反”领导机构，参与审查处理贪污案件，配合“三反”“五反”人民法庭，按照《中华人民共和国惩治贪污条例》（以下简称惩治贪污条例）和“对五反运动定案处理原则的规定”进行审理，依法惩处犯罪人员。

1954—1957年，境内各县检察机关紧紧围绕社会主义经济建设和社会主义改造这个中心，重点侦查“三反”后新发现的贪污、盗窃国家资财等案件。1956年7月，广西省人民检察院主动与省公安厅、高级人民法院协商联合发出《关于受理刑事案件分工问题的联合指示》，明确指出：“检察机关担负侦查的刑事案件主要是：职务上的犯罪案件，经济上的犯罪案件……”。

1957年3月5日，省人民检察院在部署工作任务中指出：“检察机关侦查工作的重点，主要是侦查国家机关、工矿企业和合作社内部工作人员职务犯罪的案件，以及经济犯罪案件”，并根据以往办案经验，对案件的标准和掌握政策界限作出了具体的要求：对贪污案件，主要是追究贪污数额较大、手段恶劣、情节严重、影响很坏的犯罪分子。在办案中，应将挪用公款与贪污、贪图小便宜与侵吞公有财产；群众性的瞒产私分与社、队干部集体贪污；确因生活困难偶尔零星贪污与少数品质恶劣，腐化堕落一贯贪污；已坦白交代受过处理与拒不坦白被揭露出来严格加以区别，分别处理。1955—1966年，来宾县人民检察院共受理贪污、偷税等经济案件113件。

1978年，武宣县人民检察院刚恢复，即收到公安局转来原桐岭公社管委会会计覃某贪污公款12435元一案，经侦查核实后，于1979年8月，向人民法院提起公诉，人民法院判处覃某有期徒刑12年。1979年1月，忻城县人民检察院成立经济检察组（后称股）后，先把“文化大革命”前的160个贪污案件进行核查、审理。经多方调查取证、核实，原提起公诉的83件109人，法院作出有罪判决的93人，无罪判决16人不改变，尚有77件89人中有12件17人，因贪污数额较大，情节严重，群众反映强烈，经审定重新提起公诉。人民法院开庭审理作出有罪判决，免于起诉65件72人。11月，象州县人民检察院配备3名经济检察干部，对经济领域的刑事案件实施侦查。经济领域刑事案件类型多为盗伐森林、贪污、受贿、投机倒把、偷税抗税等。

1980年，武宣县人民检察院成立经济检察科。当年受理贪污、盗伐、滥伐林木等案件线索7件，经调查，转交给行政部门处理，不予立案。1981年，武宣县立案侦查盗伐林木案2件，最后提起公诉1件，免予起诉1件。自1981年起，象州县经济案件大幅度上升，不法分子乘改革开放之机进行经济犯罪活动，手段狡猾，严重破坏干扰经济建设。经济检察干部严格依法办案，深入基层调查，破获不少经济领域刑事案件。1981年，各县人民检察院组织力量，重点查处盗伐滥伐林木案件，坚决打击破坏森林犯罪。7月，金秀瑶族自治县人民检察院在县委的统一领导下，配合有关部门抽出9名检察人员审理盗伐滥伐林木案件，莫建华检察长深入问题较严重的三角公社宣传法制，发动群众揭发违法犯罪活动，在有关单位的配合下，办结5起盗伐林木案件。该县全年共办理破坏森林案22件27人，逮捕24人，起诉17件21人。1982年，各县（市）人民检察院根据中共中央《关于打击经济犯罪的紧急通知》和全国人大常委会《关于严惩严重破坏经济的犯罪的决定》以及全国政法工作会议和自治区检察长会议精神，分析本地经济犯罪形势，集中精力，开展打击经济领域的严重犯罪活动，把打击经济领域犯罪，作为检察机关的中心任务抓紧抓好，认真查办贪污受贿案件。检察机关在查处经济案件中，注意划清罪与非罪、工作失误与违法犯罪、经济上的不正之风与经济犯罪、走私贩私、贪污受贿、投机倒把与执行对内搞活经济对外开放中某些制度、办法不完善而发生问题的界限，大力宣传全国人大常委会的决定：在“五一”前投案自首、主动退赃的一律从宽处理。1982年，武宣县人民检察院立案侦查的经济案件7件8人，其中贪污案3件3人、受贿案1件2人、盗伐林木案3件3人。依法提起公诉4件5人，其中受贿案1件1人，盗伐林木案2件2人。立案查处了三里公社上江大队党支书廖某某组织农民盗伐、滥伐2000多立方米林木案，及时将案犯廖某某逮捕归案并提起公诉，人民法院判处廖某某有期徒刑3年。

1983年，境内各县（市）人民检察院在“严打”斗争中，贯彻中央关于打击经济犯罪的决定，深入开展打击经济犯罪活动，加大力度查处贪污、贿赂和重大责任事故案件。武宣县人民检察院与公安、司法等部门团结协作，集中力量主动出击，惩治经济犯罪，计立案侦查9件9人（上年积案3件3人），其中贪污案4件4人、重大责任事故2件2人、盗伐林木案3件3人。经侦查决定逮捕5人，向人民法院提起公诉8件8人，人民法院均作了有罪判决。

1984年，各县（市）人民检察院针对在清理党政机关和党政干部经商、处理乱砍滥伐、财务、税收大检查，银行信贷检查中暴露出来的经济犯罪面广、案多、数额大和法人犯罪突出等问题，调整充实经济检察干部，全面开展经济犯罪案件的查处，象州县从有关部门抽调11人协助办理经济案件。各地根据本地情况，采取抓系统，系统抓的办法，使经济案件查处工作进展快，效果明显，特别是狠抓大案要案的查处，取得明显效果。武宣县人民检察院在供销系统和粮食系统，查办万元以上大案3件，办结2件；合山市在劳动服务公司查办经济案件3件11人。来宾县人民检察院根据本县刑事案件多，经济案也较为突出的情况，在严厉打击刑事犯罪的同时，安排专人办理经济案件，8月份办结8起经济案件。象州县人民检察院做到打击刑事犯罪和打击经济犯罪相结合，全年办结11起经济案件。武宣县人民检察院在人员少，案件多的情况下，采取穿插交错办案的方法，办结8件经济案件，结案率与上年同比增加50%。

1986年，境内检察机关，贯彻中央关于“人民检察院要加强对经济犯罪行为的检察工作”的精神，把打击经济犯罪作为主要任务来抓，突出重点，集中人力、时间和精力突破贪污受贿大案要案。根据自治区人民检察院在绝不放松打击刑事犯罪的同时，把打击经济犯罪作为主要任务，认真贯彻“两手抓”（一手抓打击经济犯罪，一手抓改革开放）和“一要坚决，二要慎重，务必搞准”的方针，消除“对立论”的思想障碍，明确在任何时候、任何情况下，都要坚定不移地开展经济检察工作，认真执行最高人民检察院“争取用一年左右时间把经济犯罪分子的嚣张气焰压下去”的指示，协调各部门的行动，加强办案指导，从有关部门抽调人员协助检察机关办理经济案件，形成打击经济犯罪的合力。合山市人民检察院在办理廖某某贪污案时，取证涉及区内7个地、市、县，工作量大，人民检察院分院先后派出2名经济检察干部配合合山市检察院办案，由8人组成4组调查取证，使这起贪污12万元的大案，在5个多月的时间就起诉。来宾县查出供销系统贪污案24件，其中万元以上的14件。各县（市）人民检察院根据本地实际情况，选择经济犯罪活动比较严重的系统认真排查，忻城县选择税务系统，来宾县选择供销系统。来宾县人民检察院查处了供销系统的经济犯罪案24起，有力地打击了经济犯罪活动。武宣县成立了由2名县委副书记、1名副县长和2名县委常委参加的打击经济犯罪领导小组，抽调26名干部配合，抓系统，系统抓，形成了打击经济犯罪的总体战。在整党中揭露出的18名科局以上干部涉嫌经济犯罪，该县人民检察院派人迅速查处。武宣县全年决定立案侦查经济案14件15人，其中贪污案9件10人、受贿案4件4人、诈骗案1件1人、决定逮捕14人（上年积存案2人）。向人民法院提起公诉12件13人，免于起诉2件2人。

1987年，武宣县人民检察院受理各种经济案件27件，决定立案侦查9件9人，其中贪污4件4人、诈骗1件1人、其他4件4人。经审查决定逮捕6人，向人民法院提起公诉5件5人，人民法院都作了有罪判决，为国家和集体挽回经济损失528897元。次年又通过经济案的侦察，为国家挽回经济损失9.2万元。

1988年，各县（市）人民检察院狠抓大案要案的调查处理，重点查办贪污受贿等案件。合山市人民检察院在侦查合山电厂燃料部主任梁某某受贿案中，从调查一张化验单入手，彻底清查几年的煤质化验单据，通过审讯罪犯，及时取证，扩大战果，发现经济违法犯罪线索37件88人，经审查立案侦查13件19人，均为行贿受贿案，共追回赃款38.96万元。合山矿务局上塘矿3名副矿长共同受贿13567元后，同意行贿人把上万吨劣质煤改为优质煤以上塘矿的名义卖给合山电厂，造成重大经济损失。当年合山市人民检察院查处合山电厂综合服务公司副经理等受贿、投机倒把案13件；当年金秀瑶族自治县人民检察院立案查处贪污案2件2人，受贿案1件1人，为国家挽回经济损失18多万元。全年，金秀瑶族自治县共立案侦查经济案件74件，案件终结共逮捕50人；向县人民法院起诉35件41人次，免予起诉20件24人次，共挽回经济损失127960元、木材165.69立方米。

1989年，境内各县（市）检察机关在打击经济犯罪工作中，注意抓好四个方面的工作。一是贯彻最高人民检察院和最高人民法院（下称“两高”）《关于贪污、受贿、投机倒把等犯罪分子必须在限期内自首坦白的通告》精神，推动打击经济犯罪斗争深入开展。通告发布后，检察机关在党委的统一领导下，与有关部门配合，采取多种形式对通告进行广泛深入的宣传，取得良好的社会效果。二是各级领导重视，加强对办案工作的领导。各县（市）检察机关领导都注意把主要精力放在查处经济犯罪案件上，而且在办案中突出狠抓大案要案。当年，在查办来宾县土地局3个正副局长为首私分公款10万元的大案中。来宾县人民检察院樊乃祥检察长亲自参加办案，为办案人员排忧解难，使这起大案在2个月就得到结案。三是与有关部门紧密配合，集中力量办大案。各县（市）人民检察院与纪委、监察部门及有关单位紧密配合，在案件多人员少力量不足的情况下，为尽快结案，办案人员经常加班加点，注意挖掘人员潜力，充实办案人员配合经济检察科办案。武宣县人民检察院先后抽调8人，配合经济检察科办案。四是增强侦查意识，注意抓紧追赃。当年，武宣县人民检察院在办理黄某某挪用公款37万元特大案件时，集中力量迅速查证，并专业抽出4人组成2个追赃小组，在1名副检察长的指挥下进行追究赃，当年该院为国家挽回经济损失89.5万多元，列柳州地区第一。同年6月，武宣县人民检察院成立了经济、法纪案举报中心，把贪污、贿赂案件当作重点进行检查，受理群众对国家工作人员违法案件的举报。全年共受理各种经济案40件47人(比1988年多30件)，其中贪污案26件33人、受贿案2件2人、偷税抗税案12件12人。经审查决定立案侦查18件25人，其中贪污13件20人、受贿1件1人、偷税抗税4件4人、结案17件24人、积存1件1人。县财政局综合股黄某与东乡营业所罗某，为进行私人营利活动，互相勾结挪用公款37多万元(超过期限以贪污罪论处)，通过查处黄某案，顺藤摸瓜又挖出综合股原股长罗某贪污公款40多万元，通过查处县财政局两大案，为国家挽回经济损失93万多元。金秀瑶族自治县经济检察科立案查处贪污案4件9人，偷税漏税案2件3人，为国家挽回经济损失15多万元。

1990年，各县(市)人民检察院，继续把反贪污、反贿赂作为打击经济犯罪工作重点，广大干警发扬不怕疲劳，连续作战的作风，深挖细查贪污犯罪案件。合山市人民检察院与纪检、监察、税务、审计等部门配合，对群众反映强烈的合山市矿产局原煤外运收费点进行调查，查明一批收费人员有贪污等经济问题，决定立案侦查12件，并配合市委、市政府先后召开科局级领导、市直机关干部职工大会和从宽从严处理案犯群众大会，宣传党和国家的宽严政策、法律，号召干部、群众揭发犯罪行为，敦促犯罪分子投案自首，会后有64名违法犯罪人员投案自首。武宣县人民检察院受理各种经济案34件，决定立案侦查25件42人，已审结21件30人，为国家挽回经济损失47.6万多元。县农资公司原经理韦某，利用职务之便，与贵港市大圩镇综合店冯某合谋。从1989年2月起，以支付化肥货运服务基金、业务活动基金、劳动服务基金为名，凭假姓名、假印章伪装19张发票，从中贪污公款61421元共同分赃，县人民检察院经济检察科及时立案侦查终结，移送法院审理，人民法院依法判处韦某有期徒刑6年，判处冯某有期徒刑5年。至1990年，合山市共受理各类经济案件270件329人，立案侦查107件136人、提起公诉74件92人、免予起诉22件31人、撤销11件13人、决定逮捕44人，共为国家和集体挽回经济损失253.36万元。象州县计受理各类经济案件184件，立案侦查105件；侦查终结逮捕案犯76人，提起公诉58件82人，免予起诉24件28人；为国家和集体挽回经济损失875387元。金秀瑶族自治县经济检察科立案查处贪污案3件3人、受贿案1件1人、偷税漏税案3件3人。为国家挽回经济损失6万多元。

1978—1990年，武宣县人民检察院共受理各种经济案202件，决定立案侦查98件，逮捕案犯66人，向人民法院提起公诉69件77人，为国家和集体挽回经济损失349.7万元。1980—1990年忻城县人民检察院经济检察科共受理各种经济案件322起375人，立案审查70件95人，向人民法院提起公诉48件84人，人民法院审决判刑13人；免予起诉17件66人，执行拘役6个月的75人，罚款42人。来宾县人民检察院共受理各种经济案件171件152人，自行侦查终结决定起诉104件125人，其中贪污案44件52人，行贿受贿2件5人，盗伐、滥伐森林案36件47人，其他21件21人，为国家挽回经济损失197.5万元。

1991年，各县(市)人民检察院，在打击贪污贿赂犯罪中，十分注重加强法制宣传教育工作，通过宣传敦促贪污贿赂犯罪分子投案自首，掀起打击贪污贿赂犯罪小高潮。忻城县人民检察院在忻城供电公司办案时，根据群众举报，对部分线索进行初查并召开干部职工大会，开展法制宣传教育，几天内就有24人投案自首。当年忻城县人民检察院在供电系统立案侦查贪污贿赂犯罪案10件，挽回经济损失10多万元。针对经济犯罪呈现贪污贿赂案件多、国有集体企事业单位涉案人员多，窝案串案多的新特点，各县(市)人民检察院树立检察工作必须为经济建设服务的意识，通过办案，向有关单位提出检察建议，制定相关制度，加强管理，堵塞漏洞。如合山市人民检察院在办理该市煤卡办的一批贪污贿赂案时，就有人散布“办了关卡案，收费减一半”。而事实是，在该市人民检察院办了一批关卡案，追回款项64多万元，既惩罚了罪犯，又挽回了损失，提出检察建议后，杜绝了管理漏洞，上年的1—7月征收煤炭税费176.37万元，而办关卡案后，当年1—7月征收煤炭税费289.56万元，税费不但未减少，同比还增加了64%。当年武宣县人民检察院受理经济案件48件，立案侦查31件36人、侦查终结25件，挽回经济损失62.88万元；金秀瑶族自治县人民检察院立案查处贪污案2件2人、受贿案1件1人、挪用公款案4件4人、偷税漏税案1件1人，为国家挽回经济损失15多万元。

1993年，境内各县（市）人民检察院，按照最高人民检察院关于“严格执法，狠抓办案”的工作方针和中共中央关于反腐败斗争的部署，突出重点集中力量狠抓大案要案的查处工作。认真查处重点部门的案件，查办了一批发生在党政机关、司法部门、行政执法部门和经济管理部门（以下简称一机关三部门）的贪污、贿赂等经济犯罪案件。4月底，自治区人民检察院召开反贪污贿赂工作座谈会，传达最高人民检察院4月22日电话会议精神，各县（市）人民检察院传达学习有关会议精神，部署深入开展反腐败斗争，反贪工作取得阶段性成果。来宾县在抓大案、要案上较为突出，来宾县立大案、要案6件7人。在反腐败斗争中，各级人民检察院把查处贿赂案件作为反腐败工作的重点，认真抓好行贿受贿案件的查处。当年9月初，来宾县人民检察院接到广西八一锰矿群众举报后，经济检察科全体办案人员迅速出击，仅用1个多月的时间，就一举挖出9件10人的行贿受贿案件，结合办案为八一锰矿挽回经济损失20多万元；金秀瑶族自治县经济检察科立案查处贪污案1件1人，为国家挽回经济损失20多万元。

1994年，境内各县（市）人民检察院，深入贯彻中央经济工作会议、全国政法工作会议及全国检察长会议精神，与公安、人民法院和司法部门密切配合，围绕国家经济建设大局，按照最高人民检察院的部署，深入开展反腐败斗争，加大力度，集中力量查处经济犯罪大案、要案。来宾县人民检察院检察长蒙国壮、副检察长谭生伟，亲自带领经济检察科的办案人员深入广西八一锰矿、小平阳水泥厂等案发单位开展初查、审讯和取证工作。当年，来宾县共受理各类经济犯罪案件35件40人，依法进行初查35件37人，经初查后决定立案29件32人，其中贪污案15件、贿赂案9件、挪用公款案4件、万元以上大案20件22人，占立案数68%；侦查终结18件30人、移送起诉7件9人、移送不起诉10件16人、撤销案件5件5人。通过办案，为国家挽回经济损失200万元。当年结案数、挽回经济损失数居全区检察机关前列，7月15日，经济检察科被柳州人民检察分院记集体三等功一次。合山市人民检察院检察长兰桂练、象州县人民检察院检察长莫崇鲜、金秀瑶族自治县人民检察院检察长覃驰东等领导，在查处经济案件中，既当指挥员，又当战斗员，极大地鼓舞办案人员的士气，加快了办案的速度。根据中央有关文件精神，明确把查处“三机关一部门”的大案要案作为重点，集中力量，集中精力，重点突破。象州县人民检察院根据群众举报，深入妙皇乡查处该乡原党委书记、乡长和企业办公室副主任等人的受贿案。在获取证据后，依法对犯罪嫌疑人决定逮捕。查处此案在当地群众中反响较大，收到了良好的社会效果。原武宣县委常委、县公安局长、政法委副书记李某某贪污案，是自治区人大交办的一起要案。此案有关部门曾先后调查处理过6次，均没有查清。3月，柳州人民检察分院指派办案骨干负责查办此案，在地区纪委的配合下，经几个月艰苦的调查取证，案件查处工作取得重大突破，并进一步深挖细查。当年，武宣县受理经济案件19件，立案侦查8件10人，挽回经济损失67.53万元。金秀瑶族自治县经济检察科立案查处贪污案1件1人，为国家挽回经济损失20多万元。

1995年，各县（市）人民检察院迅速掀起反贪污贿赂高潮，重点查办“三机关一部门”的经济犯罪大案要案。6月，象州县人民检察院抓住一个包工头，揪出一伙贪官。从建筑行业突破，顺藤摸瓜，先后侦破了县建设银行、县城乡建设委员会、县土地局、县二轻局、县质量监督站、劳动保险所等部门领导贪污受贿大案14件14人，另有7人投案自首，挽回经济损失100多万元。象州县人民检察院反贪污贿赂工作声势大，在干部群众中引起强烈反响，得到自治区人民检察院的充分肯定和表扬。9月21日，柳州人民检察分院在象州县人民检察院召开全地区检察长参加的反贪污工作现场会，总结学习推广象州县人民检察院的反贪工作经验，要求各县（市）人民检察院认真总结，找出差距，迎头赶上。金秀瑶族自治县人民检察院会后1个月时间就立经济案件20件，在一个仅14万多人的贫穷山区小县里，先后在建设银行、土地局、交通警察大队、公安局等单位侦破一批领导干部贪污贿赂案件，涉案人员40多人。金秀瑶族自治县人民检察院在查处这批经济件中，涉案人员之多，受干扰和压力之大是前所未有的。但金秀瑶族自治县人民检察院领导坚持秉公执法，依法办案，赢得了广大干部群众的高度赞扬，通过办案扩大了检察机关的影响，树立了检察机关的良好形象。该县为扩大办案效果，在县委的支持下，召开全县干部反腐败斗争大会。在法律和政策的震慑下，全县有27名有经济违法犯罪人员到县纪委和人民检察院投案自首,退回赃款 17.5 万元。合山市人民检察院在初查中发现原合山市委常委、宣传部部长姚某某有贿赂犯罪行为,及时向柳州人民检察分院请示汇报,分院主管领导及经济检察科及时到合山市人民检察院,与该院协同作战,终于顺利侦破此起受贿要案。武宣县人民检察院在年初查处的该县中华人民共和国成立以来最大的一起金融部门盗汇案中,检察长李坚从始至终参与案件的查处工作,在县农业银行检察室的协助下,很快侦破此案,并及时追回赃款 9 万余元。象州县人民检察院分管经济检察工作的副检察长陈超吉,在查处该县建设银行行长覃某某一案中,带领办案人员连续驱车北海,往返近千里,将在北海开会的覃某某"请回",使此案得到很快突破。金秀瑶族自治县经济检察科立案查处贪污案 3 件 3 人,受贿案 18 件 18 人,偷税漏税案 4 件 4 人。为国家挽回经济损失 100 多万元。

1997 年,各县(市)检察机关,贯彻落实全国"十检"和全区检察长会议精神,认真实施修改后刑法和刑事诉讼法,坚决贯彻执行党中央关于反腐败斗争的部署,加强经济犯罪案件查处,各县(市)人民检察院贯彻 7 月召开的全地区反腐败工作会议精神,总结上半年工作经验教训,查找存在问题的原因。各县(市)的反贪工作迅速出现新的起色,特别是第三季度,来宾、合山、武宣等县(市),领导亲自上阵指挥,采取有效措施,使查办经济案滑坡的现象迅速扭转。在查办经济案件,始终坚持在党委领导下,自觉接受人大监督,争取政府支持,使查办经济案件顺利进行。武宣县受理经济案件 20 件 23 人,立案侦查 9 件 10 人,挽回经济损失 24 万元。金秀瑶族自治县反贪污贿赂局立案查处贪污案 1 件 1 人,受贿案 1 件 1 人。为国家挽回经济损失 40 多万元。

1998 年,修改后的刑法和刑事诉讼法实施后,检察机关对经济案件的管辖范围相对减少,境内检察机关按照中央政法委和最高人民检察院和自治区政法委、自治区人民检察院的部署,深入开展反腐败斗争,积极查办发生在"三机关一部门"、国有企事业单位的各类经济犯罪案件。各县(市)人民检察院,及时排查掌握的案件线索,达到立案标准的要坚决依法立案。来宾县人民检察院在 3 月侦破 6 件涉案金额 20 万余元的大案后,10 月中旬,又侦破该县原平阳乡农村信用社主任罗某某贪污 60 余万元的大案,在群众中引起强烈反响。合山市人民检察院 1—9 月,立案查处 4 件万元以上大案;10—11 月,又立案查处了 2 件万元以上大案,收到了良好的社会效果。

2000 年,境内检察机关反贪部门,贯彻中央从严治党的方针和深入开展反腐败的工作部署,继续把查办贪污贿赂犯罪案件工作摆在突出位置,采取积极有效措施,加大办案力度,严查职务犯罪,惩治腐败分子,重点查办"三机关一部门"中的大案要案和群众反映强烈的职务犯罪案件。针对大案要案和窝案串案增多,办案难度加大及检察机关办案人员少,办案经费紧张等情况,检察机关发挥主观能动性,采取有效措施,推动反贪工作深入发展。全面落实一岗双责制,各县(市)人民检察院反贪局制定队伍管理和办案工作责任制。当年,武宣县受理经济案件 26 件 30 人,立案侦查 11 件 11 人、结案 9 件 9 人,挽回经济损失 37 万元。金秀瑶族自治县反贪污贿赂局立案查处贪污案 1 件 2 人,受贿案 3 件 3 人,挪用公款案 1 件 1 人,为国家挽回经济损失 50 多万元。1991—2000 年,来宾县人民检察院共受理各类经济案件线索 315 件,初查后决定立案侦查 175 件 197 人,其中重大案件 79 件 92 人,涉及科级以上干部 22 人,依法决定逮捕犯罪嫌疑人 53 人,结合办案为国家挽回经济损失 1138.79 万元。

2002 年,境内各县(市)检察机关,把查办职务犯罪工作摆在突出位置,采取有力措施,充分挖掘潜能,凝聚力量,推进反贪工作向前发展。根据自治区人民检察院提出的"稳定办案数量,提高办案质量,突出办案重点,规范办案行为"的要求,各县(市)继续保持强劲的办案势头,突出重点,集中力量查办大案要案和社会危害大、群众反映强烈的案件。全年查办原武宣县土地局局长、县长助理李某某(副处级)涉嫌贪污案,充分发挥侦查突破的体制优势,较好地解决了办案工作中的各种阻力干扰和困难问题,同时在办案时还注意深挖犯罪,在柳州人民检察分院大案要案侦查指挥中心指挥下,侦查突破合山市工商局副局长杨某涉嫌贪污案和武宣县审计局原局长黄某某涉嫌贪污案;在查处柳州地区国土资源局地产总公司副总经理罗某某挪用公款案时还牵出武宣县人民政府县长助理、土地局局长李某某贪污案。当年,武宣县受理经济案件 15 件 21 人,立案侦查 9 件 10 人,结案 12 件 12 人,挽回经济损失 60 万元;来宾县受理贪污贿赂等各类经济案件线索 30 件 30 人,初查 30 件 30 人,决定立案侦查 20 件 20 人、侦查终结 19 件 19 人,通过办案为国家挽回经济损失 161.2 万元。金秀瑶族自治县反贪污贿赂局立案查处贪污案 2 件 2 人、受贿案 2 件 2 人、挪用公款案

1件1人,为国家挽回经济损失20多万元。

2003年,来宾市人民检察院相应内设反贪局后,反贪污贿赂工作得到进一步加强。全市两级人民检察院认真贯彻党的十六大关于反腐败斗争的总体要求和部署,始终坚持把查办职务犯罪工作摆在突出位置。按照“加大办案力度,提高侦查水平,规范办案行为,确保办案质量”和自治区人民检察院提出稳定办案数量,提高办案质量的要求,市人民检察院结合实际,制定了全市检察机关查办职务犯罪的总体要求,进一步强化了对办案工作的领导。全市检察机关始终坚持集中力量查办大案要案和群众反映强烈的案件。当年,全市检察机关重点查办县处级以上领导干部职务犯罪案件、国家工作人员贪污贿赂数额巨大案件、市场监管领域和经济调控领域发生的贪污贿赂案件、国有企业工作人员利用企业改制之机贪污、挪用、私分国有资产的重大犯罪案件等。市院反贪部门查办大案要案数比上年同期上升了20%。如:原柳州地委宣传部副部长、地区新华书店总经理伍某某涉嫌贪污、受贿和私分国有资产案;原柳州电缆厂张某等3任厂长涉嫌贪污窝案;原贺州地区盛乾商业有限公司经理刘某(正处级)、副经理陈某某(副处级)、业务员李某某涉嫌贪污等大案要案(区院指定管辖)。针对举报职务犯罪案件线索数量少,举报线索质量低的状况,两级检察机关通过进一步加大举报宣传力度,从广辟案源抓起,采取主动与有关部门联系、奖励举报有功人员、在办案中获取新线索和日常工作生活中自摸案件线索等形式,扩大收集职务犯罪线索的途径、渠道和空间。加强侦查对策研究,转变侦查观念,创新侦查手段,增加侦查科技含量,不断提高侦破能力。市人民检察院加强宏观指导,充分发挥大案、要案侦查指挥中心作用,通过交办、督办、提办、参办、协办等方式,上下联动,左右互动,顺利地办结了大案要案和复杂疑难案件。大胆实行以事立案规定,有效地打击了严重的职务犯罪,及时地挽回国家财产的损失。为确保办案质量,通过健全和完善案件的初查、立案、证据收集、适用强制措施、要案请示制度等监督机制规范办案行为,全面开展“执法作风、自侦案件质量、扣押款物”专项大检查活动,进一步严肃了办案纪律和办案制度,确保案件质量,确保“依法办案、文明办案、安全办案”的实现。当年全市检察机关共受理涉嫌贪污贿赂等职务犯罪案件线索81件,初查80件,立案侦查59件74人,同比件数下降6.35%、人数持平,侦查终结56件71人。其中立案查处个人贪污受贿5万元、挪用10万元、私分国有资产20万元以上及县处级领导干部大案要案24件37人,同比件数上升20%。

2004年,全市检察机关认真贯彻中央关于反腐败斗争的总体部署,继续把查办职务犯罪工作摆在突出位置,不断加大办案力度,提高办案水平和办案质量,充分地发挥检察机关在惩治和预防腐败中的职能作用,促进党风廉政建设和反腐败斗争的深入开展。为全面贯彻落实好上级人民检察院关于2004年查办职务犯罪工作部署和要求,不断开创全市查办职务犯罪工作的新局面,各县(市、区)人民检察院强化办案目标管理,实行检察长定期汇报办案工作责任制、业务部门和干警办案目标责任制,充分调动办案积极性,全市查办职务犯罪办案数量和质量都上了新台阶。全年共立查个人贪污受贿5万元、挪用公款10万元以上以及县处级领导干部大案要案21件28人,占立案总数30.43%(件)和35.9%(人)。3月3日,市人民检察院以涉嫌单位受贿罪对来宾市教育科学研究所(原柳州地区教育局教研室)原法人代表、主任陆某某(副处级)及时任法人代表、所长李某某立案侦查。经查明,陆某某、李某某先后在担任来宾市教育科学研究所(原柳州地区教育局教研室)主任、所长期间,在印刷试卷、资料等业务过程中,收受印刷企业贿赂款共计30多万元。通过办案为国家挽回经济损失104万多元。

全市检察机关在查办贪污贿赂案件中,积极推进侦查机制创新和侦查手段改革,提高侦查水平和办案质量。一是进一步拓宽案件线索的搜集渠道。主要以加大举报宣传力度,加强与有关部门的联系,奖励举报有功人员,自摸案件线索等形式进行,在加强与有关单位和部门联络沟通的同时,善于从正在查办的案件入手或从看似小案的线索中挖出大案要案和窝案串案。在查办市教育科研所与广西教育学院教研部采购活动案件中,查出了武宣、象州、合山、市教育科研所等教育部门有关人员涉嫌贪污贿赂5件5人,追回涉案赃款100多万元。二是充分发挥大要案侦查指挥中心的指挥协调作用,指挥中心对全市的重点案件进行具体督办,要求做到“责任到人,跟踪到底,确保效果,带动全局”。三是规范侦查活动,提高办案质量。进一步完善查办职务犯罪案件的初查、立案、证据收集、适用强制措施和要案党内请示报告等工作制度,规范工作机制和办案行为。全面落实自侦案件质量考评制度,在“一案一考评”的基础上,对办案数量、质量和效果进行综合考评。

通过案件考评,严格规范各个办案环节。使办案工作在不断健全和完善内外部监督机制中,实现办案质量和办案效率的提高。

2004 年,全市检察机关共受理贪污贿赂等职务犯罪案件线索 98 件,立案侦查 69 件 78 人,同比分别上升 16.94% 和 5.49%,侦查终结 69 件 78 人,同比分别上升 23.21% 和 9.85%,侦结率为 92%(含上年积案),其中移送审查起诉 66 件 75 人,移送起诉率为 96.15%(人),移送审查不起诉 1 件 1 人,撤销案件 2 件 2 人。通过办案为国家挽回经济损失 529.05 万元。市人民检察院反贪污贿赂局受理贪污贿赂案件线索 14 件、初查 14 件、立案侦查贪污案 7 件 7 人、贿赂案 3 件 4 人、侦查终结 11 件 12 人,通过办案挽回经济损失 182 万余元。

2005 年,全市检察机关认真贯彻中央关于反腐败斗争的总体部署,重点查办发生在党政机关和领导干部的职务犯罪案件;重大工程项目建设和金融、土地管理等领域中的职务犯罪;国有企业中的贪污、挪用、私分国有资产犯罪案件,以及其他群众反映强烈的职务犯罪案件。反贪部门共查办重点行业和领域案件 28 件 37 人,占立案总数的 48.3%;全年查办个人贪污公款 5 万元以上、挪用公款 10 万元以上和县处级以上领导干部经济犯罪大案要案 31 件 31 人,占立案总数的 53.44%。在查处贪污贿赂案件中,反贪部门规范办案行为,强化工作措施,提高办案水平,确保办案质量。一是提高发现职务犯罪的能力。加强举报工作,强化案件线索和信息资料的收集、管理和分析、利用,提高线索可查性和利用率;密切与纪检监察、审计等部门的联系和协作,完善和落实案件线索移送制度,落实国务院关于检察机关介入重大责任事故、重大违法案件、重大侵民事件有关规定,以拓宽发现和获取职务犯罪案件线索的不同方式;加强案件的排查力度,善于发现窝案串案,增强自行发现犯罪的意识和能力,实现了案件立案的全年量化管理目标。二是提高突破案件的能力。加强侦查谋略和侦查技能研究,总结探索提高初查水平,切实把握好立案时机、立案条件以及立案数额、证据要求等,注重在实践中提高初查、讯问、收集和固定证据、排除干扰阻力的能力,以及追赃、运用刑事政策和现代化科技手段等方面的实际工作能力,初步实现了办案工作的规范化管理。三是在对职务犯罪决定立案、采取强制措施、起诉和案件处理等环节,做到依法、慎重、稳妥进行。坚持狠抓初查成案率、侦查终结率、移送起诉率和有罪判决率的落实,切实在提高办案质量上下功夫,努力实现法律效果与政治效果、社会效果的有机统一。四是实行"一案三卡"制度,实现对办案全过程的跟踪监督,避免了违法违纪办案行为的发生,确保严格执法,依法办案。1 月 6 日立案查处中国人民银行武宣县支行原行长罗某、副行长路某某、梁某某、陈某某、纪检组长陈某某等人贪污窝案。通过办案为国家挽回损失 54 万多元。全市检察机关全年共受理各类经济犯罪案线索 107 件,初查 104 件、立案侦查 58 件 82 人、侦查终结 53 件 76 人,挽回经济损失 655 万多元。其中,市人民检察院反贪局受理贪污贿赂案件线索 21 件,初查 19 件、立案侦查贪污案 3 件 6、贿赂案 1 件 2 人、挪用公款案 2 件 2 人、私分国有资产案 1 件 1 人、侦查终结 7 件 11 人,通过办案挽回经济损失 202 万多元。

第五节 渎职侵权检察

机 构

中华人民共和国成立后,各县人民检察院建立后,法纪检察机构逐步设置,法纪检察列入刑事检察业务范围。1957 年,来宾县人民检察院设法纪检察股。1978 年,境内各县恢复人民检察院后,各县人民检察院先后设立法纪检察科,开展法纪检察工作,对国家机关工作人员进行法纪检察。业务上隶属柳州人民检察分院法纪检察科。1979 年 9 月金秀瑶族自治县人民检察院设立法纪检察科。11 月,武宣县、象州县人民检察院设立法纪检察科。忻城县人民检察院设立法纪检察组。来宾县于 1980 年 1 月设立法纪检察科。1982 年 6 月 1 日,经忻城县委批准正式成立忻城县人民检察院法纪检察科。1985 年 3 月,合山市人民检察院设立法纪检察科。1988 年 11 月,根据中共中央 1988 年第 5 号文件精神,各县(市)人民检察院成立经济、法纪罪案举报中心,后改称控告申诉检察科(举报中心)。2002 年,来宾、忻城、象州、武宣县和合山市人民检察院法纪检察科改称渎职侵权检察科。2003 年 8 月,金秀瑶族自治县人民检察院法纪检察科改称渎职侵权检察科。

2003 年 1 月 8 日,来宾市人民检察院成立后,即设立渎职侵权检察科。负责对全市检察机关办理国家机关工作人员渎职犯罪和国家机关工作人员利用职权实施的非法拘禁、刑讯逼供、报复陷害、非法搜查等侵犯公民人身权利的犯罪以及侵犯公民民主权利的犯罪等案件的侦查、预审工作的指导；参与重大渎职侵权犯罪案件的侦查；直接立案侦查重大渎职侵权犯罪案件；组织、协调、指挥跨县（市）区的重大、特大渎职侵权犯罪案件的侦查以及个案协查工作；研究分析全市渎职侵权犯罪的特点和规律，提出惩治对策；承办下级人民检察院渎职侵权检察部门工作中重大、疑难问题的请示；承办或督促下级人民检察院渎职侵权部门查办有关渎职侵权管辖的控告申诉案件；研究拟定渎职侵权检察业务工作制度、办法。

渎职侵权检察（法纪检察），在中华人民共和国的不同历史时期，有着不同称谓，行使着不同的职权。1957年以前，按照1951年9月3日中央人民政府委员会第12次会议通过的《各级地方人民检察署组织通则》和1954年9月21日第一届全国人民代表大会第一次会议通过的《中华人民共和国人民检察院组织法》规定，法纪检察行使对政府机关、公务人员和国民是否严格遵守中国人民政治协商会议共同纲领、人民政府的方针政策和法律法令；对国家机关的决议、命令和措施是否合法，国家机关工作人员和公民是否遵守法律，实行监督，这种监督，称为一般监督。1957年以后，取消一般监督，法纪检察主要是对国家机关工作人员企事业单位职工严重侵吞公共财产、侵犯公民民主权利和人身权利的犯罪行为进行检察，这种检察称为严重违法乱纪检察。1979年7月1日，第五届全国人民代表大会第二次会议通过的《中华人民共和国人民检察院组织法》规定，法纪检察主要对国家机关工作人员侵犯公民民主权利、人身权利和渎职犯罪行为行使检察权，称法纪检察。

依照1979年12月25日最高人民法院、最高人民检察院、公安部《关于执行刑事诉讼法规定的案件管辖范围的通知》的规定，法纪检察部门共管辖刑讯逼供案、诬告陷害案、非法拘禁案、报复陷害案等14种刑事案件。1983年11月12日，最高人民检察院决定，将原划归经济检察管辖的重大责任事故案、玩忽职守案和没有原告的重婚案等三种刑事案件，从1984年1月1日起划归法纪检察管辖。至此，法纪检察部门共管辖17种刑事案件。

查处渎职犯罪案件

国家工作人员由于极端不负责任，不履行或不正确履行自己职责，致使公共财产、国家和人民利益遭受重大损失，以及利用职务之便，徇私枉法，私放罪犯，泄露国家机密，妨碍邮电通信等国家工作人员亵渎其神圣职责，渎职犯罪的行为。

1959年，来宾县人民检察院在全县各公社和企事业单位发展检察通讯员67名，协助县人民检察院进行法纪检察活动。1955—1966年，来宾县人民检察院共受理法纪检察案件58件，审查决定起诉53件，其中侵犯人身自由权利案5件、破坏军人婚姻案3件、其他犯罪案45件。忻城县人民检察院指定1名检察员专管法纪检察工作，主要是对国家机关工作人员以及政法、公安干部违法乱纪行为进行监督和检察。

1978年各县人民检察院为加强对法纪检察工作，始设立法纪检察科。在人员少，机构不够健全的情况下，积极地、有重点地开展法纪检察工作，对重大案件，集中力量侦查审理。1978年，武宣县人民检察院接到禄新公社上堂大队群众控告该县公安局治安股副股长李某某、覃某某在侦破一案件中，进行逼供。该县人民检察院接报后，组成调查组，配合有关部门，深入实地调查，查清了事实真相，为受害人平反，并做好善后工作，由党政部门给予覃、李2人党纪处分。忻城县人检察院根据遂意公社一些基层干部违法乱纪较多的情况，主动请示县委，与公安、法院一起，深入该公社，对严重违法乱纪案件进行调查，结合调查对社队干部进行法纪教育，查清了遂意大队下弄水生产队干部黄某某等3人和大队党支部书记韦某某报复杀人的犯罪事实，依法逮捕了杀人犯黄某某等3人，韦某某受到了党纪处分，伸张了正义，受到群众的高度赞扬。

1980年，象州县人民检察院受理法纪案件6件，其中刑讯逼供2件、报复陷害1件、非法拘禁2件、诬告1件。经调查立案侦查2件。武宣县人民检察院受理案件线索28件，转有关部门查处12件、县人民检察院直接调查16件，通过调查，予以立案侦查2件，其中1件为刑讯逼供案、1件为非法拘禁案。原三里公社公安特派员黎某在侦破某干部手表被盗中，对嫌疑少年搞刑讯逼供，造成该少年跳下渠道渡槽死亡，经侦查终结，被告人黎某犯刑讯逼供和非法拘禁罪，依法提起公诉，县人民法院判其有期徒刑3年缓刑3年。

1983年，武宣县人民检察院受理重大责任事故案1件1人，审查后立案侦查1件1人。当年3月29日，立案侦查李世强造成死亡1人的重大责任事故案，侦查终结后于9月15日起诉到本县法院，人民法院于10月17日以重大责任事故罪判处被告人李世强有期徒刑3年。李世强不服提出上诉，柳州地区中级人民法院于12月12日作出改判，判处上诉人李世强有期徒刑3年，缓刑3年。

1984年，境内各县（市）人民检察院，全面承办法纪检察管辖的16种案件，重点抓好因玩忽职守造成严重后果的重大责任事故案件的查处。来宾县人民检察院查处了来宾县大湾粮所所长叶某某因玩忽职守，使不法分子韦某某等人有机可乘，以公款购回粮票38.5万千克，后以“平转议”手段贪污差价款8.7万元的案件。

1985年，武宣县人民检察院受理各种法纪案13件，其中刑讯逼供1件、非法搜查1件、非法拘禁1件、重大责任事故1件、医疗事故1件、控告失实2件、其他6件，经调查不予立案侦查，退回原单位，建议加强教育，有2人建议给党纪政纪处理。

1986年，象州县人民检察院重点抓办玩忽职守和重大责任事故，全年受理9件，其中玩忽职守2件、侵犯公民人身权利3件、重大责任事故3件、私放罪犯1件、立案侦查3件，侦查结束后，提起公诉1件1人。武宣县法纪科受理的12件法纪案中，玩忽职守3件、重婚3件、非法拘禁1件，其他5件。经审查，决定立案侦查5件，其中玩忽职守2件2人、重婚2件4人、非法拘禁1件2人。县粮食局储运公司副经理韦某，严重不负责任、致使国家遭受数万元的经济损失，法纪科人员在调查中受到重重干扰和阻挠，得到县人大和上级机关的支持，3次到省外调查取证，查清了此案，在侦查中又发现与本案有关的受贿和诈骗的犯罪分子，一举查清并将3名罪犯捉拿归案，追回公款151564元。

1987年，武宣县人民检察院受理重大责任事故案1件2人，审查后立案侦查1件2人。同年8月21日，立案侦查李某某、李某某造成死亡2人的重大责任事故案，侦查终结后于同年9月1日移送本院公诉科审查起诉。

1988年，象州县人民检察院受理16件，经调查决定立案侦查4件8人、移交刑检科审查决定逮捕5人、侦查终结移交刑检科审查起诉2件4人。至年底，金秀瑶族自治县共受理案件40件，经审查后立案4件6人，决定逮捕2件2人、免予起诉2件4人。

1990年，武宣县人民检察院共受理法纪案9件10人。立案侦查4件5人，其中玩忽职守3件4人，重婚1件1人。县物资局领导徐某，因玩忽职守，给国家造成经济损失10万多元。法纪检察人员到云南等地调查取证后，向有关单位发出“检察建议”3次，县人民政府下文令其追回损失款，并给其降职的处理。

1980—1990年，象州县人民检察院共受理法纪案82件，立案侦查23件，侦查终结逮捕案犯14人，向人民法院提出公诉12人，免予起诉4件5人，其余案件转有关部门或协同调查处理。武宣县法纪检察科共受理立案侦查并审结法纪案件36件，其中刑讯逼供13件、非法拘禁7件、诬告陷害他人8件、体罚虐待被监管人员4件、侵犯通信自由2件、妨碍邮电通信1件、其他1件。来宾县人民检察院经侦查决定起诉法纪案件16件26人，其中重大责任事故5件11人、重婚案5件5人、非法拘禁案4件8人、玩忽职守案2件2人。

1991年，各县（市）人民检察院继续狠抓刑讯逼供、非法拘禁、徇私舞弊等侵权案和玩忽职守、重大责任事故五类案件的办理和查处。1月11日，忻城县一小煤井发生瓦斯爆炸，造成死亡23人，重伤5人的特大责任事故案件，在柳州人民检察分院的指导下，忻城县人民检察院仅用2个多月就侦查终结了这起自中华人民共和国成立以来广西煤炭系统最大的责任事故案。

1993年，武宣县人民检察院受理法纪案件8件，进行初查8件，立案侦查1件，办结1件，为国家挽回损失11万元。

1994年，金秀瑶族自治县立案查处渎职罪1件1人，以玩忽职守罪判处有期徒刑4年。1992年9月，金秀瑶族自治县糖烟酒公司任某在与北京昌平县第三建筑公司材料供应站经理洽谈钢材生意，在不了解对方资信的情况下，两次将139万元巨款转到对方账户，致使金秀瑶族自治县糖烟酒公司被北京昌平县第三建筑公司材料供应站的纪某等人诈骗139万元并携款潜逃。1993年2月，任某在南宁邕江物资公司领取从广西广利贸易公司汇入的彩电公款5万元现金带回金秀，只交给公司出纳4.5万元，余下5000元隐瞒、侵吞占为己有。此案以玩忽职守罪判处任某有期徒刑4年。

1996年9月11日，合山市北泗乡发生的特大小煤窑透水事故，死亡民工38名，直接经济损失150多万元。这起事故死亡人数之多，影响之大，在柳州地区乃至全自治区历史上都是罕见的。事故发生后，合山市人民检察院法纪科，不顾辛劳，克服各种困难，日夜坚守在事故现场、参与抢救和认真做好调查取证工作。在现场连续奋战10多天，经过艰辛的勘查现场、内查外调和调取各方面的证据材料后，对5名直接责任人进行立案侦查，并且移送刑检部门审查起诉，使这5名直接责任人均受到有期徒刑以上的刑事追究。其他有关人员分别受到行政责任追究。1996年，武宣县人民检察院受理各类法纪案件8件，初查8件，其中重大责任事故案3件3人，非法拘禁案4件10人。经初查后立案侦查1件2人，侦查终结玩忽职守案1件1人、非法拘禁案1件2人，及时向有关单位和个人提出检察建议20次。金秀瑶族自治县人民检察院立渎职案1件1人，作免予起诉处理。

1998年，各县（市）检察机关按照新修改的刑法和刑事诉讼法的规定，检察机关法纪检察部门不再管辖责任事故案件，其工作重点是依法严厉打击执法人员"侵权"、徇私枉法、渎职等职务犯罪，以维护国家、集体和公民的合法权益及法律尊严。由于犯罪主体特殊，渎职案件调查取证难度大；且在职务犯罪中，司法机关工作人员职务犯罪占较大比例；在侦查职务犯罪中，犯罪主体的反侦查能力强，办案人员承受来自各方面的压力大，但是，境内检察机关法纪检察部门以对党、对人民和对法律的高度负责，排除干扰，顶住压力，克服困难，始终把司法机关工作人员职务犯罪作为打击重点。如来宾县人民检察院在受理的渎职侵权案件中，犯罪嫌疑人是公安、人民法院干警，具有较强的反侦查能力。在柳州人民检察分院法纪检察科的指导和协助下，经过艰苦努力，成功侦破来宾县寺山派出所原所长覃某某徇私枉法案和来宾县人民法院原经济庭副庭长宋某某徇私舞弊案，根据覃某某的检举揭发，来宾县人民检察院立案侦查了来宾县寺山派出所所长梁某某徇私舞弊案。

1999年，境内检察机关法纪检察部门，强化法纪检察工作，严肃查办国家机关工作人员渎职和利用职权实施的"侵权"犯罪案件，突出查办执法机关司法腐败案件，法纪检察部门的干警，排除各种阻力和干扰，不畏权势，不计个人得失，敢查敢办。10月22日，检察机关以涉嫌犯徇私枉法罪对忻城县公安局政委莫某某立案侦查。犯罪嫌疑人莫某某身为司法工作人员，明知韦某某（因奸淫幼女罪于1999年5月7日被判处有期徒刑六年，剥夺政治权利一年）奸淫幼女涉嫌犯罪，却设法为韦某某开脱罪责，企图使韦某某不受刑事追诉，莫某某的行为已触犯了刑律。该案侦查终结后向忻城县法院提起公诉，法院以被告人莫某某犯徇私枉法罪，判处其有期徒刑3年，缓刑4年。

2000年，各县（市）法纪检察部门重新理清工作思路，调整工作格局，确立主攻方向，与控告申诉部门、侦查监督部门、反贪部门、纪检部门以及有关单位加强联系，搜寻案件线索。忻城县法纪检察部门与侦查监督部门联系，发现并侦破了一起公安干警玩忽职守案。来宾县人民检察院在林业领域立案侦查了2件违法发放林木采伐许可证案，在查办新领域犯罪方面又向前迈了一步，特别是张某某违法发放林木采伐许可证案，从立案到侦结仅用了10多天的时间，较好地配合了国家林业部门打击林业领域犯罪的"三号风暴"行动，也为柳州地区检察机关在查办林业领域的渎职犯罪提供经验借鉴。

2001年，武宣县人民检察院立案侦查的韦某某、韦某某徇私枉法案，侦查终结后，向人民法院提起公诉，武宣县人民法院一审判徇私枉法罪名成立，被告人二韦分别被判处有期徒刑2年和有期徒刑1年6个月。

2002年，各县（市）人民检察院，根据自治区人民检察院提出的"稳定办案数量，提高办案质量，突出办案重点，规范办案行为"要求，在基本稳定办案数量的情况下，继续保持强劲的办案势头，突出重点，集中力量查办大案、要案和社会危害大、群众反映强烈的案件。以涉嫌违法发放林木采伐许可证罪对中共金秀瑶族自治县原县委常委、副县长郭某某立案侦查案。经侦查查明，郭某在审批国营老山林场1998年森林采伐更新设计方案时马虎草率，在没有核查该场的年采伐限额的情况下即在"设计方案"上签批："同意采伐该片杉木135亩"，致使国家森林资源遭受严重破坏。2002年6月15日，侦查终结移送起诉，后经人民法院开庭审理判被告人郭某某犯玩忽职守罪，处有期徒刑6个月，缓刑1年。1991—2005年，合山市人民检察院反渎职侵权部门受理渎职侵权案301件，立案50件75人，其中重大责任事故案20件34人、玩忽职守案2件4人、其他案16件18人。

2003年，来宾市检察机关渎职侵权检察部门（简称渎检部门），突出办案重点，有力地打击了严重危害社会主义经济发展，群众反映强烈的渎职侵权犯罪，取得了很好的政治效果、法律效果和社会效果。渎检部门查办重特大案件与上年同期比件数上升了70%。先后查处了原古亭山开发区主任麦某某贪污、玩忽职守案，原古亭山开发区副主任莫某贪污、玩忽职守案，原古亭山开发区副主任左某某贪污、玩忽职守案。查办监管场所职务犯罪案件1件

2人。全年全市渎检部门共受理涉嫌渎职侵权案件线索43件，立案侦查21件21人，同比件数上升5%，人数下降4.55%，其中大案要案17件，通过办案为国家挽回经济损失120万元。其中，受理渎职案件39件39人（玩忽职守12件12人、滥用职权16件16人、徇私舞弊11件11人），经初查后立案侦查20件20人，侦查终结后提起公诉16件16人，移送不起诉4件4人。如忻城县人民检察院在市检察院渎检部门统一协调指挥下以涉嫌滥用职权罪对原忻城县农村经济经营管理站副站长兼忻城县农村合作基金会副理事长、营业部副主任蓝某某及原忻城县农村经济经营管理站站长兼忻城县农村合作基金会副理事长、营业部主任韦某某立案侦查。经过侦查查明蓝某某、韦某某在履行职务的过程中超越职权，违法审批贷款250多万元，导致230多万元无法收回，致使公共财物损失巨大。该案提起公诉后，2003年6月30日忻城县人民法院作出刑事判决，认定被告人蓝某某犯滥用职权罪，判处有期徒刑4年，被告人韦某某犯滥用职权罪，判处有期徒刑1年，缓刑2年。

2004年，全市检察机关共受理渎职案件28件28人（玩忽职守17件17人、滥用职权9件9人、徇私舞弊2件2人），经初查后立案侦查13件13人，侦查终结后提起公诉12件12人，撤销案件1件1人。2月12日被告人韦某某、何某、陈某某，在接到110报警出警指令后没有履行职责和不正确履行职责，3人的不履行职责和不正确履行职责造成了磨东村梁某某及陈某某被玉某某杀死在家的严重后果，上述3名犯罪嫌疑人的行为触犯了刑法。6月14日，在市人民检察院渎检部门的具体指导和协调下，兴宾区人民检察院以涉嫌犯玩忽职守罪对来宾市公安局兴宾区公安分局城西派出所所长韦某某、民警何某、治安协警员陈某某立案侦查该案。7月13日，兴宾区人民检察院侦查终结后向兴宾区人民法院提起公诉，经人民法院开庭审理认定被告人韦某某犯玩忽职守罪，判处有期徒刑1年缓刑2年；被告人何某犯玩忽职守罪免于刑事处罚；被告人陈某某犯玩忽职守罪免予刑事处罚。

2005年，全市检察机关共受理渎职案件21件21人（玩忽职守6件6人、滥用职权4件4人、徇私舞弊10件10人，利用职权实施的其他重大犯罪案件1件1人），经初查后立案侦查12件12人，侦查终结后提起公诉12件12人。当年忻城县人民检察院受市院指定管辖，以涉嫌失职致使在押人员脱逃罪对合山市公安局原巡警大队巡警覃某某、韦某某立案侦查。犯罪嫌疑人覃某某、韦某某在受委托履行监管职责过程中，严重不负责任，不认真履行看守职责，致使依法可能判处10年以上有期徒刑的在押犯罪嫌疑人廖某某脱逃。2005年6月2日，忻城县人民检察院侦查终结后向忻城县人民法院提起公诉，经人民法院开庭审理判被告人覃某某、韦某某犯失职致使在押人员逃脱罪分别处有期徒刑1年，缓刑1年。

侦查侵犯公民人权案件

境内检察机关把依法保护公民民主权利、人身自由权利和其他合法权利不受侵犯作为一项专门职责。

1955—1966年，来宾县共受理法纪检察案件58件，审查决定起诉53件，其中侵犯人身自由权利案5件。“文化大革命”期间，法纪检察工作被迫中断。

1978年，检察机关重建后，最高人民检察院规定应由法纪检察部门立案侦查的侵犯公民人身权利和民主权利案件（简称侵权案件），包括：刑讯逼供、诬告陷害、破坏选举、非法拘禁、非法管制、非法搜查、报复陷害、非法剥夺宗教信仰自由、伪证陷害、隐匿罪证、侵犯通信自由等9类案件。

1979年，武宣县人民检察院接到禄新公社上堂大队陆某等群众控告县公安局侦破小组在1977年3月侦破一起案件时，违法乱纪，刑讯逼供。县院领导带领调查组，配合有关单位深入实地调查，弄清事实真相，对受冤人员进行平反，并发给一定的冤狱费，建议党委对违法乱纪的县公安局治安股副股长李某、覃某给予党纪处分，从而平息了民愤，教育了干部。

1980年，各县人民检察院针对当年法纪案件多为社队干部、司法、公安干警和一般性的违法行为多等特点，按照法律要求，坚持在法律面前人人平等的原则，在党委的领导下，配合有关部门，抓重点，深入调查，依法办理侵犯公民人身、民主权利案。各县人民检察院法纪检察科，依照《中华人民共和国刑法》和最高人民检察院关于法纪检察受案范围规定，承担对刑讯逼供、诬告陷害、破坏选举、非法拘禁等16种案件的立案侦查和起诉。8月，武宣县三里公社公安员黎某某在侦查丢失手表案时，刑讯逼供致人死亡，案件发生后，武宣县人民检察院3次深入现场勘验，调查取证，依法逮捕了黎某某，并及时向人民法院提起公诉。来宾县城厢公社3位负责人非法关押、捆绑和殴打方某某等3位青年，并开近千人大会进行非法斗争，县公安局也不正确地做出给3位青年行政拘留处分。柳州人民检察分院根据群众的控告，协助来宾县人民检察院深入公社和大队调查，查清了事实真相，建议来宾县委给违法干部作适当处分，并建议公安局改变原来的决定。柳州人民检察分院多次到县里了解情况，进行工作，使该案得到解决，较好地维护了群众的民主权利。

1982年，各县（市）人民检察院以办案为中心，以查处严重侵犯公民民主权利案件为重点，积极开展法纪检察业务工作，法纪检察工作逐步走上正轨，并查办了一些难度较大的案件。9月，忻城县人民检察院立案侦查韦某某非法拘禁案，该案侦查终结后对韦某某依法作免予起诉处理。

1988年，各县（市）人民检察院，围绕打击刑事犯罪和打击经济犯罪开展法纪检察工作。在法纪检察工作中，主要抓好三个方面：一是坚持对法纪干部的思想教育工作，充分调动法纪干部的主观能动作用。加强对法纪干部的思想教育工作，提高工作积极性和办案效率。二是抓两头带中间，推动法纪检察工作的开展。三是抓好非法拘禁、重大责任事故和侵犯公民人身、民主权利3类案件的查处。当年4月4日，来宾县溯社乡蒙立光、蒙茂竹等4人开办的小煤窑发生浸水死亡12人、重伤1人的特大责任事故案，来宾县人民检察院立即派人查处。通过办理案件，保护了公民的人身权利。

至1990年底，忻城县人民检察院法纪科受理违纪案133件246人，立案审查的有30件72人、依法逮捕13人，其中重大责任事故8人、重婚2人、奸污幼女1人、其他2人，其余案件均转交有关部门或协同调查结案，妥善处理。1980—1990年，来宾县经侦查决定起诉的法纪案件16件26人，其中属于重大责任事故案件5件11人、重婚案5件5人、非法拘禁案4件8人、玩忽职守案2件2人。金秀瑶族自治县人民检察院1988年、1990年、1991年、1992年和1997年各立案查处侵犯公民人身权利、民主权利案1件1人，均作免予起诉处理。

1994年，各县（市）人民检察院法纪检察部门，重点抓好“五类”法纪案件的查处，特别是对执法机关刑讯逼供案件的查处。当年，来宾县公安局河西派出所干警罗某某对1名盗窃嫌疑人刑讯逼供，致使被害人严重内伤。此案情节恶劣，在群众中影响极坏。案发后，来宾县人民检察院法纪科力排阻力和干扰，进行调查取证工作，果断决定将被告人罗某某逮捕归案，使案件得到依法处理。武宣县人民检察院受理法纪案件2件2人。

1995年，各县（市）人民检察院法纪检察部门，重点抓好“五类”案件的查处工作，特别是加强对执法人员违法犯罪案件的查处。合山市公安局北泗派出所所长黄某某等3人于1995年12月23日晚上11时许，在讯问盗窃嫌疑犯罗增勤时，采取刑讯逼供致使罗增勤死亡。案发后，合山市人民检察院于12月25日，决定对黄某某、谭某某、谭某某立案侦查，并采取相应的强制措施，确保案件侦查的顺利进行。全年武宣县人民检察院受理各类法纪案件11件14人。其中非法拘禁案5件7人，经初查后立案1件1人。

1996年，各县（市）人民检察院法纪部门，认真查处侵犯公民人身自由和民主权利案件，通过接待群众来信来访申诉，掌握案件线索，及时初查，在查取得证据后，立即立案侦查。6月1日，忻城县人民检察院对覃香明因经济纠纷非法拘禁人质长达50多天立案侦查，同月侦查终结后检察机关依法作免于起诉处理。当年，境内查处五类案件19件，占立案总数的86.4%。立案侦查侵犯公民人身、民主权利案件线索7件10人。其中，刑讯逼供1件3人、非法拘禁3件3人、诬告陷害1件2人、故意伤害案2件2人。武宣县受理各类法纪案件8件，初查8件，其中非法搜查案1件2人，重大责任事故案3件3人，非法拘禁案4件10人。经初查后立案侦查1件2人，侦查终结玩忽职守案1件1人，非法拘禁案1件2人，及时向有关单位和个人提出检察建议20次。

1998年，各县（市）人民检察院法纪检察部门，深入贯彻落实全国、全区检察长会议精神，实施新修改后的刑法和刑事诉讼法，认真履行法律赋予的监督职责，加强查处侵犯公民人身权利和民主权利案件。全年共受理法纪案40件，初查36件、立案4件4人、移送审查起诉2件2人、撤案4件4人(3件为历年积案)，通过办理侵权案件，保护公民的合法权利不受侵犯，取得了良好的社会效果和法律效果。

2000年，各县（市）人民检察院法纪部门，加强法律监督工作，严厉查处利用职权实施的“侵犯”公民人身自由和民主权利案件，依法立案侦查侵犯公民人身、民主权利案件3件。金秀瑶族自治县人民检察院立案查处侵犯公民人身权利和民主权利案件2年2人。其中，非法拘禁案1件1人，起诉后判缓刑；徇私舞弊案1件1人，起诉后判缓刑。11月13日，金秀瑶族自治县公安局民警罗某某在办理黄某某涉嫌盗窃案中，带领治安队员余某某将黄某某带回忠良派出所办公室进行讯问。罗某某在负责讯问过程中,因黄某某未承认有盗窃行为,就对黄某某实施打耳光、用脚踢,逼迫黄某某承认有盗窃行为,并用手铐将黄某某铐在办公室的窗枝上,致使黄某某作了假口供。次日下午,黄某某被金秀瑶族自治县公安局刑事拘留,在被刑事拘留期间以屈打成招为由翻供,金秀瑶族自治县公安局于同年11月20日以证据不足对黄某某取保候审,2001年9月,解除对黄某某的取保候审。

2001年和2002年,境内检察机关立案侦查侵犯公民人身、民主权利案件各1件1人和1件2人(非法拘禁1件2人)。1991—2005年,合山市人民检察院受理法纪案件301件,其中,1995年,立案侦查原合山市公安局北泗派出所所长黄某刑讯逼供案;1996年,原合山市公安局矿区分局里兰派出所干警莫某故意伤害案;2004年,原合山市公安局里兰派出所治安队员周某失职致使在押人员脱逃案;2005年,合山市看守所干警张某私放在押人员案等案件50件75人,其中,非法拘禁案3件5人、重大责任事故案20件34人、玩忽职守案2件4人、刑讯逼供2件14人、故意伤害案1件1人、其他案16件18人。

2003年,来宾市两级人民检察院渎职检察部门,共受理侵犯公民人身、民主权利案件4件(非法拘禁1件、非法搜查3件)。经审查后立案侦查1件1人,侦查终结后移送审查起诉1件1人。2月3日,忻城县新圩乡新圩村加信屯的蓝某某将本屯的蓝某某打伤后外逃。同日,忻城县公安局以涉嫌故意伤害罪对蓝某某立案侦查。6月18日,蓝某某到新圩乡派出所报告,要求公安民警前去抓人。接到报告后,忻城县新圩乡派出所所长石某带领1名干警及2名乡政府干部到新圩村加信屯,在没有搜查证的情况下先后对6户无关村民的住宅进行搜查。10月20日,忻城县人民检察院立案侦查忻城县新圩乡派出所所长石某非法搜查案,侦结后检察机关依法作不起诉处理。

2004年,全市检察机关共受理侵犯公民人身、民主权利案件8件(刑讯逼供4件、非法搜查1件、非法拘禁2件)。经审查后立案侦查3件4人,侦查终结后移送审查起诉3件4人。7月9日市人民检察院以涉嫌犯刑讯逼供罪对武宣县公安局刑警大队民警周某某立案侦查。经侦查查明,周某某违反法律规定1人审讯蒙某某(涉嫌盗窃)过程中,对蒙某某刑讯逼供,手段残忍、影响恶劣,其行为触犯了刑律。2005年3月8日侦查终结后市人民检察院依法向市中级人民法院提起公诉。

2005年,来宾市检察机关共受理侵犯公民人身、民主权利案件5件(刑讯逼供3件、非法搜查2件),经初查后立案侦查2件3人,侦查终结后移送审查起诉2件3人。在来宾市人民检察院渎职侵权检察部门的具体指导下,象州县人民检察院以涉嫌犯刑讯逼供罪对象州县公安局民警覃某某立案侦查。经侦查查明:覃某某在指挥侦查张某某涉嫌杀害李仁德一案中,违反法律规定,对张某某进行变相的肉刑,触犯了法律,涉嫌刑讯逼供罪。象州县人民检察院侦查终结后向象州县人民法院提起公诉,经人民法院审理判决判处被告人覃某某犯刑讯逼供罪,免予刑事处罚。

第六节 监所检察

20世纪50年代—60年代,监所检察工作的任务,主要是检察劳改场所和看守所贯彻执行“改造第一,生产第二”和“阶级斗争与人道主义相结合”的方针和执行政策法律的情况。1954年,国家宪法颁布后,辖区所属各县检察机关陆续建立了审判监督科(后改设监所劳改监督科),配置专职监所检察干部,针对监管改造场所人犯及强留人员重新犯罪的逮捕、起诉以及狱政管理的动态,监所检察工作逐步开展起来。1979年以前,监所检察部门在打击重新犯罪、对监管改造场所执行改造方针、政策情况进行检察、执行特赦及纠正监管干警违法等方面取得了很大成绩,保障了劳改劳教人员教育改造任务得以实现。1978年检察机关恢复重建后,主要是对看守所、监狱、劳动改造机关和劳动教养机关的活动实行法律监督,保障国家惩罚和改造刑事犯罪分子任务的实现,保障对劳动教养人员教育改造任务的实现。监所检察工作进一步法律化、制度化和规范化。1979年起,各县检察机关普遍设立了监所检察部门,在一些重点监管场所设立了派驻检察室。对监管改造场所执行政策、法律存在的问题,如超期羁押、监管改造活动中违法现象提出纠正意见或检察建议,及时帮助解决监管场所执法和安全防范等突出问题。并对监管改造场所在办理减刑、假释、保外就医等管理工作中出现的乱收费甚至以钱抵刑等违法行为提出纠正意见。通过上述监所检察工作,促进监管场所文明管理和依法执行刑事判决、裁定及劳动教养决定,促使劳改劳教人员接受改造教育。

来宾市人民检察院及各县(市、区)人民检察院监所检察部门,加强与当地公安机关的协作和配合,重点对违法会见、违法提审、“牢头狱霸”、监管机关的文明监管及监管制度的落实等方面存在的问题进行整治，监所检察部门通过推行检察官接待制度，加强对在押人员的伙食、卫生和劳动情况实行监督，保护在押人员的合法权益不受侵犯，市人民检察院驻所检察室对看守所存在的在押人员在监舍饮酒、在押人员的现金被牢头掌管、看守所个别干警利用在押人员管理在押人员劳动生产等问题提出了纠正意见，并督促纠正，来宾市看守所及来宾市检察院驻所检察室在“双加强、双保障”示范单位创建活动中取得显著成效，被确定为“双加强、双保障”示范单位。

对减刑、假释、保外就医检察

1982年8月柳州人民检察分院协同象州县人民检察院，对判处缓刑、假释和监外执行的犯人改造情况进行全面考察，这对于改进改造工作，落实对非监禁的犯人的教育改造，预防减少重新犯罪，稳定社会秩序，起到积极的促进作用。

1987年，检察机关贯彻全区检察机关监所检察工作会议精神，严格执行宽严政策，加强对减刑、假释、提前释放、提前解除劳动教养等工作的检察，督促监管部门，对改造好的犯人给予减刑、假释、提前释放、提前解除劳动教养，以推动劳动改造和劳动教养人员的自觉改造。

1990年，武宣县人民检察院监所检察部门协同有关部门对保外就医和监外执行的16名罪犯进行追踪调查，掌握其认罪服法自觉改造的情况。

1995年，境内检察机关加强法律监督工作，重点抓好不按法律规定交付执行以及在办理减刑、假释、保外就医等监督检察，及时纠正在办理减刑、假释、保外就医工作中出现的以钱抵刑等问题。来宾县人民检察院驻看守所检察室，发现该县公安局在为梁某某等已经判决的罪犯办理保外就医时，乱收取保证金的严重违法情况后，及时以书面形式向县公安局提出纠正意见，县公安局接到纠正意见后，及时责成预审科将已收取梁某某等7名罪犯所交的19600元保证金分别退还交款人，并表示今后不再发生此类违法行为。

2003年，来宾市人民检察院成立后，英山、中渡、龙口、雒容、石榴河五大监狱的监所检察业务划归柳州市人民检察院管辖，减刑、假释、保外就医的检察业务工作明显减少。同时来宾市两级检察机关加强对减刑、假释、暂予监外执行等活动的检察监督，对不符合条件的坚决纠正，确保刑罚的正确执行。在开展“减刑、假释、保外就医”专项检查活动中，纠正违反保外就医程序1起、对超期羁押行为提出《纠正违法通知书》7份、纠正不符合法定条件留所服刑罪犯9件11人、其他违法情况23人、纠正公安侦查环节和法院审判环节超期案件各1件1人，检察环节全年无超期羁押案件。

2004年5月，最高人民检察院会同公安部、司法部联合部署开展减刑、假释、保外就医专项检查活动，市人民检察院监所检察科认真落实三机关部署，对2002年以来的减刑、假释、保外就医案件进行集中清理检查，取得阶段性成果。2002年1月—2004年12月，全市共办理罪犯减刑、保外就医案件6人，清理检查6人，发现存在违法问题提出纠正2人，已纠正2人。结合开展专项检查活动，积极探索、完善监督方式，普遍与监管部门共同制定了减刑、假释、保外就医呈报审查制度，监所检察人员主动到监管部门了解情况，及时掌握被呈报减刑、假释、保外就医罪犯情况，参加监管机关对被呈报减刑、假释、保外就医罪犯的审批研究会议，发现不符合法定条件和程序的，及时提出纠正意见，保障了刑罚执行活动的正确进行。

2005年，根据自治区人民检察院的部署，减刑、假释、保外就医专项检查活动延长到3月底。为此，监所检察部门对全市的“减、假、保”工作组织了一次“回头看”，市人民检察院监所检察科抓好“减、假、保”专项检察的同时，深入各县、市（区）对专项检查活动进行了督查，对已清理的8名假释人员，23名保外就医人员，督促做到逐案审查，逐人建档，1人1表，对在专项清理活动中发现的12起保外就医法律文书、手续不全，保外就医期满未续保或者收监的，进行了监督纠正。同时，对保外就医即将期满的黎某、莫某某等人，监所检察科派员会同监管部门带其到医院进行复检，在确认其保外就医的条件仍未消失的情况下，督促监管部门办理续保手续。同年，市人民检察院监所检察科在检查中发现，市看守所办理的3起保外就医案件没有按照要求事先邀请监所检察人员参与研究，事后没有将材料送驻所检察室审查，提出纠正意见后均得到采纳。在完成“减、假、保”专项检查活动工作的同时，监所检察部门对新发生的“减、假、保”案件，认真按照专项检查验收标准，逐案审查，1人1表，逐人建档，长期坚持，巩固成果。

对留所服刑罪犯的检察

留所服刑是根据《刑事诉讼法》第二百一十三

条第二款“对于被判处有期徒刑的罪犯,在被交付执行刑罚前,剩余刑期在1年以下的,由看守所代为执行。对于被判处拘役的罪犯,由公安机关执行”和《看守所条例实施办法》第五十六条“看守所因工作特殊需要,经主管公安局、处长批准,并经人民检察院同意,对个别余刑在1年以上的已决犯,可以留在看守所执行”的规定,在交付执行刑罚时,不再送交监狱而由看守所代为监管的一种刑罚执行方式。这种方式给看守所的关押和管理增大了难度,对留所服刑罪犯检察监督作为检察机关驻看守所检察室所肩负的一项重要职责。来宾市人民检察院驻来宾市看守所检察室于2003年成立后,驻所检察室把留所服刑罪犯的检察监督工作同日常检察监督工作结合起来,始终贯彻“日常监督是根本,侦查办案是关键”的看守所检察方针,随时注意了解、掌握罪犯的羁押期限、思想动态、劳动改造及悔罪态度,为检察监督留所服刑工作打好基础。

1993年,各县(市)人民检察院监所检察部门,注重加强对看守所收押、释放人犯的监督,通过驻所检察,发现看守所收容人员与逮捕人犯混关等问题,及时向相关部门提出纠正建议,防止事故发生。

1998年,各县(市)人民检察院监所检察部门,加强对留所服刑罪犯检察工作,对超期羁押情况进行检察,严格执行相关法律法规,以维护法律的尊严。来宾县廖某某涉嫌诈骗一案,此案1990年5月经来宾县人民检察院批准廖某某依法执行逮捕,后移送柳州人民检察分院审查起诉,经审查认为证据不足,退回来宾县公安局补充侦查。但来宾县公安局没有抓紧补充侦查,使该案犯被关押在看守所长达8年之久。其间,来宾县人民检察院监所检察部门反复多次地提出检察建议催办此案,并发出纠正违法通知书,尽管如此,案件始终未得到有效解决。最后县检察院向上级汇报,引起柳州地委和地区政法委的高度重视,于8月召开专门会议进行研究,决定由柳州人民检察分院提起公诉。人民法院开庭审理此案,依法对廖某某作有罪判决,使这起久押未决的案件终于画上句号。

2001年,各县(市)人民检察院监所检察部门,进一步加大刑罚执行的监督力度,抓住重点问题和突出问题,强化措施,加强对监管场所的检察工作,抓好监管改造场所安全防范措施落到实处,确保监管改造场所的正常管理秩序,最低限度地减少事故,遏制再犯罪。特别是在“严打”期间,及时了解掌握看守所的管理情况,积极建议和协助监管机关妥善处理看守所“人满为患”的情况,确保监管安全。全年发现并纠正超期羁押行为28起。

2002年,各县(市)人民检察院在监所检察工作中,加强对监管改造场所的检察工作,按照自治区人民检察院的相关要求,认真做好监管改造场所的安全检查,协助监管机关制定各项规章制度,落实防范措施,保证监管场所安全有效,防止事故发生,通过检察纠正超期羁押6人次。

2003年来宾市人民检察院驻来宾市看守所检察室成立后,始终贯彻“日常监督是根本,侦查办案是关键”的看守所检察方针,随时注意了解、掌握罪犯的羁押期限、思想动态、劳动改造及悔罪态度,为检察监督留所服刑工作打好基础。对看守所申报余刑1年以上留所服刑和余刑1年以下留所服刑罪犯的材料进行认真审查,发现问题,及时提出纠正意见。全年两级监所检察部门纠正违法留所服刑9件11人,纠正其他违法情形23人,对超期羁押口头提出纠正意见100次,发出《纠正违法通知书》7次,纠正率达100%。同时,来宾市人民检察院会同公安、法院制定《关于严格依法办案坚决杜绝超期羁押问题的通知》,并探索建立预防超期羁押新机制,得到自治区人民检察院的肯定,收到良好的监督效果。加强对减刑、假释、暂予监外执行等活动的检察监督,对不符合条件的坚决纠正,确保刑罚的正确执行。共查办监管场所职务犯罪1件2人,结案率达100%。

2005年,全年向看守所提出监管意见6次、口头意见86次、催办案件111次、给在押人员上法制课15次、集中教育960次、个别谈话540次。监所检察部门从深化检务公开入手,强化制度建设,切实加大监所检察力度,积极与监管部门配合,维护监管场所的正常监管秩序,保障在押人员的权益。

羁押期限检察

2003年,市人民检察院全面清理纠正检察环节存在的超期羁押问题,实现了检察机关各办案环节无超期羁押。同时,通过与公安、审判机关联手,清理纠正公安、审判环节超期羁押各1件1人。2003—2005年,市人民检察院监所检察科共监督看守所在法定羁押期限届满前7日向办案单位发出预警通知337次,对属于检察机关办理的案件,在法定羁押期限届满前7日向办案部门发出《犯罪嫌疑人羁押期满提示函》451份,有效地预防了超期羁押现象的发生。

所内检察

监所检察部门加强与当地公安机关的协作和配合，重点对违法会见、违法提审、“牢头狱霸”、监管机关的文明监管及监管制度的落实等方面存在的问题进行整治，监所检察部门通过推行检察官接待制度，加强对在押人员的伙食、卫生和劳动情况实行监督，保护在押人员的合法权益不受侵犯，市人民检察院驻所检察室对看守所存在的在押人员在监舍饮酒、在押人员的现金被牢头掌管、看守所个别干警利用在押人员管理在押人员劳动生产等问题提出了纠正意见，得到看守所领导的采纳，看守所根据驻所检察人员的建议，加强了对干警的教育，加大了监管执法活动，市看守所及市人民检察院驻所检察室在“双加强、双保障”示范单位创建活动中取得显著成效，被确定为“双加强、双保障”示范单位。2003—2005年，监所检察部门在此项检察中发现事故隐患17起，提出检察建议20条，消除事故隐患17起。

对监管改造场所检察

对监管改造场所的检察主要是对出所入所的检察、羁押期限的检察、所内巡视、安全防范检察、生活卫生检查及分管分押检察等。

各县(市)人民检察院，在检察“两劳人员”和在押犯人反改造行为的同时，注意检察纠正监管改造场所干警中的违法乱纪行为，查处严重违法犯罪案件，坚决纠正一切不文明的现象。检察机关重建后，根据各个时期各监管改造场所的情况，有重点地检察打击“两劳人员”重新犯罪活动的同时，认真查处干警的违法乱纪行为。并运用各种典型事例教育广大干警，增强干警的法制观念，提高执行政策法律的自觉性，促进了文明管理。

1979年5月，最高人民检察院发出《关于加强看守所检察工作的通知》后，来宾县人民检察院会同公安局、法院从1979—1981年，先后两次组织人员对看守所工作进行全面检查，严肃处理了在监所工作2个违法乱纪的民警，并打击监内人犯中为首扰乱监内秩序的2个“监头”“狱霸”，并进一步严肃了监所法纪和健全了财物管理、生活管理、卫生管理以及探监管理等制度。各县人民检察院对地区各县看守所进行检察，每年检察3~5次。来宾县做到每月基本检查1次，看守所均能做到严格执行收押制度，严格看守制、严格提审制、严格通讯接见制度，有效地防止监所乱关押的情况发生，杜绝其他重大监所事故发展。

1980年1月，来宾县人民检察院党组决定由1名副检察长和1名检察员兼管看守所的检察工作。同年10月，来宾县人民检察院配合自治区人民检察院柳州分院和柳州地区公安处组织对看守所工作进行第二次检查和整顿，实行“两改”(改每天1人值班为2人值班，改8小时值班为24小时值班)、“两有”(监舍内贴有监规和摆放有刑法、刑事诉讼法)制度。1984年5月以前，合山市人民检察院指定1名检察员负责看守所的检察工作。同年6月，合山市人民检察院设立监所检察科，监所检察科即派员常驻看守所。常驻看守所的监察员除依法对人犯的入狱手续、案件的起诉时效、判决后执行情况进行检察外，还加强对看守所的学习、生活、卫生等条件进行不定期的检查；请有关部门领导对人犯进行形势教育、法制教育及道德规范教育。武宣县人民检察院配一名助理检察员专抓监所检察，检察员坚持每日到看守所检察一次，主要检察看守所工作人员与武警人员的配合情况，监所制度的执行情况，被监管和教养的人员改造情况，监所管理人员执行情况。县人民检察院还配合公安机关对看守所进行两次整顿，帮助健全落实监所安全管理、监狱管理具体规定、被监管人员遵守监规认罪伏法从宽处理的规定。同时协同看守所定期对人犯进行法制、政策、形势、前途的教育，对个别违反监规重新犯罪的“牢头”“狱霸”，则依法从重给予打击，1984年监所没有发生闹监、逃跑等现象。

1982年，各县(市)人民检察院监所检察工作，重点抓打击脱逃和重新犯罪工作，对部分劳改农场犯人脱逃情况进行专门调查，协助劳改单位加强管理和改造工作，制定切实可行的防逃措施，加强监管场所犯人和人犯的教育改造，定期检查管教工作，认真落实文明管理“八件事”，监规秩序有所好转。象州县对2名重新犯罪的在押犯提起公诉，法院均作加刑6个月处理；对1名打骂人犯的炊事员以批评教育；处理劳改犯人申诉5件5人。

1983年，各县(市)人民检察院贯彻中央关于“严打”的方针，监所人犯骤增，检察机关配合监管单位加强法制教育，促进人犯认罪服法。原来宾县看守所收押“2·21”特大杀人案犯29人，监所检察干警韦以杰，配合看守所干警，逐个了解人犯的动态，有针对性进行教育，使他们遵守监规，认罪服法，听从政府处理。武宣县人民检察院监所检察员与看守所管理人员坚持管理采取“三稳”(对收押人犯尽快稳定舍、稳定思想、稳定情绪)、“四严”(严密收押手续制度、对收押人犯要严格要求、严格管理、严厉打击牢头狱霸)和“五加强”(加强检查、加强警戒、加强监所干警力量、加强值班制度、加强防范措施)的措施,加强监所管理工作,避免事故发生。杀人犯李某某2次想上吊自杀,劳改逃跑犯陆某某伙同同监犯企图越狱,均因监管措施严密,没有得逞。

1985年,各县(市)检察机关,针对在“严打”斗争中,逮捕人犯增多的情况,加强对看守所和监狱的检察工作。各县(市)看守所年终共关押人犯大大超过了正常的关押容量,因此,做好看守所的检察工作,预防事故发生至关重要。检察机关认真履行职责,对看守所做到1周1检查,重点检查看守所管理制度的执行,监规的遵守情况,发现问题及时督促有关部门的人员及时纠正,对违法关押进行催办,使年终关押的人犯减少4人。在五一、国庆、元旦、春节,检察机关均配合公安、司法对监舍进行安全大检查。并在半年和年统计资料进行2次评比,以落实防逃、防暴、防火、防毒、防病的各项措施,切实做好看守所的安全监管工作。与有关部门配合,做好清案工作,为“严打”战役第二、第三、第四和第五仗的集中打击准备好关押场所。象州县寺村拘役所1名在押犯外逃流窜作案,诈骗他人钱财4000余元,经审查核实,依法向人民法院提起公诉,人民法院判该犯有期徒刑2年,人民检察院认为县人民法院认定事实和裁定有误,向中级人民法院提出抗诉,中级人民法院二审终结,改判该犯有期徒刑10年。

1986年,辖区各县(市)人民检察院,贯彻《监所检察工作试行办法》和最高人民检察院〔1985〕三办高字16号文件精神,学习岑溪县人民检察院监所检察工作的先进经验,全面开展监所检察工作,促进了“两劳”单位的文明管教和稳定了“两劳”单位的正常秩序,对保障刑事诉讼活动的顺利进行和国家法律、政策在监管机关的正确执行,对社会治安的综合治理起到了较好的作用。境内各县(市)建立健全监所检察机构,6个县(市)人民检察院都建立了监所检察科,配备配齐监所检察干部,以适应监所检察工作的需要。按照最高人民检察院三厅提出的经常化、制度化的7条标准,开展驻所检察工作,逐步实现看守所检察经常化、制度化。监所检察干部做到每天在看守所办公,每月配合看守所作1次监舍安全大检查,把“四个监督”划成20种表册簿,对监所每天的活动进行登记,及时掌握监舍人犯动态。通过驻所检察,发现和消除大量不安全因素,预防重大事故的发生。1986年,各看守所没有发生在押人犯自杀、死亡及脱逃等级重大事故;全年配合看守所清除监内不安全因素25起,稳定了监所秩序。各县(市)人民检察院领导和公安、法院、司法机关的领导,给看守所在押人犯作报告和上法制课达65人次,开展法制教育,促使人犯认罪服法。通过法制宣传教育,促使人犯认罪服法的有806人;检举揭发犯罪线索388条,经查证落实149条;查实破案12起、增捕漏犯27人、追诉漏罪17人。武宣县人民检察院监所检察狠抓安全防范工作:建立七表五簿二册一卡登记制度,掌握看守所的全部情况;坚持对人犯收押、出监、羁押时限进行检查监督,发现问题及时纠正,如在押犯覃某,超押1年多不能结案,思想反常,检察人员主动找办案单位,督促依时办案,使拖了1年多的积案得到了结;坚持出席由看守所、预审股、武警中队等参加的联席会议,提出检察建议;坚持个别找人犯谈话,全年找人犯谈话210多人次,进行集体教育35次,从中获人犯揭发检举犯罪线索32条、破案2起、增捕罪犯2人、追诉漏罪12条,杜绝了监所不安全的现象发生。来宾县人民检察院监所检察科派员常驻看守所。除依法对人犯的入狱手续、案件的诉讼时效、判决后执行情况等进行检察外,还加强对看守所的学习、生活、卫生等条件进行不定期的检查,敦促看守所做到:犯人吃的饭菜熟热、住的卫生清洁、每月至少可洗3次以上热水澡。此外,还请有关部门领导对人犯进行形势教育、法制教育和道德规范教育。

1987年,辖区检察机关认真贯彻自治区人民检察院监所检察工作会议精神,做好监管场所检察工作,促进了监管改造场所的文明管教和稳定了改造秩序。配合监管机关定期或不定期对监管改造场所进行安全防范检察,发现问题,及时提出纠正建议,防止事故发生。武宣县人民检察院监所检察科在“五一”前与有关部门对看守所进行清监大检查,查出监内有7厘米铁枝1条、铁片1块等危险品,防止了事故的发生。忻城县人民检察院监所检察科,3月9日检查看守所时,发现在押犯覃某某(盗窃,判无期),取下提桶铁环,扭脱压板的6颗螺帽,企图用床板搭梯从气窗逃跑的事故苗头,及时采取措施,制止了事故的发生。检察机关驻所检察实现正常化、制度化,各县(市)人民检察院每月驻所检察20天。10月10日—12月1日,柳州人民检察分院组织所属各县(市)人民检察院,对看守所监所检察工作进行交叉分片检查、评比活动,促进各县(市)人民检察院领导和监所检察干部提高对监所检察工作的认识，自觉做好监所检察工作，也促进了监所检察干部政治和业务素质的提高。监所检察干部开阔了眼界，找到差距，互相学习好思想、好作风和好经验，促进了与公安看守、预审、武警等单位的联系。经评比，象州县和合山市人民检察院监所检察科被评为1987年监所检察工作先进单位。

1988年，检察机关通过对监管改造场所的检察，对在押人犯进行法制教育，对看守所的重点人犯进行个别谈话教育777人次，集体教育675人次，对在劳动改造场所的犯人和劳动教养人员进行教育1.8万人次。

1989年，各县（市）人民检察院监所检察部门，重点抓好三项工作，一是及时对劳动改造场所执行政策、法律情况进行检察，监所检察干部采取定期、定人的方法对劳动改造场所进行检察，发现管教干警违法行为的坚决查处，全年共办理管教干警违法案件19件。二是采取措施，严防恶性事件发生。三是在8月15日最高人民法院、最高人民检察院发布《关于贪污、受贿、投机倒把等犯罪分子必须在限期内自首坦白的通告》（下称《通告》）期间，积极对犯人宣传《通告》，监所检察干部共对犯人宣讲《通告》22场次，受教育3000余人，接到犯人举报案件线索64条。

1990年，来宾县监所检察科对在押犯进行个别教育132人次，促使人犯认罪服法，遵守监规。合山监所检察科对在押人犯进行个别教育146人次，促使人犯认罪伏法，遵守监规。武宣县人民检察院监所检察人员，坚守岗位，全年进驻监所304天，月平均25天。积极配合监所管教人员做人犯的教育工作，找人犯谈话822人次；督促纠正14名人犯超期关押的问题，查处了执法人员违纪行为1起。

1991年，武宣县人民检察院监所检察科全年驻所检察277天，集体教育17次1006人次，个别教育116人，纠正超期关押3次3人，纠正违法3次。

1993年，境内各县（市）人民检察院在监管改造场所检察工作中，加强对监管场所干警执法的监督检察，及时纠正干警违法行为，全年通过检察，发现监管场所干警违法违纪7件16人，均向有关部门提出处理意见，使违法违纪行为得到有效纠正。各县（市）人民检察院坚持驻所检察监督，坚持依法催办，注重人犯认罪服法教育，维护监所秩序。来宾县监所检察科驻所检察每月均超过20天。同时积极主动地协助监所做好安全防范工作，狠狠打击牢头狱霸，维护监所秩序，为了确保办案单位无违法超期羁押现象，坚持不懈地上门催办。如人犯吴少勤于8月25日公安机关对其撤回起诉，人犯如何处理，公安机关久拖不决，经反复催办，于11月22日才对吴作取保候审处理。武宣县人民检察院监所检察部门集中教育在押人犯1次46人，个别帮教49人次，院领导到狱中上法制课1次。

1994年，境内各县（市）人民检察院监所检察部门，加强对监管场所的执法检察。来宾县人民检察院监所检察科驻所检察300余天，共向办案单位口头催办11件29人次；并向自治区高级人民法院反映看守所久押未决人情况3次；配合看守所请公安局、检察院、法院、政法委及县人大领导给人犯上法制教育课3次，受教育面达100%；每月找人犯谈话教育20人次以上，经过教育谈话，监内人犯思想稳定，服从管教，保证了诉讼活动的顺利进行；同时，还坚持抓好安全防范工作，配合看守所做好1月1次的监内安全大检查，消除不安全因素，保证监内安全；坚持开展打击牢头狱霸活动，全年共侦查18件75人，法院当年作有罪判决2件5人，督促看守所对牢头狱霸加械器14人，有效地稳定了监内的秩序。武宣县针对公安机关和有关部门超期羁押现象提出意见19次。

1995年，境内各县（市）人民检察院监所检察部门，认真抓好监管场所安全检查，及时排除不安全因素，防止监管改造场所事故发生。在检察中发现监管场所安全隐患137起，对发现的安全隐患及时提出检察建议137次，使安全隐患消灭在萌芽状态，有效地防止事故发生。秉公执法，严肃纠正有关部门的乱收费情况。来宾县人民检察院监所检察科检查发现公安机关预审科在办理已决犯保外就医时收取罪犯家

1995年7月，全区检察机关政治工作现场会在来宾县检察院召开。图为参加会议的自治区人民检察院检察长韦家能（左二）

属的保证金的违法行为，及时以书面形式向县公安局提出了纠正意见。县公安局及时对乱收费情况进行全面清理，并将收取的保证金退还给交款人。全年还重点考察监外人犯17人，没有发现重新犯罪的现象。武宣县人民检察院监所检察部门向有关单位提出口头纠正建议16次，催办各种案件26件，发现法院下达执行通知书刑期起止日期错误1件。

1996年，境内各县（市）人民检察院监所检察部门，加强对监管改造场所的监督检察，对看守所超期羁押提出口头纠正120次、书面通知20次；针对看守所不安全因素，提出检察建议118条；对监管场所管教干警的违法行为，及时提出口头纠正81次、发书面通知4次；在监所检察中，加强对在押人犯的法律宣传教育工作，全年给犯人上法制课51次，受教育16671人次。加强驻所检察工作规范化建设，柳州人民检察分院在忻城县人民检察院召开全地区驻所检察工作规范化现场会，促进全地区驻所检察工作达到规范化要求。按照监所工作“三化”要求，坚持写检察日志，掌握各办案单位的诉讼期限，平时勤记录、勤检查、勤催办。开展“严打”以后，入监人数剧增，重刑犯和新犯多，他们思想波动大，为使人犯认罪服法，遵守监规，加强思想感化教育工作，每月每位驻所干警找人犯谈话均达10次以上，同时还配合看守所请有关单位领导到监所进行法律宣传和政策教育。加强安全防范工作，坚持参加每月1次的监内大检查，消除各种不安全因素。当年在全自治区开展的监所检察工作交叉检查中，境内各县（市）监所检察工作受到检查组的一致好评。武宣县人民检察院向有关单位提出口头纠正建议21次，催办各种案件11件，协助看守所对人犯教育16人次。

1998年，武宣县看守工作按照《看守所规范化建设实施细则》和《看守所条例》，加强监管教育，整顿监舍秩序，坚持巡视检查，打击牢头狱霸，建立完善规章制度，并投入4万多元资金改善看守所设施，确保监舍安全。年内看守所收押犯罪嫌疑人和罪犯340人，同年看守所被评为“三级看守所”。

1999年，境内各县（市）人民检察院监所检察部门，以“争创”活动为契机，加强监管制度建设，强化监督工作，加大监督力度，防止看守所重大事故和脱逃行为的发生，积极配合监管改造部门做好在押嫌疑犯和服刑犯认罪服法的思想改造工作，加强对在押嫌疑犯和服刑犯的法制教育，全年共对在押嫌疑犯和服刑犯集体上法制课67次，受教育26769人次，个别帮助教育1882人次；驻所检察达330天，找在押人犯谈话教育380人次。对收押、释放人犯严格检察，及时纠正超期羁押。武宣县看守工作围绕“保安全、上台阶、创二级”的目标开展工作，坚持24小时双人值班，每天都进行安全检查，整顿监内秩序，严防牢头狱霸出现。全年共关押399人犯罪嫌疑人和罪犯，其中重要案犯16人，死刑犯2人。县看守所被自治区公安厅评为“二级监所”，荣立集体三等功。

2000年，武宣县向有关单位提出纠正建议10次，协助看守所对人犯教育5人次。2001年，武宣县率先实行羁押期限提示制度。2002年武宣县开始实行向有关单位发出“羁押犯罪嫌疑人被告人期限提示函”制度。1991—2002年来宾县共收押犯罪嫌疑人5934人，处理出监5478人、驻所检察4105天、找在押人员谈话3128人次。

1991—2005年，合山在例行监所检察工作中，发现监管单位存在违法违规行为，口头提出纠正意见共327次；对在押人员进行思想政治、法制教育2239次；进行安全大检查、重点检查12次。忻城县人民检察院共驻所检察3806天；对监管场所安全大检查212次；纠正违法299次；对在押人员进行个别谈话教育2646人；立案查办监管人员违法案件9件；对1326名监外执行罪犯进行考察。

2003年，来宾市两级人民检察院全面清理纠正检察环节存在的超期羁押，实现了检察机关各办案环节无超期羁押；纠正不符合法定条件留所服刑罪犯9件11人，纠正其他违法情形23人；开展监管改造场所安全检查95次；审查批准延押案件32人次；配合公安、审判机关，清理纠正公安、审判环节超期羁押各1件1人。来宾市人民检察院会同公安、人民法院制定《关于严格依法办案　坚决杜绝超期羁押问题的通知》，并探索建立预防超期羁押新机制，取得良好的监督效果，得到了自治区人民检察院的肯定。

2004年，全市检察机关监所检察部门积极开展“加强监管执法，加强法律监督，保障刑事诉讼活动顺利进行，保障在押人员合法权益”示范单位创建活动，进一步健全和完善看守所监管工作和驻所检察室工作制度，强化落实措施，确保监管场所的安全。全市6个驻所检察室全部完成了规范化等级检查验收工作。其中：市人民检察院、合山、忻城驻所检察室被评为二级规范化检察室，武宣、象州、金秀驻所检察室被评为三级规范化检察室。监所检察深入开展检务公开活动，设立宣传栏和举报箱，进一步加大了监所检察工作力度，全年初查监管干警犯罪案件3件3人，监所检察部门协助监管部门消除安全隐患185起。给在押人员上法制课18次，受教育3200人，个别教育谈话270人，纠正公安侦查环节和法院审判环节超期办案各1件1人，检察环节全年无超期羁押。

2005年，来宾市两级人民检察院监所检察部门深入开展“加强监管执法，加强法律监督，保障刑事诉讼活动顺利进行，保障在押人员合法权益”示范单位创建活动，进一步规范驻所检察工作，全年共发现监管场所事故隐患120次、提出纠正建议134次、消除事故隐患117件次。向看守所提出书面检察建议6次、口头意见86次、催办案件325次。认真做好在押人员思想教育工作和法制教育工作，共给在押人员集体上法制课15次，受教育960人次、个别教育谈话帮教540人次。监所检察深入开展检务公开活动，设立宣传栏和举报箱，进一步加大了监所检察工作力度，全年初查监管干警涉嫌犯罪案件2件2人。5月，武宣县人民检察院荣获全区“清理、纠正和预防超期羁押”先进单位；驻所检察室被最高人民检察院评为全国“三级规范化检察室”。

改革创新

2003年，来宾市人民检察院监所检察人员充分发挥主观能动性，在创建活动无经验可循的情况下，采取走出去请进来等多种方式，结合自身工作实际，以等级管理为激励机制，细化派驻检察职责，量化工作任务，加强制度建设，创造性地开展工作，至2003年12月中旬，市人民检察院驻所检察室完成了驻所检察室规范化等级申报工作，并于2004年被最高人民检察院评定为二级驻所检察室。在市人民检察院监所检察科的指导下，忻城县院、合山市院、武宣县院、象州县院、金秀瑶族自治县院驻所检察室规范化等级申报工作顺利进行，被最高人民检察院评定为三级驻所检察室。

2005年，市人民检察院驻所检察室开始试行派驻看守所检察工作流程，初步形成和健全了业务工作运行规范、执法质量保障规范、监所检察业务考评规范和执法责任追究规范等监所检察业务长效管理机制。

第七节　民事行政检察

民事行政检察是法律赋予检察机关的一项重要职能，是中国特色社会主义法律制度的重要组成部分。设立民事行政检察制度，是保障国家民事行政法律统一正确实施，实现社会公平与正义和维护社会长期稳定现实需要，是推进依法治国完善中国特色社会主义法律制度内在要求。

1989年4月4日，第七届全国人大二次会议通过《中华人民共和国行政诉讼法》，1990年10月1日起施行，该法规定人民检察院有权对行政诉讼实行法律监督。最高人民检察院于1990年10月29日，制定《最高人民检察院关于执行〈行政诉讼法〉第六十四条的暂行规定》，规定了对行政诉讼实行法律监督的程序，按照审判监督程序提出抗诉案件的条件、立案审查和处理。柳州地区两级检察机关从调查研究入手，推动行政检察工作开展。

根据《中华人民共和国检察院组织法》的有关规定和最高人民检察院的有关指示精神，为更好地开展民事行政诉讼检察工作，加强对民事行政诉讼的监督，保证法律的正确实施，1994—1996年，境内各县(市)人民检察院先后成立民事行政检察科，开展民事行政检察工作。1994年3月，金秀瑶族自治县人民检察院民事行政检察科成立，1995年5月8日，合山市人民检察院民事行政检察科成立。8月，武宣县人民检察院民事行政检察科成立，1996年1月，来宾县人民检察院设立民事行政检察科，4月3日，成立象州县人民检察院民事行政检察科。5月，忻城县人民检察院民事行政检察科成立。柳州人民检察分院增设民事行政检察科。各县(市)人民检察院民事行政检察科认真贯彻最高人民检察院提出的“积极、认真、稳妥”“抓住重点、突出办案、打开局面”“敢抗、会抗、抗准”的要求，依据《中华人民共和国民事诉讼法》和《中华人民共和国行政诉讼法》的有关规定，对同级人民法院的民事审判活动和行政诉讼活动实行法律监督，对同级人民法院发生效力、确有错误的民事、经济、行政判决和裁定，按照审判监督程序，提请上级人民检察院抗诉，或者建议上级人民检察院提请抗诉。

2003年2月，撤销自治区人民检察院柳州分院，设立地级来宾市人民检察院，市人民检察院内设民事行政检察科，专司民事行政检察工作。随着中国加入世贸组织，社会主义经济体制和法律法规逐步与世界接轨，民商法等法律法规的日渐完善。检察机关为适应时代发展对民事行政检察的要求，不断增强民事行政检察效能和民事行政检察队伍的素质，促进民事行政检察的创新与发展，更好地加强对民事行政诉讼的监督，保证法律的正确实施，为依法治国和经济建设服务。

民事行政案件检察监督

1994年，境内共受理行政案件37件，占受理办结民事行政检察案件的34.91%。金秀瑶族自治县人民检察院共受理民事申诉案件3件，其中立案3件、提请抗诉1件、息诉2件。

1995年，各县（市）人民检察院民事行政检察部门，为拓展民事行政检察工作，民事行政检察人员刻苦学习民事、行政诉讼的相关业务知识，坚持"在学中干、在干中学"，大胆实践，在学习中探索、在办案中提高，深入开展民事检察宣传工作，使群众更加深入地了解民事检察工作职责、性质和任务。此外，还积极寻找案源，热情接待群众来访，办理群众民事申诉案件，开展法律监督工作。全年共接待群众来访182人次，受理案件61件，其中民事案件29件、行政申诉案件17件，立案3件；经济案件15件，立案审查16件，同比增长8倍；立案13件，提出抗诉1件、法院再审撤销原判1件。金秀瑶族自治县人民检察院共受理民事申诉案件5件，其中立案3件、建议提请抗诉案3件。

1996年，各县（市）检察机关民事行政检察部门，履行法律监督责任，依法对民事案件进行审判监督，成绩和往年相比提高显著。在办理民事检察案件中，对不服法院判决，申诉人举证充分，经审查认为判决确有错误的，及时立案审查和派员调查取证，依法提请抗诉。1月，来宾县人民检察院民事行政检察科，当年立案2件，提请自治区人民检察院抗诉1件。广西凤凰糖厂与河南漯河市金星商贸公司的600吨白糖纠纷案，是一个典型案例，1995年12月，凤凰糖厂与南宁市建材公司签订600吨白糖购销合同，该公司与河南漯河金星商贸公司签订由该公司提供600吨凤凰牌白糖的合同，后金星公司代建材公司转200万元进凤凰糖厂账户，1996年1月初，凤凰糖厂依合同规定向南宁市建材公司发372吨白糖（价158.8万元），该建材公司经办人何某某将白糖运到柳州市变卖携款潜逃。金星公司遂向南宁市中级人民法院起诉凤凰糖厂，人民法院依法判决由凤凰糖厂赔偿200万元的连带责任，查封了凤凰糖厂价值200万元的白糖并冻结凤凰糖厂的2个银行账户。凤凰糖厂不服判决，申诉到自治区人民检察院，自治区人民检察院指定柳州人民检察分院和南宁市人民检察院查处此案。经查清事实真相，认定本案实为诈骗案，后由自治区人民检察院向自治区高级人民法院提出抗诉，经自治区高级人民法院裁定终止执行，发回一审法院重新审理，使该案得到公正解决。当年，各县（市）检察机关共受理行政申诉案件18件，立案2件。武宣县共接待群众来访申诉9人次，共受理民事行政申诉案件5件，立案2件，已结案2件。金秀瑶族自治县人民检察院共受理民事申诉案件5件，其中立案3件、提请抗诉1件、息诉2件。

1997年，各县（市）人民检察院民事行政检察人员有所境培增加，力量有所加强。民事行政检察部门依法履行对民事案件的审判监督。检察机关通过对民事案件监督，化解民事纠纷，为当事人挽回经济损失，维护了司法公正。各县（市）检察机关民事行政检察部门，加强对行政案件审判监督工作，全年共受理行政申诉案件20件、立案审查4件、提请抗诉4件。金秀瑶族自治县人民检察院受理民事申诉案件8件、立案4件、息诉4件。武宣县人民检察院共接待群众来访20多人次，受理申诉案8件。

1998年，各县（市）人民检察院民事行政检察部门，认真贯彻全国检察长会议提出的"严格执法，狠抓办案，加强监督"的工作方针，加强与人民法院、司法和人大、信访部门的联系，扩大案源渠道。通过不懈的努力，民事检察工作已在群众中逐步扩大了影响并取得了良好的社会效果。民事检察部门在依法履行民事案件审判活动监督中，坚持"敢抗，会抗，抗准"的原则，依法履行民事检察监督职责，做好民事案件审判监督工作。金秀瑶族自治县人民检察院受理民事申诉案件5件，立案2件、提请抗诉1件、息诉2件。武宣县人民检察院共受理民事行政案件5件，立案审查并向柳州人民检察分院提请抗诉1件，人民法院再审后作出撤销原判的判决。

1999年，各县（市）人民检察院民事行政检察部门，为打开民事检察工作新的局面，加大宣传工作力度，扩大民事检察在人民群众中的影响，较好地开辟案源，当年，民事检察工作稳中求进，民事检察案源有所上升。金秀瑶族自治县人民检察院受理民事申诉案件2件，立案1件、建议提请抗诉1件。武宣县人民检察院接受群众来访咨询350人次，受理各类案件7件，立案1件、提请抗诉1件。此外，民事检察部门积极探索，注意总结经验，加强调查研究，探索试行律师代理申诉制度和办案汇报制度，在程序上确保了办案质量，在具体操作中做到敢抗、会抗和抗准，充分发挥民事检察职能，化解民事纠纷的作用，让当事人满意，让人民群众看到司法公正，为维护社会稳定作出了积极贡献。

2000年，各县（市）人民检察院，从三个方面抓好民事行政检察工作。一是制定岗位职责，落实目标任务。民事检察工作要发展，办案是基础，民事检察宣传深入乡镇村屯、机关学校、厂矿企业，案件来源日益增多，各县（市）出现了有史以来的民事案件高峰；二是热情服务，秉公办案。民事检察部门坚持树形象促办案的工作思路，在办案中讲效率、重质量、不拖压、不吃拿卡要等，赢得人民群众的信赖和支持，各县（市）民事检察部门都有群众赠送的锦旗、牌匾。三是积极探索办案新路子，讲究抗诉成效。民事检察部门把办案质量作为衡量工作绩效的主要标准采取“双四”制办案方法，即一件一审案的抗诉要经过上下两级检察机关四道审查关方能结案，首先是基层人民检察院承办人员办理、科长审查、集体研究、主管检察长决定（或检察委员会决定）。其次是分院承办人、科长、集体、主管副检察长（或检察委员会）审查和决定，大大地提高了办案的质量，当年一审抗诉再审案件的改判率为71.42%。武宣县人民检察院受理案件线索10件，立案4件，提请抗诉3件。金秀瑶族自治县人民检察院受理民事申诉案件5件，立案5件，提请抗诉2件、建议提请抗诉案3件。立案审查土地确权纠纷案1件，审查后建议提请来宾市人民检察院抗诉1件。

2001年，各县（市）人民检察院民事行政检察部门，针对民事申诉案件增多，在较大程度上影响社会稳定的问题，民事行政检察部门转变执法观念，对人民法院判决无误的案件，认真做好息诉服判工作，从思想工作入手，积极促进当事人化干戈为玉帛，大量地消化案件和平息事端，有效地维护地方的安定团结。全年息诉案件85件，占受理民事申诉案件的46.5%。来宾县良塘乡百合村民委员会中良云小组与良村小组300多亩土地纠纷案，十多年来经乡、县、地区三级人民政府处理，一、二审人民法院多次判决，良村小组不服，曾组织村民到人民法院、县人民政府静坐示威，并抢耕抢种。公安机关拘留了一些闹事者，村民准备组织更大规模的上访活动，事前他们派代表到柳州人民检察分院反映情况，并提出申诉。柳州人民检察分院在受理申诉时，教育引导他们依法诉讼，使他们放弃了大规模的上访做法，有效地制止了这起民事纠纷案的恶化发展。金秀瑶族自治县人民检察院受理民事申诉案件3件，立案3件，提请抗诉1件、建议提请抗诉案2件。武宣县受理申诉案件7件，经审查后决定立案2件、提请抗诉2件。

2002年，武宣县受理案件5件，立案2件，建议分院提请抗诉1、息诉1件；金秀瑶族自治县受理民事申诉案件2件，立案2件，提请抗诉1件、建议提请抗诉案1件。

1991—2005年，忻城县人民检察院共受理民事行政申诉案87件，审查处理87件，立案52件；提请抗诉20件，建议提请抗诉8件；提出再审检察建议3件，法院再审改判或调解、当事人和解17件。

1996—2005年，兴宾区（原来宾县）人民检察院共受理民事行政申诉案件90件，立案审查51件，提请抗诉和建议提请抗诉共34件，再审检察建议7件，息诉9件。

1995年8月—2005年，合山市人民检察院受理民事行政申诉案件76件，立结案36件。其中，2001年，合山矿务局十矿平阳主井1131绞车道掘进巷道承包者龙某某据合同雇请盘某某做绞车道掘进工。12月17日上午7时，盘某在施工中被矿车撞伤左脚，治疗费共13034.57元。龙某只支付7200元，盘某不服，曾多次向龙某提出要求赔偿13034.57元，一直得不到解决，于是盘某将龙某、十矿、矿务局起诉到市人民法院。市人民法院一审判决承包者龙某赔偿给盘某各项经济损失13034.57元，驳回盘某诉矿务局及其十矿连带赔偿责任的诉讼请求。盘某不服判决，向市人民检察院申诉。经民事行政检察科审查，认为本案把承担主要责任的主要赔偿责任主体矿务局及十矿判决不承担赔偿责任，有悖于事实和有关法律规定，即向市人民法院提出再审建议。经市人民法院再审，对原判决予以纠正，依法判决承包者龙某先行赔偿盘某各种费用13034.57元，不足部分，由矿务局及十矿承担连带赔偿责任。

2003年，来宾市检察机关民事行政检察部门以民事行政判决显失公平、群众反映强烈的案件为重点，加强民事行政检察工作。全年民事申诉案件94件，审查后决定立案审查60件，经审查对其中确有错误的判决、裁定依法提请抗诉31件、提出抗诉7件、法院审结9件、改判8件、调解结案1件；提出检察建议12份、息诉57件。象州县人民政府不服象州县人民法院行政判决一案，经再审获得改判，使群众争议了多年的800亩土地权属纠纷得到了公正的解决，取得了较好的法律效果和社会效果。受理行政申诉案件27件，立案14件、提请抗诉9件、提出抗诉1件、改判1件。金秀瑶族自治县人民检察院立案审查土地确权纠纷案1件，审查后提请来宾市人民检察院抗诉。

2004年,全市检察机关民事行政检察部门,全面加强民事行政检察工作,始终树立"立检为公、执法为民"思想,认真抓好办案质量、效率和效果,正确履行民事行政审判活动监督职能。全年受理民事申诉案115件,立案审查59件、提请抗诉32件、提出抗诉10件、息诉37件。法院审结提6件,再审撤销或改判4件,改判率为57.14%。如,忻城、上林、来宾等县韦氏家族3万多人,不服来宾市中级人民法院驳回其要回800多块古代青砖,在中国—东盟博览会期间扬言要集体到北京上访静坐。此案经市人民检察院受理审查后,认为人民法院判决是正确的,为做好息诉息访工作,办案部门召开了双方当事人听证会,让双方充分发表意见,然后通过摆事实、讲法律,说服申诉人放弃上访静坐念头,解决了问题,维护了社会稳定。受理行政申诉案件14件,立案11件,提请抗诉3件,提出抗诉1件。如,市人民检察院提请抗诉的武宣县二塘镇大琳村民委员会秀江村民小组与该县人民政府行政确权的争议案,经人民法院再审,撤销了县人民政府作出的决定,使这起发生在1982年,历经两次政府确权、人民法院一审、二审两次判决、层层申诉至自治区高级人民法院的纠纷案,最后在人民检察院依法监督下得到了圆满的解决。金秀瑶族自治县立案审查土地确权纠纷案1件,审查后提请来宾市人民检察院抗诉。

2005年,全市两级人民检察院加强民事检察工作,维护司法公正,促进安定团结。民事审判监督重点是针对地方和部门保护主义导致错误裁判、严重违反法定程序导致错误裁判、审判人员贪赃枉法、徇私舞弊导致错误裁判,尤其是严重侵害群众利益,引发群众上访申诉的案件。检察机关在努力提高抗诉和再审检察建议的质量和效率的同时,既要纠正裁判不公的案件,维护司法公正,又要着力做好正确裁判的服判息诉工作,维护司法权威,维护社会安定。如,民事检察部门通过监督错误裁判,挖出法官成某某、覃某某贪赃枉法一案,成、覃二人均受到了法律制裁。此案的成功查办,得到了自治区人民检察院的充分肯定,取得良好的法律效果及社会效果。当年全市民事行政检察部门受理民事申诉案件77件,立案审查44件,提请抗诉18件、抗诉10件、提出再审检察建议2件、检察建议1件、息诉、终止审查71件;人民法院审结6件、改判2件、调解1件、维持3件,改判率为42.88%;受理行政申诉案件17件,立案6件、提请抗诉3件。

抗诉和检察建议

1985年,各县(市)检察机关在"一手抓打击,一手抓综合治理"的方针指导下,对社会治理和经济管理制度开展综合治理,为经济体制改革和经济建设创造良好的社会环境。检察机关结合实际,就当地经济管理制度不健全不完善,社会治安管理不严等情况,积极开展检察建议活动。当年各县(市)检察机关提出检察建议89次,其中口头建议65次、书面建议24次,积极督促有关单位堵塞漏洞,在预防和减少犯罪方面,取得了良好的社会效果。如来宾县人民检察院通过办理大湾粮所韦广勇等人以办理"平转议"手段贪污公款8.7万元的案件,提出2次检察建议,都被粮食部门采纳。县粮食局根据第一次检察建议,把各粮所的财务由一人负责制改为会计、出纳分别建账管理;根据第二次检察建议,规定对"议价收购"执行严格的监督,收购议价粮超过50千克的,都要经调查确属群众自产的方可收购,除谷种外再不准许粮所出卖谷子,从而从管理制度上杜绝了以"平转议"进行贪污的可能性。

2001年,来宾县水运公司与来宾县航务管理所债务纠纷一案,一、二审人民法院在收到原告航管所的赞助费后,均对水运公司所欠航管所5万元,但已过诉讼时效的债务,判决水运公司偿还本金及利息11万元,并且在判决书未生效前,强行将水运公司唯一的一艘运输船拍卖,造成该公司濒临破产,100多名职工无生活着落,在社会引起强烈反响。受理此案并进行抗诉后,二审未作出实质的改判,柳州人民检察分院又提请自治区人民检察院抗诉,经检察机关的两次抗诉,这起历经9年的案件终于有了公正的说法。自治区高级人民法院判决撤销了一、二审的判决,不予执行回转,经跟踪监督,及时提出检察建议,要求人民法院采取强有力措施执行回转,终于使案件得以执行回转。来宾县水运公司给柳州人民检察分院送来了"明察秋毫平冤案,公正司法为人民"的牌匾。

2003年,来宾市检察机关民事行政检察部门,提请抗诉9件,提出抗诉1件、人民法院改判1件。

2004年3月,申诉人何某某因与被申诉人覃某某人身损害纠纷一案,不服人民法院判决,向人民检察院提出申诉,其父亲称如果在检察机关得不到公正的解决,将使用武力,使对方永不安宁。受理此案后,及时进行立案审查。经审查后认为,申诉人是限制民事行为能力人,其年幼无知,顽皮地用手拉扯被申诉人用于晾晒衣物的旧电话线，并双脚离地来回摆动，造成固定电话线的墙体倒塌，而压伤自己，有一定的过错责任。被申诉人擅自在自家门前的路边乱建一单薄的砖墙，为晾晒衣物而将旧电话线的一端固定在该墙上，且该旧电话线距地面太低、无形中存在安全隐患，造成申诉人受损伤，被申诉人应负主要责任。二审人民法院判决被申诉人承担30%的责任是错误的。鉴于二审人民法院判决错误，如由检察院提请上级院抗诉，需要有一个较长的时间才能解决，建议双方当事人互谅互让，进行执行和解，化干戈为玉帛。经过检察院多次的说法教育，被申诉人覃某某表示，因受诉讼之累，无法安心生产，愿意多补偿申诉人，最终双方达成了执行和解协议。武宣县受理申诉案件18件，审查后立案10件、提请抗诉4件、建议人民法院再审1件。

2005年，全市检察机关民事行政检察部门，加强民事行政检察工作，明确民事审判和行政诉讼监督重点，针对地方和部门保护主义导致错误裁判的案件，严重违反法定程序导致错误裁判的案件，审判人员贪赃枉法、徇私舞弊导致错误裁判的案件，尤其是严重侵害群众利益的案件，努力提高抗诉和再审检察建议的质量和效率，维护司法公正。当年，全市检察机关民行检察部门共办理提请抗诉21件、抗诉10件、建议再审2件、法院改判2件、调解息诉27件。如，忻城县汽车总站与班茂生、潘民强等人劳务纠纷申诉一案，检察机关提出抗诉后，经法庭调解，被汽车总站解除劳动合同的班茂生等10多位工人获得了赔偿，使这起即将引发群体进京上访案件得到了圆满解决。

表9-7　2003—2005年来宾市民事行政案件受理、立案、提请抗诉、改判一览表

年份	受理	立案	提请抗诉	提出抗诉	建议再审	改判
2003	121	60	31	6	3	8
2004	129	70	35	11	1	4
2005	94	50	21	10	2	2

第八节　控告　申诉检察

检察机关创建伊始，即指定专职或兼职人员、设置信箱、开展接待人民群众来信来访工作，借此处理控告申诉案件，获取敌情社情。根据最高人民检察院和自治区人民检察院关于控告申诉检察工作"归口办理"的规定，控告申诉部门与其他业务互相配合，分工负责，处理检察机关管理的控告申诉案件。"文化大革命"中，检察机关被砸烂，控告申诉检察工作中断。1978年检察机关恢复重建，控告申诉检察业务也随之恢复并开展工作。

控告申诉检察

1985年6月之前，控告申诉检察工作主要由人民检察院办公室或法纪科负责。按照《人民检察院控告申诉检察工作暂行规定》，控申检察的主要任务是：统一受理来信接待来访，按照"分级负责，归口办理"的原则，处理涉及刑事问题的控告、检举、申诉和自首等问题，并结合上述工作提供法律咨询、开展法制宣传，参与社会治安综合治理，综合分析信访情况，及时反馈信息，为领导决策提供依据。

1985年7月后，各县（市）人民检察院陆续建立了控告申诉检察科，使该项工作有了专门负责的机构。按照《控告申诉检察工作细则（试行）》规定，控申检察部门除了上述任务外，还直接办理：不服人民检察院不批准逮捕决定、不起诉决定、免予起诉决定、撤销案件决定、追缴财物决定的申诉案件；不服人民法院已经执行完毕的刑事判决、裁定以及被害人和其他公民不服人民法院已发生法律效力尚在执行中的刑事判决、裁定的申诉案件；上级人民检察院和本院检察长交办的刑事申诉案件；认为需要复查的其他刑事申诉案件。

1978年以来，来宾市人民检察院及各县（市、区）人民检察院控告申诉检察部门遵循"公正执法，加强监督，依法办案，从严治检，服务大局"工作方针，坚持控告申诉检察工作五大原则（即：依靠群众，对人民负责，全心全意为人民服务；以事实为根据，以法律为准绳，坚持公民在法律面前一律平等，严格按照法定程序办案；坚持实事求是，重证据、重调查研究，严禁刑讯逼供；办理控告申诉案件，实行"归口办理、分级负责"制；尽责化解社会矛盾，把来信来访问题解决在基层），以制度化建设为主线，不断转变工作作风，全面开展控告申诉检察工作规范化建设，先后

建立“检察长接待日”制度、“举报反馈”制度、“公开审查”制度,“控告申诉首办责任制”“两见面”制度,开展“举报宣传周”活动和“下访巡访”活动,建立举报中心,拓宽群众诉求渠道,控告申诉检察工作取得显著效果。

1978年,各县人民检察院重建后,设置有“接待室”,负责处理信访工作。院办公室指定1名干部专管信访工作,重大案件信访由检察长亲自审阅或参加接待。按案件性质、属相关单位受理的由该单位处理,对不属该单位受理的移送归口部门处理。11月,指定人民检察院办公室秘书兼管控告申诉工作。1980年,各县人民检察院设信访室,负责来信来访和控告申诉工作。当年共受理来信来访308件次(其中受理来信245件次,受理来访63人次),其中检举贪污案2件,其他刑事案3件,一般违法行为139件,申诉不服逮捕12件,不服拘留劳改3件,不服党纪、政纪、团纪处分34件,民事纠纷19件,其他96件。8月,武宣县人民检察院根据区别情况,分别处理的原则,对反映问题属实,要求合理的,认真帮助解决;反映问题有出入,要求不合理的,耐心说服教育。司机韦永设被以过失杀人罪批准逮捕,其亲属三番五次到人民检察院,有时人数多达30多人,对人民检察院施加压力,要求放人。武宣县人民检察院耐心讲解刑法有关条款,讲清楚捕人的依据,说明违章开车致人死亡是过失犯罪,应当承担刑事责任。既宣传了法律,又坚持了原则,使来访者认识到聚众缠访严重影响了检察机关办公,干扰了检察机关的正常工作秩序,是错误的行为。1982年,武宣县人民检察院共受理人民来信来访373件次,其中控告贪污案1件、不服拘留1件、民事纠纷32件、反映其他问题56件、要求平反3件、刑事案8件、一般违法行为271件。县检察机关自查9件、转有关部门处理145件、直接答复本人4件、存查23件、不需答复192件。1982年,合山市人民检察院成立后,院办公室指定1名干部专管信访工作,重大案件信访由检察长亲自审阅或参加接待。1983年,各县(市)控告申诉工作由法纪科负责。武宣县人民检察院借助处理来信来访,鼓励民众揭发违法犯罪行为,并开展法制宣传。全年共受理来信来访292件次。1984年,武宣县人民检察院受理来信来访381件次,其中检举贪污行为1件、其他刑事案84件、一般违法行为94件、民事纠纷31件、其他169件。县人民检察院自行查办14件、转有关部门处理168件、存查26件、不再答复173件。1985年,各县(市)控告申诉工作改由办公室兼管。武宣县人民检察院受理来信来访案达422件次。1986年,各县(市)人民检察院配备专职信访干部,建立健全各项登记制度。当年武宣县人民检察院受理来信来访528件次,院方自行查办26件、转有关单位处理192件、存查49件、不需再答复261件,此外还受理上级领导机关转来交办3件。1987年,武宣县人民检察院受理来信来访614件次,经调查给予答复95件次,由本院自行查办控告申诉案13件、转有关部门处理198件、不需再答复381件、存查9件。东乡群众来信反映平岭村韦某犯有故意伤害罪,经调查属实,转公安机关处理,依法逮捕韦犯,平息了民愤;三里乡群众检举,三里街何某参与作案犯罪多次;反映刘某有重婚行为,经调查属实,分别转刑检和法纪检察部门查处,审结后,已将两犯逮捕归案,依法处理。同年,还配合公安机关复查历史案件,经翻阅审查档案,列出重点复查20件。在复查中,发现定性错误的1件,经批准作了无罪处理。1988年后,各县市设立控告申诉科。在控告申诉检察科内设经济、法纪罪案举报中心。8月,来宾县成立控告申诉检察科。11月,在控告申诉检察科内设经济、法纪案件举报中心。1988年,武宣县人民检察院全年受理来信来访390件次,比1987年下降224件次。1990年,武宣县人民检察院受理来信来访357件次,其中来信317件,来访40人次。人民检察院直接查处203件次,其中控告申诉84件、经济48件次、法纪15件次、刑事41件次、其他15件次。经审查,达到立案标准89件,其中贪污27件、受贿12件、挪用公款9件、刑讯逼供3件、偷税抗税3件、其他违法乱纪23件、投案自首12件。侦查终结,均起诉到人民法院作有罪处理,经县人民法院审理,判处9人5年以下有期徒刑,4人为10年以下有期徒刑。1978—1990年,象州县共受理人民群众来信来访2279件次,自行查办245件次、直接答复82件次、转有关部门处理428件。1979—1990年,武宣县人民检察院共受理控告申诉来信来访4761件次,其中来信4151件,来访610人次。检察院直接查处432件,转有关部门处理4329件。1989—1990年,来宾县共处理群众来信977件,来访259人次,并依案件性质分别作了处理。

1991年,武宣县接待群众来访54次,收到群众举报信88件。1992年武宣县接待群众来访和处理群众来信130件次,其中来信105件、来访25次;受理刑事申诉案件2件,办结2件。1993年,武宣县接待群众来访和处理群众来信143件次,其中来信

117件、来访26次58人；受理控申案件15件，立案侦查5件6人，办结5件6人。1994年，武宣县受理群众来信来访83件次，受理控告申诉案件17件，建立了号码为211030专线举报电话。1995年，各县（市）成立刑事赔偿办公室，业务并归控告申诉科管理，实行一套人马、三块牌子。当年武宣县共受理群众来信来访106件次。其中来信74件，来访32件。属首次信访90件次。全年共受理群众举报案件线索31件。

1996年，按照最高人民检察院的要求，将经济、法纪罪案举报中心改为举报中心。举报中心统一受理公民和机关团体、企事业单位的检举控告，按照"分级负责、归口管理"的原则办理检举控告，对罪与非罪界限不清、性质不明以及检察长交办的举报案件进行初查或立案侦查；组织开展举报宣传发动和举报奖励，综合上报举报数字，反馈举报信息并负责了解、掌握和催办、督促举报查处等工作。当年武宣县共受理群众来信来访99件次。其中来信72件，来访27件；受理群众举报39件，其中首次举报26件；全年经正、副检察长批阅的重要信访就有72件。1997年，武宣县共受理群众信访115件，共受理群众举报35件，其中首次举报26件。举报中心开展案件初查5件，结案2件，为国家和集体挽回经济损失12.8万元。1998年，武宣县受理群众来信来访120件次，首次信访98件，由正、副检察长亲自批阅的重要信访案件95件。1999年，武宣县受理举报线索40件，受理控告申诉信访案件75件。2000年，武宣县受理群众来信来访98件次，检察长接待日接待群众来访53件。2001年，武宣县受理群众来信来访118件，检察长接待日接待群众来访12件30人。9月开展了以"责任重于泰山、依法惩处渎职犯罪"为主题的举报宣传周活动。2002年，武宣县共受理来信来访136件，全年开展检察长接待日53次，受理案件38件40人。6月份和10月份开展了两次以"预防职务犯罪，大家来参与"为主题的举报宣传周活动。

2003年武宣县共受理信访111件，受理属检察机关管辖的信访案件32件。受理举报线索32件，初查案件7件8人。检察长在接待日接待来访举报、控告或申诉共28件107人。2004年，武宣县共受理群众来信来访88件149人，作出答复85件，受理刑事申诉案件5件5人，立案复查1件。检察长接待日接待群众来访举报、控告或申诉28件60人，检察长批阅来信88件。2005年，武宣县受理群众来信来访43件，开展检察长接待日24次，检察长在接待日内接待群众来访举报、控告或申诉共12件28人。初查案件2件2人，移送立案2件2人。

1991—2005年，合山市人民检察院控告申诉科受理群众来信来访控告1139件，查处913件，查处率80.15%。忻城县人民检察院共受理举报342件，审查处理342件，举报中心初查132件；受理控告493件，申诉89件；接待处理群众来信来访1998件；忻城县人民法院共受理告诉申诉和申请再审案268件，审结259件，结案率为96.6%；接待来信来访14385件人次。1991—2005年，兴宾区（来宾县）人民检察院控告申诉科受理群众来信来访2293件次，受理群众举报线索798件，初查198件，检察长接待来访499件次，领导批办案件720件次。2005年2月，兴宾区人民检察院控告申诉科荣获最高人民检察院授予文明接待室荣誉称号。

2003年，来宾市两级人民检察院控告申诉部门先后出台《来宾市人民检察院刑事申诉案件公开复查实施办法》《来宾市人民检察院控告申诉首办责任制实施办法》《来宾市人民检察院举报反馈制度实施办法》《来宾市人民检察院"检察长接待日"制度实施办法》《来宾市人民检察院举报线索统一管理规定实施办法》。市县两级人民检察院坚持实行检察长接待日制度，全市两级检察机关检察长共开展检察长接待日306次，接待群众来访96批219人。全年全市两级控告申诉检察部门共受理群众来信来访764件，同比下降22.91%。其中来信592件、来访172批次。检察机关为确保办案质量，通过健全和完善案件的初查、立案、证据收集、适用强制措施、要案请示制度等监督机制来规范办案行为，同时全面开展"执法作风、自侦案件质量、扣押款物"三项大检查活动，进一步严肃了办案纪律和办案制度，确保案件质量，确保"依法办案、文明办案、安全办案"的实现。全市两级人民检察院控告申诉检察部门，受理各类申诉案件192件，立案复查并办结15件。

2004年，全市检察机关控申检察部门以开展涉法上访专项检查为契机，进一步健全工作机制，严格落实首办责任制，及时处理来信来访，努力化解各种社会矛盾，维护法律尊严和社会稳定，共排查涉法上访案件255件，属于检察机关管辖的113件，立案复查52件，所有案件全部办结息访息诉。全年共受理来信来访631件，其中，来信376件，来访255件，全年受理首次来信来访622件，重复来访9件；受理刑事申诉案件33件，立案复查21件，开展检察长接待日168次，接待来访群众98批250人，批办案件78

件。兴宾区、忻城县、象州县、武宣县、金秀瑶族自治县人民检察院创建“文明接待室”经自治区检察院验收达标。兴宾区人民检察院荣获2001—2003年度全国“文明接待室”称号。全市两级人民检察院控告申诉部门共受理各类申诉案件186件，其中刑事申诉案件33件，立案复查21件。其中，不服检察机关处理决定17件(不服不批捕5件，不服不起诉4件，不服其他处理决定8件)，不服人民法院判决、裁定的4件。立案复查后改变原处理决定3件。

2005年，来宾市两级人民检察院控告申诉检察部门，认真做好控告申诉检察工作，积极化解社会矛盾。把依法解决群众的合理诉求，作为维护社会政治稳定的重要举措，全市检察机关坚持把办理好控告申诉案件作为一项重点工作抓紧抓好，重点放在办理涉法上访案件上。全年，共受理来信来访468件，同比下降25.9%，其中来信321件，来访147件。控告申诉检察部门严格实行百分之百接待，百分之百受理，百分之百答复的办案制度，全面做好息诉息访和立案复查工作，及时化解矛盾，避免矛盾激化和群体上访、越级上访事件的发生。当年上访案件与上年同比下降了25.9%，而且无重复上访发生。开展检察长接待日168次，接待来访群众98批250人，批办案件78件。全年两级人民检察院共开展检察长接待日168次，接待群众来访84批143人，批办案件69件。全市检察机关控告申诉检察部门，共受理申诉案件148件，其中刑事申诉案27件，立案复查8件(其中不服不起诉3件，不服其他处理决定5件)，立案复查后改变原处理决定2件，不服人民法院判决、裁定的19件。开展不起诉案件复查专项活动，复查案件42件46人。

举报机制

自1988年建立举报中心以来，不断完善举报工作机制，先后建立对举报专人受理、拆封、登记、审查处理和统计、反馈等工作制度；归口办理、分级负责制度；交办、催办和答复举报人制度；保密制度；保护和奖励制度和举报线索评估工作规定等。每年均开展举报活动周。

对举报案件的侦查，分举报线索的初查和立案侦查进行。举报中心在统一受理登记后及时进行分流处理，对不属管辖范围的案件举报线索，在5天内移送有关机关办理并告知举报人。建立线索跟踪监督机制，督促有关机关及时办理。对管辖的案件举报线索，按照内部分工及时移送职能部门办理。对性质不明、难以归口的线索，举报中心先进行初查。

1998年，是检察机关开展举报工作10周年，各县(市)人民检察院控告申诉部门，根据最高人民检察院和自治区人民检察院的部署，于7月，开展“检察长接待日及纪念举报工作10周年宣传活动”，检察机关共出动正、副检察长12人次，检察干警123人次，受理案件线索236件，印发宣传资料8672份。开展声势浩大的举报宣传活动，激发了群众同贪污贿赂等犯罪作斗争的积极性，仅7月—9月，就受理群众举报线索203件，比上年同期增加82.88%。

1999年，各县(市)检察机关，大力加强举报宣传活动，多次举行举报活动周宣传，发放宣传资料11870多份，出动车辆93辆次，深入到机关、学校、企业、乡镇和村屯开展宣传工作，通过现场接待解说，宣传车广播、电视讲话、电台广播、专栏简报等多种形式，广泛宣传检察机关职能、举报工作的重要意义等，宣传面达43万人次。通过开展举报宣传周活动，举报工作取得实效，当年，检察机关共收到群众举报案件线索746件，同比上升13.37%；初查42件，移送立案侦查8件，同比上升160.7%。

2000年，各县(市)人民检察院，加强举报线索管理和审查评估工作，检察机关对举报线索，制定了规范化、制度化的管理措施，成立举报线索审查评估小组，充分发挥举报工作在办案中的重大作用。武宣县两年内评估线索16条，初查后，自侦部门立案9件。通过对举报线索的科学管理，查办案件的成功率明显提高。坚持每年都开展1次以上规模较大的举报宣传周活动，在开展举报宣传周活动中，开设宣传点，发放宣传资料，检察干警、检察机关领导参加宣传周活动，出动宣传车下乡镇进机关企业宣传，并在电视台、电台宣讲，宣传活动涵盖了社会的各个层面，把“检务公开”送进千家万户。1991—2005年，忻城县人民检察院受理刑事赔偿案件6件，审结6件。

2003年，来宾市检察机关共受理群众举报线索223件，其中属于检察机关管辖的197件。

2004年，来宾市检察机关举报中心受理案件举报线索199件，属于检察机关管辖的133件；受理贪污贿赂等职务经济犯罪线索177件、渎职侵权犯罪线索19件；初查案件线索51件，初查后移送立案侦查8件。受理干警违纪举报线索21件(重复举报3件)，纪检监察部门共全部审查办结，其中立案查处2件2人，给予基层院干警党纪政纪处分2件2人。

2005年，全市检察机关举报中心共受理举报案件线索173件，同比下降13.07%。其中贪污贿赂等职务经济犯罪线索159件、侵权渎职线索14件、涉嫌犯罪被举报的县处级干部2人。全市两级人民检察院举报中心，共初查举报线索33件，初查后移送立案侦查1件，举报中心初查后立案侦结移送起诉1件。检察机关组织开展举报宣传活动，向群众发放宣传资料2350份，接受群众咨询285人次。

刑事赔偿

刑事赔偿是指行使国家侦查、检察、审判、监狱管理职权的机关及其工作人员在行使职权时侵犯公民、法人和其他组织的合法权益造成的损害，国家给予赔偿的制度。刑事赔偿的意义在于维护公民合法权益，保护人权，推进依法治国的法制进程。控告申诉科本着“实事求是、依法赔偿”的原则，认真执行刑事赔偿工作规定，严格依照《中华人民共和国国家赔偿法》关于刑事赔偿范围规定办理刑事赔偿案件。

2003年，来宾市检察机关受理申请刑事赔偿案件10件，立案审查8件，决定给予赔偿3件，不予赔偿5件。2005年，全市检察机关受理申请刑事赔偿案件8件，决定给予赔偿5件，决定不予赔偿3件。

第九节　检察技术

境内各县人民检察院检察技术科成立后即开展检察技术工作，为案件的顺利侦查和诉讼提供了科学证据，从科技角度保证了办案质量。来宾县人民检察院检察技术工作始于1991年3月，当时只有一名兼职技术人员，负责文件检验和刑事照相工作。1992年5月设司法会计1名；1993年1月设法医1名；1994年5月设置检察技术室，但无专职人员，技术人员均挂靠在有关科室。1998年1月，更名为检察技术科，技术人员配备均为专职，检察技术工作走上正轨。

武宣县于2001年成立技术科，开通局域网，全年完成司法会计鉴定2件，视听和文审60件。2002年自治区人民检察院拨给电脑2台，在反贪部门推行《检察业务动态管理系统》，实现与上级检察机关联网。2003年进行司法会计鉴定8件8人，视听技术鉴定3件3人，办理检察技术案件21件，其中司法会计鉴定8件、文件检验1件、技术协作1件、视听技术11件。添置了14台电脑、2台激光打印机，开通了计算机局域网，设立“电子阅览室”，基本实现“无纸化办公”。2004年进行司法会计鉴定5件5人、文件鉴定20件、出具鉴定书25份、提供技术协作18件、视听技术7件、现场勘查3件。2005年进行司法会计鉴定6件6人、文件检验19件19人、提供技术协作7件、视听技术3件、现场勘查2件。

象州县于1994年2月建立检察技术室，1996年4月3日，象州县人民检察院检察技术室成立。2002年3月，内部撤销技术检察室。1994—2005年，共办理各类技术案件776件，其中法定鉴定案388件、文证检验案117件、司法会计鉴定案31件、物相33件、现场勘验53件、视听技术149件、进行同步录音录像9次、配合自侦部门进搜查7次、进行各类摄像30多次。

1996年5月27日，成立忻城县人民检察院侦查技术室。技术室设有司法会计、刑事法医、文迹检验，司法会计、文检、法医等内部部门。1999年，忻城县人民检察院技术室改称检察技术科，从事各项技术鉴定工作的技术人员仍分在各部门兼职。2001年底根据自治区人民检察院要求，撤销检察技术科，但分在各部门的检察技术人员仍从事检察技术鉴定工作。1996—2005年，忻城县人民检察院共受理检察技术鉴定案件929件，其中法医鉴定案件702件、司法会计鉴定案件73件、文件痕迹检验案件154件。金秀瑶族自治县2000年2月于设立检察技术科，2002年，检察技术科撤销。

2003年，来宾市人民检察院成立时即设检察技术科，配齐技术人员。市人民检察院开始初步建设本院局域网络，并在此基础上与自治区人民检察院联网，开通了检察机关二级专线网，从而实现了与自治区人民检察院网络互通，远程召开视频会议等一系列的网络办公途径。市人民检察院检察技术部门以技术保障为基础、强化服务，积极开展视听技术工作。利用视听技术优势与业务工作、信息化工作、宣传工作结合，主动把视听技术引入到检察业务工作中，积极为业务部门提供全程同步录音录像、照相等视听支持，固定完善相关证据；充分利用计算机采集、影像编辑等技术，拓展视听工作范围；充分利用视听技术的优势，及时在院局域网发布图片新闻，及时向自治区检察院报送录像资料，及时向报刊、媒体投送图片宣传稿，共为自侦案件进行全程同步录音录像40多次，为刑检案件开庭、提审进行照相、录像10多次，为民行部门案件调查活动、监所部门社区矫正活动进行照相4次，并把拍摄的图片资料与信息技术结合起来，以制作多媒体课件的形式，对教育培训、法制宣传等工作进行丰富，积极为检察宣传工作服务。

2004 年，全市检察机关办理各类检察技术案件 108 件，其中法医鉴定 10 件、法医文证审查 10 件、文件检验鉴定 25 件、司法会计鉴定 8 件、物证照相 25 件、视听技术 30 件。市人民检察院技术部门顺利地完成二级网设备的安装和调试运行工作，并通过验收正式启用。二级专线网络的开通，为检察信息的发布与办案业务流程一体化提供了高效的技术平台，有力地促进各项检察工作的发展。全年通过专线网络开展业务培训 30 次，所有各项检察业务都能利用网络进行一次全员大培训。计算机网络管理不断规范化，从人员培训、操作运用、保密要求到设备维护，已建立起一套有效的管理制度。全年办理法医检验 110 件、受理文件检验鉴定案件 14 件、受理司法会计检验 4 件。

2005 年，检察信息网络技术应用工作力度逐步加大，二级专线网络各项应用系统，包括视频会议系统、电话会议系统、专线电话系统等状态良好，性能参数和安全稳定方面都比较令人满意。只有加快检察系统的信息化建设，加大检察工作的科技投入，才能提高工作效率。全市检察机关的目标是逐步实现办公、办案自动化和实现侦查远程指挥，为了实现这一目标，来宾市两级检察机关检察技术部门人员全力协作，市人民检察院及基层人民检察院均建立了自己的计算机局域网，市人民检察院还将建设《内部信息发布系统》《案件管理系统》《北大法宝法律法规检索系统》《检察业务动态管理系统》《瑞星网络版杀毒软件》《电子邮件系统》六大综合性软件，并限期投入使用，各部门必须把可以与全院共享的资源放到检察机关内部信息发布系统，内部文件、法律文书的呈报、申报、抄送、转发等工作在局域网上，各部门所形成的文件和材料开始不再以纸质的形式向领导和各部门发送，送呈上级自治区人民检察院以及从自治区人民检察院获取文件也使用内部 FTP，方便快捷。并能实现与互发邮件系统，方便办公。检察技术部门认真办理技术案件；抓好二级网络的维护和三级网络的建设，充分利用二级网络为培训工作服务；积极配合有关业务部门开展讯问犯罪嫌疑人同步录音录像和庭审录像工作。全市检察机关办理法医鉴定 10 件、受理文件检验业务 107 件、受理司法会计检验 6 件。

表 9-8　**2003—2005 年来宾市人民检察院技术科(室)办理业务情况统计表**

单位：件、份

年份	级别	法医鉴定案件	司法会计鉴定案件	文件痕迹鉴定案件	视听检验案件	其他案件	年度案件总数	出具文书材料	出具其他材料
2003	两级	35	4	14	14	67	63	19	
	市院	10		3		10	23	13	13
2004	两级	22	2	3		4	27	28	4
	市院	5		3		3	11	8	4
2005	两级			107		31	139	137	1
	市院	3	5			41	49		

第四章　审　判

中华人民共和国成立初期，境域各县人民法院始成立，为巩固新生的人民政权，进一步解放生产力，各级人民法院积极投入到审理反革命案件的工作当中，打击了反革命势力的嚣张气焰。改革开放后，境域各县(市)人民法院围绕中共十四大提出的“法制建设”这个中心，坚持以事实为依据，以法律为准绳，全面加强各项审判工作，贯彻依法从重从快的“严打”方针。认真调处民事经济纠纷案件，制裁民事违法行为，保护当事人的合法权益；慎重审理行政案件，监督和支持国家行政机关依法行政；贯彻自治区高级人民法院的要求，全面推行法院精神文明和物质文明目标建设责任制和党风廉政目标建设责任制，不断推进法院队伍建设。

20 世纪 90 年代中后期，中共十五大提出“依法治国”战略，境域各县(市)人民法院不断推进法官职业化进程，稳步推进法院改革，全面加强审判工作、法院改革和物质建设,人民法院各项事业进入迅速发展时期。进入21世纪,伴随国民经济持续快速健康发展,依法治国进程不断加强,各县(市)人民法院各项事业也进入全面快速健康发展时期。两级人民法院围绕中共十六大提出的"全面建设小康社会,开创中国特色社会主义事业新局面"工作大局,围绕"公正与效率"工作主题,立足司法为公、一心为民的指导思想,社会主义法治理念进一步确立,司法能力进一步增强,法官队伍整体素质进一步提高,各项管理制度进一步完善,改革稳步深入推进,审判办公现代化水平不断提高。

第一节 机 构

民国时期机构

土司后期,忻城县由宜山县承审,忻城发生的刑事诉讼案件均由宜山县承审判决。

清代,司法权由知州掌理,聘有刑幕(即师爷)协理。州衙即为司法机关,属第一审权,拥有判处"笞""杖""徒刑"的权力。民国初年(1912年),来宾、迁江两县在县署中各设司法佐治员1名;民国2年废除刑幕,设承审员具体办案,司法权由县知事掌理;民国3年,县知事兼理司法,县署司法佐治员改为承审员。当年,国家司法处采取四级三审制,来宾县、武宣县和象县合设一初级厅,分理检察、审判。初级厅的二审由邻县承审员单独负责。来宾县二审案件初由马平(今柳江县)进行审理,后改由桂林地方法院审理,民国17年,改为柳州地方法院管辖,民国24年,改为县承审员独立审判(县长取得审判员资格方可参加审判)。民国27年4月—7月,来宾、迁江两县设司法处,各设主任审判官、审判官、主任书记员、书记员、录士、执达员、检验员、法警、庭丁和公役等12人。民国27年7月,设象县司法处,配有审判官,行政及审理权仍由县长兼理。县政府设军事室,县长兼任军法官,匪盗等特种案件归军法室审理。

县(市、区)级人民法院机构

中华人民共和国成立后,境内各县人民法院先后成立,按当时行政区域隶属上级中级人民法院。1958年7月,宜山专区中级人民法院改为柳州专区中级人民法院,石龙、来宾、忻城、大瑶山瑶族自治县人民法院属其管辖。1971年,来宾、忻城、武宣、象州、金秀瑶族自治县人民法院隶属柳州地区中级人民法院。1982年,县级合山市人民法院成立,隶属柳州地区中级人民法院。

20世纪70年代后,为贯彻"每乡一庭,方便人民群众诉讼"的方针,基层人民法院逐步在辖区多数乡、镇设立人民法庭,负责审理辖区乡、镇人民群众提起的一审民事诉讼案件。

2005年,按照最高人民法院《关于规范化标准化人民法庭的建设》规定,在自治区高级人民法院的指导下,全市两级人民法院开展创建"五化"法庭活动,投入极大的财力、物力,按"五化"标准加强法庭建设。全市有人民法庭18个,其中兴宾区(5个):来宾镇、蒙村、迁江、凤凰、小平阳人民法庭;象州县(3个):象州、罗秀、寺村人民法庭;武宣县(3个):马步、黄茆、三里人民法庭;忻城县(3个):城关、大塘、古蓬人民法庭;金秀瑶族自治县(3个):金秀、桐木、头排人民法庭;合山市(1个):北泗人民法庭。

兴宾区(来宾县)人民法院 迁江、来宾县人民法院分别于1949年12月和1951年5月成立,两县县长兼任法院院长,各设专职副院长、审判员、书记员、收发员、文印员和法警等6人。1950年4月和5月,迁江、来宾两县人民政府内设司法科,负责司法行政工作,以及审理民事与刑事案件工作。1952年6月撤销司法科,其职责由县人民法院行使。《中华人民共和国土地改革法》颁布后,1950年12月13日,广西省人民政府发出《关于建立土改人民法庭的决定》,来宾、迁江两县司法机关先后建立土改人民法庭。1951年3月和8月,分别成立来宾县人民法庭和迁江县人民法庭,均由县长兼任审判长,各配专职副审判长、审判员和书记员等6人。各区设立分庭,每庭配备相应人员6人,所设立的分庭均属临时审判机构,1952年土改结束时撤销。两县合并后,两县人民法院合并为来宾县人民法院,县长兼任法院院长,设专职副院长1人,秘书、审判员、书记员、文印员、收发员、财务员、法警和炊事员共12人。

1956年,来宾县人民法院设刑事、民事和接待等庭(室),配员14人。1967年11月,来宾县人民法院被造反派夺权,次年4月由县公检法军事管制委员会接管,设审判组行使审判权。1973年恢复来宾县人民法院,所设庭(室)与1966年同。1978—1990年,来宾县人民法院先后设立办公室、经济审判庭、人事科、信访科、执行庭、行政审判庭和告诉申诉审判庭。1990年,来宾县人民法院、人民法庭共有干部和法警102人。1956年,县人民法院成立审判委员会,由院长、副院长组成,成员3人。审判委员会实行民主集中制，在院长主持下，总结审判工作经验，讨论重大的或疑难的案件和其他有关审判工作的问题。1990 年，审判委员会有成员 7 人。1997 年 2 月，告诉申诉审判庭改称审判监督庭。5 月，来宾县人民法院为推行立审分离制度，加强案件流程管理和立案工作，决定增设立案庭。10 月 15 日，根据县委关于来宾县人民法院机构改革方案的通知精神，增设人民法院纪检监察室。根据改革方案，来宾县人民法院内设 10 个职能机构：办公室（与法警大队合署办公）、政工科（与纪检监察室合署办公）、刑事审判庭、民事审判庭、经济审判第一庭、经济审判第二庭、行政审判庭、立案庭、审判监督庭、执行庭和凤凰中心法庭、蒙村中心法庭、来宾法庭、迁江法庭、平阳法庭、小平阳法庭、良江法庭、良塘法庭 8 个基层人民法庭（其中 2 个中心法庭）。2002 年 12 月 28 日，来宾县人民法院改称来宾市兴宾区人民法院。

2004 年，根据上级人民法院的指示精神和来宾市兴宾区委关于兴宾区人民法院机构改革方案，兴宾区人民法院成立执行局（执行庭继续保留，实行一套人马管理）。机构改革后，内设机构为办公室、政工科、纪检监察室、刑事审判庭、民事审判一庭、民事审判二庭、行政审判庭、立案庭、审判监督庭、执行庭、司法警察大队。

2005 年，来宾市兴宾区人民法院内设机构为 12 个，即：办公室、政工科、立案庭、刑事审判庭、民事审判一庭、民事审判二庭、行政审判庭、审判监督庭（理赔小组）、执行局（执行庭）、司法警察大队。纪检监察室、调研室。下辖（设）来宾、凤凰、迁江、蒙村和小平阳 5 个人民法庭。

忻城县人民法院　1950 年 2 月，忻城县人民政府内设民法科，设科长 1 人，办事员 2 人。1951 年 3 月，忻城县成立人民法庭，由县长兼任审判长，民法科长任副审判长。县以下设 6 个分庭（称土改法庭），各庭正副庭长分别由各区正副区长或土改工作队大队长兼任。土改结束时撤销。6 月 1 日，成立忻城县人民法院（撤销民法科），由县长兼任院长。1954 年 6 月成立 2 个巡回法庭（第一巡回法庭管二、三、四、七区。第二巡回法庭辖五、八、九、十、十一区）。1955 年，设古蓬人民法庭（下称法庭）；1956 年 5 月增设大塘法庭（1957 年搬迁思练区称为思练法庭）；6 月，成立县人民法院审判委员会，由院长等 7 人任审判委员会成员；1961 年，成立新圩法庭；1973 年增设欧洞法庭。1962 年 12 月，忻城县人民法院始建立民事、刑事 2 庭，实行民事，刑事审判分开。1966 年，“文化大革命”（下称文革）运动开始后，公、检、法合并成立“文化大革命委员会”。1967 年 3 月，对公、检、法 3 家进行夺权，由群众组织接管。1968 年 3 月，由中国人民解放军忻城县人民武装部组成“军事管制委员会”（下称军管会），对公、检、法实行军管。8 月，公、检、法合并成立 3 组 1 室（刑事、侦察、民事组、办公室），由“军管会”统一指挥。9 月，设“县革命委员会人民保卫组”（下称革委保卫组）取代行使政法部门职能。1973 年 3 月，恢复县人民法院及下属的新圩、思练、古蓬法庭的工作职能。人民法院内设办公室、刑事庭、民事庭。中共十一届三中全会后，先后增设经济审判庭和执行庭。人民法院办事机构日趋健全，人员稳定，素质亦有提高。从 1954 年初建院在职员工有 10 人，到 1990 年，实有在编人员 66 人，其中正副院长 3 人、正副庭长 17 人、审判员 1 人、助理审判员 21 人、书记员 17 人、法警 5、会计 1 人、勤杂员 1 人。在编人员中，大专毕业 9 人、专业学校毕业 2 人、高中（含中专）毕业 38 人、初中 16 人、小学 2 人。1990 年，县人民法院共有编制 81 人，其中正副院长 3 人。1991 年，县人民法院内设办事机构有办公室、政工科、纪检监察室、刑事审判庭、民事审判庭、经济审判庭、行政审判庭、执行庭、告诉申诉庭。派出机构有古蓬人民法庭、新圩人民法庭、思练人民法庭、欧洞人民法庭、城关人民法庭。1993 年 1 月，增设司法警察大队。1994 年 3 月，增设政策研究室。1997 年 12 月，增设立案庭，2002 年 4 月撤销。1999 年 4 月，县人民法院将告诉申诉庭更名为审判监督庭。2000 年 5 月，撤销新圩、欧洞两个人民法庭。2002 年 4 月，机构改革，撤销政策研究室，民事审判庭、经济审判庭分别变更为民事审判第一庭、民事审判第二庭，纪检监察室分为纪检组、监察室。县人民法院核定编制 78 人，其中行政编制 75 名，事业编制 3 名。2004 年 6 月，在原有的执行庭增挂执行局的牌子，执行一套人马两块牌子管理，县人民法院增设副院长 1 名。2005 年 11 月，撤销城关人民法庭。至 2005 年，县人民法院实有在编人员 74 人，其中审判员 38 人、三级法官有 1 人、四级法官有 3 人、五级法官有 1 人。

武宣县人民法院　1950 年 3 月，建立武宣县人民法院，配专职审判员 3 人。12 月 25 日，成立武宣县人民法庭，下设桐岭、东乡和妙皇 3 个分庭。县人民法庭设审判长 1 人，副审判长 1 人，审判员 5 人。审判长、副审判长分由县长、副县长兼任。1952 年 9 月，原武宣、象县两县人民法院并为石龙县人民法院。1958年12月25日,石龙县人民委员会将公安局、人民检察院、人民法院合并为政法公安部。由其中所设的司法股负责案件的审判。原各公社法庭也与公安派出所(特派员)合并成政法治安部,其中武宣片的妙皇、东乡、二塘、武宣、桐岭、通挽、禄新、三里等公社设有政法治安部。1959年下半年,武宣县政法公安部复分为公安局、人民检察院、人民法院,武宣、妙皇、桐岭等公社复设人民法庭。1962年4月1日,恢复武宣县建置,县人民法院随即恢复。配正、副院长各1人。内设刑事审判庭和民事审判庭,下辖黄茆、桐岭、三里3个人民法庭,各配干部2人。其中黄茆法庭管辖黄茆、二塘两个公社的民事案件;三里法庭管辖三里、东乡两个公社的民事案件;桐岭法庭管辖桐岭、通挽和禄新3个公社的民事案件。1966年"文化大革命"开始后,人民法院工作瘫痪。1968年3月,武宣县人民法院与公安局、人民检察院一同为人民解放军武宣县军事管制委员会接管。4月,武宣县革委会成立,撤并公安局、人民检察院和人民法院,设立公检法军管会领导下的"人民保卫部"(10月改为人民保卫组),其中的审批结案小组负责案件审理。1972年10月15日,武宣县公检法军管会和人民保卫组撤销,复设武宣县人民法院。人民法院内设刑事、民事两个审判庭,下辖三里、黄茆、桐岭3个法庭,干部由县革委会任免。1977年3月,增建武宣人民法庭,管辖武宣镇、禄新公社的民事诉讼案件。1980年设立武宣县人民法院审判委员会,其委员由院长提请县人大常委会任免。1981年起,县人民法院审判员以上至副院长由县人大常委会任免。院长由县人民代表大会选举。1982年11月,武宣县人民法院增设经济审判庭,以及东乡、二塘、禄新、通挽4个法庭(各法庭配干部2人)。至此,武宣县辖8个公社全部建立了人民法庭。同年,武宣县全县有法院干部45人。1986年,武宣县人民法院增设执行庭,配员2人。次年,再设刑事审判二庭和行政审判庭。1990年,武宣人民法院撤销刑二庭,增设告诉申诉庭。同年,县人民法院内设审判委员会、办公室、刑事审判庭、民事审判庭,经济审判庭、行政审判庭、执行庭、告诉申诉庭,下辖武宣镇、黄茆、二塘、三里、东乡、桐岭、通挽、禄新等乡、镇人民法庭。全系统计有干警73人。

1991年,县人民法院内设有办公室、刑事审判庭、民事审判庭、经济审判庭、行政审判庭、执行庭、告诉申诉庭7个机构,下辖武宣、黄茆、二塘、三里、东乡、桐岭、通挽、禄新等8个人民法庭。全院控编数为82人,实有在编干警73人。

1994年成立执行二庭、政工科、司法警察大队(与办公室合署办公)。11月撤销东乡、通挽2个人民法庭,成立桐岭中心人民法庭、三里中心人民法庭,桐岭中心人民法庭辖桐岭、通挽2镇,三里中心人民法庭辖三里、东乡2镇和河马乡(2005年撤销并入东乡镇)。

1996年4月,司法警察大队从办公室独立,实行编队管理。

1999年下半年撤销告诉申诉庭,成立审判监督庭和立案庭。2001年,经自治区高级人民法院批准,县人民法院调整和设置三里、黄茆、马步3个人民法庭。县人民法院内设办公室、政工科、立案庭、刑事审判庭、民事审判一庭、民事审判二庭、行政审判庭、审判监督庭、执行庭(局)、司法警察大队、监察室(与纪检组合署办公),下辖三里、黄茆、马步3个人民法庭。人员控编数为81人,其中行政编74名、事业编7名;领导职数为院长1名、副院长3名。2005年,县人民法院实有行政编人数62人,事业编3人;院长1名、副院长2名;中层领导干部29名,其中:正职14名、副职15名。县人民法院旧办公地址位于武宣县城城北路30号,2003年12月搬迁至县城西环路。

象州县人民法院 1950年3月,县人民政府设司法科,办理审判业务。为适应土地改革需要,1951年4月,成立4个临时人民法庭。1952年2月,成立县人民法院。1955年设审判庭及罗秀人民法庭,次年增设象州人民法庭。1958年12月,县公、检、法3家合并为政法公安部,1959年8月恢复县人民法院。1962年设石龙人民法庭和桐木人民法庭。1968年3月起,由县公检法军事管制委员会行使县人民法院职能。1973年恢复县人民法院,并设刑事审判庭和民事审判庭。1982年2月设经济审判庭,1984年11月设执行庭。

1954年冬,成立审判委员会,设委员5人,由县人民政府任命。1980年审判委员会增至7人。1981年,县人民代表大会常务委员会任命审判委员会委员9人。1953年,开始建立人民陪审员制度,当年有陪审员3人。1954年,结合县、乡人民代表选举,选出人民陪审员115人。1956年有24名陪审员参加陪审案件124件。"文化大革命"期间,陪审制度中断,1979年恢复,1980年选出陪审员81名。

金秀瑶族自治县人民法院 1952年7月起,配有人民法院秘书和审判员,进行建全人民法院机构的筹备工作。1953年4月29日,大瑶山瑶族自治区(县级)人民法院成立。共有在职人数15人,内设人员有院长1名、审判员3名、助审员3名、书记员5名、其他人员3名。同时,大瑶山瑶族自治区(县)所辖的7个区相继设立普选人民法庭,负责各区的各级人民代表大会代表选举。普选结束后,当年底各普选人民法庭撤销。1955年8月前,人民法院院长由上级任命;1955年8月起,院长由县人民代表大会选举产生。自此,人民法院列为领导机构。

1976年10月—1981年1月,自治县人民法院的正副职领导,由上级革命委员会或同级党组任免。1989年,自治区高级人民法院、财政厅拨款17万,在县城民安路2号建设法院规范化审判楼一座。1999年,购买原工商银行办公大楼(该行已撤销)为法院审判综合楼,自治县人民法院办公地点由旧址搬迁至功德路23号。2005年,金秀瑶族自治县人民法院设置办公室、政工科、纪检监察室、司法警察大队、立案庭、刑事审判庭、民事审判庭、执行局(庭)、行政庭、审判监督庭,下辖金秀、桐木、头排3个基层人民法庭(其中桐木人民法庭共有5名干警,设有正副庭长各一名,审判员1名,书记员两名;头排人民法庭共有5名干警,其中正副庭长各一名,书记员3名)。金秀瑶族自治县人民法院在职干警48人,设院长1名、副院长3名,正副庭长13名,审判员27人,书记员14人,司法警察6人。

合山市人民法院　1982年2月,成立合山市人民法院,管辖北泗公社。合山市人民法院位于合山市人民中路6号,内设11个部门和1个人民法庭,6月,成立刑事审判庭、民事审判庭、办公室。成立之初,使用来宾县法院的公章,9月正式启用合山市人民法院公章。1984年,合山市人民法院定员45人。1984年10月,设立岭南人民法庭,庭址设在镇人民政府大院内。1990年,市人民法院设审判委员会(由5人组成,即院长、副院长、庭长参加),下设岭南法庭、北泗法庭、执行庭、经济庭、民事庭、刑事庭、办公室共7个庭、室;市人民法院有院长1人、副院长2人、正副庭长11人、审判员4人、助理员22、书记员3、正副主任2人、法警5人、在职干警52人,其中具有大学以上学历51人,占98%。2003年以来,先后获得“全区人民满意的好法院”“全区文明庭院”等光荣称号。

1991年合山市人民法院设审判委员会。业务部门有刑事审判庭、民事审判第一庭、民事审判第二庭、行政审判庭、审判监督庭、执行局(执行庭)、办公室、政工科、纪检组、监察室,派驻乡镇人民法庭有北泗人民法庭、岭南人民法庭。1997年12月机构改革,合山市人民法院内设机构调整为:刑事审判庭、民事审判庭、经济审判庭、行政审判庭、立案庭、审判监督庭、执行庭、政工科、办公室(法警大队合署办公),保留北泗、岭南人民法庭。2001年12月机构改革,合山市人民法院内设机构重新调整为刑事审判庭、行政审判庭、立案庭、审判监督庭、执行庭(执行局)办公室与法警大队分立,纪检监察与政工科合署办公,撤销民事审判庭设立民事审判第一庭,撤销经济审判庭设立民事审判第二庭,撤销岭南人民法庭,保留北泗人民法庭。2004年5月合山市人民法院执行庭增挂执行局。2005年,有干警49人,具有审判职称25人,其中:女法官4人、四级高级法官4人、一级法官15人、二级法官4人、三级法官1人、四级法官1人。

市中级人民法院

2002年12月28日成立来宾市中级人民法院,2003年1月5日正式挂牌。2月,经来宾市机构编制委员会会审定,院内设有:办公室、政治部、立案庭、刑事审判第一庭、刑事审判第二庭、民事审判第一庭、民事审判第二庭、民事审判第三庭、行政审判庭(赔偿委员会办公室)、审判监督庭、执行局(执行庭)、研究室、司法行政装备管理科(司法警察支队)、监察室等机构。10月,来宾市中级人民法院所有内设机构及人员实现整体搬迁到来宾,管辖兴宾区、合山市和象州、武宣、忻城、金秀瑶族自治县人民法院。两级人民法院共有法官、法警和其他工作人员496人,其中法官306人,市中级人民法院的审判和办公地点临时设在兴宾区法院审判楼部分楼层和租赁房屋作为临时办公室。

院长:黎家隆(2002年12月—2005年12月)。

2004年、2005年市中级人民法院机构保持稳定。

第二节　刑事审判

民国25年(1936年),象县受理刑事案184件,终结165件,未结19件。民国28—30年期间,忻城县司法处共受理各种案件87件,其中旧案3件,新收84件,包括科刑29件,重罚5件,免诉35件,其他9件,未结案9件。

中华人民共和国成立初期,各县人民法院行使审判权,坚持以事实为依据,以法律为准绳,开展审判活动。1950年7月起,遵照政务院、最高人民法院颁布的《关于镇压反革命活动的指示》,积极投入县的镇压反革命运动，贯彻执行中共中央1950年10月10日的指示精神，进行镇压反革命，实行杀一批、关一批、管一批的措施。1950—1952年，在镇压反革命、清匪反霸、减租退押、土地改革、“三反”“五反”等运动中，各县人民法庭依照国家有关条例和法令，实行“首恶者必办，胁从者不问”和“镇压与宽大”相结合的原则，惩治反革命分子、土匪头子、特务分子、恶霸分子、不法地主分子以及贪污、盗窃国家财产和偷税漏税的犯罪分子等。1950年，忻城县人民法院共判处决495人，判处徒刑的118人。来宾、迁江两个临时法庭，依照“首恶必办、胁从不问、立功受奖”的政策，分别召开公审大会、宣判大会，先后审判了一批土匪恶霸、反动会道门、反动党团骨干分子、特务和反革命分子。据1950年12月底统计，来宾县、迁江县共受理上述案件410件，被告440人，其中判处死刑152人，死缓8人，宣告无罪释放116人，其他处理者164人。1951年，象县人民法院依照《中华人民共和国惩治反革命条例》和《中南军政委员会惩治不法地主条例》的规定，打击锋芒主要指向反革命分子和不法地主，处理反革命案741件，占刑事案件96.73%。来宾、迁江两县司法机关先后分别建立土改人民法庭，在各区、乡召开公审大会，宣判大会，审判了一批不法地主、恶霸、匪首。据1951年12月底不完全统计，两县共受理各种刑事案件1187件，依法判处被告1581人，其中死刑197人、死缓11人、有期徒刑675人、宣告无罪43人、其他处理655人。

1950—1952年，来宾县人民法院共审结普通刑事案件和反革命案件2700件。

1954—1966年，各县人民法院实行组织合议、人民陪审、律师辩护、回避和上诉等审判制度，惩治了一批杀人、强奸、抢劫和盗窃等犯罪分子。1954—1956年，石龙县人民法院共审结刑事案772件。来宾县人民法院从1955年5月—1956年9月，先后审判各种刑事案件732件，其中反革命案139件，占18.98%；普通刑事案件593件，占21%，(其中破坏互助合作案件82件，破坏粮食政策案98件，其他414件)。1956年受理刑事案件230件，比1955年的673件下降29.2%；民事案件234件，比1955年的466件下降20%。1952年9月—1962年3月，石龙县人民法院受理刑事案件2766件，审结2593件，结案率为93.7%。1957年，忻城县人民法院依法审判现行反革命分子和刑事犯罪分子133人，其中反革命分子8人、盗窃22人、强奸罪11人、抢套购粮食6人、故意伤害人命8人、其他犯罪分子78人。1958年，忻城县人民法院受理刑事案406件，全部结案。

1957—1966年，受“宁左勿右”思想的干扰，刑事审判工作产生某些失误和挫折。1957年下半年至1959年间，刑事审判工作曾产生过严重偏差，造成部分冤假错案。1958年，下半年，公安、人民检察院、人民法院三机关合署办理刑事案，采取“一长代三长”(既是公安局长，又是检察长，也是法院院长)、“一员顶三员”(既是预审员，又是检察员，也是审判员)、一竿子插到底和“下去一把抓，回来不分家”的错误做法，主观臆断、无限上纲上线的现象屡有发生，办案质量下降，错案增多。

1959年下半年，司法工作的“左”倾路线仍在继续，判刑越重越好的现象仍然存在。忻城县刑事案件结案133件，比上年下降33%。1959—1961年，忻城县人民法院审结71件刑事案，结案率100%。

1961年，来宾县人民法院依法审理各种刑事案件250件，其中反革命案24件、普通刑事案226件。

1962年4月—1967年，武宣县人民法院受理刑事案件198件，审结168件，结案率为84.8%。据统计，1966—1976年象州县人民法院共审结反革命案59件，后经复查错判46件49人。1963—1966年，忻城县人民法院共审理刑事等案件及结案276件。1967—1976年，受“文化大革命”影响，公检法机关受冲击，处于瘫痪状态，审判工作停止。忻城县人民法院应受理的刑事案件870件，只受理了268件，审结257件，结案率为95.9%。1966—1972年，来宾县人民法院共受理普通刑事案件和反革命案件392件。

1973年，境内各县恢复县人民法院，来宾县人民法院审结刑事案35件，比1972年审结的67件下降50.3%，给予刑事处分38人。

1976年，来宾县人民法院受理各种刑事案81件，审结71件，结案率为88%。分别将58名罪犯拿到21个公社、3个矿场进行公开宣判，全年召开公判大会61场次，受教育群众23万人次。1977年，来宾县人民法院全年共收刑事案139件，审结123件，比1976年多收案81件，审结71件分别增长72%、73%。在审结的123件案中，反革命案7件、凶杀案2件、抢劫案5件、盗窃案39件、轮奸案4件、强奸案15件、奸污妇女案23件、拐卖妇女案6件、诈骗案4件、贪污案3件、赌博案3件、失火案3件、投机倒把案1、其他案8件；判处罪犯142人，给予免予刑事处分的7人、判处徒刑135人，其中判处死刑立即执行的1人、判处10~20年有期徒刑的24人、6~10年有期徒刑的24人、5年以下有期徒刑的83人、退卷公安局1人、死亡1人、取保候审1人。1978年，来宾县人民法院共受理各种反革命案和刑事案件78件（含77年的16件），已审结69件，结案率为88.46%；召开公判大会5次，公判罪犯63名，听众2.13万人；印制公判宣传材料2.45万份。1977—1979年，武宣县人民法院共受理刑事案件97件，审结94件，结案率为96.9%。1973—1982年，忻城县推行人民陪审员制度，人民陪审员陪审结案的有754件，占结案的886件的85.1%。

1979年，境域各县人民法院按照《中共中央批转最高人民法院党组关于抓紧复查纠正冤、假、错案认真落实党的政策的请示报告》（〔1979〕78号）文件和《中共中央批转最高人民法院党组关于善始善终地完成复查纠正冤假错案工作几个问题的请示报告》（中发〔1979〕96号）文件精神，成立复查案件办公室。来宾县抽调11名干部到复查案件办公室工作（县法院6名，外单位5名），专门负责复查“文化大革命”中以及“文化大革命”前的案件，此期间判处的刑事案件需要复查的共554件627人，其中反革命案件61件78人、普通刑事案件493件549人。经复查，宣告无罪的58件69人，免予刑事处分的2件2人，改变定性的8件8人，减轻刑事处罚的4件4人。通过有关部门，按照中央文件和法律规定，予以纠正，对生活确实有困难的15人，发给生活困难补助费共2500元，对原属于国家干部职工的6人，经过单位报请上级主管部门批准给予恢复安排工作。

1981年，来宾县人民法院共受理各种刑事案258件450人（包括上年旧存6件19人，不包括退卷重新起诉和中院发回再审的26件），受理的刑事案件比上年增加100件176人，案件增加63.29%。在审结的全部刑事案件中，强奸案18件22人、抢劫案26件63人、盗窃案140件258人、伤害案28件42人、贪污案8件11人、诈骗案7件7人、投机倒把1件1人、伪造票证2件3人、赌博案6件14人、盗伐森林案5件9人、失火案4件4人、其他妨害社会管理秩序等案13件16人。第一审结案238件420人，结案率为92.25%。判决发生法律效力的214件，判处罪犯369人（其中青少年219人，占59.35%），其中判处有期徒刑6~15年的56人、5年以下252人、缓刑15人、拘役38人、免予刑事处分8人。在审判活动中，县人民法院依照法律程序审理案件，审结的238件案中，除3件轻微刑事案由审判员单独审判决外，其余的案件都有人民陪审员陪审，应公开审判的206件案全部公开审判；有辩护人到庭为被告辩护的91件，其中律师出庭辩护的31件。审结的案件中，在法定时限内审结的224件，占94.1%；超过1个半月的难案14件，占5.9%。

1982年，来宾县人民法院全年受理各种刑事案件133件，判处罪犯227人。其中强奸案15件22人、伤害案11件14人、盗窃案66件111人、贪污案3件5人、盗窃国家森林案6件7人、其他刑事案14件23人。至12月20日，一审全部结案，结案率比上年提高7.75%。判决发生法律效力的135件案件中，判处被告人240人（其中青少年158人，占62.5%）。其中判处有期徒刑6年以上15年以下的28人、5年以下的174人、缓刑5人、拘役22人、免予刑事处分的10人、宣告无罪释放的1人。

1983年，来宾县结合办案，开展社会主义法制教育，扩大办案政治效果，县人民法院除公开审判和公开宣判进行法制教育外，出墙报8版，写大标语150张，印刷布告2000份，同公安、检察、司法机关配合，召开各种会议300多次，印发各种宣传资料7万份，出动宣传车4辆，深入到全县20个公社圩镇和5个农林场、3个厂矿进行法制宣传，发动县、社直机关、学校、厂矿等单位写标语4700多张，出黑板报、墙报40多板，宣传图片20多套。9月—12月受理的156件案中，属于中央规定的“7种人”的案件94件，占收案数的60.3%，其中属于团伙犯罪的案件76件199人，占收案总数的43%。处理结果：判处死刑的3人、无期徒刑的1人、判处有期徒刑20年的1人、10~15年的41人、6~9年的58人、5年以下的191人、拘役的9人、缓刑的10人、免予刑罚的3人，全部发生法律效力。象州县人民法院判处各类刑事案361件，其中杀人、纵火、强奸、抢劫、拐卖人口和严重危害社会秩序犯罪案90件116人；经济犯罪案32件42人。

1984年，来宾县人民法院共受理各种刑事案264件432人，案件比上年多195件317人，分别上升74%和73%，结案率100%。在审理的264件刑事案中，属于“七类”案件的70件，占刑事案件的27%。在审理“七类”案件过程中，在抓住犯罪事实清楚，证据确凿的基础上，依法从重从快给予打击，所审结的“七类”案件均在1个月内结案。至1987年底，金秀瑶族自治县人民法院审理刑事案、反革命案共计1019件，结案率为100%。

1982—1989年，合山市人民法院依法审判各类刑事案件共131件233人。其中强奸案65件73人；

流氓案22起51人;拐卖妇女儿童案6件18人;抢劫案32件82人;引诱、容留妇女卖淫案6件9人。1985年,来宾县人民法院共受理各种刑事案件231件,人犯361人,全部审结。在审结的案件中,属于重点打击对象"七个方面"的犯罪案件58件105人,占人犯总数的27.2%;贪污犯10件21人,占人犯总数5.8%,其中判处5年以上徒刑的94人,占人犯总数的26%。1986年,来宾县人民法院共受理各种刑事案287件479人,比上年增加56件118人,年终全部审结。1987年,来宾县人民法院共受理各种刑事案件295件,罪犯480人,全部审结。其中属于杀人、抢劫、强奸、引诱、容留妇女卖淫等重点打击对象的案件42件,罪犯83人;受理经济犯罪案件7件7人。在打击罪犯中,注意抓住对社会治安危害严重的罪犯和经过打击又重新抬头的犯罪及时给予有力打击。对拐卖妇女、儿童和强迫、引诱、容留妇女卖淫的犯罪活动,给予狠狠打击。至当年底,金秀瑶族自治县人民法院审理刑事案、反革命案共计1019件,结案率为100%。

1988年,来宾县人民法院全年共受理刑事案233件共379人,全部审结,连续7年结案率100%。1989年,来宾县法院共审结刑事案件301件551人,比上年审结的233件379人增加68件172人,分别上升29.1%和45.3%,实际判处罪犯488人。

1990年,来宾县人民法院受理刑事案件294件,473人,结案率100%。在审结的刑事案件中,属于杀人、抢劫、强奸、流氓集团、重大盗窃等重大打击的"七个方面"的刑事案件102件174人,分别占审结全部刑事案件的34.6%和36.7%,共判处人犯468人,其中判处5年以上有期徒刑的128人(其中判处10年以上的有19人),占判刑总数的27.35%。在"严打"斗争中,审结杀人案8件9人、抢劫案32件53人、强奸案16件16人、车匪路霸7件9人、破坏电力设备和通信设备案12件20人、盗窃耕牛案13件25人、报复打击基层干部案2件2人、制造贩卖枪支案4件7人、赌博案13件25人。上述案件共判处人犯160人,判处5年以上有期徒刑的88人,占55%。合山市人民法院共计审理各类刑事案92件161人,审结率100%,其中:强奸案6件6人、流氓案4件4人、故意伤害案7件8人、拐卖妇女儿童案1件1人、抢劫案6件13人、其他案68件129人。1983—1990年,忻城县人民法院共判处刑事案件605件,其中杀人、纵火、强奸、抢劫、拐卖妇女和严重危害社会秩序罪犯案494件,581人,普通刑事案件111件,173人。结案率100%。1980—1990年,武宣县人民法院共受理刑事案件1278件,审结1248件,结案率为97.7%。其中1990年受理132件197人,全都审结,结案率为100%。1950—1990年,象州县人民法院共判处刑事案5450件,其中反革命案483件;普通刑事案4967件。遵照"有反必肃,有错必纠"的原则,该县于1956年6月对1954年10月以来所判反革命案和普通刑事案进行检查,对错判、量刑不当、定性不准、事实不清的40件全部予以纠正。1978年12月起,对"文化大革命"中的反革命案和普通刑事案、统战"七类案件"(投诚、起义人员、去台人员家属、台胞家属、侨属、民主党派成员、知识分子)和"四类案件"("文化大革命"中、"文化大革命"前和1977、1978年期间处理的反革命案件;政治性案件及地下党人案件)全部加以复查,查出全错和部分错案188件204人,均给予平反或纠正。

1991年,来宾县人民法院全年共审结刑事案件317件,判处罪犯472人,结案率为100%;判处罪犯有期徒刑5年以上的149人,占31.65%;按照法定期限在1个月内审结的281件,占88.6%。在审结的刑事案件中,属于杀人、抢劫、强奸、爆炸、流氓、重大盗窃、拐卖人口以及强迫引诱容留妇女卖淫等严重危害社会治安的罪犯161人,占罪犯总数的34.1%;共发现事实不清、证据不足,须退回人民检察院补充侦查的案件20件40人;其中发现漏犯漏罪的4件。在全年审结的刑事案中,有52件60人提出上诉,除发回重审1件1人,刑期改变4人外,其余全部维持原判。在执法检查中,抽查刑事案241件,其中好的203件,占84.2%;较好的35件,占14.5%;有问题的3件,占1.2%。加强少年庭的工作,是年共审结少年犯罪案件43件,判处少年犯罪47人。11月份自治区高级人民法院召开全区少年庭工作经验交流会,来宾县人民法院少年庭在大会上介绍经验,得到大会的认可。

1993年,来宾县在"严打"斗争中,审结杀人案6件6人、抢劫案40件69人、盗窃案76件129人、强奸案16件21人(含奸淫幼女2件2人)、破坏电力设备和通信设备案5件7人、流氓案13件27人,其中重点打击的"七个方面"的刑事案97件153人,分别占审结全部刑事案件的47.5%和47.2%;属于"车匪路霸"案件21件37人。全年共判处已发生法律效力的罪犯294人,其中判处5年以上有期徒刑的143人(其中处10年以上的有33人),占刑事案件处刑总数的48.6%,高于整个柳州地区处刑比率的平均数。为配合“严打”斗争,县人民法院做到了案件的快审快结,在全年审结的刑事案件中没有1件超过法定审理期限,在45天内结案的34件;占16.7%;在30天内结案的170件,占83.3%;在15天内审结的18件,占8.8%。加强打击力度,开展严厉打击拐卖妇女儿童,组织强迫妇女卖淫和强奸妇女的犯罪专项斗争,全年审结拐卖妇女儿童和强奸妇女罪犯20件25人。开展围歼“车匪路霸”专项斗争,全年共受理“车匪路霸”案件21件37人,全部审结。并选择典型案例在罪犯活动猖獗的迁江、石陵召开公判大会,宣判案件4起,判决罪犯7人,1万多群众参加旁听。依法应公开审理的案件一律公开审理,到案发地召开宣判大会,年内召开宣判大会3次,宣判犯罪案件19件,宣判罪犯22人,参加旁听的群众5万多人。全年县人民法院共受理刑事案件204件,全部审结,完成了全年刑事岗位责任制职能的目标管理定额任务。1991—1993年,合山市审判机关围绕打流窜、反盗窃、打“六害”等专项斗争,对杀人、抢劫、强奸、敲诈勒索等案件,审结各类刑事案件共314件。判处罪犯368人,其中:判处5年以上有期徒刑109人、5年以下有期徒刑241人、缓刑19人、拘役10人、免予刑事处分7人。1994—1996年,合山开展以打击杀人、抢劫、强奸、带有黑社会性质的流氓团伙、车匪路霸和重大盗窃案为重点,对起诉到人民法院的案件,及时审结,审结各类刑事案件共153件257人,判处罪犯257人,其中:判处5年以上有期徒刑102人。

1995年,来宾县人民法院全年共审结杀人、抢劫、爆炸、强奸、流氓、重大盗窃等犯罪案件127件,判处罪犯190人,其中杀人案1件1人、抢劫案56件87人、强奸案13件23人、重大伤害案8件10人、重大盗窃案42件61人,判决已发生法律效力的165人,其中处5年以上有期徒刑的117人,占70.9%。审结共同犯罪案件13件,判处主犯17、累犯8人、流窜犯2人,均能依法从重惩处。配合公安、检察机关开展专项斗争,审结盗窃公私财物案118162人、审结毒品案2件、判处罪犯2名均判处5年以上有期徒刑。加强对车匪路霸活动的严厉打击,审结车匪路霸犯罪案件15件24人,及时打击、直接破坏经济建设的犯罪活动,依法惩处破坏交通、通讯电力设备和其他工农业生产设施的犯罪分子,当年审结此类案件2件,判处罪犯3人,对利用职务之便,以权谋私,徇私舞弊、贪赃枉法、贪污受贿的犯罪分子,坚决依法惩处,年内审结经济犯罪案件4件8人(其中有1件1人作无罪判决)。全年共受理刑事案235件336人,全部审结。案件数较上年多14件,上升6.3%;人数较上年少13人,下降3.7%,共判处人犯314人,其中判处10年以上有期徒刑22人、判处5年以上10年以下有期徒刑107人、判处5年以下有期徒刑185人。至年底发生法律效力的案件202件284人,给予刑事处分284人,在给予刑事处分的284人中,判处5年以上有期徒刑的128人,占45.1%;判处5年以下有期徒刑150人,占52.8%;缓刑6件6人,占2.1%。1996年,来宾县人民法院共受理各类刑事案254件400人,全部审结,判处罪犯377人,至年底已发生法律效力的案件208件323人,给予刑事处分321人。在给予刑事处分的321人中,判处5年以上有期徒刑(含处10年以上的25人)177人,占处刑总数的55.1%,比上年提高10个百分点;判处5年以下有期徒刑或拘役、缓刑的144人,占处刑总人数的44.9%。

1997年,来宾县人民法院共审理刑事案件77件116人,其中判处5年以上有期徒刑的93人。

1998年,来宾县全年共审结“七个方面”的犯罪案件75件,判处罪犯101人,已发生法律效力101人,其中判处5年以上有期徒刑94人。审结的案件上诉17件,其中维持原判14件、改判2件、发回重审1件。共受理贪污、贿赂、挪用公款犯罪案件6件,审结6件。其中判处5年以上有期徒刑1人;犯罪数额在万元以上不足5万元的4人,5万元以上的2人。

1999年,来宾县人民法院受理各类刑事案240件348人,审结240件348人,共判处罪犯348人,结案率为100%。收、结案均比上年收、结案196件上升22.45%,收案中附带民事案6件,审结5件,标的5.2万元。至年底已发生法律效力的案件206件295人,给予刑事处分295人,其中判处10年以上有期徒刑45人占15%;判处5年以上不满10的有期徒刑65人,占22%;判处5年以下有期徒刑160人,占54%;判处拘役、缓刑24人,占8%;判处单处罚金1人,占0.3%。

2000年,来宾县全年共审结故意杀人案6件9人、故意伤害案43件51人、抢劫案42件59人、强奸案19件21人。共审结毒品犯罪案件6件7人,其中判处5年以上有期徒刑1人。共审结盗窃案75件113人、生产销售伪劣农药案1件1人、破坏生产经营案1件3人。共审结贪污贿赂案9件9人,其中贪污案4件4人、挪用公款案5件5人,其中已生效判决的数额在1万元以上不满5万元的3人、

10万元以上不满50万元1人。来宾县人民法院是年共受理各类刑事案251件342人，已全部审结，收、结案件均比1999年收、结案件上升4.6%。收、结案中刑事附带民事案件29件，标的65.4万元。至年底已发生法律效力的案件242件326人，给予刑事处分326人，其中判处10年以上有期徒刑30人；判处5年以上不满10年有期徒刑82人；判处5年以下有期徒刑、拘役210人；判决单处罚金4人。

2001年，来宾县人民法院当年共受理各类刑事案件332件492人，全部审结，收、结案比上年251件342人分别上升32.27%和43.86%。收案中刑事附带民事案件34件，标的84.15万元。至年底已发生法律效力的案件275件375人，给予刑事处分375人，其中判处10年以上20年以下有期徒刑37人，占9.87%；判处5年以上不满10年有期徒刑84人，占22.4%；判处5年以下有期徒刑247人(其中拘役19人，缓刑36人)；判处单处罚金7人。来宾县人民法院在召开的3次大型宣判大会中，选择典型案件106件141人进行公开宣判。重点打击杀人、抢劫、强奸等严重犯罪，全年共审结杀人案4件4人；抢劫案51件104人；强奸案17件23人(含奸淫幼女案3件3人)；投毒案1件1人；以危险方法危害公共安全案1件1人；破坏交通设施案1件3人；破坏电力设备案5件9人；破坏广播电视设，公用电信设施案犯件10人；非法制造、买卖枪支、爆炸物案发件6人；盗窃、抢夺枪支、弹药爆炸物案件1件4人；非法持有、私藏枪支、弹药案子2件2人；交通肇事案4件4人；重大责任事故案1件1人；持有、使用假币案2件3人；过失致人死亡案1件1人；故意伤害案64件79人；过失致人重伤案1件1人；强制猥亵、侮辱妇女案3件3人；非法拘禁案1件1人；偷税案1件1人；绑架案1件1人；拐卖妇女儿童案3件5人；重婚案3件6人；盗窃案80件125人；诈骗案9件14人；抢夺案3件4人；敲诈勒索案1件3人；妨害社会管理秩序案42件54人；玩忽职守案1件1人；审结贪污案5件5人；挪用公款案5件5人；严惩偷税犯罪分子，维护市场秩序，如潘某某从事房地产开发及建筑工程承包业务，偷税30多万元，判处潘某某有期徒刑5年，并处罚金40万元，这是来宾县人民法院首例追究刑事责任的偷税案件。

2002年，来宾县全年共审结杀人案1件1人；抢劫案57件98人；强奸案20件20人(含奸淫幼女案3件3人)；盗窃案64件97人；故意伤害案66件74人；绑架案1件3人；抢夺案4件4人；破坏生产经营案1件1人；伪证案2件3人；非法持有枪支、制造枪支案10件10人；诈骗案11件24人；交通肇事案13件13人；强制猥亵妇女、儿童案3件3人；盗窃林木案4件8人；敲诈勒索案3件4人；过失致人死亡案2件2人；虐待案1件1人；出售伪造假币案1件1人；故意毁坏公私财物案3件3人；寻衅滋事案4件7人；破坏电信设施案4件7人；聚众哄抢案2件7人；拐卖妇女案2件4人；非法运输、买卖爆炸物品案3件7人；重婚案1件1人；失火案1件1人；包庇案1件1人。积极开展打击毒品犯罪专项斗争，加大对毒品打击力度，当年共审结毒品犯罪案27件，判处犯罪分子36人，其中处5年以上有期徒刑11人；共审结破坏社会主义经济秩序犯罪案2件2人；审结贪污受贿案5件8人；审结挪用公款案4件4人；审结行贿案3件3人，数额均在10万元以上20万元以下。全年共受理各类刑事案327件489人，全部审结。收案中刑事附带民事案50件，标的108.65万元，至年底发生法律效力的案件267件339人，给予刑事处分338人，其中判处10年以上20年以下有期徒刑的20人，占5.9%；判处5年以上不满10年有期徒刑93人，占28.9%；判处5年以下有其徒刑265人，占78.17%；判处单处罚金3人，免予刑事处分1人。

1988—2002年，金秀瑶族自治县人民法院审理刑事案件共计993件，判处案犯1180人，其中判处有期徒刑10年以上的81人、5~10年的383人、5年以下的709人、拘役4人、免予刑事处罚3人。在上述案件中，审结爆炸、杀人、伤害、抢劫、绑架、强奸等严重暴力犯罪和严重危害社会治安秩序及严重影响群众生产、生活的各类犯罪案件507件，判决案犯559人；审结非法猎捕杀害珍贵濒危野生动植物资源案件9件，判决案犯13人；审结贪污、贿赂、挪用资金和破坏经济秩序案16件，判决案犯16人。

1997—2005年，合山审结各类刑事(含黑恶势力团伙)案件914件，惩处罪犯1305人。判处5年以上有期徒刑331人，其中2001年，逮捕46人，判刑19人，执行自治区高级人民法院下达死刑命令8人。

1991—2005年，武宣县人民法院共受理刑事案件1454件2115人，其中，投毒罪2件2人，过失投毒罪1件1人，破坏电力设备罪14件34人，交通肇事罪44件44人，非法买卖枪支罪4件5人，非法制造、买卖、运输、邮寄、储藏枪支、弹药、爆炸物罪7件9人，失火罪27件27人，销售假冒商标商品罪2件3人，高利转贷罪2件4人，合同诈骗罪5件7人，伪造、变造、买卖国家机关公文证件印章罪2件5

人，偷税、抗税罪2件2人，流氓罪8件10人(1997年新刑法修订后取消该罪)，聚众扰乱社会秩序罪2件4人，伪造货币罪3件5人，出售、购买、运输假币罪3件6人，赌博罪5件6人，非法行医罪1件1人，徇私枉法罪1件2人，妨害公务罪1件3人，破坏生产经营罪8件16人，故意杀人罪6件11人，故意伤害罪281件360人，强奸罪147件167人，奸淫幼女罪15件20人(1997年新刑法修订后统称为强奸罪)，强制猥亵、侮辱妇女、儿童罪5件5人，非法拘禁罪4件10人，侮辱罪7件15人，拐卖妇女、儿童罪14件25人，非法侵入住宅罪1件3人，重婚罪6件11人，暴力干涉婚姻自由罪9件13人，抢劫罪98件181人，盗窃罪476件733人，抢夺罪9件15人，诈骗罪23件42人，破坏集体生产罪1件1人，聚众哄抢罪2件7人，故意损坏财物罪4件5人，挪用资金罪4件5人，职务侵占罪6件8人，敲诈勒索罪15件29人，窝藏、转移、收购、销售赃物罪12件19人，滥伐林木罪11件16人，贩毒罪19件34人，伪证罪2件2人，脱逃罪5件5人，引诱、容留、介绍卖淫罪2件2人，非法采伐珍贵树木罪1件2人，盗伐林木罪19件31人，玩忽职守罪5件5人，贪污罪75件101人，挪用公款罪11件13人，受贿罪3件3人，签订履行合同失职被骗罪1件2人，其他犯罪11件18人。给予刑事处罚1874人，其中处以15年以上不满20年有期徒刑的19人;10年以上不满15年有期徒刑的126人;5年以上不满10年有期徒刑的436人;不满5年有期徒刑的1037人;处以拘役的57人;缓刑的199人;并处剥夺政治权利111人;并处罚金676人;没收财产5人。忻城县人民法院全院共受理刑事案件2041件2864人，审结2041件2864人，结案率为100%，判处5年以上有期徒刑738人，占判决人数的25.7%。

2003年，来宾市审判机关共受理刑事一审案件1118件1641人，受理刑事二审案件189件，审结189件，结案率为100%。生效判决955件1386人，给予刑事处罚1385人，其中判处5年以上有期徒刑、无期徒刑和死刑(含死缓)的392人，占28.3%。

2004年，全市两级人民法院共受理各类刑事一审案件1187件，审结1186件，收结案同比分别上升6.17%和6.37%;受理刑事二审案件210件，审结208件，同比分别上升10%和10.05%。刑事案件生效判决共1030件1489人，给予刑事处罚1483人，其中判处五年以上有期徒刑直至死刑的330人，占22.25%。

2005年，来宾市两级人民法院在全市范围内共召开9次“严打”公开宣判活动。全年共受理刑事一审案件1069件1603人，结案率为99.91%。其中市中级人民法院受理71件143人，审结70件140人，结案率98.59%;基层人民法院受理998件1460人，审结998件1460人，结案率100%;中级人民法院受理刑事二审案件193件，审结193件，结案率为100%。生效判决919件1376人，给予刑事处罚1372人，其中判处五年以上有期徒刑、无期徒刑和死刑(含死缓)的359人，占26.17%。

2005年，市两级法院共受理刑事一审案件1069件1603人，结案率为99.91%。其中市中院受理71件143人，审结70件140人，结案率98.59%，基层法院受理998件1460人，审结998件1460人，结案率100%;中院受理刑事二审案件193件，审结193件，结案率为100%。生效判决919件1376人，给予刑事处罚1372人，其中判处五年以上有期徒刑、无期徒刑和死刑(含死缓)的359人，占26.17%。在刑事审判中，坚持贯彻执行“严打”方针，在高院的统一部署下，在全市范围内共召开9次“严打”公开宣判活动，形成强大的严打声威。全体刑事审判法官在办案过程中，牢固树立“罪刑法定”“无罪推定”“疑罪从无”的司法理念。在打击犯罪的同时，进一步提高人权政诉讼案件外，还负责把好行政非诉案件的审查关，既保障行政行为的顺利开展，又维护行政相对人的合法权益。全市法院共依法审查行政非诉案件341件。

第三节　民事审判

民国时期，来宾、迁江两县在民事案件审判中，以婚姻案件居多。据迁江县政府(县知事兼理司法)民国21年(1932年)受理民事案件46件，其中人事10件、建筑物3件、土地15件、金钱12件、粮食2件、证券2件、其他2件。迁江县政府(县知事兼理司法)民国22—23年统计，在受理的民事案件中属于婚姻案件的119件，其中属于意见不合的112件、受虐待的9件、被遗弃的5件、受经济压迫的1件、行为不法的1件、其他1件。判离婚的8件，驳回的3件。迁江司法处，于民国30年，受理婚姻案件35件，审结31件，未结案4件。来宾县司法处，于民国30年，受理婚姻案件47件，审结31件，未结案16件。

民国25年(1936年)上半年，象县政府审结民事案86件，其中，人事案23件、建筑物案5件、土地案30件、金钱案19件、粮食案1件、物品案2件、证件案1件、其他杂案5件。民国30年，忻城县政府审结民事案92件，其中人事案7件、建筑物案4件、土地案10件、金钱案18、伪造文书印文案1件、婚姻案48件、其他杂案4件。民国34—35年，忻城县司法处共受理民事案412件。民国34年8月—民国36年10月，象县司法处共受理民事案396件。民国37年，迁江县司法处受理民事案件169件，其中财产类的有：金钱29件、土地31件、建筑物9件、粮食13件、证券1件、物品18件。属于亲属类的有：离婚案30件、解除婚约7件、抚养1件、其他11件。属继承类有遗产1件，其他案件28件。

中华人民共和国成立后，1950—1953年，来宾县人民法院共受理各种民事案件2911件，其中婚姻案2510件，占86%。1952年9月—1962年3月，石龙县人民法院受理民事案件3004件，审结2828件，结案率为94.1%。1958—1966年，由于实行“一大二公”的人民公社化，民事案件逐步下降。来宾县共审结民事案件3013件，其中婚姻案件2715件，占90.11%，房屋、财产、土地、山林、水利等案件298件，占9.89%。1961年，来宾县审结民事案件331件，其中婚姻案件283件。通过人民法院调解重归于好的20件、调解无效达成协议离婚的153件、判决离婚的117件、移送或作其他处理的75件。1963年，为贯彻第一次全国民事审判工作会议精神，各县人民法院的民事审判执行“依靠群众，调查研究，就地解决，调解为主”的方针，审判人员深入农村，依靠当地党组织，查清案情，就地调解，绝大多数民事诉讼案件在基层就地解决，调解结案率和办案质量均有所提高。建立健全了乡村调解组织，基本上做到“小事不出村，大事不出乡”，人民法院的民事收案逐年减少。1966年，来宾县审结民事案210件，比1961年下降36.56%。1966—1976年“文化大革命”期间，民事案件数量继续下降，来宾县共审结民事案件541年，其中婚姻案468件，占86.51%；房屋、财产、抚养、继承、土地、山林等案件73件，占13.49%。1962年4月—1967年，武宣县人民法院受理民事案件449件，审结394件，结案率为87.8%。

1967—1972年，各县军管会只审刑事案，不审民事案，婚姻改由人民公社管理委员会办理。1973—1979年，来宾县共审结民事案件1094件，其中婚姻案987件，占90%；财产、房屋、继承、赡养、抚养、扶养和土地、水利、山林等纠纷案107件，占10%。1967—1978年，武宣县人民法院受理民事案件258件，审结229件，结案率为88.8%。

1979年起，各县人民法院民事审判工作开始拨乱反正。

1980年，来宾县人民法院全年受理各种民事纠纷案件269件，审结251件，结案率为93.3%，在审结的251件案件中，90%是通过调解解决的。1981年，来宾县人民法院共受理各种民事案件339件，审结293件，结率为86.4%。在审结的民事案件中，调解结案228件，占77.8%，判决19件，占6.4%。受理的民事案件中，婚姻纠纷案241件，占70%。收到群众来信3126封，其中属于刑事申诉1209件，占38.67%；民事申诉1088件，占34.8%；非诉讼信件829件，占26.53%，有748封转交有关部门解决外，其余的人民法院都进行了适当的处理。

1982年，各县人民法院相继设立经济审判庭，专司经济纠纷诉讼案件的审判工作。民事、经济审判工作重点是抓好日趋增多的房地产案件、民间债务纠纷案件、劳动争议和社会保障方面的民事纠纷案件的审理工作。对民事案件审理，均采取先调解后审判的程序，大部分案件通过调解得到解决。

1982年，来宾县人民法院全年共受理各种民事案件385件，审结343件，占收案总数的88.9%。其中判决的23件，占6.7%；调解解决的260件，占75.8%；其他处理的60件，占17.5%。1983年，来宾县人民法院全年共受理婚姻、家庭、房屋、赔偿等各种民事纠纷案425件，比上年增加49件，上升13%，审结359件，结案率为84.5%，比上年降低2.1%。在审结的案件中，判决18件，占5.6%；调解238件，占66.2%；其他处理的103件，占29.5%。在结案的359件中，基层人民法庭结案333件，占92.5%。1976—1983年，合山市人民法院共计审结、判决、调解民事案件346件。

1982—1990年，来宾县共受理民事案件5279件，审结5212件，结案率为98.7%。其中婚姻案2714件，占51.4%；债务纠纷1301件，占24.6%；房屋纠纷224件，占4.2%；损害赔偿纠纷318件，占6.0%；宅基地、土地、水利、山林纠纷549件，占10.4%；继承、赡养、抚养、扶养等106件，占2.0%。这些民事案件中，采用调解结案的3648件，占70%；判决结案的1042件，占20%；中止、撤诉、移送的522件，占10%。1953—1990年，忻城县人民法院（含司法科）共审结民事案件6150件，其中离婚案4770件，占民事案的77.6%；损害赔偿案320件，占5.2%；房屋纠纷案22件，占0.3%；抚养案24件，占0.4%；山林、水利、土地、宅地、其他 1014 件，占 16.5%。1979—1990 年，武宣县人民法院受理民事案件 4165 件，审结 3586 件，结案率为 86.1%。1982—1990 年，合山市人民法院共计审理各类民事案件 1197 件，其中：婚姻案 525 件、劳资案 4 件、债务案 302 件、土地纠纷案 12 件、财产继承案 3 件、抚养纠纷案 27 件、赔偿案 128、赡养案 3 件、房屋纠纷案 20 件、宅基地案 11 件、其他案 162 件，结案 1121 件。1950 年 3 月—1990 年底，象州县人民法院（含司法科）共审结民事案件 7491 件，其中婚姻案 1953 件、房屋 580 件、财产 107 件、债务 160 件、抚养 62 件、赡养 28 件、买卖 24 件、合同 24 件、赔偿 212 件、继承 31 件、山林、水利、土地 225 件、宅地 92 件、其他 983 件。以婚姻案比重最大，占总结案数 66%；房屋案居次，占总结案数 8%。

1991 年 4 月 9 日，《中华人民共和国民事诉讼法》颁布，各县（市）人民法院组织干警学习，熟悉新法律程序，要求审判人员按民事诉讼法新规定审理案件。积极贯彻执行新的民事诉讼法，大胆采用督促程序审理符合督促程序条件的案件，推行当事人举证和法院查证相结合的审判制度，高质量、高效率、高效益地开展民事审判工作。5 月，柳州地区中级人民法院肯定来宾县人民法庭的经验，并在全地区推广。来宾县人民法院共收民事案件 2492 件，比 1990 年多收 1157 件；结案 2435 件，比 1990 年多 1137 件，上升 89.1%。

1995 年，来宾县人民法院全年共审结婚姻家庭案 459 件，其中离婚案 449 件、抚育案 8 件、其他案 2 件；审结债务纠纷案 2436 件，比上年同期多 1393 件，上升 133.5%，创下县人民法院建院以来的最高纪录；审结赔偿案件 72 件，其中人身损害赔偿 39 件，财产损害赔偿 33 件。

1996 年，来宾县人民法院全年共受理各类民事案 3455 件，审结 3396 件，结案率为 98.2%，收案和结案分别比上年上升 12% 和 11.5%。

1999 年，来宾县人民法院共受理各类民事案 2490 件，审结 2456，审结率为 98.63%。审结的民事案件数量在全院受理的各类案件中仍居首位。

2002 年，在国家机关改革中，各县人民法院适应社会主义市场经济和法治的要求，将计划经济时期沿用的经济审判合并到民事审判中去，统一称为“民商事审判”，“经济审判”的概念不再使用，并撤销了经济审判庭庭。

2002 年，兴宾区（来宾县）人民法院共受理离婚案 426 件，审结 419 件。在审结的 419 件离婚案中，调解离婚 191 件、调解不离婚 24 件；判决离婚 139 件、判决不离婚 13 件。受理宅基地使用权纠纷案 3 件，审结 2 件，受理相邻关系纠纷案 9 件，审结 9 件。受理人身损害赔偿案 128 件，审结 126 件，受理财产损害赔偿纠纷案 38 件，审结 36 件，审理人身权名誉权纠纷案 4 件，审结 4 件。按照特别程序审结宣告失踪案 1 件。在全年审结的民事纠纷案中，调解结案的 613 件，占审结民事案件的 52%。全年县人民法院共受理各类民事案 1190 件，审结 1179 件，审结率为 99.1%。

1988—2002 年，金秀瑶族自治县人民法院共审理各类民事案件 3265 件，审结标的 18936 万元。其中：审结婚姻家庭纠纷案件 1361 件（判决离婚 914 件，调解离婚 453 件）；继承、赡养、抚养等纠纷案件 85 件；侵犯公民人身、财产权利的损害赔偿案件和名誉纠纷案件 536 件；民间借贷纠纷 1820 件，“一会一部”（农村合作基金会、供销社社员股金服务部）拖欠贷款案件 982 件（为国家、集体收回贷款资金 726 万元）；购销合同、企业承包、租赁、联营等纠纷案 156 件（解决争议标的 848 万元）；农村承包合同纠纷案 25 件。

1991—2005 年，武宣县人民法院共受理和审结各类民事案件 4246 件。其中离婚 2447、家庭继承纠纷 114 件、相邻关系纠纷 150 件、劳动争议 146 件、人身损害赔偿纠纷 849 件、财产损害纠纷 540 件。忻城县人民法院共受理各类民事纠纷案件 10455 件，审结 10233 件，结案率为 97.8%。

2000—2005 年，合山市人民法院共审结各类民商案件 5762 件，诉讼标的总金额达 8016.42 万元。

2003 年，来宾市中级人民法院全年共受理各类一审民事案 3006 件，审结 2962 件，结案率为 98.5%，诉讼标的金额 1.39 亿元。受理各类二审案 452 件，审结 452 件，结案率为 100%，诉讼标的金额 703.9 万元。

2004 年，全市审判机关共审结各类民商事一、二审案件 3005 件，解决诉讼标的总金额 3.89 亿元。兴宾区人民法院全年共受理各类民事纠纷案 1025 件，审结各类民事纠纷案 1003 件，结案率为 97.85%。其中受理离婚案 358 件，审结 358 件；审结继承、抚养纠纷案 17 件；不动产纠纷案 9 件；人身纠纷案 112 件；财产损害赔偿纠纷案 38 件。

2005 年，全市人民法院依法调解结案 685 件。全年共受理各类一、二审民事案件 329 件，审结 327 件，结案率为 98.5%，诉讼标的金额 0.51 亿元。基层人民法院共受理各类民事案件 2409 件，审结 2351

件，诉讼标的金额 1.25 亿元。兴宾区人民法院当年共受理各类民事纠纷案 1043 件，审结 1023 件，结案率 98.08%。在审结的 1023 件民事案中，婚姻家庭、继承纠纷案 372 件，合同纠纷案 455 件，权属、侵权及其他民事纠纷案 196 件。

第四节　行政审判

1977 年底，象州县人民法院筹备成立“行政审判庭”，专门审理公民、法人及其他组织不服行政机关（含法律、法规授权的组织）作出的具体行政行为提起行政诉讼的案件；1987 年 5 月，武宣县人民法院设立行政审判庭；1988 年 6 月，来宾县法院设立行政审判庭；10 月，忻城县人民法院成立行政审判庭。年底，金秀瑶族自治县法院审理行政案 2 件，均作有罪判决。当年忻城县受理行政案（交通案）1 件。

1989 年，来宾县人民法院审理了 3 件行政案件。忻城县受理行政案 10 件，其中判决维持行政机关处理决定的 1 件；当事人撤诉的 5 件；其他处理的 4 件。

1990 年，来宾县人民法院配备 2 名审判员和 1 名书记员，选送 1 名院领导和 3 名审判员参加地区中院培训，院领导 5 次以会代训培训业务骨干，提高审判业务水平。全年审结行政纠纷案 6 件，忻城县受理行政案 4 件，其中不服公安机关罚款的 3 件；不服食品检查所罚款 1 件；审理结果维持行政处理决定 2 件；当事人撤诉的 2 件。1987 年 5 月—1990 年，武宣县人民法院共受理行政案件 14 件，全部审结完毕，结案率为 100%。其中维持行政机关处理决定的 5 件；部分维持、部分撤销的 1 件；全部撤销的 1 件；原告撤诉 7 件。至 1990 年，象州县人民法院共审结行政诉讼案 7 件。其中，不服土地使用权确认决定 1 件；土地征用决定 1 件；违章占地建房处罚 2 件；违反劳动保护经济处罚 1 件，治安行政案 2 件。

1991 年，各县（市）人民法院在审结的行政案中涉及建筑、矿产、物价、林业、土地、治安等行政管理部门。来宾县法院共审结行政案 13 件，比上年增加 6 件，上升 85.7%，结案率为 100%。

1993 年，来宾县法院受理行政案件较上年上升 25.9%。来宾县人民法院年内共受理土地、山林案 24 件，占行政案件的 70.6%，维持原判 10 件，占 31.3%。来宾县人民法院在全年审结的 32 件行政案中，维持原判的 10 件，占 31.3%；撤销 2 件，占 6.3%；驳回原告起诉 4 件，占 12.5%；原告主动撤诉 6 件，占 18.8%；被告改变原具体行政行为，原告撤诉 10 件，占 31.3%。全年受理案件数量是实施《行政诉讼法》后案件数量最多的一年，共受理 34 件，审结 32 件，结案率为 94.1%。行政案件自 1990 年起，平均每年递增 79.2%。11 月，柳州地区中级人民法院召开行政审判工作会议，来宾县人民法院行政审判庭在会上作经验介绍，所制作的裁判文书参加全地区质量评比，荣获优胜奖。

1995 年，来宾县人民法院共受理各类行政案 28 件，全部审结。其中维持行政机关具体行政行为的 17 件；撤销行政机关具体行为 2 件；原告主动撤诉 6 件；裁定不予受理的 2 件；移送有关单位 1 件。当年行政审判庭被评为自治区人民法院系统先进集体，有 1 名审判员评为先进个人。1991—1995 年，合山行政诉讼案件的审判，审结行政案件 22 件。

1996 年，来宾县人民法院受理山林、土地、矿产等案件 15 件，审结 15 件。全年审结的行政案件中维持的 10 件；原告主动申请撤诉 1 件；被告改变原具体行政行为原告撤诉 6 件；驳回起诉 2 件；裁定不予受理 2 件。当年合山市法院审结行政案件 66 件。

1997 年，来宾县人民法院全年共受理行政案件 32 件，审结 30 件，其中山林、土地纠纷案 27 件；公安行政案 1 件；计划生育行政案 1 件；城镇建设案 1 件。在审结的行政案件中，维持 16 件，撤销 6 件，撤回起诉 8 件（原告主动撤诉 2 件，被告改变原具体行政行为原告撤诉 6 件）。

1998 年，来宾县人民法院全年审结的行政案件中，土地纠纷案 20 件，判决维持的 13 件，撤销 5 件，驳回起诉 2 件。工商行政案 1 件，判决维持；城建案 1 件，判决撤销；林业案 1 件，裁定驳回起诉；行政赔偿案 1 件，驳回起诉；不作为案 1 件，判决履行法定职责；不服技术鉴定案 1 件，裁定不予受理；其他行政案 3 件，维持 1 件，驳回起诉 2 件。

1999 年，来宾县人民法院受理各类行政案 41 件，审结 41 件。收、结案比上年增加 12 件，上升 41.38%。在审限上 3 个月内审结的 40 件，经批准延长审限审结的 1 件。在审结的行政案中，土地纠纷案 24 件，其中判决维持 14 件，撤销 3 件，履行法定责任 1 件，裁定驳回起诉 1 件，被告改变原具体行政行为原告撤诉 5 件；林业案 1 件，判决全部撤销；计划生育案 2 件，其中判决维持 1 件，全部撤销 1 件；城建案 3 件，全部作其他处理；交通运输案 4 件，其中裁定驳回起诉 1 件，原告主动撤诉 2 件，移送有关部门处理 1 件；技术监督案 1 件，因被告改变原具体行政行为原告撤回起诉；其他行政案 5 件，其中判决维持1件,全部撤销1件,履行法定责任1件,裁定驳回起诉2件。

2000年,来宾县人民法院共受理审结各类行政案130件。在审结的130件行政案中,土地确权案17件,其中维持行政机关决定的7件、撤销行政机关决定2件、原告主动撤诉的1件、被告改变具体行政行为、原告撤诉的6件、作其他处理1件;审结卫生行政处罚案2件均裁定执行;渔业行政裁决案1件,维持行政机关决定;环保行政处罚案1件,被告改变原具体行政行为,原告撤销诉讼;其他行政案5件,审结驳回起诉4件,被告改变原具体行政行为,原告撤诉1件;审查城建行政处罚案104件,其中被告改变原具体行政行为原告撤诉的1件,裁决执行的103件。

2001年,来宾县人民法院受理各类行政纠纷案67件,审结66件,结案率98.5%。在审理的行政案件中,卫生案25件,全部移送有关部门处理;治安案3件,驳回起诉3件;土地案16件,其中维持行政机关处理决定11件,履行法定职责1件,原告主动撤诉1件,被告改变原具体行政行为原告撤诉1件,移送有关部门处理1件;环保、城建案2件,均维持行政机关处理决定;交通运输案15件,其中驳回起诉3件,移送有关部门处理12件;其他案件6件,维持行政机关处理决定1件,全部撤销1件,驳回起诉1件,终结2件,其他处理1件。根据县委、县政府统一布置,参加处理“三大纠纷”(土地、山林、水利纠纷)工作,办结土地山林纠纷案件5件。

2002年,来宾县人民法院共受理各类行政纠纷案26件,审结26件,结案率为100%。在审结的行政案中,土地案17件,维持行政机关作出的处理决定11件,原告主动撤诉2件,撤销行政机关作出的处理决定2件,确认被告违法或无效2件;治安案4件,其中维持行政机关处理决定2件,确认被告违法1件,驳回诉讼请求1件;工商案4件,驳回诉讼请求2件,裁定不予受理1件,撤销行政机关处理决定1件;其他案3件,其中驳回诉讼请求1件,维持行政机关处理决定1件,确认被告违法1件。审结行政非诉案47件,其中卫生案29件,城建案3件,水电、农业案14件,其他案9件。

1988—2002年,金秀瑶族自治县人民法院共审理行政案件179件。其中维持行政机关决定的60件、变更和撤销行政机关决定的51件、撤诉和其他处理68件;审理山林、土地等资源确权69件,审理不服行政机关处罚决定110件。审查行政机关申请执行的非诉案件195件,其中裁定执行157件、不予执行28件。

1991—2005年,武宣县人民法院共受理各类行政案件329件,其中:土地行政案件163件、林业行政案件10件、不服治安处罚19件、不服劳动教养8件、房屋登记5件、交通运输6件、烟草专卖8件、技术监督3件、劳动和社会保障机制1件、计生1件、城市规划建设9件、工商行政29件、税务行政18件、其他行政案件49件。判决维持行政机关处理决定131件,占受理行政案件的39.81%;全部撤销行政机关行政行为48件,占受理行政案件的14.58%;部分撤销行政机关行政行为26件,占受理行政案件的7.9%;原告主动撤诉26件,占受理行政案件的7.9%;行政机关改变具体行政行为,原告撤诉的55件,占受理行政案件的16.71%;确认行政机关行政行为违法的4件,判决行政机关履行法定职责的1件,裁定不予受理的11件,驳回原告起诉的19件;其他8件。

1997—2005年,合山市人民法院审结行政案件69件;1991—2005年,忻城县人民法院共受理行政案件220件,审结218件,结案率为99%;1991—2005年,武宣县人民法院共执结申请各类执行案4798件,执结标的13961.27万元。合山市坚持合法审查原则,受理并裁定准予执行的非诉行政执行案件1352件,执结率100%,执行标的总金额1070.44万元。

2003年,来宾市全市审判机关共受理一、二审行政案122件,审结120件,结案率为98.36%。其中受理国家赔偿案件13件,审结11件,结案率为84.6%。所审理的行政案件,多数是山林、水利、土地纠纷案。兴宾区人民法院共受理各类行政纠纷案15件,审结14件,结案率为93.33%。在审结的行政案中,维持行政机关作出的处理决定6件、撤销行政机关作出的处理决定1件、原告申请撤诉1件、裁定不予受理1件、驳回原告起诉3件、确认被告处理决定违法1件、判令被告履行法定职责1件。另审结国家赔偿案5件,审查行政非诉案40件,其中计划生育案30件、农业案3件、交通案2件、其他案5件。

2004年,全年全市人民法院共受理各类一、二审行政诉讼案件142件,审结139件,结案率为97.89%。加强对国家赔偿案件的审理,全年共审结此类案件4件,决定赔偿金额26.73万元。共审结各类行政纠纷案32件,审结32件,结案率为100%。在审结的行政案件中,土地案11件,维持行政机关作出的处理决定8件,原告主动撤诉3件;劳教案3件,均维持行政机关处理决定;治安案3件,判决维持行政机关处理决定2件，判决撤销行政机关处理决定并要求重新作出具体行政行为1件；公安机关其他类型案2件，判决驳回原告诉讼请求1件，原告主动撤诉1件；涉及乡政府的案件3件，裁定驳回起诉1件，判决撤销行政机关处理决定并要求重新作出具体行政行为2件；技术监督案2件，判决撤销行政机关处理决定并要求重新作出具体行政行为1件，裁定驳回起诉1件；卫生案2件，均判决被告履行法定职责；农业案1件，判决维持行政机关处理决定；交通案1件，判决确认行政机关作出的处理决定合法有效；教育案2件，判决维持行政机关处理决定1件，裁定驳回起诉1件；其他案1件，判决维持行政机关处理决定。另审查国家赔偿案件2件，审查行政非诉案件23件。

2005年，来宾市中级人民法院共受理一、二审行政案34件，审结34件，结案率为100%；受理国家赔偿案件3件，审结2件，结案率为66.67%；基层人民法院共受理行政一审案件72件，审结72件，结案率100%。全市人民法院共依法审查行政非诉案件341件。兴宾区人民法院共受理各类行政纠纷案16件，审结16件，结案率100%。在审结的行政案中，维持行政机关作出的处理决定5件，撤销行政机关作出的行政决定1件，撤销并要求行政机关重新作出具体行政行为4件，原告主动申请撤诉1件，被告改变原具体行政行为原告撤诉3件，其他2件。另审结国家赔偿案1件，审查非诉行政案39件，审结39件。

第五节　审判监督

1954年，各县人民法院设立接待室，负责接待、处理群众来信来访工作，宣传政策和法律，解答法律咨询以及代理书写诉讼状，解决农民不识字告状难的问题。1978年后，群众来信来访增多。1985年后，各县（市）人民法院将接待室改为信访科，负责接待来访群众，处理来信；宣传政策与法律，解答有关法律咨询问题；调解简易纠纷。1988年后，境域各县（市）成立告诉申诉审判庭。全面负责刑事、民事、经济、行政案件的再审工作。1997年后，告诉申诉审判庭改审判监督庭。

1953年，忻城县在司法改革时，法院清理复查镇反中的各类案件，纠正错案85件(其中刑事案74件，民事案11件）。来宾县对在镇压反革命、土地改革等运动中，判处的反革命和普通刑事案件进行清理，共查出应复查的刑事案件214件。经复查改判14件，其余维持原判。1956年，忻城县人民法院对1955年1月—1956年5月新审结的147件反革命案（普通刑事案）进行复查，判决基本正确的121件，占82%；错案6件，占4%；轻罪重判7件，占4.8%；重罪轻判2件，占1.4%；案件事实不清的11件，占7%；经复查后均分别予以纠正，其中无罪释放4人，教育释放2人，减刑2人，撤销原判重刑期2人。来宾县共查出应复查的274件。经复查，宣告无罪的6件，改变定性22件，改判20件，维持原判226件。

1961年，来宾县对在“大跃进”时期中判处的各种刑事案件进行清理，共查出应复查的187件，经复查，宣告无罪的6件，改变定性6件，改判12件，维持原判163件。“文化大革命”期间，审判监督工作被迫中断。

1978年以来，金秀瑶族自治县人民法院对“文化大革命”期间的362件案及“文化大革命”前的36件案进行复查后，对其中31件冤假错案给予平反。其中宣告无罪的22件22人，无罪释放的2件2人，改变定性的1件1人，纠正错判的6件7人；将原为国家职工的11人恢复公职，并补发工资17494元；对确有困难的非国家职工人员，给予一次性补助8850元。

1979年，各县遵照自治区党委和上级法院的指示精神，组成复查纠正冤、假、错案小组。忻城县法院抽调6名干部，对1966—1976年所判的23件反革命案和12件普通刑事案件，进行复查清理。发现冤、假、错的有25件27人，其中反革命案23件23人，普通刑事2件4人。复查后，宣告无罪的21件21人，改变性质刑期不变2件2人，免予刑事处分1件1人，减刑1件1人。同时，还复查1966年已判处的申诉案37件，其中维持原判的33件，平反纠正的4件。来宾县对在“文化大革命”中和“文化大革命”前申诉的反革命和普通刑事案件进行清理，共查出应复查的554件627人，其中“文化大革命”中审判的392件429人，“文化大革命”前审判的162件198人。经复查，宣判无罪的58件69人，免予刑事处分2件2人，改变定性3件3人，减轻刑罚4件4人，维持原判487件549人。

1982年，合山市对各个历史时期判处反革命案和其他政治、刑事案件，凡是本人或亲属提出申诉的，有关单位或有关人员要求复查的，或在工作中发现可能是冤假错案的，全面进行复查。市法院组织力量，查阅了150件申诉书，翻阅6900份档案，69卷卷宗，确定列入复查的67件67人，其中反革命案3件3人，政治案件8件8人，普通刑事案56件56人。

通过复查，冤假错案宣告无罪的40件40人，其中属于“文化大革命”期间的1件1人，历史遗留下来9件9人。对冤假错案全部作了平反，共发放冤狱款4.8万元，并作好善后处理工作。维护原判27件27人。

1984年，来宾县受理“文化大革命”前后判处的刑事申诉案件38件38人，对申诉案件进行认真的复查，按照申诉人的具体事实，分别作出了维持原判或纠正处理。当年收到群众来信2716封，其中属于刑事申诉的825件、民事申诉90件、非诉讼的195件、其他案件1606件、接待群众来访2390人次，其中属于刑事申诉的250人次，民事申诉的111人次，非诉讼的87人次，其他案件1942人次。

1985年，忻城县人民法院主动复查涉及统战对象的案件（起义投诚人员、知识分子、台胞台属、侨胞侨属、民族上层人士、宗教界人士、民主党派成员）。经复查，起义投诚案9件9人，改判为免予刑事处分6件6人，维持原判17件17人。来宾县人民法院在审结的案件中，刑事案件上诉的有27件，检察机关抗诉的1件，二审终结维持原判的25件，发回重审的1件，改判2件；民事案件当事人上诉的18件，二审终结8件，其中维持原判6件，发回重审1件，改判1件；经济案件上诉2件，维持原判是2件。

1986年，来宾县对在历次政治运动中被判刑的原国民党起义投诚人员和侨胞，侨眷等案53件57人进行清理。经复查，宣告无罪的12件14人，免予刑事处分的1件1人，维持原判的40件40人。全年纠正定性的刑事案件3件，增捕人犯2人，退回检察机关补充侦查的27件47人，被告不服判决上诉的34件52人，二审驳回维持原判的23件40人，因一审量刑重而改判的6件7人，因事实不清发回再审的1件1人，未批回的4件4人。

1987年，忻城县人民法院全面复查了自1953—1965年的反革命案件及历次政治运动中的政治案件（破坏农业合作化、粮食统购统销、总路线、“大跃进”、人民公社，瞒产私分）共1246件，经复查改判的126件143人，改判后给生活补助的124人，共人民币29655元。来宾县对从解放以来，法院所判处的各种刑事案件进行全面清理，共查出应复查的287件407人。经复查，宣告无罪的73件77人；免予刑事处分的2件2人；改变定性的23件23人；维持原判的189件305人。

1988年7月—12月，来宾县告诉申诉审判庭，共收到群众来信577件，其中属于刑事告诉的32件、民事告诉的128件、经济告诉18件、非诉及其他304件、刑事申诉94件（重复申诉44件）、民事申诉1件；接待群众来访251人次，其中刑事告诉3人、民事告诉62人次、经济告诉1人次、非诉及其他175人次、刑事申诉10人次；全年共受理刑事申诉案89件110人，审结85件106人，其中维持原判的79件100人，撤销原判、宣告无罪的1件1人，改判的2件2人，减轻刑罚的1件1人。属于“严打”前判决的申诉案19件19人，审结16件16人，其中维持原判的11件11人，撤销原判、宣告无罪的1件1人；改判的2件2人；减轻刑罚的2件2人。1982—1989年，合山市对普通刑事案1件1人进行复查，结果维持原判。

1989年来宾县全年受理告诉申诉案件45件（含旧存案3件）和非诉讼来信来访3383件次，其中处理各类告诉信访1825件次，审查处理历年来已发生法律效力的申诉案43件45人、按照审判监督程序公开再审2件2人、维持原判的35件36人、宣判无罪的1件1人、改判的4件4人、减轻刑罚的3件3人。是年，象州县人民法院受理案件80件，审结57件。其中刑事申诉案55件；民事申诉案2件；接待来访207人次；处理来信453件。

1990年，来宾县对当年和历年来信来访申诉的刑事案件341件进行清理，查出应复查的23件；全年共审结告诉申诉案件494件，经审查立案审理84件，其中刑事自诉案6件、民事纠纷案48件、经济合同纠纷案和行政案各1件、申诉复查案28件，处理群众来信1365件、来访792人次。对于无理申诉的，依法不予支持，坚持法制教育，说服服判息诉。对于需要公开再审的案件，无论刑事、民事还是经济案件，都给予认真审查，按照再审程序予以公开再审理。是年象州县人民法院受理案件39件，其中刑事申诉案33件、民事申诉案1件、刑事减刑案5件，接待来访146人次、处理来信384件。合山市复查普通刑事案4件4人，全部维持原判。

1996年，来宾县全年共受理申诉复查案件18件，全部审结，其中维持原判的15件，改判的3件。

1998年，来宾县人民法院全年共受理各类申诉案33件，审结33件，其中民事审判监案22件，撤诉1件，改判6件，驳回申诉15件；刑事审判监督案11件，驳回申诉10件，改判1件。全年共处理群众来信1056件，接待群众来访1835人次。

1999年，来宾县全年接待处理群众来信147件，接待群众来访2986人次。当年来宾县共受理各类申诉再审案27件，已全部审理完结。在审理再审案中民事纠纷再审案18件，其中判决维持3件，改判7件，撤诉2件，调2件，作其他处理4件；经济纠纷再审案5件，判决维持2件，改判2件，作其他处理1件；刑事再审案3件，判决维持1件，作其他处理2件；土地行政案1件，裁定驳回申诉。

2000年，来宾县全年共受理历年来判决发生法律效力的审判监督案件33件，全部审结。其中民事再审案23件，维持原判2件、改判13件、驳回上诉6件、撤销诉讼2件、刑事再审案7件、驳回6件、改判1件；经济再审案3件、维持原判1件、改判2件。10月9日，县人民法院召开全院干警、来宾人民法庭全体干警及县城外各法庭正副庭长会议，布置清理积案工作。当年对检察机关提出抗诉的2件民事案件，依法进行再审，实事求是地改进人民法院的审判工作。

2001年，来宾县人民法院全年共受理历年来判决发生法律效力的审判监督案30件，已审结28件，大审结案件中，刑事再审案5件、维持原裁判1件、改判1件、作其他处理3件；民事再审案21件、维持5件、改判11件、调解1件、作其他处理4件；经济合同纠纷再审案1件、改判1件；行政再审案1件，作其他处理。

2002年，来宾县全年共受理历年判决发生法律效力的审判监督案件23件，审结23件，在已结案件中刑事再审案1件，作其他处理1件；民事再审案21件，其中维持8件，改判12件，作其他处理1件；行政再审案1件，维持1件。

2003年，来宾市两级人民法院共受理各类审判监督案件62件，审结60件，结案率为96.77%，其中中院受理19件，审结19件。中级人民法院审结19件当中，依法改判有问题的案件6件。兴宾区人民法院受理历年判决发生法律效力的审判监督案11件，审结10件，在已审结案件中民事再审案10件，其中维持原裁判1件、改判3件、驳回申诉人的诉讼请求5件、申诉人撤回申诉再审1件。

2004年，全市全年共受理各类再审案件40件，审结40件，其中改判和发回重审18件；全年共审结抗诉案件12件，其中维持原判的5件，依法改判的4件，撤诉及其他3件。兴宾区人民法院全年共受理历年判决发生法律效力的审判监督案10件，审结6件，在审结的案件中全部是民事案件，其中维持原裁判1件、改判1件、驳回申诉人的申诉请求2件、申诉人撤回再审2件。

2005年，两级人民法院共受理各类审判监督案件49件，审结47件，结案率为95.91%。其中中院受理24件，审结24件。审结的24件中，依法改判和发回重审5件、维持17件、其他2件。中级人民法院全年共审结抗诉案件13件，其中维持原判11件，依法改判1件，调解1件。

第六节　案件执行

1985年，各县（市）人民法院相继设立执行庭，加强对生效判决的执行工作。1997年，根据自治区高级人民法院的统一部署，人民法院开展大规模的集中清理未结执行案件行动。1999年8月，先后多次开展集中执行大会战，努力解决执行难问题。根据最高人民法院的统一部署，开展“执行年”活动。2003年，为贯彻落实中共中央提出的执行工作实行统一管理、统一协调的工作机制，中级人民法院与各基层人民法院相继成立执行局，加大执行工作力度。

1985年，来宾县人民法院受理经济执行案件46件，执行标的金额7.24万元，执结25件，执结标的金额1.56万元，另有房屋3间和其他物资。在执结完毕案件中，经济合同纠纷案11件，标的金额1.2万元；民事纠纷案11件，标的金额3100元；刑事附带民事案3件，标的金额1300元；行政案2件。

1986年，来宾县人民法院执行庭全年受理申请执行案72件，执行标的25.83万元，其中民事案33件，已执行21件；经济合同纠纷案25件，执行13件；刑事附带民事案4件，已执行2件；行政案10件，已执行8件，已执行标的金额12.26万元；尚未执行的28件，标的金额13.53万元。

1987年，来宾县人民法院全年共收执行案226件，是上年同期收案68件的3.3倍，增长232.3%，执行已发生法律效力交付执行的案件88件，比上年执行的42件增加46件。其中民事案142件，比上年的33件增长330%，执结58件，比上年增加37件；经济案件62件，比上年的25件增加37件，执结19件，比上年的13件增加6件；行政案19件，比上年的10件增加9件，执结10件，比上年的8件增加2件。申请执行标的总金额74.62万元，是上年的2.9倍，已执行标的金额17.36万元，占总申请执行标的23.2%。

1989年，来宾县人民法院共执行各类执行案件76件，执行总标的15.6万元。其中执行民事案件42件、经济案件16件、行政案件18件。

1990年，来宾县人民法院共执行案件82件，执行标的17.89万元，强制执行案11件（其中民事案10件，行政案1件）。

1991年，来宾县人民法院采取措施加强执行工作，使一些多年未能解决的积案、老案、难案得到圆满解决。全年共执结案件778件，其中执行庭执结148件，标的金额53.57万元，比上年上升80.4%；其他业务庭和人民法庭执结630件，比上年审执结合案件数大幅度增加。

1993年，来宾县全年审执结合案214件。共执行行政机关申请执行已生效的处罚案件443件，执行标的金额35.16万元。其中执行计生行政案件257件，收回超生罚款10.15万元；执行违章占地建房127件，挽回经济损失11.74万元；执行拖欠公路稽征费案件48件，挽回经济损失11.77万元；税务执行室追回拖欠建筑税款1.5万元。当年还接受外地人民法院委托执行案3件，执结2件，为外地人民法院追回资金100.06万元。

1996年，全年执结的案件中，强制执行的43件；对确实没有执行能力而又符合中止的案件，向当事人说明情况，共执行中止案件12件。

1998年，来宾县人民法院共受理申请各类执行案468件，执结423件，其中经教育自动履行的413件，只有10件是采取强制执行手段执结。

1999年，来宾县人民法院共受理各类申请执行案586件，标的881.4万元，全部执行完毕440件，执行率75.1%；执行标的733.3万元，执行标的率83.2%，执结标的金额是上年同期的469.3万元的1.6倍。在全年执结的440件案中，当事人自觉履行的340件，占77%。是年共查封被执行人房屋43间，标的300多万元；查封被执行人账户4户，划拨被执行人存款25.6万元；拍卖、变卖被执行人房屋2间，标的21万元，抵债4间，标的34.9万元，查封变卖被执行人物品34件，价值近6万元。依法拘留被执行人20人，拘留后履行债务5人，其余均在拘留期间定下还款计划；对阻碍执行公务的，情节较严重的移送公安机关刑事拘留5人；通过报刊、电视等新闻媒体曝光赖债者名单52人，发宣传材料820份，召开债务人会议2次，参加会议165人，当场履行债务14人，标的金额11.5万，促使56起案件的当事人自觉按期履行了义务。对困难企业确无资金还债，采取“放水养鱼”的办法，让企业发展生产、营利还债，这类案件共有10件。受理委托执行案9件，标的金额36.5万元，已执行6件，标的金额12.6万元。全年共执行土地纠纷案8件，执结6件，执结率75%。

2000年，来宾县人民法院全年受理申请执行土地纠纷案8件，已执结7件。来宾县人民法院受理外地法院委托执行案9件，已执结6件，执结标的金额18.5万元，协助外地法院执行5件。全年共受理申请各类执行案604件，已执结543件，执结率达90%，执结标的金额722.1万元。

2001年，来宾县人民法院共受理各类申请执行案817件，执结736件。

2002年，兴宾区（来宾县）人民法院全年共受理各类申请执行案846件，执结613件。

1991—2005年，忻城县人民法院共受理执行案件4554件，执结3812件，执结率为83.7%；武宣县人民法院共执结申请各类执行案4798件，执结标的13961.27万元；至2005年，金秀瑶族自治县人民法院共受理执行案件903件，标的8736.8万元，执结425件，标的6479万元，执结率47%，其中，执行和解187件。合山市人民法院共受理执行案件2381件，执结2374件，执结标的总金额6277.06万元。

2003年，来宾市两级人民法院全年共受理执行案件2000件，结案1573件，结案率为78.65%，结案标的金额1.98亿元。中级人民法院院负责自治区高级人民法院指定执行案件6件，执行标的数额2400万元。

2004年，全市人民法院共受理行政机关申请执行案件400多件。全年共清理执行积案700多件，所清理出的积案大部分已经结案，执行积案步入了良性循环。年内市中级人民法院还接受自治区高级人民法院指定执行案件20件，执结16件。

2005年，全市两级人民法院受理执行案件1552件，执结1460件，结案率为94.07%，结案标的金额3.33亿元。按照高级人民法院的要求，统一清理2004年11月以前未结的执行案件，中院共清理出32件，全部完成清案工作任务，合格率达96.2%。各基层人民法院共清理执行积案367件，清理率为100%。

第七节 审判制度改革

中共十五大提出推进司法改革的要求，最高人民法院根据宪法和法律规定的原则，制定了《人民法院五年改革纲要》，系统地提出了人民法院改革的目标和任务。

审判方式改革完善

1988年以后，境域各级人民法庭逐步改变庭审模式。1996年，刑事庭审由原来的纠问式转换成控辩式。2002年，《最高人民法院关于民事诉讼证据若干问题的规定》颁布后，民事诉讼庭审模式由原来的法院职权主义向以当事人权利自主、法官规范化的有限职权为核心，向司法公正和诉讼效率为价值追求的诉讼模式进行转换。

20世纪90年代初期开始，境内各县（市）人民法院全面落实公开审判制度，以公开促公正。对依法应当公开审判的案件，一律公开开庭审判。全面推行以公开举证、质证、辩论、认证为主要内容的庭审方式，提高审判活动的透明度。2001年开始，实行法官开庭穿法袍、用法槌制度，规范法官庭审行为方式，树立法官良好形象，维护法庭尊严。进一步加大裁判文书改革力度，注重对证据的分析和适用法律的阐述，增加裁判文书的说理性。

2004年，来宾市审判部门实施五项改革：一是规范立案职能，继续完善案件审判流程管理制度，将两级人民法院立案机构的基本职能统一于立案、审判流程管理和信访工作。二是推行刑事案件普通程序简便审，简化被告人认罪的普通刑事案件的庭审环节，提高诉讼效率。三是进一步对庭前证据交换、限期举证、证据失权等作深入探讨，提出改革意见，深化审判方式改革。四是建立案件评查机制，坚持组织开展各类案件质量评查活动，完善对裁判质量的监控和测评。五是推进裁判文书改革，开展全市人民法院优秀裁判文书评比活动。在全区人民法院优秀裁判文书评比活动中，来宾市人民法院有6篇分别获二、三等奖。六是严格适用法律，强化人权保障力度。按照最高人民法院提出的"依法惩罚犯罪，依法保障人权"的要求，在消灭超期羁押现象的同时，严把案件质量关，确保犯罪人员得到公正审判，无罪公民不受法律追究。全年共对3名被告人宣告无罪，并对69名被告依法进行改判。

2005年，来宾市继续深入开展审判方式改革。继续扩大适用简易程序审理案件的范围，全市人民法院所审结的一审刑事、民事案件中，适用简易程序审理的1459件，占38.99%。在刑事审判方面，把推行"两简"程序作为改革的重点，并把其确定为当年全市法院的重点调研课题。全市人民法院还在完善诉讼程序制度、完善诉讼证据规则、裁判文书制作等方面不断探索和改革，努力提高审判效率和案件质量。

审判制度改革完善

调解制度 1954年第一届全国司法会议在总结革命根据地人民调解工作经验的基础上，充分肯定调解是国家审判制度的一个重要组成部分。1951年颁布的《人民法院暂行组织通则》作出调解民事纠纷和轻微刑事案件的规定。政务院在中华人民共和国成立初期颁布的有关婚姻、劳动、土地、房屋等一系列法规中，均规定可用调解的方法处理纠纷。其中《婚姻法》还明确规定，调解是人民法院审理离婚案件的必经程序。根据上述法律法规的规定，20世纪50年代初期，各县人民法院在审理民事案件中，坚持用调解的方式解决纷争。1951—1952年，来宾县人民法院受理婚姻案件578件，通过调解结案的171件，占31.38%。1956年后，来宾县人民法院坚持用调解方式审理民事和轻微的刑事案件。1959年全县36个公社大队调解委员会全年共调解民间民事纠纷案件136起，其中轻微的刑事案件11起，民事案件125起。迁江、青岭、蒙村等3个人民法庭审判人员积极下乡协助和指导大队调解委员会开展业务活动，法庭受理的案件大为减少。1961年，来宾县调解结案的婚姻纠纷案173件，占受理婚姻纠纷案的61.13%。1962年，各县贯彻执行第六届全国司法会议和第一次全国民事审判会议提出的的"依靠群众，调查研究，就地解决，调解为主"的16字方针后，更加重视调解工作。1980年，来宾县人民法院在审结的251件民事案件中，90%是通过调解解决的。1981年，来宾县人民法院在审结的民事案件中，调解结案228件，占77.8%；判决19件，占6.4%。1982年，颁布的《民事诉讼法（试行）》，充分体现了16字方针的精神，将"调解为主"发展为"着重进行调解"，把调解作为一项贯穿民事诉讼全过程的重要制度用法律的形式固定下来。同时纠正了把调解率高低作为衡量案件质量的标准片面追求调解率的倾向。是年来宾县审结民事案件343件，调解结案的占75.8%，判决的占6.7%，其他处理的占17.5%。1982—1990年，来宾县人民法院共受理民事纠纷案件5279件，审结5212件，结案率为98.7%。在审结的民事纠纷案件中，采用调解结案的3648件，占70%。

1991年颁布的《民事诉讼法》，把"着重进行调解"修改为"在当事人自愿的基础上进行调解"，变开庭审理前调解为开庭后辩论终结前调解，强调调解不成要及时下判，防止久拖不决。

1996年，来宾县人民法院在全年审结的3396件民事案中，调解结案的3083件，占90.9%。1998年，来宾县人民法院审结的民事案件调解结案的2388件，占审结民事案件的81.98%。2002年，来宾县人民法院审结的民事纠纷案中，调解结案的613件，占审结民事案件的52%。

公开审判制度 区(县)人民法院在审理刑事、民事、经济和行政案件中,均严格执行公开审判制度。

1980年实施《中华人民共和国刑法》和《中华人民共和国刑事诉讼法》后,各县人民法院依照法律规定独立行使审判权,以公开审判为主,恢复合议、陪审、回避和上诉等审判制度。凡依法应公开审判的案件,一律实行公开审判。《民事诉讼法(试行)》和《行政诉讼法》颁布后,各县(市)人民法院审理民事、经济、行政案件,除涉及国家机密、个人隐私、商业秘密的案件外,均一律公开审理。1989年,来宾县人民法院选择重大典型案件16件,罪犯51人,到各乡镇召开规模较大的宣判大会9次,宣判罪犯51名,参加公开宣判大会旁听群众5.8万人次,印发刑事布告1000多份。全年公开审理刑事案件256件483人,占全年审结刑事案件85.05%;公开审理民事案件242件,占审结民事案件28.57%;经济案件72件,占审结经济案件74.23%。

回避制度 根据《中华人民共和国刑事诉讼法》《中华人民共和国民事诉讼法》和《中华人民共和国行政诉讼法》的规定,县人民法院的审判人员严格执行"三个诉讼法"的规定,在审理案件中,如遇到法定的回避情形即主动回避。兴宾区(来宾县)人民法院由于严格执行了回避制度,使全院办案质量得到有效保证。

辩护制度 境域各县(市、区)人民法院在审理刑事案件中,重视贯彻辩护制度。1956年,各县人民法院建立法律顾问处履行辩护职责,1957年8月,因"左"的路线干扰,法律顾问处遭夭折。《中华人民共和国刑事诉讼法》实施后,各县(市)人民法院严格按《中华人民共和国刑事诉讼法》规定的辩护原则办事。1981年,来宾县人民法院在审结的238件案中,有辩护人到庭为被告辩护的91件,其中律师出庭辩护的31件。从《中华人民共和国刑事诉讼法》颁布实施后,各县(市)人民法院坚持辩护制度,在开庭审理辩论阶段,审判人员充分听取被告人和辩护人的辩护意见,核实证明被告人无罪、罪轻或者应当从轻、减轻、免除刑罚的事实和证据材料,切实有效地保护被告人的辩护权利。

合议制度 由审判员组成合议庭或者由审判员和人民陪审员组成合议庭审判案件的制度。它是人民法院进行审判活动的基本形式,是民主集中制原则在审判工作中的具体运用。

两审终审制度 这是国家案件的审级制度,它是指一个案件经过两级人民法院审判就宣告终结的制度。地方各级人民法院第一审案件的判决和裁定,当事人可以按照法律规定的程序向上一级人民法院上诉,人民检察院可以按照法律规定的程序向上一级人民法院抗诉。经过二审的判决或裁定,即发生法律效力。地方各级人民法院第一审案件的判决和裁定,如果在上诉期限内当事人不上诉、人民检察院不抗诉,就是发生法律效力的判决和裁定。

根据最高人民法院的部署,推行诉讼证据制度改革,贯彻执行民事、行政诉讼证据的规定,规范当事人的举证责任,方便当事人的诉讼,确保裁判公正;探索审判监督制度改革,统一再审案件立案标准,确保当事人依法行使申诉权和申请再审权,在纠正错误裁判的前提下,维护生效裁判的权威性和稳定性;改革诉讼费用管理制度,认真落实"收支两条线"规定,严格诉讼收费项目和标准,减轻当事人诉讼负担;改进收费办法,人民法院不再直接收取诉讼费,当事人直接到指定银行交费,由银行汇交各级财政专户集中管理,从源头上防止乱收费、私设小金库等违法违纪行为的发生;健全司法救助制度,对经济确有困难的当事人,尤其是涉及妇女、老人、未成年人、残疾人、下岗职工追索赡养费、扶养费、抚育费、抚恤金、养老金等诉讼案件,依法实行缓交、减交或者免交诉讼费用,使有理无钱的人打得起官司。对公诉案件中符合指定辩护条件的被告人,依法指定律师为其辩护,保证当事人的诉讼权利。

法官管理制度 2002年,各县人民法院完成机构改革,审判部门得到充实,法官队伍的知识结构更加趋于合理。根据法官法的规定,完成了法官等级评定工作。实行法官任职前的审核制度,在法院职权范围内,最大限度地把好"进人关",防止不合格人员进入法官队伍。推行审判长和独任法官选任制,优化法官队伍。

冤、错案件责任追究制度 1996年,各县(市)人民法院强化内部监督力度,坚决制止"人情案""关系案""金钱案",规范审判工作秩序,切实保护好诉讼参与人依法行使诉讼权利,正确适用财产保全和先予执行措施,按照法定期限审结案件,采取切实有效措施加快办案速度,确保案件按时审结。在强化内部监督中,全面推行错案责任追究制,坚持开展执法检查和案件评查活动,成立案件评查领导小组,负责对本院案件评查活动的领导和组织评查工作,对工作中存在的问题做到早发现早制止,认真接受上级法院对审判工作的监督。在工作中严格加强工作纪律,遵守和执行中央政法委的"三条禁令"和最高人民法院及自治区高级人民法院的有关规定，严格审判工作纪律，规定干警行为。在此基础上，开展督查和督办工作，对上级领导机关和领导人交办的案件和事项做到抓紧落实和办理。

人民陪审员制度 1955年10月，来宾县人民代表大会选举产生人民陪审员106人，并根据《人民法院组织法》和中央司法部《关于人民陪审员如何产生以及任期一般为二年》的规定，在基层选举产生。为使人民陪审员更好地履行职责，来宾县人民法院注重加强对人民陪审员的业务培训；向人民陪审员讲解人民法院的性质、任务、执行的各项审判制度，陪审员的职责和工作原则、方法等。1956年12月，全县选举人民陪审员106人；1958年2月，全县选举人民陪审员108人；1958年后，由于受“左”的路线影响，陪审制度被忽视。1960年起，陪审制度重新恢复，1961年11月，来宾县选举产生人民陪审员110人；1963年11月，来宾县选举产生人民陪审员110人；1980年12月，来宾县选举产生人民陪审员115人。1981年，来宾县人民法院依照法律程序审理案件，在审结的238件案中，除3件轻微刑事案由审判员单独审判外，其余的案件都有人民陪审员陪审。1983年，根据全国人大修订的《中华人民共和国人民法院组织法》关于“人民法院审判第一审案件，由审判员组成合议庭或者由审判员和人民陪审员组成合议庭进行”的规定，对一审刑事、民事案件的审理，一部分由审判员组成合议庭进行，多数案件仍由审判员和人民陪审组成合议庭进行。1984年10月，来宾县选举产生人民陪审员120人。

2005年3月起，来宾市6个基层人民法院按照《关于完善人民陪审员制度的决定》，最高人民法院、司法部《关于人民陪审员选任、培训、考核工作的实施意见》，最高人民法院《关于人民陪审员管理办法（试行）》的规定和自治区高级人民法院的部署，在全市范围内全面开展人民陪审员选任工作。6个基层法院报请当地人大常委会任命人民陪审员33名，完成人民陪审员选任工作，市中级人民法院组织六个基层法院人民陪审员进行上岗前业务培训，自5月1日起，33名人民陪审员陆续上岗，至年底参与当地人民法院审理各类案件146件。

审判机制改革完善

按照确保司法公正、廉洁、高效的要求，对内部机构的设置和职能进行调整，建立民事审判新格局，完善刑事、民事、行政审判体系。全面落实立案与审判、审判与监督、审判与执行三个分立制度，强化监督制约机制。

推行审判运行机制改革，加强审判流程管理，实行统一立案，对案件审理的不同阶段进行跟踪，保证审判活动有序进行；加强审限管理，建立审限警示、催办和通报制度，解决案件超审限问题；实行诉讼风险明示制度，引导当事人正确行使诉讼权利；依法扩大简易程序的适用范围，提高诉讼效率。

第八节 案件质量管理

质量管理

1998年，境域各级人民法院按照中央和最高人民法院的部署，开展规模大、时间长、涉及面广的执法大检查活动，对1997年以来审结案件进行了复查，围绕案件找问题、围绕问题找原因、自查自纠、互查互纠。

2000—2005年，市中级人民法院进一步重视对基层人民法院的审判监督和指导，支持基层人民法院依法独立开展审判工作。2005年，全市人民法院开展驾驭庭审能力、裁判文书制作、审判案件质量和数量“三大竞赛”活动，以活动促进审判质量的进一步提高。

组织管理

20世纪90年代初期开始，法院依照《人民法院组织法》的规定，加强监督和管理，充分发挥合议庭、独任审判员和审判委员会在审判案件中的职责，独立地行使审判权。逐步改变院长、庭长审批案件的单一做法，实行合议庭负责制，强化合议庭职责，强调合议庭对裁判结果负责，做到权责一致；强调院长、庭长担任审判长直接审理案件，提高办案质量和效率。

第九节 物质装备建设

人民法院成立后，注重加强装备建设，特别是改革开放以来，各县（市）人民法院物质装备建设有明显改善，审判法庭和人民法庭建设取得显著成就。1995年，自治区党委、政府加强人民法院“两庭”建设，将“两庭”建设逐步纳入地方建设规划。各基层人民法院新建、改建或扩建审判综合楼，建成一批规范化的审判法庭和其他审判场所。1993—1996年，来宾县基本完成上级要求的“两庭”建设任务，县人民法院和8个人民法庭建有审判庭、调解室、办公室和其他用房。2000年,来宾县人民法院拆除旧审判庭楼房,改建、扩建综合办公楼,面积2140平方米,总造价190多万元,年底竣工使用。同年投资30万元对机关大院进行美化。2002年,兴宾区人民法院把综合楼的大审判庭改建成5间小审判庭,使空余的审判庭得到充分利用。

2003年,来宾市审判庭建设力度大,市中级人民法院挂牌成立后,把建设新的审判综合楼列入重要议事日程,由主要领导亲自抓,负责具体事务的司法行政科把建设步伐向前稳步推进,工程项目得到自治区计委批准立项,纳入地方建设项目计划,审判综合楼的效果图经过高级人民法院审核同意,并委托设计部门进行总体设计,争取区高级人民法院拨给项目前期经费119万元。武宣县人民法院审判综合楼建筑面积9960平方米,投资1600多万元,2003年12月22日竣工启用。象州县、忻城县人民法院审判庭的改造工程均有新的进展和成效。

2004年,市中院审判综合楼筹建、申报;死刑注射执行室筹建,积极争取资金,抓紧办妥各项手续,主体工程已按期完成;象州法院的新审判综合楼正在加紧施工,桐木法庭已完成主体工程;马步、三里、凤凰等法庭积极筹建;在物质装备上积极争取财政及自治区高院的支持。

2005年,来宾市制定"五化"法庭建设工作方案,成立人民法庭规范化建设工作领导小组。5月27日,全市法庭规范化建设工作会议在忻城县人民法院召开,全面部署创建"五化"法庭活动,计划用三年把全市的人民法庭全部建成"五化"标准法庭。市中级人民法院审判综合楼于2005年8月26日奠基兴建;象州人民法院新审判综合楼进入装修阶段;金秀瑶族自治县人民法院桐木法庭、武宣县人民法院马步法庭竣工启用。全市人民法庭开通启用远程电子签章管理系统,解决人民法庭签章难问题,极大方便偏远乡镇的当事人诉讼。全市人民法院共有计算机287台,传真机22台,复印机15台,一体印刷机6台。

第五章　司法行政

1949—2005年,境内各级司法行政部门主要负责普法依法治理、公证、人民调解、安置帮教、社区矫正、法律援助和法律服务等工作,和公安局、检察院、法院共同打击各种犯罪分子,为社会稳定扫清障碍,为创造和谐稳定的社会环境、公平正义的法治环境、优质高效的服务环境作出应有的贡献。

第一节　机　构

民国时期机构

民国27年(1938年),境内各县成立司法处,隶属县政府直接领导,司法行政事务由地方法院司法行政处管理。来宾、迁江两县司法处,分别于民国27年4月—7月成立。其任务是受理民事案件与普通刑事案件,其他特别案件由县长、承审员侦查处理。各设主任审判官、审判官、主任书记员、书记员、录士、执达员、检验员、法警、庭丁和公役等12人。7月设象县司法处,配有审判官,行政及检察权仍由县长兼理。民国28年司法从行政分离出来走向独立。忻城县设司法处,隶属民政科编制,司法业务受庆远府领导,配员9人,办公住处城厢街北门花婆庙内,专司民事、刑事案件。

中华人民共和国成立后机构

市级机构　2002年12月28日,撤销柳州地区成立地级来宾市,柳州地区行政公署司法局更名为来宾市司法局。2003年来宾市司法局机关内设6个科室,即政治处、办公室、法制宣传科、基层工作科、律师管理科、公证管理科,下设机构有来宾市公证处,共有在职在编行政干部30人。2003年7月经市编委核定,增设市法律援助中心并作为市司法局内设机构,事业编制2人。全市司法行政系统在编人员216人。全市律师事务所15家,执业律师100名(含公职律师6人);市公证处及县(市)公证处6家,公证人员11人。2005年底,市司法局共有在职在编行政干部30人,事业编制1人,内设机构与2003年相同。

局长:谢宝华(2002年12月—2005年12月)。

县级机构　中华人民共和国成立后,境内各县人民政府废除旧的司法组织机构,组建人民司法机构。各县成立司法科,既办案,又管理司法行政事务。1950年2月,忻城县设民法科,负责民事、承办婚姻纠纷的调解和各种法律宣传工作。3月,象县人民政府设司法科，办理审判业务。4月和5月，迁江、来宾两县人民政府内设司法科，负责司法行政工作，以及审理民事与刑事案件工作。1951年后，各县先后成立人民法院，撤销县司法科。1956年6月，各县人民法院指定专人管理司法行政工作。1957年，取消司法行政科，除人民调解有些运作外，其余各项业务无法进行。1981年8月24日，经自治区党委同意，自治区编委会下发《关于成立我区各级司法机构问题的通知》，要求各县成立司法行政机构，属县人民政府的工作部门。1982年后，境内来宾、忻城、武宣、象州、金秀瑶族自治县和合山市先后成立司法局。乡镇均配有司法助理。1982年1月，忻城县司法局成立；8月，武宣县设立司法局；10月，来宾、金秀瑶族自治县司法局成立。1984年1月，设立合山市司法局；同年，各县（市）成立法律顾问处；1985年，各县（市）公证处成立；1986年，各县（市）法律顾问处改为律师事务所。律师事务所和公证处隶属于县（市）司法局。各乡镇先后配备司法助理员1名。1990年，各县（市）司法局内设办公室、法制宣传股、调解股、律师事务所和公证处等股室。乡（镇）设法律服务所，各配司法助理员1~2人。武宣县共有司法行政管理人员36人。合山市司法局配员17人，其中局长1人，副局长1人。1991年，武宣县司法局内设办公室、基层工作股、法制宣传股、公证处和律师事务所5个机构；忻城县司法局内设秘书科、宣传科、调解科、公证处、律师所，编制22人；来宾县司法局内设法制宣传科、调解科、公证律师科、律师事务所和公证处。1997年，武宣县司法局内设办公室、法制宣传股、基层工作股、“两释”人员教育服务股、公证律师管理股、公证处、律师所7个机构，人员编制24人，其中司法专项编制21人，事业编制3人。1998年，武宣县律师事务所更名为仙城律师事务所。2000年12月武宣县司法局增加司法专项编制13名，13个乡镇司法办改建为司法所；来宾县司法局行政编制59名，内设秘书股、法制宣传股、律师管理股、公证管理股（对外挂公证处牌子）和基层工作股；乡镇司法所18个。2002年机构改革，来宾县司法局内设有办公室、法制宣传股、律师管理股、基层工作股、公证管理股（对外挂公证处牌子）、政工股及桂中律师事务所、信誉律师事务所、派出机构（乡镇司法所）18个，行政编制60人，在职51人。忻城司法局内设有办公室、法制宣传股、公证律师管理股、基层工作股、政工股五个股室，下辖芝州律师事务所、县公证处和13个司法所。武宣县司法局编制39人，其中司法专项编制为37人，地方后勤事业编制2人。

2003年，来宾市设兴宾区、象州县、合山市、武宣县、金秀瑶族自治县、忻城县6个县（市、区）司法局。各县（市、区）先后成立法律援助中心。

2005年，县（市、区）司法局下属机构有象州县、武宣县、金秀瑶族自治县、忻城县、合山市公证处5个，有象州县、武宣县、金秀瑶族自治县、忻城县、合山市、兴宾区法律援助中心等6个。忻城县司法局内设办公室、法制宣传股、公证律师管理股、基层工作股、政工股，编制38人，乡（镇）司法所12个，工作人员39名（事业编2名），其中律师3名，公证员2名。

乡镇（街道）机构 1984年，金秀瑶族自治县内各乡镇配备司法助理员，并逐步设立司法办公室。1987年底，金秀瑶族自治县内77个行政村都建立起人民调解委员会，推选出调解委员会委员392人。从1987—1989年底，金秀瑶族自治县各乡镇均建立起法律服务所，聘请法律工作者27人。1991—1995年，武宣县全县共有基层法律服务所13个、法律工作者21人。1996年6月，国家司法部颁布《关于加强司法所建设意见》，12月，来宾县司法局在全区率先设立乡镇司法所。至2001年，境内所有乡镇全部设立司法所，作为县（市）司法局派出机构。乡镇司法所的设立，为基层社会稳定、经济建设发挥其不可替代的作用。

2002年12月撤销柳州地区设立来宾市，全市设基层司法所69个，其中：乡镇司法所66个，属县（市、区）司法局派出机构；3个农场司法所（武宣黔江农场、武宣种畜场、来宾红河农场）属企业直属所，全市共有基层干警83名。

2004年，来宾市继续贯彻落实自治区司法厅《关于开展规范化司法所等级达标创建活动》精神，实施《来宾市基层司法所年度工作量化目标管理暂行办法》，深入开展基层司法所创建等级达标活动。年内，经申报验收，全市有5个一级司法所、5个二级司法所、39个达标司法所，占总数的77.6%。

2005年，来宾市争取国债资金，解决了基层司法所的办公用房。全市66个乡镇司法所、两个农场所有了自己的办公楼，配备了桌、椅、柜等办公设施，有的司法所还配备了电脑、传真机、轿车，大部分的司法所配备了摩托车，为基层司法行政工作的发展打下了较好的物质基础。

1989年，中共中央组织部和司法部发文规定，对司法行政干警实行二类管理。同年，自治区党委组织部、自治区司法厅联合下发《关于加强司法行政机关领导干部考核管理工作的通知》，通知规定：司法行政机关领导干部的管理，实行双重领导，以地方为主的管理体制。地方党委在任免、调动、奖惩这些干部时，应事先征求上一级司法行政机关的意见。县（市）司法局协助县和乡镇党委加强对司法助理员的考核管理工作。通过考核，全面准确地掌握干部的政治历史和现实德、能、勤、绩几方面的情况及领导班子整体状况，在考核了解的基础上及时提出任免、提拔、调动、奖惩建议。司法行政干警实行“二类管理”后，司法行政队伍的素质得到了保证。

1999年，组织干警开展“三讲”（讲学习、讲政治、讲正气）教育，教育干警树立正确的世界观、人生观、价值观，树立全心全意为人民服务的思想，自觉献身司法行政事业。2001年，开展对“一名公安干警妻子来信”学习大讨论。2002年，学习中共十六大会议精神，充分掌握开创中国特色社会主义事业新局面的重要意义，认真学习、努力实践江泽民总书记“三个代表”（始终代表中国先进生产力的发展要求，代表中国先进文化的前进方向，代表中国最广大人民的根本利益）重要思想。2003年11月17日—23日，市司法局在市委党校举办“公正执法树形象”基层司法行政干警培训班，各县（市、区）司法局党组书记、正副局长、各乡镇司法所所长共100多人参加培训。2004年，深入开展“树立科学发展观”活动和学习任长霞、曹发贵专题教育活动。2005年，开展保持共产党员先进性教育活动，开展“学党章、守党纪”开展社会主义法治五个理念（依法治国、执法为民、公平正义、服务大局、党的领导）教育活动。

第二节　法制宣传教育

民国36年（1947年），《中华民国宪法》公布后，各县参议会主要任务之一是宣传《中华民国宪法》。当时政府要求其职员“学法、懂法、执法、守法”，对县及县以下基层骨干进行法律常识培训。同年，各县党部、县政府督促乡（镇）、村（街）公所在通街之处张贴法律、法规条文，使民众随时看到，受到教育。

中华人民共和国成立后，法制教育主要通过召开宣判大会、法制宣讲、法律咨询、印发通告及出版墙报等形式进行。1950年5月1日，《中华人民共和国婚姻法》公布后，宜山专区有领导、有计划地开展宣传活动，重点宣传废除封建婚姻，实行婚姻自主、男女权利平等、保护妇女和儿童合法权益等制度，打击了一批残害妇女的罪犯。

1954年、1975年和1982年《中华人民共和国宪法》相继颁布后，境内都进行了广泛、深入宣传，基本上做到家喻户晓，深入人心。“文化大革命”初期，由于党、政、司法机关被群众组织夺权，法律宣传被迫中止。

1985年1月，中共中央宣传部和司法部作出1985—1990年在全体公民中基本普及法律常识规划。7月，地区成立法制领导小组（后改称地区普法领导小组），下设普法办公室，各县（市）亦成立相应的机构，有领导、有计划、系统地组织干部、群众学习。

1986—1990年进行“一五”普法，1986年3月5日柳州地区普及法律常识领导小组成立。组长由地委副书记、地区政法委书记于子明担任。副组长由地委委员、地委宣传部部长钟扬声，地区行署副专员潘鸿权，地区政法委副书记、地区司法处处长杨一峰，地区政法委副书记、柳州检察分院检察长林宝田、地区行署秘书长吕秀担任。“一五”普法的对象是：除了九岁前儿童和因生理缺陷不能学习的以外，所有公民都是普及法律常识的对象，重点对象是干部和青少年。主要内容是用五年左右的时间有计划地、比较系统地向全体公民基本普及宪法、刑法、刑事诉讼法、民事诉讼法（试行）、婚姻法、继承法、经济合同法、个人所得税法、兵役法、森林法、民族区域自治法、治安管理处罚条例（简称“十法一例”）。据统计“一五”普法：全地区共有干部63463人，学完“十法一例”的有62711人，占98.81%，其中县处级以上的领导干部1180人全部参加普法学习，考试合格；职工普法对象79855人，学完“十法一例”的有77123人，占96.58%；个体工商户普法对象50758人，学完“十法一例”的有47566人，占95.38%。全地区有大专3所、中学244所、小学3400所、中专技校23所、其他学校5所，合计3686所。各类学校法制教育师资：专职3446人，兼职7118人。共有学生612915人，全部按规定上了法制课或思想品德课。1990年11月20日—26日，自治区普法考核验收小组到柳州地区考核验收，认定合格。1990年底，经柳州地区普法领导小组检查验收，来宾、忻城、武宣、象州、金秀瑶族自治县和合山市达到普法标准，发给合格证书。武宣县和金秀瑶族自治县还被评为自治区普法先进单位。

1991—1995年进行“二五”普法，普法的对象是工人、农民、知识分子、干部、学生、军人、个体劳动者以及其他一切有接受教育能力的公民，重点对象是县团级以上各级领导干部，特别是党、政、军高级领导干部；执法人员，包括司法人员和行政执法人员；青少年特别是大、中学校的在校生。“二五”普法的主要内容是：以宪法为核心、以民族区域自治法、义务教育法、未成年人保护法、农业法、著作权法、公司法、城市房地产管理法、劳动法、矿产资源法、土地管理法、水法等10余部专业法为重点的学习教育。“二五”普法的基本目标是：紧紧围绕党和国家的中心工作，深入学习宪法，有针对性地学习国家基本法律常识，有计划、有步骤、分层次、分部门地学习专业法律知识，促进各项事业的依法管理。在全国法制宣传教育工作会议上，武宣县新龙乡荣获全国“二五”普法先进集体。在自治区“二五”普法总结表彰大会上，来宾县（现兴宾区）荣获法制宣传教育先进县。

1996—2000年进行“三五”普法，普法的对象是：工人、农民、知识分子、企业经营管理人员、干部、学生、军人、个体劳动者以及其他一切有接受教育能力的公民。普法的主要内容是：“以宣传社会主义市场经济法律知识”为重点内容。基本目标是：通过在全体公民中继续深入进行以宪法、基本法律和社会主义市场经济法律知识为主要内容的宣传，进一步增强公民的法律意识和法制观念，不断提高各级干部依法办事、依法管理的水平和能力。

2001—2005年进行“四五”普法，普法的对象是：领导干部、司法和行政执法人员、青少年以及企业经营管理人员。内容是：宣传与整顿规范市场经济秩序相关的法律法规，宣传与加入世界贸易组织相关的法律知识，宣传与维护社会稳定相关的法律法规，宣传社会发展迫切要求普及的各项法律法规。基本目标是：通过“四五”普法规划的实施，努力实现由提高全民的法律意识向提高全民法律素质的转变，实现由注重依靠行政手段管理向注重运用法律手段管理的转变，全方位推进各项事业的依法治理，为依法治国、建设社会主义法治国家奠定坚实的基础。

2002年12月28日地级来宾市成立。为完成“四五”普法规划各项任务，加强对普法依法治理工作的领导，2003年3月26日中共来宾市委、来宾市人民政府成立来宾市依法治市领导小组，组长由市委副书记冯成善同志担任，副组长由市委常委、政法委书记韦世德，市委常委、宣传部部长卢运福，市人大副主任韦诚凡，副市长黄桂廷，市政协副主席农嘉勤担任；由于工作需要，2004年8月25日中共来宾市委、来宾市人民政府调整充实了来宾市依法治市领导小组，组长由市委副书记龙定茂同志担任，副组长由市委常委、政法委书记韦世德，市委常委、宣传部部长卢运福，市人大副主任石月娟，副市长黄桂廷，市政协副主席农嘉勤担任；23个市直单位的领导为成员，重新明确了领导分工和成员单位职责，为实施“四五”普法规划提供了强有力的组织保障。

为保证撤地建市平稳过渡和为建设新来宾营造良好的法制环境，市委在2002年和2003年连续两年开展较大规模的“稳定、致富双发展”宣传月活动。两次活动全市共投入经费约118万元，各级机关参与活动有18500人，召开法制教育座谈会418次，有17600多人参加，解决“热点、难点”问题624件、调处纠纷377起、为群众办实事1180件、上法制课707期受教育人数达到69046人次、出动宣传车1557台1805次、法制文艺演出96场观众达37500多人。

2004年，来宾市围绕普及宪法、刑法、水法、行政复议法、行政许可法、税收征收征管法、婚姻法、政府采购法、医疗事故处理条例等法律法规开展普法工作，把普法重点对象放在领导干部和机关工作人员上。举办培训班和法制讲座22次，参培人数2640人；通过采取厅处级领导干部集中考试，一般干部由各单位自行组织考试的方法检查学习效果。全市厅处级领导干部773人，参考人数为720人，参考率为93.14%，合格率为100%；科级以下（含科级）应考人数为54350人，参考人数51698人，参考率为95.72%，合格率为99.5%。针对企业管理人员、青少年、农民、流动人员的普法教育，采取多种多样的形式。对农村两委干部的培训达3650人；会同市综治办等单位，组织10个组76人下乡开展为期一个多月的法制宣传教育；组织三批9人（次）到市直属企业康密劳公司上法制课8场次；全年开展宣传月、周、日166次，出版法制版报刊476期，举办图片展览60次；举办法制报告会71次；开展法律咨询活动97次；印发宣传资料11万份；张贴宣传资料11.8万张；出动宣传车347台次。在《桂中日报》开设《法制天地》《律师说法》《法律在线》栏目，发挥普法和依法治理教育导向功能，公民知法、守法、学法、用法和依法维权模式已逐步形成，普法工作为维护来宾的经济发展和社会稳定作出了应有贡献。是年，象州县象州镇龙富村被司法部、民政部授予“全国民主示范村”称号；八一铁合金集团有限责任公司荣获全国工会系统“四五”普法先进单位、广西方元电力股份有限公司来宾电厂陈佩瑜荣获全国“四五”普法先进个人；合山市、武宣县、来宾市依法治市领导小组办公室等23个单位荣获全自治区“四五”普法的先进单位、柳州地区民族高中黄国宝等37人荣获全自治区“四五”普法先进个人；武宣县委宣传部等29个的单位荣获市级普法先进单位、罗友才等42人荣获市级普法先进个人。

2005年，是“四五”普法规划实施总结验收之年，全市积极组织开展普法依法治理工作，全面完成“四五”普法任务，顺利通过自治区“四五”普法检查组检查验收。结合市委、市人民政府提出创建“平安来宾”的目标，抓好法制宣传教育基础性工作。利用市农村党员科技示范培训基地，做好农村法制宣传。全年共开展20期给农村党员干部约3000多人讲授法律知识，有效地提高了农民的法律意识。以“12·4”为契机，于9月份成功举办“来宾市‘四五’普法成果图片展览”，18个单位展出近千幅图片。12月28日，“百万农民党员法律服务大行动”活动序幕在合山市河里乡正式拉开。抓普法重点对象学法，以考促学，年内学习的主要内容是：信访条例、矿产资源法、法律援助条例、反分裂国家法、对外贸易法和最低工资规定等13个法律法规。全市参考人数为54000多人，合格率为100%。年内，全市举办领导干部培训班10期，法制讲座8次。加强对青少年的法制教育，重点加强在校学生的法制教育，不断完善校外法制副校长制度。据不完全统计，全市法制副校长及有关人员给在校学生上法制课1865期、学生自出法制板报2087块、开展法制主题活动150次。开展“民主法治示范村”创建活动，促进村民自治到位。市司法局及时转发有关文件，指导全市创建活动的开展。市司法局与民政局成立联合检查组，对申报全国、全区“民主法治示范村”的35个村民委进行实地核查，推荐象州县的龙兴村、兴宾区的新隆村为全国“民主法治示范村”，武宣县的樟村等16个村为全自治区“民主法治示范村”。“四五”普法工作中，全市涌现出一批成绩突出的先进集体和个人。合山市、武宣县人大、陈佩瑜分别被评为2001—2005年全国法制宣传先进市、先进单位和先进个人。武宣县等23家单位和何子人等37人分别被评为全区法制宣传先进集体和先进个人。象州县等29家单位和林湘等42人分别被评为全市法制宣传先进集体和先进个人。

第三节　律师事务

中华人民共和国成立前，境内民间有“律师”和“讼棍”，为民代写讼诉状诸事。中华人民共和国成立后，境内各县在进行土改时取缔了旧中国残存下来的“黑律师”和“讼棍”，实行人民司法制度。1951年6月，成立忻城县人民法院，在法院中设有兼职律师1人，律师工作者1人，受法院指定或当事人委托，担任刑、民事出庭辩护、代写法律文书，解答法律咨询或接待信访、发出建议等。1956年后，各县设法律顾问处。每个顾问处配备律师2~3名(各含律师主任1名)。当时律师办案不收费，从法院业务经费中付给律师报酬。是年，来宾县法律顾问处成立。1957年，成立石龙县法律顾问处，委任3名律师。受人民法院指定或当事人委托，担任刑事辩护34件、民事代理1件、代写法律文书27件、解答法律咨询263件、接待信访469人(次)、发出建议书4件。1958年，受“整风反右”扩大化的影响，律师担任刑事辩护被指责“为坏人开脱罪责”“站在坏人立场上替坏人说话”等，致使律师制度夭折。1979年，各县人民法院恢复律师制度。1980年后，各县恢复县法律顾问处，各县人民法院配有律师担任案件辩护。11月，象州县人民法院有2人暂行律师工作。1982年，各县(市)司法局成立后，便恢复律师机构，配专职律师，律师工作纳入司法行政部门管理和监督。忻城县配有专职律师2人，兼职律师2人。1985年3月，合山市法律顾问处设立，配律师1名。1986年后，各县(市)法律顾问处改称律师事务所。1987年9月，来宾县在凤凰镇成立第一个乡镇级法律事务所。之后，各乡镇先后建立法律事务所。是年合山市法律顾问处改称合山市律师事务所。1988年，象州县有专职律师2人、兼职律师工作者5人、特邀律师工作者2人。

1990年，金秀瑶族自治县法律顾问处改称金秀瑶族自治县律师事务所。至1990年底，来宾县24个乡镇除良塘、七洞两个乡外，均已建立了法律服务所。当年，原来宾县律师事务所共有律师15人，其中专职律师4人、特邀律师2人、兼职律师9人。合山市律师事务所配有专职律师3名，设主任1人。象州县律师事务所有专职律师3人(其中三级律师1人、律师助理2人)，特邀律师(三级律师)1人。

1980—1990年，象州县律师共担任刑事辩护425件，民事代理405件，代写法律文书472件，法律咨询2947件，接待信访3210人(次)。

1986—1990年，来宾县律师事务所共受理民事代理720件，刑事被告辩护995件；非诉讼案件25件；代书1634件；解答法律咨询800多件次；接待来访群众805人次；处理群众来信305件；办法律知识讲座90场次，听众850人次；为32家企事业单位、行政单位、个体工商户担任常年法律顾问，为委托法人挽回经济损失447.4万元。全县22个乡镇法律服务所共调解民事纠纷和轻微刑事案件640起，民事代理280件、协办公证227件、办宣传栏115期、宣讲法律376场次、受教育19万多人次、担任企业常年法律顾问4家、代写法律文书156件、解答法律咨询754人次，挽回经济损失60.5万元。

至1990年底，合山市律师业务共受理民事案件133件，刑事被告辩护154件，代理非诉讼法律事务101件、代写法律文书152件、接待群众来访673人次、上法律课5次、听众3000多人次、先后为32家企事业单位及社会团体担任常年法律顾问。通过常规法制工作和民事案件代理工作，为当事人避免和挽回经济损失78.25万元。

1982—1990年，忻城县律师共办理刑事辩护231件、民事代理166件、代写法律文书161件、解答咨询784人次、为企业单位和个人挽回或避免经济损失286万元、接待处理信访408件(次)。

1985—1990年，武宣县律师共计受理刑事辩护案362件、担任民事诉讼代理255件、行政诉讼代理8件，先后为11家企业担任常年法律顾问，办理法律事务77件、代写各种法律文书116件、接待来信来访3066件次、解答法律咨询2332件，为企业单位和个人挽回或避免经济损失248万多元。

1992年，来宾县设立来宾县第二律师事务所，两所隶属于县司法局领导。至1995年，今来宾市共有律师事务所18个，其中占干部编制的14个，不占干部编制的合伙制律师事务所4个；有专职律师47人、兼职律师34人、特邀律师27人。1998年，金秀瑶族自治县律师事务所改称金瑶律师事务所、来宾县律师事务所改称桂中律师事务所、来宾县第二律师事务所改称信誉律师事务所。1999年3月，忻城县律师事务所改称芝州律师事务所；2000年，金瑶律师事务所改称金秀瑶族自治县法律服务中心；武宣县律师事务所改称仙城律师事务所，有3名律师。2002年4月28日，合山市成立法律服务中心，性质为中介机构。2003年成立武宣县政府法律顾问团。

1988—2005年，金秀瑶族自治县律师共办理各类法律事务8188件、接待群众来信来访7327件、解答法律咨询8968人次、为当事人避免和挽回经济损失10096万元。

1991—2005年，武宣县政府法律顾问团共担任企事业、政府法律顾问78家，为常法单位办理各类法律事务213件、出具法律意见书109份、审查合同139份、参与谈判89次，为顾问单位挽回和避免经济损失5264.8万元；办理刑事辩护案件278件；办理民事诉讼案件431件，为当事人挽回和避免经济损失1364万元；办理经济诉讼案件312件，为当事人避免和挽回经济1819.7万元；办理行政诉讼案件43件，办理非诉讼案件49件，解答法律咨询15656人次。合山市律师事务所办理各类案件共1264件，其中：刑事案件387件、民事案件825件，参与非诉讼案件52件、解答法律询问1736次、代写法律事务文书350件，担任律师顾问23家。为群众解答法律咨询7512件，转办611件，代理诉讼179件，为群众避免和挽回经济损失65万元。律师事务所共办理刑事案件503件，其中提供法律援助55件、民事代理625件。先后被38家国家机关、企事业单位及个人聘请法律顾问，代写法律文书280件、解答法律咨询1204人(次)、提出法律建议54件(次)，为当事人挽回或避免经济损失1560万元。忻城县先后有78人通过全国举行的律师资格考试(司法考试)。1991—2005年，兴宾区(来宾县)律师办结各类案件2058件，所办理案件涉及金融、税收、卫生、房地产、水改、路政、环保、产品质量、劳动争议等领域。律师共为顾问单位办理法律事务560件。

2000年后，为进一步深化律师工作改革，司法部要求所有国有资产律师事务所(简称国资所)全部转制为“两不四自”(不占国家编制、不要国家经费，实行自愿组合、自收自支、自我发展、自我约束)性质的律师事务所。2003年，来宾市有律师事务所15家，执业律师96人，当年办理各类案件837件，其中民事代理515件、刑事辩护172件、行政诉讼15件、非诉讼法律事务135件，解答法律咨询5200人(次)，担任法律顾问156家。全市15家律师事务所有9家在柳州市，经自治区司法厅批准，来宾市对这9家律师事务所实行三年“过渡性”管理。为适应来宾市城市建设和经济发展的需要，经市人民政府批准，成立“来宾市人民政府法律顾问团”，年内，全市所属各县(市)也相应成立政府法律顾问团。市司法局组织全市律师对2003年承办的重大疑难案件召开研讨会，研讨会由律师自行主持、发言、提问、讨论，研讨会的内容和形式新颖，得到到会指导的自治区司法厅律师管理处领导的高度评价。

2004年，全市律师事务所15家，执业律师100人(含公职律师6人)，办理各类案件794件，其中民事诉讼代理356件、刑事辩护235件、行政诉讼代理12件、非诉讼法律事务191件、解答法律咨询3600

人(次)、担任法律顾问132家。上半年,政府组织全市律师开展为期半年的律师队伍教育整顿活动,进一步规范律师的执业行为。12月,组织全市律师事务所主任或合伙人50多人在金秀瑶族自治县城开展律师诚信执业问题和2004年律师承办的重大疑难案件研讨活动,促进全市律师执业信誉和办案质量的提高。

2005年,来宾市有律师事务所13家(含2003年经自治区司法厅批准在柳州执业有3年过渡期管理的6家律师事务所),执业律师94人,全年共办理各类案件987件,其中民事(含经济诉讼)代理470件、刑事辩护310件、行政诉讼代理9件、非诉讼法律事务198件、解答法律咨询3800人次、担任法律顾问102家。市司法局于11月23日召开全市第一届律师代表大会,选举产生来宾市第一届律师协会理事会、常务理事会等大会执行机构。成立来宾市律师协会,实现司法行政管理与律师行业管理相合的管理体制,为律师事业的稳步发展奠定了基础。

法律援助

境内法律援助中心设立前,法律援助工作由人民法院、司法行政管理部门负责,并规定每名律师每年要完成一定数量的法律援助案件,但今来宾市每年办理的法律援助案件极少。

2000年,法律援助工作被列入各级党委、政府为民办实事项目,境内各县(市)相继建立法律援助中心。各地法律援助机构坚持"有困必帮,有难必助"的指导思想,广泛宣传自治区法律援助条例,并在工会、妇联、学校、残联、乡镇等建立法律援助站。2002年,来宾县司法局良江司法所被司法部、中国残联授予"残疾人维权示范岗"称号。

2003年7月,来宾市法律援助中心成立,由市司法局管理,对外独立行使法律援助工作职责。至2005年,全市共设立法律援助中心7个,法律援助工作站75个,从事法律援助工作人员105个,公职律师7人,全市法律援助工作逐步走上制度化、规范化。2003—2005年,每年承办法律援助案件分别为106件、139件和160件;接待群众来信来访和法律咨询分别为920人次、182人次和185人次,共计1287人次。2005年,信誉律师事务所被自治区司法厅评为"法律援助先进集体"。

律师组织

律师事务所(法律顾问处)律师事务所是经国家司法行政机关注册登记的律师执业机构。境内司法行政机关恢复重建后由司法局负责组建成立,时称法律顾问处,由同级司法行政机关领导,人员主要从政法部门有志从事律师工作并熟悉律师业务的干部中调入,律师事务所主任享受处(科)级政治待遇(1987年后不再确定级别)。忻城县、合山市、来宾县、武宣县、象州县、金秀瑶族自治县等均设有法律顾问处。

1987年后法律顾问处统一改称律师事务所。1997年后按国家司法部要求各律师事务所自行起字号,报经司法部在全国范围内进行电子检索后予以公告,境内经检索认可的律师事务所有桂合(合山市)、芝州(忻城县)、信誉(来宾县)、桂中(来宾县)、仙城(武宣县)、象法(象州县)、圣堂山(金秀瑶族自治县)等11家。

表9-9　**2005年来宾市律师事务所一览表**

名称	地址	性质	律师数(人)
天际律师事务所	市区	国资	27
桂合律师事务所	合山市	合伙	2
芝州律师事务所	忻城县	国资	4
桂中律师事务所	兴宾区	国资	4
仙城律师事务所	武宣县	国资	4
象法律师事务所	象州县	国资	4

律师协会　2005年11月23日召开市第一届律师代表大会,选举产生来宾市第一届律师协会理事,在理事会中产生常务理事、会长、副会长、秘书长、副秘书长。第一届律师协会理事成员11人、会长1人、副会长2人、秘书长1人、副秘书长1人,除副秘书长外其余理事均为执业律师(含公职律师)。

律师队伍

律师资格与执业　从1986—2002年以参加全国律师资格统一考试(后称国家司法考试)的方式

取得(从事法学研究或法学教育的人员可经考核途径取得),每两年举行一次。2003年后通过国家司法考试(含法官、检察官、律师、公证员资格考试)取得,每年举行一次。取得法律职业资格后有志于从事律师职业的人员,要先在律师事务所实习一年,由广西律师协会考核合格,向广西司法厅申请律师执业同意后,成为执业律师,从事律师业务。

2005年,来宾市注册执业律师95人(含公职律师9人)。

兼职律师 兼职律师是指取得律师资格和律师执业证书,不脱离本职工作从事律师职业的人员。高等院校、科研机构中从事法学教育、研究工作的人员,符合《律师法》规定条件的,经所在单位同意,依照相关程序,可以申请兼职律师执业。至2005年12月来宾市持有兼职律师执照的兼职律师3人。

律师工作者及律师辅助人员 律师工作者是恢复法律顾问处后一段时期对在法律顾问处从事专职律师工作的律师称谓,有律师工作者和兼职律师工作者,由自治区司法厅考核(考试)后审批。1990年后国家不再审批律师工作者证,律师工作者称谓不再使用。律师辅助人员是律师事务所聘请的不属于执业律师的工勤人员,如会计、出纳、律师助理等人员,律师助理需办理司法厅或自治区律师协会颁发的《律师助理证》。2005年底止,来宾市共有律师辅助人员27人。

律师培训

来宾市律师协会成立前,律师培训主要由自治区司法厅及律师协会负责组织。来宾市律师协会设立后,该项工作由自治区司法厅、律师协会及市律师协会负责。来宾市除每年举行一次律师业务研讨会培训律师外,还组织全市律师参加自治区司法厅、律师协会的律师业务培训,使执业律师的业务水平得到提高。2004年6月,市司法局组织全市律师进行一次律师职业道德和职业纪律考试,检验全市律师对职业道德和执业纪律的熟悉及遵守情况。每年还通过案例评比的方式,开展全市律师业务研讨活动。

律师职称评聘及奖惩

律师职称分为一级(高级)、二级(副高级)、三级(中级)、四级律师(初级)和律师助理五级,每年先由市级司法行政机关负责材料的初审,后报自治区司法厅审批(申报参加律师职称系列评聘的行政机关人员直接由司法局牵头负责的地市评审组审批)。

律师业务

1982年1月—1996年,法律顾问处(律师事务所)依照《中华人民共和国律师暂行条例》开展工作,1996年5月《中华人民共和国律师法》颁布后依照新法及相关法律法规开展工作。律师可以从事下列业务:接受公民、法人和其他组织的聘请,担任法律顾问;接受民事案件、行政案件当事人的委托,担任代理人,参加诉讼;接受刑事案件犯罪嫌疑人的聘请,为其提供法律咨询,代理申诉、控告,申请取保候审;接受犯罪嫌疑人、被告人的委托或者人民法院的指定,担任辩护人;接受自诉案件自诉人、公诉案件被害人或者其近亲属的委托,担任代理人,参加诉讼;代理各类诉讼案件的申诉;接受当事人的委托,参加调解、仲裁活动;接受非诉讼法律事务当事人的委托,提供法律服务;解答有关法律的询问、代写诉讼文书和有关法律事务的其他文书。

律师经费

经费管理 1979年律师制度恢复后,法律顾问处经费由司法行政机关统收统支,律师业务经费按在编律师由财政拨给。1983年,根据自治区司法厅、财政厅《关于法律顾问处经费管理改革的试行办法》,对法律顾问处实行“全额管理、差额补助、超收提成”的办法。1986年,根据自治区司法厅《关于律师事务所(法律顾问处)经费管理的具体规定(试行)》,对律师事务所实行“自收自支、结余留用”的管理办法,在编律师公费医疗、离退休费用由财政部门拨给;基本建设投资由计划部门安排;其他费用由业务收费中列支。合伙律师事务所与国办律师事务所同时并存的局面出现后,来宾市律师事务所的经费实行两种管理办法,即“全额管理、差额补助、超收提成”及“自收自支、统一管理”的办法,国办律师事务所经费一般由同级司法局财务人员代管,合伙律师事务所的财务由本所聘请专职或兼职人员进行管理。

律师收费 律师收费有国家有关部门制定的收费标准,不同时期有不同的收费标准。1981年后,执行司法部颁布的《律师收费试行办法》标准。1990年后,执行司法部、财政部和国家物价局颁布的《律师业务收费管理办法及收费标准》。设立来宾市后,由律师事务所实行统一接案、统一收费、统一管理的办法,律师事务所依照2003年自治区物价局《广西律师收费标准(试行)》(桂价费〔2003〕117号)进行收费,费率由文件具体规定。办理民事案件可以协商收费，但不得超过标额的30%；办理刑事案件不得协商收费。

法制工作

行政复议和应诉 设立来宾市后，来宾市司法局注重依法行政和依法管理工作，所有规范性文件必须依照法律规定严格把关后才予发出。至2005年12月底，全市司法行政系统没有发生因行政执法引起的行政复议案件。

律师资格考试（国家司法考试） 律师资格考试（2003年后称国家司法考试）由国家司法部统一组织，由自治区司法厅具体管理、各市司法局负责组织报名并设立考区，每年举行一次。按国家司法部核定的放宽分数地区条件，来宾市有忻城、武宣、象州、金秀4县属于国家司法部核定的放宽分数线地区，除取得A证、B证的考生外，可按放宽分数线的分数取得C证，取得法律职业资格，取得C证的人员只能在放宽分数线的县市从事律师工作。

设立来宾市后的2003年、2004年，市司法局在来宾组织举行过国家司法考试2次。2003—2005年在来宾市报名参加国家司法考试的1362人次中，有71人取得法律职业资格，考试合格率平均在10%左右，其中部分取得法律职业资格后有志于从事律师职业的考生，经自治区司法厅上岗培训后在本市及其他辖区从事律师工作。

表 彰

2003—2005年，律师管理科连续4年在国家司法考试的组织工作中受到自治区司法厅表彰，被评为先进集体，谢斌被评为2005年度全自治区司法行政法制工作先进个人；思齐律师事务所被评为全自治区优秀律师事务所，象法所、信誉所被评为本市优秀律师事务所。

第四节 公证事务

1984年，境内各县（市）随着改革、开放、搞活方针政策的深入实施，民事流转关系日趋频繁，为适应改革开放需要，始设立公证机构，每个公证处配员2~3名，开展公证业务。1984年6月，象州县公证处成立，设公证员1人、助理公证员1人，办理国内公证工作；11月，来宾县公证处成立；象州县根据当事人申请，依法证明法律行为、有意义的法律文书和有关事实的真实性、合法性，当年办理国内公证文书4件；1985年1月，金秀瑶族自治县司法局公证处正式成立，有公证员3人；3月，合山市公证处成立，有公证员1人；忻城县成立公证科，有公证员3人、助理公证员3人。1987年9月，来宾县增配2名公证员。

1984—1990年，来宾县共办理各种公证1741件，其中经济公证1478件，民事公证263件；接待群众来访614人次；避免经济损失98.5万元。1988年12月，武宣县农贸公司（个体户）与湖南郴州市农垦实来公司签订300万条麻袋共600万元的购销合同，办理公证后先付30%货款，需方（县农贸公司）申请公证，并已准备自带100万元货款付供方。公证处受理此案后，首先审查双方法人代表证件、证明及合同款项均合法和齐全。但对供方能否供货有怀疑，即到该公司所在地调查取证，发现该公司原来在办证时所持的证件都是伪造，没有经营农副产品的业务范围，不给公证，为需方县农贸公司避免经济损失600万元。1985—1988年，象州县公证处共办理国内公证文书332件。至1989年底，金秀瑶族自治县公证处共办理公证业务1558件，有效地维护了公民和办证单位的合法权益，减少了民事和刑事诉讼。1990年，合山市配公证员3人，共办理各种公证1079件，其中民事类公证142件、经济类公证937件、接待群众来访200多人次。忻城县受理民事法律行为公证653件，经济合同公证399件，公证涉及金额226万余元。1989—1990年，象州县共办理公证文书746件，办理农村土地承包责任制合同公证55154户。1985—1990年，武宣县公证处办理公证14017件，其中经济合同公证1084件，土地承包合同公证12516件，养征合同公证210件，房屋买卖及租赁合同公证167件，民事权益义务公证40件。为有关单位追回财产折款6万多元，为当事人挽回经济损失639万多元。

1988—2005年，金秀瑶族自治县公证处共办理各类公证事务12969件、接待群众来访4544多人次、拒办不合法公证391件，为当事人避免和挽回经济损失7660多万元，公证各类法律事件358件。

1991—2005年，武宣县公证处有2名公证员，共办理常年公证2125件、专项公证4095件、涉台公证208件、接待群众来访1000多人次，为当事人挽回经济损失2000多万元。

1991—2005年，合山市办理常规公证950件，其中民事类公证685件，经济类公证265件。

1991年，忻城县公证处配有公证员3人，助理公证员3人。至2005年底，忻城共办理民事法律行为公证959件，经济合同公证512件，代写或修改法律文书220件，解答与公证有关的法律咨询987件，接待来人来访7762人次，公证涉及金额约3700万元。1991—2002年底，来宾县公证处共办理各类公证34112件。

2002年12月撤地建市后，按照公证机构设置和布局的有关规定，依法撤销来宾县公证处。

2003年1月，原柳州地区公证处与来宾县公证处合并为“来宾市公证处”，公证处的各项业务得到顺利衔接并全面开展。全市共有6个公证处10名公证员。全年共办理婚姻、继承、房屋买卖、土地使用权转让、经济合同、民事协议和涉台各类公证事项1491件，其中民事类公证1316件、经济类公证122件、涉台公证53件；处理来信28封、接待群众来访2300余人、拒绝不合规定的公证事项8件、制止不法经济活动涉及金额56.8万、提出司法建议被采纳3件。

2004年，来宾市共有6个公证处11名注册公证员。全市公证处加强公证队伍素质建设，公证质量得到进一步的提高。共办理涉及房地产继承、赠与、转让、农林承包、民事协议、招标投标、证据保全、提存和涉台等各类常规公证事项1125件，其中民事类公证856件、经济类公证205件、涉台公证64件；处理来信7封、接待群众来访2200余人；拒绝公证事项36件、制止不法经济活动涉及金额约1000万元。

2004年是新兴来宾市的建设年，征地证据保全的专项公证和土地使用权拍卖现场公证成为我市公证工作的热点和亮点。仅来宾市公证处办理征地证据保全专项公证的数量达600件。派员参加涉外（含港澳）公证办证资格培训，有1名公证员取得涉外公证员资格。

2005年，来宾市共有6个公证处分别为来宾市公证处、武宣县公证处、象州县公证处、忻城县公证处、金秀瑶族自治县公证处、合山市公证处。至年底，全市共有公证员14名，辅助人员7名。其中，来宾市公证处有公证员4名、公证辅助人员3名。全市6个公证处在办理有关继承、赠与、农林承包、证据保全和涉台等各类常规公证的基础上，开展重大项目协议、政府采购招标投标、运蔗协议、学生就读协议等新型公证或批量公证。全年办证2559件，其中民事类公证2217件，经济类公证273件，涉台公证69件；接待群众来访1800余人；拒绝办理不合法的公证事项17件。重大事项：2005年4月—10月，全员参加全国公证队伍教育规范树形象活动，强化公证队伍综合素质建设，公证质量得到明显提高；介入政府采购招标投标活动，公证为政府阳光采购提供了保障；开办了糖厂与运蔗司机的《运蔗协议》、职业学校与学生方的《推荐就业协议》等新型公证或批量公证；全员参加对新颁布的《中华人民共和国公证法》的学习培训。

来宾市公证机构主要办理国内的合同、继承、委托、声明、赠与、遗嘱、婚姻状况、亲属关系、保全证据等公证事项。其中来宾市公证处、武宣县公证处具有办理涉台公证业务资格。

表9-10　2003—2005年来宾市公证处公证业务一览表

单位：人、件

年份	公证人员			公证业务			
	小计	公证员	辅助人员	总件数	国内公证	涉台公证	涉外公证
2003	5	4	1	125	72	53	
2004	5	4	1	254	136	118	
2005	6	3	3	839	767	72	

表9-11　2003—2005年来宾市县（市）公证处业务一览表

单位：人、件

年份	公证人员			公证业务		
	小计	公证员	辅助人员	总件数	国内公证	涉台公证
2003	11	8	3	466	466	0
2004	12	8	4	511	503	8
2005	12	8	4	514	508	6

第五节　人民调解

清朝、民国时期，境内调解民间纠纷，由基层政权或社会组织出面调解，没有调解机构。如当时金秀瑶族的石碑组织由有名望的寨老主持，负责处理村寨发生的纠纷。民国 21 年，先后在基层政权内设立“息讼会”“调解会”，专事民间纠纷调解。民国 23 年 8 月，广西省民政厅撤销各级“息讼会”组织，将调解纠纷事宜归县政府及区、乡（镇）公所办理。民国 26 年 8 月，各地建立调解会。民国 31 年 10 月 28 日，国民党广西省府在金秀召开勘查金秀瑶区土地纠纷会议。到会的有广西省府，广西一、二、三行政区专员公署，桂平、荔浦、修仁、平南、象县、蒙山各县政府，金秀设治局及金秀各乡公所和瑶族代表共 30 人，省府代表徐国卿主持会议。会议任务：整理瑶区土地，搞好民族团结。会议通过了关于解决土地纠纷问题的若干项议案，但会后均未实行。民国 35 年 7 月，各地普遍成立区、乡（镇）调解委员会。同年 9 月，废止村、街调解会，其事务归并乡（镇）调解委员会办理。

中华人民共和国成立后，境内各县、乡、镇成立调解委员会。从 1953 年开始，武宣县各区乡和行政村设立调解委员会。1954 年 3 月《人民调解委员会暂行通则》颁发后，境内各县建立乡人民调解委员会。县、区、乡各分工一名主要领导抓调解工作，并对调解委员会成员进行了调整充实，各级调解组织得到进一步加强。来宾县即有 15 个区 187 个乡建立乡人民调解委员会。忻城县全县 105 个乡（相当现行的行政村）普遍建立基层调解委员会，有调解员 1232 人。石龙县 184 个乡镇（相当于现行政村）建立 145 个调解委员会，共调解处理各种纠纷 1900 多件。1955 年，忻城县调解委员会与治保委员会合并，称为治保调解委员会。1958 年，成立人民公社后，各大队建立调解委员会，各生产队也设立调解员，来宾县 36 个公社 297 个大队均建立调解委员会。1961 年，石龙县 119 个大队建立起调解委员会，当年调解处理民事纠纷 145 起。1965 年，武宣县全县有人民调解委员会 86 个，调解员 274 人。至 1966 年，来宾县共调处各种民事纠纷和轻微刑事案件 2958 件，相当于县人民法院同期审理民事案件的 4.3 倍。“文化大革命”开始时，大部分调解组织不能开展工作。1967—1972 年，“文化大革命”动乱中基层调解委员会工作被中断。1973 年，各县恢复人民法院，同时恢复调解委员会。1973 年后，各县基层调解委员会陆续恢复工作。1973 年，忻城县逐步恢复基层调解组织，金秀瑶族自治县重建农村调解委员会，全县 7 个公社及 56 个生产队全部建立起人民调解委员会。1975 年，各县成立县调处土地、山林、水利纠纷领导小组。1976 年后，武宣县调解组织得到恢复。至 1977 年，来宾县 222 个调解委员会共调处各种民事纠纷和轻微刑事案件 581 件。1978 年，武宣县全县有调解委员会 89 个，调解员 653 人。1979 年，象州县人民政府成立处理纠纷办公室（1985 年改称调处办公室），专门处理山林、水利、土地 3 大纠纷。1974—1981 年，象州县调解委员会处理民事案结案 5484 件。至 1981 年底，忻城县全县恢复调解委员会 68 个，有调解员 389 人。至 1982 年 9 月，金秀瑶族自治县各级调解委员会共调解民间纠纷 3198 件，县司法局指导各级人民调解委员会调解、处理民间纠纷 12430 件，调解成功率为 80%。是年，象州县司法局设调解科分管人民调解工作。各乡、镇均配置专职司法助理员指导人民调解委员会工作。来宾县基层调解委员会发展到 256 个，调解人员 1700 人。

1983—1987 年，结合撤区并乡和结合乡、镇换届选举，调解委员会由原来设在大队一级改设在村民委员会。1984年，各县（市）成立县调处土地、山林、水利纠纷办公室（简称“调处办”）。1986 年，忻城县成立“调处办”后，专办调解处理山界林权、水利、土地纠纷。每个乡、镇建立了法律服务所，贯彻“调防结合、以防为主”的调解方针。欧洞乡里苗村公所坡贯屯与宜山县坡利屯祖祖辈辈共一条河饮水与灌溉，自实行家庭联产承包责任制后，由于水利多年失修，水严重浪费，造成了水田无水可灌，酿成水利纠纷数年，发生多次群众性械斗，经政府几次解决无效，后村公所与该村村民委员会的调解委分别召开双方在群众中有威望的老年人、老队干、老党员座谈会和双方群众大会，学习有关政策，让老人讲村史、家史等，提高思想认识，增强法律意识，让双方充分发表意见，寻求合理解决办法，经民主协商决定双方组织劳动力，升高、加固水坝，同时将渠道全面清淤，制订合理用水公约等，制止了一场流血事件发生。1989 年，各县（市）建立乡镇、村公所、村民委三级调解网络。1988 年，来宾县基层调解委员会达 262 个，村民委员会调解小组 1482 个。1989 年，境内各县（市）乡镇均建立乡镇、村公所、村委会三级调解网络。1990 年，境内调解组织进行全面整顿，充实健全各村三级调解网络（村公所成立调委会、村民委设立调解小组,自然屯配备调解员)。合山市有村民调解小组430个,调解员1286人;村公所调解委员会148个,调解员689人;厂矿企业调解委员会13个,调解员112人;县、乡(镇)分别成立处纠领导小组,负责抓处纠调解工作。忻城县共有调解委员会318个,调解小组366个,共有调解员2197人。

1982—1990年,合山市共调处各类民事纠纷案8311起(件),调处率达95.6%。忻城县全县有调解委员会318个、调解小组366个,共有调解员2197人。象州县11个乡、镇121个村公所(居民办事处)均建立调解委员会,成员678人,共有调解人员2855人,建立乡、镇法律服务所11个,形成调解网。1954—1990年,武宣县全县各级调解组织共调解各类民事纠纷42480件,其中1990年调解1850件,包含婚姻纠纷213件、继承纠纷23件、赡养纠纷402件、债务纠纷60件、生产经营纠纷367件、其他纠纷366件,避免34人因家庭、婚姻、赡养等纠纷寻短见发生非正常死亡现象。1983—1990年,象州县共调解处理民事纠纷案19618件,其中房屋宅地5434件,生产经营3029件,婚姻、财产继承、赡抚养等家庭纠纷4666件,赔偿1549件,其他4940件。1985—1990年,象州共调处"三大纠纷"案232件,其中山林纠纷46件、土地纠纷35件、水利纠纷140件、其他11件。1984—1990年,忻城县为民调解各种纠纷16995件,其中婚姻纠纷2057件,房屋、宅基地纠纷2444件、继承纠纷480件、抚养纠纷576件、家庭纠纷1727件、生产经营纠纷2034件、债务纠纷557件、赔偿纠纷1380件,山林、水利、土地、山界等纠纷4276件、非正常死亡84件、邻里纠纷1380件。来宾县调处办和基层调解委员会共调处各种民事纠纷和轻微刑事案件15606件,相当于县人民法院同期审理民事案件总和的3.8倍。

依照司法部《人民调解工作若干规定》和最高人民法院司法部《关于进一步加强新时期人民调解工作意见》,开展人民调解工作的管理和指导、人民调解规范化建设工作。1992年,境内各县(市)建立县(市)、乡(镇)、村、屯四级调解网络。各乡(镇)人民调解委员会原设在村公所,1996年7月后,村公所改设村民委员会,人民调解委员会设在村民委员会,自然村民设村民小组,各村民小组设立调解小组。乡(镇)司法所负责指导辖区内的调解工作,各县(市)调解成功率在90%以上。先后涌现了象州县麦棉村、忻城县塘太村、象州县中平乡等先进调解组织和郑继祖、胡杏莲、莫锡元、刘世祥、袁大、简国华、吕建忠等调解工作先进个人。简国华、吕建忠为人民调解事业献出了宝贵的生命。1988—1993年,金秀瑶族自治县各级调解组织调处各类矛盾以山林、土地纠纷为主。其间,调处纠纷共1965件,调解率100%,调解成功率95.6%。1991—1995年,武宣县共有村民委员会人民调解委员会142个,调解员695人;居民委员会人民调解委员会6个,调解员28人;企业人民调解委员会13个,调解员51人;村民调解小组430个,调解员1295人;县、乡分别成立处纠工作领导小组,负责领导处纠调解工作。其间,各级人民调解组织调解各类民间纠纷11368件,调解成功9231件,调解成功率81.2%;其中婚姻纠纷1625件、继承纠纷141件,赡、抚、扶养纠纷983件、相邻纠纷1332件、房屋宅基地纠纷1257、债务纠纷2263件、生产经营纠纷1502件、其他纠纷2265件。1994—1998年,金秀瑶族自治县各级调解组织调处各类矛盾以山林、土地矛盾及民事纠纷为主。其间,调处纠纷共2076件,调解率100%,调解成功率96.3%;1995—1996年,桐木大蚕村委会调解组织荣获自治区调解工作先进单位。1996—2000年,武宣全县共有村民委员会人民调解委员会142个,居民调委会6个,厂企调委会18个,调解员993人;村民调解小组450个,调解员1355人;期间,各级人民调解组织调解各类民间纠纷10748件,调解成功9566件,调解成功率89%;其中婚姻纠纷1567件、继承纠纷126件,赡、抚、扶养纠纷763件、相邻纠纷1562件、房屋宅基地纠纷1322、债务纠纷1758件、生产经营纠纷1265件、其他纠纷2385件。1991—2000年,来宾县共调解各类民间纠纷2000多件,调解成功率达95%以上,防止100余件民事纠纷转化为刑事案件。2000年,全县设有18个乡镇司法所,村级调解委员会281个,2480人;村民调解小组1117个,4468人。

2001—2005年,武宣县共有村民委员会人民调解委员会142个、乡镇人民调解委10个、居民调委会6个、厂企调委会10个、调解员998人;村民调解小组456个,调解员1368人;期间,各级人民调解组织调解各类民间纠纷10728件,调解成功10223件,调解成功率95.29;其中婚姻纠纷1682件、继承纠纷117件,赡、抚、扶养纠纷659件、相邻纠纷1633、房屋宅基地纠纷1389、债务纠纷1766件、生产经营纠纷1284件、其他纠纷2198件。全县民间纠纷处下降趋势,调解成功率由上阶段的89%提高至现阶段的95.29%。2002年,忻城县乡(镇)、村级人民调解委员会共有142个,调解员779人,调解信息员

1115 人。2005 年，兴宾区共有调解委员会 263 个，其中村(居)委会 237 个，乡(镇)办事处调委会 26 个，共有调解人员 2770 人。

1999—2003 年，金秀瑶族自治县各级调解组织调处各类矛盾以民事纠纷为主。共调处纠纷 2468 件，调解率 100%，调解成功率 97.2%。2004—2005 年，自治县各级调解组织调处各类矛盾纠纷 1219 件，调解率 100%，调解成功率 98.4%；案件调解成功率增长，体现了人民调解工作水平的提高。1991—2005 年，兴宾区(来宾县)共调解各类纠纷 17831 件，调解成功 16939 件，成功率 95%。在调解成功的纠纷中，防止民间纠纷引起自杀的 167 件 167 人、防止民间纠纷转化为刑事案件的 567 件 583 人、制止群众性械斗 383 件 4000 多人、防止群体性上访 375 件。合山市各级基层调解组坚持“调防结合，以防为主”的工作方针，围绕“打造平安合山，构建和谐社会”的工作目标，开展调解工作。调解“三大纠纷”32 起，民事纠纷 10927 件，避免民事案件转刑事案件 322 起。忻城县调解各类民间纠纷 21329 件，其中婚姻家庭纠纷 2946 件、邻里纠纷 2873 件、合同纠纷 1212 件、赔偿纠纷 1894 件、劳动纠纷 652 件、村务管理纠纷 117 件、土地承包纠纷 2697 件、征地拆迁纠纷 2432 件、计划生育纠纷 294 件、施工扰民纠纷 653 件、房屋宅基地纠纷 2686 件、其他纠纷 2873 件。防止民间纠纷引起自杀 63 件 71 人，防止民间纠纷转化为刑事案件 116 件涉及人员 152 人。

2001—2005 年，武宣县共有村民委员会人民调解委员会 142 个，乡镇人民调解委 10 个，居民调委会 6 个，厂企调委会 10 个，调解员 998 人；村民调解小组 456 个，调解员 1368 人；期间，各级人民调解组织调解各类民间纠纷 10728 件，调解成功 10223 件，调解成功率 95.29；其中婚姻纠纷 1682 件、继承纠纷 117 件，赡、抚、扶养纠纷 659 件、相邻纠纷 1633 件、房屋宅基地纠纷 1389 件、债务纠纷 1766 件、生产经营纠纷 1284 件、其他纠纷 2198 件。全县民间纠纷处下降趋势，调解成功率由上阶段的 89% 提高至现阶段的 95.29%。1988—2005 年，金秀瑶族自治县共调处各类矛盾纠纷 7728 件，调解率 100%，调解成功率 96.7%，防止民事纠纷转化为刑事案件 1006 件、防止群体性事件和突发事件 1203 件、防止群体性械斗 1211 件。宣讲法律 1689 场次、解答法律咨询 115560 多人(次)，代书 11875 件，接待群众来访 23350 多人(次)，法律援助 459 件 1285 人。

2002 年 12 月后，来宾市为适应新形势下化解民间纠纷及维护社会稳定的需要，进一步建立和完善乡(镇)、街道人民调解组织，全市共建立乡(镇)街道调委会 69 个、村(居)调委会 745 个、厂矿企业调委会 8 个、市场调委会 6 个，共有调解员 7627 名。随着形势的发展，人民调解工作逐步走向规范化、法制化的轨道。

2004 年，来宾市认真贯彻落实《最高人民法院、司法部关于进一步加强新时期人民调解工作的意见》、最高人民法院《关于审理涉及人民调解协议的民事案件的若干规定》和司法部颁发的《人民调解工作若干规定》，切实加强基层调解组织和人民调解员队伍建设，全市有乡镇(街道)调委会 74 个、村(居)调委会 834 个、厂(场)、集贸市场调委会 64 个，调解员共计 5764 名。各级人民调解员，在宣传党的路线方针政策、国家法律，预防和调解民间纠纷，防止矛盾激化，特别是防止由人民内部矛盾纠纷引发的各类群体性事件中，发挥了“第一道防线”的作用。全年共排查民间纠纷 5538 起、调解民间纠纷 5538 起、防止民间纠纷激化 158 起。

2005 年，来宾市人民调解工作根据《自治区司法厅关于在全区开展人民调解规范化建设活动的意见》，全市司法部门注重做好人民调解规范化建设，层层抓落实，逐步实现人民调解工作标牌、印章、标识、程序、制度、文书的“六统一”。坚持“调防结合、以防为主”的工作方针，重点做好纠纷多发时节、多发区域的调处工作。全市人民调解工作进一步得到加强，充分发挥其化解社会矛盾的“第一道防线”作用，全力维护基层社会稳定。全市调委会 937 个，其中乡镇 57 个、村(居)841 个、企事业单位 26 个，全年共排查调解纠纷 4718 件、防止民间纠纷引起自杀事件 15 件 20 人、防止民转刑案件 59 件 1073 人。

第六节 “三大纠纷”调处

“三大纠纷”是指土地、山林、水利权属纠纷。来宾市的“三大纠纷”发生，据资料记载，最早于民国 27 年(1938 年)1 月 25 日，武宣县通挽分岭村与贵县覃塘大同村因为水事和地界纠纷问题，两县立下界碑。2002 年以前，“三大纠纷”案件的调处大多是由人民政府的调处部门完成，国土、林业、水利部门调处一小部分。2002 年 9 月 27 日，广西壮族自治区第九届人民代表大会常务委员会第三十二次通过的《广西壮族自治区土地山林水利权属纠纷调解处理条例》第四条规定：县级以上人民政府土地行政主管部门、林业行政主管部门、水利行政主管部门分别负责调处土地、山林、水利权属纠纷的具体工作。土地、山林、水利的混合性权属纠纷，由县级以上人民政府指定上述一个部门会同其他部门共同负责调处。县级以上人民政府设立的权属纠纷调处机构组织协调、督促指导权属纠纷调处工作。

组织机构

1970年以前，“三大纠纷”权属纠纷的调处主要是由人民法院主持当事人签订协议或直接裁决。1973年后，各县相继成立“三大纠纷”调处工作领导机构，由人民法院管理，负责调解处理“三大纠纷”案件。1975年，来宾县成立“三大纠纷”调处工作领导小组；1978年10月，忻城县成立调处办；期间经过了几次机构改革，1983年，自治区人民政府撤销调处办。1984年，根据桂政办〔1984〕118号文件《关于恢复成立各级调解处理土地山林水利纠纷机构的通知》精神，各县（市）相继恢复建立土地山林水利纠纷调处工作办公室（简称调处办，下同），乡镇、村建立调解会，形成县、乡、村三级调解网络。是年，来宾、武宣县调处办成立。1984年以前，金秀瑶族自治县未设专门调处机构，金秀瑶族自治县土地、山林、水利权属纠纷均由金秀瑶族自治县人民法院调处科和金秀瑶族自治县司法局调解处理，1984年1月，金秀瑶族自治县人民政府根据广西壮族自治区人民政府办公厅桂政办〔1984〕118号文件精神，成立金秀瑶族自治县人民政府调解处理土地山林水利权属纠纷办公室（简称“金秀瑶族自治县调处办”），定编3名，主要是负责对辖区内土地山林水利权属纠纷调解、处理的组织协调、督促指导工作，并负责金秀瑶族自治县人民政府交办的土地山林水利权属纠纷案件调解处理的具体工作。

1985年5月，合山市设立调解纠纷办公室。1991年后，合山市调解纠纷办公室改称调处办公室。全市乡（镇）设立调解室3个，村调解委员会29个，有基层调解员96人。1993年，来宾县设有272个调解会。1991—1995年，武宣共建立人民调解委员会148个，有调解人员356人。1998年5月，各县（市）调处办定为正科级。1996—2000年，武宣县建立有人民调解委员会168个，有调解人员420人。

2002年来宾市成立后，来宾市人民政府调解处理土地、山林、水利纠纷办公室（以下简称市调处办），正处级行政单位，在市人民政府办公室挂牌。主要职责：负责对辖区内土地、山林、水利“三大纠纷”案件的调处工作进行检查、督促、指导和协办；组织调处市人民政府直接交办、单个职能部门不便调处的重大、疑难纠纷案件，配合有关部门平息因“三大纠纷”引发的突发事件；协调涉及两个以上职能部门管辖的纠纷案件的处理；受自治区人民政府、市人民政府委托参加调处和协调跨县（市、区）、跨地（市）的“三大纠纷”案件；进行法律政策宣传教育，负责对市人民政府有关职能部门、县（市、区）调处人员进行必要的工作业务培训。搞好业务统计工作，总结交流经验，做好上情下达；搞好调查研究“三大纠纷”调处工作中重要的或带有普遍性的问题，并提出解决问题的意见；搞好“三大纠纷”来访群众的接待工作，认真做好法制政策咨询和思想工作，积极搞好群众来信的承办；负责“三大纠纷”案件法律文书的起草工作；承办市人民政府交办的其他事项。内设机构：调处科。及信访接待科。人员编制：行政编制5名，事业编制1名。主任：李向福(2002年12月—2005年12月)。

来宾县人民政府于2002年1月8日批准，来宾县人民政府法制办公室和来宾县人民政府调解处理土地、山林、水利纠纷办公室在县政府办公室挂牌，合署办公，设3个职能股：秘书股、法制股、调处股。编制8名，其中行政编制7名，机关后勤服务事业编制1名。同年12月28日，来宾县撤县改设兴宾区，单位名称亦随变更。

武宣县调处办前身是武宣县处理土地、山林、水利纠纷领导小组办公室。原挂靠县司法局，由司法局的一名领导专抓调处工作，1992年12月，县调处办公室从县司法局分出来，属武宣县人民政府一层机构，内设有综合股，挂靠武宣县人民政府办公室。2005年有在职干部4人。主要工作职责：协调本县与其他县“三大纠纷”案件调处工作；掌握全县“三大纠纷”的情况；配合政府部门对“三大纠纷”违法案件的统一整治工作；总结交流调处工作经验，做好调处人员的业务培训，抓好调处队伍建设；完成县委、县政府和上级政府调处部门交办有关调处“三大纠纷”案件工作及其他事项。

2004年10月象州县撤销象州县调解处理土地、山林、水利纠纷办公室，其职能并入象州县法制办，设立调处股。主要负责本县“三大纠纷”案件调处工作的组织协调、督促指导；调处县人民政府直接交办、单个职能部门不便调处的特别重大的“三大纠纷”案件；负责协调或承办本县与其他市、县“三大纠纷”案件的调解工作；配合政法部门对“三大纠纷”

违法案件的整治统一行动；总结交流调处工作经验，做好调处人员的业务培训和业务统计工作等。

2005年，来宾市调处办人员编制6名，内设信访接待科和调处科2个职能科。全市各县（市、区）人民政府均设立有调处办办公室。全市（包括各职能部门）共有调处人员116人。

"三大纠纷"排查调处

来宾市各级调处部门每年按照"排查得早，发现得了、控制得住、解决得好"的工作原则抓好纠纷矛盾的排查摸底工作，依靠当地政府和各职能局的调处人员进行排查，一案一表详细记录，并根据农村三大纠纷的动态、特点进行经常性的调查分析、分类排队，掌握"三大纠纷"案件情况。

来宾县从1975年成立调处工作领导小组至1977年，全县222个调解会共调处各种民事纠纷案件581件。1984—1990年，来宾县调处办和基层调解会共调处各种民事纠纷案件和轻微刑事案件15606件，相当于县人民法院同期审判民事案件总和的3.8倍。1991年，武宣县发生三大纠纷案97起，调结38起，调结率为39%。其中土地纠纷60起，调结30起；山林纠纷21起，调结3起；水利纠纷16起，调结3起。1994年，象州县中平村与金秀瑶族自治县六巷乡青山村争议的新兵垌（地名）田13.66公顷，不时出现群众性抢种、抢收、挖田基、水沟和破坏秧苗的事件，使生产遭受严重损失。地区调处办工作人员，深入现场10多次，配合县召集双方代表反复协商，宣传党的政策，最后达成协议，解决纠纷。1991—1995年，武宣县"三大纠纷"案件发生1199件，调结998件，其中土地纠纷发生792件，调结661件；山林纠纷206件，调结167件；水利纠纷201件，调结170件。忻城县级受理三大纠纷案件68起，调结68起，调解成功42起，调解成功率62%。1996年，忻城调处县水泥厂矿场纠纷获得成功，使水泥厂能及时恢复生产。1997年，忻城县调查解决安东加益村板苗与更律两屯因山界纠纷案件，涉及纠纷面积2400亩。1991—2001年，来宾县处理土地、山林、水利纠纷共208起。1996—2000年，武宣县"三大纠纷"案件发生1208件，调结1045件，其中土地纠纷发生990件，调结886件；山林纠纷155件，调结99件；水利纠纷63件，调结60件。1988—1990年，金秀瑶族自治县共受理纠纷案件2240件，调结2029件，结案率为90.58%；处理群众来信782件、接待群众来访902人次；1991—2000年，金秀瑶族自治县共受理案件4280件，调结4019件，结案率为93.9%；接待群众来访2014人次，处理群众来信1872件，协助有关部门平息因"三大纠纷"引起的群体性械斗4件；2001年受理案件196件，调结176件、调结率为92.6%；2002年共受理案件168件，调结167件，调结率为99.4%（其中：县内157件，调结157件，调结率为100%；跨县案件7件，调结7件，调结率为100%；跨地（市）案件4件，调结3件，结案率为75%）；2005年，共受理案件108件，调结91件，调解纠纷面积23697亩，调结率为86%。

从1999年起，调处"三大纠纷"工作按照自治区党委、自治区人民政府的统一部署，开展"三大纠纷""积案调处年""化解纠纷年""三大纠纷"专项治理和"三大纠纷"积案调处活动，对"三大纠纷"案件进行大调处、大清理，开展声势浩大的纠纷治理活动，处理了一大批多年积压下来的矛盾纠纷。1999年，开展"三大纠纷"积案调处年活动；2000年，开展调处"三大纠纷"攻坚年，重点是开展跨县、跨地（市）纠纷积案调处工作；2001年开展"三大纠纷"专项治理工作。当年，来宾县人民政府决定开展为期5个月的"三大纠纷"案件大会战，8月1日—12月31日，县人民政府法制办公室，组织指导由公、检、法、司、国土、林业、水电、民政、地矿、农业等单位组成的10个办案工作组开展"三大纠纷"案件专项治理活动，调解结案率达50%以上，取得显著效果，12月1日，广西矛盾纠纷排查调处经验交流现场会在来宾县召开，会上县调处"三大纠纷"的成功经验向全自治区推广，自治区副主席周明甫率各地市有关领导视察来宾县人民政府调处办公室。1991—2003年，合山市三大纠纷发案124起，在调处过程中，坚持"可散不可聚，可解不可结，可顺不可激"的社会矛盾处置原则，调结121起，调结率97.6%。

2002年6月，来宾县成立"三大纠纷"案件专项治理活动指挥部，县委副书记、政法委书记毛正军任指挥长，从检、法、司、国土、林业、水利、农业、调处等8个部门抽调40名领导干部对历年积案和新发案40件重点进行调处，年底全部完成任务。随着地级来宾市的成立，城市建设步伐加快，由于受到利益的驱动，"三大纠纷"案件频频发生，特别是城区范围内的"三大纠纷"案件，严重阻碍了城市的发展。2002年，来宾县共发生"三大纠纷"案件193件，调处结案161件，结案率83%（其中：跨地市案件5件、跨县案件4件，均全部调结或消案）；2003年，兴宾区共排查"三大纠纷"175件，化解纠纷143件，化解率80%；

2005年,兴宾区发生“三大纠纷”案165件,调处结案145件,调结率为88.2%(其中:新发案件调结率85%,积案91%)。忻城县调查解决古蓬镇龙球村与板梧屯历史遗留的山林纠纷案件,涉案面积1800亩。

2003年,来宾市全市共发生“三大纠纷”案件367件,调结292件,结案率79.6%;接待来访群众436人次;处理群众来信713件;避免经济损失123万元。2003年9月10日下发《关于在全市范围内开展国有农林场场界清理工作的通知》,根据通知精神,市调处办就开展国有农林场清边工作作了统一部署,从24个国有农林场中抽调33人组成12个工作组,明确工作职责,分赴24个国有农林场开展清边工作。一共清理农林场与周边纠纷128起,面积14万多亩,其中:权属纠纷98起,11万多亩;侵权案件30起,2.3万亩。并就每一起纠纷建立一图一表一说明若干证据的档案材料,为妥善解决和理顺农林场纠纷打下良好基础。

2003年共调结重大疑难案件10起。其中,依法调解市委书记覃瑞祥、市长张少康督办的韦某珍与韦某安宅基地纠纷案。此起纠纷发生于1986年,在原来宾县人民政府调处期间,韦某珍及侄子韦某峨多次带亲戚到县、市、自治区、北京向人大、政府、法院等领导机关上访请愿,其中32人次到最高人民法院上访,曾有2人在最高人民法院门前喝农药。尤为严重的是2001年12月,韦某峨带亲属10多人到争议地,与对方发生冲突,造成韦某峨侄子1死2伤的恶性事件。按照市委、市政府领导批示,市调处办组织市国土资源局、信访办、兴宾区政府经过耐心细致深入地做争议当事人的思想工作,教育引导当事人严格依法办事,促使此起纠纷得到圆满解决。依法调结广西八一铁合金(集团)公司与国有新兴农场1300亩土地纠纷案件,维护了社会稳定和经济的发展。

2004年,市委、市人民政府于6月29日召开全市预防和化解人民内部矛盾工作会议,学习和贯彻全区预防和化解人民内部矛盾纠纷经验交流会议精神,部署实施《来宾市开展“三大纠纷”案件调处工作方案》,从市政法委、公安、检察、法院、司法、国土、林业、水利、民政、调处等部门和各县(市、区)抽调人员28名、办案用车5辆,组成1个督查组、5个办案组、1个机动组,对68起重大、疑难案件进行集中调处,解决涉及城区建设、开发区建设、全国重点镇建设的土地纠纷问题。如武宣县石祥河水库养鱼纠纷案;八一铁合金总公司与凤凰镇政府涉及重点镇建设的土地纠纷问题等。同年,4月12日,兴宾区政府办公室印发《来宾市兴宾区“三大纠纷”案件调处工作方案》,把案件分配到政法部门、职能部门和各乡(镇)人民政府,指定负责人,限期调结,开展了声势浩大的“三大纠纷”调处专项活动。区委书记、区长吴穆鹏亲自带队调处蒙村乡深山村与南泗乡平田村的土地纠纷案,兴宾区调处“三大纠纷”工作掀起高潮。从政法委、人民法院、人民检察院、司法局、林业局、水利局、调处办等单位抽调人员组成7个办案组,全区24个乡(镇)分别成立了调处机构。通过排查确定73起案件为此次调处的重点案件,每个办案组分配4起案件,每个乡(镇)(除石牙乡无案件、小平阳一起外)分配2起案件。形成了全区上下全力以赴投入到“三大纠纷”案件的调处工作中。忻城县成功调解忻城县大塘镇金山村金鸡屯与柳江县土搏镇三合村民巴帮屯的边界林木纠纷。

2005年,来宾市共发生“三大纠纷”案件359起,调结291起,调结率为81%。在开展调处工作中,共抽调办案人员336人、组成工作组62个、抽调办案用车64辆、投入办案经费30多万元。其中象州县投入经费10.9万元;金秀瑶族自治县投入5万元;武宣县、忻城县投入4万元;兴宾区组成工作组27个,投入办案车辆27辆。全年全市避免因“三大纠纷”造成的经济损失2000多万元、避免耕地丢荒1200亩、山林损失2300亩、水利损毁140多亩。7月8日,市委、市人民政府召开全市调处工作会议,与各县(市、区)政府、市直有关部门签订调处“三大纠纷”责任书。武宣县、象州县、合山市、忻城县人民政府及时召开专题会议,与各乡(镇)、县(市)直有关部门签订责任书。兴宾区、金秀瑶族自治县以文件形式将案件任务分配到各乡(镇)、各有关部门,明确第一责任人。市国土局、林业局、水利局制定调处案件实施方案,抽调专门办案人员、办案用车、办案经费,把案件任务分配到组,落实到人。加强“三大纠纷”重点案件的调处力度,成功调解了武宣县分岭村与贵港市覃塘区大同村的水事纠纷、来宾华侨农场与磨东村300多亩土地纠纷、合山矿务局与里兰乡群众因采煤引起的房屋开裂纠纷、兴宾区蒙村乡深山村与南泗乡平田村山林纠纷、八一铁合金公司与柳江县谢村1500多亩土地纠纷、武宣县二塘镇那屯村与象州县妙皇乡上明屯近700亩的山林纠纷。武宣县2002年发生“三大纠纷”案件14起;2003年发生30起,调结22起;2004年发生56起,调结49起;2005年发生52起,调结48起。

2003年，忻城县共发生“三大纠纷”案件共76起，其中土地纠纷27起、山林纠纷42起、其他纠纷6起，调结75起，其中土地27起、山林42起、其他纠纷6起，调结率为98.7%。避免群体械斗2起，挽回经济损失60多万元。2004年，忻城县共发生“三大纠纷”案件共73起，其中土地纠纷26起、山林纠纷40起、水利纠纷7起，调结69起，其中土地26起、山林36起、水利7起，调结为94.5%。在73起案件中，58起为乡镇调处、15起为县级调处，分别调结率为94%和93%。避免群体性械斗9起，挽回经济损失40多万元。2005年，忻城县共发生“三大纠纷”案件共43起，其中土地纠纷16起、山林纠纷25起、水利纠纷2起；在43起纠纷中，属于县级调处的有41起、属跨市、县纠纷有2起，调结39起，其中土地26起、山林36起、水利7起，调结为90.6%。

合山市2003年合山市发生“三大纠纷”案件13起(含积案)，均为市内纠纷案件，调结11起。“矿农”纠纷案件17起(含积案)，调结15起。2005年合山市发生“三大纠纷”案件25起，调结13起，其中，土地纠纷14起、调结7起；山林纠纷10起、调结5起；水利纠纷1起、调结1起。“矿农”纠纷案件17起、调结12起，涉及理赔金额203.9万元。

农村法制宣传教育

1986—1990年，随着全国“一五”普法工作的开展，大力开展与“三大纠纷”有关的法律、法规等法制宣传教育活动。主要宣传宪法、刑法、刑事诉讼法、森林法、土地管理法、水法、行政诉讼法。

1991—1995年，在进行“二五”普法的同时，在广大农村开展与“三大纠纷”有关的《宪法》《农业法》《矿产资源法》《土地管理法》《水法》《行政诉讼法》《行政复议条例》等法制宣传教育。1991年5月，武宣县联合在二塘乡搞“二五”普法试点，抽调9个县直单位14名干部和243名乡村干部抓二塘普法试点工作。

武宣县“二五”普法期间，全县投入普法经费6.9万元。开展8次普法教材宣传征订活动，共征订《宪法讲话》《社会主义法制建设若干问题》《“二五”普法读本》及其他法律法规选编97590册。“二五”普法主要内容是“以宪法为核心，以专业法为重点”，武宣县共举办各层次普法学习班105期，培训普法骨干9893人，在全县集中开展“打击车匪路霸”“重点整顿农村治安”等5次较大规模的法制宣传教育活动，宣传学习了《中华人民共和国宪法》《中华人民共和国民族区域自治法》《中华人民共和国行政诉讼法》《中华人民共和国国家赔偿法》《中华人民共和国集会游行示威法》《中华人民共和国义务教育法》《中华人民共和国婚姻法》《中华人民共和国土地管理法》《中华人民共和国水法》《中华人民共和国森林法》《中华人民共和国税收征收管理暂行条例》《广西计划生育条例》等法律法规，14378名干部职工普法参学率达98%，参考率达98%，及格率达96.1%。

1996—2000年进行“三五”普法的同时，境内在广大农村开展《中华人民共和国宪法》《中华人民共和国行政复议法》文件等法律法规法制宣传教育。1996年1月，武宣县开展“城市规划法律法规宣传周”活动，武宣县1万名干部职工和学校师生参加城市规划法律法规知识考试。1997—1998年，武宣县结合县创建全国文明村镇示范县活动和“新三户”(守法光荣户、致富文明户、小康文明户)评比活动，开展农村普法工作。武宣镇武南村民委建立起“帮创中心户”，由村干部任户长，实行法律法规联教，违法犯罪联管、社会治安联防、创文明户联帮、经济发展联带的责任制。在开展创建全国文明村镇示范县活动期间，举办18次个体工商户、务工经商流动人员参加的法律、思想品德、工商职业道德综合性学习班。1996—2000年，武宣县共开展法制宣传月、宣传周25次；举行图片展览17次；开展法律咨询42次；出版法制墙壁报368期；组织9次征订各种普法教材共71000多册；举办不同层次的普法培训班、学习班136期；成立县乡两级法制文艺宣传队16个；举办175场法制文艺演出活动。全县100%的农村开展了法制宣传教育活动。

2001—2005年，来宾市开展“四五”普法活动。2001年，中共中央、国务院批转的全国“四五”普法规划明确规定，“将我国现行宪法实施日即12月4日，作为每年一次的全国法制宣传日”。是年12月，各县(市)开展以“增强宪法观念，推进依法治国”为主题的第一个“12·4”全国法制宣传日活动。

2003年9月15日—16日，市调处办搞好国有农林场清边工作，组织举办了国有农林场场界清理工作培训班，各县(市、区)调处办主任和全市24个国有农林场选派的64名工作人员参加培训。培训班上，自治区调处办副主任冯著文讲授《国有农林场土地山林权属纠纷调处的几个问题》；自治区调处办工程师蒋德金讲授了《广西壮族自治区土地山林水利权属纠纷调解处理条例》的应用等内容；兴宾区法制办主任韦顺利讲授与国有农林场清边工作有关的行政复议、行政诉讼及土地(林地、林权)的登记发证工作等问题。《广西壮族自治区土地山林水利权属纠纷调解处理条例》于2002年12月1日起施行,为学习贯彻调解处理条例,熟练掌握调处工作程序和基本方法,提高依法行政能力,经市人民政府领导同意,市调处办于2003年10月27、28日在市委党校举办《广西壮族自治区土地山林水利权属纠纷调解处理条例》学习培训班,各县(市、区)国土、林业、水利、民政部门分管调处工作的领导和调处办的领导;各乡(镇)分管调处工作的副乡(镇)长;市直国土、林业、水利、民政等部门负责调处工作的科长(主任)共108人参加了培训。培训班上,自治区调处办李冠霆、蒋德金分别讲授了《广西壮族自治区土地山林水利纠纷权属调解处理条例》的特点和应用以及"三大纠纷"确权应注意的书证审查问题等内容,认真解答了学员在办案中遇到的疑难问题;市调处办主任李向福就今后各职能部门、各乡(镇)人民政府如何开展好调处工作提出了指导性意见。此外,市调处办还结合"12·4"法制宣传日等活动,编印、发放《调处自然资源纠纷工作手册》2600多册,使调处自然资源纠纷的相关法律、法规、政策深入到广大群众中去,增强干部群众的法律意识和法制观念,促进政府提高依法行政水平和能力。

2004年,市调处部门为配合搞好预防和化解人民内部矛盾工作,营造良好的法制环境,针对农村"三大纠纷"调处和化解难度大的实际,市调处办加强法制宣传教育工作,重点宣传《中华人民共和国刑法》《中华人民共和国治安管理处罚条例》《中华人民共和国土地管理法》《中华人民共和国森林法》《中华人民共和国水法》等法律、法规知识。通过法律宣传,法制教育,广大人民群众增强了法律意识和法制观念,群众学法、懂法、依法办事,收到良好的效果。

2005年,来宾市调处办针对农村"三大纠纷"调处和化解难度大的实际,加强农村法制宣传教育。与市司法局、桂中日报开辟有关农村"三大纠纷"案件调处的知识问答版块。法制宣传教育,增强了农村群众法律意识和法制观念,使群众学法、懂法、依法办事,收到了良好效果。2001—2005年,武宣县共开展法制宣传月、宣传周、宣传日活动27次,举行图片展览21次,开展法律咨询64次,举行法制文艺演出370多场次,县领导发表法制宣传电视讲话21次,出版法制墙壁报346期,征订各种普法教材共27000多册,举办各层次培训班67期,培训骨干4570人。学习宣传了《中华人民共和国宪法》《中华人民共和国刑法》《中华人民共和国安全生产法》《中华人民共和国人口与计划生育法》《中华人民共和国行政许可法》《中华人民共和国传染病防治法》《中华人民共和国水法》《中华人民共和国道路交通安全法》等80多部法律法规。8448名干部职工参学率达100%,考试合格率99.2%;4500名个体工商户参学率达97.5%。

第七节　基层司法服务

1982年,境内县、乡的法律服务机构只是在县里设置一个公证处和一个律师事务所,在乡(镇)设一名司法助理员。随着改革开放的不断深入,原有的法律服务机构体系已远远不能适应社会主义市场经济发展的需求。在这种情况下,乡(镇)法律服务所应运而生。1987年,原柳州地区在象州县石龙镇进行法律服务所试点的基础上提出当年全地区要有30%~50%的乡(镇)建立法律服务所。乡(镇)法律服务所不占国家编制,不增加农民负担,就地开展法律服务工作,成为乡(镇)领导的得力法律参谋和助手,也为广大农民朋友解决了许多法律事务问题。1990年,来宾县24个乡镇除良塘、七洞两个乡外,均已建立了法律服务所,象州县中平乡法律服务所被自治区评为"先进集体"。1992年,合山市岭南镇法律服务所被国家司法部授予"优秀法律服务所"荣誉称号,武宣县二塘乡法律服务所、象州县寺村镇法律服务所被自治区授予"先进法律服务所"称号。1991—1995年,全县共有基层法律服务所13个,法律工作者21人。共调解经济纠纷案279件、其他纠纷案件1619件,协办经济合同公证251件、其他公证133件,代理诉讼案件62件、非诉讼案件163件;担任法律顾问25家、代写法律事务文书348份、解答法律咨询7926人次、办理见证25件、挽回经济损失122.24万元。

1998年2月,乡镇法律服务所管理体制逐步由乡镇设立管理转由基层司法所直接管理的模式。2000年3月,根据国家司法部第59号令《基层法律服务所管理办法》和第60号令《基层法律工作者管理办法》的规定,司法行政机关加强对乡镇法律服务所的管理和指导,规范基层法律服务市场。2002年12月撤销柳州地区设立地级来宾市后,全市注册基层法律服务所(中心)17个,基层法律工作者106名。兴宾区司法局良江司法所被司法部、中国残联授予"残疾人维权示范岗"称号。至2005年,全市共有基层法律服务中心7家,法律服务工作者77人,服务所24家，法律服务工作者57人，基层法律服务工作者担任法律顾问55家。

第八节 法律援助

机构及人员

机 构 2001年，金秀瑶族自治县依照司法部颁发的《法律援助试行条例》及《广西律师法律援助办法(试行)》的精神，由县机构编制委员会下文设立金秀瑶族自治县法律援助中心，与金秀律师事务所合署办公，实行一套人马两块牌子，不增加人员编制。2003年来宾市、象州县先后设立法律援助中心，2004年，兴宾区、合山市、忻城县司法局设立法律援助中心。4月27日，兴宾区编委正式批复设立兴宾区法律援助中心；8月，成立合山市法律援助中心；9月，忻城县成立法律援助中心，配兼职法律援助人员4人，由律师、公证员、基层法律工作者兼任；7月，在来宾市总工会、残联、妇联、团委设立法律援助工作站。2005年，来宾市机构编制委员会经研究决定，核定来宾市法律援助中心事业编制3名。

人 员 2001—2005年，来宾市市、县两级7个法律援助中心先后设立，除来宾市法律援助中心获3个事业编制外，其余金秀、象州、武宣、兴宾、合山、忻城6个县(市、区)虽然都设立了机构，但均未核定人员编制，市、县两级法律援助机构工作人员由市、县(市、区)司法局在编人员兼任，每个法律援助中心配备有1~2名工作人员。截至2005年，全市法律援助机构共配备有专职工作人员13名(其中每个法律援助中心由市、县两级司法局任命主任1名)、注册公职律师8名、法律援助工作站工作人员105名。

业 务

来宾市法律援助机构的业务范围按照国务院颁发的《法律援助条例》和《广西壮族自治区法律援助条例》规定的业务范围，法律援助的范围包括：(1)依法请求国家赔偿的；(2)请求给予社会保险待遇或者最低生活保障待遇的；(3)请求发给抚恤金、救济金的；(4)请求给付赡养费、抚养费、扶养费的；(5)请求支付劳动报酬的；(6)主张因见义勇为行为产生的民事权益的。2001—2004年，每年各地法律援助机构工作的重点主要是承办人民法院指定的刑事法律援助案件和开展法律援助宣传，提供法律援助咨询和代写法律文书工作，民事法律援助案件承办不多，业务开展比较正常的是市法律援助中心、象州县法律援助中心和金秀瑶族自治县法律援助中心，2005年以前兴宾区、合山市法律援助中心，因中央和地方财政没有法律援助专款拨入，承办法律援助案件很少，每年仅办理1~2件法律援助案件。

至2005年，忻城全县律师、公证员、基层法律工作者等法律援助人员共办理各类法律援助案件(事项)49件。

刑事诉讼法律援助 来宾市法律援助机构所办理的刑事诉讼法律援助案件98%以上都是由人民法院依法指定办理，各级法律援助机构受理后再指派律师具体承办援助事项。2003年办理83件、2004年办理96件、2005年办理113件。从统计上看，来宾市法律援助机构历年所办理的刑事诉讼法律援助案件均呈上升趋势。

民事诉讼法律援助 2003年9月，随着来宾市各级法律援助机构的相继建立、健全和国家《法律援助条例》的颁布实施，中央和地方的专项办案补贴逐步落实，来宾市的民事法律援助工作也得到迅速开展。2003年，全市共办理民事法律援助案件12件、2004年办理51件、2005年办理78件。

非诉讼法律援助 通过非诉讼的形式处理一些简单的法律事务也是开展民事法律援助工作的有效途径之一，但由于受主客观因素的影响，真正能够通过非诉讼方式来解决民事纠纷的却为数不多。2004年全市共办理非诉讼法律援助案件2件、2005年办理17件。

法律咨询、代书、接待来访 法律援助工作的对象主要是针对社会弱势群体，即经济困难，有充分理由证明保障自己权益要帮助的；盲、聋、哑和未成年人为刑事被告人或犯罪嫌疑人没有委托辩护律师的，应当获得法律援助；其他残疾人或老年人为刑事被告人或犯罪嫌疑人，因经济困难没有能力聘请辩护律师的应当获得法律援助；刑事案件中的外国籍或无国籍被告人，没有委托护人，人民法院指定律师辩护的，可以获得法律援助。这些人文化水平及法律知识水平普遍较低，各法律援助中心在开展业务工作中心，有相当一部分业务是解答法律咨询、代写法律文书和接待群众来访。2003年受理咨询483人次，代书32份；2004年受理咨询620人次，代书41份；2005年受理咨询766人次，代书48份。特别是2005年自治区司法厅明确“148”法律服务专线的工作由各级法律援助中心负责后，群众来电进行法律咨询的明显增多。

经费管理

2001 年，各县级法律援助机构成立后，开展法律援助工作所需经费主要来源于向社会募捐和地方财政拨款，县(市、区)人民政府按照《法律援助条例》《广西壮族自治区法律援助条例》和《广西壮族自治区人民政府关于进一步做好法律援助工作的通知》(桂政发〔2003〕24 号文件)的精神，根据当地开展法律援助工作的情况，财政每年拨给 2 千 ~4 万不等数额的法律援助专项经费。2004 年，全市法律援助基金捐款共 14055.75 元，2005 年度中央补助地方法律援助办案专款给各县(市、区)法律援助机构，一次性追加法律援助办案专款 16 万元(其中武宣、忻城、金秀、象州各 4 万元)。

中央补助地方的办案专款只拨付到县级法律援助机构，法律援助经费的管理使用严格按照财政部、司法部《中央补助地方法律援助专款管理暂行办法》和《广西壮族自治区法律援助经费管理办法》的规定执行，要求设立单独账户，单独核算，专款专用。

第九节 "两释"人员安置帮教

1997 年后，境内各县(市)成立"刑满释放、解除劳教人员安置和帮教工作协调小组"及其办公室。12 月 30 日，来宾县成立"刑满释放、解除劳教人员安置和帮教工作协调小组"及其办公室。1999 年 9 月 22 日对工作协调小组成员进行了调整充实。

2002 年，机构改革后，将"两释"科并入基层工作科，作为司法行政基层基础的一项重要工作。

各县(市)帮教组织机构建立后，认真贯彻落实国家综治委、自治区综治委《关于进一步做好服刑、在教人员刑满释放、解除劳教时衔接工作的意见》的通知精神，把"两释"人员回归衔接工作落到实处。各县(市)建立健全"两释"人员回归衔接制度，建立信息档案，并把帮教工作作为维护社会稳定的重要工作来抓。各县(市、区)司法局将安置帮教作为维护社会稳定的一项基础性工作，列为社会治安综合治理的工作目标。积极做好"两释"回归人员的衔接、登记造册、建档立案、跟踪回访工作，掌握基本情况和思想动态，对有重新违法犯罪倾向的人员作重点帮教管控。通过建立健全安置帮教组织网络，落实措施，使大部分"两释"人员能悔过自新，实现生活有着落、就业有门路的目标。1999 年，合山、武宣、金秀等县(市)相继创办"两释"安置基地。2001 年，来宾县在全地区率先举办"两释"人员就业技能培训班，为"两释"人员融入社会、拓宽就业渠道提供帮助。兴宾区设有安置帮教工作协调领导小组 1 个；乡(镇)安置帮教协调领导小组 24 个，协调领导小组工作人员共 94 名；村安置帮教小组 294 个，帮教小组工作人员 298 名，建立安置帮教基地 1 个。三级帮教组织的建设保障了安置帮教工作效果，至 2005 年末兴宾区有帮教组织机构 21 个、工作人员 34 人，共有"两释"回归人员 3390 名，已有 2794 名有就业去向。"两释"人员重新犯罪率为 5.3%。金秀瑶族自治县抓好回归社会的 1205 名刑释解教人员安置帮教工作，完成刑释解教人员的调查和网络管理，重新违法犯罪率控制在 3% 以下。

1998--2000 年，武宣县回归"两释"人员 274 人，安置 270 人，安置率 98.54%。2001—2005 年回归"两释"人员 1231 人，安置 1176 人，安置率 95.53%；17 人重新犯罪，重新犯罪率 1.38%，重新犯罪率被控制在自治区最低比例 3% 以下。至 2005 年，忻城县刑满释放和解除劳动教养人员共有 1132 人，其中刑满释放人员 1002 人、解除劳动教养人员 130 人、安置帮教 1132 人、脱管 0 人、重新犯罪 0 人，重新违法犯罪率 0%，安置帮教率 100%。

2002 年 12 月撤销柳州地区设立地级来宾市后，来宾市刑释解教安置帮教工作逐步走向制度化、规范化，"两释"人员衔接工作、信息管理制度、安置帮教措施进一步完善。每年回归人员均得到妥善安置，并落实帮教措施，大大减少脱管漏管现象。

2004 年，来宾市司法行政部门发挥刑释解教管理工作职能，加强对刑释解教人员的管理教育，避免重新违法犯罪，促进社会治安良性循环。乡镇安置帮教工作站、村(居)委会安置帮教小组发挥积极作用，做好"两释"回归人员建档立卡工作，落实帮教措施。司法行政部门组织开展对当年回归的刑释解教人员进行就业培训，拓宽就业门路。年内，全市共有刑释解教人员回归 970 人，已全部有就业去向，并落实帮教对象；各县(市、区)共举办就业技能培训 8 期，受培训人数 645 名。

全年共接收"两释"回归人员 646 名，安置了 644 名，举办了 4 期"两释"回归人员法律知识和就业技能培训班，受培训 450 人。全年"两释"人员重新犯罪率为零。2005 年，全市共有市、县(市、区)安置帮教机构 7 个，工作人员 14 名。

第十篇

军　事

来宾市位于广西中部，地处桂林至北海广西南北发展主轴线上，北依柳州市，南临贵港市、桂平市、宾阳县，西和西北部与都安、巴马、上林3县接壤，东与蒙山县、藤县、平南县相连。全市总面积1.34万平方千米。来宾地形以山地、丘陵和河谷平原为主，东部大瑶山脉呈北向东、柳北穹隆状山地呈南向北、西部山脉由北向西弧形排列，中部多为河谷平原和台地，呈北高南低、周高中低之势。历来为广西的战略要地，为兵家用武之地。自汉朝以来，历代派兵驻守。抗日战争时期和解放战争时期，境内大部分地区成为人民武装活动的革命根据地。1950年后，曾有多支中国人民解放军部队在市境驻防。20世纪80年代中后期，市境常驻部队主要有柳州陆军预备役步兵师步兵第1、第2、第3团，中国人民解放军76156部队，武装警察部队和武警消防支队。2002年12月28日，成立地级来宾市。新成立的来宾军分区驻兴宾区城区。

来宾军分区成立前，各县（市、区）人武部先后隶属宜山军分区和柳州军分区。2004年12月26日来宾军分区成立后转隶来宾军分区，隶属广州军区，下设司令部、政治部、后勤部3个部，辖兴宾、合山、忻城、武宣、象州、金秀6个县（市、区）人武部。

第一章　机构　驻军　地方武装

第一节　机　构

来宾军分区

来宾军分区于2004年12月26日挂牌成立，属正师职单位，下设司令部、政治部、后勤部3个部，位于来宾市政和路，辖兴宾、合山、忻城、武宣、象州、金秀6个县（市、区）人武部。来宾军分区成立后，大力加强分区部队思想政治建设，先后开展“三个代表”重要思想、“保持党员先进性”等教育，确保分区部队思想纯洁、政治合格、作风过硬；以军事斗争准备为牵引，认真开展民兵组织整顿、民兵军事训练和各项作战准备。

根据规定，司令员或政委其中一人担任市委常委。为加强对武装工作的领导，市委书记兼任来宾军分区党委第一书记。

表10-1　**来宾军分区领导名表**

姓名	文化程度	职务	任职时间
汤放明	大学	司令员	2004年11月—2005年12月
李佑民	大学	政治委员	2004年11月—2005年12月
王衡伟	大学	参谋长	2004年11月—2005年12月
任月宾	大学	政治部主任	2004年11月—2005年12月
王立新	大学	后勤部长	2004年11月—2005年12月

人民武装部（兵役局）

1950年10月，境内各县设民兵支队部，县长、县委书记兼支队长、政委，另设专职干部4人。1951年8月，各县民兵支队部改编为县人民武装部，为正团级单位，隶属柳州军分区。设部长或副部长1名，另设专职干部8名。1954年9月，各县人民武装部改为兵役局，正团级单位，设局长、政委、副局长、副政委各1人，下辖组织动员科、预备役军官科、预备役士兵科、征集科和民兵科。1959年1月，各县兵役局改为县人民武装部，正团级单位，设部长、政委、副部长、副政委各1人，下设民兵组织科、军事训练科、政工科。1961年10月1日，县人武部整编，设作训、政工、组织动员、供管4个科。1976年，部队精简整编，县（市）人武部设军事科、政工科、军械科、供应科。1983年，县（市）人武部机构调整，保留军事科、政工科，军械科和供应科合并为后勤科。1986年，部队精简整编，将县（市）人武部由正团级改为副团级单位编制，设部长、政委各1人（不设副职），后勤科改为办公室，保留军事科和政工科编制。同年

6月，各县（市）人武部移交各县（市）政府，由军队序列改为地方编制，仍实行地方党委、政府和军事系统双重领导。1996年4月，县人武部收归军队建制，为正团级单位，配部长、政委、副部长各1人，设军事科、政工科和后勤科。收归军队建制后，同级地方党委、政府对其领导制度不变，现役军人的生活费、公务事业费和装备维修费由军队供给。2004年12月28日来宾军分区成立，此后兴宾区、合山市、武宣县、象州县、金秀瑶族自治县和忻城县6县（市、区）人武部由原隶属柳州军分区改为隶属来宾军分区。按规定，部长或政委其中一人担任当地的县（市、区）委常委，县（市、区）委书记则兼任县（市、区）人武部党委第一书记。

来宾县人民武装部 1951年8月，撤销来宾县大队和来宾县民兵支队部，成立中国人民解放军来宾县、迁江县人民武装部。1952年11月，迁江县并入来宾县，迁江县人武部及其下辖的5个区人武部和贵县（今贵港市）的第四区（今小平阳镇和五山乡）人武部归来宾县人武部管辖。是时，来宾县人武部共辖15个区人武部。1954年县人武部改为兵役局（仍保留人武部牌子）。1981—1983年期间，合山煤矿、合山电厂和北泗公社3个人武部于1982年4月划归合山市人武部。1987年8月15日—9月20日，柳州军分区在县组建柳州陆军预备役某师某团。团机关与县人武部合署办公。1991年，中国人民解放军来宾县人民武装部为地方建制，称广西壮族自治区来宾县人民武装部，为副团级单位，隶属于中国人民解放军柳州军分区和中共来宾县委、县人民政府双重领导。1996年4月，按照中发〔1995〕12号文件精神，广西壮族自治区来宾县人民武装部收归军队建制，称中国人民解放军广西壮族自治区来宾县人民武装部（简称县人武部，下同），为正团级单位，隶属于中国人民解放军柳州军分区，双重领导关系及工作任务不变。

兴宾区人民武装部 2002年12月28日，中国人民解放军广西壮族自治区来宾县人民武装部改称中国人民解放军广西壮族自治区兴宾区人民武装部。2004年12月28日，来宾军分区成立，中国人民解放军广西壮族自治区兴宾区人民武装部由原隶属柳州军分区改为隶属来宾军分区，其性质任务不变。2005年，中国人民解放军广西壮族自治区兴宾区人民武装部下设军事科、政工科、后勤科。辖区有迁江镇、凤凰镇、平阳镇、小平阳镇、良江镇、石陵镇、大湾乡、正龙乡、蒙村乡、寺山乡、南泗乡、高安乡、良塘乡、七洞乡、三五乡、陶邓乡、城厢乡、桥巩乡、石牙乡、五山乡20个乡（镇）武装部，城北、城东、河西3个街道武装部和10个厂矿场武装部。

象州县人民武装部 1952年3月，中国人民解放军象县人民武装部成立。1952年9月，成立石龙县人民武装部。1954年9月，县人民武装部改为兵役局，仍保留人武部牌子。1959年7月撤销兵役局，复称人民武装部，1986年6月县人民武装部改归地方建制，称广西壮族自治区象州县人民武装部，为副团级单位，隶属中国人民解放军柳州军分区和中共象州县委、县人民政府双重领导。1996年4月1日，县人武部收归军队建制，编制级别为正团级，隶属柳州军分区，双重领导关系及工作任务不变。2004年12月来宾军分区成立，县人武部改属来宾军分区。

武宣县人民武装部 1950年8月成立武宣县人民武装委员会，下设武宣县民兵支队部。1951年12月15日，撤销武宣县民兵支队部，建立中国人民解放军武宣县人民武装部（简称人武部）和区中队，受柳州军分区和武宣县委双重领导。1952年9月1日，象县、武宣县合并为石龙县，两县的人武部随之合并为石龙县人武部，下辖15个区人武部。1954年9月，石龙县人武部改为县兵役局，同时保留人民武装部番号。1959年1月，武宣县兵役局改为县人民武装部（兵役局名义仍保留）。1962年4月，石龙县分为象州、武宣两县，县人武部随之分开。1986年6月9日，武宣县人武部由军队序列（正团级）改为地方建制（副处级），全称广西壮族自治区武宣县人民武装部，隶属武宣县委和柳州军分区双重领导。1996年4月以后，收归军队建制，实行军队和地方双重领导。2004年12月，成立来宾军分区，隶属来宾军分区。辖区有武宣镇、二塘镇、黄茆镇、桐岭镇、三里镇、东乡镇、通挽镇、新龙乡、禄新乡、河马乡、金鸡乡、马步乡、思灵乡13个乡镇武装部。

忻城县人民武装部 1950年初，忻城县设县民兵支队部，支队长由县长樊茂春兼任，各区设民兵大队。1951年8月忻城县县民兵支队部改为县人民武装部，为营级单位。1954年9月，忻城县撤销县人民武装部，成立县兵役局，升级为团级单位。1959年10月26日，忻城县兵役局复称县人民武装部，下辖27个基层人民公社武装部（1962年10月区乡体制改革撤销各公社武装部，恢复成立9个区武装部），1986年5月15日，忻城县人民武装部改归地方建制，为副县级单位，受军分区和地方党政机关双重领导。1996年4月，忻城县人民武装部由地方建制复改为军队建制，隶属中国人民解放军柳州军分区直接领导，称柳州军分区忻城县人民武装部。2004年12月，成立来宾军分区，忻城县人民武装部隶属来宾军分区。辖区有城关镇、大塘镇、思练镇、红渡镇、古蓬镇、马泗乡、北更乡、遂意乡、果遂乡、欧洞乡、安东乡、新圩乡12个乡镇基层武装部。

金秀瑶族自治县人民武装部 1952年7月18日，金秀瑶族自治县人民武装部成立。为中国人民解放军正团级编制单位；初，隶属于平乐军分区，1958年以后隶属于柳州军分区。1954年8月，金秀人民武装部改为金秀兵役局，1960年10月，恢复金秀人民武装部。1986年6月，金秀人民武装部改为地方建制，为金秀人民政府的兵役机关、副县级单位。2004年12月，成立来宾军分区，隶属来宾军分区。辖区有金秀镇、桐木镇、头排镇、三角乡、忠良乡、罗香乡、六巷乡、大樟乡、长垌乡、三江乡10个乡镇基层武装部。

合山市人民武装部 1982年2月，成立合山市人民武装部筹备小组。同年4月1日成立合山市人民武装部，部长赵业刚，政委张普直。武装部下设办公室、政工科、军事科、后勤科等。1982年4月—1986年6月，属军队建制，正团级单位。1986年6月—1996年3月，划归地方建制，副县级单位。1996年4月以后，收归军队建制，实行军队和地方双重领导，为正团级单位。合山市人民武装部下设军事科、政治工作科、后勤科。2004年12月，成立来宾军分区，隶属来宾军分区。辖区有岭南镇、河里乡、北泗乡三个乡镇基层武装部。

第二节 驻 军

中华人民共和国成立前驻军

唐贞观八年(634年)，龚州通行军总管张士贵，曾以大量兵力进入金秀东王峒(在罗香乡龙坪村与平南县交界处一带)，镇压当地的少数民族。唐光化二年(899年)两县始有军队驻防。宋景定三年(1262年)象州州治移至来宾县蓬莱洲。来宾县因而成为防御要地，设重兵防守。明洪武元年(1368年)明军镇压了迁江县贺水等村寨的农民起义后，就地屯兵防守。洪武二十五年(1392年)迁江县有1个守御屯田千户所，城堡兵300人。同年在迁江设百户所17个。明洪武年间(1368—1398年)，大藤峡瑶民起义，统治者曾多次发兵“征剿”，“韩雍、王守仁皆提兵十万，始克荡然，未能一鼓而殄灭之”(嘉庆十年《平乐府志》)。明洪武年间武宣驻马兵1200名，万历年间减为130名。洪武三十一年(1398年)来宾县有守御中前千户所1个，百户所2个，甲兵76人，守城民壮20人，营堡兵284人，在白牛洞冲袭营、南泗堡、北五堡等处屯兵垦荒。明朝廷为镇压武宣县大藤峡瑶民起义，于永乐五年(1407年)调湖广、广东、贵州三都司兵，天顺六年(1462年)调集南京、江西、九江卫军，成化元年(1465年)十月总兵欧信率官兵，嘉靖十八年(1539年)副总兵蔡经率官兵先后进驻武宣县。明代，柳州府卫所派千户所驻防象州，有骑兵187名。永乐六年(1408年)设迁江乔营于迁江城小南门外看守仓库。官军由巡道及三里参将指挥。弘治十七年(1504年)设来宾后卫千户所，有马步军20人，设守御来宾中卫千户所，有步队中军13人。嘉靖年间(1522—1566年)迁江县的驻军增到842人，分防御石陵堡、凤凰堡、北泗三岩堡、平阳圩、李广镇、罗目镇等地。来宾县的驻军增到403人。其中守城官旗甲兵119人(稍后增到156人)，余分防于迎恩堡、雅罗堡、界牌镇和牛岩镇等地。嘉靖十八年，明将蔡经以五万余军围攻大藤峡起义瑶民，义军被迫撤入金秀瑶族自治县内罗运山，官军不复穷追。明万历八年(公元1580年)，官府在头排、三江、七建、桐木等乡镇一带设石墙、莫廖、桐木三堡(后又增设新庆、欧阳二堡)。同时委土舍梁传一履亩亲丈，将上述一带地方及鹿寨县四排乡一部分为十排(其中一、二排在头排乡，三排、九排在头排与鹿寨县四排乡交界处，五、六、八、十排在桐木镇，七排在七建乡)，分驻耕兵，平时耕兵自耕自食，一有战事，即受命参战。各堡驻军情况如下：五排新庆堡，堡目1名，耕兵17名，承耕田64亩8分；八排桐木堡，堡目1名，耕兵32名，承耕田110亩5分；十排木料堡，堡目1名，耕兵32名，承耕田128亩6分；十排欧阳堡，堡目1名，耕兵24名，承耕田92亩9分。清朝初期，金秀瑶族自治县境内各堡改为塘。各塘派驻守兵分别为：三排塘4名，木料(即莫廖)塘4名，欧阳塘4名，龙腾塘5名，蝴蝶塘4名，九排塘2名，八排塘2名，六排塘2名。清雍正三年(1725年)，平乐知府胡醇仁在三江乡设石墙塘，派驻守兵5名。太平军起义后，原计划经武宣、象州，由县内桐木、七建、头排、三江乡等地北上直扑桂林。因弹药缺乏，清军重重阻梗，不得不返回县内大樟乡，由王田南越红水界撤回桂平县紫荆山。

顺治八年(1651年)来宾县由柳州提标营分防,称来宾汛。不久又改为柳州城守营分防,有外委1人,把总1人,守城兵26人,并在城南的平安村、党村设汛分防。后,把平安村、党村两汛合并,称平党汛,有外委1人,把总1人,兵55人。分守于城郊底塘及北路的横路、清水、马峡、老邓、迎恩、德化,西路的韦里、鸦罗、三印和横山等塘,每塘守兵5人。加上南路的苏捷、泡水、大桥、界塘,东南路的河敏、河驴等塘的守兵60人,来宾县的守汛兵共145人。时迁江县属宾州直隶独立营分防。迁江汛设把总1人,守汛兵49人,拨防三塘兵13人,北泗汛设把总1人,守汛兵35人,拔防二塘兵15人,洛洞汛设外委1人,守汛兵60人。计有把总、外委3人,守汛兵172人。

雍正三年(1725年)来宾汛改属宾州独立营,为左哨。迁江汛为右哨。雍正十一年(1733年)来宾县守兵增到544人。

乾隆三十九年(1774年)来宾县有旗兵67人,来宾汛增设东营,兵32人;北营,兵32人;新守堡,兵22人;永清堡,兵20人;龙降堡,兵30人;韦里堡,兵20人;葫芦堡,兵16人;雄胜堡,兵31人。

嘉庆二十一年(1816年)始裁减守汛兵,至光绪中叶来宾汛千总所部仅存战兵2人,守兵8人,平党汛外委所部仅存守兵4人。清咸丰元年(1851年)三月初,贵州总兵秦定三率黔兵700名在武宣旧县、河口防江。三月十七日,军机大臣李星源、广西巡抚周天爵、提督向荣率清兵驻武宣县东乡一带。同时太平军也进驻东乡、三里一带。咸丰六年(1856年)二月,大成国军进驻武宣。咸丰十年(1860年)四月初六,太平天国翼王石达开部队由庆远开到思练。十一月,部分回师庆远,九月初,再开至忻城、思练等地。驻扎思练的太平军总统先锋朱衣点,登门拜访举人方俊贤,劝方参加太平军。咸丰十一年,清统领楚军刘坤一率队进驻武宣。雍正八年(1730年),浔州协标左营防地分防武宣县城讯把总1员,兵共130名。光绪年间仅存步兵6名、守兵30名驻守城池及各塘汛。协防武宣洒水汛外委1员,驻三江口北岸守兵11名。柳州水师分防武宣之三江及菱角滩、牛皮滩等处,各驻巡船梭巡。清末,浔州协左营分防汛驻武宣县城、县廓镇巡司、守御千户所官,驻旗军168名,募兵96名。

光绪三十一年(1905年)守汛兵尽撤。清光绪三十四年(1908年),为镇压进入金秀瑶山开展反清活动的“三点会”组织,右江道总镇李国治及莫荣新等人率6营3000清兵,分经平南县鹏化、马练,象州大乐、百丈,蒙山县新圩等地进入山内,李国治坐镇罗香乡罗运村,唆使瑶族头人起石牌配合,仅21天就杀害了三点会头领,镇压了三点会势力。不久,清军即撤离瑶山。清代,柳州提标后营派守城官千总或把总1名,兵127名,驻防象州。

民国1年(1912年)冬,柳州商会在武宣驻北河护商营,派两哨分驻三江口东岸和勒马。民国2年,柳州水师(柳江游击队)派一部分队伍驻武宣境内黔江上游。民国4年该队归浔州水上警察厅管辖,仍派巡船分防武宣的菱角滩、宿岭、勒马、红石等处。每巡船设巡长1员,水警10名。民国10年,广西自治军第四军司令黄肇熙率部驻武宣。夏,粤桂军阀交战,粤军入梧州,桂军韦荣昌暨林俊廷、韩彩凤、刘炳宇、刘达庆、黄肇熙、李子清等司令率所部800余人还退驻武宣县,推举韦荣昌为广西自治军总司令。民国11年,广西自治军第二路军所辖的陈天泰部1000人驻武宣县城;自治军陆仁贵部1000人驻来宾县域及其周围乡镇。民国13年初,旧桂系陆福祥部驻迁江县。6月被白崇禧率“定桂军”赶走,白部驻迁江县。民国14年,李宗仁所辖的宋为珍部约300人驻武宣县城。民国18年,桂粤战争时,桂军1个师驻迁江县域及周围,历时半年。民国24年春,国民政府第4集团军第7军的一个团驻扎在迁江县城,同年秋撤走。民国28年2月,国民党军队某部驻扎忻城大塘,并在大塘桥孔村设一五〇兵站。同年11月上旬改为一五八医院,为昆仑关战地医院。医院修有2排草房,后增建品字形病房16间,面积1675平方米,竖排病房接治轻伤员,横排病房专治重伤员。昆仑关战役治疗无效死亡伤员有500余人,就地葬于荒坡。战后,驻扎部队官兵及战地医院撤离。民国28年3月,国民党军队某部第四团(新兵补充团)驻忻城思练。同年7月,广西绥靖公署令第四补充团将训练之新兵送交前方,部属各级军官一律就地解散。民国28年11月上旬,国民党军队某部第四战区策划抗日,战区司令部驻扎思练乡小进屯,战区司令长官张发奎住农民莫修武家,其军队在大进、肯索、板六一带村庄驻防。次年1月上旬撤离。民国28年11月,国民政府桂林行营在迁江县北部扶济村公所设立行营指挥所。国民政府军副总参谋长、桂林行营主任白崇禧亲自坐镇。时,在迁江良直村设指挥留守处。在迁江镇设军用电话局。国民政府军杜聿明部第5军直属队和第200师、第22师在高椅—北泗一带布防。民国37年7月,第四战区司令部分别在迁江县、来宾县设军民合作分站。同年10月，第四战区新成立的广西民团指挥部在来宾设直属指挥所（次年3月起属广西第2区民团指挥部），指挥柳南沿线及其附近各县民团、自卫队抗日。民国37年，华中剿匪总部一纵队司令部第7团驻来宾县牛岩，第14团驻迁江县城。民国末年（1949年1月1日至9月30日止）4月，国民党新桂系为阻挠中国人民解放军南下，由桂柳56军派1个工兵营200余人驻扎在柳庆、柳邕公路交叉要道的大塘镇。

1949年10月，白崇禧委任蒙志仁为柳州警备区副司令、中国反共救国军粤桂边区纵队第3旅旅长兼柳（江）来（宾）、象（州）、武（宣）4县"剿匪"总司令，下辖江有亮、刘国成等股匪1000余人枪驻来宾。

中华人民共和国成立后驻军

1949年11月，中国人民解放军39军116师进驻忻城县城维护地方治安，中国人民解放军第四野战军第13兵团第39军115师的先锋营700多人驻扎忻城县大塘拉则村。12月，中国人民解放军第49军第146师437团（代号33大队）先后在来宾、象州、武宣、迁江和忻城5县设防剿匪，团部驻来宾县大湾镇，三营驻来宾县城。1951年春剿匪结束，部队撤离。同月，中国人民解放军第45军第133师398团（代号32大队）驻迁江县，1951年冬撤离。

1950年1月，中国人民解放军第45军第135师404团进驻武宣、象州、来宾、迁江4县剿匪，团部设在武宣县城。5月，部队往桂平剿匪。同月，中国人民解放军第45军158师472团、473团驻防忻城县的德胜、石别、北牙、龙头、三岔等地。3月，158师另一个团驻忻城大塘，保卫柳庆、柳邕公路交通安全，4月部队撤离。1950年3月—4月，中国人民解放军铁道工程兵1个团驻来宾县凤凰镇，其中有一个连驻来宾火车站，1年后撤离。同年1月—1951年10月，中国人民解放军铁道兵团第二师第二桥梁团驻来宾，承建来宾红水河钢桁桥梁大桥。大桥竣工后，广西公安部派一个排长期看守（1982年起增至1个中队）。1953年4月—1954年8月，公安部队（后改称武装警察部队）1个团驻来宾县城（后减为1个中队）。1955年中国人民解放军工程兵部队1个团驻来宾县某地建军械仓库。仓库初属广西军区，1962年后改属广州军区后勤部。

1961—1963年12月，中国人民解放军1个营驻来宾县红河农场。1961年1月，广西军区3698部队第2团驻迁江—石陵间的龙降桥附近，建军垦农场，1964年底撤，农场移交广西农垦局。1961年12月，广西军区后勤部于武宣县黄茆乡创建军马场，专为部队养、训、送军马，时有官兵81名。1968年8月，于来宾县南泗高安建分场，官兵120人，军马场自建立至1975年共为部队输送马、骡2850多匹。1976年军马场撤销，场址移交广西农牧渔业厅，后称黔江示范牧场。1962年4月，广西军区通信团根据国防线路维修需要，成立广州军区第二通信总站二营第六连，常驻武宣县，营房建在县城马鞍山东面，连队建制20~50人不等。主要任务是负责军用线路架设、维护和增音、转接工作。1964年7月，中国人民解放军广州军区第二通讯总站54465部队派驻石龙哨所，1995年撤离。1969年7月—12月，中国人民解放军0546部队炮兵团驻来宾县凤凰华侨农场。1983年7月，广州军区某坦克团到三五公社的泡水村训练，3个月后撤。

20世纪80年代中后期，常驻来宾市的部队主要有预备役部队、武装警察部队、武警消防支队、广州军区后勤部某仓库。

第三节　地方武装

明、清地方武装

明初，来宾县设白牛洞、白沙、洛江、平乐、雅乐巡检司，巡检各1人。迁江县设平阳圩、清水河镇、李广镇、罗目镇巡检司，巡检或副巡检各1人。白牛洞巡检司曾被撤销，洪武十四年（1381）四月恢复。洪武二十五年（1392年）设迁江守御屯田千户所1个、辖百户所17个（隶宾州卫）。洪武三十一年（1398年）设来宾中前守御千户所1个，辖百户所2个（隶柳州府）。永乐六年（1408）设迁江乔营。宣德元年（1426年）十二月设界牌镇巡检司，土官副巡检1人。正统十二年（1447年）二月设牛岩镇巡检司，巡检1人。同年将界牌镇巡检司移至中望村，将迁江镇巡检司移至蓝径村。弘治十七年（1504年）设来宾后卫千户所和守御来宾中卫千户所。清顺治八年（1651年）撤千户所及百户所，改设汛。来宾县有来宾汛、平党汛，有外委、把总各1人。隶柳州城守营。迁江县有迁江汛，把总1人，外委2人。隶宾州独立营。雍正三年（1725年）来宾汛改属宾州独立营，为左哨；迁江汛为右哨。道光末年，两县都办团练，各设团总1人，副团总2人。光绪三十一年（1905年）两县所有军事机构尽撤。

忻城土兵除维护地方治安外，且受省、郡、府征调，由土官带领参与镇压农民起义。土官始祖莫保元至正年间，粤西蛮寇犯边，奉命随征，设计擒贼，著有功绩，授千户职屯于宜山之八仙。明宣德二年（1427 年），忻城壮瑶农民起义。

忻城第二任土官莫敬诚奉檄领兵入瑶峒“征剿”。著有军功，授世袭土知县，协理忻城。正统年间，宾州八寨农民揭竿起义其又奉调“协剿”。莫敬诚之子莫凤，虽未袭官，但正统年间，代父应调，“协剿”八寨。后又参与镇压武缘县、大藤峡等地农民起义。杀害农民军首领蓝受贰、覃公虫等 30 多人。莫凤因病死于军旅中。

忻城第六任土官莫镇威，万历四年（1576 年），奉调领土兵镇压广东罗旁农民起义，杀害农民首领龙旺。因功官阶由七品升到四品，万历皇帝赐给黄伞、奖黄金 10 两、帛等物。万历七年（1579 年），莫镇威又带领土兵 1000 人，参与镇八寨农民起义，杀害农民首领樊公宾。万历年间，忻城边界马平等地农民起义，莫镇威又领兵随王尚文前往镇压，杀害农民首领韦王朋、韦王长、李公坛、蒙公占等 662 人。万历皇帝嘉其“功绩”，命将县边界他县的同其、功德、窑灰、凉阴等约百平方千米的土地拨归忻城管辖，并赐以金帛等物一批。

忻城第七任土官莫志明，万历十四年（1586 年）奉剿东兰叛目陈星囚、“作乱”土官韦应龙。同年，又奉调征剿一武缘农民起义军。万历二十六年（1586 年），莫志明奉巡抚戴耀调遣，领土兵“剿”恭城、平乐两县瑶壮农民起义。

康熙五十九年（1720 年），忻城第十四任土官莫振国奉调“征讨”上林县东抚民“暴动”；雍正元年（1723 年）“征讨”宜山龙门司白牙马栏壮族农民起义；同年，又“征讨”宜山县喇粪村韦朝农民起义军。雍正九年（1731 年），古州苗族农民举义，莫振帮代忻城第十五任土官率兵应调“征剿”，“功上闻，以其子莫尚隆为太学生，赏给部照”。乾隆五年（1740 年），白土壮族农民起义，忻城第十五任土官莫景隆奉调出师，功上闻，加随带军功纪录二次。是年六月，莫景隆随移师征平义宁“逆苗”，“功上闻”，军功加一级，纪录二次。次年，迁江县李彩等农民起义，莫景隆带土兵 300 名，堵截要隘，俘获梁文臣等义军头领。咸丰七年（1857 年）九月，太平天国起义军退至忻城思练一带，莫氏土司组织土兵乡勇数百人，与迁江县地方军联合，先后打死太平天国起义军 600 多人。广西巡抚将此事向咸丰帝奏报后，得到嘉奖，奉旨在思练建立昭忠祠，以纪念其与太平天国起义军作战死去的 140 多名族人。咸丰帝还恩准莫氏族人莫莆森以拔贡身份，入京参加会试。

土　兵　忻城县莫氏土司建立有土兵队伍。自首任土官起就设土兵，明万历时曾多达 1000 人。清末降至 360 名。土兵世袭，祖祖辈辈为军户，不需纳粮服徭役。有战为兵，无事务农，每年操练一次。如无人为兵，兵田即被收回，各里堡均保持一定数量土兵。清道光年间，土县设 14 堡，共有土兵 300 名。清雍正六年（1728 年），周安、思吉、古蓬各配有土舍 1 名，各带土兵 120 名，时给以官田计粮 360 石。九年，三浪、思吉、周安称为“塘”（驿站），各驻塘界兵 3 名；三寨、烽火、喇营、高阳、板坡、罗墨亦为“塘”，各驻塘界兵 2 名。

忻城县土司衙门平时驻守土兵七八十人，全县屯兵 360 人。边界、要冲则由就近里堡派土兵驻守、巡防。衙署平时从归仁、龙归、思练、同其、三寨、板黄 6 个里堡抽调 35 名土兵轮流卫戍。古尚堡为县西要冲，驻防土兵 30 名。归仁里与永定长官司交界，驻防土兵 30 名。江信、定南二里，隔红水河与八寨相望，各驻防土兵 30 名。龙归堡驻守土兵 25 名，思练堡驻守土兵 21 名，古平堡驻守土兵 8 名。思里堡驻守土兵 18 名，三寨堡驻守土兵 19 名。同其和板黄堡各驻守土兵 15 名。板罗和石牛堡各驻土兵 10 名。板梨堡驻土兵 4 名。此外，江信、定南、古尚里，各派 5 名土兵联合对凤凰山、牛角山及凤凰山峒巡风。

忻城土兵依明朝军田制，寓兵于农，平时屯种，战时出征。屯兵又分边远地区三分戍守，七分屯种；内地二分戍守，八分屯种。土官对出征土兵有不成文规定：举凡攻掠所得，一半归己；若得妇女，予以相配。凡种兵田，世代为兵；若无嗣，收回兵田，另分他人耕种为兵。土兵每年正月由堡目里正带到县城集中进行演练。县城东郊“莫万操场”（在今县农科所）为操练地。训练项目：马上枪兵、步下弓兵、步下枪兵、腰牌兵、弩手、乌铳手、火兵、旗手等。兵器有捅子甲、长枪、手标、偏刀、牌盾、弓箭等。土司除了有练兵场外，土司衙门西侧（土司官邸旁）还有一演武场。该广场约 10 亩，南面有一“阅台”，供土官检阅土兵训练。每次训练完毕，选武艺精湛的将士比试。同时，演武场亦是出征的点将台。

千户所　明代，柳州府卫所于象州设守御千千所，配千户官 1 名。洪武二十四年（1391 年），千户尹镇于州城东北隅建城守署。

弓　兵　明，象州在龙门寨、鹅颈镇、尖山镇等处设巡检司,各有巡检1员,并设有弓兵。清,设龙门寨巡检,巡检署于昌化里大乐圩,有弓兵12名。

堡　兵　明末,堡兵133名,其中守大乐堡兵47名,那罗堡兵47名,太山堡兵39名,有堡田自养。清初,堡兵被裁,守城防汛由官兵代替。

民　壮　明,象州有民壮65名。清,有民壮28名,习鸟枪者15名,其余习弓箭、长枪。乾隆二十年(1755年),置大小旗号、衣服、器械俱全。

团　局　清末,象州设保团总局,州内八里各设保团分局。总局、分局均挑选地方团绅掌管,地方保甲团练由分局负责。民国10年(1921年),象县仍设团务总局。

练　丁　清末,州内各地建立团练,凡有枪炮之家均派人充当练丁。团练练丁有事则听从调遣,无事则归农。每月由团分操1次,每季由官合操1次。分操由团自筹给养,合操由官府发给伙食补助。

绿　营　清康熙元年(1662年),提督广西军务统辖汉土官兵总兵官(简称广西提督)移驻柳州府,设提标中、左、右、前、后5营,总兵额4011名。光绪十二年(1886年)8月,称驻龙州厅。同年,置柳庆镇,将广西提标左右2营改设镇标左右2营,划义宁协,庆远协、融怀营、永宁营、柳州城守营归其管辖,光绪三十年(1904年)裁撤,同年右江镇移至柳州,直辖中、左、右3营,兼辖镇安协、思恩、隆林、上林3营。康熙至乾隆年间,今来宾市境内分别设有象州县分防汛、来宾县分防汛、迁江县分防汛、武宣县分防汛和大乐(今象州县大乐乡)、平党(今兴宾区城厢乡平安村)、洛洞(今兴宾区平阳镇洛洞村)、北泗(今合山市北泗乡)、石墙(今金秀瑶族自治县三江乡)、五山(今兴宾区五山乡)等地设分防汛。迁江县分防汛、洛洞分防汛和北泗分防汛隶属宾州独立营,其余分防汛隶属柳州提标营。其间,顺治八年(1651年),来宾县有守汛兵145人,迁江县有守汛兵172人。雍正十一年(1733年),来宾县守汛兵增至544人。嘉庆十九年(1814年),开始裁减绿营。同治、光绪年间大量裁减绿营,组建防军。光绪三十年,柳州府有绿营右江镇和镇标中、左、右3营。至宣统三年(1911年),绿营兵全部裁撤。

勇营防军亲兵　清顺治十八年(1661年)合山境内设北泗讯,配总官1员,守讯兵35人。嘉庆二十一年(1816年)配北泗防汛兵10人,河里讯兵10人。咸丰二年(1852年),广西绿营主力尾追太平军入湘,兵力空虚,各地会党起义,柳州府临时招募勇营,和调入广西的湘勇、楚勇、果勇镇会党起义。光绪二十八年(1902年)四月,柳州府添募果勇1营,兵520名,柳州府中营原有额勇367名,募足500名。

光绪十五年(1889年),柳州府勇营逐渐演变为防军。光绪三十一年(1905年),置中渡厅,由桂林防军2营驻防。宣统元年(1909年)八月,防军改编为巡防队。右江巡防队编为第三至第十五队,每队员兵301名,驻柳州、浔州、庆远3府。

光绪三十年(1904年)正月,柳州府募亲兵营2哨1扎,兵100名。右江道台募亲兵1营,兵300名。

乡　兵　团练、土兵乾隆八年(1743年)十二月,大学士鄂尔泰等议奏:"广西各州县训练乡勇,雒容、融县、来宾、迁江等36县,原有设立乡勇、堡卒、耕兵、隘丁、俍丁、土丁,止须汰其老弱,另选补额。武宣、怀远、象州等17州县,逼近苗壮,或系边隘,已饬扼要村寨量行设立"。时,柳州府计有原设民壮102名,塘汛兵105名,堡田1075亩;新设民壮78名,乡勇30名,塘堡兵130名,堡田466亩。民国2年(1913年)—7年,北泗、河里、溯河分别成立练统,各置练统1人,练丁各15人,配有枪械。10—17年,北泗、河里、溯河分别成立局董、募团丁防守,其中北泗团局1人,招募团丁18人,有枪12支;河里团局招募团丁10人,有枪10支;溯河团局招募团丁10人,有枪10支。

道光二十八年(1848年),州、县举办团练,县设团总局,乡设团练,人数不等。咸丰、同治年间,绿营兵力薄弱,团练成为镇压会党起义的重要武装力量。清道光三十年(1850年)三月中旬设北泗乡团总,辖北泗、河里、岭南、溯河等9个团练。

清承明制,设土兵,隶属土司。忻城县土兵300名;雒容县土舍1名,堡目3名,土兵265名;融县堡目3名,土兵14名;武宣县土兵140名。巡检司设弓兵,掌捕盗贼、诘奸宄。柳州府有巡检司10个,弓兵162名。

清代,武宣县设总局举办团练,由董事长主事。民国1年(1912年),武宣县将清团务总局改为县自治局,设董事长1人。后改为保卫局。国民14—15年,武宣县又将保卫局改为团务总局,设正副局长各1人。民国20年,武宣县撤销团务总局,成立县民团司令部。县民团司令部由县长兼司令,副司令专管民团。司令部内设参谋、督练官和办事员若干人。民国21年,武宣县撤销县民团司令部,县政府增设团务科。民国22年武宣县又恢复县民团司令部。民国29年,武宣县成立国民兵团部。县政府团务科改为军事科。民国37年7月,武宣县民团司令部改编为县民众自卫总队部。总队长由县长兼任，副总队长由1名校级军官担任。总队部内设总队附、副官各1名，教练员数名。同时，县政府仍设军事科。

水　师　清康熙二十一年（1682年），置广西水师，驻柳州府，后移驻龙州厅。光绪初，设广西水师中、左、右、前、后5军。自庆远府至武宣为右军汛地，设将领4员，拨车扒船4艘，巡船36艘，兵536名。同年，置勒马哨水师，设把总1员，水勇10名。同年，设江口哨水师，设外委1员，水勇10名。江口、菱角、牛皮、西津、勒马、游龙、那珠、红石（均在今武宣县境）均派巡船驻防，每船设舱长1员，水勇10名。同治十一年（1872年），置来宾哨水师，设管带1员、扒船4艘，每船设舱长1员，水勇12名，驻防来宾县城2艘，正龙、大湾各1艘。光绪元年（1875年），裁正龙、大湾扒船。光绪四年（1878年），水师扒船全部裁撤。

石牌兵

瑶族石牌组织平时没有专职军队。遇到重大变乱，如土匪滋扰、外族侵犯等，石牌组织便召开石牌大会，组成队伍参加战事。石牌组织内凡年轻力壮的男性，都要参加临时军事组织，否则，将被石牌组织视为“通匪”而抄没家产。石牌的临时军事组织没有固定的编制。通常推选有威望、英勇的头人为首领指挥作战。

清光绪二十九年（1903年），三点会郭三、韩宝球、温良才、欧少汉等率部进入瑶山。右江道总镇李国治及莫荣新等带兵入山镇压。在清军唆使下，石牌头人龚道金、陶道进、赵朝堂等起石牌，亲率石牌兵参与镇压三点会，仅21天，就杀害三点会头领，完全摧毁三点会的据点。事后清朝将金秀瑶山分为4团，镇压三点会有功的赵朝堂、全公传、刘道干、蓝扶霄4人分别被委为团总，并获五品军功。民国16年（1927年），六巷乡小江冲一带“有匪帮数百人屯聚……四出劫掠，拉身勒赎”。六巷石牌头人蓝扶霄起石牌会剿土匪，苦战三昼夜，攻破匪巢、消除了匪患。1940年，国民党广西省府为将势力伸入瑶山，成立金秀警备区署。金秀石牌头人陶进达等召开全瑶山石牌大会，一致决议：不让金秀警备区署进驻金秀瑶山。会后各地瑶民纷纷购置枪支，准备进行武力抵抗。慑于瑶民武装抵制，金秀警备区署寄设修仁县府；半年之后，在周围各县民团的武装胁持下，于8月17日（中元节）这一天，分两路沿途烧杀抢掠、始驻于金秀。田村、刘村、六拉、昔地、金秀等地瑶民由于奋力反抗，事后10余人被杀害，田村化为灰烬。

民国地方武装

民国10年（1921年）7月28日晚，韦玉光（原弹压衙署差兵不幸被革职回家）带领队伍数十人包围忻城县衙署。作为内应的韦元明谎称要到街上买肉回来给弹压作宵夜，守门卫兵把大门铁锁打开，埋伏在衙署门外的韦玉光等乘机冲进大门，用匕首刺死卫兵，冲进衙门，周安舒（号贻廷）闻声想从西花厅前围墙逃走，转回头取银箱时，被韦玉光开枪打死。衙门里共被打死6人，韦玉光手下死1人。其他兵差大部分在无防备的情况下缴械投降，缴获了大十响等枪20多枝及银钱、衣物一宗。连夜出城。

国民军　清宣统三年九月十九日（1911年11月9日），柳州同盟会武装占领柳州，宣布柳州独立，成立右江国民军总机关，王冠任司令官，将清防军、巡防营、水师营改编为国民军两个支队，6个团，共2000余人。第一支队司令刘震寰，第二支队司令宋新洲。9月28日，右江国民军总机关改为右江军政分府，总长刘古香，国民军与民军编为8个队。民国1年（1912年），广西都督陆荣廷以统一广西军政为由，撤销右江军政分府，编为广西陆军第五统领，刘古香任统领，专管军事，刘炳宇、刘震寰为帮统，刘月卿为水师统领。柳州所有巡防营、水师营、新兵营统归第五统领管辖，总兵员3481名。各县亲兵队改编为巡防队，每县兵员30~60人。民国2年8月，刘震寰响应孙中山号召发动“二次革命”，反对袁世凯，组建讨袁军北伐，刘震寰任前敌总指挥，周毅夫任第一军军长，总兵力1000余人。11月，柳州水师改为水上警察分署。武宣水师改为柳江游击队，隶属浔州水上警察厅。

镇守使　民国10年（1921年）4月，广西护军使署增设柳州镇守使署，任贲克昭为镇守使。11月，镇守使署撤销。民国12年，北洋政府再次任贲克昭为柳州镇守使，后改为柳庆镇守使。

警备司令部　民国10年（1921年）12月，成立柳州警备司令部，孙中山任刘玉山为司令，辖警卫官兵300余人。各县巡防队改为警备队。次年3月，改为广西第六路警备军调往梧州。民国17年，设柳庆警备司令部，司令黄旭，驻柳州。各县警备队改为警备警察队，警兵40~50名、区设警佐1名，警兵1~3名。民国28年，成立柳州区军警督察处。各县设警佐室，警官3~5名，警兵30~50名。民国29年6月，军警督察处改为柳州警备司令部。民国33年秋，撤销柳州警备司令部，成立桂柳警备司令部（驻柳州），尹承纲任司令。民国37年,恢复柳州警备司令部。

保安司令部 民国29年(1940年)6月,成立广西第四区(柳州)保安司令部,民国34年,辖保安第五团,后增加保安第二团(欠1营)、补二团一营,新编保十团、保六团一部。民国末年(1949年1月1日至9月30日止),成立十五区保安司令部(驻今融安县长安镇),设保安连1个。

民国33年(1944年)冬,区保安司令部下辖县民众抗日自卫队乡自卫中队,村自卫分队。民国35年,抗日自卫队改编为常备队。民国37年7月,各县成立民众自卫总队,常备队改编为特编队。民国末年(1949年1月1日至9月30日止),进行总体战,实行"一甲一兵一枪"运动,县组建自卫大队,每大队辖步兵中队3个,机枪中队1个;乡组建自卫队,每队30名。

民团组织

民国1年(1912年),各县成立团防局或保卫局,设董事长1名,团练数人。武宣县署有警备队30名。民国3年,团防局改为民团总局,设团总1名,警备队60~120名。民国9年,来宾、迁江两县各设团总,组编民团大队;区设练总,组编民团中队,训练地方武装。民国10年,武宣县民团总局改为团务总局,设正副局长各1名,常备队120名。区设团务分局,设分局长1名,按团抽调民壮20~30名编为联队。乡编民团后备队。民国14年,来宾县改设县、区团局机关,设局董事和助理等官员,募练地方武装。民国17年,武宣县团务总局有游击队70名。来宾县设民团司令部,有正、副司令督练官(校级)各1人。稍后,增设助教、副官等尉级军官各9人,士兵15人。民国19年,忻城县设有军事机构,组织体系与政治组织一致,后逐步分开,属政府机构。民国20年,武宣县民团司令部有常备队两队,每队90名。民国21年,武宣县共有后备队54队,4779人。民国24年,武宣县全县有12个民团大队,194个民团中队。民国20年,分属修仁、象县、平南等县的桐木、头排、七建、三江、大樟、罗香等乡镇,开始建立团务分驻局或团。民国20年5月,修仁县团务总局在桐木镇及一致乡(今头排乡)分别设立团务分驻局,在今桐木、七建、头排、三江等乡镇一带设立修仁团务总局第18、19、20、21、22、23、24、25团,并设立3个联团区。分驻局及各团分设团董,联团区设主任,各团有团练若干名。各地民团,负责维护当地社会治安。民国22年撤销北泗、河里、溯河局董,设北泗、河里、溯河民团后备大队,三个大队均属迁江县民团司令部管辖。大、中队长均由县民团司令部委派各乡、村长兼任。实行三位一体制(即乡长、中心校长、民团后备大队长三职集于一人)。民团后备大队实行自治、自卫、自政策。当时北泗后备大队武器装备有长枪25支、短枪2支。武宣县有警察队长1名,区、乡有警卫人员8~12人。民国23年,武宣县警察人数24人,其中公务12人,侦缉12人,枪25支,子弹1711发。修仁县团务总局改为修仁县民团司令部。桐木、七建、头排、三江等乡镇,根据广西省府命令,由修仁县政府和民团司令部组建民团特种后备队和预备队。民团特种后备队和预备队,由18~44岁壮丁组成;每村街选择18~30岁壮丁组成一个特别后备中队(又称为甲级队),30~44岁壮丁组成一个预备队(又称为乙级队)。各乡镇分别成立特种后备大队和预备大队,大队长、中队长分别由乡镇长、村街长兼任。1935年底,桐木镇(含当时的桐木镇、六合乡及十锦乡一部)设特种后备队34个中队、有队员1281名,预备队34个中队、有队员945名;七建乡设特种后备队8个中队、有队员317名,预备队8个中队、队员273名;头排乡(含当时一致乡及五福乡一部分)设特种后备队23个中队、有队员982名,预备队23个中队、队员998名;三江乡(时为西元乡)设特种后备队9个中队、有队员303名,预备队9个中队、队员305名。上述地方民团共有队员5404名,占当时男丁总数的29%(修仁县政府1935年10月《修仁县全属户口统计表》)。民国24年,武宣县全县有12个民团大队,194个民团中队。来宾县民团设局长和正、副司令、督练官等团局级指挥官25人。民国25年1月,忻城县设团务科,忻城属4等县,按规定不配科长、科员,实为虚设。同年3月,县政府机构编制设第五科,办理民团、保安事务,由副县长任科长。民国28年9月,忻城县团务科改为军事科,科长、科员共3人。民国29年7月,来宾县将民团司令部、团局改编为国民兵团部。是地方武装的领导机关和兵役机构。有正、副团长、少校政训员各1人,尉级教官,副官等7~9人,辖1个常备队。民国30年,忻城县区民团指挥部撤销。民国31年,武宣县政府加设警佐室,下设侦缉、办事、警察3个部门,约60人枪。民国34年冬,来宾、迁江县改国民兵团部为军事科。民国35年,平南县民团还在罗香乡(含当时的罗香、平竹二乡)设有民团特种后备队3个大队、8个中队36年,武宣县设警察大队,约120人枪。民国37年7月15日,来宾迁江两县民团司令部改编为民众自卫总队，县长兼总队长，设副总队长1人。民国末年(1949年1月1日至9月30日止)武宣县民众自卫总队有官兵300多名。

忻城县民团司令部 民国17年忻城县改土归流。民国19年忻城县创办民团，县设民团司令部，由县长兼任司令，另设一名副司令专管民团事务，司令部内配参谋、督练官和办事员若干人。民国22年县民团司令部归并到县政府。民国25年1忻城县月改组为县政府团务科，民团司令名义则仍保存。民国29年4月，忻城县恢复民团司令部。民国37年6月25日奉广西省保安司令部命令，忻城县民团司令部改编为民众自卫总队部。县辖区设民团后备队联队，联队长由区长兼任；乡设民团后备队大队，大队长由乡长兼任。

象州政务警察 民国1年(1912年)，县政府设置“警备队”，有正副警长各1人，警兵80人，多用于传递公文、催征、传案、解犯、守卫等。1922年改警备队为“政务警察”。民国23年设6个班，官兵共77人，分公务组2班，侦缉组2班，巡逻组1班，卫生兼消防组1班；有枪58支，子弹2011发。民国36年，有警官9人，警兵138人；步枪69支，手枪9支，轻机8挺，步枪弹5000发，手枪弹100发，手榴弹100枚。

象州民团 民国20年(1931年)，成立象县民团司令部，县长兼任司令，由柳州区民团指挥部派军事官任副司令，下设参谋、副官、军需、书记等职。民国21年各区乡设民团局，次年，县民团司令部并入县政府办公，各区乡民团局撤销。民国20年(1931年)，象县民团司令部编练2个常备队，每队90人。民国23年10月，训练后备队4个队，336人，有枪135支，子弹849发，刀矛189把。民国24年4月，分4期训练后备队4445人。民国29年，成立县民兵团部，性质与民团司令部相同，县长兼团长，专职副团长1人。民国31年，象县国民兵团部训练国民兵12868人。民国32年，征调受训过的国民兵组成3个后备队，服役2月，因财政困难，民国33年初裁2个队。民国33年冬，成立象县民团司令部，县长兼司令，设专职副司令1人。民国35年，全县有乡镇后备队19队，村街后备队181队，共9993人。民国36年10月，象县政府、县民团司令部组建特编后备中队，每期服役6个月。民国36年，象县政府重新组建民团司令部，委任司令、副司令。民国37年，成立象县民众自卫总队部，县长兼总队长，配专职副总队长2人。民国37年8月，有特编后备队2个中队。第一中队有队长、队附、办事员各1人，班长5人，士兵64人；第二中队有官佐1人，警长5人，士兵34人。

合山矿山警卫队 民国25年(1936年)，成立合山煤矿股份有限公司矿山警卫大队，设大队长1人，有警卫员80人。大队下设中、小队，各设队长1人，其中常驻大队部的中队警卫员30人，白鹤隘中队警卫员20人；河里小队警卫员20人。当时警卫大队装备有轻机枪6挺、步枪70支、驳壳枪3支、子弹3000发。民国27年1月，矿山警卫大队警兵141人，共有枪支120支，子弹8695发。1949年12月中旬，中国人民解放军桂林军管会对原合山煤矿股份有限公司矿警队进行改编。

河里保安队、警察分队 民国32年(1943年)设迁江县北泗乡警察分所，设所长1人、队员18人，轻机枪1挺、步枪13支、手枪1支、子弹850多发。民国末年(1949年1月1日至9月30日止)初，设迁江县河里保安队，队长1人，配枪30支。

象州自卫队 民国33年(1944年)10月，日军逼近县境，象县政府、县民团司令部调国民兵900人和原保留的后备队1个队，组编县自卫队3个大队，共1000余人；上西乡、中西乡、下西乡联合组建西区自卫队3个大队，400余人枪。民国34年6月，日军退出县境后即解散自卫队。民国37年10月，国民党象县当局为加紧镇压日益蓬勃发展的人民革命斗争，组建象县自卫队总队，设3个常备中队，各乡镇设常备班，编组壮丁8372人。

金秀自卫队 1944年冬，日本侵略军入侵广西，七建、大樟、桐木等地群众曾组织民众抗日自卫队，打击日本侵略军，保卫家乡人民的生命和财产；其中七建自卫队有队员50余人。1948年8月，金秀警察局长李成棣等在罗运乡公所召开瑶区治安会议，通过在瑶区成立反抗中国共产党、对抗各地瑶民的《民众自卫队议案》。但由于各地瑶民及石牌组织的坚决反对而未能付之于行动。

北泗抗日联队 民国33年(1944年)年12月间，在北泗司烟山瑶族村，组织抗日自卫队第三联队，下辖3个大队，9个中队，18个小分队。总兵力1620人，枪支甚缺，无枪支队员自带刀矛。民国34年6月2日，第三联队与迁江第一联队配合国民军525团3营收复河里街。第三联队第一大队第二小分队成立时20余人，16支长枪，1支驳壳、12左轮。这支分队在北泗一带先后10多次袭击日军，10月该分队发展到70多人。第三联队第三大队第一小分队活动在河里洛满山区及河里公路一带，先后7次袭击小股日军，打死日军21人，缴获枪4支、指挥刀2把、手榴弹1枚、子弹45发、马4匹。11月这支小分队发展到100人；同年冬，活动在北泗加马、东矿一带的第三联队第一大队第一小分队也发展到100余人，多次袭击日军，缴获日军机枪2挺、三八步枪19支、拉八手枪1支、子弹一批。

忻城县抗日游击队 民国33年（1944年）10月，忻城县韦广培有计划地从国民党军队带回一支20多人的队伍，持有轻机枪2挺、步枪12支，与思吉乡樊茂春、安良乡黄日昌等商讨组织抗日游击队事宜。农历十一月，忻城县思吉、古蓬、安良、北更等乡成立了抗日自卫大队。下设若干中队。何泽华在联队中任职。同年冬，周廷扬、曾诚、王诚、周世芳（女）、莫加星、覃宝龙、莫江白、麦燕、潘雁宣等分别在忻城县马泗、加仁、永定等地组织抗日游击队。民国34年1月，忻城县抗日游击队正式成立，称为"柳庆师管区抗日游击第一司令部"，何朝臣任司令，韦凤翔、彭英任副司令，王诚任政治部主任，汤克仁为参谋长，下辖13个大队，有1500人枪。1945年8月抗日游击队（自卫队）解散。

中国共产党领导的地方武装

武宣农民自卫军 1926年冬，中共武宣支部领导农民运动，组织通挽、东乡区农民自卫军。通挽区农民自卫军队长何金宝，东乡农民自卫军队长刘铁民。1927年5月，中共梧州地委在武宣、平南、桂平组织成立"武平桂农民协会军事委员会"。东乡、通挽区农军300多人枪在东乡集中，成立武宣县农民自卫军，刘铁民任总指挥。1926年12月，中共鹏化区委在罗香、罗运（原属平南县，今属金秀瑶族自治县）领导农民运动，组织农军。罗香农军150人枪，队长潘仲英；罗运乡农军30人枪，队长涂其美。1927年夏，中共柳州支部领导象县农民运动、组织农民自卫军，农军人数达2400余人。1929年，在都安拉烈农军赤卫团的组织领导下，宜山县马泗乡（今属忻城县）成立2000多人农民自卫军，韦世杰任农军总司令。

武宣抗日自卫队义勇队 1944年冬，中共武宣特支委员韦敬礼在通挽组织领导一支有近百人枪的抗日自卫队。1945年1月，中共东乡支部书记陈文渊，党员韦世宽等组织领导70多人的东乡抗日义勇队。同时，国民党武宣县民团司令部所辖的县自卫队和各乡的自卫队，也参加了抗击日本侵略军，保卫家乡的战斗。

大华山抗日游击队 1945年春，中共来宾特支派党员杨林、郭坚和爱国人士张毅樵在牛岩乡华山，组织30多人枪的大华山抗日游击队。

都宜忻边界抗日游击队 1944年12月，在中共党员覃宝龙、莫加星和进步教师王诚、莫江白的推动下，在忻城、宜山、都安3县边区组织抗日游击司令部，覃宝龙任参谋，王诚任政治部主任，莫江白任干事，有450多人枪。1944年9月—1945年2月，中共党员梁宁、黄日昌等联合爱国人士樊茂春、李大寰等，在上林县北区（今属忻城县）组织500多人枪的上林北区抗日联队，樊茂春任副队长，黄日昌任政治部主任。

中国人民解放军桂中支队 1947年9月29日，廖联原组织领导中秋起义，成立达开纵队，下辖12个支队500多人枪。国民党广西省保安团队重点围剿后，达开支队化整为零，以武工队活动。1949年5月，中共桂中地工委成立后，将桂中地区的武工队组成桂中区人民解放总队，先后下辖6个大队，1个独立中队和来宾大队。1949年10月，桂中总队扩编为中国人民解放军桂中支队（简称桂中支队），司令员兼政委廖联原，副司令员韦志龙，副政委兼政治部主任韦纯束。支队下辖4个团（即第一团、第八团、第十五团、第二十九团）和4个大队（即第三大队、第十大队、第十六大队和来宾南河大队），1个独立营（桂平北区独立中队改为桂平北区独立营）及修雒榴三边所属的一致、十锦、四达3个武工队，有指战员4000多人，炮11门、重机枪8挺、轻机枪78挺，各种步手枪2400余支。桂中支队第一团活动区域在贵县、武宣、桂平三县交界地区；第三大队活动区域在武宣北河地区；第八团活动在象县；第十大队活动在平南县；第十五团活动在贵县、武宣、来宾三县边界，主要在武宣南河地区；第十六大队活动在桂平县西、北、南区；第二十九团活动在贵县石龙、山北地区；来宾大队活动在来宾县红水河以南南泗、龙南、石牙、石塘地区。1949年12月，桂中支队配合南下解放军解放桂中各县后，支队司令部整编为中国人民解放军独立第八团，直属梧州军分区。其余在原地编入各县县大队、区中队。

都宜忻人民解放总队 1948年5月，中共上忻工委在宜山县马泗乡冷水村（今属忻城县）建立第一支武装工作队，后扩编为凤凰山游击队，下辖5个分队和新圩独立分队，200多人枪。1949年3月6日，活动在都安县夷江地区的武工队举行暴动，组织桂西北人民求生三六支队（简称三六支队）下辖6个中队，400多人枪。5月3日，三六支队改编为桂西北人民解放军第五团(简称第五团),下辖两个大队和1个独立中队。5月18日第五团和凤凰山游击队在马泗乡合并,仍称桂西北人民解放军第五团,下辖3个大队。1949年10月,第五团扩编为都宜忻人民解放军总队,司令员兼政委路璠,副司令员覃宝龙、周廷扬,副政委吴师光,政治处主任覃展。11月24日,总队编为四个联队,下辖17个大队,共2500余人,炮3门,重机枪12挺,轻机枪61挺,各种步手枪2482支。1949年11月—12月,都宜忻人民解放总队配合南下解放军解放宜山、忻城、环江、天河县,柳江四联队配合解放军解放柳州市。12月底,编入人民解放军序列,称"中国人民解放军都宣忻总队",所属大队分别改编分属宜山军分区和柳州军分区领导。

粤桂边区纵队第八支队来宾独立大队 1948年6月,中共贵县中心县委书记梁德、副书记梁寂溪带武工队到来宾开辟新区,在青岭组建贵(县)武(宣)来(宾)迁(江)边区武工队。1949年7月,中共地方组织派党员赖伟等人在白牛洞成立"粤桂边区纵队第十九团来宾县第一武工队"。同年10月中旬,把三五、五山、青岭、石牙、寺山等地的游击队、武工队(组)扩编为"粤桂边区纵队第八支队来宾独立大队",辖4个中队。

象县武工队 1948年12月,中共象县区领导机关在小古院村建立象县武工队,有队员10余人,长短枪10余支;指导员陈钜,队长韦章平,副队长林立。至1949年7月,武工队发展到6个队,150人枪。基干队队长林立,指导员韦章平(兼);毛队队长毛仲平,指导员林岚;蒙队队长蒙曙光,指导员张斌;盘队队长潘期远,指导员黄史山;黄队队长黄强;冼队队长冼杞芳。

第八支队独立第一团 1949年3月来宾县韦业莽、黄炎隆在迁江县七洞良塘地区建立"人民解放西南六纵队"。同年春,大里乡组成迁江武工队,平阳乡也建立平阳武工队。1949年7月,在迁江县活动的几支游击队扩编为"粤桂边区人民解放军迁江独立大队"。同年12月又改编为"第八支队独立第一团"。

中国人民解放军桂中支队来宾大队 1949年4月,桂中总队在南泗建立武工队,6月改为红河独立中队,8月建立来宾南河大队,11月桂中支队司令部将桂中支队在来宾县活动的几支游击武装扩编为"中国人民解放军桂中支队来宾大队"。

河里武装中队 1949年7月中旬,中国人民解放军粤桂边纵队第八支队迁江独立大队派华能宗到河里、北泗一带组建一个武装中队,即迁江独立大队河里中队,华能宗任政治指导员、队员9人,枪7支(该中队因人枪不足而撤离)。同时还在河里、夏满(今洛满)、怀集建立联络站。

柳来象边区人民解放独立大队 1949年8月初,中共柳(江)来(宾)象(县)边区特支在大湾乡组成几支武工队,9月初改编为"柳来象边区人民解放独立大队"。大队长肖汉祖,政委肖雷,下辖4个中队,共180余人,有轻机枪5挺,各种步手枪180余支,活动于柳江、来宾、象州结合部一带。1949年11月30日配合南下解放大军解放来宾县以后,大队指战员大部编入县大队、区中队。

桂中支队第八团 1949年8月16日,上级党组织决定把象县武工队改编为中国人民解放军桂中总队第八大队,直属桂中总队司令部领导。9月初,中共桂中地工委副书记韦纯束到大乐古车村,召开象县武工队干部会议,正式宣布这一决定。桂中总队八大队大队长韦章平,政委韦纯束(兼)。下辖3个中队,第一中队长林立,教导员黄史山;第二中队长毛仲平,教导员黄保强;第三中队长蒙曙光,教导员林岚(兼)。11月中旬,接桂中支队司令部命令,八大队改为中国人民解放军桂中支队第八团。3个中队分别改为一、二、三营,除由原大队、中队干部升任团营领导干部外,另任林岚为政治处主任,韦宗昭为副团长,张斌为三营副教导员。

象县大队 1950年元月,桂中支队第八团一部分改编为象县县大队,下设3个小连,武装人员约140人,连排干部多由一三三师骨干充任。1951年元月,调整为两个步兵连约300人。历任队长有毛仲平、李云生,教导员柳读文、李培芳。各区成立区中队,共有队员216人,每中队编制30人。1952年2月撤销。

中国人民武装警察部队象州县中队 1950年1月,建立"中国人民解放军公安部队象县中队",为连级建制。1952年,与武宣县中队并为"石龙县中队"。教育、行政管理、生活供给由县兵役局负责;业务指导、执行任务由县公安局领导。1955年8月,公安中队改为"人民武装警察队",属公安机关建制,业务上由上级公安机关武装警察部队和县公安局领导。1962年12月,改为"中国人民公安部队象州县中队",实行义务兵役制,业务由县公安局领导。1966年7月,撤销公安部队,改为"中国人民解放军九九分队"。1969年底,改为"中国人民解放军七九分队",归县人民武装部领导。1975年12月,根据国务院、中央军委命令,“中国人民解放军七九分队”改为“中国人民武装警察部队象州县中队”,实行义务兵役制,受柳州地区武警支队和县公安局双重领导。

北泗二中队 中华人民共和国成立之初,北泗区称迁江县第二区,1950年8月建立北泗第二区武装中队。1952年1月把二区中队改为北泗区工委武装中队,兵员不变。

北泗区武装部 由于政区变动,北泗区第二武装中队于1952年10月改为上迁县第二区武装部。1953年3月改称来宾县北泗区武装部。6月改为来宾县第十一区人民武装部。1958年改为北泗人民公社武装部。1959年7月,北泗公社分设北泗、河里、岭南3个人民公社,武装部也随之分设3个。1962年10月,北泗、河里、岭南人民公社合并为北泗区,成立来宾县北泗区人民武装部。1968年2月改为北泗人民公社武装部,有正副部长、干事各1人。属来宾县人民武装部管辖的乡级武装部。主要负责民兵工作。

合山矿山警卫队 1954年成立合山矿山警卫队,指战员300人。武器装备有机枪13挺、步枪182支、冲锋枪7支、各种短枪45支、手榴弹416枚、子弹18578发。1962年1月23日,成立矿务局武装部后,原矿山警卫队员有的留下任武装部干警,部分转行当煤矿工人,有的转行外地,也有的复员回家。

粤桂边区纵队第八支队在来宾市境内活动的团队

新二十四团 1947年10月5日,中国人民解放军一二一纵队在武宣县通挽宣布成立,纵队下辖6个支队1个直属中队。12月,国民党广西省保安团重点“围剿”,一二一纵队被迫分散隐蔽。1948年3月,韦敬礼、梁寂溪在武宣通挽重建武宣游击队。1949年7月,游击队发展到120多人枪,成立武宣县独立营。11月,扩编为中国人民解放军粤桂边区纵队第八支队新二十四团,团长韦昌铁,政委韦敬礼,下辖2个营,共有600多人枪,炮1门、重机枪2挺、轻机枪34挺、各种步手枪500多支。1950年1月,新二十四团改编为武宣县大队。

第二十二团 1947年9月16日(农历八月二日),上林县古蓬镇、思吉乡(今为忻城县所辖)100多人枪,在中共上林支部领导下,举行武装起义,成立上林县人民自卫军八二支队。10月,在国民党广西省保安团队“重剿”下,被迫分散隐蔽。1948年8月,上林武工队扩编为粤桂边区人民解放军独立第五团。1949年11月,第五团扩编为粤桂边纵队第八支队第二十二团,团长韦广培,政委张声震。1950年初,该团分别编入广西警卫团和宾阳军分区。

独立一团 1949年3月,迁江县良塘乡武装暴动,成立人民解放西南六纵队。7月,改编为粤桂边区人民解放军迁江独立大队。11月,改称为中国人民解放军粤桂边纵队第八支队迁江独立大队,大队长黄炎隆,政委韦业莽,下设3个中队,共有250余人。轻机枪5挺,各种步手枪200余支。12月1日,独立大队配合南下解放军解放迁江县并进行接管工作。19日,迁江大队改编为中国人民解放军粤桂边区纵队第八支队独立一团,团长韦善隆,政委覃耀庭,下辖5个连。1950年2月,独立一团指战员大部分编入县大队。

来宾独立大队 1949年10月,来宾武工队在分界乡扩编为中国人民解放军粤桂边区纵队第八支队来宾独立大队,大队长覃觉民、政委黄祖盛,下辖4个中队,共有200余人,轻机枪3挺,各种步手枪160余支。1949年12月大队指战员大部分编入来宾县大队。

县大队　区中队

1950年1月—4月,境内各游击队改编为各县县大队、区中队。象县、武宣、来宾、迁江、忻城等有县大队,有27个区中队,总兵员4200余人。1952年2月,各县县大队、区中队撤销。

预备役团

1983年8月,柳州陆军预备役步兵师组建后,即在来宾县组建第一团和师直通讯营;在象州县组建第二团;在忻城县组建第三团。建团初期,预备役机关与所在县人武部合署办公,两块牌子,一套人马。1984年,在武宣县重组高炮营和通讯营,建在来宾县的师直属通讯营和高炮营同时撤销。1986年2月18日,预备役部队正式列入中国人民解放军编制序列后,预备役团建立独立的工作机构,与县人武部分开办公。预备役团设团长、政委(县委书记兼)各1人,下设司令部、政治处、后勤处。团长、参谋长、主任、处长、参谋、干事、营长、连长等职务分别由14名现役军官担任,其余副职由县人武部主管干部兼任或由地方党政机关转业干部预任。1999年4月,预备役部队进行调整改革,柳州陆军预备役改为地区建团。下辖营、连、排及各专业技术分队,团机关、团直属分队和步兵1营在来宾县组建,团部设在来宾县。1999年7月,在象州县增建炮兵营。2004年

3月18日，步兵1团3营之第9连在合山市组建。

中国人民解放军76156部队

1955年7月，根据中央军委、广州军区指示，在来宾县境建立1座后方战备仓库，称442仓库。后改称中国人民解放军第442仓库，隶属广西军区管辖。1961年，仓库移交广州军区后勤部第20分部管辖。1969年10月20日，广州军区后勤部将仓库编为广字136部队。1979年5月1日，改为广州军区来宾某仓库，称54043部队。2000年10月1日，改称76156部队，团级编制。

来宾军分区

来宾军分区于2004年12月26日挂牌成立，属正师职单位，位于来宾市人民路3号，下设司令部、政治部和后勤部，辖兴宾区、合山市、忻城县、武宣县、象州县和金秀瑶族自治县人武部。

中国人民武装警察部队来宾市支队

2003年3月，武警柳州地区支队更名为武警来宾市支队。支队机关位于广西壮族自治区柳州市柳北区三中路92号原柳州地区公安局大院内。

第二章　军事地理　军事设施

第一节　军事地形

来宾市位于广西中部，辖兴宾、合山、象州、金秀、武宣、忻城6个县（市、区）70个乡镇，4个街道办事处。全市总面积1.34万平方千米，其中陆地面积1.3万余平方千米，占总面积97.5%，水域面积330多平方千米，占总面积2.5%。陆地总面积中，山地4996平方千米，占总面积37.28%；丘陵4000余平方千米，占总面积31.32%；平原及台地、阶地面积3900平方千米，占总面积29.1%。

来宾市位于广西中部（北纬23° 16′—26° 29′，东经108° 24′—110° 28′之间），市境东西宽202千米，南北长150千米。北与柳州市、河池市交界，距柳州市60千米；东与桂林市、梧州市、贵港市相邻；西与河池市、南宁市相交；南与南宁市、贵港市毗邻，距南宁市160千米。来宾地形以山地、丘陵和河谷平原为主，山地占总面积的38.4%，丘陵占26.2%，台地占8.8%，平原占22.5%，水域占2.2%，其他占1.8%。东部为大瑶山山脉，是广西山字形构造的东翼，弧形山脉呈北向东，属中低山和丘陵区，位于金秀瑶族自治县的圣堂山海拔1979米，为桂中最高峰，也是广西第五高峰。西部山脉呈北向西弧形排列，主要为岩溶低山区。中部多为河谷平原和台地，包括来宾平原，面积973.25平方千米；武宣平原，面积400平方千米。来宾市水系属珠江流域西江水系。水系多呈树枝状分布。由于地势从西北向南倾斜，周高中低，形成集水盆地，使河流水系呈树枝状向湖盆中央汇集。地表水系发达，河流纵横，河网密度约0.31千米／平方千米。主要河流有红水河、清水河、柳江河、黔江。红水河从市中心穿城而过，为西江上游河段，发源于云南省，在忻城县入境至象州县石龙镇附近的三江口，境内河段长307千米，为境内最长的河流。清水河是红水河一级支流，发源于广西上林县，至来宾迁江镇流入红水河，境内河段长为90千米。柳江河发源于贵州省，流经柳州市鹿寨、柳江两县后进入象州县，境内河段长64千米。红水河与柳江在象州县石龙镇附近的三江口汇合后称黔江，流经武宣县进入桂平市，境内河段长118千米。来宾市地势较高，山岭连绵，石山广布，有许多天然洞穴、山沟、河岸、渡口、关隘，地势险要，易守难攻。其中，兴宾区地处广西南北交通要冲，军事地位尤为重要。兵家踞之，东可控象（州）武（宣），西钳合（山）上（林）忻（城），南制贵（港）宾（阳）以至南宁。北扼双柳（柳州、柳江），为历代兵家必争之地。象州县地处柳江与红水河交汇地带，水路交通十分便利，具有重要的军事地位。金秀瑶族自治县，地处广西中部偏东的大瑶山主体山脉上，山脉连绵，峰峦重叠，山高林密，隐蔽地多，山地作战易守难攻，有利于游击作战，但机械化部队机动受限制。武宣县境内丘陵平原，独山独峰拔起，平原开阔，有利于防御作战和后勤基地开发。忻城县，县境内峰丛石山面积广大，悬崖绝壁，山道崎岖，有利于开展游击伏击战以及部队隐蔽，低山丘陵和平原区域有利于部队打阵地战，石山区有利于打伏击战，同时县公路沿线岩洞分布众多，形状各异，在军事上有利于隐蔽、屯员、屯粮，具有重要军事价值。合山市境内地貌总趋势是北部、东部和南部较高，中部为盆地，西部和西南部较低，平原地区有利于打阵地战。

来宾市交通便利，湘桂铁路、桂海高速以及广西的母亲河—红水河穿城而过，水陆交通发达。兴宾区、合山市是广西铁路、公路、水路兼有屈指可数的县（市、区）之一。象州县，柳江和红水河于县境西南端汇合为黔江，乘船可上抵柳州、下至梧州、广州；公路国道209线经县境西部，向南可达广西南部海滨城市北海市；省道20134线自西向东横贯县境，往西与桂海高速公路衔接，往东可经荔浦上桂林。武宣县，红水河与柳江在县境北部的金鸡乡汇合为黔江，乘船可下至梧州、广州、香港、澳门；209国道横贯县境8个乡镇，长74千米。忻城县，有2条国道通过县境，南通南宁，北联柳州，西北通达宜州，鹿寨。金秀瑶族自治县，有1条国道2条省道通过县境。便利的交通条件，为部队作战兵员物资运输提供重要保障，也有利于机械化部队机动。来宾水系发达，江河、沟渠纵横交错，对军事行动有障碍作用。

来宾市是广西军事要地之一，自汉朝以来，历代派重兵驻守，筑有城池、兵营、烽火台等军事设施。在未来反侵略战争中，防御敌人从海河、边防入侵，来宾市是战略防御地带，沿湘桂铁路、柳邕公路可支援凭祥、南宁地区；沿柳湛铁路或顺黔江而下，可支援湛江、梧州方向。

第二节　关隘　要地

关　隘

双髻卡　位于武宣县东乡东北部双髻山，双峰耸立，海拔1016米，山谷狭窄，长约1千米，宽约1米，为唐朝开辟、明清沿袭的柳（州）湟（大湟江口）驿道。地势险峻，易守难攻，为历代兵家必争之地。太平军与清军曾在此隘激战，日本侵略军与国民政府军也在此激战。

洪水界　位于金秀瑶族自治县大樟圩东南部，海拔863米，为象州、金秀至桂平县的陆路要道。日本侵略军从桂平县经象州犯柳州市，其师团部队曾从此界入侵。

灵香界　原名古堡界，位于金秀瑶族自治县金田村与和平村之间的灵香山上，隘高600米，金（秀）柳（州）公路经过此隘。为金秀镇出桐木镇之门户。

坡料隘　位于忻城县欧洞街北1千米，隘长1.5千米，柳（州）河（池）公路通过此隘。

俭表隘　位于忻城县古蓬镇西郊，隘陡弯曲，隘长1千米，忻（城）都（安）公路从此隘通过。

覃四坳（隘）　位于兴宾区平阳镇弄桥村委会驻地西南部2千米处，呈东西走向，长1.5千米，为平阳镇通往上林县桥贤乡咽喉要地，历为兵家必争之地。

风口隘　位于兴宾区平阳镇溯社管理区风口村民委员会西北部1千米处，为溯社管理区通往平阳镇必经之路口。清咸丰年间，风口村民黄特科等曾在此隘阻击进剿清兵。

石门坳（隘）　位于兴宾区七洞乡古车村民委员会西北部1千米处，坳口两侧为高耸石山，形如石门，故名。该坳口长1.7千米，为来宾至忻城重要坳口之一。1949年，中国人民解放军与国民党军队某部曾在此坳交战。

黑塘坳（隘）　位于兴宾区良塘乡金规、下么村附近，隘长1千米，南北两面是石山，地势自西向东倾斜，在陡坡下东侧形势一个塘窝，中间有条长约20米的干涸小沟。民国33年（1944年），来宾县抗日自卫队曾在此设伏，痛击日本侵略军。

斗二隘　位于忻城县宁江乡政府5千米处。隘高、路弯曲，石板路面。传说需用煮熟斗二（6公斤）米饭的时间才能从隘脚爬到隘顶，故名。隘长1千米，坡度25度，为忻城县城通往思练之古道。民国年间，此隘列为忻城县要隘，每天派后备队团兵4名轮流守卡。

木罗坳（隘）　位于忻城县大塘街西北8.5千米处的木罗屯附近，隘以屯名。长1千米，隘陡且高，为忻城县至柳州公路险要路段。

牛角弯隘　位于忻城县思练街南9千米，隘形弯曲如牛角，故名。黄沙土路。民国15年（1926年），劈为公路，柳（州）邕（南宁）线从隘间穿过。

乾摆隘　位于忻城县果遂东南2千米，与合山市岭南镇潮河村甘劳屯交界。民国期间，为忻城县境内险要关隘，每日派后备队团兵4名轮流守卡。

俭傍隘　位于忻城县古蓬街西1千米。隘陡且弯，长1千米，两面石山，为通往北更、遂意要道。民国时期筑石阶。1960年修筑公路，为忻城县至马山、都安两县必经之道。

东温坳　位于金秀瑶族自治县大樟乡西南，最高处海拔880米，为大樟乡通往桂平的必经之路。太平军在三江隘路受阻返回桂平时，即经此坳。

猪婆坳（隘）　位于金秀瑶族自治县罗香乡与平南县花洲之间，上下共长4千米，古为金秀至平南县思旺圩商旅必经之地。洪秀全等太平天国首领曾多次经此坳(隘)进入瑶族地区,发动瑶民参加太平天国革命。

铜盆岭　位于金秀瑶族自治县城西南,该县长垌圩西北,海拔 816 米,地层为泥盆系莲花山组,山势险峻,为长垌圩至象州县的交通要道。1949 年,中国人民解放军桂中支队第八大队在长垌乡一带活动期间,曾多次经过此岭,并在岭上休整、宿营。

蚂拐塘坳　位于金秀瑶族自治县城北部,坳长 4 千米,海拔 1264 米。在金秀开通公路之前,为金秀出修仁荔浦必经之地。现有金秀至修仁公路经过。

滑坪坳　位于金秀瑶族自治县罗香乡罗运村南 8 千米处,坳上下各长 2 千米,古为罗香、金秀出平南的交通要道。

枫木界　位于金秀瑶族自治县六巷圩西 9 千米处,西部与象州县百丈乡交界,坳上下长各 4 千米,六巷河经过此西出象州县。

金鸡坳　位于金秀瑶族自治县忠良乡圩北部 7 千米处,为忠良乡至蒙山县交通孔道,忠良至新圩公路经过此处。坳上有古寨墙遗址。

回面山　位于象州县城南 5 千米处,又名"白虎关",山势陡峭,屹立江畔,扼柳江之要冲。

老虎尾　位于象州县城南 7.5 千米处,两山对峙,为象州经妙皇过武宣、平南必经之路。

石门岭　位于象州县城东 5 千米处,山高坡陡,扼象州东出之路。

高　岭　位于象州县城东 7.5 千米处,山形庞大,路弯坡陡,是象州东出必经的第二道险隘。

土垅坳　位于象州县城东 30 千米处,两山对峙,坡长路陡,是象州东出必经的第三道险隘。

永隆背　位于象州县城东南 15 千米集义村(今妙皇乡永隆村)背。山势绵长,道路曲折,曾为象州南出武宣的必经之路。

玉屏山　位于象州县城北 25 千米处,山势高峻,扼象州北出鹿寨、柳江之门户。

麻子山　位于象州县城西北 20 千米处,地处柳江东岸,山势陡峭,扼柳江要津,清代曾是大成国军与清军作战的古战场。

毛狼山　位于象州县城西南 22.5 千米处,是石龙过马坪的交通孔道,抗日战争时期象县抗敌民众与县自卫队曾在此围歼日军。

保安寨岭　位于象州县城北 50 千米处,近大合村,有水北绕,小道傍山崖而上。清咸丰、同治年间,象县三吉、那马等村居民曾在此建寨避乱。

北堂隘　原名北荡隘。位于武宣县通挽镇梧山村右方,路入贵港上龙山村,岭坳高大险峻。1945 年 2 月,中共武宣县工委领导的通挽抗日联防自卫队曾在此隘伏击日军。

大昌坳(隘)　位于武宣县通挽镇大昌村背,路入贵港龙山圩,岭坳高峻如壁。明成化年间,官府为镇压大藤峡农民起义,曾于此处设立县廓镇巡检司,弓兵 32 人,清末始裁。

要　地

三江隘路　位于金秀瑶族自治县三江乡,东北起自八里塘,西南至岔路口,全长 13 千米,为桂中通往桂东、桂北要道。柳鹰公路穿过此隘。明朝,在隘中石墙坳设立墙堡,派兵屯防。清朝,清军于石墙阻击太平军北上。国民政府军于石墙阻击日军,毙日军大队长井郡次郎少佐。

八　寨　位于忻城县西南(今遂意、北更乡、古蓬、红渡镇及上林、马山县边境地区),总面积 526.57 平方千米。境内有弄霞山、岐山、龙蟠、将军诸山,俭表、俭傍、北营、加福、龙门、东稠等险隘;红水、旁江两河。为明朝八寨农民武装起义的根据地。解放战争时期,为中共上林支部领导的古(蓬)思(吉)武装起义之地。

大藤峡　位于黔江中下游,上自武宣勒马,下至桂平弩滩,全长 60 千米,两岸崇山夹峙,岩石突兀江边,峭壁悬崖,形势险要,为黔江至浔江咽喉。相传在弩滩之上约五里的地方,有一条大藤横在架江上,供人攀附过江,故名大藤峡。明朝,大藤峡瑶族人民多次起义,反抗明王朝统治斗争达 200 余年。抗日战争时期,武宣东乡抗日义勇队于红石滩伏击日军船队,毙日军宪兵队长向井立夫以下 120 多人。

北　三　兴宾区良塘、七洞(曾名莲洞)一带古称北三。地处迁(江)来(宾)忻(城)马(平)四县交界处,是广西心脏地带,方圆 400 平方千米,侧靠中华人民共和国成立前广西南北唯一主要交通干线桂邕公路和湘桂铁路通往合山煤矿要冲,境内层嶂峰岭,沟壑纵横,林木繁茂,村落稠密。东邻来宾县北五,西连忻城县思练,北倚马平(今柳江)县三都,西南有关隘桃子坳是迁江和来宾的接界处。北三河从西北流入,纵贯全境,迁江渡口位于此地区。境内四面环山,北有屯沦山(今伦桃山),南有龙镇山,山峦重叠,且多为石山,石山有岩洞,山势险峻峭绝,是柳庆(今宜山)的要冲,西面可以联络八寨,向东可以控制东瓯,大藤,西北可与河池咘咳相犄角,进可攻,退可守,是聚兵的好地方。自明初开始,北三,北五所在的迁江、来宾地区，不断爆发农民起义。至景泰、天顺年间，义军队伍联合起来，组成“刬马军”。该军以来宾、迁江北三、北五为根据地，战斗在黔江西岸。轰轰烈烈的北三农民起义持续时间约半个世纪，刬马军一直活动到明朝灭亡，最后失败告终。现有一条公路直贯南北，东北有小道分别通来宾、百朋到柳州，西与忻城接壤，山水相连。军事地理位置重要，西面控制柳邕公路线100多千米，扼住合山运煤铁路与迁江白鹤隘及红河渡口。解放战争时期，这里是以七洞、良塘为中心的迁江游击区，是粤桂边迁江独立大队武装活动和控制的地方。

大　湾　位于兴宾区东北部，距城区24.8千米。东邻象州县，西连凤凰镇，南界正龙、高安乡，北接柳江县，古有“柳、来、象边区”之称，总面积182平方千米。中华人民共和国成立前，大湾是来宾县的商业中心，是柳州地区交通比较发达的地方之一，水路、陆路交通方便，还有一条专轨铁路直达大湾，为反动统治较弱地区，国民党总统府粮库曾设一个分库在此。抗日战争时期，大湾是粤、川、滇、湘、黔五省来往商船的中转站，是开设运输行最适宜的地方。1943年，广西省工委组织部长（代理副书记）黄彰、大湾党小组成员甘化民曾在此开办“天马运输行”，作为广西省工委的交通总站，为地下党筹集活动经费，传递信件，安排从城市撤退到农村的地下党员，保存革命力量。1944年8月，中共广西省工委书记钱兴和黄彰在此召开会议，研究和部署广西沦陷后对敌斗争工作。1994年12月，柳州地区行署下文，划定大湾乡为革命老根据地。

来宾镇　位于兴宾区境中部红水河畔。东连城厢乡，西邻桥巩乡，南接良江镇，北界凤凰镇。与柳州市公路距离86千米，铁路距离70千米，直线距离66千米；与自治区首府南宁市公路距离181千米，铁路距离185千米，直线距离136.8千米。城区总面积56平方千米，下辖8个居委会，常住人口14万人，为市（来宾）、区（兴宾）、镇（来宾）三级政府所在地，是兴宾区金融机构、商业服务、文化教育、医疗单位较密集的地方。城区内有多家工业企业，交通发达，人口流动大，为兴宾区政治、经济、文化中心，在未来反侵略战争中将是敌人重点破坏目标之一。2001年，来宾县人武部本着能走能躲能打的要求，制定战时县城区人口疏散方案。战时需疏散离城6万多人，居住在镇东、镇西、镇北、河西4个区。按照便于运动，就近疏散原则，镇东片人员疏散地域为正龙乡、蒙村乡，镇西片为良塘乡、桥巩乡，镇北片为凤凰镇、北五管理区，河西片为良江镇和三五乡。

迁江镇　位于兴宾区西南部，距城区29.3千米，东接桥巩乡、良江镇，西连大里乡、平阳镇，南邻陶邓乡、石陵镇，北界合山市，总面积340.6平方千米。迁江镇曾是迁江县城所在地。水陆交通便利，红水河、清水河流经镇境，来（宾）合（山）铁路贯穿东西，设有白鹤隘火车站、镇汽车站，柳邕公路经过镇中，自民国17年（1928）省道筑成后，该镇成为柳邕交通枢纽，为兵家必争之地。民国32年，国民政府曾在镇境排陈村修建临时军用飞机场。民国27年7月16日，日本侵略军的军用飞机分前后2批共17架次进入迁江镇（时为迁江县治所在地）上空，投下重约4磅的炸弹200多枚，炸死炸伤群众50多人，炸毁民房130多间、县城国民党驻军军用汽车14辆，县城闹市区盐埠全被夷平。镇北郊约2千米的扶济山洞，曾是昆仑关战役指挥所。民国28年12月—29年2月，国民党将领杜聿明、白崇禧曾在此洞（所）召开团长以上干部参加的军事会议，并指挥闻名中外的昆仑关战役。在未来战争中，此镇将成为兵家必争的重镇之一。

大塘镇　位于忻城县境东北部。东与柳江县交界，西与马泗乡毗邻，南与思练镇接壤，北与欧洞乡相连。322、323国道交会贯穿镇中心，东北面与柳州相连，南抵省府所在地南宁市，西北可达宜州，是西南地区交通枢纽。镇境木罗村木罗屯后的锁颈山为县境北面的制高点，主峰海拔757.9米，倾斜坡70度，仅有一条路能登上山峰。通视距离10千米，可观察1千米内的木罗屯及公路。占领该制高点，可控制县境的北大门。大塘街东面500米外的大塘山是镇境的又一制高点，主峰海拔590米，倾斜坡70~80度，步兵可四面登峰。通视距离：北面6千米，东面10千米，南面15千米。占领该制高点，可封锁通往南宁、柳州、宜州的三岔路口，控制镇政府机关及附近村屯。

红渡镇　位于忻城县境西南部红水河南岸。镇东与新圩乡接壤，西与遂意乡毗邻，南与古蓬镇交界，北与城关镇相接。该镇街头的红渡大桥横跨红水河，桥长404.6米，宽10米，高46米，桥面可通行15吨汽车或80吨拖挂车，河面可通行300吨驳船，是西南地区水陆交通要道。镇内的红渡大山是镇境的制高点，主峰海拔495.5米。占领该制高点，可控制大桥和镇政府机关及附近村屯。

石龙镇　地处象州县南端，居中来宾、象州、武宣、柳江四县相邻处，珠江一级支流柳江与红水河在此交汇。国道209线横贯全镇，居石龙可北上柳江、柳州，西出来宾，南下武宣、桂平、梧州，为水陆路交通要冲，地理位置和交通地位十分重要。国民18年(1929年)粤桂战争期间，桂军派重兵驻守石龙，粤军占据武宣。抗日战争时期，民国29年9月15日，日本侵略军出动9架飞机轰炸石龙圩，轰炸重点目标是停泊在石龙柳江河面的油船。共投弹40多枚，除炸毁民房外，还炸毁民船百余艘，死伤群众200余人。此后，石龙还多次遭受日机轰炸。中华人民共和国成立后，在石龙镇建有哨所，派驻部队驻防。

象州镇 地处象州县中部柳江河之滨，省道20134线贯通全镇。沿公路东进可抵大瑶山，北出可达鹿寨、荔浦、桂林，南下可抵武宣、南宁，西上可直达桂中工业重镇柳州及来宾市；沿水路可上抵柳州，下达广州、香港，交通、地理位置十分重要，为历代兵家必争之地。隋代桂州俚人李光仕造反，部将杜条远占据象州；唐贞元十年(795年)，西原蛮首黄少卿造反，攻陷象州，光化三年(901年)，马殷攻陷象州；南汉乾和元年，吴怀恩略定象州；宋太祖四年(964年)平定象州，真宗景德初年(1004年)派曹利用破陈进于象州；元速不台攻陷象州；明洪武元年(1369年)，明兵攻取象州，成祖五年(1408年)，韩观由柳州攻马平、来宾、迁江、上林、宾州、罗城、融县会兵象州，永历五年辛卯清兵攻陷象州；咸丰二年(1852年)蛋户贼蓝大眼攻入象州，五年贼人长腰四率部攻入象州，六年大成国军李文茂攻取象州，八年清军克服象州，当年七月大成军复来，象州再陷，九年太平天国石达开部进抵象州与大成国军会合；民国5年(1916年)，下西乡肖善昌等率2000余人攻扑县城，民国13年沈鸿英部与李宗仁部在象州城外互战。

金秀镇 地处大瑶山中心山区，为自治县县城所在地，海拔高度770米，年平均气温17度，其南面约2千米为60万平方千米的原始森林，周围高山海拔高度1000~1500米之间。清朝，"三点会"曾在金秀活动长达8年之久。国民党政府曾于1940年在金秀设立县一级统治机构金秀警备区署(后改为金秀设治局、金秀警察局等)。国民党统治时期，瑶民分别于1940年和1943年两次武力攻打国民党统治机构及其军队。1949年底，全国中华人民共和国成立后，国民党军残匪云集大瑶山，大瑶山成为广西土匪的指挥中心。大瑶山匪首甘竟生、林秀山、韩蒙轩等以金秀为活动中心，勾结瑶族坏瑶头，强迫瑶民参匪，并多次在金秀召集匪首开会，对抗人民解放军和人民政权。1952年5月28日金秀瑶族自治县成立后，金秀镇一直为自治县县治所在地。

头排镇 位于金秀瑶族自治县西北部，与鹿寨县交界。镇地北部有月王岭，海拔高度948米，为三江石墙关隘出入口的制高点。太平军曾在镇内活动。抗日战争时期，这里多次发生战斗。中华人民共和国成立后，驻地中国人民解放军部队在月王岭修筑有永久性国防工事。20世纪末，广州军区在头排镇与鹿寨县四排镇交界处建有军事训练基地。

三箭塘 位于迁江、宾阳、上林3县交界处，南接刁蒙隘，北连五里塘，南依群山，东陷荒野，地势险要。民国34年(1945年)，来宾抗日自卫联队曾在此处公路两侧设伏，痛击日军，毙敌数十，缴获军用品一大批。

草鱼塘战备渡口 位于武宣县城东南8千米处。20世纪60年代，由中国人民解放军第41军修建。渡口河面宽240米，纵坡最大处为16%，最小曲半径为15米。正面可控制两岸码头上下游200米，纵深可控制东岸300米，西岸150米。渡口东岸为国营武宣农场第四队，西岸为第五队。部队由北往南向挺进，可以从武宣县城迂回三里共20千米到草鱼塘。2001年黔糖路修通后，可以从武宣县城经雅村、石岗、桐岭共13千米上国道线。渡口筑成后，41军全军工兵、舟桥分队曾多次集中保障演习和野营拉练部队渡江。

第三节 城池 兵营

象州县城池

明初始筑土城，设东西南北4门，成化十四年(1478年)，于四门各建楼1座。嘉靖九年(1530年)，拆旧土城改砌砖石。万历十三年(1585年)，重开小南门。清康熙六十年(1721年)重建。雍正三年间(1725年)，募捐重修。乾隆六年(1741年)，修建门楼3间，二十年(1755年)，重修，城墙周围长5950丈，高1.8丈，宽1丈，垛口1645个，设5门，东称宾阳门、南称镇南门，西称朝江门，北称象台门，小南门为进贤门，环城挖壕宽2.5丈，深1丈。今遗址犹存。

来宾县城池

明洪武三十一年(1398年)，始筑土城，西南临河，东北倚山。设四门：东称东安门，西称西清门，南称镇南门，北称迎恩门，各门建谯楼并串楼。城墙周围长510丈，高1.8丈，垛口740个，城壕深1.5丈。永乐十三年(1415年)，改砌砖墙。后因战事，多次被毁。明、清多次修复、重建、改建，今遗址犹存。

迁江县城池

宋天禧四年(1020年)，始筑城于瓦山下(今来宾县雅山村)。嘉定三年(1210年)，迁县治于红水河北岸(今迁江糖厂处)建城池，后毁。明洪武二十年(1387年)，复筑，后毁。二十三年(1390年)，迁县治于红水河南岸(今迁江镇)建城池。后因兵乱城垛城楼圮毁。万历十三年(1585年)，增修城墙，周围近4里，后圮。清康熙二十一年(1682年)重建，砌砖墙，周围长667.3丈，高1丈，垛口1386个，设东、南、西、北及小南门。东临清水河，北临红水河，西南挖城壕深1.5丈，宽3丈。城墙遗址尚存。

忻城县城池

明万历十年(1582年)，土官莫镇威于修文里(今城关镇)翠屏山北麓筑土城，环署周围长45丈。三十三年(1605年)，农民起义军攻陷县城，毁。清康熙二十一年(1682年)，重修砖石城池，城墙周围长165丈，高0.5丈，宽1.5尺，设东、西、北3门，无池。今遗址尚存。

武宣县城池

明洪武三年(1370年)，始筑土城。三十年(1397年)，扩建城池。成化年间(1405—1487年)，改建砖石墙，周围长293丈，高1.8丈，宽1丈，设东、南、西、北4门，环城控壕深2丈，宽1.5丈。今圮，尚存北门城楼。

兵　营

黄沙滩、复旦高坡兵营　明成化元年(1465年)，明军为镇压大藤峡瑶民起义，于武宣县大小黄沙滩筑兵营两座，周围长90丈，又于复旦村西高坡处筑兵营1座，纵横30余丈，四周挖土垒壁，今遗址尚存。

田台村、勒马埠兵营　明嘉靖七年(1528年)，明军于武宣县田台村，筑兵营两座，周围长数十丈，高6尺。又于勒马埠筑兵营1座，宽30余丈。今遗址尚存。

桐木兵营　清咸丰元年(1851年)5月，清军于桐木(今金秀瑶族自治县桐木镇)营盘岭、桥底岭各筑兵营1座，总面积约200余亩，环山各挖壕沟一道，宽5米，深2米，总长千余米。已圮，今遗址尚存。

大樟兵营　清咸丰元年(1851年)6月，太平军于大樟境(今金秀瑶族自治县大樟乡)花炉、奔腾、高秀村一带南面山头，筑兵营9座，环山腰挖壕沟9道，宽4米，高3米，总长3100米。今遗址尚存。

八仙山兵营　清咸丰年间，清军为镇压武宣县境农民起义，于武宣县马步乡官禄村边的八仙山进口处筑有兵营1座，周围长数十丈。今遗址尚存。

洪水洞兵营　民国2年(1913年)，武宣县建立护商营，于黔江河东岸洪水洞筑兵营1座3间。已圮。

第四节　飞机场　仓库　战壕

飞机场

武宣机场　民国25年(1936年)夏，于武宣县城东3.5千米处(今武宣农场境)，修建飞机场，年底竣工，南北长800米，东西宽120米。抗日战争时期，曾降落过3次飞机。今废。

迁江临时军用机场　民国32年(1943年)，迁江县征用民工6000人，于排陈村(今迁江糖厂北侧，柳邕、迁来公路交会处)修建临时军用机场。今废。

航空导航台　1980年，在来宾县城西郊兴建航空导航台，1981年10月建成。导航台配备有现代化通讯导航设备，为国内、国际飞机过境提供无线电信息，担负航线导航任务。

仓　库

迁江军用粮库　民国29年秋，国民政府军第四战区司令部于迁江修建军用粮库1座，储备粮食37.5万千克。

后勤仓库　1955年，中国人民解放军工程兵部队在来宾县修建后勤仓库1座。

人武部武器仓库　1984年9月，各县所有武器装备集中县人武部统一保管后，各县先后划拨土地筹措资金兴建武器仓库。兴宾区人武部武器仓库占地面积40878平方米。

战　壕

战备战壕　1965年，美军侵略越南战争升级，美国扬言要轰炸中国。为预防敌人空袭，1965年起至20世纪70年代中期，境内各县人民群众和驻境部队掀起清山洞、构筑和维修防空掩体、战备战壕热潮。1969年，据检查来宾县6个单位，共挖掘防空战壕467条。20世纪80年代后，境内各县所修筑的防空掩体、战备战壕逐步损坏。

第五节 炮楼 炮台 烽火台

炮 楼

清咸丰年间(1852—1858年)，武宣县设水勇驻防黔江，于江口、菱角、牛皮、勒马、游龙等江岸处，各修建炮楼1座，分驻水勇。今废。

炮 台

民国19年，桂系军队在武宣镇天马庄修筑炮台1座。已废。

中华人民共和国成立初期，为保卫来宾县境红水河钢桁桥梁大桥安全，驻来宾县桥头部队于来宾县城厢乡莆田村北部3.3千米处的红水河南岸1座高岭上修筑炮垒(台)1座。今废。

烽火台

明嘉靖七年(1528年)，明军于武宣县勒马埠修建烽火台3座。今废。

第三章 兵 役

清至民国19年(1930年)，境内县、乡无专设兵役机构，仅在征兵期间临时抽员组成临时兵役机构。

民国19年(1930年)，各县民团司令部负责征兵事宜。民国22年，新桂系军队改募为征，由县政府军事科办理征兵事宜。民国25年，各县民团司令部撤销，县政府军事科负责征兵工作。民国26年，成立柳州团管区，负责兵员征集工作。民国27年，各区、县、乡成立兵役委员会，监督征兵的实施。民国29年7月，各县政府军事科改为国民兵团司令部，仍负责办理征兵事宜。民国32年，县、乡兵役委员会一律改为兵役协会。民国34年9月，民国兵团司令部撤销，恢复由县政府军事科办理征兵业务。

1950—1953年，各县成立扩军委员会。1954年，按照《中华人民共和国兵役法(草案)》规定，各县成立兵役委员会，县人民武装部(简称人武部、下同)改为兵役局。1965年，各县兵役委员会改为征兵领导小组，县兵役局改为人武部，既是地方党委的军事部门，又是当地政府的兵役机构，还是地方部队的组成部分。

第一节 兵役制度

中华人民共和国成立前兵役制度

境内的兵役工作，在不同的历史时期实行不同的兵役制度。明代至民国初期，期间除宣统二年(1910年)至辛亥革命实行征兵制外，一直实行募兵制。宣统二年，清廷开始“采访(仿)各国制度，矫重文轻武之弊，改募为征”。民国前期(1920年)，沿袭清宣统前的招募制度，不再是终身服役制和世业制。民国20年，来宾开始实行义务兵役制度，国民党的征兵制度实际是以抽签、拈阄、抽丁和抓壮丁的形式来代替，没有严格的法律监督程序。

募兵制 明代至民国初期，期间除宣统二年(1910年)至辛亥革命实行征兵制外，一直实行募兵制，雇用民间勇武民壮长期服兵役，凡雇用者，边生产边训练，战时随时参战。清顺治十年(1653年)，柳州设立经常营后次年派巡督到来宾、迁江两县直接招募。对象为身体健康并甘心终身当兵的青壮年男子。应募者必须开报实在姓名、年龄、籍贯，出具保结(无论是本地人或异籍客民，均需有原籍人的证明担保和本人自愿当兵的甘结保证，入伍后不得自由退伍，到50岁后不能从事差役和操练时则令其退伍)。迁江、来宾两县县兵为地方自设自招，主要用于保护县府、县官。乾隆五十四年(1789年)，实行世业兵制度，建立“余丁”制度，从各营中清出一些钱粮来收养营兵子弟，待长至16岁以上就可以考补缺额。县城士兵亦遵上实行，每年都由驻军最高长官告示，然后阅选，没有武艺及体弱者不能当兵。这种体质强壮而且又有籍贯的士兵，为不牵累家室，均不敢轻易犯法，便于军营管制。加上清廷对脱逃的兵丁，一律采取严刑酷法处置，从而保证不军营兵丁终身服役制和世业制的施行。充军后年满50岁以上不能从事差役和操练，才“解退名粮，”令其退伍，弃甲还乡。

民国前期(1920年)，沿袭清宣统前的招募制，但不搞终身和世业制。民国初期由于战乱频繁，兵员招募不易，民国23年(1934年)改行征兵制。

征兵制 宣统二年(1910年),清廷开始“采访(仿)各国制度,矫重文轻武之弊,改募为征”。是年,广西“拟于省城编练混成协,而以步兵一标分驻柳州。定……柳州为乙标管区,设征兵局于府治。”“于十月及来年(宣统三年)春季分两次设局开征”。按广西督办督练公所制订的“应征要则”10条规定检验选取。其中要求入选者必须是18~25岁,体格健壮、五官端正、言语清楚、无不良嗜好和犯案记录,有绅董或殷实户店担保及亲属甘结之土著壮丁。“应征要则”还规定,开征时“不按户勒派”,由各人“自愿报名,不加以勉强”。并由督办督练公所派出之征兵官加以监督。来宾、迁江两县在宣统二年十月和每年春季开征时,在县城张贴广西省府督办督练公所颁布的晓谕告示和应征要则,希望全体父老壮丁“各抒爱国热忱,共奋从戎之志”。结果,“应征者甚踊跃”。辛亥革命后,此制废除。

民国20年(1931年)广西实行义务兵役制,即征兵制。境内各县按广西总督和柳州府司督规定在县城张贴告示征兵,告示规定:凡年满18~40岁的健康男子都有服兵役的义务。民国22年,民国政府公布实施兵役法规定:年满18~45岁中华民国男子皆有服兵役之义务。义务兵役的种类有常备兵役、补充兵役、国民兵役3种。实行“三丁抽一,五丁抽二”的兵役制。常备兵役又分现役、正役和续役三种,由18~40岁身体合格的男子应征。现役期:上等兵、特业兵服役期3年;运输兵半年,其余为2年。正役期6年,续役期自转之日起至40岁。民国23年,广西党、政、军第七次会议通过《兵役法实施条例》,其中规定:凡属中华民国国籍,现在广西省内居住,有固定住所,年在18~45岁的男子均有服兵役之义务。同年上半年,来宾、迁江两县奉省令实行“寓兵于团、寓将于学、于兵于募”的兵役制度。各乡镇编18~45岁的男子为民团后备队,各区设后备联队,县设后备总队。同年在迁江县征兵60名。民国30年,民国政府明文将征兵对象分为壮丁甲乙两级应征,规定:18~35岁为甲级,36~45岁为乙级。其中可以抽签的方法来确定适龄男子的应征入伍顺序,但中签者可雇人或以钱物顶替,由政府发给缴纳“特别绥证证书费”免征。民国31年,民国政府明文征兵对象为男子满18~45岁为常备兵役制。其中20~25岁的壮丁,分五个年次抽签;26~45岁的壮丁,只令缴纳“出征抗敌军人家属优待费”不参加抽签。来宾县被应征壮丁106人,迁江县被应征壮丁96人。抗日战争胜利后,实行“四丁抽三,三丁抽二,二丁抽一”的兵役制度。民国35年,把常备役分为现役和预备役,现役以年满20岁、身体合格的男子作为征集入营的对象,役期为2年。特种兵、特业兵和步兵的军役期为3年。高中以上毕业的学生服役期:特种兵、特业兵3年,普通兵1年。必要时现役役期可以延长。现役期满退伍至45岁除役。补充兵役:凡适合常备兵役,由于超额未编入常备役的男子,根据需要每年征集一部分,由常备师、队或管区训练4~6个月,期满后退伍至45岁服补充兵役的预备役。国民兵役:男子年满18~45岁不服常备兵役时服国民兵役。民国23年上半年,广西实行“团、学、后备队三位一体”制的“寓兵于团”制,即以国民的征集、训练来实现。民团是由各乡、镇18~45岁的壮丁收编为民团后备队,每个后备队有若干个排,各区设民团后备联队,县设民团后备总队。18~30岁为甲级队,31~45岁为乙级队。民国37年初起,壮丁中签者可用牛马骡等代替壮丁应征。国民党政府的征兵制,实际是以抽签、拈阄、抽丁的形式所代替,给当时的军队长官和地方官以发财的机会,他们可以任意颠倒顺序或假造中签号码,然后敲诈勒索,收贿受贿,这样有钱有势的人便可逃避兵役之苦。尤其是实行缓役以后,更是从法律上给有钱、有势的人造成了避役的条件。有钱有势的人家抽中签可以交钱求免或者雇人顶替,平民百姓抽中了签,只有想法逃跑或者被强行抓走。民国时期的兵役制度是极不完善的,加上没有严格的法律监督程序,兵役法实际上已成为军队长官和地方官员发财的工具,国民则视当兵为畏途。因此,随着战争(内战)的不断升级,国民党军队缺员的现象日趋严重,地方的征兵任务也越来越重。征兵制则逐渐被“抓兵制”所取代。来宾、迁江两县都有过互相抓过路人充壮丁的事,甚至以演戏、开会为名诱集乡民然后围捕壮丁,以完成“抓兵”任务。1948年底,国民政府在崩溃的前夜还在来宾、迁江两县“抓兵”386名,其中迁江173名。是年,来宾、迁江两县曾以适龄男子进行抽签,有多少制多少签,“三丁抽二”“两丁抽一”按中签号顺序应征,对中签被征者,不依期应征,或逃避征兵者,由乡、村公所负责捉拿当事人或亲属,重者没收家产,封拆房屋,抓其家人惩罚坐牢。是年,来宾县逃兵145人,被封拆房屋46家,坐牢15人;迁江县逃兵68人,被封拆房屋35间,坐牢24人。

中华人民共和国成立后兵役制度

中华人民共和国成立后,从1950—2005年,按照国家统一规定，经历了志愿兵、义务兵、义务兵与志愿兵相结合的兵役制度阶段。各级兵役动员体制不断完善，党、政、军主要领导为征兵机构负责人。在各族人民大力支持下，保证了兵役工作顺利进行，圆满完成了各时期的兵员动员征集、预备役登记任务。

志愿兵　1950—1954 年，实行志愿兵役制。1953 年 12 月 31 日以前，军队所需的兵员，由人民政府或军队在一定地区范围内对青壮年进行宣传动员，启发本人自愿后，家庭同意，政治合格，身体健康，经部队批准，即可入伍。为保卫胜利果实和抗美援朝，来宾县和迁江县两县合并前，1950—1952 年，共有 268 名青年学生应征入伍，196 名青年参加中国人民解放军。1950 年 11 月—1951 年 4 月，象县共有 1140 名青年参军。1950 年朝鲜战争开始后，更多的青壮年要求参加中国人民志愿军，抗美援朝，保家卫国，武宣县全县报名者多达 1200 余人。参军者不但本人自愿，而且须经父母同意，并经政治审查、体格检查合格，才能入伍。1951 年 3 月—7 月中旬，武宣县自愿参军者 292 名。同年 7 月 15 日以后，又自愿参军 263 名。“抗美援朝”期间，金秀瑶族自治县内桐木、头排、七建、三江、大樟、忠良、罗香、六巷等乡有 225 名青年自愿入伍，赴朝鲜参战。青年参军后，人民政府对军属实行优抚政策，组织人民群众在生产上给予代耕，生活上给予关怀照顾。志愿兵入伍后其服役年限不受限制，志愿兵除国家免费供给食、住、穿外，按规定每月支给津贴费。

义务兵　1954 年 8 月，县试行预备役制，对全县适龄应征公民和复退军人进行预备役登记。同年 11 月，实施《兵役法》，试行征兵制。1955 年冬宾县开始正式实行征兵制，征兵对象为凡年满 18~22 周岁的男女公民均有服现役的义务，思想品德好，政治历史清楚，身体健康者，均可报名应征，先经目测初选，再经体检，政治审查，均合格后，征得家长亲属同意，经县征兵领导小组批准，接兵部队审查同意，方可入伍。当年来宾县征兵任务 459 名，报名应征者多达 2.5 万人。1955—1964 年，服役期限规定为陆军3年、空军4年、海军5年。1965年起改为陆军2年、空军 3 年、海军 4 年。1978 年以后执行。1984 年又为陆军 3 年，海军、空军 4 年。服役期满后，根据部队需要，除部分留在部队以外，大部分退伍复员回乡参加工农业生产。服役满 6 年以上不改为志愿兵的战士，原则上应予退伍。少数因战备需要批准继续留队服役的，从第 7 年起不再增加津贴费。

义务兵和志愿兵相结合　1978 年以后，实行义务兵与志愿兵相结合的兵役制度。义务兵服役期满，属于技术兵种和其他骨干兵员，在服役期满 5 年以后，根据部队需要，个人自愿申请，经师以上领导机关批准，可改为志愿兵（专业军士或军士长）继续服役，服役期延至 13 年。年龄最高不能超过 35 周岁。对于继续留在部队的志愿兵国家给予相应的待遇补助。

义务兵役制为主体的义务兵与志愿兵、民兵、预备役相结合的兵役制度　1984 年《中华人民共和国兵役法》规定：中华人民共和国公民都有依法服兵役的义务。服现役满 5 年的义务兵，根据部队需要和本人自愿可改为志愿兵，继续服现役；退出现役的士兵和军官以及其他符合兵役条件的公民，在规定年龄内服预备役。民兵组织既是国家武装力量的组成部分，又是预备役的基本组织形式。民兵分为：基干民兵、普通民兵。基干民兵为第一预备役，普通民兵为第二预备役；28 岁以下的退伍士兵和未到部队服现役而经过基本军事训练的公民，编入基干民兵，成为民兵中随时准备参军参战、执行应急任务的骨干力量。其余 18~35 岁未基干民兵组织的男性公民，编入普通民兵。女性公民根据需要参加基干民兵。

1998 年《中华人民共和国兵役法》（1998 修正）规定：中华人民共和国公民，不分民族、种族、职业、家庭出身、宗教信仰和教育程度，都有义务依照规定服兵役。兵役分为现役和预备役。每年 12 月 31 日以前年满 18 岁的男性公民，应当被征集服现役。当年未被征集的，在 22 岁以前，仍可以被征集服现役。根据军队需要和自愿原则，可以征集当年 12 月 31 日以前未满 18 岁的男女公民服现役。每年 12 月 31 日以前年满 18 岁的男性公民，都应当在当年 9 月 30 日以前，按照县、自治县、市、市辖区的兵役机关的安排，进行兵役登记。士兵包括义务兵和志愿兵，义务兵服现役的期限为 2 年，志愿兵实行分期服现役制度，期限从改为志愿兵之日算起，至少 3 年，一般不超过 30 年，年度不超过 55 岁。退出现役的士兵，由部队确定服预备役的，在回到本人居住地以后的 30 天内，到当地县、自治县、市、市辖区的兵役机关办理预备役登记。士兵预备役的年龄，为 18~35 岁。乡、民族乡、镇和企事业单位建立民兵组织，凡 18~35 岁符合服兵役条件的男性公民，除应征服现役的以外，编入民兵组织服预备役。民兵分为基干民兵和普通民兵，28 岁以下的退出现役的士兵和经过军事训练的人员，以及选定参加军事训练的人员，编为基干民兵；其余 18~35 岁符合服兵役条件的男性公民，编为普通民兵。

第二节 兵员征集

清宣统二年(1910年)十月至三年(1911年)春,柳州府两次征集兵员。清乾隆初年,来宾县有缉捕、警勇、民壮40人,由知县直接指挥。咸丰、同治年间,增募亲兵10~30名。同治十一年(1872年)来宾县设水师(扒船),在县城置扒船2艘,正龙、大湾各1艘。扒船设仓长1人,水勇12人。光绪元年(1875年)撤正龙、大湾的2艘,光绪四年撤县城的2艘。光绪八年(1882年)七月,来宾县增设防勇,有一哨设哨弁1人,勇丁100人。哨仿湘军编制每10人为1棚。光绪三十年(1904年)增设3哨,每哨50人。

民国1年(1912年),来宾县把县衙亲兵改巡防队。民国4年改为警备队,设警长、副警长各1人,警兵25人。区设警佐1人,警兵1~3人。民国9年,来宾县有民团大队,区有民团中队,民国16年,来宾县组建民团,实施义务练。规定适龄男子均有服练、服役义务。民团编5人为班,5班为排,5排为队。各乡、镇有若干个排,编为民团后备队,各区有后备联队,县有后备总队。民国19年,推行民团制度,兵员由民团征调。民国22年,柳州区根据国民政府颁布的《兵役法》和广西省政府的实施条例和征集细则,进行试征,实行三丁抽一、五丁抽二的规定。民国26年,开始普遍征兵,并实施缓征制度。民国32年4月修改兵役法,实行"四丁抽三、三丁抽二、二丁抽一"规定。9月统计,忻城适龄壮丁总数16855人,实行"二丁抽一","三丁抽二"的抽签征兵法。抽签结果甲丁1860人,乙丁738人。时有在营人数4330人,停役人数261人,缓征人数8313人。民国37年下半年,柳州团管区在各县征兵营私舞弊,收取贿赂,循情免征。有的敲诈勒索、封房抓人,赎身取保。中签应征壮丁,可缴缓征费,还可雇人顶替。贫苦农民无钱雇人顶替,到处躲避征兵。达不到抽签人数,就出现"抓兵",将征兵变为抓兵、买兵、卖兵,于是民众以各种方式反抗征兵。民国37年,武宣县征兵额209名。国民政府在来宾县抓兵213名,在迁江县抓兵173名。忻城县被抓兵157名。民国末年(1949年1月1日至9月30日止)4月12日,广西省主席黄旭初在省府施政概况中承认"征兵困难原因由于:服役年限无期延长,多不退伍,失信于民;待遇太薄;乡村长办理征兵有贪污舞弊事情发生。"

中华人民共和国成立后,每年征兵期间,地方党委、政府及有关部门都将征兵作为重要工作来完成。征兵期间,县、乡、村都成立征兵领导机构,负责征兵工作相关事宜。兵员征集的年龄一般在18~22岁,从2000年后,根据部队建设的需要,具有大专以上的文化可以放宽到22周岁,一些部队还直接到地方院校征集在校的大学生(退伍后可以恢复学籍,继续读大学,一旦体检合格,大学生仅回户口所在地办理入伍手续即可)。而征集农村青年的要求在初级以上的文化程度。对于一些少数民族的山区青年则放松到小学文化,这种现象较少。

1950—1953年,各县兵员征集实行志愿兵制。青年男女本人自愿报名应征,家属同意,体检合格者,即可参军。1951年1月—2月,来宾、迁江两县再次扩编部队,来宾县总兵力为716人,迁江县总兵力为900人。两县先后为野战部队输送兵员888人。3—7月中旬,武宣县自愿参军292名。同年7月15日以后,又自愿参军263名。忻城县编入中国人民志愿军1255人。

1954年,境内各县在各乡试征,完成征集新兵。来宾县当年县征兵任务459名,报名应征者多达2万人。1955年7月开始,按照《中华人民共和国兵役法》,建立正常的征兵制度,开展全面征集。来宾县当年征兵750名。从1958年开始,在征兵任务中,征集部分文化兵。1968年开始,每年度征集部分女兵。1972年开始,征集警察。从实行义务兵役制以来,境内各县进行两次兵员动员。1962年,境内征集新兵,并动员一部分老兵重返前线。

1959年和1961年因民国经济困难没有征兵;1966、1967、1971、1975年因"文化大革命"动乱没有征兵;1988年因改冬季征兵为春季征兵没有征兵;1965年、1957年,没有征兵任务。1978、1979年因自卫还击战和1990年因春季征兵又改为冬季征兵,一年内有两次征兵。

1991—2005年,境内各县(市)人民武装部每年都依法征召新兵,具体负责全县(市)适龄青年报名、体检、政审、总检、复检、特殊检查等。征兵宣传工作主要依靠加强思想政治工作,大力宣传依法服兵役,提倡为保卫祖国、保卫人民自身利益而献身的精神,使广大青年公民自觉地履行服兵役的义务。注重利用有线电视、广播、墙报、标语等形式开展征兵宣传工作,制作墙报、标语,录制电视录像,出动车辆巡回宣传,出板报、挂横幅、张贴书写标语,积极宣传发动适龄青年报名应征。2005年,全市征兵工作呈现出当兵冷、征兵难的现象,通过加大征兵宣传力度,各县(市、区)组织报名人数都超过征集任务的10倍以上,未发生廉洁征兵和责任退兵等任何问题,圆满完成当年征兵任务。

第四章 民兵 预备役

第一次国内革命战争时期的工人纠察队和农民自卫军及第二次国内革命战争时期的赤卫队和少年先锋队即是民兵的前身,抗日战争时期和第三次国内战争时期,改为民兵和自卫队。中华人民共和国成立后,在全国范围内普遍实行民兵制度。境内各县民兵组织经历6个阶段:即初级建设阶段、普通民兵制阶段、从预备役制度建立到预备役和民兵制合一阶段、大办民兵师阶段、从受干扰破坏到逐步恢复发展阶段及稳步发展和调整提高阶段。至2005年,民兵预备役在配合中国人民解放军剿匪,维护社会治安,保卫国家和集体财产,保卫人民政权,保障人民群众的生命财产安全,开展抗美援朝,踊跃报名参军支前,巩固后方,在担负急、难、险、重任务,参加抢险救灾等方面作出了贡献,有些甚至献出了宝贵的生命。在社会主义革命和建设中,广大民兵预备役积极投身社会主义物质文明建设和精神文明建设,带头树立社会主义新风尚,依靠科学技术发展生产,脱贫致富,在农村两个文明建设中发挥了生产军作用,为加强国防后备力量建设,加快来宾经济社会发展作出了重要贡献。

第一节 组织建设

来宾县民兵组织

1949年前,来宾、迁江两县的游击区建有3750人的民兵组织。1950年6月,来宾、迁江两县分别整顿原有的民兵组织,组建新的民兵队伍。同年1月,来宾县有民兵75人,各式长短枪1175支,子弹7015发,年底,民兵人数发展到2159人。1950年10月,各县成立民兵支队司令部、区成立民兵大队部、乡成立民兵中队部。各区、乡先后建立民兵支队、大队和中队并配专职干部。迁江县并入来宾县后,1952年底全县有民兵5600余人(基干民兵2400人)武器3100余支(件)。1954年8月,贯彻全国兵役工作会议精神,实施《兵役法》,决定建立预备役制度。对适龄应征公民和复退军人进行预备役登记、统计,重点充实基干民兵队伍。1957年6月,民兵与预备役合称预备役,若干民兵为第一类预备役,普通民兵为第二类预备役。1957年夏,在石牙乡青翠村进行预备役和民兵制合一试点。年底,全县完成"合一"制工作。1958年8月,各县大办民兵师。1958年9月29日,毛泽东号召大办民兵师,实行全民皆兵。县组建民兵师1个,辖35个团25.49万多人,其中基干民兵2.96万多人(女9316人)。1962年,在民兵营内编若干民兵连,重点武装一些基干民兵连、排、班。1962年6月,根据毛泽东关于民兵工作要"组织落实、政治落实、军事落实"即"三落实"的指示,县整顿民兵组织,实现"三落实"。7月,为肃清敌特,加强战备,县建立一支48人的脱产民兵基干连,1年后撤销。1965年初,来宾县委会决定整顿民兵组织。整顿后,全县民兵11.31万人,其中基干民兵5.68万人,还组织不脱产的武装基干民兵团1个,共有4500人,配重机枪9,挺迫击炮3门,轻机枪68挺,冲锋枪64支,步枪1800支。"文化大革命"开始后,民兵组织一度瘫痪,部分民兵武器落到造反派手中,成为武斗的工具。1969年6月,中共中央决定,各县组建地方部队,按照"大县一个团,中县两个营,小县一个营"要求,组建武装基干团、武装基干营。

1972年2月,来宾县重建民兵师1个,辖23个团5个独立营。同时将原武装基干民兵团改编为县民兵独立团。1974年7月。民兵独立团改编充实为武装基干民兵团,共5260人。全县民兵队伍计19.13万多人。其中基民兵9.25万人,编为2个师26个团。并逐步建立地炮营、高炮营、重机枪连、通讯连及反坦克火器排等专业分队。

1975年1月,各县奉命传播"上海经验",成立民兵指挥部和民兵小分队。粉碎江青反革命集团后不久撤。1976年2月,组建民兵专业分队,在重点目标地区组建武装基干连和反坦克火器排,八一锰矿和合山煤矿各组建机炮营1个。1980年,全面改革民兵工作,实行民兵制度同预备役制度、民兵工作同战时兵员动员相结合,民兵组织由原来的普通民兵、基干民兵和武装民兵3种,改为普通民兵、基干民兵两种,基干民兵服第一类预备役,普通民兵服第二类预备役。

1981年3月,对应服兵役的公民进行预备役登记和紧急编组,并完成上级下达的训练任务,广西军区在来宾县召开现场会,观摩队列、战术、射击等表演,并给予好评。7月,奉命整顿民兵组织。1982年,再次整顿民兵组织，把民兵制与预备役制、民兵工作与战时兵员动员工作联合起来。1989 年 1 月，各县实行民兵和预备役分编。1990 年进行民兵编组，来宾县有民兵有 10 个专业分队和 32 个应急分队。形成民兵组织与生产与行政组织相结合，预备役制与战时兵员动员相结合的格局。之后逐步扩大民兵队伍。

1996—2000 年，对民兵组织单位布局进行调整，重点围绕“两个压缩”“三个扩展”进行。“两个压缩”即压缩部分条件差、人员少、工作不落实的农村基干民兵组织，压缩部分效益差、适龄青年少、组织开展活动困难的企业单位民兵组织。“三个扩展”即向新兴企业单位扩展，向街道、行业系统、企业管理部门属小型分散企业和个体工商户扩展，向地方与军事专业对口单位扩展。

2001 年，全县民兵按照“五个有利于”（有利于领导，有利于执行任务，有利于平衡负担、有利于开展活动、有利于提高质量）的原则，合理调整民兵组织，使民兵组织达到组织健全、布局合理，编组符合要求。2001 年，结合民兵工作的总体布局，本着“有利于领导、有利于提高质量、有利于开展活动、有利于执行任务、有利于平衡负担”的原则，对民兵组织作较大调整。来宾县撤销 9 个民兵组织机构，较好地解决部分单位“有组织没有兵”的问题；全县民兵组织由原来的 73 个连调整为 64 个连；同时注重加强地方与军事专业对口技术分队、专业技术分队和民兵应急分队建设，组建民兵专业技术分队 8 个连、对口专业技术分队 4 个连 3 个排、民兵应急分队 2 个连 3 个独立排。改革调整后，全市民兵组织更加健全，布局更为合理，进一步提高民兵的战斗力。

2002 年以后，按照坚持“适应‘战场’需要与适应‘市场’要求”和“三个有利”的原则，对民兵组织调整改革。对不合格的青年绝不编入基干民兵队伍，对那些聚众滋事、上访请愿、打架斗殴、严重违法违纪的民兵坚决清出民兵队伍。同时注重把那些表现好、文化素质高、身体健康、有专业技术特长的青年编入基干民兵队伍。此外，注重加强民兵专业技术分队、对口专业技术分队和民兵应急分队建设。按照“布局合理、突出重点、分类建设”的原则，结合各县（市、区）实际和民兵可能担负的任务，优化组织结构，实行分类建设。兴宾区充分利用地方科技优势，在区属的电信公司、交通局、供电公司、林业局、卫生系统、建设局、航道站、航监所、汽车修理厂等企事业单位，组建邮电通信、汽车运输、医疗救护、工程抢修、海上运输、网络攻防、电子对抗、信息保障、气象保障、防化救援等 12 种地方与军事专业对口分队；在来宾镇组建民兵应急营营部 40 人，在来宾镇、城厢乡、良江镇组建民兵应急分队第一连，在石陵镇、迁江镇、桥巩乡、平阳镇、迁江糖业有限责任公司组建民兵应急分队第二连，在八一铁合金（集团）有限责任公司组建民兵应急分队 1 个独立排。

忻城县民兵组织 1951 年 2 月 3 日，忻城县各区、乡分别建立民兵大队、中队部，民兵年龄不限。1952 年底至 1953 年初，按上级指示，忻城县始建基干民兵和普通民兵组织（即营、连、排、班），年满 18~30 岁的男性公民，19~25 岁的女性公民，身体健康、思想进步的编入基干民兵组织；年满 18~40 岁的男性公民和 19~35 岁的女性公民，身体健康，拥护社会主义，本人自愿的编入普通民兵组织。古蓬乡东河村的基干民兵连配发武器装备。1961 年 7 月 19 日，国务院颁发《民兵工作条例》后，忻城县改男性民兵为 16~45 岁，女性为 16~35 岁，民兵数从 80134 人减少到 63102 人。1969 年，忻城县里组建民兵团，大队组建民兵营。1971 年，为发挥民兵在生产中的作用，忻城县开始建立农田基本建设民兵团。1975 年忻城县扩编为农建民兵师，在全县重点水利工地上巡回作业，其民兵之组织形式不变。1981 年，中央军委发出《关于调整民兵组织问题的若干规定》，其精神为缩小民兵组织范围，减少民兵数和参加训练人数。全县据此《规定》进行调整。1988 年，根据柳州军分区关于要抓好民兵“三个应急分队”（通信、步兵、运输）建设的精神，忻城县分别组建步兵、通信兵、运输兵 3 个应急分队。到 1989 年又作了适当调整。

武宣县民兵组织 1948—1949 年中华人民共和国成立前夕，武宣县游击区有民兵近 4000 人，以村为单位建立民兵组织。1950 年 8 月，成立武宣县民兵支队部，由县长、县委书记兼任支队长、政委，统一指挥全县民兵。各乡（后改为区）设民兵大队，各行政村设民兵中队，自然村设民兵排、班。1951 年 8 月，武宣县改县民兵支队部为县人民武装部，各区、乡的民兵建制不变。1952 年，根据中共柳州地委《关于在土改复查中加强人民武装建设的指示》，武宣县以乡为单位组建民兵基干队，做到“乡乡有基干，村村有民兵”。1957 年 6 月，中央军委要求“民兵工作与预备役合而为一”，把退伍军人编为第一类预备役，即基于民兵；把没服过现役的青壮年编为第二类预备役，即普通民兵。1958 年 2 月，完成“合一”工作。1958 年，响应毛泽东主席“大办民兵师”号召，石龙县建立一个民兵师，各公社和国营武宣农场建立民兵团,各大队、各中学和国营武宣锰锌矿、六峰山林场建立民兵营。县直机关、企业建立师直属民兵营,公社直属机关、企业建立团直属民兵连。全县民兵约10万人,其中基干民兵4万多人,普通民兵约5万多人。1962年,按照毛泽东主席关于"民兵工作要做到组织落实、政治落实、军事落实"的指示,县民兵组织建设以"三落实"为重点,围绕反空降、反空袭、防暴乱、防破坏,组织武装民兵基干连、排、班。到1964年,武宣县民兵组织10个连,42个排,150个班,共有民兵50837人。其中普通民兵22154人,基干民兵27377人,武装基干民兵1306人。1984年后,武宣县以乡(镇)为单位建立基干民兵营,管理全乡(镇)的基干民兵。以行政村为单位设民兵营,管理本村的普通民兵和基干民兵。营长由村公所干部兼任。民兵营下辖连、排、班。这年全县有1个基干团,8个营,86个连,26个排,728个班。有民兵37806人,其中普通民兵30640人,基干民兵7166人。1990年,武宣县有1个基干团,13个营,35个连,88个排,506个班,有民兵46012人,其中普通民兵41310人,基干民兵4702人。普通民兵和基干民兵年龄根据不同时期有不同的要求。1950年规定为18~30岁,1952年规定为18~40岁,1958年规定为16~50岁,1961年规定为男普通民兵16~45岁,女普通民兵16~35岁,男基于民兵16~30岁,女基于民兵16~25岁。1981年,武宣县规定为男普通民兵18~35岁,基干民兵18~28岁。女民兵参照男基干民兵年龄,只编女基干民兵,并控制在全县基干民兵总数的10%以内。每年进行一次民兵整组,年龄超过规定或其他原因不适合当民兵的,作转队处理;对当年达到兵役法规定参加民兵年龄的青年,没有特殊原因,都要编入民兵组织。1991—2005年,按照总参、总政和广州军区、广西军区及柳州军分区(2002年12月为来宾军分区)关于深化民兵工作调整改革的意见,武宣县全县进行民兵工作调整,达到上级的规定要求。

象州县民兵组织 1948年12月—1949年11月,中共象县地方组织,在小古院、王二、腊村、石朋、古琶、江西、屯鸾、交址、古楼、屯抱、长垌等革命据点村庄和游击区建立民兵组织。人少的村建立小组,人多的村建立分队,数村合建中队或大队,人数近千人。中华人民共和国成立初期,区、乡、村分别建立民兵大队、中队、小队或分队。1950年6月,象县有民兵1774人,旧杂式枪996支。后因土匪暴乱,有的民兵动摇脱队,有的受骗为匪,有的失掉联系。1950年11月,成立象县民兵支队部,支队长和政治委员分别由县长和县委书记兼任,设专职副支队长1人,参谋长3人,干部2人。各区设民兵大队部。大队长和政治指导员分别由区长、区委书记兼任,设专职副大队长1人,专职干部1人。当年,象县全县实有民兵720人,长短枪620支。1951年春剿匪结束,结合土地改革,整顿、健全民兵组织。1952年6月,共有民兵1560人。1952年9月,石龙县有民兵29532人,其中基干民兵3419人。1953年春,组建民兵基干团,设18个基干连,112个排,318个班,民兵人数占全县人口的8.87%。同年冬到1954年春,取消基干团,改为民兵基干队,连为中队,排为分队,班为小队。1956年全县有163个民兵中队,基干民兵6281人,普通民兵17881人。1958年上半年,民兵与预备役合一整编,统称基干民兵和普通民兵。乡(区级乡)设乡队部,乡以下按民兵的多少编为中队、分队和小队。各级民兵干部从预备役军官及一类预备役士兵中挑选。乡民兵队长由公安武装助理员兼任,指导员由乡党委书记兼任;中队长由农业社1名副社长兼任,政治指导员由党支部书记兼任;分队长由生产队1名副队长兼任。同年8月,毛泽东主席发出"实现全民皆兵"的指示,县在民兵团的基础上建立民兵师,下设10个团,110连。1962年,象州县按县、公社、大队、生产队,分别建立民兵师、团、营、连(或排)组织。次年,全县民兵组织共计10个团,110个营,18个连,共有基干民兵32066人,其中武装民兵4223人,普通民兵27842人。1974年12月,学习上海民兵建设经验,成立象州县民兵指挥部,由1名县委副书记兼任指挥长。同年,在民兵师组织内建立象州县武装民兵基干团,各公社建立武装民兵基干连或营,大队建立武装民兵基干排或连,共有武装民兵1899人。1975年,更换民兵武器装备,以五六式自动步枪、五六式冲锋枪取代旧杂式枪支。1979年更换完毕。1981年冬,对原有民兵组织进行调整,撤销县民兵师、公社民兵团建制,减少民兵数量,提高民兵质量。实行民兵制度和预备役制度相结合,平时民兵工作同战时兵员动员相结合,原来的普通民兵、基干民兵、武装民兵改为基干民兵和普通民兵,基干民兵服第一类预备役,普通民兵服第二类预备役;参加民兵的年龄同服预备役的年龄相结合,由原来男性公民年满16~45岁,改为18~35岁,基干民兵18~28岁。

金秀瑶族自治县民兵组织 1926年冬,金秀瑶族自治县内民兵建立有民兵组织,当时中共党员余碧光、覃昆及李发南等人进入罗乡瑶区开展农民运动。1927年4月成立罗香农民协会、罗运农民协会，各农会还组织起农军，罗香农军有近千人。1948年12月中旬，中共领导的象州县武工队在小古院村（今属桐木镇）成立（队长韦章平），拥有10余人枪。象县东北乡（今本县长垌乡）龙华村侯守才（瑶族）参加了武工队。1949年6月，东北乡（长垌乡）成立武装民兵中队，乡内各行政村成立民兵分队，共有民兵200余名。1949年底，国民党军逃入瑶山为匪，大樟、桐木、头排、七建、三江、忠良、金秀等乡均成立了中共领导的民兵组织，打击土匪，保卫新生的各级人民政权。自治县成立初期，县内以乡为单位成立民兵中队，村屯成立民兵小队，每小队有民兵10~12人。民兵组织由县区人民武装部领导。1958年9月，毛泽东主席发出“全民皆兵，大办民兵师”指示后不久，县成立民兵红旗野战师，下辖9个团、50个营、150个连、451个排，共有民兵18741名，占全县人口50%。1959年整改民兵组织，公社设普通民兵团、武装基干民兵营，生产大队设普通民兵营、武装基干民兵排或班，生产小队设民兵排或班。1961年12月。根据中共中央、国务院颁发的《民兵工作条例》，整顿民兵组织，规定16~45岁男性公民、16~30岁的女性公民，都编入民兵组织；其中16~30岁男性、16~25岁的女性青年编入基干民兵。1981年，对全县民兵进行全面调整和改革，压缩年龄范围，减少民兵人数，提高民兵素质。同时，民兵实行预备役制度，其中18~28岁男性基干民兵服一类预备役，其余民兵服二类预备役。

合山市民兵组织 1950年2月成立北泗区公安队，在辖区各村屯（街）建立民兵队，各队人数10~20人。当时北泗区民兵总数279人，其中武装民兵64人。各民兵队均设队长1人。各村（屯）武装民兵积极配合解放军，清剿国民党军的残兵败将和地主土豪劣绅纠合的土匪。1953年6月各村屯（街）民兵队改为乡民兵队，当时乡民兵总数419人，其中基于民兵127人。1958年9月，北泗、河里、岭南人民公社分别成立民兵营，3个营的民兵总数786人，其中基干民兵265人。1962年10月后，几次整编，将北泗、河里、岭南民兵营合编为1个连。1986年扩编为5个连。1987年整编，建立3个民兵营。1989—1990年，合山市设民兵团1个，3个营，民兵6275人，其中基干民兵900人。1959年7月，合山煤矿成立合山煤矿工人民兵师，设5个团19个营，民兵8928人，其中基干民兵6257人。1973年，矿区民兵师改为民兵团，辖7个营，21个连，63个排，198个班，指战员7000人。1974年4月在工人基干民兵中组建1个武装营，指战员600人。1976年4月矿区工人民兵整编为2个营，指战员720人，其中基于民兵115人，普通民兵605人，整编后不愿参加民兵的工人作退伍处理。1990年有普通民兵1436人，基干民兵212人。1982年，合山电厂组建2个工人民兵连，指战员203人。1990年该厂有1个工人民兵营，8个连，指战员815人，其中基干民兵145人。1983年6月成立合山市预备役工兵营，其中在合山矿务局工人民兵中设1个机械连、2个修理班；在北泗乡民兵中设1个工兵连、1个舟桥连，指战员共419人。同年9月统一着陆军服装。合山境内民兵直至1990年，不脱离生产，亦兵亦民亦工。只作建制入编。1991—1995年，合山市按照《民兵工作条例》的规定，本着“减少数量、提高素质、突出重点、打好基础”的原则，建立健全全市民兵信息网络。以村公所（村民委）为单位，基干民兵50人以上的编连；50人以下的编排；15人以下的编班。1996—2000年，合山市以乡镇、厂矿以及村公所（村民委），车间为单位集合点验基干民兵，到点率达85%。2001—2003年，合山市根据总参、总政（1997）参联字2号文件精神和广西军区关于民兵工作改革重要批文以及柳州军分区下达的任务，组建民兵应急分队连1个，分队设在合山矿务局。2004—2005年，合山市以中央军委、总参（2003）参动字第291号和广西军区（2004）司动字第3号文件为依据，以新时期军事战备方针为统揽，以反“台独”应急工作战准备为中心，规范民兵整组工作，组建民兵营（连）45个。

预备役组织建设

20世纪50年代，境内曾试行预备役制。1954年4月，象县兵役局设预备役军官科和预备役士兵科，负责预备役军官的登记和培训。1956年，石龙县服预备役军官一类一等578人，二等82人。士兵一类一等1477人，二等219人；二类一等28686人，二等773人。1957年，境内实行预备役与民兵合一，民兵即是预备役士兵。1983年，柳州军分区先后在境内来宾、象州、忻城县组建“柳州陆军预备役师某团”。7月4日，奉令建立中国人民解放军柳州军分区驻军预备役师某团。团部设在忻城县人民武装部。8月15日—9月20日，柳州军分区在来宾县组建柳州陆军预备役某师某团和师直通讯营、汽车连、担架连、医院、修理所。与来宾县人武部合署办公，两块牌子，一套班子。预备役团团长、参谋长、政治处主任、后勤处处长分别由县人民武装部部长、政委、副部长、军事科科长、政工科科长、后勤科科长兼任，政委、副政委均由地方领导干部担任。编4个营、21个连队，兵员分布在来宾县境内的18个乡（镇）、5个厂（场）。9月，在象州县组建预备役某团，下辖3个营21个连。预备役团配现役干部14人，团长、参谋长、政治处主任、后勤处长、各营营长、通讯连长、指挥连长、参谋、干事、助理员均配现役干部。其余干部由县人武部和地方党政机关预任。1984年，预备役部队整顿，上级撤销在来宾县组建的师直通讯营，改由融安县组建。

1986年，预备役部队整编，正式列入中国人民解放军编制序列。实行军事系统和地方党委、政府的双重领导制度。各预备役团与县人武部机关分别独立办公。预备役团编制设团长、政委（县委书记兼）各1人，下设司令部、政治处、后勤处三个部门。配备现役军人若干名。10月，上级将原在县的预备役某师直各分队撤销，改由柳州市组建。1992年，一团将原来在2个乡组建的担架连调整到一个乡组建，并将二炮连调整到八一锰矿组建，使部队布局更为合理。

1999年4月—10月，根据中办发〔1998〕第19号文件精神，预备役部队进行调整改革，柳州陆军预备役某师某团改称广西陆军预备役某师某团，按照现役部队编制序列，将县建团改为地区建团，全团由原来组建在来宾县21个乡（镇）和60个企（事）业单位扩大到来宾、武宣、忻城、象州4个县28个乡（镇）和105个企（事）业单位，团机关、直属分队、步兵一营仍在来宾县组建，团部设在来宾县。下辖营、连、排及各专业技术分队，团机关、直属队、步兵第一营仍在来宾县组建，团部设在来宾县。广西陆军预备役步兵师第一团继续实行军事系统和地方党委、政府的双重领导制度，团机关设司令部、政治处、后勤处、装备处，配参谋长、主任、处长等领导。在编制内（多编者不算）全团复退军人占预编数的69.9%，比原来提高20个百分点；专业对口率为78.7%，比原来提高28个百分点；在位率94.3%，比原来提高17个百分点。

组织整顿 预备役部队的组织整顿工作一般结合民兵整组，每年3—5月进行。组织整顿的内容，主要是搞好宣传教育，总结年度工作，调整配齐人员，进行官兵相识，修订活动制度，组织集结点验，部署工作任务等。重点是搞好干部调整，每年出入队的人员均控制在10%以内，防止大进大出。建制布局调整，均按连由省军区，排由预备役师、班由预备役团的权限进行审批。把预备役部队建设成为“收得拢、开得动、会打仗”的部队，为战时快速动员打下基础，开创预备役部队建设的新局面。

广西陆军预备役某师某团每年开展的组织整顿工作，着眼于“打得赢”和“不变质”，着重提高退伍军人比例、提高专业对口人员比例和稳定在位人员比例，使之达到组织落实、训练有素、制度完善、反应快速的要求，为加强预备役部队全面建设打牢基础。

1984年5月8日—5月25日，柳州军分区决定在来宾县进行预备役部队整组试点工作。此次预备役部队的组织整顿以党的十二届二中全会精神为指针，认真学习《邓小平文选》和中共中央《关于整党的决定》，继续贯彻中发〔1981〕11号文件和全军动员工作会议精神以及广西军区1984年预备役部队巩固提高工作的指示，紧密围绕地方中心，因地制宜，实事求是，切实抓好民兵组织建设和预备役部队的巩固提高工作，把预备役部队建设成为“收得拢、开得动、会打仗”的部队，为战时快速动员打下基础，开创预备役部队建设的新局面。兵员调整的范围有：（一）应调整出预备役部队的人员。一是未经过基干民兵基本军事训练的步兵分队人员；二是年龄超过25岁（复退军人除外）的普通兵；三是长期外出（指外出一年以上并超出本县范围），不能参加活动和训练的人员；四是年龄35岁的专业技术人员（汽车司机、修理人员的年龄可适当放宽）；五是政治、身体不合格的人员。（二）新吸收的预备役士兵。步兵分队优先挑选24岁以下的退伍军人和经过基本军事训练的年满18~19岁的基干民兵；专业分队挑选专业对口的退伍军人和未经过基本军事训练、年龄在17、18岁的青年。（三）对1983年参加过演习发了服装的人员，除政治、身体不合格的要调整出队外，其余人员原则上不动。共调整干部21人，除1人属“文化大革命”有问题外，其他属本人不愿干或家庭成员思想不通等原因；调整战士410人，其中政治不合格9人，身体不合格19人，入伍当兵17人，长期外出50人，本人、家庭思想不通的102人，死亡3人，超龄93人，其他原因117人。

1991年7月19日—8月10日，预备役部队会同县人武部进行预备役部队组织整顿工作。这次整组着眼于战时快速动员的需要，本着合理调整，相对集中的原则，调整的兵员占兵员总数的12.7%。团党委加强领导，会同县人武部召开4次领导会和业务会，召开各乡（镇）、厂、矿（场）武装部长会议，认真分析当前预备役部队的组织状况，存在问题和完成整组工作的具体问题，统一思想认识，结合实际情况，作出具体安排和部署。举办骨干培训班，具体帮助指导。共培训骨干1324人，其中县训干236人次，乡（镇）训干1088人次。搞好宣传教育。此次整组各级共出板报115期，宣传标语2342条，受教育面达95%。把好政审关，确保队伍纯洁。凡在政治上不合格的，坚决清除出队，通过审查共清除政治上不合格的兵员21名。点验3个连队，到点率均达到98%以上。组织整顿取得实效。

1993年5月16日—30日，预备役部队会同人武部进行预备役组织调整工作。这次整组遵循邓小平新时期军队建设的思想，贯彻军委扩大会议精神，着手抓好预备役部队工作的巩固提高，使之达到组织落实，训练有素，制度完善，快速反应的要求，不断提高预备役部队快速动员和遂行任务的能力。调整的兵员占兵员总数的8%。为做好此次整组工作，预备役部队会同县人武部召开3次领导会和业务会；来宾县共有35名党、政主要领导担任整组组长，85名专武干部以主要精力，具体负责整组工作；共培训骨干300余人，团机关共派出干部30余人次，分5个小组深入4个营部21个连队协助分队搞好组织调整工作；各级共出板报185期，宣传标语2000余条，受教育面达95%以上；审查共清除政治上不合格的兵员26名；点验5个连队，到点率达98%以上。

1994年，预备役部队组织调整工作于4月1日—25日进行。调整的兵员占兵员总数的8.3%。审查共清除政治上不合格、现实表现差的兵员9名；点验5个连队，到点率均达98%以上。

1995年2月15日—3月15日，广西陆军预备役某师某团进行组织整顿工作，调整的兵员占兵员总数的8.1%。

1999年以来，部队调整改革任务重，标准高，要求严，广西陆军预备役步兵师第一团从讲政治、讲大局的高度，正确认识加强部队管理，确保部队稳定的重要性，增强干部战士的责任心和紧迫感，严格抓好管理工作，认真贯彻落实新条令，强化部队官兵的条令意识，从严治军，严格一日生活制度。加强人员、车辆、枪支弹药、重要目标和营区管理，保持机关正规的“四个秩序”，确保部队没有发生责任事故和案件。

2002年，预备役部队的整组工作以中办发〔1998〕19号文件精神为指导，着眼于“打得赢”和“不变质”，进一步巩固和提高1999年调整改革成果。

广西陆军预备役某师某团组织现役官兵训练

团党委高度重视整组工作，主动协调地方党委、政府，争取地方支持；组织力量广泛开展宣传教育，增强人民群众的国防意识，共出板报38期；带领机关和各营连长用7天时间与县、乡（镇）、厂（矿）武装部的领导，深入村屯走访预编官兵家庭300多户，实地调查摸底，做到退伍军人不漏编，超龄人员不预编，长期不在位人员不强编。此次整组，全团调整预任干部、预编战士比例为7.9%。调整后，全团复退军人占75.8%，专业对口率为80%，人员在位率为92%。

2003年，广西陆军预备役某师某团党委针对班子成员调整变动大的特点，从加强班子内部团结入手，认真贯彻民主集中制原则，修改完善班子自身建设措施，使党委班子建设整体提高。

2004年，广西陆军预备役某师某团被广西军区评为“全面建设先进团”和“军事训练一级团”。

2005年，广西陆军预备役某师某团组织官兵进行先进性教育群众满意度测评，官兵们对团党委满意率达到98%，对机关各部门的满意率在95%以上。

第二节　政治教育

民兵政治教育

加强民兵的政治教育工作，是巩固和提高民兵组织的重要保证。各县（市）人武部更加注重抓好民兵思想政治教育工作。按照《民兵工作条例》的规定，为使民兵适应改革开放的新形势，紧紧围绕经济建设这个中心。重点做好民兵工作“三个落实”对全县民兵进行以党的基本路线，方针、政策、时事政治，国防知识等为重点的政治教育，使民兵的政治建设不断得到加强。

20世纪50年代初期，进行剿匪反霸、巩固政权、土地改革、恢复生产和抗美援朝、保家卫国教育。

1952—1956 年，在民兵中进行党在过渡时期的总路线、总任务教育，动员民兵带头走互助合作道路，发展生产，支援国家工业化建设。1958—1959 年，坚持基干民兵每月一堂课、普通民兵每年集中学习一两次制度，对民兵进行社会主义总路线教育。

1964 年，政治教育与学雷锋、学毛泽东主席著作活动相结合，军分区培训专职武装干部，各县培训民兵教导员，然后分头给民兵上政治辅导课。

1965 年 7 月，在民兵中开展创“三落实”（组织、政治、军事落实）先进单位活动。“文化大革命”开始后，创“三落实”先进单位活动被“四好”单位和“五好”（思想政治、生产劳动、维护治安、军训学习、三八作风好）个人活动取代。

1977 年，恢复创“三落实”先进单位活动。

1982 年 1 月—10 月，在农村以大队组织基干民兵学习，上完 10 课时的大队 18 个，占总大队数 72%；上 7 课时的有 7 个大队，占 28%。合山市有基干民兵组织的单位(包括厂矿）共 41 个，党委书记（含支部书记）亲自主持“一堂课”36 个，占 87.8%。

1981—1984 年，各县开展民兵每月一堂政治课开课。

1990 年起，各级民兵组织以《当代广西民兵》等为教材，对民兵进行形势、国防意识和革命传统教育。各县人武部以上干部参加地方学校理论培训，学习建设有中国特色社会主义理论和党在社会主义初期阶段基本路线。

1995—1999 年，民兵政治教育主要以《邓小平文选》和建设有中国特色社会主义理论为主要内容，各县人武部门根据党在新时期的路线、方针、政策，结合本单位民兵工作实际，对民兵进行党在社会主义初期阶段的基本路线和基本纲领教育。

2000—2005 年，民兵教育采取分散和集中相结合的形式进行，采取面授和刊授相结合的方法进行。对有条件的乡镇，每季度都集中基干民兵到季课教育辅导站上政治教育课，条件差的乡镇，则充分发挥“青年民兵之家”这个主阵地的作用，以村民兵营为单位，组织民兵进行政治教育。结合整组、训练、征兵和各种纪念活动等民兵集中的有利时机，对民兵进行民兵性质、宗旨、光荣传统和职能使命、形势战备、战斗精神、国防义务等教育，学习有关法律法规，举行出入队仪式。

预备役政治教育

广西陆军预备役步兵师第一团党委针对预备役部队干部、战士的现实思想实际，利用季课、刊授、广播、电视、预备役士兵简报、宣传橱窗、墙报、黑板报等形式，对基层单位、部队官兵普遍进行国防教育，预备役部队使命任务教育，坚定社会主义信念教育，坚持党对军队绝对领导教育和爱国主义、形势战备教育等。每年结合组织调整、骨干集训、军事演习等时机，开展军队根本职能教育、爱国主义教育和革命英雄主义教育，强化官兵“当兵打仗、带兵打仗”的思想。结合开展“岗位学雷锋、树新风”“使命、荣辱观”和“强化战斗精神”“履行新使命、赞颂新成就”等教育活动，引导和教育官兵牢固树立正确的世界观、人生观和价值观，热爱军队，献身国防，无私奉献。

预备役部队性质、任务和职责教育 广西陆军预备役步兵师第一团利用每年的整组、训练或季课等机会对官兵进行预备役部队的性质、任务和职能教育，使官兵在思想上和行动上熟知自己肩负的历史使命。根据预备役部队的性质、任务和职责，结合广西陆军预备役步兵师第一团实际，制定《军官职责》《士兵职责》《排长职责》《司务长职责》《军械员兼文书职责》《班长职责》《炊事班长职责》《给养员职责》《卫生员职责》等各类人员职责。

国防教育 广西陆军预备役步兵师第一团通过每年整组和训练宣传，促进全民国防教育，紧密联系当前国际国内形势和现代战争对动员工作的要求，围绕提高预备役部队快速动员和遂行作战任务的能力，开展国防教育。

1983 年 8 月，来宾县武装部在组建预备役部队时，举办现役干部、专职武装干部、各公社、厂矿场的领导和县直机关有关人员共 94 人参加的骨干培训班。

1985 年，预备役部队采取两结合一轮训的办法，帮助专武干部和乡村基层干部增强国防观念，提高爱国热情，掌握新兵役法。结合乡镇召开的各种大小会议，在基层中广泛进行爱国主义教育和执行新兵役法教育，武装部派员下乡(镇）村参加会议、宣传兵役法和进行爱国主义教育达 150 多人次；结合节假日和民间节日进行宣传和教育，帮助预备役部队干部战士培养树立民族责任感和履行义务的光荣感，心目中有集体生活的观念；采取轮训的办法，分 3 批轮训预备役连排干部和专职武装干事。

1988 年，广西陆军预备役步兵师第一团组织团机关全体党员认真学习深刻领会中共中央两个会议文件、广州军区和柳州军分区党委常委扩大会议精神。

1990—1994 年，广西陆军预备役步兵师第一团组织学习传达贯彻中共中央、军区、军分区各类会议精神和毛泽东思想、邓小平理论。

1995年，广西陆军预备役步兵师第一团开展集中教育整顿。

1997年，广西陆军预备役步兵师第一团组织学习“三防工作”（三防指防事故、防案件、防军警民纠纷）会议有关文件。

1998年，广西陆军预备役步兵师第一团学习党的十五大报告。

1999年4月，广西陆军预备役步兵师第一团规范党委班子的建设。

1999年10月，预备役步兵一团由县建团调整为地区建团后，成立国防教育领导小组。

2001年，广西陆军预备役步兵师第一团贯彻《国防教育法》，配合驻地来宾县开展国防教育周活动。4月16日—20日，为步兵第一团国防教育周，先后有12个单位6000余人参加国防教育课、军事小竞赛、国防知识竞赛等活动。

2004年，广西陆军预备役步兵师第一团开展国防宣传教育活动，组织13家单位过军事日，选派40余干部为学校军训学生4600多名，上国防教育课12堂。

理论学习和政治教育 广西陆军预备役步兵师第一团通过举办培训班或利用会议、季课等机会组织官兵进行理论学习和政治教育，主要以集中授课为主，同时辅以横幅、黑板报、幻灯片、电视等宣传工具提高教育效果。在每次连队人员集中活动期间，连队党支部均依照《军队经常性思想工作要则》的要求，结合连队担负的任务和预备役官兵的思想实际，坚持疏导方针，着眼帮助预备役官兵正确处理国家利益和个人利益的关系，解决在生产、工作、训练和完成各项任务中现实思想问题，有针对性地做好思想工作。

2000年，广西陆军预备役步兵师第一团理论学习根据不同的对象决定不同的学习内容，党委中心组带机关重点学习马克思主义哲学和党的三代领导核心关于树立科学世界观的有关论述，团以上干部重点自学哲学、历史和军事学，士兵重点学习《士兵理论学习读本》。

2001年，广西陆军预备役步兵师第一团党委中心组学习中国、世界现近代史，每季度集中学习6天。

2002年，广西陆军预备役步兵师第一团把战备教育作为政治教育的重要内容，根据国内外重大事件、台海局势，结合预备役部队的特点，突出抓我军性质、宗旨、任务和形势教育、爱国主义和战斗作风教育。

2003年，广西陆军预备役步兵师第一团党委学习“十六大”精神，抓“努力实践‘三个代表’重要思想，全面建设小康社会”专题教育。

2004年，广西陆军预备役步兵师第一团党委学习实践“三个代表”重要思想、保持共产党员先进性教育，开展干部自律教育和积极投身中国特色军事变革等教育活动。

2005年，广西陆军预备役步兵师第一团党委按照胡锦涛主席提出的“四个本领”的要求，开展“强化战斗精神，提高打赢能力”教育活动。

第三节　军事训练

民兵军事训练

1950年，主要由剿匪部队、工作队利用生产、战斗间隙组织民兵进行小型分散训练。民兵训练以“劳武结合，以劳为主、军政并重，不脱离生产”为方针，本着“农忙不训，农闲开训”“分散为主，集中为辅”的原则，重点训练民兵干部和基干民兵。受训期为每年10~20天。

1956年，训练形式以乡（镇）集中训练为主，以民兵相对集中村（片）分散训练为辅。1957年，改为利用生产间隙进行全年分散训练。1958年，大办民兵师，开始男女老少都参加的普通训练，训练采取小型、就地分散的做法。1958年起，民兵每年训练10天左右，1978年起，每年训练15~20天，民兵参与训练期间，作为正常出勤，工分照计。农村实行生产承包责任制后，训练期间由政府给予适当的误工补贴。

1959年1月—2月，来宾县人武部训练专职营长、副营长、副教导员201人。柳州军分区在来宾县召开现场会推广经验。这批受训干部又分期分批训练了班、排、连民兵干部和基干民兵22294人。之后，开展全县大练兵活动，计有19.65万人参加军训，占民兵总数的87.28%，自制训练器材3.17万件。1960—1969年，采取因地制宜办法训练民兵干部和基干民兵。1964年9月，金秀瑶族自治县内民兵尖子班7人参加柳州地区民兵比武赛，获女子团体射击第3名，金秀镇民兵李日繁获女子冲锋枪射击第一名；女民兵陶秀珍参加广西军区比武大会，取得100米活动靶五发五中的优秀成绩。1973年，执行总参谋部《1973—1975年民兵训练纲要》，民兵训练开始走向正规化。《纲要》规定以民兵干部为训练重点，基干民兵每年训练20天。三年完成《纲要》规定的训练内容。1977年，总参谋部颁发《1977—1980年民兵训练纲要》，四年完成《纲要》规定的训练内容。农村仍以小型就地分散为主，工厂企业采用分散分批轮训或定期（每周1天或每月2天）进行训练。要求"突出重点、严格训练、严格要求、确保训练质量"。1980年，来宾县人武部用10天时间对全县1768名民兵骨干进行射击、投弹和技术培训，受训后民兵骨干用15~20天时间训练各自的连队，计9871人，同时县对30个步兵、炮兵、通讯、侦察等分队进行抽查考核，考核结果，射击、投弹、技术3科合格率为76.9%。1982年，总参谋部颁发《民兵军事训练大纲》，规定基干民兵每年训练15天，分两年完成《大纲》规定的训练内容。基层单位改为两年制训练任务一次完成，即当年入队的基干民兵，集中训练1个月，经考核及格，第二年不再进行训练。训练方式为集中训练。

1983年，合山市基干民兵训练总数1353人，其中合山矿务局工人民兵600人；合山电厂工人民兵150人；北泗公社600人。分东矿、北泗两个训练点进行，训练对象中分一年、二年兵训练。1983年民兵训练总及格率98%。1984年1月仍分东矿、北泗两训练点进行训练，训练时间一个月。一次完成二年兵的训练任务，参训基干民兵328人，训练及格率100%。同年5月预备役工兵营进行军事训练，参训民兵516人，训练18个项目。同年6月预备役工兵营再次在南洪水库举行水上机械化架桥、步兵强行登陆、工兵埋雷、排雷、坑道爆破等8个项目训练（演习），中国人民解放军41军派两个连队协助演习。1985年5月开始，按照"减少训练人数、精简训练内容、改革训练方法、提高训练质量"的总原则，训练形式以集训为主。1988年9月，合山市民兵训练中，有30人进行四〇火箭筒训练。1989年8月—9月，合山市集训有步兵、高机、通信等项目。

1987年来宾县人武部复训353名基干民兵和预备役人员，并对县师范学生进行军训。

1990年8月集训中，合山市着重对高机、通信两科目进行重训和实地射击。来宾县人武部完成对专职武装干部69人、民兵营长32人和应急分队201人为期20天的训练任务，组织民兵代表柳州地区参加自治区民兵擒拿、防爆、射击三项赛，获集体第四名。

1990—2000年，各县（市）人武部建立了民兵军事训练基地，对民兵实行集中训练。训练为新民兵、专业分队民兵、民兵应急分队等不同层次。为保证民兵训练出成效，又解决为误工补助问题，各县（市）人民政府按照规定下发了统筹《民兵训练经费的通知》，消除参训民兵的后顾之忧。

2001—2005年，民兵训练形式改为在民兵军事训练基地集中驻训。

2004年，来宾市全年共训练基干民兵5286人，培训干部593人，所训科目合格率达85%。

2005年，来宾军分区利用一周的时间，采取集中授课方法，组织学习军事训练法规，同时，按照新《大纲》的内容，组织学习民兵、预备役工作业务及快速动员知识、新"三打三防"知识、反空袭作战理论、参谋新"六会"等，提高机关干部依法施训、依法治训意识和业务工作能力。8月前，各人武部都按照分区年初制定下发的军事训练计划，进行民兵军事训练。

民兵军事训练内容，中华人民共和国成立初期至20世纪60年代末，主要进行列队、持枪、射击、投弹、利用地形地物等训练；境内战备预定地区，则增加反空降、防暴乱演练；在重点地区组建的高机、高炮分队，进行单兵、单炮、单手训练。20世纪70年代，按照中国人民解放军总参谋部《1973—1975年民兵训练纲要》和《1977—1980年民兵军事训练纲要》的要求组织训练，提高民兵的实战能力。训练主要内容为射击、射弹、埋伏、爆破、攻防战术、通过障碍物和"三打"（打飞机、坦克、伞兵）、"三防"（防原子、化学、细菌）等。20世纪80年代以后，民兵军事训练，按照"训用一致、突出重点、分类施训、注重实效"的原则，重点开展科学练兵，熟练掌握各种基本军事技能，不断提高民兵快速集结和执行"急、难、险、重"任务的能力。如民兵应急分队专业训练，主要以维护社会治安、战备执勤政策、法规，民兵战备工作规定、标准和战备方案、战术基础动作等为主。应用训练则以警棍、盾牌使用方法与防护基本动作，捕俘技术基本功、格斗训练及重点目标的警卫、防暴、防火行动为主。根据各个时期、各个年度民兵军事训练的任务和要求，军分区集训专职武装干部，各县（市、区）、公社（乡、镇）人武部分别集训营、连、排民兵干部，后组织民兵进行年度科目训练。

预备役军事训练

广西陆军预备役步兵师第一团每年均按预备役部队军事训练的有关人员、时间、内容、方法和考核的要求组织全团官兵分期分批进行军事训练,研究军事理论,学习军事科技知识,提高部队高科技条件下快速动员和遂行作战任务的能力。

在训练实施中,按照先分步后综合、先讲解示范后分班排练习,训练场上做到少讲多练;组织方法上采取官教兵、兵教兵,有训练有验收、有讲评有竞赛等方法。广西陆军预备役步兵师第一团每年都组织机关首长、预任干部集训。先后完成支援边境反袭扰作战演练。

1983年11月20日—26日,广西军区在来宾县组织柳州陆军预备役步兵师步兵第一团机关带部分实兵应急动员研究性演习,探讨预备役部队临战快速升级为现役部队的基本程序和方法。演习分动员集结、完成整顿升级、转入临战训练和总结3个阶段。广西陆军预备役步兵师第一团从接到上级应急动员到将分布在23个公社、厂矿场的1159名预备役军人(干部189人,战士970人)全部集中到县,仅用35个小时。集结后经3天整顿,受阅队列整齐,枪炮实弹射击取得好成绩。期间,举行预备役步兵师、团授旗大会。广西军区授予广西陆军预备役步兵师第一团"先进单位"称号。

1984年6月中旬—7月中旬,来宾县人民武装部与广西陆军预备役步兵师第一团组织预备役部队进行军事训练。参训分队3个步兵营共14个连,其中步兵连8个,机枪连3个,营属炮连3个,集中到县分3期进行训练,每期训练时间12天(含往返时间)。第一期参训639人,其中步兵连390人,机枪连125人,炮兵连120人,营干4人;第2期参训639人,其中步兵连390人,机枪连125人,炮兵连120人,营干4人;第3期参训509人,其中步兵连260人,机枪连125人,炮兵连120人,营干4人。3期训练共计1787人。

1985年5月20日—6月4日,柳州预备役师在来宾县进行历时15天的步兵营、连、排长战术集训,步兵第一团61人参加集训。6月25日—7月8日,对高机、通信专业分队进行集训,训练对象是3个营属通信排和14.5高机连的连、排长、正副班长,第一、二、三枪手骨干以及团直通信连6名步谈机员,到训96人,占应训数的91.4%。几项主要科目经考核验收,基本达到训练预期目的。

1986年8月25日—9月15日,预备役部队以步兵第四连带训全团步兵分队的干部、骨干,团直100迫击炮连带训全团炮兵分队的干部、骨干,到训348人,占应训数的95.6%。

1987年军事训练2期。8月30日—9月15日,参训人员212人,其中团直通信连92人,一营炮兵连120人。10月15日—11月16日,步兵第一团二营七连、团直100迫击炮连进行复训,参训345人。

1989年8月下旬—9月上旬,举办专业建制分队军事训练,参训人员有二营机枪连125人、三营机枪连7.62重机排35人。10月15日—23日举办12.7高射机枪训练。11月9日—20日,一团二营八二炮连在团部训练基地进行为期12天的军事训练。

1990年6月12日—19日,步兵第一团组织三营九连进行"加强步兵连对山岳丛林地防御之敌进攻"实地战术演练,并穿插学习兵种知识、战例介绍、敌军研究等理论。9月16日—22日,步兵第一团举办1期炮兵分队骨干集训,参训人员61人,到训率100%。

1991年6月6日—17日,团机关和分队干部训练,到训67人,占应训数的100%。6月21日—7月20日,组织新兵训练。到训153人,到训率100%。8月6日—19日,组织步兵第一营一连、步兵第三营机枪连、炮营100炮连进行为期14天的训练,到训288人,占应训数80.8%。

1992年5月21日—6月11日,组织新编入未经训练的士兵训练,参训120人。训练科目有三大条令、队列、射击、单兵战术和政治教育等内容。7月15日—10月25日,先后组织一营一连、一机连一排、一炮连一排,二营六连、一机连二排、一炮连二排和三营八连、一机连三排、一炮连三排进行"加强步兵连对预有准备之敌进攻战斗"实地战术演练。全团应训730人,实训755人,占应训数的103.4%。

1993年6月8日—6月28日,组织建制连队新编入未经训练士兵的训练,到训140人,训练科目有三大条令、队列基础动作、射击、军体、单兵战术和政治教育等内容。7月20日—25日,组织二营五连和二机连一排、二炮连一排进行加强步兵连防御战术演练。8月21日—9月13日,组织预备役部队人员队列、军事集训。

1994年6月20日—27日,团首长、机关预任干部75人集训。7月10日—16日,组织教学骨干培训,培训对象为各营、连长和部分排长,共45人。7月18日—8月8日,步兵第一团组织建制连队新编入未经训练的士兵训练,到训140人。

1995年3月初,团首长、机关预任干部75人短期专题性集训。7月12日—7月20日,组织二营六连及二营机枪连、炮兵连各1个排，进行加强步兵连山地进攻战术训练试点，参加训练190人。8月，进行新兵集训。10月4日—29日，组织首长、机关预任干部集训。10月27日，团接受广州军区考核，受到考核组好评。

1996年4月8日—10日，团组织由各营连领导(各乡镇武装部长、专武干事)共58人参加“三长”集训。4月28日—5月5日，团首长、机关预任干部70人参加军事集训。5月10日—25日，组织全团新编入未受过训练的士兵共165人集中在团训练基地进行射击、队列、战术等科目训练。

1997年3月27日—4月2日，团首长、机关预任干部、各营连领导(各乡镇武装部长、专武干事)和部分排长共115人参加“三长”集训。4月7日—20日，团组织6名预任官兵教学骨干参加队列、射击、战术训练教学法集训。6月5日—11日，团组织5名通信干部骨干参加师团预备役无线电报业务骨干集训。7月3日—10日，组织全团新编入未受过训练的士兵共220人(含保障人员)集中在团训练基地进行射击、队列、战术等科目训练。10月，组织加强步兵山地进攻战斗战术实兵演习，参演187人。

1998年2月，团组织机关13名现役干部分2批参加师组织的新条令集训。3月，组织现役和预任营、连、排“三长”集训。4月，组织参谋苗子参加军区参谋集训。5月，组织新入队士兵训练。6月，组织100迫击炮专业训练。9月—10月底，组织步兵二营3个连队进行山地进攻战斗战术训练。

1999年4月，团组织机关24名现役干部分2批参加师组织的集训，组织参谋苗子参加军区参谋集训；5月，组织现役干部完成高科技知识学习作业和学习军队应用文书写作；6月，组织150名新入队士兵训练；7月，组织276名预任干部分2期进行机关首长和分队指挥干部集训；10月，组织现役干部参加师对团的高科技知识考核；组织步兵第一营第一连(含配炮兵班)150人加强步兵连山地进攻战术演练。

2000年，广西陆军预备役步兵师第一团开展科技练兵活动。4月20日—27日，采取分组同步展开的办法，对新入队士兵进行以共同命令、队列动作、战术基础、快速动员常识、战备常识、轻武器射击等基础内容为主的集训。5月22日—31日组织全体现役军官及部分预任干部进行以高科技知识、新纲目及机关业务为主要内容的干部集训。6月15日—18日，利用参加上级集训人员的骨干作用，广泛推广上级集训成果，在忻城组织预任干部骨干教学法集训。8月18日—21日和8月25日—29日，分2个阶段，组织团机关、二营四连全体官兵、二营炮兵连和营部部分官兵共163人进行“步兵连山地进攻战斗”战术训练。9月26日，在来宾县举行首届军事大比武。武宣二营、象州炮兵营双双夺得轻武器对抗赛第一名。11月25日—28日，广西陆军预备役步兵师对步兵第一团一营一连104人，在来宾县新隆村进行山地进攻战斗实兵演习年终考核。

2001年4月21日—30日，广西陆军预备役步兵师对步兵第一团二营机枪连在武宣训练，参训人员78人。9月7日—9日，团派出14名官兵，为新落成的来宾县第四中学14个班1100名新生进行军事训练。11月14日—15日，步兵第一团接受师考核组军事演练考核。

2002年，完成2个连队的分队训练，即1营1连、团直工兵连；分别举办了1期新大纲和基础科目为主要内容的骨干培训，参训人员分别为65人和215人；举办3期首长机关训练；完成团首长机关带1营1连共523人的快速动员集结与机动的实验性演练，共出动车辆37台，携带轻武器110支(挺、具)。10月17日，广州军区对广西陆军预备役步兵师第一团进行年终军事训练考核，现役军官手枪速射合格率100%，98名预任官兵的冲锋枪射击57人命中5发、合格率达96%。

2003年，组织现役干部业务集训、预任干部骨干集训以及修理、卫生、后勤等专业训练共7期针对性训练。

2004年5月上旬，以营为单位组织新入队人员基础训练。8月中下旬，在兴宾区党校组织2期共255人参加的预任干部骨干集训。10月下旬—11月上旬，组织150人参加的加强步兵连山地进攻战术训练试点，整理出“四个一套”的成果，即一套规范的分队战术训练方法路子；一套完整的分队战术训练教案；一套分队战术训练成绩评定标准；一套分队训练的训法资料。

2005年，各营连都增设第一书记。对驻武宣县二营三个连队进行布局调整，将原编在忻城的三营九连调整到合山组建，扩大编兵范围，使全团兵员中退伍兵比例、专业对口率分别从61%、68%提高到78%、85%。共组织预备役人员进行各种集训4期，参加人员830人次，全年实训兵力969人次。

第四节　后勤装备保障

武器配备

中华人民共和国成立初期，民兵的武器装备多从游击武装转来，少数从地主恶霸、民团武装和剿匪缴获。1950年4月，来宾县民兵有长短枪909支，牌子较杂，有德国、日本、比利时造的，也有汉阳兵工厂造和“土打”的，多数是7.9步枪，套筒7.7步枪和各种口径土造单响，附件较缺乏。

1958年，民兵武器装配主要是七九步枪和三八式步枪，其他杂牌枪支逐步报废上缴。20世纪60年代中期，民兵组织配备有部分美造三〇步枪、冲锋枪、轻重机枪和少量六〇迫击炮。在20世纪60年代，合山民兵武器设备：民兵武器装备有65步枪、汤姆式冲锋枪、捷克式轻机枪、加拿大轻机枪、驳壳手枪、苏式7.62步枪、国产6.2步枪、美式30步枪、仿苏铁把冲锋枪、木反冲锋枪；1969年旧式武器全部淘汰，新的装备有54式半自动、63式全自动步枪、56式冲锋枪、60迫击炮、75无后坐力炮、82迫击炮、58式连用机枪、69式40火箭筒、12.7高射机枪和56式班用机枪等。1965年，来宾县民兵配备武器装备2.5万余件，附件齐全。20世纪70年代起，逐步报废七九步枪、三八步枪和其他杂牌武器装备。代之以部分56式半自动步枪，56式冲锋枪，52或79式重机枪。同时备配少量火炮，如60、82迫击炮、76加农炮、92步兵炮、37单管高射炮等。加配有电台、交换箱和单机等通信器材。

20世纪70年代中期，原装备给民兵的79步枪和美式7.62、美式730等杂牌武器全部报废，民兵武器配备以国产56式半自动步枪为主。20世纪70年代后期，民兵武器主要配备63式自动步枪。部分县还装备有40火箭炮、双管37高射炮和57无坐力炮。1970年后，武宣县人武部逐步给民兵配备自动步枪、半自动步枪。冲锋枪、机枪和其他武器也有所增加。其后还有六〇炮、八二炮、高射炮、高射机枪、四〇火箭筒和电话机、电台等通信器材以及防化设备。1977年之前，各县各种武器由武装民兵保管、使用，1978年后各县由大队民兵营统一保管。1982年后，民兵武器装备由公社（乡镇）人武部统一保管。

20世纪80年代初期，民兵轻式武器配备主要有56式半自动步枪，56式、54式冲锋枪，56式、58式班用轻机枪，57式、54式手枪等。重武器装备主要有53式重机枪，12.7和14.5高射机枪，60、82迫击炮，75无后坐力炮，76加农炮、单管37和双管37高射炮，69式、56式40火箭筒。时来宾县民兵武器配备5000余件。1982年8月，广西军区在武宣县人武部召开“民兵武器装备管理现场会”，同年11月，武宣县人武部被广州军区授予“民兵武器装备管理先进单位”称号。武宣县人武部军械弹药库保管员黄林柱被广西军区评为“民兵武器管理先进个人”并荣立三等功一次，1990年被广西军区表彰为“先进民兵军械员”。从1985年4月起，各县（市）所有民兵武器、弹药都集中到县人武部民兵武器装备仓库统一保管，并根据战备、执勤、军训的需要及时调拨发放。

进入20世纪90年代后，民兵武器装备得到较大改善，民兵武器装备全部是国产制式武器。2000年以来，民兵武器管理更加规范化、制度化。各县（市）人武部为加强民兵武器装备管理，每年均按要求制定有《民兵武器仓库守护方案》，有针对性地提出各种预案，加强安全检查。根据军械仓库安全管理和任务要求，军事科每周、部领导每半月组织一次安全检查，或按照上级机关的部署进行专项检查。仓库每天都有干部住库值班，重大节日、敏感期和特殊情况时有领导干部住库值班。仓库看管人员每天对仓库各项设施检查一次，按分工要求，明确责任，各司其职，保证各项措施落实到位，万无一失。

广西陆军预备役某师某团后勤和装备处分管后勤和装备保障工作。1999年4月，根据中央军委的命令，在司令部、政治处、后勤处的基础上增设装备处。2005年3月，后勤处和装备处合并为后勤和装备处。后勤和装备处成立以来，在团党委的统一领导和地方各级政府的支持下，积极探索军民合力保障的保障模式，严格实行岗位责任制，落实装备物资的“三分四定”、计划采购、动用使用、检查保养等制度，达到装备物资的“三化”“四无”标准，做到保障有力。

2003年，广西陆军预备役某师某团开展管装爱装教育，落实好装备管理、使用和维护保养制度，保证武器装备的完好率。参加某重大演习做到“保障有力”。

2004年，广西陆军预备役某师某团坚持管理出效益、管理出战斗力的原则，紧紧围绕实现“保障有力”，扎实抓好后勤和装备保障工作的落实。团装备部门认真贯彻《中国人民解放军装备条例》，建立健全各项规章制度，搞好武器、车辆装备的维修保养，装备技术良好，实现了广西军区提出的“车不掉漆，装无丢失”的目标。

第五节　参加地方建设

民　兵

参战支前　抗日战争时期，有组织的和分散在社会上的民兵，坚持村自为战、人自为战，配合抗日游击队打击日本侵略军。解放战争时期，各县民兵组织配合都宜忻、桂北、桂中、粤桂边等游击武装，多次粉碎国民党的围剿。进而解放柳州全境，建立人民民主政权。38名民兵为解放事业献出了生命。

1950—1953年冬，辖区内各县配合部队参加剿匪作战民兵2.6万余人（次），参战420余次。歼匪13500余人，其中毙匪1500多人，缴获枪支12437支、子弹99413发。其中，象州县参战民兵3000余人，参战150余次，歼匪1428人，缴获枪支170余支、子弹1345发。该县大樟、运江两地1950年4月—10月，1327名民兵参加剿匪战斗，歼匪469人，其中毙匪358人。武宣县参战民兵1400余人，参战40金次，歼匪3268人，其中毙匪120多人，缴获枪支3127支、子弹49230发。来宾、迁江两县参战民兵1.68万人（次），参战200余次，歼匪5572人，其中毙匪518人，缴获枪支9140支，子弹4.9万多发。忻城县参战民兵3880人，参战30余次，歼匪3268人，其中毙匪10余人。另外，搜山活捉散匪出动民兵14100人（次），活捉散匪19名。来宾、迁江两县共有民兵1.68万人次配合人民解放军剿匪（战绩见本编“剿匪”部分）。在军队整训或紧急的情况下，民兵亦能独立作战。1950年4月—10月，仅来宾县民兵就有1100余人次单独剿匪51次，毙匪23人，伤匪7人，俘匪17人，缴获长短枪105支，子弹4010发。牛岩乡民兵韦德廉在剿匪中机智勇敢，被县评为剿匪积极分子。

1950—1953年，抗美援朝运动期间，对民兵进行帝国主义本性教育，激发民兵爱国主义、国际主义热情，境内有2143名民兵参加志愿军上前线，203人光荣牺牲在朝鲜战场上。在抗美援朝战争期间和对越自卫还击战中，来宾县有2370个民兵参军。其中参与抗美援朝的1004人。有81人牺牲在朝鲜战场上，30人在对越自卫还击中为国捐躯。在对越自卫还击战期间，县派出民兵353人对湘桂铁路来宾段和柳邕公路来宾段昼夜警卫、守护、保证国防长话畅通、作战部队和战备物资安全顺利通过县境。1979年2月—11月，来宾县组织2个民兵营1083人（其中干部、技术、医护人员83人）到大新县境的崇山峻岭中抢修边防公路14.6千米。

1979年2月17日，对越自卫反击战打响。在对越自卫反击战期间，境内有2484名民兵参军参战，有109人荣立战功，其中立一等功5人、二等功2人、三等功102人次。有9082名民兵参加支前，其中2105名参加抢修边防公路，6977名守护国防交通要道和战备仓库。忻城县在对越自卫还击战中，有民兵360名（含退伍军人36名）紧急应征开赴前线。数月后，另有530名，开赴边防（大新县）修筑那岭至榜圩公路。后方有4524名参加守卫国防公路和重要仓库，保障公路、军用电话线路及其他物资的安全。来宾县组织2个民兵营1083人（其中干部、技术、医护人员83人）到大新县境的崇山峻岭中抢修边防公路14.6千米。他们发扬解放军的光荣传统，不怕苦、不怕累，日夜奋战，胜利完成筑路任务，受到领导的好评。

参加生产建设　1968—1977年，在各县部分山地实施飞播造林，金秀瑶族自治县民兵通讯分队配合地勤人员负责气象预报、插旗点火、区分播带等指挥联络任务。1969—1976年，组织民兵参加农业学大寨运动，大搞农田基本建设。1969年9月，来宾县组织2500名民兵参加来宾至合山铁路改建工程建设，次年年底完成修建任务。1970—1978年，武宣县民兵4.5万多人参加水利建设大会战，修建中、小型水库17个。1970—1973年，国家组织枝柳铁路大会战，来宾、武宣、忻城、金秀各组建1个民兵团，共4团9624人，参加融安、三江交界处11千米修建任务。完成土石方336.63万方，建成隧道24条，桥梁37座，涵洞23处，便道15千米，车站站台1座，站房面积1741平方米。1970年9月—1972年4月，来宾县民兵6000人，承担三江县的丹洲至下堡长11千米路段的修建任务。全团民兵搬掉南蛇山，建成丹洲火车站，筑就火车站附近10.93米高的路基，挖填土方46.9万立方米，开掘出涵洞1座，浆砌石方1033立方米，挖方最高处20.35米，填方最低处16.48米，终于按时、按质、按量完成任务。1972年5月—1973年12月底，来宾民兵团留下2500人，继续配合铁路工程局进行桥梁、隧道施工。从动员开始，广大民兵做到“招之即来”，踊跃报名，参加三线建设，其中，有18人是兄弟姐妹同上三线，有10对民兵已办理登记结婚手续准备结婚，当三线建设需要毅然推迟婚期，双双同上三线，提出完成施工任务才结婚。全体民兵指战员顶风雨、抗严寒，抢白天战黑夜，按时按质按量完成了施工任务，来宾民兵团被上级评为先进单位。全团评出“四好民兵”连14个，其中，女民兵连8个，“四好”民兵排43个，其中，女民兵排16个，“四好”民兵班115个，其中，女民兵班54个。有2827人被评为“五好民兵”，其中，女民兵为863人。同期，来宾县还组织民兵4000余人参加河池氮肥厂铁路专用线和环江县05390国防工程建设，均高质量完成工程施工任务。1970—1975年，来宾、武宣2县抽调1600余人，参加修建融水县境内1条长达83千米的国防公路。1977年，来宾县组织民兵9250人参加沙浦河水利工程建设，后因资金短缺等原因，工程于次年冬停建，民兵撤回。1970年10月，修建溯河电灌引水工程时，在施工过程中，采取组织民兵突击队与群众运动相结合，充分发挥民兵在施工中突出作用。施工总人数6000多人，其中基干民兵1500人。修建中，哪里工程最困难，民兵突击队就修建到哪里。该工程还得到兄弟社、队的大力支援，于1972年1月全部竣工。1956—1984年，来宾县组织民兵参加水利建设累计230多万人次，投入近2亿个劳动工日，建设大小农田水利工程993处，水利干、支渠道1500多千米，解决了50多万亩农田的浇灌和22万多人（畜）饮水问题。其中，县最大的水库三利水库，从1957年10月开工建设，到1962年3月底建成全部配套工程，全县共投入民兵25万多人次。参加三利水库建设，各区成立民兵大队，乡、村成立中队、小队，县、区武装干部、基层民兵干部带领民兵按部队要求实行军事化管理，整个工程投入120多万个劳动工日，完成挖填土方93万多立方米，开石1.5万多立方米，砌石1.7万多立方米，筑1条13米高，60米长的钢筋混凝土渡槽，可灌溉农田4.6万亩。

1966年，来宾全县分来宾、凤凰、蒙村、大湾、迁江5个片，分别建设马村、蓬莱、大湾等大型电灌站及其配套工程。县组织民兵15万多人投入工程建设。参加工程施工的民兵按县成立民兵师指挥部，名区成立民兵团，乡村成立民兵营、连、排，实行军事化管理，边劳动边练武，较好地完成了施工任务。

1971年冬—1972年冬，来宾县组织3000名民兵组成长年施工队，建设利用合山电厂冷却水灌溉工程，共投入劳动工日108万个，挖、砌干、支渠道31千米，按时完成工程建设任务。该工程可灌溉农田近万亩。

1973年9月—1974年8月，平阳八角龙电灌站建设期间，来宾全县21个公社组成21个民兵营近2万人参加施工，投入170多万个劳动日，挖土30多万立方米，开石10多万立方米，砌石6万多立方米，筑混凝土1139立方米，修建干、支渠道36千米，其中，高7.5米，宽2.4米的拱桥式渡槽1千米，架设高压电线41千米，新增灌溉面积2.4万亩。

中共十一届三中全会以后，随着生产的发展，水利建设大都采用机械化施工，广大民兵只是参加水利渠道的清淤和维修工作。1992年，来宾县人武部组织民兵17600人参加冬修水利建设，整修水利渠道87千米，挖林果坑1500亩，帮助蔗农砍运甘蔗8万多吨，组织民兵600多人次扑灭森林火灾5起。据统计，1992—1995年，来宾县人武部组织民兵12.67万人次，积极投入全县水利冬修工作，广大民兵发扬艰苦奋斗的革命精神，不怕苦，不怕累，完成土石方63600立方米，整修水利渠道180多千米。

维护社会治安　20世纪50年代—70年代，来宾县民兵除重大节日巡逻外，还设固定哨所和临时哨所，守卫工厂、铁路、公路、渡口、通信线路等重要目标。1958年6月1日—1960年2月底，县先后出动民兵近18万人次执行任务。其中参加侦破反动组织25起，捕获首要分子86人，缴获长短枪25支，子弹1844发，刺刀、手榴弹等武器一批。捕获逃犯42人，抓获各种刑事民事案犯164人，看守犯人186人，看守仓库216个，看守水库、电灌站284处，还参加反空投、搜、缴敌特空投的反动传单和空投物资等行动。1984年9月，来宾县抽调民兵500人协助政法部门捕获刑事案犯30人。

20世纪80年代以后，随着改革开放的不断深入，各级人武部进一步加强民兵对社会治安管理工作的领导，除组织民兵继续做好重大节日巡逻（执勤）和守卫好重要目标外，主要是组织民兵配合公安机关开展“严打”等社会治安综合治理，组织民兵巡逻队护卫村屯安全，组织民兵为民服务，办实事做好事。1980年起，象州县组织民兵巡逻队112个，配合公安机关开展护村、护路、护林活动，打击各类违法犯罪分子。1994年起，来宾县组建铁路护路民兵连，在湘桂铁路来宾路段上岗执勤，有效地扭转县境内铁路治安的混乱局面。1994年5月—1998年末，来宾县铁路护路民兵连共抓获爬车盗窃案犯60人，发现和制止货盗案件126起，配合公安机关破获各种案件200多件，抓获不法分子和犯罪分子612人，缴获各种被盗铁路运输货物 1300 多件，价值人民币近 40 万元。

1999 年和 2000 年，来宾县人武部分别组织 63 人和 60 人的民兵小分队，为凤凰华侨农场看守 5000 亩果园，使水果喜获丰收，产量分别达到 500 万千克和 300 万千克，出色地完成了看守任务，得到了农场领导的好评。

2001 年，来宾县人武部组织民兵 720 多人次，参加“严打”整治斗争，先后 6 次参加县组织的“治爆缉枪”专项整治斗争，缴获非法枪支 896 支，管制刀具 712 把，炸药 1300 千克，雷管 3560 枚，导火索 1750 米，抓获犯罪嫌疑人 67 人。维护了社会稳定，有力地打击了犯罪分子的嚣张气焰。

2002 年，各县（市）人武部组织民兵参与社会治安综合治理和维护社会稳定工作，组织民兵应急分队集中到民兵训练基地驻训，担负县城巡逻执勤，共制止各类刑事、治安案件 126 起，抓获犯罪嫌疑人 97 人，收缴砂枪 6 支、管制刀具 73 把，为人民群众做好事 65 起，涌现出一批勇斗歹徒的优秀民兵。来宾县民兵谢宁在勇斗歹徒中光荣负伤，受到人民群众的高度赞扬，得到县领导的好评。来宾县人武部积极参与解决上访、纠纷等事件，10 月，谢登甫部长带领干部及时制止了良塘乡部分 20 世纪 50 年代老兵上访事件，有较地维护了社会稳定。

抢险救灾执行急难险重任务　境内民兵从组建开始，就承担各种抢险救灾、急难险重任务，为政府分忧，为群众服务。1960 年 1 月 24 日，来宾县民兵师直属交通营奉命在红水河十五滩打捞一架抗日战争时（1943 年）迫降的美 B244 型轰炸机（机号 198）。全营官兵奋战 20 天，终于在 20 多米深的河底沙砾中将飞机打捞起。为国家军事科研提供了样机。

1961—1963 年，境内遇到有史以来最为严重的旱灾，各县民兵积极投入抗旱工作，来宾县投入抗旱民兵达 20 万人，其中，女民兵就有 6 万多人，投入抗旱水车 2851 架、戽斗 6694 个、水桶 1.96 万对。蒙村区特等劳动模范、女民兵冯团秀（生产队长）带领民兵抗旱 100 天，获得粮食好收成，成为全县的一面旗帜。1963 年，自治区妇联以《女红色当家人》为题在《广西日报》报道了她的先进事迹。青岭区三联公社女民兵提出“与天争粮”的口号，组织和发动 800 多名女民兵投入抗旱保苗，共挑干、戽干山塘 16 张、水库 18 座，使全公社 3200 亩玉米和 680 亩早稻获得丰收，玉米、早稻产量 30 万千克，比 1962 年增产 1.63 万千克，增长 63.8%。

1975 年冬，来宾县南泗陈寺水库堤坝和堤坝基层大量渗漏。县抽调 1000 名基干民兵抢险。共投入 2 万多个劳动日，灌水泥 300 多吨，同时挖通东干渠 8 千米，挖土 2 万多立方米，使水库转危为安。1975 年底至 1976 年初，水电部和自治区水电厅派专家检查来宾县二沟水库，发现有垮堤危险。水电部责令县限期抢修（中华人民共和国成立以来首例）。来宾县即动员水库受益区出动 550 名基干民兵紧急抢险。苦战 3 个月，挖填土方近 2 万立方米，砌石 1000 多立方米，在春雨到来之前完成抢险任务。1976 年冬某日，来宾县境某国防仓库受山火威胁，县紧急出动民兵 750 人协助部队抢险，苦战 1 昼夜，终将大火扑灭。1977 年 4 月，凤凰公社龙岩大队发生森林火灾，公社立即组织民兵群众数百人上山灭火，保护森林面积 750 亩。

1976 年，来宾县大力开展植树造林活动，青岭公社党委组织 5000 名基干民兵上山开荒造林，5 天时间造林 3000 多亩。春节前，三五公社组织以民兵为骨干的万人造林大军，奋战 7 天，完成全垦造林 6800 亩，种下杉树 5700 亩。是年，迁江、北泗、蒙村、大湾等公社，积极响应公社党委的号召，在专职武装干部和公社领导的带领下，开赴开荒造成地，建成“万亩甘蔗场”。北泗公社瀑泉、思光、河里、石村等大队民兵在 10 天内种下万亩甘蔗任务。五山公社党委和武装部组织民兵以排为单位，打起背包，拿着餐具，步行到 10 多里路的山弄安营扎寨，民兵们顶严寒，坚持白天开荒造林，晚上学习军事知识，奋战 3 天，全垦造林 1300 亩，割草烧石灰 23000 千克，为农业学大寨作出了积极的贡献。

1981 年，来宾县遭受洪涝灾害，县内 16 个公社、122 个大队、1475 个生产队 216000 户 40.31 万人受灾，县人武部组织民兵积极投入抢险救灾，帮助灾区转移群众，抢救受灾物资，修民房，使损失降到最低。1985 年夏，桂中地区出现 50 年未遇的旱灾。来宾县境小溪断流，水库（塘）干涸，农田龟裂，20 余万人（畜）缺水。民兵高炮分队奉命实施人工降雨，105 名指战员轮流上阵，连续奋战 1 个多月，发射降雨弹 209 发，使县境各地普遍降雨 60~120 毫米，旱情得到缓解。象州县 25 名民兵奉命实施人工降雨，抗旱保苗。历时 53 天，分 4 个炮点共作业 18 次，发射降雨弹 432 发，共降大雨 5 次，平均雨量 134 毫米，降中雨 12 次，平均雨量 20.2 毫米，降小雨 1 次，雨量 10 毫米，水田受益 20 余万亩，旱地受益 10 万多亩，水库增加水量 2500 万立方米。

1988年8月30日—31日，境内遇特大洪灾。来宾、象州两县1.06万人投入抗洪救灾战斗，转移被困群众43220人，抢运物资6700多吨，保护水库、电站和公路、铁路桥梁22座。来宾县组织6550名民兵奋力抗洪抢险，转移被洪水围困群众34200人，牲畜10500头，粮食1747吨，工业品100吨，其他商品160吨。共搬运各种受灾物资10900吨。高安乡民兵连500多人，抢救化肥100多吨，粮食20多万千克，转移灾民1653人。高安乡杨村电灌站民兵排16人，忘我奋战40多个小时，使电灌站转危为安。高安乡人民武装部被广西军区评为“抗洪抢险先进单位”。武宣县人武部组织民兵抗洪救灾，疏散受灾群众，转移物资，抢救牲畜。县人武部部长韦雄鸿亲自率领马步乡民兵，出动50台手扶拖拉机，配合部队奋战一昼夜，使县磷肥厂1800余吨磷肥免受损失。县水泥厂民兵巡逻守库，保卫1000多吨水泥安全。在此次抗洪救灾中，武宣县共组织8000余名民兵投入抗洪抢险。灾后，武宣县人武部被广州军区、广西军区评为“抗洪救灾先进单位”。金鸡乡石祥村民兵营、县锰锌矿民兵连、三里乡勒马村民兵排被广西军区评为“抗洪救灾先进单位”。忻城县武装部组织民兵应急分队11681人次参加抗洪抢险，抢收各种农作物面积5469亩，抢修危房761间，抢修公路178处共2856米，帮助灾民搬运粮食13.38万千克，化肥800千克，转移疏散群众602人，转移牲畜3278头，清理倒塌房屋74间。

1990年3月，来宾县大湾乡遭受百年罕见的龙卷风袭击，县人武部立即组织人武干部12人，民兵应急分队258人投入抢险救灾，帮助群众重建家园。为灾区群众拆迁危房校宿4间，为受灾群众修理房屋5栋，同时为灾区群众捐款470元，捐物948件（折款1250元），捐粮250千克。

1991年，象州县大旱，县人武部率领16名民兵协助县做好人工降雨工作，共发射降雨弹418发。1992年，来宾县大旱，驻境部队、县人武部出动官兵和民兵2.8万余人次参加抗旱，抢插早稻3.8万亩。

1992年，来宾县境部分乡（镇）春旱严重，县人武部及时发动人武、专武干部和民兵2.8万多人次，参加抗旱抢插早稻3.8万亩。县人武部还组织民兵600多人次扑救森林火灾2起。

1994年6月—7月，境内连降暴雨，灾情严重，县、乡人武部组织广大民兵积极投入抗洪救灾。6月18日中午，来宾县人武部组织民兵应急分队150人，到县糖业公司抢救受淹白糖。7月6日凌晨5时，组织40多名干部和民兵赶赴良江乡抢险。在抗洪救灾中，来宾镇、城厢乡、大湾乡等基层武装部积极组织民兵应急分队成建制地投入抢险救灾工作。全县除基干民兵应急分队参加抢险救灾走在前面外，普通民兵也发挥积极的作用，据不完全统计，全县参加抢险救灾民兵达3.84万多人，抢运各种物资4200多吨，价值53.6万元，转移受灾群众12480多人，排除各种险情76起，帮助受灾群众维修房屋和搭建临时住棚1500多间，抢修水毁公路、水利设施68处3360多米。

1996年7月，象州、武宣、忻城、合山4县（市）发生水灾，驻境部队和4县（市）人武部带领2.8万余民兵预备役人员投入抗洪救灾战斗。转移被水困群众9458人、牲畜4696头，抢运物资6900余吨，抢收农作物2000多亩，抢救电力设备12台（件），抢修水毁道路9.8千米，排队险情28处，共挽回经济损失750余万元。1998年，来宾、象州、忻城、合山4县（市）发生水灾，驻境部队和4县（市）人武部带领1.4万民兵投入抗洪救灾战斗。转移被水困群众6000多人、牲畜3278头，抢运物资1150余吨，抢收农作物5469亩，水库加固除险2座，抢修危房761间，清理倒塌房屋74间，抢修水毁道路78处，共挽回经济损失300余万元。有32名民兵被所属县党委、政府嘉奖。3月，来宾县人武部组织干部职工和来宾镇、城厢乡应急民兵分队共130多人，参加国家重点工程建设，完成了呼和浩特至北海通讯光缆县境（1000多米）的铺设任务。6月中旬，县遭受百年未遇的特大洪涝灾害，蒙村乡清潭水库出现险情。县人武部接到灾情报告后，及时组织1300多名民兵赶到清潭水库进行抢险，连续奋战3天。26日，清潭水库堤坝被洪水冲塌。部领导立即率领干部连夜赶到库区下游受威胁最大的中团村，组织灾民转移到安全地带，确保人、畜不受损失，出色地完成了任务。1999年1月，城厢乡发生2次山林火灾，县人武部及时组织来宾镇和城厢乡民兵应急分队，赶往火灾现场将山林大火扑灭，保护了国家森林资源，使损失降到最低限度。

2001年7月5日，来宾县人武部组织建设局、供电局、交通局、体育局、八一矿、来宾镇、迁江镇、石陵镇等单位民兵477人，奔赴南宁抗洪抢险第一线，在近一个星期的抗洪斗争中，广大民兵战酷暑，斗洪魔，日夜奋战在首府南宁抗洪抢险第一线，谱写了一曲英勇抗洪魔的赞歌，向党和人民递交了一份合格的答卷，多次得到上级抗洪抢险指挥部首长的赞扬和好评。凯旋后，县委、县政府召开会议，对参加南宁抗洪抢险作出突出贡献的单位和个人进行表彰，迁江镇、来宾镇、县供电局等8个单位被评为抗洪抢险先进集体，王重茂、李宝山等19人被评为抗洪抢险先进个人。

2002年12月11日，金秀瑶族自治县三角乡境内一辆运载砒霜货车翻跌下河，严重污染河水，威胁下游数十万人民生命财产安全。事故发生后，县人武部带领民兵900多人，和武警战士一起，挑沙填土，改河截流，苦战3昼夜，最终完全控制了毒源。

2003年，出现“非典”疫情后，兴宾区人武部立即组织民兵预备役人员冲在防疫“非典”第一线，防止疫情扩大做好维护工作，涌现一批表现突出的单位和个人，11月份，兴宾区石陵镇武装部部长何世忠在抗击“非典”斗争中表现突出，被总参谋部、总政治部评为先进个人。

2004—2005年，来宾军分区团以上干部每人扶助贫困学生2人，营以下干部每人扶助1人，全市共有89名贫困学生在军分区官兵的资助下得以继续学业。象州县组织5个乡（镇）60个民兵营1.4万余名民兵预备役人员开展“民兵预备役科技致富长廊”活动，大力发展竹木加工、种桑养蚕、特种养殖等产业，收到了良好的社会和经济效益。兴宾区人武部组织民兵预备役600多人次参加抢险救灾4次，扑灭森林、甘蔗火灾8起，为保护人民生命财产安全作出了积极的贡献。2005年6月，象州、忻城、合山3县（市）连降暴雨，发生特大洪灾，象州县34万亩农田被淹，3.6万多间房屋被洪水冲毁，10万余群众被困。忻城县有10多个村庄被淹。军分区、驻境部队和3县（市）人武部带领民兵8900余人投入抗洪抢险战斗，转移受灾群众2.89万人，抢运物资3460吨，拆除危房258间，清理倒塌房屋37间，抢修水毁道路23处，配合公路部门搭简易桥7座，清理被水淹物资价值200多万元。忻城县10多个村庄被淹。县武装部组织本部干部职工及民兵应急分队2500多人次连夜奔赴宁江乡同良村转移被困群众。营救转移被洪水围困群众574人，拆除危房258间，清理倒塌危房37间，转运物资126车次。

预备役

参加生产建设　1991—2005年，预备役部队平时寓兵于民，预任官兵们在各自的岗位上参加地方的经济建设。部队经常组织官兵参加和支援驻地的生产建设，每逢地方的春耕生产、植树造林、兴修水利等突击性工作，组织官兵参加通电通路、人畜饮水、通信线路施工等重点工程建设。1991年，部队参加地方生产建设先后出动2600多人次，车辆70多台次。1997年，应国营凤凰华侨农场的请求，派出团直担架连、三营机枪连100名预备役官兵为农场守护2300亩果园，时间长达5个月。1997年12月—1998年1月，组织一营一连140名预备役官兵参加国家重点工程呼和浩特至北海地下光缆通信线路施工，按时按质完成施工任务。1998年，出动预备役官兵3万多人次参加地方植树造林、通电通路工程、人畜饮水工程等重点工程建设，协助地方解决135个村屯的人畜饮水问题，117个村屯3.4万人的用电问题，维修道路60余千米，架设和维修桥梁5座。1999年，组织现役官兵参加义务植树、义务冬修水利、帮助群众插田，全年人均参加地方生产建设8天以上。2000年1月，受寒流影响，来宾县遭受严重的霜冻灾害，群众的甘蔗损失严重。预备役部队主动请战，出动113人次，深入灾情严重的石陵镇帮助群众砍收甘蔗60多吨。15年来，预备役部队共出动5万多人次，车辆200多台次参加地方生产建设，义务植树造林100多亩，帮群众插田200多亩，守护果园2300亩，义务砍收甘蔗60吨，参加并完成重点工程建设5项。

军民共建　1990—2005年，步兵第一团开展军民共建社会主义精神文明活动。通过思想发动，抓典型，总结推广经验，共建单位由学校扩展到机关单位。到2005年，先后与来宾县实验小学、城厢乡双马小学、来宾县卫生学校、来宾县财政局、环保局等30多个（所）学校和机关单位结成军民共建“对子”。在军民共建活动中，坚持以地方领导为主，以发动群众自建为主和以政治思想工作为主的原则，普遍建立军民共建领导小组。15年来，步兵第一团共派出200多人次为学校师生和机关干部职工上国防教育课30多课，听课群众达3万多人次；组织共建单位师生、干部职工和地方有关人员到部队过军事日体验部队生活180天（次）；邀请地方领导、外请有关领导、专家到部队讲授国家经济和改革开放形势，共同探讨国企改革和人事制度改革等重大问题100多场（次）；为共建单位军训8期，受训干部职工、师生16000多人次；与共建单位举行联欢文艺晚会20多场（次）；与共建单位结合开展“学雷锋”活动，一起走上街头，免费为群众看病、修车、理发、法律咨询，进行环保、税法等政策法律法规宣传，共为群众做好事2万多件；部队官兵走村串寨，动员和帮助失学儿童重返校园46名。参加来宾县创建“全国双拥模范县”活动，协助地方抓好双拥工作的落实；与来宾县交警部门、街道居委会共建警民一条街、军警民交通岗，积极开展争创“文明城市”“文明乡镇”“文明行业”宣传活动，以部队自身的良好形象，为来宾县“文明城市”建设作表率；经常与地方政府部门在重大节日开展慰问军、残、烈属活动，15年来，军民共建单位中，有来宾县实验小学、城厢乡双马小学、来宾县财政局、来宾县粮食局等单位被县、地区评为文明单位和花园式单位；1988年步兵一团和来宾县实验小学双双被推荐为广西壮族自治区第六批文明单位和军民共建先进单位；来宾县3次被评为“自治区双拥模范县”，1次被评为“自治区双拥模范区”。

扶贫帮困 1993—2005年，步兵师某团先后与城厢乡双马小学、三五乡军屯村健力宝希望小学、陶邓乡韦里村、三五乡军屯村和城厢乡定谷村退伍军人莫老汉建立扶贫帮困点。13年来，步兵一团为使扶贫帮困点尽快脱贫致富共投入兵力2000多人次，多方筹措资金45万元，其中步兵一团投入资金20多万元，所建立的扶贫帮困点均改变了落后面貌，贫困户全部脱贫。为地方修建小学校2所，帮助失学儿童重返校园60名。1997年，步兵一团与三五乡军屯村建立扶贫帮困点，先后3次邀请来宾县农科所专家到村里向村民讲授科学种养技术，购买100多套有关科学种养方面的书籍赠送给贫困户，投入兵力1600多人次；多方筹措资金20多万元，扶助贫困户发展生产，修建一座长80多米宽8米通水通车的双层渡桥和一条长2.5千米的乡村公路。给该村健力宝希望小学捐赠教学物资器材和现金折合人民币近3万多元。当年，该村29户贫困户全部脱贫。2001年，军屯村人均收入比上年增加300元。城厢乡定谷村退伍军人莫老汉，多年来一直居住在矮小、潮湿又漏雨的泥巴房里，1999年，步兵一团与来宾县水泥厂共同筹措5000元，为莫老汉兴建起一幢两室一厨一厕的砖瓦房。广西电视台、《广西日报》先后4次播放和登载广西陆军预备役步兵师第一团扶贫帮困事迹。

维护社会治安 根据中央军委和总参部的有关规定，步兵第一团结合驻地实际，积极配合公安部门维护社会治安。1989年，根据上级指示精神，针对几种可能出现的突发事件，制定了《关于应付突发事件的预案》。1996年，制定《防暴应付突发事件通信保障》。每年均对预案（方案）进行学习和修改，并落实各项保障措施，每年进行一次训练和演练，保证一旦有事，能够拉得出，用得上、起作用。

1994年，步兵第一团一营机枪连先后4次共90人次参加维护社会治安。

1996年后，步兵第一团分别与来宾县治安联防大队、中国人民银行来宾县支行、中国农业银行来宾县支行、中国建设银行来宾县支行共同组建4支治安联防队，每逢节假日及重大活动组织联防队员到银行附近执勤，协助保安人员维护县城治安，出动官兵540人次执勤巡逻，协助公安部门抓获各种犯罪分子21人。

2001年，声势浩大的“严打”活动在全国全面展开，步兵第一团与来宾县交警大队、公安局取得联系，及时了解驻地“严打”进展情况，做好个别有前科的亲属、朋友进行投案自首等转化工作，2次协助县公安局搞好公开审判大会的会场秩序维护，得到驻地党委、政府和人民群众的好评。历年来，步兵第一团从未发生过军警民纠纷，多次被自治区、柳州地区、来宾县评为先进单位。

2005年，步兵第一团先后4次参加协助地方打击非法传销等维护社会治安行动。

抢险救灾 步兵第一团制定《步兵第一团抢险救灾行动预案》，做到灾情一旦出现，即能迅速组织部队投入抢险，确保国家和人民群众生命财产免受损失或损失减少到最低限度。

1991年3月，驻地来宾县部分乡镇遭受龙卷风袭击，步兵第一团立即就地动员集结担架连投入抢险救灾，共转移受灾群众849人，修建房屋30余间，运送救灾物资近10吨。

1994年6月15日—20日，来宾县连遭暴雨袭击，全县90%的乡镇受灾，其中受灾严重的大湾等乡受灾农田达90%，部分民房倒塌。全县直接经济损失20443.86万元，间接经济损失40664.86万元。步兵第一团先后出动车辆50台次，官兵1500多人次赶赴县城、城厢、桥巩、大湾和三五等乡镇抢险救灾。共组织转移被洪水围困的受灾群众30000多人，抢运白糖等受灾物资1000多吨，抢修水库裂坝2处。团高机连被评为抗洪救灾先进单位，4名现役官兵、114名预备役官兵被评为抗洪救灾先进个人。

1996年7月17日—18日，桂西北地区连降暴雨，来宾县有14个乡镇遭受不同程度的水灾，较严重的是地处柳江与红水河交汇处的高安、大湾2个乡。高安乡有17个村屯受淹，民房被淹630间，倒塌60间，造成危房383间，有3500人无家可归或有家难归，全乡直接经济损失1601万元。大湾乡的马道、顶窝、屯藕等村被淹的田地面积达266.67公顷，新马道村与外界连接的公路被洪水截断1000米，水淹至树顶。此次洪灾，全县受淹农作物面积7266.67公顷，直接经济损失7600万元。灾情发生后，驻地预备役部队迅速组织官兵投入抗洪抢险战斗，转移群众20000多人，转移受灾物资100多吨。

1998年来宾县境内水灾频繁。5月2日—3日，寺山乡连降暴雨，山洪暴发，17个村遭受水灾，全乡受淹农作物面积377.47公顷，粮食损失178.33吨，直接经济损失20多万元。5月23日，良江镇连降暴雨，白面水库（小一型）库容由50万立方米突然升到190万立方米，溢洪道挡土墙崩塌。6月19日—20日，县境内暴雨成灾，造成严重内涝。全县24个乡镇864个村26.72万人受灾，损坏房屋4800间，倒塌房屋1300多间，有506户3012人无家可归或有家难归，因灾死亡11人，农作物受灾面积1.92万公顷，绝收面积3949.9公顷，水毁鱼塘1087.8公顷，损坏中型水库2座、小（一）型水库1座、小（二）型水库1座，6座小型水库出现险情，损坏机电泵站2座，渠道崩塌11.2千米，直接经济损失8978万元。灾情发生后，驻地预备役部队迅速组织官兵赶赴受灾严重的三五乡、蒙村乡，和县干部、群众一道投入抗洪抢险战斗，把被洪水围困的群众转移到安全地带。

同年6月19日—24日，清潭水库蓄水达1040万立方米，水位高达114.73米，加上溢洪道被两侧山体滑坡压坏，水库多处出现险情。驻地预备役部队出动官兵630人次、车辆17台次、电台5部参加抗洪抢险，奋战8天，转移被困群众6450人，抢运物质16.5吨，放土炮20个，挖土方650立方米，装运沙袋12000袋，打固定桩200根，加固堤坝1处。

1999年4月7日23时25分，来宾县水泥厂、城厢乡泗贯村岜山附近发生大面积山林火灾。驻地步兵第一团组织团机关现役、预任官兵和团直通信连共136人迅速赶赴火灾现场，和来宾县300多名武警官兵、森林警察、机关干部和当地群众一起奋战3个多小时，扑灭火龙4条，长1500米；开辟防火隔离带8条，长1750米，保住了近千亩林区和县水泥厂、学校、武装部武器库和岜山村人民群众生命财产安全。为此，广西陆军预备役步兵师给步兵一团通信连记集体三等功一次。

2000年2月26日，武宣县锰锌矿厂含有氰化钾剧毒的选矿污水池大坝发生崩塌，致使大坝下游150亩庄稼及120亩鱼塘遭受严重污染，沙安村2400多名群众和牲畜用水质量受到影响。步兵第一团近200名官兵迅速赶赴灾区抢险救灾。后因大坝（坝长80米、宽20米、高35米）年久失修，加上沉积污泥太厚，大坝压力太大，尽管救灾官兵采取多种抢救措施均无效果，大坝最后彻底崩塌。救灾官兵按照武宣县委、县政府要求，安全撤离。

同年9月2日16时15分，来宾县城厢乡泗贯村发生山林火灾，团长张泽健亲自带领团机关全体现役官兵和团直工兵连共128人开赴现场和当地干部群众一道扑灭山火。经5个多小时奋力扑救，控制住了火势，保住了近千亩山林和军械仓库等重要目标的安全。

2001年6月底7月初，受当年第3、4号台风影响，珠江水系左、右江流域和邕江普降暴雨，致使南宁邕江水位猛涨，首府南宁遭受中华人民共和国成立以来最大的洪涝灾害。7月6日，根据军区和师命令，步兵第一团快速集结一营部、一营一连、修理所、工兵连480人，动用大小车9辆，由团长张泽健、政委兰锦富带队，开赴南宁雅里上坡进行抗洪抢险。激战中，广西陆军预备役步兵师第一团参加抗洪救灾的子弟兵，涌现了方家挣、方家杰、方家运哥仨竞风流，陈述进、陈贵福父子齐参战，陈帅斌、陈帅军哥俩保首府等动人场面。经9天激战，步兵第一团参战官兵护堤328米，固堤120米，装填土石方1093立方米，圆满完成了首府抗洪抢险任务，受到国家防汛抗旱总指挥部、自治区、广西军区和预备役师首长机关的高度赞扬。中共南宁市永新区委、南宁市永新区人民政府和中共南宁市委、南宁市人民政府分别赠给广西陆军预备役某师某团“战胜洪魔，尽显军威”和“御洪铁坝”锦旗各1面。步兵第一团一营一连被广西军区表彰为“抗洪抢险先进单位”，步兵第一团政治委员兰锦富被广西军区表彰为“抗洪抢险先进个人”，团长张泽健获广西军区荣记三等功一次；步兵第一团第一连、工兵连获广西陆军预备役某师荣记集体三等功各一次，后勤处军需股长伍志强，一营预任副营长、来宾县来宾镇镇长王重茂，装备处预任副处长、广西八一铁合金公司保卫处处长丁洪明获三等功各一次。

2005年7月，步兵第一团派炮兵营营长钟昌带队到象州县参加抗洪抢险28天，出动车辆60多辆次、兵员200多人次，全都出色地完成了任务，并实现了在用兵中练兵，在练兵中强兵的目的，既锻炼摔打了部队，又促进了地方“三个文明”建设。

第五章　人民防空　国防动员　国防教育

第一节　人民防空

机　构

1965年5月，各县人民防空办公室与战备办公室合署办公。"文化大革命"初期，人民防空委员会的工作一度停顿。1969年9月20日，自治区革命委员会人民防空领导小组及其办公室成立。随后，各县相继成立革命委员会人民防空领导小组及其办公室。1974年，各县人民防空领导小组办公室与战备领导小组办公室合署办公。1975年两办公室分开办公。20世纪80年代后，多数县的人民防空由战备办统一领导。

2002年12月28日，撤销柳州地区成立地级来宾市。来宾市人民防空办公室于2003年1月组建，编制员额5人，设正、副主任各1人。市人防办内设指挥通信科、人秘财务科和工程管理科。2003年6月18日租用合山路306号民房对外挂牌办公。

历任主任：谭家社(2003年4月—2004年6月，主持全面工作的副主任)、张松茂(2004年6月—2005年12月)。

人防设施与人防工程建设

1950—1963年，境内人防工程建设，主要是发动机关、学校、企事业单位和街道组织群众整修自然山洞和原有的防空壕洞。20世纪80年代后，各县(市)所修筑的防空掩体和战备战壕逐步损坏。

2003年1月市人防办组建时，只购买部分简单的办公用具。2005年9月起在城区安装有防空警报器，统控设备1套，可在统控室通过无线控制方式实施全部同时鸣放和单台或多台鸣放。2004年8月1日市人防办派人入驻市行政审批中心受理人防工程项目，当年受理并审批结建项目110件，收取防空地下室易地建设费用100万元。2005年受理并审批结建项目660件，收取防空地下室易地建设费450万元，审批防空地下室项目1件。同时开展人防执法，查处和纠正违章建筑13件。

人防教育

1952年4月27日—5月6日，来宾县在县城北约1千米处，发现很多苍蝇聚集成堆，并蔓延约2千米长地段。经省防疫委员会初步化验，这些苍蝇含有霍乱、伤寒两种毒菌。是年，境内重点向群众进行防化学、防原子、防细菌的"三防"知识教育。

1966年后，为普及"三防"知识教育，各县除定期或不定期向人民群众进行广泛"三防"知识宣传教育外，还组织"三防"专业队伍，集中训练"三防"知识及防毒器材的操作使用。在中学生中普遍进行"三防"知识教育，使学生普遍懂得核武器、化学武器、生物武器的主要性能、杀伤破坏因素及其防护知识，学会简单的防护动作，初步掌握个人简易防护器材的制作和自救、互救的一般方法。

市人防办成立后，进一步注重做好人防教育工作。2003年9月在兴宾区第二中学、第三中学各1个班进行人民防空知识教育试点，158人接受教育，经考试及格率100%。9月19日与市委宣传部、来宾军分区在合山市举行民防知识和人防知识宣传活动，参加活动的干部、群众、学生共计15000人。2004年7月，组织城区5名教师到贺州参加区人防办、区教育厅举办的全区新设人防城市人防知识教育师资培训班。9月秋季开学时，城区5所中学3100多名学生同时接受16课时的人防知识教育。兴宾区第三中学获自治区人防教育先进学校。2005年起中学生的人防知识教育扩大到6所中学，学生增加至3300多人。

防空演习

成立地级来宾市前，各县(市)为预防敌人空袭，曾进行过多次防空袭演练。2003年1月成立来宾市人民防空办公室后，进一步注重做好人民防空演习工作。2003年9月组织干部参加广州军区预备役部队快速动员演习，李毅威科长获来宾市委、市人民政府、广州军分区表彰。2005年7月会同市建设与规划部门、发改委、国土资源等部门，编制完成《来宾市城市人民防空规划草案》，获市人民政府审议通过。11月在老城区安装电声警报器，购置一套统控设备。12月29日在来宾市城区第一次成功试鸣防空警报，音响覆盖率达60%。

第二节　国防动员

来宾军分区于2004年12月26日挂牌成立以

来，国防动员领导体制健全完善，各级党委政府认真贯彻落实双向兼职、党委议军会、武委会暨国动委会、工作述职、“军事日”活动、现场办公、第一书记任前谈话、宣布任命大会等制度，常态建立国防动员工作绩效考评机制，推动了国防动员工作落地见效。2005年5月31日，召开了军分区成立以来第一次市委议军会议。这次会议，明确将来宾市武装工作和国防后备力量建设纳入党委、政府主要工作日程，纳入党委班子任期目标，纳入主要领导工作职责。会议研究解决了军分区和人武部基础设施建设、军转干部和随军家属就业安置、驻军部队后勤保障社会化、后备力量建设保障经费等问题，为加速和推进分区部队反“台独”应急防卫作战实质性准备创造了良好条件。

2005年，来宾军分区大力加强后备力量建设，国防动员综合保障能力得到不断提升。加强了民兵作战支前力量建设。通过年度民兵组织整顿，着重抓了民兵应急分队、民兵专业技术分队、对口专业分队“三支队伍”建设。民兵应急分队，突出成建制训练和装备器材的配套建设。民兵专业技术分队和对口专业分队重点在合理编组、加强补差训练上下功夫。为提高对口专业分队参战支前的科技含量，民兵整组中在市气象局、市电信局、来宾移动分公司等单位抽调人员，新组建了一支民兵信息作战分队。认真做好平时兵员动员准备。认真落实兵役登记、退伍军人登统计，以及地方与军事专业对口技术人员预备役管理等预征预储制度，储备了一批年纪轻、技术好的服预备役退伍军人、转业军官和专业技术兵员，并在推广普及《退伍军人预备役管理系统》《地方与军事专业对口技术人员预备役管理系统》《武器装备管理系统》等信息化软件中，初步建立了兵员和武器装备数据库，修改完善了兵员动员计划，为战时兵员动员打牢了基础。积极探索国防后备力量建设新路子。来宾市承担为42集团军招收部分专业技术士官的任务。受领任务后，市征兵办把招收士官作为征兵工作的重要组成部分，成立专门的领导机构，广泛开展宣传发动，深入进行调查摸底，按照自治区征兵办明确的五个阶段工作部署，有计划，分步骤，逐项抓好工作落实。经过初步筛选，来宾市志愿报名的47名应征青年职工，有9名符合招收士官条件，最后输送了2名到部队。国防动员保障信息化条件下“打赢”的能力得到不断加强。来宾市国防动员各专业办公室坚持以发展为主题，以应急作战准备需求为牵引，不断研究新情况，解决新问题，并结合本级任务和动员能力，编制了反“台独”应急作战国防动员总体方案和各分类保障方案，国防动员保障信息化条件下“打赢”的能力得到不断加强。市经济动员办公室会同市统计局，对全市国民经济动员潜力进行了全面调查，进一步摸清了来宾市经济动员的品种、数量、存量、结构、分布等情况，及时更新了数据库，并编制了各类经济动员预案。交通战备工作，主要抓了国防交通基础设施建设，开展了运力调查，调整了交通重点保障目标，完善了战时交通保障计划和各种预案，重新编组了“交通战备综合保障团”。人民防空工作，主要完成了防空警报设点布局和勘察安装的前期准备，出台了《来宾市人民防空管理暂行规定》，并在市行政审批办证大厅设立专窗，开展结合民用建筑修建防空地下室的行政审批工作。

第三节　国防教育

来宾军分区于2004年12月26日挂牌成立以来，始终注力全民国防教育，强化抓全民国防教育就是抓全民思想备战的意识，重点围绕教育内容体系化、教学队伍专业化、教育方式规范化、教育手段现代化开放国防教育新格局，协调完善相关制度规范，深入推进国防教育进党政机关、学校课堂、公私企业、社区街道。加大基本建设力度，先后建设了来宾市革命烈士纪念碑场所，充分发挥辖区内红色资源，扩大“麒麟山讲坛”教育系列专栏影响力，用好全民国防教育室(馆、廊)，开展好传承红色基因群众性全民国防教育系列活动，推进全民国防教育对象、地域、时间、要素和手段全覆盖。强化法规教育，教育引导广大群众自觉遵守国防动员法律法规，强化依法服兵役、参加民兵组织、担负国防勤务的“公民义务”，依令执行军事行动任务。同时，以2005年开展的党员先进性教育为契机，坚持把民兵政治教育纳入全民教育轨道，利用函授、刊授、知识竞赛、读书演讲、会议讲座、集中教育等形式，进行了党的创新理论的学习和人民战争思想、民兵性质和任务、形势战备、法制和纪律等教育。加大了国防教育法的宣传力度，突出了以爱国主义为核心内容的国防理论、国防历史、国防常识等方面的教育；通过国防知识竞赛、国防演讲比赛，结合建军节、国庆节等重大节日，向群众宣传国防知识，开展拥军优属活动，营造了好的氛围。同时，还组织开展了反“台独”作战群众工作和民兵、民工参战支前问题研究。

国防教育

20世纪50年代初，抗美援朝战争爆发后，来宾市境内各县委、县人民政府认真开展抗美援朝、参军支前、保家卫国形势教育活动，激发全民爱国热情。

20世纪60年代，东南沿海形势紧张，美国军队侵越战争升级，来宾市境内各县委、县政府加强对全县民兵、干部、群众进行国防教育，形势教育、战备教育，开展战备动员，组建民兵工作。

1979年，对越自卫还击战期间，来宾市境内各县市结合形势，开展国防战备形势教育，激发广大青年民兵踊跃报名参军参战，保家卫国。

1985年，来宾市境内各县市驻军和预备役部队采取"结合乡镇召开的各种大小会议，在基层中广泛进行爱国主义和新《中华人民共和国兵役法》教育，结合节假日和民间节日进行宣传教育，分批轮训"（简称两结合一轮训）的办法，帮助专职人民武装干部和乡村基层干部增强国防观念，提高爱国热情，掌握新《中华人民共和国兵役法》，帮助预备役部队干部战士培养树立民族责任感和履行义务的光荣感。

1990年7月，预备役步兵第一团会同来宾县人武部、宣传部、总工会、共青团以及妇联等部门联合举办"国防在我心中"演讲比赛，参赛干部职工达2000余人。

1995年4月，原中国人民解放军驻象县剿匪部队437团团长刘登远率旧部一行90多人到象州县祭扫该部在象县剿匪战斗中牺牲的革命烈士。受到马坪、象州、石龙、罗秀等乡镇学校师生、机关干部欢迎，许多居民群众自发加入扫墓活动，听刘登远上革命传统教育课。是年，象州县全民国防教育受教育者达26.12万人。

1999年10月，预备役步兵一团由县建团调整为地区建团后，成立了以兰锦富为组长的国防教育领导小组。当年，结合澳门回归时事，国防教育领导小组在所辖四县展开以"勿忘国耻，心系国防，建设一支强大的国防后备军"为主题的系列教育。

2001年，预备役步兵第一团配合驻地来宾县开展国防教育周活动，制定步兵第一团国防教育周计划。是年，应来宾县第一中学和来宾县卫生学校共建单位邀请，结合4月1日美军侦察机撞毁中国空军战斗机一事，部队首长兰锦富、陈锡军先后为共建单位作《认清本质，消除疑虑，增强必胜信心》和《对台联合登岛作战的主要特点》等国防教育专题报告。是年，据不完全统计，先后有12个单位6000余人参加国防教育课、军事小竞赛、国防知识竞赛等活动。

2003年，来宾市各县（市、区）召开议军暨国防动员全体（扩大）会议，进行认清形势，努力推进国防后备力量建设的教育动员，进一步强化党管武装，政府办武装，军事机关建设武装。同年9月11日，来宾市委在兴宾区开展"国防在我心中"演讲比赛活动，选拔代表参加广西壮族自治区"国防在我心中"总决赛，让广大干部群众接受国防教育。

2004年11月17日，来宾市委宣传部、柳州军分区政治部在兴宾区二中联合举办"国防在我心中"演讲比赛，兴宾区二中钟莹莹获青少年学生组第一名。是日，步兵一团与13家共建单位举办军事日活动，派40余干部到学校对4600多名学生进行军训，同时给学生上12节国防教育课。

2005年，来宾市在全市开展以"国防基本知识、兵器知识、国防科技、现代和未来战争"等为主要内容的国防教育巡回展览（放映）活动。是年，在爱国主义读书教育活动中，兴宾区、武宣县、忻城县各有1名中小学选手代表来宾市参加全国第十一届读书活动北京表彰大会和夏令营活动。

第六章　战　事

第一节　农民起义

武宣县大藤峡瑶民起义　大藤峡在武宣县黔江至桂平县浔江一带。《明史：起事本末》述："大藤峡最险恶，地亦最高。桂平大宣乡崇姜里为前庭，象州东乡、武宣北乡为后户。藤县五屯障其左，贵县龙山据其右，若两臂然。"明朝洪武开国，武宣县大藤峡瑶民起义爆发。洪武八年（1375年）被柳州卫官军镇压；洪武十四年（1381年），宾（州）、象（州）、浔（州）瑶民复起，又被广西指挥徐元领兵镇压；十九年（1386年），武宣县瑶民再次起义，杀死参议杨敬恭，"自浔至武宣，道不通者数十年。"明永乐三年（1405年），浔、桂、柳三府瑶民联合起义，黄田等率队活动于武宣、雒容、荔浦等地。五年（1407年），明朝廷发湖广、广东、贵州三都司兵来进行大规模镇压，又命新城侯张辅遣都督朱广、方政以征发交趾兵协讨。是年十月，总兵韩观以贵州、两广兵攻武宣东乡。永乐九年(1411年)，武宣县瑶民复起，又被柳州、南宁、桂林等卫兵镇压。宣德四年(1429年)，瑶民起义又旺盛起来。正统七年(1442年)，瑶民在蓝受贰、侯大苟领导下，再次发难，进攻州县。天顺六年(1462年)，明英宗皇帝调集南京、江西及直隶九江卫军1万多人进剿大藤峡，攻破700余寨，斩首3000多。成化元年(1465年)十月，总兵欧信等率兵6.8万人自象州、武宣分五路包围大藤峡。十二月初一日，官军开始对大藤峡腹背夹攻。战斗开始后，瑶民的滚木、滚石、标枪、药弩从山上下如雨注。官军仰山而攻，死伤甚多。官军无奈，即纵火烧山。瑶民退到九层楼(山名)、横石塘等处，前树大栅，千斤巨石从云霄滚下，弓弩直射敌群，打得官军不敢力敌。后因瑶民腹背受敌，木石将尽，寡不敌众，损失惨重，侯大苟被俘牺牲，起义受挫。为了加强对大藤峡的监视和封锁，明成化二年(1466年)，武宣县设置了东乡等9个巡检司。成化二年十二月，侯郑昂等又率队起义。正德二年(1507年)，韦学祖、覃万祖、覃公天等率队在来宾、武宣发难，弄得当局坐卧不安，惶恐不宁，将大藤峡改名断藤峡，刻石记之。成化中期(1470年后)，明朝廷在无可奈何的情况下，采取一些怀柔政策“量给田使之耕，各遂其生”。到了正德十一年(1516年)，总制都御使陈金又对瑶民作了一些让步．“乃与约，商船入峡者，计船大小给了鱼盐”(在四面被封锁的情况下，盐为瑶民生活中最仰赖山外供应之物品)。瑶民得了盐，按约行事，“道颇通”。陈金以为此法可久，易峡名为“永通峡”。他为了自褒其功，并于武宣县黔江南岸璞玉山石壁刻“敕赐永通峡”5个大字。嘉靖七年(1528年)春二月，总督王守仁带兵入广西田州，随着进攻大藤峡。由于王守仁的突然袭击，瑶民没戒备，被官军四面包围。瑶民拟突围由武宣县三里的红石矾过江撤入龙山，官军尾追而来，瑶民边打边撤，损失重大。嘉靖十五年(1536年)，瑶民领袖侯胜海被当地地主恶霸诱杀。其弟侯公丁集众2000余人，乘夜陷堡城，杀戍兵200人。嘉靖十八年(1539年)春二月，明朝廷以副总兵蔡经，副使翁万达，参议田汝成等人率领官兵5万多人，分左右两路深入大藤峡腹地，南北夹击。瑶民自知敌强我弱，寡不敌众，吸取以往据山结寨，终为官军所破的教训，这次采取了化整为零的办法。万历八年(1580年)夏四月，杨秀、刘子连率队半夜冲进武宣县署，擒县令饶养浩，夺金库，斩会左史董仲宣，然后沿江而下。广西巡抚郭应聘等感叹说：“恃险为乱，贼党不可灭！”

忻城八寨农民起义　明朝初叶，忻城县思吉、周安、古蓬、古卯、古钵、都者、罗墨、剥丁等村寨(简称八寨)，计220个屯，2120户的民众，因不满封建统治者的压迫，起来进行斗争。景泰五年(1454年)蓝伽、韦万山为首发动起义，并在上林、武鸣等地活动。天顺三年(1459年)，八寨起义军活动地区继续扩大，其范围东起柳州，西至东兰，南抵南宁，北连宜山，方圆250多千米，和桂平县大藤峡地区起义军相互掩护，互相呼应。攻城邑，杀贪官，给明王朝以沉重打击。嘉靖三十三年(1554年)八月初七夜，八寨起义军潜入南宁城，攀云梯越城墙进入官府，杀死巡风吏1人，卫兵3人，夺取府库财物。天亮后，官兵追袭，起义军越过高峰隘经武鸣高圩，返回八寨。南宁守官遂受明朝廷严厉处分。嘉靖三十四年(1555年)十二月三十日夜，八寨义军再次夜袭南宁官府，官军追之不及。嘉靖三十九年(1560年)，八寨义军在首领吴宗显等人率领下，袭劫容县金库，次年八月二十日夜，义军袭击宣化县府库，杀死守库官兵21人，次日拂晓官兵追袭时，八寨义军又经高峰隘、芦圩等地回归八寨，守城官兵又受明朝廷军法严处。

明朝廷对八寨义军切齿痛恨，屡派官军对八寨人民进行围剿、杀戮。景泰五年(1454年)总督马昂奉命征剿八寨起义军。成化初年(1465年)，参将马义带兵攻打八寨一无所获，却杀死同部军士谎报战功。嘉靖七年初兵部尚书王守仁、广西布政使林富带领5000多名官兵征剿八寨。王、林等人利用田州、思恩土司卢苏、王受的武装力量，采用偷袭的手段向八寨地区进攻。当官军出现在根据地时，起义军才发现。起义军民2000多人仓促迎战，终因寡不敌众，被迫退却，义军且战且退，官军乘机追击。义军地区军民被官军屠杀3000多人。

隆庆年间，明朝廷集中兵力对付古田及府江方面的农民起义，八寨军民得以休整，万历初年(1573年)，八寨义军又发展到1万余人，武器、粮草日益充足，遂与官府抗争长达6年之久。

万历七年(1579年)冬，广西提督刘尧诲调集各地土汉兵丁10万余人，从上林、来宾分头向八寨起义军进攻。历经半年余的激战，起义军及其家属被杀被俘共达1.5万多人，被抢去各种武器5200多件，牛马230多头(匹)。至万历八年(1580年)八月四日，八寨农民大规模的武装斗争失败了。但八寨人民并不屈服，崇祯九年(1636年)，义军一部夺取上林县城的库银，给官府以有力的打击。

象州的拜上帝会活动 清道光二十七年(1847年)九月十八日,洪秀全率冯云山、曾云正、卢六等数人,翻山越岭,专程来到象州大樟古车村(今属金秀)甘王庙,历数甘王藐视上帝、恐吓群众、诈骗钱财的十大罪状,宣布毁灭不赦,然后举起棍棒,痛打神像,挖出眼睛,割去胡须,踏烂帽子,扯碎龙袍,扭断手脚,翻倒在地。洪秀全挥笔在壁上书写拜上帝会的《十款天条》,宣传发动群众"拜上帝"。从此,洪秀全声誉大起,信徒愈增。象州拜上帝会迅速发展,"南起大樟,北到大乐,六七十里,都是他们活动的地区"(《广西瑶族社会调查史》),中平之石龙村成为拜上帝会在象州的最大据点。据《象州乱略记》载,石龙村之谭要,常过瑶山,前往紫荆山,与洪秀全交往,并"回象州私传其教",道光三十年(1850年)八月一日,谭要在其本村宰杀牲口拜上帝,"村人汹汹,强半附从","乡中入会者殆千计"。巡检司派兵镇压,石龙村拜上帝会众"拒守",令"兵团不敢近"。大乐的拜上帝会以龙女村的大岩为据点,拉起武装,与地方团练对峙。众多的各阶层人民参加拜上帝会,象州成为太平天国起义的策源地之一。

太平军过境 道光二十九年(1849年),广西发生大饥荒,瑶民生活甚苦"竟夕围炉蹲坐,倦则卷卧一巨板,无床席帷帐之具"(民国《桂平县志》卷三十一)。这时,拜上帝会"强不犯弱,众不暴寡,智不诈愚,勇不苦怯"的思想和"有田同耕,有食同食,有衣同穿,有钱同使"的主张,深得瑶族人民拥护。平南县花洲村与罗香乡龙坪村接界,洪秀全到花洲,以胡以晃(太平天国豫王)家为据点活动时,罗香一带山茶、龙军、罗香、龙坪等村瑶族、汉族参加拜上帝会的人极多。参加拜上帝会的人因为要跟洪秀全走,就先把自己的房屋、财产烧掉,有的将钱财携至山中埋藏。龙坪村还保留有拜上帝会的集会活动的"上帝坪"。大樟乡高秀、奔腾、花炉、洛田等村半数以上成年人跟随太平军首领前往金用参加起义,奔腾村原有400余户,村中参加拜上帝会的人烧掉自家房子走后,全村仅剩余百多家。高秀村龚振阶,十七八岁就随义军参加太平军,后升为营官,太平天国失败后逃了回来。花炉村盘光华,情科举廪生,参加太平军后到了南京,任主考官。太平天国失败后投降清朝政府,光绪年间还写信回乡查找亲友。

在领导拜上帝会会员参加实际斗争中,最初以捣毁大樟乡三江口的甘王庙最为著名。传说甘王本是大樟乡民,因迷信风水堪舆之说,竟残忍杀生母,又逼胞妹与浪子通奸;后得法帮助皇帝打败敌人,才为瑶族、壮族崇拜。

洪秀全等人在象州县中平、大乐一带组织拜上帝会成员,并带回紫荆山,经由大樟时,分3路进军。第一路,从大樟过东温、越双髻顶,到花蕾,再进十八山,然后东进金田村;第二路,从王田过红水界,直到紫荆山;第三路,从奔腾到洛田、经古朋、古董到武宣县东乡,再东越十八山到金田村。

太平军于清道光三十年十二月十日(公元1851年1月11日)起义后原计划经武宣、象州北上桂林。清将臣周天爵、向荣、乌兰泰等急奏皇上,"以桐木为东路总汇,逾桐木而抵修仁石墙(在三江乡),为东路入省咽喉","桐木、罗秀最为吃紧,须重兵列营相拒,故臣(向)荣扎营桐木"。今桐木镇附近及三江乡八里塘一带,均留有清军营盘遗址。

咸丰元年四月十六日(1851年6月16日),太平军受三江乡石墙清军所阻,退回象州中平。六月初,太平军由于缺少盐粮,被迫选择清军较弱的大樟南路(象州举人韦仁元所守),退至大樟。洪秀全等人率部到大樟一带时,洪秀全、杨秀清等驻扎花炉村,并在村旁筑有营寨和操场。今奔腾至高秀村一线南面山上,尚存4个太平军营寨。后太平军分批经大樟乡东温到武宣东乡,撤回紫荆山,然后经蒙山县直攻桂林而北上。

清道光三十年(1850年)四月,曾带领棒棒会在湖南及广西北部反清的李源发,率部经瑶山,前往桂平紫荆山参加太平军起义,因受瑶民所阻,退回湖南新宁县。

咸丰八年(1858年)十一月,太平天国石国宗、赖裕新等部约10万余人到迁江县驻扎,连营数十里,时迁江县各团总、县官惊慌万分。十二月二十日太平天国将领陈亨容率数万人到河里、北泗一带筹饷、攻破古城团练指挥所,乡勇团练200余人被歼。同时还进攻里兰、龙岗、江村等处团练乡勇。太平军于次年春撤走。咸丰十军(1860年)四月十九日太平天国翼王石达开部约10万人从庆远镇南下,到溯河、里兰、河里一带驻扎,其部将朱衣点2万余人到河里、环山等地筹饷,土司千总黄道成率部顽抗被击毙。太平军曾挖地道进攻长模村,该团练负隅顽抗。太平军在夏满(今洛满)洛沙、安塘等村与团练进行交战。五月翼王所部向宾阳开进。

太平军进军象州 清道光三十年(1850年)十二月,太平军在金田发动起义时,武宣、象州一带有许多拜上帝会会众,因受当地团练阻拦,不能前往参加。为了召集这一带的人马,壮大力量,咸丰元年

(1851年)二月,洪秀全率太平军经武宣东乡,向象州挺进。清王朝调兵遣将,加以阻击。四月十五日,太平军乘夜冒雨从东乡出发,突破清军防线,经大琳、妙皇直趋象州。时因州城已有周天爵先行派出的楚军驻防,各要隘有李星沅先发派出的黔兵扼守,故不敢轻进,便向清军力量薄弱的中平、百丈一带挺进。十九日克寺村,二十一日克中平、百丈、新寨。中平、百丈,东靠大瑶山,西隔运江河、百丈河,北可上荔浦、桂林,地势险要,易守难攻。太平军设大本营于新寨,前沿指挥于中平圩,布前锋于谢官、中平、仁义一线,凭险固守。太平军进军象州时,成千上万拜上帝会会众加入太平军队伍。以中平的石龙村、古磨村,百丈的新寨村,妙皇的盘古村,大樟的花炉、落田、奔腾等村为甚。新寨村和古磨村千余人参加太平军,其中不少人烧掉自己的房子,举家投奔太平军。新寨村何震川带领全家22人参加太平军,妙皇的盘古、花仪、龙庆、龙保、龙勉、龙头等村共40多户加入太平军起义行列。

太平军与清军交战 清咸丰元年(1851年)三月初二日,贵州镇总兵秦定三,率黔兵700人,在武宣的旧县、河口防江,与太平军相遇,两军交战。太平军以声东击西战术打击敌人,黔兵被打得手足无措,死伤甚多。三月十七日,清军机大臣李星沅,广西巡抚周天爵、提督向荣,率清兵分3路进攻驻在东乡的太平军。太平军奋力反击,激战五六小时。太平军愈集愈多,愈战愈勇猛。清军临阵退缩。周天爵为挽救败局,亲手斩杀2人,杀一儆百,并狂呼大叫,强迫清兵上阵。大敌当前,太平军无心恋战,四月十六日夜间,趁大雨过后,悄悄从三里上妙皇。太平军的突围北上,李星沅连气带病死于武宣,周天爵、向荣因指挥无能而被革职,秦定三因不听指挥而被拔去花翎,贵州镇协副将周凤岐、楚兵统带常启云、湖南靖协副将博春、湖南永绥协副将和春等因玩视贻误战机,均被革职或治罪,浔州知府顾元凯、桂平知县王烈、江口司巡检王基也被革职拿问惩办。太平军北上到了妙皇、象州、中平、修仁一带,由于清军已部署重兵防截,六月上旬,太平军折回东乡,驻防于双髻山一线。双髻山是武宣进入紫荆山的门户,山高1004.1米,山势十分陡险。六月初五日,留在军营赎罪的向荣领着清军。由东乡方向多次从山脚向上进犯,均被击退。双方在此山相持一个多月。到了七月十五日黎明,向荣指挥清军2000多人,由总兵刘长清领队,分几路进攻双髻山。太平军待清军深入,木石枪炮齐发,清军伤亡极多。后因一天早晨大雾迷漫,敌人乘机摸到阵地前沿,太平军因寡不敌众,被迫放弃双髻山,于八月十六日夜由鹏化山向桂平县转移。

中平之战 咸丰元年(1851年)四月二十三日,太平军攻占大乐圩,杀死龙门司巡检冯元吉。二十七日,太平军自罗秀敖村、马鞍山分7路进攻贵州威宁镇总兵重纶营,被炮火击退。五月初,各路清军万余人陆续开至中平周围分地扎营。广州副都统乌兰泰率贵州镇远镇、古州镇、威宁镇3镇兵马驻扎于中平西北的马鞍山、独鳌山一带;广西提督向荣率楚军驻扎于中平东北的界岭(今岭南);广西巡抚、清军代帅周天爵将云南昭通镇总兵经文岱及广西浔州知府张敬修各率兵驻扎于寺村。此外,以水勇防守运江西路,瑶勇防守大樟南路。对太平军形成三面合击之势。太平军面对清军的三面包围,采用以逸待劳,主动出击,以少袭众的战术。五月初十,太平军首先向驻守西北线马鞍山、独鳌山的清军出击。先出数百人,继出数千人,渡过中平河,进逼清黔兵营地。远则炮击,近则刀砍,激战1日。黄昏时分,太平军声东击西,先派一支小队伍冲到独鳌山下,架起火炮向山上清军阵地猛轰。清军调兵阻击,这时太平军挑选7名勇士,赤膊提刀,乘黑夜从侧面摸到山上,冲入敌阵,齐声喊杀,挥刀猛砍。清军不知虚实,纷纷丢下武器向山下逃命。太平军用缴获的火器,猛揍敌人,并轰击设在山对面的清军大营。乌兰泰弃营北逃,千名清兵惊慌溃散。太平军堵河拦水,设伏截击,重创清军。这次战斗,斩杀贵州参将马善宝、游击博勒果布、刘定泰等15名大小官员及以下200余人。五月十三日,广西提督向荣督绥靖总兵李伏等部进攻固守百丈的太平军,把总熊士贵毙命。六月初一,太平军出兵四五千人,向驻守东北线界岭一带的向荣大营猛扑。向荣部极力抵御,小胜,即以“一日之间,三战三捷”上奏。驻扎于南线寺村一带的周天爵亲率昭通镇、浔州府等军,进攻驻扎于百丈的太平军,太平军英勇抗击,清军溃退,“无功而还”。太平军在中平作战月余,日渐“军实缺乏,铅弹稀少”,北上之路皆有清兵重重把阻,又闻钦差大臣赛尚阿率众兵抵达桂林,便于六月初四从中平撤退。五、六、七日,经小琳、大琳,复回东乡,先守旧营,后沿来路而退。向荣策马当先率队追击,太平军后卫部队用火炮阻击,中其坐骑,向荣坠落马下,守备蔡应龙让自己的马给他方得脱险。经4个月鏖战,太平军完成招齐拜上帝人马的战略进军,全部返回桂平紫荆、金田等地。

农民与团练的斗争 清道光三十年(1850年)三月中旬,李新妹(贵县人)率农军2000余人,攻打北泗团总武装,北泗乡团总吴连凳带团练抵抗,李攻克不下撤离。咸丰三年(1853年)五月,彭八金、周日红(均来宾良塘人)等率领农军2000余人攻打北泗、河里。河里团练死守,农军撤离。同年六月农军首领刘八金(贵县人)率3000多人(皆用红布兜围前胸,时称"红肚军")攻打河里、北泗团练,双方激战数日,农军伤亡200余人,后撤离。咸丰八年(1858年)五月农军首领刘亚珍(贵县人)率千余人攻打河里街、环山村团练,迁江知县曾春昂带团练援救,农军撤离。同年十一月,彭八金趁太平天国进驻迁江有利时机,起兵攻打灵台团总、乡勇。贡生黄圻参与乡勇顽抗,被击毙。咸丰十年(1860年)三月,农军首领刘亚耀和周九军(均贵县人),两军共万余人,驻扎河里、环山、长模、夏满(今洛满)等村。在行军攻打北泗团总、乡勇途中,被生员黄用纯兄弟俩带团练、乡勇在王所伏击,农军伤亡惨重,死200余人。伤数百。退回河里休息后再攻打陈村、新村团练、乡勇,团练乡勇死守,农军正面攻不下,改用火器从后山攻入,团练乡勇死伤甚多。嗣后农军又相继向北泗、里兰等处团练进攻。至五月始退回贵县。光绪三十年(1904年)七月农军首领韦十一、黄五嫂、万麻子(均忻城人)等从思练率千余人攻打河里团练乡勇,河里团练梁邦彦逃到迁江向知县陈思湛求援,当局派绥远先锋左营右哨官兵华束、觐字营哨官李其清带绿营兵到河里与农军作战,农军撤离。

大成军攻占象州 清咸丰五年(1855年)春,广东天地会首领陈开、李文茂率艇军数万,溯西江而上进入广西。八月夺下浔州府城,建立"大成国"。咸丰六年二月,李文茂率部沿江而上攻占武宣县城,四月攻占象州城,任部属梁森为知州事。九月,大成军沿江而上进军柳州。清廷调遣湘军大举入桂,阻击大成军。咸丰八年五月,湘军攻陷柳州,大成军退出象州。七月复据象州。咸丰九年(1859年),石达开率部回师广西,石镇吉部分3路经过象州。一路万余人由修仁经大乐、六社等村;一路万余人由永安(今蒙山县)走庙王圩经和生等村;一路数千人由中渡走鹿寨经运江麻塘等村,十月在象州城与大成军汇合。太平军的到来,使大成军得到鼓舞和帮助。咸丰十一年二月(1861年3月),大成军将领大狗扒率3000人,攻击寺村横桥圩北极庙代州牧王锦驻地,迫乡团护官逃入南乡。大成军分驻圩场和杨梅、慈悲两村,进攻大井未克,退攻西乡冷屯村。三月,清军统领刘坤一率兵顺江南下先攻象州,大成军与清军数度战于柳江之上;三月初七,大成军与清军战于运江江口;三月初九,大成军败于运江,退回象州。六月初十,大成军与湘军刘坤一战于麻子滩失利;六月二十二日,大成军汇合红水河老码数千人再攻麻子滩又败;六月二十三日,大成军虎头仔、张大口率众三攻麻子滩再败;六月二十五日,大成军围攻麻子滩失利退去。湘军攻陷象州。

大成国军攻占武宣城 清咸丰六年(1856年)二月二十五日,大成国平靖王李文茂率领大成国军,攻占武宣县城,擒杀知县茅本蕙和右江道黄辅相、典史何世勋等。三月初,官军统带吴会兰与地方团绅黄检真督团练围攻大成国军,重占武宣。三月十二日,李文茂与天地会首领韦祖芬联合,共七八千人,夜攻武宣城,毙浔州协副将福格。杀守备朱锦华、把总李桂芳、巡检谷集启、外委吴锦兰等。大成国军复占武宣县城后,把武宣县改为文兴县。咸丰十一年(1861年)春三月,统领楚军刘坤一率队来武宣围攻大成国军。大成国军撤出武宣城,武宣县仍复清制。

会党偷袭土县官族 清嘉庆十二年(1807年)六月十一日,李桂(四川省西昌县人)、周宗胜(广东海南县人)率天地会潘老草等28人,将刀、斧、铁尺、短棍、油捻等武器混同米馍、面饼分成两担肩挑,于当日晚二更时分,至忻城县思练堡卜佑村,偷袭忻城土县官族莫骄家。陈老三等17人撞门入室,得马4匹、衣物、铜锡器皿等及畜物。正在搜寻银钱而被事主发觉。适时,宜山县令赵品金,营弁李玉明在乡巡缉。闻警即督率官兵、衙役分堵要隘,会党陈老三、伍亚三与官兵格斗,被莫骄家丁卢特春、卢特谬杀死,潘老草、黄添尔、李发胜等被官兵缉获。

道光三十年(1850年)九月,农民起义军领袖陈晚率队自罗墨渡攻宁江圩(今范团街)未遂,旋自清水河北上攻陷忻城土县署。踞数日后离去。同月,严亚文、黄晚由迁江入禊洞。与张亚曾(亦名张晚,广东廉州人)会合,聚众5000余人,攻庆远府城,被官兵击退。其部分为两支,张亚曾率一支由忻城县罗墨渡占据三岔塘,并攻庆远所属各处官绅;另一支屯洛东、洛西,攻河池州不克,退踞六塘。后攻金城江,陷河池州后,复合为一,长踞德胜镇。同年秋,陈兴晚部属周老三(广东顺德人)充陈亚贵联义堂先锋;王亚二(广东长乐人)充胜义堂先锋;唐晚(广东新会人)充寿义堂先锋。十月攻陷忻城,后到索谭、独山活动。十二月,唐晚被擒,其余会众入张亚曾队伍。咸丰元年(1851年)六月,署宜山县李晓率官兵剿张亚曾，捕获周老三、王亚二等数十人。

咸丰七年(1857年)九月，迁江、武宣东乡会党首领彭八斤，率众攻入忻城县思练堡卜佑村，莫氏土官族莫云卿等140余人同时被杀戮。十一日，会党破忻城土县城，抵御会党之土兵，官兵首领生员莫子颐、王华堂，武生苏挺葵，监生卢庆春等巷战阵亡。十一月初二日，生员谭宗亮(宜山人)带团练堵截会党于加仁，亦被会党戮于阵前。

咸丰八年八月，大成国李文茂部雷大孽、陆洗祖、邓成等率部入忻城境汇入李亚科。蓝红源部屯驻大塘、峒口寨等地，虎视忻城土衙。汉典史张文栋，土知县莫昌荣报警。知府张凯嵩派宜山令况逢春、都司梁桂春、团绅王汝弼汇兵忻城外堡。九月初二日，破大塘，俘获李亚科。初六日，破峒口寨，俘获蓝红源。

咸丰十年正月，澄江县大令李锦贵率莫刚强等到古蓬，杀代理上林县知县陈汝于亿候村后，踞古蓬里村。二月，古蓬黄懋昭，忻城县北更蓝有香，蓝甲黄世昌，马蹄蓝演文及安定土司目蒙玉光合股攻破里村，杀莫刚强、梁裕光、谭惟寅等，义军损失过半。

光绪十四年(1888年)五月，忻城县民不堪土官苛派，内堡黄道殷、樊道交聚众七八百人，反官抗粮，时值土官争位，官族莫国经借农民之众围攻忻城县城，逼土官莫绳武逊位，莫绳武向庆远府告急，知府何照然派官兵前去镇压，莫国经、黄道殷、杨玉成先后被官府缉获。

光绪二十三年十二月十三日，会党首领韦四、刘三金拥数千之众入忻城县境楼梯峒，宜山县令金文锦布阵剿杀，会党战死5人，官伤4人。十四日，会党开拔板罗堡、三寨堡，土知县莫绳武，团绅杨士思带土兵、团练分守要隘，包围会党。突围中，会党先锋韦若秀、覃扶生被俘。继之，金文锦、王国材(里苗县丞)、莫绳武等重金悬赏，缉获会党首领覃果发，缴获会党龙旗、黄旗、火药、铝子数件。

光绪二十九年二月初，会党首领钟兴旺、张亚本、黄建邦、罗寅、周钧安、黄金福、韦悦和、樊雨勋等率会众数百，以土官族莫钦明(诨名曹操)为内应，围攻忻城土县署。会党与土兵、官军恶战于城郊西隆村，因众寡悬殊，会党退却。六月，会党千余人围攻古万圩，商团武装死守城堡，并借质库(当铺)后之炮楼。居高临下，遏阻会党锋芒。会党从踞地开掘地道。暗置地雷，将质库轰塌，蜂拥而入。商团与会党巷战，伤亡甚众。初三日，绅商派人到岑春煊处告援，官兵未至，古万圩已被会党占领。九月初五日，会党沈少英、黄老隆、苏五等进住马蹄、忻城等处。代理思恩知府和廷彪营务提调李文慧率军来剿。两军对垒3昼夜，会党伤亡惨重，官兵伤亡30余人。九月十七日，前代理忻城土县弹压委员、候补巡检倪孝先，在忻城弹压期间，谎报军情，诬良为匪以请功，到处勒索钱物，被革职，发配新疆效力赎罪。十一月十七日，会党首领覃火生、韦十一等由里苗、金银峒移营大塘大睦邻村。清军安勇前营管带宋尚述率队围剿，会党炮毙清军数名，伤10余名。是役，覃火生胞弟阵亡。

光绪三十年正月，会党邓家隆、益日升、李东云(又名李晚)百余人分驻板罡、稿峒，欲攻忻城县城。安勇管带卢观桥于初三夜拔队往剿。初四晨抵加槎，入稿、罡途中，两军相遇，激战二时，益日升、李东云被俘受戮。初六夜官军撤回忻城。五月，覃火生攻里苗县巫衙署，韦八踞忻城县。各路会党数千众，械精粮足，所向披靡。十一月二十七日的《岭东日报》称：忻城土县被会党攻破，衙署屋宇糜烂不堪。

光绪三十年，土司官郑福等人在嘉仁街收税时，为非作歹，强抢财物，鱼肉百姓，激起民愤，被会党韦志端(别号韦八)杀死。忻城土知县莫绳武闻讯，即派人禀报庆远府出兵，并派其胞弟莫锡轩带土兵往剿，见圩场空无一人，则下令洗劫民家财物，并放火烧毁房屋620多间，粮食2万多千克，家具用物4000多件，总计损失折银9.3万多块。乡民上告，经巡抚派员核查属实，上司于光绪三十二年四月追究莫土官“以纵匪殃民，世济其恶，革广西忻城土知县莫绳武职，追取原领纸号缴销”，永不述用，由上宪任汉官执忻城县政，弹压地方。

忻城农民抗暴斗争“争平军”反团练　清光绪二十七年(1901年)，安良团(今遂意)弄春屯农民蓝青台，因不满乡团练的苛捐杂税，以反对“苛捐杂税”为由，组织弄春、弄容、弄江、堡仁、板里、板桐等村贫民200余人，公开树旗成立“争平军”。“争平军”成立那天，逮捕了作恶多端、民愤大的蓝炳杰、蓝廷昌，公开宣判处死，以显示“争平军”为民争平的威力，号召农民参加“争平军”打团练。日后，有800余人持着粉枪、弓箭、大刀、长矛加人“争平军”。“争平军”队伍发展到1000余人。此讯传到隆山(今马山)县里当乡农民潘经验组织的农民起义军后，他们主动联合“争平军”一道行动。两支队伍配合先后攻打安良团王元尊、北更团蓝锦标两个团练。王、蓝见势不妙，败逃古蓬等地。“争平军”没收其财物分给当地农民。接着在堡流村神农庙前搭山门、写横额，开大会。蓝青台、潘经验讲话之后，举行宣誓仪式。

凡参加“争平军”的人都穿过山门宣誓,回答执仪式人的问话:敢不敢打古蓬、打上林、打南宁回答:“敢打”杀王元尊、卢连芳、蓝锦标、莫三少得不得回答“杀得”!宣誓后又有很多农民加入“争平军”。团练王元尊败逃后即派人急报古蓬团练请兵围剿“争平军”。古蓬团练莫三少得报,即联合蓝锦标、王元尊的团兵,进攻“争平军”。蓝青台和潘经验带领“争平军”以粉枪、大刀与官兵决战。终因武器弹药欠缺而失败。官兵进兵弄容、弄江、内降等地抢劫一空,捕、杀贫民。蓝青台儿子蓝学礼被砍死分尸示众多日。王元尊则乘机处罚弄容、弄江等村村民,取桁条、瓦片建遂意圩市场,收税、租为己所得。

民国6年(1917年)5月间,“争平军”经过休整,力量扩充后,从安良、北更进攻古蓬,包围古蓬团练,打了5天5夜。思吉团练莫孟成等怕“争平军”攻下古蓬后,他们同样被打,便派兵救援古蓬。“争平军”遭受内外夹击,死50多人,受伤多人而撤退。潘经验带队回隆山里当休整,蓝青台退回弄春固守。民国17年2月13日,莫三少、蓝锦标、王元尊又联合调兵对弄流、弄江和弄春征剿,蓝青台节节败退,宁死不屈,结果和蓝昌达等战死在战场上。

忻城覃火生火烧土司衙门 光绪年间,忻城马泗五龙村会党首领覃火生,带领农民军打杀团练和财主。光绪二十八年(1902年)五月二十八日,覃火生领近千人攻进县城土司衙门。土兵不堪一击,土知县莫绳武仓皇逃遁,覃火生部举火焚烧衙门三堂和东花厅,贴安民告示“只与官斗,不与民争”,兵卒上街,平买平卖。后在白沙、白磨(今新塘)等村抓走一些不归顺者的家属,解到自由岩关押,强令其亲人交出白银赎回。覃火生率队乘胜打到思练,在板塘等地驻扎数月,休整士卒,扩大队伍。莫氏土司莫绳武到宜山后请来官兵。官兵和土司策划招安,诱引大部分农民军士投降。覃火生部力微势孤,官兵合力追剿,农民军失败,最后,覃火生被俘遇害。在此期间,忻城大塘乡睦邻屯佃农韦十一地招募一伙平民起义,有20余人枪,举旗后队伍逐步扩大。光绪二十八年(1902年)九月二十一日,打进县署,守城官兵,望风而逃。后到大塘、思练一带打杀财主。豪绅,劫富济贫。最后因众寡悬殊,也被地主武装击败。

忻城东峒农民抗捐围县城 民国19年建立民团制度,忻城县民团局长莫茂春(土司后裔),勒索户口捐谷,捆绑东峒(属古麦一带)农民黄成相到县署扣押,峒民派代表保释不获,激起民愤。民国20年底,罗有光率千余人,携土枪包围县城2天,驻柳第七军军长廖磊派团长罗活率兵一营镇压,峒民于坳口垒石阻击,击毙廖部排长1人、士兵数人,击伤连长1人。廖部毁民房若干后退柳。县长秦世暄电告省府说峒民叛变,围攻县城,企图劫狱,请求处决黄成相。省派员调处。此乃因苛捐杂税及黄成相与莫茂春不睦所致,遂撤县长秦世暄之职,拘押民团局长莫茂春,黄成相获释。

忻城达好农民暴动 民国31年,忻城安良乡达好村(今北更凤凰村)农民为反对国民党当局的征兵、征粮、征税,在内六屯农民韦启隆、下科屯蓝纪禄的领导下发起武装暴动。此次暴动波及隆山(今马山)、都安两县。达好村三面高山环绕,似锅底形的弄场。时因连年水灾,粮食歉收,农民过着糠菜半年粮的生活,而国民党却征收苛捐杂税之外,还加征“村仓粮”。限令每农户年交70千克稻谷。山区无稻谷,就挑玉米到20千米以外古蓬圩卖,买回稻谷交足。不仅如此,年年征兵,民不能安,有谁不愿去当兵,可交“纳金”(一次交2000个铜板)以求缓征,第二年再抽中签者,又再交“纳金”。有的壮丁连续挨征二三次,被迫交二三次纳金,几乎倾家荡产。广大农民,走投无路,被迫酝酿暴动。同年5月初,内六屯韦启隆、下科屯蓝纪绿,与隆山县加方乡内双村排九屯韦启东、北更乡加乐村明鸡屯石庆诗、弄兰村蓝玉秦等人聚会决定成立皇党军,韦启隆为首领,蓝纪绿为副首领,韦启东为军队总指挥,石庆诗为参谋,蓝玉秦为秘书。接着,他们派人在民众中四下秘传:石庆诗将要成仙了,他一口可吃下20包火柴,一次能喝下半斤洋(煤)油,平安无事,又能撒芝麻成峰,撒绿豆成兵。“我等应该保护皇,参加皇党军,功成之后,共享太平”。于是一传十,十传百,信而不疑者上千人,上林北六区及东抚、隆山、都安等地的农民众持刀扛枪来保驾护皇者300余人。5月15日(四月初一)这天,皇党军在内六屯杀鸡饮血,祭旗举事。有白布红字旗三面,上写“反对征兵、征粮、征税”。还宣布政治主张“打倒国民党官”。队伍纪律为“不准打自己人”等。皇党军在内六屯开会,认为敌众我寡,决定暂且撤退。当晚便撤出内六屯,到弄兰村上丹屯屯驻。第二天一早,往隆山县加方乡撤退,当队伍开到下六厄岭时,被保安队伏击。皇党军在韦启隆,蓝纪绿带领下,齐喊“杀完走狗兵”的口号,冲下弄兰,敌兵见势不妙亦往达好方向逃奔,皇党军占领弄兰村公所。尽管如此,皇党军中有的人动摇了,把枪收藏后,化装成赶圩的人回家去了,剩下的便向隆山县加方乡撤退。从此,皇党军瓦解了,许多人隐姓埋名，在外躲藏。年余之后，家住达好村的人，每人交“赎罚金”1.3万个铜板，始得回家务农。

第二节　军阀战事

自治军与滇军交战　民国11年(1922年)6月，粤军总司令陈炯明在广州叛变，总统孙中山号召出兵讨陈。滇军将领响应孙中山号召，率领万余人下广东讨陈。同年8月26日(农历七月初四日)，滇军到达武宣城外。当时驻守县城的是广西自治军第二路军所辖的陈天泰部。滇军一到，就受到陈部打击。滇军以优势兵力把县城团团围住。陈部固守城内。在激战中，各乡团绅率练赶到，内外夹击滇军，滇军伤亡100多人。29日(农历七月初七日)晨，滇军师长张开儒致书陈天泰，陈天泰得知滇军是赴粤讨伐陈炯明而路过的，解除了误会，乃率部与滇军一起东下。

沈、李两军在武宣交战　旧桂系首领陆荣廷被沈鸿英、李宗仁合兵打败之后，沈鸿英集重兵于柳江、鹿寨一带，李宗仁部队主力则分布于梧州、江口、平南等地。沈鸿英为了消灭李军，独霸广西，于民国14年(1925年)1月由总指挥邓瑞征和师长邓佑文率兵沿柳江南下，企图偷袭李军重要基地桂平。李宗仁见势紧急，派白崇禧带兵数百赶赴武宣拒敌，于是，在武宣城爆发了沈李之战。民国14年农历正月初二，沈鸿英所部邓佑文师由柳州进占武宣。此时武宣县城由李宗仁的部下朱为珍率约300人驻守。李部参谋长兼前敌总指挥白崇禧于正月初七日晨率数十卫兵和一个步兵连，一个重机枪连从桂平县来到武宣县城，邓佑文师约1万兵力也正好来到，包围武宣城并向城内炮击。当白崇禧、朱为珍被沈军围困在城内时，城内团练协助李军守城，商人捐煤油用罐子做灯，天黑后在城墙上每隔一定距离挂一盏灯，使沈军不敢趁天黑爬城。白崇禧虚张声势，兴攻为守，当晚派百余官兵出城，把沈军冲得七零八乱。沈军以为守军兵力很多，退到郊外。正月初八日，李宗仁率部从水路赶到勒马，取道三里，同他部下经界顶上来的6000多官兵汇合，次日到达武宣城外，同白崇禧前后夹击沈军，沈军溃败，逃出武宣县境。

第三节　抗日战事

来宾、迁江抗击日军

民国27年(1938年)7月16日，日机17架次两次轮番轰炸迁江县城，繁华的盐埠街被炸成废墟。民国28年8月3日，日机再次对迁江县城狂轰滥炸。10月6日，国民政府军副总参谋长白崇禧到迁江县督促扩大县自卫队，准备抗击日军。11月15日，白崇禧在迁江县扶济村设指挥所。蒋介石、陈诚、李济深等曾亲临督察，指挥对日作战。后，国民政府军在迁江良直村设指挥所留守处，在迁江镇设军用电话局，令第五军(军长杜聿明)直属队和第二〇〇师驻高椅—北泗一带，新编第二十二师(师长邱清泉)驻古旺村—白敢村—合山矿上滩一带，作为抗击日军北进的第二道防线，在昆仑关战役时作为第二梯队待命。迁江因此成为昆仑关战役前送后运的要道，成为阻止北进日军的一个战略要地。

民国29年(1940年)1月初，日军步兵在空军和骑兵的支援下很快占宾阳，据上林，迁江门户洞开，百姓纷纷逃难。县长覃克勤率县府职员和县警队10日间先后退避雅山、三寨、河里、洛满和良塘。1月29日，日军300余骑劫掠陶邓圩。

面对强敌，来宾、迁江两县政府迅速成立各为100人的抗日自卫队，由民团部指挥，不久各扩编为600人的抗日自卫团，县长兼团长。民国29年(1940年)秋，先后在迁江县境内建2个军用粮库，储粮75万千克以上。民国32年，迁江县征用民工6000余人，历时3个月在排陈村附近修建临时军用飞机场。民国33年10月，第四战区广西民团总指挥部在来宾设指挥所，指挥柳南沿线及其附近各县民团、自卫队配合国民政府军对日作战，并指挥沦陷区民团、自卫队在敌后袭击日军。民国34年2月成立的来(宾)迁(江)柳(江)边区抗日义勇军，有300多人枪和34年春由中共地方组织策划成立的大华山抗日游击队，有30多人枪。

来宾、迁江两县的抗战分为两个阶段。第一阶段执行李宗仁的焦土抗战政策，坚壁清野。迁江县在民国28年(1939年)11月—29年10月日军第一次入侵广西期间，饱受日军轰炸之苦，毗邻宾阳、上林的乡村屡遭日军洗劫、蹂躏。因此，在民国33年秋至34年夏日军第二次入侵(撤退作战)广西平南沦陷，贵县吃紧时，迁江县政府于民国33年9月25日和11月3日两次召开疏散工作会议，决定分3次将人、财、物等疏散完毕。但第一次疏散行动刚开始时，恰逢国民政府军对日军反攻，军运繁忙。县政府先军队之急，发动民壮协助军运，又组织壮丁1200人组成运输大队，协助国民政府军四十六军运送弹药、军粮至前线，日夜不息。因此，第一次疏散工作未能按计划执行。第二次疏散行动开始时，又逢国民政府军备机关医院过境，需大量民伕。县政府决定组织民伕先满足军队需要。因此，第二次疏散工作也未能按时完成。第三次疏散计划未及实施，迁江县城已落敌手。

来宾县城于民国33年11月9日，迁江县城于同年11月12日被日军侵占。随后，日军在两县的交通要道和战略要地布下约1个师团的兵力（指挥所设在河里乡大贤村），对两县平民极尽奸淫、烧杀、劫掠之能事。

第二阶段实行全民抗战，采用游击战法袭击日军。使侵占两县的日军疲于奔命，四面受敌。在条件成熟时也打“硬仗”。自吹为“勇猛善战，战无不克”的日军玉川炮队1个中队就在三箭塘的“硬仗”中被迁江县抗日自卫团第四联队自卫队击溃，几乎全军覆没。

来宾、迁江两县军民经7个多月奋勇抗击，血战400余次（迁江300余次），终于于民国34年夏收复县地（6月1日收复迁江县城，2日收复全县，13日收复来宾县境）。毙伤俘敌无数，缴获大批武器弹药和其他大量军用物资。有195名国民政府军官兵和抗日自卫队员在县地抗日阵亡。其中迁江县籍72人，来宾县籍123人（军官27人）。中华人民共和国成立后，人民政府给予优抚的12人。

忻城县抗击日军

民国33年（1944年）10月22日，入侵日军自隆山县（今马山）金钗乡经遂意村第一次进犯忻城南部重镇古蓬一带（时属上林县），11月21日又第二次进犯。10月24日国民党军事委员会副参谋总长白崇禧到大塘，召开后备队训话会，提出“开展抗日游击战”。11月13日，大塘、思练沦陷，17日县城沦陷。忻城县政府迁到岐山，县城乱成一团。日军所到之处，奸淫妇女，烧杀掳掠，激起人民极大的愤慨。同年冬，马泗、加仁、永定、古蓬、思吉、安良、北更、兰甲等地先后组织起抗日游击队或抗日自卫队。民国34年初，忻城县抗日游击队成立。抗日游击队（自卫队）组织起来后，并向群众宣传抗日救国的道理，号召群众“收藏粮食，上山打游击”，“有枪出枪，有钱出钱”和“团结抗日，保卫家乡”。群众踊跃参加，支援抗日队伍，先后与日军交战多次。

象县抗击日军

民国33年（1944年）11月初，日本侵略军一〇四师团步兵一六一联队数千人，尾追国军败退路线，从平南过瑶山经大樟、百丈、寺村，同月5日攻陷象县县城。当日，踞城日军接到“迅速渡过柳江，占领柳州机场”的命令，6日夜，日军利用4只铁船渡江，经马坪、同德、四方塘进入柳州南侧。只留约200人留踞象县县城，15日全部撤离。12月22日，日军从大湾入侵石龙镇。民国34年2月8日，日军数百人从穿山经马坪、岩村入侵运江圩。3月7日，日军数千人从运江来袭再陷县城。6月19日，占据县城日军经寺村、罗秀、大乐撤出县境。日本侵略军侵占县境长达6个多月，县地方武装和人民群众顽强抵抗，共与日军作战34次，毙敌300余人。

武宣县抗击日军

民国33年（1944年），日本侵略军入侵广西。武宣沦陷前，国民政府军防守东乡界顶，与来犯的日军激战数日。1944年11月3日武宣沦陷后，日军到处烧杀掳掠。武宣县被敌杀害2405人，受重、轻伤1358人，失踪290人。被烧房屋和财产损失不计其数。武宣人民怀着对侵略者的愤恨之情，纷纷起来与敌搏斗，直至民国34年6月15日日军撤出武宣。

金秀瑶族自治县抗击日军

抗日战争时期，中共组织在县内开展了广泛的抗日救亡宣传工作。各族群众抗日热情高涨，成立战斗组织，抗击日本侵略军。1941年2月初，中共党员司马孙进入金秀，以金秀设治局巡回教育队长职务为掩护，开展党的地下活动。1942年初，中共党员宋思义、杨伟亦进入金秀，参加巡回教育队。巡回教育队深入县内山村瑶寨，向广大瑶民宣传日本侵略者侵占我大片国土、残杀我大批同胞的罪行，教群众唱《送子当兵》《齐步向前打敌人》等抗日歌曲，激发民众抗日热情。与此同时，桐木、头排、三江等地的中共地下组织，也开展了抗日救亡宣传活动。

抗日战争时期，在合山市境内先后进行了羊角之役、果裸岩卫护战、南洪社坛伏击战、夜袭嘉邑岭矿日军据点、百葛岩之役、拳岩之战、夜袭太平岭之敌、用土火药炸毁敌房、敢烈隘伏击战、日军再次进犯洛满、加马隘阻击战、袭击驻古邦的日军、北泗自卫队第二中队在古楼村山边阻击日军、袭击三家村日军、三英地三次伏击战、岑桥截击战、两袭石墨桥、凌口追击战、仁里击战等战事。在武宣县境内先后进行了东乡界顶之战、北堂阻击战、修竹村反击战、红石滩伏击战、黎江山阻击战、禄禅村反击战、猛上反击战、三里反击战、二塘牛行桥伏击战等战事。在象州县境内先后进行了屯巩之战、三里之战、高龙之战、永隆之战、中间坪之战、木莪之战、罗秀之战等战事。在忻城县境内先后进行了加四反击战、夜袭弄怀据点、伏击伊腾分队、收复大塘和思练、收复古蓬攻打北兰、三寨激战等战事,抗日队伍英勇杀敌,群众踊跃参战支前,打击了日军的嚣张气焰。

红河南岸之战　民国34年(1945年)5月28日,国民政府军第四十六军一七五师五二五团由上校团长卢玉衡(来宾籍)率领,从上林三里星夜奔抵迁江崇山、雅山、大里一带,在自卫队配合下兵分四路准备对迁江境内红河以南之敌进行全面反攻。29日围攻官村之敌,激战终日。敌屡次突围不果,死29人。30日拂晓,由迁江县城驰援官村之敌的日军骑兵100余骑在天平村前的大墩遭预伏的国民政府军迎头痛击,死伤30余人。恰于此时,由宾阳向石陵溃退的日军2000余人驰援官村之日军,在三箭塘又遭预伏的国民政府军阻击,伤亡惨重。但终因敌众我寡而被日军突破三箭塘,解了官村日军之围。日军连夜一并向迁江县城逃窜。国民政府军兵分两路跟踪追击,30日上午6时,兵临迁江城下,与日军血战终日。31日,国民政府军主力和县第五联队三大队奋勇攻城,敌不支,弃城向迁江渡口逃跑。国民政府军空军恰于此时赶到,将日军2艘运兵船击沉。已登岸的日军80人全被炸死。在空军支援下,国民政府军陆军奋勇追击,6月1日上午11时收复迁江县城。这一仗共毙敌300余人。国民政府军官兵170余人为国捐躯,副团长李敏昌、自卫队中队长黄振才壮烈殉国。

红河以北之战　在红河以南反攻的同时,自卫队第三联队袭击红河北岸之日军,使其不能策应南岸的日军。民国34年(1945年)6月2日,迁江县政府秘书梁庆春率自卫队第一联队李廷长部配合国民政府第五二五团第三营渡过红河,与第三联队联手收复河里街,第三大队覃焕文部配合国民政府军五一四团重机枪连收复排陈、禄良等村。5日,正当国民政府军完成包围态势,准备消灭占据印山等高地负隅顽抗的日军时,国民政府军四十六军突然命令其红河北岸所部抽大部分兵力火速南返准备迎击南宁至四塘间的"日军"(侦察失误,实是另一部搜索战利品的国民政府军)。红河北岸的日军趁机抢夺排陈、禄良等村,纵火烧民房。县政府立即命令自卫队第二联队(联队长罗雄)急奔北泗,支援国民政府军。6日夜,日军从忻城、大塘、思练调来1000余人增援。敌我双方遂成对峙状态。直至10日晨,国民政府军全线反攻,日军方于10日下午开始溃退。11日下午,国民政府军五二五团由红河南岸返回追击,日军遂全线崩溃。12日,国民政府军和自卫队收复迁江全境。

洛满自卫队抗日　民国33年(1944年)农历十月,双凌村青年华能宗结婚,华父为防不测,事前安排10余名青壮年带枪接亲,当天果然新娘在途中被日军抓走,接亲队伍进行追击,日军弃人仓皇逃窜。当晚双凌与洛沙、安塘3个村组成一支42人的抗日自卫队(后统称抗日自卫队),由华超明当队长,华超玉、华翁宗、华岳宗分别担任参谋和联络员。农历十月初,10名日军到双凌村寻衅,从村前土坡上用机枪向村内扫射。自卫队从村两侧丛林里出击,日军败退,日军一指挥官中弹受伤,自卫队追上将其击毙。五天后,日军前来报复,兵分两路,一路从村前进犯;一路由汉奸带领从村后面进入。一日军与自卫队队长华超明相遇,双方进行搏斗,华将日军击毙,缴获65式长枪一支,子弹45发、一枚手榴弹和一把刺刀。从村前进犯的日军亦有伤亡,后来日军增兵百余人。双方激战。此役自卫队阵亡6人,伤多人。终因武器不如敌而向歌武山等地撤退。日军进村抢劫放火,85家房屋被焚毁。

东乡界顶之战　东乡界顶位于武宣县东乡和桂平县紫荆乡之间的双髻山上,地势险峻。易守难攻,为历代兵家必争之地。民国33年10月,国民政府三十一军一三五师和桂绥第二纵队在桂平县金田乡、紫荆乡一带抗击侵略日军。桂绥第二纵队所辖的独立第二团派其第二营到东乡界顶构筑工事,以利固守。10月下旬,敌突破桂绥第二纵队在紫荆乡的防线后向双髻山逼近。10月29日,日本侵略军二十三军一〇四师团所辖的第一〇八联队开始进攻界顶。第二天天刚亮,日军100多人从分水界脚往上爬。当日军爬到离国军阵地约400米之处时,国军占领有利地形,居高临下,一下子就伤毙日军10余人,把敌人打退。约一小时后,日军用小钢炮从分水界下的界脚村背向在半山腰的国军阵地连续轰击将近一天。由于日军不断增加兵力,而国军只有一个营,界顶告急。在关键时刻,第四战区长官部派三十五集团军六十二军所辖的一五七师来增援。与此同时,日军一〇八联队100多人又从界脚村背沿山路往上爬,爬到距国军阵地约200米时,国军的轻重机枪、步枪一齐开火,当场毙敌14名。敌人慌忙连滚带爬往后退。因无隐蔽之地,敌人在后退途中被国军击伤击毙过半。此时,国军立即转移,后退1华里左右,然后重新布防。半小时后,一批敌人爬到国军原阵地时,不见1人,以为国军已溃逃,得意忘形地站起来往前冲,待敌人进入交叉火网时。国军的各种枪炮同时扫射轰击,打得敌人血肉横飞,溃不成军。经过4天3夜的战斗,击毙日军难波正六少佐等80余名,击伤野吉大佐等100余名。国军伤亡250余名。

红石滩伏击战 1945年1月22日,中共东乡支部获悉日本侵略军300余人乘船从武宣县城沿黔江开往桂平县城,当即召集武装群众70余人,组成东乡抗日义勇队,开往三里乡下峡江红石滩埋伏,同在该滩南岸的桂平其武装群众配合,准备袭击敌船。1月25日(农历十二月十二日)早晨,日军乘5艘大驳船由12只橡皮艇护航,驶近红石滩,一路用机枪、小钢炮向两岸进行火力搜索。义勇队待敌船全部驶入埋伏圈,在南北两岸的武装群众一齐开火。日军虽然人多武器精良,但在船里难以发挥作用。此时自动来助战的群众越来越多,枪声、喊杀声交织在一起,震撼着黔江两岸。日军被打得进退两难,纷纷中弹跌落江中。他们用尽全力,不惜一切代价想逃走,但始终冲不出义勇队的封锁线,只好退到南岸一个射击不到的水边岩洞躲藏。直到次日深夜一点多钟,才钻进船舱逃走,到桂平县坪冲掩埋宪兵队长向井立夫等120多具尸首。在激战中,义勇队韦世光、黎金生、蓝砚田3人光荣牺牲。

附1:日军暴行

日军入侵十室十空。凡躲避不及的,无不备遭蹂躏。男的就抓去当苦役,如有不满即被刺死。被打的不准呻吟否则就鞭抽至死。见有蓄须的老人则用力拔其须,用手指戳、用刺刀刺其头脸取乐然后刺死。对那些穿得稍好的,则尽掠其衣裤,然后杀害。抓来的人多则绑缚成行,用刺刀任意刺戮,然后用机枪扫射,人少则灌石灰水,灌至腹胀后用木板按压,使石灰水由口喷出,如此反复直至死亡。有的则被棒击至死。妇女被俘更是受尽折磨与屈辱。不论老少,尽被剥掉衣裤然后分开四肢绑牢,任意凌辱。许多人被奸淫至死,或被奸淫刺死,抛尸荒野。更有甚者,日军常数十人轮奸一名妇女,还强令她们的亲人在旁观看、大笑、不听则用皮鞭抽打。迁江县有10多位少女被强奸、轮奸后失踪,其他被强奸、轮奸的妇女不计其数。

民国27年(1938)7月16日,日机17架次轮番轰炸迁江渡口,投弹200多枚,炸死50多人,炸毁军车14辆,房屋130余间,公私财物损失逾千万元国币。民国28年9月3日,日机又狂轰滥炸迁江城居民区,炸毁房屋400多间,其他财产无数,损失惨重。民国30年2月3日,日机又轰炸迁江渡口。民国34年5月11日晚,日军洗劫大龙村古服屯,掳走21人,当晚押至石牌,逐一捆绑拖到龙安屯后,用刺刀刺死,其中襁褓中的5个婴儿全被砍为两节。5月20日,日军闯进凤凰东汉塘村奸淫掳掠,杀人放火。全村60多户108人(全是未及逃离的老弱病残)被杀害。其中被砍杀的20余人,被烧死的80多人,8户被杀绝。日军劫走大猪100多头,其他财物无数。全村大部分房屋被捣毁,8间被烧毁。民国34年1月22日,日军追赶南泗乡百姓600多人进秋风洞内,用稻草加辣椒烧熏,致使44人窒息死亡。

附2:抗战时期人员和财产损失

日本侵略军给来宾人民造成的财产损失达到4002684.5万元(法币,下同),其中:社会财产损失2185829.1万元,居民财产损失1816855.4万元;直接损失3925299.7万元,间接损失77384.8万元。日军入侵来宾前,来宾市原有乡镇数83个,受损失71个;原有村街数822个,受损失601个,占73.11%;原有户口数115795户,受损失户52978户,占45.75%;原有人口679981人,平均每户损失33.83万元,平均每人受损失5.89万元。抗日战争全面爆发后的1937—1943年,来宾市人口呈均缓慢增长,1944年上半年,来宾市4县1区1市人口为679981人。但是从1937年7月到1945年8月,由于日军大肆炸、烧、杀,造成来宾人民130620人伤亡,占总人口数19.20%,其中平民伤亡达到130042人,占伤亡人口的99.56%;死亡人口25421人,失踪1635人,人口总共减少27056人,伤亡人口中男性青壮年占多数。

第四节 解放战事

解放战争时期,在金秀瑶族自治县境内,1949年11月,中国人民解放军桂中支队第八团(原桂中支队第八大队)三营七连的60多名战士,在群众的支持配合下,全部消灭金秀警察中队的武装力量,推翻了国民党在金秀瑶山的统治机构。在来宾县境内,先后进行了良塘、七洞三次反围剿、五山血战、白山伏击战、凌锅滩伏击战、解放来宾县城、解放迁江县城、洛春之战、拉么村解围等战事,先后粉碎国民党迁江县常备队、柳州保安团、迁江县大队和来宾、迁江、忻城、柳州等地方团队数千人的多次围剿，11月30日解放来宾县城，12月1日解放迁江县城。在合山市境内，先后进行了怀集截击、排方岭战斗等战事，1949年12月1日合山市宣告解放。在武宣县境内，先后进行了中秋起义、截击残敌等战事。在象州县境内，先后进行了中兴夺粮、江西战斗、百丈反"围剿"、罗秀截击战、活捉李成棣等战事。在忻城县境内，先后进行了古思起义、刁桑伏击、攻打县城、大塘激战、伏击冯丕临、攻打渡口、阻击黄杰兵团残部等战事。在解放战争时期，中国人民解放军在各地游击队、武工队、民兵等支持下，英勇奋战，各地纷纷宣告解放。

来宾县解放 1949年11月30日，粤桂边纵队第八支队来宾独立大队和桂中支队来宾县大队于城厢渡口渡过红水河奔来宾县城，柳来象边区人民解放独立大队同时从城北向来宾县城推进。3支革命武装的先头部队共400多人兵不血刃解放了来宾县城。

迁江县解放 1949年12月1日下午，中国人民解放军三二九军一一七师以三五一团为前卫，在游击队配合下，向迁江县城守敌发起攻击，并迅速消灭县城红河北岸守敌。此时，红河南岸守敌为阻止解放军渡河，先后5次企图炸毁红河浮桥不果，遂用重火力封锁河面，解放军一时难以渡河。双方形成胶着状态。稍后，解放军三五一团主力赶到，与敌激战2小时后，敌火力渐弱。解放军乘机强渡成功，解放了迁江县城。这一仗，俘敌湘西纵队第一团上校团长胡伯林、中校副团长刘毅刚、少校副团长刘灏及其以下官兵1127人，并歼敌湘西纵队第一团、十四军直属队全部及六十二师、六十三师、十二师各一部（余敌窜往宾阳）。缴获汽车95辆、炮7门，各种枪支417支以及其他军用物资一批。

忻城县解放 1949年11月下旬，粤桂边纵第八支队副司令员韦盛经，参谋长韦质彬率支队主力团第二十二团自上林北上迁江，拟在红水河南岸截击国民党军。27日，发现敌第一兵团第九十七军第三十三师数千人自忻城南下上林。第二十二团勇猛截击，激战半天一夜，打退敌人的轮番冲锋。此役毙伤敌110多人，缴获各种武器100多件，军用物资一批，第二十二团牺牲9人。11月25日，中国人民解放军三十九军右路纵队一一七师在大塘歼灭敌黄杰兵团第十四军四十二师残部200余人，沿柳邕公路往南进击，该师先锋营与都宜忻人民解放总队第六大队在大塘乡拉则村胜利会师。27日，由吴子珍、韦邦才作向导，第二联队政委樊茂春率第四、第七大队部分队伍随同中国人民解放军三十九军左路纵队一一六师三四七团经思练进驻忻城，忻城宣布解放。

象县解放 1949年11月28日，桂中支队第八团协助中国人民解放军第四十五军一三三师在罗秀歼灭国民党军队五十六军军部和三三九师师部及两个团，九十七军八二师1个营、工兵第八团第一营及桂北纵队等部，俘敌4000余人，缴获大批武器和军用物资。29日，国民党象县县长周祖贵率其部属弃城而逃，当晚，中国人民解放军四十五军一三三师顺利进入县城，象县宣布解放。

武宣县解放 1949年10月25日凌晨，中国人民解放军桂中支队十五团和民兵300余人，解放了禄新乡。接着，兵分两路出击，一路由政治处副主任覃家模带领去解放通挽乡；另一支则由支队副司令员韦志龙带领，奔袭桐岭乡。两个乡的乡公所人员、乡警闻风而逃，不费一枪一弹就解放了通挽、桐岭两乡。11月24日，桂中支队和粤桂边纵队第八支队在桐岭乡大蒙潭草坪胜利会师，庆祝武宣南河片全境解放。11月下旬，中路军第四十一、第四十五军分路挺进桂中地区。25日，桂中支队司令部发布《军字第一号》布告，申明中国共产党的政策，号召国民党各级政府机关工作人员，保护好国家资财，保管好档案资料，听候接收。30日，国民党五十六军残部从象县往妙皇、武宣方向溃逃，解放军中路军第四十五军第一三三师尾追至武宣二塘，与支队司令员廖联原率领桂中支队第一、第十五军团和第三大队一部共1500多人北上迎接解放军的队伍相遇，在二塘风门坳把敌军前后夹击，歼敌1000余人。敌军大部被歼后，其中一股往明村方向逃窜，在侧翼担任阻击任务的桂中支队第三大队妙皇中队和民兵约300余人，跑步前进，将这股敌军围困在明村背后山冲里。这一仗，俘敌师副参谋长以下官兵200余人，缴获迫击炮1门，重机枪1挺，轻机枪15挺及军用物资一批。国民党武宣县长黄钜英闻讯后，率张之锐保安队及县政府职员数百人连夜逃往东乡，潜入大瑶山。12月1日，粤桂边纵队第八支队新二十四团开进县城与解放军胜利会师，武宣县宣告解放。

金秀瑶山解放 1948年秋，广西当局将金秀警备区署改为金秀警察局。1949年7月，委派反共得力干将李成棣为局长。国民党金秀警察局本来设在永宁乡金秀村，因象县东北乡（今长垌乡）的龙华寨、长垌村等已成为桂中游击队的活动据点，李成棣上任后，为了镇压人民，对付游击队，便把警察局搬到长垌村。11月,金秀警察局改为警察中队,李成棣改任中队长。12月1日,桂中支队第八团令梁平、张斌、黎升平等率领第三营第七连60多人枪,在大瑶山东北乡侯守才、陶永清、苏文明等领导的瑶族武装民兵200多人枪的配合下,对盘踞在东北乡公所的国民党金秀警察中队发起攻击。经几十分钟战斗,俘敌60余人,缴获机枪4挺、步枪40余支、手枪6支、子弹20多箱、光洋900多元和电话机等军用物资。李成棣潜入东北乡乡长陶道鸿家躲进蓝靛桶里,被瑶族民兵活捉。金秀警察中队被消灭,宣告国民党政府统治大瑶山的时代到此结束,大瑶山(今金秀瑶族自治县)获得解放。

古思起义 抗日战争胜利后,国民党加紧打内战,大肆征兵、征粮、征税。古蓬乡乡长韦盛经和思吉乡乡长樊茂春组织民众起来反对"三征",并向省政府控告上林县田粮处处长侯祖吉贪污军粮15万千克的罪行,逼得省府派员查处。民国36年,省府下令撤销袒护侯祖吉之县长磨光舫职务,另派梅仲威充任。1946年春,韦盛经、樊茂春分别在古蓬、思吉乡建立乡警察分队,每乡分队有近20人枪。

1947年7月,共产党员张声震受党组织派到古蓬、思吉地区,开展建党的准备工作,9月5日,在凌头村成立中共上林支部,领导这一地区的革命武装斗争。同年8月29日,上林县长梅仲威亲自率县保安队300多人前来"清乡",又派人要与韦盛经"和谈"。张声震、韦盛经等人召开会议,研究对策,认为"和谈"是骗局,决定通过"和谈"以争取时间,壮大装队伍。8月30日晚,韦盛经派人将古蓬乡警察分队带到凌头村建立凌头基干队。樊茂春也把思吉乡警察分队带到古钵村建立古钵基干队。接着,岑村、龙利等村也相继建立基干队。此时,武装力量已有200多人枪。

9月15日,中共上林支部获悉梅仲威部将于16日从思吉乡返回古蓬的情报,便连夜在凌头村召开骨干会议,决定伏击梅仲威后宣布武装起义,计划在北兰至周安之路段间设伏,由韦盛经任总指挥(指挥部设在横山村),韦质彬任前敌指挥。岑村基干队埋伏俭表山一带,击其腹部,由韦质彬指挥;凌头基干队埋伏八子山一带,断其后路,由李时坤指挥;韦广培领三浪基干队35人,埋伏周安街北,沿公路直线拦击,另一部设伏于横山桥头亦击其腹部,由李大寰指挥;龙利基于队埋伏于滂江河上的永吉桥头堵击其退路,由覃鸿基指挥。当晚各路兵力依计进入阵地。9月16日11时许,梅仲威带领保安队300多人,从思吉乡公所出发,进入伏击圈后,逼近周安街头时,韦质彬打了第一枪,保安队一匹马应声倒地。接着机枪、步枪齐鸣,喊声震天。保安队遭到突然袭击,则滑向路边的水沟里、稻田里滚。有些越过田埂,想潜河逃命,又遭对河伏兵的袭击。梅仲威隐藏在保安队中,亦在稻田里蛰伏,挨到天黑,才借夜幕的掩护突围,经古蓬连夜逃回塘红。这一仗,击毙保安中队长覃恢廷、副官黄绵葵,分队长罗平及士兵5名,俘敌15名,缴获长短枪10多支、子弹及军用物资一批。在战斗中,基干队战士樊超成阵亡。9月16日正值农历八月初二,故称"八二起义"。17日,中共上林支部在横山村召开各基干队大会庆祝胜利,会上宣布"上林人民自卫军八二支队"成立。古思起义胜利,古蓬、思吉两乡遂告解放。10月中旬,国民党调省保六总队和四临六县团队2000余人"围剿",八二支队便化整为零,分散隐蔽,保存实力。

百丈反"围剿" 1949年9月3日,国民党广西十三区(浔州)专署政务室主任吴克宽带领保安独立十三营(营长李吐英)和县自卫队300多人到百丈,企图"进剿"革命根据地屯鸾村。9月4日中午,敌人围攻屯鸾村,首先向村里发射炮弹,接着用机枪向村里扫射。村里的武工队和民兵在屯鸾村"翻身农民会"正副组长宋世端、宋世羲的指挥下,以上村、下村、宋家的9个炮楼为依托,沉着地监视敌人,坚决还击,激战3个多小时,毙敌1人、伤敌数人,敌人当天退回百丈街。9月6日10时左右,敌人首先占领了屯鸾周围的山岭,形成合围之势,然后对屯鸾发起第二次围攻,先用迫击炮、轻重机枪疯狂地轰扫,发起进攻,在猛烈火力的掩护下,敌兵开始冲锋。武工队和民兵及有武器的群众据守在炮楼里和围墙下,沉着反击,以30多支"汉阳漏壳"(步枪)、"土单"和70多支台枪、鸟枪,组成严密的火力网,沉着应战。当敌人正在组织第二次围攻屯鸾时,桂中地工委副书记韦纯束正在大乐乡古车村召开干部会议,传达省农委的指示和地工委的决定:成立中共象县工作委员会(简称象县工委)等有关事情。突然接到敌人"围剿"屯鸾村游击据点的情报,县工委经研究后果断做出决定:对敌人进行反"围剿"。9月6日,中共象县工委和八大队领导组织武工队和民兵1000多人枪,分四路赶往百丈,把敌人围困在百丈街19天。作战中,毙敌连长以下官兵10人,伤敌数十人,缴获军粮5万多千克。9月中旬,国民党当局增兵百丈,敌我力量悬殊,武工队和民兵主动撤离百丈,转移边远山区继续开展游击斗争。

第五节　剿　匪

剿匪反霸

中华人民共和国成立初期，境内国民党反动派残余势力不甘心失败，勾结土匪、恶霸地主疯狂发动暴乱。1950 年，境内象县、忻城、武宣等县均发生大规模土匪暴乱。土匪杨杰、吴光庭等在忻城县木罗、隆光等地勾结地主恶霸、国民党残兵、地痞流氓 1000 多人围攻县城，杀害人民政府干部和普通群众 40 余人，抢走粮食 12.50 万千克，烧毁民房 30 多间，掳掠群众耕牛 300 余头，劫走家具、衣物不计其数。为了清除匪患，忻城县人民武装县大队 100 余人、各区中队计 100 余人，先后与人民解放军兰州部队 32 大队独立营，一一五师警卫营、一五八师、一七四师第一五团等部队并肩作战。经半年多的清剿，消灭土匪 1750 余人。是年，为彻底消灭土匪，巩固人民政权，中共象县县委、县人民政府，带领全县人民和县人民武装力量，一方面紧密配合解放军主力部队清剿土匪、镇压地主恶霸，一方面加强地方武装力量建设，扩大县大队、区中队，健全各乡村民兵组织。年底，象县县大队、公安队共扩充 90 人，区中队从 55 人扩大到 324 人，民兵拥有枪支从 8 月的 223 支增加到 862 支。1950 年，剿匪部队四三七团在地方武装配合下，在武宣县歼匪五十五军第五师副师长陈平及以下匪徒 279 人；同时该团二营在象州县亦歼匪 346 人。是年，忻城县地先后出动搜山捉匪 104 次，计 1.41 万多人（次）参加剿匪，共活捉散匪 19 人。翌年，该县总计清剿分队长以上匪首 33 名，匪徒 31 名，收缴长短枪 46 枝，子弹 881 发。大匪首杨杰、吴光庭等先后落网，并于 1952 年 10 月 2 日被公审处决。1951 年，解放军剿匪部队重点围剿金秀大瑶山土匪，地方人民政府组织 300 余民兵配合部队封锁瑶山，组织 1700 余民工为部队运粮、带路。1951 年 1 月 8 日，瑶山会剿实行千里封江封路，多路奔袭，消灭瑶山外围土匪。进剿部队对环绕大瑶山的桂江、浔江、柳江及柳州至平乐公路，施行严密封锁，陆上十步一卡、五步一哨，水上禁止一切非剿匪部队船只活动，完全切断了土匪外逃的去路。同时，集中兵力，对瑶山外围的几个主要匪据点进行袭击，开展拉网扫荡。经过 10 多天的战斗，在外围共歼匪 13000 余名。1951 年 2 月 2 日，瑶山会剿集中 13 个营兵力，挺进大瑶山，跟踪追击残匪。至 2 月底会剿结束，大瑶山剿匪共歼灭土匪 38037 余人，争取土匪投降自首 17007 人，收缴各种武器 6 万余件，众多匪首被俘或击毙、投降。重点剿匪基本消灭股匪后，境内各县开始清剿漏网散匪。截至是年底，收缴各种武器 8000 余支，争取漏网土匪自新 3825 人，漏网匪首亦纷纷落网或自首，各地匪患基本肃清。1950 年，象县共处决反革命分子、匪首、恶霸分子 700 余人，并迫使 1332 名土匪投案自首。1951 年，忻城县共处决恶霸地主 137 人。1955 年 12 月—1959 年 8 月，石龙县共清查出反革命分子和坏分子 303 人，逮捕法办 46 人，逮捕送原籍处理 2 人，依法管制 13 人，开除送劳动教养 75 人，开除回家监督劳动 93 人，开除留用察看 1 人，安置监督劳动 4 人，下放劳动 19 人，留用改造 4 人，遣送原籍 4 人。清匪反霸斗争取得空前胜利。

来宾县剿匪

1949 年底，国民党正规军、特务，以及桂中、桂东、桂北的地方军、散匪，在中国人民解放军的打击下，逃进金秀瑶山为匪。土匪妄图以天险大瑶山为据点，建立“反共”基地，配合美帝国主义发动的侵朝战争和台湾国民党军，实现反攻大陆，颠覆人民政权的阴谋。1950 年初，来宾县境原国民党部分军政人员和残余地主武装落草为寇，组成众多股匪，并造谣惑众，枪杀革命干部、群众、学生和解放军战士。他们组织暴乱，围攻区、乡人民政府，破坏交通，抢夺武器财物，妄图推翻新生的人民政权。

1950 年 1 月初至 6 月中旬，土匪在来宾县金砌坳、塘村、思、罗村、古灯、龙南、北五、佳田、甘烈、三加、凤凰、彩村、桥巩、龙北等地伏击革命干部和青年学生，洗劫村民，枪杀农会干部和解放军战士，抢夺枪支，劫持干部家属，掳掠粮食，无恶不作。仅凤凰区先后就有 32 名干部、战士、群众等被杀害，19 人被扣作人质，19 支枪被抢走，掠走粮食上万千克。原迁江县有 75 名干部、群众遭土匪枪杀。同时，土匪还四处骚扰，造谣惑众，围攻区、乡人民政府，组织暴乱，破坏交通，拦截火车，伏击铁路巡警，成立“龙楼堂”等反动组织。

各股匪都有大量的宣传品，有统一的标语口号和规定的番号。来宾县红河以南称“广西反共救国军”，来宾县红河以北称“华中剿总”（后改为“民主自由联军广西军区第一军 ×× 师”）。土匪还自立政权组织，韦炳堂、韦章权等自封“县长”，在各乡组织反共游击队。至 1950 年 8 月，土匪活动达到高潮，气焰十分嚣张。

为保卫新生的人民政权，来宾县人民政府遵循中共中央“自首从宽、抗拒从严、首恶必办、胁从不问、立功受奖”的方针，决定剿匪。剿匪任务主要由人民解放军四三七团、三九八团、四三六团一部、二一七师2个团、二一五师一部和五大队承担。县大队、区中队和民兵及百姓配合参加3次大围剿。据不完全统计，来宾县自1950年1月—1951年3月底，共毙匪411人，伤匪1403人，俘(降)匪2597人，缴获各式长短枪7859支，轻重机枪34挺，炮10门，以及其他大量的武器装备。迁江县自1950年11月—1951年1月，共毙匪107人，俘匪1054人，缴获各式长短枪849支，轻重机枪40挺，子弹万余发。

围剿张庆聪股匪 1950年1月下旬，南泗区人民政府和区中队、民兵配合人民解放军一四六师四三七团对盘踞在鳌塘、柳村、良寨等的张庆聪股匪200多人进行围剿。计毙匪23人，俘匪张庆聪等73人。缴获步枪50支，轻机枪1挺，冲锋枪1支，驳壳枪2支，子弹1100发。剿匪部队牺牲21人，伤25人。

围歼罗志耿股匪 1950年1月20日，来宾县长孙芸生率部分县大队队员和民兵配合人民解放军三九八团2个连，围攻蒙村乡长叨村罗志耿股匪老窝。中共县委副书记肖雷率2个连抄小路增援。经1昼夜猛攻，突破匪多座暗堡和炮楼，捣毁匪窝。俘匪21人，毙匪7人，伤匪16人。匪首罗志耿潜逃(后投降)。缴获步枪27支，其他武器装备一批。剿匪部队牺牲21人，伤28人，死百姓2人。

围剿江有亮、韦炳堂股匪 1950年6月下旬的一天晚上，驻迁江的人民解放军三九八团将江有亮、韦炳堂股匪300多人包围于平塘村，经一夜巷战，毙匪46人，俘匪20人。江有亮等溃逃。江有亮逃回平塘后，纠集古昔梁天华股匪300余人窜入牛岩的上炉、江西一带为所欲为。

人民解放军四三七团三营得报后，于1950年8月3日晚和来宾县大队一部、凤凰区中队以及莲塘、其林等村民兵一起将江、梁股匪包围在上炉、江西村。击毙匪副师长兼团长梁天华，并全歼其所部于上炉村。5日，江有亮股匪被歼于江西村。这一仗歼灭了江有亮(化装脱逃，后投降)股匪和梁天华股匪，缴获武器装备一批。剿匪部队牺牲11人。

奔袭吴国顺股匪 1950年6月24日，人民解放军四三七团一部在县大队、区中队和民兵的配合下，从来宾县城长途奔袭龙北“华中剿总第二旅独立团”吴国顺股匪，激战1昼夜，毙匪60多人，俘匪副团长韦章鼎及其以下97人，降匪70人。缴获长短枪75支，战马1匹。吴国顺等数人逃脱。

围歼潘国英股匪 惯匪头目潘国英网罗来宾、柳江和凤凰一带的散匪共100余人，自封团长，盘踞麦村，四处劫掠。1950年10月下旬，人民解放军四三七团直属连、第四三六团1个连，在区中队和民兵配合下围歼麦村股匪。激战两昼夜，炸死、击毙匪首潘国英及其以下40多人，俘获匪副团长韦文海及以下匪徒85人，缴获其所有的武器弹药。剿匪部队牺牲4人。

围剿李志标股匪 1953年冬，贵县樟木区漏网匪首李志标网罗散匪80余人，骚扰来宾县南部边缘山区。广西军区司令部派1个连，在宜山、宾阳、容县3个军分区和来宾县、区部队、民兵的配合下，围剿李志标股匪。击毙李志标等8人，其余全部被俘。剿匪部队牺牲4人。

其余五县(市)剿匪

合山境剿匪：1951年3月境内剿匪工作宣告结束。战斗16次，歼灭土匪4股，击毙土匪34人、伤48人、俘24人、自首26人。缴获枪支52支、凶具86件(把)。在剿匪中中国人民解放军冯朝荣、牛贵新两名干部、溯河乡乡长谭文、板城村民兵黄菊田光荣牺牲。金秀瑶族自治县剿匪：1949年12月3日起先后进行了长滩伏击战、龙华反击战、大前村攻击战、桐木保卫战，1950年7月境内除大瑶山外，其他地区剿匪工作宣告结束。武宣县剿匪：1950年1月起进行剿匪，1950年8月下旬至1951年2月进行重点剿期间，经大小数十次战斗，伤毙匪徒117名，俘匪921名，争取、迫使1102名匪徒投诚自新，缴获步枪800多支，手枪159支，卡宾枪11支，冲锋枪9支，轻重机枪17挺，六〇炮2门，子弹7163发，电台1部，电话机15部。象州县剿匪：1950年1月开始剿匪，先后消灭李忠良股匪、何佑才股匪、覃守义股匪、黄凤林股匪、覃严卿股匪等股匪，先后进行了中平包围战、马坪歼灭战、马旦歼灭战、大乐和那马追剿战、杨梅村歼灭战、大乐围剿战、百丈袭击战、花侯村袭击战。忻城县剿匪：1950年4月开始剿匪，先后歼灭第一区潘绍权(旧政府乡长)、刘奇勋，第二区吴光庭(旧政府乡长、琴霸)、杨杰(旧政府乡长、恶霸)，第三区有莫立新、麦美惠、莫增福，第四区有蓝彬、蓝祖宣等为首啸聚匪众，先后进行隆光剿匪、围歼安东匪股、顺洞和考洞剿匪等战事，至1952年12月，共歼灭和清除残匪1868人，匪乱平息。

来宾市志

LAIBIN SHIZHI

来宾市地方志编纂委员会　编

下

方志出版社
Publishing House of Local Records

目　录

第二十四篇　民政　扶贫

第二十五篇　外事　侨务　港澳台事务

第二十六篇　教　育

第二十七篇　科学技术

第二十八篇　文　化

第二十九篇 卫生 医疗

第三十篇 体 育

第三十一篇　习俗　信仰　语言　文字

第三十二篇　人　物

附　录

第二十四篇

民政　扶贫

汉至清代，知县负责赈灾。民国1—28年(1912—1939年)，民政事务由各县政府总务科、内务科、第一科管理。中华人民共和国成立后，各县及乡镇建立民政机构，全面开展社会救济工作。中共十一届三中全会后，民政机构得到进一步的健全和完善，来宾地区的民政、扶贫走上了深入发展的轨道。境内各级民政部门承担基层政权建设、优抚安置、救灾救济、社会福利、行政区划、殡葬改革、婚姻登记、收容遣送等工作。社会救济由单纯救济到建立和完善社会救助体系。优抚安置工作由过去的单纯依靠行政手段开展，逐步过渡到依靠国家立法，社会广泛参与进行，使广大优抚对象的生活难、住房难、治病难问题得到较好解决。

扶贫是来宾市一项艰巨繁重的任务，市辖6个县(市、区)有4个分别属于国定或自治区定贫困县，6个县(市、区)均有贫困人口。1984年成立扶贫开发领导机构以后，采用点面结合、异地安置、劳务输出、科技扶贫等多种形式开展扶贫工作，经过30多年的努力，全市97%的贫困人口解决了温饱问题，贫困地区的交通、卫生、教育也发生了根本性的变化。贫困地区人心稳定、经济发展，满怀信心地沿着建设小康社会的目标迈进。全市绝对贫困人口发生率由2004年末的4.4%降到2005年末的3.1%。

第一章　民政管理

民国时期(1912—1949年)，境内各县政府设民政课，配科长、科员、办事员、雇员。实施街甲制。置救灾基金委员会，有赈恤和慈善施舍之举。

中华人民共和国成立后，境内各县人民政府设民政局(科)，乡镇设民政助理，履行民政各项民政工作职能。境内各级民政部门承担基层政权建设、优抚安置、救灾救济、社会福利、行政区划、殡葬改革、婚姻登记、收容遣送等工作。

2005年，全市民政系统在职干部职工244人。全市有县级社会福利院5所，光荣院2所，乡级敬老院75所，村级五保村276个，共有福利床位4202张；各类优抚对象8464户(人)，其中：革命烈士家属、因公牺牲军人家属、病故军人家属(简称“三属”)457人，伤残军人656人，在乡老复员军人5257人，带病回乡退伍军人174人，军属1918户；保吃、保穿、保住、保医、保葬(孤儿保教)(简称五保)户11277户11973人，农村特困户35088户140355人，城镇低保对象86151户340581人。

第一节　机　构

撤地设市前的民政机构

汉至清代，知县负责赈灾。民国1—28年(1912—1939年)，民政事务由各县政府总务科、内务科、第一科管理。

1949年12月，境内各地先后解放，各县及乡镇建立民政机构，全面开展社会救济工作。1949年12月—1952年8月，柳州专员公署和庆远(宜山)专员公署均设有民政科。1952年8月到1956年2月，柳州专员公署和庆远专员公署合并为宜山专员公署以及1956年2月后改为宜山地区工作委员会，仍设立民政科。1957年12月到1958年6月，宜山地区工作委员会撤销，恢复宜山专员公署，民政科、劳动科合并成立民政局(劳动科实际也未合并办公)。1958年6月，宜山专员公署迁到柳州市，改称柳州专员公署。1963年5月，民政局由局改为科。

1966年5月，“文化大革命”开始后，民政部门受到冲击。1967年，除优抚、救灾外，民政业务处于瘫痪半瘫痪状态。1976年10月，“革命委员会”实行一元化领导，取代民政工作。1978年12月，中共十一届三中全会后，各县设立民政局，民政工作逐步恢复正常，进入新的发展时期，境内各级民政部门承担基层政权建设、优抚安置、救灾救济、社会福利、行政区划、殡葬改革、婚姻登记、收容遣送等工作。

2002年12月，撤销柳州地区成立地级来宾市。柳州地区民政局改称来宾市民政局，民政工作进入新的发展时期。

来宾市民政局　2002年12月，来宾市民政局成立，为正处级行政单位。租用来宾市大桥路91号兴宾区民政综合大楼办公。

2003年1月8日，来宾市民政局正式挂牌对外办公。局机关内设办公室、民间组织管理科、优抚科、军队退伍军人和离休退休安置办公室、救灾救济科、低保科、基层政权和社区建设科、区划地名科、社会福利和社会事务科、计划财务科10个科(室)，编制19名，其中行政编制18名，事业编制1名。领导职数为局长1名，副局长3名(兼职1名)，科(室)领导11名。实配局长1名，局党组书记兼副局长1名，副局长1名，纪检组长1名，科长(主任)10名。8月，成立“救灾服务中心”“募委办”“长青公墓管理处”“城乡低保工作办公室”“救助管理站”“来宾公墓管理处”“社会福利院”7个局属二层事业单位，将原来宾县殡葬管理所上划并更名为来宾市殡仪馆。12月23日，增加行政编1名。年末，局属二层事业单位8个，机构编制落实，人员基本配齐。

2004年，全市民政系统机关人员编制113名，其他编制11名。年末在职人数252人，其中市本级23人，县级90人，乡(镇)、街道139人。

2005年末，市民政局内设机构不变，核定编制20名，实际配备21名。局属二层科级事业单位8个，编制48名，实际在职46名。全市民政系统在职干部职工244人(含6个县级民政局)，其中，市本级在职干部职工67人(含局属二层单位)。

局长：曹远林(2002年12月—2005年12月)。

县(市、区)民政局 明、清时，境内民间设有义仓，置义田，由州县绅士管理，一遇灾荒则开仓赈穷。民国1年(1912年)广西军政府公布第3号法令，规定县设民政课，有科长、科员、办事员、雇员，主管民政工作。同时，设置救灾基金委员会，按县财政总收入的5%提取救灾准备基金。民国21年，各县设义仓，储备稻谷赈灾。民国28年，各县政府设民政科，配备科长、科员、办事员若干人。成立县救灾准备保管委员会，区设民政指导员，乡公所设民政股。民国31年12月，各县复改民政科为第一科。

1949年12月，境内各县成立军事管制委员会，下设民政组，设组长1人，组员若干人。1950年，民政组改为民政科，设科长1人，科员3~7人。同年下半年，撤销各县军事管制委员会，成立县人民政府，仍设民政科。1952年5月28日，大瑶山瑶族自治区(县级)成立时，即设立自治区(县级)民政科，负责社会救济、优抚、复员退伍军人安置、婚姻登记等工作。1955年10月，县人民政府改称县人民委员会，设民政科。

1957年2月，大瑶山瑶族自治县(今金秀瑶族自治县)人民委员会生产救灾委员会成立，由1名副县长任主任委员，下设办公室，负责日常工作。1958年各地实现人民公社化，保留民政科。1960年6月，各地撤销县民政科，业务划归县人民委员会办公室管理。1961年，各县恢复民政科。“文化大革命”期间，各县人民委员会停止工作。

1971年，境内各县革命委员会下设民政业务小组，归县革命委员会生产指挥组管理。1972年，各县民政、劳动部门合并，成立民政劳动小组，归县革命委员会生产指挥组管理。1973年，恢复民政科。1973年以后，民政、劳动部门分开，成立县民政局，设局长1人，副局长1~2人，工作人员8~15人(根据县人口多少配备)。1976年10月，县革命委员会实行一元化领导，取代民政工作。1978年5月—1982年2月，各县(市)设民政局。配正、副局长1~3人，秘书、会计、出纳、科员、办事员、残联干事等若干人。乡镇设立民政助理员。1983年，各县(市)成立退伍军人和军队离退休干部安置领导小组，下设办公室。1987年，各县(市)成立民政扶贫福利服务公司，属县(市)民政局下辖机构。

1990年后，随着民政工作业务不断拓展，各县(市)民政局内设机构逐步完善，以适应民政工作发展需要。各县(市)民政局根据业务需要，大致设秘书股、安置股、政权股、地名办、农救股、残疾人联合会、社会团体登记管理与婚姻登记管理等股室。2001年，各县(市)老龄工作委员办公室并入民政局，增设老龄办和老龄股。至2002年，各县(市)民政局设办公室、计划财务股、优抚安置股、救灾救济股、老龄办公室、社会管理股、基层政权股、社会福利和社会事务股等8个股室。

2003年2月，市民政局增设城市居民低保股(事业机构)，负责贯彻落实上级部门关于最低生活保障方针、政策及制度。

至2005年底，全市有6个县级民政局(正科级行政单位)，县级社会福利院5所、光荣院2所。全市县级民政系统共有民政干部职工177人。

乡镇民政机构 民国28年(1939年)6月，境内区设民政指导员，乡镇公所设民政股。民国31年，来宾县、迁江县设赈济会，区、乡镇、村街设民政组织，对行政区划、圩街市政、选举、赈恤、户政进行管理。

1949年12月，乡镇人民政府有专人负责或兼职负责民政工作。1951年，境内各县辖区配有民政助理员，负责各区的民政工作。1953年，境内乡人民政府成立民政优抚委员会。1955年，各乡人民委员会设民政组织。1958年，各人民公社设民政助理。1976年10月，公社革命委员会实行一元化领导，取代民政工作。1989年12月，公社恢复民政工作，由公社文书兼管民政工作。1984年，境内各乡镇成立民政办公室，始配民政助理。

1991年，自治区人民政府给境内新增56名民政助理编制，其中合山2名、象州8名、武宣10名、来宾18名、金秀8名、忻城10名。当年，境内各乡镇全部成立民政办公室，大部分乡镇都配有2名以上专职民政干部。

1997年，境内各县（市）进行党政机关机构改革，保留乡镇民政编制。

2002年，境内各县（市）机构改革，撤销乡镇民政办公室，只在乡镇政府内设民政助理职位，而实际上，各乡镇仍保留民政办公室，民政办公室增加一些相应的业务。至2005年，来宾市境内乡镇继续保留专门的民政办公室，小的乡镇配2人，大的乡镇配3~5人不等。全市共有乡镇民政办公室74个（含3个街道办事处），在职干部职工139人。乡级敬老院75所，村级五保村276个，共有福利床位4202张。

安置机构

来宾市军队转业干部安置工作领导小组 2003年3月成立来宾市军队转业干部安置工作小组，下设办公室，具体负责全市军队转业干部安置工作的协调工作，就企业军队转业干部基本生活保障、养老保险、医疗保险、生活困难补助及资金筹措等问题提出具体意见和措施，报市委、市政府批准后落实。在市民政局设置军队退伍军人和离休退休安置办公室，负责具体业务工作。2004年，来宾市军队转业干部安置工作小组改称来宾市军队转业干部安置工作领导小组。是年，市民政局军队退伍军人和离休退休安置办公室被评为“全区军队退伍军人和离休退休安置先进集体”。2005年，市军队转业干部安置工作领导小组全面完成自治区下达的军队转业干部安置任务，被自治区评为“企业军队转业干部解困维稳工作先进单位”。

县（市、区）安置机构

民国时期，在旧桂系统治时，退伍军人的安置，各县由县长直接负责管理。新桂系统治时，县以下由县政府民政科、区、村（街）公所负责管理。

中华人民共和国成立后，各县先后成立复员委员会，由县党委、政府负责人兼任主任。各级委员会下设总务、财务、交通、宣传、检查等科（股），专门负责复员军人接待及工作安置、生活安置等工作。1951年底，复员委员会改为转业建设委员会，人员组成和任务不变。1952年，境内各县成立转业建设委员会，下设办公室负责日常工作。1958年志愿兵复员工作结束后机构撤销。复员、退伍军人的接待、转运、安置等问题移交民政等有关部门负责。1973年，境内各县成立复员退伍军人接待安置领导小组，下设办公室，办公室设在民政局，具体负责复员退伍军人接待安置工作。1981年，各县将复员退伍军人接待安置领导小组改为“退伍军人和军队退休干部安置领导小组”。1984年，军队离休干部移交地方管理后，改称“退伍军人和军队离休退休干部安置工作领导小组”，领导小组下设办公室，办公室仍设在各县（市）民政局。至2005年，各县市区安置机构不变。

老龄工作机构

来宾市老龄工作委员会 2003年1月8日，设立来宾市老龄工作委员会（简称老龄委），有成员单位22个，副市长刘向群任主任。明确来宾市老龄工作委员会办公室是主管全市老龄工作的市政府议事协调机构的办事机构。下设办公室在市民政局，核定编制3人，内设秘书科和综合科。由市民政局局长曹远林兼办公室主任，配2名专职副主任。年末，全市有老龄工作干部15人。其中：市本级3人、忻城县1人、兴宾区2人、象州县4人、武宣县3人、金秀瑶族自治县1人、合山市1人。至2005年，市老龄工作委员会及办公室不变。

县（市、区）老龄工作委员会 1988年2月，忻城县成立老龄问题委员会，1990年2月，忻城县老龄问题委员会，改称老龄工作委员会。来宾县、忻城县分别于4月和9月设立老龄工作委员会办公室。至1990年底，境内各县（市）均建立老龄工作委员会及其办公室，各县（市）老龄工作委员会办公室定为正科级单位，并配备了专职干部。

2003年，武宣县、金秀瑶族自治县、忻城县、兴宾区、合山市老龄办与民政局合并，一套人马两块牌子；象州县老龄办单列，编制3名，实有4人。至2005年各县市区老龄工作机构保持不变。

乡镇老龄工作委员会办公室 1990年，各乡镇也相应成立老龄工作委员会，由乡（镇）党委1名领导或乡（镇）人大主席担任老龄委主任，成员单位有组织、民政、共青团、妇联、计生、财政等部门参加。部分村公所也相继成立了老年协会。但由于受到各种因素影响，村级老年协会率仅30%。1991年，武宣、象州、来宾、金秀、合山5个县（市）村公所老年人协会成立达100%。

来宾市成立后,以创建老龄工作先进县(市、区)活动为契机,健全和完善乡镇老龄工作机构,巩固和提高村级老年协会组织,完善老年活动场所,全市建成老年活动中心(站)175个。至2005年,全市69乡(镇)、街道办事处均设有老龄工作委员会办公室,768个村委会(社区)有老年协会。

第二节 民政事业统计

民政统计工作范围广泛,包括行政区划与基层政权建设、抚恤补助对象、优待和烈士褒扬、离退休退职人员、城镇低保、农村低保和特困救济、农村五保和医疗救助、农作物受灾、自然灾害损失、救灾工作、社会捐赠、婚姻情况、收养情况、老龄工作、民间组织、社会团体单位、民办非企业单位、基金会单位、基金建设统计、优抚安置单位建设、其他单位建设等。

20世纪50年代初期,民政统计工作没有专职人员负责,统计工作制度不健全,各项统计报表残缺不全,统计的内容不完整。20世纪60年代中期,民政统计的内容有烈军属、残废军人、退休人员、灾情、城乡贫困户、婚姻、行政区划等统计。1966—1972年,受"文化大革命"影响,民政统计工作中断。1973年,各级民政机构恢复后,统计工作随之恢复。统计工作除了20世纪50—60年代的内容外,增加了退休老红军、残废抚恤、城乡定期定量救济、社会福利事业单位以及各种民政业务工作开支金额等内容。

中共十一届三中全会后,统计工作制度逐步建立健全,境内各县(市)民政部门设立了专职或兼职人员进行管理,民政统计工作步入正轨。

1978年,统计报表分为13种,1979年增加到14种,即:(1)优抚、退休人员情况统计表;(2)优抚事业单位情况统计表;(3)农村社会救济情况统计表;(4)城镇社会救济统计表;(5)社会福利事业单位情况统计表;(6)安置农场情况统计表;(7)全民、集体所有制社会福利生产情况统计表;(8)殡葬改革情况统计表;(9)婚姻登记情况统计表;(10)行政区划情况统计表;(11)自然灾害情况统计表;(12)年度民政事业费预算建议指标表;(13)民政事业预算执行情况统计表;(14)自流人口收容处理统计表。统计项目多达600多种。

2005年,市级民政部门统计资料有25种:(1)行政区划与基层政权建设;(2)抚恤、补助对象情况;(3)优待、烈士褒扬情况表;(4)离退休退职人员情况;(5)城镇低保情况;(6)农村低保、特困救济情况;(7)农村五保、医疗求助情况;(8)农作物受灾情况统计表;(9)自然灾害损失情况统计表;(10)救灾工作情况统计表;(11)社会捐赠情况;(12)婚姻情况;(13)收养情况;(14)老龄事业情况;(15)民间组织单位情况;(16)社会团体单位情况;(17)民办非企业单位情况;(18)基金会单位情况;(19)基金建设统计表总表;(20)优抚安置单位基本建设情况统计表;(21)社区服务单位基本建设统计表;(22)收养性单位基本建设统计表;(23)殡仪服务单位基本建设统计表;(24)救助类单位基本建设统计表;(25)其他单位基本建设统计表。

县级民政部门的统计报表与市级统计报表大体相同,共18种。比市级少了农作物受灾情况统计表、自然灾害损失情况统计表、救灾工作情况统计表、民间组织单位情况、社团单位情况、民办非企业单位情况以及基金会单位情况等7种表。但县级民政部门都需要统计财务相关资料。即:(1)民政事业费预算执行情况;(2)民政事业费当年预算安排情况;(3)民政事业资金收支情况;(4)费用支出明细和基本数字;(5)民政事业费平均支出水平;(6)民政部门其他资金收支情况;(7)彩票公益资金项目情况。1987年,县、乡民政部门先后建立民政统计台账制度。民政统计台账设立17种民政对象卡片和登记表:(1)烈属卡片;(2)因公牺牲、病故军人家属卡;(3)革命残废军人卡片;(4)在乡老复员军人卡片;(5)在乡退伍军人享受定期定量补助卡片;(6)军队离休、退休人员卡片;(7)军队职工退伍、退职人员卡片;(8)地方退休人员卡片;(9)农村五保户卡片;(10)城镇享受定期定量补助卡片;(11)精简退职老弱残职工享受40%定期定量救济卡片;(12)其他人员享受定期定量补助、救济卡片;(13)现役军人及其家属登记表;(14)在乡退伍军人登记表;(15)农村扶持贫困户登记表;(16)农村特困户登记表;(17)退伍军人两种人才情况登记表。各乡镇成立了以分管民政的乡(镇)长和民政助理为主,包括乡(镇)或村(居委会)有关人员参加的3~5人的建卡小组。在实施前,以县为单位组织参加建卡人员进行学习培训,将原掌握的资料分乡(镇)抄录下发各乡镇、村,逐村逐户调查、核对、查证、查错、查漏,填写草卡。登记人员根据草卡再次逐家逐户,逐人走访,见证见人,做到不漏户、不漏人、不漏项、不错登、不重登。草卡经建卡小组共同审查后上报。县民政局分管局长和业务人员、统计人员组成审核小组,最后予以审定核实,并填写正式卡片。台账分二级管理,县一级由民政局财务或统计员管理,乡镇由民政助理管理。

表 24-1　1984—2005 年今来宾市各县(市、区)民政事业费支出情况统计表

单位:万元

年度	合计	兴宾	象州	武宣	忻城	金秀	合山
1984	213.68	65.00	33.44	40.01	54.80	14.29	6.16
1985	481.56	121.13	62.91	114.68	112.32	36.91	33.61
1986	459.61	143.40	59.85	112.57	91.93	32.54	19.32
1987	350.35	134.79	66.49	108.74	97.12	45.41	24.88
1988	490.29	177.88	71.77	115.88	78.27	19.86	26.63
1989	639.72	191.30	101.35	113.11	162.73	36.04	35.19
1990	569.28	178.40	82.86	127.20	100.28	38.94	41.60
1991	525.25	142.99	81.54	112.96	132.70	37.17	17.89
1992	561.60	133.50	90.70	131.60	135.40	39.60	30.80
1993	629.20	128.00	84.70	166.60	171.80	41.60	36.50
1994	1741.80	467.80	326.60	328.60	377.10	148.60	93.10
1995	1290.00	298.30	228.20	227.30	264.60	189.10	82.50
1996	1670.00	424.00	327.40	371.60	297.40	146.50	103.10
1997	1092.20	271.30	186.60	200.50	239.30	130.10	64.40
1998	1497.40	418.90	308.80	308.10	307.80	100.70	53.10
1999	1289.50	391.18	239.51	248.97	242.03	124.25	43.56
2000	1320.92	349.97	284.97	218.98	286.59	116.93	63.48
2001	2007.50	558.20	360.10	46520	318.20	214.40	91.40
2002	3728.40	1147.10	470.80	894.40	552.00	364.00	298.50
2003	6206.30	1255.80	797.50	942.30	849.60	620.90	484.40
2004	5731.30	1283.40	790.50	741.30	631.20	564.10	437.40
2005	10881.40	1599.20	3623.90	1049.30	134.20	1103.70	565.90

第三节　民政资金监管

民国时期,政府设有抚恤费、社会救济、灾害救济等专项经费,但灾荒救济,多由民间慈善家及公益团体捐资、捐谷或义包放贷赈济。

中华人民共和国成立后,来宾市境内民政工作逐步纳入国家经济和社会发展规划,民政事业费逐年增加。1998 年,各县(市)设立计划财务股,配备了工作人员,并从上到下都不断建立健全财务管理制度,严格执行预决算、分级管理、财务会审,财务检查等制度,对民政事业费的使用起到保证和监督作用。

民政经费

民国 23 年(1934 年),民政费分为退休抚恤、社会救济、灾害救济等 3 项。退休抚恤费用于公务员退休及病故、因公死亡抚恤,社会救济费用于施医赠药、抚孤育婴、养老济寡、收容残疾、施棺掩埋;灾害救济费用于火灾、水灾、旱灾等灾害救济。民国 27—31 年,增加突袭赈济费。民国 29 年,增设难民救济费,用于难民伙食、收容、运送、死亡抚恤、病伤医药以及儿童教养院设置、救济院设置、农用种耕费等。民国 32—37 年,民政费又改为社会救济、公务员退休费及抚恤费两大项。

1950—1961 年,全国没有制定统一的民政事业费使用办法。境内各县按照自治区的规定,民政事业费分为抚恤、社会救济及福利两项。其中,优抚费主要用于军人、工作人员牺牲抚恤,军人、工作人员残废抚恤,烈军属补助费、复员军人供养及补助费,军队老干部供养费,烈士殡葬及纪念费,残疾军人治疗及假肢安装费,国家机关工作人员退休金等。社会救济及福利费主要用于自然灾害灾民口粮、城乡社会贫困户救济等。1962 年,国家内务部、财政部制订并颁发《抚恤、救济事业费管理使用办

法》,民政事业费仍然分抚恤及救济两大项。1984年,广西根据民政部、财政部新颁发的《民政事业费使用管理办法》,把民政事业费分为:抚恤、离休、退休、社会救济、福利事业、自然灾害救济、其他民政事业费等6项。

2000年后,随着综合国力的增强,民政事业费不仅从数额上成倍递增,且在项目分类也更加广泛。包括优抚事业费、抚恤费、优待金、安置费、城镇居民最低生活保障费、其他社会救济费、社会福利费、殡葬费、自然灾害生活救助费、生活救济费等。

管理制度

1950—1980年,民政事业费由中央财政拨款。1980年后,实行新的财政体制,由中央财政下放地方财政包干。民政事业费由民政部门负责管理使用,接受同级财政、审计监督审查。民政事业费管理制度包括:预决算制度、核拨制度、财务会审制度、财务检查制度等。

预决算制度　1950—1966年,民政事业费的收支,按规定要事前编制预算。每年由自治区民政厅按各市、县实际情况,将指标分配各市、县列入各市、县预算中。年底如不敷支出,报自治区民政厅追加。1974—1979年,民政事业费不用地、县民政部门向自治区民政估报预算,不包干到地、县,而根据灾情轻重,由自治区民政厅(局)、财政厅(局),根据各县(市)实际情况分配到县(市)或专款拨给受灾县(市)。

1980年,实行新的财政体制后,民政事业费实行抚恤费包干到地、市,一定五年不变。鉴于抚恤费开支标准、人数经济变化,一定五年不利于工作和政策的落实,1982年后,抚恤事业费又改为不包干,仍然回到1979年的分配办法。1988年,根据财政体制要求,抚恤、救济费实行包干到地、市。1989年,包干到市、县。各市、县按季分月编制计划,报当地财政部门,按计划往下分配,下拨各乡、镇执行。专款专用,无预算的不准擅自开支。2000年后,为减少环节,杜绝漏洞,方便民政对象,根据上级要求有部分县对部分民政事业费,如抚恤金、定期补助金、优待金、低保金、五保供养金等实行社会化发放,即:由民政部门按人头标准把款项划到银行,由银行发放到各类民政对象手中。至2005年,全市各县(市、区)全部实现社会化发放,使各项款项及时足额发放到民政对象手中。

核拨制度　凡县级民政部门直接开支的费用,如抚恤费、退休金等,由县民政局根据上级核定的年度预算,编制按季月用款计划,报送当地财政部门核拨,由民政部门发放,向财政部门报销。对临时补助、救济款的发放审批权,规定每户每次补助30元以下的由大队(村民委员会)审查报公社(乡、镇)批准,30~200元的由公社(乡)审查,报县民政局批准,200~500元的报地区民政局批准,500元以上报自治区民政厅批准。对每年春夏荒口粮救济费和重大自然灾害救济费的发放,有的县、乡采取发钱给救济对象自己购买口粮。多数地方采取钱跟粮走,折粮发放。具体是采取民主评议,一次评定一次拨款,分月发放,张榜公布的做法。对城乡低保资金的发放采取个人申请,居委会或村委会评议,张榜公布,报经乡(镇)、街道审核,报县(市、区)民政部门审批。

财务会审制度　1975年,境内对所辖各县每年进行一次或二次会审,把各县的会计集中起来,年终结束后,于每年2月份由自治区民政厅召集各相关财务人员集中到自治区民政厅进行会审。

财务检查制度　境内各县级民政部门的民政事业费的管理使用,接受同级财政、审计部门的定期检查。同时,还随时接受上级业务主管部门以及审计部门对专项资金的检查。同级财政、审计部门的检查是按期检查,上级业务主管部门及审计部门的检查是不定期的检查。检查的内容:救灾资金、优抚事业费、福利公益金以及民政项目专项建设经费等的管理使用情况。检查中发现一些县、乡出现挤占、挪用优抚费,特别是救灾款的现象。

第二章　基层民主政治建设

中华人民共和国成立前,境内基层政权基本建立,但不健全。明朝(1368—1644年),境内基层政权实行保甲制度。清乾隆元年(1736年),始正式确立保甲制。民国(1912—1949年),乡、村(街)管理人员由上级主管机关委任。

中华人民共和国成立后,境内各级政府加强基层政权建设,不断完善基层组织建设管理机制,充分发挥基层政权作用,服务人民群众。改革开放后,各级基层政权更为巩固,基层政权服务功能更加完善,民主法制逐步健全。

1949年12月，境内各县人民政府成立。1950—1953年，区、乡人民政府区、乡长由上级主管机关任命。1958年后，区、乡建立政社合一的人民公社。1968年3月，县、乡成立革命委员会，实行党政军一元化领导。1967—1980年，选举工作停顿，人民公社主任、副主任及管委会成员，由上级派任。1981年1月，境内县革命委员会撤销，恢复县人民政府，乡镇同时恢复乡镇人民政府。

1984年12月，境内各县实行政社分离，社改为乡，大队改为村民委员会。1987年12月，村民委员会改称村公所。1993年后，乡镇换届选举工作，由县（市）人民代表大会常务委员会组织实施。

1996年，撤销行政村村公所，改称村民委员会，开展村民自治，实行村务公开和民主监督制度。2005年，进行村级“两委”换届选举，来宾市共选出村民委员会主任724人、副主任1467人，委员2253人；村级党组织班子成员4015人，村委班子成员4484人。

第一节　基层政权建设

保甲制　清初，在州县以下，沿明制实行保甲制度，但尚未规范。至康熙时期，里甲组织废弛。清乾隆年间，境内实行保甲制。由于历史和习惯等原因，保、甲地方基层组织称谓有异，在流官和土司统治的地方，其职能有所差别。至晚清，因太平天国农民起义和帝国主义列强入侵，地方团练与乡、保地方基层组织并存。

清末，各乡村设都，都设司官衙门。清政府为筹备宪政，曾下令筹办乡镇自治，各县陆续开办地方自治会，其制为在县级设立自治会总机关，城厢地方设自治区，称自治区公所，在乡镇设自治区公所，下面分辖团、甲，分别主办城厢、乡镇内有关兴学、筑路、交通、卫生、盘诘奸盗、息讼解纷、选举等事宜。与举办地方自治同时，在县城乡镇还设立团练公所，以保卫地方治安。

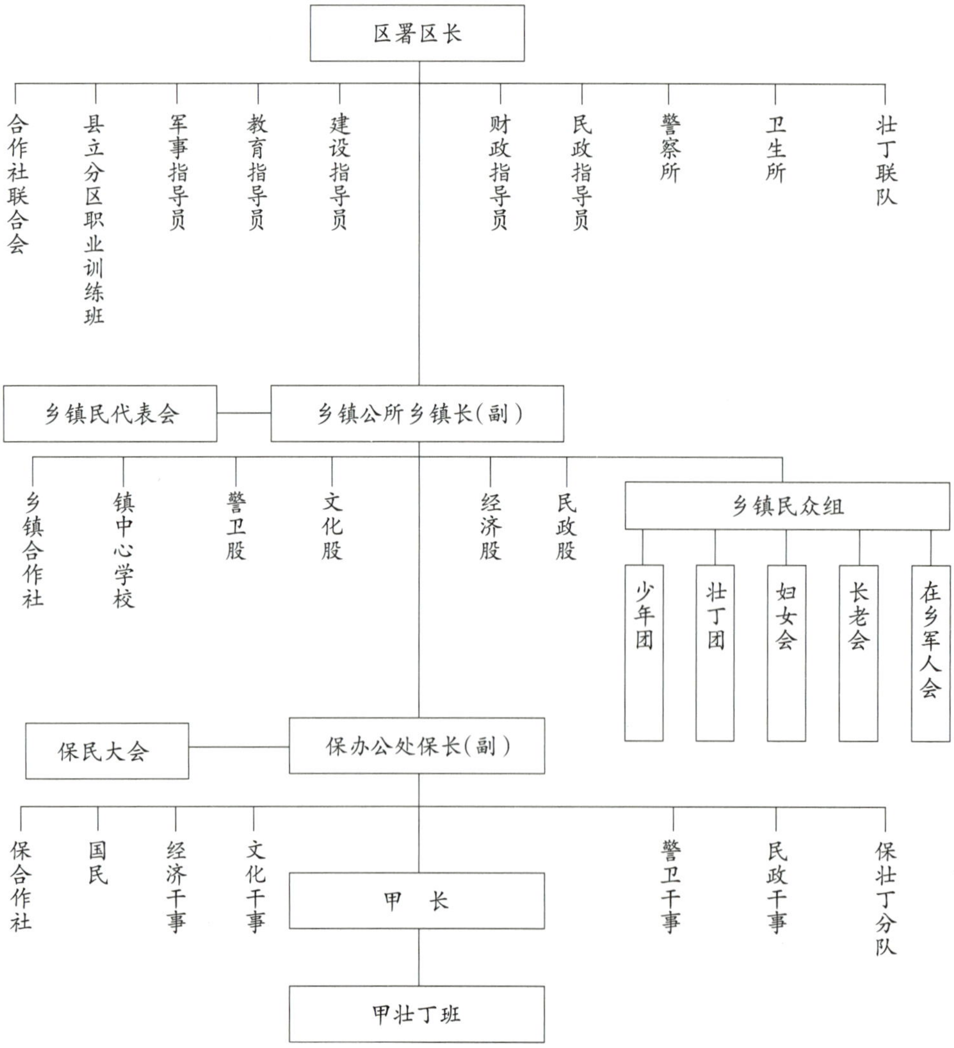

民国30年(1941年)境内地方基层政权组织示意图

民国初期，境内地方基层政权组织承袭清代模式，以乡、保为主。民国4年(1915年)，境内调整县以下基层组织，突出团练的作用，但仍按保甲编制。规定10户为牌，设牌长；10牌为甲，设甲长；8~10甲为团(村团)，设团长，亦称总团；联团为区，设区团总和副区团总各1人。故县以下基层组织为区、团、甲、牌。

民国10年(1921年)，各县改区为乡，改团为村，村以下甲、牌依旧。按地方自治原则，城镇有董事会，设总董、副总董各1人。乡有自治会设议长、乡佐、乡董各1人，村级设村董1人，皆由民主选举产生。

民国21年(1932年)起，推行新桂系民团、乡村基层组织和学校“三位一体”和自卫、自治、自给；寓兵于团、寓官于学、寓征于募“三自三寓”政策，即以兴办民团为中心，建设自卫力量，促进地方自给，实行地方自治。由村(街)长兼任小学校长及民团后备队长，乡(镇)长兼任中心小学校长及民团后备大队长，加强地方基层区、乡镇、村街组织建设。

民国22年，把区、乡(镇)、村(街)、甲定为四级基层行政组织。区建立区公所，设区长1人，指导员2~5人，分掌民政、财政、建设、教育、军事等事宜。乡镇设乡(镇)长、副乡(镇)长各1人，乡(镇)公所内分民政、警卫、经济、文化四个股，各股设主任1人，干事若干人。村(街)公所设村(街)长1人，副村(街)长1~3人。甲有甲办事处，设甲长1人。

中华人民共和国成立后，境内各县建立人民政权，并逐步建立和巩固基层政权，根据不同时期，基层政权称谓有所不同。1950年，基层政权为区乡人民政府。1958年，境内各地实现人民公社化，基层政权组织为人民公社。1962年，恢复区、乡基层政权体制。1968年，将区、乡改为公社。1984年12月，政社分开，公社改为乡镇。

区公所　1950年，政务院颁发《区人民政府及区公所组织通则》后，境内各县先后建立区公所。区公所设区长1人，副区长、秘书及助理员若干人，由县人民政府委派。1951年，各县进行小区、乡划分工作。1957年12月撤区并乡。1958年，实现人民公社化，原有的区公所全部撤销。

乡人民政府委员会　中华人民共和国成立初期，境内各地实行军事管制，成立各级军事管制委员会。1950年，根据《乡(行政村)人民政府组织通则》有关规定，各地建立乡人民政府，行使政权的机构是乡人民代表大会和乡人民政府委员会。乡人民政府委员会受县人民政府领导及区公所的监督指导。乡人民政府委员由乡人民代表大会选举产生，经区报县人民政府批准任命，任期为一年，连选连任。乡人民政府委员会的职权是：执行上级人民政府的决议和命令，实施乡人民代表大会通过并经上级批准的决议案；领导和检查乡人民政府各部门的工作；向上级人民政府反映本乡人民的意见和要求，并提出改革意见。1951年，开始进行划小区、乡工作。1952年，设立乡人民政府委员会，乡人民政府委员会由乡长1人、副乡长2~3人，及委员10~15人组成，设生产建设、民政、优抚、财政、经济、文教卫生、公安武装等委员。同时，乡人民政府委员会下，设立各种经常性的工作委员会，各工作委员会除正副主任由乡人民政府委员会的委员兼任外，其他委员吸收代表或积极分子充任。在乡以下，分设若干村民小组，组长一般由代表担任。1954年，国家公布新宪法后，县以下只设乡、民族乡、镇一级政府。同时把乡人民政府委员会改称为乡人民委员会，突出了委员制。乡、民族乡、镇人民委员会由3~13人组成，每届任期两年。1955年始，实行货币工资制。同时乡干部由半脱产改为全脱产。1957年12月，农村实现人民公社化。

农村人民公社管理委员会　1958年8月，自治区党委发出《关于在农村中建立人民公社的指示》后，境内各县撤销区、乡体制，建立政社合一的人民公社，实行公社、大队、生产队三级体制，境内共建立101个人民公社。其中来宾县36个，石龙县33个(今象州县18个，武宣县15个)，忻城县25个，金秀瑶族自治县7个。公社管理委员会行使生产建设、财政、粮食、贸易、民政、文教卫生、治安、民兵和调解民事纠纷等职权，行使人民委员会的权力。1962年9月，各地恢复区、乡体制，将公社改为区(镇)，大队改为公社(乡)。1966年8月后，恢复公社体制，区改公社，公社(乡)改为生产大队。1984年10月，实行政社分开，撤销公社体制，建立乡镇人民政府，生产大队改为村民委员会。12月，乡镇人民政府换届选举结束。至此，结束了农村人民公社的历史。

区、乡(镇)人民政府　1949年12月，境内各县建立区、乡人民政府。区人民政府设区长、副区长各1人，民政、财粮、会计、公安、生产、文教助理各1人；乡人民政府设乡长、副乡长及民政、财粮助理各1人。1951年，乡村政权建设撤大乡，设小乡，乡人民政府由政府由若干名委员组成，在委员中选举产生乡长、副乡长。1955年冬，区人民政府改为村公所，属县人民委员会派出机构。1958年1月，撤销区公所，设乡人民委员会，乡委员会由委员组成，设正副乡长和民政、生产合作、治安、文教、财粮、调解、武装助理等职，同时撤销村级乡人民委员会，其行政职能由高级农业社取代。1958年8月后，建立人民公社管理委员会，实行政社合一。1962年8月，恢复区乡体制，建立区公所和乡人民委员会。1966年8月，调整人民公社体制，区改为公社，公社改为大队，建立人民公社管理委员会。1968年3月后，公社、大队管理委员会改称革命委员会。1980年11月，人民公社革命委员会改称人民公社管理委员会。1984年10月，实行政社分开，建立乡镇人民政府，大队改为村民委员会。境内共设立14个镇、59个乡人民政府。乡镇人民政府设正副乡镇长、秘书、民政、林业、水电、企业、土地管理、统计、司法、科教文卫体、劳动人事、计划生育助理、会计等。1998年下半年起，各县（市）陆续推行乡镇政务公开制度。对乡镇财政收支公开、接待费开支公开、基建项目收支公开、土地征用和宅基地审批公开、农民负担收支公开、计划生育和经费使用公开、乡镇干部计生公开、中小学校收费公开、乡镇领导工作目标和任务完成公开、重大政务活动公开。

2005年，经自治区政府批准，来宾市撤销兴宾区来宾镇，组建城东、城北、河西3个街道办事处；撤销兴宾区北五乡，整建制并入兴区凤凰镇；撤销兴宾区大里乡，整建制并入兴宾区迁江镇；撤销兴宾区溯社乡，整建制并入兴宾区平阳镇；撤销武宣县马步乡，整建制并入武宣县武宣镇；撤销武宣县河马乡，整建制并入武宣县东乡镇；撤销忻城县宁江乡，整建制并入忻城县城关镇；撤销金秀瑶族自治县七建乡，整建制并入金秀瑶族自治县桐木镇。撤并比例10.8%，涉及70个村（居）民委员会30.8万人，行政区划面积1063.85平方千米。

2005年年底，全市共有69个乡（镇、街道办事处）。2005年，乡镇人民政府设正副乡镇长，秘书、民政、计生、科教文卫、农业农村等科室，全市有乡镇（街道）机关公务员1792人。乡镇直属单位固定设置机构有：财政所、计生服务所、国土所、广播电视文化站。其他机构如林业站、甘蔗站、农业服务中心、建设站等由乡镇自行设置，一般大乡镇机构设置不得超过9个，小乡镇设置不得超过7个。

第二节　基层群众自治组织建设

村民自治

村民委员会　1980年后，境内各县推行宜山县农村创建村民委员会的经验，各县村民委员会组织迅速发展起来。1984年12月，境内各县将大队改为村民委员会。1985年，全市建立村民委员会749个，其中：象州县118个、武宣县142个、来宾县256个、金秀瑶族自治县77个、忻城县127个、合山市29个。1987年6月，各县市将村民委员会改设在自然村，把原村民委员会改为村公所，属乡镇人民政府的派出机构。受乡（镇）人民政府的领导，行使乡（镇）人民政府赋予的部分行政管理职能，代表乡（镇）人民政府直接指导村民委员会的工作。其内部设置人民调解、治安保卫、社会福利、民兵、妇女等组织。村公所的村长、副村长和其他干部由乡镇人民政府聘任仍属集体干部，其补贴报酬按原村民委员会的标准（村干部补贴人数，大村5名，中村4名，小村3名）。至1987年12月底，境内村民委员会全部改为村公所，其中有一部分既是村民委员会又是村公所，实行一套人马两块牌子。1992年，村公所又增加补贴治保、民兵、共青团、妇联干部各1名）。1994年，根据中共中央关于“减少管理层次，乡镇不再设置派出机构村公所”的指示，进行撤销村公所改设村民委员会的改革工作。1996年6月，境内各县撤销村公所改设村民委员会工作全部完成。

2003年，全市设村民委员会733个，其中兴宾区249个，忻城县123个，象州县113个，武宣县142个，金秀瑶族自治县77个，合山市29个。至2005年，全市村民委员会731个，其中兴宾区242个，忻城县123个，象州县118个，武宣县142个、金秀瑶族自治县77个，合山市29个。

民主选举　1984年下半年，根据自治区党委和自治区人民政府的指示，境内各县在建立乡人民政府的同时，以原生产大队为基础，普遍建立村民委员会。村民委员会由村民代表选举产生。村民委员会的成员，由本村有选举权的村民经过充分酝酿后，直接选举产生，每届任期3年，可连选连任。在任期内有违法乱纪严重失职的，村民大会有权予以罢免。1985年，境内各县市经村民代表选举产生村民委员会委员3261人，其中象州县选举产生378人，武宣县选举产生816人，来宾县选举产生1194人，金秀选举产生251人，忻城县选举产生477人，合山市选举产生145人。

根据《中华人民共和国村民委员会组织法》的规定，境内各县市于1996年“撤所改委”，将行政村的村公所改为村民委员会，实行村民自治。当年，各村民委员会有成员3~7名，设主任、副主任、委员。

村民委员会成员由村民代表选举产生。

1999年5月，境内各县市村民委员会举行第二届村民委员会选举，由村民直接投票选举产生村民委员会成员。当年，金秀农村选民总数87961人，参加选举的选民77753人，参选率为88.3%；共选出村民委员会成员390人、村民代表2620人、村民小组长1059人。此后，村民委员会每三年改选一次。

2002年，全市有村民委员会725个，在村民委员会换届选举工作中，登记选民有147.49万人，参加选举的选民141.03万人，选举产生村民委员会干部4055人。

2003年，来宾市有村民委员会733个。

2005年，市委、市政府成立来宾市村民委员会、社区居民委员会（简称"两委"）换届选举工作指导委员会，下设办公室在组织部，从4月初开始，至8月底结束，历时5个月，选出村民委主任724人，副主任1467人，村民委员会委员2253人，村级党组织班子成员4015人，村委班子成员4484人，其中"两委"交叉任职2626人。村党支部书记、村委会主任"一肩挑"439人，占57.1%。

民主决策　村民委员会是基层群众自治组织。村民委员会是村民自我管理、自我教育、自我服务的基层群众自治组织。村民委员会由主任、副主任和委员3~7人组成，其任务是办理本村的公共事务和公益事业，调解民间纠纷，协助维护社会治安，向人民政府反映村民的意见、要求和提出建议。村民委员会内，一般设人民调解、治安保卫、文教卫生、计划生育、民政等工作委员会。各工作委员会是由村民委员会的任务来决定的，它们具体承担宪法和村民委员会组织法规定的村民委员会的有关任务。在村民委员会下，还设村民小组，村民小组一般以原来生产队的范围建立。

民主管理　村民委员会成立后，实行民主管理，制定村规民约，管理治安，刹住歪风。1996年，根据民政部《全国村民自治示范活动指导纲要〈试行〉》（中发〔1990〕19号）文件精神，各县（市）都广泛开展村民自治示范活动。为使此项活动经常化、规范化，自治区印发了《广西壮族自治区村民自治示范活动检查验收办法》。其目标是：到20世纪末，每个地（市）建成一个村民自治示范县（市），每个县（市）建成一个村民自治示范乡（镇），每个乡（镇）建成一个村民自治示范村。

1996年，各县市以撤销村公所改设村民委员会改革为契机，建立和完善了以党支部为核心的村级组织建设，建立健全依法治村民主管理制度，增强村民的法制和民主管理意识。

1997年，各县市建立村务公开制度。开展村民自治示范活动，以创建"广西村民自治模范县"为目标，列入党委、政府的工作议程。1998年，来宾县获自治区村民自治先进县称号。1999年底，来宾县被自治区人民政府授予第二批"全区村民自治模范县"称号。2000年，来宾县开展创建"全国村民自治模范县"活动，将村务公开延伸到屯务公开。2001年，象州县、合山市获第三批创建"全区村民自治模范县（市）"称号。

在一系列创建活动中，全市涌现出一批具有鲜明时代特征的村民自治模范乡镇、村。来宾县凤凰镇、象州县罗秀镇、合山市岭南镇等被授予柳州地区第一批"村民自治模范乡镇"。

在开展村民自治活动中，来宾各地农村以村委会规范化建设为目标，推进村务公开制度，建立年终工作总结报告制度、村民会议制度、村民代表会议制度、民主评议干部制度、财务管理审计和财务公开制度。村务公开的内容、程序、时间、方式和管理实现规范化。

2003年，来宾市开展争创全国、全区"村民自治模范县"活动。兴宾区获"全国村民自治模范县（区）"称号；兴宾区、象州县获"广西村民自治模范县（区）"称号；良江镇、凤凰镇、北五乡、平阳镇、迁江镇、象州镇、寺村镇、岭南镇、金鸡乡、头排镇、马泗乡、古蓬镇荣获"广西村民自治模范乡（镇）"称号；全市有74个村（居）民委员会获"广西村民自治模范村"称号。9月9日，来宾市人民政府命名表彰象州镇等40个乡镇为"来宾市村民自治模范乡（镇）"。

2004年，来宾市重点巩固象州县、兴宾区和合山市创建村民自治模范县（市、区）成果，指导武宣、金秀、忻城县开展创建活动，加强乡镇政务公开和村（居）民委员会村务公开、民主管理工作，进一步规范村民委员会议事内容、议事程序，建立完善各项管理制度，提高村民自治水平。下半年，根据《中共中央办公厅、国务院办公厅关于健全和完善村务公开和民主管理制度的意见》（中办发〔2004〕17号）文件精神和自治区党委、自治区人民政府召开的全区政务公开、村务公开电视电话会议要求，来宾市先后三次召开各县（市、区）民政局长和分管副局长会议，对全市的政务公开、村务公开工作进行全面部署，通报贯彻落实中办17号文件的督查情况；成立村务公开民主管理工作领导小组，由市委领导龙定茂和市人民政府分管民政工作领导刘向群担任组长，市委组织部、市民政局、财政局、农业局、监察局、司法局、国土局、人口和计生委，以及妇联、共青团等有关部门为成员单位。各县（市、区）也相应成立领导机构，加强对村务公开民主管理工作的领导；同时，市委、市人民政府下发《关于认真学习贯彻〈中共中央办公厅、国务院办公厅关于健全和完善村务公开民主管理制度的意见〉的通知》（来办发〔2004〕105号），对如何贯彻落实中办17号文件和自治区会议精神提出具体指导意见，促进全市村务公开民主管理工作的落实，推动了争创“村民自治模范县（市、区）”活动的深入开展。

2005年，来宾市结合村（社区）“两委”换届选举工作，加强基层民主政治建设，开展创建“全区村务公开民主管理示范单位”活动，先后有象州县和武宣镇等12个乡镇以及兴宾区凤凰镇新隆村等25个村民委员会被评为自治区村务公开民主管理示范单位。

社区建设

社区调整与划分 2002年5月，柳州地区在来宾县良江镇开展第三届村民委员会换届选举试点工作，同时推广自治区“村民委员会改社区居民委员会”试点经验，将来宾县良江镇良江村民委员会改为良江社区居民委员会，组织社区直接选举并获得成功，社区居民直接选举产生良江社区居民委员会委员7名，良江社区居民委员会正式成立，成为中国第一个在乡镇建立社区居民委员会。8月，境内各县市推广良江社区建设社区居民委员会经验，将县城的街道居民委员会及镇政府所在地的村民委员会改为社区居民委员会。12月，来宾市共建立了44个社区居民委员会，其中：从原县城街道居民委员会转变成立的有17个，从村民委员会改为社区居民委员会成立有16个，新成立10个，合并成立有1个。居民委员会成立后，各社区召开第一届社区居民代表会议，选举居民委员会领导班子。

2003年，来宾市共调整和划分设置社区37个，其中兴宾区14个，忻城县7个，象州县4个，武宣县8个，金秀瑶族自治县4个，合山市2个，至2005年底保持不变。

社区居民委员会 20世纪80年代，境内各县县城均设立街道居民委员会（下简称街委会）。1980年，来宾县来宾镇有镇东、镇西、镇北3个街委会，武宣县武宣镇有武东、武南、武北、对河4个街委会，象州县有象州、朝南、石龙、运江4个街委会，忻城县城关镇有东安、西宁、中和3个街委会，金秀瑶族自治县有金秀街委会。1989年，全市有街委会26个，配备干部79人。

1990年底，全市有街委会37个，配备干部130人。其中：合山市10个30人、象州县11个25人、武宣县7个23人、来宾县4个16人、金秀瑶族自治县2个8人、忻城县3个28人。

1995年，境内有街委会29个，配备干部124人。其中：合山市10个30人，象州县3个9人，武宣县7个33人，来宾县4个16人，金秀瑶族自治县2个8人，忻城县3个28人。

1996年，自治区人大常委会通过并颁布《广西壮族自治区实施〈中华人民共和国城市居民委员会组织法〉办法》，辖区内，除来宾县设立3个街道办事处外，其余县（市）原街委会基本上改设居民委员会（下简称居委会），直接隶属于所在镇政府管理。居委会由主任、副主任和委员5~9人组成，具体名额由所在地的人民政府根据居委会规模大小、工作任务和经济条件以及多数居民的意见确定。居委会的选举，由所在的镇政府主持进行，候选人由本居住地区有选举权的居民、户代表10人以上联名提名，或者是居民小组代表5人以上联名提名，或者选举领导小组提名。居委会主任、副主任和委员实行差额选举，候选人须获得参加会议人数过半数选票，方得当选。居委会每届任期3年，其成员可以连选连任。居委会分别设立人民调解员、治安保卫、社会福利、公共卫生、计划生育等委员。居委会下设若干居民小组。居委会的工作和生活补贴由所在镇政府拨付，有部分从经济创收中解决。

2002年，全市共设社区居民委员会44个，选配干部276名。

2003年，来宾市有社区居民委员会37个，选配干部246人。在开展争创全国模范单位活动中，兴宾区镇东社区被列入自治区文明社区示范点，兴宾区河西社区韦廷猛获全国优秀社区工作者。至2005年底，全市社区居民委员会数不变。

社区服务 2002年，城镇社区成立后，各社区积极开展社区服务工作。社区建设是基层政权和基层组织建设的重要组成部分。社区居民委员会是社区居民自我管理、自我教育、自我服务、自我约束和基层群众性自治组织。当年全市社区服务活动项目12个，老年人活动项目8个，其他社区服务项目4个，活动人数5159人，老人1820人。

2004年3月16日,全市社区建设工作现场会提出,全面推进新型社区建设,一是居民自治制度,推进基层民主政治建设;二是围绕"服务居民"这个工作主题,健全服务体系,强化服务功能,千方百计为居民排忧解难;三是以文明创建为载体,开展以优美环境、优良秩序、优质服务和创建文明城市、文明社区、文明景区为主要内容的"三创三优"活动,提高社区居民的思想素质、科学文化素质和身体素质,营造积极、健康、文明、向上的社区氛围;四是坚持"打防结合,预防为主"的方针,把社区管理与社区治安相结合,促进社区安全稳定;五是教育、引导社区居民改变生活方式,推行良好的生活习惯,建设生态型社区;六是加强社区党建工作,增强社区党组织活力。出席会议的有各县(市、区)组织部分管的副部长、民政局长及部分社区居委会主任。与会人员参观学习柳州市社区建设经验。兴宾区来宾镇河西社区、迁江镇迁江社区分别在会上作经验介绍。会后,各县(市、区)社区建设示范点工作全面铺开,并从抓制度建设入手,健全和完善社区居委会各种管理制度,进一步加强社区办公室、社区警务室、多功能活动室、图书阅览室、资料档案室;社区服务站、社区劳动保障站、社区卫生站(室);社区宣传栏、党务居务公开栏;社区居民学校;室外健身活动场地"五室、三站、二栏、一校、一场所"的建设,使社区的服务设施逐步完善。

2005年,来宾市以解决社区"有地方办公""有钱办事""有人办事"为重点,解决20个社区没有办公楼或办公室问题,当年有11个社区动工兴建成维修改造办公用房,社区办公经费和社区干部工资报酬得到落实。是年,来宾市动员党政机关、各企事业单位、社会各界开展社区图书援建活动,共捐助赠图书1.1万册、资金2.3万元、书柜桌椅沙发等用品一批,分发给20个受援社区。

第三章 优抚 安置

历朝历代政府对伤残军人、阵亡将士及其家属制定有抚恤制度。

民国时期(1912—1949年),市境内各县成立有出征军人家属优待委员会,设主任委员1人,由县长兼任,副主任委员1人,委员7人。乡镇成立有优待委员会。政府对出征军人家属优待款项物资,始由国库开支,后由百姓承担。民国20—30年,各县村街义务为出征军人家属帮工。民国28年9月,广西省曾发布《广西优待出征军人家属暂行办法》。

中华人民共和国成立后,优抚工作与历代统治阶级的抚恤有着本质的区别。优抚主要是优待抚恤革命烈士家属、因公牺牲军人家属和病故军人家属,优待抚恤革命伤残军人、优待现役军人家属,并对已经安置的复员退伍军人(包括退伍红军老战士)给予适当的照顾,同时褒扬革命烈士。在安排优抚对象参加生产,为无劳动力或缺少劳动力的优抚对象代耕种地,优待劳动工日,优待现金,提高各项优待抚恤标准,完善抚恤制度,举办优抚事业,开展拥军优属活动,表彰优抚对象先进人物等各方面,抚恤对象得到较多的优待抚恤。

1951年起,每年建军节、元旦、春节,各级人民政府对驻军警部队进行拥军慰问。1956年后,优抚对象劳动收入低于群众者,由集体给予劳动工分补助。1982年,优待办法由生产大队(1984年改为村民委员会)向各农户统筹。1985年起各县(市)优抚工作进行了一系列改革,尤其是优待金统筹从以村为单位统筹发展到以乡为单位统筹。1991年起,优待对象不分农村与城市,统一标准,统一兑现。

2000年,《广西壮族自治区人民政府关于把我区优抚对象优待金列入各级政府财政支出预算管理的通知》(自治区桂政发〔2000〕45号)明确规定:优待金从2001年起纳入市、县财政预算,发放标准不低于当年农村居民年人均收入70%。是年,来宾市境内各县市把优待金列入年度地方财政预算,优待对象从农村义务兵优待发展到对城乡义务兵全优待。

2005年,来宾市按规定的时间,全部兑现年度优待对象的优待金,优待金实行社会化发放,按时足额到位。

第一节 抚 恤

民国29年(1940年),国民政府曾公布陆军和海军抚恤暂行条例,民国32年公布《空军抚恤暂行条例》。

1950年,国务院颁布《革命军人牺牲、病故褒恤暂行条例》《革命残疾军人优待抚恤暂行条例》《民兵、民工伤亡抚恤暂行条例》。条例后来进行过修改,并得到落实。

中华人民共和国成立后,境内各县按《革命烈士褒扬条例》和有关规定,给因战、因公牺牲的革命军人、国家工作人员、民兵、民工及病故军人的直系亲属发放一次性抚恤;给因战、因公负伤致残的军人、国家工作人员、民兵、民工发放残废抚恤。1950—1955年,开始是发放抚恤粮,后改发抚恤金。1956—1978年,对烈军属、革命残废军人、复员退伍军人,因丧失劳动能力而又无亲属赡养的在优待救济基础上,采取临时补助的办法,由民政部门一次性发给抚恤金。1979年后改为由国家定期定量补助,农业人口按每人每月补助现金3~5元,孤老者每人每月增加5元发放,非农业的城镇人口按每人每月补助4~6元发放。

牺牲病故一次性抚恤

1950年,境内各县(市、区)人民政府按照《军人抚恤优待条例》的规定和要求,对牺牲的人民解放军军人(含军队编制中无军籍的正式职工)、机关工作人员、国家财政补助的民主党派、人民团体在编人员、参战民兵民工,以及上述以外经批准为革命烈士的人员,给予一次性抚恤粮300~600千克;上述系列病故人员,给予一次性抚恤粮225~450千克。1953年改为发现金,牺牲人员抚恤金150(民兵)~650(师级以上)元,病故抚恤金120~520元。1956年,来宾县发放病故抚恤170元。1963年,柳州地区(不含三江)发放25.15万元,今来宾境内发放20.12万元。1966年发放数比1963年多5.65万元。1979年调整抚恤金,牺牲人员一次性抚恤470~700元,病故370~600元。1980年牺牲抚恤分为烈士和因公牺牲。烈士抚恤金800~1000元;因公牺牲470~700元。当年,境内牺牲、病故130人,发放抚恤金47350元。1984年4月起,烈士改按其牺牲时40个月工资计发。1985年,牺牲、病故40人,发放抚恤金22389元。1986年7月起,因公牺牲人员按其牺牲前的20个月工资计发;病故人员按其病故前的10个月工资计发。生前无工资收入或工资低于军队23级正排职干部工资标准的革命烈士、军人和参战民兵民工,按其牺牲、病故时军队23级正排职干部的标准工资计发。此外,还规定被军委或大军区授予英雄模范称号的烈士、因公牺牲、病故军人,增发应领一次性抚恤金的三分之一;荣立三等功以上的军人、参战民兵民工,被批准为烈士的,以及荣立二等功以上的因公牺牲、病故军人,增发应领一次性抚恤金的四分之一。1988年颁布《军人抚恤优待条例》,对立功和获得荣誉称号的牺牲病故军人和因战死亡的民兵民工及其他人员,其一次性抚恤金的增长比例,又作了如下规定:(1)被中华人民共和国主席或中央军事委员会授予英雄称号的,增发35%;(2)被大军区(方面军)授予荣誉称号的,增发30%;(3)立一等功的,增发25%;(4)立二等功的,增发15%;(5)立三等功的增发5%。1987年人均抚恤788.70元。1988年,一次性抚恤人均超过1000元。1994年超过2000元,1995年人均超过4522元。1997年5月26日,自治区人民政府民政厅追认来宾县公安局石牙派出所所长霍建很为革命烈士,给予一次性抚恤金。1998年7月20日,忻城县追认新圩中学学生蓝凤勤为烈士,给予一次性抚恤金。

2004年,国家重新修订颁布新的《军人抚恤优待条例》,对一次性抚恤标准又作了大幅度调整,革命烈士的一次性抚恤金按其牺牲前的80个月工资计发;因工牺牲人员按其牺牲的40个月工资计发;病故人员按其牺牲前的20个月工资计发。是年11月7日,武宣县公安局东乡派出所所长刘瑞军被公安部授予二级英模,追认为革命烈士。发放一性抚恤金84400元。12月4日,忻城县森林消防专业队指导员蓝仁松在扑打山林大火中牺牲,被自治区民政厅追认为革命烈士,给予一次性抚恤金。

定期抚恤

伤残抚恤标准 1950年以后对革命军人(含1950年以前参加红军、八路军、新四军)、人民警察、国家机关工作人员、参战民兵民工,因参加战斗或因公致残人员,按年给予抚恤金。1950年发放抚恤粮。1954年后,改为发放抚恤金。凭残废证到县民政部门领取。

1965年,各县根据内务部、财政部通知,将原来规定一次发清的在乡三等残废抚恤金,改为每年发给残废补助费。残废补助标准,不分因战残废或因公残废,都按统一的标准补助,三等甲级的每人每年补助30元;三等乙级的每人每年补助24元。

1979年,自治区革命委员会作出决定,对在乡的特等、一等伤残军人、参战民兵民工,生活不能自理、饮食起居需要人扶助的,分情况发给护理费,护理费标准为农村20~30元,城市25~35元,按月发给。1983年,发放护理费的范围,扩大到在乡的特等、一等伤残人民警察和伤残工作人员。护理费标准也进行了多次调整，享受护理费的伤残人员包括：民政优抚部门管理的分散供养的一级至四级残疾军人、伤残国家机关工作人员、伤残人民警察、伤残民兵民工。发放标准为：(一)因战、因公致一级和二级伤残的，为当地上一年度职工月平均工资的50%；(二)因战、因公致三级和四级伤残的，为当地上一年度职工月平均工资的40%；(三)因病致一级至四级残疾的，为当地上一年度职工月平均工资的30%。1985年又改为定期抚恤，按家住农村每人每月25元，城镇的每人每月30元。

1988年，新的《军人抚恤优待条例》改称革命伤残军人。民政部门办理伤残军人的范围是：(1)退出现役的革命伤残军人；革命工作人员，含国家机关工作人员、人民解放军队列编制内无军籍的正式职工和由国家财政补助的党派、团体的工作人员；(2)参战民兵民工。1957年6月起，人民警察负伤致残，也由民政部门抚恤，抚恤标准比照1955年残废军人抚恤标准发给。但享受劳动保险待遇的人民警察伤残后，仍按劳动保险条例办理。

1988年8月《军人抚恤优待条例》实施后，评残范围仅限于在服役期间患病致残人员，退出现役人员一般不在评残范围。国家对革命伤残人员发给伤残证件，属现役军人的伤残证件，由军队团以上机关发给；属地方革命伤残人员的伤残证件，由自治区民政厅发给。革命伤残人员的伤残证件有“革命伤残军人抚恤证”“工作人员伤残抚恤证”“人民警察伤残抚恤证”“民兵民工伤残抚恤证”等4种。革命伤残人员凭证领取伤残抚恤金。抚恤金随经济社会发展和人民群众生活水平的提高而不断调整。

伤残抚恤实施 1952年，石龙县有在职残废人员36人，在乡8人，共发放残废抚恤粮折款2080元(新人民币)。1954年，来宾县给147人发放伤残抚恤补助金1426.4元。1962年，来宾县给残废军人发伤残抚恤定期定量补助1800元。1965年起改为残疾补助费。1978年改为长期抚恤。1980年，来宾县给在职残废军人85人，在乡残废军人79人，发放伤残抚恤补助75304元。1985年，市境内共有604名伤残人员领取抚恤金11.03万元，人均182.62元。其中在职伤残人员领取1.99万元，占18.04%，在乡伤残人员领取9.04万元，占81.96%。城镇残废抚恤人员276人。其中：一等3人、二等甲16人、二等乙52人、三等甲81人、三等乙124人。乡村残废抚恤人员329人。其中：特等2人、一等11人、二等甲29人、二等乙68人、三等甲96人、三等乙123人。忻城县有伤残人员182人，领取伤残抚恤金5.1万元；武宣县有伤残军人26人，领取408.2元。1986年，来宾县享受抚恤的残废军人177人，金额3.61万多元。1987年，境内各县市共有481名伤残人员领取抚恤金12.33万元，其中在职伤残人领取抚恤金2.13万元，在乡伤残人领取抚恤金8.99万元。金秀瑶族自治县有在职残废军人28人，其中二等甲级1人，每年补助96元，二等乙级8人，每年补助76元，三等甲级9人，每人每年补助70元，三等乙级10人，每人每年补助56元。在乡的残废军人8人，其二等甲级1人，每年补助386元，二等乙级1人，每年补助332元，三等甲级1人，每人每年补助204元，三等乙级5人，每人每年补助140元。1993年，境内各县市共有593名伤残人员领取抚恤金16.4万元，人均276.56元。其中在职伤残人领取抚恤金3.7万元，在乡伤残人领取抚恤金12.7万元。2002年，来宾市共有578名伤残人员领取伤残抚恤金54.38万元，人均941元，其中在职伤残人领取抚恤金17.8万元，在乡伤残人领取抚恤金53.09万元。

2005年，来宾市共有589名伤残人员领取伤残抚恤金164.8万元，人均2755.85元，其中在职伤残人领取抚恤金58.2万元，在乡伤残人领取抚恤金106.6万元。

表24-2 **1985—2005年来宾市发放伤残抚恤金情况表**

年度	合计			其中	
	人次	金额(万元)	人均(元)	在职领取金额(万元)	在乡领取金额(万元)
1985	604	11.03	182.62	1.99	9.04
1986	605	11.13	183.97	2.13	8.99
1987	481	12.33	256.34	2.47	9.86
1988	612	15.41	251.80	3.41	12.00
1989	611	14.83	242.73		

续表

年度	合计			其中	
	人次	金额（万元）	人均（元）	在职领取金额（万元）	在乡领取金额（万元）
1990	499	区厅只有发放伤残抚恤金的人数、等次，无金额			
1991	596				
1992	602	18.00	299.00	3.30	14.70
1993	593	16.40	276.56	3.70	12.70
1994	593	21.00	354.13	4.50	16.50
1995	596	27.10	454.70	7.40	19.70
1996	596	29.42	493.62	5.42	24.00
1997	411	20.30	493.92	5.42	24.00
1998	590	30.30	513.56	6.90	23.40
1999	565	38.01	672.74	8.35	29.66
2000	570	50.14	879.65	12.81	37.33
2001	396	50.14	1266.16	12.81	37.33
2002	578	54.38	940.83	13.22	41.16
2003	580	70.89	1222.24	17.80	53.09
2004	604	49.60	821.19	12.50	37.10
2005	598	164.80	2755.85	58.20	106.60

烈士家属、因公牺牲军人家属、病故军人家属（简称“三属”）抚恤　民国20—32年(1931—1943年)，境内对应征入伍的军人家属中的老、弱、幼及无家可归者，规定由县政府在乡镇设扶养所收养，未设扶养所的，由村(甲)就其应享受之救济谷安排亲属收养。

1950—1984年，境内对烈士、因公牺牲、病故军人家庭中，无劳动能力、生活收入不足维持当地一般群众生活水平的直系亲属和生前依靠其供养未满18周岁的弟妹，国家给予定期补助。1950年以后，对生活极端困难的烈属，经群众评议，乡人民政府审查，县民政部门批准，农村每人每月发给生活补助费3~5元，城镇5~8元。1960年起，对老、弱、病、残的优抚对象也给予定期补助(补助标准同烈属)。1979年10月，烈士、病故和失踪军人家属补助标准调整为：农村6~8元，城镇10~15元。1980年补助标准调整为：孤老烈属、烈士遗孤，以及抗日时期入伍的在乡复员军人，农村每人每月补助10元，城镇15元；解放战争时期入伍的复员军人，农村8~9元，城镇10~13元；抗美援朝入伍的复员军人，农村补助7~8元，城镇11~12元；烈士、病故家属和失踪军人家属，农村9~10元，城镇13~15元；带病回乡的退伍军人，家在农村的补助6~8元，城镇10~11元。

1985年1月，原享受定期定量补助的烈士、病故军人家属和失踪军人家属改为由国家定期发给抚恤金。并对标准作了较大幅度的提高。家居农村烈属、因公牺牲军人家属每人每月25元，病故军人家属每人每月20元；家居城镇的烈属、因公牺牲军人家属每人每月35元，病故军人家属30元。当年，今来宾市城镇烈士家属享受抚恤的553人，抚恤金额1.94万元。农村烈士家属2268人，因公牺牲军人家属114人，病故军人家属329人，共享受抚恤金6.61万元。1988年，境内各县市享受“三属”抚恤金578人，发定期抚恤金6.16万元，人均106.48元。

1990年5月再次提高标准，每人每月定期定量补助是：家居农村的每人每月30~35元，居住县城的每人每月40~45元，居住城市的非农业人口每人每月45~50元。当年，各县市享受烈士、病故和失踪军人家属定期抚恤564人，其中，烈士家属424人，牺牲病故军人家属140人。按标准全部发给抚恤金。

1993年，农村抚恤金调整标准为45~50元，城镇55~60元，之后又作了几次调整。当年，今来宾市共有491人享受定期抚恤，全部按政策标准给予发放到位。

1995年，今来宾市享受烈士、病故和失踪军人家属定期抚恤491人，其中：烈士家属372人(非农业35人、农业337人），牺牲病故军人家属119人（非农业11人、农业98人）。全年发放抚恤金30.01万元，人均每月50.94元。

1996年，享受烈士、病故和失踪军人家属定期抚恤490人，比上年减少1人，月发放抚恤金2.7万元，人均55元。全年发放32.34万元。

2002年，来宾市享受烈士、病故和失踪军人家属定期抚恤金419人，全年度放抚恤金27.65万元。其中烈属家属319人，牺牲军人家属38人，病故军人家属62人。在享受烈士、病故和失踪军人家属定期抚恤金419人中，家居城市49人。

2003年，来宾市给享受烈士、病故和失踪军人家属定期抚恤的475人核发新的定期抚恤证，并按抚恤政策全部兑现抚恤金，实行社会化发放，保证抚恤对象生活有保障。

2004年，来宾市享受定期抚恤金417人（城镇享受人数11人），其中，烈属323人，牺牲军人家属35人，病故军人家属59人。每月按期发放抚恤金2.1万元。全年共发放“三属”定期抚恤金25.15万元。

2005年，来宾市享受“三属”定期抚恤金525人，其中，烈家家属407人，因公牺牲军人家属56人，病故军人家属62人。各县市区分布为：兴宾区烈士家属50人，因公牺牲军人家属17人，病故军人家属32人。武宣县烈士家属99人，因公牺牲军人家属21人，病故军人家属18人。象州县烈士家属106人，因公牺牲军人家属12人，病故军人家属17人。忻城县烈士家属121人，因公牺牲军人家属6人，病故军人家属4人。金秀瑶族自治县烈士家属22人，病故军人家属1人。合山市烈士家属9人。各县市区均能按月足额发放抚恤金，全市当年共发放抚恤金34.65万元。

临时补助

优抚对象遇到临时困难无法解决时，国家视困难情况及财政能力，给予适当补助（优待）。1954年，来宾县给烈属子女147人补助入学学费1426元，平均每人补助9.7元，1956年补助308人共1813元，平均每人补助5.89元。忻城县民政局从1988—1990年，每年均从民政经费中拨出5500多元，作为伤残人员的临时性生活困难补助。1987—1995年，今来宾市优待对象临时补助共计14.9万次，补助金额223.16万元。1995年后，随着各项保障制度的逐步完善，优抚对象的临时性生活困难补助，列入定期补助中解决。

表24-3　2005年来宾市各县（市、区）抚恤补助优抚对象分类情况统计表

市（县）	革命伤残军人	伤残国家机关工作人员	伤残人民警察	伤残民兵民工	烈士遗属	因公牺牲军人遗属	病故军人遗属	在乡复员军人	带病回乡退伍军人	参战退役军人	参核退役军人	参战民兵	合计
合山市	22				9			79	3	123		2	238
兴宾区	159	2		3	50	17	32	909	56	1337		13	2578
武宣县	122				99	21	18	1108	54	922		32	2376
象州县	85	3	1	3	106	12	7	990	11	1379	82	1	2680
忻城县	151				121	6	4	1197	50	1139	57	10	2735
金秀瑶族自治县	32			1	22		1	251	9	323		1	640
合计	571	5	1	7	407	56	62	4534	183	5223	139	59	11247

表24-4　2005年来宾市各县（市、区）定期抚恤补助优抚对象情况统计表

单位	抚恤补助优抚对象总人数	定期抚恤人数				定期补助人数			伤残抚恤
		合计	烈属	因公牺牲军人家属	病故军人家属	在乡老复员军人	带病回乡退伍军人	合计	
来宾市	6336	418	322	46	50	5145	175	5320	598
兴宾区	1597	114	59	31	24	1245	56	1301	182
忻城县	1323	92	86		3	1043	47	1090	141
象州县	1237	86	80	4	2	1040	11	1051	100

续表

单位	抚恤补助优抚对象总人数	定期抚恤人数				定期补助人数			伤残抚恤
		合计	烈属	因公牺牲军人家属	病故军人家属	在乡老复员军人	带病回乡退伍军人	合计	
武宣县	1630	86	66	7	13	1381	48	1429	115
金秀瑶族自治县	406	32	29		3	327	10	337	37
合山市	143	8	2	4	2	109	3	112	23

第二节　优待补助

标　准

民国20—30年(1931—1941年),广西省政府制发优待出征军人家属暂行办法、各县市村街义务帮助出征军人家属工作队组织规定:“每村(街)每甲一概组织帮工队班,以供出征军人家属之要求。”政府规定对应征入伍的军人家属中的老、弱、幼及无家可归者,在乡镇政府设抚养所收养;未设抚养所的,由村(甲)就其应享受之救济谷款设法供养。民国27年9月,广西发布《广西优待出征军人家属暂行办法》。

中华人民共和国成立后,优待工作,城市以介绍就业为主,农村以代耕为主;农业合作化后以优待劳动日、工分为主;农村实行联产承包责任制后,以优待金为主。国家适当给烈士家属、军人家属、残废军人补助。中华人民共和国成立后,国家先后颁行了一系列优抚法规,使优待抚恤工作逐步走上了法制轨道。优抚对象一般是无劳动能力或劳动力不足的烈属和病故、失踪军人家属及士兵家属(1981年前,农村社员收入以“工分”计酬,生活在农村的军队干部家属给予32分的照顾,分配实物,按价付款。1981年,农村实行联产承包责任制后,全部改为优待金),享受国家抚恤后生活仍有困难的在乡残废军人,带病回乡长期不能劳动,生活有困难的复退军人。优待标准一般是确保受优待者的生活水平不低于当地一般群众的生活水平。优待抚恤有两种形式,一是群众优待。20世纪50—60年代群众优待是以代耕、优待劳动日和帮工方式体现;20世纪60—70年代(“文化大革命”期间中断)主要是实行优待工分制。20世纪80年代后,境内各县市决定把优待工分改为优待金。主要是国家抚恤(即国家拨专款),其对象是烈军属、五保户、复退军人和其他享受定期定量补助的人员。享受定期定量补助的人员一般是缺乏劳力或基本丧失劳动能力的孤、老、病、残,虽经群众优待仍达不到当地一般群众生活水平的人员,包括烈军属、残废军人、残废警察、残废革命工作人员、参战致残民兵、民工、老红军战士、退休军队干部、退休国家工作人员等。补助标准按国家统一规定执行。补助以1年为期,享受者中途死亡的即从下季度停发。对享受抚恤的残废军人,根据残废等级和致残原因以及是否在职制定不同的抚恤标准,等级间差距不超过100元。

1950年后,对生活极端困难的烈属,经群众评议,乡人民政府审查,县民政部门批准,农村每人每月发给生活补助费3~5元,城镇5~8元。

1954—1955年农忙季节,政府组织群众为缺少劳力、生活困难较大的优抚对象代耕、代种、代收;帮助劳力不足、抢不上季节的优抚对象抢种抢收。

1956年后,由集体给予收入低于群众平均水平的部分优抚对象工分补助。

1960年起,对老、病、残的优抚对象给予定期补助,补助标准同烈属。1979年10月,烈士、病故家属和失踪军人家属补助调整为:农村6~8元;城镇10~15元。1980年补助标准调整为:孤老烈属、烈士遗孤,以及抗日时期入伍的在乡复员军人,农村每人每月补助10元,城镇15元;解放战争时期入伍的复员军人,农村8~9元,城镇10~13元;抗美援朝时期入伍的复员军人补助,农村7~8元,城镇11~12元;烈士、病故家属和失踪军人家属,农村9~10元,城镇13~15元;带病回乡的退伍军人,家在农村的补6~8元,城镇10~11元。

1982年,优待办法改为以生产大队(1984年改为村民委员会,1987年改为村公所)为单位,向农户统筹后,优待标准有所降低,当年,武宣县仅60元,达不到柳州地区76.97元的平均数。

1985年后,享受定期定量补助的烈士、病故家属、失踪军人家属改为定期发给抚恤金。以乡镇为单位筹集优待金,由农户在缴纳农业税时一并上交。当年来宾境内平均每户年优待96.31元,其中军属户均年优待96.48元。1988年,境内优待户均金额

149.14 元,其中军属户均比 1985 年增长 1.27 倍。

1991 年,境内以县(市)为单位统筹,优待对象不分农村与城镇,统一标准,统一兑现,优待对象户均年优待金 261.19 元,比 1988 年多 75.13%,其中军属户均优待比 1988 年增长 172.25%。

1995 年,优待对象户均年优待 501.62 元,比 1991 年增长 92.05%。1994 年来宾县拨出 11 万元提高在乡老复员军人定补金额,由原来的每人 16 元提高到 25 元。

2004 年,全市共给 6544 名各类优抚对象发放定期抚恤补助金 962 万元,给 7533 户(名)各类优抚对象兑现优待金 344 万元。其中:义务兵家属优待兑现 1907 户 272 万元,户均优待标准 1414 元。为 21 户红军老战士、孤老烈属、孤老复员军人解决了住房困难。按照自治区的要求,全市 6 个县(市、区)全部建立了在乡老复员军人定补自然增长机制,从 7 月 1 日起,由县财政安排经费,每人每月增加 10 元抚恤补助金。

2005 年,来宾市义务兵家属户均优待达到 1562 元。其中:兴宾区 1846 元、象州县 1761 元、武宣县 941 元、忻城县 1277 元、金秀瑶族自治县 1550 元、合山市 1699 元。此外,对已享受国家抚恤、定补后的烈属、伤残军人,在乡老复员军人和带病回乡的退伍军人等重点优抚对象,也分别给予了优待。户(人)均优待标准不作具体规定。

表 24-5　2005 年来宾市在乡老复员军人定期定量生活补助标准表

单位:元 / 年

属地	标准 入伍时间 / 对象类别	抗日战争	解放战争	中华人民共和国成立后至 1954 年 10 月 31 日
农村	一般对象	3088	2324	2180
	孤老对象	3412	2636	2480
小城镇	一般对象	3208	2444	2300
	孤老对象	3592	2816	2660
区辖市市区	一般对象	3328	2564	2420
	孤老对象	3772	2996	2840

表 24-6　2005 年来宾市带病回乡退伍军人生活补助标准表

定期生活补助年标准	定期生活补助月标准	
2160 元	150~180 元	
经费来源	中央、自治区财政	县(市、区)财政
	104 元 / 月	76 元 / 月

帮工帮种

民国 20—30 年(1931—1941),广西曾制发优待出征军人家属暂行办法和各县市村街义务帮助出征家属工作队组织规定,“每村(街)每甲一概组织帮工队班,以供出征军人家属之要求。”

1950—1955 年,境内各乡人民政府组织以青年为主体的义务帮工队,帮助军烈属、残废军人、带病回乡军人代耕、代种、代收。对缺乏劳力和劳力少的烈、军属实行帮工或代耕。代耕是由互助组派劳动力帮助军烈属种地并包种、包管理、包收割、包产量。帮工则是农忙时帮播种、帮收割。如忻城县由群众代耕的有 144 户,总代耕面积为 915.3 亩,群众帮工有 138 户,共 850 亩。1954 年春,来宾县在河里乡进行优抚代耕试点。后全县有 11 个区全部或部分采用代耕与互助合作相结合的代耕办法,实行劳动力统筹。发放救济物资也优先照顾优抚对象。当年发放给优抚对象生活补助 5491.75 万元(旧版人民币,下同),补助耕牛 78 头,折合款 1019.49 万元,农具补助 2207 万元。解决了 594 户 987 人的生活困难问题。石龙县 87 个乡共代耕田地 4411.28 亩,另购置耕牛 93 头、犁 30 架、耙 28 架、锄头 30 把及生产物资一批分给烈军属。1987 年,武宣县率先在自治区成立拥军优属服务组织,组织民兵、共青团、师生为主体的义务帮工队,上门为烈军属、伤残军人帮工代耕。此后每年双抢季节,各级政府号召机关干部、农村党员、青年团组织力量上门为烈军属、伤残军人助工。市、县、乡各级设立双拥办事机构,机关、学校、厂矿、农村建立拥军优属服务组织,健全制度,形成网络。

优待工日

1956年,境内各县实行农业合作化后,实行按工分分配,由初级社、高级社和人民公社实行优待工分,按劳动日参加分配,其标准以保证烈、军属、革命残废军人的生活水平不低于当地群众生活水平为原则。来宾县实行"优待劳动日"制。仅上半年实行优待劳动日的就有38个乡。享受优待劳动日的有81户6933个劳动日。全年优抚支出4.4万元(新版人民币,下同)。全年实行优待劳动日的有130个乡,共优抚415户24.44万个劳动日。春收分配时,由农业社补助的有14个乡。另发春荒补助1.2万元,共解决1423户6151人的生活困难。还发放烈士、军人子女入学补助1813元,解决308人的学杂费困难问题。发放病故抚恤170元。忻城全县有370户1717个烈、军属和革命残废军人享受优待劳动日,总共优待2.24万个劳动日,占烈、军属、革命伤残军人总户数的17%,占总人口的16.3%。1957年,忻城给烈、军属、伤残军人优待工日的有225户1432人,优待1.42万个工日。1959年开始,石龙县凡烈军属、残废军人劳动工分(收入)低于全大队总工分(总收入)平均数的,均给予优待劳动工日或优待金补助,使其实际收入稍高于一般社员平均收入水平。石龙县武宣片给227户870名烈军属和回乡伤残军人优待工分66685个工日,同时优抚粮食12.55吨,现金863元。

1962年,来宾县对缺乏劳动力、生活困难的烈属、残废军人予以"优待劳动日"补助。全年共优待578户2362人,优待工分20.83万分,折合粮食5729.5千克,补助现金3174.7元,给24户62个烈、军属、烈士遗孤、残废军人定期定量补助1800元,发放优抚款5.63万元,解决917户3514人的生活困难问题,免费为19人治病,修缮房屋21间。

1965年,武宣县给330户1368名烈军属优待工分28765个工日,优抚粮食8.58吨,现金2843元。象州县共优待烈属19户82人,军属402户1773人,共优待工日49570个,粮食32494千克,现金1.73万元。1978年,武宣县给846户4956名烈军属优待工分98870个工日,优抚粮8.05吨,现金4475元。1974—1979年,象州县共优待烈军属2425户,优待劳动工日计63418个,粮食26.65万千克,现金19.08万元。从80年代起,农村实行联产承包责任制后,优待劳动日改为优待金。其标准不低于当地最高劳动力年收入的一半。

统筹补助

民国34年(1945年)2月,忻城县政府作出《关于抗日军烈属优待的决定》,各乡、村(街)对军烈属调查核实,逐户详细填报,忻城县府核批备案,并决定给烈属每户赈济谷20担,给抗日致残军人每户10担,给抗日军人每户5担。各乡、村(街),从乡村仓支付。据统计:忻城全县发放抗日赈济烈属谷子240担,残废军人180担,军人1750担。民国37年,忻城县府按照《广西关于筹发新兵安家谷,以鼓励士气,安定军心》,决定每名新兵一次性发给安家谷10担,函示各乡镇村街实施,筹派到各农户交足,但未实施。中华人民共和国成立后,对烈、军属、革命残废军人、复员退伍军人的生活困难补助,采用群众优待和国家补助相结合的办法,临时困难补助和定期定量补助。

1958年,成立人民公社后,境内由生产队给优抚对象评定补助工分等级,大队统筹粮款。1986—1990年,合山市实行统筹优抚粮、款办法,除烈属、五保户、一二等残废军人、孤寡老人可免交外,人人须交优抚粮、款。农业人口由每人每年统筹0.2元改为按农户承包土地每亩1千克原粮;非农业人口由每人每年交0.3元增加到1元。武宣县则采取"以乡统筹,干部工人城乡居民共尽义务"的办法,统筹优抚款。1979年起,国家对部分孤、老、残的烈军属、复员退伍军人给予定期定量补助。补助标准,农村每人每月6~10元,城镇10~15元。享受定补的对象,由县里发给定补证,凭证按月或按季到乡政府领取补助金。当年,武宣县120名农村烈属,人均发定补款330元,城镇烈属2人,人均发款421元。同时,另给8名孤老烈属增发定补款,人均年增长45元;给24名病故军人家属发给定补款,年人均242元;给426名老复员军人发放定补款,年人均104.31元,其中48名孤老复员军人,年人均定补162元;给29名带病回乡军人定补,年人均109元。1983年,根据民政部《关于调整定期定量补助标准的通知》精神,给予享受定补的对象在原定补标准的基础上,武宣县每人每月增发定补款5元。全县年增长2.13万元。1985年,武宣县11个乡镇,共统筹得优抚款41760元,补助给771户烈军属、回乡伤残军人。其中烈属105户,户均19.2元;军属636户,户均61.6元;伤残军人26人,人均15.7元;带病回乡军人4人,人均25元。同年,根据桂民优字〔1985〕22号文件精神,武宣县再次提高烈属、病故军人家属的定期抚恤金额;农村烈属每人每月由10元增加到25元,城镇烈属由20元增加到30元。

1981年以后,农村实行家庭为主的联产承包责任制,群众优待统筹工分形式改为逐户筹集钱粮,开始是以大队为单位统筹粮钱,统一兑现。1982年,对烈军属、残废军人的优待改为补助现金。各县以县为单位统筹付给,按承包土地或人口分担。象州县有101个大队统筹解决,12个大队从企业积累中支付。当年共优待889户,发优待金4.54万元,户均51元。1983年,再次提高补助标准,并分时期定补标准,属抗日战争牺牲的烈士,家居农村每人每月补助18元,城镇每人每月补助23元;属解放战争牺牲的烈士,家居农村每人每月补助16~17元,城镇补助20~21元。属中华人民共和国成立后牺牲的烈士亲属,家居农村补助每人每月15~16元,城镇补助19~20元。忻城全县享受国家补助914人,每月补助金额为1.39万元。1985年1月起,象州给革命烈士家属、因公牺牲军人家属、病故军人家属发放定期抚恤金。家居农村的烈属、因公牺牲军人家属每人每月25元,病故军人家属每人每月20元;家居城镇的烈属、因公牺牲军人家属每人每月35元,病故军人家属30元。上述人员中,孤老者每人每月增加5元。象州县优待349户,现金2.52万元,户均72元。1985年,忻城又改为定期抚恤,按家住农村每人每月25元,城镇的每人每月30元。1986年,象州县人民政府决定,烈军属、残废军人的优待金在全县范围内实行全民统筹,统筹的标准是:干部、职工每人每年交0.5元,城镇居民每人每年交0.3元,农业人口每人每年交0.2元。由县民政部门或乡镇民政统一管理和发放,当年优待355户,户均86.32元。1987年起,在国家机关、厂矿、学校、干部、职工及城镇非农业人口实行统筹。来宾县把过去只是农业人口统筹优待金改为全民统筹。规定凡在县境的国家机关、厂矿、农林场干部、工人,城镇居民,农民(除五保户),人人上缴优待金。干部每人每年1元,工人每人每年0.50元,城镇居民和农民每人每年分别为0.3元或0.15元,并把原只优待农村义务兵家属改为优待所有义务兵家属,每户每年优待100元。1988年,来宾县优待军属888户,烈属102户,残废军人43户,带病回乡复退军人2人,总金额10.13万元,享受定期定量补助(抚恤)的烈属175人,在职残废军人85人,在乡残废军人79人,老复员军人和带病回乡退伍军人811人,临时困难补助7.53万元,计9万余元。象州县优待军属368户,优待金4.42万元,户均120元,优待烈属62户,优待金5100元,户均82.5元。1989年6月22日,象州县将烈军属的优待标准逐步提高到以县平衡一个整劳动力年人均纯收入的二分之一的水平。统筹标准提高到干部职工每人每年交1元,城镇居民每人每年交0.8元,农业人口每人每年交0.6元或1.25千克原粮。433户军属的优待金全部兑现,金额9.39万元,户均205元,比上年户均提高85元;烈属67户,支付优待金4925元,户均73.5元。从1989年10月起,合山市发给农村义务兵每人每年200元,作为退伍后生产生活基金,由民政部门分别代存入银行,退伍时全部兑现。当年农村义务兵83人,分别代存入银行共1.66万元。同年,象州有631人享受“定补”,每人每月15~21元。1990年,象州县再次提高统筹标准,干部职工每人1.2元,城镇居民每人1元,农业人口每人1.25千克原粮。当年优待义务兵家属486户,户均272元,烈属66户,户均47元,在乡伤残军人54户,户均36元。全县有在职伤残人员40人,在乡伤残人员50人,全年共发放残废抚恤2.46万元。来宾县兑现优待户1139户,优待金3.17万元,其中军属992户2.26万元,户均228元;烈属93户,5600元,户均61.20元;伤残军人兑现优待51户,优待金3240元,户均64.50元;其他优待对象兑现3户,优待金200元,户均66.6元。同时,对县籍20名立三等功的现役官兵按县府的奖励规定兑现奖金4000元;对烈、军属、老复退军人、残废军人发放的定期定量抚恤额61.4万元。年末有烈属和牺牲病故军人家属定期抚恤173人,抚恤8.5万元;在职残废军人75人,抚恤1.1万元;在乡残废军人102人,抚恤3.2万元;给定补的老复员军人和带病回乡退伍军人1102人,发放定补额22.7万元。发放临时困难补助7.8万元(15530人次)。合山市在部队荣立三等功2人,每人奖励300元。同年发放优抚款:义务兵家属每户年发放250元,共149户,发放优抚款3.73万元;烈属每户年发放170元,共20户,发放3400元;因公牺牲军人的家属每户年发放150元,1户,发放150元;病故军人的家属每户年发放100元,共4户,发放400元;在乡一、二等残废军人每人年发放70元,三等残废军人每人年发放50元,共13人,发放730元;带病回乡军人5人,每人年发放40元,共发放200元。在部队被追认为烈士的,除按国家规定发给其家属抚恤金外,从群众统筹款中一次性发给其家属300元。5月,忻城再次提高标准,每人每月定期定量补助量是:家居农村的每人每月30~35元,居住县城的每人每月40~45元,居住城市的非农业人口每人每月45~50元。1956—1990年,忻城全县共发优抚款296.21万元。全县发放定期抚恤金9.2万元。1982—1990年,忻城全县共统筹现金43.02万元,优待638户,每户优待标准提高到160.67元。

1991年,柳州地区行政公署下发《关于进一步做好群众统筹优待烈军属、伤残军人的通知》,境内各县市积极做群众统筹优待烈军属、伤残军人的优抚统筹工作,各县市将统筹钱粮任务分解到乡镇,落实到基层。到1994年12月20日止,来宾县24个乡镇已有22个乡(镇)完成或超额完成烈军属、伤残军人优待统筹金的收缴任务,当年按410元、180元的优待标准兑现给烈军属、伤残军人。1991—1999年,合山市实行统筹优抚粮、款办法,除烈属、"五保户"、一二等残疾军人、孤寡老人可以免交外,人人须交优抚粮、款。农业人口每人每年统筹按农户承包土地每亩1千克原粮;非农业人口每人每年交1元。1991—2005年,忻城县统筹和兑现优待金615万元。

2003年,来宾市重点优抚对象7462户(人)。其中,伤残军人656人,军烈属2375户(人),在乡复员军人5257人,带病回乡退伍军人174人。按规定时间全部兑现优抚对象的优待金。优待优抚对象7584户(人),发放优待金302万元,兑现率100%。按政策规定全部按时足额发放各类抚恤金904.8万元,较好地保障优抚对象的基本生活,并给全市475名革命烈士、因公牺牲军人、病故军人家属和5257名在乡老复员军人核发新的定抚定补证,为102名失业下岗的伤残军人办理改领在乡伤残抚恤金。当年,全市新增各类优抚对象203人。

2005年,全市各级民政部门按规定时间全部兑现年度优抚对象的优待金,给6525户(人)各类优抚对象兑现优待金328万元,优待面和兑现率均达100%。全年共发放各类抚恤补助金1202万元,为122户重点优抚对象新建或维修房屋256间488平方米,为318名优抚对象解决医疗费21.5万元。金秀瑶族自治县共有享受定期补助的优抚对象640人,其中烈属22人、病故军人家属1人、复员军人251人、伤残军人33人、带病回乡退伍军人9人、参战退役人员323人、参战民兵1人。

第三节　烈士褒扬

1980年6月,国务院颁布了《革命烈士褒扬条例》,境内各级政府把烈士褒扬工作纳入社会主义精神文明建设重要内容来抓。为褒扬革命烈士,教育广大军民永远铭记革命烈士的丰功伟绩,全市共建立了烈士陵园、碑、塔、亭等纪念建筑物60座。

褒　扬

发证授号　中华人民共和国成立后,境内各级人民政府对为国为民捐躯的军人、民兵和国家工作人员,均授予烈士称号,发给"牺牲证明书"和"光荣纪念证",其亲属给予"烈士家属"称号并享受烈士家属待遇。1983年,对烈士情况进行复查换发新证,有遗漏的补报追认。1984年,根据民政部和自治区民政厅的通知,又统一换发了由民政部印制的"革命烈士证明书",并依照政策规定烈士家属享受定期或不定期的优抚。

立碑建纪念塔　1945年2月14日,武宣县在东乡街隆重举行悼念红石之战抗日阵亡三烈士追悼会,并在街南门外立了一块"三勇士纪念碑"。1950年3月,象州县在中平圩西侧建中平烈士陵园,以悼念在中平剿匪战斗中牺牲的革命烈士。1951年9月,武宣县为纪念东乡剿匪牺牲的28位革命烈士,在街西建革命烈士陵墓。在通挽、桐岭、禄新、二塘、黄茆、三里乡的五福、田遂新龟岩、金鸡三江口分别建革命烈士纪念碑。1955年4月14日,合山北泗区人民政府为纪念牛银贵等5位为解放合山而牺牲的中国人民解放军指战员,在玉屏山北麓建成革命烈士墓1座。1962年,象州县政府拨款1300多元在罗秀圩东侧建罗秀烈士陵园,占地11880平方米。陵园内建有烈士墓和纪念塔。烈士墓安葬在该地区牺牲的13名革命烈士。1963年,武宣县东乡区委会划地约5亩,将革命烈士陵墓改建为一座革命烈士陵园,在陵园中央,建一座8米高上刻"革命烈士永垂不朽"八个大字的纪念塔,塔的周围分别排放着28位烈士的纪念碑石。同年5月,象州县大乐乡将分散安葬的9名烈士遗骨迁移至大乐圩外公路旁建墓。1978年迁建于大乐乡石朋岭,立纪念碑高8.5米,周边面积1440平方米。1964年清明节,象州县将在运江牺牲的蒙曙光、刘廷桂、胡忠仁等7位烈士遗骨集中于运江镇天峨岭建墓安葬。黄茆、禄新、桐岭、通挽分别于1967年、1968年、1971年、1972年对烈士墓进行重修,改为"革命烈士纪念塔"。武宣县思灵乡、三里的下江、上江又分别于1989年、1990年新建革命烈士纪念碑亭。1967年和1989年,合山北泗区人民政府两次对革命烈士墓重修。1982年2月,象州县建寺村烈士塔,塔高15米,周边面积1296平方米,建有烈士墓9座。5月,于县城东门广场东侧建象州县烈士陵园，面积8000余平方米。纪念碑高18.3米，正面是自治区主席韦纯束题词“革命烈士纪念碑”；背面系自治区人大常委会副主任韦章平题词“为国捐躯永垂不朽”。陵园设有宣传窗，园内花木葱茏，有2人专职管理。同年，天峨岭的烈士墓整修，并兴建烈士塔，塔高5米，周边面积1800平方米。12月，合山市人民政府拨款2.8万余元，在市人民公园西山岭上建成一座革命烈士纪念碑。碑底平台面积64平方米，碑高5米，由基座和雕像两部分组成。1986年下半年，来宾县拨款1.5万元，修复迁江、小平阳、陶邓、五山、蒙村、大里、良塘、大湾、寺山等地的烈士墓（碑）。同年自治区民政厅拨款5万元在来宾县城修建革命烈士纪念碑一座。1987年，象州县对中平烈士陵园维修扩建，面积3949平方米，新建纪念碑高12米，碑东面为部队首长冰野题词：“为大众牺牲不死精神光国史，求同胞幸福长存浩气壮山河”；南面为县委书记祖振兴题词“革命之光”；西面系县长张兆凯题词“为革命虽死犹生”。1990年，自治区民政厅拨款2万元按烈士陵园标准装修。是年清明节，象州马坪乡建烈士墓，将分散多处安葬的16名解放军烈士遗骨迁至马坪圩南侧集中安葬。同年，来宾县拨款15万元在来宾县城修建革命烈士纪念碑一座。同年12月，武宣县民政拨款28万多元，在县城马鞍山公园内，建起一座用大理石、汉白石雕刻英烈塑像及全县烈士英名的革命烈士纪念塔，1992年竣工并对外开放，供人瞻仰。1992年，总投资24.7万元的来宾县烈士纪念塔建成，2002年底来宾市成立，划归来宾市管理。2004年，市政府投资20万元，重新进行维修。2003年，金秀瑶族自治县修建烈士纪念塔。2005年，自治区民政厅资助30万元，忻城县自筹资金10万元，在县城森林公园修建烈士纪念塔。此外，忻城县先后建成周安革命烈士陵园、隆光革命烈士陵园、马泗革命烈士陵园、红渡革命烈士陵园、遂意革命烈士陵园、大塘革命烈士陵园、思练革命烈士陵园莫江白烈士纪念塔。截至2005年底，全市共有烈士陵园1个，烈士纪念塔60座。

列录立传　1981年，境内各县对革命烈士进行全面核查，在此基础上各县均编《烈士英名录》，记载烈士姓名、性别、籍贯、出生年月、政治面貌、牺牲时间和地点等，印发机关、学校，作革命历史教材。各县（市、区）还为对革命影响较大，功勋卓越的烈士立传，进行褒扬。各县（市、区）在新编县（市、区）志中为烈士立传，载入史册。如1926年12月中共武宣县第一个支部负责人翁尧年，1928年1月中共武宣县委第一任负责人潘业俊烈士等2人均编入志书。新编《武宣县志》为翁尧年、潘业俊、韦天强、江明彬、刘铁民等烈士立传记，载入人物篇。有的烈士事迹在各级党史刊物上发表，作为学校开展近代史、现代史和国情教育（简称“两史一情”）教材。1992年7月，武宣县志办公室编写出版《武宣英烈》一书，供全县中小学校进行“两史一情”教育使用。《武宣英烈》一书参加全国修志成果展览，获得专家好评。

向烈士学习活动　每年清明节，境内各县市乡（镇）都组织学校师生祭扫烈士墓，组织开展向烈士学习活动。1967年1月16日，解放军驻武宣县某分队战士李守敏，为抢救国家财产，参加扑灭六峰山林场火灾，光荣牺牲，被广西军区党委同意追认为中共正式党员并追记一等功，自治区人民政府批准为革命烈士。中共武宣县委会发出通知，开展向李守敏烈士学习活动。

追认革命烈士　1983年，各县市对烈士情况进行复查换发新证，有遗漏的补报追认。1984年，各县市根据民政部和自治区民政厅的通知，又统一换发了由民政部印制的《革命烈士证明书》，象州县核查和换发、补发《革命烈士证明书》，当年换发新证32户，补发新证49户，转外域补换证5户。1985—1989年，象州县共追认革命烈士7人。至1990年底，境内有各时期革命烈士1073人，其中：来宾县355人、忻城县340人、象州县189人、武宣县105人、金秀瑶族自治县62人、合山市22人。

1995年3月17日，来宾县公安局石牙派出所所长霍建很为制止歹徒暴行，保护其他工作队员生命安全，与歹徒搏斗，英勇牺牲。来宾县委、县人民政府追认霍建很为“人民的忠诚卫士”，发给家属奖金2万元，来宾县公安局追授霍建很“优秀人民警察”称号，地委、地区行政公署追授霍建很“桂中人民的好儿子”荣誉称号，公安部追授霍建很“全国公安系统二级英雄模范”称号，发给奖章和证书以及奖金5000元。1997年5月26日，自治区人民政府民政厅追认霍建很为革命烈士。

1991—2005年，来宾市境内先后被追认为烈士的有霍建很、蓝凤勤、蓝仁松、刘瑞军等。

第四节　光荣院及优抚对象集中供养

光荣院是专门为孤老烈属、孤老残废军人、孤老复员军人安度晚年而举办的优抚事业单位。

1982年以前，境内各县孤老优待对象主要由社队照顾,靠优待补助保障其生活。1982 年 2 月,民政部颁布《光荣院管理工作暂行办法》,对办院宗旨、接收对象和管理方法等作出规定。此后,境内各县光荣院由所在县民政部门领导。光荣院设院长负责具体管理工作,接收本县孤老烈属、孤老残废军人、孤老复员军人入院。住院老人所需费用由国家供给,1988 年每人每月伙食费 30~40 元,零用钱 5~7 元,同时还按当地标准发给老人优待金作为生活补助。粮食供应一般由原籍乡村负担,少数地方由县供应商品粮。老人住房多为新建楼房,两人一间,每层楼设有公用卫生间,患病到附近医院就医,医药费用实报实销。光荣院适当组织一些身体较好的老人参加生产劳动,收入用于改善生活。院内设文娱活动室,供老人学习、娱乐。

1985 年,自治区民政厅资助部分资金,象州县拨款 12 万元,在寺村镇兴建光荣院,收养孤老的烈属、退伍红军老战士、残废军人及未满 16 周岁又无人照顾的烈士子女。光荣院建筑面积 1406 平方米,有 3 栋两层楼房,内设 40 个床位。1986 年 6 月建成开院,配备工作人员 3 人,收养在乡老复员军人 19 人。1990 年,收养孤寡老人 11 人。2000 年 8 月,自治区拨款 100 万元,外加"星光计划"项目 20 万元,县政府投资部分建设新光荣院。2002 年,象州县购买县武装部办公楼和宿舍楼,改建成光荣院。新光荣院占地面积 5 亩,建筑面积 3200 平方米,总投资 150 万元,设计床位 50 张。2004 年 12 月 16 日,光荣院由寺村镇搬迁到县城,配备工作人员 5 人,接收 37 名自费供养的退休老干部、职工入住。至 2005 年末,共接收供养人员 57 人。

1997 年 1 月,合山市光荣院和社会福利院开工建设。1998 年 2 月因资金短缺停工。2002 年 6 月重新开工。2004 年 12 月 8 日建成。项目占地面积 5.2 亩,建筑面积 3799 平方米,总投资 460 万元。该院建成后,由于城镇居民少,需求对象不多,一部分用作福利院、一部分用作光荣院、一部分用作市民政局机关办公,还有一部分用作门面向社会出租。2005 年末,共接收供养人员 16 人,工作人员 4 人。

2002 年 5 月,自治区民政厅资助 115 万元,自筹资金 40 万元,金秀瑶族自治县在原金秀镇中学开工建设福利院、光荣院。两院占地面积 10.9 亩,建筑面积 1926 平方米,内设床位 100 张。2003 年 6 月竣工并投入使用,共接收城镇孤寡老人和自费人员 26 人,接收供养孤老优抚对象 4 人,配备工作人员 4 人(含福利院管理人员)。2005 年 8 月,根据县的统一规划,福利院和光荣院迁到县城出口处新建。新建项目总投资 250 万元,资金来源为原福利院、光荣院转让费 180 万元,中华慈善总会资助 70 万元。

第五节 双拥工作

解放战争时期,境内广大群众送子参军,送夫服役,从人力、物力、财力上支持人民武装。各游击根据地有支前机构,为军队筹集粮草,组织服务队、向导站为解放军服务。抗美援朝时期,各族人民捐钱捐物,支持抗美援朝。在自卫还击作战中,境内各县市民兵积为解放军护路、修路,调粮,当翻译,作向导。改革开放后,各级政府把拥军优属列入政府重要工作,落实各项优抚政策,组织慰问驻地官兵,帮助驻地部队解决实际困难,组织干部群众学生为烈军属做好事,办实事,积极兑现烈军属、伤残军人和在乡退伍复员军人优待金政策。驻地部队官兵发扬革命光荣传统,把驻地当故乡,把人民当父母,拥政爱民,遵守三大纪律八项注意,保家卫国,积极参加地方物质文明、精神文明、政治文明(简称三个文明)建设,投身抢险救灾,协助维护社会治安,开展军民共建活动,为驻地三个文明建设作贡献。

拥军活动

中华人民共和国成立后,在各级政府组织下,每年春节、"八一" 建军节期间均组织群众性的拥军优属活动,宣传和学习人民解放军保卫祖国、抢险救灾、支援地方建设,维护社会治安及军民共建文明的奉献精神,彰显烈军属和伤残、复员退伍军人在革命战争中和社会主义建设时期作出的贡献。地方政府各部门在业务范围内帮助当地驻军和烈军属解决困难,做好定期抚恤、定期补助工作,为部队和优抚对象解决实际问题,发动和组织干部群众、中小学生为部队和优抚对象做好事,给本县籍的指战员写慰问信,报告家乡建设成就。由党政领导率领慰问团(组)深入部队营房慰问驻军,派人上门慰问烈属、伤残军人等优抚对象。到烈军属、伤残军人家中拜年,送年货等慰问品。1987 年以后,团以下部队由所驻的县组织慰问。

1957 年春节,境内各区、乡普遍召开烈军属座谈会,部分区给烈军属送贺年卡,开展群众性拥军优属活动。据来宾县良塘、古昔两个区 17 个乡的统计,春节期间给烈军属捐人民币 146 元,猪肉 96 千克、粽粑 225 个、糖 15.5 千克、鸡蛋 568 个,草 9700 千克,柴火 3500 千克,对联 55 幅、毛泽东主席像 37 幅。

1952—1982年，境内各县人民政府多次召开烈军属、残废军人、复员退伍军人先进代表大会，以表彰烈军属、残废军人、复退军人在社会主义建设中的贡献。1952年冬，石龙县在县城召开首次优抚先进代表大会，通挽区韦昌绸被评为县烈军属特等模范，出席广西省优抚先代会，荣获省优抚对象二等奖。1959年，石龙县召开烈军属复退军人先进代表会，桐岭区回乡残废军人龙致仁，被评为模范残废军人，出席全国烈军属残废军人先进代表大会。金秀瑶族自治县先后于1964年和1972年召开烈、军属、残废、复员退伍、转业军人代表暨拥军优抚模范代表大会。象州县先后召开11次烈军属、残废军人、复员退伍军人先进代表大会。罗秀乡烈军属代表张秀焕，1982年光荣出席自治区烈军属、残废军人、复员退伍军人先进代表暨拥军优属拥政爱民先进单位代表大会。1982年，武宣县召开烈军属残废军人复员退伍军人暨拥军优属先进代表大会，模范烈属杨惠清、廖安英、钟振文、模范残废军人何国楼、模范退伍军人李福能、拥军优属先进集体代表何振准、拥军优属模范个人陆敏洲，当选为出席自治区优抚先进代表大会代表。同年10月，来宾县青岭公社社员韦秀香(女)、石牙公社社员韦跃绍、凤凰公社社员叶永忠、良塘公社社员谭育珊获自治区人民政府、广西军区授予“先进烈属”称号。溯社公社社员罗汉顶、良塘公社社员罗科亮、三五公社社员黄宝崇获自治区人民政府、广西军区授予“先进复员退伍军人”称号。城厢公社社员张祖兴获自治区人民政府、广西军区授予“先进革命残废军人(残废民兵)”称号。

1987—1997年，境内各县(市)政府在八一建军节、元旦、春节均组织干部群众和学生对驻军部队和军烈属开展慰问活动，除送慰问信、慰问品外，还召开军政座谈会、军民联欢会、电影晚会，各乡镇召开优抚对象座谈会，乡镇领导带队慰问烈军属、伤残军人，组织群众为军烈属做好事，办实事，解决实际困难。1995年，来宾县党委、人大常委会、政府、政协领导班子(简称四家班子)领导组织慰问团、组分别到驻军54048部队、桥头部队、预备役部队、武警中队、消防中队、县人民武装部进行慰问，给部队官兵送去慰问金和慰问品，举行军民联欢晚会，节日期间还分别对在乡特等、一等伤残军人以及军队离退休干部走访慰问。组织有青年、学生、群众1536人为驻军部队、烈军属、伤残军人做好事267件，送柴草5000多千克。1997年，来宾县组织干部、群众和师生50多万人为驻军部队、烈军属做好事31729件。

1999年，境内各县市积极开展以解决老烈属、老伤残、老复员军人(简称“三老”)住房难、医疗难、生活困难(简称“三难”)问题，以帮助“三老”对象建房为重点的“爱心献功臣行动”活动，帮助三老解决住房困难。忻城县共投入资金31.35万元，为101户住房难的“三老”优抚对象建房4000平方米。来宾县干部职工捐资62万元，县民政局筹资22万元，重点解决“三老”的住房、医疗、生活问题。是年，来宾县分别获自治区和全国双拥工作领导小组及自治区民政厅和全国民政部表彰的全区“爱心献功臣”先进单位和全国“爱心献功臣”先进县称号。每年“八一”建设军、春节，来宾县四家班子领导组织慰问团、组分别到驻军54048部队、桥头部队、预备役部队、武警中队、消防中队、县人民武装部(简称人武部)进行慰问，给部队官兵送去慰问金和慰问品，举行军民联欢晚会，节日期间还分别对在乡特等、一等伤残军人以及军队离退休干部走访慰问。各乡镇政府领导组织慰问组对军烈属、伤残军人进行慰问，给他们送去慰问品。1991—2005年，在开展拥军优属活动中共投入资金约280万元，为部队改造营房及解决其他难题，连续五年荣获自治区人民政府和中国人民解放军广西军区授予的“双拥模范县”称号。2000年，象州县财政拨款30余万元给驻军解决基建、自动化办公设备等。

2001年，各县举行纪念中国人民志愿军抗美援朝出国作战50周年代表座谈会，对广大干部群众进行爱国主义教育。忻城县开展“爱心献功臣”活动，发动广大干部群众为革命功臣捐款。忻城县人民政府建立优待标准同全县人均收入同步增长机制，优待金全部按标准兑现，并召开军烈属优待金兑现大会。

2003年，地级来宾市成立后，各级政府在春节、“八一”建军节期间，组织慰问团慰问驻军，帮助部队解决子女入学、入托等实际困难。7月29日，来宾市召开军民联欢座谈会，市四家班子领导、市直各部门领导与驻柳州、来宾部队官兵欢聚一堂，共庆八一建军节。驻军部队积极参与地方三个文明建设，通过定期汇报、经常走访、召开联席会议、互结共建对子等形式，进一步融洽军政军民关系。广西陆军预备役步兵师第一团与地方13个单位结成军民共建单位。为地方军训1000人次，该团与兴宾区三五乡军屯小学结成帮扶对子，六一前夕，为学校捐赠5000元和一批学习用品。

2004年，来宾市在春节和“八一”建军节期间，市四家班子领导组成慰问团，分别前往柳州、来宾、鹿寨驻地部队开展慰问活动。全市各地普遍开展拥军优属慰问活动，给驻地部队赠送慰问金(含物折价)300多万元，各级政府和人民群众共为驻军(警)办好事实事上万件，解决部队军人家属子女就业入学21人，帮助驻军解决营房建设、交通设备经费190万元。兴宾区政府拨款40万元给预备役团官兵参加“中南海”军事演习。驻地中队也积极开展拥政爱民、扶贫帮困活动，参加社会公益事业建设，协助维护社会治安。通过军地双方动真情，办实事，进一步增进军政军民关系，双拥工作出现新局面。当年，兴宾区、象州、合山市、忻城县被命名为全区双拥模范(先进)城(县、区)，武警来宾市支队等个单位和吴穆鹏等12人被评为全区拥军优属，拥政爱民先进单位和个人。

2005年，来宾市各级政府结合城乡“三个文明”建设和春节、“八一”建军节，开展拥军优属活动，组成65个慰问团(组)，分别由党政领导带队到驻来驻柳部队走访慰问，赠送慰问金和慰问品。各级各地拥军优属服务组织为烈军属等优抚对象做好事1.06万件，分别给4808户困难优抚对象发放慰问金24.35万元。市政府无偿划拨近百亩土地和近千万元资金给来宾军分区及广西陆军预备役师第一团建新营房。兴宾区政府划拨经费26.3万元帮助驻地部队解决办公、通路、兵器仓库、生产及相关问题。

优属工作

1986年，境内各县(市)出台政策对部队立功受奖官兵实行奖励制度。来宾县对在役立功的义务兵实行奖励。规定被授予荣誉称号或荣立特等功的奖励500元，一等功400元、二等功300元、三等功200元，牺牲被追认为烈士的，其家属除按规定享受抚恤外，还一次性补助200元。

1991年，境内各县市按柳州地区行署《关于进一步做好群众统筹优待烈军属、伤残军人的通知》要求，做好统筹收缴工作，将统筹任务分解到乡镇，落实到基层，全面完成统筹收缴任务，使烈军属、伤残军人优待金得到及时兑现。当年按410元、180元的优待标准兑现给烈军属、伤残军人。1996年，军属优待金由上年的700元提高到936元，烈属优待金由450元提高到600元，伤残军人优待金由250元提高到300元。1998年，来宾县烈属、军属、伤残军人三类对象优待面达100%，居于全自治区各县之首。

2001年，《广西壮族自治区人民政府关于把我区优抚对象优待金列入各级政府财政支出预算管理的通知》(桂政发〔2000〕45号)文件规定，优待金列入市、县财政预算，发放标准不低于当年农村居民年人均收入70%。境内各县均按自治区要求，按标准足额兑现给各类优抚对象。

2002年，来宾市优抚对象享受定期补助5309人，优待烈军属户6998户共345.1万元。

2003年，来宾市按规定时间全部兑现优抚对象的优待金。优待优抚对象7584户(人)，发放优待金302万元，兑现率100%。2004年10月1日实施《军人抚恤优待条例》。给7533户(名)各类优抚对象兑现优待金344万元。其中，义务兵家属优待兑现1907户272万元，户均优待标准1414元。为21户“三老”优待对象解决了住房困难。从7月1日起，由县级财政安排经费，每人每月增加10元抚恤补助金。

2005年，全市各级民政部门按规定时间全部兑现年度优抚对象的优待金，给6525户(人)各类优抚对象兑现优待金328万元，优待面和兑现率均达100%。全年共发放各类优抚优待补助金1202万元，为122户重点优抚对象新建或维修房屋256间488平方米，为318名优抚对象解决医疗费21.5万元。

拥政爱民

来宾军分区、驻来宾市境内部队(简称驻境部队，下同)和各县(市、区)人民武装部(简称人武部)，把拥护政府，热爱人民，视为人民军队本质的体现，完成战斗、训练等各项任务的保证，自觉地继承和发扬人民解放军的优良传统，密切来宾军政军民关系，增强军政军民团结。驻地部队认真贯彻军委总部关于搞好拥政爱民的指示和要求，把拥政爱民工作纳入整体规划，列为部队建设中的一项重要内容。多年来，设以政治主官为组长的拥政爱民工作领导小组，负责拥政爱民工作，每年修订一次拥政爱民工作措施，并制定每月或每季度走访一次驻地党政部门和群众，每半年进行一次检查评比、召开一次拥政爱民工作情况分析会，年初有工作规划部署，年终有总结评比等制度，小组成员随缺随补，保证拥政爱民工作正常化、制度化。在部队中开展“把驻地当故乡，视人民为父母”的活动，积极开展军民共建、扶贫帮困活动，参加驻地的物质文明和精神文明建设，主动承担并坚决完成急难险重任务，用心血和汗水谱写拥政爱民新篇章，为驻地三个文明建设建功立业。1992年，步兵第一团被广西壮族自治区授予“民族团结进步”先进单位。1996年，团首长徐祖安被自治区和广西军区评为拥政爱民先进个人，1997年，团首长徐祖安、傅塘根被自治区评为扶贫帮困先进个人。1999年,团首长徐祖安被自治区双拥工作领导小组授予广西壮族自治区“双拥之星”称号。

参加地方建设 驻地预备役部队平时寓兵于民,预任官兵们在各自的岗位上参加地方的经济建设。此外,部队还经常组织官兵参加和支援驻地的生产建设,每逢地方的春耕生产、植树造林、兴修水利等突击性工作,部队均组织官兵积极参加,还组织官兵参加通电通路、人畜饮水、通信线路施工等重点工程建设。据不完全统计,1991—2005年,预备役部队共出动5万多人次,车辆200多台次参加地方生产建设,义务植树造林100多亩,帮群众插田200多亩,守护果园2300亩,义务砍收甘蔗60吨,积极参加并完成重点工程建设5项,为地方物质文明建设、振兴地方经济贡献力量。

军民共建 20世纪60—70年代,境内各县(市、区)人武部和驻境部队,把拥政爱民活动与学雷锋、学李向群结合起来,开展为群众办实事做好事活动,参加义务兴修水利、植树造林、上街打扫卫生,义务为群众修理工具、理发等。武宣县人武部组织5900多名民兵,帮助五保户、军烈属解决生活、生产上的难题,帮耕、帮种、帮收,先后义务投工1.3万个,盖房屋28间,帮耕帮种2300余亩,做各种好事8200件。

20世纪80年代以后,国民经济体制改革的不断深入,农村推行农业生产承包责任制,爱民活动得到进一步发展。境内各县(市、区)人武部和驻境部队,除定期或不定期开展上述活动外,还动员和组织民兵预备役人员组成“义务帮工队”,帮助五保户、军烈属和困难户耕、种、收,帮助他们解决生活、生产上的困难。1990年,驻境部队和各县人武部陆续与驻地有关单位开展军警民社会主义精神文明创建活动。部队从实际出发,充分发挥自己的优势,通过办好文化娱乐活动中心,青年民兵之家,帮助地方抓好国际国内形势和社会主义法制教育,宣传党的经济政策,树立商品生产观念,提供经济信息,进行人力支援,调派车辆运输,帮助群众脱贫致富,组织民兵小分队参加社会主义经济建设,参与维护社会治安活动。1991年,来宾县组织民兵学雷锋小组564个,小组成员有1754人,帮助群众做好事2475件,义务修路、修水利1345次,修理各种农机具13450台,为贫困户义务传授农业科技知识9560多人次,赠送种养技术资料6890份,10321名民兵义务参加挖坎9万多个,育苗200多万株,参加义务植树25700多亩。武宣县开展拥军优属、拥政爱民活动,被自治区人民政府评为“拥军优属先进县”。1994年,武宣县人武部与桐岭公社石岗大队桐岭村抓军民共建“文明村”,建立一个文化活动中心,修建一个图书阅览室。1996年,武宣县人武部组织280多个民兵帮工队,在春插和夏收夏种期间开展为军烈属服务活动,得到群众的赞扬。全县共建立了15个军民共建单位,军警民共建文明示范一条街;医院、车站、邮电等单位均挂有军人优先的标牌。1995—1996年,武宣县分别被自治区人民政府、广西军区评为“统筹优待先进县”、“先进征兵单位”及“广西市容南珠杯竞赛先进城市奖”。1998年,武宣县人武部及驻军与10个工厂、单位“结对子”开展军民共建文明单位活动。其中有6个单位获地区、自治区、国家的表彰,100%的“结对”单位被县人民政府树为“文明示范单位”。1999—2001年,武宣县人武部搞好拥政爱民工作,筹措资金16.5万元,与武警中队、公安局等单位,开展了军警民共建精神文明一条街(城北路)活动。1999年,武宣县人武部组织干部开展“爱心献功臣”活动,干部捐款1100元,衣服23套。

2000—2001年,来宾县人武部组织民兵参加农村精神文明建设,各乡、村民兵组织引导民兵参加创建农村文明示范“五村”(即科普文明示范村、文化文明示范村、计生文明示范村、卫生文明示范村、安全文明示范村)活动,县城各单位民兵参加开展文明单位(文明行业)创建活动,全县参加精神文明建设活动的民兵达15万多人。至2002年,广西陆军预备役步兵师第一团(简称步兵一团)、中国人民解放军76156部队、中国人民武装警察部队来宾中队和中国人民解放军来宾县人民武装部等驻境军事领导机关、部队先后与来宾县供电局、第三中学、电信局、邮政局、自来水厂、地方税务局、工商局、交通局等单位结成共建对子,开展军警民共建活动。

2005年,步兵一团先后与来宾县实验小学、城厢乡双马小学、来宾县卫生学校、来宾县财政局、环保局等30多个(所)学校和机关单位结成军民共建“对子”。步兵一团共派出200多人次为学校师生和机关干部职工上国防教育课30多节,听课群众3万余人次;组织共建单位师生、干部职工和地方有关人员到部队过军事日体验部队生活180天(次);邀请有关领导、专家到部队讲授国家经济和改革开放形势,共同探讨国企改革和人事制度改革等重大问题100多场(次);为共建单位军训8期,受训干部职工、师生16000多人次;与共建单位举行联欢文艺晚会20多场(次);与共建单位结合开展“学雷锋”活动,免费为群众看病、修车、理发、法律咨询,进行环保、税法等政策法律法规宣传,共为群众做好事2万多件;动员和帮助46名失学儿童重返校园;与交警部门、街道居委会共建警民一条街、军警民交通岗,积极开展争创“文明城市”“文明乡镇”“文明行业”宣传活动;重大节日与地方政府部门开展慰问军、残、烈属活动。2000年中国人民志愿军出国抗美援朝作战50周年纪念日,全团为驻地当年参加抗美援朝的志愿军战士捐款1384元,捐衣服、被子、胶鞋等物110多件(套、双)。1988年,步兵一团和来宾县实验小学双双被推荐为广西壮族自治区第六批文明单位和军民共建先进单位。

扶贫帮困 境内驻军和武警部队把扶贫帮困作为拥政爱民的重要内容,各驻军、武警部队根据驻地实际情况,积极参与地方扶贫工作,力所能及地做好扶贫帮困工作。

1986年以来,军分区、驻境部队和各县(市、区)人武部领导分别走访调查各县(市、区),制定扶贫帮困规划,做好扶贫帮困工作。1991年,金秀人武部分6批15人次到扶贫点上开展扶贫工作,挤出9000元资金为6家特困户购置猪娃、种苗,落实扶贫项目11个,部队所有干部都与点上贫困户结成帮扶对子。当年点上农民人均收入1637元,比上年翻了一番,跨过了温饱战,逐步走上致富道路。合山市最偏远的山村岭南镇里仰村勤俭屯,全屯40户,其中特困户8户,1997年人均收入不足500元,人均有粮仅210千克。1997年,合山市人武部把该屯作为扶贫点,把屯干部和党团员组织起来,到境内富裕的山村参观学习,聘请市农业科技人员到村屯讲授农业科学技术,让青年参加科技培训班,学到1~2门致富技能后回屯传授给其他村民。同时发动人武部干部职工捐资1.87万元支持该屯发展生产。至2003年,该屯种上甘蔗320亩,24户农家养殖山羊,42户农民脱贫,脱贫占全屯总户的89.4%。是年,合山市人武部先后帮助27名贫困学生完成学业,帮助13名失学儿童重返校园学习。1997年,预备役步兵一团(简称步兵一团),把兴宾区三五乡军屯村作为扶贫帮困点,团领导5次深入军屯村调查论证,协助村委会制定完善脱贫致富奔小康计划,先后3次邀请来宾县农科所专家到村里向村民讲授科学种养技术,购买100多套有关科学种养方面的书籍赠送给贫困户,鼓励他们依靠科学发家致富。同时与该村军屯希望小学的40余名贫困学生结成帮扶对子,帮助他们解决学习经济困难问题,先后帮助27名失学儿童重返校园。每年“六一”前夕,为学校捐款和捐赠学习用品。据不完全统计,步兵一团为了扶贫帮困点尽快脱贫致富共投入人力2000多人次,筹措扶贫资金45万元,其中投入资金20多万元,修建一座长80多米宽8米通水通车的双层渡桥和一条长2.5千米的乡村公路,给该村希望小学捐赠教学物资器材,折合人民币3万多元,捐助5万多元扶助46名贫困儿童上学。团首长徐祖安个人捐资2600元。当年,该村29户贫困户全部脱贫。此外,步兵一团为地方修建小学校2所,帮助60名失学儿童重返校园。1999年,步兵一团与来宾县水泥厂共同筹措5000元,为城厢乡定谷村退伍军人莫老汉建起一幢两室一厨一厕的砖瓦房,从此莫老汉彻底摆脱居住危房之苦。广西电视台、广西日报先后4次报道该团扶贫帮困事迹。2004年,步兵一团捐资5000元给军屯希望小学打水井,学校师生和军屯村民在井边立起一块石碑,上书:“吃水不忘挖井人,感谢亲人解放军”。兴宾区人武部官兵与特教学校14名特困小学生结为对子,每个干部帮扶1名学生,负责该学生的全年学费,帮扶干部经常走访学生,指导学生学习,捐赠学习用品给学生。2004年,76156部队利用部分干部捐资近10万元,同时投入大量人力、物力,在驻地北五乡其林村援建一所希望小学。此外,该部队医疗队还免费为当地群众诊病治疗300多人次。

维护社会治安 20世纪50年代初期,境内各县刚刚建立各级人民政权,国民党残余及土匪、特务不甘心失败,十分猖狂,大肆破坏,企图颠覆人民政权,人民政权及人民群众的生产生活面临严峻局势。为防止阶级敌人破坏,维护社会稳定。步兵一团结合驻地实际,积极配合公安部门维护社会治安。1958年6月1日—1960年2月底,来宾县人武部先后出动民兵近18万人次执行任务。其中参加侦破反动组织25起,捕获首要分子86人,缴获长短枪25支,子弹1844发,刺刀、手榴弹等武器一批。捕获逃犯42人,抓获各种刑事民事案犯164人,看守犯人186人,看守仓库216个,看守水库、电灌站284处,同时参加搜、缴敌特空投反动传单、物资等行动。

20世纪60年代初期,台湾国民党当局叫嚣“反攻大陆”,各种反动势力蠢蠢欲动,建立反革命组织,进行破坏活动,妄图颠覆人民政权。军分区、驻境部队和各县人武部积极配合公安机关,打击反革命力量。1962年,金秀人民武装部派出工作组,历时半年多,足迹遍布金秀、象州、武宣、桂平等地,与公安人员、民兵一起,破获反革命组织“广西第一指挥部”,抓捕李正光、李玉盈(后均被判死刑)等反革命组织成员共110多人。此外,还在六巷、大樟、金秀、忠良等地破获多个反革命组织。

1989年，根据上级指示精神，针对可能出现的突发事件，驻境部队制定了《关于应付突发事件的预案》。1996年，制定《防暴应付突发事件通信保障》。每年均对预案（方案）进行学习和修改，并落实各项保障措施，每年进行一次训练和演练，保证一旦有事，能够拉得出，用得上、起作用。

1994年，步兵第一团一营机枪连先后4次共90人次参加维护社会治安。同年4月，来宾县人民武装部根据上级命令，抽调人武、专职武装干部各3人，选拔115名民兵组建铁路护路民兵连，维护铁路运输安全。据不完全统计，1994—2002年，发现和制止盗货案件200多起，抓获盗窃铁路运输货物违法分子600多人，缴获砂枪、匕首等凶器6支（把），缴获大米、黄豆、白砂糖等货物1820多件，价值31万多元，排除路障5起。1996年，《解放军报》等多家媒体分别报道了铁路护路民兵的先进事迹。2001年，自治区社会治安综治委授予铁路护路民兵连为1998—2000年度铁路护路联防先进单位。

1996年后，步兵一团分别与来宾县治安联防大队、中国人民银行来宾县支行、中国农业银行来宾县支行、中国建设银行来宾县支行共同组建4支治安联防队，每逢节假日及重大活动组织联防队员到银行附近执勤，协助保安人员维护县城治安，出动官兵540人次执勤巡逻，协助公安部门抓获各种犯罪分子21人。

2001年，从严从重打击刑事犯罪（简称“严打”）活动在全国展开，步兵一团积极与来宾县交警大队、公安局取得联系，及时了解驻地“严打”进展情况，做好个别有前科的亲属、朋友投案自首等转化工作，2次协助县公安局维护公审大会会场秩序，得到驻地党委、政府和人民群众的好评。历年来，步兵一团从未发生过军警民纠纷，多次被自治区、柳州地区、来宾县评为先进单位。

2005年，军分区、驻境部队和各县（市、区）人武部，组织干部、民兵配合地方公安机关开展整顿铁路治安，整顿城乡治安，“严打”斗争和打击传销等社会治安综合治理活动。军分区积极组织民兵完成急难险重任务，出动民兵分队3000多人（次）参加驻地维护社会治安、稳定社会秩序工作。预备役团先后4次参加协助地方打击非法传销活动。

抢险救灾　驻境部队积极参加地方抢险救灾，帮助群众恢复生产重建家园。步兵第一团拟定《步兵第一团抢险救灾行动预案》，做到灾情一旦出现，即能迅速组织部队投入抢险，确保国家和人民群众生命财产不受损失或把损失降到最低限度。

1991年3月，来宾县部分乡镇遭受龙卷风袭击，步兵一团立即动员集结担架连投入抢险救灾，共转移受灾群众849人，修建房屋30余间，运送救灾物资近10吨。

在1994年、1996年和1998年，来宾县遭遇特大洪涝灾害，驻地预备役部队迅速组织官兵赶赴灾区投入抗洪抢险战斗，抢救人民群众生命财产。步兵一团先后出动车辆67台次，官兵2130人次抢险救灾。共组织转移被洪水围困的受灾群众56450人，抢运白糖等受灾物资1100多吨，抢修水库裂坝2处。特别是1998年6月19日—24日，清潭水库溢洪道被两侧山体滑坡压坏，水库多处出现险情。驻地预备役部队出动官兵630人次、车辆17台次、电台5部参加抗洪抢险，奋战8天，转移被困群众6450人，抢运物质16.5吨，放土炮20个，挖土方650方，装运沙袋12000个，打固定桩200根，加固堤坝1处。同时，县人民武装部组织1300多名民兵预备役官兵赶到清潭水库，连续奋战3天。26日，清潭水库堤坝被洪水冲塌缺口，部队领导立即率领干部赶到库区下游中团村，组织灾民转移，确保人、畜不受损失。灾后，步兵一团12名现役官兵主动为灾区捐款2870元，捐赠衣物114件，接待友军150人次，为友军和受灾群众提供住宿招待费4500多元，汽油3000升。在来宾县抢险救灾表彰大会中，团高机连被评为抗洪救灾先进单位，4名现役官兵、114名预备役官兵被评为抗洪救灾先进个人。

1994年6月24日，凤凰镇富尧水库发生洪灾，76156部队派出200多名官兵坚守1天2夜，保住水库大堤，确保人民群众生命财产和湘桂铁路安全。

1999年4月7日23时25分，来宾县水泥厂、城厢乡泗贯村岜山附近发生大面积山林火灾。步兵一团组织团机关现役、预任官兵和团直通信连共136人赶赴火场，和来宾县300多名武警官兵、森林警察、机关干部和当地群众一起奋战3个多小时，扑灭长1500米火龙4条，开辟长1750米防火隔离带8条，保住了近千亩林区和县水泥厂、学校、武装部武器库和岜山村人民群众生命财产。为此，广西陆军预备役步兵师给步兵一团通信连记集体三等功一次。

2000年2月26日，武宣县锰锌矿厂含有氰化钾剧毒的选矿污水池大坝发生崩塌，致使大坝下游150亩庄稼及120亩鱼塘遭受严重污染，沙安村2400多名群众和牲畜用水质量受到影响。步兵一团近200名官兵接到命令迅速赶赴灾区抢险救灾。救灾官兵采取了多种抢救措施仍无效果，最后大坝彻底崩塌。救灾官兵按照武宣县委、县政府要求，安全撤离。

同年9月2日16时15分，来宾县城厢乡泗贯村发生山林火灾，团首长张泽健亲自带领团机关全体现役官兵和团直工兵连共128人开赴现场，和当地干部群众一道扑打山火。经5个多小时奋力扑救，控制住了火势，保住了近千亩山林和军械仓库等重要物资。

2001年6月底7月初，南宁遭受中华人民共和国成立以来最大的洪涝灾害。7月5日，来宾县人民武装部组织建设局、供电局、交通局、体育局、八一矿、来宾镇、迁江镇、石陵镇等单位民兵预备役477人，奔赴南宁抗洪抢险第一线。7月6日，根据军区和师命令，步兵第一团快速集结一营部、一营一连、修理所、工兵连480人，动用大小车9辆，由团首长张泽健、兰锦富带队，开赴南宁雅里上坡抗洪抢险。经9天激战，步兵一团参战官兵安全护堤328米，固堤120米，装填土石方1093立方米，圆满完成了抗洪抢险任务，受到国家防汛抗旱总指挥部、自治区、广西军区和预备役师首长的高度赞扬。中共南宁市永新区委、南宁市永新区人民政府和中共南宁市委、南宁市人民政府分别赠给该团“战胜洪魔，尽显军威”和“御洪铁坝”锦旗各1面。步兵一团一营一连被广西军区表彰授予“抗洪抢险先进单位”，步兵一团首长兰锦富被广西军区表彰授予“抗洪抢险先进个人”，团首长张泽健获广西军区荣记三等功一次；步兵一团第一连、工兵连获广西陆军预备役步兵师荣记集体三等功各一次，步兵一团后勤处领导伍志强，一营预任副营长、来宾县来宾镇领导王重茂，装备处预任副处长、广西八一铁合金公司保卫处领导丁洪明等人获广西陆军预备役步兵师荣记三等功各一次。

2005年7月，步兵一团炮兵营营长钟昌带队到象州县参加抗洪抢险28天，出动车辆60多辆次、人员200多人次，顺利完成任务。

精神文明建设 1981年冬，驻境部队和各县人武部，通过思想发动，抓典型总结推广经验，共建活动开展顺利，成绩显著。1995年，中共来宾县委在农村开展“三星文明户”（小康文明户、致富文明户、爱国文明户）评比活动，全县参加农村“三星文明户”活动的民兵5.6万人，成为农村精神文明建设的主力军，评上“三星文明户”的农户中，民兵家庭户达5万余户。在参加创建“三星文明户”的同时，广大民兵积极参加所在村屯的文明村创建工作，在机关单位的青年民兵，参加窗口行业文明“十佳”活动，创建文明单位活动。1998年，县人武部组织民兵、预备役参加保护母亲河护土植树活动，义务植树6000多株，组织民兵到敬老院、福利院等场所开展学雷锋送温暖活动。全县参加文明创建活动的民兵预备役82363人，创建文明机关示范点10个，文明单位示范点2个，文明示范乡（镇）4个，文明示范村民委员会10个，文明示范村10个，小康文明户和五好家庭示范户各20户。

2000—2001年，来宾县人武部组织民兵参加农村精神文明建设活动，各乡、村民兵组织引导民兵参加创建农村文明示范“五村”（即科普文明示范村、文化文明示范村、计生文明示范村、卫生文明示范村、安全文明示范村）活动，县城各单位民兵参加开展文明单位（文明行业）创建活动，全县参加精神文明建设活动的民兵达15万多人。通过开展文明创建活动，促进了精神文明建设的开展。2000年，县人武部与县供电公司、县三中、电信局、邮电局、自来水公司、地方税务局、工商局等单位，开展军民共建活动。

2002—2005年，兴宾区人武部组织民兵参加地方“三个文明”建设，继续开展双拥共建活动，组织民兵500多名参加来宾市开展的“共建美好家园，同奔小康社会”爱国卫生运动和植树活动。坚持以培养“有理想、有道德、有文化、有纪律”（简称“四有”）新人为目标，以促进社会风气好转为已任，与兴宾区供电公司、兴宾区三中、电信局、自来水公司、地税务局、工商局、交通局等单位结成共建对子开展活动取得实效。参加创“文明单位”、“花园式单位”活动，为全区“三个文明”建设贡献力量。

至2005年，军分区、驻境部队和各县人武部共建军（警）民共建点250多个，文明村镇建设点800余个。

来宾建市后，军分区、驻境部队和各县（市、区）人武部从实际情况出发，发挥自己的优势，通过办好文化娱乐活动中心，青年民兵之家，帮助地方抓好共同理想、社会主义道德和法纪教育；宣传党的经济政策，树立商品生产观念，提供经济信息，进行人力支援，组织车辆运输，帮助群众脱贫致富；组织民兵开展学雷锋树新风活动，年均为群众办实事办好事1万余件；与学校挂钩，捐资50万余元，帮助地方建小学2所，帮助195名贫困学生解决经济困难完成学业，动员和扶助130名失学儿童重返校园。

第六节 退役军人安置

清代八旗、绿营兵实行世袭兵役制，把士兵之家列为军户，父死子继，兄终弟及，世代服兵役，士兵不退伍。鸦片战争后，列强入侵，八旗、绿营腐败，清政府裁汰绿营，提出退伍安置办法。清光绪三十年(1904年)前后，清政府制定退伍兵暂行办法章程，规定士兵退伍时"每名发给恩饷两个月"，同时发给"退伍凭照"，回家自谋生业。

民国时期，军阀割据，各自为政，实行募兵制，士兵退伍待遇不统一。民国22年(1933年)国民政府颁布兵役法，实行征兵制。由于政治腐败，盛行抓兵，不安置退伍兵。

中华人民共和国成立后，党和政府重视复员退伍军人、转业志愿兵、转业干部和军队离休退休干部的安置工作，"从哪里来，回哪里去，妥善安置，各得其所，安排就业，扶持生产"。来宾市成立后，积极稳妥地推进退役士兵安置改革，拓宽安置渠道，改进安置方式，落实军队离退休干部"两个待遇"(政治待遇和生活待遇)。

复退军人安置

从1950年开始，各县人民政府进行复员退伍军人接收安置工作。各县根据"妥善安置，各得其所"原则，对复员军人进行安置，对回农村务农的着重解决其住房、生产、生活等方面困难。1950年10月—12月，境内接收第一批复员军人211人。1958年，复员军人接收安置工作基本结束。

1950—1956年，境域共接收复退军人9673人，其中来宾县(含原迁江县、今合山市)2298人，石龙县(今武宣、象州县)4890人，忻城县2341人，金秀瑶族自治县144人。各县按相关政策，根据复退军人特长进行妥善安置。来宾县共安排担任社队干部465人，1833人回农村参加生产。石龙县安置在县内国家机关和国营企事业单位802人，调外县安排146人，回农村3942人。忻城县安置到党政、企业、卫生、商业、供销、粮食等部门工作451人，1890人回农村。金秀安排在国家机关41人，回农村103人。

1969年，境内各县根据"从哪里来，回哪里去"原则分别安置。其中，入伍前在国家机关、企事业单位工作的，退伍后给予复工复职。非农业人口入伍的退伍义务兵，退伍后由安置部门协商劳动部门，给其分配到国家机关、企事业单位工作。至1979年止，从农村接收退伍军人到国家企事业单位工作的占同期回乡退伍义务兵总人数30%左右。1979年，对越自卫反击战后，有一批战斗负伤战士退伍回乡，为解决负伤战士回乡生活、工作上的实际困难，1980年起，各县根据国务院、中央军委文件精神，对能坚持工作的自卫反击战负伤致残退伍军人，安排到全民所有制或县以上集体所有制单位工作。各县还根据自治区人民政府文件规定，对在自卫反击战期间二次入伍复返部队的退伍军人安排到县集体企业或社队企业工作。

1967—1979年，武宣县共接收复员退伍军人2357名，安排在国家机关企事业单位当干部144人，安置到国营、集体厂矿场当工人1641人(包括1970年、1972年落实政策，将原已回农村的95人收回当工人在内)，回农村667人。

1980年以后，国务院、中央军委规定，对退伍义务兵中二、三等农村残疾军人应与城镇退伍义务兵一样由国家安排工作。但由于国有企业逐步实行经济承包责任制，人员处于饱和状态，退伍军人安置工作遇到困难，不少地方退伍军人无法安置。为加快城镇退伍军人安置步伐，保证城镇退伍军人得到妥善安置，国务院制定了"按系统分配任务，包干安置"办法，明确规定安置城镇退伍军人不受劳动指标限制，先安置，后结算，扭转了安置工作被动局面，促进安置工作顺利开展。1987年12月，国务院颁布《退伍义务兵安置条例》对退伍义务兵各种具体对象的安置办法作了明确规定，为退伍安置工作提供了法律依据，使安置工作跨入了有法可依，依法办事的新阶段。

1980—1990年，今来宾市共接收复退军人11017人，安排到机关企事业单位工作2324人，占接收总数的21.09%，安排回农村8693人，占78.91%。其中，来宾县接收安置复退军人3952人，象州县2177人，忻城县2127人，武宣县2095人，金秀瑶族自治县211人，合山市455人。武宣县安置复退军人当干部232人，安置到国营企事业单位当工人167人，回农村1696人，回农村的1696人中，任村公所干部103人，任民兵营长、治保主任61人，任乡镇企业领导38人。金秀安置113人，其中推荐为国家合同制干部53人，乡、镇、村干部33人，国家合同制工人27人。

1991年以来，各县市强化安置措施，拓宽安置渠道，安置工作遵循"从哪里来，回哪里去"的原则，城镇义务兵、志愿兵、伤残军人由各县市人民政府安排工作，农村义务兵回农村务农，采取自谋职业和安置就业相结合，确保退伍军人安置任务的完成。是年，来宾县共接收退伍军人197人，符合安置条件的61人，由县人民政府安排到企事业单位工作，农村籍136人回原籍工作。

1994年，各县市把退役士兵安置纳入社会就业计划和“双拥”工作内容，实行政府指令安置为主的办法，把安置任务下达到各系统、各单位、实行包干安置。同时，开发军地两用人才，通过推荐到乡镇企事业单位等办法，拓宽安置渠道，提高开发使用率。是年，来宾县对149人具有专长的军地两用人才，开发使用126人，占接收两用人才总数85%。合山市军地两用人才44人全部开发利用。至1995年，境域接收军地两用人才开发使用率达74.3%。其中合山市接收军地两用人才44人，全中开发使用，开发使用率100%。

1996—1998年，各县市退伍安置工作坚持政府指令性分配任务，按系统包干安置的办法，发挥政府调控职能，较好完成退伍安置任务，对拖后腿和拒绝接收安置的单位进行经济、行政处罚。来宾县长陈平3次召开安置小组会议和用人单位领导会议，实行按系统分配任务，包干安置。同时实行安置任务有偿转移办法，对特殊原因未能完成政府下达安置指标任务单位，要坚持“不接人就拿钱”原则，按每个安置指标交纳3万~5万元有偿转移金，从1999—2002年，来宾县共收取安置有偿转移金66万元，为鼓励退役士兵自谋职业提供可靠经费保证。对拒绝接收或不完成接收任务，又不出钱的单位，要按有关安置政策追究领导责任，并按有关法律法规予以处罚。强调在安置过程中，确保转业士官、立功受奖人员，因战因公伤残的退役义务兵优先安置，对驻藏、驻港、参加抗洪抢险等退役士兵给予照顾。忻城县共接收复退军人292人59人得到安置。农村退伍军人军地两用人才198人中有168人得到开发利用。1999年，来宾县有2名自谋职业的退役士兵，共领取6万元的经济补助金，实现该县退役士兵自谋职业“零”的突破。1999年，来宾县被评为自治区“先进退伍军人和军队离退休干部安置领导小组办公室”。1999年和2000年分别获柳州地区奖给城镇退役士兵安置工作一等奖及特等奖，分管优抚安置工作的黄月爱获得自治区先进个人。

2000年后，各县市积极推行城镇退役士兵自谋职业改革，为鼓励城镇退役士兵、转业士官自谋职业，制定有关自谋职业的政策和配套措施，加大政策宣传力度，做好跟踪服务，对退役士兵进行思想政治工作，使退役士兵坚定自谋职业信心。许多农村退役士兵自找出路，到广东等经济发达地区或柳州等工业重镇打工，自谋生活出路。是年，来宾县接收安置退伍军人383人，对符合安置政策城镇退伍士兵84人进行安置，有5名城镇退役士兵自谋职业，领取经济补助费共6万元。安置转业士官13名。开发利用农村籍军地两用人才65人。忻城县接收安置退伍军人161人，对城镇39人、立功7人及伤残农村退伍军人2人共48人予以安置，对农村义务兵中军地两用人才93人，开发利用81人。2001年，忻城县接收安置退伍军人150人，对符合政策安置的城镇退伍军人29人予以安置，对农村义务兵中的军地两用人才115人，全部开发利用。来宾县接收安置退伍军人263人，对符合政策安置的城镇籍49人进行安置，其中有15名城镇退役士兵自愿申请自谋职业，领取经济补助费总额为27.9万元，在安置形式和方式上开创了一条行之有效的路子。共安置士官5人，对回农村的75名军地两用人才进行开发利用65名。

2002年，境域接收安置退役士兵、复员干部737人。其中：合山市67人、象州县117人、武宣县124人、来宾县275人（有7名城镇退役士兵自谋职业，共领取安置补偿金14.5万元），金秀瑶族自治县43人、忻城县111人。境域共安置转业、复员士官148人。其中：合山市1人、象州县11人、武宣县24人、来宾县57人、金秀瑶族自治县16人、忻城县39人。

2003年，来宾市接收2002年冬季退役士兵746人。其中回农村安置615人，回城镇安置131人。全市拨出78.2万元退役士兵自谋职业一次性补助金，安排10万元给131名城镇退役士兵待分配期间作生活补助费，分别比2002年增加22.5万元和9万元。

2004年，全市共接收退役士兵895人，其中回农村安置735人，回城镇安置160人。城镇退役士兵自谋职业97人，自谋职业率60.6%，比2003年提高25.5个百分点。武宣县和兴宾区自谋职业率分别达到95.5%和85.5%。全市财政共安排城镇退役士兵自谋职业一次性安置补助经费161.63万元，待分配期间生活补助经费13.19万元，分别比2003年增加106.7%和32.6%。开发使用是年回农村退伍军地两用人才423名，开发率89.6%。来宾市民政局退伍军人和军队离退休干部安置办公室（简称“军安办”，下同。）和武宣县民政局军安办分别被评为“全区先进军安办”；黄宏才、蓝兴海、黎仁强3人被评为全区先进军安工作者；黄月爱、覃春英2人被评为“全区先进军休工作者”；黄苦刻被评为“全区先进军休干部”。

2005年，来宾市共接收安置退役士兵694人，其中回农村安置550人，回城镇安置144人。城镇退役士兵自谋职业99名，自谋职业率68.8%，比2004年提高了8.2个百分点。其中金秀和武宣、兴宾3个县(区)自谋职业率分别达100%和90%。全市财政共安排城镇退役士兵自谋职业一次性安置补助经费167.65万元，待分配期间生活补助经费14.30万元，分别比2004年加增3.8%和8.4%。开发使用当年度回农村退伍军人军地两用人才375名，开发使用率91.2%。

军队离退休干部安置

1980年以前，军队离退休干部安置和管理工作，由军队负责。1980年始由民政部门零星地安置回原籍。1984年后，部分军队离退休干部安置工作移交至地方民政部门负责。至2005年底，来宾市民政部门共接收安置军队离退休人员20名。

离休干部　1984年12月后，民政部门接收安置对象，包括符合离休条件的解放战争时期入伍(含参加地方革命工作，下同)的团职或行政十五级以下和相当职务(职称)级别的干部，以及抗日战争时期入伍的营职或行政十九级和相当职务(职称)级别的干部。1986年，因县(市)人民武装部改归地方建制，原属县(市)人民武装部管理，符合离休条件的抗日战争和解放战争时期入伍，已确定自建、自购、自己维修住房安置的师职(含)以下离休干部，亦移交至地方民政部门管理。

退休干部　军队现役干部，男年满55周岁，女年满50周岁，或因战、因公致残，积劳成疾，基本丧失工作能力，经军队批准退休的军队干部，均由民政部门接收安置。落实政策改办退休的原军队干部、军队干部中原错划的“右派分子”“右派机会主义分子”以及在部队被错误处理离休的军队干部和军队列入国家劳动计划的编内和编外固定职工，问题平反纠正后，一律不再收回军队，其中符合退休条件的，民政部门按规定程序办理接收安置手续。

退休志愿兵　1983年后，志愿兵因战因公致残、积劳成疾，由部队医院出具证明，并经师级以上卫生部门鉴定确认，基本丧失劳动能力的，或年满55周岁的退休人员，由本人原籍或直系亲属居住地县(市)民政部门接收安置。

安置情况　中华人民共和国成立初期，军队离休退休干部安置和管理工作，由军队本身负责。1980年，按柳州地区民政局关于军队离退休干部管理要求，境域各县民政局协助地区民政局军队离退休干部管理科做好接收安置军队离退休干部工作。1983年，境内各级民政部门只零星地安置军队离退休干部9人，其中营职干部2人，连职干部5人，排职干部2人。1984年，广西分三批下达军队离退休干部安置任务。1985年，军队离退休干部移交地方后，基本政治待遇不变，生活待遇略为从优，军队退休干部享受地方同职级退休干部的待遇，享受国务院和有关部门以及安置点政府规定的各种优待。1980—1995年，境域民政部门共接收安置军队离退休干部12人。其中副师职1人，正团职2人，副团职6人，正营、副营、正连职各1人。来宾县于1984年在县城柳来路建立来宾县军休站，安置5户6名军队离退休干部，军休站内设立服务站、文娱活动室等，配专车1辆，配备2名专职管理人员，负责照顾离退休军队干部日常生活。其余人员分散安置在各县县城，自建住房或购买住房。建房经费按照国家规定的军队离、退休干部应享受住房建筑面积标准给予补助。

2005年末，来宾市军休所有职工2人，资产合计5万元，固定资产5万元，净资产合计5万元，收入3.6万元(主要是财政补助收入)，支出合计3.6万元，军休所供养的军休干部户数5户5人，年末代发离退休金13.3万元。

第四章　灾害救济　社会救助

来宾市境内自然灾害频发。干旱、洪涝、台风、冰雹、雷电、地震、低温、冰冻等灾害时常发生。唐朝至民国发生特大旱灾65次；宋朝至民国发生特大洪灾62次；清乾隆以来发生大风灾害16次；明弘治以来发生重大冰雹灾害34次。

中华人民共和国成立前，社会动乱，历代统治阶级为缓和社会矛盾，巩固其统治，在发生较大自然灾害时，会采取一些救济措施，但多是杯水车薪，百姓受惠甚微，人间悲剧时有发生。

中华人民共和国成立后，每逢大灾，各级党委、政府领导亲临第一线指挥抢险救灾。人民解放军是抢险救灾主力军，民政、粮食、物资、交通、卫生等有关职能部门全力配合，抢险救灾工作顺利进行，灾民平安度过灾荒。

第一节 灾害救济

自然灾害救助

历代统治阶级极少关心人民疾苦，发生大的灾情时，官府或官员偶有救济，但大多微不足道，历史记载的官府救济或减免赋税以及社会捐助仅有几次。

明崇祯十四年（1641年），忻城大旱，百姓饿死者众多，朝廷只减免地税，不开仓赈民，粮价奇高，灾民卖儿卖女，以度饥荒。

清乾隆二十八年（1763年）七月，原属象州县樟村瑶山发大水，知州陆蔼吉详报巡抚冯钤亲勘发帑赈恤。

清光绪十四年（1888年）、二十年、二十六年和二十八年，忻城、来宾先后发生水、旱、虫灾。省政府令各地实施急赈，以救急死。忻城土司官置之不理，灾民背井离乡者不知其数。二十年和二十六年，来宾大旱，广东九善堂运米至散赈，知县李景骧发义巷谷平粜。

民国时期，市境内多次遭遇洪灾、旱灾和虫灾，农民断粮，饿死者众。省、县及社会团体、人士施以救济。民国20年（1931年），来宾七区（南泗）十四区（桥巩）水灾，地方人士赈济白米50担。民国25年，迁江大旱，粮食歉收，灾民卖女童30余人，西武村有27户逃荒。县开放各级农包；省府两次拨急赈和平粜。忻城县遭灾，省府发放救济款450万元（国币，下同），粮食7.6万千克，药品折现金56万元，减免征粮任务45.65万千克，黎民开荒耕种全免征农业税。民国27—28年，省外难民流入忻城县境1.48万人，县内逃难进山区约5600人。省府拨救济款4500万元，粮食18.5万千克救济灾民。民国28年，武宣县政府成立“赈济委员会”，专管救灾赈济工作，当年发放赈济款798元。民国29年，广西省赈济委员会拨给迁江县3006元，来宾县95元机关难民救济费；拨给迁江县4335元，来宾县220元机关空袭救济费；拨给来宾县应急救济款95元。民国30年和32年，每年拨给迁江县2000元救济准备基金；民国30年，有拨给来宾县2727元救济准备基金；民国32年有拨给来宾县5000元救济准备基金。民国34年2月—35年，迁江县政府发放救济物资款500万元，粮食2.4万千克。民国31年，来宾县、武宣县大旱，地方政府有发放赈济款18535元。民国35年2月，象州县政府成立社会救济事业协会，有在行政院善后救济总署广西分署领取救济面粉、食米、衣物及营养品、牛奶罐头、肥田粉（化肥）等物资分发给灾民。4月，武宣县旱灾严重，13.66万人受灾，省政府下拨救济款200万元和一批物资救济灾民。救济总署广西分署配给忻城县救济面粉2万千克，大米3万千克，救济灾民20517人。民国36年7月，忻城县石龙乡受冰雹风灾，省政府下拨救济款50万元，由县救济会拨至该乡赈济灾民。省政府救济武宣县农业犁200副，化肥200吨。

中华人民共和国成立后，境内各县人民政府加大救灾力度。1950年春，忻城县政府发放农贷粮和救济粮10.95万千克给缺粮户，解决灾民口粮，促进春耕生产。1951年春，忻城县先后4次发放救济大米共11.98万千克，救助灾民21765人；发放社会事业款1.05亿元（旧版人民币），救济军烈属和特困户购买耕牛。12月20日，迁江县拨给北泗区救灾粮7000千克。1952年7月，金秀罗香区遭洪灾，县人民政府发放救济粮2万千克。1953年7月，省人民政府拨给忻城县2.5万元专款支持革命根据地恢复和发展生产，同时发放580套衣服，250床棉被，320床蚊帐，1.18万元房屋维修费救助灾民。1954年夏，来宾县旱害严重。政府共发放救济款60431.58万元（旧版人民币），棉衣1040件，棉胎40床救济灾民。同时组织灾民生产自救，有烧石灰、烧瓦、伐枕木的，有到合山煤矿、白山采石场做工的，解决就业和生活问题。1955年春，来宾县大旱，灾情严重，县成立生产救灾委员会，派工作组到灾区，开展救灾工作。9月9日，来宾县成立防疫度荒委员会，免费治疗灾区流行病人，同时发放救灾款46820元，拨出7.5万千克大米和1.5万千克小麦，帮助病患者渡过难关。

1962年2月—1963年9月，境内发生特大旱灾，各县成立救灾领导小组，各行各业大力支援灾区，开展抗旱救灾工作。来宾县供销部门改变商品供应办法，优先调拨农业生产资料，调进化肥188万千克，县财政拨给12万元救灾款。民政部门发放救灾款99.23万元，银行发给各种贷款313.3万元，政府无偿投资2.8万元帮助灾民购买种子、化肥、农具等生产资料。粮食部门安排农民生活统销粮1800万千克，农业部门留种305万千克，物资部门供应农村木材3152立方米，钢材8.1万千克，水泥18.5万千克，帮助灾区。来宾县30多万人投入抗旱，动用了2851架水车，6694个戽斗，1.96万对水桶。青岭区三联公社800多名女民兵，足迹遍及16张山塘、18座水库，挽救了3200亩玉米和680亩早稻。辛勤付出换来好收成，大旱之年取得大丰收，早稻总产量30万千克，比1962年增加1.62万千克，增长63.8%。象州县发动8460人开展副业生产，收入现金44.86万元。全县发放救灾款33.62万元，有36435户135327人得到政府的救济。发放各种贷款102.6万元，无偿扶助贫困生产队6.14万元，21650户72173人得到政府援助。武宣县共拨出18.8万元经费作为抗旱专用款，拨出6万多元扶持贫困生产队恢复生产，减免1311个重灾生产队农业谷3472.5吨，发放救济统销粮247.2吨，生活救济款45.58万元。金秀瑶族自治县除了发放救济款、少数民族特别补助费、生产生活补助费共31.4万元，减免农业税指标2.8万千克外，上级还增发特别补助费7万元，发放养猪贷款2.5万元。

1971年5月—8月，武宣县暴雨成灾，民政、金融部门及时发放生产救灾款13万多元。1974年7月，象州县山洪暴发，水晶、桐木、大乐等11公社受灾，县政府拨款7.7万元支援灾区。1975年2月3日，象州县运江、水晶、桐木等公社遭到冰雹袭击，县委组成3个救灾小组深入灾区慰问、组织生产自救，并拨款7500元帮助灾民修复房屋18100间。1976年7月上旬，象州县4公社389个生产队受洪水灾害，县政府拨救灾款6.7万元帮助灾民恢复生产。1985年5月大暴雨，象州县人民政府拨给灾区240吨化肥；自治区机关捐赠衣服2271件，裤子1986条，其他物品500多件，救助灾民1562户2976人。

1980—1990年，武宣县共发放救灾款427.6万元，救灾粮20311.6吨。1982—1990年，合山市境内发生较大的水、旱、风等灾害共15次，市人民政府给马安、洛满大队（村公所）等地灾民发放救灾粮72.53万千克，救灾款72.27万元，修复损毁民房25间，医治病人2112名。市保险公司给房屋倒塌的11户投保农民发放赔付、救济款共5000元。

1987年3月，金秀瑶族自治县忠良、金秀2个乡镇遭受罕见冰雹袭击，县委、县政府领导立即深入基层了解灾情、慰问灾民，迅速筹款11万元支援灾区，调动20多辆汽车抢运救灾物资，帮助灾民战胜灾害。

1988年8月21日—9月3日，境内继上半年大旱后又遭受特大洪水灾害。粮食减产263.72万千克，油料减产4.3万千克。112.31万人缺粮74.6万千克。灾后，各县市共有86491户392245人得到国家救济。来宾县拨救灾款45.9万元、救济款25.8万元、救灾粮495.5万千克、蚊帐600床、衣裳500套、棉被400床救援灾民。民政部门全年共发农村社会救济款379.5万元，自然灾害救济款9.96万元，灾区冬令穿着救济款4.5万元，衣服4200套，蚊帐1200床，灾民损毁房屋修房救济款8.74万元。银行发放贷款25.6万元，粮食部门给12.29万户68.15万人发放粮食供应证，其中有3929户23654人购粮8.42万千克。同时发放救灾粮85.23万千克，4768户79995人受益。民政部门给予24.04万人次口粮救济，共拨救济款116.4万元，买回粮食150.16万千克；发放冬季穿着救济费55.45万元，救济灾民4807人次。1990年3月，来宾市部分乡（镇）遭龙卷风、雹袭击，灾情严重。来宾县有关部门人员赶赴灾区，发放救济衣服250套，油毛毡1190捆，价值26542元；面条500千克，食盐2500千克，价值3003元；发放竹垫、铁钉、铁线、马钉等物资，价值1089.10元；支出遇难者火化及缮后处理费用计5556.90元；发放179户1146人口粮救济款5000元，拨损毁房屋修房费2.2万元；为灾民购买耕牛2头，价值8514.22元，玉米种920千克，价值71052.80元。此外，还将各单位和个人捐献的978件衣物、3486.5千克大米、750千克面条、1746.5千克粮票及时送到灾民手中。同时组织258人的民兵应急分队帮助灾民重建家园，拆迁危房校舍（4间），修理受损民房（5栋）。

1994年6月13日—8月7日，境内遭受特大洪水灾害。147628户590515人缺粮，865768人次得到国家救济。当年，武宣县投入救灾资金320多万元、发放救灾粮食360吨，23200人次获得救助。来宾县干部、职工、群众为灾区人民捐款170万元（不含教育系统），衣物27万件。忻城县共收到捐款51.93万元，收到捐赠衣物、粮食等折合人民币121万元，全部发放到灾民手中。

1996年7月，来宾县有14个乡镇遭受水灾。来宾县共投入救灾经费1233万元，安排灾民生产生活和水毁民房重建，其中，上级下拨救灾资金1032万元，地方财政安排81万元，社会捐款120万元。武宣县发放救灾粮320吨、救济款190万元，11500人次得到救助。

1997年7月初，来宾、武宣连降大雨，导致内涝。来宾县投入救灾款74.9万元，救济灾民1.85万人次。政府投入9.7万元、群众自筹129.5万元重建灾区水毁民房。武宣县全年发放救济粮210吨、救灾款70万元，帮助灾民8900人次。

1998年5月，境内连降暴雨，发生洪涝灾害。来宾县4.5万人次投入抢险救灾，动用车辆150辆次、麻袋7万多条，调拨168万千克粮食和54万元救灾款，为2368户灾民修建简易住棚。6月20日，清潭水库多处出现险情。来宾县2000多人参加抢险，动用车辆上百辆次、麻袋编织袋4.5万条、资金10.5万元。6月27日，自治区领导李兆焯及有关部门领导到来宾县考察灾情，指导抗洪救灾工作。来宾县民政局给22个乡镇2506户13722人发放救灾大米1514.5万千克，面条264.5万千克，衣物3058件、蚊帐68床，救灾款13.72万元。28日，来宾县直机关单位干部职工捐资41万元赈灾。县财政投入125万元，群众自筹2709.8万元为2368户12076名灾民解决住房问题。灾后，自治区和来宾县拨出专款581.9万元维修被洪水毁坏的清潭水库防洪道。

同年，武宣县累计发放救济粮210吨，救灾款60万元，帮助灾民8820人次。忻城县全县发放救灾款185万元，救济款31.7万元，救济灾民9285人。同时共收到捐赠款50.95万元，物资总折款66.13万元，上级拨给水毁民房重建补助资金500万元。

1999年12月21日—25日，来宾、武宣、象州县遭受近20年罕见的霜冻灾害。来宾县政府在财政十分困难的情况下拨出300万元救灾经费，引进甘蔗良种和开发冬菜种植，弥补灾害造成的损失。武宣县全年累计发放救济粮1260吨、救灾款419万元，帮助灾民15.96万人次。

1999年后，境内每年均遭洪涝灾害，生产生活受到影响。各县市区出台《特大洪涝灾害救灾应急预案》，确保大灾之后救灾工作顺利开展。

2002年19日和20日，受第14号“黄蜂”热带风暴的影响，武宣县发生洪涝灾害。灾后，该县全年累计发放救济粮185吨、救灾款60万元，帮助灾民8300人次。

2003年，来宾市74个乡镇遭受泥石流、山体断裂、低温霜冻、风雹、洪涝、干旱等自然灾害。灾后，来宾市投入救灾救济资金1015万元，救济粮3552吨，救济衣服、被子30万件(床)，救济灾民21万人次；中央、自治区下拨救灾救济款955万元，接受社会捐赠款115万元、衣被29万件(床)；地方财政救助款151万元，其中，市本级财政30万元，合山市4万元，象州县17万元，金秀瑶族自治县10万元，忻城县20万元，兴宾区50万元，武宣县20万元；重建民房848户1371间。投入地质灾害防治资金129.5万元，治理滑坡、泥石流等地质灾害面积9000公顷，成功预报地质灾害20起，避免185人伤亡，减少直接经济损失263万元。发放低保金78.18万元，给农村特困户发放救助金320万元，发放优抚对象抚恤金452.7万元。武宣县全年累计发放救济粮220吨、救灾款60万元，救助灾民11.81万人次。

2005年特大洪涝灾害发生，市民政局长曹远林(右一)率民政干部投身抗洪抢险第一线

2004年7月19日，来宾市普降大雨或暴雨，兴宾区大湾、陶邓、高安、良江等20个乡镇均遭受洪涝灾害，受灾人口12.99万人。来宾市下拨117.15万元救灾款，帮助1204户灾民重建住房2294间。全市累计发放救灾救济款955.4万元，救济粮304.5吨，10.41万灾民和困难群众得到救助。武宣县全年累计发放救济粮210吨、救灾款99万元，救助灾民7600人次。

2005年，来宾市遭受“6·20”特大洪涝灾害。全市共投入救灾资金4184万元，给灾民搭建帐篷、简易住房安排灾民居住3.8万多人，发放救济粮1272吨，衣物225万多件，蚊帐13697床，救济灾民20万多人。市各级民政部门支出救济经费738万元，发放救济粮1886吨，衣服34万件，棉被7.8万床，蚊帐3000床，有35.65万人次得到政府的救济。

表24-7 1980—1987年来宾市贫困户救济情况

县别	统计/年份	棉衣(件)	单衣(件)	秋衣(件)	卫生衣(件)	棉胎(床)	被单(床)	蚊帐(床)	其他	棉布(市斤)	棉花(市斤)
象州	1980—1990	3573	16714	46	0	2068	1473	178	256	98700	1400
武宣	1979—1985	4676	34464	0	4880	4087	4101	491	0	0	0
来宾	1951—1987	15982	50993	0	0	6568	6568	48	0	3797500	80800
金秀	1952—1987	14400	18600	0	4500	7000	7000	0	0	0	0
合计		38631	120771	46	9380	19723	19142	717	256	3896200	82200

表 24-8 1984—2005 年来宾市各县(市、区)政府安排自然灾害救济资金统计表

单位:万元

年度\单位\金额	合计	兴宾	象州	武宣	忻城	金秀	合山
1984	50.81	12.71	2.04	15.06	18.00	2.16	0.84
1985	309.84	69.11	28.02	87.50	75.51	25.49	24.21
1986	247.28	77.74	24.07	73.00	44.64	20.19	7.64
1987	229.06	69.20	28.47	65.97	31.06	21.38	13.00
1988	280.23	99.61	32.90	97.02	31.11	3.46	16.08
1989	357.69	115.80	48.00	59.89	91.53	18.81	23.66
1990	241.01	69.25	32.41	60.10	35.00	21.86	22.59
1991	231.51	52.98	33.50	50.51	70.22	15.89	8.50
1992	239.50	58.60	38.50	50.00	64.10	14.90	13.40
1993	307.00	47.40	27.50	87.50	103.40	19.30	21.90
1994	1411.00	373.00	248.00	247.00	315.00	154.90	73.10
1995	723.60	151.60	135.00	111.00	186.00	140.00	65.00
1996	1024.60	208.60	245.00	238.00	208.00	125.00	83.00
1997	521.70	122.50	59.10	84.00	134.90	78.80	42.40
1998	809.00	246.80	164.50	180.00	162.30	33.40	22.00
1999	401.81	118.93	84.54	67.00	90.70	33.17	7.90
2000	291.98	61.84	42.76	75.43	65.69	30.09	16.17
2001	613.40	134.80	88.80	168.10	94.40	85.30	42.00
2002	607.48	150.37	89.40	154.48	122.00	67.70	23.53
2003	217.50	40.00	15.10	35.00	60.00	35.00	32.50
2004	1183.10	288.00	215.00	155.00	200.00	238.00	87.10
2005	3082.55	412.55	2301.00	195.00	71.00	65.00	38.00

灾区重建

中华人民共和国成立后,人民政府极为重视灾后重建工作。每当发生自然灾害,各级政府第一时间组织干部和群众开展生产自救,确保受灾群众有饭吃、有衣穿、有房住,不发生大病、大疫。

1954 年,来宾、象州、武宣、忻城等地遭遇水灾、旱灾,各县人民政府在发放救济款粮解决困难的同时,发动群众种植旱熟作物,开展副业生产,进行生产自救,重建家园。

1963 年,境内遭遇百年不遇的特大旱灾。自治区领导覃应机亲临武宣县禄新乡和县区领导一起深入灾区第一线指挥抗旱救灾。各县拨出抗灾专用款,帮助灾区恢复生产。1966 年,境内大旱。来宾县委专门召开救灾工作会议,动员 3.5 万人抗旱救灾。

1988 年,境内遭特大洪水灾害,房屋倒塌 1545 间,损坏 2131 间。灾害后,各县委、县人民政府组织干部群众抗灾救灾,帮助灾民恢复生产,重建家园。来宾县领导带领县直部、委、办、局领导共 120 多人,

1994 年来宾县大湾乡陈国威新村奠基典礼,图为柳州地区行署黄业初副专员及该县四家班子领导参加奠基典礼大会会场 (摄于 1994 年)

1994年8月国威新村奠基仪式（摄于1994年）

组成11个抢险救灾工作组，赶赴灾区和灾民一起奋力抢险救灾。

1994年，境内遭受百年未遇的特大洪涝灾害，农作物损失惨重外，大量的民房倒塌损毁，灾区重建任务繁重。来宾县自筹资金105万元，争取上级拨付救灾款373万元，来宾全县干部、职工、群众为灾区人民捐款170万元（不含教育系统），衣物27万件。其中，来宾县政府出资70万元，香港商人陈国威先生（祖籍大湾乡）捐助30万元，干部、群众无偿投工投劳，用52天时间，为60户被洪水毁房的灾民建成“国威新村”。

武宣县人民政府多方筹集资金，为灾民建成蔗木新村。象州县为灾民建成为民新村。各县（市）按上级要求，于1995年春节前，为所有受灾无房的灾民建好新房。

1998年6月，境内洪灾，造成危房8791间，房屋倒塌7078间。期间，三五乡榜山村民委员会红岩村背石山崩塌，有一直径为10米的大石头滚下砸毁民房11间，压死5人，伤1人，压死中猪5头，耕牛1头。6月28日，自治区领导李兆焯到来宾了解灾情，指导抗灾救灾工作。县直机关单位、干部、职工捐资41万元赈灾。来宾县发放水毁房屋修建款74万元。同时筹资108万元建红岩新村，当年建成，全村灾民喜迁新居。

2003年，来宾市有74个乡镇遭受泥石流、山体滑坡、低温霜冻、风雹、洪涝、干旱等自然灾害，全市投入救灾救济资金1015万元，争取中央、自治区下拨救灾救济款955万元，接受社会捐赠款115万元，地方财政拨款151万元，为848户灾民重建住房1371间。投入地质灾害防治专项资金129.5万元，治理滑坡、泥石流等地质灾害，整治面积9000公顷。

2004年7月19日，来宾境内遭受洪涝灾害，致多处民房损毁倒塌。来宾市及时做好灾区水毁民房的重建工作，总计下拨117.15万元救灾款，帮助1204户灾民重建住房2294间。

2005年，来宾市遭受了“6·20”特大洪涝灾害，全市6个县（市、区）的74个乡镇有66个乡镇740个村委会109万人受灾。市委、市人民政府立即启动《自然灾害应急预案》，组织力量，在第一时间核实灾情，转移灾区灾民，发放救灾物资，搭建帐篷，安排3.8万多灾民居住。自治区领导曹伯纯、刘奇葆亲临抗洪救灾第一线指挥抗洪救灾斗争。灾区群众人心安定，社会稳定。灾后，市委、市政府立即开展恢复生产、重建家园工作，把水毁民房重建作为救灾工作的重中之重，同时结合社会主义新农村建设灾民新村，使全市水毁民房恢复重建工作扎实、稳步推进。7月15日，市人民政府出台《来宾市灾民倒房恢复重建工作方案》。要求2005年底前，要为受灾倒房的群众至少建成一间30平方米新房（五保户为20平方米），并顺利入住，安全过冬。为确保灾民在2006年元旦前能入住新屋，市各级民政部门集中财力重建水毁民房，采取向上级民政部门申请一点，地方财政解决一点，灾民自筹一点的办法筹集建房资

2005年7月3日，百色市向来宾市灾区捐赠救灾物资

象州县百丈乡灾民新村建设现场（摄于2005年）

金，组织灾民开展重建工作。自治区在财政在十分紧张的情况下，多方筹集资金，按五保户、特困户每户5000元，困难户每户2000元，一般农户每户800元给予补助。市、县两级财政按照自治区建房补助标准，给予倒房重建灾民建房补助，有的县（市、区）采取奖励政策（奖励资金1000~2000元不等），激励灾民加快建房进度。自治区于7月18日和12月1日两次在象州县召开全区灾后重建和恢复生产工作现场会，总结和推广该县寺村镇的龙头村、罗秀镇的纳绿村、礼教村等3个灾民新村的建设经验。截至12月底，全市动工建房15513户49644间，其中动工兴建完全倒房8219户3044间，动工率100%，竣工8219户30445间，竣工率100%，入住7600户，入住率92.47%。动工兴建灾民新村45个1350户。在水毁民房重建工作中，全市共投入建房资金2.13亿元，其中灾民自筹投入1.67亿元（含银行贷款2291万元），县级财政投入1133.78万元，市财政投入548.4万元，国家补助2961万元。

当年水毁民房恢复重建，象州、金秀两县把连片倒塌的村庄按照社会主义新农村的要求进行重建。其中：象州建新村21个，金秀建新村4个。象州县中平镇大淮村、百丈乡平安村、罗秀镇菜厂村、纳禄村、寺村镇龙头村5个灾民新村建设列为自治区灾民重建新村试点。

第二节　农村社会救助

民国时期，社会救助大都由民间办理。如建义仓以备荒，设善堂、会馆、红十字会等以施粥、施药、施棺救济灾民。

中华人民共和国成立后，社会救助以政府发放救济款扶助贫困人口及灾民发展生产为主，以生活费救助为辅。农村社会救助对象主要是无依无靠孤老残幼、家庭人口多、主要劳动力长期患病农户，特别是五保户和特困户。

中共十一届三中全会后，实行家庭联产承包责任制，集体已无力再对贫困居民进行补助。各级民政部门对有一定劳动能力和生产条件的贫困户进行帮扶，治穷致富。对农村中的五保户采取集中收养和分散供养两种方式救助。

农村五保户供养

据史料记载，清乾隆元年（1736年），象州建有养济院，收养孤寡老人。清乾隆四年，知州祖承佑于南门外建瓦房6间，设收养孤贫额6名，每年给米20石6斗及冬衣银3两。清乾隆十七年，知州郭芝、吏目丁泰捐俸重修。道光末年，兵乱烧毁无存。民国恢复，以10名为限，由地方财政按月提支孤贫口粮款5元4角，按名分派。

中华人民共和国成立初期至1956年农村合作化前，境内各地农村中的鳏寡孤独、残老孤幼者的生活安排，主要是采取群众互助和政府救助相结合的办法解决。

1956年农业合作化后，农村丧失劳动能力、无依无靠、无生活来源的老、弱、病、残和孤儿，经群众评定后由集体给予保吃、保穿、保烧、保教（孤幼）、保葬，后改保吃、保住、保穿、保医、保葬（孤儿保教）（简称“五保”）。是年，石龙县评定为“五保”的有1191人，其中孤老954人，孤儿237人。“五保”供养形式有两种：一是完全丧失劳动能力，按当地一般社员生活水平，由集体供给粮食、食油和零用钱；二是有轻微劳动能力，但劳动工分收入不达一般社员生活标准的，由集体给予补足。

1958年，农村实现人民公社化后，境内部分条件较好的人民公社建立敬老（幸福）院，对五保户集中供养，除能送入敬老院的五保户外，其余由原生产队分散供养。分散供养的五保户，在生活方面，同其他社员一样，实行吃饭不要钱的粮食供给制，保证他们的生活能达到当地一般社员的生活水平。是年，石龙县各人民公社共建有“五保”生产幸福院11处，接收251位孤老集中供养，其余未入院老人分散供养。至1959年，石龙县全县办敬老院29所，入院老人186人。合山市办敬老院2所，入院25人。1962年敬老院解散，入院老人回归原生产队分散供养。

1962年后，境内贯彻执行自治区民政厅制订的《农村人民公社五保户、困难户供给补助试行办法（草案）》，境内各地人民公社按照自治区办法对农村五保户供养。条件好的生产队每人每月提供口粮20千克，2元零用钱，冬令防寒保暖衣被由国家救济，治病费用由生产队用公益金开支，做饭柴草由邻居亲友帮助解决。1962年，武宣县享受“五保”老人703人，孤儿400人，年人均口粮谷204千克。另外，国家每年发给每人20~50元不等的生活补助费。1974年，象州县有183户“五保”户，170户特殊困难户，共从集体公益金开支抚养金2.22万元。

中共十一届三中全会以后，境内各县农村逐步建立了各种形式的生产承包责任制，五保人员的供养一是由生产队用集体提留的粮食、公益金或集体经营的农副业收入解决；二是把供养五保户的粮、款、物按承包的土地面积、人口分摊给其他农户包养，由包养人耕种生产队分给五保户的责任田，承担五保户的一切生活开支，五保户死后的私人财产由包养人继承；实行“双包”到户后，生产队留出机动田，由社员承包，包产部分供照顾五保户，超产部分归承包户；包给五保户一份责任田，由社员、亲属代耕或五保户自耕自种，由社员或亲属代耕的收多少五保户享用多少，自耕自种的不再供养。

1981年，武宣县分给五保户责任田，由其亲戚包耕包养，五保户去世后，其财产归包养者。象州县五保户321户359人，生产队供养217户239人，群众统筹供养11户11人，社员代耕供给口粮50户75人，社员包养23户24人，供养不落实的10户10人。1982年，合山市五保户51户67人，分给口粮田的30户46人，由生产队统筹供养的21户21人。当年春节，生产大队发给五保户现金共255元，柴火2550千克。

1983年，自治区民政厅通知，要求各地对五保户进行普查登记，认真落实五保供养政策。1984年开始，境内各地农村对分散供养的五保户，由群众统筹资金供养，生活不能自理的，由村委会指定专人包干护理。

1985年，境内各县市认真落实五保供养政策，各级民政部门按照自治区要求检查落实，各县(市)五保供养基本落实到位。武宣县有五保户及孤残孤幼857人，由国家定额补助的有126人，月人均定额补助8元；由集体统筹的232人，人均年支付83.5元；由亲属供养的386人；用其他形式供养的113人。象州县有五保户201户224人，供养全部得到落实。其中，由村委会统一提留供养的35人，群众统筹供养的55人，分田自耕自养的10人，亲属包耕包养的40人，亲友帮耕包口粮的27人，亲友帮耕不包口粮的45人，采取其他办法供养的6人，非农业的孤寡老人由国家定期补助的6人。合山市有五保45户46人。其中由村公所统筹供养的6户7人，群众统筹供养的11户11人，亲属代耕的9户9人，亲友供给口粮的16户16人，自耕自食的2户2人，由国家发给定额补助费的1户1人。境内各地除按自治区相关政策落实五保供养外，每年春节均组织慰问组慰问五保户，给五保户赠送慰问品。1986年春节，合山市各村公所慰问五保户，发放慰问款共1378元，送柴火1万多千克。1987年，金秀有五保户119户344人，其中，由集体供养的126人，集体部分供养国家酌情救济的80人，其余的由亲友包养或由亲友代耕供养。1987—1990年，合山市为确保五保户口粮和生活费落实到位，由乡(镇)人民政府统筹即农村每亩责任田交统筹原粮0.5千克，城镇每人年交统筹金0.50元，由乡(镇)“五保”基金委员会统一管理使用。4年时间共统筹原粮3.77万多千克，统筹款7.18万多元。1990年，武宣县有五保、孤残孤幼831人，其中五保537人，孤残158人，孤幼136人，赡养落实较好的有692人，占总人数83.2%。当年给五保户、孤残、孤幼人员救济补助共4.67万元。象州县由集体供养或社员包养或者国家抚养的五保户有138人，民政部门每年发抚养金3.44万元。1991—1993年，武宣县有五保1986户2100人，供养标准月人均12元，经费主要从村提留或者乡统筹费中列支。

1994年1月，国务院颁布《农村五保供养工作条例》。1997年3月，民政部颁布《农村敬老院管理暂行办法》。1991—1999年，合山市、乡(镇)人民政府按农村每亩责任田统筹原粮1千克，城镇人口(国家干部职工)每人每年统筹1元人民币统筹五保户口粮和生活费。9年共统筹到原粮70.48万千克，统筹金83.73万元。1994—1999年，武宣县有五保2590户2986人，供养标准月人均30元。

2000年以来，随着农村税费改革工作的推进，农村五保供养资金渠道随之调整。在税费改革初期，把从“村提留或乡统筹”列入的五保供养经费改为从农业税附加费中支出。取消农业税及附加费后，供养经费又调整为主要从上级财政转移支付和地方各级财政预算中支出。2000—2003年，武宣县有五保2590户2986人，供养标准月人均60元，资金来源主要依靠国家财政支付及税费改革前乡镇统筹。

2003年，来宾市共有五保对象13541人，占农业人口的6.5%，已落实五保3662人，占应保人数的27%。

2004年，市民政局会同市财政局联合下发了《关于切实做好农村五保供养工作的通知》(来民发〔2004〕41号)，并组织民政、财政两个系统对五保对象进行全面排查，在进一步核实的基础上，分别给全市10499名五保对象发放了“五保供养证书”。全市各县(市、区)按《通知》要求，落实农村五保供养政策，每年发给每个五保对象180千克大米，6千克食油和360元定额补助金。全市共发放供养补助金499万元。此后，全市五保供养对象统一了供养标准，生活水平明显提高。

2005年，全市有五保11277户11973人，各县(市、区)民政部门根据当地现行物价水平，及时调整供养标准，确保每月发给五保对象的生活费能购买到15千克大米和0.5千克食用油，确保30元定额补助金发放到位。

特困户救济

民国时期，没有灾民救济制度，贫困户在荒时暴月，只能向亲友乞哀告怜，借个二斗三升敷衍三日五日，债务丛集，如牛负重。民国35年(1946年)5月《广西日报》(桂林版)报道："目前各地严重的灾荒，使孩子的生命濒于饥饿、疾病与死亡的边缘，父母因生活无法维持卖儿卖女，尚无人肯收养，于是迫于抛弃路上，让其自生自灭者，或因食草根毒菜而全家死亡者，或因无物充饥以致全家饿死或全家自杀者，不但时有所闻，且已成为日见普遍的现象。更可怕的，甚至以孩子的肉来烹煮充饥，这些惨绝人寰的事，实在太骇人听闻！"

中华人民共和国成立后，境内各县政府通过访贫问苦，给贫困户口粮、救济款、衣物、蚊帐、棉被等，为贫困户解忧排难，帮助特困户脱贫致富。

1950—1951年，境内各县人民政府通过把减租退租反霸斗争所得到粮食、物品分发给生活困难的灾民，或用清理旧政府的各种资财来低息放贷，或采取以工代赈等措施，帮助贫苦农民解决生活困难。此期间，石龙县人民政府发放救济款21.03万元，救济粮12.38万千克(大米)；合山市把国家下拨的1.25万千克救济粮发给特困户；忻城县及时发放农贷粮、救济粮22.93万千克，救济缺粮户21765人。1952年，石龙县有50720人缺粮，政府及时发放救济粮3万千克(大米)，救济款24.47万元。

1953年，农村逐步建立起农业生产互助组，解决农村贫困户生活困难问题有了新的途径。困难户在互助组的帮助下，绝大部分人的口粮和基本生活有保障。1954年，来宾县共发放救济款60431.58万元(旧版人民币)，救济棉有1040件，棉胎40床。1955年冬到1956年5月，石龙县粮食部门向5.56万户粮食预购户发放粮食预购款48万元，另发放贷款93.7万元，救济费17.19万元，解决了社会贫困户和灾民1.97万户7.48万人生产和生活困难。

1955—1958年，农业生产合作化人民公社化期间，特别是人民公社化后，全年收入不能维持基本生活的农户，包括家庭人口多而劳动力少弱的农户，家庭主要劳动力长期病残户和因天灾人祸造成生活困难户等，经社员群众讨论同意公社都给予照顾补助。补助办法主要有：年初评定补助工分，记入劳动手册，年终分配兑现；根据年终分配收入情况，补助工分或粮食；从公益金中提取补助款，补助贫困户等。若集体经济比较薄弱、公社无力全部补助的，则国家给予适当的救济。1955年6月，金秀为扶持少数民族发展生产，促进互助合作，逐步提高和改善各族人民的生活，政府发放少数民族生产补助费8000元，耕牛35头，锄头、刮子1000把，发放春荒救济款3700元，夏荒救济款4700元、冬季救济款1400元。1955年和1957年，合山境内国家减免特困户公粮3.36万千克。1956年，来宾县发放生活救济款9.92万元，生活贷款96.6万元，生产补助96.6万元。1957年春，忻城县发放救济款39.89万元。

1959—1961年，境内各县农村严重缺粮，大规模发生浮肿等疾病。石龙县因营养不良，患干瘦、浮肿、子宫脱垂、腹泻等疾病达22565人。县人民委员会除组织200多名干部带领群众搞生产救灾外，还抽调160多名医务人员组成医疗小组，开展疾病的防治工作，各公社则以片或大队设立临时医院和营养食堂，将重病号集中到医院，采取药物医治和营养补助相结合的方法进行治疗，有效控制了各种疾病的蔓延，减少非正常死亡现象发生。全县办营养食堂共用去大米83.5吨、黄豆15.3吨、食糖11.25吨、食油3.12吨、花生麸5.44吨、米双酒3.75吨。共拨医疗费127.76万元，糖16.07万千克、肉类0.83万千克、酒4.54万千克、蛋品0.63万千克、补助大米4.36万千克、黄豆21.85万千克、食油1.65万千克。

1962—1963年，境内因灾，农村贫困户大幅度增加，各县及时给予救济，以解决贫困户生活困难。金秀发放救济款、少数民族特别补助费、生产生活补助费共69.63万元，发放救济棉布1200米、棉花300千克、棉被200床，减免农业税指标2.8万千克；上级增拨特别补助费7万元，发放养猪贷款2.5万元。1963年春夏，象州县拨发口粮款22.85万元，解决927个生产队83631人生活困难。忻城县民政部门拨发救济款7.7万余元，救济因灾困难户15.2万多人。来宾县民政部门发放救济款99.23万元(其中上级拨款69.7万元)。武宣县发放救济统销粮247.2吨(米)，生活救济款45.58万元。

1964年，国民经济好转，农村社会救济强调做好贫困户扶助工作，要求社队从总收入中提取一定数量的公益金，保证残老孤幼和特殊困难户补助的需要，并要求在分配口粮上，对这部分贫困户给予照顾，保障他们的基本生活。当年，象州县共拨发救济粮款27.78万元，买回口粮50.75万千克，帮助

30277户(次)96611人(次)解决生活困难。金秀发放救济费30万元,发放棉布71361米,棉花1750千克,被套200床,棉衣800件,裤子500条,棉胎50床,增拨水利民工补助粮指标9650千克;同时,为帮助各生产队解决生产上的困难,发放购买耕牛补助款1万元、化肥补助款8500元、种子补助款6500元。为解决各区、社、队打猎队衣着困难,发放救济衣服120套。武宣县民政部门发放救济款56.6万多元,救济、统销粮1932吨。忻城县发放救济款4万元,为3.96万人解决生活困难。

1966年2月,金秀发放口粮救济款57858元,农村困难户治病救济款6000元,少数民族困难照顾用布1900米、成衣242件、裤子223条。忻城县发放救济款22.35万元。上级拨给来宾县救济款93.3万元,棉布3.33万米,棉花0.25万千克,棉衣4950件,单衣单裤2.28万件,夹被、棉胎各1050床。“文化大革命”期间,民政部门处于瘫痪状态,农村社会救济工作中断。

1978年后,农村实行家庭联产承包责任制,大批贫困户脱贫。对未脱贫的按“扶持发展生产脱贫致富为主,救济支持相结合”原则,加大扶助力度。1979年,各县向贫困户发放扶贫证,凭证可获优先贷款发展种养和减免子女入学费用。1980年后,各县根据中央提出有灾救灾,无灾扶贫的原则,开展扶贫工作。1980—1982年,金秀支出社会救济费20.8万元。1981—1982年,象州县民政部门拨款7.5万元,扶助104个大队中的480户2368人发展副业生产。1984年上述贫困户中有244户1237人解决了温饱。同年安排无息有偿扶贫资金8.25万元,扶持367户3203人,发展投资少、见效快的农副业和加工、服务业。1984年5月28日,金秀下拨救济款3万元。9月,来宾县发放第一批扶贫贷款16.4万元,扶持41个军、烈属困难户和779个社会特困户发展种养业。忻城县民政部门拨12.9万多元,扶持1429困难户42160人发展种养业,至年底已有117户2110人,开始摆脱贫困。1985年5月,来宾县投资24.5万元,于柳来路北端建立“扶贫扶优服务公司”,下设民政塑料厂、煤场、采石场各1个,先后安排复退军人、残疾人、社会特困人员共498人进公司所属厂、场工作。同年扶持18个军烈属困难户和347个社会特困户。忻城县民政部门拨出38.99万元,帮助2182户贫困家庭12337人,发展甘蔗、生姜、金银花、竹木、水果种植共3.5万余亩和发展养兔等生产。1987年冬至1988年春,来宾县民政部门再次发放

2003年12月31日,来宾市委书记覃瑞祥深入基层慰问困难群众

扶贫款15万元,扶持石牙、蒙村、寺山、高安4个乡的37个军、烈属困难户和713个特困户发展甘蔗生产,种下甘蔗1500亩。1982—1990年,合山市人民政府共发放社会救济款28.98万元、衣裤4060件、棉花561千克、棉胎552床、夹被552床、蚊帐51床、卫生衣760件。1990年,忻城县有281户农民脱贫,盖起钢筋水泥楼房452间,购置电视机、洗衣机、电冰箱等高档耐用家电。有127户农民购买货车、小客车、农用汽车和摩托车等交通工具。1987—1989年,象州县民政部门计投入资金70万元,扶助水晶、大乐、中平、百丈、寺村、罗秀、运江、象州、妙皇等乡镇发展生产;拨资金38万元在罗秀乡开发100亩果园,种植各种果树17163株。县扶贫公司与象州镇居民委员会投资32万元兴办砖厂,安排88人就业,其中有贫困户82人。1989—1990年,来宾县发放扶贫款24.6万元,扶持2353户贫困户发展生产。1990年,境内有社会困难户5.80万户25.76万人。各地政府临时救济社会困难户13.94万人次。

1984年后,境内各县改变过去单纯拨款济贫的做法,开始实施开发性扶贫,以帮助特困户发展生产为主展开工作,各县(市)人民政府成立山区(扶贫)开发办公室,负责此项工作。1990年后,民政部门只负责因灾生活困难的特困户的救济工作(详见灾害救灾节)。

冬令救济

民国时期,政府有发放冬令救济的条令,但救济款物发到群众手上的极少。民国35年(1946年),广西救济分署配发象县寒衣900件。民国37年12月,广西省政府电饬各县成立冬季救济委员会,办理冬令救济粮、款报核事项。

中华人民共和国成立后,冬令救济成为人民政府

帮助缺衣少被群众御寒的一贯政策，每年入冬时节，国家都拨付一定款物作为冬令救济。1951年，石龙县拨569元作寒衣专款，折寒衣114套。1953年7月，忻城县发放衣服580套，棉被250床，蚊帐320床，发房屋维修费1.18万元。1954年，来宾县共发放救济棉衣1040件，棉胎40床，价值660.86万元(旧版人民币)。金秀瑶族自治县发放冬季救济款1400元。

1957—1958年，人民公社实行供给制，冬令救济工作未单独进行。1958年，石龙县拨棉衣、棉被救济款41764元，救济无棉衣、棉被的五保户和困难户。1961年后改发棉花、棉布、棉衣、棉被、单衣等成品实物。当年，石龙县发放棉胎1599床，棉衣2059件，单衣裤1321套。1962年发放寒衣救济款9910元，棉花950千克，棉布2178米，救济706户820人。

1962—1963年，来宾县发放救济单衣单裤7184件，棉衣700件，棉胎240床，夹被240床。1963—1964年，金秀发放救济棉布72561米、棉花2050千克、棉被200床、被套200床、棉衣800件，裤子500条、棉胎50床。

1964年，石龙县拨款17790元，棉布51980米，棉花4540千克，救济贫困农民。

1966年，金秀瑶族自治县发放少数民族困难照顾用布1900米、成衣242件、裤子223条。来宾县发放上级拨给口粮贷款400万元，救济款93.3万元，棉布3.33万米，棉花0.25万千克，棉衣4950件，单衣单裤22745件，夹被1050床，棉胎1050床，木材300立方米。1972年，忻城县政府拨发冬令救济6.75万元，棉被1290床，蚊帐498床，棉衣2363件，卫生衣690件，单衣1142件，救济灾民11123户69730人，救济五保户265户，定额补助贫困户47人。

1977年，象州县给95个大队发放冬令救济款16760元，棉被92床，棉胎56床，夹被57床，棉衣959件，其他衣裤1959件，2632户3607人得到救济。

1980年，自治区民政厅制定冬令救济守则，明确冬令救济对象是：无力解决防寒保暖衣被困难的烈军属和带病回乡的复员退伍军人；生活无依靠、集体经济无法解决防寒保暖衣被困难的老、弱、孤、寡、残疾社员；遭不幸事故或因残病缺劳力，防寒保暖衣被自己无能力解决的社会困难户；人口多、劳力少，已采取计划生育措施、自己解决防寒保暖衣被困难较大的社员。

据不完全统计，至1990年，来宾、金秀、武宣、象州4县(自治县)累计发放冬令救济物资棉衣38631件，单衣120771件，秋衣46件，卫生衣9380件，棉胎19723床，被单19142条，蚊帐717床，棉布389.62万市尺，棉花4.11万市千克，其他生活用品256件。象州县1980—1990年，共发放冬令救济物资棉胎2268床，棉花700千克，单被(被套)1473床，棉衣、卫生衣(裤)3573件，单衣单裤16714件，蚊帐178床，棉布32900米，秋衣46件，其他物品265件(双)，救济28376人。1982—1990年，合山市共发放冬令救济款28.98万元、衣裤4060件、棉花561千克、棉胎552床、夹被552床、蚊帐51床、卫生衣760件。

1998年，境内遭遇特大洪涝灾害。为确保灾民安全过冬，来宾县发放救济棉被1700多床，发放捐赠衣物10多万件，蚊帐800多床。忻城县发放救灾款185万元，救济款31.7万元，救济灾民9285人。合山市发放救灾款34万元，救灾救济粮34.3万千克，发放救灾衣物23896件。金秀发放冬令救灾款37万元，救灾粮15万千克，衣物3.7万件。

2003年，来宾市74个乡镇不同程度遭受自然灾害，受灾人口62.62万人，因灾缺粮28万人。全市投入救灾资金1015万元，其中冬令救济款205万元，救济粮3552吨，发放冬令衣物、被子30万件(床)，接受社会捐赠款115万元，衣被29万件(床)。

2005年，全市遭受特大洪涝灾害，受灾人口109万人。各级民政部门除给灾民搭建帐篷、简易住房安排灾民3.8万人居住，发放救灾粮1272吨，衣被225万件，蚊帐13697床，救济灾民20万人，保障灾民的基本生活外，还做好冬令救济和春荒救济工作，先后发放救济经费738万元，救济粮1886吨，衣服34万件，棉被7.8万床，蚊帐3000顶，有35.65万人(次)困难群众得到了政府的救济，安全度过了冬寒和春荒。是年，忻城县投入各类救灾救济资金383万元，发放临时救济金35万元，发放救灾及捐赠粮食356.8吨，油毛毡4017捆，彩条布57600平方米，蚊帐4600床，棉被5500床，棉衣2500件，单衣3500套，捐赠衣物11.35万件；金秀发放冬令救济粮32.9万千克，衣物1.15万件，棉被2826床，受捐衣物0.90万件。

农村医疗救助

2004年上半年广西农村医疗救助试点工作会议在武宣召开。会后，来宾市各县(市、区)的农村特困群众医疗救助工作全面铺开。据统计，当年，全市共核定医疗救助对象2.55万人，已到位医疗救助资金181万元，其中，中央下拨179万元，地方配套资金到位16万元，先后救助特困群众2500人，发放救助金75万元。

2005年，全市农村医疗救助总数达53283人(次)，救助资金总支出107.66万元。其中，资助困难群众参加新型农村合作医疗人数25000人(次)，为困难群众缴纳参加新型农村合作医疗资金25万元。

第三节　城市居民最低生活保障

1998年，境内开始实施城市居民最低生活保障制度(简称低保)。城市低保对象，是非农业人口人均月收入不到60元的城镇居民。当年忻城县发放低保金8.6万元，有1234人受益。1999年8月，中央及上级有关部门一再重申，1999年底前全国各县市政府所在地务必全面实施城镇居民最低生活保障制度，并确保保障资金全部兑现到保障对象手中。是年，境内6个县(市)纳入城市低保范围人口有2712人，其中：合山287人、象州692人、武宣362人、来宾561人、金秀454人、忻城356人。中央下拨给武宣的低保费是7万元。金秀全年放发低保资金4.8万元。2000年，中央下拨给武宣的低保费是16万元，发放对象有362人，月人均补助37元。合山市有一类补助对象8人，二类补助对象83人，三类补助对象535人，共计626人。来宾县有城镇低保对象1389人，全部按标准发放低保救助金。

从2001年开始，境内各县(市)纳入保障范围的人数逐步增多。依照国务院和自治区人民政府有关低保政策，各县(市)将符合条件的下岗失业人员、“三无”对象、农垦森工企业生活困难职工以及城市其他生活困难群众逐步纳入了低保范围，到了2002年基本上实现应保尽保，管理工作也日趋完善。按照国家城市居民最低生活保障工作要求，各县(市、区)逐步规范保障对象的申报、核查、审批和资金发放工作，并实现动态管理下的应保尽保。2001年，来宾市境内纳入城市居民最低生活保障有13961人，其中，来宾5567人，象州1721人，武宣2760人，忻城1292人，金秀721人，合山1900人。共发放最低生活保障金126.07万元，其中，来宾54.7万元、象州10.03万元、武宣37.28万元、忻城7万元、金秀12.3万元、合山4.7万元。是年，武宣县人民政府制定“武宣县城镇最低生活保障实施暂行办法”，该县城镇最低生活保障工作逐步规范化、制度化。当年中央下拨武宣县的低保费是40万元，发放对象共842人，月人均补助39.5元；合山市城市居民最低生活保障标准由原来的100元提高到143元，共发放低保金397万元。

低保资金以中央财政下拨为主，地方财政按20%的比例相配套。保障补差标准逐年提高，2003年为月人均补差50元，2004年全市平均调为54.81元(象州、武宣、金秀、忻城均在55元以上)，2005年月人均补差为63元。

2002年，境内纳入城市居民最低生活保障共32715人，其中，来宾12988人、象州3108人、武宣5315人、忻城3878人、金秀2059人、合山5367人。共发放最低生活保障金1566.36万元，其中，来宾626.39万元，象州92.89万元，武宣296.64万元，忻城202.8万元，金秀133.3万元，合山214.34万元。武宣低保对象为5315人，标准为115元，人均月补差标准为45元，全年共发放城镇低保资金296.64万元(其中中央、自治区补助237.31万元，县级配套59.33万元)。

2003年，来宾市按照《国务院关于在全国建立城市居民最低生活保障制度的通知》《广西壮族自治区城市居民最低生活保障制度暂行办法》，为进一步完善城市居民最低生活保障制度，全市各级民政部门重视和加强低保工作的规范化管理，不断完善低保工作的申请、核查、审批、发放和群众评议、监督等程序及资金承担制度，使低保工作逐步走上规范化管理轨道。市本级及各县(市、区)民政部门均设立城市居民最低生活保障管理机构，负责城市居民最低生活保障管理工作，全市共配备专职管理人员9人。当年全市纳入城乡低保范围的共有15171户36934人，发放低保资金2208.39万元，其中，中央和自治区下拨1766.71万元，地方落实配套资金441.68万元，低保对象月人均生活费标准120元，月人均补差51元，基本实现动态管理下的应保尽保，专账管理。武宣县低保对象为5210人，低保标准为120元，月人均补差标准为55元，全年共发放低保资金386.08万元(中央、自治区补助308.86万元，县级配套77.22万元)。

2004年，来宾市全年共纳入低保范围的对象有1.46万户，31480万人，到位低保资金2766万元，其中中央下拨2419万元，当地财政配套资金347万元；累计发放2168.91万元，月人均补差54.9元(全市平均数，象州、武宣、金秀、忻城均在55元以上)，并全面实施低保资金社会化发放，实现了动态管理下的应保尽保。武宣全年共发放低保资金343.9万元(中央、自治区补助275.1万元，县级配套68.8万元)。

2005年，全市城市低保实现属地、动态管理工作的应保尽保。全市共纳入低保范围的有29355人，低保资金到位2915.6万元。其中，中央和自治区补

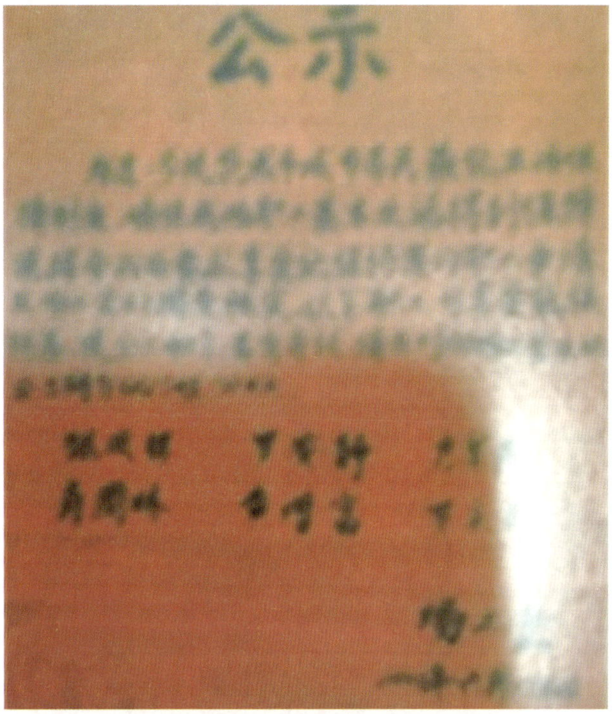

1999 年低保对象在村级张榜公布，接受群众监督

2003 年 12 月，来宾市在兴宾区举行城镇低保发放仪式

助到位 2624 万元(含提前下拨 2006 年度 12 月份的指标)，地方配套资金 291.6 万元。全年累计发放 2173.73 万元，保障补差标准月人均补差 63 元。忻城县纳入低保对象的居民有 3199 户 4543 人，全年已放发低保金 350.7 万元。武宣县低保对象为 4198 人，低保标准为 120 元，月人均补差为 65 元，全年共发放低保金 308.5 万元(中央、自治区补助 274.8 万元，县级配套 33.7 万元)。

第四节　特殊救济

境内的特殊救济主要有精减退职职工 40% 救济，宽大释放的原国民党党政军特人员救济和“文化大革命”非正常死亡人员遗属救济和移民救济。

精减退职职工 40% 救济

1965 年 6 月 9 日，国务院发出《关于精减退职的老职工生活困难救济问题的通知》，对于 1961 年—1965 年 6 月 9 日期间精减退职，1957 年底以前参加全民所有制单位工作，并办过精减退职手续的职工，在精减退职时全部或者大部丧失劳动能力，或者年老体弱，或者长期患病影响劳动较大，而家庭生活无依无靠的，由当地民政部门按月发给本人原标准工资 40% 的救济费。对不符合原标准工资 40% 的救济条件，而生活有困难的给予社会救济。同年 10 月 25 日，自治区民政厅、财政厅、人事厅、劳动局联合发出《关于精减退职的老职工生活困难救济问题的通知》，通知规定：“退职老职工所领取的救济费，除了作为本人生活费(生活费同于当地一般居民)以外，所余部分作为家庭收入，其家庭生活仍有困难的，再按照社会救济标准给予救济。”另外还规定，上述人员死亡后继续发给 4 个月退职救济费。“文化大革命”开始后，这个规定停止执行。1981 年后全面恢复此政策。1984 年以后再次停止办理救济手续，对未办理救济手续而又有困难的按一般社会救济处理。

1984—2002 年，各县市城镇精减退职职工 40% 救济共救济 2323 人。其中，来宾 608 人，象州 142 人，武宣县 681 人，忻城 699 人，金秀 104 人，合山 89 人。各县市各年度城镇精减退职职工 40% 救济人数详见下表。2003 年后，城镇精减退职职工 40% 救济对象列入城市最低生活保障对象给予保障。

表 24-9　1984—2002 年来宾市各县(市)对精减退职职工 40% 救济人数统计表

县市 / 人数 / 年度	来宾	象州	武宣	忻城	金秀	合山	合计
1985	36	6	43	21	0	5	111
1986	29	6	43	20	0	5	103
1987	21	11	35	17	0	5	89
1988	3	4	2	36	5	1	51

续表

人数 县市 年度	来宾	象州	武宣	忻城	金秀	合山	合计
1989	28	9	34	20	3	5	99
1990	29	10	38	57	11	6	151
1991	29	10	38	53	11	6	147
1992	31	9	37	59	8	6	150
1993	31	10	37	57	8	6	149
1994	29	5	38	6	3	6	87
1995	31	4	37	41	3	6	122
1996	36	9	37	45	4	5	136
1997	36	9	37	45	4	5	136
1998	36	9	37	45	4	5	136
1999	42	8	37	32	8	4	127
2000	42	4	37	32	8	4	127
2001	40	4	37	32	8	4	125
2002	40	4	37	32	8	4	125
合计	608	142	681	699	104	89	2323

宽大释放人员救济

1976年1月23日，自治区劳动局、公安局根据最高人民法院、公安部和中央统战部《关于宽大释放在押国民党县团以上党政军特人员的实施方案》第三条第二款的规定，下发了《关于宽大释放和转业安置人员劳动指标问题的函》，文件规定：对已批准宽大释放或转业安置的原国民党县团以上党政军特人员，在其丧失劳动能力以后，原则上由所在单位供养，照发工资，不作退休处理。如果所在单位确因积累少，无能力供养的，经审查核实，可从救济费中发给生活费每月25元。

1982年12月2日，自治区公安厅、民政厅根据中共中央（中发〔1982〕8号）文件和全国人民代表大会常务委员会《关于宽大释放全部在押原国民党县团以下党政军特人员的决定》，下发了《关于释放和安置原国民党县团以下人员有关问题的联合通知》。通知规定，在县城及两万人口的镇安置的，每人每月补助14元，一般圩镇每人每月补助13元，回农村的每人每月补助8元。

1986年以后，救济费按居住地不同标准定期发放，住市、县、乡救济标准每人每月分别是25元、22元和21元。

1987年，忻城县发给被释放的原国民党团级以上人员1人生活救济费每月25元。来宾县发给年老体弱、生活困难的国民党起义人员、投诚人员每人每月救济13元。1988年，象州县发给年老体弱、生活困难的国民党投诚人员定期定补1人，月补助标准13元。

"文化大革命"非正常死亡人员家属救济

1972年12月16日，自治区革命委员会办事组下发《关于"文革"中死亡人员其家属生活补助问题的函》。文件决定，"文革"中死亡人员其家属生活困难的，原属干部的，从干部福利中解决，原属群众的，从社会救济费中解决。1979年5月10日，自治区人民政府下发《通知》要求各级民政部门根据有关政策规定，按照社会救济的原则和办法，对在1967—1968年间非正常死亡的生活有困难的城镇居民、农村社员遗属给予临时救济或定期定量救济。1983年，自治区党委处理"文化大革命"遗留问题领导小组下发《关于贯彻落实[1983年]55号文件中几个问题的通知》，通知规定："三孤"（孤老、孤幼、孤残）定期定量救济费，可按农村低于每人每月11~16元，小城市和城镇低于每人每月15~20元，大中城市低于每人每月20~25元的标准酌情救济。当时，境内各县认真贯彻落实政策，给"三孤"人员实施定期救济。居住在城镇的分两等，发放标准分别是每人每月12元和14元;居住在农村的分三等,发放标准分别是每人每月9元、11元和13元。

1983年5月起,境内各县开始处理“文化大革命”遗留问题,对在“文化大革命”中被枪杀和迫害致死的人员家属给予救济。象州县对在“文化大革命”中受迫害致死的196人(其中职工26人,社会群众170人)发给丧葬费、抚恤费97.98万元;对被迫害造成生活困难的232人,发给补助费126350元。对“文化大革命”期间被害者亲属中的孤老、孤幼、孤残,生活困难又无能力谋生者,给予定期定额救济,月标准11~17元(全县有4人享受此项救济)。武宣县对被迫害致死者遗属发给丧葬费93630元,发给生活困难补助费及房屋修缮费27717元,另有48名孤老孤幼孤残定期领取抚恤费,同时安排56名遗属子女就业。忻城县对被迫害致死的602人的遗属和被殴打致伤致残的625人,给予经济上的补偿,共支“处遗”补助费32.59万元。对被迫害致死的38名干部职工,安排其子女顶岗上班参加工作。来宾县对被枪杀和迫害致死的425人的家属发给丧葬费、抚恤费28.97万元,同时发给生活困难救济补助。金秀共发放各项补助费12.06万元(不包括处遗前发给遗属的补助款项),其中,给被迫害致死者的家属119人发给丧葬费和抚恤费共2.77万元,给遗属170人发放生产生活补助费5.29万元,给75户遗属发放房屋修建补助1.16万元,给遗属85人发伤残补助费3600元,被打伤的390人发给医疗补助费,给被抄家的46人发放抄罚补贴2211元,其他2.26万元。另外,还安排22名遗属子女入职国家职工,将27名农村遗属转为非农业人口,2个农村孤儿由政府抚养至成人。

移民救济

山地移民　境内有一部分少数民族人民群众居住在自然条件艰苦的石山地区,“九分岩石一分土”,生产条件差,生产技术落后,群众生活极为贫困,年年要救济。来宾县于1952年和1953年进行移民工作。移民经费由政府补助每人60万元(旧版人民币,下同),包括建造房屋,按每月每户发大米100千克作基数,其余按每人发给50千克(平均每人需75千克左右)口粮,按6个月算,每人每月大米15千克(合计90千克),衣服蚊帐(棉衣1件折米25千克,单衣1套折米25千克,蚊帐二分之一床折大米12.5千克,棉被四分之一床折米12.5千克,农具家具折米每人30千克),搬运费每人20千克,以上共290千克,每千克按2000元计,共58万元,余2万元作机动。据1953年9月份统计,来宾县共有移民494人。其中,有组织移民249人,发放救济金1.49亿元;自发移民245人。1956年8月14日,内务部、农垦部电话通知:“国务院决定,1957年停止一般移民,继续做好已迁移民的安置工作,巩固1956年移民工作的成果。”此后,除水库移民外,停止一般移民工作。但来宾县根据本县实际,1957—1971年迁移了128户677人。至1971年,来宾县山地移民共390户1883人。有的是本县内搬迁的,有的是从都安、马山、忻城等县迁入的。

忻城县古稠、五龙等4个瑶族乡(小乡今为村委会)聚居盘古、过山瑶民。他们是明、清和民国时期受民族歧视以及封建剥削阶级压迫、剥削,从都安等地迁入忻城县的,多居住在边远山区,依靠开垦荒山野岭种植谋生。1952年,忻城县第三届各界人民代表大会第二次会议作出动员瑶民下山定居的决议,是年,政府从民政经费中拨5.8万元救济款和11174.5千克救济粮,用作561户3100人搬迁下山定居经费,解决他们的生活困难。1953年,民政部门再拨1.1万多元,解决古稠乡42户瑶民搬迁到下浪屯定居的经费。

水利移民　1952—1990年,来宾县水利移民有37个村屯2153户11266人。国家投资136万多元为他们修建人畜饮水工程6处,电灌站5处,小桥8座,乡村道路3.42千米,造田104.5亩,造地340亩,造林1500亩。

移民工作,大多采取统一规划、统一建房、统一搬迁的方式安置。少部分采用分散安置,帮助建房或给予建房材料费的方式安置。对搬迁后出现生产、生活困难的适当给予扶持、补助。大部分移民都能安居乐业。有的移民还带来了先进的生产技术。来宾县曾多次在大湾乡召开现场会,向全县推广博白县移民一整套先进的水稻生产技术。

2003年末,来宾市共有水库移民36607人,其中:地方中小型水库移民30230人,地方大型水库移民5516人,乐滩水电站移民861人。移民分布情况如下:兴宾区31047人:地方中小型水库移民26620人,由玉林市、贵港市迁入大型水库移民4427人(含贵港市平龙水库179人,玉林市老虎头水库1204人,广东省鹤地水库博白县移民3044人);象州县2255人:地方中小型水库移民2205人,大型水库贵港达开水库迁入桂平县移民45人;武宣县2444人:地方中小型水库移民1400人,大型水库贵港达开水库移民1044人,其中本县移民621人,桂平县迁入423人；忻城县乐滩水电站库(坝)区移民861人。

2004年末，来宾市共有水库移民37642人，其中：地方中小型水库移民30225人，地方大型水库移民5516人，在建水电站移民1896人。移民分布情况如下：兴宾区31898人，地方中小型水库移民26620人，由玉林市、贵港市迁入大型水库移民4427人(含贵港市平龙水库179人，玉林市老虎头水库1204人，广东省鹤地水库博白县移民3044人)；象州县2255人，地方中小型水库移民2205人，大型水库贵港达开水库迁入桂平县移民45人；武宣县2444人，地方中小型水库移民1400人，大型水库贵港达开水库移民1044人，其中本县移民621人，桂平县迁入423人；忻城县乐滩水电站库(坝)区移民861人。合山市桥巩水电站库区移民184人。

2005年末，来宾市共有水库移民49849人，其中，中型水库移民39166人，大型水库移民9581人，在建乐滩水电站移民1102人。移民分布情况如下：兴宾区33049人，中型水库移民25784人，由玉林市、贵港市迁入大型水库移民7265人(含贵港市平龙水库344人，玉林市老虎头水库2690人，广东省鹤地水库博白县移民4231人)；象州县9668人，中型水库移民9612人，大型水库贵港达开水库迁入桂平县移民56人；武宣县6030人，中型水库移民3770人，大型水库贵港达开水库移民2260人，其中本县移民621人，桂平县迁入423人；忻城县乐滩水电站库(坝)区移民1102人。

1979年前建成的地方水库现有移民35746人，由于当时安置条件所限，移民村自然条件比较差，虽然移民村的水、电、路等基础设施基本得到解决，但耕地有限，人口不断增加，生产生活条件不断恶化，近年来，由于各地方水库经济状况不佳，无法收取后期扶持资金，移民后期扶持工作基本处于停滞状态，移民生活普遍低于当地平均水平。而在建水电站，由于国家移民政策到位，移民得以妥善安置，后期扶持工作得到有效的保证，库区移民工作进展顺利，坝区移民安置工作已基本完成。2005年，乐滩水电站忻城县移民1102人，桥巩水电站库(坝)区移民1035人，正在进行坝区移民安置工作。

第五节　乞讨人员救助

中华人民共和国成立初期，境内各县市均未设立收容遣送机构和游民安置场所，对农村流入城市的无业游民，只能由民政、公安部门按“及时收容，加强教育，适时遣送，安置落实”的方针，互相配合做好收容遣送工作。对流浪乞讨人员，则一般由民政部门收容后遣送到柳州收容所。

1952—1990年，忻城县共收容、遣送130人回原籍，并给18个孤儿7400多元安家费。1962年和1964年，象州县分别收容遣送45人和61人。1973—1975年，象州县收容遣送4人。1963—1990年，武宣县全县共收遣860人，支出遣送费1.09万元。

1982年，国务院发布《城市流浪乞讨人员收容遣送办法》。

1991—2003年7月武宣县共收容遣送780人次。2001年和2002年，来宾县分别收容遣送外流人员96人和58人。1991—2005年，忻城县收容遣送65人。2003年8月—2005年，武宣县共救助流浪乞讨人员1255人次，救助金额4.2万多元。

2003年4月24日，成立来宾市收容所，同年8月国务院公布执行《城市生活无着的流浪乞讨人员救助管理办法》。同月11日，来宾市收容所改称来宾市救助管理站，系财政全额拨款科级事业单位，核定编制3人。负责对在城市生活无着落的流浪乞讨人员实施救助。来宾市救助管理站当年接待求助18人，实施救助12人，支出救助经费1.67万元。

2004年，来宾市共接待申请救助人员171人，实际需要救助人员115人，其中5人需跨省接送。此外，市民政局还积极配合有关部门护送非法传销人员返乡共计4658人。

2005年，来宾市救助站共接收救助人员715员，实施救助625名，发放救助金额10.21万元。

第五章　社会福利　老龄工作

来宾市建立以社会福利服务为重点，社会福利服务机构为骨干，基层福利服务网络为依托，居家供养为基础的社会福利体系，积极推进群众福利社会化，全面加强社会福利基础建设。至2005年底，来宾市实现每个县(市、区)都有福利院，每个乡镇都有敬老院，村有五保村的综合性福利服务设施目标。民政部门加强对福利机构管理，做好福利彩票发行和福利资金使用的监督管理以及孤寡婴幼收供养，残疾人生产就业等方面工作。

来宾市积极推进老龄工作社会化，至2005年底，实现每个县(市、区)都有老龄工作机构，乡镇村有为老年人服务的综合性组织，街道有老年人服务中心，基本解决老年人“老有所养、老有所依、老有所乐”问题。

第一节 福利(敬老)院及管理

养济院

清乾隆元年(1736年)，象州有设养济院。清乾隆四年，知州祖承佑拨款于南门外建瓦房6间，收养孤贫额6名，每个定额孤寡人员年发大米20石6斗，冬衣银3两。清乾隆十七年，知州郭芝、吏园丁泰捐俸重修。道光末年，兵乱烧毁无存。民国恢复，以10名为限，由地方财政按月拨发孤贫口粮款5元4角，按人分派。

福利院

20世纪90年代，来宾市境内各县(市)始有社会福利院。1995年，来宾县通过销售社会福利彩票筹集社会福利资金，加上自治区民政厅的资助，先后投入300多万元，在河西城区兴建一座6层(建筑总面积4500平方米)综合大楼，2001年竣工。大楼的2楼以上用作社会福利院，一楼部分用来开办民政福利医疗门诊，一部分作门面对外出租。至2005年，兴宾区社会福利院共安排70人就业，接收城镇孤老、自费退休人员及弃婴达1000多人。

合山市社会福利院于1997年1月开工建设，2004年12月8日建成投入使用。总投资460万元，占地面积5.2亩，建筑面积3799平方米。该院建成后，一部分用于办福利院，其余用于市民政局机关办公室和办光荣院或作为门面向社会出租。

象州县光荣院主楼于2004年完成迁建，占地面积6736平方米，建筑面积1446平方米，设床位50张，设会议室、健身房、阅览室、活动室等

1999年，武宣县社会福利院建成，总投资85万元，建筑面积1000平方米。工程竣工后，改作县民政局机关办公楼，同时把原县民政扶贫公司改为福利院。福利院的院长、支部书记、会计由原民政扶贫公司原班人马担任，有管理人员5人，福利院建成后接收20位城镇孤寡老人入住。2003年底，自治区民政厅资助50万元，加上自筹部分资金，武宣县新福利院在马鞍山脚南面原县民政扶贫厂厂址重新兴建，2005年12月10日建成投入使用，新福利建成后接收21个老人入住。

2002年初，金秀民政部门购买原金秀镇中学校舍，并改造建成金秀福利院。5月，开工新建一栋三层(2000平方米)新楼，将福利院和光荣院合二为一，占地面积10.9亩，总建筑面积1926平方米，内设床位100张。2003年6月竣工投入使用。2005年8月，金秀瑶族自治县把福利院和光荣院迁到县城的出口处重建。新建项目总投资250万元，资金来源原福利院、光荣院转让费180万元，中华慈善总会资助70万元。

象州县光荣院主楼于2004年完成迁建，占地面积6736平方米，建筑面积1446平方米，设床位50张，设会议室、健身房、阅览室、活动室等。

2005年，全市有县级社会福利院4所。

敬老院

1958年6月22日，广西最早的农村敬老院石龙县二塘村(今属武宣县)敬老院建成。当时该院有18个孤寡老人入住。1959年，石龙县共建成敬老院29所，入住老人186位。

1961年，粮食供给制取消，供给问题无法解决，二塘敬老院和其他大部分敬老院被迫撤销。原集中供养的五保老人分别退回原生产队，改为分散供养。

1966—1972年，由于“文化大革命”，民政机构被撤销，农村敬老院建设没有发展。1972年民政机构恢复后，境内各县民政部门发动各社队重新筹办敬老院，但由于受到当地经济条件的限制，敬老院建设步伐缓慢。

1988年，金秀重新建设头排乡敬老院。该院建筑总面积为368平方米，建有住房、会议(活动)室、厨房、餐厅等，院围墙内空地2500平方米，接收供养五保对象15人。通过种养生产，该院当年纯收入7130元，1989年纯收入7000元，另外，乡财政拨付生

武宣镇敬老院1992年建成，占地12.6亩，建筑面积1440平方米，设床位50个

活补助费2000元，住院老人定期定量补助2500元，年总收入11500元。安排老人生活费5400元（人均360元），医疗费1000元（人均66.67元），零用钱450元（人均30元），管理人员工资3600元，略有结余。1990年，该院增建瓦房4间，猪鸡棚舍共6间，开发鱼塘4亩，旱地改水田1亩，开垦荒坡地种上柑、桔、桃、李等水果，走出了一条以院养院的新路子，成为周围县、乡福利院建设的一面旗子，带动了乡镇敬老院建设。1989年1月，武宣县三里乡人民政府，借用锰锌矿工人疗养所开办敬老院，入院孤寡老人15人。

1995年，境内各县（市）乡镇敬老院建设进一步发展。境内各县市共有乡镇敬老院23个，床位359张，管理人员54人，收养孤寡老人240人，集体供给资金2.76万元。其中，来宾县有乡镇敬老院5个，床位105张，管理人员10人，收养孤寡老人70人，象州县有乡镇敬老院1个，床位9张，管理人员1人，收养孤寡老人6人，武宣县有乡镇敬老院4个，管理人员8人，床位47张，收养孤寡老人33人，忻城县有乡镇敬老院9个，管理人员24人，床位128张，收养孤寡老人90人，金秀有乡镇敬老院3个，管理人员9人，床位50张，收养孤寡老人33人，合山市有乡镇敬老院1个，管理人员2人，床位20张，收养孤寡老人8人。

表24-10 1995年来宾市各县（市）敬老院建设情况统计表

县（市）	建院数（个）	职工人数（人）	床位数（床）	收养人数		集体供给金额（元）
				总数（人）	其中老人（人）	
合计	23	54	359	240	239	276000
来宾	5	10	105	70	70	30000
象州	1	1	9	6	6	12000
武宣	4	8	47	33	33	86000
忻城	9	24	128	90	90	116000
金秀	3	9	50	33	33	12000
合山	1	2	20	8	7	20000

1996—2005年，境内乡镇敬老院建设发展步伐加快。各县（市）民政部门通过福利彩票销售，以及争取自治区民政厅支持，积累福利建设资金。1996年初，来宾县委作出决定，当年要实现县辖所有乡镇都有1所敬老院的目标。为此，该县筹集资金566.6万元投入敬老院建设。其中，县财政安排57万元，计生委援助28.5万元，县民政局通过销售福利彩票和争取上级民政部门支持等共筹集299.6万元，乡镇财政筹集185万元，新建19所乡镇敬老院，加上原有的5所，全县24个乡镇全部有敬老院，率先在柳州地区乃至全广西实现乡镇都有敬老院。当年全县共接收集中供养对象539人。1997年，忻城县民政局通过销售福利彩票筹集福利资金资助乡镇兴建乡镇敬老院，是来宾6个县（市）当中第二个实现所有乡镇建有敬老院的县。2001年后，上级加大扶持力度，凡立项兴建乡镇敬老院的，每个项目自治区民政厅资助20万元，后增加到50万元，有效调动了

1996年，来宾县加大乡镇敬老院建设力度，年内筹资570多万元，共建院19所，加上原已建好的5所，率先在柳州地区实现乡镇都有敬老院的目标

金秀瑶族自治县桐木镇敬老院，占地面积26664平方米，住宿区建筑面积600平方米，设床位20张，于1992年建成投入使用，2005年入住老人22人，管理人员4人

基层乡镇建设福利院的积极性。但由于资金短缺，大部分敬老院建筑还是砖瓦结构。2001年，境内各县（市）乡镇敬老院（福利院）建设取得明显效果，基础设施、制度建设等方面更加完善。象州县的石龙镇敬老院、武宣的通挽镇敬老院，来宾的凤凰镇敬老院、大湾乡敬老院、小平阳镇敬老院、迁江镇敬老院、良塘乡敬老院，金秀的七建乡敬老院、头排镇敬老院，忻城的红渡镇敬老院、宁江乡敬老院等13所敬老院被评为达标敬老院。

2003年，武宣、合山实现所有乡镇都建有敬老院。象州除象州镇、寺村镇，金秀除金秀镇、三角乡外，其他所有乡镇都建有敬老院。

2005年，全市共有乡镇敬老院68个，实现了乡镇都有敬老院。全市敬老院总共配备工作人员120人，设床位1172张，接收供养孤寡老人958人。其中兴宾区24个，配工作人员45人，设床位458张，供养孤寡老人339人；象州县9个，配工作人员15人，设床位178张，供养孤寡老人152人；武宣县11个，配工作人员16人，设床位177张，供养孤寡老人139人；忻城县12个，配工作人员25人，设床位169张，供养孤寡老人146人；金秀9个，配工作人员16人，设床位130张，供养孤寡老人128人；合山市3个，配工作人员3人，设床位60张，供养孤寡老人54人。月供养标准分别为兴宾区160元，象州、武宣、金秀为120元，忻城县66元，合山市185元。

五保村

2003年，广西根据农村税费改革后五保供养工作面临的新情况，积极开展调查研究，认真总结经验，创新工作思路，建立五保村建设管理模式，即在大的自然村或村委会所在地兴建五保村集中供养点，对分散供养的五保户实行就地、就近、就村集中供养，把集中供养与农村1家1户居住习惯、五保老人乡土情怀结合起来，改善了五保户的生活质量，提高了农村社会救助水平。每建1个五保村投资5万元。建设资金由自治区民政厅从销售福利彩票筹集的福利资金解决。建房用地由项目建设所在地的村委会或自然屯解决。

2004年，自治区下达给来宾市的农村五保村建设任务是新建100个五保村。为按期完成农村五保村建设任务，市民政局先后3次召开会议，部署、检查、督促五保村建设工作，各县（市、区）在上级下拨建设资金不到位的情况下，采取当地政府先解决部分，动员机关单位帮扶部分，工程承建方垫支部分的办法，保证建设工程按期完工。全市计划新建102个五保村全部竣工，其中有28个五保村投入使用。至2005年，全市共建有五保村270个，内设床位2588张，接收五保对象入住2016人，床位使用率77.9%。其中，兴宾区70个，设床位581张，接收入住五保老人440人，床位使用率75.7%。象州县33个，设床位337张，接收入住五保老人337人，床位使用率100%。武宣县62个，设床位620张，接收入住五保老人502人，床位使用率80.9%。忻城县61个，设床位610张，接收入住五保老人376人，床位使用率61.6%。金秀瑶族自治县18个，设床位180张，接收入住五保老人146人，床位使用率81.1%。合山市28个，设床位260张，接收入住五保老人215人，床位使用率82.7%。

五保村建设总体上是好的，但也存在一些问题。如五保村的水电等费用，当地村委会无法解决，乡镇政府依赖民政部门，增加了民政部门的负担和压力。

兴宾区良塘镇北合五保村，2004年建成，占地1.5亩，建筑面积150平方米，设床位10张，2004年入住10人

另外由于引导、管理工作不到位,部分五保村的床位使用率不高,产生一些负面影响。

第二节 社会福利生产

民国以前,境内没有专门的社会福利生产企业单位,流散在社会上的残疾人群体极少有工作机会,生活无法保障。

中华人民共和国成立后,境内各县民政部门除对流散在社会上的残疾群体实施必要的救助外,还兴办社会福利企业,安排残疾人就业,解决他们的基本生活。

1978年,武宣县民政局和武宣镇联办民政福利厂,吸收12名有一技之长的残疾人进厂,加工冬令救济寒衣和矿粉袋。1981年,该县民政福利厂扩大经营,又招收16残疾人进厂,加工月饼、米粉和制作皮鞋,同时开办销售门市部,当年产值17万余元。是年,武宣镇开办社会福利商店6个,招收本镇20名残疾人为营业员,8个月时间总营业额就达到13.30万元,实现利润4898元。

1980年11月,忻城县民政局兴办福利厂,有车缝、水泥纸袋、塑料编织袋车间,安排城镇和农村残疾人员19人就业。1980—1990年,上级民政部门先后资助忻城福利厂52.67万元,为生产投资使用。

1985年5月,来宾县投资24.5万元在县城柳来路北端建立“扶贫扶优服务公司”,下设民政塑料厂、煤场、采石场各1个,先后安排部分残疾人在内的社会特困户、退伍军人共498人就业。

1986年后,武宣县武宣镇又相继办了民政毛巾厂、手套厂,使一部分有一技之长的女残疾人能自食其力,减少家庭和社会负担。

1990年,忻城民政福利厂固定资产35万元,流动资金8.3万元,厂房占地面积3050平方米,就业人员37人,其中残疾人员27人,年产值60万元,利税6万元。主要产品方格蔟、夹筋水泥纸袋,畅销区内外。每人创税利1404元,职工年均工资1085元。该厂有一栋4层楼房,7间厂房14个生产车间共1260平方米,办有招待所。合山市民族扶贫福利服务公司经营5个经济联合体(3个扶贫矿井、酒家、门市部),还办有1个小型针织厂。其中,3个扶贫矿井在1988—1989年先后安排贫困农民500多人下井采矿,出勤率高的农民,月工资达300元以上,地面工每天收入不少于5元。针织厂安排15名残疾人就业,1990年产值71.5万元,实现利税5万元。武宣县办集体福利工厂2个(武宣县民政福利厂、武宣镇民政福利厂),安排55名残疾人就业。来宾县民政综合服务公司、煤场等企业,总投资22万多元,从业人员49人,产值8万多元,税利1万多元。主要产品有电杆、原煤等。

1997年,来宾县福利食品饮料厂成立,位于来宾镇新华路,是一家集体企业,具有独立法人资格,实行自主经营、自负盈亏、独立核算的并与其全部资产对工厂债务承担责任的经济实体,是一家新型科技企业。工厂占地面积2700平方米,拥有标准工业厂房600平方米。其中生产车间500平方米,仓库100平方米。置有2套现代化蒸酒设备、冶金自动包装灌装机、1套玻瓶灌装设备。有职工30人、科技人员4人。主要产品有玉米醇、稔子酒、米酒系列。工厂投产后,取得良好经济效益。该厂生产的玉米酒、稔子酒列入1998年柳州地区科技开发新产品项目。同年9月,来宾县福利饲养场动工建场,场址在县城河西区,土地面积6600平方米。企业自筹资金111万元,贷款100万元。1998年1月投入生产。设工作机构4股1室1班,劳动定员100名。正副场长各1名,办公室1名,生产技术股2名,供销股2名,财务股2名,保卫股2名,饲养班按每养25头猪配1名饲养员,全场共配饲养89名。年底存栏和销售生猪6000头,产量60万千克。

2001年后,境内有来宾金海冶化厂、来宾管理段福利公司、武宣县汇丰实业有限公司3家私营企业挂民政福利的牌子,接受民政部门的监督,招收安排部分残疾人就业。其中来宾管理段福利公司安排残疾人就业率达41.17%。

2002年,来宾市福利企业单位有1个,年末职工20人,残疾职工7人,女残疾职工2人,资产总值197.1万元,固定资产原值107.1万元,固定资产净值70.1万元,负债总值34.5万元,所有者权益合计162.6万元,未分配利润–16.6万元,销售收入214.3万元,纳税总额12.5万元,退税总额4.5万元,实际退税1.6万元,亏损总额11.6万元。

2004年,来宾市集体社会福利企业的单位数4个,年末职工人数102人,残疾职工54人,残疾女职工4人,资产总额708.8万元,固定资产原值178.8万元,固定资产净值125.2万元,负债总额126.8万元,所有者权益合计582万元,未分配利润180.8万元,销售收入1108.8万元,纳税总额177.2万元,应退税金总额167.2万元,实际退税总额6万元,盈利总额0.6万元,亏损总额145.6万元。

2005 年，来宾市残疾人就业工作坚持“安置为主，收缴残疾人就业保障金为辅”的工作方针，通过收缴残疾人就业保障金来促进按比例安排残疾人就业。年内全市按比例安排残疾就业 56 人，收缴残疾人就业保障金 57 万元，残疾人集中就业 52 人，残疾人个体就业 103 人。

第三节　福利彩票

管理机构

1992 年 2 月，境内各县（市）社会福利有奖募捐委员会和办公室相继成立。办公室无专职人员，由民政局派人兼任，每次举办彩票销售活动，由各县（市）民政局都全体工作人员组织销售。

2003 年 6 月 13 日，来宾市社会福利有奖募捐委员会和办公室成立。核定编制 3 人，属自收自支、自负盈亏事业单位，负责全市福利彩票组织发行、销售、结算等事务。

销售活动

1990 年，柳州地区民政局与合山市市民政局联合试办社会福利有奖募捐销售，取得成功后，在象州、武宣、来宾、金秀等地复制销售福利彩票。

1995 年国庆节期间，来宾县首次销售 400 万元大奖组福利彩票，一举成功，首开在广西贫困地区发行销售大奖组福利彩票先河。接着在武宣县销售 400 万元和 500 万元大奖组彩票，均获成功。此后，各县（市、区）每次销售福利彩票都有大奖组彩票。是年，各县（市）福利彩票销售总收入 1148.03 万元。其中：兴宾 482 万元，象州 80 万元，武宣 412.62 万元，金秀 52.55 万元，忻城 100.86 万元，合山 20 万元。

1998 年，为支援灾区恢复生产、重建家园，国务院决定从 1998 年 10 月—1999 年 3 月底，在全国发行 50 亿元赈灾专项福利彩票。赈灾专项福利彩票所募集的资金各级政府一分不留，民政部门一分不用，全额上缴国务院统筹安排。时境内 6 个县（市）共销售上缴赈灾彩金 170 万元。1996—2000 年，5 年来宾县累计销售即开型福利彩票和电脑彩票 1436 万元（即开型彩票 1259 万元，电脑彩票 177 万元），每年均居柳州地区各县（市）之首，先后 6 次评为全国、全区社会福利有奖募捐工作先进县。

2003 年，来宾市组织销售福利彩票 398.8 万元，其中市本级组织销售 179 万元，象州县组织销售 150.8 万元，武宣县组织销售 84 万元，忻城县组织销售 120 万元。

2004 年，来宾市在兴宾区组织 400 万元大奖组销售。该次彩票销售，领导重视，组织严密，宣传到位，设奖科学，吸引了广大城乡居民积极参与，踊跃购彩，仅两天半时间，就完成了 400 万元福利彩票销售任务，创下了广西县级福利彩票销售新纪录。随后民政部门又先后在合山、武宣、象州等县（市）政府所在地和金秀桐木镇组织了 200 万元大奖组销售，均取得圆满成功。

2005 年，由于建市之初，销售网点未健全，销售工作难度大，全年 4 个网点只销售 27.68 万元。其中：市福彩中心销售 21 万元，兴宾区销售是 1.5 万元，合山市销售 3 万元，金秀瑶族自治县销售 1.5 万元。

表 24-11　**1992—2005 年来宾市福利彩票销售情况统计表**

单位：元

年度＼金额＼县市	合计	市本级	兴宾	象州	武宣	忻城	金秀	合山
1992	1969220	—	639000	200000	120000	534218	150000	26002
1993	7477173	—	2161000	1400000	944000	1009148	200000	1763025
1994	4536418	—	1340000	1600000	250180	140000	388014	818224
1995	11480250	—	4820000	800000	4126210	1008560	525480	200000
1996	23303983	—	4000000	3679980	83659	1994212	2016668	11529464
1997	3389720	—	1472514	67852	—	—	1302482	546872
1998	9320442	—	4473410	1845866	1703260	800302	20000	877604
1999	6623784	—	2155270	1855274	865448	958450	357338	432004
2000	2397100	—	492300	336100	366100	800000	114700	287900

续表

年度＼金额＼县市	合计	市本级	兴宾	象州	武宣	忻城	金秀	合山
2001	1848000	—	252000	387000	186000	461000	162000	200000
2002	1345000	—	1183000	—	—	—	—	162000
2003	5338000	1790000	—	1508000	840000	—	1200000	—
2004	—	—	—	—	—	—	—	—
2005	276834	206831	—	—	—	—	—	70000

收入管理

1989年12月，广西印发《即开型社会福利奖券财务会计试行规定》。1990年6月又颁发《广西壮族自治区社会福利有奖募捐社会福利资金管理使用试行办法》（以下简称《办法》）。随后，先后对《办法》作了三次修改、补充，并印发了《关于农村有奖募捐社会福利资金使用有关具体问题的通知》等配套性文件，对资金管理、资金使用、审批权限、审批程序、监督检查等方面作了规定。如对于福利资金管理，实行分级按比例留成使用，即：销售福利彩票的总收入，扣除奖金和发行费以外的净收入，30%为社会福利资金，按彩票面值，上交中募委5%，广西留成25%，其中自治区3.1%，地（市）2.4%，县19.5%。福利资金的管理使用要定期提交本级募委会审议，并向社会公布，接受社会监督。同时，接受财政、金融、审计部门的监督。对违反规定使用的，上级民政部门和募委会有权缓、停拨已决定资助的资金等。销售福利彩票募集上来的福利基金，大部分用于发展社会福利事业，兴建社会福利院、乡镇敬老院。境内所有福利机构建设资金除了来宾县建设乡镇敬老院时由县财政支出现部分，各部门赞助一部分外，其他均是销售福利彩票所募得的福利基金。有的是本县（市）销售提取的福利基金，有的是自治区返还的福利基金。2004年和2005年，全市兴建的270个五保村，所需经费基本上都是自治区返还的福利基金。实施“明天计划”和“白内障患者复明救助工程”经费也是自治区民政厅从销售福利彩票筹集的福利基金中返还各市、县解决的。

第四节　老龄事业

老龄现状

2003年，来宾市60岁（含）以上人口有24.98万人，占总人口10.36%。2004年年末老年人口数261905人。其中60~64岁101220人，女56780人；65~79岁130749人，女66707人；80~99岁29740人，女19207人；100岁以上151人，女114人。

2004年，来宾市独居老年人数14678人，只与配偶居住老年人数36549人，养老机构住养老人数1596人，其他老年人数209082人。老年法律援助救助案件97件，由律师事务所提供案件数5件，由公证机关提供案件数10件，由人民法院提供案件数82件。老龄系统接待信访135次。老年服务设施295个，老年门诊2个，老年文体组织40个，老年人协会572个。老年大学1所，在校人数324人。

2005年，全市60岁以上人口307233人。其中：兴宾区120144人，忻城县50969人，象州县55690人，武宣县45445人，金秀瑶族自治县20333人，合山市14652人。全市60岁以上人口占总人口2451301人的12.53%。

老年服务

1984年，象州县政府投资11.94万元在寺村乡建立1所光荣院，建筑面积899.1平方米。1990年收养孤老复员军人11人。

1990年，金秀瑶族自治县筹集福利基金39000元，用于扶助贫困、救灾救济。头排乡人民政府建有敬老院1个，建筑面积400平方米，是年收养孤老15人。金秀瑶族自治县总工会设有老年人娱乐中心，县老干部局设有老干部图书阅览室。合山市老干部活动中心和矿务局老干部活动中心两幢楼房建筑面积948平方米，投资47万元，占地面积3790平方米。服务设施有门球、麻将、棋类、康乐棋、桌球、乒乓球、气功。象州县老年活动中心设有游戏、阅览室、晨练场、门球场各1个，全县11个乡镇都建有老年人活动之家。来宾县城区设有老年人门球场3个、老干部文娱室2个。1991—1996年，各县市受理老年人来信来访工作，对老年人反映的问题，设法给予帮助解决。武宣县共受理老年人来信133件，接待来访126人次，对老年人反映的问题，及时给予解决。

2002年，来宾市城镇收养性老年福利机构22个，年末职工人数50人，护理人员33人，床位数419张，是年在院总人天数90747人天，年末在院人数299人。农村收养性老年福利机构37个，年末职工人数75人，护理人员46人，床位数582张，年在院总人天数114558人天，年末在院人数357人。

2003年，来宾市老龄工作以“老有所养，老有所医，老有所教，老有所学、老有所为、老有所乐”为目标，落实中共中央、国务院《关于加强老龄工作的决定》和自治区党委、自治区人民政府《关于进一步加强我区老龄工作的意见》和规划，实施“星光计划”加快老年人服务设施规范化建设，建立多样化为老年人服务的体系，维护老年人的合法权益。7月，召开第一次全市老龄工作会议。8月，召开来宾市老龄委成员单位第一次会议，制定《来宾市老龄事业“十五”期后三年发展规划》《来宾市老龄委成员单位的职责》《来宾市老龄工作规则》等，拟定来宾市老年活动中心用地规划上报市政府。各县（市、区）同时策划各个“星光计划”及在社区建设中老年活动中心的选址工作。根据自治区老龄办关于开展创建全区、全国老龄工作先进县（市、区）活动的工作部署，来宾市成立以市人民政府刘向群副市长为组长的创建活动领导小组，确定武宣、象州两县为创建活动试点县。武宣县在创建活动中，有5个村的老年协会采取自筹资金的办法，新建了活动室5个，面积达1400平方米。市老龄办深入6个县（市、区）37个乡（镇）、27个自然屯，进行调查研究，了解各地落实《老年权益保障法》、建立老年协会及其活动的情况，指导开展老年协会工作。开展全市《离退休人员年龄结构、分布情况调查》《各级老龄机构情况调查》《村级老年协会工作情况调查》以及《老年人权益保障维权调研》。撰写三篇业务论文参加全国、全区老年学术研讨会论文评比。全市有社会福利院3所，敬老院57所，收养1349人，老年活动中心（站）175个，参加活动的老年人10多万人次。

2004年，来宾市农村老年福利机构166个，年末职工人数136人，医务人员40人，床位数1952张，年在院总人天数260542人天，年末住院人数1583人。城镇老年福利机构有忻城、武宣、合山3个单位，年末职工人数5人，医务人员1人，床位数54张，年在院总人天数12410人天，年末在院总人数48人。

2005年，来宾市有县级社会福利院5所、光荣院2所；乡级敬老院75所、五保村276个，内设福利床位4202张，接收供养对象3633个，床位使用率86.46%。金秀瑶族自治县福利院、光荣院于同年8月16日完成搬迁工作。市级社会福利院在办土地征用手续。

老年活动

20世纪90年代初，境域各县（市）都建立了老年体育协会。各县（市）从当地实际出发，多渠道、多形式、有计划地组织老年人做力所能及的工作。如：撰写回忆录，搞社会调查，从事一些专题的研究、讲学、著书立说，参加各种学会、协会活动，开展技术咨询，传授技术，参与治病，继续留任聘用等，兴办以发展第三产业为主要内容的经济实体以及发展种养植业。各级在充分发挥老年人特长方面取得了较好的社会效益和一定的经济效益。老年体协和老龄委员会根据老年人特点，开展小型多样、丰富多彩的文化体育活动，其中以老年门球和老年健身舞最为广泛。

1991年5月，《广西壮族自治区保护老年人合法权益》颁布后，各县（市）成立领导小组，开展老年人合法权益保护工作。8月，来宾县召开老龄工作会议，研究建立健全乡镇老龄组织，把老龄组织向基层延伸，建立村民委员会老年人协会问题。至1993年，来宾县有256个行政村成立老年人协会。12月28日，来宾县召开老龄工作表彰会议，表彰工作出色的先进集体15个、先进个人47人。

1996年，境域各县（市）在庆祝老龄工作委员会成立10周年暨第10个敬老节期间，宣传《中华人民共和国老年人权益保障法》。来宾县大力宣传小平阳镇定板村优秀共产党员张如祥17年如一日赡养1位74岁孤寡老人和平阳镇罗向花1家10多年孝敬80高龄的双亲，1998年罗向花一家获全国敬老好儿女金榜奖。

1991—2000年，境域各县（市）每年举行一次以保护老年人合法权益为主要内容的宣传月活动，每年的九月初九重阳节，均开展老年人门球、象棋、麻将、斗鸟及文艺演出竞赛活动。春节、敬老节期间，由老龄办牵头，县（市）领导带队、涉老部门参加组成慰问组，对百岁老人、特困老人、老军烈属走访慰问。1991年11月，来宾县分别在凤凰镇、北五乡召开资助特困老人捐资大会，有干部、群众、师生500多人参加，共捐资1.2万多元。武宣县编印《武宣老龄通讯》《再创敬老新风尚》。1993年敬老节，来宾县老龄办和民政局到陶邓敬老院慰问23位“五保”老人。1998年4月，来宾县老龄办组织医务人员、乡民政干事等人深入7个乡14个村，对8位百岁老人、8位80~99岁老人进行健康调查，百岁老人的生活补助从1994年以前的每人每月15元增加到2000年每人每月32元。1996年，武宣县首次召开老龄工作表彰会，表彰了武宣镇老龄委等6个先进单位，授予陈思合等43人为老龄工作功勋奖、敬老好儿女金榜奖、陈振贵老有所为精英奖等先进个人。1997年，来宾县政府拨款5.8万元，县直单位资助1.7万元，建成3个标准门球场、2个地掷球场。是年，自治区老年门球赛在武宣县举行，境内各县（市）均派代表队参加。1998年，国家老龄科研中心在武宣县开展社会高龄老人健康长寿监测服务活动，重点对武宣县80位高龄老人身体健康及生活状况进行追踪访问和调查研究，为国家制定老龄政策提供决策依据。1999年，柳州地区“庆祝国际老年人年”大型文艺演出在武宣举行，共有28个老年文艺队参加。2000年，来宾县有门球场9个，经常参加活动的老年人300多人。在柳州地区举行第五届中老年篮球赛、第十一届门球赛，来宾县代表队均获第5名。是年，来宾县将539名孤寡老人从分散供养转为集中供养。2001年，由武宣县老龄办牵头组织，倡导社会力量为武宣县老年活动中心捐资筹款5万多元，完善老年活动中心楼的扫尾工程，使武宣县老年人协会成立后有活动场所。2002年，各县市机构改革，老龄办并入民政局。

2003年，市直部门和各县（市、区）分别召开座谈会，开展慰问活动，乡（镇）老年协会组织老人聚餐。团市委组织学生到敬老院做好事，为老人表演节目。市老龄委组织文艺会演、广场文体活动、游园活动，举行门球比赛。市四家领导班子由市委副书记黄克带队到敬老院、医院慰问老年人。

2004年，兴宾、武宣、象州三县（区）评为全区老龄工作先进县。年末，全市共有60岁以上老年人30.72万人，占全市总人口的13%。市老龄办组织来宾市老年红河女子合唱团参加文本合唱协会在桂林举行的“老年之声”歌咏比赛，团体获得“象鼻山金奖”；组队参加全区老年文艺调演的节目荣获三等奖一个，优秀奖一个。

2005年，市老龄办在“三八”节期间配合自治区老体协、自治区妇联在来宾市成功举办“全区女子门球运动会”、市直“三八”节门球赛。各级老龄办先后组织老年文艺队深入基层开展文艺表演36场。与桂林市、柳州市、玉林市老年文艺队进行演艺交流，共接待兄弟市老年朋友225人，举行演出三场。举行《纪念抗日战争暨世界反法西斯战争胜利60周年来宾市老年书画展》，先后在柳州市、来宾市、玉林等地展出。选送十幅书画参加全区展出，有五幅获二等奖。10月参加全区第四届老年人运动会，来宾市有80多名运动员参加比赛。为迎接全区第四届老年运动会，市老龄办与市老体协、老干局联合举办门球、球操、乒乓球、剑拳等项目的选拔赛。筹建成立“来宾市老年人体育协会”“来宾市老年书画协会”。市直红河老年女子合唱团出席广西第二届老年合唱比赛获二等奖。武宣县老年协会代表队代表广西出席全国在重庆举行的健身操获金奖，有五位老人获全国健康老人。自治区老年基金会和来宾市老龄办在武宣开展慰问社会特困老人活动，共发放棉胎80床，慰问金1650元。

第六章　婚姻管理

民国时期，境内婚姻当事人的婚姻关系确定，一是按照传统风俗习惯，由父母之命、媒妁之言缔结婚姻；二是按照宗教仪式缔结婚姻。民国24年（1935年）5月21日，广西省政府发布《婚姻登记证书发给规则》，始规定结婚要登记，但绝大多数婚姻当事人仍按传统习俗操办婚事，忽略婚姻登记。

1950年5月1日，中央人民政府颁布《中华人民共和国婚姻法》，对结婚、离婚、复婚登记作出具体规定。1955年，内务部公布《婚姻登记办法》后，境地各县开展婚姻登记工作。三年经济困难时期至“文化大革命”时期，婚姻登记工作不正常。1989年，自治区召开清理违法婚姻和婚俗改革座谈会，加强婚姻登记管理，对违法婚姻进行综合治理，开展宣传教育，提高婚姻当事人的法制观念。

中共十一届三中全会以来，婚姻登记工作在保障合法婚姻的确立与解除，建立民主和睦家庭，摒弃婚姻不良习俗，促进经济社会发展起到重要作用。

2004年，来宾市加强婚姻登记管理，全面推进婚姻登记体制改革。兴宾区率先启动婚姻登记体制改革，取消乡镇婚姻登记机构，仅在区政府所在地集中办理婚姻登记。

2005年，来宾市全面完成婚姻登记体制改革工作，分别在县（市、区）政府驻地设立婚姻登记中心，将分散于74个乡镇的婚姻登记职能收归县（市、区）民政局，实现婚姻集中登记，并率先在全区14个地级市中解决婚姻登记机构编制问题。同年8月，根据上级精神，来宾市民政局印发《关于在全市开展婚姻登记工作规范化建设活动的通知》及创建文明窗口单位检查验收评分标准，明确了创建活动的内容、目标、任务和实施办法。此外，市民政局还组织23名婚姻登记员参加自治区民政厅举办的业务培训班学习。同年10月1日，涉港澳台婚姻登记职能划归自治区民政厅管理，原办理的婚姻档案资料全部移交给自治区民政厅。是年内，婚姻登记中心为17728对结婚、离婚人士办理了登记手续，其中：结婚登记16126对，离婚登记1610对，涉港澳台婚姻登记42对，婚姻登记合格率100%。

第一节　婚姻管理改革

登记机关

民国24年（1935年）5月21日，广西省政府发布的《婚姻登记证书发给规则》规定，结婚登记机关在农村是村公所，在城镇是街公所。但群众无登记习惯，结婚多未登记，登记机关有名无实。

内地居民婚姻登记机关　1950年4月30日颁布的《中华人民共和国婚姻法》规定，结婚登记机关是区、乡人民政府，离婚登记机关是区人民政府。1951年—1956年2月，忻城县婚姻登记皆由民政部门和区公所办理。1955年，除金秀外，象州、武宣、来宾、忻城均由乡镇人民委员会负责婚姻登记。1956年3月后，忻城县婚姻登记由小乡（后称生产大队）办理。1955年，来宾县先在良江和迁江镇试行乡、镇办理婚姻登记制度，由经常在乡、镇工作的干部（民政助理）具体负责。1957年在全县推行。1958年9月，人民公社为政社合一组织，境内各人民公社管理理委员会负责婚姻登记。1962年，婚姻登记工作下放给大队办理，不久又由公社民政助理负责，不再变更。1963年，境内各县恢复区人民政府，由区人民政府负责婚姻登记。象州、忻城、金秀于1966年，来宾县于1968年，武宣县于1969年分别改由人民公社管理委员会办理婚姻登记。1984年，各县市建立乡（镇）人民政府，婚姻登记由乡（镇）人民政府负责。1986年以前，婚姻登记机关的婚姻登记员多由乡（镇）民政助理兼任。由于民政助理经常下村屯工作，婚姻登记工作由乡镇政府（或人民公社）办公室人员代办。1987年以后，各乡（镇）婚姻登记员仍由民政助理兼任，但需经业务培训，执证上岗。从此，婚姻登记质量明显提高。

2004年，来宾市全面推进婚姻登记体制改革，兴宾区率先取消乡镇婚姻登记机构，在区政府所在地集中办理婚姻登记。同年上半年，忻城和武宣先后完成婚姻登记改革任务。下半年，金秀、合山、象州3县（市）也完成集中办理婚姻登记改革。是年，象州县率先解决了婚姻登记机构人员编制。次年，全市其他县（市、区）也落实了婚姻登记机构编制，（婚姻登记处配备了2~3名专职婚姻登记员，属财政全额拨款的事业单位）。自此，来宾市在广西14个地级市中，率先解决了婚姻登记机构和人员编制问题，得到了自治区民政厅的充分肯定。实行以县（市、区）为单位集中婚姻登记后，各县市依法行政、规范管理、规范登记、规范服务，婚姻登记工作水平明显提高。此外，各县（市、区）还聘请了社会监督员，公布了监督电话，实行政务公开，接受群众监督，防止了像过去在乡镇一级办理婚姻登记时，个别乡镇借婚姻登记搭车收费等不良现象再发生。

2005年，全市6个县（市、区）民政局均成立婚姻登记处，落实编制，配齐人员，实行婚姻登记集中办理。是年，兴宾婚姻登记处配6人、武宣婚姻登记处5人、象州婚姻登记处3人、忻城婚姻登记处3人、金秀婚姻登记处2人、合山婚姻登记处5人。

涉港澳台婚姻登记机关　1964年2月1日，内务部、中华人民共和国华侨事务委员会规定，华侨和港澳同胞同国内（内地）公民办理婚姻登记的机关是市、县民政局。1977年改在各人民公社管理委员会和镇人民委员会。1978年，个别市由市民政局直接办理。1980年7月，遵照民政部的通知，登记机关统一规定在县、市辖区民政局（科）。中共十一届三中全会后，1983年3月10日，民政部发布《关于华侨同国内公民，港澳同胞同内地公民之间办理婚姻登记的几项规定》，规定上述对象婚姻登记的机关是县级民政部门。

涉外婚姻登记机关　1953年3月19日，广西省人民政府规定，涉外婚姻的结婚登记机关是区公所。1955年6月后，涉外婚姻的离婚登记机关，在农村是乡（镇）人民委员会；在城市是街道办事处。1958—1976年，涉外婚姻登记机关与国内（内地）公民婚姻登记机关相同。1981年12月12日，自治区民政局发出《关于涉外结婚登记注意事项的通知》,规定从1982年1月1日起,涉外结婚登记,在县由县民政局办理,在市由市民政局办理。1982年7月17日,自治区民政局再次发出通知:凡外籍华人、外国人与中国公民结(离)婚,住在中国的外国人之间的结(离)婚的登记,由市、县民政局办理。1983年,自治区人民政府发出通知,规定涉外婚姻登记工作由自治区民政局统一管理,并指定南宁市、柳州市、桂林市、梧州市民政局为具体办理机关。凡户口在广西的中国公民自愿同外国人(包括常驻中国和临时来华的外国人、外籍华人、定居中国的侨民)结婚的,男女双方必须共同到就近的婚姻登记机关申请登记。

政策法规

内地公民婚姻登记 民国20年(1931年)政府规定,男年满19周岁,女年满16周岁方可结婚。民国24年5月21日,广西省政府规定:"凡结婚须于举行婚礼后10日内报请所在地村、街公所登记,并请发给登记证书","村、街公所对要求登记结婚当事人的申报各节审查属实,而又未发现有重婚或未达结婚年龄与其他违法情节者,应即准予登记并发给登记证书,以资证明。"

1950年颁布的《中华人民共和国婚姻法》规定,男年满20周岁,女年满18周岁方可登记结婚。1955年6月1日,内务部颁布《婚姻登记办法》,婚姻登记工作全面铺开。由于各县宣传贯彻婚姻法力度不同,结婚登记率高低也不同,有些地方,特别是边远山区和少数民族地区仍未全部执行结婚登记。到1970年仍然有部分农村居民结婚未办理登记手续。

1962年,自治区民政厅要求,达到法定结婚年龄的人结婚时,须凭工作单位或所在地机关的证明,到婚姻登记机关登记,领取结婚证。证明内容含当事人的姓名、性别、年龄、民族、成分、籍贯、婚姻状况(是否离婚、复婚、丧偶等)。离婚和恢复结婚,当事人还应向登记员介绍离婚或复婚的具体情况,以及调解经过情况。

"文化大革命"期间,婚姻登记工作出现一些不依法办事的现象,如婚姻登记人员以当事人年老为由,不予登记。

"文化大革命"结束后,自治区民政局对婚姻登记问题进行整顿。对婚龄问题,规定任何一方具有下列情形之一的予以适当照顾,准予登记结婚;父母年老多病无人照顾;男女双方或一方是残疾人;当事人一方年龄已超过晚婚规定,另一方又接近晚婚年龄;男女双方年龄已接近晚婚规定,有一方因公需外出一二年的。

1980年9月10日颁布修订后的《中华人民共和国婚姻法》,将结婚年龄改为:男不得早于22周岁,女不得早于20周岁,并规定申请登记人需提交户口证明。同时,还需要婚姻当事人工作单位或行政单位出具包括申请人出生年月、民族及婚姻状况的证明。离婚登记、恢复结婚登记的办理,除双方当事人到一方户口所在地的婚姻登记机关填写离婚申请书(或结婚申请书)外,其余与1950年公布的婚姻法、1955年公布的《婚姻登记办法》的有关规定基本相同。

1986年3月15日,民政部颁布再次修订的《婚姻登记办法》规定,申请婚姻登记的当事人,需要提交居民身份证。同时,还明确如结婚当事人因受到单位或他人干涉不能获得所需证件,经查明实符合婚姻法规定的同样准予登记,发给结婚证书。1992年,在象州、武宣、来宾3个县城非农业人口中,开展婚前健康检查(县级人民医院证明),申请登记时除递交上述证件外,还需提交健康证明书。

2003年,国务院修订新的《婚姻登记条例》,变登记管理为登记服务,体现了为民服务理念。新条例从当年10月1日起实施,对申请结婚登记的当事人,不需要工作单位或者行政单位出具证明,也不强调婚检,只凭男女双方出具身份证和户口即可办理结婚登记手续。9月,来宾市民政局举办由各县(市、区)分管婚姻登记工作的民政局副局长、业务股长和乡镇民政助理(婚姻登记员)培训班,学习掌握《婚姻登记条例》的有关内容和操作办法,提高婚姻登记员的业务水平和依法行政能力。全市两级民政部门利用"十一"长假组织宣传车到各乡镇广播、张贴标语宣传新《婚姻登记条例》,让全社会家喻户晓。

涉外婚姻登记 20世纪50年代,遵照政务院和外交部的复函批示,在涉越结婚登记,对申请结婚登记当事人双方,只要是不违反中国婚姻法和越南国家法令的,均准予办理结婚登记。对越方当事人不在中国,但有通信联系,而中国公民提出与其离婚者,须通过越南驻南宁领事馆征求对方意见后,再按中国婚姻法予以办理离婚登记;越方当事人居在中国,双方没有联系,越方当事人住地实难查明,而中国方当事人提出离婚,确定无法征求对方意见的,按中国婚姻法进行处理;中越双方当事人均居中国,其任何一方要求离婚的,均按中国婚姻法办理。

1982年以前,各县市对华侨、港澳同胞同国内(内地)公民的婚姻登记工作,均按《中华人民共和国婚姻法》和《婚姻登记办法》的规定办理。除办理登记机关指定在县级民政部门外,无特殊规定。1982年,自治区民政局发布《港澳同胞、华侨和涉外婚姻登记工作意见》规定,回国(回内地)暂时居留的华侨、港澳同胞申请与广西一方当事人办理婚姻登记的,必须持有下列证件:中国公民持有户口和婚姻状况证明;港澳同胞持有身份证、无配偶证明、内地常住户口的两个公民对其年龄、职业、婚姻状况证明;华侨须持有护照、婚姻状况证明。广西方当事人、港澳同胞、华侨都必须有国内(广西内地)县以上医疗单位的婚前身体检查证明。婚姻登记机关对当事人进行审查,准予登记的,发给结婚证。各县市认真贯彻自治区上述规定。

1983年3月10日,民政部颁发《华侨、港、澳同胞婚姻登的几项规定》,自治区据此规定进一步完善了本地公民与华侨、港澳同胞的婚姻登记制度。申请结婚登记的除原有的规定外,澳门同胞还需出示澳门行政局或警察局出具的婚姻状况证明;香港同胞出示中国司法行政机关委托的香港律师确认的香港婚姻注册处出具的婚姻状况证明和经该律师证明的由申请人作出的在其他任何地方从未登记结婚的声明书。此外还需有职业或可靠经济来源的证明。当事人离过婚的,须有离婚证件;丧偶的须持配偶死亡证件;有过同居关系的,持脱离同居关系的协议书。

来宾市在办理涉外婚姻登记中,均严格按照上述规定办理。

2005年10月1日,涉外婚姻登记收归自治区民政厅办理。

离婚登记　1980年前,要求离婚双方向婚姻登记机关提出申请。登记机关须经审查双方是否自愿。在调解无效后,则对离婚后子女抚养教育以及家庭财产、离后生活安排等项进行调处。符合离婚规定的准予登记。1986年起,申请离婚双方需要向登记机关提供居民身份证、户籍证明。中国公民和外国人在华要求离婚的,按中华人民共和国《民事诉讼法(试行)》有关规定,向人民法院提出离婚诉讼。

离婚后,男女双方自愿恢复夫妻关系的,当事人持离婚后未再结婚的证件,到婚姻登记机关申请恢复结婚登记,并退回离婚证。结婚登记机关审查婚姻当事人的证件,符合《华侨、港澳同胞婚姻登记的几项规定》的,准予结、离、复婚登记,发给结(离)婚证。

中国公民和外国人离婚后要求复婚的,按结婚程序办理。

婚姻登记档案管理

20世纪五六十年代,境内各县婚姻登记机关没有建立婚姻档案管理制度。

1982年,自治区民政厅向全区推广了桂林市象山区的做法,要求各地的婚姻登记机关建立婚姻登记档案制度,把有关结婚、离婚、恢复结婚的证明文件、申请书,结婚、离婚、恢复结婚证书的存根,以及谈话记录、调查材料等立卷归档,妥善保存。来宾各乡镇婚姻登记机关,均按自治区的统一部署和要求,建立了婚姻登记档案。为使婚姻登记档案管理进一步规范,1992年,各县市按原柳州地区民政局的部署,对乡镇婚姻登记档案归档管理质量进行检查,指导乡镇做好婚姻登记档案管理工作。进入21世纪后,办公电脑得到普遍运用,有电脑的乡镇民政部门均采取电脑操作办理婚姻登记手续,编制了婚姻登记档案数据库。2004年婚姻登记集中县(市、区)政府所在地办理后,原乡镇民政办管理的婚姻登记档案也逐步移交县级婚姻登记机关统一管理。2005年10月1日,由市民政局办理的涉及华侨、港澳台同胞婚姻登记划归自治区民政厅后,原办理的涉及华侨、港澳台同胞婚姻登记档案资料也全部移交自治区民政厅管理。

第二节　婚姻登记

内地居民结婚登记

民国20年(1931年)规定,男满18周岁,女满16周岁,方可结婚。民国25年政府规定,公民结婚须在举行婚礼后10日内,到所在地村、街公所登记。村、街公所审查属实,未发现违法,应准予登记并发给登记证书。

1950年《中华人民共和国婚姻法》颁布后,境内各县人民政府曾组织县、乡(区)干部深入农村宣传贯彻婚姻法、婚姻登记办法等婚姻法规,推行男女平等、婚姻自由、一夫一妻的社会主义婚姻制度。对结婚、离婚、复婚等申请都依法定程序进行登记、办理。1953年,各县开展贯彻婚姻法运动,建立婚姻登记制度,实行婚姻登记管理。婚姻法实施后,有一些地方,特别是边远山区,少数民族地区仍未全部执行结婚登记,不履行法定手续的事实婚姻、近亲结婚以及包办婚姻、买卖婚姻、重婚现象依然存在。

1959—1962年，国家经济困难时期，境内一些地方包办买卖婚姻、早婚、重婚、童养媳、纳妾等封建婚姻关系死灰复燃，酿成婚姻案件和问题。1961年，来宾县人民法院审结婚姻案件283件，多以喜新厌旧、重男轻女和金钱婚姻等原因引起婚姻纠纷。

1963年上半年，境内各地认真地开展婚姻法宣传教育，健全婚姻登记制度。1963年来宾县初婚4295对，离婚431对，复婚80对，再婚24对。1975年合山市结婚614对。

1980年，新婚姻法、婚姻登记办法颁布，结婚年龄改为男22周岁，女20周岁。婚姻登记由乡（镇）人民政府办理。当年，象州县登记结婚1867对，合山市结婚1117对。1981年，忻城县婚姻登记2495对，其中初婚2495对，复婚47对（复婚5对，再婚42对），提出离婚52对。武宣县结婚登记2622对，提出离婚101对，经调解后和好21对，离婚80对，复婚4对。1982年，武宣县结婚登记2879对，提出离婚91对，经调解后和好11对，离婚80对，复婚5对。忻城县婚姻登记2249对，其中初婚2249对，复婚8对，提出离婚64对，未准结婚而结婚的254对。

1990年，来宾市境内共办理结婚登记16884对。其中：兴宾6115对，象州2676对，武宣3015对，忻城3014对，金秀1209对，合山855对。

1992年，境内象州、武宣、来宾等3个县在县城非农业人口中，开展婚前健康检查（县级人民医院证明），申请登记时，除了递交上述证件外，还需提交健康证明书。4月1日—15日，来宾县有128对新人参加婚检。1997年，来宾县有496对新婚夫妇进行婚前健康检查，发现患内科疾病22人、生殖系统疾病31人。

1995年，来宾市境内申请结婚登记19872对，准予登记结婚19010对，其中初婚37085人，再婚935人，不予登记862对。申请离婚登记1423对，准予离婚382对。

表24-12 **1995年来宾市国内婚姻登记情况表**

县市	申请结婚登记								申请离婚登记	
	合计（对）	准登（对）	初婚（人）	再婚人数				不予登记（对）	申请（对）	准离（对）
				合计	男	女	再婚复婚			
合山	1232	1040	2060	20	7	7	6	192	96	40
象州	3036	2922	5626	218	106	112	8	114	111	60
武宣	3362	3274	6366	182	78	104	4	88	325	50
来宾	6597	6283	12292	274	143	131	23	314	628	152
金秀	2278	2156	4186	126	62	64	1	122	111	49
忻城	3367	3335	6555	115	60	55	4	32	152	31
合计	19872	19010	37085	935	456	473	46	862	1423	382

2002年，来宾市办理结婚登记22875对。其中：兴宾12326对，象州2349对，武宣3198对，忻城2683对，金秀1255对，合山1064对。

2003年，国务院修订新的《婚姻登记条例》从当年10月1日开始实施，对申请结婚登记的当事人，不需要工作单位或者行政单位出具证明，也不强调婚检，只凭男女双方出具身份证和户口即可办理结婚登记手续。9月份，来宾市民政局举办了为期3天的由各县（市、区）分管婚姻登记工作的副局长、业务股股长和乡镇民政助理（婚姻登记员）共80人的培训班。通过学习培训，参训人员掌握了新《婚姻登记条例》的有关内容及操作办法，提高了婚姻登记员的业务水平和依法行政能力。紧接着利用“十一”长假，市、县（市、区）两级民政部门还组织宣传车到各乡镇张贴标语、挂横幅宣传新《婚姻登记条例》，让全社会家喻户晓。

2005年，全市将分散在乡镇政府所在地的74个乡镇婚姻登记职能收归县（市、区）民政局，实现婚姻集中登记。是年，全市共办理婚姻登记17728对。其中结婚登记16126对，离婚登记1610对，涉港澳台婚姻登记42对，婚姻登记合格率100%。

表 24-13 1984—2005 年来宾市各县(市、区)结婚登记情况统计表

年度 \ 对数 \ 单位	合计	兴宾	象州	武宣	忻城	金秀	合山
1984	16593	5487	3849	3029	2911	888	631
1985	15444	5139	2712	2636	3091	979	896
1986	15516	4994	2547	2563	3186	813	1413
1987	14294	4800	2567	2877	2016	1194	840
1988	17618	5668	3273	3107	4198	712	658
1989	15030	5614	2355	2998	2465	985	613
1990	16884	6115	2676	3015	3014	1209	855
1991	16682	6125	2901	2792	2632	1108	1124
1992	18322	6554	3086	3049	2875	1067	1691
1993	15923	5754	2548	2606	2763	1203	1049
1994	20772	8645	2589	3057	4218	1237	1026
1995	19872	6597	3036	3362	3367	2278	1232
1996	17344	5924	3073	2944	3044	1404	955
1997	17601	6503	3126	3271	2887	1182	632
1998	17659	6541	2768	3208	3017	1240	885
1999	18661	6987	2767	3292	3450	1242	923
2000	18497	6840	2585	3433	3420	1248	971
2001	17427	6621	2333	3211	2643	1258	1358
2002	22875	12326	2349	3198	2683	1255	1064
2003	17042	6500	2542	3210	2889	1160	741
2004	19331	7112	2658	2982	4100	1055	1424
2005	28945	12480	4554	5033	3516	1615	1747

涉港澳台华侨婚姻登记

1982 年以前，来宾各县对华侨、港澳同胞同国内(内地)公民的婚姻登记工作，均按《中华人民共和国婚姻法》和婚姻登记办法的规定办理。除办理登记机关指定在县级民政部门外，无特殊规定。

1984 年，境内共办理涉及华侨、港澳台同胞结婚登记 11 对。1985 年，共办理涉及华侨、港澳台同胞结婚登记 3 对，均为初婚，其中国内公民 3 人均女性，华侨 1 人，港澳台 2 人。

1990 年，境内办理涉及港澳台、华侨同胞婚姻登记 14 对。其中来宾县 11 对，属初婚 21 人，再婚 1 人，中国公民 11 人，港澳同胞 8 人，华侨 3 人。

1995 年，境内涉外及华侨、港澳台同胞婚姻登记，准予结婚登记 68 对，初婚 135 人，再婚 1 人，国内公民 68 人，均女性，华侨 3 人，港澳同胞 47 人，台胞 18 人。

2001 年，境内涉外及华侨、港澳台同胞婚姻登记，准予登记结婚 184 对，国内公民 184 人、港澳 46 人、台胞 121 人、华侨 12 人。2002 年，来宾市涉外及华侨、港澳台同胞婚姻登记准予结婚 139 对，国内公民 139 人，香港居民 25 人、澳门居民 1 人、台湾居民 111 人、华侨 2 人。2003 年，全市涉外及华侨、港澳台同胞婚姻登记，准予登记结婚 67 对，国内公民 67 人、香港居民 18 人、澳门居民 2 人、台湾居民 45 人、华侨 2 人。

2004 年，全市准予登记结婚 91 对，国内居民 91 人，香港居民 20 人，澳门居民 3 人，台湾居民 63 人，华侨 5 人。准予离婚登记 7 对。

2005 年，全市涉外及华侨、港澳台同胞婚姻登记，准予结婚登记 42 对。10 月 1 日，由市民政局办理涉港澳台婚姻登记职能划归自治区民政厅。

表 24-14　**1984—2005 年来宾市涉及华侨、港澳台同胞婚姻登记统计表**

年度＼项目＼对数	准予登记结婚对数	准予离婚对数	年度＼项目＼对数	准予登记结婚对数	准予离婚对数
1984	11		1996	33	
1985	3		1997	55	
1986	1		1998	67	1
1987	11		1999	85	4
1988	10		2000	125	4
1989	9	1	2001	184	7
1990	14		2002	129	2
1991	22		2003	67	
1992	28	1	2004	91	7
1993	29	1	2005	42	
1994	35		合计	1129	30
1995	68	2			

离婚登记

民国时期，来宾、迁江两县在民事案件审判中，以婚姻案件居多。其原因有多方面。民国22—23年（1933—1934年），迁江县政府县知事兼理司法受理婚姻案件119件，其中属于意见不合112件，受虐待9件，被遗弃5件，受经济压迫1件，行为不法1件，其他1件。判离婚8件，驳回3件。来宾县司法处于民国30年受理婚姻案件47件，审结31件，未结案16件。

1950年，实施《中华人民共和国婚姻法》后，境内各县开展宣传贯彻婚姻法的群众运动，向群众宣传婚姻自由、一夫一妻、男女平等政策。1952年底，来宾、迁江两县受理离婚案件1097件，其中女方提出占80%以上，两县人民法院运用法律手段，采取调解与审判相结合的方式，审结离婚案件734件，占受理婚姻案件的66.5%。

1958—1966年，境内婚姻案件有所下降。1961年，来宾县人民法院审结婚姻案件283件，多是喜新厌旧、重男轻女和金钱婚姻等原因引起婚姻纠纷。通过人民法院调解重归于好20件，调解无效达成协议离婚153件，判决离婚117件，移送或作其他处理75件。

1980年以前，要求离婚双方向婚姻登记机关提出申请。登记机关须经审查双方是否自愿。在调解无效后，则对离婚后子女抚养教育以及家庭财产、离后生活安排等项进行调处。符合离婚规定的准予登记。1984年，来宾县人民法院受理婚姻案件274件，主要原因是草率结婚、父母包办婚姻或第三者插足及喜新厌旧引起。

1986年起，申请离婚双方需要向登记机关提供居民身份证、户籍证明。

1984—1991年，境内各县（市）申请离婚共8468对，符合离婚条件准予办理离婚手续2830对，占33.42%。1981—1990年，象州县有1622对夫妻向民政部门提出离婚要求，经调解和好721对，转人民法院办理213对，准予离婚688对。1982—1990年，合山市离婚共571对。其中经市人民法院审理的案件354件，审结344件（判离104件、调离192件、判不离17件，调和14件，撤诉17件）。

1994—1996年，境内共有申请离婚3223对，符合离婚条件准予离婚1133对，占35.15%。2001—2005年，全市申请离婚2344对。其中，2003年，全市办理离婚登记904对。兴宾区共申请离婚540对，准许离婚306对。2004年，全市办理离婚登记1420对。兴宾区共申请离婚登记461对。2005年，全市办理离婚登记1610对。其中兴宾区离婚登记560对，武宣县离婚登记256对，金秀瑶族自治县离婚登记161对，占总人口0.21%。

第七章　殡葬管理

清至民国时期(1616—1949 年),来宾市境内传统的丧葬,是用棺木土葬。办丧事时请道公做道场,儿孙披麻戴孝,焚香点烛烧纸钱,花费数百至上千元不等。社会地位越高,排场、花费越大。传统的丧葬带有浓重的封建迷信色彩,而且浪费钱财、木材(棺木每副 0.5 立方米)和土地(丧葬地一般每个 6.67 平方米)。

中华人民共和国成立后,棺木土葬一直沿袭,但政府对传统丧葬有所改革,铺张浪费现象曾得到控制。1968 年,政府贯彻执行国务院《关于殉葬管理暂行规定》,推行火葬,禁止殡葬仪式带着封建迷信色彩。1976 年 8 月,来宾县城区东郊筹建殡仪馆,1981 年12月1日使用。1979年起,国民经济形势逐步好转,棺木土葬、铺张浪费现象有所抬头。2001 年 6 月 1 日《广西壮族自治区殡葬管理条例》公布并开始施行,来宾市境内积极地、有步骤地改革土葬、推广火葬,节约殡葬用地、保护环境、革除丧葬陋习,提倡文明节俭办丧事。来宾市于 2004 年 11 月对全市火化区域进行划分,对火葬区域内的一律实行火葬,并加强管理。

第一节　改革土葬

民国 23 年(1934 年)10 月 1 日,广西省政府公布《设置公共墓场规则》,其中规定殡葬管理机构设在各县政府及区乡镇公所。

1976 年冬,自治区民政厅拨款 26.5 万元给来宾县建设殡仪馆。殡仪馆建在来宾城区东郊九龙山,占地 23310 平方米,建筑面积 2471 平方米,1981 年 12 月 1 日建成使用。馆内设火化间、停尸间、追悼厅、骨灰楼以及其他设施。固定资产总值 30.6 万元,有大小灵车各 1 辆,生活用车 1 辆,手扶拖拉机 1 辆,柴油发动机 1 台,电动车 4 辆。建馆初期,该馆有干部职工 11 人,其中干部 4 人,工人 7 人。1988 年增加到 18 人。

来宾市建立后,来宾殡仪馆所划归市民政局管理,属正科级自收自支事业单位,核定编制 17 人,馆长 1 名,副馆长 2 名。2003 年,自治区民政厅资助 300 万元,地方财政拨款 80 万元,对来宾殡仪馆进行扩建,新建火化间 965 平方米,其他配套设施 955 平方米。2005 年,来宾市九龙山公墓建成。

改革陋习

民国 22 年(1933 年)7 月 18 日,广西省政府再行公布《改良风俗规则》,要求丧家办理丧事,量自家经济情况办理,丧事所需衣衾等物品,最多不得超过 100(银)元,死者陪葬品除衣衾外,不得用各种珍玩物品陪葬,丧家或吊客的祭品以香烛、蔬菜、水果为主,酌用三牲(牛、羊、猪),费用不得超过 5(银)元。吊唁所送挽联、挽幛,一律用廉价土布或纸张。招待吊客,应用素食,力求节俭。不准雇用僧尼道巫做法事等,禁止丧家浮厝郊外,在家停柩不得过 5 天。如有缘故,城镇向县政府或公安局,乡村向区、乡公所报告延期,但不得超过 1 个月,客死难以回原籍埋葬的,在郊葬殡室暂厝不能超过 1 年。凡违反《改良风俗规则》的,由各县政府和南宁公安局予以劝导、警告和罚款,若是公务人员,还要给予记过、免职处分。此规则公布后,无社会效果,成为一纸空文。

民国 26 年(1937 年),据广西省政府总务科调查,民间丧葬费用开支,富户棺木费价值毫币(银圆)200~300 元,寿衣 80~200 元,宴席及杂费 500 元,总计千余元。按当年白米价每千克 0.04 元计,可购白米 6000 余千克。普通户总计 80~200 元,贫穷之家也要花费百数十元。

中华人民共和国成立后,各级人民政府取缔迷信业,禁止封建迷信品生产销售,推行追悼会等新的悼念形式。但由于缺乏严格统一管理,旧的丧葬习俗依旧盛行,人死后停棺三、五、七天,请道士念经超度,大摆筵席,择时辰、看风水下葬等现象仍存在。

"文化大革命"期间,受"左"的思想影响,在丧葬改革中出现过一些强迫命令的做法。中共十一届三中全会后,一些地方又走向另一极端,放松管理,放任自流,丧事大操大办,封建迷信活动有所抬头。1981 年来宾殡仪馆成立,办理收殓、停灵、火葬、造碑、悼念等,提倡文明节俭办丧事,逐步取代丧主对死者在拜祭、做道场、看风水、择吉日等封建陋习,节省开支,减轻负担。

1982 年 2 月,国务院批转民政部《关于进一步加强殡葬改革工作的报告》。1983 年 12 月,中共中央办公厅批转民政部党组《关于共产党员应简办丧事、带头实行火葬的报告》。1984 年 3 月,自治区人民政府转发了自治区党委老干部局、自治区民政局党组《关于贯彻执行中办发文件的意见》，要求共产党员简朴办丧事，带头实行火葬。

1985年10月3日，自治区人民政府转发《殡葬管理暂行规定》，要求各级人民政府加强领导，依靠群众，有步骤地破除丧葬陋习，禁止封建迷信活动，反对铺张浪费，节俭办丧事，取缔道士、巫婆、风水先生的封建迷信活动。各县（市）民政部门积极会同有关部门引导群众改革丧葬陋习，提倡文明俭朴办丧事。在一些农村成立红白事理事会，有效地促进了群众观念更新，刹住了丧葬中比排场、讲阔气、铺张浪费的陋习，减轻了群众精神负担和经济负担。

2001年6月1日，广西壮族自治区民政厅公布《广西壮族自治区殡葬管理条例》并开始施行，境内各县市民政部门积极宣传贯彻落实《条例》，引导群众革除丧葬陋习，文明节俭办丧事，逐步形成社会良好风尚。

建立公墓

民国23年（1934年）10月1日，广西省政府公布《设置公共墓场规划》，要求各县、乡镇、街选择郊野设置公共墓场。规定公共墓场由各县政府、区乡镇公所管理。邻近城镇住宅区的坟墓，由当地管理机构定期限令墓主移入墓场安葬。

1982年，自治区人民政府提出，在允许土葬的地方，要从实际情况出发，引导群众逐步改革土葬，要注意节约用地，不准乱葬乱埋，不准占用集体耕地。划定一些荒山瘠地建公墓，实行简葬深埋，防止污染环境。

1985年10月3日，广西壮族自治区民政厅公布《殡葬管理暂行规定》，将没有建立火葬场的县和离邻近市县火葬场半径在30千米以外，交通不方便的地方，划为土葬区。规定土葬区殡葬管理机构是当地人民政府民政部门。土葬区人民政府本着有利发展生产，方便群众，规划土葬用地，以乡或自然村利用荒山瘠地建立公墓。此后，土葬区各基层单位、村（居）民委员会，在民政部门的指导下，努力进行殡葬改革，建立公墓。

第二节　推行火葬

1976年冬，自治区民政厅拨款26.5万元。帮助来宾县筹建殡仪馆，1981年12月投入使用，职工11人。是年，境内开始推行火葬。当年火化遗体2具。

1982年2月23日，自治区民政局召开全区殡葬改革工作会议。要求在建有殡仪馆实行火葬的地方要限制土葬，并在群众自愿的基础上，根据实际情况制定村规民约，推行火葬。

1984年3月，自治区人民政府转发自治区党委老干部局、自治区民政局党组《关于贯彻执行中办发文件的意见》，要求共产党员简朴办丧事，带头实行火葬。

1981年—1987年6月，来宾县殡葬事业发展缓慢，尸体火化率低。为扭转此种局面，县人民政府于1987年7月30日出台《关于贯彻执行国务院〈关于殡葬管理暂行规定〉的实施细则》（来政发〔1987〕第181号），规定在全县范围内除个别边远山区和交通极为不方便的个别村庄外其余均为火化区，都要推行火葬。强调在火化区内居住的共产党员、干部、职工、家属、居民、村民死亡时，都要坚决执行火葬。并要求单位领导要做好死者家属的思想工作，对遗属拒不执行火葬的干部、职工一律不发给丧葬补助费和困难补助费，居民、群众一律不能享受社会救济等。

1989年7月25日，来宾县人民政府办公室下发《关于进一步搞好殡葬改革工作的通知》（来政办〔1989〕44号），表扬了八一锰矿、来宾华侨农场、火电建设公司等一批支持殡葬改革的单位，同时指出存在的问题和不足，提出搞好殡葬改革的具体要求。至1990年底，来宾县共火化尸体1068具，保管骨灰400余盒。

1995年3月10日，经来宾县人民政府同意，县殡葬管理执法队成立。县殡葬工作逐步走上制度化、法制化的管理轨道，尸体火化率明显提高。是年，县殡仪馆火化尸体682具。1996年2月15日，来

1976年来宾县殡仪馆动工建设，建筑面积2471平方米，固定资产30.6万元。图为殡仪馆悼念厅全景。2003年来宾建市后上划市民政局管理

宾县人民政府又出台了《关于进一步加强殡葬管理工作实施细则》(简称《实施细则》),重申火化区范围,规定在火化区内不执行火葬的,由民政部门处以1000~10000元的罚款。作出对乱葬乱埋尸体的要坚决把尸体火化等强制性规定。《实施细则》执行后,来宾县火化率上升,当年,火化尸体876具。1998年火化尸体978具,为该县火化率最高年份。1999年后,火化率逐年下降。2001年,火化尸体825具。

2003年4月,来宾县殡仪馆划归来宾市市民政局管理。2004年,全市火化尸体959具。为积极推行火葬改革,扭转火化率下降趋势,同年11月,来宾市制订下发全市火化区域划分的规定,将全市34个乡镇划定为火葬区域。其中,兴宾区24个乡镇(除个别偏远和交通不便的村庄外)、武宣县10个乡镇划定为实行火葬地区。明确规定在火葬区内,除国家政策规定允许土葬的以外,严禁土葬,同时禁止将公民遗体运出火葬区,政策允许土葬的少数民族公民死亡后,应当在当地人民政府划定的区域内土葬,宗教人员死亡后,在遵守国家有关规定的前提下,可以按照宗教习俗处理遗体,允许土葬的少数民族公民和宗教人员以及土葬区公民死亡,自愿要求火化的,他人不得干涉。

2005年,来宾市加大殡葬改革力度,全面推行火葬改革,市县两级民政部门按照市人民政府规定的火化区域,认真抓好推行火化改革工作。市殡仪馆狠抓基础设施建设,除添购一辆高档运尸车和两辆普通运尸车外,2月10日,启动第一期改(扩)工程,投资35万元,新建一栋二层600平方米的骨灰楼,重新装修追悼厅,扩建火化车间,添购两台高档火化炉,新建12间守灵堂。基础设施不断完善和服务质量提高后,火化率开始回升。全年火化尸体1079具,同比增加120具,增长12.5%,是建馆以来火化尸体数量最多的1年。

表24-15　**1981—2005年来宾市推行火葬情况统计表**

火化具数 / 年份	遗体火化(具)	业务收入(元)	业务支出(元)	亏损(元)	盈利(元)
1981	2	—	—	—	—
1982	59	2877	16247	13370	—
1983	85	4016	21905	17889	—
1984	65	2841	30159	27318	—
1985	91	4911	44315	39404	—
1986	117	5813	40643	34830	—
1987	162	12690	48436	35240	—
1988	178	25670	53200	27530	—
1989	240	30204	52428	27224	—
1990	328	60417	25606	15189	—
1991	347	65739	88256	20317	—
1992	368	86614	99367	12783	—
1993	390	151230	130807	20423	—
1994	490	272418	221255	—	51163
1995	682	487025	257912	—	220113
1996	876	816654	521918	—	294636
1997	978	910169	554169	—	356000
1998	933	889424	585142	—	304282
1999	852	823004	68517	—	141487
2000	892	1031564	832170	—	199394
2001	825	848339	718096	—	130243
2002	855	884155	814708	—	69447
2003	974	983971	93587	—	48101
2004	959	1327257	1359009	31752	—
2005	1079	1615937	1544233	—	70704

第八章　民间组织管理

1990年7月，境内各县(市)民政局相继成立社团登记管理股(后改称民间组织管理股)，配备专职或兼职社团登记管理人员。依法依规对各种民间社团进行登记、年审、注销及法人变更等管理。贯彻落实《社会团体登记管理条例》《民办非企业单位登记管理暂行条例》，保证社会团体和民办非企业单位贯彻执行国家有关法律、法规和《社会团体登记管理条例》《民办非企业单位登记管理暂行条例》，以保障公民的结社和经常性活动自由，保障社团和民办非企业单位的合法权益，促进民间组织健康发展。

2005年，来宾市新社会组织单位总数为社团406个，民办非企业164个；应参加年检单位数为社团123个，民办非企业145个；年检合格单位为社团121个，民办非企业123个；经年检需整改单位数为社团3个，民办非企业2个；经年检注销单位数为社团4个；年检合格率为社团100%，民办非企业100%。

第一节　社会团体

登　记

社团登记包括成立登记、变更登记、注销登记。1979年后，由业务主管部门审批的社会团体相继成立。1988年，金秀瑶族自治县登记在册的社会团体只有自治县集邮协会、桐木镇七建街老年人协会等2个。1990年，设立社团管理机构后，即着手对已建立的社团依照《社会团体登记管理条例》进行清理。1991年，境内各县(市)对原已成立的社团都进行了清理和补办登记手续。符合成立条件的社团，除共青团、妇女联合会、工会、科学技术协会、华侨联合会外，均需补办登记手续。是年，象州县应登记的24个社会团体均全部进行了登记。1992年，境内社团登记管理逐步走上正轨。各县(市)民政部门认真贯彻《社会团体登记管理条例》《民办非企业单位登记管理暂行条例》及党中央、国务院关于加强民间组织管理工作的一系列重大决策和要求，切实加强对社团管理工作的领导，严格社团成立、变更、注销登记手续，认真做好社团的年检和社团分支机构的清理整顿工作。作为社团登记管理机关，依法审查，对符合条件的依法登记，不符合条件的，实事求是提出问题，以保证社团的质量。坚持程序合法、及时审批。坚持年检核查，加强规范化管理。从当年起，各县(市)坚持对社团进行一年一度的年检检查，了解和掌握社团开展业务活动情况、财务管理和内部机构人员的变动情况，及时发现社团存在的问题，依照有关规定要求社团整改，或分别作出处理，达到规范管理的目的。当年，来宾县办理社团登记12个。至1996年，忻城县依法办理社团登记手续21个，其中法定团体19个，一般性团体2个。1998年，武宣县有26个社团组织在民政部门登记。

2003年，来宾市申请登记市级社会团体12个，批准登记社会团体12个，注销2个，年末有市级社会团体54个。申请登记县级社会团体8个，批准登记社会团体8个，注销7个，年末有县级社会团体70个。加强农村经济协会登记管理，已登记82个农村经济协会。

2004年，全市申请登记社会团体36个，批准登记36个，其中地市级申请登记社会团体5个，县级申请登记社会团体31个。年末，全市共有社会团体152个(市级54个，县级98个)。其中，专业社团47个，行业社团45个，学术社团43个，联合社团15个，其他社团2个。本年注销社会团体8个(地市级5个，县级3个)，社团负责人321人，女性42人，应建立党组织社会团体1个，已建立1个。

2005年，全市申请登记社会团体174个，准予登记174个。其中市级社团5个，县级169个。注销社会团体2个(市级1个，县级1个)。年末全市共有登记社会团体324个(含各类农村经济协会)，其中，市级58个，县级266个。

管　理

自20世纪90年代国家赋予民政部门管理社会团体职能以来，境内各县(市、区)贯彻落实《社会团体登记管理条例》，保证社会团体贯彻执行国家有关法律、法规和《社会团体登记管理条例》，以保障公民的结社和经常性活动自由，保障社团的合法利益，促进民间组织健康发展。具体办法是：广泛宣传《社会团体登记管理条例》及有关法律、法规，从正面引导、扶植社会团体和民办非企业单位健康发展，在登记发证、监督检查、年检活动中，对每个民间组织认真宣传政策、法律、法规，从而提高社团依法办事的自觉性；定期或不定期地对民间组织进行检查，以督促民间组织遵守国家有关法律、法规，贯彻落实党和国家各项方针政策。市、县（市、区）两级民间组织登记管理机关在进行监督检查时，都要求他们的法定代表人或负责人到指定的地点接受检查，并酌情到其单位核对其财务账簿或财务收支情况等；认真、细致、深入调查研究，掌握民间组织第一手材料，指导民间组织依法依规开展业务活动。1993 年，象州县依法取缔了非法社会团体马坪乡“覃氏理事会”。1995 年，各县市开展民间社会团体清理整顿工作，对 16 个违规的民间社会团体依法撤销。1996—2000 年，象州县为加强对社会团体的管理，促进社会的稳定和经济发展，经县编委批准，成立象州县社会团体管理办公室，依法对全县社会团体进行清理整顿，坚决取缔“法轮功”、“中功”等反科学的邪教组织，共清理整顿 31 个社会团体，其中 19 个社团因不符合规定被注销；12 个符合成立社团条件的予以登记。1999 年，各县市在清理整顿民间社会团体工作中，发现有 67 个民间社会团体不符合《社会团体登记管理条例》的相关要求，依法予以注销登记，向社会公布。据统计，1991—2005 年，来宾市县两级民政部门，通过年检审查、整顿，共取消违规社会团体 192 个，较好地促进了民间组织健康发展。

2003—2005 年，来宾市社会团体实行业务主管部门和民政部门双重负责的管理体制。全市民间组织管理工作以服务“三农”和全面建设小康社会为目标，加强对农村经济协会的管理，重点抓好农村经济协会的培育发展工作，为“三农”建设服务。2004 年，全市确定了 5 个自治区级农村经济协会示范点和 13 个市级农村经济协会示范点，着力加快示范点的建设。两级民政部门切实加强对社团管理工作的领导，严格社团成立、变更、注销登记手续，认真做好社团的年检和社团分支机构的清理整顿工作，同时积极打击、查处非法民间组织和社团违法行为，维护了社会稳定。当年完成社会团体年检 152 个，合格率为 100%，其中市级社会团体年检 54 个，县级社会团体年检为 98 个。2005 年，完成年检社团 324 个，年检率和年检合格率均达 100%。其中，市级社会团体年检 58 个，县级社会团体年检 266 个。

来宾市慈善总会

2004 年 11 月 16 日，来宾市慈善总会成立大会在来宾市民政局召开，大会通过《来宾市慈善总会章程》《来宾市慈善总会筹募资金和物资使用、管理实施办法》，选举产生了来宾市慈善总会第一届理事会成员、常务理事及会长、副会长、秘书长、副秘书长，通过了名誉会长。来宾市慈善总会名誉会长张少康（市政府市长）、冯成善（市政协主席）、黄必贵（市委副书记）、韦诚凡（市人大副主任）、刘向群（女，市政府副市长）。来宾市慈善总会第一届理事会会长曹远林（市民政局局长、老龄办主任），副理事长杨荣（女）、覃明、熊姿（女）、李进、李凤艳（女）、雷励，秘书长杨荣（兼），副秘书长曾令检、朱柳英（女）、梁光盛、韦兰红（女）。

来宾市慈善总会成立后，按照会议提出的工作任务，大力发展慈善会员，扩大慈善组织，建立网络，千方百计筹措善款，做好项目建设实施工作，为困难群体做好事、办实事，加强宣传，扩大社会影响，开展各项工作，取得实效。2005 年，共募集善款 142 万元，其中：中国体育投资公司（李宁基金会）捐赠 70 万元；市内各界捐赠 72 万元；当年资助贫困学生 11.25 万元，用于资助灾区水毁民房建设 56 万元，修路、购买电脑捐赠支出 47 万元。

第二节　民办非企业单位

登记管理

2000 年，境内各县（市）启动了民办非企业单位登记管理工作，所有民办非企业单位登记统一归口民政部门管理。各县（市）按照《民办非企业单位登记管理暂行条例》及党中央、国务院关于加强民间组织管理工作的一系列重大决策和要求，切实加强对民办非企业单位管理工作的领导，严格民办非企业单位成立、变更、注销登记手续，认真做好民办非企业单位的年检和社团分支机构的清理整顿工作。

2001 年，各县（市）开始实施民办非企业单位的登记管理后，民间组织工作又增加了新的业务和内容。民办非企业单位大都是社会上的私立学校，对这部分民间组织的管理，始终依照《民办非企业单位登记管理暂行条例》有关规定实施，管理办法与社团管理大体相同，同步进行。当年，各县（市）共有 142 个民办非企业申请登记，准予登记 142 个，年末，各县（市）实有民办非企业 152 个。

2002 年，来宾市有 20 个民办非企业申请登记，准予登记 20 个，注销民办非企业 7 个，年末实有民办非企业 152 个。

2003年,全市共有46个民办非企业申请登记,准予登记46个,注销民办非企业11个,年末实有民办非企业175个(其中市级40个)。当年,申请登记的市级民办非企业7个,准予登记7个,县级民办非企业申请登记39个,准予登记39个。注销登记11个,其中市级注销登记2个,县级注销登记9个。

2004年,来宾市开展了民办非企业单位创建示范活动,举办2期民办非企业单位管理人员培训班,提高其管理人员的整体素质和管理水平。年内,全市共有26个民办非企业单位申请登记(其中市级8个),准予登记26个,法人代表22个,合伙5个,注销县级民办非企业单位36个,年末,全市有民办非企业单位165个。其中教育154个,文化1个,劳动10个。

2005年,来宾市及县(市、区)两级民间组织登记管理机关注重抓好民间组织的培育,特别是抓好农村经济协会的培育壮大工作,为解决"三农"问题,发展当地经济注入了新的活力,为建设社会主义新农村做出了应有的贡献。民办非企业单位成立登记县级15个;成立登记各类农村经济协会118个;完成民办非企业单位民事主体资格变更登记54个。

年　检

自2001年对民办非企业单位进行登记年检以来,境内各县(市、区)贯彻落实《民办非企业单位登记管理暂行条例》,保证民办非企业单位贯彻执行国家有关法律、法规和《民办非企业单位登记管理暂行条例》,以保障民办非企业单位经常性活动自由,保障民办非企业单位的合法利益,促进其健康发展。通过宣传《民办非企业单位登记管理暂行条例》及有关法律、法规,引导、扶植民办非企业单位健康发展,在登记发证、监督检查、年检活动中,对其宣传政策、法律、法规,提高其依法办事的自觉性;定期或不定期地对民办非企业进行检查,以督促其遵守国家有关法律、法规,贯彻落实党和国家各项方针政策。境内两级民间组织登记管理机关在进行监督检查时,要求其法定代表人或负责人到指定的地点接受检查,并酌情到其单位核对其财务账簿或财务收支情况等;认真、细致、深入调查研究,掌握民间组织第一手材料,指导民办非企业依法依规开展业务活动。

2001—2005年,全市加强对民办非企业的年检工作,通过年检审查,对违规的民办非企业予以依法撤销,共撤销违规民办非企业单位67个,经年检合格的875个民办非企业准予登记,较好地促进了民间组织健康发展。2004年,来宾市依法对民办非企业单位进行清理整顿,依法打击、查处非法民间组织和社团违法行为,维护了社会稳定,对36个县级违规民办非企业进行查处,撤销其登记资格,向社会公布。当年完成民办非企业年检165个,年检合格率100%。是年,民办非企业负责人有165人,其中女性96人。2005年,完成年检民办非企业157个,年检率和年检合格率均达100%。其中市级民办非企业年检31个,县级民办非企业年检126个。

表24-16　1991—2005年来宾市境内民间组织登记情况统计表

年度＼基数	申请登记社会团体(个)	准予登记社会团体(个)	注销社会团体(个)	年末实有社会团体(个)	申请登记民办非企业(个)	准予登记民办非企业(个)	注销民办非企业(个)	年末实有民办非企业(个)
1991	—	—	—	81	—	—	—	—
1992	34	7	—	108	—	—	—	—
1993	9	9	—	117	—	—	—	—
1994	9	7	—	124	—	—	—	—
1995	19	15	16	123	—	—	—	—
1996	2	2	1	124	—	—	—	—
1997	9	9	3	130	—	—	—	—
1998	9	9	4	135	—	—	—	—
1999	3	3	67	71	—	—	—	—
2000	3	3	3	71	—	—	—	—

续表

基数 年度	申请登记社会团体（个）	准予登记社会团体（个）	注销社会团体（个）	年末实有社会团体（个）	申请登记民办非企业（个）	准予登记民办非企业（个）	注销民办非企业（个）	年末实有民办非企业（个）
2001	4	4	6	69	142	142	—	152
2002	8（市级 2）	8（市级 2）	6	113（市级 44）	26（市级 6）	26（市级 6）	7	187（市级 35）
2003	20（市级 12）	20（市级 12）	9（市级 2）	124（市级 54）	46（市级 7）	46（市级 7）	11（市级 2）	175（市级 40）
2004	36（市级 5）	36（市级 5）	8（市级 5）	152（市级 54）	26（市级 8）	26（市级 8）	36	165（市级 48）
2005	174（市级 5）	174（市级 5）	2（市级 1）	324（市级 58）	15	15	13（市级 7）	157（市级 31）

第九章　扶　贫

1964 年，境内始用救灾款支持干旱地区少数生产队兴修小型水利。1983 年后，试行救灾扶贫周转金扶助贫困对象。1991 年起，境内各地政府引导民间组织成立救灾扶贫互助储金会，使用发展基金、扶贫专项贴息贷款、支边贷款等支持贫困户发展种养业，减少贫困人口。同时，采用以工代赈方式无偿给贫困县进行基础设施建设。境内有 4 个贫困县。其中：金秀、忻城为国家扶贫开发工作重点县；武宣、象州为自治区贫困县。

1995 年，武宣县、象州县农村人均纯收入达到国家规定的温饱标准，被自治区党委、政府授予“扶贫先进县”称号。至 2000 年，来宾地区贫困群众的住房、衣着、食物结构有了改善，生活质量明显提高。

2002 年末，全市尚有贫困人口 33.07 万，占全市农村人口 16.15%。其中尚未解决温饱的绝对贫困人口 9.4 万，占全市农村人口 4.6%。2005 年，来宾市围绕农民增收目标，投入扶贫资金 2.53 亿元，实施整村推进贫困村扶贫开发方案，开展产业扶贫、基础设施建设和贫困村劳动力培训及转移就业等工作，全市贫困面貌有所改变，绝对贫困人口发生率由上年末的 4.4% 降到本年末的 3.1%。

第一节　机　构

1986 年之前，来宾市境内没有专职的扶贫工作机构。1986 年 4 月 17 日，成立柳州地区扶贫工作领导小组。1989 年元月，改称“贫困地区经济开发领导小组”，1994 年 4 月，改为扶贫开发领导小组，下设办公室。1995 年办公室下设福利、业务科，工作人员 11 人。2001 年 12 月 13 日，柳州地区行署扶贫开发办公室改为柳州地区行署扶贫开发领导小组办公室，为地区扶贫开发领导小组的常设办事机构。地区扶贫开发领导小组办公室内设 2 个职能科，综合科（挂地区革命老区建设委员会办公室牌子）、项目管理科（挂地区小额信贷扶贫协调办公室牌子）。地区扶贫开发领导小组办公室机关编制 9 名，其中：行政编制 8 名，事业编制 1 名。领导职数：主任 1 名，副主任 2 名，科级领导职数 2 名。

2003 年 3 月 25 日，设立来宾市扶贫开发领导小组办公室，为市人民政府的议事协调办事机构。市扶贫开发领导小组办公室内设三个职能科室：综合科、项目管理科（挂来宾市小额信贷扶贫协调办公室牌子）、社会扶贫科（挂来宾市革命老区建设委员会办公室牌子）。市扶贫开发领导小组办公室机关编制 9 名，其中行政编制 8 名，事业编制 1 名。领导职数：主任 1 名、副主任 2 名；科级领导职数 4 名。2003 年 5 月 8 日，成立来宾市扶贫开发领导小组。2003 年 7 月 7 日，增核市扶贫开发领导小组办公室机关事业编制 1 名。

来宾市扶贫办主任：龙大传（2002 年 12 月—2005 年 12 月）。

第二节　扶贫对象

贫困地区

国家定点扶持贫困县　1986 年，国务院按 1985 年全县平均每人纯收入 150 元以下，和全县平均每人纯收入 150~200 元的革命老区和民族自治县为标准，确定金秀瑶族自治县为国家定点扶持贫困县。

1994年4月，增列忻城县为国家“八七”扶贫攻坚计划扶持贫困县。

广西定点扶持贫困地区 1984年，广西壮族自治区人民政府确定金秀、忻城等县为广西的“老、少、边、山、穷”县，并划定出最贫困乡镇，其中：忻城县红渡、北更、古蓬、遂意、果遂5个乡为最贫困乡镇，占该县乡镇总数的50%；金秀六巷、忠良、罗香3个乡为最贫困乡镇，占该县乡镇总人数的30%；来宾县寺山、溯社2个乡为最贫困乡镇，占该县乡镇总数的8.33%。

1986年3月，自治区又将划为边远山区县的象州、武宣两县定为贫困县。

1994年12月，自治区将1992年农民年人均纯收入低于400元的乡镇，列入“八五扶贫攻坚计划方案”。其中有：金秀瑶族自治县的忠良、罗香、大樟、六巷、头排、三江、金秀7个乡镇；忻城县的宁江、马泗、大塘、安东、新圩、红渡、古蓬、遂意、北更9个乡镇。

柳州地区定点扶贫乡镇 1984年，柳州地区划定来宾县三五、五山两个乡为贫困乡。

贫困家庭

1985年末，金秀、忻城贫困家庭属于国家确定扶贫的贫困家庭；象州、武宣贫困家庭属自治区确定扶贫的贫困家庭。

第三节 扶贫方式

扶贫扶优

1984年9月，来宾县民政部门发放第一批扶贫款16.4万元，扶持41个军、烈属困难户和779个社会特困户（食不果腹、衣不蔽体、房不蔽风2户）发展种养业。1985年5月，来宾县投资24.5万元，于柳来路北端建立“扶贫扶优服务公司”，下设民政塑料厂、煤场、采石场各1个，先后安排复退军人、残疾人、社会特困人员498人进公司所属厂、场就业。同年，公司扶持18个军烈属困难户和347个社会特困户，帮助他们解决温饱问题。

1985年，境内有14个乡镇开展扶优扶贫工作，年末扶贫户有1574户。其中：象州县3个乡镇，扶贫146户；武宣县1个乡镇，扶贫58户；来宾县3个乡镇，扶贫144户；金秀2个乡镇，扶贫72户；忻城县5个乡镇，扶贫1154户。55个乡村开展扶优扶贫工作，扶贫户有5767户。其中：象州县7个村，扶贫140户；武宣县10个村，扶贫1190户；来宾县21个村，扶贫602户；金秀8个村，扶贫322户；忻城7个村，扶贫3401户；合山市2个村，扶贫112户。

1988年，境内有14个乡镇开展扶优扶贫工作，年末扶贫户有1640户，创办经济联合体10个，参加联合体扶优扶贫29户。其中，武宣县1个乡镇开展扶优扶贫工作，年末在扶178户，创办经济联合体1个，参加联合体扶优扶贫23户；合山市1个乡镇开展扶优扶贫工作，年末在扶12户，创办经济联合体5个，参加联合体扶优扶贫6户。

1990年，境内扶优扶贫户有6852户。其中：合山市56户、象州县910户、武宣县1623户、来宾县1753户，金秀瑶族自治县1035户，忻城县1475户。

1995年，境内新增扶贫户5657户，本年脱贫户1925户，年末在扶户12496户。

农业开发

1964年起，境内始用救济款支持干旱地区少数生产队兴修小型水利。1991年起，政府引导民间组织成立救灾扶贫互助储金会；使用发展基金、扶贫专项贴息贷款、支边贷款等支持贫困户发展种养业，脱贫脱困。

1985—1986年，政府投放“发展资金”给金秀瑶族自治县，帮助贫困户发展农业生产。至1990年，金秀解决温饱户数、人口分别占1985年的26.21%和34.09%；象州县解决温饱户数、人口分别占1985年的59.7%和65.8%。

1987年冬—1988年春，来宾县民政部门发放扶贫款15万元，扶持石牙、蒙村、寺山、高安4个乡的37个军、烈属困难户和713个社会特困户发展甘蔗生产，种植甘蔗1500亩。1989年，又发放扶贫款18.4万元，扶持1164个贫困户发展农业生产。1990年发放扶贫款6.2万元，扶持1189个贫困户发展农业生产。

1992—1995年，金秀、忻城两县解决温饱户数、人数分别占1985年总数的47.6%、60.9%和42.4%、55.5%。象州、武宣两县脱贫户数、人口最多。

忻城县北更乡，1984年前人均自产粮食不到100千克，人均收入在100元以下，1992年后该乡调整农业结构，种桑549公顷，1994年蚕茧收入647.53万元，人均收入200.78元。该乡百福村1993年种桑养蚕，全村人均纯收入650元，1994年人均纯收入1200元。忻城县食粮生产1984年4696吨,1990年14002吨,1995年22501吨,1995年比1984年增长3.79倍。

1985—2000年,来宾市境内各县利用以工代赈资金、发展资金兴建基本农田、人畜饮水工程;修建县乡村道路;修建农村集贸市场。推广名特优新品种、新技术,贫困地区特色产业基本形成,科学种养和管理水平得到提高。

表24-17 1986—1995年今来宾市贫困户、贫困人口解决温饱统计表

单位:万户、万人

县别	解决温饱户、人口数				年人均收入530元以下贫困户、人数			
	户数		人数		户数		人数	
	合计	占1985年贫困户%	合计	占1985年贫困人口%	小计	占1985年贫困户%	小计	占1985年贫困人口%
金秀	1.07	73.80	6.08	76.50	0.38	26.20	1.87	23.50
忻城	4.11	74.10	22.52	76.30	1.44	25.90	7.00	23.70
象州	1.12	6.96	6.56	74.00	0.49	30.40	2.30	26.00
武宣	1.95	92.40	9.57	92.50	0.16	7.60	0.77	7.50
合计	8.25	61.82	44.76	79.83	2.47	22.53	11.94	20.18

基础建设

1984年,国家投放"支边"贷款扶持来宾市境内各县兴办工业企业。其中武宣县获得县办企业贷款19万元扶持。1987—1991年,象州、金秀、忻城获得的项目贷款较多,分别获得1459万元、129.7万元和605万元,用于建设象州县罗秀糖厂;金秀瑶族自治县纸浆厂、炸药厂、绞股蓝食品厂;忻城县糖厂、水泥厂。

1985—1988年,国家无偿拨给金秀瑶族自治县874.5万元,忻城6348元、象州314.8万元,武宣343.6万元,用于基础设施建设。

1992—1995年,国家发放"支边"和县办企业贷款,建设金秀桐木水泥厂、化工厂和香精厂。同时拨给以工代赈工业品及粮食折款1850.5万元给忻城县,拨给金秀、象州、武宣各1000万~1200万元,用于交通、水电和农田等基本建设。

1995年象州县产糖20224吨,比1984年的1209吨增长15.73倍;1995年武宣县产糖56001吨,比1984年的6403吨增长7.75倍。

整体脱贫

2002年末,全市有贫困人口33.07万人,占全市农村人口的16.15%,其中尚未解决温饱的绝对贫困人口9.4万人,占全市农村人口的4.6%。2003年,来宾市辖6个县(市、区)中有4个贫困县,其中忻城、金秀两是国家重点扶贫县,象州、武宣两县是广西贫困县。来宾市以全市242个贫困村、574个老区村、249个民族村、20个扶贫异地安置场为主要对象,投入扶贫资金2.55亿元,比上年增加9572.35万元,增长60.26%。中央、区直辖帮扶单位投入扶贫扶持资金1501.24万元,市、县直辖帮扶单位投入扶持资金1207.59万元,争取到香港福幼基金会、广东私营企业扶持资金和澳大利亚项目援助资金等共400多万元。是年,全市共完成1175处人畜饮水工程项目,解决农村2.02万户8.53万人饮水困难问题,全市农民人均纯收入1927元,比2002年增收158元,增长9%。

2004年底,全市总人口245万人,尚有贫困人口26.9万人,其中尚未解决温饱的绝对贫困人口9.3万人,分别占全市农村人口的12.8%和4.4%。

2005年,来宾市以整村推进开发脱贫为切入点,围绕贫困地区农民增收目标,投入各种扶贫资金2.53亿元。其中:国家财政扶贫资金5269万元;国家政策性贴息扶贫信贷资金1.70亿元;各级机关单位帮扶资金2989万元,突出抓好产业扶贫、基础设施建设和贫困村劳动力培训及转移就业等项工作,扶贫开发取得显著成效,全市贫困程度有所缓解。全市贫困村农民年人均纯收入1751元,比2004年增收130元,增长8%;全市贫困村完成沼气池建设8072座,完成人畜饮水工程746处,解决28013人饮水难问题,完成贫困村屯道路100条384.6千米,解决121672人交通出行难问题。是年,2.8万绝对贫困人口解决温饱问题。绝对贫困人口发生率由上年末的4.4%降到是年末的3.1%。

第四节 扶贫项目

1986年设立专职扶贫工作机构之前，政府的扶贫方式主要是救济救灾。成立扶贫工作领导小组后，即从解决贫困人口温饱问题为重点，以改善贫困地区生产生活条件为基本点，展开了一系列的通水、通电、通路为主要内容的基础设施建设。

1988年，各地兴办扶贫经济开发服务公司，为了发挥扶贫公司以扶贫为使命的职能，各县（市）人民政府制订了扶贫公司的服务章程，明确扶贫公司属事业性质，企业管理，暂与扶贫办合署办公。扶贫公司的兴办，改变过去把大量资金用于群众脱贫无关的项目上，把过去依靠行政部门用行政手段由乡村干部分钱分物的做法，变为依靠扶贫公司和各种经济实体进行经济开发，发展生产，扩大就业，增加收入。

1992年，投入以工代赈资金1677.76万元到基础设施建设，砌墙保土面积2.16万亩，坡改梯地20741亩，修建小水利42处，灌溉农田面积11698亩；人畜饮水工程53处，解决2.22万人和1.31万头牲畜饮水问题；修建四级公路3条，39.04千米，乡村简易公路17条，118.8千米。

1993年，为适应市场经济发展需要，把扶贫开发引向企业化，在原来组织扶贫实体经济，统一规划，连片开发，分户经营，联合服务，进行开发的基础上，由各县（市）扶贫公司和乡级扶贫公司牵头，或者由乡、村基层组织和部门牵头，发动组织农户，办果园、经济林场、矿山开发，办加工厂等形式来实施扶贫开发项目。

1994年是国家实施“八七”扶贫攻坚计划的第一年，把扶贫开发列入各级经济发展总体规划来抓，结合柳州地区八山半水分半田的实际，把扶贫开发重点放在山上，放在林种结构调整的连片开发上，放在发展以种养为原料的乡镇企业加工上，放在农村基层组织建设上，放在实用科技培训上，以实现地委、行署提出的“再造一个山上柳州的目标”。当年完成新建四级公路1条，26.19千米，修复水毁公路24条，185千米，修建乡村道路8条，41.5千米，独立桥梁座，85.15米，建成人畜饮水工程36处，完成水利工程16处，新灌溉农田面积2500亩，改善面积1600亩。

1997年，为尽快解决柳州地区农村贫困人口53.02万人的温饱问题，地委、行署对柳州地区的扶贫攻坚工作进行战略性调整，召开全地区扶贫攻坚会议，吹响扶贫攻坚的号角，展开气势浩荡的扶贫攻坚总体大决战。领导重视，地委杨政中书记亲自挂任第一组长，行署车荣福专员任组长，行署余运军、曾令山、罗黎明副专员任副组长，下设扶贫领导小组办公室。地区四家领导班子亲自深入贫困村屯调查研究。地委、行署提出扶贫攻坚要打硬仗的号召，在全地区开展实施“111123工程”的决定，实行领导包村，干部包户，“人盯人”的帮扶到户，受益到人的帮扶措施。

1998年，实施“三大会战”即人畜饮水大会战、乡村道路建设、茅草房改造大会战，帮助贫困地区拓宽生存空间，改善自我生存、发展的基础条件。

1999年，地委提出“重钱抓粮，调整优化农村产业结构”重大决策，主攻解决群众温饱和加强基础设施建设两个重点。当年全地区10个县（市）共完成村级道路建设382条、总长3050.77千米，建成桥梁67座、长度2020.62米，涵洞4642座长27734.54米，基本实现了村村通汽车的目标。村村通广播电视工程建设完成476个村。

2003年，市委、市人民政府把解决1万户5万人饮水困难问题作为2003年为民办10件实事之一。6月，在象州县召开全市人畜饮水扶贫项目建设现场会，张少康、刘向群等市领导出席并作重要讲话。截至当年12月31日，扶贫、计划、水利等三个部门利用2002年的国家补助资金完成人饮工程47处，解决1万户、4.19万人的饮水困难；利用2003年资金补助共完成1128处工程项目，解决农村9409户、3.90万人的饮水困难问题。年内实际建设完成人饮项目1175处，共解决2.02万户8.53万人的饮水困难问题，超额完成市委、市政府确定的任务。其中扶贫部门负责的饮水工程119处，解决了9680户44855人，占扶贫部门应承担任务的194%和179%。扶贫部门负责的其他基础设施建设项目也较好地完成任务。2003年沼气池建设项目完成8891座。村屯道路完成54条190.3千米，完成独立桥梁2座长75.6米。

2004年，开工建设人饮项目45处，解决4900多户24562人的饮水困难。

2005年，全市贫困村完成沼气池建设8072座，完成人畜饮水工程746处，解决了28013人的饮水困难问题，完成贫困村村屯道路100条、总长384.6千米，解决了121672人的交通难问题。

第二十五篇

外事　侨务　港澳台事务

20世纪初期，开始有来宾籍华侨、华人侨居国外，主要分布在东南亚各国。20世纪50年代，境内已开展归侨安置工作。20世纪60年代初，印度尼西亚苏南省邦加市首批华侨回到来宾。20世纪70年代末，有越南难侨、难民回到来宾。20世纪80年代，台湾当局开放通航、通邮、通商，许多去台人员与家人联系频繁。境内各县利用广西同乡会、宗亲会、展销洽谈会等活动，加强同港澳同胞的交流交往。

21世纪初，来宾市外事工作主要是安排外国政府官员、驻华使馆、领事官员、记者、大企业及专家等来宾的访问、采访、考察接待事宜，督促指导各县（市、区）、市直部门的涉外工作，审核本市区因公出国（境）办理证照工作，负责国内重要来宾接待工作。华侨事务遵循中华全国侨联章程，广泛联系归侨、侨眷、海外和港澳同胞，积极发挥沟通党与政府和归侨、侨眷之间联系的桥梁作用，为促进来宾市经济建设服务。台湾事务贯彻执行党中央、国务院对台工作方针、政策，研究和拟订来宾市对台工作和涉台事务的政策，负责台胞的接待及捐赠，协调和指导对台湾经济和来台两地文化、学术、教育、体育、科技、卫生等方面的交流与合作。

第一章　外　事

中华人民共和国成立初期，境内各县对外交流活动极少。进入20世纪70年代后，陆续有农业援外活动。20世纪80年代，境内外事活动较为频繁，尤其是对外开放后，境内多次接待到访团组。在对外交往方面，从学者、记者到访扩大到商贸、科技、文化、教育、艺术、体育等多行业多领域，有官方来访，亦有民间往来。20世纪90年代中后期，与外国地方政府开展友好往来，建立国际友好城市，开拓新的对外交往渠道，开始了更为广泛更有深度的对外交流与合作。

21世纪初，来宾市经济社会的不断发展，外事工作取得了显著成效，人员机构增加，出访来访增多，与外交往递增，获得国外援助增加，建立友好城市，开展交往活动。

第一节　机　构

2002年柳州地区外事侨务办公室整体移位为来宾市外事侨务办公室设秘书科、外事科、侨务科（行政审批办公室）。秘书科协助办公室领导处理日常事务，协调本办各科工作关系；负责文秘、信息、档案、保密、财务和办公室行政管理等工作；负责本办人事、考核、劳资、机构编制、离退休人员的管理工作。外事科负责全市因公出国（赴港澳）人员的审核事项，并负责办理护照（通行证）签证；负责来宾市邀请外宾来访和港澳同胞回内地定居的相关工作；负责外宾、外交人员、外国记者以及重要华侨、华人、港澳同胞的接待工作；负责市政府统一与外资企业对接、联络工作；负责协调处理外籍人员在我市辖区内发生的意外事件；负责处理有关涉台的外事事务；协同有关部门处理涉外事项和审批有关对外宣传资料和涉外报道，开展对外宣传和对外文化交流工作；负责建立与国外有关部门和各国驻华使馆、领事馆联系；负责接待与来宾市建立友好关系的外国来访团（组），组织、协调和监督本市与国外友好城市之间的经济、科技、文化、教育等领域的友好交往；负责做好外事渠道的引资、引智、援助、捐赠工作；负责检查、指导各县（市、区）和有关部门的外事工作。侨务科（行政审批办公室）主要职责是依法维护归侨、侨眷和华侨、华人在国内的合法权益，做好接待和处理侨务信访工作，消除矛盾，维护稳定；协助解决华侨农场和难侨安置点的相关问题，协调指导华侨农场改革发展工作；建立重点侨团和重要华侨华人档案；负责做好侨务渠道的引资、引智、援助、捐赠工作；配合办理华侨来我市定居事项；负责检查、指导各县（市、区）和有关部门的侨务工作；牵头负责行政审批工作。

来宾市外侨办主任：杨　柳（2002年12月—2005年12月）。

第二节　事务管理

至2005年，来宾市有县（市、区）侨联5个（忻城县和华侨投资区未成立侨联），华侨农场侨联3个，归难侨安置单位侨联3个，厂（矿）侨联2个。

21世纪初，来宾市外事办公室列入政府序列，分别受市委、市政府和上级外事部门的双重领导，按照国务院确定的“统一领导、归口管理、分级负责、协调配合"的地方外事工作原则进行外事管理。2003年，市委、市人民政府成立来宾市外事工作领导小组，制定《来宾市外事管理工作若干规定》《来宾市外事侨务办公室关于规范来宾市外事礼宾工作的若干意见》和《来宾市关于进一步完善派遣临时因公出国(境)人员及邀请外国人来访审批具体办法》3个草案。

出　访

21世纪初，随着对外开放的窗口进一步扩大，来宾市委、市政府组团出访交流较为频繁。2003年，市外事侨务办公室共办理因公出访20批48人次。同年9月上旬，市政府组团参加第11届世界广西同乡联谊会。同年10月，通过来宾B电厂牵线搭桥，应法国敦刻尔克市政府和工商会邀请，来宾市组织代表团赴法国敦刻尔克市访问，与敦刻尔克市市长、工商会会长等进行会谈，参观当地企业，签署合作意向书。同年12月上旬，来宾市组团随广西代表团参加香港CEPA中小企业商机博览会。2004年5月，来宾市组织以市委书记覃瑞祥为团长的经贸考察团出访新加坡、马来西亚、泰国及印度尼西亚等4国，打开来宾市与东南亚各国交往的大门。马来西亚国际贸易政务次长陈仪乔、印尼国有企业部和物流旅游部副部长等国家政府要员出席了来宾市推介会，并在推介会上致辞，鼓励该国企业与来宾市积极开展经贸交流合作。世界第二大淀粉加工企业印尼爱凯尔集团与来宾市达成意向，计划投资5000万美元，在来宾市发展种植基地，兴办龙头企业，创建出口加工基地。同年6月，应法国敦刻尔克市邀请，来宾市代表团对该市进行了友好访问和考察。其间，市长张少康与敦刻尔克市市长、敦刻尔克海滨城市联盟主席德雷巴尔先生签署了来宾市与敦刻尔克海滨城市共同体合作议定书。

表25-1　**2003—2005年来宾市出访情况统计表**

年份	主要出访国别和地区	批次／人数	主要目的任务
2003	美国、日本、韩国、英国、巴西、芬兰、马来西亚、澳大利亚、新西兰、荷兰、德国。	18/54	经贸洽谈、农业考察、学习培训、应诉、会展等
2004	南非、法国、新西兰、澳大利亚、加拿大、加蓬	23/130	经贸、培训、参会等
2005	新加坡、澳大利亚、新西兰、加拿大、英国、法国、美国、日本、俄罗斯、芬兰、菲律宾、文莱	20/118	经贸、培训学习、城建考察、参会、友好出访等

来　访

21世纪初，随着来宾市经济的发展，吸引许多外国企业家和国际友人的到访。2003年9月，丹麦籍华人吴红、美籍华人潘武斌一行3人访问来宾市。同年12月，法国敦刻尔克市工商会会长戴蓝和副市长罗内夫人率领代表团访问来宾市，市长张少康等领导与对方进行会谈，双方同意签署"合作备忘录"。同年，由来宾B电厂主办、来宾市外事侨务办公室协办，邀请法国敦刻尔克市乐队17人到来宾市举办第二届来宾·法国狂欢节。2005年，外宾来访达14批次111人。

表25-2　**2003—2005年外宾来访情况统计表**

年份	来自何处	批次／人数	主要目的任务
2003	法国	1/19	文化交流
2004	法国、丹麦、澳大利亚、马来西亚、日本、俄罗斯、美国、	10/56	考察、援助、教学交流、文化交流、友好城市、经贸交流
2005	法国、新西兰、日本、美国、菲律宾、泰国、澳大利亚	14/111	经贸考察、文化交流、友好城市、市场调研、无偿援助

援　助

20世纪90年代，国外援助项目已在来宾境内实施，对改善贫困地区人民的医疗和教育环境条件，促进当地经济社会的和谐发展发挥积极的作用。1996—2005年，境内共争取和接受国外援助项目25个，合计890.99万元人民币，其中日本利民工程等援助项目7个，援助金额284.22万元，南非甘居正援助项目6个，援助金额87.77万元；其他爱国华侨援助项目3个，援助金额113万元；外资企业广西来宾法资发电有限公司援助项目2个，援助金额45万元。国外有关资金在境内援助建设卫生院8个、小学6所、福利院1所，共有受益乡镇21个，覆盖人口达80多万人。

表25-3　1997—2005年来宾市各县(区)接受部分援助情况表

序号	时间	国别	援助机构(援助人)	援助金额(万元)	项目名称
1	1997	南非	华人甘居正	5.20	居正奖学金(金秀)
2	1999	南非	甘居正	29.39	奖学金
3	1999	南非	甘居正	2.00	金秀瑶族自治县头排镇廖致敬精神病院扩建
4	1999	加拿大	张新昆	26.00	金秀瑶族自治县罗香乡黄国庚种植八角
5	2000	日本	利民工程	37.00	金秀瑶族自治县忠良乡卫生院
6	2000	南非	甘居正	25.44	金秀瑶族自治县七建乡中小学生和考取大学学生奖学金
7	2001	南非	甘居正	15.74	金秀瑶族自治县七建乡中小学生和考取大学学生奖学金
8	2002	日本	驻广州总领馆	33.00	金秀瑶族自治县社会福利院
9	2003	日本	利民工程	36.00	金秀瑶族自治县六巷乡卫生院
10	2004	日本	利民工程	26.52	忻城县宁江乡江平小学
11	2005	日本	利民工程	37.20	象州县百丈中心校
12	2005	马来西亚	柯来发	20.00	象州县马坪乡新庆侨心小学
13	2005	法国	法资发电公司	15.00	金秀瑶族自治县忠良乡古兰屯供电项目
14	2005	澳大利亚	政府	6.20	象州县罗秀镇麦棉小学环保厕所及图书桌椅添置
15	2005	澳大利亚	政府	7.00	忻城县红渡镇龙塘小学、西江小学环保厕所
16	2005	新加坡	支显家	67.00	兴宾区福隆小学
17	2005	加拿大	文化更新研究中心	20.00	武宣县禄新乡思龙小学教学楼
18	2005	法国	来宾法资发电公司	30.00	抗洪救灾
19	2005	澳大利亚	项目援助组织	12.00	抗洪救灾

第三节　友好城市

21世纪初，来宾市人民政府开展对外交流活动，促进和外国相应的地方政府之间的了解和友谊，开展城市间在经济、科技、文化、人才等方面的交流合作，推动经济繁荣与社会进步。至2005年，来宾市与菲律宾拉瓦格市正式结为友好城市，与法国敦刻尔克市结为友好交往城市，在教育、文化等领域成功地开展了实质性合作与交流。

菲律宾拉瓦格市

2005年3月6日，以自治区外办副主任曾小华为团长的广西外办主任代表团等16人拜访菲律宾共和国驻广州总领事馆，艾琳达·加威诺总领事，对建立友好城市作出回应。同年3月23日，来宾市人民政府照会驻广州总领事馆，表达了与菲律宾共和国地方政府发展友好关系，建立友好城市的愿望。同年4月，通过利用电话、传真、网络等通信工具与拉瓦格市政府联系，互相通报了各自城市的概况。同年6月8日，拉瓦格市议会表决通过了与来宾市建立友好城市关系的决议，同时邀请来宾市派员到拉瓦格市考察并签署两市建立友好城市关系意向书。同年8月28日，来宾市委常委、市委秘书长苏建荣率团赴拉瓦格市进行考察访问。同年10月18日，拉瓦格市市长迈克尔·福·法里那斯率团到来宾市考察。同年10月19日，在第二届中国—东盟博览会上，来宾市市长张少康和拉瓦格市市长迈克尔·福·法里那斯正式签署了来宾市与拉瓦格市缔结友好城市关系协议书。

法国敦刻尔克市

2003年，在广西来宾希诺基运营维护有限责任公司的牵线和帮助下，应法国敦刻尔克市（以下简称“敦市”）政府和工商会的邀请，来宾市委书记覃瑞祥、副市长郭连科率团赴敦市访问考察，与法国敦刻尔克市政府、市工商会等方面进行了广泛的接触，签署两市合作意向书。2004年6月，应法国敦刻尔克市政府的邀请，市长张少康率市政府代表团和金秀瑶族自治县瑶族艺术团赴敦市访问，并举办了“法国——中国文化年”活动，先后在敦刻尔克市广场举办瑶族艺术表演4场。同时，举办来宾市图片展，形象地展示了来宾市渊源的民族艺术、古老的原始森林、便利的交通条件和发展中的城市建设。活动期间，两市签署了合作备忘录，决定在文化、教育、经贸及人员培训等方面开展长期、多种形式的交流与合作，联合举办狂欢节，开展学生交流和公务员培训等活动。2005年9月，来宾市选派10名处级公务员到法国敦市滨海大学学习培训，重点学习城市规划与管理、人力资源开发与管理和公共财政等课程，收到了良好的效果。

第二章　侨　务

20世纪10年代，开始有来宾人侨居国外。据史载，1916年，来宾籍华侨、华人主要分布在东南亚各国。20世纪60年代初，印度尼西亚苏南省邦加市140名首批华侨回到来宾。20世纪70年代末，有3批5907名越南难侨、难民回到来宾。来宾县成立难侨安置领导小组，具体负责难侨安置工作。20世纪80年代，来宾县实行生产承包责任制后，政府优先安排贷款，为华侨创办企业。20世纪90年代，国家用于在来宾县境内安置难侨，帮助难侨发展生产、安排生活以及其他投资达3769万元，其中联合国援助156万美元。象州县有海外华侨44户149人，他们分布在新加坡、马来西亚、印度尼西亚、美国、英国、澳大利亚、加拿大、缅甸、日本、越南等国家地区。

21世纪初，境内金秀瑶族自治县有新加坡、马来西亚、加拿大、印尼、美国、英国、日本、缅甸、泰国、越南等国家的华人华侨。

第一节　机　构

20世纪80年代，境内各县（市、区）筹备成立归国华侨联合会（简称侨联）。1980年，象州县成立归国华侨联合会筹备小组。1981年，金秀瑶族自治县成立县侨务办公室，由县委统战部1名副部长分管。同年，成立县归国华侨联合会领导小组。1982年6月，金秀瑶族自治县归国华侨联合会成立。1983年11月，武宣县归国华侨联合会正式成立。1983年8月，象州县正式成立归国华侨联合会。1985年1月22日—23日，来宾县召开第一次归国华侨、侨眷代表大会，正式成立县归国华侨联合会（简称“侨联”受中共来宾地方组织领导）。1986年7月，合山市成立归国华侨联合会并召开第一次归侨侨眷代表大会。2002年12月，来宾县归国华侨联合会改称兴宾区归国华侨联合会。2003年3月，成立来宾市归国华侨联合会。2005年，国营黔江农场是归国华侨集中安置点，成立有归国华侨联合会。来宾市归国华侨联合会行政编制共4名。

20世纪50—60年代，各县侨务工作一直由县委统战部分管。20世纪70年代末，来宾县成立难侨安置领导小组，具体负责难侨安置工作。1979年5月30日，来宾县成立侨务办公室。1982年，为贯彻党和国家有关侨务工作的方针、政策，引导归侨、侨眷投身到改革开放和现代化建设，境内各县（市）先后成立归国华侨联合会。同年6月，金秀瑶族自治县成立归国华侨联合会。1983年，忻城县成立县侨联小组。在侨务工作中，主要任务是协助政府落实党的侨务政策，帮助侨胞、侨属解决各种困难。同年11月，武宣县侨联成立。

2002年12月，来宾县归国华侨联合会改称兴宾区归国华侨联合会。同年12月28日，来宾市外事侨务办公室成立，下设秘书科、侨务科和外事科，编制6人。至2005年，来宾市境内除兴宾区设外事侨务办公室外，其余各县（市）均未设外事侨务办公室，侨务工作职能由各县（市）政府办公室兼管。来宾市侨办是市人民政府管理侨务工作的职能部门，从事组织实施中央、自治区制定的各项侨务方针政策，维护归侨、侨眷的合法权利，负责全市华侨、外籍华人、归侨、侨眷、港澳同胞的情况调查和归侨、侨眷身份及侨属企业的认定等工作。

市侨联历任主席：温维祥(2003年3月—2005年12月)。

第二节　市籍华侨分布

1978年5月，来宾县成立难侨安置领导小组，下设安置办公室具体负责安置工作。当年，居住来宾县境的归侨达9535人，原居住地分别在11个国家，其中印尼1232人、越南8039人、印度237人、马来西亚9人、泰国5人、缅甸4人、尼泊尔3人、锡金2人、柬埔寨2人、不丹1人、新加坡1人。侨眷(含港眷属)4606人，其中原居住在越南的1027人、印度32人、马来西亚23人、加拿大12人、澳大利亚11人、美国10人、泰国8人、新加坡6人、日本6人。1979年6月—12月中旬，象州县在石龙园艺场接收安置越南难侨300人。同年12月，全部移居柳城扶虎农场。1985—1990年，象州县共接待侨胞130人次，共收到侨汇115509元。

1987年，来宾县共有华侨2529人，其中居住加拿大228人、美国394人、越南43人、新加坡66人、日本58人、泰国54人、马来西亚66人、英国126人、法国45人、印度尼西亚947人、缅甸6人、瑞典10人、澳大利亚21人、荷兰2人、西德38人、菲律宾3人、西班牙1人、丹麦7人、印度317人、尼泊尔3人、锡金24人、不丹56人、奥地利8人、瑞士5人、老挝1人。1991年，合山全市有归侨62户，侨眷12户，新移民3户，海外华侨、华人92户，共1350人，他们大部分原分布在东南亚以及马来西亚、新加坡、泰国等国家和地区。1999年，象州县有新移民7户，分别在美国、英国、加拿大等国从事教育、科研、信息研究等工作。2005年，开展全市范围内的侨情调查，共收回各种表格3880份。侨眷的海外亲属主要分布在马来西亚、泰国、英国、美国、新加坡、日本、加拿大、缅甸、印尼、越南等国家。境内归侨侨眷有近2万人，其中归侨有8610多人，全市旅居海外华侨华人及港澳同胞有近3万人。象州县有华侨12户60人，外籍华人18户95人，分布在马来西亚、新加坡、日本、美国等地；侨眷47户282人，归国华侨6人。金秀瑶族自治县旅居海外的华人华侨有近80人，分布在世界8个国家和地区。有归侨、侨眷280多人，其中归侨2人(来自于马来西亚和泰国)。1978—2005年，来宾有归侨682人移民其他国，移民方式主要为亲属团聚。

第三节　华侨归侨侨眷及归侨安置

华　侨

20世纪80年代，境内归侨主要来自印度尼西亚、越南、印度、泰国、柬埔寨、缅甸、新加坡等18个国家和地区。旅居海外的华侨华人及港澳同胞近10万人，分布在45个国家和地区，70%以上居住东南亚。1987年，兴宾区(来宾县)共有华侨2529人，主要分布在25个国家。其中加拿大228人、美国394人、越南43人、新加坡66人、日本58人、泰国54人、马来西亚66人、英国126人、法国45人、印度尼西亚947人、缅甸6人、瑞典10人、澳大利亚21人、荷兰2人、西德38人、菲律宾3人、西班牙1人、丹麦7人、印度317人、尼泊尔3人、锡金24人、不丹56人、奥地利8人、瑞士5人、老挝1人。居住县境的归侨9535人，原分别居住在11个国家。其中印尼1232人、越南8039人、印度237人、马来西亚9人、泰国5人、缅甸4人、尼泊尔3人、锡金2人、柬埔寨2人、不丹1人、新加坡1人。侨眷(含港眷属)4606人，其中原居住在越南的1027人、印度32人、港澳3471人、马来西亚23人、加拿大12人、澳大利亚11人、美国10人、泰国8人、新加坡6人、日本6人。1990年，象州县全县有侨居国外华侨12户60人，侨眷47户282人，归侨6人。县侨联通过定期召开会议或日常联系，听取他们的意见和要求，宣传贯彻侨务政策，维护归侨、侨眷和华侨的合法权益。2005年，全市归侨、侨眷2万多人，其中归侨8610多人。

归　侨

20世纪10年代，开始有来宾人侨居国外。据史载，来宾人侨居国外始于1916年，来宾籍华侨、华人主要分布在东南亚各国。1960年，境内始有归侨安置。同年11月28日，印度尼西亚苏南省邦加市140名首批华侨回到来宾。1961年1月28日，印度尼西亚力利市326名华侨回到来宾。同年4月28日，印度尼西亚苏北省棉兰市258名华侨回到来宾。同年6月26日，印度尼西亚万隆市和邦加市92名华侨回到来宾。至当年8月,先后有印尼归侨706人到来宾县,安置在来宾华侨农场(原古瓦农场),有印尼归侨30人到来宾县后,分别安置在柳州华侨化纤厂和柳州华侨印染厂。1960年11月—1961年8月,先后有印尼归侨706人到来宾县,安置在来宾华侨农场(原古瓦农场)。1963年3月3日,印度尼西亚527名华侨回到来宾。同年5月23日,印度372名华侨回到来宾。同年7月8日,印度尼西亚68名华侨回到来宾。同年6月、9月,印度第一批归侨370人,第二批归侨6家40人到来宾县,安置在来宾华侨农场。1964年2月,印度38名华侨回到来宾。1978年,由越南回国归侨249户1350人回到武宣。1996年,武宣县侨居国外侨胞有35户,分布在12个国家。其中:在美国13户、在英国2户、缅甸3户、新加坡3户、加拿大2户、法国2户、越南2户、澳大利亚3户、葡萄牙2户、新西兰1户、哥斯达黎加1户、日本1户;越南归侨的亲属侨居世界各地有68户。1998年,象州县有海外华侨44户149人,港胞1户6人,他们分布在新加坡、马来西亚、印度尼西亚、美国、英国、澳大利亚、加拿大、缅甸、日本、越南等国家地区。2002年,境内金秀有新加坡、马来西亚、加拿大、印尼、美国、英国、日本、缅甸、泰国、越南等国家的华人华侨123人。

难　侨

1978年5月—7月,越南难侨、难民分3批共5907人回到来宾。同年,共安置难侨7866人,其中女3732人。分别安置在来宾华侨农场、凤凰农场(凤凰华侨农场)、迁江农场(迁江华侨农场)、红河农场、黔江农场和维都林场。人民政府拨给他们每人110元安置费,定居后每月按劳力人均18~20元、家属人均12~15元的标准发给他们定期生活补助费,并享受公费医疗。1978—1981年,来宾华侨农场移民其他国家的归侨难侨共395人。1985年,实行生产承包责任制,政府优先安排贷款。凡是华侨系统创办的企业,5年内予以免税。1988年,来宾县难侨劳动力年人均收入1300元以上。至1990年,来宾县全县各安置点共安排归难侨担任行政干部81人,中小学教师122人,医务人员20人,科技干部15人,驾驶员36人,机械技工15人,服务业职工40人,渔业工人15人,林业工人50人,农场工人2482人。有384人分别被安排到柳州华侨化纤厂、柳州市华侨印染厂和南宁市华侨服装厂当工人。各难侨安置点新建中小学校舍17035平方米,建有图书馆、阅览室、电影放映点、灯光球场等公共文化娱乐场所。

1978年5月—1990年底,国家用于在来宾县境内安置难侨,帮助难侨发展生产、安排生活以及其他投资达3769万元,其中联合国援助156万美元。全县新建难侨住房99646.8平方米,更新旧房7000平方米,难侨人均住房面积13.6平方米。在难侨安置点打水井32口,兴建水利工程3处,学校4所、医院1所。

第四节　权益保障与服务

21世纪初,来宾市侨联成立,每年举行侨法宣传活动。2004年8月—9月,开展的侨法宣传活动,市“四侨”部门(外侨办、侨联、人大外事华侨委、政协外事联谊委)联合发文指导各县、(市区)开展活动,发放宣传小册子1500多册,在归侨侨眷集中的来宾、凤凰、迁江3个农场和维林、红河2个安置点设立宣传栏,在闹市区悬挂“来宾为侨服务,侨为来宾作贡献”等宣传横额,还组织涉侨部门的领导、归侨、侨眷代表召开座谈会宣传新侨法,市四家班子有关领导到会指导。各县(市、区)还开动宣传车沿街游行,用广播方式和张贴标语宣传侨法,《来宾日报》、来宾电视台等媒体作了宣传报道。使侨法宣传活动形式多样、宣传面广、受教育人数多,在全市面上产生了很大的影响,增强了全社会的侨务法制观念,形成了知“侨法”懂“侨法”贯彻“法侨”的良好氛围。至2005年,全市侨联通过多种形式对外宣传“侨法”,电视宣传报道6次、出版宣传专栏12版、张贴宣传标语300多张、悬挂横幅12条、开展普法讲座5次、培训侨务干部200多人次、向市县直机关部门和广大社民发放侨法宣传资料2500多份。通过大力宣传《归侨侨眷权益保护法》,提高了涉侨单位和有关部门乃至全社会依法爱侨护侨的意识,让广大归侨侨眷、海外侨胞感受到全社会依法维护侨益的浓厚氛围。来宾市获得美国欣欣教育基金会3万美元的无偿援助修建教学楼。金秀瑶族自治县侨联会同有关部门,共接待来自美国、英国、加拿大、新加坡、日本、泰国等国家和地区的华人华侨到自治县旅游观光、探亲、项目投资等共120多人次。

为侨民排忧解难

20世纪50年代,境内已开展归侨安置工作。1956年,武宣安置28名印尼归侨。1978和1979年,武宣安置越南难侨154人到武宣农场和六峰山林场。同时落实侨务政策,给在土改被没收私房的10户华侨补偿6万多元。1983年,成立忻城县侨联小组。1984年,武宣县为了解决归侨就业,办了华侨砖厂和采矿场,年产值148万元,上缴税利19万元。1992年,合山市政府回收20世纪60年代下放的归侨侨眷职工62人。1993年合山市回收被下放30年的归侨2人,作离岗养老安排。

20世纪80年代,来宾华侨农场和迁江华侨农场陆续向银行贷款用于发展生产,由于种种原因,农场无力还清债务。来宾华侨农场的银行债务达700多万元,迁江华侨农场有300多万元。1987年,武宣县根据中发〔1987〕77号文件精神退还华侨房屋14户面积374012平方米。1992年,合山市政府回收20世纪60年代下放的归侨侨眷职工62人。1996年6月,武宣县侨联翻印《归侨侨眷权益保护法》汇编1000多份,分发给各乡镇、村、屯,同时进行《归侨侨眷权益保护法》的电视学习讲座,组织宣传车到部分乡镇进行《归侨侨眷权益保护法》的巡回宣传,另外还召开了归侨侨眷骨干和积极分子代表座谈会,进行有关侨务法规的学习宣传,宣传教育达15万人次,依法护侨17件。1997年,印尼归侨杨平辉引进外资80万元发展种养业,承包开发乡村荒地1500亩,开垦荒地1100亩种植木薯和甘蔗,经营中受到一些当地群众的干扰,侵犯了归侨的利益。县政府组织公、检、法、司共200多名干警对此事进行综合治理,维护了归侨的合法权益。同年3月,武宣县安置归侨1400多人,解决和归还黔江农场被附近村民抢占土地160多亩。

1991—1999年,来宾县发生对华侨侵权案共18起。至2000年,来宾县侨办经协调县土地局、司法局、处纠办等部门,对来宾、迁江、凤凰、红河农场夏至分场、维都林场5个华侨农林场有争议的土地进行重新勘测、详查。随后县政府下发文件,确认华侨农场土地16000多亩。对被周边农民强占的土地有2165亩,由法院先后5次实行强制收回确认归属华侨农场。象州县侨办共接待信访118件,协调解决归侨子女就业2人,调动工作1人。金秀瑶族自治县侨联配合有关部门调处归侨、侨眷的土地被占及经济权益、人身权益受侵犯的案件和事件。其中:调结土地纠纷案18件,经济纠纷案10件,民事纠纷案31件。办理归侨、侨眷因私出境探亲、定居证明62人次,办理归侨、侨眷“农转非”76人。

2002年5月,来宾县政府组织,由侨联牵头,同劳动、信访、法制、侨办等有关部门深入到来宾华侨农场解决334名职工在1993年被除名的历史遗留问题,为归侨侨眷恢复职工身份。2004年,兴宾区共有海外华侨、华人70738人、港澳同胞3160人。主要分布在越南、印尼、印度、马来西亚、泰国、缅甸、尼泊尔、加拿大、柬埔寨、新加坡、澳大利亚、美国、日本等13个国家,居住在区境的归难侨、侨眷共10524人。

1988—2005年,金秀瑶族自治县侨联配合有关部门调查和妥善处理归侨、侨眷的土地被占及经济权益、人身权益受侵犯的案件和事件。其中:调结土地纠纷案件18件,经济纠纷案件10件,民事案件31件,办理归侨侨眷因私出境探亲、定居证明65人次,办理归侨侨眷“农转非”76人。给贫困归侨、侨眷及港澳眷属家庭共送去慰问物资和慰问金折合人民币共9000多元,接待归侨、侨眷、海外侨胞、港澳同胞及其眷属的来电来信来访100多人次。1991—2005年,合山市共接待合山籍泰国华侨4人、美国华侨2人。接待归侨、侨眷来访51人次,来信89件,处理侵侨案件3起。开展献爱心,迎新春,送温暖活动11次,慰问归侨侨眷中的困难户、下岗职工、退休干部职工、五保户、孤寡老人、长期患病者共237人次,慰问金共12000元。武宣县共处理侨民来信500多封,接待来访800多人次,协助办理婚姻50多对,办理出国探亲、定居手续100多人次,接待侨胞、港澳同胞回乡探亲访友、旅游者800多人次。武宣共处理来信500多封,接待来访800多人次,协助办理涉外婚姻50多对,协助办理出国探亲、定居手续100多人次,为侨胞办好事实事100多件。接待侨胞回乡探亲访友、旅游者800多人次,依法护侨事17件。

落实政策

在“文化大革命”的十年中,由于推行极“左”的侨务路线,使侨务政策遭到空前的歪曲,许多归侨、侨眷受歧视、打击和迫害,归侨、侨眷的正当权益也受到严重侵犯,给侨务工作造成了极大的损失。

20世纪80年代初、中期,境内各县(市、区)侨联成立后,克服“左”的思想影响,纠正了华侨就是“里通外国”、对有“海外关系”的归侨、侨眷不信任的偏见。以各种形式宣传党的侨务政策,维护侨益。解决归侨、侨眷及其子女的转干、调动、就业、参军、入党、入团、入学升学、住房、调资、出入境、涉外婚姻、侨房清退等问题,使党的侨务政策落到实处。

1976—1990年,来宾县平反归侨、侨眷中冤假错案12起(人)。其中给发抚恤抚养费1人、恢复非农业户口并安排工作1人、恢复中共党籍和非农业户口1人、给重新安排工作的大学生2名。清退侨房6户,其中退回原房2户248.17平方米,经济补偿4户741.46平方米1.09万多元,解决夫妻两地分居问题的5人。1993年合山市回收被下放30年的归侨2人,作离岗养老安排。1994年,合山市调查处理并解决时任市医药公司副经理别某在"文化大革命"期间,因有海外关系,被划定为"匪特子女"的历史遗留问题。1996年,合山市政府为年满30年工龄的归侨侨眷3人解决退休并给予享受退休工资百分之百的待遇。另外,合山市政府还受理了河里乡河里老街侨胞吴某申诉关于落实房产问题的请求。

第五节　对外联谊

20世纪80年代,境内各县按照"以为侨服务为基础,以民间交往为渠道,以弘扬优秀文化为纽带,以经贸科技交流为舞台,以侨为'桥'促统一,以协同各方增力量,最广泛地联系和团结海外侨胞及其社团"的工作思路,紧扣为经济建设服务发挥侨联组织优势为理念,积极开展海内外联谊活动。1982—1993年,武宣籍定居在台湾有133户,回县探亲279人(次)。武宣籍翁伯鸿、韦宪族、覃家韬、甘祖团等台、侨、港胞18人,为家乡建校舍、修公路和赈灾等共捐赠6.17万元人民币、9550美元。翁伯鸿两次捐资共计7700美元和1.36万元人民币给翁屋村建校和赈灾。通挽籍台胞韦宪族两次回乡探亲,并捐赠400美元和1.2万元人民币给通挽乡政府办公益事业。1991年9月,合山市组织参加在南宁市举办世界广西同乡恳亲会。会上,拜访了回国参加大聚会的泰国广西会馆董事长及海外侨胞等,向他们介绍合山经济建设情况以及华侨在合山办企业的优惠政策。至1993年,武宣"三胞"500多人次捐给家乡亲属发展生产共136.89万美元。

1992—1993年,合山市通过开展对外联谊活动,引进侨胞资金20万元,开办小煤窑1个、华侨装潢服务部1家。1994年,马来西亚广西同乡总会及21个分会馆侨胞捐资5000元人民币给武宣县归侨侨眷赈灾。

来宾市成立以来,市侨联响应中国侨联关于沿海发达地区侨联与西部地区侨联开展"结对子"的号召,先后参加以市委书记为团长的市党政代表团对泰国、马来西亚、新加坡、印度尼西亚等国家友好访问;参加以自治区侨联副主席为团长的侨联代表团访问印度尼西亚。2003年,市外侨办组织来宾市政府代表团赴新加坡参加世界广西同乡联谊会成立20周年纪念暨第11届代表大会。2004年7月—8月,来宾市组织代表团先后对泰国、马来西亚、印度尼西亚等东盟国家进行友好访问,分别在泰国曼谷、马来西亚吉隆坡和印尼雅加达等三国城市举行"走进东盟——中国广西来宾市推介会",还拜访泰国、马来西亚的广西会馆、印尼工商会中国分会等。同年,金秀瑶族自治县六巷乡卫生院综合楼项目又获日本国友好捐赠款36万多元人民币。2005年,来宾市侨联与广东省佛山市侨联签署建立友好合作侨联协议书,促成来宾市各县(市、区)侨联与佛山市各市、区侨联建立友好合作单位,组织各县(市、区)侨联主席到江浙沪进行考察学习,学习外省侨联的先进理念和经验。同年9月,来宾市代表团赴美国纽约参加世界广西同乡联谊会第12届代表大会。

第六节　华侨捐赠　侨属投资

1993年,侨眷邱桂联成立象州禅宇真丝绸织品有限公司,注册资金80万元人民币,公司年产规模为7000床真丝绸棉被,产值100万元,利润10万元。1995年,武宣配合农场侨联为农场华侨砖厂争取到85万元人民币的周转金(联合国难民署项目周转金)。

2002年,来宾华侨农场印尼归侨职工傅得旺投资50万元兴建来宾华侨农场光华水泥砖加工厂,厂区占地面积约10亩,具备年生产50万块空心砖的生产能力,年产值达55万元,实现利税12万元,可安排归侨职工子弟18人参加就业。同年,来宾市3个华侨农场进行机构改革,来宾华侨农场由原来16个机关科室减少到6个职能科室,由13个分场合并为5个生产工区,管理人员由105名精简为59名。凤凰华侨农场由原来13个科室合并为11个科室,由11个生产队合并为9个生产队,管理人员由91人减少到72人。迁江华侨农场科室由原来的9个减少到4个,场级领导由8人减少到4人。2004年4月21日,来宾市委、市政府决定设立来宾华侨投资区,组建中共来宾华侨投资区委员会、来宾华侨投资区管理委员会、中共来宾华侨投资区纪律检查委员会,并授予其县一级的行政、经济和社会事务管

2000年10月，西澳大利亚嘉堡扶轮会会长哥顿给来宾县残疾小朋友赠送轮椅

俄罗斯专家到来宾造纸有限责任公司考察（摄于2003年）

理职能。设立党政办公室（组织、纪检、监察、人事、劳动和社会保障、侨务等工作，由党政办承担）、财政局、农业工作局、招商发展局、国土资源与建设规划局等内设机构。对整个区域的经济、社会事务和党政工作实行统一领导，统一规划，统一管理，受市委、市人民政府直接领导，直接对市委、市人民政府负责。同年4月26日，来宾市人民政府成立来宾华侨农场改革与发展领导小组，其办公室就设在外事侨务办公室。当年，华侨农场开工建设项目15个，计划投资5.93亿元，项目投产可实现税收2843万元，利润4796万元，安置就业人员1086名。正式签订新项目投资合同3个，总投资额达25亿元人民币。

来宾华侨农场

1960年，建立来宾华侨农场，隶属自治区华侨企业管理局直接管理。来宾华侨农场地处来宾市城北区，地势平坦，交通便利。来合铁路、柳南高速公路、来迁二级公路穿场而过，红水河、清水河与北之江在场内交汇。1998年3月下放到原柳州地区，并委托原来宾县管理。2000年7月，正式下放来宾县管理。2003年5月，由地级来宾市管理。2004年4月，划归来宾华侨投资区管理。农场农业以蔗果生产为主，主要有龙眼、荔枝、柑橘和番石榴等品种，水面养殖。

2005年，全场土地总面积为38945亩，其中耕地面积为26163亩。农场有人口5831人，分布在15个居民点，其中归难侨2450人。农场职工总数为2003人，其中在职918人，离退休1085人。

迁江华侨农场

1958年，建立迁江华侨国营农场，其前身称国营迁江农场，历经了农垦、部队、劳改、华侨等几种管理体制。1978年5月，为安置从越南归国的归难侨而更名为迁江华侨农场，隶属自治区华侨企业管理局直接管理。1998年，委托原来宾县管理。2000年7月，正式下放来宾县管理。2000年，迁江华侨农场对场办亏损或微利企业，如淀粉厂、猪场、劳动服务公司、制衣厂等企业，全部进行租赁经营。2003年，农场着力发展具有区域特色的甘蔗5500亩，推进甘蔗专业化、集约化、规模化、良种化经营。2004年4月26日，迁江华侨农场划归来宾华侨投资区管理。场部机关设有：党政办公室、财务科、工商管理科、农业生产科，下辖5个生产队。农场共有人口2657人，分布在6个居民点，归侨侨眷1644人，占人口总数的62%，职工总数967人，其中在职职工527人，离退休职工440人。全场土地总面积为16635亩，其中耕地面积7595亩，周边农村侵占300亩，水面面积约500亩，农业生产主要以甘蔗、龙眼为主。

凤凰华侨农场

凤凰华侨农场原属劳改农场。1978年，因安置越南归难侨的需要，改为华侨农场，交由自治区华侨企业管理局直接领导和管理。1998年，委托原来宾县管理。2000年7月，正式下放到来宾县政府。2004年4月，来宾华侨投资区成立，凤凰华侨农场与来宾、迁江华侨农场一起划归来宾华侨投资区领导和管理。凤凰华侨农场下辖5个农业工区，9个生产队，总人口3502人，其中归侨及侨眷共2504人，占人口总数的72%；职工总数为1052人，其中在职职工（含内退职工）573人，离退休职工479人。凤凰华侨农场居民总户数860户，总住房面积54120平方米，其中归难侨户数559户，面积36894平方米。农场公房（办公楼房）3套（间），面积2156平方米。农场土地总面积43157亩，其中：已被征用开发的土地 486.12 亩，由农场职工及子女耕种的可耕地（含开荒地）10032 亩，水面面积共约 350 亩，宜林地 12863 亩，建设用地约 7512 亩，被周边农村侵占的土地面积 3160 亩，有争议的土地面积 10000 亩。

第三章　对台事务　港澳事务

中华人民共和国成立前，境内已有人前往台湾，主要居住在台北、台南、高雄等市地。

20 世纪 70 年代，由对台工作部门组织台属写家书，录音讲话，拍生活照，写新闻稿，寄给中央人民广播电台、中国人民解放军福建前线广播电台、中国新闻社、香港大公报等新闻单位。稿件内容体现中国共产党的方针政策，介绍家乡建设新面貌、新成就。20 世纪 80 年代末至 20 世纪 90 年代中期，境内各县(市)通过写书信、专题广播、编印教育材料等方面工作开展对台属进行宣传教育，两岸人员交往密切。

21 世纪初，来宾市以推进两岸关系和平发展为主题，以对台合作交流为重点，科学谋划全市对台工作，在扩大对台经贸合作、服务台商台属、推动对台宣传、增进两岸同胞感情等方面做了大量卓有成效的工作，为实现来宾富民强市新跨越作出应有的贡献。

第一节　机　构

20 世纪 70 年代初，境内各县成立对台工作领导小组，配备兼职干部 1 名，调查去台人员及其亲属情况，宣传党的对台政策，为去台人员与其在大陆的亲属沟通信息。1973—1984 年，各县通过中央人民广播电台、福建前线广播电台向台湾广播稿件以及去台人员家属给在台亲人写信，发寻人启事等形式，对在台人员进行宣传和联系，有部分去台人员经香港和泰国等地给亲人寄回了家书及相片。1973 年，境内各县及合山矿务局、八一锰矿、来宾华侨农场等先后成立对台工作领导小组，配备专职干部 1~3 名。1980 年，各县成立对台工作办公室。1992 年，改称台湾工作办公室。

2002 年 12 月，成立来宾市以后，重新核定市台办三定方案（职能配置、内设机构和人员编制方案），明确中共来宾市委台湾工作办公室（来宾市人民政府台湾事务办公室）在统战部挂牌，级别为副处级。

来宾市台办主任：黄琴(2002 年 12 月—2005 年 12 月）。

第二节　去台人员

中华人民共和国成立前，境内去台湾的人员共有 709 人。其中象州县 102 人、武宣县 132 人、金秀瑶族自治县 53 人、兴宾区（来宾县）194 人、忻城县 78 人、合山市 60 人、地（市）直机关 90 人，他们主要居住在台北、台南、高雄等市地。据 1973—1990 年的调查，兴宾区（来宾县）去台人员约 200 人（第一代），其中上将 1 名、少将 5 名、上校 9 名、中校 1 名、少校 13 名、上尉 13 名、中尉 6 名、少尉 16 名、司机 6 名、军医 2 名、国大代表 1 名、空军中队长 3 名、飞行员 10 名、伞兵 2 名、技术员 6 名、勤杂人员 11 名，分别居住在台湾的台北、高雄、基隆、台中、台南、宜兰、桃源、新竹、苗栗、彰化、云林、南投、嘉义、屏东、花莲、台东、澎湖等地。2000 年，象州县有去台人员 64 人，其中有 5 人回大陆定居。

第三节　对台宣传与联谊接待

对台宣传

20 世纪 70 年代，境内各县对台宣传由对台工作部门组织台属写家书，录音讲话，拍生活照，写新闻稿，寄给中央人民广播电台、中国人民解放军福建前线广播电台、中国新闻社、香港大公报等新闻单位介绍家乡建设新面貌，新成就。至 1973 年，来宾县有 18 名去台人员转道香港、美国、马来西亚、加拿大、泰国、印度尼西亚等国家和地区与家人通信联络，占去台人员的 9.1%。

1987年，台湾当局允许间接通航、通邮、通商后，境内各县（市）许多去台人员与家人陆续有了直接联系，有的还回乡探亲。1989—1995 年，境内各县（市）对台属进行涉台教育，共写信给台属 300 多封，专题广播 600 讲，编印教育材料 370 份。各县（市）县、乡专职干部先后走访台属达 1000 多户。通过进行宣传教育，有 70 多名台属到台湾探亲、奔丧，并按时返回大陆。1998 年以后，两岸交往开始密切，每年赴台人数达到200多人(次)。

21世纪初，来宾市委、市人民政府把握主题，积极开展对台宣传教育工作。把握两岸关系和平发展的主题，把宣传工作融入赴台考察和接待台胞探亲、旅游、交流、经商工作中，不定期联系定居来宾的台商、台属，宣传党和国家对台方针政策，耐心细致地做好台胞台属的思想教育工作。各县统战部门开展涉台教育的基本内容是党对台方针政策教育、爱国主义和社会主义教育，台湾政局和两岸关系形势教育，反渗透反腐蚀教育，台胞投资的法律法规教育等。通过开展涉台教育，使广大干部群众更加坚定走有中国特色社会主义道路的信念，坚定实现祖国统一的信心，进一步了解台湾与大陆的历史渊源，了解台湾政局和两岸关系发展的形势，全面、客观、正确地认识台湾社会，认识祖国统一的艰巨性、复杂性和长期性。同时，开展形式多样的涉台教育。在每年春节前夕，通过给台胞台属寄慰问信、贺年卡等方式进行教育。至2000年，象州县台属赴台探亲达60多人次，县台办对他们进行赴台前教育，返来时进行回访。2002年，金秀瑶族自治县对263名台属及台胞进行立档造册登记。2005年，全市台属与台湾亲人通信联系达1000多户。

联谊和接待

20世纪80年代末，台湾当局开放通航、通邮、通商，许多去台人员与家人联系频繁。1987年，原国民党海军上士陆有轩退役后回来宾县五山乡六贝村社贝屯定居。同年，毕业于宪兵学校，后任总统府侍卫官的蒙祖德回良江乡蒙村探亲，将其拟定的《龙洞水库计划大纲》送给县委对台办，表达了他对家乡水利建设的关切。1988年3月28日，中共来宾县委员会对台工作领导小组举行来宾县台湾同胞回乡探亲联谊座谈会，回乡探亲的去台人员有原国民党军上校团长周建纲、原国民党上海机场汽车团上校团长翟瞻芑、原国民党总统府少校侍卫官蒙祖德、原国民党南京军事学院上校教官翟瞻萁、原国民党台湾屏东机场空军职校书记官黄景萃等参加座谈会。至1990年底，来宾县共接待去台人员回乡探亲300多人次。1991—2000年，来宾县共接待回县探亲观光考察的台胞共600多人次，全县共有10名台胞回县定居，其中有6名台胞已病故。至2000年，象州籍台胞有120人次回乡探亲。至2002年，金秀瑶族自治县共处理台属台胞来信来访39人次。

21世纪初，来宾市积极开展对台交流交往工作，以谋求联谊交流效果、增进经贸产业合作，以增进友谊、惠及民众、拓展合作、长期往来的目的，协助专业考察团赴台交流。各县(市、区)组织代表团赴台参观考察、探亲访友，深化交流合作。2002年3月，武宣县成功地引进了台资企业——尚泰化工有限责任公司(2005年改为轩泰有限责任公司)。该公司注册资金这1000万港币，主要从事化工产品的加工与生产。公司安排了110多个工人就业。2002年，帮助台胞冯国祥找到了离别55年之久的同胞哥哥冯国胜。每年的春节和中秋节都分别慰问有代表性的台胞、台属、侨属。2005年，武宣县委、县政府领导亲自接待台胞原国民党中将龚维朗回家乡探亲，帮助6名武宣县籍的台胞(原国民党老兵)办理回乡定居手续，协助15名本县籍女青年办理涉台婚姻。

1991—2005年，武宣县籍台胞有225人次回到家乡探亲。兴宾区(来宾县)办理赴台探亲126人次；接待回乡探亲访友、经贸考察、观光旅游台胞共200人次；做好10名台胞回乡定居工作，其中有6名已病故，有4名尚健在；办理涉台婚姻70对；为台属办理台属证287本1453人，为台属办理农转非50人，为台属办理继承遗产手续5人次。1997—2005年，武宣县共接待回大陆探亲、扫墓的台胞350人次。

第四节　引进台资　台属投资

引进台资

20世纪80年代后，境内陆续引进台资办企业。1988年，金秀瑶族自治县引进台资301.2万元兴办公益事业，同时接受台胞捐赠60万元人民币。1997年11月，“甘氏奖学金”在七建乡发放总金额为161.05万元人民币。

2002年，来宾市组织台资会员企业到桂林参加广西乡镇企业洽谈会，签订意向合同180多万元。同年3月，武宣县引进台资企业“尚泰化工有限责任公司”(2005年改为轩泰有限责任公司)，注册资金达1000万港币，主要从事化工产品的加工与生产，安排就业人员110多人。2003年，联系浙江、深圳、台湾、南宁、柳州等区内外多批客商到来宾市进行投资考察。2004年，联系23名闽籍企业家到来宾市召开项目洽谈会，达成意向合同项目18个，邀请台湾岛内、在广西各地投资的台资企业负责人 50 多人到来宾开展联谊活动，组织台商 45 人在南宁举行投资推介会，引进台湾民俗风情园有限公司在金秀瑶族自治县投资 1100 万元人民币，兴建花王山庄；引进中国星辰国际集团有限公司在来华投资区投资 11 亿美元，兴建星辰来宾生态科技文化城及农副产品保鲜加工基地、桂中铝制品厂。

2005 年秋，首届广西—台湾经贸交流会在南宁举办，武宣县县长率队参加活动，向台湾商界大力推介武宣，促进了与台湾商贾的商贸交流。2003—2005 年，来宾市联系客商 230 多人，达成意向合同项目 26 个，投资意向总额 13.75 亿多元。

台属企业

1995 年 4 月，台胞黄耀忠先生和李富曾先生共同投资 20 万美元（折合人民币约 170 万元），在来宾兴建第一家台资企业——来宾富忠红砖厂。至 2000 年，象州县共有台属个体经营户 14 家，利用台资额达 80 多万元人民币，主要开办个体运输、修理加工、养殖业等。2005 年，来宾市有台属企业 40 家。

第五节　港澳事务

20 世纪 80 年代，境内各县（市）利用广西同乡会、宗亲会、展销洽谈会等活动，加强同港澳同胞的交流交往，通过各种渠道和多种形式向港澳同胞宣传“一国两制”方针和改革开放的新成就，向他们介绍来宾市的投资环境和优惠政策。香港、澳门顺利回归和平稳过渡的事实，证明“和平统一、一国两制”符合中华民族的共同心愿。

光彩事业

2002 年，金秀瑶族自治县邀请香港慈善机构仁爱堂负责人考察贫困地区办学条件，开展捐资助学活动。同年，广东 11 家民营企业资助境内 11 所光彩事业学校建校；引进香港爱国人士捐资 50 多万元，建光彩小学 2 所，资助 11 名家庭贫困的大学生完成学业。2003 年，组织全市非公经济人士捐资 2 万元助学，联系九三学社广西区委会到金秀瑶族自治县桐木镇仁里小学开展助学活动，捐资 2000 元以及新衣服 200 套。2004 年，争取到香港等外援资金及捐赠物品价值近 45 万元，组织非公有制经济人士捐资 47.89 万元，用于资助贫困学生、援建学校和修路、救济村民。2003—2005 年，来家市完成 13 所光彩事业学校的建校工作，全市非公经济人士为光彩事业共捐资和引进资金 188 万多元。

海外联谊

20 世纪 90 年代，境内各县利用广西同乡会、宗亲会、展销洽谈会等活动，加强同台湾同胞、港澳同胞和美国、新加坡、泰国等海外侨胞的交流交往。

至 2005 年，兴宾区（来宾县）共给台胞寄发贺年卡 956 张，给台属寄发慰问信 3236 份；召开台胞台属中秋座谈会 16 次，到会 930 多人（次）。办理赴台探亲 126 人次，接待回乡探亲访友、经贸考察、观光旅游台胞共 200 人次；办理涉台婚姻 70 对，为台属办理台属证 287 本 1453 人，为台属办理农转非 50 人，为台属办理继承遗产手续 5 人次。合山市接待华侨回合山探亲访友 12 人，给侨眷办理出国定居 12 人。忻城全县共接待回乡探亲“三胞”201 人次，并邀请部分台胞到县城座谈、观光，介绍忻城经济社会发展情况。有 6 位台胞自愿捐款共计 770 美元，用于建设翠屏山公园；莫谦、潘云辉、韦启文等 3 位台胞自愿捐资共计 17120 元人民币给芝州民族职业中学建校；港胞罗紫彦等 3 位先生到本县考察时捐助 32000 元港币给宁江乡尚宁小学建教学楼。年内，全市引进海外资金共 2600 多万元，支持来宾市的教育及新农村建设等。

1993 年 10 月 19 日，合山市组织港澳属及有关领导共 7 人，参加柳州地区侨办、侨联在深圳召开柳州地区籍港澳同胞联谊会。同年，武宣县残联获港胞郭子荣捐赠 16 万元人民币。

同年，合山市引进澳门吴荣耀先生金枪制衣厂“圆领短袖文化衫”加工项目 1 项。1995 年 3 月，旅居美国侨胞廖启瑶捐赠 2 万元人民币给武宣县桐岭镇马料小学建校。1996 年 5 月，合山市应香港 96 国际经贸活动中心的邀请，前往香港、泰国参加联谊活动，分别拜访了合山籍香港高级服装公司李雪英；香港群龙贸易股份有限公司泰国中国产物股份保险公司吴梅周；泰国凤麟旅游有限公司经理吴清周等，向他们介绍了家乡情况和市人民政府对外开放的重要决策。1999 年，合山市政府在广西香港投资贸易洽谈会上，与侨胞商家签约投资 4 个项目，投资 1.03 亿元。2000 年 11 月 8 日，合山市组织参加在深圳市召开“三胞联谊会”，参加联谊会的港澳台同胞共 6 人。会上港澳台同胞对合山的改革开放、经济建设等方面提出建议 8 条。

来宾市成立以来，市侨联响应中国侨联关于沿海发达地区侨联与西部地区侨联开展“结对子”的号召,参加在澳门举行庆祝澳门特区成立五周年大型活动——华侨华人聚濠江联谊大会,参与以地缘、血缘、业缘为纽带组成的同乡联谊活动和经贸等活动。

2005年,由香港亿通集团总投资2000万元人民币在来宾华侨农场创立新马毛织时装厂,主要生产和经营毛衫各类毛织品,产品主要销往欧美及日本等东南亚国家,该厂用地15.78亩。年产量可达12万打毛织品,产值可达3600万元。实现税前利润270万元人民币,安排就业人员1500~2000人。2000—2005年,武宣引进北海佳益贸易有限公司到二塘镇投资100万元承包2000亩荒山从事农业综合开发;投资150万元从事矿产开采(锌矿);引进外资5000万元,创建武宣县二塘东山佳益矿场、武宣县濠丰矿业有限公司、武宣县三里堡村铅矿。

第二十六篇

教　育

唐大历十二年(777年),象州创建州学,开启来宾境内最早的官办教育。元和十年(815年),柳宗元贬任柳州刺史后,施政设教,推行儒学,兴教育风气,对来宾境内各县(市、区)教育的发展有着积极影响。

宋代实行"兴文教,抑武事"政策,地方官把兴学列为施政要务,官学数量增加,唐代兴办的象州州学继续得到发展。宋开宝二年(969年),官府在来宾县城东南隅创办来宾县学。此后,元、明、清各代开办州学、路学、府学以及县学、书院等,科举教育的模式不断发展。

明、清时期,继承唐宋办学遗风,清代来宾境内有象台书院、仙城书院、雷江书院、印山书院4所书院。清光绪二十年(1894年),私人办学之风盛行,举人翟富文在来宾县城(今城厢街)办国学专修馆;翟范才在自家房屋(今城厢街)开设私塾。

至清末,教育渐盛,官宦人家,名人巨富,由家族及合村开办的私塾逐渐遍及乡镇农村。清光绪二十八年(1902年),废科举,兴新学。次年,驻武宣县郡守张祖祺即令知县王鼎昌聘请办学。是年,在仙城书院兴办学堂,招收小学2个班,为各县兴办学堂之始。随后武宣县、迁江县(今属兴宾区)立高等小学堂,来宾县、象县、忻城县小学堂相继成立。金秀还创办女子初等小学堂。辛亥革命后,政府停止拨款,各地小学堂校关闭停办。

民国12年(1923年),政府明文取缔私塾,兴办学校,停授经书,废文言兴白话,学制含小学,初中,课程涉及自然、社会、人文诸领域。民国18年,通过《广西国民党省党部四全代表大会化瑶决议案》,该议案共7条,目的是开化瑶民。次年派遣黄云焕等人到金秀开办"化瑶小学"。民国22年,国民政府裁局设科,教育科长和督学主管教育行政。同年,广西省政府公布《广西特种教育实施方案》,规定"实施苗瑶教育所需经费,由省政府核定拨支"。忻城县板六乡所设立的特种部族国民基础学校,其经费均由省拨款开支。民国25年,来宾县简易师范因经费不足,奉省令改为县立国民初级中学。民国31年,各县政府仍设教育科,掌理县教育行政事宜。各乡镇公所设文化股,办理国民教育、社会教育及其他乡镇文化活动。县教育科一直沿至民国末年(1949年1月1日至9月30日止)。

中华人民共和国成立初期,各级新政府接管教育行政机构及各级各类学校,对学校教师实行"包下来"和"争取、团结、教育"的政策,对旧学校进行初步改造。从20世纪50年代开始,除恢复和改造旧有学校外,还在少数民族聚居的地方有计划有步骤地开办小学、中学,让少数民族子女入校读书。

1956年,忻城、来宾、石龙等县保送人员前往广西壮文学校第一届壮文中专班学习,为推行壮文教育准备师资。专署及上述各县相继成立推行壮文工作委员会,并创办壮文学校。至1959年,各县推行壮文工作委员会名存实亡,壮文学校相继停办。"文化大革命"十年(1966—1976年),少数民族教育受到严重摧残。

1978年,中共十一届三中全会后,党和国家十分重视发展少数民族教育。来宾市境内各县基础教育适龄儿童入学率、普及率、巩固率和毕业率均达到国家标准。逐步形成普通教育与专业教育并举,职工教育与农民教育并重的教育格局。

1996—1998年间,合山、武宣、来宾、象州4个县(市)先后通过自治区"两基"(即基本普及九年义务教育、基本扫除青壮年文盲,简称"两基")评估验收,象州县被评为全国"两基"工作先进县,忻城县被评为自治区扫盲工作先进县。1998—2002年,武宣县、来宾县、象州县、合山市的普及实验教学工作(简称"普实")先后通过省级评估验收。

2002年12月28日,来宾市正式成立。2005年末,来宾市有幼儿园150所、小学776所、初级中学123所、高级中学15所、完全中学15所、中等职业学校20所。中小学在校学生人数38.34万人。

第一章 管　理

宋代,实行"兴文教,抑武事"政策,地方官把兴学列为施政要务,来宾市境内,除象州州学外,还建有来宾县学等教育机构。明、清时期,继承唐宋办学遗风。至清末,教育渐盛,时教育以"父子有亲,君臣有义,夫妇有别,长幼有序,朋友有信"的五伦作为办学的指导思想。

民国13年(1924年),教育部公布《县教育局规程》。境内各县相继撤销劝学所,组建教育局。教育局设局长1人,视学24人,秉承教育厅主管全县教育事宜,并受县长指挥监督。

民国17年(1928年),广西教育厅制定《广西县市教育局暂行规程》,民国21年修正。规定县市教育局设局长1人,秉承教育厅主管全县市教育行政事宜,并受县市长的指挥监督。县市教育局分设三课,第一课掌理教育行政等事宜;第二课掌理学校教育等事宜;第三课掌理社会教育等事宜。县市教育局还设督学若干人,办理学务、视察指导及其他事宜。教育局还设教育委员会。

民国22年(1933年),国民政府决定"县政府以一律设科为原则",各县市教育局遂于是年裁局设科。教育科长和督学主管教育行政。

民国29年(1940年),广西实行新县制,设立柳州行政督察专员公署,将地方教育行政及国民教育等视导工作列入专员公署办理。各县市地方教育行政由专员公署第三(教育)科负责视导,并恢复设置县督学。

民国31年(1942年),各县市政府仍设教育科,掌理县市教育行政事宜。各乡镇公所设文化股,办理国民教育、社会教育及其他乡镇文化活动。县市教育科一直沿至民国末年(1949年1月1日至9月30日止)。

1950年初,境内各县人民政府相继成立文教(教育)科。1965年9月,各县教育科亦从文教科中分出。专署教育科配备干部23人,设副科长2人,下设秘书股长1人,学校教育股长1人,业余教育股长1人。

1966年"文化大革命"开始,专署教育科及各县教育科受到冲击,不能正常开展工作。1968年,境内各县革命委员会相继成立。各县革命委员会下设政工组,政工组下设文教卫生小组(或教育小组,或文教小组),负责教育工作的管理。1972年3月,境内各县革命委员会相应成立教育局(或文教局)。

1978年5月,境内各县革命委员会撤销,成立各县人民政府,设教育局。

2002年,地级来宾市成立,设立来宾市教育局,下辖6个县(市、区)教育局。

2003年6月15日,来宾市人民政府根据《国务院办公厅关于完善农村义务教育管理体制的通知》和《广西壮族自治区人民政府办公厅关于完善农村义务教育管理体制的通知》文件精神,为完善来宾市农村义务教育管理体制,市人民政府决定,撤销乡(镇)教育管理机构,至2005年不变。

第一节　机　构

2002年12月15日,来宾市教育局成立,为正处级行政单位。2003—2005年,内设9个职能科(室)。即:办公室、人事科、计划财务基建科、基础教育科、职业教育与成人教育科、师范教育科、政策法规科、监察室、市政府教育督导团办公室。办公地址在来宾市北二路273号。编制调整为20名,其中行政编制18名,事业编制2名。领导职数:局长1名,副局长3名,科级领导职数10名。下辖教育科学研究所、教学装备站、勤工俭学办公室、地区民族高中、地区民族师范、广西电大来宾分校、市一中、市职中、市民族中学、市教师进修学校等10个事业单位。5月,来宾市撤销原柳州地区高等学校招生委员会办公室,成立来宾市招生考试院,负责全市的普通高考、普通中考、成人高考、自学高考的日常管理工作和考务管理工作。

来宾市历任局长:蓝凡华(2003年1月—2005年8月),陈京秋(2005年8月—2005年12月)。

第二节　教育体制改革

来宾市境内教育体制改革经历了1987年的"县、乡、村三级办学,县、乡两级管理"、1995年"以县为主,以乡为辅"和2003年"以县为主"的义务教育管理体制改革,前后历时17年。随着农村义务教育经费保障机制改革稳步推进,实现人民教育人民办到人民教育政府办的历史性转变,为基础教育的顺利发展,特别是九年义务教育的普及提供了一个良好的环境。

办学管理体制改革

从20世纪80年代初开始,境内实行了分级办学分级管理,经过20多年的努力,逐步理顺了各种关系,形成了现行的县(市、区)、乡(镇)、村三级教育管理体制。1995年后设立乡(镇)教育管理委员会,委员会下设办公室,负责日常教育管理工作。

学校管理　县(市、区)管理高(完)中、农(职)中、师范、县(市、区)直属机关幼儿园、实验小学,乡(镇)管理初中(含职业初中)、乡(镇)成人文化技校、中心小学、幼儿园,村管理小学(完小)、幼儿园(班)和村成人文化技校。

人事管理　县(市、区)直属学校领导、乡(镇)教办主任和中学及乡(镇)中心小学校长由县(市、区)人民政府授权本级教育行政部门考核和聘任。其余学校领导由乡(镇)党委、政府负责考核任免。教师经县(市、区)教育行政部门可在县(市、区)内调动,教师晋级自然减员的补充、民办教师的辞退、代课教师的聘用等由县(市、区)教育局和人事部门负责办理。

经费管理 实行县(市、区)当年安排预算对乡(镇)包干。多渠道集资,原则上是乡(镇)征、县(市、区)管、乡(镇)用,经费由乡(镇)统一安排使用,并设立教育经费专户,专款专用。教师工资由县(市、区)乡(镇)财政拨发,代课教师工资由县(市、区)和乡(镇)统筹发放。

业务管理 县(市、区)的教育教学工作由地区教育局指导。县(市、区)负责宏观调控和指导教育方针、教学计划的实施、教学改革的规划设计、办学条件和办学水平的督导评估、中小学教研、师资培训和招生工作。乡(镇)具体负责落实初中、小学教研、教学管理、教师在职提高工作。

学校招生制度改革

2001—2005年,来宾市城区(原来宾镇)小学招生总的原则是:根据学生和父母的实际居住地,与户口、住址一致的原则,相对就近免试分配学校,分区划片,就近上学;凡年满6周岁儿童均可入学就读。

1992年秋,来宾县城区(原来宾镇)初中招生制度改革,取消招生统一考试,由"按比例分配初中招生指标到校"改为"分区划片,就近上学"。

2000年秋至2005年,来宾市城区(原来宾镇)取消初中招生考试,由"依据统一考试成绩优劣而分配就读学校"改为实行"划片招生,就近上学"。

1991—2005年,来宾市境内高中招生仍实行"全市(县)学校统一考试,择优录取就读"的办法。

升学考试制度改革

1991—1994年,来宾市境内升学考试制度与全区一样,在改革中发展完善。1991年,高中升学考试分理科和文科。理科考语文、数学、英语、政治、化学、物理、生物7科;文科考语文、数学、英语、政治、历史、地理6科,均采用原始分和计算机辅助投档录取。1995年,考试科目改为"3+2"(3即语文、数学、外语;2即理科类物理、化学或文科类政治、历史)。1995年前,实行国家承担全部学费的公费生制和学生承担全部学费的自费生制的"双轨"制招生。1995年起,实行国家承担大部分学费,学生承担小部分学费的"并轨"制招生试点。1996年,实行"并轨"制招生,采用标准分及远程网上录取试验。1998年,实行网上录取。2002年,考试科目改为"3+X"(3即语文、数学、外语;X即其他科目组合,即物理、化学、生物任2科组合的理科组合和历史、地理、政治任2科组合的文科组合)。2005年,改为"3+小综合"(3即语文、数学、外语;小综合是物理、化学、生物的理科综合或历史、地理、政治的文科综合),恢复使用原始分录取。

1991—2004年,境内中等学校招生统一考试(中考)试卷由广西招生考试院统一命题印刷,各县(市、区)组织考试、评阅试卷,中专招生指标分到各县(市、区)。各市高中招生政策自定,来宾市按考生志愿从高分到低分依次录取。1994年起加考体育科目。2005年起,中考试卷由各市自行命制。

教师校长聘任制度

教师聘任 1999年始。来宾市境内遵循按需设岗、公开招聘、平等竞争、择优聘任的原则,逐步推行教师聘任制。2005年,来宾市全面实行教师聘任制。

校长聘任 2001年前,来宾市境内各学校校长按干部管理权限实行任命制。2002—2005年,高级中学和完全中学校长由各辖区教育局提名、考察或参与考察,由同级政府或组织部门按干部管理权限进行任用和聘任。其他中小学校长由县(市、区)教育局统一管理,校长的选拔、任用、考核管理严格按照领导干部任用条例进行,做到公平、公正、公开,严格按照校长任期制规定的校长聘任的条件和程序,由教育行政主管部门根据校长的任职条件,经一定民主程序,提出聘任对象,由教育行政主管部门组织人员对聘任对象进行考核。校长任期一届3年,可连选连任。不胜任者可随时解聘。

第三节　经费　设施

教学设备

光绪二十九年(1903年),清政府《奏定学堂章程》规定小学要有礼堂、讲堂、有储藏室、教员室、办公室、体操场。但时境内各县经济落后,物力财力有限,无法按规定执行。各中小学多是沿用旧书院的房子,因陋就简,勉强使用。

民国初年,战乱频繁,校舍未得到改善。民国25年(1936年),各地掀起建校高潮,官绅民众出钱、出物、出力,不少村街建起了本地的第一所小学。但终因财力有限,大多数学校不能达到上述校舍建设标准。抗日战争时期(1937—1945 年),各地学校遭到严重破坏。

1955 年,境内各中学基本配置有供教师做物理、化学实验用的教学仪器和设备,建有图书馆(室)和仪器保管室,配备有图书、仪器管理员。1956 年以后增设的中学,校舍多为土木结构的平房。各中学的教学仪器,绝大部分是上级拨给,少数自购自制。教学仪器的配备,在一般学校,60% 以上的实验能满足学生分组进行,能满足教师 70% 以上的实验演示;在较好的中学,70% 以上的实验能满足学生分组进行,能满足教师 80% 以上的实验演示。20 世纪 50 年代末期,境内各地小学校舍新建、扩建颇多。县城中学校舍多是砖瓦平房,也有土木结构的旧式平房,校舍、设备相对较好。乡镇中学一般是石头脚泥墙瓦盖的旧式平房,也有一些砖瓦平房,校舍、设备较差。

1963 年 2 月,自治区人民政府发出《关于解决小学校舍修缮经费的通知》,强调农村小学要依靠群众集资献工献料建校,维修危房。此后,许多小学危房得到维修。

1973 年,来宾镇中学等学校建有 11 个教具生产点,产品有收音机工作原理演示板、串联并联电路演示板、螺线管教具等 27 种,4.04 万件,产值 16.22 万元。1977 年,各中学物理、化学、生物三个实验室重建,国家免费调拨部分仪器、药品。由于教育经费不足,除部分县高完中外,多数学校只能做 40%~80% 的教学实验。

1980 年,境内各县小学校舍“一缺二旧三危”的状况十分普遍。来宾县中小学危房的积占校舍总面积的 41%;金秀小学危房总面积为 2.1 万平方米;忻城县 1985 年全县小学校舍 10.26 万平方米,一般危房 7.18 万平方米,严重危房 1.93 万平方米。武宣县 1980 年统计,全县有中小学校舍面积 25.33 万平方米,其中危房 7.09 万平方米,占校舍总面积的 28.1%。

1980—1985 年,境内各县(市)规模较大的小学,配备有专业的音乐、美术和体育老师,开设有音乐课、美术、体育课程。学校教具及少先队活动器材有不同程度的改善。

1985 年,武宣县被自治区定为小学实验室、仪器室建设重点县,到 1986 年底,经自治区教育厅、教学设备站和柳州地区教育局的检查验收,全县 13 所乡镇小学基本达到实验室、仪器室建设标准要求。1988 年,象州县实验小学被自治区定为小学电教实验点,获得政府重点配发现代化电教设备。

1990 年 12 月 4 日,来宾县经自治区验收工作组验收,全县 25 所小学实验室和仪器室建设全部达到标准要求。1996 年,境内小学校舍建筑总面积为 211.74 万平方米,生均建筑面积为 3.54 平方米。1999 年,境内小学校生人均建筑面积为 4.72 平方米。同年各县重点高完中先后建成实验大楼,并配备有符合部颁标准的实验室,部分乡镇中学也配备有较好的实验室。2000 年后,各地学校逐步建起教学大楼、办公楼、学生及教职工宿舍楼,学校的教学、工作及生活条件进一步改善。

2002 年 11 月,合山市“普实”工作通过了自治区的验收,成为境内继武宣、来宾、象州之后第四个普及实验教学的县(市)。是年,各县(市、区)城镇中小学基本普及信息技术教育。

2003 年,来宾市小学校占地面积 682.21 万平方米,校舍建筑面积 144.20 万平方米。教学及辅助用房 92.31 万平方米(普通教室 85.31 万平方米,实验室 1.18 万平方米,图书室 2.12 万平方米,微机室 3200 平方米,语音室 941 平方米),行政办公用房 9.45 万平方米,生活用房 30.65 万平方米,其他用房 11.78 万平方米。

是年,来宾市普通中学校占地面积 436.25 万平方米,校舍建筑面积 114.27 万平方米。教学及辅助用房 36.04 万平方米(普通教室 28.98 万平方米,实验室 3.52 万平方米,图书室 1.21 万平方米,微机室 8425 平方米,语音室 2664 平方米),行政办公用房 5.38 万平方米,生活用房 60.87 万平方米,其他用房 11.96 万平方米。

是年,来宾市教育装备站成立,重点对尚未通过“普实”验收的忻城、金秀“普实”工作进行检查指导,完成价值 12 万元的教学仪器装备。是年,启动全市“校校通”第一期工程,完成市中心网站建设,开通来

1997 年 11 月,国家督学陈光旨(前左二)视察来宾县中小学实验室装备

宾市教育信息网。

2004年，实施忻城、金秀中学“普实”工作“八室一场”和小学“五室一场”建设，“普实”与“普九”同步进行。全年共完成教学仪器装备经费40万元。同时启动第二期“校校通”工程，全市完成对160名骨干教师进行网页制作和网络应用的培训，共有56所学校网站接入市教育信息网，初步实现网上资源共建共享。是年，通过招商引资，装备中小学计算机网络教室55间，配备计算机1121台，总投入资金达448万元。年末，全市6个县(市、区)中小学共有微机室162间，计算机5029台，中小学生平均每77人拥有一台计算机。

2005年，按照“普九”“普实”验收标准和要求，全年投入教学仪器装备资金320万元，忻城县各中小学教学仪器基本达到“普实”的装备标准。全市中小学增加装备计算机1629台，全市中小学计算机总数由上年的5200台增加到6829台，学生共用计算机由77人/台改观为53人/台。

表26-1　　2005年来宾市中小学图书装备情况汇总表

	学校数(个)	学生数(人)	图书管理人员(人)		图书室及藏书				生均图书(册)
			专职	兼职	间数	面积(平方米)	藏书(册)	金额(元)	
高中	11	23900	27		49	5373	656451	5126019	27.5
完中	10	25104	17	5	30	2006	833608	5518220	33.2
初中	90	98129	68	39	179	10288	1519787	11599977	15.5
小学	736	180917	21	718	925	27360	2288961	18710261	12.6
合计	847	328050	133	762	1183	45027	5298807	40954477	

经费来源

清代，府、县教育经费主要来源于校产或祠庙产业，其次是官府拨款、私人捐助或学生缴纳。

民国时期(1912—1949年)，境内各县的教育经费来源于各县财政拨款、金库、税收、摊租、祠庙、田租息等，不足部分主要是来源于学生缴纳学费补充。省立学校经费由省教育厅拨给，县立学校经费由县教育款项支付，区、乡、镇立学校主要由地方自行筹集资金解决。

民国16年(1927年)，来宾县拨给教育学会毫银120元。民国17年，从地方款中拨给来宾县女子小学毫银100多元。民国19年，来宾县拨给教育经费毫银25738元。民国20年，增至30513元。民国21年，来宾县通过募捐和出卖公地得款9233元，用于创办县立初级中学。民国23年，来宾、迁江两县拨给教育经费银币1053.87万元，占当年来宾、迁江两县财政支出1428.33万元的73.8%。民国29年，来宾、迁江两县共拨教育经费银币6.51万元。

中华人民共和国成立后，境内各县教育经费主要靠国家财政拨款，不足部分，则通过民间筹集、收缴学生学费、勤工俭学或单位、集体、个人捐资等加以解决。

1968年，来宾县革委会拨给县内18个区、镇学校复课经费7.7万元，基建费2.5万元，耕读教育经费13万元。

1971年，来宾县中小学勤工俭学收入7.46万元。“文化大革命”期间，国家投入教育经费有限，学校的办公费、校舍维修费由社队筹集资金负责分担。同时，学校师生开展勤工俭学活动，所得收入，纳入学校活动经费。

1978年，来宾县全县教育投资288.62万元，占全县财政总支出2283万元的12.64%。1990年，来宾县教育投资1587.8万元，占当年全县财政总支出7533.9万元的21.07%，占当年县国民生产总值的2.5%。

1991年，来宾县人民政府对教育实行专项预算，优先向教育倾斜，确保平均每个学生教育经费逐步增加。至1993年12月份，来宾县教育经费由县财政局拨给乡镇财政所，再由财政所拨给各中学、小学，实行县、乡二级财政管理体制。1994年1月—1997年3月，来宾县教育经费归县统一管理(实行统收统支的财政管理体制)，教育经费由县财政局统一列入年度预算，直接安排给县教育局，再由县教育局拨给各乡镇教办、中学。

1995年4月23日，各级政府进一步完善以政府财政拨款为主，辅之以征收教育税费。收取非义务教育阶段学生学杂费、校办产业收入、社会捐资、集资和设立教育基金等多种渠道筹措教育经费的体制。在年度财政预算中,实行教育经费单列,按上级主管部门规定的指标足额预算,不留缺口,并优先保证教育的需求,确保达到“三个增长”,即:政府教育拨款的增长幅度,高于财政经常性收入的增长,按在校学生人数平均的教育费用和生均公用经费逐年增长,以及保证教师工资逐年增长。上级拨给的各种专项资金,及时如数拨付教育部门,并按规定配足配套经费。继续增加对少数民族教育的投入,县、乡人民政府设立边远贫困地区的地区教育专项基金,重点扶持这些地区实施“两基”工作。国家、自治区拨给的不发达地区资金和少数民族补助费,分别提取10%和30%用于当地的教育。用好、管好世界银行“贫困地区基础教育发展项目”的贷款。进一步完善教育费附加征收办法。

2001年1月18日,各级人民政府按照教育法的规定,提高国家财政性教育经费占国民生产总值的比例,逐步实现4%的目标。2001年,境内各县秋季学期,乡级中小学和镇所在地以下的小学实行教育收费“一费制”。是年5月,停止向离退休干部职工征收教育费附加。2002年秋季学期,中小学收费有所上调。

2004年春季学期,收费有所调整。2004年秋季学期,义务教育阶段的公立学校全部实行收费“一费制”,至2005年不变。

表26-2　**2003年来宾市教育经费支出及结构表**

单位:万元

项目结构＼项目支出	合计	小计	个人部分	公用部分	公用部分占(%)	比上年增加
总计	54741.3	53353.9	36509.7	16844.2	36	1387.4
一、国家财政性教育经费	37608.8	36221.4	28663.5	7557.9	21	1387.4
1. 预算内教育经费拨款	35140.6	33795.5	28151.5	5644.4	17	1344.7
2. 教育税费	883.6	883.6	—	883.6	100	—
3. 企业办学经费	1134.4	1091.7	512.0	579.7	53	427.0
4. 校办产业、勤工俭学收入用于教育	450.2	450.2	—	450.2	100	—
二、社会团体公民个人办学经费	150.4	150.4	123.8	26.6	18	—
三、社会捐集资办学经费	167.2	167.2	—	167.2	100	—
四、事业收入	7807.7	7807.7	—	7807.7	100	—
五、其他	9007.2	9007.2	7722.4	1284.8	14	—

表26-3　**2004来宾市教育经费支出及结构表**

单位:万元

项目结构＼项目支出	合计	事业性经费支出				基建支出
		小计	个人部分	公用部分	公用部分占%	
总计	58674.8	57863.0	40625.1	17237.9	30	811.8
一、国家财政性教育经费	42110.6	41311.5	37865.5	3446.0	8	799.1
1. 预算内教育经费拨款	40098.4	39342.2	37372.9	1969.3	50	756.2
2. 教育税费	333.6	333.6	—	333.6	100	—
3. 企业办学经费	1186.4	1143.5	492.6	650.9	57	42.9
4. 校办产业、勤工俭学收入用于教育	492.2	492.2	—	492.2	100	—
二、社会团体公民个人办学经费	254.3	241.6	142.6	99.0	41	12.7
三、社会捐集资办学经费	184.4	184.4	—	184.4	100	—
四、事业收入	9388.1	9388.1	—	9388.1	100	—
五、其他	6737.4	6737.4	2617.0	4120.4	62	—

表 26-4 2005 来宾市教育经费支出及结构表

单位:万元

	合计	事业性经费支持				基建支出
		小计	个人部分	公用部分	公用部分占%	
总计	68400.6	65831.3	44437.6	21393.7	32	2569.3
一、国家财政性教育经费	47410.1	45140.8	38256.5	6884.3	15	2269.3
1. 预算内教育经费拨款	44895.5	42697.7	37574.0	5123.7	12	2197.8
2. 教育附加	968.2	968.2	—	968.2	100	—
3. 企业办学经费	1242.8	1171.3	682.5	488.8	42	71.5
4. 校办企业、勤工俭学收入用于教育	303.6	303.6	—	303.6	100	—
二、社会团体公民个人办学经费	345.8	45.8	39.0	6.8	15	300.0
三、社会捐集资办学经费	228.9	228.9	—	228.9	100	—
四、事业收入	12440.7	12440.7	—	12440.7	100	—
五、其他	7975.1	7975.1	6142.1	1833.0	23	—

经费管理

1986 年以后,每年的教育经费由各县(市)财政局拨给乡镇财政所,由财政所与乡镇教育组(或学区)共同研究下拨给中小学。学生交纳的学费,按比例上交县(市)教育局,余下部分由学校自管。学校的勤工俭学收入及各单位、集体、个人给学校的捐款集资,由学校管理。勤工俭学收入,按上级规定使用,40% 用于改善办学条件,30% 用于扩大再生产,30% 用于改善师生生活。

1995—1996 年,境内各县(市)教育行政部门每年对乡镇中小学财务人员进行培训,培训内容有财经法律法规、财务管理制度、财务核算知识等。通过培训,促进财务管理规范化。

1995—2003 年,来宾市境内各地在实施“两基”过程中,教育基建欠债 8381.71 万元,债务纠纷严重干扰学校的正常教育教学秩序。为解决教育欠债问题,来宾市采取两项措施:一是各地不得再举债建设新校舍;二是认真清理核实债务,由县、乡政府从教育专项转移支付中划出一定比例还款或用地方教育附加费还款。2003 年,全市已还款 1639.23 万元。

1997—2002 年,各县(市、区)把多渠道筹措教育经费任务列为各年度党政目标管理责任制,集资任务分解落实到乡(镇),年终考核评比。县级财政、审计、教育行政部门,每年对教育经费收支情况严格进行审计,保证教育经费落实到位。

2004 年 11 月—2005 年,来宾市贯彻落实国务院纠风办、监察部、财政部、教育部、审计署、新闻出版总署《关于开展全国治理教育乱收费专项检查的通知》,抽调市、县(市、区)教育局分管领导及财务人员组成教育收费专项检查组,抽查 6 个县(市、区)64 所中小学校,进一步规范中小学收费管理。

第四节 学校管理

小学管理

清末小学堂(包括初等小学堂、高等小学堂、女子小学堂),均按清例设堂长或监督 1 人管理学校。民国成立后,学堂改称学校,堂长或监督改称校长。校长在县劝学所或教育科(局)管辖下管理学校。对教师有聘任、解聘的权力。

1952 年起,遵照教育部颁布的《小学暂行规程(草案)》规定:小学校长负责领导全校工作。必要时设副校长。下设教导主任及副教导主任,协助校长办理教导和行政事宜。规模大的学校酌设事务员,办理会计、事务等工作。学校建立校务会议、教导研究会议制度。

1953 年,改中心校为学区,学区设校长、教导主任和辅导员各 1 人。1956 年,学区在人口较密集的自然村设立完全小学,由县教育局(科)委任校长,但仍受学区统一领导。学区和完全小学,既受县教育局(科)领导,又由当地乡镇政府直接领导,以县教育局(科)领导管理为主。

1960 年后,小学开始建立党支部或党小组,学校实行党支部领导下的校长负责制。1966 年 5 月开始“文化大革命”,初期,学校行政、党、团组织瘫痪,处于无政府状态。1968 年以后,地区及各县相继成立革命委员会,各乡镇小学相继成立革命领导小组,农村小学成立“贫下中农管理委员会”,设组长 1 人,成员若干人,负责学校的“斗、批、改”工作。1969 年,小学下放到大队来办。公社设教育办公室,负责人 1 人。公社教育办公室受县革命委员会政工组文卫(或教育)小组统一领导。小学仍建立革命领导小组或贫下中农管理委员会。

1972 年,公社教育办公室改为“教改组”,继续领导小学工作。1978 年 9 月后,执行教育部《全日制小学暂行工作条例(试行草案)》规定:全日制小学实行党支部领导下的校长分工负责制。学校一切重大问题必须经过党支部讨论决定。

1984 年,境内各县相继成立学区,领导和管理中心小学和完小。1985 年,根据中共中央《关于教育体制改革的决定》精神,一些县(如来宾县)建立以乡镇为中心的教育管理机构,中心小学既是本乡镇学校管理的中心,又是教学研究的中心。1987 年以后,对教育实行分级办学、分级管理,即县、乡镇、村民委三级管理。县管实验小学和师范附小;乡镇管乡镇所在地的中心小学;村民委管村民委范围内的完小和教学点。实行分级管理后,学校的管理仍实行校长负责制。

1995 年,境内各地设立乡(镇)教育管理委员会,委员会的常设机构是教育办公室。教育委员会主任由乡(镇)党委书记或乡(镇)长担任,副主任由乡(镇)分管教育的领导担任,成员由财政、税务、政法、学校领导和村公所总支书记或村长及社会知名人士、专业户代表等组成。教育办公室属事业单位,设主任 1 人,副主任 2 人,业务人员 5~7 人,负责具体管理全乡(镇)中小学、职教、成教等日常的教育教学工作。1999 年,各县(市)乡(镇)成立(或改称)教育办公室,具体负责管理乡(镇)中小学及职教、成教等日常的教育教学工作。

2001 年 5 月,国务院颁布了《关于基础教育改革与发展的决定》,要求农村义务教育实行“在国务院领导下,由地方政府负责,分级管理,以县为主”的管理体体制。

2003 年,自治区决定撤销乡(镇)教育管理机构(含:教育管理委员会、教办、学区、辅导站等)。撤销乡(镇)教育管理机构后,乡(镇)初中的教学业务及管理工作由各县(市、区)教育行政部门直接管理,小学教育教学业务管理工作由各乡(镇)中心校校长负责,并对县(市、区)教育行政主管部门负责。乡(镇)人民政府在教育方面的职责是:配合县(市、区)人民政府抓好本乡(镇)中小学的规划、布局、建设和管理;改善办学条件;组织动员适龄儿童少年入学;维护学校安全等。2003 年 8 月底,全市各县(市、区)顺利完成撤销乡镇教育管理机构的主要工作。

中学管理

清光绪二十九年(1903 年),境内中学堂设监督(校长)一员,统辖全校员董司事人役,主理一切教育事宜。

民国 1 年(1912 年)9 月,监督改为校长。中学一般由省一级来管理。后来,随着中学的增多,各县的中学由省、县两级教育机关管理。1949 年 12 月后,中国人民解放军军管会教育组、柳州行政区专员公署及所属各县人民政府接管中学。

1950 年,境内中学由专员公署文教科主管,各县文教科主管小学。校长和副校长分别由专员公署、县人民政府任命。中学采用校长负责制。学校组织校务委员会,下设教导、总务两处。1952 年 3 月起,各县中学设校长、副校长;下设教导、总务两处;各班设班主任;各学科设教学研究组;设校医负责卫生医疗工作。此外,还建立校务会议,各科教学会议、家长会议等。学校还成立教育工会、学生会、共青团、少先队等组织。1958 年,各县中学实行党支部领导下校长负责制。

“文化大革命”期间,学校党支部处于瘫痪状态。1968 年,工人、贫下中农或解放军宣传队进驻学校。从 1968 年下半年起,各中学陆续成立革命委员会,实行“一元化”领导。

1978 年后,实行党支部领导下的校长分工负责制。境内各县撤销各中学革命委员会,一般都设教导处、总务处,有些学校还设有政教处。

1982 年,强调加强党的领导是办好学校的根本要求,中学党支部是党的基层组织,其主要任务是宣传和贯彻执行党的路线、方针的决议,落实上级教育部门的政策,实现上级教育部门的要求,监督和支持学校行政工作。落实上级教育部门的政策,实现上级教育部门的要求,监督和支持学校行政工作。各级各类学校按照政府《关于改革教育的十条规定》,要求各级各类学校实行党委(总支或支部)领导下的校长负责制,有条件的学校可试行校长负责制。

1984 年 8 月,自治区重新明确实行“分级办学分级管理”,在县城的县高(完)中及非乡镇中学(如来宾二中、三中),由县教育局直接领导和管理,校长由县政府任免。乡镇中学、联办中学,由县及乡镇政府共同管理,以乡镇政府管理为主。

1985年11月,自治区党委、自治区人民政府《关于贯彻〈中共中央关于教育体制改革的决定〉的若干规定》,提出各级各类学校应有一定的自主权,要逐步实行校长负责制。但在实际中只有部分学校实行。

2001年5月,国务院颁布《关于基础教育改革与发展的决定》,各县(市)实行"以县为主"的管理体制。

2003年,自治区决定撤销乡(镇)教育管理机构,并明确乡(镇)初中的教学业务及管理工作由各县(市、区)教育行政部门直接管理。

教学改革

清光绪二十九年(1903年),学部规定,凡教授儿童,"须尽其循循善诱之法,以讲解为最要"。采用"先生讲,学生听"的注入式教学法,学生多重视朗读和强记(俗称死记硬背)。

民国初期,废读经讲经,教材有所更新,教法有所改进,如作文教程按"准备用具—命题—拟定提纲—写作—校阅—完成"等教学环节进行;算术教程按"预备—动机目的—指导研究—练习—总结"等教学环节进行。民国1年(1912年),南京临时政府颁布教育宗旨时,曾规定"小学不得用体罚"。但整个民国时期各县各学校体罚学生屡见不鲜。学生于课堂上私下讲小话、窃笑或过位,必受责骂或罚站,甚至被教师用教鞭敲打;严重违反校规者被处罚跪。学生对教师一般都是敬而远之。

中华人民共和国成立后,境内各地在教学内容和教学方法上进行了改革。1952年底,省人民政府召开教育工作会议,会议明确提出"学校以教学为主,课堂教学是教学的基本形式",还提出学习苏联的先进教学经验。境内各学校陆续成立各科教学研究组,实行集体备课,互相听课,开展教学研究活动。1953年,境内各小学贯彻执行政务院颁布的《关于整顿和改进小学教育的指示》,组织教师积极学习苏联凯洛夫《教育学》、普希金教授《演讲录》及上海教育科研所曹孚《教育科学基础知识讲座》。依据他们提倡的课堂教学五个环节(组织教学、复习旧课、讲授新课、巩固知识、布置作业)进行教学,开始教学方法的改革。

1953—1954年,学习苏联凯洛夫教育理论,教学按"直观性、量力性、巩固性"三原则和课堂教学5环节(组织教学、复习旧课、进入新课、巩固知识、布置作业)进行教学。各中心校以完小校为单位,公办村校和民办小学以片为单位成立教研组开展多种形式的教学活动。境内各地小学贯彻理论联系实际的教学原则,提倡启发式,克服注入式、填鸭式的教学方法,根据各自情况,采取直观教学和启发、诱导的方式进行教学。

1956年,境内各学校贯彻"加速发展,提高质量,全面规划,加强领导"的方针,推行苏联的五级记分法。5分为优秀,4分为良好,3分为及格,2分以下为不及格。1958年,在"大跃进"形势下,学校师生支农办厂,忽视"双基"(基础知识和基本技能训练)教学。

1964年,境内学校取消"五级记分法",恢复百分制记分法。1965年,贯彻中央关于两种劳动制度、两种教育制度的指示和全国农村半农半读教育会议精神,要求教学要紧扣教材,紧扣教学要求,教学联系学生实际,抓重点、难点,着重分析讲解,实行"讲、读、练"三结合。

1980年,境内各学校教师不但重视如何"教",而且重视研究学生如何"学"。在加强"双基"教学的同时,着重对学生能力的培养和智力开发。1982年起,各学校在提高"第一课堂"的教学质量的同时,积极开辟"第二课堂",组织建立课外科技、书法、绘画、音乐、舞蹈、体育等兴趣小组,开展多种形式的课外活动,培养和发展学生的个性特长、智力和非智力因素及能力。

1985年以后,境内各学校研究新的教学方法,开展教改实验,确立教学要以学生为主体,以教为主导,以训练为主线,要求教师在教学上搞好三个转移。

2001年起,来宾县、武宣县等开始进行义务教育课程改革实验,此后,其他各县(市)也逐步实施课程改革。2004年8月27日—28日,来宾市第一届教师风采大展示活动在兴宾区礼堂举行,有近800名中小学教师临场观摩。2005年9月,经自治区人民政府批准,来宾市全面实施义务教育课程改革,全市课程改革从试点实验进入全面实施。

第五节　教师管理

队　伍

唐元和十年(815年),柳宗元任柳州刺史时,各县推行教化。明清时期,义学、社学、私塾,这些民办教育多是地方富绅主持，延请社会名流、儒士充任教师。

民国初年，境内各县城乡相继开办中小学，校长由地方绅士推荐，经县长批准任命，教师则由校长下聘书聘请。后来，随着中小学的发展，需要增补教师，小学教师由师范学校、师范讲习所、乡村简易师范毕业生及国民中学毕业生补充，中学教师多为省立优级师范、广西师专及其他大学毕业者补充担任。民国3年(1914年)，合山上北区小学有教员3名。民国8年，合山粹良国民小学有教员2名。民国19年，合山溯河特别区立小学有教员4名。私塾多为1塾1师。民国21年，象县有中学教职员12人，小学教职员154人。民国35年，中学教职员增至26人，小学教职员476人。

1951年7月，武宣县成立中华教育工会委员会。是年，武宣县新青中学建立中共支部和团支部，武宣县中学成立团支部，并发展教师入党入团。教师也日益受到尊敬。迁江县人民政府举办短期教师培训班，培训结束后由县长下"委任状"到指定学校任教。1952年，合山境内各村小学从社会上招收有一定文化的人员到校任教员。当年有中小学教员有54名。

1954年，石龙县象州片中小学教职员增至772人，其中，中学56人，小学716人。在小学教师中，有中师和高中文化程度的29人，占教师总人数的4.1%；初中文化程度的311人，占43.4%；小学文化的376人，占52.5%。1954年和1956年，金秀开办金秀和桐木中学后，陆续有一批大、中专毕业生分配到县内任教，中小学教师队伍不断壮大。

1957年，教师队伍开始整风运动和反右派斗争，由于"左"倾错误的影响，石龙县有74人被错划为右派分子或受批判处理。20世纪50年代末。合山境内聘用部分高中毕业生到小学任教员，中小学教员增加到274名。公办教师多集中在中学和中心小学，村屯小学以民办教师为主。

1964年"四清"运动时期，象州县有中小学教职员1141人，其中民办教职员288人。有中学教职员123人，其中，大学毕业占58.5%，中师、高中毕业占24%，初中以下占17%。

1965年底，金秀教职工人数由1951年53人增加到260人，增长3.9倍。1968年底至1969年初，中、小学教师接受贫下中农"再教育"，大部分外籍教师调离金秀，学校聘用本地民办教师148名。由于民办教师文化程度不高，未经过系统业务训练，全县教学质量大幅度下降。

"文化大革命"期间，大专院校和中等专业学校减少招生，合格教师来源枯竭，学校教育成为"文化大革命"重灾区，广大教师深受其害。其中武宣县有20人被迫害惨死、9人被抄家、50人被当作"牛鬼蛇神"、2人被打成"5·16"分子、108人被隔离审查。

1970年，合山境内各小学附中选聘一批高中毕业生到校任教员。1972年，金秀瑶族自治县师范学校先后培训小学民办教师和代课教师以及尚未达到中师水平的小学教师120名。

1976年，象州县中学教职员中，大学文化程度仅占17.4%，比1964年下降41.1个百分点。1978年12月—1979年，武宣县回收过去被清退或下放回乡的教师348人，给予复职，继续从事教育工作。1979年后，实行文化考试、思想考核聘用教师制度。是年，合山矿务局从职工和待业青年中选聘小学教师35名。

1980年，来宾县调整中小学教师队伍，北泗公社辞退中小学民办教师87名。留任民办教师由县教育局发给"聘用证"。1980年后，象州县调整学校布局，强化教师培训，分配到学校任教的大、中专生增多，教师队伍文化素质逐步提高。

1981年，金秀瑶族自治县的民办教师，按政策全部转为公办教师。1982年起，合山市将部分未达到国家规定学历的教师送到师范院校培训。1983年3月，金秀瑶族自治县在县教育局对小学公办教师进行的考核中，胜任的教师占总数36.6%，基本胜任的占22.7%，有一定困难的占16.1%，不胜任的占24.6%。

1983—1984年，处理"文化大革命"遗留问题，武宣县259名教师得以平反昭雪，恢复名誉，并补发了工资；有350名教师的家属获得"农转非"。1985年后，合山市各中小学停聘民办教师，确需增加教师的，经考试合格聘用为代课教师。

1986年，武宣县委重新复查411名教师在"文化大革命"中的冤假错案，给予彻底平反，解除了广大教师精神上的沉重包袱。1987年，武宣县教职工中有党员459人、团员340人。是年，合山市中小学教师开始评定专业技术职务资格。1988年、1990年，武宣县全县教师两次参加专业技术职务评定，有34人获高级技术职务，443人获中级技术职务。

1990年，象州县中学教职员的文化程度，大学毕业的占46.9%，比1976年增加29.5个百分点，中专、高中毕业的占47%，初中以下的占6.1%；小学教职员文化程度，大学毕业的占1.35%，中师、高中毕业的占69.48%,初中以下的占29.17%。合山市有中学高级教师22名,中学一级教师79名,中学二级教师120名,中学三级教师184名;小学高级教师86名,小学一级教师264名,小学二级教师326名,小学三级教师107名。合山市有中小学教师2100名,其中公办教师413名,民办教师162名,代课教师525名。合山市受训教师大学本科毕业2人;大学专科毕业177名;中等师范毕业241人。来宾县有1993名民办教师转为公办教师。

1991年,忻城县有中学教师505人,其中,本科57人、专科411人、高中37人;中级职称161人、初级职科213人、未评职称131人。在校学生12798人,中学教师与学生之比为1∶18。小学教师1561人,其中,本科没有、专科405人、高中952人、高中以下204人,中级职称527人、初级职称983人、未评职称51人。在校学生36372人,小学教师与学生之比为1∶23。幼儿园教师61人,其中,本科和专科学历的都没有、高中学历52人、高中以下学历9人,中级职称16人、初级职称37人、未评职称8人。在园学生968人,幼儿园教师与学生之比为1∶16。

2000年起,武宣县按国家双向选择政策,在回本县师范类大中专毕业生中进行部分招录。2000年招71人(本科4人,专科67人)。2001年武宣县招140人(其中招小学教师88人,中师毕业;初中教师52人、本科毕业5人、大专毕业47人)。

2002年,金秀瑶族自治县有代课教师414人,其中临时代课教师135人,通过自治县人才交流中心聘用的代课教师279人。绝大多数代课教师在边远、贫困山区的教学点任教。是年底不再使用临时代课人员。武宣县录用初中教师47人(本科1人,专科46人)。2003年,武宣县从初中学校教师中招录高中教师17人,另招录初中教师38人。

2004年,金秀瑶族自治县招录教师216人。武宣县到南宁广西人才招聘会招录高中(含职校)教师9人。2004—2005年,武宣县共分三次进行大规模的教师招录工作。从代课教师、聘用制教师、社会人员、应历届大中专毕业生、以工代教人员中共录用教师1066人(其中原代课教师362人,原聘用制教师573人,应届毕业生9人、社会类65人、以工代教57人),清退359人,结束了代课教师长期任教的历史。

2005年,合山市幼儿园专任教师22人,其中大专学历的11人,中专学历的11人,学历合格率100%;小学专任教师650人,其中大学本科学历11人,大学专科学历的400人,中专学历的186人,高中学历的41人,学历合格率98.15%;初中专任教师399人,其中研究生学历2人,大学本科学历97人,大学专科学历291人,学历合格率97.74%;合山市高中专任教师104人,大学本科学历81人,学历合格率77.88%。

2005年,武宣县有高级讲师2人、讲师13人、中学高级教师106人、中学一级教师795人、小学高级教师1212人、幼儿园高级教师7人。是年,忻城县全县共有中学教师1029人,其中,研究生1人、本科183人、专科788人、高中56人、高中以下1人、高级职称30人、中级职称314人、初级职科614人、未评职称71人。在校中学生18566人,中学教师与学生之比为1∶18;小学教师1561人,其中,本科2人、专科299人、高中718人、高中以下34人,中级职称439人、初级职称609人、未评职称5人。在校小学生36372人,小学教师与学生之比为1∶23;幼儿园教师74人,其中,本科3人、专科学历39人、高中学历25人、高中以下学历7人,中级职称21人、初级职称21人、未评职称32人。在园学生4810人,幼儿园教师与学生之比为1∶65。

待　遇

社会地位　清末至民国初,境内人民尊师重教,人们仍把天地君亲师同列,设牌位敬奉。在农村,人们对塾师尊称为“先生”。遇婚丧嫁娶,常延请塾师写对联、写贴式,有时也请塾师排忧解难,塾师常常是座上客。废科举,兴学堂之始,有的留学生回国后愿当小学教师,因当时小学堂教师的经济待遇和社会地位都不低。

民国20年(1931年),国民党政府规定每年6月6日为教师节。民国28年,改在8月27日孔子诞辰举行,来宾教育界尊国民政府规定每年都举行庆祝仪式。

中华人民共和国成立后,中国共产党和人民政府采取措施提高教师的社会地位,广大群众和学生尊重和关怀教师。1950—1952年,来宾市境内教师参加清匪反霸、减租退押、反贪污、反浪费、反官僚主义和抗美援朝等政治运动,出现了许多先进人物。教师被授予“人民教师”的光荣称号,教育工作者成为国家干部职工。

但是,在反右派斗争中,犯有扩大化的错误,有少数教师被错划为右派分子,特别是在“文化大革命”期间,教师被诬为“资产阶级知识分子”“牛鬼蛇神”“臭老九”,大部分教师受到冲击,不少教师被批斗，被强迫劳动改造，部分教职工甚至被精简回乡，教师的社会地位下降。粉碎江青反革命集团后，这种错误得到了纠正。

1977年8月8日，全国科教工作会议后，党和政府把知识分子视为工人阶级的一部分，是依靠的力量，进一步落实政策，提高广大教师的政治地位。

1978年，中共十一届三中全会以后，境内各县（市）相继成立落实知识分子政策办公室和处理“文化大革命”遗留问题领导小组，平反教师冤假错案1965件。是年，来宾县成立落实知识分子政策办公室，平反了教师中的冤假错案244件，其中纠正错划“右派”144人、“中右”8人、“右言”41人；“文化大革命”中被立案审查的51人。

1978—2005年，金秀瑶族自治县有3位教师先后当选为县人大副主任、25位当选为县人大代表，2位当选为县委委员或候补委员，1位当选为县人民政府副县长，1位当选为县政协副主席，1位当选为县政协秘书长，21位当选为县政协委员。中小学教职工中，有361人加入中国共产党，占教师总数的20.1%。金秀镇小学教师罗莲香被评为全国优秀班主任。腊河小学校长李学渊，忠实党的教育事业，扎根山区教学，认真钻研业务，教学质量高，成为全县拔尖优秀教师，荣获国家教育委员会、人事部、全国教育工会联合授予全国优秀教师称号。另有17名教师获自治区优秀教师、先进教育工作者称号，1名教师获自治区青少年科技优秀辅导员称号，44名教师获地区优秀教师、先进教育工作者称号。

1979年2月，忻城县召开教育系统代表大会，出席大会的教师代表600名，其中先进集体代表159名、先进教育工作者394名、特邀代表47名。此为自中华人民共和国成立以来，该县参加人数最多、规模空前的一次教育先代会。同年春，忻城县教育局为1962年前后被精简回家的124名教师落实政策，重新妥善安置。

1980—1990年，武宣县中小学教师被评为先进工作者有141人，其中国家级7人、自治区级13人。同时提拔了一批年富力强的教育工作者到县、乡党政部门担任领导职务。

1981年，来宾县二中教师余金助被评为全国优秀体育教师。合山境内有两名教师被选为来宾县第七届人民代表大会代表。

1981—1990年，忻城县先后被评为先进工作者的教师有105名，其中全国先进教育工作者2名，全国优秀班主任、劳动模范、优秀少先队辅导员各1名；被评为自治区级先进教育工作者3名，优秀班主任1名；被评为先进教育工作者共92名，劳动模范、优秀体育教师各2名。全县教育系统参加历届县人大、政协的教师共119名，其中县人大代表87名、县政协委员32名。对在历次政治运动中受到冲击的教师（肃反、整风、“反右”运动中被定为“反、坏、右”分子131名，“文化大革命”中冤假错案共275件），县党政领导组织人力进行复查，错划为“右派”分子的全部予以改正，“文化大革命”中冤假错案的彻底纠正，对在“文化大革命”中被迫害致死的9名教师（职工），按有关政策政治上给予平反昭雪，经济上给予其家属生活补助，其中还安排3人的子女顶岗参加工作；对“文化大革命”中立案审查的教师，也修改了原结论，当面销毁其档案材料；对没有立案审查而实际上遭受批斗审查的教师，亦给予口头平反，恢复名誉。与此同时，对“文化大革命”前的一些老案也作了复查，凡受到错误处理者，均按政策给予恰当的安置。给被错划为“右派”分子的9名教师平反，重新安排工作。

1982—1990年，合山市有4名教师被选评为全国优秀教师，11名评为自治区优秀教师，有党员132名，共青团员283名。

1983年，忻城从事儿童、少年教育工作满25年的469名教师，县政府发给“二十五年‘园丁’纪念章”以资鼓励。是年，来宾县五山初中成国基、县镇东小学教师肖雪华被评为自治区儿童少年工作先进工作者。1983—1990年，武宣县有28人当选为县人大代表，23人当选县政协委员。

1984年，来宾县一中教师罗少生、县师范附小教师严燕华被评为自治区优秀班主任，县教育局农教办郭定民被评为自治区民族团结进步先进工作者，县师范附小辅导员曾田被评为自治区先进科技辅导员。是年，按自治区人民政府有关政策，一些教师的家属由农业户口转为非农业户口。

1985年，国务院立法规定每年9月10日为教师节。自治区人民政府给有25年以及以上教龄的教师颁发荣誉证书和“桃李芬芳”纪念章一枚。

1986—1987年，忻城县给200名民办教师转为公办教师，全县民办教师的比例从1978年的67%降至16%。1987年底，金秀共评聘中学高级教师10人、中学一级教师99人，二级教师121人，小学高级教师116人，一级教师649人。

1990年底，来宾县993各民办教师转公办教师，200多户教师家属“农转非”，解决300多户教师夫妻两地分居问题，849 名教师加入中共组织，1141 名教师加入共青团组织。是年，忻城全县民办教师的比例再降至 10.5%。1991—2005 年，合山市获国家级荣誉称号的教师 4 人，获自治区级荣誉称号的教师 14 人。

1992 年 9 月，武宣县教育局表彰 1991—1992 年度优秀教师 121 名，优秀教育工作者 22 名。1993 年，武宣县有 1 名优秀教师、1 名优秀教育工作者、1 名中小学优秀班主任获自治区教委、人事厅表彰。武宣县获表彰的优秀教师 25 人，先进教育工作者 7 人，优秀班主任 3 人。团县委、县教育局表彰了 50 名 1992—1993 年度全县优秀少先队辅导员。武宣县有 1 名优秀少先队辅导员获团区委、区教委表彰。

1994 年 5 月，武宣县教研室有 3 名教研员被柳州地区教育局评为先进教研员。11 月，地区教育局表彰中小学实验室先进集体及先进工作者，武宣县获表彰先进集体 1 个，先进工作者 3 名。1995 年 9 月，武宣县教育局、人事局表彰 1995 年度优秀教师、教育工作者共 200 名（其中优秀中青年教师 15 名，“十佳”民办教师 10 名）。是年 8 月，武宣县获表彰的优秀教师 17 名，优秀教育工作者 9 名，优秀中青年教师 12 名，优秀中小学校长 2 名。

1996 年 3 月，武宣县政法委、综治委表彰“八五”期间社会治安综合治理工作先进，教育系统获表彰的先进单位有 4 个，先进个人 3 名。4 月，自治区教委表彰全区扫盲先进工作者，武宣县获表彰 1 人。5 月，武宣县获表彰先进教师、先进工作者各 1 人。1997 年 3 月，武宣县教育局表彰 1996 年度“三教”工作先进，其中先进集体“普教”33 个，“成教”18 个，“职教”5 个，先进个人“普教”121 人，“成教”44 人，“职教”21 人。是年 9 月，自治区教育工会表彰全区师德先进个人，武宣县 1 名。

1999 年 6 月，武宣县教育局、人事局表彰 1998 年先进，优秀教师 86 人，优秀教育工作者 14 人。2000 年，武宣县 1 人被自治区教育工会授予优秀工作者。

2001 年 4 月，境内教育局表彰中小学教师继续教育工作先进，武宣县获先进集体 3 个，先进个人 6 人；5 月，自治区教育厅、财政厅、发改委表彰全区“两基”工作先进工作者，3 人获表彰；9 月，武宣县党委、县人民政府表彰 1999—2000 年度全县优秀教师 149 名，优秀教育工作者 21 名，优秀班主任 36 名。

2004 年 9 月，自治区语语言文字工作委员会表彰全区语言文字工作先进集体及个人，武宣县获表彰先进集体 1 个，先进个人 2 名。来宾市委、市人民政府表彰教育界先进，武宣县获表彰优秀教师 56 人，优秀班主任 7 人，优秀教育工作者 8 人；县教育和科技局、人事局表彰 2001—2003 年教育界先进，获表彰优秀教师 116 名，优秀教师工作者 18 名，优秀班主任 47 名。另外，1 人被自治区教育工会授予优秀工作者，1 人被自治区教育工会授予支持工会工作优秀党务工作者。

2004 年 9 月，在第二十个教师节前夕，来宾市委、市政府表彰“十佳优秀教师”　（陆庆葵　摄）

2005 年，合山市教师队伍中有中共党员 386 人，占全市教师的 29.9%。有 51 人被选为各级人大代表或市政协委员。

薪资待遇　清代，书院、义学的校长、教员的薪俸由政府按月支付。清末，私塾先生的生活主要靠公田、公山及庙宇收入或由学童家长筹学钱学米解决。

民国时期，教师或按月薪供给，或靠学田、学童统筹和税收附加收入支付。民国 17 年（1928 年），来宾县城小学教师每人每月薪金一般 30 元；区乡立小学教师每人每月薪金为 26~28 元；村街小学教师每人每月薪金为 20~24 元。民国 30 年，广西省定教师待遇，县立中小学教师月工资最高为 100 元，最低为 12 元，大多在 24~32 元之间。

中华人民共和国成立后至 1955 年，教师实行“工资分”制，即按粮、布、油、盐、柴实物价格综合折算货币工资额的一种单位。小学校长每人每月 140~160 分，小学教师 90~140 分；普通中学校长每人每月 200~220 分，教师 160~220 分。

1966—1976 年“文化大革命”时期，多数教师的工资没有变动。

1979 年 11 月 1 日起，国务院批准在中小学试行班主任津贴。中学每班人数在 51 人以上的每月发 7 元，小学每班人数在 51 人以上的每月发 6 元。

至1989年，班主任津贴提高到每月12元。

1980年，对1966年以前参加工作的教职工，一般都调升一级。个别工资偏低的调两级。至1983年，又一次调整部分人员的工资。至1984年，落实知识分子政策和解决冤假错案知识分子工资偏低问题，对中小学教师的工资作了适当的调整。

1985年，按照国务院《关于国家机关事业单位工作人员工资改革方案》规定，给中小学教职工增加工资，普遍高套一级。同时，中小学公办教师享受工龄津贴和教龄津贴。1987年，实行职称评定，技术职称与工资挂钩制。

1987年10月起，中小学和幼儿园教师的月工资（即基础工资、职务工资之和）按现行标准提高10%。1987年10月以后离、退休的中小学和幼儿园教师，提高10%的部分，均可作为计发离、退休费基数。

1989年，教职工均可在本人现行职务工资标准的基础上增加一级工资，同时重点解决专业技术人员的工资问题。1990年，按自治区桂工改〔1990〕7号文件精神，教师普遍提升一级工资。按自治区桂人通〔1990〕61号文件精神，获中级技术职称以上的教师普遍提升工资。

1993年11月15日，国务院出台《关于机关和事业单位工作人员工资制度改革问题的通知》（国发〔1993〕79号），教师的工资有较大幅度的增长。同年，获得特级教师荣誉称号的教师，享受国家每月发给津贴费80元。1994年，提高民办教师工资待遇中国家补助部分的标准。

2005年，教师在福利方面，有疾病医疗待遇、病假期间待遇、女教职工产假期间待遇、探亲假待遇、离休退休退职待遇、牺牲病故后的抚恤金等。

1954年，境内民办教师工资待遇实行群众统筹、政府补贴的办法，政府给每人每月补助10元（折新币），其余由群众统筹。1958年后，全部改由办学单位统筹，一般由生产队按同等劳动力记给工分。1973年起，恢复群众统筹、政府补助的办法。1983年后，象州县民办教师月薪统筹部分19~23元；公助部分，小学教师28~36元，中学教师34~42元。1985年起，每月另加统筹与公助之和的10%，民族补贴、副食品补贴、奖金、洗理费等项补贴30余元。

培　训

民国时期，象州、来宾、忻城、武宣等县创办有师范讲习所或设师训班，培训小学师资。民国24年（1935年），南宁有特种教育师资训练所，民国31年，有桂岭师范学校（今桂林民族师范学校前身），培训少数民族师资。

1958年，全国开展教育大革命，提倡知识分子劳动化，加上“整风”“反右”等运动，教师的文化和业务学习曾一度受到冲击。

1961年，柳州师专继续开办教师短训班，境内各县选派一定名额的教师参加培训。1962年，宜山师范面向柳州专区各县招收1年制小学教师轮训班，学员66人。1964年，境内各县函授教育进一步发展。

1972年起，中专亦开始对中小学教师进行培训。1973年，境内各县选派教师3~7人到桂林民族师范进修。1978年，广西函授大学成立后，开始在各县招收函授学员，各县均成立函授辅导站并配备辅导员对函大学员进行辅导。

1981年，自治区教育厅发出《关于认真办好师范学校和搞好小学师资培训工作的意见》，各县师范先后改为教师进修学校，开办高中毕业生为主体的速师班及脱产进修班、短训班、民办教师班、行政管理人员轮训班及函授班等。

1994年以后，境内各地对小学教师、校长进行在职继续教育培训，共轮训小学教师784人次，培训小学校长240人。

2003年，全市继续开展“21世纪园丁工程”工作，把B类人才列入市教研活动的范围。是年，市教育局举办了来宾市“21世纪园丁工程”学员课堂展示活动，2800多名教师观摩了活动；举办了4场《魏书生与课程改革》报告会；举办各学校教务主任培训班。另外组织开展推广普通话工作。

2004年，市教育局启动第二期“园丁工程”，全市遴选并确定302名教师为第一批培训对象，其中自治区级109名、市级193名。开展骨干教师培训工程，全市遴选第一批（为期3年）78名中小学教师为骨干教师培训对象。成立市级中小学教师继续教育指导中心，开展中小学教师继续教育工作和校长岗前培训工作。在兴宾区和忻城县举办小学校长任职资格培训班，共有218名小学校长参加了培训。74个乡镇中心校校长参加自治区中心校校长的全员培训。是年，市教育局举办了来宾市第一届“教师风采”大展示活动。

2005年，来宾市实施教师全员培训工程。完成了市教育局所属学校800多名干部的公共理论课程全员培训工作。是年，实施骨干教师培训工程。继续实施第二期“21世纪园丁工程”，全市选派109名教师参加自治区级培训。组织实施来宾市骨干教师培训工程。共有60名教师参加培训。开展“英特尔未来教育”项目培训工作,共培训7期250名教师。实施校长素质提升工程。遴选骨干校长参加自治区、国家级培训。其中:遴选6名小学校长参加“广西小学校长学校发展规划专题高级研修班”,4名校长参加“2005年全区初中校长高级研修班”,5名中小学校长参加“国家西部中小学校长发展规划专题研修班”,2名校长参加国家级校长研修班。举办校长培训班。共有87名中学校长参加了培训。

职　称

1980年2月,教育部颁发《关于中等专业学校确定与提升教师职务名称的暂行规定》,中等专业学校教师职务名称定为副教授、讲师、教员、实习教员四级。

1986年6月起,各县(市)中小学校、中等专业学校、高等学校普遍开展职称评定工作。小学(含幼儿园)教师职务设小学高级教师、一级教师、二级教师、三级教师。中学教师职务设中学高级教师、一级教师、二级教师、三级教师。中等专业学校教师职务设高级讲师、讲师、助理讲师、教员。高等学校教师职务设教授、副教授、讲师、教员、助教。

1988年6月,来宾县内首次进行教师职称评定。县教育管理部门直辖的中学,评为中学高级教师的有34人,中学一级教师有303人,中学二级教师有356人,中学三级教师有223人;在中学民办教师77人中,评为中学二级教师的有13人,中学三级教师有64人;在企业所办中学的教师中,评为中学高级教师的有1人、中学一级教师有18人、中学二级教师有30人、中学三级教师有22人;在县小学公办教师中,评为小学中的中学高级教师有1人、小学高级教师有309人、小学一级教师有973人、小学二级教师有263人、小学三级教师有61人;在小学民办教师中,评为小学高级教师的有15人、小学一级教师有481人、小学二级教师有694人、小学三级教师有595人;在企业小学教师中,评为小学高级教师的有9人、小学一级教师有51人、小学二级教师有58人、小学三级教师有41人;在幼儿园公办教师中,评为幼儿高级教师的有3人、幼儿一级教师有6人、幼儿二级教师有2人;在幼儿民办教师中,评为幼儿一级教师的有4人、幼儿二级教师有23人、幼儿三级教师有27人;在企业的幼儿园教师中,评为幼儿高级教师的有7人、幼儿一级教师有11人、幼儿二级教师有9人、幼儿三级教师有18人;在来宾县内中等专业学校教师中,评为副高级职称的有2人、中级职称有22人、助理级职称有16人。

1990年,来宾县有公办教师有3467人,其中具有副高级职称44名,中级职称807名,助理级职称1370名;民办教师有1714人,其中具有中级职称3人,助理级职你402人。全县共有中等专业学校教师127人;普通中学教师1356人,其中代课教师146人;小学教师3815人,其中代课教师1771人;幼儿园(班)教师162人。全县有94名教师脱产进修,其中中学教师33人。是年,全县没有相应学历的1589名教师中,有561人取得“专业合格证书”。1972—1990年,来宾县有993名民办教师转为公办教师。其中寺山乡和溯社乡的265个民办教师于1984年全部转为公办教师。

2005年,象州县中学高级教师有120人,小学高级教师有858人,幼儿园高级教师有19人;兴宾区特级教师有5人,中学高级教师有77人;武宣县高级讲师有2人,讲师有13人,中学高级教师有106人,中学一级教师有795人,小学高级教师有1212人,幼儿园高级教师有7人;忻城县中学高级职称有48人;金秀中学高级职称有19人;合山市中学高级职称有63人。是年,全市认定教师资格1972人,职称评审1181人,录用中小学教师371人。

第六节　学生管理

清末、民国初期,境内各县相继成立初等、高等两等小学堂以及中学堂,开始现代意义的学校教育。学校对中小学生的管理主要是学籍管理和进行思想道德教育。学校规定,入学报名注册,学习期间进行成绩考核及奖惩,毕业规定升留级等。虽然中小学学籍管理重点不同,但均按照教育部有关规定执行。

学籍管理

小学学籍管理　清末,规定初等小学堂招收7岁儿童入学,但由于广西小学创办伊始,入学年龄放宽至9~10岁。高等小学免试招收初等小学堂毕业生,在创办初期,15岁以下略能读经、资性聪敏者经考查合格亦可招收,后须初等小学堂毕业方能升入高等小学堂。小学只招男生。光绪三十二年(1906年)学部颁布《女子小学堂规程》后,另设女子学堂,但为数很少。清末民初,学童入初级小学(简称初小),须办理报名注册手续;初小毕业生(或同等学历的私塾学生），须通过招生考试，成绩合格者升入高小，办理学籍注册手续。

民国2年(1913年)，《壬子癸丑学制》规定7~10岁的儿童入初等小学。但不少儿童是10岁以上才入学。民国23年以后，村街国民基础学校初级班招收6足岁到未满12岁的学龄儿童，短期班招收12足岁到18足岁之失学儿童。乡镇中心国民基础学校除招收上述学龄儿童外，其高级班招收初级班修业4年期满的学生，或具有同等程度者。男女生同校学习，不另设女子小学。考试科目为国文、算术，合格者方能录取入学。招生考试的命题、评卷及录取事宜，一般由招生学校自行办理。

中华人民共和国成立后，小学教育属于普及性质，凡适龄儿童都动员入学，开学时要办理报名、入学注册手续。学生入学后，按教育部门有关规定，进行成绩考核，包括文化成绩、操行成绩、体育成绩考查；执行升留级、转学、退学、休学、复学、颁发毕业证书、奖惩等制度。

20世纪50年代初期，境内各地普及初级小学。初小毕业经过升学考试录取升入高级小学(简称高小)，按录取名单办理入学注册手续。学生在规定的时间内到校注册后，即视为取得学籍。1950年，广西规定，小学招收7~12岁男女学龄儿童入学。1953年8月起，广西执行教育部规定，“初小入学年龄不超过12足岁，二年级不超过13足岁，三年级不超过14足岁，四年级不超过15足岁；高小入学年龄不超过16足岁，二年级不超过17足岁。”学龄儿童仍规定为7~12足岁，13~15足岁为超龄儿童，16足岁以上为超龄生。小学招生时间，1953年前，有春季招生，也有秋季招生。1953年后，小学实行五年一贯制或六年一贯制，以学生的平时、段考和期考的成绩作为升级的依据。实施普及九年义务教育后，小学直接升入中学就读，只要读满六年即发给义务教育证书，小学毕业后就近升入初中。1954年后，学校招生一律改为秋季招生，并一直沿用下来。小学招生一般由学校负责，采取分片包干就近入学的办法。初小毕业升高小，亦需进行文化考试，德、智、体全面考核，择优录取。

1989年起，各县对所有在校小学生进行统一编制学籍号。小学生学籍号，采用9位数，即××（学区）××（完小）××（级）×××（学号）。

中学学籍管理　清末，境内各中学堂按光绪三十年(1908年）公布的《各学堂考试章程》规定：考试分临时考试、学期考试、学年考试、毕业考试、升学考试；以百分制计算，学期或学年成绩满60分为合格，不满60分为不合格。

民国时期，中学学生成绩考核分日常考查：临时试验、学期考试和毕业考试。成绩最初分甲、乙、丙、丁四等，丙等以上为及格，丁等为不及格；后来改用百分制，60分以上为及格，不满60分为不及格。

中华人民共和国成立后，1952年《中学暂行规程(草案)》规定，学业成绩考查分平时考查、阶段考查(每学期举行1~2次)学期考查。平时考查及阶段考查成绩占60%，学期考查成绩占40%，各科上下两学期成绩平均数即为该科的学年成绩，记分方法用百分制，以60分为及格，有条件的，经省文教厅核准，可试行五级记分法。

1954年8月境内各县执行《中南区普通中学成绩考查、 补考、升级、留级、毕业及转学、休学、复学、退学、开除等问题的暂行办法》，规定学业成绩分平时考查、阶段考试及学期考试三种，应着重平时。平时考查包括提问、检查作业、平时测验等，阶段考试每学期1次至2次，期终举行学期考试1次。学生学期成绩用分科计算的方法。平时考查的成绩与阶段考试的成绩各占学期成绩的30%，学期考试成绩占40%，三者合为学期成绩。各科上下两学期成绩的平均分数，即为各该科的学年成绩。

1955年7月，遵照教育部指示，加强平时成绩考查，减少书面考试次数，只举行学年考试和毕业考试。

1957年4月，省教育厅规定，中学采用五级记分法。学生学业成绩考查包括平时考查、总结考查和评定、考试三种。总结考查和评定，分阶段评分、学期评分、学年评分及学年总评分；考试，分学年考试和毕业考试两种。毕业考试暂不举行，以第3学年考试代替毕业考试。

1963年1月，执行教育部规定每学期的考试次数为2次，期中考试(初、高中考政治、语文、数学和外语；高中加物理和化学)、学期或学年考试(除体育、音乐、图画外，各科都举行考试)。

“文化大革命”期间，自治区对中学生学业成绩考核没有明文规定，放松了对学生学习成绩的考查。

1979年4月自治区教育局规定：中学成绩考核包括平时考查和考试两种。考查主要通过课堂提问、作业、实验、测验等方式进行。每学期期中期末进行两次考试。考试科目政治、语文、外语、数学、物理、化学、生物进行段考和期考，历史、地理、生理卫生、农业基本知识只进行期考，体育、音乐、美术的期考，可适当提前利用本科教学时间进行。平时测验由任课教师命题,段考由教研组命题,期考由教研组、学校领导或上级教育行政部门命题。成绩评定采用百分制,60分以上为及格,60分以下为不及格。学期成绩根据平时考查、期中和期末考试的成绩综合评定,最后一学期的成绩为毕业成绩。

操行成绩评定 民国时期,操行成绩按学生的道德行为表现分为甲、乙、丙、丁4等。丙等以上为及格,丁等为不及格。

中华人民共和国成立后,1952年执行教育部规定,学生操行成绩由班主任及本班教师于每学期结束时,拟定评语及等级(分甲、乙、丙、丁四等,以丙等为及格),由教导主任审查决定。

1954年8月,执行中南区学生操行成绩分甲、乙、丙、丁四等。丁等者,令其退学;情节严重者,开除其学籍。

1955年5月,执行教育部颁发的《中学生守则》,规定学生操行成绩应以《守则》为依据,采用五级记分法。学生在校内外的行为达到《守则》要求,评给5分。严重违反《守则》的,经校务会议讨论决定,经校长批准,评给3分。第一学期评给3分的学生,如经教育后第二学期已有改正,可评给4分或5分,如第二学期虽经多次教育依然不知悔改,经校务会议讨论决定。由校长报经后台教育局批准,可评给2分,并宣布开除学籍。

1958年1月,按照教育部要求评定学生的操行成绩,除依据《中学生守则》外,学生社会主义觉悟的程度和对体力劳动的认识及具体表现,也应作为重要依据。用五级记分办法。各地也可另行规定。据此省教育厅制定《广西省中学学生操行成绩评定暂行办法(草案)》。规定学生操行成绩评定分为“操行评语”和“操行等级”两项。“操行等级”分甲、乙、丙、丁四等。丁等为不及格,开除学籍。

1963年3月执行《全日制中学暂行工作条例(草案)》规定评定学生操行,一学期或一学年进行一次,只写评语,不评等级,主要是为了便于家长了解学生的情况,帮助学生发扬优点改正缺点,不断上进。班主任写评语时,要征求有关教师的意见,不组织学生进行评议,把评语通知家长和学生。

“文化大革命”期间,有的中学有操行成绩鉴定,有的没有。

1979年4月,自治区教育局规定学生的操行每学期评定一次,只写评语,不写等级,不组织学生评议。

1981年4月,自治教育局决定,高中从1981年秋季招收新生开始,建立学生档案。学生的学期成绩和操行评语,载入学生成绩登记表,列入档案,长期保存。同时,填入家庭报告书,通知家长和学生。

升留级 清末,学生各学期、各学年、各科成绩在60分以上的可升级,不满60分的留级,不满20分的令其退学。

民国1年(1912年)教育部公布的《中学校令》施行规则规定,凡修满1学年课程考试及格的准其升级,否则留级。

中华人民共和国成立后,1952年执行《中学暂行规程(草案)》,学生各学年成绩均属及格者升级,不及格学科在3门以下者,仍准升级。如有3门学科不及格,或语文、数学2门学科不及格应予留级,获准升级的学生,其不及格学科,令其继续补习及补考。

1954年8月执行中南区规定,学生各科学年成绩均属及格者升级。补考后仍有3科不及格或语文、数学不及格,应予留级。补考后虽有不及格学科但未达到留级条件者,仍准升级,对不及格学科于下学年第一学期开始前再行补考。补考次数最多3次(即第2学年、第3学年开始前与最后一学期考试后),若毕业时经补考仍有不及格学科者则不予毕业,发给修业证明书,使能以同等学历资格参加升学考试或参加工作。获得修业证明书的学生,其不及格的学科,应于次年回原校参加当时毕业班的学期考试。补考成绩及格后换发正式毕业证书,此项补考以一次为限。

20世纪60年代初,有些学校单纯追求升学率,提高评分标准,使不应留级的学生留级。1963年教育部通知,要求学校严格执行升、留级制度,防止留级生过多。广西教育厅规定留级生不超过5%。

“文化大革命”期间,批判“智育第一”,考试“交白卷”的视为英雄,升留级制度虽然没有明令取消,但名存实亡,人人及格,个个升级。极个别学生因违法乱纪严重受到处分,其中有的退学或开除,也有的作留级处理。

1979年4月,执行自治区教育局规定升级、留级和跳级的办法:学年各科成绩及格的准予升级;不及格的科目应在下学期开学前进行补考,补考后仍有3门或语文、数学两科都不及格的,应予留级;成绩优异的学生,由教师推荐,学校举行跳级考试,能达到上一年级水平者,准予跳级。20世纪90年代初,凡实施初中义务教育的学校,取消留级制度。

毕 业 清末中学堂毕业考试由学堂呈请地方官会同学务官、教育会人员及该学堂人员主持。凡毕业考试各门成绩在60分以上的准予毕业；满50分以上的给予合格文凭；不满50分的给予修业文凭，不得参加升学考试。宣统元年（1909年）学部规定：毕业学生经本学堂毕业考试后，由提学使调省复试一次，其课程无缺，程度相符的，将复试所定分数与本学堂所定分数平均计算，酌定等第，程度不符的不准毕业，如程度不符的人数达三分之一，由提学使将该学堂教员、管理人员给予撤职处分。

民国初年，境内各县中学毕业考试由各校自行办理，命题评分很不统一。民国21年（1932年）12月，教育厅制定中等学校毕业会考办法；中学生毕业会考依交通状况分区举行。由毕业会考委员会拟定试题、预备试卷，统一编号密封，由主考委员分赴各区聘请监考专员筹备有关事宜。各中学校将应届毕业生及格的名单及在学成绩表于会考期2日前送交各考区主考委员，经核明成绩后再编配座次于会考前1天公布。毕业会考科目：初中有党义、国文、算学、历史、地理、自然、体育、外语；高中有党义、国文、算学、历史、地理、物理、化学、生物、外语、体育。毕业会考及格的学生由学校备办毕业证书，经教育厅核明，将毕业证书验印发回原校颁发。各校参加毕业会考学生旅差费由学生自备，各校所派的领导人旅差费向学校报销。

中华人民共和国成立后，1952年执行《中学暂行规程（草案）》，学生修完初中或高中课程，各科成绩及操行成绩及格者，准予毕业时，由学校根据教育部规定的毕业证书格式，报省教育厅审核验印后发给。对于有不及格学科而又不够留级条件的初、高中应届毕业生，发给修业期满证明书。

1954年8月，执行省教育厅规定：学生操行成绩及各科学年学业成绩均属及格者准予毕业。毕业时，第3学年成绩若有不及格科目经补考后（即最后一学期考试后的补考）尚未达到留级 条件者，一律发给修业证明书。

1955年11月，省人民委员会规定教育厅验印中学高中部分的毕业证书。专、市教育科 （局），受省教育厅的委托，验印中学初中的毕业证书。

1960年，按照教育部的规定，由学校负责审查发给毕业证书。

1979年4月，执行自治区教育局规定：学生修业期满，学习成绩全部及格者，予以毕业，发给毕业证书。有以下情况之一者不予毕业，视其情况按留级或结业处理，结业者发给结业证书。⑴经2次补考，仍有1门学科不及格者。⑵受留校察看处分尚未撤销者。⑶严重违法乱纪被公安机关关押者。

休学 复学 民国22年（1933年）11月，省教育厅制定《广西省中等学校招生转学休学复学退学暂行规程》，规定：学生因疾病或其他正常事故得请求休学，由家长或入学保证人书面提出休学理由，并须得到校长的许可。学生在一学期内请假时数超过授课时数三分之一的，令其休学。学校对休学学生给予休学证，休学期满回校复学时缴还休学证，由学校编入相应班级肄业；如无相当班次，可给予转学证书令其转往他校肄业。各校休学、复学学生须在1个月内列表呈报省教育厅备案。

民国24年（1935年）6月，省教育厅发布中学校被开除学籍或饬令退学学生悔过后复学办法，凡在中学校肄业期间被开除学籍或饬令退学的学生，如能知过悔改而无下列情事之一的，得依本办法规定呈请复学：1. 被开除学籍或饬令退学受到刑事处分的。2. 因“反动”行为被开除学籍的。3. 经准复学后再犯规被开除学籍或饬令退学的。4. 因成绩过劣被饬令退学的。呈请复学的学生须向原校校长、教导主任、军训主任当面悔过，并自具悔过书呈由学校转呈省政府核准；悔过书须有原校教职员或其他机关职员2人签名盖章作保。经核准复学的学生得回原校肄业或发给转学证书；复学学生在复学后第一学期须操行列乙等以上，且无犯规记过情事，否则仍予开除或饬令退学。

中华人民共和国成立后，1952年执行《中学暂行规程（草案）》。学生有正当理由可以请求休学，经校长核准后发给休学证书。

1953年8月，执行省教育厅规定：学生休学年限为1年，休学期内保留其学籍，超过期限者即取消其学籍，如再请求入学，学校有空额时，经编级考试及格，方得入学。在规定休学期限内，学生须于开学前书面呈报学校请求复学，学校即应预为保留名额。休学时已修完1学期的全部课程者，复学时即编入与该学期相衔接年级；未修完1学期的全部课程者，复学仍读原级。休学时有不及格的科目仍应补考。

1954年3月，省教育厅通知，有下列情况之一的，应予休学：1. 一学期中请假时数超过上课时数三分之一者。2. 患有重病或身体衰弱须长期休养，经医师证明学校核准者。3. 有其他正当理由经学校核准者。休学期限为1年。在期限内复学，须于开学前书面呈报学校请求复学,学校即预为保留名额,编入相衔接的班级。上述规定,以后基本沿用。

1979年执行自治区教育局规定:学生因病残或其他原因,不能坚持学习的,须持医院或家长所在单位的证明,本人提出申请,经审查批准休学。凡患传染病,经医院证明,需较长时间治疗,不宜过集体生活和继续学习的学生,应做好思想工作,令其休学,并事先通知其家长。休学的学生发给休学证明书。休学一般1年为限,期满不能复学的,可再申请休学1年,休学期间保留学籍。休学期满的学生,应在开学前1周用书面报告连同休学证明书(因病休学的应持医院的健康证明)向学校申请复学,经批准复学,编入相当的年级学习。

转　学　清末,按学部颁布的《转学章程》,转学只限于中学堂的自费生,须有不得已的事故才准转学。转学在同等同类学堂之间进行,转学生须在开学前将原肄业学堂所给的修业文凭呈请所转入的学堂查验。

民国初年,学生因正当原因请求转学,经校长认可给予在学证书和成绩表,呈验所转入的学校。中学校受收转学生以有缺额为限,受编级试验,合格的编入相应学级。

民国22年(1933年)11月,省政府规定,学生请求转学须在学期末由家长或入学保证人书面申述理由,经校长查实发给转学证书。转学证书须将肄业班级、各学期成绩及操行成绩填写清楚。在同一县区内的学校不得转学,有特殊情况的须经省教育厅许可。同一学校的学生请求转入学科性质不同的班级,以第一学年第二学期内为限;应留级的学生如本校无相当学级的,得发给转学证书,以便转学他校;学校发转学证书后须在1个月内列表呈报教育厅备案。

中华人民共和国成立后,1952年执行教育部规定:学生有正当理由请求转学,经校长核准后发给转学证书。中学除最后一学期不收转学生外,如有空额时得于学期开始前招收转学生,转学生须持有原校所发给的学期衔接的转学证明书(附学业成绩单及操行考核表),并经编班测验合格方得入学。

1953年8月6日,执行省教育厅规定:1. 学生有正当理由,经学校审核批准,发给转学证书。2. 高中和初中3年级下学期不收转学生外,各班如有空额,于学期开始前招收转学生。学期中途不允许学生转学,也不招收转学生。3. 学生转学时应由学校与所转学的地区的教育行政部门事先联系。如学生到达该地,没有考上以及其他原因不能入学,回到原校要求入学时,不超过开学1个月的时间,原校及当地教育行政部门应予安置。4. 学生转学,须持有原校所发给的学期衔接的转学证书(附学业成绩单及操行考核表),经编级测验及格方得入学。编级测验有学科不及格须要留级,学生也自愿留级,而学校适当班次又有空额时,得准其转学。5. 失学青年插班,必须符合中学规定的条件,年龄不得相差太大,并须持有原肄业学校的修业证件及失学期间的机关或当地政府的证明文件(主要证明该生并非在学学生,失学期间做　过什么工作,是否进行自修和补习),经编级测验及格后,方得入学。

1963年6月,自治区教育厅关于第一批办好的重点中学招收转学生的几项规定:自治区内第一批办好的重点中学的学生,有当地教育行政部门的证明,学年或学期成绩均及格,符合转学的规定,执有转学证明文件者,进行编级测验(科目为语文、数学、外国语、政治、物理、化学),成绩及格,编入转入的年级学习,成绩不及格者,不能转入原拟转的年级。

1979年4月,自治区教育局规定:1. 学生因居住迁移、父母工作调动或其他原因确需转学的,须持家长工作单位证明向学校申请,可办理转学手续。2. 非重点学校接收转学生,应根据转学证书和当地户口,经学校批准即可编入相应的班级学习。3. 转学生要求转入重点学校,须经考试合格,报主管教育行政部门批准;不合格的由主管教育行政部门安排到一般学校就读。

退　学　清末规定,下列情况之一者可随时令学生退学:1. 资性太低,难以造就的。2. 困于疾病的。3. 由于各种事故难以继续学习的。4. 未经教员允许,旷课逾半月以上的。5. 学期考试两次不及格的。6. 不遵守校规,屡教不改的。

民国1年(1912年)教育部公布的《中学校令》施行规则规定,学生犯有下列条款之一的,校长得令其退学:性行不良难望悔改;成绩过劣难期造就的;连续旷课百日以上的;无正当事故连续旷课1个月以上的。

民国22年(1933年)11月,省政府规定,学生有下列情况之一的可请求退学:家庭忽生事故不能继续学业的;无力维持学习费用的;生病一时难望康复的。学生请求退学须由家长或入学保证人书面说明理曲并经校长许可。学生有下列情况之一的得令其退学:性行不良屡教不改的;一学期内无故旷课达60小时以上的;学期成绩有二分之一以上的学科不及格的;连续留级两次的;不遵守校章缴纳各项费用的;发生其他事故不适于修业的。因前列第一款退学的,应由学校呈报或转呈省教育厅核准方得执行。凡请求退学和被饬令退学的学生,除因性行不良屡教不改的外,可由学校发给修业证明书。各校退学学生须呈报省教育厅备案。

抗日战争结束后,由于国民党发动内战,爱国民主运动不断在一些中学兴起,有些学生会负责人也被学校强令退学。

中华人民共和国成立后,1954 年 8 月执行省教育厅规定,有下列情况之一者始可退学:连续留级两次,继续学习有困难者;休学期满仍未复学者;有正当理由自请退学,经学校核准者;连续旷课,屡教不改其总时数在 50 课时以上者未经请假擅不到校在两星期以上,无可原谅之理由者;操行成绩列丁等。但严重违反校规,屡教不改者得开除其学籍。退学和开除,均应慎重研究,经校务会议通过报专、市、县审核批准转省教育厅备案。由于各校对退学均从严掌握,极少有学生被学校退学回家。

1979 年 4 月执行自治区教育局规定,中学生有下列情况之一者可申请退学或令其退学,经校长批准执行。患严重疾病,经医院诊断丧失学习能力者;连续休学两年不能回校复学者;擅自离校一个月以上,或一个学期内无故旷课累计 200 小时以上者;有正当理由,家长要求退学者。

20 世纪 90 年代初实施初中义务教育的学校,除学生有重病外,不准中途退学。

奖　惩　清末,中学堂创办初期,对毕业生有实官奖励。清宣统三年(1911 年),停止实官奖励但仍统称贡生。对严重违反学校规章的,给予斥退处分。

民国初年,中学校长可根据学生所犯错误,给予记过、退学等处分。民国 19 年(1930 年) 起,广西执行国民党政府颁布的《整顿学风令》,宣布一切罢课、集会为非法。学生“不得干涉行政”,如有违令者要“依法严惩”。同年,蒋介石发出《告诫全国学生书》,扬言“破坏法纪之学潮,自与反革命无异,政府自当严厉制止,依法惩处。”此后各中学发生的所谓“学潮”,包括爱国民主的学潮,其带头者均受到开除、强令退学、休学等处分。民国 24 年 6 月, 省政府颁布中学生奖励办法,对品学兼优的分别发给奖学金和奖状。

中华人民共和国成立后,1952 年起执行《中学暂行规程(草案)》:学生学习成绩优良,操行成绩列入甲等或有特殊模范的行为的,由学校给予名誉的或物质的奖励。对违犯学校纪律的学生着重说服教育。必要时给予批评和警告。如有严重违反校规屡教不改的,经校务会议通过,报请县教育局批准令其退学。1953 年 2 月,教育部重申:对学生批评和警告的目的都是为了教育,而不是单纯的惩罚,非必要时不给予批评、警告。

1955 年 3 月,教育部除重申说服教育的原则外,还提出对被开除的学生,如在 1 年后确有转变,可给予继续学习的机会,还可令其取得当地政府的证明,准予以同等学历报考其他学校。对于学业成绩太差,连续留级无法跟班学习的学生,如平时尚无严重违反纪律行为,可令其退学,不宜开除学籍。凡令退学的学生,可发给证件,注明情况,使能转入其他学校学习或参加工作。

1958 年 1 月,《广西省中学学生奖励、处分暂行办法(草案)》规定,奖励和处分都应从教育目的出发,对奖励或处分的学生和全体学生都要有教育意义,鼓励他们前进,但要防止把奖励形成一种运动。对学生的处分有警告、记过、留校察看、开除学籍等。在处分学生时,要防止粗暴和侮辱人格、体罚等。当学生真正改正错误以后,被开除学籍的按规定也可复学,表现好的应同样得到表扬、奖励。开除学生学籍的处分,只有在学生违反纪律最严重时才使用。对壮、苗、瑶、侗等少数民族的学生错误行为进行处分时,应根据民族学生特点与民族的历史条件、风俗习惯等具体情况考虑决定。

1979 年 4 月,执行自治区教育局规定:对品学兼优的学生,予适当的奖励。奖励分精神奖励和物质奖励两种,以精神奖励为主,一般采用口头、书面表扬和奖状。对德、智、体全面发展的学生,授予“三好学生”的称号,发给奖状和奖品。对违反校规的学生,给适当的处分。根据学生错误情节和认错态度,分别给予警告、记过、留校察看、勒令退学、开除学籍处分,并载入学籍卡片和档案。给予学生勒令退学、开除学籍处分的,须报主管教育行政部门批准。受过警告、记过、留校察看处理的学生,经过教育能深刻认识错误,有悔改表现和显著进步的,经过处分的相同审批手续,可撤销其处分。

1986 年《中华人民共和国义务教育法》公布后,取消对学生的处罚。

思想道德教育

清末,境内各地对小学生进行教育的内容大多是宣传“崇儒重道”思想,灌输“五纲五常”“三从四德”等封建伦理道德。清光绪三十二年(1906年),清政府学部公布“忠君、尊孔、尚公、尚武、尚实”的教育宗旨,以培养封建统治者的忠实奴才和安分听命的良民百姓。

民国1年(1912年)9月,国民临时政府教育部制定《小学要令》,为“培养国民道德之基础”,开设“修身”课。民国17年后,广西局势动荡,德育课程几经更改,但学校德育工作仍置首位。通过课堂、校会、官绅训话等形式向学生灌输“八德”(忠、孝、仁、爱、信、义、和、平)、“四维”(礼义廉耻)思想,学校多悬挂“礼义廉耻”匾额于大堂门上作为校训,并于显眼处墙上书写“八德”标语。唯抗日战争期间,把“抗战建国”作训育主要内容。民国18年9月,国民政府颁布三民主义教育宗旨,学校的德育以三民主义为总的指导原则。民国20年9月,国民政府颁布《三民主义教育实施原则》。要使儿童养成“忠孝、仁爱、信义、和平”的道德。

抗日战争时期(1937—1945年),爱国主义教育是思想品德教育的主要内容。学校通过每日的升旗、朝会、夕会以及国父纪念周等活动,向学生灌输民族大义,揭露日本侵略者的面目。

中华人民共和国成立后,学校长期在学生中进行以“五爱”(爱祖国、爱人民、爱劳动、爱科学、爱护公共财物)为主的思想品德教育。在不同的时期,其内容和要求有所侧重。

1950年起,境内各县执行《中国人民政治协商会议共同纲领》制订的文化教育政策,加强学生的爱国主义和国际主义教育;要求学生参加除“四害”、讲卫生、植树造林、绿化祖国等活动;1954年起,境内各学校加强对学生劳动教育。1955年,境内各中小学分别实施《中学生守则》和《小学生守则》,教育学生以《守则》为行动指南,争当“三好”(身体好、学习好、工作好)学生。参加当地的土地改革,提高阶级觉悟。

1958年,按照“教育为无产阶级政治服务,教育与生产劳动相结合”的方针,境内各学校组织学生参加生产劳动,参加“大炼钢铁”,培养劳动观点和群众观点。此时期,过分强调劳动实践,占用过多的学习时间,忽视正常的文化学习,学生学习成绩下降,教学质量受到影响。

1963年,境内各校响应毛泽东主席“向雷锋同志学习”的号召,组织学生为军烈属和五保户做好事,为生产队积肥送肥,到公共场所义务劳动。1966—1976年“文化大革命”期间,学生学习“文化革命十六条”,批判资产阶级反动路线。1976年10月,粉碎江青反革命集团后,各学校组织学生批判无政府主义和“读书无用论”,加强对学生前途理想、学习目的与遵守纪律教育。

1978年,按教育部颁布的《全日制十年制中小学教学计划(试行草案)》。草案规定:小学四、五年级开设政治课。

1981年起,政治课改为思想品德课,小学各年级均开设。以爱祖国、爱人民、爱劳动、爱科学、爱社会主义为基本内容,向小学生进行社会主义道德品质和行为规范的教育。是年,境内各学校开展“五讲四美”(即讲文明、讲礼貌、讲卫生、讲秩序、讲道德;心灵美、语言美、行为美、环境美)活动。

1987年,各学校把学习中共中央中发〔1987〕1号文件和反对资产阶级自由化列为思想政治教育的重要内容,以此推进教学改革活动的开展,把学校办成校风正、教风严、学风好、制度全的文明单位。1988年,全国中小学德育工作会议颁布《小学德育纲要》《小学生日常行为规范》《小学班主任工作暂行规定》,各学校加强小学基本道德教育作为学校教育工作的重点之一。1989年,各学校开展学习《中共中央关于改革和加强中小学德育工作的通知》等有关文件,利用校会、班会、政治课对学生进行国情教育和形势教育,教育学生在思想上、政治上、行动上和党中央保持一致。

1993年,中共中央宣传部、国家教委、广电部、文化部联合发出《关于运用优秀影视片在全国中小学开展爱国主义教育的通知》,推荐优秀爱国主义教育影视片100部,各学校组织学生陆续观看,促使学生了解历史,认识国情,激发学生爱国主义感情和志向,树立正确的理想、信念和价值观。

1994年8月,中共中央印发《爱国主义教育实施纲要》的通知。1995年12月,柳州地区教育局在武宣县召开德育教育工作经验交流会。会议总结和交流各县各校德育工作经验,提出今后德育工作的要点,重点抓好学校德育环境建设“十有”和学生文明守纪“十不准”。“十有”是:在校园内显目处书写有教育方针;在校园内显目处有中国地图、世界地图;在校园内显目处写有校训、校风、教风、学风;在校内显目处写有“学生守则”“学生日常行为规范”;有平整硬化的校园道路;有“文化长廊”(要有德育、智育、体育专栏);有旗杆、升旗台;有领袖像、名人像,并且悬挂规范;有名言、警句,并在教室、办公室内悬挂、张贴规范;有荣誉室(校史室)。“十不准”是:不准乱停放单车；不准随地吐痰；不准乱倒饭菜；不准乱丢果皮、纸屑、杂物；不准参加帮派组织；不准骂人、斗殴、猜码、赌博；不准手印、脚印、球印等污迹上墙；不准穿拖鞋上课，男生不准留长发，女生不准穿高跟鞋、戴首饰；不准看黄色书刊、录像；不准进营业性的“三室一厅”，即录像放映室、电子游戏室、桌球室和歌舞厅。同年，合山东矿中学生阮小桑、忻城县中学教师蓝晓晖参加全国青少年“热爱祖国，做四有新人”读书教育活动，分别评为学生特等奖和教师特等奖。

1996年3月，根据自治区教委办公厅《关于开展以香港回归祖国为主题的爱国主义教育的通知》精神，柳州地区组织题为《香港的过去、现在和将来》专题巡回报告，地、县（市）所在地组织中学师生听报告。

2000年，境内各县开展中小学生“四不四多”（四不：不进电子游戏厅、不进营业性录像厅、不进营业性舞厅、不进营业性OK厅；四多：多参加科技活动、多读好书、多看优秀影片、多参与社会实践）活动。

2003年，来宾市继续加强学校思想政治和德育工作。在全市中小学中组织开展“培养好公德，做个好孩子”公民道德教育的主题活动和“走向世界的中国”读书教育活动，市教育局、市文明办和团市委联合举行了崇尚文明、争创“四优”（优美环境、优良秩序、优质服务、优秀市民）签名活动暨成人宣誓仪式，使中小学生受到良好的道德教育。

2004年，来宾市教育局把贯彻《公民道德建设实施纲要》和《中共中央关于进一步加强未成年人思想道德建设实施意见》作为学校实施德育的工作重点。组织中小学生学习新颁行的《中小学生守则》和《中小学生日常行为规范》，在全市教育系统开展评选德育工作先进集体和先进工作者的活动，评出先进集体40个、先进个人120名。2004—2005年，每年9月在全市各中小学校广泛开展了“弘扬和培育民族精神月”活动，以及“诚信教育”“红色之旅”“厉行节约、健康成长”为主题的系列读书活动和开展“八荣八耻”教育活动。

第七节　“两基”工作

1996—1998年，境内合山市、武宣县、来宾县、象州县4个县（市、区）先后通过自治区“两基”评估验收，象州县被评为全国“两基”工作先进县，忻城县被评为自治区扫盲工作先进县。

1998—2002年，武宣县、来宾县、象州县、合山市的普及实验教学工作（简称“普实”）也先后通过省级评估验收。

2005年，来宾市有完全小学752所，在校小学生196945人。普通中学122所（其中完全中学11所，初级中学96所，高级中学15所），在校初中生123016人，在校高中生38237人；中等职业学校18所，在校学生20767人；幼儿园142所，在园人数35817人；特殊教育学校4所，在校学生100人，另有随正常班就读的特教学生112人，共计212人。全市农村基础教育工程共91个单项工程，总投资3686.85万元，其中中央专款是3006.5万元、自治区补助资金65万元、县（市、区）配套资金615.4万元，新建校舍面积68877平方米。还实施并完成了2005年度“水毁重建应急工程”12个单项工程，总投资320万元，新建校舍面积6400平方米。全市享受“两免一补”的贫困学生74619人，其中小学贫困生46466人（贫困寄宿生5576人），特教学生274人，享受“两免一补”学生占来宾市义务教育阶段学生总数的20.5%。获得“西部开发助学工程”资助有9名大学新生和6名高中生。全市中小学增加装备计算机1800台，使全市中小学计算机总数由2004年的5029台增加到6829台，中小学生生均计算机台数由原77人/台提高到53人/台，全市镇中心校以上学校基本普及信息技术教育。

普及九年义务教育

小学适龄人口入学率　2003年，7~12周岁人口总数为246499人，适龄在校生245260人，适龄儿童入学率99.50%；2004~2005学年度：7~12周岁适龄人口219583人，其中残疾203人，正常儿童在校生218973人，入学率为99.81%。2005年：7~12周岁适龄人口206984人，其中残疾183人，正常儿童在校生206556人，入学率为99.88%。

初中阶段入学率　2003年，13~15周岁人口总数为141412人，适龄在校生124621人，纯入学率为88.13%，初中阶段入学率为96.26%；2004~2005学年度：13~15周岁人口134108人，其中在小学4610人，残疾116人；初中阶段在校生134103人，初中阶段入学率为100.08%。2005年，13~15周岁人口130169人，其中在小学3136人，残疾108人；初中阶段在校生131522人，初中阶段入学率为101.12%。

残疾儿童、少年入学率　2004~2005学年度，7~15周岁各类适龄残疾儿童少年应入学人数为319

人，实际入学为253人，入学率为86.64%。

完成率 2004—2005年，15周岁人口总数为45848人，其中残疾人数为37人，应完成初等教育45811人，已完成为45605人，完成率分别为99.55%；17周岁人口总数为49827人，其中残疾人数为12人，应完成初级中等教育为49815人，已完成为45258人，完成率为90.85%。

辍学率 2003年，小学生年辍学率1.69%，初中生年辍学率3.35%；小学2004—2005学年度：本学年初在校学生总数220324人，学年内辍学137人，年辍学率为0.06%。2005年，在校学生总数207085人，辍学118人，年辍学率为0.05%。2004—2005学年度：本学年初在校学生总数126569人，上学年初在校生总数130692人，学年内辍学2951人，年辍学率为2.26%。

文盲率 2004—2005年，15周岁文盲人数分别为4人，文盲率分别为0.01%。

编制配备 2002年，全市（含原柳州地区所辖县、县级市）有小学学生总数422426人，在编小学教职工人数为18931人，生师比为22.31∶1；有初中学生总数206937人，在编初中教职工人数为13833人，生师比为14.96∶1。2003年，全市有小学学生总数251916人，在编小学教职工人数为11505人，生师比为21.9∶1；有初中学生总数136124人，在编初中教职工人数为9301人，生师比为14.64∶1。2004年，全市有小学学生总数231257人，在编小学教职工人数为10989人，生师比为21.04∶1；有初中学生总数132016人，在编初中教职工人数为7825人，生师比为16.87∶1。2005年，全市有小学学生总数210525人，在编小学教职工人数为11777人，生师比为17.86∶1；有初中学生总数127356人，在编初中教职工人数9332人，生师比为13.65∶1。

教师资格证 全市实行教师资格证书制度，专任中小学教师均具有相应的教师资格证书。

教师学历合格率 2001年起，新补充的小学、初中专任教师分别为2479人、1127人，具有中师、大专以上学历分别为2479人、1127人，合格率分别为100%、100%。2005年，全市有小学专任教师总人数11231人，学历合格11140人，合格率为99.19%；有初中专任教师总人数6240人，学历合格6020人，合格率为96.47%。

校长岗位培训合格率 2005年，全市有小学校长990人，取得岗位培训合格967人，合格率97.68%；有初中校长326人，取得岗位培训合格324人，合格率99.39%。

教师继续教育 1994—2005年，全市坚持开展中小学教师继续教育工作，95%以上的中小学教师参加了继续教育培训，每位教师每年均按规定完成继续教育学分45分。

教育经费

1996—2005年，各县（市、区）财政对教育拨款比例与财政经常性收入增长比例，生均教育经费、教职工工资和生均公用经费均依法达到增长。市本级农村税费改革转移支付资金拨付情况，上级安排来宾市的教育专项资金12587.44万元，市财政下拨各县、市、区财政和教育部门12437.44万元。市本级行政事业单位在职职工教育附加征收基数为53567.34万元，应征收教育附加536.67万元，实征入库21.4万元。

办学条件

生均校舍面积 2003年，来宾市小学在校学生251916人，校舍总面积1442084平方米，生均面积5.72平方米；初中在校学生136124人，校舍总面积785797平方米，生均面积5.77平方米。2004年，来宾市小学在校学生231257人，校舍总面积1436644平方米，生均面积6.21平方米；初中在校学生123016人，校舍总面积786148平方米，生均面积6.39平方米。2005年，来宾市小学在校学生196902人，校舍总面积1237608.8平方米，生均面积6.29平方米；初中在校学生123016人，校舍总面积974267.09平方米，生均面积7.92平方米。

生均图书 2003年，全市小学有学生图书223.40万册，生均8.87册；初中有学生图书119.80万册，生均8.80册。2004年，全市小学有学生图书224.66万册，生均9.71册；初中有学生图书176.18万册，生均14.32册。2005年，全市小学有学生图书2246586册，生均11.41册；初中有学生图书1761761册，生均14.32册。

教学仪器设备、仪器室建设配套配齐率 1987年底，金秀中小学实验室有22间，仪器室40 间，教学仪器设备总价值30万元。1988—2005年，经过普及九年义务教育（简称“普九”）工作和普及实验室建设（简称“普实”）工作，国家和地方、学校共投入资金1000万元，1所自治县民族小学、10所乡镇中心小学已全部落实实验室用房和安装标准的自然综合实验室成套设备。县民族小学、桐木小学、头排小学还安装标准劳技室。村级完小以上学校均全部落实仪器室和图书室。1所高中、6所初中已全部落实“普实”装备用房，按标准安装了理、化、生实验室成套设备并投入使用。2005年底，金秀中小学校共装备标准实验室27间、仪器室24间、图书室8间、阅览室7间、音乐室5间、体育器材室8间、团队活动室7间。中小学共有图书藏书344127册（其中高中40672册，生均25.5册；初中121555册，生均27册；小学图书182637册，生均18.8册）。自治县民族高中、民族初中、桐木初中、头排初中分别安装了多媒体教室、电脑室和计算机网络教室。另外，头排初中和10个乡镇中心小学还安装了最新的电子白板教室。农村中小学现代远程教育项目，在国家、上级主管部门、地方政府的关心和支持下，学校的信息化教学装备得到不断加强和完善，学校教学模式发生根本的改变。全县乡镇中心小学全部装配“乡镇资源中心”网络备课室。2005年，全市有小学752所，教学仪器设备、仪器室建设配套基本达到国家和自治区规定标准的学校748所，配齐率为99.47%。初中107所，教学仪器、仪器室建设配套基本达到国家和自治区规定标准的102所，配齐率为95.33%。

农村中小学现代远程教育工程项目　2005年，全市建成农村中小学现代远程教育项目学校1245所，其中模式一学校540所，模式二学校607所，模式三学校98所，并按照自治区的要求管理和使用，充分发挥设备应有的作用。

寄宿制学校　2005年，全市农村寄宿制项目学校23所，单项工程56项，建筑面积58234平方米，投资3292.1万元，已全部完工。

基础工程　2005年，全市实施“农村基础教育工程”项目学校42所，59个单项工程，总投入2839.55万元，新建校舍面积49878平方米。

基本扫除青壮年文盲

1993年，国务院修正《扫除文盲工作条例》发布后，境内各县（市）把扫除文盲工作与普及初等义务教育同步实施。

1994年9月1日，国家教委下发《关于在九十年代基本普及九年义务教育和基本扫除青壮年文盲的实施意见》提出：到本世纪末基本普及九年义务教育和基本扫除青壮年文盲（以下简称“两基”）。同年，境内各县（市区）加大基本普及九年义务教育和基本扫除青壮年文盲的实施意见提出：到本世纪末基本普及九年义务教育和基本扫除青壮年文盲工作力度。

1996年12月，合山市通过“两基”（基本普及九年义务教育，基本扫除青壮年文盲）省级验收。

1998年，金秀、忻城、象州、来宾4个县通过省级扫盲和“普六”的评估达标。境内各县（市）基本扫除文盲工作与基本普及初等义务教育工作同时通过国家级验收，完成了基本扫除青壮年文盲和基本普及初等义务教育的历史任务。扫盲任务完成之后，各县扫盲工作仍然坚持“机构不撤，人员不散，经费不减”的原则，继而创办乡（镇）、村农民文化技术学校，利用这块阵地，坚持“一扫、二堵、三提高”工作，继续扫除剩余的文盲，堵住新文盲的产生，并对脱盲后的农民进行培训，使农民学会1~2门实用技术，既增加了农民收入，又巩固和发展了扫盲成果。

1999年3月，自治区人民政府授予忻城县人民政府、武宣县三里镇成人文化技术学校“全区扫除文盲先进单位”称号。

2004年，来宾市制定《来宾市新增劳动力转移培训就业方案》和《来宾市实施服务“三农”计划》，全面启动农村劳动力转移培训和“阳光工程培训”工作。全市共培训农民转移就业4774人；全市县级中职学校和乡镇成人文化技校共培训42687人。金秀11个乡镇通过县级普及九年义务教育评估验收。

2005年4月，来宾市政府教育督导团对金秀“两基”工作进行审核，各项指标达到自治区评估验收的标准。同年6月，经自治区人民政府组织“两基”评估团审核评估，认定自治县“两基”工作的各项指标基本达到自治区评估标准，验收合格，颁发证书。年末，来宾市建有乡镇文化技术学校69所，办学面100%，村文化技术学校758所，办学面为100%；全市青壮年人口总数1279245人，青壮年中非文盲人数1278941人，非文盲率为99.98%；青壮年文盲人数304人，文盲率为0.02%。全市培训劳动力转移就业6198人，农村科技实用技术培训198600万人次，农民转岗培训3547人。全市市直、县（市、区）直部门、单位和社会帮扶“两基”的资金累计达3478.9万元。

第八节　支援基层教育

2000年，区直支教队（第四期）60人，开赴忻城、金秀等4个贫困县11个乡镇15所学校；县级支教队员438人，开赴89个乡镇223所学校或教学点。

2001年，区直支教队（第五期）33人，开赴忻城、金秀等4个贫困县开展工作。

2003年4月，成立来宾市支援基层教育工作领导小组。至2004年1月，市直第一期支教工作历时近一年时间，参与支教工作的市直后援单位有83个，广东支教队员8人，区直支教队员15人，市直支教队员25人，县级支教队员329人，进驻91个乡镇145所薄弱中小学及职业技术学校开展支教工作。各级支教队通过后援单位以及争取社会各界捐资捐物达544万元。区、市、县三级支教队为各受援学校新建、维修校舍1.5万平方米，硬化道路、操场0.8万平方米；另外，受援学校还得到316台电脑、6.9万册图书、1115套课桌椅等一大批物资。兴宾区组织城区102名教师到乡镇开展轮教支教工作。

2004年，来宾市参与支教工作的市直后援单位有110个，广东支教队员8人，区直支教队员16人，市直支教队员25名，县级支教队员368名，进驻73个贫困地区250所薄弱中小学及职业技术学校开展支教工作，实行市、县直单位的支教点与农村工作的"扶贫联系村"捆绑形式。当年全市共获支教捐资200.84万元，新建校舍480平方米，维修校舍1456平方米，美化校园3500平方米，新建厕所7座，修建围墙1920米，资助贫困生1000多名；另外支教队还举办校长、师资培训班47期，培训校长和教师共3237人次，开展成人技术教育培训班39期，电教培训4340人次。

2005年，全市参与支教工作的市直后援单位有119个，区直支教队员26人（含县对县支教队员）、市级支教队员28人，县级支教队员356人，进驻6个县（市、区）31个乡（镇）196所受援学校开展支教工作。年内，全市共获捐资320.20万元（其中捐资210.60万元，捐物折款109.6万元），市直后援单位共为受援学校捐资195.55万元，维修校舍1759平方米，硬化校舍23023平方米，美化校园5775平方米，新建厕所20座，修建围墙2008米，捐赠教学仪器设备1090件，课桌椅、床架2311件，电脑42台，图书66863万册；举办校长、师资培训班82期，培训校长和教师3862人次。全市共有411名贫困中小学生得到资助。

第二章　私塾　府州县学　社学义学　书院

唐代，来宾市境内始有私塾、府州县学。宋、元、明、清各代出现州学、路学、府学以及县学、书院等科举教育模式。

唐大历十二年（777年），创建象州州学。宋代，实行"兴文教，抑武事"的政策，地方官把兴学列为施政要务，除继续办好建于唐代的象州州学外，还建有来宾县学等教育机构。明、清时期，继承唐宋办学遗风，创办4所书院。

宋代至清代，来宾市境内有18名进士。宋开宝二年（969年），来宾县办县学，创建于县城（今城厢）东南隅，为来宾市境内最早县学。元代始有社学。

明洪武二年（1369年）迁江县（今属兴宾区）、忻城县相继开办县学。宣德元年（1426年），罢忻城儒学，直至清光绪三十三年（1906年），"均不建学"。清代境内有义学、书院。

第一节　私　塾

境内私人开办学馆始于唐代，明清时期发展至城乡，20世纪50年代初，经整顿陆续停办。

私塾又称私馆，分大馆、小馆。小馆教儿童启蒙识字，又称蒙馆，一般以《三字经》《百家姓》《千字文》等为教材；大馆是由小馆升学深造之所，一般以《幼学故事琼林》"尺牍"、"四书""五经"、《左传》及其他诗词杂文、信文等为教材。具有大馆文化程度即可考州（县）儒学。

明清时期和民国初，无详细记载来宾市有多少间私塾。境内各县较有影响的私塾有：明弘治九年（1496年），忻城县降为土县后，莫氏土司断断续续于土衙附近设私塾1所，群众称之为"官办私塾"；继官塾开办之后，土民中家境稍宽裕者，亦延师设馆授其子弟及其房族、亲戚子弟。此类塾馆分散于全县十六里、堡，开馆闭馆不正常，馆期不统一，往往聚蒙童及已启蒙之青少年于一馆。群众称之为"民办私塾"。清乾隆年间，象州县雷雨田在象州城西门办的私塾。清同治年间，由道光五年（1825年）进士郑献甫在南乡里（今寺村镇）的大井村委白石村办的私塾；光绪年间，由拔贡刘专甫在象州城内办私塾，以及光绪壬午科解元翁裕珍在寺村镇王院村办私塾；清同治年间，由同治十二年（1873年）癸酉科举人韦陟云在大乐乡大乐街办的私塾；光绪年间，由府痒生巫福西办的私塾。清乾隆年间，武宣县较有名望的私塾有：贡生黄衮在三里乡霞山村本族祠堂办的私塾；光绪年间，举人黄山甸在通挽乡办的私塾，贡生贾许嘉在大琳古寨村办的私塾，名为“学陶山方”。清光绪二十年(1894年)，来宾县举人翟富文在县城(今城厢街)办国学专修馆，翟范才在家(今城厢街)自设私塾。

民国4年(1915年)，合山境内有私塾2所。民国12年实行“新学制”后，政府曾明文取缔私塾，但各地城乡仍有私塾。民国23年，忻城有私塾21间，学生456名(其中女生10名)。

民国30年—民国末年(1949年1月1日至9月30日止)为境内私塾鼎盛期。合山境内先后办有私塾75个班。私塾办学形式有两种，塾师馆和族人馆，其中以塾师馆居多。古邦、屯山、环山、古城、溯河等村(街)曾有塾师长年开馆办学，境内族人办馆7所。民国末年秋，忻城县境内离圩场和乡、村公所所在地较远的山区，尚有私塾19间。

1950年，境内私塾基本撤销。

第二节　州学县学

州　学

唐大历十二年(777年)，象州州学创建，历史上比较有名气。象州州学亦为孔子庙。元、明、清各朝改称儒学，儒学址在州城外东南隅。明洪武二年(1369年)，迁建于城内东南隅(今象州镇中心校)，几经塌毁。清乾隆十八年(1753年)，知州郭芝重建于孔庙之侧，州学与孔庙合成一体。主要建筑有明伦堂、大成殿、乡贤祠、儒学署等，合称学黉宫或黉学，为一州最高学府。民国初期，曾为师范讲习所之址，后为县立第一高小。中华人民共和国成立前，为县立表证中心国民基础学校，中华人民共和国成立后为象州小学。“文化大革命”中，1968年，该古建筑被视为“四旧”而被全部推倒。

县　学

宋开宝二年(969年)，来宾县学于旧县城(今城厢街)东南隅创办。来宾县学是来宾市境内最早创办的县学。县学，也称“学宫”“儒学”，亦称作“黉宫”。明洪武三年(1370)，迁江县学创建，地址在县城(今迁江镇)西面。明洪武二十三年毁，重修。永乐五年(1407年)重建，复毁，再重修，后崩毁。清顺治九年(1652年)，知县高际运改建于城中。之后，武宣县、忻城县相继办县学。宣德元年(1426年)罢忻城儒学，直至清光绪三十三年(1906年)，“均不建学”。

第三节　社学　义学

社　学

社学始于元代，但来宾市境内史、志有记载的社学仅有忻城一家。明洪武八年(1375年)，时任第六任土官莫镇威(1547—1610年)，承官不久，开办社学一间，律子课读。读《孝经》《小学》《大学》《论语》等经文。

义　学

清康熙二十七年(1688年)，武宣县知县翁年伦于县城北门内创建义学。是来宾市境内见于记载的最早的义学。次年，来宾县在来宾旧县城(今城厢街)创设义学一所。清康熙五十三年，忻城县土官莫振国在县城捐建义学3间。清康熙六十一年，武宣知县陈槭重修。

清雍正十二年(1734年)，象州县在城南隅创建象台义学，在寺村也创建有义学。清雍正十三年，武宣知县卢伯蕃改为养济院，后因栖息流犯，义学停办。乾隆十年(1745)年，武宣知县杨延芳重建义学于十字街东门内武庙的右侧，一连三座。同治年间(1862—1874年)，全县士民重修。

清光绪七年(1881年)，武宣知县熊继轩因感壮族聚居偏僻，百姓贫困，教育落后，特创建义学于禄村圩内(今禄新乡禄村)，拨被充公的土匪财产作为常年办学经费。清光绪十六年，迁江县(今属兴宾区)的蒙养义学由知县颜嗣徽捐廉延师禀设于当时县城龙城庙内。以《二语摘读》《弟子规》《义学条规》《附律》和《易律》等作教材。

清光绪二十四年(1898年)，武宣县绅士叶香亭等人呈请知县郁家珍，将办学所用的充公财产变卖，并毁去立于县衙门门前之逆产碑记。是年，义学经费无着落只好散学。清光绪三十二年，武宣刘炳熙等人呈请将义学款项拨作全县小学经费，由于办学经费无着落，自此县城义学遂废。

第四节 书 院

清代始办书院，以官办为主，经费开支由官府统支。境内历史上书院有象州县象台书院；武宣县仙城书院（建筑完整保存至今）；来宾县雷江书院、迁江县（今属兴宾区）印山书院。

象台书院

清乾隆二十五年（1760年）建立，位于象州城西高邱（今象州县初中校址），原为象州义学，院址在州城西侧今县初级中学处。经知州李宏湑组织修葺扩建，始成规模，乾隆二十七年，知州李宏改建，义学由城南迁此修建完备后，具有书院规模，省督学朱佩莲命名为“象台书院”，随后又改名“象江书院”。当时，书院“规模宏敞，膏火充裕”。后于道光末年（约为1850年），书院毁于兵事。历经咸丰10余年，“积为秽圩”。至同治九年（1870年），署任知州李世椿重新修建，复称象台书院。道光间邑进士郑献甫曾为山长，为该书院主讲。清光绪三十二年（1906年），象台书院改为两等小学堂。以上建筑房屋及郑氏像碑均于“文化大革命”中（1966年）全部改建或被摧毁，像碑下落不明。今仅存头门变种槐树。

武宣仙城书院

清乾隆三十四年（1769年），知县郑高萃创建于武宣城外东南隅（今武宣县教师进修学校内），有房一座三间。清乾隆三十九年至四十年，知县顾芬、彭日龙先后增建中座、头门和学舍十二楹。清乾隆四十六年，知县郎士贵捐俸修葺，规模始完善。翌年，书院建成，招生徒入院习文学艺。山长以黄衮负有盛名。咸丰六年至十一年（1856—1861年），清军与太平军于县城两次交战，书院被焚毁。光绪八年（1882年），知县熊继轩偕同全县士民黎殿邦、胡祥宸等重修，召集诸生回院。历任山长照例奉行，未曾荒废课业。清光绪三十二年，书院改为高等小学堂。原建筑现完整保存于县教师进修学校内。

来宾雷江书院

清嘉庆年间（1796—1820年），来宾县义学改为萃英书院。院址在来宾县旧县城西南隅（今兴宾区城厢小学校址）。咸丰年间（1851—1861年），因战乱，萃英书院屋宇尽毁。清光绪二年（1876年），来宾县重建萃英书院并改名为雷江书院。谢寿南（举人）、方咏平（贡生）、梁祖杰（举人）、翟富文（举人）等，曾先后任书院山长。清光绪三十二年，改为县立两等小学堂。

迁江印山书院

清乾隆四十八年（1783年），于迁江县城内前街原文庙旧址（今迁江镇中心校所在地）创建。道光二十六年（1846年）重修。后兵火烧毁。同治十三年（1874年），知县周蕃又重建。光绪三十一年（1905年），书院改为迁江县高等小学堂。书院前为头门三间，讲堂三间，正殿三间，祀文昌帝君，后殿三间，祀文昌五世，内外东西两翼为考棚。院内存有王文成公遗像和文昌偶像，分别于民国10年（1921年）和民国16年毁掉。

第五节 历代进士举人及贡生

明、清时期，中国科举考试更为周密。清光绪三十一年（1905年），废除科举考试。据统计，从隋朝科举考试到废行，来宾市境内共产生18名进士。从境内产生的第一个进士看，来宾市考生参加科举考试始于宋代熙宁年，即1076年。1076年，来宾县人权凤被录取为进士，之后文科先后被录取的有象州县吴况、秦忠、谢洪、谢泽。明代有来宾县方溢，象州县傅敬。清代（文科）有来宾县吴绳显，象州县冯昌绅、郑名佐、覃学海、刘书升、郑献甫、李日章、石鸿韶，武宣县陈仁、陈旭、张梦骥。武科有象州县韦世徽，武宣县梁世聪、覃贵福（太平天国武状元）。贡生、举人，宋、元失载。明代贡生来宾县108人、武宣县110人，象州县失载；举人来宾县40人、武宣县14人、象州县37人。清代贡生来宾县181人、武宣县171人、象州县74人、忻城县26人；举人来宾县48人、武宣县36人、象州县72人、忻城县6人。

第三章 学前教育

民国22年（1933年），来宾市始有学前教育，境内各县陆陆续续开办幼稚园。中华人民共和国成立后，境内各县成立托儿所幼儿园工作领导小组，先后建起机关幼儿园。改革开放后，各地采取多种形式开办幼儿教育，学前教育发展迅速，公办、民办齐头并进，幼儿教育长足发展。2005 年，全市有幼儿园 150 所 1314 个班，在园幼儿 39260 人，其中学前班 806 个 20872 人。培训各类学前班教师 500 多人。

第一节　幼儿园与学前班设置

幼儿园

民国 17 年(1928 年)，省政府规定小学可附设幼稚园。民国 22 年始，境域内各县陆续开办幼稚园。境内只有来宾、武宣、象州、合山等地少数乡镇设置幼儿园，数量很少。幼儿园的办园形式有寄宿制(全托)、全日制、半日制。农村还有季节性的幼托班。

中华人民共和国成立后，来宾市境内幼儿教育有较大的发展。1950 年以后，各县先后开办机关幼儿园。1953 年，在小学附设幼托班。1958 年教育“大跃进”，各县曾大办幼儿班、幼儿园，由于发展过快，来宾、忻城、武宣等县幼儿园，不久即解散。

1960 年，境内各地受经济暂时困难影响，农村入园幼儿减少，大部分幼儿园停办。1961 年，境内各地贯彻中央“调整、巩固、充实、提高”的方针，各县幼教工作形势开始好转。

1975 年，自治区妇联、教育局、卫生局联合下文要求“各县争取 1977 年底基本实现队队办托幼组织”后，境内各地厂、矿、场、农村和街道相继开办幼儿园。1978 年，来宾县有幼儿班 109 个，在园幼儿 2601 人，幼教职工 105 人。来宾县、公社两级共有 22 名兼职干部。农村幼儿班统一归当地小学领导。

1980 年，境内各县、公社相继成立托幼工作领导小组，加强幼教师资的培训工作。1981 年，来宾县在园幼儿 2070 人，幼教职工 71 人。1984 年，武宣县全县幼儿园增至 21 所，共 40 个班 1312 人。

1985 年，境内各地小学附设幼儿班改称学前班。教学内容有识字、语文、计算、儿歌、体育游戏等。

1986 年开始，境内各县(市)教育局采取多种形式办幼儿教育，有国家办、集体办、个人办的幼儿园，幼儿教育发展加快。1990 年，来宾县全县有幼儿园 50 所，162 个班，在园幼儿 7313 人，幼教职工 145 人。

1995 年，境内各地认真贯彻幼教两个“法规”精神，学前教育获得较大发展，基本上实现村村办有学前班。

2002 年后，全市普遍邀请家长参加幼儿园教育教学观摩活动，向学前班、幼儿园教师展示适应性课程改革教育活动成果。

2003 年，来宾市有幼儿园 89 所，1128 个班(其中学前班 864 个)。3~6 周岁人口总数 96431 人，入园人数 25581 人(其中学前班 21378 人)，在园幼儿 29990 人(其中学前班 22365 人)，入园率 39.5%。离园人数 18101 人(其中学前班 16614 人)。

是年，教育部门和集体办的幼儿园 18 所，944 个班，在园幼儿 25645 人；社会力量办的 66 所，166 个班，在园幼儿 3834 人；其他部门办的 5 所，18 个班，在园幼儿 511 人。同年 12 月，合山市幼儿园被自治区党委宣传部、自治区团委、自治区教育厅、自治区环保局确认为广西绿色幼儿园。该园占地面积 3817 平方米，全园绿化面积达 62.5%。时有 9 个班，幼儿人数 401 人。同年，全市幼儿园占地面积 91858 平方米。校舍建筑面积 58673 平方米，幼儿园户外活动场 33960 平方米。图书藏量 16505 册。

2004 年，全市有幼儿园 138 所，1243 个班(其中学前班 878 个)。3~6 周岁人口总数 97044 人，入园人数 27776 人(其中学前班 21454 人)，在园幼儿 33056 人(其中学前班 22955 人)，入园率 39.6%。离园人数 18610 人(其中学前班 16926 人)。

是年，教育部门和集体办的幼儿园有 20 所，928 个班，在园幼儿 25923 人；社会力量办的有 115 所，299 个班，在园幼儿 6796 人；其他部门办的有 3 所，16 个班，在园幼儿 337 人。

是年，来宾市人民政府与柳州铁路局签订协议，将来宾铁路幼儿园剥离归来宾市人民政府管理。是年，来宾市人民政府决定，将来宾铁路幼儿园归口由来宾市教育局管理。2005 年 5 月，来宾铁路幼儿园更名为来宾市机关幼儿园。

2005 年，来宾市制定市级示范幼儿园评估验收标准，组织对 9 所幼儿园进行市级示范幼儿园评估验收。全市有幼儿园 150 所(其中民办 126 所)，1314 个班(其中 806 个学前班)，3~6 周岁人口总数为 97120 人，入园入班人数 27367 人，在园在班人数 39260 人，入园(班)率 40.4%。12 月，兴宾区第一幼儿园和第二幼儿园顺利通过来宾市示范性幼儿园评估验收。是年，全兴宾区有幼儿园 28 所，602 个幼儿(学前)班，3~6 周岁适龄人数为 23737 人，入园入班人数为 14517 人，在园在班人数为 16534，入园率达 61.16%。

学前班

根据幼儿年龄，境内学前班分为大、中、小班，年龄一般在5~8岁之间。

1982年9月，武宣镇一小最早开设学前班，招5~6岁幼儿78人入学，进行学前教育。

1985年，境内各地小学附设的幼儿班改称学前班，对未入学的儿童进行学前教育。教学内容有识字、语文、计算、儿歌、体育游戏等，为小学一年级学习打基础。是年秋，各乡中心小学和条件较好的村小也附设学前班。其教育内容与幼儿园大班相似，授以语言、计算、常识、故事、识字、图画、唱歌、体育等。

从1992年起，教育行政部门加强学前班管理。1992年1月28日，自治区教委、人事厅、劳动厅联合下发《关于贯彻国家教委〈关于改进和加强学前班管理的意见〉的通知》，强调从1992年3月1日起，全区学前班的管理工作，以《意见》和《幼儿园管理条例》有关规定为依据，保育和教育工作，以《学前班保育与教育的基本要求》为依据。

1994年3月2日，自治区教委下发《关于对我区学前班管理工作进行检查的通知》，对全自治区学前班进行一次较大规模的检查。由于小学教师超编，各县（市）学前班教师多为内部调整教师任教，也有部分另外聘请教师。学前班开设的课程比较固定的有：语言、数学、常识、音乐、美术、体育。

2005年，来宾市有幼儿园150所（其中民办126所），1314个班（其中806个学前班）。3~6周岁人口总数97120人，入园人数27367人（其中学前班20872人），来宾市在园幼儿39260人（其中学前班22612人），入园率40.4%，离园人数15377人（其中学前班13680人）。

第二节　保育　教学

民国23年（1934年）后，境内各县幼稚园实施民国18年国民政府教育部颁发的《幼稚园课程标准》，课程设置有：音乐、儿歌、故事、游戏、自然常识等。其宗旨是教导儿童尊师敬长、讲卫生、爱同伴，养成过集体生活的良好习惯等。是时，师资素质较低，课程不够规范，实施的是“管九教一”的模式，即用大部分时间来“管”，用少部分时间来“教”，教方面则以唱歌、游戏为主。民国时期，各县幼稚园、幼儿班有早操、户外活动和运动性游戏，尚无幼儿保健。

中华人民共和国成立初期，境内各县保育院、幼儿园建立晨检、午检、晚检以及清洁卫生、预防接种、消毒隔离及伙食管理等保健制度。1951年9月，教育部颁发《幼儿园暂行规程（修正草案）》。保育院、幼儿园贯彻毛泽东主席关于“好好保育儿童”的指示，实行“保教合一”的方针，保证供给幼儿身体发育必需的营养品，精心照料幼儿的生活，教给儿童一些简单的卫生常识，培养幼儿良好的卫生习惯和生活自理能力，每天组织幼儿参加两小时左右的游戏和体育活动。1956年，教育部颁发《幼儿园工作指南》。此后几年，地、县均按《幼儿园工作指南》的精神去开展幼儿教养工作。

1960年以后，境内各县幼儿园（院）的教师们常给幼儿讲打击日本侵略军、斗争地主、批判富农等故事，教唱革命歌谣。是时，境内各县相继成立卫生防疫站和妇幼保健站，加强对幼儿保健工作的领导，做好防病治病工作。1966年，“文化大革命”开始后，境内各县幼儿园（院）以教毛主席语录和语录歌为主，也教跳“表忠舞”和教唱“革命样板戏”片断，教批“孔老二”（即孔子）、《三字经》、“神童诗”等儿歌。

1970年以后，境内各县保育院、幼儿园实行每学期定期对入院入园幼儿进行体格检查，并建立健康登记卡片存档。1976年，境内各县幼儿园（院）的教育内容有了改变，均按《幼儿园教学大纲》的要求正常上课，对全日制、寄宿制大班每周的作业次数作出规定，让幼儿多看、多想、多谈、多做，提高教学活动质量，提倡“四育”（德、智、体、美）一起抓。

1986年后，境内各县（市）继续克服教学活动的“小学化”“成人化”做法，对创造性教育进行研究。教学突出能力培养和创造性的培养，积极发展儿童潜在创造力和敏感的思维力。是时，各保育院、幼儿园执行国家卫生部《关于城乡儿童保健检查标准》的指示，开展幼儿体检和保健工作，以促进幼儿健康成长。幼儿园克服教学活动的“小学化”“成人化”做法，对创造性教育进行研究。根据幼儿年龄特点，合理的综合组织各方面的教育内容，以游戏为基本活动，寓教育于日常活动中。各县（市）执行国家卫生部《关于城乡儿童保健检查标准》的指示，开展幼儿体检和保健工作。执行卫生部颁发的《托儿所、幼儿园卫生保健制度》以及其他有关卫生保健的法律法规。各幼儿园制定了合理的幼儿一日生活作息制度，积极开展户外活动，锻炼幼儿身体。建立各种卫生制度，防止意外事故发生。幼儿入园前和“六一”

期间进行体检，并配合卫生部门做好计划免疫和疾病防治工作。精心护理幼儿，对体弱或有残疾的幼儿予以特殊照顾。为幼儿提供较为合理的膳食，保证幼儿的进食量和营养素摄取量。幼儿园还注重培养幼儿良好的生活卫生习惯，引导幼儿个性的健康发展。柳州地区保育院加强对保育员素质和业务水平的提高，坚持每个月利用周末休息时间对保育员进行业务培训，每个月底由分管后勤副院长、医务人员负责对班级教室、幼儿宿舍进行卫生大检查。

1990年后，各地在教学中探索"教学游戏化""教学故事化" 规律，让儿童在轻松、愉快、自由的气氛中学习，动手去做。在教学中探索"教学游戏化" "教学故事化" 规律，让儿童在轻松、愉快、自由的气氛中学习，动手操作。

2001 年以前，幼儿园是分科教学，主要分为语言、常识、计算、音乐、美术、体育六个科目。教给幼儿粗浅的知识和生活技能，注重各种能力发展和情感的培养。2001 年《幼儿园教育指导纲要（试行）》颁布后，幼儿园教育内容相对划分为健康、语言、社会、科学、艺术等五大领域。各领域内容相互渗透，从不同角度促进幼儿情感、态度、能力、知识、技能等方面的发展。幼儿园已逐步使用广西区编的幼儿适应性发展课程新教材，以主题网络的形式开展教育教学活动。

2002 年后，各县（市、区）普遍采取邀请家长参加幼儿园教育教学观摩活动，向乡镇学前班、幼儿园教师展示适应性课程改革教育活动成果。一方面组织家长参加各种教育讲座，召开家长会，让家长进一步了解当今幼儿教育的趋势以及一些教育孩子的新方法；另一方面邀请家长参加幼儿园的亲子活动和亲子运动会，以及各种文艺表演活动，幼儿画展活动，感恩活动等等。促进孩子与家长之间的和谐关系，同时也促进家园之间的教育同步发展，幼儿园教育教学逐步走向规范，发展更迅速。

2003 年，来宾市举办幼儿园教师基本功比赛。来自各县（市、区）及市直幼儿园的 24 名教师参加弹、唱、跳三项基本功比赛，共评出综合奖 24 名，单项奖 15 名。

2004 年 6 月，来宾市教育局在兴宾区举办 "幼儿适应性发展课程" 新教材培训班，参加培训的有市直、县（区）、乡（镇）、村幼儿园（学前班）教师 850 人。培训规模之大是来宾市建市以来首次。此次培训，聘请广西幼师周燕军、广西区直第一幼儿园副园长廖丹萍授课。通过培训，使学员正确理解和使用新教材，推动幼儿园课程改革，探索适合幼儿发展新的教学模式。是年 11 月，来宾市选送 9 名选手参加广西幼教培训中心举办的第二届幼儿园教师教育教学基本功大赛，荣获全能一等奖 1 名（地区保育院胡晓鸣），单项一等奖 1 个，单项二等奖 4 个，单项三等奖 7 个。

2005 年 5 月，来宾市教育局举办学前班教师幼儿适应性课程培训，参加培训的有全市各级各类学前班教师 500 多人。

第三节　幼儿园选介

来宾市机关幼儿园

创建于 1989 年 6 月，原名来宾铁路幼儿园，隶属柳州铁路局，2004 年 8 月移交来宾市教育局管理。2005 年 5 月 31 日，改称来宾市机关幼儿园，成为来宾市市级示范性幼儿园。幼儿园占地面积 4323 平方米，现有小、中、大、学前共 10 个班，在园幼儿 410 人，教职工 40 名。幼儿园拥有一支思想素质好、创新意识强的师资队伍，园长及任课教师均具备大中专学历。多年来，幼儿园先后荣获铁路系统 "先进集体" "三八红旗集体" "QC 质量管理先进成果奖"、来宾市 "德育先进学校" "收费规范合格学校" 等光荣称号。

来宾县直机关第一幼儿园

来宾县直机关第一幼儿园位于来宾镇北二路。创办于 1956 年，时称来宾幼儿园。1961 年改为县直机关保育院。行政上隶属县人事局，业务归口县教育局。以招收县直机关职工子弟为主。1962 年因经费不足等原因停办。1965 年 2 月恢复办，当年有 3 个全托班，130 名学生，教职工 4 人。时行政上隶属县委宣传部。1966 年改全托为走托。"文化大革命" 期间，保育院 60 多床被子和 40 多床蚊帐被偷或被烧，其他财产也遭受损失。1975 年改走托为日托，当年有 3 个班，教师 9 人。1983 年发展到 8 个班 300 个幼儿，教职二 27 人，并代管县妇联办的托儿所 2 个班。1988 年秋，改名为县直机关第一幼儿园。1990 年有二层教学楼 2 栋，幻灯机 2 台，计算器 40 个，摇船、转盘、童车、风琴 10 件（台）、电扇 26 台，教学玩具基本齐备。配有专职保健医生，定期为幼儿体检，并根据幼儿身体发育特点决定食谱，保证幼儿的营养供应。同年，在园幼儿10个班487人，教职工28人（其中幼儿高级教师7人）。

象州县幼儿园

前身为原象州幼儿园，园址在原象州区公所大院内（今县供销社），1962年改为象州县幼儿园，共3个班，在园幼儿115人，教员4人。1965年增至5个班，210人。20世纪70年代初，迁至北街原县人民武装部旧址。1980年于城北“火星塘”建设新址。主要建筑有教学楼、宿舍楼各1栋，建筑面积1456平方米。教学设备有攀登架、滑梯、转盘各1具，脚踏风琴9台，手风琴2台，儿童图书800册。课程有语音、计算、美工、常识、唱歌、体育。教学主要通过讲故事、儿歌演唱、看图识字、智力游戏、情景讲述等方式进行。在园幼儿分为小班(4~5岁)，中班(5~6岁)，大班(6~7岁)。1990年，共9个班，224人，教职工23人。

1991—1992年，该园深入学习和贯彻刚出台的《中华人民共和国未成年人保护法》《幼儿园管理条例》和《幼儿工作规程》，从保障儿童学习权利的角度来创设适宜幼儿发展的良好环境，以“生活中学、行动中知、探索中求、规则中养”的办学理念，有效地提高了办园质量。

1993—1994年，该园倡导优生、优育、优教，努力提高家长的教育素养，贯彻落实《家长教育行为规范》，共同促进幼小孩子身心健康发展，获上级部门授予“家长学校”称号。

1995—1996年，该园贯彻实施幼儿素质教育，培养幼儿德、智、体、美、劳全面和谐发展，让孩子们学会做事、学会学习、学会与人相处，努力把学习与幼儿生活紧密结合起来，让孩子做到“四个学会”。

1997—1998年，该园关注独生子女的教育问题，努力探索关于独生子女的挫折教育、逆境教育以及磨难教育，收到明显成效。

1999—2004年，该园大力推行“幼儿听读游戏识字”课程、幼儿国画教学课程和“分享阅读”课程，培养幼儿语言表达能力和阅读能力，深受孩子们和家长们喜爱。

2005年新建校门，由西出至北连接温泉大道新建校门，加上硬化操场、美化墙壁、场室装修等工程建设，较大改善了园舍及交通，促进了办园质量，有教师20人，开办8个教学班，收托幼儿212人。先后获评“来宾市文明单位”“来宾市示范性幼儿园”。

象州县第二幼儿园

象州县第二幼儿园建于1965年，前身为象州县机关保育院。象州县第二幼儿园是象州县目前最大的公办幼儿园，也是一所师资队伍优、办园环境好的名符其实的市级示范幼儿园。该园地处象州县城的光明路，曾被评为象州县文明单位，2005年评为来宾市示范幼儿园。

武宣县直属机关幼儿园

武宣县直属机关幼儿园（原名武宣县直属机关保育院）创建于1962年9月，位于县城城中路中心，是县城唯一一所公办幼儿园。2005年通过来宾市示范幼儿园评估。该园树立正确的教育观、儿童观，坚持以“一切为了孩子的发展”的办园宗旨，以推进素质教育为导向，切实开展幼儿教育改革和科研活动。拥有一支思想素质好，创新意识强的师资队伍，全体教工以“当名师、创名园、争一流”为目标，秉承“热爱幼儿，保教并重，乐于奉献，努力奋进”园训为优良传统精神，以提高保教质量、办人民满意的幼儿园为己任，开创幼儿园各项工作新局面，努力塑造区级示范园形象。

合山市幼儿园

1983年2月创办，租借石村建井队平房2间作教室。当年招生1个班，入园幼儿35名，教师2名。1984年，园址迁到城区思光路西端南侧，占地面积4000平方米，取名为合山市直属机关幼儿园，设大、中、小班各1个，在园幼儿116名，教职工24名。1987年更名为合山市幼儿园，教职工5名。1990年在园幼儿204名，教职工19名。市幼儿园1990年有活动场地628平方米；教室8间，面积440平方米。幼儿玩具有滑梯2副、地球仪转盘1个、飞机转盘1个、秋千1副、龙船1艘、水车4架、十字攀登架1副、幼儿篮球场2个、铁制摇马4具、爬网2个。2005年有专任教师44人，其中本科学历4名，专科学历20名，教师学历合格率达100%，其中，幼儿高级教师20人，占教师总数的46%。在岗保育员合格率达100%。1990年，合山市教育局为合山市幼儿园配备了1名保健医生。2005年，合山市幼儿园占地面积3817平方米，建筑面积2250.17平方米，绿化面积520平方米。园内有教学楼4栋，其中教室10间，幼儿卧室8间，多功能教室1间，教师办公室、财务室、园长室、资料室各1间。园内装备有电脑9

台，投影仪1台，空调22台；幼儿用床407套，课桌椅427套；有大滑梯3套、跳跳床1台，转椅玩具1张；有消毒柜1个，冰柜1个，绞切机1台。

金秀瑶族自治县幼儿园

金秀瑶族自治县幼儿园位于拥有“世界瑶都”之称的金秀瑶族自治县城内，创办于1970年2月，原名金秀瑶族自治县保育院，因为历史原因，中途停办数年，1988年更名为金秀瑶族自治县幼儿园，占地面积1120平方米，建筑面积1863平方。2005年有8个班，在园幼儿总数265人，其中小班2个班，中班2个班、大班3个班，学前班1个班。有教职工34人，其中管理人员2人，教师23人，保育员2人，财会2人、保健医生1人，炊事员3人，保洁员1人。幼儿园高级职称8人，一级教师13人，二级教师4人，高级保育员1人，医师1人，中级工3人，初级工3人，四级演员1人。持本科学历5人，大专学历19人，中专学历7人，高中学历2人，初中学历1人。

第四章　小学教育

第一节　学校设置

清光绪十五年(1889年)，天主教广西教区法国神甫司立修在象州中平村开办中平村小学，这是来宾市最早的小学，是广西最早的教会学校。清光绪二十八年之后，武宣县郭椿生等从浔阳公学师范讲习所毕业，在仙城书院创办小学堂，招初等小学两班，为来宾市人兴办学堂之始。次年起，迁江、来宾、象州、金秀等地先后办起小学堂。清光绪三十年，迁江县(今属兴宾区)于印山书院创建迁江县立高等小学堂。是年，来宾县举人翟富文等创办私立桥潳两等小学堂。时两广学务处称此学堂为广西省小学第四校。两年后，改为来宾县立两等小学堂。

宣统元年至二年(1909—1910年)，来宾市境内忻城、武宣、金秀、象州等地分别建立小学堂。其中，金秀在金秀村与六拉村之间建立“化瑶小学”1所，象州创办女子初等小学堂，时有女生20余人。

民国1年(1912年)，教育部颁布《普通教育暂行办法》，废读经讲经，改学堂为学校。要求各乡镇设立初等小学，各县县城设立高等小学。准许私塾办学，但教学科目、教材等，要求按小学规章办理。是年，象县改两等小学堂为高等小学校，不久改为县立第一小学校。民国时期，军阀混战，政局动荡，财源枯竭，小学教育发展缓慢。期间各县普遍采用划区设立小学办法。迁江县(今属兴宾区)东一区良塘圩、南一区、西一区(平阳)、上北区各设区立小学1所。宜山县在大塘、思练、三寨(今均属忻城县)分别创建宜山县第十三区区立第一初级小学校、第二初级小学校。此外，各县还创立了女子小学，武宣、来宾、象州、金秀、忻城均创办有女子小学1~3所不等。

民国5年(1916年)，美国基督教浸信日会“福音堂”在象县寺村圩办储才小学一所，有学生48人，多数是教徒儿女。课程除中国课本外，加读《圣经》。民国9年，梧州天主教福音堂美国教士陈华年(中国代名)在金秀罗香村买房1座，一面设立福音堂传教，一面开办学校，免费招收当地儿童入学。

民国14年(1925年)，广西施行义务教育，各县执行广西省政府规定：“县知事、教育局长、学区教育委员，有责任劝导各该县的儿童，凡年满6周岁儿童得入学校读书，小学以不收费为原则。若有无故不入学校，屡经督促无效者，处罚监护人1~5元之罚金。”

民国22年(1933年)9月，广西省令普及国民基础教育，同时执行《广西省实施强迫教育办法》，凡6~12足岁的儿童，一律强令入学。各县的小学和学生逐年增加。来宾迁江两县小学发展到125所(迁江65所)，学生5734人(迁江2636人)，教职工222人(迁江115人)。忻城有高级小学校5所，学生共421人，初级小学校17所，学生共748人。

民国23年(1934年)，广西实行“普及国民基础教育六年计划”，忻城初等教育有所发展，有中心国民基础学校11所、村国民基础学校140所。武宣县初等小学易名国民基础学校。乡、镇高等小学或完全小学改称国民基础中心学校，实行乡、镇长兼任校长制。当年，小学增至121所，学童5051人。

民国24年(1935年)，各县执行民国23年省颁《广西普及国民基础教育六年计划大纲》，强化国民基础教育。除忻城外，来宾、迁江、象县、武宣等县每乡镇设一中心国民基础学校，每村街设一国民基础学校。金秀瑶族自治县内小学一律改名为国民基础学校，另在罗运、长垌、古陈、平林、六竹、岭祖等地亦先后办起国民基础学校。山外桐木、七建、头排、三江等地乡镇级小学改为中心国民基础学校，村街小学改为国民基础学校。

民国27年(1938年)，合山煤矿股份有限公司职工自筹资金办小学复式班1个，有学生20多名，校址在白鹤隘。民国28年11月，日军入侵，忻城外堡的大塘至南宁、大塘至柳州、大塘至宜山三条公路沿线，均遭到敌机空袭。石龙至思练、岜直、卜佑、三寨、大塘、木罗等乡，共有34所学校被迫停课。内堡各校儿童入学人数锐减。民国33年下半年，日军侵入来宾市全境，各县教育停顿一年，小学多数遭敌破坏。民国34年下半年，日军投降后，各县复修小学校舍，翌年春始，各县小学陆续恢复开学上课。

民国35年(1946年)，武宣县有中心国民学校15所，94班3216人；村校243所，261班6764人。民国36年，忻城财政入不敷出，县府决定撤销木罗乡中心国民基础学校，各中心国民基础学校辅导主任亦全部撤销，由校长兼任，村国民基础学校每两个班裁减教师1名。

民国37年(1948年)后，各县小学所数大幅度下降，教育事业日趋衰落。民国末年(1949年1月1日至9月30日止)，忻城全县有中心国民基础学校12所，村国民基础学校32所。1949年11月底，忻城全境解放。全县有44所小学，学生10423人。

1950年，境内各县人民政府接管中小学。根据“维持现状，逐步改造”的方针，对原有的教师实行“争取、团结、教育、改造”的政策，对有困难的贫苦农民子女入学，给予减免学杂费。除部分地区因匪情严重，不能开学外，其余各县小学陆续开学上课。是年3月，合山煤矿公司创办职工子弟小学。来宾、迁江两县共有小学127所，147个班，学生4296人，教职工175人。武宣县有小学164所，其中完小11所、村小153所，在校生1838人。象州县有6所完小、113所村街初小先后开学，学生6514人。

1951—1952年，按照“教育必须为国家建设服务，学校必须为工农开门，改革旧的教育，发展新的教育”方针，人民政府派一批干部到学校工作，开始实行新的教育制度，小学校数和学生数迅速增加。1951年，象州县开学上课的完小增至16所，初小增至186所，学生增至1.13万人。武宣县小学发展为280所，学生12528人，较1950年增加6倍多。象州县经过土地改革，广大贫苦农民生活改善，纷纷送子女入学，村初小增加到308所，在校小学生增至1.7万多人。

1953—1957年，小学教育贯彻中央“整顿巩固、重点发展、提高质量、稳步前进”十六字方针。实施《小学暂行规程(草案)》，教学工作逐渐步入正轨、教学质量逐步提高。

1958年，随着农村人民公社化运动的发展，境内各县都制订教育“跃进计划”。同时，贯彻国家办学与群众办学相结合、全日制与半日制相结合的“两条腿走路”的办学方针，使小学校数及学生数激增。学校师生参加大炼钢铁、伐竹(木)、造林、秋收、修水利等中心运动，学校经常停课劳动。期间，各县先后有一批教师被划为资产阶级右派分子，或被送农场劳改，或被送回农村监督劳动，或留在学校管制。是年3月，来宾县召开教育工作誓师大会提出“全党动员，24小时普及中小学教育，奋战7昼夜，基本扫除全县文盲，实现文化县”的“战斗口号”，随即小学校、班、学生和教职工数分别比1956年增长1.5倍、0.6倍、0.3倍和0.5倍。合山全境有小学17所。

1959年，境内各地贯彻自治区党委提出的“整顿巩固、提高质量、适当发展”的方针，对小学进行调整并校。国民经济三年困难时期，学校“教育革新”难以进行。是年，来宾县创办半日制和简易小学。合山境内办“耕读小学”16所，24个班，因师资、设备不足，次年相继停办。

1960年，根据“调整、巩固、充实、提高”的八字方针，各县小学进行第二次调整，重新布局设点，合班并校，联办小学，扩大完小。是年，来宾县调整、精减小学，动员超过16周岁的小学生2312人退学；金秀调整后有小学50所，教学点61个，学生5524人。是年，来宾华侨农场创办来宾华侨农场小学。

1962年，按照“压缩规模，精减人员，提高质量”的原则，境内各县再次对小学进行调整，来宾县有192名教职工被精简回乡。是年秋，武宣县撤并少数校点后，有公办初小203所，在校生16592人；民办初小160所，在校生7877人；公办高小21所，在校生4294人；民办高小7所，在校生315人。象州县采取并校、并班、并点的办法，缩减52所村小教学点。精简下放部分教师。但由于被撤销教学点的村屯儿童，不便和不愿到别村上学，出现学额大流失，当年小学在校学生从原2万多人降为1.6万多人。根据自治区教育厅《关于中等学校、小学贯彻劳逸结合问题的通知》精神，各校对学生在校时间、教学课时、课外活动和参加劳动等作了调整。

1963年，金秀对学校布局进行分、并、合调整，做到尽量方便学生就近上学。有的地方学生到完小就读因路远不便，即就地增设高小班；在学生较少的村寨还开设巡回教学点，方便学生就学。

1965 年，各地境内贯彻实行自治区教育厅“关于减轻学生负担、增进健康、提高教育质量的十项规定(试行草案)的通知”，忻城县全县小学由上年的 387 所增加到 454 所，在校学生由上年的 27209 人增加到 29488 人(不含耕读小学 4592 人)。来宾县全日制小学发展到 703 所，753 个班，学生 31112 人；耕读小学班发展到 1128 个(高小 3 个班)，学生 27754 人(高小 56 人)。

1967 年，学校“停课闹革命”，红卫兵揪斗“走资派”，向“走资派”夺权，各县教育机构瘫痪。“复课闹革命”后，军宣队、工宣队、贫管会开始进驻学校，教师靠边站，工农兵上讲台，小学和小学附设初中班发展过快。1968 年 8 月，武宣县各校成立贫下中农管理学校委员会(简称贫管会)，选派一些农民进驻学校掌握领导权，开展对“当权派”和所谓“资产阶级知识分子”进行批判斗争。许多教师离开批斗会场仍进教室，给学生上课。11 月 14 日《人民日报》发表山东省小学教师侯振民、王庆余的信，提出“知识分子便于接受贫下中农再教育，必须把公办小学下放到大队去办”号召，各县小学全部下放到生产大队来办，小学教师回原籍任教。在“读小学不出村”的口号鼓动下，小学教学点、学生数、教师数骤然大增。1969 年 2 月，武宣县小学下放到大队办，外地任教教师概回原籍公社由群众聘用，造成山区教师一度紧缺。

1976 年 10 月，粉碎江青反革命集团后，历时 10 年的“文化大革命”结束，教育战线开始拨乱反正。是年，来宾县小学增至 1560 所，4846 个班，学生达 120857 人。与“文化大革命”前的 1965 年相比，分别增加了 1.2 倍、1.6 倍和 1.1 倍。教师不足，就要“根正苗红”(出身贫苦、“政治思想表现好”)的文盲或半文盲“工农兵”充数。

1974 年，来宾凤凰华侨农场建立凤凰华侨农场职工子弟学校。

1977 年，各地进驻学校的工宣队、贫管会陆续撤出学校。国家恢复高考制度，小学的考试制度也得以恢复。

1978 年，根据教育部《关于办好一批重点中小学试行方案》的精神，境内各县创办重点小学。1979 年，各地贯彻“调整、改革、整顿、提高”的方针，各县对小学教育结构进行调整。忻城县对全县小学进行整顿，调整学校布局，将原调到初中任教的 264 名教师调回小学；将 110 所小学调整为 101 所，656 个教学点调整为 653 个。

1980 年 12 月 3 日，中共中央、国务院颁布《关于普及小学教育若干问题的决定》和《关于加强和改革农村教育若干问题的通知》。是年秋，武宣全县有小学 100 所，下辖教学点 59 个，在校生 44253 人。但教学质量低，当年毕业生合格率仅 15%。忻城县全县小学 673 所(含教学点 539 个)，在校学生 50510 人。

1982 年 4 月，自治区教育局印发《关于普及小学教育的标准和管理的暂行办法(试行草案)》，规定衡量普及小学教育的主要指标。1983 年，忻城县有小学 124 所，教学点 433 个，适龄儿童入学率 94.8%、巩固率 95.2%、双科(语文、数学)及格率为 16.2%。

1985 年，自治区教育厅普教处下发《普及初等教育检查验收的几个问题》的通知。境内各级人民政府都把普及初等教育工作列入重要议事议程，同年 10 月 25 日—11 月 1 日，忻城县政府对红渡镇普及五年小学教育进行检查验收，其入学率为 97.1%、年巩固率为 97.7%、毕业率 96.2%、普及率 99.2%，基本上实现普及初等教育的目标。

1986 年 4 月 12 日，《中华人民共和国义务教育法》颁布后，境内各县(市)陆续进行普及初等教育的检查验收工作。同年 7 月，武宣县人大常委会成立普及九年义务教育调查组，检查验收 58 所学校普及初等教育情况。结果为：入学率 96.8%，巩固率 97.4%，毕业率 81.8%，普及率 96.2%。当年秋季学期开始免收学费，全县小学入学率为 97.4%、巩固率 97%、毕业率 75.1%、普及率 92.7%。其中毕业率、普及率与中央要求各相距 9.4 个和 2.3 个百分点。

1987 年 1 月，忻城县印发《关于普及小学教育问题的意见》，并成立普教领导小组，主管教育的副县长兼任小组长。强调在两年内要把普及小学教育作为全县的中心任务之一来抓。同时对各乡镇普及验收的时间作出安排。是年，忻城县全县有小学 127 所、教学点 434 个，学生共 52127 人，入学率 95.8%、巩固率 97.7%、毕业率为 95.8%、普及率为 87%、升学率为 37.1%。

1988 年起实行县、乡(镇)、村三级分管办学制度。6 月，经地区行署检查验收，武宣县三里、二塘乡成为县内首批实现普及初等教育乡。

1989 年 12 月，武宣县东乡、黄茆继而普及了初等教育。1991 年，金秀为进一步贯彻落实中央《关于教育体制改革的决定》精神，按照合理布局、突出重点、确保效益的原则，对小学校点作了较大调整，由1991年秋学期的80所撤并到73所，教学点由原来的370个撤并为85个。通过对小学校点的撤并、调整和开办民即从过去的分散教学逐步过渡到集中办学；从过去的复式班教学逐步过渡到单式班教学；从过去的走读制过渡到寄宿制。教育资源得到了较为合理地利用，办学效益得到显著提高。对小学有撤并、调整，也有增建援建。

1991年，北京摩托罗拉电子有限公司捐资20万元援建忻城县希望小学。天津市水泥工业设计研究院捐资20万元援建忻城县天津希望小学。柳州水泥厂捐资15万元援建忻城县弄江小学。

1995年，忻城全县投入6270万元，修建校校舍112002平方米，基本实现“一无两有”（校校无危房、班班有教室、人人有课桌），通过上级验收时小学入学率99.9%、巩固率99.9%、普及率100%、毕业率100%，全部超过普及小学教育标准。并根据生源情况对小学校（点）的布局进行调整，调整后全县村级完全小学130所，教学点407所，有教学班1771个。

1996年，广西玉林柴油机厂援助20万元援建象州县马坪乡回龙希望小学。8月23日，武宣县实验小学在县城书山路8号创办，以武宣大桥209线至鞍山路尾北面为服务区，当年招收一至三年级新生。广西玉柴股份有限公司无偿捐资20万元给禄新乡方学村建“武宣玉柴希望小学”。

1999年5月，柳州农业银行捐款30万元，援建忻城县马泗乡果苏希望小学。香港陈珽华先生捐助20万元援建象州县罗秀镇敖村希望小学。

2003年8月起，境内各县陆陆续续接管一些厂矿场企业办的子弟学校。兴宾区接管八一小学。2004年3月，兴宾区接管迁江糖厂子弟学校。是年秋季，将凤凰华侨农场学校小学部划归凤凰中心学校管理。

2003年，天津德利得集团援助20万元援建象州县妙皇乡路村希望小学。年末，来宾市有小学772所（分布在市区12所，县镇49所，农村711所），教学点1045个，8668个班。全市7~12周岁人口总数246499人，适龄儿童在校生245260人，适龄儿童入学率99.5%。当年招生33565人，毕业生50745人，在校学生251916人。同年，教育部门和集体办的小学765所，教学点1042个，8567个班；社会力量办的小学3所，42个班；其他部门办的小学3所，教学点3个，59个班。同年，独立设置的少数民族小学6所，37个班；九年一贯制学校小学部有99个班；农村小学班额25人及以下的班数3400个。复式班523个。同年，全市小学占地面积682.21万平方米；校舍建筑面积144.20万平方米；图书藏量213.40万册；电子图书藏量3197片；固定资产总值41263.77万元，其中：仪器设备总值2101.20万元。

2004年，来宾市有小学773所（分布在市区18所，县镇52所，农村703所），教学点893个，8159个班。全市7~12周岁人口总数225412人，适龄在校生224358人，适龄儿童入学率99.53%。当年招生31970人，毕业生48676人，在校学生231257人。同年，教育部门和集体办的小学756所，教学点891个；社会力量办的小学10所；其他部门办的小学7所，教学点2个。同年，全市小学占地面积662.79万平方米；校舍建筑面积143.66万平方米。

2004年，全市有小学772所，教学点1045个，8668个教学班，在校生251916人。7~12周岁人口总数为246499人，适龄在校生245260人（其中民族小学42个教学班，在校生1783人），适龄儿童入学率99.50%；小学毕业生50745人，升入初中50685人，小学毕业升初中率99.88%。小学生年辍学率1.69%。

2005年，来宾市华侨学校共有5所，均划归属地兴宾区管理。2005年12月28日，来宾市委、市政府批准创建来宾宁柳友谊小学，校址位于来华投资区中心区，校园占地面积76亩。是年，全市有小学776所（其中民办21所），教学点893个，7476个教学班，在校学生210525人。7~12周岁人口总数203234人，适龄在校生201827人，适龄儿童入学率为99.31%；当年招生30533人。小学毕业生46318人，升入初中45935人，小学毕业升初中率为99.17%。每万人口有小学在校生859人。同年，全市小学占地662.79万平方米；校舍建筑面积143.66万平方米；图书藏量222.25万册。教学仪器设备总值3296.44万元。

第二节　学制与课程

清光绪三十年（1904年），“癸卯学制”规定，初等小学堂学制5年，课程设置修身、读经讲经、中国文学、算术、历史、地理、格致、体操等；高等小学堂学制4年，课程设置修身、读经讲经、中国文学、算术、中国历史、地理、格致、图画、体操等，并视情况酌设手工、农业、商业三科。

民国 11 年(1922 年),实行教育部颁布的“壬戌学制”,称为新学制,改小学为 6 年制,初等小学 4 年,高等小学 2 年。

中华人民共和国成立后,1951 年,境内小学学制沿用“四、二制”,初级 4 年,高级 2 年。1953 年,境内学校一律实行五年一贯制。一、二年级开设语文、算术、体育、图画、音乐等课,其中,四、五年级加设珠算课(课时含算术课内)。1954 年起,停止实行或试行五年一贯制,转入六年制。初级小学(一、二、三、四年级)开设语文、算术、政治、图画、音乐、体育等课;高级小学(五、六年级)开设的科目与初级相同外,还加地理、历史、自然等课,1955 年,小学初级增设手工课,高级增设劳动课。

1960 年秋,根据上级统一部署,各县有部分学校试行九年一贯制,使用九年制教材。到 1961 年又试行十年制,试用十年制教材。

1966 年 5 月,“文化大革命”开始。下半年,小学课程砍掉一半以上。1967 年,全面废除“四、二制”,实行五年一贯制。1968 年起,小学使用自治区统编的教材。1977 年起,课程恢复语文、算术、政治、常识、体育、音乐、图画等科。次年秋,小学使用全国统编教材。

1981 年 4 月,自治区教育厅转发教育部《关于在城市试行六年制小学问题》的通知,境内一些县的小学也改为六年制,五年制和六年制并存。1995 年全部实行六年制。

2001 年 6 月 9 日,自治区教育厅下发《关于印发〈2001—2002 年度中小学课程计划调整意见〉的通知》,秋季学期起,从三年级首先开设了英语课程,每周 2 节。乡镇中心小学于次年秋季学期始开设。此通知精神沿用至 2005 年。

学 制

清代,境内初等小学学制 5 年。清光绪二十九年(1903 年),朝廷颁布“癸卯学制”,确定初等教育学制为:初等学堂 5 年,高等学堂 4 年。前者开设修身、读经讲经、中国文学、算术、历史、地理、格致(植物、生理卫生)、体操等 8 科;后者加授图画,并以手工、商业、农业为选修科。

民国初,初等小学学制 4 年,高等小学 3 年。民国 1 年(1912 年),小学校学制改为 8 年。翌年行“癸丑学制”,确定为 7 年:初小 4 年、高小 3 年。废读经讲经课,初小设修身、国文、算术、手工、图画、唱歌、体操 7 科,女生加缝纫课;高小增设中国历史、地理、理科,男生加农业课、女生加缝纫课。

民国 9 年(1920 年),一、二年级改国文为语体文,废止用文言文编写的国文、修身、唱歌等教材。民国 11 年,实行 6 年制。前 4 年为初小,后 2 年为高小,即“四·二”制。次年,初小课程改为国语(语言、读文、作文、写字)、算术、自然、社会(卫生、公民、历史、地理)、园艺、音乐、体育;高小设国语、算术、卫生、公民、历史、地理、自然、公用艺术、形象艺术、音乐、体育等科目。

民国 13 年(1924 年)改为“四·二”制,即初等小学 4 年,高等小学 2 年。民国 17 年,小学课程改为:三民主义、公民、国语、算术、历史、地理、卫生、自然、乐歌、体育、党童子军、图画、手工。

民国 21 年(1932 年),又稍作更改,有公民、国语、算术、卫生、体育、社会、自然、劳作、美术、音乐等 10 科。民国 25 年,改设公民训练、国语、算术、社会常识、自然常识、劳作、美术音乐和体育。民国 31 年起,初小设团体训练、国语、算术、常识、音乐、图画、体育、劳作,高小增设历史、地理、公民、自然、童军。

1950 年,废止团体训练、公民和童军等课程,代之以新民主主义思想和时事政策。1951 年,国家教育部公布小学课程,初小设语文、算术、体育、音乐、美工;高小加设自然、地理、历史。1952—1953 年,试行 5 年一贯制,1954 年废止,恢复“四·二”制。1954 年增设周会课。次年,课程稍有调改,将音乐、美工两门改为唱歌、图画、手工劳动。1957 年秋,高小始设政治常识和农业常识。

1960 年下学期试行九年制教材,次年复用十年制教材并设俄语课,未满一学期便停授。1963 年秋,执行自治区教学计划。初小课程有周会、语文、算术、体育、音乐、图画、手工,高小加课历史、地理、自然、常识、农业常识。

1968 年秋起,用区编语文、算术、常识试用教材。次年秋全用区编修订教材。1969 年废“四·二制”,恢复 5 年制。1970 年秋,改行五年制,不分初小、高小。1972 年,县定一、二、三年级,设政治、语文、数学、体育、唱歌、图画、劳动、文体活动、写字等 9 门课,四、五年级增设科学常识、珠算。

1978 年秋,改用全国统编教材,加设常识课。在武宣小学、桐岭小学、二塘小学三年级起试授英语。1980 年,常识改为自然常识。次年,小学停授英语,同时恢复四、五年级历史、地理课,政治课改名思想品德课。1984 年秋,新生列入六年学制,不分初、高两段。1987 年秋,增设法制课。来宾县试行 5 年制与6年制并行制，即小学四年级学生按四六比例分5年制与6年制。1988年起，来宾县小学学制全部为6年。

1990年，小学开思想品德、法制、语文（讲读、作文、写字）、数学、自然常识（三、四、五）、地理常识（五）、历史常识（六）、体育、音乐、美术、劳动等11门课程。1991—2005年，武宣县小学学制均为6年。

1994年，由于国家实行每周40小时（双休）工时制，国家教委对原实行的教学计划作了调整。8月12日，自治区教委转发《国家教委关于实行新工时制对小学、初级中学教学计划和高中教学计划进行调整的意见》，减少一些课时，武宣县从1994年秋季学期始执行。2001年秋季学期，武宣县城小学从三年级开设英语课程，每周2节。2002年秋季学期，武宣县乡镇中心小学始开设英语课程。

2001年6月9日，自治区教育厅下发《关于印发〈2001—2002年度中小学课程计划调整意见〉的通知》，7月9日下发补充通知，调整了课程计划，从是年秋季学期执行至2005年。

课　程

清末，境内初等小学堂课程有修身、读经讲经、中国文字、算术、历史、地理、格致、体操等。高等小学堂增图画、手工、农业、商业（后3科选修）。

民国初，课程设修身、国文、算术、手工、图画、唱歌、体操等。女子加缝纫，高等小学增中国历史、地理、理科、英文，男子加农业。民国13年（1924年），改体操为体育，改图画为形象艺术。小学高级部增公民、卫生课。民国18年，小学初级部设国语、算术、历史、地理、常识、社会、音乐、体育、形象艺术和手工等课程。高级部增英文、公民、卫生、党义。民国21年，小学课程设公民、卫生、体育、国语、社会、自然、算术、劳作、美术、音乐。民国25年，改公民课为公民训练，社会、自然课分别为社会常识和自然常识。

1951年，初级小学设语文，算术，体育、图画、音乐等课程。高级小学增历史、地理和自然。1952年，小学一、二年级课程设语文、算术、体育、图画、音乐，三、四、五年级增历史、地理、自然，其中四、五年级算术课增珠算内容。1955年，小学初级增手工课，高级增劳动课。

1966年秋，小学所有课程删除过半，只保留语文、算术、体育和音乐等科目。1967年小学生以学习毛泽东语录及其部分哲学著作和“文化大革命重要文件”为主，文化课居于从属地位。1968年起，小学使用自治区编教材，开设语文、政治、算术、常识等课程。

1981年秋始用全国统编教材，课程设语文、数学、思想品德、音乐、美术和体育。至2005年不变。

表26-5　2005年来宾市小学课程计划表

周课时 年级 课程			一	二	三	四	五	六	1~6年级课时合计
课程门类	思想品德与生活		2	2					140
	思想品德与生活				2	2	2	2	280
	语文		6	6	6	6	6	6	1260
	数学		4	4	4	4	4	4	840
	外语				2	2	2	2	280
	科学				3	3	3	3	420
	体育与健康		3	3	3	3	3	3	630
课程门类	艺术（音乐、美术）		3	3	3	3	3	3	630
	综合实践活动	探究性学习			1	1	1	1	140
		信息技术			1	1	1	1	140
		综合学习与实践	2	2	2	2	2	2	420
	地方与学校课程		6	6	3	3	3	3	840
周学科课时			26	26	30	30	30	30	6020
晨会（夕会）			每天10分钟						

续表

课程 \ 周课时 \ 年级		一	二	三	四	五	六	1~6年级课时合计
周活动课时	班团队活动	1	1	1	1	1	1	210
	科技文体活动	4	4	2	2	2	2	560
周课时总计		31	31	33	33	33	33	6790
学年总课时		1058	1085	1155	1155	1155	1155	237650

第三节 教学与改革

民国时期，教法上改死记硬背为半诱导式。文科用故事讲述、主文概览、报告大意、全文概读、词句研究、预读训练、讨论、提要、练习、批语等方法，重在能力训练。作文教学一般有准备用具、命题、拟定提纲、写作、校阅、完成6个程序。算数教学一般有预备、动机目的、指导研究、练习、总结5个程序。

中华人民共和国成立之初，境内各县贯彻新民主主义教学内容，教师致力克服注入式教学法，注意直观教学。1953—1954年，学习苏联凯洛夫教育理论，教学按照“直观性、量力性、巩固性”三原则和课堂教学五环节进行。1958年。在“大跃进”形势下学校师生支农办厂，忽视“双基”教学。

1961年，境内各县规定小学不得随意停课，如需停课，须经县人民委员会批准。

1962年，境内各县始配学区辅导员；1963年县教育管理部门制定教学计划，翻印教学大纲和学校工作条例等发给小学。

1966—1976年，“文化大革命”期间，教育成了重灾区，党的教育方针被歪曲，正确的东西被当做修正主义来批判，改革所谓旧的教育制度、教学内容和方法，取消考试制度，学校秩序混乱，教育质量严重下降。1977年，拨乱反正，恢复考试制度。

1982年，境内各县教育部门对小学校领导的职责、教师工作和学校教育工作等作具体规定，以端正校风、教风和学风。

1985—1990年，境内各县（市）教育管理部门确立以学生为主体、以教师为主导、以课堂为主线的教学方法并实施。1990年经柳州地区教育局组织人员验收，来宾县学龄儿童入学率95.5%，普及率90%，巩固率96.3%，毕业率98.3%，达到中央规定的标准。

第四节 学校选介

兴宾区实验小学

来宾市兴宾区实验小学位于来宾市北二路218号，占地54亩。1956年9月1日从水落迁来。时称来宾镇小学。曾先后易名为来宾镇北小学、来宾县师范附属小学。1981年被定为地、县两级重点小学，1986年初起为自治区14所整体改革试点小学之一。1989年改为来宾县实验小学，为县直属重点小学。2003年更名为来宾市兴宾区实验小学。

该校初建时有砖瓦平房教室12间，办公室5间，建筑面积937平方米。1990年有教学楼2幢24间教室（2116平方米），砖瓦平房教室30间，办公室12间，教师宿舍15间，建筑面积5732平方米。教学设施有仪器室1间56.5平方米，仪器柜11个5.6平方米，彩电1台、收录机15台、投影器12台、录放机1台，总价值2.88万多元；有图书1.45万册。体育设施有灯光球场、排球场、足球场、单双杠、爬杆、浪桥、秋千、乒乓球桌、跳高跳远沙坑、400米环形跑道等。学生活动场所总面积4500平方米。

学校从创办时的9个教学班发展到1990年的43个（含6个学前班），学生从创办时的405人发展到2701人，教职工从23人发展到109人（公办102人），其中小学高级老师30人，一级教师52人，二级教师19人。教师中，有大专文化5人，中专文化83人。有共产党员14人，共青团员50人。

2002年，通过自治区“普通完全小学素质教育一级甲等学校”和来宾市“形象学校”的评估验收。学校占地面积33300平方米，有电脑室二间，多媒体电教室、语音室各一间，室场齐备。现有55个教学班，在校学生3626人，在职教职工195人，其中小学高级教师122人。

2005年，学校有55个教学班，在校学生3626人，在职教职工197人，其中公办182人、工人13人、小学高级教师122人、小学一级教师61人、小学二级教师7人。1名教师被评为自治区特级教师、1名教师被评为自治区优秀教师、1名教师被评为自治区优秀班主任。

学校承担国家级课题有《有效开展语文实践活动课的研究》《整体构建学校德育体系深化研究与推广实验》；自治区级的有《对“感悟—积累—运用”语文教学三层次的研究》;《三维目标教学中学习方式多样化的研究》。学校先后被评为全国德育科研先进实验学校、全国中小学写作教育杰出单位、全国创新作文教学杰出单位、全国“双合格”优秀(示范)家长学校等。

兴宾区第二小学

原来宾县第二小学，位于来宾市爱华路69号，创建于1992年8月，1993年8月正式招生，招生人数800人，教职工86人。2005年，学校有40个教学班，在校学生2185人，班均容量为50多人。在职教职工164人，专任教师150人，其中本科学历10人，专科学历119人，中师中专学历21人，教师学历合格率达100%。学校校园面积为30828平方米，校舍总面积为14753平方米，校园绿化面积为14127平方米。在本校招生范围内适龄儿童入学率为100%，6~12周岁的适龄儿童中途没有辍学现象，巩固率100%，小学生毕业率100%。学校拥有篮球场2个，排球场2个，足球场1个，师生活动场所充足；拥有图书阅览室、体育器材室、多媒体教室、仪器室、自然实验室、语音室、微机室、少先队活动室、工会活动室、行政办公室、教师办公室等专用教室，并按照课程改革的要求不断补充、完善各专用教室的教学仪器、设备、图书等，基本达到了城市小学的一类标准。学校配备计算机41台，其中学生计算机30台，办公用11台，安装了宽带网，接通远程教育系统。学校先后被评为全国体育工作先进单位、全国德育科研先进实验学校等荣誉称号。

象州县象州中心校

象州县象州中心校位于象州县城南面，是一所具有悠久办学历史的百年老校，其前身为象州享有盛名的“象台书院”。清末，废科举，兴学堂。光绪三十二年(1906年)改象台书院为“两等小学堂”，学制9年(初等5年，高等4年)。两等小学堂的建立，标志着象州现代教育的诞生。作为象州县办学历史最久，兴办现代教育最早的学校，象州县象州中心校堪称象州县教育翘楚。学校以特色名校，努力提升学校品位，硕果累累。2005年以来，先后获得自治区教育系统先进集体并记集体二等功、全国“第一届关爱明天、普法先行”——青少年普法教育活动先进单位、全国“第二届关爱明天、普法先行”——青少年普法教育活动优秀组织奖、全国素质教育榜样学校、广西壮族自治区红领巾示范学校、全区义务教育常规管理优秀学校、全区基础教育学校教学改革试点项目先进学校、广西校园文化建设先进单位、自治区和谐学校、自治区优秀卫生学校、来宾市文明单位、来宾市教学先进单位、来宾市校本研修优秀学校、来宾市消防安全教育示范学校等20多项集体大奖。

象州县城东小学

象州县城东小学位于县城东部，学校成立于2000年8月，占地面积23亩。成立之初仅有一栋教学楼，共有1~6年级教学班13个，在校学生600多人，教职员工40多人。随着社会经济的快速发展，进城务工人员不断增多，学校的基础设施建设不断得到完善，展翅楼、腾飞楼相继建成并投入使用，建筑面积达到9298平方米，生均4.76平方米；规范设置有图书室、阅览室、仪器室、实验室、电脑室、体育器材室、音乐室、美术室、卫生室、少先队活动室、心理室、舞蹈室、多媒体教室等13个功能室；学校绿化、净化、美化初见成效，达到环境育人效果；办学规模也不断扩大。一直以来，学校坚持德育为首，以提高教育教学质量为核心，狠抓教育教学常规管理，进一步优化校本教研，使教师在平等对话中进行智慧的碰撞，在资源整合过程中进行思维的交流，在碰撞交流中实现教研质量的提升。教师发挥启发式教学、参与式教学、探究式教学等新型教学模式的作用，并充分利用融入最新教学理念的三间“智慧教室”，为师生提供轻松舒适的学习环境，打破了教学沟通的壁垒，让“满堂灌”“填鸭式”的教学方法远离课堂，实现了以教师为中心向以学生为中心的华丽转身。自建校以来，教育教学质量均列全县小学前茅。学校不断加强教师队伍建设，注重政治理论学习和业务学习，致力于打造一支思想过硬、师德高尚、业务水平突出的教师队伍，为全面推进素质教育和全面提高教育质量提供了有力的保障。着眼学生综合能力发展，坚持致力于让学生“品味书香，诵读经典，传承中华文明”，并开展一系列经典诵读活动，让学生诵读经典，接受经典文化的熏陶，形成了浓厚的校园文化氛围。2005年，学校针对学生抗挫能力不够强、注意力不够集中等特点，以"象棋文化"作为学校校本课程，着力打造了中国象棋文化进校园活动，紧紧围绕"以棋育德、以棋启智、以棋冶性、以棋会友"的特色办学宗旨，引领学生充分认识丰富多彩的象棋世界，将中国象棋文化教育与学会学习、学会做人教育相结合，提升了学校的办学特色和办学品位。从而达到开发学生智力，全面提高学生文化素质的目的，实现了"生有特长，校有特色"的发展目标，并取得了一系列喜人的成绩。曾先后评为来宾市德育工作先进集体、来宾市"爱科学月"活动先进集体、来宾市文明单位、自治区、来宾市"绿色学校"、自治区"文明庭院"、全区中小学校园文化建设先进学校、来宾市中小学规范管理十佳学校、全国教育系统先进集体称号。

金秀瑶族自治县民族小学

金秀瑶族自治县民族小学校址在金秀瑶族自治县城南向大山脚下。学校创建于民国30年(1941年)的永宁乡国民基础小学。1952年改名为六拉完小。1956年学校向各村屯招寄宿生，改名为金秀完小；1987年改名为金秀镇小学。2000年升级为县级小学，改校名为金秀瑶族自治县小学。

2002年学校开始面向全自治县招收寄宿生，五、六年级各100人。金秀瑶族自治县民族小学占地面积8.13公顷，建筑面积6554平方米，有教学楼4幢，28间标准教室；综合楼、科技楼、学生宿舍楼各1幢；教师宿舍3幢25套；学生食堂一间，篮球场2个，田径运动场1个，公厕蹲位48个。在校学生950人，22个教学班，其中面向瑶族聚居山区招生4个教学班，230名学生。在职教职工70人，其中小教高级职称50人，具有大专以上文凭54人。国家级骨干教师1人，B类"园丁工程"人才1人。

2004年，该校被评为自治区"德育先进集体"、被来宾市评为"绿色学校"；被评为广西教育科学"十五"规划项目小学语文"听音想象作文"课题实验先进集体。

2005年，学校占地15691平方米，27个教学班，1320名学生。74位专任教师。有教学及教学辅助建筑面积4483平方米，生均教学及教辅用房建筑面积3.39平方米，体育运动场地面积5626平方米，生均4.26平方米。图书一共有15320册，生均11.60册。生机比是29.3∶1。是年，学校教师共有83人次获得教育教学上的各种奖励，学校获得来宾市"双合格"家庭教育工作先进集体；第一届未成年人思想道德建设先进单位。

金秀瑶族自治县忠良中心校

忠良中心校是由民国时期的私塾发展而来。建校以来曾四易校址。1972年，校址位于金秀第二高峰天堂山下忠良乡人民政所在地忠良村，1995年始有寄宿生。1999年8月前，教师队伍整体水平较低，代课教师占一半多。1999年9月，办成民族寄宿制特色学。2000年8月，在全县率先推行校长、教师聘任制。同时学校还进行活工资重新分配改革(即现在的绩效工资，根据绩效取酬，比全国早10年实施)。2005年，校园各种设施基本完善，是全乡小学教学和教研的中心。下辖小学、教学点共14所。全乡只有一所单式班教学的完全小学，其余均为复式教学学校，寄宿制学校3所，全乡小学生728人，在职教师47人，高级教师14人，后勤职工6人。中心校本部(中心小学)有13个教学班，在校生512人，其中寄宿生338人，教职工32人，高级教师12人，一级教师12人，教师学历合为100%。

武宣县实验小学

1996年秋，武宣县实验小学创建，位于武宣镇书山路8号，以武宣大桥209国道线至鞍山路尾北面为服务区，当年招收一至三年级新生，共9个教学班300多名学生。建校之初，学校用地总面积仅为12.8亩，全校只有1栋教学楼和1栋宿舍楼。

2001年，学生人数首次突破1000人大关，教学质量更是连续多年位居全县前列。学校积极实施科研兴校战略，立足实际，着眼未来，努力培养研究型教师群体。

2005年，学校占地面积32亩。

武宣县桐岭乡中心小学

桐岭乡中心小学，前身为桐岭区立小学堂，清宣统元年创办，址于古炼村韦茂德家，时称"大馆"。民国2年，更名桐岭区立高等小学，迁址桐岭街北门庙堂。1951年改称桐岭中心校，并搬至修竹村新址。之后曾易名石龙县第11小学、桐岭小学、桐岭大队小学，1984年改用现名。1984年，学校用地由建校之初的3.5亩增至20亩，由政府拨款、群众、爱心人士捐款筹建了第一栋教学楼，1993年政府拨款由政府拨款、群众、爱心人士捐款筹建了第二栋教学楼。

学校坚持以科学发展观谋求自身的发展，全面推行素质教育，积极开展壮、汉、英三语教学，努力提高教学质量。1978年，该校被定为县内第一批重点学校。1983年被评为县教育系统先进集体，1985年和1987年两次被评为县先进幼教单位，1989年被评为自治区先进学校。从1951—1990年，该校共培养了6720名毕业生。著名留美生物学专家黄元波教授等早年皆启蒙于该校。1997年12月学校的“基本实施九年义务教育和基本扫除青壮年文盲”工作通过自治区评估验收，2001年12月通过自治区复查验收。

2003年改名为武宣县桐岭镇中心校，沿用至今。2000—2005年，学校购置了17台电脑，7台打印机，8台电视机，5台影碟机，设有实验室、仪器室、团队室、图书阅览室、体育室各1间。2004年武宣县义教学校开始拥有多媒体教学设备，正式接入互联网，计算机教学开始实施。

2005年学校占地面积达到10840平方米，建筑面积为9459平方米，有14个教学班，714名全日制学生，教职工总数为44人。其中大专以上学历38人，专任教师合格率100%；同年学校建成卫星接收应用“模式二”。

忻城县实验小学

忻城县实验小学原属城厢小学，始建于1909年，位于城厢西宁街，是县内第一家初等小学堂；1917年更名为宜山县第十三区区立第二初级小学校；1928年又更名为忻城县立第一小学校。1978年分出设立城镇小学，1983年改为城关镇第一小学，1987年升格为县直小学，改为忻城县实验小学。学校占地面积为14500平方米，有24个教学班，在校生1300多人，教职工59人，其中特级教师1人，小学高级教师51人，大专以上学历46人，是全县办学规模最大的一所全日制小学。学校被评自治区“科技示范学校”“学校课外体育活动先进集体”“义务教育阶段少数民族地区活动课程设置与实验先进集体”，国家“九五”重点科研课题“教育与发展课题实验先进学校”。1989年8月，日本友人到该校进行友好访问并赠款70万日元。2005年，有教学楼5栋、教学综合楼1栋、教师宿舍楼1栋，共设有功能室11间；有各种仪器设备382种共5291件（套），图书8.41万册，生均图书30册，装备学生计算机92台，每个班的教室都安装有电脑多媒体白板教学系统。学校以课堂为中心，优化备课流程，落实师徒结队，加强团队建设，促进教师专业发展。学校是县级小学教师专业发展培训基地。学校青年教师教学能力逐步提升，在各类教学竞赛中取得优异成绩。

忻城县红渡镇中心小学

红渡镇中心小学地处忻城县中南部红水河畔，始建于1961年，原名红渡小学高级部，1966年9月改为红渡农中，1970年2月改为红渡五七中学，1974年9月更名为红渡中学，1998年9月改为红渡镇初级中学。学校把德育工作放在学校工作的重要位置上，加强师德师风建设，教师严于律己，爱岗敬业，以身作则，尊重、关爱学生、平等对待每一位学生，做好学生的表率；利用晨会、国旗下的讲话和班（队）会（课）加强学生的个人修养、前途理想、人生价值观、心理健康等教育；抓好校风的养成工作，以开展文明班级评比等一系列活动，扎实推动师生各方面规范化的养成；抓好班级工作，各班主任和科任形成自主管理、协调发展、诚信互助、亲力亲为的局面；强化德育网络，加强学校、家庭、社会的联系；加强爱国主义教育，抓好学生的行为养成教育，培养学生良好行为习惯。以提高教学质量为目标，狠抓教学常规管理，走教研兴校之路。一丝不苟抓教学，千方百计提成绩；狠抓教学常规，强化过程管理，要求教师严格按照教学常规的规定，认真备课、上课、布置批改作业、进行单元测试；坚持校本教研，提高课堂效率，要求全体教师遵循教育规律，钻研业务，提高教学能力。多年来，学校的教教学质量都排在全县前列。2005年12月通过国家级“两基”验收。

合山市实验小学

合山市实验小学创办于1982年9月，原校址在合山矿务局石村矿，当年，借石村矿的3间机房作校舍，时称合山市小学。1984年9月学校迁合山市教育路6号现址，2003年12月31日改称合山市实验小学。2005年，合山市实验小学占地15200平方米，建筑面积7046.41平方米。该校有综合楼2幢，其中有30间教室，11间办公室，1间实验室，1间电脑室，1间图书室。电化教学设施有仪器柜26个，彩色电视机3台，收录机15台，电脑28台。体育方面有篮球场2个，排球场2个，乒乓球桌11付，还有单双杠、爬杆、秋千、跳高、跳远沙坑等设施。现有23个教学班（含学前班），学生1046人，教职工69人，其中小学高级教师 46 人。占地 15200 平方米，建筑面积 7046.41 平方米。有教学楼 2 幢，计算机室 1 间、电脑 28 台，图书藏书 1.4 万册。校园布局合理，环境干净整洁，优美和谐、绿树成荫，学校管理规范科学，校园文化浓厚，是莘莘学子求学的理想处所。曾荣获全区中小学文化建设先进学校，广西青少年科技创新大赛先进集体，柳州地区“普九”双达标学校等殊荣。

第五章　中学教育

第一节　学校设置

清宣统二年(1910 年)，宾阳思恩府中学堂改为宾上迁(即宾阳、上林及迁江县)中学堂。民国 1 年(1912 年)，宾上迁中学堂改称柳州中学堂。民国 2 年，武宣县建立县立初级中学。民国 6 年，由柳州 8 县(马平、雒容、罗城、柳城、三江、来宾、融县、象县)合办，称合立中学。民国 8 年，改为广西省立第四中学校。

民国 9—37 年(1920—1948 年)，来宾境内各县先后创办初级中学。1931 年 8 月建象县县立初级中学、象县初级中学(1933 年改办简易师范)。1933 年建来宾县立初级中学，不久改为县立简易师范，1936 年改为县立国民初级中学。1937 年建迁江县立国民初级中学。1941 年建忻城县国民初级中学。1942 年建武宣县私立惠儒中学。抗战胜利后，境内各县县立国民中学均改名为县立初级中学。1948 年，来宾县私立大湾桥溽初级中学成立，当年招生 3 个班 150 人，有教职工 12 人，该校于 1949 年 12 月停办。

中华人民共和国成立后，境内各县人民政府接管县立初级中学。1950 年春，武宣县立初级中学改名为武宣县中学，撤销高中部，原两个非毕业班 76 人拨到柳州龙城中学就读，毕业班 36 人留下续读。

1950 年，忻城县人民政府接管县立初级中学，全校教职工 8 人，学生 50 人。

1952 年 12 月，原上林县第二初级中学归属忻城接管，更名为忻城县古蓬初级中学。当时，该校 7 个班，学生共 357 人。是年，忻城县有初级中学 2 所，共 16 个班，学生共 766 人，在校中学生占全县总人口的 0.37%。

1952 年，迁江县与来宾县合并，原来宾县立初级中学更名为来宾县第一初级中学，原迁江县立初级中学更名为来宾县第二初级中学。是年 9 月，象县与武宣县合并，称石龙县。在石龙镇建立石龙中学。原象县初级中学改称为石龙县第二中学，原武宣县中学为石龙中学分部。是年，上林县古蓬、北更、遂意、红渡等乡划归忻城县，古蓬中学(原上林二中)随之归属忻城县。

1954 年，原属平乐专员公署管辖的大瑶山瑶族自治区(今金秀瑶族自治县)筹建大瑶山初级中学。次年夏，大瑶山瑶族自治区中学建成新校舍，为金秀瑶族自治县内首办中学。

1956 年，境内有来宾县中学(原来宾县第一初级中学，1958 年改为来宾高中)、忻城中学(原忻城县一中)。1958 年有武宣中学、大瑶山瑶族自治县中学(原大瑶山初中，1962 年撤，1965 年再办)、来宾县迁江中学(1959 年撤)、忻城县一中(1962 年撤，今古蓬中学)。1960 年有来宾县小平阳初中(　·年后撤)、忻城县二中(一年后撤，今思练中学)。

1960 年，境内初中也得到快速发展。来宾县在大湾、蒙村、北泗(今属合山市)、平阳、青岭(后改名为小平阳)、良塘、寺山创办初中；忻城在思练、新圩、遂意、北更、果遂、马泗、大塘、三寨开办初中；石龙县(象州、武宣两县合并后称)先后创办 28 所民办初中(含农业中学 15 所)。其间，1960 年，石龙中学列为自治区重点中学。

1961 年 5 月，武宣中学被评为全国文教先进单位，学校获国务院授予的锦旗一面(落款“国务院总理周恩来”)。1962 年，石龙县撤销，恢复武宣县、象州县建置。武宣县创办三里中学。

1965 年，来宾县境内创办来宾华侨农场中学。

“文化大革命”期间，各地办中学呈井喷之势。1970 年，各县学习江西经验，将县中学改为县共产主义劳动大学(简称共大)，将部分或全部学生编入共大专业班学习；公社中学改名为五七中学；共大和一些五七中学搬到山沟办学。到 1971 年，来宾县普通中学已发展到 37 所(不含铁帽初中)；1972—1978 年，忻城县先后有 14 个大队办过高中班；1976 年，武宣县 86 个生产大队办起 85 所初中，5 个生产大队在初中办高中班。金秀 7 个公社都办起中学，先为初级中学，后为高完中。

“文化大革命”结束后几年，各地对中学进行整顿，陆续取消“五七”称号，均以地名作学校命名；开始停止部分大队小学附中招生。

1978年，境内各县自定的重点中学有：武宣县中学、忻城县高中、来宾县中学(后改名为来宾二中)、来宾县小平阳中学。

1980—1983年，来宾县将22个高中点合并为6所；忻城县高完中只保留忻城高中、城关中学、思练中学、古蓬中学，同时创办城关公社初中、城关镇初中(忻城县中学)、古蓬初中、思练初中；武宣县把9所高中压缩到3所，将92所初中缩减到24所；象州县创办桐木初中(今属金秀)，撤销91所附中(1986年撤销最后3所附中)，11所公社中学停招高中生，逐步改为初中，14所完全中学压缩为3所。

1981年6月29日，成立合山市(县级市，从来宾县划出)，9月，创办合山电厂中学。1983年初，北泗中学改为合山市中学。

1984—1990年，各地新办一批中学：1985年，创办来宾三中。1986年8月创办合山市初中，当年10月，合山市中学改称合山市第一中学，市初中改为第二中学；金秀仅保留金秀中学办高中，公社中学只设初中，小学附中一律停止招生。同时，地县重点建设一批中学。1987年，创办金秀三江初中、武宣县私立黔江中学、象州育才初中。1988年，创办来宾县民族中学、忻城县民族中学。1990年，创办忻城县安东乡中学。

1999年，来宾县教师进修学校设高中部，招高中生。2000年，来宾县创建第四中学(现为兴宾区四中)，来宾一中停招初中生。

2001年，来宾市境内有柳州地区民族高中、来宾县一中、象州县中学被自治区教育厅确定为广西首批“示范性普通高中”立项建设。

2002年9月，金秀将县中学的高中部和初中部分开办学，高中部留在原较址，校名改为“金秀瑶族自治县高级中学”。

2002年，全市11所高中通过了自治区普通高中等级学校的评估验收，为一级学校。是年，筹建来宾市高级中学，计划投入1.2亿元。是年，柳州地区民族高中通过自治区教育厅评估团验收，达到自治区示范性普通高中评估体系各级指标的标准。

2003年，来宾市有初中120所(在市区有6所，县镇54所，农村60所)，2265个班，在校学生136124人。全市13~15周岁人口总数141412人，适龄在校生124621人，纯入学率88.1%，初中阶段毛入学率96.3%。其中，九年一贯制学校12所，71个班，在校初中生3083人，独立设置的少数民族初中2所，15个班，在校学生745人，教育部门和集体办的初中100所，2202个班；社会力量办的初中6所，33个班；其他部门办的初中2所，30个班。全市初中学校占地面积331.85万平方米，校舍建筑面积78.58万平方米。初中体育运动场面积77.28万平方米，图书藏量119.80万册，电子图书藏量644片。固定资产总值26292.37万元，其中，仪器设备总值1706.67万元。

2003年，来宾市有普通高中26所(高中15所，完中11所)，在城市的有14所，县镇的12所。教学班有474个，在校学生30234人，每万人口有高中在校生125人，每万人口普通高中生比1999年增加73人，走在广西各市的前列。教育部门和集体办的高中17所，教学班362个；社会力量办的高中9所，教学班112个。是年，全市普通高中占地面积104.40万平方米，校舍建筑面积35.69万平方米。体育运动场面积25.98万平方米，图书藏量57.04万册。教学仪器设备总值1387.81万元。

2004年，来宾市有初中109所(在城区有6所，县镇48所，农村55所)，在校学生132016人。全市13~15周岁人口总数135200人，适龄在校生120183人，纯入学率88.89%，初中阶段毛入学率97.64%。是年9月，金秀的长垌乡、六巷乡两所九年一贯制学校的初中部及三角乡的初中撤销，原校学生自择到本县其他初中就读。是年，全市有九年一贯制学校6所，在校初中生1721人。同年，独立设置的少数民族初中3所，在校初中生2192人。是年，教育部门和集体办的初中99所，社会力量办的初中4所，其他部门办的初中6所。是年8月10日，根据国家经贸委等六部委《关于进一步推进国有企业分离办社会职能工作的意见》《广西壮族自治区人民政府关于接收柳州铁路局所属广西境内中小学总体方案》文件精神，来宾市人民政府与柳州铁路局签订协议，来宾铁路中学和来宾铁路幼儿园剥离归来宾市人民政府管理。为加强对这所学校及幼儿园的管理，来宾市人民政府决定，来宾铁路中学、来宾铁路幼儿园由来宾市教育局归口管理。

2004年，全市有普通高中25所(高中15所，完中10所)，分布在城市的13所，在县镇的12所。教学班515个，在校学生33555人。每万人口有高中在校生138人。教育部门和集体办的高中16所，教学班355个；其他部门办的高中1所，教学班23个；社会力量办的高中8所，教学班137个。是年，象州县在寺村镇创办象州县第三中学。是年，全市普通高中学校占地面积104.40万平方米，校舍建筑面积37.27万平方米。体育运动场面积23.92万平方米，图书藏量60.30万册，教学仪器设备总值1855.60万元。

2004年，来宾市一中通过自治区教育厅评估团验收，达到自治区示范性普通高中评估体系各级指标的标准。

2005年，全市有初中123所，2098个班，在校初中生127356人。13~15周岁人口总数124567人，适龄在校生114859人，纯入学率为92.2%，初中阶段入学率为102.2%。每万人口中有初中在校生519人。是年，全市初中占地319.35万平方米，校舍建筑面积80.35万平方米。图书藏量145.30万册。教学仪器设备总值2017.42万元。

2005年，全市有普通高完中30所（高中15所，完中15所），551个教学班，在校生35515人。当年招生12621人，每万人口中有普通高中在校生145人。当年毕业生11092人。是年，教育部门和集体办的高完中19所，380个教学班，在校生25207人；民办的高中10所，149个班，在校生9072人；其他部门办的1所，22个教学班，在校生1236人。是年，普通高中占地面积119.78万平方米，校舍建筑面积43.06万平方米，体育运动场面积24.41万平方米，图书藏量65.08万册，教学仪器设备总值2709.04万元。

第二节　学制与课程

学　制

清光绪二十九年（1903年），中学堂修业5年。清宣统元年（1909年），中学堂实行文实分科。民国1年（1912年）9月，中学学制4年，废止文实分科。民国7年，民国政府改革私塾实行新学制。

民国11年（1922年）11月，实行高中3年，初中3年。

民国22年（1933年），初中实行3年制。民国25—34年实行2年制。根据31年8月修正颁布的《广西国民中学办法大纲》，一些县立国民中学学制由3年改为2年。抗战胜利后，又恢复为3年。

1951—1966年，中学修业年限为6年，分初、高两级，各3年。1954年成立的大瑶山初中，学制为3年。1956年，各县始有高中，学制亦为3年。1958年招收高中班，实行“三三制”，即初中3年，高中3年。

1958年，金秀部分小学与中学实行“一条龙”九年一贯制，小学为5年，初中4年。

1960年，境内部分学校进行9年一贯制试验，1~5年级属小学阶段；6~9年级为中学阶段。1961年，改试验10年制。1~5年级为小学阶段，6~8年级为初中阶段；9~10年级为高中阶段。

1966年，因“文化大革命”原因，停止9年一贯制试验。1967年，金秀瑶族自治县中学根据“教育要革命、学制要缩短”的精神，学制改为“二二制”即高、初中各2年。

1969年秋，中学学制改为4年，初中2年，高中2年。1973年，县城初中学制恢复3年制。1974年，城市初中学制3年，农村初中仍2年。各县各初中（校、部）开始改学制3年。金秀改为“三二制”，即高中2年，初中3年。

1978年秋，中学学制5年，即初中3年，高中2年。农村初中仍实行2年制。1980年，高中学制复改为3年，至1982年春才完全恢复3年制。

1981年，金秀恢复“三三制”，高、初中各3年。1982年，金秀又改为6年制。到1984年秋，境内全部改制完毕。实行初中、高中三分段的6年学制。

1991年武宣县秋季学期全年52周，其中教学时间40周（高一、高二年级每学年上课34周，复习考试2周，劳动技术教育4周；高三年级上课24周，复习考试24周，劳动技术教育4周），假期（包括寒暑假、节假日和农忙假）10~11周，机动时间1~2周。每周活动总量为36~38课时。高三年级结束新课的时间不得早于3月底。

1991—2005年，境内学制初中为三年，高中为三年。

课　程

清末中学堂课程设修身、读经讲经、中国文学、外国语、历史、地理、算学、博物、物理及化学、图画、体操、法制及理财等。宣统元年（1909年），实行文实分科。文科以读经讲经、中国文学、外国语、历史、地理等科为主课，修身、算学、博物、物理、化学、法制及理财、图画、体操为通习。实科为外国语、算学、物理、化学、博物学为主课，以修身、读经讲经、中国文学、历史、地理、法制及理财、图画、体操为通习。当时境内中学堂的设置基本上按照学部的规定开设。但由于师资缺乏，一些中学堂的理科课程无法正常开设。

民国1年（1912年）9月，中学课程开设修身、国文、外国语、历史、地理、算术、博学、物理、化学、法制、经济、图画、手工、乐歌、体操等。女子中学增加家政、园艺、缝纫等。与清末相比,取消了读经讲经、增加了手工、家政、园艺等实用科目。

民国11年(1922年)11月,改学科制为学分制并采取选科制。初中课程分社会科、言文科、自然科、艺术科、体育科。高中分普通科与职业科,普通科以升学为主要目的分为两组,第一组注重文学和社会科学,第二组注重数学和自然科学。

民国22年(1933年)12月,取消学分制。民国22—民国末年(1933年—1949年9月30日止),初中设公民、党童军、国文、英语、历史、地理、算术、物理、化学、动物、体育、卫生、劳作、图画、音乐、农业常识和国民自治等课程。

1950年秋起,各县中学统一开设政治、语文、数学、自然、生物、化学、物理、历史、地理、外国语、体育、音乐、美术、制图课。其后,几经变更。

1978年,初中开设的课程有政治、语文、数学、英语、物理、化学、生物、地理、历史、农基、体育、音乐、美术、生理卫生等科。高中开设政治、语文、数学、英语、物理、化学、地理、历史、生物、体育等科。高中实行文、理分科,学生从第二学年开始,可根据高考需要,有侧重地选修学科课程。

第三节 教学与改革

清末废科举兴学堂后,教学方法上基本是注入式的。民国时期,讲授法仍是中学各科教学的基本方法,一般都是照本宣科,但也有个别学校、个别教师做得较好,使用启发式进行教学。

民国时期,来宾、迁江两县中学教学虽已注意运用启发式教学,但占主导地位的还是注入式教学。

1950年,不少地方仍采用注入式教学。党和政府非常重视教学的改革工作,提倡启发式,废除注入式,讲究直观性教学原则。

1952年,各中学成立学科教研组,集体备课,开展教学研究。

1953年,各中学组织教师学习苏联凯洛夫《教育学》、普希金教授《演讲录》及上海教育科研所曹孚《教育科学基础知识讲座》。1953年,效法苏联教育家凯洛夫“组织教学、复习旧课、讲授新课、复习巩固、布置作业”的教学法,注意体现系统性、连续性、直观性、量力性、巩固性和循序渐进的教学原则。期间曾出现过生搬硬套、片面追求形式的现象。1956年,中学教学从总结语文教学经验入手,批判语文教学中的“资产阶级唯心主义思想”,注意掌握语文特点,根据学生实际知识水平及年龄特征进行教学。

1958年,中学教学为适应“大跃进”实际,对教材进行“砍、换、并、补”,片面强调教学“同生产劳动相结合”,师生走出课堂,边教边劳动,劳动实践时间多于课堂学习时间,忽视“双基”教学,文化知识教学计划不能完成,教学质量差。

1962年,各中学认真贯彻中共的教育方针,全面安排学校教学、生产和休息,整顿教学秩序,提高教学质量,首先着重提高语文、数学、外语3门基础课的教学质量,教学计划基本得以完成。

1968年9月—1971年,来宾县革委派军队、工人、贫下中农毛泽东思想宣传队进驻学校“清理阶级队伍”,开展“斗、批、改”运动。教学工作不能正常进行。

1972年,来宾县开始重视基础知识教学,提出学校教育“争取在两三年内达到或超过1966年前的水平”的设想,中学恢复了课堂教学的基本形式,加强对学生进行考查和考核,但执行不久即被视为“右倾翻案风”和“资产阶级教育思想回潮”加以批判而夭折。1973—1975年,中学按上级布置,开展批林批孔运动,强调走毛泽东“五·七”指示道路开门办学,学生“不但要学文、学工、学农、学军,也要批判资产阶级”,采用“走出去,请进来”的办法进行教学,出现“以劳代学”“以干代学”倾向。

1977年,境内各县恢复高考统考制度。1978年后,教育界拨乱反正,肯定“文化大革命”前17年的教育工作,加强基础知识教育学和基本技能训练,使教育机制朝“面向现代化、面向世界、面向未来”和培养“有理想、有道德、有文化、有纪律”人才的方向运行。教学上采用多种方法,推广“突出重点,讲清难点,精讲多练,讲练结合”的教学经验,注重启发学生思维,开发学生智力。使全县普通中学教育质量有了提高。各学校贯彻教育部颁发的《全日制中学暂行工作条例》,恢复和制订各种规章制度,教学工作逐步趋向正常。

1980年开始,境内中学教学方法的改革主要包括:加强双基(基础知识传授,基本技能训练),培养能力,发展智力,全面提高学生素质;强调教师在改进教法的同时,认真研究学生的学法;重视开发学生智力因素和非智力因素,促进每个学生在原有的基础上全面和谐发展。这些做法一直沿用。1988年,金秀初中开展自治区语文实验教材总结推广活动,有5名老师获得自治区教研部的表彰。是年,自治县教育局出版该校初中语文实验班作文荟萃《圣塘览胜》，其中有近20篇学生习作曾在自治区内外有关刊物上发表。

1991年，象州县教研室组织全县中小学广泛开展“目标管理”教学改革活动，积极推广实效性课堂教学。1992年，金秀瑶族自治县成立40周年，自治县教育局首次举办中小学生作文大奖赛，并将大部分获奖作品编辑成书，命名《山韵》，由漓江出版社出版。

1992年，高中实行毕业会考制度。境内各县（市）开展计算机（微机）教学实验。

1995年5月，象州县成为自治区电教馆落实国家教委关于实施联合国儿基会项目科研《面向21世纪：发展现代教育技术促进中国全民教育》课题研究县。是年，武宣县被列为全区农村教育综合改革实验县。

1995年后，境内各县（市）开展课题研究。1996年底，各县（市）均成立青少年科技辅导员协会。1998年，金秀初中语文科开展“构建‘学习语言’语文教学新体系”教学科研实验，初中英语科开展“语音教学”实验，初中数学科开展“六字形教学法”实验。

2000年，金秀各初中开展“分层递进”教改科研实验。

2001年起，来宾县、武宣县等开始进行义务教育课程改革实验，其他各县（市）也逐步实施课程改革。

2003年4月，兴宾区被中央教育科学研究所批准为全国教育科学“十五”规划国家重点课题“整体构建学校德育体系深化研究与推广实验”实验区。是年，来宾市教育局举行全市园丁工程B类学员课堂教学展示活动。是年起，各县（市、区）启动“校校通”工程。是年，来宾市开展“基础教育课程改革与课程评价制度改革”实验，以教改促教研，以课改促教改。市教育局对自治区课改试验区兴宾区和武宣县指导，开展新教材培训，尝试新教法，推进素质教育和教育创新。是年9月22日，西南师范大学心理学院院长在来宾市一中举办的“来宾市中小学心理健康教育培训班”作专题报告，有28个单位逾百名教师参与会议。是年10月，来宾市启动“科研兴校”实验工作，确定兴宾区良江一中、忻城县红渡初中、武宣县武宣镇中学、象州县马坪中学等作为实验学校。继兴宾区、武宣县课改之后，市教科所派出中、小学各学科教研员近40人次到北京、深圳等地参加国家和自治区组织的新课程标准、新教材学习培训。各县（市、区）及市直学校申报的课题140多个。市教育局与西南师范大学合作开展全国教育科学“十五”规划教育部重点课题子课题《心理健康教育与学生健全人格养成教育的研究》。

2004年3月，来宾市教科所启动自治区级A类课题《推进农村校本教研的实践研究》工作，建立校本教研学校，全市各中小学积极申报子课题。

2005年9月，经自治区人民政府批准，来宾市全面实施义务教育课程改革，全市课程改革从试点实验进入全面实施。是年，武宣县教育局被教育厅评为“全区基础教育课程改革先进集体”。2005年，来宾市教育部门继续开展好广西教育科学“十五”规划重点课题《构建“激趣·自主·实践”农村小学语文教学新模式的实验研究》《小学数学教学中三维目标整合与达成的研究》两项实验。在象州县启动了广西教育科学“十五”规划A类立项重点课题《农村学校新课程“三维目标”教学的实践研究》。组织实施了国家教育部“十五”规划重点课题一级子课题《学生健全人格养成教育研究》，全市已有229个单位申报了子课题。举办　2005年，来宾市举办“来宾春韵”全国小学语文名师教学观摩活动，有1200多名教师参加观摩；邀请广西师大教科院文萍副教授作“心理学在教育教学中的应用”专题讲座；组织各县（市、区）教研员、教师参加“广西首届新课程课堂创新教学大赛暨课程改革专题报告会”；组织全市中小学教师教育教学论文评比活动。共收到论文214篇，其中评出一等奖84篇。是年，中考分非课改实验区与课改实验区分开命题，初中毕业生考试成绩以分数和等级成绩形式呈现，按择优录取和“双向选择”的办法进行录取。全市中考报考人数为23399人（其中应届生22602人，历届生797人），有13815人被各级各类学校录取，录取率为59%。是年，组织对金秀高中等10多所学校进行教学视导。2003—2005年，兴宾区连续3年被中央教育科学研究所德育研究中心评为“德育科研先进实验区”。

第四节　学校选介

来宾市第一中学

1978年9月创办，位于县城红水河西岸，是县重点中学，占地98亩。建校初，招3个高中班150人，教职工15人。1980年7月与县师范对换校舍，迁到县城红水河东岸北二路。始招初中生，每年招2~3个班。1990年学校有12个高中班659人，8个初中班411人，有教师65人，其中中学特级教师2人，中学高级教师14人，中学一级教师36人(主治医师1人)，二级教师4人。学校有教学楼1幢18个教室1860.3平方米，教师宿舍楼1幢16套3房1厅，1040.2平方米，教学实验楼1幢2486平方米，校舍总面积11203平方米。有教学仪器1.2万多件，图书0.96万多册。校园环境幽雅，桂树成荫，与校花玉兰花相映成趣。学校以“爱国守纪，奋发拼搏”为校风，以“倾注爱心，精心育才”为教风，以“严谨求实，深思慎取”为学风。至1990年共培养学生3356人，其中考取大中专的2879人(其中118人考取全国重点大学)。2002年9月，来宾县一中取消初中部，成为来宾县唯一一所纯高中。2003年，来宾一中划归来宾市管理，改称来宾市第一中学。学校全面实施素质教育，促进学生德、智、体、美、劳全面发展的同时，狠抓教育质量，高考成绩斐然，年年荣获市(地区)高考质量优秀奖。学生考取清华、北大、中国科大、中国人大、中央民大、南开大学、复旦大学、上海交大、同济大学、南京大学、武汉大学、厦门大学、中山大学等国家级一流大学、省级重点大学1550人；考取普通大学20000多人。2005年，有51个高中教学班，3980余名在校生，201名教职工。上一本线95人，二本线501人。

兴宾区第四中学

原来宾县第四中学。2000年8月，开始在红水河畔一片杂草丛生的荒山野岭上破土筹建。2001年8月，建设好一栋教学楼、一栋学生宿舍楼和一个食堂，学校没有围墙，教学楼周围仅有一条硬化的水泥道路，没有路灯，教学楼、宿舍楼和食堂周围依然到处是杂草丛生，校外更是连一条像样的沙泥路都没有，师生进出十分艰难。是年9月，学校开始招收的第一批新生共有6个初中班，8个高中班，近1000人；2002年，招收第二批学生共有6个初中班，10个高中班，1200人。2003年2月，更名为兴宾区第四中学。2003年，招收第三批新生共有6个初中班和14个高中班，1400人。是年3月，被广西壮族自治区评为“普通高等中学一级学校”；11月，被全国教科文卫工会系统评为“抗击非典先进集体”。2004年3月，学校办公楼基本建设完工，是年，第一届中高考实现开门红。10月，荣获兴宾区和来宾市“全国普通高等学校招生统一考试优秀奖”。2005年，学校建成教学综合楼，校园内道路硬化、美化和各种运动场所、运动设施逐渐完善，校园建设初具规模：学校教学楼、办公教研楼、综合实验楼呈“四合院”式布局，各种现代化的教学设备、办公设备、实验装备等基本配备齐全；三栋公寓式的学生宿舍楼和多功能综合食堂，基本能够满足学生的住宿和就餐；建有9个室外篮球场、24张乒乓球桌、2个羽毛球场、2个气排球场和一个250米跑道的塑胶田径运动场，基本能满足师生的活动要求。但学校因此背负1200万元债务。是年，学校有58个教学班，在校生人数4200人，成为当时在校生人数最多的普通中学。被广西壮族自治区教育厅、广西军区司令部、广西军区政治部评为“全区学生军训工作先进单位”；被中央教育科学研究所学校教育研究部评为“德育科研先进实验学校”。

来宾市第二中学

兴宾区第二中学，位于来宾市北四路62号，占地面积126亩。学校前身为来宾县立初级中学，始创于1933年3月，随着时代的发展变化，学校几易其名，2003年2月更名为兴宾区第二中学。学校致力教育教学改革，全面推进素质教育，形成了敬业、博学、严谨、爱生的教风和团结、奋进、求实、创新的学风，学校的教育教学质量稳步提高，为国家培养了许多优秀人才和高尖人才。1990年以来，学校坚持特色办学，注重发展体育教育和艺术教育，学生的德智体得到全面发展，在体育、音乐、舞蹈、美术、播音、书法等方面教有所长，为高等院校输送了大量的优秀学生。1993年毕业生崔屹，2003年被授予“美国杰出青年科学家”，2004年又被评为“世界百名顶尖科学家”，2005年任美国斯坦福大学教授、博士生导师。校运动队代表来宾市、兴宾区和学校外出参加各类体育比赛取得了30个团体总分第一名、28个团体总分第二名和100多项个人单项第一的骄人成绩。校文艺队代表来宾市、兴宾区和学校外出参加各类文艺比赛取得了团体、个人奖项100多个。1990—2005年，学校先后获得全国先进体育传统项目学校、全国德育科研先进实验学校、广西贯彻实施《学校体育工作条例》优秀学校、普通高级中学一级学校、全区基础教育课程改革工作先进集体、广西21世纪园丁工程研修基地等21个国家级、省级、市级荣誉。同时每年都获得地市级高考质量优秀奖或进步奖，来宾市兴宾区中考教学质量优秀奖或进步奖。

武宣县中学

武宣县中学创建于1913年，初名为武宣县公立中学校(后简称“武宣中学”)，原址位于县城东南隅(现为武宣县师范附属小学)，1924年学校更名为武宣县立初级中学校。1944年秋因日寇进犯学校曾东迁河马乡武兰村，次年回迁。1947年秋始设高中部。1952年秋私立惠如中学并入。1954年8月，武宣县和象州县合并为石龙县，校名随之改为石龙县中学分部，次年1月更名为石龙县第五初级中学，1970年7月更名为武宣县武宣中学，1977年12月始称现名：武宣县中学。1982年秋，马鞍山新校区基本建成，学校始迁今址。1983年秋起复设初中部，1999年起停办初中部，只办高中。校园占地面积129亩，2005年建筑面积32437平方米，教学楼3栋(48间教室)，实验楼、综合楼各1栋，学生公寓楼5栋，教工住宿楼6栋，食堂、餐厅一套共2500平方米，体育训练馆1个。2005年，有教职工137人。2002年以来，承担国家级、自治区级和市级重点课题近30项，教师在市级以上刊物发表或获奖的论文有100多篇。1990年后，学校高中部多次扩招，2005年有36个教学班。截至2005年，高考本科上线人数连年飙升，均获得来宾市高考质量优秀奖。涌现了一批优秀学子，如1999年广西高考语文状元韦佳仕，2002年广西高考地理科状元覃国力，2004年广西高考语文第二名甘小丽，来宾市理科前10名李春祝等。

象州县中学

象州县中学创建于1952年8月，校址设在石龙镇，原称石龙高中。1966年8月从石龙搬到现址，先后改名为东方红中学、共产主义劳动大学分校、象州县中等专业学校。1978年更名为象州县中学，同时定为自治区、地区、县三级重点中学。学校原为完全中学，1995年停招初中，1997年最后一届初中毕业后，即为纯高中。校园面积147.2亩。1980—1989年，有11位学生考上清华大学或北京大学。学校多次被评为区、地、县三级文明学校、先进集体，优秀单位、示范学校。2005年学校有29个高中教学班，学生2080余人。有三幢教学楼，实验楼一幢，图书馆一幢，学生宿舍楼三幢，学生食堂及后勤服务中心各一栋，中心广场一个，足球场一个，篮球场六个，排球场两个，一条煤渣铺就的400米标准跑道。有多媒体教室、微机室及语言实验室和校园电脑管理网络。是年，有特级教师二人，世纪园丁工程国家级培养对象二人；在岗教职工173人，其中任课教师121人，学历合格率为100%。有高级教师26人，一级教师60人，中、高级以上占71.08%。有研究生学历教师3人。学校素以学风浓、教风严、校风正而饮誉于社会，已形成了“文明、诚朴、勤勉、奋进”的校风，“尊师、守纪、严谨、好学”的学风和“热爱学生、认真教学、言传身教、精益求精”的教风，教学质量一直居于地市前列。

象州镇初级中学

象州县象州镇初级中学创建于1970年，原址于象州镇古才村，1983年迁至现址。原校名为象州县象州初级中学，1989年改名为象州县朝南中学，2003年改名为象州镇初级中学。1990年，在校学生18班1015人，教职工84人(其中教师60人，大专毕业41人，中专13人，高中6人)。全校建筑总面积7877平方米，其中教学楼2幢20个教室。1950—1990年共初中毕业38届，551班，13009人。生源来自象州镇管辖的沐恩、石里、古才、培森四个村民委及县城城东、城北社区。学校位于象州镇光明路189号，占地面积为18009平方米，教学及教学辅助用房建筑面积8114平方米，体育运动场占地面积11145平方米。学校以办人民满意的教育为宗旨，秉承“严谨勤奋、求实创新、爱岗敬业、教书育人”教风学风，全面实施素质教育，形成了以养成教育见长的德育特色；以科研创新见长的教研特色；以校园文化见长的环境特色；以立足校情勇于创新见长的管理特色；以与时俱进，乐于奉献见长的群体特色。

象州县罗秀中学

象州县罗秀中学位于象州县中部，创办于1956年8月，只招收3个初中班。创办之初名为“石龙县罗秀初级中学”，又名“石龙县第三中学”，位于罗秀高梁岭。1962年9月，校名改为“象州县罗秀初级中学”，1968年11月8日，罗秀中学成立革命委员会，1968年12月，开始招收第一届高中高一班。1969年1月—1970年1月，校名为“象州县罗秀中学”。1970年2月—1970年9月，罗秀中学教职工和学生转移到水晶公社马旦大队创办“象州县共产主义劳动大学马旦分校”。1972年2月—1978年7月，学校命名为“罗秀公社五七中学”，1978年8月，校名恢复为“象州县罗秀中学”，恢复校长负责制。是年秋季学期开始招收一个初中重点班，以后逐年扩招初中班。1992—1998年,中考成绩显著,教学质量连续6年位居全县前列。1996年9月,开始普及九年义务教育,招收新生12个班,1997年10月,国家督学陈光旨到校考察指导工作,1998年9月,顺利通过自治区"普九"验收。1999年,办学规模达36个班,在校生人数2300多人,教职工146人,创历史最高纪录。2000年,被列为柳州地区首批形象示范学校,春季学期投资76万元的第一幢学校教职工宿舍楼竣工使用。2001年11月,投资142万元的60间学生宿舍楼竣工使用,是年,通过自治区"普及实验室"验收。"普九"期间,学校基本拆除平房,投资约155万元的5层30间教学大楼,200个浴间的学生洗澡房、100个蹲位的标准冲水式厕所正式启用,投资13万元的综合体育运动场正式使用。是年,学校被县教育局批准成为象州县基础教育新课程改革试点单位。2003年,投资22.55万元的学生饭堂竣工,是年,英国托尼·旺斯先生捐赠5000美元修建新校门。2005年6月21日,罗秀中学遭受特大洪灾袭击,教学楼一楼、学校操场、教师平房宿舍被洪水浸泡,学校财产损失约46万元。

金秀瑶族自治县中学

金秀瑶族自治县中学创建于1954年秋,当时校名"大瑶山瑶族自治区(县)初级中学"。初建时,仅招收1个班51名学生,借用金秀完小2间教室作教学和办公用房;学生寄宿借用金秀完小宿舍。1958年秋开始招收高中1个班,发展为完中,校名改为"大瑶山瑶族自治县中学"。1966年随县名改称"金秀瑶族自治县中学",简称为金秀中学。1962年,学校进行调整,停招高中班。1965年又复招高中班;同年为解决县内小学教师师资不足,在初中部招收初师1个班。1966年,"文化大革命"开始,高中班又停止招生;1967—1968年,高、初中全部停止招生。1963—1966年,招收的初中和初师班延至1969年才毕业回乡或插队。1978年后,教学秩序逐步走向正轨。1981年,金秀中学定为县重点中学,并开设民族初中班,此后,各年均连续招生。1985年高中部也开设民族班,边远贫困地区的学生享受经济特殊照顾,学习情绪安定,学习质量有所提高。1998年8月10日,金秀镇中学合并到自治县中学。当年秋季学期,学校有初中17个班,高中9个班,共有学生1395人。教职工117人;其中本科21人、大专40人、中专17人,高级职称6人、中级职称32人、初级职称35人。2002年秋,为扩大高中招生规模,自治县人民政府决定将自治县中学初中部分离出去,成立金秀瑶族自治县民族中学,自治县中学改名为金秀瑶族自治县高级中学(简称"自治县高中")。2004年2月6日,金秀瑶族自治县高级中学获自治区普通高级中学一级学校称号。2005年,学校各项工作成绩突出,高考本科上线人数首次突破200人大关,一本上线12人,普通本科上线202人,荣获来宾市"高考教学质量进步奖"。是年秋,学校有高中24个班,学生1494人。教职工85人。

金秀瑶族自治县头排初级中学

金秀瑶族自治县头排初级中学位于来宾市金秀瑶族自治县头排镇。学校前身为头排农中,始建于1962年,当时只用校长、教导主任及1名教师,借用鹿寨县头排区夏塘小学一间教室办学,招收一个班学生45人。1963年借用夏塘小学2间教室,招2个班学生共88人。1964年秋,该学从夏塘迁回头排老街,开办4个教学班,共有学生182人。1965年为适应当时形势需要,头排农业中学又复迁回夏塘,校址设在铜矿厂,更校名为"鹿寨县头排五七中学"。1970年,"五七中学"改办高中。1974年夏,水灾致校舍成危房,无法继续使用,该校又从夏塘搬迁回头排(现在校址)。1970—1981年,学校共办了22个高中班,毕业学生1100多人。1981年后停办高中,始办初中,更改校名为"鹿寨县头排中学",时任校长黄桂明。1984年8月,头排乡划归金秀瑶族自治县管辖,学校更名为"金秀瑶族自治县头排初级中学"。随着学校的发展,在1985年7月,头排中学第一栋水泥砖混结构教学楼奠基开工,教学楼共三层9间教室,于1988年秋启用。由于历史的原因,1982—1992年学校教育教学质量一直徘徊于低谷,校园建设缓慢。1993年秋,新一届学校领导班子上任后,大刀阔斧改革,实现了学校管理的民主化和决策的科学化,提出了"第一年走出低谷,第二年打翻身仗,第三年再上新台阶,以后逐年稳步提高"的战略指导思想。正确的办学方向,得到了全校师生的拥护,家长和社会的赞誉,深得上级领导的重视。1993—2005年,学校的教育管理上新的台阶,教学质量逐年上升。自1993年以来,该校的教学质量在全县名列前茅,取得连续八年中考录取人数排全县第一的佳绩。2005年,全校已有22个班级被评为县优秀班级,8个班级被评为地(市)级优秀班级。地(市)、县级三好生、团干数百人。学校连续7年获自治县中考录取率第一名。

忻城县高级中学

忻城县高级中学(简称“忻城高中”“忻高”),创建于1978年,是忻城县唯一的重点高中,学校占地面积49亩。是年,忻城县用4.7万元买下已改成汽车修理站的原忻城壮文学校校园作为校址,又从县内各中学抽调一批水平较高的教师,办起忻城县高级中学。是年9月,招收首届(简称78级)学生4个班180人,有教职工38人。2003年获得自治区一级学校称号。学校的办学经验和先进事迹曾在中央电视台等多家媒体刊播,享有着良好的声誉。1999—2005年,学校成立至今为社会主义现代化建设培养了大批合格人才,已有近6000人从忻城高中毕业,有2893人先后被输送到高等院校深造,其中有5人考上清华大学。学校先后被区、地(市)、县等各级政府和部门授予多种荣誉称号,如“自治区贯彻体育卫生工作两个《条例》优秀学校”“自治区民族团结先进集体”“全区推行《国家体育锻炼标准施行办法》先进学校”“全区学生军训工作先进单位”“来宾市第一批文明单位”“忻城县文明单位”等。连续6年获得柳州地区(来宾市)高考质量优秀奖。

忻城县民族中学

忻城县民族中学位于城关镇翠屏北路,占地面积62124平方米,始建于1982年,前称为“忻城县壮文学校”,1988年更名为“忻城县民族中学”,并先后招收两届壮文初中班和2个汉文初中班,除设壮文课程外,其余课程均与普通初级中学相同。1994年学校转为全日制普通中学。2002年8月,学校与相邻的城关镇初级中学合并,学校办学规模得以扩大;2004年秋,县中初中部剥离归学校管理,该是县城所在地唯一的一所初级中学。学校根据建校20多年的发展史,深刻挖掘学校的文化内涵,以“和合”文化为主题,以民族文化传承教育为中心,积极整合各种教育资源,推进以民族文化为主体的校园文化建设,以形式多样的民族文体活动带动民族文化传承教育,努力实现“学校有特色,师生有特长的具有民族特色的初级中学”的发展目标。

忻城县城关镇初级中学

忻城县城关镇初级中学位于忻城县城南新区,始建于1968年,前身为忻城县城关“五七”中学学农基地、共产主义大学、县师范,1980年定名为忻城县城关公社初级中学;1984年忻城县城关公社分城关镇和宁江乡,随后学校更名为忻城县宁江乡初级中学;1994年忻城县宁江乡增建忻城县宁江乡第二初级中学,学校更名为忻城县宁江乡第一初级中学;2005年宁江乡并入城关镇,学校又更名为忻城县城关镇初级中学。学校曾被评为广西基础教育学校教学改革试点先进学校、全区家庭教育工作示范家长学校、来宾市中小学规范管理十佳学校等称号。

合山高级中学

合山高级中学前身为合山矿务局中学,1959年8月建校,位于合山市八二路西段,坐落于红水河畔,占地面积95亩。始称合山煤矿初中班。1961年10月,更名为合山初中。1965年秋,更名为合山中学,开始招高中班。1969年春,更名为合山高中。学校确立了“以人为本,修身明德”的办学理念,并围绕办学理念制定了“崇德启智、乐学成才”的校训、“团结、进取、求精、务实”的校风,“敬业、爱生、严谨、博学”的教风,“读书、明理、勤奋、创新”的学风和“养文明之气、育合格之才”的办学目标。学校获先后荣获全国教育科研先进学校、全国语文学习科学实验学校、广西绿色学校、广西科技教育示范性学校、广西德育工作先进集体、广西普通高中学生军训先进集体、广西优秀卫生学校等荣誉。1990年,合山高级中学占地面积4.70万平方米。教学设施有教学楼两栋,教室24间,面积1525.92平方米。共有教职工120名,其中专任教师73名。教师中,大学本科27名,专科38名,中专8名。在校学生883名,其中初中生640名,高中生243名。至1990年,高、初中毕业生累计7000多名。

合山市实验初级中学

合山市实验初级中学始建于1956年,原名合山市一中,原校址在北泗乡,于1993年从北泗乡搬迁到合山市区现校址。1993年只有2栋教学楼(含教师办公室)及两个篮球场,教学条件简陋,无法满足当时的教育教学需要。于1994—1996年,合山市政府为学校新增了一栋学生宿舍楼及学生饭堂,2001年增建一栋教学楼,也就现在的西教学楼。2003年学校进一步扩建,合山市政府把在合山市一中西南面的民办学校(中兴中学)迁走,把原址划给合山市一中,校园面积进一步扩大,并把原中兴中学的教学楼改成了学生宿舍楼,学生的住宿条件有了改善。1995—2005年该校有初中和高中部,初中有6个班,高中有9个班,学生人数有600来人,教职人员有50人。

第六章　中等职业教育

第一节　师范教育

学校设置

清光绪三十二年(1906 年),武宣县阖邑高等小学堂附设简易师范 1 个班,“以造小学师资”。

民国 15 年(1926 年),来宾县建立师范讲习所,招收学生 2 个班。忻城县成立农村小学教员养成所。民国 16 年,象县于黉学(文庙)创办师范讲习所,民国 19 年停办。民国 20 年,忻城县立师范讲习所成立。民国 21 年,忻城县成立改良私塾教师培训班。

民国 22 年(1933 年),来宾县立初级中学改为简易师范,迁江县建立师范讲习所,象县县立初级中学奉令改办乡村简易师范。民国 25 年,来宾县简易师范因经费不足,奉省令改为县立国民初级中学。武宣县立初级中学开设师训、简易各 1 班,归中学行政管理。民国 28 年,象县国民中学附设师范训练班 1 个班,修业 1 年。

1952 年,来宾县在县立初级中学附设 1 个师资短训班,迁江县立初级中学设师训、初师各 1 个班。师训班学习 1 年结业,初师班于 1953 年并入宜山师范。象县在象县中学开办简师班 1 个班,忻城县在一中、二中分别举办小学教师短训班。

1956 年秋,来宾县在城厢街(即来宾旧县城)创办来宾速成师范学校,1957 年 7 月该校撤销。是年秋,石龙县于石龙县中学武宣分部开设速成师范 1 个班,于象州中学开设速成师范 2 个班。1958 年,来宾县高中附设 2 个中师班。

1959 年秋,来宾县 2 个中师班并入宜山师范。石龙县在武宣中学招收初师、中师及幼师各 1 个班,中师班拨入柳州师范。忻城县中学招收中师 1 个班、初师 2 个班,宣布撤销。来宾县中等师范学校在城厢镇建立,招收 1 个中师班,1 个初师班,1 个幼师班。金秀瑶族自治县人民政府委托金秀中学代办简易师范 1 个班,学习时间 3 个月,结业后分配任小学教师。

1961—1962 年,金秀先后将基础太差,难以胜任教学工作的小学教师精简还乡。1962 年,来宾县师范停办,部分学生被推荐到小学担任民办教师。

1970 年 5 月,柳州专区革命委员会成立来宾县“共产主义劳动大学”,学制 1 年,设立农业机械、水电、农技、畜收兽医、卫生 5 个专业,招生由来宾中学选送高中部 330 名、各公社选送中学应届毕业生 170 名。忻城县中等专业学校创办。1970—1981 年,金秀师范学校共招普通中师 4 个班。

1972 年 8 月,来宾县将县“共产主义劳动大学”校址从凤凰农场迁至县城,改名为来宾县中等师范学校,由县文教局管理。1972—1981 年,武宣县每年招收普通中师 1~2 个班。1972—1991 年,来宾师范学校招收 2 年制中师班。

1973 年,金秀创办金秀中等专业学校。象州县将县“共产主义劳动大学”改为象州县中等专业学校。武宣县将县“共产主义劳动大学”改为武宣县中等专业学校。1977 年 5 月,武宣县“共产主义劳动大学”改为武宣县师范学校。是年,来宾县中等师范学校招收 1 年制中师 1 个班,

1978 年 1 月起,中小学教师试行自治区、地区(市)、县三级分工负责培训。是年,象州县中等专业学校更名为象州县师范学校。1979 年 9 月,金秀中等专业学校更名为金秀师范学校。1980 年,忻城县中等专业学校更名为忻城县师范学校。

1982 年 7 月,自治区人民政府决定,县一级不办中师。凡不再招收普通中师班学生的县师范学校,均改为县教师进修学校,由县教育局管理。

1984 年,经自治区教育厅检查验收批准备案的教师进修学校有来宾等 3 所。来宾县中等师范学校更名为来宾县教师进修学校。武宣县“共产主义劳动大学”更名武宣县教师进修学校。

1985 年 2 月,自治区教育厅同意武宣、象州、忻城等县教师进修学校备案。以后,批准备案的还有金秀等县教师进修学校。各县教师进修学校主要是为小学在职教师进修服务,开办各种类型的轮训班、短训班。是年 3 月,忻城县师范学校改名为忻城县教师进修学校。是年,象州县师范学校更名为象州县教师进修学校。1985—1987 年,武宣县每年招收普通中师 1~2 个班。1986 年 2 月,来宾县教师进修学校招收 1 年制中师 2 个班。

1987—1994 年,各县教师进修学校招收民办教师中师班(脱产),2 年制中师进修班(脱产),函授卫星电视中师班。

1992—1995年,来宾县教师进学校每年招收普通中师1个班、普转成3年制中师班(不包分配)。

1998年以后,来宾县教师进修学校尚招收中师班学生和开办各种类型的中师轮训班、培训班,其他各县教师进修学校已转轨并终止中师招生。

2005年,来宾市中等师范教育结束。

学制与课程设置

民国时期,境内各县创办的简易师范、师范讲习所、小学教员养成所及师范学校,学制不一,学制有3年、2年、1年的,也有几个月的。

中华人民共和国成立之初,境内各县办的简师班、短训班,一年期、半年期的都有。甚至还有二三个月的。学习科目根据当时教学实际和需要而定。1950年,初师学制3年,除开设初中一般课程外,加设教育理论有关科目。中师学制3年,课程重视专业基础课和专业课的设置。速成师范学制有2年制的(如来宾县速成师范学校),有1年制的。

1956年后,中师课程设置,只在普通高中的文化课程的基础上,加上教育学、心理学、各科教材教法、音乐和美术等科目。

1980年开始,普通中师班学制3年。从1981年学校开始招收初中毕业生后,一直实行3年学制。使用全国统编的4年制中师教材。每周上课总时数30,每学年上课周数一年级34,二年级32,三年级30。三年上课总时数2880。教育实习周数,二年级2,三年级6,生产劳动周数,一年级2,二年级2。各县教师进修学校的2年制中师班、进修班,仍使用自治区编的中师教材。

1990—2005年,执行国家教委颁发《三年制中等师范学校教学方案(试行)》。这个方案的内容分时间安排和课程设置、教育实践、课外活动等部分。课程设置分必修课和选修课。

教育实践

清末,初级师范的实习列入教育学课程。

民国初年,师范学校的实习也列入教育学课程。实习安排在指定地的1所或数所小学内进行。国家规定:师范生实习成绩不及格不发毕业文凭,实习及格后才能分配工作。民国29年(1940年)国家又强调必须特别注意实习,并应于每学期进行。民国31年,广西政府规定,学生的实习场所以学生原籍的中心国民基础学校为原则,原校随时派员巡回辅导并举行通讯辅导。实习生将实习经过及心得报原校和县市政府。学生实习成绩由原校及县市政府评定。

中华人民共和国成立后,教育实习内容包括教学工作、班主任工作、少先队工作、课外辅导及家长工作等。教育实习的时间:2年制师范学校第四学期5周;三年制师范第二学年2周,第三学年6周;2年制中师民办教师班第四学期5周。

1985年,开办的1年制中师班(亦称速师班)第一学期见习1周,第二学期见习1周,实习1周。教育实习的组织领导:组长由地区教育局局长(或副局长)兼任,学校校长任副组长。各县(市)实习领导小组组长由县(市)教育局局长兼任,副组长由学校有经验的教师担任。教育实习结束时,教师指导学生做好实习总结。学生实习成绩,由指导实习教师商同实习学校教师、校长负责作出综合评定,写出评语。对优秀实习生、优秀实习小组给予表扬和奖励。教育实习不及格的学生不分配做教师工作,由师范学校呈报教育行政部门另行安排。

2001年秋至2005年,国家对大中专毕业生实行不包分配,教育实习立足于“用”字,在“用”当中有所创新。

学生待遇与就业

中华人民共和国成立前,师范学校学生不缴学费。中华人民共和国成立后,普通中师班、民办中师班学生享受人民助学金的待遇,民办教师还享受公助部分的待遇,公办教师进修薪金照发。学生毕业后,原则上分回原所在地任教,工资按中等专业学校毕业生待遇。20世纪80年代末,开始招收少量自费生,毕业后由区教育厅核发毕业证书,国家承认学历,不包分配。

师范专业学校简介

来宾教师进修学校　1972年创办,位于城区红水河西岸,占地42亩,建筑面积5826平方米。教学设备齐全。有物理实验室、化学实验室、电教室和音乐室各1间,卫星电视收转台1座,钢琴1台,脚踏风琴50台,手风琴10台,高级电子琴1台,还有配套齐全的电子教学设备。原名来宾中等师范学校,由“来宾共产主义劳动大学”演化而来,校址原在今兴宾区凤凰镇,后迁至县城北二路。1980年7月,与来宾县一中调换,由北二路迁至今址(今来宾市文化路)。1984年9月,来宾县中等师范学校改名为来宾县教师进修学校。1986年又经自治区人民政府批准,在校内增设来宾县成人中等专业学校,以一套人马两块牌子办学。学校教学设备齐全配套，有1个卫星地面接收站，配备有100多台计算机，有64座现代化多媒体语音室，所有教室都配备大屏幕彩电投影仪，图书馆藏书2万多册并设置80个座位供师生阅览，有物理、化学、生物仪器实验室，有音乐室、书法室、美术室、卫生室、电脑室、电教室，有钢琴、脚踏风琴、手风琴、电子琴，各科室都配置有电脑等先进设备。学校71名教师中，有2名研究生，38名本科生。中青年教师实现学历本科化。获讲师职称14人，获中学一级职称20人。至1990年，已培养、培训小学教师近3000人，遍布周边各县、市和河池地区部分县。1990年，有在校学生7个班，320人；函授生4个班，210人；卫星电视函授班4个200人。有在职教师46人，其中高级讲师1人，讲师15人，助理讲师24人。2005年，来宾教师进修学校有214个教学班，即中师46个班、高中17个班、校长14个班、进修12个班、速师1个班、电大4个班、短训15个班、委培及普转成17个班、函授及卫电中师88个班，共培训10600人。

忻城县教师进修学校 1972年9月成立，校址在城关镇西隆村。原为忻城县师范学校，1985年3月，该校更名忻城县教师进修学校。1986—1990年，该校先后开办中师12个班，学员共456人。此外，还举办过高中语文、数学，初中数学、英语，小学语文、数学、图画、音乐、体育，以及小学校长等各种短期学习班共16期，培训在职教师、行政领导干部共780人次。1991—2000年开设全日制义务教育学校中师进修学历教育，每年级1个班，在校生150人左右，2000年、2001年两年完成在职教师学历函授教育后，2002年后就改为负责义务教育阶段在职教师业务培训。由于义务教育规模缩减，小学教师比较稳定，新老教师更替减少，教师进修学校的任务相对减轻。学校除招收脱产进修班，在职函授班外，2002—2005年共举办小学校长培训、中小学校长短期培训、小学教师全员培训、小学新教师岗前培训、小学骨干教师培训、中小学图音体教师培训35期，培训人员1250人。2005年学校占地面积6.3亩，校舍建筑面积2300平方米，教职工21人，1个班，学生数43人。

象州县教师进修学校 1978年8月成立，校址位于县城东门广场东侧，原为象州县师范学校，1985年改称象州县教师进修学校。全校占地面积15亩，建筑面积4007平方米。主要建筑有教学楼、宿舍楼各1栋。校内设置有由联合国儿童基金会援赠的价值12万美元的整套卫星电视教学系列设备，卫星电视收转台配备接收机及天线、发射机及天线各1套，大1/2录像编辑机2台，录像机15台，21吋彩色电视机11台，发电机1台。在寺村、罗秀、运江、石龙4乡镇设卫星电视接收站，每站配备发电机、接收机、接收天线、21吋彩色电视机各1台(套)，录像机4台。其余乡镇中师班配发彩色电视机和录像机。1990年，该校有教师20人，其中，大学本科学历6人，专科11人，中专3人。1978—1990年，共招收2年制教师进修班6班238人，1年制普通中师班、速成师范班5班373人，中师函授班891人，各专门学科短训班16班603人，4年制卫星电视中师12班372人(1992年毕业)，总计招生2477人。从1999年起，学校与柳州职业技术学院，柳州广播电视大学联合办学，开设函授大专班，主要专业有汉语言文学、政治教育、小学教育等。通过参加成人高考取得入学资格录取为正式学员，经过3年学习，成绩合格者予以毕业。至2005年函授大专班共办了6届，有266名小学教师分别获得专科、本科毕业文凭，广播电视大学有100名学员获得毕业证书。

武宣县教师进修学校 位于武宣镇城黔路42号，校园占地面积21678平方米。1972年成立武宣中等专业学校，1977年6月为县师范学校。1984年9月，经自治区教委批准改为武宣县教师进修学校。截至1990年止，该校有教职工35人，在校生200人，以及在学函授生216人，首届卫星电视教育中师学员300人。共计输送中师生172名，进修生256名，中师函授毕业生100名。1991—2001年间，县教师进修学校开办全日制中师班，学制为三年，每年招生约80人；2002年9月经自治区教育厅批准开始设置幼师专业(不再开办中师班)，学制为三年，每年招生约50人；中师班和幼师专业的毕业生基本上输送到广东和广西幼儿园就业。

第二节 卫生教育

卫生教育发展概况

1951年，武宣县卫生局开办卫生班2个班，培训医务人员。1958年，忻城中学招收医士、助产2个专业班，学生113人。1959年，石龙县建立石龙县医学院后更名为石龙县卫生学校，学制2年。

1962年，石龙县分为武宣、象州两县后，迁象州镇新建校舍，改名为象州县卫生学校。学制2年。1965年8月，武宣县卫生班于二塘公社平田村开办，学制1年。1969年，武宣县黄茆公社共产主义劳动大学招收卫生班1个班，忻城县共产主义劳动大学招收赤医专业1个班。

1972年春，来宾县创办卫生学校，主要培训乡村医生，为农村基层单位、厂、矿、场办各种类型的卫生专业短期训练班，学制3个月、半年或1年不等。当年办有赤脚医生培训班1个50人，还有在职卫生人员西医学中医班、卫生专业工农兵学员（“文化大革命”期间取消升学考试制度而被“推荐”上大中专的工、农、兵出身的学生）提高班。是年8月，象州护士班在象州县中等专业学校开办，当年学制2年。是年，象州县中等专业学校招收2个护士班。是年，武宣县人民医院主办1个护士班，学制1年。

1973年，武宣县中等专业学校代培卫生人员39人。当年招收护士专业1个班，学制2年。1974年秋，来宾县卫生学校接受自治区的委托，培训普通中专护士班，属自治区统一招生，学制2年。学员来自各县，毕业后回原籍。

1976年，武宣县中等专业学校培训农村医生1个班。

1979年5月，自治区卫生局拨款在武宣县人民医院培训1个班“社来社去”赤脚医生。是年6月，象州县卫生学校成立。是年10月，武宣县卫生学校成立，隶属县卫生局。先后开办化验学习班、中药泡制班、药政管理学习班、西医士学习班、农村医生班、妇幼保健班等。翌年在县城南瘦狗岭建成一栋教学楼，建筑面积1060平方米，设图书室、仪器模型室等。1981年武宣县卫校正式招生。先后开办化验员学员班及中药炮制、药政管理、医士、农村医生、妇幼保健等专业班，学制半年至3年不等。

1982年，来宾县卫生学校开始招收具有高中毕业文凭的三年制制自费医士班；1985年，来宾县卫生学校开始招收自费护士班，招生指标纳入国家成人中专招生计划，国家承认学历，不包分配。1986年，象州县卫生学校改称为象州县卫生进修学校。

1988年，来宾县卫生学校改名为来宾县卫生成人中等专业学校。其招生对象是县、区卫生机构的在职初级卫生人员、乡村医生、乡村卫生员和回乡的初、高中毕业生。招生指标纳入国家招生计划。卫生专业教育的学制为3年，分医士和护士两个专业。课程有普通文化课、基础专业课和临床专业课3类。普通文化课开设语文、政治、物理、化学、数学、体育等科；基础专业课开设人体解剖及组织胚胎学、生物学、微生学及寄生虫学、生理学、生物化学、病理学、药理学等科；临床专业课开设中医学概论、中医内科、中医外科、内科学、外科学、儿科学、妇产科学、卫生学、传染病学等科，护士专业还开设基础护理学。

1972—1990年底，来宾县卫生学校为县内外培养各种医务人员2127人，其中县内1602人，县外525人。1979—1990年，武宣县卫生学校共为城、乡输送毕（结）业生411人。

卫生专业学校简介

来宾市卫生成人中等专业学校　原为来宾县卫生学校，成立于1972年12月。学校位于来宾市新兴路227号，占地面积40022平方米。设有附属医院一所。

学校原隶属柳州地区卫生局和来宾县卫生局双重领导。当时主要任务是培训乡村医生，并为农村基层单位、厂、矿、场办各种类型卫生专业短期训练班，时间3个月、半年或一年。1986年，经上级批准，每年各招自费护士班50人，纳入国家成人中考招生计划，国家承认学历，但不包分配。1988年11月，学校更名为来宾县卫生成人中等专业学校。招生对象是县、乡卫生机构的在职初级人员、乡村医生、卫生员和回乡高、初中毕业生。招生指标列入国家招生计划。1994年1月9日，挂“来宾玉林骨伤科协作医院”牌子。1994年5月17日，学校附属医院成立，增设妇幼专业，当年在校学生1036人，步入广西大中型中专行列。学校投资在三五乡建一所医院。1998年3月，学校被自治区教委确定为省部级成人中等专业教育示范学校。2002年12月，撤县设区后，学校名称变更为“来宾市兴宾区卫生成人中等专业学校”；2003年7月，学校名称变更为“来宾市卫生成人中等专业学校”。1986—2005年，学校共招新生5142人，毕业4902人。其中：卫生保健（医士、社区医学）共招2842人，毕业2773人；助产（妇幼卫生）共招723人，毕业723人；护理（护士）共招793人，毕业786人；药剂共招253人，毕业67人；中西医结合共招178人（2003年招生、2006年毕业）；中医共招32人，毕业32人；岗转全共招173人，毕业173人；爱德村医共招148人，毕业148人。

第三节　农业教育

学校设置

1957年，石龙县的象州片在妙皇、水晶创办2所农业中学，武宣片在黄茆、通挽、桐岭、新龙创办4

所农业中学。

1958年4月，忻城县在1个月内办起民办初中51所，这些学校多称农业中学，少数称民办中学，实际上都是农业初级中学。是年，该县将县农场改为公办农业中学，后改为忻城县农业技术学校。是年，来宾县创办农业中学30所，大瑶山县7个公社均办农业中学，半年后停办4所。

1959年，境内各县农业中学进行整顿。忻城县于当年秋季开学时有农业中学12所。1960年，来宾县人民政府发动各个公社大办农业中学，6月底已办农业中学32所，于年底均先后停办。是年，石龙县象州片农业中学发展到4所，大瑶山瑶族自治县仅剩下大樟农业中学1所。

1962年，象州县农业中学发展到5所，忻城县先后有大塘、古仁、寨北3所民办初中(即农业中学)开办。1963年，忻城县农业中学发展到6所，象州县农业中学发展到15所。1964年，武宣县有民办中学10所，忻城县农业中学发展到10所，大瑶山瑶族自治县开办1所农业中学。1965年，忻城县有农业中学22所，象州县有农业中学17所。

1966年，忻城县有农业中学34所，武宣县有农业中学19所。1974年，忻城县农业中学仅有古蓬公社技林农业中学1所。1975年，古蓬公社技林农业中学校改称为枝林五七学校，城关、马泗、思练、遂意4个公社各办五七学校1所。

"文化大革命"后，来宾市境内各县农业中学有的改为公社中学，有的与公社中学合并，有的改成小学附中，有的停办。

1978年，境内五七学校全部停办。1981年，武宣县二塘农业初中创办。1982年，武宣县创办县农业中学。1983年，金秀瑶族自治县创办县农林高中，忻城县、来宾县、象州县创办县农业技术中学。

1984年，武宣县农业中学校名改名为武宣县农业技术中学，八一锰矿(今八一铁合金厂)把矿中学一个普通高中班改为职高班。1985年，来宾县农业技术中学改名为来宾县职业技术中学。1986年10月，武宣县农业技术中学又改名为县职业技术中学。1987年9月，合山市创办市职业高中。是年11月，象州县农业技术气学校名改名为象州县职业技术中学。

1988年3月，来宾县职业技术中学校与日本宫崎县立门川农业高等学校建立友好关系。是年4月，正式成立八一锰矿职业中学。1990年秋，来宾县职业技术中学校与自治区侨办及县侨办商定设归侨难民子弟学习班。

1993年，八一锰矿职业中学更名为柳州地区高级职业中学，后又改称柳州地区中等职业技术学校。1995年，合山市职业高中改称合山市中等职业技术学校，2005年校名不变。

1999年5月，自治区确认来宾县职业中等专业学校为省级重点职业高中。2001年，该校被评为国家级重点职业学校、全区职业教育先进单位。2000—2002年，是境内职业教育发展的低谷。

1999年，自治区人大常委会副主任李振潜(前左二)检查来宾县职业中学甘蔗快繁基地

2003年，各县职业学校以职校为中心，成人技校为基地，开展农民科技培训。全市培训农民20多万人次，培训"三后"生10万多人次，发放各种生产资料80多万份，接受农民咨询10万人次，农业部门发放"绿色证书"25万册。全市有中等职业学校20所，中职学历在校生14960人，每万人口有中职学生62人。来宾市职业教育在全区农村教育工作会议上作专题经验介绍。2005年，全市中等职业学校20所，在校生20996人。

学制和专业

1983年秋，来宾县创办农业技术中学(后改为职业技术中学)，招生对象为初中毕业生。其主要任务，是为当地培养初、中级技术人员、管理人员、中级技工和其他专业人员。当时招农业专业一个班48人。1984年增招农作、畜牧兽医两个班86人，1985年增招园艺专业一个班52人。至1990年，已开设9个专业，11个班273人。职业技术教育的学制，分长班和短班两种，长班3年，短班视培养目标而定。长班授课总课时151周，教学实习10.5周，毕业实习16.5周，军训1周，体力劳动5周，考试9.5周，另有3周机动。

2004年，全市职校共设置专业56个，全市职业高中的学制为三年制，专业设置逐步适应新建来宾市和社会经济发展的要求，符合社会人才结构培养的需要。来宾市职业中专学校的《计算机及应用》《电子电器应用与维修》、金秀职业学校的《电子技术应用》专业被自治区确定为首批自治区级示范专业。全市职业教育教职工1067人，中职在校生17956人，全市通过乡镇成人文化技校培训农民211333人次，培训“三后生”58130人，农民转岗引导性培训42687人次。全市建成国家级重点职校1所，建成达到合格办学条件的职校13所。同年，“订单培养”“工学结合”“校企合作”等办学模式成为全市职业教育的亮点。全市共与上海、北京、江苏、浙江、广东等地的资质高、信誉好的68家企业进行订单培养或联合办学，毕业生就业率达95%以上。

2005年全市中职学校共招生7510人，中职学校在校生20996人，与普通高中教育在校生之比为1∶1.68。全市5000多名毕业生，实现就业率达95%以上。共培训劳动力转移就业6198人，农村科技实用技术培训以及农民转岗培训198600万人次，发放“绿色证书”198600万册。“三后生”培训48250人，农村农民转岗培训3547人。

学校选介

忻城县农林专业学校　民国31年(1942年)冬，忻城县古蓬乡(当时属上林县)乡长樊茂春创办上林县初级农业实用职业学校，时有教职员7人，校舍9栋60间，建筑面积为1674平方米。民国33年，学校即迁往北更乡石牙村，民国34年秋，学校由石牙迁回古蓬。民国末年(1949年1月1日至9月30日止)9月，该校分别合并到上林初中和上林三里初中。1958年5月，忻城县将县农场改为公办农业中学，招收3个班学生97人。不久，该校改称忻城县农业技术学校。1960年停办。

合山市农业中学　1958年，北泗公社创办河里农业初级中学，校址河里凌口。是年招收1个班，学生50名。1961年，河里农业初级中学停办。1964年，重办河里农业初级中学，当年招收1个班，学生40名。创办岭南农业初级中学，当年招收1个班，学生50名。1965年，河里农业初级中学招收2个班学生100名，岭南农业初级中学停止招生，北泗农业初级中学招收2个班，学生100名。1966年，岭南农业初级中学招收1个班，学生50名，北泗农业初级中学招收1个班，学生50名。1967年，撤销河里农业初级中学，创办北泗农业初级中学，招收1个班，学生50名；同年在龙王村东北面建平房教室2间，面积96平方米。1967年，北泗农业初级中学停止招生。1969年，撤销北泗农业初级中学、撤销岭南农业初级中学。

象州县初级农业学校　1964年秋，象州县在石龙镇开办一所初级农业学校，面向全专区招收2个班。1968年，学校改称象州县农业学校。“文化大革命”期间，学校教育工作处于混乱状态。1970年，2个中专班并入象州县共产主义劳动大学，象州县农业学校撤销。

第四节　职业高中教育

20世纪70年代，境内中等职业技术学校发展处入低潮时期。中等职业技术学校减少，一些社会力量办的职业学校因生源不足、办学经费困难而停办。

20世纪80年代初期，境域内教育结构单一。教育部发出《关于调整中等教育结构意见的通知》之后，境内撤掉20世纪70年代创办在山沟里的农业中学，发展职业教育。各县相继把农业中学改为职业中学，创建以农林为主的中等职业技术学校。

1991年10月17日，国务院下发《关于大力发展职业技术教育的决定》后，各县(市)贯彻执行。

1995年，境内职业高中统一更名为中等职业技术学校，来宾县职业技术中学被自治区教委确认为“省级示范职业高级中学”。

1998年，在中等职业教育发展处于困难的情况下，教育部门提出“走出校门办职教”，坚持面向“三农”(农业、农村、农民)，服务“三农”的办学宗旨之后，各县职校采取联合办学的形式，满足社会对不同层次人才的需求。利用学校基地，办起“农业示范”基地。来宾县中等职业技术学校投入150多万元，建起年产100万组甘蔗种苗的甘蔗组培苗良种快繁基地。武宣县中等职业技术学校投入60多万元，建起大型养殖基地。象州县中等职业技术学校投入20多万元，建起反季节大棚菜蔬菜基地。金秀中等职业技术学校投入27万元，建起优质果苗培育基地。各职业学校采取学历教育加专业短训的办法，使学生在学习文化课的同时学到一技之长。

1999年5月，自治区教育厅确认来宾县职业中等专业学校为省级重点职业高中。7月17日，国家教育部领导张天保、自治区教育厅领导余益中视察来宾县职业中等专业学校的畜牧养殖基地、反季节大棚蔬菜基地、甘蔗良种快繁组培苗厂及其实验基地。是年，自治区人民政府召开广西农村教育工作会议，推广来宾县职业中等专业学校立足当地，面向“三农”、服务“三农”，参与当地“三田”（万元田、吨粮田、吨糖田）建设的做法。中央电视台、辽宁电视台、广西电视台、《广西日报》《中国教育报》等媒体分别报道来宾市职业教育办学经验。

2003年，来宾市12所中等职业技术学校招生3067人，毕业生1602人，在校学生6008人。来宾市及县（市、区）党委、政府把职业中学建设纳入当地经济和社会发展规划，统筹制定教育的“十五”规划和《来宾市2003—2007年中等职业教育发展规划》。

2004年，来宾市中等职业学校招生4905人，比2003年增加1774人，增长57%。在校学生9624人，比2003年增加3616人。是年，来宾市教育局获自治区教育厅授予“2004年度全区中等职业教育学校招生先进集体”称号。

2005年，全市20所中职学校共招生7510人（其中中专6510人，技工1009人），中职学校在校生20996人，每万人口中有中职学生87人（比上年增加13人）。全市5000多名毕业生，实现就业率达95%以上。

第五节　其他中等教育

1958年，合山矿务局创办合山煤炭学校。1959年自治区煤炭局接管外迁。

1964年秋，石龙镇创办象州县农业技术学校，当年面向全地区招生2个班，学生约90人，学制3年。1966年，象州县农业技术学校招收2个班90余人。“文化大革命”期间“停课闹革命”，学生滞留学校。1969年，象州县农业技术学校1964年招收的2个班学生毕业。

1970年7月，象州县农业技术学校改称“象州县共产主义劳动大学”，并于水晶公社马旦大队设“学农分校”，1972年2月，“象州县共产主义劳动大学”停办。

1974年6月，来宾县创办农业机械技工学校，位于县城东北角，占地约50亩，建筑面积2083平方米，各种教学设备齐全。学校的主要任务是培训农机技术人才。重点培训中型拖拉机和手扶拖拉机手，附带培训修理工、电工、机引手、机务管理员、摩托车司机、插秧机手、新式农具推广人员等。是年，煤炭学校在合山重建，称广西煤炭工业学校，设置地下开采、煤矿电机、地质、土建和经济管理等专业，

1983年8月，忻城县在县园艺场附近的县党校原址，创办忻城县农业技术中学（简称县农技中学）。县政府将原党校校舍及耕地全部拨给该校使用。校区占地面积约4万平方米。首届招生2个班108人，设农学、畜牧兽医2个专业。1984年，国家拨款10万多元，兴建忻城县农业技术中学教学楼1栋，次年，又建畜牧实验场一处，面积约387平方米。学校有以沙田柚、温州柑、桑树、玉米为主的实验基地面积1公顷。学校招收新生，必须是初中毕业生参加当年中等学校招生考试，优先于一般高中录取，首届招生2个班。

1984年起，忻城县农业技术中学与一般高中同时录取新生。1988年，忻城县农业技术中学有学生6个班287人。1990年，忻城县农业技术中学在校学生6个班285人（未含自费初中1个班42人）；有教职工36人，其中文化课教师17人、专业课教师8人。

1989年2月，广西煤炭工业学校迁南宁市。1981—1988年，共毕业学生1284名。

1990年，来宾县农业机械技工学校累计已培训中型拖拉机手2660人次、手扶拖拉机手2440人次、汽车司机86人、摩托车司机109人、其他技工1027人。是年，有在校学生295人；教师8人，中级职称2人。

1991—2000年，来宾县教育系统利用职业学校和成人文化技术学校及中小学校的师资、设备、基地等条件共举办农村实用技术培训班10265期，培训621429人次。传授杂交水稻栽培技术、甘蔗高产示范、科学养猪等科学技术、反季节大棚蔬菜栽培、推广高新技术科研成果。全县281所乡镇村成人文化技术学校基地巩固，使用率高。凤凰镇、蒙村乡成人文化技术学校被自治区教育厅确认为自治区级示范乡镇农村成人文化技术学校。

2001—2005年，职业技术教育学制分长班和短班两种，长班3年，短班视培养目标而定。长班授课总课时151周，教学实习10.5周，毕业实习16.5周，军训1周，体力劳动5周，考试9.5周，另有3周机动。课程分普通文化基础课、专业基础课和专业课等3类。普通文化课开设政治、语文、数学、物理、化学、生物、体育和日语（选修）。专业基础课和专业课

则根据各专业的特点开设必修课程和选修课程，科目4门或6门不等。教材全部采用全国统编职业高中课本。

学校选介

来宾市职业中等专业学校　成立于1983年，学校占地面积9.7万平方米。1983—2004年，多渠道筹措资金，投入基建经费702万元，建成综合楼一幢3820平方米，教学楼一幢2950平方米，实验楼一幢3800平方米，学生公寓宿舍楼二幢4587平方米，生活综合楼一幢1554平方米，教职工住宅楼四幢4809平方米。实验楼设有电教中心、计算机中心、电子阅览室、语音室、家电维修室和按国家教育部颁布的一类配备标准装备物理、化学、生物实验室、实习室13个，图书藏量6.5万册，生均图书24册。报刊158种，微机456台，教学设备总值达876.3万元，基本实现教学手段信息化、现代化。该校实行高中、职业中专、函授、远程教育、短期培训等多层次的办学形式。该校以市场经济发展为导向设置专业，按就业市场需求配置教学资源。1986年，只设置有种植、计算机、电子电器等5个专业，在校学生215人。2004年，校舍建筑面积2.3万平方米。已设置蔗糖、计算机及应用、电子技术应用、商务英语等10个长线专业，在校学生2660人。2005年，该校是来宾市教育局直属公办学校，国家级重点职业学校，国家中等职业教育改革发展示范校，广西首批示范性中职学校，广西中等职校教科研"20强"，全国职业教育先进单位，全国农村劳动力转移培训先进单位，广西德育工作先进集体。在校学生2882人，教职工145人，专任教师126人。

象州县职业技术中学　1983年9月成立，原名象州县农业技术中学，校址位于县城平安大道231号(旧称老狮岭)，附设于县师范学校，当年招收种植养殖专业1班学生47人。1985年迁至城东北老狮岭新址，学校占地52亩。1987年改称职业技术中学。上级投资110万元，建有教学楼1栋12间教室，学生宿舍楼1栋48个房间，全校建筑总面积5708平方米，教学设备有理化实验室、专业实验室各1间，配有物理仪器865件，化学药品142种，生物仪器及标本等675件，挂图282张，总价值3万多元。有文化课教师17人，专业课教师9人。至1990年，学校招收农作、园艺、畜牧、水电、建筑、财会、文秘等专业14班，795人，毕业3年制专业班342人，结业1年制短训班144人。在校6班309人。1994年9月县壮文学校交由县职业技术中学"代管"。1995年6月学校定名为象州县中等职业技术学校。

1994年以前，县职业技术中学主要开设有种养班、林学班、财会班、体育班、畜牧班、农学班、文秘班和园艺班。学生在校以修读高中课程为主，学满三年职高后，除通过参加普通高校招生考试升入高一级学校深造外，其余学生自谋职业。

1995年起，中等专业技术学校面向初中招生，职业高中生源受到严重影响，办学形势日趋严峻。学校一方面强化全日制职高办学机制，努力提高教学质量；另一方面辅以短期职业技术培训等形式坚持办学。

1996年，为解决受各类成人中专招生的冲击，及农口专业滑坡和专业设置不合理而导致的职中生源减少的问题，由县政府牵头召开县职业教育管理委员会成员会议，专题研究解决职校招生专业设置及部门相互协调的问题。及时调整专业设置，针对本县普及九年制义务教育对师资的需求，增设中师班和实践物理教师培训班，招收115名新生。同时，改革课堂结构，加大专业课的比重，注重基地建设，实行学与用相结合，增加学生实际动手操作的机会。当年，在校学生有210人，专任教师33人。

1998年，全校有教职工71人，在校生98人，新招生24人。为全县各事业单位370多名专业技术人员进行计算机应用技能培训。是年，学校想方设法与有关部门联系，开办多种形式的职业技术短期培训班，但始终面临关闭的处境。

1999年，县教育局转发地区教育局《关于认真做好初三分流工作的通知》，4、5月把部分不愿再升入普通高中、中专学习的初三毕业生分流到县职校进行1~2门职业技术培训，学生自愿报名、家长同意、学校推荐、录取学校审批，以扩大职校的生源。9月10日，以县中等职业技术学校为基地建立"县职业教育中心"；10月10日，学校挂牌"象州县职业教育中心"。1999年秋季学期开始，经县教育局同意，在县职业中学开办初中班，面向全县招生，县中为第一批录取，县职中为第二批录取，当年招生3个初中班共191人。

2001年，县教育局加强对职业教育的领导，调整充实了县职业教育管理委员会，为县中等职业技术学校增加招生数，改变了招生办法。一方面，在春学期招收初三分流学生，另一方面，将招生任务分解到各乡镇中学、中心校，列入职中、各乡镇中学和中心校教育目标管理后，职校招生工作有突破性进展，全年招收职高新生187名，推荐学生就业196名。开设专业设置学历班和短期培训班。学历班学制3年，设置计算机及应用、汽车摩托车运用与维修、电子电器应用与维修、服装设计与工艺共4个专业；短训班1~3个月，培训技能主要有电焊工操作、缝纫操作、家电汽车摩托车维修、种植养殖技术、计算机操作等。学校积极拓宽学生就业路子，与珠海佳能公司、珠海松下通信设备公司、珠海粤裕丰钢铁有限公司等企业签订毕业就业协议，推荐毕业学生就业。是年，学校投入专项资金40万元建成一个占地44亩的现代化农业示范基地，其中特种养殖场40亩，种植大棚4亩。基地内主要种植番茄、甜椒、南瓜、茄子、甜瓜、板栗等果蔬，养殖瘦肉型肉猪、母猪、兔、山鸡、土鸡、野鸭等禽畜。示范基地采取"边学习、边生产、边创收"的教学方式，开展县、乡、村三级培训和专业培训，年培训4000人次，形成"学校+基地+农户"的产业化经营模式。当年职校招收新生157人，全日制在校生442人，短训班培训学员200人次。毕业学生305人，推荐就业(含短训班)120人。是年，县职校定为"柳州地区中小学教师信息技术培训基地"，连续两次被评为"柳州地区职校招生就业工作先进学校"。

在1999—2003年期间，县职业教育的办学模式进行了积极调整、尝试，采取联合办学新体制，上挂柳州市二轻中专、柳州市一职校等学校办学，职高部、中专部、初中部办学融为一体。2002年，该校招收初中新生24人。2003年，因就读初中人数太少正式停办初中班。

2005年后，国家高度重视职业教育工作，对于职业学校在读生发放生活补助制度，每人每年发给生活补助1500元。同时，县实行初中毕业生免试报读职校，学生学完开设课程，成绩合格便发给中专文凭，由学校推荐就业。学校与本县及广东等地的多家知名企业达成学生带薪实习和毕业生就业协议，每年安排大批学生到企业实习或就业，月工资可达1200~2000元。学校办学规模迅速扩大，职业教育逐步走出了困境。2005年在校学生633名，当年招收新生299人，毕业生就业率和巩固率均达90%以上。

金秀瑶族自治县职业技术学校 自治县职业技术学校于1987年10月从山内(金田小学)迁往山外的桐木镇。1988年，学校更名为金秀瑶族自治县职业高中。学校办学条件简陋，1幢3层12间教室的教学楼，1幢2层16间宿舍的学生宿舍楼，一个可容200名学生开饭的小食堂，一个石灰、煤渣混合的干砂篮球场，建筑面积只有1963平方米，教学仪器设备总价值不足4万元。学校在校生人数不足300人，教师26人，教学班10个。1990年开始开办财会专业，学制2年。1995年开始开办电子技术应用。1996年开始开办服装专业，学制2年。1998年开始开办市场营销、保安专业，学制2年。2000年，自治区教育厅将自治县职业高中列入首期中职国债项目建设单位，其中用于基础建设资金170万元、生产基地设施资金33万元、教学仪器设备22万元。2002年，桐木镇一、二中合并，二中校园(40亩)及校舍划拨给县职校，使学校的校园面积增至4.7公顷，校舍面积增至9000平方米，在编教职工增至39人。2003年，学校与广西职业技术学院签订产、学、研联合办学协议，开办"3+2"高职大专班，与广东珠海市三所国家重点职校达成师资培训和建立管理学院合作协议。与农科部门共建农业生产科技示范基地和新技术培训基地，引种油桃、大果枇杷、良种西瓜等示范品种11个。2004年，学校自筹资金100多万元添置教学仪器设备，开始开办制冷和空调设备运用与维修、数控技术应用专业。学制3年(在校学习2年、到企业顶岗带薪实习1年)。完成农民工转移培训1000人，轮岗实习200人。2005年，学校完成村级"两委"干部培训98人，农民工转移培训1314人。学校在校生人数增加到2373人，教师50人，教学班46个。

第七章　成人教育　特殊教育

第一节　扫　盲

民国17年(1928年)，境内来宾、武宣、象县相继办民众学校；或在国民基础学校开设成人学习班，义务教育与成人教育融为一体，兼施并进。

1950年4月，广西省教育厅决定"在初步建设新教育基础方面，主要举办工农业业余教育和工农干部教育和各级学校要为工农开门"。同年7月召开全省第一次教育工作会议，制定"广西工农业余补习教育暂行办法”后，境内各县开展“冬学”运动，利用冬季农闲时间给农民办夜校，学习文化，由当地小学教师负责教学，各乡镇村街教师为冬学农民上课。武宣县共办夜校两起125个班，学员3630人。

1951年，来宾县办工农识字班480个班，学员15750人。忻城县保持文化班498个班，学员15099人，有农民学校教师624人。是年8月，忻城县文教科集中速成识字班教师26人，开办实验班1个，学员92名。组织群众教师67人进行训练，在全县铺开建成识字学习班31个班。

1952年，各县相继成立扫盲办公室，乡镇设专职扫盲校长，配备工农业余干部专干。

1953年，各县贯彻中央“有计划、有步骤地开展农民教育”和《关于开展冬学工作的指示》以及教育部《关于开展农民业余文化教育的指示》精神，普遍开办夜校，组织农民进夜学班学习文化。金秀以村为单位开办夜学班。忻城县试办农民高级班一个，学员100人。

1954年，石龙县有扫盲班83个，学员2403人。1955年，石尤县成立扫盲办抽调15名扫盲校长组成扫盲突击队开展扫盲工作，来宾县在桥巩乡开展扫盲试点，接着全县铺开扫盲工作。

1956年，金秀扫盲班由1955年的67个班增加到165个班，学员由510人增加到4640人，占文盲半文盲的30%。来宾县扫盲办组织337个扫盲突击队，队员7221人，深入农村发动群众参加学习，办起2394个扫盲班，入学7.25万人，至1958年，来宾县脱盲1.10万人。

1958年，石龙县改进组织领导，改进教学，实行“四固定(固定教室、时间、任务、报酬)”“三保证(保证教好，学好，有时间学)”，组织扫盲突击队、进行红旗竞赛，要求小学教师进一步帮助搞好扫盲工作，是年，培训群师1300人，从4月到5月，历时20天，共扫除1万多名文盲，从4月到7月，全县青壮年文盲全部入学。据统计，当时入学人数达7.51万人，占全县文盲半文盲人数50%以上。忻城县由公办教师、学生、俱乐部干部、剧团成员、扫盲校长、壮校教师、文教局全体干部2万人组织的生产扫盲宣传突击大军，深入农村进行边生产边扫盲工作，经过10天大突击，使壮文盲4.59万人脱盲，汉文盲4959人脱盲，实现无盲县。在脱盲的基础上，次年，忻城县开办扫盲班437个，学员1.38万人；高小班14个，学员460人，正在培训高小老师3.06万人。来宾县在“大跃进”思想的影响下，群众办学一哄而上，扫盲工作急躁冒进，是年冬天，全县投入大炼钢铁运动，农民教育停止。

1960年，石龙有7.94万人参加扫盲识字班班学习。是年，石龙县脱盲8.73万人，占青壮年文盲77%。在脱盲的基础上，举办业余高小815个班，学员1.95万人，业余初中156个，学员3958人，业余高中18个，学员332人。是年，金秀文盲半文盲人数1.26万人，参加扫盲班学习1.2万人，学习后脱盲5826人，占文盲半文盲人数46%。在脱盲的基础上，继续巩固提高扫盲成果，举办业余高小78个班，学员1701万人，业余初中21个，学员572人，业余高中1个，学员59人。

1961年，国民经济困难时期，境内各县农民教育时而中断，时而持续，扫盲工作时断时续直至“文化大革命”开始。1964年，忻城县举办农民夜校试点班，开办扫盲班61个，学员1735人，高小班25个，学员489人，初中班17个，学员298人，初技班6个，学员1735人综合班(政治、文化、戏剧班)18个，学员118人。来宾县农民教育有业余扫盲班17个，学员481人，有高小班16个，学员405人，有初中班9个，学员249人。

“文化大革命”开始，境内从地区到各县扫盲工作停顿，各县农业教育机构被撤销，专职干部被调走，工作瘫痪，后来被政治夜校取代，变成开批判会的场所，农民教育转入低潮，农村文盲大量回升。1971年，象州县在社员中开办政治文化夜校。1976年，象州县有1110人脱盲。1972年，忻城县农村掀起学习毛选第四卷的群众政治学习热潮，队队办起政治文化夜校。1975年，忻城县农村在校学员8.71万人。1976年，来宾县有扫盲班209个，学员4517人。

1977年，金秀成立扫盲业余教育领导小组、武宣县成立工农教育办公室，来宾县成立扫盲业余教育领导小组，下设工农教育委员会，配备专职扫盲专干，并编写识字教材《农民识字课本》，农民教育活跃。忻城县农民教育办公室恢复，各公社配备扫盲专干，较为正常开展工作，红渡公社率先跨入扫除文盲先进公社，有47个大队成为扫除文盲大队。1979年，来宾县、武宣县成立工农教育委员会，下设办公室工农教育委员会，是年，来宾县扫盲班发展到389个班，学员8242人，全县已有4.38万人脱盲。武宣有农民夜校19所，学员1650人。是年5月，柳州地区在来宾县召开扫盲现场会，推广来宾县扫盲工作的经验。

1980 年，金秀成立工农教育委员会，各公社相应成立农民教育机构，配备专职扫盲专干。1981 年，武宣县扫盲达标（农民个人识字量为 1500 个字，能够看通俗浅显的报刊，简单的账目、写简单的便条。以村为单位，12~25 周岁未读满小学的人数中，脱盲到 85% 以上为标准）。来宾县工农教育委员会改称为来宾县农民教育委员会，下设农民教育办公室，各乡镇相继农民教育委员会和农民教育办公室，大队建立农民教育领导小组。

1981 年，武宣县成为柳州地区第一个基本扫除青少年文盲县。

1983 年，来宾县、忻城县、合山市基本扫除青少年文盲，1984 年，金秀罗香乡脱盲，成为瑶山内地第一个扫除文盲乡。1987 年，金秀全县基本扫除青少年文盲。来宾县办起政治、技术（包括水稻、甘蔗、畜牧、果树栽培、农机、缝纫等）短训班 635 期，学员 4.84 万人。象州县陆续开办农村成人文化技术学校。1989 年 2 月 28 日和 3 月 2 日，柳州地区分别在象州县寺村和来宾县陶邓乡召开农村成人教育现场会，国家教委成年教育司的有关领导到象州、来宾两县指导工作，自治区教委领导到来宾县检查成人文化技术学校办学情况。

1987 年，金秀瑶族自治县成为柳州地区第一个基本扫除青壮年文盲的少数民族自治县。

1990 年是国际扫盲年，境内所有县（市）基本扫除文盲。1992 年，境内 6 个县（市）全部通过自治区、地区的检查验收，批准为脱盲县（市）。

1996 年 12 月，合山市通过省级“两基”评估验收，成为基本扫除青壮年文盲县（市）。

1997 年，境内所有县市全部办有成人文化技术学校，青壮年非文盲率已达 97.5%。武宣县通过省级“两基”评估验收，成为基本扫除青壮年文盲县。

1998 年 6 月，来宾县、象州县通过省级“两基”评估验收，成为基本扫除青壮年文盲县，10 月，教育部决定抽查扫盲任务较重的忻城县，形成对忻城县扫盲工作抽查评估的报告，认为忻城县已实现现阶段国家规定的基本扫除青壮年文盲目标。

第二节　职工培训

民国 25 年（1936 年），来宾、迁江两县各乡中心小学都办有职工成人班。来宾县成人班共有 519 人。

20 世纪 50 年代初期，各县成立干部、职工业余学校，有扫盲班、速成识字班、高小班、初中班，各县工会是职工教育的主管部门。

1953 年，石龙县总工会开办职工夜校，对工人进行文化教育。

1981 年，中共中央国务院下达《关于加强职工教育工作的决定》，要求在“六五”计划期间，对 1968—1980 年高、初中毕业的中青年职工，实施初中文化补课和达到三级工的技术补课，“七五”期间，实施高中文化补课和中等技术培训。

1982 年，各县成立职工教育管理委员会，下设办公室（简称“职教办”），负责职工业余文化技术培训工作。武宣县工农教育分家，设农民教育委员会专职干部，负责抓扫盲扫尾工作和办好农业业余小学班和初中班。1983 年，全县兴办农民技术学校 4 所，学员 696 人，聘请农业部门的农艺师、技术员为兼职教师。之后，象州县、忻城县在成为基本扫除青壮年文盲县之后，开办农技班。忻城县开办农技班 6 个，学员 163 人。

1986 年 3 月，柳州地区教育局在来宾县召开农村成人教育工作会议，推广来宾县桥巩乡实用技术教育经验。是年，来宾县 22 个乡镇办起成人文化技术学校，有 54 个村公所举办实用技术班，学员 1464 人。是年，象州、金秀、合山、武宣先后开办各种各类别的农机培训班，农村农业教育进一步得到稳定发展。

1990 年，来宾县各乡镇、村办农村成人文化技术学校 227 个班，举办各种专业实用技术培训班 4241 期，接受培训 26.3 万人，掌握 1~2 门实用技术，产生经济效应有 8.23 万人。合山市全市参加实用技术培训的农民 7479 人次。

1991 年，来宾县举办农村实用技术培训班 1043 期，培训总人数达 66778 人次，其中有 25388 人是毕业回乡的高小毕业生、初中毕业生和高中毕业生。金秀办技术培训班 216 期，参加学习人数 15472 人。

1992 年，金秀 11 个乡镇 77 个村公所办起了短训班 26 个，参加学习人数 12735 人，县成人技术学校办长班 11 期，参加学习人数 397 人。来宾县全县开办长短种植业实用技术培训班 1021 期，培训 66670 人次。培训内容为水稻杂交栽培、生物热能育秧、高产甘蔗栽培、农作物病虫害防治等。开办村成人文化技术学校 245 个，占全县 253 个村公所的 96.9%。

1993 年，来宾县组织 21887 名应届中小学生参加乡镇村实用技术培训考试，成绩均为良好。同年，全县举办1014期实用技术培训班，培训54750人次。1993—1995年，合山市全市两乡一镇30个行政村都建立有农民技术学校，办学率达100%，三年间共培训农民8288人次。

1994年，金秀办成人技术培训班27班(次)，参加学习人数1200人(次)，传授技术主要是农村种养和乡镇企业产品的技术。1995年，金秀11个乡镇都办起成人技术学校，并成立成人技术学校管理机构。

1996年，来宾县举办养殖业培训班1092期，培训63694人次。1997年，来宾县举办举办各种类型实用技术培训班1548期，参加培训人员77423人次，举办种植业实用技术培训班1714期，有88059人次参加培训，有68名农民获《农民技术员资格证书》。通过培训，全县有3251人掌握1~2门实用农业技术。

1997年10月，武宣县成人文化学校建设达标，全县13个乡镇和142个村委会都建立成人文化技术学校，办学面100%，各级成人文化技术学校活动正常，有计划地对农民开展教育培训。经费投入达标，每年均从教育事业费列支2%，从农业教育附加中列支5%用于成人教育，每年县财政还定额拨款1.9万元，乡镇财政定额拨款3.9万元以上用于成人教育。

1999年，来宾县城乡成人文化技术学校举办各类农村种植业技术培训班2090期，参加培训人员99602人次，其中有29130名小学、初中、高中毕业生参加县、乡镇、村举办的农村实用技术培训班学习。2000年，来宾县举办1962期实用技术培训班，其中有29521名小学、初中、高中毕业生参加培训并获结业证书，占“三后生”总数的92%。

2001年，来宾县乡镇、村成人文化技术学校开展科学养猪、养牛、养羊、养鸡、养鸭技术培训。金秀举办各种成人科技培训203个班，培训人数总计12763人次。主要培训的项目有大棚蔬菜的科学种植和管理，香菇袋装技术、药材种植加工技术、瑶山珍稀动物的饲养管理等实用技术。有专任教师22人、兼任教师304人。2002年，来宾县乡镇举办实用技术培训班2156期，参加培训人数达9.5万人次，下发“三后生”实用技术培训资料3.5万册，有3.35万名“三后生”获得结业证书，占“三后生”总数的96%。

2004年和2005年，金秀职业技术学校承担农村劳动力转移就业“阳光工程”培训项目，共培训转移2000人。2005年金秀与广西农业广播学校联合办班，培训转移200人。至年底，金秀10个乡镇和77个村成人文化技术学校均装备有电教设备，有一定数量的科技图书、资料。自治县教学设备仪器总价值4.42万元，图书资料9432本，兼职教师73人。是年，合山市有乡镇农民技校3所，村级技校30所，成人专干5人，兼职教师48人。利用农民技校对农民进行实用技术培训，该市总共办了各类农技培训115期，接受培训的农民达25000人次。

2005年，各县(市)完成基本扫除青壮年文盲目标后，把扫盲和扫科盲结合起来，大力开展农民科技实用技术培训，调动了广大农民扫盲和扫科盲的积极性，农民科技实用技术不断提高，为脱盲、增产增收奠定良好的基础。

第三节　成人中专

1953年，境内各县相继成立干部、职工业余学校。是年，来宾镇搬运工会和建筑工会各办1个职工业余学习班，学员100人，教师2人。1953年，石龙县职工业余教育当年开办职工夜校，开办夜学识字班和干部文化学习班，对工人进行文化教育，总工会办5个夜班，学员共183人，办干部文化教育1个班，学员36人。大瑶山瑶族自治区创办干部文化班。

1955年，来宾县、忻城县、石龙县、大瑶山瑶族自治县干部职工业余学校均办有扫盲、初小、高小、初中班。是年，中共来宾县委宣传部和县总工会联合举办县职工业余学校，总部设在县总工会，有15个班，学员416人，其中高中1个班，按全日制中学授课；初中4个班，教初小、高小语文、数学，使用职工业余教育课本。学校有专职教师7人，兼职教师10人。

1958年，来宾县职工业余学校停办。忻城县职工业余教育在各个系统、各条战线迅速开办起业余学校共10所，学员达1307人。是年，各县搞工农业“大跃进”，接着进入三年困难时期，干部职工业余学校陆续停办。

1962年9月，各县干部职工业余教育工作恢复。忻城县举办联校1所，招收初中、高小各1个班。1963年，来宾县、大瑶山瑶族自治县、武宣等县办业余初中、高小、初小班，继续干部职工文化培训，武宣县职工业余文化教育分文化、专业技术班。县直机关联校、三里锰矿、六峰山林场、县农械厂、县医院分别开班办学，对职业进行扫盲和专业培训。

1964年，象州县总工会开办职工业余学校，分两班制，白班有初中班34人，高小班6人；夜班有初中班36人，珠算班10人，外语班35人，后又增设数学技术班。另外，笔架山林场、县良种繁殖场办6个班，学员65人。

1966年，“文化大革命”开始，职工教育受到干扰，学校（班）停办。

1975年8月，合山矿务局创办“七二一”工人大学，校址在局“五七”农场，招收局属各厂矿职工学员50名，学制二年，开设采煤、机电专业。1975年11月，合山工人医院创办“七二一”工人大学，校址设在医院院内。是年招生24名，开设医疗专业。学制二年，教学设备由医院配置。1977年，合山工人医院“七二一”工人大学停办。1978年，合山矿务局“七二一”工人大学学制改为三年，招收2个班，学生76名。使用普通大学讲义为教材。1980年，合山矿务局“七二一”工人大学撤销。

1982年，境内各县贯彻国务院《关于加强职工业余教育的决定》，成立职工教育管理委员会。是年，来宾县办有职工高中业余文化补课班1个，学员70人。授高中语文、数学两科。聘请县教师进修学校和县一中教师各1人兼课。忻城县成立职工教育管理委员会，各部门、各乡镇和厂矿企业单位，均相应成立职工教育领导小组，各部门（系统）先后开办职土业余文化学习班共21个，有1276人参加学习，有967人考试，其中语文、数学双科成绩及格488人，占50.5%。按规定发给初中文化补课合格证137人，占应补文化课干部职工的10.7%。武宣县职工教育委员会成立后，县供销社、商业局、粮食局、锰矿各配1各专职教师负责业余教育工作。象州县成立职工教育管理委员会，安排专人负责职工业余文化技术培训工作。全县初中文化补课对象1343人，初级技术补课对象1217人，县直机关各系统和各乡镇先后开办职工初中文化补课班。1983年，来宾县职工2147人业余参加初中文化补课，有923人考试合格。

1984年，来宾县参加初中文化补课考试的职工1168人，技术补课考试合格的157人。当年还办有职工高中业余文化补课班4个243人；初中业余文化补课班4期，每期3个月，学员200人，兼职教师12人。

1984—1985年，来宾县办初中业余班，学员2148人，办高中文化业余补课班1个，学员35人，参加初中文化补课考试合格的有1168人；技术补课考试合格的有157人。武宣县共办34个初中文化补习班，学员1520人。象州县共办初中文化补课班69个，学员2913人。金秀先后开办8个初中班，学员225人。办单科高中文化补习班16个。1984—1988年，武宣县办成3期业余高中文化学习班，学员162人。举办成人高考，中考补习班各3期，学员641人。之后有139人考取成人高校、228人考上成人中专学校。1984—1990年，象州县开办高中文化补习班11班，学员412人，毕业289人；业务技术培训629人。

1985年，来宾县规定凡是应补课的职工如果没有取得文化、技术合格证书，调资时缓办。累计初中文化应补课对象2148人，经补课考试合格1660人，占应补人数的77.3%，技术应补课对象1094人，经补课考试合格847人，占应补课人数77.4%，同时还办有高中文化业余补课班1个35人，经考试合格28人。

1986年6月，来宾县职工初级补课已经结束，职工教育的重点进入中级技术培训阶段。县商业局办了一个为期35天的营业员中级技术培训班，学员28人。迁江糖厂对242名职工进行了为期2个月的培训，均取得预期效果。1987年4月，来宾县确定县商业局和迁江糖厂为县职工教育工作重点单位。到1988年底，全县岗位职务培训的干部151人，工人426人；参加技术业务培训的干部67人，工人356人。

1989—1990年，来宾县职工教育以岗位培训为主。企业职工有920名受到技术等级培训，1540人受到适应性短期培训，140名受到资格培训。至1990年底，来宾县职工中共有74人获高等教育自学考试专科毕业文凭。1989年后，武宣县停办各种业余学习班。

1992—1994年，象州县乡镇成人文化技术学校有11所，村级分校有121所，办长班46班、学员1915人，短班511班，学员21886人参加学习培训。

1999年，在来宾等地举办工商管理培训班，共培训地县属企业领导和中层干部324名，举办四期经济管理知识培训班，共有分管企业的副书记、副县长、厂长、经理158人参加培训。

2005年，全市共培训劳动力转移就业6198人，农村科技实用技术培训以及农民转岗培训198600人次，发放“绿色证书”198600册。“三后生”培训48250人，农村农民转岗培训3547人。

成人中等教育

1953年1月，合山煤矿公司河里矿场开办职工速成识字实验班2个，配专职教员2名，参加学习职工400名，分批脱产学习，每期50天。1954年秋，合山煤矿公司东矿场办职工业余学校1所，学校配专职教员5名。1955—1956年，合山里兰矿场和白鹤隘火车站各办职工业余学校1所。

1956年起，合山煤矿实行职工技术培训制度。1957年5月，合山东矿场业余学校有高中班1个，学生27人；初中班1个，学生40人；高小班3个，学生140人；初小班3个，学生120人。里兰矿场业余学校有初中班2个，学生100人；高小班5个，学生314人。

1958年，合山煤矿公司职工文盲、半文盲比例从1955年的70%下降到17.9%。是年，合山煤矿业余学校在读职工1324人，占职工总数的50%。业余学校使用广西统编职工文化教材，初小班附加矿场自编业余学校简易补充教材，每星期集中学习2~3次、每次2~3小时。

1959年，合山煤矿办各种轮训班12期，参加培训437人次。内容有采煤、爆破、瓦斯管理、抽风机械、机电等。

1960—1979年，因批判“白专”道路，成人教育培训工作中断。

1974年，境内来宾县、象州县、忻城县、武宣县、金秀瑶族自治县先后办起农业机械化技术学校。武宣县创建农业机械学校，以培训中拖、手拖、动力机机手和农业机械修理工为主要任务。

1981年9月，合山电厂职工学校创办，设校长和教导主任各1名，专任教员8人。学校有教学楼1幢，教室11间，面积823平方米；配有双人课桌135套，单人课桌100套。各种教材1500套，图书3985册，参考书一批。进校学习的职工23名，脱产学习9个月，考试合格12人。

1981—1990年合山电厂选送324名职工到自治区内外大专院校进行业务短期培训，并举办生产工人技术培训16次，共919人。

1982年，武宣县在县城城北路头窝岭成立武宣县农业中学。合山矿务局创办职工业余学校13所，校舍面积3400平方米，职工教育以补习文化课为主，补课对象为1968—1980年间初、高中毕业的在职干部和工人。分脱产和业余两种形式。教材采用普通中学课本，科目有语文、数学、政治。合山电厂职工学校办初中补习班1个，学员39名，脱产学习9个月，考试合格29人。同年8月，办初中、小学短期补习班各1个，参加学习80人，考试合格率80%。

1983年，合山电厂有330名职工参加高中文化课补习。1984年9月，武宣县农业中学改名县农业技术中学，开设农作、畜牧兽医两门专业课。

1986年9月，武宣县农业技术中学增设植物保护、土壤肥料、果树栽培、植物生理四门专业课。10月，易名武宣县职业技术中学。是年，合山矿务局开展岗位业务培训，规定技术人员执证上岗。参加培训人员2400名，经考试合格2390名。举办各种短训班7期，参加培训263名，经考试合格244名。至年末，合山矿务局已有3459名职工参加文化补课，占应参加补课人数的99.2%，合格率98.26%。1986—1990年，合山市属厂、矿、场职工技术培训2402人次。

1987年秋，武宣县职中始分专业班，进行专业技术教学。有农作班45人、园艺班50人、畜牧班42人、体育班32人，学制两年。

1990年，武宣县创建农业机械学校，校舍建筑面积2200平方米，置有大型拖拉机3台、手扶拖拉机5台、汽车1辆、配套电焊机1台、氧焊设备1套、电教设备1套及示教板、模型50件等，直属县农机局领导。是年，合山电厂有664名职工取得初中文化合格证书，32名职工取得高中文化合格证书，42人取得双科合格证书，84人取得单科合格证书。是年，经地县两级政府审定，象州、来宾、武宣、金秀、忻城、合山6个县市农业机械化技术学校具备成人中等学校办学基本条件。确定为成人中专学校。

1990—1995年，象州、来宾、武宣、金秀、忻城、合山6个县市农业机械化技术学校分别获得国家农业部授予“四有(有教学基地、有师资队伍、有教学设备、财务独立)”农机校称号。

1991年底，武宣县教师进修学校设卫电师专班，招收参加大专学习的学员(均为在职教师)，1992年，招收卫电大专学员。1993—1995年，广西师范大学在武宣县教师进修学校举办小学教育大专助考班，

2001年浙江师范大学在武宣县教师进修学校举办学历教育函授班，三年制，本科，汉语言文学专业。

壮文教育

1982—1987年，境内部分县先后恢复壮文学校，有的还新建了壮文学校，举办壮文师资培训班，在部

分小学开办壮文试点班。

1984 年，来宾县壮文学校建成（总投资 31.5 万元，其中自治区民委、语委、财政厅拨款 27 万元，县财政拨款 4.5 万元）。至 1987 年，先后办壮文师资培训班 5 期，培训教师 200 人。是年，来宾县小学壮文班有 4 个年级 39 个班，学生 1214 人。忻城县壮校恢复后，先后办多期壮文师资培训班，培训学员 400 人。1985 年 9 月，武宣县实施壮文进入全日制小学。该县语委在新龙乡的良水、古龙、平良 3 所村小开办壮文试点班。

1986 年，武宣县建成壮文学校。至 1987 年，共培训师资 6 期，共 159 人。培训期间，自治区语委拨给经费，属于在职教师的每人每月补助 9 元，属于代课教师和群师的均按月补助 30 元。1987 年，象州县建成壮文学校，并举办群师短训班 1 期，学员 30 人。

1988 年 8 月，来宾县壮校改名为来宾县民族中学。首届招收 1 个班，学生 45 人，招生对象是壮文试点班毕业的学生。是年，武宣县村小壮文试点班发展到 17 个班，学生 600 人。自治区语委每年按每生 20~30 元拨给经费，解决学生学杂费和购置仪器等。试点班的学制与课程，与普通小学相同，增设壮文课。试点班学生毕业后进县壮校念初中，再升高中。象州县语委在大乐、马坪、象州等乡镇壮族聚居的村庄进行壮文扫盲试点；在马坪乡中学和新庆小学进行壮文教学试点。忻城县民族中学课程除按普通中学开设外，还开始增设壮语文必修课。1988—1989 年，象州县办“补习班”，每年 2 个班，每班约 50 人，以复习初中功课为主，兼学壮文，经过学习，学生可报考高中、中专和民族院校。

1991 年，自治区召开“壮文进学校”工作会议，确定壮文学校归属教育部门管理，进行“壮文进学校”试点。境内保留来宾县五山乡六贝村完小、寺山乡六力村完小为试点（也称“双语教学”）学校。武宣县在新龙乡各小学进行“壮文进学校”试点工作。1994 年，各县语委及壮校（部分县改称民族中学）仍继续推行壮文工作。

1995 年 5 月，武宣县民族中学迁到新龙乡初级中学，校名改为武宣县新龙民族中学。该校除开设普通中学科目外，还增设壮语课。壮语教学从学前班—小学—初中成为“一条龙”教学。

1997 年 5 月，自治区教委民族教育处领导到来宾县五山乡六贝村完小、寺山乡六力村完小检查教育工作。1998 年 12 月，六贝村完小被授予“广西自治区民族团结进步先进集体”称号。

2002—2005 年，兴宾区五山乡六贝村完小、寺山乡六力村完小等学校一直开展壮汉双语教学，壮语教学得以传承。

第四节　成人高等教育

成人高等学校

广西广播电视大学来宾市分校前身是 1979 年 2 月建立的广西广播电视大学柳州地区教学辅导站，在地区教育局内办公。1986 年 11 月，成立广西广播电视大学柳州地区分校。2003 年更名为广西广播电视大学来宾市分校。广西广播电视大学来宾市分校是来宾市直属的一所成人高等学校，由来宾市教育局管理，教学业务接受广西电大指导。广播电视大学是一所采用广播、电视、网络、文字等多种媒体进行远程教学的开放式新型大学。

1979 年起，学校先后开设有电子、机械、工民建、制糖、电器、工业自动化、工业企业管理、财务会计、铁合金冶炼、统计、行政管理、市场营销、经济管理、机电、法律、新闻、档案、师范英语、汉语言文学、数学、计算机技术等专业。

1987 年起，招收全日制专科教育班，有英语、汉语言文学、计算机技术等专业，2006 年停止招收全日制专科班。

电大大专学历教育招生有成人班、普通班、普转成班 3 种形式。成人班生源主要是干部职工和部分待业青年，通过全国成人高考录取，业余学习，在各县（市、区）办班。普通班、普转成班在普通高考中录取。

2000 年起，实施教育部“人才培养模式改革和开放教育试点”项目，是年秋季学期开始招收开放教育本、专科班，主要有法学、金融学、汉语言文学、英语、会计学、行政管理、小学教育、学前教育等专业。

2005 年，学校“人才培养模式改革和开放教育试点”项目通过教育部专家组评估验收。2005 年校址位于柳州市柳邕路 379 号。

成人高考和自学考试

1984 年起，各县（市、区）开始参加成人高考和高等教育自学考试。成人高等教育自学考试的考生，每年上半年、下半年各参加考试一次。2003—2005 年，成人高考报名人数分别为 4913 人、2299 人、1816 人，录取人数分别为 4245 人、1999 人、1727 人；参加自学考试分别为 11185 人次、8281 人次、5744 人次。

第五节　老年大学

1991年9月3日，柳州地区老年大学成立，位于柳州市友谊路5号原柳州地委大院内。2003年，来宾市成立后更名为来宾市老年大学。老年大学由老干部局主管，日常工作由老年大学校务会负责管理。

课程设置

学校创办之初，只开设书法、舞蹈共2个班，在校学员130人。后来逐步增设国画花鸟班、国画山水班、诗词班、篆刻班、烹调班、音乐班等，2005年在校学员400多名。至2005年，学校共组织校级的书画展55次，歌舞文艺表演170余场，气排球等体育比赛近40场，到机关、工厂、学校、乡村等地汇报和交流表演140场。20多年来，学员的诗词、书法、国画、摄影作品、入展地市级的有1263人次，入展自治区的有615人次，入展全国的有208人次，其中一些作品还荣获等级奖励，有的作品还漂洋过海，入选海外华人社团展览。

经费和师资来源

老年大学的经费主要来自财政拨款。建校初期，学校经费是根据需要报批划拨，来宾建市后，逐步将学校经费纳入财政预算，每年财政给老年大学划拨预算资金3万~5万元，用于教学设施的添置，设备维护升级，解决教师、管理人员工作报酬等教学开支。老年大学的教师系从原柳州地区、来宾市直学校任过教的政治素质好、专业知识强、教学水平高、热爱老年教育的老师中选聘。

第六节　特殊教育

1990年以前，来宾市境内特殊教育工作发展十分缓慢，一些轻度弱智儿童就近入学读书，个别盲聋哑的孩子在家庭条件允许的条件下到南宁或桂林等市聋哑学校就读。长期以来，绝大部分聋哑盲和弱智儿童入学的愿望难以实现。

1992年，来宾、忻城、象州等县的7个小学对7个盲童进行盲童随班就读的试点工作。1994年，来宾县、忻城、象州创办县特殊教育学校，开设语文、数学、美术、体育等课，按教学大纲的要求进行语文数学考试。

2002年，市教育局与残联联合开展了“扶残助学”项目，全市有117人获得每年1000和300元不等的助学金补助；市残工委制定爱心助残万人康复方案，“聋儿康复”“低视力康复”均纳入方案，由财政拨出专款，建立示范语训部，为聋儿配助听器，为低视力配助视器，并培训家长38名，为残疾孩子提供服务。

2005年，全市有80名贫困残疾学生享受中国残联专项彩票公益助学项目，连续三年得到每人每年1000元的资助。是年，全市有特殊教育学校4所，23个教学班，在校生484人（其中随班就读300人），其中盲、聋、哑学生155人，弱智学生329人。

兴宾区特殊教育学校

1993年8月，来宾县特殊教育学校成立，位于来宾市爱华路69号，占地面积2000平方米，建筑面积1060平方米。1994年9月始招收新生。是兴宾区唯一一所专门招收聋哑、弱智等残疾儿童的学校，学生全部在校寄宿。实施九年义务教育学制。1995年，学校被评为自治区级先进单位。2002年，荣获来宾县庆“六一”实施《中国“小公民”道德建设计划》文艺演出优秀奖、荣获来宾市兴宾区中小学生文艺会演特别奖；2003年，选送《今天是你的生日—中国》《播下希望（舞蹈）》分获自治区残联、教育厅、文化厅、广电局共同举办的第二届全区盲聋培智学校学生艺术会演表演二等奖、优秀奖。2003年改称兴宾区特殊教育学校。2005年，有教职工34名。

武宣县特殊教育学校

武宣县特殊教育学校位于武宣镇西街34-3号。学校设校长1名，教职工5名。校园面积1400

2001年，来宾县有关部门领导到县特殊教育学校调研

平方米，其中建筑面积400平方米，开办资金36.95万元。

1997年，武宣县在县实验小学一隅创办武宣县特殊教育学校，并于当年6月建成。学校占地470平方米，校舍建筑面积340平方米，其中教室160平方米，办公室40平方米，生活用房140平方米，总投资16万元。当年招收14名聋哑、弱智儿童，教师2人。2001年，上级下拨2.7万元资金作添置仪器设备用；2002年，武宣县残联、教育局拨出1.2万元资金用于改善生活设施。长期以来，武宣县特殊教育学校无独立校园，无人员编制，无领导机构，由县实验小学代管，人员占用实验小学的指标或借调。2004年，自治区教育厅下拨20万元资金，武宣县财政配套5万元，用于特教学校建设，将学校迁至武宣镇西街34-3号武宣镇第一小学一隅重建。工程于2005年5月动工，是年11月竣工。

第八章　少数民族教育　社会办学

来宾市是广西少数民族聚居的主要地区之一，辖4县一市一区，境内有壮、瑶、苗、侗、仫佬等少数民族，少数民族人口占来宾市总人口的75%。境内有的县既是民族县，又是山区县，这些地区山高路陡，居住分散、交通不便，不仅经济落后，教育也落后。发展民族教育，成为各级党委、政府及教育行政部门的共识，加快民族教育改革和发展的步伐，采取办民族学校、在普通学校设置全寄宿制民族班等办学形式，使少数民族教育得到长足发展。中华人民共和国成立之后，来宾市域内少数民族教育事业得到迅速发展。

在改革春风吹拂下，来宾市社会各界更加重视关心支持教育事业，一些有识之士，纷纷筹集资金兴办学校，推动来宾的教育更快更好发展。

第一节　少数民族教育

土司教育

明宣德元年(1426年)，宣德帝朱瞻基准奏，罢忻城县学。忻城县儒学自开办至革除，历时56年，期间土民子弟可入学者无几。第四任土官莫廷臣(1499—1535年)，承袭为官后，感缺文化之苦，约在明正德末年嘉靖初年(1521—1523年)间，首先在县衙内设官家私塾，“延名士，聚宫族子弟课读其中”，教授子侄，苦读诗书，娴熟治世文略，并将列祖列宗事绩，刻板复印，垂训后代。第六任土官莫镇威(1547—1610年)，承袭为官后不久，于明代万历三年(1575年)开办社学一间，律子课读。第十一任土官莫元相(1667—1730年)，清康熙四十八年(1709年)，钦准世袭土官。曾作《劝官族示》悬于土县衙署前，要求族人“耕读保家”。

第十二任土官莫振国(1690—1724年)，清康熙五十三年(1714年)承袭为官后，出面募捐，在土县衙署右侧建立义学3间，延名士掌教，聚官族子弟暨堡目土民俊秀者，肄业其中，并悬《教士条规》十六则悬于讲堂之上以示生童，悬于署外，让邑人观诵，以期感化。有不敢来学者，辄亲往劝导激励。“每春耕劝农外，复面谕各堡目土民，务以读书为急”。从此，文教之风渐起，鄙陋之弊渐除。第十三任土官莫景隆，袭职后，继续延名士掌教，聚官族子弟、选堡目土民中较聪颖之少年入学。光绪三十三年(1907年)，湖南人谭兆梗莅忻城任弹压，对土司之于土民子弟读书应试苛刻限制甚为不满，号召地方人士支持兴学。宣统元年(1909年)，忻城土县根据清学部的要求，施行《癸卯学制》，在城厢西宁街原火神庙处建立第一间初等小学堂。莫氏土司世袭统治忻城长达400余年，朝廷既不派一名教师到忻城任教，又不拨分文给土官办学，足见其办学之艰难。

民国22年(1933年)，广西省政府实施苗瑶教育所需经费由省政府核定拨支的政策。忻城县板六乡所设立的特种部族国民基础学校，其经费均由省拨款开支。民国23年1月，广西省府成立特种教育(又称边疆教育)委员会要求在边远山区特种部族创办学校，特种教育的对象是省内落后的边疆特种部族的子弟。民国26年，境内特种教育区域有中心国民基础学校16所，其中，金秀4所，忻城1所；有基础学校166所，其中，迁江1所、忻城12所、金秀31所。在校儿童数为6023人，民国37年，各县特种教育不受重视，许多学校停办。

少数民族教育

1950年后，境内各县人民政府帮助少数民族发展经济和文化教育事业，除积极恢复和改造旧有学校外,还在少数民族聚居的地方有计划有步骤地新办中学、小学,方便少数民族子女进入学校读书。

1958年"大跃进"时期至其后的3年国民经济暂时困难时期,民族教育工作处于停顿状态。"文化大革命"十年(1966—1976年)间,少数民族教育受到严重摧残。

1980年秋,境内各县(市),在符合条件(少数民族、农业人口)的考生中从高分到低分录取初、高中生,没有分数线的限制。1981年,来宾县壮文扫盲在寺山、良江、迁江、南泗、五山等乡镇的部分壮族村屯铺开。

1983年,忻城县把遂意乡增仰小学改为遂意乡增仰民族小学。1984年,忻城县把马泗乡五龙小学、古蓬镇古稠小学改为民族小学。忻城县人民政府对五龙、增仰、古周、新村等4所民族小学实施免费入学。头3年享受免费入学的少数民族学生达3770人次,免费金额达5.26万元。是年,来宾县小学壮文试点班在部分壮族聚居的乡村开办。

1985年3月,自治区教育厅、财政厅和民委联合通知,在金秀举办寄宿制民族高小班,每县招生2个班,每班50人;在金秀举办寄宿制民族初中班,学生全部来自农村,附设在县城中学内,每年招生1个班,每班50人,学制3年。1986年秋,来宾县创办县民族中学;平阳乡创办私立民族中学,当年招收4个班,学生173人,每周开设2节壮文课。1988年,忻城县壮文学校改为忻城县民族中学,重点负责少数民族学生的初中教育。1991年,来宾县恢复推行壮文工作委员会,并同时恢复县壮文学校。金秀在县中学开设民族初中1个班,特别照顾边远山区瑶族子女,且采取定向招生办法,使每个乡都有学生升学,学生入学全部免费,寄宿生可向学校借用被子、蚊帐、垫毯,家庭经济特别困难的学生还可增加助学金和发给衣服,成绩优秀者可获奖学金。民族班经费由自治区民委及县财政专项拨款。

2003年金秀兴办民族寄宿制学校,扩大民族班的招生规模,有小学民族班16个,在校生640人,初中民族班3个,在校生150人,高中民族班3个,在校生150人。

2004年,金秀瑶族自治县通过举办民族寄宿制学校和开办民族教学班的形式,发展民族教育。有民族寄宿制小学50所,在校寄宿生3560人;民族寄宿制中学8所,在校寄宿生2130人。有小学民族教学班18个,在校生720人;初级中学民族教学班5个,在校生250人;高级中学民族教学班3个,在校生150人。是年,县财政每班下拨1万元的民族经费,用于民族班学生的生活补助。至2004年止,民族教学班共培养少数民族学生10000多人。

2005年,全市有小学双语教学班36个,在校生1505人;民族初中班9个,在校生450人;民族高中班9个,在校生450人。

学校选介

来宾市民族中学　来宾市民族中学的前身是来宾县壮文学校,创办于1956年11月。1984年迁至今来宾市文化路184号。1988年8月,县壮校改为民族中学,属县直学校。首届招1个班45人,生源来自良江、寺山壮文教学点毕业的高小毕业生。时学校设一名壮语教研员、主管县内壮文教学点的壮语教学。2002年12月来宾市兴宾区成立后,学校更名为兴宾区民族中学。2003年4月25日,学校划归来宾市教育局直属中学,改称来宾市民族中学。2005年,学校教职工116人,其中大学本科以上75人,高级教师13人,中级教师57人;有25个教学班,在校学生1910人,初中生1569人,高中生341人,其中初中寄宿制民族生300人,高中寄宿制民族生150人,学生来自全市各县(市、区)优秀的小学和初中毕业生,有壮、苗、瑶、仫佬、汉等民族学生。学校下辖寺山乡六力完小和五山乡六贝完小两个壮文点670多名学生,每个学年优先录取两个壮文点50名学生到校就读初中。学校创办十多年来,曾先后被评为市级以上先进单位5次,县级以上先进单位8次,获得县级以上集体荣誉56次,有2名教师为国家级人才,4名教师被评为自治区先进个人,市级先进个人8人,县级先进个人18人次。

金秀瑶族自治县民族高中　金秀瑶族自治县民族高中,前身为大瑶山瑶族自治区(县级)初级中学,创建于1954年。1958年秋季开始招收高中班,同年更名为大瑶山瑶族自治县中学。1966年,大瑶山瑶族自治县改名为金秀瑶族自治县,学校随之改名为金秀瑶族自治县中学。1993年,各乡镇的高中全部撤并入自治县中学,自治县中学成为自治县唯一的一所高完中。1993年,桐木中学高中部并入自治县中学。1998年8月,金秀镇中学并入自治县中学。2002年秋季学期,实施高、初中剥离办学,学校随之易名为金秀瑶族自治县高级中学。2005年,学校占地面积201亩(其中八角林基地170亩),建筑用地

31亩。有多媒体教室1间,186平方米;网络教室2间,197平方米;理、化、生实验室5间,共279平方米。学校还建立起校园网络,实现“校校通工程”。学校有阅览室1间,200多平方米;图书室1间180平方米,藏书量8万多册。

第二节 社会办学

社会办幼儿园

1991年,来宾县社会力量办学重点放在幼儿教育。1992年9月,合山市第一所民办幼儿园,园址在石村西区。建园之初,有1个教学班,1名教师,42名学生。课程设置有语文、数学、音乐、美术等,辅助教学设备有跳绳、木马、变形金刚等。

1993年,象州县创办新苗幼儿园和向阳幼儿园。

1995年,象州县社会力量办学幼儿园11所,幼儿教学班15班,入园儿童224人,在园儿童272人。

1996年,来宾县社会力量办学在校学前班491人、幼儿园549人。象州县“育苗幼儿园”“光明幼儿园”“个协幼儿园”“东美幼儿园”相继开办。

1997年,来宾县全县已有社会力量办学前班36个班1596人。象州县第一所乡镇民办幼儿园中平西街幼儿园成立,象州县增加“中平西街”、县城“桥东”和“幼稚”三所社会力量办学幼儿园。1998年2月,合山市“小太阳幼儿园”创办,地址在北泗街东巷24号,办学当年有1个混合班,学生21人,1个教师,1个工勤人员。同年,里兰矿区内亦创办了“糖业幼儿园”。

1999年7月,武宣创办小红帽幼儿园,属小红帽教育集团。地址位于县城高立山脚下县工商局后面,占地2000多平方米。是年9月,合山市“童心幼儿园”创办,共有2个班,其中有1个小班,1个混合班,学生60人,教师2人,园址在合山市中心市场二楼。同时创办北泗乡“鸿发幼儿园”。

2000年,来宾县全县社会力量办幼儿园有33所。象州县社会力量办学幼儿园11所,幼儿教学班41班,入园儿童708人,在园儿童1128人。金秀有幼儿园15所,26个班,在园幼儿650人,教职工49人。合山市在市河里乡农行大院创办“蓝天幼儿园”。忻城县创办小红帽幼儿园,为社会力量集资创办的一所连锁幼儿园。

2001年,来宾县社会力量办学增加老街第一幼儿园。合山市有“蓝天幼儿园”,地址在合山市河里乡农行大院内,有大、中、小3个班,学生37人,教师3人,办学形式为日托,教学设施有滑梯、摇篮、电视机和一些普通玩具等。同年创办的还有里兰幼儿园、春蕾幼儿园、新苗幼儿园、苗苗幼儿园和新世纪幼儿园等。

2002年,合山市“路口幼儿园”创办,园址在合山矿务局总公司内。初办时有大、中、小三个班,学生100人,教师6人。兴宾区有社会力量办学幼儿园28所,在园人数1805个,其中学前班13个班265人。象州县社会力量办学幼儿园达33所,幼儿教学班72班,入园764人,在园儿童1461人。是年底,《中华人民共和国民办教育促进法》颁布实施。

2003年,象州县增加石龙“新苗”、马坪“新苗”、上山“春苗”、妙皇“星星”等19所社会力量办学幼儿园。合山市增加“阳光幼儿园”和“连心幼儿园”。阳光幼儿园地址在柳矿原工行内,初办有2个班,学生25人,教师2人,教室4间,辅助教学工具有电视机、滑梯、小赛车及一些小玩具。连心幼儿园在市人民中路原小电影院旁,初办时有大、中、小3个班,学生40人,教师3人。同年创办的还有岭南开发区内的“欢欢幼儿园”。

2004年9月,合山市“中路幼儿园”和“桂中厂幼儿园”创办。中路幼儿园初办时有3个班,学生104人,幼儿教师有3人,工勤人员1人,园址在人民中路。桂中厂幼儿园园址在桂中厂二区。象州新增17所社会力量办学幼儿园。

2005年,武宣小红帽幼儿园因房地产开发,迁至县城仙蜜路县农机管理中心(局)院内续办。兴宾区全区社会力量办幼儿园58所,153个班3584人,其中学前班43个1109人。合山市“河里街委幼儿园”创办,地址在原河里小学内,初办有2个班,学生37人,教师2人,开设有语言、计算、美术、手工、音乐、舞蹈等课程。合山市全市已有民办幼儿园14所。象州县经审核合格办有《中华人民共和国社会力量办学许可证》的幼儿园(班)19所。其中集体办园4所,个体办15所。年末,全市共有民办幼儿园126所。

社会办中小学

1991年,来宾县良塘乡开办有民办中学,县政协牵头创办协群中学。象州县政协牵头创办象州县育才中学。

1992年,来宾县有业余小学89个教学班,学生有1971人,毕业13个班218人。其中,高安乡、南泗乡、凤凰镇学生比较多。经忻城县教育局批准，民盟忻城县支部接管芝州职业学校，更名为忻城县芝州民族职业中学，招收1个中师班，6个初中班和1个补习班，在校生243多人。是年，合山市民办中兴初级中学建成，校址在今合山市第一初级中学附近。校园面积1万多平方米，校舍面积2042平方米。有教学楼一栋(8间教室)、学生宿舍楼一栋(265平方米)，此外还有教师宿舍、学校食堂、洗澡间、卫生间、篮球场等，基础设施齐全，课程开齐开足。中兴初中有教师52人，多为市内退休的初中教师。办学初期有4个教学班，254名学生，后来曾发展到有11个教学班，650名学生。

1993年，来宾县有业余小学135个班，学生3012人，毕业37个班825人。南泗乡、凤凰镇、大湾乡、陶邓乡、良江乡办业余小学班数比较多。象州县朱芳湘在农科所开办湘寰中学，有教学班3个，在校学生123人。

1994年，来宾县有业余小学110个班，学生2537人，毕业29个班682人。象州县莫大荣在大乐镇开办希望中学，有教学班4个，在校学生236人；韦昆荣在妙皇乡开办妙皇附中，教学班4班，在校学生164人。黄茂田接管(罗秀)湘寰中学，更名为“(罗秀)民族科技中学”，有教学班4个，在校学生108人。是年，因普及九年义务教育，民族科技中学、希望中学、妙皇附中3所初中停办，在校的初中生分别转移到所在的乡(镇)中学就读。同年，象州县育才中学停办，在校的初中生转移到县初级中学、象州镇中就读。

1995年，来宾县社会力量办学在校生有2578人，其中业余小学有91个班2047人，毕业班有19个413人。是年，合山民办新兴初级中学在东矿老粮所开办，设初中部和小学部。校园面积共6500平方米，除了有教学楼、办公楼、学生宿舍楼、学校食堂、厕所、篮球场、活动场等办学设施外，还有一个有15台微机的电脑室。金秀桐木镇仁里村山厂屯村民陈祖德创办“山厂高小班”在校学生30人。忻城县芝州民族职业中学因生源等原因停办。合山市中兴初中因生源不足停办。

1996年，来宾县社会力量办学在校中小学生有1469人，其中业余小学67个班1436人，毕业7个班372人。是年，金秀七建乡第一所民办中学“育英中学”开办，在校生有150人。

1997年，来宾县有社会力量开办的中学有2所，在校中学生441人，小学10所1975人；业余小学40个班747人，毕业150人。是年秋，华黎小学于城厢乡新马村地开办，占地面积4800平方米，有8个教学班400多名学生，13名教师。覃美莲在金秀七建乡续办“育英中学”，招收初中1~3年级学生，每年就读学生在90人左右。合山市民办古州小学开办，校址在里兰村民委古州屯村。1998年，金秀桐木镇山厂高小学停办。是年，合山市民办古州小学在原有的基础上创办古州初级中学，校园面积共有21000平方米，建有三层教学楼2栋，教室24间，还有办公室、学生宿舍、食堂、厕所、活动场所等。该校在高峰期有中小学生多达1050人，教职工达70人。

2000年，来宾县社会力量开办的中小学学校共有19所。其中在县城的中学有1所，小学10所。在乡镇的小学有寺山乡4所，石牙乡1所，七洞乡1所，迁江镇1所，三五乡1所。县城11所学校在校生4425人，乡下8所小学在校生2097人，总合计为6522人。

2001年9月10日，来宾县首家民办外语特色学校，第一所实验中学来宾县亚西实验高中开学。学校有19名教师，从小学一年级至高中一年级共有13个班500多名学生。象州县李春光在县城中医院旧址开办“象州县春光小学”，有教学班6个，在校学生81人。武宣县朗村初中在二塘镇朗村村民委开办，当年招生197人，教师8人。武宣县二塘镇大琳村民委所在地开办大琳初中，当年招生167人，有教师10人。

2002年，兴宾区共有社会力量开办的中小学21所。其中在县城中学2所，小学11所，在乡下小学8所。小学生在校5347人，教职工181人；中学在校生380人，教职工31人。是年，合山市古州初级中学因管理不善停办。南宁地区民办红河高中租用合山矿务局合山技校的校舍场地创办合山红水河中学，招收高中生6个班，学生420人，教职工25人。

2003年，兴宾区社会力量开办中小学共有21所。小学19所，在校学生4725人，其中毕业生904人，教职工162人；中学2所7个班562人，教职工31人。是年，金秀育英中学因故停办。合山红水河中学因生源太少停办。

2004年，在国家实行“两免一补”政策前，兴宾区原有19所民办小学，停办了5所，继续办学14所，在校生有2944人，其中毕业生556人，教职工126人；中学1所，3个班221人，教职工22人，原亚西实验中学划归来宾市教育局管辖。象州县春光小学有教学班6个，在校学生142人。合山市民办古州小学有学生970人(含教学点)。国家实行“两免一补”政策后，各校生源逐步减少。

2005年，兴宾区社会力量开办中小学共15所。其中小学14所，在校学生2678人，毕业生530人，学前班人数441人，教职工121人；中学1所，3个班177人，毕业班1个班62人，教职工22人。贵港人蒙桥在武宣镇草厂村民委草厂初中(也曾办过武宣镇第二中学)原址创办一所私立高完中——武宣县仙城中学。当年招初中8个班564人，高中4个班224人，教职工56人。仙城中学校园面积64032平方米，建筑面积26518平方米，其中教学用房12409.2平方米，学生宿舍11200.8平方米，其他用房2548平方米，建筑总造价1591万元。

2005年全市民办学校的情况：高中学校10所(含完中3所)，学生9072人。初中6所(含完中3所)在校生2244人。小学12所，在校生2193人。

社会办学管理

1993年，来宾县、象州县教育局严格审批办学手续，建立学籍登记卡，提高办学质量。1994年，来宾县征收社会力量办学管理费36433元。象州县教育局协助湘寰中学办好法人的换证和校产的移交，由黄茂田接管，更名为“民族科技中学”；同年，教育局领导多次到妙皇附中检查指导工作，研究如何巩固学额，提高教育质量等问题。1995年，注册登记的社会力量办学单位来宾县有50所，象州县有11所。

1996年，来宾县经审批并办有社会力量办学许可证的中学有3所，小学4所，学前班11个，幼儿班17个。被评为优秀等级的有：县总工会幼儿园、协群中学、春苗幼儿园。

1997年，来宾县教育局给符合条件社会力量办学的中小学、幼儿园在职教师办理代课教师证。1997年，象州县教育局对全县11所办学单位进行检查评估，达到优秀等级的有：象州县育才中学及新苗、小天使、幼稚3所幼儿园。合山市教育局将民办中小学校纳入统一考核和管理，每学期期末考试统一试卷，统一考试、统一评卷。

2000年，来宾县教育局对19所社会力量办学的中小学进行年度评估。2001年，象州县教育局、卫生局、妇保院三个单位联合组成卫生保健评估小组，对全县社会力量办学学校(机构)、幼儿园进行卫生保健检查。同年，县教育局组织相关部门深入到各镇(乡)社会力量办学单位(机构)进行安全、卫生、办学条件的检查评估。合山市组织力量对社会力量办学进行检查评估。

2002年，来宾县教育局对全县境内审批的20所中小学、32所幼儿园(班)进行校园建设、教育教学质量年度审查。合山市民政局、合山市教育局对全市民办学校和民办幼儿园进行了年度检查。象州县教育局在新苗幼儿园举行幼教课堂教学观摩活动。

2003年，来宾市通过招商引资，创办全日制普通中学来宾市红水河中学。合山市民政局组织力量对全市社会力量办中小学和幼儿园进行年检。象州县教育和科技局、县民政局联合对全县47所社会力量办学幼儿园进行办学条件及安全卫生检查评估。兴宾区教育局主管部门定期组织相关人员到各学校、幼儿园开展督促、检查、指导工作。

2004年7月，香港杜氏企业公司在来宾市重新注资上千万元接管来宾市红水河中学，校址设在来宾市党校校园内，与来宾市党校签订了13年的场地租用合同。合山市民政局对民办幼儿园进行年检。兴宾区教育局对兴宾区审批的15所中小学、28所幼儿园进行教育教学年度评估。

2005年，象州县有12家单位申办幼儿园，该县教育行政主管部门给予其中符合条件的7所幼儿园办理了“中华人民共和国社会力量办学许可证”。同年，象州县非公有制社会力量办学机构统一由县教育和科技局的基教股管理。兴宾教育局主管部门常到社会力量办学单位检查指导学校教育教学工作。合山市人民政府办公室下发《合山市人民政府办公室转发合山市教育部门(单位)关于幼儿教育改革和发展指导意见的通知》，合山市民政局对全市民办幼儿园进行年检。来宾市红水河中学与来宾市第一中学联合办学，有高、初中共10个教学班，560名学生，教职工55人。其中中学高级教师10人，中学一级教师8人。

第九章　招生考试

清末，废科举兴学堂，尚无高等小学堂毕业生，只好招儒学员任教员，作为新旧教育制度的过渡办法。光绪(1908年)六月，学部颁发《限制招考章程》规定中学堂招收曾在高等小学堂及与高等小学堂程度相等的学堂肄业二、三年级的学生。年龄在15岁以上、20岁以下，已读《孝经》《四书》、文理通顺可考选入学。

民国1年(1912年)，教育部《中学校令》规定，初级中学新生入学资格须在高等小学校毕业或具有同等学历。如具有第一种资格的人数超过招生定额时，应进行入学考试，择优录取(如高小毕业生不超过中学招生人数，可直接升入中学)。考试科目为语文、算数两科。凡具有第二种资格的，必须经过入学考试。同等学历的，考试科目有国文、算数、历史、地理。中学招生考试由各校自行办理。自民国至中华人民共和国成立初期，考生不受地域限制，可跨越县市区投考。

民国22年(1933年)，广西省政府《中等学校招生暂行规定》：高级中学招收初中毕业生和与初级中学初中同等学校毕业生；如无上项资格，确具有同等学历的也可招收，但不得超过录取总额的十分之二。初级中学只招高小毕业生，如无上述资格，确具有同等学历的亦可招收，但不得超过录取总额的十分之三。考试科目，高中为国文，英语，算学、公民、理化、史地、生物；初中为国文、算学、常识。

中华人民共和国成立后，于1952年颁布《中学暂行规程(草案)》。规程(草案)规定：报考初级中学12足岁，高级中学15足岁，各地可根据情况酌情增减。凡小学毕业或具有同等学历者可报考初级中学，初中毕业或具有同等学历者可报考高级中学。不分性别、民族、宗教信仰，经入学考试择优录取。强调学校向工农开门。1952年7月，广西省成立中等学校招生委员会，来宾市境内原属宜山专区，境内各县市区考生须赴宜山或柳州市进行考试。高中招生由省统一命题，按考试地点集中考试，专区组织评卷录取新生；初中招生由专区命题，分县考试评卷录取新生，此项制度沿用至“文化大革命”前。考高中考试科目有语文、数学、史地、理化、政常、外国语；考初中考试科目有语文、数学(算数)。录取新生开始对考生进行体格检查。

“文化大革命”期间，初中、高中取消招生考试。1969年7月，自治区革命委员会政工组通知，在招生考试中要认真执行党的阶级路线，采取领导群众相结合，推荐和选拔相结合的办法，优先录取工人、贫下中农、革命军人、革命干部和革命烈属子女，招生数目根据各地实际情况而定，实行“自愿报名，群众推荐，领导批准，学校复审”的招生政策。中学招生人数剧增，所招初中新生实际上没有达到小学毕业程度。

1977年恢复招生考试制度，凡应届历届小学毕业生或同等学历的都可以报名参加升学考试。高中招生考试由地区(后由自治区)统一命题，按县组织考试评卷及录取新生。初中招生由各县统一命题，按公社(乡镇)组织考试、评卷及录取新生。地区、县设招生委员会及办公室。

1985年，初中招生考试由县(市)统一命题、组织考试、评卷及录取新生。考试科目：语文、数学。1992—2004年，中考由自治区组织命题，各地、市教育局组织评卷。

1998年(含)以前，中考考生填报志愿时，中专与中师志愿不能兼报，只能填报二者之一加高中志愿。

1999年后，国家招生政策改革，大中专学校毕业生就业市场化，自主择业，国家不包分配工作，加上普通高校扩大招生，大多数中考考生转向报读普通高中，曾一度相当热门的普通中专、中师学校招生困难，一些此类学校不得不转型办学。

2002—2004年，开始实行高考标准化考试，考生的高考成绩以标准分的形式体现。考试科目为3+X。3是指语文、数学、外语三科；X是指22个科目组合，由考生任选其中一组报考。在2002年、2003年的高中标准化考试中，本科与专科的考试是分开举行的，本科为全国统考，专科为广西联考。标准化考试总赋分为900分。

2003年5月，来宾市招生考试院成立，负责全市的普通高考、普通中考、成人高考、自学高考的日常管理工作和考务管理工作。2003年起，中等师范学校停止招收中师生。

2005年，中考的命题和评卷工作下放到各市，由各市教育局统一组织。招收中考考生的学校为：普通中专学校、中等师范学校和普通高中。高考恢复采用原始分体现考生的成绩。统考科目为3+综合。3 是指语文、数学、外语三科；综合是指文科综合(政治 + 历史 + 地理）和理科综合(物理 + 化学 + 生物)。总赋分为 750 分，考试时间为每年 6 月的 7、8 两日。报考体育、艺术类的考生要另外加试专业课程。

第一节　小学与中学招生

清末，规定初等小学堂招收 7 岁儿童入学，高等小学堂免试招收小学堂毕业生，后须小学毕业方能升入高等小学堂。小学只招男生，光绪三十二年(1906 年）另设少量女子学堂。

民国 2 年(1913 年)，规定 7~10 岁儿童入初等小学，小学可男女同校，但女子上学很少。民国 23—29 年，村街国民基础学校初级班招收 6 足岁至 12 足岁的学龄儿童。乡镇中心国民基础学校除招上述学龄儿童外，其高级基础学校招收初级学校修业 4 年期满的学生，男女同校学习。民国时期，虽强调普遍实施义务教育，规定儿童到入学年龄必须入学读书，但实际上未能做到。

中华人民共和国成立后，广西规定，小学招收 7~12 岁的男女儿童入学。强调小学面向工农兵开门，优先招收贫下中农子女入学。

1953 年 8 月，教育部规定："初小入学年龄不超过 12 足岁，二年级不超过 13 足岁，三年级不超过 14 足岁，四年级不超过 15 足岁；高小入学年龄不超过 16 足岁，二年级不超过 17 足岁。" 1953 年，小学招生时间，有春季招生，也有秋季招生。从 1954 年后，一律改为秋季招生，一直沿用至今。小学实行五年一贯制或六年一贯制，以学生的平时、段考和期考的成绩作为升级的依据。小学招生一般由学校负责，采取分片招生就近入学的办法。实施普及九年义务教育后，小学直接升入中学就读，只要读满六年即发给义务教育小学结业证书，小学毕业后就近升入初中。

20 世纪 80 年代之后，城市有少数重点学校，择优招收读过幼儿园或读过学前班的学生。

表 26-6　**1996—2005 年来宾市小学生入学率、辍学率情况统计表**

县(市、区)	年度	总人口(人)	7~12 周岁适龄人口(人)	小学在校学生(人)	入学率(%)	辍学率(%)
合山	"普九" 验收当年(1996 年)	14.20	22146	22119	99.90	0.70
	"普九" 复查当年(2002 年)	14.00	12818	12792	99.80	0.70
	2005—2006 学年度	13.86	9638	9590	99.50	0.20
武宣	"普九" 验收当年(1997 年)	40.00	55628	59888	99.80	0.29
	"普九" 复查当年(2001 年)	41.00	44704	46817	99.60	0.16
	2005—2006 学年度	42.26	376644	38588	99.70	0.15
象州	"普九" 验收当年(1998 年)	34.47	44388	44156	99.07	0.35
	"普九" 复查当年(2002 年)	34.81	27569	27487	99.84	0.13
	2005—2006 学年度	35.00	22395	22361	99.93	0.01
兴宾(原来宾县)	"普九" 验收当年(1998 年)	94.38	132209	131655	99.60	0.49
	"普九" 复查当年(2001 年)	96.58	136667	135955	99.52	0.49
	2005—2006 学年度	100.00	102586	101604	99.04	0.03
金秀	2005—2006 学年度	14.73	9892	9809	99.47	0.42
忻城	2005—2006 学年度	39.95	23809	23708	99.88	0.06

第二节　普通高中与中等职业学校招生

1992—2004 年，高中招生考试由自治区组织中考命题，市教育局组织评卷。

1998 年(含）以前，中考考生填报志愿时，中专与中师志愿不能兼报，只能填报二者之一加高中志愿。

1999 年后国家招生政策改革，大中专学校毕业生就业市场化，自主择业，国家不包分配工作，加上普通高校扩大招生，大多数中考考生转向报读普通高中，曾一度相当热门的普通中专、中师学校招生困难,一些学校转型办学。

2003 年起,中等师范学校停止招收中师生。

2004 年,来宾市实行初中升学考试(简称“中考”)制度改革。根据自治区教育厅有关文件精神,市教育局出台并实施《来宾市 2004 年初中升学考试实施方案》。中考设置的科目有语文、数学、英语、物理、化学、政治、历史、地理和生物等 9 科。考试均采用闭卷笔试的形式进行,其中物理与化学、政治与历史、地理与生物实行“和堂考试、分科计分”。各科赋分为:语文、数学、英语(其中听力 30 分)各为 120 分,物理 70 分,化学、思想政治、历史、地理、生物各为 50 分。地理、生物按卷面成绩的 30% 计入总分,中考总分满分为 610 分。体育由考试科目改为考查科目,考试时间全区统一,仍为 6 月 24、25、26 日 3 天。

2005 年,中考命题和评卷工作,由市教育局统一组织。全市普通高中计划招收新生 12360 人,实际招生 12623 人,完成率 102.13%。

表 26-7　**2003—2005 年来宾市各县(市、区)普通中考统计表**

单位:人

年份	县(市、区)/人数	兴宾	金秀	象州	武宣	合山	忻城	合计
2003	人数	10017	1040	2671	3707	1215	2994	21654
	录高中	4868	514	1367	746	700	918	9113
	录中专	3859	175	258	150	300	365	6007
2004	人数	10578	1157	2988	4012	1276	3152	23153
	录高中	4936	545	1227	971	700	992	9371
	录中专	1701	130	255	200	200	322	2808
2005	人数	10531	1357	3012	3882	1176	3436	23394
	录高中	4358	594	1269	933	600	1044	8898
	录中专	652	84	243	283	200	298	1759

第三节　普通高考

中华人民共和国成立后,各高等学校主要招收高中毕业生和相当于高中文化程度的社会青年。

1960 年,为解决高等学校生源不足,自治区教育厅采取临时措施:动员应届高中和初中毕业生报考;从中等专业学校和中等师范学校应届毕业生中选送 20% 升入高等学校;从机关、厂矿、企业、学校、农场、林场招收具有相当高中文化水平或初中毕业程度的在职干部、职工入高等学校学习;从农村人民公社选送具有初中毕业文化水平并有实际工作、生产经验的社队干部到高等学校学习;动员符合招考条件的复员、转业、退伍军人和具有同等学历的归国华侨、港澳学生及社会青年报考。

“文化大革命”期间,全国取消高考,高等学校停止招生,只接收推荐的工农兵学员入学。

1977 年恢复高校统一招生考试制度。同年 12 月,各县考生参加全国统一文化考试。考试科目:理工农医类为政治、语文、数学、理化 4 科,文史类为政治、语文、数学、史地 4 科,报考外语专业的,除考文史类的 4 科外,还加考外语。

1983 年起,自治区规定区内农、林、医、师范院校对 48 个老革命根据地、少数民族、边境、山区、贫困县实行“定向招生,定向分配”,金秀、象州、武宣和忻城县的考生实行此种招生和分配办法。

2002—2004 年,境内各县开始实行高考标准化考试,考生的高考成绩以标准分的形式体现。考试科目为 3+X。3 是指语文、数学、外语三科;X 是指 22 个科目组合,由考生任选其中一组报考。在 2002 年、2003 年的高中标准化考试中,本科与专科的考试是分开举行的,本科为全国统考,专科为广西联考。标准化考试总赋分为 900 分。

2005 年,高考恢复采用原始分体现考生的成绩。统考科目为 3+ 综合。3 是指语文、数学、外语三科;综合是指文科综合(政治 + 历史 + 地理)和理科综合(物理 + 化学 + 生物)。总赋分为 750 分,考试时间为每年 6 月的 7、8 两日。报考体育、艺术类的考生要另外加试专业术科。全市共组织七大考试(普通高考、普通中考、成人高考和4次自学考试)。由于严格实行考区第一责任人制度和科室定点巡视制度,确保了七大考试的公正、公平、公开和有序地进行。全市普通高考报考人数13234人,共有8756人被高校录取,录取率达66%,其中录取本科2797人,录取专科5886人,考生达800分以上的有24人,排在全区14个市的第4名。普通中考报考人数23164人,共有13494人被各类中等学校录取,录取率达58.1%。成人高考报考人数4754人,共有4083人上录取线,上线率达85.9%。

表26-8 2003—2005年来宾市高考上线

单位:人

年份	人数＼县(市、区)	市辖区	忻城	象州	金秀	武宣	合山	合计
2003	考生数	5658	1089	893	302	1228	635	9805
	一本	321	27	35	8	41	8	440
	二本	1117	130	224	39	191	33	1734
	专科	987	383	487	86	540	302	2785
2004	考生数	6267	1203	1043	335	1383	619	10850
	一本	464	41	39	10	48	4	606
	二本	1331	249	251	68	431	51	2381
	专科	452	428	564	223	429	379	2475
2005	考生数	8097	1328	1226	428	1408	747	13234
	一本	581	66	51	14	87	12	811
	二本	1552	249	232	172	566	62	2833
	专科	1223	510	590	175	622	396	3516

第四节 成人高考 高等教育自学考试

成人高等学校招生考试

2002年以前,成人高考的报名时间在每年的3月中旬,考试时间在每年的5月中旬。2003—2005年,成人高考改为每年的8月中旬报名,10月中旬考试。

成人高考的考试科目分为三大类:第一类报考高中起点升专科的,考试科目为:语文、数学、英语三科;第二类报考高中起点升本科的,考试科目为:语文、数学、英语、理化或史地四科;第三类报考专科起点升本科的,考试科目为:政治、英语、专业基础课三科。

表26-9 2003—2005年来宾市成人高考统计表

类别	人数＼年度	2003年	2004年	2005年
专科升本科	报名人数	4893	2272	1787
	录取人数	4328	1986	1705
高中升本科	报名人数	20	17	29
	录取人数	17	13	22
高中升专科	报名人数	3106	2465	2300
	录取人数	3086	2398	2219

高等教育自学考试

1982—1990年，合山参加各类成人大、中专函授专业有政治、医疗护理、司法、律师、法制、商业、建筑、矿山、电子、会计、政法、水文、统计、经济管理、行政管理、公安管理、物资经济、市场营销、政治教育、新闻。1983—1990年，合山共有628人毕业，其中大专毕业276人。

1984年，来宾县、武宣县、象州县开始举办全国高等教育自学考试。考务工作由县招生办公室主持，自学考试每年开考两次：第一次是1月报名，4月考试；第二次是8月份报名，10月份考试。开考科目有汉语言文学、英语、政治、哲学、物理、化学、工业经济管理、统计、行政管理、财政、税收等专业，各专业一般设置12~14个课程，每年开考4~5科，学完全部课程，考试及格者由主考院校发给大学毕业文凭，国家承认学历。当年，来宾县有66人报考。武宣县有643人参加函授学习。象州县有47名职工和社会青年报名学习、考试。

1984—1985年，武宣县内考生先是到柳州市参加考试，后来到象州县城参加考试，1986年后自设考点。1984—1990年，象州县参加学习考试人数累计达448人，其中有64人获得大学毕业文凭。1987年来宾县有497人参加中文、法律等10个专业高等教育自学考试，至1990年底，共有74人获高等教育自学考试专科毕业文凭。

1985年，合山电厂教育科开办大专函授班1个，当年招生54名，开设党政干部基础理论专业，每年聘请广西师范大学教师上面授课4次。同年，合山电厂委托杭州电力学校到厂开办函授中专班1个。当年招生83名，学制四年，开设电厂热能动力设备和发电厂及电力系统专业，函授班配有文化辅导员3名，专业课辅导员3名，每星期上辅导课8节，每月脱产学习2天，自学为主。

1986年7月，合山市自学考试办公室成立，设主任1名，工作人员3名。自学考试每年开考两次，全国统一命题。每年4月底和10月底组织考试，大学专科开考的专业有：党政干部基础、政治教育、汉语言文学、英语、哲学、数学、统计、工业经济管理、法律、会计、财政、税收、政治管理、行政管理、新闻学、司法、物资会计、物资经济、市场营销、机电一体化工程等20个科目。中等教育自学考试开考的专业有中等师范、物资经济管理、公安、乡镇企业经济管理、乡镇企业会计、财税、会计等。是年，合山矿务局给局属自学考试大专毕业的考生一次性奖励现金500元。合山电厂规定：凡厂内参加自学考试取得大专文凭的职工，一次性奖励现金500元，并报销学费。

1987年2月，合山市政府鼓励干部职工参加自学考试，对市直部门通过自学考试的人员给予一次性奖励，奖金分四个等级：三年内毕业者，每人500元；四年内毕业者，每人400元；五年内毕业者每人300元；六年内毕业者，每人200元。并且报销学费。合山矿务局制定鼓励干部、工人参加函授、刊授学习措施，要求“专业对口学用一致”，凡参加函授、刊授的人员须取得部门领导的批准。1987年底前取得大、中专函授毕业的人员，合山矿务局发给奖金300~500元。1988年起取消奖励制度。

1988年下半年，武宣县开考专业由1984年的3个增至16个。1989年，增设中文、英语本科段考试。至1990年，武宣县有3592人参加考试，有47人获大专毕业证书。

1989年，合山电厂函授班停办。到1990年止，合山矿务局全市办自学考试面授班16期，邀请大专院校教授、教师上辅导课21人次，参加听课2300人次。同年年底，全市自学考试毕业人数累计231人，取得单科合格证书1972科次。市自学考试办公室被评为全国自学考试系统先进单位。

1990年，合山市累计举办自学考试面授班16期，邀请大专院校教授、教师上辅导课21人次，参加听课2300人次。全市自学考试毕业人数累计231人，取得单科合格证书1972科次。

1984—2000年，来宾市境内自学考试报考人数达120282人，报考新生增加10552人，毕业5145人。自学考试开设有70多个专业，由150多所高等学校担任主考院校，涉及300多个专业点。

1990—2005年，合山市约有1000人通过自学考试取得大学专科以上毕业文凭。1993—2005年，忻城县全县共有709人通过自学考试取得大学专科以上毕业文凭。

2001年起，自学考试改为每年开考四次，即1月、4月、7月、10月各考一次。2005年后，由于普通高校扩招，报考人数有所下降。

2005年，全市举行4次自学考试，报考人数共8183人，获单科合格证5404科次，平均合格率达35.9%。全年办理毕业证337人（本科92人、专科245人）。

表 26-10 2003—2005年来宾市自学高考统计表

项目＼年度	2003年	2004年	2005年
报考人次	11185	8281	5744
报考科次	19833	15027	9685
及格科次	5472	6455	3624
新生人数	1824	678	255
毕业人数	383	425	353

第二十七篇

科学技术

从先秦时期起，境内具有地方和民族特色的科学技术就以水稻、园艺技术、冶金、织锦工艺闻名。秦汉时期，水稻普遍栽培。宋代，象州长腰玉粒优质水稻良种，为“南方之最”，推广至周边郡县。境内野生果树繁殖改良，新品种新技术引进，果树品种增加。壮、苗、瑶族所制造的铜鼓，工艺精细，为举世闻名的民族文物。唐代，象州采冶金银，进贡朝廷。壮、苗、瑶等少数民族妇女创制的织锦工艺，如忻城壮锦早在一千多年前的唐宋时代已有记载。明、清时期，龙凤花纹图案壮锦更是被列为朝廷贡品。壮医壮药、瑶医瑶药，历史悠久，疗效显著，“药线点灸”广泛流传于广西民间，医疗技术独特，为境内人民积累的宝贵财富。中华人民共和国成立后，科学技术得到进一步发展。特别是依托柳州地区农业科学研究所(成立于民国时期的广西农事试验场)，农业科学技术得进一步巩固和提高。

1985年3月起，随着国家科技体制改革的深入，科技开发服务体系得到进一步完善，形成以农村为中心，以市场为导向，建立和健全技贸一体化，产供销一条龙的技术服务网络。建立企业技术开发机构50多个，500多个科研机构和推广机构实现事业科研型向科技开发服务型转制，66个乡镇建立科技管理机构，700多个村民委配备科技副村主任。象州、来宾两县成为全国科技工作先进县，迁江成为全区科技工作先进乡镇。

至1998年，改革开放二十年间，来宾地区科技部门与农业等部门组织实施“星火计划”“丰收计划”“燎原计划”，推广农业先进实用技术，促使传统农业向“优质、高产、高效”和产业化方向发展，粮食、糖蔗、畜牧、水产、水果、林业生产都取得历史性突破。

2000年，科技进步对农业的贡献率达40%以上。工业科技改革重点放在技术创新，提高传统工业技术水平。坚持以市场为导向，以企业为主体，以技术进步为支撑，围绕增加品种、提高质量、节能降耗、防治污染和提高劳动生产率，采用新技术、劳动产业结构优化升级进行改革，科技进步对来宾地区工业增长的贡献率达30%。

2003年，来宾市科技体制改革工作稳步发展，科技与经济结合取得新的突破。加快构建来宾市科技创新体系。重点支持来宾市农科所等科研机构开展创新活动；鼓励企业与市内外高等院校、研发机构联合承担创新计划项目，探索在市场经济条件下产、学、研结合的新模式；推进科技计划、成果转化及奖励、知识产权保护、科普联席会议等工作制度建设，完善城市建制科技管理体制及运行机制，建立由“应用开发研究计划”“科技攻关计划”“科技产业化计划”和“科技创新条件与环境建设计划”等4个部分组成的科技计划新框架。深化科研机构改革。深入推行人员聘用制度，发挥科技人员的积极性和创造性，逐步建立“开放、流动、竞争、协作”的运行机制。2004年，来宾市科技体制改革继续深化。科技管理对象明确为产业技术、科普与培训、科技政策与环境三大职能板块。2005年来宾市科技体制重点抓星火科技学校、龙头企业技术创新中心、农村专业技术协会、农村信息化基地、科普示范基地、“三农”科技服务网的培育和建设。建成乡级科技信息网点15个，建立农村专业技术协会116个、发展会员3534人；建立特色科技扶贫示范村8个、扶持科技示范村32个、示范户3150户；建设县级农业科技创新示范基地24个、星火学校2个、培训农民2250人；培育农业科技型龙头企业5个、带动农户2600户；建成县级“三农”科技信息服务网节点4个，示范乡镇31个，示范村11个；培训考核农村信息员25人，网上发布信息量1265条，供求信息数据量1113条，实现产品销售2582万元。

第一章 管 理

民国时期，来宾市各县虽未专设科技管理机构，但都有科技管理部门，侧重于农业、水文等方面的管理和服务。中华人民共和国成立后，各级人民政府都设有科技管理部门。特别是1985年全国科技大会后，科技管理日益规范化、制度化。着眼于发挥第一生产力的作用，不断深化科技体制改革，调动科技人员的积极性、创造性、主动性，保障科技经费，鼓励专利发明，科技成果不断涌现，对经济社会发展的推动作用日益显现。

第一节 机 构

市级机构

2002年12月；柳州地区科技局整体移位为来宾市科技局。2003年1月17日，来宾市科技局正式挂牌成立，内设办公室、高新技术与发展计划科、农村科技与成果科普科、社会展与科技合作科、知识产权综合科等5个科室，编制16名，实有工作人员14人。局属3个二层单位：市科技情报研究所（含市生产力促进中心，一套人马两块牌子）、市科技开发中心（含技术市场办公室）、市分析测试中心。来宾市知识产权局与市科技局合署办公，一套人马、两块牌子。

来宾市科技局局长：莫忍章(2002年12月—2005年12月)。

县(市、区)乡(镇)机构

1958年后，境内各县先后建立科学技术委员会。1961—1963年，各县科学技术委员会撤销。1978年，各县科学技术委员会恢复。1995年，境内县(市)科学技术委员会更名为科学技术局。1990年，境内66个乡(镇)建立乡(镇)科委，1992年，境内配备专(兼)职科技管理人员66名。1995年，境内机构改革，科学技术委员会更名为科学技术局，下设办公室、业务综合科、科技体制政策法规科、社会发展科学普及科，有行政和科技管理人员22名。1996年，境内有科研推广机构205个，其中合山13个，象州33个，武宣35个，来宾60个，金秀30个，忻城34个。2001年，境内有科研推广机构238个，其中合山16个，象州40个，武宣42个，来宾65个，金秀34个，忻城41个。2002年，除兴宾区、合山市保留科学技术局以外，象州、武宣、忻城、金秀4县科学技术局与教育局合并，称教育和科学技术局，科学技术管理业务相对独立。2003年，市辖6个县(市、区)有科研推广机构258个，其中合山21个，象州50个，武宣41个，兴宾68个，金秀39个，忻城48个。2005年，市辖6个县(市、区)有科研推广机构279个，其中合山18个，象州62个，武宣34个，兴宾78个，金秀29个，忻城41个，市直17个。全市各县(市、区)设有农业科学研究所3个，林业科学研究所3个，科技情报所5个，畜牧兽医站6个，水产技术推广站6个，农业技术中心推广站6个，种子公司(站)6个。全市66个乡(镇)设有农(林)技术推广站、兽医站，行政村设有农科小组。6个县(市、区)共有科学技术管理人员62人。

清光绪十六年(1890年)，广西巡抚令所属州县创立蚕桑业，来宾县筹建蚕业局，在城厢、南泗读村种桑养蚕两三造，后因亏损而停止。民国2年(1913年)，来宾县在城厢先农坛(今城厢村公所辖地)和儒学署园地及来宾汛署故址3处种桑几万株，因蚕种供应不及，改为桑麻实习所，同年柳州兵变后停办。8年，私人投股组织农林公会，在先农坛开辟场地，种植粳稻及桔、柚、桃、李、荔枝等果树，建塘养鱼。后经费不敷停办。民国23年，来宾县政府接收改为苗圃。民国24年，省政府设立迁江水文气象站；民国27年，设迁江县农业推广所。

1958年12月后，来宾县成立专管(兼管)科学技术机构，加强对科技工作的领导。1995年，来宾县有农业技术中心推广站等科技机构13个，农学会、医学会等专业学会23个。1996年，来宾县科学技术委员会(内设秘书股、业务股、管理股、科干股。行政定编12人，在职人数11人。)1997年1月16日，来宾县科委改称来宾县科学技术局。行政定编11人，其中领导职数3名(局长1名、副局长2名)，内设秘书股、业务股、社会发展科学普及股。年底在职人数11人(其中领导职数3名)。2002年1月8日，根据《来宾县人民政府办公室关于来宾县科学技术局职能配置、内设机构和人员编制规定的通知》(兴政办〔2002〕33号)文件。规定，编制10名，其中行政编制8名，县防震办专用事业编制2名；领导职数：局长1名，副局长2名；内设办公室(增挂县防震办牌子)、业务股、科普股。2002年12月28日，来宾县科学技术局改称来宾市兴宾区科学技术局，在职人数12名(其中领导职数4名)。2005年6月14日，根据《来宾市兴宾区人民政府办公室关于印发来宾市兴宾区科学技术局职能配置、内设机构和人员编制规定的通知》(兴政办〔2005〕103号)文件。规定，行政编制7名、区防震办专用事业编制2名，共9名；领导职数局长1名、副局长2名。

民国时期，武宣县有关科技事宜曾由县府建设科兼管。1959年11月7日，石龙县人民委员会成立科学工作委员会，配备主任1人，副主任3人，委员7人，秘书1人，至1964年4月撤销。1973年10月，武宣县革命委员会成立科技局，配员5人。1978年5月，撤销武宣县科技局，成立武宣县科学技术委员会，属县府职能机构。县科委主要负责科技干部、科技项目、科技成果等管理工作，包括：编制全县科技发展规划，安排科技计划、科研项目，科技干部技术考核、职称(职务资格)评定和聘任；技术市场开拓、技术人才、项目引进；新技术、新成果，新产品推广；代管地震和计量工作。从1986年起，武宣县乡镇由管教育、文化、卫生和体育的助理兼管科技工作。

1990年,武宣县科委有主任1人,副主任3人,干事4人。同年12月,武宣镇成立县内第一个乡镇级科委。1991年,武宣县科技行政管理机构为县科学技术委员会,有主任1人,副主任2人,其他工作人员4人。同年底,武宣县各乡镇全部成立乡镇级科委,并由乡镇一名领导兼任科委主任,负责科技管理工作。1996年,武宣县科技人员技术考核、专业技术职务资格评定和聘任工作划归县人事局管理。1997年1月,武宣县撤销县科学技术委员会,成立县科学技术局,设局长1名,副局长2名,其他工作人员5人。2003年6月,武宣县撤销县科学技术局,与县教育局合并,成立县教育和科技局,分别设局长1人,常务副局长1人,副局长4人。实际上只是名义上和行政人员编制合并,没有真正合署办公,人事、经费及具体工作仍属独立运作。至2005年末未变。

1965年,金秀瑶族自治县人民委员会设县科学技术办公室,配备专职干部2人,专管全县科学技术工作。"文化大革命"运动开始以后,科学技术管理工作陷于停顿;至1973年8月,金秀瑶族自治县革命委员会成立生产指挥组科学技术小组;同年底,金秀科学技术小组改为金秀科学技术局。1978年8月,金秀瑶族自治县科学技术委员会成立,同时撤销自治县科学技术局。1987年底,金秀科学技术委员会有干部8人。1978年12月,金秀科学技术协会建立。1985年起,县科学技术协会的业务、经费与县科学技术委员会分开,单独核算,主要负责全县科学技术普及工作。1987年底,金秀科学技术委员会有干部8人,科学技术协会有干部3人。1987年8月,金秀瑶族自治县科学技术委员会成立。1997年1月,金秀瑶族自治县科学技术委员会更名为金秀瑶族自治县科学技术局。县科学技术局行政编制7名。2002年机构改革,撤销金秀自治县科学技术局和县教育局,科学技术局和教育局合并为金秀瑶族自治县教育和科技局,行政编制8名(其中科技2名),自治县教育和科技局内设科技管理股。二层机构有自治县科技情报研究所,编制5名。各乡镇人民政府均落实一名领导分管科技工作。2005年底,金秀瑶族自治县共有科技工作者2600人。

1984年5月,合山市科学技术委员会成立,编制10人,其中主任1名,副主任1名,其他工作人员8名。含有科研性质的机构有农业技术推广站和畜牧兽医站各3个,其中市属4个,北泗乡和河里乡各1个;土肥站1个,植物保护站1个,水产推广站1个。科研团体有市科学技术协会。1955年,合山煤矿设立技术室,有工作人员3名。1981年,合山市矿务局技术室设科技组。至1990年,合山煤矿科技处有工作人员8名。合山矿务局专业科研机构有矽肺研究所1个,机电系统科研机构4个,采煤系统科研机构3个,质量管理小组1个。学术组织有煤炭学术分会、经济学术分会、政治思想工作学术分会、教育学术分会。各学术组织的理事长等职务均由有关人员兼任。1973年5月,合山电厂设立生产技术科,管理全厂的生产和技术工作。1990年,合山电厂生产技术科有工作人员10名。

1951年2月,忻城县科学技术委员会(简称科委)成立,配专职干部3人。1959年5月,忻城县科学技术协会委员会(以下简称科协)成立,由科委主任兼科协主席。各公社、生产大队亦相应建立科技组织,每个公社都有1~2名干部兼管科技工作。1961年6月,忻城县科协撤销,同年11月,根据中央精简机构的精神,忻城县科委只留1名干部管理科技资料,1963年1月,忻城县科委撤销。此后,科技工作主要由各部门负责管理。1966年2月,忻城县科学技术工作办公室成立,配主任和干事各1名,在县委农村政治工作部办公,协助县委在农村开展科学实验活动。1969年11月,忻城科技办公室撤销,科技工作归县革命委员会(以下简称革委会)生产指挥部计划小组负责。1971年忻城县革委会生产指挥部计划小组下设科技小组,由计划小组1名领导成员兼科技小组长,配小组成员2名。1973年10月,忻城科技小组撤销,改设县科技局,配局长1名,工作人员2名,属县革委会的职能机构。同时建立县、社、大队、生产队四级农科网,即县农科所、农业技术推广站、公社农业技术推广站、大队中心农科组、生产队农科小组。大队、生产队两级农科组,在公社农业技术推广站科技人员指导下,推广先进科学技术,指导农民科学种田。1978年5月20日,忻城县科学技术委员会恢复,由县革委会1名副主任兼科委主任,设副主任和秘书各1名,工作人员3名;同年8月,忻城县科技情报所成立,配所长1名,工作人员2名,隶属县科委领导。1979年1月,忻城县科协恢复,与县科委一套人马、两块牌子,合署办公。同月10日—11日,忻城在县城召开县第一届科学技术协会代表会议,选举产生忻城县第一届科学技术协会主席、副主席、委员共27名,并建立农学会、水电学会、林学会、机械学会、化工学会、医学会、数理学会等组织。1983年1

月，忻城县科技领导小组成立，由1名副县长和县科委1名副主任分别兼任正副小组长。1990年，县科技管理机构未变。1991年，忻城县科学技术委员会内设政秘股、综合股、科干股，行政编制9人，下设科技情报所，有事业编制3人。1997年5月，忻城撤销县科委，成立忻城县科学技术局，与县教育局合署办公，两块牌子、两套人员（成立忻城县教育科技局党组）。2001年12月，机构改革，忻城县科技局与教育局合并，成立忻城县教育和科技局，负责科技方面工作的在岗行政人员6人、在岗事业人员3人。2005年，忻城县教育和科技局内设政秘股、综合股、科干股，行政编制9人，下设县科技情报研究所，编制3人；县林业科学研究所，编制15人；县农业科学技术研究所，编制30人，其中干部6人，工人24人。

民国时期，广西省政府设立迁江水文气象站，第二区专员公署建设科，设技佐管理科学技术工作。

二层事业机构

来宾市科学技术情报研究所　该所前身为柳州地区科技情报研究所，于1978年8月成立，设开发组、资料信息组、技术开发服务部。任务是负责搜集、研究、整理、传递科技、经济、市场等情报信息，编辑出版科技情报刊物。2002年来宾市成立后，系来宾市科学技术局二层副处级单位，为财政全额拨款公益性科学事业单位，机构编制12人。2003年9月，经上级有关部门审批，增挂“来宾市生产力促进中心”牌子，实行一套人马两块牌子管理。机构设置为办公室、信息资料部、科技项目部。2005年，在编人员9人，其中大专以上学历6人、具有高级技术职称2人、中级技术职称3人、初级技术职称4人。

来宾市科技分析测试中心　该中心前身为广西壮族自治区柳州地区科委中心化验室，于1978年8月1日设立。1982年3月1日该中心正式对外营业，主要为企事工商业单位和个体工商户提供分析检测技术服务。2005年编制10人，在职人员8名，其中具有大学本科学历人员6名、中专1名，其中高级工程师1名、工程师4名、助理工程师3名，隶属来宾市科技局。

表27-1　**1996年来宾市各县（市）科研推广机构基本情况表**

计量单位：个、人

指标名称	合山	象州	武宣	来宾	金秀	忻城
一、机构数合计	13	33	35	60	30	34
农业	7	17	17	31	16	19
农机	1	1	1	1	1	1
林业	1	2	2	2	1	2
畜牧水产	4	13	15	26	12	12
其他						
二、年末职工人数	60	184	204	342	129	200
农业	36	104	111	224	65	88
农机	3	9	9	12	3	6
林业	6	26	28	16	18	17
畜牧水产	15	45	56	90	43	89

表27-2　**2001年来宾市各县（市）科研推广机构基本情况表**

计量单位：个、人

指标名称	总计	合山	象州	武宣	来宾	金秀
一、机构数合计	254	16	40	42	65	34
农业	136	8	22	21	35	19
农机	7	1	1	1	1	1

续表

指标名称	总计	合山	象州	武宣	来宾	金秀
林业	12	1	2	2	2	1
畜牧水产	92	5	14	17	26	12
其他	7	1	1	1	1	1
二、年末职工人数	1717	71	253	316	496	171
农业	955	34	144	186	299	92
农机	68	5	9	7	16	3
林业	178	6	30	29	15	31
畜牧水产	484	21	68	89	161	43
其他	32	5	2	5	5	2

表 27-3　2003 年来宾市各县（市、区）科研推广机构基本情况表

计量单位：个、人

指标名称	总计	合山	象州	武宣	兴宾	金秀
一、机构数合计	258	68	48	50	41	39
农业	165	36	25	33	22	24
农机	7	1	1	1	1	1
林业	11	2	2	2	2	1
畜牧水产	94	28	19	13	14	12
其他	8	1	1	1	2	1
二、年末职工人数	2604	688	333	410	444	220
农业	1771	484	235	292	308	164
农机	69	16	7	9	8	4
林业	136	21	20	32	31	10
畜牧水产	404	140	56	58	66	32
其他	224	27	15	19	31	10

第二节　科技人员

1986 年 2 月，境内正式开始职称改革，至 1990 年，完成首次职称改革中评定技术职务工作。2003 年，全市有各类专业技术人员 3.16 万人，其中具有高级专业技术职称人数 942 人，中级专业技术职称人数 1.02 万人，初级专业技术职称人数 2.04 万人。按专业技术人员分：工业 2046 人、农业 1268 人、文教 1.95 万人、卫生 3910 人、其他行业 4865 人。按年龄结构分：35 岁以下 160 人、36~45 岁以内 8081 人、46 岁以上 7500 人。至 2005 年，全市有各类专业技术人员的 4.60 万人，其中具有高级专业技术职称人数 972 人、中级专业技术职称人数 1.3 万人、初级专业技术职称人数 3.21 万人。当年开展来宾市首届专业技术拔尖人才选拔，共评出专业技术拔尖人才 18 人。

1980—1982 年，来宾县录用社会闲散农业科技人员 18 人，有 80 名科技人员因改行已久，不愿归口。在科技人员中平反冤、假、错案的 30 人，加入中国共产党的 569 人，选拔担任各级领导职务的 270 人。1983—1990 年有 102 名有职称的科技人员被选拔担任一层机构领导职务，其中 12 人进入县四家领导班子（即县委、人大常委会、政府、政协领导班子）。

1982年,科技干部普遍调升1级工资,符合条件的大、中专毕业生的科技人员调升2级工资。1983年后,在县以下的农、林、水系统工作的科技人员,在原工资基础上向上浮动1级工资,作为岗位津贴。在8年内离开第一线的取消这级工资,满8年作为固定工资再浮动1级,正常的调资升级不受影响。自1984年7月起,凡是具有中级以上技术职称的科技人员,或大专毕业工作满15年以上的其他科技人员、国家机关干部、中学正式教员每人每年可报销20元技术书刊费。

1990年,来宾县有各类科技人员5652人,占全县干部的71.14%。按全县总人口计算,每万人中有科技人员67人。其构成:自然科学1945人、社会科学(含教学人员)3707人。大学本科254人、大专及相当大专819人、中专及相当中专2743人、高中719人、初中以下1117人;25岁以下1533人、26~30岁550人、31~35岁750人、36~40岁576人、41~45岁509人、46~50岁598人、5l~55岁651人、56~60岁432人、6l岁以上53人。高级技术职务资格65人,其中高级农艺师3人、高级畜牧师1人、高级工程师3人、副主任医师7人、群文副研究员1人、二级律师1人、高级讲师3人、中学高级教师43人、副编审2人。中级技术职务资格全县共有1205人,其中农艺师56人、畜牧师5人、兽医师13人、工程师91人、经济师15人、会计师24人、统计师5人、主治医师、主管药师、主管护师、主管检验师共215人,助理研究员5人、三级律师3人、图书档案馆员8人、三级导演1人、三级美术师2人、编辑6人(新闻2人、出版4人)、讲师33人、中学一级教师313人、小学高级教师397人、放映技师4人、一级播音员3人、体育教练2人;初级技术职务资格全县共有3514人,其中小学、幼儿园初级教师2188人,其他系列1326人。全县行政、企事业单位的科技人员获得职称(技术职务资格)的共4805人。1995年,来宾县有各类科技人员6862人,其中高级技术职称185人、中级技术职称1550人、初级技术职称5127人;1996年,有专业技术职务资格人员7715人,其中副高334人、中级1549人、助理级3639人、技术员2193人。按部门分,农业有副高18人、中级65人、助理级32人、技术员75人,共190人;畜牧水产有副高7人、中级32人、助理级21人,共60人;林业有副高4人、中级20人、助理级55人、技术员19人,共98人;水电有副高6人、中级25人、助理级58人、技术员33人,共122人;医学卫生有副高38人、中级196人、助理级256人、技术员493人,共983人;经贸有副高18人、中级156人、助理级47人,共221人;教育有副高97人、中级677人、助理级2352人、技术员1176人,共4302人;行政司法机关有副高146人、中级378人、助理级701人、技术员350人,共1575人。

民国35年(1946年)以前,象县有农林科技人员1~3人,民国35年有农林科技人员4人,卫生医务人员8人。1951年象县有农林科技人员8人,医务人员8人。1953年以后,象州县、区农林、水利、卫生、工业等企事业单位逐步建立,科技人员随之增加,1962年象州县有农、林、牧、农机科技人员73人,医务人员202人。1978年6月,自然科技人员普查,象州县共有自然科技人员709人,其中全民所有制单位696人,集体所有制单位13人。全民所有制单位科技人员中,工程技术人员105人、农林技术人员88人、卫生274人、科学研究人员8人、教学人员153人、未从事科技工作的68人。1978下半年,开展社会闲散科技人员普查,全县有闲散科技人员149人,其中数学5人、物理2人、气象1人、机械10人、化工1人、农业73人、畜牧兽医31人、林业4人、医疗卫生22人。1980—1986年,经过考核后录用67人。1981年,象州县有农业科技人员246人,卫生科技人员299人。1990年11月,象州县有工程技术人员249人,农业科技人员220人、卫生科技人员389人;平均每千人口拥有科技人员数:工程技术人员0.78人,是自治区平均数的36.6%;农业科技人员为0.67人,高于自治区平均数的8%;卫生科技人员为1.18人,是自治区平均数的46.5%。1993年5月,象州县成立村镇专业技术人员职称评审领导小组及其办公室,负责非国家正式职工各类专业技术人员的职称评定。"八五"期间,象州县获国家科委授予"全国科技工作先进县"称号。全县11个乡镇设有科委、科协,有各类科技开发服务部1025家;农村专业技术研究会94个,会员1773人,举办农村实用技术培训班3858期,参加培训人员55.3万人次;举办科技短期班814期,培训人员53187人次。实施科技项目128项。共评定科技人员技术职称11023人次。1995年,全县共有科技人员7988人,其中高级职称188人、中级职称1656人、助理级职称3818人。2000年,象州县有在职专业技术人员5288人,其中高级职称人员101人、中级职称1855人、初级职称2954人、未聘378人。在职专业技术人员的分布情况为:农业系列专业技术人员274人,其中高级职称 5 人，占 1.8%，中级职称 108 人，占 39.4%，初级职称 139 人，占 50.7%，未聘 22 人，占 8.0%；工程系列专业技术人员 526 人，其中高级职称 11 人，占 2.0%，中级职称 103 人，占 19.6%，初级职称 368 人，占 70.0%，未聘 44 人，占 8.4%；教育系列专业技术人员 3248 人，其中高级职称 79 人，占 2.4%，中级职称 1365 人，占 42%，初级职称 1559 人，占 48.0%，未聘 245 人，占 7.5%；卫生系列专业技术人员 554 人，其中高级职称 3 人，占 0.5%，中级职称 159 人，占 28.7%，初级职称 364 人，占 65.7%，未聘 28 人，占 5.1%；其他系列专业技术人员 686 人，其中高级职称 3 人，占 0.4%，中级职称 120 人，占 17.5%，初级职称 524 人，占 76.4%，未聘 39 人，占 5.7%。

1951 年，武宣县有医疗卫生技术人员 21 人。1954 年后，武宣县农业、林业、水利和卫生等科技人员逐年增多，至 1977 年，全县共有自然科技人员 399 人，其中工程技术人员 45 人、农学 57 人、植保 2 人、园艺 3 人、畜牧兽医 12 人、水利电力 25 人、气象 4 人、林学 6 人、医药卫生 265 人。1980 年 8 月—1983 年，武宣县自然科学系列获得中级职称的有农艺师 6 人、工程师 7 人、技师 1 人、畜牧兽医师 1 人、主治医师 4 人。1987 年，武宣县累计获各类专业技术职务资格的共 3679 人。其中高级技术职务资格 29 人、中级职务 533 人、助理级 1567 人、技术员级 1550 人。按学科分类，自然科学 2101 人，其中高级 19 人、中级 330 人、助理级 905 人、技术员级 847 人；社会科学 1578 人，其中高级 10 人、中级 203 人、助理级 662 人、技术员级 703 人。至 1990 年，全县累计获得各种专业技术职务资格的有 4219 人，其中高级 37 人、中级 690 人、助理级 1742 人、技术员 1750 人。按学科分类，自然科学 2388 人，其中高级 24 人、中级 415 人、助理级 997 人、技术员级 952 人；社会科学 1837 人，其中高级 13 人、中级 275 人、助理级 745 人、技术员级 798 人。1964 年，武宣县东乡公社华乐大队成立农科站，有农科员 9 人；1971 年，武宣县有 73 个生产队建立农科组，人员 220 人；1978 年，公社农科站、大队农科队，生产队农科组发展到 1353 个，人员 5368 人。1988 年，武宣县政府给每个村公所配备 1 名农科员。1990 年，各行政村和自然村一般都配有农技员和兽医员。1991 年，武宣县有科技人员 4219 人，其中高级技术职称 37 人，中级 690 人，初级 3492 人。按学科分类，自然科学 2388 人，其中高级技术职称 24 人、中级 415 人、初级 1949 人；社会科学 1837 人，其中高级 13 人、中级 275 人、初级 1543 人。农民技术员 1500 多人（农业 371 人、兽医防疫 550 人、林果、水电、家电等 600 多人）。县直设有 15 个专业技术学会，会员 1315 人；农村有 40 个研究会，会员 1762 人。1992 年，武宣县有科技人员 4528 人。1995 年，武宣县有各类技术人员 9677 人，其中高级技术职称 284 人、中级 1935 人、初级 7458 人。1996 年，武宣县有技术人员 9700 多人。1997 年，武宣县有县级专业技术协会 15 个，会员 2115 人；乡镇协会 12 个，村级科普协会 40 个，会员 2030 人，农村专业技术协会（研究会、联合体）48 个，会员 2957 人。2005 年，武宣县有各类专业技术协会 66 个，会员 6593 人；在企事业单位中获得各种专业技术职务资格的人员 4733 人，其中高级技术职称 68 人，中级 1932 人，初级 2733 人（实行公务员制度后，行政单位原有的技术人员不再统计）。按系列分类，教育有 3473 人，其中高级技术职称 53 人、中级 1417 人、初级 2003 人；卫生有 656 人，其中高级 12 人、中级 310 人、初级 334 人；农林水畜牧等 604 人，其中高级技术职称 3 人、中级 205 人、初级 396 人。

中华人民共和国成立初期，忻城县有 10 多名经过短期培训的农、林、水利技术人员。1954—1957 年，先后有 20 多名农、林、水利专业学校毕业的技术人员分配到忻城县工作。1960 年，忻城县卫生、农业、林业、水电、工交等系统和部门有科学技术人员共 139 人，其中大专毕业 22 人（占 15.8%）、中专毕业 38 人（占 27.3%）、高中毕业 13 人（占 9.4%）、初中毕业 57 人（占 41%）、小学毕业 9 人（占 6.5%）。1979 年，忻城县有工程、农林、水利和卫生等科技人员共 389 人，其中工程技术人员 29 人、农林和水利技术人员共 122 人、卫生技术人员 238 人。在 29 名工程技术人员中，大学 9 名（占 31%）、大专 6 名（占 20.7%）、中专 13 名（占 44.8%）、初中 1 名（占 3.4%）；在 122 名农林和水利技术人员中，大学 14 名（占 11.5%）、大专 24 名（占 19.7%）、中专 57 名（占 46.7%）、高中 5 名（占 4.1%）、初中 20 名（占 16.4%）、小学 2 名（占 1.6%）；在 238 名卫生技术人员中，大学 17 名（占 7.1%）、大专 53 名（占 22.3%）、中专 115 名（占 48.3%）、高中 10 名（占 4.2%）、初中 34 名（占 14.3%）、小学 9 名（占 3.8%）。1980 年，忻城县科技人员中，有 9 名分别获得工程师、农艺师专业技术职称。同年，忻城县定职为助理农艺师和助理工程师各 1 名、畜牧兽医技术员 2 名、农业技术员 11 名、工程技术员 32 名；套改为助理农艺师 12 名、助理工程师21名、助理畜牧兽医师6名、畜牧兽医技术员17名、农业技术员23名、工程技术员17名；验收为助理农艺师5名、助理工程师11名、助理畜牧兽医师2名、工程技术员8名；晋升为助理农艺师9名、助理工程师7名。1981—1982年，忻城县先后为251名科技人员确定（或晋升）技术职称，其中工程师2名、农艺师6名、畜牧兽医师1名、助理工程师43名、助理农艺师29名、助理畜牧兽医师8名、助理会计师3名、助理统计师2名，技术员157名。1983年，忻城县有13名科技人员，分别获得工程师、农艺师中级技术职称。1987—1988年度，忻城县获高级专业技术职称33人、中级596人、初级3697人。1990年，忻城县取得高级专业技术职称任职资格的18人、中级222人、初级1167人。1990年12月底统计（含前几年获技术职称人数），忻城县获高级专业技术职称的科技人员共41人，其中农业2人、卫生5人、中学及县党校34人；获得中级专业技术职称的科技人员共633人，其中工程师27人、农艺师44人、主治医师105人、会计师5人、统计师4人、经济师7人、编辑记者4人、群文馆员8人、教师429人；获得初级专业技术职称的科技人员共4020人，其中工业的29人、农业的123人、卫生的238人、经济的245人、教师的3217人、其他行业的168人。1995年，全县24个专业系列开展了经常化专业技术资格的推荐和评审，有1117名获得专业技术职务资格，其中高级职称30名，中级职称134名，初级职称953名。1991—2005年，忻城县教育和科技局获得专业技术职务资格4813人，其中，高级职称49人、中级职称713人、初级职称4051人；社会科学2136人，其中，高级职称21人、中级职称304人、初级职称1811人。全县企事业单位有3128人获得专业技术职务资格，其中，高级职称43人、中级职称1447人、初级职称1538人（行政单位实行公务员制度后，原有的技术人员不再统计）。2005年，忻城县教育和科技局有各专业技术协会33个，会员3674人，获得各种技术职称93人。

至2005年，合山市获各类职称的专业技术职称人员共1853人，其中，高级职称26人、中级职称853人、初级职称974人；合山矿务局有高级职称人员14人，其中高级工程师的有9人、高级政工师的有5人；合山电厂有高级职称人员24人，其中高级工程师16人、高级政工师1人、高级会计师2人、副主任医师1人、中学高级教师4人。

1978年底，金秀有专职自然科学技术人员391人，其中农林业技术人员115名、工程技术人员18名、卫生技术人员179名、科学研究人员8名、教学人员65名。1987年底，金秀有各类专业技术干部共2700人，取得专业技术职称的1738人，其中高级技术职称15人（工程2人、卫生3人、教育10人），中级职称323人（工程19人、农业技术17人、农业经济1人、畜牧兽医8人、经济1人，财会2人、医疗卫生46人、党校2人、中小学教育215、社会科学研究1人、出版3人、新闻1人、艺术5人、图书资料2人），初级职称1400人。1986年底，金秀在10个乡镇64个村公所（占全县村公所总数82%）调查有各种专长技术人员情况，具有中草医药、机械、兽医、铁木工、建筑、车船驾驶等专长技术人员有930人，约占当地农村劳动力百分之二。1995年，金秀有各类技术人员2767人（瑶族科技人员970人，占科技人员总数的35%），其中高级职称22人，中级职称533人。

第三节 科技体制改革

1978年2月，柳州地区革命委员会科学技术局改为科学技术委员会。

1991—2000年，地、县科学技术局（科学技术委员会），组织协调有关部门和广大科技人员进入经济建设主战场，开展科技兴农、科技兴工服务。根据国民经济和社会发展规划要求，编制地、县科技中长期规划和年度计划，研究制定区域内科技发展战略，确定优先发展领域，搞好科技纵深配置，组织实施国家、自治区、地区和县下达的科技“三项计划”以及软科学研究等计划。建立健全农村科技管理体系和科学服务体系，建立乡镇科学技术委员会，配备村街委科技副主任，配备畜牧兽医防疫员，配备村民小组农科员。会同有关部门制定企业技术进步实施方案，检查企业技术进步情况，推动科技进步，制定农村科技体制改革具体实施办法和措施。抓好粮食大面积增产综合技术开发，实施吨粮田丰收工程。普及水稻灌溉用水技术，引进日本水稻旱育稀植高产栽培技术。实施甘蔗高产优质高效综合技术，建立科普基地、培育科技示范户。普及水稻抛秧技术，推广秸秆氨化养牛育肥技术。实施“十百千万”星火计划工程和治旱工程。

1995年机构改革，柳州地区科学技术委员会更名为柳州地区科学技术局，下设办公室、业务综合科、科技体制政策法规科、社会发展科学普及科，有行政和科技管理人员22名。

2003年1月17日，来宾市科技局、知识产权局同时挂牌成立，一套人马，两块牌子，合署办公；下设办公室、高新技术与发展计划科、农村科技与成果科普科、社会发展与科技合作科、知识产权综合管理科。局属3个二层单位：来宾市科学技术情报研究所（来宾市生产力促进中心）、来宾市科技开发中心（来宾市技术市场管理中心）、来宾市分析测试中心。

第四节　科技经费

1979年之前，自治区科学技术委员会从中央拨给广西的科技三项经费（新产品试制费、中间试验费、重要科学研究补助费。下同）中，拿出一部分拨给各地市安排科技三项计划项目。1980年以后，自治区科学技术委员会每年拨款给各地市一定数额的科技三项经费，地市科学技术委员会再将50%左右的科技三项经费分配到各县市科学技术委员会，用于安排实用技术开发项目。实行有偿使用，合同制管理，根据项目的不同类型，采用补助、部分有偿、全部有偿使用的管理制度。1993—1994年，象州、来宾、武宣等县先后建立科学技术发展基金，自治区科学技术委员会给每个县拨款10万元经费。1996年自治区出台《广西壮族自治区科技三项经费用管理暂行办法》，科技三项经费由自治区财政厅和科技厅共同管理，实行项目申报制，自治区科技三项经费需通过项目申报获得。1996—2005年，本级科技三项经费安排一直参照《广西壮族自治区科技三项经费用管理暂行办法》执行。

1988年，金秀实施循环复式农业试点项目，经费0.7万元。1989年，金秀实施滑皮金橘引进试种、推广使用造纸液污水处理技术、推广良种鸡、鸭养殖、杂交水稻综合技术开发、粮食增产综合技术推广应用等项目，经费4.6万元。1990—1994年，金秀实施粮食增产综合技术推广应用、自治县河流水污染控制优化方案研究，开展种猪纯繁殖猪的品改、灵香草、绞股蓝生物特性观察及栽培试验研究、稻田秧种大白菜试验、节能空心黏土砖技术开发等项目，经费17.7万元。1995年，金秀实施良种山羊引种繁殖示范项目，经费3万元；实施农作物优良新品种选育——新台糖16号引种试种项目，经费1万元。1996年，金秀实施扶芳藤人工栽培技术开发项目，经费5万元；实施大瑶山甜茶种苗繁育及高产栽培试验示范项目，经费10万元。1997年，金秀实施良种竹引种及高产栽培试验示范项目，经费10万元。1998年，金秀实施特优李果引种试验项目，经费4万元；实施广西科技信息网中心及节点关键技术的研究与实现—金秀节点站建设项目，经费3万元。1999年，金秀实施“万元田”建设示范项目，经费15万元；实施大果枇杷引进试种项目，经费10万元。2000年，金秀实施无公害蔬菜基地项目，经费10万元。2001年，金秀实施少数民族地区科技培训工程项目，经费20万元。2002年，金秀实施科技进农家示范基地项目，经费20万元。2003年，金秀实施山区可持续发展科技示范——龙庆村可持续发展科技示范项目，经费20万元；实施山区可持续发展科技示范——仁里村可持续发展科技示范项目，经费10万元；实施名特高效植物的引进与示范——种草养鹅技术示范项目，经费18万元；实施科普示范村建设技术与示范——来宾市金秀瑶族自治县桐木仁里村建设项目，经费13万元。2004年，金秀实施金秀农村科技信息服务体系建设项目，经费50万元；实施优特果蔬新品种、实用增值新技术在科普示范村（基地）的应用与推广项目，经费30万元。2005年，金秀实施八角、板栗、油茶、黄花梨等特色农产品开发示范项目，经费20万元；实施创新计划项目灾后建设技术示范——自治县山区可持续发展等项目灾后重建项目，经费12万元；实施大瑶山资源开发技术集成与产业化——有机茶标准化加工技术应用与示范项目，经费140万元。

表27-4　**2003—2005年来宾市科技三项经费统计表**

单位：万元

年度	自治区级专项拨款	本级财政拨款
2003	111	17
2004	67	19
2005	297	21
合计	475	57

第五节　专利管理

2002年12月，来宾市成立知识产权局。2004年，“金秀绞股蓝”“大瑶山甜茶”获原产地认证，象州县国家桑蚕农业标准化示范小区建设，完成《农村养蚕技术规程》《桑园管理技术规程》《小蚕共育技术规程》《桑树病虫害防治技术规程》《蚕茧收烘技术规程》等11个标准的制定和发布。武宣县“国家奶水牛标准化示范县”的创建工作，取得较好成绩，建立了包括国家标准、行业标准各1个，广西地方标准2个及武宣县地方标准4个的标准体系。2005年，进一步完善市、县(市、区)两级知识产权服务网络体系，加强知识产权宣传、专利试点企业和专利服务经济专项活动。深入开展知识产权宣传、企业知识产权试点、地理标志产品申报、知识产权专项整治和专利调查、咨询与专利技术推广等工作。制定出台《来宾市知识产权办公会议制度》和《来宾市知识产权专项整治方案》，印发有关知识产权法规宣传资料22.65万份，检查没收销毁一批侵权产品。在企业、农村广泛开展专利技术推广活动，提高职工、农民的生产技能。向广大市民广泛宣传、普及《中华人民共和国专利法》《农产品地理标志与商标注册》《中华人民共和国著作权法》《食品安全市场准入制度》《中华人民共和国植物新品种保护条例》等知识，提高公民与企业的应用和保护知识产权意识。来宾市科技局联合市委宣传部、市文化局、工商局和新闻出版局等12个部门，开展保护知识产权宣传周和“三下乡”活动，向市民、企业、农民广泛宣传、普及《中华人民共和国专利法》《农产品地理标志与商标注册》《中华人民共和国著作权法》《食品安全市场准入制度》《中华人民共和国植物新品种保护条例》等众多知识，提高了公民与企业的应用和保护知识产权意识。年内，全市在打击制售假冒商标、盗版侵权等活动中，共收缴侵权标识3500枚，包装袋2000个，侵权商品34件，非法报刊14种16000多份。全市共申请专利22项，其中发明4项、实用新型18项；获授权18项，其中，发明2项，实用新型16项。

第二章　科研项目　科技成果　科技考察

为发挥科技部门对推动经济社会发展的独特作用，来宾市以科技项目研发为引领，引导科技部门联合有关科研单位、企业组织一批重大科技研发项目攻关，取得显著成效，科学技术对农业、工业进步的贡献率不断提升。

第一节　科研项目

2003年，来宾市科技部门联合有关科研单位、企业组织实施一批重大科技研发项目，包括：“铁合金冶炼智能系统开发”“来宾市制糖企业产品竞争力调研及信息服务”“奶水牛集约化养殖综合技术示范”“名特高效植物的引进与示范”“科普示范村建设技术与示范”“煤炭矿区生态恢复重建示范”以及“优质桑蚕新品种引种示范”等19个课题，项目总投入6000多万元。其中：广西八一铁合金(集团)有限责任公司通过与北京科技大学广泛合作，先后完成“纯净锰铁合金”“铝锰合金”“换底锭膜”等新产品开发，同时开发“铁合金连铸技术”“计算机配料软件技术”等，获得国家专利2项。来宾市实施水牛奶业产业化项目，以武宣、兴宾为主要实施点，育牛、品种改良及奶制品业已具规模，并向产业化方向推进。至年末，全市已完成改造建设配种站37个，其中县1个、乡镇12个、村站24个；完善集中挤奶收奶站1个，在建1个；杂交配种水牛4000多头，种植优质牧草513.33公顷，培训人工授精员20名，培训养牛农户150人；生产杂交水牛800多头，存栏512头，产奶牛116头；杂交一代母牛一个泌乳期可产奶1200~1300千克，二代达1400~1500千克。武宣县通过实施水奶牛产业化开发，水奶牛发展到512多头、种公牛6头，正常产奶126头，日产奶700千克。全县建成村级培训中心一个，改造和完善乡级品改站13个，建成村级配种点27个，建成生产示范基地4个，建立奶品加工厂1个，开发奶制品5个，种植牧草80公顷。2004年，围绕“工业立市”和县域经济发展目标，来宾市重点组织实施“医药级蔗糖研制”“铁合金连铸设备研制”“碳酸法糖厂滤泥制生物有机肥”“红香稻不育系选育与利用”“岩溶地区高效农林经营模式研究开发”等19项科学研究与技术开发项目攻关，总投入经费2160万元，其中科技拨款80.4万元，单位自筹2074万元。这些项目中，列入自治区计划项目8项，科技拨款67万元;列入市级计划项目11项,科技拨款13,4万元。这19项科学研究与技术开发项目的实施取得重要成效,其中一些项目尤为突出。煤炭矿区生态恢复与重建示范项目,完成栽植金银花、榕树、相思树、巴芒草等9种植物133.33公顷;医药级蔗糖研制项目研制工作进入中试阶段,预计年产达200吨;碳酸法糖厂滤泥制生物有机肥项目取得重大突破。2005年,全市共组织实施重大科技项目38项,其中高新技术产业化攻关项目11项,取得专利3项,高新技术产业实现产值3.8亿元,比2004年同期增长25%。38项重大科技项目中获自治区立项的有"县市科技创新试点——兴宾区""金钱草规模化种植研究与示范""区域科技信息服务体系建设""实施农村专业技术协会培育工程""桂中特色产业网络服务体系建设""桑蚕病虫害防治研究与示范""农业创新示范基地提升"及"星火学校培训工程建设"等8项,获科技经费支持297万元,市本级立项17项,科技经费补助15万元。项目的实施取得重要成果,《铁合金连铸技术开发》项目填补了世界铁合金行业的技术空白,完成中试,已拉出Φ80×1000的合金棒;来宾市八一铁合金(集团)有限公司自主研制的《铁合金冶炼智能化系统软件开发》填补了国内空白,与国外同类软件相比,省钱(引进国外相应成套软件需耗资千万元)、寿命长、运行安全可靠、应用范围广,系统投资340万元,投入使用后,每吨铁合金节约成本10元,铁合金产量提高10%,年可为公司创造价值近300万元;《双蚁祛湿通络胶囊新产品研制》,拥有完全自主知识产权,成为治疗风湿性关节炎、类风湿性关节炎、坐骨神经痛首选特色药。

表27-5 2003—2005年来宾市科技项目安排表

年度	承担国家、自治区项目		市本级安排项目				
	项目(个)	经费(万元)	农业(个)	工业(个)	医疗及其他	合计(个)	经费(万元)
2003	7	111	2		10	12	15.0
2004	8	67	5	6		11	13.4
2005	8	297	7	4	6	17	15.0

第二节 科技成果

2003年,来宾市造纸有限责任公司应用C-305湿强剂于高档卫生纸生产,提高了卫生纸质量,产品由原来的B级提升到A级标准,各项技术指标均符合国家轻工行业QB2500-2000《皱纹卫生纸》A等品标准,同时,各种物耗明显下降,吨纸耗浆下降20千克,吨纸耗填料下降30千克,取得良好的经济效益。来宾市农业科学研究所通过糯质玉米自交系的培育筛选,用具有不同遗传基础的两个糯质系进行组配,选育出优质、高产、生育期适宜、抗病抗逆性较强的白糯玉米单交种"柳糯1号"。经试验、示范和推广,平均亩产鲜果穗686.7千克。象州县在良种桑示范样板基地配套推广饲养良种"桂桑2号"3.5万张,实现规模化生产,效益非常显著。单张产茧达44.45千克,比常规"两广二号"增产11.95千克,折合增产418.25万吨,增加产值418.25万元,极大地推动了县该养蚕业的发展。广西桂中旱片综合治理技术示范象州县马坪乡项目,通过旱片综合治理技示范与岩溶生态重建技术开发与示范集成联动,以地下水开发为主,辅以地表水开发与调蓄,应用水资源调蓄技术和农田开发技术,开展农田科学灌溉、经济林果园节水灌溉、高效节水农业开发、土壤改良和中低产田改造,解决人畜饮水、农业灌溉用水问题,发展当地特色农业,提高农业综合效益,建立岩溶峰林平原区旱片治理模式。至年末,示范面积达16平方千米,建立机井(泵站)4座,调蓄(集蓄)水池6个,节水灌溉面积73.33公顷,节水种植66.67公顷,封山育林333.33公顷,营造经济林200公顷,建沼气池50座,受益人口1.6万余人。2004年,来宾市共组织科技成果鉴定7项,奖励优秀成果11项,其中一等奖3项、二等奖4项、三等奖4项。获奖项目在实际中取得良好的经济和社会效益:由广西八一铁合金(集团)有限责任公司完成的铁合金矿热炉高功率送电技术项目,降低了生产成本,提高了经济效益;由武宣县农业局、武宣县农业技术推广中心完成的双孢蘑菇无公害综合增产技术项目,达到了提高双孢蘑菇生产可持续发展的目的,项目累计实施86万平方米,鲜菇单产平均每平方米产量10.1千克,比项目实施前三年平均产量增产2.2千克,增产27.87%;实现新增总产 1892 吨，新增产值 491.9 万元，菇农新增纯收入 454.08 万元；由来宾市卫生防疫站完成的剑桥沙门氏菌病的流行病学研究项目，研究结果对于解决与本地区多发病伤寒副伤寒的鉴别诊断方法和处理类似疫情具有实际应用价值。

2005 年，来宾市共组织科技成果鉴定 6 项，奖励优秀科技成果 7 项，其中一等奖 2 项、二等奖 3 项、三等奖 2 项，推荐申报 2005 年度广西科技进步奖项目 2 项，其中获广西科技进步二等奖励 1 项。获奖项目在生产上中取得良好的经济和社会效益。由广西八一机械有限责任公司研制的节能型 6300KVA 矿热炉，节能效果明显，极具推广价值，达到国内小形电炉领先水平。由金秀瑶族自治县农业局实施完成的金秀名优绿茶生产技术开发项目，推广国家级“无性系良种”茶园 1275.67 公顷，占该县茶园总面积 95% 以上，茶叶总产量及总产值由 1998 年的 87 吨、174 万元，提高到 2004 年的 422 吨、13434.2 万元。其中名优茶产量 292 吨，名优茶产量占茶叶总产量的 66%；名优茶产值 11337 万元，产值占总产值的 84%，名优茶产量比率和产值比率超过全国总水平。该县“瑶山杨柳春茗”绿茶品名获得第二届“国际名茶”评比“银奖”；“瑶山醇叶香茗”绿茶品名获得第三届“中茶杯”名优茶评比二等奖；瑶山剑毫、银针、松针、毛峰、特级炒青等五个绿茶品名分别获得第四届“桂茶杯”名优茶评比特等、一等和二等奖。茶农销售茶叶人均收入超千元，户均收入超 5000 元。茶叶成为金秀瑶族自治县脱贫致富的支柱产业。

1978—1990 年，来宾县获自治区奖励的科技成果有：工业 2 项，农业 6 项；获地区奖 35 项，其中工业 13 项，农业 19 项，医学 1 项，其他 2 项；获县奖励 40 项，其中工业 15 项，农业 14 项，医学 9 项，其他 2 项。获奖科技论著 13 篇。1984—1995 年，来宾县取得科技成果奖 134 项，其中自治区级 4 项。

至 1990 年，武宣县共进行科研试验项目 171 个（自治区下达 9 个、地区下达 26 个，县下达 136 个），其中开发研究 122 个、应用研究 29 个、中间试验 8 个、推广应用 12 个、调研 8 个。全县获得各级科技成果、科技进步奖 50 余项，其中获国家奖 1 项、获自治区奖 8 项、获地区奖 29 项、县奖 10 余项。1991 年，武宣县有 5 项科技成果获科技进步奖，1 项获自治区星火三等奖。1992 年 1 月，武宣县委、县人民政府授予 1991 年度科技先进工作者 51 人，科技先进工作单位 17 个，职称改革工作先进个人 14 人，职称改革先进单位 4 个，授予科技成果先进奖 17 项。1993 年，武宣县评出首届科技拔尖人才；1996 年，武宣县评第二届科技拔尖人才。1995 年，武宣县电池厂生产的干电池“丽光”牌获全国新技术新产品交易会金奖；1996 年，武宣县糖厂生产的“木糖废渣生产白背毛木耳”、县天宝公司生产的“苦瓜甘露饮料”和县二轻民族机械厂生产的“高性能永磁铁氧体”获全国新技术新产品交易会金奖。1991—2005 年，武宣县获得各级科技进步奖 99 项，其中市级以上 52 项，县级 47 项。1996—2005 年，因无经费没有开展县级评奖活动。

1980—1990 年，忻城县选定的旱地耕作制度改革、墨白玉米引进推广、配合饲料科学养猪、大力推广使用沼气、人工栽培金银花技术推广、推广育肥菜牛技术、大力推广良种肉鸽、引进繁殖良种地鸽、推广种桑养蚕、推广玉米地膜覆盖栽培技术等项目，采取一系列切实可行的技术措施，收到良好的经济效益。1982 年起，忻城县科委对各类科技研究成果及时进行鉴定、申报。1978—1990 年，忻城县科技人员取得科研成果共 70 多项，其中获得中央农业部和自治区嘉奖的科研成果共 18 项，获得地区嘉奖的 35 项，获得县嘉奖的 18 项。1994—1995 年，忻城县参与实施全区 3333.33 公顷《桑园丰收计划》项目，1996 年荣获全国农牧渔业丰收三等奖、广西农牧渔业丰收二等奖。2002—2003 年，参加实施全区 13333.33 公顷桑园《优质原料茧高产综合配套技术》项目，2004 年荣获全国农牧渔业丰收二等奖、广西农牧渔业丰收一等奖、广西科学技术研究成果奖。1991—2005 年，忻城县共获得自治区、市级科研成果二等奖 8 项，三等奖 16 项，在全国性刊物发表科技论文 23 篇。

20 世纪 50 年代，合山煤矿公司技术改造项目 170 多项，其中达到国家水平 87 项。1976—1990 年，合山矿务局科技获奖项目 152 项，其中获全国科学大会奖 1 项；获广西科技进步二等奖 4 项，三等奖 2 项；获自治区煤炭厅科技进步一等奖 4 项、二等奖 3 项、三等奖 10 项；获自治区煤炭厅科技成果二等奖 2 项，三等奖 7 项。获合山矿务局科技进步一等奖 33 项、二等奖 32 项、三等奖 51 项，优秀设计一等奖、二等奖各 1 项，三等奖 2 项。1982—1990 年，合山市农业、林业、牧业获市级以上科研成果 17 项，其中一等奖 8 项、二等奖 7 项、三等奖 2 项。

1974 年以来，金秀瑶族自治县承担科研项目 94 项，使用科研费用共 83.3 万元。至 1987 年底，金秀获优秀科技成果奖和科技进步奖共 38 项，其中获自治区科委奖 2 项，自治区厅局面级奖 4 项、地区行署奖8项。取得较好成果的项目有，由自治区科委、金秀瑶族自治县人民政府、广西植物研究所等40个单位联合承担的瑶山自然资源综合考察；1981年8月—1982年9月，完成对金秀瑶族自治县内地质、水文、土壤、气候、动植物等自然资源进行综合考察，并提出开发利用大瑶山资源的科学论证。1982年，广西农学院灵香草病虫害研究小组和金秀瑶族自治县科委共同承担灵香草病害药剂防治研究。经过3年多时间的调查研究，发现10余种灵香草病害，研制出农用链霉素200ppm+75%甲基托布津可湿粉剂100倍溶液、农用链霉素200ppm+75%菌可清可湿粉剂500倍液、农用链霉素200ppm+75%多菌灵可湿性粉剂250倍混合液等防治药剂配方。运用此项科研成果，每年可增产干香草约200吨。1984年4月，此项科研成果获自治区科委优秀科技成果三等奖。同年，金秀瑶族自治县科委、科协、科技开发办公室等单位在罗香乡推广八角施肥、保花、保果试验获得成功，八角"大小年"产量均衡，"大年"产量翻一番，"小年"增产1.6倍。1985年，灵香草病害药剂防治研究获自治区科委优秀科技成果三等奖。1988年，金秀"高寒山区大面积推广杂交水稻"获自治区农牧厅优秀科技成果三等奖。1990年，金秀D27—2型"无调试微型电视差转机台用新型天线"获自治区广播电视厅颁发三等奖，"中频调制器改进"获自治区颁发四等奖。1991年，金秀"微型水力发电开发利用技术推广"获广西科技进步奖，"大瑶山区八角林营造及疏伐技术"获自治区科技进步奖三等奖。1992—1995年，金秀获广西壮族自治区区划优秀成果一等奖。1985—1995年，秀全获自治区厅级以上科技成果奖6项。2002年，金秀科技信息节点站获自治区先进县级节点称号。2004年，金秀绞股蓝、大瑶山甜茶地理标志获国家质量监督检验检疫总局审批认证。1988—2005年，金秀瑶族自治县承担自治区、来宾市的科技项目30多项，投入项目经费560多万元。

科技成果奖励，分国家级、省（部、委）级、地（市）厅局级和县（市、区）级奖。1979年起，柳州地区科学技术成果奖励形成制度化。1978—1982年，柳州地区共奖励地区级优秀科学技术成果181项，其中一等奖18项、二等奖26项、三等奖62项、四等奖68项。1985年6月，柳州地区设立科学技术进步奖，奖励内容包括经过正式鉴定的科学研究、应用技术研究成果，推广、采用新技术成果，引进新品种、先进技术成果，科技管理及标准、计量、科技情报成果；授奖成果按技术水平高低、难度大小和对推动科技进步作用的大小及经济效益的大小指标评定为一等奖、二等奖和三等奖，分别给予500元、300元、150元奖励。当年评出受奖项目54项，并于同年12月28日，举行首届科技进步奖颁奖大会。1987年，出台《自然科学技术进步奖励办法》，进一步明确科学技术成果奖励的条件，并大幅度提高获奖项目奖金数额。一、二、三等奖的奖金，分别提高到1000元、700元、500元。同时规定，本级科学技术进步奖励工作分两级进行，即地市级政府奖和地市级政府所属部门、县（市）政府级奖。1985—1991年，实行两年一奖制，1991年改为一年一奖制，奖金由本级财政专项拨付。1991年11月，出台《科学技术进步奖励办法》。科学技术进步奖评审委员会和科学技术委员会共同制定了《科学技术进步奖励办法实施细则》。1997年，《科学技术进步奖励办法》《科学技术进步奖励办法实施细则》和《科学技术进步奖励评审委员会章程》进行修订，同时出台《科学技术进步奖励评价指标体系》。1978—2002年，获全国科学大会奖8项、广西科学大会奖47项、国家部（委）奖6项、广西科学技术成果奖41项、广西科技进步奖54项。共评出市级受奖项目464项，其中一等奖36项、二等奖102项、三等奖269项、四等奖57项。获奖项目中，工业121项、农林牧水209项、医疗卫生73项、软科学及其他61项。2003年，科学技术进步奖依照奖励项目科学技术水平高低、创新程度、推动科学技术进步作用、社会效益大小分设特别贡献奖、一等奖、二等奖、三等奖4个奖励等级，特别贡献奖4万元、一等奖0.8万元、二等奖0.5万元、三等奖0.3万元。2004年，来宾市科技进步奖一等奖1万元、二等奖0.8万元、三等奖0.5万元。

表27-6　**2003—2005年获自治区级以上奖励科学技术成果统计表**

年度	奖励名称	合计（项）	奖励等级			
			一等	二等	三等	四等
2003	广西科技进步奖	2	—	—	2	—
2005	广西科技进步奖	1	—	1	—	—

表 27-7 2003—2005 年获市级奖科学技术成果统计表

年度	奖励名称	合计(项)	奖励等级				
			特别贡献奖	一等	二等	三等	四等
2003	科学技术进步奖	13	—	2	4	7	—
2004	科学技术进步奖	11	—	3	4	4	—
2005	科学技术进步奖	7	—	2	3	2	—

表 27-8 2004 年来宾市科学技术进步奖项目表

项目名称	主要完成单位	奖励等级
金秀名优绿茶生产技术开发	金秀瑶族自治县农业局	一等奖
外敷中药保守治疗交通挤压伤筋膜间隙综合征的救治效果	兴宾区迁江中心卫生院	一等奖
引进天草橘橙高接多种中间砧丰产优质栽培示范	来宾市水果生产领导小组办公室	二等奖
武宣县水牛奶业服务体系建设与示范	武宣县科技局	二等奖
澳洲坚果在桂中地区的适应性及品种比较试验	广西合山市地方税务局	二等奖
断指再植术的临床应用	武宣县人民医院	三等奖
星级护理在临床护理中的应用	武宣县人民医院	三等奖

表 27-9 2005 年来宾市荣获广西科技进步奖项目表

项目名称	主要完成单位	奖励等级
节能型 6300KVA 矿热炉的应用	广西八一机械有限责任公司	二等奖

第三节 大瑶山综合考察

1981 年 8 月始，自治区科学技术委员会组织有史以来规模最大、专业最全、人员最多的大瑶山自然资源综合考察队入山考察。广西植物研究所、广西科学院生物研究室、广西林业勘察设计院等 40 个单位 114 人参加考察。这次考察汇集地质矿产、地貌、水文地质、陆地水文、土壤、气候、植被区系、植被林业、资源植物、大型真菌、动物、昆虫、综合自然地理等 14 个专业。考察队用 4 个月完成广西大瑶山主体部位金秀瑶族自治县 7 个公社的野外实地考察，各专业组收集到大量材料，并发现一些以往未报道过的矿产、植物、动物、昆虫、大型真菌及林业资源，初步掌握广西大瑶山区自然资源概况、特点和分布规律。1983 年 3 月，在南宁召开考察成果汇报会，会议邀请区内外有关单位专家、教授、工程技术人员对考察成果进行评价。1983 年 8 月，自治区人民政府组织自治区科委等有关单位在柳州露塘农场召开广西大瑶山区科技综合开发技术论证会，确定大瑶山首批科技开发项目 14 项，由自治区财政拨给开发经费 143.8 万元、金秀瑶族自治县自筹 91.5 万元，共计 235.3 万元组织实施。

1983 年 12 月底，14 篇专业考察报告编辑成《广西大瑶山自然资源考察》一书，全书 779 万字，由吉林出版社出版。

第三章 科技推广运用

中华人民共和国成立后，来宾市各级政府十分重视农业、工业以及医疗卫生等方面科技成果的推广应用，对推进经济发展质量的提升和促进人民健康水平的提高起到重要保障作用。

第一节　农林牧渔业技术推广运用

农　业

1982年,境内各县受国家农牧渔业部委托,农业主管部门组织开展大面积钾肥示范推广工作,通过土壤普查成果应用、农业技术承包、良种繁殖等措施相结合,在各县26个公社建立示范样板,均表现出一致的增产趋势。在同等条件下,水稻、玉米、黄豆、甘蔗种植,施钾比不施钾平均每公顷增长稻谷1095.75千克、玉米662.25千克、黄豆381千克、甘蔗27.3吨。1985—1990年,开展杂交水稻技术开发,年制种面积666.66公顷,年总产0.2万吨,单产每公顷2250千克,自给率5.56%提高到62.3%。自制种子可推广杂交水稻面积21.13万公顷,总增产粮食216.18万吨,总增产值15132万元。制种和推广种植杂交水稻,平均每年增产值3551.9万元。1991年,进行再生稻技术开发研究,蓄留再生稻面积4342.8公顷,在严重秋旱的情况下有收面积仍达2951.66公顷,总产0.65万吨,平均每公顷2200.2千克。1992年,推广66666.67公顷水稻节水灌溉,推广该技术70366.66公顷水稻,获综合经济效益2957.63万元。水利效益按40%计,为1411.02万元,其中,增产稻谷效益1031.08万元,节约水量效益123.44万元,节约电量效益114.47万元,节约抗旱用油效益108.56万元,增加水库发电效益33.44万元。1992年,来宾县糖办采用各种技术措施,提高宿根蔗单位面积产量。该技术实施后,宿根蔗平均每公顷产62.7吨,比常规栽培增加10.02吨。1993年,地区科委从黑龙江省引进水稻"旱育稀植"新技术,双季稻亩产1吨。1994年,推广面积2.65万公顷,占计划推广任务的113.6%。据各县(市)测产验收统计,总产达16.85万吨,平均每公顷6354千克,与常规栽培和常规育秧方法比较,每公顷增产375~819千克。

1996—1998年,境内实施水稻抛秧栽培面积41893.33公顷,比手插栽培平均亩增产稻谷43.4千克,新增稻谷2728.93千克,新增纯收入4197.65万元。

1977年9月,来宾县良江公社塘圩大队第10生产队在0.33公顷旱地进行甘蔗高产试验,种植粤蔗7号品种(秋植蔗),1979年1月3日经验收,平均亩产12.22吨,比全公社甘蔗平均单产1.34吨增产8倍多。1980年,来宾县在4个大队19个生产队种植7.67公顷,总产845吨,平均亩产7.34吨,比全公社平均单产增5倍多。1983年,来宾县全县种植"粤油551"品系良种2767.93公顷,占全县花生种植总面积的28.82%。这年全县花生总产量达1万吨,比1982年增产33.8%。1980年9月—1982年5月,来宾县城厢公社古三大队第9生产队在中等肥地进行甘蔗品种对比试验,结果亩产(折算):选三9.42吨,桂糖9号8.83吨,粤糖63/237为8.15吨,挂糖10号7.17吨,台糖134为5.53吨,桂糖3号5.47吨。糖分(10—12月)桂糖9号15.49%,桂糖3号14.88%,桂糖10号14.57%,选三13.27%,台糖134为13.01%,粤糖63/237为12.9%。1981年,来宾县改纯种春玉米为春玉米间种北京大豆;低产田、低产玉米地改种春秋两糙北京大豆;改种秋玉米为种秋黄豆;改单纯晚秧田为先种春黄豆后插秧;改种本地8月黄豆为种北京大豆,发展黄豆生产,1981年和1982年,来宾县黄豆增产量分别占当年粮食总增产量的24%、42%。1982年,良江公社中团大队秋植蔗桂糖3号18.8公顷,平均亩产2.44吨、比当年全县春植蔗、宿根蔗的平均亩产1.36吨亩增1.08吨。1980年,来宾县引进早稻种"红南",在良江公社罗梅大队第8生产队种子基地试种1.39公顷,平均亩产305.8千克,比当年对照品种增产19.03%。1981年,来宾县在全县20个公社推广繁殖红南种子田189.1公顷,总产0.08万吨。平均亩产275.9千克,比当年早稻亩增80千克。同年,来宾县对桥巩、良塘等14个公社进行土壤普查速测化验,含磷小于3PPM的面积占总面积87.96%,含钾小于50PPM的面积占78.42%。次年,在良江、石牙、寺山3个公社进行大面积的(水稻333.33公顷、玉米133.33公顷、黄豆133.33公顷)施钾肥试验示范。对水稻、玉米、黄豆进行试验,平均每施0.5千克钾肥,分别增产稻谷4.9千克、玉米5.7千克、黄豆4.85千克。当年试验区早稻、玉米、黄豆,总产量分别比对照区增产29.6%、20%、25%。1982年,来宾县在全县大面积推广5432.8公顷,总产稻谷24.73万吨,平均亩产303.5千克,比当年早稻平均亩产218.5千克增加85千克,增产38.9%。1986年,来宾县推广晚稻种植籼优桂33、桂34、籼优2号为主的杂交稻6228.4公顷,占晚稻总面积24.44%,晚稻比上年同期增产1.24万吨,增长24.89%。同年,来宾县推广甘蔗套种小葵子绿肥压青40公顷,共增产料蔗362.4吨,多产糖45.30吨。1984年,成立来宾县沼气技术指导站,到1987年底,来宾县全县共建沼气池2776座,投料使用 2622 座，平均每座容量 6 立方米。

1978—1979 年，象州县农作物病虫害预测预报站研究发现水稻害虫菲岛毛眼水蝇，经上海昆虫研究所范滋德鉴定，为国内新纪录种。至 1990 年，象州县共下达农业科学试验研究项目 109 个，投入科研、试验经费共 33.75 万元。

1953 年，忻城县在水稻地区（古蓬、城关、穴塘、思练）开始推广双季稻，单季种植改为双季种植。县农业科技人员，首先在城关区的泮水试种，次年始在全县水稻地区推广。20 世纪 70 年代初，古蓬公社东因生产队水稻栽培、管理技术水平较高，每亩单产 272.5 千克，居全县榜首。忻城县提出“水稻学东因”的口号。1970 年，忻城县早稻试验田共有 502.93 公顷。1975 年，全县早稻试验田共 514.47 公顷，其中干部种植的有 44.27 公顷，民兵种植的有 290.33 公顷，妇女种植的 179.87 公顷；晚稻种植的试验田共 2791.53 公顷，其中高产田 2683.87 公顷，新品种试验田 4.4 公顷，单株留种田 103.27 公顷。1978 年，忻城县早稻种植各种试验田共 1236.6 公顷，其中推广杂优稻 480.73 公顷，高产试验田 591.4 公顷，种子田 97.67 公顷，新品种试验田 66.8 公顷。1980 年，忻城县各种试验田（包括种子田、品种对比试验田、丰产田）共 1189.73 公顷。1982—1984 年，忻城县农科所龙芝华等人在丹灵等地推广研究成果忻农 4 号玉米良种 633.3 公顷，平均每公顷比墨白号、本地种、白马牙等品种增产 4408.5 千克，增产效果显著。1986 年和 1987 年，忻城县推广水稻杂优品种面积分别为 3000 公顷和 6400 公顷，占早、晚稻总面积 22.6% 和 50%。红渡镇西江片种 41.4 公顷，平均亩产 420 千克；古蓬镇东因片种 7.67 公顷，平均亩产 433.5 千克；城关镇板河片种 6.67 公顷，平均亩产 473 千克；宁江乡加仁片种 10 公顷，平均亩产 407.5 千克；大塘镇大塘片种 81.47 公顷，平均亩产 423.5 千克。1991 年始，忻城县先后引进推广玉米、水稻、甘蔗、水压式半自动排渣沼气池、百万只山羊综合技术、金银花脱水加工、玉米杂交种“桂单 22”“华玉 4 号”“澄海 1 号”“临奥 1 号”等先进科技成果。1991—2000 年，忻城县实施的 21 万亩玉米增产增收综合开发技术，引进玉米杂交种“桂单 22”“华玉 4 号”“澄海 1 号”“临奥 1 号”等，大面积推广玉米高产栽培技术，单产由均 155.5 千克每亩提高至 308 千克每亩，项目实施 3 年共新增产量 4.91 万吨，新增产值 5859.97 万元。水稻杂交种和优质谷的种植，其亩产超过 500 千克。1999 年，忻城县推广再生能源项目——水压式半自动排渣沼气池。2000 年，忻城县全县大面积推广高产高糖的台糖系列和桂、粤糖系列良种甘蔗至 2005 年，单产由原来 2.3 吨每亩已提高至 4.8 吨每亩。2003 年，忻城县科技部门组织力量研究开发金银花脱水加工技术，攻克了鲜花遇温度升高变黑的技术难题，所含的有效成分——绿原酸少受破坏，产品质量在同类产品中处于全国优质行列。2005 年，忻城县金银花种植面积 3467.67 公顷，当年干花产量达 400 多吨，产值 800 多万元。1997—2005 年，忻城县实施科技扶贫项目——万亩金银花生产示范基地。2000—2005 年，忻城县开始推广地头水柜、家庭水柜项目，全县建立地头水柜、家庭水柜 64225 座。

1982 年，合山市农业技术推广站引进专项研究课题《钾肥试验示范推广》。同时，合山市农业技术推广站还进行杂交早稻高产栽培示范，推广杂交水稻高产样板示范栽培，编写《合山市农业区划综合资料汇编》等专项科研活动。1985 年，合山市土肥站承担《绿肥栽培》《中、低产田改造》《早晚稻垄作物栽培》《垄稻沟鱼》等科研课题。1985—1990 年，合山市种子公司引进杂交水稻良种 3480 吨、引进常规水稻品种 111 吨、杂交玉米良种 13.9 吨、花生良种 164.5 吨。1987 年，合山进行《百亩杂交水稻制种开发》《大面积推广杂交水稻》专项研究。2000—2005 年，合山共引进推广农业新品种 32 个，先进实用技术推广 15 项，种植业和养殖业的优良品种覆盖有明显提高。其中，水稻引进推广种植新品种占全市水稻播种面积的 96%，水果、蔬菜、玉米、黄豆均实现良种化。养殖方面，猪、羊、鸡、鸭、鱼等初步实现良种化。推广旱育稀植和抛秧种植技术分别达到 12000 公顷和 2000 公顷，推广率达 88%。培育和建设了 7 个科技示范村、100 户科技示范户，其中来宾市级示范村 7 个，重点示范户 40 户。该市两乡一镇和 7 个科技示范村有电脑网络设施，全市 30 个村民委都设有信息室，17 个村有科技培训中心和科技图书室，占村委总数的 56%。

1964 年，武宣东乡公社华乐大队率先成立大队农科站，当年种植高产试验田 0.8 公顷，试验地 0.2 公顷。1971 年武宣县有 73 个生产队种“三田”（样板试验田、种子试验田、高产试验田）17.3 公顷。1974 年，全县生产队农科组发展到 912 个，种“三田”835.67 公顷；1977 年，武宣有 5420 多位农民参加“三田”试验活动，种“三田”1199.37 公顷。通挽公社尚满大队第八生产队试种杂交稻“南优 3 号”1.03 公顷，最高亩产达 656.5 千克。1978—1980

年，武宣县着重推广普及12项农业增产技术：(1)推广杂交水稻，1979年种植400公顷，1980年达8000公顷，大面积亩产达450千克，高产田亩产650千克；(2)推广杂交玉米。种植结果：大田亩产达200千克，高产田300千克以上；(3)推广桐岭公社石岗四队"麦—稻—稻"三熟制先进栽培方式；(4)推广普及秋植蔗，实行科学种蔗。结果：大田亩产原料蔗5吨以上，高产田亩产10吨以上；(5)推广黄茆公社尚文四队种植成功的山东式"双行双仁垄植法"种植花生先进经验，大田亩产175千克，高产田亩产225千克以上；(6)推广水稻病虫害综合防治技术；(7)大种高产绿肥和用好绿肥；(8)推广化肥和球肥深施技术；(9)推广普及猪、牛人工授精技术和杂交改良技术；(10)推广温室无土育秧技术；(11)推广节约用水和科学用水经验；(12)推广农机管理的先进经验，发挥农业机械作用。仅1978年上半年，全县杂交稻制种106.67公顷，种杂交稻166.67公顷。"三田"1342.67公顷。1981年起，武宣农村推行家庭联产承包责任制，乡镇先后建立"五站一校一会"（即农技站、畜牧兽医技术站、农机站、甘蔗站、林果站，农民技术培训学校和乡镇科技协会）。行政村或自然村建立科普领导小组和农民技术学校，培养科技示范户，群众自行组织水稻制种、水稻种植、玉米制种、茶叶、水果、种桑养蚕、养猪、养鸡、养鱼等研究会，向农村普及科学种田、科学养殖的农科网络日趋完善健全。农民较多地在自己的责任田（地）里建起科研田、试验田，进行良种试种等农科活动。1983年，武宣全县水稻种植面积比1980年减少17.1%，但总产量达10.97万吨，比1980年增长8.6%，创历史最高水平；平均亩产279千克，比1980年增长9.2%。1988年，武宣县培训农村实用技术人员13016人，建立科技示范户270户。思灵乡通过技术培训，全乡推广杂交早稻700公顷，亩增产75~125千克；杂交玉米966.67公顷，亩增产75~100千克；甘蔗扩种到376.76公顷，增产原料蔗0.52万吨。马步乡7个科技示范户向1300户贫困户推广地膜腹盖种植甘蔗技术，取得良好效果。通挽乡科协和农技站有科学种田示范户22户，示范田2.2公顷，早稻平均亩产超550千克。1989年，武宣县实施8666.67公顷粮食综合技术开发，参加项目开发的各级领导干部113人，技术人员75人，农科员142人，项目覆盖13个乡镇91个村民委和16329户农户，投入资金26万元。1990年，全县粮食高产综合技术开发面积增至9926.67公顷全县粮食总产1.30亿千克，比历史最高产年1983年增加0.96万吨，被国务院命名为全国粮食生产先进县。1998—2000年，武宣县实施《大面积低水位农田合理利用技术措施研究及示范推广》《广西大豆优质高产工程示范》《旱宝引进试验示范》《灰鹅选育与开发》项目。1997—2005年，武宣县引进和推广水稻良种七桂香-25、桂优901、桂占4号、金优及木薯188、199等良种，建立水稻、玉米制种基地，推广水稻旱育稀植、水稻免耕抛秧、玉米免耕栽培、马铃薯稻草覆盖免耕、甘蔗机械化深耕深松、智能化施肥、测土配方施肥等适用技术，推广农作物避雨、避寒、避晒栽培新技术，促进农业迈向产业化、标准化、品牌化发展。县内推广水稻"薄、浅、湿、晒"科学节水灌溉技术14000公顷，年均亩产908.4千克，比普通灌溉年均亩产811.6千克增产96.8千克，全年科学灌溉总增产粮食2.03万吨，总节水量达1644.3万立方，此技术通过国家科委、水利部的检查验收，被水利部列为"九五"期间全国建设300个节水增产重点县。

来宾县柳豆一号栽培示范 1990—1991年，来宾县农业局栽培柳豆一号示范面积2333.33公顷，春播亩产136.6千克，翻秋亩产93.5千克，比对照北京豆分别增产26.3千克和25千克，分别增产23.8%和36.5%，并试验总结出一套与柳豆一号特性相适应的栽培技术。本项目达到广西同类项目最先进水平。该项目1992年6月获自治区农业厅科技进步二等奖。

来宾县大豆优质高产项目 1997—2000年12月，来宾县科技局与农业局共同完成大豆优质高产项目，总任务120733.33公顷，项目分布在全县24个乡镇，覆盖251个村民委、79万多人。项目四大技术措施：建立柳豆一号、柳豆19—21等良种繁育基地；抓技术培训，按照《广西春、夏大豆高产栽培技术规程》，抓关键技术措施推广；抓中心样板点和高产示范片。1997年，项目完成大豆优良、高产面积18266.67公顷（春大豆11066.67公顷，秋大豆4866.67公顷，间套种2333.33公顷），经组织验收平均亩产97千克，比项目前三年平均亩增产7.6千克，大豆总产量达2.66万吨，增产0.33万吨。

来宾县推广掖单玉米 1992年，来宾县推广掖单玉米。县科委协调、配合县农业部门到乡村宣传、开展技术培训。1992年推广6937.6公顷，平均亩产376.1千克，比桂顶一号每亩增产50.3千克，增15.4%。全县早中玉米总产突破亿斤大关，总产达0.61亿千克。

来宾县推广粮食大面积增产综合技术开发 1991年，来宾县推广粮食大面积增产技术开发项目，由县科委与县农业部门共同承担实施，共推广面积22000公顷，占全县粮食作物的23.4%，项目总产量11.43万吨，占全县粮食总产量的46.26%，比1990年同期增产0.83万吨。项目内平均亩产346.3千克，亩产比1990年同期增产26.3千克，增产8.2%。

来宾县旱田改制 1992年，来宾县农业局技术推广站实施该项目，完成面积12266.67公顷，其中：旱田改种春玉米面积2266.67公顷，平均亩产412千克，比非改制田亩每增产66千克，增19%；旱地增产技术开发面积10000公顷，其中玉米平均亩产369千克，比非开发田每亩产53千克，增16.1%。1993年完成12000公顷，其中旱田改种玉米0.5公顷。

来宾县推广水稻旱育稀植栽培技术 来宾县水稻旱育稀植栽培技术始于1993年。1993年春，来宾县政府拨给县科委4万元技术引进经费，聘请黑龙江省庆安县二位技术人员在城厢乡泗贯村进行试验，结果早晚稻均获得成功。经有关部门、专家实地验收，早稻试验示范田0.6公顷，平均亩产481.4千克，每亩增产281.4千克。1994年来宾县推广水稻旱育稀植栽培技术超过6666.67公顷，增产粮食1.01万吨，净增值1800万元。1995年来宾县推广水稻旱育稀植栽培技术20000公顷。

来宾县甘蔗因土配方施肥试验示范推广 项目由来宾县糖办和县科委于1990年1月—1991年12月承担实施。1990年开始试验400公顷；1991年试验666.67公顷，推广4666.67公顷，亩产比1989年增产0.7~1.00吨，试验甘蔗含糖分提高0.2%（绝对值）。实施结果：1990—1991年，试验甘蔗因土配方施肥比习惯施肥（对照）亩增产0.77~0.8吨，蔗糖提高0.30%~0.32%；1991年推广4717.67公顷，平均亩产比1989年增产料蔗1.09吨，其中示范668.27公顷平均亩增产甘蔗2.04吨，推广增创经济效益1229.25万元。

来宾县甘蔗新台糖1号、台糖172号良种繁殖推广 1992—1994年，来宾县蔗糖生产办公室实施《甘蔗新台糖1号、台糖172良种繁殖推广》项目，共繁殖推广甘蔗新台糖1号、台糖172良种8584.09公顷。试验示范结果：以上2个品种分别比桂11号、选三增产0.93吨/亩、0.49吨/亩，增加蔗糖分2.93%、1.65%（绝对值）。

来宾县甘蔗良种新台糖16号繁殖推广 《甘蔗良种新台糖16号繁殖推广》是县甘蔗推广站自选课题，来宾县采取建立良种基地、秋繁春采、夏植春采以及单、双芽段单性繁殖等方法加快繁殖速度。同时配套拖拉机深耕深松、增施有机肥和肥料配施、化学除草、进行病、虫、鼠害综合防治等技术，发挥新台糖16号丰产潜力大的特点，1997—1999年，来宾县累计推广新台糖16号9076公顷，平均亩产比对照（台糖172）增加0.99吨，蔗糖分提高1.09%（绝对值）蔗农累计增收4174.62万元，糖厂增收7764.47万元，国家新增税收728.66万元，共计12667.75万元。

来宾县甘蔗良种新台糖22号引进示范推广 1999—2002年，来宾县甘蔗技术推广站针对来宾县气候土壤肥力状况以及甘蔗高产优质营养特性，采取考察论证—引进试种—示范—推广相结合，以繁殖示范推广为核心，良种良法相结合，主攻单产和提高甘蔗蔗糖分含量。1999年，引进新台糖22号试种试验，2000—2002年大面积示范推广，累计示范推广面积27062.2公顷，平均亩产原料蔗7.02吨，甘蔗蔗糖分15.16%，比项目实施示范推广前3年（1997—1999年）平均亩产原料蔗增产2.76吨，甘蔗蔗糖分提高1.55个百分点；项目实施累计新增产原料蔗100.83万吨，2002年推广新台糖22号17466.67公顷。

来宾县大面积亩产吨糖田综合技术开发示范 1998—2000年，来宾县甘蔗技术推广站和县科技局承担自治区科技厅下达的“大面积亩产吨糖田综合技术开发”项目。项目实施三年，累计完成面积8322.53公顷，完成任务的104.03%，平均亩产原料蔗7.79吨，甘蔗蔗糖分15.67%，亩产蔗糖1.05吨，实现“吨糖”目标。

来宾县推广水稻科学灌溉用水 来宾县水电部门，组织水库管理所、电灌站的技术人员在全县24个乡（镇）推广水稻科学灌溉用水。1993年推广13460公顷、1994年推广10080公顷、1995年推广15333.33公顷、1996年推广15333.33公顷。经验收科灌田块比非科灌田每亩增产30~50千克。1993年增产0.71万吨、1996年增产粮食0.78万吨。

忻城县推广玉米杂交种 1985年，忻城县科技人员育成忻农四号玉米单交种。该品种是县农科所采用外引高产自交系“依瓜拉”（原墨西哥）为母本，用耐瘦、适应性广、品质好、抗逆性强的“下才白”（本地农家种）经县农科所育成自交系为父本，经过预试、大区试验及县、地、省（区）的区域试种，被评为推广良种。1982—1984年，在忻城丹灵等地推广种植633.33公顷，经忻城果遂公社农业技术推广站调查核实，忻农四号玉米单交种4公顷，平均亩产比墨白号、本地种、白马牙等玉米品种增产146.95千克。1990年，忻城县农业局抓好玉米地膜覆盖栽培技术的培训工作和各项技术配套措施落实，全县上半年种683.4公顷地膜玉米，平均亩产达388千克，比全广西地膜覆盖玉米亩产的平均数(315千克)还多了73千克，获得1990年科技进步三等奖。

象州县苕子、红花草绿肥试验、推广 1962年冬，象州县、区农业技术部门在罗秀、大乐等7个区21个生产队晚稻田稻底播种苕子、红花草绿肥试验，面积18.2公顷，61%的试验面积获得成功。1963年冬试验推广652.2公顷，1964年春验收绿肥产量，平均亩产1869千克，高产的达3336千克，绿肥田种植早稻比非绿肥田增产20%以上。1990年，象州县冬种植6193.33公顷，占稻田面积38.6%。

象州县杂交水稻大面积推广 1973年，象州县农科所技师叶大华等，参加全国杂交水稻"三系"选育攻关协作，1975年，象州县开始杂交水稻制种，试种杂交水稻，当年杂交水稻亩产比常规稻增产50~75千克。此后杂交水稻制种面积扩大、单产提高，杂交稻种植面积随之扩大。1985年杂交水稻制种亩产突破150千克，1989年，象州县制种面积356.03公顷，亩产种子161.9千克，从此杂交稻种子自给有余。1988年，象州县开始实施《粮食大面积增产综合技术开发》项目，把大面积推广杂交水稻作为一个重要措施，1990年，象州县杂交水稻种植23826.67公顷，占水稻面积的76.74%。

象州县钾肥试验、示范、推广 1982年，由象州县农业局、土肥站、大乐农业技术推广站负责，在水稻田实施钾肥试验、示范、推广工作。共进行小区试验12个，大田对比24个，全县试验示范面积5135.26公顷，带动施用钾肥5818.4公顷。试验示范验收结果，每亩施用钾肥6.5~7.5千克，增产稻谷30~125千克，大部分增产35~50千克。

象州县"象选一号"新品种选育 "象选一号"早稻良种，是农科所技术干部胡金声从"广选三号"选出的变异株经多年选育而成。1979年象州县全县早稻种植该品种5333.33公顷，1980年发展到11333.33公顷。

象州县桑蚕技术开发 从1983年下半年开始，象州县加强对桑蚕生产的技术指导，建立小蚕共育室28个，推广小蚕共育新技术，建设优质高产桑园，举办养蚕技术培训班，印发养蚕技术资料，普及养蚕技术。1984年蚕茧总产量达43578千克，产值14.08万元，分别比1983年增长207.53%和212%。

2004—2005年，来宾市组织实施智能化精准施肥技术示范推广，建立示范样板12个，示范样板面积累计3669公顷。两年累计实施面积2.35万公顷，新增产值3098.65万元，新增利税4281.19万元，节约化肥963609.15千克(纯养分含量)，节本增效385.44万元，实现节支增收3484.09万元。项目覆盖两县15个乡镇，其中武宣县覆盖7镇3乡，覆盖率100%；忻城县覆盖5个乡镇，覆盖率50%。项目区覆盖两县粮食作物产区和主要经济作物产区。武宣县农业局推广木薯生产技术，项目实施两年，累计实施面积9553公顷，其中2004年度4640公顷，实现平均鲜薯单产45.53吨每公顷，与对照群众习惯种植相比较，增产鲜薯19.5吨每公顷，增幅达74.9%；2005年度实施面积4913公顷，平均鲜薯每公顷单产38.4吨，与对照群众习惯种植相比，增收鲜薯20.7吨每公顷，增产幅度达116.9%。武宣县农业局、武宣县农业技术推广中心通过推广双孢蘑菇无公害综合增产技术，实现鲜菇单产比项目实施前三年平均每平方米产量增产2.2千克，增产27.87%；菇农新增纯收入454.08万元。金秀瑶族自治县推广国家级"无性系良种"茶园1275.67公顷，茶叶总产量及总产值由1998年的87吨174万元，增加到2004年的422吨13434.2万元。其中名优茶叶产量292吨，占总产量的66%；名优茶产值11337万元，产值占总产值的84%。2005年，来宾市白蚁防治有限公司、来宾市科技局、柳州市桂中白蚁防治研究所共同组织实施白蚁的普通生物学特性及防治新技术研究与应用项目，在房屋建筑、经济苗木，农林庄稼、水库堤坝试验应用，与国内类似产品相比，具有显著的先进性和科学性，社会效益和经济效益十分显著，研究成果达到国内领先水平，项目的部分内容填补了国内空白。2004年1月—2005年12月，来宾市土壤肥料工作站应用广西区土肥站研制开发的电脑施肥专家系统，处理作物、土壤、肥料三者之间相互关系，实现施肥技术决策智能化，指导农民施肥定量、定时、定位精准化。项目累计实施面积2.35万公顷，累计实现新增产值3098.65万元，节支增收3484.1万元，新增利税4300万元。

林　业

1981—1986年，境内实施杉木初级无性系嫁接种子园及采穗圃营建技术研究期间，共生产良种4060千克，可造林13533公顷，同时提供优良无性系数接穗3万多条。该成果在南方11个省(区)的科研单位和生产单位推广应用。

1979年,忻城县总农户为60685户,其中严重缺柴烧的有37233户,占总农户的61.3%。1979年,忻城县农业局沼气办公室认真抓沼气池建造工作,至1982年10月,忻城县建造沼气池总数达2579座,使用率达92.7%。利用沼气煮饭、照明的农户2408户,每年能节约柴草1365.5万多千克,折款54万多元,节约煤油21.5吨,折款1.7万多元。

1965年冬,柳花岭林场(今合山市辖)从德保县引进紫胶虫放养。经多年反复培养,北移驯化获得成功。1980年,收原胶8250千克,胶种7500千克,虫种由传至恭城、北流等地。

1974年来,宾县良江公社林场引进湿地松803株,种植地为35度的山坡南坡,种植规格1.67米×1.67米。1982年测定,山坡中下部以下地带,植株生长较快,平均株高8.1米,最高植株9.9米,平均胸径11.5厘米,最大胸径12.5厘米。

撑篙竹X大绿竹杂交育种研究　采用撑篙竹为母本,大绿竹为父本进行人工控制授粉试验,结果选育出4个中国新的杂交种。1994年,国家林业部列入中国林业重大成果推广项目。

ABT生根粉推广应用　项目实施3年中推广至全区67个县(市),覆盖面积78.8%,面积4.4万公顷,总株数达2.8亿株,应用植物种61个,总产值4832万元,新增产值1090万元,投入与产出比1:57。

杉木后代测定与家系选择研究　系国家"六五"、"七五"重点攻关项目子课题,在6个试验点711块试验地上开展对比研究,筛选出153个优良家系,遗传增益达16%(比一般生产用种增益高达41%),从而获得广西杉木种子园子代测定完整资料。项目实施期间建立1.5代种子园200公顷,二代种子园30公顷,生产良种12吨,供造林4万公顷,优良家系造林1200公顷。1992年以来,林业部门先后引进柠檬桉、窿缘桉、柳桉、尾叶桉、粗皮桉、邓恩桉、巨桉、大花序桉、圆角桉、蓝桉、湿地松等国外树种,开展试种示范。其中柠檬桉、窿缘桉、柳桉、尾叶桉、湿地松等得到大面积种植推广。至2005年,全市桉树种植总面积达33333.33公顷。

来宾县良种桉造林技术推广　1991年,来宾县林业局承担自治区林业厅"良种桉造林技术推广"科技项目。良种桉面积占来宾县有林地面积的4%以上,林木蓄积量达80万立方米,占全县森林蓄积总量60%。良种桉种植后5~6年主伐,高产的亩产商品材10立方米以上,一般达到5立方米,平均亩产值2500元,亩纯利1500元,以此推算,全县推广种植良种桉面积23333.33公顷,第一代林木主伐时木材总产值达8.75亿元,纯利5.25亿元。1991—2005年,来宾县(兴宾区)共计种植良种桉面积23000多公顷,平均每年完成1666.67公顷,增加森林覆盖率5.7%,较1989年4.9%提高了26.8个百分点。带动林产加工业的发展。良种桉速丰林的发展为林产加工业提供了资源基础,全区现有林产加工厂20多家,加工产值300多万元,带动就业人员650人。

来宾县沼气建设技术推广　1998年以来,来宾县农村能源办公室《沼气建设新技术推广应用》课题组,指导农村群众采用钢模现浇建成水压式自动排渣沼气池27237座,通过测定,80立方米沼气池,每座平均日产沼气量达2立方米(每立方米容积日产气量0.25立方米),达到国家规定的GB4750-4752-84标准。

来宾县容器育苗技术推广　来宾县林业局营林站1992年成立《容器育苗技术推广应用》课题组,在来宾县指导容器育苗造林。推广使用容器育苗造林后,造林面积逐年增加,造林成活率和造林质量提高,全县的人工造林采用容器苗占95%以上。1992—2005年,全县共计培育营养杯容器苗木17820万株(其中桉树12570万株,松树5250万

来宾县蔗糖局领导在组培苗工厂检查工作
(1999年摄)

株），造林面积56000多公顷，完成的人工造林面积比1991年前平均每年增加2600多公顷，合格面积提高50%以上，达到造林一片、成林一片、绿化一片的目标。

畜牧水产

1964—1977年，境内畜牧研究部门引进新疆细毛羊和苏联美利奴细毛羊140头。通过试养观察，选育出适合本地高产羊种，获得成功，1977年发展到1700头。1983年，外贸竹丝鸡场对竹丝鸡的提纯复壮及推广获得成功。1983年出口竹丝鸡5.1万只，盈利12.5万元，创外汇16万美元。1986—1987年，承担自治区星火计划“竹丝鸡饲养技术开发项目”，两年出口竹丝鸡51.6万只，产值472万元，创汇105万美元。1974—1978年，畜牧研究部门采用水牛冷冻精液人工授精技术，选育乳肉兼用型三晶杂交牛527头，与本地牛522头比较，初生牛体重提高56.2%，1岁牛提高L18倍，成年牛提高25.5%，耕作能力提高40%~52.6%，屠宰率提高7.7%，净肉率提高10.5%，产奶量高的一头牛每天一次挤奶5.3千克，为改良水牛新品种提供了新的途径。1991年，畜牧兽医部门在137个乡镇2523个村屯组织实施“猪牛大面积驱虫技术推广应用”项目，推广面90%以上，共治猪113.58万头，治牛10.27万头；驱虫后，猪每头增重10.2千克，牛膘情头增加1.05个等级。2005年，来宾市畜牧兽医部门通过开展布鲁氏菌病监测普查、检疫、免疫、淘汰阳性畜、推广人工授精技术等工作，布鲁氏菌病在全市6个县（市、区）得到有效控制，达到农业部颁布的畜间稳定控制区标准。

1979年10月—1980年11月，来宾县在良江、南泗、城厢、来宾镇等公社应用化学去势技术（即注药入睾丸），淘汰劣种公畜226头（黄牛215头、水牛10头、山羊1只）。1979年，来宾县引进尼罗罗非鱼，成立专业组，进行越冬保种、繁殖、培育亲鱼等工作。1981—1982年，来宾县培养亲鱼4000多尾，繁殖推广鱼苗120多万尾。采用主机和辅机自动投撤和自动保护，主机组温度自动巡测、音响监听和图像监视等技术，年节电2万千瓦时，节省工日960个，农田保收600公顷。

1981年，忻城县9个公社46个大队和17个机关单位推广配合饲料浸泡生喂养猪新技术，落实配合饲料浸泡生喂养猪实验有1350户，猪16513头。养的猪比传统养猪法提前三四个月出栏，每头猪盈利80~100元。1982—1984年，忻城县畜牧水产养殖局和县外贸局引进良种肉鸽（石岐鸽）进行饲养繁殖，为区内外提供良种肉鸽1.3万多对。县外贸局出口乳鸽80多万只，收入430万多元。1985年，忻城县畜牧水产养殖局和县科委从广东引进422对良种地鸽进行繁殖。1987年，饲养户由4个乡镇230多户发展到13个乡镇1300多户，种鸽饲养量达15万对。科技人员利用杂交改良的优势，选育出适合山区饲养，又符合出口标准要求的忻城肉鸽新品种。1971—1988年，忻城县出口乳鸽共99万多只，创汇116.6万美元，出口量居全区榜首。

1985年，合山市畜牧兽医站进行《樱桃谷鸭饲养繁殖试验》专题研究和《合山草场资源调查》《科技兴牧“1331程”》专项研究。1985—1987年，合山市畜牧兽医站负责的禽畜服务范围区内有耕牛2000头、猪1万头。1990年，引进良种畜有隆林公牛2头、长白公猪2头、大约克公猪2头，东山猪11头。到1990年，引进樱桃谷鸭10万只、肉用AA鸡7000只、蛋用伊沙鸡3000只、新浦东鸡1万只、东泰鸡5万只、红宝鸡8000只、花卢鸡1000只。

2002—2003年，武宣县实施《武宣县水牛奶业服务体系建设与示范》《提高奶水牛产奶性能研究及产业化示范》《奶水牛集约化养殖综合技术示范》项目，率先在全区创办“小区规模养殖”。2000年10月，武宣县民营企业玉京水牛奶开发有限责任公司成立。公司采用“公司＋农户＋基地”的经营模式，2003年，养挤奶水牛136头，年产鲜奶250多吨，产值近200万元，农民收入90多万元。被中国奶业协会授予“全国奶牛养殖示范小区”。中央电视台、广西电视台和桂中电视台先后对奶水牛养殖小区作专题采访报道。2002—2005年，武宣县本地水牛杂交改良9500头。

来宾县利用格拉姆柱花草粉饲养肉猪试验 1992年—1993年3月，来宾县畜牧水产局和县科委于承担“利用格拉姆柱花草粉饲养肉猪试验”项目。采用10%~15%格拉姆柱花草粉（盛花期）代替麦皮养猪，比麦皮头均增重4.91千克，产值多17.67元；草粉价格低，头均可降低饲料成本12.92元；草粉组猪的瘦肉率头均比麦皮对照组提高1.4%~5.2%，多产瘦肉1.2~3.6千克，产值增加7.2~21.6元。

来宾县氨化稻草喂牛技术推广 1995年，来宾县畜牧水产局在10个乡（镇）650个农户推广氨化稻草喂牛技术，氨化稻草295吨，喂牛1300头。用氨化稻草喂牛比对照牛每头增重12千克，还可使牛安全越冬，减速少死亡率。

第二节　工业技术推广应用

1977 年，广西八一锰矿与冶金部马鞍山矿山研究院联合试制 CS–1 型电磁感应辊式强磁选机。1980 年，来宾县农机修造厂在 JC–3 型普通挂车基础上研制成功 JC–3A 型液压自卸挂车，经沙浦河工程处等单位试用证实，JC–3A 型是 JC–3 型人力卸车工效的 65 倍，且无须另配卸车人员。可配 28、39、45、50 等轮式拖拉机使用。升降机构按实际推力 3~5 吨设计，也可用于 3~5 吨普通载重汽车改装成全自卸汽车用。该车除保持 JC–3 型用途外，还适用于农田基本建设、公路、水利工程等施工单位。1983 年，来宾县农机研究所研制工农 –12 型水田滚耙。该产品耙深 10.1 厘米，碎土小于 4 厘米的占 93.32%，覆盖率 91.7%，平整度 85.3%。在铺放玉米秆、稻草、花生藤和绿肥的 0.02 公顷田中测试，滚耙没有缠草。柳江、来宾两县用户，认为该滚耙结构简单，装拆容易，使用方便、质量可靠。1982 年，迁江糖厂参照外厂图纸研制安装 2 台 2H–Φ10000A 连续分蜜机。此机比旧式上悬式分蜜机效率高 3 倍。自制机配用 1 台 22 千瓦电动机，与旧式机配 40 千瓦电动机相比，一个榨季可节电 39.2 万千瓦时，少开支电费 2.5 万多元。1983—1984 年初，来宾县纸厂与贵县糖厂科研所合作，采用大纸机试制 100% 蔗渣抄造 4 号绉文卫生纸。1983 年，生产卫生纸 203 吨，每吨成本 1609.84 元。1984 年，生产卫生纸 972 吨，吨成本 1292 元，每吨降低 317.84 元，降低 19.74%。1984 年，来宾县糖纸厂引进贵县糖厂科技成果，经过多次试验，研制出符合国家标准的 4 号皱纹卫生纸，被评为轻工部优质产品。1990 年，来宾县迁江糖厂对制糖热力系统进行技术改造，重新制定合理的制糖热力方案，蒸发、加热器采用自动等压排水技术，将低品质汁汽用于糖汁加热和煮糖，技改后热力系统基本平衡，蒸发煮糖日处理能力达 3500 吨蔗，糖浆增色率下降到 5%~10%，每榨季节煤价值 50 多万元。1992 年，广西下田锰矿采用“两矿一步法”直接浸出，常温电解，添加剂处理等先进工艺生产，在上述工艺基础上选择无铵添加剂，增加无铵漂洗工序，使产品含铵达到痕迹（NH+4 ≤ 0.002%），生产出无铵电解二氧化锰产品，主要技术指标超过 mCl001–88 规定的一级品技术要求，处于自治区内领先水平。2004 年，广西八一铁合金（集团）有限责任公司完成铁合金矿热炉二次操作电压选择及提高视在功率试验，铁合金生产各项技术经济指标得到改善，降低了生产成本，提高了经济效益。

1980 年，武宣县糖厂成功进行 S2F10–25/400 煤粉锅炉的技术改造。1982 年，武宣县铅锌矿糊精选铅矿获得成功。1985 年，武宣县电池厂利用本地资源研制丽光 R20 加电池获得成功。1991 年，武宣县开发“木糖”，生产“苦瓜甘露饮料”和“高性能永磁铁氧体”等新产品。1997—2005 年，武宣县开发了桔水食用酒精、编织袋、食用酱色、埃富地恩新型环保涂料、聚羧酸外加剂等新产品。

1952 年 10 月，合山煤矿矿工发明井内运煤车手掣，可控制运煤车速度。1956 年 7 月，里兰矿场使用 11 型刮板运输机。1957 年，里兰矿场使用无极绳绞车，生产效率提高一倍。同年，里兰矿场工人李荣初发明干式捕尘器，使作业场地炮眼粉尘浓度由 537 毫克每立方米降低到 171.5 毫克每立方米，降低 69.70%。1959 年，溯河矿使用中心供水湿式风动凿岩机打眼，使作业场地粉尘浓度由 1338.7 毫克每立方米降低到 1.24 毫克每立方米，达到国家标准。1960 年 2 月，合山煤矿各矿场使用摧煤机，工效是人工操作的 4 倍。同年 7 月，东矿场 405 平垌双道巷安装加线式电机车运输线，基本实现井下运输、提升和地面运输机械化。1969 年，合山矿务局引进技术资料，制成 2 台耙斗装岩机；同年，里兰矿自行设计中平台双向无极绳道岔，实现原煤提升多点式。1973 年，从山东淝城矿务局大封矿引进，首用于封堵马安矿井筒透水技术，堵水效率 95% 以上。1976 年 11 月，合山矿务局测量组在井巷施工中首次使用激光指向仪。1977 年 9 月，柳花岭矿试制成功 1 吨液压矿车清车机。1981 年，合山煤矿机械厂陈家越发明 Y2320 圆锥直齿轮刨齿机。1982 年 3 月，合山矿务局推广水泵无底阀排水。同年 5 月，合山煤矿机械厂设计制造的钢丝绳皮带机在东矿斜井安装使用。1983 年，合山电厂与国家经委签订《广西合山电厂十万千瓦机组制粉及燃烧系统调试改进》的科技攻关合同，并同清华大学、华中工学院、西安热工研究所、广西电力试验研究所协作，对该机组的煤粉预燃室燃烧器、钝体燃烧、粗粉分离器进行技术改进，组织技术力量攻关，经过三年的努力，收到燃烧稳定、可脱油，能烧负压的效果，每年节油 1473 吨、节煤 3.94 万吨、节电 140 万千瓦时，折合人民币 204 万元。同年 7 月，合山电厂与华中工学院燃烧研究室、广西电力试验研究所合作给 4 号炉加装钝体燃烧器进行冷、热试验。经过四个多月试验,4号炉燃烧稳定、灭火放炮现象基本消除,基本脱油、着火区温度水平提高,锅炉能在负压(-5毫米水柱)下运行,年节油35%,节煤1.3万吨,折合人民币1.5万元。1985年9月,合山煤矿机械厂改进SGW-228型双链可弯曲刮板运输机,该机改进后具有性能好、省电、金属支柱替代木质支柱,可同时操作14个正规工作面。1986年,合山矿务局各矿先后安装瓦斯遥测仪,瓦斯事故明显减少。同年10月,合山煤矿机械厂陈家越主持煤炭部重点科研项目QYZ-1型三机联动(翻车、推车、清车)全液压矿车清车机通过省级鉴定,产品销往河南、湖北等地。1989年2月,合山煤矿机械厂新产品SGB-420/22型刮板运输机投入生产。同年,合山煤矿机械厂黄永昭发明无阻限锤止回阀,具有结构合理、无阻力、噪音小、逆止可靠、减震耐磨、无破坏性、加工方便、维修容易等优点。同年,合山矿务局机电修造总厂发明自动脱钩装置,代替斜井上平台人工脱钩方法,具有操作简单、安全、安装便捷、成本低廉、钢丝绳寿命长等优点,1989年6月获国家专利。1990年,合山矿务局地测处与唐山科学院、中国科学院建井所合作,在里兰矿利用红外线遥感仪控测地下水情,效果显著。1973—1990年,合山矿务局引进6项堵水法,其中3项效果显著。2003年,合山市重点帮助合山电厂旧机组脱硫降耗技改,支持合山矿务局铁合金厂除尘电炉技术改造和老矿井技术改造等技改工程。2004年,合山矿务局开展该项目研究,在急倾斜煤层斜坡陷落采煤法斜坡工作面上方的回风巷进行煤巷锚喷支护,工作面回采率达95%以上,实现难采的高角度急倾斜煤层的零煤柱开采,解决了急倾斜煤层采用斜坡陷落采煤法采煤工作面的负压通风、2个安全出口、防止地表塌陷和大幅度提高矿井回采率等难题,为难采的高角度急倾斜煤层开采提供成功的经验。截至2005年底,合山市实施重大技改项目15项,总投资2.21亿元,完成技改项目10项,完成投资额2.12亿元,从而使合山市工业污染明显降低,逐步达到环保要求,企业明显增效,财政收入大幅增加。1991—2005年,广西亚热带作物研究所及合山市地税局共同实施澳洲坚果适应性及品种比较试。

来宾县白水、废水中回收纤维研究 1991年3月,来宾县造纸厂开展白水循环使用和在废水中回收细小纤维研究,该项目经济效益按年产5000吨机制纸测算,年回收绝干浆81吨,回收白水循环利用90万立方米,年创效益达22万多元。

来宾县生料配料电子斗秤改造 1991年6月,来宾县水泥厂在原有装置基础上,对称料斗排闸门的开启、关闭方式、称料斗的锥度形式,以及开关控制电路和斗秤量度进行技术改造,增设故障报警器,使新的电子斗秤配装置能运转正常、稳定、安全可靠。计量准确率达98%以上,生料粉碳酸钙滴定合格率在60%以上,水泥标号稳定在425#以上,水泥安全时间由原来的30~40天,缩短到3~10天,月平均产量由原来的1750吨提高到3200吨,具有明显的经济效益。该装置居区内同行业先进水平。

来宾县豆制品厂维酶素开发 1991年1月,来宾县豆制品厂以豆渣为原料,开发出维酶素新产品。该产品广泛应用于医药、食品及饲料等行业,能补充人、畜体内维生素B2,具有治疗萎缩性胃炎及浅表性胃炎,提高家禽产蛋率及受孕率之功效。

来宾县自动调控汽轮机泛蒸馏酒精 1997年12月1日,迁江糖业有限公司自动调控汽轮机泛蒸馏酒精生产取得成功。全榨季用泛汽蒸馏酒精,酒精蒸馏操作稳定,产品质量符合国家优级、普通级及食用酒精标准,生产能力比使用生蒸汽时略有提高,日产96度酒精4万升。全榨季共产酒精3338.58吨。按每吨酒精耗生蒸汽4.76吨计算,节约生蒸汽15891.54吨,折合标准煤1906.98吨,价值61.02万元。

第三节 医疗卫生及其他技术推广应用

1953年,忻城等县3个乡73个自然屯有血吸虫病流行,共查出血吸虫病人2629人、病牛122头、有钉螺面积114万多平方米,流行疫区人口下降,土地大片荒芜。从1954年起,忻城等县采取血吸虫防治技术与群众运动相结合,防与治相结合的措施。1982年经自治区考核验收,达到中央制定的消灭血吸虫标准。1994年以前,境内肝硬化病死率高达50%~60%,1995年,中国从瑞士引进止血新药善得定(又称奥曲肽、善宁),每支(0.1毫克)360元,每天用量为6~8支,多数病人经济上负担不起。1996年,忻城县人民医院引进善得定,每个病人每天的用药量仅3支,经对50例治疗组(用小剂量)和48例对照组(用原剂量)的观察,同样达到止血效果。2002年通过专家鉴定,认为该项研究在广西区内居领先水平。象州县人民医院和忻城县中医院也采用小剂量善得定治疗肝硬化、上消化道出血,应用于634个病例,为病人节省了医药费,取得良好的经济效益。

来宾市人民医院完成环状记忆合金环抱器治疗肋骨骨折临床研究。通过对32例单发或多发肋骨骨折的患者采用镍钛记忆合金环抱器用内固定物，以手术内固定的方式，研究环状记忆合金环抱器对肋骨骨折的固定效果。通过观察32例肋骨骨折患者术前及术后6~8个月的X线片，骨折均愈合，无明显并发症。其结论是：环状记忆合金环抱器固定肋骨骨折操作简单，损伤小，固定安全可靠，能早期下床活动，是一种治疗肋骨骨折较为理想的新方法。

1971—1979年，来宾县采用对疫区居民反复血检及全民服药的防治措施，大幅度降低人群的感染率，有效地控制丝虫病的传播流行。1977—1979年，来宾县血检14277人，阳性率0.07%，达到自治区阳性率控制在1%以下的规定指数，基本控制丝虫病的蔓延。1980年，来宾县加强丝虫病防治后期净化、监测管理。经过20多年防治，开展全民血检普查确定疫区范围，采用海群生对象治疗加疫村全民服药的办法防治。共血检352.4万人次，治疗2.8万人次，疫村全民服药70多万人次，全民服药盐20多万人次，经自治区考核验收，来宾县区域均达到基本消灭丝虫病标准。

20世纪70年代，广西中医学院根据金秀老中医秘方，经过多名专家20多年研究后，研制“复方三叶香茶菜片”。该研究被列入国家七五重点科技攻关项目。其配方独特，科学合理，具有清热解毒，利湿退黄，活血化瘀，降酶保肝之功效，用于治疗各种急慢性病毒性肝炎，起效迅速，疗效显著可靠，无毒副作用。复方三叶香茶菜片药方首创以三叶香茶菜为君药治疗乙型肝炎中成药，并首创起草制订三叶香茶菜的药材质量标准。2003年投入市场，销售5000万片，销售额超1000万元。

2005年，武宣县人民医院开展微创器械小切口胆囊切除术的临床应用，采用微创手术器械对胆囊良性疾病经小切口直视下完成胆囊切除术，手术切口约长3~5厘米，手术成功率达100%。该项技术的优点：术后病人恢复快，符合现代外科向微创治疗方向发展趋势，无须添置昂贵的医疗设备，仅需一套微创手术器械，医务人员经过短期的培训，即可在基层医院推广应用，方便了广大农村基层患者就近就医，减轻病人经济负担。

1962年11月，合山矿务局工人医院首次施行胃部切除大手术成功。1976年6月，该院进行矽肺治疗专题研究。1977年6月，合山矿务局矽肺研究所成立，承担《广西统配煤矿尘肺流行病学调查》专题科研，1988年10月15日通过自治区厅级鉴定。1987年8月27日，合山矿务局工人医院首次修补破裂脾脏成功，同年10月28日，该院为一位颅内血肿、脑重度挫裂伤、脑组织部分破碎并外流的两岁女孩施行开颅手术获得成功。同年11月14日，该院成功施行1例双侧输卵管吻合手术。1988年12月，合山矿务局工人医院研制出临床大型用液，并取得灭菌剂生产许可证。

来宾县脊髓造影在腰椎病中的应用 1987年，来宾县人民医院外二科主任罗克玲、副主任杨文斌开始实施。该技术可提高腰腿痛病人的诊断符合率，为患者节约经费开支。

来宾县体外震波碎石结合中医辨证治疗泌尿结石 1997年6月—2000年2月，来宾县中医院实施，历经32个月。本课题研究目的是观察体外震波碎石结合中医辨证治疗泌尿结石的疗效，采用随机对照试验，设治疗组和对照组，治疗组碎石后按中医辨证分为三型加服相应的中药，对照组单纯碎石治疗，观察其临床疗效。1997年11月—1999年11月，到该院就诊并确诊为泌尿系结石同时排除伴有严重并发症的299例，单纯ESWL治疗149例作为对照组，观察其临床疗效。结果：治疗组治愈(排石)121例(80.7%)，好转18例(12.0%)，无效20例(13.4%)。治疗组在治愈(排石)方面优于对照组。临床可用于治疗无严重并发症的泌尿系结石患者。两年共治疗299人次，其中来自本县以外59人次，占19.73%。每人次治疗费仅700余元，是一种较经济的治疗方法。

来宾县外敷中药保守治疗交通挤压伤筋膜间隙综合征研究 2004年，兴宾区迁江卫生院承担来宾市科技局下达的治疗筋膜隙综合征(又称骨筋膜室综合征)项目研究。筋膜隙综合征是创伤科的常见病、危重病，死亡率、肢残率高。在充分吸收前人经验基础上，韦宗敬等人设计并完成了《外敷中药保守治疗交通挤压伤筋膜间隙综合征的救治效果》科研课题，经35例临床运用，32例保守治疗痊愈，仅3例转做开放手术。经课题鉴定专家小组评议，该课题的研究水平达广西区内同类研究领先水平。

来宾县农村地区住院病人健康教育方法研究 来宾县人民医院自1999年7月起开始实施，12月31日研究结束，研究期间共收治554名内、外科病人，实施健康教育项目“知”11974项、“信”5421项、“行”5312项，有效率分别达到97.03%、96.64%、

95.55%，有效地提高了健康教育效果，减少了住院病人并发症和医疗纠纷的发生，缩短住院时间2.25天，节约医疗保健费用287941.5元。

其他技术

来宾县面粉准低温储藏技术的应用研究 该研究项目是来宾县粮食局于1988年1月—1989年3月研究实施。1991年6月19日通过自治区有关专家组的技术鉴定。该研究为储藏面粉提供了一项新的技术，对储其他品粮储藏亦有重要的参考价值，为自治区内首创，达到国内同类先进水平。1991年，来宾县粮食局采取机械风降温，空调机制冷吸湿，与仓房隔热及保冷的堆垛方式等有机结合方式，实现在16.8C，相对湿度70.8%的准低温下，面粉储藏1年，不用药剂处理，能够保质、保鲜、无虫、无霉安全储藏。新技术对储藏其他成品粮亦有重要参考价值。该项技术经14个单位应用，储藏面粉1962万千克，年节支417.45万元。

来宾县小平阳石山地区综合开发示范研究 来宾县“小平阳石山地区综合开发与治理示范研究”为中日技术合作项目，1996年得到日本国际协力事业团无偿援助物资、器材，日方先后派遣8名协力队员到小平阳参与项目实施，至1999年12月，项目实施结束。项目选择小平阳镇青岭村委以及附近3个村委部分村屯作为示范研究区域，开展农林水、生态环境监测等多学科、多部门综合示范试验。项目采取合理开发利用当地水资源，建设水利工程设施、引进推广科学节水灌溉新技术、调整产业结构、大力发展林果业和其他经济作物；引进推广适合当地生产力发展水平的农业适用技术以及农村新能源和开展生态环境监测等一系列综合技术措施。这些措施通过示范区及其周围地区广泛应用后，产生了显著的经济效益、生态效益和社会效益。粮食平均单产比项目实施前的平均450千克每年每亩提高到1999年的900千克每年每亩，甘蔗亩产料蔗由过去的平均3.5吨提高到8吨，项目新增产值842.18万元(含节支费50.8万元)，森林覆盖率提高25%，解决2000多人口的饮水困难，培训当地农民1.5万人次，农民的科学文化素质及物质生活水平有明显提高。

第四章　科技计划实施

1999—2005年，境内各县(市、区)为全面推进科技与经济结合新突破，充分发挥科技在经济和社会发展中的支撑和引领作用，各级政府先后组织实施“以产品创新为核心”的三轮创新计划。

第一轮创新计划

1999—2001年，境内各县(市)开展农产品科技开发、工业产品升级换代、农业“三田”(吨粮田、吨糖田、万元田。下同)建设科技支撑、信息产业化、高新技术产业化和科技素质提高等六大计划创新工作，共组织实施创新计划项目127项，完成116项。在农业方面，共引进推广新品种353个、先进适用技术128项。主要农作物良种覆盖率达90%，农业新品种销售收入三年累计达82亿元。在工业方面，共开发新产品108项，其中年产值超过50万元的有86项，占企业年销售收入30%以上的有17项。累计实现工业产值6.21亿元，科技进步对工业增长的贡献率年平均增长2个百分点。在信息化方面，建立科技信息网络中心(地市)1个，节点(县、市)6个，累计提供有用信息4600多条。同时，依托科技信息网络，建立本地首家互动式视迅会议系统，实现异地会议声像传输。在科普方面，全市累计开展科技下乡、科普大行动56次，举办技术培训班2.2万期，培训人员190万人次。其中培训农民185.7万人次，培训领导干部5730人次，培训企业管理人员1900人次，培训科技人员3.8万人次。建立科普示范基地78个，培育科技示范户1.3万多户。

2005年，来宾市制定并组织实施《来宾市创新计划(2005—2007年)实施方案》。全市组织实施创新计划项目57项，其中农业科技创新项目28项，工业科技创新项目11项，创新能力建设项目18项，总投入资金7600万元。

第二轮创新计划

2002—2005年，来宾市实施科技金源、科技金桥、科技金穗三大行动。组织实施创新计划项目235项，其中农业科技开发项目134项、工业创新项目53项、高新技术产业化项目11项、企业信息化建设项目3项、科技素质提高项目5项、科技创新能力建设项目29项。在农业方面，共培育、引进、推广柳豆一号、红香米、新台糖25号、红江橙、桂桑62号、尼里/拉菲牛等农业种养新品种229项。其中,"电脑农业专家系统"技术应用,水稻示范面积4000公顷,辐射面积13333.33公顷;甘蔗示范面积3333.33公顷,辐射面积14000公顷。应用结果表明,亩产量、增产量、增长率、成本节支等有明显提高。应用电脑诊断施肥,2002年,早晚稻平均亩产421.9千克,比对照每亩增产29.8千克,增长7%,2003年,早晚稻平均亩产514千克,比对照每亩增产48.2千克,增长率9.4%;甘蔗示范区,2002年平均每亩单产4408.5千克,比对照增产345.8千克,增长率7.8%;2003年平均亩产4510千克,比对照增产330千克,增长率7.3%。3年累计扶持和培育现代农业科技示范基地42个,重点培植22家带动千户以上的科技型农产品深加工龙头企业,开发奶品、果品、茶叶、香料、淀粉、脱水生植物、保健食品、酒类等40多个新产品。3年累计培植发展科技示范村76个,科技示范户8050户,科技种养大王(能手)58人,制定并出台了科技示范村、户认定办法。2002年以来共有7人被授予自治区级科技种养大王(能手)的称号,有22人被授予市级称号,获表彰奖励。开发工业新产品51个,全市工业新产品产值率为16.2%。碱性电解二氧化锰、A级全蔗渣卫生纸、金属锰、高级粉末涂料专用沉淀硫酸钡、中密度纸板、氢氧化钡、硅锰合金、双蚁胶囊、复方三叶香茶菜片、双山颗粒、混凝土添加剂等19个新产品已成为企业的主导产品。象州高宏公司开发生产的高级粉末涂料专用沉淀硫酸钡,年产量15000吨,年产值2700万元,是国内能生产该档次产品的两家企业之一。3年累计引进工业技术成果62项。其中八一铁合金(集团)公司与北科大合作开发的"铁合金连铸技术"已实现工业化应用和产业化开发,铁合金成品率提高8%;C—305湿强剂在全蔗渣浆卫生纸生产上的应用,使产品由B级提升为A级,各种物耗明显下降,技术处于国内领先水平。在专利与知识产权方面,3年全市专利申请量为24项,授权量为19项。在技术标准研究方面,建立象州县国家桑蚕农业标准化示范小区,完成《农村养蚕技术规程》《桑园管理技术规程》《小蚕共育技术规程》《桑树病虫害防治技术规程》《蚕茧收烘技术规程》等11个标准的制定和发布,并通过国家考核验收。奶水牛、甘蔗、肉兔产业也开始向标准化方面发展,推广应用标准化生产技术。2004年,武宣县"国家奶水牛标准化示范县"创建工作,建立包括国家标准、行业标准各一个,广西地方标准2个及武宣县地方标准4个的标准体系,以91.5的综合测评高分通过国家考核验收。

在科普工作方面,市、县(市、区)成立科普联席会议制度,有75个乡镇、街道建立科普工作站,村级有科普协会1176个,5830个村屯配有科普员,初步形成了市、县、乡、村四级科普组织及一支人数众多的科普队伍。配合全国科技活动周、广西科技活动周、抗非典、防治禽流感及各项农事工作,3年累计开展科普大行动120次,举办科普讲座、报告会294次,培训干部、科技人员、企业员工、农民群众85万人次,发放科技资料(图书)350万份(册)。

2002年,金秀建成县级"三农"(农业、农村、农民。下同)科技信息服务网中心1个,完善覆盖自治县的科技信息服务体系。通过联系科研院所引进新技术和科技信息咨询服务、科技人才培训等,建立自治县"三农"(农村、农业、农民)科技信息节点站,制定自治县"三农"科技信息服务网实施方案。建立起6个乡镇的科技信息节点站和3个重点示范村,完成培训300名以上的农村信息员任务,发布"三农"科技信息服务1万多条,供求信息5000多条。建立三个农技110服务站,培训了18名技术员。完成"1183110"专家咨询电话及"950066"手机短信服务。组织群众参加网上专家在线咨询活动,群众提问疑难22条,有15条得到专家的解答。1988—2005年,金秀瑶族自治县科技部门共组织实施创新计划项目37项,其中,创新能力建设5项,科技成果推广与产业化示范18项,星火计划项目9项,科技攻关项目5项,总投入资金620万元。

第三轮科技创新

2005年,全市组织实施创新计划项目57项,其中农业科技创新项目28项,工业科技创新项目11项,创新能力建设项目18项,总投入资金7600万元,取得显著成效;组织各县(市、区)大力引进和应用农业新品种和新技术,重点选育、引进、推广了43个品种,其中千头万亩以上的有6个,筛选27项先进种养和农产品加工技术进行集成创新、推广应用;开展兴宾区"科技创新试点示范区域"项目建设,扶持和建设3家科技创新示范企业。全市规模以上企业共引进、消化、吸收和创新了15项工业先进技术,开发新产品8个,其中2项有自主知识产权;开展中药现代化科技工作,建成3个中药材规范化种植基地

推进制造业信息化工程,制糖、有色金属加工业

的产品设计、生产管理、过程控制等信息化关键技术得到应用与推广。八一铁合金公司全面建成并投入使用35千伏变电站计算机远程控制系统和220千伏变电站计算机远程监视系统,并在新建设的16500千伏安电炉中采用计算机配料自动控制系统,并为冶炼智能配料系统预留接口。

第五章　科学普及　科技服务

1978—2005年,境内各县(市、区)科学技术协会和各专业学会,通过各种方式进行科技普及宣传和教育服务工作。

第一节　农业科学普及

1988年,广西农村致富技术函授大学(简称农函大)各县(市)辅导站成立。当年分校开始招生,设2个专业,共招收学员538人,其中果树栽培专业259名,畜牧兽医专业279名。2003年,来宾市科技局与金秀瑶族自治县科技局共同实施科技计划项目"科普示范村建设技术——来宾市金秀瑶族自治县桐木镇仁里村",广西山区综合技术开发中心与自治县科技局共同研究与实施"山区可持续发展科技示范—龙庆村可持续发展科技示范"项目。

1989年,武宣县开展科普文明村建设,至1992年,武宣县共建科普文明村43个,武宣县通挽乡分岭村成为全广西科普文明村十大标兵之一。分岭村全村1063人,建有专业技术研究会7个,技术学校1所,平均每个劳力参加技术培训3.5次,19人领到农民技术职称证书,人均有粮565千克,收入1300元。

2000—2005年,合山市引进推广农业新品种32个,先进实用技术推广15项,种植业和养殖业的优良品种覆盖有了明显提高,其中,水稻引进推广种植新品种占全市水稻播种面积的96%,水果、蔬菜、玉米、黄豆均实现良种化,猪、羊、鸡、鸭、鱼等均初步实现良种化。推广旱育稀植和抛秧种植技术分别达到12000公顷和2000公顷,推广率达88%。全市已培育和建设了7个科技示范村、100户科技示范户,其中来宾市级示范村7个,重点示范户40户。两乡一镇和7个科技示范村都有了电脑网络设施,全市30个村民委都设有信息室,有17个村建设了科技培训中心和科技图书室,占村委总数的56%。

1962年冬,象州县农业局在罗秀区敖村、麦棉公社晚稻田稻底播种苕子、红花草绿肥试验,亩产绿肥1000~1500千克,1963年春,象州县组织社、队干部参观,很快在全县推广,1964年播种面积达5866.67公顷。70年代,通过生产队农科组种植的高产田、试验田示范,带动大田生产。1987年,象州县、乡镇农业部门在科技示范农户,实施杂交水稻示范样板、吨粮田示范样板、配方施肥试验示范共5153.33公顷。1988年象州县开始实施"粮食大面积增产综合技术开发"项目,当年示范样板田7573.33公顷。1989年和1990年,样板田面积分别扩大到18593.33公顷和17333.33公顷,均获较好增产效果。1989年象州县畜牧部门推广以"七改四堆"为主要内容的综合养猪技术,建立示范户6628户,养猪25895头,当年出栏率比社会生猪出栏率提高33.36个百分点。1990年象州县实施"133工程",实行科学养牛、养猪、养禽,建立示范村33个,示范户317户。甘蔗、水果良种和高产栽培技术推广、养蚕新技术推广,都通过建立示范样板村、样板户、样板田、样板园示范。

1988年,金秀瑶族自治县开始培育科技示范户,主要是培育种、养方面的科技示范户。1988—2000年,金秀瑶族自治县落实抛秧技术示范户41户,科技扶贫示范户4户,实施"1115"科技示范工程663户。建立"八角低改"和农业综合开发"一村一品"科普示范基地,并培育600户科技示范户。1988—1996年,金秀瑶族自治县科技局与自治区科技局、广西瑶医药研究所等科研单位,对金秀灵香草、绞股蓝的生产进行研究协作;同时,对瑶医药开发进行协作,开发出灵香草浸膏、绞股蓝茶等系列产品、瑶药护肝金药片、经血宁胶囊等系列产品。1996年,金秀瑶族自治县科技局和桂林植物研究所共同研究与实施科技计划项目:"大瑶山甜茶种苗繁育及高产栽培试验示范"。1998年,金秀瑶族自治县科学技术局与广西科技情报研究所共同研究与实施科技计划项目"特优李果引种试验"。2000年,金秀瑶族自治县科技局和农业局与广西农科院共同负责研究与实施科技计划项目"无公害蔬菜基地"。2001年,金秀瑶族自治县科技局与柳州地区行署科学技术局共同研究与实施科技计划"少数民族地区科技培训工程”。2003 年,金秀瑶族自治县开展科普示范村建设技术与示范项目研究,以金秀瑶族自治县桐木镇仁里村为基地,两年共建立科技示范户 100 户,占全村总户数的 8.8%,建立 30 户科技骨干示范户,占科技示范户的 30%,建立完善了村科技图书室 1 个,有科技图书藏书 500 册、农业技术光盘 15 套;建立科技网络信息室 1 个,开通“三农”科技“110”热线;建立科普宣传长廊 50 米,举办农村适用技术培训班共 32 期,培训农民 3208 人次。2001—2004 年,金秀瑶族自治县落实实施扶贫科技示范户 820 户。2005 年,与广西山区综合技术开发中心合作实施创新计划项目灾后建设技术示范——自治县山区可持续发展等项目灾后重建,八角、板栗、油茶、黄花梨等特色产品开发示范项目。与广西桂林茶叶科学研究所联合实施大瑶山资源开发技术集成与产业化—有机茶标准化加工技术应用与示范。

1982 年,来宾县良江乡科普协会建立农民技术学校,至 1986 年该校共举办各种培训班 58 期,参加培训人员 4869 人次。培训内容有水稻、甘蔗、花生、水果、蘑菇、蔬菜等栽培技术和猪、牛、鸡、鸭、鱼等饲养技术。通过培训,全乡的科技示范户、专业户、重点户由 1983 年的 180 户增加到 1986 年的 315 户。1985 年下半年—1986 年底开展“爱科学月”活动,来宾县共制出小作品 205 件,听科技故事 866 个,读科普书刊 766 本,看科教电影及录像 82 场,写科普小论文 149 篇。1987 年,来宾县科协会同有关部门,举办英语学习班 2 期,学员 80 多人。1987—1988 年,来宾县科协各专门学会、协会,每月逢 10 进行各种技术讲座,共 486 次,听讲人员达 6 万多人次。1978—1990 年,来宾县科协各专门学会组织各种学术报告会 5 次,共有 842 人参加。举行学术活动 70 次,约 1000 人参加。举行广播讲座 2 次,专题技术讲座 23 次。1982—1990 年,来宾县举办各种技术培训班 867 期,参加学习人员 11 万多人次,主要学习种养技术。2005 年,武宣县职业技术学校被列为广西首批国家级星火学校,当年培训农民工 1254 人,转移劳动力 1174 人。

表 27-10　1991—2005 年来宾市兴宾区农村实用技术培训统计表

年度	举办培训班（期）	参加培训（人次）	印发资料（份）	年度	举办培训班（期次）	参加培训（人次）	印发资料（份）
1991	296	32000	40000	1999	1760	170000	190000
1992	514	61000	70000	2000	1935	190000	200000
1993	603	69000	80000	2001	1782	210000	220000
1994	636	71000	85000	2002	2087	250000	256000
1995	951	102000	120000	2003	2533	280000	300000
1996	958	115000	130000	2004	2782	310000	320000
1997	1203	130000	150000	2005	2609	310000	320000
1998	1253	137000	150000				

1951 年 9 月,象县举办农业技术训练班,培训区、乡生产助理 40 人。此后县、区每年举办农业、林业、水利技术训练班,培训基层干部和农科人员。训练班多根据生产季节和农事活动开办,每次 1~3 天,学习水稻选种、育秧、科学用水、科学施肥、病虫害防治,种植绿肥、烤烟、油菜、甘蔗、水果,养蚕、养猪、养鸡、养鱼,畜禽防疫及使用插秧机等实用技术。从 1974 年起,县财政拨培训专款,在县农科所举办农业技术培训班,每期学习 1 个月。1981 年 11 月,象州县人民政府组织考核组,对农村各类技术能手进行技术考核,经考核合格的 662 名,由县人民政府发给《农民技术员证书》,其中水稻 371 人、林业 23 人、甘蔗 25 人、水果 74 人、蚕业 54 人、畜牧兽医 115 人。1982 年,象州县各乡镇农业技术推广站、水果站、甘蔗站、畜牧水产技术推广站、科协等单位,设立圩日技术咨询处,开展技术咨询活动,解答农民在生产中遇到的技术难题。当年开办公社、大队干部培训班 2 期,蚕业技术培训班 1 期,学员共 140 人。1985 年后,象州县农业技术推广中心每年办农业技术培训班 5~13 期,重点培训乡村干部、农业技术员、种养专业户。1982—1990 年,象州县科委、农业局、畜牧水产养殖局、水果办、糖办、科协及所属乡镇站,举办

各种技术短期培训班2829期，学员30.27万人次，平均每年314期3.36万人次。经过技术培训，部分农民成为种植或养殖能手，有的成为农村科技骨干、“科普二传手”，通过他们把科学技术传到千家万户。至1990年，共接待农民14.67万人次，平均每年1.63万人次。

1978年，忻城县人民医院开办拉丁语学习班和县科协业余英语学习班，学员共100多人。全县参加各专业函授班学习的科技人员共62人。1979年，忻城县举办一次有各公社管理委员会主任、大队干部参加的农业技术培训班，组织一次有各局领导和专业技术人员参加玉米高产栽培技术讲座，请农艺师传授玉米高产栽培技术。当年，全县各公社先后举办农机、水果、养蚕、林业、畜牧、水稻、玉米、甘蔗、黄豆和各种农作物病虫害防治等各种专业技术培训班共35期，受训人员1.11万多人次。全县9个农业技术推广站，在职技术人员45人，各公社生产队农民技术员共3000多人。县农技站每年定期举办农民技术员培训班，由农艺师分别讲授玉米、水稻栽培技术及其病虫害防治等基础知识。1980—1981年，忻城县、社举办温室育秧、科学养猪等各种形式的农民技术培训班20期，受训的农民达6000多人次。此外，县还举办一期农民技术员学习班，有409人参加学习，其中166人取得农民技术员资格，另有54名富有实践经验的农民给予免试，总共220名农民，均由柳州地区科委颁发“农民技术员”证书。1982年忻城县畜牧局先后举办以养兔、养猪、养牛、养鸡及其疾病防治为主要内容的大队兽医人员学习班，参加学习共100多人。20世纪90年代初期，忻城县科技部门每年以各种形式开展科技培训。让农民学会和掌握1~2门致富新技术，重点抓农村党员、专业户和示范户种养培训。历年编写培训技术资料，如:《农村党员实用技术培训资料》《甘蔗栽培技术》《种桑养蚕技术》《金银花栽培技术》《玉米高产栽培技术》《科学养猪》《山羊圈养技术》《良种兔饲养技术》《沼气池建设及使用技术》《番茄种植技术》等。至2005年，忻城县举办科技培训班355期，参训人数2.05万人，内容有金银花人工栽培技术、种桑养蚕技术、甘蔗栽培技术、水果栽培技术、养猪技术等，赠送科技书籍2.5万册。请专家到现场指导活动19场(次)，发放各种技术资料4000多份，赠送科技图书5000多册。忻城县中等职业学校培训村级干部176人，培训农民工1900人，向广东等地转移劳动力1370人。

从1984年起，金秀瑶族自治县科委、科协、扶贫办公室、妇联、团委、民委、教育局等单位联合举办科技培训中心，对群众进行农业技术、养殖、加工等实用技术培训。至1987年底，金秀瑶族自治县共开实用技术培训班202期，参训人员达13232人次，使这些农民学会1~2门农村实用技术。1988年，金秀瑶族自治县科技局举办农村劳动力培训班115期，培训4929人次，印发技术宣传资料12870份，出版墙报176版，接待技术咨询15930人次。1989年，11个乡镇都配备有兼职科技助理，开展了乡镇科技助理培训班3期，建立科技联系示范户53户，开展农村实施技术培训班327期，培训13337人次，举办推广应用粮食增产综合技术培训班140期，参加人数10715人次，技术上墙180期。1991—1992年，金秀瑶族自治县桐木镇建立自治县科技管理中心，共举办适用技术培训班421期，受训人数18530人次，发放技术资料43000份。1993—1996年，金秀瑶族自治县成立农村实用技术领导小组，每年举办实用技术培训班243期，每年参加人数15309人次。1997—2000年，金秀瑶族自治县对《中华人民共和国科技进步法》贯彻落实情况进行检查，并学习《中华人民共和国科技进步法》及《中华人民共和国科技进步奖励条例》，出墙报30期，印《中华人民共和国科技进步法》90册；举办抛秧技术培训班10期，培训1400人次，技术咨询10000人次；放录像15场，观看群众3600人次；贴标语70多条；举办农村适用技术培训班608期，培训37616人次；编写印发资料42000多份，科普咨询讲座45次，接受咨询人数6.5万人次；发放科技图书2.49万册，展示科普图片200多块，出动宣传车72车次；印发农业“三田”建设技术资料1000多份，深入乡镇、村屯，举办农村知识培训班617期，培训农民3.86万人次，发放技术资料12.29万份。科技局抽出4名技术员3次到罗香、长垌、六巷深入村屯举办培训班11期，参加培训330人次；印发八角种植资料1140多份，咨询人数100多人次。农村科技实用技术培训教材主要有《灵香草综合技术开发—与病虫的综合防治》《大瑶山八角林营造及疏伐技术培训》《割松脂技术培训》《杂交水稻的不同生长环节的技术培训》《果树栽培技术》《科学养猪、养鸡技术》《绞股蓝栽培技术》《畜牧兽医技术培训》等。2001—2002年，金秀瑶族自治县科技局每年都与县直相关部门举办两次科技下乡活动。共组织科技人员及专家下乡70多人次，举办科技培训班326期、培训人员13800人次，送科技图书及刊物45500余册，发资料2.6万份；到各乡镇实施开展技术咨询和实地指导讲座10次，发放技术资料42000多份，参加人数2500多人次，出动车辆20台次，农村技术员培训32000人次。各类技术培训班32期，组织科技园学习和参观2000人次（其中技术员500多人次，专业户和能人1500多次）。农村实用技术培训教材有《水果栽培技术》《西瓜栽培技术》《茶叶栽培技术》《瘦肉型猪繁育技术》《种草养鸡、兔技术》《食用菌栽培技术》《七桂粘技术培训》《紫红长茄技术》《番茄栽培技术》《甜蜜桃》《阳桃技术》《脐橙、椪柑、大果枇杷技术》《葡萄栽培技术》《板栗栽培技术》《八角低产改造技术》《毛竹低产改造技术》。2003—2005年，金秀瑶族自治县举办各种实用技术培训班981期，发放技术资料11.39万份，培训适用技术35种；举办科技、科普报告会5场，科技圩市1次，科普大篷车1次；举办科级以上干部及科技人员培训班4期，培训人数500人次；星火学校举办农民实用技术培训1750人次，举办各种类型技术咨询、实地指导和讲座活动22次，参加技术咨询人数2.43万人次；展示新品种3种，挂图展示8套，发放有关科技资料27种7.91万份，参加人数3300人次，参加培训人数达28.56万人次，发放、出售科技图书及刊物8760余册，出动宣传车70车次。农村实用技术培训教材有《无土栽培技术》《上架栽培技术》《覆盖栽培技术》《优质果栽培技术》《水果病虫害防治技术》《优质谷田间管理技术》《水果保鲜贮藏技术》《果树冬季管理技术》《瓜菜高产栽培技术和管理技术》《种桑养蚕》《甘蔗高产稳产技术培训》《香芋种植技术培训》。

1991—2005年，合山市组织各种形式的科普大行动33次，举办培训班100期，培训人员3万人次，发放各类技术资料12万册（份），接受咨询5万人次。

第二节　青少年科普活动

1994年，境内各县（市）先后成立青少年科学技术辅导员协会（简称青辅协），发展会员585人。2002年以来，境内每年组织开展“来宾市青少年科技创新大赛”和“爱科学月”活动。至2005年底，全市共有25万名师生参加活动，5200件作品参加市级竞赛，350件作品获奖。其中获自治区级一等奖6件、二等奖14件、三等奖21件。2002—2005年，全市共开设青少年科技辅导员培训班12期，600多名中小学校长和科技辅导员参加了培训，有力地促进青少年科技教育工作的全面开展。同时，还注重开展青少年对外科普交流活动。每年都组织科技辅导员带领学生参加广西或全国“青少年科技创新大赛”，培养青少年的创新能力和动手能力，科技辅导员老师的教学水平也得到大幅度提高。2003年、2004年市科协分别获自治区“青少年科技创新大赛”优秀组织奖和“爱科学月”活动先进集体。

1979—1981年，象州县中学、象州县师范、象州镇中（今县初级中学）共制作飞机、航海模型及无线电遥控、动力牵引等各种模型77件。象州镇中制作的地热电站模型被自治区选送北京参加全国青少年科技作品展览会展，获三等奖。1983年6月，象州县青少年科技辅导员协会成立，从当年起，每年10月份为全县中小学“爱科学月”。每逢“爱科学月”，学校普遍开展读一篇科普读物，看一场科技电影，听一次国内外科学家成长故事，发明制作一件科技作品，写一篇科学小论文活动。县中、城关中学，在学生中建立天文地理、无线电、航海模型、航空模型小组，开展科学实验，举办科技作品展览，组织学生到东岗岭、大乐泥盆纪、花池温泉等地考察，激发学生爱科学学科学热情和兴趣。1990年，象州县举办象州县中小学生第十届小论文、小发明竞赛和生物百项活动，中小学生3.3万人参加。17所中小学报送科技小论文69篇，小发明、小制作13件。1979—1990年，象州县共有33件（篇）小发明、小制作，小论文作品，获得自治区教育厅、自治区科协等单位奖励，其中，获二等奖6件（篇）、三等奖17件（篇）、获优秀奖9件（篇）。

1984年以来，金秀每年利用暑假举办中小学生科技夏令营。1987年，参加科技夏令营活动的青少年共有500多人，编写科研作品431件，金秀中学被评为自治区第三次“爱科学月”活动先进集体、11人被评为积极分子、1人被评为优秀科技辅导员，金秀中学学生的小论文《大瑶山南麓的八角为何生长快，结果多》获自治区第四届青少年科技小论文竞赛三等奖。由金秀瑶族自治县科协、县教育局、县团委、县妇联等单位组成的县青少年科技辅导员协会，与各中小学校配合，共举办四次“爱科学月”活动，中小学生2000多人次参加活动，写科技小论文2000多篇。

第三节　其他领域科学普及

1978年起，自治区科协陆续给各县配备电影放映设备共11套，并建立科教电影放映队11个，普遍放映《杂交水稻》《水稻病虫防治》《甘蔗栽培技术》《科学养殖》《计划生育》等科教片。地区科协组织有关专业技术人员编印《科学与生活》《科学养牛》《科学养鸡》和《科学种柑橘》等10.87万册。从1979年起,各县放映科教电影进行科普宣传。2002年,桂中电视台及各县(市、区)电视台开始设“科普大篷车”专栏,各地科普宣传栏、科普活动室持续发挥科普宣传作用。2004年,《桂中日报·农村党员版》开辟专版专栏,每月发行两期,免费送给全市每个农村党员。市科协与桂中电视台联合拍摄的《科学普及,你我共参与》7集专题片在广西电视台、桂中电视台播出,在社会各界引起良好的反响。2005年,来宾市组织开展“农村科技引领先锋行”活动和“农村科技引领先锋行”春季专项活动。通过开展结对共进、平台建设、科技下乡、星火培训四大行动,共组织签订技术合作对子80对,其中参与结对子的党支部84个,参与结对的农民党员人数1468人;组织科技下乡活动152次,下乡科技人员1150多人次;开展技术服务次数1337次,解决技术难题136项;赠送科技光盘603盘,赠送科技书籍3.83万册,发放技术资料12.25万份;开展科普讲座、报告97场;专家网上答疑202次,网上咨询人数1005人,发布供求、技术信息504条(次),参加科技“110”咨询专家56人,接受科技“110”咨询907人次;举办各种培训班793场次,培训人员76612人次,其中培训农民党员34576人次,占当地农村党员人数的64.49%。2005年,来宾市共组织科技下乡125次,参加人数11.35万人次;举办各类科技培训班13220期,培训人数34.39万人次;举办科普讲座、报告会1246场次,参加人数19.76万人次;开展科技活动周、新技术新产品展览会、科技集市等大型科普活动40次,参加人数31.04万人次;播放科普电影、电视、录像787场次,观众22.49万人次;发放科技资料、图书392605份(册);投入科普经费35.66万元,其中政府投入25.86万元,部门投入6.80万元,社会投入3.00万元。2003—2005年,全市共组织各种形式的科普大行动722次,举办科技讲座(报告会)217场,举办科技培训班8327期,培训干部、科技人员、企业员工、农民群众187.6万余人次,发放科技资料(书籍)167.46万多份(册)。

1980年,来宾县科协用宣传车在各乡镇圩日开展科普宣传。县科协系统会同农委、农业局开展数次较大规模的科普宣传活动。1986年1月—10月,来宾县利用宣传车运送、销售新技术书刊2万多册、畜禽饲料添加剂30多箱、驱虫精4千多支,科普宣传车行程累计3万多千米,宣传面达全县乡镇87.5%。1982—1986年,来宾县良江乡科普协会利用农民技术学校共举办各种培训班58期,参加培训人员4869人次。培训内容有水稻、甘蔗花生、水果、蘑菇、蔬菜等栽培技术和猪、牛鸡、鸭、鱼等饲养技术。1979—1990年,来宾县共放映科教电影320多场,观众约12万人次。来宾县各专业学会和乡镇科普协会印发30多万份科普资料,有的通过广播站广播,有的结合挂图照片和文字说明在宣传窗介绍。各乡镇科协出墙报、黑板报279期,观众约3.3万人次。1996—2002年,来宾县出台《关于加强科普宣传工作的意见》和《“九五”科普工作纲要》等一批政策性文件,以科技下乡、科普集市、科技讲座、实用技术培训等形式普及科技知识,先后开展各种大型科普活动1552次,举办科技培训班48116期,受培人数达347.04万余人次,向群众赠、发科技书籍、资料33.37万册、542.78万份,组织实施科普专项行动6次。

民国28年(1939年),武宣县府设有农业技术推广所,负责推广良种和普及科学技术。

1952年,石龙县人民政府设情报中心组,不定期出版《石龙科技》;部分区乡和厂、矿、场、学校也建立情报点,1962年,石龙县人民政府情报中心组撤销。70年代中后期,进行“阶级斗争、生产斗争和科学实验”三大革命,农村大搞“试验田”“高产田”和“种子田”,厂矿企业大搞“技术革命”和“技术革新”,乡村农科组和厂矿“双革”小组有科技情报员和情报交流活动。

1954年起,武宣逐步建立县、公社(乡镇)、大队(行政村)、生产队(自然村)4级农科网,采取出版墙报、黑板报、印发资料和通过广播、电影、电视录像、科技培训等形式宣传科学文化知识,推广工农业新技术。1978年9月,武宣县科技情报所创办《武宣科技》和《科技情报》等不定期内部刊物,印发县委、县人民政府及其所属部门和乡村队、厂矿场,广泛传播科学文化知识和新技术。1979年以来,武宣县科技协会和乡镇、村屯的科技社团经常进行学术交流,并采取墙报、黑板报、广播、录像、印发资料和办培训班等进行科普宣传。至1990年底,武宣县科技情报所共出版《武宣科技》54期、《科技情报》51期、《科技情报参考》6期。同时,武宣县科技情报所与县外871个科技情报部门、单位进行情报信息交流;厂矿企业和大队(村)、生产队(屯)的情报员集体参加柳州地区情报学会，形成科技情报网络。武宣县共开展学术交流12次，参加的科技人员达670人，撰写科技论文154篇。同年，科协系统举办实用技术培训班316期，培训农民32423人次；举办技术咨询讲座187次；接受咨询2985人次；印发技术资料14690份；播放科普录像、电影310场次，观众达9.2万人次；科普车下乡进村宣传51次；对2个村办茶场、75个村办、户办、联户办果场、3156户贫困户进行科技扶贫指导；传、帮、带科学养猪农户2000余户。1988年起，武宣县科协开展创建“科普文明村”活动。东乡乡古立村民委和通挽乡分岭村公所获自治区科协授予“科普文明村”称号。1990年，武宣县“青少年辅导协会”，有150名科技辅导员和3.15万名中小学生参加“爱科学月”活动，制作科技作品1750件，撰写小论文175篇，阅读科普读物4.12万人次，观看科技电影、录像3.51万人次。1991年，武宣县委、县政府提出“科技兴县”的战略决策，积极开展“科学技术是第一生产力”宣传活动。从1992年起，武宣县每年开展“广西科技活动周”“全国五月科技活动周”“宣传法律、传授致富技术一条街”“全国6·29科普活动”“十月科普大行动”等科普宣传活动，科技下乡，利用群众集会、街圩日、墙报、广播电视、示范基地、科技示范户等，宣传农村实用技术，农业科学技术普及率达50%以上。“九五”期间(1996—2000年)武宣县农村科普工作领导小组成立。全县创建科普示范村20个，其中县级示范村7个，乡镇级13个，科普示范户1415户。2005年，武宣县玉京水牛奶开发有限责任发展科技示范户3000多户，培养科技种养能人300多人，建立科技示范基地10个(二塘镇樟村、二塘镇朗村、桐岭镇石岗村、武宣镇清水村、马步乡利村、金鸡乡宗安村、三里镇旧县村、通挽镇分岭村、河马乡金岗村、黄茆镇麻爪村)。

1982—1990年，象州县共出科技墙报、黑板报3809期，科技有线广播1136次，放映科教电影、录像133场，观众6.89万人次，印发科技资料62.2万份，借阅科技图书1.82万册次，举办技术讲座2242次，听众32.5万人次。1987年，象州县图书馆与水果技术员、柑橘专业户43户长期保持联系，为他们寄借科技图书和技术资料，为“星火计划”服务。罗秀乡下大周村柑橘重点户韦昔编利用图书馆提供的《柑橘栽培及病虫害的防治》资料，防治果树红蜘蛛及炭疽病危害，当年柑橘产量比上年增产1倍。1987—1990年，象州县科协、农业局以科普宣传车到各圩场开展科学普及宣传82车次，召开科技成果、科技信息交流会16次，参加1258人次。

自金秀瑶族自治县科学技术协会成立至1987年底，金秀通过各种宣传形式，进行科学技术普及教育。订购科学技术书刊3千余册，出版科学技术墙报48版，印刷和分发《金秀科普与信息》1200份，介绍绞股蓝栽培、科学养猪等农村实用技术资料近万份，放映科普电影，录像502场，观众10万余人次。2000年，金秀瑶族自治县举办《崇尚科学文明，反对迷信愚昧》图片巡回展览11场，参观人数达15000人次。1988—2002年，金秀瑶族自治县每年开展3次较大规模的科技普及活动，即青少年科技创新大赛活动，十月科普大行动及冬季科普大培训活动。农业、畜牧水产、林业、卫生、农机等专业的科技人员开展科普宣传、咨询、培训活动80多场次，赠送科技书刊48000册，出版科技墙报100多期，放映科普电影、录像600多场，观众18万人次。2003年，金秀瑶族自治县开展开展科普宣传活动4次，播放科教电影像80场，接受科技咨询1万人次，发放科普资料3.5万份(册)。出版科技墙报53版(次)，科普集市8次，科普展览8次，举办科普讲座9次。2004年，金秀瑶族自治县开展大型科普宣传活动2次，接受科技咨询1951人(次)，发放科普资料26255份(册)，出版科技墙报2期，举办科普集市2次，科普展览8次，科普讲座8次。

1991年以来，忻城县科技部门每年开展“科技活动周”“十月科普大行动”“科技致富一条街”等一系列科普宣传活动，科技下乡，利用赶集会、街圩日、墙报、广播电视、示范基地、科技示范户等，举办玉米、水稻、水果、甘蔗、种桑养蚕、金银花、蔬菜、植树造林、养殖、食用菌、沼气、农产品加工技术等培训班，全县农户每年至少有1人参加过职业技术培

1995年，忻城县开展“科技活动周”，期间向群众赠送科技图书资料

训，并掌握1~2门以上农村实用技术，科学普及率达60%以上。2002年10月，忻城县科技部门牵头组织县直47个单位，20个县直科协学会，13个乡（镇）科普协会380名科技人员在县城举行“十月科普大行动”活动，发放科技资料15000份，接受群众科普咨询10500人次。2003年10月，忻城县科技部门牵头组织各学会及各乡镇科普协会，会同自治区少数民族科普队、来宾市科协以及南宁、玉林、桂林、河池等市科技示范单位在县中心文化广场开展科普大集活动；组织20个学会、乡镇科普协会150名科技人员和科普志愿者，分别在县城、思练镇、古蓬镇开展科普宣传活动，向群众发放资料、图书等5万份（册），展示新工艺、新产品、新品种等实物260件，接受群众咨询2万人次。2005年，忻城县建科普示范村57个，其中县级示范村57个。

第四节　技术市场

1984年5月—1987年4月，境内各县科学技术管理部门先后7次组织科技人员参加各种技术交流交易会，参展项目171项，签订合同170多项，实际成交金额67885万元，与自治区内外70多个科研单位、科技开发部门、高等院校建立业务往来关系和委托技术贸易的关系。共收集技术信息、技术成果、适用技术2万多项。1986年，来宾县豆制品厂将腐竹生产技术转让给忻城县腐竹厂和县供销社综合食品厂，分别获得转让费8.6万元和6.6万元。1990年来宾县农业机械研究所对外技术咨询服务收入2.16万多元。各乡（镇）畜牧兽医站技术服务总收入33.1万多元。1981—1990年，来宾县种子公司，水稻、玉米、花生、甘蔗、蔬菜等良种营业额1160万元。来宾县畜牧兽医站门诊防治畜疫病，阉割、活畜肉品检疫、销售兽用药器械、饲料、添加剂、饲料加工、孵化鸡鸭种苗、饲养良种畜种禽等收入14.5万元。

1990年7月10日，境内各县设技术市场管理办公室，与科学技术开发中心合署办公，两块牌子一套人马。1995年，武宣、象州、来宾县先后设置技术市场管理办公室。2003年，技术市场管理办公室主要开展技术人员培训和专利咨询，会同有关部门对技术合同进行网上认定登记和管理，负责技术市场统计工作，组织协调和管理技术贸易，负责民营科技企业的认定及发证和培训工作，组织和指导技术商品信息的流通，会同有关部门协调技术合同的仲裁等工作。

第五节　科技信息　科技咨询

科技信息

1978年，境内各县相继成立科学技术情报研究所，以科学技术性刊物、实用技术资料刊物征订、收集和发布科技信息为主要业务，创办《科技致富信息》等4种科技情报刊物。1982—1987年，编印《科学致富实例选》4集，《科学种果》《科学养猪》《科学养鸡》《柑橘栽培》《杂果栽培》《科学养鱼》《肉鸽饲养技术》《农副产品加工》《经贸科技资料汇编》等小册子12500册。1985年后转向加强实物情报研究工作，情报服务主要面向各级党政和决策机关。面对农村，主要开展良种水稻、木薯、水果及其他作物调研，进行可行性论证，引种试验、示范和推广。1987年，开设科技情报录像播放业务，购进录像播放设备，翻录种桑养蚕等科教系列片10部，配合扶贫开发工作，在农村开展声像播放服务。期间出版的《科技情报》期刊，内容包括经济信息、适用技术、专利技术、科技成果信息等，供各级党委、政府和部门领导决策参考。创刊至1992年止出版340期，共印发24205份，登载信息3104条。1993年后该刊物改为《科技致富信息》月刊，至1994年出版13期共10600份，发布信息151条。1998年，境内建立广西科技信息网地市分中心，受理项目咨询、成果鉴定、立项查询，编辑出版《网络科技快讯》。

1994—1995年，《灵香草生产与气象条件关系试验研究》《蚕桑产量与途径及气象的试验研究》两项课题，获广西科技进步三等奖。2002年，来宾市生产力促进中心成立。中心先后开展《科技创新网络服务平台升级与区域科技信息服务体系建设》和《来宾市“三农”科技服务网络体系建设》课题研究。至2002年，先后开展《象州县水果生产现状及其对情报的需求》《“良种绿豆中绿一号”技术开发》《良种木薯南植—188引种示范》《“山东、莱州紧凑型玉米——掖单一号至十三号”课题跟踪调研》《高产优质水稻桂优—901引种示范》《金华藤稔葡萄引种试种示范》《灵香草生产与气象条件关系试验研究》《蚕桑产量与途径及气象的试验研究》《印尼双季茭白进行引种示范》等项目研究，取得显著成效。“中绿一号”在广西9个地（市）和广东、湖南、江西、贵州、四川等11个省区推广种植，面积达7000公顷，创经济效益1722万元，1992年，该项目获广西“星火”科技三等奖。2005年，中心制定“三农”科技服务网实施方案，开通“三农”网和农业咨询热线电话“110”，聘请5名农业专家顾问，为农民查询科技信息、种养急需的各种技术难题作解答服务。

科技情报

1974—1985年，来宾县不定期编印《来宾科技》，共印发108期，每期印4000份(1983年以后减为2000份)。和全国各地500多个单位，县、乡领导干部，科技干部及科技专业户建立有交换科技资料关系。内容包括工业、农业、医药等科研成果，试验总结，高产经验，调查报告；选择转载国内外工、农、医科学技术等。《来宾科技》先后发表有关甘蔗生产的文章25篇，1987年因缺经费停刊。

1973年起，合山矿务局的科技情报工作实行专人管理，负责搜集、整理、保管有关资料。到1990年，合山矿务局与国内189个生产、科研、设计单位和高等院校建立信息联系。1990年，合山市订报纸120种，杂志23种，涉及专业154个，跟有关部门互换刊物30多种，有科技工具书262册，科技图书1200多册。到1995年底，合山矿务局1690名科技人员参加活动。科研立项95项，完成91项。科技人员提出合理化建议99条，其中被采纳29条，产生效益480万元。1998—2003年，每年在合山矿务局科协、八一铁合金集团有限责任公司科协开展“千厂千会协作”“金桥工程”“讲理想、比贡献”等活动。

1999年，武宣县科技局建立了科技信息网络中心，发展科技信息用户250户，15个节点(6个乡镇、9个村屯)，培训信息服务员20名，上网发布信息470多条，为农民提供信息800条，网上销售水果、蔬菜等150多万元。2000年11月，广西科技信息网武宣网节点顺利开通。

1991年，忻城县引进高产、早熟、优质的良种西瓜和抗病力强的哈密瓜，在马泗乡试种成功。同年，科技人员下乡利用8套，99幅挂图宣传台糠16号、20号、23号、杂交玉米、杂交水稻、大果甜阳桃等良种，现场发放科技资料10000多份。至2005年，忻城县举办科技培训班205期，赠送科技书籍13000册。金银花农业标准化示范区项目顺利通过国家级验收。协助做好金银花原产地保护的材料和申报(国家级)。引进新品种3个，新技术3项，推广应用新成果2项。编写《来宾市忻城县金银花产业发展规划》并评审通过。参加一年一度的广西科技活动周，有9个本地农产品参展，得到客商的赞赏和好评。

科技咨询

1983年，来宾县成立科协系统服务部和咨询服务部领导小组，县科技咨询服务部设在县科协。同年，良江、寺山、桥巩等乡相继成立科技咨询服务站。寺山农业科技咨询服务站共接待群众技术咨询3310人次，解决农科技术难题，群众把科技咨询服务站称作“农作物医疗室”。1993年，石龙糖厂开展“蔗糖汁蒸发系统改造技术”“三废处理”“蔗渣生产木糖”3个项目的科技咨询服务，创造经济效益400多万元。2005年，市政策研究会以“如何大力发展县域经济”为主题，开展专项调查，形成调查报告，反映科技工作者的意见和建议，得到市领导及有关部门的高度评价。

第六节　“三农”科技服务网

20世纪80年代以来，科技管理部门围绕农业发展目标，密切与农业等部门配合，认真组织实施“星火计划”“丰收计划”“燎原计划”，突出抓了一大批农业先进实用技术推广工作，努力引导和传统农业向“优质、高产、高效”和产业化方向发展。1984年，境内各级政府积极推进科技体制改革，动员和组织科技人员进入经济主战场，努力为经济建设服务，解决了工农业生产中许多关键技术难题，取得了一批科技成果和较好的经济效益。

1996年，各县(市)乡镇均建立乡镇科委，村民委配备了科技副村主任。1996年，实施农业、乡镇企业、工业、糖业、治旱、培训、信息等八大科技工程。全地区示范推广杂优稻189920公顷，占水稻种植面积的90%；推广水稻旱育稀植面积106140公顷；防寒育秧技术推广面积90293.33公顷；推广高产优质杂交玉米新组合种植面积64573.33公顷；推广水稻抛秧技术面积1022000公顷。集资在金秀、忻城等4个县实施科技扶贫开发项目28项。建设吨糖基地6666.67公顷，旱地甘蔗高产基地13333.33公顷。2000年，工业坚持以市场为导向，以企业为主体，以技术进步为支撑，围绕增加品种，提高质量，节能降耗，防治污染和提高劳动生产率、采用新技术，带动产业结构优化升级。2002年，来宾市生产力促进中心成立，继续加大科技信息化建设，先后开展《科技创新网络服务平台升级与区域科技信息服务体系建设》和《来宾市“三农”科技服务网络体系建设》课题研究。2003年，全市引进、开发、示范推广农业新品种68个，先进实用技术30项。农作物种植的优良品种覆盖率有了较大提高，其中优质水稻播种面积、高产高糖料蔗面积、水果良种覆盖率均比上年有新的提高，蔬菜、玉米、黄豆基本实现良种化。全市科技型小区规模养殖新增2000户，规模养殖户总数有8085户。全年畜牧水产业产值与全市农业总产值的比重为39.1%，提高了3.2个百分点。2005年，来宾市制定“三农”科技服务网实施方案。实行农业科技示范村、示范户建设目标责任制，市、县、乡、村都有具体的工作计划、目标、任务。全市共建设60个科技示范村、7200户科技示范户。市政府制定了农产品深加工发展规划、目标及重点领域。依靠科技进步，发展特色农产品深加工，加工企业生产工艺和设备现代化水平有很大提高，推出奶制品、果品、茶叶、蚕丝、香料、淀粉、脱水农产品、保健食品、酒类及家具等40多个新产品，企业效益增长加快。同年，建立县级服务中心5个、乡镇服务站34个、示范村14个、示范农业行业协会6个。同时，根据“广西科技文献共享与服务平台”视觉识别系统(VIS)要求，搭建了广西科技文献共享与服务平台来宾市服务节点，建立来宾市中小企业数据库、锢锰特色有色金属数据库、制糖及综合利用产业数据库数、种植加工产业(桑蚕、木薯、食用菌等)数据库、来宾市水黄牛等禽畜养殖加工数据库、来宾市中高级人才数据库，来宾市科技项目与成果数据库及来宾市政策法规数据库等七个数据库框架，存有数据1000多条。

1973—1981年，象州县建立4级农科网络。县有科委、农业技术推广中心站、农科所、畜牧兽医站、林科所、农机研究所；公社有农业技术推广站、畜牧兽医站、农机站；大队配置农科员，生产队有农科组，通过4级农科网开展科学技术普及工作。1976年，象州县生产队农科组员有6942人，种植高产田、试验田、种子田1733.33公顷，以“三田”推动新技术在大田的推广应用。1989年，象州县每个村公所配备1名农科员，每个乡(镇)设1名科技助理，形成县、乡镇、行政村新的3级农科网络。1990年象州县全县有45个专业技术研究会，会员642人。

2003年，象州县率先在全市建成科普活动中心，忻城县、金秀瑶族自治县相继完成青少年科技活动中心的建设，武宣县在城区建立22个科普宣传栏，忻城县在每个村委都建起了专门的“科普宣传栏”。2005年，来宾市进一步完善以市(县、区)科协、学会、企业科协、乡镇科协、农村专业技术协会、科普示范户组成的科普组织网络，有效地保证了科普工作的开展。市委、市人民政府下发《关于建立健全基层科普组织加强农村科普工作的意见》和《关于建立“十、百、千米科普长廊”加强科普宣传的工作意见》(简称两个《意见》)。在抓好忻城县示范点建设的同时，注意对各县(市、区)进行督促检查，促进了两个《意见》的贯彻落实。同时，进一步完善科普基础设施建设。

2005年，来宾市建成乡级科技信息网点15个、发布信息924条，建立农村专业技术协会116个、发展会员3534人，建特色科技扶贫示范村8个、扶持科技示范村32个、示范户3150户，建设县级农业科技创新示范基地24个、星火学校2个、培训农民2250人，培育农业科技型龙头企业5个、带动农户2600户。建成县级“三农”科技信息服务网节点4个，示范乡镇31个，示范村11个，培训考核农村信息员25人，网上发布信息量1265条，供求信息数据量1113条，促进产品销售2582万元。

第六章　气象监测　水文监测　防震减灾　地质勘查

民国时期，各级政府为适应社会经济发展需要，对气象、水文监测等工作有安排，但由于时局所限，发挥作用不明显。中华人民共和国成立后，各级政府加强防灾减灾工作，气象监测、水文监测、防震减灾等工作部门得到进一步加强，对减轻自然灾害冲击经济社会发展起到积极作用。

第一节　气象监测

机　构

中华人民共和国成立前，来宾市没有专门的气象站。1958年建立柳州专署水文气象所。1962年5月，水文与气象分家，成立柳州专署气象台。1980年12月，气象台改为柳州地区气象局。1993年8月，又成立柳州市气象局，与柳州地区气象局合署办公。

1956—1965年，先后建立来宾、忻城、武宣等县气象站，基本形成以柳州地（市）气象局为中心的柳州区域气象网络。1995年，柳州地、市气象系统共有职工182人，其中工程师74人，助理工程师81人，其他工作人员19人；具有大专以上学历占32%，中专学历占53%。

2003年6月12日成立来宾市气象局。住址在来宾市柳来路661号，即原来宾县气象局所在地。2003年7月17日，重新核定广西国家气象系统人员编制，核定来宾市气象部门79个编制，其中来宾市气象局45个，忻城县气象局10个、象州县气象局8个、武宣县气象局8个、金秀瑶族自治县气象局8个。

机构设置：办公室、计划财务科、人事科、业务科、执法办公室、气象台、地面气象观测站、防雷管理办公室、防雷检测所、气象信息服务中心。受来宾市政府委托管理来宾市人工降雨办公室。

市气象局历任局长：吴镇疆(2002年12月—2005年12月)。

来宾市的气象监测始于20世纪50年代后期，来宾地面观测站最先建立，1956年5月1日开始正式观测，此后，忻城县和象州县于1957年、金秀瑶族自治县于1958年、武宣县于1965年先后建站并开始观测。2004年以前，气象观测为人工观测，随着气象监测业务的发展，2004年来宾、象州、武宣3个国家气象观测站自动气象站建成并运行，拉开了气象自动化监测的序幕。2005年开始在来宾的乡镇建设区域自动气象站，(2005年底投入业务运行5个)，气象监测密度进一步加大。来宾农业气象观测则始于1979年，随后观测内容几经调整，为来宾农业发展提供第一手农业气象资料。

气象观测站

来宾市地面观测站5个，其中1个国家基本气象观测站，4个国家一般气象观测站。来宾地面观测站属国家基本气象观测站，象州、忻城、金秀、武宣地面观测站均为国家一般气象观测站。

来宾气象站于1956年初筹建，同年5月正式进行观测，站址位于来宾县古昔区古三村（今来宾市柳来路661号），建站至2005年底，未曾迁站。忻城站始建于1956年8月，1957年1月1日正式业务运行，站址位于忻城县范团乡；1965年5月站址迁至忻城县城关镇西郊，1966年1月正式业务运行。象州站始建于1957年1月，站址在石龙镇西北郊外；1962年5月迁至象州镇北门城外，1963年6月正式运行。金秀站始建于1958年7月，站址位于大瑶山昔地岭，1964年1月站址迁至大瑶山瑶族自治县金秀公社木材站附近。武宣站建站较晚，始建于1965年1月，站址在武宣县武宣镇曾家岭，建站至2005年底，未曾迁站。

观测时次

来宾站　1956年5月1日—1960年7月31日每天进行01、07、13、19时（地方时）4次观测，以19时为日界；1960年8月1日—2005年12月31日，每天02、08、14、20时（北京时）4次观测，以20时为日界。其中1956年5月1日—10月31日夜间不守班，1956年11月1日—2005年12月31日夜间守班。

象州站　1957年1月1日—1960年12月31日，每天有01、07、13、19时（地方时）4个观测时次，以19时为日界；1961年1月1日—1976年6月30日，每天有02、08、14、20时（北京时）4个观测时次，以20时为日界，夜间守班；自1976年7月1日起，观测时次改为08、14、20时（北京时）3个时次，夜间不守班。

忻城站　1957年1月1日—1961年3月31日，每天01、07、13、19时（地方时）4次观测，以19时为日界，夜间守班；1961年4月1日—1968年12月31日，每天08、14、20时（北京时）3次观测，以20时为日界，夜间不守班；1969年1月1日—1976年12月31日，每天02、08、14、20时（北京时）4次观测，夜间守班；1977年1月1日—2005年12月31日，每天08、14、20时（北京时）3次观测，夜间不守班。

金秀站　1958年7月—1960年7月，每天进行4次观测，分别为01时、07时、13时、19时（地方时），以19时为日界，夜间守班；1960年8月—1961年3月，每天观测时次调整为02时、08时、14时、20时（北京时），以20时为日界，夜间守班；1961年4月—2005年12月，每天进行3次观测，观测时次调整为08时、14时、20时（北京时），夜间不守班。

武宣站　1965年1月1日—2005年12月31日，每天进行08、14、20时（北京时）3次观测，以20时为日界，夜间不守班。

观测项目

来宾站 自1956年5月1日起观测项目有云、能见度、天气现象、气压、气温、最高气温、最低气温、湿度、风向、风速、降水量、雪深、日照时数、蒸发量、地面温度、浅层地温。1957年8月1日起增加地面最高温度和地面最低温度观测，自1997年1月1日增加大型蒸发观测项目，2001年12月31日起停止小型蒸发观测项目。自2004年1月1日起增加深层地温观测。

象州站 有气压、气温、湿度、风向、风速、降水、云、能见度、天气现象、日照、小型蒸发、地温、草面温度等。

忻城站 云、能见度、天气现象、气压、温度、湿度、风向和风速、降水、日照、蒸发(小型)、地温等。

金秀站 云、能见度、天气现象、气压、气温、湿度、风向、风速、地面温度、浅层地温、降水量、雪深、蒸发量、日照时数。

武宣站 云、能见度、天气现象、气压、气温、湿度、风向风速、降水、雪深、日照、蒸发、地温等。

发报种类

来宾站 地面天气报(北京时02、08、14、20时拍发)，补充地面天气报(北京时05、11、17、23时拍发)，旬月报，重要天气报(内容有暴雨、大风、雨凇、积雪、冰雹、龙卷风等)和航危报(当出现危险天气时，5分钟内及时向需要航空报的单位拍发)，在业务需要时拍发台风加密报和雨量加密报。2003年来宾自动气象站(站址在来宾地面观测场)建成并试运行，2004年1月1日正式运行。2004年1月1日—2005年12月31日，人工观测与自动站平行观测，其中2004年以人工观测资料为正式记录，2005年以自动观测资料为正式记录。自动气象站观测项目有气压、气温、湿度、风向风速、降水、地温等，观测项目全部采用仪器自动采集、记录，替代了人工观测。其中，自动站资料采用人工目测代替项目有云量、云状、能见度、天气现象，采用人工器测代替项目有蒸发量、日照时数、定时降水量。

象州站 天气报的内容有云、能见度、天气现象、气压、气温、风向风速、降水、地温等。1968年11月16日开始拍发航空报，1995年1月1日起取消所有航空报任务，航空报的内容只有云、能见度、天气现象、风向风速等。2004年1月1日，象州气象自动站投入业务运行(站址在象州地面观测场)，观测项目有气压、气温、湿度、风向风速、降水、地温等，观测项目全部采用自动采集、记录，替代了人工观测。

忻城站 天气报的内容有云、能见度、天气现象、气压、气温、风向风速、降水、地温等。1963年1月1日起增加OBSAV柳州04~18时预约报，2004年1月1日该项业务取消。

金秀站 天气报的内容有云、能见度、天气现象、气压、气温、风向风速、降水、地温等。1959年11月—1977年9月编发航危报。

武宣站 天气报的内容有云、能见度、天气现象、气压、气温、风向风速、降水、雪深等。2004年1月1日，武宣自动气象站建成并试运行(站址在武宣气象观测场)，自动气象站观测项目全部采用仪器自动采集、记录，取代了人工观测。

农气观测

1979年起，来宾被定为广西壮族自治区级(二级)农业气象基本观测站，开始正规的农业气象观测。1979—1984年观测双季水稻；1984—1990年观测早稻和早春花生、早春花生观测地段的0~50厘米土壤湿度；1991年开始观测春玉米、春玉米观测地段的0~50厘米土壤湿度；2003年增加甘蔗观测项目。1979年起进行楝树、炸蝉、家燕、青蛙、葡萄等自然物候观测。1979年起每年制作作物生育状况观测记录年报表、作物地土壤水分年报表和自然物候观测年报表给区气象局气候中心审核科审核，并编发旬、月电报(AB报)。

第二节　水文监测

2005年以前，来宾水文水资源工作由水文水资源柳州分局负责。2003—2005年，来宾市辖区内设有武宣、迁江2个国家级水文站，金秀、中平、内联、凌王4个省级水文站，象州1个水位站和27个托办雨量站，这些水文事业机构都属于广西水文水资源柳州分局的管辖范围。其中，武宣、迁江、象州3个水文站、水位站作为报汛站向柳州洪水预警预报系统发报雨量和洪水信息，所有报汛站都采用卫星、超短波及短波等手段采集、传输、检索信息。而在27个托办雨量站中，东乡雨量站作为西江报汛站向下游洪水预警预报系统发报雨量信息。其余的26个托办雨量站则采用自记雨量计和雨量固态存储器记录雨量。

国家各基本水文站水文监测如下：

迁江水文站　设立于1936年4月，位于来宾市兴宾区迁江镇红水河右岸，集水面积为128938千平方米，属国家重要水文站，是珠江流域西江水系红水河下游的重要控制站。自建站以来，实测最高水位87.99米，实测最低水位57.76米；实测最大流量18400立方米/秒，实测最小流量179立方米/秒。历史调查最高水位89.73米，最大流量21200立方米/秒。年最大含沙量11.5千克/立方米，年最大降水量2020.8毫米，多年平均降水量1429.6毫米。在历次大洪水期间，为防汛指挥决策、水利工程的安全调度和运行等，提供了大量准确的水文信息，获得了当地政府和社会各界的一致好评。多次获得了上级政府和有关部门的嘉奖。

武宣水文站　设立于1934年12月，位于来宾市武宣县县城黔江河段左岸，集水面积196655千平方米，属国家重要水文站，是珠江流域西江水系黔江的重要控制站。自建站以来实测最高水位66.06米(85基准，下同)；实测最低水位32.58米；实测最大流量45600立方米/秒，实测最小流量342立方米/秒。历史调查最高水位67.50米；最大流量51000立方米/秒。年最大含沙量6.19千克/立方米。年最大降水量2050.0毫米，多年平均降水量1277.6毫米。武宣水文站为武宣县、来宾市防汛抗旱、水资源开发利用、管理和保护做出了贡献，先后战胜了“1988·8”“1994·6”“1996·7”等特大和异常洪水。

内联水文站　设立于1982年2月，位于来宾市忻城县古蓬镇内联村滂江左岸，集水面积300千平方米，属省级重要水文站，珠江流域西江水系滂江的唯一控制站。自建站以来实测最高水位146.31米，实测最低水位143.61米。实测最大流量124立方米/秒，实测最小流量0.07立方米/秒。年最大降水量2175.1毫米，多年平均降水量1355.2毫米。

凌王水文站　设立于1982年2月，位于来宾市忻城县古蓬镇凌王村凌王河的左岸，集水面积6.71万平方米。为岩溶和非岩溶试验站，属省级重要水文站。自建站以来实测最高水位149.89米，实测最低水位146.94米；实测最大流量123立方米/秒，实测最小流量0.07立方米/秒。年最大降水量2036.0毫米，多年平均降水量1331.2毫米。凌王水文站主要是为研究古蓬河流域岩溶和非岩溶两种不同地质条件下地表水和地下水的径流形成规律，以及该地区的暴雨洪水关系，为其他国民经济建设规划设计和科学研究收集水文数据，为当地政府防汛抗旱提供科学的依据。

象州水文站　设立于1954年5月，位于来宾市象州县县城柳江河段左岸，集水面积57760千平方米，属国家重要水文站。自建站以来实测最高水位75.39米；实测最低水位47.52米；历史调查最高水位76.25米，多年平均水位50.58米。年最大降水量1952.6毫米，多年平均降水量1343.4毫米。象州水文站为象州县经济社会发展、防汛减灾发挥了应有的贡献。

中平水文站　设立于1958年7月，位于来宾市象州县中平镇仁义村中平河左岸，集水面积596千平方米，属国家基本水文站，是珠江流域西江水系中平河的唯一控制站。自建站以来实测最高水位140.99米；实测最低水位134.30米，实测最大流量3930立方米/秒，实测最小流量0.74立方米/秒，历史调查最高水位140.28米，最大流量1930立方米/秒。年最大降水量2025.5毫米，多年平均降水量1358.5毫米。中平水文站在历年的抗洪减灾工作中做出了巨大贡献，特别是“2005·6”中平河特大洪水期间，为来宾市、象州县各级政府提供了大量准确的水文信息，为防汛指挥决策、水利工程的安全调度和运行提供了重要依据。

金秀水文站　设立于1980年1月，位于来宾市金秀瑶族自治县县城金秀河的右岸，集水面积24.8千平方米，属省级重要水文站，是珠江流域西江水系金秀河的唯一控制站。自建站以来实测最高水位779.64米。实测最低水位775.26米。实测最大流量167立方米/秒，实测最小流量0.04立方米/秒。年最大降水量2449.8毫米，多年平均降水量1693.4毫米。

第三节　防震减灾

机　构

1979年6月18日，根据桂编〔1979〕63号文件《广西壮族自治区编制委员会有关地、市、县设立地震办公室的通知》，柳州地区行署设立柳州地区行署地震办，编制2名，属于事业性质，由柳州地区科委领导。同时，来宾市境内各县相应成立地震办公室，由各县科委统一领导。

1984年9月8日，自治区政府办公厅下达《广西壮族自治区人民政府办公厅批转区地震办公室〈关于我区地、市、县、自治县(市)地震工作机构调整的报告〉的通知》(桂政办〔1984〕99号),撤销柳州地区行政公署地震办公室,原有编制收回区编委。撤销地震工作机构后,地震工作由地区科委内部设立专职人员负责。

1997年7月,柳州地区防震工作办公室成立,编制3人,副处级,由地区科技局管理。2001年2月,柳州地区防震工作办公室由地区行署直接管理。

2002年12月底,来宾市人民政府成立后,沿袭原柳州地区建制,设立来宾市防震工作办公室,为市政府直属事业单位,副处级。

2003年2月14日,来宾市人民政府根据广西壮族自治区机构编制委员会《关于印发广西壮族自治区地县地震机构改革方案的通知》(桂编发〔2003〕3号),将来宾市防震工作办公室更名为来宾市地震局,仍属市人民政府直属事业单位。内设机构为办公室、震害防御及法规科、科技监测科等三个科室,编制4人,领导职数为局长1名,科级2名。同时,境内各县(市、区)也相应设立防震工作办公室,编制2~3名。

来宾市地震局历任局长:林文惠(2002年12月—2005年12月)。

2004年4月,合山市地震局成立,副科级,编制3人。

2004年4月29日,来宾市人民政府成立来宾市防震减灾工作领导小组,组长由市人民政府分管地震工作的副市长担任,副组长由市人民政府1名副秘书长、柳州军分区1名副司令员、市委宣传部1名副部长、市地震局局长担任,成员由市经贸委、市建设与规划委、市国土资源局、市教育局、市环境保护局、市公安局、市质量技术监督局、市科技局、市卫生局、市民政局、市交通局、市水利局、市广播电视局、市法制办、市电信局、市武警支队、市供电局有关领导组成。规定上述成员所在单位为市防震减灾工作领导小组成员单位;市防震减灾工作领导小组设立办公室,办公室设在市地震局。

历史地震

从公元288年开始,来宾市境内有发生地震记载。但最初对较小地震没有记载的。据史料记载,来宾市境内历史上发生3级以上地震的有28次,最大震级为5级。

1759年10月25日(清乾隆二十四年九月初五),象州东南发生5级地震,这是来宾地区有历史记载以来的第一次震级最大的地震。这次地震波及迁江、昭平两地。

1899年11月28日(清光绪二十五年十月二十六日),武宣通挽发生5级地震。据史料记载,这次地震修仁、象州、武宣、贵县等地有强烈震感。《武宣县志》记载,此次地震造成南乡石山山崩石滚,通挽区龙统井泉断流,井水转从大樟村前龙美地涌出。《象州县志》记载,此次地震有地声,从北向南传来,金属、铁器均出现响声。

1960年11月5日,忻城县境发生一次5级地震,这是来宾地区迄今最近发生的一次5级地震。这次地震震中邻近忻城、宜州、都安三县交界,三县大部分地区均有强烈震感。

中华人民共和国成立后,尤其是20世纪70年代初以来,来宾市境内地震记录工作逐步规范。从历史统计资料看,来宾地区地震发生比较频繁,虽然一些地震震级较小,但烈度偏高,对生产生活影响很大。

1987年7月16日,象州县马坪乡发生2.9级有感地震,震中附近几个村公所都有较强的震感。

1990年3月12日,忻城县新圩乡先后发生两次地震,第一次为里氏2.5~3级,烈度为5度;第二次为里氏2~2.5级烈度4~4.5度。震中位置新圩乡强烈有感,北面宁江乡的龙午村,西面红渡镇的马蹄、马鞍、古房三个村公所,南面果遂乡的同乐、北丹村公所,东面思练镇的毛垌村公所均有较强或明显的震感,有感面积约10平方千米,震中一带地区,普遍听到大而沉的地声。地震造成房屋晃动,瓦片发响,屋檐瓦片掉落,家具厨具发响,人有上抛感和倾倒感。有两户民房墙体开裂。

1991年6月14日—6月16日18:00时许,忻城县安东乡下富水电先后发生两次有感地震,地震发生时,均有炸雷般的地声,建筑物震动,有的房屋边缘瓦片滑落,有一间房屋屋梁折断,鸡乱飞乱叫,牲畜惊慌乱跳,群众纷纷跑出屋外避震。周围3千米内有感。地震造成两处山崩石滚,两处围墙倒塌,6间民房墙体开裂,一户人家5根屋梁折断。

防震减灾

来宾市地质构造复杂,岩溶发育,喀斯特地貌分布广泛;境内地下水量丰富,夏冬两季,地下水位相差大,容易形成溶洞。秋冬两季,由于地下水位下降,容易产生陷落地震,危害地面建筑物和人畜安全。《广西主要断裂构造与震中分布图》标明,有4条主要断裂带从不同方位进入和纵贯来宾市境，其中南起武鸣北至全州的广西大断裂带呈北东向纵贯来宾中部。

由于来宾地区地震频发，1996年春，广西壮族自治区地震局将地处柳州地区南部的来宾、忻城、武宣、象州、合山五县（市）列入全区地震重点监视区范围。纳入重点监视区后，来宾市境内各县（市）进一步加强防震减灾工作，先后成立防震减灾工作领导小组，制订地震应急预案，确保地震发生时能够有序地开展抗震救灾工作。

2004年8月23日，来宾市人民政府印发《来宾市破坏性地震应急预案》下发至各县、市、区人民政府、华侨投资区管委会和市直各委、办、局、处。2005年4月7日，来宾市人民政府下发《关于加强防震减灾工作意见的通知》，要求各县（市、区）以及各有关单位要提高认识，突出重点，全面提高综合防御能力。2005年7月15日，市人民政府将《来宾市地震应急指挥系统细化方案》印发各县（市、区）和个单位。

长期以来，来宾市委、市政府把防震减灾工作列入重要议事日程，加强监测预报、震灾预防和紧急救援三大工作体系建设，推进了防震减灾事业的发展，为来宾经济社会发展奠定了基础。来宾市地震局（防震办）先后被评为1998年度、2002年度和2004年度全区防震减灾工作先进单位，荣获1999年、2000年、2001年、2003年和2005年度全区防震减灾工作单项奖。

地震监测

来宾市地震监测从20世纪60年代末开始。1976年10月—11月，来宾地区各县充分利用条件较好的中学为阵地，建立地震宏观、微观观测站。在微观观测方面，主要是以观测地电、地磁、地地温为主。观测仪器有在正规厂家购买的，也有土法上马自行制造的。来宾县北泗中学用电流计改装为微安表测量地电，同时他们还自制吊锤式地倾仪警报器、简易地磁仪、光反射地倾仪、倒立瓶底倾仪等。武宣县武宣中学也利用废报话机、废玻璃管等材料自制地磁仪、底倾仪等。在宏观观测方面，主要有动物观测和地下水观测等。忻城县大塘中学专门饲养鸽子等动物作为地震宏观观测对象。每个观测点由学校老师统一指导，学生轮流值班观测记录。1977年，象州县石龙中学先后观察到2次土地电异常现象。由于地震监测工作表现突出，1978年，象州县石龙中学、武宣县武宣中学各有1名教师被推荐参加广西壮族自治区地震学大庆会议（先进代表会）。

20世纪末，根据中国地震局和广西区地震局的有关要求，来宾市境内各县（市）逐步淘汰土仪器，取消地震观测的土办法，一些观测项目一度中断。但来宾县和象州县等仍坚持开展地下水观测活动。来宾县有地下水观测点4处，象州县有观测点3处。各观测点观测的内容主要是水位和水色，每个点都有比较详细的记录。

来宾市成立以后，市委、市政府加大对监测预报工作的投入，先后在兴宾区建立4个地震前兆宏观观测站，即平西小学观测站、凤凰新安小学观测站、大理中学观测站和小平阳中学观测站。同时建有1个数字地震遥测台网中心和1个地震信息中心。4个前兆观测站主要分布在穿市境而过的大断裂带周围，对监视大断裂带的活动起到较大作用。

2005年，根据《水工建筑物抗震设计规范》和国家对水库诱发地震监测的有关规定，来宾市地震局在忻城县红渡镇建立了一个数字化地震监测台。

地震监测预报工作在县级地震部门也得到充分重视，兴宾区、象州县、武宣县等都建有宏观观测站，并坚持做好观测记录。

抗震设防

来宾市境内抗震设防管理工作始于20世纪80年代。1989年3月，柳州地区行政公署下达《关于加强地震工作的通知》，通知要求各县、市要积极研究地震对策，制定防震抗震措施，规定“今后凡有大的工程建设项目都要请地震管理部门进行必要的工程地震论证，在设计中必须选择适当的抗震度数，以确保建设项目的安全。各民房建设亦要采取抗震措施，对现有的危房和其他建筑，要拆除或者进行加固，使地震损失降到最低程度。”

2003年9月，来宾市抗震设防管理工作纳入全市建设工程基本建设管理程序，进入市政府行政审批服务中心办公，由来宾市地震局负责审核来宾地区建设工程地震安全性评价和建设工程的抗震设防要求。市地震局依据《中华人民共和国防震减灾法》《地震安全性评价管理规定》《广西壮族自治区防震减灾条例》《广西壮族自治区工程建设场地地震安全性评价管理规定》，依照国家颁布的《中国地震动参数区划图》，根据建设工程规模、功能及项目场地所处的地理位置工程地质条件、地质构造等因素，对全市新建、扩建、改建工程的抗震设防要求进行确定(来宾地区建设工程抗震设防烈度为6度),出具工程建设项目抗震设防要求审核意见书,市建设规划行政主管部门将工程建设项目抗震设防要求审核意见书作为办理"建设建设工程规划许可证""建设工程施工许可证"的前置条件,抗震设防要求和地震安全性评价工作逐步走向规范化、法制化、制度化。年内,市地震局对来宾市滨江园小区、迎宾商厦、时代广场等8项一般建设工程进行抗震设防确认,协助自治区地震局工程地震研究中心对来宾市行政中心、来宾市永鑫糖厂扩建工程等两个重大工程进行地震安全性评价工作。

应急救援

来宾市各县(市、区)很早就有效地开展地震应急救援工作,每当发生有感地震后,各县(市、区)地震部门都及时赶到现场调查研究,宣传防震减灾知识,澄清大震来临谣言,维护社会稳定。

宣传教育

来宾市境内从唐山大地震时开始重视防震减灾宣传工作。1976年秋,忻城县大塘中学即把地震知识宣传教育工作纳入教改计划,在物理、地理课中增讲地震基础知识。其他各县(市)也十分重视防震减灾宣传工作,特别是20世纪80年代以来,境内各县(市)每年都利用电视、录像、电影、黑板报、墙报、油印小报、地震报,开展地震讲座、地震知识有奖竞赛,举办地震科学夏令营等各种活动,广泛宣传防震减灾知识。

撤地设市以后,来宾市地震局每年利用唐山大地震纪念日、国家防震减灾日、全国科普活动日、安全生产活动日等特殊日子、特殊时段开展防震减灾知识宣传,邀请有关专家开展防震减灾科普知识讲座,组织人员到工厂、机关、学校开展防震减灾知识宣传。大大增强了全社会的防震减灾意识,提高地震自救互救能力,为减轻地震灾害奠定了基础。

第四节　地质勘探

机　构

中南地质局四一五队广西锰一队　1953年5月,驻来宾县凤凰镇,在武宣、来宾等县开展锰矿普查勘探。

中南地质局四一六队　1954年驻来宾县凤凰,开展锰矿普查勘探。

中南地质局四一一队　该队于1954年7月组成,驻象州县石龙,开展铅锌矿普查。

广西石油地质大队　驻柳州市红园,1985年起在柳州地区南部开展锰、锡、铜、铅、锌等矿产的普查勘探及1∶5万地域地质调查工作。

广西地质第七队　前身为柳州专署地质队,1958年驻柳州市新圩,开展石灰岩、粘土矿普查勘探。1961年组并为桂中地质综合大队,驻柳州市荣军路,负责河池、柳州两地区的矿产普查勘探。1963年,该队分解为四二八、四三二、四三〇队。四二八队驻南丹县益兰,四三二队驻永福寿城,四三〇队驻融安县木兰坡,开展全区性的专业金刚石矿产普查。1965年,四三二队撤销,组建四四〇队,驻大苗山县(今融水县)九毛,开展钨、锡、铀矿普查。1966年四四〇队改称广西第七地质队,1973年,该队迁驻柳江县拉堡。1980年,勘查队伍实行专业化分工,第七地质队负责河池、柳州两地区矿产地质普查找矿。1989年有职工807人,其中地质技术人员134人,年度地质勘探费311.48万元。

广西水文地质工程地质队(简称广西水文队)　该队前身为1957年的泗顶水文地质队,当时驻融安县泗顶,从事泗顶铅锌矿床水文地质工作。1958年更名为水文地质工程地质队,驻来宾县凤凰,负责全自治区水文地质工程地质勘查工作。年末职工数165人,年度地质勘探费12.77万元。

驻柳州煤田地质勘探队　1955年煤炭工业部中南煤田地质勘探局所属广东茂名一三〇队,派遣普查组到合山煤田(称合山普查组)与广西工业厅普查二队合作,开展合山普查找煤工作。1956年合山普查组改为分队,同年秋扩建为一五〇队,驻合山煤矿柳花岭。

地区地质勘查机构

柳州地区地质队　该队于1958年10月在自治区地质局新圩地质队基础上组建,原名柳州专署地质队,1960年改为专署地质局,1961年并入自治区地质局桂中地质综合大队,1972年重建,隶属柳州地区地质矿产管理局,从事矿产勘探,并开展为城市服务的水文地质工程地质工作。该队驻柳州市五里卡,占地1.14公顷,建筑面积10170平方米。1995年,有汽车钻机2台,50米及100米钻机3台,其他配套设备及动力27台,修配设备8台,汽车3

辆，测量、物探、实验仪器33台。固定资产81万元。有高级工程师3人，工程师13人，助理工程师及技术员19人。

来宾市成立后，柳州地区地质勘探院相应更名为来宾市地质勘探院，隶属来宾市国土资源局，是来宾市唯一的综合地勘事业单位，主要承接来宾地区范围内地质矿产勘查开发技术咨询服务、工程勘察钻探、土地整治、地块测量、工程测量、地质灾害危险性评估以及地质环境保护与治理恢复方案编制等业务。2005年，在职职工47人（含聘用人员），其中高级工程师10名，工程师22名，助理工程师4名，拥有：固体矿产勘查乙级、工程勘察丙级、测绘乙级、矿产资源规划编制乙级、地质灾害危险性评估乙级、矿山地质环境恢复治理与土地复垦、土地整治和钻探劳务等资质。

第五节　区域地质调查

民国17年（1928年）3月—5月，两广地质调查所乐森璕从贵州南下，经广西柳州、象州，沿线进行路线地质矿产调查，著有《广西南丹河池宜山马平象县地质矿产》。民国17年10月—11月，两广地质调查所李殿臣调查来宾、武宣等县地质矿产，面积3000平方千米，著有《广西来宾武宣桂平地质矿产》，附1∶50万地质图。民国26年，经济部中央地质调查所的高振西、王植，曾在武宣等县进行地质矿产调查，编有《广西武宣宾阳上林武鸣及邕桂间九县地质矿产》。

1957年，地质部广西石油普查大队和北京地质学院广西生产实习队，组成17个分队，分别在桂中开展石油地质普查，1962年按国际图幅将柳州、来宾等市县编制地质图及相应的说明书，是广西最早的1∶20万区域石油地质调查成果。1960—1972年，广西区域地质测量队完成来宾1∶20万区域地质调查图幅，其中来宾幅，观测路线2655千米，观测点1876个，实测剖面72千米，重砂异常5处，化探（金属量测量）异常23处，新发现矿点48处，划分成矿远景区7处。

建市后，先后在区内外开展了矿山矿产资源储量地质简测（核实）和开发利用方案编写、地质普查、详查、矿山非法盗采价值鉴定编制、办理探矿权申请、工程勘察、地质灾害危险性评估、压矿评估、地质环境恢复治理与土地复垦编制、工程测量、工程钻探和地质钻探、矿物化验、土工测试等工作，如开展了忻城县饰面灰岩矿调查、武宣县白云岩矿调查、象州重晶石矿调查等工作。2003年，工程地质勘查46处，钻孔03个，钻探进尺3925.83米（其中：土层3654.2米，砾石43.9米，基岩472.23米）。2005年，取样450组；标贯试验957段次；触探314段次进尺11482.2米。

第六节　矿产地质勘查

矿产调查

民国17年（1928年），两广地质调查所冯景兰、乐森璕调查合山煤田，认为合山煤质比罗城好。当年，广西省建设厅组成矿务视察团，视察调查迁江、合山煤矿，武宣锰、铅矿。民国21年，该视察团认为武宣三里锰矿、铅矿“规模大，殊堪注意”。民国26年，调查迁江的鹅滩、中许、大龙一带煤矿，认为“分布面积广，值行试探”。民国26—27年，4次试探合山煤田。民国27—30年，调查来宾、金秀等地矿产。

矿产普查与勘探

锰矿勘查　1952年12月，中南地质局第四、二、一、六队，初步评价出来宾县凤凰、武宣县三里矿区，确认凤凰、三里有远景。

铁矿勘查　1966—1970年，广西第四地质队，探明武宣县官桥风门坳为小型矿床。

铝土矿勘查　1956年7月，省地质局四六三队郑功溥等，首次在来宾县大罗发现原生铝土矿层。1958年8月，省地质局黎塘地质队探明为中型矿床。

铅锌矿勘查　1954年7月—1956年，中南地质局四一一队、四七七队先后开展武宣县太平洞、小平洞、九岩、石山、花鱼岭等铅锌矿区普查，探明花鱼岭为中型矿床，余为小型矿床。1959—1960年，柳州专署地质队探明武宣县朋村为中型矿床。桂中地质综合大队于1959—1961年，探明武宣县古立为中型矿床。1966—1976年，地质队探明武宣县二塘水村为小型矿床。1979—1984年，柳州地区地质队探明武宣县江城矿区为小型矿床。

铜矿勘查　1965—1976年，广西地质队探明象州县那马、公郎，武宣县水村等一批小型铜矿床。

石灰岩矿勘查　1970—1976年，广西第七地质队、柳州专署地质队探明来宾县上里为大型矿床。

重晶石矿勘查 1978—1986年，广西第七地质队先后对象州县潘村、寺村、龙保矿区进行普查勘探，探明寺村矿区储量达大型矿床，其他均为中型矿床。与此同时，广西第六地质队对象州县普和，柳州地区地质队对武宣县湾龙、朋村、甘六、石山、封门等矿区，均开展详查工作，探明小型矿床多处。

黏土质矿勘查 1960—1967年，先后有自治区地质局及建材部地质总公司所属地质队等单位对22个矿点进行普查，探明中型矿床8处，其中主要有自治区地质局四四三队评价的来宾县迁江王汉、白花、韦里3处耐火黏土矿床。20世纪70年代，广西建材工业地质队，广西石油地质大队等单位，对25处水泥用或砖瓦用黏土、泥岩、页岩矿点进行普查，查明来宾县上里为大型矿床，来宾县岭桥为中型矿床。

滑石矿勘查 自1957年以来，中南地质局、自治区地质局、柳州专署地质队等单位，先后对武宣、来宾等县16个矿床（点）开展勘查，探明大型矿床3处，中小型各2处。

石膏矿勘查 1971—1978年，建材部广西地勘大队，评价来宾县蒲田矿区为小型矿床。

煤矿勘查 1954年，合山煤矿设矿山钻探队勘探里兰矿区。1955年6月，中南煤田地质勘探局普查组与广西工业厅普查队联合预查合山煤田。1956年3月，中南煤田地质勘探局一三〇队在合山煤田开展工作。1957—1965年，自治区地质队先后对合山、来宾迁江、泡水等煤矿进行普查勘探。1968—1976年，大找煤、磷、铁矿“高潮”中。广西地质队和各专区地质队抽出部分力量对合山、来宾、煤田开展普查勘探，并先后在合山煤田组织“会战”，后期一五〇队继续在合山煤田进行勘探。

至2005年，全市共有矿床（矿区）248处。重要矿产有煤、锰、铜、铅、锌等共36个，占矿床（矿区）总数的15%，其中煤8处、锰11处、铜4处、铅锌13处，重要矿产已开发利用矿床（矿区）27处，尚未开发利用矿床（矿区）9处（锰5处、铜1处、铅锌3处）；优势非金属矿产重晶石、水泥灰岩、白云岩、饰面石材52处，占矿床（矿区）总数的21%，其中重晶石30处，水泥灰岩6处，白云岩7处，饰面石材9处，优势矿产已开发利用矿床（矿区）45处，尚未开发利用矿床（矿区）7处（重晶石5处、饰面石材2处）；其他矿产160个，占矿床（矿区）总数的64%；各矿种矿床规模以小型为主，其中大中型矿床（矿区）18个，占矿床（矿区）总数的7%，主要矿床有广西中金岭南矿业有限责任公司盘龙大型铅锌矿（大型），象州妙皇铜铅锌矿（大中型），忻城县塘岭锰矿（中型），武宣县灵湖锰矿（中型），天作矿业集团有限公司象州县小腊铅锌重晶石矿（中型），象州县火把岭重晶石矿（中型），金秀桐木重晶石矿（中型）。

表27-11 至2005年来宾市有采矿许可证矿山概况一览表

县（市）区	矿山个数	总储量（万吨）	矿种类	数量（个）	储量（万吨）	开采	停产
兴宾区	58	23466.94	煤矿	3	/	政策性关闭	
			石灰岩矿	32	20967.04	36	22
			页岩矿	18	2236.24		
			方解石矿	4	141.94		
			石膏矿	1	121.72		
合山市	24	22572.98	石灰岩矿页岩矿	19	5581.00	6	13
			厅级证煤矿	5	16991.98	1	4
忻城县	16	1.2亿吨	石灰岩矿	1	211.62	1	/
			饰面用灰岩矿	12	1195.21万立方米	7	8
象州县	40	8017.57	县级证重晶石矿	3	20.75	/	3
			县级证建筑石灰岩矿	12	5726.64	9	3
			县级证砖瓦页岩矿	13	1194.79	9	4
			市级证重晶石矿	11	846.68	4	7
			厅级证重晶石矿	1	228.71	/	1

续表

县(市)区	矿山个数	总储量(万吨)	矿种类	数量(个)	储量(万吨)	开采	停产
武宣县	65	29897.83	石灰岩矿页岩矿	49	16557.00	24	25
			市级证重晶石矿	2	47.21	/	2
			市级证建筑石灰岩矿	2	2724.80	1	1
			市级证白云岩矿	6	2621.21	3	3
			市级证高岭土矿	1	84.44	1	/
			厅级证铅锌矿	3	638.98	1	2
			厅级证水泥灰岩矿	1	5839.85	1	/
			厅级证水泥用粘土矿	1	1384.34	1	/
金秀瑶族自治县	17	3725.98	县级证重晶石	2	18.40	1	1
			县级证建筑石灰岩矿	2	2724.80	2	/
			县级证砖瓦页岩矿	7	868.70	5	2
			县级证玻璃用石英矿	3	28.54	/	3
			市级证重晶石矿	3	85.54	1	2

忻城县安东乡萤石矿(中型),华润水泥(武宣)有限公司桐岭镇龙头山水泥用灰岩矿(中型)等。

来宾市234个矿山中,厅级审批颁发采矿许可证的采矿权18个,市级审批颁发采矿许可证的采矿权81个,县(市)级审批颁发采矿许可证的采矿权135个。无部级发证的采矿权。

2005年,完成新设置68个探矿权申请的初查。完成88个探矿项目年度监督检查的初审及审核工作,勘查涉及矿种为金、铜、铅、锌、铁、锰、石膏、重晶石、铝土矿、石油、天然气等。来宾市矿产资源勘察发现矿产资源38种,能源、化工、建材及有色金属是来宾市矿产资源的优势矿种。查明资源量的有23种,其中煤、重晶石、耐火黏土名列广西首位。本年度来宾市地质勘查项目总数为112个,其中,武宣县57个、金秀瑶族自治县46个、兴宾区28个、象州县30个、忻城县11个、合山市0个。

第七节　地质矿产研究

泥盆系研究　1958年,中国地质科学院、中国科学院南京古生物研究所、广西区域地质调查队等单位先后在象州县大乐剖面开展学科研究,发表科研论文、专著数十篇(册)。1973年,中国地质科学院侯鸿飞研究员曾将大乐剖面地层部分在国际泥盆纪地层委员会工作会议上散发,受到国外地质学者重视。1974年,在柳州召开的华南泥盆系会议上,将大乐剖面定为华南地区泥盆纪近岸浅海类地层,简称“象州型地层”。会议还采纳北京大学白顺良的意见,将以大乐乡应堂村命名的“应堂组”,作为象州型地层中泥盆世早期地层名称。会上,建立8个地方性阶,即下泥盆统莲花山阶、四排阶,上泥盆统锡矿山阶(广西为桂林组、融县组或榴江组、五指山组)。1975年,广西区域地质调查队根据各地岩性岩相变化,提出建立各区分层系统,其中有上泥盆统榴江组或融县组。1984—1985年,自治区地矿局在象州县大乐乡建立华南南相泥盆系标准剖面,由自治区人民政府建碑予以保护,供国内外专家、学者考察研究。

二叠系研究　民国30年(1941年),李四光等通过广西全省性调查统合建立地层标准,其中上二叠统合山层或龙潭煤系、大垅层。《广西地域地质志》归纳为上二叠统一部合山组或龙潭组,上部长兴组或大垅组。

三叠系研究　民国27年(1938年),陈家天研究来宾县北泗至河里剖面,命名下三叠统南洪页岩、马脚岭灰岩、北泗灰岩,中、上三叠统红高岭层。《广西区域地质志》将三叠系的划分综合归纳为:下统罗楼群或马脚组、北泗组。

第四系研究　20世纪70年代,中国科学院古脊椎动物与古人类研究所对来宾一带新生代岩溶堆积物进行全面研究,发现古人类化石,定名为麒麟山人。《广西区域地质志》归纳划分出洞穴类型:更新统柳城组、太平组、新兴组,全新统迁江组、现代洞穴堆积。第四纪古人类文化划分为:更薪统麒麟山人(旧石器),全新统陶器、新石器、历史文物。

矿产地质研究

民国时期，对矿产地质的研究以总结性论著为多，其中有张文佑著《广西迁江大龙煤田地质》；宫景光等著《广西融县泗顶圩铅锌矿》。1978—1980年，由广西地质队（一至九队）和地质研究所等单位，完成全区首轮第一批成矿远景区划工作，划分出有利的成矿远景区，柳州地区有武宣——象州铜铅锌矿，元宝山钨铜镍多金属矿等。通过1∶10万~1∶5万矿产综合编图，编制矿产研究程度图、矿产图，物化探重砂成果图，成矿规律及成矿预测图等一套综合图件和说明书。石灰岩矿以往很少作为一种有用矿产进行调查研究或综合评估。广西第四、七地质队1986年编了《广西石灰岩矿产资源总量预测报告》。查明区内由石灰岩构成的地层单位36个，其中石灰系大塘阶、马平群，三叠系马脚岭组、北泗组等。1994年，柳州地区地质队编制了柳州地区1∶20万地质矿产图及说明书。

环境地质研究

20世纪50年代至60年代，广西水文地质工程地质队对来宾、武宣县进行水库大坝工程地质调查。开展武宣县城膨胀土引起民房损坏的研究，并查明来宾县等岩溶作用引起的地裂。1974年，该队编制《广西农田水利水文地质规划材料图（1∶50万）说明书》中，总结岩溶、非岩溶地区的地质特征，并提出治理办法。1978年编写《膨胀土地基勘测设计方法》，该报告曾获1979年全国科学大会奖。

来宾市“金钉子”保护区核心地

20世纪30年代被我国科学家发现，1975年，国际乐平统工作组，集结我国几代人的研究经验，与美、加、俄、澳、日、德等国学者广泛合作，经过20多年的反复考察和论证，证实广西来宾蓬莱滩地层是世界上已知的乐平统底界附近地层最为连续的剖面，它完整记录了发生在大约2.6亿年前的全球范围内最大规模的海退和重大生物灭绝事件的过程，它能为全球演化过程中的早二叠世晚期发生的重大地质历史事件和演化阶段提供重要地质依据，是具有国际地层对比意义的典型剖面、化石及产地和具有国际典型地学意义的现象，是全球瓜德鲁普统与乐平统分界的最佳界线层剖面。2005年，国际地球科学联合会将来宾市蓬莱滩南岸二叠系乐平统底界，正式批准为全球界线层型剖面（俗称“金钉子”）。这是在我国的第四颗“金钉子”。

第二十八篇

文　化

境域于秦汉时期就受到中原文化的影响,汉诗文广为流传。清代出现岭南诗人郑献甫,民国时期刘策奇被誉为“中国民俗学开创时代的致力者”。来宾山歌源远流长,劳动人民常以歌代言。据史料记载,唐代境内已有关于歌仙刘三姐的故事传说,刘三姐的山歌唱得财主莫怀仁(忻城县人)心惊胆战。宋至明代,壮、瑶族居民流行民族歌舞,重大节日,青年男女成群结队,吟唱山歌。清代,街道、码头的杂技、曲艺、戏剧表演,精彩纷呈,在会馆、庙宇等热闹的地方常有演出活动。民国年间,重大节日,舞龙舞狮活动比比皆是。抗战时期,一些抗日歌曲被翻译成壮瑶语言在乡间传唱。

中华人民共和国成立后,群众性文艺活动广泛开展。“文化大革命”期间,文化艺术活动一度中断。1979年,“拨乱反正”后,艺术创作和表演更具多样性、时代性,境内歌舞、影视、图书等事业有较大发展。文化名人有象州县人廖冰兄(曾任中国美协理事,2004年12月获中国文化部颁发第二届“造型艺术成就奖”);武宣县人黄格胜(曾任广西艺术学院院长、中国美协常委,2005年,其作品《漓江烟雨》随神舟六号载着题为《神州颂》的油画长卷遨游太空)。20世纪90年代以后,书刊发行、图书出租等书刊市场迅速兴起,歌舞厅、电子游戏室、台球活动室、录像放映室在大街小巷随处可见。

2002年12月来宾建市以后,文化事业颇有成就,《麒麟山诗词》、影视文学12部等作品顺利出版;中国书法家协会会员增至3人;出版党史丛书,编撰党史正本,编修地方志书,编写年鉴地情,完善公共文化服务网络,组建乡镇图书馆室站等文化服务中心,打造群众活动广场,举办公益性文化活动;申报“盘古文化”“瑶族石牌制”2个国家级项目和“壮师戏,壮族蜂鼓,瑶族黄泥鼓,壮族布伢文化”4个自治区级项目,确定征集文物968件,抢救征集历史民族文物129件。2005年,全市集中的专业奇石市场有30多家,分散的家庭赏石馆有100多家。

第一章 管 理

民国时期,境内各县政府设教育科,管理文化事业,下属单位有民众教育馆、图书馆等。中华人民共和国成立后,重视发展民族歌舞剧、艺术、电影、广播、电视、档案、史志等,文化内涵日益丰富,文化的市场化、产业化、管理规范化日渐加强。

第一节 机 构

市文化局

2003年1月17日,来宾市文化局正式挂牌成立。属于市政府正处级行政机构,位于市人民路1号。配备干部12名,设正、副局长2名。内设办公室、艺术科、社会文化科、文化市场管理科、文化产业办公室等5个科室。2005年,机构、编制均未变。其下属二层事业单位有来宾市群众艺术馆、市民族歌舞剧团、市艺术创作室、市文化稽查支队,所属企业单位有市演出公司、市电影公司。

市文化局局长:张桂龙(2002年12月—2005年12月)。

下属事业单位

市文化稽查支队 2003年1月17日成立,编制8名,实有7人。2005年,编制8名,实有7人。

柳州地区民族歌舞团 1960年6月12日,柳州专区文艺工作团成立,有演员40余人,1980年改为柳州地区民族歌舞团。

市群众艺术馆 2003年1月17日成立,为市文化局下属事业单位,编制12名,实有10人,其中管理六级1人,副高级专业技术职务资格0人,中级专业技术职务资格5人,初级专业技术职务资格4人。2005年,编制12名,实有12人,其中管理六级1人,副高级专业技术职务资格0人,中级专业技术职务资格6人,初级专业技术职务资格5人。

市民族歌舞剧团 2003年1月17日成立,为市文化局下属单位,编制85名,实有54人。2005年编制85名,实有54人。其中团长1人,副团长3人,正高级专业技术职务资格1人,副高级专业技术职务资格11人,三级演员15人,四级演员12人。

市艺术创作室 2003年1月17日成立,为市文化局下属单位,编制4名,实有3人,其中剧作家2人。2005年编制4名,实有3人。

市演出公司 2003年1月17日成立,实有168人。2005年,实有168人。

市电影公司 2003年1月17日成立,为市文化局下属单位,编制61名,实有61人。

县(市、区)文化局

民国时期,境内各县政府设教育科管理文化事业,下属单位有民众教育馆、图书馆等。

1950年,各县人民政府先后设置文教科,兼管文化事务。各区(乡镇、公社)的文化事业管理由党委宣传委员或政府文教干事负责。随后,县文化科名称屡次变更,与教育机构时合时分,时合称文教局,时分设文化局。

1964年,境内各县分设文化科。"文化大革命"期间,文化科机构瘫痪。1979年后,各县文化科改称文化局,独立行使文化行政管理职能。县文化局内设办公室、综合股。1984年,合山市文化局成立。1988年后县文化局属行政单位。

2002年,境内6个县(市、区)文化局下属事业单位有:县电影分公司、电影管理站、文化馆、图书馆、博物馆(或文物管理所)、新华书店、文工团(艺术团)、乡镇文化站(文化广播电视站)、文化中心等。来宾县文化局定编9人,实有11人。局属二层单位有文化馆(11人)、文工团(25人)、图书馆(10人)、文物管理所(3人)、电影公司(61人)、文化市场管理办公室(3人)、文化市场稽查队(3人),均属事业单位,其中文工团为补差单位,电影公司为自收自支单位。其他县(市)机构设置、人员编制大体类似。

2003年1月,除兴宾区继续设立文化局外,其余县、市(合山市、象州县、武宣县、金秀瑶族自治县、忻城县)均设文化和体育局。各县(市、区)文化局(文化和体育局)下属事业单位:除忻城县外,其他5个县(市、区)设有文工团(艺术团);6个县(市、区)设有文化馆、图书馆、博物馆(文物管理所)、电影发行放映公司。全市75个乡镇、街道都建有文化站,形成市、县、乡三级文化行政管理格局。

2005年,兴宾区文化局下属有文化馆、图书馆、文化市场管理办公室、文化稽查大队、文物管理所、文工团、电影公司7个事业单位。编制130名,其中:县文化局定编8名,文化馆11名,图书馆9名,文化市场管理办公室3名,文化稽查大队3名,文工团26名,文物管理所3名,电影公司67名。忻城县文化和体育局编制8名,内设机构不变,下属机构不变。金秀瑶族自治县文化和体育局下有文化馆、博物馆、图书馆、瑶族艺术团4个二层单位。象州县、武宣县、合山市文化局二层单位机构不变。

县文化馆　1951年,境内象州县、来宾县、迁江县、武宣县分别成立县文化馆(1953年4月来宾、迁江两县合并,迁江文化馆改称迁江文化站;2002年12月后,来宾县文化馆改为兴宾区文化馆)。1952年,金秀瑶族自治县、忻城县分别成立县文化馆。1986年1月,合山市文化馆成立。

1978年前,境内各县文化馆(或图书馆)兼管文物工作。

2003—2005年,境内各县(市)均有文化馆,室内活动场地6515平方米,专业人员59人。有乡镇、街道文化站75个,占乡镇数的100%,从业人员78人,其中乡镇文化专干23人,聘用人员55人。乡镇文化站室内外活动场地共50872平方米,其中固定室内活动场地4312平方米。有业余文艺演出队伍418支。

2005年,各县文化馆机构设置不变。

县图书馆　民国17年(1928年),武宣县县长在文庙内设书橱供人阅览。抗日战争时期,因日军入侵,所藏图书全部损失。民国34年,日军投降后文庙复建图书馆,有管理员3人,藏书3000余册。民国35年,迁江县图书馆有各类图书约万余册。1978年,来宾、武宣县图书馆成立。1990年,来宾图书馆有图书4.5万册。2003—2005年,境内6个县设有图书馆,其中国家二级馆2个,自治区一级馆1个、二级馆2个、三级馆2个,馆舍总面积6839平方米,藏书41.86万册,有图书管理人员48人。

表28-1　**1995年来宾市境内各县(市)公共图书馆一览表**

馆名	建馆时间	人员	藏书数(册)	馆舍面积(平方米)
合山市图书馆	1991	4	21000	832
象州县图书馆	1978	7	95628	1218
武宣县图书馆	1978	5	27380	98
来宾县图书馆	1978	7	55028	1213
金秀瑶族自治县图书馆	1978	6	52110	746
忻城县图书馆	1978	6	47842	720

县文物管理所(博物馆) 1978年前,境内各县文物工作由县文化馆或图书馆兼管。1984年2月,忻城文物管理所成立,设副所长1人,干事及工作人员共2人;1987年10月,忻城文物管理所改称忻城土司博物馆,馆址设在土司衙门内。1984年6月,象州县文物管理所成立,为独立建制,地址在象州镇南街26号"关岳庙",在职人员2名,文物管理所利用古建筑"关岳庙"殿堂作展厅,面积120平方米。1984年,武宣县文物管理所成立;1988年,武宣县文物管理所改称博物馆,有工作人员3人。1985年8月,金秀瑶族自治县文物馆成立。1987年4月25日,来宾县文物管理所安排编制2人;1987年5月20日,来宾县文化局正式批文成立"来宾县文物管理所"。1992后5月2日,合山市文物管理所成立。各文物管理所负责文物普查、收集、发掘、整理、修复工作。

2003—2005年,全市共有6个文物管理所,即兴宾区文物管理所、象州县文物管理所、武宣县文物管理所、合山市文物管理、忻城县文物管理所和金秀瑶族自治县文物管理所;有4个县级博物馆(忻城土司博物馆、金秀瑶族博物馆、象州博物馆、武宣博物馆),1个市文物中心库,馆舍总面积3221平方米,有文物保护单位81个,其中国家级文物保护单位1处,自治区级文物保护单位7处。有文博管理人员27名。

各县(市)专业文艺团队 1959年,境内各县成立文工团。1961年撤销。1965年,各县成立专业文艺宣传队(又称文艺轻骑队),1971年改称毛泽东思想宣传队,1981年改称文工团,金秀瑶族自治县则称为金秀瑶族艺术团。1988年12月20日—28日,金秀瑶族艺术团应国家文化部、民委邀请赴北京演出民族风情歌舞节目,给北京观众留下美好的印象。2003年,来宾县文工团改称兴宾区文工团,其他县(市)文工团不变。2005年,各县(市)文工团保持不变。

第二节 体制改革

1978年,境内各县文化科改为文化局,县文艺宣传队改为文工团,金秀瑶族自治县文艺宣传队更名为民族文工团。

1978年后,境域的文化娱乐、文物、电影、音像、演出、美术品、文化艺术培训、文化旅游业等发展很快。文化经营市场从萌芽到成熟,从单一到多样,从城市到农村,音乐茶座、音像放映、歌舞厅、电子游戏等文化经营户原来仅有10余家,到2000年,有近1000家。

1979年,各县文工团陆续排演一大批现代及优秀传统剧目,在乡镇及区内外巡回演出,开始实行有偿演出服务。

1980年,境内各县为适应文化事业发展需要,将图书、文博业务从文化馆分离出来,成立图书馆、博物馆(文物管理所)。全市6县(市)均设置文物管理所。

1986年,境内各县(市)各文化事业单位和专业艺术表演团体进行改革,精简机构、队伍,调整经营模式,适应市场经济需要,开展各种有偿服务和"以文补文"经营活动,与地方各部门联合,用文化艺术形象为地方各部门、行业作宣传。

1988年2月,文化部、国家工商行政管理局联合发布《关于加强文化市场管理工作的通知》,明确"文化市场"的概念,规定文化市场的管理范围、任务、原则和方针。此后,文化艺术表演团体以文补文经营活动逐步淡化。

1993年,广电部下发《关于当前深化电影行业机制改革的若干意见》,境内各县(市)执行自治区电影公司关于"包死基数、确保上交、超额全留、歉收自补"的发行大包干责任制。

1994年,各县(市)成立文化稽查队,对文化市场进行有效管理和监督。

1995年1月,各县(市)相继成立文化稽查大队。同年9月,自治区文化厅和自治区人事厅制订《关于我区艺术表演专业人员提前退休试行办法》。提前退休的范围和对象为艺术表演团体的演员、演奏员、舞台专业人员、艺术学校从事艺术教育的专业教师。提前退休的条件为:舞蹈、杂技、武功、木偶表演演员、打击乐、管弦演奏员,男满50周岁,女满45周岁,从事舞台艺术工作满20年的;戏剧、声乐演员、弦乐演奏、舞蹈专业人员(不含舞美设计人员),男满52周岁,女满47周岁,从事舞台艺术工作满22年的;因练功、演出造成的伤、病、残和其他职业疾病,经指定医院诊断不宜继续从事舞台艺术工作的人员,男满45周岁,女满40周岁,从事舞台艺术工作满20年的。

1996年10月,各级文化行政部门全面推行政务公开,改进审批方式,简化办事程序。境内各县(市)文化局增挂新闻出版版权管理办公室牌子,各县新华书店,各乡镇在供销社门市部设图书门市部或专柜。

1999年底,境内各县(市)文化局,将文化从乡镇的文教办公室分离出来,境内75个乡镇、街道均建立文化站,作为乡镇政府的事业单位,行使文化行政管理职能,改变基层文化"无脚""缺腿"状况,形成县(市)、乡镇文化部门管理网络。

2002年,境内各县(市、区)在直属事业单位开展深化人事制度改革。

2005年,来宾市加大文化系统人事制度改革。贯彻干部队伍“四化方针”,坚持“德才兼备”和“注重实绩,群众公认”以及“公开、平等、竞争、择优”原则,对直属文化单位市歌舞团、群众艺术馆副职等职位实行竞聘上岗,局机关中层干部实行竞聘上岗。各县(市、区)管理制度、人事制度、分配制度、产权制度等文化体制全面改革。

第三节　文化市场管理

境内文化市场管理包括演出市场、电影市场、电视市场、音像市场、娱乐市场、文博市场、出版物市场、艺术品市场、网络文化市场、文艺培训及文艺人才市场的管理等。

机构体制

1958年,金秀瑶族自治县文化局成立文化市场管理股。1987年,境内各县(市)文化职能部门接管文化市场管理的职能。1988年,境内各县(市)将加强文化市场管理列为文化体制改革的重要内容。由文化局社文科代管文化市场。金秀瑶族自治县成立文化市场管理办公室,制定《金秀瑶族自治县文化市场目标责任制》和《依法行政廉政工作守则》。1991年5月以后,境内各县(市)相继正式设置文化市场管理办公室,配备管理人员或兼职人员。1994年,境内各县成立文化稽查队,获“中华人民共和国文化市场行政执法上岗证书”和“文化稽查证”。

2002年,各县(市、区)相继成立文化市场稽查大队,基本上定编3人,为财政拨款事业单位,属县(市、区)文化局管理的二层机构,与县(市、区)文化市场管理办公室同在一个办公室,属一套人马两块牌子。

2003年1月17日成立来宾市文化稽查支队,指导和负责全市的文化稽查工作。其主要职责是执行《互联网上网服务营业场所管理条例》《音像制品管理条例》《营业性演出管理条例》《娱乐场所管理条例》;归口管理各县(市、区)文化市场,拟定全县(市、区)文化市场发展规划,研究文化市场发展势态,监督、检查文化市场经营活动,指导和负责文化稽查工作,查处违法经营活动,发放“文化经营许可证”等。2003年,来宾市有文化市场管理机构7个,人员26人。

2004年,全市文化市场管理机构共7个(市本级在内),管理人员26人。全市文化市场经营单位973户,其中互联网上网服务营业场所158户,音像制品经营单位216户,娱乐场所542户,从业人员4629人。

2005年,全市文化市场管理机构、人员、工作机制保持相对稳定。

经营单位管理

1995年后,国务院及文化部颁布一系列文化市场管理法规、条例、规章。自治区人大常委会颁布《广西壮族自治区文化市场管理条例》。境内各县(市)文化主管部门结合“扫黄打非”工作,联合公安、工商、城建等部门对县(市)城区电影和音像制品零售出租及放映、歌舞娱乐场所、电子游戏室、书报刊市场等进行检查和清理,净化文化市场。

1996—2002年,来宾县城区共举办经营户培训班24期,培训业主1000多人次;上街宣传、咨询16次,印发宣传资料3万多份,接受群众咨询近万人次;出动车辆800多辆次,人员3500多人次,开展集中整治30余次,收缴非法出版物(书刊)2万多册,非法音像制品3.8万余碟(盒),收缴带有赌博性质的电子游戏机电脑板200多块,依法取缔非法电子游戏经营点13家,其他无证经营6家,处罚违章经营户100多家。

2003年,全市有文化市场经营户836户,其中互联网上网服务营业场所137户、娱乐场所经营户376户、音像制品经营户298户、电子游戏室25户,民间职业剧团3个,从业人员共4020人。由市文化局直接管理的市场经营户276户,年审换证276户。文化管理部门组织经营户学习有关文化市场法律法规,开办学习班15期,参加学习217人;实施《来宾市2003年“扫黄打非”行动方案》,开展音像制品法制宣传周活动,组织2次娱乐场所安全生产大检查,重点整治网吧接纳未成年人进入或超时、脱网游戏及电子游戏室违规经营行为,打击经营盗版、非法音像制品,排查娱乐场所安全隐患,全年共出动车辆52辆(次)、稽查人员143人(次),检查经营点159个,取缔无证经营28家,查处违法经营147户,收缴违禁游戏机种电脑版32块,非法音像制品12360碟(盒)。

2004年,来宾市认真实行《中华人民共和国行政许可法》和自治区文化厅的有关文件精神,文化市场保留5个行政许可项目,其余改为审核项目。开展“扫黄打非”和音像市场法制宣传活动,共收缴盗版音像制品32000多碟(盒);多次开展网吧互联网上网服务营业场所专项整治活动,净化和规范网吧文化市场，举办经营业主学习培训班9期，参加培训420人次，专项整治期间共出动车辆270台次、人员1210人次，检查网吧582家(次)。

2005年，市文化部门贯彻落实《广西2005年"扫黄打非"行动方案》和《广西"扫黄打非"工作责任制》，制定《来宾市2005年"扫黄打非"行动方案》，出动人员1300多人次，车辆400多辆次，打掉非法游商窝点5个，处罚违规经营单位30家(其中违规经营电子游戏室"网吧"18家)，收缴各类非法书刊13300多册(其中淫秽色情书刊216册)，收缴非法"六合彩"报15000多份，查缴盗版音像制品30000盘(其中淫秽色情音像制品180盘)，取缔无证经营点15个。

表28-2　2003—2005年来宾市文化产业经营情况统计表

年份	经营项目					从业人员(人)
	互联网上网服务营业场所(家)	娱乐场所经营户(家)	音像制品经营户(家)	电子游戏室(家)	其他文化经营(家)	
2003	137	376	298	25	30	4020
2004	158	542	216	25	32	4629
2005	171	201	198	26	20	5101
合计	466	1119	712	76	82	13750

表28-3　2003—2005年来宾市文化市场稽查情况表

项目＼年度	2003	2004	2005	合计
出动车辆(辆)	52	270	210	532
出动人员(人)	143	1210	850	2203
稽查经营户(次)	159	282	278	719
取缔无证经营(次)	28	6	2	36
查处违法违章数(家次)	147	237	134	518
收缴非法音像制品(碟盒)	12360	23680	76000	112060
收缴非法出版物(册)	23000	18100	13300	54400
收缴违禁游戏机种电脑板(块)	32	26	18	76

第四节　新闻出版管理

行政管理机构

1997年，境内来宾、武宣、忻城、象州、金秀、合山6个县(市)相继在文化局内设立新闻出版(版权)管理办公室，负责辖区内的新闻出版(版权)管理工作。

来宾市新闻出版(版权)局　2003年1月17日，来宾市新闻出版(版权)局挂牌成立。2003年3月25日，来宾市人民政府办公室印发《来宾市新闻出版(版权)局职能配置、内设机构和人员编制规定的通知》。市新闻出版局和市版权局为正处级行政单位。新闻出版局为政府职能部门，局长由市人大常委会任命；版权局为市政府直属事业单位，局长由市人民政府任命。核定编制5名，实有干部4人。设局长1人，副局长1人。内设办公室和业务科。3月28日，市新闻出版局、市版权局举行成立揭牌仪式，租用市区维林大道118号民宅作为临时办公地点。来宾市版权局、市"扫黄打非"工作领导小组办公室设在新闻出版局，与市新闻出版局是"一套人马，三块牌子"。2004年，核定编制5名，实有干部5人，挂来宾市新闻出版局、来宾市版权局、来宾市"扫黄打非"工作小组办公室三块牌子，实际是一套人马。2005年，人员编制、在职人数、内设机构不变。

局长：覃新权(2002年12月—2005年12月)。

出版物经营企业

来宾市出版物经营以国有新华书店为主，民营书店为辅。以图书销售为主，电子出版物销售逐步增多。国有新华书店有来宾市新华书店及下辖的兴宾区新华书店、武宣县新华书店、象州县新华书店、忻城县新华书店、合山市新华书店、金秀瑶族自治县新华书店。在市区，规模较大、图书品种较多的民营书店主要有韬智书店、新宾书城、百味书屋。

2005 年，来宾市辖区内有出版物经营单位 151 家（其中国营新华书店 7 家）；有正式报纸 2 种，即《桂中日报》和《柳州师范高等专科学校报》；有记者站 4 个，即《广西日报》驻来宾记者站、《南方科技报》驻来宾记者站、《法制快报》驻来宾记者站、《南国早报》驻来宾记者站。

表 28-4 2003—2005 年来宾市新华书店经营基本情况表

年份	在职员工(人)	营业门店(个)	销售量(万册)	销售额(万元)
2003	176	10	1042	5099.0
2004	170	10	922.7	4639.6
2005	168	10	1047.7	5330.4

表 28-5 2005 年来宾市新华书店一览表

书店名称	建店时间	地址
来宾市新华书店	2004 年 3 月 4 日	来宾市合山路 18 号
兴宾区新华书店	1952 年 10 月 25 日	来宾市合山路 18 号
武宣县新华书店	1950 年 4 月 18 日	武宣镇鞍山路 1 号
象州县新华书店	1950 年 9 月 16 日	象州镇朝阳路 57 号
忻城县新华书店	1950 年 7 月	城关镇翠屏西路 17 号
合山市新华书店	1979 年 7 月 1 日	合山市人民中路 682 号
金秀瑶族自治县新华书店	1953 年 7 月 1 日	金秀镇解放路 61 号

印刷经营企业

2002 年末，来宾市成立之初，有印刷企业 21 家，除来宾市新时代印务有限责任公司为内部资料性出版物印刷企业外，其余 20 家均为其他印刷品印刷企业，规模小，设备落后，印刷能力低，印刷质量不高。印刷企业分布情况：市区 2 家，兴宾区 1 家，武宣县 6 家，忻城县 4 家，象州县 3 家，合山市 3 家，金秀瑶族自治县 2 家。此外，全市还有“三印”（即打印、复印、影印。下同）单位 64 家。2003 年，来宾县广播电视印刷厂变更为来宾市其能印刷有限责任公司，企业性质也由集体变更为有限责任公司。翌年 6 月 30 日，经自治区新闻出版局批准，又由其他印刷品印刷企业升格为内部资料性出版物印刷企业。2004 年 2 月 11 日，自治区新闻出版局下发《关于委托市级新闻出版行政管理机构管理“三印”印刷经营单位有关事项的决定》（桂新出发〔2004〕21 号），明确规定“凡申请设立其他印刷品印刷企业中经营范围为复印、影印、打印的印刷经营单位的审批及其变更主要登记事项的备案等管理事项，由自治区新闻出版局委托本行政区域内市级新闻出版行政管理机构实施”。同年 12 月，根据自治区八部门联合下发的《关于印发广西印刷复制业专项整治工作方案的通知》（桂新出联〔2004〕25 号），来宾市制定并下发《来宾市印刷复制业专项整治工作方案》，开始为期半年的整治工作。整治期间，全市印刷复制企业业主进行了法律法规学习培训，完善了印刷品承印“五项制度”，查处违规印刷复制行为 12 起，取缔无证复印经营点 3 个，收缴非法印刷品 15275 张。

2005 年，来宾市印刷企业有 28 家，其中内部资料性出版物印刷企业 2 家，包装装潢印刷企业 2 家，从业人员 354 人；有“三印”单位 95 家，从业人员 240 人。

表 28-6 2005 年来宾市印刷企业一览表

企业名称	地址	经济性质	经营范围	设立时间	职工人数
来宾市其能印务有限责任公司	来宾市北二路	有限责任	出版物	2003 年 3 月	21
来宾市新时代印务有限责任公司	来宾市东南一路 105 号	有限责任	出版物	2002 年 2 月	21
来宾市兴宾区富源彩色印刷厂	来宾华侨开发工业园区	个体	包装装潢	2006 年 7 月	38
武宣县文化印刷厂	武宣县城东路 14 号	个体	其他印刷品	2004 年 3 月	6
武宣县教育印刷厂	武宣县壮文学校内	个体	其他印刷品	2000 年 5 月	15
忻城县工艺印刷厂	忻在县城关镇东安街 37 号	个体	其他印刷品	1998 年 8 月	8
合山市光明印刷厂	合山市中心市场一街 30 号	个体	其他印刷品	1988 年	6
象州县新华印刷厂	象州镇东街 56 号	集体	其他印刷品	1992 年	12
象州县勤工俭学服务公司	象州镇象桐路 6 号	集体	其他印刷品	1981 年 10 月	15
武宣县人民印刷厂	武宣镇城黔路 37 号	个体	其他印刷品	1992 年 12 月	4
忻城县教育印刷厂	忻城县城关镇芝州二路 79 号	集体	其他印刷品	1985 年 6 月	8
忻城县恒源印刷公司	忻城县印刷厂内	个体	其他印刷品	2001 年 6 月	6
武宣县黔江印刷厂	武宣镇城北路西二巷	个体	其他印刷品	1992 年 10 月	5
广西合山煤业有限公司印刷厂	合山市里兰	国有	其他印刷品	1974 年	10
金秀瑶族自治县凤凰印刷厂	金秀镇解放路 57 号	合伙	其他印刷品	1998 年 2 月	5
金秀瑶族自治县三环印刷厂	金秀瑶族自治县桐木镇惠北路 33 号	个体	其他印刷品	1997 年 5 月	4
武宣县仙城印刷厂	武宣镇文汇路	个体	其他印刷品	2002 年 10 月	7
忻城县粮食印刷厂	忻城县翠平路 1 号	个体	其他印刷品	2002 年 3 月	7
金秀瑶族自治县振林印刷服务公司	金秀瑶族自治县功德路 13 号	个体	其他印刷品	2003 年 9 月	11
兴宾区八一中学勤工俭学服务部	兴宾区八一中学内	集体	其他印刷品	2003 年 7 月	5
来宾市税务票证印刷厂	来宾市河西冶金路	集体	其他印刷品	1993 年	12
兴宾区东航印刷厂	来宾市柳来西路 32 号	个体	其他印刷品	2004 年 8 月	5

复制经营企业

2003 年 11 月，来宾市新闻出版局牵头引进的来宾市第一家高科技光盘复制企业——广西海洋世纪音像有限责任公司。该公司是一家从事光盘生产、销售的民营企业。落户于来宾市华侨工业园区内，注册资金 2008 万元人民币。2005 年 3 月，经自治区新闻出版局批准从事可录类光盘生产。

扫黄打非工作

1989 年，境内各县开始开展“扫黄打非”斗争。2003 年 4 月 22 日，来宾市委、市人民政府决定成立来宾市“扫黄打非”工作领导小组，领导小组下设办公室。来宾市新闻出版（版权）局增挂“来宾市扫黄打非工作领导小组办公室”牌子。2005 年，各县（市、区）相应成立“扫黄打非”工作领导小组，负责辖区内“扫黄打非”工作。

2003 年 4 月 23 日—26 日，来宾市围绕“扫黄打非”工作重点，制定《来宾市 2003 年“扫黄打非”行动方案》。全市开展为期 4 天的第一次“扫黄打非”集中治理行动，检查印刷复制企业 28 家，网吧 21 家，

2003 年 11 月 24 日，广西海洋世纪音像有限公司在来宾华侨投资区注册成立。该公司是中国西南部光盘生产基地之一

书店 34 家，音像制品经营店 42 家，收缴非法书刊 713 册，非法印刷品 23000 多张，盗版 VCD 光碟 300 多张，端掉一个长期经营色情、盗版刊物的窝点。2003 年 9 月，来宾市开展秋季中小学教材教辅读物专项稽查行动，规范教材教辅发行行为，保证了教材发行主渠道的畅通。当年，扫黄打非办和新闻出版（版权）局共查处违法经营案件 18 件，收缴盗版出版物 28740 册（张），其中盗版图书 19740 册、盗版音像制品 6800 张（盒）。2004 年，来宾市贯彻落实《广西 2004 年"扫黄打非"行动方案》和《广西"扫黄打非"工作责任制》，制定《来宾市 2004 年"扫黄打非"行动方案》，全年"扫黄打非"工作分四个阶段进行：第一阶段行动时间为 4 月 1 日—4 月 30 日，主要任务是全面清查出版物市场，重点查缴政治性非法出版物和"法轮功"等邪教组织宣传品；第二阶段行动时间为 5 月 15 日—6 月 30 日，主要任务是开展对淫秽色情出版物，特别是淫秽光盘和以青少年学生为读者对象的有害卡通画册及淫秽色情"口袋本"图书的专项治理；第三阶段从 8 月 1 日—9 月 30 日，重点开展对盗版教材、教学辅导读物的专项治理，重点对兴宾区、忻城等县（区）进校教材、教辅进行稽查；第四阶段从 10 月 1 日—11 月 30 日，开展打击盗版音像制品、电子出版物、计算机软件的专项治理，查处复制、销售、出租光盘和计算机软件的违法行为。由公安、文化、工商、新闻出版等成员单位组成的工作组，对市区及 4 县 1 市出版物市场进行全面清查，全年出动人员 1300 多人次，车辆 400 多辆次，收缴黄色淫秽等非法出版物 18100 多册，盗版光盘 38000 多张，取缔无证经营点 13 个，查处无证经营教材案件 1 起。2005 年，来宾市"扫黄打非"工作按照《来宾市 2005 年"扫黄""打非"行动方案》组织开展日常检查和专项行动。当年，各成员单位共打掉非法游商窝点 5 个，处罚违规经营单位 30 家，其中违规经营电子游戏室及"网吧" 18 家，收缴各类非法书刊 13300 册，其中淫秽色情书刊 216 册，收缴非法"六合彩"报 15000 份，查缴盗版音像制品 30000 张（盘），其中淫秽色情音像制品 180 张（盘），取缔无证经营点 15 个。

第五节　广播电视社会管理

行政管理机构

来宾市有广播电视行政机构 6 个，即来宾市广播电视局、忻城县广播电视局（1984 年 5 月 30 日成立）、合山市（县级）广播电视局（1985 年 5 月成立）、武宣县广播电视局（1984 年 4 月成立）、象州县广播电视局（1984 年 8 月成立）、金秀瑶族自治县广播电视局（1984 年 6 月成立）。

来宾市广播电视局　2003 年 2 月 18 日，来宾市广播电视局挂牌成立。属于正处级单位，办公地址市城区柳来路。该局在原柳州地区广播电视局（1989 年 12 月成立）的基础上上收原来宾县广播电视局（1984 年 4 月成立）组成，内设办公室、总编室、财务科、社会管理科、科技科、保卫科 6 个科室；局下属单位有来宾市电视台和桂中电视报社。共有干部职工 86 人，其中局机关工作人员 16 人。局长：赵庆荣（2002 年 12 月—2005 年 12 月）。

县（市）广播电视局　1984 年 4 月—8 月，境内各县相继成立广播电视局。广播电视局是县人民政府的事业单位，既是县党政的新闻宣传机关，又是县广播电视事业的管理机关。广播电视局下属部门有县广播站。1996 年初，各县（市）设置广播电视管理机构，是县（市）人民政府主管全县（市）广播电视宣传和广播电视事业的职能机构。

2004—2005 年，行政机构保持不变。

网络和播出单位

1997 年 8 月，自治区广播电视厅下发《县（市）级广播电视机构调整的意见》，要求凡经广播电影电视部批准建立的县（市）人民广播电台、电视台、有线电视台合并为一个播出实体某某县（市）广播电视台，实行广播电视局台合一的管理体制，局长兼台长，副局长兼副台长。县（市）广播电视局领导班子统一管理人财物，统一建设广播电视事业，统一开展广播电视业务。

2003 年，全市有县（市）广播电视行政机构 5 个：忻城县广播电视局、合山市广播电视局、武宣县广播电视局、象州县广播电视局和金秀瑶族自治县广播电视局。全市有乡镇文化广播电视站 73 个。

2004 年，根据《广西壮族自治区人民政府批转自治区广播电影电视局关于加快广播电视网络整合完善广西广播电视网络传输有限公司方案的通知》文件精神，广西成立广播电视信息网络股份有限公司，各市县有线电视网络与电视台分离，划归广西广播电视信息网络股份有限公司，执行播传分离。2005 年末，局机关人员、科室不变，全市有乡镇文化广播电视站 66 个，全市广播电视行业共有干部职工 236 人。有各类专业技术职称的人员 96 人，中级职称23人,高级职称1人。

来宾市电视台 前身是柳州地区电视台,于1990年12月成立,设有新闻部、专题部、广告部、技术部、播出部等7个部门,工作人员40多人。1998年始,在柳州市友谊路五号地委大院建广播电视大楼办公。2002年12月撤地设市后,地区电视台迁来宾,上收原来宾县有线电视台,成立来宾市电视台,台长赵庆荣(2002年12月—2005年12月)。

来宾市人民广播电台 2005年6月,来宾人民广播电台筹建,12月28日建成并正式开播。年底在编人员20人。台长权永能(2005年6月—2005年12月)。

来宾市广播电视台 2005年,经国家广电总局批准,来宾市电视台和来宾市人民广播电台合并成立来宾市广播电视台。广播电视台位于来宾市桂中大道568号。设有办公室、财务室、总编室、新闻部、专题部、策划中心、技术中心和电台节目部、融媒体中心9个部室,全体员工90人,台长赵庆荣。

第二章 文学艺术

境内奇山秀水、风物独特,民族风情浓郁,人民群众历来能歌善舞,山歌民谣、民间传说等传统民间文学艺术形式活泼,题材广泛,内容丰富,源远流长。

2002年来宾市成立后,市委、市人民政府高度重视文学艺术工作,以打造盘古文化和麒麟山文化为抓手,推动文学艺术繁荣发展。每年市财政拨款20万元以上,出版麒麟山文化丛书。丛书有小说集、诗歌集、散文集、戏剧集等,每年结集出版5~8本。同时开展了两届来宾市文艺创作麒麟奖评选活动。

第一节 民间文学歌谣

民间故事

境内民间故事和歌谣题材广泛,内容丰富。壮族有《歌仙刘三姐》故事,瑶族有《盘王的传说》神话。汉族山歌通俗易懂,朗朗上口;壮族山歌多用“欢”“比”,极富特色;瑶族歌谣别有风味,其中最有名的瑶族史诗《盘王歌》,创始于中唐时期,完善于宋代,累计上万行,是瑶族民间文学的珍品。

境内,汉、壮、瑶三个民族是小范围集中居住大面积相邻杂居,民间故事、歌谣,既独立存在又互相影响,互为交融。

来宾壮族民间传说和故事最有名的是《盘古的故事》,其他还有《红水河的传说》《达架》《特辽》《特堆的故事》《五色糯米饭的由来》等。《盘古的故事》讲的是壮族创世纪英雄的故事。

有的故事和传说,汉、壮、瑶族都有大体相同的人物、内容或者相似的故事情节,如《伏羲和芝妹》(远古创世传说)以及《宝葫芦和金猫》《智斗猩猩婆》之类的智斗故事,在汉、壮、瑶族民间广为流传。

瑶族传说、故事,在大瑶山瑶族各支系中广为流传的民间故事,山水方面有《千家峒传说》《圣塘山的传说》和《天堂山的传说》等;风俗方面有《端午节挂葛藤的来历》和《吊丧斋盐》;动物传说有《蚂蜗的头为什么是扁的》等;幻想故事有《五彩带》《蛇郎》《美丽的鲤鱼》和《神笔》等;生活故事有《吉冬诺》等;机智人物故事有《甘洛的故事》等。

中华人民共和国成立后,境内收集整理或创作出版了大批民间故事、民歌、民谣书籍。

1958年,来宾籍黄自修写的民间故事《妈勒带子访太阳》被民间文学采用。

1982年,蒙光朝与人合作论著《刘三姐歌韵歌例》由广西人民出版社出版。蒙光朝与人合著民间故事《侗族民间故事选》《瑶族民间故事选》由上海文艺出版社选编、出版,其中《瑶族民间故事选》获全国民间文学荣誉奖。1983年,蒙光朝与人合作民间故事《侗族爱情故事选》由广西人民出版社合编出版;蒙光朝与人合作的《侗乡风情录》由四川民族出版社合偏出版;蒙光朝与人合作的故事《养鹅姑娘》由吉林人民出版社合编出版。1984年,黄汝迪的民间故事《金凿传》由上海文艺出版社出版,黄达的民间故事《卖宝棍》、1984年,黄刚毅与人合作的民间故事《龙洞山》发表在《三月三》。1985年,韦编联整理的民间故事《中国少数民族神话传说选》“蜜洛”由四川民族出版社出版。韦志彪的民间故事《毛人传奇》由广西民族出版社出版。蒋志雨的民间故事《老大和老二》由广西民族出版社出版。1987年,忻城县、来宾县先后出版中国民间文学“三套集成”(歌谣集、故事集、谚语集)丛书。

1997年,合山市蓝雅编著故事《代代乡长》获全国中篇故事大赛第一名，戏剧故事《马代表进城》获全国戏剧故事大赛第二名。

山歌民谣

境内历来是山歌民谣之乡。尤其壮族山歌，自古兴盛，清乾隆十六年（1751 年）《来宾县志》“风俗”节中就有“婚姻……远村则男女歌唱赠答之风未息”的记载。

境内山歌，主要分为“山歌”和“壮欢”。山歌分为七言四句体，多用汉语言吟唱。壮欢多为五言四句体，押腰韵，以壮语言吟唱，也有十二句、二十句、四十句、八十句、一百二十句的。山歌内容数量最多的是情歌，此外还有风俗礼仪歌、生活歌、历史传说歌、劳动歌、时政歌等。生活、劳动歌有“梳头歌”“打工歌”“童养媳之歌”等；节气歌有“十二月歌”等；伦理道德有“劝世歌”“木莲歌”等；风俗礼仪有“婚礼仪式歌”“丧事仪式歌”等。来宾的山歌常采用赋、比、兴手法，比喻生动，想象丰富，感染力强。山歌最大的特点是不用商量，随时可唱可和。大量的歌词通过口传或文字记录得以流传下来。

金秀瑶族有颇为丰富的歌谣和说词。劳动歌有“纺麻歌”“狩猎歌”和“驱兽歌”等；仪式歌有“红堂歌”“拜堂歌”“满月酒筵歌”等；此外还有“问物歌”“根底歌”等。按句式分，有七言、五言、长短句、曲牌体等；按歌调分，有“香哩歌、乐神歌、过山音、离贯、刮架和吉冬诺”等。只诵不唱的民间说词有“石牌话”“彩话”等。“石牌话”是石牌头人解释习惯法规，处理民间纠纷所口诵的词；“彩话”是举行新居落成，满月酒，新婚等仪式所口诵的词。

中华人民共和国成立后，境内收集整理出版有大量民歌书籍，同时创编许多新山歌，多次举办山歌演唱或比赛活动。

1955 年，蒙光朝与人合作的山歌集《转社歌》《红十月农庄歌》由广西人民出版社出版；韦志彪整理的民歌集《广西民歌》由上海文艺出版社出版；1956 年，蒙光朝与人合作的山歌集《办社歌》《除四害歌》由广西人民出版社出版；覃桂清编纂的山歌集《广西情歌》由广西人民出版社出版；1957 年，蒙光朝与人合作山歌集《社会主义大辩论山歌》由广西人民出版社出版；1958 年，蒙光朝与人合作的民歌集《广西民歌选》由上海文化出版社出版；蒙光朝与人合作山歌集《穷人要翻身》《农业大生产山歌》由广西人民出版社出版。

1982 年，苏胜兴与人合编民歌集《瑶族民歌选》由上海文艺出版社出版；1984 年，忻城县文化局编撰《忻城壮族悲歌选》（壮汉文合版），由广西民间文学家协会编印，有 18 首不同腔调的民歌选送自治区，其中 11 首被采用并编入《中国民歌集成·广西卷》；1985 年，蒙光朝与人合作的民歌集《广西歌圩山歌选》由广西人民出版社出版；1986 年，韦守义的民歌集《单身苦情歌》广西民族出版社出版。

1985 年 1 月，来宾县在“文化乐园”举行元旦山歌比赛会，有 10 对歌手参加竞赛。9 月 29 日，来宾县在县体委球场举办中秋歌会，该县著名歌手韦守仪与象州县著名女歌手黄玉萍、黎秀英举行山歌擂台赛，现场观众有 4000 多人。

1991—2000 年，来宾县共创作山歌 350 首。

1997 年，来宾县组队参加自治区小康民谣歌王大赛，该县歌手获第二名。

2003 年，来宾市文化局与广西山歌学会联合举办桂中歌王选拔赛暨广西歌王擂台赛。12 月，来宾市民族歌舞剧团演出山歌舞剧《麒麟山人》。

2004 年 3 月，来宾市山歌学会正式成立；来宾市文化局成功举办“三月三”情歌山歌大赛、2004 年桂中歌王选拔赛暨广西歌王擂台赛。

2005 年 7 月，象州县黄有福编著的《广西情歌精彩对唱》由中国文化出版社出版发行。

2005 年 4 月，来宾市文化局与市保持共产党员先进性领导小组办公室共同举办“来宾市保持共产党员先进性教育活动山歌演唱会”；5 月，来宾市文化局协助市纪委在迎宾广场举办“反腐倡廉山歌演唱会”。

壮族山歌

壮欢是壮族地区最流行的一种词曲结合演唱的民歌，用壮语演唱，曲调形式多样，有数十种。流行在象州百丈地区的壮欢曲调形式为宫调式收束性上下句结构，曲调平稳，节奏中庸。流行于象州西部马坪地区的壮欢格调明快，大多数为徵调式收束性单乐句结构，句末多补充音节，节奏松紧对比较强，曲调优美，最具代表性的为龙岩壮欢。壮欢分为单脚欢和勒脚欢，亦有七言四句押脚的形式。壮欢最大的一个特点是不需商量，随时可唱可和。此外，聚居在石陵、大里乡的苗族还有“双三脚欢”，十三字一行，头尾二句各五字，中间三字，两行为一首，一首唱一个情节，在艺术上别具一格。红水河以南与红水河以北的“壮欢”腔调各异，忻城县古蓬一带的“壮欢”腔调尤为多样，内容丰富多彩，有情歌、叙事歌、农事歌、诉苦歌等等;在形式上,主要有五言、七言 2 种,一般“壮欢”每首四句,而“勒脚欢”在书面上每首八句,别具一格,它是把一首歌分作三节来唱,第一节唱一、二、三、四句;第二节唱五、六两句,再回头唱一、二句;第三节唱七、八两句,再回头唱三、四句。每节第一句最后一个字与第二句的第三个字押腰脚韵;第二句最后一个字与第三句的最后一个字押脚韵;第三句最后一个字与第四句第二个字押腰脚韵。此种歌词形式与其他歌词相比,不但押脚韵,而且又有腰韵,吟唱起来,娓娓动听。此外,在红水河以南地区,还有五三五句式的“三跳欢”。它在每两句之间增加三个字,且三个字意思与前后两句相衔接,这三个字中的第三个,要与前一句最后一个字、后一句第三个字分别押韵,增加节奏感。“勒脚欢”和“勒脚三跳欢”在红水河以南广大农村影响最大,流传最广。

第二节　诗词　散文　小说　影视文学

小　说

中华人民共和国成立前,境内小说创作没有名家名篇。中华人民共和国成立后,小说创作取得长足发展。1950—2002 年来宾市成立前,比较出名的作者有来宾县的蒙光朝、韦文俊;合山市的韦编联;象州县的蒙齐华、巫兰;武宣县的武剑青;金秀瑶族自治县莫义明;忻城县的梁秀云(女)。

20 世纪 50 年代,蒙光朝(中国作家协会会员)创作的长篇小说有《奔腾的红水河》(获壮族作家创作促进会优秀作品奖)、《奇特的婚礼》《玉兰飘香》,中、短篇小说有《给死者的情书》;韦文俊(中国作家协会会员)创作的长篇小说有《人熊儿传奇》。象州县叶玉生创作的小说有《岭南俊乂郑献甫》《无字碑》《梦侣》3 部;梁彬创作的小说有《芦笙魂》,韦元刚创作的小说有《风水》,王天若创作的小说有《羽毛引路》,蓝海洋创作的小说有《青龙剑》等,小小说集有林玉钢创作的《破碎》。

1964 年,来宾县赖肖灵创作的小说《海军舰队》发表在《广西文艺》。1973 年,来宾县曾平创作的小说《教妈妈学文化》发表在《广西群众文艺》。

1976 年,来宾县严冬阳创作的小说《最后一班车》发表在《广西文艺》。1978 年,来宾县李可创作的小说《鸭司令》发表在《广西文艺》。

20 世纪 80 年代,象州县蒙齐华创作的小说《在山峦尽头》入选《新时期中国少数民族短篇小说选》,并翻译成多国文字在国外发行,《爱情,在燃烧中洗礼》入选《中篇小说精选》;象州县巫兰的小说《月缺月圆》《难忘阿丽》,象州县周松岐的报告文学《光热颂》《夕照阳》,象州县吴国英的《被俘的高僧》《武则天降马》等被省区级以上报刊采用。武宣县武剑青创作的《云飞璋》(获广西首届铜鼓奖)《失去权力的将军》《流星》《合欢花》《九曲杜鹃魂》《贾商情缘》6 部长篇小说共发行 70 万册。1984 年,合山市韦编联(中国少数民族作家协会理事)创作的短篇小说《洁白的金樱花》获广西少数民族文学优秀奖。金秀瑶族自治县莫义明创作的短篇小说《八角姻缘》,1985 年获第二届全国少数民族文学创作优秀奖。忻城县梁秀云(女)先后在区内外多种报刊发表中短篇小说多篇,其中《小河上的浪花》获广西优秀儿童文学作品奖,并收入《广西少数民族作家获奖作品集》。1986 年,韦编联的短篇小说《这一天》被广西文学杂志采用。1987 年,来宾县韦覃山的小说《我的哥哥》、1988 年,陈武生的小说《公鸡将传奇》均发表在《三月三》。1988 年,韦编联的中短篇小说集《七色人生》由广西民族出版社出版并获首届壮族文学奖。1989 年,韦文俊的长篇小说《人熊儿传奇》由广西民族出版社出版。至 1989 年,来宾县业余作者在区级以上刊物发表作品的作者有 32 人,其中 18 人被全国或省(区)级文联下属协会吸收为会员。

1990 年 1 月,金秀瑶族作家苏胜兴、胡德才主编《大瑶山风情》由广西民族出版社出版。

2001 年,象州县覃旭创作的小说《采访》获《微型小说选刊》2001 年第二期转载并入选中国作家协会创研部编选的《2001 年中国微型小说精选》。

2002 年,石才来的长篇小说《老鼠过街》由天津社会科学院出版社出版。

2003 年,来宾市成立后,活跃在文坛上的来宾市小说作者主要有韦编联、蒙齐华、龙志、黄少崇、唐佐军、石才来、蓝海洋、叶玉生、陈天芝、梁冰、覃旭、覃汉东等。

2003 年,唐佐军的长篇小说《生于七十年代》由人民教育出版社出版并于 2004 年获来宾市首届文艺创作麒麟奖;骆蓉的小小说《同村姐妹》获全国第六届“休闲杯”文学大奖赛优秀。

2003 年,蒙齐华的中篇小说《夜投羊肚寨》于《民族文学》第 12 期发表,并于 2004 年 12 月获得来宾市首届文艺创作麒麟奖。

2005 年,覃旭的《雨衣》在《广西文学》第 5 期发表。

2005年，黄少崇的中篇小说《越走越远》由时代文学刊物发表(获来宾市第二届文艺创作“麒麟奖”)；韦编联的长篇小说《风雨望江楼》，叶玉生的长篇小说《春树暮云》(获来宾市第二届文艺创作“麒麟奖”)，陈天芝的长篇小说《太阳与灵魂》(获来宾市第二届文艺创作“麒麟奖”)，覃汉东的长篇小说《刑警百安易的故事》，唐佐军的小说集《蚁民》，周松岐的故事集《野性的审判》，均由大众文艺出版社出版并入选广西来宾“麒麟山文艺丛书”。长篇小说创作，有黄桂绿创作的《无冕之王》，韦编联的《裙影缤纷》，何志文的《玄武记》，周孟平的《白面书生无情手》，莫庆雅的《八寨烽火》等。在中短篇小说集中，出版有龙志《风流黄昏》《春天里的那些小事》、梁冰《雨点上的火焰》、黄少崇的《你凭什么欠我？》、王向新的作品集《凌水流出的故事》等。

散　文

明代以前，境内散文作家作品不多。清代以后，境内的散文创作取得一定的成就。清代，著名教育家、诗人、学者郑献甫(象州籍)著有散文集《补学轩批选时文读本》《补学轩制艺》《愚一录》，其中《补学轩文集外编》收入序、论、说、传等文章140多篇11万字；忻城第六任土官莫镇威著有《石牛山记》，第十三任土官莫元相著有《黄竹岩记》。

民国时期，出版有费孝通、王同惠著的《桂行通讯》，唐兆民著的《瑶山散记》，任国荣著的《瑶山纪游》等反映境内金秀瑶山的散文、游记。

中华人民共和国成立后，1960年，来宾县韦文俊的散文《回山》在红水河刊物发表。

20世纪中期至后期，境内发表和出版的散文作品有武宣县韦以强、苏长仙的《卜万斤》(壮文版，1983年在《壮文报》上发表并获全国第二届少数民族文学创作优秀散文奖)，吴浩的《仙鹤腾飞》，来宾县刘先植的《永远的感激》，费孝通的《重访金秀瑶山》，金秀金宝生主编的《费孝通南岭行纪实》，农耘和张世豪分别主编的反映合山市煤矿的纪实性散文集《煤城纪事》《合山光热城》，武宣县翁盛主编的《武宣风采》(均由广西人民出版社出版)，象州县蒙齐华的《五月，我去草原》《看火车》，苏汉高的《咏物篇》《广西颂歌》《俯拾篇》《生活的颤音》，吴树生的《美人画》《书》《岸》《秋》《金色的诱惑》等。象州县苏汉高创作的散文《壮族妇女的“挽脸”习俗》(1997年12月登载在《人民日报》)。

2001年，象州县韦松英的《朱总精神在闪光》获“纪念朱总诞辰115周年全国诗歌散文大赛”优秀奖。合山市骆蓉创作的散文《桂花飘香》获全国“新世纪”杯征文二等奖，并收入《中华当代散文大观》一书。2002年，骆蓉的散文《等待》获“中华腾龙杯”全国征文散文三等奖，散文《理发店的随想》获清风杯全国散文大奖赛三等奖。

2002—2005年，来宾市散文作家主要有蓝海洋、叶玉生、黄少崇、温桂佩等。其中蓝海洋有多篇散文在《民族文学》发表，并入选各种选集。

诗　词

在唐、宋、元、明上千年的时间里，或在境内做官、谪居或途经境内，不少外籍文人骚客写诗作词描绘境内景色、反映当时社会现实。唐有宋之问作《过蛮洞》、王建作《南中》、张籍作《蛮中二首》、柳宗元作《岭南江行》、刘禹锡作《蛮子歌》、李商隐作《异俗二首》；宋有李纲作《象州道中二首》、秦密作《迁江纪事诗》、戴复古作《送来宾宰》、范成大作《红豆蔻花》；明有钱溥作《白云洞寺》、钱薇作《祥柯江诗》、韩守益的《迁江县》、蓝智的《来宾县晓发》、钱薇的《来宾道中立夏先一日》、申翀的《武宣山景》；元有孔怀德作《纱帽山题石壁诗》等。古代时期，境内本土文人偶有诗词散章面世，如万历年间贡生来宾县人姚一凤作《来宾八景》，不过影响不大，且大多已经佚失。直至清代，境内诗人词家才渐露头角。清代咸丰年间，合山境内北泗乡屯山村凌应楠著有《挈云山馆诗集》等作品，流传至今。忻城县第六任土官莫镇威写有《秋日同郡大夫游西山迎晖楼赋得山色上楼多》；第十三任土官莫元相写有《翠屏山赋》《过斗二隘》《夏日登黄竹岩》(二首)；第十四任土官莫振国写有《游西山寺》《西山记》。清嘉庆二十四年(1819年)，被《壮族文学史》称为忻城地区“学有专著、诗成专集的第一人”忻城县举人莫震(原名莫欺)著有《草草吟》(又名《草草诗》)二卷(今存桂林图书馆有诗31首)；来宾县汤奕睿写有《游龙洞山五言古诗》。以郑献甫(又名郑小谷，壮族，象州人)、陈仁、韦陟云、凌应楠等为代表的诗人词家在文学领域占据一席之地。其中以郑献甫(清道光15年进士)的成就为最高，其创作时间跨越年代长，文风承前启后，是清代后期国内经师、诗坛名人。

据今人黄汝迪《历代诗人咏来宾诗词选注》统计，清代活跃在境内的文人诗家约有50人，能搜集到的境内本土文人清代后的诗歌作品，主要有郑献甫的《鸭吟集》《鹤唳集》《鸡尾集》《鸥闲集》和《幽女集》数卷，这是郑献甫描绘农村生活和风光，抒发田园山水情趣，品评人物书画，反映社会现实的诗集，囊括郑氏33~72岁所作各体诗歌2800余首；清雍正年间，武宣县进士陈仁的《用拙斋诗文集》4卷；清同治年间，象州举人韦陟云（壮族）的《红杏山房诗稿》3卷；迁江县凌应楠的《衔芦吟草》《侬萧吟草》诗集2卷；忻城举人莫震《廉书》（已散失）、《草草集》；莫子随的《忻城县诗钞》等。忻城县土官莫振威、莫元相、莫振国等也有少量较为出色的诗文存世。还有清戊子年间，迁江望眉作的《迎春诗》，清癸酉年间，迁江凌应柏作的《榜山歌》等。

1919年“五四”运动后，新思想、新文化传入境内，各种进步的文艺思潮影响境内各族青年，文学创作留下时代的烙印。民国初期，象县刘策奇先后在北京大学《国学周刊》《歌谣周刊》发表壮族歌谣和《我采集歌谣说明》等民间文学作品及论文，其中有的篇目还得到鲁迅先生的关注和指点。1923年，刘策奇创作反帝反军阀的新儿歌《填恨海》和《工人谣》，开来宾新文学风气之先。

民国时期，境内有来宾县翟富文作的《来宾八景诗》；迁江县陈应行作的《古今名联》《诗辞》《迁江抗战实录》等诗作问世。

20世纪50—90年代中后期，反映各民族劳动、生活的自由诗成为境内文学的主流。主要作品有：1957年，武宣籍覃桂清与人合作叙事长诗《友容伴依》发表于《漓江》。1958年，来宾籍叶光晞的诗歌《我家门口有莵槐》被长江文艺采用。1969年春，来宾县吉世芳在石牙公社作的《致友人七律五章》、1975年4月作的《拦路抢青菜》入选《中华吉氏诗文选》。1978年，黄宗信的诗歌《风门坳》由广西人民出版社出版。1979年，合山籍韦编联的民间长诗《双飞燕》由广西人民出版社出版。来宾县覃惠与人合作的诗歌《母牛之歌》由人民文学出版社出版。来宾籍韦志彪的诗歌《万架铁牛来对歌》被广西文艺采用。1979年，黄刚毅的诗歌《三过红水河》由广西人民出版社出版。

1980年，武宣籍沈国华与人合编《古文古诗选讲》由广西人民出版社出版。1981年，武宣籍韦以强创作叙事长诗集《达稳之歌》由广西民族出版社出版。1982年，来宾籍蒙光朝长诗集《双吉传》由广西人民出版社出版；来宾籍蒋志雨的长诗《枫蛾歌》民间文学采用。1984年12月，来宾籍韦文俊的诗集《金凤凰》由广西民族出版社出版并获广西第二届少数民族文学优秀作品奖。1985年，来宾籍黄自修编著的叙事诗《祝英台之歌》由广西民族出版社出版。1989年，阿红的《广西颂歌》8首获“中国首届微型文学作品大展”佳作奖；1988年，吴树生作《秋》《金色的诱惑》获首届全国“屈原杯”诗歌大奖赛鼓励奖；1988年，区农乐翻译整理的壮族长诗《唱秀英》为《壮族文学》《壮族文学概论》《壮族文学史》引用并评介。

20世纪90年代出版社出版的诗和诗集有：1991—1992年，武宣县文化馆编辑的诗集《百崖芳草》《黔江晨笛》。来宾籍黄宗信创作长篇叙事诗《不落的太阳》（1992年出版并获奖）。来宾籍韦志彪的诗集《民族风采》（1991年，广西民族出版社出版）。来宾籍蒙光朝的诗集《心声集》《松涛集》《英华集》。来宾籍刘先植的诗集《这个五月的晚上很美丽》。武宣籍覃展龙的诗集《山问》。合山籍韦编联的诗集《超脱集》《麒麟山诗词——韦编联诗词选》。周东培的诗集《两代人的歌》。梁柯林的诗集《藤的恋歌》。徐惠文的诗集《石榴花》。黄见的诗集《山乡风韵》。黎耘的诗集《素洁的情笺》。合山籍莫敏武创作的诗词《回归颂》（1997年获全国诗词大赛荣誉奖）。来宾籍黄宗信创作的诗歌《好梦献给你》（1997年，获国务院港澳办社文司与中国报纸副刊研究会联合主办97香港百年回归话沧桑“侨兴杯”全国征文三等奖）等。

2003年，合山籍骆蓉创作诗词《望海潮·喜北京申奥成功》获“迎奥运杯”全国征文一等奖。象州县苏汉高的诗歌《周恩来》等3首获选入《老辈革命家颂诗大典》。

2004年，赵淦的《沁园春·颂党》等5首选入中华诗词出版社出版的《中华诗词年鉴》。原来宾县志办退休干部廖仲琪的《咏蔗》诗入编《中国实力派诗词艺术家代表作辞典》。

2005年，武宣县文联主席曾甲堂创作《百崖大峡谷》《仙城文笔山》《游大藤峡》《游犀牛岩》《赋仙城》《游八仙天池》《仙城古桥》诗组，入编《中华诗词大全》（第六卷）。武宣县教育局干部刘南坚与人合著诗词《麒麟山诗词》由大众文艺出版社出版，独著诗词《心语》由中华诗词出版社出版。

影视文学

1987年，来宾籍黄汝迪创作电影文学剧本《昆仑关大战》。1988年，黄刚毅的电视片脚本《壮家蜂鼓情》由广西民族声像艺术公司发表。1995年，黄汝迪等创作的电视剧剧本《八寨狂飙》（广西民族出版社出版）填补境内影视文学作品空白。1996—2005年，黄汝迪与人合作创作《二度情缘》影视文学作品。

报告文学

20世纪50—80年代，境内报告文学有武宣县武剑青的《只顾香甜满人间》《南流江边一民兵》《金色的青春》《夜访将军》，龙志武的《蒙汉药王落网记》，潘巧云的《可怜的小麻雀》，方庆珍的《蚕蛾产卵》；象州县覃应奇、苏汉高主编的《仁义河的儿子——何华民》等。

1972年，来宾籍蒋志雨与人合作的报告文学《劈山开路人韦江歌》被人民日报采用。

1992年9月25日，来宾县何赤采写的报告文学《伦桃山有颗绿色奖章》被《广西经济报》采用，1994年入编改革出版社出版发行的《春华秋实》一书。1992年，来宾县何赤与人合作的文学作品《走出书斋勤实践迈进田间写论文》，入编广西民族出版社出版发行的《蔗乡颂歌》。

1994年5月，来宾县何赤与人合作《山鹰展翅上铁林》，入编中国经济出版社出版发行的中国企业改革之路丛书之二《华夏英杰》。

1998年，来宾县何赤与人合作《为官知冷暖爱民树高德》《晚霞绚丽胜朝晖》《夕阳颂》，分别入编改革出版社出版发行的《中国世纪颂》上、下卷。

1999年，来宾县何赤与人合作《阳雀展翅成大鹏》《人民电力为人民》，分别入编改革出版社出版发行的《中国世纪梦》上、下卷。1999年，来宾县何赤与人合作《人生岁暮何言老　雪地梅花分外香》《拼将心血办教育　满园春色香气浓》，入编中国人事出版社出版发行的《华夏英杰》。

2000年，象州县覃应奇采写的报告文学《难忘的岁月》获《长江文艺》“长江杯”文学作品大赛优秀奖。

2002年11月，象州县覃应奇等人合著长篇报告文学《奋进之歌》由中国文联出版社出版发行。

第三节　舞蹈　音乐

舞　蹈

中华人民共和国成立前，境内各民族能歌善舞，民间舞蹈独具特色。（详见第六节民间舞蹈）。

中华人民共和国成立后，境内文艺工作者在吸收民间舞蹈精华的基础上，结合时代新风创作出许多优秀作品。1956年，石龙县业余文艺代表队集体创作壮族舞蹈《翡翠舞》，参加自治区业余文艺汇演获优秀节目奖。1964年，象州县文化馆组织业余文艺代表队，以壮族师公舞蹈素材为基础，创作壮族《朝阳舞》（由过伟、陈文成、朱石安等人编导），参加广西少数民族文艺会演获奖，后改名为《收割乐》参加全国少数民族文艺会演。

多姿多彩的瑶族歌舞　（摄于1990年）

1978年，象州县业余文艺代表队，创作壮族舞蹈《庆丰曲》（由肖自华、吕玉萍、吴雄邦等编导）参加自治区业余文艺会演被评为优秀节目。

1984年，象州县文化馆组织排演壮族舞蹈《送兵曲》，参加在南宁举行的自治区首届“三月三”民族艺术节表演。

1985年，忻城县的二合舞、三元舞、四帅舞、招兵舞、踩灯舞、祭丧舞、踩幡舞等几种舞蹈的文字资料入编国家编纂的《中国民族民间舞蹈集成·广西卷》。

1988年，金秀瑶族自治县张国民等创作舞蹈《山瑶》，获自治区第二届“三月三”歌节二等奖。“瑶族歌舞”参加自治区第二届“三月三”音乐舞蹈节演出，获得九项奖。

20世纪90年代后，境内兴起广场舞。

1992年，武宣县编演舞蹈23个。

1991—2005年，来宾县（今兴宾区）创作的舞蹈有37个。代表作有覃荣、张同爱创作的舞蹈《生命在唱歌》，邱炳盛、毛艳丽创作的舞蹈《丰收鼓舞》，黄诗刚、覃荣、张同爱创作的舞蹈《春》，邱炳盛创作的壮族舞蹈《心中绣球》，邱炳盛、彭芬创作的壮族舞蹈《扁担舞》，覃丽创作的舞蹈《亲爱的中国我爱你》等。

1993年，收入中国群文学会主办的《神州歌海》的舞蹈节目6个，其中《喀嘎河》获广西“八桂群星”文艺会演演出一等奖，全国“群星奖”文艺会演获演出优秀奖。

2002—2005年，来宾市舞蹈创作有李文良创作的群舞《壮仔壮妹》，欧阳可行、张国明创作的群舞《瑶山

来宾市第2届文艺汇演剪影

汉子》，李娘、张祖寿、张国明、韦鸿、韦洪、何俊鹏、孙步康、梁中骥、李紫君、林海创作的群舞《麒麟山人》，何丽琼、黄献创编的群舞《啦哩啰咧》，覃俭创编的群舞《社区里的女人》，张国明、谭文锋、韦娜编导，蓝启金作曲，胡宗海负责服装，金秀瑶族艺术团表演的群舞《最后一把鸟铳》，韦静瑜、杨锴编导，蓝寿生作曲，温俊栋负责灯光，来宾市民族歌舞团表演的群舞《红水河石韵》等获来宾市麒麟奖。象州县的民族舞蹈《乐春牛》获广西民族舞蹈比赛演出三等奖、舞蹈音乐三等奖、编导三等奖，并在中央电视台第7套节目播放。

音 乐

境内传统的民族音乐主要有山歌、壮欢、师公调、道师音乐、文场音乐、零零落等。壮族民间音乐有春牛调、嫦娥调、鸿鹄调、蜻蜓调等。瑶族民间音乐唱香哩，多在交友恋爱中酬唱，句子抑扬顿挫、排比、对偶，单调和谐；坳瑶大声唱成为领唱、齐唱；唢呐迎亲曲是举行盘瑶婚礼表达的曲调。

山歌是境域人癖好，不但婚娶喜庆逢年过节唱山歌通宵达旦，就是劳动之中，田头小憩，也多以山歌解乏。因此，凡有村落必有山歌。来宾县内山歌又分为“山歌”和“壮欢”。山歌分为七言四句体，多用汉语言吟唱。壮欢多为五言四句体，押腰韵，以壮语言吟唱，多为五言四句体，也有十二句、二十句、四十句、八十句、一百二十句的。山歌内容有情歌、风俗礼仪歌、生活歌、历史传说歌、劳动歌、时政歌等。来宾的山歌常采用赋、比、兴手法，比喻生动，想象丰富，感染力强。忻城县的汉族民歌也称为“山歌”，内容多以恋爱、猜谜为主，“三月三”和中秋节，青年男女三五成群聚集在一定地点对歌，称“过山音”，歌声高亢明亮，听众最多。

师公调、道师音乐是壮族民间祭祀娱神演唱的音乐。

文场音乐，主要流行于象州县。清末由桂林文场艺人传授，一般用于凑热闹或消遣活动。1956年后，有专业和业余文艺团队搬上舞台演出。

零零落 旧时民间演唱“零零落”无器乐伴奏，仅由1人击板伴奏演唱，1人带腔兼和唱。现在有民间器乐伴奏，由1~2人演唱、领唱，数人(或乐队)带腔，听来声情并茂，使人有轻快活泼之感。1970年以后，演出的零零落有《牵驴引路》《赞春乐》等，均为“七字零零落”(7个曲调之一)。

中华人民共和国成立后，境内音乐工作者在各个历史时期改编、创作、演出或出版许多新歌曲。20世纪60—80年代，象州县黄炳信创作的《公社的山啊公社的水》《春天的孩子多快活》《八月桂花十里香》等10首歌曲被省级以上报刊电台采用或获奖。

1977年，象州县韦敏创作的《牵骡引路》在继承民间音乐“零零落”特色的基础上，发展创新，参加自治区专业文艺会演被评为优秀节目，为广西人民出版社采用，广西艺术学院编入音乐系《民间音乐》教材；1978年，象州县胡年祈创作的表演唱《三姐还乡唱颂歌》参加自治区群众文艺会演被评为优秀节目。1978年，高善斗的歌曲《我们的老罗》由广西人民出版社出版。1982年，高善斗的歌曲《上当歌》被广西人民广播电台采用。1984年，杨向东创作的音乐《踩堂舞》发表在广西三月三歌节。1986年，高善斗的歌曲《月亮走我也走》被音协广西分会采用。1988年，谭恒芳的音乐《壮家蜂鼓情》被自治区民族声像艺术公司采用。1988年，金秀李日真创作的歌曲《驱兽歌》获自治区“三月三”歌节创作奖。1988年，金秀龚茂安创作的歌曲《山区有个百货站》获广西商业系统歌咏比赛创作奖。

1991—2000年，来宾县创作音乐歌词83首，歌曲72首。

1992—2005年，武宣县创作16首音乐歌曲，有7首获市级奖，1首获发表于《桂中乡情报》。

1993年，来宾县创作的歌曲《红水河燃烧的河》参加自治区比赛被评为“群众最喜爱的歌曲”。

1993年2月，武宣县林业局干部韦新猷作词、晓悦作曲创作的《林场工人之歌》参加全国第二届工人歌曲征歌比赛获银杯奖，列入《获奖歌曲汇集》，由江苏人民出版社出版发行。1993年，金秀李日真等负责选编《金秀瑶族自治县民间音乐集成》收入193首瑶族民间音乐，其中37首入选《中国民歌集成广西卷》。

1996年，来宾县创作民族歌曲7首，《望火台的阿哥》和《红水河燃烧的河》被广西人民广播电台录成专辑出版发行。

2000年，来宾县创作的歌曲《党为壮家铺富路》《家乡景色新》获广西八桂群星奖，歌曲《风谷谣》参加柳州地区文艺会演获创作奖。

2001年，来宾县创作《小小轮椅转辘辘》《希望》《茫茫黑夜有盏灯》《“严打”整治保太平》4首歌曲。

2002年，忻城县创作歌曲《走进家门乐呵呵》获得好评。

2002—2005年，尹永、韦洪创作的歌曲《芦笙在海峡那也吹响》，苏荣生创作的歌曲《长鼓敲得阿妹来》，黄嘉璐、谭峥演唱的二重唱《打磨秋》，尹永作词、郭悦作曲的歌曲《追求》，尹永作词，刘友平作曲的少儿歌曲《山间小桥》，聆闻作词、吴宏维作曲的歌曲《梦里伤心人》，覃晓宁、潘江宁作曲的民乐小合奏《百越鼓韵》等获柳州市麒麟奖。

2003年，《中国，升起一面伟大的旗帜》入编《八桂歌典》出版；来宾市民族歌舞剧团演员罗杰夫，获第四届中国西部“河州杯”民歌（花儿）歌手邀请赛银奖。2003年，兴宾区创作《一袋谷种》参加广西彩调艺术大赛获音乐创作一等奖。2005年3月，来宾市组队参加“广西青年歌手电视大奖赛暨中央电视台‘第十二届青年歌手电视大奖赛广西选拔赛’”，获1个二等奖，3个入围奖，是广西唯一获得二等奖以上奖项的代表队。武宣籍歌手廖鸿飞被广西歌坛誉为一匹“黑马”，后代表广西参加中央电视台“第十二届青年歌手电视大奖赛”；6月，组队参加自治区少儿歌曲大赛，获1金4银，总成绩名列全区第四名。2005年，萧茂兴吹奏《踏歌行》（苏荣生作曲），获全国第十一届“孔雀杯”少数民族器乐展演二等奖；尹永作词，刘友平作曲的《山间小桥》，刊登在《儿童音乐》2005年第12期，并由广西小铜鼓艺术团演唱获金奖；象州县创作的舞蹈《春牛乐》参加自治区民族舞蹈大赛获歌曲创作奖、舞蹈音乐三等奖。

乐　器

境内民间传统乐器主要有来宾县境渔鼓、蜂鼓；金秀桐木过街溜、黄泥鼓、长鼓、床头琴；忻城唢呐等。最具特色的乐器是黄泥鼓。

第四节　美术　书法　摄影

书　法

清代后，境内不乏书法名家精品。清末，武宣县城庞赓辛善写楷书，1900年重修武宣文庙时，由他书写的“大成殿”“乡贤词”“名宦词”“礼门”“义路”匾额，笔迹酣畅，遒劲有力。象州县文物馆保存的象州籍教育家、学者郑献甫的手迹一副、对联墨宝两幅，皆为书法精品。

武宣县籍去台人员陈维章，由泥瓦匠经苦学成为名书法家。据台报中央社特稿称：1970年，陈维章参加日本东京书法展，有一帧草书条幅获最高奖。1973年，他把一幅书法惠赠“中山画廊”珍藏展览，获台湾“国父纪念馆”管理委员会主任委员孙科颁发纪念状。1981年，武宣县文联副主席韦勇强参加全国“文明杯”钢笔、圆珠笔书法大赛，获优胜奖。广西书法协会会员、合山市的黄敏，自1982年8月22日起花6年业余时间，用楷书抄写《红楼梦》长卷共3604米。其中部分作品曾在北京大观园、广州国际展览馆及广西博物馆展出，引各界人士关注。中央电视台、香港卫视中文台先后予以报道。黄敏作品被广西电视台拍入《中华之最》第2集。1984年，象州县黄向军的书法作品《精心》获自治区建筑书画展鼓励奖。1986—1990年，合山市内有书法作品371件。其中有163幅在市内展出，有5幅在地区、2幅在省（自治区）展出。1987年，黄向军的《长征精神》获首届广西高等院校书法比赛鼓励奖。1988年，黄向军在“花山杯”书画篆刻大奖赛中，获青年组硬笔书法二等奖。1988年，金秀覃统钢的书法获广西书法比赛“花山杯”奖。1989年，象州县黄向军在广西少数民族书画大展中，荣获书法铜奖；1990年，黄向军在中国广西硬笔书法家学会首届作品展和大瑶山区八县政协书法联展中均获奖。

1990年，合山全市有3人被吸收为广西书法家协会会员。1991年，武宣县有3人被吸收为广西书法家协会。1991年，广西首届“百花”书法展中，何世富的刻字作品获一等奖、赵剑的书法作品获三等奖；在庆祝建中国共产党成立70周年广西书法展中，赵剑的书法作品获三等奖。

1993年，在第二届广西“百花”书法展中，何世富、覃杰、何建务的书法作品获三等奖。1995年，在广西第三届“百花”书法展中，何月的书法作品获三等奖。1997年，合山市凌廷晓的书法作品《对联》获广西八桂群星奖二等奖。1998年，在庆祝广西壮族自治区成立40周年广西书法展中，陆远怀、赵剑的书法作品获奖（不设等级奖）。1999年，合山市凌廷晓的书法《条幅》获迎新世纪中国书法大展优胜奖并被收藏。1999年，在庆祝中华人民共和国成立50

周年广西书法展中，甘秋红、苏洪强的书法作品分获二、三等奖。2000年，在全国群众书画摄影大展中，象州县黄有福的书法作品《毛泽东诗词》获书法优秀奖。2001年，在广西女职工书画摄影插花作品展中，何月、路欣的书法作品获二等奖。2002年广西“八桂群星奖”评比，李常春书法作品获一等奖，陆远怀、赵剑书法作品获二等奖，何月书法作品获三等奖。

2002—2005年，中国老年书画艺术委员会会员、兴宾区的吴云峰，有多幅书法作品流传国内外。

2003年，在广西首届路文化书法展中，谭念宗的书法作品获一等奖。中国硬笔书法协会会员、兴宾区的陈邦政的书法作品《毛泽东诗词三十多首》获全国第一届现代硬笔书法大展佳作奖。来宾籍林盛秋的硬笔书法作品在国内外书法大展赛中多次获奖。合山市凌尔荣书法作品多次获奖并被中国文联、人民画报采用。

2004年，象州县黄有福的书法作品获“庆祝中华人民共和国成立55周年全国楹联书法篆刻大赛”一等奖、“中华人民共和国第三届农运会”金圣杯全国三农书画大奖赛鼓励奖。谭念宗的书法作品行书横批韩愈《师说》节选、陆远怀立轴自作诗获来宾市首届文艺创作“麒麟奖”。

2005年，合山市黄冲的作品《条幅》获柳州、来宾、河池三地书法联展三等奖，入选广西首届书法协会会员作品年展。

2005年，广西“八桂群星奖”评比，韦勇强的书法作品获一等奖。在柳州、来宾、河池三市书法联展（广西书协主办）中，苏洪强的书法作品获一等奖，赵剑、甘秋红的书法作品获二等奖，李常春、黄冲的书法作品获三等奖。

2005年，来宾市有中国书法家协会会员3人（何世富、谭念宗、苏洪强）；广西书协理事3人（卢运福、陆远怀、赵剑），广西书协会员40人；市书协理事31人（其中处级干部超过10人），会员80余人。

绘　画

境内传统民间绘画历史悠久。在古汉墓和南朝墓出土的文物中，就发掘出有绘画图案的砖块。金秀瑶族自治县桐木镇帽合山岩画，据考证为明代民间画匠所作。民间常见的木板年画、门神画、卦笺裱鉴（即灶王、财神、玉皇大帝、张天师、春牛图）等，渊源久远。清朝年间，合山境内屯山村凌士逸等3人曾以工书山水花卉竹兰等画作著称于世。1937年后抗战期间，象州籍著名漫画家廖冰兄绘画200多幅系列宣传抗日漫画，在广州、武汉等地举办《廖冰兄抗战连环漫画展》，轰动一时。中华人民共和国成立后，境内画坛人才辈出，美术作品精彩纷呈。

20世纪50年代，象州县黄振成的宣传组画《见缝插针》4幅，连环画《木工的新创造》12幅在“云南普洱边防区画展”上展出并获创作奖第二名，被《北京连环画报》采用。忻城县老画家罗鼎华的代表作《金鱼》，编入《1949—1959年中国绘画选集》；《鱼翔春水》曾在日本出版发行；《新湖跃鲤》《红棉喜鹊》《鱼乐图》《胜似春晖》等作品，入选民族文化宫珍藏。

1950—1986年，来宾籍画家、八一电影制片厂电影美术设计师方绪智，30多年来参加电影《三个战友》《金铃传》《三八线上》《鄂尔多斯风暴》《地道战》《旭日东升》《东风万里》《长征组歌》《不该凋谢的玫瑰》《柯棣华大夫》《巴山儿女》《小岛》《主犯在你身边》《远离战争的年代》《元帅的思念》等影片美术设计；担任《硝烟消散之后》《攻克太原》等电视剧的美术设计。

20世纪60—70年代，象州县辛梅显、黄国生等分别在《连环画报》《广西日报》《河北日报》等省级、国家级报刊发表连环画《四进盘寨》、水粉画《壮乡春色》《绘宏图》、国画《归》及大型剪纸等作品10余幅。1974年，武宣县文工团黄家强水彩画《壮乡春色》入选全国美术作品展览。

1977—1990年，忻城县业余作者樊本辉先后在《中国农民报》《人民邮政》等全国48种报刊上发表国画、版画、剪纸、刊头设计、篆刻艺术、摄影等作品共8265。

20世纪80年代，象州县谭艺多画《速写姑奶》获首届《希望之星》全国少儿美术大赛三等奖。合山市陆乃亮创作的版画《汗水滴滴》参加全国职工美展并获自治区优秀作品奖；合山矿务局韦国树创作的中国画《枇杷图》被第11届亚运会组委会收藏。陆礼崇的国画《播种——红军果苗山》《悠悠岁月》《先行官》和《老赛手》等作品，获自治区美展三等奖。象州县黄志安创作壁挂画作《侗族三月三》发表于《民族画报》、国画《母子情》发表于《三月三》、长诗画《来苏与勒梭》专集由广西民族出版社出版。象州县张贤的画作《苗山春》发表于《中国青年报》。1983年，国家民委在北京举办《壮族画家罗鼎华三代画展》。1984—1989年，合山市美术工作者共创作美术作品636幅（件）。其中有497幅（件）在市（县）级展出或报刊上发表；29幅参加柳州地区美展；10幅在广西和自治区外展出。1986年，武宣籍韦以强的连环画《骑飞马的人》由广西民族出版社出版。1987年，来宾县张弓也创作的国画作品《桂平西山乳泉》，被多家刊物采用。

20世纪90年代，武宣籍画家黄格胜创作中国画长卷《漓江百里图》(长达200多米，为“漓江画派”开山之作)，成为“漓江画派”领军人物。《漓江百里图》先后出版5个版本，曾作为国礼赠送给美国前总统老布什和克林顿等外国政要。1995年，合山市陆乃亮版画作品《益友》参加全国职工美展并获自治区优秀作品奖；1996年，合山市陆乃亮《山乡税官》参加全国职工美展并获自治区优秀作品奖；1997年，合山市覃革油画作品《芒篙舞》获广西八桂群星奖美展铜奖。

2001年，象州县蔡明棉的美术作品《瓶花》获“庆祝建党80周年广西美术精品展”三等奖；象州县谭艺多、谭华生的画作《远山韵色》入选自治区“庆祝建党80周年书画精品展”。

2002年，合山市覃革的油画《苗山魂》获广西八桂群星奖美展银奖。来宾县莫海碧的绘画作品参加全国中老年书画“抗非典卫士杯”大赛获铜奖、参加第八届全国书法美术金鼎奖大展获金奖。

武宣县文化馆干部蓝炳培擅长人物山水国画，2002—2005年，有《秋天的遐想》等12幅书画作品入编《中国画研究》等全国性刊物。

2002—2005年，在《庆祝来宾市成立书法、美术作品展》《来宾市建市一周年书法、美术、摄影作品展》《玉林、百色、来宾三市书画联展》等大型作品展览上，来宾市新人新作频频亮相。徐作先的国画《风雅颂》《山野方韵》，朱德华的国画《流逝——菊》分别入选《当代中国花鸟画展》和《纪念毛泽东在延安文艺座谈会上的讲话发表60周年全国美术作品展》。覃革的油画《丰碑》获广西“八桂群星奖”二等奖。

2004年，象州县张一兵的国画《风的随想》、陈秀菊的国画《泉》、象州县周雅昌的水粉画《康定初雪》分别获广西“八桂群星奖”美术类创作二等、三等、优秀奖。

2005年，合山市陆乃亮的美术作品《师徒俩》获广西八桂群星奖铜奖。同年，兴宾区钟法奎绘画作品《春风万里》获北京《师白艺术研究会》金奖。

2005年10月21日，兴宾区廖仲琪到北京人民大会堂参加“纪念中国人民抗日战争胜利60周年书画联展”获奖颁奖大会，其作品获创作特等奖，其创作书画载入《纪念抗日战争胜利六十周年书画集》画册。

摄　影

民国时期，境内很少有照相馆和摄影爱好者。有记载的有武宣县肖荣初等3人先后在县城开设过照相馆。

中华人民共和国成立初期至20世纪70年代，除报社记者有摄影活动外，境内各县城普遍有国营或个体照相馆，圩镇有摄影门市，但拍摄器材和设备简陋，技术手段落后，只能从事普通的拍照服务，还谈不上摄影艺术。

20世纪60—70年代，境内宣传、文化部门始配有专职或兼职摄影人员，开展拍摄活动。而摄影艺术的发展则是在20世纪80年代后，专职或兼职的摄影作者拍摄了大量的新闻照片和艺术照片，刊登在报纸和画报上。

1972年，来宾县廖仲琪的摄影作品《银龙穿山》放大1.5米长幅，于1974年在广西展览馆展出。

1980年，武宣县青年摄影爱好者陈红的摄影作品《扶》入选全国“人间有真理”摄影艺术大赛并获三等奖，随后有多幅作品被《广西画报》采用。1982—1985年，武宣县韦勇强先后有50多幅新闻、艺术照片上省一级以上报刊登载。1983年，武宣县韦勇强有9幅摄影作品选入广西军区民兵工作影展。1984年，武宣县韦勇强有7幅摄影作品为《广西画报》和《湖南画报》刊用。1986—1989年，合山市有61幅摄影作品入选县级摄影作品展。1988年，合山市温汉强拍摄《金鳄仙洞》入选广西、云南、贵州3省区摄影作品联展。1989年，象州县韦敏的《争晖》在广西农村新貌影展展出。

1990年，象州县韦敏的《云恋圣堂山》在广西第四届职工书法摄影展展出；韦敏与王孝文合作的《登月》获全国摄影大赛优秀作品奖；合山市有2名业余摄影作者被吸收为广西摄影家协会会员。1991年，武宣县县摄影家协会会员有29人，其中成为广西摄影家协会会员的有9名。1992年，邓炳星的《化肥送到家、乐坏老大妈》获全国新闻总编辑奖。1995年，覃刚的《请尊重爱护国旗》获人民日报新闻图片比赛一等奖。1996年，覃刚的《这所小学怎过冬？》获人民日报新闻图片比赛二等奖。1999年，覃刚的《大山里的故事》获人民日报、中国摄影家协会主办“国土资源杯”全国摄影大赛一等奖。

2000年，象州县韦敏的摄影作品《阿哥吹》载入《中国摄影报》。

2001年，黄成斌的《海角日落》获中国摄影家协会主办的“全国摄影大赛最佳作品奖”；象州县韦敏的《春江夕照》《黄河之锚》，钟华军的《展示》《疑是珠练挂山中》，杨海平的《情不自禁》，王孝文的《人勤春早》，曾小成的《竞放》入选广西人民美术出版社出版的《当代柳州摄影作品集》。

2002年，象州县王孝文的《渔火争辉》获“八桂群星”比赛优秀奖；象州县韦敏的《欢乐苗乡》，王孝文的《沸腾的苗寨》分别获广西摄影家协会承办的“亨杰丽杯”民俗摄影比赛优秀奖；覃刚的《结构》入选大众摄影编辑的《2002年度中国最佳摄影》一书。

2004年，滕荣的《秋千情》获全国“群星杯”优秀奖；滕荣、覃刚、黄成斌的摄影作品分别获来宾市第一届文艺创作“麒麟奖”。

2005年，武宣县有摄影工作者近200人，其中成为广西摄影协会会员的有2人。滕荣的《杜鹃映群峰》获广西八桂群星杯“特等奖”；2005年4月，来宾市文联和市保持共产党员先进性办公室联合举办“先锋礼赞”摄影展；韦敏的53幅摄影作品获中国摄影家协会网《在线影展》频道展出。

第五节　赏石　盆景

奇　石

来宾境内多为喀斯特地貌，除金秀属丹霞地貌外，其余县市遍布石灰熔岩。红水河穿市境蜿蜒而过，河段长360千米，奇石资源丰富，品种多样，特色鲜明，尽显岭南风格。

奇石品种有纹石、石胆石、彩陶石、葫芦石、古铜石和黑珍珠等。

纹　石　水洗度好，有黄色和黑色；纹样黑白反差大，纹线粗细均有，纹态多样，有暗纹、浮雕纹，上述纹又有线状和包卷状。

武宣草花石

合山奇石

彩陶石　多呈方形或板状，石面光洁如瓷，细腻、温润、艳而不妖。色有绿、黄、黑等多种，绿彩陶最为著名，色相明确，饱和度高，其美艳和清秀，为自然界所发现的绿色原石中仅见。

葫芦石（也称福禄石）　相对而言，则有了特殊的变化，大多都有一道或者几道横向的勾勒，如葫芦腰部的内凹结构。葫芦石多为深沉的暖黄色或泛草绿的黄色，偶有黄中带红，常见草花纹活芝麻纹样于石表。葫芦石水洗度很高，手感好，石披釉质典雅。

石胆石　变化丰富，造型有连环状、树桠状、穿洞状等，颜色以黄褐色和黑色为主。大多石胆石石型饱满，色浆浓郁，或遒劲苍古，或充满童趣。

古铜石　石型变化较大，质地坚硬，水洗度高，石皮光滑仿佛青铜，少数古铜石面呈现浅墨色草花纹。

黑珍珠　石面多起浮雕性的变化，石面细滑，石色墨釉黝亮，略湿水或者抹上少许的油，便滢光闪烁。

武宣国画石　不管山石还是水石，切割后的优品，其纹理色泽呈为中国画，有树景、水图、天象或人物鸟兽，惟妙惟肖。

1994年，境内赏石活动萌发，合山市政府在深圳召开海外同胞联谊会，送给海外亲人一批奇石。来宾奇石从此引发国内外奇石客商以及众多奇石爱好者的关注。

2003年底，来宾市赏石协会成立，下辖兴宾区、合山市、武宣县、象州县、忻城县和金秀瑶族自治县6个赏石协会。各赏石协会积极组织会员、石友参加各类石展，编写、出版观赏石书籍，与专业媒体互动，使来宾奇石在国内外享有一定的知名度。

2005年，来宾市集中的专业奇石市场有30多家门店，分散的家庭奇石馆有100多家。此外，还有数百人的奇石采掘队伍以及数以万计的奇石爱好者。

2005年5月，来宾市组队参加中国第七届奇石展览会，特邀参展的来宾市赏石协会组团送展30件展品，在4000多件展品中，获得1金3银4铜6优秀，来宾市赏石协会获得优秀组织奖。

盆　景

来宾地处亚热带，山多水广，沿江靠河，植物和石材资源丰富，种类繁多。尤其石山地区，树木优良，蜡梅、小叶榕、马尾松、罗汉松、九里香、小叶黄杨、朴树、榆树、杜鹃、檵木、紫薇、六月雪和水杨树等，古树老桩，遍布山野，有50多种制作盆景良材。来宾红水河奇石天下闻名，发展盆景具有得天独厚优势。

来宾盆景艺术属岭南风格，历史悠久，源远流长。忻城莫氏土司衙署，从明宣德二年(1427年)起就有盆景布置。从明清至民国时代，盆景历来是达官贵人、文人墨客的赏玩之物。

20世纪60年代末，盆景开始走进平常百姓家。20世纪80年代后，境内开始有盆景爱好者翻山越岭，寻找古桩树木，制作盆景，供人欣赏或销售。20世纪90年代，玩赏制盆景人数渐多，水平有所提高。

境内，盆景艺术发展水平最高的是忻城县，该县每两年举办一次“忻城县盆景展”，每届参展盆景都在150盆以上，已办9届。20世纪80年代，该县从事盆景制作的有10人，2002年发展到200多户300人，其中有14人成为广西盆景艺术家协会会员。

2004年10月，黄贵才的榕树盆景《壮乡魂》《南国神韵》荣获第六届中国花卉博览会广西展品选拔赛铜奖；12月，《壮乡魂》获来宾市首届文艺创作“麒麟奖”。

2005年，来宾市有广西盆景艺术家协会会员25人、协会常务理事2人、协会理事4人。

第六节　戏剧　曲艺

传统戏剧

境内传统戏剧主要有壮师剧、彩调剧、桂剧、山歌剧、话剧、木偶剧、粤剧、曲艺(包括渔鼓、快板、莲花乐、蜂鼓、文场等)、丝弦戏等。较早传入的戏剧是壮师剧。流传在来宾的传统曲艺有汉族的渔鼓、快板、零零落，壮族的蜂鼓、弦子，瑶族的黄泥鼓、长鼓等，均属说唱艺术。民国以前，传统戏剧都是民间艺人自发编演。中华人民共和国成立后，有了综合性的文艺表演团体，曲艺形式由专职和兼职的文艺从业人员创作和演出。

壮师剧

壮师剧是由师公舞演变而来。

壮师剧旧称师公戏，明正统十年(1445年)传入境内。师公戏是在师公舞即巫师跳神的基础上发展起来的。最初师公戏师徒都是“三元教”(又称“梅山教”)的教徒，师公在做法事活动时，戴上各种神灵面具跳娱神舞，唱酬神故事，至清同治年(1862—1875年)间，发展成为分角色演唱民间故事，后逐渐形成师公戏，流传于武宣及忻城县果遂乡岜甲村和象州县中平、百丈、罗秀、马坪等壮族及壮汉族杂居的乡村。

清道光、同治年间至民国3年(1914年)前后，境内师公戏最为兴盛。旧时表演师公戏的团体是各地按宗教形式组成的师公堂。来宾、迁江等县受贵县师公戏活动影响，最早建立师公堂的是来宾县周罗、太平、黄峡等村屯，始为曲艺性的唱神故事。先是唱自然神，如“雷王”“三元”，后受太平天国革命运动禁革迷信活动的限制，始有唱人的故事。师公戏演出一般是在乡村举办大型祭祀娱神活动时由村屯或联村筹资举办，一般为3天2夜，观看者通宵达旦不散。主要唱本有《甘王》《冯四公》《鲁班的故事》《梁山伯与祝英台》《侍郎与甘五娘》《五海岸海》及《农婆对歌》等，一个唱本就是一首长诗，没有道白，一唱到底。演出时分角色出相，也有台步、舞蹈；服装按角色穿着；伴奏乐器为1个蜂鼓、两个铜锣(一大一小)。清唱，约隔半分钟唱一联(上下两句)，每唱完一联，配以蜂鼓伴奏打击一次，中间伴唱四句欢或勒脚欢。师公戏班均由当地著名师公当班主，普通师公为骨干，招募能唱能演者5~7人参加，多为男子。

民国11年(1922年)，师公戏传至红水河以北的乡村。民国27—30年间，师公戏遭象县政府禁演，打烂蜂鼓20余个，烧掉服装数担。有一次，县城北街外举行度界参师仪式，遭受县军警包围，鸣枪抓人，师公曾七金被捕，后冤死狱中。寺村、中平、大乐等地师公，也多遭抓捕，罚劳役。

民国时期，武宣县黔江以南的马步、桐岭、通挽、禄新等壮族聚居地，师公戏盛行，通挽乡有4个师公班，成员分布在24个自然村。桐岭、新龙有2个师公班,成员分布在18个自然村。禄新、思灵乡有3个师公班,成员分布在24个自然村。黔江以上北东乡、三里、二塘、黄茆等壮汉民族杂居地,每个乡有1个师公班,只做喃巫驱鬼和安神打醮之类的活动,很少唱师公戏。

师公戏具有浓郁的民族特色和地方特点,剧本便用古壮字编写。唱词是诗歌形式,五言是壮欢,七言为壮师,演唱者为男性。演唱时演员穿长袍,戴文武官员或秀才举人帽,或唱或跳,各有演技。每个节目一唱到底,音韵和台步基本一致。演唱时用蜂鼓和铜锣伴奏。舞台多为圆形,方便人们观看。

中华人民共和国成立后,境内各县均有民间师公队。1949年,来宾、迁江两县有50个师公堂1000多名成员。1950—1955年,师公戏演唱曾停一段时间。1958年,自治区文化局在南宁召开师公戏座谈会,来宾县黄世豪等11位师公戏艺人参加会议,并表演自编剧目《炼钢》。"文化大革命"期间,各地禁演师公戏,只能演"革命样板戏",民间舞蹈被"表忠舞"代替。

1976年后,师公戏恢复演出,业余师公戏团增加。20世纪70年代后,来宾县把师公戏列为非物质文化遗产,采取抢救措施,收集到100个长诗唱本和40多种音乐唱腔和30多套舞蹈素材及台步。

1980年,来宾县有壮师队140个2060名成员。师公戏唱腔有悲腔、哭腔、平腔、高腔、快腔。师公戏演出用蜂鼓、铜锣、唢呐等伴奏。师公戏表演艺术有身段、指法和台步。传流剧目有《高彦真》《红灯》《达七》等上百个,新编、改编、移植的剧目有《刘三姐》《五子图》等数百个。

1980年起,来宾县文化馆干部韦国文移植、改编师公戏,创作师公戏剧本20多个,其中《特推卖棍》首次登上大雅之堂,入选《中国戏曲志·广西卷》。

1981年9月,来宾县召开为期10天的师公戏老艺人会议,在全县师公戏会演大会上给师公戏平反。同年,武宣县文化主管部门组织老艺人和民间文艺爱好者,对师公戏进行改革。一是在师公戏传统唱本以叙事为主的基础上加入一些戏剧冲突的内容,改变旧师公戏平铺直叙、一唱到底,沉长呆板的形式;二是改变师公戏只用蜂鼓、铜锣单调伴奏,增加管弦乐器伴奏,增强戏剧音乐韵味,使之更接近现代戏;三是改变师公戏原来圆舞台无布景为方舞台并设置舞台布景;四是把传统师公戏千篇一律的台步,改为根据剧中人物个性和故事情节需要做出相应的动作,更好地塑造人物形象;五是除演唱传统剧目外,还把现代剧目移植成师公戏剧目演出。

1981年,来宾镇西、镇北、镇东、河西、水落等村街均组建有师公戏演出队。

1982年2月,来宾县在寺山公社举办为期1个月的师公戏剧改革学习班,学习师公舞蹈组合和编排师公舞蹈《踩堂舞》,排练移植师公戏《贵客》《做人情》和师公戏表演唱《农伯买货》。同年,来宾县文工团创作演出师公戏《特推卖棍》《干鱼庙》,打破师公戏一唱到底的演唱形式,将唱、念、做、舞融为一体。

1983年3月,自治区戏剧研究室在来宾县城召开师公戏音乐座谈会,有7个地市和自治区有关文化艺术单位的师公戏艺人、音乐工作者、文化干部、文艺科教人员57人参加会议。同年4月,柳州地区文化局特邀来宾县师公戏改革辅导演出队到柳州,为文化部和自治区文化局有关领导汇报演出师公戏《两家亲》。同年5月,来宾县师公戏改革辅导队代表县队参加柳州地区在武宣县城举行的师公戏调演大会,演出6场古装师公戏《干鱼庙》。同年9月,来宾县举办为期10天师公戏基本功学习培训班,学员来自9个乡30多人。同年11月,来宾县文工团参加柳州地区专业文艺会演,演出师公戏《特推卖棍》。同月,来宾县召开为期7天的师公戏老艺人韦炳文等11人座谈会,探讨师公戏历史渊源及艺术特点。同年,武宣县文化部门组建县业余师公戏演出队,排练移植新编剧目《新花》《心灵》,下乡巡回演出23场,观众4万人次。5月,演出队参加柳州地区少数民族戏曲调演,得到文化部民族司领导好评。

1984年,来宾县业余师公戏演出队发展到140个。同年3月,柳州地区文化局、群众艺术馆联合在来宾县城召开柳州地区师公戏学习讨论会。除柳州地区各县代表外,还有自治区民研所、文联、民族学院和玉林地区、南宁地区的学者、教授和代表70多人参加,国家民委文化司及国家民委学术委员会为大会发来贺电。同年4月,来宾县师公戏舞蹈《踩堂舞》参加自治区在南宁举办的"三月三"歌节。同年6月,来宾县业余文艺代表队参加柳州地区业余文艺调演,演出师公戏《选姑爷》。同月,来宾县召开师公戏老艺人座谈会,18名师公戏老艺人到会。同年10月,来宾县举办为期15天的师公戏舞蹈基本功学习班,各乡镇业余文艺骨干和部分文化站专职干部参加学习。

1985年,国家文化部舞蹈研究所和广西戏剧研究室派员到象州县中平乡对师公戏录像录音。同年3月,来宾县师公戏三人舞《达咪今天要出嫁》参加自治区在南宁举行的首届"三月三"音乐舞蹈节,获创作三等奖和领舞三等奖。同年12月,自治区舞蹈集成办公室到来宾县录制师公舞蹈《三元舞》《纸马舞》《踩堂舞》和传统师公戏《达七》电视录像资料。同年，合山市河里乡长模村等4个业余师公戏演出队，自编自演24个普法教育节目，宣传“十法一例”（即宪法、刑法、刑事诉讼法、婚姻法、继承法、经济合同法、森林法、兵役法、民族区域自治法、治安管理处罚条例），演出30多场次。

1986年8月，来宾县文工团参加柳州地区在武宣县城举行第一届戏剧展演，演出4场师公戏《一棍双雕》。

1987年9月1日，自治区文化厅、民委、文联发文，将师公戏正名为壮师剧。

1988年1月，自治区民委、自治区艺术研究所、柳州地区文化局与来宾县文化局在来宾县城联合召开全区《壮师剧志》研讨会，有30余名专家参加会议。同年4月，国务院授予来宾县来宾镇镇北壮师队“全国民族团结进步先进集体”称号。

1988年10月16日，由广西民族声像公司、广西艺术研究所与来宾县文化局联合摄制，反映来宾县壮师剧活动的电视录像片《壮家蜂鼓情》开拍，导演是刘龙池和韦唯，脚本由来宾县壮师学术研究小组黄刚毅执笔。

1988年，象州县文化部门集整理师公戏锣鼓牌11个，剧目《甘五娘》《鲁班》《农婆》《五海》《杨文广》《山伯与英台》《土地扫坛》《韦察院》等。

1988年7月，合山市加强对壮师剧的管理，举办有41人参加学习为期20天的乡镇壮师剧艺术培训班。合山境内壮师剧传统剧目有《凤落梧桐》《移花接木》等10多个。

1988年12月，合山市长模村壮师队获“全区普法先进单位”称号，壮师队负责人获自治区司法厅授予“普法先进个人”奖章。

1990年，合山市有长模、北泗、河里、思光、溯河、仁义、洛满、东亭壮师队8个，队员90多人。来宾县业余壮师队有156个，队员3068人。

1991—2005年，合山市举办壮师剧会演4次。岭南壮师队、思光壮师队、仁义壮师队、古亮壮师队、古邦壮师队、长模壮师队、拉的壮师文艺队等民间文艺团体经常为市民演出。

1992年4月，象州县排演壮师戏《送不走的姑娘》、壮师舞《蔗海欢歌》参加柳州地区文化局主办的“三月三”歌节获演出三等奖。

2004年1月28日—2月2日，合山市在北泗乡文化站举办合山市壮师剧调演，两乡一镇各选送2个队参演，分别是古亮、仁叉、岭南、古城、瀑泉和长模6个队，每队演出一天，每场观众上千人。

2005年，来宾市组织有关专家对全市非物质文化遗产进行普查，将壮师剧作为自治区级非物质文化遗产代表作上报。

桂　剧　最早在清代光绪年间(1875—1908年)，桂剧从桂林传入象州等县汉族聚居的圩镇。当时象州只有“玩子馆”（即坐唱），后镇人聂朝宾聘湖南蒋福林为师傅，传授桂剧，组成“同乐堂”剧团。

民国初，桂剧逐渐传到来宾、忻城等县，各县城及部分乡镇均有桂剧民间演出团体。民国16年(1927年)，来宾县城厢街桂剧团请桂林桂剧艺人传授桂剧。次年，来宾县龙岩村请罗城县桂剧艺人传艺。

民国20—36年(1931—1947年)，境内桂剧演出兴盛。民国20年，象州县县城、罗秀、大乐、水晶、中平、百丈、寺村、妙皇等地均有桂剧民间演出团体，上演的剧目有《斩三妖》《长坂坡》《秀楼赠塔》《胡奎卖人头》《杀四门》等不下300个。民国22年，桂戏二牌老旦闵宝翠、二牌老生龚胜策在忻城传艺授徒，流传到欧洞、马泗、大塘、思练、加仁等圩镇，忻城县城城厢成立桂剧业余班社。民国23年，来宾县陶邓乡韦里村及大湾、迁江、平阳等乡先后成立桂剧团。民国36年，合山境内溯河村组建桂剧团(1967年该团自行解散后，合山境内再无桂剧演出活动)，有队员22人，常在溯河、石村、广屯等村屯演出，演出传统剧目有《花木兰从军》《母斩子》《罗成降唐》等10余个。20世纪40年代抗战胜利之后，宾阳县桂剧团到忻城县古蓬圩演唱《三国演义》连台本，连唱半个月，北更、遂意、马蹄、乔贤等地都有观众来看，古蓬客栈为之爆满。

中华人民共和国成立后，境内桂剧仍受大众喜爱，各县乡镇组建有业余桂剧团。1949年，来宾县有桂剧团6个，演出传统剧目有《黄鹤楼》《打金枝》《男斩子》《杀四门》《取长沙》等26个。1951年，忻城县成立业余桂剧团，曾到县内各地及宜山、罗城等地演出。

1956年，宜山桂剧团到忻城县城上演《打金枝》《秦香莲》《三英战吕布》等，为时近月。象州各乡镇业余桂剧团演出的传统剧目有《薛刚反唐》《甘露寺》《凤仪亭》《拾玉镯》《梨花斩子》等。“文化大革命”期间，桂剧艺人被扣上宣扬帝王将相、才子佳人的罪名受批判，剧本、道具、服装损失甚大。20世纪70年代后，桂剧逐渐衰落。

2005年，全市仅有7个业余桂剧团开展活动。

桂剧的曲牌复杂，唱、念、做、打表演严格规范，不易学习，农村业余剧团多弃习桂剧而改学彩调剧。

彩调剧 最早在清光绪三十一年(1905年)，由宜山县彩调艺人到来宾县平阳乡排山村传艺，该村组织起30多人成立彩调团排演彩调剧。清朝末年，忻城县城厢覃桂廷拜师求艺学成后成立班社，授徒传艺，彩调传入境内各县乡村。宣统元年(1909年)，湖南"老雇调子班"入象州演出彩调剧，剧目有《双看相》《双摆渡》《双采莲》《安安送米》《狗保闹学》等。

民国初年，象州中平"阴阳彩调班"到武宣县各地演出，县人有爱好者跟班学艺。3—23年(1914—1934年)，忻城县木罗村杨世堂在罗城县当兵时学会彩调剧，回乡后在本村成立戏班社，传艺授徒，彩调戏得以流传到加仁、同良、隆光、红渡、周安、古蓬等地，演出传统剧目有《阿三戏公爷》《王三打鸟》《宝莲灯》等。

民国9年(1920年)，湖南刘十二、刘巧云的调子班入象州演出长达2年。其唱腔接近民歌，优美动听，表演形式新鲜活泼易学，罗秀、大乐、象州等地组建彩调班跟班学艺。民国15年，武宣黄茆街民组建"同群乐"调子班，金鸡良村成立"同乐彩"调子班。民国17年，武宣黄茆调子班叶盛林到东乡、三里、禄新、桐岭、通挽等乡村开班传艺，演出《烟花女告状》《六月飞霜》《选女婿》《十五贯》《秦香莲》《双采莲》《双打店》《双看亲》《三看亲》等传统剧目，故事情节朴实动人，久演不衰。

民国20(1931年)年，宜山县彩调艺人请马山县金钗乡彩调艺人莫有恒到合山溯河街传艺并组建溯河街业余彩调队，有成员16人。来宾县凤凰龙岩村彩调团，聘请鹿寨县彩调艺人作指导。大湾、正龙、迁江、石陵、南泗、大里、良江、五山、溯社、小平阳、城厢等乡先后成立彩调团。在忻城县加仁、同良、隆光、红渡、周安、古蓬等地流行的彩调剧目有《阿三戏公爷》《王三打鸟》《宝莲灯》等。

民国30年(1941年)后，象州县彩调剧演出普及到各大村庄，演出通宵达旦，观众乐此不疲。民国35年，象县参议会第一届六次会议决议"严禁采茶"后，县城无彩调上演，农村演出依旧。民国36年，合山境内溯河村有桂剧团1个，队员22人，主要在溯河、石村、广屯等村屯演出传统剧目《花木兰从军》《母斩子》《罗成降唐》等10余个。

中华人民共和国成立后，彩调剧传遍境内各地，演出经久不衰，成为广大群众喜闻乐见的剧种。古装彩调剧的表演艺术及唱腔随着时代的变迁而逐渐演变，民间艺人挖掘整理传统彩调剧目，赋予彩调剧新生命。1950—1975年，来宾县有50多个业余彩调队，彩调剧是来宾县的主要剧种。1951年，忻城县王玉武创作的新彩调剧《划阶级》《血海深仇》和《翻身报仇》等作品，曾推广到宜山专区各县演出。1952年后，合山境在勤、北泗等街屯成立采调队，各有队员10多人，排练彩调剧《刘三姐》，在附近村屯演出。合山彩调剧唱腔有秦腔、四评腔、浪里白、七月花、骂板、笑板、数板等100余个，角色有丑角、老旦、花旦、小生、老生5种。各彩调队演出传统剧目有《砍子牧羊》《王三打鸟》《全家福》《卧薪求鲤》等10多个。是年，来宾县城、乡组建有50多个业余彩调队，彩调剧成为来宾县的主要剧种，演出的传统剧目有《兰三妹》《小放牛》《三看亲》《穆桂英》《王二报喜》《阿三戏公爷》《王三打鸟》《龙女与汉鹏》等90多个。1954年，各地彩调剧团演出的《王三打鸟》等剧目最为群众喜爱。是年，石龙县文化馆举办首届彩调剧骨干培训班，培养彩调剧人才。1955年，石龙县有10个区镇成立业余彩调队，彩调队既演出传统剧目，又演出现代剧目。1955—1956年，象州县选派13名青年文艺骨干参加宜山专区文化科举办的"彩调人员学习班"学习，学成回县后对县内460名彩调业余文艺骨干进行培训。1958年，忻城县文化馆组织民间艺人和业余作者12人，集体创作彩调剧《乾坤岭上的一天》《钢铁远征军的女连长》等，其中《钢铁远征军的女连长》参加地区、自治区文艺会演获节目奖。此外，业余创作组创作的小歌剧《喜送爱国粮》《婆媳修水利》《夫妻上工地》《钢铁荣归》《两个红薯》等在农村演出深受群众欢迎。1959年，境内石龙等县城乡大演彩调剧《刘三姐》，盛况空前。

1966年后，境内各县的专业文艺团队大部分以演彩调剧为主，创作的新剧目也以彩调剧为多。同时，业余彩调团队增多。演出的传统剧目有《刘三姐》《王二报喜》《三看栾》《五子图》等，新编剧目有《做人情》《夫妻竞赛》《男大难婚》等。"文化大革命"期间，彩调剧和其他剧种都停止演出。1971年，合山市各个彩调队自行解散。

1980年，忻城县文工团古装彩调剧《龙袍梦》参加境内文艺会演。1981年，武宣县彩调团参加柳州地区专业文艺调演，演出大型现代彩调剧《夫妻情》获创作、演出一等奖，音乐设计奖；1982年11月，武宣县彩调团参加自治区文艺调演，获节目、演出二等奖。1983年，忻城县梁秀云创作的彩调剧《覃福耙田》参加境内文艺会演，获剧本创作三等奖。是年，合山市溯河街彩调队重建，有队员29人。1987年，武宣县有30个彩调团队，有队员619人，年演出100多个节目。

1997年12月，来宾县创作排练大型彩调剧《甜梦苦心》(后改名为《听竹情》)参加柳州地区第三届剧展，获创作、音乐、导演、演出一等奖。

2000年1月，来宾县大型彩调剧《听竹情》参加自治区"刘三姐"杯第五届剧展演，获一等奖。11月，来宾县彩调剧《开包》参加柳州地区文艺会演，获创作一等奖、演出二等奖。

2002年，忻城县创作彩调剧《买酒》上演。

2003年，来宾市创编的《偷牌》《卖酒》《一袋谷种》《逃官》等剧目参加在宜州市举行的自治区彩调剧大赛获得14个奖项(其中剧目奖2个、表演奖7个、音乐设计奖3个、演出奖1个。忻城县自编自导自演彩调剧《买酒》代表来宾市参加大赛获优秀剧目奖、演出二等奖、音乐设计奖、优秀演员奖)；合山市蓝雅编剧、罗育鸿导演的彩调剧《鸡为媒》获来宾市文艺会演演出、创作一等奖。

2004年，蓝雅编剧、罗育鸿导演的彩调剧《鸡为媒》获自治区第六届剧展演出、创作一等奖，获广西"八桂群星"文艺会演金奖、创作一等奖；蓝雅编剧、陈瑞荣导演的彩调剧《小圣女乖乖》获来宾市文艺会演演出一等奖、创作二等奖。

2005年，象州县专业表演团体演出彩调剧《疏通》获来宾市文艺会演一等奖。

山歌剧　1952年，武宣县三里乡白米村曾组建山歌剧团，剧团由民间歌手曾德玉、陈业荣、陈桂远负责并编写剧本，编演的节目有《寡妇改嫁》《童养媳》《毛村》《互助组》《雪里送炭》《统购统销》和《送郎应征》等10多个山歌剧。该剧团曾参加宜山专区、桂西壮族自治区文艺会演，并获节目、演出奖。武宣县总工会和桐岭、二塘、东乡的业余彩调团队也编排山歌剧交流演出。1956年5月，武宣县三里乡白米村山歌剧团编写的山歌剧目《当家作主》《统购统销》参加桂西壮族自治州文艺会演，获演出奖，这两个剧本也发表在《广西日报》上。1959年搞"一平二调"，业余剧团人员被调散，各地演出活动被迫停止。1961年秋，忻城县文联创作组搜集都、宜、忻地下游击队武装斗争的历史资料，编写成七场大型歌剧《都宜忻游击队》，多次在县城演出，受群众欢迎。1962—1965年，忻城县文联创作组业余作者创编的壮歌剧《记分员》、歌剧《山村飞出金凤凰》，在县城演出和参加地区、自治区文艺会演，均获得好评。1977年，来宾县方大伦创编山歌剧《两个半篮》；1988年，来宾县区桂凉创编山歌剧《一对迷》参加柳州地区会演。2003年12月26日，来宾市艺术创作室和市民族歌舞团创作排练的大型山歌剧山歌舞剧《麒麟山人》在兴宾区人民礼堂正式演出，得到观众和专家的一致好评。2004年12月27日，该剧参加自治区第六届剧展总展演获剧目"桂花二等奖""音乐设计奖""舞美(灯光)奖"和"组织奖"。

话　剧　民国时期境内有话剧演出，主要流行于武宣县。据民国23年(1934年)《武宣县志》记载："白话剧，县立初级中学生时常会同城厢高等小学生合作编演，各区立小学生皆有编演，以东乡、二塘为最盛"。抗日战争时期，武宣县话剧演出最为盛行。县立中学师生宣传抗日救亡，编演六个话剧节目抨击县官贪污勒索、贩卖粮食、大发国难财的罪恶行径，演出中常引发观众义愤之情，"打倒贪官污吏！""打倒奸商！"的口号不绝于耳。中华人民共和国成立初期，话剧演出在武宣县仍比较流行。1952年，武宣中学师生曾编演大型话剧《赤叶河》、三里田心村剧团编演《李家庄的变迁》，唤起群众肃清匪患、镇压反革命的斗争激情。1953年以后，话剧在武宣境内渐少编演。1979年，武宣县彩调团自编话剧《两个口》，参加柳州地区专业文艺会演，自治区电台作了录音广播。后该团还编演有话剧《鹧鸪啼》《雷雨》和《甜蜜的事业》等。20世纪90年代后至2005年，除2002年忻城县曾创作上演话剧《绝处逢生》外，境内话剧演出已经少了。

木偶剧　抗日战争时期，外地木偶戏传入武宣。当时先后有武宣城厢镇黄安平、韦有松配合平南县木偶艺人张星汉等，在武宣城厢镇演唱木偶戏，每场观众有10~100人不等。演唱节目多以古代故事改编，如《薛仁贵征东》《薛丁山征西》《梁山小八义》《再生缘》《杨家将》等。武宣通行西南官话，故用粤语演唱的木偶戏未能维持下来。直到1990年，壮族艺人周松龄自制木偶，自编节目，以壮语演出，深受观众欢迎。20世纪末木偶戏演出场次锐减，之后至2005年境内已看不到木偶戏演出。

粤　剧　最早在民国2年(1913年)，南宁粤剧艺人"鬼头曼"到迁江县迁江街传授粤剧，迁江街成立业余"振环球粤剧团"；5年，发展为专业剧团，改称"古新朝剧团"。因当地懂粤语的人少，该剧种难以流行。民国23年，来宾县大湾街组建"大光连粤剧团"。武宣县武宣镇和桐岭街讲粤语的人较多，喜看粤剧。民国23年和29年，广东粤剧女班"醒梦魂"队和"小兰卿”班先后来武宣演出。武宣镇和桐岭街随后组织粤语剧团。抗日战争时期,这些粤剧团配合抗日救亡宣传,编演《刺玫瑰》《女勇士》《爱与仇》《苗可秀》等节目。

中华人民共和国成立后,境内有零星粤剧演出。1950年后,武宣、来宾县有10个业余粤剧团队。来宾县青岭乡和平、三联2个村组建有业余粤剧队,聘请有粤剧艺人传艺,演出传统剧目有《搜书院》《罗汉钱》《女贞烈》《满堂》《梁山伯与祝英台》等20个。1951年,武宣镇成立综合性剧团,其中包括粤剧。桐岭街、二塘街、三里街和东乡街也先后组建粤剧团,他们除在圩镇演出外,也常在乡村间交流演出。

1966年“文化大革命”后至2005年,粤剧演出渐少,日趋衰落。

曲　艺　境内的传统曲艺有汉族的渔鼓、快板、零零落,壮族的蜂鼓、弦子、瑶族的黄泥鼓、长鼓等,均属说唱艺术。据老艺人回忆,境内的曲艺,都是由民间艺人自发编演的。

中华人民共和国成立后,境内各地先后组建有综合性的文艺表演团体,曲艺演出形式正式由专职和兼职的文艺从业人员创作和演出。

从20世纪70年代起,境内参加自治区文艺会演的曲艺节目有:侗族琵琶歌《鼓楼新歌》、莲花乐《牵骡引路》、快板小段《椅子坐班房》、渔鼓《春暖校园》、长安文场《捉猪》、鼓词《兄弟打猎》和琵琶歌《埋没打油茶》等,主要曲艺作者有尹永、周大光、黄大宗、韦敏、郑光松、蒋耀芳和覃垣等。其中《牵骡引路》获全区文艺会演一等奖;《兄弟打猎》获全区曲艺类节目评比二等奖。

20世纪80年代后,文艺体制改革后,境内文艺团体专职曲艺创作和表演人员锐减,创作和演出活动很少。

2002年来宾市成立后,市曲艺家协会充分发掘人才,加强培训和采风创作,深入基层,服务广大众,创作了一批集思想、艺术和观赏性为一体的戏曲作品,取得较好的成绩。

2004年5月,黄刚毅创作的壮族蜂鼓说唱《骑虎》获第二届全国少数民族曲艺展演三等奖。

2005年,来宾的曲艺创作和表演以业余者居多。

丝弦戏　主要流行于忻城县、来宾县等地。最早在清光绪三十年(1904年),丝弦戏从宾阳县传入忻城县城关、古蓬、北更等地。清宣统末年(1911年),宾阳县艺人到迁江县(今兴宾区)石陵乡和平阳街组织“宾阳剧团”,演出丝弦戏。

民国4年(1915年),忻城县成立第一个丝弦戏班社“忻同乐班”后,影响范围进一步扩大。民国20年,迁江县石陵街曾建英(绰号“三块板”)到宾阳学丝弦剧艺,学成归来后组建石陵丝弦剧团。随后迁江街也成立类似剧团。

1949年中华人民共和国成立后,来宾县有平阳、石陵、迁江等地剧团演唱丝弦剧,传统剧目有《跑坡》《回太原》《战洛阳》《下河东》《九龙山》等20个。1983年忻城县文工团编演的丝弦戏《三断打狗案》参加柳州地区文艺会演。

丝弦剧属引进剧,缺创新,无青年演员接班,20世纪末期后,境内不再有丝弦戏演出。

民间舞蹈

境内民间舞蹈主要有忻城瑶族的猴鼓舞、藤弓舞、剑刀舞、花棍舞、长鼓舞等;象州壮族的师公舞、龙舞、狮舞、春牛舞;金秀瑶族的跳盘王、黄泥鼓舞;来宾壮族师公舞中的踩堂舞、独脚舞(又称庆三元舞)、纸马舞等。

最早的民间舞蹈有2种类型:一类是祭祀舞蹈,如师公跳神仪式的《土地扫坛舞》《社王朝阳舞》《灶王舞》《白马、白府舞》《三献罢坛舞》等;另一类是仿百兽生活形象的舞蹈,如节日喜庆表演的《瑞狮舞》《彩龙舞》《草龙舞》《春牛舞》等。

壮族师公舞源于古代巫舞,从境外传入并与本地“傩舞”结合,逐渐演变成民间祭祀舞蹈。

唐宋后,境内出现师公舞。受道教影响,师公舞以土地、社王、雷王、甘王等36神命舞。36神就有36个舞,36款面具,36种唱腔,36样锣鼓牌。36舞以独舞为主,时而伴以双人舞、三人舞、群舞。师公舞语汇丰富,动律特征是颤、晃、摆、扭、踢,节奏明快,情绪高涨,富有民族特色。

长鼓舞是瑶族在节日盛会或祭祀盘王时表演,有双人舞、群舞。舞蹈动作轻捷舒展,舞姿矫健优美。其舞法有36套和72套两种。金秀张国明等人编纂的《金秀瑶族自治县民间舞蹈集成》中入选的70个瑶族民间舞蹈,记录有全部舞蹈音乐和舞蹈动作。

象州壮族师公舞和象州县内师公祭祀活动的内容、动作、扮相基本相同(扮神时头戴面具,着红衣彩裤,腰缠红带,手持木剑或钢剑)。伴奏主要乐器为造型一头大,一头小,中间细的陶制蜂鼓,又称“岳”,小的一头叫“公鼓”;大的一头叫“母鼓”,以手拍击发出“咚”“蓬”相间、古朴沉雄的响声,节奏感很强。

舞蹈扮相常为师公所奉祀的36神，与壮族群众所信仰的神灵大体相同。这些神灵可分为3类：第一类为壮族先民臆造而又虚无缥渺的精神崇拜对象，有土地、灶王、社王、雷王、四帅以及3个花婆王；第二类神灵生前是人，因有功德于民，死后百姓敬之为神，有三界公、冯四公、韦察院、鲁班、甘王及甘陆、甘七、甘八、甘五娘等；第三类为壮族杰出的先祖，亦是理想中的人神，有五谷灵娘、莫一大王等。36神各有面具。师公有36个唱本，36种舞姿，每神出相皆作舞，边舞边唱。有七言壮语师腔《三献腔》《奉花腔》《入坛腔，古周周》《鲁班腔》约6~7个；五言壮师腔《歌咧》《土地腔》《有了有》等4~5个，加上"唱师"时，吸收本地汉语民歌小调《吊声腔》等及五言壮欢、勒脚欢，总共有16个师公常用唱腔。

象州龙舞约始于清代，据调查，清雍正年间各地师公举行法事活动，有龙舞游街串巷。龙舞的一种形式为彩龙，以竹丝编织，纸糊彩绘造型，全身9节，由9人共舞，另由1人手持长柄龙珠逗龙。另一类为草龙，其舞蹈之法与彩龙相同，造型以稻草结扎而成。据传，地方发生流行性传染病，人畜大量死亡时，则舞草龙以祈求皇天保佑人间除病消灾。舞时以点燃的香条遍插龙身，沿街作舞，舞毕，由师公喃谟念咒放火烧化草龙。民间艺人相传，龙的舞蹈有八法：时隐时现日游龙，倒头穿花即盘龙，上下升沉如飞龙，高低摇摆若腾龙，左右翻滚似狂龙，戏水推浪象猛龙，首尾相卷是凶龙，节节兼顾赛活龙。

象州春牛舞又称唱春牛，春牛造型以竹编织成，牛腹底部预留洞口方便进入操作，外糊纸着色。由2人藏身道具内舞动，分别司牛前后部分，模仿牛生活习性作舞；另由1人扮演牧童，身背竹篓，内装青草，头戴尖顶竹笠，一手执镰，一手牵牛行走，并随打击乐节奏边舞边唱春牛歌。歌词固定约40行，大意是奉劝世人勿乱抽打、宰杀耕牛，要爱护耕牛。每年立春之日，农民常作春牛舞、游街串巷，各家各户则鸣鞭炮迎春牛来临，并备豆腐渣捏成小团状，抛洒牛身，同时抛出数十枚铜钱捐与牧童收捡。清至民国期间，春牛舞很流行。民国25年(1936年)后，已很少见。

金秀跳盘王是盘瑶传统系列舞蹈，常在还盘王愿时所用。其舞蹈步法为"步罡踏斗"，以"锁链罡步""三台罡步""七星罡步"（统称"禹步"）为主。跳盘王舞的主要舞蹈，有"上香舞""开坛上光舞""接师傅舞""接众圣舞""还愿舞""长鼓舞""捉龟舞""盘古兵舞"等。

金秀黄泥鼓舞是坳瑶舞蹈，舞者常六男四女。

黄泥鼓舞

男的一人背黄泥母鼓于胸前，右手执竹片击鼓，左手拍击鼓面，边击鼓边舞蹈；四人左手握黄泥公鼓，右手应合母鼓节奏击鼓舞蹈，女的随一男歌师，手执花巾，在外围边唱边舞。黄泥鼓舞动作粗犷，配合默契；加上男女不同音色的歌声，和以黄泥鼓公、母鼓不同音频的鼓点声，场面甚为壮观。

来宾县踩堂舞是演出壮师戏前作闹台的一种舞蹈形式。"踩堂舞"分布于县境内各乡镇，寺山乡、来宾镇较为盛行。它以群舞为主(一般4男4女)。男演员左手拿毛巾，右手执马鞭。女演员左手拿巾帕，右手拿彩扇。舞蹈动作以"马鞭八字大手花""马鞭八字小手花""丁字马鞭敬礼""单脚马步踢袍""单双滚球""梳妆扇""点手巾""闻手""双手平穿花""蝴蝶朝花"等为舞蹈的主要动作，以壮师颤步、碎步为主要步伐。随着壮师锣鼓曲牌的欢快节奏，舞蹈动作柔和抒情，场面活跃，给人一种潇洒自豪感。

独脚舞(又称庆三元舞)　是壮师戏演出前，作为纪念壮师师祖"三元"（唐道扬、葛定应、周护正三兄弟）闹台的一种舞蹈形式。流行于来宾县城厢、溯社、良江等地。其形式以独舞为主，也采用双人舞。"拜师步""独步起舞"等为舞蹈的主要动作。并以壮师戏的慢颤步、快颤步、碎步为舞蹈的主要步伐。以三角圆圈为舞蹈的场面调度，在三角圆圈内反复以上动作。其动作粗犷大方，刚健有力，节奏明快，场面活跃，具有浓郁的壮族特色。

来宾县纸马舞是演唱壮师戏中的一个舞蹈组成部分，是戏前的闹台"跳师"（今称舞蹈）。其内容丰富，形式多样，有独舞、双人舞。以"马鞭八字大手花""马鞭八字小手花""纸马花棍"等为主要舞蹈动作。以壮师颤步、快颤步、碎步为舞蹈步伐。三角圆圈为舞蹈场面调度，在三角圆圈内反复以上动作。分为游马、舞马、返马三个舞蹈部分。动作简练，象征性强，场面活跃感人。

第三章　群众文化

清代，境内城乡歌咏、舞蹈、歌剧、器乐演奏、民间游戏等文化娱乐活动均有开展，主要是学校师生表演。民国24年（1935年）辛亥革命纪念日，各县举行联欢大会，演出歌剧等节目。抗日战争时期，节假日有学校师生、文艺社团表演的宣传民主革命和抗日救国的节目。

中华人民共和国成立后，节假日文化娱乐活动受政府重视，活动内容形式较丰富。逢元旦、春节、“五一”劳动节、中秋节、“九九”重阳节、国庆节等重要节日以及周末，各县城和圩镇在文化馆、站、文化中心、影剧院、俱乐部等场地举行各种形式的文化娱乐活动和文艺晚会。1979年改革开放后，增加卡拉OK比赛等内容，节假日主要文化娱乐内容有交谊舞赛、曲艺、粤曲、美术、书法大赛、竞技比赛项目等。1988年，群众文化活动主要有文艺会演、乐曲表演、山歌对唱、游戏活动等。

20世纪90年代，随着电子游戏室、歌舞厅、卡拉OK歌厅、网吧等文化娱乐场所的兴起，群众文化娱乐活动走向多元化，戏剧、电影等受到冲击。1994年后，每逢重大节日、纪念日，境内各地都以各类文艺演出、电影放映、娱乐活动、书画摄影展、知识竞赛等形式，开展系列活动。1999年，各县（市、区）庆祝中华人民共和国成立50周年表演活动，盛况空前。

2003年，全市开展广场文化1800多场次，参与群众36万多人次。2005年，来宾市各县（市、区）文化部门组织开展山歌演唱会，举行广场文化、社区文化、企业文化、校园文化活动，群众文化活动开展得有声有色。

第一节　文化设施

戏台舞台

明崇祯八年（1635年），武宣县建成武庙戏台，面积70平方米，之后多次重修，20世纪60年代拆除。

清同治十二年（1873年），武宣乡建三里街戏台。戏台白墙绿瓦，红漆木柱上雕龙画凤，台内屏封刻有姿态各异的佛像，台顶天面构造精巧，竹简式筒瓦，四面排水，四角弯曲上翘，并镶嵌双龙吐珠雕塑物，戏台前有副对联：“登妙高台可幸可观一日流传千古事/微歌步舞有声有色万人共听八音谐”。

清代末至民国初，境内各县乡镇圩场、部分大村庄及少数富豪人家建有简易戏台或将酬神祭祀的庙台作为演出场地。

民国16年（1927年），建武宣中学戏台，面积50平方米，地址在县师范学校院。建武宣小学戏台，面积30平方米，已拆除。建二塘街戏台，地址在街圩中心，面积30平方米，1960年拆除。建桐岭街戏台，面积40平方米，戏台楹联为：“台戏舞上下古今功名皆假设/舞戏台丝竹管弦演奏尽迷人”。民国24年，象州县城甘王庙改建为中山纪念堂，改神殿为戏台，可容1000余人看戏。

1952年，合山煤矿在东矿矿部首建1座室内舞台，面积100平方米，为职工专用文娱活动场所。

1954年，象州县建成石龙镇礼堂，摆放座椅1000张。1956年8月，合山煤矿在里兰矿建成工人礼堂，建筑面积800平方米。1958年，建成妙皇乡礼堂，摆放座椅1000张。

1960年，象州县建成罗秀乡礼堂，摆放座椅700张。武宣县城新建县文化馆“百花台”1座，面积60平方米；建成县政府大礼堂戏台，面积80平方米，座位1600个；建成黄茆、二塘、东乡、桐岭、通挽、禄新等区乡政府所在地新会堂，内设戏台可供文艺团队演出。象州、马坪、大乐、中平等乡镇在新圩亭内建造文化戏台。

1968年，象州县建成百丈乡、水晶乡礼堂，分别摆放座椅750张和800张。1974—1979年，建成石龙镇露天影场，有1200个座位；建成象州县城礼堂，有1346张座椅；建成中平乡露天影场，有2000个座位；建成运江镇露天影院，有2000个座位；建成马平乡露天影场，有2000个座位。1975—1982年，忻城县修建古蓬、果逐、大塘3座露天电影场。

1980年，象州县建成寺村露天影场，有1500个座位；建成妙皇乡露天影场，有2500个座位。1981年，合山市有戏台8个：北泗公社1个戏台、合山矿务局6个戏台、合山电厂1个戏台。象州县建起百丈乡露天影场，有2500个座位。1981—1982年，来宾县建筑乡镇影场16150平方米，有2100个座位。1982—1989年，来宾县修建各乡镇礼堂面积2600平方米，有2100个座位。

1983—1986年，象州县建成马平乡礼堂，有800个座位。1986年，来宾县建成冶炼厂露天影剧场，有水泥座凳1200多个。1990年，武宣县142个行政村建有戏台。各县(市)部分自然村建有戏台。

2005年，市城区来宾电影院、远东影剧院、人民礼堂、文化娱乐中心、多功能体育馆等有戏台设施。各县(市、区)乡村、社区建有文化娱乐表演戏台。

影剧院场

民国22年(1933年)5月，横县私营电影队在忻城县古蓬街租用木楼民房作放映无声电影场地，酿成坍塌事故。民国31年，广西省政府电影队在忻城县西宁街大操场放映动画片《麻雀将军》和纪录片《九一八》《十九路军》、故事片《王老五当兵打日本》。

1951年冬，广西省人民政府电影队首次到来宾县城(城厢)中山广场放映《丹娘》《区委书记》。

1960年，来宾县建成人民政府礼堂，室外来宾电影俱乐部进驻礼堂改名为“来宾电影院”。武宣县电影院建成，有800张座椅。八一锰矿建3个露天剧场：矿部露天剧场座位3024个；一矿露天剧场座位2561个；八矿露天剧场座位2224个。

1976年，合山矿务局将工人礼堂改建，面积1776平方米，有1657张靠椅。之后，建东矿、柳矿、石村矿、煤机厂工人礼堂。

1977年冬，来宾电影院兴建三层楼房，占地面积2000平方米，建筑面积1000多平方米，电影观众厅宽20米、长40米、高8米，有1170个座位。

1980年，象州县建成中平乡影剧院，有900张座椅。来宾八一锰矿投资60.9万元，在矿部建成影剧院1座，建筑面积2421平方米，有1296张座椅。

1982年，来宾县兴建迁江镇电影院，建筑面积800多平方米，电影观众厅宽17米、长30未、有750个座位，1983年投入使用。1982—1986年，忻城县兴建古蓬、大塘2座电影院。

1983—1986年，合山市建成北泗电影院，面积830平方米，有800个座位；象州县建成大乐电影院，有800张座椅；建成下田锰矿影剧院，有1000个座位；建成罗秀乡电影院，有800个座位。合山市建成合山电厂电影院，面积1344平方米，有1393个座位，内装空调设备。来宾县建成金海影剧院。

1987年，来宾县建成来宾电厂影剧院，有1200多个座席。1988年9月，合山市政府兴建露天娱乐广场，面积1200平方米。合山市电影发行公司建成有200多个座位的影视厅。

1990年，象州县建成寺村影剧院，有1400张座椅。忻城县有国营电影院3座和农村电影院3座，有观众座椅3600张。合山市有电影院9座，共9600个座位。

2000年，来宾迎宾广场建成，用地面积22686.65平方米，其中广场占地面积14380平方米，成为业余文艺爱好者自发组织表演的重要场所，党政部门组织开展大型影视和表演比赛活动的常用场地。

2005年，来宾市行政中心广场成型，占地面积72100平方米。来宾市河东区有人民广场，以市二中足球场为基础，有露天影场、东方红灯光球场，为平时区域性集会或大型活动之用。县域城区有象州镇文化广场、金秀镇文化广场、合山市岭南镇红河时代广场、忻城中心文化广场和土司文化广场等。

文化馆站

来宾市群众艺术馆　2003年1月17日，来宾市群众艺术馆挂牌成立，为来宾市文化局下属单位。编制12名，实有10人，其中管理六级1人，副高级专业技术职务资格0人，中级专业技术职务资格5人，初级专业技术职务资格4人。2004年7月，该馆到象州县中平镇举办小戏、小品、舞蹈培训班。2005年，编制12名，实有12人，其中副高级专业技术职务资格2人，中级专业技术职务资格6人，初级专业技术职务资格4人。

来宾县文化馆　1951年3月，来宾、迁江两县设立“人民文化馆”，分别设于城厢西门街红江楼、迁江街徐学文家。1952年11月，来宾、迁江两县合后并设“来宾县文化馆”，原迁江人民文化馆改作文化站。1954年5月，来宾县文化馆由县文化科领导。此后，分别隶属更变的文教局、文教小组和文化局。馆里有图书阅览、阵地宣传和基层文化活动等室组。1980年冬，自治区文化局拨款在来宾镇北二路西端建成文化馆新楼，建筑面积800平方米。原文化馆房地(县人民委员会大礼堂前左侧)交图书馆使用。来宾县文化馆成立后，先后组织成立过文艺队、文艺辅导队等。1966年，来宾县在农村和街道建立48个基层文化组织(文化室12个，俱乐部36个)，后减至25个。当时的活动以政治宣传为主。1978年，来宾县文化馆先后在寺山、石牙、溯社、陶邓、凤凰、良塘等公社建立文化站。次年发展到15个。同时协助文化站办起文化室39个，俱乐部26个。1984年12月，来宾县文化馆借用图书馆内院搭盖临时舞厅和录像放映室，成立“文化乐园”。1986年，来宾县文化馆租借县人民政府大礼堂，并将“文化乐园”更名为“县城文化中心”，有场地1000平方米，其中舞厅、录像放映室、桌球室和其他游戏室各1间。除设有音乐舞会、录像放映、桌球和棋类外，重大节日增设灯谜和其他游戏项目，活动每周一般4次。1986年参加者有4万人次，收入1.5万元。1990年，来宾县有文化活动中心8个，文化站24个，俱乐部（卡拉OK舞厅）64个，专职工作人员64人，兼职人员247人。

象州县文化馆　1951年成立，文化馆使用面积419.8平方米。另有文化活动棚200平方米，室外活动场地300平方米，阵地宣传窗21平方米，设美工、文学创作、文艺辅导组、录像放映室，职工12人。1978年冬，由象州县文化馆文艺辅导员及农村业余文艺骨干组成业余文艺辅导队，在县内巡回辅导，开办彩调、戏剧基本功、化妆基本知识、表演基本知识等学习班，为64个农村业余文艺队培养业余文艺骨干314人。至1990年，文化馆辅导人员下乡31人次，辅导农村业余文艺骨干850人次；举办业余文艺创作学习班5期，学员115人次；下乡辅导文艺创作96人次；举办业余文艺队骨干学习班6期，参加学习150人次；举办业余美术学习班5期9班，参加学习326人，下乡辅导美术创作56人次。1978年，文化馆增建新馆，并添加文化娱乐设备，每天有录像放映、舞会、音乐茶座，周末增加电动游乐车、棋类活动。逢节日还增加灯谜、电子游艺等游园活动，并举办麻将、扑克、象棋、围棋比赛及老年山歌自唱活动。每年春节，组织各乡镇舞狮、舞龙队、高跷队、业余文艺队到县城参加拜年、抢青等表演、演出活动。

武宣县文化馆　1951年3月，武宣县人民政府建县文化馆，馆址在城厢镇南城门楼上，时配员4人。文化馆负责培训民族民间艺人，编写山歌，绘制图书、幻灯片，到乡村巡回放映展出，并创作快板、渔鼓等演唱，协助各乡村农会农民夜校，学习文化知识、宣传共产党和人民政府的主张，动员人民群众努力发展生产，参加政治运动。1952年9月，武宣、象县两县并为石龙县并成立文化馆，配员4人。1962年4月，恢复武宣建置后武宣文化馆随之成立，配员5人。主要工作是协助各生产大队培训农村文艺骨干，配合当时中心任务开展宣传活动。先后组织农村业余文艺宣传队66个，文化俱乐部69个。1964年，武宣县拨款1.2万元于县城东街兴建面积240平方米的文化馆舍。馆内设文艺创作室、美术书法室、图书阅览室和文艺工作队，配员25人。1978—1979年，自治区文化局拨款7.3万元，县文化馆自筹0.25万元，于县城东街口新建700平方米的二层楼房和80平方米“百花”舞台，兴办舞厅、茶座、录像放映室、展览室、老年娱乐室、儿童娱乐场、旱冰场和文艺排练场等。

金秀瑶族自治县文化馆　成立于1952年，主要负责瑶族民间艺术的挖掘、整理和提高，组织群众业余文艺会演，开展群众文化活动，培养业余文艺骨干。1954年，金秀文化馆举办县第一次业余文艺会演。金秀区六拉、六段、寨保、长二、将军，长垌区桂田、长垌，六巷区古陈，罗香区罗运等村共100余人，表演了传统彩调、瑶族歌舞等文艺节目。1956年，金秀文化馆组织的自治县民间艺人代表队，参加平乐专区首届文艺会演大会，演出《跳盘王》《白马舞》《蝴蝶舞》《三元舞》《香哩歌》等节目，获得大会一致好评。这些节目，当年还在广西省业余文艺会演大会上表演。龚玉莲、盘日新获舞蹈表演二等奖。1956—1959年间，金秀文化馆指导农村开展业余文化活动，帮助成立农村俱乐部，活跃农村文化生活。这期间，多次举办山歌对唱会和民间舞蹈学习班。1960年，举办全县歌剧《刘三姐》大会演。“文化大革命”运动初期，县文化馆的活动基本停顿。1969年，金秀在全县辅导、演出《红灯记》《沙家浜》等“革命样板戏”。1979年，金秀24个业余文艺队共演出141场。县文化馆举办民间歌手座谈会，民间音乐舞蹈调演及各种文艺培训班25期，出版墙报、漫画26期。1981年，金秀举行瑶族民间音乐舞蹈会演，209人参加演出节目5场。1985年，金秀有业余文艺队36个。文化馆开办美术学习班1期，彩调学习班2期，放映录像250场，举行交谊舞晚会70场。1987年，金秀文化馆开办手风琴、电子琴、美术学习班，举办舞会70余场，录像放映130场，编印文艺演唱等资料600份；文化馆协助县中学成立金鹰歌舞团，参加境内业余文艺会演，获演出奖第1名。1997年，金秀文化馆争取上级经费，对馆内业务楼房进行全面维修改造，内设办公室、音乐室、舞蹈室、排练场等业务用房。2000年重新添置音响、电视、电脑、摄影器材。2005年，有职工7人。

忻城县文化馆　1952年，忻城县文化馆成立，设馆长1人，工作员5人。1990年，忻城县文化馆工作人员有20人。图书阅览是文化馆（站）活动内容之一，文化馆用部分业务经费购买图书、订购报纸杂志、购置阅览桌椅等，并指定专人负责管理，长期向群众开放。1950—1957年，忻城县城乡普遍成立文化夜校（1951年有夜学班307个，学员1342人）、业余剧团、秧歌队、读报组（1951年有读报组147个，学员4203

人）、山歌组，通过黑板报、土广播等各种形式向群众进行宣传。1958—1965年，忻城县文化馆配合兴修农田水利、大办钢铁和技术革新等运动，在县内城乡成立俱乐部520个，组织群众学习文化知识。1966—1976年，忻城县开展唱“革命样板戏”“语录歌”和读毛泽东“老三篇”著作（《愚公移山》《为人民服务》《纪念白求恩》）为主要内容活动。中共十一届三中全会后，全县农村先后建立图书室48个。1985年，自治区民委和忻城县人民政府拨款，在原县政府招待所旧址兴建一座占地面积400平方米的文化馆大楼。新馆大楼4层，建筑面积1242平方米，内设音乐厅、舞厅、游戏室、录像放映室、娱乐室、桌球室、摄影暗室及戏剧创作、美术、音乐、表演等辅导工作室。桌球室有球桌4张，全天开放；录像室设200个座位，圩日和每天晚上放映。1986年10月—1987年10月，每周末举行一次舞会；从1988年10月后，改在节日晚上举行。1986—1988年，忻城县节日和每周星期日开放儿童电瓶车和电动电子玩具。

来宾县乡镇文化站　1990年，来宾县24个乡镇设有文化站。1989—1997年，来宾县各乡镇文化站由县文化局直接领导，人事安排由乡镇党委和县文化局负责。1997年机构改革后，来宾县乡镇文化站人事权改由乡镇政府直接管理，县文化局为上级业务指导部门。2005年7月，大里乡并入迁江镇、溯社乡并入平阳镇、北五乡并入凤凰镇及撤销来宾镇后，兴宾区原有24个乡镇文化站缩减为20个。

象州县乡镇文化站　自1978年冬起，象州县11个乡镇先后建立文化站。乡镇文化站为民办公助性质，设专干1人，由乡镇聘请。主要是开展阵地宣传、图书阅览、文娱、体育活动，普及科学文化，进行文艺创作，发掘民族民间艺术，组织辅导业余演出等活动。平时开展文化阵地宣传，重大节日组织体育比赛、文艺演出及各种展览，举办山歌比赛。至1988年，象州县各乡镇文化站共订有各类报刊436种，藏书36451册；出版墙报、黑板报339版，选贴报2861版；组织文艺演出4270场；举办各种展览279次，山歌比赛173次。中平、寺村、罗秀、运江4乡镇文化站发展较快，已建成初具规模的乡镇文化中心。较突出的中平乡文化中心，1980—1986年，县共投资70500元，建有影剧院，室内舞台3个480平方米，溜旱冰场1座，阅览室、录像放映室共146平方米；藏书6770册。

武宣县乡镇文化站　1980年后，武宣县13个乡镇先后设立文化站。每站配文化工作专职干部1人。文化站在乡镇政府的直接领导和县文化主管部门业务指导下，开展群众文化活动。据1980年的统计，武宣县各文化站图书阅览室共藏书19200册，建立农村文化室132个，业余文艺队95个，队员2856人。1990年，武宣县农村文化室共成立戏曲创作组61个，美术书法组16个，还建有“青年之家”“民兵之家”，活跃农村文化生活。

金秀瑶族自治县乡镇文化站　1978年，金秀7个公社全部建立文化站，有45个业余文艺队、4个业余美术创作组、10个业余文艺创作组；举办文艺晚会23台，演出节目252个，共演出62场，观众达6万人次以上；还举办县文艺会演1次、公社级文艺调演3次。金秀、罗香、长垌、忠良、大樟等公社建有文化站用房。

合山市乡镇文化站　1978年底，北泗乡文化站建成，位于北泗街中心，原文化站办公楼建筑面积为120平方米。1987年2月，合山市岭南镇文化站成立，负责全镇的文化娱乐活动。1988年6月，合山市河里乡文化站成立，负责河里乡的文化娱乐活动，还负责该乡图书借阅等日常文化工作。2005年，合山市耗资36万元，新建604平方米的文化站综合办公楼。

忻城县乡镇文化站　1978年后，忻城县各乡镇文化站设图书阅览室和娱乐活动室。农村俱乐部改称农村文化室，1978年有12个，1990年有42个。

第二节　业余文化团体

师公团

清康熙二十五年（1686年），来宾县周罗师公团成立，成员分布在9个村，首届师爷罗胜晓。康熙二十八年，六叫师公团成立，成员分布在5个村，首届师爷韦明光。康熙中期，黄峡师公团成立，成员在8个村。康熙末年，太平师公团成立，成员在6个村。乾隆年间，施村师公团、鸡灵师公团、能子师公团、大本师公团成立。嘉庆年间，五香师公团、都满师公团成立。同治年间，军屯师公团成立。光绪年间，平田师公团、塘尾师公团、银峡师公团、上李师公团、贺山师公团成立。清末民国初，平安师公团、曲村师公团、寨暖师公团、平塘师公团、大宝师公团成立。

民国12年（1923年），来宾县彩村师公团成立，成员在6个村，首届师爷韦志喜。民国15年，雷城师公团成立。民国17年，古抗师公团成立。民国20年，下料师团、大龙师公团成立。民国21年，韦村师公团成立。民国23年，杨村师公团成立，成员在7个村，首届师爷韦科显；溯社师公团。民国26年，歪傍师公团成立。民国27年，龙山师公团成立。民国29年，寺村师公团、周村师公团、古梦师公团、合隆师公团成立。民国30年，大任师公团成立。民国33年，陈村师公团、巴寺师公团成立。民国34年，凡屯师公团成立。民国36年，排陈师公团成立，成员在8个村，首届师爷莫年；大村师公团成立，成员在4个村，首届师爷潘湘文；小高龙师公团成立，成员在5个村，首届师爷韦斯仁；摇灰师公团成立。民国末年(1949年1月1日至9月30日止)，韦里师公团成立。此外，民国年间，还有欢怀师公团、中山师公团、良江师公团。

业余艺术表演团体

清光绪二十七年(1901年)，象州城区有专门表演桂剧清唱的“玩子馆”。象州桂剧馆为境内最早的业余文艺表演团体。其后，有桂剧爱好者自发组成“同乐堂”。

民国时期，境内各县农村组建有舞狮队，参与“抢炮”和喜庆活动。舞狮队有狗狮、熊狮和猫狮三种。每当农历八月十五或正月初一、六月初六庙会日子，均有舞狮表演。

民国22年(1933年)，象县组建桂剧“雅集团”。抗日战争爆发后，该团改为“建国歌剧团”，主要是为募集资金义演，慰劳前方抗日将士。民国34年，以该团主要骨干为基础，吸收青年文艺爱好者，组建“象州桂剧团”。

民国8年(1919年)，金秀地方绅士创建桐木桂剧团。主要演出《黄鹤楼》《空城计》《打鼓骂曹》等短小桂剧。中华人民共和国成立后曾改名桐木宣传队、文体代表团、中心俱乐部、桐木大队文艺宣传队等，为业余组织，除演出传统节目外，还改编排演《红灯记》《红色娘子军》《箭杆河边》等现代桂剧。

民国30年(1941年)2月，金秀警备区署组织成立抗日救亡宣传队，成员中有瑶族民间艺人25人，采用一香哩、吉冬诺、吹木叶等瑶族艺术形式演出抗日救国歌曲、小戏，曾到桂林、荔浦、修仁等地演出，回来后即解散。

民国36年(1947年)，合山溯河桂剧团建立，有职员22人。演出节目主要有《花木兰从军》等(1967年桂剧团自行解散)。

20世纪50年代，武宣县成立台村业余剧团和桐岭村业余文艺队。忻城县成立城厢业余桂剧团和屏山等39个业余文艺队。象州镇业余桂剧团、业余歌咏队经常为人民解放军剿匪部队演出。合山矿组建职工业余文艺队。武宣县三里街组建业余剧团。

20世纪60年代，境内城乡普遍组建毛泽东思想文艺宣传队。来宾县成立有大约30个业余师公队，常年开展演唱活动。

20世纪70年代，合山电厂组建工人业余文艺宣传队，北泗公社组建业余毛泽东思想文艺宣传队，河里大队建立文艺宣传队。忻城县组建341个文艺宣传队，有队员2440人。象州县厂矿、农村建有61个业余文艺队，演出节目有彩调、歌舞、曲艺等。

20世纪80年代，合山矿职工业余文艺队、北泗公社文艺宣传队、合山电厂工人文艺队、合山市文艺代表队、忻城县等地有42个文艺宣传队正常开展活动。

从1996年起，文化娱乐节目多元化，乡镇、厂矿业余文艺团体有所减少。象州县能正常排练演出的业余文艺队有49个，人员1423人，演出110场次。武宣县有68个队，忻城县有21个队。1981—1990年，来宾县来宾镇镇北街道壮师队坚持业余演出，在县内公演1000多场次，观众70多万人次，受全国民族团结进步表彰大会表彰。

20世纪末期，境内农村、城镇社区经常有业余文艺会演。2000年，来宾县有业余文艺队140个，舞狮、舞龙对200多个。象州县有农村业余文艺队45个。

2003年，全市有民间职业剧团3个。兴宾区桥巩乡下料村业余文艺队经常在本村或到周边乡镇交流演出。

2005年，来宾市农村业余文艺队自编自演文艺节目，宣传党的路线、方针和政策。

第三节 群众文化活动

传统节庆活动

中华人民共和国成立前，境内在传统节日(如壮汉族的春节、元宵节、社王节、端午节、清明节、中元节、中秋节；壮族的“三月三”、瑶族的盘王节、达努节等)期间都有赶庙会、唱山歌、舞狮舞龙、演师公戏、跳民族舞蹈等文化活动。

元末明初，境内来宾县在龙洞山建龙洞寺，每年正月二十九、二月十九为祭祀神祇花林圣母龙洞山庙会。明万历年间(1573—1620年)，来宾县建鳌山庙，每年农历三月初三花王节和六月初六花婆诞日为祭祀神祇花林圣母鳌山庙会，每次庙会有3万~4万香客前来参拜。明清至民国时期，鳌山是来宾县八景之首，久负盛名，有“广东佛山，来宾鳌山”之美誉。明朝，建甘东盘古大庙，每年六月十八、八月初八为祭祀神祇盘古兄妹甘东庙会。上述庙会一直延续至今。

师公戏传入境内有300多年历史。清光绪二十四年（1898年），合山有师公戏演出队。民国初年，来宾、迁江、忻城、武宣、象州、金秀壮族有师公戏徒。1949年，来宾、迁江两县有50个师公堂，计1000多名成员。各个师公堂参加节庆文化活动，既有唱神故事，也有唱人故事。

民国时期，武富县黔江以南的马步、桐岭、通挽、禄新等壮族聚居的地方，师公戏表演盛行。通换乡有4个师公班，成员分布在24个自然村。黔江以北的东乡、三里、二塘、黄茆等壮汉杂居地，每个乡有1个师公班，只做喃巫驱鬼和安神打醮之类，很少唱师公戏。

现代节庆活动

中华人民共和国成立初期，师公戏曾停演一段时间。在节庆期间，青年男女热衷于跳秧歌舞、腰鼓舞和表演以唱欢为主的山歌戏。

20世纪50年代，境内节庆文化活动比较丰富。元旦、春节、“五一”劳动节、中秋节、国庆节，在县城和圩镇的文化宫（馆站）、影剧院、俱乐部等场所，举行文化娱乐活动或文艺晚会，表演桂剧、彩调剧、木偶戏、民间舞蹈和舞狮舞龙等。

1950—1975年，境内节庆文化活动以舞龙舞狮、演戏、放电影、演彩调剧为主。1976年，师公戏复兴，来宾县有师公队140个，成员2060人。师公戏表演，唱舞结合，多数为先舞后唱，锣鼓伴奏，也有少数用二胡伴奏演唱，每次演出，有通宵达旦演一天两天的，也有连续演数昼夜的。20世纪70年代末，师公戏改革，把现代剧目移植到师公戏里，为节庆活动增添时代气氛。1979年以后，群众音乐、舞蹈、戏剧、曲艺、壮师、美术、书法、摄影等活动日益活跃，各种形式和内容的文艺会演和比赛，美术、书法、摄影展览、文化节、文化艺术节名目更多。各级文化馆、站以及业余文化组织，除文化娱乐之外，还开展科学技术知识学习，文化、文艺知识学习，时事政策宣传，经济、生产信息传播和群众体育活动。开办舞厅、歌厅、放映录像、桌球和各项游艺活动。节假日主要文化娱乐活动有交谊舞、曲艺、粤曲、美术书法大赛、竞技比赛、卡拉OK等项目。民族传统文化活动恢复，壮族群众在“三月三”、中秋节等传统节日举行山歌唱会，开展各种文体娱乐活动。汉族在元宵节或其他喜庆节日举行舞龙舞狮活动。瑶族每年农历十月六日跳长鼓舞，纪念祖先盘瓠王；在春节期间跳长鼓舞拜新年。

大型文化活动

1986年元旦，来宾县城文化中心建成后，经常举办音乐舞会、录像放映、桌球棋类、游戏灯谜等项目活动。当年有4万多人参与活动。

1989年10月1日，金秀瑶族自治县在体育广场举办庆祝中华人民共和国成立40周年文化娱乐表演活动，乡镇、县直机关、厂场、学校14个文艺队1100人参加演出。

1992年，来宾县举办第四届宾城之春文艺活动，承办柳州地区壮族“三月三”歌节。11月10日，金秀瑶族自治县城隆重庆祝自治县成立40周年，举行“瑶岭欢歌”大型文艺表演活动。

1993年，来宾县举办第四届艺术节，有15个代表队300多人参加文艺演出。

1994年后，每逢重大节日、纪念日，境内各地都开展各类文艺演出、电影放映、文化娱乐、书画影展、知识竞赛等系列活动。

1995年春节，来宾县举办大型文艺游园活动，有“彩蚌迎春”“纸马啸”“八仙过海”等10多个活动项目，400多人参加表演，观众上万人次，开创来宾县大型民间文化活动先河。4月15日，金秀瑶族自治县在县城举办“1995瑶族度戒节”活动，有38个代表队850名代表参加表演，观众2万多人。表演节目有五个支系瑶族服饰、黄泥鼓舞、女游舞、上刀山、蝴蝶舞、雄鹰展翅、翻云台、扎吊猪舞、狮子滚球、口吞筷条、钓鱼舞、下火海、三元舞等。

1997年5月10日，金秀瑶族自治县举办瑶族服饰大美展暨圣堂山杜鹃赏花周大型文艺表演活动，有30个代表队400名演员参加表演，观众1.2万人。6月，来宾县举办“迎香港回归”大型文艺晚会。7月1日，金秀瑶族自治县在县城体育广场举行香港“97喜迎回归，共创美好未来”大型文艺联

来宾·法国狂欢节

欢活动，有14支表演队400名演员参加演出。忻城县举办迎香港回归、庆“七一”大型文艺演出。

1998年春节，来宾县组织业余彩调团在县城举行文艺演出，同时举办山歌、斗鸟比赛，舞狮、舞龙表演。有243名演员登台演出，观众2万多人次。10月15日，金秀瑶族自治县在县城体育广场举办全国瑶族服饰大美展文化活动，来自5省25个瑶族代表队参加表演，观众2万多人。12月，来宾县举办“庆祝广西壮族自治区成立40周年”文艺晚会，350多名演员参加演出。

1999年，各县（市）举行庆祝中华人民共和国成立50周年大型文艺会演活动，盛况空前。同年10月16日—17日，金秀瑶族自治县在县城举办“盘王节”文艺表演，有200名演员参加演出，1.8万人观看演出。

2000年春节，来宾县组织大型游园联欢活动，有文艺演出、山歌比赛、斗鸟比赛、斗牛表演等，观众3万多人次。

2002年春节期间，来宾县组织大型游园联欢活动，有文艺演出、山歌比赛、斗鸡斗鸟比赛、舞狮、舞龙表演等；忻城县举办迎春文艺晚会。同年11月25日，金秀瑶族自治县举行庆祝自治县成立50周年大型文艺广场歌舞表演。具有瑶族特色的表演项目“金狮狂舞”，58头雄狮大放异彩。18个代表队1400名演员参加表演，6万观众大饱眼福。

2003年，境内各县（市、区）举办广场文化活动1800场次，参与活动群众36万人次。同年，来宾市举行首届“来宾·法国狂欢节”盛大活动。

2005年，来宾市举行第三届“来宾·法国狂欢节”盛大活动。

第四节　非物质文化遗产

2005年，来宾市组织专家对全市的非物质文化遗产进行普查，申报国家级项目2个（盘古文化、瑶族石牌制），自治区级项目4个（壮师戏、壮族烽鼓、瑶族黄泥鼓、壮族布伢文化）。

第四章　广播　电视　电影

20世纪50年代初，境内始有有线广播。1950年6月，忻城县成立境内第一个收音站，到1957年，各县均建立收音站。1956年8月—1958年11月，各县在原收音站基础上相继成立广播站（合山市于1983年从来宾县析出，1989年建广播站），架设广播专线。1969年后，农村广播大发展，县广播站节目逐渐增多，除本县新闻，还办有理论讲座、农业科技、听众信箱、天气预报等专题节目。

1979年，忻城县广播站开设《真理标准问题讨论》专题节目。20世纪80年代初期，各县办得相对稳定的节目有《本县新闻》《经济信息》《农业科技》《致富之路》《理论学习》《法制园地》等。1989年12月1日，武宣人民广播电台成立，境内始有无线广播。至2005年，全市共有地市级广播电台一座，广播节目一套，调频广播发射台和差转台3座，调频发射功率为6.40千瓦。

20世纪70年代末，境内始有靠室外天线可收看1~2个台的电视节目。20世纪90年代，境内始有线闭路电视，电视频道增加，电视节目增多。2005年，境内有电视台一座，电视节目两套；县级广播电视台五座，广播电视节目各一套。全市有电视发射台和差转台五座，电视发射功率为11.80千瓦；卫星接收站点32027座，有线电视用户24.55万户，其中数字电视用户6.66万户。有线广播电视传输网络干线总长2042千米。

民国时期，境内电影业为私人经营，业主与影片发行公司驻柳州代表签订供片合同租片放映黑白无声电影。中华人民共和国成立后，境内电影事业得到较快发展，各县成立电影放映队、电影放映管理站。1980年起，各县电影发行放映管理站改称电影发行放映公司，各公社成立电影管理站。20世纪90年代初，各农村放映点全面普及，每个点每年至少放映12次以上。1995年后，随着电视、娱乐业的普及，电视节目逐渐增多，电影放映上座率下降。1996—2005年，大部分私营、集体、个人经营的电影院解散改行。

2005年，全国“村村通”广播电视工作现场会在来宾召开，来宾成为全国“村村通”工程建设示范点。

第一节　广播电台　电视台

电视频道　1990年12月，柳州地区电视台成立初期，借用广西电视台频道，每周播出两次，每次20分钟。1994年12月，广电部正式批准柳州地区电视台使用六频道，功率10千瓦，成为有独立频道电视播出机构。自办有《桂中新闻》《百业信息》等栏目，利用广西广电技术中心柳州分中心古亭山发射电视信号，节目覆盖整个柳州地市及河池、桂林等地市一部分。

2005年，来宾市广播电视台设无线频道《新闻综合频道》、有线频道《影视频道》（借用广西电视台公共频道）共两套电视节目以及一套广播电台节目。电视台《新闻综合频道》每天播出18小时，《影视频道》每天播出8小时；来宾人民广播电台全天播音18小时。

广播节目　来宾市人民广播电台FM103.5调频立体声广播是广西中部新的现代化大众传媒，每天播出18个小时。发射台位于柳江河畔的柳州古亭山上，发射功率为3千瓦，电波覆盖柳州市、来宾市等广西中部城市及周边近20个县（市、区），覆盖人口600万。

第二节　传输网络设施

电视网络设备

20世纪70年代中后期，境内各县借助拉杆天线或室外天线直接接收电视节目。

20世纪70年代末80年代初，境内各县建立电视差转台，用50瓦差转机收发差转广西电视台节目，覆盖面积较小。

1984年6月除忻城、来宾（两县大部分地方已能收到大明山广西电视台信号）外，其余县已建电视差转台。1985年，来宾县电视差转台建成，是南宁至桂林微波干线的一个中继站，设有2台50瓦彩色电视差转机和1套6频道发射天线装置。1986年10月，合山市组建合山市卫星电视地面转播台，合山电厂卫星电视接收站建成使用。

1998年3月—1999年6月，武宣县实施第一轮村村通广播电视工程，全县建立卫星地面接收站80个。

2000年12月，武宣全面完成自治区下达的通电的行政村村村通广播电视任务。

2004年6月25日，广西广播电视信息网络股份有限公司合山分公司成立。下半年，国家和自治区开始实施50户以上自然村村村通广播电视工程，武宣县获得190个50户以上自然村“村村通”工程建设项目，并得到国家和自治区项目资金271.2万元、县财政配套资金40.53万元。全县在实施50户以上自然村村村通广播电视工程建设中以“村村通”为基础、以“户户通”为标准、以“长期通”为目标，按照成片联网、有效覆盖、点面结合、先易后难的工作要求，展开“村村通”广播电视工程建设大会战。在工程建设中做到建一个、成一个，建一片、联一片，到一村、通一村，同时建立起区、市、县、乡、村五级网络贯通的垂直管理体制，确保“村村通”长期通。

2005年12月，武宣县架设光缆260多千米，完成“村村通”工程建设195个村，占自治区下达任务190个村的102.63%，入网入户率72.5%，入户数19764户。全县构建起以城区为轴心，光缆主干线东西南北贯通，光缆干支线上下左右进村，多路微波四面八方覆盖的农村广播电视传输网络。金秀瑶族自治县完成卫星广播电视转星调整天线5462面，解决了农民看电视难的问题。忻城县广播电现完成“村村通”建设119个点、入户3420户，入户率35%。忻城县广播和电视覆盖率分刻为65%和86%，尚未建成数字转化。

采编播设施设备

1988年以后，各县（市）电视台购置了摄像机，编辑机、电脑、打印机、题词器等，保证电视新闻的正常播出。

1990年底，来宾县广播电视部门有编辑、记者、播音员、行政、技术人员等50人。

1984年10月，来宾建微波台，1985年9月20日建成交付使用，总投资为76万元，建有工作楼395平方米，生活区600平方米。铁塔天线1座，高80米。主要负责将广西电视台及广西人民广播电台的电视、广播节目通过微波传送到柳州、桂林。共有6路彩色电视讯号和4个频道的广播讯号，经来宾微波台收转放大至南北方向。

1995年，象州县广播电视台购置2台M-9000型的摄录机，一套JVC-368型的编辑机；一套索尼UVW-1800P型编辑机。2005年，象州县财政出资购置索非SF-6500A非线性编辑系统1套，MS硬盘自动播出系统1套，SONYOSR-250摄像机1台，SONYOSR-45录像机1台。

1999年，忻城县投资建设县电视演播厅。2003年，忻城县建设监视电视播出电视墙。

2004年12月，武宣电视台实现节目采集、制作、播出、存储的数字化，有数字摄像机7台，非线性编辑系统4套，硬盘播出系统1套。

2005年，忻城电视台实现采、编、播全数字化，采用视频硬盘播出。

2005年，金秀瑶族自治县有松下索尼摄像机7台、非编机子2台、数字录像机3台、模拟录像机3台、电脑5部、题词器2台、硬盘播出机（主、副）1套。

广播设施设备

1969—1977年，境内各县的公社、大队先后建立广播站，广播专线6642千米，小片广播网2316个，喇叭入户数373202户，广播功率达61440瓦。

1978—1991年，广播事业经历了滑坡倒退和恢复发展两个时期，广播功率63.93千瓦，广播专线2783千米，小片广播网9个，喇叭入户数8.19万只。

1989年12月1日，经国家广播电影电视部批准，武宣县人民广播电台成立。电台发射功率50瓦，发射频率102.3兆赫，广播信号覆盖全县13个乡镇和毗邻县（市）交界的乡村。播音语种为桂柳话、壮话，栏目设有武宣新闻、壮语新闻、政策法律、畜牧知识、小说连播和文艺等。

1998年2月，武宣人民广播电台发射功率为100瓦，发射频率为100.7兆赫。2001年9月武宣人民广播电台播出语种由桂柳话改为普通话。

2005年12月28日，来宾人民广播电台开播。市广播电视局本级有地市级电视台1座，电视节目两套；广播电台1座，对国内广播节目一套；电视发射台和转播台3座，电视发射功率为11.3千瓦；调频广播发射台和差播台2座，调频发射功率为3.5千瓦。来宾人民广播电台发射机主频率FM103.5位于柳州古亭山上，北京产吉兆发射机，功率3千瓦；为增加来宾市区的覆盖率，在来宾另设了频率为FM95.5，功率为300瓦的辅助发射机。直播间采用德国产KLOTZ-aeoh2×8路数字直播调音台及杭州联汇产数字音频工作站系统，录音间采用两台日本产TASCAMDM-320048通道数字调控台（其中一台可作直播间备播系统）。年末，自治区下达来宾市"村村通"广播电视工程建设530个村屯的建设任务，完成537个村屯，占任务总数的101.3%，入户数41146户，入户率75.2%。采用光缆联网的村屯409个，MMDS联网的村屯112个，小片联网的村屯16个，自建杆路324千米。

第三节　广播电视节目

广播节目设置

1950年起，来宾县广播站自办节目有"本县新闻""天气预报""文艺教育"节目。1958年10月13日，忻城县广播站在《本县新闻》节目播出忻城县"放了一颗19小时产煤67.15万吨的卫星"。同月27日又播出"放一颗日产煤110.36万吨的卫星"。

1966—1976年"文化大革命"期间，宣传内容围绕"以阶级斗争为纲"主题，报道"农业学大寨"及各行业好人好事等新闻。

1967年11月，来宾县广播站机房设备遭受人为破坏被迫停机停播。1968年10月，来宾县广播站恢复播音。

1969年以后，随着农村广播网建设大发展，各县站的自办广播节目逐渐增多，除本县新闻以外，还办有专题节目，如理论讲座、农业科技、听众信箱和天气预报等。这个时期，强调"突出政治"，各县站办广播讲座节目特别活跃。1978年6月，来宾县广播站增办"科技广播讲座""一周时事""市场行情""经济广告信息""为听众服务""听众点播""全县广播站联播"节目。1981年，忻城县广播站增设理论学习节目。象州县自办节目有"本站综合节目""科学知识""生活知识""听众点播""专题讲座""每周一歌"。1983年，各县举办"四项基本原则宣传教育"专题，广播讲座内容起了质的变化。1985年以后，象州县广播站自办节目有"本县新闻""致富之路""科学与生活""科技知识""听众信箱""文化生活""园丁与花儿""信息与服务""天气预报""普及法律知识""农业科技""生活与保险""税务政策""象州金融"。各县广播节目逐步改革，删掉一批形式主义的节目，改掉过去那种"左"的内容，广播节目更贴近生活、贴近听众。忻城县广播站在播出的广播节目中，除了新闻、文艺、广告外，还设有《真理标准问题讨论》《民主与法制》《计划生育》《双抢专题》《青少年教育》《农业科技讲座》《卫生知识讲座》等。金秀瑶族自治县广播站自办《新闻》《综合》《科普》《文艺》专题节目。1991年，在一周内，各县广播站设置的自办节目有新闻节目、快讯、新闻联播、综合节目、祖国各地、科技节目、经济信息、信息与服务、学习节目、卫生与健康、听众信箱、法制园地、校园之声、生活常识、畜牧知识、卫生节目、为您服务、专题节目等种类。这时各县广播站的节目逐步趋于合理，也相对固定。

1992—1998年，由于有线广播网设备、线路的老化和瘫痪，以及调频广播的兴起，有线广播节目停播。调频广播节目的设置在有线广播节目设置的基础上有所更新和完善。

2002年来宾市成立后，金秀瑶族自治县、合山市停止广播节目，忻城、象州县保持开通调频广播，但广播宣传的力度减弱。

2005年12月28日，来宾人民广播电台桂中之声开播，节目设置有《新闻快班》《整点新闻》《资讯俱乐部》《生活聊聊吧》《好歌任你点》《听觉流行风》《流行音乐炫风榜》《流金岁月(录播)》《缘分天空》《越夜乐飞扬》等。

电视节目设置

1988年,武宣县广播站开始自摄自编《武宣新闻》。金秀瑶族自治县广播站自办《新闻》《科学普及》《综合》《文艺》栏目。

1990年,合山市电视覆盖率100%,市内可以收看中央1台、2台4套和广西1套及云南、贵州、西藏台播放的节目。象州县建成县城有线电视网转播节目有中1、中2、广西1、云南、贵州及录像节目。1992年10月18日,金秀瑶族自治县建成有线电视站,采用邻频传输系统传送中央1台、中央2台、广西1台等9套电视节目。1994年,来宾县有线电视台自办《来宾新闻》试播。1996年,象州县广播站开通中央台加密频道4大套节目、广西电视2台、广西有线1台电视节目。1998年,来宾县广播站增设"五彩麒麟"栏目。2000年,来宾县广播站增设"政法视点"栏目。象州县广播站自办《象州新闻》《象江潮》《风采象州》《莲城往事》《科普之窗》"政法聚焦"等栏目。金秀瑶族自治县广播站自办"金秀新闻"《录像》《广告》《每周一歌》等栏目。2002年,金秀瑶族自治县广播站因覆盖面窄等原因停办广播"新闻"节目,建立《金秀电视新闻》栏目。

2002年底,柳州地区撤销,地级来宾市成立,柳州地区电视台更名为来宾市电视台,原来宾县有线电视台的频道等资源整体并入来宾市电视台,增设影视频道,设置《剧场》《来宾新闻》《兴宾新闻》《政法视点》《环球影院》栏目。

2005年,来宾市电视台无线电视节目播出9490小时每年,其中:转播其他台节目307小时,自办节目3153小时,购买交换节目6030小时。无线广播电台节目播出1370小时,其中:转播其他台节目1195小时,自办节目175小时。年末,象州县转播节目28套,改用数字信号传验,转播节目66套。金秀瑶族自治县转播节目35套。

第四节　电影发行放映

电影放映

民国时期,境内有黑白无声电影放映。民国22年(1933年)5月,横县私人电影队到忻城县古蓬街放映黑白无声电影。民国25—27年,广西省政府电影队到武宣、桐岭、二塘圩镇免费放无声电影《保家乡》《百万壮士》。来宾、迁江两县有外地片商到县地放映黑白无声电影。民国27—39年间,武宣县二塘街有电影放映活动,外国传教士在象县龙女屯天主教堂附近村庄放映耶稣、圣母内容影片。民国31年,广西省电影队在忻城县西宁街操场放映动画片《麻雀将军》、纪录片《九一八》《十九路军》、故事片《王老五当兵打日本》等,连续放映20多天。民国34年,金秀设治局巡回教育队在金秀、罗孟、罗香、罗运放映无声电影。

20世纪50年代,境内各县成立电影队和电影管理站。1951年,广西省人民政府电影队到象州、武宣放映有声电影《白毛女》,在桐岭圩放映有声电影《中华儿女》《抗美援朝》。中南局电影队到忻城县放映纪录片《百万雄师下江南》《解放了的中国》。同年冬,广西省人民政府电影队携带捷克16毫米放映机首次到来宾县城(城厢)广场放映《丹娘》《区委书记》等影片。1952年春,广西省人民政府电影队再次到来宾部分区、乡放映国产事故片《白毛女》。广西电影教育工作队到忻城县放映《白毛女》《钢铁战士》《刘胡兰》《赵一曼》《带兵的人》《列宁在一九一八》《钢铁是怎样炫成的》《山地大战》《她在保卫祖国》《保卫察里津》《攻克柏林》等影片。1953年9月,广西省电影教育工作队到武宣县放映《沙漠追匪记》《莫洛托夫集体农庄》等影片。1954—1955年春,广西省文化局电影队在石龙县城放映《智取华山》《白毛女》《南征北战》《春风吹到诺敏河》等影片。1955年9月5日,忻城县电影队在思练街放映苏联译制片《夏伯阳》。1959年10月,各县举办庆祝中华人民共和国成立十周年活动电影展,放映《林则徐》《老兵新传》《我们村里的年轻人》《风暴》《回民支队》《宝莲灯》《雕龙记》《第十个春天》《在西双版纳的密林中》《飞渡天险》《江山多姣》《锁住黄龙》《英雄战北大荒》等国产新片。

20世纪60年代,大量影片被封存。1960年,境内各县电影站利用提包机放映电影。元旦,忻城县在县政府旧礼堂首次放映《巴格达的窃贼》影片。同年春,来宾县城成立35毫米放映俱乐部(电影院)放映电影。1962年,部分农村电影队被精简,其余社办电影队转为国营电影队。1963年,来宾县划分为东、南、西、北、中5个服务区域,以生产大队为中心设立264个放映点,由5个放映队包干放映。武宣县设135个放映点,轮换44个点,每个点年放映

4场以上。1964年,武宣县电影站自行设计三镜头幻灯机和编写绘制《三战百河沟》等幻灯片作影前宣传。1965年,武宣县放映800场次,观众120万人次。忻城县电影站派出3个电影队放映《雷锋》影片。金秀瑶族自治县4个电影队实行分片包干放映,全年共放映5320场。"文化大革命"时期,大部分影片被封存,仅放映毛泽东主席接见红卫兵的新闻纪录片《毛主席和百万文化革命小将在一起》。1967年,各县大部分放映单位停止放映活动。

20世纪70年代,各县电影管理站恢复电影队正常放映。1970年2月,各县国营电影队全部下放给公社管理,国有性质不变,受县电影管理站和公社党政双重领导。1972年,来宾县、忻城县电影管理站分别组织定点、定场次、定收费标准"三定"工作队下村屯,按村屯3~5华里距离定1个放映点,按村屯人口70%收电影费,每人每场收2~5分钱,县电影管理站组织电影队跑片串映,放映"革命样板戏"《红灯记》《沙家浜》《智取威虎山》等八部样板戏影片等。境内各县在放映"革命样板戏"的同时,放映《地雷战》《地道战》《南征北战》等老影片。之后,放映朝鲜故事片《卖花姑娘》、国产影片《东方红》《洪湖赤卫队》《大浪淘沙》等。1975年,武宣县放映2550场次,观众460万人次。1978年后,境内电影事业迅速发展,各县电影公司对放映设施设备进行更新改造,不断提高放映声光、服务质量,改善观看电影条件。1979年,来宾县建有良塘等10个露天映场,安装水泥座位5400多个。合山矿务局将工人礼堂改成电影院。电影队分成两组,一组放映座机,一组用提包机下矿巡回放映。境内各县电影公司更新改造放映设施、设备,不断提高放映声光和服务质量。新建电影院,增加观看座位;安装宽银幕和立体声、空调等设备。

20世纪80年代,解禁影片和新拍影片陆续上映。境内放映的热门影片和重点片有《少林寺》《少林俗家弟子》《自古英雄出少年》《佐罗》《望乡》等。随着文化娱乐活动日益多样化,电影观众锐减,上座率下降,除县城电影院尚实现半数利润外,乡镇放映单位全面亏损。1980年,各县电影管理站更名为县电影发行放映公司。来宾县放映1.3万场,观众136万人次。武宣县放映9234场次,观众786万人次。1981年,金秀瑶族自治县有放映单位56个,设放映点278个,全年放映5320场。1982年,境内首次放映16毫米宽银幕影片《少林寺》,后来放映16毫米宽银幕影片有《知音》《人生》《四渡赤水》《血战台儿庄》等。武宣县放映114631场次,观众1186万人次。合山市发展村、队民办电影队,普及放映点。1983年,来宾县农村放映队放映1.5万多场次,观众1300多万人次。1985年,来宾县电影放映实行经济承包责任制,人员实行招聘,全年放映11744场次,收入49万元,比上年增收12万元。武宣县放映9718场次,观众848万人次,分别比1984年少3965场次、408万人次。象州县放映10462场次,观众791.63万人次。1989年,忻城县放映4974场次,观众17.71万人次。

20世纪90年代,各县保留下来的国营放映单位的不多。电影公司着重做好《百色起义》《巍巍昆仑》《开国大典》《妈妈再爱我一次》等影片的发行放映。1990年,武宣县放映8039场次,观众600.8万人次。忻城县放映6239场次,观众221.13万人次。合山市有8个电影院,有13个电影队,放电影4411场,观众15.54万人次,收入33.3万元。1991年,忻城县放映2400场,观众72万人次。1992年起,随着文化娱乐项目的增多,电影放映步入低谷期。1997年,各地重新启动农村电影市场,开创农村电影新局面。忻城县电影公司购进影片《刘胡兰》《离开雷锋的日子》等爱国主义影片,在全县12个乡镇100个放映点巡回放映。1998年,各县举办"拒绝毒品,珍爱生命"禁毒电影放映活动,开展"影企联姻"与"刘三姐"烟草集团联合进村屯放映。2000年,来宾县与甲天下集团联合,免费在全县257个行政村放映。

21世纪初,国家电影总局下发文件实施电影下乡放映工程。

2003年,来宾市继续实施农村电影"2131"工程(即21世纪每个行政村每个月放映1场电影),采取恢复、组建农村民办电影队到村屯放电影,培育农村电影经纪人,市县两级公司从片库中调出经过检查、修复的优秀老片,以低价租给民办电影队放映;与企业、部门"联姻",由企业、部门提供赞助经费给民办队为农民放电影;县(市区)电影公司组建流动电影放映队送电影下乡等措施,全年为1310个行政村共放映电影4650场,观众达28.8万人次。年内,电影观众上座率不高,部分电影院特别是乡镇电影院瘫痪,有的电影院靠出租场地勉强维持,有的则难以继续生存。忻城县全年放映245场,观众87247人次,县城放映全部停止。

2004年元旦春节期间,来宾市开展送电影下乡活动,共放电影535场,观众20多万人次。5月,组织"广西来宾科技电影周"活动,放映19部科普电影共56场,观众3万多人次。11—12月,举办《生命,安全出行》电影进校园活动,全市近100所中小学放映交通安全警示片，共放映138场，学生观众84000人次。年内，全市20支农村电影放映队为农民群众放映电影2243场，观众人数97.5万人次，放映收入9.82万元。

2005年，来宾市组织优秀影片免费给基层电影队放映，把影片送到村屯，为农民放映电影6766场，观众达120多万人次。武宣县有38个民办放映队、126个自然村放映点、7个乡镇放映站，县电影院还租用县政府大礼堂跑片放映。忻城县电影下乡放映1560场，观众33万人次。

影片发行

1950—1956年，境内初步形成省、专区、县三级发行网，供片方式从合同租片，改为政府控制的计划排片与专题供片结合，片租计价方式从以日计租为主，改变为租赁双方的比例分成为主，片租价格向农村，特别是老、少、边、穷地区作政策性倾斜，扩大发行量。1953年初，私营影片发行活动全部被禁止。

1960年4月，各县设专职发行员，执行专区对县的排片计划。1966年，"文化大革命"开始，停止发行放映中华人民共和国成立以来所有的中外影片，仅发行放映《毛主席和百万文化革命小将在一起》《毛主席八次接见红卫兵》等纪录片。

1971年，境内各县配备兼职影片发行员，将上级电影公司发行到县的影片，安排给各个电影队，并负责影片拷贝的储运工作。1974年，各县配备影片检修员。从1970—1976年，以发行放映《红灯记》《沙家浜》《智取威虎山》等8部样板戏为主。发行其他影片有《春苗》《欢腾的小凉河》《青松岭》《艳阳天》等37部，其中包括15部外国影片，如《列宁在十月》《地下游击队》《伏击战》《森林之火》等。1976年，被禁锢10年之久的《洪湖赤卫队》《苦菜花》《刘三姐》等影片恢复发行放映，之后发行的影片逐年增多。1976年兼职发行员转为专职发行员。1978年初，供应农村的影片节目达80多部，恢复到"文化大革命"前1965年的水平。1979年各县电影公司成立发行组。

1980年3月，境内各县成立电影发行放映公司。供片有合同租片、计划排片、专题供片。片租方式有以日计、比例分成和分包并用等。同年电影发行体制改革为发行股，设股长、副股长（兼发行员）、储运员、片库保管员、检片员等6人（检片员2人）。1982年冬，来宾市首次发行16毫米宽银幕影片《少林寺》，后来发行16毫米宽银幕影片有《知音》《人生》《四渡赤水》《血战台儿庄》等几十部之多，影片的发行形势越来越好。1983年发行的新旧影片节目共700多部，其中16毫米400多部、8.75毫米300多部。

1990年后，部分民办电影队恢复放映，基本采用16毫米放映机放映，片源主要由县电影公司提供，一部分为地区电影公司提供。16毫米片源放开后，1998年由县电影公司部分职工组成农村放映队，自购影片到农村放映，以物折钱收取电影费，解决农民看电影难的问题。

2000年，各县电影公司与企业联合购片放映。来宾县电影公司与甲天下烟草集团联合，免费到全县257个行政村放映。

2003年，来宾市及6个县（市、区）设有电影发行放映公司，但电影发行放映很少。

2005年，电影发行放映风光不再，逐渐淡出人们视线。

第五章　文　物

1956年1月14日，中国科学院古脊椎动物研究所野外调查队在来宾县桥巩乡合隆村麒麟山岩洞内发现距今约二、三万年的"来宾人"，又称"麒麟山人"头骨化石。1981年11月20日，自治区文物普查队普查出武宣县内新旧石器时代石器遗址6处、汉墓3处，宋窑址1处。1981年10月12日—21日，自治区文物普查队在象州石龙镇发现2处贝丘遗址（娘娘村贝丘遗址、南沙湾贝丘遗址）。在运江公社瓦厂村、腊村发现汉—宋代陶瓷窑址。在大乐公社岭南村木棉岭、百丈公社六外村七星岭等处，发现汉墓群132座。2004年，市人民政府公布第一批市级文物保护单位22个。2005年，文物专家对全市非物质文化遗产进行普查，上报非物质文化遗产代表作，申报盘古文化、瑶族石牌制国家级项目2个，壮师戏、壮族布伢文化自治区级项目4个。

第一节　文物保护

博物馆

金秀瑶族博物馆　位于金秀瑶族自治县城东侧的小山包上（金秀镇平安路6号），始建于1991

年。1992年，该馆在广东、湖南、广西、贵州、云南5个有瑶族居住的省区征集到各支系瑶族服饰40余套。11月10日，该馆正式对外开放。2001年，该馆被列为自治区爱国主义教育基地，并拨专款修建170米长的博物馆专用公路、690平方米宽的停车场。2002年，该馆维修扩建改造，占地6000多平方米，建筑面积1320多平方米，有展厅794平方米，总投资160余万元，为仿瑶族民居式建筑，馆名由著名社会学家、全国人大常委会原副委员长费孝通先生题写，是中国第一个瑶族博物馆。瑶族博物馆依山而建，地势较高。馆舍为钢筋混凝土结构，分一、二层楼，设有展厅、办公室、值班室、文物库房、杂房、公共厕所、后门等。馆舍周围建有8个大花池，种植各种花卉苗木。坐车直达馆舍，交通方便，环境优美，站在馆舍门前，可鸟瞰县城全景。2002年，该馆举办《锦绣大瑶山》陈列展览，一楼展厅展出瑶族简史、金秀瑶族习俗、民族革命斗争史、金秀历史沿革、金秀风光资源、瑶医瑶药、费孝通与大瑶山、瑶族生产工具、生活用具、瑶族木雕、出土文物、瑶族石牌制等；二楼展厅展出瑶族宗教艺术、瑶族银饰、瑶族刺绣品、瑶族服饰等。展厅面积794平方米，展出文物藏品300余件（套），其中重要的展品有瑶王门匾、瑶族神龛、香草床、榨油机、瑶族石牌、盘瑶婚礼服、瑶族银饰、东汉陶器等。瑶族博物馆地处全国著名的瑶族聚居地，民族风情浓郁，民族文物比较丰富。建馆以来，该馆遵循“保护为主，抢救第一，合理利用，加强管理”的工作方针，重点征集有代表性的民族文物珍品。2002年，在县内征集到5个支系瑶族服饰28套。馆藏文物有1171件（古代文物532件，近现代文物635件，自然标本4件）。其中国家一级文物2件、二级文物9件、三级文物64件。织绣178件（套）、文献文书120件、竹木器85件（套）、银器54件（套）、铜器5件、铁器29件、陶器37件、石器6件、石刻21件、革命文物21件、其他文物615件等。重要的文物有：明崇祯四年成二、下故教村石牌（国家一级文物），清金秀茶山瑶《大圣五领都伤》双面木刻印刷板（国家一级文物），清盘皇入席卷之二歌（国家二级文物），东汉弦纹双系罐形陶虎子（国家二级文物），瑶族师公服及道具（国家三级文物）等，大部分文物用于陈列展览。2003年，该馆被文化部定为国家重点博物馆。至2005年，有馆藏文物1320多件，瑶族服饰58类90多套，是目前中国收藏瑶族服饰数量最多、种类最全的博物馆。古朴、精美的瑶族服饰是该馆最具特色的陈列展品。1988—2005年，金秀瑶族博物馆年接待观众9000人次以上。

忻城土司博物馆　原是明清时期莫氏土知县衙署，创建于明万历十年（1581年），现仍保存有布局完整的明清时期砖木结构建筑群，是中国目前保存最完好的县级土司衙署遗址。1963年，忻城土司衙门和土司祠堂被列为广西壮族自治区文物保护单位，并开始拨款进行修复。整个土司博物馆建筑共占地4万平方米。已维修好9000余平方米，其余建筑尚在维修之中。该馆不啻有规模巨大的建筑群，后面还有风景秀丽、长满原始森林的翠屏山，前面有长1000余米的明清时期旧街道。博物馆内珍藏有反映土司统治下的民族、民俗文物及出土文物1000余件。近年接待、协助泰国、日本及国内影视制作部门拍摄10多部电影、电视剧部分外景镜头。建馆以来接待国内外观众10万余人次。至1990年，忻城土司博物馆先后组织4次文物展览，参观人数约3.6万人次。

武宣博物馆　馆藏文物有瓷器、陶器、铜器、古字画和古钱币等共1000余件。因无场地，未开展展览业务。

象州博物馆　1995年自治区正式立项，把“柳州地区文物中心库房·象州博物馆”建设列入1996年重点建设项目。建筑项目占地面积340平方米，三层楼房，以馆藏文物陶奁造型设计。1999年1月21日，经有关部门验收，工程符合设计要求。短期举办的专题陈列展览有：1999年11月与柳州地区合办推出“柳州地区文物精品展览”；2000年4月—12月，分别承办“象州县禁毒斗争宣传图片展览”“象州县交通安全宣传教育图片展览”“象州县反腐倡廉警示教育图片展览”，4个展览历时13个月时间，接待观众12万多人次。重要陈列作品有：抗日救亡——国家民族生死存亡时期（1932—1944年）作品；国民党统治时期——光明与黑暗的抗争时期（1945—1950年）作品，代表作有：《猫国春秋》；风云中华香港时期（1947—1950年）作品；建国时期（1950—1957年）作品等等137件（幅）。二展厅陈列面积105平方米，陈列藏品220件。按时代顺序从新石器时代排列至近现代，陈列馆藏文物是按季度更新藏品。三楼展厅重要陈列藏品有：新石器时代“石刀、石斧”；春秋战国时期“青铜戈”；东汉时期“铜鼓”；元代时期“铜权”。明代“化生童子造像”。

普查与发掘

1956年1月14日，中国科学院古脊椎动物研究所野外调查队在来宾县桥巩乡合隆村麒麟山岩洞内发现1具残破的人类头骨化石和1件粗制的石器及2件人工打制的石片等以及伴生动物鹿牙、猪牙等化石。头骨属新人阶段的男性老年个体，地质年代为更新世晚期，距今约二、三万年。考古学家定其名为“来宾人”，又称“麒麟山人”。1956年冬，忻城县古蓬区龙利乡在旧镇附近挖出古代铜鼓1面，圆周直径33厘米，送自治区博物馆收藏。1976年，忻城县大塘中学校内出土西周中晚期的乳钉纹铜俑钟1个，送自治区博物馆收藏。

1981年11月20日，自治区文物普查队普查出武宣县内新旧石器时代石器遗址6处、汉墓3处，宋窑址1处。1981年，武宣县开展为时3个多月的普查活动，共普查出文物点、古遗址、古墓葬、古建筑、石刻和近现代主要史迹(包含名人墓)等131处。1981年9日—10月，来宾县在13个公社进行文物普查，发现新石器时代遗址26处，采集文物100多件。1981年10月12日—21日，自治区文物普查队在象州石龙镇发现2处贝丘遗址(娘娘村贝丘遗址、南沙湾贝丘遗址)。文化层厚1米左右，由螺蚌壳、动物骨骼、石器、夹砂陶片组成。在运江公社瓦厂村、腊村发现汉—宋代陶瓷窑址。窑址地面散布大量方格纹、米字格、水波纹陶质四系罐和青施黄釉、支钉痕明显的圈定装饰品残片。在大乐公社岭南村木棉岭、百丈公社六外村七星岭等处，发现汉墓群132座。1982年，金秀瑶族自治县共搜集到瑶山各个时代文物412件。1984年10月20日，来宾县石牙乡牛角塘村公所南阳村一村民在该村北5华里许的马鞍山弄东坡脚掘获一面铜鼓。鼓身高44.2厘米；鼓面直径68.2厘米，铸有四个对称的立体铜青蛙；鼓腰53.4厘米；鼓足66.5厘米；净重25千克。铜鼓完整无损。据有关部门鉴定，为冷水冲型，属东汉器物。1985年12月1日，武宣县人民政府公布武宣北门城楼为县级重点文物保护单位，并且规定北楼30米周围为保护范围。1986年12月26日，于象州县象州镇鸡沙村出土东汉陶罐、瓶、壶、杯、鼎、熏炉等60多件物器。1986年秋，自治区文物和古生物科学工作者在武宣县黄茆乡经元山大龙洞发现剑齿象、大熊猫等30多件珍贵古生物化石。1987—1989年，金秀瑶族自治县文物管理所新征集到文物230件。1987年2月14日，象州县文物管理所对中平乡一座已被破坏的古墓进行清理，出土东汉器物3件；1987年3月17日，象州县文物管理所在大乐乡从贡村六灰岭发现汉代墓23座；1987年7月，来宾县进行文物普查工作，到1989年底止，共普查文物点97个，乡镇普查覆盖率100%，村公所普查覆盖率86.7%；1987年10月6日，象州县文物管理所在中平乡落沙村六蒙山、新庆村马道岭、河村红泥岭发现汉墓群3处27座；1987年10月，忻城县发掘红渡镇白巷村前宋代古窑址，出土一批器物和陶瓷残片。1989年7月1日，来宾县北五乡上马寨村6个农民在该村西北约3千米的古防弄榕村山东麓掘获一面铜鼓，县文物管理所于7月11日将铜鼓征集收藏。鼓身高54厘米，鼓面直径为81厘米，边沿铸有两对对称的立体青蛙，鼓足、鼓胸直径均为78厘米，鼓腰周长为196厘米，重38千克。为冷水冲型，鼓面中心为十二芒，饰变形羽人纹、栉纹、双圈纹、鹭鸟纹等。腰部附对称桥形耳两对。属东汉器物。鼓身与鼓足有部分残缺。

1990年12月，忻城县政府拨款6000元，在自治区文物专家郑超雄的指导下，对疑为古墓的宁江乡三堆屯旁的三个封土堆(每个直径20~35米、高4~7米不等)进行发掘。1号封土堆出土石铲10把，2号封土堆出土石铲1把以及一些螺壳。石铲最大者长50厘米，宽20厘米，厚2厘米，铲头椭圆形。经鉴定为新石器时代晚期石器；同年12月，忻城县红渡镇矮山村一青年在红渡岩发现晋代岩洞葬，获贝币、骨针、蚌刀、蚌饰品、石斧等珍贵文物100多件。1991年1月5日，忻城县土司博物馆工作人员对红渡狠山村对河矮山岩洞葬发掘清理，出土不对称双户石锛1件，细绳纹波浪纹陶釜1件、细绳纹S形划纹单耳陶釜1件、海贝5件、骨蚌串饰1串135件，还有骨针、蚌刀、贝币、锦片等物。1991年5月11日，来宾县清理发掘凤凰镇黄安村大山宋代岩洞葬；12日，清理发掘城厢乡老城厢水南街月亮岭北宋墓葬。1992年，合山市从北泗、洛满农村征集到石盆等文物。1992年2月18日，来宾县文化部门将失而复得的原悬挂在大湾乡政府的清道光二十五年铁钟征回收藏。1992年4月25日，忻城县土司博物馆工作人员对翠屏山1号岩洞葬进行发掘清理，发掘出土的陶釜、陶罐，均为夹细砂细绳纹附加堆纹，壁极薄，都在1~4毫米间，火候较高；石器(砺石)1件，长15厘米，宽9.5厘米，呈不规则三角形，双面磨光，还有蚌、贝磨制器和蟹鳌、果壳、兽骨、人骨、朽棺木残片等。1992年，金秀20多人的文物征集小分队，分赴云南金平、广东乳泉、湖南隆回、贵州荔波、柳州地区的融水县以及本县各乡，征集到各式各样的瑶族服饰、头饰56种。1993年10月11日，合山市民工在城东八二路施工时挖出唐宋时期铜钱45千克，铜钱有开通元宝、六丰通宝、绍兴元宝、熙宁元宝、淳熙元宝等几十种。1999年11月16日，来宾县桥巩乡毛塘村一村民在挖地基时，挖出1对用牛角精雕而成的珍贵文物“龙凤牛”。公牛肚上刻有“大清朝康有为”6字。1996—2003年，忻城县新征集石器、陶器、刀币等文物95件。

2003年，来宾市征集历史、民族、民俗文物148件(套)。2004年春，武宣县东乡镇六良村一村民在村的后山岭挖出1个青色铜鼓，重量20千克，鼓高44.5厘米，鼓面直径66.5厘米，鼓面镶有4只青蛙，鼓心是个类似太阳的图案，向外是一圈圈的同心圆，共有24个。奇妙的是，从鼓心开始，每个圈敲击出来的声音都不相同，悦耳动听。同年6月，文物部门在象州县象州镇下田村南山坡上发现一座清代墓，墓道上有乾龙帝御赐的两块碑，人称奉诰碑，碑旁有块墓表和两尊石狮。2004年，来宾市人民政府公布武宣北门城楼为市级重点文物保护单位。2005年，文物专家对全市非物质文化遗产进行普查，上报非物质文化遗产代表作，申报盘古文化、瑶族石牌制国家级项目2个，壮师戏、壮族布伢文化自治区级项目4个。2005年11月，自治区文化厅文物处抽调象州博物馆馆藏文物民国时期的“师公面具”6面，参加全国非物质文化遗产展览。2005年，兴宾区征集到南宋浮雕石牛一件。武宣县征集到瓷器、陶器、铜器、古字画和钱币等文物1000多件，其中有汉代铜鼓、明代墨砚、清代青花盖罐、清代九龙战袍等，汉代铜鼓、明代墨砚为国家二级文物；来宾市共征集文物968件，藏品303件(套)，其中二级文物6件，三级文物9件，征集、抢救有价值的历史民族文物129件。

收藏与分级保护

1958年和1963年，麒麟山人遗址两次被公布为自治区文物保护单位。

1963年，忻城县莫氏土司衙署被公布为自治区文物保护单位。1996年11月，被国务院公布为全国重点文物保护单位。

1972年后，境内各县图书馆、文化馆先后兼管县内文物工作。1980年4月4日，武宣县人民政府发出通告，公布勒马汉墓、湾龙汉墓、巴寺汉墓、尊头汉墓和武宣文庙为县文物保护单位。1983年7月5日，来宾县人民政府发布《关于公布文物保护单位的通告》，列入保护范围的有旧石器时代遗址4处：麒麟山、庙山、棺材岩和鸡笼山；古碑刻3处：蓬莱洲象州故治修城碑、龙洞山石刻、纱帽山石刻；古建筑1座：文辉塔。1985年12月1日，武宣县人民政府再次发出通告，公布县城古建筑北楼和上、下平岭汉墓为县文物保护单位。

1989年，象州县文物库国家级文物被盗，各地、县(市)人民政府和文化部门从中吸取教训，加强文物保卫工作。金秀瑶族自治县博物馆对馆藏文物进行分类、定级、编号、纂写简介、入档管理，配备2名专职保卫干部，制定防火防盗等安全保卫制度；武宣县文物库安装铁门、铁窗，配有铁柜和灭火器、报警器，对馆藏文物做到分类上架，摆放整齐，并建立《武宣县博物馆藏品登记总账》《文物藏品分类账》《文物出入登记卡片》，定期检查，定期放置防虫、防潮药物，实行出入库人员登记制度，确保文物安全。

1991年4月6日，来宾县人民政府公布榜山摩岩石刻、昆仑山战役指挥部旧址、中共广西省工委交通站旧址、鸡笼山遗址、纱帽山石刻、村规记碑、棺材岩遗址7处为第二批县级文物保护单位；1996年，忻城县有文物保护单位5处，文物点54处，其中遗址17处，古墓葬4处，古建筑26处，石刻窟3处，近代主要史迹4处。

1994年7月，象州南沙湾贝丘遗址、娘娘村贝丘遗址被列为自治区级文物保护单位。

2000年，武宣文庙被列为自治区级文物保护单位。

2004年7月12日，来宾市人民政府下发《关于印发来宾市第一批市级文物保护单位的通知》，公布全市第一批市级文物保护单位22个。其中古遗址14处，即位于兴宾区的庙山遗址、甘东盘古庙遗址、龙洞寺遗址、鳌山庙遗址、蓬莱洲象州故城遗址；位于合山市的司烟山韦村瑶寨遗址、寨山遗址，位于金秀瑶族自治县的圣堂山石墙、大瑶山团结公约石牌，位于武宣县的敕赐永通峡石刻、仙岩石刻，位于忻城县的白虎山摩崖石刻，位于象州县的独鳌山摩崖石刻、六祖岩摩崖石刻；古墓葬2处，即位于象州县的三逍汉墓群、六外汉墓群；古建筑6处，即位于兴宾区的文辉塔，位于武宣县的武宣北门城楼、刘炳宁故居、郭松年故居、黄肇熙庄园，位于金秀瑶族自治县的王同惠纪念亭。

第二节　馆藏文物

境内馆藏文物主要来源于社会捐赠、出土、征集。2003年，全市馆藏文物有4243件，其中国家一级文物3件(金秀明崇祯瑶族石牌、金秀瑶族木刻印刷版、象州县堆塑鱼纹铜鼓）；二级文物54件，三级文物346件。

兴宾区文物管理管所（原来宾县文物管理管）馆藏文物：1990年收藏的文物有27件。其中：战国时代铜盂1件，宋代魂坛2件，宋代钧釉碗2件，明代宣德炉1件，清痰盂1件，东汉铜鼓1件，清叶先华印章1件，清碑刻2件，南宋象州故治修城碑（拓片）1件，元明纱帽山摩崖石刻拓片4件，明清龙洞山摩崖石刻拓片2件，清印山书院碑拓片1件，明文辉塔盖残片4件，清迁江县正堂批示碑拓片1件，清迁江县批示碑拓片1件，清灯笼山石刻拓片1件，清村规碑记拓片1件。1991—2005年，兴宾区（原来宾县）共征集收藏文物110件，藏品336件（套），其中二级文物7件、三级文物87件。

象州县博物馆馆藏文物：铜器44件、铜币1571枚、铁器6件、锡器11件、金银器52件、纸币248张、陶器276件、瓷器83件、玉器34件、竹木器9件、骨器44件、牌匾6块、书籍、字画共210件、民俗工艺服装57件、墓砖9块、石器44件、化石17件、碑刻17方。以上按套件算合计：2738件（注：如“同治通宝”总登记号为0650；分类号为：111；藏品数为：140枚）；按博物馆藏品总登记账总登记号算1069件。其中一级文物1件、二级文物13件、三级文物156件。象州县文物管理所收藏有远古至民国不同文物藏品近千件，按时代序列，最早者为第四纪灭绝种动物化石，以下依次有新石器时代古人类使用过的打制、磨制石器及螺壳、蚌壳、动物骨骼、夹砂陶片；汉代出土器物有陶质冥器屋、仓、灶、鼎、博山炉等铜质生活用具、铁质生产工具及玛瑙珠、料珠等装饰品；唐、宋至民国各时期的陶瓷器；汉唐至民国不同时期各年号的铜、纸币。此外尚有元代延祐二年（1315年）静江路铜权；清、民国时期古旧书画、县志以及壮族师公专用“三元”印章；师公舞面具、道具、唱本；19世纪法国天主教的洗礼用具、照妖镜、耶稣圣像、十字架、鎏金莲花灯等民族、民俗、宗教文物。

忻城土司博物馆馆藏文物：收藏文物501件，其中二级文物16件，三级文物25件。2005年，忻城县土司博物馆馆藏文物主要有金器、玉器、骨器、青铜器、石器、蚌贝器、经书、石刻片、土司服饰等。

合山市博物馆馆藏文物：共50件。

金秀瑶族博物馆馆藏文物：共4012件（套），其中一级文物2件，二级文物22件（套），三级文物155件（套）。

部分馆藏文物简介

石　器

来宾风字形玉钺　1981年10月14日，采集于来宾县寺山公社乌慢大队大村大岩。属新石器时代。玉石质，双肩，弧刃，肩部几乎与刃相接，通高5.4厘米，刃宽5.2厘米，柄长3厘米，柄首宽2.1厘米，厚0.8厘米。物器完整、光洁。

象州双肩石斧　1981年10月，在象州县石龙镇村娘娘村新石器时代贝丘遗址出土。石斧通高4.1厘米，肩宽4.2厘米，刃口宽4.8厘米。新石器时代晚期石器。

宋代石棺　1984年6月，于象州县中平乡中和村背牛路岭出土。石棺以天然石板加工而成，工艺简单，外表粗糙，凹凸不平，底面板各长65厘米；前后板各长48厘米，宽44.5厘米；两侧板各长57.5厘米，宽44.5厘米；厚度均在8~10厘米。凿有公母榫头。出土时棺内有一已被压碎瓷罐，碎片周围有与泥土混为一体的骨灰。经修复之瓷罐胎薄、火候高，规模为：通高26.5厘米，口径8厘米，胸径20厘米，底径9.5厘米。丰肩、有4个桥形系，胸部饰阴纹划花图案；腹部置一圈凸绳纹；底为贺形圈足。

忻城穿也无柄凶纹石铲　1990年12月，在忻城县宁江乡江屏村三堆屯出土。长22.5厘米，肩宽19厘米，厚0.9厘米，重800克，新石器时代晚期石器。

忻城穿孔双肩石铲　1990年12月，在忻城县宁江乡江屏村三堆屯出土。长19厘米，肩宽13厘米，厚1.2厘米，重550克，刃部微残。新石器时代晚期石器。

忻城束腰形石铲　1990年12月，在忻城县宁江乡江屏村三堆屯出土。长15.5厘米，肩宽12.2厘米，刃宽9厘米，厚1厘米，重320克，刃部磕伤1处。新石器时代晚期石器。

武宣石器　在武宣县的5个地方发现有石器：在武宣镇陈家岭东南松树山黔江北岸台地，发现有磨制、打制和砍砸石器、石斧、石锛、石凿、刮削器、石网坠、石器半成品等，为新石器时代人类所用的劳动工具；在武宣镇老虎冲黔江北岸台地上，发现石斧1件，打制台器2件；在武宣镇附近的大沙地上，发现石斧2件，在黄茆乡黄花航标站附近，发现磨光石斧1件；在金鸡乡鱼步岭山沟流入黔江之入口处，发现很多磨光一面或两面的半成品石器，鉴定为石器加工场。

陶　器

象州陶罍　1980年在象州县下那槽出土，为泥质灰红色硬陶，鼓腹，平底，最大腹径在腹的下半部，肩上有3个小耳，带铆钉形装饰，肩饰6圈弦纹和5周斜行纹，腹饰方格印纹。经鉴定为春秋战国时期器物。

象州唐代长沙窑陶罐　1981年9月，出土于象州县中平公社中和村1农户菜园地。罐高18厘米，口径10厘米，底径8.5厘米。口沿稍向外翻卷，粗短颈，肩部安2只半环横系，深腹，平底，灰白胎，通体施黄釉，釉下以褐绿彩相间绘成大小斑点，组成连珠状方形图案2组。

宋代青白釉刻花莲瓣纹瓷盖瓶　国家2级文物。1982年8月，在象州县运江镇岩村出土。瓶通高29厘米，口径5.8厘米，腹径14厘米，足径10厘米，釉色洁净，造型精美。

象州元代魂瓶　1985年6月，在象州县罗秀街一农民菜地出土。瓶高22厘米，口径3.5厘米，栏径13厘米，腹径14.5厘米，裙径14厘米，底径8.5厘米，瓶身上半部塑1组出葬图案，下半部不规整地塑满鱼、龟、鸟等动物图案。

象州汉代陶屋　1986年12月于象州县象州镇鸡沙村汉墓出土。为汉代墓葬随葬冥器，陶屋宽20厘米，深19厘米，檐高12厘米，屋脊呈“J”形，硬山顶型结构。陶屋门、窗布局合理，室内有2陶人对立作舂米状；室外转角处有一猪圈，内有造型肥壮的陶猪1头。伴随出土的东汉陶器有缺罐、仓、灶、井、鼎、簋、杯、盏、瓶、熏炉等80余件。

象州宋代魂瓶　1987年9月，于象州县红砖厂取土工地出土。瓶通高27.7厘米，口径6.5厘米，腹径13.2厘米，底径9厘米，瓶身施酱色釉，并规整地布满佛像。

元代青釉实足瓷盏　2件，国家2级文物。1990年4月，于象州县妙皇乡古城村附近山上出土。均高4.3厘米，口径9.2厘米，足径3.2厘米。伴随出土的有青釉瓷碟6件，其中青瓷折沿鹿纹碟1件，高2.5厘米，口径12厘米，底径4.8厘米。

忻城细绳纹S形划纹单耳陶釜　1990年12月，忻城县红渡镇矮山村对河矮山岩洞葬出土。新石器时代晚期陶器。该陶器高6.5厘米，口径6.3厘米，腹围38厘米，重141克，口沿残缺，底部剥落，有一小孔。

金属器

钱币忻城凤纹银镯　1956年，于忻城县城盘鹤岭莫氏土司陵园麦氏夫人墓出土凤纹银镯1对，国家2级文物。表面氧化变黑，系明万历莫氏土司麦氏夫人生前所用，死后当作随葬品。直径6.5厘米，宽1.5厘米，厚0.25厘米，每件重56克。

金秀平道铜鼓　1956年在金秀瑶族自治县长垌乡平道村出土，属后汉年间冷水冲型铜鼓。鼓面较大，有4只立体蛙形，蛙间各有乘骑1对；鼓面花纹密集且图案化，有太阳纹12芒；鼓腰中部内缩，附有大宽扁耳两对，铜鼓足长而体型瘦高。现藏于广西博物馆。

象州罗汉村铜鼓　1978年冬，于象州县中平公社罗汉村水田中出土。铜鼓属冷水冲型，面径88厘米，胸径90厘米，腹径74.5厘米，残存底径83厘米，残高55厘米。面中心饰太阳纹12芒，面沿逆时针环列立体蛙4只，蛙间立体装饰为单骑士2个、3骑士1组，均为左手握缰绳；3只狗1组，两前一后排列，前2只置于立体方框内；胸腰间有耳环1对，扁耳2对，面、身主要饰星点纹、水波纹、菱形纹。

象州两穿直内青铜戈　1979年12月，出土于象州县大乐公社鸡德村那好岭。铜戈长27厘米，其中，援长18.8厘米，内长8.2厘米，胡长7厘米。年代当属春秋中期，鉴定为国家2级文物。

武宣铜鼓　1988年1月，武宣县东乡乡石崖村一村民挖出铜鼓1面，高53厘米，面径73.5厘米，鼓面铸有立体青蛙4只和鹭鸶2只，主要纹饰有太阳纹、变形羽人纹、鹭鸟纹和眼状纹。属冷水冲型，东汉遗物。

来宾扁圆銎双斜刃铜钺　1988年4月，于来宾县溯社乡古旺山岩洞出土。刃部微残。鉴定为春秋时期兵器。国家2级文物，由来宾县文物管理所收藏。

象州战国铜矛　来宾县文物管理所馆藏文物。1988年10月，出土于象州县罗秀乡下那槽村旁水利沟。铜矛为青铜铸造，矛身宽而扁平，中起突脊，脊两侧各有2个圆形小孔；断面呈棱形，身内中空至锋端；筲与器身分界明显，筲外形椭圆，内呈棱形，残长18厘米；身长10厘米，宽5厘米，为战国时期兵器。

象州铜权　1989年6月，出土于象州县罗秀乡下那槽村果园地。铜权由黄铜铸成，呈亚腰平面抹角长方形体，桥状纽，中间有一系绳方孔，底为平面抹角长方形，通高9.5厘米，宽3.8厘米，厚2厘米，正面阳铸“延祐元年静江路造”字样。

来宾铜鼓　1989年7月，在来宾县北五乡上马寨屯古防弄出土。变形羽人纹饰，足部残缺，腹部有8个破洞。时代当属南朝，国家二级文物。

来宾永保釆用款菱花镜　1991年2月，于来宾县城厢乡月亮岭宋墓葬出土。北宋时期器物，物件完整，国家二级文物。

来宾铜权　1992年10月，在来宾县七洞乡桥勒村一山洞出土。为元成宗元贞元年(1295)铜权。铜权完整，国家二级文物。

忻城大塘铜钟　西周时期乐器，钟身饰乳钉纹、舞人兽面纹和云雷纹。

象州"全如意"银辫簪　长9.5厘米，工精图美，簪上印有商号"金如意"3字。年代当属民国时期，国家3级文物，由象州县文物管理所收藏。

象州大普化村铜鼓　国家一级文物。出土于象州县中平乡大普化村北面，属冷水冲型。面径82厘米，胸径84厘米，腹径69厘米，底径82.5厘米，高57.5厘米。面中心饰太阳纹12芒，面沿逆时针环列立体蛙4只，蛙间立体装饰物为2条大鱼，鱼尾均用绳系住并拴于立体柱上。胸腰间有环耳1双，扁耳2对，面身主要饰游旗纹、水波纹、圆心垂叶纹。

象州明代童子铜像造像　系黄铜铸成，造型为一化生童子立于莲花座上。童子光头、垂耳、赤膊、赤足、短裤，左手抬起半握拳，食、中指并拢伸出，按于左腮；右手向下伸直半握拳，食、中指并拢伸出指向地面。通高16厘米，其中童子高12.5厘米；莲座高3.5厘米。莲花座分两层，并蒂相连，分朝上下：向上莲花2层花瓣，每层8瓣；向下莲花单层花瓣，大小相间共16瓣。造像工艺精细，比例协调，造型优美，栩栩如生。由象州县文物管理所收藏。

字画及其他

茶山瑶清代五岭都伤五十五神祇双面木刻印刷版　金秀瑶族自治县文物管理所收藏，国家一级文物。是瑶族群众宗教信仰使用的一种器物，带有浓厚的迷信色彩。瑶族民间习俗认为，瑶民死后去到阴间，如有疑问之，或在生前做了对人不利之事，就要过道场，过黄官佛殿：一殿秦广、二殿初江、三殿宗帝、四殿护宫、五殿平等、九殿都市、十殿转轮。请天皇玉帝、三星大道、大圣(道祖)等天上地下众神祇55个开路、打斋，死者才能脱胎换骨，转世人间。

太平天国节王用木箱　木箱为木板全成，外表包以皮革，长58厘米，宽39.5厘米，高51厘米，为太平天国节王覃瑞麒生前所使用。覃系象州县妙皇乡大梭村人，参加太平军，官至南京雨花台守将、节王。天京失陷后返回家乡。病逝。2只木箱是其从南京带回之遗物。国家二级文物。

奉天诰命手卷　为武宣县东乡乡下禄库村陈延禄老人所捐。手卷3幅，以绢织成，金黄色，上有满、汉两种文字。陈延禄之老祖陈步高于清咸丰年间，征剿李扬才叛乱有功，皇帝加封其为浙江严州协副将总兵衔；咸丰十一年(1861年)十月初九，封陈步高的曾祖父和父亲为武显将军。手券系封其曾祖母为"继母夫人"诰命。藏于武宣县文物管理所。

清师范学堂毕业文凭　由宣纸制成，横宽57厘米，竖高67厘米，以8条飞龙图案组成长方形边框，四角分别印有"毕业文凭"4字。框内内容分3部分：前半部印有慈禧太后懿旨；中间部分填写学堂全称(章)；后半部分依次填写毕业学生单科毕业分数、毕业分数，并分别填写11门学科名称和考试分数，科任教员姓名(章)、监督者姓名(章)。文凭签发日期为"宣统三年二月十日"；编号为"中字第五十四号"。为象州县罗秀人黄有熊执有的毕业文凭，黄大宗捐。国家二级文物。象州县文物管理所收藏。

第三节　地面文物

遗　址

来宾天马运输行旧址　位于来宾县(今兴宾区)大湾乡大湾街北端，60号门牌，户主为甘化民。1942年7月，国民党桂系军阀在桂林制造了轰动全省的"七九"反共事件。中共广西省工委根据中共中央关于在国民党统治区实行"隐蔽精干，长期埋伏，积蓄力量，以待时机"的方针，把党员从城市转入农村，省工委组织部长黄彰(后任代理副书记)转移到大湾。同年年底，黄彰在大湾召开会议，甘化民参加参加了会议。会议研究在大湾开办"天马运输行"，作为省工委的交通站，具体工作由甘化民和杨林负责。任务是：一、接待过往的地下工作人员；二、安置从城市转移到农村的党员；三、传递信件；四、筹集党的活动经费。1944年8月，中共广西省工委书记钱兴和黄彰在"天马运输行"召开会议，根据中共中央指示精神，研究部署广西沦陷后的对敌斗争工作。

来宾县昆仑关战役指挥所旧址　位于来宾县(今兴宾区)迁江镇新村塘禾山敢墙洞，距昆仑关92千米。1939年冬，中国军队发起对日昆仑关战役，为便于指挥作战，西南桂林行营主任白崇禧奉重庆军事委员会之命在此成立行营指挥所。由白崇禧亲自督战。该所为西南7个省行政军事指挥中心，对上可与重庆蒋介石联系，对下可与白崇禧所辖第三(苏、浙、赣)、第四(粤、桂)、第九(湘、鄂)等3个战斗区进行军事联系。在此期间，蒋介石曾到该所视察战事1次。

来宾麒麟山人遗址 旧石器时代晚期人类化石。1956年1月14日，中国科学院古脊椎动物研究室野外队在来宾县桥巩乡合隆村麒麟山盖头洞发现麒麟山人化石。仅保存有颅骨和颚骨，右侧颧骨和大部枕骨，三者不连续，石化程度中等，属一男性老人个体。麒麟山人犬齿窝较浅，鼻梨状孔的下部分较宽，臼齿齿冠呈长方形，枕平面矢状弧长于项平面知状弧，枕内隆凸位于同一水平，和现代人十分相似，无明显原始性质。伴出动物化石有鹿、猪和斧足类、腹足类软体动物介壳，均系现代种，以及1件粗制的石器、2件打制石片。时代属更新世晚期。

循德、归化县遗址 循德县，唐武德四年(621年)置。归化县，唐乾封二年(667年)置。开宝七年(974年)同并入来宾县，隶象州。县治在今城厢乡二沟村附近。旧志谓，循德、归化二县治在花柳岭下，今市城东15里红水河滨，蓬莱洲对岸二沟村附近，有花楼岭，'楼'与'柳'亦音近。村头里许鹅壮举山之南端，高峰上耸，其南联原周广，下临红水河，有都邑形势，循德、归化二县治必即在此。今村人犹能辨城壕遗址。"元和志无归化县，旧唐志谓循德归化与州同置。当严州改称循德郡时，来宾移治循德，循德、归化二县并在附郭，城南为归化县，城北为循德县"，"今自二沟村渡红水河东南去数里有村名界首，界首云者谓在两辖地之界上"。(《来宾县志》民国26年版，翟富文编修)。又据《清一统志》和清·谢启昆《广西通志》，均言循德县治在"县东南50里古朗山。""古郎山当地即哥朗山的谐音"。"旧志古郎山在县城东南即此"。(《翟志》)歌郎村今蒙村乡辖地，位于今县城东南，相距约12千米。

来宾庙山岩遗址(新石器时代) 位于桥巩乡高槐村西约100米的庙山岩内。洞口朝东，距地面35米。洞口高10米，宽20米，纵深15米。该遗址文化内涵丰富，挖下表土深处即有螺壳、蚌壳、打制石器、炭屑、碎骨、烧骨、兽牙等。

来宾棺村岩遗址(新石器时代) 位于来宾县良江乡塘圩西约300米的棺材岩内。该岩距地面20米，洞口朝西，宽9米，高10米，纵深16.5米。文化层深埋于表土3米处，内含螺壳、蚌壳、兽骨及打制石器和蚌壳做成的刮削器等。1983年4月5日，棺材岩遗址被公布为县级文物保护单位。

来宾鸡笼山遗址(新石器时代) 位于来宾县石陵乡巴庙村北1千米处的鸡笼山岩东侧，距地表30米左右，从南山进可从东山出，全长约120米，东岩口最宽20米，窄处35米。洞内堆积物厚3.5米，有螺壳、蚌壳、鹅卵石打制石器、兽骨等文化遗物。1983年4月5日，鸡笼山遗址被公布为县级文物保护单位。整座鸡笼山均为保护地带，严禁在岩洞内挖取岩泥。

合山寨山遗址 位于合山市岭南镇思光村东南面，占地面积约80亩。距市中心约3千米。寨址建于清代，现仍留有石台阶、石碑、社庙遗址、寨门、石墙、屋基、御敌石等设施。寨山的石台阶古道在寨址的西南面，是进入寨山的唯一小道。靠近寨门处有十余级石阶梯。石阶道都是石块铺成，有些经过简单加工平面，石块一般长50厘米，宽40厘米，青黛古朴。沿着古道而上到半山腰处有寨山石门，门朝西南向开。石门距离山脚约29米，石门高2.18米，寨门墙高5米，厚0.53米，全部是用石块干垒，有射击孔眼。寨山的东南面，筑有防御寨墙。现存的寨墙，最高2.50米。寨墙两边均有大小山洞数个，可作休息场所及弹药库。在寨门外的东侧12.6米处立有一块石碑，碑呈长方形，高1.23米，宽0.75米，厚0.09米，碑的正中有一处直径4厘米圆形枪击痕迹。碑文内容记载村民在寨内避乱时，因缺水，在寨山前挖池塘积水供人畜饮用，捐资者的姓名、村寨。在石碑后面岩洞内，是一处社庙遗址，故此岩称"社王岩"，是村民进寨山避乱，立社王偶像作佑护。在寨山门口东侧，石峰顶端上，有一块御敌石，酷似大龟，亦称"飞来石"。在寨立社王偶像作佑护。在寨山谷地周围是一座座石山峰。山谷面积6.7公顷，当中尚有20余处石屋基址，其中保存得最好的有一间面积12平方米石屋，屋高2.8米，屋内尚留有支撑舂米杵的石槽。东南有五峰，西北有六峰，峰姿各异，相互连接。山谷中种有金竹、油竹、椿树林，有些林木高达4米余。

武宣石器遗址 武宣镇陈家岭东南松树山的黔江北岸台地，发现有磨光石器和打制石器。其中有砍砸石器、石斧、石奔、石凿、刮削器、石网坠、石器半成品等，为新石器时代人类所用的劳动工具；武宣镇老虎冲的黔江北岸台地上，发现石斧1件，打制石器2件；金鸡乡鱼步岑山沟流入黔江的河口处，发现很多半成品石器，磨光一面或两面，鉴定为石器加工场；武宣镇附近的大沙地上，发现石斧两件；黄茆乡黄花航标站附近，即黄茆河流入黔江入口处的地表上，发现磨光石斧1件。

宋代武宣县城遗址 位于武宣县三里乡旧县村，黔江东岸台地上，坐东北向西南，距县城10千米。保留较完好的土夯城墙，长宽各600米，高1~3

米，厚2米左右，有的护城壕沟仍清晰，南面内墙可辩，内建子城，地表有大量器物残片，瓷器以酱釉印花瓷为主，还有些青黄釉和青花瓷，砖块大而厚重。此为宋末明初武仙县城遗址。

武宣铜锣州旧城址　位于武宣县金鸡乡鱼步村西南面，柳江河、红水河汇入黔江的三江口处，为柳江东岸台地，距县城37千米。南北走向，长200米，宽100米，地上以底足含支钉痕的酱釉印花瓷居多，还有些表瓷片。1984年鱼步一村民在此地挖得铜钱25千克多，其中有“开通元宝”“淳化元宝”“治平元宝”等多种宋代钱币，证明此城宋代已存。

武宣金鸡塘聚落址　位于武宣县金鸡乡鸡村西北岩尾山的柳江南岸台地，距县城39千米。南北走向，长300米，宽100米，条石和砖块铺设的街道、店房、城墙、污水沟道、通江的石砌码头等清晰可见，地表有很多器物残片，瓷片有底足含支钉痕的酱釉瓷，还有明清时期的青花瓷片。此地为宋代已存的圩场。

武宣陈家岭古窑址　位于武宣县城郊陈家岭村东南枣树园内的黔江北岸台地上，属马蹄窑，专烧陶瓷器主要釉色有褐黄色、少量青黄釉、大小碗底有印花，含支丁痕。大型器物有鱼纹、水波纹。器形有碗、碟、钵等，为宋陶瓷窑址。1981年10月25日，自治区博物馆工作组在武宣县进行文物普查时，认定窑址处于唐宋时期。窑址顶口呈圆形，口径1米，窑深2.1米，内呈圆壶形，腹直径4米。在四周表土上采集标本器物残片有：印花釉陶壶、碗、筒瓦，青花瓷器等。陶器器底印记有“太平”二字，正面是菊花纹饰为主，支钉痕明显，分布面积西南宽50米、西北长100米。该窑址处于宋代，最早可推至唐代晚期，烧造器物品种多样。

武宣樟村营盘遗址　位于武宣县二塘樟村以西，黔江北岸，面向黔江中的大黄沙滩，距县城13千米。当地群众称为“上营盘”营盘。南北长150米，东西宽110米，清晰可辨。为明成化年间朝官兵征剿大藤峡农民起义所筑。

武宣县良田村营盘遗址　位于武宣县桐岭镇良田村。1987年间文物普查时发现，该营盘东南向西北走向，距县城19千米。营盘为黄沙土夯城墙，墙宽4.5米，残墙高1.2~2米，质地坚硬，东南长100米，西北宽100米。据《武宣县志》记载：田台村营盘系前明征柳浔瑶贼遗迹。整体营盘保存轮廓清晰。

武宣八仙寨营垒故址　位于武宣县马步乡官禄村背八仙山进口处，距县城8千米。寨营墙以块石垒成，原分东、西、北3个寨门。今西寨营墙较完整，长20米，宽1.5米，高2.5米，寨门高2米，宽0.8米。为清咸丰年间所筑。1988年间文物普查时发现。八仙寨连绵八座大石山间，八座石山环抱一天池海拔200米，又名八仙天池，为广西壮族自治区级名胜古迹风景区。整个营寨在八仙山与群山之间，西北面山脚下是低洼平地，官禄村就依山麓起居，村前是豪江。营寨面积约90000平方米，分东门、北门、西南门。现仅存西南门，第一道寨墙为石垒寨墙，长20米，高2.9米，厚2.1米，石门用大块青石垒成，凿有上下三个杆眼，石门高2.15米，宽0.8米，厚2.1米。第二道寨墙长50米，宽1.7米，高2米，与第一道城墙相距离150米。八仙寨为清代中后期百姓为躲藏匪贼所筑。

武宣县坡贯村营盘遗址　位于武宣县二塘镇麻碑村民委坡贯村西黔江左岸第二台地上。1987年文物普查时发现，该营盘呈方形，东南宽100米，城墙宽8米，高出最低地面2米，整个营盘轮廓清晰可见。此营盘为明成化年间韩襄毅征剿大藤峡匪时所筑。

武宣县东岭营盘遗址　位于武宣县三里街村民委东岭山上。1988年文物普查，营盘为清咸丰年间所筑，占地面积为1万平方米，以山环绕而筑，呈圆形，普查时现场可见所筑工事断面高1米不等。该营盘主要用于驻兵、防御、战场，是太平天国重要作战指挥据点，太平军与清军在三里一带几场大战，都是以东岭营盘为中心指挥部。至抗日战争时期，又在山顶筑营抗日，安装防空警报等。

武宣县马岭寨顶营盘遗址　位于东乡镇河马村民委高桂村西马岭寨顶山上。营盘筑于马岭山顶上，山脉呈南北走向，分上马岭、中马岭、下马岭，东面山脚至金龙山间是低平山谷，西面是排岭、冲尾山脉。营盘宽100米，长300米，连绵三个山峰环绕筑壕沟，现可见部分壕沟高1米间，当时在上面筑有房屋、壕沟。马岭寨顶营盘建于清咸丰年间，为清军围攻太平军所筑。

武宣县六月岩遗址　位于武宣镇大禄村民委大禄村古墓山东南面六月岩洞内。六月岩岩口东南向，高12米，宽9米，进深50米仍未见洞底。近岩口内摆设有多尊神位，每逢六月六日及其他民俗节日，村民前来祭拜，农历六月六日犹盛。岩洞内文化堆积层主要在进洞10米内的底部，宽1米，厚0.1~1米，洞内堆积层呈褐黄色，疏松零乱，有大量螺壳、打制石器、石片、夹砂陶片、动物碎骨和牙齿化石。

武宣县社王山遗址　位于武宣镇旧北汉村东的社王山南面岩洞内，距县城6千米。1981年文物普查时发现，洞口为青砖砌成，高1.75米，宽0.9米，为抗日战争时期作防空洞用，当时发现较完整的文化堆积层呈棕褐色，含螺壳、有烧骨、兽骨、打击石器，在岩口附近发现人类最早从事耕作的农用工具——重石1件。该处为新石器时代中晚期遗址。

武宣县大龙洞遗址 位于黄茆镇上额村民委上额村东北，经元山山坳南面半山腰大龙洞内，距县城25千米。洞口朝南，呈棱形，偏扁，长1.8米，宽1.2米，仅可一人入内。下进深10米处是大厅，宽10米，高3米，洞进深呈南北走向，到底有多深，至2005年没有人考察过。进洞深30米处发现有剑齿象、犀牛、巨貘、獾、大熊猫、野牛、鹿、麂和啮类动物牙化石，骨骼化石，属“剑齿象—大熊猫”动物群。为旧石器时代末期至新石器时代早期遗址。

武宣县白牙山遗址 位于思灵乡古樟村民委禄围村东白牙山（俗称赶车山）西面山脚岩洞内。洞口朝西北敞开，洞口高6米，宽13米，进深10米，转左进深约30米未见底，在6—7月时水浸洞内，洞内堆积层土质呈黄色，含有动物碎骨、螺壳等化石。

武宣县螺丝山遗址 位于思灵乡古樟村民委禄围村西面螺丝山西北面半山腰岩洞内。洞口西南向，距地面18米高，洞口高6米，宽6米，厚1米，洞内文化堆积层呈灰褐色和灰黄色，含螺壳，动物碎骨，采集有打制石器标本2件。为新石器时代中晚期遗址。

武宣县金鼓岩遗址 位于金鸡乡石祥村民委石祥村东北面金鼓岩洞内，洞口前有一张大水塘。洞口高10米，宽30米，进深19米，右边有小洞延续进深，在岩洞内零散胶结层含有螺壳及动物骨化石，在洞内采集有打击石器、磨制石斧标本。为新石器时代遗址。

武宣县上陇村商埠遗址 位于二塘镇陇村村民委上陇村西500米荒山岭，黔江左岸河道湾二级台地上，距黔江河200米。占地面积15000平方米，西北宽100米，西南长150米，采集瓷器标本有支丁黑釉碗器底及明清青花瓷器碎片等，从宋代延续至明清时期。此遗址和下陇村三脚马遗址相类似。据史料记载：此遗址是柳州至梧州、广州的水路必经之路。宋~明代期间，遇枯水期，在上陇村至下陇村河段处，河心有一大漩涡，上下船只不能直接通过，上航的货物由此处上岸，再用人力运至下航船运出，在此处形成一条古道码头，全长300余米，宽5米，深2.5米。码头商埠主要作用是为商船提供货物停放、转运场所。商埠从宋代至清代一直沿用。

武宣县下陇村商埠遗址 位于二塘镇陇村村民委下陇村东大地黔江左岸台地上（俗称三脚马）。距县城18千米。商埠南北长约190米，东西宽150米，其主要区域在一座小山岗的地表上，发现较多大小均匀、表面光滑的石英块石和陶瓷残片，瓷器釉色有青黄釉、酱色釉、底足多含支丁痕，纹饰以花草为主，多花瓣纹，器形有碗、碟等。遗址整体轮廓保存可见，沿黔江北岸台地走向。该商埠从宋至清都在沿用。

武宣县勒马汉城遗址 位于武宣县三里镇古立村民委勒马村东500米黔江左岸台地上。城址距县城15千米，南北走向，东西长500米，南北宽80米。地表发现大量陶片，胎质有黄、红、青、灰色，纹饰为汉代盛行的绳纹、方格纹、水波纹、钱纹，器形有罐、碗、壶、瓦等。据史料记载，此城为汉武帝平南越王驻兵之地，是汉代的重要商埠。明成化年间，在城址上建营盘，长70米，宽55米，高出平地1.5~2米，此营盘是明化年间明官兵征剿大藤峡农民起义军时所筑。

武宣县五里岭城遗址 位于武宣镇官禄村民委广村东南五里岭黔江右岸台地上。1988年文物普查时发现，该遗址东南向西北走向，东南长100米，西北宽100米，在分布范围表土随手可拾器物残片。有青瓷器碗、杯、碟，陶器有瓦、壶、碗等为宋代明代的器物器底残片。东面码头巨石上有一方“重兴寺石刻”，记述僧人筹建街道房屋时筹款等事。广村村民在遗址上种甘蔗，部分城址轮廓仍可辨别，表土上裸露砖瓦、器物残片，靠东面黔江岸边上可见铺街道痕迹。

武宣县围子街遗址 位于三里镇三里村民委灵湖村南阴江右岸台地上，是明代至清代初期三里旧集圩贸易场所。西面是台村，南面过大灵桥通至勒马码头，北至二塘，东至东乡，是明清时期贸易中心。遗址东西走向，宽100米，长230米，呈长方形，文化堆积层1~1.5米，街道铺设砖块，有排水出水口设施，在遗址里随手可拾陶瓷器等器物残片。据浔州府志记载，称此地为围土上，当地一直流传称围子街。

武宣县大岩口县署遗址 位于二塘镇福龙村民委福龙水库西北大岩山东南面大岩口内。大岩口又称朝阳岩，岩口东南向，宽37米，高15米，进深第一大厅宽50米，深90米，高30米，往左边进深仍有小厅尚未见底，大厅内分层可容千余人。《武宣县志》记载：咸丰六年匪乱县城陷，县署迁到二塘朝阳岩即大岩口办公防御，知县高环父子就在岩内病卒。

武宣县王年岗营盘遗址 位于东乡镇河马村民

委新高沙村北面王年岗山顶上,北 10 米是新建的楼房。南北走向,呈四方形,东北 42 米,东南 41 米,营盘遗址高出周围地面 0.6~1.2 米。据考证,咸丰年间太平军在此扎营立旗,当地群众称为"旗墩营盘"。营盘处瑶山山脉环绕之中,峰峦叠嶂,西面和东面为低洼平地山谷,西面山脚有条小河流,易守难攻,是镇守东乡、转战象州的重要据点,应是太平军重要的军事指挥中心。

洪秀全称天王遗址　位于东乡镇莫村村民委莫村中,坐东北向西南,东北宽 50 米,东南长 120 米,1851 年 1 月 11 日,洪秀全发动金田起义后,率领太平军移营武宣东乡。3 月 12 日,在东乡莫村设立大本营。3 月 23 日,洪秀全在武宣东乡莫村正式登极,称天王,建号太平天国,并封五军主将,建立了太平天国前期五军主将制度:杨秀清为左辅正军师、领中军主将;萧朝贵为右弼又正军师、领前军主将;冯云山为前导副军师、领后军主将;韦昌辉为后护又副军师、领右军主将;石达开为左军主将。

萧朝贵故居遗址　位于东乡镇合群村民委高达村北沙田山东面半山腰之山路旁,屋旁有果树竹林。两面是大山脉,隔山槽对面是百崖槽山脉,树木茂盛。坐北朝南,可见遗址东南宽 6 米,西南进深 8 米,黄泥沙夯墙,现尚存部分墙体,厚 0.6 米,高 4 米,长 5 米。遗址前有一个平台,面积约 3000 平方米,相传是萧朝贵当年的耕地,后也有村民在此耕作,终因山猪侵害而荒废,屋前有一条小山路从高达村进来,再往山里去。据《武宣县地名集》记载:萧朝贵为武宣东乡那沙人,以烧炭为生,后拜上帝会,咸丰元年(1851 年 1 月 11 日)与洪秀全等人发动金田起义,成为太平军著名领袖,封为西王,在攻占长沙时中炮牺牲,时年三十余岁。

武宣县益武公司旧址　是创建于清代末期民国初年的矿业公司,公司经理刘范臣是东乡镇马台村人,经营锰锌矿运销香港。公司旧址位于三里镇三里北街 106 号和 107 号,坐东北向西南,占地面积 1171 平方米,面阔 17.7 米,进深 43 米。三座进深一天井和一个后花园,前座为铺面,中座为四层楼房(公司办公和金库房,土夯墙厚 0.68 米,门框石砌,安全牢固),后座是厨房,厨房后是后花园,花园用于验矿。整座建筑山墙搁檩,小青瓦屋面,悬山顶建筑,墙体以青砖砌筑和夯土墙相结合。

象州大乐剖面遗址　大乐剖面是华南地区泥盆纪岸浅海类型地层,简称"象州型地层"。以大乐乡应堂村命名的"应堂组",作为"象州型地层"中泥盆世早期地层名称。1985 年,自治区人民政府将大乐剖面列为重点文物加以保护。

象州娘娘村贝丘遗址　位于象州县石龙镇娘娘村东南面的柳江西岸台地上。1981 年 10 月和 1986 年 12 月,自治区文物普查队两次勘察定名。遗址南北长 160 米,东西宽 60 米,文化层厚 0.5~1 米。堆积构成物主要由螺壳、蚌壳、动物骨骼,打制、磨制石器及夹沙陶片等组成。地表上可采集到打制的砍砸器、刮削器、砺石和磨制的石斧、石锛。夹砂陶片烧制火候不够,质地疏松,多为灰色,纹饰多系绳纹、水波纹。遗址经鉴定为新石器时代贝丘遗址。1994 年 7 月,自治区人民政府公布为自治区级文物保护单位。

象州南沙湾贝丘遗址(象州贝丘遗址)　位于象州县象州镇南沙湾村北柳江东岸台地上。遗址南北长 150 米,东西宽 100 米,文化堆积层厚 1~1.5 米。堆积构成物主要有螺壳、蚌壳、动物骨骼、打制和砍砸器、刮削器磨制的石斧、石锛。磨制石器多数通体磨光,体形硕大;夹砂陶片烧制火候不够,质地疏松,在灰色为主,红褐色次之,纹饰多为绳纹、方格纹、水波纹。该遗址为广西目前发现分布最北的新石器时代贝丘遗址。1994 年 7 月,自治区人民政府公布为自治区级文物保护单位。

象州瓦厂村汉—宋代窑址　位于象州县运江镇瓦厂村西南的柳江东岸。1981 年 10 月和 1986 年 12 月,自治区文物普查队两次实地勘察,在南北长 150 米、东西宽 20 米的地域范围内,可辨认出 4 座斜坡式的龙窑,其中一座窑底烧结痕较明显的规格为:长约 30 米,宽约 3.80 米,主要用于烧造陶罐、陶钵类器物。窑址地表散布大量方格纹、水波纹、米字纹、与凹弦纹灰色陶器残片,和施青黄釉、支钉痕明显的圈足瓷器残片。经鉴定遗址为汉代至宋代窑址。

蓬莱洲象州故城遗址　蓬莱洲象州故城在今来宾市城东 15 千米的城厢乡二沟村南约 500 米红水河中,洲高平岸,洪水盛涨时不淹。东西延袤 470 多米,南北最宽处 240 多米,南近蓬莱,北接二沟。宋景定二年(1261 年),宋理宗诏命朱祀孙为广西经略使,为抵蒙古军队对西南防线的进攻,择蓬莱孤岛筑城。3 月开始,10 月告成,历时 7 个月。景定三年,象州州治从阳寿迁到这里。(当时象州辖阳寿、来宾、武仙、武化四县)据方志载,至元十三年(1276 年)于象州立安抚司,治所又移回原州城阳寿。蓬莱洲作州城只 15 年。

象州平贯村营盘遗址　位于象州县中平乡平贯

村东面约2千米的营盘岭上。清咸丰元年(1851年),太平军自金田经武宣北上,进入象州境后,与乌半泰所率清军于中平一带相持3月余,鏖战40日,该处为太平军驻扎过的营盘遗址之一。营盘筑于岭顶,三面均为山槽,仅于岭西面有一山脊通向营盘,易守难攻。营盘四周有壕沟与土墙围绕,东西长约400米,南北宽约100米;现存土墙高0.8米,宽0.5米;残余壕沟宽1.20米,深0.8米。营盘内尚存37间房屋遗址,每间占地约10平方米,残墙宽0.5米,高0.6~0.8米,均用石块与泥土混事砌筑。

象台书院遗址 位于县城象州,今象州县初级中学校内。始建于清乾隆二十七年(1762年),后改名"象江书院",道光三十年(1850年)毁于后燹。同治九年(1870年)修复,复称象台书院。书院规模宏大,占地面积约7800平方米,共有3座主体建筑:头门5间;中为讲堂5间;后为宅居5间;右翼上下各3间,左翼上下各3间,为当时之考棚。讲堂前有"槐音亭",头门之前建有照壁,沿书院筑有围垣,附设有内外厨灶。书院门前,坐西向东建有"进士坊"2座,均为料石建筑,造型雄伟,工艺精美,雕刻细腻。正面金书"皇恩浩荡",北面金书"圣旨",系清代建筑。光绪年间(1875—1908年),废除科举,书院改为两等小学堂,民国改为象县县立国民中学。中华人民共和国成立后,为县初级中学校址,1964年后,原有建筑逐渐被拆除改建楼房;进士坊两座于1966年"文化大革命"初期被拆毁。

象州独鳌山战场遗址 位于象州县中平、罗秀2乡交界处。以独鳌山为中心,东北5千米为大乐乡界岭;东面2.5千米是中平圩;南面0.5千米即良山村;西南10千米为寺村圩;北面隔江2千米是马鞍山,山下是都金村。独鳌山孤峰独峙,耸立于罗秀河与运江交汇处,高约200米,临江一面峭壁如斧劈刀削,下临深潭,为战场制高点,地势险要。1851年5月下旬至7月上旬,太平军会合当地拜上帝会众,在以独鳌山为中心、方圆10余千米一带战场与清军展开决战。6月9日晚,太平军以7勇士奇袭盘踞在独鳌山的清军精锐威宁营,守山清军1000余人猝不及防,自相残踏,坠崖落水死伤无数,导致清军防线全面崩溃。以此为契机,太平军粉碎了清军围堵,胜利回师金田。

合山八仙岩 位于合山市北泗街南面,在仙掌山山腰中。距城区4千米。岩洞东西贯通,洞穴长58米,宽6米,高2.5米。从山脚下有石阶上至洞口,洞口东大西小,均呈方形。洞内干部燥凉爽洞顶弧形。东洞口原有一小楼,楼顶上方有民国时期迁江县副县长梁秉刚题写的"大同楼"和楹联"大叩大鸣宁借山楼安大隐,同心同德好从石室赋同仇"。该岩洞分为前后两厅。前厅宽,开有廓门,镌刻一对联,上联"仙洞宏开堪避日机滥炸",下联"岩中小憩权将时事倾商",横批是"仙掌山岩"。岩洞后厅稍窄,长2米,高1.7米,宽2.3米。西洞洞口有望月楼,洞外与龙王清泉景观相对。民国28年(1939年),昆仑关战役前夕,国民党将领杜聿明曾于此岩洞召开战役军事会议。"文化大革命"期间,大同楼景点被当作"四旧"惨遭破坏,仅该岩西洞口上尚存"观音阁"三个字,其余荡然无存。

忻城八寨遗址 位于忻城县古蓬、北更、遂意和红渡4乡镇地,以及上林县的石门村地,总面积约800平方千米。震惊元、明、清三个封建王朝统治集团的八寨农民起义,以八寨为活动基地,转战驰骋于广西宾州、思恩、庆远、横州、邕州、太平、柳州和桂林等州府广大地区,斗争持续达400余年。八寨地处都阳山脉以南,大明山以东的石山地区,重峦叠嶂,峭壁林立,交通闭塞,地势险要。"八寨"之名,始于元代。《学海通志》说:"仁宗延祐元年(1314年)秋,八寨瑶寇横州。"明代忻城土县第六世土官莫镇威在《协剿八寨记》中记载:"八寨:曰思吉、曰古蓬、曰古钵、曰古卯、曰都者、曰罗墨、曰剥丁……"。八寨在元、明、清时期,是农民起义军的主要根据地。

金秀太平军营寨 清军营盘清咸丰元年(1851年)太平军原计划经象州、金秀、荔浦北上桂林,后因清军层层阻梗,遂经瑶山回师桂平,改道蒙山北上。六月,太平军回师途中驻扎大樟、花炉一带。在花炉筑有营寨和操场。奔腾村至高秀村一线南面山上,现存太平军营寨4个,每寨直径80~100米,均用土堆筑。桐木镇、三江乡八里塘村附近现存泥筑清军营盘残垣。

金秀牛岭化石 1984年4月在河口公路上发现,为古植物化石带,长12米、宽8米、高2米。化石为多层分布,图像清晰美丽。

金秀江洲教堂 清光绪十九年(1893年),由法国天主教马维良在头排乡江洲村组建,为土木结构,盖瓦。原教堂附设学校、医院、球场,现仅存教堂。

古建筑 古村落

金秀古占村 始建于清朝年间,距今有200多年,是山子瑶聚居的村寨,全村51户240人。其民居依山而建，呈阶梯结构，是典型的山子瑶建筑风格。距县城18千米，离圣堂山40千米，金秀瑶族自治县城至圣堂山风景名胜区的二级公路从村边通过。村内桃红、李白、蕉绿、竹翠，八角飘香，是典型的生态旅游村庄。巷道为一米宽的石阶步道，整洁卫生，房屋多为夯土瓦房，古色古韵。村周围群山拥翠，郁郁葱葱，空气清新，环境幽雅怡人。在古占瑶族民俗旅游村，古占人办起了民俗旅游，通过挖掘、整理，古占村的瑶族绝技和瑶族歌舞打出了自己的品牌。2001年，古占瑶族绝技踩犁头获全国少数民族民间绝技表演金奖，吞筷条、咬碗、踏竹筒火荣获银奖；2005年还应法国文化部的邀请，到法国的敦克尔刻市演出，受到国外观众的称赞。

金秀桐木镇龙腾古村　是目前桂中地区保存下来最完整、规模最大的明清古村，具有典型明清江南村落建筑风格。村中建有春台梁公祠，为三进式结构，两边除了厢房，还建有回廊，两个大天井全用大青石块铺就，三个大厅的主要横梁全用直径30厘米、高4米的大石柱顶着。前厅、二厅两侧的山墙是硬山顶型结构，正厅两侧的山墙则是高出屋脊两米多，是显示主人身份和地位的"官帽墙"。开敞、曲线和装饰，使祠堂既保持了明清的建筑风格，又显得庄严和稳重。除了春台梁公祠外，村中还保存着49座典型明清时代风格的民居。这些民居一律坐北朝南，建筑用料考究，做工精细，砖瓦都是定烧，木料全是上乘古杉，每座房屋四角地面统一用1.5米青石方柱做墙基，南来北往的巷道全用长方形大青石块铺设。所有建筑工程都是水磨青砖对缝，不管房屋处于何位置，砌墙的砖均呈一条水平线。家家画栋雕梁，花棂格扇，内室分明次间，辟有厢房。两侧硬山顶型结构，封火山墙，盖小青瓦，山墙和屋脊的装饰结构因主人身份地位不同而不同，典雅华贵，奇特庄重。据梁氏族谱记载，龙腾古村自清朝至民国期间先后出了62个大小官员，有的官至五品。在龙腾古村路面，没有发现一条排水沟，只有象征财富的古钱币型地漏。龙腾村民在建村时对排水系统作了严谨的规划，用暗沟把污水排到村外。暗沟设计奇妙，建村至今几百年，从来不用维修清理。

来宾文辉塔　位于来宾市城西约35千米的迁江镇扶济村外红水河北岸上。原塔建于何时无考。今塔为明万历年间(1573—1620年)迁江武举守备营参谋黄文辉重建，故名"文辉塔"。文辉塔为八角八面七层平座空心砖塔，高35米，内径2.27米，壁厚3米，其造型是从底层向上，逐层收窄，盖为铸铁锅形，无塔尖。每层叠涩出檐，2层以上各层都有南北对开风门，其余各面均有衬托假门，底层除南北对开风门，西面还有一风门。底层风门高2.2米，宽0.84米。塔基用厚大石板构筑，并凿莲瓣形，亦呈八角形，大于塔座，塔内1~6层均设有佛龛，第一层有五龛，二层以上为六龛，塔内外均无梯可攀登。塔身龛内雕龙画凤，缮花缀鸟，色彩斑斓，富丽堂皇。1983年4月文辉塔列为县级文物保护单位。1985年6月3日，重250千克的塔盖被人掀下摔碎。为修复塔盖，当年自治文化厅文物处拨下专款，迁江镇群众亦捐款资助，于1986年6月3日由来宾县文物管理所重新修复。2004年7月12日，文辉塔被列为市级文物保护单位，塔东、西各100米，南至红水河边，北至田垌匀为保护范围，严禁在此范围内建房、取土及种植林木。

忻城土司衙署　是全国重点文物保护单位。明万历十年(1582年)，第6任土官莫镇威将衙署迁修于今址——忻城县城关镇中和街翠屏山北麓。衙署主体建筑纵深110米，中轴一为照壁，由大门、正堂、花廊、东西花厅、二堂、东西厢房、三堂、后苑等部分组成，建筑面积3073.71平方米。衙署前立巨幅照壁，宽25米，高5米，昔中绘一猛虎。照壁前为一小广场，约270平方米。照壁与大门间为八字跨街辕门(早年被毁)，门楣上浮堆"庆南要地""粤西边隅"8个大字。大门前台地上，左右各镌一尊1.7米高的石狮。大门廊上立2根合抱铁木柱子，柱上悬着一副阴刻楹联："守斯土，莅斯民，十六堡群黎谁非赤子；辟其疆，利期赋，三百里区域尽隶王封"。大门两侧立1对石鼓，两扇大门上，分别彩绘1对巨型门神，进大门1米许为4扇比大门稍低的"仪门"，"仪门"后面是个大院，西面为兵舍，分前后两栋；东面为牢房，亦分前后两栋，有男女和轻重刑之别，重牢里设木镣、铁链等刑具。院中月台上置铁炮4门，地炮3门，在土司出巡或喜庆时鸣放。月台连接正堂，为3开间，是土司审案处，堂左右分别置大鼓、锣各1面，数种兵器陈列两旁。后为活动屏风，上绘麒麟图，俗称"麒麟门"。出正堂便是长廊，植以名贵花卉，故称"花廊"，东西"花廊"内有月门、假山、鱼池、竹木、花卉，面积约1800平方米。出花廊是二堂和三堂，间以四合院，两堂均为3开间。二堂为办公处、四合院东西共8间房，为土司男孩宿舍。三堂结构与二堂相衬，系土司夫妇卧室。三堂后苑是一别墅山庄，系土司女儿闺房。土司衙署建筑为砖木结构，主体为飞檐硬脊，正脊中部均浮雕以"福禄寿"图案，翘角两侧

忻城土司衙署

饰以“吉祥如意”卷草，屋架穿斗，朱漆柱梁，为中原建筑艺术与壮族杆栏式建筑的有机结合。土司衙署屡毁屡修。1950年，仅存照壁、大门、头堂、花廊、二堂、西花厅、兵舍和牢房。1963年，忻城土司衙署被列为自治区重点文物保护单位，自治区即拨款6万元进行第1次维修；1965年，自治区文化局拨款对衙署的大门、头堂、二堂、西花厅和花廊按原样进行修葺。“文化大革命”中，衙署的屋脊、浮雕大部分被毁。1985—1990年，自治区文化厅文物处拨款25.5万元修葺和重建东花厅、厢房、三堂、后苑、兵舍、牢房以及道路，土司衙署重放异彩。1995年12月，国家文物局拨款15万元，对三清阁和代理土司官邸的另一部分建筑进行维修。

武宣北门城楼　位于县城老北街北门上，俗称北楼，城北门亦称尚武门。北楼始建于明代初期，原武宣县城在今县城东南二十里的旧县村，明洪武三年（1370年）议迁今治，先筑土城，到成化年间改为砖墙，城墙高二丈、宽一丈三尺，周围二百九十三丈，炮台十一门、垛口七百五十八门，四周壕沟宽一丈五尺，深四尺。明宣德六年正式迁县城至今址，县城建有东南西北城门楼，前清在各城门楼设兵马司，各门楼驻兵10名。明崇祯八年（1635年）把二帝祠迁入北楼。清康熙二十七年（1688年）知县翁年伦把北楼作为县义学，雍正十三年（1735年）改为养济院以栖流犯，同时义学中止。乾隆三十一年（1766年）重修。民国初年在北楼设民团局，民国22年（1933年）改为武宣镇公所。“文化大革命”期间，东南西城门楼拆除它用，仅存北门城楼。北楼建筑面积250平方米、城高6米、楼高9米、通高15米，城门为卷顶内外两层式，外北层高2.8米，宽3.1米，内层高4.1米，宽4.1米，城上建二层楼，属砖木重檐歇山架梁式结构，面宽三间、单间进深，青灰白色瓦，翠绿琉璃滴水，四面翼角，各吊风铃。封檐板刻绘花卉禽兽图案。一楼四根石质金柱，八根青砖菱形廊柱。二楼金柱承一楼直顶大梁天面，楼面为木板上铺青砖。1999年7月16日，广西壮族自治区博物馆古建筑专家、研究员张宪文到北楼实地考察，鉴定为明代初期城门建筑，在广西尚存甚少。

武宣县三里戏台　位于三里镇三里圩中心，建于清同治十二年（1873年），坐北朝南，（应该是坐西北，朝东南。待考证）占地面积80平方米，建筑面积140平方米，属歇山式二层砖木结构。戏台白墙青瓦，红漆木柱，正脊绘双龙吐珠、卷草等图案，封檐板精雕各种乐器、宝物图案。舞台分前后室，前台和后室之间为雕龙画凤的木质屏风，形象逼真，屏风左右刻对联为“爽簌发而清风生，纤歌凝而白云遏”。台前两柱对联为“登妙高台可幸可观一日流传千古事，微歌步舞有声有色万人共听八音谐”。2005年，戏台保存完好，仍可使用。

祠堂　故居

武宣县灵湖张氏祠堂　位于三里镇灵湖村中。东南面即是灵湖，始建于清初，坐北朝南，院落式的平面布局，经历代修建，占地面积690平方米，形成五座进深四天井，南北进深通长69米，东西面宽10米，由青砖和土坯砖砌筑墙体，小青瓦屋面硬山顶建筑。室内均各设有两榀抬梁与穿斗混合结构的梁架。祠堂内立有清代“进士第”“文魁”“大夫第”，还有兵部尚书都察院右都御史两广总督张之洞为张开成题“将军第”，“江南才子”、刑部主事郑献甫敬书“世德堂”等牌匾。

武宣县河马朱氏祖祠　位于东乡镇河马村民委石牛村石牛岭北山脚处。建于清代晚期，坐南朝北，占地面积187平方米，两进一天井院落式的平面布局，三开间，面宽11米，进深17米，抬梁式结构小青瓦屋面，硬山顶建筑。天井左右两侧有连廊，墙体主要以青砖砌筑而成并批抹灰砂面层，部分墙体由卵石砌筑青石、砖砌包角。前座大门门额上镶石碑刻“朱氏祖祠”楷书阳刻。后座厅内立神龛一座，神龛透雕龙凤鸟花草图案。

武宣县台村陈氏祖祠　位于三里镇台村中。建于清朝中期，坐北向南，占地面积555平方米，四座三天井进深，院落式布局，面3开间，通宽12.2米，进深45.5米，抬梁式结构的小青瓦屋面硬山顶建筑。祖祠内悬挂有“兄弟进士”“大夫第”“文魁”“解元”等清代雍正年间牌匾。台村陈氏历史名人较多，最著名的是陈仁陈旭同登雍正十一年

(1733年)进士。

武宣县灵口李家祠堂　位于武宣县黄茆镇玉村村民委灵口村中。坐东向西，占地面积1818平方米，三座二天井进深，面宽50.5米，进深36米，主屋面阔5开间，左右是厢房，屋前是大院，排楼门。大院和天井地面铺设青砖，屋内地面灰沙夯土，墙体由青砖、泥砖、灰砂夯冲等混合而成。前座和后座为山墙搁檩，中座台梁构架，硬山顶建筑，小青瓦屋面砖木结构。整个结构对称，神龛立于后座正厅，雕龙刻凤，为清代乾隆年间创建。

武宣县赖氏祖祠　位于武宣县东乡镇麻村村民委田寮村赖屋中。坐东北向西南，占地面积789平方米，面宽38米，进深21米，二座一井进深，面阔5间，左右有耳房、厢房，门前是大院，院前是半月形水塘。屋内地面铺设青砖，墙体以青砖、夯土为主，天井左右有廊屋，硬山顶建筑，山墙搁檩，院落式砖木结构。祠堂建筑构件雕刻精巧，封檐板雕龙刻凤。神龛1座镂空雕龙凤鸟花草等图案。

武宣县东乡街刘氏宗祠　位于东乡镇东乡街村民委东乡街北原铁木社里。坐南向北，建筑面积975平方米，面宽38.7米，进深25.2米，主屋两座一井进深，横屋左右各一座，正座三开间，青砖方柱，石柱基平地面，除屋内左右墙体为灰砂夯成外，其余均为青砖墙体，小青瓦屋面，硬山顶建筑，卷曲台梁结构。门前廊有宽1.03米，长0.9米，刘氏宗祠石刻残碑。主屋2座，横屋2座。刘氏宗祠是中共桂中第一支部遗址，1926年12月，中共梧州地委派林培斌来武宣指导农民运动，在东乡吸收农协骨干翁尧年、潘业俊、朱文拔等人入党，建立中共武宣支部，翁尧年任负责人。

武宣县湾龙余氏祖祠　位于桐岭镇湾龙村民委湾龙村大山北麓。坐南朝北，占地面积1032平方米，三座二天井进深，面宽24米，进深43米，现存面阔5间，青砖和土坯砖墙体，屋内台地青砖铺设，梁柱搁檩，中座抬梁构架，小青瓦屋面，硬山顶建筑和悬山顶建筑混合砖木结构。咸丰年间太平军曾经火烧前座，后修缮。主体建筑保存较好，左右厢房已经毁坏，建筑构件斗拱、封檐板等雕像花图案被破坏刮掉，隔扇门已拆除。

武宣县霞山钟氏祖厅　位于三里镇双龙村民委霞山村中。钟氏祖厅建于清朝早期，占地面积3139平方米，面阔三开间，三座二天井进深，面宽43米，进深73米，院落前是水塘，青砖铺设地面，青砖墙体，前后两座山墙搁檩，前座后座墙隔三开间，廊立有廊柱，中座抬梁，天井左右有厢房，中座以四木金柱承顶，小青瓦屋面，为硬山顶建筑抬梁砖木结构。后座厅设神龛1座，雕龙刻凤。檐柱出斗拱，跳首、封檐板、台梁、顶柱石、山墙八字带等雕龙画凤，神态百样。

武宣县七星村武家祖厅　位于二塘镇七星村民委七星村中。建于清代中晚期，武胜周武永达创建，坐西南向东北，占地面积330平方米，面宽10.95米，进深29.6米，三座二天井进深，面宽三开间，青砖铺设台地，天井左右廊门半圆状，砖方柱，硬山顶建筑，小青瓦屋面，中座卷曲抬梁，后座重叠抬梁式砖木结构，布局严谨，正厅立神龛1座，雕龙刻凤，在厅左边墙壁上并列镶有“立遗嘱分单”和“蒸尝遗规”两块石刻碑，碑高0.71米，宽0.45米，为道光二十九年己酉月初十日立。前座廊墙壁上挂三块嘉庆、道光、同治年间立的“进士”牌匾。

武宣县黄肇熙庄园　位于二塘镇樟村。黄肇熙二塘樟村人，1912年任柳州统税局长兼支应局事并带护商营，授陆军步兵中校，后任广西自治军第四军司令官授陆军少将。期间敛财40万银圆，用船运回樟村。庄园始建于1913年，坐西北向东南，进深5座，左右横屋4座，前有水塘1张。占地面积达160亩，建筑面积3.4万平方米，面宽119米，进深130米，主房建造历时七年，辅助用房历时五年，于1924年全部建成。是中国传统的庄园落式建筑，红方块砖铺设地面，小青瓦屋面，硬山顶建筑。左右严格对称，布局完整，功能齐全，主房由前、中、后三进及左右厢房组成，均为两层建筑，每进之间设天井间隔，天井四侧设柱廊相互连通。东西两侧为厨房，杂物间等辅助用房，也用天井间隔，过廊相连。院落四角设置岗楼，北向用走马楼相连，南向与书楼沟通。住房严格区别内外，尊卑有序，对外隔绝，自成天地，主房前

广西最大保存最完好的岭南庭院式建筑——黄肇熙庄园　(2003年摄)

设置前院，前院两侧为花厅、客厅。该庄园为广西规模最大的庄园落式建筑，2004年来宾市人民政府公布为市级重点文物保护单位。

武宣县郭松年故居 位于桐岭镇石岗村民委雅岗村东南村头。郭松年，字椿森，武宣县桐岭镇雅岗村人，宣统元年(1909年)已酉科拔贡。留学日本区政法学校，曾任云南补用直州判，广西督军署秘书长，总统府秘书，广东督军少将参谋长、民国国会参议员。故居始建于民国初年，座西北向东南，占地面积2905平方米，面宽39米，进深74.5米；建筑面积2741平方米。主房三层，辅助用房二层，砖石混合结构。在布局上为中国传统的院落式建筑，左右严格对称。主房为主、后二进，左右为厢房，杂物间等辅助用房，中间用天井间隔，过廊相连。后有走马楼与左右厢房沟通，走马楼及厢房外墙处设置枪眼，与四角岗楼组成一个防护屏障。整座故居共计99间，花费18万银圆，用5年时间全部建成。郭宅是由其父郭冠覃督建，梧州孔三记建。2004年来宾市人民政府公布为市级重点文物保护单位。

郭松年庄园图 (2003年摄)

武宣县刘炳宇故居 位于东乡镇河马村民委下莲塘村南500米。刘炳宇，字统臣，武宣县东乡莲塘村人，清朝武生，曾任广西陆军第一师第二旅第三团团长，陆军步兵上校加少将衔，广西陆军第八军统领，旋改任中区第二正司令代理桂平镇守使，曾代理柳州府长兼柳州统税委田南道道尹，广西讨龙军总司令，广西自治军第十路总司令，授陆军中将二等文虎章。故居始建于清末民国初年，坐东向西，占地面积6715平方米，建筑面积3014平方米。房屋6座，面宽53米，进深126.7米。主房呈四方楼房三层，辅助用房两层，青砖混合结构。该故居在布局上仍为中国传统的院落式建筑。中间主房布局紧凑，房间之间用内廊相连，左右严格对称。主房后设神堂，前设前院，前院两侧均有厢房，院落四角设有岗楼，前两岗楼用走马楼相连。前院种植花草林木，与院前池塘相互映衬。主房地面为方砖面，墙体青砖砌筑，木楼板，青瓦顶屋面。厢房也系青砖建造，柱廊相连，青瓦顶屋面。2004年，来宾市人民政府公布为市级重点文物保护单位。

武宣县李元贞故居 位于三里镇三里村民委东岭村中。李元贞是清嘉庆年间三里镇东岭村人，以经商为业。兄李元襄道光间岁贡，咸丰初年剿匪有功，晚年任全州训导，列位文庙乡贤祠。故居始建于嘉庆年间，坐东北向西南，俗称“九厅十八井”，原有房屋123间，现仅存建筑面积为6332平方米，四栋进深，每栋9间，共36间、9个厅堂、18个天井，20世纪60—70年代拆除87间。此建筑布局严谨，讲究对称，在建筑物构件中雕龙画凤。

武宣县下莲塘刘氏将军第 位于东乡镇河马村民委下莲塘村中。坐北朝南，占地面积14758平方米，进深7座，横屋5座，水井1口。面宽94米，进深157米，从清早期建至民国时期，形成一座营寨式民居群。从排楼门进深7座2院5井，左边厢房2座，右边厢房3座，整座房屋相通连，形成院中有井，井中有巷，墙体青砖和卵石结构，小青瓦屋面，山墙搁檩，为二层砖木硬山顶建筑式结构。从清朝至民国，在座院落里出了多位将军：刘季三清直隶通永镇总兵，记名提督，授振威将军一品衔；刘炳宇中华民国任广西讨龙军总司令，广西自治军第十路军总司令，授陆军中将二等文虎章。

武宣县陈鸿庆故居 位于东乡镇长塘村民委长塘村中。陈鸿庆为东乡禄富村人，生于清道光十四年(1834年)，授陆军步兵上校，历任柳州防营管带左区陆军步兵司令，广西自治军第三军司令官。故居建于1870年，坐东向西，占地面积17440平方米，建筑面积为2750平方米，房屋88间，三座二天井进深，面阔10开间，面宽109米，进深160米，红方砖块铺设地面，青砖，泥丕砖墙体，小青瓦屋面，山墙搁檩，硬山顶建筑抬梁式混合结构。建筑构件装饰雕龙画凤，游鱼花鸟，卷草缠枝等彩雕图案。整座建筑群布局合理，具有传统的南方古代建筑群特色。

武宣县刘培钦故居 位于东乡镇河马村民委下莲塘村中。刘培钦又名匡汉、宣岑，下莲塘人，广东廉江县长。在日本参加“中国全部共进会”组建会员，被总理部简派内陆为特派委员进行革命活动。故居坐北朝南，占地面积583平方米，面宽21.6米，进深27米，两座一天井进深，青砖墙体，小青瓦屋面，山墙搁檩,砖木二层楼合院硬山顶建筑式结构。天井左右为廊屋,楼梯分别从廊屋上下。房屋结构对称严紧,木楼板上铺设砖块,廊栏青砖砌十字花栏。

武宣县黄检真故居　位于二塘镇麻碑村民委坡贯村中。黄检真,号榕三,坡贯村人,由附生保举知州,任永安州学正,列位文庙乡贤祠。坐西向东,占地面积1349平方米,面宽39米,进深34.6米,三座二天井进深,面宽七开间,有厢房屋,房屋结构对称,斗拱出跳,封檐板雕刻,在房屋内正梁下出斗拱,在武宣古建筑中独出一格。墙体为青砖、泥坯砖、泥土夯结构,硬山顶建筑,小青瓦屋面,前座和后座山墙搁檩,中座台梁结构。山墙八字带绘壁画。

武宣县刁经明故居　位于东乡镇金岗村民委金榜村新屋。刁经明,字用廷,金榜村人,记名提督调补广东肇庆协副将平乐浔州三江各协高州琼州镇总兵。故居坐东向西,占地面积3608平方米,面宽44米,进深82米,三座二天井进深,面宽7开间;左右厢房各一座,与主房屋相联通,东南角有碉楼一座,整座建筑为青砖、泥坯砖和夯土混合墙体,小青瓦屋面。前座和后座为山墙搁檩,硬山顶建筑砖木结构,中座立四金柱,为卷曲抬梁结构。正门额上挂"振威第"木扁,前座内挂三块木扁"旨赏换花翎""旨诰授振威将军""钦赐毕什固图巴图鲁",中座上挂道光御笔之宝"韬钤禀训"和两广总督张之洞广东巡抚倪文蔚为会题扁"云礽衍庆"等牌匾,后座正厅立神龛1座。整座建筑群布局合理,具有传统的南方古代建筑群的特色。

武宣县梁在卿故居　位于东乡镇洛桥村民委洛桥村中。梁在卿,东乡洛桥人,光绪二年丙子科武举人。故居建于清代晚期,坐南朝北,占地面积567平方米,四座三天井进深,面阔9开间,面宽21米,进深27米,左右厢房2座,院落前是水塘,青砖铺设地面,青砖墙体,小青瓦屋面,山墙搁檩,为硬山顶建筑,抬梁砖木结构。天井左右有廊房,廊立有廊柱,中座以四木金柱承顶,卷曲抬梁;后厅设神龛1座。檐柱出斗拱,跳首、封檐板、台梁、顶柱石、山墙八字带壁等雕龙画凤,神态百样。

武宣县廖冰兄旧居　位于桐岭镇湾龙村民委湾龙村大山北麓。廖冰兄(1915年10月生)中国现代漫画家,原名东生,因其妹名廖冰,故以冰兄为笔名。祖籍广西象州人,生长于广州市,擅长漫画,历任广州市文联编辑出版部部长、华南文艺学院教授、广东木偶剧团美术设计、广州市文联副主席。1949年起任历届中国美术家协会理事、美协广东分会副主席、广州漫画学会名誉会长等职。廖冰兄幼年时期曾经在旧居里生活,抗日战争期间在三楼作漫画宣传抗日活动,把漫画在桐岭街展出,后到重庆等全国展出。旧居为民国时期由余恩甫创建,余恩甫民国时任修仁、荔浦、藤县等县县长,在任广东民国革命军团长时娶廖冰兄生母。旧居坐南朝北,楼房三层,宽10米,进深8.5米,建筑面积255平方米,楼大门框为青石结构,门额半月形塑八卦图案,房屋面宽三开间,正厅后设楼梯间上下楼,楼木板上铺设青砖,四面开窗,通风光线好,属硬山顶建筑,小青瓦屋面,山墙壁搁檩砖木结构。

武宣县刘月鉴故居　位于东乡镇金岗村民委永安村中。刘月鉴,上海大同大学毕业,中华民国少将师长。故居坐东北向西南,总占地面积20800平方米,其中房屋建筑面积6790平方米,是一座建筑群体,东西长160米,南北长130米,属硬山顶建筑,小青瓦屋面,台地青砖铺设,青砖墙体,为院落群体砖木结构,屋前是大院,院前面有大水塘一张。

武宣县凤扬村朱氏旧宅　位于东乡镇河马村民委凤阳村中。坐西向东,占地面积1299平方米,面宽26.8米,进深48.5米,院落式的平面布置,后座南北角各有一座碉楼,室内设楼楞铺木楼板构成,山墙搁檩小青瓦屋面。整座房屋室内沿"八字"带均绘有精美壁画,封檐板雕龙刻凤。二座一天井进深,耳房2座,厢房2座,碉楼2座。整座房屋保存较好,壁画多而生动,艺术性高,屋檐浮雕工艺高操,是至今来宾市发现壁画最多,屋檐浮雕工艺最为高操精美的建筑院落。

武宣县上武兰古民居群　位于东乡镇武兰村民委上武兰村中。整座民居群坐东向西,建筑群中以梁氏祖祠和武兰小学校为主要代表性。梁氏祖祠三座二天井进深,左右各两座厢房,屋内外山墙八字带绘画山水画,后座正厅立有神龛1座,房屋互相连通。西村边卵石围墙外是水泥路,路旁立有一只石狗。东北角是中华民国时期梁显堂创建的上武兰小学校。梁显堂,中华民国时期任武宣县长,70岁大寿时,广西省省长黄旭初题赠"行善延龄"匾,现存梁氏祖厅内。建筑群保存较好,具有独特的卵石建筑墙体。

金秀泰山韦公祠　位于金秀桐木镇泰山村内,建于清乾隆四年(1739年),1991年被公布为县级文物保护单位。

忻城莫氏祠堂　位于忻城土司衙门东侧20米处,占地1470平方米,始建于清乾隆十八年(1753

年),后毁于兵燹,清道光二十七年(1847年)重建。祠堂分前、中、后三进,祠门院前竖立巨幅照壁,左右为门房,门楣上分别浮雕"本支百世""列国一同"八个大字。进门房是大院。一进是正门;二进为正厅,两侧分别设有客房,前后镂金花窗,工艺精巧,装饰豪华;三进安放莫氏历代宗亲牌位。祠堂整体造型与衙门相对称协调,具有独特的建筑艺术风格。1963年广西壮族自治区人民政府将莫氏祠堂列为省级重点文物保护单位。

书院 牌坊

武宣县达富书院 位于东乡镇达昊村民委达昊村东北独松山西北脚处。坐东南向西北,占地面积1178平方米,西北宽38米,东北深31米,小青瓦屋面悬山顶建筑,大部分墙体以土夯筑而成,仅有前檐檐柱以青砖砌筑。现存大院门额上刻"达富书院"楷书阴刻四字,碑长1.1米,宽0.66米,下有落款"民国三十六年孟春日校董事会题"。

武宣县期尚小学校 位于武宣镇西街小学巷武宣镇第一小学校内。其前身是城隍庙,民国1年(1912年)改城隍庙为城厢自治局和城厢公立小学校。民国23年将城隍庙改建为期尚小学。坐北向南,一栋二层楼房9开间,占地面积342平方米,面宽31.7米,进深10.8米,属砖木结构,小青瓦屋面硬山顶建筑。前门廊一二楼各开有三个拱券窗,一楼前廊立有民国23年建期尚小学校碑记一通,碑文记载成立期尚小学校始末。现称武宣镇第一小学校。

武宣县凤鼎书院 位于东乡镇金岗村民委金榜村刁其黔房屋东5米处。民国二十年刁紫琼创建。县志载:刁紫琼任广西南丹县长,广西讨龙军总司令部参谋长。书院坐东北向西南,占地面积567平方米,西南宽27米,西北深21米,主楼二层是教室,青砖墙体,正面顶为尖顶山形。左右厢房为教职工和学生宿舍,墙体为卵石砌成,整座属硬山顶建筑,山墙搁檩,小青瓦屋面,石砖木结构。

武宣县仙城书院 清乾隆三十四年(1769年),由知县郑高萃创建,当时只建一座三间。乾隆三十九年至四十年(1774—1775年),知县顾芬、彭日龙先后增建中座,头门和学舍十二楹。乾隆四十六年(1781年),知县郎士贵捐出自己俸禄,邑绅民亦慷慨解囊踊跃捐款修葺书院,整座书院规模始完善。光绪二十八年(1902年),维新人士主张兴办学堂废除科举制度,知县王鼎昌在书院创办小学学堂、简易师范。民国2年(1913年),改为初级中学(即后来的仙城中学)。1956年,在书院内开设中专师范。1977年5月,县中专改为武宣县师范学校。1978—1983年为武宣县中学借用临时校址。1984年秋,更名为武宣县教师进修学校至今。书院位于县城南面,坐北朝南,占地面积3454平方米,建筑面积1723平方米。主体建筑3座,上座进深3l间,阔3间,正梁上刻"大清光绪七年岁次辛已孟冬赐进士出身同知衔知武宣县事熊继轩暨图邑绅民重修"。上座与中座以天井连接,中座门前有卷棚走廊,进深3间,阔3间,正梁上刻"大清光绪十三年岁次丁亥仲夏补用州署武宣县知县刘凤纪暨阖绅民重修"。前座也叫头门为二层楼房,一楼8间,二楼9间,前后设走廊。左右是厢房为师生宿舍。整座建筑群体结构简朴大方,属硬山式砖木结构。书院走廊摆放着一块显眼的断碑,这就是原"仙城书院"石牌的断碑,残碑长0.99米、宽0.53米、厚0.1米,碑上阴刻楷书"书院"两大字,字高0.4米、宽0.31米,接断处仍留下"城"的偏旁"土"字,书院二字书写端庄雄伟,气度放开,碑刻细腻,刚劲利落。从碑刻略窥出当年创办书院的育材风范。书院创建聘请山长讲四书五经及制艺等科目,山长中以黄衮最有名望。黄衮三里镇霞山村人,明贡生,清文举人,任山长前,在霞山村利用自家祖祠堂举办私塾,仙城书院创建后被聘为山长,誉为士林模范。后盛兴学堂废除科举,知县王鼎昌聘任从浔州师范毕业郭椿森、覃炳崧、李长华、陈金声、廖邕山等负责督办管理教授学堂,后来郭椿森、覃炳崧、李长华留学日本,李长华回国后仍热心于教育事业,历任仙城中学校长。

武宣县台村私塾学校 位于三里镇台村村民委台村小学内。建于清代初期,坐北朝南,原以西侧陈元隆祠作私塾,后在此处扩建校舍,立有孔子像于北角,与陈元隆祠后座相接,中华人民共和国成立后扩校时拆除北座校舍,旧址面宽21米,进深58米。现仅存南面一座校舍9间,夯土地面,青砖墙体,山墙搁檩,小青瓦屋面,悬山砖木结构。现台村小学校新校舍建于东北角60米处。

武宣县东乡农民讲习所 位于东乡镇合群村民委花潘村屯天山东山脚处潘建中家里。座西北朝东南,占地面积567平方米,两座一天井进深,面阔5开间,左右有耳房,面宽21米,进深27米,青砖、泥丕砖混合墙体,山墙搁檩,小青瓦屋面,硬山顶建筑。1949年5月间韦纯束、廖联原、潘建中等地下党员在此创办农民讲习所,宣传革命道理,发动武装斗争。

武宣县兄弟进士石牌坊　牌坊匾现藏于县博物馆。石牌匾两块，两面刻字质地花岗岩石质，通长1.95米，宽0.46米，厚0.16米。正牌坊匾阳刻楷书，正背面刻“兄弟进士”四个大字，每字高0.3米，宽0.25米，其中一面被人为凿平。次牌坊匾阴刻楷书，两面刻字，竖刻各13行，每行3字，每字长0.08米，宽0.08米。其一面文：“雍正壬子科解元癸丑科联捷殿试第二甲五十三名进士钦点翰林院庶吉士升受编修陈仁立”。其二面文：“雍正壬子科举人癸丑科联捷殿试第三甲一百二十名进士特简工部屯田额外主事陈旭立”。陈仁字符若号体斋台村人，雍正癸丑进士，授翰林院编修由词垣改御史，任湖北粮储道，又调任四川建昌上南道，所到之处政绩显著，后因病返乡。陈旭字东升台村人，与兄陈仁同科进士，授工部屯田司主事。兄弟进士石牌坊原立在县城老街十字街上，民国17年迁入公园（即今粮食局大院内）后毁，1986年县博物馆把余存部分收集得以保存。

寺　庙

忻城万应寺　位于忻城县古蓬镇周安街，清乾隆二十六年（1761年）建，原寺址设在卜庙（今周安粮所），何时搬到今址，年代无考。道光十二年（1832年）重建，有碑记。据当地老人说，民国24年（1935年），佛像、菩萨被毁，改为周安乡公所驻地，并办学校，今为古蓬镇凌头村公所周安教学点。

忻城石龙庙　位于忻城县遂意乡联堡村岜上屯。清乾隆年间（1736—1795年）建，初为茅草房，名曰“石龙庙”。道光年间（1821—1850年），将茅草房改建为3间瓦房，名曰“石龙祖寺”。民国初年增建7间，即在原房子两侧各增建1间，前面增建一座5间，共两排10间瓦房，由何家捐款筹建，又称何氏宗祠。1952年土改，石龙庙分给农民，农民不敢住，遂意粮所借用作粮库。1958年，遂意公社在庙内建炉炼钢。后联堡大队拆掉前排房子取木料建万头猪场，后排被岜上生产队用作仓库。1986年4月重修祠堂内外，并新建一座凉亭。此外，忻城县境还有思练白帝庙、文武庙，理苗雷神庙，古蓬镇内联村关帝庙，古蓬村文昌阁，思练加毫的龙帅庙等。中华人民共和国成立之初庙已毁，遗址尚存。

武宣文庙　又称“学黉宫”“孔庙”，是专门祭祀孔子的庙宇。始建于唐大历十二年（777年），原址在州城外东南隅，明洪武二年（1369年）迁建于现址。此后至清同治五年（1866年），历朝共经12次较大修建，始完成其规模。学黉宫（祭祀孔子兼作学校）位于武宣县城南街一巷，坐北朝南，砖木结构，朱红粉墙。宽43米，深117米，占地4760平方米。文庙的布局讲究，庄严肃穆。由棂星门、戟门、状元桥、大成门、东西两庑、大成殿、崇圣祠等主要部分组成，还有左右厢房、名宦词、乡贤祠、明伦堂、东西斋和武皇殿等附设建筑。“大成殿”是孔庙的主体建筑，面宽三间，进深三间，殿的四周有回廊，殿高20米，长宽各25米，木石结构，屋面重檐高挑，回廊上有大幅壁画，朱红叠翠，雕刻精美，金碧交辉；头门为全料石结构，状似牌坊，上雕麒麟翠鸟，如意青莲及八仙过海等图案，工艺考究。学黉宫所有墙壁均涂以朱红色，气氛庄严肃穆。1995年自治区博物馆考古专家张宪文鉴定认为，殿廊四周壁画均系清代早期作品，为广西孔庙绝无仅有，全国亦是少见。崇祯五年（1632年，）知县孙光启修建尊经阁及辛巽二门。明末清初，庙门塌毁。清康熙七年（1668年），文庙改迁北门外李错居场；仅建成殿庑戟门。康熙九年，又迁至今址，并重建殿庑门堂。康熙五十一年壬辰冬，重修大成殿启圣祠，至甲午（1714年）春竣工。康熙五十八年修明伦堂。雍正六年（1728年）增修戟门宫墙、名宦祠、乡贤祠，7年续成。嘉庆五年（1800年）重修宦祠、乡贤祠，7年续成。嘉庆五年重修崇圣祠正殿、东西庑、名宦祠、乡贤祠、戟门宫墙、泮池、棂星门。清道光十五年至十七年（1835—1837年），修围墙照壁。民国1年（1912年）壬子秋，采开添设落成。1967年“文化大革命”期间，破“四旧”（旧文化、旧思想、旧风俗、旧习惯），文庙除大成殿、大成门、崇圣祠、尊经阁、明伦堂等主体建筑外，其余被拆毁，残破不堪。20世纪80年代初，文庙西面地带被群众侵占建房。1984年5月10日，武宣县人民政府发布《关于公布县级第一批重点文物保护单位的通告》，将文庙列为重点文物保护单位之一。1984—1996年，自治区文化厅文物处拨款7.5万元，武宣县财政拨款18万元，社会集资13万元，抢修文庙。

武宣县金龙庙　位于东乡镇金岗村民委金榜村金龙山顶南面。浔州府志卷十二庙坛记载：金龙庙在东乡里，祀古雷王诸神。相传永乐六年，神像飞来金龙山顶，乡人爰立此庙，先是有他省堪舆家二人至此，皆识其地，归携骸骨欲葬之，比至，则魏然为庙矣。二人徘徊气沮遂死，庙成乃祀二人为土神，每岁夏祭，则分鸡粟奠之。清咸丰年间（1851—1861年），被太平天国捣毁，后重建。20世纪60年代又被捣毁，1988年2月12日又在旧址重建。坐北朝南，面宽10米，进深11.7米，面阔三开间，两座一天井进深，后座正厅立神像三尊，山墙搁檩，小青瓦屋子面，硬山顶建筑式砖木结构。现在庙前屋脚下有三块残碑，其中一为清嘉庆七年重修碑刻。

武宣县保安庙 位于二塘镇七星村民委七星村北边。坐西向东，两座一井进深，建于清晚期，面宽三间，民国时期改为小学校，青砖墙体，硬山顶建筑，小青瓦屋面，山墙搁檩砖木结构。现仅存面阔单间，两座进深，面宽5.35米，进深15米，前座门额上镶石碑匾"保安庙"，楷书凸字，碑宽0.28米，长110米，每字高0.28米，宽0.30米。后座正厅摆设13尊神像，绘壁画，前有拜台，拜台前有香案，香案下有神像1尊。

武宣县花婆庙 位于武宣镇下北街。花婆庙又称花王庙，俗称子孙娘娘庙。始建于明代，三进两天井，坐东向西，占地面积368平方米，面宽10.6米，进深35米，硬山砖木结构。清初游击贾得孝重建，邑人陈观德撰碑记，嘉庆元年县廊司崔钧偕邑人更新神像，民国17年(1928年)改作城厢镇下北街街公所，中华人民共和国成立后，为下北街村公所，前中两座为小学校，后村公所和小学校相继迁出。

武宣县三里北帝庙 位于三里镇三里街头。三里北帝庙又称玉墟宫，民国23年(1934年)县志载"北帝庙清同治初年建"，三里街居民陈汉日祖房契记载"道光三年四月初八立契购房于北帝庙左街…"，建庙年代应在道光年间。座东南朝西北，三开间，两进深一天井，前座沿山八字带墙绘壁画，前座与后座间是天井，天井左右有走廊相通，属硬山抬梁式砖木结构，占地面积241平方米，面宽10.75米，进深20.5米。民国17年拆除神像作团局。

武宣县九子娘庙 位于三里镇三里街村民委三里街东。1988年文物普查时发现，九子娘庙始建于清代，民国时扩建，面阔15米，进深10米。前坐北次间厢房，分前后座，中间为青砖铺设的天井，前、后两座各四开间，土夯地面，山墙搁檩，为小青瓦屋面，除门楼及大殿为硬山顶建筑外，其余各建筑均为悬山顶。墙体主要以青砖砌筑和夯土。前座主要是用于存放闲杂具，后座各间均摆放有多尊木质神像，九子娘神像摆放在正厅众神像中间。

武宣县刘氏家庙 位于东乡镇六道村民委河背村中。刘氏家庙是清总兵衔记名提督刘季三死后赐葬建庙。刘季三、字梅士莲塘人，道光二十九年(1849年)己酉科武举，清授予"直勇巴图鲁勇称号"，记名提督特授直隶通永镇总兵，其母妻均诰封一品夫人…。庙建于清代咸丰年间，座东南向西北，占地面积240平方米，平面呈长方形，面宽13米，进深18.5米，两进一天井，山墙搁檩，青砖墙体，小青瓦屋面硬山顶建筑。前座大门门额上题有"刘氏家庙"楷书浮雕涂金粉的题字。后座正厅立神龛一座，神龛透雕精巧，上是双龙双凤戏珠，左右雕刻花卉鸟兽图案。

武宣县八仙庙 位于武宣县黄茆镇周眷村民委八仙岭鸡公山山顶东南面。1987年间文物普查时发现，有碑刻两块，其一长1.07米，宽0.63米，上刻"乐庆鸿恩"楷书，字高0.21米，宽0.18米，左边小字"光绪二十年仲秋吉立"，右边"沐恩弟子徐名记、冯和泰合敬"。现庙为2003年重建，座西北向东南，占地面积72平方米，面宽4.5米，进深16米，为混凝土建筑。每年8月庙会，前来朝拜者上万人。

武宣县大藤庙 位于三里镇古立村民委勒马村大藤山东南面黔江左岸。始建年代待考。民国县志记载：大藤庙三里勒马下边大藤峡口江岸，建于清初，光绪初复修。据勒马村老人传说：大藤庙是祭祀伏波将军马援的。庙是两座一天井进深，在前座门额有"大藤庙"三大字，两边门柱上写有对联，上联"为国为民铜柱垂勋光宇宙"，下联"允文允武越人降服拜旌旗"。1983年武汉大学历史系编写《简明历史辞典》第40页记载："马援(前14~公元49年)字文渊。扶风茂陵(今陕西兴平东北)人。新莽末，为新城大尹(汉中太守)。曾依附陇西隗嚣，继归刘秀，建武十一年(35年)，任陇西太守，击破零羌。建武十七年(41年)任伏波将军，镇压交趾征侧、征贰起义，封新息侯。后进击武陵'五溪蛮'，病死军中"。交趾辖境相当今广东、广西大部和越南的北部、中部。与勒马村老人所说有所吻合。现存庙宇是2000年在原地重建，面宽4.1米，进深4.7米，墙体青砖，山墙搁檩，小青瓦屋面，悬山砖木结构。

武宣县丰西寺 位于黄茆镇上额村民委下额村中。1987年文物普查时发现，建于清康熙年间，乾隆年间重修过。占地面积1200平方米，坐南向北，进深三间，有耳室，内有5块石碑，均记载募捐建庙等情况。

武宣县鱼步龙门寺 位于金鸡乡鱼步村民委鱼步村南黔江左岸第二台地上。1987年文物普查时发现，坐北朝南，占地面积900平方米，原址范围面宽36米，进深25米，现西面仍存有残墙。2003年8月21日重建寺庙，建筑面宽4米，进深7米，内仍保存原立的一尊香案，高1.26米，座宽0.83米，上宽0.80米，厚0.31米，上刻"光绪十三年仲冬月吉旦"。寺西侧有旧残墙和旧石板等。寺庙往下便是黔江、柳江、红水河三江口汇合处，在宋至清代是重要码头。

武宣县灵台寺 位于武宣县三里镇三里街村民委灵湖村东南约300米处。清朝初年台村人建，座东南向西北，占地面积617平方米，两座一院进深，面宽21.2米，进深27.8米。清咸丰年间为太平军所毁，毁前有两个僧人管理寺庙，光绪戊戌年修复，民国9年(1920年)前座被大风吹倒。1957年改为上任村小学校。两座进深，前后两座各5开间，原为小青瓦屋面硬山建筑，民国时期改为悬山顶。

武宣县灵湖水月宫 位于三里镇灵湖村西台村之东阴江右岸台地处。始建于清初，现存清康熙三十五年(1696年)岁次丙子孟秋月谷旦暨立《重修水月庵记》石碑一通，《重修水月宫碑记》残碑右半块，两碑都是记事修水月庵(宫)及捐款人名单，前碑称"水月庵"，后碑称"水月宫"。咸丰年间被太平天国毁坏后重建，又毁，后又重建。2005年遗存的水月宫是在原基址上所建，面宽4米，进深10.8米，面阔1间，进深2间，水泥砖砌，混凝土地面，山墙搁檩，悬山式小青瓦屋面结构。

武宣县经堂村天主教堂 位于三里镇长乐村民委经堂村马岭寨山东北山脚下。据民国县志记载："光绪初年，外国教徒入境到三里乐梅傍村建筑天主教堂一所，法国人男徒九人女徒七人…"。天主教堂坐北朝南，建筑面积120平方米，占地面积435平方米，屋高13米，属于中西结合式砖木结构。内设教台、教徒座位200多个，有后室，为神父居住，教堂内壁挂有多幅天主教神像。最初传教者为法国神父，后有桂平、贵港和本地修女传教，2005年，每逢礼拜日仍传教授课。

象州关岳庙 在象州县县城象州镇南街。原名关帝庙，始建于清雍正九年(1731年)，乾隆二十一年(1756年)重修，道光末毁于兵燹，同治九年(1870年)重建，民国纪元后改称关岳庙。"文化大革命"期间，装饰部分全部被毁，1982年，县人民政府拨专款维修，基本恢复原貌。今作县图书馆儿童阅览室。庙宇建筑坐东向西，占地190平方米，分明、次间和厢房，青砖封火山墙、抬梁式硬山顶型结构。面阔17.70米，进深10.70米，檐高5米，台高0.6米。檐柱2根，2层柱、内金柱各2根，直径均0.35米，高4米，下垫圆形石础。5级垂带踏跺，每级高0.13米，宽0.30米。穿插枋、檐板均雕绘缠枝花与形如八卦图案，屋脊塑双龙戏珠。关岳庙为象州现存较为完整之古建筑，1985年4月，县人民政府将其列为县级文物保护单位。

象州龙女天主教堂 在象州县大乐乡龙女村内，四周群峰环绕，山上林木苍翠，环境幽静，教堂周围为居民区。教堂始建于1893年，1896年竣工，建筑总面积3700平方米，具有中西式建筑23间，其中，圣母堂及神甫、童贞住所为西式建筑，其余为县内农村常见中式平房。主体建筑圣母堂为歌德式建筑，长27米，宽12米，大门框用光滑的大理石砌成。室内以8根高6.50米，直径0.30米的圆木作柱，木柱、天花板均漆天蓝色。大门两侧各有一座下径3米的4层楼房式建筑，左楼尖券顶，每层陈列圣像8尊；右楼平顶，每层亦陈列圣像8尊；顶层为钟楼，悬挂铜钟1口，重约100千克。后门连接更衣室，为半圆形建筑，用作举行仪式前神甫更衣专用处所。中华人民共和国成立前夕，外籍神甫撤离，教堂留空，部分平房作村小学教室；神像及铜钟于"四清运动"期间被生产队卖掉，筹款建小水电站；圣母堂曾被用作磷矿粉加工场，1987年归还教堂。

金秀江州教堂 清光绪十九年(1893年)，由法国天主教主教马维良在金秀头排乡江州村组建，为土木结构，盖瓦。原教堂附设学校、医院、球场，现仅存教堂。

古墓葬

来宾白面山战国墓 位于来宾县良江乡老白面村背岭上。1987年发现。为土坑墓，未发现人骨遗骸，随葬品仅见铜剑1把。从剑之造型和风格看，墓葬为战国时期。

象州下那槽战国墓葬 位于象州县罗秀乡军田村下那槽屯水碾坊边。1980年3月发现。墓葬形制和葬式不明，出土的随葬铜器和陶器基本完好。靴形铜钺、双珥陶罐的纹饰，及铜人首柱形器，均有显著地方特色。

武宣东乡汉墓群 分布在武宣县东乡乡，共14座。自治区文物专家鉴定为汉代墓群。1984年1月，已被列为县级重点文物保护单位。

象州岭南汉墓群 位于象州县大乐乡岭南村西约500米处。1981年10月，经自治区文物普查队勘察认定，该地带共有汉代墓葬115座。1985年4月，象州县人民政府将岭南汉墓群列为县级文物保护单位。同年10月，对岭南汉墓群1~5号墓进行抢救性发掘，其中，石室墓2座，土坑墓3座，出土东汉时期陶罐、陶钵、陶纺轮、玛瑙珠、料珠、铁锯、五铢钱等器物。1994年7月，自治区人民政府公布该墓群为自治区级文物保护单位。

金秀官坡古墓群 在桐木镇西南仁里河边。有古墓32座、占地600平方米,保留完好;最大的一座墓高15米、直径12米。此古墓群与邻近的象州县大乐乡岭南汉墓相同,现被认定为古汉墓。

忻城矮山岩洞葬 位于忻城县红渡矮山村对面红水河边矮山岩洞内。1990年,矮山村一男青年钻入岩洞寻宝,得文物多件。县博物馆考古人员闻讯后,即邀考古专家郑超雄于同年12月前往该岩清理,发现骨骸两具,鉴定为1老妇与1儿童,属露尸葬,尸体原置于洞内自然槽中。随葬品有贝币、骨针、蚌刀、蚌饰品、石斧、石锛、青瓷点彩钵、陶杯、陶罐等珍贵文物100余件。经初步鉴定,此遗址为汉晋时期岩洞葬。

象州薛仁贵衣冠墓 位于象州县象州镇南沙湾村南面山顶。薛仁贵(614—683年)唐大将军,上元二年(675年),贬于象州。未几,获赦回京,离开时留白袍铠1件于象州。永淳二年(683年)病逝,州人便将其离象州时留下的衣冠葬之,以表纪念,并于城北建白袍庙祀奉,原庙已圮。民国20年,因建学堂,庙被拆除,后于县城南4千米许的回面山巅建纪念墓1座。碑文:"唐大将军薛仁贵衣冠墓"。

武宣田辽山岩洞葬 位于武宣县桐岭乡田辽村,岩洞口高出地面约65米。发现的2具人类尸骨呈"T"形置于第3层洞穴中,均系女性,分属一老年一青年个体。尸骨破碎零乱,其中一具为仰卧屈肢状。具有宋代风格。田辽村周围皆壮族村寨,未发现其他民族杂居,墓主应是壮族先民。广西岩洞葬发现较多,但宋代岩洞露尸葬却十分罕见。

武宣勒马汉墓群 位于武宣县三里乡勒马村与龙头村之间的黔江东岸台地,距县城17千米。长约2千米,宽0.5千米,可见封土堆直径达18~20米,高2~5米。群众称"七星墩"。实际不下40座,已发掘的6座。出土文物陶器有罐、壶、灶、鼎、钵、碗、博山炉;铜器有镜、奁、焦壶、壶、簋、五铢钱;有铁器铁环刀;玉器有料珠、玛瑙。墓制为坚穴土坑砖底墓。是西汉末期到东汉早期的墓葬。

武宣湾龙古墓群 位于武宣县桐岭乡湾龙村,紧靠湾龙山头,东距黔江500米。墓群宽50米,可见封土12座。属汉代墓群。

武宣七星古墓葬 位于二塘乡老七星村内,距县城7千米。墓葬呈东西排列,长500米,宽100米;可见封土堆5座,直径5~10米。墓基内发现墓砖,属砖室墓。砖上有绳纹、弦和"X"字纹,是东汉时期所盛行的一种墓砖,属东汉墓葬。

武宣尊头古墓群 位于武宣县东乡乡尊头村东面,距县城25千米。南北走向,长约500米,宽150米,可见封土堆6座,直径16米,高4米。据自治区文物专家鉴定为汉代墓群。1984年1月,列为县级重点文物保护单位。

武宣上坪岭古墓群 位于武宣县东乡乡上坪岭村食粥岭上,距县城27千米。南北走向,长200米,宽70米,可见封土堆5座,直径15~20米,高0.5~1.5米,为汉代墓群。

武宣下坪岭古墓群 位于武宣县东乡乡下坪岭村背山顶上,距县城38千米。长200米,宽100米。可见封土堆3座,直径15米、高1米。属汉代墓葬。

武宣金岗古墓群 位于武宣县河马乡竹园村内,南北走向,距县城38千米。长200米,宽100米。可见封土堆8座,直径10~15米,高2~3米。在墓基内采集到汉代流行的弦纹,水波纹陶片。为汉代墓葬。

武宣营盘山古墓群 位于武宣县河马乡中心小学西南面,与金岗古墓群相对望,距县城35千米。南北走向。长300米,宽100米。可见封土堆5座。直径6~9米,高0.5~0.7米。墓区内发现汉代流行的水波纹和方格纹陶片。属汉代墓葬。

武宣巴寺古墓群 位于武宣县通挽乡巴寺村,距县城35千米。南北走向。可见封土堆7座,直径10~15米,高2~3米。已列为县重点文物保护单位。

武宣武家墓 位于武宣县城郊陈家岭西面。坐北向南。3座排墓葬,混合土夯成。青块古籍墓碑九方,三三分立于各座墓前。主碑上书:"祖讳敏,字捷,三江南城珠矶巷人,明成化元年,随副都御史两广军务提督韩雍征召大藤峡蛮贼有功提升参将,事平,委镇守浔洲府城,旋因余蛮复骤武宣,侵犯县城,韩御史以祖晓畅军务,命率所部来武,如抚兼施,地方赖安,事闻,上大嘉奖,特任以千户职……"

武宣廖盛泰墓 位于武宣县三里乡龙头山以西的山腰上,距县城18千米。坐东朝西。封土由灰沙土夯成。有青石碑刻24方,除7方为墓前正碑外,余作墓栏。碑刻作文字记载有16方,另8方则刻以凤鸟、麒麟、翠竹、花草、八卦等纹饰,双双分立于墓之两侧。还有石狮1对分别立于墓之两侧。主碑的框、帽刻有蟋龙、腾龙、游旗等纹饰,其中部刻有"都督"2字。

《武宣县志》记载廖盛泰明洪武三年庚戌奉委征平东南海贼陈童柳而纲各县安宁又平马流贼于山深六斗间封清益将军由福建莆田迁居武宣。

象州郑小谷墓 位于象州县寺村乡水站村南面

约250米，大部岭西侧半腰。墓主郑献甫，字小谷，象州县寺村乡白石村人，为清道光乙未年(1835年)进士、官至刑部主事，曾是广州越华书院、桂林榕湖书院及象台书院主讲的教育家、文学家，于江南一带享有盛誉的象州籍名人。墓坐东向西，用青砖围彻，高1.02米，直径3.80米；墓碑高1.06米，宽0.62米，厚0.11米。碑文："皇清中宪大夫五品卿衔刑部江苏云南司主事加三级郑府君小谷墓碑"。两侧碑联为："粤西一代真才子；岭表千秋古硕人"。其墓于1986年被盗，现墓系其族后裔照清原样修复。

合山三品夫人墓 该墓位于合山市岭南镇里兰村公所江村西面约1千米的岑停岭坡上。墓呈圆形，直径5.2米，坐北朝南，周围用青石砌成，中间用黄土填实。墓前立有1块石碑，此碑系民国2年(1913年)重建。碑高1.1米，宽0.8米，厚0.13米。碑文记载，墓主是宋代刺史蒙永田的正室夫人，恩封三品淑女，原葬于宾州六羊岭，后迁今址。墓堂左右还各立一块石碑，碑上刻有其后裔蒙氏各户，为重修此墓捐款的姓名及金额。至今保存完好。

金秀官坡古墓群 在金秀桐木镇西南仁里河边。有古墓32座、占地600平方米，保留完好；最大的一座墓高15米、直径12米。此古墓群与邻近的象州县大乐乡岭南汉墓相同，现被认定为古汉墓。

武宣田寮山崖葬 位于武宣桐岭乡田寮村猫豆山之东，距县城15千米。离地面高约65米。岩内发现有较完整的骨骸两副，"丁"形排列，均为一老一少的女性。无棺材痕迹。骸骨周围共存有残缺的3碗1罐。釉质有黄褐色釉、古黄釉、青釉，花纹有水波莲花纹和点彩纹，碗的底足有支丁痕，是宋代盛行的器物。经自治区文物专家鉴定为宋代崖洞葬。

象州孟总兵(宗文)墓 位于象州镇二贤庄北面约300米之凤凰岭。墓主孟宗文，原籍山东武定州，明宣德二年(1427年)，其祖从军于象州定居。孟宗文生于嘉靖二十年(1541年)，承袭祖先官职为象州千户所千户，积战功，官至粤东镇总兵。明万历三十五年(1607年)卒，葬于今象州凤凰岭。墓坐东向西，外以大石块圈筑，内为券顶砖室墓，券顶砖缝用青花瓷碗倒扣，再以砂合土填充。高1.06米，直径3.80米。墓前两侧各立一座龟坐石碑坊，上记述墓主生平；两侧另立石人像各一尊，石人像造型为头上戴冠，双手抱胸，身高2.85米，肩宽0.90米；石马2座，高1.40米；石狮2座，高1.50米，所有石雕皆工艺精细，形象逼真。孟宗文母莫氏墓，妻贾氏墓并列于旁。

金秀王二东汉墓群 位于桐木镇王二屯西面约400米的坡地上，是金秀境内至今发现的最大的东汉墓葬区。1981年自治区文物队普查时，探明汉代墓群共34座(其中2座属象州县地域)。分布面积约6000平方米，地形为丘陵地带，黄粘土质。墓葬封土堆直径4~11米，墓高0.8~1米。1992年，金秀瑶族自治县瑶族博物馆、柳州地区行署文化局、广西文物工作队联合组成发掘小组，对2座汉墓进行了抢救性发掘，出土陪葬器物26件，有壶、碗、罐、篮、房屋、井亭、熏炉、灶、灯、纺轮、石球等。2000年，王二东汉墓群被公布为第五批自治区文物保护单位。

纪念碑 纪念亭

兴宾区大湾烈士纪念碑 该碑位于兴宾区大湾街东面300米处的红水河北岸上。1950年，广西土匪活动猖獗。为除匪患，中国人民解放军进行了艰苦卓绝的斗争，不少同志流尽鲜血，其中多是东北籍干部战士。此碑建于1958年，在大湾地区剿匪共安置烈士遗骸10具。碑高11.7米，长7.5米，宽3.5米，周围起围墙和一拱门，共占地面积323平方米。题碑"革命烈士永垂不朽"，系当时大湾区委书记韦编联手迹。

兴宾区南泗纪念碑 位于兴宾区南泗圩西面约430米处。在碑的东面约50米、西面约50米，各有一清代石拱桥，周围均为水田。云溪自南而北从碑旁流过。南面约300米为拉赛山。碑朝南，高8米，塔基宽10.36×7.4米。碑文是："为中华人民共和国成立初期在南泗剿匪英勇牺牲的革命同志立碑，以敬先烈，以启后人"。安置烈士遗骸22具，1963年12月重建。

兴宾区五山革命烈士纪念碑 位于兴宾区五山圩西端的一座高约20米的孤山上。碑高约10米，底座为六角形塔式结构，碑身为方柱形。从山脚下有62级台阶至碑前，雄伟壮观。该纪念碑系1950年4月5日由原五山乡乡长成国盛、副乡长黄宝贵偕同弄斗、施村、六贝、周邓诸村群众同立的。是纪念中国人民解放军粤桂边纵队第八支队新二三团一二连在1949年"九九"战役中于五山乡牺牲的烈士而建的。有碑刻三块；原碑(1950年4月5日)尚存；1951年粤桂边区新二十三区全体同志又敬立碑记一块；1987年1月，五山乡人民政府重修碑记一块。原碑及重修碑均镌刻27位烈士之英名。碑联为："革命功勋光宇宙，精忠豪气贯乾坤"。

兴宾区寺山乡革命烈士纪念碑 纪念碑位于兴宾区寺山圩西面约300米的金峰山下。有"革命烈士纪念碑""黄奠中烈士纪念碑"各一座。

来宾县城革命烈士纪念碑 位于红水河岸边的来宾人民公园最高处。建于1990年,纪念牌占地总面积为286.1平方米,坐东向西。主碑高度为16.6米,碑的底座正面雕塑4个烈士的英雄形象。主碑正方上书“革命烈士永垂不朽”8个大字,碑顶雕塑一只和平鸽。主碑造型为红旗、步枪组成,后面刻有300多名本县籍和外籍烈士名单,南面刻有来宾县中华人民共和国成立后第二任县长肖雷的题词“缅怀革命先烈,为建设社会主义新来宾而奋斗”。北面刻有时任县长甘德川的题词“发扬革命光荣传统,为繁荣经济而奋斗”。四周各有一个花池,全部采用花岗古籍雕刻砌成。

合山市革命烈士纪念碑 1985年12月立。位于合山市人民南路公园内。是为纪念抗日战争、解放战争和社会主义现代化建设中牺牲的烈士而立。此碑系正方体三层结构,高9.4米。碑的顶层有工农兵和中国共产党党旗组成的塑像一尊。刻塑像系张弓也(合山籍),杨廷基、周文安设计,广西园艺公司承建。中层南北面各镌刻有“革命烈士永垂不朽”8个大字,东西面刻有合山市人民政府撰写的碑文和立碑年月(汉文),并镶刻有青松、木棉浮雕图案各2块,南面为壮文。纪念碑共占地面积64平方米。整个工程耗资2.8万元。

合山市北泗革命烈士墓 位于合山市北泗乡屯山村北面山脚下。1955年4月建立。是北泗人民为纪念在11区(今北泗乡)境内剿匪光荣牺牲的中国人民解放军指战员牛银贵等5位烈士而建。墓呈圆形,墓前立有石碑,碑上镌刻有烈士英名(其中一位排长姓名不详)。1980年12月7日,市人民政府对该墓进行重修。

金秀王同惠纪念亭 1935年11月,费孝通之妻王同惠在六巷乡从事瑶族社会考察,不幸坠崖身亡。1985年11月,为缅怀其深入瑶山、寻求救国救民之道的高尚精神,六巷乡瑶民筹钱献料,在六巷村建王同惠纪念亭,亭中立有王同惠纪念碑。

古井　码头　桥梁　其他

武宣县学宫街古井 位于武宣镇上南街一巷47号西南墙角,掘于明代,东面40米是文庙,又称黉学宫,学宫街也因此而得名,学宫街北通东街,西至上南街一巷。此井水质甘甜可口,在没有自来水供应之前,是县城居民主要饮用水源之一。占地面积12.56平方米,井口呈圆形,井内壁以青砖砌呈圆形,口径0.8米,井深5.2米,正常蓄水深4.3米,井口用大青石凿成两半圆合成,内口沿厚0.11米,外口沿厚0.3米,距离井口西1米处立有一座井神龛,以供居民节日祭祀,祈求饮用水平安。如今当地街民均饮用自来水,井水仅供洗涤、禽畜等用。

武宣县小井巷古井 位于武宣镇东街小井巷内,掘于明代,道光壬寅年重修过一次。井前是一条巷,东通东街,西60米至北街、北门城楼,此巷因此井而名“小井巷”,井北面即是明代的城墙。井口呈圆形,井口以一块青石凿成圆形状,井口径0.8米,井深4.8米,口沿厚0.19米,口内沿处有一道道深深的绳索勒痕,印记着当年取水艰辛情景;井内壁青砖砌呈圆形,井面铺石块,正常蓄水深2.4米。此井水质甘甜可口,在没有自来水供应之前,是县城居民主要饮用水源之一。

武宣县西街渡口码头 位于武宣镇西街尾黔江左岸。1987年文物普查时列为文物点。码头始建于明朝初期,清朝相继修缮,全长163.5米,宽3.8米,分52个平台,143石阶级。码头沿河岸地势而筑,上铺设青石条,有些就原河岸石凿成,一值延伸至最低水位河床下。此码头是明清时期武宣最繁华的码头,上至柳州,下至桂平、梧州,从码头上至西街进入武宣县城。在码头与西街汇合处南侧建有一座平安庙,主要是祈求船运、渡河等人畜货物平安兴旺,生意兴隆。整个码头保存较好,至2005年仍然使用,居民在码头下洗涤,小船在此靠岸,东西各有新码头,货物运至上为柳州下是梧州、香港,川流不息。东面是武宣县城,北面有武宣大桥是209国道必经之路。

武宣县勒马码头 位于三里镇古立村民委勒马村西黔江左岸。勒马村自从汉代至中华人民共和国成立初期,是主要集市商埠,上游通武宣县城、象州、柳州,下游至桂平、梧州等地。据民国县志记载:勒马渡在县东南面有义渡,系东乡捐资建立,年雇渡夫约需六十余金,该渡码头路东通东乡,西通桐岭、通挽,由湾龙隘入,通龙山、武平、石龙,系前清曾文斐造,年久倾圮,李长勇李长云兄弟捐银五六十元重修。码头建于黔江左岸,呈东北—西南走向,码头从商铺而下至黔江,现存长77米,宽2.6米,由大块长条青石铺设台阶,石级铺设整齐简易。在河对岸与勒马码头相对应的是湾龙码头。中华民国以前已经设立有简易的码头,至民国23年(1934年),有东乡一妇人自己出资创建。码头从河床即冬天最低水位处起建台阶至河岸台地上,呈东西走向,全长57米,通宽4.7米,内宽2.1米。台阶为青石条建筑,两边护栏为散石和灰浆加固，台阶依附河岸由下而向砌筑，共有52级台阶，为缓冲码头的斜度，分别设立5个台阶平台，适用于河水涨退船只渡人停靠。勒马码头和湾龙码头是中华人民共和国成立前重要的商业、人渡码头。

武宣县新路桥　位于武宣镇东新江河上。1987年间文物普查时列为文物点，明朝崇祯年间陈允同知县修建，至清代咸丰三年（1853年）第三次修缮，因桥建于新江之上，故称新路桥。桥为青石单孔桥，长40米，孔跨19米，桥面宽5米，高9.3米，东西走向，东通三里、东乡河马过双髻山至桂平，西一千米是武宣县城，是历代以来的交通要道。

武宣县禄鸿桥　位于桐岭镇和睦村民委禄鸿村北山岩山东南山脚处。建于清道光年间，西北往东南走向，通长58.5米，半圆三孔联体石拱桥，三孔各跨度4.5米，桥面宽3.1米，高4.5米，条石桥栏，桥头两端铺设石阶。西北面桥头处的一条20世纪70年代时修建的渠道，从西面引水作小型水力发电站，在桥头前偏北处渠道上建有小石桥。禄鸿桥是一座清代比较完整的三孔石拱桥。

武宣县七星桥　是一座清代保存完整的三孔石拱桥，位于二塘镇七星村民委七星村田家北300米新江上，呈南北走向，石质三孔拱桥，全长48.5米，宽4.8米，高5米，大石块桥栏，在桥栏中间石块处东西两面各有阴刻楷书“功德桥”三字，每字径大0.2米。县志记载：七星桥始建于清初，光绪戊戌落成，辛丑武锐捐款贰佰元，提倡最力者为陆永祥泰。此桥主要北通二塘镇、黄茆镇、金鸡，南通三里镇至勒马下桂平县、东乡镇，是清代以前的重要交通要道。

武宣县复旦桥　位于禄新乡复旦村民委复旦村东南一千米豪江上。原名“镇龙桥”，清同治十年（1871年）建，东南往西北走向，三孔联体石拱桥，全长23米，桥面宽1.8米，跨度3米，是复旦村诸村至禄新乡的主要通道。

武宣县大灵桥　位于三里镇街村民委灵湖村与大慕村之间阴江河上。始建于民国十年，西北往东南走向，桥身及桥面由方整的青料石并略施灰浆砌筑而的单孔石拱桥。桥的西北端、东南端以方整的青石块砌筑台阶而构成引桥，桥面长41.6米，面宽4.2米，高7米，孔跨度13.2米，桥面上栏板由较为方整的石块砌筑而成，西面栏板上刻有“大灵桥”三字的阴刻楷书，每字高0.55米，宽0.4米。中华人民共和国成立前，大灵桥是连通武宣县城至勒马下桂平县、梧州市等地的主要交通要道。

忻城县永吉桥　位于忻城县古蓬镇旧镇屯附近滂江上，建造于清光绪十九年（1893年），原属清庆远府通往宾（宾阳）、邕（南宁）两州府古道的重要桥梁之一。全桥6礅7孔，总长72.6米，高6.8米，桥孔跨度6米，呈阶梯形，两头石阶各10级（中华人民共和国成立后为使汽车通行已填平）。桥面宽3.6米，两侧以石柱挟住长方形石板为栏杆，高0.6米，在2、3孔与5、6孔上方各饰以一条石雕大鳌鱼，头向滂江上游、尾朝下游，造型美观，形象逼真。桥墩桥拱均用精细加工过的方形石砌成，砌面平整，接缝紧密，无灰浆勾缝，钉插不入；礅脚上大下小，最小处宽度仅0.4米，此在古石拱桥建造中极为罕见，不能不叫人叹服其工艺的精巧。1984年此桥被列为县级重点文物保护单位。

忻城县思练双拱桥　又名思练桥、牌坊桥，位于忻城县思练镇思练街附近练江上，始建于明万历年间（1573—1620年）。该桥用青石板砌成，双拱一礅，造型古雅，桥长36米，呈阶梯形，两头各有石阶10余级；桥面宽3.3米，两侧均为条石栏杆。后坍塌。清乾隆十六年（1751年）重建。民国初年，桥下流水清澈，桥拱倒影，波光摇曳，故有“双拱摇波”之美称，此为思练八景之一。1984年此桥列为县级重点文物保护单位。

金秀功德桥　位于金秀瑶族自治县人民政府办公大楼南端约100米处，始建于清末，木质结构，1982年重建，钢混结构，桥身为单孔拱形跨河桥，长15米、宽7米；桥边有栏、凳，盖有琉璃瓦，上有雕龙；两边桥头各坐石狮一对。1991年被公布为县级文物保护单位，2002年进行整修缮。

金秀圣堂山石墙　位于圣堂山腰中部，海拔高度约1500米。石墙的整体布局呈曲尺形，全长56.8米，中部有一宽约3.4米的石门，石门两侧砌有掩体，墙体高度最高处4米，厚度6.5米，用山上大块岩石干砌，墙体中间用碎石填充，整个石墙依据地形而建。石墙两端为高山，周围为茂密原始森林，前后及两侧均为陡峭山崖，仅有一条小路从石门中通过，地势险要，是明代大藤峡地区瑶民起义军所修筑的防御工事。

洞穴　石刻　碑刻　岩画

武宣大龙洞　位于武宣县黄茆乡上额村东北经元山南面，距县城25千米。洞内有呈淡黄色和灰褐色的文化堆积层，其中发现有剑齿象、犀牛、巨獾、大熊猫、野牛、鹿、麂和啮齿类动物牙化石、骨骼化石，属“剑齿象——大熊猫”动物群,为旧石器时代末期至新石器时代早期遗存。

武宣黄岩 位于武宣县禄新乡河耀村西北的高平山南面,距县城10千米。岩分大小两洞穴,内有胶结坚硬的呈黄棕色的文化堆积层,含螺壳、兽骨、石器、蚌壳。发现打制石器10多件。尚有打制石与鹅卵石胶结。为旧石器时代末期新石器时代早期的遗存。

武宣社王山岩 位于武宣镇老北汉村以东的社王山南面,距县城6千米。现存较完整的文化堆积,呈棕褐色,含螺壳,有剑齿象、虎、野牛、猪、羊、鹿、麂等牙齿化石和碎骨、鹿角。石器10多种。岩口附近发现人类最早从事耕作的农用工具重石一件,为新石器时代中晚期遗存。

武宣六月岩 位于武宣镇烟厂村北,距县城6千米。岩内堆积呈褐色疏松零乱,含大量螺壳,发现有打制石器,石片、动物碎骨和夹沙陶片,为新石器时代中晚期遗存。

武宣孤独山岩 位于武宣县禄新乡古杭村孤独山南面,距县城15千米。岩内堆积几乎全为螺壳,疏松零乱,有牛、羊、鹿、麂牙齿化石,动物碎骨和打制石器1件,为新石器时代晚期遗存。

武宣钟岩 位于桐岭乡石迭村壮石迭山,距县城14千米。岩内残存的文化堆积呈棕褐色、胶结坚硬,含少量螺壳、夹杂动物碎骨和熊、牛、猪、鹿牙齿化石,为新石器时代早期遗存。

合山灵岩洞 位于合山市河里乡怀集村东北面,离榜山(山名)脚下约300米处,洞口高12米,宽16米,洞长15米,外宽内窄,呈喇叭形状。清代,部分群众集资捐款于洞里建庙。洞内铺有石阶,系用条石砌成,地面用红砖块铺设,存有神像数尊,石香炉多个,洞口四周砌有围墙。至今庙内神像、石香炉保存完好。

忻城西山岩 位于忻城县城镇西5千米处的西山东麓。岩高5米,深30米,宽3~5米不等。分南北两洞,相互贯通,石形万状,中露石脉一道,仿佛龙脊,故又名龙隐岩、龙隐洞。昔筑有亭阁、僧寺,洞内立佛像。岩壁摩崖有宋绍圣年间(1094—1097年)忻城知县林毅的《游西山诗并序》(拓文今藏北京首都图书馆)、《西山功德记》《迎晖阁》(诗),明忻城土官莫元相的《迎晖阁文》《西山记》《游西山寺》等。因世事沧桑,亭阁、僧寺、佛像已毁,岩壁摩崖亦遭破坏。1984年此岩被列为县级重点文物保护单位。

忻城白虎山 位于忻城县古蓬镇周安街西0.25千米处,山高约300米,山脚周长约1千米,独峰平地突起,崖壁白色,山势雄奇,状如猛虎,故名。东麓有“回春岩”,岩洞不深,岩口存摩崖5面;西麓有“罗隐岩”(又名“卧仙岩”),岩壁存摩崖13面。回春、罗隐二岩摩崖多为明嘉靖七年(1528年)及万历八年(1580年)兵部尚书王守仁及其部属镇压八寨农民起义纪实。1984年此山摩崖被列为县级重点文物保护单位。

忻城罗隐岩 位于忻城县古蓬镇周安街西0.25千米处的白虎山西麓,岩高6米、深10米、宽6米。相传昔有游仙罗隐居此,日读诗书,夜卧石榻,得名卧仙,帮此岩又名卧仙岩。明代著名地理学家、旅行家徐弘祖(号霞客)于崇祯十一年(1638年)农历二月十四日曾到此岩游览考察。他在《徐霞客游记》中记述:“岩横裂如榻。昔有书生过此,无托宿处,寄栖此中,题诗崖上,后人遂指为罗隐。”岩壁两侧镌有明清文人墨客诗文10余面,其中有明“征蛮”副总兵张祐等镇压八寨农民起义纪实。1984年此岩被列为县级重点文物保护单位。

武宣永通峡石刻 位于武宣县城东黔江南岸璞玉山西南面石壁上。石刻离江面最低水位34.4米,刻面高4.5米,宽1.5米。竖刻的楷书“敕赐永通峡”,每字高0.8米。上款刻“正德丙子岁秋月之吉分宁柳庆右参将张佑奉”,下款刻“总督府太子太保左都御史陈金会议钩碑敕石”。永通峡原名大藤峡,明朝官军镇压大藤峡农民起义后更名“断藤峡”。明正德十一年(1516年),改名“永通峡”。

武宣县三管泉碑刻 位于三里镇长乐村民委巫屋村北面汶水岭西岭脚汶水口上方。1987年文物普查时发现,石刻刻于民国三十六年五月五日,石刻为两方,一方为横刻隶书“三管泉”三字,长1.15米,宽0.78米,是县长宋厚礽所题。另一方为竖阴刻隶书16行,高1.45米,宽0.75米,是当地三里乡绅士陈汉强书,碑文主要是记载修“三管泉”为水利灌溉工程和受益情况。“三管泉”口径一米见方,从石缝喷出三口泉水,故名“三管泉”,泉水水质纯净、可灌溉农田千百亩,此泉至今仍是当地一带的主要供水源泉。

武宣县南重兴寺石刻 位于武宣镇官禄村民委广村东黔江右岸巨石上。石刻面东,字迹已模糊不清,很多字已风化脱落。石刻面宽0.86米,高0.56米,楷书竖写16行,碑文“县南重兴寺住持僧意聪…元祐六年(1091年)十月一日洪鉴手下立…”石刻主要记载在县城南建设街道、房屋等僧人筹款内容。石刻北河岸即是武宣县宋至明代时期县城驻地，即今旧县村，南是当时兴建的街道城址五里岭遗址。

武宣县敕赐永通峡石刻　位于武宣县武宣镇马步村民委璞玉村西面黔江古迹滩右岸璞玉山西面的悬崖峭壁上。1985年文物调查时发现，明正德十一年(1516年)刻，刻面高4.5米，宽1.5米，上款“正德丙子岁秋日之吉分守柳庆右参将张佑奉”；下款“总督府太子太保左都御史陈金会议勾勒石”；正款“敕赐永通峡”五个大字，每个大字为0.8米见方。1985年12月1日武宣县人民政府公布为县级第二批重点文物保护单位。2004年来宾市人民政府公布为市级第一批文物保护单位。

武宣县开榜通衢石刻　位于武宣镇对河村八宝坳的凸石上。1988年文物普查时发现，石刻刻面高0.73米，宽0.6米，坐西向东。上刻标题为“开榜通衢”楷书，每字10厘米见方，正文楷书竖写16行，主要是记载开通此坳相关人名、立刻时间。记文云：“蒙德邦、黄德验……万历甲午岁春正月初九日立”，正文下方刻“太平街”。八宝山与双狮山之间称八宝坳，此石刻是开通为公路时刻，是209国道线二级公路必经之路。该石刻为明代时期修筑公路和建设街道时所刻。

武宣县仙岩石刻　位于武宣县桐岭镇旺田村北寺山仙岩内，距县城24千米。1985年12月，武宣县人民政府公布为县级重点文物保护单位，2004年来宾市人民政府公布为市级重点文物保护单位。岩内有石如仙人企立，石液凝结，玉雪晶莹，滴水成珠，清雅宜人。仙岩是县八景之一，名为“仙岩留迹”。进洞右侧有九方石刻诗，武宣县志记载：明惠帝朱允炆微行南下云游到此，石上刻有“长真子，葆真子游此”等字，遗诗三首。后有明陈允问、清代陈仁等云游到此题诗。岩洞左侧为一天然钟乳石凿成的佛像，身高2米，肩阔1米，脚踏莲花座，身披袈裟衣，头大耳垂，神态慈祥。

武宣县半月岩石刻　位于金鸡乡石祥村民委马鞍山村金鸡塘岩尾山北面半月岩洞内。1987年间文物普查时发现，石刻3方，均刻在洞口内右边石壁上，三方是：从内向外为其一长0.5米，宽0.34米，碑文竖刻8行：天造名山辟洞心，圆如半月向江滨。四千年内无人到，七星山前自我新。洞口藤蔓任延蔓，岩心气候自氤氲。惺惺座到无人处，便是儒流第一人。修翁题。其二长1米，宽0.45米，上刻楷书“半月岩”三字，每字高0.42米，宽0.20米，笔法圆浑，上款“嘉靖已酉夏六月十日”，下款“化修饬翁题”。第三方长0.4米，宽0.32米，竖八行，但字迹已模糊不清。除第三方字不清外，另两块保存较好。

武宣县醒狮岩石刻　位于武宣县武宣镇南醒狮山东面半山腰岩洞洞口上方。广西浔州警备司令第二团团长石化龙，于1928年3月到武宣县游醒狮岩时刻。1988年间文物普查时发现，醒狮岩洞内宽广，往下陡峭，钟乳石悬挂美观动人，洞内深处未知，是一个风景点。岩洞口微扁，宽4.2米，高1.9米，“醒狮岩”三大字就刻在岩口上方，楷书阴刻，字大0.25米见方，落款为“石化龙”，整个刻面为长1.6米，高0.6米。

武宣县夷平险阻石刻　位于三里镇上江村民委白沙村小神滩尾河滩右滩石壁上。“夷平险阻”四字于中华民国25年(1936年)疏通河床竣工时题刻。石刻刻在河滩右滩石壁上，刻面向东长3米、高1米。“夷平险阻”字自左至右横书，字面高0.6米、宽2米，为楷书阴刻，每字高0.6米、宽0.5米，在距左上角0.7米处刻有：“疏河委员会，民纪廿五，工目：黄志兴、朱得先刊，监工:陈焕然题”等落款小字。在“夷平险阻”右边也刻有“疏河委员会”字样，可能是因石面不平，后转到左边角刻。

武宣金鼓岩石刻　位于金鸡乡金鸡村以西的金鼓山金鼓岩内，距县城44千米。岩石宽30米，高15米，文化堆积呈灰褐色含螺壳，有牛、羊、猪、鹿等牙齿化石和一些烧骨，10多件打制石器，为新石器时代晚期遗存。岩内石刻3方，集中于进口深20米偏上。第一方长1.12米，宽0.46米，3个约0.32米的楷书“龙隐洞”，中间一字已蚀化，但隐约可辨。笔法圆浑。上款“嘉靖已酉夏九年九月”，下款“修翁题”。第二、三方长0.4米，宽0.4米，字迹已模糊不清。

来宾龙洞山石刻　位于今兴宾区良江镇东北约8千米(县城西南约4千米)的龙洞山东南洞和东北洞内。龙洞山为孤山，高125米，长宽各约200米，山洞相通，溪水三面环山，景致幽清。洞内共有石刻4块。东南洞口右壁一块为明嘉靖四十二年(1563年)三月，柳州府同知两江伍宇偕来宾县知县郑天宪游环该山的题咏诗刻和来宾县知县郑天宪偕学署事训导重游该山的题咏诗刻。题咏诗刻共4首。洞口左壁一块已被毁，仅存16个字，其年代已不可考。洞内左壁一块系清嘉庆十八年(1813年)二月，邑庠朱廷琼、朱廷璧、朱廷珊遵祖母遗嘱，将于乾隆四十二年(1777年)在龙洞山下买置的田产作捐修龙洞寺之资事。在东北洞内石刻一块，由于剥蚀严重，碑文模糊难以辨认,其年代待考。1983 年 4 月 5 日,来宾县人民政府公布为来宾县文物保护单位。整座山均为保护地带,严禁在该山采石以及在洞内挖取岩泥和破坏钟乳石、石笋。

来宾纱帽山石刻 位于今兴宾区陶邓乡大邓村东北3千米处纱帽山上。孤山,南北走向,高约40米,长200米,宽100米,石刻在西北半山腰深岩口上方。石刻共有 4 块,主石刻是成化八年(1472 年)骠骑将军舞阴后裔岑志明书"开阖山"3 个大字。左右各有一块是宾州知州彭景忠游该山的记事诗和横槎费广书丹的关于岑志明修筑清水城的颂歌及游览记事。洞内还有元至正七年(1347 年)由孔怀德撰碑,黄才合、黄祖真会匠所刻的山水题咏诗。现石刻保存完好。1983 年 4 月 5 日,来宾县人民政府公布为来宾县文物保护单位。

来宾榜山石刻 位于今兴宾区迁江镇东清水河北岸约500米的榜山半腰处。石刻共2块,一块是"望眉",另一块是"榜花"。两地相距约 70 米。望眉石刻朝北,高出地面约 80 米,石刻高 2.3 米,宽 3 米,系横刻行楷书体,字径 1.3×0.8 米。左右各竖刻小字 1行,字径为 0.5×0.15 米,右为"光绪辛卯",左为"知县颜嗣徽";"榜花"石刻,高出地面约 60 米,石刻高 2.6 米,宽 1.4 米,为竖刻行楷书体,字径为 1.6×1 米,两边各竖刻小字 1 行,右为"庚午科解元",左为"颜嗣徽题",字径为 0.14×0.14 米。此二处石刻为光绪十七年(1891 年)迁江县知县颜嗣徽书。据《迁江县志》载:"光绪十七年知县颜嗣徽在山头峭壁高二十余丈处刻榜花二大字,又刻望眉二大字,字体系行楷书,皆围径八尺有奇。"

象州故治修城碑 象州故治修城碑位于来宾市城厢乡二沟村南约 500 米的蓬莱洲东端石壁上,碑高 2.33 米,宽 1.79 米,字径为 0.11 米。共 219 字,摹颜欧体,书法遒劲,刻工精致,碑的四周饰云龙纹花边。碑文内容如下:宋景定二年(1261 年),朱祀孙为广西经略使,肩负着王朝使命巡视边防,将象州治从阳寿移到这里,为广西地区防守的中坚。这是遵照其上司太傅大丞相鲁国贾公(贾似道)的旨意的。3 月戊子开始测量营造,10 月丁已完成。都统(不定职的武官)贸进、谭渊监督修成之事。幕府的僚属(指经略使衙署中的官佐)赵希哲、李是、舒大邦参赞佐助修城的谋划;奖佐余庆、唐彬、陈鉴、李智、滑用、彭立、周胜、赵思德、李虎、王从贵、赵广、雷文、吴文、掌福、单飞、刘通、郭靖、金受、郑全、万全、宋、阮天右、吴以忠、吴之才、张稳、许松、方成、方从龙、仇子真、蒲祥、毕迁、李进、李旺、唐坤、孙太、杨春、牛龙、秦玉、莫麟出兵为修城劳役。令狐震已、蒲仲修留在经略使衙署专管修城的开支;何应龙、陈闳、赵汝、骆逢时、贺为郡僚(即象州的州县官员)掌管修城的钱粮物资供应。城池的巩固,城墙坚如铁,护城河如沸汤不可近,新修的城池固若金汤,万古长存。国之兴隆,实在其群之泽如何,而不能自悖山河之险恶。奋然握管撰文,凿刺于崖壁之上,给后人作为鉴戒。碑刻保存完好,字迹无风蚀现象。1983 年 4 月 5 日,来宾县人民政府公布为来宾县文物保护单位。

象州文昌洞摩崖刻 位于象州县城隔江 2.5 千米的文昌洞(又名六道岩)内。岩洞地处濒临象江的石山之上,两侧为土岭,前面是平地,有石级蜿蜒直达洞口。岩洞分 2 个出口,东西相距约 30 米,洞内宽敞明亮。传说古时有人于内修道炼丹,为象州浏览胜地之一。洞内历代摩崖石刻众多,有的已被后来者覆盖,不可辨认全文,较清晰者有 3 方:张翀诗刻,在西洞正对洞口岩壁上,为明进士、兵部右侍郎,有"柳州八贤"之称的张翀所题由象州籍粤东镇总兵孟宗文刻,字为行草体,高 1.37 米,宽 1.50 米。全文:"西风七月署初收,浴罢温泉更此游。仙客何年生羽翼,虚崖白日自春秋;苔封古篆留丹洞,云锁山门绕碧流,胜地不禁清兴发,孤峰啸起寒飕。"落款为:"明马平鹤楼张翀题,嘉靖年象州孟宗文刻。"象州吴必学题字,在东洞东侧石壁,为明嘉靖年间象州知州吴必学题字。高 1.20 米,宽 0.60 米。楷书"文昌洞",落款:"嘉靖乙未秋吉剑浦吴必学题";象州东洞诗刻,高 1.20 米,宽 1 米,草书。内容亦与西洞张翀诗刻同,无落款及年号。1990 年 7 月,象州县将文昌洞摩崖刻列为县级文物保护单位。

象州六祖岩摩崖刻 在象州县城西面隔江 1.5 千米西山半腰之岩洞内。于岩石口东跳,可观赏象州城全景及柳江两岸田园景色。民国以前,岩前有佛教建筑及亭榭,为象州游览胜地之一。岩洞高 2.40 米,宽 4.10 米,深 6.50 米,石壁上有摩崖刻 6 方。六祖岩摩岩刻为县级文物保护单位。六祖岩题刻,位于岩洞口石壁,上刻"六祖岩"3 字,篆书,高 0.80 米,宽 0.48 米,落款为"元丰甲子岁"(1084 年)。游西山题记,高 0.65 米,宽 0.42 米,楷书。为开封府赵国宝、湘刘亭山、桂林孟景善温游西山而题,年号:"绍熙甲寅仲春癸卯"(1194 年)。刘光烈诗刻,高 0.47 米,宽 0.67 米,楷书。为清代象州文化名人刘光烈诗作："山径萧条古洞开，白云深锁旧经台；半炉烟冷埋青年，满砌花飞点翠苔。秦风空传人跨去，辽城几见鹤归来；风前搔首舒长啸，我正天仙暂脱胎。"落款为："日省轩刘光烈杨休题"。无年号。陈蕃诗刻，高 0.67 米，宽 0.67 米，楷书，内容大意为赞美西山风光。一方题者姓名模糊，一方无题者姓名，均无年号。

象州东岗岭摩崖刻　在象州县城东面约 1 千米的东岗岭顶，旧为佛教圣地，古建筑颇多，兼为观赏象州八景之一"东岗夕照"地点，共有摩崖刻 3 方。寂照庵石刻，高 0.38 米，宽 0.16 米，仅剩"寂照庵"3 字，楷书。张唐辅诗刻，刻于仁寿院遗址石壁，为宋代象州知州张唐辅所作。分诗与跋语两部分，均为楷书。诗高 0.65 米，宽 0.90 米，诗文："象山秀拨倚清穹，宝刹禅关占四峰；东北岭头千桧竹，西南崖表万杉松。楼台掩映高低起；殿阁参差上下重；我愧不才叨假守，公余时喜一游从"。跋高 0.60 米，宽 0.65 米，楷书："象州东西南北禅刹最古，而兹尤占佳胜，公暇喜一寻访。元丰辛酉仲夏二十二日，因为诗刻于仁寿院之崖壁，曲江张唐辅"。另外一幅石刻于诗、跋边约 30 米，楷书，高 0.45 米，宽 0.75 米。全文："太子中舍曲江张唐辅，著作佐郎始与许彦传，元丰三年庚申六月同游"。东岗岭摩崖刻被列为县级文物保护单位。

象州独鳌山摩崖刻　位于象州县距中平乡良山村北约 500 米的独鳌山东北面的独鳌山东北面峭壁，下临深潭。山上于清代曾建有寺塔，每年正月朔望日，游人如织，为壮族传统歌会地，亦是象州境内游览名胜之一。石刻处峭壁间，距水面约 30 米，楷书"东南保障"4 字，每字规格约 1.5 平方米，笔力雄奇。因地势绝险，至今未及查明何人何时所刻。石壁间尚有"一面江山""翠屏岩""玲福玉玉"等小型石刻多幅，许多因字迹模糊而无法辨认。独鳌山摩崖刻为县级文物保护单位。

象州文相岩摩崖刻　位于象州县大乐乡龙女村东南方约 1 千米的文相岩口。文相岩居峭壁悬崖之间，岩口距地表约 30 余米，仅有一数十厘米宽小径傍绝壁通岩口，地势险要。明、清时期，举人韦健元与其祖韦文相曾分别于岩内隐居及躲避拜上帝会会众，二方石刻为韦健元所刻，均位于岩口。"文相岩"3 字为楷书，高 1.10 米，宽 2.50 米，风格沉雄苍劲，落款"咸丰甲寅夏季重修，十三世孙韦健元敬书"。"重修文相岩碑记"为行草体，高 0.77 米，宽 1 米。碑文大意记述文相岩名称之由来与韦健元于咸丰年间召集团练与拜上帝会对峙的情形。由于碑文真实记载了咸丰年间象州大乐一带拜上帝会活动的情况，成为研究太平天国史不可多得的珍贵资料。1990 年 7 月，县人民政府将文相岩摩崖刻列为县级文物保护单位。

合山白虎山石洞石刻　在合山市河里乡村后面的白虎山崖上。刻有"吉星"2 个宋体大字，字高 1.7 米，宽 1.5 米，笔势苍劲，至今完好无损，题写者何氏，刻石年代不详。据《迁江县志》（民国版）对此石刻的记载："土人以其形如虎，恐于河里风水有碍，特刻'吉星'二字于山之峭壁，字体大若三尺有奇，因而更名吉星。"

合山摩崖石刻　位于合山市北泗乡北泗街东南面司烟山上，距瑶族村遗址约 35 米。刻石刻在一块天然的崖石上刻有 16 个字，字体模糊、歪斜，字形大小不等，难以辨认，文字以外，还刻有人、鸟、鱼、马等图案。摩崖石刻现保存完好。

忻城西山岩摩崖石刻　位于忻城县城关镇西 5 千米处的西山东麓。岩高 5 米，深 30 米，宽 3~5 米不等。分南北两洞，相互贯通，石形万状，中露石脉一道，仿佛龙脊，故又名龙隐岩、龙隐洞。昔筑有亭阁、僧寺，洞内立佛像。岩壁摩崖有宋绍圣年间（1094—1097 年）忻城知县林毅的《游西山诗并序》（拓文今藏北京首都图书馆）、《西山功德记》《迎晖阁》（诗）；明忻城土官莫元相的《迎晖阁文》《西山记》《游西山寺》等至今尚存。因世事沧桑，亭阁、僧寺、佛像已毁，岩壁摩崖亦遭破坏。1984 年此岩列为县级重点文物保护单位。

忻城回春岩、卧仙岩摩崖石刻　位于忻城县古蓬镇周安街西 0.25 千米处，山高约 300 米，山脚周长约 1 千米，独峰平地突起，崖壁白色，山势雄奇，状如猛虎，故名。东麓有"回春岩"，岩洞不深，岩口存摩崖 5 面；西麓有"罗隐岩"（又名"卧仙岩"），岩壁存摩崖 13 面。回春、罗隐二岩摩崖多为明嘉靖七年（1528 年）及万历八年（1580 年）兵部尚书王守仁及其部属镇压八寨农民起义纪实。1984 年，此山摩崖列为县级重点文物保护单位。

来武分界碑记　立于武宣县二塘镇朗村西面白石塘处，1998 年搬运到朗村村民委。整块碑刻保存完好，字迹清晰可辨，碑文书写比较随意，潇洒自如。此碑为乾隆二十六年（1761 年）立，来宾属柳州府管辖，武宣属浔州府管辖，因两县分界不清而闹纠纷，后双方派代表解决后报县堂州府批准勒石。碑高 1.17 米，宽 0.7 米，厚 0.17 米。碑文云："来宾县正堂加三级舒、武宣县正堂加三级张：为祥请委员勘分两邑界址等事据来武韦朝粤等方振纲等两相控争干望双骈等处山场畲地业经会勘讯断将所争地处均分直中开挖小沟分界管业两造俱已悦服取具遵依绘图详请柳浔二府宪暨本道宪批准勒石碑永杜争占今将开列四至于后为记记开：此自来宾县古辣村韦扶送坟田头起至直南武宣县黄明户田头止中漕挖小沟分界东漕畲地归武宣县方振纲等管耕西漕畲地归来宾县韦富通等耕管乾隆二十六年七月二十五日立碑。”

合山戒碑 该碑原位于合山市岭南镇广屯村大水塘边大榕树脚下。碑文刻于民国4年(1915年)，名为“戒碑”。碑高1.5米，宽0.8米，厚0.2米，碑文字体为楷体，字迹清晰。记载广屯村人祖祖辈辈受迁江县谭家的奴役和剥削。“一草一木，一沙一石，村民男女等诸如牛马”，没有田，没地，过着奴隶的生活。经过长期的斗争，直到辛亥革命，才把土地赎回来。于是广屯村捐款立下此碑，告诫子孙“期尔等后人伏读此碑而知戒焉是为序”。该碑现存上半部，下半部已佚。

合山奉府宪李勒碑 位于合山市河里乡长模村门楼旁边，刻于清道光七年(1827年)7月20日。碑高1.65米，宽1米，厚0.08米。碑文记载清朝迁江县颁发的简易保甲章程和订立的村规民约，立约人姓名。该碑至今保存完好。

来宾村规碑记 碑在来宾县蒙村乡福堂村东约100米的社王岭上，清道光二年(1822年)立。碑为攒尖式方柱形，高74厘米、宽30厘米、厚32厘米。由碑帽、碑身、碑座三部分组成，碑帽与碑身连成一体，不能分离。碑身下部有一方榫与碑座方孔相连接，形成一个整体。碑正面朝西，碑文镌刻在碑的正、左、右三面，正面系立碑宗旨及日期，左右两面则为村规条款共11款。全碑437字，字高2.5厘米、宽2厘米，阴刻楷体。村规条条款内容是严禁偷窃、聚赌、砍伐竹木。如查知、抓获则处以罚款和赔赃等项规定。由于风雨剥蚀，碑稍有风化，有些字迹已模糊不清，现有3字残缺难以辨认。该碑是来宾县境内发现的唯一仅存的古代村规民约碑。对于研究当今如何维护社会安定和促进社会主义精神文明建设都有一定的参考价值。

武宣县文庙石碑 镶嵌在文庙大成殿前左右墙壁内。石碑主要记载历代维修文庙记事和捐款名单等内容。碑刻18方(其中有两方是断碑)：有明万历三十三年(1605年)知县杨启新刻石《象州武宣县万历贰拾玖年》。崇祯六年(1633年)《重修儒学暨鼎建尊经阁碑记》。康熙三十九年(1700年)《学田碑记》。雍正十年(1732年)《武宣县学经理》《武宣县学告成记》。嘉庆三年(1798年)《文庙重修各里题名碑》《文庙重修各里题名碑—东乡北下里》《文庙重修各里题名碑—北上北下西下》《文庙重修各里题名碑—西乡里》《文庙重修各里题名碑—古豪》。嘉庆伍年《风俗之淳》。道光十五年(1835年)《道光拾伍年重建学宫题名碑》4方。道光十七年(1837年)《重修文庙碑》。民国13年(1924年)《重修文庙碑》。碑记主要记载维修文庙经过和创修人，以及捐款、捐田和捐款购田给文庙的数量和捐款人名单。

武宣县台村陈氏封诰碑 位于三里镇台村北封诰岭西面。陈氏封诰碑坐东向西，碑分三座从南向北依次并列，碑帽重檐歇山，主碑通高1.74米，宽1.1米，左右侧碑高1.02米，宽0.43米，碑脚长1.1米，厚0.27米，三碑刻尺寸略同。第一座碑刻3通，主碑文云：“奉天承运皇帝制曰…尔唐氏乃原任陕西凤翔府陇州州同陈巽申之前母…兹以覃恩晋赠尔为安人…嘉庆贰拾肆年…”。第二座碑刻3通，主碑文云：“奉天承运皇帝制曰…尔余氏乃原任陕西凤翔府陇州州同陈巽申之前祖母…兹以覃恩晋赠尔为安人…嘉庆贰拾肆年…”。第三座碑刻1通，主碑文云：“奉天承运皇帝制曰…尔余氏为广西桂林府临桂县训导陈霖之前母…兹以覃弛赠尔为八品孺人…乾隆三十六年…”。诰封碑前20米处是被诰封唐氏余氏为安人墓2座。

武宣县奉天诰命碑 位于东乡镇金岗村民委坡斗村灯盏山脚西距公路边10米。1987年文物普查时发现。碑刻于清光绪二十七年(1901年)，碑坐东向西，高2.66米，宽1米。整通碑分碑头、碑身一石雕刻而成。碑头呈状元冠半圆日月形。分三层雕刻，上雕一大龙，两边各一小龙，大龙下方雕双凤朝阳，再下是云纹，第三层为扇形，内刻碑额“奉天诰命”。碑文楷书竖刻：“奉天承运皇帝帛曰绥柔佑沿龙既被于外僚贞顺垂休恩聿推于内待敷惠泽用播微章尔蒙氏乃花翎同知衔加五级广东补用知县陈天珍之曾祖母萧雍可范令善堪模树慈训于后昆爰若钟祥之德传素风于奕碟式彰贻之谋允作母仪频昭国典兹以尔曾孙克襄王事□赠尔为夫人于九重锡庆存丹浩之褒四世承恩益焕朱论之色勤宣令问阐幽光诰命光绪贰拾柒年柒月贰拾柒日之宝。”

武宣县百世流芳碑 位于东乡镇江村黄桂登

房屋前50米处。碑座东南向西北，高1.68米，宽1.03米，碑头呈半圆日月形，雕龙卷草纹饰，龙头正向，碑左右框边雕刻龙云图案，额刻双勾楷书“百世流芳”呈书开页形。正文楷书阴竖刻10行，每字规格高5厘米，宽4.5厘米：碑文云：“奉天承运皇帝制曰宣力戎疆溯钟祥于累叶弛恩介胄广锡类于重闱尔蓝氏乃总兵衔浙江严州协副将陈步高之继祖母范着宜家仁能裕后佑启折冲之略庆溢门闾显扬毓德之休光腾纶绮兹以覃恩赠尔为夫人于戏着彤管之芳型褒章申贲沛琅函之岁泽壤遗微不足道咸丰拾壹年拾月初玖日”。东北角即是蓝氏夫人墓，碑帽歇山形，碑正文：皇清诰赠夫人陈祖母蓝老太夫人之坟墓。上款记述墓主平生事迹，下款：同治六年二月二十三日未时立。

武宣县陈仁祭叔父碑　位于金鸡乡马王村西南吉田岭上西南面。《陈仁祭叔父碑》坐东北向西南，碑帽歇山式，陈仁祭叔父碑2块，通高1.76米，宽0.86米，第一方碑文竖16行，每行43字，第二方13行每行43字，主要记述陈仁与叔父事，落款：乾隆戊寅冬兄子仁志。碑前17米处是陈仁叔父墓，半圆形直径3米，有半圆分水沟，碑帽呈歇山，主碑1通碑文已无法辨识，左右侧碑2通，碑脚1处雕花兽图案，拜台分三级向外敞开，墓于2005年8月重修表土。该碑刻是清代文进士陈仁为祭叔父而立，内容丰富情节感人，对研究清代人伦孝道具有深远意义。

武宣县龙章宠赐碑　位于黄茆镇大浪村民委塘房村西大塘内，东距塘边（小房屋）5米。梁士聪清乾隆武举人甲午解元、戊戌武进士，任京提塘历升甘肃赤金营都司护理安西协副将，诰封昭武都尉。《龙章宠赐碑》两方，一方在大浪村1987年间文物普查时发现，碑高1.56米，宽0.68米，厚0.15米，楷书阴刻竖写9行，碑刻上方中竖写“龙章宠赐”，左右雕龙云图案，碑刻两边框边雕龙云图案。碑文云：“奉天承运皇帝制曰怙恃同恩人子勤思于将母赶恒着绩王朝锡类以荣亲尔贺氏乃甘肃赤金营都司梁士聪之嫡母士诚娴明三迁勤笃今仪不忒笄流珩瑞之声慈教有成果见干城之器兹以覃恩封为尔恭人于戏赐龙论而焕采用营劬劳被象服以承休永膺光宠嘉靖元年正月初一日”。另一方在禄新乡复旦村民委湾龙村，碑文主要记载“奉天承运皇帝制曰…覃氏乃甘肃赤金营都司梁士聪之生母…恩赠尔为恭人…诰命嘉庆元年正月初一日立”。

武宣县坡贯奉天承运碑　位于二塘镇麻碑村民委坡贯村东南黄氏房屋东50米处，南80米为黄检真祖坟。1987年间文物普查时发现。碑立于光绪四年（1878年）九月十八日，坐东北向西南，高1.83米，宽0.94米，厚0.23米，碑身周围雕龙腾图，碑底部雕水波、荷花、鱼鹤、云纹等吉祥图案，碑文楷书竖刻，碑文：“奉天承运皇帝制曰求治在亲民之吏端重循良教忠励资敬之忱聿隆褒奖尔黄恩祖乃五品衔尽先知县黄检真之父禔躬淳厚垂训端严业可开先□乃宣猷之本泽堪启后治谋裕作牧之方兹以尔子克襄王事赠尔为奉直大夫锡之诰命于戏克承清白之风嘉兹报政用慰显扬之志昭乃遗谟制曰朝廷重民社之司功推循吏臣子懔水渊之掺教本慈愇尔李氏乃五品衔尽先知县黄检真之母洲慎其仪柔嘉维则宣训词于朝夕不忘育子之勤集庆泽于门闾贰被自天之宠兹以尔子克襄王事赠尔为宜人于戏仰酬顾复之恩勉恩抚字载焕纶之色用慰勤劳诰命光绪肆年玖月拾捌日”。

武宣县有求皆应碑　位于三里镇台村陈氏祠堂前大水塘南20米处。碑刻座西北向东南，碑宽0.49米，高0.64米，厚0.12米，有碑座设香槽，碑头呈半圆形上刻“有求皆应”，碑中刻“土主之神位”，上款：道光二十四年八月十九日谷旦立；下款：沐恩弟子陈凤扬其芬、殷仝敬酹。陈凤扬为太平天国拜上帝会员，专门负责筹备粮食，传说此碑是陈凤扬每逢三月三日时，即在此集会宣传筹粮。

武宣县印星阁碑刻　位于三里镇灵湖村西。印星阁始建于清同治初年，据当地老者陈述：“咸丰年间太平军与清军在此交战，清军误陷入泥坑田，马跌人翻，死伤惨重，清兵大败，后常在此闹鬼，起阁以镇之，同时具有锁水之意。”二层方形阁楼，一二层楼内都立有神像，后经几次战乱全部被毁。1998年，村民重建印星阁，方形边长3.2米，二层平顶屋顶，为水泥砖混凝土结构。门额上立有一通长0.76米，宽0.42米，并阴刻有“印星阁”三字楷书的碑刻，每字高0.23米，宽0.16米，为民国7年（1918年）孟夏灵湖张族重修并刻。

金秀明代石牌碑　明崇祯四年（1631年）石牌组织调解大百蚀、成二、下故都等瑶族村寨因争夺山林土地而引起的纠纷，最后达成协议并立碑：“诸位不得何人生事，生同生，死同睡，”“山还五甲成二”。“崇祯四年辛未二月十八日立。”此碑是金秀三角乡三角村瑶族同胞在村庙背挖田时发现。碑为青灰石板料，长90厘米，宽45厘米、厚10厘米，重81千克。上刻123个铭文。为至今发现的金秀瑶族自治县最早的石牌组织的石碑。

金秀《大瑶山团结公约》碑(含亭) 位于金秀瑶族自治县人民政府办公大楼南14米处,占地面积约375平方米。1951年,在中央访问团的协助下,五支系瑶族人民沿用金秀大瑶山历史上著名石牌制度形式制定了《大瑶山团结公约》,原石牌高98厘米,宽64厘米,厚10厘米,之后又在距石牌背面约4米处建一六角凉亭,凉亭通高5.7米,宽4.5米,砖木结构,为仿苏联式建筑。团结公约石牌原件于"文革"期间被破坏,现收藏于县瑶族博物馆。1982年,金秀瑶族自治县人民政府重新制作大瑶山团结公约石牌并将其立于原处。新制作的团结公约石牌背面增刻了1953年制定的《大瑶山团结公约补充规定》全文,石牌主体高207厘米,宽105厘米,厚17厘米,材质为大理石。基座高47厘米,长190厘米,宽142厘米,为水磨混凝土制作。

金秀桐木帽合山岩画 在金秀瑶族自治县桐木镇猫尾村帽合山的峭壁上,距桐木镇约4千米。岩画画面宽约9米,高约2.2米,图案呈赭红色,以人像为主,兼有马、龙、鸟等动物及一些类似文字的符号,出自明代民间画匠之手,是巫术文化的遗迹。2000年,帽合山岩画被公布为第五批自治区文物保护单位。

第六章 档 案

境内档案工作始于民国,兴于近现代。中华人民共和国成立后经历柳州专区、柳州地区和来宾市几个时期。1988年《中华人民共和国档案法》颁布后,档案工作步入法制管理轨道,改变过去仅靠行政手段来从事档案工作的窘境,促进档案事业健康发展,到2005年,来宾市档案建设已初具规模,为来宾市政治、经济、文化和社会建设发挥积极作用。

第一节 机 构

民国时期,市境内各县未设有专门档案管理机构,档案由文书管理机构保管。中华人民共和国建立后,旧政权遗留下来的文书档案由新政权接收保管。1958年以后,境内各县相继设置档案科、档案局与档案馆,档案行政管理机构和档案保管机构或分或合,或撤或并,屡经变化。

地市级管理机构

来宾市档案管理机构历史可追溯到宜山专区、柳州专区时期。1956年宜山专署档案科成立。1958年8月宜山专区改称柳州专区,柳州专区党政机关驻地从宜山县庆远镇迁至柳州市。1959年柳州地委档案科成立,档案科科长由地委副秘书长兼任。

1960年3月,柳州专区档案馆成立,档案科与档案馆合署办公,一套人马两块牌子,馆长由地委秘书长兼任,配备四名专职干部,即专职副馆长1名,秘书1名,专职档案员2名。

1963年,柳州地区档案科改称为柳州行署档案科。1967年1月25日,"造反派"夺权,档案科(馆)工作陷入瘫痪,机构自然消失。

1968年10月,柳州地区革命委员会办事组第二秘书小组重新设档案室。1973年地区革委会办公室档案科恢复。

1975年4月,为适应社会主义革命和建设的需要,柳州地区革命委员会以柳地革发〔1975〕第37号下文成立"柳州地区革命委员会档案局",原档案科同时撤销,配正、副局长1名,编制人员5人。

1977年8月,地区革委会档案局撤销,设立中共柳州地委办公室档案科,正、副局长转任正、副科长,人员编制不变。

1980年12月,柳州地区档案局恢复,由地委秘书长分管,地区档案局、档案馆合署办公,领导和编制人员不变。

1984年7月,地区档案局撤销,保留档案馆,在地委办公室内设档案科,配一名副科长(副县级)负责档案馆全面工作,人员编制6人。

1985年10月,地区档案局恢复,作为行署直属局,列入政府编制序列,一套人马,两块牌子,内设秘书科、业务指导科、档案保管编纂科。

1996年1月,柳州地区党政机构改革,地区档案局(馆)由行署工作机构划归地委直属事业单位。

2002年12月28日,柳州地区撤销,成立地级来宾市,柳州地区档案局(档案馆)改称为来宾市档案局(馆),为来宾市委、市人民政府直属事业单位,参照公务员管理,内设办公室、监督管理科、保管编研科,人员编制9人。

2003年3月,来宾市档案局机关从原柳州地委大院搬迁至来宾，在市城区租用民房办公。市档案馆仍留在来宾驻柳州地委大院内办公。

来宾市历任档案局（馆）长：卢保忠(2002 年 12 月—2005 年 12 月)。

县级管理机构

1958 年以后，境内各县（市）相继建立档案管理机构，档案局（科）与档案馆合署办公。其中忻城县、石龙县、大瑶山瑶族县建有档案馆。象州县于 1958 年 8 月 17 日建成档案馆，有档案库房二间，办公室一间，面积共 48 平方米，档案科干部 2 人，档案馆未配备干部。

1959 年 3 月，来宾县成立档案馆，定编 3 人。忻城县、石龙县、大瑶山瑶族县相继设立档案科，科长由县委办公室主任兼任，配置专职档案干部 2~3 名。

1962 年 2 月，来宾县档案科成立，设科长、副科长各 1 人，工作人员 4 人，科、馆合署办公，两块牌子一套人马。同年 3 月，撤销石龙县，武宣县、象州县分别设立档案科，配员 2 人。

1966 年“文化大革命”开始后，各县档案管理机构瘫痪，档案机构名存实亡。武宣县、象州县档案机构被撤销，档案干部被调离本单位，档案业务由县委办公室接管。1968 年起，忻城县档案资料由县革命委员会办事组管理。1969 年冬，武宣县、象州县重配档案专干 1 人。1973 年 10 月，忻城档案由县委办公室统管。

1974 年 8 月，金秀瑶族自治县恢复档案科和档案馆，配备干部 3 人，其中设科长 1 人，副科长兼馆长 1 人。1974 年 9 月，忻城县恢复档案馆。1975 年，武宣县、象州县恢复档案科，配副科长、干事各 1 人。

1980 年 5 月，忻城县恢复档案科，馆、科合署办公。

1981 年 4 月 25 日，象州县档案科改为档案局。

1984 年 9 月，金秀瑶族自治县撤销档案科，原档案科业务及人员全部归属档案馆，同年 11 月 1 日恢复档案科。同年 12 月 7 日，武宣县在县委办公室内设立档案科，对外挂档案局的牌子，局、馆挂两块牌子，一套人马，归县委办公室领导。同年 12 月，合山市委办公室设档案科，对外称档案局，科、局一套人员，挂两块牌子，归市委办公室领导。

1985 年，象州县成立档案馆，局、馆合一，两块牌子，一套人马。同年 10 月武宣县档案科改称县档案局，下设档案馆，局、馆两块牌子，一套人马，局、馆配员 5 人。忻城改档案科为档案局，设正副局长各 1 名，下设档案馆，正副馆长分别由正副局长兼任，配工作人员 3 名。

1986 年 4 月，象州档案局成立，档案管理机构性质既是党的机构，又是人民政府机构，列入政府编制，局、馆合一，两块牌子、一套人马，配局长 1 人，副局长 2 人。同年 5 月，金秀档案科改为档案局，下设档案馆，两块牌子，一套人马。同年 9 月，来宾县档案科改为县档案局，定编 8 人。

1997 年，县级党政机关机构改革，来宾县、象州县档案局局馆合一，保留两个机构，两种职能，一套人马。武宣县、忻城县、金秀瑶族自治县、合山市只保留档案局牌子。

2001—2005 年，境内各县（市）档案局和档案馆维持局、馆合一管理体制，两块牌子，一套人马，仍为党委直属事业单位，赋予行政职能，参照公务员管理。

人员编制

1984 年，今来宾市境内档案管理部门编制共 49 人，其中地区档案局（馆）7 人，各县（市）档案局（馆）42 人；实有档案干部 35 人，其中地区 7 人，各县（市）28 人。年龄结构 40 岁以下 14 人，占现有档案干部数的 40%；高小文化 2 人，初中文化 20 人，高中文化 10 人，大学文化 3 人。性别结构，男性 28 人，女性 7 人。档案干部年龄偏大、文化程度普遍偏低。

2005 年，来宾市、县（市、区）档案管理部门共有编制 37 人，实有档案员 43 人，其中市级档案局（馆）9 人，县级档案局（馆）34 人，男性 27 人，女性 16 人，50 岁以上 7 人，35~50 岁 26 人，35 岁以下 10 人，大学本科 13 人，大专 23 人，中专 3 人，高中 3 人，档案专业大专以上 5 人，中专以上 2 人。

第二节 设 施

民国时期，境内档案由各县政府秘书室收集保管，档案装具比较简陋，无专门档案馆舍。中华人民共和国成立后，档案装藏设备得到一定改善，来宾县、武宣县、金秀瑶族自治县、忻城县建有独立的档案馆舍，但由于建馆时资金困难，市、县（市、区）档案馆普遍面积狭小、功能单一，设施简陋，存在“涨库”现象，库房内温湿度不能控制在标准值内，致民国档案和建国初期档案出现不同程度褪色、霉变现象。

1959 年 3 月，来宾县成立县档案馆，用办公用房作档案库房，之后多次搬迁馆址库房。1959 年 10 月，大瑶山瑶族自治县档案馆用县委三间办公室作为档案馆库房。

1975年，象州县修建砖木结构的独立档案馆楼房，建筑面积320平方米，位于旧县委大院内。1994年特大洪涝灾害，档案库房受淹，损坏严重不能使用，拆除后一直未重建。1995年，档案馆随县委搬迁到新楼办公，档案暂存于县委办公大楼会议室内，库房面积不足100平方米。

1976年，柳州地区档案馆新建库房1座，地下一层，地上三层，占地面积约230平方米，建筑面积566平方米，库房面积348平方米，砖混结构，总投资为4.6万元，位于柳州地委大院（柳州市友谊路5号）中部，挂牌为中共柳州地委档案馆。设置档案库房、阅览室、办公室，实行资料阅览、档案库房、办公三分开。库房建设符合国家档案管理要求，基本达到防火、防盗、防光、防高温、防潮、防虫、防鼠、防尘标准。

1977年9月，来宾县新建档案馆楼房1座，砖混结构，主体三层，总建筑面积520平方米，其中库房面积244.7平方米，配备档案箱377个，木箱87个，公文柜9个，复印机1台，吸尘器2台。

1978年，金秀瑶族自治县档案馆有面积约50平方米的2间档案库房。

1979年，金秀瑶族自治县建造一栋三层档案馆楼房，总建筑面积553平方米，库房面积378平方米，其中一楼用作办公室、阅览室；二、三楼用作档案库房和资料室。同年10月，武宣县新建一栋二层砖混结构的档案馆舍，建筑面积为500平方米，其中库房面积为300平方米，设立了阅览室，添置了一批大小档案柜。

1983年9月，忻城县争取自治区拨款5万元、县财政拨2万元，新建一幢建筑面积为585平方米三层档案馆楼，其中库房面积245平方米，设有办公室、资料室、阅览室、值班室和6个档案库房，并陆续添置铁皮箱470个、木箱51个、木柜17个、资料架4个、灭火器6个、抽风机6个、缝纫机7架、电风扇2台等设备。2004年，馆楼经鉴定为危房，自治区财政厅拨付库房危房抢修经费5万元，对馆楼进行抢修改造。

1984—2005年，合山市档案馆无独立的档案馆舍，局（馆）办公在原市委机要楼内，三楼一间约100平方米为档案库房，查阅室和资料室共挤一室。

2005年，来宾市档案局（馆）的设备有：档案裱糊机1台、电脑15台、摄像机1台、数码相机1台、打印机2台，扫描仪4台、复印机2台、空调8台、去湿机8台、温湿度计8个、干粉灭火器8个、铁质档案箱219组。

第三节　收藏　服务

档案收集

1960年，柳州地区档案馆建立后，即着手接收柳州地委、行署以及地直各工作部门具有永久、长期保存价值的到期档案进馆，实行集中统一管理。在20世纪六七十年代期间，主要接收党委和政府部门的文书档案，以及历次政治运动形成的档案，此外，还接收一些特殊载体档案，如撤并单位的印章、牌匾等实物档案，接收一些照片档案、科技档案、会计档案及实物档案，使馆藏档案的门类和数量进一步充实。

1964年，全专区开展档案整理“比、学、赶、帮”运动和五好档案室评比工作，对历年积存文件进行清理、整理归档。是年，象州县从县直机关抽调5名干部，把中华人民共和国成立以来象州、武宣两县遗留下的各级党委、政府下发的重份文件和各种内部刊物进行处理。县直机关36个单位、10个区委办公室建立健全文书处理制度和立卷归档制度，全县83个公社建立文书处理制度，做得比较好的有44个公社。来宾县直35个单位共投入98人用139天时间清理整理积存文件，基本结束积存文件的清理工作，共完成立卷2039卷、党风资料116册928份，一般资料441册1715份，土地资料18册396份，评出五好档案室8个、四好档案室10个、三好档案室15个、较差2个。

1984年，地区档案馆接收地区公安处移交的旧政权档案，计有4个全宗759卷，分别为柳江县旧政府、广西高等法院宜山分院、广西柳州第二专区保安司令部、广西农事试验场的档案。这部分档案是研究民国时期广西地方历史的重要史料，是国家重点抢救和保护的档案，后经重新分卷整理后分为1492卷。是年，地区档案馆馆藏档案有9080卷，其中永久5583卷，长期3455卷，短期142卷，具有参考价值的资料6000多册。

1985—1987年，境内开展“处遗”档案、整党档案材料的收集整理建档工作，全地区有“处遗”档案材料的单位291个，有“整党”档案材料的单位431个。

1985年，忻城县档案局重新整理县委、县政府及部分科、局的档案资料，并接收县直机关31个单位20世纪80年代以前的文书档案11368卷；旧政权、阶级成分、地名、工业普查、人口普查等各种档案资料共 10524 卷。

2003 年，抓好防治“非典”档案的立卷归档工作，以市防治“非典”办公室和各大医疗机构为重点，将所有防治“非典”的文件材料按新的归档文件材料整理方法整理，全市共整理归档防治“非典”档案材料 110 盒。

2005 年末，来宾市档案馆藏档案共有 113 个全宗、案卷 28811 卷(中华人民共和国成立前 760 卷、中华人民共和国成立后 28051 卷)，案卷排架长 703 米，照片 778 张，馆藏资料 9313 册；金秀瑶族自治县档案馆馆藏档案 108 个全宗、18143 卷(中华人民共和国成立前档案 36 卷、中华人民共和国成立后 18107 卷)，馆藏资料 10786 册，音像 29 盘，照片 2490 张；武宣县档案馆馆藏档案 56 个宗、18234 卷(中华人民共和国成立前 301 卷、中华人民共和国成立后 17933 卷)，案卷排架长 281 米，馆藏资料 4707 册，录音 91 盘，照片 894 张；象州县档案馆馆藏档案 88 个宗、24097 卷(中华人民共和国成立前 240 卷、中华人民共和国成立后 23857 卷)，排架长 389 米，馆藏资料 5418 册；兴宾区档案馆馆藏档案 113 个全宗、17231 卷(中华人民共和国成立前 178 卷、中华人民共和国成立后 17053 卷)，案卷排架长 258 米，馆藏资料 14200 册，照片 258 张；合山市馆藏档案 45 个全宗、5651 卷(中华人民共和国成立前 179 卷、中华人民共和国成立后 5472 卷)，案卷排架长度 76 米，照片档案 640 张，馆藏资料 741 册。

馆藏珍贵档案

至 2005 年，来宾市档案馆馆藏民国档案 4 个全宗 1492 卷、40883 件。《四部备要》全书全集，中华书局 1920—1936 年陆续编辑排印，原收书 336 种，依经、史、子、集四部分类，是广西少有的古代历史书籍。党和国家领导人视察柳州专区、柳州地区、来宾市的照片。1958 年毛泽东主席视察广西时三江侗族女青年吴英花代表广西各族人民给毛主席献花的照片。另外，还珍藏各个历史时期的牌匾、印章、锦旗、奖牌、证书和公务礼品等。

兴宾区档案馆珍藏的重点档案有民国档案 359 卷 7723 件，以及民国时期历任县长名册、参议会常委会议材料、人事管理办法、人事命令、派令、同学录、湘桂路情及毛泽东像章若干枚，等等。

象州县档案馆珍藏有民国象县旧政权档案和革命历史档案 240 卷，内容包含民国时期的旧警察局、县府等党团组织机构及党代会、民代会提案、选举，民国时期的土地、财经、牲畜、地图、田地、房产契约、乡民公约、税捐；革命历史档案有象县革命先烈刘策奇以及革命前辈韦纯束、韦章平等在象州寺村交趾、中平罗汉一带从事地下革命斗争等重要档案等。

武宣县档案馆珍藏有国务院总理周恩来签署的奖状，自治区主席韦国清签署的奖状、白崇禧为县中学题词手迹“乐育英才”，明正德皇帝御批“敕赐永通峡”碑文照片，武宣县文化名词和历史典故汇集，武宣县历代名人小传、烈士名录及各个时期的大事记。一套自 1872 年发刊至 1949 年停刊的全套上海《申报》影印本共 400 册。

忻城县档案馆馆藏中华民国时期档案 1 个全宗 48 卷，699 宗(册、张)，1985 年 12 月中共中央血吸虫

《四部备要》　　(来宾市档案馆)

《申报》缩印版　　(武宣县档案馆)

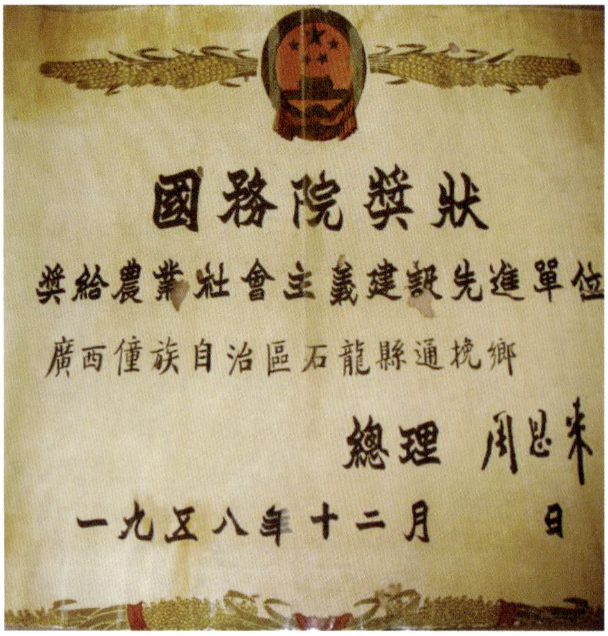

1958年周恩来颁发的奖状　　（武宣县档案馆）

防治领导小组奖给“忻城县消灭血吸虫奖杯”1个、历年各种印章318枚。

金秀瑶族自治县档案馆馆藏民国档案1个全宗70号49卷,570件。

合山市档案馆珍藏修编于民国24年(1935年)的《迁江县志》和《来宾县志》。

档案管理

中华人民共和国成立初期,各县党委、政府开始建立新的档案,由县委、县人民委员会秘书室分别管理,人员兼职的多,专职的少,基本只负责本单位文档工作。

柳州专区时期,专区档案馆长由地委秘书长兼任,配专职副馆长、秘书和档案员,负责领导和组织开展全专区档案工作。专区、县级档案机构组织形式是四合一的档案馆,即档案馆、档案科、档案室(在党委办)和档案干部训练的四个机构合并。人民公社设立档案室,公社秘书兼管档案工作,公社党委、管委、青年团、妇联等组织的文件材料均作为一个全宗,统一交公社档案室整理保管。

1952年,象州、武宣县合并为石龙县,档案资料全部由石龙县档案科保存。1957年7月8日,中共石龙县委印发《中共石龙县委机关关于材料保管期限的一般标准(草案)》(忠字〔1957〕030号)。

1959年4月6日,中共石龙县委以0114号文件批转中共石龙县委办公室、县人委办公室关于“公社建立文书处理制度”和统一建立档案管理机构的报告,根据这两个文件精神,县成立档案科,科长由县委办公室主任兼任,另配专职副科长1人,专职干部2人,把县委、县人委资料合并作统一的机构档案科;人民公社办公室设档案资料室,由办公室主任兼任主任,并配1名专职干部具体管理此项工作兼收发工作;各生产大队设立档案专柜,由负责向公社汇报生产进度的文书兼管;各机关、学板、厂矿企业及事业单位建立档案室,档案室工作由单位秘书或党支书兼任。同年12月,合山矿务局制订《技术、文书档案工作人员岗位责任制》。科技档案分为局、矿两级管理。局由科技处管,重点管理各探区的地质报告,各矿井、厂、队的设计、施工、完工图纸、证明书及原始记录。矿级由生产科技档案室管,主要管好本矿(厂)常用的技术文件、技术资料、设计图纸、矿井地质资料、工程施工图纸、各类工程施工实测图纸等。

1960年3月,柳州专区档案馆建立,统一保管全专区需要永久和长期保存的党政档案,并接收各个部门的到期档案进馆,规定凡档案材料在本部门保存时间满四年后移交档案馆。

1961年11月20日,中共柳州地委档案科转发《宜山县人民公社档案材料归档范围和保管年限表(草案)》,对公社各种材料按重要与一般的区别,按永久和短期归档制度处理。

1962年3月撤销石龙县,武宣县、象州县分开,原石龙县馆存档案、资料亦分开,象州县主要分存档案,武宣县主要分存资料。

1963年下半年,专区档案馆对馆内1949—1962年全部档案5746卷进行调整,修换烂卷皮,补录目录等。

1964年专区召开档案工作会议部署战备档案工作,将保存的档案材料分为一、二、三类,核心档案单独存放,一类为重要文件属永久保存,二类为长期保存,三类为短期保存或进行销毁,准备木箱、扁担、绳子、雨布、火油等必要工具,确保档案在任何情况下都能够带得走。来宾县按不同程度性质处理,共清理抽出核心档案524卷,准备小箱子86个,其中铁皮箱17个、油布18张同、扁担24条、绳子24对,县直单位购置小箱子218个,其中铁皮箱86个、区(镇)购置小箱子58个。象州县档案馆将所保存各个全宗的档案分为一、二、三类,核心档案全部抽出单柜保管,三类的销毁。

1966年“文化大革命”开始后,地区、县档案管理机构瘫痪,档案机构名存实亡,档案工作跟不上形势发展需要。武宣县、象州县档案机构被撤销,档案干部被调离本单位，档案业务由县委办公室接管。1968年起，忻城县档案资料由县革命委员会办事组管理。

1966—1974年，战备档案管理，各县按“少而精、少而全”“收得起、拿得动、转移快”指导原则，在整理鉴定文件中，把一些文件作为无保存价值清出烧掉。据统计，全地区共清出烧掉文件和资料有335050份，其中来宾县1964年的全县农村人民公社分配统计表、县委组织部的干部、党员年报表以及一些上级重要指示、规定、决定，来宾县三五、凤凰两公社1952年土改农村划分阶级成分登记表都被烧掉，给党的工作造成一定的损失。象州县、武宣县烧掉大量档案资料，1974年象州县馆存档案仅有886卷。

1973年，档案部门从全地区抽调218人对历年文件进行清理鉴定，把历年党的方针政策等指导性文件保留保全，把历次政治运动如清匪反霸、土改复查、合作化、三反五反、肃反审干、“整风反右”等有关文件留全，对反面人物的文件材料也有计划地分类立卷，留作反面教材，妥善保存，保存的档案既能反映毛主席无产阶级革命路线在各个历史时期战胜党内“左”右倾机会主义路线，又能全面反映机关在三大革命运动中的历史记载，能够适应战备需要。同年来宾县档案部门组织力量到县档案室进行清理文件资料时，受战备档案指导思想影响，把大批重要文书档案资料烧掉，使原来的1652卷减到265卷，原来66080份文件减到6475份，原来档案箱97箱（战备箱）减到16箱，档案遭到空前大破坏。

1974年，柳州地区开展农村阶级档案建立工作，先搞试点后铺开。武宣县委在二塘公社平田、樟村两个大队进行了建立农村阶级档案试点。通过组织公社秘书、大队文书入村宣传收集土改等材料，到1975年底止，全地区已有5个县全面完成、4个县基本完成建档任务，128个公社中已完成或基本完成的有122个，1354个大队已完成1287个，共收集历次政治运动材料19631份。

1979年，地区档案管理部门把“四清”和“文化大革命”积存的材料进行了整理编目，对地委、行署历年文件底稿和印文分别校对组卷，重新编写查收工具，搞好上年档案92卷的同时，把上级和地委1966年前的档案重新组卷及整理“四清”和文革积存材料629卷，其中抄好目录185卷。地区及各县档案馆对接收入馆的18807卷档案进行整理、排列、编制查找工具。在落实党的干部政策时，对地直机关右派分子改进工作中，为党委提供右派分子原始档案材料90多份，中右材料130多份，使220位同志的问题不同程度地得到解决。

1980年，全国科技档案工作会议后，合山矿务局对科技档案进行整理，将各单位保存的文书、文件、技术资料、图纸进行分类编目归档。

1985年，忻城档案局重新整理县委、县政府及部分科、局的档案资料，并接收县直机关31个单位文书档案11368卷，旧政权、阶级成分、地名、工业普查、人口普查等各种档案资料共10524卷。

1986年，柳州地区档案馆对馆藏档案作全面的整理，根据排列有序、方便查找的原则，按全宗顺序进行排列，并编制全引目录案卷目录以及副处级以上干部专题目录，干部和党员调动专题目录、工人调动专题目录等检索工具。

1988年1月1日，《中华人民共和国档案法》实施。档案法对档案馆的机构、职责和管理作出明确规定。管理部门据此制定了库房管理制度、档案保密制度、档案资料借阅制度、图纸修改补充制度、档案统计制度，档案员保密守则、声像档案管理制度、会计档案管理制度、档案销毁制度、档案复制工作制度。馆藏档案走上规范化管理。

1994年6月18日，象州县发生特大洪水，档案馆面临淹没危险，县委、县政府组织近百名民兵、干部、职工协助档案馆转移档案，经过17个小时奋战，500多箱近2万卷档案资料安全转移存放。

1999年，来宾县加强农业和农村档案工作，全县24个乡镇全部完成建档工作，有21个乡镇把1983年以前的档案全部整理归档，并交县档案局（馆）统一管理。城厢、良江、蒙村、小平阳、大里、大湾、五山等8个乡镇建立了合格档案室。

2000年起，全地区推行归档文件立卷改革，使用由自治区档案局统一开发的“GD2000”档案管理系统管理档案。象州县11个乡镇122个村居委会全部完成在村档案建档任务，投入经费11.3万元，整理档案1.37万卷。同年柳州地区档案局按照自治区的统一部署，在全地区范围内开展农业、农村档案工作，通过采取抓试点、召开现场会等措施推进。至2001年12月，全地区138个乡镇全部完成建档工作任务，其中达到合格档案室的有127个乡镇，占92%；全地区1415个行政村，已经完成建档工作任务的有1330个村，占94%。

2004年，市档案局与市水产畜牧局制定出台《关于认真做好防治高致病性禽流感工作文件材料收集归档工作的意见》，要求各县（市、区）和有关单位实施，及时做好相关文件材料的收集归档工作。

是年，来宾市还开展社区档案试点工作，全市重点抓社区档案试点3个，着重抓好社区内下岗职工和失业人员档案、群众健康档案、孤寡老人档案、特殊需求户档案等，为社区管理提供全面准确的相关信息。

2005年，来宾市出台《来宾市贯彻关于进一步加强新时期档案工作若干意见实施方案的通知》，对新时期档案工作提出新要求。

档案利用服务

1982年5月，武宣县黄茆公社尚文、周眷、黄茆、大浪4个大队部分群众与国营黔江种畜场因场界划拨发生纠纷，县档案局将馆藏的国营黔江种畜场（前身为广西军区马场）的场界《协议》提供给县领导，为解决问题提供依据，挽回经济损失8万多元。

1983年，有157人次到来宾县档案馆查阅档案资料，借阅资料273卷。

1986年，大厂矿务局到地区档案馆查阅民国时期有关广西矿藏分布等档案材料，历时3个多月，查阅500多卷档案，获得大量凭据，确认属于国家所有的矿产资源地段，为制止乱采滥挖，保护国家矿产资源提供法律依据，为国家挽回经济损失600万元。柳州财经学校“文化大革命”期间校址迁到柳城，学校复迁回柳州后一些地段的权属发生争议，该校到地区档案馆查阅有关资料，弄清权属依据，减少经济损失20多万元。是年，境内各县（市）档案馆开放民国时期档案1335卷，1950—1995年的档案365卷。

1986—1990年，象州县部分档案向社会各界开放，共接待4095人次，提供档案资料8907卷、资料459册。县侨务办公室利用档案资料提供的象州县土改准确时间，解决遗留多年的华侨和私房问题；县经济委员会利用“象州地下热泉”系列科技档案，开发出象州温泉地下热泉资源。

1988年，有941人次到武宣县档案馆调阅案卷1724卷册。其中，为编史修志提供985卷，为工作查考提供318卷490份，为学术研究提供25卷册，为经济建设提供146卷1576份，其他1738份。

1990年，来宾县为932人次提供利用资料2645卷（经济1143卷，科研531卷，技术416卷，文化345卷，卫生210卷）、508册，为处理土地、山林、水利、房产等纠纷以及工作考察、学术研究、经济建设、编史修志，或平反历史冤错案等提供真实依据。

1990年，地区档案馆向社会开放民国档案759卷。1986—1995年，到地区档案馆查档案有10626人次，调阅案卷32999卷，复制档案材料54105页，其中用于编史修志25239卷，工作查考3579卷，学术研究631卷，经济建设2996卷。其他方面554卷。

1992—1993年，来宾县档案馆向社会开放民国时期档案共计472卷。其中：来宾县政府民国16—39年档案335卷；迁江县政府民国21年至民国末年（1932年至1949年9月30日止）档案14卷；广西邮政管理局民国34年—民国末年档案12卷；名人档案、名人名录民国末年前档案66卷；合山煤矿股份公司民国26年—民国末年档案45卷。内容涉及提职、调资、聘任、奖励、处分、股东名册、福利、人寿保险、生活补助、职员抚恤、教育章程、学生名册、教育津贴等。1994年，武宣县档案馆接待机关干部查阅档案定级资料1300人次。1996—2003年，忻城县档案馆接待查档449人次，利用档案1221卷册次。

1993年，地区档案局派出4名业务指导人员到广西雒容林化厂帮助整理档案，把该厂20多年的积存文件材料进行整理编目，建立健全规范化的综合档案室和档案管理制度，使档案更好地为企业生产和管理服务。

1998年，柳州地区档案馆向社会开放馆藏满三十年到期档案，首批开放民国档案780卷，来宾县档案馆开放基本完成社会主义改造时期来宾县人民政府1950—1967年的档案共74卷。

2000年，组织地直31个部门馆藏37个全宗（其中6个为撤销单位）形成期满三十年档案3828卷进行检查、鉴定，鉴定工作2001年底完成，最后确定开放1949—1969年形成期满三十年的档案共3582卷。

2002年，柳州地区档案局根据《自治区党委办公厅、自治区人民政府办公厅关于转发〈自治区档案馆关于开展现行文件阅览服务的意见〉的通知》精神，在象州县开展建立“文件档案信息服务中心”试点，对外挂牌运行。文件档案信息服务中心是把现行文件提前向社会开放，让老百姓了解掌握非保密性的政策、法规、办事指南等文件资料，进而拉近政府与百姓距离，激活档案信息资源服务老百姓。

2005年，武宣县共接待群众查阅档案3949人次，查阅档案4693卷。合山市累计接待查阅1180多人次，提供馆藏档案资料3010多卷（册）次，为合山市各级领导决策、编史修志、处理矛盾、纠纷及现实工作查考等提供凭证依据。是年，来宾市档案馆已向社会公开查阅档案程序和手续、查档时间、联系电话及所在办公场所和档案信息网站，为干部、群众到档案馆查阅利用档案提供便利。市档案馆设立珍品档案室，精选包括党和国家领导人视察时的照片、抗战时期李先念部队与日伪进行斗争的历史记录，20世纪60年代"亩产6.5万千克粮"的报道等馆藏珍品档案资料，向社会开放民国档案760卷，中华人民共和国成立后档案3582卷。

第四节　培训　监督

档案业务培训

1957年，来宾县举办首次县直机关文书档案人员学习档案立卷、存档等业务短训班，参加学习46人。1958年实行《机关文书档案工作试行办法》和文书档案立卷制度。1959年开始执行县、公社两级文书档案工作暂行办法。

1985年6月，柳州地区档案局联合广西广播电视大学在柳州地区（地委大院内）开办电大档案专业班，学员来自三个地区，学制三年，学习结束各科考试及格发给大专文凭，班主任由地区档案局吕庆生担任，1985年报名学员49人，男生33人，女生16人，1987年学员34人，及格率92%。

1986年10月，柳州地区档案局成立档案专业职称改革工作领导小组，1987年成立柳州地区档案系列初级专业技术职务评审委员会，负责评审全地区的助理馆员、管理员的任职资格，并对申报中级专业职务的人员提出推荐意见。当年获得档案专业技术职务任职资格共27人，其中获自治区批准的档案馆员职务任职资格的6人，获地区批准的档案初级职务任职资格21人。

2001年11月，柳州地区档案局与柳州地区人事局联合下发《转发〈广西壮族自治区档案人员持证上岗管理办法〉的通知》（柳地办〔2001〕34号），要求各地认真抓好教育培训工作。2001—2002年，柳州地区档案局先后举办5期档案人员持证上岗培训班，培训档案人员500多人，系统辅导学习《档案管理概述》《档案法规、档案工作标准化、档案工作职业道德》《机关文书与档案工作》《科技档案管理与企业事业单位档案工作》《档案保护技术》《档案管理现代化》等教程。学员通过参加统一考试，全部取得自治区档案局和自治区人事厅统一颁发的上岗证书。

2002年地级来宾市成立后，来宾市档案局采取综合和专题相结合，系统授课和专门辅导相结合、培训班和会议讲座相结合，集中和分散相结合的多种方式，对全市的档案工作人员进行档案业务培训，使档案业务培训成为档案局的一项经常性工作。

2003年，根据《广西档案人员持证上岗管理办法》要求，来宾市档案局举办三期档案员持证上岗培训班，培训人员208人，全部取得自治区人事厅和自治区档案局统一颁发的持证上岗资格证书。

2002—2004年，来宾市档案局先后举办全市归档文件整理方法改革培训班6期，系统学习《归档文件整理方法改革办法》《企事业单位管理文件整理的改革方法》《科技档案材料整理方法》《会计文件材料整理方法》《电子公文管理》《声像档案的收集与整理》《GD2000档案管理软件的功能与操作》等档案业务知识，共培训人员650人。截至2004年11月底，全市共有157个机关和企事业单位开展归档文件立卷改革工作，大部分市直单位已经使用"GD2000"档案管理系统进行立卷、归档和档案管理，为建立档案目录数据库创造了条件。

2005年，来宾市档案局先后印发《来宾市民营企业档案管理暂行办法》《关于加强全市民营企业档案工作的意见》，对民营企业在生产、经营、科研、基建以及各项管理活动中形成的档案材料作出管理规定，但民营企业档案意识比较淡薄，民营企业档案发展缓慢，还没有真正意义的档案室，档案的收集、整理、保管和利用还没有走上正轨。11月，来宾市档案局印发《来宾市城市建设、城市管理部门档案建设工作实施方案》和《来宾市重点建设项目档案建设工作实施方案》，对城市管理部门档案、重点建设项目档案材料的收集整理归档工作作出规定并并要求进行业务培训、跟踪指导、监督，确保城市建设项目档案齐全完整。

档案法制宣传

《中华人民共和国档案法》《中华人民共和国档案法实施办法》和《广西档案管理条例》相继颁布实施后，档案管理由行政措施步入依法治档轨道。1988年《档案法》正式实施，柳州地区档案局运用广播、电视、横幅、标语等多种宣传形式，全方位、多角度开展档案法规宣传教育，相继召开三个会议进行部署和贯彻，即地直一层及二层单位主要领导会议、地直机关单位秘书科长和专（兼）职档案员会议、各县（市）政府办公室主任和各大厂矿办公室主任会议，在会上除了宣讲《档案法》、印发宣传提纲外，着重对《档案法》贯彻执行情况进行检查。2001年，象州县档案局邀请县法制办干部到档案局举办行政执法讲座，与县司法局联合举办“档案服务三农现行文件下乡”档案法律法规宣传活动，与县人民政府签订档案行政执法责任状，自觉检查指导档案工作，纠正违法管理档案行为。2002年8月，在《档案法》颁布十五周年纪念日，柳州地区行政公署副专员邬弘辉在桂中电视台上作题为《加强法制建设、促进柳州地区档案事业全面发展》的电视讲话。2004年5月，市档案局组织档案干部参加广场科普大型活动，设立档案知识咨询点，对档案法律法规进行宣传，分发宣传册子500多册。

档案行政执法检查

1988年8月，随着《中华人民共和国档案法》颁布实施，柳州地区行署办公室组织检查组对各县（市）、地直各单位贯彻落实《中华人民共和国档案法》情况进行检查，地区检查组分别检查了武宣县、象州县、来宾县和鹿寨化肥总厂，地直单位检查了气象局、林业局、企业局、建筑设计院、检察分院等13个单位。各县（市）档案局根据上级工作部署，抽调人员组成《档案法》贯彻执行情况检查组，在全县范围内开展《中华人民共和国档案法》执法检查活动，并将检查情况向地区档案局汇报。

1989年，柳州地区档案局逐步在地区直属机关单位和国营企业、事业单位中开展档案室定升级和档案目标管理认定工作，派出业务人员深入到国营企业、事业单位和直属机关单位开展档案室定升级、档案目标管理认定指导工作。

1994年，金秀对已定升级的9个机关档案室进行全面复查，均合格。1997年，对69个单位进行执法检查，以《简报》表扬9个达标单位，对11个立卷档案后进的行政、事业、企业单位则限期整改。

1997年，来宾县成立由县委办、县府办、人大办、档案局、法制办等部门组成的领导小组，在全县开展《中华人民共和国档案法》执行情况检查，对各乡镇、县直一层95个单位进行档案执法检查。象州县委办、县政府办牵头，抽县委办、县政府办、人大办、法制办、保密办有关领导组成检查组，到县直17个单位、2家糖厂、11个乡镇抽查，对检查中发现的问题予以纠正。金秀瑶族自治县对69个单位进行执法检查，以《简报》表扬9个单位，对11个立卷档案后进的行政、事业、企业单位限期整改。象州县人民政府拨款5700元作检查活动经费，由县委办、县政府办牵头，抽县委办、县政府办、人大办、法制办、保密办有关领导组成检查组，到县直17个单位、2家糖厂、11个乡镇抽查。

1998年，来宾县成立县委办、县府办、县档案局组成的档案执法、档案目标管理考评检查组，由县委办、县府办牵头，分3个组对全县24个乡镇、县直30个单位进行检查。象州县召开全面推行执法责任制动员大会，制定《象州县档案局1998年推行执法责任制实施方案》。

2002—2005年，来宾市档案局开展执法检查活动4次，每年抽查40~50个单位。2004年6月，来宾市人大和自治区人大在来宾市开展贯彻实施《中华人民共和国档案法》《广西壮族自治区档案管理条例》执法检查工作。

第五节　档案馆室等级评定

从1989年开始，柳州地区档案局逐步在地直单位和国营企事业单位中开展档案室定升级和档案目标管理认定工作。1990年，武宣县档案馆通过验收定为自治区三级档案馆。1991年，金秀档案馆被评为自治区三级档案馆。1992年，经自治区档案局考核，柳州地区档案馆定为三级档案馆。1993年1月16日，经自治区档案评审组评审，来宾县档案馆以总分89.5分通过评审，定为自治区三级档案馆。1998年，自治区档案局、柳州地区档案局在来宾供电局召开企业档案工作目标管理国家二级认定会，来宾供电局综合档案室通过自治区档案认定组的考评，认定为国家二级综合档案室。1999年，来宾县档案馆经自治区档案评审组评审，升为自治区二级档案馆。截至2002年，柳州地区共有八一锰矿等3个企业档案室通过国家二级档案室的认定，来宾冶炼厂等13个企业档案室通过自治区级认定，地区卫生局等23个机关档案室通过等级评审。2002—2005年，来宾全市机关单位档案室已通过等级评定，有一级档案室35个、二级档案室72个、三级档案室49个。其中忻城县一级档案室5个、二级档案室11个、三级档案室6个；合山市一级档案室5个、二级档案室6个、三级档案室9个、企业自治区级档案室1个；金秀瑶族自治县一级档案室4个、二级档案室14个、三级档案室3个；象州县一级档案室5个、二级档案室9个、三级档案室10个；武宣县一级档案室3个、二级档案室19个、三级档案室7个；兴宾区一级档案室7个、二级档案室11个、三级档案室9个；来宾市直单位一级档案室4个、三级档案室3个。

第七章　图书　报刊

民国时期，境内各县均设有公立图书馆（室），但无专营图书机构，各县开设的书局（店）除发行图书外，兼营石印、百货等。民国末年境域始有简报出现。中华人民共和国成立后，图书、报刊得到党委、政府的重视，图书、报刊发展比较快。

第一节　图书馆　藏书　阅览

来宾市图书馆

2003年1月，来宾市文化局成立后即着手筹建来宾市图书馆。市图书馆是集藏书、电脑联网阅览、科技培训、科学文化知识传播为一体的公益性文化设施，按国家规定地级市图书馆建设面积标准为1500平方米，计划总投资1500万元，"十一五"期间完成项目建设并正式投入使用。

县（市、区）图书馆

民国时期，境内各县均设有公立图书馆（室）。

武宣县图书馆　民国17年（1928年），武宣县长唐熙年在文庙后殿架楼铺板设书橱，由县内宦绅捐款添置图书，是为武宣县图书馆之雏形。民国33年秋，在日军入侵武宣前夕，县府请农民用牛车将书橱藏书运往三里收藏，其中有16开本精装烫金封面的《佩文韵府》《文献通考》等。日军入侵三里后，图书全部损失。民国34年日军投降，县城光复，文庙后殿复建图书馆并开馆供人阅览，由县政府教育科兼管，有馆员3人，藏书3000余册。民国末年（1949年1月1日至9月30日止）9月，武宣中华人民共和国成立前夕，县府将馆内图书搬到县立中学封存。1951年3月，武宣县文化馆成立，地址在武宣镇南门城楼上。面积约40平方米，藏书6000多册，免费借阅，日均有读者30~40人。1952年，武宣、象县合并，文化馆设在武宣镇。1954年6月迁到石龙镇，与原象州县文化馆合并成石龙县文化馆。此后10年期间，图书馆是文化馆附设，由1名工作人员负责书刊借阅，每年购进图书两三百本，藏书8000多册。1962年，恢复武宣县建置，文化馆仍设在武宣镇西街，面积20多平方米，藏书4000余册。1965年，武宣文化馆搬入东街南侧新建宿舍。次年"文化大革命"开始，部分图书被封存，部分被焚毁。1978年4月，武宣县图书馆正式成立，管理人员3人，馆内藏书6000余册，各种报纸杂志40余种。图书借阅范围从县城扩大到农村，每天有读者40多人次。1980年，武宣文化馆新楼建成，县图书馆占用1层，面积320平方米，其中藏书库80平方米，报刊综合阅览室160平方米，儿童阅览室80平方米，报刊存放处40平方米。1990年武宣县财政拨给武宣县图书馆为2.8万元，其中购置书刊费2500元。同年，共有藏书25052册，报纸59种，杂志268种。1990年图书馆在职人员5人。

象州县图书馆　民国22年（1933年），象县图书馆成立，馆址多次迁移。民国36年2月，象县在"中山纪念堂"设图书馆。中华人民共和国成立之初，成立象州县文化馆，内设图书室，有图书5000余册，报刊10余种，供读者借阅。1959年4月，象州县成立县图书馆，接收文化馆阅览室图书和报刊，藏书增到1万册。1966年象州县图书馆与文化馆合并，藏书2万余册。1978年11月恢复图书馆。1979年，象州县文化馆大楼建成，一二层属图书馆，书库面积206平方米，阅览室面积238平方米。1990年，象州县图书馆获文化部表彰，并获自治区授予文明图书馆一级馆称号；1994年获全国文明图书馆三级馆称号；1998年，在全国第二次县级以上公共图书馆检评中，被评为国家二级图书馆。

忻城县图书馆　民国25年（1936年）成立，馆址设在县城城隍庙内，馆长1人，工作人员2人。民国30年迁至三界庙，馆舍面积20平方米，藏书约七八百册，有阅览长桌和长条凳各1张，书架4个。民国33年，日军入侵，忻城图书馆随县府迁至岐山乡（今属都安县）。次年，日军撤出县境，图书馆搬回县城，改设在县府（土司衙门）内。1951年3月，忻城县文化馆下设图书馆，馆址在城厢中和街三界庙内，后迁至东安街原国民党金库长罗宏禧的旧居，藏书200余册。图书馆的业务，除提供图书借阅外，主要是为办夜校提供教材。1955年，忻城图书馆迁至西宁街（今镇一小对面）。1957年，图书馆迁至西宁街45号；1964年忻城图书馆迁回土司衙门内。图书馆藏书有3000多册，报纸、杂志10多种。配图书管理员1名。1975年，图书馆改名为"文化馆图书室"

并恢复图书业务活动。到1979年,图书室藏书总量约1万册,报纸13种,期刊30余种。室内设有阅览桌1张、书架10余个、长条凳8张、报架2个,每周星期二、五开放阅览室和办理图书外借,每年发放借书证约70本,接待读者约1000人次。每年购书经费0.1万元左右。1979年3月,图书室从文化馆分出,成立"忻城县图书馆",由县文化局领导,借用土司衙门西花厅做书库,二堂左侧一室作为办公室和开展业务活动用地,图书馆藏书总量2万多册,报纸28种,期刊60多种。书架从原来的10个增加到20多个,工作人员6名,每年购书经费0.2万元左右。1984年,自治区民委拨款7万元,县财政拨款8万元,在城关翠屏山北路兴建一座图书馆大楼,1986年元月投入使用。图书馆办公楼面积700平方米,分三层,内设书库采编处、借书处、综合期刊和报纸阅览室、少儿阅览室、报刊资料室、科技阅览室。书架、期刊架和报。刊资料架从原来的10个增加到55个。阅览桌椅从原来的10套增加到70套,座席150个。同时,还购置电风扇、打字机等设备。收藏有历年各种报纸、期刊和保存、购置的各类图书共4.2万多册(含各类报刊合订本)。其中,少儿阅览室设80个座位,有各种图书、报纸、期刊、连环画等100多种,年借阅量1万多人次。借书处,为社会各阶层、各层次的读者提供5个基本部类、22个大类的各种图书,年借书量7800多人次,图书流通量9000多册次。1990年,图书馆有工作人员5人,藏书4.2万余册。

来宾县(今兴宾区)图书馆 民国35年(1946年),迁江县(今属兴宾区)图书馆藏各类图书约万余册,来宾县图书馆藏书数字不详。(1953年4月迁江县撤销并入来宾县)。1978年6月,来宾县(今兴宾区)图书馆正式成立,办公室地址位于来宾县来宾镇(今来宾市城区)柳来路63号。当年采集图书5000多册。1990年,馆藏图书4.5万册,其中孤本82册,订购报纸、杂志150多种。图书馆设有少年儿童阅览室、成人阅览室,年均读者2.64万人次。1998年,来宾县(今兴宾区)图书馆被评为自治区"知识工程"工作先进集体,次年,被评为国家二级图书馆。2000年,来宾县(今兴宾区)被评为自治区"知识工程"工作先进县。2003年,兴宾区图书馆筹集12万元资金,新建一个400平方米的藏书室。后又建成有40台电脑的电子阅览室,并实现与桂林图书馆联网。同年,完成馆藏图书软件整理,并顺利通过自治区专家组对兴宾区国家二级图书馆的复查验收。2005年,兴宾区图书馆争取到全国共享工程县级中心建设项目,获得到上级下拨的投影仪、电脑、幕布、卫星接收系统等设备。

合山市图书馆 1991年9月合山市图书馆竣工,1991年12月挂牌,正式向社会开放。合山市图书馆位于人民南路右边,市影剧院旁边,新世纪广场对面,分上下二层,面积120平方米。上层为图书室,有图书3.2万册,年借阅图书约2.5万册次。下层为报刊阅览室,内存各类报纸杂志5000份左右,年均阅览约1.7万人次。

金秀瑶族自治县图书馆 1978年,金秀瑶族自治县图书馆建成,馆舍面积846平方米。1988年,原来定编4人,增加至6人。1992年被评为自治区创建文明图书馆二级馆。2005年,有工作人员7人。2005年,全市有县级图书馆6个,其中国家二级馆2个(兴宾区图书馆、象州县图书馆)、自治区一级馆1个(象州)、二级馆2个(合山、兴宾区)、三级馆3个(武宣县、忻城县、金秀瑶族自治县),馆舍总面积6839平方米,藏书41.86万册,图书管理人员48人。县(市、区)图书馆一般设有办公室、采编室、宣传辅导室、电子阅览室、地方文献与参考咨询室、科技阅览室、综合阅览室、少儿阅览室等。

乡镇图书馆

1997年,境内各县将"知识工程"工作重点放在乡镇图书馆建设上。1988年,来宾县(今兴宾区)24个乡镇全部建有图书馆,率先在全自治区实现乡镇图书馆全覆盖。至2005年,全市共有乡镇图书馆75个,占乡镇总数的100%,按自治区颁布的标准评估,一级馆有3个。全市乡镇图书馆馆舍总面积5720平方米,藏书总量为34.22万册。全市有村级图书室165个,总面积3300平方米。

馆藏图书采编

民国17年(1928年),武宣县长唐熙年在文庙后殿架楼铺板设书橱,由县内宦绅捐款添置图书。民国33年秋,日军入侵武宣,图书全部损失。民国34年日军投降,在文庙后殿复建图书馆,藏书3000余册。1951年3月,武宣县文化馆成立,藏书6000多册,免费借阅。1952年,武宣、象县合并,文化馆设在武宣镇。1954年6月迁到石龙镇,与原象州县文化馆合并成石龙县文化馆。此后10年期间,图书馆是文化馆附设,由1名工作人员负责书刊借阅,每年购进图书两三百本,藏书8000多册。1962年,恢复武宣县建置,文化馆仍设在武宣镇西街,面积20多平方米,藏书4000余册。1965年,武宣文化馆搬入东街南侧新建宿舍。次年“文化大革命”开始，部分图书被封存，部分被焚毁。1978年4月，武宣县图书馆正式成立，管理人员3人，馆内藏书6000余册，各种报纸杂志40余种。1980年，武宣文化馆楼建成，县图书馆占用1层，面积320平方米，其中藏书库80平方米，报刊综合阅览室160平方米，儿童阅览室80平方米，报刊存放处40平方米。1990年，武宣县财政拨给武宣县图书馆购置书刊费2500元，图书馆藏书25052册，有报纸59种，杂志268种。1985—1990年，武宣县为厂、矿、场企业和农村种养专业户提供科技书2000多册，科技信息180多例。1990年统计，全县先后建立图书室43个，共有藏书4.93万册，其中乡镇文化站192万册，自然村图书室1.01万册，企事业单位图书室1.2万册。武宣全县各学校、厂、矿、场等大多建有图书室，共藏书近1万册。1991年初，武宣县图书馆总藏书量2.51万册。1994年底，武宣图书藏量增至3万册；1994年后，武宣每年订报纸35份，期刊150种，1999年底，武宣县图书馆总藏书量为4.58万册。2005年，武宣县图书馆总藏书量5.14万册。2000—2005年，武宣县图书馆购进新书865册，年均订报35份，期刊60份。

民国22年(1933年)，象县图书馆成立，购置《万有文库》等书，报纸、杂志有10余种。民国33年冬，日寇犯境，象县图书损失甚多。中华人民共和国成立之初，象州县文化馆内设图书室，有图书5000余册，报刊10余种。1959年4月，象州县成立县图书馆，接收文化馆阅览室图书和报刊，藏书增到1万册。1966年象州县图书馆与文化馆合并，藏书2万余册。1978年11月恢复图书馆。1987年9月13日—16日，象州县举办“星火计划”服务科技图书展，展出图书、资料3000多种5700多册。其间举行图书科技信息发布会，参加群众1.5万人次，发布农村实用技术信息和供求信息400多条。接待咨询的群众800多人，委托复印技术资料的120多人。1990年，象州县建成图书馆大楼，全馆藏书84943册，其中科技图书22706册；少儿读物1449册。常用工具书较齐全，连续出版物的完整性达95%以上，订有报纸58份，期刊230份。按全县人口计算，人均拥有藏书0.28册。有“星火计划”服务挂钩联系户113户，信息用户220户，免费为用户提供自行编印的《信息短波》15期3600份。2005年，象州县图书馆藏书10.24万册，其中地方文献978册，古籍144册，壮文1册，报刊合订本1.9万册。图书馆设有分类、书名4套检索目录，有比较完整的馆藏目录体系。

民国35年(1946年)，迁江县图书馆藏各类图书约万余册。来宾县图书馆藏书数字不详。中华人民共和国成立初期，图书馆由县文化馆兼管，藏书1.01万册。1978年6月，来宾县图书馆成立，当年采集图书5000多册。1990年，来宾县馆藏图书4.5万册，其中孤本82册，订购报纸、杂志150多种。1986年，来宾县乡镇有书报阅览室22个，除报纸杂志外，有图书1.01万册。1990年，来宾县共借出书刊6万多册，读者达41.26万人次。1998年，来宾县全县20个乡镇有图书馆，每个乡镇平均藏书7000多册。

1975年，忻城图书室购书经费年开支0.1万元左右。1979年，忻城图书室藏书总量约1万册，报纸13种，期刊30余种。室内设有阅览桌1张、书架10余个、长条凳8张、报架2个。1990年，忻城图书馆有工作人员5人，藏书4.2万余册，新购图书420册。1991年，忻城县图书馆内设书库、采编处、借书处、报刊阅览室、少儿阅览室、科技阅览室等，馆藏图书1000册。到2000年，忻城县全县开展捐书助农献爱心活动，各界及机关单位捐款2.5万元，图书1.6万册。2003年忻城县财政拨购书款1.6万元，购进新书1600册。之后每年财政下拨专款1.6万元购买新书和征订报刊，年平均购买新书600册，订报刊50多种1200册。2005年，忻城县图书馆总藏书量为5万多册，其中少儿读物7000册，报刊500册，社会科学书刊占60%，自然科学30%，综合性及其他书刊占10%。

1978年，金秀图书馆成立。1999年，自治区文化厅拨款扩建一层100平方米的杂志、报刊库。图书馆设有报刊阅览室、图书外借室、地方文献、少儿阅览室、自修室、采编室和服务窗口。馆内藏书6.4万册，图书年借阅量约30万册次，接待读者42万人次，开展图书服务宣传活动56次，送书下乡4万册，印发种养科技资料4万份，向各乡镇、村图书馆(室)赠送图书5.8万册。2002年10月，金秀图书馆率先实现县级图书电脑化管理。2003年，自治县图书馆建立成来宾市第一个县级图书馆多媒体阅览室，安装“全国文化信息资源共享工程”接收系统，实现与桂林图书馆部分资源共享，并利用“共享工程设备”为读者放映电影80场次，接待观众3.3万人次。2004年，获文化部赠送“全国文化信息资源共享工程”设备一套及电子图书一批，馆内有计算机20台，建起业务局域网和多媒体局域网，采用国家标准的MAP图书管理集成系统网络软件，安装了地网天网两条数据资源传送带，建立主网页，内有1.5万多册电子图书和4万多条馆内藏书书目，有100多条特种养殖全文数据，90多部名著名影片和一大批红色歌曲、古诗、政治法律、医学卫生等全数据资料。2005年，金秀图书馆藏书4万余册。多年来，年平均借出图书1.5万人次以上，图书流通量2万余册。各乡镇在文化站设有图书、报刊阅览室，总藏书3000余册。

境内各县（市、区）图书馆根据本馆的性质、任务、读者需要以及地方特点，按照普及为主、提高为辅的原则入藏图书，注意收集适合本县（市、区）教育、科研、生产需要的科技书刊，逐步形成具有地方特色、结构合理的藏书体系。2004年，全市图书馆总藏书量34.22万册。2005年，全市图书馆藏书85.91万册。

图书借阅

1966年，"文化大革命"初期，"红卫兵"破"四旧"立"四新"，抄查图书馆，大批图书被当作"封、资、修"大毒草焚毁。管理人员被调离，图书馆被关闭，剩下的图书被全部封存，图书借阅活动全部停止。

1968年，忻城图书馆书库被人盗走图书数百册。1975年，忻城图书馆改名为"文化馆图书室"，恢复图书借阅，每周星期二、五开放阅览室和办理图书借阅。当年发放借书证约70本，接待读者约1000人次。1979年3月，图书室从文化馆分出恢复图书馆，借用土司衙门西花厅作书库、二堂左侧一室作办公室开展业务。1984年，忻城县兴建图书馆大楼。1986年1月，忻城图书馆投入使用，内设书库采编处、借书处、综合期刊和报纸阅览室、少儿阅览室、报刊资料室、科技阅览室。书架、期刊架和报刊资料架从原来的10个增加到55个。阅览桌椅从原来的10套增加到70套，座席有150个。为社会各阶层、各层次读者提供5个基本部类、22个大类的各种图书。年借书量7800多人次，图书流通量9000多册次。1991—2005年，忻城县图书馆图书借阅人次共8779人，年均585人，共借阅1.22万册次，年均815册次。全县累计共借阅图书21.94万册次，读者流通量17.25万人次，1991—2002年，武宣县图书馆采取半开架，内阅外借方式为读者服务，读者可以直接从书架上选借自己所需要的各种书籍，每年为读者办借书证300多本，每月流通人员1800多人次。2003—2005年，武宣县图书馆设全开架式借阅，扩大外借书籍范围，增设期刊外借，借阅册次每年达1.5万册。

"星火计划"服务

1986年11月—1987年末，全自治区公共图书馆开展"星火计划"服务工作。自治区文化厅指定象州图书馆为境内中心图书馆，协调各县图书馆开展"星火计划"服务。此期间，象州图书馆与县科委联系，确定重点服务项目为"柑橘系列技术开发"，为具有代表性的20户柑橘专业户和17位水果技术员、2个罐头食品厂、18户种养专业户建立用户服务档案，重点挂钩和跟踪服务，先后提供科技图书401册、编印《柑橘栽培技术及病虫害的防治》《科学养鸡养鸭文摘》《农副产品加工经验介绍》等资料980多册寄给挂钩用户。1987年9月13日—16日，象州图书馆在中平镇举办象州县"星火计划"服务科技图书展、展销大会。展出图书、资料3000多种5700多册。书展期间，举办图书科技信息发布会，参加群众达1.5万人次，接待咨询群众800多人，复印技术资料120多册。为厂、矿、场购进2000多册科技书，收集整理报刊科技信息100多例为农村送书1000多册，传授经济信息80余例。据不完全统计，境内6县（市、区）图书馆在开展"星火计划"服务中，与县（市、区）科委合作，确定服务项目21个，为种养专业户提供科技图书2000多册，各类科技资料1.5万多册（份），举办"星火计划"服务科技图书展、展销大会和图书科技信息发布会18次，受益群众10多万人次。

"知识工程"

从1994年起，"知识工程"工作在全自治区开始实施。2002年11月8日，武宣县图书馆建馆竣工并投入使用。来宾、象州等县共建成6个乡镇与企业结对子的乡镇级图书馆，为促进当地经济建设做好"知识工程"服务工作；各县（市、区）图书馆开展"百本好书读书"活动，为培养有理想、有道德、有文化、有纪律的"四有"新人打下良好基础。1996年4月，象州县中平乡指导该乡图书馆挂牌开馆（馆舍面积450平方米）。1997年7月，忻城县1272名干部群众捐书2994册、捐款1.64万元，扶助本县4个乡镇建立图书馆。金秀头排镇党委、政府在黄金地段划出文化娱乐设施建设用地，建成文化娱乐活动中心，其中图书馆用房120平方米。来宾县（今兴宾区）在"知识工程"工作中，重点抓好乡镇图书馆和村街图书室（俱乐部）建设，1998年，全县24个乡镇全部建立图书馆，成为全自治区首个乡镇图书馆全覆盖县；全县农村和街道先后建立70多个村街图书室（文化室、俱乐部）。同时开展"捐书助农献爱心""送书下乡为民服务"和"读书周"等活动。据不完全统计，该县共开展"捐书助农献爱心”活动20多次，“图书周”活动12次，捐献各类图书近万册；“送书下乡为民服务”100多次，送给乡镇图书馆和村民图书4.8万册，发放各类图书和科技资料3.6万份(册)；举办图书管理人员培训班20多期，受训人员1000多人次。1998年，来宾县图书馆被评为自治区“知识工程”工作先进集体，次年被评为国家二级馆图书馆；2000年，被评为自治区“知识工程”工作先进县。2003年后，来宾市各级文化部门继续组织开展“图书馆活动周”“农民工读书活动周”“送书下乡为民服务”和“捐书助农献爱心”等活动。2004年，来宾市文化局发动组织社会各界人士为村级图书室捐赠各类图书达8000多册。2005年，来宾市开展“图书馆服务宣传周”和送书、送科技下乡活动，全年送图书下乡2.5万册，科技资料4万多。

信息资源共享工程

在文化信息资源共享工程建设中，象州县图书馆积极推进自动化、网络化、数字化、信息化建设，走在各县前列，2000年，购置一套由北京丹诚有限责任公司研制开发的图书馆自动化集成系统，实现信息采集、新书编目、图书外借自动化、数字化。2003年1月，来宾市文化局成立后，抓文化信息资源共享工程建设，至2005年，兴宾区、象州县和金秀瑶族自治县3县(区)图书馆已建成文化信息资源共享工程基层点(电子阅览室)，武宣、忻城、合山3县(市)图书馆电子阅览室正在建设中；象州图书馆被列为全国文化信息资源共享工程县级分中心，馆内有200G视屏资料(包括电影、电视专题、演艺、戏剧讲座等类别)和投影设备一套。兴宾区图书馆开展“共享文化资源，构建和谐社会”主题宣传周活动，配合市文化局在良江镇举办“2005年全国科技服务周”活动，帮助桥巩乡合隆村、五山乡联兴村建立村级图书馆(室)，并捐赠书架5个、各类图书3000多册。

咨询服务

境内6县(市、区)图书馆成立后，积极开展咨询服务活动，以口头解答、复函、代查资料、提供情报信息等方式为读者服务。据不完全统计，1988—2005年，6县(市、区)图书馆年均口头解答咨询1500多人次，书面答复咨询700余次，代查资料2000多人次、3000多册次，提供信息300多个，解决问题100多个。

第二节　书店　图书发行

民营书店(局)

民国时期，境内无专营图书机构，各县开设的书局(店)除发行图书外，兼营石印、百货等。来宾县县城有4家小店，兼营课本和书画等。1919—1944年，武宣县城西街开有“振兴书局”；1928—1952年，南街开有“仁昌书局”；1945—1947年，武宣县南街开有“联合书局”“现代文具店”；1945—1947年，县人甘德颂在通挽街开有“群生书店”，发行教科书，兼营文具、石印、百货；1945—1952年，武宣县城西街开有“大同书店”(1950年改称“大众书店”)，经营教科书、名家小说、诗歌等书籍和兼营文具、百货。

民国24年(1935年)，象州县妙皇乡胡湘在城内高坡街开有“同仁书店”兼营文具，仅1年，停业。民国27年，外地人在城内北街开有“儿童书店”，书刊甚多，兼营文具，1年多后，迁往外地。民国33年5月，日寇逼省境，柳州黄图出版社迁到象州镇，在城内高坡街开设“黄图书店”，同年10月，日寇入县境前停业。民国36年，象州镇人刘剑仙在高坡街开“长风印书店”，承印书报表册，兼营图书、文具，1年多后停业。忻城县城关镇的朱万利、思练镇的刘明松和黄定福等个体户兼营少量古书。

1950年中华人民共和国成立初期至2002年来宾市成立前，境内民营书店以零售、出租的便民书店、书摊、报刊亭为多，没有集中经营的书城，也没有专业书店。受经济发展等因素影响，总体规模小，经营的出版物品种不多，经营网点多集中在市区和县城所在地，乡镇以下网点很少。2003年，来宾市成立后，民营书店有所发展，全市民营出版物零售、出租店(摊、亭)有170家。在市区，规模较大、图书品种较多的民营书店有韬智书店、新宾书城、百味书屋。2004年3月，来宾市政管理局统一制作15个便民报刊亭，分布于市区各主要街道旁，方便市民购买报刊。2005年底，来宾市民营出版物经营店(摊、亭)有151家，其中报刊亭35个，出租书店12家。

国营书店

20世纪50年代，境内各县先后成立国营新华书店，设营业厅、书库和办公室。主要经营课本及政治、经济文化书刊。农村地区图书销售，主要由乡镇供销合作社门市部代销。“文化大革命”期间，大批书刊被视作“封、资、修”黑货禁止销售或烧毁。书店主要经销马克思、列宁、毛泽东著作及批林批孔等各种学习、批判资料，其他图书发行甚少。1976 年起，发行毛泽东著作国家不收税，邮局不收邮寄费，贷款不计利息，供销社售书不收发行折扣费，并且采取公款购买、会议赠发和行政逐级分配销售的办法，干部职工普通城乡居民人手一套(册)。1976 年 10 月粉碎“四人帮”后，许多被禁锢的书刊解禁，得以发行，新华书店恢复生机，图书发行网点逐年增多。2002 年 12 月，来宾市成立后，图书发行量、销售金额不断增加。2005 年，来宾市出版物个体零售、出租单位有 173 家，从业人员约 200 人。有 7 家国营书店即来宾市新华书店及 6 个县(市、区)新华书店共(属出版物二级批发单位)，营业门店 10 个，在职员工 168 人。全年发行出版物 1047.7 万册，其中兴宾区发行 521.2 万册，忻城县发行 163 万册，武宣县发行 190 万册，象州县发行 103.5 万册，合山市发行 46.6 万册，金秀瑶族自治县发行 23.4 万册；销售总额 5330.4 万元，其中兴宾区销售 2832.9 万元，忻城县销售 840 万元，武宣县销售 773 万元，象州县销售 533.9 万元，合山市销售 248.4 万元，金秀瑶族自治县销售 102.2 万元。

来宾市新华书店 前身是来宾县新华书店，成立于 1952 年 10 月 25 日，地址位于县城合山路。2002 年 12 月撤销来宾县设立兴宾区后，来宾县新华书店更名为兴宾区新华书店。2004 年 3 月 18 日，来宾市新华书店在兴宾区新华书店挂牌成立，与兴宾区新华书店是“一套班子，两块牌子”。来宾市新华书店成立后，具有地级新华书店的管理职能，指导和协调兴宾区、忻城县、合山市、武宣县、象州县、金秀瑶族自治县新华书店工作。各县(区)新华书店属出版物二级批发单位，以中小学教材发行为主，以出版物零售为辅，一般图书销量较少。2003 年，全市新华书店系统共有营业门店 10 个。

来宾县新华书店 1952 年 10 月 25 日成立。时有营业厅 1 个，书库 1 间，办公室 1 间，职工 5 人。负责发行学校课本和经营少量书画，当年销售额 1736 元。1962 年，随着人民公社体制调整，农村学校课本发行改由基层供销合作社兼营。当年来宾县销书量 6 万多册，营业额 8 万多元。至 1990 年底，来宾县共有 35 个图书发行点，其中国营商店 4 个，基层供销社(分社)27 个，个体书店 4 个。年销书量 80 多万册，收入 40 多万元，比 1988 年增长 34.50%。

表 28-7　**1991—2005 年来宾县(兴宾区)图书发行和藏书情况表**

年度	图书发行册数	年度	图书藏书册数
1991	1415140	1991	42351
1992	1852263	1992	43263
1993	2409906	1993	44364
1994	2507358	1994	45678
1995	3203696	1995	47962
1996	4871171	1996	49031
1997	5572016	1997	50047
1998	6936488	1998	51946
1999	4178651	1999	116731
2000	4610357	2000	119966
2001	5596094	2001	120073
2002	5592089	2002	121086
2003	5463450	2003	122134
2004	4349076	2004	122134
2005	5211866	2005	123261

武宣县新华书店 1950 年 4 月 18 日成立，时有职工 2 人。1951 年 5 月，武宣县书店改称“新华书店武宣县支店”，当年销售图书儿 11.44 万册，金额 1.52 万元。1952 年 9 月 1 日，武宣、象县两县新华书店合并为“新华书店石龙县支店”。并县期间，书店与各区(社)供销社签订代销和经销合同，1956 年有

16个发行图书网点,1960年有24个网点。至1962年共销售图书232.62万册,金额88.02万元,利润6357元。1962年恢复武宣县建置,同时恢复武宣县新华书店,店址在武宣镇西街,下设发行网点3个,当年发行图书26.06万册,金额4.34万元。1964年1月,在武宣镇东街口新建新华书店门店、仓库、办公室等,面积共363平方米,图书销售金额大增,比1962年增长63.5%。"文化大革命"期间,多数图书被视作"封、资、修"黑货禁止销售,书店侧重销售毛主席著作和政治理论书籍。1967—1969年,共发行毛主席著作23.5万册,按全县人口计,平均每人1.1册,占三年图书销售总额49.6%。这期间,县新华书店与文化馆、图书馆和电影管理站等单位合并为"毛泽东思想宣传站",县新华书店多年行之有效的规章制度被废弃,图书销售仅限于"红宝书",其他书籍大部分被封存,图书发行量大幅度下降。1966—1975年,县新华书店共销售图书587.96万册,金额93.94万元,平均每年销售额9.39万元;10年间共上缴税金12379元,平均每年上缴税金1237元。1981年,武宣县新华书店利用上级拨款11.5万元,建成一幢使用面积为927.97平方米的三层楼,地址在武宣镇鞍山路1号。1985年自筹资金1万元兴建发书仓库。这期间,各乡镇供销合作社设立有9个图书门市部,面积共370平方米。部分供销社设有书库。1981—1990年,图书销售总册数587.96万册,金额581.54万元,为"文化大革命"十年间图书销售额93.94万元的6.1倍;上缴税金11.48万元,为"文化大革命"10年间上缴税金1.24万元的9.26倍。

象州县新华书店 前身是1950年9月成立的新华书店象县支店,店址在城内北街,配员5人,主要经营课本及政治、经济文化书刊,年销92426册,销售金额1.29万元。象县、武宣合并后,于1953年6月迁至石龙镇。1956年,省总店将管理权下放到县,象州县支店与各供销社建立图书经销关系,全县销售网逐渐形成,发行量大增,年发行达65.58万册,销售金额10.56万元。1958年,象州县成立公社书店,承担农村图书发行业务,撤销供销社图书经销业务。1964年,撤销公社书店,农村图书发行业务转交供销社经营。"四清"及"文化大革命"期间,书店主要发行政治理论书籍、毛泽东著作,科技、文艺方面的图书较少。粉碎"四人帮"后,图书品种逐年增多,发行量增大。1978年,象州县销售图书92.84万册,销售金额21.万8449元,1980年,象州县销售图书124万册,销售金额36.53万元。1983年县新华书店被评为全国新华书店先进单位。1985年,实行经营承包责任制,县书店与自治区总店承包,年承包上缴利润均完成。1986年,象州县建成书店大楼,地址在象州镇朝阳路57号,建筑面积1330平方米,投资16万元。1990年,象州县销售图书153.5万册,销售金额142.17万元;上缴税金2.46万元,上缴所得税2.67万元;与区总店承包计划上缴利润5.75万元,实际上缴利润7.63万元。

忻城县新华书店 1950年7月,宜山专区新华书店门市部分销处在忻城城厢西宁街开设的图书代销点,负责销售分销处转来的各种书籍。1951年,代销点销售的《新民主主义论》《论人民民主专政》《论联合政府》等毛泽东著作单行本,深受群众欢迎。1952年初,《毛泽东选集》第一卷首次发行,代销点分到30册,供不应求,采取分配发行办法销售。同年10月,宜山专区新华书店派王若平到县筹办忻城县新华书店,地址在城关镇翠屏西路17号,工作人员4人,当年忻城销售图书7074册,销售金额1424元。次年,职工增加到5人,图书总销售17.97万余册,销售金额2.99万余元。1954年,忻城县开始发行《毛泽东选集》普及本一至三卷,发行第一卷450册,第二卷540册,第三卷350册。据统计,1952—1957年,忻城店图书总销售为156.28万册(张),销售金额26.87万元。1958年,忻城县在各公社设书店,县新华书店安排一名专职人员负责农村流动销售,因受"左"倾思想影响,片面追求发行量,图书销售量锐减,不久停办。1960年《毛泽东选集》第四卷出版发行,上级分配给忻城县平装普及本共456册,供不应求,采取凭购书证购买办法供应。次年,县新华书店在大塘、思练建立门市部,优化进书环节,主动上门供应,各类图书发行量稳步增长。1963年,县书店委托供销社、商店经销或代销图书,采取双轨发行,图书销售额迅速增加。1958—1965年,忻城图书总销售达188.53万余册,收入金额38.49万元。其中,毛泽东著作销售18.99万多册,收入金额1.09万元。1966年,"文化大革命"开始后,要求在城乡大力发行所谓"配合运动"的读物,群众真正需要的图书却难以买到,供求不平衡,销售量很不稳定,只有毛泽东著作的发行量迅速上升。1966—1976年,忻城图书总销售量197.65万余册,销售金额达97.97万元。其中,毛泽东著作124.79万余册,销售收入金额28.32万元(毛泽东像24.37万张,收入金额4.51万元)。《毛泽东选集》第五卷出版后,全县层层召开动员大会,号召群众购买,再次掀起购买《毛泽东选集》高潮，共销售5.97万余册。1990年，忻城县新华书店有职工9人，图书销售152.52万多册，销售收入141.27万元。

合山市新华书店 前身是1979年7月成立的合山矿务局新华书店，时店址里兰，该店占地面积1000平方米。有营业厅1个，书库1间，办公室1间。设主任1名，会计1名，营业员3名。经营图书发行业务。有固定资产9000元，年销售金额3.5万元。1986年7月，合山矿务局新华书店改称为合山市新华书店，现店址在合山市人民中路682号。该店经营图书发行、中小学课本发行两大类。同年，该店销售金额32.45万元。1987年，市新华书店增添图书50余个种类，图书销售金额40.8万元。1990年8月，市新华书店发行《毛泽东选集》第四卷共1.2万册；图书销售金额57.74万元；课本年销售额44.74万元，全年总销售金额102.4万元。全市有图书发行系统有干部职工28名。是年，市新华书店被评为柳州地区新华书店系统图书发行先进单位。

金秀瑶族自治县新华书店 成立于1955年7月。现店地址在金秀镇解放路61号，书店主要经营课本批发等，设置有行政部、人事部、技术部等部门，营业额人民币200万~500万元/年。

表28-8 2003—2005来宾市图书发行情况一览表

项目 年份	图书发行量(万册)							图书销售金额(万元)						
	小计	兴宾	忻城	武宣	象州	金秀	合山	小计	兴宾	忻城	武宣	象州	金秀	合山市
2003	1042.0	546.0	170	134.0	110.0	32.0	50.0	5099.0	2792.0	812.0	613.0	517.0	129.0	236.0
2004	921.3	434.0	175	133.9	111.9	24.8	41.7	4639.5	2422.3	758.4	638.3	501.7	116.7	202.1
2005	1047.7	521.2	163	190.0	103.5	23.4	46.6	5330.4	2832.9	840.0	713.0	533.9	102.2	248.4

第三节 农家书屋工程

至2005年底，来宾市有农家书屋91个，每个书屋配备有标准标牌、三个标准书架(每个书架宽1.2米，高2米，分六层)，有农业技术、少儿、生活保健、文化教育、文学艺术、社会科学六大类图书1500多册，音像制品100多张、报刊10多种，有相关配套设施和完善的管理制度。

第四节 报 刊

报刊出版

2003年初，来宾市境内正式出版发行的报纸有《桂中日报》《柳州师范高等专科学校报》《合山市报》《来宾报》。连续性内部资料性刊型出版物有《桂中论坛》和《桂中瞭望》，报型出版物《八一通讯》；不定期出版的内部资料性刊型出版物有《麒麟》(来宾市文联主办)、《长风》(象州小谷诗词学会主办)、《狮山》(武宣诗词学会主办)、《热泉》(象州县文联主办)、《光热城》(合山市文联主办)和图书型内部资料性出版物《来宾诗词》(来宾诗词学会主办)。同年3月，市文联出版第一期内部资料性出版物《麒麟》(刊型)。同年8月，根据中央“两办”《关于进一步治理党政部门报刊散滥和利用职权发行，减轻基层和农民负担的通知》(中办〔2003〕19号)和新闻出版总署的“实施细则”，开展治理工作，停办《合山市报》和《来宾报》。2004年9月，市人大出版内部资料性出版物《来宾人大》(刊型)。2005年，来宾市有正式报纸1种，即《桂中日报》，刊号为CN45—0017。有连续性内部资料性出版物3种，即八一铁合金集团有限责任公司主办的报型出版物《八一通讯》，刊型的有市委、市人民政府主办的《桂中瞭望》、市委党校、市行政学院主办的《桂中论坛》。此外，还有不定期出版的刊型内部资料性出版物《来宾人大》(市人大常委会主办)、《麒麟》(市文联主办)、《长风》(象州小谷诗词学会主办)、《狮山》(武宣诗词学会主办)、《光热城》(合山市文联主办)、《热泉》(象州县文联主办)及来宾诗词学会主办的图书型内部资料性出版物《来宾诗词》。是年，《桂中日报》日发行40249份，《八一通讯》全年共印发36000份，《桂中瞭望》共印发12400册，《桂中论坛》全年共印发10000册。

报刊发行

1956年7月1日中共来宾县委员会创刊《来宾群众报》，为县委机关报。主要刊登县人为社会主义建设事业奋斗的英雄事迹、好人好事、党风、民情、社会物产等。社址设在县委大院内。报社设副总编辑1人，编辑3人，工作人员1人。该报为3日一刊8开2版，初刊时为石印，后改为铅印。每期印数1000份。由来宾县邮政局负责向区内外发行。至1957年7月8日因人员经费不足停刊，共出报28期。1970年5月由来宾县文化站创办《来宾文艺》，以“县征文办公室”名义出版。每年出油印单行(16开本)4~6期。每期25~50页码。印数300册。1972年《来宾文艺》改由县文化馆主办，聘请广西著名书法家李雁题刊名。设主编1人，编辑2人。1975年《来宾文艺》改为4开4版小报，印数1000份。1980年1月《来宾文艺》改为铅印16开本，每期约60页码，印数500册。1981年《来宾文艺》改由来宾县文艺工作者联合会主办。印数为1000~2000份不等。主要刊登小小说、诗歌、散文、小戏曲、小评论、报告文学、民间文学等，以发表反映新人新事新风尚新面貌的短小精悍的作品为主。至1990年底《来宾文艺》共出版71期。1983年3月15日创刊《来宾县党史资料》。属不定期内部刊物。由中共来宾县委党史办公室主办。设有主编、副主编各1人，编辑3人。刊载的资料有党史征集工作情况、动态、回忆录、文献、烈士生平、文物照片、诗文、党史专题、综述等。1986年6月1日创刊《来宾县志通讯》，属不定期内部刊物。由来宾县县志编纂委员会办公室主办。设主编1人，副主编3人，编辑1人。刊载的内容有方志理论、修志知识、经验交流、动态、历史事件、山川地势、物产资源、政治经济、文化教育、人物传记、民俗风情、异闻轶事等。1987年9月，《来宾县文史资料》创刊。最初由政协来宾县委员会主办。1989年7月来宾县政协成立文史资料委员会后，改由文史资料委员会编辑出版，属不定期内部刊物，设主编1人，编辑2人。刊载的内容有近现代史上有影响的历史事件和人物传记、诗文、民俗风情、异闻轶事、文化教育、军事政治、经济等。至1990年共编辑出版5期，总印数1200册，约21万字。至1990年，《来宾县党史资料》共编辑出版12期，约50万字；每期印500册。全县共编辑《来宾县志通讯》8期，约50万字；每期印500册。1993年5月20日《来宾报》创刊。1993年9月—1994年4月，因故停刊。1994年6月30日《来宾报》复刊并改为周刊。1997年1月1日总第150期起，改为周二刊出版，经历自办发行、邮政发行和委托发行几种形式，每期发行量由创刊时的3000份逐年增长率多，2000年每期发行量达10000余份。至2002年12月31日止，《来宾报》共出版报纸841期。2003年1月1日，《来宾报》停刊。

1950年，创刊《合山简报》。1968年，合山矿务局革委会抽调5名干部用蜡纸刻印出版《合山工人》小报，每期4开2版，印400份，不定期出版，免费发至矿属工区车间。1969年1月，《合山工人》改称《合山工人报》(油印)，仍是不定期出版的小报。1977年改为铅印周报。1981年11月，创办合山《合电工人报》，是合山电厂机关报。报纸系4开4版，不定期出版，每期600份，厂内发行。该报主要登载本厂新闻、论文和文艺作品。开辟有《烟囱脚下》《警钟长鸣》《党内生活》《厂内简讯》《博览》等栏目及《绿野》文艺副刊。1985年10月，创刊《合山青年》。共青团合山市委员会机关刊物。刊名初称《青年之音》，不定期出版。蜡纸油印16开4页。是年出版第1期，发行200多份。1987年4月1日《合山工人报》改为《广西煤炭工人报》，由自治区煤炭厅主办，在自治区内外公开发行，为4版2开张周报，当年发行1.06万份，共有6省1市订阅。1989年3月，创刊《合山文艺》。合山市文化馆主办，有编辑人员4人，由合山矿务局印刷厂承印，为4开4版小报，不定期出版，每期印数1500份。1990年，《合电工人报》共出版72期，每期100份，发行量7200份。《合山文艺》共出版5期，发行7500份。《合山青年》共出刊2期，发行500余份。1988—1990年，《合山工人报》年均发行量为1.45万份。1991—2005年，合山市境内曾有《合山市报》《光热城》《合山诗词楹联》等书报出版。

1946年底—1947年初，金秀设治局曾办油印五日刊《金秀简报》(发行人为唐开乾)，主要刊登金秀瑶族民风、物产、社会资料及国民党当局施政方针等。1958年10月1日，铅印周刊《大瑶山红旗报》创刊，为县委机关报，有专职编辑人员3人，主要反映县内“大跃进”“总路线”“人民公社”及大炼铜铁等情况。1959年停刊。1976年，金秀瑶族自治县文化局创办文艺刊物《文艺园地》(1978年改为《金秀文艺》，1981年10月改名《香草》)。1985年，金秀瑶族自治县党史办公室和县志办公室、县政协分别创办出版《金秀史志》《金秀文史资料辑》，均为不定期刊物。上述刊物，分别于1987年和1988年经宣传出版管理部门登记编号，内部出版发行。

1991年，忻城县全县报纸发行1.28万份，1992—1996年，忻城县报纸发行量有所下降，全县报纸期发8603份，累计140.35万份，杂志期发6744

份，累计9.59万份。1997—2000年，忻城县全县报纸期发8978份，累计143.51万份，杂志期发6489份，累计8.33万份。2001—2003年，忻城县全县订销报纸累计345.82万份，订销杂志累计16.65万份。2005年，全县收订报纸份数58.55万份，收订杂志份数42380份。1991—2005年忻城县年均订报纸43.01万3份，订杂志1.95万份。

桂中日报 《桂中日报》国内统一刊号为CN45-0017。于1988年5月1日正式创刊，当年为周二刊四开小报，次年改为周三刊，1994年改为周六刊，1996年改为周七刊，并增加星期天版，1997年由四开小报扩版为对开大报。同年，自筹资金120万元，建成了印刷厂，实现自己印报。来宾建市后，成为中共来宾市委机关报。2004年，投资200万元，改造报纸的印前系统，安装彩色印报机，实现了由黑白报变彩报的技术革新。报社职工人数由建社初期的10多人发展到60多人，同时建立有一支由130多名发行员和100多名通讯员组成的市、县、乡三级通信网络。2005年，《桂中日报》办得更有特色，报纸有效发行量达到3.9万份。

桂中瞭望 1994年初，《柳州工作通讯》和《桂中经济》两刊合刊定名为《桂中瞭望》，并于1994年7月1日正式创刊发行。《桂中瞭望》是内部资料性刊型出版物，每月出版一期，每期印发1500份。

桂中论坛 《桂中论坛》是来宾市委党校主办的刊型连续性内部资料出版物，2001年3月创办。季度出版，自办免费发行，每期印发2500份。《桂中论坛》的办刊宗旨是：学习、宣传、研究马列主义、毛泽东思想、邓小平理论，贯彻落实“三个代表”的重要思想和科学发展观，用科学的理论武装人，立足来宾市实际，放眼于来宾市未来，总结改革开放的实践经验，为新世纪来宾市的经济发展和社会进步营造良好的舆论氛围。开设的主要栏目有：领导论坛、改革纵横、党建研究、民主与法制、富民兴市思路、党校教育、学员论坛等。发行对象主要是市委、市人民政府主要领导及有关部门、各县（市、区）委组织部、宣传部、各乡镇党委、在校学员以及包括中共中央党校在内的全国部分地级以上党校交换。2005年，《桂中论坛》作为市委党校的主要科研载体，为全市党校系统的教职工和广大干部及理论工作者提供了学术和工作经验交流的园地。《桂中论坛》的正常出版对促进来宾市党校系统教学科研质量的提高以及来宾市的物质文明、精神文明、政治文明和生态文明建设起到了积极的推动作用。

版权管理

2003年，来宾市版权局成立，与市文化新闻局合署办公。来宾市版权局的主要职责有“负责对全市新闻出版、广播电视、文学艺术、科学技术、宣传教育、工艺美术、建筑设计、电子工业、计算机软件等领域的著作权管理，依法查处侵权盗版行为（案件）。组织实施国家著作权法律、法规和管理规章，保护著作权单位和个人合法权益，调解辖区内著作权纠纷，依法查处侵权盗版行为”。依法开展版权（著作权）管理工作，是为保护文学、艺术和科学作品作者的版权，以及与版权有关的权益，鼓励有益于社会主义政治文明、精神文明、物质文明建设的作品的创作和传播，促进社会主义文化和科学事业的发展和繁荣。来宾市版权局坚持日常稽查和专项治理相结合，加强对市场的监管，打击侵权盗版行为；坚持开展对进校书刊的检查，开展打击侵权盗版音像制品、电子出版物专项治理行动，开展软件正版化工作和反盗版百日行动，维护了出版物市场正常经营秩序。

软件正版化

2004年10月29日，来宾市人民政府使用正版软件工作领导小组成立，下设办公室（在市版权局）。当年，新凯现代教育技术服务中心、鸿丰电脑刻字部、天生复印部、宏鑫复印部、佳能复印部等印刷复制企业率先实现软件正版化。

反盗版行动

2003年12月，来宾市新闻出版（版权）局举办首期印刷企业培训班，对全市21家印刷企业负责人进行《中华人民共和国著作权法》《印刷业管理条例》《印刷品承印管理规定》等法律法规的培训，增强企业守法诚信经营的意识。2004年，根据中宣部、新闻出版总署、中国出版工作者协会《关于在全国出版行业深入开展“三个代表”重要思想、马克思主义新闻出版观、职业精神职业道德学习教育活动的通知》的精神，针对新闻出版行业中存在的版权意识淡薄，对各种盗版、盗印行为熟视无睹，习以为常，甚至存在“既有市场就有其合理性”的错误认识等问题，来宾市新闻出版（版权）局对全市四县一市一区出版行业从业人员进行全面系统的“三项学习教育”培训，共培训650人，同时编印三册学习资料，做到受训人员人手一套。

2005年，根据《根据开展出版物发行员职业技能鉴定工作有关问题的通知》(桂新出发〔2004〕121号)文件及桂新出职鉴〔2005〕2号文件要求,来宾市新闻出版局于5月9日—16日对全市新华书店系统共120人进行培训,5月27日—29日由自治区新闻出版行业特有工种职业技能鉴定站进行鉴定考试。通过培训和鉴定考试,全市新华书店系统90%以上员工均获得中级以上职业资格证书,提高了来宾市新华书店系统员工的素质。

2005年,来宾市制定"反盗版百日行动""反盗版天天行动"方案,全面稽查和整治,检查店档摊点,收缴盗版出版物,取缔无证经营,强化日常监管,净化音像、计算机和书刊市场,推动保护知识产权向纵深发展。2005年,来宾市新闻(版权)管理局完成全市印刷业、"三印"企业、图书刊发行业的年审换证工作,完成230多家企业年审工作;查处举报案件5起;对全市4县1区1市的100多家印刷复制企业进行2次全面检查和整治,依法取缔2家无证印刷单位,处理和纠正违规印刷单位12家,收缴印刷复制品15275张;新审批"三印"单位18家,书刊零售单位20家。

第八章　党史　地方志

境内编修志书的活动始于唐代,修编中国共产党史始于二十世纪九十年代。清朝时修志进入兴盛期,州县以上志书几乎全为官修,私人编修的很少,朝廷颁例诏修,编修志书蔚然成风,学者参与修志的很多。同治九年(1870年),象州籍人郑献甫(号小谷)纂修《象州志》。乾隆二十九年(1764年),蒋日莱、吴光升纂修《(乾隆)象州志》。2004年10月,来宾市启动全市两级中国共产党地方史基本著作的编纂工作。同年,来宾市兴宾区和金秀瑶族自治县启动第二轮志书编修工作。

第一节　党史征集编纂

1993年,武宣、来宾、象州、金秀等县党史办共同努力,《桂中支队史料选编》出版。2004年10月,来宾市启动全市两级地方党史正本的编纂工作,市、县(市、区)成立以党委主要领导(或分管领导)为编委会主任的领导小组,调整党史资料的征编计划,制订工作规划和实施方案。2005年9月21日—23日,在金秀召开全市党史正本编纂研讨会,总结交流全市党史正本编纂工作进展情况,研讨党史正本篇目设计、史料征集、专题研究和大事记编写等问题。自治区党史研究室主任王福琨带领处(室)领导到会指导。全市两级地方党史正本的编纂工作启动后,党史工作部门从基础工作抓起,扎实开展党史资料征编工作,党史资料编纂工作迈出新的步伐,兴宾区编纂出版《来宾独立大队、青山游击队革命回忆录》,忻城、武宣先后编纂出版社会主义时期党史大事记,兴宾区、象州县、合山市开展资料征集工作,金秀率先完成《中共金秀瑶族自治县历史》编纂工作。

1981年9月16日,中共来宾县委成立党史资料征集领导小组,下设办公室,广泛征集、系统调查新民主主义革命时期中共来宾县(含迁江县和贵县辖的青岭、五山)党史资料。至1990年底,来宾县共召开大小座谈会58次,986人次参加,征集到资料1270份287万多字。其中回忆录563份132.36万字;综合整理采访资料126份20.33万字;文献382份107.08万字;旧报刊104份4.38万字;民国时期档案33份1.63万字;历史丛书11份2880字;人物传51份21.41万字;整理各种专题资料51篇,其中中华人民共和国成立后5篇;撰写有《来宾县组织史资料》上报本和自编本(中华人民共和国成立前部分);出版有《新民主主义革命时期中共来宾县党史大事记》(精装本),约9.6万字;出版《来宾革命回忆录》,约21万字。

1981年10月,中共武宣县委党史资料征集领导小组成立,有成员17人;下设办公室,有工作人员8人。至1990年,中共武宣县委党史资料征集领导小组先后召开39次党史座谈会,与会516人次,征集到文献177篇,约42万字;文物45件,约7000字;回忆资料611篇,约134万字;专题资料95篇,约31万字;敌伪资料66篇,约4万字。合计994篇,201.7万字。已编纂成册有5个方面的资料:中共武宣县地方史大事记、组织史、专题资料集(包括文献和回忆资料选编)、英烈传或党史人物传、地方史稿。

1993年6月—1997年11月,合山市史志办公室历经5载,编辑出版《中共合山市党史大事记(1981—1991年)》,该书约11.5千字,印数500册,发到市直各单位,供各级领导查阅存档。1999年11月编辑出版内部刊物《中国共产党广西壮族自治区合山市组织史资料》(1987 年 10 月—1997 年 10 月)第二卷,全书 170 千字,印数 500 册,分别发至各级党委、党组、党支部存档备查。2005 年,合山市史志办征集《合山市党史大事记》资料,截至 2005 年 12 月,共征集到诸方面资料约 0.4 万字。

1988 年,金秀开始编纂《中国共产党广西壮族自治区金秀瑶族自治县组织史(1949—1987 年)》,1993 年编纂完成并由广西人民出版社出版发行。1999 年 7 月编纂完成《中共金秀瑶族自治县组织史资料(1987 年 10 月—1997 年 10 月)》第二卷,并于 1999 年 11 月内部付印出版发行。2001 年 4 月,《中国共产党金秀瑶族自治县党史大事记(1949—1996 年)》编纂完成并内部付印发行。1988—2005 年,金秀瑶族自治县党史办公室完成《党史大事记》《中国共产党金秀历史》等多部党史书籍的编纂、出版工作。

1984 年,忻城县启动《中共都宜忻地区党史资料选编》编纂工作,于 1991 年编纂完成并出版《中共都宜忻地区党史资料汇编》上、下集,共 35 万字,发行 3000 册。

第二节 地方志编纂

修志历史

境内修志历史始于唐代,当时朝廷正式颁布造送图经法令。

唐代,象州编有《象州旧经》。宋代承袭唐代三年一造图经制度。宋代,象州编有《象州图志》《象州风土记》《象郡志》《象州志》《象台志》。明永乐十六年(1418 年),朝廷"诏纂天下郡县志书"。明代,象州编有《象州志》。清代,清王朝极力提倡修志,修志进入兴盛期,州县以上志书几乎全为官修,私人编修的很少,朝廷颁例诏修,编修志书蔚然成风,学者参与修志的很多,同治九年,被誉为"江南才子"的象州籍人郑献甫(号小谷)纂修《象州志》,乾隆二十九年,蒋日莱、吴光升纂修《(乾隆)象州志》。清代,除郑献甫纂修的《(同治)象州志》和蒋日莱、吴光升纂修的《(乾隆)象州志》外,还编有《(雍正)象州志》《(康熙)武宣县志》《(嘉庆)武宣县志》《(乾隆)来宾县志》《(光绪)迁江县志》等。以上志书,已失传的有:唐代的《象州旧经》,宋代的《象州图志》《象州风土记》《象郡志》《象州志》《象台志》,明代的《象州志》《武宣县志》《来宾县志》,清代的《(雍正)象州志》。现存的有:清代《(同治)象州志》《(乾隆)象州志》《(康熙)武宣县志》《(嘉庆)武宣县志》《(乾隆)来宾县志》《(光绪)迁江县志》。

民国时期,境内各县成立有修志局,编纂有《武宣县志》(民国 3 年本)、《武宣县志》(民国 23 年本)、《来宾县志》(民国 25 年本)、《迁江县志》(民国 24 年本)、《象县志》(民国 27 年本)、《象县志》(民国 37 年本)等。

表 28-9 清至民国时期境内部分旧志编纂出版情况

序号	书名	卷(册)数	始修时间	纂修人	馆藏处
1	武宣县志	1	清康熙		中央党校
2	武宣县志	1	清嘉庆十三年		桂林市图书馆
3	武宣县志	4	民国三年		
4	武宣县志	6	民国二十年	朱昌奎修;庞赓辛纂	
5	象州志	3	清同治九年	郑献甫纂	
6	象州志	4	清乾隆二十九年	蒋日莱纂	
7	象县志	5	民国 27 年	葛维廷、黎植松等修;苏瀚涛总纂	广西图书馆
8	象县志	1	民国 37 年	刘策群总纂	象州县史志办
9	来宾县志	4	清乾隆十六年		国家图书馆、南开大学图书馆
10	来宾县志	3	民国 25 年	刘士毅纂	
11	迁江县志	2	清光绪十七年	颜嗣徽纂修	
12	迁江县志	1	民国 24 年	韦可德等修;刘宗尧纂	

1958年，境内各县组织编修县志，忻城县出版《忻城县志》（简志），金秀瑶族自治县出版《金秀瑶族自治县志（简志）》，其余各县只收集部分资料。“文化大革命”时期，修志工作受到政治运动的冲击，被迫停顿，各县基本没有修志成果。1979年，武宣县在全广西率先成立县志编写小组，开展编修县志工作。1982年11月《象州县地名志》出版发行，接着《忻城县地名志》《来宾县地名志》《武宣县地名志》《广西壮族自治区柳州地区乡镇地名志》相继出版发行。

1984—1985年，境内各县（市）先后开始编修县（市）志。至1994年，各县基本完成第一届新编县志任务。第一届新编地方志时，各机关、企事业单位和乡镇同时编纂出版一批行业志、部门志、乡镇志。其中，行业志、部门志有《八一锰矿志》《八一铁合金总厂志》《合山电厂志》《合山矿务局志》《忻城县税务志》《来宾县文化志》《合山市金融志》等。部分乡镇编纂出版乡镇志，其中有金秀瑶族自治县的《桐木镇志》，象州县的《象州镇志》《寺村镇志》《妙皇乡志》《石龙镇志》《运江镇志》，武宣县的《河马、东乡合志》《三里乡志》《武宣镇志》等。1992年8月，金秀瑶族自治县出版《金秀瑶族自治县志》。此后，《来宾县志》《象州县志》《武宣县志》《忻城县志》《合山市志》先后出版。2002年12月28日，来宾市正式挂牌成立；2003年3月，来宾市地方志办公室挂牌成立。同年11月12日，来宾市地方志编纂委员会成立。2004年5月25日，来宾市委办公室来宾市人民政府办公室下发《中共来宾市委办公室来宾市人民政府办公室关于进一步加强党史、地方志工作的通知》（来办〔2004〕38号），要求从2004年起，各县（市、区）成立第二届地方志编纂委员会，启动第二届修志工作，制定科学的编纂规划并付诸实施。文件下发后，各县（市、区）认真贯彻落。是年，武宣县下发《武宣县第二届地方志编修志书工作实施方案的通知》（武政办〔2004〕37号）文，启动第二届修志工作。之后，其他各县（市、区）先后下发修志文件，制定第二届地方志编纂工作规划和实施方案，将第二届修志工作付诸行动。2003—2005年，来宾市以编修年鉴为主要途径，开展多种形式的地方志资料搜集、整理等基础性工作，为以后的编修志书工作打基础。

1988—2005年，部分县继续编纂出版一些志书（主要是部门志），其中忻城县编纂出版有《忻城县人物志》《忻城县土地志》《忻城县邮电志》《忻城县水利志》，象州县编纂出版有《象州当代人物志》，兴宾区编纂出版有《来宾县防疫志》《来宾县粮油志》《来宾县税务志》《来宾县水利电力志》《来宾县教育志》《来宾县人民医院志》《来宾县妇联志》《来宾县金融志》《来宾县土地志》《来宾县领导人物志》《来宾县乡镇概况》《来宾县邮电志》《来宾县电力志》《来宾县经贸志》《来宾县政法志》《来宾县中医医院志》《来宾县交通志》《来宾县蔗糖志》《兴宾区军事志》《兴宾区第二中学校志》等。

表28-10　**第一轮社会主义地方志书编纂出版情况表**

书名	编纂单位	主编	上限	下限	始修时间	终审定稿时间	出版单位	出版时间
来宾县志	来宾县志编纂委员会	廖仲琪 邓雄光 黄学勤	1911年	1990	1984	1991年11月	知识出版社	1994年6月
武宣县志	武宣县志编纂委员会	左少荣 韦善会 廖尚权	事物发端	1990	1985	1994年	广西人民出版社	1995年12月
象州县志	象州县志编纂委员会	韦文机 麦永就 韦　敏	事物发端	1990	1985	1994年3月	知识出版社	1994年9月
金秀瑶族自治县志	金秀瑶族自治县志编纂委员会	刘明原	明朝初年	1987	1985	1992年6月	中央民族出版社	1992年8月
忻城县志	忻城县志编纂委员会	罗福清 韦业猷 莫益宗	唐朝贞观初年	1990	1982	1995年4月	广西人民出版社	1997年1月
合山市志	合山市志编纂委员会	张志豪 蓝汉民	事物发端	1990	1985	1998年9月	广西人民出版社	1998年12月

表 28-11　第一轮来宾市部分行业志、部门志、乡镇志出版情况表

书名	上、下限	主编	出版单位	出版时间
合山矿务局志	1905—1990 年	王启宽、蓝光明	煤炭工业出版社	1996 年 12 月
合山市邮电志	发端—1998 年 8 月	樊光文	内部出版	2000 年 12 月
合山金融志	发端—1990 年	唐尚祖	内部出版	1992 年 11 月
八一铁合金总厂志	1987—1996 年	罗盛秋、覃宗顺	广西师范大学出版社	1999 年 6 月
八一锰矿志	1959—1986 年	安全梓	内部出版	1989 年 8 月
来宾县金融志	发端—1996 年	黄永奎	广西人民出版社	1999 年 8 月
来宾县邮电志	发端—1998 年	曾耀宗	内部出版	2001 年 3 月
来宾政法志	1949—2001 年	毛正军	内部出版	2002 年 9 月
象州邮电志	发端—1998 年	覃克后	内部出版	2001 年 9 月
象州镇志	发端—1986 年	巫玉堂	内部出版	1998 年
寺村镇志	发端—1997 年	韦　敏	广西人民出版社	1999 年 6 月
武宣邮电志	唐代—1998 年 8 月	黄少琼	内部出版	2001 年 8 月
金秀邮电志	发端—1998 年	闭明健	内部出版	2001 年 8 月
忻城土地志	发端—1997 年	蓝　芳、覃绍能	广西人民出版社	1999 年 2 月
忻城物资志	1960—1990 年	蓝干忠	内部出版	1991 年 12 月
忻城供销合作志	1953—1990 年	潘广球	内部出版	1991 年 1 月
忻城勃旺庄志	1909—1999 年	韦世英、覃启昌	内部出版	1999 年 6 月
来宾县粮油志	发端—1988 年	韦传彩	内部出版	1988 年 12 月
来宾县税务志	1674—1989 年	谭晶光	内部出版	1990 年 8 月
来宾县水利电力志	1808—1990 年	韦学典	内部出版	1991 年 8 月
来宾县教育志	1969—1990 年	覃德衡	内部出版	1992 年 8 月
来宾县人民医院志	1951—1998 年	卓海湘	内部出版	1998 年 8 月
来宾县妇联志			内部出版	1998 年 12 月
来宾县土地志	发端—1997 年	覃正高	广西人民出版社	2002 年 8 月
来宾县领导人物志	1949—1999 年	黄冠杰	中国新闻出版社	2000 年 9 月
来宾县乡镇概况	发端—1998 年	何　赤、谭志鲜	广西人民出版社	2001 年 5 月
来宾县电力志	发端—2000 年	潘桂乐	南宁地区印刷厂	2001 年 6 月
来宾县经贸志	发端—2000 年	覃德维	内部出版	2001 年 9 月
来宾县中医医院志	发端—2000 年	韦立江	内部出版	2004 年
来宾县教育志(续)	1991—2002 年	张庆兴	内部出版	2004 年 11 月
来宾县交通志	发端—2002 年	罗广华	内部出版	2005 年 8 月

县志编纂

《来宾县志》编纂　明朝崇祯十年(1637 年)知县周大撰《来宾县志》。清朝乾隆十六年(1751 年)卸任县知事汤奕浚撰《来宾县志》10 卷。汤《来宾县志》传抄乾隆间复修本,现藏中国科学院、南开大学图书馆。道光十三年(1833 年)知县蔡承志拟续修县志未果。清光绪十七年(1891 年),由知县颜嗣徽掌修,颜未迪纂编修《迁江县志》。光绪二十年县人翟富文与林穆如等人同议续修汤志版本未果。民国 10 年(1921 年),时任来宾县知事宾毅公督时任劝学所所长林虞阶续修县志,聘翟富文为总纂。同年,成立来宾县修志局,宾任局长。民国 11 年滇军之役,县人王谋远等人携稿到大湾避难。民国 12 年,翟富文携志稿赴北京(翟时任众议院议员),函请在粤县人王谋远赴京协同修改志稿。同年,王谋远出钱 30 圆请人誊写志稿。民国 16 年,志稿脱稿,与桂林典雅印书商商议印刷,需印刷费 400 元无着,

没有印出。民国19年,国民政府行政院颁布《修志事例概要》,县修志委员会根据《概要》精神改称修志馆,县长唐渊任馆长。民国24年,县长唐坤继续支持翟富文修志。同年,修《迁江县志》,由县长黎祥品(后韦可德)掌修,刘宗尧纂修。该志共10编,铅印本,藏于全国18个图书(档案、博物)馆。民国26年,县人梁步青与广西印刷厂订印《来宾县志》500部。此版《来宾县志》2编,铅印本,藏于全国12个图书(博物、档案)馆。1952年,迁江县并入来宾县。1984年,来宾县开始编纂新编《来宾县志》。1991年12月3日—7日,来宾县人民政府主持召开《来宾县志》评稿会,邀请自治区通志馆、地区地方志指导小组办公室及广西方志界、学术界的专家、学者参加,对《来宾县志》(评议稿)展开全面评议。1994年6月,新编《来宾县志》由知识出版社出版发行,全书1000千字,印数3000册;16开精装本;书内有彩色照片36幅,随文附黑白照片10幅。志书运用丰富、翔实的资料,客观、真实地反映来宾县政法、经济、社会、自然等绪方面的历史与现状,上限不拘,下限截至1990年,为来宾县(含迁江县)历史上的第5部志书,也是来宾县第一部社会主义新方志。该书获来宾县1995年科技进步一等奖。至1995年,发行《来宾县志》近2000册。中央民族大学图书馆、中国社会科学院图书馆、首都图书馆、北京图书馆、中国大百科全书图书馆、桂林图书馆、台湾图书馆、广西壮族自治区图书馆等30多个国家科研、生产、教学及图书资料单位珍藏《来宾县志》。1991年,来宾县人民政府决定以县教育局和县志办公室为主,编纂《可爱的来宾》。1992年1月,《可爱的来宾》由广西民族出版社出版,全书10千字,32开本,印数5000册。1991—2000年,来宾县志办公室共修成乡镇志(概况)24部、部门志(概况)158部。内部出版部门志9部:《来宾县税务志》《来宾县人民医院志》《来宾县卫生防疫志》《来宾县粮油志》《来宾县水利电力志》《来宾县电力志》《来宾县妇联志》《来宾县邮电志》《来宾迁江糖厂志》。公开出版的部门志4部:《八一锰矿志》《八一铁合金总厂志》《来宾县金融志》《来宾县土地志》。1997年12月2日,来宾县志办公室着手编写《来宾县乡镇概况》。2001年5月,经自治区通志馆审验,由广西人民出版社出版发行。全书470千字,印数3000册,16开精装本,有彩照22幅。2001—2005年,来宾县内部出版《来宾县经贸志》《来宾县政法志》《来宾县中医医院志》《来宾县交通志》《来宾县教育志第二卷》《来宾县蔗糖志》。2004—2005年,为自治区《广西县市概况》提供兴宾区资料7000余字、为《广西年鉴》提供兴宾区资料3000余字、为《来宾年鉴》提供兴宾区资料3000余字。

《武宣县志》编纂 民国23年(1924年)版《武宣县志》载:"本县志乘,昉自明代"。然明代县志已佚无考。清康熙九年(1670年),邑令王锡九曾主修《武宣县志》;康熙二十二年,翁年伦重修《武宣县志》。惜两部县志均因兵劫匪患,散失净尽。清嘉庆十三年(1808年),县知事高攀桂主修《武宣县志》,参与纂修者36人,其中参阅2人,编纂3人,校对2人,校刊2人,采辑27人。该志分16卷。各卷所载,卷一为天文(星野、占候、机祥);卷二建置沿革;卷三疆域(形胜、风俗、乡里、圩埠、山川、关梁、驿站、沟洫);卷四民赋(户口、人丁、屯田、积贮、盐法);卷五物产附食货;卷六营建(城池、廨署);卷七学校(学宫、名宦、乡贤、义学、学额、学租、书院);卷八祠祀(坛壝、祠庙、寺观);卷九军政(兵官、兵器,兵饷、民壮、边政);卷十秩官(知县、教谕、训导、巡检、典史);卷十一宦绩;卷十二选举(进士、举人、恩技副、岁贡、封赠、捐职附);卷十三人物(宦绩、忠义、孝友、懿行、儒林、文苑、节烈、流寓、仙释);卷十四名迹(古城、亭台、楼阁、园址、杂迹);卷十五艺文;卷十六杂录。民国3年(1914年),武宣县知事唐朝绳倡修《武宣县志》,有总编辑1人。编辑3人,采辑10人,共14人。全书分4册15卷,卷一序文,修辑衔名、目录,卷二纪天;卷三至卷六纪世;卷七至卷十一纪人;卷十二至卷十三纪事;卷十四和卷十五纪物。民国23年,县长朱昌奎主持重修《武宣县志》,并亲任总编辑,另有编辑主任1人,编辑7人,校对兼书记1人,采访75人。全书分册8编63章。第一编《地理》记载武宣县沿革、疆域、地势概况、地质、山脉、江流、关隘、防备、气候;第二编《社会》记载民族、户口、职业团体、慈善事业、社会问题、灾异、杂记、经验良方、其他邪术;第三编《政治》记载行政区划、行政组织、财政、教育行政、实业行政、选举、仕进、议员、封荫、国内外学生学绩、建置、水利、仓储、邮政、祀典、司法及监狱待质所惩戒场、外交、地方自治制度、军警沿革、军政;第四篇《经济》记载金融机关、货币沿革、经济政策、农产、农业、林产、林业、矿产、矿业、水产、渔业、畜牧、工业、商业、交通;第五编《前事》;第六编《文化》记载宗教、学校教育、社会教育、古迹名胜;第七篇《宦绩、烈传、殉难、节烈、节孝、耆寿》;第八编《艺术》。

《忻城县志》编纂 1994年8月,新编《忻城县志》编纂工作完成,经自治区通志馆评稿会评审,

1997年1月出版成书，全书150万字。2000年6月，新编《忻城县志》获广西壮族自治区第三届(1996—1999年度)地方志优秀成果三等奖。1991—2005年，忻城县续修第二轮《忻城县志》，2005年完成《忻城县志(1991—2005)》初稿约100万字。

《合山市志》编纂 1986—1991年，合山市志办公室编辑出版《合山市志通讯》(期刊)和《修志动态》(简报)。1998年，《合山市志》付梓。

《金秀瑶族自治县志》编纂 1985年，金秀瑶族自治县志办公室开始收集资料，编纂《金秀瑶族自治县志》。1991年秋，完成《金秀瑶族自治县志》初稿。1992年5月通过自治区通志馆复审验收。同年8月由中央民族学院出版社出版发行。《金秀瑶族自治县志》上限为瑶族开始迁徙到大瑶山的明朝初年，下限至1987年，含序、凡例、概述、大事记及地理篇、物产资源篇、民族篇、经济篇、政治篇、军事篇、文化篇、人物篇、附录、后记，共95万字。《金秀瑶族自治县志》编纂委员会主任胡德才、主编刘明原。1993年9月，在全国新编地方志优秀成果首次评奖中，《金秀瑶族自治县志》被评为三等奖。

年鉴和地情书籍编纂

20世纪90年代，境内各县(市)先后开始年鉴编修工作。最早启动年鉴编修工作是象州县，于1994年开始年鉴编修工作。1998年，《来宾县水利电力年鉴》出版。来宾市成立后，各县(区)也一直致力于年鉴编修工作。2003年12月18日，来宾市下发来办〔2003〕209号文，印发《〈来宾市年鉴〉(1996—2003)编纂方案》，同时成立来宾年鉴编纂委员会，启动《来宾市年鉴》编修工作。《来宾市年鉴(1996—2003)》后来分成《柳州地区年鉴(1996—2002》和《来宾年鉴(2003)》(地市级综合年鉴)，与原县级综合年鉴的《来宾年鉴》(名同实异)两部。之后，《来宾年鉴(2003)》更名为《来宾年鉴(2004)》。2004年创刊以后，连续出版《来宾年鉴》2004卷、2005卷。2005年9月，《来宾年鉴(2004)》出版发行。至2005年底止，各县(市、区)出版的年鉴，武宣县有《武宣年鉴(1991—1996)》《武宣年鉴(1997—2003)》，象州县有《象州年鉴(1991—1995)》《象州年鉴(1996—2000)》《象州年鉴(2002)》《象州年鉴(2001—2005)》，兴宾区(原来宾县)有《来宾年鉴(1991—2000)》(县级综合年鉴)《兴宾年鉴(2001—2002)》《兴宾年鉴(2003—2006)》，金秀有《金秀年鉴(1998—2002)》《金秀年鉴(2003)》《金秀年鉴(2004)》，忻城县有《忻城年鉴(1996—2003)》。

1988—2005年，金秀瑶族自治县志办公室协助有关部门单位和乡镇，编写出版了一批部门志、乡镇志。《金秀瑶族自治县粮食志》《金秀瑶族自治县土地志》《金秀军事志》《金秀瑶族自治县水利志》《金秀瑶族自治县邮电志》《金秀瑶族自治县教育志》《桐木镇志》等。编纂出版地情书《金秀瑶族自治县概况(修订本)》，编纂成《金秀瑶族文化丛书》坳瑶、花蓝瑶、山子瑶、盘瑶、茶山瑶5卷书稿和《神奇金秀大瑶山》书稿。

表28-12 来宾市县(市、区)地情书籍出版情况表

书名	主编	出版单位	出版时间
可爱的来宾	甘德川	来宾县志办	1992年6月
可爱的象州		象州县史志办	
可爱的金秀	苏建荣	广西人民出版社	1994年1月
金秀四十年	胡德才	广西民族出版社	1992年9月
合山光热城	张志豪	广西民族出版社	1991年11月
广西忻城土司史话	覃桂清	广西民族出版社	1990年5月

志书成果

至2005年，在方志成果评奖活动中，获全国优秀地方志成果二等奖有《象州县志》，三等奖有《金秀瑶族自治县志》；获广西优秀地方志成果一等奖有《象州县志》，三等奖有《金秀瑶族自治县志》《忻城县志》《寺村镇志》，佳作奖有《武宣县志》《合山市志》《合山光热城》《可爱的象州》《忻城县土地志》《武宣县土地志》等。《象州年鉴(1991—1995)》《象州年鉴(1996—2000)》先后获广西第四届地方志优秀成果奖、全国地方志优秀成果奖。

第二十九篇

卫生　医疗

来宾地区各族人民在与疾病作斗争中,创造了本民族独特的医学医药,并经民间中草药医师代代相传。清代,群众治病采用中草药,民间已有中草药铺、中草医诊室。民国初期,西医西药传入,地方出现零散医务所,药少医缺严重,难于满足群众需要。民国15年(1926年),各县始建公立医院。中华人民共和国成立后,医疗条件得到改善。人民政府设立卫生行政管理机构,加强对医疗卫生事业的领导,各县先后建立医疗、防疫、妇幼保健、爱国卫生等机构,各乡镇普遍设立卫生院(所)、联合诊所,行政村建立卫生室,传染病发病率逐步下降。2002年来宾市成立后,市、县疾病预防控制中心均建立艾滋病初筛实验室,启动注射吸毒人群针具交换活动,开展霍乱监测和对流动人群的疟疾监测,检测疑似肝吸虫病人,监测居民用碘盐,巩固脊髓灰质炎防治成果,全市全年无甲类传染病疫情发生,乙、丙类传染病发病率大幅下降,法定传染病报告总发病率为350.50/10万。2003年后,政府主导的公共卫生突发事件处理责任网、信息报告网和紧急救助网全面启动,有效地控制各种卫生突发事件的发生,市卫生监督所开展食品卫生专项整治,公共场所卫生监督覆盖率高,工矿企业现场卫生、生产环境有害因素监测全部合格。2005年,全市无鼠疫、天花等烈性传染病。

第一章　管　理

中华人民共和国成立后,各级人民政府的卫生管理职能不断得到加强。行政管理机构不断完善,虽经"文化大革命"的冲击,卫生管理各项制度建设遭到破坏,中共十一届三中全会后,通过拨乱反正,各县医疗卫生单位贯彻执行全国《医院工作条例试行(草案)》,各项规章制度逐步恢复实施并日益完善,包括乡镇卫生管理、经费管理、医政管理、医疗保障制度以及血液采供管理等各项管理工作逐步走向正轨。

第一节　机　构

市卫生局

2002年12月28日,撤销柳州地区成立地级来宾市。2003年2月26日,来宾市卫生局正式挂牌成立,内设有办公室、医政科(增挂医学会办公室牌子)、疾病控制科、基层卫生与妇幼保健科(增挂农村初级卫生保健办公室牌子)、科技教育科、来宾市爱国卫生运动委员会办公室、卫生法制与监督科、人事科等8个科(室)。机关核定编制16名,其中行政编制15名,事业编制1名。市红十字会核定事业编制2名,实有在职人数2名。下辖兴宾区、象州县、武宣县、忻城县、金秀瑶族自治县和合山市6个县(市、区)卫生局。挂靠单位有初级卫生保健委员会办公室、红十字会委员会办公室和爱国卫生委员会办公室。

局长:骆冠斌(2002年12月—2005年12月)。

县(市、区)卫生局

1950年,各县卫生行政工作,大都是县人民政府民政科或文教科兼管。1951年下半年起,各县人民政府内设卫生科。"文化大革命"期间,县卫生科被撤销,只在县革委会生产指挥组下设卫生小组。1972年,各县革委会卫生小组撤销,成立县卫生局,内设人事、医政、药政、财务、办公等股室。1982年成立合山市卫生局。

来宾县(兴宾区)卫生局　1991年,来宾县卫生局机关设置秘书科教股、人事纪检股、医政药政股、防疫妇保股、计划财务股等5个职能股室,定编16人。县爱卫办、县初保办、县红会办、县公医办挂靠卫生局。爱卫办定编4人,初保办定编4人,公医办由卫生局财会人员兼管,县红会办由卫生局医政药政股指定1名兼管。1997年,机构改革,来宾县卫生局由原设置5个职能股室压缩到4个,即秘书股、政工股、医政股、疾控与妇幼股,核定行政编13人,事业全额编2人。同时24个乡镇卫生院的人、财、物全部下放到乡镇人民政府管理。同年10月,小平阳、蒙村卫生院改称为中心卫生院。2000年,县卫生局内设秘书股、政工股、医政药政股、疾控与妇幼保健股。9月,24个乡镇卫生院人、财、物全部收归卫生局管理。2003年3月3日,来宾县卫生局改称兴宾区卫生局。内设秘书股、政工股、医政股、疾病控制股。挂靠单位有兴宾区爱国卫生运动委员会办公室、兴宾区初级卫生保健委员会办公室、兴宾区红十字会。下辖卫生事业单位27个,其中乡镇卫生院

24个，华侨卫生院3个。2004年，兴宾区卫生局内设机构病症控制股改称疾病控制与妇幼保健股，秘书股改称办公室。核定行政编制12名，在职16名。挂靠单位定编情况，初保办4名，红十字会2名，爱卫办7名，3个单位在职15人。2005年，内设机构办公室、人事股、疾病控制与妇幼保健股、医政股、区合管办（即兴宾区新型农村合作医疗管理委员会办公室）。区合管办定编7名。

武宣县卫生局　民国时期，无专设卫生行政管理机构，卫生事业由县府民政科兼管。中华人民共和国成立后，卫生行政初由县人民政府民政科兼管。1951年，县人民政府设立卫生科主管全县卫生工作。1952年9月—1962年3月，今武宣县城内的卫生事业由当时石龙县人民政府（人民委员会）卫生科管辖。1962年恢复武宣县建置后，仍置县人民委员会卫生科。1972年，县卫生科（隶属于县革命委员会）改称卫生局(1984年隶属于县人民政府)至2005年。2000年，武宣县卫生局内设机构有办公室、人事股、医政股、防保股、财审股、县初级卫生保健办公室。各股、办设股长、主任1名。全局干部职工共20人。2002年，武宣县机构改革，县卫生局（含县爱卫办）编制9名(行政8名、事业1名)，内设人事秘书股、医政股、药政股、初保办、防保股、财审股，全局工作人员共14人。2005年，武宣县卫生局内设机构不变，全局工作人员共12人。

象州县卫生局　民国时期，象州县无专设卫生行政机构。中华人民共和国成立后，卫生行政初由县人民政府民政科兼管。1952年9月—1962年3月，今象州县城内的卫生事业由当时石龙县人民政府（人民委员会）卫生科管辖。1962年恢复象州县建置后，仍置县人民委员会卫生科。1972年，县卫生科（隶属于县革命委员会）改称卫生局(1984年隶属于县人民政府)。1991年有行政编制6名，事业编制1名。设局长1名、副局长2名。办公地址设在象州县卫生学校内，内设秘书股、人事纪检股、医政股、药政股、防保股。1997年4月将县爱国卫生委员会办公室并入县卫生局，卫生局内设秘书股、人事监察股、医药防保股，行政编制8名，事业编制1名（含红十字会、爱卫办），设局长1名，副局长2名。2001年，乡镇卫生院人员、业务、经费划归县卫生局管理。2002年2月，县卫生局职能调整，划出药政、药检管理职能由县医药监督管理局管理；将公费医疗管理职能划出由县劳动和社会保障局管理；从县劳动局划入职业卫生监察职能。县卫生局内设秘书股、业务股。秘书股负责办公室、人事监察、财务、统计工作；业务股负责医政、防保、爱国卫生、红十字会工作。县卫生局行政编制6名，事业编制1名，设局长1名，副局长2名。2003年11月，县卫生局办公地址从原县卫生学校搬迁到县城朝阳路55号（原县妇幼保健院旧办公楼）。

忻城县卫生局　1953年7月，忻城县成立卫生科，主管全县医疗卫生、药品生产经营、技术队伍培训和考核晋升、基层卫生组织建设等工作。1969年9月，成立忻城县革命委员会卫生小组，1972年8月改名为县革命委员会卫生局。1978年，实行党委领导下的院长（站长、所长）分工负责制，建立各项规章制度，医疗卫生工作向正规化发展。1981年1月，忻城县革命委员会卫生局更名为忻城县人民政府卫生局，县爱国卫生运动委员会成员进行调整，并设立办公室。1991年，忻城县卫生局内设办公室、医政股、药政股、财务股、防保股、红十字会、初保办，编制13名；县卫生防疫站内设卫生科、疾控科、检验科、办公室、财务后勤科，编制37名。2004年，卫生体制改革，撤销忻城县卫生防疫站，成立卫生监督所和疾病预防控制中心，实行两块牌子一套人马，合署办公。县疾控中心在编人员24人，县卫生监督所在编人员13人，设有中心（所）办公室、财务科、后勤科、免疫规划科、疾病预防控制科、检验科、结防科、卫生科和卫生监督科共9个科室。其中卫生专业技术人员23人，中级职称12人，初级职称11人。机构人员至2005年不变。2005年，忻城县卫生局内设办公室、法监股、农卫股、医政股、财务股、防保股，编制9名。

金秀瑶族自治县卫生局　1953年金秀瑶族自治县成立卫生科(1972年改为卫生局)，主管全县医疗卫生事业。2005年底，金秀瑶族自治县卫生局设置办公室、医政股、财务股、人事股、爱国卫生运动委员会办公室、初级卫生保健委员会办公室、新型农村合作医疗办公室等7个股室，有工作人员14人。金秀瑶族自治县卫生局下辖医疗卫生机构有自治县人民医院、瑶医医院、妇幼保健院、疾病预防控制中心和卫生监督所等5个单位及11个乡镇卫生院。

合山市卫生局　1982年2月，合山市卫生局成立。1985年12月，合山市卫生工作者协会成立。1986年4月，合山市红十字会成立。1987年6月，合山市公费医疗管理委员会成立，由市政府办公室副主任兼任主任委员，副主任委员由卫生局、财政局各1名领导兼任，委员5人，配专职干部2名。1990年合山市红十字会设立会长1人，副会长4人，理事

9人。合山全市有卫生医疗机构26个,医务人员771人,床位463张,其中厂、矿、场医院(卫生所、室、保健站)22家,医务人员646人,床位405张;市、乡(镇)医院4家,医务人员125人,床位58张。此外有村屯医疗点37个,医务人员81人。2000年,合山市卫生局下设办公室、医保办、医政股、爱国卫生委员会办公室、财务室等5个股室。该辖内的医疗卫生单位,由该局实施管理。2004年11月15日,合山矿务局所属的医疗卫生机构全部移交合山市管理。

各县(市、区)卫生机构

来宾县(兴宾区) 民国时期,来宾县、迁江县卫生院用房面积共1264平方米。其中来宾县758平方米,迁江县506平方米。中华人民共和国成立后,医疗卫生单位房屋建设投资力度加大。1959年全县卫生系统用房面积为1858平方米。1969年增至9985平方米。1982—1990年,县属卫生医疗单位先后修建有门诊楼、医院楼、药房(库)等医疗用房26025.27平方米,共耗资533.56万元;区、地驻县医疗单位用房面积8109.9平方米,耗资469.26万元。

1991年,全县医疗机构54所。其中卫生部门管理33所,医院22家,中心卫生院1家,乡镇卫生院19家,门诊部5所,区乡卫生所4所,村级卫生所257家。乡村医生750人,其中:中专学历17人,考取广西农村医生174人。至2002年,全县医疗卫生机构254所。其中:县级11所,中心卫生院4家,乡镇卫生院20家,行政村合作医疗卫生所421家(含164个分点)。厂矿场企业学校等医院、医务所、卫生室28家,城镇个体医疗诊所9家。

2003—2005年,全区医疗卫生机构436所。其中,乡镇卫生院27所。行政村合作医疗卫生所257家,厂矿场学校卫生所室2家,乡镇个体医疗室39家。

武宣县 20世纪30年代后,县内各圩镇设有私人药铺(店)30余家,多数卖药兼治病。

民国24年(1935年)1月,在武宣县城东街成立县立医务所。复于民国26年8月改医务所为卫生院。中华人民共和国成立后,县人民政府接管旧卫生院。这是武宣县人民医院的前身1982年6月,县人民医院新大楼建成开诊,面积约1800平方米。1991年,有在职人员225人,其中卫生技术人员176人,全年诊量171916人次。2002年1月,开始使用信息化管理,投资购置35台电脑,在财务系统(包括门诊和住院收费)、药剂系统(门诊发药、药库管理)正式使用计算机管理,提高了工作效率。2002年全院有在职干部职工299人,其中卫技人员252人,占84.3%,高级职称6人,中级职称116人;2005年,有在职人员311人,其中卫生技术人员259人。

除武宣县人民医院外,还有县卫生防疫站、县妇幼保健站、武宣县中医院、武宣县药品检验所、武宣县卫生防疫站、武宣县卫生监督所、武宣县采血浆站、县红十字会等县直医疗机构,2005年底在职人员318人,其中医技人员242人。2005年全县有企业事业单位设的医疗机构17个(企业办14个、事业单位办3个),其中非营利性机构15个,营利性机构2个。卫技人员总数28人,其中执业医师10人、执业助理医师13人、检验1人、其他卫技人员4人。2005年全县有12所全民所有制乡(镇)卫生院。在职人员435人,其中卫生技术人员408人。有村卫生所216所,有乡村医生237人,村保健员152人。

1995年2月,武宣县公费医疗门诊部成立,借用县卫生局办公室8间(200平方米),开展诊疗工作,设有内科、妇产科、药房、财务组,观察床6张,时有卫生技术人员14人。门诊部于2001年12月撤销。

象州县 象州县于清宣统元年(1909年)在州城鲤鱼巷建济生善堂,聘中医师1人,驻堂施诊,免费诊断处方。城外重病人可住堂留医,略具医院形式。因办理不善,数年后停办。民国28 (1939年),在济生善堂旧址设立浔州区卫生事务所象县分诊所。民国29年改为县卫生院,编制12人。民国30年迁往西门河边新建院址。民国35年,救济总署广西分署拨款国币120万元,县拨款30万元修复扩建县卫生院,有医务人员有医师、护士、助产士、药剂士、卫生员等9人,分内科、外科、助产、防疫等项,民国36年有医技人员8人,病床14张。1949年11月,中华人民共和国成立前夕,国民党柳州警备司令部及象县国民党政府派武装军警强令将卫生院全部药品、物资集中上缴,医务人员多自行离职。

中华人民共和国成立后,党和政府重视发展卫生医疗事业。20世纪50年代初,县、区均设立卫生院、所,1954年起,先后在小乡(村公所)建立卫生室、医疗站,全县城乡广泛开展爱国卫生和防病治病活动。1990年,全县有公办卫生医疗机构17个,医技人员389人,病床252张,平均每万人有医技人员11.8人,病床7.7张。医技人员和病床数分别比中华人民共和国成立前增加42倍和20倍。另有121个村卫生所,乡村医生371人。

2005年全县有各类医疗机构318家,其中县直医疗机构6家即县人民医院、中医院、妇幼保健院、皮肤性病防治站、县疾病预防控制中心、卫生监督所。乡镇卫生院11家，学校、厂、矿、场卫生室21个，村卫生所166个，个体诊所115家，计生服务站9个，学校卫生室16个。其中，二级甲等医院1家，一级甲等妇幼保健院1家，一级甲等卫生院2家。有13家爱婴医院，其中县直医疗卫生单位3家，乡镇卫生院10家。孕产妇住院分娩率达到89.66%，孕产妇、新生儿死亡率逐年下降。

金秀瑶族自治县 金秀瑶族居住区域，山高谷深，进出交通不便，封建统治者无视广大民众的身心疾苦。各族人民为了生存和繁衍，在长期生活实践中，积累了丰富的中草药知识，几乎每个村寨都有草药医生，利用瑶山丰富的中草药材资源，治疗各种疾病。

清末，桐木镇人巫晓峰、韦席珍等，一面行医一面开设中药店回春堂。民国初期，桐木镇有中医师雷雨霖、陈序园、韦席珍、韦志诚等，中药店有恒济堂、广济堂、保和堂、广生堂、德济堂等数家。民国26年(1937年)，修仁县府在桐木创办医务所，每年拨给经费，为当地群众治病。1936年，象县在东北乡(今长垌乡)设象县东北乡医务所，并兼顾东南乡(今六巷乡)医疗事务。1940年，金秀设治局设有医务所，主要为设治局人员服务，兼为百姓看病。江洲教堂医院亦免费为当地民众治病。1951年，在开展“瑶山会剿”时，广西省卫生处抽调一批医务人员，随军进入金秀瑶山，在为指战员医治伤病的同时，免费为驻地百姓看病，还为儿童接种牛豆，发放疟疾、天花等病的预防药，赢得各族人民盛赞，促进会剿的顺利开展。1952年5月自治县成立时，平乐专署派来医务人员，在金秀组建起自治县第一所卫生院。至1956年，已先后在大樟、忠良、罗香、长垌、三角、六巷、金秀、桐木、头排等乡镇建立起卫生所。同年，还成立县卫生防疫站和妇幼保健站；同时，县卫生院扩大为县人民医院。1969年，全县48个大队中，有47个大队办起合作医疗室。1979年以后，自治县相继建立瑶医门诊部、药检所、民族医学研究所、儿童计划免疫冷链领导小组，成立卫生工作者协会、红十字会、民族医药协会、中华医学协会金秀分会、卫生系统思想政治工作研究会。到1988年底，全县共有医疗机构17个，其中县属6个，各乡镇共11个。

自治县卫生局下辖的医疗卫生机构有自治县人民医院、瑶医医院、妇幼保健院、疾病预防控制中心和卫生监督所等5个单位及11个乡镇卫生院。自治县瑶医医院，是2004年4月经自治县人民政府批准，由原自治县瑶医门诊部升级成立的县级民族医疗服务机构。自治县疾病预防控制中心和自治县卫生监督所，是2003年9月机构改革时，在原自治县卫生防疫站的基础上组建成立的两个机构，当时实行一套人马两块牌子的运行模式；2005年4月，正式分设为具有独立法人、经济和人员独立的两个事业单位；2006年1月起两个单位在财务、人事方面完全独立出来，完成卫生监督与疾病预防控制等两个体系的改革。在自治县撤乡拼镇的机构改革工作中，为了便于管理，将原七建乡卫生院更改为桐木镇七建卫生院，保留其原有编制及法人代表，继续为辖区人民提供基本的医疗卫生保健服务。

1988—2005年，自治县卫生系统在职职工，从346人增至398人(县直214人，乡镇184人)，国家卫技人员346人，其中：西医生221人、中医16人、护理95人、其他专业14人。已获得高级职称6人，中级职称101人，初级职称213人。自治县每千人口有卫生技术人员2.38人，医护技人员配备较1988年更趋合理。

合山市 合山市的公立医院有广西合山矿务局总医院、合山市人民医院、合山电厂职工医院、合山市中医院、合山市妇幼保健院、合山市卫生防疫站等。另有乡(镇)卫生院3所，医务人员39人。其中主治医6人，医师2人，医士和护士22人，药剂士6人，检验员2人，其他1人。还有矿务局东矿医院和矿务局疗养院。村屯卫生所1969年兴办大队合作医疗室，1981年后，合作医疗逐渐解体，原大队的合作医疗室改为村卫生所。1990年，全市有村卫生所30个(集体3个，个体27个)，医务人员54人。

忻城县 民国27年(1938年)建立上林县卫生院古逢分院。民国27—32年，忻城县政府先后在加仁、大塘和思练等乡设立医务所，但不久又停办。民国24年4月1日成立忻城县立医务所，地址在板河乡公所。民国30年由县立医务所改为忻城县立卫生院。民国31年1月8日省府委任院长1人。同年12月17日，县参议会通过议案将旧板河乡公所作卫生院。民国32年县立卫生院迁入县城，时有病床7张，医务人员5名。1941年，忻城县人民医院始创，其前身是民国时期的县立卫生院。，中华人民共和国成立后县人民政府接管后改名为忻城县人民政府卫生院。1950年2月，县人民政府指定三界庙作为县人民政府卫生院院址。1956年9月迁至西隆村前，更名为忻城县人民医院。此后，先后建立县卫生防疫站(1955年)，麻风病防治站(1959年建立，

1979年8月改为皮肤性病防治站)、大塘卫生所(1956年建立)、忻城县南康医院(属战备医院,1970年建立,1972年10月撤销),忻城县妇幼保健站(20世纪70年代初建立)。20世纪50年代,全县各区卫生所相继建立,1984年又改称乡(镇)卫生院。至1990年末,全县有古蓬、大塘2个镇中心卫生院和城关、宁江、马泗、思练、安东、果遂、新圩、红渡、遂意、北更共10所乡(镇)卫生院,医生共128人。1953年,全县相继建立城关区健群联合诊所、加仁区加仁联合诊所、大塘区中医联合诊所、思练区中草医联合诊所、新圩区新圩联合诊所、红渡区红渡联合诊所、古蓬区中医联合诊所、北更区北更联合诊所和加福联合诊所。1977年根据中央有关文件精神,各联合诊所人员就近合并入当地卫生院(所)。1984年以后,有部分联合诊所人员从卫生院(所)退出,个体行医。

1991年全县有卫生机构132个,其中:县级医院2个、妇幼保健院1个、卫生防疫站1个、专科疾病防治站2个,乡镇卫生院13个,村卫生室80家,厂矿学校医务室5个,个体诊所28家。2005年,全县共设有卫生医疗机构198个,其中,国营医疗卫生单位18个(县直6个、乡镇12个),在职职工731人,其中医务人员503人。厂矿场学校医务室5个。村级卫生室118个,乡村医生156人,城镇个体诊所47个,个体医生67人。有床位总数451张,每千人拥有床位1.5张,其中,医院病床389张,占病床总数的76.9%。卫生院病床117张,占病床总数的23.1%;县医院病床总数293张,占病床总数的57.9%。中医院病床45张,占病床总数的10%。县、乡(镇)两级医院门诊量23万人次,住院病人10500人,实际占用病床日数4000天,病床周转次数2200次,病床使用率55%,出院者平均住院4日。

来宾市卫生医疗机构

2005年,来宾市本级设有市人民医院、市中医医院、市妇幼保健院及第二人民医院。全市6个县(市、区)均设有地方县级人民医院及县级妇幼保健院,金秀瑶族自治县设有瑶医医院,兴宾区、象州县、武宣县、忻城县设有中医医院。全市医疗卫生机构122个(不含诊所、村卫生所),卫生人员5667人,卫生技术人员4518人,平均每千人口卫生技术人员1.80人;医院床位2333张,平均每千人口医院床位0.95张。市卫生成人中等专业学校年内招收中西医结合专业112名、护理专业51名、药剂专业28名新生;与广西医科大学成人教育学院、广西卫生干部管理学院联合办学,招收临床医学专业54名、临床护理专业53名新生。

第二节　乡(镇)村卫生管理

1953年起,境内各区(镇)陆续建立卫生所,区、乡(镇)人民政府内同时配备文教助理1人,在县卫生科和区乡(镇)人民政府领导下共同管理本区、乡(镇)的卫生行政和医疗防疫工作。1972年各县相继成立卫生局后,改由各县卫生局和乡镇人民政府共同管理本乡镇的卫生行政和医疗防疫工作。至2005年不变。

来宾县(兴宾区)　民国37年,迁江县乡村卫生所8家,共有医务人员12人;来宾县乡村卫生所10家,共有医务人员16人,病床6张。当时只能医治胃病、外伤包扎等简单的小病。同时以封建迷信为特征的巫医较为盛行,群众健康无保障。天花、霍乱、伤寒、痢疾、脑炎、疟疾、鼠疫等传染病毒流行,县民死于疾病者众。

中华人民共和国成立后,来宾县重视抓好全县的医药卫生管理工作。自1956年起,建立了县、乡(镇)、村三级医疗卫生保健网。至1990年,全县共有乡(镇)卫生院24所,村级卫生所(室)256个,私人诊室(所)47家。2005年,所有乡镇卫生院均实施“母亲安全工程”和配备救护车,以及基本达到卫生部规定业务用房要求,实现“一无三配套”(即无危房,房屋、设备、人员配套),告别几十年泥瓦房和老三件(即听诊器、血压器、体温计)面貌。建立421个村级卫生所,其中行政村257个,村屯分点164个。

2005年,兴宾区为自治区第二批12个县(市、区)新型农村合作医疗(简称新农合,下同)试点县(区),开展新型农村合作医疗试点工作。全区农民参加新农合12.6万户、51.2万人,参加率为61.52%,共收新农合基金1536万元(其中农民缴纳512万元,兴宾区财政200万元,中央、自治区财政824万元)。当年,按规定给农民报销补偿73216人次(包括门诊、住院、分娩顺产),对83人大病救助补偿39.67万元。同年,中央国债项目建设资金拨给兴宾区1060万元作为新农合试点县(市、区)乡镇卫生院基础设施建设。

武宣县　1952年上半年,武宣县开始在黄茆、二塘、三里和桐岭4个区建立卫生所。1953年石龙县武宣镇卫生所成立。同年,在东乡、桐岭、通挽和禄新组建中西医联合诊所,吸收私人开业的15名中医人员和4名西医人员到联合诊所工作。1957年，增加成立武宣镇、三里、二塘和黄茆4个中西医联合诊所。1958年7月撤建，乡中西医联合诊所改为民办医院。同年，根据行政区划的变更，又增设一些民办医院，计有东乡、河马、三里、五福、二塘、大琳、黄茆、金鸡、桐岭、新龙、马步、禄新、思灵、通挽和武宣等15所。1959年乡民办医院改为公社医院。1952年9月—1962年3月，今武宣县城内卫生事业由石龙县人民政府(人民委员会)卫生科管辖。1962年恢复武宣县建置后，仍置县人民委员会卫生科。1965年公社改为区，公社医院改为区诊所和分诊所。其中区诊所有东乡、三里、武宣、二塘、黄茆、禄新、桐岭和通挽8家；分诊所有河马、五福、马步、大琳、金鸡、思灵和新龙7家。1966年5月，东乡和桐岭两区诊所改为全民所有制中心卫生院。1972年年底，武宣县通挽、禄新、黄茆、二塘、武宣和三里等区联合诊所改为全民所有制公社卫生院。1974年4月，武宣县河马、五福、马步、大琳、金鸡、思灵和新龙7个分诊所划归所在地公社卫生院统一领导。1984年10月，武宣恢复乡(镇)建置，公社卫生院改称为乡(镇)卫生院。1985年9月，武宣镇卫生院并入县中医院，至1989年12月复分开。1990年武宣全县有桐岭乡中心卫生院和通挽、思灵、禄新、武宣、三里、东乡、河马、二塘、黄茆和金鸡共11所乡(镇)全民所有制卫生院。农村有卫生所194家，其中联户办131家，个体办63家。而集体办的只有武宣镇、通挽、新龙和禄新4家联合诊所。1997年，成立武宣县发展和完善农村合作医疗领导小组，由县长任组长。1997年，全县有53个村委建立合作医疗卫生所，实行合医不合药，即村民在卫生所看病免收挂号费、注射费，自负药费。1991年武宣全县个体诊所37所(中医8所、西医29所)，从业医生37人。1998年115所，执业医生115人(中医师11人、西医师28人、其他技师4人、西医士49人、其他技士9人)。1999年，进行个体开业医清理整顿，个体所降到100所。2000年武宣全县个体诊所90所。2002年武宣全县个体诊所62所，其中西医28所、中医4所、中西医结合1所、民族医19所、牙科8所、其他1所，共有中医执业医师2人、西医执业医师4人、中医执业助理医师7人、西医执业助理医师31人、注册护士4人、药剂人员2人、其他卫技27人。至2005年，全县个体诊所没有大的变化。

1999年，自治区建设村卫生所经验交流现场会在来宾县召开

象州县　民国23年(1934年)，象县有中药店20家。1935年，开业行医23人，中西药店23家。次年分别增至28人28家。1936年，象县在东北乡(今长垌乡)设象县东北乡医务所，并兼顾东南乡(今六巷乡)医疗事务。1950年，有私营药店20家，寺村、石龙各有1个私人诊所。1954年，石龙县农村开始设立卫生室、医疗站。检查个体医技人员，合格者发给开业执照。1956年，石龙县有农村卫生室32个，医疗站12个，保健箱356个。当年持有开业执照的中、西、草医生158人。1958年全部加入公社医院。1962年，经县卫生科批准，有少数个体医生开业行医，“文化大革命”期间禁止。1963年象州县80%的小乡(行政村)设有卫生室，1969年各大队设立合作医疗站。1973年6月，全县119大队设有合作医疗站102个，有赤脚医生311人。1980年解禁，经考核合格的个体医技人员取得县卫生局许可证，可开业行医。1980年，对全县374名赤脚医生考核，取得合格证书288人，试用43人，暂不发证留用10人，劝退5人。1981年，农村进行经济体制改革，100个医疗站改由个人承包开业，17个医疗站仍坚持合作医疗制度，8个大队无医疗机构。1987年县卫生部门对医疗站进行整顿，建立和健全村级医疗组织，至1990年，全县121村公所均设有卫生所，共有乡村医生371人。全县有个体开业的中草西医诊所84个，牙科诊所15个，从业人员99人。2000年执行《广西壮族自治区医疗机构管理暂行办法》，加强对个体诊所设置管理，审批发放“静脉用药证”。当年全县有个体医疗诊所106家，发放“静脉用药证”36家。2003年全县有个体诊所123家，个体医生124人。2005年全县有个体诊所115家，按诊疗科目分为西医内、儿科66家，中医内、儿科5家，中西医内、儿科22家，草医8家，牙技14家。

金秀瑶族自治县　1956年，金秀各乡镇卫生所相继成立后，医务人员有了大幅度增加；至1956年，金秀先后在大樟、忠良、罗香、长垌、三角、六巷、金秀、桐木、头排等乡镇建立起卫生所。同年,还成立县卫生防疫站和妇幼保健站;同时,县卫生院扩大为县人民医院,全县共有医疗技术人员49人。1969年,天津市和广西结核病院共有28名卫生技术人员下放金秀,以充实自治县医疗队伍。当年,全县农村广泛建立起合作医疗室,共有脱产赤脚医生61人、不脱产卫生员397人、接生员305人。1969年,金秀瑶族自治县48个大队中,有47个大队办起合作医疗室。1979年以后,金秀瑶族自治县相继建立瑶医门诊部、药检所、民族医学研究所、儿童计划免疫冷链领导小组,成立卫生工作者协会、红十字会、民族医药协会、中华医学协会金秀分会、卫生系统思想政治工作研究会。1981年,自治区江滨医院分五批共派遣医务人员31名,定期支援自治县卫生医疗工作。至1981年底,金秀全县国家医疗卫生机构职工共有305人,其中卫生技术人员232人,占职工总数76.1%;在卫生技术人员中,有高级医务人员(副主任医师)3人、中级医务人员42人、初级医务人员188人。在农村卫生所,有乡村医生154人、卫生员57人,接生员515人。此外,还有个体驻地开业行医的211人、流动行医的150多人。至1988年底,金秀全县共有医疗机构17个,其中县属6个,各乡镇共11个。

1999年,自治区卫生厅拨款15万元,建设了车田、同扶、夏塘,六段、仁里、大蚕、龙庆、那马、花炉、三古、龙围、长二、青山、腊河、滴水等15个符合“合格卫生室”标准的村民委卫生室,业务用房共850平方米。但是,由于当地财政无法支持配套资金,仅5个村卫生室能够投入使用,且医疗设备紧缺。至2005年,多数边远山村仍处于缺医少药状态。

合山市 1952年12月,建有北泗区卫生所。1958年改称为北泗公社卫生所,1982年更名为北泗公社卫生院,1984年8月改为北泗乡卫生院。1967年北泗公社卫生所派3名医务人员到河里大队河里街设医疗点,1982年改称为北泗公社河里卫生分院。1984年10月,设置河里乡后,更名为河里乡卫生院。1988年5月,市人民医院抽调3名医务人员到岭南镇里兰村设医疗点,1989年改为岭南镇卫生院。1990年有乡(镇)卫生院3所,医务人员39人。其中主治医6人,医师2人,医士和护士22人,药剂士6人,检验员2人,其他1人。1991—2005年,这3个乡镇卫生院继续担负着乡村医疗工作的重任。

1969年兴办大队合作医疗室,1981年后,合作医疗逐渐解体,原大队的合作医疗室改为村卫生所。1990年,全市有村卫生所30个(集体3个,个体27个),医务人员54人。1991—2005年,合山市共有32个卫生所,每个行政村都有卫生所,无注册医师。2005年,有民办医院、诊所35家。

早在七十年代前,合山市农村就普遍实行了农村合作医疗制度。1998年,该市以北泗乡为试点,开展新农村合作医疗,随后在全市铺开。

1997—1998年,合山市29个村民委100%实行了农村合作医疗制度,加入农村合作医疗的农户达10979户,共49780人,分别占全市农户和农业人口的67.22%和63.42%,共筹资合作医疗保障金23.14万元,其中市级财政共拨出农村合作医疗扶持资金3.5万元,乡级财政共投入3万元,村民委投入1.72万元,农民集资14.92万元。

2005年,合山市人民政府为农村建了13个标准的村级卫生所,使该市标准的村级卫生所增加到23所。境内每个村民委均配备有乡村医生1~3人,全市共有乡村医生85人,接生员44人。各村卫生所都发有“医疗机构执业许可证”,做到凭证行医。

忻城县

民国27年(1938年)建立上林县卫生院古逢分院。1952年划归忻城县管辖(医务人员5名),1953年改称忻城县古蓬卫生所,1964年4月更名为忻城县人民医院古蓬分院,1969年称古蓬医院。1971年11月该院从下敢迁至古蓬街东北1千米处的滂江边,1974年改用今名。1990年,有医务人员49名,病床80张。

1956年建立大塘卫生所,位于大塘街西南0.5千米处。1969年称大塘公社卫生院,1970年称大塘公社卫生防治院,1974年改用今名。1990年该院占地面积123669平方米,建筑面积3953平方米,其中职工住房1475平方米,门诊用房385平方米,病房736平方米,其他用房1357平方米;医务人员34名,病床30张。

除上述2所镇中心卫生院外,还有其他乡镇卫生院(所),民国27—32年(1938—1943年),忻城县府先后在加仁、大塘和思练等乡设立医务所,但不久又停办。20世纪50年代,全县各区卫生所相继建立;1974年各区卫生所分别更名为公社卫生院,1984年又改称乡(镇)卫生院。1987年成立安东乡卫生院,同时将新圩卫生所改称卫生院。至1990年末,全县有古蓬、大塘2个镇中心卫生院和城关、宁江、马泗、思练、安东、果遂、新圩、红渡、遂意、北更共10所乡(镇)卫生院,医生共128人。

从1964年起全县相继设立大队卫生室，生产队配不脱产的卫生员。1969年以大队为单位办合作医疗站（所）。1974年全县109个大队，有98个建立卫生室（所），占总队数89.9%；至1977年，全县109个大队全部建立卫生室（所）。1980年全县大队卫生室（所）剩下30个，占总队数27.5%。此后，随着经济体制的改变，农村合作医疗组织解体，实行个体行医，原来卫生员改为乡村医生，有些大队卫生室由部分人员承包联合经营，自负盈亏。但乡村基层医务人员仍然担负防疫、妇幼保健、计划生育技术指导等任务。至1990年，全县有乡村医生（个体）240人，接生员（个体）319人。有120多个村公所的医务人员，保持与各乡（镇）卫生院、县防疫站相配合，专管农村防疫、妇幼保健工作。

1996年5月，忻城县在城关镇、大塘镇和北更乡三个乡镇开展农村合作医疗试点工作。1999年全县各乡镇130个行政村，有120个行政村建立农村合作医疗卫生所。参加合作医疗人数94655人，占总人口25.46%。但由于财政部门投入经费不足，群众治病防病意识淡薄，参合率低，农村合作医疗至2004年名存实亡。2005年，忻城县新型农村合作医疗尚未启动。

1991年全县各乡镇130个行政村，有80个行政村建立村卫生所，覆盖率61.54%。所有村卫生所共有人员129人，其中乡村医生42人。2001年全县130个行政村中已有124个行政村建立村卫生所，覆盖率95.38%，其中甲级卫生室（占地面积60平方米）16个。乡村医生232人，接生员165人。全部卫生所共占地面积2771平方米，平均每家卫生所17.4平方米。全部卫生所药品价值147700元，平均每家药品价值1040.14元。卫生所医疗设备简陋，多数靠老三件：听诊器、血压计、体温表开展业务工作。2003年，县卫生局先后向上级争取15万元对忻城县近二十个村卫生室进行装修和更新部分医疗设备。2005年，行政村卫生室118个，乡村医生156人。

自从1978年改革开放以后，全县个体诊所不断发展壮大。1991年个体开业人员28人，其中中医开业人员8人、西医开业人员1人、其他初级卫生技术人员19人。1994年个体开业人员38人，其中西医开业人员28人，中医开业人员10人。1999年个体诊所29家，卫技人员50人，其中西医开业人员34人，中医开业人员16人。2000年个体诊所50家，其中中医个体诊所16家，卫技人员16人。西医个体34家，卫技人员34人，其中牙科17家。2005年全县个体诊所47家，个体医生67人。

第三节 卫生经费

来宾县卫生经费

1953年，来宾全县医疗卫生经费为25598元。1957年起，来宾县对卫生院、防疫站、妇幼保健站实行全额管理，对县级医院实行差额补助管理，乡镇卫生院的经费，实行“全额管理、定项补助、节约留用”和“医生集体办医、自负盈亏”的制度。1969年实行全县卫生医疗单位差额管理。1980年起，来宾县对公医全额管理的单位实行“预算包干，结余留用”管理制度，并允许“节约奖励”，对实行差额管理的单位实行“定收入、定支出、定补助”的管理办法，在完成定额任务后，可以从纯收入中提出一部分资金作职工奖金。1987年下半年后来宾乡镇卫生院经费由乡镇财政所管理。1990年，来宾全县卫生事业费增至119.18万元。

1997年后，县、乡（镇）政府加大对卫生经费投入，且为创等级医院，多渠道筹措资金投入基础设施建设和增加大、中型医疗器械设备。乡（镇）卫生院房屋建设资金大部分由自治区人民政府专项拨款，地方财政配套和卫生院自筹少部分进行抢危。医疗器械设备全部由自治区人民政府无偿调拨配备。补1998—2005年设施建设和设备增加情况。

表29-1 1991—2002年来宾县县直医疗卫生机构业务用房建设情况表

机构名称	项目名称	单位（幢）	建设总面积	建设总投资	资金来源（万元）		
			平方米	万元	财政拨	自筹	贷款
县直医疗单位	业务用楼房	14	12305.87	562.37	96.00	339.37	67
县直卫生单位	业务用楼房	4	3039.23	162.26	87.00	75.26	—
县直教学单位	教学学生宿舍	8	6845.13	262.26	56.00	206.26	—
卫生局、药检、公医办	办公楼房	2	1953.74	112.12	112.12	—	—

表 29-2　　1991—2002 年来宾县主要医疗器械设备情况表

	设备名称	单位	数量	单价(万元)	金额(万元)
县直医疗卫生单位	全身 CT	台	2	148.13	273.0
	300 毫安 X 光机	台	5	6.00	30.0
	碎石机	台	2	50.00	100.0
	500 毫安 X 光机	台	1	28.90	28.9
	电子胃镜	台	3	28.00	84.0
	彩色 B 超	台	2	110.80	190.0
	黑白 B 超	台	2	28.00	56.0
	心电监护仪	台	3	6.00	18.0
	全自动血球计数仪	台	3	12.00	36.0
	电解质总二氧化碳仪	台	3	6.00	18.0
	血凝仪	台	3	6.00	18.0
	全自动生化仪	台	2	45.00	90.0
	心电图机	台	3	3.00	9.0
	连体式牙科治疗设备	台	4	3.60	14.4
	脑地形图机	台	1	4.60	4.6
	颅内压监护仪	台	2	4.00	8.0
	曲脑乳腺诊断仪	台	1	4.00	4.0
	100 尿十分析仪	台	4	3.00	12.0
	直达喉镜	台	2	1.80	3.6
	自动洗片机	台	3	6.00	18.0
	氦氖激共治疗机	台	2	2.00	4.0
	自动腰椎牵引床	台	1	1.00	1.0
	高速滑轮机 CS160	台	1	1.00	1.0
乡镇卫生院	200 毫安 X 光机	台	27	5.00	135.0
	黑白 B 超机(中型)	台	25	5.00	125.0
	胎心监测仪	台	6	7.00	42.0
	心电图机(中型)	台	27	3.00	81.0
	生化分析仪	台	27	3.00	81.0
	洗胃机	台	27	1.50	40.5
	多普勒	台	27	1.00	27.0
	电子胃镜	台	2	18.00	36.0
	全身 CT	台	1	60.00	60.0

武宣县卫生经费

民国 36 年(1947 年),武宣县卫生经费共 345.96 万元(国币),占全县经费的 0.95%,由政府拨给。1949 年冬—1961 年,武宣县属卫生机构的经费主要由地方财政拨款。1950 年省人民政府拨大米 2750 千克给武宣县卫生院作购置药品和器械费用。1966 年武宣财政拨款扩大到各公社卫生院以及各诊所中全民所有制医务人员的工资等方面。各区诊所、分诊所集体工作人员的工资、福利费等全部从业务利润解决(留足公积金、公益金后)。1967 年,武宣县革命委员会卫生组拨款 4350 元办农村公社卫生室。1962—1970 年,武宣卫生事业费共支出 124.8 万元。1972 年底,武宣全民所有制公社卫生院或分院卫生经费由上级卫生部门分配拨款,下达指标,地方财政给予适当补助。1979 年,建武宣县卫生学校时,自治区卫生厅补助 2 万元。1980 年,武宣县人民医院建门诊大楼时,自治区卫生厅直接补助 5 万元。1975—

1980年武宣卫生事业费共支出287.6万元，其中1980年支出63.49万元，用于武宣县级医院费用共8.57万元，乡(镇)卫生院费用17.4万元，防疫费用4.61万元，妇幼卫生费用0.99万元，其他支出34.92万元。1981—1985年，武宣实行财政经费包干，对武宣县防疫站、县妇幼保健站、县卫生学校等机构实行全额补助，对武宣县人民医院、县中医院和乡(镇)卫生院实行差额补助，即拨基本工资80%~90%，各医疗单位人员的10%~20%的工资、补助工资、津贴等则按业务利润积累多少而定。1985年武宣全县医疗单位经费共支出106.41万元，其中购置药品、器械等费用5.35万元，修缮费11.23万元，工资51.92万元，其他37.91万元。1987年自治区卫生厅拨给武宣县基建费3万元，1988年拨给武宣4万元，1989年拨给武宣10万元。武宣县财政拨款20多万元建武宣县中医院。1990年武宣县财政拨基建费5万元，卫生部门自筹基金10万元。1986—1990年，武宣全县卫生事业经费共支出459.97万元。1991—2005年，武宣县财政投入卫生经费6549.81万元。

象州县卫生经费

民国36年(1947年)，象州县全县卫生医疗经费9638648元(国币)，仅占县财政当年总支出的0.97%。1951—1990年，象州县卫生医疗经费共支出1572.7万元，占同期县财政总支出的6%。其中，卫生事业费1113.53万元，占63.5%；公费医疗625.13万元，占35.7%；社会医疗经费14.04万元，占0.8%。1991—2005年，象州县财政投入卫生医疗经费7381万元。

忻城县卫生经费

民国25年(1936年)，忻城县医务所经费600元(国币)。中华人民共和国成立后，忻城县对各级医疗卫生机构经费实行“全额管理，定额补助”的办法。医疗收入用于本单位的支出(不含工资)，收不抵支部分由财政给予补助。各差额单位的业务收入和支出，由县卫生局直接管理，按期向县财政局结报。1956年，忻城县对县医院实行按病床补助的办法，每张病床全年补助400元(不含工资)；对区(乡镇)卫生所实行每年每所包干3500元(不含工资)。除工资外，其他费用按下列标准计算：补助工资平均每人全年5元，职工福利每人全年16元，公杂费每人全年30元，取暖费每人全年1.6元，燃料及医疗杂费每人全年15元，房屋修缮费每人全年10元，旅差费每人全年30元，医疗设备购置费每人全年20元。1960年，忻城县级医院实行“全额管理，定额补助，预算包干”的办法(即包工资)，职工工资全部由国家预算经费开支，其余各项费用，由医院收取的医疗费中解决。1963年忻城县财政对县人民医院实行“包工资”办法作了修改，根据上级规定，国家按医院职工工资总额75%给予补助，余下25%的差额及其他业务费，由医院从业务收入中自行解决。1980年以后，忻城县财政对卫生事业费实行预算包干，对县人民医院实行财政包干工资的75%，其差额及业务费均由医院业务收入中解决。县中医院及公社(乡镇)卫生院由财政包工资的100%，业务费从业务收入中解决。县财政对防治、防疫、妇幼保健等单位实行全额管理、指标控制的办法；对所有的卫生医疗单位，均实行结余留用，超支不补的办法。1985年，忻城建立乡镇财政以后，乡镇卫生院经费由各乡镇财政所管理，按期向县财政局结报。县人民医院经费、中医院经费、防治防疫事业费、药品检验机构经费、妇幼保健经费、其他卫生事业费仍由县卫生局直接管理，县财政局对其实行监督。对防治、防疫、保健机构的经费实行“预算拨款，指标控制”的办法。1990年，忻城县实行差额补助的医疗单位有：县人民医院(补工资总额的75%)、中医院(补工资总额的100%)和11个乡镇卫生院(补工资总额的100%)。实行全额供给的单位有：县防疫站、县血防站、县皮防站、县妇幼保健站和县公费医疗办公室以及县爱国卫生运动委员会办公室。1991—2005年，忻城县全县实行财政全额医疗卫生单位有县初保办、县疾控中心、县卫生监督所、县妇幼保健院、县皮肤性病防治站、县血防站、欧洞乡卫生院和安东乡卫生院；实行差额定补医疗机构有县人民医院(在职职工每人每月120元)和县中医院(在职职工200元)；实行差额补助医疗卫生单位有城关、马泗、大塘、思练、果遂、新圩、红渡、古蓬、北更、遂意等10个乡镇卫生院全额工资的65%。忻城县卫生经费总额4272.5万元，年均拨款额285万元。

第四节　医政管理

医疗卫生监督管理

民国时期，医政由各县政府指定1名职员兼管，无专门管理机构。

中华人民共和国成立后，各县建立健全专门管理机构。1950—1955年，各县医政管理主要是鼓励联合诊所和个体中医师带徒，不定期举办卫生人员培训班，选送卫生系统相关技术人员到区内外医学院校和上级医院进修学习，从社会上招聘卫生技术干部，进行技术职务评定等。1996—2002 年，境内各县（市）认真贯彻学习国务院《医疗机构管理条例》《中华人民共和国执业医师法》《中华人民共和国护士管理办法》《医疗事故处理办法》和《广西壮族自治区医疗机构分类管理实施办法》等法规，结合各县卫生医疗实际，做好医政管理工作。2003 年 3 月 27 日，来宾市药品监督管理局（简称市药品监管局）成立，下属的武宣县、象州县、忻城县、金秀瑶族自治县、合山市药品监督管理分局分别于 2003 年 4 月—5 月相继成立。市药品监管局在行政上由自治区食品药品监督管理局垂直管理，内设办公室、人事教育科、监察室、市场监督科、综合业务科，编制 76 人（含所属分局）。其主要职能是负责对全市的药品和医疗器械的科研、生产、流通、使用等环节实行全过程的监督管理。2003 年，来宾市有药品生产企业 3 家，医疗机构制剂室 6 家，药品经营批发企业 6 家，药品零售企业 406 家，医疗器械经营批发企业 10 家，医疗器械零售企业 223 家。

2004 年 9 月 16 日，来宾市食品药品监督管理局（简称市食品药品监管局）在原来宾市药品监督管理局的基础上挂牌成立，下属的合山市、武宣县、象州县、忻城县、金秀瑶族自治县食品药品监督管理分局分别于 2004 年 9 月—10 月相继成立。市食品药品监督局在行政上由自治区食品药品监督管理局垂直管理，内设办公室、人事教育科、监察室、药品市场监督科、综合业务科、稽查队、食品安全协调科，编制 82 人，其中市分局 10 人，武宣县分局 11 人，象州县分局 10 人，忻城县分局 11 人，金秀瑶族自治县分局 10 人。主要职能：负责对药品（包括中药材、中药饮片中成药、化学原料药及其制剂、放射药品、麻醉药品、毒刑药品、精神药品、医疗器械、卫生材料、医药包装材料等）的研究、生产、流通、使用进行行政监督和技术监督，以及食品、化妆品、保健品安全管理的综合监督、组织协调和依法组织开展对重大事故查处的职责。市、县级医疗卫生机构、乡（镇）卫生院实行院长负责制，分级管理。按照《广西壮族自治区医疗机构分类管理实施办法》规定，市属所有医疗机构均按营利性或非营利性分类管理，全市有营利性医疗机构 355 个，非营利性医疗机构 781 个，医务人员全员执证上岗。市、县（市、区）卫生局继续与医疗卫生单位签订《行风建设目标管理责任状》，确定年度行风建设工作重点是纠正医药购销和医疗服务中收受回扣“红包”“开单提成”、乱收费等行业不正之风。年内，通过开展创“青年文明号”“百姓放心医院”“百姓满意医院”等活动，强化医疗质量管理，提高医疗服务水平；继续纠正医药购销中的不正之风，进一步完善药品集中招标采购制度，严格执行医疗服务价格标准，严禁乱收费行为；各医院继续推行“住院费用一日清单”、常用药物价格和收费项目公开上墙制度，有效地纠正了医疗服务态度差和少数医务人员收受红包、乱收费、乱检查、滥用药或不因病施药、小病大治以及药品、医疗器械采购中收受好处等行为，减少了投诉量。全市卫生系统行业风气明显好转，广大群众对卫生系统综合满意率大大提高。经测评，群众对卫生系统行风的满意率达到 95% 以上。市卫生系统全年共组织 230 多次医疗市场专项整治活动，共清查医疗机构 1620 个，取缔和惩处非法行医机构 134 个，查处非法行医人员 206 人，查处非法医疗广告 56 条，处罚医疗机构违法发布医疗广告 4 家，限期整改医疗机构 69 家，收缴医疗机构执业许可证 15 家。2004 年，市卫生行政部门制订下发《来宾市卫生系统 2004 年行风建设工作实施方案》，与各县（市、区）卫生局、市直各医疗卫生单位签订卫生行风建设责任状，会同市纠风、药监、物价、工商、经贸等部门对药品集中招标采购活动进行全程监督、检查、指导、规范招标采购行为，严防发生交易不正之风。年内完成 14 大类 633 个药械品种近 3000 万元集中招标采购，从源头上防范医药购销不正之风，部分药品虚高价格得以纠正，群众不合理医药费负担有所减轻。各级医疗机构严格执行医疗机构医务人员“八不准”规定，公开服务承诺，公布服务项目、服务价格、服务纪律，建立社会监督机制，严肃查处开单提成、收受红包行为，卫生行风明显好转。来宾市开展 2 次全市性医疗安全执法大检查行动，出动执法人员 188 人，检查 445 个医疗单位，重点清理整治非法行医和医疗机构聘用非医务人员行医、出租科室、外包科室、非法医疗广告，共查处违法医疗机构 43 个、非法行医人员 66 人，取缔无证游医 39 起，立案查处 32 起，处罚违法刊播医疗广告医疗机构 6 个，收缴销毁医疗广告牌（横幅）53 块（幅），进一步净化医疗服务市场。在全市范围内开展声势浩大的非法采供血液和单采血浆专项整治行动，出动检查人员 285 人次，检查医疗机构 95 家次，没有发现本市医疗机构存在非法自采自供血液行为，单采血浆站产权明晰，具有独立法人资格，管理规范。来宾市各级医疗机构继续加强医院内涵建设，改善就医条件，提高医疗服务技术水平和服务质量，同时严把医疗机构、医护人员、临床新技术的准入关，加强对大型医疗设备的配置、准入管理，加强对医疗服务质量的监督检查，促进医院规范化建设，提高诊疗水平，改善就医条件，提供优质服务。医疗机构全年业务收入 3.23 亿元，比上年增加 5446.7 万元。注册医疗机构 549 个，其中营利性机构 420 个，非营利性机构 129 个。市本级受理医疗事故技术鉴定申请 13 起，结案 8 起。

2005 年，来宾市卫生行政部门与各县（市、区）卫生行政部门、市直医疗卫生单位签订《卫生行风工作责任状》，落实党风廉政建设和医德医风建设责任与措施。全年受理医疗事故鉴定申请并委托医生学会鉴定 5 起，依法处理医患纠纷 51 起。年内，全市开展一季一“大行动”“拉网式大检查”和“随机行动”的打击非法行医专项行动，重点打击无证行医、药店行医、非法美容服务和非法医疗广告，出动执法人员 585 人次，检查 857 个医疗卫生单位（含个体诊所和村卫生所），查处违法案件 50 起，缴没药品器械价值 1.16 万元，罚款 3.24 万元；缴没、销毁违法医疗广告牌（条幅）56 块（幅）；查处刊播未取得《医疗广告证明》的医疗机构 4 家。抽检市直医疗单位各类消毒样品 260 份，医院物表、使用中消毒剂、高压灭菌器、灭菌物品、医护人员手部项目全部符合国家卫生标准。全市依法查处食品生产经营单位共 921 户次，其中警告责令整改 775 户次，罚款 43 户次 2.98 万元，责令停产停业 6 户次，吊销卫生许可证 2 户次，取缔非法经营活动 6 户次，没收销毁食品 89 户次 1115 千克；全市食品生产经营单位 6339 户，卫生监督覆盖率 98.41%，监督合格率 85.50%，户均监督 3.15 次；应体检食品从业人员 13783 人，体检率为 95.52%，体检合格率 98.19%；应培训 1.01 万人，从业人员食品卫生知识培训率 97.87%，培训合格率 99.90%；市区食品生产经营单位 1459 户，卫生监督覆盖率 100%，监督合格率 92.35%，食品从业人员体检率 99.53%，合格率 95.91%，卫生知识培训率 100%；全市抽样检测各类食品 15258 件，合格率 78.31%，其中生产加工业监测 990 件合格率 91.31%，销售服务业监测 14268 件合格率 77.40%。

医务人员培训

来宾县医务人员培训　1951 年 4 月，来宾县有卫生技术人员 6 人。1952 年初，来宾县卫生科鼓励联合诊所和个体中医师带徒。学徒形式有私人带徒、直（旁）亲属相传和公费学徒 3 种，学制 3 年。1953 年，有中等医学学校毕业生 6 人到来宾县医院工作。1956 年，来宾县举办针灸学习班，学期 6 个月，共办 6 期，每期招收学员 10~15 人。1958 年，县针灸学习班改称县红专学校。1959 年，来宾县“医学院”，设高级班、中级班各 1 个，初级班 4 个，针灸班 1 个，每班收学员 30 人，学习期为半年—1 年。学习期满多数回乡任医务保健员，少数人安排在联合诊所。1952—1959 年，来宾全县有私人带徒 40 人，公费学徒 13 人，其中 4 人获得区（省）卫生厅授予中医师职称。1961 年分配有高等院校医学专科毕业生 7 人到来宾县工作。1966 年 2 月，来宾镇农业中学开设卫生班，招收学员 45 人，学制 3 年。同年 7 月来宾县卫生科开办卫生班，招收“社来社去”学员 47 人，学制两年半。1970 年，来宾县“共产主义大学”卫生班招收学生 47 人，学期 1 年，学员毕业后，多数改行当工人。1971 年 4 月，来宾县人民医院开办护士班，招收学生 11 人，学制两年，学习期满由县卫生学校发给毕业证书，分配到县辖医疗单位工作。同年 7 月，县卫生局、县教育局在石牙公社开办红医班，至 1975 年共培训学生 74 人。1978 年进行职称评定，有 4 人获主治医师职称，2 人获中医士职称。1963—1978 年，来宾县中医院招收中医学徒 6 人，学习期满后就地安排工作。至 1984 年，来宾县共开班 6 期（每期 1 班），培训农村卫生员 227 人次。1952—1984 年底，来宾县先后选送到区内外医学院校和上级医院进修学习人员 437 人次。外出学习时间有半年、1 年、两年和 3 年不等。进修科目有中西医科、内外科、妇产科等 35 个。1990 年，来宾县属卫生医疗单位共有卫生技术人员 645 人，全县有 8 人获副主任医师，有 172 人获主治医师。区、地驻县医疗单位有 8 人获副主任医师，48 人获主治医师。全县平均每万人中有高级医务人员 0.1 人，中级医务人员 2.2 人。1985—1990 年底，来宾县外出进修学习人员计有 123 人次。至 1990 年，来宾县共培训卫生员 306 人。

武宣县医务人员培训　民国 36 年（1947 年），武宣县立卫生院共有职工 9 人，其中西医师 1 人、护士 3 人、药剂员 1 人、稽查员 1 人、卫生助理员 1 人、事务员 2 人。私人开业的中医生 27 人、西医生 3 人。1950 年，武宣全县有卫生技术人员 21 人，其中中医师 3 人、西医师 1 人、医士 3 人、护士 2 人、助产士 3 人、其他初级卫生人员 9 人。1955 年，武宣县共培训 324 名农村保健员，80% 的保健员都能正常开展工作。全县有卫生技术人员 35 人，其中中医（药）师

4人、西医(药)师2人、西医(药)士6人、护士3人、助产士5人,其他卫生技术人员15人。1956年,培训农村接生员175人。1957年起,因农村设立卫生室和接生站,全县卫生技术人员骤增到430人,其中全民所有制卫生人员35人(中医师4人、西医师2人、医士6人、护士3人、助产士5人、其他初级卫生技术人员15人),农村卫生人员395人(卫生员156人、接生员239人)。1958年起,部分医务人员下放务农,从医人员减少,到1960年武宣县仅余14人,其中中医师2人、西医师1人、医士4人、护士1人、助产士3人、其他初级卫生人员3人。1960—1961年,石龙县医学院开设卫生培训班,学员共100人,来自企业和农村等。1965年,全县有卫生技术人员460人,其中全民所有制卫生人员168人(中医师42人、西医师24人、西药师1人、检验技师2人、医士34人、护士9人、助产士7人、药剂士2人、检验技士1人、放射技士1人、护理员9人、药剂员3人、妇幼保健员9人、其他初级卫生人员24人),农村有不脱离农村生产的中草医生21人,卫生员139人,保健员和接生员132人。全县培训大队卫生员147人,接生员55人。1966年,在武宣二塘平田村办班培训农村医生(后迁到马步再到县城),学员40人。1967年,武宣培训农村不脱产卫生员和接生员,其中新训卫生员40人,接生员60人,复训卫生员200人。1970年,县共产主义劳动大学办医务班,学员54人,学员毕业后大部分到农村开展医疗工作,少部分到县内各医疗单位工作。1971年武宣全县共培训赤脚医生115人,农村接生员120人。同年,县人民医院开办护士班,学员共10人。1972年12月,县中专学校办农村赤脚医生培训班,学员50人。1973年9月,在武宣县中专学校开设护士班,学员来自来宾、融水、融安、三江4个县,共30人,其中有男护士7人。1974年5月,武宣县卫生局办西医离职学中医班,参加学习的人数为12人。1975年,全县有全民所有制卫生技术人员293人,其中中医(药)人员52人、西医(药)师43人、医士47人、护士67人、助产士22人、药剂士21人、检验员5人、其他初级卫生人员36人;乡村医生318人,生产队卫生员1968人,接生员557人。同年培训赤脚医生50人。1977年9月,武宣县人民医院分别办赤脚医生提高班和社来社去卫生班,学员均为50人。县卫生学校建立后,曾办检验班、中药炮炙班、药政班、医士班和农村医生班等,为县内培训了大量医务人员。1980年,全县有卫生技术人员2530人,其中全民所有制卫生人员381人(中医师45人、中药士23人、西医士76人、护士80人、助产士19人、西药剂士14人、检验技士3人、护理员15人、检验员1人、其他初级卫生技术人员34人),农村有卫生技术人员2149人(医生285人、生产队卫生员854人、接生员1010人)。1985年有全民所有制卫生技术人员366人(中医师9人、中药师1人、中医士25人、中药士8人、其他中医2人、中药剂员23人、西医师46人、护师1人、西药师1人、西医士91人、护士97人、助产士4人、西药剂士12人、检验技士7人、其他技士3人、护理员15人、西药剂员4人、检验员3人、其他初级卫生人员14人),农村实行联产承包责任制后,大部分医务人员弃医从农,这年从医(含半医半农)者减至837人(医生270人、接生员567人)。至1990年,武宣全县有卫生技术人员共1381人,其中全民所有制卫生人员603人(中医师37人、西医师133人、护师69人、中药师6人、西药师11人、检验技师6人、其他技师1人、中医士7人、西医士71人、护士97人、助产士10人、中药剂士8人、西药剂士7人、检验技士17人、其他技士1人、其他中医30人、护理员6人、中药剂员7人、西药剂员5人、检验员7人、其他初级卫生技术人员67人),农村卫生人员778人(医生262人、卫生员11人、接生员505人)。2002年,全县卫生工作人员1047人,其中高级职称5人,中级职称190人,初级职称647人。乡村医生每年由县卫生局组织业务培训1次。乡镇卫生院和县直医疗卫生单位的医务人员由各单位自行组织业务技术培训。乡村医生由乡镇卫生院每年组织考核1次。乡镇卫生院和县直医疗卫生单位的在职人员由县卫生局每年组织考核1次。

忻城县医务人员培训 1958年9月,忻城县卫生科在忻城县中学附设2个医士班,学员110名,由县人民医院医师授课,经2年培训,于1960年7月结业,其中有部分学员安排到国家医疗卫生单位工作。1971年8月,忻城县人民医院开办为期2年的1个护士专业培训班,学员9名,由县人民医院医师授课,学员于1973年8月结业,由地区卫生学校发给文凭。1976年5月,忻城县举办1个为期2个月的中草药学习班,学员58名(其中有部分乡村医生)。同年10月—1977年10月,县卫生局在县人民医院开办为期1年的一个“五七大学”卫生班,学员53名,请县人民医院医师授课。1980年在忻城县妇保站开办一个为期1年的学习班,各医疗卫生单位新吸收的护理员、防疫员等初级卫生人员共47

名参加学习。1985年9月，忻城县卫生局在县妇保站开办一个为期1个月的药品经营人员培训班，县医药公司、各集体单位及个体药店共22人参加学习。1952—1987年，忻城全县还先后选送医生、护士、药剂员、检验员、放射技术员等专业人员共123人(次)，到外地医院、防疫站等医疗卫生单位进修；1988—1990年，忻城全县送到上级医疗卫生单位进修学习的医务人员有16人次。1991—2005年，忻城县到上级医疗卫生单位进修学习的医生、护士、药剂员、检验员、放射技术人员等共145人次。

合山市医务人员培训　1980年合山境内有专业卫生人员525人，平均每万人拥有医生12人。市属专业卫生人员22人，市属每万人拥有医生1.38人。1982年合山市有专业卫生人员655人，平均每万人拥有医生17.61人。市属专业卫生人员35人，市属每万人拥有医生2.75人。1989年全市有专业卫生人员729人，每万人拥有医生18.14人。比1980年、1982年分别增加38.85%和11.20%；1989年市属专业卫生人员181人，每万人拥有医生11.39人，比1980年、1982年专业卫生人员分别增加7.23倍和4.17倍。1990年合山市境内有卫生人员902人，其中专业卫生人员771人，农村医生81人，接生员50人，按全市总人口计算，每万人拥有医生18.35人。2005年，合山市全市共有国家卫生技术人员580人，其中西医师160人、中医师25人、护士128人。全市每千人口拥有卫生技术人员4.08人。三个乡镇有乡村医生55人，每千农业人口有乡村医生0.69人。

金秀瑶族自治县医务人员培训　1988—2005年，金秀瑶族自治县卫生系统在职职工，从346人增至398人(县直214人，乡镇184人)，国家卫技人员346人，其中西医生221人、中医16人、护理95人、其他专业14人。县、市两级注重对医务人员的培训，全县医务人员的技术水平不断得到提高，获得高级职称6人，中级职称101人，初级职称213人。自治县每千人口有卫生技术人员2.38人。

象州县医务人员培训　1998—2001年，象州县卫生系统在职职工，从1989年511人增长至2001年550人(县直医疗机构371人，乡镇卫生院179人)。县、市两级注重对医务人员的培训，全县医务人员的技术水平不断得到提高，获得初级专业技术人员381人，中级专业技术人员146人，高级职称1人，其中本科学历18人，大专学历86人，中专学历416人，其他学历30人。县每千人口有卫生技术人员2.43人。

第五节　医疗保障制度

1950年后，境内在政府工作人员中办理公费医疗手续，按人头，以每人每月5千克大米折合成人民币作为医药费来源，由财政部门统一掌管使用。1952年12月，各县普遍推行公费医疗制度。1960年1月起，享受公费医疗人员个人负担药费10%；住疗养院治疗，个人负担药费5%，门诊挂号费全部由个人负担；在乡二等乙级以上革命残废军人、工伤人员、离退休职工、享受公费医疗的大专院校在校学生及实行计划生育的费用等，免收个人负担部分。1970年，取消享受公费医疗人员负担少量医药费的规定。20世纪80年代后，各县进一步加强对公费医疗的管理，采取措施，控制公费医疗经费增长过快浪费过大的势头。

公费医疗制度

兴宾区(来宾县)　1953年，来宾县始实行公费医疗制度。享受公费医疗待遇人员凭“公费医疗证”到指定的医疗单位就诊，一般不得转外地治疗，特殊情况须通过县卫生院证明，经县卫生科批准方能到外地国家医院就医。1964年来宾县公费医疗管理委员会成立，下设办公室，办公地点在县卫生科，由1名专职工作人员负责办理转院和医药费报销手续。同年，全县公医经费预算76230元，实际支出94826元，超支18596元。1965年来宾县实行行政机关、事业单位、中小学干部职工子女实行统筹医疗制度。参加统筹医疗者，每人每月缴纳酬金1元，凭(统筹医疗证)到指定地点就医，可报一半医药费(1971年该制度废止)。

1966年2月，来宾县对享受公医人员实行个人负担部分医药费制度，即门诊药费个人负担10%，住院药费个人负担5%(不包括手术费、处置费、X光检查费、化验费、理疗费、住院费等)。该制度至1970年撤销。

1978年1月，来宾县始实行限用补品药共168种(为自费药品)。规定住院所需伙食费、营养费、病人接送费、中药代煎费、装假肢、肢架、腰围、助听器、腹托、肾托、假眼、配眼镜、镶牙、拐杖、畸形鞋垫、矫形、整容、陪人等费用及就诊差旅费、取暖费、文娱费、公杂费、自行要求体检费、报考各种学校和司机验证执照体检、游泳体检、结婚体检等费不得在公医检验中支付。来宾县公医经费预算由原来每人每年

20元提高到30元。

1979年实行门诊一次药费超过3元须经门诊部负责人(卫生院经院长)批准,超过5元以上由医疗单位领导审批制度。未经审批者不得记账取药。还规定一般病用药处方量不能超过3天,慢性病用药不能超过7天,肺结核之类的慢性病用药处方量不能超过1个月。1980年后,实行各种营养滋补药品、非治疗必须药品不能在公医经费中支付的规定。

1983年1月,来宾县制发《来宾县公费医疗管理规定》,除重申上级卫生部门有关药品管理规定外,还规定酗酒、殴打、车祸(能够追究的责任事故)等行为所引起的伤害处理一切医药费均由肇事者负责,不得从公医经费中支付。1987年根据自治区公医管委会文件规定,来宾县新增66种药品为自费药品。1990年,来宾县公医预算260万元,实际支出459.1万元,超支199.1万元。1993年预算280万元,实际支出444.5万元,超支164.5万元。1995年,来宾县人民政府制定《关于实施来宾县公费医疗管理办法的通知》,实行医疗经费享受与个人挂钩,以加强公费医疗管理,使公费医疗费用的增长得以有效控制。1996年,来宾县财政预算公费医疗经费450万元,超支62万元;1997年财政预算570万元,超支32万元。1998年,来宾县人民政府制定下发《关于建立公费个人门诊账户管理的通知》,实施后,当年财政预算600万元,实际支出600万元。

2001年,来宾县公医办把公费医疗经费划分为门诊、住院、离休、医用大型设备检查4大块经费进行管理。门诊经费按来政发〔1998〕88号文件《来宾县人民政府关于建立公费医疗个人账户管理的通知》规定进行管理,即按来发〔1994〕8号文件划定年度个人定额门诊经费的三个档次:即20年工龄以下(含20年)和村委会干部的全年门诊经费为84元/人,21年工龄(含21年)至退休前的全年门诊经费为108元/人,退休人员门诊经费为120元/人,分别记入个人账户手册。个人门诊医疗账户专用于支付本人符合规定的门诊医疗费用。实行定点就医,县直单位享受公费医疗人员指定在县人民医院、县中医院、县卫校附院就诊,由其本人拿发票贴处方定期到县公医办报销医药费。各乡镇享受公费医疗人员定点在该乡镇卫生院就诊。各卫生院负责把每次诊疗费用记入个人账户,于次月5日前把公医门诊报表、处方送县公医办审核,合理部分经费由县公医办拨给各卫生院。个人账户支付完后不再记账,超支自付,结余转下年使用。离休、军残、武警中队人员暂不建立个人账户,仍按来发(1994)8号文件规定执行。县直的离休、军残、武警中队人员一律按原规定到前卫公医门诊就诊。居住乡下的离休、军残人员定期到县公医办报销医药费。县内住院实行定点就医,经费定额包干使用办法,县人民医院6万元/月,县中医院4万元/月,县卫校附院1.8万元/月,迁江中心卫生院1万元/月,小平阳中心卫生院0.5万元/月,妇幼保健院1万元/月,进行宏观调控,定额管理,有效地制约医院,使其配合公医办共同把公费医疗管理工作做好。公医办把责任落实到人,每人负责管理1个医院,各负其责,既分工又合作,严格把关,管理好坏和年终岗责奖挂钩。管理人员每天到医院巡察、审病历,发现问题及时解决,杜绝浪费卫生资源状况。转县外住院实行逐级转诊转院,定点就医制度。对不按公医办转到指定医院住院的按自费处理,保证制度严肃性。密切同县外定点医疗单位联系,对一些收费过高、滥用昂贵药品、滥用大型设备检查医院提出意见,争取其配合,降低医疗费用。对于5000元以上医药费用,经去该医院审查病历,扣除不合理费用后准予报销。离休人员医药费用报销100%,离休门诊全年定额经费为18万元。

武宣县 1952年起,武宣县实行公费医疗制度。享受公费医疗对象是县、区、乡党政、事业单位国家干部、工人(含“人民公社化”后到大队工作和1984年后到村委工作脱产干部)和二等乙级以上革命残废军人等。离休退休干部看病治疗时凭公费医疗证到乡(镇)卫生院以上全民所有制医疗单位记账就诊。出差外地因病治疗取药者,医药费凭当地医院证明、发票在公费中报销。但享受公费医疗者必须遵守用药范围规定,否则药费自理。

1983年5月1日起,武宣县公费医疗实行包干,即规定每个职工每年公费医疗经费标准为30元,另从县财政增加20%即每人每年6元,共36元,全部拨到单位作公费医疗包干经费,年终超支由单位自行补贴,结余部分留待下年使用;县财政局按每个国家职工每年公费医疗经费标准再拨20%约2.5万元左右,给县公费医疗管理委员会统一掌握,以解决国家职工在县级以上医疗单位住院治疗费用。1986—1990年公费医疗经费均无超支现象。1989年,又规定并执行在职国家职工在门诊看病取药,个人需支付10%的医药费;住院治疗者则个人支付5%的医药费。同年,公费医疗经费支出72.7万元,1990年为98.3万元。1981—1990年,武宣县公费医疗共支出约 399 万元。

1991 年公费医疗管理办法实行医疗经费适当与享受公费医疗个人挂钩，门诊医疗费个人自付 10%，各乡镇每年每人 48 元由当地卫生院包干。县城享受公费医疗者凭公费医疗证到县人民医院、县中医院公费医疗科就诊，在职人员门诊处方每次不得超过 5 元，离退休人员不得超过 7 元；住院留医者若医疗费 1000 元以内的，个人自付 5%；1001~2000 元的，个人自付 4%；2001 元以上的，个人自付 3%，但个人自付最高数不超过 150 元。新龙乡、马步乡未设有卫生院，按每人每年 48 元包干到单位掌握。

1993 年 4 月 1 日起，实行公费医疗经费由医院管理，定额定人包干并适当与个人挂钩的办法，按照定点医疗，定人管理，按就近诊治原则，把县直机关单位享受公费医疗者分片划分给县人民医院和县中医院管理，同时，增加个人承担医药费用比例，具体办法是：把享受厅级待遇及二等二级残废军人、计划生育手术、工伤、离休干部定为一级，医疗费 100% 报销：退休干部定为二级，门诊医疗费个人自付 10%，住院医疗费报销 100%；县四家班子领导及满 25 年工龄以上人员定为三级，门诊、住院医疗费个人自付分别为 10%、5%；未满 25 年工龄以下人员定为四级，门诊、住院医疗费个人自付分别为 20%、10%；做核磁共振、CT、B 超等特殊检查者，若属阴性，费用在原承担自负比例基础上，个人另外自付 30%，公费报销 70%；若属阳性，费用按原自付比例报销。实行新管理方法后，医药费开支明显下降。年内，武宣县享受公费医疗者 7065 人，财政预算医药费 110 万元，实际开支 125 万元，年人均开支 177 元，比 1992 年人均开支减少 109 元。是年县公费医疗办公室获广西公费医疗管理、改革先进单位。

1995 年 2 月 10 日，公费医疗管理进行改革，在全县实行公费医疗双轨制管理办法，乡镇级的实行卫生部门管理责任制，县成立公费医疗门诊部，负责县直各单位享受公费医疗人员门诊治疗，个人自付药费比例按武政发〔1993〕13 号文件执行。到外地就医者按当地医院证明，药费由县公费医疗办公室领导审批，同意按规定报销。当年享受公费医疗 7800 人，经费开支 260 万元，年人均开支药费 333 元。

象州县　1952 年，象州县行政事业单位国家工作人员实行公费医疗制度，国家通过医疗卫生部门向享受者提供制度范围内的免费医疗预防。享受者凭证到医院免费诊治，经费由县财政拨给。当年象州全县享受公费医疗共 705 人。1966 年 2 月 27 日，象州县人民委员会发出《关于贯彻执行中南局变通执行公费医疗制度中一些具体问题的通知》，决定从 3 月 10 日起，享受公费医疗的职工，个人负担门诊药费 10%，住院药费 5%，"文化大革命" 开始后停止执行。

1982 年象州县享受公费医疗人数 4821 人，开支公费医疗经费 27 万元，人均 56 元。1984 年 10 月 25 日，象州县人民政府发出《关于实行公费医疗和劳保医疗改革试行办法的通知》，规定行政事业单位工作人员公费医疗经费指标，每人每月为 4 元，由单位管理，节约归己，超过部分按年龄分别准予报销 70%、80%、90%。是年，象州县公费医疗支出 37.75 万元，人均 74 元。1985 年 6 月起，象州县实行门诊药费自付 10% 的办法，当年象州县公费医疗支出 33.25 万元，人均 66 元。

1986 年，象州县公费医疗实行县、乡分级管理。1990 年，象州县享受公费医疗 6065 人，年开支 96.8 万元，人均 159 元。企业职工实行劳保医疗，企业按职工工资总额 5% 提取劳保医疗费，职工治病凭据报销药费。1996 年 2 月，县人民政府制定《象州县职工医疗制度改革实施方案》。实行国家、单位和个体三方合理负担。医疗保险基金由社会医疗保险机构按照国家有关规定向单位和个人征缴用于医疗保险专项基金（含社会统筹医疗基金和个人医疗账户两部分），征缴具体方式有财政或用人单位缴纳；二等乙级以上残废军人每人暂由财政拨 200 元为其医疗基金；职工个人缴纳（暂按本人工资总额 1% 缴纳，并由单位从工资中代扣）。按照个人积累与社会统筹互济原则，医疗保险机构为职工建立个人医疗账户，其基本来源为：职工按年工资总额 1% 缴纳；财政或用人单位按职工工资总额的 8% 提取医疗保险金，并将其一半划入职工个人医疗账户；财政或用人单位按离休人员个人年退休工资总额 8% 提取医疗保险基金，并将其一半划入个人医疗账户。个人医疗账户专用支付本人符合规定的医疗费用，余额可结转使用和依法继承。方案实施后于当年取得显著经济效益，全县享受公费医疗待遇干部职工 6679 人，全年基金筹集 242.71 万元，其中划入社会统筹支出 111.40 万元，进入个人医疗账户 131.31 万元；至年底社会统筹支出 87.75 万元，个人医疗账户支出 85.42 万元，全年结余 69.54 万元。

忻城县　1953 年，忻城县开始实行公费医疗制度。享受公费医疗的人员，主要包括国家机关、民主党派、人民团体工作人员；文化、教育、卫生、经济建设事业人员；二等乙级以上革命残废军人，以及上述部门离退休人员等。1953—1977年忻城全县国家机关工作人员医药费均实行实报实销的办法。享受公费医疗的人员，凭公费医疗证，在县内各公办医疗单位均可看病取药。

1978年忻城改进公费医疗管理制度，实行公费医疗经费包干、定点看病的管理办法，并从3月开始实施。通过改进公费医疗管理办法，大大减少了公费医疗经费开支。1978年忻城县财政拨款91531元，实支80969.76元，结余10561.24元，刹住公费医疗经费浪费现象。1983年，把公费医疗经费包干到系统、部门和单位管理使用。忻城按照每人全年20元的指标进行分配，用于门诊看病取药费用，若有超支，由各单位在业务费中自行解决。住院留医人员，由县公费医疗管理委员会在机动费用中开支。实行此办法使门诊费用有所控制，但不少单位把包干指标分配到个人手上，造成老年体弱、长期患慢性病而又不够住院条件人员就医治病困难。此办法仅实行一年。

1984年，忻城县再次实行公费医疗经费包干到医疗点、定点看病办法。忻城县下列人员及病种医疗经费实报实销：离退休人员、二等乙级以上残废军人、恶性肿瘤、精神病、脑血管意外偏瘫、大出血疾病、肝硬化、严重工伤致残等。未列入上述的其他特别病种医药费，由县公费医疗管理委员会同县卫生局领导研究决定处理办法。门诊药费一次处方金额限制在3元以下（包括因公出差、学习、探亲因病在当地公办医院就诊医药费），离退休人员一次处方金额限制在4元以下，超过部分个人自理，如因特殊原因超过规定限额，须持有就诊医院处方、证明及本单位证明，经审查同意方予报销。村公所干部，门诊医疗费每人每月4元，包干给个人使用，住院医疗费用，由个人自付5%。住疗养院和康复医疗，须经县医院接收治疗单位同意，县“公医办”批准，凡属于手术或疾病恢复期疗养者，可报销疗养期间药费及住院费，疗养期一般不能超过3个月，不属于手术或疾病恢复期疗养者，只能报销药费，住院费则由病人所在单位报销。医疗费报销办法：在定点医院就诊记账报销；外地出差、开会、学习、探亲（包括县内、县外）就诊医疗费在原定点就诊医院报销；经履行手续转院、转县外上级医院检查治疗的医疗费，在“公医办”报销；乡镇一级转县级医院诊治医疗费在乡镇卫生院报销。

1989年3月，县人民政府批转县卫生局《关于忻城县公费医疗管理暂行办法》，县公费医疗管理委员会办公室按享受公费医疗人数，将定额总数的75%拨给各医疗单位包干管理使用，25%留在“公医办”作转院转县外上级医院医疗费用支付。包干定额指标是：乡镇一级每人每月5元，县直机关每人每月5.5元，年终结算，如有结余，结余部分70%留给医疗单位作为增添医疗设备开支，30%上交“公医办”作下年度继续使用。如有超支，超支部分由财政补贴70%，医疗单位负担30%。公费医疗费实行国家与个人共同负担相结合的办法。门诊医疗费个人自付20%；住院个人自付分别为：1000元以下（含1000元）个人自付5%，1001~2000元个人自付4%，2001~4000元个人自付3%，4001~6000元个人自付2%，6000元以上个人自付1.5%（均以每次出院结算为准）。个人自付部分收入，留医疗单位作公费医疗管理费用开支。1996—2000年，《忻城县职工医疗保障制度改革方案》，严格对挂牌住院、点名要药、转诊转院、住院手续等规定，严格审查门诊处方、住院病历及转诊转院医药发票，查处各种违章收费50多万元。2002年，县公费医疗主管主体移交县劳动和社会保障局。

金秀瑶族自治县 1952年，大瑶山瑶族自治区成立后，对国家机关、事业单位职工，实行公费医疗制度。享受公费医疗人员因病就诊、住院治疗，使用药品及治疗、检验、住院等费用，全部由国家全额负担，离退休人员同样享受公费医疗待遇。1954年，金秀由县人事、财政、民政、卫生、妇联等单位领导组成公费医疗管理委员会，以加强对公费医疗管理。享受公费医疗人员，凭“公费医疗证”可在县境内各医疗单位就诊。

1984年，金秀瑶族自治县公费医疗办公室成立，负责全县公费医疗管理和实施。同时，对实行公费医疗单位实行经费包干、定点医疗。采取国家负担与个人负担相结合的办法，使公费医疗经费增长过快势头得到有效控制。1988—1993年，金秀瑶族自治县公费医疗管理实行医疗经费预算包干超支不补，财政按每个享受公费医疗人员全年100元核定预算拨款给公费医疗办，原则上三分之二作为门诊费用，三分之一作为住院医院费用，并实行医疗经费适当与享受公费医疗个人挂钩。享受公费医疗干部职工门诊医药费除二等乙级以上残废军人、工伤、恶性肿瘤、精神病患者可实报实销外，其余在控制范围内（每次门诊药费不得超过3元）报销80%，自付20%；离、退休人员门诊医疗费可报销90%，自付10%。在职职工住院医疗费用个人自付10%，离、退休人员住院自付5%。

从1994年起，门诊医疗费实行按个人工龄档次定额包干使用，超支不补。工龄档次标准为：10年以下工龄职工和村公所干部每月6元；11~20年工龄职工每月7元；20~30年工龄职工8元；民国31年以上工龄职工每月9元；退休职工（含病休、退职）每月12元；离休及二等乙级以上伤残军人门诊可报销95%，自付5%。住院医疗经费由公费办统一调剂使用，医疗费适当与个人挂钩。在职职工住院个人自付15%，做特殊检查个人自付30%；退休职工住院个人自付15%，做特殊检查个人自付20%；离休及二等乙级以上伤残军人住院个人自付2%，做特殊检查自付10%。1994年，享受公费医疗人数4578人，当年财政预算公费医疗经费85万元，实际支出84.46万元，人均支出为184.5元，医疗费支出比预算经费少支0.54万元。是年，自治县公费医疗办公室获广西公费医疗管理与改革工作先进单位奖。1996年后，门诊除仍按工龄分档包干使用外，建立个人医疗账户，个人账户结余可结转下年度使用，超支不补。住院实行医疗费超本人（不含退休、村干、离休及二等以上伤残军人）年工资总额4%以上方可按80%核销。

合山市　1952年起，合山市对国家行政机关、事业单位、群众团体的在编人员，实行公费医疗制度，因病就诊或住院使用的药品、检验、手术或输血等费用，都由公费医疗经费开支。离退休干部职工同样享受公费医疗待遇。1981年以前，公费医疗由来宾县公费医疗管理委员会办理。1982—1986年，由合山市卫生局办理，1987年后由合山市公费医疗办公室办理，享受公费医疗人员持“公费医疗证”到市内指定医疗单位就诊。1990年，合山市享受公费医疗待遇干部职工27093人，其中市直干部1612人；职工以合山矿务局为最多，共17642人；合山电厂432人。1995年以前，合山干部职工公费医疗每人每年按月工资总额5%计入医疗本，每次看病须随身携带给医院计数减账，且按照干部职工工作地点指定看病医院。合山市基本医疗保险基金由统筹基金和个人账户两部分组成，互不挤占。个人账户用于支付符合基本医疗保险规定的门诊医疗费和起付标准以下住院医疗费，参保人员在定点医疗机构发生的门诊医疗费和定点药店药费，从个人账户中支付，超支自理。统筹基金主要用于支付参保人员住院过程中符合基本医疗保险规定的医疗费用，年度起付标准为：第一次住院先自负全市职工年平均工资8%，第二次及以后住院先自负全市职工年平均工资6%，年度最高支付限额为全市职工年平均工资的4倍；一年度累计住院（含特殊慢性病统筹金支付的门诊医疗费）医疗费用在起付标准以上，一年度最高支付限额以下，按下列比例由统筹基金和参保人员个人按“分段计算，累加支付”的办法共同承担：(1)在职职工，起付标准以上至15000元以下部分，统筹基金负担75%，个人负担25%；(2)在职职工，15000元以上至最高支付限额部分，统筹基金负担90%，个人负担10%；(3)退休人员，起付标准以上至15000元以下部分，统筹基金负担85%，个人负担15%；(4)退休人员，15000元以上至统筹基金最高支付限额部分，统筹基金负担90%，个人负担10%；(5)最高支付限额以上至40000元以下医疗费用，基本医疗保险统筹基金不予支付，由大病统筹基金解决；(6)长期异地居住的退休人员和因工作需要驻外地工作一年以上在职职工，其门诊医疗费支付按照《暂行规定》第23条规定办理。住院费用实行年度定额包干，标准为：退休人员为统筹地区上年度基金支付退休人员人均住院医疗费；在职职工为统筹地区上年度统筹基金支付在职职工年人均住院医疗费的90%，超过部分由个人自负。未超过定额包干标准费用据实核报；(7)参保人员经鉴定确认为患有特殊慢性病的，所需医药费从个人账户中不足支付，又承担了当地职工上年平均工资的10%后，门诊治疗的医药费，经医疗保险经办机构审批，根据具体病种目录按《合山市基本医疗保险特殊慢性病种管理办法》从统筹基金报销部分医药费；(8)因患精神病、癌症住院的医药费，符合《基本医疗保险用药范围管理办法》《基本医疗保险诊疗项目管理暂行办法》的诊疗项目的费用，自付年工资5%后，在职人员医药费报销90%，退休人员报销95%。此外，参保人员进行符合《基本医疗用药范围管理办法》《基本医疗保险诊疗项目管理暂行办法》的诊疗项目，单项检查、治疗费用在100元以上的，个人自负和统筹基金各50%，超过规定的诊疗项目，不能报销。因公、因私异地就诊按《暂行规定》有关条款办理。

1994年，合山市公费医疗实行门诊医疗费用，按工龄划分，根据不同等级，按月包干随工资发放到个人（最低每人每月5元），住院费用报销95%，个人负担5%。1996年6月，合山市人民政府出台《合山市公费医疗制度改革试行办法》，实行用人单位（财政）和个人共同缴费，统账结合的公费医疗制度。缴费标准为在职职工上年度工资总额的9%，其中：用人单位为8%，职工个人缴纳1%。职工因病就诊和住院，医疗费用先由个人医疗账户支付，个人账户不够支付时分别按下列情况处理:(1)本年度职工在个人医疗账户之外负担的医疗费不超过其工资总额5%的,由个人自付;(2)本年度职工在个人医疗账户之外负担的医疗费,超过其年工资总额5%的,超过部分是在职职工的由社会统筹基金报销70%;退休职工,由社会统筹基金报销85%;(3)离休及二等乙级以上残废军人的医疗费用全部由社会统筹基金支付。2000年,合山市职工个人缴费比例从1%提高到2%。对于职工因病就诊或住院治疗用药超出公费医疗用药目录范围部分,所需费用由个人自付。2001年1月1日,合山市实施基本医疗保险基金由用人单位和职工个人共同缴纳,用人单位按上一年度职工工资总额的7.5%缴纳基本医疗保险费。在职职工个人以上一年度工资收入的2%缴纳基本医疗保险费。退休人员个人不缴纳基本医疗保险费;国有企业下岗职工基本医疗保险费(含单位缴费和个人缴费),由市就业服务中心以全市上年度社会平均工资的60%为基数按《暂行规定》第9条规定缴费比例缴纳;职工个人工资收入低于上一年全区职工平均工资60%的,以全区职工平均工资的60%为基数缴费;用人单位缴纳的基本医疗保险费,国家机关和由财政供给经费的事业单位由各级财政预算安排;其他事业单位从事业经费中列支;企业从职工福利费中列支;社会团体、民办非企业单位从收入中列支;职工基本医疗保险基金征缴比例随着经济发展及医疗费用水平的变化适时调整。

1991—2001年,合山市公费医疗主要覆盖行政机关及财政拨款事业单位干部职工,企业单位和行业管理事业单位职工,实行劳保医疗政策。公费医疗政策,在国家规定用药目录范围内费用及诊断治疗项目费用,执行全额报销,超出规定范围,费用由个人负担。

2002年,合山市实施直属机关机构改革后,公费医疗归劳动和社会保障局的二层机构医疗保险中心管理。2005年,合山市干部职工的公费医疗,在职的个人缴纳50%,财政支付50%;需住院治疗的,根据所住医院给予报销额度有所区别。在本市医院住院治疗的干部职工,报销比例分别为:市人民医院,药费、检查费50%;乡镇医院,药费、检查费60%;外地医院,药费、检查费40%。离、退休人员不用缴纳公费医疗个人部分资金。

2005年1月,来宾市在兴宾区全面启动自治区新型农村合作医疗试点工作,市、区、乡(镇)工作队共2.31万人次深入村屯进行宣传发动,参合农民12.6万户51.2万人,参合率61.52%,农民看病获报销补偿累计7.32万人次703.89万元。全市举办乡镇卫生院传染病主检医师培训班、村卫生机构人员传染病基本知识师资培训班、村卫生机构人员传染病基本知识培训班10期,培训乡村卫生技术人员1000余人次;74个乡镇卫生院院长参加全区院长培训班学习。

合作医疗制度

1969年,来宾县在农村实行合作医疗制度,群众到合作医疗卫生所看病,只交挂号费,重病转院者,自负50%的医药费。赤脚医生报酬由生产队统筹解决。合作医疗卫生所多以中草药防治农村常见病、多发病,中草药自采自用。1980年,县停办合作医疗,合作医疗卫生所改为村卫生所。医务人员报酬制度由原集体统筹改为个体行医收取医药费报酬。

1991年,来宾县全县村级卫生所257家,乡村医生750人,其中中专学历17人。2002年,来宾县医疗卫生机构38家,其中县级11家,中心卫生院4家,普通乡镇卫生院23家(含华侨卫生院3家),社会医疗机构99家,其中厂、矿、场、学校等医院、卫生所(室)30家,城镇个体医69家,行政村合作医疗卫生所421家(含164个分点)。全县设有床位1143张,其中县级440张,乡镇453张,厂、矿、场医院250张,全县每千人口拥有床位1.2张。全县(不含厂、矿、场医院)国家卫技人员1629人,其中县直1048人,乡镇级581人。每千人拥有卫技人员1.6人,卫生所乡村医生750人,平均每千人农民拥有乡村医生0.78人。

1969年,武宣县开始实行合作医疗制度。3月,在武宣县桐岭公社石岗大队成立县内第一个合作医疗站。至8月底,全县有71个大队实行了合作医疗制度,占全县85个大队83.5%。其中武宣、禄新两公社各大队全部实行了合作医疗,二塘占80%、黄茆为85%、桐岭占91%、通挽占90%、三里占77%、东乡占67%。参加合作医疗者要交一定的合作医疗基金,并从生产队公积金、公益金提取一部分做基金。患者看病时,药费按一定比例给予报销。此外,为降低合作医疗医药费的开支,充分利用地方草药,大力提倡以:"一根针、一把草"(针灸、中草药)、"三土"(土方、土法、土药)、"四自"(自种、自采、自制、自用)等办法为群众治疗小伤小病,弥补合作医疗资金不足。赤脚医生报酬采用下列方式解决:从合作医疗基金提一部分,从生产队公益金中补助一些,从挂号费、药费收入中解决一部分,同时,要求赤脚医生"双参”,即需回生产队参加劳动以解决部分报酬。

1976年,武宣全县88个大队均已实行合作医疗制度。共设84个医疗点,赤脚医生370人,生产队卫生员2123人,接生员893人。全县农村约种植2000多亩中草药,品种主要有半夏、田七、板蓝根、砂仁、黄连、山枝子、金银花、罗汉果、桔梗、党参、药木瓜、天冬、生地等。各公社大队添置的器械,共有血压计35付,红医包3个,电针机8只,压片机3台,产床4张,手提式高压消毒锅11只。是年能进行输液的有29个大队,能制药的有19个大队,能放环、取环的有32个大队,能切开排脓、外伤缝合的有42个大队。1977年5月,武宣县每人收合作医疗基金0.5元到1元的有37个大队,收0.5元以下的有50个大队,种药的有25个大队,面积21.1亩,制药的有12个大队。

1958年,石龙县34乡建立民办医院,其中30乡实行免费医疗。办法是:群众每人每年交纳0.2~0.4元医疗保健费,病人就诊时,免交挂号费和手术费,只交药品成本费。不久停止实行。

1969年象州县全县农村普遍实行合作医疗,生产队从公益金中每人每年0.5~1元,农民自付0.5~1元给医疗站作合作医疗经费,即可免费治病。有的挂号费、手术费、药费全免,有的免药费、手术费。

1971年起,象州县收部分药品费,1980年,象州县全县125个农村医疗站中,免费治病的15个,全收费33个,其余收费10%~70%不等。1981年后,象州县合作医疗停止实行。

象州县为恢复和发展农村合作医疗,于1991年在罗秀土办村开展合作医疗试点工作,通过《象州县罗秀土办村公所合作医疗管理制度》,对基金筹集、看病收费、转诊报销和乡村医生报酬作了规定。

1964年,忻城县相继设立大队卫生室,生产队配不脱产卫生员。1969年以大队为单位办合作医疗站(所)。1967年7月,忻城全县各大队都设立卫生所(室),每个大队都有经过短期培训“赤脚医生”2~3名,其中配女“赤脚医生”1名;各生产队设不脱产的卫生员1名。农村合作医疗资金,由大队公益金和个人筹款解决,但各地形式不一。一般是每个社员一年交5~1元,看病时只交5分钱挂号费,不收药费;有的大队仅收部分药费;有的大队全部免费,甚至到外地看病就医,还可以报销部分药费。“赤脚医生”的报酬,由筹集资金中支付,或给工分加补贴。1974年忻城全县109个大队,有98个建立卫生室(所),占总队数89.9%;至1977年,忻城全县109个大队全部建立卫生室(所)。1979年,忻城县卫生局对全县“赤脚医生”进行一次考试、发证工作,参加考试共236名,其中成绩及格208名,及格率88.1%。1980年,忻城全县大队卫生室(所)剩下30个,占总队数27.5%。此后,随着经济体制的改变,农村合作医疗组织解体,实行个体行医,原来卫生员改为乡村医生,有些大队卫生室由部分人员承包联合经营,自负盈亏。但乡村基层医务人员仍然担负防疫、妇幼保健、计划生育技术指导等任务。1980年,忻城全县“赤脚医生”有267名(其中女的133名),生产队不脱产卫生员1841名。随着经济体制改革的发展,农村合作医疗制度大多到1980年前后即自行停止实行,“赤脚医生”的报酬原由筹集资金中支付(或给工分加补贴)的办法无法落实,因此农民到大队卫生所(室)看病取药都要自己出钱。1982年忻城县由大队提供资产和流动资金,让“赤脚医生”承包大队卫生所(室),实行保本经营,负责全大队的医疗业务、卫生防疫、妇幼保健、计划生育等工作。1988年以后,忻城县大部分“赤脚医生”改为乡村医生,个体行医,有的联合经营,自负盈亏。全县乡村医生同各乡镇卫生院、县防疫站保持联系,担负着农村卫生防疫、妇幼保健、计划生育技术指导等重任。至1990年,忻城全县有乡村医生(个体)240人,接生员(个体)319人。有120多个村公所的医务人员,保持与各乡(镇)卫生院、县防疫站相配合,专管农村防疫、妇幼保健工作。1996年5月,忻城县在城关镇、大塘镇和北更乡三个乡镇开展农村合作医疗试点工作,经过半年多积极探索研究,总结经验。1999年11月,忻城县在全县各乡镇130个村民委全面铺开,标志着该县农村合作医疗制度的建立。但由于财政部门投入经费不足,群众治病防病意识淡薄,参合率低,农村合作医疗卫生所不久自行解体。2005年,忻城县全县乡村医生(个体)236人,有121个村民委有医务人员,专管农村防疫和妇幼保健工作。全县卫生所占地面积1340平方米,建筑面积1040平方米,其中业务用房910平方米。全县行政村卫生所卫生人员260人,医师130人、护理人员130人,病床200张,急诊病人日300多人次,住院80人次。全县乡村医生(个体)236人,有121个村民委有医务人员,专管农村防疫和妇幼保健工作。1991—2005年,忻城县内个体诊所有30多家,个体医师50多人,个体诊所全部分布在全县13个乡镇和村公所。

1969年,合山境内始兴办合作医疗,北泗公社有17个大队办有合作医疗室,有脱产“赤脚医生”82人。

合作医疗所需经费，按参加合作医疗人数，每人每年交1~1.5元合作医疗基金，生产队还从公益金中提成30%~50%交给大队作为合作医疗基金。参加合作医疗者在大队合作医疗室就诊治病，不收医药费，只交0.05元的挂号费。到大队以外医疗单位就诊治病，一般情况下医药费自理，有些大队由个人申请，大队管委会审批，医药费部分减免或全免。1976年，合山境内有脱产“赤脚医生”82名，不脱产卫生员294名，接生员248名。1981年以后，合作医疗制度由于农村经济体制改革而逐渐解体，合山境内各大队（村）合作医疗室改为村卫生所，由农村医生集体或个人承包，就诊治病费用自理。1997—1998年，合山市全市29个村民委100%实行了农村合作医疗制度，加入农村合作医疗的农户达10979户，共49780人，分别占全市农户和农业人口的67.22%和63.42%，共筹资合作医疗保障金23.14万元，其中市级财政共拨出农村合作医疗扶持资金3.5万元，乡级财政共投入3万元，村民委投入1.72万元，农民集资14.92万元。2005年，合山市全市共有医疗卫生机构99家，其中县级4家，乡镇卫生院3家，防保所3家，行政村医疗诊所49家，厂矿场、学校等医院、卫生所、诊室11家，城镇个体医疗卫生诊所29家，全市总床位数631张，其中县级383张，乡级248张。

1969年，金秀全县48个生产大队中，有47个大队兴办起合作医疗室，有脱产赤脚医生61人，不脱产卫生员397人、接生员305人。1978—1987年，金秀全县共减免医疗费12.3万元。1991年2月，金秀瑶族自治县初级卫生保健委员会办公室（简称“自治县初保办”）成立。1998年6月，自治县初级卫生保健工作通过自治区初保委考核评审，提前实现“2000年人人享有卫生保健”工作目标。1997年恢复和发展农村合作医疗，当年有18个村民委合作医疗挂牌运作，占自治县行政村23.4%，参加合作医疗8142户36815人，群众集资21129元。1998年，自治县农村合作医疗通过地区考核验收。1999年，自治区卫生厅拨款15万元，建设了车田、同扶、夏塘、六段、仁里、大蚕、龙庆、那马、花炉、三古、龙围、长二、青山、腊河、滴水等15个符合“合格卫生室”标准的村民委卫生室，业务用房共850平方米。但由于县财政无法支持配套资金，仅有5个村卫生室能够投入使用，且医疗设备紧缺，多数边远山村仍处于缺医少药状态。2005年10月17日—21日，组织举办村卫生室传染病基本知识培训班，培训17个村卫生室的17名村医，乡镇卫生院每年对村医培训成为经常性工作。2005年，金秀全县共有乡村医生104人、保健员109人。有个体医疗诊所69个，其中西医诊所26个、中西医结合诊所20个、口腔诊所7个、民族医诊所16个；个体医生大专以上学历14人、中专学历38人、其他17人；执业医师资格4人，执业助理医师资格66人。

新型农村合作医疗

1995年底，经国家五部委组织现场复核审评，境内来宾县、象州县、合山市被确认达到“2000年人人享有卫生保健”规划目标。1997年春，来宾县通过以迁江镇为试点，带动全县合作医疗工作。1997—1998年，来宾县参加合作医疗人数64.8万人，县人民政府共拨出农村合作医疗扶持资金29.1万元，村民委集体投入16.16万元，全县257个村委全部设立合作医疗卫生所。1997年，根据国务院批转卫生部等部门《关于发展和完善农村合作医疗的若干意见》（国发〔1997〕18号）文件精神和自治区人民政府关于行政村实行合作医疗制度的工作要求，象州县人民政府制定《象州县农村合作医疗实施方案》（象政发〔1997〕101号）和《象州县农村合作医疗章程》（象政办发〔1997〕112号），7月上旬象州县卫生局与寺村镇人民政府和寺村镇秀和村民委协商达成共识，决定在秀和村民委开展农村合作医疗试点工作。

1998年，忻城、武宣、金秀等县顺利通过上级组织初保达标审评。2000年，境内各县农村基本建立起卫生服务体系，突发公共卫生事件应急处理体系、卫生监督执法体系和合作医疗制度，孕产妇死亡率、婴儿死亡率下降，平均期望寿命增加。2003年，来宾全市718个村民委设有卫生所，并配有1520名村医。村卫生所小病能治，大病转诊，并按上级要求开展预防保健工作，农村合作医疗逐步向农村医疗保险过渡。2005年1月，来宾市在兴宾区全面启动自治区新型农村合作医疗试点工作，市、区、乡（镇）工作队共2.31万人次深入村屯进行宣传发动，参合农民12.6万户51.2万人，参合率61.52%，农民看病获报销补偿累计7.32万人次703.89万元。

第六节　血液采供管理

2001年，境域中心血站建设项目被列为2001年中央预算内专项资金（国债）血站建设项目，按B类血站建站。2003年，利用国债投资320万元建设一栋1600平方米业务楼，血站所需车辆设备由卫生部集中采购配备。市中心血站业务楼于12月30日进行竣工验收,经验收小组评定为优质工程。

2003年,全市临床用血2.49吨,全部由广西血液中心供应,无自采自供现象,无输血安全事故发生。年内,积极推广成分血使用,三级医院成分血输血率达95%以上,二级医院成分血使用率达50%以上。

2005年6月,来宾市中心血站正式成立。来宾市中心血站是来宾市唯一一家由政府批准成立的采供血机构,属公益性公共卫生事业单位。血站占地面积20亩,总建筑面积2700平方米。设有办公室、献血服务科、宣传服务科、成分供血科、质量管理科、信息管理科、总务科、财务科、绩效考核办公室。拥有流动采血车四辆,定期到辖区内各县(市、区)采血。

第七节　对口支援

1951年,广西省卫生处派一批医务人员随军进入金秀大瑶山,免费为百姓看病。1969—1980年,天津市和广西结核病院共有28名卫生技术人员下放金秀瑶族自治县。1981年,自治区江滨医院分5批共派遣医务人员31名,定期支援金秀的卫生医疗工作。1991年,把卫生工作重点从城市转移到农村,采用市县级医院定点与乡镇卫生院挂钩的方法,进行技术支农,派医务人员帮助挂钩卫生院解决管理制度,解决医务技术等问题。2003年,来宾市有3家市直医疗卫生单位和13家县(市、区)直医疗卫生单位、8家自治区直属医疗卫生单位对口支援全市23个乡镇卫生院。各支援单位结合自身优势,帮助受援单位制定和完善各种管理制度,加强基础设施建设,开展业务技术指导,培训卫生人员,美化绿化环境等活动,还给予一定的资金扶持和医疗器械赠送。据统计,24家县级以上医疗卫生对口支援单位共投入援助资金16万元,医疗设备37台(件、套),其中区直医疗卫生单位共捐赠扶助资金11.6万元、医疗设备22台(套、件),市直医疗卫生单位共捐赠扶助资金2.6万元、医疗设备4台(套、件),县直医疗卫生单位共捐赠扶助资金1.8万元、设备11台(套、件);支援单位共派出业务骨干179名进驻受援单位指导工作,举办业务培训班69期,培训技术人员403人,开设义诊38次,接待群众18万多人(次),专家帮助手术57例,开展适宜新技术22项,安排受援单位医务人员进修58人。2004年,全市对口支援单位有自治区属8个、市属3个、县属15个,共为25个受援单位赠送医疗设备74种219台(件)和价值17.27万元药品,培训专业技术人员1899人次,开展适宜新技术项目81个,为群众义诊1.35万人次,投入20.17万元改善卫生院环境,通过传、帮、带提高受援单位的业务技术和行政管理水平,有6个支援单位获2003—2004年度全区对口支援乡镇卫生院一等奖,6个单位获二等奖,1个单位获三等奖。

第二章　防　疫

民国24年(1935年)后,各县卫生院承担少量预防接种和施种牛痘。中华人民共和国成立后,境内卫生部门加强对血吸虫、麻风等传染病的综合防治。1989年《中华人民共和国传染病防治法》颁布实施后,境内各级卫生部门对疾病控制工作更予以高度重视,依法加强传染病报告制度及疫情管理,大力普及卫生常识、常见传染病防治方法的宣传教育,努力提高人民群众的健康意识和防病能力,采取管理传染源、切断传播途径、保护易感人群等三大措施来防治传染病。"九五"期间,中华人民共和国成立前后曾经在来宾地区猖獗一时的鼠疫、霍乱、伤寒、流脑、钩体病、炭疽等重大传染病的流行势头得到有效遏制,发病率和死亡率大幅度下降。进入21世纪,境内卫生防疫主要做好疾病防控工作,建立健全公共卫生突发事件三级网络,确保全市公共卫生突发事件的发生能得到及时救助,保障人民群众身体健康。2003年撤地建市后,原柳州地区卫生防疫站、兴宾区卫生防疫站、兴宾区卫生监督所3个单位整合成来宾市疾病预防控制中心和来宾市卫生监督所。全市各级医疗机构坚持"预防为主"的方针,积极开展各类传染病、寄生虫病、地方病、慢性非传染性疾病、结核病、皮肤性病等疾病防治工作,计划免疫、救灾防病、各种预防性健康体检、卫生监测、微生物和理化检验、卫生知识宣传教育培训等工作取得显著成绩。

第一节　防疫机构

民国24年(1935年)后,各县卫生院承担少量预防接种和施种牛痘。中华人民共和国成立后,境内卫生部门加强对传染病的综合防治。1950年后，各县卫生院内设立防疫股，配员2~3人。1954年，忻城县在血吸虫病流行的马泗区建立防治点。1956年，改为县血吸虫病防治站，有病床20张，下设欧洞、龙图、林况3个组共15人，其中卫生技术人员13人。1956年，各县相继建立卫生防疫站。1958年，来宾县建有麻风村。1970年11月，各公社卫生院内均建立卫生防疫小组。1982年，忻城县血吸虫病防治站经考核验收确认该县已消灭血吸虫病，1995年，防治站迁回县城，年底尚有人员13人，其中卫生技术人员10人。

2003年撤地建市后，原柳州地区卫生防疫站、兴宾区卫生防疫站、兴宾区卫生监督所3个单位整合成来宾市疾病预防控制中心和来宾市卫生监督所。全市各级医疗机构坚持“预防为主”的方针，积极开展各类传染病、寄生虫病、地方病、慢性非传染性疾病、结核病、皮肤性病等疾病防治工作，计划免疫、救灾防病、各种预防性健康体检、卫生监测、微生物和理化检验、卫生知识宣传教育培训等工作取得显著成绩。

2005年，来宾市制定《来宾市突发公共卫生事件处理预案》等一批涉及重大传染病疫情、不明原因疾病、食物中毒、职业中毒、放射事故的突发公共卫生事件应急预案，建有市级突发公共卫生事件应急领导小组和公共卫生突发事件救护工作领导小组、救护技术指导组、应急卫生救治组等应急救护队伍。县(市、区)、乡(镇)相应建立突发公共卫生事件应急指挥机构、公共卫生工作领导机构和应急专业队伍。境内75个乡镇、街道卫生院和6个市、县级疾病预防控制中心(卫生防疫站)、市直医疗单位均配备以传染病疫情为主要内容的突发公共卫生事件信息报告的专用电脑、传真机等设备，实现乡—县—市—自治区—卫生部重大传染病疫情等突发公共卫生事件信息直报联网。

2005年，全市医疗卫生机构122个(不含诊所、村卫生所)，卫生人员5667人，卫生技术人员4518人，平均每千人口卫生技术人员1.80人。

2003年2月26日，兴宾区卫生防疫站和兴宾区公共卫生监督所上划，与原柳州地区卫生防疫站合并，成立来宾市疾病预防控制中心和来宾市卫生监督所，两个单位实行一套人马，两块牌子。市疾病预防控制中心，属全民所有制事业单位性质。设职能和专业技术科室有办公室、质量信息管理科、财务总务科、流行病科、免疫预防科、性病艾滋病防治科、公共卫生监测评价科、预防医学门诊部、健康教育科、检验科等。

2005年，县(市)卫生防疫站有武宣县卫生防疫站、象州县卫生防疫站、忻城县卫生防疫站、金秀瑶族自治县卫生防疫站、合山市卫生防疫站。

1970年11月，各公社卫生院均设立卫生防疫小组。1991年，各乡镇卫生院内设立有防保科。2003年，全市75个乡镇、街道卫生院(含1个防保所)，均设有防保组织。全市662个村委卫生所，均有防保员。

第二节　预防接种

民国23年(1934年)，境内一些县城镇医务人员作慈善义务，免费施种牛痘，其中迁江县种牛痘2531人，忻城县种2842人。是年，武宣县流行天花，政府派医务人员去种痘预防，共接种2081人。1950年，各级人民政府组织医务人员下乡种牛痘、接种霍乱、伤寒疫苗。20世纪90年代，采用系统报卡形式进行疫情上报。1991年，各乡镇行政村建立“防保站”。1991—2002年，来宾市每年均能完成6次常规冷链运转和2次强化服苗。2002年12月上旬和2003年1月上旬，来宾市疾病预防控制中心在兴宾区开展两轮消灭脊髓灰质炎强化免疫活动，4岁以下儿童，第一轮服苗率为98.94%，第二轮服苗率为98.91%，两轮服苗率达到预期目标。2003年1月，全市应服苗儿童服苗率为97.51%，监测服苗率为97.80%。全市出生儿童建卡2.17万人，建卡率为9.08‰。各县(市、区)的建卡率分别为：象州县7.71‰、武宣县8.57‰、兴宾区10.64‰、忻城县7.34‰、合山市8.42‰、金秀瑶族自治县8.97‰。全市12月龄内儿童五苗接种率分别为：卡介苗85.74%，小儿麻痹糖丸97.61%，百日破97.19%，麻疹94.94%，乙肝疫苗45.08%。3—6月在兴宾区范围内组织对1~15岁儿童进行乙脑疫苗预防接种，共接种14.90万人。2004年，各县、市区均完成6次以上计划免疫常规冷链运转，五苗平均接种率分别为卡介苗95.00%、小儿麻痹糖丸疫苗97.60%、百日破疫苗97.60%、麻疹疫苗96.10%、乙肝疫苗(首针及时接种)63.90%，0~3岁儿童糖丸疫苗强化服苗率为96.67%。全市报告AFP病例11例，检验证实非野毒株引起。尝试开展新模式季节性传染病疫苗定点集中接种活动。2005年，各县(市、区)开展6次以上计免冷链运转，五苗报告接种率分别为：卡介苗96.28%、小儿麻痹糖丸疫苗95.71%、百日破疫苗95.47%、麻疹疫苗94.12%、乙肝疫苗94.31%；报告AFP病例16例，非脊灰野毒株和疫苗衍生株病毒引起；报告麻疹病例128例。

来宾县预防接种

1991—1999年，来宾县坚持抓好每年6次"冷链"运转和2次强化服苗。2000年3、4月期间，增加开展两轮"扫荡"式免疫活动，服苗率分别为97.63%和97.88%。2000年，四苗接种率为卡介苗99.05%，小儿麻痹糖丸99.75%，百日破99.79%，麻疹99.93%。全县连续7年无脊髓灰质炎病例发生，连续12年无白喉病例发生，其他几种可免性疾病发生均控制在国家规定的指标内。2002年，来宾县共开展5次常规冷链运转工作和一轮强化免疫活动，全县4岁以下儿童应服苗46539人，实际服苗45909人，服苗率达98.7%；新生儿童建卡7204人，建卡率为7.57%；12月龄内儿童四苗接种率为：卡介苗99.28%，小儿麻痹糖丸99.71%，百日破99.67%，麻疹99.45%，6种可免性疾病病例发生在法定数内。

象州县预防接种

1952年，石龙县160170人接种天花疫苗。1964年12月28日—1965年1月15日，象州县151170人普种牛痘，占全县总人口的73.4%。1973年普种206013人，占总人口的79.6%。1973年，境内最后种一次牛痘，对象为2个月龄婴儿至55岁的成年人。此后，全面开展对麻疹、小儿麻痹、流脑、百日咳、白喉等疾病的免疫共组，疾病发病率逐年下降。1985年9月—11月，在武宣县运转冷链，平均接种率为79.97%。1990年运转6次，接种10276人次，平均接种率83.04%。象州县从1985年起，开展计划免疫冷链工作，乡镇卫生院逐步配有电冰箱，村卫生所配有冰包，使各种疫苗从运输到接种都在带冰情况下完成，保证疫苗质量，提高接种效果，每年运转4~6次，有效地完成幼儿免疫。1986年接种率达91.23%，小儿麻痹、百日咳等免疫性疾病，至1990年均无病例出现。乙型脑炎、白喉仅有个别病例出现。1997年象州县儿童四苗接种率为：卡介苗98.72%、小儿麻痹糖丸95%、百日破95.69%、麻疹88.81%。1998年象州县儿童四苗接种率为：卡介苗97.03%、小儿麻痹糖丸96.10%、百日破95.98%、麻疹91.19%。2000年5月—6月，象州县统一行动开展两次小儿麻痹糖丸"扫荡式"免疫工作，服苗率分别为93.02%与94.03%。2000年，象州县四苗接种率为：卡介苗87.56%、小儿麻痹糖丸94.72%、百日破94.82%、麻疹89.20%。由于防疫措施到位，全县5年间没有发现小儿麻痹症病例，其他可免疫性疾病大幅度下降，顺利通过国家验收消灭小儿麻痹症认证。2004年，象州县由于财政计划免疫经费不到位，被列为全区"计划免疫重点监测县"。

武宣县预防接种

1991年，武宣全县冷链工作全年运转6次，"四苗"（卡介苗、脊髓灰质炎疫苗、百白破疫苗、麻疹疫苗）总接种率80.4%。1991年，武宣县对4岁以内儿童开展两轮强化服苗活动，两轮服苗率均达85%以上。全县卡介苗接种6123人次，接种率78.80%，服脊髓灰质炎糖丸42519人次，接种率92.33%，百日破接种17070人次，接种率率78.25%，麻疹接种6206人次，接种率72.03%。1993年，武宣县对在校中小学生常见肠道蠕虫(包括蛔虫、钩虫、鞭虫、蛲虫)感染进行综合防治，每年对全县中小学生进行两次服药驱虫，服药率均达95%以上。1994年，武宣县冷链运转工作实行以乡镇为单位定点接种，全年运转增加到12次(每月运转1次)，"四苗"接种率89.2%；按上级要求建立AFP(15岁以下儿童急性弛缓性麻痹)专报系统，将县人民医院、县中医院和县妇保院定为哨点医院进行定期监测，实行零报告制度。1995年，武宣县实现了计划免疫以乡为单位儿童建卡率和"四苗"接种率达85%的目标。1997年12月，武宣县服苗率达100%。1999年武宣县将乙肝疫苗纳入计划免疫管理，推行新生儿乙肝疫苗接种，全年共接种1852人，接种率为88.4%。2000年，武宣县卫生防疫站推行计免督查工作"分片包干，责任到人"的新举措，将计免建卡(证)率和"五苗"接种率与年度考核和职称晋升挂钩；加大计免宣传力度，投入资金3000元购置彩电、影碟机、印有计免知识的作业本和教学体育器材等赠送给计免工作相对落后的禄新乡上堂、思布和思龙三所小学。2001年，武宣县卫生局与各乡镇签订《关于2001年儿童计划免疫及疾病控制目标责任书》。同年5月，广西实施了公共卫生突发事件"三网"（公共卫生突发事件处理责任网、信息报告网和紧急救助网）建设，武宣县对传染病实行网络直报，传染病报告的迟报、漏报率逐年降低。2003年7月，武宣县现场调查儿童建卡率、建证率为100%，及时上卡率达85%，"五苗"合格接种率98.31%以上。同年12月，武宣县卫生防疫站率先启用了"武宣县计划免疫管理系统"。2004

年4月5日起，武宣将乙肝疫苗列为免疫规划疫苗管理和新生儿免费接种疫苗。同年8月28日新修订的《中华人民共和国传染病防治法》将传染性非典型肺炎列入乙类法定传染病进行管理，传染性非典型肺炎流行期间，武宣县组织卫生部门和其他部门对外出返乡人员进行排查，对发热病人进行监测，对发热不明原因肺炎重点排查，对过往县境的车船进行消毒，武宣县无病例发生。2005年，全县出生儿童建卡率14.18‰。

忻城县预防接种

1991年，忻城县全县开展对0~5岁儿童进行"扫荡式"脊髓灰质炎糖丸免疫服苗活动。2004年，忻城县实施《计划免疫工作"追赶计划"》，年底通过自治区"计划免疫重点监测县"考评验收，脱掉计免"黄牌县"帽子。2005年，忻城县儿童常规免疫"五苗"实行免费接种，新出生儿童在接种卡介苗、脊髓灰质炎糖疫苗、百白破三联疫苗、麻疹疫苗、乙肝疫苗等五种疫苗全部免疫接种。当年出生儿童上卡3423人，免疫规划"五苗"接种率分别为：卡介苗91.2%，糖丸疫苗94.17%，百白破94.43%，麻疹疫苗90.73%，乙肝三针接种率86.6%，乙肝首针及时接种率为77.16%。"五苗"全程接种率都达国家规定的85%要求，为全县适龄儿童的健康提供有力免疫屏障。

金秀瑶族自治县预防接种

1977年，金秀瑶族自治县人民政府成立了计划免疫工作领导小组，1978年实行儿童免疫规划。1986年，开始对儿童实施四苗（卡介苗、麻疹疫苗、脊髓灰质炎防疫。2002年以后，"五苗七病"糖丸、百白破三联疫苗）开展可免性（卡介苗、乙肝疫苗、麻疹疫苗、百日咳疫苗、脊髓灰质炎疫苗、小儿麻痹病、结核病、乙肝、麻疹、百日咳、白喉、破伤风）的实施、检查、督导。2001—2003年金秀瑶族自治县两个年度开展4次脊髓灰质炎疫苗强化普服。2003—2005年金秀瑶族自治县开展AFP病例主动搜索，搜索1224户，查阅门诊及住院病人308956人次，未发现病例。

第三节　传染病防治

1951年春，境内迁江县动员和组织闲散医务人员防治天花。迁江县组织在县城开业医务人员24人分赴各乡种牛痘，共种牛痘6.8万多人；来宾县组织医务人员30人下乡种牛痘7.8万多人。1952年武宣县防疫委员会成立后，指导各区制订防疫公约，并发动群众大搞卫生清洁，清沟积肥运动。这年，桐岭的和律、和睦村流行天花，发病50多人，经及时防治，控制了疫病蔓延。随后全县多次普种牛痘，此病绝迹。民国29年（1940年）上半年，象县患斑疹伤寒、鼠疫、天花、疟疾等传染病死亡177人。民国33年，大樟、中平、下西等乡天花流行，死亡200多人。1952年石龙县160170人接种天花疫苗。

1952年来宾、迁江两县合并后，来宾县卫生医疗单位始用白喉疫苗预防白喉，是年在迁江镇和城厢乡给2~4岁儿童注射白喉疫苗306人次。1953年3月，来宾县完成春季种痘任务62315人份。12月，桂西壮族自治区和广西省卫生厅组成医疗队到来宾县桥巩、凤凰、平阳等区防治麻诊。来宾县派医务人员45人到寺山、石牙等乡麻疹病疫区扑灭疫情。1959年，来宾县进行丝虫病疫情摸底调查。先后在陶邓、良江、石牙、桥巩等公社共血检4066人，查出微丝蚴阳性患者238人，体检2574人，发现体征阳性（阴囊肿大、乳糜尿）者44人。1962年来宾县首次使用脊髓灰质疫苗预防小儿麻痹症，共发疫苗1682人份。1967年11月—1968年4月，来宾县先后在桥巩、迁江等13个区建立17个流脑集中治疗点收治病人，并抽调73名医务人员配合中央、自治区、地区派来的81名医务人员到寺山、平阳等疫区扑灭疫情。1970年8月，来宾县在石牙乡举办丝虫病防治骨干学习班培训94人。9月，县抽调74名医务人员分成31个组，对全县1岁以上的儿童和居民进行丝虫病普查，共血检50217人，发现微丝蚴阳性患者758人，体检2199人，体征阳性214人。基本查清县内丝虫病疫区及其流行情况。自1971年3月起，来宾县实行1年1次丝虫病治疗和考核工作，采用"海群生"三天三克疗法，对症治疗2707人；采用"海群生"1人1克顿服法，共预防服药140831人。经过防治，基本控制丝虫病的蔓延发展。1980年开始进行丝虫病防治后期净化、监测管理。至1984年共血检13263人，均未发现阳性患者。1985年，自治区消灭丝虫病验收组到该县考核验收，宣布来宾县基本消灭丝虫病。

2003年初，为防范"非典"疫情继续蔓延，来宾市各级卫生部门及时启动公共卫生突发事件"三网"系统，坚持"非典"疫情零报告制度，认真做好"非典"相关资料收集、整理和网络直报工作并坚持24小时值班制度。建立发热病人预检分诊室，及时开展疑似病人的排查和流行病学调查工作。组织人员对病人家庭、医院、车站、学校、政府机关办公楼、幼儿园、商场等场所及外来车辆进行消毒，共消毒各类场所29.5万平方米，消毒车辆4.3万辆(次)，为各单位及市民提供各种消毒药品5.3吨，随访排查返乡人员1.04万人(次)。同时，与交通、公安等部门配合，在火车站、汽车站及沿线公路等地方设立26个体温检疫站，共检疫汽车900多辆(次)，火车245车次，检疫14.6万人。以向报社电视台投稿、出板报、印发宣传单、办培训班、召开会议等多种形式向群众宣传非典防治知识，共投稿7篇，出专题板报18版，出动宣传车辆60多次，发放宣传资料189万份。同年，来宾市卫生局组织开展"世界防治结核病日"宣传活动，共发出3.4万份宣传资料。2004年，来宾市强化疫情监测与报告、控制传染源、切断传播途径、保护易感人群的综合措施，全市无甲类传染病发生，无特大重大传染病疫情发生，报告乙、丙类传染病共21种10954例(其中乙类16种7890例，丙类5种3064例)，总发病率为447.72/10万，死亡56例(其中乙类8种55例，丙类1种1例)，死亡率为2.29/10万。学校发生4起流感、甲型副伤寒和痢疾暴发疫情，市、县(市、区)卫生行政部门及时组织卫生防疫人员调查处理，采取针对性防治措施，及时扑灭疫情。同年3月，来宾市接诊肺结核可疑病例4346人，查出涂阳结核病人941人，涂阳肺结核病人免费治疗率为98.72%。年内，来宾市疾控中心设立结核病防治科，由15名专职和兼职人员组成，全市74个乡(镇)全部实施DOTS策略，覆盖率达100%。2004年发现的663例新涂阳病人治愈587例；年内，开展"3·24"结核病防治宣传日活动，发放结防资料2万多份。金秀瑶族自治县为阻击"非典"疫情传入，金秀瑶族自治县党委、自治县人民政府成立防治"非典"工作领导小组，领导小组下设流行病学调查组、疫情报告组、卫生监督监测及消毒技术指导组，明确分工，各司其职，相互配合，密切观察疫情动态，完善"非典"疫情监测报告、流行病学调查体系。同时组织大量物力、人力、财力，全面投入防治"非典"工作中，对外出务工返乡和重点人群进行排查与监控，确保自治县无"非典"疫情发生和流行。忻城县人民政府制定《忻城县传染性非典型肺炎应急处理三个预案》，及时组织全县卫生力量，成立卫生系统非典防治工作领导小组，下设办公室、救护组、预防消毒组、宣传组、信息分析组、后勤保障、督查组等工作机构。各乡镇卫生院成立相应机构，落实单位主要领导为"非典"防治工作第一责任人，层层落实责任，各负其责。全县参加防治非典人员39131人次，其中领导1328人次，驻村干部1273人，医务人员18915人次，村干6128人；印发宣传资料155800份，出动宣传车152次，出版墙报845版，简报7期；培训非典防治工作人员26028人；开展爱国卫生运动，清扫垃圾3696吨，环境场所消毒455100平方米，消毒车辆2524辆次，医院、病房消毒1568000平方米，对病家消毒210平方米，车站码头消毒78100平方米。全县排查返乡人员5973人，进行医学观察84人，确诊非典病例1人，无内源性和继发性"非典"病例发生。

2003年6月3日，来宾市慰问在抗击"非典"第一线的医护人员

2005年3月4日—10日，市疾控中心组织有关业务人员在良塘乡等5个乡镇开展健康人群流脑免疫水平和带菌状况监测工作，共采集并检测315份血清和咽拭子，摸清市各年龄组流脑抗体本底水平和带菌状况。同年6月，全市部分县(区)相继发生乙脑病例，疫情发生后，市疾控中心及时报告疫情，于7月6日—8月22日期间进行乙脑疫情日报告和零报告制度，随时掌握疫情动态，同时积极采取隔离治疗病人、防蚊灭蚊、消除蚊子孳生地、对易感人群应急接种乙脑疫苗、健康宣教等综合防治措施，有效地控制了乙脑疫情扩散和蔓延。据统计，共投放奋斗呐450千克，消毒污水沟1.2万平方米，猪牛栏和人居室2900间，对1~15岁易感人群接种乙脑疫苗135320人份。年内，境内无甲类传染病疫情发生，报告乙、丙类传染病19种共10282人，同比下降2.27%，其中乙类传染病发病数同比增长0.83%，丙类同比下降11.16%。报告传染病死亡86例，同比上升53.57%。排查发热病人3.63万例、发热呼吸道病人1.80万例、发热肺炎病人112例，未发现传染性非典型肺炎、人禽流感病例。

来宾县传染病防治

1975年，来宾县始按户设置“预防接种登记簿”（该簿由各公社卫生院保管）。1978年，来宾县卫生检疫队分成5个组到凤凰、迁江、来宾、红河、维都等农、林场检查疫情，共抽检粪便18690人次，均未发现2号病阳性患者。并为从越南归国的难侨和农、林场职工及家属子女注射霍乱疫苗14463人份。1984年3月来宾县在良江公社进行计免冷链试点。12月，冷链试点扩展到来宾镇、桥巩乡。1982年停种“牛痘”。同年，来宾县始推行小儿计划免疫（简称计免）、改预防接种“簿”为“卡”，对2岁以下儿童实行1人1卡1表。以卡介苗、小儿麻痹症糖丸、百日咳疫苗、麻疹减毒活疫苗、乙脑疫苗等为儿童基础免疫药品，按程序进行免疫接种。1986年来宾县成立扑灭小儿麻痹症情指挥部，给7岁以下儿童16万人服小儿麻痹症糖丸。同年，全县基本实现冷链运转。1987年实行儿童计免保偿制。1988午后，来宾县冷链每年正常运转5次。1991—2002年，来宾县疾病控制、卫生检验、预防接种、公共卫生监督等任务由原县卫生防疫部门完成。每年常规计划免疫运转6次和2次强化服苗，均由县卫生生防疫专用车送到各乡（镇）卫生院，每次并指定1名防疫专业人员负责1个乡（镇）的督促、检查、指导工作。对有传染病发病时，县卫生防疫站的人、车辆、药品及时深入疫区调查、处理。1992年，来宾县在石牙、石陵共体检2049人，石牙村发现体征阳性2人，患病率为0.09%，村患病率为0.19%，病程均在20年以上，体征阳性者均给予病原学治疗。同年，经自治区组织专家进行考核审批，来宾县已达到消灭疟疾标准。为巩固灭疟成果，县站每年均进行血检及血清学检查。1993年来宾县对乐英村进行调查，体检1112人，未发现体征阳性病人。1996年，来宾县对在学生健康体检中发现的47名甲状腺肿大女生给予碘油丸治疗。1997年，对寺山乡部分小学生进行碘缺乏病监测，共监测691人，结果发现甲状腺肿大270人，肿大率为39.1%。至1998年共开展居民血检或血清学检查25203人次，发现阳性41人，并给予治疗；同时对疫点居民采取预防服药的方式，服药46人，无继发病例发生。2000年，来宾县对县盐业公司每月开展一次食盐加碘监测。经自评和自治区组织评估，确认来宾县已达到基本消灭碘缺乏病阶段目标的标准要求。同年3—4月，来宾县统一行动，增加开展两轮小儿麻痹糖丸“扫荡”式免疫活动，服苗率分别为97.63%和97.88%。2002年，全县12月龄内儿童“四苗”接种率为：卡介苗99.28%，小儿麻痹丸服苗率为99.71%，百白破99.67%，麻疹99.45%。全县连续10年无脊髓灰质炎病例发生，连续15年无白喉病例发生，其他几种可免性疾病发生均控制在国家规定指标内。同年，来宾县政府专门召开3次“扑灭流脑疫情”紧急会议，县、乡财政拨出16万元专项经费，由卫生防疫、医疗部门组织业务技术人员68人，车辆8部，深入良塘乡及时对易感人群开展免费A群流脑菌苗预防接种共19292人，口服预防药品19004人，但疫情仍未得到有效控制。经广西区疾控中心检验证明此次疫情为C群菌引起的流脑暴发。3月下旬又对重点人群进行了（A+C）流脑疫苗接种共3050人，疫情便很快得到扑灭。1996—2002年，来宾县共开展对“三热”病人血检2501人次，平均血检率为0.3%~0.05%，镜检结果未发展疟原虫阳性者；对流动人口（包括外出回归人员）血检或血清学检查5057人次，共发现阳性12人，均给予氯喹和伯喹足量治疗。此外，来宾县每年均对本地及来自海南、广东、湖南、湖北、四川、上海、福建、河南等13个省（区）的流动人口进行丝虫病血检。其中1996年共血检502人，1997年共血检403人。2001年11月来宾县对平阳镇开展丝虫病原学纵向监测，共采血片1079人，镜检结果未发现微丝蚴阳性片。2003年，非典型肺炎肆虐全国大部分省（市）、自治区，来宾市各医疗单位启动公共卫生突发事件“三网”系统，坚持“非典”疫情“零”报告制度。来宾县组织人员对病人家庭、医院、公共场所、车站、学校、政府机关办公楼、幼儿园、商场等场所及外来车辆进行消毒，共消毒29.5万平方米，消毒车辆3626辆次，供应各单位及市民各种消毒药品5.3吨。随访排查返乡人员10423人次。同时与交通、公安等部门配合，在来宾火车站、来宾汽车站、来宾高速公路口三个地方设立26个体温检疫站，共检疫汽车900多车次，火车245车次，检疫14.6万多人。采取向报社、电视台投稿、出板报、印发宣传单、办培训班、开会议等多种形式向群众宣传非典防治知识。共投稿7篇，出专题板报18版，出动宣传车60多次，印发宣传资料189多万份。同年，兴宾区对10例麻疹病人进行流行病学调查和疫情处理，对疫点周围的易感人群进行应急接种，防止疫情扩散。同年3月到6月，组织开展对8个月~10岁儿童麻疹疫苗普种工作，共接种11820人。同年，兴宾区共作“三热”病人血检2131人，未查出疟原虫；作流动人口发热病人血检 1148 人，检出间日疟原虫 7 例，恶性疟 1 例，均给予治疗。作流动人口非发热人群血检 3313 人，未发现疟原虫。作居民血检 849 人，未查出疟原虫。同年 6 月上旬，兴宾区小平阳、寺山、蒙村、平阳等乡（镇）相继发生可疑乙脑病例，死亡 2 例。采取隔离治疗病人、搞好疫村环境卫生、灭蚊防蚁，10 岁以下儿童应急接种乙脑疫苗（共接种 3511 人）等措施后，疫情得到有效控制。2005 年 4 月—10 月，来宾市按照《来宾市霍乱监测方案》霍乱监测工作，采集腹泻病人粪便 1000 份，重点人群粪便 300 份，水体及其他 150 份，食品 150 份，检测结果均为阴性，未发现霍乱病人。2005 年，兴宾区共作居民碘盐监测 1536 份，合格 1324 份，碘盐合格率为 91.18%，合格碘盐食用率为 86.20%，非碘盐检出率为 5.47%，其中以兴宾区的碘盐合格率，合格碘盐食用率最高，分别为 97.92%、97.92%，非碘盐检出率为 0。同年，兴宾区各医疗单位应转诊肺结核及肺结核可疑症状者 572 例，转诊 452 例，转诊率 79.02%，转诊到位 321 人，转诊到位率 71.02%；兴宾区新涂阳病人治愈率为 87.96%（190/216）。同年 8 月份后，兴宾区开始推广结核病人中设立家庭督导员，形成市—县—乡—村—家庭督导网络，对查出的新涂阳病人都进行全程督导管理和免费抗结核治疗，治疗率为 100%。

武宣县传染病防治

1954 年 7 月，武宣县黄茆区马良村发生霍乱，死亡 49 人。至 1956 年，原石龙县在“防重于治”卫生方针指导下，全县掀起消灭四害（蚊子、苍蝇、臭虫、老鼠），清除垃圾，疏通沟渠的爱国卫生运动，环境卫生面貌大为改观。1956 年，石龙全县 16 个区镇，据 7 个区镇第一个季度统计，共清除垃圾 65962 担，灭鼠 8607 只。其中石龙区参加卫生运动 3425 人，清除垃圾 9026 担，疏通沟渠 74 条。全县在农村建新厕所 150 处，修建畜圈 439 间。1958 年石龙全县大行动，清除“四害”滋生地，清除垃圾和积肥 117247 担，灭蝇（蛆）1690.12 千克，灭蚊（孑孓）365.6 千克，灭鼠 21026 只，灭麻雀（后确定麻雀非“四害”之一，而以臭虫代之）89811 只。维修厕所 1785 处，新建厕所 690 处，新建猪圈 1604 处，牛栏 1965 间。1959 年，石龙全县参加卫生运动人数达 50 余万人次，清除垃圾 162064 吨，卫生积肥 287777 吨，疏通沟渠 77782 米，填平坑洼 209358 平方米，灭蝇（蛆）103220 千克，灭蚊（孑孓）934 千克，灭鼠 174317 只，灭雀 165754 只。改造改良水井 44 眼，修厕所 3378 处，畜栏 3297 间。开展对钩虫病普查工作，查 273326 人，发现有钩虫病史者 6933 人；1960 年普查 105116 人，粪检 8459 人，有阳性 3904 人，随之发药对 8296 人进行治疗预防，复治 1900 人。1967 年 1 月 11 日。武宣县首例流脑病人出现在东乡。时值“文化大革命”期间，“红卫兵”大串连，人群流动频繁，流脑相继在武宣、桐岭、三里出现，后来波及全县各区，流行范围达 75 个村屯，发病率达 379.45/10 万，死亡率达 6.92%。疫情发生后，县、区以及厂、矿、场各个单位分别成立防治办公室（小组），设立 17 个医疗点。20 世纪 70 年代，武宣县开始给儿童注射百日咳、白喉、破伤风菌苗预防。1971 年 12 月，为防治麻疹，武宣县给全县 6 个月 ~5 周岁儿童普种麻疹活疫苗，共种 27450 人份，接种率为 78.8%。1972 年 3 月，武宣全县应检 181799 人，其中粪检 127051 人，发现钩虫卵阳性共 22120 人，平均阳性率为 16.7%，随即发放灭虫宁、驱虫净治疗预防共 18871 人。1970—1979 年，武宣县防疫部门给全县儿童普种流脑菌苗。1981 年，武宣全县开展 6 次群众性爱国卫生大突击活动，参加人数 5.6 万多人次，其间，两次进行环境卫生及食品、饮食卫生大检查。1983 年武宣公社官六大队白喉发病 1 例并死亡，县卫生局、县防疫站接到疫情报告，立即组织人员赶赴疫点，对病死者房舍进行消毒，同时，给全大队及县保育院等单位共 2000 多名儿童注射白喉菌苗预防。1984 年，推行计划免疫—冷链运转。1985 年，武宣县在全县开展儿童计划免疫—冷链后，全县普种麻疹疫苗，麻疹发病率大幅度下降。同年 3 月，武宣冷链运转首先在桐岭乡进行试点工作并取得成功，全乡平均接种率为 92.45%；6 月，冷链运转扩大到三里，平均接种率为 93.39%；9—11 月，冷链运转在全县全面开展，平均接种率为 79.97%。随后，每年均在全县范围内进行冷链运转。1987 年 9 月，对 7~16 岁人群普种一针白破。1~2 岁儿童的基础免疫增强，白喉血凝抗体阳性从 1989 年的 81.42% 提高到 1990 年的 91.3%。1989 年通过血检考核，确定武宣县已消灭此病。同年，武宣县继续采用菌苗、滴鼻、中药煎服等措施预防流脑，并进行预防接种 7.5 万人，使流脑发病率不断下降。1990 年武宣冷链运转 6 次，接种 10276 人次，平均接种率为 83.04%。1987—1990 年武宣县无流脑病例。1991 年，武宣县流行性乙型脑炎发生 3 例乙脑病例。1992 年，武宣县从卫生局、防疫站以及各乡镇卫生院抽调专业技术人员到疫点，对现症病人采取隔离治疗，易感人群应急麻疹活疫苗接种及空气消毒等措施。全县共接种麻疹活疫苗5.1万人份,通过防治疫情得到控制。1995年,武宣县卫生防疫站组织对流行性乙型脑炎疫情调查处理小组和现场消杀小组,分别对17个病人进行流行病学调查及所在村环境消毒和防蚊灭蚊处理,共开展疫村消毒32.15万平方米;对易感人群开展乙脑疫苗应急接种28580人份。同年6月、7月,武宣县发生波及11个乡镇16个村民委的流行性乙型脑炎共17例,发病率达4.62/10万,死亡6例,病死率35.29%。疫情发生后,县党委、政府高度重视,召开专题会议,下发文件,划拨防治经费6万元,从防疫部门抽调技术人员到疫点,给病家及其100米以内所有场地用DDT进行消毒共30万平方米,发放长效蚊蝇触杀剂进行灭蚊共1.5万只,对未发病居民点进行乙脑活疫苗应急接种4.7万人份。2000年,武宣县麻疹发病65例,根据麻疹疫情动态,县卫生防疫站于当年对10岁以下儿童进行麻疹疫苗普种,接种率95.62%。2003年,武宣对全县2岁以上儿童进行A+C流脑疫苗普种,共接种4万人份。2004年,武宣县狂犬病发病人数上升至9例,死亡9例。为遏制狂犬病发病上升势头,7月20日下发了《武宣县人民政府办公室关于印发武宣县2004年狂犬病防治工作行动方案的通知》(武政办〔2004〕46号),成立“武宣县狂犬病防治工作领导小组”,建立“捕杀犬只工作队”,对全县范围内的狂犬、野犬、手续不完善以及不按规定圈养犬只进行捕杀。县卫生防疫站印制《狂犬病防治紧急通告》1000份下发到各村屯张贴,发放《狂犬病防治知识问答》小册子6000份,举办狂犬病防治知识培训班二期;通过张贴行政性通告及广泛宣传,发动群众群防群治。2005年,武宣县狂犬病发病人数16例,死亡16例。

象州县传染病防治

民国34年(1935年)9月,象州县内霍乱流行,仅人和乡大井村死亡80余人。1956年在象州县罗秀乡小三岔村北面2千米处建立麻风村,集中县内麻风患者10人治疗。1964年12月28日—1965年1月15日,象州县151170人普种牛痘,占全县总人口的73.4%。1968年,象州县麻风村迁至柳江县里雍乡的立冲,收治患者40余人。1973年普种206013人,占总人口的79.6%。1972—1976年,象州县开展两次全民性麻风病普查,后又多次开展线索调查和源地普查,先后发现麻风病患者86人,经集中麻风村治疗,到1988年,治愈65人,死亡21人。2000年11月,象州县水晶、运江等乡镇部分村屯有麻疹病发生,县防疫站派出专业技术人员及时深入疫源地开展调查,确定麻疹病人102例。县防疫站领导专程到自治区卫生厅、防疫站汇报疫情,争取得到疫苗3万份,及时对疫源区人进行应急接种,有效地控制住麻疹病蔓延流行。年内,防疫部门对108例麻疹病人均能及时进行流行病学调查和疫情处理,并对疫点周围易感人群进行应急接种疫苗。

金秀瑶族自治县传染病防治

1988年,金秀瑶族自治县将结核病防治列入疾病控制重要议事日程,制订《金秀瑶族自治县结核防治规划(2001—2010年)》。2001年为防止钩端螺旋体病疫情反弹,金秀瑶族自治县在三角乡江燕村各自然村屯用强力霉素开展居民预防性服药,共服药182户661人,服药率88.36%(661/748)。2002年继续开展以强力霉素服药预防,服药198户659人。2004年,自治区个别地方发生禽流感疫情期间,自治县启动县、乡、村三级疫情监测网,加强疫情监测。与水产畜牧部门密切联系,互通信息,制订了《金秀瑶族自治县学校流行性感冒和人间禽流感防治预案》。在自治县人民政府领导下,组织专业人员深入乡镇开展防治工作,对疑似发生禽流感疫情的桐木镇、大樟乡开展流行病学调查,排除疫情,有效地防止了流感、人禽流感的发生。2001—2003年分别在桐木、金秀等20多所中、小学开展流脑菌苗注射,三年接种人数分别为2977人、1626人、2248人。2004年,启动世行贷款、英国赠款、日本国援助结核病控制项目(简称“卫十项目”),配备结核防治督导专用车辆,在疾病预防控制科内成立结核防治组,专职从事结核病控制项目的宣传、督导和管理、收集资料、统计、汇总、上报等工作,病人治疗归自治县医院管理,当年共接诊结核病人287人,检查结核病191人。同年,成立金秀自治县防治艾滋病工作委员会。自治县卫生局制订《金秀瑶族自治县高危人群工作队实施方案》,成立自治县高危人群干预工作队,开展宣传教育,主动在娱乐场所开展干预活动,在娱乐场所张贴宣传画1500张,开展咨询、访谈等健康教育和行为干预工作,在金秀镇和头排镇调查119家娱乐场所,对23家、79名服务人员开展咨询、访谈健康教育和行为干预工作,共发安全套6140只、宣传材料3005张、小册子436本、《女性防病知识》及《爱护你的健康》各27本、张贴宣传画940张。2005年,金秀瑶族自治县继续实施现代结核病控制策略—

DOST 策略，出动车辆 18 辆（次）56 人深入乡镇开展检查、督导、宣传工作。

合山市传染病防治

1990 年 3 月—6 月，合山市岭南镇里朝村甲肝暴发，共发病 59 例；1994 年合山市河里乡双凌村甲肝暴发，共发病 8 例；两次疫情都得到了及时调查处理和有效控制。2000 年，合山市全市共接种麻疹疫苗 15000 人。2003 年，根据自治区 CDC 的部署，合山市卫生防疫人员对全市 10 岁以下小学生及学龄前儿童共 13266 名进行麻疹疫苗普种，接种率 95.30%。1996—2003 年，合山市全市结核病人均在矿务局总医院和市人民医院进行检查治疗，市卫生防疫站负责疫情上报工作。2004 年 3 月 1 日，合山市正式启动结核病控制项目。

忻城县传染病防治

1959 年，忻城县人民政府在黄金村黄糖屯附近，建立忻城麻风病防治站，并于 1960 年 3 月开始收治病人。先后培训麻风病防治骨干 127 人，其中乡村医生（赤脚医生）50 人，卫生员 35 人。忻城县麻风病防治站建立以后，连续采用三级过滤普查、专业队普查、疫源地普查、线索调查、家庭调查、门诊发现及群众报病有奖办法来发现麻风病人。1961 年 11 月，忻城县血防站对巴尖旱河、拉楞、平阳、坡料、棉木等河沟、金沙泉荒田、登山石牙地、北近北马沟、北雅北马沟、北遂河沟等 10 条原疫沟和荒地进行勘查，共查螺 2559 框（每平方市尺为一框），查出有钉螺的 259 框，捕螺总数 1002 只，最高密度是登山石牙地，查螺 172 框，其中有一框有钉螺 52 只，259 框平均密度 3.9 只。经 20 多年的反复实地勘查，血吸虫病的主要疫区林况、欧洞、永合、五龙、龙图、马泗、敬流 7 个大队，有疫沟 18 条，总长 47174 米，有钉螺面积 797739 平方米。县血防站指导疫区群众查螺灭螺、开沟挖土、平整土地、大兴灭螺工程，共挖土 223119 方，填土 204720 方，炸石（河沟石）11091 方，河沟三面砌石 31040 方（长 9904 米），开新沟填旧沟总长 24384 米、面积 408681 平方米，造田造地面积 84216 平方米，荒塘垦种面积 7800 平方米，填埋山槽石牙地面积 8500 平方米，修筑水库面积 15500 平方米，填塞出水口面积 250 平方米，旱河沟垦种面积 43732 平方米，结合生产积肥铲、烧旱河沟杂草面积 82000 平方米。疫区大队总投入 35.66 万个工日，灭螺工程投资 31.08 万元。1974 年，整个疫区没有发现钉螺。1985 年起，忻城县每年均由卫生局给县直医疗单位、各乡镇卫生院下达发热病人血检指标，发现疟疾疫情时，由县防疫站寄防科和当地卫生院医务人员前往施治，洒药灭蚊。同年，忻城县人民政府成立控制犬患领导小组，印发《关于控制犬患的通知》1900 份，散发有关资料 1500 多份，对广大群众进行宣传教育，动员广大群众投入灭犬斗争。各乡镇群众相继灭犬共 102 只。1986—1990 年，全县未发现狂犬病人。1996 年，忻城县医疗卫生机构按照忻城县人民政府下发的《忻城县预防和控制艾滋病工作意见》要求，加大艾滋病防疫工作，发放宣传单 5000 份，宣传图 130 张，为群众提供艾滋病知识咨询 240 人次；举办性病、艾滋病高危人群学习班 2 期，参加培训人员 238 人；监测高危人群 52 人。县皮防站监测高危人群 33242 例次，发现性病 722 例，阳性率 2.2%。2004 年 3 月底，忻城县大塘、思练等乡镇出现“甲型副伤寒”流行，接到报告后，市疾控中心立即派人前往疫区，与该县卫生局、防疫站和当地卫生院人员一起，进行流行病学调查，制定防治方案，开展防治工作，疫情得到有效控制。

疫情报告

民国 23 年（1934 年），一些县天花流行日趋严重，在城镇开业的医务人员，作为慈善义务，免费施种牛痘。其中，武宣县种痘 200 人、迁江县 2531 人、来宾县 797 人、忻城县 2842 人、象县 267 人。民国 28 年，金秀镇长二村共有 70 余人，当年流行天花，全村发病 63 人，死亡 35 人。民国 28 年和民国末年（1949 年 1 月 1 日至 9 月 30 日止），迁江、来宾、象县发生过流行性脑脊髓膜炎（下称“流脑”），此病又称脑膜炎，患者多为儿童。民国 29 年，忻城患流行性脑膜炎 2 人（男女各 1 人），均死亡［广西统计季报（1937—1940 年）］。

20 世纪 50 年代初期，设立在各县卫生院内的防疫股或防保股，建立疫情报告制度。各县防疫站，除设专人负责本县疫情报告工作外，医疗单位的保健人员、卫生防疫人员都是责任疫情报告人。发现疫情逐级向卫生管理和防疫部门报告。1950 年报告：鼠疫、霍乱、天花、白喉、流脑、猩红热、麻疹、痢疾、伤寒、黑热病、疟疾、麻风等 12 种。1950 年，境内各县医务人员为群众接种牛痘 7.7 万人。1951—1956 年，先后增加流行性乙型脑炎、回归热、脊髓灰质炎、百日咳、炭疽病、布鲁氏菌病、森林脑炎、狂犬病和血吸虫病；取消麻风病。1957 年，增报恙虫病；取消血吸虫病。1959年，增报流行性感冒、传染性肝炎、钩端螺旋体病。1991年，境内各县建立县、乡、村三级灭疟机构，实行对疟疾后期的监测和灭疟联防，全面开展清查病源拔除病灶，以及病源学与血清学双向监测等工作，对乡村卫生院实行定时间、定任务、定质量的管理制度，并发动群众进行防蚊灭蚊活动。2003年，来宾市报告乙类传染病共计17种4979例，发病率为204.23/10万；丙类传染病共计6种3244例，发病率为133.29/10万。各种传染病数与2002年同比上升的有：肝炎4448例、麻疹65例、风疹184例、腮腺炎675例、腹泻病996例、淋病261例、梅毒99例、炭疽3例。同比下降的有：痢疾488例、伤寒51例、艾滋病6例、钩体病1例、新生儿破伤风32例、肺结核2329例、流感736例、结膜炎65例。持平的有：百日咳1例，猩红热3例，狂犬病4例。流脑无病例报告，新增斑疹伤寒1例，非典型肺炎1例。同年，来宾市共报告AFP病例15例，发现阳性1例，其余均为阴性。其中兴宾区共上报AFP病例6例，经自治区疾控中心检测，发现1例疫苗棵病例。2005年，来宾市接诊可疑肺结核病人5281例，确诊肺结核病人3551例，发现涂阳肺结核病人1065例、新涂阳病人790例，新涂阳病人免费抗结核治疗率99.87%。年内，市疾控中心和象州、金秀瑶族自治县疾控中心建立艾滋病初筛实验室，对既往有偿供血（浆）人群进行HIV病毒抗体筛查243人，结果均阴性；对卫九哨点吸毒人群180份血标本进行HIV抗体监测，感染率8.89%；金秀瑶族自治县启动注射吸毒人群针具交换活动；全市发放艾滋病防治资料30多万份。“三热”病人疟原虫血检1695人，结果全阴性；流动人口疟疾监测3935人，阳性2人；外出务工返乡人员血检2560人，阳性2人；老疫点15岁以下儿童疟疾血清学检查1712人，结果全阴性。开展霍乱监测，检测腹泻病人粪便1000份、重点人群粪便300份、水体及其他样品150份、食品150份，结果均阴性，未发现霍乱病人。对武宣县疑似肝吸虫病人进行血清抗体检测187人份，阳性率64.17%；106例病人经规范治疗一疗程后粪检虫卵24份，转阴18份。新发现麻风病人3例，现症病人共5例，治愈2例，无复发病例。

来宾县甲类传染病疫情报告

鼠　疫　《来宾县志》（1994年版）记载：清光绪三十年内（1904年），来宾县南一里隆平团（今三五乡榜山、古梦等村一带）诸村发鼠疫。清宣统二年（1910年）五月，来宾大湾圩鼠疫尤剧，死者殆百，圩人走避一空，县城亦发鼠疫，半月乃止。

霍　乱　清代，民国时期，对传染病极少防疫，瘟疫时有流行。清道光十三年（1834年），来宾县城死于霍乱数百人。

武宣县甲类传染病疫情报告

霍　乱　民国10年（1921年），武宣县二塘乡霍乱流行，死60余人。民国35年，武宣县黄茆乡的新桂、黄村霍乱流行，死亡40余人。

象州县甲类传染病疫情报告

霍　乱　《象州县志》（1994年版）记载：清道光二十九年（1849年），象州“瘟疫大作，至三十年始息。”光绪二十八年（1902年），城乡俱瘟疫，“尤以上西为甚，集义村头水岩流出红水，村中老幼瘟死五十余人”。民国32年（1943年），象县大樟乡（今属金秀瑶族自治县）霍乱死21人。民国34年9月，象县霍乱流行，人和乡大井村死亡80余人。

来宾县乙类传染病疫情报告

天　花　民国末年（1949年1月1日至9月30日止）9月，来宾县塘圩、良江、三五、分界等乡流行天花。至1950年1月，全县9个乡、53个村共染天花2232人，死亡940人，其中90%以上是儿童。1951年春，来宾县动员和组织闲散医务人员防治天花。迁江县组织在县城开业医务人员24人分赴各乡种牛痘，共种牛痘6.8万多人；来宾县组织医务人员30人下乡种牛痘7.8万多人。

流行性脑脊髓膜炎　1967年11月—1968年4月，来宾县有4570人受流行性脑脊髓膜炎感染，死亡417人。疫情感染周围数百里529个村庄，凤凰、三五、小平阳等乡为重疫区。2002年1月13日—3月10日，来宾县良塘乡相继发生流脑病14例、死亡3例。疫情发生后，县政府专门召开三次“扑灭流脑疫情”紧急会议，县、乡财政拨出16万元专项经费，由卫生防疫、医疗部门组织业务技术人员68人，车辆8部，深入良塘乡及采取隔离治疗病人，对易感人群服磺胺类药物及应急接种（A+C）流脑疫苗，3月7日后疫情得到控制，及时对易感人群开展免费A群流脑菌苗预防接种共19292人，口服预防药品19004人，但疫情仍未得到有效控制。经区疾控中心检验证明此次疫情为C群菌引起的流脑暴发。3月下旬又对重点人群进行了（A+C）流脑疫苗接种共3050

人，疫情得到扑灭。

流行性乙型脑炎（简称“乙脑”） 1962—1987年，来宾县患有乙脑1447人，死亡365人。其中1971—1972年发病率最高，全县染疫356人，死亡112人。2003年6月上旬，兴宾区小平阳、寺山、蒙村、平阳等乡（镇）相继发生可疑乙脑病例，死亡2例。市疾控中心采取隔离治疗病人、搞好疫村环境卫生、灭蚊防蚁，10岁以下儿童应急接种乙脑疫苗3511人，疫情得到有效控制。

白喉病 1960—1964年，来宾县有332人患白喉病毒，死亡89人。

麻　疹 1957—1969年来宾县有34635个病人受麻疹病毒感染，死亡566人。2000年来宾县对108例麻疹病人均能及时进行流行病学调查和疫情处理，并对疫点周围易感人群进行应急接种疫苗。2003年，对兴宾区发生的10例麻疹病人进行流行病学调查和疫情处理，对疫点周围易感人群进行应急接种，防止疫情扩散。3—6月组织开展对8个月~10岁儿童麻疹疫苗普种工作，共接种11820人。新生儿破伤风监测与AFP、麻疹的主动监测同步进行，对发生在本地的16例患儿均按监测方案要求做好个案调查。

小儿麻痹症 1986年来宾全县有206人受小儿麻痹症病毒感染，死亡35人。

麻风病 1959年6月，来宾县在大里公社建成麻风防治村，从柳州皮肤防治站接回麻风病人24人。至1983年，来宾县共收治病人169人，治愈142人，因并发病和老衰死亡26人，未治愈1人。1986年来宾县查治麻风病人229人，其中瘤型麻风病人75人，界线型麻风5人，结核样型麻风149人。1986—1988年，来宾县组织力量继续开展麻风病疫村专业普查工作。3年共查人数129617人，发现新麻风病人15人，其中瘤型2人，结核样型13人。1992年发现新病人3例，发病率0.1‰。

脊髓灰质炎 1991年，来宾全县共发生83例脊髓灰质炎病例，死亡10例。县委、县政府组织开展3次大规模应急服苗工作，全县0~4岁儿童3次共服苗296832人次，疫情于6月下旬得到完全控制，不再有新病例发生。之后全县连续10年无脊髓灰质炎病例发生。

布鲁氏菌病 1998年1月，在来宾县桥巩乡开展布病监测，对215例高危人群进行了个案调查和采血送区站检测，结果SAT全部阴性，表明县人间猪种布病已趋于消灭。

伤寒副伤寒 1951—1962年，来宾县境内连年发生。1963年患病者135人，死亡4人，小平阳乡甘秦村为重疫区。1994年4月，来宾县八一铁合金矿厂、凤凰、大湾、正龙、城厢等乡镇发生伤寒流行，共发病74例。经过采取有效措施，6月份底疫情得到控制。2000年8、9月，来宾县蒙村乡4个村委10个村屯伤寒暴发流行，共发生135例，无死亡病例，发病率为2.68/10万，后采取措施投放消毒漂白粉450千克，漂白精片3万片，复方新诺明9万片，接种伤寒疫苗32400人份，疫情较快得到控制。2000年8月来宾县蒙村发生伤寒爆发流行，共发病135例。

炭疽病 1992年8月，来宾县有8头耕牛患炭疽病死亡，16人发病。

疟　疾 1956年，来宾县在北五区白山村、城厢区泗贯村进行血检、脾检、疟史、蚊媒调查。各区亦开展相应的检查和调查。1963年全县疟疾发病人数4537例，发病率为2455.4/10万，死亡率为1.5/10万。1970年全县疟疾发病346例，1975年全县疟疾发病人26例，1980年全县疟疾发病人1例。

武宣县乙类传染病疫情报告

狂犬病 1992年武宣县狂犬病发病1例，死亡1例。1993—2001年武宣全县无病例发生；2002年、2003年武宣县狂犬病每年发生1例，均死亡。2005年武宣县狂犬病发病人数16例死亡16例。

艾滋病 至2005年武宣县艾滋病累计报告病例15例，其中2002年、2003年无病例报告，2004年武宣县艾滋病报告2例，2005年武宣县艾滋病报告12例。

肺结核病 1991—2003年（结核病归口管理前）13年间，武宣县结核病登记报告病人2439例，年平均发病率为46.8/10万。2004—2005年武宣县治疗结核病人2020例。

病毒性肝炎 1991武宣县病毒性肝炎发病89例，其中甲肝19例，乙肝47例，非甲非乙型2例，未分型21例。1992—1998年武宣县病毒性肝炎发病数均有100例左右。1998年武宣县丙肝发病1例。1999年，武宣县病毒性肝炎发病164例，其中丙肝2例，戊肝1例，是病毒性肝炎具体分型后在武宣发生的第一例戊肝。1999—2003年武宣县病毒性肝炎病例数在150~200例。2004年，武宣县病毒性肝炎318例。2005年，武宣县病毒性肝炎258例。

细菌性痢疾 1991年，武宣县细菌性痢疾发病

462 例，死亡 1 例。1992—2002 年共发病 1961 例。2003—2005 年共发病 751 例。

钩体病 1991—2005 年武宣县共发生钩体病 11 例。

传染性肝炎 武宣县 1962 年发病 45 例，死亡 4 人。1970 年此病在东乡流行。1978 年在武宣农场发病 45 例。每次得到疫情，县里即组织人员赴疫点，进行卫生宣传教育，加强对水源及食具消毒，隔离治疗病人，及时控制疫情蔓延。但此病每年仍有病发。

新生儿破伤风 1991 年，武宣县新生儿破伤风发病 16 例，死亡 3 例。

流行性乙型脑炎（简称“乙脑”） 1964 年，武宣县发生 72 例，分布在 20 个乡（镇）52 个村（街）。1969 年 9 月，武宣县禄新公社发病 21 例，死亡 5 人，发病率 9.04/10 万，死亡率 2.15/10 万。1971 年，全县发病率高达 45.96/10 万，死亡率 12.2/10 万。至 1990 年发病率下降到 0.58/10 万。1991—1999 年，武宣县流行性乙型脑炎共发生 50 例。2000 年和 2001 武宣县流行性乙型脑炎每年发病 7 例，2002 年、2003 年武宣县流行性乙型脑炎每年发病 2 例；2004 年、2005 年武宣县流行性乙型脑炎分别发病 5 例和 8 例。

麻　疹 1952 年武宣县麻疹发病 388 人，死亡 3 人。中华人民共和国成立后发病率最高年份是 1969 年为 2493.67/10 万，死亡率为 5.59/10 万，其中东乡、禄新、桐岭和通挽病情比较严重。1971 年，武宣县麻疹发病率 1294.8/10 万，死亡率 3.25/10 万。1986 年，全县发病率降到 2.70/10 万，无死亡；1988 年发病率为 2.34/10 万，无死亡；1990 年发病率为 17.94/10 万，死亡率为 0.55/10 万。1992 年在 8 个乡镇共发生麻疹 232 例，其中 2—6 月的病例占 84.91%，散居儿童发病数占 66.38%。1993—2002 年，武宣县麻疹共发病 431 例。2003—2005 年，武宣县麻疹共发病 26 例。

白　喉 武宣县 1951 白喉病发病 1 例，死亡 1 人。1965 年白喉病发病 30 例，死亡 7 人。

痢　疾 1951 年，武宣县痢疾发病率为 640/10 万，死亡率为 2.51/10 万。1957 年 7 月，武宣县东乡区发病 195 例。1976 年武宣县痢疾发病率达 3418.45/10 万。至 1990 年，武宣县痢疾发病率为 1037.35/10 万。

伤寒副伤寒 1951 年，武宣县伤寒、副伤寒患者为 37 例，死 1 人。1961 年，武宣县伤寒、副伤寒 256 例，死亡 7 人。1963 年，武宣县伤寒、副伤寒发病为 121 例，死亡 3 人，发病率为 64/10 万，病死率为 2.48%。1971 年，武宣县伤寒、副伤寒病 9 例，死 1 人。1975 年，武宣县伤寒、副伤寒病 5 例。1980 年，武宣县伤寒、副伤寒 1 例，无死亡。1981—1989 年无病例。1990 年武宣县伤寒、副伤寒发病 6 例，发病率为 1.7/10 万，经治疗无一死亡。1991—2005 年，武宣县全县共发生伤寒副伤寒 77 例。

百日咳 1951 年武宣县百日咳患者发病 13 例，1955 年发病 592 例，死 1 人。由于大力开展卫生运动和采取“防治结合”的措施，发病率下降，1959 年比 1957 年下降 36.3%。1967 年，因人群流动频繁，武宣县发病率上升达 2100/10 万，是中华人民共和国成立后县境内发病率最高的年份，死亡率为 1.8/10 万。1985 年，武宣县实行冷链运转后，全县范围内普种百白破（百日咳、白喉、破伤风）疫苗，使百日咳发病率明显下降。1987 年无病例。1988—1989 年发病率都是 0.58/10 万，1990 年为 3.3/10 万，死亡 1 人，死亡率为 0.29/10 万。

炭疽病 1950—1980 年，武宣县共发生炭疽病 38 例。1983 年 9 月，武宣县黄茆街因卖死因不明的牛肉而致使买食者发病 10 例；10 月，二塘发病 2 例。1990 年，武宣县金鸡乡炭疽病发病 6 例。1991—2005 年武宣县炭疽病是共发病 18 例。

布鲁氏菌病 1982—1985 年，武宣县防疫部门调查县内屠宰人员 60 人，兽医人员 36 人及农村饲养员 9680 人，发现感染布鲁氏杆菌病 156 人（屠宰人员感染 1 人，饲养员感染 155 人），发病 45 人。

疟　疾 1990 年，武宣县防疫部门血检全县发热病人 18748 人，全部为阴性；血检 27 个村屯 2671 人，均为阴性；血检流动人口 614 人，发现原虫阳性 9 人。

小儿麻痹症 1969 年，武宣县小儿麻痹症发病率为 9.03/10 万。1973 年武宣县小儿麻痹症发病 4 例。1990 年，武宣县河马乡小儿麻痹症发病 1 例。

金秀瑶族自治县乙类传染病疫情报告

流行性乙型脑炎（简称“乙脑”） 1989 年后，金秀瑶族自治县每年对适龄儿童接种乙脑疫苗，疫情得到很好的控制。1990 年，金秀瑶族自治县乙脑发病 3 例。2000 年，金秀瑶族自治县乙脑发病 1 例。

流行性脑脊髓膜炎 1991 年、1992 年各有 1 例病人，无死亡病例，发病率均控制在 1/10 万以下，自 1993 年以来未发现病例。

伤寒副伤寒 1990—2002 年,金秀瑶族自治县伤寒发病率在 4.18/10 万。1992 年起,病例连年不断,均成散发,且散发病例及疫点呈增多趋势,有 3 个年度超过 10 例,其中 1999 年 2 例、2000 年 13 例。1993 年起,有计划在疫点及重点人群(饮食服务行业)开展伤寒(副伤寒)菌苗预防注射,同时大力开展“预防伤寒病”宣传活动。1994 年 6 月,八一铁合金厂、凤凰镇发生伤寒流行,共发病 41 人,经采取有效措施,6 月底疫情得到控制。

病毒性肝炎 1988—2005 年,病毒性肝炎仍是自治县主要传染病,每年均有散发病例发生。

传染性肝炎 金秀瑶族自治县自 1961 年后,每年都有发生和流行。1964 年达 112 例,发病率为 29.3/ 万;1981 年为 101 例,发病率为 17.5/ 万。

百日咳 1967 年,金秀瑶族自治县百日咳发病人数为 1182 人,发病率为 2829.78/10 万。

梅 毒 1955 年,对金秀镇六拉、六段、长二和六巷乡青山、门头、六巷、大凳等村 1928 人进行重点抽样调查,其中呈阳性反应 345 人。

疟 疾 1953 年金秀瑶族自治县疟疾病人为 28517.81/10 万,1985 年降到 1/ 万以下。1978—1988 年,金秀瑶族自治县开展“发热”病人血检 67819 人次,其中阳性人数 19 人,阳性率 2.8/ 万。1991—2000 年,金秀瑶族自治县年均发病率为 72.47/10 万,1991 年 188 例,1992 年 135 例,1993 年 42 例,1994 年 142 例,1995 年 61 例,1996 年 78 例,1997 年 11 例,1998 年 135 例,1999 年 75 例,2000 年 74 例。

麻 疹 1969 年,金秀瑶族自治县麻疹发病 1127 人,发病率为 2557.19/10 万。1980 年,全县有麻疹 26 病例。1985 年全县有麻疹 12 例。

钩端螺旋体病 金秀瑶族自治县历年发现钩体病疫情有:1992 年 1 例,1993 年 1 例,1994 年 3 例,1995 年 1 例,1999 年三角乡江燕村委 29 例(死亡 2 例),2001 年 1 例。

忻城县乙类传染病疫情报告

病毒性肝炎 忻城县内以甲型肝炎、乙型肝炎发病最多,是发病率较高的传染病。1960—1986 年,全县患肝炎合计 5232 人,死亡 12 人,占患病人数 0.23%。1987 年 2 月—7 月,宁江乡加仁村甲型肝炎暴发流行,全村 353 户共 1540 人,其中发病 69 人,占 4.48%。1958—1987 年,宁江乡加仁村累计发病 82 人,其中男 45 人,女 37 人。1990 年,忻城县遂意乡的南康、弄江、增仰、加北、弄尧、琼古、遂意、联堡、朝公等 9 个村公所的 54 个自然屯,甲型肝炎暴发流行,病人共 350 例,其中死亡 1 例。

流行性脑脊髓膜炎 民国 29 年(1940 年),忻城患流行性脑膜炎 2 人(男女各 1 人),均死亡(广西统计季报〈1937—1940 年〉)。20 世纪 50 年代,“流脑”发病率较低。1952—1982 年,忻城县患脑膜炎合计 398 人,死亡 67 人,占患者总数 16.8%。1983—1990 年,忻城县内在黄金、大塘、安东、县农技校、练江、新练、石龙、西江、红渡、雷洞、木排、弄尧、加北、林况、龙塘、马蹄、龙门、北丹、古蓬、马泗、兴木、金山、古仁、联团、板内、六纳等村屯(单位)先后发生“流脑”共 91 例,其中死亡 21 例(占 23.1%),其余均治愈。1991 年 8 月,忻城县思练、大塘、安东发生脊髓灰质炎疫情,共发病 17 例。

炭疽病 1968 年、1972 年和 1973 年,炭疽病在忻城县城关公社的都乐大队、范团大队,思练公社的龙南大队,大塘公社的寨南大队以及红渡公社的渡江大队流行。渡江大队的北项生产队,龙南大队的吉林生产队以及范团街上,在这 3 年中,先后因牛炭疽病而使人感染患皮肤炭疽病 8 人,其中死亡 1 人。1975 年 6 月 20 日—23 日,忻城县外贸公司仓库 4 头菜牛突然死亡,7 月 4 日,与该仓库相邻的城关公社食品站良种猪舍,1 头大母猪突然死亡。经县兽医站、防疫站对死牛死猪取血涂片镜检,发现大量炭疽杆菌。接触死畜的 12 名工人中,有 5 名受感染患皮肤炭疽病。1976 年 10 月 4 日,忻城古蓬公社古蓬大队北胜生产队,有一头水牛患炭疽病死亡,接触死牛或吃死牛肉的人中有 3 人受感染患皮肤炭疽病。1976 年 6 月,忻城县外贸公司仓库人畜炭疽病流行,防疫站为附近居民 4500 人接种炭疽菌苗,为 423 头牛、123 头猪接种炭疽菌苗。发现的炭疽病人,除 1 名发现较晚,治疗无效而死亡外,其余病人均治愈。1988—1990 年,忻城均未发现炭疽病。

流行性乙型脑炎(简称“乙脑”) 1958—1981 年,忻城县发现病人 460 人,死亡 64 人,占患病人数 13.9%。1982—1990 年,忻城县内在城关、龙头、联团、六安、渡江、尚宁、高塘、永和、安东、思练、桃源、板河、黄金、六华、马泗、林况、寨北、雷洞等村屯,先后发现病人 31 例,其中死亡 5 例,其余均治愈。

艾滋病 2003 年,全县报告新发性病病例 115 例,比 1995 年增加 17%。其中:梅毒 32 例,增加 50%;淋病 51 例,减少 48%;尖锐湿疣 22 例,减少

30%；非淋菌性尿道炎 7 例，生殖器疱疹 3 例。

疟　疾　1955 年，忻城县发病高达 2794 人，发病率为 1471/10 万。1980—1987 年，忻城县发病 145 人。1984 年，忻城县参加广西东部地区灭疟联防区后，在灭疟领导小组领导下，从 1985 年起，每年均由卫生局给县直医疗单位、各乡镇卫生院下达发热病人血检指标，发现疟疾疫情时，由县防疫站寄防科和当地卫生院医务人员前往施治，洒药灭蚊。1980—1987 年，血检发现疟疾病人 157 名，均采用根治疗法，对 261 名有疟史患者则采用抗复法治疗，还给疫区群众及病人家属预防服药 1468 人次。经积极防治，全县疟疾由年发病率 1471/10 万下降至 9.7/10 万。1988 年 11 月，红渡公社六纳村加范屯有 20 户 103 人，发病 37 人，占全队人口 35.9%。

小儿麻痹症　1960—1980 年，忻城县小儿麻痹症发病 55 例，无死亡。1981 年，忻城县发病 57 例，1986 年发病 33 例，死亡 6 例。

钩虫病据　1971—1972 年调查，忻城县以城关、果遂两公社农民发病率最高，小学生发病率最低。城关总检人数 1623 人，其中钩虫阳性 690 人，阳性率 42.51%；大塘总检 23180 人，其中阳性 655 人，阳性率 2.82%；果遂总检 2992 人，其中阳性 1390 人，阳性率 46.45%。城关小学总检 534 人，其中阳性 44 人，阳性率 8.2%。

狂犬病　1954—1982 年，忻城县患狂犬病合计 160 人，死亡 135 人，占患病人数 84.4%。1983 年，忻城县被狗咬伤 580 人，感染发病死亡 8 人，占 1.38%；1985 年，全县被狗咬伤 874 人，感染发病死亡 7 人，占 0.8%。1983 年 4 月忻城县防疫站建立预防门诊部，当年处理犬伤 555 例，1985 年处理 874 例。

象州县乙类传染病疫情报告

天　花　清光绪三十四年(1908 年)，罗香乡罗运村流行天花，29 个中年人被传染，死亡 25 人。民国 33 年(1944 年)，象县天花流行，大樟、中平等 6 个乡共死亡 200 多人。

狂犬病　象州县内患者主要被狗、猫、猪等家畜咬伤发病。病例较多的有中平、百丈、寺村、运江、象州、妙皇公社。1980 年 5 月 1 日，县防疫站编印防治狂犬病宣传资料，并进行张贴、广播，宣传狂犬病的危害。1982 年县人民政府印发禁止养狗的布告，严禁城镇居民和机关单位养狗。1966—1990 年，全县狂犬病患者 199 人，死亡 158 人。1991—2005 年，全县共报告狂犬病病例 13 例，死亡 13 例。

疟　疾　1936 年，在石龙镇 1 所小学调查结果：原虫率 47.6% (20/42)，其中恶性疟占 80%、间日疟和三日疟各占 5%，混合感染 10%，脾肿率 23%。中华人民共和国成立后，加强疟疾的防治。1957 年县人民委员会成立抗疟领导小组，组织医疗卫生人员、干部、教师，广泛发动群众，使用胍类药物开展群众性疟疾防治工作。1959—1965 年，以疟史普查为主要手段，每年进行 2~3 次抗疟复发治疗，重点疟区补以喷药灭蚊和化学预防，共治疗疟症病人 2499 人，低潮期根治疟史 3020 人，抗复发治疗 31012 人次，预防服药 112835 人次，喷药灭蚊 244985 平方米，从而使发病率从 1959 年的 207.08/ 万下降至 1965 年的 6.92/ 万。1962—1964 年，象州县防疫站在寺村、象州、石龙、妙皇 4 区 11 自然村调查，平均原虫率 9.29%，最高的村达 45%。其中恶性疟、间日疟分别占 58.76% (218/371) 及 40.7% (151/371)，三日疟和混合感染各占 0.27%，表明当地为间日疟和恶性疟的混合流行区。1966—1970 年，继续进行疟史普查，治疗现症病人。1971 年后，以发热病人血检为主要手段，清除残存传染源和拔除病灶点，加强流动人口的疟疾管理。1985—1987 年，象州县连续 3 年发热病人血检率在 10%、血检村屯覆盖面 90% 以上，年发病率控制在 0.02‰以下，以乡为单位发病率不超过 0.2‰。1987 年 11 月，自治区考核组到象州考核，分别在马坪、水晶、寺村、妙皇、运江、大乐、百丈 7 个乡 12 个村公所选取 15 个自然村屯为居民原虫考核点，经现场调查和血检考核，确认象州县已达到国家卫生部和自治区卫生厅规定的基本消灭疟疾标准。

钩虫病　1965 年 6 月，象州县中平区多福公社对 405 人作钩虫病调查，粪检 348 人，呈阳性 74 人，阳性率为 21.26%。1972 年象州县开展普查治疗，粪检 119649 人，占全县总人口 44.24%，呈阳性为 9027 人，阳性率 7.54%，治疗 9025 人，治疗率 99.98%。1976—1984 年象州县在罗秀、象州、石龙、中平等乡镇部分村、街进行调查及治疗，受检 5624 人，呈阳性 1145 人，阳性率为 20.29%。对钩虫阳性者采用单纯噻嘧啶片治疗，连服 3 晚为 1 疗程，2 疗程后，抽查 163 人，阴转人数 155 人，阴转率为 95.09%。

肝吸虫病　1986 年 10 月，象州县卫生防疫站寄防科选择石龙镇青凌村委的青凌、屯巩 2 个自然村调查，应检 984 人，粪检 556 人，受检率 56.3%，阳性 85 人，阳性率 15.3%，抗原皮试 596 人，阳性 76 人。

合山市乙类传染病疫情报告

甲型病毒性肝炎　1990年3月—6月，合山市岭南镇里朝村甲肝暴发，共发病59例；1994年合山市河里乡双凌村甲肝暴发，共发病8例。

麻　疹　1999—2000年，合山市发生局部麻疹流行。1999年，合山市麻疹发病14例。2000年，合山市麻疹发病33例。

伤　寒　2002年5月—6月，合山市北泗乡屯山村发生甲型副伤寒暴发流行，共有确诊病例4例。

疟　疾　1955年，合山市疟疾发病率为3.6‰。

钩虫病　1956年，合山煤矿对460名钩虫病患者进行治病。1970年，来宾县在部分公社和合山矿务局职工医院普查，共检查12578人，其中钩虫感染2890人。1970年矿务局以柳花岭矿作为钩虫病防治调查重点，受检2334人，占应检人数的90.2%，发现患者349人，发病率为15.6%，根据病情进行治疗，治愈率达81.1%。

蛲虫等其他寄生虫感染　1989年4月—5月，自治区在合山市6个中签点作人体寄生虫分布调查，受检3131人，感染78.79%。发现蠕虫7种：蛔虫、鞭虫、钩虫、华支睾吸虫、蛲虫、长膜壳绦虫、带绦虫；肠道原虫5种：贾第虫、接场内阿米巴、溶组织阿米巴、布氏嗜碘阿米巴、微小内蜓阿米巴。在查出的2467例肠道寄生虫感染者中，同时有1~5种者，分别占36.27%、30.3%、11.24%、0.99%和0.06%。对1404名小学生进行检查，1次检查出蛲虫感染372名。

肝吸虫病　1989年，合山市作人体寄生虫分布调查，受检3131人，发现肝吸虫阳性19人。

武宣县丙类传染病疫情报告

流行性感冒　1970年，武宣县发病率最高年为14218.6/10万。1971—1978年连续大流行，其中1977年发病率高达6780.77/10万。

麻风病　1991—2005年武宣县共发现麻风病人4例，联合化疗5例，治愈4例，现尚有1例现症病人；开展疫源地普查2次，调查人数6555人，未发现新病例。

兴宾区丙类传染病疫情报告

流行性感冒　2003年5月中旬，兴宾区桥巩乡葵花小学和迁江镇中学相继发生流感，共发病176例，无死亡。2004年2月份，兴宾区良江镇二中、良江中心校、桥巩乡东塘完小分别发生流感疫情，3月中下旬，兴宾区陶邓二中发生流感疫情。

合山市丙类传染病疫情报告

流行性腹泻　1985年5月，合山市发病1196人。

流行性感冒　2002年，合山市公安局看守所发生流感暴发流行，在押犯人132人中有88人先后发病。

象州县丙类传染病疫情报告

流行性腹泻　1985年5月，象州县流行性腹泻发病达1000人。

丝虫病　1970年12月—1971年2月，象州全县开展丝虫病普查，实检人数223179人，占全县总人口88%，查出微丝蚴阳性370人，主要分布在寺村、中平、罗秀、大乐、运江、象州、桐木7公社的22个大队，100个生产队，48个自然村。从1971年开始，对微丝蚴阳性者用海群生药物3日3克进行反复多次治疗，同时在疫村开展全民服药，对象为3周岁以上血检阳性者。经多年查治，象州全县微丝蚴阳性率从防治前(1970年)的0.17%(370/223179)下降至防治后(1984年)的0.01%(1/11396)。1985年11月，经国家卫生部考核验收，确认象州县基本消灭丝虫病，发给奖状及证书。1986—1990年，象州县卫生防疫站在寺村、运江的部分疫村进行5次丝虫病横向监测，血检11371人，均未查到微丝蚴。

忻城县丙类传染病疫情报告

麻风病　至1988年底，忻城累计发现麻风病60例，其中城关9例、宁江6例，马泗5例、大塘7例、思练3例、果遂8例、红渡6例、古蓬2例、北更12例、遂意2例。在60例麻风病患者中，属于多菌型20例，少菌型40例。男性50例，女性10例。发病年龄最小者15岁，最大者90岁。至1990年底，未再发现新的麻风病患者。

丝虫病　1959—1969年，忻城防疫站组织医务人员先后进行摸底调查，血检386人，发现微丝蚴阳性1人。1970年，忻城县进行一次大普查，随后几年又对疫区各村屯反复检查，累计血检达332963人(次)，阳性37人，感染率0.01%，经鉴别，感染虫种均属斑氏丝虫。对查出的微丝蚴阳性者，均采用海群生3天3克进行对象治疗，每人1~2个疗程。到1990年，尚未发现新的丝虫病人。

第四节　地方病与职业病防治

地方病防治

20世纪70年代以来，被列为国家重点防治的地方病有甲状腺肿、克丁病、氟中毒、大骨节病、克山病、鼠疫、布鲁氏菌病7种。境内有记载甲状腺肿、氟中毒、鼠疫、布鲁氏菌病4种。

地方性甲状腺肿　俗称"大脖子病"。民国20年(1931年)忻城全县甲状腺肿患者101人(男38人、女63人)。民国26年，境内各县共有726人患甲状腺肿病(碘缺乏病)。1967年，境内首先在碘缺乏病高发的金秀、忻城等4县用食盐加碘法进行防治。是年，忻城县思练、大塘、古蓬、北更等公社均有流行，经调查925人，其中发现甲状腺肿患者共359人，占调查人数的38.8%。大塘公社调查84人，患甲状腺肿64人，患病率高达76.2%。从1967年开始，全县9个公社都在食盐中加碘，以期达到全民防治此病之目的。对查出的病人，均给予碘制剂治疗。金秀曾多次开展调查诊治，先后培训业务人员188人。1967年在大樟乡进行调查，实检6472人，受检率86.6%，查出病人3565例，患病率为55.1%；1976年全县普查，实检30540人，受检率为74.26%，患病者为13246人，患病率43.4%。1983—1984年，忻城县防疫站采样128份尿测定碘含量，其中古蓬49份，平均值为12.23毫克每一百毫升，大塘37份，平均值为10.33毫克每100毫升。余下42份不同地区的尿碘含量，最高值8毫克每100毫升有20份，6毫克每100毫升有11份，4毫克每100毫升有7份，2毫克每100毫升以上有4份，平均值为7.2毫克每100毫升，与天津医学院制定的尿碘正常值相符。1981—1985年，忻城县防疫站还对碘盐进行监督监测工作，在盐站、商店、用户采食盐样品共195份进行监测，其中有172份显色较好，显色率占88.2%，有23份不显色，占11.79%；进行定量监测的104份，其中有83份含碘量较高，占79.8%，有21份阴性，占20.19%。1983—1985年，忻城县采66份食盐作含碘半定量测定，其中含碘量为1/40000的有27份，占40.91%，含碘量在1/20000~1/10以内的有39份，占59.09%。1985年，经上级有关部门考核验收，确认忻城县已达到基本控制地方性甲状腺肿病的标准。

1979年11月，在象州县范围内开展甲状腺普查，除石龙外，各公社均发现病人，其中妙皇、罗秀、中平发病率较高，被自治区定为地甲病病区。1977年县防疫站在罗秀用0.66%碘油注射液给患者局部注射，注疗70例，1个疗程后，好转52人。1978年10月，柳州盐站对罗秀、中平、妙皇供应碘盐，含碘浓度1/2万。1985年，象州县碘盐含碘浓度改为1/5万。1986年11月，对供应碘盐的3乡调查，患病率下降78.13%。

1983年，武宣县防疫站在二塘公社小琳大队对甲状腺肿进行调查，在应检858人中实检662人，发现病人331例，其中生理性肿大42人，1度194人，2度74人，3度18人，4度3人，患病率为43.66%，肿大率为50%。病因是碘质不足于人体的正常需要量所致。1984年12月，县防疫站对7个乡的7个自然村7岁以上的人进行调查，检查2583人，患病人数共955人，发病率为36.97%，生理性甲状腺肿大17人，肿大率为1.78%。1985年10月，武宣县抽出40名医务人员组成地方性甲状腺肿病调查小组，对全县11个乡镇、33个自然村、144个村民小组、3460户进行调查，在应检17991人中实检17249人，发现病人1456人，患病率为8.44%，生理肿大888人，肿大率为13.5%。1986年5月，县防疫站开始为全县在食盐中加碘，量为1/2万，使全县人吃上了合格的碘盐。1988年10月在全县范围内普查3037户的15626人，发现病人489人。2005年，全市共做居民碘盐监测1536份，合格1324份，碘盐合格率为91.18%，合格碘盐食用率为86.20%，非碘盐检出率为5.47%，其中以兴宾区的碘盐合格率、合格碘盐食用率最高，分别为97.92%、97.92%。

地方性氟中毒　1985年，自治区卫生防疫站在合山矿区调查380名小学生，患氟斑牙334名。在矿区的东矿临床检查89人，诊断为氟骨症20人。该区燃煤氟含量日平均浓度超过国家规定标准4.3倍以上。

职业病防治

根据《中华人民共和国职业病防治法》第十五条的规定，卫生部颁布的《职业病目录》中规定的职业病目录为10类32种。10类为：尘肺13种；职业性放射性疾病11种；职业中毒56种；物理因素所致职业病5种；生物因素所致职业病3种；职业性皮肤病8种；职业性眼病3种；职业性耳鼻喉口腔疾病3种；职业性肿瘤8种；其他职业病5种。

矽肺病　合山矿务局为煤矿企业，职业病以矽肺病为主。1955年以前，防尘防毒的设备甚少。

1957—1962年，矽肺病患者229人，病因主要是矿井下煤尘浓度过大所致。1963成立合山矿务局矽肺诊断小组，对职工8809人作胸部拍片检查，确诊矽肺病患者262人。1985年，全局开展矽肺病普查，患病率为8.55%。比1950—1960年年均患病率的44.88%下降了33.33个百分点。1986年对接触粉尘作业职工6906人进行检查，观察对象21人，发现矽肺病患者3人。

1955—1987年，合山矿务局发现患矽肺病人512人(其中死亡167人，已调出6人，尚有339人)。在尚有的病人中Ⅰ期176人，Ⅱ期112人，Ⅲ期51人，对病患者采取休养治疗或调换工种等办法。

第五节　爱国卫生运动

1950年，各县投入群众性的爱国卫生运动，开展大扫除活动，捕捉老鼠，消灭苍蝇、蚊子，疏通沟渠，填平洼地，清除垃圾。1952年，各级卫生部门发动群众，结合土改和生产，开展爱国卫生运动。1956—1960年，又掀起以除四害、讲卫生为重点的爱国卫生运动，各县城乡总动员，广泛进行灭鼠、灭雀、灭蝇、灭蚊，讲卫生除病害活动，堵鼠洞，清除蚊蝇孳生地。1961—1965年，城乡开展以“两管”(管水、管粪)、“五改”(改良水井、厕所、畜圈、炉灶、环境)为中心的爱国卫生运动。1972年，在农村开展“两管、五改”运动。各县在19个地方搞试点，然后向面上扩展。20世纪70年代后期，逐渐恢复爱国卫生运动，县、区(乡镇)分别成立除害灭病领导小组。1981年以后，把爱国卫生运动作为建设社会主义精神文明的重要内容，各县成立文明礼貌活动办公室，以治理脏、乱、差，搞好环境绿化，美化环境为重点，农村则以治脏为主，大力开展爱国卫生运动。1982年，中央规定每年三月为全国“文明礼貌月”，号召全国人民开展“五讲四美”和治理城镇环境“脏、乱、差”等现象。各单位都有清洁责任区，建立清扫环境卫生制度，各乡镇农贸市场做到“垃圾日产日清”，保持市场、街道清洁卫生。1984年以来，各县城开展门前“三包”(包卫生清洁、包绿化、包秩序)活动，进一步把爱国卫生运动推向新高潮，以整齐、清洁、美观为目标，向绿化、净化、美化方向发展，城乡卫生面貌发生了较大变化。1991年，境内各级爱国卫生委员会协调各有关部门参与创建卫生文明城镇和参加“南珠杯”竞赛活动。1998年起，各县(市)治理县城的脏、乱、差。在县城推行门前“三包”(包卫生、秩序、绿化)责任制。1999年，各地贯彻国务院《关于加强爱国卫生工作的决定》，掀起爱国卫生除害灭病活动。清扫环境、除害防病、改水改厕、灾后防疫等各项工作不断深入开展，城乡卫生环境不断改善。2003年，来宾市认真贯彻“政府组织、地方负责、部门协调、群众动手、科学治理、社会监督、分类指导”的爱国卫生运动工作方针，结合防治“非典”工作，有计划、有步骤地开展爱国卫生工作。年内，开展爱国卫生运动35次，参加人员达168万人次，清理垃圾1.90万吨，清扫环境207万平方米，消除卫生死角1946个，清理河床1.20万米，疏通沟渠道2.56万米，消毒环境360万平方米，发放灭鼠药1500份，投入毒饵334千克，收埋死鼠7.25万只。同年，来宾市农村饮用水源改造总投资3678万元，其中利用国债项目800万元、国家投资755万元、集体集资419万元、群众自筹资金1655万元。完成改水点11个，建成水厂(站)206个，安装手压机井8303台，累计饮用卫生水受益群众113.24万人。2004年，来宾市人民政府、市卫生局分别与各县、市、区人民政府、卫生局签订11180座农村改厕工作责任状，年内完成改厕12776座，占目标任务的114.28%。同年，来宾市组织4次全市性爱国卫生活动，市区参加活动领导干部2550人次、群众64840人次，清扫环境11.13万平方米，清理垃圾143吨，疏通沟渠3478米，清理卫生死角744处，市区灭鼠7.25万只。2005年，来宾市启动国家补助广西洪涝灾区恢复重建应急工程中央预算内投资卫生院建设项目7个，总建筑4200平方米，投资210万元。启动国际爱德基金补助村卫生所建设项目45个，投资45万元，年内完成大部分项目建设。36个国家预算内资金乡镇卫生院建设项目(共3.15万平方米，1915万元)通过国家评估。启动第三周期乡镇卫生院对口支援活动，10个上级医疗卫生单位(自治区属1个、市属4个、县属5个)对口支援2个县级医院和12个乡镇卫生院。10月，全市12个创建示范卫生院单位通过自治区评估验收。年内，全市完成农村卫生改厕2980座。

来宾县爱国卫生运动

1950年，来宾县发动群众开展春季大扫除。县城由公安局督促和检查卫生活动。1952年，来宾县内各圩镇制定有《卫生公约》，经常开展卫生检查评比活动，对卫生清洁的家庭在其门上贴“最清洁”“清洁”等标记，对卫生差的贴上“不清洁”标记。1956年，来宾县开展以除害灭病为中心的爱国卫生运动，新建水井45个，厕所773间，改良猪栏1029个，牛栏126间。1958年1月，来宾县提出在年内除部分山区外，要基本实现“四无”（无老鼠、无苍蝇、无蚊子、无麻雀）。2月在大湾街召开全县无“四害”现场大会（实际不实现）。1963年，来宾全县结合节日开展48次较大的卫生突击活动。1982年3月，来宾县开展以治理“脏、乱、差”为中心的“全民文明礼貌月活动”。来宾镇人民政府制定有《来宾镇人民公约》，镇街道分为37个卫生清洁区。各清洁区设组长，负责组织本区干部群众开展清洁卫生活动，保持区内清洁卫生。在农村有936个自然村制定有卫生内容的《村规民约》。1983年3月，来宾全县出动70.46万人次清理卫生死角地42处，清理污水沟683条，清理积存垃圾10.46万担，改善饮水条件62处。来宾镇修理大小地下水道7条共61680米，平整街道4条共长3660米，设置垃圾箱48处。全县评出“文明卫生单位”15个。1990年，来宾县农村卫生厕所人口覆盖率为3.81%。1991年，来宾县农村安全卫生水覆盖率为43.3%。1994年6、7月份，来宾县遭受特大洪涝灾害，共有12个乡镇受灾。灾情发生后，县卫生局组织县防疫站4个小分队赶赴灾区开展巡回救灾防病工作，全县共投入消毒药品漂白粉0.6吨，万消灵15.75万片，石灰66吨，发放预防性消毒药品复方新诺明183856片，氯霉素19000片，土霉素27万片，黄连素35000片，以及氟哌酸片等，确保了大灾之后无大疫。1998年6月，部分乡镇受洪涝灾害，县卫生局及时组织抗洪抢险突击队奔赴灾区，先后组织卫生防疫小分队深入灾区巡回开展卫生防病宣传，指导群众采取各种防病措施。期间，共投入消毒药品漂白粉1000千克，万消灵10万片，漂白精片5万片，预防性药品氟哌酸1万片，四环素5万片，黄连素8000片，使灾区无疫情发生。至2000年，农村饮用安全卫生水人口覆盖率为89.3%，用于改水投资总额为4621万元，其中国家投资687万元，集体投资1336万元，个人投资2178万元，其他投资420万元。至2000年，来宾县用于农村改厕投资总额为900.7万元，其中国家补助投资143.3万元，个人投资757.4万元，农村卫生厕所人口覆盖率15.3%。2001年，来宾县改厕工作主要以建设沼气式卫生户厕为主，已建成沼气式卫生户厕7018座，自来水、压把井水建户厕2100个，共计9118个户厕，村公厕3座，总投资金额905.16万元。1991—2000年，来宾县爱国卫生委员会积极开展爱卫运动，协调各有关部门，积极参与创建卫生文明县城和参加“南珠杯”竞赛活动，开展每年的“爱国卫生月”和重大节日爱国卫生活动，动员全社会参与除“四害”和治理环境脏、乱、差问题。在爱国卫生活动中，全县共出动96100人次，清扫垃圾233吨，疏通沟渠5750条，平整路面2300平方米，进一步改善了城乡卫生环境。2001年，来宾县卫生局在高安乡杨村、迁江镇的龙盘村、高长村委的上六、下六村，小平阳的龙井村，良江镇的镇南北区和草陵村，正龙乡新村村委的良耕、新村等9个自然村实施自来水工程，解决了人民群众饮水困难问题，共有1万多人饮用上安全卫生自来水。2002年，来宾县大力开展爱国卫生运动，重点做好农村改厕共组，结合开展创建文明县城，开展2次环境卫生清洁活动，共出动2653人次，清扫垃圾约1000吨，清洗乱贴乱画公共场所。在农村改厕时间紧、任务重的情况下，各级政府加强领导，层层抓好落实。年内全县共完成改厕任务6307座（其中三格式户厕2048座，沼气式户厕4259座），超额完成地区下达的5700座任务，占全县任务数的90%。同时开展创建卫生示范村活动，县卫生局在石陵镇新陆、龙盘、三里塘、荔枝园村，凤凰镇的正南、老祥村开展6个文明卫生示范村创建工作。2003年，大力发展生态旱厕、沼气式卫生厕、三格式卫生厕所。全年共投入改厕经费284万元，其中国家投资79万元、群众自筹205万元。完成农村卫生厕所改造1200座，建厕1.61万座，其中沼气卫生厕8859座、三格式卫生厕7004座、生态旱厕277座。

武宣县爱国卫生运动

1995年，武宣县发动群众开展爱国卫生运动，参加人数641508人次，清除垃圾1268吨，清理公厕积肥126处次，发放灭鼠药69万包，灭鼠345万只，投资改水经费45多万元，使12034名群众饮用上卫生水。1996年，开展爱国卫生运动4次，参加人数134800人次，疏通沟渠5230米，清除卫生死角212处，填平积水坑洼416处，清除垃圾392吨，清理公厕积肥68处，投放鼠药220千克，灭鼠95080只，投资改水费90多万元，受益群众1.03万人。

象州县爱国卫生运动

民国23年（1934年），象县“县城及各圩场，猪牛满街走，畜粪遍地是，臭气熏蒸，蚊蝇特多”（《广西各县概况》）。民国24年县城及各区成立清洁委员会，县城规定倾倒垃圾处所，禁放猪畜出街，洒扫街道。民国34年城厢镇置牛车1辆，工役1人，早晚驾车巡街，运送垃圾。1952 年 5 月象县防疫委员会成立，制订以粉碎细菌战为主要内容的爱国防疫计划。全县城乡开展消灭蚊、蝇、老鼠，讲卫生的爱国卫生运动，各圩镇雇请 1~2 名工人清扫圩亭。1956 年贯彻防重于治的卫生工作方针，继续开展消灭传染媒介、治理蚊蝇滋生地。1957 年成立石龙县爱国卫生运动委员会。1958 年起，开展灭“四害”(蚊、蝇、鼠、麻雀）活动，至 1959 年，石龙县共灭鼠 16 万余只，灭雀 25 万余只，大面积治理蚊蝇滋生场所，清除垃圾 16.3 万吨，填平坑洼地 20.9 万平方米。1962 年后，每年元旦、春节、国庆等重大节日，开展群众性大扫除活动。1981 年象州县城建立环境卫生管理站，配工人 13 人，手扶拖拉机 2 辆，负责打扫县城主要街道及运送垃圾。同年，全县有三格化粪池厕所 91 处，沼气池 501 个。1982 年起，结合文明礼貌月活动，以治脏为突破口，种花种树，美化环境。1983 年，象州县治理卫生死角 858 处，植树 18 万多株，314 个单位种花美化环境，县城建公厕 3 间。1984 年，象州县购置垃圾运输车 1 辆，县城环卫工人增至 21 人。1985 年 4 月 1 日象州县人民政府颁布县人大常委会通过的《关于象州县城卫生和公共秩序规定的通告》，进一步加强公共卫生管理。1987 年象州县开展爱国卫生先进单位评比活动，先后 3 次检查评比，象州县人民医院等 10 个单位被评为县爱国卫生先进单位，县石油公司评为自治区爱国卫生先进单位。1986—1990 年，象州县大范围开展灭鼠活动，投放灭鼠剂 5.6 万千克，灭鼠 79 万余只，鼠密度由原来的 73.5% 下降到 18.5%。1998 年，象州县安排农村改水点 53 个，其中机钻井、电抽管供自来水 32 处、电抽沟水过滤管供自来水 10 处、管引山泉水 6 处、电抽水管供 5 处。总投资 936 万元，其中利用扶贫款 220 万元，县、乡配套 160 万元，受益群众自筹 556 万元，受益人口 43589 人，农村安全卫生水普及率 87.56%，比 1995 年提高 8.26%。1999 年，象州县贯彻国务院《关于加强爱国卫生工作的决定》和响应中央提出的创建卫生城市号召，在全县范围内开展爱国卫生除害灭病活动。活动中采取“政府组织、地方负责、部门协作、群众动手、科学管理、社会监督”等措施，以清除垃圾、疏通阴沟、填平洼地、清理卫生死角、庭院种花种树为重点，开展创建卫生城镇活动。据统计，全县有 3.9 万人参加活动，其中县领导 27 人(次)，县直部门领导 60 人(次)，乡镇领导 300 人(次)，出动车辆 28 台(次)，清运垃圾 700 多吨，清理污沟 1000 多米。2000 年，象州县以农村改厕为突破口，积极创建推进“卫生文明示范村”活动。年底完成农村 6010 户改厕任务，农村厕所普及率 19.56%，比 1995 年提高 7.26%。

忻城县爱国卫生运动

1958—1959 年，忻城全县灭鼠 515187 只，灭麻雀 122169 只，消灭蟑螂 116838 只，消灭蚊蝇 166540189 只，堵老鼠洞 40741 个，清除垃圾 5005560 担，填平废旧厕所 3575 个，疏通沟渠 389790 米，填坑洞 2294 个。1979—1980 年，忻城县卫生防疫站在全县范围内选择具有代表性的井水、塘水、河水、泉水、自来水、水沟水、水库水、砂滤井水等 228 个水源取水点，抽取 431 个水样(其中洪水期 205 个、枯水期 226 个)。1985 年 2 月，忻城县人民政府以忻政发〔1985〕31 号文件批转城关镇人民政府关于“城关镇城区各项管理规定”，有市容管理和环境、饮食管理等 6 个方面的内容。同时，县“爱卫会”提出县城沿街各单位及各住户实行包清洁卫生、包绿化、包维持秩序的门前三包责任制，共发“门前三包”牌子 121 块，签订“门前三包”合同单位达 98%。1980—1990 年，忻城县人民政府、县“爱卫会”先后 8 次发出开展群众性灭鼠活动的通知。1986 年秋，忻城县人民政府召开各乡镇分管卫生工作领导会议，布置灭鼠工作，并从县财政拨款 0.7 万元作灭鼠经费。1990 年又拨款 0.6 万元。全县参加清扫环境卫生 235123 人(次)，清理卫生死角 302 处，清理厕所 578 间，清运垃圾达 29695 吨，积肥 94852 担。1983—1990 年，忻城全县除“四害”总投资达 6.53 万余元，其中县财政拨款 1.3 万元，各单位自筹资金 5.23 万余元，有 96521 户投药灭鼠，投放原药量 1134.2 千克，毒死老鼠达 115 万余只，使老鼠密度从 69.7% 下降到 18.1%；灭蚊、蝇、蟑螂用药 52090 克，毒死蚊、蝇、蟑螂共 66.28 万只；清除蚊、蝇、蟑螂孳生地面积 14.98 万平方米。1991—2005 年，忻城县全县累计建设卫生厕所 41870 户，卫生厕所普及率达 49.26%。同时开展城乡环境卫生整治活动，重点整治菜市场及辖区水厂、水源地周围环境等场所卫生死角，开展以灭鼠为主的除“四害”活动。以“世界结核日”“世界无烟日”“世界艾滋病日”等重大节日为契机，广泛开展健康素养促进知识宣传活动，落实专人负责，加大宣传力度，发放《干部、职工、居民健康知识读本》等 20 多万份，健康教育入户率达 80%，健康知识知晓率达 95%，行为率达 90%。在机关、学校、医院、公共场所张贴有关健康知识标示 1000 多份。

合山市爱国卫生运动

1990—2005年，合山市农村卫生厕所改造6312个，农村饮用水源改造29个（村民饮水安全7.37万人，占全市农村人口的92.1%），建造沼气池3720个。

金秀瑶族自治县爱国卫生运动

1956年和1958年，金秀共建造公共厕所757间、集体猪牛栏968间。1961—1965年，城乡开展以"两管"（管水、管粪）"五改"（改良水井、厕所、畜圈、炉灶、环境）为中心的爱国卫生运动，1964年金秀新建公厕108间，牛猪栏284间。1988年底，金秀全县评选出爱国卫生先进集体29个。2001年，金秀对违反《公共场所卫生管理条例》经营者给予卫生行政处罚，其中警告处罚4户、罚款1户，罚金800元。2002年，自治县爱卫会与各部门共同努力，开展创建国家级卫生县，全面绿化、美化城乡环境，消灭害虫孳生地，防止虫媒性疾病的发生与流行。治理穿城而过的金秀河道约2000米的污染河段，清理垃圾150多吨，绿化街道5000米。2003年，组织发动各部门以农村为重点，共开展爱国卫生运动33次，参加人员8万多人（次），共清除垃圾1546吨，清扫环境143.73万平方米；消除卫生死角1050个；清理河床12000多米；消毒环境场所、宾馆、旅社、舞厅、机关学校、会场、医院等重要场所360.35万平方米；消毒车辆4076辆（次）；发放灭鼠药1500份，杀蟑螂笔2000多支。2005年，自治县11个乡镇均遭受了200年不遇的洪涝灾害。为防止大灾之后发生传染病流行，自治县爱卫会协同有关部门组织灾区大力开展群众性灭鼠、灭蚊、灭蟑、灭蝇（除"四害"）活动，消除"四害"孳生地，努力改善生产、生活环境。在开展灾后爱国卫生运动中，共清除淤泥、垃圾2万多吨，消毒环境约37万平方米，用于环境消毒的次氯酸钠消毒液7.01吨。用于消毒人畜饮水消毒药2.96吨，消毒被洪水污染水井648口、集中供水厂6个。对县城5.6万平方米街道、巷道进行全天候保洁，为1300多户及300多间门面进行有偿清收垃圾，对2座公厕进行清洁卫生管理，对县城内河道、绿化带、花坛进行保洁，全年对河床大清理4次，清理垃圾卫生死角5次，对垃圾场进行定期喷药消毒5次，对洪灾后的县城及时清扫，共清除占道经营和店外乱摆乱卖62处，拆除乱搭乱盖雨棚5个，取缔乱贴乱挂142处；积极完成城区绿化管护工作；加强运泥车辆监管，保持路面整洁。2002—2005年金秀共出版健康教育宣传（墙）报588期，发放宣传单174165份，张贴标语10000多条、宣传画800张，悬挂横幅400多条，每年电视宣传一周，利用宣传车播送广播稿300次。1988—2005年，金秀爱卫会在广大农村地区着力推进改水改厕工作，全面实施"安全卫生水"工程。2003—2005年，对公共场所卫生监督1995户次，用具卫生监测531户次，合格率达90%；2001年生活饮用水监测合格率为85%，2002年为46.67%，2003年为56.25%，2004年为45.45%，2005年为70%。

第三章　医　疗

民国15年（1926年）起，境内各县建有公立医院，至民国24年，各乡镇建有医务所。中华人民共和国成立后，各县建立医疗卫生机构，乡镇设立卫生院（所）、联合诊所，行政村建立卫生室。至1970年，普遍建立健全医疗卫生机构。至2005年，来宾市已经形成市、县（市、区）、乡、村比较完整的医疗机构网络。在医技上，除了传统的中医以外，西医也于民国24年起开始引入。同时，壮医、瑶医等民间医疗技术得到发扬光大。各地医疗机构逐步添置各种辅助诊疗设备，医技水平不断提高。2002年12月，全市有卫生机构450个，其中医院22个，卫生院75个，妇幼保健院（所、站）6个，疾病预防控制中心（防疫站）6个，卫生监督所4个，诊所334个，其他卫生机构3个。2003年，全市年诊疗总数295.96万人（次），其中门诊为239.38万人（次），住院为6.11万人（次），平均治愈率为73.92%，好转率为23.32%，病床使用率为47.79%，病死率为0.57%。平均住院日为4.47日，入院与出院诊断符合率为97.26%，术前与术后诊断符合率为96.95%。2004年，全市诊疗319.14万人，门诊288.74万人，住院9.36万人，出院9.34万人，平均每一门诊人次医疗费用45.00元，平均每一住院病人医疗费用1507.00元。2005年，全市诊疗人数338.98万人，其中门诊301.33万人，住院10.78万人，出院10.75万人，平均每一门诊人次医疗费用78元，平均每一住院病人医疗费用2615元。

第一节 医疗机构

民国15年(1926年),境内各县建有公立医院。民国24年,各县乡镇设医务所。1950年后,各县建立医疗卫生机构,乡镇设立卫生院(所)、联合诊所,行政村建立卫生室。至1970年,普遍建立健全医疗卫生机构。

2003年2月26日,来宾市卫生局正式挂牌成立。全市共有医疗卫生机构1136家,其中国有医疗卫生机构119家(市级6家、县级37家、乡镇级76家)、个体诊所355家、行政村卫生所662所。全市有卫生学校2所。来宾市已经逐步形成公立医院与私立医院优势互补、资源共享的格局。县级卫生网络已经形成以村卫生室为基础、以乡镇卫生院为中心枢纽、县人民医院和中医院为医疗业务指导中心,县卫生防疫站、妇幼保健院为卫生防疫、妇幼保健业务指导中心的三级卫生服务体系。

来宾市人民医院 来宾市人民医院前身是来宾县人民医院,是国家级“二级甲等”医院。1951年4月成立,院址原设于城厢街南门江家。初立时称县人民政府卫生院,有医务人员6人,工人1人,显微镜1台,简易病床5张。1953年后始调配有中等医学专业学校毕业生6人到院工作,病床增至23张。1954年冬,院址迁至来宾镇(大桥路县制药厂址)。住院部始设内儿科、妇外科及其病房。外科开展外伤缝合、脓肿切开等小手术。门诊部设内科、外科、儿科、中医科、妇产科。1956年设放射科,添置透视器械和外科手术器械各2套。同年,外科施行阑尾炎切除手术。1957年施行膀胱结石手术。1961年后,陆续有高等医学院校毕业生分配到院工作。1961年门诊病人47457人次,收治病人1580人,治愈869人,治愈率55%。1968年5月,院址从制药厂处迁至中南路,设有内科、儿科、外科、妇产科、传染科、检验科及病房等,病床增至151张。有300毫安X光机2台、心电图1台、A超、B超(日本产)各1台、纤维胃镜(日本产)1台等医疗器械,增设有心电图超声波检查室,胃镜检查室、理疗室等科室。外科、妇产科、口腔科、五官科等科室医疗设备也逐渐增添更新。检验科能进行肾功能、胎甲球蛋白、乙型肝炎表面抗原等75种临床检验业务;放射科增加了胆囊、肾盂、尿路、脑血管造型等业务;外科增胸颅等手术业务;住院部病床增至222张。1987年实行职称改革,人民医院获副主任医师(高级技术职务)3人,主治医师(中级技术职务)49人,医师(初级技术职务)49人。1990年有卫生技术人员222人,其中副主任医师3人,副主任护师1人,主治医师38人,主管护师9人,主管检验师3人,主管药师5人,医师24人,护师55人,药师6人,麻醉师2人,检验师2人,医士4人,护士58人,助产士4人,药剂士6人。门诊量16.26万人次,收治病人10862例,治愈率68.9%,全年业务收入475.54万元。1982—1990年,先后修建有门诊大楼、内科病房大楼、急诊楼、制剂室、急诊室、住院部大楼等各1栋,总面积为12737.3平方米。2003年2月,来宾县人民医院改称来宾市兴宾区人民医院,4月25日,升格为来宾市人民医院,病床540张。在职员工549人,有副高级职称17人,中级职称151人,专业技术人员469人。医院占地面积4万多平方米,业务用房面积3万多平方米,定编床位361张。设有呼吸内科、心血管内科、泌尿内科、传染病科、颅脑外科、骨伤科、普通外科、中医科、妇产科、五官科、儿科等13个临床科室和检验科、放射科、CT室、B超室、心脑电图室等5个医技科室。

来宾市中医医院 来宾市中医医院前身为来宾县中医院,成立于1958年8月,2002年撤地建立来宾市成立称兴宾区中医院,2003年4月上划来宾市称来宾市中医院。医院位于来宾市北二路35号,占地8600平方米。有编制227人,聘用卫生技术人员22人,有开放病床140张。1999年12月,自治区卫生厅批准颁发中草药普通制剂生产许可证。2001年通过国家药品监督管理局医疗机构制剂许可证的换证验收,院内共有中草药制剂16种。

来宾迁江中心卫生院 原为迁江县人民政府卫生院,1950年4月成立。1952年11月,来宾、迁江两县合并更名为来宾县人民政府卫生院迁江分院,设有综合病床10张。1954年4月有显微镜1台,增设有外科、内科等简易医疗器械设备。1956年7月,改称为县人民医院迁江分院,病床增至15张。1965年7月,更名为迁江区医院,负责迁江、平阳、石陵等卫生院的医疗卫生业务指导工作。建有门诊室、病房、职工宿舍等各1栋,有病床35张。1965年9月,上级医疗单位免费为该院装备外科手术设备,始施行腹部外科手术。1970年始接收天津下放医务人员15人到院工作。增置有无影灯、空气麻醉机、乙种和丙种手术箱、200毫安X光机、救护车等医疗设备。门诊部分有中、西医诊室,中、西医药房和放射科、注射科、检验室、住院部等室。1978年改称为迁江中心卫生院。1988年该院用房面积为

2745平方米。有医务人员26人，其中有主治医师6人、主管药师1人、主管护师1人、医师4人、护士3人、药剂士2人、其他9人。1990年有卫生技术人员21人，其中，具有中级职称7人，初级职称12人，其他3人。门诊4.75万人次，收治病人1169例，治愈率57.8%。

来宾市卫生成人中等专业学校附属医院 1991—2002年，来宾县卫生成人中等专业学校坚持“面向农村，面向基层”的办学方向，开设卫生保健（社区医学）、妇幼卫生、护理、药剂、中医（中西医结合）5个专业，共招4106人。2003年4月，上划来宾市称来宾市卫生成人中等专业学校附属医院。1991—2005年，每年常规冷链运转6次，每次都对乡（镇）卫生院防保医师进行培训一次，共培训1080人次（含厂、矿场）。对乡（镇）卫生院妇幼医师培训4682人次。每年对药品生产、经营、使用单位的药剂人员进行培训1次，共培训药剂2461人次。

来宾市皮肤病防治站 来宾市皮肤病防治站（即原来的来宾县皮肤病防治站）。全站职工40人，其中在职在编人员14人，聘用制职工26人，其中副主任医师1人、主治医师5人、医师2人、医士9人、主管护师2人、护士10人、药剂3人、检验2人、后勤工作人员6人。

来宾市疾病预防控制中心 2003年6月，来宾市疾病预防控制中心成立，地址在来宾市北二路190号，有工作用房1250平方米，拥有原子吸收分光光度计、气相色谱仪、紫外/可见分光光度计、流式细胞仪、实时荧光PCR仪、凝胶成像分杆系统、普通PCR仪、酶标仪等一批先进精密仪器设备，总固定资产达926万元。2005年，中心HIV检测实验室通过了自治区卫生厅艾滋病筛查实验室专家组的评审，具备了HIV抗体筛查实验室的资格。中心科室设置有办公室、总务科、财务科、人事科、质量控制管理科、免疫规划科、结核病防治科、流行病与慢性病防制科、艾滋病防制科、皮防科、预防医学综合门诊、信息与健康教育科、寄生虫病与地方病防制科、食品与学校卫生科、环境与职业卫生科、微生物检验科、理化检验科。

来宾市妇幼保健院 来宾市妇幼保健院位于来宾市柳来路210号，前身是来宾县妇幼保健站，是一家以保健、医疗、临床为一体的妇女、儿童专科医院。2003年由兴宾区妇幼保健院与原柳州地区妇幼保健院整合而成。是一级甲等妇幼保健院、爱婴医院，全市妇幼保健技术指导中心和业务培训中心，同时又是市直单位及兴宾区医疗、保险定点单位。2003年全院在职人员78人，其中卫生专业技术人员69人，具有副高级技术职称1人，初级职称39人。设有保健部（包括婚前保健、孕期保健、产前保健、优生咨询、更年期保健、保健教育科、信息科、乳腺保健科、妇女心理及营养指导、儿童眼科保健）、临床部（包括妇科、儿科、产科、新生儿科、内科、外科、口腔科、中医科、医技科、放射科、b超室、心电图室），开设床位60张。

来宾市卫生学校附属医院 来宾市卫生学校附属医院前身是来宾县卫生学校附属医院，于1994年正式挂牌成立，位于来宾市新兴路189号，占地面积2000平方米，建筑面积3947平方米，隶属来宾市卫生学校管理。已发展成为一所以医疗为主，兼有教学、临床实训和预防保健为一体的综合性医院，是来宾市职工医疗保险、城镇居民基本医疗保险、新型农村合作医疗、中国人寿保险定点医院，承担着来宾市卫生学校医学实践教学，是学校医学教育实训基地。医院有职工106人，其中中级职称31人，初级职称55人。开放床位57张，医院设有内儿科、骨外科、妇产科、五官科、中医科、针灸推拿理疗科、皮肤科、美沙酮药物维持治疗门诊、放射科、检验科、心电图B超室等科室，其中骨外科、妇产科为医院龙头科室；美沙酮门诊是来宾市区唯一一家药物维持治疗特色门诊。医院医疗设备有电子阴道镜、无痛分娩仪、母婴监护仪、心电图机、B超诊断仪、多参数监护仪、大型X射线机、CR、心脏除颤起搏仪、同步呼吸机、乳腺红外线诊断仪、全自动分析十二导联心点图机、全自动血球计数仪、全自动生化分析仪等一批先进医疗器械。特色疗法有中医科开展的平衡针、火针疗法、针灸推拿、壮医药线点灸、电动牵引埋线等中医疗法，对治疗胃病、肝病、中风偏瘫、面瘫、颈肩腰腿痛、各科疑难杂症具有明显疗效；骨外科特有的关节置换术、各类骨折、关节创伤手术等；妇产科无痛人流术、Leep刀手术、阴式子宫全切术、盆底功能恢复术、阴道前后壁膨出修补术、中西医治疗各种妇科炎症、痛经、月经失调、不孕不育症、各种难产手术等技术。

来宾市中心血站 来宾市中心血站位于来宾市新华路28号，是一所利用国债资金建设，占地面积20亩，总建筑面积2700平方米。2005年6月正式投入运行。全站职工40余人，其中卫技人员28人，均为大专以上学历。科室设置有：献血服务科、成分供血科、体采科、质管科、总务科、办公室。拥有血细胞分离机、大容量低温离心机、低温虑白柜、低温操作台、血浆速冻机、酶标仪、贮血专用冰箱等贵重仪器设备40余台(件),拥有流动采血车三辆,送血车三辆。全站所有科室安装了现代血站标准化信息管理系统,对采供血全过程实行电脑化管理,并建立了质量管理体系。能够开展多种血液成分的加工、分离制备和全血、血液成分、采血环境、原辅材料的质量监控、监测及评价,对全市医疗单位提供临床输血技术指导和血液质量监控等相关服务,年采供血量约400万毫升。

来宾市东方门诊部　来宾市东方门诊部建立于2001年6月,前身是来宾县东方门诊部,位于来宾市中南路276号。建筑面积450平方米,使用面积400平方米,职工14人,其中医师5人,护士5人,卫技人员4人。内设有西医、中医内、儿科、妇科、医学影像科(B超)、医学检验科。拥有索尼数码电子阴道镜、凯信2000CB型超声诊断仪、ZW-1001F微波治疗仪、GX-Ⅲ型多功能电离子治疗仪、红光治疗仪、医用针头销毁器、高压蒸汽消毒锅等设备。

兴宾区红河卫生院　始建于1955年10月,位于兴宾区东部蒙村乡境内红河街,占地11000平方米,夏至分院位于兴宾区东北部,大湾乡境内,占地面积6000平方米。原名为广西国营红河农场卫生院,1982年更名为广西国营红河农场职工医院,1994年更名为广西红河实业总公司医院,2003年更名为广西国有红河农场职工医院。卫生院建筑面积3600平方米,其中夏至分院1300平方米,职工总人数43人,其中夏至分院12人。卫技人员37人,中级职称2人,初级师8人,初级士14人,无职称13人,财务管理人员4人,保洁员1人,救护车司机1人,卫生院设置有内、外、妇、儿、临床综合科室、公共卫生、预防保健等,开设床位40张,医疗设备有X光机,半自动生化仪,尿液分析仪、B超,心电图,救护车等。

迁江糖厂职工医院　迁江糖厂医院始建于1976年,坐落于来宾市兴宾区迁江镇东岳路一号迁糖公司生活区内,是一所集医疗、预防保建于为一体的综合医院。医院占地面积2240平方米,建筑面积992平方米。共有医务人员7人,其中执业医师3人、执业助理医师1人、执业护士2人、收费员1人。医院设有内科、外科、妇科、儿科、急诊科、医学影像、消毒供应等科室。共有床位20张,拥有心电图机、电动吸引器、万能手术床、妇科检查床、X光机、黑白B超机、腰椎牵引床等设备。

兴宾区八一医院　八一医院是国家二级乙等综合性医院,设有内、外、妇、儿、五官科、口腔科、急诊科、中医康复、医技科室(药剂科、放射科、功能检验科)等20多个科室,在院外设有凤凰分院、龙岩分院及冶炼厂卫生所。八一医院为爱婴医院、自治区职业病体检资质医院、来宾城镇职工基本医疗保险定点医院、兴宾区新型农村合作医疗定点医院。医院始建于1959年8月1日,占地面积50238平方米,建筑面积10403平方米,设有病床102张。有在编员工122人,中级职称39人,初级职称76人,大专以上学历共47人。医院拥有彩色B超、500毫安X光机、电子胃镜、多参数心电监护及除颤监护仪、多功能呼吸机、手术麻醉机、动态心电图、纤维支气管镜、体外震波碎石机、血液透析机、电子阴道镜、婴儿游泳池等先进大中型医疗设备。医院开展各种危重病的急救,内儿科的急性心肌梗塞溶栓治疗、急慢性心力衰竭、呼吸衰竭、上消化道大出血、各种重症中毒、脑炎、脑血管意外、新生儿重症等的救治,血液透析治疗,同时开展了心包穿刺、肝、肾肿瘤穿刺诊疗术,胃镜诊断及镜下活检、微波治疗等介入术;外科开展了骨伤科、脊椎、胃肠、甲状腺、肾、输尿管、膀胱、前列腺手术;五官科开展了白内障、青光眼等手术;口腔科开展了超声洁牙、烤瓷牙等项目;妇产科开展了剖宫产、子宫附件肿瘤切除等;功能检验科开展了血液生化常规、细菌培养、血流变学,肝肾功能、两对半、血糖、血脂、血18项、尿10项、全身脏器彩色B超、黑白B超检查诊断及介入治疗术;放射科开展了常规拍片、血管造影、插管造影等介入诊断技术。收治八一、凤凰、北五、大湾、穿山等乡镇及凤凰华侨农场等单位病患者。

武宣县人民医院　民国24年(1935年)1月,在县城东街成立县立医务所。民国26年8月改医务所为卫生院。中华人民共和国成立后,县人民政府接管旧卫生院。1952年象县和武宣县合并为石龙县时,在武宣镇成立石龙县卫生院。1953年,石龙县卫生院迁往石龙镇,原县卫生院改为武宣中心卫生所,1958年又改为中心卫生院。1962年10月,恢复武宣县建置,武宣中心卫生院扩建为县人民医院,时有房屋15间,共约166平方米。1968年,县人民医院与县防疫站和县妇幼保健站合并为县人民防治院,院址从东街迁移到老阳岭。1973年分设县防疫站、县妇幼保健站,县人民医院称县人民防治院。1976年,县人民防治院改称为县人民医院。1982年6月,县人民医院新大楼建成开诊,面积约1800平方米。至1990年,县人民医院设有内科、外科、中医科、妇产科、儿科、五官科、口腔科、检验科、心电图室、X光室、理疗室、中西药房等。1991年,有在职人员225人,其中卫生技术人员176人,全年诊量171916人次;1995年诊量139206人次;1996年7月,县人民医院病房大楼建成投入使用,面积共4900平方米;年底在职人员292人,其中卫生技术人员230人,年诊量139474人次。1997年共投资170万元建医技儿科楼和职工住宅楼。1998年3月21日,医技儿科楼投入使用;5月成立急诊科,配有1辆救护车,设立"120"急救电话;同年在护理工作中率先开展以病人为中心的系统化整体护理,改变传统护理模式,提高护理质量。1997年8月,经自治区卫生厅批准,成立县医疗单位联合制剂室,生产的药品供应县人民医院和12个乡(镇)卫生院,1999年联合制剂室撤销。1999年11月兴建制剂楼,面积900平方米,购进一套全自动生产线,经自治区卫生厅批准生产的品种有葡萄糖注射液、葡萄糖氯化钠注射液、氯化钠注射液、复方枸橼酸钠注射液、复方乳酸钠注射液、甘露醇注射液、1%盐酸普鲁卡因注射液、甲硝唑注射液、乳酸环丙沙星注射液、呋喃西林溶液、生理氯化钠溶液(外用生理盐水)等共17种,产品供本院使用。2002年对门诊大楼进行装修,改善了病人就医条件。2002年1月,为提高工作效率,开始使用信息化管理,投资购置35台电脑,在财务系统(包括门诊和住院收费)、药剂系统(门诊发药、药库管理)正式使用计算机管理。2002年全院有在职干部职工299人,其中卫技人员252人,占84.3%,高级职称6人,中级职称116人;医院占地面积49245平方米,建筑面积23681平方米,业务用房为12468平方米,庭院绿化约2537平方米;开放病床240张,设有内科、外科、骨伤科、妇产科、儿科、五官科、口腔科、手术室、急诊科、传染科等临床科室及放射科、检验科、功能科、药剂科、供应室、病理科等5个医技科室;万元以上医疗设备有65台(件),有德国西门子CT、美国GE全数字化彩色多普勒诊断仪、日本东芝B超、乳腺扫描仪、经颅多普勒、电子胃镜、多参数监护仪、500MA带电视X光机、移动式X线摄影机、全自动洗片机、十二导心电图机、血球计数仪、微量输液泵、多功能麻醉机、呼吸机等先进设备,医疗设备总值达1000多万元。2004年,全面开展"星级护理"服务。2005年,在职人员311人,其中卫生技术人员259人。

武宣县中医院 武宣县中医院成立于1979年10月,是一所集医疗、预防、保健、教学为一体的二级甲等中医院。1983年,院址迁至城北路,面积约1000平方米,后因路远不便群众就诊,又迁至新街区建楼舍约1000平方米。至1990年,县中医院内设有中医科、西医科、骨伤科、口腔科、针灸室、心电图室、化验室、X光室、中药炮制室、气功治疗室和护理科等。1991年有在职68人,全年诊量2万多人次;1995年135人,年诊量4.2万人次;1996年有职工154人(其中卫生技术人员120人),年诊量41868人次。1999年9月,被世界卫生组织授予"爱婴医院"称号。科研项目《前列腺增生症开放手术的临床应用》于1999年获科技进步三等奖。2001年,《微创颅内血肿清除术的临床应用》获科技进步三等奖。2001年7月被评为国家二级甲等医院,2005年有医生45人,其中副主任医师1人,主治医师23人,医师21人;护理人员56人,其中主管护师29人,护师17人,护士10人。开放病床85张,设有内、外、妇、儿、急诊、五官、理疗、口腔、肛肠等12个临床科室及药剂、放射、检验、B超、心电图、胃镜室等医技科室。能开展普外、骨伤科、剖宫产、胃大切除、肾切除、股骨头血管植入术、人工股骨头置换及全髋关节置换术等手术。购进西门子CT机、日本B超机、大型体外碎石机、日本纤维胃镜、心电监护、同步呼吸机、全自动血球分析仪、电解质分析仪等一批先进的医疗器械。医疗设备总值由1996年的21万元到2002年的275万元。业务用房从1996年的2918平方米发展到2002年的4965平方米,庭院绿化、美化共1400平方米。1999年10月被评为"爱婴医院",2001年7月被评为国家"二级甲等"医院。2005年12月获来宾市文明单位。

武宣县妇幼保健院 武宣县妇幼保健院创建于1974年,地址位于武宣镇鞍山路33号,是集医疗保健、预防、教学为一体的广西一流、一级甲等妇幼保健院。1986年国家计委授予全国计划生育先进集体,1987年被评为全区文明先进集体,全区卫生文明妇幼保健单位。1990年有工作人员21人。1991年有医学专业人员32人,大专5人,中专27人。主管医师7人,医师6人,医士9人,主管护师2人,护师4人,护士3人,会计师1人,药剂士1人。开始开展临床业务,有住院分娩、输卵管结扎术、中孕引产术。有床位10张。1993年保健科与业务科室分开,成立保健科负责全县妇保健工作。1995年6月创"爱婴医院",1996年获"爱婴医院"称号,1997年8月,县妇保站创建爱婴医院通过省级评审。1997年成功开展剖宫产手术和卵巢肿瘤切除手术。1999年业务用床17张,住院650人次。1999年11月24日,妇幼保健站更名为"妇幼保健院"。2001年12月27日,县妇保院创建等级妇保院通过自治区卫生厅评审,被确认为县级甲等妇幼保健院。2002年设病床30张,同年3月成功开展“全子宫切除术”手术。2002年12月通过等级医院评审成为国家级“一甲”妇幼保健院,获“全国巾帼文明示范岗”称号。2005年在职职工72人,其中卫技人员62人,中级职称26人,初级职称36人,共设置有内科、儿科、妇科、产科、手术室、妇女保健科、儿童保健科、婚前保健科、信息资料科、健康教育科、检验科、影像诊断科、消毒供应室、病案图书室、药剂科等一、二级科室10多个,能进行宫外孕剔除、卵巢肿瘤切除术、阴道膨出修补术、宫切等手术;实际开放病床32张,年门诊量1.9万多人次,较1998年8000多人次增长约137%,年住院量2800多人次,较1998年900多人次增长约200%。医院拥有500MA遥控电视X光机,黑白B超机,全自动生化分析仪,全自动血液分析仪,胎儿透析监护仪,新生儿重症监护仪等高、精、尖大型检查抢救医疗设备。儿科、妇产科是全县卫生系统的重点学科,在技术水平上属区内、县内领先水平,是全县儿童、妇女保健技术指导中心,并开设了孕妇学校、婚前保健学校、科学育儿学校,开展各种健康保健咨询和健康宣教工作。

武宣县卫生学校附属医院　1991年有在职人员14人。1995年有教职工20人,其中主治医师1人、医师2人、护师2人。2002年,有教职工19人,其中主治医师2人、医师3人、护师2人、中药师1人、医士3人。学校设有校长办公室、教研室、财务室、图书室、仪器模型室。有教学显微镜5台、人体解剖模型、人体骨骼、器官、挂图等。2005年有教职工16人,其中主治(主管)医师2人、医师1人、医士3人、主管护师1人,助理会计师1人,其他8人。

武宣县单采血浆站　1997年8月8日,县单采血浆站成立,租用县防疫站一层楼(200平方米)开展业务。隶属于县卫生局管理的事业单位,经济上实行自收自支,自负盈亏。采集的血浆供应广西北生药业总公司柳州分公司。时有职工25人,其中卫生技术人员13人(护师6人、检验技师2人、西医士6人、护士1人、中药士1人、检验技士1人、其他初级卫技1人)。科室设有血源科、体检科、检验科、采浆组、质量控制科。建站时,设施较简陋,采用手工采血。1998年5月,改租县卫校一幢教学楼(360平方米)作为业务用房。2000年,县血站在县城西环路征地10亩,2001年,购进新设备,采用机器采血,保障了血浆质量,是年,县血浆站通过国家卫生部验收合格。2002年,动工兴建业务综合楼,2003年6月建成,建筑面积2199平方米。2004年,血浆站通过ISO9000:2000国际质量管理体系认证。2005年有职工45人,其中卫生技术人员33人(主管护师8人,护师3人,护士9人,检验技师3人,检验技士2人,医师8人),设有办公室、血源管理科、检验科、血浆采集科、质量管理科、后勤科、设备科。

武宣县疾病预防控制中心　武宣县疾病预防控制中心前身是武宣县卫生防疫站。1952年4月,武宣县防疫委员会成立。1956年6月,石龙县卫生防疫站成立,站置于今象州县石龙镇。1962年武宣县卫生防疫站成立,有工作员5人,至年底发展到11人。1964年,建立麻风病防治所。1978年,县防疫站在县城北路建设1幢办公大楼,面积约788平方米,开设7个科(室)。1985年10月,县麻风病防治所并入县卫生防疫站而设皮肤病防治科。1990年设有行政科、防疫科、食品卫生科、寄生虫病防治科、检验科等,有工作员34人。1991年,有在职人员35人,其中技术人员31人。设有行政科、防疫科、卫生科、寄生虫病防治科、食品卫生科、皮防科、检验科、宣教科。1993年改科室为区管理,设四个区,即一区(计划免疫、传染病、食品卫生);二区(环境卫生、劳动卫生、学校卫生、寄防、皮防);三区(检验);四区(门诊、财务、后勤),办公用房面积为1308平方米。1994年由四个区改为五个区,1995年调整为六个区,1996年设七个区,增设消杀结核病防治区。1997年恢复科室制,设6个科室,即卫生监督监测科、预防性健康检查科、疾病控制科、行政后勤科、检验科、办公室。1997年县防疫站开展计量认证达标工作,1998年3月,经县编委批准,成立“武宣县卫生局公共卫生监督所”(不增设编制),与县防疫站合并办公;同年12月,通过自治区质量技术监督局评审,获计量认证合格单位。1999年11月经过自治区卫生厅组织评审组评审,获国家县级一等防疫站称号。1999年县疾病预防控制中心达到国家县级一等卫生防疫站标准。2002年设有办公室、疾病控制科、卫生监督监测一科、卫生监督监测二科、质量控制科、检验科、后勤科、门诊部。2004年5月动工兴建国债项目“武宣县疾病预防控制中心综合办公楼”,项目资金150万元,由县人民政府无偿划给项目配套用地1万平方米;综合楼高五层,为框架结构,总建筑面积1734平方米,其中四、五层为检验检测工作用房。2005年4月以前单位名称仍为武宣县卫生防疫站,站内设办公室、行政财务后勤科、卫生监督一科、卫生监督二科、检验科、计划免疫科及门诊部等七个科室;2005年4月,撤销武宣县卫生防疫站,成立武宣县疾病预防控制中心、武宣县卫生监督所。同年通过省级计量认证复审，是国家授权的公正性卫生监测检验机构，占地面积13600平方米，中心在职职工43人，卫生专业技术人员41人；有检测检验仪器及辅助设备160多台(套)价值人民币约65万元。单位内设置有办公室、检验科、免疫规划科、结核病防治科、公共卫生一科、公共卫生二科、质量控制科、美沙酮药物维持治疗门诊、财务与后勤科等科室。

武宣乡镇卫生院 1995年4月25日，成立新龙乡卫生院。1997年乡镇卫生院有病床141张，医务人员327人。1999年开始，全县乡镇卫生院按照等级医院和爱婴卫生院标准，开展创建等级医院和爱婴卫生院活动。1999年7月，桐岭中心卫生院通过一级甲等医院评审。2000年5月，三里、二塘两镇卫生院通过一级甲等医院评审；黄茆、武宣、东乡、河马4乡镇卫生院通过一级合格医院评审。2001年6月，通挽、禄新2所乡镇卫生院通过一级乙等医院评审，新龙、思灵、金鸡3所卫生院通过一级合格医院评审。2000年4月，桐岭中心卫生院通过爱婴卫生院评审；同年8月，二塘、黄茆、三里、东乡4所乡镇卫生院通过爱婴卫生院评审；同年10月，武宣、通挽、新龙、禄新、河马5所乡镇卫生院通过爱婴卫生院评审。2001年6月，金鸡乡卫生院通过爱婴卫生院评审，12月，全县12所乡镇卫生院获世界卫生组织、联合国儿童基金会、国家卫生部授予“爱婴卫生院”匾。2002年全县乡镇卫生院有病床160张，医务人员435人，全年诊疗人数272671人次。2005年，全县有桐岭、通挽、新龙、思灵、禄新、武宣、二塘、黄茆、金鸡、三里、东乡和河马12所全民所有制乡(镇)卫生院。设置的科室有办公室、医疗组、护理组、防保组、财务组。

象州县人民医院 清宣统元年(1909年)在象州城鲤鱼巷建济生善堂，3间正房1座，另客室、小房、厨房各1间。聘中医师1人，驻堂施诊，免费诊断处方。城外重病人可住堂留医，略具医院形式。每年支出医师饷银及施药等费用三四百银圆。因办理不善，数年后停办。民国28年(1939年)，在济生善堂旧址设立浔州区卫生事务所象县分诊所。民国29年改为县卫生院，编制12人。民国30年迁往西门河边新建院址，新址为两层楼房，房6间，面积约200平方米。民国35年，救济总署广西分署拨款国币120万元，县拨款30万元修复扩建县卫生院，增建留医病房1座9间，病床12张。医务人员有医师、护士、助产士、药剂士、卫生员等9人，分内科、外科、助产、防疫等项，民国36年有医技人员8人，病床14张。1949年11月，中华人民共和国成立前夕，国民党柳州警备司令部及象县国民党政府派武装军警强令将卫生院全部药品、物资集中上缴，医务人员多自行离职。1950年6月，设立象县卫生治疗所，有医师、药剂员各1人。1951年在原卫生院旧址设立象县卫生院，有医技人员8人。1952年建立石龙县卫生院，1956年改为石龙县人民医院。1962年建立象州县人民医院，有医技人员47人，病床20张。1964年在城东兴建新院，病床增至60张。1976—1987年，投资65.7万元，兴建门诊、病房、手术室、化验室等，建筑面积5552平方米。1990年，医院占地面积26158平方米，建筑面积12576平方米；有医技人员191人，其中副主任医师4人，主治医师31人，主管护师7人，主管检验师2人，放射科主治医师1人，医师45人，药师4人，检验技师4人，护师29人，西医士3人，中医士3人，放射科医师1人，放射科医士1人，护士55人，护理员1人；设西医内外、中医、妇产、儿、牙、五官、理疗、检验、放射、B超、心电图、胃镜等科室；病床130张。主要设备有200毫安X光机、B型超声波诊断仪、纤维胃镜、心电图机、心脏急救监护仪、同步呼吸机、心脏超搏器、牙科综合治疗台、万能手术床、救护车等。编制床位150张，实际开放床位180张。医院设职能科室8个；临床科室12个；医技科室9个。医院拥有全身螺旋CT机、数字X线摄影系统(DR)、彩色B超、全自动生化仪、化学发光检测仪、细菌鉴定及药敏测试系统、电子胃肠镜、医学显微图像分析系统、腹腔镜和超声刀等先进检查、治疗设备80多台(件)。医院逐步形成自己的特色和优势，其中人工股骨头置换术、断肢再植术、外伤性及高血压性颅内血肿清除术、脑肿瘤摘除术、甲状腺瘤及结节性腺肿切除术、胃癌根治性大部分切除术、妇科腹腔镜手术、急性心肌梗塞、极低体重新生儿抢救等技术在本地区的县级医院中具有一定的影响力。医院除开展二甲医院必备的技术项目外，还开展肝叶切除术、肺肿瘤、肺叶切除术、甲状腺次全切除术、食道癌根治术、颅内血肿及高血压脑出血手术、脑肿瘤摘除术、脑积水分流术、断肢再植术、人工股骨头置换术、全髋关节置换术、椎间盘脱出摘除术、肾切除术、肾输尿管切开取石术、结肠、肛门肿瘤根治术、外科、妇产科腹腔镜手术等。年门诊166392人次，手术1311例，年住院人数5935人，业务收入169.59万元。1991年全院在职职工205人，其中专科技术人员178人，其他人员79人。有高级专业技术职称(副主任医师)4人，中级专业技职称39人，初级专业技术职称56人。内设办公室、门诊部、急诊科、内科、外科、妇产科、儿科、传染科、五官科、检验科、放射科、药剂科、制剂室、心电图室、B超室、胃镜室、理疗室、血库、手术室、供应室、医务科、护理部、预防保健科、财务科和总务科，编制病床150张。同年10月，与县人民法院技术鉴定室共同开设法医门诊、验伤门诊。1995年4月开设白内障手术复明中心。1996年增设急诊科，同年获卫生部授予“爱婴医院”称号。1999年，承担4个科研项目，其中“颈动脉灌注蝮蛇抗栓酶治疗急性脑梗塞”“人工股骨头置换术治疗老年股骨颈骨折”两项科研项目2000年10月通过上级科技成果鉴定。2000年11月，成以县人民医院为主，县中医院、妇幼保健院共同参，设立“象州县120急救中心”，并设病理科。2001年通过国家“二级甲等医院”评审，5月获自治区“爱婴医院先进单位”称号，是年，“人工股骨头置换术治疗老年股骨颈骨折”科研项目获得科技进步三等奖。同年设临床用血中转站，用血由医疗机构统一集中购血。2004年获自治区卫生厅颁发“全区对口支援乡镇卫生院先进单位二等奖”。内设主要科室有保健科、门诊部、住院部。2005年，全院在职职工236人，其中专科技术人员182人。卫生技术人员中，有执业医师57人，执业助理医师7人，注册护士89人，药剂人员19人，检验人员9人，其他人员1人。其中，有高级专业技术职称(副主任工程师)2人，中级专业技术职称118人，初级专业技术职称74人。内设科室有院办公室、门诊部、急诊科、内1749科、儿科、普外科、骨科、妇产科、五官科、检验科、功能科、放射科、药剂科、供应科、医务科、护理部、感控科、质控科、保健科、财务科和总务科，被县卫生局指定为象州县“产科急救中心”。

象州县中医院 1985年3月23日改象州镇卫生院为象州县中医院，是象州县唯一以开展中医治疗为主的综合性医院。1988年，购置A超机、心电图机、骨质增生治疗机、超短波电疗机、洗胃机、可控同步呼吸机等设备。1990年全院占地面积2797平方米，建筑面积1648平方米，其中业务用房面积882平方米，职工宿舍面积766平方米；医技人员30人，其中主治医师5人、医师7人、药师1人、护师6人、护士8人、中药士、检验士、X光医士各1人，年门诊107213人次，住院278人，业务收入46.4万元。1991年业务用房面积约480平方米。有卫生技术人员35人，工勤人员5人，其中医师12人，护士14人，药剂人员3人，检验人员1人，其他人员5人；有中级专业技术职称9人，初级专业技术职称26人。内设科室有办公室、门急诊、内儿科、外科、妇产科、检验科、功能科、放射科、防保科、财务科。除开展日常的医疗服务外，同时接管原象州镇卫生院卫生防疫业务，负责象州镇辖区内的儿童计划免疫、妇幼保健和计划生育技术等指导。1993年在县城东象桐路征用土地1.17万平方米建设新院，2000年6月整体搬迁至新址温泉大道187号，在职职工82人。由于受“重西轻中”思想影响，中医技术人才缺少，中医业务占单位业务比例逐渐减少。2001年获自治区授予“爱婴医院”称号，2002年获柳州地区“十佳医院”称号。2003年11月，动工增建3279平方米住院楼，有病床49张。2005年，医院有在职职工137人，其中卫技人员113人，高级职称2人，中级职称48人，有病床98张，设有内科、儿科、外科、骨科、妇产科、肛肠、急诊科、口腔科、针灸理疗科等临床科室及放射、检验、B超、胃镜、心电图等功能科室。拥有美国进口CT机及DR机、日本产阿洛卡彩超、全自动生化分析仪、电子胃肠镜、输尿管镜、汽化电切镜、经皮肾镜、腔内气压弹道碎石机、体外震波碎石机、心电监护仪、心脏除颤仪、同步呼吸机、新型麻醉机、心电图机、尿机等一批先进的医疗设备。开展脊柱、骨折创伤、骨瘤、手外伤、肝胆、甲亢、泌尿、颅脑、胸外、剖宫产、宫外孕、阴式子宫摘除等手术。注重突出中医特色，成立中医急救科、中医骨科、中医理疗康复科、肛肠痔瘘科，采用中药、针灸、手法、火攻等疗法。

象州县卫生防疫站 象州县卫生局下属二层机构，主要负责全县卫生防疫。1955年6月设立石龙县卫生防疫站，1958年11月并入县人民医院，为卫生防疫科。1971年建立象州县卫生防疫站，配医务人员8人。1979年投资7.5万元，新建办公楼850平方米，1985年投资14.6万元建成1060平方米宿舍楼，1988年投资13.3万元，购置二氧化碳培养箱、紫外线可见光光度器、200毫安X光机、防疫车等设备。1990年，有主管医师4人，医师8人，医士8人。设流行病、计划免疫、寄生虫病防治、卫生、食品卫生、检验科。1991年位于象州镇朝阳路55号(与县妇幼保健站同址)，业务用房面积410平方米，有职工39人，其中卫生技术人员31人、工勤人员8人。1995年有职工43人，其中卫生技术人员36人、工勤人员7人。同年12月在县城北山路(今莲城路)中段(地名观音阁)征地1800平方米建新办公综合楼。1996年在县城光明路开设第二门诊部，同年被自治区评为“广西消灭脊髓灰质炎强化免疫活动先进集体”。1998年调整科室，设有办公室、疾病控制科、健康检查科、食品卫生科、卫生科、检验科。1999年增设质量控制科，通过自治区计量认证考核。2003年除检验室和结核病防治门诊外，所有业务从朝阳路旧址迁北山路新办公业务综合楼开展。2004年内设办公室、卫生监督监测、结核病防治、计划免疫、检验、质量管理和后勤等科室。2005年有职工51人，其中卫生技术人员46人、工勤人员5人。是年1月撤销象州县卫生防疫站，设象州县卫生监督所和象州县疾病预防控制中心。

象州县疾病预防控制中心 象州县疾病预防控制中心位于象州县莲城路53号，于2005年4月正式成立，履行疾病预防控制、卫生检测检验与评价、健康教育、慢性病防治、艾滋病防治等综合公共卫生职能，承担全县35.8万常住人口和1万流动人口的疾病预防与控制工作，是基层各乡镇预防保健组织的防病技术指导中心。地址位于县城莲城路（原北山路）53号，办公使用原县卫生防疫站北山路新办公区，业务用房面积1553平方米。人员从原县卫生防疫站中调整解决。定编31名，其中卫生技术人员23人，其他技术人员2人，管理人员3人，工勤技能人员3人；卫生技术人员中，有副高级专业技术职称1人、执业医师10人，执业助理医师2人，注册护士2人，技师4人，其他人员4人。设有行政管理科、财务科、免疫规划管理科、结核病防治科、艾滋病防治科、综合防治科、质量管理科、公共卫生管理科、检验科和健康教育科10个科室。拥有一支技术过硬的卫生检验队伍和一套先进的检验设备，有用于检验的仪器设备75件，大型设备如原子吸收光谱仪、分光光度计、天子天平、酶标仪等20台。

象州县皮肤性病防治站 1956年象州县建立麻风村，由1名医师负责，1968年医师增至4人。1987年7月，象州县撤销麻风村，医务人员回县城开设门诊。同年设立象州县皮肤性病防治站。1990年象州县皮肤性病防治站有医师2人，护士2人，其他人员6人。1991年有1栋五层580平方米门诊综合楼，其中一、二层为业务用房150平方米，三至五层为职工住宿430平方米，有职工8人。1995年调入医师2名，护士1名，药师1名，调出1名医师。2005年调入医师1名，共有职工14人，其中卫生技术人员13人，工勤人员1人。

象州县妇幼保健院 1954年4月设立石龙县妇幼保健站，有助产士2人，妇幼保健员1人。1962年4月建立象州县妇幼保健站。该院现位于象州镇温泉大道192号，为一级甲等妇幼保健院，爱婴医院。1964年建房200平方米，有医师、医士、护士、妇幼保健员各1人，助产士2人。“文化大革命”初期，妇幼保健站被撤销，1974年恢复。1978年和1986年，区卫生厅共拨款10万元，建设门诊楼300平方米、宿舍楼800平方米。1990年，有主治医师4人，主管护师2人，主管检验技师1人，医师6人，医士、妇幼医士6人，护士、助产师3人，主要医疗器械有产床、光影灯、电动流产器、显微镜、电冰箱等。1998年通过世界卫生组织和国家卫生部“爱婴医院”的评审；2002年1月获批准为“一级甲等妇幼保健院”；2005年获得来宾市“文明单位”称号。2005年全院在职职工45人，其中卫生技术人员29人，其他技术人员6人，管理人员10人；卫生技术人员中，有执业医师11人，执业助理医师1人，注册护士9人，药剂人员1人，检验人员2人。内设院办公室、保健科、妇产科、门诊部、住院部、化验室、B超室和X光室，有病床30张。配有多参数心电监护仪、高档B超机、半自动生化仪、原子吸收微量元素检测仪、美国海伦娜地中海贫血筛查系统等万元以上医疗设备30余台。

象州县乡镇卫生院 民国24年（1935年）5月，设立城厢、罗秀、寺村医务所。民国26年设中平、大乐、石龙、水晶、百丈、中西等乡镇医务所。民国27年，近城、中兴、协和、凤凰、东北等乡镇建立医务所。各医务所设中医士1人，公役1人，薪饷及各项费用由县拨款开支。部分医务所无固定房屋，无器械和药品，病者到所诊病，医师开处方，病者自行购药。民国28年后，县财政不支，8个医务所先后停办。民国31年尚有乡镇医务所6所，不久全部撤销。1952年建立中平、罗秀卫生所，1955年建立大乐、寺村卫生所，1956年建立运江、妙皇卫生所。石龙、妙皇、象州、运江、寺村、中平、罗秀、大乐等区组织集体性质的联合诊所。1958年，石龙县各区卫生所改为集体所有制公社医院。属象州片的社办医院有石龙、马坪、象州、妙皇、寺村、横桥、上山、运江、岩村、中平、多福、百丈、罗秀、麦棉、大乐、仁里、桐木、七建、水晶19个所，医技人员179人。1962年9月，象州县设10个区卫生院。1966年8月增设马坪、百丈公社卫生院。石龙、罗秀、桐木3个社办卫生院改为县办，1971年又将9个社办卫生院改为县办。1972年，全县公社卫生院共有正规病床35张，简易病床97张，医技人员176人，年门诊498340人次。1976年，各卫生院共配有X光机10台及简易手术床、产床等设备，能作一般腹部手术。1990年，全县有乡镇卫生院10所，总建筑面积17255平方米，其中医疗用房面积10383平方米，病床92张；各院设西医、中医、妇产等科室，部分有化验室；共有医技人员44人，其中中西医师25人，护师5人，中西药师5人，技师1人，中西医士34人，护士58人，中西药士12人，检验技士4人，年门诊306667人次，住院2510人，业务收入133万元。1991年全县共有10所乡镇卫生院（除象州镇外每个乡镇各有1所卫生院），其中中心卫生院2所，即寺村中心卫生院、罗秀中心卫生院。各乡镇卫生院均开设有第二门诊部，同年新建中平卫生院120平方米门诊。1992年6月，新建中平卫生院门诊楼1栋二层总面积200平方米。1994年新建中平卫生院1层病房楼300平方米，新建罗秀卫生院住宿楼三层12套。1996年新建石龙镇卫生院门诊楼100平方米、业务房80平方米。1998年建运江卫生院门诊综合楼420平方米，2002年新建妙皇卫生院第二门诊综合楼230平方米，新建百丈卫生院723平方米综合楼。2005年增建寺村中心卫生院住院楼，占地面积600平方米；建罗秀卫生院住院楼，占地面积560平方米。2005年，全县有乡镇卫生院10所，总建筑面积14858平方米，其中医疗用房面积7584平方米，病床199张；共有医技人员237人，年门诊354225人次，业务收入793.3万元。

金秀瑶族自治县人民医院　1952年8月，最初借用金秀镇六拉村公所白沙村民房为院址，面积192平方米，仅有医师1人、医士2人、助产士2人、护士2人、护理员8人、防疫员2人、行政后勤人员5人，设有简易病床10张。1956年，扩建为县人民医院，设医疗股、防疫股、总务股、门诊和留医部，医疗股下分内外科、妇儿科、放射科、化验室；全院有职工25人，病床增加到25张。1969年又建成新医院（现址）。医院由金秀总院（金秀镇平安路45号）和桐木分院（桐木镇城中路78号）组成，总占地面积27640平方米，建筑面积26320平方米，业务用房面积24000平方米。在职职工298人，业务技术人员229人，其中高级职称5人，中级职称70人，开放床位260张。1990年，各种医疗设备比较齐全，病床增加到77张，其中内儿科32张、外科25张、传染科10张、妇产科10张。门诊设内外科、妇幼科、中医科、五官科、口腔科、放射科、化验室、理疗室、心电图、B超室，院部设办公室、行政科、财会室、图书病案室。全院共有职工114人；其中副主任医师1人、中西结合主治医师1人、中医主治医师1人、中医师2人，西医主治医师11人、主管药师1人、主管技师2人、护理师10人、放射医师1人、化验师2人、药剂师2人、医士3人、护士22人、助产士1人、药剂士2人、化验士2人、护理员5人。医院拥有德国进口西门子六排及二排螺旋CT，美国及德国进口心、腹两用彩超，日本进口直接数字化成像技术系统（DR），800mA带电视胃肠照影机，美国进口“史赛克”及德国进口“诺道夫”腹腔镜，德国进口前列腺电切镜、输尿管镜，医用钬激光治疗机，日本进口电子胃镜、肠镜，德国进口呼吸机、血液透析机、日本进口全自动生化分析仪，血气分析仪、麻醉机，碎石机、高压氧舱等一批高尖端医疗设备。设立有内科、儿科、传染科、普外科、泌尿外科、胸外科、骨伤科、颅脑外科、妇产科、眼科、耳鼻喉科、口腔科、中医科等三十余个二级临床医技科室。业务开展内科除开展一般常见病、多发病治疗外，还开展了白血病、淋巴瘤规范化疗，急性心肌梗塞的溶栓治疗，风湿性心脏病瓣膜狭窄球囊扩张术；外科除开展一般常见病手术外，还常规开展了肺叶切除、食道癌根治术、心包部分切除松解术、肝癌切除术加埋泵化疗术、带血管胎儿甲状旁腺移植术、嗜铬细胞瘤切除术、小儿先天性巨结肠症切除术、垂体瘤切除术、听神经瘤切除术、髋关节置换术、膝关节置换术、各类脊柱骨伤骨病等高难度手术，此外还开展了窥镜下胆囊切除术阑尾腹股沟斜疝修补术胃穿孔修补术及结肠癌根治术等微创手术；妇产科除开展妇科、产科常见疾病治疗外，还开展了不孕不育诊断治疗，妇科恶性肿瘤盆腔清扫术及术后常规化疗，无痛人流、无痛分娩及腹腔镜下卵巢囊肿、子宫肌瘤、宫外孕等微创手术。儿科除开展一般常见病的诊治外还开展新生儿危重症的监护与抢救。眼科、耳鼻喉科、口腔科、中医科主要开展一般常见病的诊治。至2005年，发展成为一所集医疗、预防、保健、教学、科研为一体的综合性二级甲等医院。

金秀瑶族自治县人民医院桐木分院　1993年2月金秀瑶族自治县人民医院桐木分院成立，医院医疗设备不断更新，综合服务能力不断提高。先后开展了甲状旁腺移植、椎间盘突出髓核摘除、肺叶切除、食道癌切除、肝叶切除、胃癌根治、直肠癌根治、心包部分切除、肾上腺肿瘤切除、听神经瘤切除，前列腺气化电切、输尿管镜检及弹道碎石、腹腔镜下胆囊切除、阑尾切除术及附件肿瘤切除、全宽置换、股骨头置换、骨盆骨折内固定、椎弓根钉内固定、骨折带锁髓内钉内固定、前路椎体结核病灶清除钛板内固定、颈椎前路椎体切除钛板内固定、子宫切除、乳癌根治、人工晶体植入、血液透析、经皮穿刺二尖瓣球囊扩张等多种(类)手术,其中有14项手术填补了自治区内县级医疗空白,普外、胸外、骨伤科、脊柱外科正式形成独立学科。

金秀瑶族自治县瑶医医院 1986年,金秀瑶族自治县瑶医医院成立。医院瑶医药治疗慢性病及疑难杂症,使用瑶药点烧、熏、烫、佩戴、放血、骨灸、药物灸、药棍灸、针灸、针挑、陶瓷针、捶击、推拿、指刮、骨弓刮、碗刮、青蒜刮、杆草刮等瑶医传统疗法,结合大瑶山上千种原生瑶药内服、外洗、外敷治疗肝硬化腹水、肾炎水肿、骨折、跌打损伤后遗症、偏瘫、脑中风后遗症、风湿骨痛、类风湿性关节炎、颈腰椎骨质增生、腰椎间盘突出症、坐骨神经痛、结石、阳痿、糖尿病、肿瘤、水火烫烧伤等内、外、妇、儿科疑难杂症,取得显著疗效。2004年,医院固定资产4000元。瑶医院年门诊量0.8万人次,卫生技术人员8人。设置有瑶医特色门诊部、瑶医风湿痹症专科、瑶医跌打骨伤科、瑶医康复科、瑶医皮肤科、瑶医胃病专科、瑶医肿瘤科、瑶医肝病专科、瑶医肛肠科、瑶药烧伤科、瑶药妇产科等科室。

金秀瑶族自治县疾病预防控制中心 金秀瑶族自治县疾病预防控制中心是在原金秀瑶族自治县卫生防疫站的基础上,于2005年9月1日正式组建成立,位于金秀瑶族自治县金秀镇公园路5号,占地面积1600平方米,业务用房1476平方米,其中检验业务用房660平方米。中心定编17名,有在职干部职工22人,其中卫生技术人员19人,占职工总人数的86%。卫生技术人员中中级职称9人,占卫技总人数的47%;初级职称10人,占卫技总人数的53%;大专以上学历17人,占卫技总人数的89%,中专学历2人,占卫技总数的11%。设置有中心办公室、公共卫生科、疾病预防控制科、免疫预防管理科、结核病防治门诊,检验科、规划财务科七个科室。拥有气相色谱仪、原子吸收、电子天平、光栅分光光度计、三光紫外线分析仪、B超、阿贝折射仪、大气采样器、粉尘采样器、紫外线强度器、声级计等仪器设备,具备较强监测检验能力。1995年金秀瑶族自治县成为广西第一个消灭疟疾的少数民族自治县,2000年9月通过省级计量认证。2001年被卫生部授予“全国消灭脊髓灰质炎工作先进集体”;2002年被自治区人民政府授予“全区地方病防治先进集体”;2004年被来宾市委、市人民政府授予“抗击非典先进集体”等荣誉称号。2005年通过区级HIV初筛实验室以及职业病危害监测与评价、职业健康检查评审。

金秀瑶族自治县妇幼保健院 金秀瑶族自治县妇幼保健院创建于20世纪70年代,位于县城灵香路,占地417平方米,有业务用房1250平方米。有卫生技术人员25人,其中中级职称14人,下设妇保科、儿保科、妇产科、儿内外综合科、住院部、药剂科、医技科、手术室、麻醉科等职能科室。病床20张,有母婴安全救护车、日本进口阿洛卡390B超、200mAX光机、胎心监护仪、心电监护仪、自动分析心电图机、电子数码阴道镜、制氧机、呼吸机、麻醉机、高频电刀、乳腺透照仪、微波治疗仪、激光机、妇科治疗仪、新生儿抢救台、早产儿培养箱、蓝光治疗仪、自动血凝分析仪、尿八项分析仪等先进设备。2004年11月被国家卫生部和联合国儿童基金会命名为“爱婴医院”,同年获广西综合性妇幼项目先进单位。

合山市妇幼保健院 前身是合山市妇幼保健站,成立于1987年1月,原址位于市人民中路236号,现址为合山市人民中路585号,是全市唯一的妇女儿童保健机构,2001年改名为合山市妇幼保健院。2001年先后获得国家级“爱婴医院”和省级“一级妇幼保健院”称号。院建筑面积752平方米,其中业务用房400平方米。设有妇产科、妇女保健科、内儿科、儿童保健科、生殖健康保健科、理疗科、婚前保健科等临床科室,设有产科床位6张。医疗装备有B超、微波治疗仪、骨质增生治疗仪、性病快速检测仪、性功能康复仪、常规检验、肝功能检查等先进仪器。1988年院门诊人次是3578人次,住院11人次。1991年,合山市妇幼保健站设有儿童保健科、妇产科、办公室、财务科、药剂科、收费处6个科室,有医师8人,护士3人,其中主治医师3人,护师2人。1998年门诊8450人次,住院19人次,同1988年比,门诊量增长136.17%,住院量增长72.73%。2005年,合山市妇幼保健院设有儿童保健科、妇产科、办公室、财务科、药剂科、收费处6个科室,有医师8人,护士4人,其中主治医师3人,护师2人。

合山矿务局总医院 院址在岭南镇里兰,为县级医院。前身为合山煤矿服务有限公司医务所,建于民国22年(1933年)。民国25年,医务所设有医务室,留医室,床位6张,简易手术床1张,显微镜1台。医师、护士、勤杂工各1人。1950年改为合山煤矿卫生所。1959年8月,更名为合山煤矿工人医院,1962年11月改为合山矿务局工人医院。1967年5月,院大楼竣工投入使用,设有留医部和门诊部。留医部有床位100张,设有外科,内一、内二科,结核病科;门诊部设有内科、外科、妇科、儿科、五官科、中医科、放射科、检验科和理疗室等。医务人员87人。1985年，投资28万元建门诊大楼。1986年，投资5.6万元，建成普通传染性病房，设床位35张。1989年，投资80万元建成病房大楼（面积4189平方米），同年建成制剂室，日产大型输液200升。1990年，全院医务人员307人，其中正副主任医师6人，主治医师17人，主管护师11人。主管药师3人，初级卫生人员209人，其他61人。设有26个科、室。留医部设有留医病区9个，实用病床260张。1998年实行改制后，更名为广西合山矿务局总医院，负责管理合山矿务局卫生系统，行使总医院职能。设备有全身CT机、日本彩色B超机、日本进口电子胃镜、经尿道前列腺汽化电切镜、全自动生化分析仪、体外震波碎石机、心电监护仪、高压氧舱、肺功能治疗仪、中风预报和电脑腹水超滤浓缩回输系统等先进医疗设备。2005年，已成为一家集临床医疗、预防保健、教学科研于一体，技术力量雄厚，科目齐全，设备先进的广西煤炭系统以及合山市独家国家二级甲等医院，是合山市医保中心指定的城镇职工基本医疗保险定点医院，也是广西医科大学、自治区人民医院的教学医院和技术协作医院、合山市交通事故急救中心和交通事故伤员抢救担保卡定点医院。

合山电厂职工医院 前身为“671”电厂医务所，建于1969年，当时有医务人员3人，医疗用房3间（100平方米）。1981年建成医务大楼(837平方米)，设有床位11张，医务人员25人。1988年医务大楼扩建，使用面积2005平方米，1989年更名为合山电厂职工医院，设有内科、外科、口腔科、保健科、中医科、急诊室、注射室、挂号收费室、化验室、X光机室、手术室、供应室、西药房、中药房、理疗室、8超室、心电图室、脑血流图室等，床位50张。1990年全院职47人，其中主治医师3人，医师12人，医士和护士27人，其他5人。1991—2005年，该院是合山电厂职工临床医学、临床护理、预防医学的医疗单位。

合山市人民医院 位于人民中路365号，成立于1986年，是年合山市人民政府拨款40万元购买自治区煤炭研究所一栋四层楼房（地址人民路北段，使用面积1200平方米）作为市人民医院临时用房，设有内儿科、外科、妇产科、中医科、口腔科、检验科、药剂科和注射室等，医务人员30人，有床位35张。1990年9月，市人民医院门诊大楼落成（地址人民路中段街心花园西侧），占地面积16666平方米，建筑面积2572平方米，总投资120万元。设有18个科、室，是年，全院职工66人，其中主治医师5人，医师16人，医士和护士30人，其他15人。2005年，合山市人民医院配备有CT机、DR、高频X光机、彩色B超机、经尿道汽化电切镜、经皮肾镜、输尿管镜、膀胱镜、电子胃镜、鼻内窥镜、体外震波碎石机、全自动生化分析仪、血球仪、自动血凝分析仪、细菌鉴定/药敏测试仪、多参数心电监护仪、高频喷射呼吸机、妇科臭氧治疗仪、新生儿黄疸治疗仪、血透仪、除颤监护仪、C臂移动式X光机、麻醉机、输液泵、电动牵引床、动态心电图机、动态血压检测仪、预真空消毒柜、心电图机、洗胃机、救护车等数十种先进医疗设备。

合山市中医院 1995年5月挂牌成立，位于合山市电北路，2000年7月卫生局将合山市中医医院与原合山市人民医院合署办公，位于合山市人路中路365号。中医医院骨伤、针灸推拿为合山市中医的特色专科。在继承和发扬传统医药方面，精通针灸、推拿、小针刀技术，擅长治疗颈椎病、落枕、腰扭伤、腰椎间盘脱出症、肩周炎、健鞘炎、坐骨神经痛、软组织损伤等，采用穴位注射、穴位埋线、艾灸、火罐、刮痧、中药外敷、中药外洗、烫疗、六合治疗、频谱照射、微波治疗、神灯疗法、牵引疗法等，发挥中医神奇疗效，有其简单、便捷、灵验、价廉的特点。1996年，合山市中医院共有医师29人，其中副主任医师6人，主治医师9人，医师11人，医士3人。护士39人，其中主管护师9人，护师20人，护士10人。2005年合山市中医医院与原合山市人民医院仍为合署办公，设有急诊科、内儿科、外科、妇产科、中医科、耳鼻喉科、眼科、口腔科、肛肠科、理疗室、保健科，医技科室；放射科、B超室、心电图室、检验科、脑电图室，行政科室；办公室、医务科、护理部、感控科、质控科、统计室、财务科，收费处、挂号室，后勤科室；总务科、设备科、保卫科、供应室、洗衣房、营养食堂、图书室。2005年医师共有41人，其中副主任医师0人，主治医师17人，医师22人，医士2人。护士共有37人，其中主管护师12人，护师16人，护士9人。2005年，医院主要医疗设备有500毫安X线机、纤维胃镜各一台，B超机、心电图机、麻醉机、呼吸机、脑电图机各一台。

合山市疾病预防控制中心 合山市疾病预防控制中心是在原合山市卫生防疫站的基础上于2003年10月组建而成的副科级事业单位。占地面积1533平方米，建筑面积1314平方米；中心有23个编制，在编21人，具有中级职称11人，初级职称10人，其中本科以上学历4人，大专14人，大专以下4人。疾控中心主要开展疾病预防与控制、结核病防治、艾滋病防治、医学检验、医学影像等工作。

合山市乡(镇)医院 1952年12月,建有北泗区卫生所。1958年改称为北泗公社卫生所,1982年更名为北泗公社卫生院,1984年8月改为北泗乡卫生院。1967年北泗公社卫生所派3名医务人员到河里大队河里街设医疗点,1982年改称为北泗公社河里卫生分院。1984年10月,设置河里乡后,更名为河里乡卫生院。1988年5月,市人民医院抽调3名医务人员到岭南镇里兰村设医疗点,1989年改为岭南镇卫生院。1990年有乡(镇)卫生院3所,医务人员39人。其中主治医师6人,医师2人,医士和护士22人,药剂士6人,检验员2人,其他1人。1991—2005年,这3个乡镇卫生院继续担负着乡村医疗工作的重任。

合山矿务局东矿医院 前身为合山煤矿东矿矿场医务所,建于民国37年(1948年)6月。1952年10月改称为东矿卫生所,当时有医务人员36人(其中日本籍5人)。1961年7月更名为合山煤矿工人医院东矿分院。1983年4月,院址迁至德马岭下,有医务人员46人。1989年4月改为矿务局东矿医院。设有西医一、二诊室,中医诊室、挂号室、注射室、妇产室、X光机室、理疗室、抢救室、交换敷料室、消毒室,心电图室、计划免疫接种室、中药库、西药库和口腔科、结核病防治科等,设有床位11张。1990年全院医务人员41人,其中副主任医师1人,主治医师7人,医师9人,主管护师8人,护8人,其他8人。

忻城县人民医院 民国24年(1935年)4月1日成立忻城县立医务所,地址在板河乡公所。民国30年由县立医务所改为忻城县立卫生院。民国31年1月8日省府委任院长1人。同年12月17日,县参议会通过议案将旧板河乡公所作卫生院。民国32年县立卫生院迁入县城,时有病床7张,医务人员5名。1941年,忻城县人民医院始创,其前身是民国时期的县立卫生院,中华人民共和国成立后县人民政府接管后改名为忻城县人民政府卫生院。1950年2月,忻城县人民政府指定三界庙作为县人民政府卫生院院址。1956年9月迁至西隆村前,更名为忻城县人民医院。20世纪50年代,忻城县人民医院设门诊部(下设外科、内儿科、西药房、检验室)和后勤部(下设总务处和住院处)。20世纪60年代增设住院部,门诊部增设妇产科、五官科、中医科、放射科、中药房、供应室等,检验室改称检验科。住院部下设内儿科、外科、妇产科、传染科、手术室等5个科室。1956年搬至城关镇鞍山路1号,是一所集医疗、教学、科研、防保为一体的综合性国家二级甲等医院。20世纪70年代,增设院部(院部下设办公室、病案统计室)。门诊部增设口腔科、超声波室、心电图室、制剂室、西药库、中药库、治疗室、注射室、挂号收费室等科室;住院部增设供应室。20世纪80年代,住院部增设医务室、图书室。门诊部增设眼科、痔瘘科、纤维胃镜室。1956—1987年,建筑总面积1168.16平方米,其中职工住房3673.76平方米,其他用房1638平方米。1988—1990年,先后增建5层病房大楼和2层制剂大楼各一栋,病房大楼面积4500平方米,制剂大楼面积800平方米。1990年,医院占地总面积15265平方米。县人民医院科室设置有办公室、院长室、医务科、护理科、保健科、病案室和图书室。门诊部下设内科、外科、儿科、妇产科、五官科、口腔科、眼科、检验科、放射科、超声波室、纤维胃镜室、心电图室、急诊室、急救室、治疗室、注射室、西药房、西药库、中药房、中药库、制剂室、公费挂号记账处、自费挂号收费处等23个科室。住院部下设内科、内二科、儿科、外科、中医骨科、妇产科、手术室、供应室等8个科室。有病床161张、救护车3辆、X光机3台、电冰箱4台、心电图机2台、超声波2台、万能手术床2张、无影灯具2台、显微镜3台、万能产床4张、分析天秤2台、卧式消毒锅2台、心脏去颤起搏器1台、牙科综合治疗机1台、婴儿保温箱1个、切片机1台、压片机1台、胃肠减压器4台、胃镜1个、心电示疲器1台、甩干机一台、五官手术包1包、消毒机1台、空调器1个、多功能洗胃机1台、空气净化器1台、紫外分光光度器1台。1991年,在职职工近300人(含聘用人员、日工),其中卫技人员230多人,高级职称8人,中级职称120人。医院设有临床、医技、职能等24个科室,开放病床260张。医院拥有CT、DR、彩超、电子胃肠镜、体外震波碎石机、前列腺汽化电切镜、血透机、全自动生化分析仪等先进设备。开展内、外、妇、儿等疾病诊治,消化内科是该院的专科特色,医院能开展颅脑外科、胸外科、骨伤科、普外、泌尿外科、妇产科等多种学科较高难度手术。占地面积22830.7平方米,建筑面积19237.98平方米,其中业务用房10436平方米,病床181张及车辆2部等医疗设备。之后陆续购置的设备有:500MAX光机、电子胃镜、CT彩超、DR等型医疗设备,总值1400万元。1996年获“爱婴医院”称号,1999年8月,县人民医院开设“120”急救中心,在全县范围内开通“120”急救电话,建立了一支快速反应的120急救队伍。2000年,取得科研成果6项,其中4项分别荣获地市级科技进步二、三等奖。同年1月通过自治区等级医院评审团的评审，成为全国二级甲等医院。2001年获得自治区文明单位。2005年，全院占地面积228307平方米，建筑面积19237.98平方米，其中业务用房12013.64平方米，配有病床200张、日本产全身CT机、沈阳东软公司产三维数字彩超、日本产电子胃镜、C臂X光机、新东方1000CCD—DR全身数字摄影系统、2010全自动酶标仪、爱博电刀、多功能脑血管治疗仪、500MA带电视系统X光机、血液分析仪、脑地形心电图、心电监护仪、除颤监护仪、呼吸机、麻醉机等等设备。2005年，全院干部职工271人，其中卫技人员220人，占全院总人数的81%，其中副主任医师5人、主治医师51人、护理人员113人、各类医技人员38人。院内设办公室、院长室、政工科、器械科、医务科、护理部、质控科、感控科、保健科、病案室、财务室和图书室。门诊部下设内科、外科、妇产科、儿科、耳鼻科、口腔科、皮肤科、痔瘘科、眼科、检验科、放射科、超声波室、纤维胃镜室、心电图室、急诊室、急救室、治疗室、注射室、西药房、西药库、中药房、中药库、制剂室、挂号收费处。住院部下设内科、内二科、儿科、外科、中医骨科、妇产科、手术室、供应室等。同时增建3层门诊大楼、2层制剂大楼和传染科病房楼各一栋，病房大楼面积3000平方米，病床600张，制剂大楼面积800平方米，传染科病房楼985平方米。2005年，门诊量72747人次，急诊病人8985人次，住院5320人次。至2005年，医院先后获得“自治区文明单位”、来宾市“抗击非典先进集体”、全区对口支援乡镇卫生院先进单位二等奖、来宾市卫生系统先进集体，有七项科研成果分别获得区、地市级科技进步一、二、三等奖。

忻城县中医院　忻城县中医院原称“龙马医院”，始建于1972年，1979年1月迁到县城城关镇对门岭。占地面积7000平方米，建筑面积3537平方米，其中职工住房1827平方米，门诊用房560平方米，病房220平方米，其他用房930平方米。1990年该院有救护车1辆、X光机2台、电冰箱3台、恒温箱、干燥箱、卧式消毒锅各1个、万能手术台1张，还有超声波机、无影灯具、显微镜、分析天秤、粉碎机、切片机、压片机、分光光度器、电高压锅、洗衣机、甩干机、电泳仪各1台。1990年末，有职工65名，病床45张。设置有住院部、门诊部、办公室、财务室、车库、食堂、洗衣房等。门诊部下设中医内科诊室、中医骨伤科、西医诊室、妇产科、放射科、化验室、B超室、按摩室，针灸(理疗)室、注射室、中西医药房、中西医药库。该院以中医为主，中西医结合，医治小儿麻痹症闻名区内外，病人来自全国各地。1991年，有职工64人，其中卫技人员22人，占全院总人数的43%，其中副主任医师1人、主治医师14人、护理人员20人、各类医技人员7人，病床68张。之后购置主要设备有电子胃镜、CT彩超、DR等型医疗设备，总值1000多万元。2005年，有职工111人，其中卫技人员83人，占全院总人数的75%，其中副主任医师1人、护理人员40人、各类医技人员15人，病床80张。院内科室设置有住院部、门诊部、办公室、财务室等。门诊部下设中医内科诊室、中医骨伤科、西医诊室、妇产科、放射科、化验室、B超室、按摩室，针灸(理疗)室、注射室、中西医药房、中西医药库。2005年门诊量52280人次，急诊病人4171人次，住院1112人次。

忻城县疾病预防控制中心(忻城县卫生监督所)　2004年12月29日，经县人民政府批准，撤销忻城县卫生防疫站，成立忻城县卫生监督所和忻城县疾病预防控制中心，并合署办公，办公地址位于城关镇鞍山路51号。县疾控中心在编人员24人，县卫生监督所在编人员13人，内设中心(所)办公室，财务科、后勤科、免疫规划科、疾病预防控制科、检验科、结防科、卫生科和卫生监督科9个科室。其中卫生专业技术人员23人，中级职称12人，初级职称11人。2005年机构人员不变。

忻城县妇幼保健院　忻城县妇幼保健院始建于20世纪70年代初期，地址在忻城县城中路17号，建筑面积为2209平方米，2001年10月、12月分别通过“爱婴医院”和“一级甲等妇幼保健院”的评审验收，2002年被评为来宾市“十佳防保单位”。2005年在职职工73人，开放床位50张，医疗设备有X光机、B超、半自动血液分析仪、微量元素测定仪、高危妊娠诊断仪、胎音监护仪、心电图机、新生儿暖箱、新生儿蓝光治疗箱、新生儿抢救台等。开设服务项目有妇女保健科(孕产期保健、产前检查、孕期营养指导、妊高征监测、妇女病普查普治、乳腺疾病检查及治疗、更年期与老年期保健、青春期保健、婚前保健等)、儿童保健科(儿童健康检查、儿童生长发育监测与评价、营养指导、新生儿疾病筛查、口腔保健、听力保健、小儿“四病”防治等)、妇产科(正常产接生、难产处理、新式剖宫产、宫外孕治疗、计划生育手术、妊娠并发症如宫内发育迟缓、先兆早产、妊高征等预防和治疗)、新生儿科(新生儿疾病如新生儿肺炎、新生儿黄疸治疗、新生儿颅内出血、新生儿窒息、新生儿缺氧缺血性脑病康复等预防和治疗)、儿科(儿科常见疾病如支气管炎、支气管哮喘、肺炎、腹泻、肾炎、肾病综合征感染性疾病、先天性心脏病等疾病的预防与治疗、小儿急危重症的抢救与处理）。

忻城县皮肤性病防治站 1959年在黄金村黄糖屯附近建立麻风病防治站，时有医师2名，1964年增至3名。1979年8月麻风病防治站改为皮肤性病防治站，业务扩大，迁回县城（原都乐大队办公室）设门诊室。1980年医师增至5名，事务员3名。1990年全站人员13名，其中医师6名，护士2名，事务员5名。1991年，办公地址忻城县城关镇鞍山路51号，占地面积1000平方米，建筑面积930平方米，其中办公用房248平方米，职工宿舍480平方米。皮防站主要职责是麻风监测和性病防治工作，兼设皮肤科门诊，门诊人次5570人次，总收入176650元。主要医疗设备有电热压力蒸汽消毒器1台、生物显微镜1台等。1991年全站职工12名（中级职称2人、初级职称2人、职工8人），其中西药师1名，西医士1名，护士1名，西药剂员1名，检验员1名，事务员4名。2003年机构人员不变。

忻城县乡（镇）医疗卫生院 民国27年（1938年）建古蓬镇中心卫生院，其前身是上林县卫生院古逢分院。1952年划归忻城县管辖（医务人员5名），1953年改称忻城县古蓬卫生所，1964年4月更名为忻城县人民医院古蓬分院，1969年称古蓬医院。1971年11月该院从下敢迁至古蓬街东北1千米处的滂江边，1974年改用今名。1990年，该院占地面积9992平方米，建筑面积3769平方米，其中职工住房1183平方米，门诊用房954平方米，病房1404平方米，其他用房228平方米；医务人员49名，病床80张。1956年建大塘镇中心卫生院，初名大塘卫生所，位于大塘街西南0.5千米处。1969年称大塘公社卫生院，1970年称大塘公社卫生防治院，1974年改用今名。1990年该院占地面积123669平方米，建筑面积3953平方米，其中职工住房1475平方米，门诊用房385平方米，病房736平方米，其他用房1357平方米；医务人员34名，病床30张。除上述2所镇中心卫生院外，还有其他乡镇卫生院（所），民国27—32年（1938—1943年），忻城县府先后在加仁、大塘和思练等乡设立医务所，但不久停办。中华人民共和国成立后，20世纪50年代，全县各区卫生所相继建立；1974年各区卫生所分别更名为公社卫生院，1984年又改称乡（镇）卫生院。1987年成立安东乡卫生院，同时将新圩卫生所改称卫生院。至1990年末，全县有古蓬、大塘2个镇中心卫生院和城关、宁江、马泗、思练、安东、果遂、新圩、红渡、遂意、北更共10所乡（镇）卫生院，医生共128人。

第二节 中 医

清朝时期，境内各地中草药铺、中草医诊室“郎中”为民诊病治疗。

民国《来宾县志》（下称《县志》）载：“陈赞生自粤来，为乡人（正龙圩）治病应手奏效，求医者踵相接，药售数倍。”其余名医均为自学成才。县城文人周之达自究张仲景著作而通会医术，被誉为“神医”。《县志》述其“疾虽危笃、一诊立愈”。在周之后出现的吴子卿专在《医宗金鉴》，简练揣摩《伤寒论》《金匮要略》撰文而成为誉满四乡的名医。民国6—22年（1917—1933年），“求医者咸诣林栽亭”。林原为小学教师，自学成医。因“竟不在书”，上述名医均未有《医案》遗留。民国时期，两县境内有私人药肆6家，设有“医士”坐堂行医，闲散的“土医”提包担筐走乡串户，服务于乡间村民。

民国时期，武宣县武宣镇永安堂日诊3~5人，多则10余人；二塘永寿堂日诊约20人；东乡仁寿堂年诊量约3000人，同仁堂约3000人，长春堂约2500人，恒生堂约2000人；河马天和堂年诊约1000人。民国22年（1933年）7月—12月，武宣商会公医院诊治病人226人，其中传染病110人，呼吸系统疾病17人，血液循环系病16人，消化系病30人，新陈代谢病1人，神经系病15人，泌尿生殖器病12人，运动器病6人，皮肤病10人，眼儿病4人，外伤、中毒2人，其他病3人。

中华人民共和国成立后，境内各县先后成立中医联合会（后称卫生协会）、联合诊所和中医院、中医事业得以继承和发展。1952年，各县开业中医353人。

技术传承

清初，来宾、迁江两县各有1家中草药铺及中草医诊室，各设“坐堂”3人、“行医”6人。俗称医生为“郎中”。宣统元年（1909年），象县在州城鲤鱼巷建济生善堂，聘中医师1名驻堂施诊，免费诊断处方，城外重病人可住堂留医，略具医院形式。民国年间，境内治病多为中医，医药人员多是私家传授和自学行医。1958年，各县将社会上3176名中草医药人员中的3125人安排到各级医疗卫生单位就业。同年，将各县中医人员献出的9250条单方、验方、秘方，编印出单方、验方、秘方4册，本草纲目3册。

1956年，来宾县人民医院门诊部有针灸医师1

名、中医师3名。1958年6月，来宾县中医院、来宾镇联合诊所、良塘、陶邓、寺山等公社卫生院先后开始试行针灸疗法，当年，治愈率为50%~70%以上。

民国20年(1921年)，武宣县药铺有荣春堂、永安堂、百寿堂、天和堂、天乙堂、万生堂、济安堂、天然堂、广福堂、仁泰堂、联昌堂、道志堂、保安堂、福生堂、民生堂、永康堂、经济、保生堂、永寿堂、全安堂、成春堂、集福堂、天益堂、和生药材店、安泰药材店等。

民国23年(1934年)，象县有中药店20家。民国26年，修仁县府在桐木创办医务所，每年拨给经费。民国27年冬，武宣县东乡中医生何文明曾以白薇散、丹栀逍遥散治愈了三里波吉村一患血厥症的妇女。民国33年，三里乡陈荣昌妻患灼热病，何经诊断，以清宫汤治愈患者。他常行医于三里、东乡、二塘和桂平的紫荆等地，并辑有《内科医案录》。三里陈廷仁得其父陈朝章所传，长于内、外、妇、儿、皮肤等科，常行医于三里、东乡、柳州、融县等地并享有盛誉。同年，三里田心村发生霍乱，20名患者被陈医生治愈17人。陈并发动全村人服药预防，薰烧消毒，使霍乱不再传染蔓延。民国35年，象县有中西药店23家。境内不少群众也能以草药自医疾病，还有的群众掌握和运用一些民间疗法，比如刮痧、拔火罐、点烧、汤液熏蒸、瓷瓦片扎刺等。在长期的治病实践中，总结出一些草药施用歌，如"甘淡平无毒，芳香定止痛，苦能泻实火，认真审慎用，辛辣能焕湿，潺滑可排浓，识得歌中妙，巧奇造奇功""有毛能消肿，中空便里通，味苦能消毒，潺滑去腐脓，酸涩堪散血，芳香散淡红，头昏麻舌肿，姜糖甘防风。"等等。1946年，陈医生用"清宫清脑汤"治愈了东乡一患热馅心包神昏症，已昏迷7天的病人。武宣镇中医生练纯全，曾于1946年用"理中汤"加川椒等治愈了武宣镇许多霍乱患者。而二塘赵俊良则擅长内科、妇儿科。

民国4年(1915年)，忻城县大塘乡莫淑新跟随叔文莫鉴湖学中医，民国9年，他在大塘、思练、柳州一带行医，莫淑新擅长医治内科各种病以及小儿惊风、妇科病、风湿等，他的医术精，疗效高，在县内外颇有声誉。红渡潘雅川，自学中医，并先后从师名医雷方民和林氏，并熟读《药性赋》《雷公炮制》《伤寒论》《本草纲目》等名著，民国22年，他行医于县内红渡、新圩、古蓬和马山县的金钗一带。他擅长医治内科、儿科病，尤其医治毒疮疗效特别显著，服了他的二三副药后，毒疮自然消失。民国23年，忻城县有"生生堂""恒益""逢源堂""同福堂""回春阁"等几家私营中药店。民国24年，县医务所聘请中医师莫志超为所长(兼中医师，另配1名中医师和1名事务员)。民国25年全县有中医师3名，中药店6家。民国27—28年县府先后派人在大塘、思练、加仁各建一间(以中医为主的)乡医务所。民国32年因经费不足，县府下令撤销各乡医务所。此后，忻城乡间仅有少数个体中医师从事医务工作。民国时期，在北泗、河里街有7家中医诊所和1间中药店。民国39年，金秀设治局立有医务所，主要为设局人员服务，兼为百姓看病。江洲教堂医院免费为当地民众治病。民国26年，象县有中医人员51人，各乡医务所设中医士1人。民国36年，开业中医28人。

1958年合山煤矿工人医院组织西医人员学习中医，聘请社会上中草医人员到医院工作。1959年，合山煤矿工人医院采用中药治疗慢性阑尾炎、高血压、麻疹、肺炎、痢疾等疾病，里兰矿卫生所和机修厂保健站用桉树叶硫浸膏、番桃叶煎剂、白头翁汤等治疗消化不良和急性肠炎等，疗效显著。1965年，工人医院使用鱼腥草治疗矽肺病胸痛，效果良好。

业务发展

2003年，全市共有中医医疗机构19所，瑶医门诊部1个，其中来宾市中医院、武宣县中医院、象州县中医院、忻城县中医院为"二级甲等"中医院。来宾市人民医院、来宾市妇幼保健院、来宾市卫生学校附属医院及各县(市)人民医院均设有中医科，部分乡镇卫生院设立中药房。来宾市卫校开设中医骨伤科、中西医结合专业。来宾市中医院为自治区"示范"中医院，是全市中医临床、科研、教学中心，集中医医疗、教学、科研、预防保健、康复为一体的综合性中医院。全市各中医医疗机构按照国家中医药管理局关于中医医院等级管理的规定，坚持以病人为中心，加强医疗质量管理，坚持三级医师查房制度，加强病历和处方质量检查，规范医疗文书的书写，强化三基(基本理论、基本知识、基本技能)培训，继续医学再教育取得进展。来宾市中医院拥有开放病床140张，完成门诊人数13.54万人(次)，收住院病人3137人(次)，出院诊断符合率为98.8%，中医疾病诊断准确率为98.8%、入院症候诊断准确率为99.2%、中医辨证论治优良率为96.3%。抢救危重病人358人、抢救成功率为98.4%，死亡率为1.6%，无差错事故。全年完成各种手术574例，进行病人满意度调查均达到98%以上。是年，武宣县中医院有开放病床85张，年诊疗人数8.69万人(次)，其中门诊8.46万人(次)，住院2312人(次)，治愈率为56%，好转率为37%，病死率为0.6%，病床使用率为43.6%。平均住院日为6天，人均诊疗费用33.03元，人均住院医药费用为1223.10元，日均费用203.80元。

清代，来宾、迁江两县境内各有1家中草药铺及个体中医生，俗称“郎中”，各设有“坐堂”3人，“行医”6人。民国时期，两县境内有私人药肆6家，设有“医士”坐堂行医，闲散的“土医”提包担筐走乡串户，服务于乡间村民。1956年后，来宾县先后成立中医联合会(后称卫生协会)、联合诊所和中医院，中医事业得以继承。1960年，来宾县内各医院普遍推行针灸治疗法，这年共诊治病人46009人，疗效率为68%。1962年来宾县人民医院、中医院、迁江中心卫生院始试行推拿按摩新型医术治疗法，这年共诊治脱臼、挫(扭)伤、腰痛、扭曲、腋肿等症状病人1247人。1971—1975年，来宾县举办西医学中医学习班，鼓励西医学习中医。县内医疗单位均配有中医师，开设中医门诊。县中医院除有综合门诊外，还设痔瘘、骨伤、理疗等专科门诊。年均门诊量为10万余人次，中医处方占80%，治愈率为70%。部分中医人员在临床实践中，不拘于古方，治愈肝硬化腹水、尿路结石、小儿秋泻、妇女月经不调、急性乳疮、胆道蛔虫等西医临床较棘手的病症。1970—1976年，县内各医疗单位普遍推行按摩推拿治疗法。20世纪80年代，县、乡(镇)医疗单位在中医内科上除了“望、闻、问、切”四诊外，在临床上已结合使用体温表、压舌板、血压计进而到X光、超声波诊断以及各种检验诊断法，提高了对疑难病症的诊疗水平。骨伤科对一般常见的骨折、脱位以及软组织损伤在诊疗技术除了使用拔伸、牵引、按摩、推拿等基本手法，还利用X光机检查复位，减少畸形或错位。痔瘘科也开展电疗、磁疗、埋线、耳针、电按摩、超短波、音频电疗、感应电疗、红外线照射等疗法。1988年，来宾县人民医院设中医药房，业务开展各种慢性的诊治。如风湿骨痛、肾炎、肾衰、消化系统疾病和慢性支气管炎等慢性疾病。预防方法多采用中西医结合治疗，也有单独用中草药治疗。1978—1990年，来宾县内医疗单位先后添置了针灸电疗机、紫外线理疗机、红外线理疗机、磁化放射机等先进医疗设备，并开展针灸、推拿、按摩、理疗、气功等医术攻关研究，医术日渐提高。1987—1998年，治疗风湿骨痛病人9400多例。1999年，来宾县医院总收治病种195种，收治急、危、重、疑难病人占收治总人数的50.5%，中医疾病诊断准确率达97.34%，入院症候诊断准确率达93.65%，辨证论治优良率达91%，入出院诊断符合率达92.16%。来宾县中医医院成为境内首家“二级甲等”医院。医院总体水平进入自治区级中医医院先进行列。2000年，来宾县中医医院有医务人员222人，其中卫生技术人员192人，住院部内科业务有开展中西医结合方法治疗呼吸系统、循环系统、消化系统、脑血管、内分泌、泌尿系统等各系统的疾病，并采用中医药扶正祛邪以提高癌症病人的生存质量。

民国时期，武宣县各个诊堂的年诊量约1000~3000人。民国22年(1933年)7月—12月，武宣商会公医院诊治病人226人。1962年，武宣县人民医院设立中医科，并建立中西医会诊制度。至1967年，全县各公社卫生院都设有中医科。1960年，石龙县人民医院采用中医中药治疗妇女子宫脱垂患者125例，其中治愈80多人，好转20多人，有效率达80%以上。1965年，武宣各公社供销合作社设立中草药收购门市部，收购中草药达100余种。1968年，中医师雷兆芳首先在武宣禄新公社卫生院和县人民医院开展对痔疮的手术治疗。1969年，武宣县建立中草药厂，生产丸剂、散剂、片剂、胶汁等30多个品种。同年，武宣县始用新针疗法，以针灸治疗聋哑。1970年，武宣县人民医院手术室开始使用针灸麻醉。麻醉技术由局麻、腰麻、全麻逐步发展到硬膜外麻、针麻、气管内插管麻醉等，至1974年，武宣县对脾切除、胃切除、骨折、子宫切除等12种外科、妇科手术共152例，采用针灸麻醉，有效率为94.4%。1973年，武宣县人民医院用胆汁身柱穴注射治疗老年慢性气管炎61例，其中19例疗效显著，占31.5%。1977年，武宣县锰锌矿疗养院用中草药治疗矽肺病人，均取得好效果。1979年武宣县人民医院成立中西医结合科研小组，制定科研项目，并设立病床，收治骨折和急腹症等病人。20世纪80年代后，武宣县、乡(镇)医疗单位在中医内科上除了“望、闻、问、切”四诊外，在临床上已结合使用体温表、压舌板、血压计进而到X光、超声波诊断以及各种检验诊断法，提高了对疑难病症的诊疗水平。骨伤科对一般常见的骨折、脱位以及软组织损伤在诊疗技术除了使用拔伸、牵引、按摩、推拿等基本手法，还利用X光机检查复位，减少畸形或错位。痔瘘科也开展电疗、磁疗、埋线、耳针、电按摩、超短波、音频电疗、感应电疗、红外线照射等疗法。1985年，武宣县中医院年诊疗量为110314人次，其中入院799人，出院792人，治愈372人，好转286人，治愈率52.62%，好转率40.5%，病死率零，病床使用率40.1%。同期，武宣县人民医院中医科病床使用率134.5%，治愈率

66.7%，好转率33.3%。20世纪90年代初期，武宣县中医院加强与上级医院合作，分别与广西中医学院第一附属医院、柳州市人民医院、柳州医专附属医院达成医疗技术协作关系，以提高医院的医疗技术水平，经常请上级医院专家到院内作专题讲座和技术指导。1990年，武宣县中医院年诊疗量为55638人次，入院788人，出院745人，其中治愈439人，好转246人，未愈59人，死亡1人，治愈率为59%，好转率为33%，病死率为0.13%，病床使用率为103.3%。同年，武宣县人民医院中医科年诊疗量为12324人次，入院121人，出院146人（含前一年留下人数和其他科转入人数），其中治愈80人，好转57人，未愈9人，治愈率为54.8%，好转率为39%，病床使用率为143.4%。武宣县中医院设有急诊科、外科、儿科、口腔科、皮肤科、男性科、妇产科、理疗科。1991年，县中医院有医生20人，其中主治医师9人，医师11人，开展一般普外手术、四肢骨折手术、内儿科常见病、多发病的诊治。1991年武宣县中医院有200mAX光机一台、黑白B超一台、显微镜两台。医院依靠科技兴院，加强医疗护理质量，强化服务意识，医院综合实力逐年提高。1995年，武宣县开展前列腺切除术、肾及输尿管切开取石术、胃大部分切除术、甲状腺肿瘤切除术。1996年，武宣县开展结肠癌根治术、胃癌根治术、胆囊切除术、乳腺癌根治术，利用小针刀治疗腰腿痛、腱鞘炎。1998年，武宣县开展甲状腺大部分切除术、肝内胆管切开取石术、植皮术。1999年在病房设备重症监护室（ICU）后提高了危重症抢救成功率。2001—2002年，武宣县开展脊柱骨折切开复位内固定术，髋关节置换术、股骨头坏死钻孔减压血管束植入术、椎间盘摘除术、巨脾切除术、微创颅内血肿清除术。2002年，武宣县聘请广西中医学院一附院退休专家、享受国务院卫生津贴的何振威教授到理疗科长期坐诊。针对农村多发病、常见病，选择性开展中药内服、外敷、针灸、拔火罐、推拿、小针刀、烫疗、四肢手法复位，妇科常见病如经滞胎产病、不孕不育症，小儿常见病，中医外科骨伤科疾病等，中医辨证施治病毒性肝炎、乙肝大小三阳、肝硬化腹水、肺结核、泌尿系结石、脑血管意外后遗症等。2003—2004年，武宣县用中药针剂博尔泰力注射液（苦参素注射液）肌肉注射治疗急慢性乙型肝炎大三阳，临床观察治疗10例，总有效率98%，e抗原阴转率为43%。至2005年，有医生45人，其中副主任医师1人，主治医师23人，医师21人。骨外科能开展肝胆外科、周围血管手术、泌尿外科、前列腺气化电切、胃肠肿瘤手术、甲状腺手术、乳腺手术、颅脑外伤手术、颅内血肿微创术、全髋关节置换术、大面积创伤一级植皮术、脊柱手术、微创椎间盘摘除术、四肢骨折手术；妇产科可开展剖宫产、子宫全切、子宫肿瘤摘除术等；五官科可开展白内障囊外摘除术、晶体植入术等；内科能处理急性脑出血、急性大面积脑梗塞、脑栓塞、高血压病、急性心肌梗塞、风心并心衰、心肌病、慢支肺气肿合并肺功能不全、重症哮喘、急性消化道大出血、肝硬化腹水、肾病综合征、急慢性肾炎、糖尿病、甲亢、急性有机磷重度中毒等；儿科可开展新生儿窒息抢救、新生儿黄疸、肺炎心衰抢救、地中海贫血等儿科常见病、多发病、疑难病的诊治；理疗科运用针灸、推拿、烫疗、牵引等方法治疗骨质增生、腰椎间盘突出症是医院的中医特色。

民国26年（1937年），象州县全县有中医人员51人，各乡医务所设中医士1人。民国36年，开业中医28人。1950年象县有中医人员46人，中药店20家。1954年，石龙县开业行医的中草医人员共142人，先后保送16名中医到地区、省学习进修，提高业务水平。1956年，象州县开办3期中医进修班，92名中医人员参加学习，先后吸收54名到县、区医院工作。1957年象州县组织67名中医药人员参加联合诊所。20世纪60年代初，象州县开始有少量中医院校毕业生分配到县。“文化大革命”期间，中医院校停止招生，中医药人员得不到补充，老一代中医药人员又相继退休，中医药人员日渐缺乏。1985年象州县全县国家医疗单位有中医药人员25人，平均每个医疗单位只有2人。1990年，象州全县国家医疗单位有中医药人员34人，个体开业中医人员34人。2003年，象州县中医院有开放病床49张，年诊疗人数5.63万人（次），住院1904人，出院1885人，治愈1259人，好转570人，未愈53人，死亡3人。平均每天门珍急诊224.26人，病床利用率为55.98%，平均住院日为5.51天，人均诊疗费用33.24元，人均住院医疗费827.06元，业务收入350.20万元。

民国4年（1915年），忻城大塘乡莫淑新跟随叔文莫鉴湖学中医，民国9年，他在大塘、思练、柳州一带行医。莫淑新擅长医治内科各种病以及小儿惊风、妇科病、风湿等，他的医术精，疗效高，在县内外颇有声誉。红渡潘雅川，自学中医，并先后从师名医雷方民和林氏，并熟读《药性赋》《雷公炮制》《伤寒论》《本草纲目》等名著。民国27—28年，忻城县府先后派人在大塘、思练、加仁各建一间（以中医为主的）乡医务所。民国32年因经费不足，忻城县府下令撤销各乡医务所。此后,忻城乡间仅有少数个体中医师从事医务工作。1953—1958年,忻城全县个体中医中药人员组成9个中医联合诊所,医务人员共56名。20世纪60—80年代,忻城县先后有39名中草医人员献出秘方验方共367个,能治口腔炎、婴幼儿腹泻、风湿骨痛、咯血吐血、妇科各种疾病、急慢性阑尾炎、咽喉炎、急慢性肾炎、肝炎、急慢性胆囊炎、胃痛、尿路感染等90多种病症。古蓬中心卫生院中医医师罗玉存医治风湿性腰痛的验方,疗效很好。欧洞乡林况村戚炳尤医师献出医治肾炎的验方,疗效很好,还擅长治急慢性胃痛。1960年,忻城全县有中医师7人,中药士2人。1965年全县中医师8人、中医士2人、中药士6人。20世纪70年代,县设中医院及中医留医部。1974年,忻城中医师16人、中医士2人。1979年,忻城全县中医师29人、中医士7人。1984年全县中医人员38人,其中中医师21人、中药师2人、中医士8人、中药剂士5人、中药剂员2人。1988年忻城县中医人员45人,其中中医师22人、药师3人、中医士12人、中药剂士5人、中药剂员1人、其他中医人员2人。1990年忻城全县中医人员44人,其中中医师24人、中药师4人、中医士3人、中药剂士9人、中药剂员2人、其他中医人员2人。1991年忻城县开展中医内科,以开具中医药、中药饮片处方为主。随着医疗技术的不断发展,逐渐增加了中医外科、中医妇产科、儿科等临床科室,采用针灸、拔火罐、刮痧、艾灸等专业技术疗法。2000年,忻城县中医业务科室由9个增至12个科室,并开设按摩推拿、针灸、肛肠、糖尿病等专科,不断开展新技术、新项目,逐步实现信息化管理。忻城县中医院是全县唯一的一所中医院,2001年通过了二级甲等中医医院评审,成为全县中医的服务指导中心。2003年,忻城县中医院门诊人数6万多人次,住院1200多人次,全年业务收入340多万元;中医诊断准确率98.1%,治愈好转率97.8%。2005年,忻城县中医院开设有内科、外科、骨科、妇产科等临床科室,采用针灸、拔火罐、刮痧、艾灸等专业技术疗法。门诊人数5.2万多人次,住院1112多人次,全年业务收入350多万元;中医诊断准确率97.5%,治愈好转率98.2%。全县有4个乡镇卫生院开设中医科,有6所个体中医诊所。县中医院作为全县中医培训基地,接纳乡村中医师进修,并多次组织人员下乡开展义诊、宣传、咨询活动,培养和推广中医事业。全县中医师96人,其中高级职称1人,中级职称28人,初级职称67人,开设中医病床90张。

2003年,金秀瑶族自治县自筹资金26万元,成立瑶医门诊部,为开发我国传统中医药,推广应用瑶医瑶药这一独特的中华魁宝奠定基础。全市中医医疗机构继续加强专科建设,发挥特色专科优势,专科专病新项目,新技术推广取得重大进展。来宾市中医院建立中医骨伤科、针灸、推拿、肛肠、糖尿病、高血压、中风、疼痛、腰脚痛等特色中医专科,充分发挥中医专科在疾病治疗、身体康复上的优势,引进和推广“应用中草药治疗肠梗阻”等15项新项目、新技术,自治区食品药品监督管理局批准医院制剂室6项中草药新制剂于临床使用,取得良好的社会效益和经济效益。

1971年,合山煤矿工人医院采用中草药和新针疗法治愈乙脑昏迷和乙脑后遗瘫痪症,中毒性消化不良,多发性神经炎和坐骨神经病等20多例疾病。同年,外科人员将针刺麻醉应用于临床手术,进行输卵管结扎、剖腹产婴、子宫摘除、胆囊摘除及深部组织切除挑脓等。1973年,合山煤矿工人医院用黄根治疗矽肺病,改善和减轻病人的症状,使矽肺病人寿命延长,据1975—1983年的资料统计,8年时间,矽肺病人死亡31例,平均年龄为63岁,其中有3人超过80岁。1985年,中央煤炭部和自治区拨款23万元研究用中草药黄根治矽肺病。工人医院和工人疗养院合作,进行黄根治疗矽肺病的研究。1990年经国家煤炭部鉴定,获得自治区科学技术进步二等奖。合山铁路卫生所采用中西药结合治疗脑血管意外、肾结石综合征、泌尿系统结石等,治愈率达63.2%。

第三节　西　医

技　术

自从西医传入后,境内各地大小医院、诊室都出现了中西医结合格局,但西医仍占据主要位置。西医设有内科以治疗呼吸、循环、消化、泌尿系统、脑血管、内分泌等疾病;外科治疗普外、泌外、胸外、烧外、骨科、颅外、肿外等疾病;儿科治疗常见病、多发病;妇产科接生、人流、剖腹产、宫外孕手术、子宫手术、放环、取环、通水、水产、婚检等。还有精神科、康复医学、肿瘤科、眼科、耳鼻喉科、病理科、麻醉科,放射科透视、照片、肠道、胆道血管、泌尿、椎管、子宫、瘘道、CT;临床检验;采供血技术等科。

民国时期，来宾县内西医甚少，民国23年(1934年)，合山煤矿公司医务所从广州购回西药品，开始使用西药治病。民国24年，武宣县立医务所成立后，始用西医西药。民国25年，忻城县开始有西医，时有西医生2名。民国30年，忻城始办一所西医卫生院，医生少，设备简单，药品极缺，只能为少数官员治疗一般常见病。民国32年，忻城县立卫生院有西医技术人员5名，其中，西医师2名，护士、助产士、药剂士各1名。民国35年，武宣县退役军医卓世才在武宣镇、赵福生在三里圩、韦品瑞在妙皇圩先后开设私人西医诊所，西医西药始传至乡镇。民国36年，来宾县西医医疗单位有3个(含个体)。象县卫生院有西医师2人，护士2人，助产士1人，药士1人，卫生稽查员1人，助理员1人；私人开业西医人员2人，西药店1家。忻城县西医技术人员8名，其中，西医师3名，护士、助产士、药剂士各1名，护理员2名。

业　务

中华人民共和国成立后，境内先后建立县医院、乡镇卫生所，西医迅速发展。20世纪60年代后，西医医疗技术取得重大进展，各县西医诊疗水平提高较快。1971年，各县开展老年慢性支气管炎普查。来宾等3县对查出的6708名患者，用虎杖治疗1379例，显效303例，好转633例，无效443例。金秀等县对查出的老年支气管炎患者分别用虎杖、蝴蝶花、不出林、阴阳莲、硫录粉等治疗亦收到明显疗效。各县医院对急性阑尾炎、肠梗阻、急性胆囊炎、急性胰腺炎和溃疡性胃穿孔等急腹症，不用开刀，用中西医结合治疗，收到花钱少、疗效好的效果。1979年，各县医院普遍增设中西医结合病床，采用中西医结合治疗循环系统、呼吸系统、消化系统、泌尿系统、妇产、骨折等疾病，均收到良好疗效，其中，中西医结合小夹板固定治疗骨折，治愈率100%。

1955年，来宾县发生伤寒、痢疾等传染病13938例，发病率362.92人/万人。省委、省政府派卫生厅黄征厅长带医疗队到来宾县人民医院指导工作，历时8个多月，医院18名医务人员全部投入防治传染病工作，把疫情扑灭。1956年8月17日，来宾县人民医院谢少珠成功施行首例普通外科阑尾炎切除术，结束来宾县无外科手术的历史。1961年，来宾县人民医院开始施行剖腹产手术。1965年11月16日，首例卵巢囊肿(18千克)切除成功，术者欧阳春。1968年12月16日，首例膀胱阴道瘘手术成功，术者岑海燕。1965年2月28日，首例胃次全切除术，在柳州结核病院医师粟兴贤指导下顺利完成，伤口一期愈合出院。同年5月31日，首例胆囊切除术成功，术者周秉仪。1966年2月—3月，来宾县巡回医疗组在寺山区(寺山乡)上水公社(上水村公所)和乌慢公社(乌慢村公所)进行沙眼调查，共查455人、910只眼睛，有沙眼病眼睛540只，占59.3%，其中并发睫毛倒长眼7只。1969年7月31日，在广西医学院刘家奇医师指导下，首例胆总管十二指肠吻合术成功。1974年10月12日和26日进行的首例开胸肺修补术、开颅清创术均获成功，术者岑海燕。1980年1月20日—26日，来宾县卫生局与食品公司、农业局联合在青岭公社(小平阳乡)木平村进行驱绦、灭囊试点。通过询问病史查找绦虫患者，共查出阳性患者12例，其中成人7例，10~14岁小孩5例。后将病人集中治疗，服用仙鹤草根丸，每服50丸。病人服后，半天或1天排虫。1982年3月—7月，来宾县组织医疗普查组深入基层对6~16岁少年儿童进行骨科“四病”(先天性肌性斜肌颈、先天性内翻马蹄足、股骨头缺血性坏死、小儿麻痹症后遗症)普查，采用先目查发现可疑病人，然后通过X光透视确诊的方法，免费检查20个公社、2个农场的32所小学、1所幼儿园的学生共31398人。发现有先天性斜肌颈患者9例，其中须手术治疗者8例，须综合治疗者1例；先天性内翻马蹄足患者6例，股骨头缺血性坏死患者10例，均给手术治疗；小儿麻痹症后遗症患者77例。1990年，来宾县妇幼保健院内设中医科、西药房。1981—1990年，县人民医院共做胃次全切除术295例，胆囊切除术20例，脾切除术14例，肝修补术2例，开颅清创术27例，开胸肺修补术2例，肾切除术4例。除治疗一般常见病多发病外，开展对心脑血管疾病及肝、胃、肾等急慢性疾病的治疗。可运用胸膛穿刺、腰椎穿刺等技术。全县共进行剖腹产手术300例，子宫切除33例，卵巢囊肿切除术77例。至2005年，来宾县能熟练开展颅脑外科、颅内血肿微创术、烧伤外科、美容外科、骨科、泌尿外科、前列腺汽化电切除术、心胸外科、肿瘤外科、妇产科、普外及白内障摘除等手术。

民国24年(1935年)武宣县立医务所成立后，西医西药始用于武宣县。其时，医务所日诊5~6个病人，只能治疗一些常见病和处理一些轻度外伤。民国35年，退役军医卓世才在武宣镇、赵福生在三里圩、韦品瑞在妙皇圩先后开设私人西医诊所，西医西药始传至乡镇。1953年，武宣县在东乡、桐岭、通挽、禄新等组建中西医联合诊所。1955年6月，武宣县中学校医郑薛宗为一姓张病人做双侧扁桃体摘除术获得成功，开创了武宣县摘除扁桃体术的先例。1957年，武宣中心卫生院在没有手术室的情况下成功作了首例阑尾手术。1963年，武宣县人民医院在柳州市工人医院外科医师季炳从的指导下，进行首例胃切除手术成功。同年，县人民医院检验科开始了酮体、尿三胆、妊娠等试验工作，并进行血小板、血红细胞计数、网织细胞、肝功能、脑积液以及找疟原虫等检验工作。1964年，武宣县人民医院外科设立手术室，逐步开展腹外疝修补、膀胱取石等手术，一些难度较大手术则请上级医院医师来援助完成。1965年，武宣县人民医院内科逐步开展胸腔穿刺、腰椎穿刺、腹腔穿刺、骨髓穿刺、肾脂肪囊封闭等诊治技术；在没有外援情况下，外科医师张祖健成功为患者作首例胃大部分切除手术和第一例胆囊摘除手术；妇科已能开展人流、刮宫、接生等工作和收治一些妇产科病人；儿科主要开展对儿童营养不良、肺炎和腹泻等病的治疗。1966年，武宣县人民医院妇产科能进行剖腹产、产钳术、胎头吸引术、内倒转术等一些难产处理，以及宫外孕手术、计划生育四种手术、子宫切除等妇产科手术；东乡区卫生院也能开展计划生育4种手术，随之又开展了剖腹产、宫外孕、胎盘剥离等手术。同年，县人民医院外科第一例脾切除加大网膜后固定手术成功；1967年为一位因车祸使右大腿开放性骨折做了首例截肢术；1968年又成功地为一位膀胱巨大结石患者进行膀胱手术取石（结石重达0.3千克）。同年，东乡区卫生院在开展阑尾、疝修补、肠切除等成功手术的基础上，又开展胃大部分切除术，开创基层卫生院做外科手术的先例。1969年，天津市一牙科医师下放到东乡区卫生院，该院开设了县内区级卫生院第一个牙科门诊室。同年6月，县人民医院妇产科医师兰静、安飞用羊膜移植为一位先天性阴道闭锁患者行人造阴道术，获得成功。20世纪70年代，武宣县人民医院增设了心电图机、造影机、超声波诊断仪等一些比较先进的设备，县人民医院内科扩大收治循环系统、泌尿系统、内分泌系统和神经系统疾病的范围，对各种中毒、肾功能衰竭、重症感染的抢救成功率有较大提高。在临床上，内科采用新的治疗方法，以大剂量地塞米松冲击后，用强的松治疗红斑性狼疮并慢性肾功能不全，大剂量山莨菪碱治疗重症肝炎，强心剂小剂量给药法治疗心衰及应用灭滴灵治疗厌氧菌感染等。同时行心包穿刺术获得成功。外科则开展了颅脑外伤术、中心静脉压测定技术、肾切除术、门静高压症胃底断流术、乙状结肠镜检查等。五官科（附口腔科）开展了泪道探通术、验光配镜、鼻息肉切除术、扁桃体摘除术、食道异物取出术、鼓膜穿刺术、白内障针拨术、青光眼减压术及镶牙、正牙、全牙修复和裂唇修补等。1972年，武宣县人民医院黄茆公社卫生院开展阑尾切除、疝修补、肠切除、胆总管取石、"T"管引流等手术；1973年开展针麻手术又获得成功。同年，东乡公社卫生院为一例门静脉高压患者作了脾切加大网膜后固定术。至此，东乡、黄茆、通挽和桐岭等公社卫生院能开展急腹症、难产手术、计划生育4种手术。随后，其余的公社卫生院均能做计划生育4种手术。同时，各个公社卫生院能开展X光胸透和三大常规、配血、肝功能等项目的检查工作。20世纪80年代以后，武宣县人民医院等县级医疗单位的科室、医疗设备和技术人员配备比较齐全，医疗、检验水平和服务质量得到很大提高，能够开展比较全面的诊治项目。乡（镇）卫生院、企事业单位医疗室和个体行医以治疗常见病、一般疾病为主。危重病人、一些疑难病症的诊治以及难度较大的外科手术则需要到县级医疗单位开展。1985年，武宣县人民医院内科用心包穿刺术治愈一例大量心包积液患者，抽出心包积液达1050毫升；外科全年共做手术262例，成功率为100%。大多数外科手术病人都能在该医院治疗，很少转院；妇产科做手术422例，成功率为100%；五官科能开展上颌窦根治术和双眼皮整容术；检验能开展谷丙转氨酶、肝功能、血糖、电解质、血脂、CO2—CPC（二氧化碳结合力）、N、PN蛋白、淀粉酶等生化测定以及血、尿、便、脑脊液、胸、腹腔液等标本的常规检查和细菌培养、食品卫生理化检验、环境卫生、工业卫生检验及其他项目的检查；护理人员新开展烧伤、颅脑外伤术后等专科护理，护士对于颈静脉、股动脉、小儿头皮静脉等穿刺技术都能熟练地掌握和运用。1990年，武宣县中医院内设中医科、西医科。2002年武宣县人民医院手术室完成各科手术1646例。2003年武宣县开展气压弹道碎石、前列腺电切术。2005年，武宣县能开展颅脑外科、颅内血肿微创术、常温下心脏不停跳心内直视手术、食道癌根治术、肺叶切除术、烧伤整容、泌尿外科、心胸外科、肿瘤外科、普外、全髋关节置换术、断肢（指）再植、全子宫切除术及白内障囊外摘除等手术。武宣县以人才小高地为载体，大力开发、引进、运用先进的医学科技成果和技术，不断提高医疗技术水平，县人民医院的"断指再植术的临床应用"和"星级护理在临床护理中的应用”科技研究项目，获2005年度来宾市科技成果进步三等奖。

民国25年(1936年)，忻城县开始有西医，时有西医生2名。民国32年，忻城县立卫生院有西医技术人员5名，其中，西医师2名，护士、助产士、药剂士各1名。民国36年6月，忻城全县西医技术人员8名，其中，西医师3名，护士、助产士、药剂士各1名，护理员2名。中华人民共和国成立后，县人民政府接收民国时期的县立卫生院。当时有西医技术人员3名，其中，西医士1名，助产士和其他卫生技术人员各1名。至1956年全县有西医技术人员52名，其中，西医师5名、西医士17名、护士9名、助产士4名、药剂士1名、检验员2名、护理员4名，其他卫生技术人员10名。1966年忻城县西医技术人员共112名，其中西医师、西医士分别为26名、33名，护士、助产士分别为12名、4名，药剂士、检验士分别为10名、6名，护理员和其他卫生技术人员分别为6名和15名。“文化大革命”期间，天津市有一批西医人员下放到忻城县大塘等医院工作，使西医队伍进一步壮大。1975年全县西医技术人员共224名，其中，西医师45名，西医士61名，护士、助产士分别为73名、21名，检验员和其他卫生技术人员分别为11名和13名。“文化大革命”结束后，外地医务人员大部分回原籍工作，忻城西医技术人员相对减少。1978年有185名，其中，西医师、西医士各65名，护士、助产士、药剂士分别为68名、20名、8名，检验员和其他卫生技术人员分别为6名和18名。1985年全县有西医技术人员共353名，其中，主治医师2名，主管药师1名，医师68名，X光技师6名，医士71名，护士、助产士、药剂士、检验士分别为93名、18名、11名、8名，护理员、检验员和其他卫生技术人员分别为32名、5名和38名。1990年，忻城县人民医院门诊部设中医科、中药库、西药房。忻城县中医院设西医诊室、中西医药房、中西药房库。全县西医技术人员共374名，其中，副主任医师6名，主治医师96名，护师44名，检验师2名，西医士59名，护士、助产士分别为102名、10名，药剂士、检验士分别为8名、7名，护理员、检验员分别为36名、4名。1973—1990年，忻城县开展颅脑外科、烧伤外科、骨科、泌尿外科、心胸外科、肿瘤外科、妇产科、普及外及白内障摘除等手术。忻城县人民医院为患者做各种手术5634例，其中，开颅15例，阑尾切除577例，胃切除、修补共540例，疝气修补240例，剖腹探查肠梗阻套叠607例，胆囊切除(胆石、造瘘)61例，肾切除(肾石、输尿管石)17例，膀胱、尿道取石共86例，脾脏切除(修补)32例，肝破裂修补16例，腋臭、鸡包皮切除共130例，睾丸阴茎切除(鞘膜翻转)88例，甲状腺切除137例，子宫切除(修补)86例，卵巢切除(囊肿卵管)67例，前列腺切除16例，骨折固定(石膏钢板)213例，清创缝合107例，脓肿切开引流42例，取异物(死骨、拔甲)41例，尿漏修补60例，痔切除、瘘管肛裂、直肠息肉手术共61例，兔唇修补63例，白内障手术91例，扁桃腺摘除215例，眼球摘除31例，良性肿瘤切除207例，截肢(指、趾)54例。

表29-3 1980—1990年忻城县、乡医院门诊、住院病人统计表

年度	门诊就诊人(次)	住院治疗人数					
		人数	小计	治愈人数	好转人数	未愈人数	死亡人数
1980	78640	3315	2280	1342	722	123	93
1981	65217	3286	2603	1647	745	138	73
1982	100716	4359	3036	1797	950	225	64
1983	432761	8713	6263	4190	1704	280	89
1984	39417	7515	5846	3532	1755	457	102
1985	406413	9294	7615	4858	1930	684	143
1986	397270	9217	7033	4088	2302	525	118
1987	407210	9231	7014	4120	2275	498	121
1988	405529	13669	8014	4963	2388	617	100
1989	356841	9612	6784	4538	1702	460	84
1990	273108	10308	6334	3960	1884	384	106

1991年，忻城县人民医院内设有：妇产科、儿科、内一科、内二科、外一科、外二科等科室，都是本院比较特色的专科，对包括心血管、呼吸、内分泌代谢、血液，风湿性心瓣膜病、心肌炎、扩张型心肌病、高血压、严重心律失常、慢性阻塞性肺疾病、肺心病、肺性脑病、成人呼吸窘迫综合征、糖尿病等常见病和疑难疾病具有丰富的临床诊治经验，对危急重症抢救如心肺脑复苏、休克、顽固性心力衰竭等救治达国内先进水平。医院急诊科配有救护车4台，车内配备氧气、药品、吸引器、呼吸器等急救器材。设诊断室、抢救室、门诊手术室、观察室、治疗室、医护办公室。开通抢救病人绿色通道，实行半军事化管理，接到120呼叫电话后5分钟内出诊，担负院前抢救任务。科内配备有除颤监护仪、多参数监护仪、呼吸机、心电图机、电动洗胃机，快速血糖测量仪，吸痰器等设备。备有随车使用简易呼吸器、吸痰器、储氧吸氧抢救设备等。急诊科24小时应诊，采用分科急诊协同方式开展抢救工作。对急诊病人进行及时、迅速、有效的处理。应用呼吸机、监护仪成功地实施了许多危重病员生命支持、监测；应用心肺复苏（包括电复律术）、人工呼吸等生命支持技术成功地完成了诸如创伤性休克、急性心力衰竭、急性中毒、气道堵塞、心跳呼吸骤停等大量危重病人的院前急救、转运工作；对科危重病人的抢救效率、成功率在95%以上。

民国36年(1947年)，象县卫生院有西医师2人，护士2人，助产士1人，药士1人，卫生稽查员1人，助理员1人；私人开业西医人员2人，西药店1家。1950年6月，象县卫生治疗所有西医师1人，药剂员1人；石龙、寺村各有个体开业西医1人。1951年，象县卫生院有西医技术人员8人。1952—1953年，广西医士学校、桂林卫校、南宁卫校8名毕业生分配到石龙县。1958年，中山医学院、武汉医学院、广西医学院4名毕业生分配到石龙县人民医院。“文化大革命”期间，自治区和天津市近70名西医人员下放到象州县、社医院。1990年，象州县各乡镇医院设西医、中医科，有中西医师25人、中西药师5人、中西医士34人、中西药士12人。至2005年，象州县能开展脑血管意外抢救、胆道管切开取石I管引流术、甲状腺次切除术、胃癌根治术、经皮肝穿刺胆道选影和引流术、创伤性截瘫治疗术、断肢（指、趾）再植术、脊柱结核病灶清除术、输尿管膀胱切开取石术、外伤性颅内血肿清除术、高血压脑出血颅内血肿清除术、食道癌切除术、子宫全切除术、高危妊娠监测、人工晶体植入术、输精管造影术、甲状腺预切“V”形排缝止血法、PTC（经皮肝穿刺胆道造影术）、人工股骨头置换术、全髋关节置换术、胸椎结核病灶清除术＋植骨融合术、腰椎间盘突出摘除术、右排总神经松懈修复术、右膝关节后交叉韧带重建术、脑肿瘤摘除术、脑积水分流术、无痛性分娩术、输卵造口术、新式子宫下段剖宫产。

1990年，金秀瑶族自治县人民医院门诊设中医科，有中西结合主治医师、中医主治医师、西医主治医师。至2005年，金秀瑶族自治县能开展胃癌根治术、直肠癌根治术、乳腺癌根治术、甲状腺癌根治术、巨型肝癌根治术、胆总管切开取石术、食道癌切除术、脑肿瘤摘除术、前列腺切除术、肾巨大囊肿切除术、泌尿道切开取石术、骨盆骨折内固定术、椎间盘脱出摘除术、脊弓根钉内固定术、乳突根治术、晶体植入术、颅内手术等手术。其中有14项手术填补区内县级医疗空白。

1952年，合山进行阑尾炎、脱肠等手术。1959年，合山煤矿工人医院作卵巢囊肿切除手术。1962年，合山煤矿工人医院进行胃切除2/3手术；1967年首次使用大剂量阿托品(0.5mg×76支）抢救流行性脑膜炎病华佛氏综合征；1971年对矽肺并气胸引起心跳呼吸停止6分钟的病人进行抢救成功；1987年8月进行脾脏破裂修补手术；10月对颅脑外伤引起颅内血肿、脑组织部分破裂外流进行开颅诊治手术；11月用手术显微镜进行双侧输卵管吻合手术，受手术者已经生育。市人民医院1986—1988年先后抢救农药中毒6例，毒菌中毒3例，汽油中毒2例，食物中毒2例，均无一例死亡。合山矿务局工人医院1989年作了腹膜透析疗法治疗肾衰。1990年，合山市人民医院内设中医科。合山市境内有专业卫生人员771人，农村医生81人、接生员50人，平均每万人有医生18.35人。在771名专业卫生人员中，有卫生技术人员582人，其中中医师35人，西医师155人，护师121人，中药师4人，西药师29人，检验技师16人，主管技师1人，其他技师4人，中医士4人、西医士61人、护士100人，助产士3人，中药剂士15人，检验技士12人，其他技士4人、护理员2人、中药剂员3人，西药剂员3人，检验员2人，其他初级卫生技术人员8人、管理员33人、工勤156人。在农村医生81人中，有医生28人、卫生员53人。至2005年，合山市能开展髋关节置换术、脊柱结核病灶清除术、腰椎间盘椎管开窗髓核摘除术、膀胱全切术、肝癌切除术、直肠癌根治术、颅内血肿清除术、开放性颅脑损伤清创术、高血压脑出血碎吸术、全子宫切除术、经鼻内镜鼻窦手术、白内障手术、胃大切、肝脾破裂修补术、腹腔肿瘤切除术、骨折切开复位钢板固定术。

表 29-4

1996—2000 年象州县医疗情况统计表

年份	单位	机构数	诊疗人次数	观察室收容病人数	健康检查人数	住院者动态			治愈率%	好转率%	病死率%	病床周转次数	病床工作日(日)	病床使用率%	住院者平均住院日
						年初人数	入院人数	出院人数							
1996	县人民医院	1	83505	446	—	71	3402	3380	42.8	48.5	1.4	22.5	198.4	54.2	8.5
	县中医院	1	75700	2050	4000	16	582	595	75.8	19.7	0	31.8	274.7	75.1	9.3
	乡镇卫生院	10	185772	2595	6295	—	1808	1799	58.5	35.5	0.5	11.5	630.0	16.2	3.1
1997	县人民医院	1	80805	288	—	62	2818	2828	41.7	52.6	1.0	18.9	174.2	47.7	8.3
	县中医院	1	68226	2039	5100	4	370	364	54.3	42.9	0.3	15.2	141.0	38.6	9.3
	乡镇卫生院	10	194541	2880	6229	—	1305	1300	62.5	35.2	0.4	6.0	312.5	9.5	3.3
1998	县人民医院	1	137672	297	—	68	3545	3428	37.5	56.5	1.1	22.9	172.9	47.4	7.5
	县中医院	1	64983	2140	5800	6	624	612	61.3	37.7	0.2	25.5	209.0	57.3	8.2
	乡镇卫生院	10	256181	2967	8054	—	1568	1554	63.0	32.6	0.9	7.8	606	12.1	3.5
1999	县人民医院	1	133017	467	—	56	3429	3255	34.8	60.6	0.8	21.7	151.8	41.6	6.8
	县中医院	1	58870	2214	6090	12	468	458	69.4	30.1	0.8	19.1	158.3	43.4	8.3
	乡镇卫生院	10	288487	5560	9050	—	2123	2114	56.5	37.0	0.4	9.3	544.0	10.3	2.9
2000	县人民医院	1	155227	373	—	47	3401	3390	35.4	60.7	1.1	22.6	150.8	41.2	6.3
	县中医院	1	78814	2268	6800	10	664	649	78.0	18.0	0.9	20.3	181.1	49.6	6.7
	乡镇卫生院	10	303593	5212	15819	—	2175	2172	58.8	36.5	0.1	8.6	818.5	13.7	4.1

第四节　壮医瑶医

境内壮医药主要有药线点灸、刮痧和拔火罐。壮医药线点灸疗法，是采用药物炮制的苎麻线，点燃后直接灼灸患者体表一定的穴位或部位，经过局部刺激，通过经络传导，调整气血归于平衡，使人体各部恢复正常功能而达到治疗疾病的目的。壮医药线点灸疗法诊断口诀是："疾患并非无中生，乃系气血不均衡，若患邪袭何家始，详询细切便分明，露疾尤可目刺定，不明之疾络中寻，越范难恶方为重，平而易忍则为轻。"施治口诀是："灸治铭言七大纲，寒、热、肿、痿、痛、麻、痒，一字一畴须当记，邪袭归正得安康，寒手热背肿在梅，痿肌痛沿麻络央，唯有痒疾抓长子，各疾施治不离乡。"壮医药线点灸疗法简单，1盏油灯，1根药线，随身携带，随时随地均可施治，具有费用低、疗效好的特点。以此疗法治病，病人无痛苦，无副作用，男女老幼易于接受治疗。刮痧治疗方法，是用光滑的陶瓷碗缘蘸些茶油或花生油，于背部、胸部及四肢自上往下反复地刮，并不断蘸油，直至皮肤呈暗红色、起针眼，才被视为痧已刮尽。然后用姜片、紫荆枝叶搓擦皮肤，干净后才穿好衣服。刮痧后三日内禁止洗澡。拔火罐治疗方法，是取竹筒数个，纸条少许，将纸条点燃后速放进竹筒内，竹筒边缘蘸水，快速叩击背部、胸部、四肢等部位，将痧气或风气拔出。壮医传统医疗，常为多层次的综合治疗，既有用草药内服、外敷、外洗、外搽以及药物熏洗，又有针术、火灸、拔罐、刮捏、按摩等。

忻城县壮医

忻城壮医，多为亦农亦医。忻城县加书村壮医樊奇风采用草药内服及药汤熏洗的疗法，治疗小儿麻痹后遗症有一定效果，名传区内外。仅1974年某日就收到来自各地求医寄药信件123封，1982年仅黑风藤一味药就寄出0.35万多千克。20世纪50—80年代，加瓢村的莫奶，长于治疗妇科经带，外科疮疡；果甘村的李氏，长于治跌打损伤；古莲圩的周氏，长于医治小儿疳积；内联村的蓝氏，长于诊治妇科子宫脱垂以及胎前、产后诸病症；古香村的樊氏蛇药能治各种毒蛇咬伤，吴氏和蓝氏长于治疗各种牙痛症；兴木村的田氏，长于医治水肿病；三寨村的莫氏，长于治疗外科疮疡及瘰疬；思练的蓝氏，长于治疗癫痫和癫狂病；加书的樊氏，长于诊治痿痹症。壮医技法，简便易行，所用药物，随时可采。古香村的樊氏蛇药，仅用一种药物即能奏效。此药在忻城县分布甚广，经专家鉴定为番荔枝科澄广花属植物斜叶澄广花，取其根、茎、枝、叶、树皮的任何一部分15克左右，及时放入口中嚼烂吞服，或用水煎服，可医治蛇伤，疗效神速。经查我国古今医药书籍，均无此药记载，樊氏于中华人民共和国成立后将药方献出。

金秀瑶族自治县瑶医瑶药

1959年，成立民族医药研究所。1971年，建草药加工厂。瑶医认为，人体是一个整体，有五脏六腑，有血气，它的盛衰是疾病发生、发展和归宿的内在因素。诊断时，采用看、问、摸3种方法，即看面部、鼻、口唇、肤色变化以及病人形态、体味、神智等；问寒热、饮食、二便和头身、胸膜等；摸人体有关疾病部位。瑶医一般以临床症状给疾病命名，如膝肿、大腿小腿枯小、关节肿大象鹤膝样称"鹤膝风""鹰爪风"，婴幼儿身热、闭目唇周显兰黑圈称"铁锁"、显黄色称"铜锁"；妇女子宫功能性大出血称"血山崩"；小儿发热惊厥、抽搐称"急惊风"等。瑶医治疗方法分内治、外治两种。内治为将中草药水煎内服，或浸酒，或研粉口服或蒸服。外治又分为药物外治与无药外治两种。药物外治是利用药物施入人体外表某部或患处，通过接触皮肤、经穴，达到治疗疾病的目的，临床上常用的有外敷、药灸、气熏、浸泡、涂刷、含漱、扑粉、悬挂、吹、贴等法。无药外治为瑶族民间常用疗法，具有简、便、廉、验、捷等特点，最常用的有陶瓷针点刺疗法、火灸疗法、拔罐、穴位针挑、放血、铜银刨刮疗法等。瑶族群众认为，疾病会互相传染，婴儿极易招风引邪，故凡是家中添丁加口的，便在门头插上茅草或桃树叶，示意外

来宾市瑶医瑶药——金秀拔火罐使游客深刻体会金秀瑶医瑶药的功效（2005年摄）

人不得入内,以免引起婴儿惊恐或带入病邪。家里有危重病人时,便在门头插上1束茅草结,示意外人不要串门,以免被传染或带来新的病瘴。每年端午节,家家户户皆煮一大锅药水,人人用药水洗身防病。瑶族病人死亡,部分进行火化,认为这样既卫生又可杀灭瘴疫。盘瑶、山子瑶、花兰瑶妇女生下孩子后,即按祖传进行"月里药浴",3日即可出门劳动。此法至今仍被部分瑶族妇女沿用。瑶族群众中流传着形象记忆药用植物的歌谣:"叶茂有毛能止血,草木中空善治风,枝叶有刺皆消肿,叶里藏浆拔毒功,圆梗白花寒性药,热药梗方叶亦红,根黄清热退黄用,节大跌打驳骨雄,形态识别须多认,常用五味要弄通;辛散气浓能解表;辛香止痛治蛇虫,苦能解表兼清热,寒能降下把坚攻,叶淡多为利尿药,甘温健脾补中宫,酸味固涩兼收敛,性味精研用不穷,若要发挥药疗效,辨病识药第一功。"按照此法,根据性味将药用植物归纳为"五虎""九牛""十八钻""七十二风"等共104种传统药物。20世纪80年代以来,金秀瑶族自治县卫生局与地区有关部门先后组织近百人参加瑶族山区药用植物资源普查,掌握药用植物1700多种,收集到验方5000多条,完成药物标本压制、品种鉴定和瑶汉文翻译共1000多种。1982年据自治区药物研究所和自治县民族医药研究所调查统计,自治县境内共有野生植物2335种,其中药用类野生植物达1351种,这些药用类植物已经专家对其生物成分及药效进行分析研究,认定其确有药效。依靠这些丰富的药物资源,在长期同疾病作斗争过程中,造就了一批有一技之长的民间瑶医医生。全县有瑶族民间医生400多人。1985年建立的金秀瑶族自治县圣堂药业有限责任公司在开发绞股蓝袋泡茶、速溶茶、口服液等绞股蓝系列产品的基础上,1986年成立县瑶医门诊部,年均诊治病人13000多人次。前专诊治的患者中,除金秀当地群众外,有不少是外省和区内南宁、柳州、上思、桂平、融水等市、县慕名前来就医的患者。1986年6月金秀成立瑶医门诊部,至1988年底,金秀瑶医门诊部诊治3万多人次,治愈100多例结石患者、70多名结核病患者和一批肾炎患者、胃溃疡病者。2000年后还以传统瑶族药方生产了护肝金药片(乙肝治疗用药)、经血宁胶囊(妇科用药)。以上产品投入市场后,疗效得到了广大用户的肯定,不但对开发民间瑶族医药验方、效方造福于患者发挥了桥梁作用,而且还对充分利用本土自然资源并通过药材的采集销售及种植,为农户增收提供新的经济增长点。2002年,自治县拥有民族制药厂1家,在册瑶医医生近400名,其中自治县瑶医门诊部有7人,其余散在民间。同年,自治县卫生局制定《金秀瑶族自治县瑶医医院项目建议书》《金秀瑶族自治县瑶医医院项目建设方案》并得到自治区计委批复。2003年,瑶医门诊部升级为瑶医医院之前,年业务总收入仅为10多万元,门诊8000多人次。2004年4月,在自治县党委、自治县人民政府的高度重视下,瑶医门诊部升级为瑶医医院,人员编制为30人,实际在职人员为23人(其中,中级职称6人、初级职称17人);设置的科室有瑶医特色门诊部、瑶药癫痫病专科、瑶药风湿骨痛科、瑶药烧伤科、瑶药跌打骨伤科、瑶药康复科、瑶药皮肤科、瑶药针灸理疗科、瑶药疗养保健科、住院部、配制室等。1988—2005年自治县卫生局组织开展以民族医药研究所为主、有近百人参加的民间瑶医药效方、验方摸底调查、验证、收集和药物资源普查等工作,共收集整理民间验方5000余条,完成药物标本压制、品种鉴定1000多种。自治县卫生局原局长、药研所所长、瑶医副主任医师刘扬建,通过走寨串户收集整理撰写的《瑶医效方选编》,在广西和台湾出版发行。该书为国内首次出版的瑶医药专著,为瑶医药的研究提供了宝贵资料。

第五节　设施设备

民国26年(1937年),武宣县卫生院设有简易病床8张。1953年,武宣全县仅有手术刀3把,止血钳7把,轻便手术床1张,食管手术窥镜2件,简易病床15张。1962年,购回显微镜2台,温箱1只,电冰箱1台,产床1张,病床增加到28张(正规床25张,简易床3张)。1964年,全县卫生系统主要医疗设备有X光机2台,病床60张(正规50张,简易10张),万能手术床1张,手术床1张,产床2张,牙科椅1副,电冰箱2台,温箱2只,显微镜4台,发电机1台(1500千瓦),电动吸引器1台。1966年,自治区卫生厅拨给县救护车1辆。1967年,武宣县人民医院购回200毫安X光机1台。至1969年,通挽、桐岭、禄新、武宣、三里、东乡、二塘和黄茆等公社卫生院均配有X光机。1971年,武宣县增添空气麻醉机5台,脚踏吸引器5台,计划生育四种手术器械47套,电动离心机2台,产床增至7张,手术床增至12张,病床增至70张。1976年年底,各公社卫生院共计有高压消毒锅12只,手术床4张,输卵管结扎手术器械4

套，乙种手术刀包9套，丙种手术刀包3套，显微镜9台，氧气瓶7个，电动吸引器8台，无影灯9台，腹部刀包4套，产床6张，30毫安X光机8台，麻醉机7台，压片机8台。1979年，县人民医院设有心电图机、造影机等设备。全县病床增加到235张。1980年，武宣全县病床发展到244张，X光机16台（200毫安2台，100毫安1台，30毫安13台），手术床11张，产床12张，显微镜18台，超声波诊断仪1台，超短波治疗机1台，心电图机2台。1985年病床发展到271张，超短波治疗机2台，综合手术床4张。1990年武宣全县主要医疗设备共计有X光机22台，显微镜33台，万能手术床2张，综合手术床7张，轻便手术床4张，无影灯8台，温箱6只，干燥箱8台，电冰箱16台，氧气瓶19个，心电图机4台，脑电图机1台，胃电图仪2台，8型超声波诊断仪3台，激光治疗机1台，电动离心机3台，电动吸引器8台，麻醉机2台，痔疮治疗仪1台，骨质增生治疗机1台，微波针灸仪1台，药物导入电疗仪1台，音频治疗机3台，空调机3台，培养箱3台，电泳仪3台，分光光度器8台，救护车3辆，病床315张。

1956年，石龙县人民医院始配X光诊断机，至20世纪70年代，逐步配备到各公社卫生院。20世纪80年代，象州县人民医院添置心电图机、A型超声波诊断仪、B型超声波诊断仪、纤维胃镜等器械；寺村中心卫生院购置心电图机、牙科治疗机、生物信息治疗仪、救护车等设备。2005年，象州县人民医院设备主要有X线电子计算机断层扫描装置（CT-3000型）、彩色脉冲多普勒超声诊断仪、B型超声诊断仪1767各一台，500毫安以下X线诊断机、心电监护仪、心电图机各二台，胃镜、生化分析仪、呼吸机、洗胃机各一台，多参数监护仪五台，麻醉机三台，电动吸引器、微波治疗仪、紫外可见分光光度器、电热恒温培养箱、辐射式新生儿抢救台、电解质分析仪各一台，救护车4部。购进日本富士能电子胃镜全自动血球计数仪，更新医疗设备50台（件）。

1991年，忻城全县医院占地面积9992平方米，建筑面积3769平方米，其中业务用房1235平方米，职工住房1183平方米，门诊用房954平方米，病房1404平方米，其他用房228平方米。购置设备有B超诊断仪、紫外可见分光光度计、电热恒温培养箱、霉菌培养箱、空气净化装置、尿液化验仪器、电离子导入治疗仪、纤维导光胃镜、牙科治疗机、综合产床、普通双目显微镜、胎儿监护仪、电热压力蒸汽消毒器、生物显微镜、100毫安医用X线诊断机，总值11.13万元。1991年以后卫生资源规划配置进一步优化，按照“控制总量，盘活存量，优化增量，提高质量”的发展思路，县卫生部门对全县医疗卫生设备进行科学规划配置，增强行政调控手段，推动全县卫生资源结构、布局和功能上的整合。2005年，忻城县人民医院拥有一批精良的医疗设备日本产全身CT机、沈阳东软公司产三维数字彩超、日本产电子胃镜、C臂X光机、新东方1000CCD—DR全身数字摄影系统、2010全自动酶标仪、爱博电刀、多功能脑血管治疗仪、500MA带电视系统X光机、血液分析仪、脑地形心电图、心电监护仪、除颤监护仪、呼吸机、麻醉机等。1991—2005年，忻城县全县累计投资总额1500万元，新建、扩建、改建业务用房建筑总面积约7.5万平方米。先后建成县人民医院门诊综合楼、县医学培训中心大楼、县中医院门诊综合楼、大塘中心卫生院门诊综合楼等14栋业务用房；投资50万元，新购置大型先进医疗设备3台（件）。乡镇卫生院配置X光机、B超机、洗胃机、生化分析仪、胎音多普勒等医疗设备和电脑设备。新增加病床43张，车辆19部。

1988—2005年，金秀瑶族自治县各医疗卫生单位通过上级拨款、自筹资金及争取社会各界支持，增添基本医疗设备68（台）件（含7辆救护车），改变了基层医疗机构依靠“老三件”（听诊器、血压计、体温计）开展诊疗活动的历史。自治县人民医院在2002年以前累计投资1000多万元，先后添置500毫安X光机、多功能呼吸机、心电监护仪、多功能呼吸麻醉机、全自动血细胞分析仪、西门子B超、纤维胃镜、脑电地形图仪、碎石机、血液透析仪、电子胃镜等多种仪器设备。2003—2005年，金秀瑶族自治县医院累计投资近1100多万元，增添的设备有500毫安、800毫安高频带电视X光机、电切镜、输尿管镜、弹道碎石，安装了高压氧系统、双排螺旋CT、数字化影像系统、腹腔镜设备、奥林巴斯全自动生化仪及美国产心腹两用彩超系统。

第四章　卫生监督

中华人民共和国成立后，各级人民政府出于保障人民生命健康安全的需要，不断加强卫生监督管理。针对公共卫生场所、劳动(职业)卫生、学校卫生、饮用水卫生以及放射卫生等进行严格监督管理，保证了境内在可控情况下无重大卫生安全事件发生。

第一节　公共场所卫生

自1952年起，境内各城镇便开始对环境卫生的监督与监测。除定期大扫除外，还发动干部群众利用节假日清理卫生死角、铲除杂草、疏通沟渠，使蚊蝇无孳生之地，平时卫生由少数清洁工维持。1958年开始，境内开展“灭鼠、灭蝇、灭蚊、灭雀”运动。20世纪70年代，各县县城先后成立环卫队或环卫站，配备专职环卫管理人员和环卫工人以及运输车辆。街道定时清扫，垃圾定点堆放，然后焚烧或沤制作肥料。在农村，动员各地农民群众翻盆倒罐，搞好环境卫生，要求不喝生水、粥盆加盖(以防蝇、尘)、大便加灰，做到人有厕所、牛马有栏、猪羊有圈、家禽有窝；同时，改进水井，改建厕所，加强对水源、粪便的管理和对环境卫生的综合监测。

2002年12月28日撤销柳州地区成立地级来宾市后，来宾市各级党委、政府和各级医疗卫生部门进一步注重抓好环境(公共)卫生工作。2003年，来宾市坚持开展公共场所卫生监督管理。在防治“非典”期间，加强对人员密集的公共场所进行卫生监督监测。全年审核发放卫生许可证990家，体检从业人员2133人。监测公共场所2323户次，监测项次数1.12万次，合格1.40万次，合格率为92.47%。2004年，全市对公共场所进行现场巡回监督1389户次，全市现场审查新申报公共场所经营单位134家，发证率为91.04%；公共场所从业人员体检与卫生知识培训845人，合格率99.53%；对346户公共场所进行2434项次卫生监测，合格率为85.00%。2005年，全市在册公共场所226户，监督审查覆盖率100%，卫生许可证办证率100%；对公共场所经营户进行巡回监督710户次，平均每户监督3.14次；对从业人员进行健康检查732人，体检合格率为93%，卫生知识培训率为100%；公共场所卫生监测113户，监测合格率83.19%。

1979年，来宾县始对红水河来宾流域水质进行卫生监测，设4个段面12个采样点，分丰水期、枯水期采样。测定结果：丰水期混浊度和细菌总数严重超过国家规定的卫生标准，枯水期细菌总数亦超标。1981年来宾在县城进行大气本底监测，除混合区(县医药公司大楼前)3次监测二氧化碳、一氧化碳、二氧化硫等超标外，其余各点均未超标。1982年来宾始在县城进行每月1次的空气自然降尘监测。至1983年6月共获监测数据385个，各点平方千米每月的自然降尘量为：工业区(河西)2.36~6.72吨；生活区(县人民医院附近)1.32~3.64吨；清洁区(维都林场场部)2.31~15.15吨。1984年对各医院排放的污水进行每季1天、每天3次的调查和监测，发现各医院的污水均未经无害处理。1996年对全县自来水厂或集中式供水单位进行季度性生活饮用卫生监测，共监测水样103份，合格52份，合格率为50.48%。其中县城水质检测72份，合格率58.2%。2002年对21个集中式供水单位进行卫生监督，换发供水卫生许可证16本，换证率为76.19%；水质卫生监测168份，合格112份，合格率为66.67%，不合格的主要项目是余氯、细菌总数和大肠群，原因是部分供水单位缺少必要的消毒处理设施。

1991年象州县监测县城理发业27家、旅店19家、卡拉OK厅9家、舞厅4家、游戏机和桌球室8家，发放卫生许可证52本，体检从业人员75人。对全县17个集中供水点进行水质抽样检测，共抽样36份水样，检测864个项目，其中合格水样2份，其余不合格水样主要是细菌总数和大肠菌群数超标。之后每年坚持对县乡公共卫生场所进行监督监测。1999年监测各类公共场所主要卫生指标，采样1140份，合格977份，合格率85.7%。医疗卫生用品消毒效果监测142户，总样品989份，合格712份，合格率71.99%；公共场所从业人员体检240人，检出职业禁忌3人，均调离原岗位。换发卫生许可证132户，巡回监督610户次，行政处罚27户。全县有公共场所经营户231户，持有效卫生许可证187户，持证经营率81.3%；从业人员289人，持有效健康证从业212人，持证率73.5%；给予行政处罚31户。2000年5月，按自治区卫生厅桂卫防〔2000〕50号《关于开展重点公共场所卫生执法检查的通知》，抽查重点公共场所共39户。持有效卫生许可证32户，持证经营率82.1%；从业人员98人，持有效健康证从业82人，持证率83.7%;全年公共场所卫生监督311户，持有效卫生许可证260户，持证率83.60%；从业人员390人，体检289人，体检率73.60%，检出职业禁忌1人。监测主要卫生指标采样171份，合格169份，合格率98.8%；给予不合格行政处罚1户。2003年，结合防制“非典”工作，加强重点公共场所的监督检查，督促进行环境消毒。全县公共场所经营户363户，持有效卫生许可证337户，占总经营户数的93%；从业人员408人，体检362人，体检率88.%，卫生知识培训53人。2005年全县有公共场所经营户356户，持有效卫生许可证342户；从业人员493人，体检427人，体检率86.61%；应培训267人，实际培训242人，培训率90.64%。检出职业禁忌证2人。服务经营户卫生监测217户，合格196户，合格率90.32%。监督检查发现不符合卫生要求的给予处罚，警告32户，罚款4户，合计1300元。全年开展4次化妆品专项大检查，共检查化妆品经营户208户次，查出违法化妆品41个品种56千克，全部予以销毁。

2004年，合山市有关部门全年巡回监督该市公共场所经营户200户次，下发办证通知25份，场地审查79家，培训从业人员100人。2005年，合山市有关部门全年巡回监督该市公共场所经营户200户次，下发办证通知25份。场地审查89家，培训从业人员221人。当年，合山市有关部门共检测餐饮具1562份，合格1228份，合格率为78.62%，共采样40份冷饮，合格14份，合格率35%；采样16份糕点，合格9份，合格率56.25%；采样检测熟食品38份，合格6份，合格率15.79%。此外，该市还巡回监督检查公共场所200家次，场地卫生审查90多家，培训从业人员165人。

第二节　劳动（职业）卫生

1972年来宾县始对煤矿井下进行粉尘监测和对井下作业工人进行健康检查，发现矽肺患者5人。1973年在来宾县水泥厂装置8套旋风除尘器，使该厂粉尘浓度从原来的450毫克／平方米，降至6.5毫克／平方米。1976年来宾县对公路养路工人进行健康检查，188人中发现矽肺病人2例。1978年县对县内38个工矿企业进行职业病普查，实查2938人，占应检查人数94.2%，未发现职业病患者。1984年在来宾汽车站发现有1名电瓶修理工患慢性轻度铅中毒，后送自治区职业病院疗养半年痊愈。1985年对来宾县属工矿企业进行第二次职业病普查，应查2738人，实查1260人，未发现职业病患者。1987—1988年来宾连续两年对全县1079名触毒作业人员进行体检，发现有尿铅超标3人，后送上级医院治疗。

1977—1984年忻城县先后为红渡煤矿、县水泥厂、县砖厂、县印刷厂、县煤炭车队、县公路段等单位职工进行健康检查8次，受检职工共1722人次，其中发现患支气管炎、矽肺、肝肿大等各种疾病共308人，占受检职工17.88%。患者均得到治疗，有关单位加强行业操作的防尘措施。1985年，全县厂矿企业单位10个，职工共1090人，已建立职业病历档案卡的有9个单位，经过体检的职工759人，体检率69.6%，其中发现患有各种疾病的29人，占受检职工3.8%。1990年全县大小厂矿（场）企业单位共16个，职工总数1186人。选检县水泥厂、印刷厂、电石厂、大米加工厂、饲料公司、烟草局（接尘人员）、二建（管理人员）、凌头煤矿、桥头煤矿、红渡煤矿、石油化工门市部（接毒人员）、县公路段、新村糖厂、县制药厂等单位，应检人数共1110人，实检人数588人，体检率52.97%，发现结核病10例、心脏病2例、肝炎4例、肝肿大2例、肝内结石4例、胆道结石2例、肾结石6例、结核性胸膜炎后遗症4例、慢性支气管炎9例，其他疾病15例，共58例，占受检职工人数9.86%。同年，还为县水泥厂各操作车间（室、处）进行总粉尘浓度检验。检验结果粉尘浓度是：一级破碎车间为每立方米58.4毫克、操作室为每立方米12.3毫克、生料球磨车间为每立方米10.9毫克、生粉配料处为每立方米25.4毫克、振动槽旁车间为每立方米43毫克、立式成球机车间为每立方米11.8毫克。上述粉尘浓度均超过国家规定卫生标准允许的浓度。经检验后，均采取措施，及时改进。

1988—2001年，金秀瑶族自治县职业病防治工作较薄弱，缺乏完整的监测和管理工作。2002年以后给予加强，是年，完成12户制鞋业22名从业人员健康检查，未发现职业病患者；对7家厂矿企业生产车间空气中有毒有害因素进行卫生监测。2003年1月，由自治县人民政府、自治县卫生局牵头，会同安监、环保、工商、劳动等11个有关部门，开展辖区内存在职业病危害的乡镇企业、农村个体工商户专项整治检查，共出动车辆15次、52人次，对9家乡镇企业、45家个体工商户进行检查。2004年，对水泥厂进行职业卫生安全检查；对自治县化工有限公司、自治县公路局接毒、接尘职工进行健康体检，共检150人，发现职业禁忌证8人。2005年，两次深入自治县水泥厂督促做好卫生防护管理、开展职工健康体检和车间有毒有害因素监测等工作。

2005年，来宾市开展《中华人民共和国职业病防治法》宣传周活动，分发宣传材料1.6万份，接受群众咨询3万多人次。监督检查30多家有色金属、建材、制糖、火电、造纸等行业用人单位职业卫生安全，发出8份限期整改卫生监督意见书。市本级对广西八一铁合金总厂等15家工矿企业进行现场卫生、生产环境有害因素监测615个点，合格率60.98%。全市厂矿企业在册职工总数24146人，接触有害因素作业人员13866人，体检率30.98%，未发现新发职业病病例。会诊接尘职工胸片2290份（人），无确诊尘病例。

第三节　学校卫生

1985年，境内各县对乡（镇）在校生进行体质状况调查。1985年，境内按整体抽样法，检测象州、金秀、来宾等5县41所学校的3848名7~18岁健康中小学生的形态、机能等19项指标，对其中2427张汉族学生的有效卡片进行统计分析。1987年，对象州县中、象州镇二小90%的学生进行检测，共获有效卡片1615张（男生919张、女生696张），发现因发育不良而影响身高的38人，影响体重的3人。1985年，在象州、来宾等4县对3385名7~18岁男女学生进行健康检测。视力低下、心脏病、腮腺炎、水痘、中耳炎、畸形、肝炎、肺结核、小儿麻痹后遗症、麻疹、甲状腺功能亢进、狼咽兔唇等37种疾病均有患者。7~10岁儿童中，轻度营养不良占2.4%。1992年，在来宾、武宣等6县19所学校检查14709名学生，检出龋齿患者3385人。1985年，在象州、来宾等4县检查汉、瑶2个民族学生的视力，汉族学生检查3385人，重度近视194人，中度近视133人，轻度近视82人，沙眼123人；瑶族学生检查463人，重度近视37人，中度26人，轻度20人，沙眼17人。1992年，象州、合山、来宾、忻城、武宣等8县参加高考体检学生所报专业受体格限制的共4430人，其中视力不佳者56.49%，屈光不正矫正度过高者占5.14%。2003年4月，与来宾市卫生、教育部门联合下发《关于贯彻落实学校食堂与学生集体用餐卫生管理决定的通知》，重点加强对学校学生集体用餐的卫生监督管理。7月，开展学校食品卫生安全突击突击大检查，对全市中小学校内及周边饮食摊点和小卖部进行全面检查。对经营场所达不到卫生要求的58所中学食堂、111个食品加工单位和餐饮店、副食店均提出限期整改意见。对逾期整改仍然达不到卫生要求的，给予警告甚至吊销卫生许可证。对拒不整改者予以取缔，共取缔经营单位2户。没收及销毁违法食品400千克，价值1000元人民币，罚款1000元。11月，卫生、教育、公安部门组织开展学校食品卫生安全联防联控工作。2004年，全面推行餐饮业单位、学校食堂量化分级管理，加强对学校的卫生监督管理，把好食品卫生和生活饮用水卫生关，组织对兴宾区、来宾市直驻柳州市学校进行3次学校食堂、小卖部联合大检查，对52个经营单位作出限期整改处理，同时组织167名学校分管领导进行卫生法律与卫生知识培训。对19062名在校学生进行健康检查，检出营养不良、龋齿、视力低下等805人，占体检人数的50%，对检出疾病的学生均采取了防治措施。

1992年，来宾县对5所农村中学和3所城镇中学的学生进行视力调查时，视力不良发病率情况是城镇高于农村。县城学生的发病率为50.93%，农村的学生发病率则为34.25%；1994年10月，来宾县对部分假性近视、近视、远视、弱视的学生进行矫治。1996年，对县二中、三中、镇西小学、镇东小学、实验小学、二小，6所中小学校共14500名在校学生进行每年一次的健康监测，监测结果：学生常见病中视力不良发病率居于首位，占39.63%，沙眼、咽喉炎等疾病的发病亦占一定的比例。根据监测结果，对76名假性近视学生给予双星明眼药水治疗，有效率达91.50%。2002年，来宾县对县城和镇所在地的在校学生进行健康体检。受检学生总人数达37786人，检出龋齿4941人，扁桃体炎3533人，沙眼1013人，视力不良9455人，营养不良8684人，肥胖551人，色弱41人。

1991年，武宣县对6所学校4761名在校学生进行了学生健康检查，1993年，武宣县对3所学校2318名在校学生进行健康检查，阳性体征率为62.72%。2000年，武宣县对全县中学及武宣镇一小在校学生进行了学生健康检查18141人，阳性体征率为52.88%。2001年，武宣县对4所中学4497名学生进行了健康检查，发现1039名学生患有不同程度的视力不良、龋齿、沙眼、贫血等学生常见病。2002年，武宣县对6所学校学生共4456人进行检查，完全合格率为55.48%。2003年，武宣县对全县

4个点校学生进行检查,受检人数为5857人。同年6月,武宣县对全县各中小学食堂、学校周边饮食店、副食品商店进行一次较大规模的食品卫生检查,共检查中小学校学生集体用餐食堂共26家,其中个体承包者4家,校园内及其周边副食品店28家,饮食店5家。集体食堂就餐学生人数为10767人,个体食堂855人,共11622人。从事食堂工作从业人员160人,饮食行业11人,副食品行业42人。以上各食品行业持有效食品卫生许可证的有:集体食堂19户,个体承包食堂2户,饮食店4户,副食品店22户;办证率分别为86.36%、50%、80%、78.57%。从业人员持有效健康证上岗的分别为食堂人员128人,饮食店7人,副食品行业35人,持证率分别为80%、63%、83%。2004年,武宣县对县一中、二中学生进行检查,受检人数为2671人,同时委派卫生院对所辖区的中学、中心小学学生进行体检,共检查了10000多名学生。

第四节 饮用水卫生

2004年,来宾市组织卫生监督员对水厂和集中式供水单位进行生活饮用水的经常卫生监督检查,对供水人员进行卫生知识培训和预防性健康体检,取得合格证后,方可准许上岗工作。抽取158份水样作卫生质量检测,合格109份,合格率为68.99%。2005年,市本级对22个供水单位进行监督检查,供水卫生许可证办证率27.27%;监测生活饮用水样品119份,合格率55.46%,不合格主要有细菌总数、总大肠菌群、粪大肠菌群指标。

1979年,来宾县始对红水河来宾流域水质进行卫生监测,设4个断面12个采样点,分丰水期、枯水期采样。1981年在县城进行大气本底监测,除混合区(县医药公司大楼前)3次监测二氧化碳、一氧化碳、二氧化硫等超标外,其余各点均未超标。1982年始在县城进行每月1次空气自然降尘监测。1984年对各医院排放的污水进行每季1天、每天3次的调查和监测,发现各医院的污水均未经无害处理。1986—1988年对县城的影剧院和录像放映场、农贸市场、国营旅社进行卫生学调查及监测,发现上述场所均不符合国家卫生学要求。由于缺乏资金等原因,至1990年未进行处理。1996年来宾县对全县自来水厂或集中式供水单位进行季度性生活饮用卫生监测,全年共监测水样103份,合格52份,合格率为50.48%。其中县城水质检测72份,合格率58.2%。2000年,全县农村饮用水安全卫生水人口覆盖率为89.3%(比1991年提高46个百分点),用于改水投资额为4621万元。来宾县对辖区内21户集中式供水单位进行卫生监督,换发供水卫生许可证16本,换证率仅为76.19%;水质卫生监测168份,合格112份,合格率仅为66.67%,不合格的主要项目是余氯、细菌总数和大肠群,原因是部分供水单位缺少必要的消毒处理设施。

1953年,石龙镇、象州镇河边码头设漂白消毒站,给挑水群众添放漂白消毒液。1956年,运江区大曼乡农民普遍在水井加盖防尘。1959年,石龙县改良水井44眼。1964—1965年,象州县建成饮水工程40处,解决1.1万人饮水困难,改善饮水卫生条件。1981—1985年,象州县从水利投资中划出28万元,在马坪、石龙2乡镇建饮水工程17处。1986年,自治区、县投资4.5万元,在饮用水沟水、塘水的妙皇乡湾村、花黄村、水晶乡木便村兴建改水工程3处,多数农户把管道接到家里,用上卫生清洁的自来水。到1990年,全县农村改良饮水工程2369处,受益147133人,占农村人口48%,其中自来水23处(不包括县城、圩镇),受益40439人,手压机井1888个,受益41215人,大口井、泉等458处,受益65479人。1998年,全县安排农村改水点53个,总投资936万元,受益人口43589人,农村安全卫生水普及率为87.56%,比1995年提高8.26%。

1973年,合山电厂建成投运,废水排入红水河,使水质受到严重污染,遂改用溯河村地下水为饮用水源。1975年,电厂废水沟坍塌,部分废水流入地下,使矿务局水厂水源受到影响,水厂到里兰矿井下开辟水源。1985年10月,合山市防疫站对里朝、长模、环山、云堡、瀑泉、屯山等7个村的饮水进行调查,调查结果水色、污染度超过国家规定标准。大肠杆菌采水样6份,最高超标293倍,最低60倍,生活饮水污染严重。继而采取消毒、改良水井等措施。1986年冬,国家拨款5万元,自筹3.16万元,共8.16万元,在合山市兴建里朝饮水池,容量4400立方米。国家拨款4.88万元,兴建合山市河里乡长模自来水工程。解决长模、中团、环山3个村3900人的饮水卫生问题。1987—1988年,合山市区饮用水受4次来自溯河矿地下水源的严重污染。按自治区人民政府桂政发〔1987〕58号文件要求,自治区煤炭厅、电力工业局、环保局领导组成联合调查组两次赴污染区调查。后改用岭南镇溯河村地下河为饮用水源。1988年11月建立合山市水厂,1990年6月竣工供水。由于合山电厂2号灰场灰渣积水渗入，地下河水源受到污染，水中污染物含量超过国家卫生标准。后经处理，水质达到国家卫生标准。

第五节　放射卫生

1979年，境内卫生防疫站实施对配备X线机单位、人员的放射防护监测。1982年，境内对放射工作人员作职业危害回顾性流行病学调查，初步掌握放射对职业人员健康影响的程度。同年，对放射人员作累积剂量调查，其累积吸收剂量为0.07~266.4mgy，年平均吸收剂量为2.94mgy。1983年，对各县（市）的48个室外测点、639间住宅、285段道路作天然γ辐射水平测评，结果分别为2.47、3.79、2.35×10−9C4g−Ih−I。1985年起，广西推行放射卫生工作许可证制度。1982年和1986年，完善同位素管理制度，并2次复查同位素管理、防护工作及换发许可证，杜绝放射性事故。1987年5月，检测24个单位55台X线机，分别给其中的18个单位45台X线机颁发合格证和许可证。1989年，首次按全国统一标准对放射人员进行职业性体检，对27名眼晶体混浊、血象异常等进行复查，并建立个人健康档案。1988—1989年，检测境内建材厂建筑材料成品的放射性比活度和外照射量率，各种建材的226Ra、232TH、40K的比活度分别为14.4~99.6、14~69.6、0~425.3BgKg；各种建材致居民有效当量为0.23~1.01msva−l。1991年，检测36个单位57台X线机，合格53台。1989—1991年，对放射工作人员作个人剂量监测，其年平均剂量为0.68mgy，同时建立起个人剂量档案。至1992年，使用X线机单位90个，共110台，放射人员约180人。2000年，来宾县对具有放射辐射的28家单位、50台放射设备进行卫生监测，对118名放射工作人员进行了体检。

2004年，对25个放射工作单位使用的30台套放射性同位素装置和26台医用射线装置进行卫生防护性能检测，结果全部合格；对450名接触有害因素工人进行职业性健康检查，未发现法定职业病；专项检查并会诊1529名接尘工人，未发现新发尘肺病例。2005年，对59个放射工作单位的132台放射性器材进行安全测评，结果显示这些设备的防护性能均符合放射卫生标准和要求。对397人经常接触和从事放射工作的人员进行放射防护培训并组织健康检查，签发“放射工人员证”，建立监护档案。

第五章　保　健

中华人民共和国成立后，保健工作成为各级医疗机构的重要工作内容。围绕妇幼保健和学生保健为重点，不断健全各级医疗机构网络，提高医技水平，拓展服务功能，为提高人民健康水平作出了实实在在的贡献。

第一节　保健机构

1951—1952年，境域各县先后建立县人民政府卫生院，内设妇幼保健股或妇产科兼管妇幼保健工作。1956年，各县先后建立县妇幼保健站，每站配备2~3名初中级卫生技术人员。1980年，各县逐步健全妇幼卫生机构。2003年，来宾县妇幼保健院与原柳州地区妇幼保健院整合成为来宾市妇幼保健院。全院占地面积3614平方米，总业务用房面积2984平方米，总建筑面积3897平方米，固定资产120万元，拥有医疗设备40万元，全院干部职工76人。市妇幼保健不仅承担着全市辖区内妇女儿童的保健工作，同时负责着兴宾区24个乡镇卫生院及四县一市的妇幼卫生指导培训工作。

第二节　妇婴保健

1950—2002年，境内的妇婴保健主要是抓好推广新法接生、围产期保健、妇女“四期”（经期、孕期、产期、哺乳期。下同）保健和妇女病防治等工作。2005年，忻城县、象州县、武宣县和金秀瑶族自治县列为国家级“降消”项目县，“降消”（降低孕产妇死亡率，消化除新生儿破伤风。下同）项目于3月全面启动，4个“降消”项目县共获投入资金93.8万元、配置产儿科设备335台（件、套），农村妇幼卫生保健基础条件进一步改善。各县（市、区）建立了产科急救中心和转诊网络，向社会公布产科急救中心电话号码，全天候为孕产妇提供救助。新创建爱婴医院1家，爱婴卫生院5家，全市累计创建爱婴医院18家、爱婴卫生院56家。开展产科质量大检查和爱婴医院(卫生院)复查评估,共检查县级以上医疗保健机构18家,合格16家,限期整改2家;检查乡级医疗保健机构75家,合格69家,限期整改6家;对18家县级以上爱婴医院和51家爱婴卫生院进行复查评估。全市开展“行动计划”和“降消”项目启动月宣传活动,广播宣传393次、电视宣传92次、出版报183期、挂宣传横额227条、书写永久性标语562条、张贴临时性标语3.2万条、发放宣传资料5.5万份。举办4期孕产期保健助产技术、终止妊娠与结扎手术技术等培训班,培训456人;150名乡镇卫生院院长、妇幼专干参加全区“行动计划”妇幼保健骨干培训班;举办“降消”项目培训班31期,培训县、乡、村妇幼保健人员2592人次。全市孕产妇死亡率53.96/10万,同比下降24.05个百分点;新生儿死亡率8.20‰,婴儿死亡率10.72‰,5岁以下儿童死亡率13.31‰,同比分别下降3.13、3.88、3.21个千分点;新生儿破伤风发生率0.36‰,稳定在目标要求的1‰以下;住院分娩率82.82%,同比提高6.99个百分点;农村高危孕产妇住院分娩率97.96%。

新法接生

民国时期,来宾、迁江、忻城和武宣四县县立卫生院各设助产士1名,象州县县立卫生院设助产士2名,分别在各自县城内从事新法接生工作。1951年,开始推行新法接生。1974年后,各县妇幼保健站相继恢复,各大队合作医疗陆续配备女赤脚医生,新法接生率回升。1981年后,农村医疗站由个人承包,生产队接生员不落实,新法接生率有所下降。1986年后,各县先后举办乡村女医生妇幼保健培训班,学习新法接生和妇产科常见病多发病防治。

1950年2月,来宾县始实行新法接生。1953年12月,来宾县实行新法接生168人,成功率60%。1954年,来宾县积极培训不脱产接生员,实行产妇“一躺三消毒”(即产妇躺在产床上分娩,产妇外阴、接生员双手、新生儿脐带要消毒)、“新婴儿护理法”。至1963年,来宾县建立新法接生站73个,有接生员183人,当年新法接生12625人,成功率为80%。1978年,来宾全县建立妇产院34个,各公社卫生院设有妇产室1~2个,共有接生员77人,平均新法接生率为89.6%。全县新法接生率达89.6%。1990年来宾县接生9849人次,新法接生9106人次,新法接生率为92.46%。2002年,兴宾区育龄妇女197842人,其中孕产妇9867人,5岁以下儿童47530人。新法接生率96.57%,住院分娩率67.09%,孕产妇死亡率41.77/10万,婴儿死亡率20.05‰,5岁以下儿童死亡率23.29‰,孕产妇系统管理率89.82%,儿童系统管理率80.69%,妇女病普查1744人,发病率26.09%,儿童病普查2476人,发病20.07%,出生证明管理率26.8%。

民国时期,武宣县卫生院仅有1名助产士在县城从事新法接生工作。1952年11月,石龙县人民政府在武宣镇举办第一期新法接生学习班,参加学习共88人,时间为半个月。随后在全县各区建立接生站,推行新法接生工作,每站配备有接生保健箱,并配接生员5~6人。1975年后,武宣县每个大队都建立了接生小组,基本上达到每个生产队有1名接生员。同时,每年新法接生率都占出生人数的85%~98%以上,达到国家卫生部关于普及新法接生指标的要求。1995年10月10日和11月10日,全县开展消除新生儿破伤风预防注射活动,免费给全县18~35岁育龄妇女注射破伤风类毒素,接种率分别为92.49%和93%。2002年,全县住院分娩率69.15%,非住院分娩中新法接生率达99.47%,无孕产妇死亡,新生儿破伤风发生率1.24%,婴儿死亡率5.58%。2005年,全县新法接生率达95.67%。

1952年冬,象州县举办两期旧产婆学习新法接生培训班,学员88人。之后,在县内建立15个接生站,每站配接生员5~6人。1954年新法接生率达70%以上。此后,重点培训边远山村接生员,1964—1966年象州县共培训169人。1966年冬,象州县妇幼保健站被撤销,新法接生工作放松,1972年象州县新法接生率降到18.17%。1974年恢复象州县妇幼保健站。1976—1979年,象州县以公社卫生院轮训接生员,共培训1211人。全县各大队有女赤脚医生131人。生产队有接生员,每个接生员由国家发给一套接生器械和接生包。1979年象州县全县新法接生率达到97.14%,达到国家卫生部要求,基本控制新生儿破伤风和产妇产褥热发生。1981年后,象州县农村医疗站由个人承包,生产队接生员不落实,新法接生率有所下降,保持在89.9%~91.31%之间。1986年,象州县举办一期有68名乡村女医生参加的妇幼保健培训班,学习新接生法和妇产科常见病多发病防治,时间5个月。1990年,全县新法接生率为96.17%,新生儿患破伤风死亡率2.75%。1991年象州县重点抓好提高新法接生率、围产期保健复训接生员138人,占接生员的三分之一,新法接生率98.75%,新生儿破伤风发生5.41‰。1995年实施世界银行贷款开展的综合性妇幼卫生保健项目,简称

“卫Ⅵ项目”。2002 年为实施母亲安全工程,实施农村家庭接生员职能转变。原有的接生员经培训考核合格后担任农村妇幼保健员,不再开展家庭接生,所有孕产妇送到乡镇卫生院或县级医疗保健单位住院分娩。2005 年启动降低孕产妇死亡率和消除新生儿破伤风项目,简称“降消项目”,进一步规范新法接生工作。全县新法接生率由 1991 年的 98.75% 提高到 2005 年的 99.45% ;新生儿破伤风发生率由 1991 年的 5.41‰下降到 2005 年的 0.27‰。

民国 32 年(1943 年),忻城县立卫生院配助产士 1 名,1955 年,忻城县卫生院专设妇幼保健组,配专业技术人员 6 名;各区设立的卫生所,亦配有专职助产人员。1956 年,忻城县内各区都分别设立接生站,配有站长及助产人员,每个小乡亦设 1 名不脱产接生员。1958—1963 年忻城全县先后培训新法接生员共 306 名。1981 年,忻城县有产院 7 个,新法接生员共 1020 人,每个大村有 1 名接生员。1984 年,县妇保站开办 1 期培训班,有 22 名赤脚医生参加,学习妇产科、计划生育等有关基础知识,为期 1 个月。1986 年忻城全县有产院 12 个,新法接生员 932 人。县妇保站还不定期挑选一批女赤脚医生到县人民医院、古蓬中心卫生院妇产科学习有关专业知识,不断提高其技术水平。1988—1990 年,忻城全县经过培训的新法接生员达 2413 人,每个村公所都有经过培训的接生员。由于新接生法的推广普及,全县新生儿破伤风、产妇产褥热等疾病很少发生。1991 年,忻城县新法接生率 77.70%,住院分娩率 25.60%,1994 年忻城县新法接生率达到 95.20%,住院分娩率达到 40%。农村以降低婴儿死亡率为主要目标,开展儿童常见病防治和高危儿管理。以儿童保健系统管理为重点,加强对新生儿管理。使新生儿和婴儿死亡率逐年下降。同时,开展危害妇女健康疾病查治,以子宫垂、尿漏为查治重点,发现病例及时给予治疗及干预。在体检中发现疾病及时进行治疗和矫正。1995—2005 年忻城县全县初期孕产妇总数 38199 人,年均 3473 人。

民国 22 年(1933 年),合山煤矿公司医务所始用新法接生。1953 年,县、区(乡)镇先后建立妇幼卫生网,培训接生员。同时,配合卫生、妇女组织,举办图片展览、黑板报等多种形式的宣传,逐步推广新法接生。1963 年合山新法接生率达 90% 以上。1964 年后,又对接生员多次培训,改革接生器材,新法接生率逐年提高。1990 年,合山全市分娩 2093 人,采用新法接生 2084 人,占 95.6%,婴儿成活率 92%。住院分娩 1212 人,占全年分娩数的 57.9%。1991 年合山市新法接生率为 97.77%,住院分娩率为 57.90%,有 42.10% 的产妇由家庭接生员接生,孕产妇死亡率为 47.78/10 万。1992 年合山市新法接生率为 99.53%,住院分娩率为 56.02%,有 43.98% 的产妇由家庭接生员接生,孕产妇死亡率为 0。1993 年合山市新法接生率为 99.83%,住院分娩率为 58.59%,有 41.41% 的产妇由家庭接生员接生,孕产妇死亡率为 54.98/10 万。1994 年合山市新法接生率为 100%,住院分娩率为 58.59%,有 41.41% 的产妇由家庭接生员接生,孕产妇死亡率为 68.73/10 万。1995 年合山市新法接生率为 100%,住院分娩率为 65.56%,有 34.44% 的产妇由家庭接生员接生,孕产妇死亡率为 73.73/10 万。1996 年合山市新法接生率为 100%,住院分娩率为 55.82%,有 44.18% 的产妇由家庭接生员接生,孕产妇死亡率为 87.72/10 万。1997 年合山市新法接生率为 100%,住院分娩率为 66.60%,有 33.40% 的产妇由家庭接生员接生,孕产妇死亡率为 95.42/10 万。1998 年合山市新法接生率为 100%,住院分娩率为 70.05%,有 29.95% 的产妇由家庭接生员接生,孕产妇死亡率为 0。1999 年合山市新法接生率为 100%,住院分娩率为 81.35%,有 28.65% 的产妇由家庭接生员接生,孕产妇死亡率为 0。2000 年合山市新法接生率为 100%,住院分娩率为 81.67%,有 28.33% 的产妇由家庭接生员接生,孕产妇死亡率为 0。2001 年合山市新法接生率为 100%,住院分娩率为 81.72%,有 18.65% 的产妇由家庭接生员接生,孕产妇死亡率为 0。2002 年合山市新法接生率为 100%,住院分娩率为 77.56%,有 22.44% 的产妇由家庭接生员接生,孕产妇死亡率为 0。2003 年合山市新法接生率为 100%,住院分娩率为 81.44%,有 18.56% 的产妇由家庭接生员接生,孕产妇死亡率为 175.90/10 万。2004 年合山市新法接生率为 100%,住院分娩率为 81.28%,有 18.72% 的产妇由家庭接生员接生,孕产妇死亡率为 162.07/10 万。2005 年合山市新法接生率为 100%,住院分娩率为 85.77%,有 14.23% 的产妇由家庭接生员接生,孕产妇死亡率为 80.39/10 万。

中华人民共和国成立前,金秀瑶族自治县内各地均以旧法接生,产褥热、新生儿破伤风很多,故有“只见娘怀胎,不见儿走路”之言。中华人民共和国成立后,县卫生院和各区乡卫生所相继成立,配备妇幼保健和助产人员。1957 年成立县妇幼保健站,积极开展妇保工作,分期分批培训农村新法接生员，推广新法接生，每个村公所均有新法接生员，并为新法接生员配备接生箱和必须药物。1974年以后，每年都对接生员进行复训和培训，提高接生员接生技术。1980年底，全县新法接生队伍发展到515人。1987年，接受新法接生人数由1979年的596人增至2751人，新法接生率由49.26%提高到92.66%。1988—2005年，金秀严格执行《母婴保健法》及《广西壮族自治区母婴保健管理办法》，普及新法接生，提倡住院分娩，大力拓展各项妇幼保健业务，基本满足当前妇女儿童的保健服务需求。各乡镇卫生院也相应成立妇幼组，负责村级接生员的管理指导工作，妇幼保健工作覆盖全自治县。从1995年实施“综合性卫生保健项目”（简称卫Ⅵ项目）、2005年实施“降低孕产妇死亡率和消除新生儿破伤风”项目。1995—2005年，金秀健康儿童体检共12653人，检出龋齿2108例、佝偻病98例，均给予治疗指导。

围产期保健

1984年，开始围产期保健试点。从妇女妊娠起，对孕妇和胎儿进行监护，预防和治疗胎儿的遗传性及先天性疾病，做到优生优育，提高产科质量，降低围产儿、孕产妇死亡率。之后，各县（市）妇幼保健机构和医疗单位，相继成立围产期保健协作组，建立孕产期系统管理程序，在10万妇女中从妊娠期即对孕妇和胎儿进行保护。2003年，全市共普查17906人次，其中兴宾区1275人次、武宣县4645人次、合山市2935人次、象州县7748人次、金秀瑶族自治县980人次、忻城323人次。全市共为儿童进行健康检查10576人次，其中兴宾区为2853人次、武宣县2168人次、金秀瑶族自治县741人次、象州县1970人次、合山市1860人次、忻城县984人次。2004年，来宾市实施“母亲安全工程”和孕产妇儿童“两个系统”管理，全市孕产妇系统管理率为61%，儿童系统管理率为61.07%，孕妇保健覆盖率61.00%，7岁儿童保健覆盖率为58.66%，产妇住院院分娩率为75.83%，非住院分娩新法接生率97.71%，孕产妇死亡率为78.01/10万，新生儿死亡率11.33‰，婴儿死亡率14.60‰，五岁以下儿童死亡率为16.49%，住院分娩出生缺陷发生率为9.71‰。年内，引进爱德基金会KHCC/AMITYDFK唇腭裂手术资助项目，免费为本市10名患唇腭裂儿童实施手术修复。来宾市共有爱婴医院68所，各级爱婴医院严格执行WHO/UNICEF“促进母乳喂养成功的十点措施”，建立科学、完整、符合“爱婴医院”要求的产房、儿科、母婴同室的管理制度和基本标准，提升医院“爱婴”服务水平和服务质量。全年共复查爱婴医院52所，其中合格50所，合格率为96%，新创建县级爱婴医院1所、乡级爱婴医院4所。市妇幼保健院等7个单位被评为广西综合性妇幼卫生保健项目先进集体，8人被评为广西综合性妇幼卫生保健项目先进个人。2005年，各县（市、区）建立产科急救中心和转诊网络，向社会公布产科急救中心电话号码，全天候为孕产妇提供救助。全市孕产妇死亡率53.96/10万，同比下降24.05个百分点；新生儿死亡率8.20‰，婴儿死亡率10.72‰，5岁以下儿童死亡率13.31‰，同比分别下降3.13、3.88、3.21个千分点；新生儿破伤风发生率0.36‰，稳定在目标要求的1‰以下；住院分娩率82.82%，同比提高6.99个百分点；农村高危孕产妇住院分娩率97.96%。

2003年，武宣县本年度有育龄妇女8.42万人，5岁以下儿童2.42万人，孕产妇5363人。新法接生率为99.72%，住院分娩率为78.57%，孕产妇死亡率37.20/10万，婴儿死亡率为16.7‰，5岁以下儿童死亡率为3.91‰，孕产妇系统管理率为41.13%，儿童系统管理率为39.48%。

1984年，象州县在中平乡开展围产期试点，孕妇统一建立登记卡片，产前定期检查，全乡孕妇621人，建卡560人，人均产前检查4次。1986年，象州县城成立围产期保健协作组，对县直单位及象州街的孕妇建立登记卡片，定期进行产前检查，发现高危妊娠病妇，加强监护，及时纠正胎位，降低难产发生率，确保产妇安全，同时作好分娩、出院情况记录，产后访视。一般产后7、14、28天各访视1次，产后42天，母子须到妇保站检查，给小孩建卡册，定期对婴儿保健检查。1989年，象州县寺村街、中平街及县城3处围产保健点共有孕妇381人，产前检查319人，产后访视313人，高危孕产管理22人，当年活产369人，婴儿死亡5人。2003年，象州县本年度有育龄妇女8.11万人，5岁以下儿童1.62万人，孕产妇3584人。孕产妇系统管理率为83.38%，儿童系统管理率为71.42%，新法接生率99.50%，住院分娩率为74.94%，孕产妇死亡率83.43/10万，5岁以下儿童死亡率为21.41‰，婴儿死亡率为18.08‰，出生缺陷发生率为5.92‰。

1982—1987年，忻城县妇保站先后在大塘、古蓬、县直机关、厂矿企业以及街道附近的村屯，对孕产妇进行系统管理，开展围产期保健工作，对怀孕3

个月的孕妇建立卡片，定期检查，对高危妊娠的孕妇进行特殊监护。其中大塘、古蓬、县直机关3个点，建立卡片的孕妇共606人，顺生的572人，发现高危妊娠的孕妇22人，通过密切监产，没有发生一例孕产妇死亡，住院分娩率98%以上，无一例新生儿破伤风发生。1988—1990年，忻城县妇保站先后在县直机关、古蓬镇的内联村，大塘镇的大塘街开展孕妇围产期的保健试点工作。1988年3个点有产妇共232人，其中产前检查224人，产后查访171人，是年，忻城顺产婴儿171个；1989年，3个点有孕产妇共61人，其中产前检查49人，是年顺产婴儿45个；1990年，3个点有产妇共354人，其中产前检查326人，是年顺产婴儿216个。2003年，忻城县有育龄妇女11.81万人，5岁以下儿童1.64万人，孕产妇3899人。孕产妇死亡率为101.83/10万，婴儿死亡率为16.80‰，5岁以下儿童死亡率为18.33‰，孕产妇系统管理率为54.38%，儿童系统管理率为60.62%。

1987年，合山组织医务人员8人组成合山市围产期协作组，以矿务局工人医院、合山电厂、市直属机关和岭南镇岭南村委4个单位作为围产期保健试点。建立围产期保健卡72张，产前检查率90%，人均检查5次，产后访视人均4次。1988年合山市围产期保健试点增加河里和北泗街2个村委，共6个点。建立围产期保健卡894张，建卡率100%，产前检查人均4次，产后访视3次，无新生儿破伤风和产妇死亡病例发生。1990年，合山市实施妇女围产期管理制度，机关由市妇幼保健站，农村由乡（镇）卫生院负责对孕妇建立卡片，系统管理，做到产前定期检查，产后定期访视。1996年，合山市孕产妇保健管理率为77.72%、产后访视率为79.65%。1997年，合山市孕产妇保健管理率为79.58%、产后访视率为79.58%；1998年合山市孕产妇保健管理率为80.46%、产后访视率为80.46%；1999年合山市孕产妇保健管理率为90.19%、产后访视率为90.19%；2000年合山市孕产妇保健管理率为91.93%、产后访视率为90.19%；2001年合山市孕产妇保健管理率为92.06%、产后访视率为92.06%；2002年合山市孕产妇保健管理率为90.09%、产后访视率为89.92%；2003年，合山市年孕产妇保健管理率为91.03%、产后访视率为90.94%。共有育龄妇女3.44万人，5岁以下儿童5350人，产妇1138人，新法接生率为99.91%，住院分娩率为81.44%，孕产妇死亡率为175.90/10万，婴儿死亡率为15.83‰，5岁以下儿童死亡率为21.99‰，孕产妇系统管理率为52.42%，儿童系统管理率为49.39%。2004年合山市孕产妇保健管理率为91.98%、产后访视率为97.16%；2005年合山市孕产妇保健管理率为93.17%、产后访视率为95.74%。

2003年，金秀瑶族自治县本年度育龄妇女3.56万人，孕产妇1244人，活产1249人，新法接生1207人，新法接生率为96.89%，其中系统管理763人，管理率为61.85%，住院分娩35人，高危孕产妇住院分娩率为100%，无孕产妇死亡及新生儿破伤风病例发生。

妇女“四期”保健

1953年始，各县卫生部门对妇女做产前检查、产后访视工作，开展预防难产、早产宣传，开展女工劳动保护。1956年后，对农村广大妇女普遍推行“四期”照顾，后又将这种照顾具体规定为“三调三不调”的劳动保护制度，即月经期调干不调湿，孕期调轻不调重，哺乳期调近不调远和经期有休息，孕期有营养，产期有优待，哺乳期有照顾，并实行农村妇女每月劳动15~20天、产后休息45天等保护妇女的政策。在有50名女工以上的厂、矿，逐步建立妇女卫生室、孕妇休息室和月经冲洗间。1988年，境内厂、矿、场在女工中推行使用月经卡和个人冲洗器。

1950年4月，迁江县第一届各界人民代表大会作出关于妇女分娩时应保护安全的决议。1950年后，妇女月经期、孕期、产褥期、哺乳期“四期”保健工作逐步开展。1950年4月，迁江县第一届各界人民代表大会作出关于妇女分娩时应保护安全的决定。同年，来宾县各界人民代表会议通过决议：妇女分娩时，给予休假1个月。1953年来宾县执行妇女“四期”（怀孕期、产期、哺乳期、经期）保健和女工产假56天制。1988年9月后，来宾县执行国务院《女职工劳动保护规定》，除继续贯彻执行有关女工的劳动保护规定外，还执行“怀孕7个月以上（含7个月）的女职工一般不得安排从事夜班劳动。在劳动时应安排一定的休息时间。怀孕女职工在劳动生产时间进行产前检查，应当算作劳动时间”和“给予女职工产期休息90天，其中产前休息15天，难产的增加产期15天，多胎生育的，每多生育1个婴儿增加产假15天”的新规定（对违反国家有关计划生育规定的，不适用本规定）。2003年，兴宾区有育龄妇女21.92万人，5岁以下儿童5.08万人，孕产妇3351人。孕产妇系统管理率为82.70%，儿童系统管理率为79.31%，新法接生率为96.51%，住院分娩率为68.36%，孕产妇死亡率40.21/10万，5岁以下儿童死亡率为20.71‰，婴儿死亡率为18.70‰，出生缺陷发生率为6.31‰。

1958年，武宣县全县大力宣传和推行妇女的“四期”（经期、孕期、产期、哺乳期）保健，要求做到“三调三不调”（月经期调干不调湿，孕期调轻不调重，哺乳期调近不调远），后增加更年期保健。1959—1961年，因经济困难，妇女“四病”（浮肿、干瘦、子宫脱垂、闭经）严重。对此，国家给予减免医药费治疗，其中以防治子宫脱垂和闭经为主。1972年，武宣县妇幼保健站进行全县子宫脱垂病人调查，发现有子宫脱垂患者2343人，其中Ⅰ° 511人，Ⅱ° 1503人，Ⅲ° 329人。并对这些病患者采用上托、药物及手术治疗相结合的方法。而浮肿、干瘦、闭经患者随着生活水平的提高大多自然病愈。1979年武宣县查有子宫脱垂患者535人（Ⅰ° 171人，Ⅱ° 148人，Ⅲ° 216人），患病率比1972年下降77.2%，并查出尿瘘病人8例。县人民医院和县妇幼保健站组织专门医疗组，到桐岭和武宣卫生院，集中子宫脱垂和尿瘘病人进行治疗，其中对子宫脱垂患者采用手术及上托治疗共470人，治疗率为88%。手术治疗尿瘘病人7例（甲级愈合4例，丙级愈合2例，丁级愈合1例），治疗率为87.5%，治愈率为66.6%，有效率为85.7%。1985—1990年武宣县共检查2329人，发现患者950人，治疗520人。

1953年始，合山卫生部门对妇女做产前检查、产后访视工作。1962年，合山矿务局对孕妇505人，进行产前检查2362人次，产后诊视2021人次。1964年，合山矿务局对孕妇199人进行孕检2424人次，产后访视1613人次。1956年后，农村农业合作社加强了对妇女的劳动保护，对“四期”（月经期、孕期、产期和哺乳期）妇女实行照顾，妇女分娩，给予1个月的产假。

妇女病防治

20世纪60年代初期，境内妇女病防治主要防治“新四病”（浮肿、干瘦、妇女子宫脱垂、小儿营养不良）之一的妇女子宫脱垂和闭经。2002年12月28日，撤销柳州地区成立地级来宾市后，来宾市各级妇幼保健院认真贯彻落实《中华人民共和国母婴保健法》《中华人民共和国母婴保健实施办法》和《广西母婴保健管理办法》，按照2001—2010年妇女儿童发展纲要目标要求，继续实施和规范“母亲安全工程”工作，建立“绿色”通道，加强高危产妇管理，消除新生儿破伤风的发生，积极开展妇女病防治等妇女保健工作。2003年，来宾市各级妇幼保健院主要是抓好孕产妇和儿童保健工作，强化两个系统和产科工作质量的规范和管理，对孕产妇进行保健指导，预防孕产期并发症，降低难产率和孕产死亡率。

1959—1960年，来宾县对妇女进行子宫脱垂发病调查，计查出子宫脱垂病人1600人。1961年分公社集中免费治疗子宫脱垂病人232人，采用金樱根煎水内服疗法。1974年5月，来宾县推广红金樱根猪大肠汤治疗子宫脱垂。1976年5月，来宾县试用枯痔液宫颈旁注射治疗子宫脱垂。1978年7月，来宾县推广红臭牡丹根疗法治疗子宫脱垂。是年，自治区和地区手术队到县开展手术治疗子宫脱垂和尿瘘病人。1980年，来宾县进行妇女两病（子宫脱垂、尿瘘）核查工作，对823例子宫脱垂病人进行注册登记，归档备查。

1979年，象州县患子宫脱垂者93人，1981年，象州县给50名患者进行手术治疗。1973—1976年，象州县全县开展第一次妇女病普查，4年检查已婚妇女81154人，患妇女病27456人，发病率为33.7%，治疗20383人，治疗率74%。1977—1980年，象州县开展第二次普查，结合复查复治，普查已婚妇女66269人，患妇女病24706人，治疗10381人，发病率和治病率分别为37.2%和54%。1981年进行复查复治，共查5784人，发病2475人，其中宫颈炎2425人，全部用妇炎灵给予免费治疗。1978—1985年，象州县在县直单位先后开展3次妇女病普查，共检查复查已婚妇女1272人次，发现妇女病患者490人次，全部用妇炎灵给予治疗。1989年、1990年，象州县进行两次普查普治，共查2880人，患者747人，治疗697人，治愈421人。1991年在县城检查妇女病1439人，查出患病537人，发病率37.31%，治疗494人，治疗率91.99%。1992年于象州镇开展妇女病检查治疗，共检查630人，发病330人，发病率52.38%。其中宫颈炎225人，阴道炎43人，附件炎50人，外阴炎3人，宫颈息肉3人，对患病者均给予了治疗。1999年7月在全县开展妇女病普查普治，共检妇女总数2252余人，患病率占61.59%，对患病者给予治疗，治疗率达98%。2004年开展妇女病普查普治，全年应查人数59723人，实查7994人，对检出疾病的均予治疗；县妇幼保健院对腹泻、上呼吸道感染疾病进行专案管理；2005年开展妇女病查治，应查 69711 人，实查 4763 人，实查率 6.83%，查出妇科病人数 880 人，患病率 18.48%。

1972—1980 年，忻城县妇保站组织 16 名医务人员，到各医疗单位协助进行妇科手术共 36 例，治愈率 84.2%。1981 年忻城县妇保站对全县妇女病进行了 2 次普查普治，共查出子宫脱垂患者 174 例，治愈 148 例，占 85%；尿瘘 4 例，全部送上级医院进行手术治疗，其中好转 2 例。1986 年忻城县妇保站为县直机关、厂矿企业单位的 501 名已婚妇女，进行一次以防癌为主的妇女病普查，对其中 285 名作宫颈切片检查，均未发现癌症患者，但发现各种妇科病患者共 178 例，其中宫颈炎 129 例，阴道炎 29 例，附件炎 5 例，卵巢肿瘤 1 例，子宫肌瘤 1 例，宫颈息肉 5 例，其他妇科病 8 例，均给予治疗。1988 年忻城县妇保站普查 316 人，查出患各种妇科病 142 人，其中宫颈糜烂患者 88 人，占患各种妇科病人数 61.97%。1990 年，忻城县普查 2868 人，查出患各种妇科病 1638 人，占普查人数 57.1%，其中宫颈糜烂患者 1151 人，占患各种妇科病人数的 70.3%，均及时给予治疗。

1961 年，合山煤矿对 2953 名妇女开展普查，发现子宫脱垂患者 64 人，进行治疗 20 人，治愈 16 人。1986 年普查，合山市有妇女子宫脱垂患者 30 人，采取放托结合中药治疗和加强营养相结合的办法，边普查边治疗，治愈 8 人。1987 年合山矿务局工人医院，检查发现妇女子宫脱垂 20 人，治愈 6 人。1961 年，合山煤矿普查 3056 名妇女，发现有闭经患者 144 人，进行治疗 33 人，治愈 19 人。1990 年合山普查发现妇女尿瘘病 3 人，给予治疗，治愈 1 人。1973 年，合山矿务局为 1629 名妇女进行妇女病普查，发现患霉菌性阴道炎、阴道滴虫、宫颈炎、宫颈息肉等妇女病，患病率为 56%；1976 年合山检查 993 人，患病率 49.4%。1985 年合山检查 2297 人，患病率 72.5%。在普查中发现上述疾病一律免费治疗。1988 年，合山市妇幼保健站检查 3 个乡（镇）12 个村屯育龄妇女 674 人，占全市育龄妇女 5.1%，发现有各种疾病患者 499 人，占受检育龄妇女 74%。1989 年为 2700 名妇女进行普查，患有妇女病 2240 人，占 83%。1991 年妇女病普查 624 人，查出 2 例子宫脱垂，1 例尿瘘，2 例子宫脱垂均使用子宫托，尿瘘病人实施了修补术。此后进一步建立了五期保健、产假等妇女劳动保护制度，大力提倡计划生育及加强孕期保健，新法接生，正确处理分娩，提高手术质量。但由于每年妇女病普查普治均属于收费项目，自愿检查人员比较少，自然检查率很低。

1982 年，金秀妇女患子宫脱垂症的 72 例，当年手术治疗治愈 35 例；1983 年金秀妇女患子宫脱垂症患病 49 例，治疗 34 例；1984 年金秀妇女患子宫脱垂症患病 38 例，治疗 34 例。1987 年，金秀在县直机关范围内开展围产期保健工作，对孕产妇进行系统管理，开展产前检查、产后访视，产后 42 天回检等。其中产前检查 6752 人，占孕妇 61.5%；产后访视 5251 人，占产妇 47.9%；住院分娩人数 1311 人，占产妇人数 14.6%。1987 年和 1988 年，金秀在全县开展妇女病防癌普查，共普查 2043 人，查出滴虫患者 51 例，治疗 51 例，阴道霉菌患者 106 例，治疗 106 例；宫颈炎 1094 例，治愈 886 例；盆腔炎 89 例，治疗 89 例；肿瘤 2 例，治愈 2 例。从 1990 年起，金秀每年均对已婚育龄妇女进行普查，对普查结果进行统计分析，妇女病顺位为：宫颈糜烂、非特异性阴道炎、附件炎、宫颈息肉、淋病，通过检查基本掌握已婚育龄妇女患病情况和趋势，为实施预防措施提供可靠依据。

第三节　儿童保健

幼儿保健

20 世纪 50 年代起，境内各县域镇建立有托儿所、幼儿园，集中管理儿童。并由县妇联和县妇幼保健站培训青年妇女作保育员，传授管理婴幼儿知识；由县妇幼保健站同公社（乡）卫生院对托儿所、幼儿园的儿童进行不定期的健康检查，调查分析健康状况，对疾病或营养不良儿童予以指导性治疗和矫治。1950 年起，逐步开展以接种牛痘为主的防治儿童疾病工作。三年困难时期，“新四病”之一的儿童营养不良症列为防治重点。

1996—2002 年，来宾市各县（市）积极开展儿童死亡、生长发育监测工作，共为儿童体检 19.8 万余人次，对查出有疾病或缺陷的儿童均给予及时纠正和治疗。2003—2005 年，来宾市进一步注重做好儿童保健工作，积极开展儿童死亡、生长发育监测工作；加强各托儿机构的保健与管理，对爱婴医院实行质量动态监管，巩固创建爱婴医院成果；组织专家深入基层开展儿童科学喂养知识宣传和合理添加辅食指导；派出妇幼机构进行儿童健康检查，指导口腔、眼睛、听力保健。2003 年，全市共为儿童进行健康检查 10576 人次，其中兴宾区 2853 人次，武宣县

2168人次，金秀瑶族自治县741人次，象州县1970人次，合山市1860人次，忻城县984人次。象州县和合山市对查出有疾病或缺陷的儿童作出检查结果评价，并及时给予纠正和治疗。

1960—1964年，来宾县（今兴宾区）分公社集中治疗小儿营养不良患者，共收治40460例。1976年5月—9月，县对15岁以下儿童28万人实行免费检查和普种卡介疫苗。1979年后，县、公社、村医务人员每年对7岁以下的儿童进行1次免费健康检查、预防和矫治儿童常见病。1979年“六一”国际儿童节前，全县共为7岁以下儿童体检29270人。8月，给7岁以下儿童进行驱蛔虫疗效调查148350个。10月，县对7岁以下儿童进行体重、身长发育评价。1981年，县妇保站在县城举办1期烹调学习班，指导科学喂养儿童。1982年2月，县妇幼儿童保健人员到县医院妇产科病房给新生儿接种卡介苗1303份。10月，县妇幼保健站在来宾镇水落村进行儿童保健试点，对7岁以下儿童（重点对新生儿和3岁以下的儿童）进行系统的保健管理。1987年，县妇幼保健站开展儿童微量元素检查业务，共检查274人，发现缺锌患者26人。均采用硫酸锌片或硫酸锌糖浆治疗。1986—1990年，每年对7岁以下儿童进行体格检查1~2次。

从1958年起，武宣县部分乡村建立托儿所、幼儿园，集中管理儿童。1979年武宣县对县直机关幼儿园的儿童以及8个公社的试点村散居儿童进行体检，共检查3665人，按体格发育状况分：上等186人，占5.07%，中上等471人，占12.85%，中等1319人，占35.99%，中下等1128人，占30.78%，下等561人，占15.3%；同年5月，在黄茆公社周眷村进行儿童驱蛔治疗，化验1102名儿童粪便，发现蛔虫卵阳性1025人，感染率为93%，均给予治疗；9月，在全县范围内给1~7岁的儿童进行驱蛔治疗。1984年7月，武宣县妇幼保健站由6人组成体检组到通挽乡的分岭、大昌、尚黄、大团、尚满、江龙、伏柳、通挽等8个大队对农村散居儿童进行健康检查，共检1243人，对发育不良者以及患有疾病者给予指导性治疗和矫治。1985年4月，县妇幼保健站在二塘乡二塘村委开展儿童保健试点工作，规定0~3岁的儿童每年定期体检2次，3~7岁的儿童每年体检1次。同时，体检了453名，发现佝偻病56人，占12.36%；营养不良5人，占1.2%；贫血155人，占35.7%；沙眼115人，占26.5%；龋齿65人，占15%。1986年3月，武宣县妇幼保健站对县直机关幼儿园儿童和保教人员进行内外科、五官科、血色素、肝功能及乙型肝炎表面抗原等健康检查，发现乙肝表面抗原阳性28名，占检查人数的7.6%，规定患者经治愈后方可入园。同年，在禄新、桐岭、二塘体检儿童1908人，发现佝偻病98人，全给予治疗；营养性贫血710人，治34人。1987年武宣县检查1340名儿童，发现佝偻病165人，治129人；检2914名儿童，发现营养性贫血2078人，治1148人。1988年检查2786名健康儿童，其中体重达均值及均值以上者1894人，身长达均值及以上者1955人，患有缺碘人数307人。同时，调查佝偻病和营养性贫血，查1372名儿童，发现佝偻病274人，治疗222人；查2786名儿童，发现营养性贫血1101人，治653人。1989年、1990年武宣县对全县儿童作类似的检查工作，发现病患者及时给予指导性治疗。1991年，对儿童体检5455名，1995年，体检2579名，对患者或者有缺陷儿童给与矫正和治疗。同年，还进行儿童龋齿防治工作，共治患者2780人次。2002年，全年共体检儿童8758人。2005年，7岁以下儿童保健管理22327人，保健管理率65.51%；3岁以下儿童系统管理率23.11%；全年共体检儿童11443人。

1978—1979年，象州县在全县开展儿童死亡回顾调查，对1976—1977年两年内儿童死亡原因回顾。共调查0~14岁儿童273841人次，平均死亡率46.82‰，其中0岁组死亡率38.37‰；1~4岁组死亡率62.6‰，5~9岁组死亡率1.46‰，10~14岁组死亡率0.73‰。以病因分析，死亡率最高者为小儿肺炎，达292人；其次是破伤风、重症腹泻和新生儿窒息。此次调查，为儿童保健工作提供了依据。同时，在象州幼儿园和妙皇大队开展儿童体格检查试点。检查象州幼儿园337人，发现佝偻病108人，占检查总人数的32%；龋牙150人，占44.5%；沙眼102人，占30.3%。检查妙皇大队幼儿324人，发现佝偻病18人，占5.6%；龋牙38人，占11.7%；沙眼7人，占2.2%。1983年，给象州镇散居儿童198人体验，发现中度贫血57人，均用硫酸亚铁治疗。1986年，象州县在中平村对7岁以下儿童362人体格检查，发现佝偻病31人，占8.5%；营养性贫血240人，占66.2%；龋牙130人，占35.9%。对佝偻病、贫血病儿童均给予治疗。1987年8月，对县城街道和机关单位2~6岁儿童头发采样，测定体内微量元素含量。在测定的171名儿童中，体内不同程度缺乏和不足微量元素锌、铜、铁者，分别为132、154、99人。1978—1988年，象州县儿童体检共19次，33976人次，并作保健治疗指导。1989—1990年，象州县对0~7岁儿童5211人作健康检查，身长体重达均值以上的分别为2955、2652人，分别占检查总人数的56.7%和51%；对1918名儿童进行佝偻病检查，发现患病215人；对4479人进行营养性贫血检查，患病320人。全部给予治疗。1991—1992年定期开展儿童体检，对儿童的生长发育进行评价，宣传科学育儿知识，指导治疗及喂养护理，儿童体检4514人，占全县0~7岁儿童数的10.2%。1992—1993年对县第一幼儿园儿童进行智能测定，共抽测450人，中等以上智商的儿童达82.35%。对在儿童膳食调查中发现的问题及时提出指导性建议，解决儿童营养搭配的不合理问题。县妇幼保健院与自治区妇幼保健院在寺村镇推广儿童腹泻防治科研项目(PRT项目)，使大多数家长懂得儿童腹泻后要多食多喝，及时找医生诊治。1994—1996年，县妇幼保健院对集体或散居儿童进行体检，7岁以下儿童对口管理。1997年为降低儿童腹泻病死率，提高治愈率，县妇幼保健院在寺村镇三个村民委推广腹泻患儿应用口服补液疗法(ORT)科研项目，监测期内0~4岁儿童769人，患腹泻206人，腹泻238人次，ORT使用有效率为94.54%。在第一幼儿园进行膳食调查一周，结果：蛋白质含量偏低，脂肪含量合适，糖类偏高，调查过后对幼儿园的饮食调配进行指导。2004年对县城内幼儿园儿童进行健康体检，共检1321人，检出佝偻病16人，轻度贫血211人，评出健美儿童121人。2000—2005年，根据自治区卫生厅、教育厅桂卫妇〔1999〕22号《广西壮族自治区托儿所、儿园卫生保健管理实施细则》，对托幼机构的卫生保健、健康进行监督管理，核发“卫生保健合格证”；对1793名托幼机构工作人员进行健康体检。2003年对托幼机构工作人员进行健康体检，共体检125人，其中男性2人，女性123人，结果：霉菌性阴道炎15人，乙肝表面抗原阳性10人，对患霉菌性阴道炎者予以针对性治疗，乙肝表面抗原阳性进一步检查；对健康合格者给予发放健康合格证明书，其中验证合格68人，新登记发证57人。全年7岁以下儿童21635人，5岁以下儿童15251人，3岁以下儿童8802人；7岁以下儿童管理13755人，管理率63.58%，3岁以下儿童管理5538人，管理率62.92%。

1963年开始，忻城县妇幼保健站每年都为7岁以下幼儿作健康检查，凡发现有病者都及时给予治疗，有寄生虫病者免费发给驱虫药物。1965年县妇保站为县城583名幼儿作健康检查，发现患龋齿、淋巴结肿、中耳炎、鼻炎、扁桃腺炎、蛔虫、口角炎、腮腺炎、沙眼、鸡胸、心脏病等各种疾病共419人，占体检人数的71.86%。1979年忻城县妇保站在古蓬搞幼儿保健试点，为573名幼儿进行健康检查，并对30名佝偻病患儿进行系统地观察治疗，其中治愈23名，治愈率76.7%，好转7名，占23.3%。1980年忻城县妇保站为县内86个大队7岁以下的幼儿3792名进行健康检查，其中建立健康卡片的2981名，占检查人数78.6%。1985年忻城县妇保站对古蓬镇46名新生婴儿查访139次，发现脐带部渗液、皮肤湿疹、尿布疹、上呼吸道感染和消化不良等病患者，均及时施治，并向家长宣传幼儿卫生保健知识。1986年县妇保站对县内健康检查存档的7岁以下的1613名幼儿进行体重、身长双指标评定分析，证明幼儿体格发育水平基本上符合卫生保健要求。1978—1987年忻城累计全县幼儿体检共53511人，其中患病者3452人，占体检人数6.45%；身体有缺陷者3581人，占体检人数6.69%。1988—1990年，忻城全县累计为幼儿健康检查5307人，其中患佝偻病533人(治疗465人)，占检查人数10%；营养性贫血1463人(治疗人数为653人)，占检查人数27.6%；身体有缺陷者1466人，占体检人数27.6%。1986年7月，忻城县妇保站为县直机关、厂矿企业单位7岁以下的174名幼儿进行一次微量元素测定调查，发现幼儿缺锌比较严重，对幼儿的生长发育影响较大，因而均及时给予治疗和增加锌的补充。从1987—1990年，忻城县妇保站为锌元素不足的幼儿治疗共856人次，多数缺锌的幼儿，民国23—25年(1934—1936年)，忻城全县每年分春秋两季进行牛痘疫苗接种，3年中牛痘疫苗接种共12257人(春季6765人、秋季5492人)。1966年2月忻城全县牛痘疫苗接种共6382人。20世纪80年代起，各公社卫生院逐步配有冰箱、大队卫生所(室)配有冰壶，使疫苗冷藏不易

为幼儿喂服免疫糖丸

失效(冷链)。1986年以宁江乡为试点搞冷链一条龙。1987年忻城全县疫苗接种对象为1岁以内的儿童有7852人。麻疹疫苗接种率为95%;百白破接种率为91%;小儿糖丸接种率为92%;卡介苗接种率为96%。为防止漏种、重种,使用接种表登记,并实行一人一针一管制,防止交叉感染。1988—1990年忻城全县应接卡介苗幼儿共20872人,实接种幼儿19302人,接种率92.5%;应服用糖丸活疫苗幼儿20852人,实服用幼儿18767人,服用率90%;应接种百白破菌苗幼儿20805人,实接种幼儿18924人,接种率91%;应接种麻疹疫苗幼儿20790人,实接种幼儿19020人,接种率91.5%。1995—2001年,忻城县呼吸道感染管理人数1579人,肺炎死亡80人,腹泻管理1195人,腹泻死亡18人。县妇幼保健院通过跟踪对症治疗,降低了5岁以下儿童死亡率。据忻城县基础调查统计,5岁以下死亡率自1995年的93.04‰下降至2001年的28.00‰,婴儿死亡率自1995年78.19‰下降至2001年23.11‰;新生儿死亡率自1995年62.03‰下降至2001年17.26‰;7岁以下保健覆盖率自1995年14.30‰提高至2001年44.00‰;3岁以下儿童系统管理率自1995年的6%提高到2001年60.6%。1995—2000年,忻城县通过"卫VI"项目的实施,举办乡村级妇幼人员培训班,学习儿童急性呼吸道感染和儿童腹泻的识别及分类。1991—2005年,忻城县妇幼保健院每年在"六一"儿童节均到幼儿园、小学学前班进行7岁以下儿童健康体检,查出儿童患的疾病有佝偻病、龋齿、淋巴结大仲、鼻炎、扁桃腺炎、蛔虫、口角炎、营养不良等各种疾病,均给予治疗及健康指导。同时大力宣传母乳喂养,婴幼儿腹泻补液疗法。1995—2005年忻城县7岁以下儿童保健有282003人,年均25637人。

1964年,合山矿务局对矿区学校学生作不定期健康检查。1970年,合山对全矿6个月到7岁的儿童进行普查,受检7534人,查出病患者826人,患病率10.9%。1980年后,合山矿务局和合山电厂每年均为单位独生子女作健康检查。1983年,合山市卫生部门对市幼儿园作卫生保健指导。1984年为幼儿88人接种乙脑疫苗,为263名幼儿作免费健康检查。1986年,合山设立儿童健康册(卡)948份,建卡率92.8%。并对试点单位0~7岁的儿童进行体检,共受检儿童3633人,受检率89.6%。1990年,合山全市有儿童共18979人,对1588人进行健康检查,发现有疾病623人,占39.2%。其中佝偻病130人,占8.1%营养性贫血546人,占34.4%。进行治疗445人,受疗人数占受检人数28.02%。到2004年,合山市母乳喂养率已达到99.82%,儿童的中度、重度营养不良患病率由1990年的12.02%降至5.52%,五岁以下儿童腹泻患病死亡率为0。

1956年以后,金秀瑶族自治县城托儿所、幼儿园相继建立。县妇保站儿童保健工作重点放在托儿所和幼儿园,定期对托儿所和幼儿园儿童进行体检和保健工作。每年"六一"儿童节都为县直机关、厂、场儿童进行检查。并在金秀镇六拉村公所设立儿童保健试点,定期对该村7岁以下儿童进行健康检查;通过检查发现疾病,及时给予预防宣传和治疗指导,对患肠蛔虫病、钩虫病的儿童,给予免费驱虫。

1984—1988年,金秀对县直机关和厂、场7岁以下儿童共4161人次进行健康检查,发现患龋齿的1075人次、佝偻病229人次、贫血1715人次,都给予了及时治疗。2002年起,每年均托幼机构教职工进行健康体检,对检出传染性疾病的建议药物治疗,暂时调离工作岗位,治愈后方可上岗。1995—2005年健康儿童体检共12653人,检出龋齿2108例,佝偻病98例,均给予治疗指导。

学生保健

1957年,来宾县举办小学保健教师学习班。培训保健教师67人,并为边远山区小学配备保健箱。1960年3月,来宾县内中小学普及广播操、课间操和眼保健操。1970年以后,来宾县直中小学先后设置医务室,配备专职校医。农村中小学一般配有保健箱,由1位教师兼任校医。1982年6月,来宾县防疫站在县实验小学进行肠道寄生虫病检查,共检1081人,发现有蛔虫者338人,占31.27%。1983—1990年,来宾县每年体检4500余人,平均近视患病率,高中50%,初中45%,小学14%。1986年11月—1987年6月,来宾县牙科医生在县城和城厢、蒙村、寺山、迁江等乡镇进行中小学生牙病普查,共检10761人,发现龋病患者5634人,收治2761人。学生龋病率高原因主要是县内水源水含氟量低。1990年来宾县规定每年对中小学生进行1次健康检查。1992年对5所农村中学和3所城镇中学学生进行视力调查,视力不良发病率情况是城镇高于农村,县城学生发病率为50.93%,农村学生发病率为34.25%。1994年10月,对部分假性近视、近视、远视、弱视学生进行矫治。1996年,对县二中、三中、镇西小学、镇东小学、实验小学、二小等6所中小学校 14500 名在校学生进行健康监测，检出学生常见病中视力不良发病率居首位，占 39.63%；沙眼、咽喉炎等疾病亦占一定比例。对 76 名假性近视学生给予双星明眼药水治疗，有效率 91.50%。2002 年对县城和镇所在地在校学生进行健康体检，受检学生 37786 人，检出龋齿 4941 人，扁桃体炎 3533 人，沙眼 1013 人，视力不良 9455 人，营养不良 8684 人，肥胖 551 人，色弱 41 人。

1954 年武宣中学始建卫生室，有校医 1 人，负责全校师生保健工作和督促学校搞好卫生运动。随后，桐岭中学等一些学校相继设立医疗室。1982 年，武宣县防疫部门同县教育局对全县 9 所中小学校学生进行体检，共检学生 4029 人，发现视力减退者 510 人，占 12.7%；沙眼 1914 人，占 47.5%。同时，对武宣镇中学等 3 所学校的教室进行地面面积、采光和照明调查，发现教室人工照明最亮 35 米烛光，最暗处仅 6.32 米烛光，达不到国家规定的最低标准(50 米烛光)。经检查得到领导重视，规定教室内电灯、课桌、板凳等均按卫生要求设置，学生要积极做体操和眼保健操。1983 年 4 月，武宣县教育局、防疫站、皮防站组成调查小组(6 人)，到三里中学调查学生患疥疮情况，全校 421 名学生(其中住校 264 人)，发现患疥疮者 30 人，全是内宿生，占内宿生的 11.4%。致病原因主要是环境卫生太差。随之，通过改善环境卫生，并以硫磺软膏治疗患者，效果良好。同年 9 月，对县城 3 所中小学校学生进行视力调查，共查男生 1199 人，正常视力 2145 只眼，近视眼 253 只；女生 966 人，正常视力 1666 只眼，近视眼 265 只。1984 年 10 月，武宣县对 3 所重点中学部分学生进行视力抽调查，共查 1708 人，正常视力 2911 只眼，近视眼 505 只。1985 年 5 月武宣县对全县 13 所中小学校的学生共 5427 人进行体检，并视力调查 1766 人。1987 年县防疫部门对全县学生进行健康检查 11431 人，1988 年，武宣县检 2457 人，7~10 岁的学生营养不良者占 33.2%。1989 年，防疫部门对全县重点中小学校共 1676 名学生进行体检，其中小学占 5.78%，初中占 32.82%，高中占 49.9%。同年，对县师范附小 362 名学生进行肠道寄生虫检查，发现蛔虫感染率为 38.95%，鞭虫感染率为 3%，肝吸虫病 1 例，并给患者发药治疗。1990 年，武宣县对 3 所小学进行地方性甲状腺肿调查，发现肿大率为 6.88%；对全县 80 所中小学校进行调查地氟病，共查 2526 人，未发现患者。同年，对县中、县二中、县师范附小、国武农场中小学等共 2946 名师生注射流脑预防针；给新龙、通挽、东乡等几所中小学校开展对隐翅虫性皮炎流行的防治工作。

1954 年秋，忻城县中学给成绩符合录取标准的考生进行体检，受检人数 149 人，其中因病不合格者 22 人，占受检人数 14.8%；次年 8 月忻城全县初中招生时，给县城、思练两个考区考生 313 人体检，其中不合格者(患鼻炎、耳疾、眼病)52 人，占受检人数 16.6%。各学校每学期都在杂费项下提取部分钱购买药品，供学生有病急用。1960 年忻城古蓬、思练、遂意 3 所中学均配专职校医各 1 名(1963 年各校校医撤销)。按照中央教育部、卫生部、国家体委通知精神，1965 年县组织卫生组对各学校教室朝向、采光系数、墙壁采光系数、黑板反光系数、前桌距、互桌距、灯桌距、自然照度系数、人工照明以及学校环境卫生等进行检查，多数学校教室采光系数、黑板反光系数等基本符合卫生要求，但人工照明条件较差。同年 11 月底，忻城县卫生防疫部门给忻城县中学高中三年级学生进行体检，受检人数 58 人，其中患扁桃腺炎 9 人、中耳炎 2 人、慢性鼻腔炎 5 人、色盲 1 人，心脏病 4 人、高血压 1 人、钩虫病 7 人，有鞭虫 3 人，有蛔虫 14 人。在 12 名女生中，患妇科病者 7 名，占女生人数的 58.3%。忻城县卫生防疫部门还给城关镇初中、遂意初中和城关镇一小、二小学生进行健康检查，受检人数 6650 人，发现学生视力普遍下降。为防止学生近视，各学校普遍推行眼保健操，并建立学生健康卡；对已发现近视的学生，给予矫正。1981 年忻城城关镇一小开始定期组织学生进行体检。是年，忻城县防疫部门给部分学校学生进行视力检查，受检人数 4032 人，其中视力正常者 3678 人，占受检人数的 91.22%，视力不良 354 人，占 8.78%。1982 年，忻城县内各高中、公社所在地初中、县城小学和大部分公社所在地中心校都成立体育卫生领导小组，并订出各种卫生保健制度；大部分学校开始组织学生每天做 2 次眼保健操。同年 3—10 月，忻城县卫生防疫部门先后给城关镇一小、二小和遂意中学 3 所学校学生进行体检，总共检查 41 个班(次)，受检人数 2065 人(次)，其中视力正常者 1902 人(次)，占受检人数的 92.11%，视力不良 163 人(次)，占受检人数的 7.89%。1983 年秋，忻城县中学组织初、高中毕业班学生进行视力和胸部透视检查，还给初一、二年级学生注射流脑疫苗。是年，县卫生防疫部门给城关镇一小学生进行肠道寄生虫检查，受检人数 534 人，其中受各种寄生虫感染 412 人(钩虫 44 人、蛔虫 349 人、鞭虫 19 人)，占受检人数 77.2%。1985

年，忻城县内各中学及各乡镇所在地小学均建立健康卡，每生设1卡。县卫生防疫部门给县中学、城关镇初中和城关镇一小、二小4所学校学生进行体检，受检人数共2622人，其中患龋齿、眼疾、扁桃腺肿大、心脏病、肺结核等各种病症共1466人，占受检人数55.9%。1987年，忻城县卫生防疫部门给县中学和县实验小学2所学校学生进行体检，受检人数共1963人（县中学946人，县实验小学1017人），其中患龋齿、沙眼、皮肤病、扁桃腺炎、视力不良、色盲色弱等各种病共990人（县中学449人、实验小学541人），占受检人数的50.4%。是年底，忻城县高级中学、忻城县中学和城关镇初级中学分别设立卫生室，各配有专职校医1名。学生一般小伤小病在校内可得到治疗。1990年10月，忻城遂意乡南康一带地区流行甲型肝炎，南康初级中学师生受感染70多人，其中学生死亡1人。县卫生部门组织医务人员免费防治，控制了疫情的进一步蔓延。

1980年，金秀瑶族自治县防疫站为全县2319名中学生进行视力、沙眼、龋齿、脊柱弯曲检查，还为县中民族班学生免费治疗、普通班学生半费治疗；1987年“六一”儿童节，金秀组织县直机关儿童健美比赛，参赛的有341名儿童，获奖者男孩3名，女孩12名，县妇联和县妇保站给予获奖者营养品及奖状以资鼓励。

第三十篇

体　育

清代至民国时期，今来宾市境内民间有武术、舞龙、舞狮、龙舟、抢花炮、弈棋等项目比赛。清光绪三十二年(1906年)，武宣县高等小学堂建成，始有西方式的学校体育活动。民国10年(1921年)，学校体育有体操、球类、游泳、田径等项目。1950年后，体育课列入学校教学课程。1956年后，各县体育领导机构和体育协会相继建立。1959年，各县学校、工矿、企事业单位积极开展体育比赛活动。1966年"文化大革命"后，体育运动受到冲击，各级学校体育教学和体育活动停止。1971年，业余体校恢复，学校体育教学恢复，职工参加体育活动增多，城乡青年民兵参加军事体育活动热烈，各地常常举行群众性体育竞赛活动。1979年后，境内以篮球、排球、乒乓球、手球、举重、田径和游泳为重点，带动体育运动全面发展。各地相继成立武术协会、乒乓球协会、农民体育协会和老年人体育协会等。城镇体育、学校体育、农村体育、少数民族体育活动广泛开展。1984年后，各县兴建运动场，健全基层体育组织。随着改革开放、人民生活的改善和对体育需求的提高，城乡各地出现全民办体育，社会办体育的新气象。1997—2000年，境内先后培养输送蓝世章、李争、陆永为代表的世界冠军级运动员和以黄恩往、邓善军、刘玉英、荣英必为代表的亚洲冠军级运动员。2002—2005年，坚持群众体育与竞技体育协调发展的方针，把增强国民体质作为体育工作的基本任务，大力发展学校体育，认真实施全民健身计划和奥运争光计划，按照体育发展改革思路开展工作，使体育事业全面发展，群众性体育活动整体提升，民众健身意识增强，全民健身活动的社会环境和风气形成，城乡上下体育活动活跃，形成形式多样，覆盖面广，社会团体组织健全，体育设施完善，体育经费增加，体育人才辈出，全民健身运动健康发展的局面。

第一章 管 理

中华人民共和国成立前，各县没有设置专门体育管理机构。中华人民共和国成立后，人民政府设立体育工作行政机构。1956年，各县成立县体委主管体育工作。1978年，成立公社体育运动领导小组，加强体育人才培养。1980年，各地成立体育协会。1985年，健全基层体育组织。1989年，设立业余体育运动学校。1997年，县体委改称体育事业局。2001年，有的县体育局与文化局合并称文体局。2002年12月，来宾县体育局改称兴宾区体育局。成立来宾市体育局，下辖6个县(市、区)体育局，至2005年不变。

第一节 机 构

来宾市体育局

2002年12月，建立来宾市体育局，正处级建制，办公地址来宾市北二路238号，内设办公室、群众体育科、训练竞赛科、体育产业科。编制10名，实有人员11人，领导职数3名。下属单位1个：来宾市业余体育运动学校。下辖兴宾区、象州县、金秀瑶族自治县、武宣县、忻城县、合山市6县(市)文化体育局。

2005年，来宾市体育局办公地址在来宾市北二路238号，内设办公室、群众体育科、训练竞赛科、体育产业科，编制10名，实有人员13人，领导职数3名。下属单位有来宾市业余体育运动学校。编制23名，实有干部职工23人，其中高级职称2人，中级职称8人。领导职数3名。

历任局长：

杨惠励(汉族，2002年12月—2004年4月)；

莫　成(壮族，2004年4月—2005年12月)。

县(市、区)体育局

中华人民共和国成立前，各县体育活动或竞赛由当地县政府指定教育部门或社会团体临时组织。

中华人民共和国成立初期，各县体育工作由文教科或文化科设立专职干部管理。1956—1957年，各县先后成立体育运动委员会(简称体委)，主管体育工作。各县体委主任由1名副县长兼任，下设办公室主持日常工作，由1~2名干部专管。1956年春，成立石龙县体委。同年4月21日，成立忻城县体委。

1962年4月恢复武宣建置后，成立武宣县体委。1966年"文化大革命"开始后，体育行政机构瘫痪，体育工作由县革命委员会(简称县革委会)政工组派人兼管。1971年9月—1973年，恢复各县体委。1971年，来宾县革命委员会政工组内设体育领导小组。1972年7月，成立来宾县体委。1973年10月13日，忻城县革委会政工组撤销，恢复县体委。

1978年5月29日，忻城县体委设主任委员1人(兼)，副主任委员7人(其中有6人兼职)，委员7人，各公社亦成立体育运动领导小组，由5~7人组成。

1988年2月4日，成立合山市体委，设副主任1人，教练员2人。1989年7月，合山市体委下属有合山市业余体育运动学校。

1997年7月，来宾县体委改为来宾县体育事业局。

2001年，忻城县体育局与文化局合并成立县文化和体育局，内设办公室、社会文化股、群众体育股、文化和体育市场股(内挂新闻出版管理办公室牌子)，编制15人。局下属机构设文市办、文化馆、图书馆、博物馆、电影公司、业余体校。各乡镇文化站与广播电视站合并为宣传文化广播电视站，职工23人。

2002年12月，来宾县体育事业局改称兴宾区体育事业局。

2005年，全市县(市、区)体育局有兴宾区体育局、合山市体育局、忻城县文化和体育局、武宣县体育局、象州县体育局、金秀瑶族自治县体育局。县级体育(文体)局一般内设办公室、群众体育股，下设业余体校。

第二节　队　伍

运动员

1950年7月—1965年7月，来宾县先后输送57名体育教师和干部到上级体育部门和中、高等院校培训。1971年9月，来宾县体委于来宾华侨农场举办游泳学习班1期为时15天，21人参加学习。同年11月22日至12月10日，来宾县文化站体育小组举办“毛泽东思想体育学习班”，参加学习24人(女13人)，内容以篮球为主。1972年3月，来宾县师范学校开办一期体育师资培训班，有40余人受训。当年6月开办一期50人的初中体育师资班。同年8月，武宣县桐岭高中开办业余体育班，开设篮球、排球、乒乓球等项目，招收学生60人，先后为自治区体委输送运动员3人，其学生考入广西师院(大)体育系1人。1975年4月—5月，来宾县体委、教育局在青岭中学举办武术培训班，每公社、农场派一体育教师参加，计50人。5月，县体委在县城开办农村体育骨干学习班，良塘、石牙学员10人。同月起，县体育教师5人被送到宜山师范学校培训，历时1个半月。6月，县业余体校派出学员分组到北泗、良塘、石牙为基层学校辅导篮球技巧和体育达标锻炼知识。1981年6月，来宾县体委、教育局联合抽调县中小学生乒乓球运动员16人集中训练23天。9月，举办中小学体育教师培训班。学时15天，有23人参加训练。

1978年，武宣县先后为区体工大队输送运动员2名，为区体校输送学员1人。同年12月，来宾县有30人参加县体委、总工会联办的县直机关和厂、矿、场篮球裁判员学习班。1983—1987年，武宣县禄新中学共为国家输送体育人才16人，其中考取武汉体院1人，北京体院1人。为上级体育单位输送体育人才73人。

1983年，忻城县业余体校为上级输送运动员13人，其中自治区体校1人、自治区游泳队1人、自治区军体校射击集训队5人、地区体校1人、红茂矿务局职工篮球队5人。1983—1990年，忻城县业余体校举重班6名正式学员中，达到国家一级运动员标准有2名，达到二级标准有2名，达到三级标准有2名；田径班首次给自治区体工大队田径队输送运动员1名。1985年，忻城输送给自治区体工大队射击运动员2人、自治区体育运动学校举重运动员1人、宁夏回族自治区体工大队举重运动员1人、恶滩电厂篮球运动员4人。1986—1987年，忻城为自治区体工大队、体育运动学校、大专院校体育(系)班和企业系统等单位，输送田径、排球、篮球运动员共14人。

1987年底止，金秀瑶族自治县有田径等级运动员12人，其中二级运动员5人，三级运动员7人。

2005年，来宾市有各类运动员330人，其中国家一级2人，国家二级35人，国家三级293人。

裁判员

1956年起，各县施行国家体委制订的裁判员等级标准。等级标准分为国家级、一级、二级、三级。裁判员经临场实践和考核，达到等级标准者经申报批准，发给证章和证书。

1986年，合山矿务局有国家一级篮球裁判1人；国家一级乒乓球裁判2人。至1987年底，金秀共有田径等级裁判员9人，其中二级裁判6人，三级裁判3人；篮球等级裁判员10人，其中二级裁判5人、三级裁判5人；乒乓球二级裁判1人。1990年，合山市共有各类体育裁判56人(均为业余)，其中市直属机关8人(篮球:国家一级1人,国家二级1人,国家三级5人;乒乓球:国家一级1人)。合山矿务局有业余裁判32人(篮球:国家一级裁判3人,二级裁判3人,三级裁判22人;乒乓球:国家一级裁判1人,二级裁判2人,足球裁判1人)。合山电厂有体育裁判员16人(篮球:国家二级裁判员4人,三级裁判员2人。足球:二级裁判员3人,三级裁判员7人)。2005年,合山市有各类裁判员106人。其中,篮球裁判:国家一级2人,国家二级30人,国家三级18人;乒乓球裁判:国家一级1人,国家二级5人;桥牌裁判:国家一级1人;门球裁判:国家一级2人,国家二级2人;排球裁判:国家二级3人,国家三级30人;足球裁判:国家二级3人,三级7人;拳击裁判:国家二级1人;跆拳道裁判:国家二级1人。

2005年,来宾市有各类裁判员42人。其中:国家级3人,一级7人,二级32人。

教练员

1972年8月,武宣县桐岭高中开办业余体育班,配专职教练员1人,兼职教练员5人。1982年12月—1983年,忻城县业余体校先后调入3人和聘请1人,分别担任女篮、田径和射击班的教练员。1987年,忻城县体委教练员5人。金秀有助理教练员1人。1990年,忻城县业余体校有教练员7人。1991—2005年,武宣县有高级教练1人、中级教练3人、初级教练5人。兴宾区有高级教练4人、中级教练1人。2000年,境内有教练员43人。2005年,来宾市有教练员32人。

优秀教练员选介

何可荣,壮族,忻城县人。1984—2005年任来宾市业余体校举重教练。任教期间共向区体校、广西举重队和国家举重队输送举重运动员6人。其中培养输送的国际级运动健将兰世章、韦正由多次代表广西、国家参加国际国内举重比赛,取得优异的成绩。何可荣以教练的身份在广西第7~11届区运会举重比赛中为来宾市获金牌16枚。1996年被评为广西壮族自治区先进工作者。1998年自治区党委和区人民政府给其颁发荣誉勋章和证书,同年评为高级体育教练。2000年获国家体育总局和中华人民共和国教育部授予全国青少年体育工作先进工作者称号。

黄固基,汉族,兴宾区迁江人。毕业于南宁民族师范体育专业,担任篮球教练30多年,培养邓善军等4名国家手球队队员,先后为自治区体校及体工队培养和输送36名优秀体育后备人才。其中邓善军在第9届亚运会手球比赛中夺得金牌、第10届亚运会夺得银牌。连续12年被评为全国优秀教练员。1992年国家体委授予其“精育新星”奖章;1991年当选为自治区第六次党代会代表,同年被评为县首批拔尖人才;1992年被评为境内有突出贡献科技人员;1978—1998年共9次荣获自治区先进工作者称号。

周雅源,壮族,象州县人。1994年9月—2005年任象州县业余体校举重教练。任教期间,为广西和国家培养输送27名举重运动员,其中国家队1名、国家青年队1名,特别是培养输送的国际级运动健将李争,参加国际国内举重比赛共获金牌25枚。周雅源曾多次被区、市、县评为先进工作者、优秀教练员、优秀共产党员。

优秀运动员选介

李净,象州县人,1986年1月12日出生。1993年9月入选象州县业余体校举重队。1999年在象州县业余体校训练,同年入选广西体工大队举重队训练。2003年12月调入国家队训练。主要成绩:2004年参加全国青年举重锦标赛、全国举重冠军赛获男子56公斤级抓举和总成绩冠军;同年参加世界青年举重锦标赛获男子56公斤级冠军。2005年参加全国举重锦标赛获男子56公斤级抓举冠军;同年参加世界举重锦标赛获男子56公斤级抓举冠军。

第三节 经 费

事业费

民国时期,政府未拨专项体育经费。民间开展的体育活动,经费来自各界人士捐款资助。1950年后,各县体育经费来自财政拨款和自筹资金。1952—1987年,金秀瑶族自治县财政共拨给体育经费395400元。1957—1990年,忻城县共拨给体育经费65万多元。1960年,来宾县政府拨给体育事业5000元。1969年10月,来宾县人民政府始拨给专项经费,当时每年预算拨款400元。至1990年,来宾县财政和上级体育管理部门总计给县内拨款130余万元。1979年,自治区体委下拨给象州县体育经费8000元。1981年起,上级体委每年拨给象州县体育经费5000元。1982年始,合山市体育经费主要由市财政拨给。1985—1990年，忻城县自筹资金总额达44.9万元，其中1985年红渡、果遂、宁江、马泗等乡镇和部分厂矿企事业单位自筹资金1.8万元；次年，全县集资（含个人捐款）共5.95万元(12个乡镇从企业收入中拨出1.22万元）。1989年后，象州县政府每年拨给体校办学经费2万~4万元。1995年，武宣县开支春节文体活动经费达237078元。1999年6月，合山市政府拨款1万元用于合山市参加广西青少年锦标赛；同年8月，拨款6万元用于参加柳州地区“七运会”；10月，拨款8000元用于国庆体育活动经费；12月，拨款5000元用于举行排球赛。2001年5月，合山市政府拨款6000元用于合山市“五一”篮球赛和棋院开办费；同年11月，拨款8000元作为参加广西第二届妇女门球比赛经费。2002年1月，合山市政府拨款2000元用于合山市春节体育活动经费。2003—2004年，金秀头排、桐木两镇每年政府投入春节体育活运经费在5万元以上；此外，当地群众及相关单位还自发性地为体育活动捐赠经费。2003—2005年，来宾市财政安排体育事业经费分别为465690元、496500元和416779元。

基建费

1956年，合山煤矿(1962年1月改为合山矿务局）拨款10万元建矿俱乐部灯光篮球场。1962年1月，建成合山矿务局俱乐部和灯光篮球场。1980年，合山电厂投资53万元建厂灯光篮球场。同年，金秀瑶族自治县财政拨给县体委基建费40000元，建起三层钢筋水泥结构楼房一栋。1983年，象州县人民政府拨款23.5万元建体育大楼。1985年，合山矿务局投资20万元建局溜冰场、游泳池、田径场；1983—1985年，投资130多万元建矿务局综合运动场。1987年，忻城县有28个企事业单位和35个村屯，自筹（或赞助）资金共2.15万元。同年，象州县拨款6.3万元建田径场。1989年，合山市拨款20万元建体委2栋住宅楼。1990年，合山市拨款45万元建合山市体育运动场。象州县拨款16.7万元建体育馆。忻城县筹资、捐款共35万多元修建体育场地、增添体育设施和举办各种体育竞赛活动。1991年，武宣县桐岭乡政府拨款3.5万元新建灯光篮球场。1991—2005年，忻城县共投资3000万元，对体场馆、举重场、射击场、篮球场、田径场等场地进行扩修。1992年，来宾县人民政府拨款232万元建设室外灯光篮球场、室内综合训练馆。1995年，武宣县政府拨款100万元建设新体育场，县政府还配一辆五菱小汽车给县体委。同年武宣县、乡、村三级投入春节文体活动经费237078元；县政府拨款100万元，动工建设新体育场，新灯光球场。1995—2000年，象州县拨款246.1万元兴建体育设施。2000年，武宣县政府拨款100万元修建二中田径场；合山市拨款3万元用于维修体育场地。2003年，来宾市体育局赠送一副价值2万元篮球架给武宣县业余体校。2004年，自治区体育局赠送一套10万元体育健身器材给武宣县体校。2005年，全年共向上级体育部门争取到各种体育训练器材达60多万元，成功向国家体育总局申报300万元的“雪炭工程”援建项目。

第四节　设　施

明、清时期，各县均设“校场”，可作为群众体育活动场地。民国初年，现代体育传入，在学校发展，随之兴置体育设施，境内部分城镇体育场地有操场、篮球场、足球场、游泳场等，并有一些体育器材。

民国初期，各县较正规的国中、国小开始置建操场，内设篮球场、单双杠、沙池等。民国13年(1924年），来宾县南乡（今寺山）小学有民众捐资开辟15亩面积运动场地，设篮球场、跑道。民国14年，来宾县城（今城厢街）马旺塘建有体育场1个，设有跳高、跳远、沙坑、爬杆和秋千等设施；迁江县在迁江中学建有10亩左右的体育训练场1个，设有单双杠、篮球、排球、木马和秋千等设施。民国16年，武宣县立中学开始在武宣城东郊老羊岭修建一处占地约100亩的公共体育运动场。运动场内设有篮球场3个、足球场1个、跳高跳远沙坑各1个、300米环形跑道8条。同年，禄新区在禄村附近开辟公共体育场1个。

民国23年(1934年），象州县长李品芗抽调民工数千人，在县城东门外修建公共体育场。民国25年，续建可容万余人。后经过扩建，筑有演讲台、篮球场和简单体育设备。此后，象州县各乡镇圩场都建有篮球场，“打篮球”成为群众体育运动的主要项目。

民国31年(1942年），武宣县私立惠儒中学建有篮球场3个，排球场1个。随着现代体育由学校向社会发展，公共体育设施相应在各地设立，县城均建有体育场，开展体育项目活动。

中华人民共和国成立后，篮球运动发展及乡村，各项体育活动活跃。各县政府拨出资金投入体育场馆基本建设,操场、器械逐年增加,体育设施逐渐增多。

1950年,来宾县在今城厢城北街建有人民广场1个,占地10多亩,兼作体育场地。1950年后,象州县有40个自然屯建有篮球场,仅有5户的凹平岭自然屯,也在半山腰上修建一个篮球场。1952年5月,成立大瑶山瑶族自治区(县)后,县内体育场地不断扩大,体育设施不断增多。各乡、镇、中学均有篮球场、简易跑道等。一些规模较大的乡镇中心小学也有篮球场。1955年,来宾县总工会在今县城内修建三合土篮球场2个,面积约400平方米。1955年,忻城县粮食局始建灰沙球场1个。

1962年,忻城县体委在县电影院门前建造一个无看台的灯光篮球场,是年,全县有普通篮球场372个。1966年,又建三合土篮球场1个。

1971年,来宾县二中建有400平方米田径场1个。1972年,自治区少年篮球运动会在来宾县举办,来宾县拨款8000元兴建"东方红"球场(今县体委所在地),安设露天灯影场。1975年,南泗大洲村建有灯光球场1个,置混凝土乒乓球桌。

1976年后,各县均建有室外灯光球场,部分县建有游泳池。1977年,忻城县体委又将电影院门前的灯光篮球场改建成一个水泥结构、有座位看台、可容纳观众4000余人的露天灯光篮球场。1978年,象州县人民政府在公共体育场东南角的旱塘上建灯光球场,四周为水泥座看台,可容观众6000人。

1980年,合山电厂投资53万元修建合山电厂灯光篮球场,有两面看台固定座位1500个,可在场内进行篮球、排球等项目的训练及比赛。来宾县有篮球场562个,其中学校343个,农村69个,厂、矿、场24个,其他35个;排球场51个(学校50个,其他1个);足球场5个;小运动场13个;游泳池1个;旱冰场1个。

1981—1982年,忻城全县农村自制乒乓球桌20张、修复篮球场11处、篮球架9副。

1983年,象州县在公共体育场西面建四层体育大楼,共投资23.5万元。象州县中平公社共有48个篮球场,其中灯光球场18个;68支篮球队,其中女队12支,获自治区体委授予"全区体育先进公社"称号。1983—1985年,合山矿务局投资130多万元建成一座工人俱乐部,总面积3714平方米,内设图书室、阅览室、娱乐室4间,电视室1间,舞厅11间,溜冰场1个,溜冰场占地面积400平方米,1个四面有看台可容纳5000人的灯光球场。

1985年,各县多方投资扩建体育场地。合山矿务局投资10万元修建合山矿务局溜冰、游泳多用运动场,运动场为池形建筑物,可作综合体育场地,把水注入池内,可作游泳池使用。把水排干时,还能作溜冰(旱冰)场或球场使用。同年,再投资10多万元,改建局俱乐部,内设有棋类室、乒乓球室、退休职工娱乐室、溜冰场等活动场所。忻城县红渡、果遂、安东、马泗、宁江等乡镇和部分厂矿企事业单位集体筹集资金,自投劳力,修建体育活动场(馆)共17个,其中灯光篮球场5个,普通篮球场6个,溜冰场3个,标准羽毛球场1个,青少年武术馆1个,游泳池1个。

1986年,象州县大乐乡男篮有103个队,队员有1236人;女篮有18个队,队员有216人。全乡54个自然村建有48个篮球场,其中灯光球场30个。所需资金、材料、劳力,全由群众自愿捐助,共捐现金8030元,稻谷2500千克,木材3.5立方米,投工15000工。岭南村农民黄桂成捐款1500元,在村里建起1个简易灯光球场,篮球队工余时间练习,逢年过节比赛举办篮球邀请赛,临近乡、村有20支球队参加。侣塘村公所每年举行2~3次篮球邀请赛,每逢比赛,观众数千人。同年,忻城县重建和新建篮球场共17个,排球场3个,乒乓球桌24张。次年,全县有28个厂矿企事业单位和35个村屯自筹资金,兴建篮球场共23个(其中灯光篮球场5个),武术训练房2间。

1987年,象州县投资6.3万元在公共体育场内建400米跑道运动场。至年底,金秀全县共有篮球场91个(其中灯光篮球场16个)、排球场3个、室外旱冰场6个、跳箱5个、单杠30架、双杠21架;200米田径场一个,面积2700平方米。跑道8条,每条长120米。县体委有乒乓球训练房1个,素质训练房1个,带看台灯光球场1个,无灯光水泥球场1个,100米跑道3条,小口径步枪、手枪共11支、子弹5000发。

1988年,体育场地和设施增多。武宣县共有体育场地583个。其中,田径场(含足球场)7个,小运动场11个,篮球场503个(其中灯光篮球场90个),排球场31个,手球场2个,旱溜冰场10个,门球场2个。有健身器材1套。来宾县有篮球场156个,其中灯光球场13个;排球场10个;足球场4个;小运动场4个。金秀瑶族自治县城有露天运动场所2个,篮球场1个,分别可容纳观众5000人。忻城县新建体育场地共86个,其中县直机关单位新建篮球场和老年门球场共 21 个(灯光篮球场 3 个)。

1990 年,体育场地上规模。6 月,象州县在公共体育场东南侧动工兴建象州体育馆,8 月竣工,共投资 16.71 万元,规模为 22.5×36.2 平方米。安装有玻璃钢篮球板架 1 副,练习篮球板 2 副,可容纳观众 1200 人。至年末,象州县有篮球场 571 个,其中灯光球场 118 个。有排球场 65 个,足球场 3 个。合山市财政局和矿产局联合投资 62 万元,兴建市体育运动场,占地面积 2150 平方米,使用面积 1500 平方米。场内看台有 6000 个水泥座位,可作篮球、排球、手球等项目训练和比赛场地和乒乓球、举重等项目的训练场地。至年末,合山市共有篮球场 120 个,其中有看台的灯光球场 20 个,无看台的灯光球场 5 个,足球场 5 个,门球场 5 个,田径运动场 5 个,溜冰场 3 个,游泳池 1 个。1990 年统计,忻城县建有看台的灯光球场 8 个,无看台的灯光球场 19 个,普通篮球场 880 个,游泳池 1 个。

1991 年,武宣县农村建设三合土篮球场 93 个,其中灯光球场 56 个。桐岭乡发动群众集资建设篮球场 12 个,其中灯光球场 5 个。

1992 年,体育场地和设施上档次。武宣县农村新建三合土篮球场 39 个,其中灯光球场 28 个。全县 13 个乡镇有 9 个乡镇成立老年体协或老年人活动中心,定有活动日、活动内容。来宾县人民政府拨出 232 万元专款兴建可容纳 6000 名观众的室外灯光篮球场;1500 平方米的室内训练馆 1 个,内设游泳池。金秀瑶族自治县体育局向上争取资金把原有的两个篮球场重建扩建为一个大型露天篮球场,内设篮球场 4 个,主席台一个,观众座席 15000 个。

1993—1994 年,金秀瑶族自治县城旧城区改造,露天篮球场改建为民族文化广场。自治县文化和体育局有乒乓球训练房 1 个、健身房 1 个、健身器材 16 台架。武宣县已建有篮球场 825 个,其中灯光球场 300 个,实现每个村公所有灯光球场的目标。

2000 年,来宾县财政拨款 100 万元专款修建县二中标准 400 米田径场 2 个。

2003 年,全市共有体育场地 1763 处。其中,室内训练馆 1 个,游泳池 3 个,固定看台灯光球场 103 个,篮球训练馆 8 个。武宣县新灯光球场续建交付使用,举行新灯光球场落成庆典暨“农行杯”篮球赛。

2004 年 1 月 6 日,武宣县体校在新灯光球场挂牌,县体校有办学训练基地。

2005 年,市体育局经多方努力,支持 6 个县(市、区)的 6 个乡镇各修建一个标准灯光球场,为 6 个县(市、区)各配置一套全民健身路径,还为象州县的 5 个灾民新村安装 5 套标准篮球架。

同年,金秀瑶族自治县体育场馆设施(机关、学校在内)有篮球场 111 个,其中灯光球场 72 个;羽毛球场 17 个、排球场 9 个;田径运动场 6 块,其中 300 米田径场 5 个(其中桐木中学 1 个,自治县中等职业技术学校 1 个),250 米田径场 1 个(头排镇中学)。忻城县 12 个乡镇有城关、马泗、欧洞、红渡、古蓬、北更、遂意、果遂、安东等 9 个乡镇建成全民健身活动中心,配备灯光、健身器材等相关设备。全县有各类标准体育场地共 249 个,其中体育系统 3 个,各中小学校 194 个,其他 52 个;有各类非标准场地 78 个,其中体育系统 1 个,各中小学校 59 个,其他 18 个。场地类型主要是篮球场、足球场、羽毛球场、乒乓球场、游泳池等。兴宾区有篮球场 868 个(灯光球场 158 个)。其中学校 624 个(灯光球场 112 个)、农村 176 个(灯光球场 32 个)、广场 68 个(灯光球场 14 个)、排球场 326 个(不含在篮球场内)、大小足球场 16 个;门球场 22 个;乒乓球桌 1624 张;地掷球场 4 个;小运动场 86 个;游泳池 8 个;体育健身广场 25 个。

2005 年末,全市有体育场地 2403 个,其中标准体育场地 1763 个,体育场 62 个,体育馆 1 个,游泳池 3 个,固定看台灯光球场 103 个,综合馆 3 个,篮球馆 8 个。

第二章　学校体育

清末,境内各县中学堂开设体操课,内容有普通体操和兵式体操,每周 2 小时。清宣统元年(1909 年)起改为每周 3 小时。

民国时期,各县县立初级中学开设体育课或军事体育课,体育设施简陋,只有兼职老师,无统一器材。

1950 年,毛主席发出“发展体育运动,增强人民体质”的号召,境内体育列为各学校必修课。1951 年 7 月,政务院《关于改善各级学校学生健康状况的决定》,要求学校切实改进体育教学,境内各县中学重视体育教育,增设体育场地,增加体育设备,改进体育教学,开展课外活动。根据学校条件和学生特点，开展跳绳、踢毽子、跳远、爬杆、单双扛、打秋千、跳箱、吊环、球类等多种形式的体育活动。

1953年，各中学按教育部翻译苏联10年制学校体育教学大纲进行教学，内容以田径为主，其次为体操、游戏。1954年起，各中学试行(劳卫制)，开展课外体育活动。1956年，各中学按教育部审订的《中学体育教学大纲(草案)》;内容分基本教材和补充教材两部分。基本教材有体操、田径、游戏，补充教材的内容包括滑冰、游泳等。

1958年，学校师生参加生产劳动过多，体育课多为劳动所代替，1959—1962年，国民经济暂时困难时期，体育课几乎停止。

1963年，各学校逐步恢复体育课和学生的体育锻炼。是年，学习推广第四套广播体操。1964年，各学校坚持“两课两操一活动”体育锻炼制度。1965年，各中学实施国家体委制定的《青少年体育锻炼标准》。

“文化大革命”时期，中小学体育受到冲击。复课后，体育课改为军事体育课，早操由“表忠舞”所代替。1968年，自治区革委会政治工作组编印《广西中学军事体育课教学试用大纲》。1972年6月，自治区教育局编印《广西中小学体育课教学参考书》，发至全区使用。1975年起，境内各学校实施《国家体育锻炼标准》。

20世纪80年代中期，境内建立有业余体校。

2005年，举办来宾市中学生田径运动会，32所学校600多名学生参加比赛，11人8次破5项运动会记录。组队参加广西中学生田径运动会，获得1金2银3铜和团体总分第7的好成绩。举办来宾市城区高中生男子足球赛，7所学校130多名高中学生参加比赛。

第一节　幼儿体育

民国时期，象州县幼儿体育课主要内容是走、跑、跳等动作，以游戏形式进行。中华人民共和国成立后，象州县幼儿体育课每周1节，游戏10节，每天做儿童广播体操。1981年，象州县普及幼儿韵律操，每天课间做操1次，每次2~3遍，约10分钟。体育课做游戏，主要有舞蹈、跑、跳、接力、钻圈、投掷、攀登、爬行、钻爬等活动项目。在每学年的“六一”儿童节前后举行1次运动会，比赛项目有短跑(10~20米)、接力(15米)、韵律操等。1990年，象州县幼儿园主要体育设施有攀登架、滑梯、转盘各1具。

1991—1995年，象州幼儿园增加了平衡木、踏轮车、跷跷板、钻爬屋等体育设施。1996年起，象州幼儿园规定，幼儿户外活动时间每天不得少于2小时，每天幼儿户外体育活动时间不得少于1小时。1997—2000年，象州幼儿园将幼儿体育放在幼儿教育工作之首，同时要求幼儿体育必须遵循幼儿身心发展规律，注重个体差异，因人施教，引导幼儿个性健康发展。2000—2005年，象州幼儿园倡导幼儿园、家庭、社区三方互动，从时间和空间上保证幼儿身体运动的连续发展。

第二节　小学体育

民国17年(1928年)，忻城县5所小学(县城一小、思练二小、三寨三小、古万四小、大塘同吉五小)分别选派篮球队集中县城进行比赛，球场设在县城小学附近(即今县粮食局)。民国37年，武宣县初小增加有竞走和远足活动，高小和初中增加爬山和游泳项目。中华人民共和国成立后，各县各学校把体育列为学生必修课。1950年，来宾县各中小学每周安排两节体育课。忻城各学校参照苏联中小学校体育教材，体育教学内容主要是队列变换、球类、垫上运动以及投手榴弹等，但体育场地、器材比较紧缺。1951年始，合山境内各中小学校推行广播操，学校每天安排有早操时间。1952—1953年，来宾县中小学开展有篮球、爬杆、跳绳、跳高、跳远、踢毽子和爬山等体育活动。1954年，来宾县各中学推行“准备劳动与卫国体育制(简称劳卫制)”。1955年，忻城县内部分学校推行少年广播体操。1956年，教育部制定的《中小学校体育教学大纲》颁布后，各校始按大纲要求进行体育教学。6月，来宾县教育科根据教育部颁发的《体育教学大钢(草案)》要求，设1~2名体育干部，加强对学校体育的领导。同年，来宾全县参加“劳卫制”锻炼的学生有793人，达一级标准的115人。1959年，来宾县举行第一届中小学生体育运动会。

1960—1962年上半年，因经济困难，各中学各项体育活动未能正常开展。1960年“六一”儿童节，忻城县举办第一届少年运动会，设篮球、乒乓球、跳高、跳远、游泳、60米跑、100米跑、投手榴弹等比赛项目，全县中小学少年运动员共200余名参赛。

1963年初，来宾县各中小学合理地安排教学时间，全面推广全国第4套广播体操。1964年5月，来宾县举行第二届中小学体育运动会，有3450多名中小学生参加篮球、排球、羽毛球、乒乓球、铅球、跳高、跳远等25个项目的比赛。1965年,来宾县第三届中小学生运动会上,华侨农场小学生队获小学组足球赛冠军,小平阳学区队获亚军。同年5月,来宾县举行第三届中小学体育运动会,有3650多名中小学生参加。

1966—1970年,来宾全县各中小学按照毛泽东主席“五七”指示精神,普遍开展“学军”活动,学校的体育课改为军体课,并将教学班改为班、排、连编制,进行军训。1972年后,来宾各中小学校撤军体课,恢复体育课,并陆续配备专职体育教师。合山市各完小、中学设专职体育教师,体育活动趋于活跃,体育器械逐步增加。1974年,武宣县参加境内少年儿童篮球运动会,男女队均获冠军。同年,参加少年儿童田径运动会,获2项第一名、5项第二名、3项第三名。1978年12月,来宾县各中小学通过训练达标人数共计为1700人,其中儿童组140人,少年甲组915人,少年乙组544人,青年组101人;达标人数占在校学生总数的23.5%。

1979年初,忻城县教育局、体委、卫生局、总工会、团委、妇联等单位发出《关于广泛开展‘新长征’象征性长跑活动的联合通知》,从1—4月各校普遍开展象征性长跑活动,每个小学生每天跑500~1000米。1986年10月,来宾县小学生田径运动会召开。1987年,忻城县各学校普遍重视学生德、智、体全面发展,把体育成绩的好坏作为学生升留级和评定“三好学生”的重要条件之一,作为评选先进班级的重要内容,城关镇二小在参加县基层小学篮、排、足球冠军赛中,夺得男女排球、足球和男子篮球五项冠军,获得自治区体委的嘉奖。

1987—1988年,来宾全县各小学校参加体育训练达标人数为16650人,其中儿童组3418人,少年甲组1022人,少年乙组1852人,青年组10358人。1990年,来宾全县普通中小学校有专职、兼职体育教师140人。忻城在县城举行全县小学生篮球运动会。

1991—2005年,境内小学体育教学主要是推行“体育与健康”素质教育,全面贯彻中共中央,国务院《关于深化教育改革全面推进素质教育的决定》,着重培养学生强壮的体格,较强的活动能力,健康的生理和心理,勇敢顽强的毅力,艰苦奋斗、团结合作精神,使学生适应现代社会的需要。小学体育教学小学生的体育教学课程设置:一年级每周安排4节,三年级以上的每周安排3节。每天还坚持两操一活动,每个学生一天锻炼不少于60分钟。小学体育教学内容安排:第一学年、第二学年主要学习简单步法、简单柔软操、表情游戏及竞争游戏和简单卫生知识。第三学年主要学习简单步法、柔软操、最短距离竞争赛、对球类的初步接触认识和简单卫生知识。第四学年主要学习步法、柔软游戏、初步跳舞、气排球、篮球、最短距离竞争赛、跳远、人体基本卫生知识。第五学年主要学习步法、徒手操、体操、气排球、篮球、乒乓球、羽毛球、田径、足球、人体基本卫生知识。第六学年主要学习步法、徒手操、器械体操、球类、田径、人体基本卫生知识。教学方法比较简单,首先引导学生对体育的兴趣和爱好,由简单到复杂,通过对简单的动作模仿。

1992年,合山市境小学推行全国第七套广播体操。1993年7月,来宾县实验小学男子篮球队参加广西小学生篮球赛夺得冠军。1997年,合山市境小学推行全国第八套广播体操。2005年,全面推行《第二套全国中小学系列广播操》中的《初升的太阳》和《青春的活力》。

第三节　中学体育

民国3年(1914年)后,武宣县城中学增设有铁饼、铅球、标枪等项目,并设置有专职体育教员。象州县中小学校开设体育课,每周1~2节。中学和中心小学体育活动有篮球、乒乓球、田径、体操等项目。街村小学多处无场地、无设备、无体育教师,体育课仅设置简单列队练习和体育游戏。民国33年7月,象州县参加“贵县武宣来宾”杯篮球赛,获男篮第一名。民国37年,象州县参加贵武来3县“书怀杯”篮球赛,获男篮第一名。

1950—1990年,象州县中小学校学生参加自治区以上各项体育运动比赛,获金牌4块,银牌6块,铜牌11块。为自治区输送篮球运动员1人,排球运动员5人,射击运动员1人,游泳运动员2人。

1953年,各县按教育部翻译的苏联10年制学校体育大纲教学,以田径为主,其次为体操、游戏。小学参照苏联小学体育教材教学。1954年后,按照国家颁布的《准备劳动与卫国体育制度》(简称“劳卫制”)的规定,学校全面开展“两课两操”一活动(即每周2节体育课,每天早操、课间操各1次活动)。有条件的学校每周还安排课外活动2次。1954年秋季,大瑶山初级中学创办后,限于场地和体育设备,学生开展体育锻炼的项目不多。跑步,因无跑道，以爬山越野代替；单杠则利用学校四周树木横枝代之。各地小学，体育设施更为简陋，均因地制宜，因陋就简地开展一些体育锻炼项目。往后，上级逐年拨给体育经费，各校添置了体育器材；还利用劳动课时间，开辟运动场地，开展的体育运动项目逐年增多。1955年，象州县中学推行《劳动与卫国体育锻炼标准》，组织13岁以上学生开展体育达标活动。1956年，各县按教育部颁布《中小学体育教学大纲》，中小学按《大纲》要求上课。“大跃进”期间，体育课多被生产劳动占用。“文化大革命”期间，象州县中学体育课以《广西中学军事体育课教学试用大纲》为教材，主要开展军事体育教学与训练，具体内容有列队、跑步、射击、投弹、游泳、球类、广播体操等。

1956年，合山境内中学开始推行“准备劳动和卫国体育制度”（简称劳卫制）达标锻炼。1956年，忻城县中学推行“劳卫”制，该校参加“劳卫”制锻炼的有400余人，占全校学生人数的74%。新办的各中学亦开辟场地，添置体育器材，组织学生进行劳卫制锻炼。1958年，金秀瑶族自治县各学校贯彻教育部《关于改进小学体育工作的指示》，实施《中小学体育教学大纲(试行草案)》，开展中学体育教研活动，推行“准备劳动与卫国体育制度”（简称“劳卫制”）。

1957—1990年，象州县为高等体育院校输送人才107人。1958年，合山全县各校通过劳卫制共有675人，占学生总数的25.8%。1959年，来宾县中小学生田径运动会在迁江中学举行，参赛者按年龄分甲、乙、丙组。至1960年，石龙县学生中，达一级运动员标准的有695人，二级运动员187人，三级运动员1015人。

1955—1960年，石龙县学生体育代表队曾多次参加境内举办的学生运动会，男子篮球队两次获得第二名。1959—1960年，忻城县各学校搞勤工俭学，实行半工半读，以劳动代替体育。1961—1962年，按照上级指示，学校体育课由每周2节减为每周1节，课外体育活动停止进行。

1960—1962年，象州县每周设1课时外，其余均设2课时。中学配有专职体育教师，小学由其他教师兼任。1963年国庆节，忻城在县城举行第一届全县中学生篮球、田径运动会。1963—1965年，忻城县各学校体育课恢复每周2节，课外体育活动和业余体育训练亦逐步恢复。忻城县中学率先进行举重业余训练，首次向广西举重队输送优秀运动员2名，考入广州体育学院的体育尖子有2名。

1964年，武宣县学生体育代表队参加境内射击选拔赛，获第三名，参加田径选拔赛，获2项第一名、1项第二名。1964—1990年，象州共举行全县中学生运动会5次，中小学生运动会1次，中小学生田径运动会5次，中小学生篮球运动会1次，中学生篮球、排球赛4次。1965年5月，来宾县中学生田径代表队参加柳城县举办的全区通讯测验赛。1966年“文化大革命”开始后，全县各校先后停课。1968年3月，各校师生复课，但仍以“斗、批、改”为中心，学校秩序不正常，体育活动仍无法开展。1970年，学校体育课恢复正常。1971年，来宾县中学生排球(田径)选拔赛在迁江公社举行。

1972年9月，来宾县男、女排球队参加在境内排球赛，分别获第2名。同年11月，来宾县于迁江公社进行为期3天的全县中学生田径(排球)赛。同年，来宾县田径运动员参加境内青少年田径运动会。1972年3月，来宾县青少年乒乓球选拔赛于来宾镇中举行。同年5月，来宾县教育局、县体委在迁江“五七”中学举行田径选拔赛，全县各公社共有中学生500多人参加比赛。同年6月，县田径代表队参加在柳城举办的境内青少年田径选拔赛。同年，来宾县男女篮球队参加在象州举办的篮球运动会，男队位列第四，女队第二。1972年6月，武宣县组织学校队参加境内青少年田径选拔赛，男子获5项第一名、4项第二名、3项第三名，女子获3项全能第三名。同年，武宣县学生田径队参加自治区青少年田径运动会，获4项第一名、4项第二名。同年，参加境内排球运动会，男队获得第七名，女队获第九名。同年，武宣县禄新中学招收业余田径班，学生34人，推出黄恩往等一批运动员。黄恩往曾分别获第四、第五届广西区运会300米、800米、1500米第二、第一、第二名。1972年，忻城按照《广西中小学体育教学参考书》要求组织体育教学，有队列、田径、体操、球类、武术、游泳、游戏等内容。

1973年，武宣县先后7次出队，分别参加境内中学生足球运动会、乒乓球赛、田径运动会、排球运动会、篮球运动会。1973年1月，来宾在全县中学生田径、乒乓球等项目运动会上，有1男1女分别获男子、女子单打第1名。同年2月，来宾县中学生两个足球队参加境内中学生足球赛，一队获第1名。同年2月，来宾县中学生篮球代表队参加在忻城举办的分区赛，女队获第1名，男队获第2名。同年11月，来宾县田径代表队参加柳江举行的田径运动会，分别获男女团体总分第 1 名。1974 年，来宾县中学生排球代表队参加武宣县举行的境内中学生排球运动会，女队获甲组第 1 名。1974 年 3 月，自治区业余体校少年篮球赛在来宾县举行，县业余体校少年队参赛。1974 年，武宣参加境内中学生运动会，男子甲、乙组和女子乙(1)组均获第一名，女子乙组获第二名。1975 年 6 月 11 日至 20 日，来宾县体委、县教育局在五山公社举办全县中小学生乒乓球运动会，参赛人数达 120 余人，比赛按小学、初中、高中分男女组进行。1976 年 6 月，来宾县教育局、县体委布置各大队学校开展排球、篮球通讯赛。1976 年 6 月，忻城在县城举行全县中学生排球运动会。1977 年 1 月，来宾全县中学生田径运动会在北五公社举办，有 21 个公社中学和红河、华侨农场学校参赛，迁江公社中学获总分第 1 名，红河农场获第 2 名。

1978 年，来宾县高中达标率为 54.5%。1978 年，武宣县全县"达标"学校为 14 所。1978 年 4 月，教育部、国家体委、卫生部联合发出《关于加强学校体育、卫生工作的通知》，要求从秋季起，按照《中小学体育教学大纲》教学，并积极推行《国家体育锻炼标准》。当年，象州县各中小学普遍开展体育达标活动，象州县中和象州二小（今实验小学），达标率分别为 63%、64%。1978 年，各校按教育部颁布的《全国中小学体育教学大纲》要求进行体育教学。同年 1 月，忻城在县城举行全县中学生篮球运动会。1979 年 8 月，武宣县东乡中学女子排球队代表广西参加在浙江宁波举行的全国中学生女子排球赛。1979 年，金秀瑶族自治县各学校以贯彻《中小学体育工作暂行规定（试行草案）》《中小学卫生工作暂行规定（草案）》为重点，以"达标"（《国家体育锻炼标准》的达标率）"防近"（防止近视眼的发病率）为中心，开展多种形式的体育活动。

1982 年，忻城县各高完中、公社初中、县城各小学及各公社所在地的小学都相继成立体育卫生领导小组。县体委先后到全县 18 所中学、84 所小学摸清情况、物色体育幼苗，对体育活动场地、器材比较紧缺的学校给予拨款资助。是年，全县 21 所中学中有 16 所举办校运会，有 94 所小学在"六一"儿童节举行篮球、乒乓球、拔河、爬山等项目比赛。1982—1987 年，来宾一中代表队参加自治区中学生体育运动会三次，分别获得男子篮球第一名、第二名和手球第二名。1983 年，忻城县大部分中小学校能坚持每天 1 小时的体育活动，全县有 10 所中小学校推行新的《国家体育锻炼标准》，参加锻炼有 5008 人，其中"达标"3153 人（优秀 307 人、良好 2043 人、及格 803 人）。是年，忻城县有专职体育教师 33 人，其中从体育专科学校毕业的 18 人。1983 年 5 月，来宾县一中参加境内重点中学田径运动会，初中队获团体总分第 3 名，高中队获团体总分第 7 名。1983—1985 年，武宣县体委，先后在武宣县禄新、黄茆、桐岭中学开设田径训练点，对学生进行训练。

1984 年 4 月，来宾县高中学生排球运动会在县城召开，县一中、二中、来宾华侨农场学校、寺山中学、迁江中学，小平阳中学等组队参赛。同年 6 月 1 日—3 日，来宾县中小学男女足球队参加融水县举行的选拔赛。来宾县获男子儿童组第 1 名，中学女子组第 3 名。同年 6 月，来宾县二中田径代表队参加基层中学田径运动会（举办地融水），高中组获团体总分第 1 名，初中组获团体总分第 2 名。同年，来宾县一中业余手球队参加自治区手球赛获第 2 名，次年复获区业余手球重点班调赛第 2 名。同年 10 月，来宾在全县初中生乒乓球赛上，县二中获男女团体第 1 名。同年，武宣县中被自治区体委命名为自治区体育传统项目学校。同年，金秀各学校根据自治区教育厅编写的《中、小学体育试用课本》进行授课。除上好体育课外，每天都做早操、课间操、眼保健操，要求学生德、智、体全面发展，规定体育课成绩不及格者，不予升级，不准毕业，不能享受奖学金。

1985 年 10 月，来宾县少年田径队参加境内举行的少年田径选拔赛，获男子团体总分第 2 名。同年，忻城县有 93% 以上的乡镇中小学校达到及格以上；有 11 所中小学校共有 4240 人通过《国家体育锻炼标准》考核，"达标"比上一年增长 4.5%。有 15 所中小学的业余运动队，能坚持每周 3 小时以上的训练。同年，武宣县二中手球队夺取广西赛区冠军后，代表广西参加在哈尔滨举行的全国中学生手球锦标赛，荣获冠军。1985—1990 年，象州县每年举行 1 次中小学生球类、田径单项比赛。

1986 年，来宾一中输送 1 名运动员进入中国青年手球队，1 名运动员进入中国学生男子篮球队。同年 12 月，来宾县举行初中生排球第二阶段赛，有 10 个队 200 余人参加。同年，武宣县二中手球队参加自治区中学生手球赛，男子获得冠军，女子获得亚军和文明奖，男队代表广西参加全国联赛获亚军。武宣二中被自治区体委命名为自治区体育传统项目学校。同年，忻城县各校推行新的《国家体育锻炼标准》，参加“达标”锻炼的学生适龄人数达5822人，其中“达标”4878人，占“推标”适龄总人数的83.7%。

1987年4月16日，金秀瑶族自治县中学生田径选拔赛在桐木中学举行，全县12所中学，67名男女田径运动员参赛，17人次打破或平县中学生田径运动会记录。年末，全县14所公办中学有专职体育教师18人、兼职的5人，其中大学本科毕业的2人、大学专科6人、中专10人；乡镇中心学校11所，有专职体育教师7人，兼职的4人。同年，忻城县“推标”活动在乡镇以上各中小学校全面铺开，“达标”的适龄学生共5796人，占全县中小学校适龄人数的20.4%，比上一年增长3.2%。同年10月，来宾县初中田径运动会于县二中举行，有18个队144人参赛。

1988年4月，来宾县少年乒乓球代表队参加境内乒乓球赛，男队获团体第4名，女队获第3名。10月，举行全县中学生篮球运动会。同年，金秀瑶族自治县8所中学（含职校）共有19个篮球场；2所初中学校分别有200米跑道和100米跑道；有6所中学各有跳远（跳高）沙坑。全县11所中心小学（不包括村小），共有篮球场13个。全县中小学（职校）共有专职体育教师31人，其中男教师27人、女教师4人。11所中心小学（含自治县小学）中，共有4所小学有专职体育教师共6名，其他7所中心小学由班主任兼管。1989年10月，在忻城县城举行全县中学生篮球运动会。

1990年，忻城县参加全区举重传统项目学校的举重比赛，获48公斤级银牌1枚。全县“推标”学校发展到36所，占全县学校总数26.2%，参加“达标”活动有11485人，占应参加人数的97.3%，已“达标”10526人，占参加“达标”活动人数的91.6%。同年，象州县全县中小学生体育达标共28686人，武宣县全县“达标”学校为257所，合山市一中“达标”学生550人，占在校学生90%，市二中“达标”学生517人，占在校学生90.3%。1991年，境内举行中学生田径运动会，来宾县荣获高中组、初中组团体总分第一名，奖金牌45枚。同年参加广西中学生手球比赛，来宾队荣获冠军，并代表广西在秦皇岛参加全国比赛，获得第三名。同年10月，来宾县在县城举行中学生篮球运动会和教职工篮球运动会。

1991年，境内中学生的体育教学课程设置，按教学学制，初中、高中均各为三年，这个阶段体育与健康课每周安排3节。初中一年级新生、高中一年级新生开学初都要安排一周到10天的军训。每天还安排有早操、课间操、眼保健操、课外活动。中学生每天要保证有60分钟的体育锻炼时间。教学内容：初中阶段体育与健康的教学内容共13章34节，教学项目有体育与健康的绪论，有篮球、排球、足球运动以及田径、体操、健身和舞蹈、武术、游泳、乒乓球、羽毛球运动。高中阶段体育与健康教学内容有理论和实践两大部分。理论部分主要有高中生身体发育特点；保持健康的心理状态；高中生的营养；终身体育。实践部分有田径、体操、篮球、软式排球、足球、乒乓球、武术、韵律操、游泳。中学阶段教学方法，在过去一段时期没有统一要求。但大部分都以课堂为中心，按外国的四段教学进行教学，即把1节课分为四段：开始（3~5分钟）、准备（8~15分钟）、基本教学（20~30分钟）、结束（3~5分钟）。从使用《体育与健康》这一教材后，对如何上好体育课，很多学校的体育教师也进行初步的探索。县（市、区）教育局每学期组织体育教师进行业务交流，开展专题研究课，对外公开课，校内示范课。为了检验教学效果，教育局单年号举行全市（县市、区）初中生篮球赛，双年号举行全市（县、市、区）中学生田径运动会。体育局每年举行全市中学生篮球赛、田径少年乙组比赛。

1992年，境内举行中学生篮球赛，来宾县男队夺得冠军，女队获得第二名。1993年，境内举行中学生田径运动会，来宾县夺得乙组团体总分第一名，甲组团体总分第二名。同年5月，来宾县中学生男、女篮球队参加广西中学生篮球选拔赛，男队获得第三名，女队夺得冠军。同年7月，来宾县小学篮球队参加广西小学生篮球赛获冠军。1994年8月，广西体育传统学校篮球赛在来宾县举行，来宾县一中获男、女队冠军。同年，境内中学生篮球赛，来宾县获男、女队冠军。同年，参加境内中学生田径运动会，来宾县夺得乙组团体总分第一名，甲组团体总分第三名。1995年，来宾县中学生男女篮球队参加自治区比赛，女队夺得第一名，男队获得第二名。同年，来宾县中学生田径队参加境内中学生田径运动会，获团体总分第一名。1996年，来宾县组队参加境内中学生田径和篮球比赛，获田径高中组第一名，初中组第一名，篮球男子组第一名，女子组第二名。1997年，来宾县举行全县初中生篮球赛，有34所中学64支男女代表队参赛。同年3月，金秀在桐木镇举行自治县第三届中学生田径运动会，

兴宾区平阳二中举行田径运动会　（2003年摄）

共16队118名运动员参加比赛。1998年，境内中学生田径运动会，来宾县获男、女团体总分第二名。同年，来宾县教育局机关男子篮球代表队参加境内"园丁杯"篮球赛夺得冠军。1999年5月，广西体育传统学校篮球赛在来宾县举行，来宾县一中获男、女队冠军。2000年，境内中学生田径运动会，来宾县获高中组团体总分第一名，初中组团体总分第二名；来宾县教育局机关组队参加境内"园丁杯"篮球赛，女队夺得冠军，男队获得第二名。2002年11月，在桐木镇举行金秀瑶族自治县第四届中学生田径运动会，共有14个单位126名运动员参加比赛，68人（次）打破自治县中学田径运动会记录。2004年，来宾市中学生篮球赛，兴宾区男女队双双夺冠，来宾市中学生田径运动会，兴宾区荣获团体总分第一名。兴宾区举行一年一度的城区初中生、高中学生篮球赛。金秀开展中小学广播体操（录像）比赛活动。2005年，兴宾区举办小学生篮球赛、初中生篮球赛、一年一度的城区初中生、中学生篮球赛。金秀举行中小学篮球联赛。2005年，来宾市举行中学生田径运动会，32所学校600多名学生参加比赛，11人8次破5项运动会纪录。举行城区高中生男子足球赛，共有7所学校的130多名学生参加比赛。组队参加广西中学生田径运动会，获得一金二银三铜和团体总分第七名。

第四节　业余体校训练

1972年8月，武宣县桐岭高中开办业余体育班，开设篮球、排球、乒乓球等项目。配专职教练员1人，兼职教练员5人，招收学生60人。该校先后为自治区体委输送运动员3人，其学生考入广西师院（大）体育系1人。同年，桐岭小学组建体操队和乒乓球队，开办小篮球班3个，有学生88人。

1973年3月，创办来宾县业余体校。业余体校规模不大，学生最多时也不超过100人，开设的训练项目也不多。原来只有篮球、田径、手球三项。初由县体育运动委员会承办，后改由县体委、县教育局合办。校址设于县体委院内，设校长1人、副校长2人、总教练1人、副总教练1人、篮球教练2人、排球教练2人、乒乓球教练2人、总务主任1人。至1976年，来宾县业余体校共培养出两届毕业生45人。至1990年，来宾县业余体校为上级和有关单位输送体育人才共256人。

1973年，武宣县东乡中学组建业余排球队。同年，武宣县禄新中学开办以田径项目为主的体育班，招收学生34人。同年，象州县创建县业余体校。第一期招收学员40名。1974年，象州县业余体校招收学员40名。

1975年9月，武宣县革委会正式批准成立县业余体育运动学校，县业余体校排球训练点设初级篮球班1个，男、女生各12人。实行半训半读，学生训练、吃住在体校，文化学习在县城各全日制普通学校。1976年，武宣县正式开办排球训练班，招收男女生各20名。县业余体校开设篮球、排球、武术和体操等班，学员来自县城各中小学，共160人。

1977年9月，来宾县于良江成立游泳班，时有男女学员各5人。1978年，武宣县业余体校在武宣、桐岭和禄新设篮球训练点，在武宣农场、桐岭和二塘等小学设小篮球和小排球训练点。武宣县队代表广西参加在杭州市举办的全国中学生排球赛，获第六名。武宣县先后为区体工大队输送运动员2名，为区体校输送学员1人。象州县业余体校设兼职正副校长、专职教练员、兼职教练员。1978—1988年，武宣县业余体校参加自治区举办的业余体校系统各种体育运动项目比赛，共获得金牌9枚，银牌16枚，铜牌99枚，为上级体育单位输送体育人才73人。1979年6月，来宾县业余体校训练项目由原来的篮球、排球增加到田径、武术和乒乓球等。在校学生由原来22人增加到66人，其中篮球22人，田径20人，武术8人，乒乓球16人。年末，来宾县业余体校先后采取3种形式对学生进行学习和培训。1980年，武宣县业余体校在各公社中学设田径训练点，每校收学员24人；在各公社中学和武宣农场中学设篮球训练点；在通挽、桐岭、武宣和二塘等中学设乒乓球训练点，每校学员24人；在通挽大昌学校设田径训练点；在三里、武宣农场中学设足球训练点，每校14

人；在桐岭小学设体操训练点，共16人；在禄新小学设武术训练点，共12人；在武宣镇中学设射击训练点，共8人。

1981年，象州县业余体校停办。至1982年，武宣县东乡中学组建业余排球队多次参加全区中学生排球赛，曾获3次冠军和2次亚军。1981—1983年，武宣县体委在禄新中学设田径训练点，有男女学生各5人。同期，县业余体校在县中设篮球训练点，男女生各12人。在黄茆中学设田径训练点，共12人；在国武农场中学设足球训练点，共15人。

1982年7月，忻城县体委创办业余体校，校长由体委一名教练兼任。县体委分别任命举重、田径、篮球教练员各1名。体校开办举重、田径、男篮3个班。县政府给体校拨款6000元作训练经费，体校重点抓田径、举重2个班的训练，同时开办男女篮球、射击训练班各1个，在校学生共56人。开设篮球、射击、举重、田径4个项目。训练场地篮球场有1个，举重房1处和设在职工住宿楼顶的简易射击训练场1个，田径队借用县民族中学的田径场来训练。体校的办学形式是二集中一分散。即集中体育训练、集中吃宿，文化学习分散在县城各中小学校。早上训练1小时，上午到学校学习文化，下午课外活动时间回到体校训练，晚上到学校上自习。至1983年，体校先后调入3人和聘请1人，分别担任女篮、田径和射击班的教练员。

1983—1987年，武宣县禄新中学共为国家输送体育人才16人，其中考取武汉体院1人，北京体院1人。1984年，武宣县业余体校增设女子手球班7人，田径班男女生共10人。武宣县二中女子手球队，参加全区中学生手球赛获冠军。同年，武宣女子手球队代表广西参加在兰州市举办的全国中学生手球赛，获第六名。同年8月，忻城县业余体校女子篮球队参加在武宣县举行的全区业余体校篮球运动会，获得第6名。1985年8月，武宣县男队代表广西参加在哈尔滨市举办的全国中学生手球赛并夺魁。1985—1988年，武宣县二中男子手球队4次参加全区中学生手球赛，3次获得冠军，1次获得亚军。1986年，武宣县业余体校扩大手球班，男女生各14人。田径班扩大到20人。武宣县队代表广西参加在安徽省宁国县举办的全国中学生手球赛，获第二名。1988年，武宣代表广西参加在安徽省合肥市举办的全国中学生手球赛，再次夺得全国冠军。是年3月，象州恢复业余体校后，在本县各中小学校招收学员80人。来宾县业余体校建成篮球馆、举重房、游泳池。同年9月，创办金秀瑶族自治县业余体校。1988—2002年，金秀业余体校共开办青少年业余体育培训班12期，参加培训学员472人。1989年7月，创办合山市业余体校。1989—1990年，象州县业余体校招收学员85人，训练项目有篮球、田径、射击、举重等。1990年，合山市业余体育运动学校招收学员35名。年底，合山市业余体校已向自治区体工大队输送学员1名，向上级体育队输送学员15名，培养各类业余体育裁判员25名。1990年，忻城县业余体校有教练员7人。1991—2005年间，兴宾区业余体校为上级体校、各大专院校体育(系)班和企业系统等单位输送篮球、射击、田径、举重运动员共35人。

1993年后，来宾县业余体校增设举重、羽毛球、游泳。1995年后撤销手球项目，增设摔跤、拳击、柔道等项目。1995年，来宾县业余体校在城区的实验小学、来宾镇小学、冶炼厂子弟学校、来华小学及乡镇的小平阳中学、良江中学、蒙村中学、凤凰中学等学校设乒乓球、篮球、田径、游泳、足球业余训练网点。业余体校学生达到300多人(包括业余训练点)。同年，象州县业余体校增加专职教练2人。1996年，举重运动员罗绍猛(男，忻城县宁江乡龙舞村)，参加境内举行的全区八届运动会举重比赛中，获62公斤级总成绩第一名。

2002年4月后，象州县业余体校设专职校长1人、副校长1人，并增加教练2人，属县文化和体育局二层单位。象州县业余体校开设项目有篮球、举重、田径、羽毛球、跆拳道。设施有400米跑道田径场1个、室外灯光球场1、可容纳观众1万多人、举重房1间、室内篮球训练馆1个、羽毛球馆1个、跆拳道训练馆1个，基本上能满足体校各个项目训练的需要。同年8月，忻城县输送蓝宇雯(女)运动员到广西射击射箭运动发展中心，参加在南宁市举行的全区射击锦标赛获女子少年组步枪3×10项目个人第一名(同时打破该项目少年组区纪录)。柳州地区业余体校2002年12月改称来宾市业余体育运动学校。2004年，忻城籍运动员蓝宇雯参加在湖南长沙市举行的全国射击锦标赛(中南区)预选赛，获步枪3×20项目第一名(达一级运动员)，10米气步枪40发第二名(达一级运动员)，步枪卧射60发第四名。

2005年，来宾市业余体校的训练项目6个，体育设施有室外、室内场地。象州县业余体校为上级体育部门、体育院校、机关事业、厂矿企业单位输送体育苗子、体育学员、体育骨干100多人。来宾市业余体校实施《奥运争光计划纲要》，开设篮球、田径、举重、游泳、乒乓球、拳击、摔跤、柔道、羽毛球等训练项目，布局兴宾区篮球、田径、举重，武宣县田径、举重、射击，忻城县篮球、田径、举重、射击，象州县举重、田径、篮球，合山市举重、田径训练网点。

第三章　群众体育

境内城镇体育有职工体育和老年人体育。中华人民共和国成立后，各县建立职工之家，设置职工各种体育场地设施，开展各项体育活动。1984年后，各县直机关、厂矿场企业、乡镇相继成立老年人体育协会，老年人体育由自发、分散活动转为有组织地开展。各县老龄委、老干局、总工会联合举办庆祝老年人节体育活动，有钓鱼、篮球投篮、射击、抛圈等项目。组织全市门球赛，市县（市、区）政府把门球列入市县（市、区）运会比赛项目，组织代表队参加各项老年人体育比赛活动。2005年，全市有职工之家31个，老年人体育协会6个，门球场10个，门球队20支，老干部活动中心6个，老年人活动室4个，老年人体育活动辅导站3个。

第一节　职工体育

1955年，境内职工体育活动逐步开展，项目主要有篮球、乒乓球、棋类、广播操、太极拳、跑步等。

1955年以后，合山职工体育活动项目主要有篮球、乒乓球、棋类、广播操、太极拳、跑步等。1955年，忻城县粮食局建成县直机关第一个灰沙篮球场，县直机关各单位职工经常开展锻炼和竞赛。1958年1月，金秀瑶族自治县总工会设立职工俱乐部，建有篮球场、棋室、麻将室；职工体育逐步归县总工会俱乐部管理。1981年端午节，武宣县在黔江举办首届龙舟比赛。1981年，合山建市后，职工体育活动开展更为活跃、广泛，每年的重大节日（元旦、五一、国庆、春节）都举行各类体育比赛，项目有篮球、排球、足球、乒乓球、棋类、广播操、游泳、武术、拔河等。其中篮球、乒乓球、棋类、健美操比赛较多，每次举行篮球比赛都有10支以上的球队参加。合山矿务局男女队、市公安局男女队、市矿产局男女队为参赛各队中实力较强。1982年4月18日至5月4日，金秀瑶族自治县体委举行“五一”国际劳动节体育活动，比赛项目有男女篮球赛，乒乓球赛、环城赛跑、拔河、象棋、围棋、麻将、少六、天九等。1982年10月，金秀瑶族自治县体委、县总工会联合举办首届职工篮球运动会，参赛的有30支男女篮球队。邮电队夺得第一名，县中学教职工队和县武警中队合获二、三名。1982年后，合山职工体育活动项目增加有排球、足球、棋类、健美操、游泳、武术、拔河等。1982年，忻城县职工利用节假日开展篮球、排球、足球、乒乓球、羽毛球、武术、长跑、拔河等比赛活动达1000多场次，参加的运动员有4000多人。1983年元旦，武宣县举行“储蓄杯”篮球赛。1983年1月—2月，在武宣县举行业余体校篮球赛。1986年，忻城县有42个基层工会设体育活动室。1987年，忻城县参加体育活动的职工占全县职工总人数的29.7%，有28个企事业单位举办规模不等的职工运动会，参加各种体育竞赛的职工占单位职工总数的80%。1987年，境内“税务杯”篮球赛在忻城县举行。1987年国庆节，金秀瑶族自治县体委主办职工篮球赛，参赛的有24支男女篮球队。1988年，象州县经委系统举行职工运动会，比赛项目有篮球、乒乓球，男女运动员206人参赛；同年，象州县农业银行、信用社举办“储蓄杯”男子篮球邀请赛，有13个队168人参赛；县农委系统举办职工篮球运动会，历时5天，有13个男女队参赛。1989—1990年，象州县城职工先后举行“园丁杯”排球赛、“五四杯”篮球邀请赛、“奔腾杯”篮球邀请赛，共60个队720人参赛。1989年4月，武宣县举行第一届“保险杯”篮球赛，有干部职工41个代表队参赛。1989年8月，林业系统在武宣县举行第二届“林业杯”篮球赛。1990年7月，境内第一届“甜蜜杯”篮球赛在武宣县举行。

1988—1990年，忻城县部分机关单位建有篮球场，设有乒乓球、康乐球活动室，参加体育锻炼的职工达3000多人。县直机关有50多个男女篮球队参加，先后有17个单位（系统）组织篮球、乒乓球等队参加境内各系统、行业举行的体育项目比赛。1989年，忻城县组织有15个离退休职工男女门球队，参加门球、健身舞、气功、慢跑和象棋、打牌等活动的人数达300余人。1990年，合山市有职工业余球队25支，其中篮球队17支，排球队3支，门球队2支，乒乓球队3支。1990年4月，金秀举办“国税杯”篮球杯邀请赛，有8支男队6支女队参赛。同年9月，金秀举办“庆国庆”篮球比赛邀请赛，有8支男队6支女队参赛。1991年11月，境内第二届“税务杯”篮球赛在武宣县举行。1992年4月，武宣县举行“矿产杯”篮球赛。1992年11月，境内首届“人事杯”篮球赛举行。1993年，境内第三届中老年篮球赛举行。1993年3月，金秀桐木举办国家男篮和柳州男篮对抗赛，金秀有2支男队参加比赛。1994年5月27日，武宣县举行“环保杯”篮球赛。1994年8月，金秀举办境内青少年篮球运动会，有11支男队11支女队参加比赛。1995年5月，金融系统工会在武宣县举行“银鹰杯”篮球运动会。1995年6月，在金秀城举办自治县、越南胡志明市篮球友谊赛，金秀有2支男队2支女队参加比赛。1995年5月，金融系统工会在武宣县举行“银鹰杯”篮球运动会。1996年，境内“甜蜜杯”篮球赛在忻城县举行，忻城县男女篮球队分别获第一名。1996年10月，金秀举办第二届篮球运动会，有8支男队4支女队参加比赛。1997年，境内举行“孺子牛杯”篮球赛。1998年5月，金秀举办职工健身球操比赛14支男队参加比赛。1999年6月，金秀举办庆“七一”篮球比赛有12支男队6支女队参加比赛。2000年“三八”妇女节，合山市举行首届女子职工篮球赛，有20支球队参赛。2000年6月，金秀举办第一届“党建杯”篮球赛，有15支男队参加比赛。2001年3月，金秀头排举办“五县一校”篮球邀请赛，有6支男队6支女队参加比赛。2001年6月，金秀举办第二届“党建杯”篮球赛，有18支男队参加比赛。2002年9月，金秀举办“三县一校”篮球邀请赛，有4支男队4支女队参加比赛。2003年，来宾市举行第二届县处级以上领导干部篮球运动会。2003年7月，金秀举办篮球对抗赛，金秀有3支男队参加比赛。2004年，金秀举办体育下乡比赛，有10支男队10支女队参加比赛。同年6月，金秀举办第三届“党建杯”篮球赛，有13支男队参加比赛。2004年“三八”妇女节，合山市举行首届女子气排球赛，有29支球队参加比赛。2005年“五一”，合山市举行“财税杯”篮球赛，赛委会允许各参赛队有外籍球员参加比赛。1991—2005年，忻城县每年举办全县干部职工篮球运动会、老年人运动会、农民运动会、全民健身运动会、青少年运动会等。运动会比赛项目有篮球、足球、气排球、门球、乒乓球、羽毛球、拔河、篮球定点投篮、象棋等，参加运动员达300多人，比赛场次达350场次。

第二节　农民体育

中华人民共和国成立后至20世纪60年代，乡镇及其以下农村地区进行体育运动相对较少。来宾县体委成立后，于1973年在良塘公社大洲村设点，用以指导农村体育事业。1974年分两个阶段举办全县农民篮球运动会，时21个公社组织男女队共42个，队员（含裁判、领队等）1000余人。这期间，南泗、溯社、良塘，石牙、北五、蒙村、青岭等公社管委会较注重本区域内的体育事业，并持续至80年代。1983年，南泗被自治区体委命名为“体育先进乡”。良塘一地，每年春节都举办篮球、武术等项目比赛。所辖大洲村于1975年安装了1灯光球场，并置混凝土乒乓球桌，村民每于农事完毕时进行锻炼和竞赛。良塘街80年代组织的龙狮武术队，拥有队员200余人（女队员30余人），装备大“龙”3条，大头“狮”1只，猫“狮”8只，大小脸8套，闻名县内。溯社乡所辖42个自然村，每村均设有篮球场。全乡有男女篮球队80余个（女队30余个）。只有10余户人家的下城村，也有1球场，组织男女队各1个，平均每户有1.5人入队。

中华人民共和国成立后至2005年，县城及各乡镇（村屯）节假日间举行的体育活动，计有篮球、排球、足球、乒乓球、门球、长跑（环城跑）、拔河、爬杆、射击、自行车慢行及骑车拾物、幼儿三轮车、幼儿拍球接力、摸高、短跑和舞龙和舞狮、武术、棋牌、广播体操等。

第三节　老年体育

1983年1月，武宣县在县城举办“老人杯”篮球赛和“储蓄杯”业务赛。“老人杯”篮球赛男12个队，女7个队；“储蓄杯”业务赛有13个部门参加。同年12月，武宣县老年人体育协会成立后，组织离退休干部职工开展各种棋类、球类和跳迪斯科舞等项活动。同年2月，来宾县举行老年乒乓球赛。1984年，象州县成立老年人体育协会，发动组织老年人开展体育活动。项目有气功、武术、早跑、健身操以及乒乓球、篮球等。1986年，各县（市）相继成立“老年体协”。同年3月，武宣县文化局开办“松鹤之家”，设麻将、扑克、象棋、桌球等活动项目，当年接待老年人活动8700多人次。1987年10月,武宣县人民政府在镇南街办"老年人之家",设有扑克、麻将、太极拳、乒乓球、门球、武术、气功等项目。同年,象州县开展跳健美韵律操、门球等项活动,并成立象棋、围棋、门球、武术协会,县城每天参加各项体育活动的中老年人约500人。同年重阳节,象州县举行老年人体育运动会,有篮球、棋类等项目。同年10月,来宾县举办老年人小口径步枪射击测验赛,有51人参加。1989年3月,武宣县举办第三届老年人门球赛,各县(市)老年体协选派代表队参赛。1990年4月,境内老年体协在武宣县举办第四届老人门球赛,各县(市)派出代表队参赛。武宣县派出两个代表队,运动员130人参赛。第二队获第二名,第一队获第四名。1991年,武宣县老年人体育活动活跃,开展象棋、麻将、武术、跑步、投篮、门球等活动。同年,合山市成立老年体育协会,组织老年人开展门球、气排球、棋牌等各种体育活动。同年,合山市老年体育协会组织成立老年门球队,有队长1人,教练1人,队员19人。

1994年"九九"重阳敬老节,武宣县老体协与城厢老体协联合在县灯光球场举办以老年人为主的专场文艺晚会。1995年,武宣配合宣传体育法和全民健身计划纲要,县老体协组织文体宣传队到各个乡镇巡回演出,丰富人民群众文体生活,传授老年人的健康方法。同年起,合山市先后组队参加境内历届老年人门球赛,获得过第三名、第五名、第六名、第八名;还组织女队参加自治区在南宁举办的全区庆"三八"老年人妇女门球赛,获体育道德风尚奖。1995—2005年,合山市先后组织参加上级部门主办的历届门球赛,曾荣获过第三名、第五名、第六名、第八名,还组织女队参加自治区在南宁举办的全区三八妇女门球赛,荣获道德风尚奖。组队参加来宾市第一、二届老年人门球赛,分别荣获第二名和第五名。

1997年10月,境内举行第五届老年人篮球赛。1998年10月,境内第六届中老年人篮球赛在象州县举行。到21世纪初期,老年人体育活动项目呈多样化,太极拳、老年人健身操等项目成为老年人体育竞赛项目。2002年,武宣县老体协代表队参加全国在重庆举行的派思激灵圈比赛荣获第二名。2004年,武宣县老体协再次代表广西参加在山西大同举行的中老年人健身操比赛,荣获比赛最高奖项优胜奖。2005年,忻城县共有老年门球队7个,队员85人。同年11月,各县(市、区)老年人门球队在忻城县参加来宾市第一届老年人门球赛,兴宾区获男、女队冠军。

第四章　体育项目

境内民间体育活动项目,属娱乐类的有裤裆棋、三棋、围棋、炮棋、虎棋、象棋、军旗、康乐球、桌球、扑克、麻将等,属运动类的有武术、击掌、游泳、爬山、竞走、远足、高跷、跳绳、拔河、顶竹杠、溜旱冰、抢花炮、抛绣球、门球、乒乓球、排球、羽毛球、足球、篮球等。逢年过节,还开展有舞龙、舞狮、舞马、舞猫、舞鱼、舞蝴蝶、舞翡翠等传统项目。民间现代体育除保留大部分民间传统运动外,还有田径、体操、篮球、排球、足球、气排球、羽毛球、手球、摔跤等,经常开展球类比赛,特别是篮球赛。

20世纪80年代后,篮球项目极为普及,各县均举行篮球运动会,农村常有临近乡村自发组织篮球访问赛、邀请赛或者在节日组织篮球比赛,比赛时间从大年初一至十五。气排球赛每年各县(市)都要开展多次,田径比赛是在中、小学进行。

21世纪初,各县(市)组队参加市职工运动会、武术醒狮大赛、残疾人运动会和门球、乒乓球、健身舞等项目活动。

第一节　抛绣球　抢花炮

抛绣球

宋代,境内始有抛绣球活动。20世纪70年代,经过体育工作者的挖掘、整理,抛绣球已成为壮族传统体育项目,可作表演。21世纪初期,抛绣球作为少数民族体育的竞赛项目。

抢花炮

象州县抢花炮随庙会举行,盛行于清朝末年和民国时期。象州镇、运江镇、寺村镇的甘王庙会,马坪乡的"三郎"庙会和中平镇崖寺庙会,均举行抢花炮活动。庙会日为每年农历正月初四、初六和十六。运江镇的庙会日是农历七月二十八日,民间传说此日是甘王生日，每隔3年举行1次。

民国37年(1948年)，运江镇于柳江与运江交汇处的河滩上举行抢花炮活动，两岸岭头、河滩、街道，四处是看热闹、做买卖的人群。

花炮为1个用红巾缠扎的铁环，置于填紧火药的铁炮之上，点燃铁炮，轰隆一声巨响，铁环冲上半空落下，各队即奋力争抢，抢得花炮者，在队友掩护下向庙中快跑，在神像前喝完胜利酒，叩拜神灵，就算胜利。抢花炮参赛队数与人数不限，一般以自然村为单位，由村里的"苦命人"牵头组队，挑选年轻力壮队员，敲锣打鼓舞狮前往参加。抢花炮时，队员赤膊上阵，争抢过程中除不得故意打人外，可以推、拉、扑，或做假动作迷惑对方，掩护己方队员。每逢抢花炮，观者如潮，少则一千，多则数千。

改革开放后，抢花炮被列入国家少数民族体育项目。1991年，全国第四届少数民族体育运动会在南宁召开，武宣县为广西抢花炮队推荐选拔4名运动员，为广西抢花炮队二队在全国比赛中夺得第二名。

第二节　赛龙舟　舞龙狮　武术　打黄泥鼓

龙舟赛

清代，龙舟竞渡活动已经盛行，时间在五月端午节举行。象州、石龙、运江3圩镇常举行此项活动。龙舟为木制小艇，船头扎上绘彩龙头。船尾为绘彩龙尾，每队人数有8人制，10人制等，其中船首司鼓1人，船尾掌舵1人，其余为桨手。参赛者头扎包巾，身束腰带，伴随锣鼓声，合力划桨。

1965年、1978年，象州县城举行龙舟赛，水上船民、岸上居民、机关，工厂、学校组织参赛，石龙、运江龙舟队也前来参加。10多只龙舟一字排于江面，一声号令，群龙竞发，两岸观看的数千群众发出阵阵欢呼，获奖的队分别领到大小乳猪制品等奖品。

1998年象州县端午节举办一次赛龙舟，之后因各种原因没有正常开展龙舟赛。

舞龙舞狮

民国以前，各县舞龙、舞狮队在春节给各商户拜年、抢青。

1950年以后，各县在元旦、春节等重大节日，均开展此项活动。1980年，来宾县良塘街组织龙狮队，有队员200余人(女队员30余人)，装备大"龙"3条，大头"狮"1只，猫"狮"8只，大小脸8套。1985年春节，忻城县大塘镇有20个舞狮队到大塘街上"拜年"。1986年，象州镇群众制作1条12节彩龙，由女青年掌舞，春节期间上街活动，观看的人甚多。1987年，忻城县宁江乡有12个舞狮队，每年春节都到县城表演，参加县城舞狮比赛。1990年，象州县有85个舞狮队开展拜年和表演活动。每年正月初四，乡镇舞狮队汇集县城，向各单位和居民拜年，红包悬挂于大门或庭院高处，舞狮者爬竿或搭人梯摘取。

2000年，象州县有舞龙狮队60支。

武　术

明、清、民国时期，境内城乡有民间武术馆、社。清朝时期，境内出现周胜、黄学章、周耀先等一些武术高手。

清末，兴宾区桥巩乡下马王村一个玉姓壮族人家练玉门拳，属内家拳的一种。玉家玉恒宝年轻时跟族长研习道学，后外出云游数十年，从各地道人那里学到一身功夫，在完善玉家拳的基础上，自创玉门武道，传到玉奇勇时已是第三代。

清末至民国中期，象州县打拳最为盛行。据《象县志》载："周胜，性豪侠，饶胆略，精技击。清咸丰、同治时，盗屡攻城，胜督团壮屡却之……常授徒，有二贤庄陈某兄弟，最称高足。陈之外孙曰黄学章，得其传，偶于郊外见牛斗，黄以两手各执一角分之……"又载："周胜子耀先，亦以善舞大刀，驰名两粤。"

民国10—20年(1921—1931年)，象州县内武术馆甚多，仅城厢有黄学章、覃春华、林九、许水生、蔡子奇等武术馆。每馆收徒10余人，传授手拳、棍、刀、叉等拳技，多于晚上传授和练习。黄学章精手拳，覃春华精刀技，林九以三节棍称著。各馆师徒常公开表演拳技，凡江湖卖武人至象州卖艺，先登武术馆拜访，才便于长街摆档卖武、卖药。民国时期，忻城县北更乡加福村的蓝云飞曾在广西国术馆任南拳助理教头。武术成为境内重点比赛项目。

20世纪30—40年代，忻城县北更乡加福村蓝云飞在广西国术馆任南拳助理教头。北更许多村屯群众自发组织小型武术馆，利用农闲或晚间延师习武，以交纳稻谷或玉米等实物为学费，每40天为一期。

中华人民共和国成立后，各县武术活动有发

展。农村农闲时开堂习武，节假日组织表演。1955年，国家对武术采取收缩政策，农村武术活动被迫停止。“文化大革命”期间，武术活动被禁止，武术工作者和老拳师倍受迫害，流传于民间的武术书籍被视为“四旧”而抄没，武术器械被视为凶器而没收销毁。

1979年1月，国家体委发出《关于发掘整理武术遗产的通知》。忻城县体委成立武术发掘整理小组，到县内各地开展发掘整理工作，发掘整理民间拳术套路30多种，其中流传最广的有刘家拳、李家拳、蔡家拳、洪家拳、广西南拳、八卦拳、小马梅花拳等。

1980年，忻城县名拳师李太益参加广西武术观摩表演大赛获二等奖。至80年代初期，冷落数十年的武术馆队，在农村重新出现。象州县中平乡各村先后建舞狮拳术队11个，寺村乡建武术队5个。

1980—1987年，武宣武术协会和“仙城武术馆”共办武术培训班57期，其中县城17期，乡村40期，学员有2850人次。

1982年，忻城县有民间武术队（含舞狮队）47个，仅大塘公社就有武术队30个。同年4月，在忻城县城举行武术观摩表演大会之后，县体委组织武艺高强的拳师，到部分社队进行辅导，先后举办武术训练班26期，培养武术运动员1672名，其中女运动员145名。忻城县运动员参加自治区第五届运动会武术比赛，洪军辉获滚地龙拳三等奖。

1983年3月，武宣成立武术挖掘整理领导小组，对全县9个公社（镇）、43个大队54个自然村进行普查。经审定，有蔡家、洪家、少林、峨眉等器材套路12份，一般的有15份，确认为拳师16人，一般武士22人。武术文献资料有《拳术精华》《少林武术千金部》《点脉术》等。同年6月4日，县成立气功普及领导小组，举办“鹤庄”气功学习班2期，有60人次参加学习。

1983年，忻城县举办各种类型武术训练班共35期（其中县武协办11期，公社武协办16期，私人办8期），培训武术运动员共1027人，其中女运动员14人。除城关公社外，其余各公社都组织业余武术辅导队。大塘公社有业余武术辅导队18个，有60%的村屯开展武术活动。同年，县武术协会秘书长何敏敬被评为全国武术发掘整理工作先进工作者，县武术协会副主席涂冠邦被中国武术协会、中国体育报社、《中华武术》《武林》《新体育》等杂志编辑部评为全国千名优秀武术辅导员。

1985年9月，武宣县体委开办“仙城武术馆”。同年，自治区武术协会同武宣县武术协会共同签发县内46名拳师证书。忻城县北更、古蓬、宁江、果遂等乡镇举办武术培训班共27期，受训的运动员有549人。

1986年，忻城县56名拳师举办武术培训班共121期，参加训练共1291人。全县业余武术队有120多个，经常参加习武健身活动近1万人。1987年冬，柳州“中南武术开发公司”在武宣城内开办武术馆，学员有80多人。

1987年，忻城以武术为主的县民族体育运动蓬勃开展，除新建的欧洞、安东、新圩3个乡外，其余各乡镇都组织业余武术训练队，全县有村屯业余武术训练队计100余个。

1990年，忻城县掌握两套拳术以上的约有1.2万人。1999年，玉奇勇在南宁市创办中华玉门武道馆。2000年，玉奇勇在柳州市设武道馆，有学员600余人。

黄泥鼓舞

发源于金秀瑶族自治县，在瑶族村寨作为婚庆、节日的庆祝活动项目。黄泥鼓舞有双人舞、四人舞和集体舞等多种形式，舞者们都要盛装打扮、配合默契。其中，可以用一个母鼓搭配四个公鼓组成舞群，母鼓在舞群的中央，负责指挥和掌握整个舞蹈的节奏，由村寨里的老鼓手将其斜挎于胸前，用双手拍击，舞姿悠然自得、柔中有刚，公鼓要合着母鼓的鼓点，由鼓手竖着拿在手中，用左手敲击，舞姿矫健洒脱、热情奔放，几位盛装打扮得漂亮姑娘手持花巾、踏着鼓点边歌边舞，整个舞群配合默契、动作协调、队列多变，充分展示瑶族人的活力和喜庆丰收的愉悦心情。1985年黄泥鼓舞在广西第二届少数民族

来宾市国家非物质文化遗产——黄泥鼓舞

（2005年摄）

传统体育运动会上获优秀表演奖。21世纪初期由来宾市挖掘在全区少数民族体育运动会上作为表演项目，曾多次获奖。

第三节 游泳 打陀螺 拔河

游 泳

民国时期，游泳是群众自发的健身运动。1950年后，群众性游泳活动普遍开展。1964年7月7日至9日，忻城县体委先后在泮水水库组织两次千人游泳活动。1970—1990年，部分农村生产大队开展以民兵为骨干的游泳活动。1991—2005年，游泳项目运动普及各县（市、区）。

陀 螺

中华人民共和国成立前后，陀螺在来宾、象州比较盛行，一般都是少年儿童开展的活动，以陀螺钉陀螺形式开展竞赛，被钉不转者为输，反之则胜。1980年后，随着球类增多，此项活动渐少。

拔 河

民国时期，已在各县城开展拔河比赛。1950年以后，各级工会常在节日里组织拔河比赛。20世纪90年代，国家颁布《全国健身计划纲要》，拔河作为一项全民健身活动项目开展。拔河作为集体运动项目，中华人民共和国成立后于学校、机关和企业事业单位乃至农村中均广泛开展。

1972年6月，来宾县体委、武装部联合举行拔河等赛事。此后至2005年，县体委、总工会、团县委等部门常于节假日举办县直属机关、企业事业单位职工拔河赛。1985年国庆节，工商银行县支行与县体委、总工会等举办"储蓄杯"拔河赛，有16个男队、12个女队参赛，男女队第一名分别为县邮电局和来宾镇粮获得。

第四节 球类 田径 溜冰 射箭

篮 球

民国10年(1921年)，象州在外求学的学生回到县里，先在学校开展篮球运动，后来发展到民间。民国20年后，象州县城及乡村的中、小学篮球运动较活跃，还曾出现私人捐资举办篮球锦标赛。民国时期，来宾县民间篮球队有城厢大铁燕队、小铁燕队；寺山圩五虎队；大湾圩小流星队、大流星队；正龙圩大龙队、小龙队。技术超群，闻名乡里。中华人民共和国成立后，篮球运动逐渐普及境域各县（市）及村镇，并取得不断发展。在民间和各学校、企事业单位均广泛开展，成为广大群众最喜爱的运动项目之一。

足 球

20世纪20年代初，境内就有足球运动。民国16年(1927年)，武宣县学校开展足球活动。1956年后，足球逐步发展。由各中小学为中心，逐步发展到一些厂矿企业。到21世纪初，足球项目普及各县（市、区），在中小学校、厂矿企事业单位均广泛开展。

乒乓球

20世纪20年代初，各县立中学开始有乒乓球运动。民国17年(1928年)，乒乓球运动在忻城县部分学校开展。民国22年，乒乓球运动正式进入学校体育课堂。1950年，乒乓球在中小学校内发展尤快，成年人对乒乓球运动也有较大兴趣。各机关、学校、厂矿企事业单位乒乓球运动蔚然成风。1972年8月，武宣县桐岭高中最先办起乒乓球训练班。到21世纪初，乒乓球已成为广大群众健身的热门项目。

排 球

民国14年(1925年)，迁江县已有排球运动，但无赛事。民国30年—37年，排球运动比较活跃。20世纪60年代，境内先后举办青年排球赛、中学生排球赛。武宣县、象州县有6所学校被自治区定为排球传统项目训练学校。1973—1975年，武宣县桐岭高中和来宾县业余体校，先后办起排球训练班，对学员进行排球训练，1978年，境内业余体校开设排球训练班。21世纪初，排球运动在中小学、机关、厂矿企事业单位广泛开展。

气排球

1998年后，气排球成为象州县体育项目，县运动会也开展此球类比赛活动。2003年，来宾市把气排球列入来宾市全民健身运动会比赛项目，当时有市委办等16支队伍参加比赛，教练员、运动员共144人。2004年，举行第一次气排球比赛，有33支参赛队伍，264名运动员参加。2005年第二次气排球比赛，有35支参赛队伍，280名运动员参加。

五人制足球

1996年，象州县开始流行五人制足球比赛，县城10多名青少年自发组成俱乐部，进行比赛训练。2004年春节，象州县在县城开展“蓝伟环”五人制男子足球赛。2005年春节，象州县在县城开展“象东新城环”五人制男子足球赛。

羽毛球

20世纪50年代末，各县中学、大企业、机关单位开始有羽毛球活动。1975年5月，铁道部铁路第二设计院在来宾的施工队派羽毛球队访来宾县，来宾县体委组织数名爱好者与客队对垒。1988年7月，来宾县糖烟酒公司派队参加境内糖烟酒行业职工羽毛球赛。2000—2005年，羽毛球活动仍在城乡开展。

手　球

1975年6月，来宾凤凰中学1名体育教师参加自治区业余手球教练员和裁判员学习班。1976年3月，来宾县业余体校学生邓善军被自治区手球队吸收为队员。1977年9月，来宾县手球队参加境内手球选拔赛。

门　球

20世纪80年代，各县开始开展现代门球活动。1987年7月，境内举办第一届老年人门球赛，各县选派老年人门球队参加比赛。至2005年，各县均有老年人门球活动场地。

田　径

20世纪初，田径运动项目先后传入各县，在中、小学修建运动场，设体育课，开展跑步、跳高、跳远活动。民国14年(1925年)和民国16年，迁江、武宣县县立中学开辟体育场地，进行田径训练。至民国37年，各县均举行过一届至四届田径运动会。1950年后，群众性的田径运动走出校门，普及社会，群众对田径运动的喜爱达到高峰，各机关团体的田径运动如晨跑、短距离赛跑等蔚然成风。1970—1990年，田径运动成为业余体校的主项，各县城参加田径长跑、晨跑人数以千计。1991—2005年，机关、企业等单位在节庆期间举行环城跑，或组织市民、学生参加万人长跑。

溜　冰

1988年，象州县城有第一个溜冰场。此后，全市溜冰场不断增多。至2005年，全市城乡有溜冰场30多个。

射　击

1980年5月，境内举办射击邀请赛，各县选派运动员参加比赛。

第五章　体育比赛

竞技体育有田径比赛、球类项目比赛、重竞技项目比赛、水上项目比赛、航空比赛、射击比赛、棋类比赛等。至2005年，来宾市运动员获得世界冠军1个，世界亚军3个，亚洲冠军1个，全国冠军4个，全区冠军33个，输送到国家队的运动员4名。其中，来宾籍运动员李争参加在卡塔尔举行的世界举重锦标赛，获得56公斤级金牌一枚。

第一节　市内体育比赛

清朝时期，境内各县内只有一些民间的自发性小型娱乐性体育比赛。

民国17年(1928年)，金秀桐木街组建“健康队”等篮球队。忻城土县改正县时举行庆祝会，除了舞狮舞龙、放鞭炮、点地炮欢庆外，还举行篮球比赛。民国18年，金秀“健康队”等篮球队参加修仁、象县等举办的运动会。民国20年(1931年)秋，在柳州举行柳(州)庆(远)区运动会，各县中、小学均派选手参加，比赛项目14项。民国29年，省府颁布《广西省各县市举行运动会办法》。同年，忻城县城举办运动会1次。民国30年秋，为筹备参加浔州区体育运动会，在武宣县城举办一个有学生和农民参加的选拔赛，项目有田径、篮球、游泳、登山、拔河等。各区(乡)均派代表队参加，运动员约1000多人。同年11月，武宣县组队参加浔州区运动会。同年，金秀桐木舞狮队受四邻县镇运动会邀请出席表演。长塘村唐盛列、小马村谭光甫、泰山村韦开英、万代村毛润昌等开设拳馆，教授徒弟。每逢春节，各拳馆师徒敲锣打鼓上街下村表演武术，会师赛拳。民国32年，武宣县举行体育运动会，项目有田径、武术、舞狮等。民国32年7月，忻城县城举行一次运动会，有田径、越野、爬山、国技等体育项目比赛。民国时期，象县举办过4届全县运动会，举办全县性篮球赛2次。第一、二届运动会无史料可考。民国32年12月25日，象县第三届运动会在县城开幕，比赛项目有篮球、乒乓球、跳高、跳远、铅球、举重、踢毽、拔河；男子100米、400米、1000米跑，女子100米、200米、400米跑。政府机关单位、中学、中心校、部分乡镇社会青年组队参赛。民国36年5月，举行象县第四届运动会，项目有球类、田径、游泳、射击等。民国32年、37年，象县举行全县篮球赛，每次有10多支男队参赛。

民国34年(1945年)10月，在金秀桐木举行修仁县第二届体育运动会。民国35年，金秀“健康队”“协进队”联合组成“劲军篮球队”，出席平乐专区在八步举行的运动会。1950—1990年，象州共举办全县运动会2次，国防运动会、中学生运动会和单项比赛25次。

20世纪50年代，农村、机关团体的篮球、乒乓球运动蔚然成风。机关单位还安排晨跑和工间操活动。20世纪50年代至60年代初，忻城县参加篮球运动达2万多人。每逢圩日、节假日，篮球爱好者自发组织篮球竞赛活动。

1957年，石龙县举办第一届运动会，比赛项目有篮球、排球、乒乓球、跳远、跳高、跑步、举重、游泳、射击、体操，县直机关、各区、各中学共20个代表队参赛。同年秋，石龙县在武宣镇举办首届篮球运动会，全县15个区均派代表队参赛，运动员200多人。1958年，来宾县组织乒乓球代表队男队员3人到宜山参赛。1959年10月1日至5日，金秀在县城举行中华人民共和国成立后首届体育运动大会，设射击、篮球、乒乓球、田径等竞赛项目，参加运动员达270人。同年12月，石龙县举办第二届运动会，项目有球类、田径、射击、体操等。同年春节和国庆节期间，武宣举办运动会。项目有篮球、乒乓球、田径、体操、举重、小口径步枪和气枪射击。两次运动会共1560人参赛，有9个项目打破宜山专区纪录。1959年12月6日至9日在宜山县城举行柳州专区第一次运动会。比赛项目有篮球、足球、排球、乒乓球、羽毛球、手球等，参赛单位有柳州专区管辖的16个县，与会人员455人。

20世纪60年代初，由于严重的经济困难，群众体育活动曾一度中断。1960年，在柳州市举行专区第一届运动会。设球类、田径、游泳、射击、举重、武术、航空和航海模型、无线电、军体等共23个比赛项目。

1964年5月，合山北泗中学生代表队参加来宾县第二届中小学生运动会，获团体总分第三名。1964年5月，象州县举行全县乒乓球赛。同年6月在宜山县城举行专区第二届运动会。比赛项目七项：篮球、足球、排球、乒乓球、体操、举重、田径，参赛单位有隶属柳州专区的16个县，与会人员445人。1964年后，随着国民经济的逐步好转，群众体育活动逐步得到恢复和发展。1965年来宾县举行第三届中小学生运动会，合山北泗学区获乒乓球团体冠军，河里学区获该项目团体第三名；合山矿务局小学获乒乓球女子单打冠军，同时还获得小口径步枪射击第一名，女子100米跑第一名，男子投弹第一名。1966年“文化大革命”开始后，农村群众体育活动曾一度消沉，场地被占作他用，来宾县原有篮球场372个(包括中小学篮球场)只剩下170个，减少45.7%。1966—1976年的“文化大革命”中体育活动的开展受到影响，有些传统体育项目被视为“四旧”遭到批判，这期间，篮球、乒乓球运动依然较盛。

1968年9月25日至10月2日，忻城举行全县篮球运动会，各区派代表参加。1969年11月，象州县举行国防体育运动会，比赛项目有射击、投弹、田径，各公社12个代表队参赛。1971年7月，金秀首届中学生篮球运动会在县城举行，参赛的共有18支男女篮球代表队。1972年2月，金秀篮球运动会在县城举行，参赛的共有18支男女篮球代表队。参赛教练员、运动员、裁判员、工作员共计有280人。同年，来宾县乒乓球代表队参加于柳江县举行的境内乒乓球赛，青年女子组有1人获单打第1名，少年男子组有1人获单打第3名，少年女子组有1人获单打第3名。同年，来宾县男女篮球队参加在象州举办的篮球运动会，男队位列第四，女队第二。

1972年12月—1973年1月，在武宣县城和桐岭举办全县中学生体育运动会，项目有篮球、排球、足球、田径，各公社、农场中学和县中共11个单位参赛。篮球赛12月上旬在县城举行，运动员、教练员和裁判员共319人；排球赛12月中旬在县城举行，运动员、教练员和裁判员共319人；足球赛12月下旬在县城举行，运动员、教练员和裁判员共209人；在桐岭举行田径赛，有运动员、教练员和裁判员共275人。

1973年,象州县举行全县篮球赛,男女各15队参赛。同年10月,武宣县在县城举行武宣县农民篮球运动会,8个公社出队参赛,运动员共240人。同年10月,境内足球运动会在来宾县举行,来宾县队名列第4名。

1974年,武宣县举办青少年田径运动会,8个公社派队参加,黄茆公社男女队均获团体总分第一名。同年10月,忻城举行全县农民篮球运动会。同年4月,金秀首届少年儿童田径运动会在县城举行,共有9个代表队,123名少年运动员参赛。同年10月,金秀首届农民篮球运动会在县城举行,参赛的共有16支农民男女篮球代表队,132名运动员。1974和1976年金秀各举行1次全县农民篮球赛,男、女各12队参赛。

1975年8月20日至26日,金秀举行全县民兵运动会,设篮球、投弹、射击、负重赛跑等项目,各公社12个代表队参赛。1978年,忻城县党政领导把开展农村文化体育活动列入重要议事日程,指派专人抓体育工作。全县有8个公社先后建立和健全体育运动领导机构。1978年7月,金秀第二届中学生篮球运动会在县城举行。20世纪70年代末起,群众体育真正步上健康发展的轨道。

1980年秋,金秀瑶族自治县教育局、县体委联合举办中学生篮球运动会,县内各中学均派男女篮球代表队参赛。同年8月18日至22日,武宣县在县城举办武宣县篮球运动会,各公社派队参赛,运动员共150人。同年11月,武宣县在桐岭高中举办武宣县中学生田径运动会,县中和各公社中学派队参赛,运动员有171人。1981年,忻城各公社部分大队和生产队,组织群众开展篮球比赛活动。同年端午节,在黔江举办武宣县首届龙舟比赛,有11个队参赛,每队6人,共66个运动员,观众达2万多人。同年10月,在县城召开中学生田径运动会。县直、武宣农场和各公社中学出队参赛。1982年元旦,来宾县直机关职工进行排球赛。同年5月,来宾县足球队参加境内第三届运动会,获第2名(5个队参赛);来宾县男、女排球代表队参加境内第三届运动会,均获第3名。1982年5月—7月,境内举办第三届运动会。参赛单位有忻城、金秀、合山矿务局等。比赛项目有篮球、排球、足球、乒乓球和田径、游泳等。1982年12月,武宣县在县城举办武宣县第二届中学生田径运动会。

1983年春节,忻城县参加篮球比赛有235个队,运动员近3000人。同年6月4日至6日,忻城县召开体育工作会议后,进一步推动农村体育活动的开展。同年元旦,武宣县在县城举办“老人杯”篮球赛和“储蓄杯”业务赛。“老人杯”篮球赛男12个队,女7个队。“储蓄杯”业务赛有13个部门参加。比赛项目分别有银行系统的“点钞快跑”,百货公司的“打乒乓球前进”,糖烟酒公司的“抽瓶子快跑”,饭店的“捧汤碗”,医院的“抢救伤员”,保育院的“带小孩过公路”,教工的“写字后快跑”,食品公司的“赶猪回栏”,邮电部门的“骑车送报”,公安部门和部队的“二人三脚走”,文艺部门的“推小车”,工厂的“推轮胎”,党政机关的“瞎子击球”。同年春,桌球传入城乡。同年5月,合山电厂中学生代表队参加自治区少年举重比赛,获得75公斤级抓举第二名,挺举第三名。1984年元月,武宣县在县城举行篮球赛、迎春赛跑、负重赛跑和幼儿自行车比赛。迎春赛跑男子为3000米,女子为1500米;负重赛跑男子为30公斤100米折回跑,女子为20公斤100米折回跑。

1984年春节,武宣县由公社举办体育竞赛,共有12个项目:篮球、排球、羽毛球、拔河、象棋、自行车技、接力赛、长跑、康乐球、武术、舞狮和气枪射击。全县共有362个代表队参赛,运动员5456人,观众达10.25万人次。2月9日至12日,武宣县在县城举办全县文明村篮球赛,有通挽分岭村、桐岭的桐岭村、禄新思劳村、武宣外官禄村、三里沙安村、东乡尊头村、二塘眉山村、黄村和平村、武宣镇北街等9个单位,分别出男女队参赛(武宣镇北街缺女队),运动员有170人。男子队桐岭村、分岭村、眉山村依次获一、二、三名。同年7月26日至8月5日,自治区业余体校篮球赛在武宣县城设女子组赛区。有各地(市)10个代表队参赛,运动员120人。同年5月,金秀举办全县少年儿童乒乓球运动会。同年5月,合山电厂中学生代表队参加自治区少年组比赛,获得男子75公斤级抓举、挺举、总成绩三项第一名。同年,合山市男子篮球队参加境内工人篮球运动会,获得第三名。

1985年,忻城各乡镇(包括村、屯)各类业余运动队有300多个,当年春节期间,有10个乡镇举行篮球竞赛活动,参加比赛的篮球队有238个(其中女子篮球队91个),运动员有2470人。同年4且,金秀瑶族自治县教育局、体委在桐木中学联合举办全县第一届中学生田径运动会,全县14所中学、120多名运动员参赛。同年,首届“荣华杯”足球、篮球邀请赛在来宾县城举行(荣华贸易公司赞助)。有日新贸易公司、来宾冶炼厂、来宾华侨农场一队、荣华贸易公司、来宾华侨农场二队等队参赛。同年国庆节，武宣县在县城举办篮球、拔河、老人投篮、象棋比赛。篮球赛共有40个男女队参赛。比赛分3个组进行。拔河赛有14个男队、8个女队参加。有53人参加老人投篮比赛，有33人参加象棋比赛。同年12月，武宣县在县城举办武宣县少年儿童田径运动会，各乡(镇)、农场等10个单位出队参加比赛。1985年12月—1986年8月在忻城县举行境内第四届运动会。比赛项目有篮球、排球、手球、田径、游泳、射击和举重等。

1986年春节，来宾县24个乡镇有1438个男女运动队，1.67万运动员参加各种体育活动。同年，合山市公安局男子篮球队参加境内"前卫杯"篮球赛，获得冠军。同年11月，在合山矿务局举行厂、矿、场中学生田径运动会，共有17个单位、24支队伍369名运动员参加。合山矿务局中学高中组获总分第一名；合山矿务局东矿中学获总分第二名，全局共获奖牌36块。同年1月10日至12日，全国青年篮球邀请赛在来宾县举办，国家青年队、黑龙江队、广东队、辽宁队、北京队、山东队等代表队参加比赛，每场比赛观众达4000余人。

1987年春节，金秀瑶族自治县头排乡举行春节篮球赛，参赛的有58支男女篮球队；桐木镇篮球邀请赛，共有60支男女队参赛。随着农村人民生活水平的提高，体育活动也成为广大农民的重要活动内容。为活跃农村文化体育生活，自治县文化体育局加强对农村体育的指导，把农村体育列入乡镇文化站文化体育目标管理工作来抓。在重大节假日，特别是每年春节到元宵节期间，农村自发组织体育爱好者进行竞技活动。主要的运动项目有：篮球、乒乓球、拔河、舞狮、舞龙及各种棋牌比赛。同年9月5日至11日，来宾县"保险杯"足球赛在县二中举行，参赛队有县糖烟酒公司、县石油站、县保险支公司、县纸厂、维都林场、八一矿、县政府、镇东街道车萌队、二中等代表队。同年春节，忻城县农村自动组织篮球运动会，参加篮球竞赛有806个队，运动员达1.2万多人，吸引观众达70多万人次。欧洞乡欧洞村公所的比赛点，有78支男女篮球队参赛；红渡镇渡江村公所定南屯比赛点，有40支男女篮球队参加；古蓬镇龙利村公所板桑屯比赛点有34支篮球队参加比赛。

1988年国庆节，武宣县在县城举办由农行资助的"储蓄杯"篮球赛，县城20个单位参赛。同年7月，忻城在县城举行第一届全县教工运动会。同年，合山矿务局中学生代表队参加上级乒乓球赛，获团体亚军，女子单打冠军，男子单打第二名。

1989年4月，来宾县首届"青年杯"足球赛在县二中举行。同年5月，来宾县卫生局举办卫生系统"健康杯"篮球赛，有5个男队4个女队参加。同年2月28日，来宾县在县城举行"三·八"节篮球赛、拔河、门球比赛，篮球和门球各有10个队参赛。同年4月，武宣县在县城举办由保险公司资助的第一届"保险杯"篮球赛，有41个队参赛，其中男子27队，女子14队。同年9月1日至10月9日，武宣县桐岭乡举办"迎亚运""迎国庆"体育运动会，设有20个竞赛项目，有123个代表队参加，运动员有923人，比赛期间，观众达20多万人次。同年11月，武宣县在县城举办武宣县小学生田径运动会，师范附小、武宣农场、禄峰林场及各乡(镇)派队参加，共12个队，运动员120人。同年，合山市公安局男子篮球队参加境内"前卫杯"篮球赛，获得冠军。同年，合山市矿产局男女篮球队参加境内"矿业杯"篮球赛，男子组获冠军；女子组获第二名。同年合山矿务局2名中学生参加自治区第三届中学生田径运动会，获甲组5000米跑第二名，成绩18分14秒9；3000米跑第二名，成绩10分12秒；合山矿务局中学一名队员获铁饼投掷第三名。

1990年，合山市中学生代表队参加境内中学生田径运动会，1人打破地区女子高中组铅球记录，成绩为9.89米，获第一名。初中组获女子跳远第一名，成绩4.91米。1991年7月18日—8月30日，境内第五届运动会在象州县举行。比赛项目12项：篮球、排球、手球、乒乓球、田径、游泳、举重、射击、武术、象棋、围棋和桥牌。来宾县组成165人的体育代表团，参加境内第五届体育运动会举办的篮球、田径、举重、游泳等8个项目的比赛，夺得金牌26枚、银牌15枚、铜牌12枚；金牌总数和代表团团体总分列各县(市)之首。同年，忻城县推行全民健身计划，抓好群众体育工作。每年春节、劳动节、国庆节都在县城和乡镇举办各种不同类型的群众体育活动。主要项目有篮球、乒乓球、羽毛球、足球、门球等。农村体育场地设施缺乏，个别乡镇、村开展项目有篮球、乒乓球、拔河等，农村体育活动传统项目有打陀螺、跳舞、跳绳。1991—2005年，忻城县共举办各种比赛达681场，参加运动员达1846人，观众达275000人次。1992年，全国四省区(广西、广东、陕西、四川)男子篮球邀请赛在来宾县举行。1992年以后，来宾县内有麻将、扑克、跳棋、乒乓球、羽毛篮、篮球等项目，其中羽毛球、乒乓球、篮球三项受到老百姓的普遍爱好。每逢节日，全县农村都以乡镇或村公所为组织举行各种形式体育竞赛。1993年，武宣县体委联合矿产公司，举办“矿产杯”篮球运动会，参赛队伍有男女队共21个。1993年10月，广西农民男子篮球选拔赛在来宾县举行。1994年，武宣县体育部门协助县糖厂和黔江糖厂举办“糖业杯”篮球运动会，共有36个男女队参加比赛。同年4月，金秀瑶族自治县中学生男子篮球代表队参加境内篮球运动会。同年8月，金秀瑶族自治县青少年篮球代表队参加境内青少年篮球运动会，获男子组第二名。同年9月，在合山电厂承办少年游泳锦标赛中，合山市代表队以85分的成绩获得团体总分第一名。

1995年春节，来宾县142个村公所有141个开展体育竞赛活动，全县参赛的总队数869个，参赛运动员12495人，观众达803600人次。同年6月，在武宣县举行境内第六届运动会。比赛项目9项：青少年组有篮球、乒乓球、武术、足球、游泳、举重、射击、田径等比赛项目；成年组有篮球比赛项目。同年10月，在来宾县举行第六届体育运动会，来宾县组队参加篮球、田径、武术、游泳、举重、乒乓球、中国象棋、射击等8个项目的比赛，共夺得23枚金牌、19枚银牌、4枚铜牌。同年8月，在合山电厂承办少年游泳比赛中，合山市代表队以217分的成绩荣获团体总分第一名。同年9月，合山市游泳运动员在参加少年游泳锦标赛时，以85分的总成绩荣获团体总分第一名，并夺得女子组100米蛙泳第一名、女子组200米蛙泳第一名、女子组200米仰泳第一名、男子组100米蛙泳第一名、男子组200米蛙泳第一名、男子组混合泳4×50米接力赛第一名。同年，合山市组队参加境内第六届体育运动会，参加成年篮球、少年篮球、举重、游泳、射击、田径等项目的角逐，共获得17枚金牌，22枚银牌，18枚铜牌，并以532总分，金牌和总分都排列地区第四名。在境内第七届体育运动会拳击赛中，合山市获得团体总分第一名，并夺得6枚金牌。

1996年6月，“国税杯”篮球赛在来宾县举行，来宾县男、女队均获得冠军。同年10月，广西首届“土地杯”篮球赛在来宾县举行，来宾县代表队获得第二名。同年，金秀瑶族自治县举办第一届体育运动会，比赛项目设有篮球比赛(男子、女子组)、乒乓球比赛(男、女子单打、男女混合双打)、象棋比赛(男子组)、跳棋比赛(男、女子组)、推铅球(男、女子青年组)、立定跳远(男、女子组青年)、田径男女青年组比赛。全县11个乡镇及县直党政机关均各派出1支代表队，分别参加所设的比赛项目，共有763名运动员参加角逐。同年春节期间，忻城县开展农村体育活动达200多场，参加人次达800多人。同年，忻城举办群众性环城长跑，运动员1700多人参加，全县性篮球比赛，共168个队参加，投入经费5.84万元；与县总工会联合举办职工第七套广播体操和拔河比赛，参加人数达1200多人。

1997年2月，全国四省区女篮邀请赛在来宾县举行。同年10月，境内第五届中老年篮球赛在来宾县举行。同年10月，忻城在县城举行“广西百万人民第八套广播体操比赛活动”，自发参加群众达2000人。1998年8月，在来宾县举行境内第七届运动会。比赛项目8项：青少年组有足球、游泳、篮球、射箭、举重、田径等比赛项目；成年组有篮球比赛项目。同年10月，境内第六届中年篮球赛在象州县举行。1999年5月，广西体育传统学校篮球赛在来宾县举行。同年8月，在武宣县举行境内第七届体育运动会，来宾县组成248人的体育代表团参加篮球、田径、举重、游泳、武术、乒乓球、足球、象棋等8个项目的比赛，夺得金牌65枚、银牌47枚、铜牌24枚。

2000年10月22日，越南河内市女子篮球队第二次到来宾县访问进行友谊赛。2001年10月，来宾县举行新世纪第一届体育运动会。运动会共设篮球、足球、乒乓球、羽毛球、保龄球、游泳、射击、中国象棋、围棋、田径、举重、广播体操、拔河、飞镖等14个大项、28个小项的比赛项目。参赛单位有44个代表队，参赛的运动员2800多人。历时5个月，观众达到50万人次。2002年10月，境内举行第八届体育运动会，来宾县组成232人的体育代表团参加全部项目比赛。在田径、篮球、游泳、举重、足球等项目中获90枚金牌、26枚银牌、22枚铜牌。同年，合山市拳击运动员参加境内第八届运动会拳击比赛，夺得2枚金牌，2枚银牌。

2003年10月，兴宾区女子篮球队参加广西举行的“全国体育先进县”篮球赛，获得第二名。兴宾区运动员代表来宾市参加广西第十届体育运动会，夺得3枚金牌。同年11月5日至18日，来宾市举行第一届全民健身运动会，本届运动会投入经费8.4万元，举行县处级以上领导干部篮球赛、市直机关、学校、企事业单位羽毛球、保龄球、两人三足接力跑、四人板鞋竞速、拔河等六个比赛项目，有52个单位

647 人(次)参加比赛,观众达 6.5 万人(次)。其中,拔河、两人三足接力赛跑、四人板鞋竞速等三项比赛在兴宾区迎宾广场举行,来自 47 个单位 345 名干部职工参加比赛。同年 12 月 28 日,来宾市举行万人健身长跑活动。同年 4 月,来宾市组队参加广西第二届妇女运动会,获金牌 3 枚,银牌 1 枚,铜牌 2 枚和体育道德风尚奖。金牌总数在全区 35 个代表团中并列第一名,有两名运动员入选代表广西参加在武汉举行的全国第二届妇女运动会。同年 11 月,来宾市组织由 28 人组成的体育代表团,参加在钦州举行的广西第二届处级以上领导干部运动会。同年,组队参加广西少数民族高脚马选拔赛,获银牌 2 枚,铜牌 1 枚,有一名运动员入选代表广西参加第七届全国少数民族体育运动会。年内,各县(市、区)及各行业共组织各项体育比赛 15 次,项目包括篮球赛、乒乓球赛、气排球赛等。同年 10 月,承办来宾市首届“交通安全杯”篮球赛,市交警支队共投入 13.7 万元,有 8 个代表队,参赛人数达 210 人,观众达 5 万多人次。同年,来宾市把气排球列入来宾市全民健身运动会比赛项目,当时有市委办等 16 支队伍参加比赛,教练员、运动员共 144 人。

2004 年,举办来宾市中学生田径运动会,共有 21 个代表队 200 多名运动员参加比赛。同年,举办来宾市“中国体育彩票杯”全民健身运动会,运动会共设保龄球、羽毛球、乒乓球、老年门球、气排球和 A、B 组篮球等竞赛项目。同年,来宾市举行第一次气排球比赛,有 33 支参赛队伍,264 名运动员参加。同年 6 月,兴宾区“党建杯”篮球赛在城区举行,小平阳镇代表队夺得冠军;同年 6 月,兴宾区男、女篮球队参加来宾市“交通安全杯”篮球赛。同年 8 月,兴宾区男、女篮球队参加来宾市“甜蜜杯”篮球赛,参加来宾市首届“园丁杯”篮球赛。2004 年,头排、桐木两镇分别举办周边邻县篮球邀请赛。

2005 年,来宾市第二次气排球比赛,有 35 支参赛队伍,280 名运动员参加。同年,来宾市举办来宾市“中国体育彩票杯”全民健身运动会,这届运动会共开设有气排球、乒乓球、篮球和广播操等项目。各县(市、区)、市直单位共有 41 支队伍和单位参与,运动员达 567 名。同年,来宾市举办庆祝来宾市市庆三周年万人健身长跑活动。同年,来宾市首次举办青少年年度锦标赛。同年,各县(市、区)在节假日中先后举办球类、棋牌、拔河等各类赛事 32 次,直接参与比赛活动人数近 3 万人。同年 6 月,兴宾区“党建杯”篮球赛在城区举行。同年 10 月,兴宾区男、女篮球队参加来宾市“中国体彩杯”篮球赛,双双夺冠,男子乒乓球代表队获团体第一名;同年 11 月份,兴宾区老年人门球队在忻城县参加来宾市第一届老年人门球赛。同年 9 月—11 月,来宾市举办第三届“中国体育彩票杯”全民健身运动会,竞赛项目有县(市、区)级男女篮球赛,战线、系统男女篮球赛,气排球赛、乒乓球赛,广播体操比赛。参赛队伍和单位有 41 个,运动员 567 人、观众达十几万人次。同年 12 月,来宾市首届青少年锦标赛分别在象州、忻城、来宾、等地举行,进行举重、射击、田径、摔跤、拳击等五个项目的比赛,共有领队、教练及运动员 225 人参加。2005 年末,忻城县 70% 以上村委会成立体育协会,负责举办节庆各种体育活动。

第二节　自治区级体育比赛

参加自治区运动会

1960 年 8 月 1 日至 10 日自治区第一届自治区运会在南宁市举行,设 26 个比赛项目。境内运动员参加 25 项比赛,获男子棒球、无线电、航海模型团体第一名;技巧、排球、射击、航海模型、航海多项团体第二名;田径、游泳、举重、自行车、武术团体第三名;篮球第五名;排球第二名。获女子无线电、航海模型团体第一名;体操、排球、垒球、射击、航空模型、航海多项团体第二名;技巧、自行车、手球、武术团体第三名。

1964 年 8 月 16 日至 23 日,自治区第二届区运会在南宁市举行,比赛项目 13 项。境内运动员参赛,男队分别获得篮球第一名、排球第三名、射击第五名,女队获射击第六名、排球第三名。同年 8 月,忻城县运动员何可荣入选柳州专区男子举重队,参加广西第二届运动会举重比赛,获次轻量级第 2 名(后入选广西举重队、国家举重队)。

1974 年 5 月 1 日至 6 月 12 日,举办自治区第三届区运会。境内运动员参赛,男子篮球队获第二名、排球队获第五名。

1978 年 3 月 21 日—27 日,自治区第四届区运会在南宁市举行。境内组成代表团参加。黄恩往、潘艳、周洁玲分别打破男子 300 米全区纪录,男、女手榴弹投掷全区纪录;女子射击队打破两项团体射击全区纪录;陈丽打破女子小口径运动步枪 3×20 全区纪录;黄小平两次打破男子自选手枪全区纪录;

何明芳获小口径 3×10 卧射冠军;梁刚在本届运动会上获特等射手称号;男子篮球队和女子排球队分别夺得冠军;男子田径队和射击队总成绩分别位居第四,男子举重和体操位居第六。

1980 年,忻城县运动员卢海龙,在全区射击分项赛和优秀射手达标赛中,夺得 4 枚金牌,同时打破三项自治区纪录。

1982 年 11 月 7 日—17 日自治区第五届区运会在玉林市举行。境内运动员参赛获得 5 项第 1 名(男篮、男子标枪、男子 400 米、男子 4×400 米接力、女子跳高)、5 项第 2 名(女篮、女子铁饼、女子铅球、男子铅球、男子标枪)、6 项第 3 名(男子跳远、男子 4×100 米接力、男子十项全能、女子标枪、女子七项全能、滚地龙拳)。射击项目何明芳获得女子 30 发卧射第一名,男子气步枪 40 发获第一名,黄小平获男子手枪慢射第一名,韦建平获飞碟第一名。1983 年 11 月,忻城县业余体校举重运动员,首次参加全区业余体校举重达标赛,其中蓝庆伟、龙国庆、石卓明分别获得少年组 56 公斤级挺举冠军、75 公斤级抓举、挺举、总成绩三项第 2 名和 44 公斤级抓举第 3 名。

1986 年 11 月 10 日至 20 日自治区第六届区运会在南宁市举行。境内运动员获金、银、铜牌分别为 12 枚、18 枚和 19 枚。1989 年 5 月,来宾县农民女子篮球代表队参加区农民篮球选拔赛并获得冠军。

1992 年 6 月—2005 年,境内运动员参加广西第二届农民体育运动会,获金牌 1 枚,银牌 1 枚,铜牌 3 枚;参加第三届广西农民体育运动会获金牌 4 枚、银牌 2 枚、铜牌 2 枚;参加第四届广西农民体育运动会获金牌 4 枚、银牌 2 枚、铜牌 2 枚,男、女篮球队分别获得第二名,获银牌 2 枚;参加广西第五届农民体育运动会获金牌 8 枚、银牌 6 枚;参加广西第六届农民体育运动会获金牌 3 枚、银牌 6 枚、铜牌 7 枚。

1992 年 11 月 1 日至 12 日自治区第七届区运会在南宁市举行,境内成年男子、女子篮球队分获第七名和第四名。

1993 年 10 月,广西农民男子篮球选拔赛在来宾县举行,来宾县代表队参加选拔赛,以全胜的记录夺得冠军,并代表广西参加全国比赛。

1996 年 10 月自治区第八届区运会在柳州市举行,比赛项目 11 项,境内运动员参赛获男子篮球冠军,蓝世章获男子举重 54 公斤级冠军,莫庆周、谢洪河分获男子拳击 51、67 公斤级冠军。

2000 年 10 月 9 日至 18 日自治区第九届区运会在南宁举行。比赛项目有篮球、田径、游泳、拳击、摔跤、射击、射箭。境内运动员参赛,获射箭团体冠军,男子篮球冠军,射箭双轮全能 70 米、40 米、30 米冠军金牌各 1 枚,女子双轮全能金牌 1 枚,女子双轮全能 60 米金牌 1 枚,男子举重 48 公斤抓举、挺举、总成绩金牌各 1 枚,男子举重 52 公斤抓举、挺举、总成绩金牌各 1 枚,男子举重 69 公斤抓举、挺举、总成绩金牌各 1 枚,女子 63 公斤级总成绩铜牌 1 枚,射击飞碟金牌 1 枚,田径获男子甲组 500 米金牌 1 枚,男子甲组 400 米银牌一枚。游泳获银牌 2 枚,铜牌 4 枚。

2003 年 10 月 16 日至 26 日自治区第十届区运会在桂林市举行,比赛项目 10 项。境内运动员参赛,获男子篮球赛冠军,拳击 60 公斤以上级金牌 1 枚,游泳女子 100 米仰泳金牌 1 枚,举重男子 85 公斤级金牌 1 枚。

2003 年,广西第十届体育运动会,来宾市由 173 人组成的代表团参加青少年组篮球、田径、游泳、举重、射击、射箭、乒乓球、武术散打、拳击等 9 个项目比赛。

2005 年来宾市组队参加在北海市举行的广西少数民族传统项目“三人板鞋”竞速比赛,市代表队获得男子组 100 米第三名。男女混合 2×100 米接力第四名,集体获得体育道德风尚奖。

参加广西残疾人运动会

1983 年,在广西第一届残疾人体育运动会中,来宾籍残疾人举重运动员韦凤阳获男子 115 公斤级冠军;田径运动员李魁平获铅球第一名。

1990 年 7 月,组织聋哑人男女篮球队,参加广西残疾人篮球赛,男队获得第一名,女队获得第三名。

1991 年,广西举行残疾人游泳、乒乓球赛,境内代表队获乒乓球团体第一名。1994 年 8 月,广西体育传统学校篮球赛在来宾县举行。1995 年,广西第三届残疾人体育运动会,境内运动员参赛,获金牌 8 枚。1999 年,组队参加广西第四届残疾人运动会,获得 6 金 2 银。

2002 年 11 月,组队参加在百色举行的广西第五届残疾人体育运动会,获得 5 金 6 银和体育道德风尚奖。

参加全区少年田径赛

1978 年 8 月,忻城县中学李卫萍参加在百色举行的全区少年田径比赛,获得跳远第 3 名。

1982 年,在南宁举行全区中学生田径运动会,忻城县运动员韦仕民获得跳远第5名。1983年4月，在百色举行全区中学生田径比赛，忻城县运动员韦仕民获得100米跑第4名。

1986年11月，全区第六届运动会在南宁举行，忻城县运动员李运生参加田径比赛，获得铅球第1名。1987年5月，在博白举行全区少年(甲组)田径运动会，忻城县运动员蓝华勋获得1500米跑铜牌1枚。

1991年，武宣县体校17名少年运动员参加全区少年田径赛，获得金牌1枚、银牌2枚、铜牌2枚，两个第六名。

1992年11月1日至12日，自治区第七届区运会在南宁市举行，共设23个比赛项目。境内运动员苏振飞以14.38米和15.12米两次打破全区少年男子组三级跳远纪录；由杨先勇、李曼、韦金柏、覃建猛组成的4×400米接力跑，以3分23秒3的成绩打破该项全区少年男子组纪录；蓝小星以162.5公斤总成绩破全区成年举重女子75公斤级纪录。

1992年，武宣县体校有29人次获自治区级比赛金牌6枚、银牌5枚、铜牌7枚。1993年，武宣县体校少年运动员参加全区比赛，获自治区赛金牌8枚。1995年，武宣县体校少年运动员有2人参加全国田径赛获铜牌一枚。

参加全区少年篮球赛

1984年7月，全区基层小学篮球冠军队比赛在全州县举行，忻城县遂意小学女子篮球队参赛，获得第2名。

1985年7月，全区中学生篮球运动会在柳州举行，忻城县学生女子篮球队参赛，获得分区赛第2名，决赛(在南宁)第4名。

1987年7月，在桂林举行的全区少年篮球运动会上，忻城县业余体校获得女子篮球乙组第2名。

1988年8月，忻城县业余体校女子篮球队参加全区青少年多项目比赛，获得篮球赛第3名。

1990年11月，在隆安县举行全区农民女子篮球选拔赛，忻城县业余体校女子篮球队获得第1名。

1992年11月1日—12日自治区第七届区运会在南宁市举行，境内青少年男子、女子篮球队分获第二名。

参加全区少年举重赛

1984年4月，在柳江举行全区业余体校举重达标赛，忻城县运动员龙国庆、石卓明、蓝庆伟、蓝同节共获得金、银牌各4枚和铜牌1枚；同年11月，全区青少年举重比赛在浦北县举行，县运动员韦绍锋、蓝庆伟、石卓明共获得金牌2枚、银牌10枚。

1985年4月，在南宁举行全区青少年举重锦标赛，忻城县运动员蓝庆伟获60公斤级金牌1枚。同年6月，在桂林举行全区业余体校举重比赛，忻城县运动员韦绍锋获67.5公斤级金牌4枚，另有莫崇刚、玉凯旋、蓝耀伟3名共获得银牌1枚、铜牌4枚。

1986年6月，全区业余体校举重分龄赛在百色举行，忻城县运动员韦绍锋、莫崇刚、蓝学锋、蓝利荣(女)等4名共获得金牌2枚、银牌和铜牌各1枚。

1987年2月，在南宁举行全区女子举重比赛，忻城县女运动员蓝燕云、蓝晓春、黄红梅等3名共获得银牌1枚、铜牌7枚。同年6月，全区举重分龄赛在横县举行，忻城县运动员莫崇刚、蓝学锋、樊德群等3名共获得银、铜牌各2枚和一项第6名。同年7月，全区举重分龄赛在永福县举行，忻城县运动员蓝宏波、樊德群、罗志荣、罗忠等4名共获得银牌1枚、铜牌2枚和一项第5名。同年9月，在南宁市举行全区青少年多项目(举重)比赛(女子组)，忻城县女运动员蓝燕云获金牌3枚，破56公斤级全国三项(抓举71公斤、挺举87.5公斤、总成绩158.5公斤)青少年甲组举重纪录；黄惠铃(女)获60公斤级(青少年乙组)抓举第1名、挺举和总成绩两项第2名；蓝小星(女)获56公斤级(青少年乙组)抓举、挺举两项第3名，总成绩第2名。同年，忻城县运动员蓝宏波参加全区青少年多项目(举重)比赛(男子组)，获金牌3枚，破60公斤级全国三项(抓举70公斤、挺举90公斤、总成绩160公斤)13岁组举重纪录。

1989年7月，全区青少年举重比赛在桂平县举行，忻城县运动员蓝宏波、樊绍卫、蓝荣锦、罗建新等4名共获得金、银、铜牌各4枚，其中蓝宏波在60公斤级举重比赛中，连破三项自治区和全国14岁组青少年举重纪录；同年10月，全区青少年(男女)举重冠军赛在南宁举行，忻城县运动员蓝荣锦(男)获得银牌3枚，破全国52公斤级(13岁组)挺举纪录和全区少年举重纪录；蓝小星(女)破全区60公斤级青少年(女子)甲组举重纪录。

1990年6月，在南宁举行全区举重分龄赛，忻城县运动员蓝荣锦、蓝宏波、罗建新、樊绍卫等4名共获得金牌4枚、银牌8枚。同年11月，在南宁举行全区男女举重冠军赛，忻城县运动员蓝宏波、蓝荣锦、樊绍卫、罗建新、黄玉兰(女)5名共获得金牌6枚、银牌7枚、铜牌2枚。其中，蓝荣锦以抓举95公斤、挺举110公斤、总成绩205公斤破全区、全国(14岁组)60公斤级举重纪录。

参加全区少年射击赛

1987年2月,在南宁举行全区射击冠军赛中,忻城县运动员石健获得男子60发卧射和气枪60发立射两项第3名。同年8月,全区青少年射击锦标赛在崇左县举行,忻城县运动员石健获男子自选步枪立射40发第3名和男子自选小口径步枪3×20第5名;王征农获少年男子小口径步枪3×20第4名;唐立达获少年男子小口径步枪30发卧射第5名;陆建新(女)获少年女子小口径步枪3×30第2名。

1988年2月,在梧州市举行全区青少年射击锦标赛,忻城县运动员陆建新(女)获少年女子30发卧射第1名、少年女子小口径步枪3×20第2名;王征农获少年男子小口径步枪30发卧射第3名、3×10第6名;唐立达获少年男子小口径步枪3×10第5名。同年8月,全区青少年多项目射击比赛在灵川县举行,忻城县运动员王征农获少年男子小口径步枪3×10第1名、3×10立射第2名;陆建新(女)获少年女子小口径步枪30发卧射第2名,3×10立射第3名。

1989年2月,在环江县举行全区青少年射击冠军赛,忻城县运动员陆建新(女)获少年女子30发卧射第2名、20发立射第5名;蓝振军获少年男子30发卧射第2名、30发立射第3名、少年男子3×10第5名。同年7月,全区射击锦标赛在灵川县举行,忻城县运动员蓝振军获得少年男子3×10第1名和30发卧射第4名;林傅勇获得少年男子30发立射第2名、少年男子3×10第4名和少年男子30发卧射第5名。

1990年2月,在崇左县举行全区青少年射击锦标赛,忻城县运动员唐立达获青年男子小口径步枪3×20第4名、60发卧射第5名;傅林勇获少年男子步枪3×20、30发卧射两项第4名;同年7月,全区青少年射击冠军赛在环江县举行,忻城县运动员蓝振军获得青年男子小口径步枪60发卧射第3名、小口径自选步枪3×20第5名,傅林勇获得少年男子小口径步枪30发立射第5名。

参加全区少年游泳、拳击赛

1994年,合山市游泳运动员参加全区"萌芽杯"少年游泳比赛,夺得女子组50米蛙泳第一名,女子组蛙泳全能第三名,女子组50米自由泳第一名,女子组100米自由泳第二名,女子组仰泳第二名。

1995年,合山市拳击运动员参加广西青少年拳击锦标赛,获1个第二名、6个第三名。

1996年,合山市拳击运动员参加在南宁举行的广西青少年拳击锦标赛,获第一名1人、第二名6人。同年,合山市拳击运动员参加广西青少年拳击锦标赛,获第二名2人、第三名1人。同年,市拳击运动员参加在柳州举行的广西第八届体育运动会的拳击项目比赛,荣获2项第一名、3项第三名、3项第五名,并荣获团体总分第三名。同年,合山市游泳运动员参加全区儿童游泳比赛,荣获女子组4×50米自由泳接力赛第三名,女子组仰泳全能第三名。同年,合山市篮球运动员参加自治区第八届体育运动会,荣获少年组篮球第一名。

1997年,合山市组队参加"1997年广西县级市篮球协作赛",夺得第三名。1999年,合山市拳击运动员参加广西青少年拳击锦标赛,荣获2个第二名,5个第三名,1个第五名。

2000年,合山市拳击运动员参加广西壮族自治区第九届体育运动会拳击项目赛,荣获51公斤级第三名,48公斤级和71公斤级第四名,67公斤级第五名。合山市游泳运动员代表柳州地区参加广西壮族自治区第九届体育运动会的游泳比赛,以5分09秒56的总成绩荣获青少年女子甲组4×100米混合泳接力赛第三名,并以10分31秒18的总成绩荣获女子组4×200米自由泳接力赛第二名,以4分43秒81的总成绩荣获女子组4×100米自由泳接力赛第二名。

第三节　国际国内体育比赛

参加国际比赛

1995年5月28日,越南民主共和国河内市女子篮球队到来宾县访问比赛,来宾县女篮战胜对手。至2005年,境内培养输送的运动员代表国家、广西先后参加土耳其、印尼、亚特兰大、泰国、芬兰、卡塔尔、法国、多哈、越南、柬埔寨、广岛、韩国等举行的国际体育比赛。

参加国内比赛

1985年,忻城县蓝庆伟代表广西参加在南宁举行的中南五省(区)优秀青少年举重(60公斤级)比赛，获金牌1枚。同年8月，忻城县业余体校运动员韦绍锋代表广西参加在苏州举行的全国业余体校举重锦标赛，获银牌2枚、铜牌1枚和两项第2名；同年10月，忻城县运动员蓝庆伟，代表广西参加在郑州举行的全国第一届青少年运动会60公斤级举重比赛，获总成绩第7名。

1987年8月，在武汉举行全国业余体校举重锦标赛，忻城县运动员莫崇刚获48公斤级抓举第4名、挺举第5名、总成绩第6名。

1988年5月6日，在江苏泰州举行的“梅兰春杯”全国女子举重锦标赛中，忻城县女子举重队运动员蓝燕云以70公斤成绩超过52公斤级女子抓举世界纪录。

1989年9月，来宾县代表队赴西安参加全国第二届基层农民女子篮球赛。

1990年10月，境内组队参加广西残疾人田径赛，获金牌2枚，并有1名运动员代表广西参加全国残疾人篮球赛。

1992年，武宣县体校参加全国少年、中学生田径比赛，其中获全国赛银牌2枚。1992年3月，在全国第三届残疾人体育运动会上，来宾籍运动员莫政林获铁饼金牌1枚、标枪金牌1枚。

1993年，武宣县体校少年运动员参加全国比赛，获全国赛金、银、铜牌各一枚。武宣县覃建猛、潘美芳等5位运动员成绩突出，代表广西中学生田径队、少年田径队参加全国比赛。

1994年10月，来宾县农民女子篮球队代表广西在龙胜县参加全国农民篮球赛南部赛区的比赛，获得第二名。

1995年，武宣县体校少年运动员有2人参加全国田径赛获铜牌一枚。1996年，合山市拳击运动员参加全国少年锦标赛，荣获51公斤级第二名。

1996年10月，全国第三届农民体育运动会在上海进行，境内运动员韦宽希、张福、刘淇芳代表广西参加比赛，韦宽希获100米救生比赛第五名，100米蛙泳、200蛙泳第六名。刘琪芳女子获800米第二名。

1999年，合山市参加全国少年拳击赛，夺得51公斤级第一名。

2001年9月，境内运动员黄甜甜在全国残疾人田径锦标暨“远南”选拔赛中获f46组女子标枪、铅球、铁饼铜牌各1枚。

2002年，境内运动员黄甜甜在全国第五届残疾人体育运动会田径比赛中获女子乙f46铁饼、标枪第一名。

表30-1　**1950—2005年来宾市运动员参加国际、国内体育比赛成绩统计表**

项目	姓名	比赛日期	比赛地点	比赛名称	项目	名次
举重	覃柳燕	1998年8月	广西南宁	全国女子举重分龄赛	抓举	3
举重	覃柳燕	1998年8月	广西南宁	全国女子举重分龄赛	挺举	3
举重	覃柳燕	1998年8月	广西南宁	全国女子举重分龄赛	总成绩	3
举重	罗绍猛	1998年6月	江西	全国男子举重锦标赛	60公斤总成绩	2
举重	罗绍猛	1998年6月	江西	全国男子举重锦标赛	60公斤抓举	3
举重	罗绍猛	1998年6月	江西	全国男子举重锦标赛	60公斤挺举	2
举重	陈积波	1998年8月	广西南宁	全国男子举重分龄赛	56公斤抓举	4
举重	陈积波	1998年8月	广西南宁	全国男子举重分龄赛	56公斤挺举	1
举重	陈积波	1998年8月	广西南宁	全国男子举重分龄赛	56公斤总成绩	3
举重	张　彦	2000年7月	黑龙江绥化	全国女子举重分龄赛	抓举	1
举重	张　彦	2000年7月	黑龙江绥化	全国女子举重分龄赛	挺举	1
举重	张　彦	2000年7月	黑龙江绥化	全国女子举重分龄赛	总成绩	1
举重	张　彦	2001年7月	河南开封	全国少年女子举重分龄赛	抓举	3
举重	张　彦	2001年7月	河南开封	全国少年女子举重分龄赛	挺举	2
举重	张　彦	2001年7月	河南开封	全国少年女子举重分龄赛	总成绩	2
举重	荣　茜	2001年7月	河南开封	全国少年女子举重分龄赛	抓举	4

续表

项目	姓名	比赛日期	比赛地点	比赛名称	项目	名次
举重	荣　茜	2001年7月	河南开封	全国少年女子举重分龄赛	挺举	4
举重	荣　茜	2001年7月	河南开封	全国少年女子举重分龄赛	总成绩	3
举重	陈　松	2001年10月	南宁市	全国后备人才基地男子举重锦标赛	52公斤抓举	1
举重	陈　松	2001年10月	南宁市	全国后备人才基地男子举重锦标赛	52公斤挺举	1
举重	陈　松	2001年10月	南宁市	全国后备人才基地男子举重锦标赛	52公斤总成绩	1
举重	劳少杰	2001年8月	湖北十堰	全国少年男子举重分龄赛	抓举	2
举重	劳少杰	2001年8月	湖北十堰	全国少年男子举重分龄赛	总成绩	5
举重	陈　松	2002年4月	江西吉安	全国锦标赛	56公斤挺举	5
举重	陈　松	2002年4月	江西吉安	全国锦标赛	56公斤总成绩	6
举重	陈　松	2002年10月	浙江开化	全国冠军赛	56公斤挺举	3
举重	陈　松	2002年10月	浙江开化	全国冠军赛	56公斤抓举	6
举重	陈　松	2002年10月	浙江开化	全国冠军赛	56公斤总成绩	4
举重	荣英必	2002年7月	开封	全国青年举重锦标赛	69公斤抓举	7
举重	荣英必	2002年7月	开封	全国青年举重锦标赛	69公斤总成绩	8
举重	李　争	2003年7月	黄石	全国青年举重锦标赛	56公斤抓举	1
举重	李　争	2003年7月	黄石	全国青年举重锦标赛	56公斤挺举	1
举重	李　争	2003年7月	黄石	全国青年举重锦标赛	56公斤总成绩	1
举重	陈积波	2003年7月	黄石	全国青年锦标赛	56公斤抓举	5
举重	陈积波	2003年7月	黄石	全国青年锦标赛	56公斤挺举	4
举重	陈积波	2003年7月	黄石	全国青年锦标赛	56公斤总成绩	3
举重	荣　茜	2003年9月	吉安	全国女子少年举重分龄赛	53公斤抓举	2
举重	荣　茜	2003年9月	吉安	全国女子少年举重分龄赛	53公斤挺举	3
举重	荣　茜	2003年9月	吉安	全国女子少年举重分龄赛	53公斤总成绩	2
举重	陈　松	2003年10月	长沙	全国第五届城运会举重决赛	56公斤	8
举重	荣英必	2003年7月	沈阳	全国锦标赛	69公斤抓举	8
举重	荣英必	2003年7月	沈阳	全国锦标赛	69公斤挺举	5
举重	荣英必	2003年7月	沈阳	全国锦标赛	69公斤总成绩	7
举重	荣英必	2003年9月	秦皇岛	全国冠军赛	69公斤抓举	5
举重	荣英必	2003年9月	秦皇岛	全国冠军赛	69公斤挺举	7
举重	荣英必	2003年9月	秦皇岛	全国冠军赛	69公斤总成绩	7
举重	罗绍猛	2003年9月	秦皇岛	全国冠军赛	69公斤抓举	7
举重	罗绍猛	2003年9月	秦皇岛	全国冠军赛	69公斤挺举	1
举重	罗绍猛	2003年9月	秦皇岛	全国冠军赛	69公斤成绩	2
举重	罗绍猛	2003年7月	沈阳	全国锦标赛	69公斤抓举	2
举重	罗绍猛	2003年7月.	沈阳	全国锦标赛	69公斤总成绩	8
举重	李　争	2004年9月	白俄罗斯	第30届世界青年举重锦标赛	56公斤挺举	1
举重	李　争	2004年9月	白俄罗斯	第30届世界青年举重锦标赛	56公斤总成绩	1

续表

项目	姓名	比赛日期	比赛地点	比赛名称	项目	名次
举重	李　争	2004 年 4 月	山东济南	全国锦标赛	56 公斤抓举	1
举重	李　争	2004 年 4 月	山东济南	全国锦标赛	56 公斤挺举	1
举重	李　争	2004 年 4 月	山东济南	全国锦标赛	56 公斤总成绩	1
举重	李　争	2004 年 4 月	江苏扬州	全国冠军赛	56 公斤抓举	1
举重	李　争	2004 年 4 月	江苏扬州	全国冠军赛	56 公斤挺举	1
举重	李　争	2004 年 4 月	江苏扬州	全国冠军赛	56 公斤总成绩	1
举重	李　争	2004 年 7 月	湖北	全国青年举重锦标赛	56 公斤抓举	1
举重	李　争	2004 年 7 月	湖北	全国青年举重锦标赛	56 公斤挺举	1
举重	李　争	2004 年 7 月	湖北	全国青年举重锦标赛	56 公斤总成绩	1
举重	李　争	2004 年 11 月	卡塔尔多哈	世界青年举重锦标赛	56 公斤抓举	1
举重	荣英必	2004 年 4 月	山东济南	全国锦标赛	69 公斤挺举	8
举重	荣英必	2004 年 7 月	湖北	全国青年锦标赛	69 公斤总成绩	6
举重	荣英必	2004 年 7 月	湖北	全国青年锦标赛	69 公斤抓举	2
举重	荣英必	2004 年 7 月	湖北	全国青年锦标赛	69 公斤挺举	1
举重	荣英必	2004 年 10 月	泰国	亚洲锦标赛	69 公斤抓举	1
举重	荣英必	2004 年 10 月	泰国	亚洲锦标赛	69 公斤挺举	1
举重	荣英必	2004 年 10 月	泰国	亚洲锦标赛	69 公斤总成绩	1
举重	陈积波	2004 年 4 月	山东济南	全国锦标赛	56 公斤抓举	2
举重	李　争	2005 年 4 月	海南海口	全国举重锦标赛	56 公斤抓举	1
举重	李　争	2005 年 4 月	海南海口	全国举重锦标赛	56 公斤总成绩	3
举重	李　争	2005 年 11 月	卡塔尔多哈	第 74 届世界举重锦标赛	56 公斤抓举、总成绩	1
举重	陈　松	2005 年 4 月	海南海口	全国锦标赛暨全运会预赛	56 公斤挺举	8
举重	陈　松	2005 年 4 月	海南海口	全国锦标赛全运会预赛	56 公斤总成绩	8
举重	荣英必	2005 年 4 月	海南海口	全国举重锦标赛	69 公斤抓举	8
举重	韦正由	2005 年 7 月	江西奉新	全国少年男子举重分龄赛	44 公斤抓举	1
举重	韦正由	2005 年 7 月	江西奉新	全国少年举重分龄赛	44 公斤挺举	1
举重	韦正由	2005 年 7 月	江西奉新	全国少年举重分龄赛	44 公斤总成绩	1
田径	黄恩往	1976 年 9 月	北京	第三届全运会	800 米	2
田径	韦少勇	1976 年 9 月	北京	第三届全运会	800 米	5
田径	韦少勇	1976 年 9 月	北京	第三届全运会	1500 米	5
田径	韦少勇	1979 年 10 月	北京	第四届全运会	800 米	2
田径	韦少勇	1979 年 10 月	北京	第四届全运会	1500 米	5
田径	黄恩往	1981 年 5 月	秦皇岛	全国田径分项赛	800 米	1
田径	黄恩往	1981 年 6 月	杭州	全国田径对抗赛	800 米	1
田径	黄恩往	1982 年 9 月	南京	全国田径锦标赛	800 米	1
田径	黄启珍	1983 年 8 月	武汉	全国少年田径赛	800 米	1
田径	张新艳	1983 年 8 月	漯河	全国田径分龄赛	1500 米	4

续表

项目	姓名	比赛日期	比赛地点	比赛名称	项目	名次
田径	罗孙标	1985 年 1 月	河南郑州	全国第一届青少年运动会	400 米	3
田径	陈雪萍	1986 年 4 月	南宁	全国越野赛	5 千米	3
田径	韦柳琼	1986 年 8 月	河南	全国业余体校分区分龄赛	中长跑全能	2
田径	黄克飞	1986 年 8 月	河南	全国业余体校分区分龄赛	跳远全能组	3
田径	许 青	1990 年 7 月	漯河	全国中学生第四届运动会	4×400 米	1
田径	李柱强	1992 年 7 月	南昌	全国中学生运动会	100 米	1
田径	韦 荣	1994 年 5 月	宜昌市	全国少年田径赛	4×400 米接力	1
田径	韦 荣	1994 年 5 月	宜昌市	全国少年田径赛	4×400 米接力	1
田径	吴显飞	1998 年 7 月	四川乐山	全国少年田径分龄赛	中跑全能	1
田径	吴显飞	1998 年 7 月	四川乐山	全国少年田径分龄赛	800 米	1
田径	吴显飞	1998 年 7 月	四川乐山	全国少年田径分龄赛	1500 米	1
田径	黄 理	1998 年 7 月	四川乐山	全国少年田径分龄赛	短跑全能	2
田径	黄 理	1998 年 7 月	四川乐山	全国少年田径分龄赛	200 米	2
田径	黄 理	1998 年 7 月	四川乐山	全国少年田径分龄赛	400 米	2
田径	刘琪芳	1998 年 3 月	广西	全国青年田径锦标赛	800 米	1
田径	刘琪芳	1998 年 6 月	河南	全国青年田径锦标赛	800 米	2
田径	刘琪芳	1998 年 9 月	法国	世界青年田径锦标赛	800 米	4
田径	刘琪芳	1998 年 9 月	法国	世界青年田径锦标赛	4×400 米接力	4
游泳	谭应姣	1966 年 11 月	柬埔寨	亚洲新星力量运动会	100 米	1
游泳	谭应姣	1966 年 11 月	柬埔寨	亚洲新星力量运动会	200 米	1
游泳	黄丽丽	1986 年 9 月	郑州	全国游泳一级赛区	4×100 米混合泳接力	4
游泳	韦宽希	1990 年 8 月	浙江杭州	全国少年儿童年龄游泳分区赛	50 米蛙泳	1
游泳	韦宽希	1990 年 8 月	浙江杭州	全国少年儿童年龄游泳分区赛	100 米蛙泳	1
游泳	韦宽希	1990 年 8 月	浙江杭州	全国少年儿童年龄游泳分区赛	蛙泳全能	1
游泳	韦宽希	1991 年 8 月	江西吉安	全国少年儿童游泳分区赛	50 米蛙泳	2
游泳	韦宽希	1991 年 8 月	江西吉安	全国少年儿童游泳分区赛	100 米蛙泳	2
游泳	梁柳思	1998 年 8 月	广西钦州	全国少年儿童年龄游泳分区赛	200 米自由泳	4
游泳	梁柳思	1998 年 8 月	广西钦州	全国少年儿童年龄游泳分区赛	800 米自由泳	4
游泳	梁柳思	1998 年 8 月	广西钦州	全国少年儿童年龄游泳分区赛	100 米自由泳	5
游泳	梁柳思	1998 年 8 月	广西钦州	全国少年儿童年龄游泳分区赛	400 米自由泳	5
游泳	邓建斌	2001 年 2 月	云南昆明	全国少年儿童年龄组分区赛	200 米蝶泳	3
射箭	潘代成	1998 年 8 月	四川崇州	全国青少年射箭锦标赛	30 米双轮	4
射箭	潘代成	1998 年 8 月	四川崇州	全国青少年射箭锦标赛	40 米双轮	7
射箭	潘代成	1998 年 8 月	四川崇州	全国青少年射箭锦标赛	男子团体	6
射箭	覃祚富	1998 年 8 月	四川崇州	全国青少年射箭锦标赛	男子团体	6
射箭	黄海燕	1998 年 8 月	四川崇州	全国青少年射箭锦标赛	女子团体	7
射击	廖树荣	1989 年 9 月	郑州	全国射击冠军赛	60 发卧射	1

续表

项目	姓名	比赛日期	比赛地点	比赛名称	项目	名次
射击	廖　云	2001年4月	上海	全国射击冠军赛	飞碟双多向	2
射击	廖　云	2002年6月	上海	全国射击二站赛	飞碟双多向	1
射击	廖　云	2004年5月	贵州	全国射击二站赛	飞碟双多向	1
射击	廖　云	2005年6月	北京	全国射击二站赛	飞碟双多向	2
手球	邓善军 宋文刚 吉兆威 覃晓农 刘　斌 施国亨 韦文广	1983年10月	上海	全国第九届运动会	男子手球	4
手球	邓善军	1982年9月	印度新德里	第九届亚运会	男子手球	1
手球	邓善军	1986年9月	韩国汉城	第十届亚运会	男子手球	2
手球	刘玉英	1990年10月	北京	第十一届亚运会	女子手球	2
拳击	莫庆周	1994年7月	山东济宁	全国少年拳击锦标赛	71公斤级	2
拳击	莫庆周	1995年7月	江苏徐州	全国青少年拳击锦标赛	67公斤级	2
拳击	莫庆周	1996年8月	辽宁大连	全国青少年拳击锦标赛	68公斤级	3

第三十一篇

习俗　信仰　语言　文字

境内居住着壮、汉、瑶、苗、仫佬、侗族等民族。流通语言有壮话、西南官话(又称桂柳话,俗称柳州话)、客家话(俗称麻介话)、讶话、白话(粤语)、宾州话、侬话、古昔话、闽南话和疍民(船民)话等。社会交往多讲官话,其他语言仅限于相同语言之间的民间交往。汉族说柳州话、客家话、讶话、白话,习汉字;其他少数民族说本民族语言。各民族均有本民族语言,汉族和壮族有文字,其他民族无文字。今,普通话在境内大为盛行。

境内民间信仰及特定社会风俗由来已久。表现在生产、建房、婚庆、丧葬和日常交往等诸方面,经过长期的流传和发展,在民间形成一系列的信仰和崇拜习俗。

唐宋时期,境内有道教、天主教、基督教、佛教等宗教活动,在古代遗址岩洞中,常塑有道教的神像,佛教的菩萨,以及盘古,花婆像和原始巫教的石祖等。

史书有"俗信鬼神,淫祭祀,病鲜求医,专事巫觋"的记载。境内民间信仰以道公或师公为核心,巫、道、佛三教合一,信仰多神。进入21世纪,随着农业产业化和城镇化,大部分禁忌失去了"市场"。但,看风水、开道场、算命卜卦、迷信、赌博、卖淫嫖娼、吸毒等陋习仍未能彻底根绝。

境内汉壮族立村建宅讲风水,选择龙脉吉地,在村落内外乃至门庭及居室内,立神坛神位,并赋予各路神祇特定职能,分区分段守护。从村内到村外的心灵上的安全防护体系,以防止鬼邪灾害的危害,确保居住平安、人丁兴旺、生活富足。

2002年12月建市以来,全市宗教界人士与社会服务和公益事业共捐资18万元,宗教界外来捐资、捐物折人民币资金共300多万元。2005年末,全市辖区内主要有基督教、天主教、佛教3个教别,正式登记的宗教活动场所31处,信教群众1万多人。

中华人民共和国成立以来,来宾地区加强民族语言文字工作,设立专门机构,建立壮文学校,开展壮文普及、推广和瑶文实验,取得显著成效。1996年之后,经过不断地调整、撤并后,境内绝大部分地区已没有壮文班,不上壮文课,瑶文推广亦停止。2002—2005年,兴宾区五山乡六贝村完小、寺山乡六力村完小等学校一直开展壮汉双语教学,壮语教学得以传承。

第一章　习　俗

清乾隆十六年《来宾县志》记载:"元旦,设香烛拜天地祖宗,亲友交贺数日内迭为宾主以宴会。立春,先一日邑宰列彩亭,设土牛迎春于东效,城乡之民竞观。元夜,自初十至十六,比户悬灯,舞狮子灯演扮杂剧以为乐。社日,城乡酬钱祀社,长幼聚饮,秋社亦然。清明日,户插杨柳,小童插之于头,自此日至谷雨日止,各家扫墓。三月三日,元帝诞期,建庙迎像出游,为火爆径二尺,高三四尺,放之轰然。午日,折艾插门,饮菖蒲酒,以角黍相饷。中元,前五日设香烛祀祖先,朝夕设奠,十四日焚冥衣纸镪,谓之送祖先。中秋,设果饼为赏月之会。九日,户酬金建醮禳火灾,儿童放纸鸢。腊月二十四,夜备香烛牲醴祀灶,俗谓之小年。除夕,以糕粽相饷,换桃符扫庭户,祀神祇,家人毕集燕饮,具肴饭,烧灯达旦,谓之守岁。"足见境内民间信仰及特定社会风俗由来已久。

自古以来,来宾地区汉壮瑶等各族民众热情好客。客人到家,在力所能及的情况下,主人能给客人安顿较好的食宿。家有酒宴,延请亲朋好友邻里相聚,互叙情谊。同时,各族民众自古以来就有"一家有事百家帮"的互助传统习惯。表现在生产、建房、婚庆和丧葬等诸方面。

进入2000年以来,老百姓日常膳食讲究营养搭配,食物多样,清淡饮食逐渐成为城乡居民日常膳食标准。少数民族群众改穿时装融入现代生活。婚姻仪式去繁就简。大部分民间传统禁忌失去了"市场"。

第一节　居　住

壮族村落的选择,大多依山、环水、面屏,或者背水、面街。壮族居民以村聚居,村寨依山傍水就地而建,小者两三户,大者逾千户不等。明、清时期,住房多为茅屋板楼,人住楼上,下为屯牛畜的"麻栏"。民国时期,泥瓦房逐渐增多。20世纪50年代以后,农村生活水平提高较快,砖瓦结构的住房不断增多,一般为庭院式结构:主屋住人,主屋前为院子,两侧附加建有厨房、猪圈,四周围成封闭式围罗,围罗正面设简易小门称"门楼"。近年,特别是改革开放以来,农村生活水平得到大幅提高,新建住房大多为钢筋混凝土结构的楼房。九十年代末期,壮族地区居民建房呈现爆发式增长，一栋栋钢筋混凝土结构的2~6层楼房在来宾市城镇、农村拔地而起。传统的壮族“干栏式”住房，除了在忻城县北更、遂意等大石山区偏僻壮族村屯有少量保留外，已难觅踪迹。

茶山瑶、坳瑶、花篮坳多于山谷与溪流两岸利于防守之地聚居，每个村10~16户不等。盘瑶与山子瑶多在高山开阳处建寨，每寨约10余户人家，亦有单家独户居住。

茶山瑶房屋，大多为砖墙或泥墙木架瓦盖。房屋布局：一类为狭长式，宅内依次分畜栏、碓房、厅堂、卧室、厨房，宅内设有禾仓，前门侧有吊楼；墙壁不开窗，靠天窗与亮瓦采光；神龛与大门雕龙刻凤，或饰各式花纹，大门嵌横匾对联。一类为分进横阔式，分2~3进，内分畜栏、楼房、厅堂和卧房、厨房，室内不设禾仓。坳瑶房屋多为泥墙或卵石墙木架瓦盖，布局一般为进横阔式：分楼房、厅堂和卧室，厨房、禾仓与畜栏设于宅外；有些住房不分间，卧室与厅堂皆在其中，接近汉族居住区者住房设有窗户与天窗。花蓝瑶住房多无间壁，墙用泥石夯制，以较大木材作屋梁，梁架之下有立柱；卧房、厨房、米房多共一处，宅内仅置一、二门，既不开窗也无天窗。盘瑶、山子瑶住宅多木架、篱围、竹盖或以木皮盖成，有的住“人字叉”茅草房，不分间，畜栏禽舍、禾仓置宅外。民国后，山子瑶逐步定居，大部为“干打垒”式的泥瓦房，形式有仿茶山瑶者，亦有仿汉族者。1980年以后，瑶民生活水平提高，一些交通方便、生活富裕的村屯开始兴建砖混结构楼房。20世纪90年代末期以来，来宾市主要瑶族聚居区金秀瑶族自治县都以建设钢筋混凝土楼房为改善居住条件，再在外观装饰上添加瑶族民族标志。

汉民住房大致有几种类型：一是庭院式。庭院式住房多为先辈有人为官或经济条件宽裕的富户住宅，建筑年代多在晚清以前。布局为三进式，第一进正中是大门与前厅，两侧为房屋，前厅后是前院，两侧布有花坛、鱼池；第二进正中是正厅，两侧为房间；第三进是后院，两侧布有厨房、柴厩、厕所，再后面是后门、花园或菜园。房屋为砖木结构，雕花细刻。二是作坊式（亦称竹筒式建筑）。多为城镇工商者，房屋沿街而建，门面之间紧密相连。房屋为砖木结构或泥瓦结构，呈多进式或前后进式，一般前门为店，后进设坊，集生产、销售、生活为一体。三是混合式。布局不讲究，依地面地形而建。一般多为三间布局，分前后进，其间有小庭院，泥木与砖木结构均有。四是干栏式木楼。有些地方的汉族建房时就地取材，房屋为干栏式木楼。1980年以后，生活较富裕的城镇和部分农村汉民，逐步建起2~5层钢筋混凝土结构的楼房。进入20世纪90年代末期以来，境内汉族居民建房均以钢筋混凝土为主，鲜有泥木与砖木结构。

苗族于较高之山坡、山坳建立村寨，聚族而居，大者一二百户，小者十余户。民国时期，寨子周围种刺蓬灌木，高5~6尺，寨两头设寨门，以防匪盗。1951年以后，社会秩序好，寨门损坏以后不再修配，但围篱犹存。住房一般为干栏式吊脚楼，全杉木结构，上多盖瓦片、杉木皮或茅草。每座木楼一般分3层，间数不等，两头为偏舍，楼下（底层）关牲畜，设舂米碓，放柴草、农具；人住二楼，上楼过檐廊即是火塘，炊事、待客均于火塘边。有的另设卧室，有的于睡时在火塘边铺床；三楼挂烟叶、玉米种，堆放红薯、芋头等杂物，亦有铺床于三楼的。附近的向阳处，另建禾仓或禾晾。1984年以后，苗民收入增加，钢筋混凝土楼房逐年增多，原带有民族特色的住房已逐渐淘汰。

境内各民族，凡盖新房，一般先请地理先生看风水，确定山向，并择吉日良辰动土奠基，择吉日安门，上梁举行隆重仪式，以图吉利。建房一般选在秋后或农闲时良辰吉日开工，并注重开工、落成仪式。乔迁之日设以酒宴，亲朋好友备礼来贺，户主女方外家常备一大公鸡和自鸣钟以报晓报喜。新居竣工后，择吉日良辰乔迁。户主端一盆旺盛的炭火率先入屋，接着是主妇手捧盛有白米、铜钱（今用硬币）跟着入内，余人随后。鞭爆齐鸣。富裕人家当日大摆酒席，岳家和亲朋好友齐来庆贺，赠送镜屏钱米等礼物。

至2005年，来宾市境内民众生活水平不断提高，无论城镇和乡村，建房均为钢筋混凝土结构的楼房，高者至五六层，低者一二层，民间俗称“小洋楼”。外墙嵌瓷砖或涂料等，供水、照明和卫生设备相应配套，电话、彩色电视机、影碟、冰箱、洗衣机、空调、电动自行车、摩托车等日用生活设施成为城乡居民家庭生活的“标配”，甚至昔日认为不可高攀的“奢侈品”——汽车，也纷纷购入，进入了老百姓家庭。

第二节　服　饰

壮族服饰　清代，壮民男性穿唐装对襟衫，裤管短而宽，女性多着左衽大襟衣，袖管宽大，衣裙襟领，绣饰花边，腰系围裙。清末民国初，壮族女装不绣花边，袖长而窄。衣料多为棉、麻，自织自染的家机布，颜色为蓝、黑色。20世纪50年代,大多数男子衣服不变。女多穿圆领对襟或编襟上衣,下着长裤。20世纪60年代以后,特别是改革开放以后,受现代城市文化生活方式影响日盛,不少中、青年服饰向城市潮流演变,境内已很少穿着壮族传统服饰。

瑶族服饰 民国期间,茶山瑶男子大多着黑色唐装外衣,缠绣花腰带,盘绣花头带,头插银簪数支,喜戴手镯,裤为宽头唐装布裤。沿河及长垌一带妇女留长发,头顶平列3条弧形大银板。六段、长二、六定及忠良等地妇女头部以黑、白布围成三角形罩头;忠良乡一些妇女用黑线织成帽式头帕戴于头上。罗孟、罗香、平林等村妇女头饰用竹制成竹簪戴于头上,再围白布一块。长垌妇女戴耳环、手镯,逢喜庆佳节加戴项圈、银牌;着无领开胸服,衣胸边镶花带,腰缠白、黑、蓝等色腰带,腰带两端绣各色花纹;裤宽,长仅及膝,膝下套腿套,腿套绣各色花纹,以花带系紧。忠良乡一些妇女绣花,膝下围绑腿,腰围细褶短裙。金秀瑶族自治县一带少女则沿头部围银板3片,成三角形,并用各色花带系之,发插银簪。

坳瑶男子头缠白布头巾,头巾两头绣几何图案花纹;梳髻,髻上插银质圆形头针;衣服多为黑色与深蓝色,大领对襟,缠白布窄腰带;裤为宽头布裤。妇女用竹壳制成梯形帽套于发髻上,插头针数枚;颈戴银环;衣无领,长过裤,衣沿绣几何图案或花鸟兽图花纹,裤短不过膝,膝下裹绑布。

花蓝瑶男女衣服均无扣,衣长及膝,着时对襟重叠,用白腰带束紧;女衣两袖及下缘绣各式花纹,男子以白色绣花头巾围额,拖至后领打结。六巷一带妇女长发梳半边,倒向前额,平眉线处再将发倒挽头顶,用银夹夹固,两边与耳齐平,用布巾缠上,形如网帽;长垌一带妇女以白布围头,一半留于脑后,白天一般不穿鞋,晚上洗澡后穿木屐。少女梳长辫2根盘于头上,至16岁始改成年妇女装束。

清代,盘瑶男子用绣花黑色长头巾绕髻缠扎,似人字形或平形,常年不除。忠良乡、金秀镇共和村一带男子常以数条头巾缠系,头饰大如面盆,外层再围一花带。民国时期,不蓄发后,仅缠头巾,衣裤皆唐装,男女均喜戴手镯、戒指。妇女喜用白色纱条缠头,配以花带、串珠,戴耳环;身着无领胸衣,边缘与衣袖绣各式几何图案花纹,各种丝线织成的遮胸带挂于胸前;以数枚银扣固定衣襟,肩披宽至背中部,绣各种花纹的背裙,缠绣花腰带,围绣花围裙,裤脚绣几何图案花纹。现在不少妇女仍着此装。

山子瑶衣料多为黑色、深黑色,男子穿外黑内白唐装,缠白色腰带,腰带两端绣有花纹;下着裤脚宽大的长裤,劳动时膝以下束绑腿,头巾类似盘瑶,但较短。妇女穿大襟衣,衣襟边缘编织几何图案花纹,缠彩丝腰带;髻发,以长约2寸的小竹筒置于头顶,将发穿筒而过,织花头巾罩于箍外,再以彩丝缠绕头箍四周,插上银簪。

中华人民共和国成立以后,为便于对外交往,一些生活条件好的青年瑶民,除喜庆佳节着民族服装外,还穿青年装、中山装、国防装、西服;20世纪90年代开始,受城市时尚潮流影响,青年人的服装式样趋向时装化。

汉族服饰 清末,官绅、文人多穿长衫马褂为主,平民男着唐装;女性穿大襟阔袖上衣,阔腰大管长裤,衣裤多饰以花边,留长发,家境好的配银牌簪玉镯。民国时期,职业男性流行中山装,女士流行旗袍、短裙、剪短发;平民衣服无多大改变。1950年以后,男性除中山装、唐装外,还有青年装、国防装、工人装;女性改为前开胸,职业女性穿工人装、列宁装,领口多有变化。20世纪80年代后,男性服装向西服、夹克、运动装、休闲装、牛仔装发展。女性主要流行牛仔装、柔姿裙、超短裙、长裙套装、短裙套装、运动装等;生活宽裕者佩戴金银耳坠、戒指,金、银、珍珠项链等。

苗族服饰 民国时期的苗族男子缠包头,头巾青色,两端以绿丝线滚成锯齿形花边,长数尺到丈余不等,有的包缠数条;穿直领对襟长袖上衣,衣不遮臀,布扣多,最多者达13对;裤长至踝,裤腰另缝一横布作裤头,裤筒宽,有的宽达1尺2寸;跣足或穿草鞋、板鞋。女子盘发结髻,插银簪;身穿无领无扣对襟衣,衣长遮臀,袖口绣花边,并佩饰数条不同颜色之绸布,两襟缝绸条2条,交叉系于左腋下,带长于衣数寸至尺许;胸部罩梭形胸兜,饰以彩绸、刺绣;下着及膝短裤,窄裤筒或裤外罩百褶裙;小腿着套腿,套有绣花,套腿系带至踝;颈戴银项圈,胸挂银牌,垂于脐;手指戴银戒指若干。

苗族妇女挽髻于后脑,多插银簪或银梳,罩藏青色滚花边头帕,帕角垂于两肩;穿右衽大襟上衣,衣长过膝,且较宽,衣襟绣花,系花腰带,下穿裙或长裤,系滚花绑腿;跣足或穿牛角形花鞋。多喜佩戴银饰物。

中华人民共和国成立后,境内机关、厂矿干部职工和青壮年男子爱穿蓝色、草绿色制服,有中山装、青年装、军装、学生装等;爱戴黄、黑、蓝色的解放布帽。农村青壮年妇女大部分改穿大小反领、尖领、圆领的花衬衣和春秋两用装，改穿西裤。爱留短发或结长短辫子。1970年以后，服饰有很大变化。一般男子冬季穿灰、蓝、黄、咖啡等色的中山装和解放装，夏季穿各式衬衣西服，质料有各种棉织品、的确良、涤卡、尼龙等各种化学纤维和毛料。有的男青年穿牛仔裤、小喇叭和健美裤。女子冬季穿灰、蓝色反领服，夏季穿裙子白衬衫。男子一般留平头，有的留大包头。女青年喜爱短发。男女青年喜烫各种发型。1980年以后，男女青年爱穿时装，服装款式越来越多，有各式花裙子、大反领花衫、西服夹克等。喜穿各式胶底鞋、皮鞋和塑料凉鞋及高跟鞋。20世纪80年代后期，城镇有的女青年兴戴耳环和项链。男女老少多数戴手表。20世纪90年代后，各族人民服装逐步跟上时代发展潮流，日益民族化和时尚化相结合。

2000年以来，随着日常交往增多，“打工潮”和城镇化的快速推进，来宾市越来越多的少数民族群众改穿时装融入现代生活，除比较偏僻的壮乡瑶寨老年男女仍配以对襟、旁衽唐装和瑶族老年妇女服饰外，境内少数民族服饰成为仅在民族传统节日活动中或在民族旅游开发中用于接待游客时穿着的礼仪服装。少数民族服饰传承的生态环境遭受严重破坏，许多富有特色的少数民族服饰的制作工艺已经失传或正在消失，制作传统服饰的少数民族民间艺人后继无人。

第三节　饮　食

日常食俗

民国时期，境内壮族的主粮为大米、玉米，辅以红薯、木薯、芋头等。富裕人家早粥晚饭；贫穷者则终日食粥（部分地区夏天喜吃馊粥）。年景好时早餐和午餐吃粥，晚餐吃饭，佐以瓜菜，时有些肉类；歉收年则3餐吃粥、甚至以玉米、木薯、红薯等杂粮掺煮稀饭，佐以蔬菜、辣椒之类，平时很少吃到饭和肉类。富裕人家一日三餐吃饭，有肉吃。1950年以后，人民生活水平提高，但来宾、象州、武宣、忻城等县农村壮人，仍保持吃馊粥习惯。在夏秋季节，每天早上煮好粥，分3餐，中餐带至田间地头，渴了喝粥水，饥则捞饭粒，以酸品送粥，不定时吃用。游耕为主的瑶族以玉米等为主粮，其余瑶族以大米为主。蔬菜以瓜类、白菜、辣椒、茄子、豆角为主菜。还有山上季节性竹笋、蘑菇、木耳、香菌、石崖菜作副菜；金秀大瑶山区域因村寨离圩镇较远，瑶族除猪、鸡、鸭、鱼、马肉外，常制作鸟鲊，菜类腌酸，或制作熏肉挂于火塘上。汉族以大米为主粮，辅以豆、麦、玉米、薯类等；肉类、蔬菜、水果品种多，吃食无禁忌，讲究烹调技艺。常将大米加工制作为粉、粽、糕、饼、酒等食品与饮料；将黄豆加工成豆腐、豆豉、腐竹、豆芽；将新鲜蔬菜加工成咸菜、酸品、头菜、干菜；将水果加工成果干、果脯等。逢年过节或红白喜事或三朝满月、做生日、喜庆，多制作白切鸡、扣肉、五柳鱼（或糖醋鱼）等菜肴。冬季喜吃火锅，尤喜狗肉火锅。各民族长期杂居，大部分汉民也喜爱少数民族的传统名菜。苗族主粮为大米，尤喜吃甑蒸糯米饭，辅以木薯、玉米、红薯、芋头等。喜将刚蒸熟的糯米饭捏成团，放入自制的酸醋中浸泡而食。宰杀禽畜或猎物皆用火烧去毛，鸭、草鱼、鲤鱼，以及收获后一时吃不完的芥菜、萝卜等，多腌成酸食。酸鸭是待客的上等菜，酸鱼也常用于待客。还喜吃肉汤粥（鸡、鸭肉用清水煮熟捞起再放糯米、姜末煮成粥，再拌以盐、葱）。一些地区的苗民喜欢食“酱”，即取刚宰杀的牛羊粉肠之液，经多次过滤，加入各种配料煮熟，吃时，也可加牛羊内脏。一些地区取猪肝、肾、心及瘦肉烤熟切片，佐以香料，再淋浇猪心血（宰杀后破心取血），谓“紫肉血”。苗族用芥菜制成的酸菜，吃时多加香蓼、鱼腥草等作料。还常用酸菜煮竹笋。火烤竹笋是苗山特有的食品。苗民自制的酸汤水，苗语称“鸟咋”（泡米水倒入坛内置于火塘边，保持常温状态，久之即成酸汤水，其味酸甜）。鸟咋是制作鸡鸭酱、煮酸鱼汤与酸螺汤的主料。也用作煮其他蔬菜。平时，草苗喜吃油茶，壮汉人爱吃酸品。

进入2000年以来，随着生活水平的提高，老百姓对于饮食的要求也逐渐从简单的“有得吃”和“吃得饱”提升到了更高的层面，很多居民开始关心起营养与健康问题，日常膳食讲究营养搭配，食物多样，清淡饮食逐渐成为城乡居民日常膳食标准。

节庆食俗

境内各族民众对于传统节日诸如春节、元宵节、清明节、端午节、中秋节、冬至等与外地相比并无多少特别之处。有钱人家杀鸡宰鸭，大鱼大肉，大摆筵席；普通人家难得奢侈一回。通常是春节包大粽子、蒸年糕、做米饼、炸粉圆、宰鸡鸭、炸鱼圆；正月十五日，做汤圆；“三月三”和清明节，鸡鸭鱼肉外，吃五色（黑、红、黄、紫、白）糯米饭；中元节，春鸭为主，各种荤菜很丰盛；中秋节，家家户户杀鸡宰鸭外，一般少不了月饼和柚子;端午节包小粽子;冬至节,食汤圆、糍粑。

祭祀食俗

春节农历正月初一互不串门,吃素、甜食,不杀生;壮族农历二月初二春社日,各村或宗族合资杀猪宰羊祭拜社王,祭毕即在社坛前聚餐,或按户平分祭品回家祭祖先;正月十五元宵节,家家杀鸡宰鸭,祭祖先;清明节(壮族三月三节)祭祖用猪头(或猪头皮)、五色糯米饭、熟肉、公鸡、酒等作祭品去祭扫自家的祖坟,一日祭扫未完,翌日继之。晚归后再盛祭家中祖先神坛。有的地方风俗,供品必须在野外吃掉,有的地方扔掉供品不吃;端午节,家家包糯米粽,杀鸡鸭祭祖先;中元节,农历七月十四,接祖祭宗,各家各户杀鸡,买纸衣、纸鞋、纸船、金元宝等供奉祖先。壮家有的从七月初七开始到七月十四,早晚祭拜祖宗;中秋节,将月饼和柚子端出庭院供拜月亮,在柚子中插上香或蜡烛,等到香烛烧尽后,分食果饼;冬至节,多数人家做糍粑、杀鸡、买酒肉祭拜祖宗,尤以客家人更为隆重,从古至今,都沿袭着"冬至大过年"的习俗,家家户户杀鸡宰鸭,办一餐比过年还丰盛的佳肴,并吩咐已出嫁的姑姐回来团聚,欢庆一年的好收成。农历十二月二十三日灶王节,祭灶王时供上两碗糖开水。

特色食品

来宾地区是一个少数民族汇集融合的地方,多民族化的发展,让它不仅有着独特的风俗人情,更有着让人欲罢不能的美食。

"鱼生" 沿江沿河而居的来宾地区居民喜将生鱼切成薄肉片,伴以醋、盐、葱、姜、蒜丝及香油等食用。因吃"鱼生"易患肝吸虫等病,2000年后吃"鱼生"的人已大为减少。

"肉山" 瑶族小孩做"三朝"常作"肉山"这道菜,底层为竹笋、香菇、青菜、猪肠,2、4层是瘦猪肉、猪腰、猪肚,第三层肥肉片;顶层为二斤多重的肥肉,共重20多斤。

苗民喜欢食"酱" 即取刚宰杀的牛羊粉肠之液,经多次过滤,加入各种配料煮熟,吃时,也可加牛羊内脏。一些地区取猪肝、肾、心及瘦肉烤熟切片,佐以香料,再淋浇猪心血(宰杀后破心取血),谓"紫肉血"。

"珍珠糯玉米粥" 将糯玉米碾成小颗粒(俗称玉米头)后煮成粥。糯玉米粥颗粒圆润,呈乳白色,形似"珍珠",民众称之为"珍珠糯玉米粥"。糯玉米粥入口柔软圆滑,甘香可口,营养丰富,素有"似珍珠却胜珍珠八桂名馔、非御米更超御米五星佳肴"美誉。食用玉米粥有酸、辣、甜、腻等二十几种配菜,美味可口,深受人们喜爱。

"羊憋" 用山羊胃里和小肠里未完全消化吸收的绿色草末液汁,加入新鲜羊血、羊肠和羊肚等制成,其味道清苦独特。

"清水羊肉" 用新鲜山羊(必须是放养在石山的山羊)连皮带骨肉,切块后加清水,配大茴香、小茴香、桂皮、草果、砂姜、生姜以及甘蔗等佐料炖熟。清水羊肉汤味鲜,肉质嫩,具有滋阴补气之功效。

"龙棒" 壮语称"楞棒"。是用猪血、粳米饭加葱和捣碎的花生米粉末搅拌均匀后灌入猪小肠,入汤锅煮熟即成。龙棒是壮族人民普遍喜爱的传统特色食品,其味道鲜美,即可当主食也可做零食。

"油炸馍" 主要用酸菜、猪肉、黑豆、葱花、辣椒等做馅,再用米浆包裹后油炸而成,味道香辣可口。

"五色糯米饭" 是用黄花、枫叶、红蓝草等植物的天然汁液浸泡糯米染色后蒸熟,即可做成色泽鲜艳、五彩缤纷、晶莹透亮的黑、红、黄、紫、白等五种颜色的糯米饭。

食俗礼仪

境内民间以好客尚礼为传统。有外地人到村里,无论男女老少,都热情招呼客人进家吃粥吃饭。客人进屋,先敬茶,后敬烟。

如客人是亲朋好友,主人就弄饭菜招待。只要米一下锅,客人就不能走了,不然被认为是不尊重主人或不懂人情道理。

待客进餐时,男客与男主人同桌;女客与女主人同桌。如遇人多,主家少年往往不同桌吃饭,而是待立旁边,给客人添饭。给客人添饭,必须双手奉上。

陪客人喝酒,须由主家晚辈少年斟酒,主人不能先于客人停饮。客人停酒吃饭,主人如酒未足,也不可再喝,要陪客人一起用饭。席间,主人常挑好肉菜挟至客人碗里。年轻人陪客时,不可将筷条伸到客人面前搛菜,如吃饱了要招呼客人慢吃,否则被视为不懂礼貌。客人未吃饭毕,主妇不能收拾碗筷,否则被认为向客人下逐客令。

客人准备离去,主人要多方留客,除用语言表达外,多有将客人东西收起,使之无法离开,如客人坚持要走,主人全家均至大门送行。

壮人饮食非常讲究礼节。用膳时,年轻人要给客人和长者斟酒、夹菜。饮了半杯又再斟满，不让杯中酒干。负责斟酒的人，手脚要利索，不许双手握壶，而是用右手端酒罐，食指和中指压盖，否则被人讥笑。若壶中酒尽，同座老人则用暗语道："此壶口不通了，请拿去吹一吹"。负责打酒的人心领神会，便拿起酒罐离席添酒。主人给客人夹菜，先老后少，软的和好的给老者吃，自己选差的吃，如鸡肝、鸡尾锥和胸脯肉夹给长者，鸡腿给小孩吃。每次吃饭，都有礼貌地招呼客人夹菜。盛饭不得盛得太满，另盛满数碗于桌，让客人自由添饭。主人要陪同客人就餐到结束。倘若客人吃饭后，放碗时不得将碗或酒杯倒放于桌上，也不得将筷子架在碗上，否则被人认为不懂礼貌或者吃不饱。吃饭后，平放筷条于桌上，彬彬有礼地祝同桌诸位"慢慢吃"或"慢慢喝"。

瑶族请客吃饭时，主人一定要向客人敬酒敬肉，把最好的菜放到客人面前，以客吃饱吃好为荣。过年过节就餐时，让长辈坐正位，老人先动筷子，晚辈才能吃，小辈主动把好肉软菜夹给长者。

境内，汉壮瑶等各族民众热情好客。客人到家，在力所能及的情况下，主人能给客人安顿较好的食宿。客人告辞时，主人相送，并嘱咐"再来""好走"等好话。此另，家有酒宴，延请亲朋好友邻里相聚，互叙情谊。同时，各族民众自古以来就有"一家有事百家帮"的互助传统习惯。表现在生产、建房、婚庆和丧葬等诸方面。

第四节 农 耕

开 耕

境内农民旧时开耕之仪，称"开春""开犁"等。每年多在立春时节举行。开耕要在吉日焚香挂彩后举行，每块田（地）只犁 1 行即告结束。现农村普遍推广机械化作业和抢农时，该习俗已绝迹。

扯秧插田

过去境内农民在插田之前，先请长辈扯秧，然后拿到田间扔下或先插一两行，再由他人插，以示禾苗根基稳、分蘖多，稻谷丰产。现农村普遍推广抛秧新技术，这一习俗逐渐淡化。

耘 田

境内农民过去有"一耘草、二耘禾、三耘四耘涨破壳"的说法，故通常耘田 2 次 3 次，也有 4 次的。耘毕，封好稻田水口插上草标，以免别人放水灌田或把原有田水放走等。随着科学技术的发展，现今农村普遍推广免耕技术，已经很少有农民耘田了。

除 虫

过去农作物遇虫灾时，境内农户多以驱虫药物喷杀或诱捕。有的将虫尸曝晒田边地头，或装入瓦罐放入石灰或草木灰埋在田边地头，谓之"封禁"，意在警诫虫灾。今农户均以科学方法喷施农药杀虫，保证农业丰收。

祷 雨

中华人民共和国成立前，久旱被视为龙王作孽，故常有祷雨之举；多在田间或地头，或在庙坛烧香祈祷。今此习已除。

垦 荒

农户在开垦荒地时，多有"打标为记"的惯例。即垦荒者一时开垦不完，便在拟开垦的荒地四周和中间挖上几锄或犁上几犁，作为标记，以示荒地有主，不宜再来开垦。

挂 彩

农历正月初一日，区（县）内不少地方的农民将红纸或红布条贴在牛栏，并把牛牵到栏外宽敞处，燃香放炮，喂以精料，再牵回栏，谓之"新年挂彩"或"牵牛出方"。此习沿用至今。

第五节 节 庆

春 节

农历正月初一至十五为春节。初一这天，人们清早起床梳洗完毕，即焚香烧纸，恭候春神。开大门迎前来拜年的小孩。群孩进门，主人给每个孩子分发糖果，间或给压岁钱者，孩子们俱道"恭喜发财"感谢主人。人们相遇都互道"恭喜发财""新年好"等语。家家户户包粽子，杀鸡宰鸭，贴对联。初二便开始走亲访友，互相祝贺。春节期间，城乡居民都兴舞龙舞狮，演戏，女孩跳"乌龟"、踢毽子，男孩打陀螺、荡秋千等活动。正月十五以后，大人开始下地劳动，小孩活动渐少。

元宵节

农历正月十五日，境内城乡居民吃汤圆(象征团圆)。家家杀鸡宰鸭，祭祖先。有的地方舞狮、舞龙，节日气氛浓厚。

二月社

农历二月初二为“社日”，各村祭祀社王。社王亭立村头，矮小阴森。祭祀目的在于乞求社王保佑人畜兴旺，五谷丰登。倘遇人畜突然发病，酿成瘟疫，则临时组织祭祀。中华人民共和国成立后，破除迷信，崇尚科学，此俗已革除。但20世纪80年代后，有些地方又立社亭，祭祀社王。

三月三

壮族传统节日。境内居民习惯于当天举行家宴，并做五色(黑、红、黄、紫、白)糯米饭充食或赠送亲友。壮族人家备办，猪头、猪肉、鸡鸭、酒、鞭炮香烛和纸幡等祭品上坟祭祖。出嫁的女子要带祭品回娘家参加扫墓。各姓大都联宗祭祖。祭祖当日，宣读祭文，述其宗亲概略等等。扫墓习俗延续至今。改革开放后，各地政府通常举办“三月三”山歌演唱活动。

清明节

每年农历三月自清明日往后15天为清明节。清明节是民间扫墓、祭祀祖先的节日，合家合族老少，甚至远离家门的亲人，都要回家到墓地为祖先扫墓，大的家族常聚集数十、数百人上山扫墓，扫墓后席地而食。头一天晚上，就要提前用黄饭花蒸制好黄糯饭，其他食品也要隔天冷却，第二天带上山吃，故又叫“寒食节”。

四月八

此日为祭牛节，让牛休息一天。境内农村居民，家家在牛栏前摆上酒肉、五色糯米饭和一捆青草，焚香说祝词。祭毕，牧童将糯米饭和青草分成数份，每头牛喂给一份，表示对牛的关心。中华人民共和国成立后，此俗已革除，但人们仍蒸五色糯米饭，自食或送亲友，增加节日气氛。

五月五

汉人称端午节，壮人叫粽粑节。这一天，各族群众均过此节，家家包粽粑，并将房里屋外打扫干净，在门道和墙洞插上乌桕叶，洒雄黄酒，防止鬼蜮虫蛇入屋。群众习惯在当日采集各种草药来煮水洗澡，用雄黄酒擦手脚，以防疾病或蛇咬伤。此俗延续至今。

六月六

俗称“赎魂节”。此日岳母带鸡和三角粽到女婿家给外甥赎魂，乞求神灵保佑外甥无灾无难，快长快大。也有个别地方把六月十三、十六日列为“赎魂”节。中华人民共和国成立后，此俗在部分农村仍有延续。

七月十四

俗称中元节，隆重程度仅次于春节。汉人多只在七月十四这一天过节，而壮人多从农历七月十三起至十五这三天都是过节。此节日以吃鸭为主，女婿回外婆家也以活鸭为礼品。十三日这天，清早起床杀鸭设酒，裁纸钱，剪冥衣，点香烛，摆祭品，祭祖宗。祭毕烧化钱纸冥衣。十四日继续祭祀。十五日早晨再祭祀，盛况空前。境内各民族均有过此节习俗，祭祀仪式大同小异。“文化大革命”期间，此节日被当作“鬼节”批判，节日气氛不再隆重。20世纪80年代后，此俗又重新兴盛。

八月十五

为“中秋节”，家家户户买月饼(有的自制米饼)，柚子，梨子，还用糯米干粉制食品作为供品。月亮升起后，一家人边吃月饼边赏月。节前，亲朋好友通常互赠月饼。此俗延续至今，从未间断。

九月九

汉人称“重阳节”。旧时，农村在此日举行祭祀，乞求“村主”保佑全村老少安康，万事遂意。并在当日阉牛，捡坟。城镇汉人在此日登高望远，邀友赏菊。20世纪50—70年代，祭“村主”的陋习已革除，但家家户户以新豆腐圆，庆贺大豆丰收。20世纪80年代起，农村个别村屯复立“村主”，行香供奉。登高赏菊之俗如故，并定这个节日为“敬老节”。

冬　至

无论城乡，家家户户做汤圆吃。

除　夕

农历一年中最后一天。当天，家家洒扫庭院，收拢各种用具、家具，凡外借物件一概收集回家，贴上红纸，以示纪功。门坊、神台（香火堂）贴红纸条幅，门板贴“门神”。大门贴春联，标志除旧迎新。然后摆供品，祭祀列祖列宗，燃放鞭炮，举家饮宴。所做饭菜以剩余为吉利，预示年年有余。晚上，全家人说笑话以取乐，不许过早就寝，此谓“守岁”。境内各民族均有此习俗，大同小异。

尝新节

金秀瑶族自治县茶山瑶定为农历八月巳日；花蓝瑶与坳瑶定为九月的一个吉日为尝新节，当日在田中摘取嫩稻穗，与旧米煮饭，家人共餐；茶山瑶还加祭雷王和大圣神。

瑶　年

农历五月二十九日为瑶族特殊节日。也称“祝著节”。每到这一天，瑶族群众身着民族盛装欢聚一堂，载歌载舞一同庆祝节日。

盘王节

农历十月十六为盘王节，瑶族纪念祖先的传统节日，是瑶族最隆重的节日，亦称“做盘王”“还盘王愿”，家家户户杀猪宰羊，做糯米糍粑，宴请宾客。男女老幼穿瑶族服装，姑娘们佩戴银饰品，穿绣花鞋，人人喜气洋洋带着食品参加节庆活动。

除传统的节日外，境内群众特别是党政机关、企事业单位职工所过的法定节日包括：“三八”国际妇女节、“五一”国际劳动节、“五四”青年节、“五十二”国际护士节、“六一”国际儿童节、“八一”建军节、教师节、国庆节等。

第六节　婚　姻

定　亲

中华人民共和国成立前，来宾市境内男女结合听由“父母之命、媒妁之言”。经历合八字、定亲、纳彩（过礼）、纳吉（择定吉日嫁娶）、迎亲等阶段。这些程序，中华人民共和国成立后大致仍沿袭。其时，定亲之后一般不容反悔。但由于男女双方未能见面，常导致许多婚姻悲剧。中华人民共和国成立后，男女多能自由恋爱，结婚须依法履行登记手续。今，定亲之举已渐次更除。

彩　礼

中华人民共和国成立前，男女定亲后，男方即择接亲吉日报给女方家，同时须备封包和酒肉等，托媒人转送到女方家。对方收到礼物后，同样托媒人回送一些礼物作答谢，称作纳徵纳吉礼。至今，农村中仍有沿袭此俗。

婚　仪

清代、民国时期，结婚的那天，男方准备红喜轿、彩旗古乐、喜炮等，雇请轿夫将轿抬至女方家接亲。新娘上轿前，先由一名“鸿福的、好命的”妇女为新娘梳妆打扮，用一本历书、一面明镜、一把尺子，挂在轿子门口（照妖驱邪之意）。新娘用一方形红绸布蒙头，出门前，先拜辞祖先，后拜父母及其他长辈亲属，然后站到装满白米的箩上，由侍者喂给吃食，然后由一亲姐妹（也有的地方由胞弟）背出门，一女陪童在旁撑伞遮阳，一直背到轿子门前，新娘上轿后，一女青年另上一轿伴行，起鼓奏乐后，把轿抬回夫家。新娘至婿门后，婿家的父母和其他亲属要回避，接亲娘打开轿门，侍待者把伞遮阳，扶着新娘进入婿家堂屋，此时，婿家避开的父母和其他亲属也随后走入堂屋。新郎新娘行结婚拜堂礼，男左女右站立，依次拜祖先、父母、尊属和媒人后，夫妻交拜，这时新郎取出袖中所藏的纸扇向新娘轻轻拍3次（俗称丈夫对妻子的示威）。拜堂礼毕，接亲娘就将新娘引人洞房，新郎随后把新娘的蒙头绸布揭开，接亲娘为新娘安床设帐，这时把从女方家带来的红蛋、花生、红枣、红瓜子、喜糖等撒满床中，任由小孩抢吃，这意味着有蛋（诞），有生，有生儿育女、早生贵子之吉意。这时男方家设筵席招待宾客，新郎于门前接宾客，婚仪就算完毕。中华人民共和国成立后，婚姻仪式有所更改。农村男女双方到登记机关领取结婚证后，在迎亲的前天，男方请一位担郎把事先商定好的聘礼送到女方家，如米酒、大米、猪肉等，还有给新娘的公、婆、父、母、兄、弟、姐、妹等人和新娘的封包，几尺红绸布，一把新伞等。乡间一些地方，新娘离家时还有拜香火、给弟弟喂饭，哭嫁告别父母、用红绸布包头、由接亲者撑伞遮阳等旧俗；新郎也由同伴陪到新娘家门口迎亲，到时鸣放鞭炮，表示新郎已到。有大家坐迎亲车往返的。一般回到新郎家门，同样鸣放鞭炮迎接新娘拜堂后入洞房。

此外，象州、忻城等县部分乡镇群众，在举行婚礼之时，结婚男方、女方分别组织男女山歌队，借以迎送。新娘来到村头时，男队就唱歌迎接，女队也唱答谢歌，双方边唱边同家，一直唱到新娘新郎拜堂完毕后。在主家同意后，当晚又继续唱山歌或情歌，直到天亮为止。男女歌手有借对歌之机谈情说爱，寻找未来的伴侣。机关、企事业单位职工和其他城镇居民的婚仪繁简不一，但喝茶、请糖等简朴形式为政府所提倡。20世纪80年代后，城镇青年举行集体婚礼或旅行结婚，农村婚事新办，简朴隆重。但也也有少数富裕人家办婚事讲排场，摆阔气，铺张浪费。群众生活水平提高，出现索取高额聘金或等高档嫁妆的现象，农村买卖婚姻之风有所抬头。2001年后，机关、企事业单位职工和其他城镇居民的婚礼都在宾馆饭店宴请亲朋好友。

回　门

中华人民共和国成立前，新娘到男方家3~7天后，就转回娘家探亲，称“回门”。媒人也陪同前往吃最后一次酒。新婿须备酒肉和一定的礼品随同新娘一起回岳父、母家做新女婿（俗称新姑爷）。女家设宴招待，称吃“回门酒”。新婿夫妇必须于当天日落前返回婆家。12朝，即新娘独自回娘家，住12天至半个月，称“小满月”。1个月后，新娘再次回娘家，住半月以上，称“大满月”，此后就随夫生活。此俗现仍有少数地方沿袭。

入　赘

俚语称“上门”。男方入赘女家，一般由女家置办酒宴拜堂成亲。入赘者及其所生育子女要从女方姓。中华人民共和国成立前，入赘者多为穷家子弟，常被人瞧不起，地位较低。今已改变。特别是实行计划生育政策后，男方到女方家落户较为正常，而且地位平等。

再　婚

中华人民共和国成立前丈夫去世后，妻子一般要守孝3年，征得娘家和原夫家的父母兄弟同意后，方能再婚。男子丧妻再婚，无守孝之限。再婚仪式一般较简。现今，男女双方丧偶或离婚后，找到自己的伴侣，就可以依照婚姻法规定办理再婚手续结婚。

第七节　生　寿

报姜酒

孩子出世，需备办鸡、生姜、酒等物品至外家报讯，叫“报姜酒”。若备项鸡，即为生女；若备公鸡即为生男。

三朝酒

婴儿生后3天，外婆携鸡和鸡蛋等物来贺，主家待以酒肉等，称为“三朝酒”。

弥月酒

婴儿出生满月后，宴请亲友，称弥月酒（满月酒）。乡间这种酒宴，一般是先吃甜酒（姜酒），后进宴席。赴宴的人一般给婴儿送衣物、鞋、帽、背带和抱褛等，给婴儿母亲送鸡、蛋、米和甜酒等，也有送红包的。赴宴者多为女客。今，群众多沿袭此习。

半月酒

宴席和礼品与弥月酒同。

对岁酒

婴儿满周岁，宴请宾客。赴宴宾客一般为婴儿赠送衣服、鞋、袜、帽子等。机关、企事业单位职工有一部分人不兴对岁酒，而兴周岁“生日酒”，赴宴宾客一般赠送文具、玩具、衣服或封包等。现今大部分人都喜欢送红包。

做　寿

为60周岁以上老人的生日祝寿称作做寿。来祝寿的人，一般是老人亲属、朋友等。为70岁、80岁老人祝寿称“做大寿”。做寿分小做和大做两种类型。经济条件较差的家庭多为小做，做法简单，仅家中子女买些肉，加几样菜，合家团聚表示庆贺即可。经济条件好的家庭则要大做，要请寿酒，通知亲朋好友。凡年龄、班辈小的亲朋，都备办礼品，一般送红包、米、布、肉菜或寿幛。嫁出的女儿要为做寿的父母送寿衣，儿、女、姑辈及外甥要给老人拜寿。老人则事先准备好封包，分赠给拜寿的晚辈。宾客登门祝寿时，燃放鞭炮，送寿衣、寿面，主家则备办酒席，款待亲朋好友。少数百岁老人做寿，气氛更是热闹，街坊邻里都来道贺，有的还请乐队吹打，就地演戏。

第八节　丧葬

境内民间丧葬均为土葬，分2次葬。第一次用棺木葬。壮族习惯垒圆墓，汉人习惯垒长墓。第二次用陶瓷坛葬。

送　终

父母临终，子女必须火速赶回，听取临终嘱咐，送别死者，名曰“送终”。死者临死，须将其从房中床铺移至外厅地下，不能让其在床上断气，不然被视为不吉利。老人寿终后即舀碗清水摆在大门槛上，谓之“阎魂汤”。然后抬尸至厅堂左边灵床给其烧香、沐浴更衣，男剃头，女梳发，穿戴上全新的白布、黑布寿衣和黑布制成的寿鞋、寿帽，设悬帐停放。书写灵牌，向亲戚报丧，请地师选择吉时吉地。

入　殓

入殓前，父死应请宗亲叔伯在场验视，母死须请外戚在场验视，以示确信死者逝世，放心无异议。而后着服设祭由长子捧头，次子捧脚，三子或四子抱腰轻轻装入棺内。将棺置放于矮凳之上，在棺下点1盏油灯。晚上请道士点莲灯，布道场，诵经打醮设斋两三日或六七日，为死者超度。有女婿之家，女婿需备三牲酒礼前来拜祭。停丧期间。子女要穿白孝衣、帽（巾），吃饭要站立。虽煮有肉但不能吃，吃则被视为不孝。

祭　奠

停丧期满，即抬出下葬，俗称“出山”。临出山前，亲戚朋友、街坊邻里不需通报，均自动准备礼信（一般为封包，香烛纸钱），关系密切者做祭幛，前去吊丧，不来者，往往被视为“生死不来情义断”。丧家为死者开堂祭奠，宗族给死者送旌表。儿子披麻戴孝，身穿白衫，腰系稻草绳。夫亡，妻子全身穿白，头戴白花，脚穿白鞋；妻死，夫不戴孝。送终者至亲和直系晚辈戴白布，穿孝衣、白鞋，余扎白布条即可。长辈不戴孝。开祭时以孝子（长子或长孙）为主祭人，子孙侄婿先祭，然后亲友，亲疏依次进行。亲友祭毕，主祭丧和遗属要下跪致拜答谢。

出　殡

祭奠毕由“八仙”（俗称“抬夫”）抬棺出殡。届时子孙素装扶柩痛哭前行，亲友随后痛哭，一路分撒冥纸或硬币至落葬地。下葬前，先请地理先生择地看好方向，认为当年利哪一方，坟墓就朝哪方埋葬。同时将死者生前穿用的衣物铺盖，全部丢弃（确实贵重的，要露天打霜7天后方可取回）。埋葬完毕，要置酒席招待吊丧、送葬的宾客。

守　孝

出殡安葬后，死者嫡亲晚上要集在堂屋“守孝”。有的守49夜，有的只守3夜或7夜。守孝期间，身穿素色衣服，鞋帽缀白布条或黑布条，不得剃头。守孝人白天外出或劳动，不宜闯喜。

三五年后，重新挖开死者坟墓，将骨骼捡拾装入陶瓷制成的金坛，请地理先生择“吉日”选择“风水好”的地方，进行二次安葬。

中华人民共和国成立后，随着社会的进步，丧葬礼俗有所变化，废除念经做道场等迷信活动，丧事简办，孝男孝女送花圈，戴黑纱，挂白花，表示对死者的哀悼。守孝习俗亦从简，唯扫墓习俗无多大改变。干部职工去世，大多由单位举行遗体告别仪式。送花圈、开追悼会，土葬改为火葬。八十年代后，一些农村死人，又兴请道公、师公做法活动，道场锣鼓时有所闻。

第九节　禁　忌

在历史上，来宾各民族无论生产生活，禁忌颇多。民间禁忌起源于原始社会的自然崇拜，进入阶级社会后增加了封建迷信色彩。某些禁忌在一定程度上反映了劳动人民长期积累的某些生产生活经验，但披上了迷信的外衣；不少禁忌纯属迷信，缺乏科学依据。中华人民共和国成立后，各民族各种生活禁忌在20世纪50年代初期至中期仍基本保存，以后随着社会变革逐渐变化。交通较方便、经济文化较发达的城镇和平原地区，迷信色彩较多的禁忌消失较快，边远山区消失较慢。现在除老年人居家、饮食、服饰、婚丧、节庆、出门远行为图个吉利讲些禁忌外，青年人一般不讲禁忌。进入21世纪，随着农业现代化和农村城镇化，大部分禁忌失去了“市场”。

农事禁忌

中华人民共和国成立前，壮族每年正月初一至初十，禁从事野外劳动。开春后第一次打雷的次日，忌下种。逢“地火日”（或称“枯焦日”）、父母生日和忌日不栽种，否则认为禾苗会枯黄或对生人不利。一年中，三、六、九、十二月的“土王日”不挖土动工，否则认为人畜不安。春耕时，逢戌日、破日不用牛耕田，四月初八（少数在五月初五）为牛生日，禁用牛。每年播种或插秧的第一天，忌穿白衣服，连头发白的人和孕妇都禁止下田。父母双亡未脱孝者不能先下田拔秧。播种稻谷、玉米时,忌讲鸟兽,否则认为作物会遭鸟兽糟蹋。四月初八有的地方禁出门,此日若有人走过自己的田埂,当年这块田失收,就要他赔偿损失。五月分龙日各地普遍禁止挑粪或动粪桶,忌倒尿,否则认为当年天大旱,作物失收。六月初六禁下田,七月十三、十四日禁下地,否则认为棉花瓜类掉花不结果。立夏日忌白天睡觉,否则认为田埂会崩塌。立秋日禁耘田,否则认为作物遭虫灾。八九月的某一天不得坐门槛,否则认为谷穗生不出。十月初二不吃米粉或面,否则认为庄稼遭虫灾。此外,一年中每月三个戍日不准人畜禽下田,否则认为田水不来,禾苗受旱。每月破日不准下田,否则认为田埂会倒塌。有的地方种棉花、瓜果要择“执日”,种芋头要在“卖居”之日,即正月七月的子、丑日,二月八月的寅、卯日,有“乙日不种,戊日不栽”的成规。种芝麻忌抛撒种子,否则认为芝麻不结果。驱赶耕牛,不论役使或走路,忌用扁担打牛,而要用小竹枝鞭打。因壮语扁担称“闲”,犯忌等于无田地可耕。

中华人民共和国成立前,汉族有立春后一、二日(如戊寅、戊申、戊子……)不下种的习俗,因戊与“误”同音,下种怕误。正月二日俗称“风雨”日,忌下种、护理作物,怕遇风灾。正月十三、二月十一、三月初九、四月初七俗为“杨公忌”,禁下种。有的一年中四个土王日(立春、立夏、立秋、立冬前十八天)和每月的戊日不动土,不挑粪。每月初一、十五不挑粪桶。有的地方播种、插秧忌面向太白。老人知道每月每旬太白的方位,认为犯忌播下的谷种、插下的秧苗会遭鼠害。夏至日不准挑粪桶扛锄头下地,否则认为会天旱。

中华人民共和国成立前,瑶族正月二十忌风,二月初一忌鸟,二月二十忌水,三月初一忌雷公养仔,三月二十忌鼠,小满日忌“大水回”,芒种日忌山猪,四月初八忌用牛,五月初一忌毛虫,分龙日忌挑粪桶,小暑忌进园,大暑忌进田。凡这些忌日都不出工,否则认为会招来风灾、鸟害、水旱灾、鼠灾、山猪灾、虫灾。牛王日用牛,认为牛会疲困死。有些地方每月逢子、寅、未、申、亥日不做工,否则认为犯鼠、虎、羊、猴、猪禁,招致灾害;破日不做田地工,否则认为田地会崩塌。每年四个土王日不动土,否则认为触犯土地神,作物会遭灾减产。各地普遍逢父母忌日不播种,否则认为种下的作物会枯死。到别人家参加丧葬活动回来,三日内不下地,认为身带秽气,下地干活作物会枯萎。

中华人民共和国成立前,苗族每月初一、十五不挑大粪。逢亥日子日不挖地下种,俗有“春忌亥,秋忌子”之语,怕犯禁将来作物遭野猪、山鼠侵害。亥日不吃新米,亦为此意。插秧后一个月,男的忌剃头,女的忌洗发,男女均忌洗衣服,否则认为秧苗不扎根,会浮起来。每年四个土王日不动土,不用锄,有“四季土王为大戊”之语。六月初六“半年节”祭田神,路上忌人喊,忌回头看,忌生人入家。社日禁晒衣、踩田及上山烧野火。

生产禁忌

中华人民共和国成立前,壮族一些地方夏历五月初五禁入菜园,否则认为粽粑叶会枯死。出门赶圩做买卖忌煮饭不熟,忌见老猫野狸,忌右脚碰着石头,忌别人讲猴子,否则认为半路会被匪抢,或生意不顺利。有的地方每年一次摘果子时,忌在树上吃果子,否则认为以后果易腐烂或被鸟叮吃。有的地方钓蚂蜗老手忌三次钓到被自己拗断腿的蚂蜗,否则认为将被蛇咬。每月初五、十四、二十三晚上忌狩猎,俗称“三不狩”。有些地方出门赶马忌吃鸡蛋,忌煮饭不熟或煮焦,忌吃饭移动菜碗、饭桌。牧马忌吹口哨,否则认为老虎来吃马。第一次喂鸭忌讲“不吃”。种蓝靛忌别人问。砍伐树木后,忌再用斧劈树根。

中华人民共和国成立前,汉族船民新船下水忌讲“下水”,应讲“起水”。航运业忌上岸吃饭,否则认为会翻船。渔家开船打鱼忌有人问“开船去哪里”更忌答话讲“打鱼”,否则认为鱼会走远,打不到鱼。渔网一般放在架上、篷上,如放在地上,忌人跨过,怕“背时”。木匠的尺子、墨斗放在地上,忌人从上面跨过。烧窑的人忌别人站在窑边讲:“哟!烧得恁红的!”喜欢别人讲:“黑像京墨,亮像葡萄。”经商忌讲“舌”(蚀)字,兴土木工程忌讲“血”字。

中华人民共和国成立前,瑶族伐木忌讲不吉利的话,忌吹口哨,忌用口数数,忌忘带工具,否则认为不吉利,忘带工具要停止出工。前辈狩猎,后辈不许问明去处,猎枪禁止倒过枪口来扛。有的地方上山狩猎忌讲“打得到”“打不到”之类的话,否则认为被山神听见了会把野兽赶跑。做鸟盆七月需选辰日,八月需选亥日,架鸟盆时先取竹枝一条架在盆上,以后随时可进行工作,不须再择日子。家中女儿做过“还花”祈祷后三十三天内,忌上山采竹笋。砍大树不许讲粗野话,不许开玩笑,否则认为大树会压伤人。出门求财不说不吉利的话,否则认为逢凶失财。新建猪牛栏,要择吉日,否则认为牲畜发瘟死亡。有些地方的瑶族上山采集忌随处吐痰、大小便，否则认为山神会责怪。

中华人民共和国成立前，来宾、合山、忻城等产煤区挖煤有三忌：一忌讲危险话，否则认为煤窑会倒塌或发生意外；二忌多问，认为多问了煤层会走掉；三忌在煤堆旁拉屎、尿，否则认为煤的重量会减轻。

以上各民族生产禁忌，中华人民共和国成立后多数已破除，唯汉族船民和渔民的禁忌仍流行；有的虽已上岸居住或改行他业，但仍遵守成规。

居家衣食禁忌

中华人民共和国成立前，境内壮族居家以祖公台最神圣，祖公台前禁放枪支弹药、刀斧、辣椒、狗肉，以及剩饭剩菜，否则认为对祖先和家神有惊吓，会招祸到家。其次禁止用脚踩灶，更不能用器物敲打火灶及锅头，怕触怒灶王。

饮食方面，师、道公和妇女禁吃狗肉、龟肉、蛇肉。不得在祖宗香案前吃狗肉和野味，怕冲撞祖公。各地普遍禁坐门槛和磨刀石，不得拍打和弄脏门神。穿衣忌白色，妇女更不能穿白裤子。一年中数除夕到正月的居家禁忌最多。年三十迎接灶王回来，家里所有用具贴上红纸利市，禁在家乱敲打。除夕晚禁把饭菜吃完，禁洗碗，禁熄灭火种，禁讨债和互借东西。年初一禁杀牲，禁扫地倒垃圾，禁拿针线，禁拿火出门，做饭忌吹火。一些地方初一至十五禁用刀斧，禁洗衣服。初七是“人日”，禁打人骂人；初八是“五谷日”，禁舂米、借米、卖米；初九是“豆魂日”，不吃豆，不磨豆。正月里妇女不梳头，否则认为当年雨水多；不戴雨帽出门，否则认为当年天大旱。交春那天要留些剩饭在锅里，否则认为新旧雷交接，闪电普照人间，哪家无剩饭哪家倒霉，俗云将“一年空锅空灶头”。正月里不能修剪指甲，生怕鬼将指甲拿去打铁，人会生病；吃饭忌敲碗，否则认为粮食收成不好。平常吃饭不能坐在桌角边，尤其不能让桌角对准肚子，否则认为自己会常和人顶嘴，或易患病。烧柴忌将柴尾先放入灶，尤其是妇女，认为犯者将来分娩会引起难产。忌坐在燃烧着的柴枝的另一头上，否则认为会碰上老虎。

中华人民共和国成立前，汉族居家房子忌向着独树。家中神台忌放杂物。火灶同样不能随便敲打。睡觉忌穿袜。傍晚忌借米。晚上忌缝衣服和修剪指甲。吃饭不能让筷条落地，否则认为不吉；饭后忌拿筷条敲盆碗，认为“敲盆穷，敲碗败”；别人放下碗筷不宜问“不吃啦”应问“吃饱啦”桌上还有人吃饭不宜把碗盏捡走或摞起，否则认为不敬。各地普遍忌食猫肉，特别是小孩，否则认为会像猫一样怕冷，常流鼻涕或患哮喘。小孩禁吃鸡心、鸡爪，认为吃了鸡心易蒙懂，记事不牢；吃了鸡爪写字像鸡爬。师、道公禁吃猫、狗、龟肉，否则认为触犯祖师。读书禁乱丢字纸。年节禁忌更多，已出嫁的女儿不能在娘家过年、过冬，更不能过七月十四。除夕开始说话做事要预示好兆头，贴春晖，除门对及地主、财神、历代宗亲之神位外，还要贴“姜太公在此，百无禁忌”的红纸条，厅堂、屋阶则贴“童言无忌”，以防犯禁。年三十晚的饭菜要做得特别丰盛，切忌做少了，否则兆头不好。年初一不生火，不扫地，不泼水，不说背时话，不动针线，不打人骂人，不杀牲，不探亲。棺材铺大年三十晚、初二、十六不能在门口烧香求财，求财即要人“求材”，兆人死，必遭人唾骂。平常居家待人接物亦有禁忌，如逢三忌赤口，吃梨禁剖开分给别人，夫妻间更如此，盖分梨即“分离”，兆头不好。俗有“分桃不分梨，分梨齐齐死”之语。吃饭，尤其装饭待客，不能将筷子插入碗内，只有供死人的倒头饭才如此做。汤匙不能覆盖在菜碟边；吃饭跌落筷子不能说“落筷”，而应说“筷落”（快乐）。扫地不能向外扫而应向内扫。建房、迁居忌单月，尤其是七月。

中华人民共和国成立前，瑶族在人畜怀孕期间，禁在房屋内外兴工动土，认为犯禁会导致流产。祖先神位两旁禁放杂物，禁随意移动香炉。平常忌在墙上乱打钉子，尤其不能对着人影敲打钉子，否则认为家人及自己会犯眼痛、肚痛，甚至招来大不幸。火灶忌敲打，更忌脚踩。烧柴必须从树根烧起，不能从树尾烧起，否则认为办事没头没尾。祭神用的长木鼓，平时不准在家敲打，也不准在家乱唱“盘王大歌”，否则认为会招来鬼神。立秋后不准挨门站立，更不准坐在门槛上，认为这时禾魂要“回家”，如挡了禾魂归路，会招致作物失收。家里有人病，请巫公驱鬼后在门上插草标，三天内忌别人进屋。忌客人从前门进后门出。认为这样会带走财。并列两个前门，左为阳门，是阳人出入的；右为阴门，是鬼神出入的，无丧葬祭祖等事不得开右门，否则认为不吉。禁食狗肉，更不准用狗肉祭祖先。度过戒的人还忌食猫、牛、蛇、龟、老鹰肉。拜过太阳、社王或道公为寄父的人，每月初一、十五忌食荤。一般未度戒的人也忌食猫、蛇肉。老人过世，不着锦绣花衣，妇女不准戴耳环、手镯以及各种装饰品。不是亲属，在白事酒席中也宜着素。

婚育丧葬禁忌

中华人民共和国成立前，壮族接新娘上路忌见人扛锄头、挑粪箕，遇此情况改日再去。新娘出嫁忌打雷，忌打断挑嫁妆的担杆，否则认为不吉。妹妹在哥哥成婚前出嫁，忌与哥哥告别。一家姐妹，忌在同一年内出嫁。新媳妇头三天不得做任何食物，否则认为作物会歉收；不得坐高凳，晾衣服不能过高，否则认为不礼貌；不得出外参加集体活动。妻子怀孕，丈夫忌在房内翻箱倒柜、钉钉子，忌上屋顶检瓦，忌在牛栏搬动石头，忌去抬死人。妇产期忌见血，家人忌当着婴儿杀生。探坐月婆的人刚回家，忌参加婚宴，忌查看正在孵蛋的母鸡。老人身体欠佳，忌为其做寿。双亲健在，儿子即使年届花甲，也不宜做寿诞。年满60岁以上老人，忌参加一切红白事。夫妻一方先死，另一方忌去送葬。家有白事，一个月内忌向人借东西。脱孝前，忌到亲友家串门，忌参加别家的婚宴。家里或屯内有喜事，或大年初一家中有老人突然去世，忌马上做白事，宜将死者置床上，如无事一般。待喜事过后再处理，否则以为不吉，将遭村人反对。老人身亡，忌直说“死了”“死亡”，宜说“老了”“回老村”“归阴”等。

中华人民共和国成立前，汉族新娘出嫁忌遇孕妇。有的地方忌单月结婚，认为单月兆不吉。忌一年一家两人婚娶。孕妇忌吃病死的禽畜肉。不探望产妇，不看家畜产仔。产妇忌吃孕妇禁吃的东西，有的地方加禁吃葱蒜和已啼公鸡的肉。新妇生产，忌外人到家，怕冲撞了小孩；若客人进入，要饮一杯酒，以压邪气。忌带幼儿走远路，若要去，背带上须扎一把新鲜茅草或剪刀以辟邪。死者未入殓前，亲属不得入房，不得吃东西。出殡前，村里人不得磨谷舂米。忻城县有的地方村里死了人，忌补锅者撞入村里喊“补锅”，因“补锅”与“补个”同音，乃大不吉之兆。各地孝子守孝期间，不得睡高床，不得理发，媳妇不能梳头。丧家不得上楼坐高凳，不得与人高声谈话，不得动工建房子，不得贴对联、吃狗肉，不得随便到他人家游串，更不得参加婚宴等喜庆活动，否则被认为冲了人家的喜。中华人民共和国成立前，瑶族祖父母及父母忌日忌办婚事。金秀瑶族（茶山瑶）生小孩忌查问“是男是女”而用隐语问“找鱼还是找螺蛳”“鱼”表示男孩，“螺蛳”表示女孩。操勉语的瑶族产妇忌食肉类；自称“炯奈”的瑶族产妇忌食油盐，十天内忌食青菜；自称“拉珈”的瑶族产妇忌食黑脚鸡、老鹰、牛肉以及猎获的禽兽肉，忌多喝茶水。家里死了人，七天内忌做工，忌摸鸡蛋、鸡仔；别家死了人，当日忌上门，忌走孝子到河边“买水”所走过的路。

中华人民共和国成立前，忻城仫佬族新媳妇不得早于家公家婆吃饭，除非他们不在家。死人埋葬后，不能挖出来第二次埋葬，否则认为影响下一代子孙兴旺。死人葬后用剩的石头、木板等物，不能再拿来用，否则认为不吉。

经商禁忌

境内不少行商者出门进货，一般都在择吉日上路；临出门时，忌小孩站在大门口；忌讲不吉利的话；忌煮夹生饭和打破锅、碗、瓢、碟等物；忌见狗交配等。凡遇上述禁忌事项，一般不再外出，或向祖宗、神灵祈祷后才出门。年三十（除夕）要在秤扁担货架上贴红纸，以示吉利，来年生意兴隆。今，这些禁忌，年轻人已经不太讲究，并逐渐淡化。

第十节 陋 习

看风水

中华人民共和国成立前境域各族人民迷信思想严重，认为葬祖或建房如选对“龙脉”之地，就会子孙安康、财源兴旺，故不论城镇居民或山区农民，在葬坟或建房前，都请“地理先生”“看风水”寻找“宝地”。中华人民共和国成立后，随着人们科学文化水平的提高和科技知识的普及，“看风水”“开道场”“算命卜卦”等陋习大为减少。改革开放后，由于各种思潮的影响，城乡封建迷信之陋习有所回升。

开道场

境内壮汉、瑶、仫佬等民族少数人家，每死了人，往往要请道公、师公来念经打斋设坛开丧，为死者“超度”亡灵。富有之家闹几天几夜，贫困的户也开一夜，方把死者送往山野下葬，为此破费而致生活困难，因借债开丧而债台高筑。20世纪50年代后期—70年代初期，人民政府号召破除迷信，道公、巫婆曾一度销声匿迹。20世纪80年代后开道场及问鬼、卜卦等活动又有所抬头。

算命 卜卦

算命卜卦乃求助于巫婆神汉预卜吉凶的一种迷信活动。特别在境内农村，每遇灾害，疾病侵扰，即认为命遭厄运或鬼神作祟，多请巫婆神汉问鬼问神算命卜卦，如若说是遭受凶神恶鬼作祟，就杀鸡割肉请魔师驱神送鬼，以求平安。结果费财误事，甚至损人害命。

迷　信

中华人民共和国成立前,境内不少村庄设有庙宇,置神像。每遇灾祸,民众即去求神拜佛,望其保福保佑;求神或施雨,拜神赐子。有的人患病,不请医生治疗,而请巫婆、法师念咒散符;另有算命测相者,妄卜他人凶吉等。中华人民共和国成立后,迷信思想虽有所破除,但未能根除,至今有回升现象。

赌　博

中华人民共和国成立前赌博之风颇盛,嗜赌人为此卖儿卖女,倾家荡产,家破人亡,甚至杀人越货,谋财害命。中华人民共和国成立后,赌博曾一度禁绝,今赌博之风又起,而且花样繁多,除了传统的赌博方式外,新增加了赌码机、六合彩、赌球等等。

卖淫嫖娼

中华人民共和国成立前境内有少数嫖客和明暗娼卖淫。中华人民共和国成立后,政府明令禁止,一度绝迹。今又有所抬头。

吸　毒

中华人民共和国成立前境内有些人吸鸦片烟。中华人民共和国成立后,吸毒一度禁绝。由于受各种因素影响,今又有些人吸毒。

第二章　宗　教

道教在南北朝、传入境内,已有1500年历史。佛教在唐朝传入境内,已有1400多年历史。天主教、基督教在清代先后传入境内。清同治年间,基督教传入武宣,设教堂于县城南街,有教徒17人。清光绪初年,天主教传入武宣三里,办教堂,置田产,曾有教徒280多名。清代至民国时期,除天主教、基督教得到帝国主义势力庇护,继续拥有传教特权外,其他宗教都曾受到不同程度的打击和排斥,特别是道教被禁止,宫观改为学校,道士向世俗化发展并走向民间,内容演变为迷信活动。1950年以后,外国传教士离境回国,天主教、基督教实行独立自主、自办教会,仍然正常活动。1966—1976年"文化大革命"期间,破"四旧",教堂寺庙遭占领和破坏,神像被烧,宗教活动被迫停止。1979年后,落实宗教政策,退回或重建教堂寺庙,正常宗教活动恢复。境内受传统道、儒、佛等教思想影响外,洋教传入后,也有为数不多的皈依者。

2005年末,全市辖区内主要有基督教、天主教、佛教3个教别,正式登记的宗教活动场所31处,信教群众1万人。其中:天主教14处,教职人员1人,信教群众1500人;基督教10处,教职人员6人,信教群众1319人;佛教7处,教职人员9人,皈依教徒1369人,信教群众5000人。分布情况:金秀瑶族自治县天主教5处;象州县天主教6处、基督教2处、佛教2处;武宣县基督教3处、天主教1处、佛教1处;忻城县基督教3处、佛教4处;合山市天主教1处;兴宾区基督教2处、天主教1处。近几年来全市申请登记的宗教活动点10处。其中佛教5处,受洗信徒400多人;基督教5处,皈依信徒300多人。这些点有的符合登记条件,有的基本符合登记条件,有的不符合登记条件。经核查,符合登记条件的有兴宾区的长岭基督教活动点、古三开元寺,基本符合登记条件的有兴宾区的龙洞寺、合山市1处佛教点,象州、武宣基督教、佛教各1处。

第一节　宗教事务管理

机　构

民国时期,境内宗教事务由各县政府民政部门主管。1950年以后,宗教事务归各县委统一战线工作部(简称统战部)兼管,统一接受柳州专区统战部门领导。1955年,各县在政府办公室设宗教事务科(股),配干部1人。1958年初,县宗教科(股)并入同级民政局内办公。1960年,各县宗教事务并到同级党委统战部办公,归统战部领导。1995年,各县(市)中共县(市)委统战部内配宗教事务专职或兼职干部1人。2003年1月11日,中共来宾市委统战部挂牌成立,内设民族宗教科、编制1人,负责管理民族宗教工作。2004年,来宾市委统战部加挂来宾市宗教事务管理局牌子,设局长1人,工作人员2人。各县(市、区)党委统战部加挂县(市、区)宗教事务管理局牌子,设局长1人,工作人员1~2名。

管　理

登记管理　1951年，境内各级民政部门遵照政务院《接受外国津贴及外资经营之文化教育救济机关及宗教团体登记条例》规定，对天主教、基督教实行专门登记。1991年，根据自治区宗教事务局和民政厅联合下发的《关于宗教社会团体登记管理问题的通知》，对各地宗教社会团体进行登记，到1992年全部完成。

2003年，来宾市依法管理宗教事务，引导宗教与社会主义社会相适应，坚持独立自主自办原则，抓好31处宗教活动场所的年检工作。开展创建"五好"（民主管理好、遵纪守法好、正常活动好、服务社会好、环境安全好）宗教活动场所评比活动。武宣县三里镇天主教堂、象州县象州镇天主教堂和忻城县城关镇通天寺被自治区宗教局评为"五好"宗教活动场所。市宗教办获全区"五好"宗教活动场所组织奖。

2005年5月10日，市宗教局新审批兴宾区古三开元寺佛教点和长岭基督教聚会点，解决多年来这两个点的信教徒集中过宗教生活的问题。年内，市宗教局鼓励和支持宗教界人士、信徒积极开展公益事业，如兴宾区古三开元寺于11月投入功德钱1000元，购买鱼苗到红水河放生；忻城县佛教聚合点"通天寺"从2005年起每年捐款600元用于扶助忻城县内1~2个品学兼优的特困学生。当年6月，来宾市部分县发生特大洪涝灾害后，世界宣明会捐资40万元人民币，购买国家标准一级大米15万千克救济金秀瑶族自治县灾民，受益群众9800多人；自治区天主教协会救灾粮食8660千克，使兴宾区大湾乡成田村86户433人受益。全市宗教界人士为灾区捐资捐物折合人民币3万多元。8月，市宗教局会同公安机关在象州县查处了一个冒用宗教名义的邪教组织"主神权"，其活动范围涉及象州、金秀、武宣等二十多个村屯，人数达数百人；取缔位于合山市岭南镇里兰大岭的香山庙，该庙在未取得任何合法手续的情况下，于7月24日悬挂横幅举行大型法事集会活动进行非法宗教宣传。

宗教政策　1953年以后，遵照中共广西省委《关于土地改革完成地区恢复基督教、天主教活动的处理意见》，境内各县认真调查研究，落实宗教政策，在县城和农村恢复一批历史较长、教徒较多的宗教活动，象州县龙女村、中平村，来宾县大湾成田村，武宣县经堂村的天主教和象州县寺村浸信会基督教的聚合点都恢复正常的宗教活动。2005年末，天主教活动场所金秀有5处、象州县6处，武宣县、合山市1处、兴宾区1处。基督教教活动场所象州县有2处、武宣县3处、忻城县3处、兴宾区2处。

宗教人士参政议政　1978年以来，恢复和落实党的宗教政策，境内各县（市、区）宗教人士都有参加县（市、区）政协组织，参政议政。

落实宗教团体合法权益　1966—1976年"文化大革命"期间，宗教团体合法权益受到严重侵害。境内教堂寺庙被学校和基层单位占用，有的被拆除改建。1978年以后，各县落实宗教团体的房产。金秀瑶族自治县人民政府收回被占用的教堂，并拨款1.32万元修葺。1992年，境内宗教团体房产政策已全部落实，宗教活动恢复正常。2004年10月，来宾市宗教事务管理局多次深入调查研究，细致地做群众工作，解决武宣县武宣镇长寿寺、城北路基督教聚会点的房产归属和申请登记问题。同年，市、县两级宗教部门深入现场调解金秀江洲天主教堂基地争议问题，按有关政策处理办结。

2002年12月建市以来，全市宗教界人士与社会服务和公益事业共捐资18万元，其中捐资助学3万元，捐款赈灾救灾11万元，捐款慰问敬老院老人、五保户和残疾儿童2万元，捐款参与红水河鱼类增殖放流活动2万元，宗教界人士社会服务和公益事业约1500人次。宗教界外来捐资、捐物折人民币资金共300多万元。

第二节　道　教

南北朝时期，道教传入境内。宋朝，迁江县城修建宫观一座。

忻城县境寺庙始建最早的是临泉寺和西山寺。宋绍圣年间（1094—1098年）立西山佛圣像时，就有临泉寺（遗址在今宁江乡板县村西北）。信善弟子徐多、欧阳留、廖诚等22人捐款，其中临泉寺僧有韦云归、万惠称、惠成等6人。说明临泉寺比西山寺始建年代还早。明万历年间（1573—1620年），忻城土知县莫镇威于土司衙门东面建三清观。

明朝，来宾、武宣各建宫观1座。

清代康熙三十五年和三十八年（1696—1699年），忻城土知县莫宗诏在县城分别建关帝庙、城隍庙。乾隆十年（1745年）和十八年（1753年），土知县莫景隆分别建婆王庵（即花婆庙）和观音阁。稍后，还建有"文昌梓童帝君庙""火神庙"，并改"三清观"

为“三界庙”,改“观音阁”为“观音庙”。此外,思练街建有“白帝庙”“文武庙”,古蓬镇周安街建有“万应寺”等。

据民国23年《武宣县志》记载:县城自清设有道纪司,专掌道教事务,俗称阴阳官。县属向有道师茅山两种,皆为道家者流。清光绪中年,道纪司裁消后,道茅两教依然盛行。民国以来,破除迷信,神像毁尽,此道遂敛迹,不敢公行。惟避远城市愚民智未开,病家送鬼,干旱求雨时有用之,然亦不敢大吹法螺。

道教的宗教活动,因派别而有所不同。道士忌食狗肉、牛肉。道士文坛和武坛仪式不同,除念功课外,他们还替死人打斋作醮,为人送鬼、净人等。文坛在为死者打斋时,作师公的要身穿道袍,颈挂念珠,头戴道冠,手执如意,坐于丘台,口念死人经,另有4人吹打乐器,造符送鬼。武坛则要吹牛角做道场,上刀山,过火炼,落油锅等法事来“追魂、赶鬼”。

道教认为,甲子神(太岁大将军)都是天上的星宿,阴历正月初七至初九,是道众祭星的日子。初九为祭星正日,有的举行祭星道场,奉诵斗经和拜斗。道教还规定清明、七月十五、十月初一都要去上坟。除在坟前设供礼拜外,还要梵疏上章,奉育《救苦妙经》及《升天得道真经》等。还有正月初七,初八看顺星,即香客拜本命之神。境内道教传入后,融合本地少数民族的原始宗教习俗来丰富法事活动内容。如丧事送别仪式,使之成为道场的主要内容。壮族的原始宗教信奉灵魂,这种信仰与道教的祭祀、巫术和占卜等吻合,于是形成打斋仪式,为逝者醮斋超度灵魂的仪式。

民国时期,广西当局禁止道士活动,改宫观为学校,但道教活动在民间仍然存在,道士向世俗化发展走向民间,道教内容演变带有迷信色彩。

中华人民共和国成立前,道教祀神和作法事的处所,除有关帝庙等外,仍有道士设道馆在家中,并以自己姓氏作为馆名。散居在民间的火居道士,都束髭蓄发,娶妻生子。他们不带徒弟,大多是传子传孙。

中华人民共和国成立初期,境内无道教组织和道教宫、观等场所,道徒亦少见。“文化大革命”后,有的人逢灾有难,或办丧事,即请道公师公去驱神送鬼,超度亡魂,保佑平安。

金秀瑶族以信仰道教为主(以梅山教、正一教居多,茅山教虽有但少),同时又保留本族固有的原始宗教。道教则与瑶族原始宗教融合在一起,形成瑶族特有的宗教信仰。道教中分为武道(师公)与文道(道公);师公主要是跳神祈禳,道公主要是超度亡魂。据1956年调查,金秀、白沙、六拉、昔地等四村茶山瑶,共有道公、师公97人(其中道公52人,师公45人),占四村瑶民总数11.88%。

第三节 佛 教

唐代,严州(今兴宾区境)寺山脚建金峰寺。唐宋年间,中国南派禅宗六世传人,著名的慧能法师在象州城对岸的“六祖岩”隐居修行,后州城建有东、西、南北4个寺。宋代,迁江县建景福寺。宋绍圣年间(1094—1098年),忻城县立西山佛圣像前就有临泉寺。元代,象州县城建清规院。明天顺年间1457—1464年,武宣在城北关外陈氏园,创建如来堂,前面设观音堂,后面名叫万寿寺,明成化年间建成,寺右边有和尚园一所,住有僧人10余人,明代末期,万寿寺被毁。清初,知县翁年伦重修并改名为万寿宫,遇皇帝寿辰婚丧及每年元旦,官方借此万寿宫拜阙庆贺,叫僧人念经祝祷。武宣县在这里住的和尚最多。咸丰年以后,万寿宫全被毁尽。宣统二年(1900年),人们把这里遗留下来砖石移走后辟作学堂,和尚园及庙地划给城厢期尚两等小学作操场,和尚也绝迹不见了。到民国时期,食斋念经的妇女反而多起来,有三个原因,一是迷信神权,妄图祈求神佛庇佑;二是人世间离婚反复无常,夫妻相处更痛苦;三是境遇孤独,无法排解忧愁,无奈借念经以修来世慰藉心灵。

僧尼平时每天早晚上殿念诵功课。朝时(5~6时),念诵的功课有楞严咒、大悲咒、十小咒、心经、祝愿偈、十大愿王、三皈依、祝韦驮、大吉祥天女咒、韦驮赞等。暮时(16~17时)念诵的功课有阿弥陀经、礼佛忏悔文、蒙山施食仪、复位同跪、心存观想下绪圣号各三称、净土文、普贤警众偈、三皈依、祝伽兰赞等。早斋午斋时,先供请佛菩萨,为施主四向,为众生发愿,方进食。居士讲究佛性修养,除在家中设佛堂念经外,农历每月初一、十五斋日忌吃劳菜。每逢初一、十五到寺院念经持戒。

“文化大革命”时期,宗教活动被迫停止。1979年后落实宗教政策,境内佛教恢复活动。

2005年末,来宾市有佛教活动场所7处,皈依教徒1369人,信教群众约5000人。其中,象州县2处,武宣县1处,忻城县有4处。

第四节　基督教

清同治五年(1866年),基督教(耶稣)传入武宣,在县城南门外设教堂一所,有教徒17人。此为基督教传入来宾之始。

清光绪十五年(1889年),浸信会余宝光、包文华2人到象州寺村传教。第一入教者是木叶村人仇月清,光绪二十一年仇以自己的房屋作宣道所。光绪二十九年九月,美籍人帖威林、修仁县人韦振复在寺村西大鹏巷,用民房改建成教堂。光绪三十年中平的信徒捐资租用民房为教堂。其时,全县有教堂2个,信徒19人,后因世事变革,教徒纷纷脱教,教务停止。民国4年(1915年),由设在桂林的美国教会派牧师莫华庭到寺村恢复教会。民国5年建寺村安息日会福音堂。民国8年,南宁分会派象州县传教士仇月清到武宣传教,吸收教徒12人,其中男7人、女5人。(民国12年,仇故后,教堂搬到北街。没有财产,经费由南宁分会供给。教徒入会后将收入的1/10交给教会。由教会上缴分会)民国9年,桂林传道部拨款购置民房改建教堂。民国13年,妙皇圩信徒余祥甫在自己家里建宣道会教堂。1951年1月,象州镇李悦诚在西街借用民房建教堂。1956年,各教会有神甫1人,长老1人,传教士1人,教徒70人。同年停止活动。1984年5月,寺村浸信会自动恢复活动,有信徒20余人。1987年,象州县人民政府批准寺村浸信会恢复宗教聚合点。

民国22年(1933年),境外基督教俩传教士到迁江县迁江街传教,成立基督教宣教会,设福音堂1所,礼拜堂1间。收男教徒14人,女教徒12人。民国31年,迁江县阮村建有基督教坛道所1间,发展教徒24名。民国35年美国基督教士陈发言到阮村为教徒“洗礼”。每星期三晚上举行祈祷会,星期四晚举行布道会。每年圣诞节间,举行庆典活动两日。1949—1956年,该道所发展教徒12名。1965年只余教徒3名,后渐自停止活动。岭南镇上桑村部分村民信奉基督教,教徒在家中供奉耶稣神像牌位。1965年公开活动过一次,此后潜迹。

1966—1976年,境内基督教受到冲击。1979年后,落实宗教政策,各教堂和教会点恢复活动。基督教与各界人士一道,通过各种形式直接或间接参加对国家和地方的大政方针及重要事务的民主讨论、协商和监督,参加人大、政协组织的视察活动,反映教徒群众的合理要求和建议,维护教界的合法权益,协助政府全面贯彻落实宗教信仰自由政策。

2005年末,来宾市基督教活动场所有10处,其中象州县有2处、武宣县3处、忻城县3处、兴宾区2处。信教群众1319人。

第五节　天主教

清光绪八年(1882年),法国传教士司立修入武宣县境,在三里街建筑天主教堂一所,有男教徒9人,女教徒7人。继而到乐梅傍村置田,价值银圆5000元。清光绪十二年法国传教士司立修到象州大乐龙女村传教,借用民房作教堂,入教的村民有数十人。光绪十五年,广西教区法国神甫司立修在象州县中平村开办中平村小学,这是广西最早的教会学校。光绪十六年,法国籍神甫苏安宁象州县龙女村传教,直七年以后在中平、寺村、象州县城建立教堂。光绪二十四年龙女教堂竣工,建筑面积1290平方米。光绪二十八年,武宣县三里街天主教堂迁到经堂村。光绪三十一年象州县共有教堂4个。

辛亥革命以后,境内教务活动与入教人数增多,民国13年(1924年)有教徒693人(民国22年发展到1000人,教会3个。以后教徒又增至1632人,先后在象州县寺村凤里,桐木圩和上架,运江京寺、东屯抱、上坪,百丈欧阳、罗秀下住建有教址,每处教徒数十人)。民国17年,武宣县三里街天主教堂在经堂建筑一座土木结构面积约120多平方米的教堂。第一个神父是桂平县白沙天主教备修院院长黄鸽鸣,这期间有教徒50多人。民国22年,英国两个女天主教徒到迁江县传教,接纳教徒4人。民国23年,境外一天主教神父到来宾县大湾成田村开设教堂,传授教义,接纳教徒24人,每天早上进行1小时的戒律传授诵读圣经;法国神甫司立修在象县龙女村办龙女小学;南宁教区在象县龙女村开办传教员培训班和修女预修班。民国27年,法国籍传教士戴天恩到来宾县活动,至中华人民共和国成立前夕,发展教徒200名,建有教堂3间。中华人民共和国成立前夕,外国传教士全部撤离回国,教务停止。至1956年,该教活动停止。

中华人民共和国成立初期,象州县有6个教堂,实有教徒679人,经常过礼拜的信徒有251人。1945—1953年,武宣县三里街天主教堂神父是徐安岗,60多岁,象州县中平人,有教徒280多各(1953

年以后没有神父，只有修女李耀珍在教堂内，教徒仍进行正常的宗教活动，教徒每天早晚到教堂念经）。1951年2月4日登记，象州县有神甫1人、修女6人、教徒1255人。1953年龙女教堂停止活动（其余教堂1956年停止活动）。1955年11月，象州县有教堂5个，礼拜堂4间，分布在象州、寺村、大乐、中平、运江、三里、桐江7个区，有神甫1人、修女6人、教徒1200人。

1966年"文化大革命"开始，境内教堂被冲击，圣经及各种画像被烧毁，教堂被占用，宗教活动被迫停止。1979年后，天主教恢复活动，星期日8~9时30分，神甫在教堂做中文弥撒。每遇圣诞节，来宾、象州、金秀等县教友多到柳州参与宗教活动。

1981年，境内各被占用的教堂获退还，补偿维修费修理教堂，教徒推选宗教负责人，恢复宗教活动，全市共有教徒321人。1987年8月20日经象州县人民政府批准恢复龙女、中平两个宗教聚合点。

1988年，境内落实宗教人员统战政策后，该教活动恢复，重新发展教徒100名。至1990年底，来宾县有大湾、迁江等地229人皈依天主教。其中绝大多数教徒集中在大湾乡成田村。

2005年末，来宾市有天主教活动场所14处。其中，金秀瑶族自治县5处、象州县6处，武宣县、合山市、兴宾区各1处。信教群众1500人。传教士通过施医赠药，发放救灾物资，开办农村教友合作社、农村医疗点和乡村小学、收容异婴等方式宣扬天主救苦难，降福人类的宗教思想，发展信徒。天主教会的教务，包括宗教礼仪及宗教节日活动等。天主教的主要节日俗称瞻礼。天主教会学校除开设小学的一般课程外，还增设《圣经》课。招生对象主要是教徒的子女，同时面向社会招生，收费低于同类学校。天主教徒子女交纳不起学费给予免费入学照顾。学校经费主要来源于学杂费收取和教会补贴。

第三章　民间信仰

来宾地区古代俗信鬼，好淫祀，病鲜求医，专事巫觋。进入近代，西方自然科学知识传入，受教育的知识分子开始逐渐破除迷信，但民间依然庙宇林立，四时奉神，香烟袅袅。民国时期，地方当局曾一度下令捣毁庙宇，或将庙宇改作他用，但收效不大。

中华人民共和国成立前，人们在自然灾害和社会压迫面前无能为力时，只好求助于鬼神。农村地区，尤其是边远少数民族地区，迷信鬼神的思想更为严重。民间崇拜多神，遇事喜占卜问鬼，重视祭祖及祭社、游神等祭神仪式。有病则举行跳鬼驱鬼活动。日常生产生活还有许多禁忌及对征兆的迷信。

中华人民共和国成立后，党和政府领导人民进行社会改革，发展经济文化建设。随着生活的改善和科学知识的逐渐普及，各民族群众提高觉悟，逐渐破除迷信陋习。20世纪50年代，在民主改革和社会主义改造中，觉悟了的群众即已开始自觉拆毁庙宇，停止敬神跳鬼等迷信活动。随着社会主义物质文明和精神文明建设的发展，信神鬼的人日趋减少。但由于诸多因素影响和作用，迷信鬼神的旧观念尚未完全破除。改革开放以来，在一些外来思想的影响下，某些迷信活动又有所恢复。农村一些地方重建宗祠、庙宇，修造祖茔。人死做道场，遇事占卜问鬼、求神拜佛及联宗祭祖活动时有所闻。城镇也有些居民重安香钵。

第一节　神灵崇拜

旧社会，落后的农村小孩患病，多行问法，并按巫婆神汉所言，需架桥的架桥，需拜寄的拜寄。受拜寄的对象可以是人、巨石或古树。迷信者认为，石头、大树之神能保佑孩童消灾除难，健康成长。受拜寄之古树、巨石，逢年过节人们便去烧香供奉，贴红纸，予以保护。

石敢当　人神化后的石头，常立于村落路口迎门据冲处，上刻"泰山石敢当"，以祓禳凶煞。

社　王　民间信奉的守护神，是村寨人畜、庄稼的保护者，立于村、街大树下，认为他能驱邪压鬼，保护人丁平安，六畜兴旺，五谷丰登。

灶　王　传说专管人间烟火，确保家家户户人畜平安、居室清洁，除病消灾之保护神。

床婆妈　壮族信奉的生育之神与儿童守护神，认为可保佑小孩健康长大，掉下床不摔伤。

禾神"土地公"　每年农历四月初八为"拜秧节"，用三牲到田头祭祀"禾神"。农历六月初举行拜"田公地母"，倘若禾苗遭受虫灾，全村还要聚集"耍黄龙"，消灾除害，乞求"禾神"和"田公地母"保佑禾苗无灾，来年获得丰收。认为土地公是掌管人间祸福，旧时大部分村庄立有土地庙，每年新春伊始，则备祭品给土地公作“春祈”，求其保佑当年风调雨顺，人畜平安。秋后“还愿”酬神，感谢土地公的神力和恩惠，愿来年再得神灵显圣，求得岁岁五谷丰登，六畜兴旺。

甘　王　为过去人们崇拜的当地神圣。各地建有甘王庙，供有塑像，谓其能庇护一方，施济众人，有求必应。封建统治者为其加封，封号为：惠济显应圣公威灵王。中华人民共和国成立前，每年农历七月二十八日传说为甘王诞辰，人们将其塑像抬出游祭，规模盛大。

第二节　祖先崇拜

境内壮、汉族群众均有崇拜、祭祀祖先的习俗。过去每家房屋的大厅上，均设有祖先牌位，称作“香火堂”，正中写“×门堂上历代考妣宗亲位”，逢年过节和喜庆之日皆供奉，烧香祭祀，乞求神灵赐福和保佑丁财兴旺。中华人民共和国成立后，各民族祖先崇拜观念逐渐淡化。“文化大革命”期间破“四旧”，“香火堂”被当作封建“四旧”加以拆除。改革开放后，以“香火堂”祭祀祖先仪式逐渐恢复。今，一些地方重设祖先神位，恢复祭祖活动。

祭　墓　清明节期间，各家各户备办酒肉，煮黄花糯米饭，男女老少聚集于先人墓地祭拜。

祭宗祠　中华人民共和国成立前，多数姓氏立有宗祠，每年春秋两祭，有的是定期或不定期祭礼，参加人数众多。中华人民共和国成立后，聚众祭拜宗祠已渐减少。

祭　社　传说远古时候，神农尝百草，发明耕作和医学，后代人知运用药治痛和有饭吃，是祖先神农氏赐予的。人们纪念他的功绩，用石头制成神农氏的石像立于村边，把神农当作“社王”，能主宰全村祸福，定每年农历二月初一日（有的初二日）和八月初一日（有的初二日）举行祭拜，以示敬意。中华人民共和国成立后，祭社习俗废除。20世纪80年代后此俗有所复苏。

第三节　盘古信仰

境内，人们把盘古敬奉为创造人类的始祖。每年农历春节或六月十八日，定为盘古的诞辰日，一些村屯举行隆重的祭拜盘古、抬盘古像游村活动。

南朝《述异记》中有“桂林有盘古氏庙，今人祝祀”的记载，这是目前已知的古籍上关于“盘古祠”的最早记载。当代著名神话学家袁珂先生认为“桂林郡”就在今来宾市象州县境内。到明清时期，来宾的盘古信仰达到鼎盛阶段，盘古庙在各地大量出现，到了20世纪90年代，来宾盘古文化再度兴旺起来，有关盘古信仰和传统习俗得到了恢复。来宾市辖区6县（市、区）内，至今仍保存着大量的盘古庙，特别是兴宾区（原来宾县）、武宣县、象州县盘古庙星罗棋布，几乎村村都有，地理上相连成片，数量之多，分布密集，为全国所罕见。据民国《武宣县志》记载，境内的盘古村有5个，其中庙王区1个（中华人民共和国成立后分县时划归象州县，现为象州县妙皇乡盘古村）、桐岭区2个、禄新区2个。目前已知的地名还有，武宣县桐岭乡大祥村有盘古岭1个，盘古洞1个；大林乡大林村有盘古岭1座。

《壮族通史》（黄现璠著）记载有《盘古开天辟地歌》：“盘古开天地，造山坡河流，划州来住人，造海来蓄水。盘古开天地，分山地平原，开辟三岔路，四处有路通。盘古开天地，造日月星辰，因为有盘古，人才得光明”。这首歌中的盘古已被神化，具有超人的神奇力量，为人类开辟天地，并带来光明。从古籍记载和口头流传，可看出壮族人们远古神话在世流传中演进的痕迹。

盘古信仰的表现形式除了盘古庙、祭拜盘古仪式、盘古出游以外，一个重要的活动就是表演壮族师公戏《水泡天门》。该剧讲述洪水淹天下，盘古兄妹结婚再造人类的故事。来宾的民间自古流传着“盘古兄妹”繁衍人类的故事：相传远古时，水淹天下，人死几尽，只有躲在葫芦里漂浮的两兄妹得以幸存，兄妹俩结婚后生出像磨刀石一样的肉团，砍碎撒向四野，变成遍布各地的人群，开创世界，重建家园。壮语称这两兄妹俩为“盘勾”。“盘”即砺石磨刀石，“勾”即葫芦，而文人用近音汉字记作“盘古”。“磨刀石、葫芦”，这是壮语对“盘古”一词最原始意义的解释。它形象生动地体现了葫芦兄妹生出磨刀石繁衍人类的神话故事的主题。

《水泡天门》神话源于壮族民间么教经文《么经布洛陀》。明代壮族民间“筛”即师公教形成时，传入师公教经文，清末民国初年，师公演唱的一些内容由娱神向娱人转变，《水泡天门》又从师公经文中脱离出来，形成师公戏《水泡天门》在民间传唱演出，特别是在盘古庙会上演唱，成为广大人民群众喜爱的剧目。

来宾市是盘古文化的重要发祥地　2003年9月，广西社会科学院、广西壮学学会专家组于对该市进行文化考察过程中，惊喜地发现这里还保留有十分丰富的盘古文化，其中包括盘古庙、盘古节、盘古神话传说、盘古歌谣，以及以盘古命名的村庄、山岭、岩洞等，形成了历史悠久、独具特色的盘古文化体系。特别是最早为1500多年前的南朝梁任昉《述异记》记载的"桂林(当时治所在今象州县境)有盘古祠"，而在来宾市所辖的今武宣县、兴宾区境内至今仍有盘古庙，象州县城直到20世纪80年代还有盘古庙。根据壮族民间宗教经文、神话传说中有关开天辟地、盘古兄妹再造人类的内容，以及汉文古籍中较晚才有盘古神话记载的情况，专家组认定，来宾市就是盘古文化的重要发祥地(内容详见本志附录《来宾市是盘古文化的重要发祥地》)。12月10日，来宾市举行大型新闻发布会，广西壮学学会文化考察专家组通报了其最新的考察成果，宣布：来宾市是盘古文化的重要发祥地。国内外媒体竞相报道，引起了中外专家学者的广泛关注。

2004—2005年，专家组再次深入湖南、湖北、河南等省考察盘古文化，再次证明广西壮族聚居地来宾的盘古传说，无论是从原始社会生产条件、原始思维层次、原始婚姻制度还是原始信仰，都具有新石器时代的特征，是中国中古时期的产物和神话的变异。这证明了广西壮族地区的盘古传说远比北方更久远。也证明了珠江流域文化在中华民族多元一体文化中的重要地位。

2005年，广西民族出版社出版《多维视野中的来宾壮族文化——广西来宾市壮族文化考察与研究》(作者覃彩銮，主编卢运福)，对来宾市壮族盘古文化、考古文化、民居文化、布伢文化、师公文化、歌谣文化、土司文化、精英文化以及保护和开发民族文化资源、打造来宾市民族文化品牌等论题，进行了深入的研究。

第四节　巫师道迷信

巫　婆　壮、汉族群众(特别是农村)有不少人信巫。巫是一种迷信职业，从业者为女性，声言通过一定的法术可把死者的魂魄招来附体，能将生人所无法知道的事情讲解，以及驱鬼、消灾等。中华人民共和国成立后这类迷信活动被取缔，但民间并未绝迹。

师　公　源于古代巫术，在发展过程中受道教影响，是一种以壮族原始宗教为主，兼蓄道教部分内容的民族宗教，有较完整的教规和教义，加入者须拜师受戒，背诵经文(唱本)，习练舞蹈、杂技等本领，并要见习数年，方能出师。境内出现约始明代，距今约400年前后。师公多半是半职业性的男性农民。一个师公班子通常有数人至十数人，领班叫掌坛师公，是跳神、祭祀活动的总导演和主持人。师公活动活动大体有：①祭祀娱神，中华人民共和国成立前每年农历二月、八月，境内各乡都举行大型打醮活动，时间一般为三天两夜。②打醮，逢天旱、病疫流行，便请师公设坛，祭天求雨，驱瘟逐邪。③游神，每年农历七月二十八日甘王生日，师公在甘王庙作跳神舞，称作"跳庙"；抬甘王神像游街串村，各家各户燃香烛设供品迎之。④驱鬼，村中有人生病，认为有鬼作祟，请师公至家驱赶。师公活动迷信色彩甚浓，中华人民共和国成立后曾被禁止，改革开放后个别地方死灰复燃。

收　犯　壮、汉族习俗，凡搞大建筑兴工动土后家中人畜遭灾者，便认为是着了"犯"。即刻备三牲(鸡、鸭、鱼、肉)请道公"收犯"。

停尸棚　从古至今，境内流传"只许抬死人出去，不许抬死人进来"。凡在外边死亡者，其尸体不能入村，更不能入家摆在厅堂。运回的尸体，只能在村头搭棚临时停放。认为凡在外边死者，其灵魂不能马上入族入室，让其子孙吊孝，需在外做一段时间野鬼。

祭　庙　旧社会，民间多信仰神灵，每年春秋进行祭庙。春祭于农历二月初一日(有的初二日)；秋祭于八月初一日(有的初二日)。由"做头者"到各家各户收捐粮钱，备办酒肉、香烛等物品祭拜，每户一人参加祭拜，祭后就地聚餐。中华人民共和国成立后，拆毁庙宇，祭庙活动停止。近年来有的重建庙宇祭拜。

祭　村　每遇天灾人祸或瘟疫流行，村里选出几个众望的头人，负责请道公，捐粮钱，备办祭品举行祭村活动。时间一般3天。祭村主要经过安坛、升番、驱邪鬼、安龙等程式，认为这样可以驱邪纳福。中华人民共和国成立后，破除封建迷信，祭村活动渐渐绝迹。

中华人民共和国成立前，境内农村庄设庙宇，置神像。每遇灾祸，求神拜佛，望其保佑；求神施雨，拜神赐子。算命测相，卜卦凶吉等各种迷信活动。

中华人民共和国成立后，来宾各民族经过破除迷信，建设社会主义精神文明，请术师看相、算命等迷信陋习已逐渐克服，但相信命运的思想迄今尚未彻底破除。进入20世纪80年代，又有些人在城镇摆摊行业，为人测字、算命、看相，非法刊印、贩卖《麻衣相术》等迷信书籍；近年有的甚至利用电子游戏机具、手机网络算命。经政府部门屡次教育查禁，已有所敛迹。

第五节　信仰习俗

来宾各民族历史上迷信巫术和占卜。古人首先是从鬼灵观念中产生各种前兆迷信，继而从前兆迷信中产生各种巫术和占卜术。与占卜并行的，还有降神一法，在各民族中亦颇风行。有巫术即有巫师。至于风水堪舆、看相算命，乃汉族传袭的迷信习俗，境内少数民族亦颇受影响。中华人民共和国成立后破除迷信，各种巫术及占卜相命，风水堪舆之俗逐渐减少。20世纪80年代以来，随着政治清明，上述风俗信仰有所流行。今，社会进步，迷信巫觋之风逐渐减少，但并未彻底根除。

壮　族

问仙婆　在民间，家人有病，钱财丢失，六畜不乖，责怪祖坟，很多妇女便会到仙婆家里问仙婆，特别是在初一、十五等日子，给仙婆安置神台烧香，看看家里为什么会发生那么多灾难。仙婆扶案抖脚，口中念念有词，抓住来者心态，瞎编乱造胡说一通，骗得问者坚信不疑，说家中有病、丢失钱财、六畜不乖都是因为有鬼进家所致，如果不及时请道公到家“驱鬼”，则可能还会发生血光之灾，等等。使得来者信以为真，赶紧请道公到家中做法事“驱鬼”保平安，请来道公送鬼神，迁移坟墓，拆屋建房等。择吉日备好“三牲”，请来道公在家中诵经“打油锅”，即将油放入铁锅中烧沸，道公念咒语，不时用口吸水喷于铁锅油中，使锅内火苗腾起，并持剑于屋角作劈刺状，叫做擒鬼“下油锅”。并在门窗上贴咒符，认为这样就可以赶走鬼魂，使家中人畜平安。

在兴宾区（原来宾县）壮族民间流行信仰和崇拜布伢（花婆神），将之敬奉为专司管人类生育之女神和儿童保护神，经过长期的流传和发展，在民间形成了一系列的信仰和崇拜习俗，广为流传。其对布伢的信仰习俗，包括问花、求花、安花、剪花、架桥求子、还愿等仪式。以上提到的习俗和仪式，一般来说都不在庙宇内进行，而是当事人请师公在夜间到其家中举行各种仪式，不让外人知道和观看，极具神秘感。

社　王　即土地神，各村有社坛，坛上有一怪石，象征社王神位。社王神是司管一方土地和人畜的神灵，神通广大，威力无边，既能保佑风调雨顺、消除灾害、五谷丰登、又能守护村寨，防止鬼怪妖邪和猛兽进村作祟，保佑村寨平安、人畜兴旺。每年春秋两季（春季在农历二月初二，秋季在八月初二，俗称春社和秋社），村民都要隆重祭祀，有的地方还请师公诵经跳神。古有“春社，城乡醵钱祀土神，老幼聚饮散福”之俗。

水　神　原始先民认为水中有一种具有人格意志的神秘力量，水神主宰着河水的涨落和鱼类的多少。当神灵心境愉悦舒畅时，就会风平浪静，鱼虾成群；当其心境恼怒时，河水就会汹涌咆哮，鱼虾就会无影无踪。人们认为有了水神在聚落前的屏护，心理上有了安全感和轻松感。

树　神　在人们的观念里，风水林是村里大树主干粗壮、枝繁、叶茂，盘根错节，充溢着生机与活力，是村寨人丁繁衍、繁荣昌盛、兴旺发达的象征，敬若神明，奉为神树，能为村寨驱邪避鬼，祛难禳灾，招祥纳福，保护儿童无病无灾健康成长。

山　神　耸立的山峰具有高大雄伟和难以攀援的特征，山峰魏峨高耸，云雾盘绕，被人们视为通往天堂的捷径。山峰雄伟难以接近，山形的奇异和形象被幻想为神灵的住所。风水的形法主张与壮族原有的山神崇拜融合为一体，赋予了山的神性与风水灵物的双重性，可以给村落居民带来好运。

甘王神　史载：甘陆，甘田叔侄，南宋时人，生于象州县大樟乡占东村。相传有法术和神力，替南朝皇帝出过力，立过战功，曾获宋、元、明三朝封号。当地壮族崇拜其威灵，建庙塑其像供祀之，奉为地方村落保护神，凡村中发生瘟疫或不吉之兆，经卜问若是触犯了甘王，就要到庙中供奉牲醴祭之，祈求消灾祛病，护佑平安。

门　神　在门楣上镶嵌两个木制的门簪，上刻八卦或太极图形，或在门槛枕石上凿刻金钱或宝葫芦图形，同时还在门边插上桃木、艾草或菖蒲，并且在门板上奉贴门神，构成种类众多的门神体系。各种门神来历各异，或为图腾，或为灵物，或由物而偶像，或由人而神化，它们加入门神系列的时间早晚不一，最初为图腾，继而是各种禳灾驱邪之物，进一步是各种自然物与历史人物的偶像化，形成一道戒备森严、层层防御的严密防线，一道借助有益于人类的神圣灵物或神化的历史英雄人物的强大力量来抵御危害人类的鬼怪物。神灵是人类心理需要的产物。镇恶拒鬼，辟邪禳灾、守家护室保平安，是门神最基本的社会职能。

祖先神　祖先神是镇守居室的重要神祇。壮族人认为祖先在世时有养育子孙、立家创业之功，死后其神灵对子孙后代是友善的，会庇护家人的平安。因此，将祖先神视为最亲近最尽职的一类神灵，虔诚信仰和崇拜，各家各户都在居室厅堂正壁上，特制一个与厅堂开间同宽、高约 2.5 米的长方形神龛，壁上用红纸黑书“X 门历代宗亲考妣之神位”“天地君亲师位”等字样，龛台上放置三个香炉。神台下放置一张雕刻精美的神案，用于放置香炉、香、纸钱等祭祀物品。长案下再摆放以优质木料制成的八仙桌，用于供祭时陈放供品。逢年过节或喜庆之事，都要祭拜祖先，祈求保佑。人们赋予祖先神的职责是守家护宅、驱鬼避邪，禳灾去难，保佑家人平安。居家有门神守护，有祖先保佑，心理便有了安全感和依托感。在日常生活中还形成诸多的禁忌：行祭由家中长男主祭，行祭严格按照俗例摆放供品及其程序，即用于祭祀祖先的猪肉必须煮熟成条状，鸡鸭须完整；供品摆放以全猪头为最隆重盛情，并摆在神案中间，鸡头或猪头向内，两边供饭，每碗米饭和酒杯旁放对筷子；供品摆妥，再上香叩拜，经过 10 分钟后才焚烧纸钱，燃放鞭炮，以示既供牲醴，还奉送钱币，以犒悦祖神。主祭者不得赤身，未祭祖前家人不得用餐，行祭时不得在旁大声喧哗，不能说粗口话；孕妇不能在旁或从案前走过；平时不能触摸神台之物，更不能擅自打扫神台，否则会触犯祖神而受到惩罚，招惹祸灾。认为只有虔诚并盛祭祖先神，才获得强有力的庇护，家中才会平安，才能逢凶化吉，兴旺发达。1956 年以前，壮族家中的大厅上均设有祖宗牌位，又叫“香火堂”，逢年过节都要烧香祭祀。1966年以后被当作封建四旧加以拆除。1980 年以后，民间又逐渐恢复。今，祭祀祖先的活动有发展趋势。

土地龙神　是壮人在居室里奉立的重要神祇之一。土地神是司管一方万物的神灵，村寨有司管村寨的土地神，田间有司管田垌的土地神，住宅有司管住宅的土地神即土地龙神。各自司管的范围和职能不同，村寨土地神司管的范围最大，功能也最多；住宅土地神司管范围最小，只负责一家住宅范围内的守护职责，但又关系到各住家的安危与祸福，备受人们的重视和崇拜。

在动土建房时，要在房基的厅堂神台位置奉立土地龙神之位，延请道公或巫师择定吉日，举行安立土地龙神仪式，用一块异彩石头立于土中，上贴红纸披红布，焚香供牲醴祭之，祈求土地神保佑建宅吉利，居住平安。新居落成后，于供奉祖先神台下方，奉立土地龙神之位，并用红纸墨书“土地龙神之位”，逢年过节供祭祖先时，要给土地龙神上香，一同享祭。壮族人家赋予土地龙神的职能主要是镇邪护宅。即保护住宅建筑及其地基的稳固与安全，护佑家业兴旺，子孙繁衍，生活美满，居住平安。

花婆神　花婆神又称花王圣母，是壮人供奉的护佑生育的女神，专门司管一户人家的生育和保佑孩子的健康。认为人类的繁衍及生儿育女，皆由花婆掌握，小孩的生命来源于花婆园里的神花，只有花婆赐给妇女神花后，才会怀孕生育。故壮族妇女的居室里多奉立有花婆神位，一般用三节金竹合并立于妇女卧室床边墙角，从野外采回一束鲜花挂在金竹上端，或用彩色纸剪花来挂竹节上，象征着花婆神位或百花盛开，花神常驻之意。每月初一、十五或节日，都要上香叩拜花婆神，诉求花婆送子，使其妇女生儿育女，人丁兴旺，并保佑孩童健康成长。人们相信花婆神能“赐男赐女，移凶化吉”。

在壮族的传统观念中，男孩不仅是家业的继承者，也是世系香火的承嗣者，没有男孩，就意味世承香火就会断绝。

为了祈求花婆神送子添丁，壮人把花婆请入居室供奉。如果一对夫妻婚后多年不孕，被认为是前世缺少功德，受到花婆神的惩罚，不赐予花，或花道不通畅，需要请道公巫师举行“安花”或“架桥”求育仪式，以修补功德，祈求花婆神赐花，并架起使花魄顺利附到求育妇女身上的“桥”，从而达到怀孕生子的目的。有了生育后，还要向花婆神还愿致谢，上香供牲酒祭拜，并祈求花婆神保佑小孩平安。

花婆信仰自古至今都非常盛行，其祭祀仪式繁缛。祭祀花婆仪式的盛况，民国《来宾县志》中有记载：“次则花王圣母者，省曰花婆。嗣艰者，祈祷尤虔。县城东楼及在厢里、格兰村、南一里、永平田、羊腿村皆立专庙奉祀。其赛会游神在每岁夏历六月六日。龙洞、鳌山亦祀花标圣母。鳌山香火最盛，其赛会游神，远乡必至。其神三像并坐，中一相貌最老，左右者次之。在右者类中妇，锦袍玉带，凤冠珠履，俨然妃嫔官装，旁坐另有七子、九子两娘娘，韶秀如三十许人，华裙露袂，群儿攀附胸腹、肩膝。一七、一九，隐喻多男之意。”具体来说，对于“花婆”的祭祀主要有两种，一是“家祭”，又称“小祭”，每家每户单独进行，每月初一、十五，给“花王”烧香，逢年过节，用香烛酒肉、鸡鸭糖饼供奉。一种是“大祭”，在“花王”诞辰举行。

灶　神　灶神是壮族普遍信仰和崇拜的司管一家烟火的神灵。

灶台为灶神寄居之处。人们认为，灶神是天上玉帝派到人间司管烟火的神祇，同时还负责监察人们的品行。每年农历十二月二十三日，灶神须按时返回天庭向玉帝“述职”，报告一年来其家人品行的善恶。壮族在这一天要举行“送灶”仪式，杀鸡献酒供糍粑祭祀灶神。据说鸡是给灶神上天的坐骑，用糍粑封住灶神的嘴巴，使之“上天言好事，下天播吉祥”，不要说人间的丑事，以免受到惩罚。至除夕晚上，灶神由天上返家；人们又须设祭“迎灶”。

在传统观念中，灶神是以天上监察代表的身份进驻天下人家的，故其有上可通天言状，下可秉旨操掌赏罚，决定一家凶吉祸福的大权。因此，人们对灶神既畏又敬。除逢年过节上香祭祀外，平时还要注意自身品行端正，不得逆理行恶，更不得触犯或亵渎灶神，以免招灾引祸。

其他神　师公驱鬼酬神所祭祀的神主要有“三元”（唐道扬、葛定应、周护正）；“九官”［土地、灶王、社王、雷王和雷王所辖赵、马、邓、辛四帅及中央关元帅）；“二十四相”（甘王、甘陆、甘七、甘八、甘十五仙娘、侍郎（刘秀）、梁侯（善）、吴侯（广）、韦察院、司徒公、巡河公、三界公、冯四公、北府将军（赵）、白马姑娘（罗）、通天圣帝、莫一大王、三祖家仙、五谷灵娘、鲁班先师、五海（龙神）、农婆（歌仙）］及上楼、中楼、下楼3个花婆王。1950年后，师公曾被禁止活动。20世纪80年代后在农村又有恢复。

庙　会　是境内民间风俗，凡设有庙堂的地方，都规定有庙会时间。庙会当天，附近群众集结在庙堂进行拜祭祀并燃放花炮。有的地方有抢花炮、舞狮活动。各地举办庙会的时间各不相同，如在兴宾区，龙南独山雷王庙庙会定在正月初十，小里村甘王庙庙会定在正月十三，潘岽村冯羽庙庙会定在正月十四，鳌山庙庙会定在三月三和六月六，龙洞寺庙会定在正月二十九、二月十九，甘东盘古大庙的庙会定在六月十八和八月初八，金峰寺的庙会定在正月初八，古伦庙的庙会定在正月初十，马伏波庙的庙会定在正月十六，陈相府庙会定在正月初八。

瑶　族

还洪门愿（洪门打香火醮）　金秀茶山瑶集体祭祀仪式，为祈求人口平安、五谷丰收、家畜兴旺。有些地方12年，有的20年、50年或100年做1次，由血缘较近的宗族联合举行。还洪门愿时由10余名师公念经作法，设坛祭典3昼夜，祭祀的神祇有大圣李王、雷王、梁王、吴王、管录、苏公灵、甘王、莫王、监厨、婆王、北庙（虎相）等500多名。每参祭户要备50千克以上猪肉才能应付。

做功德　金秀茶山瑶一村或几村联合举行的超度亡魂仪式。设祭坛于功德桥附近，由道公主持法事，师公协助。祭祀的神祇有三清、玉皇大帝、救苦难菩萨、九幽、朱林象、邓、辛、赵、马四元帅等，祭典举行3昼夜，其间要架设功德桥1座，花费与还洪门原相当。

汉　族

祖先神　民国时期，每家都设祖先神位于大厅正中，香火堂通常正上方写××堂，左右为对联。如黄姓之“江夏堂”，表其祖籍为江夏郡。大姓多建有×氏宗祠，祭祀本姓同宗、同族祖先。

崇拜的神灵多元化，既有佛、道的神祇如如来、观音、三清、真武大帝等，也有其他神祇，如土神、灶王、社王、土地、财神；人神化的孔子、关羽、岳飞、甘王等。县城一般建有文庙（孔子）、武庙（关羽）。有的家中设财神、灶王、土地神位。

苗　族

家　神　即历代祖宗，苗民认为其能保护家人，不让外鬼入侵。

土地神　苗语称“勾辖”，认为可保护庄稼，抵御各种自然灾害。社日，村寨集体杀猪，连同各户自带的酒、酸肉、糯饭供奉，由巫师念祭辞歌。祭毕，就地聚餐。

水　神　主管村寨饮用水之神，凡春节、元宵、端午及中元节均有人于井旁祭祀；命相五行缺水者亦祭此神。

花　婆　女性神祇，苗语称“务本”，是送子、护子之神。有的户在床头立神位。凡妇乡生小孩，三朝即请巫师置花婆神位供祀。

寨　神　苗语称“努饶”，三月、六月祭庙，祭祀与土地神相似。

第四章　方　言

来宾境内，除了有壮、汉、瑶族三大主体民族外，还有少数的苗族、侗族、京族、水族、回族、蒙古族、仫佬族等。这些少数民族人数少，居住又极为分散，基本上不操本民族语言，而是与临近的壮族、汉族同用壮语或汉语（桂州话）。中华人民共和国成立后除了用壮语、桂柳话交流外，还逐渐用汉语普通话进行交流，由于受本民族语言影响较深，故有夹壮的普通话出现，俗称南方普通话。今，普通话在境内大为盛行。

第一节　壮　语

来宾市辖区内使用的壮语属北部方言。以红水河为界，分为柳江壮语区（兴宾区、忻城县、合山市红水河以北地区）；红水河壮语区（象州县、武宣县、金秀瑶族自治县及兴宾区、忻城县红水河以南地区）。各壮语区之间的语音、词汇和语法大部分相同，仅个别声母、韵母的发音及调值不同，可以相互交谈。壮语中的民族固有词以单音节居多，如表示“洗”动作的有 Swiq（洗脸）、Saeg（洗衣物）、lang（冲洗）、ca:t（刷洗），等等。句子成分的基本次序是主—谓—宾—补。以名词、量词为中心的修饰或合成词，中心成分在前，修饰成分在后，如菜刀，壮语为刀菜（caxbyaek、gyaxbyaek）。壮族语言词汇丰富，除有其固有词汇外，还借用汉语词汇，特别是新有名词和数量众多的政治、科技术语，都借用汉音（桂柳方言）来表达。汉语词汇的融入和渗透，在很大程度上丰富了壮族语言词汇，促进了壮族语言和文化的发展。

第二节　瑶　语

境内金秀瑶族自治县盘瑶、坳瑶、山子瑶操“勉语”，属汉藏语系苗瑶语族瑶语支；花蓝瑶、红瑶操“炯耐”语，属汉藏语系苗瑶语族苗语支；茶山瑶操“拉珈”语，属汉藏语系壮侗语族侗水语支；由于瑶民与周边地区的壮、汉、苗、侗民族长期交往，民族方言受一定影响。瑶族内部同一语支的语言，因地域不同存在着方言或土语之间的差别。如盘瑶、坳瑶操“勉——金方言优勉土语”；山子瑶则操“勉——金方言金门土语”。

勉语共有 30 个声母，114 个韵母；分 8 个声调，勉语的特殊语法现象为有两套基数词。如“二”，第一套基数词为“l”，第二套基数词为“nei^{6}”。但“二十”不能用上述基数词的“二”，而用“ni^{6}”。另形容词修饰名词时，名词在前，如红花为 pia^{2}（花）si^{7}（红）。

拉珈语共有 34 声母，120 个韵母；分 10 个声调，以人称代词、联合词组、支配词组作定语时，在被修饰成分之前。如“这一本是我的书”为 p^{2}n^{3}（本）ni^{2}（这）tok^{7}（是）tsi^{1}（我）p^{2}n^{3}（本）sFn^{1}（书）。

炯耐语共有 41 个声母，54 个韵母；分 9 个声调，其名词修饰名词时，修饰的名词在前，如鸡蛋；形容词修饰名词时，被修饰的名词在前。如肥肉为 kai^{2}（肉）fo（肥）。

第三节　汉语方言

种　类　居住于来宾市的汉民族，操汉语方言，因居住地域不同或族源的差异，语言形式亦呈多样化。以汉语桂柳方言为形式的流通范围最广。其余尚有客家话；兴宾区的宾州话、侬话、古昔话、粤话（白话）、闽南话和疍民（船民）话；象州县和武宣县的伢话，忻城县的湖广话等方言。本节以桂柳方言为重点予以记述。

方言发音特点

声　调　桂柳话发音较平直，象州县区域大体可概括为 4 个声调：阴平、阳平、上声、去声。象州县桂柳话与普通话比较大体为：普通话阴平调 = 桂柳话阴平调，如“刀”，普通话、桂柳话均为 dāo；普通话去声调 = 桂柳话阳平调，如“大”普通话为 dà，桂柳话为 dá；普通话阳平调 = 桂柳话上声调，如“围”，普通话为 wéi，桂柳话为 wèi；普通话上声调 = 桂柳话去声调，如“口”，普通话为 kǒu，桂柳话为 kòu。

声　母　象州县桂柳方言有 18 个声母（普通话为 21 个声母）。没有舌尖后音 zh、ch、sh、r，但比普通话多出舌面后的浊鼻音[ŋ]。

韵　母　通常有 36 个韵母。

第四节　民族语言文字工作

机　构　民国 23 年（1934 年）1 月，广西省教育厅成立特种教育委员会，负责特种部族教育的筹划和推进工作。民国24年，在南宁成立省立特种教育师资训练所（后迁桂林）。中华人民共和国成立初期，20世纪50年代，自治区民族语言文字工作委员会成立。20世纪50年代中期，创办石龙县壮文学校，由县推行壮文委员会管理。1958年，自治区教育厅机构调整，设民族教育科。1960年增设壮文处，撤销民族教育科。20世纪80年代，境内各县设立少数民族语言文字工作委员会办公室，配民语工作专职干部1~2名，主管壮文教育事务。1991年，各县（市）恢复推行壮文工作委员会。1997年后，各县（市）少数民族语言文字工作办公室在民族事务局挂牌，办公室主任由民族事务局1名副职兼任，至2005年不变。

壮文推行 壮族借用汉字的形、音、义，创造出“方块壮字”，又称“土俗字”。兴宾区、象州县、武宣县、忻城县、合山市等地至今仍有利用古壮字记录民歌的手抄本于民间传唱。

1952年，中国社会科学院会同广西自治区有关部门，对壮文字的流行情况进行调查，并根据壮族群众的意愿，于1955年制订以拉丁字母为主要文字记录符号的《壮文方案》。1957年11月经国务院批准推行。1956年11月，原柳州地区第一所壮文学校——来宾县壮文学校在现兴宾区创办，忻城、武宣、象州县也相继开办壮文学校，壮文得以逐步推行。“大跃进”期间，境内各县曾用壮文进行扫盲教育。至1960年，全市壮文学校共培训教壮文群师5167人，以及培训水利化、机械化、电器化、化学化“四化”干部556人。1961年后，壮文扫盲教育终止。“文化大革命”中，壮文推行中断，各地壮文学校停办。改革开放后，1980年5月，恢复使用壮文，1984年恢复县级壮文学校。1985年，各县少数民族语言文字工作委员会成立，主管壮文教育事务。1985年9月，壮文开始进入全日制小学，忻城、象州、武宣、来宾县在壮族地区村小开办壮文试点班30个，推行汉壮双语教学。1988年，学生发展至120班4696人，有教师126人。从1990年7月开始至今，境内壮汉双语教学开始拨归教育部门统一管理，成为壮族地区大教育的重要组成部分，壮汉双语教学逐年出现分化，致使一些实验学校教学质量有所下降。1994年，各县语委及壮校（部分县改称民族中学）仍继续推行壮文工作。1995年5月，武宣县新龙民族中学增设壮语课。壮语教学从学前班—小学—初中“一条龙”教学。1996年之后，经过不断调整、撤并后，境内绝大部分地区已没有壮文班，不上壮文课。2002—2005年，兴宾区五山乡六贝村完小、寺山乡六力村完小等学校一直开展壮汉双语教学，壮语教学得以传承。

瑶文实验 瑶族原无文字，1956—1958年，国家为帮助瑶族创造文字。由中央民族学院组织瑶语调查队到瑶族地区开展瑶语普查，后确定金秀瑶族自治县长垌乡的勉语口音为瑶文标准口音。1982年，由盘承乾、邓方贵、刘保元3位瑶族科研人员制定瑶文方案，并编印出瑶文课本，次年于金秀瑶族自治县办瑶文试验班推广。住在美国的瑶民曾先于我国瑶族创制瑶文，为便于文化交往，美国瑶族协会倡议统一两国瑶文。1983年6月，自治区语言文字委员会下拨4000元专款，在金秀瑶族自治县开办一期瑶族文字培训班。由县内部分小学选送28名教师参加培训，聘请中央民族学院、广西民族学院教授担任培训班教师。1984年，美国瑶族协会代表团访华，经两国学者协商，初步确定中美两国瑶族文字统一方案。瑶文方案是以金秀勉语语音为基础的拉丁字母文字。1985年，金秀瑶族自治县第一个瑶文实验班在金秀镇奋战小学创办，由在瑶文培训班学习结业的瑶族教师赵成斌担任教师，招收14名瑶族学生分小、中、大班进行授课，教材由教师自编，瑶文实验班共办了3期。1995年后，瑶文实验停办。

第三十二篇

人　物

在来宾历史的长河中,各个时期都涌现出许多著名人物。在社会激剧变化的明清时期,一批农民成为起义军的首领;辛亥革命前后,一批民主革命志士追随孙中山先生走在革命的前列,在政治舞台上产生过重要影响,对来宾的建设和发展起到较大作用。民国时期,一批中共地下党员和一批抗敌救国的爱国志士在来宾活动,为争取民主革命胜利,不怕流血牺牲,利用一切可能的条件和时机进行长期艰苦卓绝的革命宣传和反抗封建统治的斗争。但也有一小撮反动人物妄图阻碍社会前进,成为千古罪人。中华人民共和国成立后,各行各业涌现出许多先进人物,有劳动模范、先进生产(工作)者、革命烈士、地方党政领导、农业科技人员、工程技术人员、文化教育科技卫生体育工作者以及社会贤达,他们在各自的岗位上发挥了榜样的作用,促进了来宾经济和社会事业的发展。

中共十一届三中全会以来,全市人民在市委和市政府领导下,坚持四项基本原则,坚持改革开放,积极投身于社会主义建设,各条战线和各个岗位都涌现出一批先进人物和劳动模范,一大批专业技术人员获得各系列专业技术职称。

来宾历史名人学识渊博,出类拔萃,骁勇将领武功卓著,革命业绩彪炳史册。本志分记人物传略、人物简介、人物表三个部分,以本籍人物为主,兼顾客籍人物。共计记载人物 3854 人(次)。其中,人物传略 134 人,人物简介 16 人,人物表 3704 人(次)。

第一章　人物传略　人物简介

第一节　人物传略

本节人物传略共收入 134 人,其中,本籍人物 115 人,在来宾工作、活动或牺牲的客籍人物 19 人。本节的人物按卒年先后顺序入志记述。

权　凤

字韶仪,号桐冈。生于北宋时期,生卒年不详。来宾县良江乡(今来宾市兴宾区良江镇)人。宋熙宁九年(1076 年)权凤参加科举考试及第,成为来宾县史上取得进士功名的第一人。初授任梧州知事,后晋升为江西副史。今兴宾区寺山镇寺山街旁金峰山北麓有一岩洞,世传是权凤幼时读书处。他取得进士功名后,此洞被乡人取名“探花洞”,也称为“探花读书处”。北宋时,县城十字街建有“龙门身价坊”。在权凤故里建有“探花坊”。惜牌早已荒废,无残迹可觅。

谢　洪　谢　泽

象州人。二人生卒年不详。宋宣和三年(1121 年)兄弟同榜进士,博学能文,时人誉为广西“二贤”。宣和三年至七年(1121—1125 年)间,谢洪先任南海尉,后升任贺州(今贺州市八步区)知州;谢泽先任昭州(今平乐县)知州,后任南平州(今福建省南平市)知州。家住象州城南门外“谢氏园”。园内有“扶疏堂”,竹木幽翠,景色别致,凡迁谪象州的朝廷官吏,如王安中、孙觌等,多在谢氏园借寓,与谢氏兄弟交游、吟诗,题咏满壁。二人逝世后墓葬二贤庄背。

吕景蒙

字希正,象州人,生卒年月不详。明弘治十七年(1504 年)中举,任监察御史。因对官场腐败敢于直言,揭发押解商业贸易税收奸弊,嘉靖年间被贬谪颍州(今安徽省阜阳市)任州判,后调任汲县(今河南省卫辉市)知县,再升任福州通判,又调任南京大理寺评事,皆拒赴任。此后,从游于哲学家湛甘泉之门,倡明理学,其所论说,和湛一样出于正统。两广总督张岳对吕甚为器重,过象州时在城南门外立“理学名儒坊”旌表。其著述有《藏用集》30 卷、《定性发蒙》、《象郡学的》和《柳州府志》16 卷等。

谭公柄

壮族。迁江北三(今来宾市兴宾区七洞乡社头村公所辖区)人。生性倔强好胜,从小练就一身武艺,尤善骑马。好作弓箭。所造箭头敷毒,中箭即毙。谭公柄幼年时,深受古田壮人义军反抗官府英勇事迹影响。壮年时被群众推举为酋长,毅然组织北三一带壮人,建立数千人起义队伍,号称“划马军”,竖起义旗。明嘉靖二十四年(1545 年),谭公柄领导划马军配合马平、五都等地起义军反抗官府的“围剿”,出兵搔敌后方,切断其补给,致使官府“围剿”失败。复率所部先后攻入来宾(今来宾市)、武宣、平南、藤县、贵县(今贵港市)、南宁及广东的清远、三水等县、州城。所到之处，捣毁官库，没收粮、银济贫，擒杀暴吏，声威大震。隆庆年间(1567—1572 年)，谭公柄配合府江杨公满等人领导的瑶族人民起义，派出划马军攻打来宾千户黄元举，杀掉土吏、劣绅、官兵 70 多人。隆庆六年(1572 年)，官府调集 6 万土汉官兵镇压了杨公满义军后，逼降谭公柄。谭公柄一面派人和官军谈判周旋，一面积聚力量。他号召北三、北五一带壮人踊跃参战，组成 3000 人的起义队伍，出仙凤山、龟鳖塘，与河塘韦宗武起义队伍傍山结寨，凭险据守，多次击败官军“围剿”，持续 6 年之久。万历五年(1577 年)，官府调集迁(江)来(宾)和柳(州)庆(远)哨的官兵，对划马军进行更大规模“围剿”。官军胁迫、利诱兼施．致使义军部分接受招抚。谭公柄被迫率部退守古铁等山岩。最后，官军凭借人多炮烈攻破山岩。谭公柄下落不明，划马军自此消失。明代庄国祯书《右江北三平寇记》刻于桂林龙隐岩，张种书《平北三大功记》刻于柳州蚂拐岩。两块碑记另一面载录了划马军的踪迹。

蓝海朝(1519—1579 年)

壮族。生于忻城县遂意乡敢妹村一个贫苦农民家庭。他从小同情穷苦农民，对封建王朝的腐朽统治不满，立志解救被统治压迫的人。他胸怀大志，多谋善断。19 岁就担任了农民起义军的领导。他到上林县乔贤乡蓝干村女仙洞考察，看到那里地势险要，荒地多，山林密，是屯兵的好地方。回家后，与众兄弟商议并得到支持后，于明嘉靖十七年(1538 年)，率领众兄弟及全家老小迁居女仙洞安营扎寨，边开荒种粮，边练武。他创作了“打官司，揪土豪，获财物，归公家，充军饷，济民饱”的三字经，教育士兵，宣传群众。由于他无私无畏，言行一致，深受士兵、民众拥护，使起义军队伍不断壮大。1554 年，35 岁的蓝海朝已成为八寨农民起义军的首领。他的队伍与桂平大藤峡瑶民起义军，遥相呼应，互相配合，夺村庄，攻城邑，打击官军，镇压贪官豪绅，给封建王朝以沉重的打击。嘉靖三十三年至三十九年(1554—1560 年)，他先后三次率领农民起义军成功地袭击、攻打南宁城，爬梯越墙入府署，杀死守城官兵 25 人，夺取官库的金银财物充作军饷。每次出击，均获战果，军威大振。从八寨到南宁，沿途 170 余千米，起义军畅通无阻，还占据灵山、容县等地。万历初年(约 1573 年)，蓝海朝率领农民起义军 1 万多人和强大的官军开展了 5~6 年的血战。万历七年冬，两广提督刘尧诲、抚臣张任请朝廷委任总兵王尚文调集官兵 10 万余人分四路围攻八寨，蓝海朝领导起义军奋力抗击，终因弹尽粮绝，寡不敌众而失败。起义军被惨杀 9103 人(含家属)，被俘 5470 多人，被抢走器械 3200 件、牛马 239 头(匹)。蓝海朝最后退到女仙洞决死一战。牺牲时 60 岁，他的 5 个儿子也牺牲了 3 个。

莫镇威(1547—1610 年)

字忠惠，号双江。世袭忻城县土司第六任土官。生于明嘉靖二十六年(1547 年)九月十四日，卒于万历三十八年(1610 年)三月十一日。明朝万历四年(1576 年)，广东省罗旁(今罗定县)农民起义，声势浩大，镇威奉令率土兵往剿，俘获义军首领龙旺等人，立了军功，获朝廷赏赐黄伞、金条和帛书及四品服色。万历七年(1579 年)，八寨首领樊公宾率众反抗朝廷。他奉令率土兵协剿，未及旬日，攻破八寨，杀害樊公宾等。论功第一，获赏金帛。万历九年，县边界之同其、凉阴(今河池市宜州区屏南乡境)、功德、窑灰(今忻城县境马泗、欧洞两乡)诸地农民造反。他率土兵征讨，擒获农军领袖韦王朋、韦王长、李公坛、蒙公占等，都督刘尧诲赏给金帛，并上奏钦准，将上述四里地界划归忻城土县管辖。万历十四年以后，地方宁静，征调不闻，镇威遂将县衙从喇院移至修文里(今忻城县城关镇城厢街)，并筑城围之。建三清观、石牛山亭，修西隆、古学、断桥、西瓜、三寨等石拱桥、木桥共 20 余座。理政之暇，尚留心词翰，有《训荫官》《协剿八寨记》《石牛山记》《游西山迎晖楼赋》等作品传世。

刘光烈(1719—1750 年)

字杨休，又号象山。象州城里人。刘光烈年幼之时即天资聪颖，记忆力强，一目十行且过目不忘。清乾隆三年(1738 年)，他参加朝廷在广西举行科举考试(乡试)考中举人。但他无心仕途，归隐象州，在象州城内教书育人，广传学问。当时正处于清朝初期，象州多数人只是知晓一般的文字，但刘光烈却对古文非常精通且深有造诣。在他的带领下，象州人学经习文气蔚然成风。刘光烈逝于 1750 年，年仅三十余岁，葬于金鼓山。象郡武宣籍进士陈仁(钦点翰林院庶吉士，时称太史，后任翰林院编修櫂御史台)为其题额：薰德善良；刘光烈的学生孟廷侯为他撰写对联：盘龙隐窟斯文种，金鼓如闻讲道声。这些后来都刻在其墓门石碑之上。现留有其《游六祖岩》《象云说》等诗文。

陈　仁(1706—1780 年)、陈　旭(1706 年—?)

武宣县三里镇台村人。陈仁字元若,号体斋,又号寿山;陈旭字东升,号晓村。他们的父亲是同胞兄弟,他们两人为堂兄弟。清雍正十年(1732 年)乡试两人同中举人,陈仁名列第一即解元,陈旭名列第二名举人。清雍正十一年(1733 年)会试,两人又同登进士,殿试后,钦点兄弟进士。为了嘉奖其才华,皇上特下旨建兄弟牌坊以旌表。时户部尚书蒋溥给陈仁、陈旭敬赠了一块德星南聚的匾额以嘉奖。陈仁、陈旭兄弟进士牌坊建于 1733 年,立于武宣十字街头。陈仁成为进士后,钦点翰林院庶吉士,常为清高宗(乾隆)拟写敕文和诏书,有兴贤诏、劝农诏等。清乾隆十年秋(1745 年),出为湖北督粮道,福建道监察御史加一级授朝议大夫。清乾隆十三年(1748 年),量移四蜀未到任。陈仁为官清廉,但为奸臣诬害,中途告病归疗,病假在家数年。乾隆十八年(1753 年)回京复职,到了湖南祁阳,旧病复发,返回桂林治疗而归,仕途从此结束。陈仁于 1753 年告病归里至 1780 年的 27 年间,地方有困难和问题,敢于向两广总督、巡抚、提督反映,请求给予解决,如减免灾后税赋,增拨赈灾物资和加强县里的防盗措施等,并热心公益事业,积极参与或捐资复修新路桥、文庙,积极协助兴办学馆、私塾、书屋来培养人才。乾隆四十五年(1780 年)逝世,享年 75 岁,诰封中宪大夫(三品封阶)。遗作有《用拙斋诗集》,内阁大学士张湄作序;《用拙斋文集》,礼部侍郎刘方蔼作序;《陈仁奏稿集》和《轮进经史义集》,左都察御史黄永年作序。

陈亚贵(1826—1850 年)

又名陈阿贵。壮族。武宣县东乡镇下平岭村人。14 岁到江西省吉安县寺庙学少林拳术,21 岁回乡。逢年过节他率队舞狮,膂力过人。清道光末年(约 1840 年),加入天地会,为重要首领之一。道光二十六年(1846 年)6 月,陈亚贵与桂平旧峡村李观保等联络,在浔江一带劫富济贫。道光二十九年(1849 年)8 月,陈亚贵率部攻打象州大乐富户韦泰山,大获钱布,分给天地会会员。道光三十年(1850 年)7 月,陈亚贵率众千余人,由运江打至桐木一带,有清朝杨委员带勇 200 余人和修仁县财主刘益汉协同防守石祥口,被陈亚贵打败,官兵死者甚众,后又攻击荔浦县城,势甚猛烈。陈亚贵攻陷修、荔两座县城后,声势大振,省城惊恐不安。7 月下旬,陈亚贵率 2000 余人退出修、荔两城,在导江、运江遭清军的阻击,受巨大挫折。此后,陈亚贵率领大股折转向南,在思恩府之宾州(今宾阳县)交界地方,又与清军遭遇,在黄练附近激战失败,回师进入紫荆山,转战罗禄洞山中,被清政府赏红侦捕,被一砍柴人所识,向碧滩禀生黎建勋告密,陈亚贵与其弟交火被擒。1850 年 10 月被桂平知县李孟群杀害。

萧朝贵(约 1820—1852 年)

别名蒋朝贵。生于清嘉庆末年。壮族。武宣县河马乡下武兰村人。清道光二十五年(1845 年)加入由冯云山组织的紫荆山拜上帝会。后到壮、汉、瑶等各族人民中去宣传拜上帝会的教义和好处,串联发动各族群众入会。

道光二十八年(1848 年),紫荆山拜上帝会从秘密活动转入公开斗争,提出"同衣同食""把天堂搬到人间"口号,英勇地向封建统治挑战。地方官吏和土豪劣绅十分仇视和恐惧。土豪王作新勾结桂平县(今桂平市)官府逮捕冯云山、逼走洪秀全后,扬言"杀绝拜上帝佬"。拜上帝会一时群龙无首,萧朝贵和杨秀清挺身而出,组织民众增强团结,安定人心。并发动烧炭工人捐集了几百串钱,疏通官府营救冯云山出狱。金田起义前夕,为配合团营而派人回乡搬取眷属和动员亲友入会参军,萧朝贵曾回武宣家乡招齐会众,并动员同族兄弟参加起义。在萧朝贵的带动下,群众踊跃参加团营。

1851 年(清咸丰元年)1 月 11 日,金田起义爆发,建立太平天国,萧朝贵参加了洪秀全为首的领导核心。3 月 18 日,他在武宣东乡代天兄传言,针对当时军事给养困难和太平军内部有的人动摇、开小差的情况,教育太平军恪守天条命令,和睦团结,互相帮助。扎营不得入村搜索财物,打仗不得临阵退缩,缴获银圆不得私分,特别强调要同心同力打江山。在他的老家武宣东乡的会战中,太平军大败清军,取得了金田起义以来最大的胜利。萧朝贵在协助洪秀全动员、鼓舞和指挥太平军英勇杀敌中,起了重要的作用。3 月 23 日,洪秀全在东乡莫村登极称天王,建号太平天国,封五军主将,萧朝贵为右弼又正军师、前军主将,仅次于洪秀全、杨秀清而居第三位。从此,萧朝贵担负着率领太平军主力部队的重任,转战千里,功勋卓著。1851 年 7 月,太平军撤离武宣、象州,回师紫荆、金田。清军厚集 3 万兵,分两路南北夹击太平军,太平军被包围在金田、莫村的狭小地区内，形势危急，少数人叛变。7 月 13 日，萧朝贵在莫村配合杨秀清又一次代天兄传言，严厉斥责一些人“各为私，不公心，不忠心”。激励太平军为公莫为私，忠于革命，鼓舞士气，反对叛逃。最后由于太平天国军民的努力，渡过了难关，转危为安。9 月中旬，太平军从新圩突围到平南县的思旺圩。15 日，广西提督向荣绕道入平南的官村，扎营数十座，企图拦截太平军的去路。萧朝贵率领的前军和冯云山率领的后军密切配合，乘机朝向荣发起突然袭击。向荣几乎全军覆没，将领毙命一二十人，大批粮草军械成了太平军的战利品。平南官村大捷，为太平军胜利进军扫清道路。9 月 25 日，萧朝贵指挥罗大纲率领前锋，以声东击西的战术，一举攻下永安州（今蒙山县城）。太平军在永安半年中，进行休整和加强农民政权建设，萧朝贵亲自驻扎州城西面二里的寇岭炮台上，指挥太平军的主力部队在西线战场上多次打败清军的军事“围剿”。同年 12 月 17 日，天王洪秀全为了表彰“同打江山”的功臣，加封萧朝贵为西王，称八千岁。

清咸丰二年（1852 年）4 月 5 日，太平军陷桂林，克兴安，攻全州，从永安突围北上，萧朝贵督率太平军几千人担负着反击清军追袭的重任。4 月 7 日，广州副都统乌兰泰率大军尾随追来。萧朝贵和南王冯云山奉命反击。4 月 8 日，乌兰泰率清军来犯，太平军居高临下，发动凌厉攻势，歼灭清军四五千人，清将长瑞等四总兵毙命，乌兰泰坠崖受伤。清军在广西主力基本被打垮。太平军乘胜北上，一路势如破竹。同年夏，萧朝贵统帅太平军前军，出广西、入湖南，“所攻必克”，节节胜利，连克道州、桂阳、安仁，于 7 月 25 日攻破醴陵。萧朝贵向天王洪秀全献策，并亲自率军督战。7 月 27 日，萧朝贵直逼长沙，在石马铺一战告捷，大败清军，杀守将福诚等一班官僚，然后亲率曾水源、林凤祥、李开芳等猛将，领兵在离长沙十里处扎营。长沙守将罗绕典事先得报，不敢与萧朝贵交锋，只紧闭城门不出，命令城里八千清兵按兵不动。由于萧朝贵在胜利面前骄兵疾进，又远离了太平军的后续部队，孤军深入，加之兵力单薄，不能合围长沙，只好占据城南外的妙高峰、鳌山庙，抢修工事，以作侧面攻城。此时，长沙清兵增至 10 万之众，清将江忠源率援军赶到，与夺城南高地天心阁和蔡公坟两地，夹击太平军。7 月 28 日，萧朝贵在后军不继的不利形势下，拔队攻城。当天上午，双方激战几小时，萧朝贵指挥太平军连破清方营盘多座，乘胜推进七八里，杀死杀伤清方将官数十人、清兵 2000 多人，缴获火药 4000 余担，以及大小火炮和军粮无数，击溃清军在长沙城外的防线。萧朝贵指挥天兵猛攻南门，弹片横飞，火光冲天。12 月，萧朝贵亲临前线。在南门外妙高峰执旗督战。指挥炮兵轰击。不幸被清军发炮击中牺牲。殉难时年仅 32 岁。

罗际隆（？—1854 年） 罗廖氏（？—？）

在太平军中，有一对夫妻将领，就是罗际隆、罗廖氏夫妇。罗际隆，壮族，象州县妙皇乡盘古村人，稍知文义。清咸丰元年（1851 年），全家参加太平军。在萧朝贵部任监军，因妹嫁萧朝贵为西王妃，遂被封为西国舅，后升总制。罗作战勇敢，每逢战斗必身先士卒。咸丰二年（1852 年）八月，萧朝贵牺牲后，隶属杨秀清部。咸丰三年（1853 年）建都金陵，封恩赏检点。咸丰四年（1854 年）三月，封殿前检点左二十一指挥。次年六月，随黄再兴赴湖北安民，八月，清兵攻占武汉，际隆率部退至武昌洪山中伏，力战一昼夜，英勇牺牲。罗廖氏（生卒年月不详），壮族，妙皇乡盘古村人，祖辈务农，家境贫寒，以砍柴为生。当时朝廷腐败，地方官吏豪绅敲诈勒索，民不聊生。清咸丰元年，太平军北上从武宣东乡路过盘古村，罗廖氏动员丈夫罗际隆参加太平军说：“此驱异族，非叛变也。”并作歌谣：“天遣神兵杀不平，不平人杀不平人，不平人杀不平者，杀尽不平方太平。”在他们夫妻带动下，盘古村、龚村 11 户贫苦农户全家参加太平军。罗廖氏在军中骁勇善战，屡建奇功，提任中二军女军师。

何震川（1826 年—？）

象州县百丈乡新寨村人，秀才出身，屡试不第，愤懑还乡。清咸丰元年（1851 年），太平军到百丈，天王闻其名，以礼相聘，何带兄弟全家 22 人参加太平军。当时，太平军初起，战事不利，震川全家大部牺牲，仅剩他和一弟一侄 3 人。何震川初被封副典诏，为天王撰写诰谕，“天条三字经诸书及官职制度皆其草创而润色”。曾与曾钊扬等删改《六经》。咸丰二年十二月（1853 年 1 月），升任殿前右史，专记天王每天登期、起居，每月汇成一书，与左史联名呈献天王。同年二月，洪秀全建都天京（今江苏省南京市），群臣称贺，天王命文臣撰鸿文，何震川撰写《建天京于金陵论》，颂扬天王功德，天王阅后大喜，说：“有武功必有文事，震川此文其选矣。”升震川任同指挥，四月升任同检点，六月封恩赏丞相，九月转任殿前右史，十月任左正史。太平天国开科取士,何震川为主考。咸丰四年(1854年)二月升任夏官正丞相。咸丰六年(1856年)八月,天京事变后,到安徽协助英王陈玉成部,后不知所终。

曾水源(约1826—1855年)

武宣县东乡人。参加过太平天国金田起义,官至天官正丞相,位居天朝群官之首,是太平天国前期重要领导人之一。清道光二十六年(1846年),萧朝贵在紫荆山区参加拜上帝会后,回家乡武宣东乡发展会员。曾水源约20岁,做农村塾师,他一家人都入会。1850年10月,洪秀全发出各地拜上帝会员到桂平金田村"团营"(即集中)的号令,他家变卖房屋田产,到金田村"团营",参加举世闻名的太平天国金田起义。金田起义后,曾水源授御林寺卫,负责撰写诏书,批签奏章。1852年9月,曾水源随西王萧朝贵袭取长沙。他智勇双全,英勇善战,战功显赫,10月,任后副侍卫,11月,升任将军,领兵攻克岳州,12月,改任东殿簿书。1853年3月,太平天国定都金陵,改名天京。5月,曾水源任东殿左丞相,为太平天国朝内百官之首,总理东王府事。12月,他率兵救出扬州守军,天王洪秀全赏赐他穿黄袍。咸丰四年(1854年)7月,东王杨秀清令天官正丞相曾水源赴芜湖,汇同冬官正丞相罗大纲率兵万余人进攻东坝。8月17日,曾水源率兵抵达东坝,激战4小时,一举攻克东坝重镇,击毙副将福庚及官兵500余人。次日,清军副将傅振帮带领清兵5000多人冒雨赶到,趁太平军立足未稳,发动突然袭击。太平军仓促应战,两天内接连失利,撤出东坝。杨秀清迁怒于曾水源指挥作战不力,削去官职,押禁东牢。不久释放,官复原职。咸丰五年(1855年)8月,曾水源因故被杨秀清杀害。咸丰六年(1856年)8月,杨秀清被洪秀全诛杀。后来,太平天国重修曾水源墓时,在墓碑上刻写"天朝元勋",以表彰他的功绩。

谭绍光(1835—1863年)

壮族,象州县百丈乡三婆村人(一说中平镇石龙村人)。清咸丰元年(1851年),参加金田起义。后属忠王李秀成部,是太平天国后期的杰出将领之一。同治元年六月(1862年7月),平定苏浙后,以战功封为慕王。咸丰八年(1858年)谭绍光等5员大将随李秀成在浦口、三河大败清军,解救天京(今南京)之围。咸丰十年(1860年),天京第三次被围,太平军用"围魏救赵"的战略,围攻杭州。二月,谭绍光等率领先锋1300余人,大败清兵,攻占杭州。清军从天京调兵增援浙江,太平军退出杭州,回师解救天京之围。咸丰十一年(1861年),谭绍光随主帅李秀成合攻武汉,同年十一月,谭绍光率部复克杭州。咸丰十一年(1861年)十二月,谭绍光统率太平军攻打上海,大败洋枪队,攻克奉贤、南汇及高桥、同浦镇,占领浦东大部分地区。同治元年(1862年)四月,外国侵略军向太平军进攻,太平军在谭绍光统率下,顽强抵抗。同月,在奉贤县的南桥镇反击战中,击毙法国侵略军头目、海军司令卜罗德。同月,谭绍光和陈炳文率部合力攻克青浦,生擒守敌"常胜军"副领队法尔海德。五月,谭绍光带领太平军驻守嘉定、青浦、太仓等地,抗击敌军。七月,大败清总兵况文榜,进至法华镇静安寺,逼攻上海。后因兵力不足和嘉定守将投敌,慕王谭绍光在青浦白龙港失利,率部退守苏州。同治二年(1863年)二月,英国军官戈登出任"常胜军"统带,带领反革命联军围攻苏州。七月,敌人攻苏州的兵力达5万余人,而谭绍光所率驻守苏州的太平军只有4万人。十月中旬,戈登督队攻城,集中数十门大炮猛烈轰击太平军阵地。慕王谭绍光亲自指挥太平军,奋勇抗敌。戈登久攻不下,他在日记中不得不承认:太平军的"顽强抵抗以及他们的阵地非常坚固,我军不幸受到很重的损失,牺牲了许多优秀的官兵"。正当慕王谭绍光率领太平军与敌人血战的时候,纳王部永宽、康王汪安钧等8名高级将领向敌人暗中投降。同治二年(1863年)十月二十四日,慕王谭绍光主持召开军事会议,纳王部永宽、康王汪安钧等8个将领参加会议,会上,谭绍光被叛徒杀害,年仅28岁。

李芳槐(1809—1864年)

金秀桐木镇王二村人。其家田产颇丰,年收稻谷万石。清咸丰初年,李芳槐杀死桐木南山寨魁覃大士,自立为寨主。将其下属分立赞画、千长、百长、二十长等头目,管辖数百兵马,控制那隘、大坟、上里、下沦等方圆数十里圩场,征收圩税,并向富户征收钱粮以供军需。泰山村地主韦绍缄拒绝纳粮,被李芳槐没收田地另租给无地农民耕种。咸丰四年(1854年),天大旱。富户囤积粮食、道上饿死者甚众。次年6月,南山寨大起英雄会,联结大乐、中平各地土霸近万人,出劫修仁、荔浦、阳朔等县官府和富户,将所劫财分给附近贫苦人民。同年秋,李芳槐曾派千长莫景升率兵袭击大乐民团。莫获大胜,遂驻大乐，征收当地的圩税。咸丰七年(1857年)，柳州府派兵前往镇压南山寨。李芳槐率兵迎战官兵。官兵不敌，败走。咸丰十年(1860年)，外地盗贼过南山寨，李芳槐擒拿数十名，押到桂林。省府以其擒贼之功，授予守备千总之职。李芳槐遂赴桂林受职。第二年，李芳槐辞职回家。同治三年十一月初六日(1864年12月4日)，李芳槐随人前往大乐圩赌博；行至半路，被同行者开枪打死，时年54岁。

杨邦四(？—1865年)

今合山市岭南镇里兰村人。清咸丰三年(1853年)，在来宾县(今来宾市)平阳、迁江一带竖旗集众900多人，抗击团练，打击贪官污吏。咸丰十年(1860年)4月，杨邦四率部归附太平天国石达开，作战于迁江、平阳、瓦山等地，官兵与团练望风披靡，杨部发展达3000多人。同治二年至三年(1862—1863年)杨部两次占据迁江县城，太平军开拔后，杨部受到官兵与团练的围攻，退到来宾尖山村，同治四年(1865年)二月，杨被官兵所捕，惨遭杀害。

谭体元(1834—1866年)

象州人。清道光二十八年(1848年)加入拜上帝会，咸丰元年(1851年)，与兄弟乾元、庆元、文元、士元参加太平天国金田起义。编入石达开部，一直打到南京，任翼殿中旗中制军。

咸丰七年(1857年)，在安庆随石达开远征，先后转战江西、浙江、福建、湖南等地。咸丰九年(1859年)七月初回到广西，被封为青天豫。同年十二月，体元与傅忠信等率部脱离石达开，由广西经湖南入江西，与太平军汪海洋部会合。咸丰十年(1860年)十月攻占德兴、婺源，后投侍王李世贤部，屡次作战有功，同治元年(1862年)，先授主将后封为偕王。

同治三年七月(1864年8月)天京陷落，与黄文金等护送幼天王洪天贵从安徽广德到宁国，在广德至江西途中，被清军追至丛山，幼天王被捉。谭体元走归汪海洋部，参赞军事，从赣南退到福建，占领汀州(今长汀)境内的濯田。十一月，在汀州、上杭、连城间大败清军。次年四月，与汪海洋等分兵7路进攻永定失败，不久攻占广东镇平(今蕉岭)等地。十一月，进攻嘉应州(今广东省梅州市)，屡败清军。同治五年(1866年)春，清军四面合击，一月，汪海洋战死，受部属推举为统军主将，统领汪部20万官兵，守城抗敌。汪死后清军攻城更急，企图把太平军一网打尽。偕王与诸将商议决定突围北上，欲突围趋江楚，横渡长江，与遵王大军汇合，以图恢复。同年十一月十六日夜，分兵出城，猛攻七圩，以牵制清军，偕王谭体元命天将胡永祥率兵为先锋，自率轻骑断后，从南门潜出，由小密急走黄沙嶂。因羊肠小道，万山丛集，太平军官兵迷路数日，饥饿疲劳，清将鲍超等率军追至，偕王谭体元督军作战枪伤坠马落崖，不省人事，倒于路旁，次日苏醒，不能行立，被俘。同治五年(1866年)十一月下旬，被害于嘉应州城外。时年33岁。

陈 义(1832年—？)

原名威烈，字仁卿。象州县运江安龙村人。幼年父亲病逝，家境贫穷。清道光二十八年(1848年)投军，历任千总、守备、都司、游击，后有战功保荐副将衔，尽先补用参将，获赐“晋勇巴图鲁”称号。同治元年(1862年)，西北回民起义，陈义奉调陕西统领雄字五营征剿，攻克三源县，升总兵衔。同治五年(1866年)，攻克凤翔，七年攻克甘肃平原、泾川等处。同治九年(1870年)攻克金积堡，十年陈义统达春步队，防守凤凰城，并带精选左旗马队，被封为振威将军，叙补提督。后在甘肃天水逝世。

郑献甫(1801—1872年)

象州县寺村镇白石村人。原名存纻，字献甫，为避成丰(爱新觉罗·奕紵)名讳，以字称呼，别字小谷，自号识字耕田夫。是清代经师、诗人。父亲是乡村私塾教师。郑献甫生活俭朴，酷爱读书，手不释卷，博学强记。清嘉庆二十年(1815年)应童试，中秀才并考入州学。道光五年(1825年)中拔贡举人。道光十五年(1835年)，第四次进京考试始中进士，任刑部主事。一年零二个月后，以双亲年老乞养为由，辞官回乡。此后，以著书教学度过一生。同治六年五月(1867年6月)，清朝廷以他“孝友廉洁守正不阿”赏给五品卿衔。

郑献甫著作丰富，经学及文集有《四书翼注论文》12卷，《愚一录》512卷，《补学轩文集》散体4卷、骈体2卷，《续刻补学轩文集》散体4卷、骈体2卷，《补学轩文集外编》4卷；诗集主要有《鸦吟集》《鹤唳集》《鸡尾集》《鸥闲集》及《幽女集》。纂修《象州志》。他在著述中，对当时最高统治者皇帝和各级官吏及朝政的黑暗腐败，都有讽刺和揭露。咸丰五年(1855年)所写《醉钟馗图》，讽刺皇帝是喝醉酒不管事的“九重醉帝”，各级官吏“酒香半是溺人血”，吮吸民脂民膏，他最后疾呼：“此辈欲除何日了？”。咸丰七年(1857年)，郑献甫从桂林赴广州讲学，正遇第二次鸦片战争爆发，他写《丁巳十月十四日夷人入城，十六日携家出城纪事一首》，愤怒斥责两广总督叶名琛昏庸误事：“霹雳雄雷轰不止，袱被老翁惊数起。晓角初停晓日明，红毛鬼子登城矣！旗民踏户呼将军，将军无语惟云云。城人联名叩相国，相国有谋殊默默。城主不拒岛夷船，岛夷遂夺城主权”。又写《岭南感事》，认为外国侵略者是可以打败的，只是清军兵备松弛，“海疆无地筑强台”，不设防务，才一蹶不振。咸丰十年(1860年)，英法联军入居北京，火焚圆明园，郑献甫作《题宣和画石玉玲珑残卷》一首，对帝国主义侵略军的野蛮行径表示愤慨。又写《读史有感》，抒发忧国之思：“都中纵有车牛卖，塞上非无介马来。闲向粤王城畔望，冷猿孤雁数声哀。”

郑献甫大半生在两广从事教学，被誉为“两粤宗师”。道光九年(1829年)在广西雒容设馆教学。道光二十二年(1842年)后，先后于广西德胜书院、庆江书院主讲；道光二十七年(1847年)后，于桂林榕湖书院、秀峰书院主讲。咸丰七年(1857年)，离桂林去广东，先后主讲于广东顺德之凤山书院和广州越华书院。同治元年(1862年)回桂林于秀峰书院主讲。之后，曾于象州象台书院、柳州柳江书院主讲。同治十一年(1872年)于桂林孝廉书院主讲，并于该书院病逝，终年71岁。儿子郑潩扶柩还乡，葬于水绽村(今象州县寺村大井村水站屯)背。

覃瑞麟(？—？)

字恭敢。壮族。象州县妙皇乡(清代属武宣县)大梭村人。家贫寒，务农，爱好狩猎，村人称之为“神枪手”。清咸丰元年(1851年)，太平军北上经大梭时，他和儿子覃振鹏参加太平军，属萧朝贵部，转战金陵(今南京)，积战功，被封为节王。曾佐政金陵，镇守雨花台，获南门左将军职，多次击退清军进攻。同治三年五月(1864年6月)，天京陷落，带妻子及孙子3人，隐名潜回广西象州寺村镇白石村郑兰惠家居住一年余，后回大梭村务农。同治十三年(1874年)后病逝。

胡有禄(？—1885年)

亦称吴有禄。武宣人。清道光二十七年(1847年)与朱洪英兄在湖南宁远聚众起义，被镇压，率余部到广西，曾攻打阳朔县城。在太平军影响下，咸丰二年(1852年)七八月间与天地会首领朱洪英在南宁起义，旋挥师北上，活动于湘桂边区，队伍发展到三四万人。三年连克平乐、恭城县城，后由龙虎关入湖南道州(今湖南省道县)，攻占永明县城，横扫蓝山、临武、嘉禾、宁远等县。四年到广西恭城与陈永秀、刘绍和等会合，再次攻占恭城县城，开仓赈济。攻灌阳城，击毙清崇顺司巡检娄泰、把总潘荣胜、全州团总廖祖昌。夺取灌阳城后，建立升平天国，称定南王，朱洪英为镇南王，设年号“太平天德”。清军及地方团练反扑，其率部转战恭城、灌阳、富川一带。十二月烧毁富川盐埠，歼守军300余人。五年一月破富川县城，杀知县济昌等官吏及豪绅数十人。清廷命湘、桂、粤3省调集兵力协同剿捕，义军退至全州水南。后应太平天国西征军罗大纲函约，拟在湖南会合，夹击湘军。其率主力攻占湖南东安县城后，遭湘军王鑫、刘长佑部围追阻截，未能与太平军会合。义军内部分裂，邓正高拉走数千人投降清军，其被迫撤出东安县城。与朱洪英兵分两路，其率一部与清军力战桐子山口时坠马被俘，押至长沙被害。

覃贵福(约1839—1905年)

号寿堂。武宣县河马乡那沙村人。壮族。太平天国武状元。小时帮人看过牛。年壮时，力大过人，他用拇指和食指挟东毫十元，任人用手勾其间不能拔，人们称他为覃铁牛。覃贵福12岁应募入太平军，17岁在南京开试应武科，当时洪秀全命能举应天门外石狮者为第一。应试者达数万人，不能以武艺定高下。覃贵福挟而抽之，离地寸许。洪王亲署为武状元，曾统领万人。太平天国失败后，覃贵福归清，在广西提督苏元春部下任帮带之职。覃贵福告老回乡后，改住富龙村，光绪三十一年(1905年)66岁时病故。

叶佩衡(？—？)

字霖生。广东省东莞县人。清光绪十五年(1889年)己丑恩科举人。光绪三十三年，随广西抚张鸣岐到桂林。次年1月，就任忻城县弹压委员。上任之日，在衙署大门贴一联云：“有一月闲暇且锄尔地；非十分不了莫到吾门。”衙署前是大街，来往赶圩的人，看了对联之后，都说，这官教民耕种，劝民息讼，是个好官啊！叶氏到任之初，首先微服下乡访察民情，知道忻城是个大石山区，地瘠民贫，因而号召民众提前备耕，抓紧春种，加强施肥培土，以保丰收。不时派员下乡检查生产，发现丢荒田地就查明原因，如缺耕牛，就准予借款买牛耕种，不让田地丢荒。圩日听讼。利用汉堂官廨旧址搭篷，摆设桌椅，让原告人坐等听讯。由于叶氏在圩日当众判案，且讲事实，重证据，不仅使当事人心服口服，而且教育了百姓。当时，忻城各地饱经兵燹匪息，田园荒芜，百姓生活贫困，圩场十分冷落。为使圩市早日繁荣，他便慨然捐出自己的部分薪俸，在城厢街圩场设稀粥免费供应站，远近村民得知后，相邀踊跃来圩，使圩市日益繁荣。叶氏懂医，他不仅常给民众免费诊病捡药，还指点防病方法。光绪三十四年（1908年）冬，叶氏任满卸职，百姓依依不舍，商定用黄绢特制万民伞一把相赠，以作纪念。启程之日，民众将伞置于乘轿顶上，簇拥送行，至高阳驿站，叶佩衡一再劝请众人留步，欢送群众上前握手话别，祝愿他健康长寿，前程万里。叶氏去后，民众议于分别处（即高阳驿站高地，今高阳村附近）立碑纪念，取名为"弹压叶公佩衡去思碑"。该碑今陈列于忻城县土司博物馆内。

刘达庆(1881—1922年)

号绍伯。武宣县河马乡马台村人。弱冠从戎。清宣统三年（1911年）任柳州营防管带。民国5年（1916年）袁世凯称帝，粤督龙济光附和，刘达庆请求随镇守莫宗新东征，事平提拔为帮统。后又提为惠州绥靖处督办。民国7年任广东讨龙（济光）第五军总司令，后改为护国军第六军总司令、保授陆军中将官阶。民国10年统所部回桂。民国11年奉孙中山命为中央直辖三师师长，后升中央第七军军长。一次在粤赴会的途中，被守兵误认为敌，中炮身亡。刘达庆任军事要职时，利用权势，克扣军饷，搜刮民财达100余万元白银。在马台村北面起了一座面积达10亩的大楼房，有房76间。还买了1000亩水田，年收租谷30多万斤。

韦陟云(1843—1922年)

字蘅浦，号郇五。壮族。象州县大乐乡大乐村人。生平好学，爱作诗赋，是近代壮族诗人。清同治十二年（1873年）考中举人。光绪四年（1878年）十月，任云南报捐局主事。光绪六年七月，在京鉴定，八月正式入户部为主事，十月改加员外郎衔。光绪十六年，请假回乡，次年受人牵连，遭受"无妄之灾"，在家候审，3年后奉命赴京羁栖待命。在百无聊赖中，"忆及家乡山水，旁及各处事迹，古今人物，具为歌咏籍舒怀抱……欲以通其郁结"，积累既多，复"忆前此之散佚者"合编成《红杏一山房·诗草》4卷。韦陟云赴京前，到南疆边防拜访广西提督苏元春及总兵马盛治，归途中作《连城行》和《南关行》，诗中热情赞颂他们率兵抗击法军保卫边防的功绩。光绪二十年（1894年），正值中日甲午战争爆发的紧张时刻，韦陟云顺海道先到台湾，再折厦门，然后北上烟台、津沽而达北京。他面对祖国苍苍大海，抒发忧国忧民的感情。次年春，韦陟云羁留北京，随着中日战争形势不断恶化，曾与友人共议从军报国之志："我去君应惜，君来我独亲，半生江海客，万里帝乡人。舟楫经行惯，春城出入频。何当飞刁檄，一洗车后尘！"（《日间与曹贻臣言及从戎来往事》），韦陟云年已半百，从军之事不能付诸行动，"文章报国原无用，磊块填胸未易平。"（《夏至东郑明府镜之》）只能在愤懑悒郁中排遣时日，将激动的回忆写成诗篇。民国11年（1922年）11月20日在大乐病逝。

刘炳宇(1869—1923年)

字统成。武宣县河马乡下莲塘村人。清光绪中叶考取武举。光绪三十一、二年间，在合山开采煤矿，是广西合山煤矿最初开采人。后因开矿亏本，回乡任团局副局长。后又在乡招募组织剿匪队伍，受浔州府升为管带。辛亥革命成功后，刘古香任陆军第五统领，刘炳宇任帮统，驻柳州，不久刘炳宇调任浔防统领兼桂平镇守使加少将衔。民国6年（1917年），刘炳宇任广西讨龙（济光）军司令，开赴广东作战，会同滇军与广东第四、五、六、七军消灭龙济光后，任高雷善后督办、补受田道尹、援粤桂军第一军中将军长等职。1920年8月，刘炳宇随旧桂系败回广西，1922年广西组织自治军时，刘炳宇任第十路军司令。后因脑病发作，1923年11月在香港去世。

石鸿韶(1853—1923年)

字晋卿，象州县寺村镇大井村人，少时曾师从郑献甫读书。清光绪五年（1879年）考中举人，清光绪六年中进士，先任翰林院庶吉士，后改任山西长子县知县。光绪二十四年升任云南楚雄永昌府知府，后调任云南迤西道（即腾越关道）道尹。光绪三十一年二月二日（1905年3月7日），清政府委派石鸿韶与英驻腾越领事列敦会勘中缅北段边界，在他所划的"绿色线"图，大体上以小江边为界。云南社科院《研究集刊》评论石鸿韶所划边界是："片马、派赖、茨竹等地已划入中国境内，然而小江以外的土地却完全置之不顾，因而，国人咸咎石鸿韶勘界失地，贻误边疆，内外滇人，一致呼吁，石因此革职。”后还乡居住。民国12年(1923年)11月22日病逝于大井村。

陈天泰(1891—1925年)

武宣县东乡镇江村人。高小毕业后到梧州广西省立师范学校就读，不久又转入军校学习军事。民国5年(1916年)，桂林附近各县土匪猖獗，陈天泰乘当时第一师师长兼桂林镇守使陈炳焜急需用人剿匪之机，到桂林找陈炳焜谋求差事，当上了连长。民国6年，北洋军阀政府非法解散国会，孙中山在广州组织护法政府。广西出兵援湘，参加护法战争，陈天泰在援湘桂军中任连长。他机智勇敢，后又到广东在刘达庆的第六军任职，由连长、支队长，再升为第六军前敌总指挥。民国9年8月，由于旧桂系的驻粤桂军在广东作恶多端，不得人心，被孙中山驱出广东。陈天泰败回广西，残部不到1000人枪。初时退守东乡，后又进驻武宣县城，另分一部分驻桂平县的石咀。民国11年6月，广东省长兼粤军总司令陈炯明叛变，孙中山号召拥护革命的军人出兵讨伐。滇军取道广西去广东讨伐陈炯明。到武宣时与陈天泰部发生冲突，陈天泰坚守县城，滇军乃至函陈天泰表示言和，陈天泰同意，表示不再阻拦。这样，陈天泰和滇军由误会转为和解而合作，共同挥戈南下广东，刘达庆当军长，陈天泰仍当刘的前敌总指挥。刘达庆遇害死后陈天泰转到刘玉山的第七军当师长。这时候驻粤桂军总司令刘震寰借口派陈天泰到广东南路去消灭陈炯明残部邓本般，派陈天泰为南路招抚使，并暗中拨给陈天泰2000多人枪，陈天泰即乘轮船溯西江而上，图谋暗取梧州。民国13年3月，当陈天泰部抵达梧州时，被李济深、黄绍竑、白崇禧的部队三面夹击，陈天泰战败被俘。黄绍竑顾念彼此都是隶属广东革命政府，将陈天泰放回广州。民国14年，陈天泰又跟随刘震寰、杨希闵勾结北洋军阀和唐继尧等企图在广州倡乱，被革命军讨伐消灭。滇桂军全部被歼灭，陈天泰逃澳门。民国14年6月18日，他从澳门潜回广州，当日被捕，不几日在广州被枪毙。

陈炳璋(1906—1927年)

又名聘三，桂林市人。高小毕业后，1926年3月，到广西农民运动讲习所学习，同年11月1日毕业，由广西省农民部委任为武宣县农运特派员。陈炳璋到武宣后，深入通挽、东乡、桐岭和城厢等地农村宣传农运、发展农民协会会员。建立农民协会组织，指导农民办夜校、学文化、倒菩萨、破除迷信，实行“二五”减租，训练农民自卫军，惩治恶霸豪绅。在他的指导下，截至1927年7月，全县有4个区(镇)的39个乡建立了农民协会，会员2500多人。1926年12月22日(农历十一月十八日)，通挽区农民协会成立，1927年5月14日(农历四月十四日)东乡农民协会成立。陈炳璋分别在这两个区农协会成立庆祝大会上宣读省农民部批准两区成立农协会文件，并颁发给两区农协会的犁头旗和印章。会后，指导农民队伍举行了声势浩大的游行示威。陈炳璋在武宣期间，还指导建立桐岭区农协筹备委员会和建立城厢镇下北街农民协会。正当武宣农运波澜壮阔发展的时候，1927年7月，陈炳璋在通挽区伏柳村边被国民党武宣县长通令逮捕，在桂平“浔州清党办事处”被杀害。中华人民共和国成立后，广西壮族自治区人民政府追认陈炳璋为革命烈士。

郑晴山(1894年—1927年)

原名之拭，曾用名平山、静山，象州南街人。民国初在县立高等小学毕业，后到柳州中学就读。1924年起在象县第一小学任教。1926年春，考入广西省农民运动讲习所第一期，同年11月毕业，省农民部委为特派员，任北流县农民运动讲习所军事主任兼教员。郑晴山为培训农民运动骨干，除负责军事训练外，还讲授农民运动、减租减息、实行耕者有其田等课程。1927年春，省农民协会秘书宁培英(中共党员)到北流视察，秘密发展郑晴山加入中国共产党。之后郑晴山深入农村开展农运工作，在六厚村农会成立大会上演说：“农民协会是农民的，要把土地归农民，这犁头旗(当时农会会旗)，是犁翻皇土的……”号召农民反对高利贷，反对童养媳现象等。会后，还到河村检查指导。1927年4月，蒋介石发动“四一二”反革命政变，大批共产党员和国民党左派人士被逮捕、杀害。同年7月，为反对国民党的血腥屠杀，省农讲所政治教员梁蔼生从南宁至北流，和郑晴山等筹划武装起义。事未成，在北流农讲所被国民党北流县政府逮捕。在狱中，郑晴山面对敌人的严刑拷打、威胁利诱，大义凛然，不为所屈。同年9月，北流县县长刘树勋、特务刘大愚，借口把郑晴山、梁蔼生解往玉林，用轿抬至县城大操场杀害，郑时年33岁。1981年，广西壮族自治区人民政府追认郑晴山为革命烈士。

林培斌(1900—1927年)

广西岑溪县(今岑溪市)樟木乡人。广西农村建党第一人,大革命时期广西农民运动的领导人。

1919年“五四”运动爆发后,积极组织成立“救国团”,印传单,出墙报,集会演讲,举行示威游行,参加反帝反封建革命斗争。1925年三月,他依然背上背包、背了几斤米,辞别爱妻幼子,跋山涉水到梧州转赴广州报考农民运动讲习所,成为澎湃、毛泽东、阮啸仙等举办的广州农民运动讲习所第四期学员,同年加入中国共产党。12月毕业后任国民党中央农民部特派员。1926年1月5日,国民党中央农民部特派员驻梧办事处成立,林培斌任办事处主任。10月20日,国民党广西省党部农民部在容县成立省农民部苍梧道办事处,林培斌任主任。同年12月,林培斌来到武宣县建立党组织。同月下旬的一个夜晚,在东乡区农协筹备处——东乡街刘氏宗祠,林培斌主持入党宣誓仪式,吸收翁尧年、潘业俊、朱文拔等10多个农协骨干入党,建立中共武宣县支部,书记翁尧年。林培斌与1926年11月就派来武宣指导农运工作的省农民部特派员陈炳璋联手配合,在武宣组建区乡农民协会,开办农民夜校,实行二五减租提高雇农工资,废圩捐夺众秤,倒菩萨建学校,建农军保卫农运成果。东乡区15个乡农协会会旗,都经林培斌主任批准颁发。根据广西省农民部1927年2月统计,武宣县有2个区、32个乡成立了农民协会,会员1800多人。3月份发展到39个农协会,会员7000多人,分布在5个区。

1927年4月,国民党发动“四一二”反革命政变。4月27日,林培斌、宁培瑛、何仲泽等以容县农讲所学员为骨干,组织2000多农协会员和党员,决定于5月1日举行武装起义,反抗国民党反动派对共产党的屠杀政策。由于叛徒出卖,4月29日国民党反动军警突然袭击苍梧道农运办事处,林培斌不幸被捕,“五一”起义随之流产。反动派要他下令解散农会,写自新书,他断然拒绝。1927年10月7日清晨,林培斌与陈芝颖、戴锡禄、李素秋等13位革命志士在梧州云盖山慷慨就义。在赴刑场途中,他们昂首阔步,唱国际歌,高呼“打倒帝国主义!”“打倒军阀!”“打倒土豪劣绅!”“中国共产党万岁!”……林培斌面不改色,对着围观的群众大声说:“这里站着的都是我们的同志,坐着的是敌人。”反动派惊恐万状,刽子手凶残地把大油罐强罩着他们的头颅,妄图堵掩这唤醒时代的呼声。林培斌牺牲时年仅27岁。

刘策奇(1895—1927年)

小名小珍,笔名啸真,象州南街人,象县最早的共产党员和青年运动、农民运动的先导者。

1917年毕业于柳州中学,后考入南宁国语讲习班。1924年起,在象县第一小学任教。其间,刘策奇耳闻目睹帝国主义列强入侵,北洋军阀政府卖国求荣的现实,北京、上海、广州等地学生、工人举行反帝反封的爱国运动,激发了他拯救中华民族的爱国热情。为组织“五九”国耻纪念活动,他写下童谣《填恨海》,1925年“五卅”惨案发生后,又写了《工人谣》。在歌谣中,刘策奇以悲愤激昂的情怀和笔调,揭露、控诉帝国主义侵占中国领土、屠杀中国人民的罪行,痛斥北洋军阀政府奴颜婢膝的卖国行径。

刘策奇致力于民俗学的研究,搜集整理了大量的民间歌谣,对广西各族方言、民谣和壮瑶等少数民族的婚姻习俗,进行多方面的考察和探索,撰写了《壮话的我见》《瑶人的婚姻》《迷信的术语》《广西方言概论》等文章。1918—1919年,《北京大学日刊》刊载刘策奇收集编订的《歌谣选》148则。1923—1925年,他在北京大学出版的《歌谣周刊》《国学周刊》及《莽原》等报刊,发表有关民俗、方言的论述文章10多篇,歌谣80多首,并被吸收为北京大学研究所国学门歌谣研究会通讯会员,与鲁迅有书信往来(见《鲁迅全集》卷九344页),得到鲁迅的关怀指教。我国民俗学研究领域老前辈钟敬文教授称他为“中国民俗学开倡时代的致力者”“民俗学道途上共力合作的侣伴”。

此时期,帝国主义列强入侵,国内军阀混战,战祸连绵,民不聊生。为寻求救国救民的道理,1925年冬,刘策奇考入国民党广西省政府在梧州主办的广西省宣传员养成所。在学习期间,受中共党员教师谭寿林、毛简青的教育影响,阅读进步书刊,思想觉悟提高,立志投身革命。1926年6月,学习结业回县续任第一小学教师。同年,他发动知识青年覃智增等30多人,成立象县革命青年社,刘策奇任主任。革命青年社开设“民众讲堂”“民众夜校”,演活报剧,进行反对帝国主义、反对封建礼教和包办婚姻、破除封建迷信的宣传活动。同年秋,国民党广西省党部农民部秘书张胆(中共党员)到象州,刘策奇组织民众大会,请张胆在会上宣传农民运动。会后不久,刘策奇调往国民党柳庆区党务整理处组织部工作,兼任党员特别训练班政治教官。1927年1月,由陈岳秀、张胆介绍加入中国共产党。此时,正值柳州工人、青年运动兴起，刘策奇常向群众发表演讲，宣传革命形势和进步思想，鼓励青年立志革命。

1927年4月12日，蒋介石发动反革命政变。6月，刘策奇调往国民党广西省党部农民部工作。9月，刘策奇在南宁被捕，经营救保释。11月再次被捕。12月17日被杀害于南宁第二监狱刑场。

1928年4月6日，中国知名学者、北京大学教授钟敬文，在《民俗》第六期发表《纪念早死的民俗学致力者——白启明先生与刘策奇先生》一文，对刘策奇烈士深表痛惜和怀念。文中写道："刘策奇这样绝早地死去，在中国民俗学的工程上，是一种可惜的损失！"1980年2月，广西壮族自治区革命委员会追认刘策奇为革命烈士。

翁尧年(1899—1928年)

武宣县河马乡马台村人。自幼奋发学习，成绩优异，他在东乡学堂读书期间，逐步了解到帝国主义为了瓜分中国，强迫中国政府签订一系列丧权辱国的不平等条约，使中国人民陷入更加贫困的境地。他看到繁多的苛捐杂税沉重地压在劳动人民身上，人民生活在水深火热之中。他暗下决心，要为人民作一番事业。救民众于水深火热之中。

1926年3月，广西省农民部通电各地组织农民协会。他立即和同乡的刘月高、潘业俊、刘德明等进步青年一起。广泛发动农民群众加入农会，并以他为首开办农民夜校，向农友宣传革命道理。同年秋，东乡区成立农协筹委会，翁尧年被选为执行委员兼管理宣传工作。12月，中共梧州地委派党员、苍梧道农运办事处主任林培斌到武宣东乡指导农运，在东乡吸收翁尧年、潘业俊等10多名农协骨干入党，并成立第一个中共武宣支部，翁尧年被选为支部负责人。12月22日，通挽区召开农协会成立大会，他和潘业俊等率农友、农军，高举写有"农民万岁"的大红旗，浩浩荡荡前往祝贺。会上，他发表了热情洋溢的演说，高呼"农民运动、社会宣传、农旗耀映、亿万斯年"。

1927年春，他随省农民部农运特派员陈炳璋等到城乡各地向农民宣传革命道理，成立农协会，领导农民开展"二五"减租，反对贪官污吏，惩办土豪劣绅。这一行动，触动了封建地主阶级的利益。东乡团局局长刘少嘉等亲自到省政府诬告东乡区农会"编土匪为农军，组织机构，造谣惑众，聚众造反。"1927年4月12日，蒋介石发动反革命政变后，5月4日，东乡区国民党部在东乡街召开反共大会，大造清乡、清共产党舆论。在白色恐怖的日子里，翁尧年毫不畏缩，勇敢地领导农民同当局作斗争。5月14日，他和其他农协骨干，在省农运特派员陈炳璋的支持下，召开了"庆祝东乡区农民协会成立大会"。会后举行了有1000多农军参加的游行示威。武宣县长唐熙年对日益壮大的农民运动既恨又怕。7月中旬的一天，他亲率团丁到东乡清乡，逮捕翁尧年，关押在区团局，企图解往武宣县城杀害。当夜，东乡农协骨干立即采取紧急营救措施，发动农友、农军，包围团局，唐熙年被迫当众赔礼道歉，释放翁尧年。

1928年2月下旬，他又同其他农协会骨干发动农友、农军将东乡团局设在街上专门盘剥农民的所谓"众秤"夺归农会管理。东乡团局局长刘少嘉急忙电请县长唐熙年派兵支援夺回"众秤"。20日，唐熙年和县团务局长王善征率团丁60多人到东乡，捕拿农民协会派管众秤的两名会员。此事激起东乡区农民公愤。在中共广西特委的指示下，翁尧年和农协骨干率农军武装、农友等1000多人将团局包围两昼夜。广西省政府闻讯，即电令驻梧州的警备司令部第二团团长石化龙率部到武宣协同唐熙年进行所谓"清乡"。3月3日，石化龙率部到东乡"围剿"马台、旧圩、石崖、李树岗等乡的农协骨干、共产党员。他们先后捕杀7名共产党员和农协骨干，将11名农协骨干的田产充公，烧毁其房屋。面对敌人的血腥镇压，翁尧年不畏惧，不屈服，他鼓励农友们继续同敌人作斗争。1928年6月1日晚，正当翁尧年在马台村学校给农友们上课时，被县警逮捕，关在东乡团局内，惨遭严刑毒打，遍体鳞伤。数日后押解县城。6月21日，翁尧年被押上刑场。他面对敌人的枪口，毫无畏惧，昂首挺胸，大义凛然，高呼："农民运动万岁！"而后英勇牺牲。中华人民共和国成立后，广西壮族自治区人民政府追认翁尧年为革命烈士。

郑功成(1893—1929年)

原名郑功臣，壮族，象州县寺村镇白石村人。清末秀才，曾于寺村崇山村设馆教学。曾任象县农民协会筹备委员会委员。

1925年郑功成毕业于桂林师范。1926年冬，与李忠惠等在国民党柳庆区党务整理处党员特别训练班学习，次年5月结业，分配到象州县从事农运会工作。任象县农民协会筹备委员会寺村乡筹备委员。与李忠惠一起组建崇山、千四、麻塘、林村、白石、横桥、落田、杨梅、慈悲等村的农民协会。郑功成还兼崇山村农民协会主席，领导崇山村农民协会开会、游行、宣传“二五减租”；对到崇山催租的谭村地主莫连山开展积极的斗争，迫其实行“二五减租”。

郑功成在农运中兼管妇女工作，重视妇女农运中作用，被戏称为“妇女部长”。在他的组织发动下，各村农民协会相继成立“妇女协会”，积极组织妇女协会跟随到寺村、中平、下落、红泥、凤里、人和、横桥、落田等村进行演讲宣传，示威游行，宣传“贪官污吏”，“二五减租”，“男女平等，妇女解放”等进步思想。妇女协会的妇女都剪掉长发留短发，脱去长衣着短装，每到一村都受人们关注。特别是六道屯的女青年最为活跃，每逢街日子手执小红旗到街上开展演讲宣传活动，受到群众的关注和拥护。

1929 年 10 月，象县县长熊中甫派警兵到白石村以“调戏妇女”罪名将郑功成逮捕，解押到柳州审讯，不久被害于柳州北校场。赴刑的路上，郑功成一路高呼“打倒国民党！”“革命成功万岁！”英勇就义，时年 36 岁。

1985 年广西壮族自治区人民政府追认郑功成为革命烈士。

覃智增(1900—1930 年)

又名覃鲁，字连芳，象州南街人，国民党左派人士，20 世纪 20 年代象县青年、农民运动主要领导人之一。

民国初，毕业于象县高等小学。1926 年夏，参加象县革命青年社，先后任副主任、主任。同年冬，入国民党柳庆区党务整理处党员特别训练班学习。训练期间，受到陈岳秀、张胆等共产党员的教育和影响，追求进步，向往革命。1927 年 5 月结业回县，任国民党象县县党部筹备委员会主任兼象县农民协会筹备委员会主任，与李忠惠一起，开办农民训练班，培训农运骨干，并继续负责革命青年社工作。

覃智增为人正直刚强，敢于斗争。象县县长李镜堂迫害进步学生、庇护调戏民女的县府官员激起民愤。覃智增组织青年社社员和农协会会员集会上街游行，张贴标语，高呼“打倒李镜堂！”“打倒贪官污吏！”。李镜堂指使一些人成立所谓“象县革命青年团”专与革命青年社作对，覃智增则以县党部筹备委员会主任身份，下令解散“象县革命青年团”，与反动当局进行针锋相对的斗争。1927 年 10 月，柳州清党委员会以“赤化”“共产党嫌疑”为由，将覃智增捕押柳州审讯。覃智增坚定沉着，据理驳斥。当局找不到证据，只得把他释放。回象县后，覃智增更积极地带领革命青年社员开展活动，先后到寺村、罗秀、大乐、中平等革命青年分社指导工作，发动青年参加县内以“二五减租”斗争为主要内容的农民运动。1930 年 5 月，筹划夺枪，不慎泄密，于 6 月 3 日晚在县城搭船出走时，被象县县长熊中甫派警逮捕。当晚在监审讯，施以香火灼烧等酷刑，逼其供认“谋反”。覃智增宁死不屈，矢口不认。次日清晨被杀害于县城东门外，年仅 30 岁。1985 年 11 月，广西壮族自治区人民政府追认其为革命烈士。

李忠惠(1903—1931 年)

化名黄立成，壮族，象州县寺村镇西大乌村人。国民党左派人士，1927—1930 年象县农民运动主要领导人之一。

1925 年考入柳州省立四中读书，开始阅读进步书刊，萌发革命思想。1926 年冬，入国民党柳庆区党务整理处党员特别训练班学习，受进步青年刘策奇的影响，思想觉悟进一步提高。1927 年 5 月学习结业后，受国民党柳江区办事处农民部长熊秀民(中共党员)以“见习生”身份派回象县组织农民协会，同年 6 月任象县农民协会筹备委员会副主任。同年秋，任象县农民协会主席。李忠惠致力于农民运动，他说：“我组织农会，不是想当官，也不是想发财，而是为大多数人谋幸福。”1927 年夏。他与覃智增举办训练班，培训各乡村农运骨干 100 多人，之后，先到大乌、白石等村，宣传发动群众，建立农民协会；然后又到中平、百丈等乡开展工作。经他积极发动和热心指导，1928 年春，全县各乡村成立农民协会 46 个，会员 2000 余人。建立农民协会后，农民有了统一的组织，李忠惠便带领他们开展“二五减租”斗争。他家庭富裕，有田出租，首先以身作则，说服教育管家的母亲，按政策退租。面对蓬勃兴起的农民运动，寺村镇中团村一些地主恶霸勾结起来，以抽耕威胁佃户，抗拒“二五减租”。李忠惠发动各村农协会统一行动，举行示威游行，把破坏“二五减租”的地主恶霸抓来游斗，打击他们的嚣张气焰。地主见农协人多势大，不敢继续顽抗，只得按章减租。1929年春，李忠惠到大乐召开农协会员大会，开展“二五减租”，当即把大地主谷仓打开，令其退租。当时龙女村天主教堂法国神父置有田产，年收租 20 余万斤，部分教徒借神父之袒保，欺压良善。村民深受其害。李忠惠和黄安锦带领农协会员到龙女村与法国神父进行说理斗争，令其退出 3 万斤租谷和强占的 50 多亩水田。

农民运动在全县各地蓬勃发展,使地主劣绅和国民党象县政府惊恐不安。1929年冬,县长熊中甫派警包围西大乌村,企图捉拿李忠惠。在群众掩护下,李忠惠脱险出走桂平,象县政府以400银圆悬赏通缉。1931年1月6日,熊中甫趁李忠惠成婚之日,派警到西大乌村搜捕,抓忠惠母亲作人质,以烧杀相威胁。李忠惠在隐蔽处听见,不忍母亲受折磨,挺身而出,毅然赴难。当日押解县城监审,李忠惠宁死不屈,大骂国民党右派背叛革命。7日凌晨,李忠惠被押到县城东门外,面不改色,高呼"打倒土豪劣绅!""打倒熊中甫!"英勇就义,时年28岁。1985年9月,广西壮族自治区人民政府追认李忠惠为革命烈士。

潘业俊(1903—1931年)

曾用名潘异凡,武宣县东乡镇石崖村人。1921年高小毕业后考入桂平浔郡中学,因父亲病逝,家庭经济困难,中途辍学。他在家边劳动边自学,常常一人闭门读书、练字、吟诗、练武艺,钻研农学、医药等。他学到的知识,乐为农友们分忧解难,他托人从上海买回谷物、果菜新品种试种,然后向农民推广。他自采草药,以身尝试,然后给群众看病治病。为了帮助农民学文化,他在自己家里办夜校,自任教师,为青年传授新文化、新思想。

1926年3月,广西省农民部通电各地组织农民协会,他把握时机,和同乡进步青年刘月高、翁尧年等宣传革命道理,揭露土豪劣绅压迫剥削农民的罪行。同年12月,中共梧州地委派党员、苍梧道农民运动办事处主任林培斌到武宣指导农民运动,发展了潘业俊等十多名农运骨干加入中国共产党,建立中共武宣支部,随后又成立东乡区农民协会,潘业俊等任执行委员。

1927年,蒋介石发动的"四一二"反革命大屠杀波及武宣。7月中旬,中共武宣支部负责人、东乡区农协会委员翁尧年被国民党反动派逮捕。消息传来,潘业俊亲自操响铃,进村串户,动员群众,组织农友、农军,汇集东乡街,包围区团局。在群众的强大压力下,县长唐熙年被迫释放翁尧年,并燃放鞭炮送回农协会。

1928年1月8日晚上,中共广西地委书记邓拔奇在石崖村潘业俊家召开党员会议,成立中共武宣县委,潘业俊为第一任中共武宣县委负责人。同年2月,因东乡团局利用"众秤"勒索农民群众,搜刮民众的钱物,广大群众极为不满。潘业俊主持召开全区农民代表会议,决定把"众秤"夺过来由农协会掌管。"众秤"夺归农协会掌管以后,2月26日,武宣县长唐熙年率团丁到东乡捕捉农协会掌管"众秤"的黄亚苟、刘和隆二人,激起全区农民公愤。潘业俊等带领千多农军农友再次包围东乡团局两昼夜。1928年春,地主豪绅乘饥荒饿月之机,企图饿死农民,搞垮农协会,把大量粮食偷运出乡外县外。在紧要关头,潘业俊挺身而出,向捣乱者提出警告:"不经区农协会的同意,不许将粮食运出境外。"并派农军拦路守卡。农友们拍手称快,土豪劣绅威风扫地。3月3日,国民党梧州警备司令部派二团团长石化龙带领300多人到武宣东乡,大举"清乡"。潘业俊的家被查封,财产被抢劫一空,被迫转移外地隐蔽活动。1928年7月,中共广西省特委把潘业俊调任中共容县县委书记,改名潘异凡。中共容县县委负责人早在1927年下半年—1928年初,先后被捕牺牲,一些党员骨干也被关押或被迫出走,党组织处于瘫痪状态。潘业俊迅速组建中共容县县委,和其他委员分头串联原来的骨干,建立健全党的基层组织,接着在容县镇上南街等地设立秘密联络点,恢复党的活动,继而通过党员骨干串联发动可靠的群众,秘密组织农会。在此基础上,吸收60多个农民积极分子入党,壮大了党的组织,使各地的"二五减租"合法斗争有了新的发展。

潘业俊不怕困难,不怕艰险。1929年2月,容县县委与省委失去联系后,党的活动经费中断,个人的生活费用也无法解决,他便与当地群众上山种棉花和搞编织、加工鞭炮以及做糖果小生意,以维持生活,坚持革命斗争。同年7月,俞作柏、李明瑞回桂执政,形势发展对革命有利。潘业俊与省委接上关系后,他抓住有利时机,加紧进行革命串连活动,革命工作又有了新的发展。1929年10月,俞、李讨蒋失败,新桂系反动势力卷土重来,白色恐怖重新笼罩广西,国民党当局在桂东南大肆搜捕共产党员,容县的党组织再次遭到破坏。潘业俊面对突变的风云,并不气馁,他日隐夜出,继续艰苦的开展革命活动。1931年春,潘业俊不幸被捕,在容县容成镇光荣牺牲。中华人民共和国成立后,广西壮族自治区人民政府追认潘业俊为革命烈士。

韦肇隆(?—1938年)

字德卿,壮族,兴宾区蒙村镇铁象村人。清时参加绿营兵,由行伍保授蓝翎守备,历任管带。其父韦有余曾任提标、柳州城守营千总。

民国初，广西“群雄”割据。韦肇隆自拥二三千人枪，占据来宾。后投入旧桂系军阀营垒，先后任广西左区第三路副司令，护国第三军第一副司令，讨龙（济光）军司令，广西左区第三路司令，广西自治军第六纵队司令官，广西陆军第七独立旅旅长。新桂系统治广西后，韦投靠李宗仁，任广西定桂军第六纵队司令官，广西护国军第一军第六纵队司令官，曾被授予陆军少将五等文虎章，为来宾县籍人在军界中最早取得将级官衔的人。

1922年夏，滇军犯桂，韦肇隆驻防来宾县城，任防军副司令。6月15日，滇军逼攻县城。韦率所部与滇军作战。防军战死200多人，滇军战死70多人。韦部被迫退避红水河南岸。6月24日滇军离去，韦部复回县城。1931年，韦赴香港，后回县定居至1938年病故。

苏寿松（1873—1939年）

字竹君，号瀚涛，又一号憨涛居士，象州南街人，广西现代教育家。清光绪十五年（1889年），应童子试，中秀才。光绪十八年被选送广州广雅书院，学经史诗章。光绪三十年三月，两广学务处以官费送日本留学，初入东京高等师范，因评论清朝廷腐败并加入同盟会而被停供官费，后自费入早稻田大学，读法制经济两科。宣统元年（1909年）五月毕业，回国后任广西学务公所议绅兼广西模范小学校长。次年，北上应试，中文科举人，经廷试授内阁中书。民国1年（1912年）任广西铨叙局局长，民国2年后，先后调柳州统税局、广西财务养成所、广西审计处任局、所、处长。民国5年起，任广西都督府（后改省长公署）教育科长。当时，地方教育无专管机关，教育事业衰落，他就职后，制订劝学所规程，督促各地恢复劝学所。民国6年8月，制订广西各县实行分区设学办法，限期设校办学，对依限办学之县知事给予奖励，不依限办者处罚。民国7年2月又制订广西省办理学务人员褒奖条例，鼓励办学人员努力办学，此后，各县学区、各乡小学纷纷建立。当时全省仅有府立中学12所，县立中学13所，他任职后，改府立中学为省立中学，拨款补助建立县立中学，使中等学校逐年增加，中学生比民国初年增加10倍。同时，他还筹划建省立师范3所，甲种工业学校、甲种蚕业学校各1所，以培养师资和专业技术人员。此后，在南宁开办国语讲习所，对各县学员授以注音字母和国语。各县学员毕业后回县办所，分期召集小学教员学习，以推行国语教学。民国10年他辞教育科长职，后到梧州省立第一师范学校任教，民国11年从梧州回象州居住。回乡后曾办私塾，用国语教学。民国20年，为首倡议捐资兴建思劳石拱桥。民国26年总纂《象县志》。1939年6月29日病逝，终年66岁。

凌家孚（1898—1940年）

又名凌伯庸，合山市北泗乡水井头村人。青年时代，思想进步，对财主残酷剥削农民的行为挥毫控诉，后因打伤村里一财主而被迫辍学从军。民国15年（1926年）毕业于黄埔军校第四期，先后在国民革命军任过连长、团长和建省水警大队长等职，常与国民军爱国将领李济深有书信来往。“九一八”事变后，他积极主张抗日，对国民党政府不抵抗政策不满，挥毫写道：“操戈长作自煎熏，莽莽神州暗淡呈，塞北风尘妖气转，江南翻浪鼓声鸣。那堪苦雨凄风日，极目荒烟蔓草盈。不管山河沦异族，秦淮河畔听歌声。”他在军中积极宣传抗日，引起国民政府军内的一些主和派不满，民国29年4月在四川省万县市任国民政府军补训处第二团长时，疑遭人毒死。其事迹均据其妻杨敬絮口述。

莫西凡（1910—1941年）

原名莫效康，1910年生于忻城县思练区卜佑乡板社屯一个农民家庭。少时在家乡读私塾。1933年10月，考入了广西师范专科学校（简称广西师专）乡村师范班。1934年夏，与刘敦安等人组织一批进步学生，开展研究马列主义学说活动，在学生中秘密宣传中国共产党的主张。

1935年秋，他考入广西师专第六班。在中共党员、进步教师的引导下，积极参加进步学生组织的批判托派理论的运动。因此，他被学校开除学籍，驱逐出桂林。莫西凡回家住了几个月，为了寻求救国救民的真理，决心寻找党组织，献身于革命事业。次年夏，他从思练出柳州往梧州。经中共党员刘敦安、陶保恒的介绍，认识了在梧州中学任教的中共地下党组织负责人梁寂溪。经梁介绍到私立复兴中学任教。在梧期间，积极协助梁寂溪领导梧州的学生运动，并参加广西大学学生读书会在梧州的学术运动。在这些活动中，莫西凡以马克思主义的观点分析当时中国革命的形势，揭露日军侵华的阴谋与罪行，指出中华民族的光明前途，深得会员和大学生们的欢迎和好评。经薛尚实介绍，1936年8月，他加入中国共产党。同年

9月,莫西凡和梁寂溪在梧州大中路开办了"生活文化合作社",出售一般书刊外,还代销各种进步报刊。同年11月中旬,在中共广西省工委的领导下,经过梁寂溪、莫西凡等党员的艰苦工作,成立了中共苍梧县委员会,梁寂溪任书记,莫西凡、梁梅思任副书记。1936年12月24日,中共苍梧县委发动2000余名中学生,以支持桂系当局和平解决"西安事变",停止内战,一致抗日的通电为名,不顾梧州国民党当局的阻挠,上街游行示威,梁寂溪、莫西凡因受到梧州国民党当局的猜疑,被迫于次年1月离开梧州,调任中共南方临时工委宣传部部长、工委巡视员。

1937年3月,中共广西省工委在横县县城召开第二次全体委员会议,莫西凡以中共南方临时工委巡视员身份到会指导。同年7—8月,中共广西省工委先后在横县、北流县召开郁江区党代会和浔梧玉区党代会,莫西凡受中共南方临时工委指派,再次回广西参加这两次党代会。

1938年3月中旬,中共南方工委派黄松坚到广西协助整党,因黄对广西组织的情况不大了解,中共南方工委又派莫西凡第三次回广西,协助黄松坚工作。黄、莫从香港抵达南宁后,即着手审查广西党组织,重新登记党员。随后,根据工作分工,莫西凡和南宁市委书记彭懋林负责南宁市的整党工作。同年5月,莫西凡、黄松坚、彭懋林等6人在南宁被国民党特务抓捕。后经周恩来与桂系当局交涉,同年年底,莫西凡等6人获释。出狱后,中共广东省委调莫西凡到广东工作。

在广东工作期间,莫西凡因操劳过度,患严重肺病。1941年3月,经组织上批准,离职回家疗养。因病情恶化,于1941年8月逝世。

蓝扶霄(1877—1942年)

又被称为蓝公霄、公霄,象县东南乡(今六巷乡)六巷村人。花蓝瑶,石牌头人。清宣统年间(1909—1911年),蓝扶霄率瑶族石牌丁,协助李国治平息了三点会在瑶山的活动。事后,蓝被推举为六巷团(军政合一的民团)团总,并经李国治保荐,获五品军功。民国16年(1927年),六巷小江冲等地,有匪数百人屯聚,四出劫掠,民众苦不堪言。蓝扶霄率团"受檄于象县县长,定期会剿","苦战三昼夜,向称天险之小江冲,始被攻破",击溃众匪,因此而成为大瑶山有影响的石牌头人之一。1942年,蓝扶霄病逝。

翟富文(1865—1942年)

原名文焕,字利轩(又作丽轩)。来宾县老城厢街人。生后6个月其父病故。4岁始由祖父和母亲教导识字、诵诗、作文。18岁考中秀才,29岁乡试中举,人称翟举人。其古文、诗词造诣较深,后被来宾知县聘为雷江书院院长。光绪二十四年(1898年)被聘为县团练总局会办,民国1年(1912年),当选为国会众议院议员,民国10年任县督学局董事会董事和《来宾县志》纂修。

光绪三十年(1904年),翟富文自费到广东"两广学务处"练习所学习4个月。结业后服务教育界,曾先后在县城创办桥滽两等小学堂、县立两等小学堂。光绪三十二年,翟富文偕马平县举人刘古香等人,在柳州协助知府创办柳郡中学堂,翟任学堂首任学监(校长)。此后翟任梧州中学堂学监和两广优级师范教师。

翟富文中举后第二年(1895年),受其父生前好友嘱托纂修已间断140多年的《来宾县志》。3年后,他偕人写出了初稿,因无地方长官参加,经费无着落,未能出版。民国10年(1921年),县成立修志局,翟被聘为纂修。次年,他赴京参加国会,空余时间到图书馆和国子监黉宫等处,翻阅、查对、抄录了大量资料。但由于当时政局动荡不安,县官更迭频繁,修志机构3次改组,修志工作时断时续,旷日持久。兵荒马乱中,翟设法把志稿收藏,俟政局平静,即对志稿进行修改补充。如此延续了10多年,直到民国25年对县志进行最后一次修补。其时,他已71岁,双目失明,不能亲笔编写,便口述让人笔录。待这部30万字的《来宾县志》完稿付梓后,翟始告老还乡,直至逝世。

黄肇熙(1869—1942年)

号晦馀,又作惠儒。武宣县二塘镇樟村人。曾在广东省警察法政学校肄业,历任顺德巡警、清乡要差。民国1年(1912年)任柳州统税局长兼支应局事并带护商营。民国2年9月,刘古香在柳州发动兵变,黄镇压刘古香有功授陆军步兵中校,督带游击一、二队。同时趁局势混乱,贪污40万银圆,用船装运回家。民国3年任浔州水警厅长,后任广西自治军第四军司令官,授陆军少将。民国5年他依仗势力,强占农民160亩土地建筑他的庄园。

黄肇熙是县内士绅积极办学者之一。光绪二十八年(1902年),两广学务处通令地方办学堂,他鼎力协助知县王鼎昌创办仙城小学。民国17年(1928年)，黄肇熙于樟村独资兴建二塘区新樟村私立惠儒小学，学校之常年经费由黄私人支付。民国31年春，经省核准，他在樟村开办私立惠儒中学，招收县内外学生入学。

黄肇熙利用雇工，放高利贷，出租耕牛等方式剥削农民。他置有田地3000亩，分布在二塘、石苟、麻碑、平田、乐业、大琳、黄茆、周眷、排楼等地，出租给农民耕种，每年坐地收租80多万斤。他雇佣有长工12人、短工10多人、丫鬟8人、丁兵30多人，有长短枪百余支。黄肇熙于1942年病死。

全金标(1903—1943年)

茶山瑶，金秀瑶族自治县长垌乡滴水村人，石牌头人，曾任滴水村村长，东北乡(今长垌乡)乡长。全金标刚30出头就当上了滴水村石牌头人。常为附近村寨乃至几十里外的瑶民处理纠纷，声望颇高。1939年冬，在金秀召开全瑶山石牌大会上，全金标力主武装反抗国民党“开化”大瑶山。国民党军警进入金秀后，奸淫瑶族妇女，破坏瑶族风俗，劫掠瑶民财物，引起全金标强烈义愤。1942年9月，金秀设治局局长刘延年两次到滴水村，请他到金秀为国民党办事，均遭全婉言谢绝。其时，全金标频频串联滴水、龙华、长二、罗孟、平竹及金秀四村瑶民义士，历数国民党反动派罪行，发动群众，组织武装、筹划攻打设治局，获得广大瑶民的极力响应。1943年3月31日，瑶民起义爆发。在全金标领导下，瑶族武装人员兵分两路，分别进攻设治局和警察驻地。战斗中，全金标身先士卒，英勇冲杀。设治局局长刘延年慌忙电告省政府求援，省政府集结瑶山周围各县民团1000余人开进金秀。由于瑶族义军势孤无援，起义失败。事后，人们劝告全金标到外地躲避设治局的报复，被他坚决拒绝。他说：“我躲起来，国民党能放过村里的人吗？我早已把生死置之度外了。”几天后，刘延年派人到滴水村请全金标到金秀“开会”。全说服阻拦他“应邀”的乡亲们，毅然只身前往。一到金秀，刘延年就把全交给柳州区民团副指挥官覃正旺带到桂林监禁。同年8月31日，全金标被杀害于桂林。

陈夜莺(1918—1944年)

女，原名叶昭容，又名叶小舟。兴宾区大湾街人。先后在广州中山大学附中、柳州师范学校、桂林女子中学就读，1937年高中毕业后，在桂林市当小学教员。中学时代，她便结识了共产党人和一些革命青年，思想趋向进步。1938年7月，在中共党员彭澎(又名彭克明)帮助下，她和妹妹叶茵(昭鸾)先从武汉和西安八路军办事处取得去陕甘宁边区的介绍信，进入驻在陕西省旬邑县的陕北公学分校37队(女生队)学习，任学习班副班长。11月考入陕北公学高级班，编入5队，1939年3月结业前加入中国共产党。陕北公学结业后，考入延安鲁迅艺术文学院普通班，学习文艺和绘画。1941年秋，陈夜莺被调到《晋西北大众报》社工作，协编该报副刊，并兼吕梁文化教育出版社编辑。在此期间，她在报上发表不少文艺作品、时事评述及自然、农业、卫生常识等文章。由于她刻苦学习晋西北方言，深入调查，所写《交粮歌》《冬妹》《上学》《上学小调》《生产小曲》等文艺作品通俗易懂，生动活泼，富于地方色彩。她运用当地群众喜闻乐见的晋西北小调的不嫁汉奸为内容的《雁北小调》，采用大同摇三摆调写出的敌伪军官兵想反正为内容的《大同小周》等作品具有浓郁的乡土气息，深为当地民众所喜爱。1943年冬，陈夜莺进入中共晋绥分局党校一部学习。后患肺结核病，医治无效，于1944年初逝世。

蒙世恩(1915—1944年)

壮族，合山市岭南镇里兰村人。民国24年(1935年)毕业于南宁陆军军官学校第14期，曾先后任国民政府军第31军131师补充团副官，上尉连长，第一营营长。民国33年8月，在保卫桂林战斗中，他率领部属守卫中正桥(现解放桥)附近据点，与日军激战两昼夜，由于敌众我寡，部队伤亡惨重，阵地沦陷。他和10多名战士，以战友尸体作掩盖，准备到天黑时撤出阵地。日军进入打扫战场，一个个翻尸检查，当翻到他时，他手中拿着一支手枪，开枪打死两个敌人，并对战士们高喊：“誓死不投降！”率部与日军开展白刃战，后被日军机枪击中，壮烈殉国。

覃一振(1922—1945年)

又名覃寿岷，壮族，合山市北泗乡瀑泉村人。在浔梧玉师范学校。读书时，就追求进步，宣传革命理论，抨击日本侵略者罪行。民国33年(1944年)，日军入侵广西，耳闻目睹日军暴行，组织瀑泉村抗日自卫队。民国34年2月，覃率领自卫队10余人，在里兰的白山伏击日军100多人，由于敌众我寡，在战斗中牺牲。

凌懋元(？—1945 年)

壮族,合山市屯山村人。抗日战争爆发后,积极参与抗日救国活动,曾参加迁江县教师抗日宣传队,到各乡演出话剧,发动各界群众奋起抗日图存。民国 33 年(1944 年)底,任迁江县抗日自卫第二联队军需主任之职。民国 34 年农历三月八日夜,率部在今机厂公路与原柳邕公路交界处伏击日本侵略军,不幸光荣牺牲。

邝兆安(1894—1945 年)

广东省台山县人。民国 2 年(1913 年)赴美留学,学成归国后,在外国人办的开滦煤矿任工程师,不甘为外国人效劳,便辞职到山西省与人联办小煤窑,又被当地财主霸占。民国 26 年初,邝被聘任合山煤矿工程师。广西出兵抗日,军费开支浩大,公司的公股无法支款,煤矿生产面临停顿,当时,中国银行总裁宋子文到桂林,邝得知后,自荐与宋子文留美同学关系,向宋详陈利害,获得宋的支持,宋即令中国银行广西分行加入一半股本。民国 28 年 9 月,新的"合山煤矿股份有限公司"成立,邝被聘为公司总经理兼工程师。他经常深入生产现场和工人话家常,专心致志于矿山开采技术,民国 33 年,他离开合山煤矿往重庆,后被关押染病。民国 34 年 3 月病故于重庆。

黄锦安(？—1945 年)

壮族,国民党左派人士,象州县大乐镇双告吉村人。大革命时期象州县青年运动、农民运动的领导人之一。1926 年夏,黄锦安毕业于柳州师范学校。同年冬,被送到柳州党务整理处特别培训班学习。1927 年 4 日月,在李忠惠的领导下,黄锦安先后在大乐的双诰、龙女、六回、古车、法寺、大周等村组织成立青年社和农民协会,开展农民运动。1928 年春秋期间,黄锦安带领大乐乡农民协会举行示威游行,开展农运宣传工作,对抗税减租的地主进行批判斗争。1929 年初,黄锦安率领农民协会、青年社近三十人武装包围龙女村法国天主教堂对教堂神父实行"二五减租",迫使法国天主教堂退租三万多斤粮食、退回水田五十多亩及水碾一座。同年冬,黄锦安和韦茂松在罗秀土办村召开千人大会,勒令地主谭庆芝、谭茂芝开仓退租。并把古车地主的田地实行公耕,除交租外,净收谷子一万多斤用于建校。1930 年 6 月,象县农运领导人覃智增被害。1931 年 1 月 7 日,李忠惠被害。黄锦安立即组织带领农会 100 多人准备武装突袭县城,后因泄密未能成功,将队伍拉下武宣,在途经黄茆、二塘一带被李宗仁军警打散。之后,象县县长熊中甫悬红通缉,黄锦安被迫到广东避难。1932 年,黄锦安回象县,以街长身份为掩护继续开展革命活动。1933 年夏,黄锦安参加中各街民团组织的"瑶山之战"后任大乐乡长。1945 年任大樟乡长,曾以工作之便为中共地下革命提供经费和情报。后被人告密,在罗秀被刘传忠以"通匪"罪名逮捕杀害。

李楚凡(1864—1946 年)

又名祖湘。广西陆川横山乡稔坡村人。清光绪十六年(1890 年)庚寅科附贡,当过知县和县长。在来合岭山办矿之前,曾和别人合股成立"叵心公司"种八角树;兴筑玉(林)陆(川)公路 110 千米。民国 21 年(1932 年)10 月,他和容县廖百芳、广东周响晨等合股,以同德公司名义向广西省政府请领开采合岭山的煤,民国 22 年 5 月,和吕春琯创办的同福公司联合成立合山煤矿股份有限公司,首用"合山煤矿"之名。在公司逐步演变为基本官办的公司之后,李于民国 39 年—31 年任公司股东会监察人,为合山煤矿股份公司的发展出了一分力量,是合山煤矿创始者之一。1945—1946 年任陆川县清乡委员会龙河乡坐办,1946 年秋病故。

吴先霖(1983—1946 年)

汉族,浙江省嵊县人。曾在中国银行广西分行任职。民国 27 年(1938 年),代表中国银行股份到合山股份公司任会计课长,民国 32 年 3 月,升任公司协理。民国 33 年合山煤矿沦陷前,赴重庆和路方交涉追回欠公司煤款之事。民国 35 年 10 月,他由重庆返回合山途中,在宣山县(今宣山市)怀远境内,被匪劫车而殉职。

周维宗(1863—1946 年)

字述之,武宣县二塘乡猛上村人。清光绪二十年(1894 年)考中举人。1895 年赴日本法政大学政治系攻读,学成回国后,于 1898—1900 年历任昭平、陆川、蒙山等县知事。1901 年回乡,致力于教育业,在家中兴办私塾,为家乡培育青年。1902 年,他积极协助县知事创办仙城小学。1906 年,他会同全县士绅将仙城书院改为全县高等小学。1907 年,会同县绅招收高小两个班,附简易师范 1 个班。1909 年,他到广州广雅书院讲学。1940—1946年，每年出谷4000斤资助本村四通小学。他一生为教育事业作出的贡献，为乡人所崇敬。1946年逝世，享年83岁。

潘扬周(1919—1947年)

壮族。1919年6月生于忻城县思吉乡雷洞村那康屯的一个农民家庭。1937年7月在思吉中心校毕业后，考入上林国立初中。读了一个学期，因家庭经济困难辍学在家劳动。1939年考入广西桂林地方建设干校，1940毕业后派到南宁团管区当教官。1942年日军侵入南宁而辞职回家。后经樊茂春推荐到大甫村任村长，半年后离任。1943年调到思吉乡公所任户籍干事。在此期间，他积极发动群众购买枪支，组织抗日武装队伍，并担任抗日自卫队副大队长兼敢死队中队长。1947年9月16日，参加“古思”起义。胜利后，起义队伍命名为上林人民自卫军“八二”支队，潘扬周任中队长。1947年10月中旬，被国民党南宁区保安司令部副司令钟福标部杀害于古蓬街上，年仅28岁。

丘　铮(1918—1947年)

原名丘增荣，1918年生于印度尼西亚，1921年随父母回到原籍——广东张城东乡谢田村定居。1937年卢沟桥事件发生后，梅县成立了抗日团体。1938年春，他参加了共产党领导的“学抗会宣传队”，并成为骨干分子。1938年秋，他高中毕业，成绩优异。但由于战乱影响，加上家庭经济困难，他放弃读大学的机会，就任毓秀小学校长。1939年秋，中共地下党员，他的堂妹丘碧珍和胞弟丘峙也到该校任教。从此，他有机会阅读了许多革命理论书刊，懂得了许多革命道理。1943年，丘铮到连平县隆圩中学任教，并兼任大田乡中心小学校长，同年加入中国共产党。1944年春，转移到桂林，后转到贵州，在松江中学任教，以维持生计。1945年，抗战胜利后，为了寻找党组织，丘铮从黔到桂，进入柳江中学任教。次年春，陈光调任柳州特支书记，丘铮与他接上了关系，参加特支活动。1947年8月，桂柳区工委书记陈枫委派吴师光、丘铮二人到忻城开展革命活动。同年8月上旬，陈枫在大塘睦邻村主持召开党员会议(沿称睦邻会议)。会上，宣布上(林)忻(城)工作委员会成立，吴师光任工委书记，丘铮任副书记。会后分工开展活动。丘铮先到县城然后赴上林北区(今在古蓬地区)与张声震、樊茂春等联系，共商发动群众开展武装斗争大计。同年9月初，丘铮化名“老李”，深入壮村瑶寨，发动群众组织武装队伍，待机起义。1947年9月16日(农历八月初二)，上林北区爆发了“八二”起义。同年10月9日，国民党纠集了约3000人的保安队，分三路向古思游击区进犯，情势十分危急，丘铮一时来不及转移，躲在古钵村附近山洞里，坚持与战友联系，及时通报敌情。同年10月24日，他在向忻城方向转移时遇害，时年29岁。

韦肇壁(1911—1947年)

壮族，生于忻城县古蓬乡板岑村的一个农民家庭。青年时代就对旧社会的黑暗深恶痛绝，渴求真理。1934年，他积极参加推翻周安团董的斗争和捣毁庙宇、兴办学校的活动。因韦肇壁为家乡兴利除弊，深得民众信任，被推举充任思吉乡俭表村村长。由于对当时社会现实不满，他挥笔写下“我的志向求真理，我的做人为人民，我的行动斩妖魔”的条幅，辞职居家。

1944年11月，日军入侵，家乡沦陷。他出任抗日自卫队中队长。驻古蓬街日军进山抢劫骚扰，多次被韦肇壁率领的自卫队击退。日军不甘心，集结兵力攻打板岑村，冲锋十多次，发射上百发炮弹。以韦肇壁为首的抗日自卫队，利用地形与敌人周旋，经半日战斗，毙敌1人，伤敌10多人，自卫队牺牲3人。由于敌众我寡，自卫队撤出板岑村。

1945年春，古蓬地区抗日自卫队攻打日军北兰据点。韦肇壁率领敢死队参战，冒着枪林弹雨，冲近敌堡，用炸药包将敌堡炸毁，为夺取胜利扫除障碍。经过四天四夜的激战，日军败北，古蓬光复。1945年冬，韦盛经、韦广培、韦质彬等人利用“十弟会”作掩护把农民组织起来，反对国民党的“三征”(征兵、征粮、征税)，宣传共产党的主张。韦肇壁积极参加“十弟会”。后来，组织革命武装时，他担任俭表基干队中队长，带头购买长短枪3支，并把家里十多亩水田交给“十弟会”耕种，连同他上山烧石灰所得的收入，全部充作革命活动经费。

古思武装起义的胜利，震撼了国民党广西当局，急忙派遣省保安司令部副司令钟福标、上林县长梅仲威等率领省保安团、正规军配合武鸣专署六个县军警约3000人枪向古思地区大举“联剿”。在敌众我寡情况下，党组织决定：“暂把部队分散隐蔽，以待东山再起”。韦肇壁奉令坚持在原地活动。1947年10月下旬，他到弄容、弄江等地做群众工作，由于奸细告密，于24日深夜在板里村被捕。1947年10月27日，被敌人杀害于古蓬街上，时年36岁。

江明彬(1916—1947年)

武宣县桐岭乡桐岭街人。1933年初中毕业,1934年考入广州立信会计职业学校,结业后,经熟人介绍,到贵县北厢小学任教。1937年秋,加入中国共产党。1938年冬,中共贵县县工委成立,江明彬任县工委组织委员。

1940年冬,中共贵县中心县委成立。江明彬任县委委员。1941年10月,江明彬任贵县中心县委书记。他担任县委书记后,即授意恢复原来因推销进步书刊而被查封的“抗建书社”易名为“怀城书店”。后来他还发动两位进步人士在东龙合办“明明书店”,这些书店,在解放战争中成为武宣、贵县游击队的交通站。

1942年7月,桂林“七九”事件发生,广西地下党遭受严重破坏。遵照上级关于“离开城市,撤到农村隐蔽”的指示,8月12日,江明彬从贵县回到武宣县桐岭。他以有病到处求医为名,继续从事地下革命活动。10月,省工委代理副书记黄彰来到武宣伏柳村,组建中共武宣特别支部。江明彬任特支书记。

1943年秋,国民党当局大肆缉捕共产党员,全省到处笼罩着白色恐怖。江明彬为了弄清国民党活动的情况,伪装商贩,潜到南宁师管区司令部,找到罗业书(中共地下党员,师管区司令部秘书)探听情况。当他得知贵县地下党员梁寂溪等被当局通缉时,立即返回与韦敬礼商量,将梁及其家属转移到江明朗、周浩祥等合办的鹿寨县大中公司农场隐蔽,使之化险为夷。

1944年冬,日军侵犯武宣,江明彬则指示随县府迁到东乡的武宣中学教师周浩祥,以回乡知识青年为骨干,成立“武宣县读书救国会”。并组织30多名会员,深入农村宣传发动群众购买枪支,成立人民自卫队,抗击日本侵略军。1945年春,为了团结抗日,江明彬派周浩祥,江明朗去做武宣县南河办事处主任余恩溥,副主任廖烈、覃一才的工作,他们在共产党的政治主张感召下,慷慨解囊,捐出稻谷9000斤,步枪25支,成立30多人的抗日武装自卫队,先后在贵县龙山、桐岭的古练、桐岭街、禄禅等村抗击日军,打死打伤日军数十人。

1947年8月,中共武宣县特支改为县工委,江明彬任委员。10月初,他参加了通挽反围剿的组织领导工作。10月5日,成立中国人民解放军一二一纵队,江明彬任纵队第二副政委。1947年11月,广西省保安司令部副司令莫树杰亲率保安团到武宣“围剿”共产党和游击队。游击队急需增加枪支,加强武装,同月中旬,江明彬受纵队的委托,带着257万元巨款(国币),由来宾来的两个人带路,前往来宾大湾区购买枪支,行至大湾歪旁村时,江明彬即被早有预谋的韦振良、韦立广谋财杀害。中华人民共和国成立后,武宣县人民委员会追认江明彬为革命烈士。并对杀害江明彬烈士的罪犯,依法处决。

韦华琰(1906—1947年)

又名韦华宪,武宣县通挽乡汶村人,壮族,中共党员。韦华琰家境贫寒,年轻时做些肩挑生意糊口度日。1944年12月22日,参加中共武宣特支领导的抗日自卫队,在通挽北堂坳伏击日本侵略军。1947年6月15日,在中共武宣特支领导下,成立韦华琰连队。1947年10月1日,韦华琰在韦敬礼的领导下,率领七八十名游击队员从通挽赴贵县中里乡配合廖联原领导的达开纵队作战,解放中里乡。10月3日,韦华琰参加了解放贵县龙山圩的战斗。10月2日,武宣县民团副司令覃国光带队进犯通挽,10月4日韦华琰率队从龙山回师通挽,包围通挽圩内之敌,经一天战斗,敌溃逃,通挽获解放。10月5日,成立中国人民解放军一二一纵队,他任纵队第一支队长。10月8日,韦华琰又带一支队追击溃逃到桐岭之敌,他带一支队从古龙村经古朴村到塘莲和司律村,从东南面包围桐岭圩,经两小时战斗,敌人仓皇溃逃回县城,桐岭获解放。10月11日,韦华琰带一支队去解放马步乡。14日,武宣县长宋厚礽和民团副司令覃国光带自卫队和民团从桐岭、禄新两路再次进犯通挽,10月24日,韦华琰带十余人在通挽三江桥伏击来犯之敌,当晚天煞黑,韦华琰等十余人又在通挽古稔桥伏击敌人,俘敌1人,其余溃逃,通挽获二次解放。1947年11月,广西省保安队来武宣“围剿”中共游击队,12月5日,省保安队向通挽汶村进攻。6日,韦华琰在激战中光荣牺牲。中华人民共和国成立后,广西壮族自治区人民政府追认韦华琰为革命烈士。

刘铁民(1891—1947年)

原名刘德明,武宣县河马乡李树岗村人。民国5年(1926年)参加东乡区农民运动,同年12月加入中国共产党。1927年5月被选为东乡区农民协会执行委员兼农民自卫军队长。1927年夏,中共东乡支部负责人翁尧年被武宣县长唐熙年逮捕,关押在东乡团防局。刘铁民闻讯后,即与农协主席刘月高发动千余农友，手持鸟枪、禾叉、长矛、铁条、扁担，包围团防局。刘铁民腰挂手榴弹，只身闯进团防局与国民党县长进行面对面的说理斗争。团局以为刘铁民自投罗网，立即关上大门，唐熙年一面示意县警抓人，一面说：“你进得，出不得。”刘铁民英勇果敢，一声大吼：“不许动！”唐见刘铁民的手榴弹已擎在手上，慌忙下令打开大门。当场向包围的农民检讨认错，赔礼道歉。接受区农协会提出的放人条件，给翁尧年挂彩红、放鞭炮，官兵列队送翁尧年回农协会。

1928 年 2 月 12 日，刘铁民手提驳壳枪，腰挂两枚手榴弹，带领几个农民自卫队员，走上东乡圩“猪仔行”，对正在过秤收税的东乡团防局两个团丁说：“这收税‘众秤’，你们管 30 几年，该轮到区农协会管了。”两个团丁无可奈何地溜走了。当时，财主怕农民没收财产，便将大批粮食和物资转移外地。刘铁民派农民自卫队在界顶和大片塘的佛子坳拦截得地主奸商偷运出境的粮食 32000 多斤，在东乡街上拦截奸商林再明准备偷运出境的大米 6000 多斤，所得粮食全部没收归农协会，分借给贫苦农民度荒。1928 年夏，东乡农运被国民党镇压失败后，刘铁民隐蔽到双髻山中，后又以卖药为名转到广东，1935 年转回东乡，与韦天强（原名韦世刚）、陈廷尧等进行秘密革命活动，因与党组织失去联系十多年，1944 年春在东乡重新加入中国共产党。1947 年 4 月—5 月，东乡地下游击队正在积极准备暴动，大地主刘茂扬勾结国民党武宣县府突然在东乡圩捕捉刘铁民，押解到清水桥时，他借解手机会，机智逃跑。1947 年 10 月，刘铁民被委任为中国人民解放军一二一纵队十二支队副支队长，曾参与解放东乡，攻打三里乡公所以及勒马、浪滩等战斗。失利后，刘铁民隐蔽在东乡抹流山中。1947 年 12 月 23 日（农历十一月十二冬至日）刘铁民被敌人用计诱骗从山中回家，走到长龙白沙庙时，被埋伏在庙旁的国民党东乡自卫队分队长刘德仁用手枪击倒，壮烈牺牲。中华人民共和国成立后，广西壮族自治区人民政府追认刘铁民为革命烈士。

韦天强(1909—1948 年)

原名世刚，字近仁，壮族，武宣县东乡乡上平岭村人。后在革命生涯中为摆脱敌人的缉捕先后易名文耿、永仁、毅之、天强。

民国 6 年(1927 年)，韦天强初中毕业后，先后在本村小学、妙皇中心校和东乡中心校任教。1937 年 1 月，在东乡中心校任教时加入中国共产党。同年春，任中共武宣县工委宣传委员。

1938 年 11 月，国民党广西当局组建广西学生军，中共广西省工委为了秘密掌握和影响这支队伍，决定派党员并带动广大进步青年参加学生军。韦天强接受党的派遣，投军从戎，发动带领两个胞弟及进步青年 10 多人参加学生军，当地父老高度赞扬他们三兄弟为抗日参军的美德。他临走时，作了“愿将世界重新造，誓将捷报慰乡亲”的诗句告别乡亲。

韦天强在学生军第二中队任班长，党内任支部书记。他认真贯彻执行党内的抗日方针，积极开展抗日救亡宣传活动，他把毛主席《论持久战》绘成漫画，激励同学们树立抗战到底的决心和必胜的信念。那时，韦天强任二中队支部书记，培养发展了 20 名党员。

1941 年 6 月，学生军解散。党组织安排 60 多名党员参加合作训练班，在合作训练班中成立了党总支部，韦天强任书记，培养发展了 10 多名党员和一批党的积极分子。1941 年 9 月，韦天强被分配到柳城县政府任合作指导员。成立中共柳城县党支部时，韦天强任书记。1942 年 7 月 9 日，桂林发生反共事件，省工委受到严重破坏。同年冬，柳城党内有叛徒告密，敌人要抓韦天强，他即撤离柳城回武宣东乡。1943 年 2 月 13 日，武宣县警数十人到东乡围捕韦天强，他被迫秘密转到桂平罗禄洞隐蔽。在生活极端困难的情况下，他对革命仍满怀信心，他遥望滚滚东流的黔江，触景生情，随口吟诗：“黔江荡荡流何急，明日长空响巨雷”。同年 4 月，他转辗来到修仁县头排乡与上级党组织接上了关系，改名“文耿”，以教书为掩护，担任中共修仁支部书记，继续进行地下革命活动。他在修仁期间，白天教小学生，晚上就到庙村、崖头、孔雀、平步、寨党、寨子等村教夜学班；用革命思想武装青年农民，经他教育的学生，后来有 10 多人走上了革命道路，有的加入中国共产党。

1944 年春，韦天强接受党组织的安排，从修仁调到贺县狮洞中心校，仍以教书为掩护，暗中进行革命活动。5 月，韦天强任中共贺县特支书记。在任期间，他以捡查和辅导各村小学工作为名，到鹅塘小学发展小学教师黄菲等人入党，并建立了鹅塘小学党支部。

日本投降后，贺县当局加紧征兵、征粮、征税，弄得人民饥寒交迫，人心惶惶。韦天强因势利导，领导鹅塘党支部，发动群众开展反饥饿斗争，组织 500 多农民挑着罗筐，到鹅塘乡公所要粮，迫使乡长拨出 7000 斤谷子给群众度荒，当地群众称这次斗争为

“破仓运动”。

1947年6月5日，钟山英家暴动受挫，叛徒出卖组织，韦天强便撤离贺县回武宣东乡。他回到家乡后，立即组织武装游击队，准备武装起义。10月24日，韦天强接到一二一纵队任他为十二支队队长兼政委的派令。10月25日，韦天强率领十二支队100多人举行武装起义，一举攻下了东乡乡公所。10月30日，又率队攻打三里乡公所，不克，韦天强率十二支队转到峡江一带活动。11月省保安副司令莫树杰亲自率保安团到武宣“围剿”游击队，14日到东乡“围剿”十二支队，悬重赏捉拿韦天强，关押韦天强亲属5人，将韦天强及叔伯兄弟房屋45间全部烧毁。韦天强率队避开强敌分散隐蔽。

1948年3月，韦天强离开家乡到柳州，党组织要他到贵州省从江县宰便区做大地主莫御的统战工作。5月2日，韦天强和朱世祺前往宰便，途经罗城三防区杆洞乡时，不幸遇敌被捕，解到三防区公所关押。三防区长韦庆山亲自对他进行审问。见韦天强不从利诱，便使用残暴的手段严刑逼供。韦天强被打得遍体鳞伤，宁死不屈，始终保守党的机密，留给敌人只有一句话：“要口供没有，要命有一条！”韦庆山恼羞成怒，竟惨无人道地施以乱棍。韦天强因刑伤过重，壮烈牺牲。时年39岁。中华人民共和国成立后，广西壮族自治区人民政府追认韦天强为革命烈士，党组织追认其为模范共产党员。

覃国光(1901—1948年)

又名覃天惠，武宣县三里乡台村人。高小毕业后，于民国8年(1919年)在旺村、台村小学任教师。1925年冬—1926年7月在国民党广西省立宣传养成所学习，毕业后分配到由李宗仁当军长的第七军政工队，后参加北伐战争。1931年因参与策划刺杀吕焕炎有功，得到李宗仁、白崇禧资送到日本学军事。几个月后，“九一八”事变发生，中日关系恶化，覃国光回国。不久，到国民党中央军校南宁分校第五期学习至毕业。1936年，覃国光任广西南宁初级中学校军训处少校主任，1938年任安徽省六安县长，直到1940年覃犯了“以物资资敌贪污公款”罪被押，后通过熟人关系获释。

1943年冬，覃国光从安徽回广西，任武宣县民团副司令。1945年2月，日本侵略军进攻乐梅村，覃国光率兵一中队迎击，获胜。日军自乐梅败退后，再次分兵进袭大琳。日军到大琳的黎江山时，覃国光指挥自卫队迎头痛击。次日傍晚，日军几十人窜近黎江峰之小溪，覃国光又率兵沉着应战，日军三进三退。1945年6月中旬，战败的日本侵略军陆续向二塘方向溃逃，又被覃国光率部于二塘圩牛行桥伏击，击毙日军30余名。

1947年10月2日，国民党武宣县长宋厚礽，派覃国光带县保安队抵达通挽，占领通挽街和伏柳村，企图“围剿”中共领导的游击队，被游击队击败。10月15日，覃国光又率队从禄新迂回通挽，在禄新上堂村捕杀禄新游击队员2人。16日，途经通挽安村，被游击队一二一纵队伏击。战斗相持两天，覃国安败退，绕道来宾县禄贵村窜到通挽。18日，覃国光又率队攻打一二一纵队司令部所在地伏柳村，又被游击队击退。不久，覃国光被国民党广西省政府撤职。1948年秋，覃国光从武宣乘船下桂平，在游陇滩沉船溺死。

罗素仙(1924—1949年)

女，曾化名为张芝、韦凯。民国13年(1924年)生于宜山县(今宜州市)庆远镇一个商人家庭。1940年秋，在庆远中学毕业，因家庭生活困难无法继续升学。1942年上半年，经人介绍到庆远表证中心校任教师，在校期间，她多次利用校会讲话，影射批评国民党当局政府腐败、压榨人民的现实。

1942年秋，罗素仙考入广西柳庆师范，因日军入侵，学校疏散而失学。1946年日军投降后，中共党员周廷扬在表证校任教导主任时，聘请她到该校任教。次年冬，中共党组织派她到马泗、加仁地区作社会调查，为开辟马泗、加仁根据地作前期工作。

1947年初夏，罗素仙去香港达德学院学习，六个多月后，又回到表证校任教。此次回校她肩负着党组织交给“留在城市做交通联络工作”的重担。她一边任教，一边经常到马泗、加仁一带从事情报工作。1947年冬，国民党宜山县当局发动清乡。中共党组织安排罗素仙到马泗她表姐家隐蔽。1948年3月，中共上(林)忻(城)工作委员会由忻城迁到宜山。为了方便工作，她离开马泗，到宜山铁城小学任代课教师，并在该校加入了中国共产党。

1948年冬，罗素仙被派到马泗冷水屯做妇女工作，任凤红区革命斗争委员会妇女委员。她深入村屯，把游击区的青年、妇女、儿童组织起来，为游击队员带路、放哨、送情报，工作开展得有声有色，深得游击区的领导和群众的好评。1949年5月23日，罗素仙奉命随桂西北人民解放军第五团向大塘进军。25日，部队在大塘的稀饭坳脚与国民党五十五军的两个营及柳江、忻城县的常备队相遇，激战一天，战斗中罗素仙中弹牺牲，时年24岁。

李瑶林(1912—1949年)

金秀瑶族自治县桐木镇王二村人，壮族。李出生在贫苦农民家庭，幼年时上本村私塾，勤奋好学，喜欢和穷孩子交朋友。民国19年(1930年)，李瑶林考取象县中心小学。小学毕业后，被象县政府委任为麒麟乡(今龙屯、古车、王二等村一带)隘池村(今桐木镇邓池村)村长；不久后，调任古车村村长，但他看到国民党政府腐败无能，毅然离职回本村当私塾教师。1946年，中共象县地下革命领导人韦章平、黄史山、毛仲平等到仁里、古院等小学执教．夜间到附近村庄开展革命活动。李瑶林在他们的影响下，1947年加入革命组织，负责王二、邓池、仁里、中里、那隘、龙屯等村的组织和发动群众的工作，向贫苦农民和进步人士宣传革命道理，痛斥国民党反动派的罪行，使当地群众不断觉醒。1949年春。那隘村反动地主覃严卿和龙屯村的潘海等，组织保安队配合象县民众自卫总队，向仁里一带地下革命组织进攻。在白色恐怖之中，李瑶林仍然开展地下活动，白天以教书为业，夜晚到各村串联、扩大革命力量。7月中旬的一天中午，学生刚放午学回家，王二村反动地主李生周带领龙屯村匪徒覃恩广突然撞入学校，开枪打死李瑶林。中华人民共和国成立后，经广西壮族自治区民政厅批准，追认李瑶林为革命烈士。

曾庆邦(1925—1949年)

化名覃全、黎明。阳朔县金宝乡人，中共党员。1940年在阳朔中学读书，成绩优异，1943年初中毕业后考入桂林师范学校。1944年秋，日本侵略军逼近广西，同年9月，曾庆邦在兴坪参加战时青年服务队，投入抗日救亡活动。不久，为抵制国民党桂林民团指挥部归并服务队，转入地下活动，在天顺乡罐口忘村以卖糖为掩护，开展抗日救亡工作。抗日战争胜利后，继续回桂林师范读书，毕业后在阳朔县碧莲表证中心校任教，从事地下工作。值蒋介石发动内战，曾庆邦发动师生开展反内战、反饥饿、反迫害的斗争。1947年5月，受中共桂北特派员肖雷指派，曾庆邦到灵川开展武装斗争的准备工作，同年7月23日，参加灵田起义。1948年6月，化名覃全，在柳州文惠小学任教。次年6月，经组织安排，化名黎明到象县游击区工作，任武工队副队长。同年8月4日晚上，他和林岚、毛仲平率领19名队员，攻打国民党近城乡公所。曾庆邦和林岚带领5~6个队员为主攻组，他们身藏短枪，化妆成电话管理处查线工，叫开乡公所大门，直冲县警、乡警集聚的乡公所楼上，与敌面对面枪战。激战中，曾庆邦右手和腹部中弹负伤，撤退时遇雨，伤口感染，3天后于交趾村牺牲，年仅24岁。中华人民共和国成立后，广西壮族自治区人民政府追认为革命烈士。

黄汉文(1920—1949年)

象县中兴乡(今金秀瑶族自治县桐木镇古院村)人，壮族。20世纪40年代初，黄汉文毕业于象县国民中学。在校期间，他曾接受过进步思想教育；中学毕业后不久，即在中兴乡当小学教师，1945年10月，受聘于桐木小学任教。在任教期间，黄汉文除向学生传授文化知识外，还经常向教师和学生宣传抗日救国思想和全国的民主运动。1946年，物价飞涨，“国币”贬值。桐木教师每月由政府发下的“拨粮单”(即以粮顶替工资)成了废纸。教师们无不痛恨国民党政府的腐败。黄汉文乘机给桐木教师们传阅《新华日报》《论联合政府》等进步报刊和文章，宣传中国共产党的主张和革命道理。他还经常教学生唱进步歌曲、讲革命故事，在学生中传播革命知识。1947年，黄汉文回古院任教后，经过中共党员的动员，1949年3月加入象县武工队。1949年春，国民党广西保安第五团对象县境内的革命村庄进行疯狂围剿。7月2日，国民党保安五团一部，从象县县城连夜赶到中兴乡、包围象县武工队驻地古院村。武工队员与敌人进行了英勇战斗。但因寡不敌众，汉文为掩护战友撤离，不幸被敌抓捕。在国民党军的监狱里，黄汉文饱受铁烙、电刑等摧残，仍大义凛然，宁死不屈；1949年9月3日，在象县县城英勇就义。中华人民共和国成立后，经广西壮族自治区民政厅批准，黄汉文被追认为革命烈士。

莫江白(1918—1949年)

曾用名莫思贤，原姓蓝，壮族。1918年6月生于忻城县思练区石龙乡九伦村一个农民家庭。1921年其父亲蓝翠宽到恶霸地主莫新年家帮工，耕牛在玉米地里开行种黄豆，踩断了几株玉米秆。饥饿驱使蓝翠宽顺手掰下断秆上的嫩玉米回家，因而被莫新年活活打死。其母亲改嫁，五岁的姐姐被卖给财主当丫头，年仅三岁的莫江白成了孤儿，被大塘街小贩莫绍祥收为养子，遂改姓莫。10岁才进小学读书，学习用功，成绩优秀，深得老师的好评。1936年，他考入广西省立庆远十一中学。1939年初中毕业，考入广西桂林地方建设干校。毕业后被派到思练区板贡村任村长。他看不惯国民党当局鱼肉百姓，祸国殃民的罪恶行径，供职两个多月，就愤然辞职。1940年考入省立柳庆师范学校，在校期间，受到中共党员教师林之原、阎戈南、陈曙光等人的关怀和教育，他带头和进步同学组织"读书会"，阅读进步书报。他还被选为课外一个学习组的小组长。

1941年6月，江白因发动进步同学起来反对军训主任李佐华的法西斯训练，受学校当局记过两次和禁闭三天的处分。为了表示抗议，莫江白弃学离校。

莫江白到桂林后，得到党组织的帮助，受聘为桂林市白龙镇小学代课教师。暑假被解聘后，他又转移到广东省韶关市"新建设出版社"工作。1942年下半年转回桂林，在文化供应社工作。1943年初，中共桂林党组织介绍莫江白到忻城县立国民中学任教师。他和该校的党员及进步教师，组织学生自治会，阅读进步刊物，宣传共产党的抗日主张，揭露蒋介石积极反共，消极抗日的罪行。1944年11月中旬，日军入侵，师生疏散到岐山乡。莫江白和王诚等进步教师，组织学生开展抗日救亡宣传，活动社会人士，建立"广西柳庆区抗日第一司令部"，袭击敌人据点，破坏敌人交通。

1945年秋，莫江白重返桂林文化供应社工作。次年3月，经覃展介绍，他加入了中国共产党。同年秋，桂林党组织又派莫江白回忻城国中，以教书为掩护，开展地下活动。1947年2月，莫江白出任忻城县教育科长兼县表证中心校校长。在此期间，不少外地共产党员和进步知识分子，相继到了忻城。为了团结进步力量占领教育战线阵地，莫江白接纳中共党员梁华新、覃显、韦章平、林芳华，分派到忻城国中和县表证中心校任教。

1947年11月，莫江白接受党组织决定，化名为邓如麟，转移到加(仁)马(泗)地区秘密开展活动。1948年3月，他组织成立中共马泗支部和加马武工队，亲自任支部书记和武工队指导员。同年5月底，在马泗冷水屯成立了"凤凰革命斗争委员会"，莫江白任主任委员。1948年9月初，江白受桂柳区工委派遣到中共香港分局学习。在港学习期间，他写了一份题为《渤海工作报告》，上报中共香港分局。11月，从香港回到马泗革命根据地后，他根据当时的斗争形势，提出了"尽快壮大游击武装，点燃燎原星火，狠狠打击国民党反动派"的主张。

1949年5月，莫江白担任桂西北人民解放军第五团政委。8月中旬，国民党广西省政府和桂林绥靖公署集结两个保安团和地方保安队及都安、宜山、忻城、河池四县的民团自卫队，动用了正规军六八六团一部分，共5000多人枪，向都宜忻游击区大举围攻。8月28日，莫江白在都安县红沙洞召开团领导和大队干部紧急会议，决定将主力部队迅速撤回加马根据地。31日队伍转移途中，在北山与敌发生激烈战斗。9月3日拂晓，不幸被俘。9月4日在殿皇山英勇就义，时年31岁。

黄金荣(1921—1949年)

壮族，来宾县五山乡止马村人。1948年2月，中共宾阳地区特支领导人陈雄到五山乡止马村开展地方游击武装活动，黄金荣在他的教育和革命形势影响下，当年参加游击队。1949年调到粤桂边纵队贵县独立营，6月提升连长。多次率兵击败敌人，累建战功。国民党贵县政府登报、出通告悬赏缉拿他。他无所畏惧，在笔记本上写道"歼奸杀敌夜爬山，万恶劣绅只等闲，悬爹何能违许愿，挥枪舞剑斗狂澜"。7月18日，贵县政府调集正规军和民团共六七百人，进犯独立营所在的五山地区。黄率部经12小时激战，毙伤敌人98人。10月下旬，他率部参加伏击国民党分界乡乡长何彭辉，缴获马4匹，步枪4支，子弹100多发，解放了分界乡。

1949年10月28日，五山乡乡长黄善才带领20多名乡警下村骚扰革命群众，杀害五山乡人民解放同志会副会长朱新栈。次日，群众为给朱新栈报仇，强烈要求攻打五山乡公所。独立营迅速出兵投入战斗，战斗从夜间2点持续到次日中午。国民党贵县政府调重兵增援，左右两翼迂回包围独立营，敌众我寡，局势危急。这时，黄金荣奉命率领二连组成掩护小组，掩护大部队撤退。他端起机枪率领掩护小组以猛烈的火力从正面阻击敌人，把敌人火力引向自己，独立营乘虚突围撤退，而黄金荣面对愈来愈多的敌人，面不变色，坚守阵地，直至中弹牺牲。

黄奠中(1921—1949年)

原名黄榜前，壮族，来宾县寺山乡中福村人。幼年入私塾，1927年毕业于武宣县私立雅逸岗学校，回乡任私塾教师，后弃教从戎，任过连队文书、排长、连长、来宾县大队副大队长。

1928年3月，黄奠中入南宁中央军事政治第一分校学习。次年毕业，在军中任排长。因家庭生活困难,1933年底离队回乡务农。抗日战争暴发后,他返回部队,在国民革命军一三五师四五旅任排长,多次参加抗击日军战斗,勇猛杀敌,屡立战功。1939年11月被提升为一八八师五六四团输送连连长。11月20日配合友军参加著名的昆仑关战役。收复昆仑关后,他写了《中日战争桂南战役奠中日记》,记述昆仑关战役的亲身经历。1941年初到凭祥训练新兵期间,又撰写《世界大同》书稿约5万字,提出国家要富强必须统一,民族要兴旺必须走集团生产的道路。

1943年,黄奠中因病离队回家休养。次年日本侵略军侵入家乡。他为使家乡群众免遭日军蹂躏,组织20多名骨干成立抗日锄奸青年团,亲任团长,发动群众袭击日军,惩治汉奸。先后毙汉奸1人、日军3人。

1948年春,黄奠中参加中共地下游击队。1949年6月任来宾县人民解放同志会副会长,10月任中国人民解放军粤桂边纵队第八支队来宾县大队副大队长。来宾中华人民共和国成立前夕,敌人仓皇逃窜。11月28日,黄奠中奉命率部在蒙村乡大岭村阻击南逃的敌人,在战斗中光荣牺牲。

陈德新(1922—1949年)

兴宾区七洞乡菜园村人。读师范学校时潜心学习进步刊物,受革命思想熏陶,追求革命。曾先后任良塘、七洞乡中心校校长。1947年6月,他和韦业莽在良塘中心校组织"正义团",办《民意通讯》《民意评论》刊物,揭露国民党政府的腐败,宣传革命思想,动员群众起来反对民国政府征兵、征粮、征税的斗争。同年秋,得中共党组织资助入南宁西江学院学习。其间以学生身份掩护从事革命活动。1948年2月,"正义团"改名"联络站",他是负责人之一。后受组织派遣到南宁搜集情报,并负责向南宁方面发展骨干力量。1949年4月,良塘、七洞起义前10多天,组织上通知他回来,但信未能及时送到。1949年4月22日起义枪声打响了,不几天,他不幸在南宁被捕,押回迁江县府监狱关押。狱中受敌人残酷的审讯,他坚强不屈,视死如归,同敌人作斗争。10月18日,他在狱中写了两封遗书,一封给儿子陈克君写道:"吾被捕不屈,奸贼必将杀吾,汝尚年幼,不能带汝长大,嘱汝以吾业兄为义父,教汝成人,以继吾志",一封给战友韦业莽写道:"吾为奸佞所害,与汝永诀,肝肠寸断,能伸大义于天下,拯救同胞于水火。祈以吾儿为义子,教其长大成人,以继吾志,斩尽奸贼为大众之先驱,兄与弟如手足,特此托孤并祈珍重前程"。1949年12月1日14:00,中国人民解放军湘西纵队解放了迁江县城。民国迁江县军政人员在仓徨逃遁时,在县府门前将陈德新杀害。

蒙曙光(1915—1950年)

原名蒙炳,环江县明伦乡下华村人。1938年,考入广西教导队学习军事,结业后在宜山县当警察,不久,到贵州省督军卢焘部任职,2年后升任中尉连长。蒙曙光在30年代与中共党员覃展认识,并在其帮助下,阅读毛泽东著作及进步书刊,思想觉悟提高。1943年上半年,他离国民党部队回家,在宜北县(今环江明伦、东兴等乡)与覃有莘(共产党员)组织"宜北革命同志会",开展革命活动,与当地国民党反动派进行斗争。1944年春,与覃有莘在宜北县同时被国民党反动派拦捕,解送柳州警备司令部关押。经卢焘先生营救,于当年秋获释。1945年冬,蒙曙光到桂林,经覃展介绍在桂林文化供应社工作。次年,复由覃展介绍,加入中国共产党。并调蒙曙光到布店工作,以保卫桂柳区特派员陈枫。1947年冬,中共桂柳区工委从桂林迁柳州,蒙曙光随陈枫到柳州工作。1948年春,蒙曙光调到柳江县白沙工作,5月,随黄绍亮到运江以开设米店为掩护,从事地下活动,同年冬,到象县古院游击区工作,为武工队队员。其间,曾带武工队去水晶,惩办作恶多端的水晶乡副乡长。1949年8月扩建武工队,升任队长。9月初,参加百丈反围剿战斗。11月中旬,任桂中支队第八团三营营长。1950年1月10日,县内土匪暴乱,蒙曙光带二个武装排护送县机关非武装人员前往柳州,途经上西乡时,被匪伏击,光荣牺牲。后经自治区民政厅批准,追认蒙曙光为革命烈士。

张之锐(1904—1950年)

武宣县黄茆乡灵口村人,1927年考入军校,1929年毕业后历任见习官、特务排长、特务长。1935年后被派任青年军队长、连长、师部参谋、营长、副团长、团长。日本投降后在广西南宁军官总队任队长。1948年12月,任武宣县民众自卫总队副总队长。

1949年2月,张之锐参加莫树杰召开的贵(县)、桂(平)、平(南)、迁(江)、来(宾)、象(州)、武(宣)7县县长及副总队长剿共会议。不久,张之锐带一个中队的兵到贵县龙山乡和来宾牛角塘新圩等处搜剿中共地下游击队。4月,张之锐又在武宣的马步、桐岭、禄新、通挽等乡捉拘无辜群众200余人。7月15日,又带一个武装中队围捕大琳乡的七星村和龙秀村的中共游击队;7月间,配合广西十三区专员肖抱愚往贵县龙山"剿共",焚烧寺村、伏罗、伏廖、新庆等村;杀死革命人员及家属70余名。继又扫荡武宣县的桐岭、禄鸿、上盘古、大覃、古卜等村,并在通挽乡的汶村、伏柳、龙鹏、立寺、花颜,马步乡的花山、平田等村搜捕革命人员,掳掠民众财物,被捉去的韦汉湘、廖怀雅到武宣即被杀害。8月5日,他又亲率武装力量到妙皇乡团村、露村、湾村搜捕游击队负责人,并掳掠民众之猪、鸡等物。中华人民共和国成立后,张之锐继续与人民为敌,他来往于来(宾)、象(州)、武(宣)三县之间,勾结地主恶霸,积极进行反革命活动,并与来宾蒙志仁等人组织土匪武装暴乱。1950年1月10日张之锐率土匪攻打黄茆乡,打死革命人员数人,捉去多人;14日又攻打二塘,打死革命人员多名,把民众财物掳掠一空,焚烧民房多间,还奸淫了妇女。18日,张之锐纠集匪徒数百名,攻打武宣县城。同日下午,被中国人民解放军击退,张之锐潜逃柳州,改名张其光。1950年4月27日,张其光在柳州被捕获并被枪决。

谭　文(1915—1950年)

壮族,今合山岭南镇古城村人。1950年2月,受北泗区公所和当地驻军委任为溯河乡乡长。1950年4月,在执行任务中,遭土匪包围不幸被俘,惨遭杀害,时年35岁。中华人民共和国成立后,广西壮族自治区人民政府追认谭文为革命烈士。

蒙志仁(1884—1950年)

字向卿,壮族,兴宾区良江镇罗村人。小学学历。蒙于民国1年(1912年)从伍,后回乡为匪。是县境内有名的土匪头子,绰号"蒙大王"。广西都督陆荣廷派兵进剿,蒙下山归顺,成为陆的部属。后蒙投靠新桂系,成为白崇禧的亲信。蒋桂战争爆发后,1929年初蒙志仁任桂军第十五军第三师(师长吕焕炎)刘志忠团第二营营长。该团被李明瑞部击败后接受改编,成为俞作豫、李明瑞部,吕焕炎师编为第四、第五警备大队和教导总队,蒙志仁被编入第五警备大队任副大队长。同年10月中旬,教导总队和警备第四大队从南宁到右江百色,警备第五大队到左江龙州,准备百色、龙州起义,蒙志仁随大队到龙州。11月下旬,俞作豫率第五警备大队攻打南宁,领第一营乘船东下,蒙志仁率二四五营尾随。蒙志仁到上金县(今龙州县辖)芹江村时突然叛变,把队伍拉回龙州攻打留守的新编第六营。得手后,自封为团长。俞知情后回师龙州平叛,经过3昼夜激战,击毙叛军营长、参谋长等100多人。蒙志仁率残部落荒逃往南宁,投入梁朝玑师。

蒙志仁龙州叛变后,受李、白提拔重用,先后升任团长、第七军第二教导团团长、第四集团军总部参谋、广西第二支队司令(少将衔)、鄂、豫、皖边区副司令、豫南第三游击纵队司令等职。1944年,蒙志仁任迁(江)来(宾)象(县)武(宣)四县民团副司令兼来宾县县长。1949年任柳州警备副司令兼来(宾)象(县)武(宣)迁(江)四县联防指挥部指挥官。同年9月、10月蒙志仁两次到桂林参加白崇禧的反共会议,领取枪炮,组织反革命武装,盘踞来宾一带,企图阻挡中国人民解放军解放广西。

1949年11月30日,来宾县城解放。蒙志仁假意投诚。12月下旬,潜逃南泗乡等地,搜罗土匪、散兵组织"国民党华中区游击第四纵队",自封"司令",组织暴乱,妄想颠覆新生的人民政权。1950年2月7日,蒙志仁被中国人民解放军剿匪部队捕获,押解南宁,6月20日被处决。

中华人民共和国成立前后,蒙志仁仅在来宾县境内先后杀害无辜群众和中共地下工作人员达30人之多,并烧毁民房90余间,抢掠耕牛120余头,霸占鱼塘、荒山、公田数处,敲诈勒索人民财物无数。

廖百芳(1875—1950年)

广西容县杨梅人。早年参加孙中山同盟会,参加辛亥革命武昌起义,任过中学教师、县长,李济深侍从秘书、广西省参议员等。民国21年(1932年)10月,和李楚凡合股在合岭山办矿,民国22年成立合山煤矿股份公司后,任公司董事和监察人。民国23年,公司资金耗尽,廖百芳即四处邀约社会官商和名流投资人股,使公司生产建设得以维持和发展。1950年6月病逝。

吕春琯(1871—1950年)

原名芋农,广西陆川乌石人,出身贫穷。清光绪二十五年(1899年)附贡生。历任真丞、知州、道尹、统领,广西陆军中区步兵第一司令,陆军少将。民国5年(1916年),吕重兵驻守玉林五属,广东龙覲光因率粤军假道广西攻云南,给吕20万银圆,吕便以此款筹建"树人书屋"(1980年改称"谢鲁山庄")。山庄占地400.05亩,中华人民共和国成立后为县重点文物保护单位。民国21年,吕以同福公司名义向广西省政府请领开采合岭山的煤藏。次年5月，和李楚凡的同德公司联合成立“合山煤矿股份有限公司”，首用“合山煤矿”之名，他是合山煤矿创始人之一。1950年7月，吕在陆川县被处决。

覃昭麟(1901—1950年)

象州县中平乡江西村人。少年读过几年私塾，为人正直，富正义感。民国15年(1926年)冬，在国民党柳庆区党务整理处党员特别训练班学习，受到革命思想教育，追求进步，向往革命。结业后回县开展农民运动，参加组织农民协会，实行“二五减租”。他先在江西村以学习武术为名，集中农民开会，成立农民协会，宣传孙中山的“联俄、联共、扶助农工”三大政策和打倒军阀、打倒列强的政治主张，还到石排、大周、士赞等村发动组织农民协会。1930年，覃昭麟被国民党象县当局通缉，他及时躲避幸免于难。此后，在村小学任教。1946年起，覃昭麟经中共党组织同意，在中平乡公所任职，先后以乡财管会主任、仓库保管员、乡民代表主席公开身份，从事地下工作，为中共象县区领导机关提供国民党象县当局的情报。1946年4月，覃昭麟出面筹备开办以“文化补习”为形式的学社，掩护“学社”教师李明(中共党员)从事革命活动。1947年夏，国民党象县政府派警到中平乡准备缉拿李明，覃昭麟及时通知李明安全转移。1949年8月14日，国民党象县民众自卫总队副总队长韦肇雄及中平乡乡长等4人，到江西村刺探中共地下工作情报，中共党组织安排覃昭麟出面“接待”，配合武工队打击这伙敌人。事后，覃昭麟被国民党象县当局悬赏缉拿，烧毁房屋。1949年8月，覃昭麟加入中国共产党。中华人民共和国成立后，1949年12月覃昭麟被派任中平乡乡长，不久，调任百丈乡乡长。1950年7月，他率领百丈乡民兵、群众，粉碎土匪对村农会和乡人民政府的数次围攻。9月下旬，调任第四区(中平)农民协会主席。10月带领区中队到百丈参加剿匪，在猪腰岭战斗中负伤，治疗未愈，便继续工作。11月初，带伤参加柳州军分区第一届民兵英模代表会，接着参加地区农民协会代表会。会议期间伤痛发作，回县治疗无效逝世，终年49岁。1986年12月，广西壮族自治区民政厅批准，追认覃昭麟为革命烈士。

王绍益(1911—1950年)

金秀瑶族自治县桐木镇北街人。绍益少年好学，上中学时就阅读了不少马克思、列宁著作，对革命事业甚为倾慕。工性格豪爽，胸怀大志。1946年，桐江乡乡长梁君侯肆虐乡民，侮辱桐木中心校校长。绍益抱不平、亲临乡公所与梁论曲直，使梁不得不登门向校长道歉。1949年5月，王绍益加入中共组织领导的武工队。11月下旬，在桐木街组织武工队，并任队长。他积极发动进步青年参加武工队，筹集枪支，充实革命力量。11月27日，桐木街解放，南下大军源源不断过境，绍益积极筹集物资支前。他一面带领武工队维持好地方安全，一面派人说服国民党桐江乡警缴械投降，接受改编。是时，王绍益任桐江乡第一任乡长。1950年7月27日，国民党匪徒1000余人围攻桐木，企图扼杀乡人民政权。绍益率领武工队和农会会员誓死保卫桐木。绍益手持双枪指挥战斗，英勇打击敌人。15∶00许，罗秀友军来援，内外夹攻，将匪击退。同年9月，绍益奉调修仁县人民政府工作。11月27日，在修仁县黄垌剿匪战斗中，绍益为掩护战友安全转移而壮烈牺牲，时年39岁。中华人民共和国成立后，经广西壮族自治区民政厅批准，王绍益被追认为革命烈士。

陈伯西(1917—1950年)

象州县百丈乡大陈村人。1938年秋，参加广西学生军，投入抗日救亡运动。1941年秋，学生军解散，转到广西省合作人员训练班第六期学习，其间加入中国共产党。同年12月，调榴江县合作指导室工作，以公开身份作掩护，从事革命活动。1944年秋，日军第二次入侵广西，陈伯西回老家大陈村，在中共象县支部领导下，开展抗日宣传活动。1945年秋，日本投降后经党组织安排，在象县县政府任职，从事党的地下活动。1948年春回游击区工作，在新寨、大樟一带发动群众，建立“穷人翻身会”。1949年9月，参加屯鸾、百丈反围剿战斗。1950年初，先任中平乡乡长，后任中共中平区委组织委员、书记。同年12月上旬，他带领区中队前往龙团村配合县大队剿匪，在三来村不幸牺牲。经广西壮族自治区民政厅批准，追认陈伯西为革命烈士。

刘玉山(1884—1951年)

武宣县河马乡马台村人。父亲刘贵荣是清朝末年的一个小官吏，因跟随刘永福、苏公保抗法有功，官至宾州府参将。晚年还乡，置有田产百多亩。刘玉山小时在乡塾读书，其父死后，他到广西省立梧州第一师范求学，毕业后参加广州保皇党活动被追捕，遂逃往香港找到孙中山先生。在孙中山的影响下，接受革命思想，参加了秘密革命活动，当时孙中山的活动经费系自筹，刘玉山曾几次回家将先人遗下的田产拍卖，得款交给孙中山作革命活动经费，仅留下田产十余亩作老母养老用。清光绪三十二年(1906年)，刘玉山在日本早稻田大学留学时，加入孙中山在日本组织的同盟会。清宣统三年(1911年)3月19日，广州起义前夕，刘玉山响应同盟会号召回国活动。在广西的平南、桂平、武宣、贵县等地联系进步人士，组织力量前往进攻广州总督府。攻打平南、桂平时，刘玉山也回武宣组织兵民去参加，因而更得孙中山的信任。民国12年(1923年)，孙中山在广州成立大统帅府，就任大元帅职。派刘玉山为中山建国军第七军军长，授中将衔，直属大本营，又称直辖军。但因刘玉山整天吃喝玩乐，以元老自居，不理政事。孙中山逝世后，第七军跟刘震寰叛变。刘玉山不当军长后，生活全靠亲友资助维持。抗日期间和抗战胜利后，他长期流浪于港澳和广西之间。1947年，廖联原、韦敬礼领导的游击队举行"中秋起义"，乘胜解放通挽、桐岭等乡。刘玉山曾函请国民党广西省政府严办"武宣要匪"。1950年冬，中国人民解放军大举围剿土匪时，刘玉山跑到桂平紫荆山为匪。1951年1月解放军进山剿匪时，刘玉山被民兵开枪打死。

黄钜英(？—1951年)

武宣县二塘乡樟村人。黄钜英是黄肇熙的第四子，上海法专毕业。民国37年(1948年)竞选国大代表时，他许愿谁选他就偿给一碗米粉吃，结果他当选上"国大代表"。民国38年11月下旬任武宣县县长。这时正是中国人民解放军向广西胜利进军的时候，武宣解放指日可待。黄钜英惶惶不可终日，遂于11月29日率领县府官员、自卫队300余人窜入东乡山区，继续与人民为敌，妄图东山再起。在地方革命游击队的追剿下，残部缴械投诚，黄钜英只好带着亲信窜入十八山，与潜伏在大瑶山中的国民党国防部二厅反共情报组特务罗绍章会晤。罗绍章指派黄钜英为五十五军军长职。后经中国人民解放军和武宣人民武装的多次围剿，黄钜英于1951年2月5日(大年三十晚)，在大瑶山紫刑乡石苟村的钟公庙被解放军剿匪部队击毙。

凌尔孝(1911—1951年)

合山市北泗乡屯山村人。民国26年(1937年)毕业于中央陆军军官学校南宁第二分校步兵科第12期。"七七"事变后，该校学员提前一年毕业，学员分配到各地抗日战场。凌尔孝回到合山，先后担任中尉排长、连长、迁江县抗日第二联队队长等职务，组织群众开展抗日活动。抗日战争胜利后，民国37年(1948年)任迁江县参议院参议长，率领国民党军回到北泗乡一带进行"清乡"，攻打共产党游击队。1950年凌尔孝组织土匪暴乱，企图颠覆新生的人民政权。1951年初，在清匪反霸时，凌尔孝负罪潜回屯山村躲藏，被中国人民解放军剿匪部队捕获，押往迁江县处决。

丘春光(1904—1951年)

又名求心、求薪。来宾县大湾乡成田村人。青年时就读柳州中学。父亲病故后，辍学回乡，在乡小学任职。1926年1月考入广州黄埔军校在政治科大队学习，为第四期学员。10月毕业，随军北伐，任连长、指导员。在北伐军中，潜心阅读《向导》《新青年》等进步书刊，并把这些书刊寄回家乡让他的学生李逖、张华等人学习。后帮助李逖投奔延安，入抗日军政大学学习；对张华从事革命活动，也尽力给予掩护和资助。

1927年，蒋介石发动"四一二"反革命政变时，丘春光在桂系某部任政治部主任，因发表对蒋不满言论，被蒋扣押于南京。后经尹承纲等桂系军官联名保释，并资助其偕夫人王又玄于1929年东渡日本，入日本陆军士官学校学习。1931年丘学成回国，在桂系第四集团军干训大队任上校大队长。后因思想言行倾向进步，为黄旭初、夏威等人所不容，1932年被迫辞官回乡。

1933年，丘春光任大湾桥潺小学校长，在校创设附属初中先修班，并积极筹办桥潺中学。同时率众兴建大湾新街，开拓市场，繁荣商业。组织四乡农民举行示威游行，反对国民党当局增加田赋税捐。当丘筹办中学占用当地一些公产和豪绅们的祖产时，豪绅们借机向上诬告他在乡间领导农民暴乱，是共产党危险分子。国民党县团管区迅即派兵包围大湾小学，欲将他捉拿归案。在师生们帮助下，丘化装脱险去了广州，受到李宗仁的保护。不久，为李所派秘密回桂，在家乡成田村办天主教堂，又在梧州办航运公司，以此作掩护进行倒蒋活动。之后担任桂系第四集团军总部上校参谋，奔走粤、港、桂等地，对兰衣社成员及黄埔军校同学进行策反工作。1939—1941年间，丘春光出任第五战区少将"铁肩"大队长，在自湖北襄樊市至安徽立煌沿线，为桂系抗日部队从事战备物资供应。后因不满李品仙反共行为，值其母病故时，辞职回乡治丧。

1941年，丘春光在梧州组建广西航业轮渡联合运输组，担任经理。1944年10月在日军第二次侵入广西时，为不让船只落入敌手，他率部分便船疏散到东兰县，其余船只全部沉没江底，以待光复。1946年春，他在广州组建珠江航运股份有限公司，被推举为董事长。

1948年秋，丘春光到香港寻找共产党组织，要求参加革命。此时，中共粤北五岭地委书记、粤赣湘边区人民解放总部政委张华，受命代表党组织和他接头，安排他回穗和党组织取得联系，做好迎接解放广州的工作。

中华人民共和国成立后，广东省支前司令部成立时，丘春光受任司令部船舶股长，并立即指令珠江航运股份有限公司所有疏散在外的船只和他私有的3艘轮船，迅速集中广州，交支前司令部统一指挥使用，同时动员公司10多名职员参加水运支前工作。中南军政委员会为表彰为解放事业作出贡献的有功人员，给他颁发“解放中南”“解放海南”两枚荣誉纪念章。

中华人民共和国成立后，丘春光在广东省人民政府工作。1951年12月19日病逝于广州。

梁建堃(1897—1952年)

壮族，原修仁县七建乡皆春村(今称皆村)人。20世纪20年代曾离乡到外地师范学校读书；后受国民革命思想影响，中途辍学进入广西农民运动讲习所学习，结业后回修仁县，在县民团总局任职。民团总局撤销后，1930—1935年，梁先后在修仁县、思恩县政府任公务员；后辞职还乡。回乡后，梁建堃积极参与地方公益活动。1938年，梁资助成立皆春村舞狮队；1949年，他带头倡议修建皆村太平坝引水工程，动员村民集资、献工献料，经过2个月的努力，修成太平坝引水工程，解决了当地缺水问题，受到村民赞扬。由于他乐于为民众办事，与人相处和睦，曾被举荐为乡民代表和县参议员。1944年，侵华日军发动湘桂战争，广西沦陷。为使家乡老幼免遭日寇蹂躏，梁建堃动员乡民有钱出钱、有枪出枪，成立起有50余名队员的七建民众抗日自卫队。自卫队曾3次与日军交战，打击侵略者，维护家乡的安全。1949年春，中国共产党荔浦蒙山特别支部党员吴福贤、唐鸿鹄、梁球璜(梁建堃之子)等人在七建乡、六合乡(今桐木镇鹿鸣行政村一带)开展地下革命活动，对梁建堃进行统战工作，宣传中国共产党的政策和中国革命的大好形势。经过中共党员的教育和启发，梁建堃同情和支持共产党的革命事业，暗中帮助共产党员的革命活动，提供自己所知的情报，还送给中共地下组织3支手枪，他的家成为共产党员的地下联络站。1949年12月修仁县中华人民共和国成立后，七建乡建立人民政权。梁建堃积极宣传中国共产党和人民政府的政策，带头向人民政府缴交公粮。当年，他被选为代表出席修仁县首届各界人民代表大会。修仁县人民政府还聘任他为县治安委员会委员。1950年夏天，大瑶山区土匪暴乱。梁建堃积极支持剿匪，向人民政府献出大米900多千克，子弹300多发，并动员土匪营长梁柱才等向人民政府投降自新。1951年11月，梁建堃当选为修仁县政协常务委员会委员。在1952年土改中，梁建堃蒙冤致死。1989年7月，中共金秀瑶族自治县委员会为梁平反，并恢复其开明绅士名誉。

王树槐(？—1952年)

字谋远，来宾县城厢人。清代附生(县学)，光绪三十一年(1905年)在两广师范简易科毕业，民国1年(1912年)当选为广西省议会议员。民国10年，王树槐任县督学局董事，协助翟富文编修《来宾县志》，兼任修志局编校。民国15年出任临桂县县长，次年回县任县立师范传习所所长，再次协助编修《来宾县志》，仍任编校。民国19年受任来宾县县长。在任期间，王和县教育局长林韶光竭力筹办县立国民中学。在他努力下，县立国民中学于民国22年开始招生上课。

民国22年(1933年)，王树槐为大湾桥潺小学所聘，担任先修班(初中)国文教员，和丘春光积极筹办大湾桥潺中学。民国24年，唐绍钦即唐坤县长到任，提倡组织合资农业。王树槐受邀参加协商和发动集股，在南泗铁帽山创建“通力植牧场”，并出任场主任。次年受省财厅委任为县金库主任。县城解放初，王是县城较开明的地方绅士。1949年12月，被任命为县治安会主任。1950年3月，参加县首届各界人民代表会议筹备工作，当选县各界人民代表会议常务委员和驻会委员。1951年曾当选出席广西省一届一次各界人民代表会议代表。1952年4月病逝。

邓伯珲(1907—1952年)

字奎昌，清光绪三十三年(1907年)生，广西宾阳县人．广西大学矿冶系毕业。民国25年(1936年)

10月，奉派在合山煤矿股份公司任实习员，次年9月任广西省政府技士(仍在合山任职)。民国27年2月后，历任助理工程师、副工程师、工程师、合山探矿队队长、里光井窿主任。民国35年5月任工务课长，总经理外出时，邓代总管。抗日战争期间，成绩卓著，民国35年获国民政府授予抗日胜利奖章。1949年12月，参与公开迎接军事接管准备工作。接管后，邓仍任公司工程师兼工务课长、公司临时管理委员会委员，被派往武汉中原干校学习。1950年9月学习结束，调柳城大埔煤矿任工程师，不久，调回合山煤矿任原职。后公司军事接管组误认其“通匪、蓄谋杀害接管干部和破坏矿山建设，盗卖16100吨煤和350种器材，侵吞巨款”。1951年3月邓被逮捕，1952年8月24日，合山煤矿公司人民法庭在车矿矿场开庭审判，将其处决。1987年12月，合山市人民法院和合山矿务局联合调查组调查核实确认，所犯之罪无事实依据，遂报请上级批复宣判无罪，给予平反。

陶进达(1880—1953年)

别号公达，茶山瑶，金秀瑶族自治县金秀镇六拉村人，国民党党员，金秀总石牌头人。1940年8月，潘耀武率领金秀警备区署及警察队武装进入大瑶山，直指金秀，遭瑶族石牌武装奋力抵抗。这时，陶进达则以瑶山总石牌头人的名义，劝告反抗瑶民放弃武力反抗。但瑶族武装继续以武力抵抗国民党机构进驻金秀。潘耀武只好软硬兼施，提出与瑶民代表谈判。陶进达代表瑶民参加谈判。在谈判中，迫于潘的压力，陶同意让潘部进驻金秀村。警备区署进驻金秀后，潘耀武等人利用陶进达在瑶民中的威望，任其为警备区署(后改为设治局)顾问、宣导员，并介绍其加入中国国民党。1949年10月，陶进达在金田武工队召开的统战人物会议上，表示支持武工队活动。是年冬，修仁县人民政府成立；陶作为统战对象，被邀参加修仁县人民政府召开的各界人民代表会议。1950年，国民党残部逃进大瑶山为匪。陶参加了土匪活动。次年，陶进达因历史与参匪等问题被关押。1953年，因病假释期间死于家中。

侯扶廷(1896—1953年)

金秀瑶族自治县长垌乡桂田村公所龙华村人，花蓝瑶。侯出生于贫苦农民家庭，从未进过学校；13岁参加农业生产劳动。他为人正直，不满国民党统治者对瑶民的欺压。民国32年(1943年)，侯扶廷随滴水村头人全金标，带领当地瑶民武装，配合金秀瑶民攻打国民党金秀设治局。战斗中，侯扶廷冲锋陷阵，英勇战斗，击毙国民党警察机枪手，缴获机枪1挺。1948年春，中共象县组织派员到龙华开展革命活动。侯扶廷参加了龙华武装民兵。1949年夏，与侯守才积极组织领导龙华村民反抗国民党警察局征工。1949年12月1日，侯扶廷参加了摧毁国民党金秀警察中队的战斗。1950年11月，林秀山、韩蒙轩等匪部数百人围攻龙华村时，侯扶廷带领由2名民兵组成的战斗小组，袭击匪机枪阵地，并一人将100多名土匪追击5千米之外，后与另一名民兵从土匪手中抢回被劫的28头耕牛。由于侯扶廷作战英勇，被誉为“当年的侯大苟”(大藤峡瑶民起义领袖)。1953年，侯扶廷病逝。

陈　钜(？—1953年)

广东怀集市(中华人民共和国成立前属广西)连麦乡人。1947年9月，陈钜被中共桂柳区工委派为柳南特派员，负责领导柳江县的里雍、白沙和雒容县的运江、江口以及象县的上西、思善等乡的革命斗争。他到里雍小学以任教为掩护，积极开展工作，秘密发展党员，为象、柳区开展武装斗争奠定了基础，培养了一批游击队干部。1948年3月，中共桂柳区工委决定，将柳南的党组织与象县的党组织合并，建立中共象县区领导机关(简称“领机”)，陈钜仍为该区的负责人。这个地区的范围以象县为中心，东至大瑶山，南至武宣县的二塘，西至柳江里雍、白沙，北至修仁县的桐木、四排、十锦，他把这个区域内活动的党员组织关系接收过来，统一领导，并布置黄绍亮在运江开米店，利用做米生意来掩护“领机”。后来，“领机”确定在象县的江西村。1948年11月，桂柳区工委在白沙小学召开象县区“领机”成员扩大会，传达中共中央香港分局的指示精神。白沙会议后，陈钜、肖雷、韦章平、李明、林立等人回到象县古院村，建立武工队。此后，武工队在斗争中不断发展壮大，从1个武工队发展到6个队。1949年7月下旬的一天夜里，武工队袭击中兴乡公所，采取里应外合的战术，俘敌乡长和粮库主任，缴获长短枪15支，子弹数百发，破仓夺粮2万多千克，解决了群众的度荒和武工队的粮食。此次武装行动引起了国民党象县县长潘昆华的恼怒和惊恐。7月25日，潘昆华率民团400余人疯狂的围攻小古院、大腊村等革命据点。为了打击敌人的嚣张气焰，陈钜和韦章平派出另一支武工队袭击近城乡公所。另外，还利用民兵四处破坏电话线,使敌人指挥失灵,只好收兵回城。不几日,武工队又打响了江西村战斗。短短的半年时间里,先后对敌发起9次进攻,打得敌人晕头转向。

1949年8月,陈钜奉中共广西省农委之命,调往桂东。他从象县过武宣,向桂中地工委和总队领导人廖联原、韦纯束汇报,这也是他离任的交代。他到象县搞武装斗争,与韦章平等人一道,经一年多的串联发动,使武装力量从无到有,从秘密到公开。党员由原来的10多人发展到30多人,武工队发展到150人枪。

1949年12月,广西全境解放。陈钜转到地方工作。1950年1月任怀集县县长。后受怀疑和审查,并被撤职,蒙受了不白之冤,1953年含冤而死。党的十一届三中全会以后,陈钜获得平反昭雪。

刘延年(1895—1955年)

鹿寨县人,大学文化,中国国民党党员。刘延年于1914年在桂林桂山中学毕业后,曾在北京大学美术会学习绘画。1928年,李宗仁到达北平时,善于谄媚的刘延年在广西旅京同乡会为李宗仁举行的欢迎会上,登台致欢迎词(李宗仁曾在桂林桂山中学任过刘的体操教师),受李青睐。1930年,李宗仁在柳州授予刘延年桂系军阀第四集团军总政部政训处宣传科艺术股上尉股长职务。1932年,刘加入中国国民党。刘延年投靠桂系军阀后,积极从事反共宣传。1934年,中国工农红军二万五千里长征途经广西境内时,刘延年奉命率部赶往龙虎关,向驻守当地的国民党军和地方民团发表演说,教唱反动歌曲,张贴画报、标语,肆意污蔑中国共产党及中国工农红军。红军突围离开广西后,刘使用偷梁换柱手段,指挥大批民团乔装被俘红军战士,拍成电影《七千俘虏》,造谣惑众,侮辱红军指战员。1941年3月,广西省政府主席黄旭初委任刘延年为金秀警备区署署长。刘延年一到金秀,立即下令瑶民改变风俗习惯、强迫瑶民剪掉长发、不准穿着民族服饰。1942年7月,刘延年配合国民党金秀直属区党部,在瑶山诸乡设立国民党区分部,先后发展党员80多名。刘延年在金秀任职期间,办了几所"化瑶小学"和成人识字班;但无视群众的意愿和觉悟,强迫瑶民及其子女读书,对不愿入学的人则采取罚款和关押等惩处手段,引起瑶民的强烈不满。1942年7月,金秀警备区署改为金秀设治局,刘延年同时改任局长。1943年3月31日,金秀一带瑶民不堪金秀设治局的统治,发起武装攻打金秀设治局的"金秀瑶变"。刘延年慌忙电告省府求援,省政府集结瑶山周围民团1000多人武装入山,对瑶民进行疯狂镇压,杀害参加"金秀瑶变"的瑶族首领和群众12人,并诱捕瑶族起义领袖全金标。"金秀瑶变"后不久,金秀瑶族推举代表,向广西省府主席黄旭初控告刘延年滥杀无辜、劫掠民财的罪行,强烈要求严惩刘延年。为敷衍了事,黄旭初只得把刘延年调离金秀。中华人民共和国成立后,刘延年混进桂林市第二小学任教员。中华人民共和国成立后,瑶民强烈要求人民政府严惩刘延年。1954年8月24日,刘延年在桂林市被捕;同年9月,被转至大瑶山瑶族自治区(县级)公安局关押。1955年8月,刘延年被大瑶山瑶族自治县人民法院判处死刑;经广西省高级人民法院批准后,于当年10月25日在金秀执行枪决。

陶国钧(1901—1956年)

又叫公溶,茶山瑶,金秀瑶族自治县金秀镇金秀村人,中华人民共和国成立前系石牌头人。陶国钧出身地主家庭,从小就仗势欺压瑶民子女。1940年,国民党统治势力伸入金秀瑶山,陶国钧极力赞同国民党政府"开化"瑶山的政策,得到金秀设治局的信任,并加入了国民党,1941年被任命为永宁乡(今金秀镇)乡长,陶依仗反动势力,霸占、贪污、勒索人民财物,还设立私刑,体罚人民群众。1943年,瑶民不堪国民党反动派的压迫,在全金标等人领导下,武装攻打金秀设治局。陶国钧带领设治局警兵进行疯狂镇压,参与杀害8名参加斗争的瑶族首领和群众。1944年初,陶兼任永宁乡自卫队大队长,侵吞勒索瑶民2万余斤大米,当年广西省政府授予嘉奖匾额。1946年,陶国钧任国民党金秀设治局参议会参议长,更加大肆贪污和压榨瑶族穷苦人民。是年,省政府拨给瑶民救济米2万千克,全被陶国钧吞没。次年,陶任永宁乡中心校校长,所得税联合申报委员会委员;1948年,任金秀设治局宣传委员,被推选为中华民国国民代表大会代表候选人。1949年底,国民党军残部逃入瑶山为匪。陶国钧任国民党六县"清剿"司令、暂编三十六军司令韩蒙轩匪部参谋兼警备大队长。在陶国钧等人策划下,土匪曾六次攻打金田、和平、龙华、寨保等村,共抢夺群众耕牛57头,还焚毁民房,杀害群众和革命工作者多人。1950年,陶国钧任国民党桂东军政区"清剿"指挥部少校参谋长。是年3月—11月,陶秘密布置其匪部,分别在罗香、罗孟、岭祖、永宁(今金秀镇)、崇义(今三角乡)等9个乡召开反共宣誓大会，强迫群众宣誓，不服者即被杀头；还大肆造谣诬蔑中国共产党和人民政府。1950 年 10 月，陶国钧任匪一二六军军长林秀山的顾问，积极为匪首韩蒙轩、林秀山等出谋献策，顽固对抗中国人民解放军，先后杀害瑶族群众及革命同志 12 人。1954 年 1 月，陶国钧被大瑶山瑶族自治区（县）人民法院判处无期徒刑；1956 年底病死于狱中。

陈应行（1896—1958 年）

字干卿，来宾县大里乡崇山村人。民国初期，投考宾阳初中、高中，均名列榜首。后考入广州国立师范大学。他对古骢文学、诗词颇有研究，著有《古今名联选注》《诗辞》等书。陈应行于广州国立师范大学（前身为广雅书院）毕业后，任广西军校中校教官。在该校自恃才学超人，傲气凌人。后来参加广西招聘县长的考试，虽成绩优异，都不为当政者所用。民国 12 年（1923 年）陈应行被聘为都安县初中校长。在任内聘请参加远东运动会的著名运动员来校任教，并首辟足球场，进行足球教练。此举在都安影响至今。嗣后陈应行相继在桂林高中和广西大学附属高中任教。抗日时期到安徽，在李品仙属下三任秘书。并两任县长（霍邱、和县）。任和县县长时，县境沦陷，他被日军包围，脱险后辞职。1943 年陈回到广西，在广西大学先后任讲师、副教授、教授职务。1944年，日军侵入广西，陈应行在家乡被敌俘去，敌人探知他是当地名流，要他出任维持会长、县长。他以年老为由婉拒。后乘敌人不备，逃至山区躲避。抗日胜利后，他应迁江县长梁桐之请，主编《迁江抗战实录》，揭露日军暴行。1947 年下半年，陈应行以大学教授身份回到迁江县参加国民代表大会（简称“国大”）代表竞选。他利用宗族关系笼络各乡名门望族，当上了“国大”代表。1948 年 4 月间，陈出席“国大”，与黄扑心等人，曾就政府经济、政治各项措施提出政见。在会上他还作了抨击官僚资本的演说，主张强制豪门资本，捐款救国。当时《广西日报》和《中央日报》均作了报道。时人赞其敢于针砭时弊。后局势激变，他再入仕途的意愿破灭，重返广西大学任教。1949 年 3 月，广西大学教职员工为请求国民党当局改善职工待遇，进行罢教斗争，他在记者招待会上，痛述全校教职工遭受生活压迫之艰难情况。1949 年 10 月，白崇禧以“军事告急”为由，由长官部占用西大房舍，陈应行回到迁江暂住。1950 年陈应行在柳州铁路一中任教。10 月去香港，在香港中文大学任教，1958 年到台湾省台北市至病逝。

胡中平（1925—1960 年）

武宣县人。1946 年在广西大学读书时参加革命活动，1948 年加入中国共产党。在党组织的布置下，与反动势力作斗争，广泛团结、组织同学参加选举，组成由共产党掌握的、公开领导学生运动的学生自治会。曾秘密收集药品寒衣送交桂北游击队。1949 年从广西大学政治系毕业后，任中共南宁市城市工作委员会委员，为解放军入城和顺利接收南宁作出了贡献。

广西中华人民共和国成立后历任南宁市临时治安委员会副主任、市人民政府民政科科长、市人民政府办公室主任。1952 年被南宁市评为“三反运动”三等功臣。1955 年调到南宁砖瓦厂任厂长。1956 年调到南宁电厂任厂长，1958 年兼厂党总支书记。为改善一线工人的劳动强度，把三班轮值制改为四班轮值制；健全各种规章制度，修改、补充、增加了《锅炉给水系统运行规定》《变压器马达运行维护暂行规定》《运行操作、事故处理及安全操作规程》。由于加强了企业管理，生产事故减少，煤耗率降低，厂用电率下降。同时组织学习，提高工人的文化和技术水平。1957 年该厂参加全省电厂厂际竞赛被评为优秀单位。

为了迎接第二个五年计划，1958 年他带领全厂职工夜以继日地投入到扩建 6000 千瓦发电机组的工作中。次年机组竣工投产，带领工人开展社会主义劳动竞赛，在短时间内实现锅炉正常燃烧、稳定运行，缓解了南宁缺电问题。与此同时兼任邕江南岸石柱岭装机容量 1.2 万千瓦新电厂的筹备处副主任。其间，他潜心钻研技术，自学沈阳电力技校机、炉、电三套教材，不辞劳苦日夜奔忙于老电厂和新电厂之间。在紧张的机组安装阶段，不管设备什么时候到，也不管刮风下雨，都亲临现场指挥。1960 年 6 月 1 日下午 7 时左右，在赶往新电厂指挥发电机组安装途中发生车祸，因伤势过重牺牲。1961 年 5 月南宁市人民政府追认胡中平为革命烈士。

覃觉民（1903—1961 年）

原名覃启拔，壮族，来宾县三五乡军屯村人。小学时因参加反对地方劣绅的学潮被开除学籍。青年时代从军。1926 年，覃觉民在国民党柳庆党训班受训结束后，被派往天河县（今罗城县）做农民运动工作，后在国民党清党时被捕入狱。1939 年 7 月—11 月，他在投奔延安寻求革命途中，在桂林被当局拘禁。

1944年广西被日军侵陷，覃觉民在家乡组织抗日游击队，袭击日军，捕杀汉奸。1949年春，中共桂中南地工委委员梁寂溪派党员赖伟到来宾地区开展地下活动，得知覃曾任过国民党军队军官，却对国民党不满，是当地较有影响的人物．决定以他为统战对象。赖伟改名覃敬威，与覃觉民认同宗。经赖多次明劝，覃觉民表示坚决反对国民党，遂把家中3支枪交给中共组织，并把次子覃剑声送去参加中共游击队。同时，刻印《退出国民党，追随共产党声明》，分送国民党县党部、县政府、各乡公所，张贴各圩镇，还发表了给来（宾）迁（江）象（县）武（宣）四县联防指挥部指挥官蒙志仁的公开信。覃的行动，在当时起到了瓦解敌人阵营作用。嗣后经他活动，武宣县的国民军上校覃永怀率保安兵200余人和国民党一二六军搜索营营长蒙献明的百余人枪，接受粤桂边游击队改编。1949年6月，覃觉民被任命为粤桂边区来宾县人民解放同志会会长。10月，任粤桂边纵队第八支队来宾独立大队队长。

1950年1月，覃觉民任来宾县人民政府建设科长，次年6月，调柳州专署建设科。1952年3月在融安县从事土改工作时，被以“包庇罪”判刑，送农场劳动改造3年，刑满留场就业。1958年12月，又被以“煽动破坏罪”判处有期徒刑3年，1961年在横县马岭农场病故。1985年司法部门对其案件进行复查，认为原判纯属错定，予以撤销，宣告无罪。中共柳州地委于1986年10月作出决定，给予覃觉民平反昭雪，恢复其政治名誉，并对其家属给予抚恤。

莫承宣(1911—1966年)

宣统三年(1911年)出生于忻城县思练卜佑村。童年跟随父亲在私塾读书。1926年春，考入广西省立柳州中学，同年秋因参加抵制学校强令穿戴制服制帽的学潮被勒令退学。次年考入广西省立庆远中学。他学习努力，成绩优秀，先后担任班长、学生会主席。1930年秋，初中毕业后任思练小学教师。1931年秋，考入广西省立南宁高中。1933年秋，考入广西师范专科学校。在师专期间，正值校内进步师生与托派（托洛茨基派）进行激烈的思想政治斗争。在这场斗争中，他逐渐明辨是非，并受到进步思想熏陶而倾向革命。1936年秋，师专毕业后，他到广西民团干部学校任中队政治指导员。有一次，他因公差回到忻城，家乡父老劝他回来兴办教育事业，忻城县长姚崇武也鼓励他以家乡教育事业为重，尽快回来。

1938年秋，莫承宣辞广西民团干校中队指导员职务，出任忻城县教育科长。上任之后便向县府提议，要创办忻城县立国民小学。姚崇武向广西省府申报，并获准。1941年春忻城国中办起来了，他亲自兼任校长。在任期间，先后接纳丘如伦（丘行）、莫可量等十多名中共党员和进步人士任教师。还以县参议长的名义推举进步教师王诚联络县内各自发的抗日游击队，联合组成柳庆师管区抗日游击队第一司令部，并从政治上、物质上给予大力支持。在他的支持下，这支游击队伍多次袭击日军据点，还活捉日军士兵高田睦夫。

1947年7月，国民党柳州行署专员林茂探悉中共党员梁华新在忻中任教，密令忻城县府立即逮捕上解。莫承宣获悉这一情况后，冒着生命危险，资助路费让梁华新迅速转移。待到县府下令捕梁时，莫回报梁已出走。

1948年8月末，中共上忻工委书记吴师光带领工委机关工作人员丘铮、马健华进入忻城国中，以任教作掩护，秘密开展党的工作。同年秋，忻城县竞选“国大代表”，中共地下党组织支持莫承宣参与竞选。他当选后，更积极地支持与掩护共产党的革命活动。

1949年2月，莫承宣调任宜山县中校长。上任后，他以校长和“国大代表”的双重身份提出：为了建立健全教育秩序，学校的事由学校自己管，不许其他单位插手。同时采取措施，使三青团在校内的活动受到遏制，为中共地下组织开展活动提供了条件。同年3月，中共上忻工委吴师光带领工委机关工作人员从忻城转移到宜山县城，莫承宣聘请吴师光到宜中任教。接着，又通过教导主任韦鲁林等人的秘密活动，陆续接纳黄玉书等十多名党员和进步人士到宜中任教，从而增强了党在该校的力量。

1949年春，莫承宣先后向都宜忻游击队捐赠手枪1支，子弹近百发，其他物品一宗，以表示对革命事业的支持。同年5月，莫承宣奉调广西柳庆师范学校任校长。上任后，中共柳州地下党组织通过韦勋猷向他推荐中共党员韦兢新到该校任教，他欣然接纳了。他还经常与进步师生联系，听取他们的汇报和建议，相继辞退了一些思想反动的教师，同时接纳一批进步教师，使该校成为党的活动场所。与此同时，他本人也加入了党的外围组织文化教育工作者解放联合会。

1949年10月间，中共党组织秘密派遣军队干部王汉昭（忻城县思练人）从安徽回广西，向国民党军政人员进行策反工作。王到柳州后即与莫承宣联系,莫除了对王的安全尽力给予保护外,并协助王做了大量的工作。

中华人民共和国成立后,莫承宣先后担任柳州市军管会文教接管部学校接管组组长,柳州市教育科长,柳州高中校长、柳州市教育工会主席等职,并被推选为广西省第一届各界人民代表大会会议代表。1952年后,莫承宣调到龙州师范任教。1957年调桂西民族师范任教。1962年负责宜山县政协文史资料编修工作。"文化大革命"中受到迫害,于1966年6月投河自尽。1984年6月7日,中共宜山县委给莫承宣平反,恢复政治名誉。

李守敏(1947—1967年)

原籍广西北流县西壤镇人,出生在一个贫农家庭里。幼年丧父,自小跟姐姐生活,爱听在中国人民志愿军复员回来的姐夫讲抗美援朝故事;青年时又受过学习雷锋的教育。1964年,李守敏尚差两个月才达服兵役年龄,他迫切要求参军,经他多方争取,县征兵办公室批准了他参加中国人民解放军,分配到武宣县独立九九分队任战士。

李守敏入伍后,努力学习毛主席著作,认真参加军事训练,进步很快。他在部队兼任卫生员,常用休息时间义务给武宣镇群众看病治病,给"五保户"打柴挑水,从不留个人名字。他关心少年儿童的成长,主动担任武宣小学少先队义务辅导员,把自己节俭下来的钱购买各种书籍送给武小少先队。李守敏入伍后,连续三年评为五好战士,1966年加入中国共产主义青年团。

1967年1月16日,武宣县六峰山林场发生火灾,李守敏和战友们一道奔赴火场,参加扑灭山火的战斗,他一直冲在前头。当他和战友看见猫耳山顶上的一股烈火正在向山下扑来时,他奋不顾身地向烈火猛扑过去。风大火猛,狂风夹着烟尘,使人呼吸十分困难。李守敏飞快地冲到山顶,使出全身力气,快扑猛打,扑灭了那熊熊烈火,迅速切断了火路。在大家的共同努力下,猫耳山的大火被扑灭了。

李守敏和他的战友们,还没有来得及擦干额上的汗水,又发现对面顶尾山槽还有一股火苗正在逞凶上窜,大家又疾步冲上近600米高的顶尾山。当时,陡峭的山槽里已变成了一片火海。如果不及时把这山槽里的火扑灭,就要危及整个顶尾山。李守敏决心冒火冲过上有峭壁,下有深谷的山槽。他推倒了挡住去路的草木,风驰电掣般地闯过了冲天大火的山槽。正当李守敏抢占了有利地形的时候,他的棉衣已经着火了,头发烧焦了,眼睛烧坏了,四肢烧伤了,但是他完全忘掉自己,仍然坚持战斗。当李守敏伸手折身旁的树枝,准备去扑灭山槽底下一股烈火时,他那严重烧伤的左手皮立即粘脱在树枝上,一阵剧痛昏倒了。当他醒来时,烈火还在蔓延,他艰难地又爬了起来,用右手扶着一块岩石向山槽底滑去,但刚站稳脚跟,他那严重烧伤的右手皮又粘脱在岩石上,再一次承受了难言的剧痛,滑到了槽底。极度烧伤的双手不能打火了,他就用已烧伤的身体去滚火。一场特大山火,在全体军民的英勇奋战下扑灭了,数千亩森林保存厂下来。但是,人民的好儿子李守敏,全身皮肉95%以上被严重烧伤,昏倒在地。救护车送李守敏去医院抢救的途中,由于其伤势过重而光荣牺牲。

李守敏牺牲后,中共武宣县委、武宣县人民武装部在县城召开追悼大会。会后,数千人护灵,将其葬于武宣城北路马鞍山脚。1967年1月18日,中共广西军区委员会根据李守敏生前的要求,追认他为中共正式党员,并追记一等功,共青团柳州地委追认李守敏为模范共青团员。

翟念劬(1891—1967年)

字秋峨,来宾县县城北门街(今兴宾区城厢乡城厢村)人。少年随父在雷江书院、桥潳两等小学堂、柳郡中学堂就读。

光绪三十四年(1908年),翟念劬考取桂林第二师范学校。宣统二年(1910年)以优秀成绩毕业,次年由广西公费送北京法律学堂深造。武昌起义后,学校停课,他离开北京经广州回广西。后加入同盟会,参加国民革命。民国政府成立,北京法律学堂改名北京法政专门学校,他回校复学。民国4年(1915年)毕业后,先后在广西陆川县、广东东莞县及紫金县法院任承审员和推事。

1921年广东军政府任命刘震寰为广西陆军第一师师长,翟和刘在柳郡中学堂是同窗好友,翟出任刘的副官长。陈炯明背叛革命后,翟出任刘部参谋长,代表刘驻港与各方联络,对陈炯明部进行策反活动,经廖仲恺推荐。翟念劬于1923年6月出任广东省东莞县县长(实际是挂职,仍在刘部兼任军法处长)。西路讨贼军改为桂军后,翟念劬在桂军总部特别党部加入国民党。后因"刘(震寰)、杨(希闵)事变",翟与刘政见不合,关系破裂,翟念劬即脱离刘部出走上海,从此脱离军界。回到桂林后,在广西公立法政专门学校先后担任教师、训育主任、代理校长等职。

1933年,翟念勋受任律师职务.次年就任广西高等法院察计委员。1936年广西高等法院梧州第二分院成立,他任首席检察官,同时被广西大学聘为法律教授。1937年冬,翟念勋辞去梧州分院检察官职务,到柳州开设律师事务所,挂牌执行专业律师职务。1945年以社会贤达身份参加广西临时参议会,是该会第二、三届参议员。1946年6月,他被原籍来宾县选为省议会第一届参议员。1948年,由广西第一选区(来宾、迁江县在第一选区)联合选为立法院首届立法委员。

中华人民共和国成立前夕,翟念勋通过在柳州参加共产党组织活动的儿子翟瞻藿、翟瞻藜,和共产党取得联系,表示支持革命,尽力联络各阶层开明人士,做好迎接柳州解放的工作。中华人民共和国成立初期,翟念勋先后任过柳州市临时治安委员会委员、市各界人民代表会议代表、市政协委员、柳州军分区改编委员会委员、市中苏友好协会筹备会主任委员、副会长、抗美援朝柳州分会副主任委员。社会主义建设时期.翟念勋积极参政议政,曾任广西省人民政府参事、省人大代表、广西壮族自治区政协委员、柳州市历届人民政府委员、市政协副主席等职。1967年2月16日在柳州病逝。

梁士梓(1897—1967年)

又名叔琴,清光绪二十三年(1897年)六月四日生于北流县新丰乡,原合山煤矿总经理兼工程师。

民国5年(1916年),梁士梓赴日本明治专科学校矿工科攻读。民国11年毕业回国,在中央农商部矿科担任技正。民国23年,调任广西省矿务局技正。民国24—27年被广西省政府派到合山煤矿股份有限公司,先后担任监理、驻矿督导、理事、工程师兼工务课长等职,民国28年调任广西省建设厅技正。民国31年2月,调任合山煤矿公司经理兼工务课长。

民国33年(1944年)11月,日军入侵合山,员工疏散,为了员工的生活与安全,他率领当时在合山煤矿宜山矿场的180名员工及家属,转移去百色,历时两个月,旅途艰辛。行至田阳县时,梁士梓向公司董事长曾其新和省政府请求到向都(今天等县)探金矿获准,于次年3月正式探采金洞乡达赖岭的金矿,梁与员工一起同住岩洞。以日采获6.56克的微薄收入和家属共渡难关。

民国34年(1945年)5月,合山光复,梁与员工起程回合山煤矿,时广西省政府电谕:"限于8月5日以前恢复生产,以配合抗日反攻之需要。"当时总经理不在职,梁肩负全责,筹谋苦干,同年9月,合山煤矿产量由原来月产800吨增至2400吨。

民国35年(1946年)4月梁士梓升任合山煤矿公司总经理兼工程师,直至解放。1949年10月,合山煤矿部分员工离矿回家,梁仍坚守岗位,领导员工护矿。1950年1月,合山煤矿实行军事管制后,梁被任命为总经理兼总工程师。1951年2月,改任副经理兼工程师。

1951年下半年,合山煤矿公司开展民主改革运动。11月梁因"主谋盗卖煤炭、器材和贪污复工费"被停职反省,继而被关押和批判斗争。由于逼供讯,他坦白贪污2880吨煤炭款和75两黄金,1952年9月7日被合山临时人民法庭判处有期徒刑10年,缓期2年执行。1953年11月,梁士梓缓刑满后希望能重新工作,但都被合山煤矿保卫科以梁在狱中"不老实,企图全部翻案"为由,报经桂西壮族自治州人民法院同意,送宾阳县监狱执行劳动改造,后又将其送到公篓煤矿劳动。1961年11月刑满,留矿任工程师,月薪60元,仅次于该矿矿长。1967年3月,他因患暴发性脑溢血而去世。1987年12月,合山市人民法院和合山矿务局联合调查组对梁士梓的"贪污罪"进行调查核实,结论为:所列贪污款无真凭实据,坦白之事,为逼供所致,即使有所贪污,亦为中华人民共和国成立前之行为,不可作为中华人民共和国成立后之罪过,呈报撤销原判,给予平反。1991年初,合山市人民法院给梁士梓平反昭雪。

李大寰(1905—1967年)

壮族,初中文化。1905年5月出生于上林县周安团三浪街上街屯(现忻城县古蓬镇三浪村)。1933年,李大寰当上周安乡首届民选乡长。在任期间,公道廉洁,热心公益事业。1943年,参加创办上林县立初级职业学校(校址在古蓬街),负责组织兴建职校大礼堂,协调解决70多亩建校用地和建校物资,为上林职校顺利建成作出了重大贡献。

抗日战争后期,日军占领古蓬乡,李大寰挺身而出,率乡亲反抗日军占领,历任古蓬乡抗日同盟会会长、古蓬乡长兼古蓬乡抗日自卫大队大队长。1944年12月6日,日军20多人窜到三浪抢劫,李大寰、王兆隆率领抗日小组对日军发动突然袭击,毙、伤日军各1人,打响了上林人民抗击日本侵略者的第一枪。1945年春,李大寰参与组织上林北区5乡抗日武装联合攻打古蓬、北栏、红渡等地日军据点,战斗历时19天,共歼敌40多人。

解放战争时期,李大寰参加中共上林支部的地下组织,变卖家产,筹办起义枪械、物资,训练队伍等,为武装起义作出了重大贡献。1947年9月16日,李大寰参加上林县古思武装起义,担任上林人民自卫军八二支队副支队长。同年10月,起义遭到国民党广西省保安司令部第6团600多人的重兵“围剿”。李大寰率领三浪、龙利两个中队与敌激战7个多小时,击退保安团的多次进攻,掩护主力部队和革命群众转移。在极端艰苦条件下,李大寰率队转战于上林、马山、来宾、迁江等县边界崇山峻岭坚持敌后游击战争,保存革命队伍。

1948年2月5日,上林县武工队成立,李大寰是指挥员之一。同年8月15日后,上林县武工队先后奉命改编成立粤桂边区人民解放军独立第五团、解放军粤桂边区纵队第八支队独立22团,李大寰任副团长。参与组织领导上林、迁江、来宾等地区的解放战争,为革命的胜利作出了突出的贡献。1949年8月加入中国共产党。

中华人民共和国成立后,李大寰历任上林县财粮科科长、永淳县(现横县)峦城镇镇长、广西木材公司六景收购站长、南宁行署金鸡贮木场场长等职。在“文化大革命”中,遭受迫害,不幸于1967年3月24日逝世。1982年,党组织给与其平反昭雪,恢复政治名誉。

韦质彬(1906—1968年)

壮族,生于忻城县古蓬乡板岑村一个农民家庭。幼年在周安小学读书。毕业后,就读于宜山庆远中学。1932年1月,在国民党中央陆军军官学校第一分校受训六个月,结业后到柳州国军第七军工兵营第二连任见习副连长。同年10月,被调到南宁军校技术兵团任副连长。1936—1943年,先后任少尉副官兼传达长,后升中尉副官,在交通兵团任副连长,通讯兵营任少校副营长、一三一师任营长、一三一师司令部任中校参谋、三九二团任中校副团长。1945年8月,韦质彬从柳州回到忻城中学任教师。次年春,回到家乡同韦盛经、樊茂春、韦广培等组织领导上林人民开展游击斗争。1947年春,他冒着风险到南宁军官第十总队领得退役金175万元(国币),回来后,将这笔钱全部用来购买枪支和作为地下革命活动经费。同年6月,国民党上林县政府进行“清乡”,意在清除中共地下组织。韦质彬与其他队员积极进行武装斗争准备,并由他带部队到深山去进行作战技术训练。中共上林支部建立后,武装队伍发展到200多人枪。9月中旬,南宁区保安队和县长梅仲威带领武装团队共200多人进驻古蓬、思吉乡搞“清乡”。在这种情况下,中共上林支部决定武装起义,韦质彬担任前线指挥员。9月16日,在周安至俭表公路沿线伏击保安队和县长梅仲威武装团队。次日,中共上林支部集中起义队伍到横山村召开大会,宣布古蓬乡、思吉乡解放,将起义队伍命名为上林人民自卫军支队,韦质彬任支队参谋长。1948年8月,“八二”支队改编为粤桂边区人民解放军独立第五团,韦质彬任团参谋长。次年11月,韦质彬加入中国共产党。11月20日独五团奉命改编为中国人民解放军粤桂边纵队第八支队二十二团,韦质彬提任第八支队参谋长兼二十二团参谋长。中华人民共和国成立后,1953年调任南宁市粮食公司仓库副主任。由于“左”的错误影响,韦质彬曾遭错误批判,受过降职降级处分,在“文化大革命”中受到批判,1968年8月含冤逝世。1984年,党组织纠正了历史上强加给他的各种错误处分,恢复其政治名誉。

郭炳祺(1912—1969年)

1912年生于忻城县思练街。幼年在本地读书,1932年考入国民党中央军校炮兵科,1935年毕业后留校工作。1937年进南京炮校受训,结业后,升任副官上尉参谋。次年入国民党中央陆军大学第十六期受训。1940年毕业,后升任少校参谋、中校作战科长、一七〇师参谋长等职。

1944年调任第一三一师参谋长,同年10月日军进犯桂林,他参加桂林防守战。1944年下半年在四战区司令部任少将参谋副处长。次年在广州任中央第二方面军少将参谋情报处处长、人事处处长并兼任驻香港特派员。日军投降后调任国民党广东受降委员会委员兼编遣组组长、采购委员会主任,受理在港粤日军投降工作,后转到广东张发奎部工作。

1946—1948年在广州绥靖公署任处长,后调任广州行辕四处处长。1949年任桂林绥靖公署少将参谋。同年10月调任国民党柳州警备司令部少将副司令兼参谋长。1949年柳州中华人民共和国成立前夕,郭曾与中共地下组织工作人员取得联系,11月,在柳州参加起义。同年12月,郭受解放军十三兵团政委莫文骅的派遣，去宜山争取莫树杰部投诚。1950年12月26日被捕，关押在柳州第二监狱。1954年1月13日，柳州市人民法院以反革命罪判处郭炳祺有期徒刑15年。在劳教农场改造时，表现好，减刑3年。1965年刑满释放，在宜山轴承厂就业。“文化大革命”初期又被劳教。1969年在柳江县露塘农场病死，时年57岁。1987年5月8日中共柳州市委统战部以柳统发〔1987〕7号文件通知，认定郭炳祺为起义人员，其亲属因郭炳祺问题受影响而错误处理的，予以纠正。

甘化民(1914—1969年)

来宾县大湾街人。为人正直、热情，人们都称他“大哥”。1929—1935年，先后做过小贩、任过教师、记账员、出纳员、管理员。

1938年10月，甘化民在贵县经中共广西省工委委员黄彰介绍，加入中国共产党。次年初任中共桂平小组组长。1940年任中共桂平地下交通站交通员，出任“民富轮渡”副管理员(副船长)。他利用职务之便，掩护乘船过往梧州、贵县、柳州等地从事革命活动的中共党员和负责传递情报、联系工作。

1942年，桂林“七九”事件使中共广西党组织遭到严重破坏，一批中共党员撤离城市转移到农村隐蔽。8月，甘化民奉命回大湾，任大湾小学校长，以此为掩护，秘密建立革命据点，接待和安排从城市撤退下来的同志。同年12月，中共广西省工委组织部长(代理副书记)黄彰到大湾建立中共大湾小组，同时建立省工委地下交通站。甘化民是党小组成员之一。他离开学校，在大湾开设“天马运输行”，以作生意的“老板”面目出现，掩护交通站，为党筹集活动经费。其间，他被选为大湾商会理事长和县参议员。他通过这一特殊身份，积极与当地上层人物联系，搞好关系，使地下交通站和省工委机关在大湾和柳江县属板塘村一带安全隐蔽下来。

1948年6月，甘化民在欧文铎民兴锰矿公司任职员。该公司计划招工1000多名，在柳江县属大杨村附近开发锰矿。他即向柳州中共地下组织汇报这一情况。中共地下组织于1949年1月初派中共党员肖雷到该矿当监工，意图掌握锰矿计划，组织矿警队，后因锰矿停办未果。甘化民遂与肖雷一道转到大湾、凤凰、北五一带，组织柳、来、象边区游击队，开展地下武装斗争。甘任柳、来、象边区人民解放工作委员会主席、中共柳、来、象边区特支副书记。11月，国民党县长刘宇光带领军警100多人到大湾“清乡”。时值游击队主力外出，甘迅即率领留守人员发动群众1000多人，将刘部围困在大湾街，令其缴械投降。相持两天，国民党军队溃退途经大湾，刘部趁势逃遁。游击队进驻大湾，宣布大湾解放。

中华人民共和国成立后，甘历任来宾县人民政府秘书、税务局长、副县长、宜山专区油脂公司经理、粮食局副局长、专署计委平衡委员会副主任等职。1957年反右派运动中，被错划为右派分子，劳动改造3年。1961年摘掉右派帽子，1966年在“四清”运动中又被重新戴上右派帽子。“文化大革命”期间复遭迫害，身心受到严重摧残，重病得不到应有的治疗。1969年8月5日，甘在宜山县含冤去世。

1984年，中共宜山县委对甘化民的死亡作出被迫害致死的结论，同年在处理“文化大革命”遗留问题中，为他平反昭雪，恢复名誉。

韦盛经(1911—1972年)

壮族。1911年出生于忻城县古蓬乡凌头村。民国9年(1920年)进入启蒙馆就读，1926年高小毕业。1927年在宜山初中读书毕业后，以优异成绩考入省立国中。1932年6月，南宁高中毕业后，回到家乡任弄亡村小学教师。他为人诚实，对学生教导有方，又常常为劳苦人民打抱不平，深得弄亡群众的爱戴。次年，韦盛经当选为周安乡副乡长。1935年6月，从南宁民团干训班回来后，任古蓬乡乡长、民团大队长兼古蓬中心校校长。次年6月，因打抱不平与司法官冲突被撤职。同年10月，他考入国民党中央军事政治学校第一分校。1937年冬，军校毕业后，被派到国民党陆军三一军一三五师四〇四团第二营任副官兼排长，后升任连长。

1944年冬，日军再度入侵广西，盛经率领的轻机枪连在桂平同日军作战，因失利，他只好和上士班长李时坤到贵县(李的家乡)隐蔽。次年春，他带领李时坤回到了家乡，会同樊茂春、韦广培开展抗日斗争。不久，日军溃退。韦盛经便和樊茂春、樊仁辉、韦汉强等开展革命活动。同年秋，他到三浪街与王兆隆开办青年补习班，传播革命思想，培养骨干。同年10月，通过樊茂春(当时樊任国民党上林县政府政务督导员)的关系，被荐任古蓬乡乡长。他当上乡长后，采取两条措施：一是把乡、村公所和学校中坚持反动立场的公务人员和教师分批撤换，安排思想进步和倾向革命的人员充任；二是将过去公粮交在古蓬改为运到周安、三浪街两处入库(便于游击队掌管)。

1946年1月，韦盛经与韦广培、韦质彬等利用民间“十弟会”的传统形式，在各村屯把农民组织起来，又以维护地方治安为名，发动群众购买枪支弹药，组建革命武装。

1947年7月，中共贵县中心县委派张声震到上林北区建立党组织。同年8月，韦盛经加入中国共产党。同月建立中共上林支部。在党支部的领导下，同年9月16日举行“古思武装起义”，打败了南宁保安队和上林县长梅仲威的团队。起义队伍命名为上林人民自卫军八二支队，韦盛经任支队长兼古恩人民联合办事处主任。

1948年1月，韦盛经遵照党组织的决定，组建上林武工队，队员发展到500多人。同年8月，中共桂中南地区工委把上林武工队改编为粤桂边区人民解放军独立第五团，任命韦盛经为团长。1949年1月，建立中共上林特支，韦盛经任特支副书记。根据中共桂中南地委9月会议的决定和八二支队司令部的命令，1949年11月20日在北更乡木等村宣布成立上林县人民政府，同时成立中共上林县委员会。独五团改编为中国人民解放军粤桂边纵队第八支队二十二团，韦盛经提任第八支队副司令员，中共桂中南地委候补委员兼任第二十二团党委副书记。同年11月28日，他率领第二十二团在思吉乡北兰公路沿线阻击被解放大军追击的国民党黄杰兵团八二师师部和第二十五团、二十六团，并配合解放军解放上林县城。中华人民共和国成立后先后任上林县县长、镇都县(今天等县)十二区土改工委会书记、崇镇公路工程队督导员、河田公路工程总队副总队长、凭祥施工所主任、桂西壮族自治州交通局办公室主任、广西民族出版社经理办公室主任和代理副社长等职。在“文化大革命”中，身心受到严重摧残，积劳成疾，不幸于1972年病逝于南宁。

彭世祯(1912—1972年)

曾用名世珍、史真、史徵、赫生、秋南。兴宾区大湾街人。16岁考入中山大学预科班学习。1936年7月毕业后到桂系某军第一师政训处宣传科任职，不久调任广西教育厅五科科员。1937年初加入中国共产党，同年秋，彭与中共组织关系中断。

1938年6月，彭世祯任成都《国民党公报》记者，写了不少反映军民团结抗日的通讯报道，因而出名。1939年5月，彭世祯进入由中共南方局领导的“国际新闻社”任编辑。“皖南事变”后，因形势所迫于1941年8月到靖西中学任教师。次年7月，复回报界，任《新蜀报》编辑。

1943年12月，彭世祯到桂林“美国新闻处”当翻译。后陪同该处处长兰德到福建永安筹建分处，并任该分处中文部主任。凭借这一特殊环境和职位，彭推荐进步文化人士萨一佛等进该分处工作，并尽力掩护中共地下革命活动。日本投降前夕，进步文化人士遭到国民党当局迫害，他得知国民党第三战区司令部要抓他和萨一佛的讯息后，迅速离开永安，进入“美国新闻处广州分处”工作。1946年6月间，为避免国民党当局迫害，他与同行赴港创办《自由世界》杂志。

1946年11月，彭世祯受聘到新加坡陈嘉庚先生办的《南侨日报》担任主笔。这时，他加入中国民主同盟会，任民盟马来西亚支部委员。撰写了大量的专题论文，表示拥护中共所领导的革命，支持东南亚解放运动。1950年9月13日，《南侨日报》遭当局封闭，彭被抄家、通缉。幸得“星穗”轮船上爱国水手的帮助，方得逃离新加坡，回归祖国。

1950年10月，彭世祯回到北京，经组织安排在世界知识出版社任副总编辑，并兼任《世界知识》杂志执行编辑。他自学俄语、法语，研究国际问题.为杂志写了不少国际专论，出版了《为什么要缔结五大国公约》《战争是不可避免的》《右翼社会党》(与人合作)等专著。朝鲜战争停战谈判时，他作为《世界知识》杂志特派员，到朝鲜板门店采访停战谈判消息，发表报道文章。

世界知识出版社并入人民出版社后，1952年底彭世祯被分配在“国际问题编辑室”任编辑。1958年被错划为“右派分子”，受撤职留用处分，被送到外交部办农场劳动改造。1961年7月回广西柳州地区食品公司任工作员。1963年摘掉“右派帽子”。同年9月分配到广西大学外语系工作，为工厂翻译进口机器的说明书，并为学校培训俄语转行英语的教师。1972年10月14日，彭病逝于南宁。

王哲渔(1888—1976年)

原名王文熙，光绪十四年(1888年)出生，忻城县古蓬镇镇内村人。少年读私塾数年后，入古蓬中心校就读，1907年考入广西陆军第三中学，毕业后披甲从戎。宣统三年(1911年)10月10日武昌起义，他参加起义军，不久调汉阳总司令部任督战员。1914—1916年，先后在清河陆军第一预备学校和保定陆军学校学习。在保定陆军学校肄业时，正值袁世凯称帝，他返回广西投入讨袁队伍并在军部供职，后调滇军总部作上尉参谋。1919年任国民党黔军模范营中尉排长，次年任黔军二团二营上尉连长，1921年任二团二营少校营长，1923年任黔军十一团上校团长。所部驻贵州独山时，清剿匪患，杀死土匪李肇部众数百人，提升为少将，任黔军第二旅长和第十军参谋长，中将军衔。1927年，随黔军出师北伐。在征途中，王因血压突然猛升，身体不适，经司令批准，告假回古蓬老家调养。在家养病期间，组织民众捐资出力和自家捐资捐米，在村后的滂江河上兴建长约50米，宽约1.8米石板桥一座。该桥共26墩，每墩高约2.5米，全用料石所砌，上架石板78块。每块石板重约一千至两千斤不等，皆画线修直凿平，用人工从三宝岭逐一抬回架设，花去一年多时间才建成，工程浩大可想而知。工程竣工后，方便商贾和人行，深受众人称赞。该桥至今还发挥作用。

身体恢复和桥梁建成后，1929年重返军营，在桂军杨腾辉师部任参谋长，次年任广西省驻黔办事处主任。1948年11月间，奉广西省主席黄旭初和广西保安副司令莫树杰之命，回老家古蓬与游击队领导人韦盛经、李大寰等人谈判。遭拒绝后，次年2月转去贵州。1949年任贵阳市私立两广中学董事，次年担任董事长。1951年退休，1976年病故于贵阳，享年89岁。

曾其新(1889—1977年)

原名植铭，壮族，广西靖西人，保定军官学校早期毕业生，在桂林陆军速成学校当过教官，中将军衔，李宗仁、白崇禧等都出于其门下.民国11年—12年(1922—1923年)间，定桂军首脑李宗仁以玉林为根据地，曾任李部“干部教练所”监督、教官，其后历任广西银行香港分行和梧州分行的经理，国民革命军第四集团军兵站总监。民国25年11月，商办的合山煤矿股份公司改组为官商合办的合山煤矿股份两合公司，广西省政府派曾其新任公司董事会理事兼总经理。至民国27年7月1日，中国银行入股公司改组，曾辞去总经理职，被推选连任两届董事会董事长。民国34年4月，曾辞去董事长职，改任公司顾问。民国36年3月，任广西省建设厅厅长。1949年3月，又任合山煤矿股份公司董事长，10月，他赴香港考察，定居香港。1973年夏，曾回北京、广州观光，因原残脚伤痛，提前返港医治，1977年病逝。

曾前后在合山煤矿股份公司任职10年，主持制订公司各项规章制度，并有详尽的实施细则，他在民国32年(1943年)6月25日的报告中说：“……公司财务以自筹自治、自营自治为方针，对业务以一面建设一面生产为主旨，总期争取时间对动力燃料之迫切需要作一份贡献，藉以支持抗战之伟业。”他使公司的生产、经营及管理日趋正规；同时他找李宗仁等广西军政领导，及时解决公司所遇到的困难，修好来合铁路，促进生产迅速发展，不仅免遭倒闭厄运，且最高年产量达9.4万吨煤之多，公司生产规模之大，为当时湘粤黔桂4省所仅有，稳固了合山煤矿公司的事业基础，支持了抗日战争的大业，他是合山煤矿的主要奠基人之一。

黄经明(1893—1978年)

又名宗儒，天佑。兴宾区石牙乡石牙街人。光绪三十四年(1908年)十月考入桂林陆军小学堂，和李宗仁是同窗好友，两人私交至深。1911年黄经明毕业于陆军小学堂。两年后考入湖北陆军预备学校。后由该校转送北京陆军军需学校深造，攻读后方勤务专科。1917年10月毕业后，在李宗仁的第七军中从事后勤长达10多年，深得李的赞许。先后升任军需、军指挥部少校副官、军需处长、军部经理处上校处长、军委会审计处少将处长及湖北鄂岸榷运总局局长(简任官)。

民国18年(1929年)4月，黄经明辞去榷运局局长职务，为桂系先后在香港和广州建立“地得行”和“裕国银号”并任经理，黄办实业，经营矿石、土特产出口和银庄业务。1934年2月，迁江合山煤矿开采人廖百芳邀他和广东股商伍哲夫入股“合山煤矿公司”。这年，公司改组，伍任总经理，黄经明任董事兼司库，对合山煤矿精心筹划经营了数年。黄凭借在广西的人际关系，解决公司的“招股”“立案”“贷款”“反对官办”等重大事务。他通过李宗仁关系，取得省主席黄旭初同意，面谕广西银行贷款并作担保，到香港向外商赊购铁轨、机车及其他设备，在广西煤炭工业史上首次利用外资，建成广西境内第一条地方铁路——合山到来宾铁路，改变了矿山运输落后的局面，挽救了濒临倒闭的合山煤矿。1937年7月，合山煤矿实行官商合办，次年，公司改组，成立新的董事会，黄经明辞去公司职务，退出公司。他在经理合山煤矿公司的同时，还集资开办“茶盘源锡矿”和“协源锡矿”两公司，开采八步锡矿。因销路阻塞两公司于1939年宣告停业。

民国28年(1939年)3月黄经明再次进入军界，到第五战区任兵站总监中将副监，并兼任战区粮食管理处中将处长和购粮委员会主任委员。因对军粮征购方法与战区长官部及军粮局意见分歧,长官部趁裁撤粮管处及购委会另设屯粮委员会之机,把黄经明调离,派任长官部中将参议职务。1942年度,他告假回桂林医治耳疾,离开五战区,并于次年3月辞去中将参议职务。

黄经明辞去军职后,回乡开办“兴来煤矿公司”。抗日胜利后,复到梧州、广州两地重操矿石、工业原料、土特产等出口旧业,直至解放。中华人民共和国成立后在梧州做行商和小贩。1956年9月,黄经明在梧州加入中国国民党革命委员会,任团结委员会副主任职务。1978年在梧州病故。

蓝延春(1958—1979年)

壮族,1958年生于忻城县新圩乡丹灵材古眼屯。1975年7月毕业于新圩中学高中部。1976年3月应征入伍,在中国人民解放军五三二一七部队服役。一直担任连队卫生员。他能吃苦耐劳,工作责任心强,业务技术拔尖,连年评为卫生员标兵。1979年2月,对越自卫还击战开始,在战斗中,战士何玉华、衰光文中弹受伤。为了救护战友,他冒着枪林弹雨,匍匐前进,到公路左侧替何玉华包扎伤口,当他转移到公路右侧抢救衰光文的瞬间,被一颗子弹打中胸部,鲜血直流。他不顾伤痛,继续替其包好伤口。正当他准备为自己包扎伤口时,听到有人叫一声“卫生员”。他马上朝呼叫的伤员冲去,又听到头顶一阵炮弹呼啸声,他赶忙用身体遮住伤员。这颗炮弹果然在他身旁不远的地方爆炸。蓝延春右腿被弹片剐伤,血流不止。他不顾自己,又抱住伤员继续包扎。伤员伤口刚包扎好,这时有两位民兵中弹受伤。他拖着受伤的右腿向伤员爬去。此时,他胸部又中弹负伤,他仍然不顾一切往前爬。因受伤多处,血流过多,倒在血泊中,停止了呼吸。时年仅21岁。战后,中共中央军事委员会授予蓝延春“战场救护模范”的光荣称号。

黄小克(1958—1979年)

祖籍广西都安县拉烈公社拉烈街。出生于原石龙县石龙镇,三、四岁时,随父母工作调动,一直在中共武宣县委机关长大。在中学读书时,加入了中国共产主义青年团。1977年1月参加中国人民解放军,在部队任战士、班长等职。1978年加入中国共产党成为预备党员。1979年黄小克坚决要求参加自卫还击战斗。战前,他给战友写信,畅谈自己的心迹。他在信中写道:“我光荣被批准上前线了,也许我们再不能见面了。让我们在各条战线上共把青春献,为人民愿洒满腔热血,为保国土甘碎头颅献身躯。”他给父母写信也表示为祖国作出牺牲的准备。很快,黄小克随部队开赴战场。1979年2月21日,黄小克带领的三班奉命攻打三一六高地。高地上的敌人仗着自己居高临下,十几挺机枪疯狂地向我阵地扫射。敌人强大的火力阻挡我军前进,成为我军推进的一块绊脚石。如何搬掉这块绊脚石呢?班长黄小克召集全班战士商量对策。最后决定,假装从敌人正面进攻,牵制敌人的火力,然后由黄小克绕过三一六高地侧面,出其不备,拔掉这绊脚石。敌军中计。黄小克抓住时机,跳出战壕,连滚带爬,左突右进,机灵地绕到敌人的侧面。选好地形,迅速将火箭筒往肩上一靠,“轰”的一声,炮弹在三一六高地上开了花,黄小克成功地发出了第一发炮弹。敌军发现自己侧面受敌,于是调来几挺机枪对付黄小克。黄小克毫不畏惧,迅速装上第二发炮弹。正当瞄准时,敌人的子弹穿过了黄小克的胸部。他推开前来抢救他的战友:“别管我,摧毁敌人火力点要紧!”他说着,强忍住钻心般的疼痛,重新提起火箭筒,艰难地发出第二发炮弹,炮弹准确地落到火力点中间爆炸,敌人的火力点被摧毁了。而黄小克却因负伤太重,流血过多而光荣牺牲。黄小克牺牲后,部队党委给他追记一等功,并追认为中共正式党员。

韦兰新(1963—1980年)

壮族,1963年生于忻城县思练公社开洞村水塘屯。生前为生产队记工员。

1980年4月18日傍晚,该生产队的乡密山突然火光冲天。有人高喊:“乡密山失火了!”该屯居民闻声,纷纷跑出村来,冲向火场。这时,刚从弄伦(地名)中耕玉米回来的韦兰新,看见火灾发生,顾不上疲劳,便和韦良献、蓝青才跑上乡密山。他们用树枝扎扫帚,英勇地向熊熊山火猛打,后来全屯男女青壮年共四五十人陆续赶到火灾现场,大家奋战了两个多小时,终于把山沟至山顶约30亩的山火扑灭了。这时已是晚上九点多钟,山上黑压压的,人人又累又渴,正寻路下山时,忽然发现四五丈高的崖壁上,又燃起大火,眼看火势直向松林吞噬,韦兰新对大家说:“如果让火烧过悬崖那边山,2万亩的飞播幼林就被毁了。我们决不能让火烧过去!”于是,他和韦莫壮等八位青年分别从悬崖两侧攀援而上。又经过一个多小时猛打,坡顶上的火熄灭了。当他们正取道下山时，一道深沟里死灰复燃，火焰冲天。韦兰新独自去打火，火是被灭掉了，就是不见他回来。大家趁着朦胧的夜色去找他。后来在一处崖壁下找到了他，他已经不省人事了。

乡亲们看着身负重伤的韦兰新，禁不住放声大哭，并把他抬下山，送往20多里外的思练公社卫生院抢救。由于伤势过重，失血过多，于次日凌晨2点多钟，在送卫生院的途中，韦兰新的心脏停止了跳动，时年17岁。

共青团忻城县委员会根据韦兰新的事迹，授予他“模范共青团员”的光荣称号，并向全县青少年发出向韦兰新学习的通知。

韦建勇(1960—1981年)

壮族，兴宾区石牙乡古本村人。1979年1月参加中国人民解放军云南边防部队，任某部一营机枪连七班班长、连队文化教员。

1981年5月7日，反击越军入侵云南边境扣林山地区的战斗结束，韦建勇所在的机枪连三排在配属三连完成穿插任务后，奉命回守扣林山主峰阵地。11日，韦建勇带领全班9名战士，连续打退了10倍于己之敌的4次反扑，被誉为“扣林山上九勇士”，也就在这一天，他为保卫祖国流尽了最后一滴血，长眠扣林山。排长从他上衣口袋里摸出一叠写满清秀钢笔字的干粮和子弹包装纸，这些被鲜血染红的纸上所写的竟是一篇文稿——《“书迷”立功》。

扣林山防御战结束后，浸着韦建勇烈士鲜血的《“书迷”立功》文稿，被昆明部队《国防文艺》发表了，接着《云南群众文艺》《解放军文艺》等报刊争相转载。他生前利用战斗间隙所写的《朝霞映出来的时候》《驻训》《转变》等短篇小说，被发表在1981年第12期的《解放军文艺》上。韦建勇牺牲时年仅21岁，荣立二等功，被部队党委追认为共产党员，昆明部队授予他“能文能武的好战士”荣誉称号。

杨德华(1903—1982年)

原名杨必升(或必声)，壮族。来宾县蒙村乡那湴村人。1926年，中共党员张胆到来宾讲学，宣传“耕者有其田”和“铲除私有剥削制”。青年的杨德华深受教育和影响，曾运筹建立“乡村共产主义委员会”。后考入黄埔军校武汉分校，进一步得到进步思想熏陶，自1932年起在广西师专任职3年，是该校有名的思想进步的军训大队长。

1936年4月，杨德华在上海参加抗日救国会。次年1月初，赴西安拜会周恩来、叶剑英等中共中央领导人。3月间奉命往上海、南京、武汉、广州等地向救国会成员及进步人士传达“西安事变”情况，并专程到梧州李济深居向李传达；又和李一道赴香港蔡廷锴居所告知蔡廷锴。李致信中共中央(蔡附笔)，交由杨德华送往西安。后经周恩来、叶剑英安排杨赴延安，将李、蔡亲笔信呈交毛泽东主席。其时杨德华一一拜会了朱德、林伯渠、董必武等中共中央领导人。

“七七事变”后，杨德华随李、蔡2人到上海、南宁从事抗日宣传活动。“八一三”全面抗战开始后，杨德华到徐州参加李宗仁第五战区长官司令部的筹备工作，任司令部中校参谋，与武汉八路军办事处保持联系，递送情报。1938年5月，在杨德华代理五战区参谋处长时，蒋介石嫡系为排除异己，企图对他进行陷害，他及时撤离了五战区司令部。就在这时，中共中央批准他加入中国共产党。

1938年7月，杨德华挂五战区上校参谋之衔出任河南省商城县县长。到任后，揭露前任县长和纵队司令(劣绅自封)两霸的各种罪行，发动群众对他们开展斗争。正准备将两霸扣押惩办治罪时，两霸闻讯潜逃。

1939年初，杨德华调任湖北省英山县县长．协调新四军江北部队与英山县地方武装和广西军队联合作战，粉碎敌伪数万人的3次大扫荡，俘日伪军400多人。李宗仁为此传令嘉奖，授予英山县为五战区“抗日模范县”称号。杨德华在英山县召开人民代表大会，制订“十大政纲”，废除保甲制度，实行民主改革和“二五减租”，清除贪官污吏，处决汉奸、土匪等。

任职商城、英山县期间，杨廉洁奉公，以身作则，带头将自己的月薪从240元毫洋减至10元。在他的带动下，全县每月节支2万元用于抗日事业、深得群众好评，被誉为“杨青天”。因常穿草鞋下乡检查，群众称他“草鞋县长”。1940年初，当他调离英山时，群众自动集队送行数十里，很多人以泪惜别。

杨德华调离英山县后，到安徽省立煌县皖干班任上校军事科长。1个月后，调到河南省潢川、罗山任第五战区抗日游击队第三纵队副司令员兼参谋长，并兼任政治部主任。此时，桂系密电逮捕中共党员，杨德华身为纵队副司令，挺身而出，掩护中共党员脱险。

1941年底，杨德华到延安中共中央统战部工作，所写白区统战工作总结报告受到了毛泽东主席的肯定。此后，他先后进入延安马列学院、军事干部学习班、中共中央高级党校学习，参加延安整风运动。1945年，杨德华参加中共代表团，跟随毛泽东主席参加国共重庆谈判。国共谈判破裂后，到香港中共华南分局工作。其间7次陪中共华南局负责人与李济深、蔡廷锴进行会谈，并参加中共华南局协助国民党革命委员会举办3期游击队训练班，培训两广游击队骨干。杨负责讲授游击队战略战术课。

1948年夏，杨德华任中国人民解放军滇桂黔边区纵队政治部主任，为配合解放大军南下，解放滇桂黔三省做了大量工作。中华人民共和国成立后，1950年10月—1955年2月，任广西省人民法院第一任院长。还曾任广西省人民政府副秘书长、广西省财政厅厅长、省政法办公室副主任等职。中华人民共和国成立初期，他曾代表省人民政府，到靖西、百色、龙州、南丹等地与陈汉光、张先辉、莫树杰等国民党军政要人谈判和平改编事宜。后来调往浙江、四川、云南等省工作。1961年因病回桂林定居。1982年1月11日病逝于上海。

蓝可尊(1958—1983年)

壮族，1958年出生于忻城县遂意乡南康村的一个农民家庭。1975年高中毕业后，回家务农。1977年应征入伍，在广西军区某部特务连服役。

蓝可尊在连队里，勤奋好学，刻苦训练，入伍第二年就加入中国共产党。在连队几年，他先后任过副班长、班长、团侦察参谋、特务连连长等职。他带领的侦察分队，每次军事考核均获优秀成绩。

1979年初参加了对越自卫还击战。有一次，蓝可尊和战士们潜伏在深山密林里，监视着越军的行动。忽然有4个越南士兵朝我方阵地窜来，当最后一个经过他跟前时，他霍地跃起，冲上去，一个绊腿，把这敌人扳倒在地，用左手紧紧按住这越兵的脖子，右手持枪击毙走在前的另一名敌人。在这同时，蓝可尊的战友也迅速击毙另外两名越兵，顺利地完成了潜伏捕俘任务。这次战斗部队给他记一等功。

1982年4月，蓝可尊出席广西军区先代会。会后，返回部队的当天晚上，他兴奋得久久不能入睡，便爬起来，拧亮灯，在笔记本上写道："我是党的战士、党的人，在祖国边疆度过美好的年华。为了祖国的安宁和人民的幸福，只要党一声号令，我就奋勇冲锋，冲锋！直至献出宝贵的生命……"。自1977年入伍以来，每年春节他都在边防度过。1983年，在自治区汽车修配厂工作的妻子喊他回南宁过春节，他婉言谢绝，却写信动员妻子到部队和他在边防过年。

1983年3月9日，蓝可尊带领捕俘队到边境执行任务，在与越军遭遇，在战斗中牺牲。后部队党委授予他"优秀共产党员"称号，并记二等功。

黄元波(1911—1984年)

曾用名黄剑白、黄河，壮族，武宣县桐岭乡汉村人。1929年在武宣中学毕业后，曾在广西大学理工学院预科肄业，后在国民党陆军政部兽医学校学习，毕业后于1937年到广西桂系国民党七军，先后任兽医见习官和少、中、上尉及少校兽医。1942年任贵州省安顺兽医学校研究员。1944年调到国民党中央农业部技术处农村试验研究室担任编审工作。1945年就学于美国密西根大学兽医学院传染病特科。学成回国后，历任陕西西北农学院副教授、江苏南通学院和河南省农学院教授。

1950年，国家农业部在河南省建立生物药品厂，黄元波任技术室主任、总工程师，他曾研制成功"牛气肿疽甲醛菌苗"，在河南生物药厂大量生产，供应全国。他还参加了猪瘟、猪丹毒、猪肺疫弱毒三联冻干苗的研制工作，为预防猪传染病作出了积极贡献。他当选为河南省第五届和第六届人民代表大会常务委员会委员、河南省政协委员以及中国畜牧兽医学会理事长、河南省农学会副理事长、河南省微生物学会名誉理事长等职务。并多次获先进个人奖。黄元波的著作有《牛气肿疽病防治》《猪瘟、猪丹毒、猪肺疫三联弱毒冻干苗试验研究报告》《缅羊快疫》（翻译）《猪瘟抗体中和试验法》《家畜传染病》（编著之一）《牛黑斑病中毒》等。1984年在郑州市病逝，享年73岁。

姚　槐(1904—1984年)

字畏三，象州县寺村镇寺村村人，国民党陆军中将。民国8年(1919年)在象县第一小学毕业，后就读柳州省立第四中学。

民国11年(1922年)在象县警备队任文书。民国15年考入南宁军校第一期步科受训，民国16年8月被派到百色部队任副官、参谋、连长等职。民国18年，在南宁军校高级班受训，结业后，在白崇禧部任营长，后升团长兼支队司令。民国25年该部队改编，受白崇禧调赴中央陆军大学乙级将官班一期学习。毕业后，民国29年元月任广西大学军训部主任，次年调任广西军警督察署任参谋长。民国31年起，先后调任广西省绥靖主任公署参谋处处长、第四战区第一纵队司令。民国33年秋，日军侵入广西，姚槐带领部队从桂林退到百色躲避。日本投降后，该部改编为国民政府军第一三一师，姚槐任师长。民国34年11月，调任广西省保安司令部参谋长，不久升任副司令兼参谋长。民国36年，回象县参加国大代表竞选，派人到各乡镇活动，投票当天在各粉店设“招待席”，以米粉争取选票。选举结果姚槐“获票居多”当选为国大代表。

民国38年(1949年)，姚槐调到龙州，任边防对汛督办兼百色纵队司令。同年9月24日，率广西保安一团及龙州、上金、宁明、凭祥4县民团特编队，到上降、八角等地围攻中共地下游击队。中华人民共和国成立前夕，姚槐根据白崇禧“坚持敌后游击”的指示，组织“广西救国军”“青年党反共救国军救民队”“反共救国志愿军”等土匪组织，在刚解放的龙州各地骚扰破坏。同年12月，姚部被人民解放军击溃，姚槐逃至越南，又按白崇禧“坚持越桂边区游击战”的命令，收集国民党军逃到越南的残部2、3万人，建立“越桂边区第一方面军”，姚为军长。并利用白崇禧空运给的法币、银圆，在边境地区大肆收买流氓、地痞、惯匪等，建立土匪武装。姚槐股匪在上思、思乐、崇善、明江及越桂边界等地造谣惑众，强征粮食、苛捐杂税、奸淫妇女、杀害革命工作人员及其家属，先后袭击崇善、思乐两县人民政府。股匪“越桂边第一方面军”被人民解放军清剿后，姚逃至老挝开设旅馆，自任经理，不久去香港，继续进行反共活动。后去台湾定居，1984年12月24日，于台北病逝。

张　杰(1924—1985年)

又名张问明，荔浦县修仁镇人。民国29年(1940年)在修仁国民基础中学读书时，加入国民党。1943年2月初，张杰为躲避军训和当兵，由同学介绍到永宁乡(今金秀镇)中心校任教师。后曾在崇义乡(今三角乡)、四排小学(现属鹿寨县)等地执教；不久，因不满国民党统治者的腐败而被免职回家务农。1948年春，为躲避国民党征兵，张杰携带妻子，进入瑶山居住，以种地为生。8月，国民党修仁县党部委任张杰为国民党区分部书记，张拒绝到职。1949年春，中共党员吴福贤、刘大春在三江乡一带开展革命活动。7月，张杰在三江乡加入新民主主义青年团，10月，受修仁县中共党组织负责人吴福贤派遣，到永宁乡金秀、金田、长二、六段一带开展革命活动。张杰以小商贩身份为掩护，首先与金田村他的学生金宝生、金玉宝、金尚武等人联系，分头到周围各村开展革命宣传，组织发动群众，开展“三抗”(抵抗国民党征粮、征捐税、征兵)斗争。同时，成立金田地下革命武装——金田武工队，张杰任总指挥。1950年4月，窜入大瑶山的国民党残匪曾悬赏1000元大洋捉拿张杰。一天，张杰去修仁汇报工作后回到金宝生家。由于叛徒告密，半夜，匪首韩蒙轩部100余名匪徒包围了金宝生家。金宝生的姐姐金美兰急忙让张杰躲在猪栏里，以稻草覆盖，躲过土匪的搜查。同年5月底，张杰调任桐木情报站领导，兼任武工队队长，同时保持与仍在瑶山活动的金宝生等人联系。1951年1月，解放大军进剿瑶山土匪，张杰加入剿匪大军的行列。1951年8月，张杰陪同中央访问团进瑶山，协助开展民族区域自治工作。1958年6月，在自治县的审干运动中，张杰被错划为“历史反革命”，并被开除团籍和公职，劳动教养3年。1981年9月，中共金秀瑶族自治县委员会为张杰彻底平反恢复名誉，复职工作。张杰复职后，历任县行政科干事、县政府招待所副所长；1984年11月当选为县政协第一届委员会副主席。1985年8月，张杰因病医治无效，在金秀逝世。

莫新明(1916—1985年)

壮族，民国5年(1916年)2月生于忻城县思练区石龙乡石龙村九伦屯一个贫农家庭。1923年被卖到柳江县里高乡覃国清家，改名换姓为覃振(参加工作后取名莫新明)。因家境贫寒，没有读过书，1928年11月被拉去当兵。次年11月脱离国民党军队加入红七军二师六团一营二连任勤务员。1929年12月—1933年5月在三军团二师六团一营任通讯班班长，以后升任副排长、副连长。1937年1月—1939年4月调任八路军一二〇师三五九旅七一八团六连任排长，1939年5月—10月，在绥米嘉吴靖警备司令部警卫连任班长，1939年11月—1949年7月，在太行军区警卫营任副排长、副连长，连长等职。在此期间，参加过山西省的景尚战斗，荣获二等“杀敌英雄”称号。1947年夏，他带领全连战士参加河南的某次战役。由于作战勇敢，战功卓著，荣获一等“杀敌模范”称号，受河南军区通报表扬。1949年12月，调任警备二旅四团一营副营长。1950年1月—1954年9月，任柳州军分区柳江县支队大队长和柳城县人武部部长。1954年10月—1956年6月,先后担任广西平乐县百货公司副经理、经理,平乐专区商业局副局长。1956年7月以后,历任地质局湖南分局204队副大队长,昭平水电工程局第一副局长,西津水电工程局工区副主任,行政处支部书记等职。1960年11月—1965年6月,在香泉农场任场党委副书记,书记。1965年7月,调到广西民族学院任人武部副部长。1972年11月因病经组织批准退休,1981年11月改为离职休养,1985年9月28日因病在南宁逝世,享年69岁。

李国芬(1900—1985年)

壮族,1900年出生于忻城县古蓬乡板乐村。少年时在家乡读私塾。民国1918年在庆远中学毕业后,考入国民党中央陆军学校。1919年毕业后,在国民党第七军部任通讯员。1930年后,在国民党第十五军一二八团任通讯排长,后调第五战区长官部任通讯连长。1926年,参加北伐战争,在国民革命军第七军通讯大队任中尉大队副。北伐战争结束后,蒋介石发动"4·12"反革命政变,国共合作遭到破坏,李国芬对此不满而回乡。1937年卢沟桥事变爆发,日军大举侵略中国,李国芬重返前线,任国民革命军第五路军上尉大队副。他先后参加台儿庄和泊河两次战役。1940年解甲还乡。回乡后,先在马山中学,后在龙利小学任教。李国芬把自己家的松林捐献给上林县立初级实用职业学校(今古蓬中学)建校舍。1944年冬上林县境沦陷时,李国芬又积极参加上林抗日自卫队,坚持到最后胜利。1945年5月,日军溃退,广西光复,李国芬和樊茂春、韦盛经、李大寰等领导古思地区的游击战争。1947年9月16日,古思武装起义后,古蓬、思吉两乡宣告解放,成立了古思人民联合办事处,李国芬任办事处副主任。1954年8月当选为广西省第一届人民代表大会代表。1956年5月任忻城县人民政府交通科副科长。同年7月任民政科副科长。还先后当选为忻城县第一、二届人民委员会委员。1957年在反右斗争中,错划为中右分子,受降职降薪处分。1960年安排到忻城县新华书店任副经理。1979年3月中共忻城县委会给李国芬平反,恢复名誉和行政级别。1985年10月31日病逝,终年85岁。

王汉昭(1911—1987年)

汉族,1911年生于忻城县思练街。1920年始读私塾,1925年在思练小学读书。1929年7月考入柳州省立第四中学。1932年初中毕业后,回到家乡思练小学任教一个学期。次年考入黄埔军官学校第五期受训后在部队服役。1936年到南京交辎学校受训,结束后到柳州车队当队长。1937年抗日战争爆发,随军北上抗日。在国民党第二十一集团军总司令部(廖磊任总司令)任少校参谋。1940年调安徽省保安司令部任中校参谋长。1942年,在安徽省任望江县县长兼渡江管理处处长,1946年任安徽省第五专区专员。次年调任安徽省保安第五旅旅长。1949年4月22日,王汉昭接到豫鄂皖边区司令部政委胡明拍来电报。次日,王汉昭宣布起义,带领全旅前往豫鄂皖边区司令部接受改编,受到解放军的热烈欢迎。1949年7月,奉命回柳州做老乡郭炳祺的工作(郭炳祺当时任柳州警备司令部副司令兼参谋长)。经王汉昭做思想工作后,1949年11月底,郭部起义,使人民解放军解放柳州不费一枪一弹。1949年8月,王汉昭加入了中国共产党。同年12月,任宜山军分区副司令员。1950年后,先后任广西军区军政干校训练处处长,省建工局、城建局副局长,省工业厅基建局局长,自治区建工局副局长,自治区建委副主任,自治区政协常务委员,自治区对外经济贸易研究中心顾问,自治区建材工业局顾问,自治区国际经济技术合作公司副董事长,自治区进出口公司办公室副主任等职。1987年4月因病在南宁逝世,终年76岁。

陆学藩(1902—1987年)

又名镇安,象州县寺村镇上山村人,中学毕业后投军,后晋升为国民党陆军少将。

民国15年(1926年),陆学藩考入南宁军校工兵科受训,民国18年毕业后任排长。民国20年,入南宁军校高级班第五期受训,毕业后留校,历任军校教育副官、教官、队长等职,并从上尉升至中校。民国26年起在陆军大学学习两年,毕业后任桂林行营参谋处上校作战科长,曾参与昆仑关会战策划。民国29年起历任白崇禧机要侍从参谋、桂系第十六集团军参谋处少将处长、一七五师上校参谋长、一三五师上校副师长等职。民国35年,桂系部队缩编,陆学藩调任榴江县县长,因勒索民财被撤职,同年下半年,调武汉行营参谋处任少将副处长。民国37年任桂系华中部队第三兵团少将副参谋长。在此期间,他在武汉指挥收集中国共产党军事、政治情报,逮捕革命群众,并参与策划对中原解放区李先念部队的围攻。解放军临渡黄河时,陆赴前线协助指挥,企图阻止人民解放军渡河南下。民国37年下半年，调任柳州第十一编练司令部少将参谋长。民国末年(1949年1月1日至9月30日止)上半年起，任华中长官公署广西新军训练处少将参谋长。中华人民共和国成立前夕，陆在柳州率部南逃，同年12月7日，在钦州县小董被人民解放军俘虏。1950年3月，陆被送往汉口中南军政大学军教班学习，其间因造谣煽动，于1951年5月被送军人监狱审查，后被判处劳动改造。1967年5月释放，安排在廖平农场就业。1975年12月，安排在柳州定居，由市政协发给生活费。1985年12月，任市政协委员。1987年5月，在柳州病逝。

韦庆稳(1918—1988年)

壮族，1918年11月12日出生于来宾县(今兴宾区)蒙村镇潘岽村贫农家庭。是壮族拉丁化文字创始人之一。曾任中国社会科学院民族研究所研究员、百越民族史研究会理事、中国民族语言学会理事。

1936年毕业于柳州高级农业职业学校。1938年夏，考入广西教育研究所文史地教学研究班，毕业后任中学教师。1941—1948年，先后写出《中国古代关于孝的哲学》《白居易“长恨歌”韵律与情感的关系》《明代灾饥率曲线表》《〈水浒传金批〉评论》《从壮话基本词汇探索壮族古代社会的基本结构》《从壮话基本词汇探索原始住地和生产、生活基本情况》《壮语研究》《壮语语法》《壮语拉丁化问题》(附拉丁化方案)等著作。

1940年7月考取广西师范学院中文系，1944年毕业并留校任助教。1950年上半年在广西大学任助教、讲师。1950年7月考入北京大学研究班攻读。1952年调入中国社会科学院语言研究所任助理研究员。

1953年，韦庆稳带领中国社会科学院语言研究所专门小组深入广西来宾、宜山等地进行壮语拉丁化实验教学，进行壮语方言调查研究。1954—1962年，他作为民族语言调查队广西分队负责人，常驻广西达八、九年之久。在此期间，他带队深入基层，进行壮语普查和壮文创造、教学、推行等研究和实践，同时负责为广西壮校审定教材。他先后独自或与人合作编写了《壮语语文工作报告》《壮语语法概述》《壮语构词法概要》《壮语武鸣话语法》等著作和《论壮文为“四化”建设服务》等论文。他在广西工作期间，先后被选为自治州和自治区人民代表及政协委员，担任广西壮文工作指导委员会委员兼广西壮文研究室副主任职务。为广西培养壮文中、高级专业人才。

1962年，他带领民族研究所专门小组，深入贵州省三都水族自治县，进行水族调查研究，写出20万字的《水语简志》。此后独自或与人合作发表了《壮语简志》《壮语及壮汉人民怎样互学语言》《壮语语法研究》等著作和《广西壮族的方块字》《水语概述》《越人歌与壮语的关系试探》《试论百越民族的语言》《简论调类的发展》等论文。他对西汉时代《说苑》用汉字作音符记录的越人歌进行研究，得出结论：“越人很可能就是西瓯骆越的人民，很可能就是壮族的先民。”《越人歌与壮语的关系试探》论文发表后，得到语言学界和百越史、民族史专家的重视。他善于利用边缘学科和自然科学的研究成果进行民族语言研究。写出《从调类场探索壮傣语支调类的发展》等论著。

韦庆稳潜心研究，他的大部分研究成果是在比较困难的条件下做出的。《壮语语法研究》一书，是在患胃癌动过手术后的几年里陆续完成的，有的论著则是在“文化大革命”期间潜心研究的结果。1980年任中国社会科学研究院民族研究所副研究员，1987年任研究员。退休后至1988年病危住院之前，仍伏案写作，将手稿41篇汇编成《韦庆稳民族研究》。1988年8月30日于北京逝世。

韦守仪(1934—1988年)

壮族，初中文化，兴宾区正龙乡蒙村人。广西著名山歌手、政协来宾县第一、二届委员会委员、中国民间文艺家协会广西分会会员、广西山歌学会理事。韦守仪出生于歌手世家，14岁即当担郎(专事嫁妆挑送者)，出入歌场，跟歌师韦世红、韦广荣学习汉歌。常深夜燃松明抄识民间山歌，计20多本、2、3万余行，其中有历史歌、盘歌、故事歌、排歌、散歌、习俗歌、动物歌等。他的山歌字正腔圆，歌唱时虽通宵达旦，而嗓音不变。1950年，韦守仪报名入伍，新婚妻子一时不解，守仪用山歌规劝道：“没有枝叶哪来花，没有国来哪有家，胜利果实要保卫，苦难才能连根拔。”1953年，韦复员回乡投入土地改革运动，常以山歌宣传中共的方针政策。同时向《宜山农民报》投稿，到1957年，在地区报上发表了近100首山歌，连年被评为优秀通讯员。20世纪50年代末大兴水利工程时，韦守仪以工地为家，即兴编唱山歌宣传。1960年在二沟水库工地加入中国共产党。1962年冬,他任生产队指导员时,以歌代言,指出领导瞎指挥生产的危害,唱道:"十二月天种玉米,颗颗起来穿白衣,生产不讲季节性,难怪减产勒肚皮"。这首歌使他丢了"官",他发誓不再唱山歌。后经著名壮族歌手、诗人黄勇刹劝慰,复改初衷,再唱不辍。并唱:"金竹千年不变节,桃子万代不变仁,皇帝换朝官换印,我唱山歌不变音"。1981年,韦守仪到自治区壮校深造,提高了创作水平,他能用壮、汉两种文字撰写山歌。所写的民歌《革命不要软绵绵》,被评为优秀作品奖。此后,他相继应邀参加象州、柳城、柳江、柳州等地赛歌会,每次都独占鳌头。1985年,韦守仪随柳州地区文艺代表团,参加自治区"三月三"歌节,在南宁公园摆歌台,唱和各路歌手,回答记者采访,《广西日报》为此专栏刊载他的事迹。1953年以来,韦守仪先后在自治区内外报刊上发表民歌1000余首。1987年被自治区民族事务委员会、广西民间文学研究会、广西山歌学会授予"广西民间歌手"称号。他曾在蒙村办过山歌讲习班,因解惑有方,且生动感人,被村人誉为"山歌教授"。1988年9月4日,韦守仪患肺肿瘤医治无效,不幸逝世。

韦敬礼(1906—1988年)

曾用名韦亮东、王一凡,壮族,武宣县通挽乡伏柳村人。1926年6月,被邀请为本村雇农会秘书。同年11月,伏柳村成立农民协会,他被选为村农协会委员,负责秘书工作。

1933—1935年在广西省立师范专科学校学习。1936年12月23日,中共广西省工委委员黄彰来到武宣通挽,发展韦敬礼加入中国共产党。1937年春,韦敬礼受聘为通挽中心校教导主任,他以教师职业作掩护,积极开展党的工作,发展党员,先后建立中共通挽中心校和伏柳、横山3个支部。同年4月上旬,经省工委批准,成立中共武宣县工作委员会,韦敬礼任县工委组织委员。1937年9月19日,由于叛徒告密,他被国民党当局逮捕。次年2月获释。1938年4月,他受组织派到黔桂边区工作,以小学教师身份作掩护,任中共黔桂边区工作委员会宣传委员。1941年黔桂边党组织终因暴露而被贵州反动政府"围剿",他从黔桂边区撤回武宣通挽。

1942年,桂林市发生"七九"事件,中共广西省工委遭严重破坏,10月,省工委代理副书记黄彰来武宣通挽伏柳村召开党员会议,建立中共武宣特别支部,韦敬礼任特支组织委员,并受省工委的委托,负责省工委在通挽设的交通站工作,接待和保护因"七九"事件撤退来的过往党员。

1944年11月3日县城沦陷。为了发动敌后抗日,以韦敬礼代表的中共一方和以县参议长覃健代表的国民党一方,成立通挽抗日联防会,覃秉寿任主任。同年12月22日,一支日军200多人从来宾边界向通挽方向行进,企图窜往桂平。韦敬礼率领联防自卫队100多人和数百群众武装,在通挽北堂坳伏击日军,打死打伤日军多人和战马多匹,缴获一批军用物资。

1947年6月15日,中共贵县中心县委书记杨烈来武宣,在通挽安村召开中共武宣特支负责人会议,布置准备武装起义,并将武宣特支改为中共武宣县工作委员会,韦敬礼任县工委书记。

1947年9月29日(农历中秋节),廖联原、韦志龙在贵县达开乡举行"中秋起义"。10月1日,韦敬礼带领两个中队共七、八十人前往贵县中里乡配合作战,解放中里乡。10月1日晚,他率队向贵县龙山进发,3日凌晨攻占龙山乡公所。4日凌晨,韦敬礼得知武宣县民团副司令覃国光带100余人进犯桐岭、通挽,他连夜回师通挽,围攻驻通挽圩内之敌。10月5日凌晨,覃国光率队突围向桐岭方向逃跑。接着,韦敬礼带队包围侵占伏柳之敌,激战一个上午,歼敌一个小分队,缴获机枪1挺、步枪7支、手枪1支、子弹700多发。

伏柳之战告捷,大长了游击队的志气。10月5日下午,韦敬礼主持召开县工委扩大会议,决定成立中国人民解放军一二一纵队,他任纵队司令员兼政委。10月8日,他和其他领导人一起,指挥400多人进军桐岭乡包围驻扎在桐岭华昌榨房的敌人。次日拂晓,发起总攻,清晨攻占桐岭乡公所,敌人败退武宣县城,桐岭获解放。

1947年11月,省保安司令部副司令莫树杰亲自带队来武宣"围剿"中共游击队。韦敬礼等一二一纵队领导人深知处境危急,于是布置所属各支队主动撤退。各支队指战员士气高昂,要求坚守阵地,与敌决战。各支队付出重大代价和牺牲,最后化整为零,分散活动。

武宣反围剿失利后,经过一段时间的艰难工作,1948年春,重建武宣武工队,1949年7月编为粤桂边区人民解放军第十九团武宣独立营。这期间,韦敬礼以县工委书记身份直接领导武宣独立营工作。1949年11月21日,成立中国人民解放军粤桂边纵队第八支队新编二十四团，韦敬礼任团政委。同年 12 月 1 日，中国人民解放军一三三师三九八团解放武宣县城后，4 日成立武宣县临时人民政府，他任县长。后来调任柳州专署建设科长、森工局副局长等职。

在"文化大革命"中，韦敬礼遭受严重的摧残迫害。但是，他胸怀宽广，顾全大局，把个人的得失置之度外，仍然任劳任怨、兢兢业业地为党工作。拨乱反正后，他的问题得到了彻底平反，恢复党籍。离休后享受厅局级待遇。1988 年 10 月在柳州病逝，终年 82 岁。

梁华新(1922—1989 年)

壮族，出生于金秀瑶族自治县七建乡巴山村农民家庭。1939 年，梁华新进入平乐县省立平乐中学读书；在学校接受进步教师的启发教育，倡导组织读书小组，进行抗日救亡和学生民主运动。1944 年，梁华新等进步学生在中共党员教师支持下，组织"救亡工作服务团"，开展抗日宣传和服务工作；梁华新还主编该团《战时三日刊》。当年，梁华新由平乐中学保送进浙江大学(已迁往贵州遵义)学习。是时，日寇铁蹄踏进贵州，国难日益深重。梁华新仅在浙江大学就读半年，便奔赴重庆；随后，根据八路军驻重庆办事处许涤新的意见，回到平乐县，以小学教师为掩护，开展革命活动。

1945 年 12 月，经魏南金、林润葱介绍，梁华新加入中国共产党。1946 年春，梁华新调往柳州市，在龙城中学任教，担任中共柳州市特支宣传委员；1949 年，先后转移至忻城、灵川、义宁、龙胜等县，历任忻城、三江县特派员，桂北人民解放军总队十三大队政治委员兼龙胜县委书记。广西中华人民共和国成立后，梁华新历任修仁县副县长、蒙山县副县长、融水苗族自治县委书记处书记，桂西壮族自治州副州长，广西省(自治区)民族事务委员会副主任、主任兼民族语言工作委员会副主任、主任，中共中央中南局统战工作组副组长，广西民族学院院长，自治区党委统战部副部长、部长，自治区党委常委、秘书长，自治区五届人大常委会党组副书记、副主任兼秘书长等职；还先后当选为第一、二、三届全国人大代表，五届全国政协常委，自治区第一、二、五、六届人大代表。

梁华新参加革命工作以来，严于律己、廉洁奉公、联系群众。他是副省级领导干部，但严格要求自己的子女，4 个儿女均是一般干部职工。曾有人说其有权不用。梁华新说："我是共产党干部，不能滥用职权，不能为子孙的事败坏共产党的优良作风。两袖清风，就是我留给子孙们最大的遗产。" 1985 年，梁华新离职休养。1989 年 11 月 12 日在南宁逝世。

张　华(1911—1990 年)

原名刘鸿祯、乳名亚福，来宾县(今兴宾区)大湾街人。1933 年 7 月，考取广西师专。1935 年 7 月，和几位同学跟随红军长征过桂北时受伤留下的一位班长一道到湘南、粤北、赣南找红军、共产党不遇。回家后，被当局关押约 1 年，后取保释放。1936 年，加入中国共产党，不久再次被国民党拘捕。1938 年冬，经中共组织安排到广东粤北地区从事建党和开展武装斗争工作。先后担任中共广东始兴县委书记、广东西江地区特委副书记、广东北江地方党主要负责人、中国人民解放军粤赣湘边纵队五岭总队政委和北江第二支队司令兼政委、五岭地委书记等职务。1949 年冬，从粤北调回广西梧州市从事军事接管，任军管会代主任。

1950 年，任梧州市委书记兼市长，任期内创建梧州松脂厂。1952 年，调任北海市委书记兼市长，领导建厂，制造 300 艘渔业大船，组建渔业高级合作社，创建北海外沙内港，发展渔业生产，受中央农村部通报表扬。1954 年，任广西省交通厅副厅长兼省筑路委员会副主任，采用承包方式和计件办法，承担黎湛、黔桂铁路路基工程，缩短计划工时三分之一。所建路基质量好，且为国家节省大量投资。1958 年，任自治区农业厅副厅长时，制订广西发展甘蔗生产措施。1959 年和 1974 年，两次出任区林业厅(局)长，将区直国营林场砍伐权、调拨权和财政权下放给林场，实行以林养林。同时，领导进行林业清查，开展林业调查系统工程的科学研究。在任职内，广西林业科研和应用科研成果居于全国领先地位，广西森林面积和储量增长率均居全国省(区)之首。1978 年，第八届世界林业会议在雅加达召开，担任中国林业代表团副团长参加会议。1962 年，任自治区计委副主任时，曾研究农业、轻工业、重工业的比例关系，写成书面报告呈交中共广西区党委。1980 年后，任自治区政协副主席。1982 年在南宁创办"广西桂海诗社"，出版发行《桂海诗刊》。1987 年当选全国中华诗词学会理事，并被选为广西诗词学会副会长。1988 年当选为全国秦少游学术研究会会长。1990 年 3 月 9 日于南宁病逝,享年79岁。生前著有《诗词十议》《风华诗词集》两书手稿。

韦彦烈(1905—1992年)

原名莫英武,曾用名莫文忠,壮族,1905年生于忻城县板河乡西隆屯的一个农民家庭,曾念过四年私塾。1924年应募入伍。1926年参加北伐军,在第三军七师二十二团三营八连任班长,后随部队到江西南昌市,在朱德任团长的国民革命军"军官教育团"受训。1927年8月1日参加南昌起义。

1928年4月25日,南昌起义部队同毛泽东率领的工农革命军在井冈山会师,成立中国工农红军第四军。韦彦烈在该军三营九连任第三排排长,参加过黄坳、草市坳、五斗江、新老七溪岭、龙深口反"围剿"战斗。

1929年11月9日,红军从湖南郴州返回井冈山,在龙源口击溃周泽元旅一个团,此次作战中,韦彦烈大腿中弹负重伤,不能随军行动,留在宁冈县小毛坪屯一个姓邱的红军联络员家治伤40多天,与红军失去联系,于次年1月到湖南衡阳寻找部队,但始终不得消息,不得已一面打工维持生计,一面计筹集回乡路费。几经周折,于1931年回到老家西隆村。当时其父母均已去世,无钱娶妻,只好到宁江乡六华村古沙屯入赘,改名换姓称韦彦烈。1948年,韦彦烈被推举担任六华村村长。1950年初,被判劳动教养1年。1951年经人民法院重审,宣告无罪。为了落实党的政策,1992年4月中共忻城县委统战部派人到江西省查对事实,报经广西壮族自治区民政厅批准,认定为红军战士,享受应得的政治和生活待遇。1992年逝世。

梁　津(1925—1995年)

武宣县人。1949年毕业于广西大学法律系。1950年后历任广西省人民法院民事审判组副组长、秘书组组长、调研组组长、柳州地区师范学校校长办公室主任等职。1970年后多次被评为先进工作者或优秀党员,1978年加入中国共产党。1980年调到自治区人民检察院,先后被任命为助理检察员、检察员、检察委员会委员。1986年到退休年龄时,组织上决定让其担任广西电大检察分校副校长和党支部副书记。为了搞好教学,亲自请教师、订教材、编写辅导材料,与辅导教师交换教学意见,改进教学方法,有效地保证了教学工作的开展。负责的电大班,学生成绩逐年上升,不少科目全部达到及格以上,受到自治区电大的表扬。

在搞好本职工作的同时,努力做好组织交给的各项工作。在普法工作中,认真备课,耐心辅导,挤时间给出差的人员补课,使单位参加普法学习人数达到100%,且各科成绩平均分都在90分以上,很好地完成了普法任务。自治区检察院有不少人参加了电大、成人高校以及自学考试学习,大家对其十分信赖,经常向其求教。总是不厌其烦地耐心指导,帮助大家解答学习上的问题,并提供学习资料给大家参考。1990年被评为副教授。1993年被评为享受国务院政府特殊津贴专家。

金宝生(1927—2000年)

瑶族,1927年10月出生,中共党员,初中文化,广西金秀瑶族自治县金秀镇人。1949年10月—1956年9月分别任金田武工队队长、修仁县公安局剿匪学习班学员、金秀瑶民自治区副区长、中南民族学院学员、广西省民族工作队队员、大瑶山瑶族自治区(县级)区长、区委书记。1956年9月—1959年1月任中共广西省平乐地委委员、专署副专员兼中共大瑶山瑶族自治县委员会书记。1959年1月—1966年5月任中共广西柳州地委委员、专署副专员兼中共金秀瑶族自治县委员会书记。1966年6月—1969年7月受"文化大革命"冲击。1969年7月—1973年9月任广西柳州地区宣传队队长、地委三分之一工作队办公室副主任、来宾县委副书记。1973年9月—1974年6月任中共广西柳州地委宣传部部长、国家民族事务委员会委员。1974年6月—1976年12月任中国支援加蓬共和国农技组组长。1977年1月—1978年2月任柳州地委常委、地区革命委员会副主任。1978年2月—1978年5月任广西壮族自治区统战部副部长兼自治区民委主任、全国人大常委会民族委员会委员。1978年6月—1979年12月任广西河池地委副书记、行署专员。1979年12月—1983年3月任广西壮族自治区人民政府副主席、河池地委书记。1983年3月—1988年6月任广西壮族自治区党委副书记、常委,自治区党委对台工作领导小组组长。1988年1月—1997年1月任广西壮族自治区人大常委会副主任、党组副书记。是中共十二届中央委员会候补委员,中共十三大代表,第一、第二、第三、第五届全国人民代表大会代表;广西省第一届人民代表大会代表,自治区第二、五、六、七届人民代表大会代表。1997年2月退休。2000年7月8日逝世。

樊茂春(1911—2003年)

壮族,忻城县古蓬镇东河村人。1928年考取广西省立第十一中学。1931年,中学毕业回乡,在思吉乡中心校执教。1933—1935年,任思吉乡首届民选乡长。1936—1939年先后任双贤乡乡长、思吉乡乡长、上林县参议会副参议长。1942年,先后任上林县参议会参议长、上林县政务督导员,主管上林县北区政务,兼任古蓬乡乡长。1944年4月任上林北区抗日同盟会会长,是年冬天,受第四战区指挥官梁翰嵩中将委任为上林县抗日第四联队副联队长兼政治部主任、思吉乡乡长。1945年春,与抗日第四联队队长何泽华、联队政治指导员黄日昌率领队伍同日军激战,先后攻占古蓬、北栏、红渡等日军据点。1947年10月31日,由樊景芳带路,同蒙修学、樊仕吉渡过红水河。先后与樊大、樊登、樊万金、赵万里、莫江白、覃宝龙、吴师光等取得联系,积极开展革命活动。1948年3月,樊茂春同覃宝龙商定,于隆山县地州屯建立上林、隆山、都安、忻城、宜山联络站。是年7月,经吴师光介绍,樊茂春在宜山县叶茂屯蓝秀芳的婶娘家加入中国共产党。1949年春节期间,樊茂春在宜山县弄丁屯参加党员骨干训练班学习。2月到清潭乡开辟新的根据地,建立中共清潭支部,任书记;建立凤凰山工作委员会,任主任委员,5月,成立凤红区政务委员会,任委员;建立桂西北人民解放军第五团联队政治委员。樊茂春先后任该团第四大队、第二大队教导员。10月,建立都宜忻人民解放总队,任总队第二联队政治委员。11月27日,率第二、四、七大队部分队伍,会同解放军39军116师进驻县城,忻城宣告解放。12月初,忻城县人民解放委员会宣布成立,樊茂春任主任。1950年2月1日,忻城县人民政府成立,樊茂春任忻城县第一任县长。1953年3月任宜山专区专员公署文教科科长。1954—1960年先后任广西省人民医院副院长、党支部副书记、省卫生厅中医科科长、百色专署卫生科科长等职,1959年底—1960年2月受批判,被定为"右倾机会主义分子"。1979年12月,获得平反后任右江民族医学院总务处处长。1982年7月在右江民族医学院离休,享受厅级待遇。2003年5月18日在邕逝世。

刘瑞军(1973—2004年)

1973年10月28日出生,1994年6月参加工作。中共党员,武宣县东乡镇人。生前任武宣县公安局东乡派出所所长。

1994年,刘瑞军任中学教师。1995年12月,刘瑞军投笔从警,三年后任城关派出所副所长。2001年12月,调任武宣县公安局刑侦大队副队长。2002年11月,任东乡派出所所长。在从警生涯中,一直从事案件侦破工作,在9年时间里,刘瑞军直接参与破获各类刑事案件570起,把178名犯罪分子送上审判台。

2004年11月27日上午10时,东乡镇上禄库村村霸潘某某挥着长刀,扬言要刺死与之争吵的邻居。刘瑞军闻讯直赶现场,喝令歹徒放下刀,到派出所接受调查,在处置中,被歹徒刺中心脏,经抢救无效光荣牺牲。

刘瑞军牺牲后,中共武宣县委、团县委分别追认他为"优秀共产党员""武宣青年卫士"。自治区民政厅批准刘瑞军为烈士,国家公安部授予刘瑞军"全国公安系统二级英雄模范"称号,颁发抚恤金3万元。广西壮族自治区人民政府追认刘瑞军为革命烈士,颁发抚恤金20万元。

蓝仁松(1960—2004年)

壮族,忻城县红渡镇马蹄村下叭屯人。蓝仁松4岁时失去双亲,由姐姐抚养,1986年高中毕业回家务农,1990年7月加入中国共产党。

1995年12月,忻城县森林消防专业队招收蓝仁松到县森林消防专业队任指导员。蓝仁松处处以共产党员先进性要求自己、带动同志、影响他人。不论在县境扑火,还是到县外支援救灾,他都以身作则,身先士卒,把困难留给自己,把方便让给别人,地形复杂危险的他先上,把安全的地方留给同志。多年来,先后被评为忻城县先进工作者。

2004年12月4日18:00时,金秀瑶族自治县三江乡发生特大山林火灾。次日凌晨2点50分,忻城县森林消防专业队接到来宾市森林防火指挥部指示蓝仁松立即率领县森林消防专业队11名队员到妙煌乡扑火。6日上午8时到达笔架山林场的火场。10时30分,奉命回到象州县待命,在回撤途中,又接到命令,蓝仁松立即赶赴金秀瑶族自治县三江乡扑火。7日6时,唐朝岭火场火势变小,蓝仁松带领森林消防专业队员扑灭800多米火线,火场火势得以控制。突然间,六桂背(地名)火场冒气浓烟,蓝仁松请示指挥部同意后,带领队员们向六桂背火场跑步前进。当天12时许到达火灾现场,与锦绣大樟乡扑火队沿着火路向山上扑救,队员们顾不上休息即奋不顾身投入到灭火战斗,14时30分,就在火魔即将被灭掉的时候,突然一阵狂风从山底刮上来,让扑火勇士们意想不到的事情发生了,刚扑灭的大火顺着风势卷起了几丈高的火焰。在这千钧一发之势,蓝仁松手持灭火器对着后面的三位同志大呼:“不好,风向变了,你们后面三位快撤,我来掩护”。三位战友冲出火魔重围。然而,蓝仁松瞬间被大火吞没而英勇牺牲,英魂永远留在大瑶山。

第二节　人物简介

本节主要是对在全国具有一定影响的来宾籍各界知名人士(包含2005年后逝世人物)作简要介绍。重点介绍廖冰兄、韦章平、韦纯束、韦大卫、武剑青、赵乙生、林超群、黄任文、罗德宣、黄汉儒、黄格胜、蓝日基、陈保善、李宁、潘武宾和崔屹等16人。

廖冰兄(1915—2006年)

世界著名漫画家。原名廖东生,1915年于广州出生,祖籍象州县妙皇乡。在他4岁、妹妹1岁时,父亲不幸去世。由于生活所迫,其母在外婆的安排下,改嫁旧桂系军官余恩浦(武宣县桐岭湾龙村人)。廖冰兄年少时,与外婆、妹妹在广州谋生,17岁时考入广州市市立师范学校,开始发表漫画。民国22年(1933年)在广州《诚报》上发表一篇文章,因与妹妹廖冰感情甚笃,署名为廖冰兄(意为廖冰的哥哥),后一直沿用此名。1934年,他在广州、上海发表不少漫画,作品在《时代漫画》《上海漫画》《中国漫画》等发表。1937年,抗日战争爆发,22岁的廖冰兄于10月回到武宣县桐岭湾龙村,当时他到武宣县城住在北街姓胡的亲戚家,并常到振兴书店阅览进步书籍,在那里认识了江明彬等人(江明彬是桐岭人,后任中共武宣县特支书记),由于得到他们的资助,廖冰兄买纸笔颜料,回湾龙村,画了100多幅“抗日画”,因不能在县城举行画展,在江明彬的帮助下,便在桐岭圩展出;次年把画带到广州、武汉展览。他在桐岭期间,还为桐岭中心小学作了校歌:“七个手榴弹,一根好快枪,热血满腔,冲过山,冲过岗……”。1945年9月—1946年3月他画了100多幅总题目为《猫国春秋》的漫画,1947—1950年发表于各种报刊的漫画不少于3000幅。他曾举办过多次漫画展和多次参加国内外漫画展。出版有《冰兄漫画1932—1982作品选》《中国漫画系—廖冰兄卷》等,代表作有《禁鸣》《标准奴才》《肥鸭闲吟》《剪辫子》《他们又占领了一个地方》《我有一支笔》《自嘲》《噩梦录组画》《残梦纪奇篇组画》等。中华人民共和国成立后,曾任广州市人民代表大会代表,后任中国美协理事、美协广州分会副主席、广州漫画学会会长。1983年漫画《自嘲》获第六届全国美展铜质奖章、广东省首届鲁迅文艺基金奖,为中国美术馆收藏。2003年9月获第二届中国美术金彩成就奖。2004年12月,获中国文化部颁发的第二届“造型艺术成就奖”。廖冰兄热心捐助社会,为广州市教育基金捐画筹款,为希望工程、团市委“手拉手”基金筹款,为广州市荔湾区的重症儿童筹款等,自20世纪90年代以来,捐出的字画及款项折合人民币近百万元。2004年11月成立了“廖冰兄人文专项基金”,宗旨是“维护正义,播种爱心,净化心灵,造福社会”。

韦章平(1920—2009年)

象州人。壮族,曾用名韦大仁、韦振威、韦克坚,象县(今广西象州县)大乐镇石朋村人。

民国26年(1937年),韦章平考入象县国民中学。1938年11月,韦章平(韦克坚)考取广西学生军。1939年11月,因战事需要,学生军缩编,韦章平被编到二团七中队,辗转到广西扶南县任游击队指导员。1940年5月,学生军奉命集中隆安县下颜镇整编。同年8月,由班长黄保华介绍加入中国共产党,并由黄保华在郊外的密林里专门为他举行入党宣誓。1941年6月,广西当局宣布解散学生军。韦章平到广西合作训练所学习两个月后,被分派到蒙山县合作室。韦章平组织5名中共党员成立党支部,并任党支部书记。一年多后,因身份暴露,转移到修仁县广平表证中心校当教师,秘密身份为修(仁)、荔(浦)、蒙(山)县特支副书记。1944年6月,成立修仁县党支部,韦章平任党支部副书记,在修仁县城到广平、三江、三排、四排、十锦等桂柳公路沿线的中心小学开展中共党员活动。1945年,韦章平到河池中学任教,利用教师的合法身份,向学生灌输进步思想,宣传共产党的抗日主张。1947年8月,党组织将韦章平与覃显调到忻城县马泗乡冷水村开展群众工作。当年冬,他回象县向象县特支书记韦纯束交流了忻城县组织“穷人翻身会”的经验,引起韦纯束高度重视,遂向党组织建议将他留在象县工作。韦章平推广忻城批验,先后在江西、石朋、小古院、大乐、屯鸾等十多个乡村及瑶区发动群众建立起“穷人翻身会”。不久,国民党当局派军警到其家里抓人,当时他不在家，躲过了敌人的抓捕。之后，他秘密转移到中兴乡古院村，继续开展党的地下活动。1948年12月，韦章平从“穷人翻身会”挑选了14名骨干，秘密集中到小古院村庄严宣誓，成立象县中共地下党领导的第一支武装力量象县武工队，韦章平任队长。主要任务是放手发动群众，坚持和扩大活动区，打击反动地主势力和敌特，反“三征”（征兵、征粮、征税）。

1949年7月21日，武工队潜入中兴乡公所，活捉中兴乡长等人，缴获长短枪15支，破仓分粮2万多千克。同年8月4日，武工队袭击近城乡公所。1949年9月初，国民党广西省第十三区（桂平区）专员兼保安司令公署政务室主任吴克宽带领保安独立十三营及象县自卫总队常备中队、西乡自卫队共300多人，到象县百丈乡“围剿”共产党和游击队。中共象县工委在大乐乡古车村召开会议，传达省农委指示和桂中地工委决定：象县武工队扩编为中国人民解放军桂中支队第八大队，韦章平任大队长。会议决定在百丈乡对敌人实施反“围剿”。反“围剿”的队伍由桂中支队第八大队和各地民兵组成，共有1000余人枪，分西路、北路、东路、南路向国民党兵盘踞的百丈圩包抄。韦章平率北路队伍连夜急行军，途中与国民党象县特编中队相遇，隔河战斗数小时，按计划到达百丈村，各路队伍到齐后将敌人包围在百丈圩5天6夜，毙伤大量敌人。正准备对百丈之敌发起总攻之际，国民党广西省保安司令部一团一营和桂平自卫总队迫击炮连抄近路翻越大瑶山，赶到百丈增援。在敌强我弱的情况下，韦章平下令撤退。同年10月14日，中共桂中地工委在大乐乡鸡德村召开扩大会议，决定桂中总队第八大队扩编为中国人民解放军桂中支队第八团，韦章平任团长。同年11月下旬，韦章平率领桂中支队第八团配合中国人民解放军主力部队在罗秀圩阻击国民党溃军，全歼国民党华中军政长官公署所属残部4900余人。

1950年1月，象县境内相继发生土匪暴乱，地处交通要道的石龙镇遭受四周土匪威胁，区人民政府被迫撤出石龙镇。石龙镇商会会长趁机组织非法武装，占领石龙镇。韦章平跟随地委秘书长陈东带一个排解放军到武宣县指导工作，因不知情误入石龙街，当时情况十分危急。韦章平与陈东商量后，选择江边的一座楼房住下，一边作好战斗准备，一边由韦章平派人向县城传信，请求增援。象县县长张兆凯亲自率解放军驻象县剿匪部队两个连星夜驰援，将石龙镇的非法武装全部缴械。同年3月，韦章平任象县县长，发动群众，召开各界人民代表会议，制定“剿匪公约”，配合中国人民解放军驻象县剿匪部队，仅用1年时间将象县境内的土匪基本肃清。1952年9月，韦章平任中共石龙县委第一副书记、石龙县县长。1953年下半年，调中共宜山地委工业部任副部长。1955年5月，韦章平调广西民族学院，任广西民族学院党委副书记兼副院长。1959年，韦章平因如实讲下乡搞“反瞒产”的体会，在自治区统战部处级以上干部会上被批斗，定为“严重右倾”，下放到武鸣华侨农场锻炼。在农场5年，先后任基建队长、基建办公室主任、农牧办公室主任、代理场长、农场党委书记。1965年8月，经中南局批准，韦章平返回学校工作，任广西民族学院党委书记兼副院长。

1966年8月28日，韦章平被定为“走资派”，头戴高帽环城游街示众，并被抄家。1968年7月，韦章平从南宁转到桂林，后返回学校“住牛棚”。1972年，韦章平被任命为广西民族学院革委会副主任，分工抓教学工作。1978年11月，韦章平任广西民族学院党委书记，后兼任院长。1983年，韦章平任自治区人大常委会副主任。1993年，韦章平离职休养。2000年，韦章平出版了个人著作《逸情书画选》。

韦章平先后当选为第一、二、三届全国人民代表大会代表，全国政协第六届常委。2009年12月3日韦章平在南宁逝世，享年90岁。

韦纯束（1922—2016年）

曾用名郑国，壮族，民国11年（1922年）3月8日生于象州县寺村镇交趾村。曾就读于象县国民中学。1938年冬，参加广西学生军，投入抗日活动。1941年3月，在邕宁县江西乡老口村加入中国共产党，从事党的地下工作。同年秋，在广西省第六期合作人员训练班学习，结业后在平乐、修仁、象县等地进行革命活动。1946年春任中共象县支部书记。1947年2月任中共象县特支书记。1948年1月任中共桂林市工委副书记。1949年5月，任中共桂中地工委副书记、桂中支队副政委，同年8月，兼任中共象县工委书记、桂中总队第八大队政委。

中华人民共和国成立后，任梧州军分区独立团政委。1950年9月，任中共桂平县委书记、桂平县县长。1954年6月，调广西交通厅工作，先后任运输局局长、副厅长、厅长。1965年11月，任中共南宁市委副书记、市革委副主任。“文化大革命”期间被迫害。1973年5月,重新工作,任中共南宁市委书记、南宁市市长。1978年1月,调自治区建委任副主任。1979年8月,任中共南宁市委书记、南宁市市长。1982年4月,调任自治区人民政府秘书长,同年9月,当选为中国共产党第十二次全国代表大会代表。1983年4月—1990年1月,任中共广西区党委副书记、自治区人民政府主席。1985年9月,当选为中国共产党全国代表会议代表。1987年11月,当选为中国共产党第十三次全国代表大会代表,在党的十三大上,当选为中共中央顾问委员会委员。为第六、第七届全国人民代表大会代表。

韦大卫(1930—2012年)

曾用名桂萍,壮族,象州县寺村镇连河村人。民国19年(1930年)12月26日出生。自幼生长在桂林,1941年起先后在省立临桂中学、私立青年中学读书。1946年进桂林补习学校,1948年在桂林象山艺苑学声乐。1949年7月赴广州,同年8月去台湾,在陆军受训,后考入海军军官学校,毕业后在永泰军舰任职,1951年考入空军军官学校飞行35期。1954年驾机起义失败,被关入空军监狱,3个多月后经营救出狱,1955年12月4日入台北飞行社;1956年1月7日,驾驶蒋经国游览专机起义飞回大陆。

回大陆后,在中国民航局任飞行员。1983年当选为中国国民党革命委员会(以下简称民革)中央候补委员,同年又被选为北京市朝阳区政协委员。1984年,任中国国际航空公司培训中心副主任,1985年,当选为民革中央委员、兼民革中央祖国统一工作委员会副主任,同年任北京航空联谊会副会长。1988年,选为中国人民政治协商会议第七届全国委员会委员兼民族委员会委员。

武剑青(1931年—)

武宣县三里镇人。民国35年(1946年)参加地下党外围组织,从事学运工作。1947年肄业于广西武宣中学。1949年6月参加中国人民解放军粤桂边纵队,同年加入中国共产党,历任粤桂边纵队某部连指导员、营教导员。中华人民共和国成立后在广西省军区任参谋。1951年开始发表作品。1979年加入中国作家协会。著有长篇小说《云飞嶂》《流星》《合欢花》《九曲杜鹃魂》《商贾情缘》《冷月天涯》等七部及自选《武剑青卷》。发表了短篇小说《冬雾》、报告文学《夜访将军》、散文《肩膀》等48篇,共三百万字。长篇小说《失去权力的将军》获广西人民政府首届最高文艺创作奖“铜鼓奖”。1987年曾参加中国作家代表团出访波兰,任副团长。同年获中国作协颁发的编辑荣誉证书,1991年获全国艺术科学规划先进工作者称号。其小传已收入《中国文学家辞典》《广西百科全书》等七十三种辞书出版。曾任《广西文学》总编辑,广西文联书记处书记,广西作家协会第三届副主席,广西文联党组书记、主席,广西文学院院长,专业作家,文学创作一级。是全国第四、五、六次文代会代表,全国第三、四次作代会代表;中共广西第六、七届党代会代表。

赵乙生(1935年—)

瑶族,广西来宾金秀人。1952年在金秀瑶族自治县罗香乡政府工作,后到广西行政干部学校学习。1954年以后,任金秀瑶族自治县人民委员会农水科科员、副科长。1958—1960年在中央民族学院武汉分院学习。毕业后,任中国共产主义青年团中央民族学院武汉分院政治系总支部书记、中共政治系总支部秘书。1962—1978年任金秀瑶族自治县罗香区副区长,六巷公社党委书记、革命委员会主任,罗香公社党委书记、革委会主任。1978年以后,任金秀瑶族自治县教育局局长,县委宣传部副部长。1981年始任中共金秀瑶族自治县委书记,1984年1月—12月任柳州地委书记。1985年后,历任中共广西壮族自治区委员会常务委员兼组织部部长,中共南宁市委书记,中共广西区委政法委员会副书记。系第六届全国人民代表大会代表;中国人民政治协商会议第八、九届全国委员会常务委员。

林超群(1935年—)

壮族,1935年4月出生,象州县寺村镇寺村街人。1948年小学毕业后,以第一名的成绩考入象县初级中学。1951年初中毕业后即在寺村中心小学任教,同年4月—7月,在柳州地区公安培训班学习,后在柳州专署公安处、省公安厅柳州办事处工作。1953年7月加入中国共产党,1954年4月调省公安厅劳改局工作,先后任办事员、科员,1960年7月任副科长。1969年4月,任自治区革命委员会保卫组工作人员。1974年4月,任自治区公安厅三处副处长。1984年7月,任三处处长。同年10月,任中共南宁市委常委、政法委书记、公安局局长。1985

年6月，任广西壮族自治区党委常委、政法委书记、公安厅党组书记，同年8月任自治区公安厅厅长。1992年，被授予人民警察副总警监，为中华人民共和国首批13名人民警察副总警监之一。是中共广西壮族自治区第五、第六、第七次代表大会代表；广西壮族自治区第六、第七、第八、第九届人民代表大会代表；第七、第八届全国人民代表大会代表；公安部咨询委员。

黄任文(1936年—)

壮族，1936年1月生，象州县寺村镇人。1982年7月加入中国共产党。1955年3月参加工作，历任象州县中学教导干事、教师，广西下田锰矿、柳州地区民矿站技术员，柳州地区重工业局冶金组长、工程师，中共柳州地委组织部副部长，柳州地区行署副专员，柳州地委副书记、行署专员。1992年10月—1993年1月任广西壮族自治区高级法院副院长、党组副书记。1993年1月以后任广西壮族自治区高级法院院长、党组书记，自治区党委政法委员会副书记、自治区社会治安综合治理委员会副主任。2001年1月退休。是广西壮族自治区第六、七、八、九届人民代表大会代表，第七届全国人民代表大会代表，中共广西壮族自治区第七届委员会委员。

罗德宣(1938年—)

来宾市兴宾区蒙村镇桂枝村人。1965年7月成都地质学院地质找矿与勘探专业毕业，先后在中国有色工业总公司广西地质勘查局271、273、204、274、270地质队和广西有色地质勘查局工作。1988年4月任广西有色地质勘查局总工程师，教授级高级工程师，1998年9月退休。长期从事多金属矿产地质、勘查、科研及技术管理工作。先后参加黑色、有色及稀有金属等矿种30多个矿床的地质查与科研工作，提交相应阶段的地质报告。发表论文7篇，与人合作撰写专著《广西锡矿》，曾获中国有色金属工业总公司科技成果二等奖。1993年经国务院批准享受政府特殊津贴。

黄汉儒(1943年—)

忻城县人，1965年毕业于广西中医学院。1982年毕业于中国中医研究院，获医学硕士学位，是广西第一个中医硕士。广西民族医药研究所所长、中国民族医药学会副会长、广西民族医药协会会长、广西中医药学会副会长、民族医药报社社长、主任医师、硕士研究生导师、广西壮族自治区政协委员、第八届全国人民代表大会代表、卫生部《中国医学通史》分卷编写委员会委员、国家中医药管理局《中华草本》民族药专业委员会副主任委员。享受国务院特殊津贴，有突出贡献专家。

黄格胜(1950年—)

壮族，武宣县人，1950年9月出生。1966年初中毕业后因文革辍学，1980年考取广西艺术学院研究生，师从著名画家黄独峰。1982年毕业留校，1987年任副教授，1992年任教授，1995年任广西艺术学院副院长，1998年任院长。黄格胜擅长中国书画，特别是山水画。曾在美国的洛杉矶、旧金山、夏威夷，荷兰的阿姆斯特丹等地举办画展和讲学，作品被荷兰国家艺术馆、中国美术馆收藏；曾在桂林、柳州、南宁、广州、深圳、台湾等地举办个人画展数十次；出版有《漓江百里图》等个人画册十余本。曾获广西区人民政府文化最高奖——铜鼓奖。广西首届十大杰出青年之一，广西首届铜鼓奖获得者，全国优秀教师。作品有《漓江百里图》《侗乡月》《我的中国心》等。1998年美国总统克林顿访华，广西壮族自治区领导以黄格胜作品《漓江百里图》相赠。作品《老屋纪事》入选2001“百年中国画展”。2004年获“黄宾虹奖”。2005年中国画作品《漓江烟雨》随“神六”遨游太空。曾任致公党中央副主席、广西区主委，中国美术家协会副主席，广西壮族自治区政协副主席，广西艺术学院院长，广西文联副主席，广西美术家协会名誉主席，广西中国画艺术委员会主任，广西民族书画院院长。十届全国政协常委，教育部高等院校艺术教学指导委员会副主任，国家级优秀专家并享受国务院特殊津贴

蓝日基(1948年—)

瑶族，1948年7月出生，籍贯忻城县。1969年4月—1971年1月任来宾县平阳乡弄桥小学教师、校领导小组组长；1971年2月—1973年8月在广西民族学院中文系读书；1973年8月—1986年3月，先后任共青团广西壮族自治区委办公室干事、副主任、主任，团区委常委；1986年3月—1996年6月，先后任广西社会科学院社会学、青少年研究所所长、社科院副院长，先后评为副研究员、研究员、广西壮族自治区优秀专家；1996年7月—2008年8月，任广西地方志编纂委员会副主任，主持广西一、

二轮修志日常工作；1996年7月—2006年2月，任广西壮族自治区通志馆党组书记、馆长（正厅长级），2006年3月—2008年6月，任广西地方志办公室党组书记、主任（正厅长级）。参加评审广西一、二轮广西通志、市志、县志200多部。先后发表专著2部、研究论文、研究报告160多篇，共160多万字。有5项成果获广西社会科学研究优秀成果二等奖，即论文《试论青少年社会化的艰巨性》、专著《关键的决策》（二人合著、第一作者）、研究报告《广西智力开发研究》（二人合著、第一作者）、专著《中国少数民族发展研究》、论文《改革开放与少数民族地区青年观念的变革》。论文《认真实施地方志编纂质量系统工程》获广西第一轮修志十佳论文奖。担任《广西续修地方志教程》《广西概况（1996—2005）》《广西市县概况（1996—2005）》主编、《广西大百科全书》社会卷、《广西通志（1996—2005）》政治卷主编、《广西投资集团志》总纂。任第五、七、八、九届广西政协委员，第九届广西政协常委、教科文卫体委员会副主任（正厅长级）。系广西壮族自治区优秀专家，研究员，曾任广西地方志协会会长、广西青少年研究会副会长兼秘书长，广西社会学会、伦理学会、人才学会副会长，担任广西社科联常委，中国青少年研究会常务理事、中国青少年犯罪研究会副会长、中国地方志协会常务理事、中国近现代史料学会副会长。

陈保善（1959年—　）

籍贯武宣，1959年11月出生于一个农民家庭。1982年以优异的成绩毕业于广西农学院植保系，同年考入华南农业大学植病系读研究生。1985年获硕士学位后，回到了母校广西农学院，在植保系任助教。由于教学和科研工作出色，1987年被选派到澳大利亚留学。在澳大利亚Adelaide大学攻读博士学位期间，其学习刻苦，肯钻研，很快在科研方面小有成就。20世纪80年代末，就开始研究当时具有国际先进水平的昆虫媒介传播病毒的专化性识别的机制问题。在Adelaide大学获得博士学位后，1991年陈保善来到美国，在Roche分子生物学研究所做博士后研究工作，1994年晋升为该所研究员。1995年起转到美国马里兰大学生物技术研究所，任高级研究员。在美国工作期间，陈保善在低毒病毒的分子生物学、植物病原真菌致病分子机理以及植物病害生物防治等研究领域做出了重大贡献，创造了几个世界第一，成为国际上有影响的真菌病毒学专家。

1999年冬，陈保善放弃美国优越的工作和生活条件，举家回国，回到了曾经哺育过他的母校广西大学。2000年3月教育部破例允许广西大学在没有“长江学者奖励计划”特聘教授岗位（分子生物学）的情况下，同时报送学科岗位申请和特聘教授候选人，同年9月，陈保善被聘为“长江学者奖励计划”第三批特聘教授。

回国后，陈保善致力于建立和完善一个研究病毒—宿主相互作用的全新的实验系统，来研究属于现代病毒学最前沿领域之一的寄主因子。他领导的实验室已定位和鉴定了一批与病毒的复制有关的新的宿主因子基因，其科研成果在该领域处于世界先进水平。此外，他领导的课题组还进行利用阻断宿主因子原理，来培育新型抗病毒农作物的研究。由于他研究的课题重要性和自身卓越的科研能力，他主持的科研项目获得了国家许多重要基金的资助，其中包括国家“863”计划、国家杰出青年科学基金、国家自然科学基金重点项目、国家转基因植物研究与产业化专项和国际科技合作重点项目等。

在承担繁重的科研工作的同时，陈保善还担任广西大学分子遗传研究所所长、微生物及植物遗传工程教育部重点实验室主任、国家重点建设学科“生物技术和亚热带资源”的学科带头人。陈保善每年还承担繁重的教学任务，他除了带博士研究生和硕士研究生外，还承担本科生毕业论文研究的指导任务。

陈保善是由广西大学引进的广西第一位“长江学者特聘教授”。由于出色的工作和成就，回国仅两年多就载誉累累：2000年被广西壮族自治区人民政府授予“广西壮族自治区有突出贡献科技人员”称号，2001年被国家教育部授予“全国优秀教师”称号，2002年被广西壮族自治区总工会授予“广西五一劳动奖章”，2002年7月被中组部、中宣部、人事部和科技部授予“杰出专业技术人才”称号。是广西唯一获此殊荣的科技人员。

李　宁（1963年—　）

1963年3月10日出生于来宾市兴宾区南泗乡，中国著名男子体操运动员、奥运冠军，是享誉全世界的“体操王子”。7岁开始练习体操，17岁进入国家体操队，开始叱咤体坛风云。1981年，他获得世界大学生运动会男子自由体操、鞍马、吊环三项冠军。1982年第六届世界杯体操赛上，独揽男子全部7枚金牌中的6枚，轰动体操界，创造了世界体操史上的神话，被誉为“体操王子”。1984年，在23届洛杉矶奥运会中，共获得了3金2银1铜，接近中国代表团奖牌总数的五分之一，成为该届奥运会中获奖牌最多的运动员。1985年，荣获世界体操锦标赛吊环冠军。1986年，获第七届世界杯体操赛男子个人全能、自由体操、鞍马三项冠军。在17年的运动生涯中，共获得国内外重大体操比赛金牌106枚，其中：先后摘取十四项世界冠军，成为中国体坛的一座丰碑。1987年，成为国际奥委会运动员委员会亚洲当时的唯一委员。1999年，被世界体育记者协会评选为“20世纪世界最佳运动员”，其名字和拳王阿里、球王贝利、飞人乔丹等25位体坛巨星一道登上了世纪体育之巅。1989年退役后，加盟广东健力宝集团，任李宁体育用品有限公司董事长，从世界“体操王子”成为一颗耀眼的“财富新星”。

潘武宾(1964年—　)

来宾市兴宾区人，1964年3月生。曾读于来宾县第二中学，高考时以优异成绩考取中山大学。1990年获邵逸夫奖学金赴英国萨塞克斯大学攻读分子生物学博士学位，后在美国加州大学伯克利分校做博士后研究员，参与主持SARS疫苗研制工作。熟练掌握英、德、法、日、俄数种语言，多次获“国家自然科学基金”和国家教委“春晖计划”等基金回国交流，是2002年科技部863生物工程技术主题2002年医药课题主持人。1999年，应国务院侨办的邀请，潘武宾作为“海外百人博士团”的一员，回国参加国庆50周年的庆典活动。2000年，潘武宾博士毅然辞去国外舒适的环境和待遇优厚的工作，回国投身现代基因医药研发工作。不久成为清华基因城发展有限公司副总裁、深圳清源同茂生物技术有限公司总经理。在辛勤工作的同时，潘武宾利用担任深圳市留学生创业园专家委员会副主任、深圳市海外交流协会理事等身份，积极组织海外一流的专家到国内进行交流与合作，同时协助、吸引和帮助留学生及海外人士归国创业。他本人所主持的两个项目也先后被列入国家科技部863计划和科技攻关计划。

多年来，他主要专攻生物工程制药及生物工程在其他领域上的应用；基因工程和微生物工程、分子流行病学及传染病分子诊断；新药的开发、筛选及研制，新酶及新结构化合物；基因工程育种和菌种改良等方面，具有丰富的生物医药创业及生物医药企业的经营和管理经验。

崔　屹(1976年—　)

来宾市兴宾区人，1976年1月22日出生。1987—1993年就读于来宾县第二中学，高考时以优异成绩考取中国科技大学。1998年获中国科技大学化学学士；2002年9月获美国哈佛大学化学博士学位，从事半导体颗粒纳米线的合成、电性质以及在纳米电子器件和癌症诊断应用的研究；2002年11月始在美国加州大学伯克利化学系攻读博士后，从事纳米颗粒和纳米棒的合成、自组装、性质和应用等研究。由于成绩突出，2001年获“美国材料研究学会金奖博士研究生”称号，2002年获美国“纳米科技杰出青年科学家”奖，2003年获美国“米勒”青年科学家奖，同年被评为美国“十大杰出青年科学家”。

2004年3月，崔屹回乡探亲。同月25日—27日与母校3000多名校友交流，畅谈自己寒窗苦读的经历和创业经历，并将学习经验介绍给校友，受到校友们的热烈欢迎。

第二章　人物表

人物表共收入境内兴宾区、武宣县、象州县、忻城县、金秀瑶族自治县、合山市历代进士及各个时期、历次战争和革命建设中牺牲的革命烈士、抗日阵亡人士，在各项工作中作出突出贡献的获得省部级以上表彰的劳动模范、先进个人、先进工作者及在地方任副厅级、军队任副师级以上(含)等人物3696人(次)。

第一节　来宾市历代进士表

隋朝开始实行科举考试制度。从隋文帝开皇十八年(598年)开科取士至清光绪三十一年(1905年)废除科举考试，在1300余年中，来宾籍共有18人考取进士功名。

表 32-1 至清光绪三十一年(1905 年)来宾市域内历代进士表

姓名	籍贯	中式时间	朝代
权　凤	兴宾	熙宁九年(丙辰,1076 年),探花	宋朝
吴　况	象州	崇宁二年(癸未,1103 年)	宋朝
秦　忠	象州	崇宁二年(癸未,1103 年)	宋朝
谢　洪	象州	宣和三年(辛丑,1121 年)	宋朝
谢　泽	象州	宣和三年(辛丑,1121 年)	宋朝
傅　敬	象州	永乐十六年(戊戌,1418 年)	明朝
方　溢	兴宾	成化二十三年(丁未,1487 年)	明朝
陈　仁	武宣	雍正十一年(癸丑,1733 年)	清朝
陈　旭	武宣	雍正十一年(癸丑,1733 年)	清朝
冯昌绅	象州	乾隆二十六(辛巳,1761 年)	清朝
郑名佐	象州	乾隆三十一(丙戌,1766 年)	清朝
覃学海	象州	嘉庆十年(乙丑,1805 年)	清朝
刘书升	象州	嘉庆十三年(戊辰,1808 年)	清朝
张梦骥	武宣	嘉庆二十二年(丁丑,1817 年)	清朝
吴绳显	兴宾	嘉庆二十四年(己卯,1819 年)	清朝
郑献甫	象州	道光十五年(乙未,1835 年)	清朝
李日章	象州	光绪二年(丙子,1876 年)	清朝
石鸿韶	象州	光绪六年(庚辰,1880 年)	清朝

第二节　太平天国人物表

本节收入清朝末年在太平天国运动中来宾籍比较有名的太平天国人物 12 人。

表 32-2 来宾籍太平天国人物表

姓名	性别	生卒年	籍贯	最高官爵
萧朝贵	男	? —1852	武宣县河马乡下武兰村	太平天国西王
卢贤拔	男	? —?	象州县	太平天国镇国侯
何震川	男	? —?	象州县百丈乡新寨村	太平天国夏官正丞相
萧有和	男	? —1864	武宣县河马乡下武兰村	太平天国幼西王
曾水源	男	1826—1855	武宣县东乡	太平天国天官正丞相
谭体元	男	1834—1866	象州县	太平天国偕王
谭绍光	男	1835—1863	象州县百丈乡三婆村	太平天国慕王
覃瑞麟	男	? —?	象州县妙皇乡大椶村	太平天国节王
萧朝富	男	? —?	武宣县	太平天国顶王
覃贵福	男	约 1839—1905	武宣县河马乡那沙村	太平天国武状元
罗际隆	男	? —1854	象州县妙皇乡盘古村	殿前检点左二十一指挥
罗廖氏	女	? —?	象州县妙皇乡盘古村	中二军女军师

第三节　革命烈士表

本节收入的来宾市籍革命烈士是指在各个革命时期和历次战争、革命建设中牺牲的人士且被国家民政部门确认为革命烈士的人员。革命烈士名表收录烈士 1124 人。其中本籍烈士 961 人，客籍烈士 163 人。本表以人物牺牲时间先后排序。

表 32-3　至 2005 年来宾市本籍革命烈士表

姓名	性别	出生年月	籍贯(今地名)	参加革命时间	牺牲时间	牺牲地点(当时地名)	牺牲时所在单位、职务
郑晴山	男	1894 年	象州南街	1926 年	1927 年 9 月	玉林县城大操场	北流县农民运动讲习所、军事主任
刘策奇	男	1895 年	象州南街	1925 年	1927 年 12 月	南宁第二监狱刑场	国民党广西省党部农民部、干事
刘月高	男	1893 年	武宣县东乡镇马合村	1927 年	1928 年	武宣县东乡区双髻山	东乡区农民协会、主席
刘和龙	男	1881 年	武宣县东乡镇李树岗村	1927 年	1928 年	武宣县东乡圩	东乡区农民协会、会员
罗子元(曾用名：罗启亨)	男	1877 年	武宣县东乡镇花潭村	1927 年	1928 年	武宣县东乡圩	东乡区农民协会、清算委员
卢子文	男	1892 年	武宣县东乡镇长塘村	1927 年	1928 年	武宣县东乡圩	东乡区农民协会、委员
李荣山	男	1890 年	武宣县东乡镇花潭村	1927 年	1928 年	桂平县江口	东乡区农民协会、委员
黄阿苟	男	1896 年	武宣县东乡镇根寨村	1927 年	1928 年	武宣县东乡圩	东乡区农民协会、会员
彭功甫	男	1898 年	武宣县东乡镇旧圩村	1927 年	1928 年 5 月	桂平县江口	东乡区农民协会、秘书
翁尧年	男	1899 年	武宣县东乡镇马合村	1927 年	1928 年 6 月	武宣县城	武宣县东乡区农民协会、宣传委员
郑功成	男	1893 年	象县寺村镇白石村	1926 年	1929 年	柳州北教场	象县农民协会筹委会、委员
徐汉章	男		武宣县	1930 年	1930 年 4 月	贵州省榕江县	中国工农红军第 7 军第一纵队、排长
覃智增	男	1900 年	象州南街	1926 年	1930 年 6 月	象县县城东门外	象县农民运动主要领导人
李忠惠	男	1903 年	象县寺村镇西大乌村	1926 年	1931 年 1 月	象县县城东门外	象县农民协会、主席
潘业俊	男	1903 年	武宣县东乡镇石崖村	1927 年	1931 年春	容县	中共容县县委、书记
陈义光	男	1904 年	武宣县东乡镇六良村	1927 年	1935 年	陕西省	中国工农红军、营长
潘志兴	男	1919 年 3 月	忻城县红渡镇三合村		1944 年	忻城县三合村	上林县北六区三合村、村民
韦世光	男	1916 年	武宣县东乡镇上平岭村	1944 年	1945 年 1 月	武宣县三里下江红石	武宣县东乡抗日义勇队、队员
黎金生	男	1911 年	武宣县东乡镇古眉村	1944 年	1945 年 1 月	武宣县三里下江红石	武宣县东乡抗日义勇队、队员

续表

姓名	性别	出生年月	籍贯(今地名)	参加革命时间	牺牲时间	牺牲地点(当时地名)	牺牲时所在单位、职务
蓝砚田	男	1909年	武宣县东乡镇灵机村	1944年	1945年1月	武宣县三里下江红石	武宣县东乡抗日义勇队、队员
陈忠祥	男	1912年	武宣县东乡镇长塘村	1944年	1945年3月	武宣县三里下江红石	武宣县东乡抗日义勇队、队员
覃允忠	男	1911年	武宣县通挽镇古佐村		1945年3月	武宣县通挽六贵村六棉岭	抗日联防会、会员
覃登宰	男	1908年	武宣县通挽镇安村		1945年3月	武宣县通挽六贵村六棉岭	抗日联防会、会员
弗　巩	男	1905年8月	来宾红河农场	1938年	1945年3月	重庆市	复旦大学、教授
劳世佑	男	1903年5月	忻城县北更乡北更村北歪屯	1944年12月	1945年4月	忻城县古蓬内联	上林县北区抗日第四联队北更自卫队、队员
赖斌然	男	1905年	武宣县桐岭镇古卜村	1947年	1947年	武宣县桐岭古卜村	中国人民解放军121纵队、战士
陆世重	男	1924年10月	武宣县禄新乡上堂村	1947年	1947年	武宣县禄新乡	中国人民解放军121纵队、战士
陆瑞年	男	1921年3月	武宣县禄新乡上堂村	1947年	1947年	武宣县禄新乡	中国人民解放军121纵队、战士
叶玉青	男		武宣县武宣镇下南街	1947年1月	1947年4月	河南省汤阴县	中国人民解放军15军14师、战士
樊　英	男	1923年	忻城县古蓬镇凌头村	1947年7月	1947年7月	忻城县古蓬俭表屯	古蓬乡义勇军监察队、队员
樊超成	男	1926年	忻城县古蓬镇龙利村	1947年2月	1947年8月	忻城县思吉乡周安村	古蓬乡义勇军监察队、队员
韦肇阳	男	1921年8月	忻城县古蓬镇凌头村	1946年	1947年9月	忻城县古蓬乡	古蓬乡义勇军监察队、文化教员
樊日轩	男	1914年4月	忻城县古蓬镇凌头村		1947年9月	忻城县古蓬乡	古蓬乡义勇军监察队、分队长
韦华宪(曾用名:韦华琰)	男	1906年	武宣县通挽镇汶村	1947年4月	1947年9月	武宣县江龙汶村	中国人民解放军121纵队第一支队、支队长
韦昌猛	男	1893年	武宣县通挽镇进步村	1947年7月	1947年9月	贵县樟木	中国人民解放军121纵队、战士
廖延年	男	1916年5月	武宣县三里镇杏村	1947年7月	1947年9月	贵县中里乡河鄱村	中国人民解放军达开纵队、战士
覃登清	男	1903年	武宣县通挽镇安村	1947年7月	1947年10月	武宣县石座村六洪村	中国人民解放军121纵队、战士
黄　猛	男	1924年	武宣县东乡镇莫村	1947年	1947年10月	武宣县三里圩	中国人民解放军121纵队、战士
黄保昌(曾用名:黄保章)	男	1905年	武宣县通挽镇尚黄村	1947年8月	1947年10月	贵县中里区	中国人民解放军121纵队、班长
黄炳顿	男	1923年	武宣县通挽镇汶村	1947年8月	1947年11月	武宣县通挽汶村	中国人民解放军121纵队、战士
黄世船	男	1914年	武宣县通挽镇汶村	1947年8月	1947年11月	武宣县通挽汶村	中国人民解放军121纵队、战士
黄炳懂	男	1929年	武宣县通挽镇汶村	1947年8月	1947年11月	武宣县通挽汶村	中国人民解放军121纵队

续表

姓名	性别	出生年月	籍贯(今地名)	参加革命时间	牺牲时间	牺牲地点(当时地名)	牺牲时所在单位、职务
韦华旺	男	1926年	武宣县通挽镇汶村	1947年8月	1947年11月	武宣县通挽汶村	中国人民解放军121纵队、战士
覃秉侯	男	1928年	武宣县通挽镇安村	1947年7月	1947年11月	柳州市	中国人民解放军121纵队、战士
覃秉本	男	1923年	武宣县通挽镇安村	1947年7月	1947年11月	柳州市	中国人民解放军121纵队、战士
何振豪	男	1921年	武宣县通挽镇分岭村	1947年8月	1947年11月	柳州市	中国人民解放军121纵队、战士
赖其勋	男	1915年	武宣县桐岭镇古卜村	1947年7月	1947年11月	武宣县桐岭旺村	中国人民解放军121纵队、战士
韦树平	男	1901年	武宣县桐岭镇塘莲村	1947年	1947年11月	武宣县塘莲村	中国人民解放军121纵队、战士
刘达忠	男	1912年	武宣县东乡镇李树岗村	1947年	1947年11月	武宣县三江坝	中国人民解放军121纵队、战士
刘达寿	男	1915年	武宣县东乡镇李树岗村	1947年	1947年11月	武宣县东乡圩	中国人民解放军121纵队、战士
刘达新	男	1911年	武宣县东乡镇李树岗村	1947年	1947年11月	武宣县东乡圩	中国人民解放军121纵队、战士
曾华顺	男	1894年	武宣县东乡镇吴村	1947年	1947年11月	武宣县东乡圩	中国人民解放军121纵队、战士
陆永鳌	男	1909年	武宣县通挽镇克胜村	1947年8月	1947年12月	武宣县通挽圩	中国人民解放军121纵队、战士
赖炳昆	男	1924年	武宣县通挽镇古律村	1947年9月	1947年12月	武宣县通挽圩	中国人民解放军121纵队、战士
赖忠民	男	1901年	武宣县桐岭镇古卜村	1947年7月	1947年12月	武宣县府监狱	中国人民解放军121纵队、战士
江明彬	男	1916年	武宣县桐岭镇桐岭街	1936年	1947年12月	来宾县大湾歪榜村	中国人民解放军121纵队、第二副政委
江明朗	男	1914年	武宣县桐岭街	1947年	1947年12月	桂林市	中国人民解放军121纵队司令部经济处、副主任
刘铁民(曾用名:刘铁明)	男	1891年	武宣县东乡镇李树岗村	1927年	1947年12月	武宣县东乡白沙村	中国人民解放军121纵队第十二支队、副支队长
韦盛隆	男	1906年	忻城县古蓬镇凌头村		1947年12月	忻城县古蓬乡	凌头村、革命群众
韦重勤	男	1901年3月	忻城县古蓬镇凌头村		1947年12月	忻城县古蓬乡	凌头村、革命群众
黄仁骇	男	1918年9月	兴宾区南泗乡柳村	1947年3月	1947年12月	大湾歪傍	中国人民解放军桂中支队、联络员
韦世来	男	1924年	忻城县遂意乡南康村	1948年	1948年		南康村、民兵
黄明山	男	1918年	忻城县遂意乡兰甲村	1948年	1948年	忻城县遂意乡弄容村	粤桂边区人民解放军独5团、战士
樊仕成	男	1923年	忻城县红渡镇古钵村	1946年3月	1948年	忻城县古蓬乡	粤桂边区人民解放军独5团、战士

续表

姓名	性别	出生年月	籍贯(今地名)	参加革命时间	牺牲时间	牺牲地点(当时地名)	牺牲时所在单位、职务
潘桂林	男	1920年7月	忻城县红渡镇三合村	1947年	1948年	忻城县红渡镇古钵村	粤桂边区人民解放军独5团、联络员
樊元值	男		忻城县红渡镇古钵村	1947年	1948年	忻城县思吉村	粤桂边区人民解放军独5团、联络员
覃立基	男	1896年	武宣县二塘镇水村	1948年2月	1948年1月	辽宁省黑山县铁家窝棚	解放军东北野战军第6纵队16师、战士
覃茂叶	男	1916年	忻城县北更乡加乐村	1948年1月	1948年4月	忻城县古蓬乡上朝屯	中国人民解放军红河纵队、战士
韦天强(曾用名:韦世刚)	男	1909年12月	武宣县东乡镇上平岭村	1936年	1948年4月	罗城三防镇	中国人民解放军121纵队第十二支队长兼政委
韦　金	男		象州县	1947年6月	1948年5月	山西省临汾	中国人民解放军西南军区30纵37旅、副班长
韦朝丕	男	1923年10月	武宣县桐岭镇塘莲村	1947年8月	1948年5月	武宣县桐岭花山	中国人民解放军达开纵队、联络员
蓝明辉	男	1920年	忻城县古蓬镇三浪村	1948年1月	1948年6月	忻城县北更乡	中国人民解放军红河纵队、班长
蓝益高	男	1911年2月	忻城县古蓬镇株林村	1948年4月	1948年7月	上林县桥贡村	粤桂边区人民解放军独5团、战士
赖其邦	男	1921年	武宣县桐岭镇古卜村	1947年9月	1948年7月	武宣县大同古卜村	中国人民解放军121纵队、战士
江容清	男		忻城县安东乡		1948年8月	来宾县良塘乡	粤桂边纵队第8支队迁江大队、战士
樊绍基	男	1931年2月	忻城县古蓬镇龙利村	1947年	1948年8月	忻城县龙利村	粤桂边区人民解放军独5团、战士
蓝金盈	男	1922年	忻城县遂意乡弄江村	1948年6月	1948年8月	忻城县遂意乡弄江村	粤桂边区人民解放军独5团、战士
黄菊华	男	1924年	忻城县遂意乡三甲村	1948年3月	1948年8月	忻城县遂意村琼古村	粤桂边区人民解放军独5团、战士
黄世全	男	1929年	忻城县古蓬镇凌头村	1948年2月	1948年8月	忻城县坡老屯	粤桂边区人民解放军独5团、联络员
蒙　茵	女	1928年	兴宾区城厢镇城厢街	1948年2月	1948年9月	越南广宁省	粤桂边纵队第三督导处、工作员
黄道华	男	1891年	忻城县古蓬镇凌头村	1948年2月	1948年9月	忻城县坡老屯	粤桂边区人民解放军独5团、联络员
蓝如月	男	1907年2月	忻城县古蓬镇凌头村	1948年2月	1948年9月	忻城县坡老屯	粤桂边区人民解放军独5团、联络员
樊胜芳	男	1899年	忻城县古蓬镇板材屯		1948年9月	上林县乔贤	粤桂边区人民解放军独5团、筹粮工作队员
韦凡氏	女	1904年2月	忻城县古蓬镇龙利村	1948年7月	1948年9月	忻城县古蓬乡	粤桂边区人民解放军独5团、情报员
李冠业	男	1906年3月	忻城县古蓬镇龙利村	1946年	1948年9月	忻城县古蓬乡	粤桂边区人民解放军独5团、情报员
韦达妹	女	1929年3月	忻城县古蓬镇凌头村		1948年9月	忻城县坡老屯	凌头村、民兵

续表

姓名	性别	出生年月	籍贯(今地名)	参加革命时间	牺牲时间	牺牲地点(当时地名)	牺牲时所在单位、职务
韦尚珍(曾用名:韦华明)	男	1927年	武宣县通挽镇汶村	1946年3月	1948年9月	横县	粤桂边区人民解放军、干事
廖志雄	男	1921年	武宣县桐岭镇禄禅村	1946年	1948年9月	武宣县黔江河草头滩	中国人民解放军达开纵队、分队长
黄启遥	男	1922年	忻城县遂意乡琼古村	1948年	1948年10月	忻城县红渡镇	兰甲村、民兵
樊祖山	男	1920年	忻城县遂意乡琼古村	1948年	1948年10月	忻城县遂意乡琼古村	兰甲村、民兵
黄道连	男	1925年	忻城县遂意乡联堡村	1948年2月	1948年11月	忻城县遂意乡	粤桂边区人民解放军独5团、内号员
潘兰超	男	1924年	忻城县遂意乡弄尧村	1948年5月	1948年11月	忻城县遂意乡俭表坳	兰甲武工队、队员
韦瑞仁	男	1923年	兴宾区石牙镇古本村	1948年9月	1948年11月	柳州	粤桂边纵队来宾独立大队石牙2中队、战士
覃志专	男	1892年	兴宾区石牙镇甘岔村	1948年9月	1948年11月	石牙甘岔岩	粤桂边纵队来宾独立大队石牙2中队、战士
谢文德	男		兴宾区来宾镇	1948年10月	1948年12月	淮海战场	解放军华东野战军第3纵队、战士
覃韦明	男	1915年8月	兴宾区城厢镇小那蒙村	1947年5月	1948年冬	来宾县城	来宾县城厢区中共地下党组织、成员
韦贵寿	男	1921年	兴宾区城厢镇莆田村	1947年5月	1948年冬	来宾县城	来宾县城厢区中共地下党组织、成员
潘云生	男	1919年	忻城县马泗乡潘村屯	1949年	1949年	广西宜山县矮山	都宜忻人民解放军、战士
潘有兰	男	1918年	忻城县马泗乡潘村屯	1949年	1949年	广西宜山县	都宜忻人民解放军、战士
潘泽标	男	1917年	忻城县马泗乡油榨屯	1947年	1949年	忻城县红渡镇雷洞屯	粤桂边区人民解放军独5团、联络员
罗启清	男	1910年	忻城县红渡镇马安村	1948年	1949年	忻城县马安村	粤桂边区人民解放军独5团、联络员
黄炳达	男	1929年	忻城县红渡镇古钵村	1948年5月	1949年	忻城县古蓬乡	粤桂边区人民解放军独5团、战士
蓝如良	男		忻城县红渡镇古房村	1946年	1949年	上林县	粤桂边区人民解放军独5团、战士
罗元祥	男	1921年	忻城县红渡镇马安村	1949年	1949年	忻城县马安独山	安良乡地下武工队、战士
樊祖权	男		忻城县红渡镇三合村	1949年6月	1949年	忻城县兰甲村	兰甲村、民兵
蓝庙兴	男	1904年	忻城县遂意乡琼古村		1949年	忻城县遂意乡板同村	上林县安良乡民兵队、民兵
蓝树青	男	1910年10月	忻城县遂意乡板同村		1949年	忻城县遂意乡板同村	遂意乡板同村、民兵
蓝秀清	男		忻城县遂意乡兰甲村	1947年	1949年	广西上林县	遂意乡兰甲村、民兵
樊绍宗	男		忻城县遂意乡	1947年	1949年	上林县	遂意乡兰甲村、民兵

续表

姓名	性别	出生年月	籍贯(今地名)	参加革命时间	牺牲时间	牺牲地点(当时地名)	牺牲时所在单位、职务
樊祖道	男		忻城县遂意乡兰甲村	1947 年	1949 年	上林县	遂意乡兰甲村、民兵
韦树则	男		忻城县北更乡古利村	1947 年	1949 年	忻城县北更乡	忻城县北更乡民兵队、民兵
黄明思	男	1922 年	武宣县桐岭镇拨良村	1948 年 1 月	1949 年	武宣县桐岭区	桂中区人民解放总队、通讯员
黄善案	男	1923 年 6 月	武宣县思灵乡双林村	1949 年	1949 年	安徽省泰梧县	中国人民解放军、战士
韦特乙	男	1924 年 2 月	兴宾区三五镇下达村	1949 年	1949 年	来宾县五山乡	粤桂边纵队八支队 19 团、战士
黄国义	男	1919 年	兴宾区城厢镇都满村	1949 年	1949 年	来宾县城厢莆田	粤桂边纵队八支队武工队、队员
韦兰新	男	1909 年 2 月	忻城县古蓬镇板梧村	1948 年 4 月	1949 年 2 月	忻城县古蓬乡	粤桂边区人民解放军独 5 团、联络员
蓝仕周	男	1916 年	忻城县遂意乡弄江村	1948 年	1949 年 3 月	忻城县遂意乡	武工队、队员
覃立小	男	1915 年	兴宾区良塘镇坡岭村	1949 年 1 月	1949 年 4 月	来宾县良塘反围剿战斗	粤桂边迁江独立大队 1 中队、战士
韦成杰	男	1924 年	兴宾区良塘镇牛腊村	1949 年 1 月	1949 年 4 月	来宾县良塘反围剿战斗	粤桂边迁江独立大队 2 中队、战士
覃克辉	男	1917 年	兴宾区良塘镇北合村	1949 年	1949 年 4 月	来宾县良塘反围剿战斗	粤桂边迁江县大队、战士
韦汉相	男	1923 年 5 月	兴宾区石牙镇福庆村	1948 年 11 月	1949 年 4 月	武宣通挽	粤桂边区 20 团、通讯员
覃特取	男	1929 年 7 月	兴宾区七洞乡成凡村	1949 年 1 月	1949 年 4 月	来宾县良塘反围剿战斗	粤桂边迁江独立大队 2 中队、战士
蓝世尧	男	1926 年 1 月	忻城县北更乡弄兰村		1949 年 4 月	忻城县北更乡	忻城县北更乡民兵队、民兵
莫树英	男	1921 年 5 月	象州县水晶乡龙塘村	1949 年 1 月	1949 年 4 月	象县中兴乡上坪村	龙塘村民兵队、通讯员
莫用呼(曾用名:莫用武)	男	1919 年	武宣县通挽镇龙朋村	1949 年	1949 年 4 月	上海市	中国人民解放军华东军区 91 师、班长
蒙庆芬	女	1921 年 3 月	兴宾区小平镇刘村	1947 年 3 月	1949 年 5 月	宾阳县	粤桂边 23 团交通站、情报员
莫佩香	男	1923 年 5 月	忻城县城关镇拉料屯	1948 年	1949 年 5 月	忻城县大塘乡	桂西北人民解放军第 5 团、战士
莫学金	男	1919 年 6 月	忻城县城关镇木乐屯	1947 年	1949 年 5 月	宜山县拉在村	桂西北人民解放军第 5 团、战士
韦炳恒	男	1903 年	忻城县马泗乡果内屯	1949 年 3 月	1949 年 5 月	忻城县大塘乡都六村	桂西北人民解放军第 5 团、战士
潘绍学	男	1931 年 9 月	忻城县马泗乡龙堂屯	1949 年 3 月	1949 年 5 月	忻城县大塘乡都六村	桂西北人民解放军第 5 团、战士
蓝茂奇	男	1922 年 12 月	忻城县北更乡加乐村		1949 年 5 月	忻城县古蓬乡	忻城县北更乡民兵队、民兵
蓝凤亦	男	1923 年 4 月	忻城县北更乡加猛村		1949 年 5 月	忻城县古蓬乡	忻城县北更乡民兵队、民兵

续表

姓名	性别	出生年月	籍贯(今地名)	参加革命时间	牺牲时间	牺牲地点(当时地名)	牺牲时所在单位、职务
韦启明	男	1923年7月	象州县运江镇那敖村	1947年	1949年6月	东北战场	中国人民解放军119师355团、战士
张天惠	男	1916年	象州县寺村镇岩口村	1949年2月	1949年6月	象县	象县武工队、小组长
韦正霭	男	1911年	武宣县桐岭镇乌龙村	1947年8月	1949年6月	武宣县桐岭街	粤桂边区人民解放军、战士
韦启祥	男	1927年	武宣县桐岭镇乌龙村	1947年8月	1949年6月	武宣县和律乡乌龙村	粤桂边区人民解放军、战士
韦正林	男	1908年	武宣县桐岭镇乌龙村	1947年8月	1949年6月	武宣县桐岭圩	粤桂边区人民解放军、战士
韦启图	男	1925年	武宣县桐岭镇乌龙村	1947年8月	1949年6月	武宣县桐岭圩	粤桂边区人民解放军、战士
兰绍泽	男	1929年8月	兴宾区石陵镇巴庙村	1948年	1949年7月	忻城县北更乡	粤桂边22团7连、副班长
覃仕忠	男	1917年6月	兴宾区良塘镇北良村	1949年6月	1949年7月	来宾县良塘王瓜村	粤桂边迁江独立大队3中队、战士
巫宗配	男	1920年1月	兴宾区蒙村镇木棉村	1946年	1949年7月	来宾县蒙村	柳来象边区独立大队
梁　民	男	1915年	忻城县城关镇	1949年4月	1949年7月	忻城鸡叫	马泗基干队、队员
樊元仁	男	1911年	忻城县红渡镇古钵村		1949年7月	忻城县红渡镇古钵下甫屯	上林县古钵民兵队、民兵
姚　林	男	1933年	忻城县马泗乡长流屯	1948年	1949年7月	都安县拉烈村	桂西北人民解放军第5团、通讯员
樊桂昌	男	1933年	忻城县古蓬镇龙利村	1948年	1949年7月	忻城县古蓬乡	粤桂边区人民解放军独5团、战士
凤金妈	女	1911年4月	忻城县古蓬镇东河村	1948年6月	1949年7月	忻城县马安村	粤桂边区人民解放军独5团、联络员
樊子尊	男	1919年	忻城县古蓬镇龙利村	1947年2月	1949年7月		粤桂边区人民解放军独5团、指导员
潘德安	男	1920年5月	象州县大乐镇小腊村	1947年3月	1949年7月	象县罗秀乡永利村	象县武工队、队员
韦桂芳	男	1925年	金秀瑶族自治县桐木镇仁里村	1949年	1949年7月	象县中里村	仁里村、民兵
李瑶林	男	1912年2月	金秀瑶族自治县桐木镇仁里村	1949年2月	1949年7月	象州县王二村	仁里村、地下革命人员
李恩林	男	1922年2月	金秀瑶族自治县桐木镇仁里村	1949年2月	1949年7月	象县中兴乡王二村	仁里村、民兵
李如凤	男	1913年8月	金秀瑶族自治县桐木镇仁里村	1948年2月	1949年7月	象县中兴乡中里村	仁里村、民兵
李家鼎	男	1907年5月	金秀瑶族自治县桐木镇仁里村	1949年2月	1949年7月	象县中兴乡中里村	仁里村、民兵
李加球	男	1930年5月	金秀瑶族自治县桐木镇仁里村	1948年3月	1949年7月	象县中兴乡古院村	仁里村、民兵
梁兴林	男	1919年6月	象州县那沙村		1949年7月	长垌	象县东北乡地下武装民兵分队长
谭启芳	男	1921年	兴宾区良塘镇下坡村	1949年1月	1949年8月	来宾县良塘乡下坡村	粤桂边迁江独立大队2中队、战士

续表

姓名	性别	出生年月	籍贯(今地名)	参加革命时间	牺牲时间	牺牲地点（当时地名）	牺牲时所在单位、职务
覃建香	男	1921 年	兴宾区良塘镇新村	1949 年 1 月	1949 年 8 月	来宾县良塘乡	粤桂边迁江独立大队 2 中队、战士
李增琴	男	1910 年 4 月	兴宾区巩镇毛塘村	1949 年 1 月	1949 年 8 月	来宾县良塘乡	粤桂边迁江独立大队、战士
莫方松	男	1923 年 2 月	兴宾区七洞乡波沟村	1949 年 4 月	1949 年 8 月	柳江小山	粤桂边迁江独立 2 中队、战士
莫佩瑶	男	1919 年 3 月	忻城县城关镇拉料屯	1948 年	1949 年 8 月	宜山县北山村	桂西北人民解放军第 5 团、战士
邓进先	男	1931 年 12 月	忻城县马泗乡吊洞屯	1949 年 5 月	1949 年 8 月	宜山县北山	桂西北人民解放军第 5 团、战士
韦初尤	男	1917 年	忻城县安东乡桃源村	1949 年 4 月	1949 年 8 月	来宾县良塘大浪山	粤桂边纵队第 8 支队迁江大队、战士
蓝宝石	男		忻城县新圩乡		1949 年 8 月	忻城县新圩乡	都宜忻游击队、战士
蓝招光	男	1916 年 2 月	忻城县红渡镇龙塘村	1948 年 4 月	1949 年 8 月	忻城县龙塘村	粤桂边区人民解放军独 5 团、联络员
韦兰光	男	1913 年 8 月	忻城县古蓬镇古稠村	1947 年	1949 年 8 月	忻城县弄尧屯	粤桂边区人民解放军独 5 团、战士
樊瑞彬	男	1923 年	忻城县遂意乡兰甲村		1949 年 8 月	忻城县遂意乡兰甲村	遂意乡兰甲民兵队、队员
樊瑞兴	男	1923 年	忻城县遂意乡兰甲村	1949 年 6 月	1949 年 8 月	忻城县遂意乡兰甲村	遂意乡兰甲民兵队、队员
蓝树则	男	1915 年	忻城县北更乡古利村		1949 年 8 月	忻城县北更乡	忻城县北更乡民兵队、队员
陈址光	男	1901 年 8 月	象州县中平镇中华村	1948 年 9 月	1949 年 8 月	象县百丈乡甘峰岭	象县武工队、炊事员
黎庶茂	男	1898 年 4 月	象州县大乐镇古车村	1947 年 8 月	1949 年 8 月	象县大乐乡龙屯村	中国人民解放军桂中总队第 8 大队、侦察员
韦作征	男	1916 年 2 月	象州县百丈乡屯鸾村	1949 年 8 月	1949 年 8 月	象县百丈乡甘峰岭	大满民兵队、队员
黄汉文	男	1920 年	象县中兴乡	1940 年	1949 年 9 月	象县县城	象县武工队、队员
莫江白	男	1918 年 6 月	忻城县思练区九伦村	1940 年	1949 年 9 月	忻城县殿皇山	桂西北人民解放军第五团、政委
覃国祥	男	1929 年	兴宾区七洞乡板力村	1949 年 5 月	1949 年 9 月	来宾县良塘乡	粤桂边迁江独立大队三中队、战士
朱新栈	男	1925 年 3 月	兴宾区五山镇木闷村	1948 年	1949 年 9 月	五山乡木闷村	五山乡人民解放同志、副会长
韦上信	男	1927 年 4 月	兴宾区五山镇骨村	1949 年 5 月	1949 年 9 月	来宾县五山乡	粤桂边纵队八支队 19 团、战士
韦上宽	男	1915 年 5 月	兴宾区五山镇骨村	1949 年 7 月	1949 年 9 月	来宾县五山乡	粤桂边纵队八支队 19 团、战士
龚树芬	女	1917 年 4 月	兴宾区五山镇木问村	1949 年	1949 年 9 月	来宾县五山乡	粤桂边纵队八支队 19 团、战士
朱朝领	男	1927 年 7 月	兴宾区五山镇木问村	1949 年	1949 年 9 月	来宾县五山乡	粤桂边纵队八支队 19 团、战士
覃启志	男	1919 年 10 月	兴宾区石牙镇北鸡灵村	1949 年 5 月	1949 年 9 月	来宾县五山乡	粤桂边纵队八支队 23 团、战士
周特土	男	1924 年 4 月	兴宾区石牙镇北古樟村	1949 年 7 月	1949 年 9 月	来宾县五山乡	粤桂边纵队八支队 23 团、战士

续表

姓名	性别	出生年月	籍贯(今地名)	参加革命时间	牺牲时间	牺牲地点(当时地名)	牺牲时所在单位、职务
陆翰信	男	1928年5月	兴宾区七洞乡板力村	1949年5月	1949年9月	来宾县良塘乡	粤桂边迁江独立大队3中队、战士
江荣清	女	1906年5月	兴宾区七洞乡板力村	1946年1月	1949年9月	来宾县良塘乡	忻城武工队、联络员
潘日开	男	1929年9月	忻城县红渡镇三合村	1946年8月	1949年9月	宜山县北山	桂西北人民解放军第5团、指导员
盘盛丰	男	1916年2月	忻城县红渡镇龙塘村	1948年1月	1949年9月	忻城县龙塘村	粤桂边区人民解放军独5团、联络员
黄文敦	男	1921年2月	忻城县红渡镇西江村	1949年6月	1949年9月	宜山县北山	桂西北人民解放军第5团、司务员
蓝桂勋	男	1909年	忻城县遂意乡南康村	1947年7月	1949年9月	忻城县思吉村	粤桂边区人民解放军独5团、排长
韦仲平	男	1924年	忻城县安东乡桃源村		1949年9月	忻城县大塘乡赛南村	忻城县大塘乡民兵队、民兵
韦鸿成	男	1911年2月	忻城县古蓬镇凌头村	1947年	1949年9月	忻城县古蓬周安村	粤桂边区人民解放军独5团、战士
蒙耀祥	男	1922年4月	忻城县北更乡凤凰村	1949年2月	1949年9月	忻城县古蓬街	粤桂边区人民解放军独5团、战士
黄德崇	男	1911年8月	象州县大乐镇大腊村	1949年	1949年9月	象县	象县大乐乡民兵队、联络员
韦定周	男	1908年5月	象州县百丈乡屯鸾村	1949年	1949年9月	象县百丈乡甘峰岭	象县大满民兵队、民兵
韦天才	男	1925年1月	象州县百丈乡屯鸾村	1949年	1949年9月	象县百丈乡屯鸾村	大满民兵队、民兵
宋泽琨	男	1930年8月	象州县百丈乡屯鸾村		1949年9月	象县百丈乡屯鸾村	大满民兵队、民兵
覃奇才	男	1919年7月	象州县大乐镇大腊村		1949年9月	象县大乐乡大腊村	新杯民兵队、民兵
覃录球	男	1924年8月	象州县百丈乡蒙岭村	1949年8月	1949年9月	象县百丈街	中国人民解放军桂中总队第8大队、战士
潘家俊	男	1913年	象州县百丈乡百丈村	1949年	1949年9月	象县百丈村	中国人民解放军桂中总队第8大队、炊事员
覃乐群	男	1929年4月	象州县大乐镇那马村	1948年12月	1949年9月	象县百丈乡屯鸾村	中国人民解放军桂中总队第8大队、战士
覃卓新	男	1915年5月	象州县大乐镇上长满村	1948年7月	1949年9月	象县百丈乡屯鸾村	中国人民解放军桂中总队第8大队、战士
覃汉忠	男	1916年10月	象州县大乐镇那马村	1948年11月	1949年9月	象县百丈乡屯鸾村	中国人民解放军桂中总队第8大队、战士
林祥光	男	1927年10月	象州县大乐镇小双告村	1948年9月	1949年9月	象县百丈乡邱家村	中国人民解放军桂中总队第8大队、战士
覃建明	男		象州县寺村镇四百村	1949年9月	1949年9月	象县寺村乡喜梨村	中国人民解放军桂中总队第8大队、战士
廖榜先	男		广西贵港市奇石乡	1947年	1949年9月	武宣县通挽乡王羌村	中国人民解放军桂中总队、支队长
黄国宗	男	1902年5月	金秀瑶族自治县桐木镇古院村	1948年8月	1949年9月	象县中平区百丈乡屯鸾村	中国人民解放军桂中支队第8大队、战士

续表

姓名	性别	出生年月	籍贯(今地名)	参加革命时间	牺牲时间	牺牲地点(当时地名)	牺牲时所在单位、职务
韦正扬	男	1922年10月	金秀瑶族自治县桐木镇古院村	1949年6月	1949年9月3日	象县县城	古院村、革命群众
黄汉文	男	1920年6月	金秀瑶族自治县桐木镇古院村	1949年6月	1949年9月3日	象县县城	武工队、队员
韦正善	男	1912年10月	金秀瑶族自治县桐木镇古院村	1949年6月	1949年9月3日	象县县城	古院村、革命群众
韦雅章	男	1902年	金秀瑶族自治县桐木镇古院村	1949年6月	1949年9月3日	象县古院村	古院村民兵队、民兵
毛志建	男	1913年2月	兴宾区小平阳镇里鸭村	1948年4月	1949年10月	来宾县小平阳岭头村	粤桂边纵队八支队23团武工队、交通员
毛有臣	男	1927年8月	兴宾区小平阳镇樊村	1948年4月	1949年10月	来宾县小平阳岭头村	粤桂边纵队八支队23团、战士
吴朝庆	男	1932年2月	忻城县马泗乡油榨屯	1949年8月	1949年10月	宜山县拉浪村	都宜忻人民解放总队、战士
樊茂占	男	1921年	忻城县古蓬镇东河村	1948年	1949年10月	忻城县东河村	武工队、队员
蓝日云	男		忻城县遂意乡板同村	1948年	1949年10月	忻城县东河村	粤桂边区人民解放军独5团、战士
黎鸿德	男	1923年5月	象州县大乐镇丁贡村	1947年3月	1949年10月	象县大乐乡	解放军桂中总队第8大队、战士
韦开云	男		象州县大乐镇侣塘村		1949年10月	福建省厦门薛居村	解放军92师274团、战士
成家庭	男	1927年6月	兴宾区五山镇止马村	1949年	1949年10月	来宾县五山乡	粤桂边纵队八支队19团、战士
龚特变	男	1917年4月	兴宾区五山镇另村	1949年1月	1949年10月	来宾县五山乡	粤桂边纵队八支队19团、战士
陈常球	男	1923年2月	兴宾区五山镇骨塘村	1948年	1949年10月	来宾县五山乡	粤桂边纵队八支队19团、战士
黄宝崇	男	1929年3月	兴宾区五山镇骨塘村	1949年2月	1949年10月	来宾县五山乡	粤桂边纵队八支队19团、战士
黄庆桥	男	1913年1月	兴宾区五山镇骨塘村	1948年	1949年10月	来宾县五山乡	粤桂边纵队八支队19团、战士
莫家兴	男	1921年8月	兴宾区五山镇骨塘村	1949年6月	1949年10月	来宾县五山乡	粤桂边纵队八支队19团、战士
黄金荣	男	1921年3月	兴宾区五山镇止马村	1949年6月	1949年10月	来宾县五山乡	粤桂边纵队八支队19团、连长
朱新绩	男	1927年7月	兴宾区五山镇木问村	1949年4月	1949年10月	来宾县五山乡	粤桂边纵队八支队19团、战士
黄树森	男	1920年	忻城县遂意乡琼古村	1948年	1949年11月	忻城县思吉莫房村	粤桂边纵队第八支队第22团、战士
蓝日常	男	1911年	忻城县遂意乡朝公村	1948年4月	1949年11月	忻城县思吉东岸村	粤桂边纵队第八支队第22团、战士
覃庭照	男	1928年7月	象州县大乐镇那马村	1947年1月	1949年11月	象州县大乐乡	中国人民解放军桂中总队第8大队、战士
周福森	男		广西贵港市奇石乡	1947年	1949年11月	武宣县风门坳	中国人民解放军桂中支队15团、副团长
蒙胜韬	男	1922年5月	兴宾区良江镇罗梅村	1948年8月	1949年11月	云南省	中国人民解放军35215部队、排长(立二等功、三等功各一次)

续表

姓名	性别	出生年月	籍贯(今地名)	参加革命时间	牺牲时间	牺牲地点(当时地名)	牺牲时所在单位、职务
滕少流	男	1914年	兴宾区寺山镇思磨村	1949年3月	1949年11月	来宾县蒙村大岭	粤桂边纵队八支队来宾县大队、战士
黄奠中	男	1906年	兴宾区寺山镇中福村	1948年	1949年11月	来宾县蒙村大岭	粤桂边纵队八支队来宾县大队、副大队长
张先作	男	1929年1月	兴宾区石牙镇陈村	1949年9月	1949年11月	来宾县大湾乡	柳来象边区独立大队、战士
彭鳌富	男	1924年2月	兴宾区大湾镇平洞村	1948年11月	1949年11月	来宾县大湾乡	柳来象边区独立大队、班长
蔡朝亮	男	1914年	象州县中平镇新联村	1949年6月	1949年12月	四川省珙县	中国人民解放军16军48师、战士
程祝华	男		象州县	1949年	1949年12月	象县中兴场	中国人民解放军西南军区、战士
黄茂葵	男	1924年3月	武宣县通挽镇马山村	1949年2月	1949年12月	武宣县黄茆乡佛子村	武宣县干部训练大队、学员
覃登欧(曾用名:覃胜才)	男	1902年	武宣县通挽镇石座村	1947年10月	1949年12月	武宣县二塘圩	中国人民解放军粤桂边纵队第8支队新24团、排长
陈德议	男	1927年	武宣县通挽镇伏柳村	1949年	1949年12月	武宣县二度桥	中国人民解放军粤桂边纵队第8支队新24团、战士
闭孙俊(曾用名:闭克光)	男	1928年	武宣县东乡镇古例村	1949年	1949年12月	武宣县黄茆乡佛子村	武宣县干部训练大队、学员
黄景基	男	1923年6月	武宣县黄茆镇黄村	1949年	1949年12月	武宣县黄茆乡	中国人民解放军武宣县大队黄茆区中队、战士
黄东就	男	1930年4月	武宣县黄茆镇寺村	1949年	1949年12月	武宣县黄茆乡	中国人民解放军武宣县大队黄茆区中队、战士
潘世波	男	1924年8月	武宣县思灵乡山头村	1949年	1949年12月	武宣县二塘街	中国人民解放军粤桂边纵队第8支队新24团2营、排长
盘玉珍	男	1912年	金秀瑶族自治县大樟乡奔腾村	1949年1月	1949年12月	大樟乡王田长滩河	大樟乡民兵
谭志权	男	1920年	兴宾区良塘针金樟村	1949年4月	1949年12月	迁江县城	粤桂边迁江独立大队1中队、战士
陈德新	男	1922年4月	兴宾区七洞乡菜园村	1947年5月	1949年12月	迁江县城	粤桂边纵队良塘游击队联络站、负责人
卢金祥	男	1923年2月	忻城县城关镇加连屯	1948年	1950年	广西天峨县	中国人民解放军天峨县大队、战士
蓝　田	男	1924年5月	忻城县城关镇波湖屯	1946年	1950年	忻城县隆光村	中国人民解放军忻城县大队、副连长
吴朝清	男		忻城县马泗乡五龙村		1950年	忻城县马泗乡	马泗基干队、队员
覃德万	男	1930年7月	忻城县马泗乡北娄屯	1950年	1950年	忻城县隆光乡	中国人民解放军宜山县大队、战士
潘　鹏	男	1934年	忻城县马泗乡北娄屯	1950年	1950年	宜山县永顺村	中国人民解放军宜山县大队、战士
罗名初	男	1911年3月	忻城县马泗乡果后屯	1949年	1950年	忻城县思练乡高楼村	忻城县征粮工作队、副组长

续表

姓名	性别	出生年月	籍贯（今地名）	参加革命时间	牺牲时间	牺牲地点（当时地名）	牺牲时所在单位、职务
何随欺	男	1922 年	忻城县马泗乡果后屯	1949 年	1950 年	忻城县思练乡高楼村	忻城县征粮工作队、队员
覃昌合	男	1927 年	忻城县马泗乡芳洞屯	1949 年 2 月	1950 年	宜山县石别村	中国人民解放军忻城县大队、战士
蓝　诚	男		忻城县果遂镇同乐村		1950 年	朝鲜战场	中国人民志愿军、战士
黄占良	男	1929 年	忻城县果遂镇北丹村	1949 年 12 月	1950 年	忻城县	中国人民解放军果遂区中队、战士
蓝连福	男	1922 年	忻城县新圩乡丹灵村	1948 年 4 月	1950 年	忻城县隆光村	忻城县新圩区中队、战士
钟光武	男	1916 年	忻城县思练镇里伴村	1949 年 4 月	1950 年	忻城县里伴村	粤桂边纵队高塘地下游击队、联络员
李永华	男		宜山县		1950 年	忻城县隆光乡	宜山军分区、战士
覃秀成	男	1904 年	象州县罗秀镇云岩村	1949 年	1950 年	朝鲜战场	中国人民志愿军 173 团、战士
韦定修	男	1928 年 7 月	象州县妙皇乡寮村	1950 年	1950 年	朝鲜战场失踪	中国人民志愿军 191 师 572 团、班长
覃兰芳	男		象州县大乐镇鸡德村		1950 年		鸡德村民兵队、民兵
王凤芝	女		象州县中平镇	1950 年	1950 年	象州县中平镇	象县工作队、队员
谭正平	男	1923 年	武宣县桐岭镇拔良村	1949 年 10 月	1950 年	广东省海南岛琼州海峡	中国人民解放军 40 军 359 团 3 营 8 连、班长
黄文安（曾用名：黄友安）	男	1930 年	武宣县二塘镇樟村	1946 年	1950 年	兴宾区	中国人民解放军 45 军 123 师 398 团 2 营、战士
韦兆生	男	1913 年	武宣县东乡镇莫岭村	1949 年 11 月	1950 年	桂平县紫荆三江圩	中国人民解放军梧州军分区独立团、战士
韦茂兰	男	1932 年	武宣县东乡镇莫村	1949 年 11 月	1950 年	桂平县紫荆三江圩	中国人民解放军梧州军分、区独立团、战士
苏国瑶（曾用名：苏亚水）	男	1917 年	武宣县东乡镇堡村		1950 年	桂平县上洞村	武宣县东乡区民兵队、民兵
黄廷光（曾用名：黄亚金）	男	1916 年	武宣县东乡镇尊头村	1949 年	1950 年	桂平县紫荆	解放军武宣大队东乡区中队、战士
黄开推	男	1925 年 10 月	武宣县思灵乡双林村	1947 年	1950 年	武宣县禄新街	中国人民解放军武宣县大队、战士
陆奎基	男	1917 年 8 月	武宣县黄茆镇大塘村	1949 年	1950 年	朝鲜战场	中国人民志愿军 40 军 119 师、战士
陶元辉	男	1917 年	金秀瑶族自治县长垌乡长垌村	1948 年 2 月	1950 年	金秀	长垌乡地下武装、骨干
莫扶太	男	1913 年	金秀瑶族自治县金秀镇六段村	1950 年	1950 年	永宁乡寨堡村老山	将军村屯民兵队、民兵
赵成朝	男	1923 年 9 月	金秀瑶族自治县金秀镇共和村	1950 年 12 月	1950 年	金秀区定卜村	民兵队、民兵
陆树仁	男	1912 年 8 月	金秀瑶族自治县桐木镇龙庆村	1949 年 10 月	1950 年	象县罗秀区那隘山	龙庆乡农会、主席

续表

姓名	性别	出生年月	籍贯(今地名)	参加革命时间	牺牲时间	牺牲地点(当时地名)	牺牲时所在单位、职务
肖耀宗	男	1927年	金秀瑶族自治县三江乡三江村	1949年7月	1950年	修仁县柘山	修仁县公安局、干警
罗士刚	男	1929年	合山市河里镇羊樟村羊角屯	1949年	1950年	罗城县岭冻	中国人民解放军174师521团2连1班、战士
谭　文	男	1915年	合山市岭南镇古城村古城屯	1950年2月	1950年	合山溯河街	北泗区溯河乡、乡长
胡　健	男	1920年	合山市北泗镇北泗街	1949年12月	1950年	朝鲜战场	中国人民志愿军38军卫生队、战士
黎启荣	男	1924年2月	兴宾区小平阳镇东南村	1948年	1950年	西南地区	中国人民解放军44师130团2营4连、炊事员
周宏纪	男	1914年12月	兴宾区迁江镇贺村	1949年12月	1950年	四川省	中国人民解放军第四野战军、战士
陈亚应	男	1927年	兴宾区良塘镇良塘街	1949年4月	1950年	来宾县桥巩乡	粤桂边迁江独立大队3中队、战士
韦扬能	男	1921年9月	兴宾区蒙村镇地八村	1948年	1950年	来宾县大湾乡	中国人民解放军来宾县大队、战士
方世行	男	1916年1月	兴宾区南泗乡南泗街	1949年2月	1950年	朝鲜州城	中国人民志愿军某部、战士
蒋志元	男	1927年1月	兴宾区城厢镇城厢街	1949年5月	1950年	来宾县城厢泗贵	桂中支队来宾县独立大队、政工员
韦老全	男	1920年7月	兴宾区凤凰镇发东村	1949年	1950年	来宾县泗贯村	来宾凤凰区、民兵
林少庭	男	1924年6月	兴宾区镇西二路	1949年	1950年	来宾县城厢沾头	中国人民解放军来宾县大队、战士
徐善纪	男	1929年6月	兴宾区良塘镇北合村	1949年1月	1950年1月	来宾县七洞圩	粤桂边迁江独立大队3中队、战士
韦顺贝	男	1923年3月	忻城县城关镇加仁村	1949年9月	1950年1月	环江县川山	中国人民解放军环江县大队、战士
莫志科	男	1921年	忻城县遂意乡联堡村	1947年12月	1950年1月	忻城县马蹄村	中国人民解放军古蓬区中队、中队长
韦庆珍	男	1926年6月	象州县大乐镇大腊村		1950年1月	象县中平乡	那拉民兵队、队员
韦吉星	男	1911年11月	象州县大乐镇古琶村		1950年1月	象县中平乡	那拉民兵队、队员
班秀华	男	1930年6月	象州县大乐镇大腊村	1949年2月	1950年1月	象县中平乡	中国人民解放军桂中支队第8团1营、战士
莫保仁	男	1915年2月	象州县大乐镇大进村		1950年1月	象县中乡平	大乐民兵队、队员
韦文兰	男	1930年	象州县寺村镇寺村街	1949年	1950年1月	象县中平乡	中国人民解放军桂中支队第8团1营、战士
陈立朝	男	1927年9月	象州县百丈乡下大满村	1949年8月	1950年1月	象县运江镇上坪村	中国人民解放军桂中支队第8团、战士
覃有仁	男		象州县寺村镇易村		1950年1月	象县中平乡	中国人民解放军中支队第8团、战士
甘广球	男	1931年	象州县运江镇古楼村	1949年12月	1950年1月	象县中平乡	中国人民解放军中支队第8团、战士

续表

姓名	性别	出生年月	籍贯(今地名)	参加革命时间	牺牲时间	牺牲地点(当时地名)	牺牲时所在单位、职务
黄华如	男	1918年1月	象州县大乐镇新杯村	1948年6月	1950年1月	象县运江镇岩村	中国人民解放军象县县大队、战士
邱桂宗	男	1923年1月	象州县百丈乡百丈街	1949年8月	1950年1月	象县中平乡	中国人民解放军象县县大队中平区中队、战士
覃凤池	男	1913年	金秀瑶族自治县大樟乡花陈村		1950年1月12日	大樟乡花陈村	花陈村、村长
韦有江	男	1927年	武宣县通挽镇汶村	1947年8月	1950年1月	武宣县东乡区	中国人民解放军粤桂边纵队第8支队新24团、战士
韦德岩	男	1915年	武宣县禄新镇地有村	1949年10月	1950年1月	武宣县禄新乡	武宣县禄新乡人民政府、通讯员
黄远福	男	1919年4月	兴宾区良江镇吉利村	1947年7月	1950年2月	安徽省	中国人民解放军3039部队、战士
韦世凤	男	1922年6月	兴宾区南泗乡读村	1949年8月	1950年2月	来宾县南泗乡	中国人民解放军桂中支队来宾县独立大队、通讯员
谢天纪	男	1941年8月	兴宾区南泗乡大宝村	1949年6月	1950年2月	来宾县南泗乡	中国人民解放军桂中支队来宾县独立大队、通讯员
蓝　法	男	1933年	兴宾区城厢乡城厢街	1948年	1950年2月	广西环江县川山	中国人民解放军环江县大队、中队长
杨海忠	男	1927年8月	忻城县城关镇高塘村木乐屯	1947年8月	1950年2月	广西环江县川山	中国人民解放军环江县大队、战士
覃德意	男	1927年	忻城县马泗村长流屯		1950年2月	忻城县马泗乡马泗村	忻城县四区民兵队、队员
韦炳学	男	1930年	忻城县马泗乡联团村龙所屯	1949年	1950年2月	广西宜山县石别村	中国人民解放军宜山县大队、战士
韦文先	男	1924年	忻城县欧洞乡坡料屯		1950年2月	忻城县欧洞乡板江村	忻城县四区民兵队、队员
周安桂	男	1930年	忻城县欧洞乡岜板屯		1950年2月	忻城县欧洞乡板江村	忻城县四区民兵队、队员
潘锦秀	男	1920年3月	忻城县红渡镇雷洞村	1946年	1950年2月	忻城县木罗村	忻城县征粮工作队、队员
蓝芳英	男	1928年2月	忻城县北更乡加兰村	1949年	1950年2月	广西上林县巷贤	中国人民解放军上林县大队、战士
黄元涛(曾用名:莫善贤)	男	1921年5月	武宣县桐岭镇仁汉村	1949年10月	1950年2月	桂平县南木乡	桂平县南木乡人民政府、乡长
廖少模	男	1925年	武宣县桐岭镇	1949年2月	1950年2月	桂平县南木乡	中国人民解放军广西军区独立1团、副教导员
庾德兴	男	1921年	武宣县武宣镇富东村		1950年2月	武宣县禄新乡大榕村	武宣县马步乡民兵队、队员
黄恒助	男	1922年	武宣县武宣镇岜森村		1950年2月	武宣县禄新乡大榕村	武宣县马步乡民兵队、队员
罗永隆	男	1917年	武宣县桐岭镇祥龙	1950年	1950年2月	广东省封开县平岗	广东省封开县平岗区粮所、保管员
韦绍木	男	1923年	武宣县二塘镇朗村	1949年	1950年2月	广西桂平县南木乡	桂平县南杉人民政府、文书
苏荣甫	男	1904年9月	金秀瑶族自治县金秀镇金田村	1949年	1950年2月6日	瑶山	金田民兵分队、副分队长

续表

姓名	性别	出生年月	籍贯(今地名)	参加革命时间	牺牲时间	牺牲地点(当时地名)	牺牲时所在单位、职务
陆周文	男	1914年	兴宾区三五镇太平村	1949年5月	1950年3月	来宾县北五	来宾县凤凰区北五乡、乡长
张国民	男	1926年	兴宾区高安乡衣滩村	1949年6月	1950年3月	来宾县南泗衣滩	中国人民解放军桂中支队来宾县大队、战士
李　氏	女	1910年5月	兴宾区高安乡衣滩村	1949年12月	1950年3月	来宾县南泗	南泗衣滩乡农会、联络员
韦文光	男	1928年	忻城县欧洞乡坡料村		1950年3月	忻城县欧洞乡板江村	忻城县四区民兵队、队员
黄宝同	男	1919年	象州县象州镇东街	1950年1月	1950年3月	象州县马坪乡大满村	象县电话管理处、线务员
甘克暖	男	1923年	武宣县黄茆镇新村		1950年3月		武宣县通挽大团村民兵队、队员
吴石水	男	1925年	武宣县东乡镇东乡圩		1950年3月	武宣县东乡王道	武宣县东乡区民兵队、民兵
梁蕴安	男	1917年9月	金秀瑶族自治县桐木镇皆村	1950年	1950年3月	三角乡三渡河	三角乡、副乡长
韦跃美	女	1928年	兴宾区良塘镇地川村	1949年4月	1950年4月	忻城县九桥	粤桂边迁江独立大队2中队、战士
韦作模	男	1917年	兴宾区良塘镇弄茶村	1949年4月	1950年4月	来宾县良塘乡	粤桂边迁江独立大队2中队、战士
韦锦常	男	1925年12月	兴宾区陶邓镇韦村	1949年10月	1950年4月	来宾县陶邓区	迁江陶邓区政府、通讯员
傅先能	男	1928年9月	忻城县城关镇黄金村白沙屯	1948年11月	1950年4月	海南岛	中国人民解放军118师354团、战士
樊芳树	男	1931年	忻城县城关镇古麦村加沙屯	1949年10月	1950年4月	忻城县隆光村	忻城县工作队、队员
蓝龙二	男	1929年	忻城县欧洞乡永合村	1949年	1950年4月	忻城县隆光村	广西军区宜山军分区独立营、战士
莫美烈	男		忻城县安东乡新安村	1949年9月	1950年4月	忻城县宿村	粤桂边区人民解放军独5团、情报员
蓝庆珍	男	1920年	忻城县大塘镇寨北村	1949年10月	1950年4月	忻城县大塘乡	忻城县大塘区政府、通讯员
曾芳茂	男	1928年2月	忻城县思练镇思练街	1950年4月	1950年4月	忻城县马泗区	忻城县马泗区工作队、队员
覃寿云	男	1894年5月	象州县北街	1949年12月	1950年4月	象州镇龙门村	象县电话管理处、线务员
廖国琼	男		象州县妙皇乡妙皇街	1949年7月	1950年4月	平南县思旺乡	梧州军分区独立团、警卫员
黄淑江	男	1904年	武宣县通挽镇尚黄村	1944年	1950年4月	广东省海南岛	中国人民解放军、战士
刘德升	男	1897年	武宣县金鸡乡石祥村	1950年	1950年4月	武宣县廷乃	武宣县黄茆玉村、村长
罗树椿	男	1904年5月	金秀瑶族自治县桐木镇鹿鸣村	1949年	1950年4月3日	金秀瑶族自治县公安局背山	金田农民翻身会、会员
钟　良	男	1929年8月	金秀瑶族自治县桐木镇桐木街	1950年	1950年5月	象县罗秀区那隘山	象县电话管理处、线务员
覃光谋	男	1926年	兴宾区三五镇下姚村	1949年3月	1950年5月	来宾良江	粤桂边迁江独立大队1中队、战士

续表

姓名	性别	出生年月	籍贯(今地名)	参加革命时间	牺牲时间	牺牲地点(当时地名)	牺牲时所在单位、职务
韦自强	男	1923年5月	兴宾区平阳镇欢怀村	1950年	1950年5月	来宾县陶邓韦里	迁江县公安中队、战士
覃继祖	男	1920年6月	兴宾区桥巩镇高槐村	1949年8月	1950年5月	来宾县陶邓	中国人民解放军宾阳军分区、战士
梁　杰	男	1928年	兴宾区小平阳镇龙山村	1950年	1950年5月	迁江县韦里	迁江五区韦里乡、干部
韦国甫	男	1933年9月	忻城县马泗乡马泗村潘村屯	1950年	1950年5月	宜山县龙头村	中国人民解放军宜山县第5区中队、战士
韦天英	男	1912年10月	忻城县安东乡加益村		1950年5月	忻城县思练镇加益村	思练区民兵队、队员
樊设典	男	1929年	忻城县红渡镇古钵村		1950年5月	忻城县思练区	忻城县财粮科、科长
蓝庆光	男	1924年3月	忻城县北更乡加猛村	1949年	1950年5月	上林县白圩	上林县大队、战士
何印发	男	1900年3月	忻城县北更乡塘太村		1950年5月	宾阳县四镇	忻城县北更乡民兵队、队员
韦绍益	男	1925年2月	忻城县北更乡弄兰村	1949年	1950年5月	上林县白圩	上林县大队、战士
覃联军	男	1924年10月	象州县水晶乡水晶村	1950年1月	1950年5月	象州县水晶街	象州县水晶民兵队、队长
陆天似	男	1919年	象州县寺村镇上山村		1950年5月	象州县妙皇乡	象州县上山村民兵队、队员
李肇坤	男	1914年	武宣县东乡镇龙潭村	1947年	1950年5月	桂平县都亚村	武宣县东乡区人民政府、财粮助理
韦世常	男	1921年	武宣县东乡镇上平岭村	1947年	1950年5月	柳州市医院	武宣县人民政府民政科、科长
陆祖然	男	1902年6月	金秀瑶族自治县桐木镇龙庆村	1949年10月	1950年5月	象县罗秀区那益山	龙庆乡农会、副主席
罗日章	男	1930年1月	金秀瑶族自治县大樟乡互助村	1949年3月	1950年5月	王田村	大樟乡穷人翻身会、会员
罗日红	男	1927年10月	金秀瑶族自治县大樟乡互助村	1949年3月	1950年5月	王田村	大樟乡穷人翻身会、会员
梁启英	男		金秀瑶族自治县大樟乡三古村	1949年	1950年5月11日	古懂村	大樟乡穷人翻身会、会员
金女燕	女	1914年11月	金秀瑶族自治县金秀镇金田村	1950年2月	1950年5月17日	社村	金田农民翻身会、会员
莫若仁	男	1927年	象州县寺村镇上山村		1950年6月	妙皇乡	上山村民兵队、队员
黄开宗	男	1930年	武宣县东乡镇尊头村	1949年	1950年6月	桂平县平冲	武宣县大队、班长
陶永清	男	1925年	金秀瑶族自治县长垌乡长垌村	1948年3月	1950年6月	长垌村	长垌乡农会、主席
苏文明	男	1914年	象州县新寨村	1948年3月	1950年6月	长垌村	象县大乐区长垌乡人民政府、乡长
王玉就	男	1917年12月	金秀瑶族自治县桐木镇桐木街		1950年6月27日	柳江县里雍区	柳江县里雍区政府、工作员

续表

姓名	性别	出生年月	籍贯(今地名)	参加革命时间	牺牲时间	牺牲地点(当时地名)	牺牲时所在单位、职务
罗仕英	男	1922 年 5 月	兴宾区凤凰镇那马村	1949 年 12 月	1950 年 7 月	北五莲塘	凤凰区莲塘乡农会、主席
韦介英	男	1927 年	兴宾区七洞乡康村	1949 年 4 月	1950 年 7 月	桥巩	粤桂边迁江独立大队 3 中队、战士
韦永权	男	1933 年 5 月	忻城县马泗乡马泗街	1949 年 9 月	1950 年 7 月	宜山县小龙头村	宜山县大队、文化教员
罗家立	男	1932 年	忻城县欧洞乡岜板村	1950 年	1950 年 7 月	宜山县九龙	忻城县大队 4 区中队、战士
梁贵宝	男	1928 年 12 月	象州县水晶乡龙团村		1950 年 7 月	水晶乡马旦村	马旦民兵队、队员
覃炳纯	男		象州县中平镇贯村	1948 年	1950 年 7 月	金秀瑶族自治县长垌村	象县县大队、战士
刘庭桂	男		象州县妙皇乡塘头村	1949 年 1 月	1950 年 7 月	象县运江镇天鹅岭	象县县大队城厢区中队、通讯员
廖福保	男	1920 年	武宣县二塘镇波耀村	1949 年 4 月	1950 年 7 月	武宣县二塘乡双桂村	武宣县波耀村、村长
廖桂善	男	1915 年	武宣县二塘镇波耀村	1949 年 4 月	1950 年 7 月	武宣县二塘乡双桂村	武宣县波耀村农会、筹粮员
赖清太	男	1921 年 8 月	兴宾区蒙村镇蒙村	1950 年 1 月	1950 年 8 月	来宾县蒙村龙南	来宾县大队蒙村区中队、干部
覃　晚	男	1918 年 1 月	兴宾区南泗乡背孔村	1949 年 8 月	1950 年 8 月	来宾县南泗柳村	南泗区柳村乡农会、主席
张金德	男	1914 年	忻城县大塘镇大塘街		1950 年 8 月	忻城县大塘镇古牛洞	忻城县大塘区民兵队、队长
蓝启光	男	1935 年	忻城县新圩乡丹灵村	1950 年 2 月	1950 年 8 月	忻城县思练区桃源村	忻城县秋征工作队、队员
莫日召	男	1921 年	忻城县古蓬镇凌头村	1950 年 4 月	1950 年 8 月	忻城县古蓬乡	上林县古蓬区中队、战士
覃　相	男	1921 年	象州县妙皇乡盘古村	1949 年 9 月	1950 年 8 月	象县妙皇街	妙皇乡人民政府、副乡长
覃乃胜	男	1923 年	象州县罗秀镇桥坟村	1950 年	1950 年 8 月	象县水晶乡马旦村	象县工作队、队员
刘建中(曾用名：刘纪)	男	1910 年	武宣县东乡镇李树岗村	1947 年	1950 年 8 月	武宣县河马圩	武宣县李树岗村农会、主席
梁劲村	男	1926 年	武宣县东乡镇洛桥村	1950 年	1950 年 8 月	武宣县下武兰	河马乡波斗村、联络员
黄开幼(曾用名：黄开冉)	男	1932 年	武宣县东乡镇桐岭镇盘古村	1949 年 11 月	1950 年 8 月	柳江县穿山乡	武宣县公安中队、战士
刘业华	男	1923 年 8 月	武宣县三里镇五星村	1949 年 12 月	1950 年 8 月	武宣县三里下峡江	武宣县大队、战士
陈德仁	男		武宣县三里镇三里街	1947 年 7 月	1950 年 8 月	广西桂平县金田乡	中国人民解放军梧州军分区独立团、班长
林信义	男	1925 年 4 月	武宣县禄新镇六村	1949 年 4 月	1950 年 8 月	广西平南县六阵区	中国人民解放军梧州军分区独立团、战士

续表

姓名	性别	出生年月	籍贯(今地名)	参加革命时间	牺牲时间	牺牲地点(当时地名)	牺牲时所在单位、职务
金扶漂	男	1904年5月	金秀瑶族自治县金秀镇金田村	1949年11月	1950年8月2日	金村路口	金田农民翻身会、会员
金扶望	男	1897年7月	金秀瑶族自治县金秀镇金田村	1949年10月	1950年8月7日	金田村	金田农民翻身会、会员
芩国宏	男	1908年	兴宾区三五镇古邦村	1947年7月	1950年9月	来宾	来宾县分界乡剿匪民兵大队、队员
韦杨律	男	1919年7月	兴宾区南泗乡里化村	1949年9月	1950年9月	来宾县南泗下莫	来宾县南泗区下莫乡里化村农会、主席
黄经美	男	1911年6月	兴宾区桥巩镇山头村	1950年5月	1950年9月	来宾县良塘乡	来宾县良塘区民兵中队、队员
覃华谋	男	1931年	兴宾区三五镇下姚村	1949年8月	1950年9月	来宾	来宾分界乡剿匪民兵大队、队员
蓝永寿	男	1908年	忻城县果遂镇古楼村	1950年	1950年9月	来宾县下台村	上林县古蓬区中队、战士
黄显飞	男	1915年	忻城县果遂镇加书村		1950年9月	忻城县果遂区	忻城县果遂区民兵队、队员
黄克义	男	1920年	忻城县遂意乡联堡村	1950年8月	1950年9月	上林县三里街	上林古蓬区中队、战士
王佐庭	男	1917年	象州县罗秀镇永利村	1950年	1950年9月	象县大乐	象州县大乐民兵队、队员
覃振悦	男	1923年3月	象州县妙皇乡盘古村	1950年	1950年9月	象县妙皇	象州县妙皇民兵队、队员
廖献书	男	1900年3月	象州县寺村镇中团村	1949年8月	1950年9月	象县寺村乡中团村	中团工作队、队员
韦六姑	女	1914年6月	象州县大乐镇石朋村	1949年	1950年9月	象县大乐乡同庚村	解放军桂中支队第8团、炊事员
莫世炎	男		象州县罗秀镇		1950年9月		罗秀乡政府、工作人员
李德隆	男	1918年1月	武宣县金鸡乡金鸡街	1949年12月	1950年9月	武宣县黄茆乡架田山	武宣县马良村农会、主席
李胜标	男	1921年	武宣县黄茆镇黄茆街	1949年12月	1950年9月	武宣县黄茆架田村	武宣县黄茆乡赖山村农会、副主席
覃强兰	男	1933年	武宣县二塘镇古寨村	1949年8月	1950年9月	武宣县二塘乡	武宣县大队、战士
梁宗尧	男	1910年	武宣县东乡镇洛桥村	1949年	1950年9月	武宣县东乡窝肚村	武宣县洛桥村农会、小组长
梁桂昌	男	1914年	武宣县东乡镇洛桥村	1949年	1950年9月	武宣县东乡窝肚村	武宣县洛桥村农会、小组长
梁世荣	男	1900年	武宣县东乡镇洛桥村	1949年	1950年9月	武宣县东乡窝肚村	武宣县洛桥村农会、主席
龙政款	男	1924年	武宣县桐岭镇古龙村	1947年7月	1950年9月	武宣县桐岭新圩	武宣县1大队桐岭区中队、战士
石才猷	男	1930年5月	武宣县禄新镇河耀村	1949年10月	1950年9月	藤县	中国人民解放军梧州军分区独立团、班长
黄正居	男	1930年	忻城县大塘镇寨南村下贝屯	1950年	1950年10月	朝鲜战场	中国人民志愿军38军342团、战士
罗荣新	男	1934年	忻城县新圩乡弄礼村	1950年	1950年10月	朝鲜战场	中国人民志愿军38军114师、战士

续表

姓名	性别	出生年月	籍贯(今地名)	参加革命时间	牺牲时间	牺牲地点(当时地名)	牺牲时所在单位、职务
覃锦新	男	1917年3月	兴宾区陶邓镇谢旺村	1949年12月	1950年10月	朝鲜战场	中国人民志愿军45师134团1营1连、副排长
韦金国	男	1916年8月	兴宾区三五镇介塘村	1948年11月	1950年10月	朝鲜战场	中国人民志愿军76师226团2营6连、战士
蒙庆作	男	1923年6月	兴宾区三五镇狮子村	1951年4月	1950年10月	朝鲜战场	中国人民志愿军119师357团3营7连、战士
卢延昌	男	1924年6月	兴宾区高安乡高台村	1950年1月	1950年10月	南泗衣滩	南泗双松乡高台村农会、主席
韦家于	男	1924年4月	兴宾区凤凰镇三八村	1950年2月	1950年10月	朝鲜战场	中国人民志愿军某部、战士
黄少达	男	1919年11月	兴宾区桥巩镇下料村	1950年1月	1950年10月	良塘上料	迁江县大队良塘区中队、战士
韦瑞海	男	1927年7月	兴宾区桥巩镇下料村	1949年1月	1950年10月	朝鲜战场	中国人民志愿军334团2营5连、副班长
韦耀谈	男	1919年	兴宾区七洞乡地川村	1949年	1950年10月	兴宾区良塘	来宾县大队、战士
韦正初	男	1912年9月	象州县中平镇江头村	1950年2月	1950年10月	象县大乐乡同庚村	江头村农会、主席
覃厚进	男	1904年10月	象州县中平镇新庆村		1950年10月	象县中平乡新庆村	新庆民兵队、队员
覃日贵	男	1907年	象州县象州镇大塘村		1950年10月	象县象州镇大塘村	王铎民兵队、队长
梁宝山	男	1922年	象州县百丈乡那沙村		1950年10月	象县百丈乡孟家村	那沙民兵队、队员
覃延流	男	1926年6月	武宣县禄新镇大榕村	1950年1月	1950年10月	朝鲜战场	中国人民志愿军某部、战士
钟志隆	男	1934年	武宣县二塘镇古寨村	1950年1月	1950年10月	武宣县东乡	武宣县大队、通讯员
李德财	男	1928年	武宣县东乡镇上洞村	1950年5月	1950年10月	藤县沙田村	解放军梧州军分区独立团、班长
李治中(曾用名:李肇洪)	男	1928年9月	武宣县东乡镇花潭村	1949年	1950年10月	朝鲜战场	中国人民志愿军38军112师、战士
廖看龄	男	1931年2月	武宣县桐岭镇大覃村	1949年1月	1950年10月	桂平县江口	中国人民解放军梧州军分区独立团、班长
黄炳尚	男	1926年	武宣县通挽镇汶村	1949年10月	1950年10月	朝鲜战场	中国人民志愿军40军119师355团2营、战士
韦乃玉	男	1931年4月	金秀瑶族自治县桐木镇仁里村		1950年10月	象县中兴乡王二村	仁里村、民兵
苏孝康	男	1915年4月	金秀瑶族自治县桐木镇鹿鸣村	1949年11月	1950年10月	朝鲜战场	中国人民志愿军、战士
张新球	男	1927年4月	金秀瑶族自治县罗香乡龙坪村	1950年1月	1950年10月	朝鲜战场	中国人民志愿军、战士
袁昌贤	男	1928年2月	忻城县马泗乡五龙村油榨屯	1949年11月	1950年11月	忻城县欧洞村	忻城县大队、战士
申官荣	男	1917年10月	象州到中平镇西街	1950年6月	1950年11月	朝鲜战场	中国人民志愿军38军112师、战士

续表

姓名	性别	出生年月	籍贯(今地名)	参加革命时间	牺牲时间	牺牲地点（当时地名）	牺牲时所在单位、职务
韦志廷	男	1904 年	武宣县东乡镇昊村	1949 年	1950 年 11 月	朝鲜战场	中国人民志愿军 20 军 58 师 174 团、班长
王绍益	男	1911 年 6 月	金秀瑶族自治县桐木镇桐木街	1949 年 1 月	1950 年 11 月 27 日	修仁县黄洞	修仁县工作队、队长
金道现	男	1920 年 5 月	金秀瑶族自治县长垌乡桂田村	1949 年 9 月	1950 年 11 月	长垌乡龙华村	龙华村、民兵
冯朝荣	男				1950 年 11 月	境内	中国人民解放军 398 团 32 大队、营教导员
牛贵新	男				1950 年 11 月	境内	中国人民解放军 398 团 32 大队、连长
农某某	男				1950 年 11 月	境内	中国人民解放军 398 团 32 大队、连长
贾凤德	男				1950 年 11 月	境内	中国人民解放军 398 团 32 大队、战士
王凤祥	男				1950 年 11 月	境内	中国人民解放军 398 团 32 大队、战士
韦金福	男	1927 年 7 月	兴宾区石陵镇三山村	1950 年 11 月	1950 年 11 月	迁江县雷山	迁江平阳区同庆乡民兵队、队员
韦学殿	男	1927 年 1 月	兴宾区高安乡高连村	1950 年 1 月	1950 年 11 月	朝鲜战场	中国人民志愿军 573 团运输连、战士
沈振谋	男		兴宾区寺山镇大河村	1950 年 1 月	1950 年 11 月	来宾县城厢	来宾县公安中队、战士
丁志府	男	1930 年 6 月	兴宾区桥巩镇良水村	1950 年	1950 年 11 月	来宾县良塘上料	迁江县大队良塘区中队 3 分队、战士
谭喜高	男	1908 年	象州县大乐镇王村	1949 年	1950 年 12 月	象县中平乡新圩	象县人民政府、警卫员
龙　光	男		武宣县桐岭镇古龙村	1947 年 8 月	1950 年 12 月	武宣县城	武宣县大队、排长
陈世昌	男		武宣县三里镇杏村	1950 年 1 月	1950 年 12 月	福建省漳州市	中国人民解放军、战士
甘守旺	男	1919 年 10 月	武宣县二塘镇眉山村	1949 年 12 月	1950 年 12 月	广西藤县	中南军区、班长
韦志强	男	1921 年	兴宾区正龙乡白鸽村	1950 年 4 月	1950 年 12 月	朝鲜战场	中国人民志愿军 76 师 228 团、战士
覃天福	男	1920 年 8 月	兴宾区陶邓镇上韦里街	1950 年 10 月	1950 年 12 月	来宾县陶邓区	迁江陶邓区政府、通讯员
潘启寿	男	1919 年 5 月	兴宾区平阳镇中集村	1950 年 5 月	1950 年 12 月	迁江县雷山	迁江方庆乡中步村民兵、队长
唐荣发	男	1918 年	兴宾区凤凰镇佳田村	1950 年 10 月	1950 年 12 月	来宾县凤凰镇佳田山弄	凤凰区佳田乡农会、副主席
蒙元生	男	1927 年	忻城县城关镇上黄金村中屯	1949 年 10 月	1951 年	朝鲜战场	中国人民志愿军 38 军 114 师、战士
黄绍珍	男	1928 年 9 月	忻城县城关镇都乐村	1950 年	1951 年	朝鲜战场	中国人民志愿军 38 军、排长
莫可学	男	1931 年	忻城县城关镇思耕村下思耕屯	1949 年	1951 年	朝鲜战场	中国人民志愿军 38 军、战士

续表

姓名	性别	出生年月	籍贯(今地名)	参加革命时间	牺牲时间	牺牲地点(当时地名)	牺牲时所在单位、职务
樊凤英	男	1929年6月	忻城县城关镇尚宁村板六屯	1950年	1951年	朝鲜战场	中国人民志愿军114师341团、战士
罗　恒	男	1931年	忻城县城关镇隆光村甘盆屯	1950年9月	1951年	朝鲜战场	中国人民志愿军114师342团、战士
罗秀校	男	1924年8月	忻城县城关镇高塘村木乐屯	1950年2月	1951年	朝鲜战场	中国人民志愿军38军341团、战士
韦林昌	男	1924年2月	忻城县城关镇高塘村高塘屯	1949年	1951年	朝鲜战场	中国人民志愿军38军341团、战士
樊增高	男	1931年4月	忻城县城关镇弄洪村上塘屯	1950年10月	1951年	朝鲜战场	中国人民志愿军38军341团、副班长
罗义新	男	1920年5月	忻城县马泗乡五龙村可卜屯	1949年	1951年	朝鲜战场	中国人民志愿军15军44师、战士
韦成军	男	1923年2月	马泗乡马泗村潘村屯	1950年	1951年	朝鲜战场	中国人民志愿军38军112师、班长
莫现武	男	1930年8月	忻城县大塘镇大同村下同吉屯	1950年1月	1951年	朝鲜战场	中国人民志愿军38军340团、班长
蓝老二	男	1929年	忻城县大塘镇大同村下同吉屯	1950年1月	1951年	朝鲜战场	中国人民志愿军38军114师、班长
李元茂	男	1921年	大忻城县塘镇六安村毛达屯	1949年10月	1951年	广东省海南岛	中国人民解放军某部、副连长
玉应怀	男	1916年	忻城县思练镇龙东村	1948年9月	1951年	朝鲜战场	中国人民志愿军38军114师
蓝元隆	男	1932年	忻城县果遂镇上北丹村	1949年12月	1951年	朝鲜战场	中国人民志愿军38军114师、战士
蓝玉光	男	1931年	忻城县果遂镇上北丹村	1950年	1951年	朝鲜战场	中国人民志愿军38军114师、战士
谭胜新	男	1932年	忻城县果遂镇上花红村	1950年	1951年	朝鲜战场	中国人民志愿军0134部队、战士
蓝瑞光	男	1932年4月	忻城县果遂镇上花红村	1950年	1951年	朝鲜战场	中国人民志愿军38军114师、战士
黄玉泽	男	1925年	忻城县果遂镇上古楼村	1950年10月	1951年	朝鲜战场	中国人民志愿军38军114师、战士
蓝茂日	男	1929年	忻城县红渡镇龙塘村		1951年	忻城县古凤屯	上林县马蹄乡民兵队、队员
蓝仁忠	男	1928年	忻城县红渡镇龙塘村		1951年	忻城县古凤屯	中国人民上林县马蹄乡民兵队、队员
罗凤王	男	1922年1月	忻城县红渡镇马安村		1951年	上林县	上林县马蹄乡民兵队、队员
樊树由	男	1931年	忻城县古蓬镇凌头村	1949年	1951年	朝鲜战场	中国人民志愿军15军、战士
蓝顺熙	男	1920年	忻城县遂意乡板同村	1948年4月	1951年	柳州市	广西省革命残废军人学校、学员
蓝日高	男	1919年6月	忻城县北更乡犀牙村	1949年2月	1951年	朝鲜战场	中国人民志愿军某部、战士
廖宇优	男	1930年	象州县妙皇乡盘古村	1950年	1951年	朝鲜战场	中国人民志愿军191师572团、战士

续表

姓名	性别	出生年月	籍贯(今地名)	参加革命时间	牺牲时间	牺牲地点(当时地名)	牺牲时所在单位、职务
覃振铎	男	1930年	象州县妙皇乡古朴村	1949年	1951年	朝鲜战场	中国人民解放军梧州军分区、通讯员
陆福道	男	1932年	象州县寺村镇上下古路村	1951年	1951年	朝鲜战场	中国人民志愿军38军、战士
谭达元	男		象州县运江镇铜盆村	1950年	1951年	朝鲜战场	中国人民志愿军某部、战士
甘佐兴	男	1919年9月	武宣县二塘镇上眉山村	1950年1月	1951年	藤县沙田乡	中国人民解放军梧州军分区独立团、战士
陆　平	男	1930年	金秀瑶族自治县桐木镇桐木街	1950年	1951年	朝鲜战场	中国人民志愿军某部、通讯员
黄秀平	男	1926年9月	兴宾区小平阳镇黄曲村	1944年4月	1951年	朝鲜战场	中国人民志愿军35师110团2营4连、战士
李树忠	男	1929年8月	兴宾区迁江镇大里街	1950年	1951年	朝鲜战场	中国人民志愿军39军116师、战士
欧朝廉	男	1930年3月	兴宾区迁江镇黄岸村	1951年4月	1951年	朝鲜战场	中国人民志愿军116师、战士
陆万恒	男	1913年8月	兴宾区迁江镇石田村	1948年	1951年	朝鲜战场	中国人民志愿军116师、战士
莫益强	男	1926年	兴宾区迁江镇甘周村	1950年	1951年	宾阳黎塘	广西军区、战士
韦文韬	男	1931年	兴宾区南泗乡读村	1950年	1951年	朝鲜战场	中国人民志愿军某部、战士
韦扬全	男	1929年	兴宾区南泗乡平田村	1950年	1951年	朝鲜战场	中国人民志愿军某部、战士
霍建槐	男	1927年9月	兴宾区凤凰镇四等村	1949年	1951年	朝鲜战场	中国人民志愿军某部、炊事员
罗新志	男	1926年7月	兴宾区高安乡巴积村	1951年4月	1951年	朝鲜战场	中国人民志愿军某部、战士
陈　洁	女	1930年	兴宾区凤凰镇麒麟村	1949年6月	1951年1月	北五乡政府	柳来象边区人民解放独立大队第二中队、联络员
黄玉书	男	1918年	武宣县通挽镇上王羌村		1951年1月	武宣县通挽乡张宽村	通挽乡王羌村民兵队、队员
高贤忠	男	1918年10月	武宣县三里镇上经堂村	1949年1月	1951年1月	朝鲜战场	中国人民志愿军117师、战士
刘扶所	男	1914年12月	金秀瑶族自治县金秀镇金田村	1949年	1951年1月	金秀	金田农民翻身会、会员
韦作模	男	1929年6月	兴宾区桥巩镇上合隆村	1950年2月	1951年2月	海南岛	中国人民解放军广州部队、战士
莫亮志	男	1920年2月	忻城县思练镇沧贡村朝阳屯	1950年11月	1951年2月	朝鲜战场	中国人民志愿军38军114师、战士
韦　奎	男	1927年	忻城县思练镇龙东村中立屯	1950年12月	1951年2月	忻城县	忻城县大队、战士
罗玉堂	男	1929年8月	忻城县古蓬镇古稠村	1947年9月	1951年2月	朝鲜战场	中国人民志愿军输送16团、参谋
吴有汉	男	1926年5月	金秀瑶族自治县大樟乡大樟街	1949年12月	1951年2月	朝鲜杨子山战场	中国人民志愿军、战士

续表

姓名	性别	出生年月	籍贯(今地名)	参加革命时间	牺牲时间	牺牲地点(当时地名)	牺牲时所在单位、职务
金扶双	男	1925年8月	金秀瑶族自治县金秀镇金田村	1951年2月	1951年2月	象县长垌乡平道村	金田村、民兵
相扶哟	男	1904年10月	金秀瑶族自治县六巷乡六巷村	1951年2月	1951年2月	象县六巷乡大岭小白冲	六巷村、民兵
黄忠良	男	1923年8月	兴宾区陶邓镇乔圩村	1947年3月	1951年3月	朝鲜战场	中国人民志愿军78师234团、副排长
覃有祥	男	1929年6月	兴宾区平阳镇乔林村	1951年1月	1951年3月	朝鲜战场	中国人民志愿军116师工兵连、班长
罗祖树	男	1929年	忻城县欧洞乡岜板村	1950年	1951年3月	广西宜山县龙头村	中国人民解放军宜山县大队、战士
黄柏南	男	1923年	武宣县东乡镇上锦村	1949年	1951年3月	朝鲜战场	中国人民志愿军40军118师、战士
卢尚逵	男	1930年	武宣县桐岭镇上桐岭村	1950年	1951年3月	朝鲜战场	中国人民志愿军23师、战士
李超良(曾用名:覃超良)	男	1926年	武宣县东乡镇江村	1947年	1951年3月	朝鲜战场	中国人民志愿军26军78师、战士
兰启化	男	1930年7月	兴宾区平阳镇达村	1949年8月	1951年4月	朝鲜战场	中国人民志愿军39军345团、战士
卢自能	男	1923年	兴宾区城东街道	1947年2月	1951年4月	朝鲜战场	中国人民志愿军23团2营机枪连、战士
樊　荣	男	1930年10月	兴宾区良江镇吉利村	1948年6月	1951年4月	朝鲜战场	中国人民志愿军某部、战士
梁捺文	男	1920年	忻城县欧洞乡永合村大弄屯	1948年3月	1951年4月	云南省文山县	云南省文山县大队、班长
黄树能	男	1928年4月	忻城县安东乡新桥村	1950年12月	1951年4月	广西宜山县	解放军宜山军分区、战士
石连新	男	1920年4月	忻城县北更乡犀牙村	1949年	1951年4月	朝鲜战场	中国人民志愿军、战士
刘忠桂	男	1927年	武宣县东乡镇莲塘村	1951年	1951年4月	朝鲜战场	中国人民志愿军40军353团、战士
韦朝锦	男	1926年	武宣县桐岭乡塘莲村	1950年4月	1951年4月	朝鲜战场	中国人民志愿军40军118师354团、战士
覃桂京	男		象州县寺村镇易村	1951年	1951年5月		象县县大队、战士
肖广昌	男	1921年5月	武宣县禄新镇湾龙村	1948年3月	1951年5月	朝鲜战场	中国人民志愿军51军、战士
廖绍雄	男		合山矿务局柳花岭矿		1951年5月	云南省广南县	中国人民解放军37师7连、战士
张庆瑶	男	1928年3月	兴宾区高安乡鳌塘村	1951年3月	1951年6月	朝鲜州城	中国人民志愿军191师357团2营8连、战士
梁正家	男	1934年7月	金秀瑶族自治县头排镇三友村	1950年1月	1951年6月	朝鲜战场	中国人民志愿军、战士
谭良谋	男	1932年	合山市北泗镇东亭那羊屯	1949年12月	1951年6月	朝鲜战场	中国人民志愿军336团1营1连、战士
张庆林	男	1924年11月	兴宾区凤凰镇龙头村	1947年	1951年7月	朝鲜战场	中国人民志愿军某团部、秘书

续表

姓名	性别	出生年月	籍贯(今地名)	参加革命时间	牺牲时间	牺牲地点(当时地名)	牺牲时所在单位、职务
潘付龙	男	1931年	兴宾区平阳镇欢怀村	1950年12月	1951年7月	朝鲜战场	中国人民志愿军115师、战士
梁仁睦	男	1925年	忻城县马泗乡五龙村袁村屯	1949年8月	1951年7月	朝鲜战场	中国人民志愿军38军112师、战士
韦隆尤	男	1926年9月	忻城县思练镇新练村	1950年12月	1951年7月	朝鲜战场	中国人民志愿军38军114师、战士
黄天班	男	1932年7月	武宣县禄新镇新学村	1950年2月	1951年7月	朝鲜战场	中国人民志愿军113师、战士
覃延信	男	1930年	武宣县禄新镇大榕村	1951年	1951年7月	朝鲜战场	中国人民志愿军38军113师高炮营高机8连、战士
梁文琪	男	1918年5月	金秀瑶族自治县头排镇三友村	1947年	1951年7月	朝鲜战场	中国人民志愿军、副排长
梁善华	男	1922年6月	金秀瑶族自治县头排镇三友村	1948年3月	1951年7月	朝鲜战场	中国人民志愿军、班长
梁用光	男	1915年8月	金秀瑶族自治县头排镇三友村	1950年1月	1951年7月	朝鲜战场	中国人民志愿军、战士
吴宣周	男	1926年8月	象州县中平镇灯盏村	1949年4月	1951年8月	四川省云阳县	中国人民解放军32师95团、战士
蒲兰英	男	1917年3月	兴宾区陶邓镇大蒲村	1948年10月	1951年9月	朝鲜战场	中国人民志愿军0212部队、排长
兰育成	男	1926年1月	兴宾区平阳镇大龙村	1950年12月	1951年9月	朝鲜战场	中国人民志愿军39军345团7连、战士
韦鸿吉	男	1929年	忻城县思练镇新练村	1950年12月	1951年9月	朝鲜战场	中国人民志愿军38军114师、战士
韦兰英	男	1928年	忻城县思练镇新练村	1950年8月	1951年9月	朝鲜战场	中国人民志愿军38军114师、战士
韦新尤	男	1933年	忻城县思练镇新练村	1950年7月	1951年9月	朝鲜战场	中国人民志愿军38军114师、战士
莫显武	男	1929年12月	忻城县思练镇桥头村	1950年12月	1951年9月	朝鲜战场	中国人民志愿军38军114师、战士
莫绍武	男	1928年9月	忻城县思练镇梅岭村	1950年9月	1951年9月	朝鲜战场	中国人民志愿军38军114师、战士
莫益件	男	1911年7月	忻城县思练镇梅岭村	1950年10月	1951年9月	朝鲜战场	中国人民志愿军38军114师、战士
韦宏干	男	1927年9月	忻城县思练镇思练村	1951年	1951年9月	朝鲜战场	中国人民志愿军38军114师、战士
刘　庭	男	1925年8月	忻城县思练镇思练村	1951年	1951年9月	朝鲜战场	中国人民志愿军38军114师、战士
谢朝锦	男	1923年1月	象州县象州镇沙兰村	1949年	1951年9月	朝鲜战场	中国人民志愿军40军119师、战士
苏有兴	男	1924年5月	象州县中平镇大架村	1949年3月	1951年9月	朝鲜战场	中国人民志愿军27军81师、班长
李耀初	男		武宣县武宣镇土仁塘	1950年10月	1951年9月	朝鲜战场	中国人民人民志愿军115师、战士
蓝国芬	男	1931年	忻城县马泗乡五龙村从堂屯	1951年3月	1951年10月	宜山县北牙	宜山县大队、战士

续表

姓名	性别	出生年月	籍贯(今地名)	参加革命时间	牺牲时间	牺牲地点(当时地名)	牺牲时所在单位、职务
罗光勤	男	1928年	忻城县红渡镇马安村	1947年4月	1951年10月	朝鲜上甘岭	中国人民志愿军、战士
曾志求	男	1929年	兴宾区城东街道	1950年11月	1951年10月	来宾剿匪	来宾县大队一区中队、战士
覃星廷	男	1923年6月	武宣县禄新镇古禄村	1951年	1951年10月	朝鲜战场	中国人民人民志愿军191师572团2连、班长
莫龙业	男	1928年2月	合山市北泗乡北泗山朝屯	1950年12月	1951年10月	朝鲜战场无名高地	中国人民志愿军39军115师343团8连、战士
蓝兆辉	男	1929年	忻城县果遂镇同乐村	1950年10月	1951年11月	朝鲜战场	中国人民志愿军、战士
覃瑞荣	男	1924年	武宣县二塘镇秀江村	1947年2月	1951年11月	朝鲜战场	中国人民人民志愿军26军31团5连、战士
莫怀侯	男	1919年	武宣县通挽镇龙朋村	1951年2月	1951年11月	朝鲜马良山	中国人民志愿军61师272团、战士
莫锦葵	男	1934年	武宣县通挽镇龙朋村	1951年2月	1951年11月	朝鲜战场	中国人民志愿军573团2营5连、战士
江超林	男	1922年5月	兴宾区三五镇莲塘村	1951年4月	1951年11月	朝鲜战场	中国人民志愿军191师573团3营8连、战士
韦家亨	男	1919年12月	兴宾区三五镇赛暖村	1951年3月	1951年11月	朝鲜战场	志愿军191师357团3营8连、战士
覃就业	男	1923年1月	兴宾区良塘镇成凡村	1949年12月	1951年11月	朝鲜战场	中国人民志愿军521团1营、报话员
曾庆德	男	1930年1月	兴宾区良江镇那蓬村	1950年12月	1951年12月	海南岛	中国人民解放军406部队、战士
覃汉香	男	1933年3月	兴宾区平阳镇毛服村	1951年6月	1951年12月	朝鲜战场	中国人民志愿军115师395团2营4连、战士
韦日明	男	1930年	兴宾区大湾镇迎恩村	1951年6月	1951年12月	来宾凤凰	来宾县大队第一区中队、战士
覃荣敌	男	1932年10月	兴宾区凤凰镇武宜村	1950年2月	1951年12月	朝鲜战场	中国人民志愿军345团3营机2连、战士
陆启森	男	1927年2月	兴宾区桥巩镇合隆村	1950年11月	1951年12月	朝鲜战场	中国人民志愿军345团机2连、战士
陈文停	男	1915年4月	忻城县城关镇城厢街	1950年	1952年	朝鲜战场	中国人民志愿军38军340团、战士
樊现殊	男	1926年8月	忻城县城关镇弄洪村弄鲁屯	1950年	1952年	朝鲜战场	中国人民志愿军38军、战士
陆锦祖	男	1933年8月	忻城县城关镇隆光村山脚屯	1950年	1952年	朝鲜战场	中国人民志愿军114师342团、战士
马献常	男	1932年4月	忻城县城关镇高塘村高塘屯	1951年	1952年	朝鲜战场	中国人民志愿军38军、副班长
莫永康	男	1927年	忻城县大塘镇寨北村石且屯	1952年	1952年	朝鲜战场	中国人民志愿军38军114师、战士
莫树丰	男	1927年	忻城县大塘镇金山村新屯	1952年7月	1952年	朝鲜战场	中国人民志愿军38军114师、战士
莫成勋	男	1936年	忻城县大塘镇大塘街	1950年6月	1952年	朝鲜战场	中国人民志愿军38军114师、战士

续表

姓名	性别	出生年月	籍贯(今地名)	参加革命时间	牺牲时间	牺牲地点(当时地名)	牺牲时所在单位、职务
蓝家庆	男	1929年9月	忻城县安东乡上付水屯	1950年10月	1952年	朝鲜战场	中国人民志愿军38军114师、副班长
莫日新	男	1933年3月	忻城县安东乡拉单屯	1950年12月	1952年	朝鲜战场	中国人民志愿军38军114师、战士
韦汉杰	男	1930年	忻城县安东乡新桥村	1950年11月	1952年	朝鲜战场	中国人民志愿军38军114师、战士
莫力么	男	1929年5月	忻城县安东乡新桥村	1950年11月	1952年	朝鲜战场	中国人民志愿军38军114师、战士
潘云儒	男	1929年4月	忻城县安东乡安东村	1950年11月	1952年	朝鲜战场	中国人民志愿军38军340师、战士
谭祖尤	男	1930年10月	忻城县安东乡加益村	1950年10月	1952年	朝鲜战场	中国人民志愿军38军340师、战士
莫大洋	男	1930年4月	忻城县安东乡加益村	1950年11月	1952年	朝鲜战场	中国人民志愿军38军340师、战士
韦兆尤	男	1928年5月	忻城县安东乡新桥村	1950年12月	1952年	朝鲜战场	中国人民志愿军38军114师、战士
麦志杰	男	1928年6月	忻城县安东乡新桥村	1950年12月	1952年	朝鲜战场	中国人民志愿军38军114师、战士
黄树兰	男	1930年11月	忻城县安东乡新桥村	1950年12月	1952年	朝鲜战场	中国人民志愿军38军114师、战士
韦继尤	男	1928年1月	忻城县安东乡新桥村	1950年12月	1952年	朝鲜战场	中国人民志愿军38军114师、战士
蓝锦芝	男	1930年	忻城县果遂镇果遂村	1950年	1952年	朝鲜战场	中国人民志愿军38军114师、战士
罗勤武	男	1927年	忻城县新圩乡龙礼村	1950年11月	1952年	朝鲜战场	中国人民志愿军38军114师、战士
罗文光	男	1921年4月	忻城县红渡镇古房村	1949年	1952年	朝鲜战场	中国人民志愿军38军114师、战士
蓝祖达	男	1921年	忻城县红渡镇六蝶村	1950年	1952年	朝鲜战场	中国人民志愿军38军114师、战士
潘桂才	男	1929年	忻城县红渡镇三合村	1950年	1952年	朝鲜战场	中国人民志愿军38军114师、战士
蓝显达	男	1921年	忻城县遂意乡弄江村	1949年3月	1952年	朝鲜战场	中国人民志愿军38军、战士
蓝冠益	男	1924年	忻城县遂意乡板同村	1948年	1952年	朝鲜战场	中国人民志愿军38军、战士
罗庆益	男	1929年	忻城县新圩乡龙岑村	1950年	1952年	朝鲜战场	中国人民志愿军38军114师、战士
韦汉良	男	1928年4月	忻城县古蓬镇凌头村	1949年	1952年	南宁市	中国人民解放军公安第12师、战士
石善峰	男	1931年	忻城县北更乡加乐村	1949年	1952年	朝鲜战场	中国人民志愿军、战士
马建贤	男	1930年	象州县寺村镇中乌村	1950年	1952年	朝鲜战场	中国人民志愿军64师、炊事员
梁汉兴(曾用名:梁亚水)	男	1932年	武宣县东乡镇洛桥村	1949年9月	1952年	朝鲜战场	中国人民志愿军38军113师338团炮2连、战士

续表

姓名	性别	出生年月	籍贯(今地名)	参加革命时间	牺牲时间	牺牲地点(当时地名)	牺牲时所在单位、职务
罗万宣	男	1926年	兴宾区平阳镇下斧村	1951年	1952年	朝鲜战场	中国人民志愿军某部、战士
施子由	男	1928年7月	兴宾区南泗乡横岭村	1950年1月	1952年	广东省	中国人民解放军132师395团、战士
蒙光世	男	1931年	兴宾区南泗乡高岭村	1950年1月	1952年	广西龙州	广西边防总局23团3营7连、战士
陈开杰	男	1912年2月	合山市河里镇洛满村安塘屯	1951年2月	1952年	朝鲜上浦房	中国人民志愿军39军115师343团、战士
罗德范	男	1934年	合山市河里镇羊樟村上羊角屯	1950年3月	1952年	朝鲜战场	中国人民志愿军39军115师343团、战士
江荣昌	男	1914年6月	合山市河里镇洛满村安塘屯	1950年	1952年	朝鲜战场	中国人民志愿军39军115师343团2营、战士
蓝启化	男	1928年	合山市柳花岭林场	1951年	1952年	朝鲜战场	中国人民志愿军、战士
罗老实	男	1924年2月	兴宾区大湾镇歪必村	1950年	1952年	朝鲜战场	中国人民志愿军、战士
邹丁来	男	1925年5月	兴宾区凤凰镇长福村	1950年	1952年	朝鲜战场	中国人民志愿军某部、班长
黄少启	男	1931年4月	兴宾区五山镇下古蒲村	1951年3月	1952年	朝鲜战场	中国人民志愿军389团无座力炮、战士
凌善同	男	1930年	兴宾区城厢镇飞凤村	1950年8月	1952年1月	江西省	中国人民解放军江西省军区监工二连、战士
黄端杰	男	1928年3月	兴宾区石陵镇明堂村	1950年8月	1952年1月	朝鲜战场	中国人民志愿军576团1营机枪连、战士
韦运龙	男	1924年2月	象州县运江镇都以村	1950年11月	1952年1月	朝鲜战场	中国人民志愿军公安32团、战士
陆文谋	男	1928年	武宣县通挽镇克胜村	1951年5月	1952年1月	朝鲜战场	中国人民志愿军571团3连、战士
黄怀侯	男	1937年	合山市河里镇环山村	1950年12月	1952年1月	朝鲜临津江	中国人民志愿军39军115师343团、战士
罗宽范	男	1930年	合山市河里乡镇羊樟村	1950年3月	1952年1月	朝鲜临津江	中国人民志愿军39军115师343团、战士
覃远达	男	1929年5月	兴宾区石陵镇	1951年5月	1952年2月	朝鲜战场	中国人民志愿军576团1营机枪连、战士
张中兴	男	1928年	兴宾区良塘镇大村	1950年12月	1952年2月	朝鲜战场	中国人民志愿军115师345团2营5连、战士
胡荣飞	男	1922年	兴宾区蒙村镇高步村	1948年12月	1952年2月	朝鲜战场	中国人民志愿军31师92团1营3连、战士
蓝仕吉	男	1926年10月	忻城县果遂镇古楼村	1950年2月	1952年2月	朝鲜战场	中国人民志愿军38军114师、战士
玉炳木	男	1927年	合山市河里镇	1950年	1952年2月	朝鲜战场3948高地	中国人民志愿军38军114师、战士
梁仁德	男	1931年4月	兴宾区陶邓镇梁村	1951年5月	1952年3月	朝鲜战场	中国人民志愿军152师576团8连、班长
卢秉杨	男	1925年12月	兴宾区迁江镇雅山村	1951年2月	1952年3月	朝鲜战场	中国人民志愿军346团2营、战士

续表

姓名	性别	出生年月	籍贯(今地名)	参加革命时间	牺牲时间	牺牲地点(当时地名)	牺牲时所在单位、职务
兰庭龙	男	1928年4月	兴宾区平阳镇达村	1951年1月	1952年3月	朝鲜战场	中国人民志愿军346团8连、战士
农义明	男	1935年	象州县寺村镇上岩村	1950年	1952年3月	朝鲜战场	中国人民志愿军战士571团1连
何色光	男	1927年	武宣县桐岭镇王官村	1950年11月	1952年3月	朝鲜战场	中国人民志愿军517团、战士
凌奇峰	男	1923年	合山市北泗镇水井头屯	1949年12月	1952年3月	朝鲜战场	中国人民志愿军16军后勤部汽车连、副班长
覃汉生	男	1929年3月	兴宾区平阳镇乔林村	1951年1月	1952年4月	朝鲜战场	中国人民志愿军346团2营9连、战士
卢家锦	男	1915年7月	兴宾区平阳镇南蛇村	1950年	1952年4月	朝鲜战场	中国人民志愿军115师、战士
韦远山	男	1931年9月	兴宾区平阳镇排黄村	1950年1月	1952年4月	柳州市	迁江县公安中队、战士
黄永庭	男	1924年	兴宾区七洞乡那胡村	1951年4月	1952年4月	朝鲜战场	中国人民志愿军192师576团5连、战士
韦桂荣	男	1932年	象州县寺村镇士篑村	1950年	1952年4月	朝鲜战场	中国人民志愿军571团1连、文书
覃国权	男	1934年2月	象州县中平镇自协村	1951年1月	1952年4月	朝鲜战场	中国人民志愿军192师炮团、炮手
黄必保	男	1928年	武宣县桐岭镇汉村	1951年1月	1952年4月	朝鲜战场	中国人民志愿军113师、战士
程善元	男	1925年	合山市河里镇洛满村安塘屯	1949年12月	1952年4月	朝鲜战场	中国人民志愿军西南军区156团炮兵连、战士
韦怀保	男	1930年	合山市河里镇甘林村甘奎屯	1951年	1952年4月	朝鲜战场	中国人民志愿军39军115师343团、战士
罗胜元		1911年2月	兴宾区平阳镇弄怀村	1950年12月	1952年5月	陶邓五同	平阳区胜利村民兵中队、队长
覃世坚	男	1928年8月	兴宾区平阳镇乔林村	1951年3月	1952年5月	朝鲜战场	中国人民志愿军124师炮兵团1营4连、班长
韦仕吉	男	1916年8月	兴宾区桥巩乡古瓦村	1946年8月	1952年5月	朝鲜战场	中国人民志愿军559团2连、战士
方　华	男	1923年4月	兴宾区南泗乡南泗街	1949年11月	1952年5月	朝鲜战场	中国人民志愿军398团1营1连、战士
罗善益	男	1927年	忻城县新圩乡龙岑村	1950年12月	1952年5月	朝鲜战场	中国人民志愿军38军114师、战士
李德馨	男	1925年10月	武宣县金鸡乡马良村	1950年10月	1952年5月	朝鲜战场	中国人民志愿军40军119师警卫营战士
韦琼章	男	1928年	合山市河里镇甘林村甘奎屯	1950年12月	1952年5月	朝鲜临津江战	中国人民志愿军39军115师343团机枪连、战士
罗振陆	男	1929年3月	合山市河里镇环山村	1951年3月	1952年5月	朝鲜临津江	中国人民志愿军39军115师343团、战士
陈同庆	男	1927年	兴宾区大湾镇下章平村	1951年3月	1952年6月	朝鲜战场	中国人民志愿军191师573团2营4连、战士
梁　林	男	1923年4月	兴宾区城北街道平西沙村	1947年5月	1952年6月	黑龙江双城县	中国人民解放军19兵团通讯营、电话员

续表

姓名	性别	出生年月	籍贯(今地名)	参加革命时间	牺牲时间	牺牲地点(当时地名)	牺牲时所在单位、职务
玉炳木	男	1927年3月	忻城县思练镇里伴村	1950年9月	1952年6月	朝鲜战场	中国人民志愿军38军114师、战士
韦炳锋	男	1924年	忻城县欧洞乡林况村小要屯	1945年	1952年6月	朝鲜战场	中国人民志愿军38军112师、排长
韦义东	男	1929年	忻城县欧洞乡林况村拉朝屯	1950年	1952年6月	朝鲜战场	中国人民志愿军38军112师、战士
谭泽水	男	1916年	武宣县东乡镇达江村	1951年3月	1952年6月	朝鲜战场	中国人民志愿军338团机枪3连、战士
廖庆年(曾用名:廖家仁)	男	1915年	武宣县桐岭镇中湾村	1949年3月	1952年6月	朝鲜战场	中国人民志愿军31师91团、战士
韦有荣	男	1924年3月	兴宾区陶邓镇东南村	1948年12月	1952年7月	朝鲜战场	中国人民志愿军584团3连、班长
覃秀华	女	1924年1月	兴宾区良塘镇良村	1951年3月	1952年7月	朝鲜战场	中国人民志愿军115师345团2营机枪连、战士
覃度芳	男	1931年	兴宾区良塘镇下良村	1950年11月	1952年7月	朝鲜战场	中国人民志愿军115师345团2营机枪连、战士
覃显光	男	1930年4月	兴宾区平阳镇欢怀村	1950年12月	1952年7月	朝鲜战场	中国人民志愿军115师345团2营4连、战士
韦冠儒	男	1926年10月	兴宾区桥巩镇合隆村	1950年10月	1952年7月	朝鲜战场	中国人民志愿军345团2营机枪连、战士
田如良	男	1925年	忻城县马泗乡五龙村从堂屯	1950年2月	1952年7月	朝鲜战场	中国人民志愿军38军114师、战士
黄茂德	男	1928年9月	忻城县思练镇里伴村	1950年9月	1952年7月	朝鲜战场	中国人民志愿军38军114师、战士
覃福海	男	1929年	武宣县东乡镇达昊村	1951年	1952年7月	朝鲜战场	中国人民志愿军571团、战士
廖国志	男	1926年8月	武宣县武宣镇雅村	1950年11月	1952年7月	朝鲜战场	中国人民志愿军113师339团2营5连、战士
蒙启才	男	1926年9月	合山市北泗镇山朝屯	1950年12月	1952年7月	朝鲜上浦房	中国人民志愿军39军115师343团、战士
潘孔胜		1932年6月	兴宾区迁江镇覃村	1951年8月	1952年8月	朝鲜战场	中国人民志愿军116师后勤处救护营、战士
黄立章	男	1926年4月	兴宾区迁江镇龙灵村	1951年8月	1952年8月	朝鲜战场	中国人民志愿军116师后勤处救护营、战士
覃学明	男	1930年8月	兴宾区平阳镇旺利村	1951年1月	1952年8月	朝鲜战场	中国人民志愿军345团2营5连、战士
罗　恒	男	1935年	忻城县新圩乡龙岑村	1950年4月	1952年8月	朝鲜战场	中国人民志愿军38军114师、战士
卢季凡	男	1932年5月	兴宾区迁江镇古元村	1951年3月	1952年9月	朝鲜战场	中国人民志愿军116师后勤处救护营、战士
罗文杰	男	1928年3月	兴宾区平阳镇古枫村	1951年6月	1952年9月	朝鲜战场	中国人民志愿军345团7连、战士
莫益智	男	1930年10月	忻城县思练镇梅岭村屯昌屯	1950年10月	1952年9月	朝鲜战场	中国人民志愿军38军114师、战士
廖福忠	男	1904年	象州县罗秀镇南岸村	1950年	1952年9月	朝鲜战场	中国人民志愿军173团、战士

续表

姓名	性别	出生年月	籍贯(今地名)	参加革命时间	牺牲时间	牺牲地点(当时地名)	牺牲时所在单位、职务
陈　有	男	1931年6月	武宣县三里镇万昌村	1949年12月	1952年9月	朝鲜战场	中国人民志愿军337团2营7连、战士
吴东海	男	1922年7月	兴宾区小平阳镇平阳村	1951年1月	1952年10月	青岭乡甘吊山塘	青岭乡阳窝村、民兵
卢　金	男	1920年9月	兴宾区迁江镇雅山村	1949年12月	1952年10月	朝鲜战场	中国人民志愿军346团2营、战士
覃汉发	男	1930年4月	兴宾区平阳镇毛服村	1950年1月	1952年10月	朝鲜战场	中国人民志愿军115师、战士
黄健生	男	1925年	兴宾区平阳镇高境村	1950年1月	1952年10月	朝鲜战场	中国人民志愿军345团5连、战士
张　振	男	1925年4月	兴宾区平阳镇中山村	1949年10月	1952年10月	海南岛	中国人民解放军135师工程队、队员
黄汉庭	男	1923年3月	兴宾区凤凰镇新安村	1950年	1952年10月	朝鲜上甘岭	中国人民志愿军某部、战士
莫益德	男	1930年11月	兴宾区桥巩镇桥巩街	1951年3月	1952年10月	朝鲜战场	中国人民志愿军133团机枪连、班长
黄国际	男	1924年	忻城县欧洞乡永合村大弄屯	1951年3月	1952年10月	朝鲜战场	中国人民志愿军38军338团、排长
莫吉能	男	1936年	忻城县大塘镇寨东村新乐屯	1950年	1952年10月	朝鲜战场	中国人民志愿军38军114师、战士
周志学	男	1928年	忻城县大塘镇龙安村板内屯	1950年12月	1952年10月	朝鲜战场	中国人民志愿军38军340师、战士
韦吉祥	男	1923年	忻城县大塘镇寨南村因河屯	1950年	1952年10月	朝鲜战场	中国人民志愿军38军340师、战士
麦正定	男	1932年	忻城县大塘镇寨南村九歪屯	1950年	1952年10月	朝鲜战场	中国人民志愿军38军340师、战士
莫通京	男	1934年	忻城县大塘镇寨南村寨拉屯	1950年	1952年10月	朝鲜战场	中国人民志愿军38军340师、战士
麦正英	男	1934年	忻城县大塘镇寨南村九歪屯	1950年	1952年10月	朝鲜战场	中国人民志愿军38军340师、战士
莫志修	男	1926年	忻城县大塘镇寨北村古本屯	1950年12月	1952年10月	朝鲜战场	中国人民志愿军38军340师、战士
莫祖良	男	1929年	忻城县大塘镇寨北村古本屯	1950年12月	1952年10月	朝鲜战场	中国人民志愿军38军340师、副班长
石永照	男	1922年12月	忻城县城关镇城厢街	1951年	1952年10月	朝鲜战场	中国人民志愿军38军342团2营、战士
莫祖金	男	1930年	忻城县大塘镇寨北村古本屯	1950年12月	1952年10月	朝鲜战场	中国人民志愿军0134部队、战士
莫如贵	男	1930年	忻城县大塘镇寨南村寨拉屯	1950年12月	1952年10月	朝鲜战场	中国人民志愿军38军341团、战士
莫汝强	男	1934年	忻城县大塘镇寨东村南祥屯	1952年	1952年10月	朝鲜战场	中国人民志愿军38军114师、战士
莫文经	男	1929年	忻城县大塘镇寨东村	1950年1月	1952年10月	朝鲜战场	中国人民志愿军38军114师、战士
韦鸿财	男	1921年	忻城县大塘镇六安村更归屯	1950年10月	1952年10月	朝鲜战场	广西革命残废军人休养院、战士

续表

姓名	性别	出生年月	籍贯(今地名)	参加革命时间	牺牲时间	牺牲地点(当时地名)	牺牲时所在单位、职务
莫如芳	男	1932年9月	忻城县思练镇梅岭村加翁屯	1950年10月	1952年10月	朝鲜战场	中国人民志愿军38军114师、战士
莫炳杰	男	1928年10月	忻城县思练镇沦贡村	1950年10月	1952年10月	朝鲜战场	中国人民志愿军38军114师、战士
莫高武	男	1924年9月	忻城县思练镇梅岭村	1950年10月	1952年10月	朝鲜战场	中国人民志愿军38军114师、战士
陈绍荣	男	1919年9月	忻城县思练镇思练街	1949年4月	1952年10月	朝鲜战场	中国人民志愿军91团2营4连、战士
罗庆同	男	1932年	忻城县新圩乡龙岑村	1951年11月	1952年10月	朝鲜战场	中国人民志愿军38军114师、战士
王木生	男	1931年	象州县罗秀镇罗秀村	1949年	1952年10月	朝鲜战场	中国人民志愿军135团、副排长
孟乃福	男	1928年8月	象州县百丈乡孟家村	1949年4月	1952年10月	朝鲜战场	中国人民志愿军133团3连、文书
李茂华	男	1920年8月	武宣县三里镇古棒村	1950年5月	1952年10月	朝鲜战场	中国人民志愿军335团3连、副班长
覃贻强	男	1926年10月	武宣县思灵乡镇马洞村	1951年1月	1952年10月	朝鲜战场	中国人民志愿军113师、战士
黄永山	男	1928年3月	金秀瑶族自治县桐木镇高仁村	1949年4月	1952年10月	朝鲜战场	中国人民志愿军、排长
罗斗光	男	1925年11月	金秀瑶族自治县桐木镇大蚕村	1949年	1952年10月	朝鲜战场	中国人民志愿军、战士
陈荣林	男	1930年7月	金秀瑶族自治县桐木镇鹿鸣村	1951年6月	1952年10月	朝鲜战场	中国人民志愿军、战士
韦新胜	男	1928年	合山市北泗乡古楼村古亮屯	1951年3月	1952年10月	朝鲜战场	中国人民志愿军39军115师343团1营1连、战士
谭福跃	男	1922年7月	象州大乐镇大乐街	1949年4月	1952年11月	朝鲜战场	中国人民志愿军31师92团、班长
覃祯佐	男	1929年	武宣县东乡镇达旲村	1951年3月	1952年11月	朝鲜战场	中国人民志愿军38军113师338团、战士
罗德常	男	1930年	兴宾区寺山镇大本村	1950年	1952年11月	朝鲜战场	中国人民志愿军某部、战士
罗敏成	男	1927年1月	兴宾区平阳镇大龙村	1950年12月	1952年12月	朝鲜战场	中国人民志愿军345团3营7连、战士
莫斯达	男	1931年	忻城县大塘镇寨南村下贝屯	1950年	1952年12月	朝鲜战场	中国人民志愿军38军114师、战士
冉隆胜	男	1926年8月	忻城县思练镇厂上村	1949年	1952年12月	朝鲜战场	中国人民志愿军38军114师、班长
蓝炳明	男	1929年10月	忻城县思练镇厂上村	1950年4月	1952年12月	朝鲜战场	中国人民志愿军38军114师、班长
韦诗结	男	1927年8月	忻城县思练镇新练村	1950年12月	1952年12月	朝鲜战场	中国人民志愿军38军114师、战士
罗春农	男	1911年7月	忻城县思练镇毛洞村	1950年11月	1952年12月	朝鲜战场	中国人民志愿军38军114师、战士
王荣飞	男	1933年2月	忻城县思练镇桥头村	1950年11月	1952年12月	朝鲜战场	中国人民志愿军614部队3支队、战士

续表

姓名	性别	出生年月	籍贯(今地名)	参加革命时间	牺牲时间	牺牲地点(当时地名)	牺牲时所在单位、职务
何朝机	男	1929年12月	忻城县思练镇桥头村	1950年12月	1952年12月	朝鲜战场	中国人民志愿军0134部队
蓝锦常	男	1932年8月	忻城县思练镇梅岭村	1950年10月	1952年12月	朝鲜战场	中国人民志愿军38军340师、战士
莫以正	男	1927年6月	忻城县思练镇练江村	1950年12月	1952年12月	朝鲜战场	中国人民志愿军战士38军114师、战士
韦祥龙	男		忻城县思练镇		1952年12月	朝鲜战场	中国人民志愿军38军340团、战士
蓝春凤	男	1929年2月	忻城县果遂镇古楼村	1950年12月	1952年12月	朝鲜战场	中国人民志愿军38军114师、战士
黄田树	男	1927年9月	象州县大乐镇大乐街	1949年12月	1952年12月	朝鲜战场	中国人民志愿军133团、对空联络员
何志轩	男	1918年	武宣县二塘镇贡村	1949年11月	1952年12月	朝鲜战场	中国人民志愿军118师354团2营6连、副班长
廖大美(曾用名:廖武)	男	1930年	武宣县桐岭镇大覃村	1949年9月	1952年12月	福建省漳浦县	中国人民解放军33团3营7连、战士
方宏成	男	1922年4月	兴宾区蒙村镇弄条村	1947年	1952年12月	朝鲜战场	中国人民志愿军92团1营3连、班长
韦现明	男	1924年4月	忻城县城关镇古麦村板梧屯	1948年	1953年	朝鲜战场	中国人民志愿军38军、战士
莫蕃兆	男	1929年7月	忻城县思练镇梅岭村	1950年10月	1953年	朝鲜战场	中国人民志愿军38军114师、战士
黄金真	男	1929年5月	忻城县安东乡国辉村	1950年5月	1953年	朝鲜战场	中国人民志愿军38军114师、战士
石壁华	男	1928年	忻城县果遂镇古楼村	1951年2月	1953年	朝鲜战场	中国人民志愿军38军114师、战士
陈业宏	男	1923年7月	象州县妙皇乡塘头村	1948年8月	1953年	朝鲜战场	中国人民志愿军、连长
黄维忠	男	1918年	武宣县思灵镇马山村	1948年	1953年	朝鲜战场	中国人民志愿军237团2营8连、战士
梁善高	男	1920年	兴宾区城莶街道平西沙村	1949年	1953年	朝鲜战场	中国人民志愿军某部、排长
方绍金	男	1925年3月	兴宾区正龙乡塘条村	1949年12月	1953年1月	朝鲜战场	中国人民志愿军92团1营2连、班长
覃清奇	男	1931年7月	兴宾区小平阳镇黄坡村	1951年3月	1953年2月	朝鲜战场	中国人民志愿军398团工兵连、战士
韦国锦	男	1930年3月	兴宾区五山镇骨村	1949年8月	1953年2月	广东海康县	中国人民解放军广东海康垦植师、排长
苏万民	男	1923年	兴宾区七洞乡七洞街	1951年2月	1953年2月	朝鲜战场	中国人民志愿军115师345团3营2连、战士
黄振仕	男	1928年	兴宾区良塘镇大周村	1951年2月	1953年2月	朝鲜战场	中国人民志愿军115师345团、观测员
覃吉明	男	1930年4月	兴宾区小平阳镇烦户村	1951年3月	1953年3月	朝鲜战场	中国人民志愿军398团2营6连、战士
莫贵东	男	1931年10月	兴宾区小平阳镇莲花村	1951年3月	1953年3月	朝鲜战场	中国人民志愿军398团2营4连、战士

续表

姓名	性别	出生年月	籍贯(今地名)	参加革命时间	牺牲时间	牺牲地点(当时地名)	牺牲时所在单位、职务
李时才	男	1918年1月	象州县运江镇大碑村	1947年2月	1953年3月	朝鲜战场	中国人民志愿军210团2营、排长
覃佐明	男	1933年5月	兴宾区小平阳镇烦户村	1951年3月	1953年4月	朝鲜战场	中国人民志愿军398团3营8连、战士
覃启编	男	1929年	兴宾区良塘镇新村	1951年1月	1953年4月	朝鲜战场	中国人民志愿军115师345团机2连、战士
刘裕祥	男	1928年5月	兴宾区五山镇宝上村	1951年5月	1953年5月	朝鲜战场	中国人民志愿军113师339团2营5连、战士
黎明恩	男	1932年7月	象州县妙皇乡塘头村	1952年10月	1953年5月	广西玉林县第七区	中国人民解放军215师、战士
覃锦伙	男	1928年10月	武宣县思灵镇太平村	1949年10月	1953年5月	朝鲜战场	中国人民志愿军补训团2连、班长
卢韦荣	男	1919年10月	兴宾区迁江镇古元村	1947年2月	1953年6月	朝鲜战场	中国人民志愿军72师214团、战士
黄正文	男	1931年5月	象州县运江镇下打鼓村	1951年1月	1953年6月	广东省海丰县	中国人民解放军公安9师27团、战士
王兴仁	男	1920年3月	象州县运江镇廖家村	1946年	1953年6月	朝鲜战场	中国人民志愿军220团6连
覃荣典	男	1924年6月	象州县大乐镇鸡德村	1951年2月	1953年6月	朝鲜战场	中国人民志愿军炮兵62师、炮手
蒙启才	男	1930年2月	兴宾区小平阳镇北往村	1951年3月	1953年7月	朝鲜战场	中国人民志愿军39军116师346团1营3连、战士
黄振壁	男	1929年7月	兴宾区迁江镇迁江街	1949年12月	1953年7月	朝鲜战场	中国人民志愿军405团2营机枪两、战士
卢上基	男	1916年	兴宾区城东街道	1947年12月	1953年7月	朝鲜战场	中国人民志愿军731师219团1连、班长，立三等功一次
武树商	男	1929年	武宣县二塘镇七星村	1949年2月	1953年7月	朝鲜战场	中国人民志愿军38军113师339团、战士
黄世友	男	1923年	武宣县东乡乡根寨村	1949年10月	1953年7月	朝鲜战场	中国人民志愿军113师405团、副班长
吴志章	男	1930年	金秀瑶族自治县头排镇二排村	1950年10月	1953年7月	朝鲜战场	中国人民志愿军、战士
覃策锋	男	1932年3月	金秀瑶族自治县大樟乡互助村	1949年1月	1953年7月	朝鲜战场	中国人民志愿军、战士
韦振洪	男	1927年	合山市北泗镇山朝屯	1949年11月	1953年7月	朝鲜金城川	中国人民志愿军135师405团1营2连、战士
蒙开军	男	1926年3月	兴宾区凤凰镇莲塘村	1951年4月	1953年7月	广西融安县	中国人民解放军3140部队3连1排、战士
陈绮祥	男	1932年	兴宾区城厢镇城厢街	1950年9月	1953年9月	广东省海南岛	海南军区1003部队2支队825中队、战士
黄开长	男	1931年10月	兴宾区桥巩镇王仁村	1951年2月	1953年10月	辽宁省海城	中国人民解放军45团2营6连、司机
黄又新	男	1927年	忻城县城关镇都乐村西隆屯	1950年12月	1954年2月	朝鲜战场	中国人民志愿军38军、战士
黄继芬	男	1932年8月	忻城县城关镇尚宁村板石屯	1950年12月	1954年2月	吉林省盘石村	中国人民解放军340团7连、战士

续表

姓名	性别	出生年月	籍贯(今地名)	参加革命时间	牺牲时间	牺牲地点(当时地名)	牺牲时所在单位、职务
施士师	男	1931年10月	兴宾区寺山镇大河村	1951年4月	1954年5月	河南省洛阳	中国人民解放军河南军区汽车8团、司机
苏景珍	男	1927年11月	金秀瑶族自治县桐木镇那马村	1951年1月	1954年6月	湖北省应山县	中国人民解放军某部、战士
梁武善	男	1929年8月	金秀瑶族自治县桐木镇泰山村	1951年1月	1954年7月	湖北省应山县	中国人民解放军某部、战士
石祖凡	男	1929年	忻城县马泗乡龙图村	1950年	1954年8月	忻城县大塘镇木兰村	忻城县大塘区公所、民政干事
石壁辉	男	1929年	忻城县果遂镇古楼村	1951年2月	1954年11月	吉林省海龙县	中国人民解放军东北军区、战士
陆有黑	男	1927年3月	兴宾区石牙镇党村	1951年3月	1954年12月	中国人民解放军165医院	中国人民解放军某部、炊事员
莫志彬	男	1919年8月	象州县妙皇乡湾村	1949年1月	1955年1月	浙江省江山岛	中国人民解放军0030部队、班长
杨寿荣	男	1930年12月	武宣县二塘镇复龙村	1951年3月	1955年6月	广东省海南岛	中国人民解放军海南榆林守备区4支队、班长
陈　坤	男	1929年	武宣县通挽镇尚满村	1950年2月	1955年9月	辽宁省金县	中国人民解放军191师572团、班长
张书衡	男		兴宾区城东街道水落街	1949年	1956年2月	贵州省都匀	贵州独山专区干校学员
覃景凤	男	1930年	金秀瑶族自治县大樟乡互助村	1951年10月	1956年12月30日	广东省饶平县商城乡	中国人民解放军某部、副指导员
黄顶华	男	1935年	忻城县红渡镇渡江村	1955年	1957年8月	广西北海市	中国人民解放军3851部队、战士
黄森群	男	1926年	武宣县二塘镇樟村	1949年	1957年8月	广东省广州市	中国人民解放军南海舰队工程部政治处、助理员
王奇丰	男	1927年	忻城县安东乡新桥村	1950年2月	1958年1月	广西南宁市	中国人民解放军广州部队、战士
罗金仕	男	1935年9月	忻城县新圩乡新圩村	1956年3月	1958年8月	广东省海康县	中国人民解放军0164部队、战士
蓝冠森	男	1934年2月	忻城县北更乡加福村	1951年3月	1958年10月	忻城县大塘乡	中国人民解放军空军2722部队、飞行员
韦宇山	男	1927年	武宣县桐岭镇古练村	1950年12月	1958年12月	武宣县黄茆区八仙岭	武宣县公安中队、警士
罗耀信	男	1937年	忻城县新圩乡龙岑村	1956年12月	1959年8月	湖南省	中国人民解放军铁道兵8591部队、战士
盘金标	男	1932年7月	忻城县城关镇龙头村政荣屯	1950年9月	1960年11月	吉林省长白山	中国人民解放军589部队、排长
覃国送	男	1942年	武宣县二塘镇七星村	1960年2月	1961年3月	广东省广州市	中国人民解放军炮兵4团转运连、战士
华庚祥	男	1930年5月	武宣县三里镇古攀村	1950年3月	1961年4月	广西南宁市	中国人民解放军空军柳州基地场站油料股、战士
兰振珠	男	1939年10月	兴宾区石陵镇巴庙村	1959年9月	1962年10月	广西靖西	中国人民武警部队广西边防工作总站、战士
韦书计	男	1941年2月	兴宾区寺山镇新造村	1961年8月	1963年8月	广东省广州	中国人民解放军广字104部队73分队、战士

续表

姓名	性别	出生年月	籍贯(今地名)	参加革命时间	牺牲时间	牺牲地点(当时地名)	牺牲时所在单位、职务
覃若雄	男	1931年1月	忻城县北更乡北更村	1954年1月	1963年12月	福建省永安县	中国人民解放军7014部队、战士
罗文祥	男	1942年2月	兴宾区寺山针巴算村	1960年8月	1965年	湖南省衡阳	中国人民解放军74部队72分队、战士
张班求	男	1942年2月	兴宾区凤凰镇新安村	1964年11月	1965年11月	湖南省衡阳	中国人民解放军6591部队炮团、战士
宋有保	男	1945年12月	忻城县思练镇加豪村	1964年11月	1966年7月	广东省惠阳县	中国人民解放军7012部队、文书
卢补珍	男	1933年	忻城县古蓬镇龙利村	1951年	1966年9月	援越抗美战场	中国人民解放军4402部队、副中队长
苏正贰	男	1947年2月	忻城县欧洞乡欧洞村冷水屯	1965年9月	1966年12月	西藏自治区	中国人民解放军8741部队、战士
何国选	男	1938年11月	武宣县思灵乡平安村	1959年3月	1966年12月	西藏自治区芒康县	中国人民解放军空军850部队、汽车司机
蒙庆甘	男	1944年4月	武宣县思灵镇思布村	1965年	1967年1月	北京市	中国人民解放军8779部队、战士
陶显大	男	1936年3月	兴宾区良江镇凌陶村	1964年2月	1967年3月	来宾县良江渡口岸	良江公社民兵营、营长
吴锦广	男	1942年	武宣县通挽镇王羌村	1961年8月	1967年6月	来宾县城	来宾县人民武装部、干事
樊常新	男	1945年	忻城县北更乡北更村	1965年9月	1967年7月	河北省涞水县	中国人民解放军8741部队、战士
韦新望	男	1941年1月	兴宾区高安乡高堪村	1960年3月	1967年8月	援越抗美战场	中国人民解放军昆字902部队、电报员
韦善图	男	1929年	武宣县通挽镇梧山村	1951年3月	1967年8月	广西柳江县拉堡	柳江县99分队、指导员
谭善经	男	1934年	兴宾区良塘镇毛社村	1953年3月	1967年9月	湖南省浏阳	中国人民解放军6942部队特务连、战士
韦增勤	男	1944年1月	兴宾区凤凰镇大凌村	1962年3月	1968年	广西南宁	中国人民解放军南宁警备区、排长
韦宝益	男	1944年8月	兴宾区南泗乡读村	1965年9月	1968年1月	河北省易县	中国人民解放军8741部队、战士
韦威壮	男	1943年1月	兴宾区石牙镇古炼村	1965年9月	1968年8月	河北省易县	中国人民解放军8741部队、战士
覃进华	男	1943年7月	兴宾区石牙镇鸡灵村	1965年9月	1968年9月	河北省易县	中国人民解放军8741部队、战士
黄少华	男	1940年	兴宾区三五镇分界街	1959年3月	1969年7月	广西田东县	中国人民解放军6908部队电台、台长
莫有权	男	1944年1月	象州县大乐镇侣塘村	1965年10月	1969年12月	河北省易县	中国人民解放军8741部队、副班长
蓝庆欣	男	1952年	忻城县遂意乡板同村	1968年	1970年6月	湖南省邵阳市	中国人民解放军47733部队、战士
周韦松	男	1952年9月	象州县中平镇仁义村	1969年3月	1970年7月	湖北省郧县	中国人民解放军总字509部队8连、战士
陆兰基	男	1949年	寺村乡下古路村	1968年	1971年1月	湖南省邵阳县	中国人民解放军4777部队、班长

续表

姓名	性别	出生年月	籍贯(今地名)	参加革命时间	牺牲时间	牺牲地点(当时地名)	牺牲时所在单位、职务
巫国龙	男	1948年12月	象州县罗秀镇罗秀街	1969年	1972年7月		中国人民解放军0250部队、副队长
陈有遍	男	1948年5月	兴宾区桥巩镇屯武村	1968年12月	1972年9月	安徽省抚湖	中国人民解放军6907部队、战士
覃家睦	男	1950年6月	兴宾区三五镇那平村	1968年4月	1972年9月	安徽省南陵县	中国人民解放军6907部队、班长
韦罗新	男	1950年	合山市北泗乡古楼村巴那屯	1971年	1972年11月	湖南省	中国人民解放军0722部队87分队、战士
廖月成	男	1942年9月	武宣县三里镇旺村	1965年3月	1973年6月	陕西省华县	中国人民解放军532部队、干事
黄世松	男	1937年2月	兴宾区南泗乡读村	1958年8月	1974年	北京市	中国人民解放军8770部队、指导员
陈祖家	男	1950年10月	武宣县三里镇台村	1969年12月	1974年1月	甘肃省兰州地区	中国人民解放军空军高炮1师3团8连、战士,追记三等功,追认团员
黎骏广	男	1946年	兴宾区寺山镇宁村	1964年4月	1974年4月	河北省易县	中国人民解放军5780部队、副班长
罗锦春	男	1924年1月	兴宾区良塘镇良塘街	1950年12月	1975年	援外病故	湖南郴州县矿区、技术员
蓝绍必	男	1955年	忻城县果遂镇同乐村	1975年	1975年6月	湖南省耒阳县	中国人民解放军0514部队、战士
王耀荣	男	1944年3月	忻城县北更乡北更街	1963年3月	1976年5月	陕西省西安市	中国人民解放军铁道兵6团6连、副连长
方针儒	男	1958年3月	兴宾区城厢乡都满村	1976年3月	1976年8月	河北省隆化	中国人民解放军89336部队10分部、战士
蓝建科	男	1955年5月	忻城县北更乡北更村	1975年1月	1976年9月	湖南省	中国人民解放军53701部队、战士
莫汉成	男	1951年6月	忻城县大塘镇金山村中屯	1970年1月	1976年12月	新疆	中国人民解放军8714部队、班长
宾武超	男	1952年	象州县中平镇中平街	1973年	1976年12月		中国人民解放军126师376团、战士
杨福秀	男	1958年	武宣县黄茆镇黄花村	1976年1月	1977年9月	广东省曲江县	中国人民解放军炮1师26团3营9连2班、战士
滕安山	男	1956年1月	兴宾区寺山镇思磨村	1975年1月	1978年3月	广东省广州市	中国人民解放军53517部队、战士
蓝方强	男	1956年	忻城县北更乡加福村	1976年3月	1978年3月	广东省博罗县	中国人民解放军53207部队、战士
莫少先	男	1956年	武宣县黄茆镇镇庶木村	1977年1月	1978年3月	甘肃省天水市车站	中国人民解放军53216部队、战士
覃明校	男	1956年4月	兴宾区小平阳镇平阳村	1976年1月	1978年9月	湖南省	湖南省军区独立1团3营9连、战士
刘文繁	男	1955年	象州县寺村镇龙旺村	1976年	1978年10月	广东省惠阳县	中国人民解放军54305部队、班长
韦宝光	男	1956年6月	兴宾区小平阳镇韦户村	1976年12月	1979年2月	对越自卫反击战前线	中国人民解放军53570部队、副班长,立三等功一次
丁家善	男	1953年4月	兴宾区小平阳镇韦户村	1973年1月	1979年2月	对越自卫反击战前线	防城县洞中边境工作站、司务长,立三等功一次

续表

姓名	性别	出生年月	籍贯(今地名)	参加革命时间	牺牲时间	牺牲地点(当时地名)	牺牲时所在单位、职务
覃祖稳	男	1957年	兴宾区正龙乡新村	1976年2月	1979年2月	对越自卫反击战前线	中国人民解放军某部、战士
卢介祥	男	1954年10月	兴宾区三五镇王龙村	1975年1月	1979年2月	对越自卫反击战前线	中国人民解放军53507部队85分队、战士
覃天楼	男	1957年8月	兴宾区良江镇丹山村	1978年11月	1979年2月	对越自卫反击战前线	中国人民解放军35215部队立三等功一次、战士
蒙国伦	男	1956年8月	兴宾区良江镇凌口村	1972年3月	1979年2月	对越自卫反击战前线	中国人民解放军54218部队、排长
郑玉生	男	1960年	来宾迁江华侨农场归侨	1979年1月	1979年2月	广西凭祥市法卡山战场	中国人民解放军5324部队、翻译员,立三等功一次
廖耀宗	男	1956年	兴宾区大湾镇大湾街	1976年3月	1979年2月	对越自卫反击战前线	中国人民解放军5356部队、战士,立三等功一次
陈志朗	男	1959年1月	兴宾区寺山镇安村	1978年12月	1979年2月	对越自卫反击战前线	中国人民解放军126团2营4连、战士,立三等功一次
何付年	男	1960年4月	兴宾区城厢镇老三步	1978年12月	1979年2月	对越自卫反击战前线	中国人民解放军35215部队、战士,立三等功一次
何德日	男	1959年	来宾华侨农场	1959年	1979年2月	对越自卫反击战前线	中国人民解放军53204部队、翻译员,立三等功一次
黄建祥	男	1959年	来宾华侨农场	1959年	1979年2月	对越自卫反击战前线	中国人民解放军53204部队、翻译员,立三等功一次
黄继恩	男	1955年3月	忻城县思练镇厂上村	1976年2月	1979年2月	对越自卫反击前线	中国人民解放军步兵38团8连、副班长
谭绍德	男	1958年6月	忻城县思练镇里畔村	1977年1月	1979年2月	对越自卫反击前线	中国人民解放军步兵42军防化连、副班长
莫成武	男	1945年10月	忻城县安东乡桃源村	1963年2月	1979年2月	对越自卫反击前线	解放军53562部队、指导员
蓝日荣	男	1956年	忻城县新圩乡丹灵村	1976年2月	1979年2月	对越自卫反击前线	中国人民解放军桂林步兵学校、排长
黄林般	男	1958年	忻城县红渡镇渡江村	1976年3月	1979年2月	对越自卫反击前线	中国人民解放军35248部队、战士
蓝延春	男	1958年	忻城县新圩乡丹灵村古服屯	1976年3月	1979年2月	对越自卫反击前线	中国人民解放军53217部队、卫生员
蓝可耀	男	1958年2月	忻城县遂意乡南康村	1977年1月	1979年2月	对越自卫反击前线	中国人民解放军54207部队、战士
覃　锋	男	1957年5月	象州县运江镇马栏村	1977年1月	1979年2月	对越自卫反击前线	中国人民解放军53252部队72分队、班长
潘瑞松	男	1958年5月	象州县象州镇崩沟村	1979年1月	1979年2月	对越自卫反击前线	中国人民解放军33549部队、战士
余龙光	男	1955年10月	象州县运江镇大曼村	1977年1月	1979年2月	对越自卫反击前线	中国人民解放军53252部队、班长
黎世生	男	1957年	武宣县三里镇古witn村	1977年1月	1979年2月	对越自卫反击战前线	中国人民解放军步兵378团6连、班长,立三等功一次
黄必包	男	1955年	武宣县桐岭镇汉村	1976年3月	1979年2月	对越自卫反击战前线	中国人民解放军广州军区独立团坦克团指挥部、车长,1979追认为中共党员

续表

姓名	性别	出生年月	籍贯(今地名)	参加革命时间	牺牲时间	牺牲地点(当时地名)	牺牲时所在单位、职务
覃世朋	男	1955年	武宣县禄新镇复旦村	1977年3月	1979年2月	对越自卫反击战前线	中国人民解放军53204部队8连、战士，立三等功一次
韦威懂	男	1959年	武宣县武宣镇平田村	1979年1月	1979年2月	对越自卫反击战前线	中国人民解放军35217部队、战士
李移生	男	1958年	武宣县金鸡乡赖山村	1979年1月	1979年2月	对越自卫反击战前线	中国人民解放军42师124团机枪连、战士
陈芳进	男	1958年3月	武宣县东乡镇李村	1977年1月	1979年2月	对越自卫反击战前线	中国人民解放军步兵371团、战士，立三等功一次
谭元林	男	1951年	忻城县思练镇练江村		1979年2月	新疆	中国人民解放军新疆部队、战士
张孟德	男	1957年12月	象州县罗秀镇土办村	1977年	1979年2月	对越自卫反击前线	中国人民解放军53255部队、战士
梁步高	男	1956年2月	象州县百丈乡那沙村	1977年12月	1979年2月	对越自卫反击前线	中国人民解放军42军坦克团、战士
梁国江	男	1957年12月	象州县水晶乡龙团村	1978年12月	1979年2月	对越自卫反击前线	中国人民解放军35549部队、战士
张晓东	男	1959年	武宣县三里镇灵湖村	1978年11月	1979年2月	对越自卫反击战前线	中国人民解放军35216部队特务连、战士
陈树民	男	1956年	武宣县三里镇甲村	1976年3月	1979年2月	对越自卫反击战前线	中国人民解放军广州军区独立坦克团1营2连、驾驶员，立三等功一次
潘国武	男	1957年4月	武宣县三里镇马王村	1976年3月	1979年2月	对越自卫反击战前线	解放军广州军区独立坦克团1营2连、炮长
梁宝杰	男	1960年	象州县寺村镇马黎村	1979年1月	1979年2月	对越自卫反击前线	中国人民解放军35548部队、战士
林毅强	男	1960年8月	象州县大乐镇六贵村	1978年12月	1979年2月	对越自卫反击前线	中国人民解放军云南边防14团、战士
韦国柱	男	1959年	武宣县黄茆镇黄茆街	1979年1月	1979年2月	对越自卫反击战前线	中国人民解放军陆军42师124团机枪连、战士
黄开岸	男	1957年4月	武宣县桐岭镇盘古村	1976年1月	1979年2月	对越自卫反击战前线	中国人民解放军35936部队、炮长，1979追认为中共党员
梁如思	男	1958年4月	金秀瑶族自治县头排镇那安村	1977年1月	1979年2月	对越自卫反击战前线牺牲	中国人民解放军某部、战士
梁志红	男	1959年3月	金秀瑶族自治县头排镇三友村	1978年2月	1979年2月	对越自卫反击战前线牺牲	中国人民解放军某部、战士
李炳贵	男	1956年	金秀瑶族自治县头排镇大樟乡玲马村	1977年1月	1979年2月	对越自卫反击战前线牺牲	中国人民解放军某部、副班长
罗永文	男	1960年3月	金秀瑶族自治县头排镇桐木镇大蚕村	1978年12月	1979年2月	对越自卫反击战前线牺牲	中国人民解放军某部、战士
韦周强	壮	1953年8月	兴宾区三五镇太平村	1973年1月	1979年3月	对越自卫反击战前线	中国人民解放军54218部队、排长
冯超武	壮	1957年10月	兴宾区三五镇赛暖村	1976年4月	1979年3月	对越自卫反击战前线	中国人民解放军53507部队、副班长

续表

姓名	性别	出生年月	籍贯(今地名)	参加革命时间	牺牲时间	牺牲地点(当时地名)	牺牲时所在单位、职务
覃凤宽	男	1955 年	兴宾区良塘镇共村	1975 年 1 月	1979 年 3 月	对越自卫反击战前线	中国人民解放军 35560 部队班长、特务连立二等功一次
华树光	男	1958 年	兴宾区良塘镇小周村	1978 年 12 月	1979 年 3 月	对越自卫反击战前线	中国人民解放军 35215 部队 41 分队、战士,立三等功一次
韦世庆	男	1958 年	兴宾区寺山镇罗律村	1978 年 8 月	1979 年 3 月	对越自卫反击战前线	中国人民解放军 126 团 2 连、战士,立三等功一次
罗德豪	男	1958 年	兴宾区寺山镇大本村	1978 年 12 月	1979 年 3 月	对越自卫反击战前线	中国人民解放军 35215 部队 66 分队、战士,立三等功一次
覃国荣	男	1960 年	象州县大乐镇小腊村	1978 年 12 月	1979 年 3 月	对越自卫反击前线	中国人民解放军 35549 部队、战士
梁柏林	男	1948 年 7 月	武宣县桐岭镇	1968 年 3 月	1979 年 3 月	对越自卫反击战前线	中国人民解放军 54206 部队司令部、参谋,追记一等功
梁干诗	男	1957 年 7 月	金秀瑶族自治县桐木镇泰山村	1979 年 2 月	1979 年 3 月	对越自卫反击战前线牺牲	中国人民解放军某部、战士
潘汉练	男	1958 年	忻城县遂意乡加龙村	1979 年 1 月	1979 年 4 月	河南省确山县	中国人民解放军 87361 部队、战士
谭正秀	男	1951 年 4 月	兴宾区良江镇石山村	1963 年 9 月	1979 年 10 月	陕西紫泊县	中国人民解放军 58062 部队、战士
李仕荣	男	1956 年 8 月	忻城县思练镇	1977 年 1 月	1979 年 10 月	广东省潮阳县海门镇	中国人民解放军某部、战士
江宗世	男	1957 年	兴宾区高安乡鳌塘村	1979 年 3 月	1979 年 11 月	广西边防	中国人民解放军 54269 部队、战士
黄小克	男	1958 年	象州县石龙镇	1977 年 1 月	1979 年	对越自卫反击战前线	中国人民解放军 371 团 8 连、班长
韦兰新	男	1963 年	忻城县思练镇水塘屯		1980 年 4 月	忻城县思练镇水塘乡窑山生产队	思练镇水塘屯农民、生产队记工员
卓家湖	男	1958 年 12 月	兴宾区蒙村镇屯茶村	1979 年 1 月	1981 年 5 月	云南扣林山区	中国人民解放军 35215 部队 2 连、班长,立三等功一次
韦明现	男	1960 年	兴宾区寺山针六力村	1979 年 1 月	1981 年 5 月	云南扣林山区	中国人民解放军 35215 部队、战士
陈汉峨	男	1958 年 4 月	兴宾区城厢镇城厢街	1979 年 1 月	1981 年 5 月	云南扣林山区	解放军 35215 部队 2 连、班长,立二等功一次
江和平	男	1958 年 9 月	兴宾区城厢镇周城村	1979 年 1 月	1981 年 5 月	云南扣林山区	中国人民解放军 35215 部队 2 连、战士,立三等功一次
王和修	男	1960 年 11 月	兴宾区七洞乡王罗村	1979 年 1 月	1981 年 5 月	法卡山战场	中国人民解放军 54259 部队 2 连、战士,立三等功一次
何福孙	男	1960 年 9 月	兴宾区凤凰镇白水村	1979 年 1 月	1981 年 5 月	云南扣林山区	中国人民解放军 35215 部队 72 分队、副班长,立三等功一次

续表

姓名	性别	出生年月	籍贯(今地名)	参加革命时间	牺牲时间	牺牲地点（当时地名）	牺牲时所在单位、职务
肖大新	男	1958年11月	武宣县禄新镇湾龙村	1979年1月	1981年6月	中越边境	中国人民解放军广西军区边防9团7连、战士，追记二等功，1981年8月追认为中共党员
李谭亚	男	1962年11月	兴宾区迁江镇龙口村	1981年1月	1981年6月	广西凭祥市法卡山战场	广西军区54259部队5连、战士，立三等功一次
韦建勇	男	1960年11月	兴宾区石牙镇古本村	1979年1月	1981年6月	中越边境	中国人民解放军35215部队、班长，立二等功一次
韦少凤	男	1959年1月	兴宾区石牙镇莲花村	1979年1月	1981年6月	中越边境	中国人民解放军35215部队、班长，立二等功一次
韦　升	男	1963年7月	忻城县马泗乡马泗街	1980年11月	1981年10月	广西凭祥市法卡山战场	广西军区独立师2团特务连、战士
周新杰	男	1958年4月	象州县寺村镇寺村街	1979年1月	1982年9月	云南省金平县	中国人民解放军35549部队、战士
兰春灵	男	1960年	兴宾区良江镇小良村	1978年11月	1983年1月	云南蒙白县	中国人民解放军35215部队、排长
蓝可尊	男	1958年	忻城县遂意乡南康村	1977年	1983年3月	中越边境	广西军区某部特务连、连长
韦荣现	男	1960年11月	兴宾区良塘镇新河村	1981年1月	1985年5月	中越边境	中国人民解放军35215部队、班长，立三等功一次
孔凡记	男	1956年9月	兴宾区蒙村镇道理村	1984年	1985年7月	广西边防	广西军区54257部队1营2连、战士
谭开恩	壮	1939年	兴宾区大湾镇水库村	1959年8月	1985年8月	黔滇铁路工地	中国人民解放军87082部队、战士
韦遗祯	男	1936年12月	武宣县桐岭镇良田村	1958年9月	1988年9月11日	武宣新路桥附近	武宣县邮电局、机线员
黄新儒	男	1949年5月	武宣县桐岭镇仁汉村	1970年7月	1988年9月11日	武宣新路桥附近	武宣县邮电局、机线员
李国康	男	1956年3月	金秀瑶族自治县头排镇头排村		1991年2月26日	七建乡皆村	金秀自治县公安局刑侦队、队长
覃春华	男	1967年6月	象州县马坪镇马坪村	1987年11月	1994年6月	象州工人文化宫	象州县治安联防队、防卫员
何华民	男	1972年12月	象州县中平镇梧桐村公所		1994年7月21日	柳州市	广西广电大柳州地区分校、93级汉语言文学学生
霍建很	男		兴宾区凤凰镇		1995年3月17日	来宾县石牙乡	来宾县石牙派出所所长
覃洪祥	男	1945年8月	象州县石龙镇大乌村		1995年11月17日	马坪村公所龙冲屯	象州县委办公室、职工
潘安荣	男	1955年3月	来宾		1996年5月	北海市	广西北海市公安局银滩西区派出所、所长
罗国稳	男	1956年3月	金秀瑶族自治县大樟乡义路屯		1998年6月25日	西藏	西藏边防第一团边防二连电台、报务员
蓝凤勤	女	1983年5月	忻城县红渡镇古房村礼囚屯		1998年7月20日	红渡礼囚码头	新圩中学、学生
梁锡贵	男	1967年2月	象州县中平镇梧桐村		2001年7月17日	象州县中平镇	梧桐村基干民兵排长

续表

姓名	性别	出生年月	籍贯(今地名)	参加革命时间	牺牲时间	牺牲地点(当时地名)	牺牲时所在单位、职务
赵金德	男	1976年9月	金秀瑶族自治县大樟乡王田屯		2002年11月17日	钦州南防铁路	武警钦州市支队一中队、一级士官
刘瑞军	男	1973年	武宣县东乡镇	1994年6月	2004年11月7日	东乡镇上禄库村	武宣县公安局东乡派出所、所长,二级英模
蓝仁松	男	1960年	忻城县红渡镇马蹄村下叭屯	1990年12月	2004年12月	金秀瑶族自治县三江乡特大火灾	忻城县森林消防专业队、指导员
田国友	男	?	?	?	?	?	?
梁　健	男	?	兴宾区城东街道	?	?	江苏洪泽县	中国人民解放军第四军第9旅25团、战士
黄贵春	男	1932年	忻城县马泗乡联团村龙所屯	1949年12月	?	?	中国人民志愿军135师405团、战士
张树明	男	1927年	忻城县欧洞乡欧洞街	1949年9月	?	朝鲜战场	中国人民志愿军38军114师、战士
黄正国	男	1930年	忻城县欧洞乡欧洞村么岜屯	1950年	?	朝鲜战场	中国人民志愿军135师405团、战士
蓝汉祥	男	1924年	忻城县果遂镇花红村	1950年	?	朝鲜战场	中国人民志愿军38军114师、战士
陆永生	男	1932年	忻城县果遂镇古抗村	1950年11月	?	朝鲜战场	中国人民志愿军38军114师、战士
蓝忠长	男	1931年	忻城县新圩乡新圩村	1950年	?	朝鲜战场	中国人民志愿军38军114师、战士
蓝景开	男	1928年	忻城县新圩乡丹灵村	1950年	?	朝鲜战场	中国人民志愿军38军114师、战士
黄加峰	男	1932年	忻城县红渡镇六碟村	1950年2月	?	朝鲜战场	中国人民志愿军38军114师、战士
黄焕松	男	1932年	忻城县红渡镇渡江村	1950年2月	?	朝鲜战场	中国人民志愿军38军114师、战士
罗炳良	男	1922年	忻城县城关镇隆光村古义屯	1950年	?	?	中国人民解放军0134部队1连、战士
骆继荣	男	1935年	忻城县城关镇黄宜村黄宜屯	1956年2月	?	广东省湛江市	中国人民解放军0164部队、战士
邓运江	男	?	忻城县思练镇思练村	?	?	?	? 战士
刘木寿	男	1911年	武宣县东乡镇李树岗村	1928年	?	武宣县李树岗村	武宣县李树岗协会、会员
李炳仁	男	?	武宣县金鸡乡	?	?		战士
韦正孔	男	1932年	武宣县通挽镇横山村	1950年12月	?	1951年在朝鲜战场失踪	中国人民志愿军、战士
潘炳正	男	1915年10月	武宣县东乡镇上六库村	1950年10月	?	1951在朝鲜战场失踪	中国人民志愿军40军120师359团2营、战士
潘信明	男	1923年	武宣县思灵镇山头村	1948年	?	1953朝鲜战场失踪	中国人民志愿军、战士
雷兰桂	男	1929年	武宣县东乡镇那来村	1951年	?	1953朝鲜战场失踪	中国人民志愿军、战士
韦站邦	男	1914年	武宣县桐岭镇田合村	1949年	?	1953上海市失踪	中国人民解放军、战士
罗继荣	男	1935年	忻城县城关镇黄宜村	1956年2月	?	广东湛江市	中国人民解放军、战士

续表

姓名	性别	出生年月	籍贯(今地名)	参加革命时间	牺牲时间	牺牲地点(当时地名)	牺牲时所在单位、职务
陈士参	男		兴宾区三五镇莲塘村		?	朝鲜战场	中国人民志愿军、战士
潘仁杰	男		兴宾区迁江镇大村		?	朝鲜战场	中国人民志愿军、战士
韦超能	男		兴宾区迁江镇南胜街		?	朝鲜战场	中国人民志愿军、战士
覃志强	男		兴宾区迁江镇白鹤隘村		?	朝鲜战场	中国人民志愿军、战士
陆肾明	男		兴宾区石陵镇		?	朝鲜战场	中国人民志愿军、战士
韦作佐	男		兴宾区平阳镇卢泗村		?	朝鲜战场	中国人民志愿军、战士
蒙善修	男		兴宾区蒙村镇龙南村		?	朝鲜战场	中国人民志愿军、战士
肖炳南	男		兴宾区南泗乡南泗街		?	朝鲜战场	中国人民志愿军、战士
何祖赛	男		兴宾区寺山镇		?	朝鲜战场	中国人民志愿军、战士
陆文宏	男		兴宾区凤凰镇维都村		?	朝鲜战场	中国人民志愿军、战士
覃成茂	男		兴宾区三五镇甘磨村		?	朝鲜战场	中国人民志愿军、战士
韦振荣	男		兴宾区陶邓镇		?	朝鲜战场	中国人民志愿军、战士
雷远昌	男		兴宾区		?	朝鲜战场	中国人民志愿军、战士
黄进才	男		兴宾区		?	朝鲜战场	中国人民志愿军、战士
黄宗华	男		兴宾区		?	朝鲜战场	中国人民志愿军、战士
徐瑞刚	男		兴宾区		?	朝鲜战场	中国人民志愿军、战士
周德馨	男		兴宾区		?	朝鲜战场	中国人民志愿军、战士
黄　贵	男		兴宾区		?	朝鲜战场	中国人民志愿军、战士
凡　雄	男		兴宾区		?	朝鲜战场	中国人民志愿军、战士
张开英	男		兴宾区		?	朝鲜战场	中国人民志愿军、战士
张世新	男		兴宾区		?	朝鲜战场	中国人民志愿军、战士
李厚胜	男		兴宾区		?	朝鲜战场	中国人民志愿军、战士
覃启贵	男		兴宾区		?	朝鲜战场	中国人民志愿军、战士
石才猷	男		兴宾区		?	朝鲜战场	中国人民志愿军、战士

注：表中所列46名烈士虽然没有具体的牺牲时间，但均经民政部门审查和登记在册的烈士，并给予优抚者。

表32-4　至2005年在来宾市境内牺牲的客籍烈士

姓名	性别	出生年月	籍贯(当时地名)	参加革命时间	牺牲时间	牺牲地点(当时地名)	牺牲时所在单位、职务
丘　铮	男	1918年	广东张城	1938年	1947年10月	忻城县	上忻工委副书记
廖怀雅	男		广西贵县奇石平寺村	1947年	1947年10月	武宣县桐岭乡龙山	交通员
罗素仙	女	1924年	广西宜山县庆远镇	1946年	1949年5月	忻城县大塘乡	凤红区革命斗争委员会妇女委员

续表

姓名	性别	出生年月	籍贯（当时地名）	参加革命时间	牺牲时间	牺牲地点（当时地名）	牺牲时所在单位、职务
贺志华	女		广西柳州市		1949 年 5 月	忻城县大塘乡	桂西北人民解放军第 5 团、战士
曾庆邦	男	1925 年	广西阳朔县	1944 年	1949 年 8 月	象县寺村乡	象县武工队、副队长
杜庆斋	男		山东省		1950 年 1 月	象县运江镇马拦村	县委工作队、队员
吴贤水	男		湖南省		1950 年 1 月	象县运江镇马拦村	中国人民解放军某部、战士
蒙曙光	男	1915 年	环江县明伦乡下华村	1943 年	1950 年 1 月	象县上西乡	中国人民解放军桂中支队第 8 团 3 营、营长
李英名	男		四川省		1950 年 1 月	象县上西乡	中国人民解放军桂中支队第 8 团 3 营、战士
黎东南	男			1949 年 7 月	1950 年 1 月	武宣县东乡	中国人民解放军 37 支队 71 大队 4 分队、战士
徐　才	男		松江省呼前县新民街	1947 年 8 月	1950 年 1 月	武宣县东乡石牛村	中国人民解放军 37 支队 71 大队 4 分队、班长
张萌禄	男		辽宁省海城县大家区苏家乡	1948 年 11 月	1950 年 1 月	武宣县东乡石牛村	中国人民解放军 146 师 437 团 1 营 3 连、副班长
涂戴臣	男		河北省鄢县仁爱乡	1949 年 7 月	1950 年 1 月 9 日	象县	中国人民解放军 146 师 437 团 3 营机枪连、战士
周维尔	男				1950 年 1 月 12 日	象县中平乡	中国人民解放军 39 军 347 团、指导员
刘广球	男				1950 年 1 月 12 日	象县中平乡	中国人民解放军 39 军 347 团、排长
张如贵	男				1950 年 1 月 12 日	象县中平乡	中国人民解放军 39 军 347 团、班长
张秀吉	男				1950 年 1 月 12 日	象县中平乡	中国人民解放军 39 军 347 团、班长
王显林	男				1950 年 1 月 12 日	象县中平乡	中国人民解放军 39 军 347 团、班长
周树田	男				1950 年 1 月 12 日	象县中平乡	中国人民解放军 39 军 347 团、副班长
李　贵	男				1950 年 1 月 12 日	象县中平乡	中国人民解放军 39 军 347 团、战士
陈殿彬	男				1950 年 1 月 12 日	象县中平乡	中国人民解放军 39 军 347 团、战士
王兴东	男				1950 年 1 月 12 日	象县中平乡	中国人民解放军 39 军 347 团、战士
魏玉池	男				1950 年 1 月 12 日	象县中平乡	中国人民解放军 39 军 347 团、战士
鲁学文	男				1950 年 1 月 12 日	象县中平乡	中国人民解放军 39 军 347 团、战士
郭　芳	男				1950 年 1 月 12 日	象县中平乡	中国人民解放军 39 战士军 347 团
刘树忠	男				1950 年 1 月 12 日	象县中平乡	中国人民解放军 39 军 347 团、战士
于世珍	男				1950 年 1 月 12 日	象县中平乡	中国人民解放军 39 军 347 团、战士
郭宝全	男				1950 年 1 月 12 日	象县中平乡	中国人民解放军 39 军 347 团、战士

续表

姓名	性别	出生年月	籍贯（当时地名）	参加革命时间	牺牲时间	牺牲地点（当时地名）	牺牲时所在单位、职务
钱洪义	男				1950年1月12日	象县中平乡	中国人民解放军39军347团、战士
赵永江	男				1950年1月12日	象县中平乡	中国人民解放军39军347团、战士
王凤林	男				1950年1月12日	象县中平乡	中国人民解放军39军347团、战士
周兴贵	男				1950年1月12日	象县中平乡	中国人民解放军39军347团、战士
李广林	男				1950年1月12日	象县中平乡	中国人民解放军39军347团、战士
林志忠	男				1950年1月12日	象县中平乡	中国人民解放军39军347团、战士
叶世宝	男				1950年1月12日	象县中平乡	中国人民解放军39军347团、战士
杨明国	男				1950年1月12日	象县中平乡	中国人民解放军39军347团、战士
雷云英	男				1950年1月12日	象县中平乡	中国人民解放军39军347团、战士
李井才	男				1950年1月12日	象县中平乡	中国人民解放军39军347团、战士
刘明金	男				1950年1月12日	象县中平乡	中国人民解放军39军347团、战士
杨忠山	男				1950年1月12日	象县中平乡	中国人民解放军39军347团、战士
黄钦堂	男				1950年1月12日	象县中平乡	中国人民解放军39军347团、战士
刘振华	男				1950年1月12日	象县中平乡	中国人民解放军39军347团、战士
刘纪贤	男				1950年1月12日	象县中平乡	中国人民解放军39军347团、战士
彭金道	男				1950年1月12日	象县中平乡	中国人民解放军39军347团、战士
樊一成	男				1950年1月12日	象县中平乡	中国人民解放军39军347团、战士
蔡金银	男				1950年1月12日	象县中平乡	中国人民解放军39军347团、战士
陈　熊	男		广西		1950年	忻城县隆光乡	中国人民解放军某旅1支队32大队1营2连、战士
顾玉春	男		天津		1950年	忻城县果遂乡北丹村	中国人民解放军南下部队二支队、副连长
罗文兆	男		湖北		1950年	忻城县隆光乡	中国人民解放军某旅1支队32大队1营2连、战士
黄吉信	男		山东省福顺县		1950年	忻城县隆光乡	中国人民解放军某旅1支队32大队1营2连、战士
卢德成	男		湖南省		1950年	忻城县隆光乡	中国人民解放军某旅1支队32大队4中队营炮连、战士

续表

姓名	性别	出生年月	籍贯（当时地名）	参加革命时间	牺牲时间	牺牲地点（当时地名）	牺牲时所在单位、职务
王亚卿	男		江苏省		1950 年	忻城县隆光乡	中国人民解放军某旅 1 支队 32 中队、副中队长
张天久	男		江苏省		1950 年	忻城县隆光乡	中国人民解放军某旅 1 支队 32 大队 1 营 2 连、战士
刘永霍	男		四川省		1950 年	忻城县隆光乡	中国人民解放军某旅 1 支队 32 大队 1 营 2 连、战士
庸同志	男				1950 年	忻城县安东乡	中国人民解放军 174 师 15 团、战士
傅建英	男				1950 年	忻城县安东乡	中国人民解放军 174 师 15 团、战士
郭殿发	男		黑龙江省保历县四道营村	1949 年 3 月	1950 年	武宣县黄茆乡	中国人民解放军 437 团警卫连、战士
岑钊元	男		浙江余姚县	1949 年 1 月	1950 年	武宣县东乡	中国人民解放军 37 支队 71 大队 1 分队、战士
彭　华	男		广东省莲县东城刘家村		1950 年	武宣县禄新乡思布村	中国人民解放军某部、战士
王东山	男		四川省綦江县		1950 年 4 月	象县瓜山乡	中国人民解放军 49 军 146 师 437 团、战士
石永昌	男		湖南省		1950 年 5 月	忻城县红渡村	中国人民解放军第一野战军某排、排长
王青林	男		百色市乐县		1950 年 5 月	忻城县永定乡屯中村	广西宜山四区、副区长
鲍宜定	男		广东省		1950 年 5 月	忻城县永定乡屯中村	广西宜山四区、中队副
工　藤	男		河北省		1950 年 5 月	忻城县安东乡	中国人民解放军 185 师、连长
王怀一	男		河南省		1950 年 5 月	忻城县安东乡	中国人民解放军 185 师、副指导员
姜顺义	男				1950 年 5 月	忻城县安东乡	中国人民解放军 185 师、战士
廖福义	男				1950 年 5 月	忻城县安东乡	中国人民解放军 185 师、排长
徐宗和	男		安徽省		1950 年 5 月	忻城县安东乡	中国人民解放军 185 师、战士
张兆树	男		黑龙江省石市县		1950 年 6 月	象县大乐乡	中国人民解放军 49 军 146 师 437 团、排长
李锡振	男		辽宁省黑山县		1950 年 6 月	象县大乐乡	中国人民解放军 49 军 146 师 437 团、战士
陆贵兴	男		江西省上于县		1950 年 6 月	象县大乐乡	中国人民解放军 49 军 146 师 437 团、战士
刘龙山	男		湖南省武岗县		1950 年 6 月	象县大乐乡	中国人民解放军 49 军 146 师 437 团、战士
杨连生	男		江西省丰城县		1950 年 6 月	象县大乐乡	中国人民解放军 49 军 146 师 437 团、战士
吴润生	男		湖南省湘乡县		1950 年 6 月	象县大乐乡	中国人民解放军 49 军 146 师 437 团、战士
肃新均	男		湖北省江陵县		1950 年 6 月	象县马坪乡	中国人民解放军 49 军 146 师 437 团、战士
赵玉堂	男		辽宁省北镇县		1950 年 6 月	象县马坪乡	中国人民解放军 49 军 146 师 437 团、战士

续表

姓名	性别	出生年月	籍贯（当时地名）	参加革命时间	牺牲时间	牺牲地点（当时地名）	牺牲时所在单位、职务
安朝山	男		黑龙江省呼兰县		1950年6月	象县马坪乡	中国人民解放军49军146师437团、战士
曹纪昌	男		黑龙江省克山县		1950年6月	象县马坪乡	中国人民解放军49军146师437团、战士
刘长松	男		湖北省麻阳县		1950年6月	象县马坪乡	中国人民解放军49军146师437团、战士
尚仁宝	男		湖北省枝江县		1950年6月	象县马坪乡	中国人民解放军49军146师437团、战士
胡忠仁	男		山东省叶县		1950年7月	象县运江镇	象县城厢区中队、副中队长
潘子庆	男		广西柳城县	1949年12月	1950年7月	象县运江镇	广西雒容县建设科、工作员
廖启福	男	1931年	广西鹿寨县	1950年2月	1950年7月	象县运江镇	鹿寨县导江区工作队、队员
韦德才	男		广西桂林市		1950年8月	象县水晶乡马旦村	
罗汉才	男	1930年	广西灵山县	1950年4月	1950年8月	象县寺村乡芭蕉坳	寺村乡税所、主任
黄其夫	男		广西靖西县	1950年1月	1950年8月	武宣县东乡	中国人民解放军37支队71大队1分队、战士
陈云志	男		广西平南县人慈边村	1950年7月	1950年8月	武宣县东乡	中国人民解放军37支队71大队1分队、战士
李　顺	男		北京市		1950年8月2日	象县水晶乡马旦村	中国人民解放军49军146师437团、战士
钟　凯	男		黑龙江省关崇县		1950年8月2日	象县水晶乡马旦村	中国人民解放军49军146师437团、战士
彭云飞	男		湖南省沅江县		1950年8月2日	象县水晶乡马旦村	中国人民解放军49军146师437团、战士
吕雪荣	男		山东省滕县		1950年8月2日	象县水晶乡马旦村	中国人民解放军49军146师437团、班长
张希民	男		辽宁省沈阳市		1950年8月2日	象县水晶乡马旦村	中国人民解放军49军146师437团、战士
张　忠	男		黑龙江省呼兰县		1950年8月2日	象县水晶乡马旦村	中国人民解放军49军146师437团、班长
吴　臣	男		黑龙江省呼兰县		1950年8月2日	象县水晶乡马旦村	中国人民解放军49军146师437团、战士
王云阁	男		黑龙江省通河县		1950年8月3日	象县水晶乡马旦村	中国人民解放军49军146师437团、班长
关雨信	男		黑龙江省弥化县		1950年8月3日	象县水晶乡马旦村	中国人民解放军49军146师437团、战士
李　德	男		河北省杨原县		1950年9月	象县寺村乡上横桥村	中国人民解放军49军146师437团、班长
张明臣	男		察哈尔省		1950年9月	象县寺村乡杨梅村	中国人民解放军49军146师437团、连长
杨　惠	男		河北省张北县		1950年9月	象县寺村乡杨梅村	中国人民解放军49军146师437团、战士
关世连	男		黑龙江省依兰县		1950年9月	象县水晶乡凤凰村	中国人民解放军49军146师437团、排长
张锡武	男		辽宁省锦州西关人		1950年9月	武宣县黄茆乡	中国人民解放军437团、战士

续表

姓名	性别	出生年月	籍贯（当时地名）	参加革命时间	牺牲时间	牺牲地点（当时地名）	牺牲时所在单位、职务
吴金安	男		湖北省谷城县冷集桃花村	1948年	1950年9月	武宣县东乡乡	中国人民解放军37支队71大队1分队、理发员
马汗光	男		广西桂平县	1950年4月	1950年9月11日	武宣县东乡乡	中国人民解放军437团2连、战士
彭　创	男		湖南省益阳县花江石牛村	1950年2月	1950年9月16日	武宣县东乡乡	中国人民解放军437团1营2连、战士
李洪均	男		湖南省衡山县		1950年10月	象县百丈乡博厚	中国人民解放军49军146师437团、战士
赵连德	男		黑龙江省巴彦县		1950年10月	象县百丈乡博厚	中国人民解放军49军146师437团、班长
任俊才	男		察哈尔省柴沟堡山保村	1949年4月	1950年10月	武宣县东乡	中国人民解放军37支队71大队1分队、战士
姬顺福	男		四川	1948年	1950年10月	武宣县东乡	中国人民解放军37支队71大队1分队、战士
张学仁	男		山东来阴县二区莫地村	1945年	1950年10月	武宣县东乡	中国人民解放军37支队71大队1分队、排长
陈锦富	男		江苏省	1948年10月	1950年10月	武宣县东乡	中国人民解放军37支队71大队1分队、战士
李长胜	男		松江县巴彦县长安区	1947年7月	1950年10月	武宣县东乡	中国人民解放军37支队71大队1分队、战士
孙德训	男		山东省栖雷县清山区	1945年5月	1950年10月	武宣县东乡	中国人民解放军37支队71大队1分队、排长
王　堃	男		河北省大兴县16区	1950年10月	1950年10月	武宣县东乡	中国人民解放军37支队71大队1分队、排长
王　盛	男		广东省莲县东城刘家村	1950年	1950年10月	武宣县东乡	中国人民解放军37支队6大队、战士
赵铁仁	男		吉林省公王岑县	1948年10月	1950年10月	武宣县东乡	中国人民解放军37支队71大队1分队、战士
李　有	男		黑龙江省巴考县胜利村	1947年8月	1950年10月	武宣县东乡	中国人民解放军37支队71大队1分队、战士
沈绍发	男		广西全州县雷家乡	1950年1月	1950年10月	武宣县东乡	中国人民解放军37支队71大队1分队、战士
彭树金	男		湖南省衡阳市	1948年10月	1950年10月	武宣县东乡	中国人民解放军37支队71大队1分队、战士
姬新尊	男		山东省黄县	1948年8月	1950年10月16日	武宣县东乡石牛村	中国人民解放军37支队71大队4分队、班长
黄立汉	男		广东省朝阳县第10区墙围乡汕头市	1949年1月	1950年10月27日	武宣县东乡宁村	中国人民解放军146师437团1营3连、战士
李文和	男		山东省德县长落村		1950年10月28日	武宣县东乡寓土村	中国人民解放军460部队37支队8中队、副班长
凌　富	男		黑龙江省兰西县十区郭里村	1948年1月	1950年10月28日	武宣县东乡寓土村	中国人民解放军460部队37支队72大队8中队、战士
伊金生	男		河北省阜城县	1945年	1950年10月28日	武宣县东乡寓土村	中国人民解放军460部队37支队72大队8中队、副指导员

续表

姓名	性别	出生年月	籍贯（当时地名）	参加革命时间	牺牲时间	牺牲地点（当时地名）	牺牲时所在单位、职务
韦炳炎	男		广东省分界县罗定区		1950年11月	武宣县黄茆乡	中国人民解放军437团、战士
许振东	男		黑龙江省双城县环城	1946年1月	1950年11月8日	桂平县努滩十八山	中国人民解放军37支队71大队1中队、班长
赵文仁	男		河北省临榆县		1951年1月	象县寺村乡病故	中国人民解放军49军146师437团、副班长
沈廷云	男		四川省石桂县三星乡石柳村	1949年6月	1951年1月	武宣县三里乡下峡江苗湾村	中国人民解放军146师437团机枪连、战士
张德民	男		辽西省锦西县六区岳家村大阳沟屯	1948年1月	1951年1月	武宣县三里乡下峡江苗湾村	中国人民解放军146师437团3营机枪连、战士
孙玉斌	男		湖北省钟祥县三区	1949年6月	1951年1月	武宣县三里乡下峡江村	中国人民解放军146师437团3营机枪连、战士
林翰卿	男		辽西省锦西县牛头卫区大张樑村	1949年5月	1951年1月1日	武宣县三里乡下峡江苗湾村	中国人民解放军146师437团机枪连、战士
刘清林	男		吉林省伊通县头道区苇子沟屯	1948年1月	1951年1月9日	武宣县三里乡下峡江苗湾	中国人民解放军146师437团3营机枪连、战士
杨茂林	男		辽宁省海龙县		1951年2月	象县寺村乡	中国人民解放军49军146师437团、战士
冯俊宽	男		安徽省霍邱县		1951年2月	象县寺村乡	中国人民解放军49军146师437团、战士
覃六八	男		广西融县	1950年10月	1951年2月	象县寺村乡	中国人民解放军49军146师438团、战士
莫均文	男		湖南省		1951年	忻城县大塘考洞	中国人民解放军174师15团、战士
赵方斌	男		四川省		1951年	忻城县大塘考洞	中国人民解放军174师15团、战士
江俊匠	男		湖南省		1951年	忻城县大塘考洞	中国人民解放军174师15团、战士
韦立珍	男		江苏省		1951年	忻城县大塘考洞	中国人民解放军174师15团、排长
曲长春	男		安徽省		1951年	忻城县大塘考洞	中国人民解放军174师15团、班长
张志发	男		四川省		1951年	忻城县大塘考洞	中国人民解放军174师15团、副班长
李林生	男		吉林省		1951年	忻城县大塘考洞	中国人民解放军174师15团、战士
叶文义	男		浙江省		1951年	忻城县大塘考洞	中国人民解放军174师15团、战士
谢云泽	男		湖南省		1951年	忻城县大塘考洞	中国人民解放军174师15团、战士
张少清	男		四川省		1951年	忻城县大塘考洞	中国人民解放军174师15团、战士
唐文生	男		广西桂林市		1951年	忻城县大塘乡	中国人民解放军115师15团2营、文化干事
焦强富	男				1951年	忻城县大塘乡	中国人民解放军115师15团、战士

续表

姓名	性别	出生年月	籍贯（当时地名）	参加革命时间	牺牲时间	牺牲地点（当时地名）	牺牲时所在单位、职务
韦重平	男		广西柳江县		1951 年	忻城县大塘乡	柳江县、民兵
徐南山	男		湖北省江陵县		1951 年	象县俭山	中国人民解放军 49 军 146 师 437 团
李相希	男		河南省		1951 年	忻城县大塘考洞	中国人民解放军 174 师 15 团、战士
韩重祥	男		河南省		1951 年	忻城县大塘考洞	中国人民解放军 174 师 15 团、战士
伍德旺	男		黑龙江省		1951 年	忻城县大塘考洞	中国人民解放军 174 师 15 团、班长
张成芝	男		黑龙江省		1951 年	忻城县大塘考洞	中国人民解放军 174 师 15 团、副班长
蒋少山	男		黑龙江省克山县	1947 年 8 月	1952 年	武宣县东乡	中国人民解放军 460 部队 37 支队 73 大队 8 中队、班长
余云全	男		广西平南县		1952 年	忻城县大塘乡	柳州电视局、长途话务员
孙　昌	男	1926 年	黑龙江省宾县第二区	1947 年	1958 年 12 月 26 日	武宣县黄茆乡	武宣县武宣镇城关派出所武装、干事
蒙植桐	男		广西环江县	1950 年	1958 年 12 月 28 日	武宣县黄茆八仙岭	战士
李守敏	男		广西北流县	1964 年	1967 年 9 月	武宣六峰山	武宣县 99 分队、战士
廖成邦	男		广西岑溪县	1966 年 3 月	1968 年 9 月	黔江河训	武宣县 99 分队、战士
潘廷武	男				?		中国人民解放军 49 军 146 师 437 团、战士
苏　威	男				?		中国人民解放军 49 军战士 146 师 437 团、
王宝江	男				?		中国人民解放军 49 军 146 师 437 团、战士
董芝览	男				?		中国人民解放军某部
叶成堂	男	1946 年 2 月	广东省东莞县沙岗		?		中国人民解放军 53252 部队、翻译员

第四节　抗日阵亡将士名表

本节收入来宾籍的抗日阵亡将士共 388 人。其中象县 157 人、兴宾区（原来宾县）12 人、忻城 67 人、武宣 152 人。

表 32-5　象县抗日阵亡将士名表

姓名	年龄	阵亡日期	阵亡地点	机关名称及部队番号	级别
潘润桃	32	1945 年 5 月 14 日	广西	象县民团司令部	少校参谋
陈　廉	32	1944 年 2 月 14 日	广西	新一九师五七团	准附特务长
韦应有	30	1945 年 6 月 17 日	广西	一七五师五二五团	一等兵
梁善和	30	1945 年 4 月 5 日	广西	一七五师五二五团	一等兵
潘怀远	22	1945 年 5 月 4 日	广西	一七五师五二五团	一等兵

续表

姓名	年龄	阵亡日期	阵亡地点	机关名称及部队番号	级别
何海证	23	1945年5月29日	广西	一七五师五二五团	上等兵
赖木寿	22	1945年5月30日	广西	一七五师五二五团	上等兵
熊敏贝	26	1945年6月17日	广西	一七五师五二五团	上等兵
覃自和	29	1943年12月1日	湖南	五七师工兵营	一等兵
潘保藏	23	1944年8月8日	湖南	新一九师五五团	一等兵
覃增安	26	1944年8月9日	湖南	新一九师五五团	一等兵
覃思齐	21	1944年6月23日	湖南	新一九师五五团	二等兵
潘克周	23	1944年6月23日	湖南	新一九师五五团	二等兵
莫明勋	26	1944年2月23日	湖南	一九师五六团	二等兵
吴建坤	32	1941年9月18日	湖南	九〇师二六九团	少尉排长
陈荣萱	36	1939年12月日	广东	一五七师九三七团	上尉连长
张雅贵	23	1943年1月2日	安徽	一七一师五一三团	下士
泰有璋	29	1943年5月20日	湖北	六七师二〇〇团	下士
杨复兴	31	1943年5月20日	湖北	六七师二〇〇团	一等兵
冯顺金	30	1943年5月30日	湖北	六七师二〇〇团	一等兵
谢国光	32	1943年1月6日	湖北	一八九师五六五团	上等兵
覃　钢	25	1943年5月10日	湖南	七七师二三一团	少尉排长
刘世祥	25	1940年5月6日	湖北	一七三师五一九团	上等兵
韦炳勋	27	1938年7月	安徽	一二八师八二七团	二等兵
萧世忠	28	1938年7月	安徽	一二八师八二七团	二等兵
邓金寿	27	1938年7月	安徽	一三狼师八二四团	二等兵
韦文锦	24	1938年2月日	湖北	一三五师八〇六团	上等兵
韦绍蓁	24	1938年1月	安徽	一八九师〇一一六团	上等兵
宋炳权	21	1938年7月日	安徽	一三八师八二八团	上等兵
余凤坡	22	1938年1月日	安徽	一三八师八二八团	上等兵
苏国华	22	1938年7月日	安徽	一三八师八二八团	上等兵
陈商荣	25	1938年7月日	安徽	一三八师八二八团	二等兵
潘日明	31	1938年1月日	安徽	一三八师八二八团	二等兵
韦兴汉	28	1938年2月日	安徽	一三八师八二七团	上等兵
韦济波	30	1938年7月日	安徽	一三八师八二八团	一等兵
黄秋来	23	1938年7月日	安徽	一三八师八二七团	上等兵
李茂泉	26	1943年1月4日	安徽	一七六师五二六团	上士
李嘉生	42	1940年10月19日	安徽	一七六师野补团	上等兵
黄福升	24	1940年10月19日	安徽	一七六师野补团	一等兵
廖兆鸿	30	1940年10月29日	安徽	一七六师野补团	一等兵
莫伐树	34	1940年7月20日	安徽	一七六师五二八团	上等兵

续表

姓名	年龄	阵亡日期	阵亡地点	机关名称及部队番号	级别
何光裕	38	1937年12月日	南京	八七师五一七团	上尉营附
韦秀芳	27	1944年7月16日	滇西	荣一师二团	一等兵
覃守信	34	1942年1月22日	岳西	一三八师四一三团	一等兵
梁天运	25	1943年1月5日	河南	一七四师五二〇团	上等兵
莫若俭	29	1943年1月5日	河南	一七四师五二〇团	一等兵
马金绿	28	1938年9月	湖北	一七二师一〇二八团	中士
龚金养	23	1938年9月	湖北	一七二师一〇八团	上士
韦业修	29	1938年9月	湖北	一七四师一〇四二团	二等兵
覃定华	25	1939年4月	湖北	一七二师一〇四二团	二等兵
解明书	21	1940年1月	湖北	一七四师五二〇团	上等兵
廖招模	26	1939年5月	湖北	一七三师一〇三八团	一等兵
解家寿	23	1938年7月	湖北	一三五师八一〇团	一等兵
韦佩深	28	1938年10月	湖北	一八九师一一〇七团	上等兵
黎明灼	27	1938年9月	湖北	一五五师八一〇团	上等兵
童啟熙	34	1940年1月	湖北	一七四师一二〇团	一等兵
覃福高	30	1940年1月	湖北	一七四师五二〇团	一等兵
覃松荣	26	1940年1月	湖北	一七四师五二〇团	上等兵
黄　明	32	1940年1月	湖北	一七四师五二〇团	上士
梁　仪	20	1940年1月	湖北	一七四师五二〇团	二等兵
覃佩琼	20	1940年1月	湖北	一七四师五二〇团	二等兵
刘家礼	25	1940年1月	湖北	一七四师五二〇团	二等兵
王汉清	23	1940年1月	湖北	一七四师五二〇团	上等兵
刘正纯	20	1940年1月	湖北	一七一师一〇二六团	二等兵
熊乃秀	28	1940年1月	湖北	一七一师一〇二六团	二等兵
卓胜明	27	1938年11月	湖北	一七四师五二〇团	一等兵
黎继德	23	1938年11月	湖北	四一师一二二团	一等兵
李如微	20	1938年11月	湖北	二一集团军一游击支队二大队	一等兵
蔡蕴珍	20	1938年11月	湖北	一八九师五六五团	一等兵
罗明英	30	1940年3月日	湖北	一七二师一〇三二团	上等兵
张志忠	33	1939年5月1日	湖北	一七二师一〇三二团	中尉连长
吴天月	22	1940年5月16日	湖北	一七三师五一七团	一等兵
韦福顺	28	1940年5月16日	湖北	一七三师五一七团	上等兵
廖维纯	32	1943年3月28日	湖北	一七四师五二一团	上等兵
莫进太	27	1943年11月12日	湖北	一八五师五五四团	上等兵
苏美义	22	1940年5月20日	湖北	一八九师五六五团	一等兵
孔招贡	27	1940年5月3日	湖北	一七四师五二〇团	二等兵

续表

姓名	年龄	阵亡日期	阵亡地点	机关名称及部队番号	级别
黄立从	29	1938年11月12日	湖北	一八九师五六六团	上等兵
覃　良	29	1944年8月9日	湖南	八七师二五九团	上尉副营长
吴宝纯	22	1944年11月18日	广西	一七五师五二五团	一等兵
黄世丰	25	1944年11月3日	广西	一七五师五二五团	二等兵
覃有珍	25	1940年8月10日	广西	一七五师五二五团	二等兵
韦兆国	22	1940年8月10日	广西	一七五师五二四团	二等兵
梁经仁	21	1940年8月10日	广西	一七五师五二四团	二等兵
余永和	27	1944年10月31日	广西	一七五师五二四团	二等兵
何家纯	32	1944年11月	广西	一八五师五六二团	中士
陈善文	45	1944年11月日	广西	一三一师三九一团	一等兵
韦立岗	20	1944年11月14日	广西	一七五师五二四团	一等兵
覃裔微	22	1939年11月24日	广西	一七五师五二五团	一等兵
覃济尤	29	1939年11月24日	广西	一三五师四〇五团	上等兵
何秀芝	24	1940年1月	广东	一三五师四〇五团	中士
覃炳贡	24	1939年12月	广东	一七五师五二三团	一等兵
陈定权	24	1939年12月	广东	一七五师五二三团	上等兵
蔡树民	29	1940年1月	广东	一七五师五二三团	一等兵
潘宝章	28	1939年12月	广东	一七五师五二三团	一等兵
黄西南	42	1940年3月	广东	一五五师九二九团六连	中尉排长
何久任	32	1940年9月	广东	一七五师五二三团	一等兵
覃村芳	30	1940年3月12日	广东	新一九师五五团	一等兵
韦有仁	28	1940年3月13日	广东	新一九师五五团	一等兵
钟吉荣	24	1940年3月23日	广东	新一九师五五团	一等兵
李厚安	20	1940年3月23日	广东	新一九师五五团	二等兵
汪乐生	31	1943年8月28日	广东	一二集团军独立二〇旅一团	上尉连长
韦若英	22	1945年7月31日	广东	新一九师五五团	上等兵
梁光灏	27	1941年3月7日	安徽	一七二师野补团团	上等兵
莫伐梅	24	1940年7月20日	安徽	一七六师五二八团	上等兵
黎金生	29	1940年8月24日	安徽	一七六师五二八团	上等兵
覃善武	31	1940年7月20日	安徽	一七六师五二八团	一等兵
韦悦周	40	1940年8月24日	安徽	一七六师五二八团	一等兵
黄启端	29	1940年7月20日	安徽	一七六师五二八团	一等兵
覃居祈	21	1940年7月20日	安徽	一七六师五二八团	一等兵
黄志刚	27	1941年3月8日	安徽	一三八师野补团	一等兵
覃仙宇	32	1943年1月3日	安徽	四八军辎重兵团	下士
覃兴花	35	1942年3月7日	安徽合肥	一七一师五一二团七连	一等兵

续表

姓名	年龄	阵亡日期	阵亡地点	机关名称及部队番号	级别
覃卓松	27	1945年4月17日	安徽	一七一师五一二团	一等兵
吴桂才	39	1944年3月26日	安徽	一七一师五一二团	上士
韦明利	25	1942年3月27日	安徽	一七二师五一六团	上等兵
张体舟	25	1942年3月27日	安徽	一七二师五一六团	上等兵
胡德云	20	1938年5月	安徽	一七一师一〇二二团	中士
高明值	18	1938年5月	安徽	一三五师团八一〇团	一等兵
黄清瑀	21	1939年5月	安徽	一七六师一〇五六团	二等兵
黄炳权	25	1938年2月	安徽	一七二师一〇二八团	一等兵
韦　义	19	1938年2月	安徽	一七二师一〇三一团	中士
黄学智	14	1938年2月	安徽	一三五师八〇九团	上等兵
覃日隆	19	1938年5月	安徽	七军工兵营	一等兵
韦树业	23	1938年4月	安徽	一三一师七八一团	少尉连附
覃日期	24	1938年5月	安徽	一七一师一〇一一团	一等兵
李同琳	32	1937年10月	上海	一七一师一〇二六团	中尉连附
潘泽海	26	1937年10月	上海	一七〇师一〇二六团	准尉连附
王子才	34	1937年10月	上海	一七四师一〇三九团	少尉连附
黎云龙	20	1937年10月	上海	一七六师一〇五一团	一等兵
黄守业	19	1937年10月	上海	一七六师一〇五一团	二等兵
陈贵昌	22	1937年10月	上海	一七一师一〇二二团	一等兵
韦德佩	22	1937年10月	上海	一七〇师一〇一五团	一等兵
刘纯德	25	1937年10月	上海	一七〇师一〇一五团	二等兵
陆逨成	25	1937年10月	上海	一七〇师一〇一五团	二等兵
黄方臣	24	1937年10月	上海	一七〇师一〇一五团	一等兵
梁义松	23	1937年10月	上海	一七〇师一〇一六团	二等兵
韦炯芳	25	1937年10月	上海	一七〇师一〇一五团	二等兵
韦建周	23	1937年10月	上海	一七〇师一〇一五团	二等兵
廖胜安	23	1937年10月	上海	一七〇师一〇一五团	二等兵
韦作周	31	1937年10月	上海	一七〇师一〇一五团	二等兵
廖绿元	24	1937年10月	上海	一七一师一〇二二团	上等兵
韦朝介	19	1937年10月	上海	一七一师一〇二一团	二等兵
覃日才	25	1937年10月	上海	一七一师一〇二一团	上等兵
韦应苡	23	1939年9月13日	江西	一七二师一〇二八团	一等兵
韦大怀	26	1939年9月13日	江西	一七二师一〇二八团	二等兵
盘铭书	23	1939年12月	湖北	一四一师一〇三一团	二等兵
覃似俭	21	1944年11月17日	广西	一七五师五二五团	二等兵
覃隆德	23	1945年6月25日	广西	一七五师五二五团	二等兵

续表

姓名	年龄	阵亡日期	阵亡地点	机关名称及部队番号	级别
韦福廷	32	1939年12月24日	广西	广西绥署地教总队一〇中队	下士
林品奇	28	1944年8月9日	湖南	一七五师五二三团	二等兵
覃守基	26	1944年8月9日	湖南	新一师五五团	二等兵
唐孙良	25	1944年6月日	湖南	新一师五五团	二等兵
韦大茂	25	1944年9月3日	湖南	新一师五五团	二等兵
陆夜安	24	1944年9月3日	湖南	新一师五五团	二等兵
黄献忠	23	1944年8月6日	湖南	新一师五五团	二等兵
覃广堂	31	1944年8月6日	湖南	四六军炮兵营	一等兵

摘自:《中华民国忠烈将士姓名录》,联合勤务总司令部抚恤处于民国三十六年十二月(1947年12月)编纂。中国第二档案馆藏、广西图书馆藏、广西博物馆藏

表32-6 来宾县、忻城县、武宣县的抗日阵亡将士名表

(按照阵亡时间先后排序)

姓名	出生年月	籍贯	入伍时间	阵亡时间	地点	所属国民党部队番号	级别
黄殿清		武宣县		1924年6月	江西	暂6师搜索连	上尉
陈文清		武宣县		1927年1月2日	徐州	21师62团	中校营长
梁修武		兴宾区	1933年	1937年	卢沟桥	173师1033团	班长
樊秉茂		忻城县		1937年1月	上海	170师101团	上等兵
温杰书		忻城县		1937年1月	上海	171师1021团	二等兵
赵凤标		武宣县		1937年1月	江苏	53师316团	上尉
潘德金		武宣县		1937年1月	江苏	172师1032团	上尉
黄德柳		武宣县		1937年1月	江苏	48军特务营	上尉
韦文山		武宣县		1937年1月	江苏	160师958团	上尉
刘鸣飞		武宣县		1937年1月	江苏	159师953团	上尉
刘祖开		武宣县		1937年1月	上海	176师1051团	上等兵
武绍先		武宣县		1937年1月	上海	173师1033团	上尉
陈如杰		武宣县		1937年1月	江苏	170师1016团	下士
陈　征		武宣县		1937年1月	江苏	170师1015团	上等兵
韦大献		忻城县		1937年10月13日	上海	171师1021团	二等兵
蓝永笔		忻城县		1937年10月21日	上海	171师1021团	中士
蒙正烈		忻城县		1937年10月22日	上海	171师1021团	一等兵
麦富乔		忻城县		1937年10月23日	上海	171师1021团	一等兵
谭志才		忻城县		1937年11月	上海	171师1021团	一等兵
韦品瑞		忻城县		1937年11月	江苏	174师1043团7连	准尉特务连
黄伯章		武宣县		1937年11月	上海	171师1026团	上尉
陆永桂		武宣县		1937年11月	上海	171师1026团	准尉
蓝奇罗		武宣县		1937年11月	上海	171师1025团	上等兵
覃加立		武宣县		1937年11月	上海	17师1025团	中士

续表

姓名	出生年月	籍贯	入伍时间	阵亡时间	地点	所属国民党部队番号	级别
甘郁仁		武宣县		1937年11月	上海	160师958团	少尉
黄家书		武宣县		1937年12月	上海	171师1022团	二等兵
黄启明		武宣县		1937年12月	广东	173师1038团	上等兵
廖秉伏		武宣县		1937年9月	安徽	176师1056团	中士
范剑荣	1910年	兴宾区	1937年	1938年	安徽蒙城县	国民党军某部	副班长
莫松年		忻城县		1938年1月	湖北	173师1033团	少尉连副
钟世光		武宣县		1938年1月	湖北	135师809团	二等兵
臧　南		武宣县		1938年1月	广东	152师910团	上等兵
赵德荣		武宣县		1938年1月	湖北	173师平炮连	上士
韦彩龙		忻城县		1938年10月25日	湖北	93师554团	二等兵
罗成斑		忻城县		1938年11月	湖北	189师1109团	一等兵
韦德仁		武宣县		1938年11月	广东	152师910团	上等兵
张石孙		武宣县		1938年2月	安徽	135师809团	二等兵
覃胜权		武宣县		1938年2月	安徽	138师828团	一等兵
韦景精		武宣县		1938年3月	安徽	138师828团	二等兵
李肇平		武宣县		1938年4月	安徽	135师810团	中士
韦电耕		武宣县		1938年4月9日	湖北	2师62团	一等兵
罗秀松		忻城县		1938年5月	安徽	171师102团	一等兵
韦鸿杰		忻城县		1938年5月	徐州	五战区兵站总监部交通处	上尉科员
黄济群		武宣县		1938年5月	江苏	58师34团	上尉
谭永雄		武宣县		1938年5月	安徽	173师1033团	中尉
廖　龙		武宣县		1938年5月	河南	155师929团	上尉
黄振祯		武宣县		1938年5月	安徽	171师1021团	一等兵
莫大益		忻城县		1938年5月8日	安徽蒙城	173师1033团	下士
余文芳		武宣县		1938年6月	山东	174师1040团	准尉
胡周瑶		武宣县		1938年6月	山东	174师1040团	少尉
胡周瑶		武宣县		1938年6月	安徽	174师1040团	少尉
臧福波		武宣县		1938年7月	安徽	138师827团	二等兵
彭振声		武宣县		1938年7月	安徽	138师28团	一等兵
卢　雄		忻城县		1938年8月	江西	155师929团	中士
廖安住		忻城县		1938年8月	湖北	189师522团	二等兵
陈鸣飞		武宣县		1938年8月	陈家牌	188师1104团	少尉
韦日新		武宣县		1938年8月	江西	155师929团	下士
陈世达		武宣县		1938年8月	江西	160师959团	少尉
徐万兴		忻城县		1938年9月	湖北	147师1043团5连	上等兵
翁雄杰		武宣县		1938年9月	湖北	172师1031团	上尉
刘博成		武宣县		1938年9月	湖北	173师1038团	一等兵

续表

姓名	出生年月	籍贯	入伍时间	阵亡时间	地点	所属国民党部队番号	级别
樊加耕		忻城县		1938年9月26日	湖北	171师1026团	一等兵
樊现图		忻城县		1938年9月26日	湖北	171师1021团	上等兵
罗承权		忻城县		1938年9月9日	湖北	188师203团	下士
方绪敏	1920年	兴宾区	1933年	1939年	湖南省	173师1033团	连长
麦继轩	1917年	兴宾区	1937年	1939年	安徽蒙城县	173师1033团	连长
石　威	1919年	兴宾区	1937年	1939年	安徽蒙城县	173师1033团	排长
韦永增	1920年	兴宾区	1933年	1939年	湖南省	173师1033团	士兵
张福祥	1914年2月	兴宾区	1938年	1939年	广东小董山	广西绥靖第一独立团	士兵
黎海云		武宣县		1939年11月	广西	135师405团	二等兵
谭茂才		忻城县		1939年12月	湖北	173师1034团	上等兵
胡志法		忻城县		1939年12月	广西	广西绥署一教总队	上等兵
莫春业		忻城县		1939年12月	湖北	19师113团	一等兵
廖贵浓		武宣县		1939年4月	湖北	172师1032团	二等兵
蓝承章		忻城县		1939年5月	湖北	173师1038团	二等兵
陆鼎魁		忻城县		1939年5月	湖北	173师1038团	上等兵
韦挽成		武宣县		1939年5月	湖北	174师1040团	下士
莫自专		武宣县		1939年5月	湖北	173师1038团	一等兵
覃水养		武宣县		1939年5月	湖北	173师1038团	一等兵
韦德彧		武宣县		1939年5月	湖北	173师1038团	上等兵
赵进贤		武宣县		1939年5月	湖北	173师1033团	下士
覃国述		武宣县		1939年5月	湖北	173师1033团	上等兵
覃启山		武宣县		1939年5月	湖北	173师1033团	一等兵
覃德袭		武宣县		1939年5月	湖北	173师1023团	一等兵
黄廷巫		武宣县		1939年5月	湖北	173师1038团	一等兵
黄国飞		武宣县		1939年5月	湖北	171师1022团	下士
李亚求		武宣县		1939年5月	湖北	174师1039团	上等兵
韦品三		忻城县		1939年7月	安徽	176师526团	少尉排长
曾庆才		武宣县		1939年7月	湖南	2师11团	上等兵
蒙　贵		武宣县		1939年9月	湖北	14师839团	二等兵
张子登		武宣县		1939年9月	湖南	95师569团	二等兵
黎经衣		武宣县		1939年12月	广西	170师508团	一等兵
韦荣才		武宣县		1939年12月	广东	175师523团	上等兵
韦宪宝		武宣县		1939年12月	广东	175师523团	下士
覃木甫		武宣县		1939年12月	广东	175师523团	上等兵
石振挺		武宣县		1939年12月	广东	175师523团	中士
黎光明		武宣县		1939年12月	广东	175师524团	上等兵
廖　克		武宣县		1939年12月	广东	175师525团	少尉

续表

姓名	出生年月	籍贯	入伍时间	阵亡时间	地点	所属国民党部队番号	级别
刁天祥		武宣县		1939年12月	广东	175师525团	中士
黄西潮		武宣县		1939年12月	广东	175师523团	上等兵
邓金荣		武宣县		1939年12月	广西	92师276团	上尉
覃孟曹		武宣县		1939年12月	湖北	141师1031团	二等兵
袁世均		武宣县		1939年12月	安徽	67师21连	一等兵
覃德心		武宣县		1939年12月	安徽	预10师6团	中尉
覃任宗		武宣县		1939年12月	广东	152师910团	少尉
莫尚田	1911年3月	兴宾区		1940年	广西上思	国民党军某部机枪连	士兵
蓝树芳		忻城县		1940年1月	湖北	171师1026团	上等兵
樊金林		忻城县		1940年1月		175师补充团	士兵
黄健发		武宣县		1940年1月	广西	188师564团	准尉
黎汉雄		武宣县		1940年1月	广西	广西绥靖公署1团	少尉
蔡廷秀		武宣县		1940年1月	安徽	138师823团	二等兵
徐炳见		武宣县		1940年1月	广东	175师523团	一等兵
叶永元		武宣县		1940年1月	广西	170师508团	上士
易仁智		忻城县		1940年2月	湖北	173师工兵2连	上等兵
陈桂标		武宣县		1940年2月	河南	174师521团	上等兵
高俊雄		武宣县		1940年2月	广西	156师932团	少尉
徐福成		武宣县		1940年3月	广东	新19师55团	二等兵
黄太恒		武宣县		1940年4月	山西	36师野补团	一等兵
曾世华		忻城县		1940年5月	湖南	173师518团4连	上等兵
莫雄英		忻城县		1940年5月	湖北	173师517团6连	中士
林　昆		忻城县		1940年5月	安徽	71师101团机3连	准尉连副
黄　坚		忻城县		1940年5月	河南	171师1023团	少尉连长
吴继禧		忻城县		1940年5月	湖南	90师270团	上尉连长
蓝玉先		忻城县		1940年5月	湖北	174师520团	一等兵
潘云辉		忻城县		1940年5月	湖北	174师520团	二等兵
周炳黎		武宣县		1940年5月	河南	173师519团	上等兵
韦泰权		武宣县		1940年5月	河南	173师519团	下士
陈桂芳		武宣县		1940年5月	河南	173师519团	下士
莫矜敏		武宣县		1940年5月	河南	173师517团	下士
刘振田		武宣县		1940年5月	湖南	90师268团	上尉
石有辉		武宣县		1940年6月	广西	135师404团	一等兵
陆瑞学		武宣县		1940年6月	广西	131师392团	二等兵
廖汉有		武宣县		1940年6月	湖北	172师1032团	一等兵
陈定云		忻城县		1940年7月	湖北随县	173师519团	上等兵
方富晚		武宣县		1940年7月	湖北	173师519团	一等兵

续表

姓名	出生年月	籍贯	入伍时间	阵亡时间	地点	所属国民党部队番号	级别
蓝景昭		忻城县		1940年8月	广西	19师56团3连	二等兵
江　南		武宣县		1940年8月	四川	18师53团	上尉
陈发孙		武宣县		1940年11月	湖北	173师56团	一等兵
黄建勋		武宣县		1940年11月	广东	152师910团	准尉
蓝瑞璜		忻城县		1940年11月	广东	1170师510团	二等兵
韦光明		忻城县		1940年11月	湖北	173师518团	上等兵
莫加凤		忻城县		1940年11月	湖北	173师518团	上等兵
肖炳南	1918年	兴宾区	1938年5月	1941年	河南省	115师928团机枪连	战士
梁锦怀	1913年11月	兴宾区	1938年	1941年	广西省	第7军188师562团1营3连	战士
蓝银章		忻城县		1941年1月	湖北	56师167团	二等兵
郭志清		忻城县		1941年1月	湖南	90师269团	上尉连长
罗绍猷		忻城县		1941年1月	安徽	173师517团	上等兵
李得胜		武宣县		1941年1月	安徽	173师517团	上士
熊树林		忻城县		1941年3月	安徽	171师511团	上等兵
覃尚列		武宣县		1941年3月	安徽	171师511团	上等兵
李　平		武宣县		1941年3月	安徽	171师511团	中士
李器珍		武宣县		1941年3月	安徽	172师补团	上士
梁正广		武宣县		1941年3月28日	湖北荆门	37师109团	一等兵
臧国棠		武宣县		1941年5月	福建	福建保2团	中尉
余　芳		武宣县		1941年5月	安徽	172师补团	中士
黄秀则		武宣县		1941年8月	安徽	138师补团	一等兵
韦用菴		忻城县		1941年9月	安徽	171师511团	下士
王元谨		忻城县		1941年9月	湖南	102师305团迫炮连	一等兵
林德标		武宣县		1941年9月	湖南	59师176团	下士
莫善卿		武宣县		1941年9月	湖南	59师176团	上尉
张世威		武宣县		1941年9月	湖南	暂编8师3团	上等兵
文绍荣		忻城县		1941年11月	湖北	4预师12团	一等兵
莫佩富		忻城县		1941年11月	安徽	171师511团	中士
韦文嘉		忻城县		1941年11月	安徽	171师511团	一等兵
陈国宾		武宣县		1941年11月	河南	110师329团	上尉连长
何振兰		武宣县		1941年12月	安徽	172师515团	下士
韦体文		忻城县		1941年12月	安徽	171师511团	上尉排长
韦玉帮		忻城县		1942年1月	湖南	44师131团	二等兵
麦树宽		忻城县		1942年1月	湖南	44师130团	一等兵
曾经茂		武宣县		1942年1月	长沙	41师121团	一等兵
陈有广		武宣县		1942年1月	长沙	41师121团	一等兵
黄凤踊		武宣县		1942年1月	长沙	41师121团	一等兵

续表

姓名	出生年月	籍贯	入伍时间	阵亡时间	地点	所属国民党部队番号	级别
黄振千		武宣县		1942年1月	长沙	41师121团	上等兵
黄　钧		武宣县		1942年12月	安徽	安徽保九团	上等兵
韦鸿美		武宣县		1942年12月	安徽	138师42团	上等兵
熊元珠		武宣县		1942年4月	缅甸	200师598团	上等兵
梁国珍		武宣县		1942年4月	缅甸	新22师66团	下士
蒙茂芳		武宣县		1942年5月	长沙	95师迫1连	上尉
韦逸星		武宣县		1942年5月	云南	预2师6团	上尉
原启能		武宣县		1942年6月	浙江	41师121团	一等兵
毛凤祥		武宣县		1942年7月	安徽	172师516团	上等兵
苏炳恩		武宣县		1942年7月	安徽	172师516团	上等兵
蒙炳桥		武宣县		1942年7月	安徽	172师516团	上等兵
覃九光		武宣县		1942年7月	安徽	72师515团	中士
曾清棠		武宣县		1943年2月	广东	159师476团	上等兵
黄　新		武宣县		1943年2月	广东	159师477团	少尉
蓝绍韩		忻城县		1943年3月	磨刀山	174师521团	下士
韦辅香		武宣县		1943年3月	湖北	174师521团	中士
廖挽龄		武宣县		1943年6月	湖北	51师152团	上等兵
甘若丹	1912年11月	兴宾区	1936年	1944年1月	桂林市	131师392团2营	营长
蓝记流		忻城县		1944年1月	广西	31军通信营2连	下士
蓝玉勤		忻城县		1944年1月	广西	19师特务连	一等兵
黄寿宽		武宣县		1944年1月	广西	别动一纵队	中尉
朱启能		武宣县		1944年1月	广西	别动一纵队	准尉
王仁章		武宣县		1944年1月	广西	131师391团	中士
张卓华		武宣县		1944年1月1日	广西	16集团军总部	上校
梁廷崇		武宣县		1944年11月	广西	188师563团	少尉
莫兆昌		忻城县		1944年2月	河北	22师6团	上等兵
罗天林		忻城县		1944年2月	广西	175师524团7连	二等兵
梁全兴		武宣县		1944年5月	缅甸	198师590团	中士
刘业祖		武宣县		1944年5月	陕西省福安寺	空军三大队32中队	少尉
黄家壤		忻城县		1944年6月	湖南省长沙市	90师207团	二等兵
刘业祖		武宣县		1944年6月	陕西	空军二大队	少尉
温荣保		武宣县		1944年6月	云南	198师592团	中士
覃文德		武宣县		1944年6月	湖南省长沙市	90师207团	一等兵
覃肇杨	1920年	兴宾区	1933年	1944年8月	湖南	新改编19师	排长
蓝建非		忻城县		1944年8月	湖南	46军炮兵营	二等兵
盘朝色		忻城县		1944年8月	湖南	46军炮兵营	二等兵
陈珍秋		武宣县		1944年8月	小山角	87师260团	一等兵

续表

姓名	出生年月	籍贯	入伍时间	阵亡时间	地点	所属国民党部队番号	级别
黄伯荣		武宣县		1944 年 8 月	云南	54 军工 1 连	中士
周梅阳		武宣县		1944 年 8 月	湖北	5 战区 4 纵队	一等兵
廖　威		武宣县		1944 年 9 月	安徽	176 师 528 团	中士
莫云孙		武宣县		1944 年 11 月	广西	188 师 562 团	上等兵
黄祖连		武宣县		1944 年 11 月	广西	41 师 121 团	上等兵
廖悼宗		武宣县		1944 年 11 月	广西	41 师 121 团	上等兵
廖其宗		武宣县		1944 年 11 月	广西	41 师 121 团	上等兵
潘才士		武宣县		1944 年 12 月	广西	175 师 525 团	上等兵
潘在京		武宣县		1944 年 12 月	缅甸	新 30 师 90 团	二等兵
全　诚		武宣县		1945 年 1 月	缅甸	新 30 师 90 团	上士
黄庆云		武宣县		1945 年 2 月	广东	59 师 175 团	上等兵
蓝庆斯		忻城县		1945 年 3 月	河南	173 师 518 团	一等兵
朱国明		武宣县		1945 年 3 月	湖南	7 师 2 团	中尉
陆瑞谋		武宣县		1945 年 3 月	湖南	100 军 21 连	上等兵
蓝桂毓		忻城县		1945 年 4 月	安徽合肥	171 师 52 团	上等兵
罗献荣		忻城县		1945 年 6 月	广西	175 师 525 团	一等兵
罗　华		忻城县		1945 年 6 月	安徽	173 师 517 团	下士
雷汉洲		武宣县		1945 年 6 月	江西	154 师 461 团	上尉
骆振华		忻城县		1945 年 8 月	广东	19 师 55 团	上等兵
雷光辉		忻城县		1945 年 8 月	安徽	172 师 51 团	下士
黄德佈		武宣县			广西	135 师 405 团	二等兵
韦茂盛		武宣县			广西	135 师 405 团	一等兵

注:所列均为中华人民共和国成立后经民政部门登记、审查,并给予优抚者

第五节　英雄、模范、先进人物表

本节收入在来宾工作,获省部级(含)以上表彰的英雄模范、先进工作者等先进人物 701 人(次)。

表 32-7　中华人民共和国成立后至 2005 年来宾市劳动模范、英雄模范、先进工作者等人物名表

姓名	性别	籍贯	所在单位和职务	荣获称号	授予单位	授予时间
盘　康	男	象州	象州	民兵战斗英雄	广西军区	1950 年 10 月
蒙天海	男	兴宾	兴宾	战斗英雄	广西军区	1951 年
侯宋才	男	金秀	金秀	战斗英雄	广西军区	1951 年
韦敬身	男	武宣县通挽乡	武宣县通挽乡伏柳村	广西省劳动模范	广西省人民政府	1952 年
韦昌绸	男	武宣县通挽乡	武宣县通挽乡汶村	广西省二等烈属模范	广西军区	1953 年
郑致贵	男	武宣县黄茆乡	武宣县黄茆乡黄花村	广西省劳动模范	广西省人民政府	1954 年
樊必熙	男	忻城县红渡镇	第 5 区(新圩区)武装部	二级人民武装工作模范	广西军区	1953 年

续表

姓名	性别	籍贯	所在单位和职务	荣获称号	授予单位	授予时间
魏绍文	男		来宾县卫生局	广西省第三届卫生先进工作者		1953年
林　桑	男		合山煤矿	广西省工业劳动模范	广西省人民政府	1954年
陈瑞生	男		合山煤矿	广西省工业劳动模范	广西省人民政府	1954年
吴世烈	男		合山煤矿	广西省工业劳动模范	广西省人民政府	1954年
韦铁汉	男	武宣县思灵乡	武宣	二级人民武装工作模范	广西军区	1954年
梁中南	男		象州县大米厂	广西首届工业劳动模范		1954年
伍才芳	男		来宾县劳动和社会保障局	广西粮食系统先进工作者	广西省人民委员会	1956年
詹　平	男		来宾县粮食局	广西粮食系统先进工作者	广西省人民委员会	1956年
韦良臣	男		合山河里乡粮所	广西粮食系统先进工作者	广西省人民委员会	1956年
梁其芳	男		合山煤业有限公司	广西工交先进工作者	广西省人民委员会	1956年
王化成	男		武宣县锰锌矿	广西工交先进工作者	广西省人民委员会	1956年
零满英	女		来宾县妇幼保健站	广西卫生事业机构先进工作者	广西省人民委员会	1956年
韦立岗	男		来宾县卫生局	广西卫生事业机构先进工作者	广西省人民委员会	1956年
谢景中	男	象州县	石龙县武宣供销社收购组长	全国先进生产者	中共中央、国务院	1956年
郑　光	男		合山煤矿	先进生产者	广西省人民委员会	1956年
朱恒文	男		合山煤矿	先进生产者	广西省人民委员会	1956年
陈庆寿	男		合山煤矿	先进生产者	广西省人民委员会	1956年
梁芳琪	男		合山煤矿	先进生产者	广西省人民委员会	1956年
李　三	男		合山煤矿	先进生产者	广西省人民委员会	1956年
韦良臣	男		原来宾县粮食局	先进生产者	广西省人民委员会	1956年
徐俊杰	男		合山煤矿	先进生产者	广西省人民委员会	1956年
傅岳嵩	男		合山煤矿	先进生产者	广西省人民委员会	1956年
张　才	男		合山煤矿	先进生产者	广西省人民委员会	1956年
周云清	男		合山煤矿	先进生产者	广西省人民委员会	1956年
蓝秀清	女		合山煤矿	先进生产者	广西省人民委员会	1956年
罗玉芳	男		合山煤矿	先进生产者	广西省人民委员会	1956年
何秀枝	男		合山煤矿	先进生产者	广西省人民委员会	1956年
樊绍坚	男	忻城县宁江乡	忻城县加仁粮所	先进工作者	广西省人民委员会	1956年5月
蓝勤尚	男	忻城县新圩乡	忻城县马泗粮所	先进工作者	广西省人民委员会	1956年5月
蓝国新	男	忻城县红渡镇	忻城县古蓬粮所	先进工作者	广西省人民委员会	1956年5月
周锦华	男		合山矿务局	先进工作者	国家煤炭部	1956年4月
兰茂希	男		来宾县林业局	广西省劳动模范	广西省人民委员会	1957年
韦汝梧	男	合山市北泗乡	北泗乡东亭村	广西省劳动模范	广西省人民委员会	1957年
黄振亚	男		合山煤矿	积极分子	广西省人民委员会	1957年
黎桂兴	女	象州县	象州县新华书店	全国劳动模范	农业部	1957年2月

续表

姓名	性别	籍贯	所在单位和职务	荣获称号	授予单位	授予时间
韦秀兰	女	来宾县	来宾县乡妇女主任	劳动模范	全国妇联	1958年
莫秋英	女	来宾县五山乡	来宾县五山乡周罗大队妇女主任	劳动模范	全国妇联	1958年
江超环	男		原来宾县商业局	先进生产者	自治区人民委员会	1958年
吴继松	男		原来宾县粮食局	先进生产者	自治区人民委员会	1958年
曾少英	男		原来宾县税务局	先进生产者	自治区人民委员会	1958年
韦廷俊	男		原来宾县水电局	先进生产者	自治区人民委员会	1958年
李兴田	男		来宾县财政局	广西财政系统先进工作者	自治区人民委员会	1958年
盘张雄	男		来宾永鑫糖业公司	广西财政系统先进工作者	自治区人民委员会	1958年
韦瑞修	男		来宾县供销社	广西财政系统先进工作者	自治区人民委员会	1958年
吴照星	男		来宾县财政局	广西财政系统先进工作者	自治区人民委员会	1958年
韦教训	男		来宾县委办	广西财政系统先进工作者	自治区人民委员会	1958年
黄润芬	女		来宾县总工会	广西财政系统先进工作者	自治区人民委员会	1958年
刘福榕	男		武宣县邮政局	广西工交先进工作者	自治区人民委员会	1958年4月
巫永权	男		来宾县邮政局	广西工交先进工作者	自治区人民委员会	1958年
宋权英	男		合山煤业有限公司	广西工交先进工作者	自治区人民委员会	1958年
周云清	男		合山煤业有限公司	广西工交先进工作者	自治区人民委员会	1958年
覃廷俊	男		合山溯河电灌站	广西农田水利先进工作者	自治区人民委员会	1958年
宋权英	男		合山煤矿	先进生产者	自治区人民委员会	1958年
周继春	男		合山矿务局	先进生产者	国家煤炭部	1958年4月
胡家福	男		合山煤业有限公司	广西工交先进工作者	自治区人民委员会	1959年
黄先尤	男		合山煤业有限公司	广西工交先进工作者	自治区人民委员会	1959年
李怀南	男		广西红河农场	广西工交先进工作者	自治区人民委员会	1959年
韦奋志	男	来宾县迁江镇	来宾县良江乡塘圩粮所副所长	全国先进生产者	中共中央、国务院	1959年
谭振辉	男		合山河里乡	先进生产者	农业部	1959年
黄先献	男		合山矿务局	先进生产者	自治区人民委员会	1959年
万家福	男		合山矿务局	先进生产者	自治区人民委员会	1959年
吕荣斌	男		合山矿务局	先进生产者	自治区人民委员会	1959年
唐克林	男		合山矿务局	先进生产者	自治区人民委员会	1959年
韦金珍	男		合山矿务局	先进生产者	自治区人民委员会	1959年
许世聪	男		合山矿务局	积极分子	自治区人民委员会	1959年
郑承舜	男		柳州师专	广西文教战线先进工作者	自治区人民委员会	1960年
黄　健	男		来宾县民族干校	广西文教战线先进工作者	自治区人民委员会	1960年
谭廷贵	男		来宾县北泗乡东亭村	劳动模范	自治区人民委员会	1960年
黄顺德	男	忻城县宁江乡	忻城县范团民兵大队	先进民兵	出席全国民兵先代会	1960年
韦石玉	女	象州县	象州县象州公社象州大队	全国三八红旗手	全国妇联	1960年

续表

姓名	性别	籍贯	所在单位和职务	荣获称号	授予单位	授予时间
李秀珍	女	象州县	象州县妙皇公社	全国三八红旗手	全国妇联	1960年
吴佩英	女	象州县	象州县运江公社白虎生产队	全国三八红旗手	全国妇联	1960年
罗永瑜	男	来宾县寺山乡	来宾县寺山乡民兵排长	模范民兵	国防部	1961年4月
石有平	男	来宾县三五乡	来宾县三五乡民兵	模范民兵	国防部	1961年4月
樊凤光	男	忻城县古蓬镇	忻城县东河民兵大队	先进民兵	出席全国民兵先代会	1964年
李守敏	男	广西北流县	人民解放军武宣县99分队战士	记一等功	广西军区	1967年
罗常源	男	广西荔浦县	来宾县武装部副部长	记一等功	广州军区	1968年
黄志贤	男	忻城县遂意乡	忻城县农科所	二级劳动勋章	越南民主共和国	1969年
巫道全	男	武宣县三里乡	武宣县锰矿班长	广西劳动模范	自治区革命委员会	1973年
章泽高	男		中钢广西铁合金有限公司	广西工业、交通基本建设战线劳动模范	自治区革命委员会	1977年
樊荣球	女	忻城县古蓬镇	忻城县龙利民兵大队	先进民兵	广西军区	1977年
杨辉明	男	广西容县	合山矿务局溯河矿掘进队长	先进工作者	自治区革命委员会	1977年2月
杨辉明	男	广西容县	合山矿务局溯河矿掘进队长	全国先进生产(工作)者	中共中央、国务院	1977年5月
蒙志广	男	来宾县良江乡	来宾县八一锰矿汽车司机	先进工作者	全国工业学大庆会议	1978年
韦锦秀	女	来宾县凤凰乡	八一锰矿“五七”农场大队党支书	冶金战线劳动模范	全国工业学大庆会议	1978年
罗绍安	男	忻城县思练镇	忻城县汽车站	安全优质奖	交通部	1978年
韦启开	男	忻城县古蓬镇	忻城县凌头煤矿	先进生产者	出席全国煤炭系统群英会	1978年1月
杨辉明	男	广西容县	合山矿务局快速掘进队长	劳动模范	自治区革命委员会	1978年1月
叶大华	男	江西	象州县农科所技师	全国先进科技工作者	中共中央、国务院	1978年3月
胡琪忠	男	武宣		战斗英雄	广州军区	1979年4月
钟德经	男	武宣		战斗英雄	广州军区	1979年4月
卓超碧	女	来宾县桥巩乡	来宾县桥巩乡巴山生产队农科组长	全国三八红旗手	全国妇联	1979年
聂锦新	男		合山电厂	先进生产者	水利电力部	1979年
何士坤	女		合山矿务局	全国三八红旗手	全国妇联	1979年
何明湘	男		合山矿务局	全国新长征突击手	共青团中央	1979年
黎国忠	男		合山矿务局	全国新长征突击手	共青团中央	1979年
梁秀珍	女	广西	忻城县人民医院	全国三八红旗手	全国妇联	1979年
蓝月清	女	忻城县古蓬镇	忻城县古蓬镇内联村	全国三八红旗手	全国妇联	1979年
樊日留	女	忻城县古蓬镇	忻城县古蓬镇凌头村	全国三八红旗手	全国妇联	1979年
韦玉花	女	象州县	象州县大乐公社	全国三八红旗手	全国妇联	1979年
韦海兰	女	象州县	象州县人民医院	全国三八红旗手	全国妇联	1979年
杨辉明	男	广西容县	合山矿务局快速掘进队长	劳动模范	自治区革命委员会	1979年8月
廖永荣	男	来宾县七洞乡	来宾县公安局副局长	二级英模	公安部	1980年4月

续表

姓名	性别	籍贯	所在单位和职务	荣获称号	授予单位	授予时间
樊奇凤	男	忻城县果遂乡	忻城县中医院	全区卫生先进工作者	自治区人民政府	1980 年
谭显愉	男	兴宾		战斗英雄	昆明军区	1981 年 7 月
韦建勇	男	兴宾		能文能武的好战士	昆明军区	1981 年 7 月
李盈北	男		合山矿务局	先进安全员	煤炭部	1981 年
梁成武	男	广西田东县	忻城县高中	全国先进教育工作者	国家教委	1981 年
姚昌廷	男	忻城县大塘镇	忻城县农业局	外援先进工作者	驻加蓬大使馆	1981 年
邱庆芳	女	象州县	象州县运江公社京岭大队	全国三八红旗手	全国妇联	1982 年
黄秀珍	女	象州县	象州县水晶公社马旦大队	全国三八红旗手	全国妇联	1982 年
温佩芝	女	忻城县	忻城县高中	“三好”学生	共青团中央、教育部	1982 年
韦丽英	女		合山市商业局	“六好”职工	自治区人民政府	1982 年
王光昼	男		合山电厂	积极分子	自治区人民政府	1982 年
杨辉明	男	广西容县	合山矿务局快速掘进队长	劳动模范	煤炭部	1982 年 3 月
莫广明	男		合山矿务局	先进生产者	全国总工会	1982 年 9 月
覃泽高	男		中钢广西铁合金有限公司	广西社会主义建设劳动模范	自治区人民政府	1983 年
覃美庆	女	来宾县良江乡	来宾县良江乡妇代会主任	全国五好家庭	全国妇联	1983 年
何月新	女	来宾县寺山乡	来宾县寺山乡石古村农民	全国五好家庭	全国妇联	1983 年
何绍珍	女	广西平南县	来宾县凤凰镇农业推广站干部	全国五好家庭	全国妇联	1983 年
麦万英	女	来宾县南泗乡	来宾县师范附小教导主任	全国五好家庭	全国妇联	1983 年
徐菊芝	女	湖南省	来宾县饮食服务公司副经理	全国三八红旗手	全国妇联	1983 年
盘扬新	女	来宾县平阳乡	来宾县平阳乡大龙村妇代会主任	全国三八红旗手	全国妇联	1983 年
覃世英	女	来宾县城厢乡	来宾县城厢乡农民	全国三八红旗手	全国妇联	1983 年
黄固基	男	来宾县迁江镇	来宾县体委业余体校教练员	全国业余体校优秀教练员	国家体委	1983 年
潘旭兴	男	广西武鸣县	来宾县农业银行办公室主任	全国金融红旗手	中国农业银行	1983 年 5 月
谭能武	男	合山市	来宾县一中体育老师	全国体育传统项目学校先进工作者	国家体委、教育部	1983 年 9 月
卢光振	男	象州县	武宣县印刷厂调度员	自治区劳动模范	自治区人民政府	1983 年
卢德瑶	男	武宣县武宣镇	武宣县饮食服务公司门市组长	自治区先进工作者	自治区人民政府	1983 年
刘德像	男	武宣县东乡乡	武宣县东乡乡禄道村生产队长	自治区先进工作者	自治区人民政府	1983 年
陈耀邦	男	广东省台山县	武宣县农机修造厂副厂长	自治区先进工作者	自治区人民政府	1983 年
潘富恒	男	武宣县黄茆乡	武宣县黄茆乡农民	自治区先进工作者	自治区人民政府	1983 年
覃文兴	男	武宣县二塘乡	武宣县锰锌矿工区党支部书记	自治区先进工作者	自治区人民政府	1983 年
谭炳辉	男	武宣县东乡乡	武宣县三里乡工商所	自治区先进工作者	自治区人民政府	1983 年
周凤平	女	武宣县武宣镇	武宣县武宣镇知青矿粉厂工人	自治区先进工作者	自治区人民政府	1983 年
覃廷祥	男	广西容县	武宣县国营农场司机	自治区先进工作者	自治区人民政府	1983 年
邓周贤	男	广西武鸣县	武宣县师范学校教师	全国优秀班主任	教育部	1983 年
邓周贤	男	广西武鸣县	武宣县师范学校教师	自治区优秀班主任	自治区人民政府	1983 年

续表

姓名	性别	籍贯	所在单位和职务	荣获称号	授予单位	授予时间
覃毓中	女	武宣县武宣镇	武宣镇第二小学教师	全国优秀班主任	教育部	1983年
安　飞	女	辽宁省	武宣县人民医院	先进科技工作者	国家民委、劳人部、中国科协	1983年
韦昌前	男		兴宾区青岭乡	自治区社会主义建设劳动模范	自治区人民政府	1983年
兰月清	男		忻城县古蓬乡	自治区社会主义建设劳动模范	自治区人民政府	1983年
廖柄西	男		合山电厂	先进生产者	自治区人民政府	1983年
卢祥贵	男		合山矿务局	先进生产者	自治区人民政府	1983年
李建来	男		合山矿务局	先进生产者	自治区人民政府	1983年
陈善文	男		合山矿务局	先进生产者	自治区人民政府	1983年
龙运光	男		合山矿务局	先进生产者	自治区人民政府	1983年
李树清	男		合山矿务局	先进生产者	自治区人民政府	1983年
刘伦才	男	忻城县思练镇	忻城县农业生产资料公司	全国商业劳动模范	商业部	1983年5月
蓝琼花	女	忻城县新圩乡	忻城县新圩乡丹灵村	全国五好家庭	全国妇联	1983年
绍卓玲	男		合山矿务局	矿山救护先进个人	煤炭部	1983年
邓庆贤	男		合山矿务局	积极分子	全国总工会	1983年11月
刘仕荣	男	广西北海市	来宾县农业局局长	少数民族地区先进工作者	国家民委、劳人部、中国科协	1983年7月
卢光振	男	象州县	武宣县印刷厂调度员	自治区劳动模范	自治区人民政府	1983年
莫巧文	女	金秀瑶族自治县	金秀瑶族自治县金秀镇农民	自治区劳动模范	自治区人民政府	1983年
刘德僚	男	武宣县东乡乡	东乡乡禄道村生产队长	先进工作者	自治区人民政府	1983年
陈耀邦	男	广东省台山县	武宣县农机修造厂副厂长	先进工作者	自治区人民政府	1983年
潘富恒	男	武宣县黄茆乡	黄茆乡农民	先进工作者	自治区人民政府	1983年
覃文兴	男	武宣县二塘乡	武宣县锌矿工区党支部书记	先进工作者	自治区人民政府	1983年
杨辉明	男	广西容县	合山矿务局快速掘进队长	先进生产者	自治区人民政府	1983年2月
谭炳辉	男	武宣县东乡乡	三里乡工商所	先进工作者	自治区人民政府	1983年
罗少生	男	来宾县平阳乡	来宾县一中教师	全国优秀班主任	教育部、人事部	1983年9月
韦日强	男		合山电厂	先进生产者	水利电力部	1984年
莫益忱	男	忻城县思练镇	忻城县高级中学	自治区优秀班主任	自治区人民政府	1984年
韦仲和	男	忻城县大塘镇	忻城县大塘小学	全国优秀少先队辅导员	教育部	1984年
莫凤娇	男	忻城县古蓬镇	忻城县古蓬小学	全国优秀班主任	教育部	1984年
王东航	男	柳州市	象州县中学	全国优秀班主任	教育部	1984年
张日福	男	象州县	象州县石龙镇中团村	全国农村科普先进工作者	中国科协	1984年4月
张日福	男	象州县	象州县石龙镇中团村	全国农村科技致富能手	中国科协	1984年12月
莫玉枝	女	忻城县宁江乡	忻城县加仁村	“五好”家庭	自治区人民政府	1985年
莫林焦	女	忻城县大塘镇	忻城县大同村	“五好”家庭	自治区人民政府	1985年
杨献珍	女	忻城县	忻城县五金公司	“五好”家庭	自治区人民政府	1985年

续表

姓名	性别	籍贯	所在单位和职务	荣获称号	授予单位	授予时间
罗华荣	男	忻城县新圩乡	忻城县教育局	自治区先进教育工作者	自治区人民政府	1985年
韦吴俊	男	广西上林县	忻城县高中	自治区先进教育工作者	自治区人民政府	1985年
赖彩兰	女	忻城县城厢街	忻城县人民医院	优秀护士	自治区人民政府	1985年
韦丽英	女		合山市商业局	先进工作者	自治区人民政府	1985年
韦雪英	女	象州县	水晶乡法村	新长征突击手	共青团中央	1985年
陈家越	男		合山矿务局	劳动模范	煤炭部	1985年11月
陈志雄	男		合山矿务局	特级劳动模范	煤炭部	1985年11月
陈志雄	男		合山煤业有限公司	全国五一劳动奖章	全国总工会	1986年
罗吉良	男	来宾县	来宾县农业银行汽车司机	全国金融系劳动模范	中国农业银行	1986年8月
罗少生	男	来宾县平阳乡	来宾县一中校长	全国教育系统劳动模范	国家教委、人事部	1986年9月
韦建雅	男	武宣县桐岭乡	武宣县第二中学	全国体育传统项目学校优秀工作者	国家教委、国家体委	1987年
李正记	男	武宣县禄新乡	武宣县禄新乡中学	全国体育传统项目学校优秀工作者	国家教委、国家体委	1987年
韦彪魁	男	忻城县古蓬镇	忻城县统计局	先进工作者	国务院工业普查领导小组	1987年
韦鸿枝	男	忻城县大塘镇	忻城县大塘镇政府	全国民政系统劳动模范	民政部	1987年
彭会全	男	博白县	金秀瑶族自治县防疫站站长	全国卫生文明先进工作者、全国计划免疫先进个人	卫生部、全国计划免疫协调小组	1987年
谢立足	男	来宾县南泗乡	南泗乡六五村农民	全国新长征突击手	共青团中央	1987年5月
覃玉俏	女	来宾县七洞乡	柳江县供销社职工，1985年停薪留职回乡造林	全国三八红旗手	全国妇联	1988年
江映山	男	来宾县正龙乡	来宾县正龙乡供销社职工	全国人民群众见义勇为与犯罪分子作斗争先进分子	公安部	1988年6月
覃惠平	男		合山市水电局	优秀水利水保员	水利部	1988年
蒙树林	男		合山矿务局	安全监督检查员	煤炭部	1988年9月
谭锡会	男	广西陆川县	忻城县商业局	全国商业系统优秀工作者	商业部	1988年5月
莫益华	男	忻城县思练镇	忻城县中学	全国民族团结进步先进工作者	国务院	1988年
罗凤贤	男	忻城县思练镇	忻城县思练镇民兵大队	先进民兵	广西军区	1988年
黄纯敏	男	忻城县宁江乡	忻城县宁江乡民兵大队	先进民兵	广西军区	1988年
彭会全	男	博白县	金秀瑶族自治县防疫站站长	全国卫生文明先进工作者	卫生部	1988年
戴尚绵	男	来宾县城厢乡	小平阳乡中学教导主任	全国优秀教师	国家教委、人事部、全国总工会	1989年
肖雪华	女	广东省	来宾镇中心校教师	全国优秀教师	国家教委、人事部、全国总工会	1989年
黎来福	男	来宾县小平阳乡	小平阳乡东南完小教师	全国优秀教师	国家教委、人事部、全国总工会	1989年
陈　耿	男	来宾县石陵乡	来宾县一中教导主任	全国优秀教师	国家教委、人事部、全国总工会	1989年

续表

姓名	性别	籍贯	所在单位和职务	荣获称号	授予单位	授予时间
覃远春	男	广西融安县	来宾县二中副教导主任	全国优秀教师	国家教委、人事部、全国总工会	1989 年
张庆兴	男	来宾县良塘乡	来宾县三中校长	全国优秀教师	国家教委、人事部、全国总工会	1989 年
覃志荣	男	来宾县	来宾县七洞乡春归完小校长	全国优秀教师	国家教委、人事部、全国总工会	1989 年
何赛梅	女	广西融水苗族自治县	来宾县教育局局长	全国优秀教育工作者	国家教委、人事部、全国总工会	1989 年
覃家旺	男	寺山乡	来宾县科委主任	先进工作者	自治区人民政府	1989 年
石奇安	男	来宾县	柳州地区公安处刑侦科科长	广西先进工作者	自治区人民政府	1989 年
石奇安	男	来宾县	柳州地区公安处刑侦科科长	全国先进工作者	国务院	1989 年 10 月
庞干文	男		八一铁合金(集团)公司	自治区劳动模范	自治区人民政府	1989 年
韦加忠	男		大唐桂冠合山发电有限公司	自治区劳动模范	自治区人民政府	1989 年
左秀兰	男		武宣锰锌矿	自治区劳动模范	自治区人民政府	1989 年
李辉清	男		来宾县正龙乡	自治区劳动模范	自治区人民政府	1989 年
覃美庆	女		来宾县良江乡	自治区劳动模范	自治区人民政府	1989 年
张乃三	男		来宾县人民政府	自治区劳动模范	自治区人民政府	1989 年
陈信和	男	金秀瑶族自治县	金秀瑶族自治县桐木镇那马村党支部书记	自治区劳动模范	自治区人民政府	1989 年
陈信和	男	金秀瑶族自治县	金秀瑶族自治县桐木镇那马村党支部书记	全国劳动模范	国务院	1989 年 10 月
吴建华	男	象州县	象州县寺村乡中心校	全国优秀教师	国家教委、人事部、全国总工会	1989 年
苏建球	女	象州县	象州县罗秀乡屯村小学	全国优秀教师	国家教委、人事部、全国总工会	1989 年
张有光	男	象州县	象州县教育局	全国教育系统劳动模范	国家教委、人事部、全国总工会	1989 年
覃　志	男	象州县	象州县教师进修学校	全国优秀教师	国家教委、人事部、全国总工会	1989 年
谭绍芬	男	象州县	象州县教师进修学校	全国优秀教师	国家教委、人事部、全国总工会	1989 年
覃冠家	男	武宣县思灵乡	武宣县禄新乡中学教师	全国优秀教师	国家教委	1989 年
董辉球	男	广东省广州市	武宣县商业局	全国先进教育工作者	国家教委	1989 年
何善宣	男	武宣县桐岭乡	武宣县第二中学教师	全国优秀教师	国家教委	1989 年
邓桂婵	女	武宣县武宣镇	武宣镇第一小学教师	全国优秀教师	国家教委	1989 年
李学渊	男	广西宜山县	金秀瑶族自治县罗香乡腊河联小校长	全国优秀老师	国家教委	1989 年
刘运峰	男		合山矿务局	全国优秀教师	国家教委	1989 年
罗昭能	男		合山矿务局	全国优秀教师	国家教委	1989 年
谭怀荣	男		合山市一中	全国优秀教师	国家教委	1989 年
蓝光明	男		合山矿务局	优秀局长	煤炭部	1989 年 9 月

续表

姓名	性别	籍贯	所在单位和职务	荣获称号	授予单位	授予时间
韦秀林	女		合山市河里小学	全国优秀教师	国家教委	1989年9月
韦继光	男		合山矿务局	劳动模范	国家能源部	1989年10月
蓝茂催	男	忻城县思练镇	忻城县教育局	全国先进教育工作者	国家教委	1989年
苏钜荣	男	广东省	忻城县教师进修学校	全国优秀教师	国家教委	1989年
陆斗门	男	来宾县	忻城县农业局	先进生产者	农业部	1989年
林玉珍	女	贵县樟木乡	来宾县农业局副局长	农作物病虫预测预报先进工作者	农业部	1989年3月
韦继文	男	忻城县	合山矿务局采煤班长	劳动模范	能源部	1989年9月
陈信和	男	广西金秀瑶族自治县	金秀瑶族自治县桐木镇政府农林水助理	全国劳动模范	国务院	1990年
肖建辉	男	忻城县城关镇	忻城县能源站	全国农村能源建设先进工作者	农业部	1990年
蓝华新	男	忻城县北更乡	忻城县委统战部	统战先进工作者	自治区党委	1990年
唐文禧	男	广西玉林市	忻城县农业局	杂交玉米综合开发增产技术二等奖	农业部	1990年
李明江	男	忻城县古蓬镇	忻城县农业局	杂交玉米综合开发增产技术二等奖	农业部	1990年
彭献寒	男	忻城县大塘镇	忻城县农业局	全国农牧渔业丰收二等奖	农业部	1990年
李辉清	男	来宾县正龙乡	来宾县正龙乡新建村农民	全国人民群众见义勇为先进分子、全国新长征突击手	中共中央宣传部、公安部	1990年
韦建望	男	来宾县凤凰镇	来宾县凤凰镇畜牧兽医站兽医	全国兽医先进工作者	农业部	1990年
黄　吉	男		合山市北泗乡	绿化祖国突击手	共青团中央	1990年
刘日洪	男	武宣县三里乡	武宣县教育局	全国教育工作先进工作者	国家教委	1990年
陈瑞明	男	象州县罗秀乡	罗秀乡土办村农民	全国劳动模范	全国总工会	1990年
覃广谋	男	象州县	来宾县委书记	优秀党务工作者	自治区党委	1991年
韦善极	男		武宣县通挽中学教师	全国优秀教师	教育部	1991年
黄太尚	男		武宣县体委主任	全国体育业余训练先进工作者	国家体委	1991年
覃月琼	女		武宣县一中教师	全国推标先进工作者	国家体委	1991年
吴继光	男		合山市河里初中	优秀教育工作者	教育部、人事部	1991年9月
刘运锋	男		合山市实验初中教师	优秀教师	教育部	1991年9月
黄汝迪	男	兴宾区良塘乡	柳州地区民族师范学校	广西特级教师	自治区人民政府	1991年
覃燕华	女		来宾县政府办公室	全国五一劳动奖章	全国总工会	1991年
莫国毅	男	金秀瑶族自治县	金秀瑶族自治县金秀镇中学校长	自治区优秀教师	自治区人民政府	1991年
李国梧	男	广西柳州市	金秀瑶族自治县金秀镇小学校长	自治区优秀教师	自治区人民政府	1991年
梁木兰	女	金秀	金秀瑶族自治县七建中心校教师	自治区优秀教师	自治区人民政府	1991年
李学渊	男	广西宜山县	金秀瑶族自治县罗香乡腊河联小校长	全国民族教育先进个人	国家教委、国家民委	1992年

续表

姓名	性别	籍贯	所在单位和职务	荣获称号	授予单位	授予时间
龙自君	男		来宾县科协	全国五一奖章	中华全国总工会	1992 年
彭会全	男	博白县	金秀瑶族自治县防疫站站长	自治区民族团结进步先进个人	自治区党委、人民政府	1992 年
龙　华	男		合山矿务局河里矿	自治区劳动模范	自治区人民政府	1992 年
顾仲德	男		来宾县交通局	自治区先进工作者	自治区人民政府	1992 年
韦善极	男		武宣县通挽中学教师	自治区先进工作者	自治区党委、自治区人民政府	1992 年
龙自君	男		来宾县科协	自治区先进工作者	自治区人民政府	1992 年
罗雪琼	女	来宾县良江乡	来宾县良江乡思横村顶新屯农民	自治区劳动模范	自治区人民政府	1992 年
钟培祯	男	广西玉林	合山电厂厂长	自治区劳动模范	自治区人民政府	1992 年
陈昭辉	女		柳州地区蚕种场	自治区劳动模范	自治区人民政府	1992 年
陈健强	男		象州县人民政府	“双学双比”先进个人	自治区人民政府	1992 年
覃宾全	男		象州县委办公室	督查工作先进工作者	自治区党委	1992 年
梁友安	男		象州县委宣传部	优秀乡（镇）长	自治区人民政府	1992 年 11 月
乔　松	男		广西八一铁合金厂	全国五一劳动奖章、广西劳动模范	中华全国总工会、区人民政府	1993 年
黎达勇	男		柳州地区行政公署林业局	自治区先进工作者	自治区人民政府	1993 年
罗桂兰	女	象州县象州镇	象州县象州镇	自治区劳动模范	自治区人民政府	1993 年
郑学忠			象州县水果办	3730 项目建设先进个人	自治区人民政府	1993 年
陈文瑾			象州县统战部	全国基层宗教先进工作者	自治区人民政府	1993 年
梁志权			象州县粮食局	流通领域先进工作者	自治区党委、自治区人民政府	1993 年 3 月
黎骏宣	男		来宾县城厢乡格兰村	自治区劳动模范	自治区人民政府	1993 年
李长友	男	河南省	来宾县委副书记	农业部“十佳”青年	农业部	1993 年
黄　赤	男	来宾县良塘乡	来宾县委书记	全国群众体育先进工作者	国家体委	1993 年 9 月
黄　赤	男	来宾县良塘乡	来宾县委书记	军区预备役部队先进个人	广州军区	1993 年 11 月
李庆华	女		武宣县教育局副局长	全国教育系统劳动模范	国家教委	1993 年
孙春华	男		武宣县体委干部	全国开展老年人体育活动先进个人	国家体委	1993 年
邱建科	男		武宣县武宣镇清水村农民	自治区劳动模范	自治区党委、自治区人民政府	1993 年
刘仕英	女		武宣县东乡镇王道村农民	自治区劳动模范	自治区党委、自治区人民政府	1993 年
李长友	男	河南省	来宾县委副书记	优秀共产党员	农业部	1994 年
黄　赤	男	来宾县良塘乡	来宾县委书记	抗洪救灾先进个人	自治区党委、自治区人民政府	1994 年 10 月
钟想廷	男	广西鹿寨县	来宾县人民政府县长	抗洪救灾先进个人	自治区党委、自治区人民政府	1994 年 10 月
田其彭	男	来宾县南泗人	来宾县人民政府办公室主任	抗洪救灾先进个人	自治区党委、自治区人民政府	1994 年 10 月

续表

姓名	性别	籍贯	所在单位和职务	荣获称号	授予单位	授予时间
廖汉科	男		武宣县老龄委干部	全国为老年人服务先进工作者	国家老龄委	1994 年
覃迎庆	男		武宣县三里镇党委书记	自治区 1994 年抗洪救灾先进个人	自治区党委、自治区人民政府	1994 年
莫扬远	男		忻城县红渡镇政府	全区抗洪救灾先进个人	自治区党委、自治区人民政府	1994 年
李生安			象州县人民政府	抗洪救灾先进个人	自治区人民政府	1994 年
李永新			象州县人民政府	抗洪救灾先进个人	自治区人民政府	1994 年
黄振江			象州县人民政府	抗洪救灾先进个人	自治区人民政府	1994 年
覃建才			象州县环保局	环保宣传教育活动先进个人	国家环保局、共青团中央	1994 年
覃绍贤			象州县扶贫办	抗洪救灾先进个人	自治区党委、自治区人民政府	1994 年 10 月
银正新			象州县人民法院	抗洪救灾先进个人	自治区人民政府	1994 年 11 月
李国梧	男	广西柳州市	金秀瑶族自治县金秀镇小学校长	全国优秀教师	教育部	1994 年
曾宽荣	女	来宾县大湾乡	来宾县大湾乡那谷村农民	全国三八红旗手、自治区劳动模范	全国妇联、自治区人民政府	1994 年
钟想廷	男	广西鹿寨县	来宾县人民政府县长	自治区计划生育先进个人	自治区人民政府	1995 年
韦玉转	男	来宾县北五乡	来宾县委副书记	优秀党务工作者	自治区党委	1995 年
吴武荣	男		合山市河里乡洛满村	自治区劳动模范	自治区人民政府	1995 年 2 月
冯振和	男		合山市岭南镇湖河村	自治区劳动模范	自治区人民政府	1995 年 2 月
黄必境	男		武宣县中学教师	全国教育系统劳动模范	国家教委	1995 年
韦凤光	男		武宣县委书记	自治区优秀党务工作者	自治区党委	1995 年
欧丽萍	女		忻城县北更乡中心小学教师	全国希望工程园丁奖	国家教委	1995 年
蓝美金	女		忻城县遂意乡弄江村	自治区劳动模范	自治区人民政府	1995 年
张鲁宾	男		忻城县糖厂	自治区劳动模范	自治区人民政府	1995 年
黄忠坚	男		忻城县糖厂	自治区劳动模范	自治区人民政府	1995 年
蓝焕锋	男		忻城县高中	自治区先进工作者	自治区人民政府	1995 年
方美莲	女		柳州地区民族高级中学	自治区先进工作者	自治区人民政府	1995 年
覃宾全			象州县委办公室	政研系统先进工作者	自治区党委	1995 年
陈忠顺			象州县交通工程公司	抗洪救灾先进个人	自治区党委、自治区人民政府	1995 年 2 月
曾宽荣	女		来宾县大湾乡那谷村农民	全国劳动模范	国务院	1995 年 5 月
韦继文	男	忻城县	合山矿务局东矿工人	全国劳动模范	国务院	1995 年 5 月
刘仕英	女		武宣县河马乡	自治区劳动模范	自治区人民政府	1995 年
潘汉洲	男		象州县象州镇	自治区劳动模范	自治区人民政府	1995 年
韦解善	男	兴宾区正龙乡	来宾东糖迁江公司压榨车间	自治区劳动模范	自治区人民政府	1995 年
谢海英	女	金秀瑶族自治县	金秀瑶族自治县桐木中心校教师	自治区优秀教师	自治区人民政府	1995 年

续表

姓名	性别	籍贯	所在单位和职务	荣获称号	授予单位	授予时间
李华明	男	金秀瑶族自治县	金秀瑶族自治县罗香中学校长	自治区优秀教师	自治区人民政府	1995年
张成模	男	金秀瑶族自治县	金秀瑶族自治县桐木红砖厂厂长	自治区劳动模范	自治区人民政府	1995年
黄通富	男	金秀瑶族自治县	金秀瑶族自治县金秀林场站长	自治区劳动模范	自治区人民政府	1995年
彭会全	男	金秀瑶族自治县	金秀瑶族自治县防疫站站长	自治区先进工作者	自治区人民政府	1995年
卢莲英	女	来宾县三五乡	来宾县教育局	自治区先进工作者	自治区人民政府	1995年
吕志雄	男		来宾县人民法院	自治区先进工作者	自治区人民政府	1995年
陈秀初	男		来宾县交通局	自治区先进工作者	自治区人民政府	1995年
黄忠坚	男		忻城县糖厂	自治区劳动模范	自治区人民政府	1995年
李长友	男	河南省	来宾县委副书记	中央国家机关优秀青年	国家机关工委、共青团中央	1996年
钟想廷	男	广西鹿寨县	来宾县人民政府县长	拥军优属工作先进个人	自治区党委、自治区人民政府	1996年
李　泽	男		武宣县团县委书记	共青团中央“中青会希望工程建设”奖	共青团中央	1996年
韦春热	女		武宣县妇幼保健院医师	全国妇幼卫生先进工作者	卫生部	1996年
李焕光	男		武宣县三里小学教师	全国推标先进工作者	国家体委	1996年
石永宁	男		武宣县禄新供销社职工	自治区劳动模范	自治区党委、自治区人民政府	1996年
梁竞存	女		中钢广西铁合金有限公司	广西五一奖章	自治区人民政府	1996年
黄　河	男		合山市人民法院	广西五一奖章	自治区人民政府	1996年
冼华增	男		来宾县国土资源局	广西五一奖章	自治区人民政府	1996年
农雪萍	女		广西方元公司来宾电厂	广西五一奖章	自治区人民政府	1996年
陈小宾	男		合山煤业有限公司	广西五一奖章	自治区人民政府	1996年
梁文杰	男		柳州师专	广西五一奖章	自治区人民政府	1996年
吕应福	男		象州博华食品公司	广西五一奖章	自治区人民政府	1996年
李锦秀	女		来宾县桥巩乡东塘村	自治区劳动模范	自治区人民政府	1996年
谢德球	男	金秀瑶族自治县	金秀瑶族自治县罗香乡罗运村农民	自治区劳动模范	自治区人民政府	1996年
蓝焕锋	男		柳州地区民族高级中学	自治区先进工作者	自治区人民政府	1996年
方美莲	女		柳州地区民族高级中学	全国五一奖章	中华全国总工会	1996年
钟想廷	男	广西鹿寨县	来宾县委书记	农村基层组织建设优秀县委书记	自治区党委	1997年
李长友	男	河南省	来宾县委副书记	自治区有突出贡献的科技副职	自治区人民政府	1997年7月
黄太尚	男		武宣县体委主任	全国群众体育运动先进个人	国家体委	1997年
覃月琼	女		武宣县一中教师	推行《国家体育锻炼标准施行办法》先进工作者	国家体委、国家教委	1997年

续表

姓名	性别	籍贯	所在单位和职务	荣获称号	授予单位	授予时间
陈文冠	男		武宣县体委教师	全国群众体育先进工作者	国家体委	1997年
曾德龙	男		武宣县民族事务局局长	自治区民族团结先进个人	自治区人民政府	1997年
李焕光	男		武宣县三里小学教师	推行《国家体育锻炼标准施行办法》先进工作者	国家体委、国家教委	1997年2月
韦兰英	女		武宣县农技站农艺师	农技推广奖	农业部	1997年4月
陈廷洪	男		武宣县武宣镇副镇长	自治区基层组织建设先进个人	自治区党委	1997年12月
覃秀勇	男		中钢广西铁合金有限公司	自治区劳动模范	自治区人民政府	1997年
石永宁	男		武宣县禄新供销社	自治区劳动模范	自治区人民政府	1997年
蓝美金	女		忻城县逐意乡弄江村	自治区劳动模范	自治区人民政府	1997年
黄权成	男		象州县寺村镇秀和村	自治区劳动模范	自治区人民政府	1997年
林易球			象州县委宣传部	全区政协机关工作先进个人	自治区政协	1997年
覃志永			象州县农业局	3730项目先进工作者	自治区人民政府	1997年
陈金宗			象州县水晶畜牧水产站	优秀科技人员	农业部、林业部、水利部	1997年4月
彭会全	男	金秀瑶族自治县	金秀瑶族自治县防疫站站长	全国计划免疫先进个人	卫生部	1997年
何可荣	男		柳州地区业余体校	自治区先进工作者	自治区人民政府	1997年
韦解善	男	兴宾区正龙乡	来宾东糖集团迁江公司	全国五一劳动奖章、全国劳动模范	中华全国总工会	1997年
朱日友	男		大唐桂冠合山发电公司	广西五一奖章	自治区人民政府	1997年
覃国安	男	象州县	来宾县委书记	“十佳”武委会主任	自治区人民政府、广西军区	1998年
李家茂	男		武宣县二塘镇财政所所长	先进工作者	自治区人民政府	1998年
黄亚妹	女		武宣县黔江农场	先进工作者	中国侨联	1998年
覃世龙	男		武宣县磷肥厂职工	自治区劳动模范	自治区党委、自治区人民政府	1998年
吕观祥	男		武宣县武宣镇清水村党支部书记	优秀共产党员	自治区党委	1998年
梁　刚	男		武宣县林业局林改办主任	科技进步三等奖	国家林业局	1998年4月
陈　革	男		武宣县武宣镇中心校教师	1997—1998年度推行《国家体育锻炼标准施行办法》先进工作者	教育部、体育总局	1998年4月
陶玉兰	女	金秀瑶族自治县	金秀瑶族自治县幼儿园教师	自治区优秀教师	自治区人民政府	1998年
陆永贵	男		象州县石龙糖业有限责任公司	自治区劳动模范	自治区人民政府	1998年
杨绍卿			象州县司法局	抗洪救灾先进个人	司法部	1998年9月
李　祥	男		合山矿务局水电厂	自治区劳动模范	自治区人民政府	1998年
赵庆荣	男		柳州地区广播电视局	自治区先进工作者	自治区人民政府	1998年
潘桂伍	男		自治区总工会柳州地区办事处	广西五一奖章	自治区人民政府	1998年

续表

姓名	性别	籍贯	所在单位和职务	荣获称号	授予单位	授予时间
樊国全	男		来宾县文化局	广西五一奖章	自治区人民政府	1998年
卢日玲	男		忻城县思练镇人民政府	广西五一奖章	自治区人民政府	1998年
马星丽	女		忻城县高中教师	全国模范教师	教育部	1998年
覃国安	男	象州县	来宾县委书记	优秀党务工作者	自治区党委	1999年
卢　忠	男	广西鹿寨县	来宾县委副书记	全区“爱心献功臣”先进个人	自治区人民政府	1999年
卢　忠	男	广西鹿寨县	来宾县委副书记	全区优秀共产党员	自治区党委	1999年
刘仕英	女		武宣县东乡镇王道村委农民	全国劳动模范	国务院	1999年
王朝令	男		武宣县东乡镇农民	1999年度全国农村青年星火带头人标兵	团中央、科技部	1999年5月
潘茂华	男		武宣县三里乡东岭小学　校长	贫困地区农村中小学优秀教师首届“烛光”奖	教育部、中华慈善总会	1999年10月
罗绍云	男		忻城县城关镇弄洪小学	全国首届“烛光奖”	教育部	1999年
潘桂伍	男		自治区总工会柳州地区办事处	自治区先进工作者	自治区人民政府	1999年
梁凤明	女		象州县农业局植保站	自治区先进工作者	自治区人民政府	1999年
李　杏			象州镇兽医站	全国农业技术推广先进工作者	农业部	1999年
梁凌素			象州县罗秀经管站	1998年全国农经先进个人	农业部	1999年3月
蔡子湘			象州县文化局	全区双拥先进工作者	自治区人民政府、广西军区	1999年3月
陆慧华			象州县经管站	全国农村集体资产清产核资先进工作者	农业部	1999年12月
韦启光	男		广西来宾造纸有限责任公司	自治区劳动模范	自治区人民政府	1999年
李润孙	男	金秀瑶族自治县	金秀瑶族自治县桐木镇鹿鸣村农民	自治区劳动模范	自治区人民政府	1999年
陈秀初	男		柳州地区行政公署交通局	全国五一劳动奖章	中华全国总工会	1999年
覃国安	男	象州县	来宾县委书记	1991—2000年度科技兴县先进个人	科技部	2000年
潘启优	男	来宾县寺山乡	来宾县政协副主席、来宾三中校长	全国群众体育先进个人	国家体委	2000年
钟龙辉	男		武宣县农业局局长	农牧渔业丰收项目(甘蔗)三等奖	农业部	2000年
李旭林	男		武宣县农技站农艺师	丰收奖三等奖	农业部	2000年
朱小宁	女		武宣县农技站农艺师	丰收奖三等奖	农业部	2000年
赖树情	男		武宣县农技站农艺师	丰收奖三等奖	农业部	2000年
巫连高	男		武宣县塘办农艺师	广西旱地甘蔗新良种及配套增产技术项目获全国农牧渔业丰收三等奖	农业部	2000年
覃凯莲	女		武宣县武宣镇中学教师	全国学校艺术教育工作先进个人	教育部	2000年10月
覃荣安			象州县物价检查所	全国农产品成本调查优秀个人	国家计委	2000年8月

续表

姓名	性别	籍贯	所在单位和职务	荣获称号	授予单位	授予时间
卢玉良	女		来宾县南泗乡平田村	自治区劳动模范	自治区人民政府	2000年
覃朝归	男		广西八一铁合金集团有限责任公司	自治区劳动模范	自治区人民政府	2000年
谭明好	男	来宾县良塘乡	武宣县公安局交警大队	自治区先进工作者	自治区人民政府	2000年
李本宁	男		象州县总工会	广西五一奖章	自治区人民政府	2000年
刘家庆	男	金秀瑶族自治县	金秀环卫站	广西五一奖章	自治区人民政府	2000年
何正磊	男	兴宾区寺山乡	来宾县财政局	广西五一奖章	自治区人民政府	2000年
刘仕英	女		武宣县东乡镇王道村	全国劳动模范	中华全国总工会	2000年
黄忠坚	男		忻城县忻城糖业有限责任公司	全国劳动模范	中华全国总工会	2000年
卢日玲	男		忻城县安东司法所	全区人民满意“十佳”司法干警	自治区党委、自治区人民政府	2000年
黄忠坚	男		忻城县糖厂	全国劳动模范	国务院	2000年4月
覃国安	男	象州县	来宾县委书记	全国科技兴县先进个人	科技部	2001年
韦祖乾	男	广西融安县	来宾县纪委书记	全国纪检监察系统先进工作者	中共中央纪委、监察部、人事部	2001年
陈　平	男	广西玉林市	来宾县人民政府县长	优秀武委会主任	自治区党委、自治区人民政府、广西军区	2001年
冼华增	男	广东省	来宾县人民政府副县长	预备役部队优秀预任干部	自治区党委、自治区人民政府、广西军区	2001年
覃文录	男	来宾县南泗乡	来宾县人民政府副县长	全区扶贫先进个人	自治区党委、自治区人民政府	2001年
覃辉很	男	来宾县寺山乡	来宾县人民政府副县长	勤政廉政先进个人	自治区党委	2001年
兰锦富	男	广西上林县	34221部队政委	抗洪抢险先进个人	广西军区	2001年
覃朝归	男	广西柳江县	八一集团公司冶炼厂炉长	全国“五一”劳动奖章	全国总工会	2001年
罗世安	男	来宾县寺山乡	来宾县统计局副局长	全国第五次人口普查先进个人	第五次全国人口普查办公室	2001年
王政琳	男	来宾县陶邓乡	来宾县民政局副局长	全区勘界工作先进个人	自治区人民政府	2001年
黄瑶莉	女	广西柳城县	来宾县妇保院院长	全国城镇“巾帼妇女建功标兵”	全国巾帼建功领导小组	2001年
何基敏	男	来宾县三五乡	来宾县来宾镇党委书记	全国体育先进工作者	国家体育总局	2001年
唐　明	男	来宾县陶邓乡	来宾县小平阳镇政府副镇长	全国人口普查先进个人	国家第五次人口普查办公室	2001年
江耀强	男	来宾县北五乡	来宾县北五乡司法所所长	全国人民满意的司法助理	国家司法部	2001年
江耀强	男	来宾县北五乡	来宾县北五乡司法所所长	全区优秀共产党员	自治区党委	2001年
张庆兴	男	来宾县良塘乡	来宾县教育局局长	全国“两基”工作先进个人	教育部、国家财政部、国家计委	2001年
雷宗志	男	来宾县南泗乡	来宾县石牙乡党委副书记	第五次全国人口普查自治区先进个人	自治区人民政府	2001年
韦宏信	男	来宾县桥巩乡	来宾县桥巩乡木土村计生中心户长	全国婚育新风进万家活动先进个人	中共中央宣传部、国家计生委	2001年

续表

姓名	性别	籍贯	所在单位和职务	荣获称号	授予单位	授予时间
石寿琦	女		合山市石村小学	特殊教育先进工作者	教育部、民政部、残疾联合会	2001年9月
何建敢	男		武宣县思灵乡计生办主任	1999—2000年自治区计划生育先进工作者	自治区党委、自治区人民政府	2001年9月
陆永贵	男		象州县石龙糖业有限责任公司	全国五一劳动奖章	全国总工会	2001年
毛正军	男	来宾县小平阳镇	来宾县委副书记	全国"严打"整治斗争先进个人	中央政法委、中央综治委	2002年
冼华增	男	广东省	来宾县政府副县长	民兵预备役先进工作者	自治区党委、广西军区	2002年
覃文录	男	来宾县南泗乡	来宾县人民政府副县长	全区扶贫先进个人	自治区党委、自治区人民政府	2002年
韦顺利	男	来宾县溯社乡	来宾县法制办主任	广西区调处"三大纠纷"先进工作者	自治区人民政府	2002年
罗世安	男	来宾县寺山乡	来宾县统计局副局长	第五次全国人口普查先进个人	国务院第五次全国人口普查领导小组	2002年
罗世安	男	来宾县寺山乡	来宾县统计局副局长	第二次全国基本单位普查先进个人	第二次全国基本单位普查领导小组办公室	2002年
陆有恒	男	来宾县五山乡	来宾县统计局干部	第二次全国基本单位普查先进个人	第二次全国基本单位普查领导小组办公室	2002年
覃永妙	男	来宾县寺山乡	来宾县民政局办公室主任	自治区民政系统先进个人	自治区人民政府	2002年
覃秀龙	男	来宾县寺山乡	来宾县法制办调处办干部	广西区调处"三大纠纷"先进工作者	自治区党委、自治区人民政府	2002年
卓超碧	女	来宾县桥巩乡	来宾县残联副理事长	全国残疾人康复工作先进个人	民政部、卫生部、中国残联合会	2002年
黄恒掌	男	武宣县	来宾县农技站站长	优质稻综技开发	农业部	2002年
谢芝维	男	来宾县	来宾县农技站干部	优质稻综技开发	农业部	2002年
李群芳	女	广西贵港市	来宾县农技站干部	优质稻综技开发	农业部	2002年
蒙少松	男	兴宾区陶邓乡	来宾市第一中学	全国优秀老师	教育部	2002年
覃曾志	男		来宾东糖集团公司	广西五一奖章	自治区人民政府	2002年
兰仕益	男		合山煤业有限公司	广西五一奖章	自治区人民政府	2002年
易洪亮	男		合山市人民法院	"严打"先进个人	最高人民法院	2002年2月
钟龙辉	男		武宣县农业局局长	农牧渔业丰收项目(优质稻)一等奖	农业部	2002年
李旭林	男		武宣县农技站农艺师	丰收奖一等奖	农业部	2002年
朱小宁	女		武宣县农技站农艺师	丰收奖一等奖	农业部	2002年
赖树情	男		武宣县农技站农艺师	丰收奖一等奖	农业部	2002年
罗建中	男		武宣县禄新乡人大副主席	2001年度全国"婚育新婚进万家"先进个人	中央宣传部、国家计生委	2002年
郑筱权	男		武宣县黔江农场	畜牧渔丰收先进个人	农业部	2002年9月
叶永集	男		来宾市投资担保公司	广西五一奖章	自治区人民政府	2002年

续表

姓名	性别	籍贯	所在单位和职务	荣获称号	授予单位	授予时间
蓝焕锋	男		柳州地区高中	全国五一奖章	中华全国总工会	2002 年
覃朝归	男		广西八一铁合金集团有限责任公司	全国五一奖章	中华全国总工会	2002 年
蒙少松	男	兴宾区陶邓乡	来宾市第一中学教师	全国五一奖章	中华全国总工会	2003 年
汤晓远	男		来宾市国土资源局科长	全国矿产资源储量统计工作先进个人	国土资源部	2003 年
石美玉	女	象州县	来宾市人民医院护理部主任	全区非典型肺炎防治工作先进个人	自治区党委、自治区人民政府	2003 年
石美玉	女	象州县	来宾市人民医院护理部主任	全国防治非典型肺炎工作优秀共产党员	中共中央组织部	2003 年
韦守荣	女		来宾市人民检察院正科级检察员	全国检察机关密码保密工作先进个人	最高人民检察院	2003 年
庾凤琼	女		兴宾区南泗乡柳村党支部书记	全国“双学双比”竞赛活动女能手	全国农村妇女“双学双比”竞赛活动协调小组办公室	2003 年
周品秀	女	兴宾区迁江镇	兴宾区个体协会个体户	全国“不让毒品进我家”活动先进个人	中央综治办、国家禁毒办、全国妇联	2003 年
谭广金	男		来宾市林业局防火办副主任	2000—2003 年度全国森林防火先进工作者	国家林业局	2003 年
黄佳盛	男		来宾市人民政府副秘书长	全区非典型肺炎防治工作先进个人	自治区党委、自治区人民政府	2003 年
黄祖久	男		来宾市人民医院院长	全区非典型肺炎防治工作先进个人	自治区党委、自治区人民政府	2003 年
黄德勒	男		来宾市体育局科长	优秀社会体育指导员	国家体育总局	2003 年
胡　越	男		柳州军分区司令部参谋	军事志工作先进个人	广西军区	2003 年
唐建中	男		柳州军分区司令部科长	管理教育工作先进个人	广西军区	2003 年
何世忠	男		兴宾区石陵镇人民武装部　部长	在抗击“非典”中表现突出的民兵预备役先进个人	总参谋部、总政治部	2003 年
熊明裕	男		柳州军分区司令部参谋	征兵工作先进个人	自治区人民政府	2003 年
王　华	男	广西鹿寨县	兴宾区人民政府副区长	广西非典型肺炎防治工作先进个人	自治区党委、自治区人民政府	2003 年 7 月
韦廷猛	男	兴宾区来宾镇	兴宾区河西社区党支书	全国社区先进工作者	中央组织部、民政部	2003 年 9 月
周品秀	女	兴宾区迁江镇	来宾镇个体协会个体户	全国禁毒模范家庭	国家禁毒办、全国妇联	2003 年 11 月
吕　锋	男		武警合山市中队司务长	优秀“四会”教练员	武警总部	2003 年
谢金莲	女		忻城县妇女联合会主席	全国三八红旗手	全国妇联	2003 年
梁凤明	女		象州县农业局高级农艺师	全国五一劳动奖章	中华全国总工会	2003 年
刁其龙	男		柳州地区民族师范学校副校长	广西特级教师	自治区人民政府	2003 年
侯代忠	男		柳州地区民族高级中学校长	广西特级教师	自治区人民政府	2003 年
蓝焕锋	男		柳州地区民族高级中学副校长	广西特级教师	自治区人民政府	2003 年

续表

姓名	性别	籍贯	所在单位和职务	荣获称号	授予单位	授予时间
黄祖应	男		柳州地区民族高级中学副校长	广西特级教师	自治区人民政府	2003 年
黄国宝	男		柳州地区民族高级中学	广西特级教师	自治区人民政府	2003 年
张解球	女		柳州地区民族高级中学	广西特级教师	自治区人民政府	2003 年
陆万春	男		来宾市第一中学副校长	广西特级教师	自治区人民政府	2003 年
蒙少松	男		来宾市第一中学教务处副主任	广西特级教师	自治区人民政府	2003 年
吴炳南	男		象州县实验小学	广西特级教师	自治区人民政府	2003 年
黄振江	男		金秀瑶族自治县县委书记	全区非典型肺炎防治先进个人	自治区党委、自治区人民政府	2003 年
张烈新	男		金秀瑶族自治县国土资源局副局长	全国土地登记和土地调查先进个人	国土资源部	2003 年
冯振梅	女	金秀瑶族自治县	金秀瑶族自治县民族小学　教师	自治区优秀教师	自治区人民政府	2003 年
廖秋俐	女		来宾市计生药具站站长	全国人口和计划生育科技工作先进个人	国家人口计生委	2003 年
郭　燕	男		来宾市人民政府副秘书长	全国地质灾害防治工作先进个人	国土资源部	2003 年
徐燕芳	女		来宾市统计局总统计师	2002 年全国投入产出调查先进个人	国家统计局	2003 年
韦　远	男		武宣县国土资源局副股长	全国矿产资源储量统计工作先进个人	国土资源部	2003 年
黄瑞标	男		武宣县县公安局干警	2001—2002 年度“全国优秀人民警察”	公安部	2003 年 6 月
黄瑞标	男		武宣县公安局副政委	全国“严打”政治斗争先进个人	全国综治委、公安部	2003 年
万日艳	男		柳州军分区政治部干事	征兵工作先进个人	自治区人民政府	2003 年
曾金仙	女		来宾市民政局救灾中心科员	征兵工作先进个人	自治区人民政府	2003 年
王正生	男		金秀瑶族自治县人民武装部参谋	征兵工作先进个人	自治区人民政府	2003 年
覃富祥	男		象州县人民武装部科长	征兵工作先进个人	自治区人民政府	2003 年
韦超科	男		武宣县卫生局局长	征兵工作先进个人	自治区人民政府	2003 年
黄雄然	男		忻城县人民医院院长	征兵工作先进个人	自治区人民政府	2003 年
覃绍乐	男		忻城县法制办	全国先进个人	第二次全国基本单位普查领导小组	2003 年
韦西鲁	男		忻城县人民医院	全区非典型肺炎防治工作先进个人	自治区人民政府	2003 年
刘极智	男		合山市人民武装部副部长	征兵工作先进个人	自治区人民政府	2003 年
兰启忠	男		合山矿务局东矿	自治区劳动模范	自治区人民政府	2003 年 4 月
周国荣	男		来宾市中医院院长	征兵工作先进个人	自治区人民政府	2003 年
肖　晓	男		来宾市民政局科长	全区拥军优属模范个人	自治区党委、政府，广西军区	2003 年
韦英生	男	兴宾区良江镇	兴宾区凤凰镇党委书记	优秀党务工作者	自治区党委	2004 年 4 月

续表

姓名	性别	籍贯	所在单位和职务	荣获称号	授予单位	授予时间
刘玉祥	男	湖南省	广西陆军预备役第一团主任	拥政爱民模范	自治区党委、政府，广西军区	2004年10月
廖世林	男	兴宾区石牙乡	来宾工商所所长	全国工商系统先进管理员	国家工商总局	2004年12月
覃斌光	男		象州石龙镇	全区优秀党务工作者	自治区党委	2004年
梁凤明	男		象州县农业技术推广中心	全区优秀共产党	自治区党委	2004年
冯振梅	女	金秀瑶族自治县	金秀瑶族自治县民族小学副校长	全国优秀教师	教育部	2004年
覃润华	男	金秀瑶族自治县	金秀瑶族自治县职业高中校长	广西职业教育先进个人	自治区人民政府	2004年
卢继球	男		忻城县农业局	全国农牧渔业丰收奖	农业部	2004年
谢金莲	女		忻城县妇联	全国三八红旗手	全国妇联	2004年
林界英			忻城县城关镇翠屏社区	全区优秀共产党	自治区党委	2004年
黄世硬	男		来宾市畜牧水产局	全区优秀共产党	自治区党委	2004年
潘学忠	男	兴宾区平阳镇	柳州地区民族师范院校	全区优秀共产党	自治区党委	2004年
覃曾志	男		来宾东糖集团迁江糖厂	全区优秀共产党员	自治区党委	2004年
贯朝强	男		象州县人民政府	全区再就业工作先进个人	自治区人民政府	2004年
邵德胜	男		来宾市就业服务中心	全区再就业工作先进个人	自治区人民政府	2004年
覃君胜	男		来宾市金龙机械厂	全区再就业优秀个人	自治区人民政府	2004年
覃海珍	女		武宣县个体工商户	全区再就业优秀个人	自治区人民政府	2004年
朱双明	男		来宾财政局	全区社会保障工作先进个人	自治区人民政府	2004年
莫连英			金秀瑶族自治县就业服务中心	全区社会保障工作先进个人	自治区人民政府	2004年
梁致木	男		武宣县劳动和社会保障局	全区社会保障工作先进个人	自治区人民政府	2004年
叶玉群	女		武宣县黄茆乡供销社职工	优秀共产党员	自治区党委	2004年7月
黎茂劲	男		广西方元公司来宾电厂	广西五一奖章	自治区人民政府	2004年
程慧玲	女		来宾市人民医院	广西五一奖章	自治区人民政府	2004年
兰启忠	男		合山煤业有限公司	广西五一奖章	自治区人民政府	2004年
何朝业	男		合山矿务局东矿	劳动模范	自治区人民政府	2004年4月
黄良华	男		合山市地税局	爱国拥军模范	自治区党委、政府，广西军区	2004年10月
莫绣球	女		来宾市妇女联合会	全国实施妇女儿童发展纲要先进个人	国务院妇女儿童工作委员会	2004年
刘丽君	女		象州县广源大酒店	全国商业服务业“巾帼建功”标兵	全国妇女联合会、中国商业联合会	2004年
廖世林	男		来宾市商业行政管理所	国家工商系统先进管理员	全国工商行政管理局	2004年
李　方	男		来宾市司法局	全国刑满释放，解除劳教人员安置帮教工作先进个人	司法部	2004年

续表

姓名	性别	籍贯	所在单位和职务	荣获称号	授予单位	授予时间
吕运德	男		来宾市人大法制委员会副调研员	优秀工会劳动保护检查员	中华全国总工会	2004 年
张　月	男		来宾市公安局民警	全国道路交通事故预防先进个人	公安部	2004 年
黄国宝	男		柳州地区民族高中党委副书记	全国模范教师	教育部	2004 年
韦茂山	男		来宾市教育科学研究所副所长	全国优秀教师	教育部	2004 年
韦茂山	男		来宾市教育科学研究所副所长	全国中小学优秀班主任	教育部	2004 年
覃华权	男		来宾市粮食局纪检组长	全国党员电化教育先进工作者	中共中央组织部	2004 年
蓝日煌	男	忻城县	来宾市水利局防汛办主任	全国水利系统先进工作者	国家防汛抗旱总指挥部、水利部	
李　城	男			优秀团主官	广西军区	
贾朝强	男			优秀预备役军官	中央组织部、解放军总政治部	
黎惠金	女	象州县		全国优秀值班预报员	中国气象局	
叶海宁	女			全国质量优秀测报员	中国气象局	
莫炳艳	女			全国质量优秀测报员	中国气象局	
苏金姣	女			全国女职工建功立业标兵	全国总工会	
苏金姣	女			全国邮政系统“模范投递员”	国家邮政总局	
梁文鉴	男	象州县		2004—2005 年度全国农产品成本调查工作优秀个人	国家物价局	
覃润华	男	金秀瑶族自治县	金秀瑶族自治县职业高中　校长	自治区职业教育招生先进个人	自治区人民政府	
陶凤华	女	金秀瑶族自治县	金秀瑶族自治县长垌镇道江小学　校长	自治区优秀教师记个人二等功	自治区人民政府	
冯振梅	女	金秀瑶族自治县	金秀瑶族自治县民族小学　副校长	自治区先进工作者	自治区人民政府	
黄小波	男		忻城县人民政府	2005 年第一次全国经济普查先进个人	国务院第一次全国经济普查领导小组	
莫冠陈	男		忻城县公安局	全国优秀人民警察	公安部	
覃荣平	男		忻城县欧洞乡里苗村	全国农村科普工作先进个人	中国科协	
莫文秋	女		忻城县气象局	全国质量优秀测报员	中国气象局	
莫云辉	男		忻城县供电公司	全国五一劳动奖章	中华全国总工会	
罗勤英	女		金秀瑶族自治县七建乡残联理事长	全国优秀残联理事长	全国残联	
冯天寿	男		来宾市农科所	全国先进工作者	农业部	
李明月	男		大唐桂冠合山发电公司	全国劳动模范	中华全国总工会	
卢玉良	女	兴宾区南泗乡	兴宾区玉良养猪合作社	全国劳动模范	中华全国总工会	
卢玉良	女	兴宾区南泗乡	兴宾区玉良养猪合作社	全国十大农民女状元	农业部	

续表

姓名	性别	籍贯	所在单位和职务	荣获称号	授予单位	授予时间
黄尚英	男		广西象州高宏化工有限公司车间主任	自治区劳动模范	自治区人民政府	
莫云辉	男		忻城县供电公司果遂供电所所长	自治区劳动模范	自治区人民政府	
何朝业	男		合山矿务局东矿一采工区班长	自治区劳动模范	自治区人民政府	
唐劲军	男		广西电网公司来宾供电局班长	自治区劳动模范	自治区人民政府	
张庆勇	男		广西来宾东糖迁江公司工段长	自治区劳动模范	自治区人民政府	
庾凤琼	女		来宾市兴宾区南泗乡柳村党支部书记	自治区劳动模范	自治区人民政府	
陈利新	女		武宣县桐岭镇和律村委农民	全国劳动模范	国务院	
钟龙辉	男		武宣县农业局局长	自治区先进工作者	自治区党委、自治区人民政府	
阮朝贵	男		武宣县黔江华侨砖厂党支部书记、厂长	自治区劳动模范	自治区党委、自治区人民政府	
韦兰香	女		武宣县东乡镇三多村委支部书记	广西民族团结进步奖	自治区人民政府	
张振荣	男		武宣县畜牧兽医工作站站长	2005年全国农业技术推广先进工作者	农业部	
陈利新	女		武宣县桐岭镇和律村委农民	自治区劳动模范	自治区人民政府	
韦日荣	男		象州县中平镇架村村委	自治区劳动模范	自治区人民政府	
安汉民	男		八一铁合金集团有限责任董事长、党委书记	自治区劳动模范	自治区人民政府	
钟龙辉	男		武宣县农业局局长	自治区劳动模范	自治区人民政府	
杨韵宁	女		广西来宾东糖迁江有限责任公司副科长	自治区劳动模范	自治区人民政府	
赵　忠	男		柳州华锡集团有限公司来宾冶炼厂	自治区劳动模范	自治区人民政府	
邓胜利	男		柳州地区民族高中教师	自治区先进工作者	自治区人民政府	
钟赵龙	男		大唐桂冠合山发电有限责任公司总经理	自治区先进工作者	自治区人民政府	
莫小柱	男		来宾市公安局兴宾分局副局长	自治区先进工作者	自治区人民政府	
区玉星			来宾市计生药具站主管医师	全国人口和计划生育科技工作先进个人	国家人口计生委	
韦凤云	女		中共来宾市委常委、宣传部部长、副市长	2001—2004年度全国群众体育先进工作者	国家体育总局	
安汉民			中钢集团广西铁合金公司董事长、党委书记	2001—2004年度全国群众体育先进个人	国家体育总局	
韦文敏				第一次全国经济普查工作先进个人	国家经济普查工作领导小组	
银宝新				全区民族团结先进个人	广西区人民政府	
潘家健				第一次全国经济普查工作先进个人	国务院第一次全国经济普查领导小组	
陈祚儒			来宾市质监局原副局长	农业标准化示范区建设工作先进工作者	国家标准化管理委员会	

续表

姓名	性别	籍贯	所在单位和职务	荣获称号	授予单位	授予时间
莫秀球			来宾市妇联调研员	2001—2005 年度实施妇女儿童发展纲要先进个人	国务院妇女儿童工作委员会	
罗卫芳			来宾市统计局办公室主任	第一次全国经济普查先进个人	国务院第一次全国经济普查领导小组	
叶毓山			来宾市统计局科长	第一次全国经济普查先进个人	国务院第一次全国经济普查领导小组	
梁文鉴				2004—2005 年度全国农产品成本调查工作优秀个人	国家物价局	
韦兰音				自治区民族团结先进个人	自治区党委、自治区人民政府	
银宝新				自治区民族团结先进集体和先进个人	自治区党委、自治区人民政府	
何天春	男	兴宾区蒙村乡	兴宾区蔗糖局原料股股长	科技进步三等奖	国务院	
罗世安	男	兴宾区寺山乡	兴宾区统计局局长	经济普查先进个人	自治区人民政府	
陆有恒	男	兴宾区五山乡	兴宾区统计局干部	经济普查先进个人	国务院第一次全国经济普查领导小组	
谭江丽	女	兴宾区桥巩乡	迁江镇政府副镇长	全国第一次经济普查先进个人	国务院第一次经济普查领导小组	
刘美鲜	女	兴宾区良江镇	兴宾区良江镇思槓村农民	第五届全国“五好文明家庭”	中共中央宣传部	
兰向东	男		忻城县人民政府副县长	第四次全国民族团结进步模范个人	国务院	
覃志平	男		象州县林业局营林工作站副站长	第四次全国民族团结进步模范个人	国务院	
兰利锋	男		合山矿务局东矿	“五一”劳动奖章	广西区人民政府	
石艳蓉	女		合山市实验小学	优秀少先队辅导员	共青团中央、教育部	

第六节　厅(师)级以上人员表(排名不分先后)

本志收录中华人民共和国成立后至 2005 年 12 月 31 日来宾籍的地方副厅级、军队副师级以上干部 110 人。限内如任多个职务的,记最高职务。如任多个平级职务的,记最后的职务。

表 32-8　至 2005 年来宾籍副厅(副师)级以上人员表(排名不分先后)

姓名	性别	民族	籍贯	工作单位	职务	任职时间
谢启晃	男	壮	兴宾区南泗乡	国家民委教育司	司长	1987 年 9 月
叶　茵	女	汉	兴宾区大湾镇	国家文化部民族文化司	副司长	1970 年
罗黎明	男	壮	兴宾区五山镇	自治区民族事务委员会	主任	2002 年 10 月
张　华	男	壮	兴宾区大湾镇	自治区政协	副主席	1980 年
杨德华	男	壮	兴宾区蒙村镇	广西省人民法院	院长	1950 年 10 月
陆炳华	男	壮	兴宾区城厢镇	自治区公安厅	厅长	1996 年 5 月
何开长	男	壮	兴宾区寺山镇	自治区纪委	副书记	2001 年 10 月
肖莺子	女	汉	兴宾区迁江镇	南宁市人民政府	副市长	2004 年 9 月

续表

姓名	性别	民族	籍贯	工作单位	职务	任职时间
方宏誉	男	汉	兴宾区城厢镇	南宁市政协	副主席	1980 年 6 月
胡习恒	男	壮	兴宾区城厢镇	中共柳州市委	顾问	1984 年 1 月
韦德权	男	壮	兴宾区良江镇	柳州军分区	司令员	1990 年 9 月
李　逖	男	汉	兴宾区大湾镇	广东省经济委员会	副主任	1978 年 4 月
罗士扬	男	壮	兴宾区平阳镇	河池地区行署	副专员	1985 年 4 月
黄　赤	男	壮	兴宾区良塘镇	自治区水产畜牧局	副局长	1999 年
陆宝兰	男	壮	兴宾区五山镇	自治区农业厅	副厅长	1993 年
覃益功	男	壮	兴宾区平阳镇	自治区新闻出版局	副局长	
韦宝剑	男	壮	兴宾区小平阳镇	自治区人力资源和社会保障厅	副巡视员	
卢胜旗	男	壮	兴宾区平阳镇	自治区党委巡视组	副组长、巡视专员	2005 年 3 月
卢运逸	男	壮	兴宾区陶邓镇	来宾市人大常委会	副主任	2002 年 12 月
潘启优	男	壮	兴宾区寺山镇	来宾市政协	副主席	2002 年 12 月
蒋志友	男	壮	兴宾区城厢镇	中共柳州地区纪律检查委员会	书记	1986 年
潘新勇	男	壮	兴宾区小平阳镇	政协柳州地区工作委员会	副主任	1997 年 5 月
刘清平	女	汉	武宣县武宣镇	自治区政府发展研究中心	副主任	2001 年 6 月
黄格胜	男	壮	武宣县桐岭镇	广西艺术学院	院长	1998 年 5 月
韦守德	男	壮	武宣县金鸡乡	中共广西区党委宣传部	副部长	
李　泽	男	壮	武宣县东乡镇	共青团广西区委员会	副书记	2002 年 9 月
黄善国	男	汉	武宣县三里镇	广西军区政治部(大校)	副主任	
黄业初	男	壮	武宣县东乡镇	柳州地区行署	副专员	1991 年 8 月
甘德川	男	壮	武宣县二塘镇	柳州地区人大工委	副主任	1993 年 5 月
覃晓东	男	壮	武宣县二塘镇	柳州地区行署	副专员	1993 年 2 月
谢寿堂	男	汉	武宣县黄茆镇	中共南宁市委员会	副书记	2003 年 8 月
陈仲良	男	壮	武宣县通挽镇	中共南宁市委宣传部	部　长	1986 年
陆世降	男	壮	武宣县禄新镇	自治区水产畜牧局	副局长	
于汉刚	男	汉	武宣县武宣镇	政协广西区委员会民族委员会	副主任	1989 年
韦平戌	男	壮	武宣县禄新镇	南宁市检察院	检察长	
廖水祥	男	壮	武宣县三里镇	自治区编委办公室	副主任	
韦玉琅	男	壮	武宣县通挽镇	乌鲁木齐军区后勤部管理局	副师长	
张尚泽	男	壮	武宣县通挽镇	中国人民解放军某部	副师长	
甘维烈	男	壮	武宣县通挽镇	自治区水电厅	党组书记	
张冠款	男	壮	武宣县通挽镇	广州空军航空兵 95006 部队政治处	副政委(大校军衔)	
覃　锐	男	壮	武宣县通挽镇	中共玉林市委员会	副书记	
何美媛	女	壮	武宣县武宣镇	来宾市人大常委会	副主任	2002 年 12 月
莫　军	男	壮	武宣县通挽镇	自治区人事厅	厅长	1991 年 10 月
赵绍尧	男	汉	武宣县二塘镇	中共河池地区委员会	副书记	
孙曹威	男	汉	武宣县武宣镇	自治区高级人民法院	副院长	1980 年 5 月
蔡玉瑜	男	壮	武宣县禄新镇	自治区人民检察院	副检察长	1989 年
黄朝昆	男	壮	武宣县武宣镇	广东民族学院	党委副书记	

续表

姓名	性别	民族	籍贯	工作单位	职务	任职时间
庾日晶	男	壮	武宣县东乡镇	自治区民政厅	厅长	1988 年 1 月
陈朝鲜	男	壮	武宣县三里镇	自治区土地管理局	局长	
熊元清	男	壮	武宣县二塘镇	自治区轻工业局	副局长	1975 年 7 月
谭志方	男	壮	武宣县武宣镇	政协柳州市委员会	副主席	
武剑青	男	汉	武宣县三里镇	广西壮族自治区文联	主席兼党组书记	1985 年
武绍庭	男	汉	武宣县二塘镇	中共柳州地区委员会	副书记	1981 年 3 月
黄　琔	男	汉	武宣县武宣镇	自治区计量局	局长	
李明初	男	汉	武宣县武宣镇	中国人民银行广西分行	行长	
黄德坚	男	壮	武宣县禄新镇	待查实	待查实	
翁百鹏	男	汉	武宣县东乡镇	自治区农垦局	副局长	
陈红石	男	汉	武宣三里镇	福建省国防办公室	主任	
刘南均	男	汉	武宣县东乡镇	广东省肇庆市	副市长	
陈伯发	男	汉	武宣县武宣镇	中国人民银行广西分行	副行长	
廖　球	男	壮	武宣县	南宁军分区	政治部主任	
冯汉湘	男	汉	象州县罗秀镇	国务院研究室宏观组	局长	1987 年
李文达	男	壮	象州县寺村镇	自治区老干局	副局长	1983 年 9 月
张　斌	男	壮	象州县大乐镇	中共广西区党委宣传部	副部长	1988 年 7 月
罗解三	男	壮	象州县中平镇	广西通志馆	副馆长	1993 年
覃　显	男	壮	象州中平镇	广西社会科学院	副院长	1978 年 6 月
韦　干	男	壮	象州县寺村镇	自治区乡镇企业局	副局长	
韦少成	男	壮	象州县百丈乡	海南省卫生厅	厅长	1989 年 4 月
韦纯束	男	壮	象州县寺村镇	自治区人民人民政府	主席	1983 年 4 月
韦章平	男	壮	象州县大乐镇石朋村	自治区人大常委会	副主任	1983 年
潘寿源	男	壮	象州县罗秀镇	自治区民政厅	副厅长	
韦纯粹	男	壮	象州县寺村镇	自治区科委	专职委员	
覃鸿全	男	壮	象州县大乐镇	柳州市人民政府	副市长	
韦炳辉	男	壮	象州县象州镇	自治区人民政府五办	主任	
韦诚凡	男	壮	象州县罗秀镇	来宾市人大常委会	副主任、党组副书记(正厅长级)	2002 年 12 月
覃广谋	男	壮	象州县罗秀镇	中共柳州地委	副书记	1991 年
韦幕川	女	壮	象州县	柳州地区行署	副专员	1995 年 8 月
韦凤光	男	壮	象州县妙皇乡	中共柳州地委宣传部	部长	1997 年 3 月
覃国安	男	壮	象州县中平镇	柳州地区行署	副专员	2002 年 10 月
林超群	男	壮	象州县寺村镇	中共广西壮族自治区委员会	常委、政法委书记	1985 年 6 月
胡文治	男		象州县罗秀镇	中共广西艺术学院党委	副书记	
黄任文	男	壮	象州县寺村镇	自治区高级人民法院	院长	
谢继铭	男		象州县运江镇	武警广西消防总队	政委	
韦献猷	男	壮	忻城县大塘镇	自治区党委组织部	副部长	
潘志金	男	壮	忻城县欧洞乡	自治区劳动和社会保障厅	副厅长	2002 年 10 月

续表

姓名	性别	民族	籍贯	工作单位	职务	任职时间
蓝日基	男	瑶	忻城县北更乡	广西通志馆	馆长	1996年7月
韦　化	男	壮	忻城县大塘镇	广西大学	副校长	2003年6月
罗天耀	男	壮	忻城县红渡镇	广西政法学院	副院长	1997年3月
罗震发	男	壮	忻城县果遂镇	自治区煤炭工业厅	党组书记	1983年12月
莫英武	男	壮	忻城县思练镇	柳州地区中级人民法院	院长	1988年5月
莫家裕	男	壮	忻城县思练镇	广西壮族自治区民族委员会	副主任	1985年5月
覃彦瑞	男	壮	忻城县马泗乡	广西壮族自治区机械工业厅	副厅长	1998年5月
覃耀庭	男	壮	忻城县古蓬镇	广西壮族自治区民族委员会	副主任	1984年3月
覃禄英	男	壮	忻城县大塘镇	河池地区中级人民法院	院长	1988年5月
黄菊利	男	壮	忻城县遂意乡	广西壮族自治区城乡建设委员会	副主任	1990年4月
蓝口丰	男	壮	忻城县古蓬镇	西藏自治区开发事业局	副局长	
蓝华德	男	壮	忻城县红渡镇	广西壮族自治区农牧渔业厅	副厅长	1984年5月
蓝著荣	男	壮	忻城县古蓬镇	南宁地区人大联络处	副主任	1988年9月
樊宏峰	男	壮	忻城县古蓬镇	广东省第三办公室党委会	副书记	
莫凡植	男		忻城县思炼镇	中共柳州地委统战部	部长	
黄远征	男	壮	忻城县北更乡	百色市人大常委会	主任	2004年
石月娟	女	壮	忻城县北更乡	来宾市人大常委会	副主任	2002年
罗恩平	男	壮	忻城县新圩乡	北海市人大常委会	副主任	1998年6月
王荣慈	男	壮	忻城县红渡镇	自治区区卫生厅	副厅长	1998年3月
金宝生	男	瑶	金秀瑶族自治县金秀镇	中共广西壮族自治区委员会	副书记	1983年3月
梁华新	男	壮	金秀瑶族自治县头排镇	中共广西壮族自治区委员会	常委、秘书长	
赵乙生	男	瑶	金秀瑶族自治县	中共广西壮族自治区委员会	常委、组织部长	1985年
赵德明	男	瑶	金秀瑶族自治县	广西壮族自治区政策法规室	主任、党组书记	2003年5月
苏建荣	男	瑶	金秀瑶族自治县金秀镇	来宾市委	常委、秘书长	2002年12月
凌尔建	男	壮	合山市	来宾市政协	副主席	2002年12月

第七节　高级职称人员表(排名不分先后)

本志只收录中华人民共和国成立后至2005年12月31日取得高级职称的人员,共1456人。其中,来宾籍在市外工作取得正高职称28人,在来宾工作取得副高以上职称的1429人。

表32-9　中华人民共和国成立后至2005年12月31日来宾籍在市外工作并取得正高职称人员表(排名不分先后)

姓名	获得职称所在单位	专业技术职称	取得时间
刘焕林	广西师范大学中文系	硕士研究生导师　教授	1990年11月教授
翟瞻灿	天津医学院	妇产科主任　教授	
陈怀忠	华南工学院	教授	
刘德恭	北京佑安医院	主任医师、教授	

续表

姓名	获得职称所在单位	专业技术职称	取得时间
莫测辉	暨南大学生命科学技术学院	教授	2001 年
郭图南	武汉华中工学院	教授	
徐太允	华南工学院	教授	
高秉益	北京农学院	教授	
郭佳玲	美国纽约城市大学	教授、博士后	
刘南一	美国宾夕法尼亚州	教授	
甄超林	美国纽约	教授	
甘玉岑	哥斯达尼亚	教授	
刘天泽	英国伦敦	教授	
罗桂华	香港九龙柯士甸路	教授	
覃卫汉	加拿大	教授	
梁宗福	美国	教授	
覃家韬	台湾军政大学	教授	
雷雨均	台湾	教授	
刘业京	台北林业研究所	教授	
梁肇军	华中师范大学	教授	
沈国钰	中国船舶总公司管理干部学校	教授	
韦善书	华中农业大学	教授	
邓联芳	广西民族医院	主任医师	
覃保霖	柳州壮医科研馆	主任医师	
黎善成	柳州卫生学校	主任医师	
罗应雄	中国科学院高能研究所	研究员	
蓝日基	广西壮族自治区通志馆	研究员	1997 年
潘朝斌	中山大学孙逸仙纪念医院	教授	

表 32-10　**在来宾工作取得副高以上职称人员表:分县(市、区)列表**

(一)兴宾区:中华人民共和国成立后至 2005 年获高级专业技术职称人员表

姓名	专业技术职称	获得时间	姓名	专业技术职称	获得时间
陈俊琦	群文副研究馆员		梁学德	中学高级教师	
黄学勤	副编审		黄广洲	中学高级教师	
黄紫强	副编审		黄汉光	中学高级教师	
翟瞻桐	高级工程师		崔东风	中学高级教师	
林志昌	高级工程师		覃昆昌	中学高级教师	
唐志诚	高级工程师		覃骏蕴	中学高级教师	
卢春康	高级工程师		谭运才	中学高级教师	
左正学	高级农艺师		潘谋远	中学高级教师	
陆秀炎	高级农艺师		黄致容	中学高级教师	
刘仕荣	高级农艺师		吴壮志	中学高级教师	
江镜琴	高级农艺师		杨定一	中学高级教师	

续表

姓名	专业技术职称	获得时间	姓名	专业技术职称	获得时间
邓志忠	副主任医师		钟耀群	中学高级教师	
罗建良	副主任医师		李　欢	中学高级教师	
梁昭铭	副主任医师		江　超	中学高级教师	
黄仕华	副主任医师		何瑞林	中学高级教师	
何旭贤	副主任医师		余金助	中学高级教师	
卢凤仙	副主任医师		卓盛良	中学高级教师	
覃国英	副主任医师		罗少生	中学高级教师	
何锦灿	副主任医师		周言文	中学高级教师	
韦肇亮	副主任医师		莫春树	中学高级教师	
梁秀荟	副主任医师		梁启高	中学高级教师	
李瑞清	高级律师		黄良华	中学高级教师	
高超荣	高级律师		覃有松	中学高级教师	
潘海滨	高级政工师		黎汉文	中学高级教师	
陆大年	高级政工师		陈　耿	中学高级教师	
陈金雄	高级讲师		王志生	中学高级教师	
黄宗业	高级讲师		罗尚德	中学高级教师	
黄汝迪	高级讲师		兰　广	中学高级教师	
王建帮	高级讲师		李天瑞	中学高级教师	
连有勇	高级讲师		叶光睎	中学高级教师	
韦子雄	中学高级教师		唐永康	中学高级教师	
杨名枢	中学高级教师		黄英亭	中学高级教师	
杨励英	中学高级教师		戴尚绵	中学高级教师	
陈站人	中学高级教师		覃泽涵	中学高级教师	
范　琪	中学高级教师		张廷耀	中学高级教师	
钟毓芬	中学高级教师		陈桥仁	中学高级教师	
郭定民	中学高级教师		邹大新	中学高级教师	
莫锦魁	中学高级教师		曾崇光	中学高级教师	
陈金雄	高级讲师		黄汝迪	高级讲师	
黄宗业	高级讲师		连有勇	高级讲师	
王建帮	高级讲师		兰明标	中学高级教师	1993 年 9 月
张鸿乐	高级政工师	1992 年	陆万春	中学高级教师	1993 年 9 月
韦凤华	高级政工师	1992 年	梁武光	中学高级教师	1993 年 9 月
韦志吉	高级工程师	1992 年	蒙少松	中学高级教师	1993 年 9 月
成端敦	高级工程师	1992 年	林永德	中学高级教师	1993 年 9 月
谢有贵	高级会计师	1992 年	韦耀军	中学高级教师	1993 年 9 月
吴思贤	高级工程师	1992 年	赖京荣	中学高级教师	1993 年 9 月
黄金安	副主任医师	1992 年	黄有琨	中学高级教师	1993 年 9 月

续表

姓名	专业技术职称	获得时间	姓名	专业技术职称	获得时间
杨佩英	副主任医师	1992年	覃显明	高级讲师	1993年9月
曾昭模	副主任医师	1992年	张桂秋	高级讲师	1993年9月
卢宝健	副主任医师	1992年	邓树媛	高级讲师	1993年9月
罗安程	高级政工师	1992年5月	黎君缪	高级讲师	1993年9月
张则思	中学高级教师	1992年7月	董雯英	高级讲师	1993年9月
曾家声	中学高级教师	1992年7月	叶永琳	高级讲师	1993年9月
陈宗信	中学高级教师	1992年7月	石朝朗	高级畜牧师	1993年10月
韦志年	高级政工师	1992年7月	罗信权	高级经济师	1993年12月
邓昌铭	高级工程师	1992年7月	莫子新	中学高级教师	1993年12月
韦国猷	高级经济师	1992年7月	钟廉化	高级工程师	1993年12月
黄致福	高级政工师	1992年7月	何正磊	高级经济师	1993年12月
罗必祯	高级政工师	1992年7月	陆瑾熙	高级会计师	1993年12月
何得志	高级政工师	1992年7月	陈寿贵	高级工程师	1993年12月
黎奕栋	高级工程师	1992年12月	林望珍	中学高级教师	1993年12月
古建生	中学高级教师	1992年12月	黄　洪	中学高级教师	1993年12月
吴松山	中学高级教师	1992年12月	黄永新	中学高级教师	1993年12月
周　涛	副主任医师	1993年	江志荣	中学高级教师	1993年12月
罗克玲	副主任医师	1993年	韦建祯	高级政工师	1993年12月
黄恒良	副主任医师	1993年	陈启耀	中学高级教师	1994年
覃广昌	副主任医师	1993年	叶毓山	高级统计师	1994年
谭任能	高级政工师	1993年	陈祖光	副主任医师	1994年
莫　波	高级农艺师	1993年	周国荣	副主任医师	1994年
谢太启	高级农艺师	1993年	何　赤	高级政工师	1994年
梁　新	高级政工师	1993年	卓丕祥	高级工程师	1994年5月
郭品芳	高级教练	1993年	刘振扬	高级工程师	1994年5月
韦剑烈	中学高级教师	1993年	卢善周	高级工程师	1994年5月
盘文昌	高级工程师	1993年1月	何基锦	高级经济师	1994年6月
黄　赤	高级政工师	1993年6月	黄世业	高级工程师	1994年8月
钟桂福	副主任医师	1993年9月	刘顺志	高级政工师	1994年9月
谭世才	中学高级教师	1993年9月	韦恩华	高级经济师	1994年9月
覃远春	中学高级教师	1993年9月	黄　赤	高级经济师	1994年10月
林茂虎	中学高级教师	1993年9月	钟想廷	高级经济师	1994年10月
江　海	中学高级教师	1993年9月	岑建筑	副主任医师	1995年
曾凡能	高级工程师	1994年11月	罗金龙	副主任医师	1995年
梁炳峰	中学高级教师	1994年12月	樊年兰	副主任医师	1995年
黎骏辉	中学高级教师	1994年12月	熊庆成	高级政工师	1995年
张志军	中学高级教师	1994年12月	韦贵宪	副主任医师	1995年

续表

姓名	专业技术职称	获得时间	姓名	专业技术职称	获得时间
韦海宁	中学高级教师	1994年12月	覃永伦	高级政工师	1995年7月
梁荣欣	高级工程师	1994年12月	韦玉转	高级经济师	1995年8月
何开绍	中学高级教师	1994年12月	黄　荣	高级政工师	1995年8月
罗雷范	中学高级教师	1994年12月	石有赞	高级工师	1995年9月
唐宏建	中学高级教师	1994年12月	韦振峰	高级政工师	1995年9月
曾　美	中学高级教师	1994年12月	卓健明	副研究员	1995年9月
周国凡	中学高级教师	1994年12月	覃茂雄	高级经济师	1995年10月
陈述忠	中学高级教师	1994年12月	罗天浩	高级政工师	1995年11月
覃志强	中学高级教师	1994年12月	覃文录	高级农经师	1995年12月
李少清	中学高级教师	1994年12月	卓居仁	高级工程师	1995年12月
韦光开	中学高级教师	1994年12月	韦昌社	高级工程师	1995年12月
黄一宁	中学高级教师	1994年12月	韦志良	高级工程师	1995年12月
李业强	中学高级教师	1994年12月	卢新隆	高级会计师	1995年12月
覃远文	中学高级教师	1994年12月	谭志鲜	高级农业经师	1995年12月
覃凤冠	中学高级教师	1994年12月	黄开拓	高级工程师	1995年12月
张志军	中学高级教师	1994年12月	石惠琼	高级工程师	1995年12月
韦文韬	中学高级教师	1994年12月	覃建考	高级工程师	1995年12月
张宏关	中学高级教师	1994年12月	冼华增	高级经济师	1995年12月
罗振宁	中学高级教师	1994年12月	覃承福	高级工程师	1995年12月
黄之武	中学高级教师	1994年12月	李　彪	高级工程师	1995年12月
石本固	中学高级教师	1995年	莫伟金	高级工程师	1995年12月
韦炳奎	高级农艺师	1995年	韦景和	高级工程师	1996年12月
韦吉广	高级农艺师	1995年	杜光辉	面级工程师	1995年12月
何业权	高级农艺师	1995年	成　武	高级工程师	1995年12月
江祖茂	高级农艺师	1995年	覃德维	高级工程师	1995年12月
莫伟平	高级会计师	1995年	韦飞武	高级工程师	1995年12月
韦世美	高级会计师	1995年	何基斯	高级工程师	1995年12月
覃开禄	副主任医师	1995年	肖世甫	工程师	1995年12月
桂春莲	副主任医师	1995年	莫天和	高级经济师	1995年12月
陈新群	副主任护师	1995年	陈仁清	高级经济师	1995年12月
田仁珍	副主任护师	1995年	吴　军	高级统计师	1995年12月
石有先	副主任医师	1995年	邹有军	高级统计师	1995年12月
张爱伦	副主任医师	1995年	毛家义	高级经济师	1995年12月
钟丹红	副主任护师	1995年	张　展	高级工程师	1995年12月
覃必崇	副主任医师	1995年	韦传表	高级会计师	1995年12月
黄宗宁	副主任医师	1995年	潘桂乐	高级工程师	1997年12月
秦友荣	高级经济师	1995年12月	吴而刚	高级农艺师	1997年12月

续表

姓名	专业技术职称	获得时间	姓名	专业技术职称	获得时间
梁汉联	高级工程师	1995年12月	黄树屯	副编审	1997年12月
黄恒壮	中学高级教师	1995年12月	何宗范	高级讲师	1997年12月
王世安	中学高级教师	1995年12月	何天春	高级农艺师	1997年12月
蒙　江	中学高级教师	1995年12月	韦有对	高级农艺师	1997年12月
梁本常	中学高级教师	1995年12月	庄庆恒	高级畜牧师	1997年12月
谭永学	中学高级教师	1995年12月	李朝强	高级会计师	1997年12月
张玉琼	中学高级教师	1995年12月	韦志纯	中学高级教师	1997年12月
黄壁华	中学高级教师	1995年12月	张添光	中学高级教师	1997年12月
姚尚焕	中学高级教师	1995年12月	陈绍党	中学高级教师	1997年12月
梁玉资	中学高级教师	1995年12月	韦启平	中学高级教师	1997年12月
罗吉念	高级畜牧师	1995年12月	兰福寿	中学高级教师	1997年12月
覃剑荣	高级农艺师	1995年12月	唐阳华	高级工程师	1997年12月
丘启伦	高级统计师	1995年12月	韦淑香	高级工程师	1997年12月
钟毓祥	副主任医师	1995年12月	韦月娇	中学高级教师	1997年12月
李德祥	副主任医师	1995年12月	潘启优	中学高级教师	1997年12月
朱国嘉	高级讲师	1995年12月	覃立登	中学高级教师	1997年12月
韦家良	高级政工师	1996年	潘秀清	中学高级教师	1997年12月
黄　河	主任记者	1996年	潘启磊	中学高级教师	1997年12月
农桂达	高级政工师	1996年	廖声胶	高级工程师	1997年12月
何基锦	高级经济师	1996年	黄俊志	高级畜牧师	1997年12月
陈光耀	副主任医师	1996年	韦家幸	高级农艺师	1998年
黄固基	高级教练	1996年	宋　云	高级工程师	1998年
赵伟民	高级教练	1996年	蓝军群	高级农艺师	1998年
叶向平	高级教练	1996年	覃永伦	高级政工师	1998年3月
黄仕安	副研究员	1996年	覃家旺	高级农艺师	1998年7月
朱其锋	副主任医师	1996年	何绍珍	高级畜牧师	1998年7月
覃自强	副主任医师	1996年	覃恩朝	中学高级教师	1998年10月
冯红英	副主任医师	1996年	黄必胜	中学高级教师	1998年12月
黄启德	高级工程师	1996年4月	覃部能	中学高级教师	1998年12月
陈素红	中学高级教师	1996年12月	韦正凡	中学高级教师	1998年12月
蓝荣科	中学高级教师	1996年12月	韦茂山	中学高级教师	1998年12月
梁骏佳	中学高级教师	1996年12月	黄伟龙	中学高線教师	1998年12月
韦启教	中学高级教师	1996年12月	覃高谋	中学高级教师	1998年12月
黄恒星	中学高级教师	1996年12月	关志玲	中学高级教师	1998年12月
方晚霞	中学高级教师	1996年12月	覃宏飞	中学高级教师	1998年12月
陈家彰	高级讲师	1996年12月	韦志献	中学高级教师	1998年12月
黄金和	主任医师	1997年	左仕转	中学高级教师	1998年12月

续表

姓名	专业技术职称	获得时间	姓名	专业技术职称	获得时间
蒙贵芳	高级农艺师	1997年12月	赵炳雄	中学高级教师	1998年12月
黄春禄	高级讲师	1997年12月	覃绍真	中学高级教师	2000年12月
覃曾志	高级政工师	1999年	刘立勇	中学高级教师	2000年12月
林生优	中学高级教师	1999年	莫显光	中学高级教师	2000年12月
张则旭	高级农艺师	1999年	曾健祥	中学高级教师	2000年12月
李阳龙	中学高级教师	1999年9月	周格珍	中学高级教师	2000年12月
黄兆星	高级工程师	1999年10月	韦庆国	中学高级教师	2000年12月
黄军湘	中学高级教师	1999年12月	陈　懂	高级工程师	2000年12月
杨红燕	中学高级教师	1999年12月	佘宗愿	中学高级教师	2001年
韦景功	中学高级教师	1999年12月	覃志光	中学高级教师	2001年
黄燕英	中学高级教师	1999年12月	覃应伟	中学高级教师	2001年
张新华	中学高级教师	1999年12月	韦汉壮	中学高级教师	2001年
张胡兰	中学高级教师	1999年12月	韦威湾	中学高级教师	2001年
韦立科	中学高级教师	1999年12月	刘秀峰	中学高级教师	2001年
陈运祥	中学高级教师	1999年12月	覃永爽	中学高级教师	2001年
韦焕晃	中学高级教师	1999年12月	覃明志	中学高级教师	2001年
方德宽	高级农艺师	2000年	陈家才	中学高级教师	2001年
覃　平	高级政工师	2000年12月	苏绍满	中学高级教师	2001年
吴会忠	中学高级教师	2000年12月	卓英育	高级农艺师	2001年
韦必泉	中学高级教师	2000年12月	韦广博	中学高级教师	2002年
韦任谋	中学高级教师	2000年12月	黄恒掌	高级农艺师	2002年
黎秀璋	中学高级教师	2000年12月	雷　励	高级政工师	2002年
韦广庆	中学高级教师	2000年12月	庞　春	高级工程师	2002年
陈述琚	中学高级教师	2000年12月	黄积福	高级工程师	2002年
韦家朗	中学高级教师	2000年12月	陈桂欢	高级农艺师	2004年12月
邓敬业	中学高级教师	2000年12月	何永学	高级农艺师	2004年12月
黎家福	中学高级教师	2000年12月	韦绳春	中学高级教师	2005年12月
潘小泉	中学高级教师	2000年12月	劳子良	中学高级教师	
黄善广	中学高级教师	2000年12月	李惠瑷	中学高级教师	
莫日广	副主任医师		蒙天广	中学高级教师	
黄　梅	副主任医师		蒙晋崇	中学高级教师	
吴启平	副主任医师		唐秋腾	中学高级教师	
覃庆钊	副主任医师		莫仲金	副高级教师	1992年12月
蓝金汉	副主任医师		罗秉汉	高级畜牧师	1992年12月
雷正风	副主任医师		蓝常位	副高级教师	1993年7月
陈嘉宗	副编审		罗国松	副高级教师	1993年7月
梁远裕	高级农艺师		何任芝	副高级教师	1993年7月

续表

姓名	专业技术职称	获得时间	姓名	专业技术职称	获得时间
韦文秀	高级农艺师		蓝芳禧	高级工程师	1993年7月
施振德	高级讲师		黄茂生	副高级教师	1993年9月
苏钜荣	高级讲师		韦　义	副高级教师	1993年9月
蓝口强	高级讲师		莫益忠	副高级教师	1993年9月
韦　剑	中学高级教师		钟圣珊	副高级教师	1993年9月
韦吴俊	中学高级教师		韦以秋	副高级教师	1993年9月
韦春秋	中学高级教师		覃玉凤	副高级教师	1993年9月
韦炳猷	中学高级教师		蓝必香	副高级教师	1993年9月
韦善群	中学高级教师		韦祖芳	副高级教师	1993年9月
韦实猷	中学高级教师		蓝以武	副高级教师	1993年9月
韦作明	中学高级教师		蓝日存	副高级教师	1993年9月
韦兰忠	中学高级教师		唐学凤	副高级教师	1993年9月
王恩夫	中学高级教师		吴海如	副高级教师	1993年9月
李家齐	中学高级教师		蓝华昭	中学高级教师	
李志光	中学高级教师		覃　钰	副高级教师	1993年9月
何必雅	中学高级教师		莫克民	副高级教师	1993年9月
罗能廷	中学高级教师		罗　政	副高级教师	1994年9月
莫益忱	中学高级教师		韦秀英	副高级教师	1994年12月
莫如生	中学高级教师		覃以荣	副高级教师	1994年12月
莫永达	中学高级教师		李作良	副高级教师	1994年12月
莫树南	中学高级教师		樊儒杰	副高级教师	1994年12月
莫益华	中学高级教师		蓝大森	副高级教师	1994年12月
苏　林	中学高级教师		蓝成光	副高级教师	1994年12月
潘景春	中学高级教师		罗吉荣	副高级教师	1994年12月
潘启华	中学高级教师		蓝祖同	副高级教师	1994年12月
郑有年	中学高级教师		莫秋玲	副高级教师	1994年12月
吴祖耀	中学高级教师		韦克荣	副高级教师	1994年12月
黄焕才	中学高级教师		黎建勋	副高级教师	1994年12月
覃泽涵	中学高级教师		韦焕强	副高级教师	1994年12月
覃尚权	中学高级教师		蒙晋森	副高级教师	1994年12月
蓝显谟	中学高级教师		陈德欢	副高级教师	1994年12月

表32-11　**(二)象州县:中华人民共和国成立后至2005年获高级专业技术职称人员表**

姓名	专业技术职称	获得时间	姓名	专业技术职称	获得时间
黄茂田	副教授		廖三端	副教授	
宋泽惠	高级讲师		黄日初	高级讲师	
黄国信	高级讲师		覃　志	高级讲师	

续表

姓名	专业技术职称	获得时间	姓名	专业技术职称	获得时间
王东航	中学高级教师		韦志斌	中学高级教师	
韦敏杰	中学高级教师		汤春光	中学高级教师	
闭振德	中学高级教师		江淑芬	中学高级教师	
李杏辉	中学高级教师		李登武	中学高级教师	
何如松	中学高级教师		罗炳生	中学高级教师	
巫富杰	中学高级教师		余建新	中学高级教师	
陈兆平	中学高级教师		陈治纪	中学高级教师	
陈治忠	中学高级教师		陈重庆	中学高级教师	
骆永新	中学高级教师		姜新瞻	中学高级教师	
莫大荣	中学高级教师		郭植斌	中学高级教师	
高翊常	中学高级教师		黄美奎	中学高级教师	
黄健民	中学高级教师		梁肇安	中学高级教师	
覃文就	中学高级教师		覃逸轩	中学高级教师	
傅贵全	中学高级教师		蒙洁怀	中学高级教师	
廖　林	中学高级教师		廖丝明	中学高级教师	
廖嘉书	中学高级教师		谭绍芬	中学高级教师	
谭德信	中学高级教师		黎萍英	中学高级教师	
黎象琰	中学高级教师		潘建承	中学高级教师	
潘维汉	中学高级教师		潘谋远	中学高级教师	
吴世利	高级畜牧师		周祖贞	高级农艺师	
胡金声	高级农艺师		秦秉英	高级农艺师	
黄幼垣	高级畜牧师		谭启甫	主任技师	
韦中土	副主任医师		陈显安	副主任医师	
陈耀章	副主任医师		李贵强	副主任医师	
罗和民	副主任医师		凌远年	副主任医师	
徐继梅	副主任医师		梁昭铭	副主任医师	
江国铮	中学高级教师		黄健明	中学高级教师	
韦发宗	中学高级教师		李德智	高级农艺师	1997年12月
谢　慧	中学高级教师	1996年12月	玉宝洪	高级农艺师	1997年12月
陈信忠	中学高级教师	1996年12月	廖魁琼	高级农艺师	1997年12月
孙建莲	中学高级教师	1996年12月	谢信德	中学高级教师	1998年12月
高敦云	中学高级教师	1996年12月	黄奎雄	中学高级教师	1998年12月
李耀佳	中学高级教师	1996年12月	杨实修	中学高级教师	1998年12月
李以新	副主任医师	1996年12月	陈乐东	中学高级教师	1998年12月
黄金寿	高级政工师	1996年12月	黄任波	中学高级教师	1998年12月
潘庆文	高级政工师	1997年12月	唐立逵	中学高级教师	1998年12月
罗志邦	高级政工师	1997年12月	巫贵安	中学高级教师	1998年12月

续表

姓名	专业技术职称	获得时间	姓名	专业技术职称	获得时间
涂世初	高级政工师	1997年12月	梁英友	中学高级教师	1998年12月
杨文强	高级政工师	1997年12月	潘柳琼	中学高级教师	1998年12月
陆树基	高级政工师	1997年12月	银呈新	中学高级教师	1998年12月
覃梦桂	高级政工师	1997年12月	张世群	中学高级教师	1998年12月
杨绍卿	二级律师	1997年12月	区玉安	中学高级教师	1998年12月
张华光	高级工程师	1997年12月	覃爱新	中学高级教师	1998年12月
黄佩聆	高级工程师	1997年12月	陈秋月	中学高级教师	1998年12月
蒙　健	高级工程师	1997年12月	覃卓英	中学高级教师	1999年12月
汪元升	高级农艺师	1997年12月	陆干斌	中学高级教师	1999年12月
覃　刚	中学高级教师	1997年12月	韦善德	中学高级教师	1999年12月
陈玉玲	中学高级教师	1997年12月	杨海春	中学高级教师	1999年12月
曾学贵	中学高级教师	1997年12月	杨大清	中学高级教师	1999年12月
韦学开	中学高级教师	1997年12月	廖汉君	中学高级教师	1997年12月
潘建宏	中学高级教师	1997年12月	黎小彬	中学高级教师	1999年12月
覃恒洋	中学高级教师	1997年12月	覃　杰	中学高级教师	1999年12月
陈宝茂	中学高级教师	1997年12月	黄日奇	中学高级教师	1999年12月
覃慰超	中学高级教师	1997年12月	陈富源	中学高级教师	1999年12月
潘宜春	中学高级教师	1997年12月	黄建华	中学高级教师	1999年12月
黄大明	中学高级教师	1997年12月	覃寿安	中学高级教师	1999年12月
熊秀生	中学高级教师	1997年12月	韦学钰	中学高级教师	1999年12月
吕鹏熙	中学高级教师	1997年12月	卢坤源	中学高级教师	1999年12月
潘顺良	高级工程师	1997年12月	潘美芳	中学高级教师	1999年12月
韦　敏	副编审	2000年12月	周惠思	中学高级教师	1999年12月
覃毅兴	中学高级教师	2000年12月	潘筱建	中学高级教师	2004年12月
吴炳光	中学高级教师	2000年12月	区明藏	中学高级教师	2004年12月
吴仲强	中学高级教师	2000年12月	郑荣华	中学高级教师	2004年12月
熊贵钧	中学高级教师	2000年12月	覃绍斌	中学高级教师	2004年12月
涂英生	中学高级教师	2000年12月	覃福荣	中学高级教师	2004年12月
韦俊杰	中学高级教师	2000年12月	覃　平	中学高级教师	2004年12月
吴海波	中学高级教师	2001年12月	龙爱群	中学高级教师	2005年12月
韦敏强	中学高级教师	2001年12月	黄海燕	副主任医师	2005年12月
李福德	中学高级教师	2001年12月	黄世颖	高级工程师	2005年12月
覃学敏	中学高级教师	2001年12月	韦善爱	中学高级教师	2005年12月
覃鸿海	中学高级教师	2001年12月	韦金妹	中学高级教师	2005年12月
杨保明	中学高级教师	2001年12月	覃淑玲	中学高级教师	2005年12月
彭德雄	中学高级教师	1998年12月	杨有荣	中学高级教师	2005年12月

续表

姓名	专业技术职称	获得时间	姓名	专业技术职称	获得时间
何凤玲	中学高级教师	2001年12月	卓义祥	中学高级教师	2005年12月
覃佑福	中学高级教师	2001年12月	苏春芳	中学高级教师	2005年12月
覃明军	中学高级教师	2001年12月	温秀红	中学高级教师	2005年12月
陈春贵	中学高级教师	2002年12月	罗宏山	中学高级教师	2005年12月
陈　东	中学高级教师	2003年12月	韦有生	中学高级教师	2005年12月
石平强	中学高级教师	2003年12月	韦凤香	中学高级教师	2005年12月
莫卓三	中学高级教师	1999年12月	韦富红	中学高级教师	2003年12月
韦权辉	中学高级教师	2003年12月	韦秀莉	中学高级教师	2005年12月
覃峙钧	副主任医师	2003年12月	覃获招	中学高级教师	2005年12月
覃秀丽	副主任医师	2003年12月	刘和生	中学高级教师	2005年12月
何生玲	副主任医师	2003年12月	苏军松	中学高级教师	2005年12月

表32-12　（三）忻城县：中华人民共和国成立后至2005年获高级专业技术职称人员表

姓名	专业技术职称	获得时间	姓名	专业技术职称	获得时间
罗葵良	副主任医师	1995年12月	莫　薛	中学高级教师	1997年12月
韦秀珍	副主任医师	1995年12月	姚秀杰	中学高级教师	1997年12月
黄　权	副高级教师	1995年12月	吴秀乾	副高级教师	1998年12月
石娜佳	副高级教师	1995年12月	罗东平	副高级教师	1998年12月
林凤庭	副高级教师	1995年12月	罗　杰	副高级教师	1998年12月
韦炳强	副高级教师	1995年12月	蓝宝青	副高级教师	1998年12月
黄莲金	副高级教师	1995年12月	潘汉忠	副高级教师	1998年12月
罗善金	副高级教师	1995年12月	莫益福	副高级教师	1998年12月
韦凤凋	副高级教师	1995年12月	蓝惠玲	副高级教师	1998年12月
黄兰洪	高级畜牧师	1995年12月	罗英武	副高级教师	1999年12月
樊日文	高级工程师	1995年12月	樊宝和	副高级教师	1999年12月
罗葵良	副主任医师	1995年12月	莫美明	副高级教师	2000年12月
庞素玲	副主任医师	1996年11月	韦秀銮	副高级教师	2000年12月
梁承武	副高级教师	1996年11月	莫崇壮	副高级教师	2000年12月
莫　薛	副高级教师	1997年12月	马星丽	副高级教师	2002年12月
蒙文海	副高级教师	1997年12月	苏兰菊	副主任医师	2003年
姚秀杰	副高级教师	1997年12月	莫　军	副主任医师	2003年12月
莫万雄	副高级教师	1997年12月	蓝宝明	副主任医师	2004年
陆海清	副高级教师	1997年12月	韦荣贤	高级工程师	2004年
樊荣湘	副高级教师	1997年12月	黄炳初	副高级教师	2004年12月
黄胜仕	副高级教师	1997年12月	韦朝晖	副高级教师	2004年12月
陈绍谋	副高级教师	1997年12月	莫盛兰	副高级教师	2004年12月
黄生学	副高级教师	1997年12月	樊三峰	副高级教师	2004年12月

续表

姓名	专业技术职称	获得时间	姓名	专业技术职称	获得时间
石兰昌	副高级教师	1997年12月	韦荣贤	高级工程师	2004年12月
蓝焕锋	副高级教师	1997年12月	蓝　珍	副主任医师	2004年12月
李海青	高级畜牧师	1997年12月	赖彩兰	副主任医师	2004年12月

表32-13　　(四)武宣县:中华人民共和国成立后至2005年获高级专业技术职称人员表

姓名	专业技术职称	获得时间	姓名	专业技术职称	获得时间
韦遗笙	中学高级教师		黄尚武	高级政工师	1992年7月
周树荣	中学高级教师		刘业常	高级政工师	1992年7月
潘世益	中学高级教师		韦立华	高级政工师	1992年7月
曾令山	高级经济师		林秀华	高级政工师	1992年7月
姜并茂	副主任医师		莫在良	高级工程师	1992年7月
罗和民	副主任技师		罗水经	高级会计师	1992年7月
韦天社	高级讲师	1985年	廖志荣	副主任医师	1992年7月
何善宣	中学高级教师	1985年	苏志锋	副主任医师	1992年7月
李丽美	中学高级教师	1985年	朱正宁	高级政工师	1992年7月
周东昌	中学高级教师	1985年	韦杰管	高级工程师	1992年12月
周业荣	中学高级教师	1985年	覃新香	高级农艺师	1992年12月
周纪瑞	中学高级教师	1985年	张毓权	高级农艺师	1992年12月
罗文祯	中学高级教师	1985年	侯震江	中学高级教师	1992年12月
黄淑盆	中学高级教师	1985年	刘佩凤	中学高级教师	1992年12月
黄德椖	中学高级教师	1985年	周仁仰	高级农艺师	1992年12月
覃兆阁	中学高级教师	1985年	韦毅军	高级政工师	1993年
覃德浩	中学高级教师	1985年	张霖威	高级畜牧师	1993年
陆岳芝	高级工程师	1985年	梁观华	副主任医师	1993年9月
韦德草	中学高级教师	1988年	邓伯奎	中学高级教师	1993年9月
覃招龙	中学高级教师	1990年	刘达勇	中学高级教师	1993年9月
韦慧瑾	中学高级教师	1990年	刘相国	中学高级教师	1993年9月
覃维罴	中学高级教师	1990年	林东强	中学高级教师	1993年9月
梁宝平	中学高级教师	1991年2月	魏荣轩	中学高级教师	1993年9月
何　锋	高级兽医师	1991年8月	黎光读	中学高级教师	1993年9月
韦志学	高级农艺师	1992年1月	韦桂玲	中学高级教师	1993年9月
韦守德	高级政工师	1992年7月	陈恒发	中学高级教师	1993年9月
韦凤光	高级政工师	1992年7月	黄　标	中学高级教师	1993年9月
李永彬	高级政工师	1992年7月	黄桂军	中学高级教师	1993年9月
黄岐成	高级政工师	1992年7月	李炳先	中学高级教师	1993年9月
黄太茂	高级政工师	1992年7月	韦建雅	中学高级教师	1993年9月
张富荣	高级政工师	1992年7月	黎汉龙	中学高级教师	1993年9月
罗连昌	高级政工师	1992年7月	黄新宣	中学高级教师	1993年9月

续表

姓名	专业技术职称	获得时间	姓名	专业技术职称	获得时间
覃善章	中学高级教师	1993年9月	苏斌生	副主任医师	1995年7月
韦习梅	中学高级教师	1993年9月	何基新	高级政工师	1995年9月
陈婬都	中学高级教师	1993年9月	翁　胜	主任编辑	1995年9月
杜天生	高级政工师	1993年11月	黄太尚	高级教练	1995年9月
覃纪康	高级经济师	1994年	叶振中	高级兽医师	1995年10月
丘家津	高级畜牧师	1994年	刘　鼎	高级工程师	1995年10月
李赞廷	高级农艺师	1994年	韦迪玲	中学高级教师	1995年12月
潘克权	高级农艺师	1994年9月	陈刚怀	高级经济师	1995年12月
黎云山	高级畜牧师	1994年9月	莫省宽	高级会计师	1995年12月
梁世希	高级经济师	1994年9月	廖福林	高级统计师	1995年12月
廖　军	高级工程师	1994年9月	覃梦良	高级统计师	1995年12月
何培贤	高级工程师	1994年9月	刘阳品	高级政工师	1995年12月
韦才敏	高级工程师	1994年9月	卢永刚	高级工程师	1995年12月
张荣凤	高级工程师	1994年11月	刘九进	副主任医师	1995年12月
廖庆云	高级工程师	1994年12月	黄德密	副主任医师	1995年12月
黄行基	中学高级教师	1994年12月	吴玉芬	副主任医师	1995年12月
薛文涛	中学高级教师	1994年12月	银美琼	副主任医师	1995年12月
曾悦富	中学高级教师	1994年12月	覃金莺	副主任医师	1995年12月
李智德	中学高级教师	1994年12月	赖田超	副主任医师	1995年12月
黄元开	中学高级教师	1994年12月	刘　良	高级工程师	1995年12月
覃金菊	中学高级教师	1994年12月	廖小姣	高级农艺师	1995年12月
韦炳实	中学高级教师	1994年12月	潘华周	中学高级教师	1995年12月
王玉琼	中学高级教师	1994年12月	周千普	中学高级教师	1995年12月
黄成鲜	中学高级教师	1994年12月	杨胜勋	中学高级教师	1995年12月
宁家民	中学高级教师	1994年12月	李毅航	中学高级教师	1995年12月
何开春	中学高级教师	1994年12月	黎展琼	中学高级教师	1995年12月
张永浒	高级会计师	1995年	蓝慕兰	中学高级教师	1995年12月
黄剑桥	高级经济师	1995年	覃克勇	中学高级教师	1995年12月
李芝生	高级政工师	1995年	覃纪象	高级工程师	1996年
蒋谭盛	高级经济师	1995年	吴宇雄	高级政工师	1996年4月
廖汉贵	高级农艺师	1995年	黄桂春	高级农艺师	1996年12月
苏就坚	高级兽医师	1995年6月	龙玉色	副主任护师	1996年12月
项强星	高级工程师	1996年12月	黎世欢	中学高级教师	1999年12月
张素香	中学高级教师	1996年12月	蔡　耿	中学高级教师	1999年12月
覃凯莲	中学高级教师	1996年12月	梁太松	中学高级教师	1999年12月
李国华	中学高级教师	1996年12月	韦振墨	中学高级教师	1999年12月
黄恒谋	中学高级教师	1997年12月	廖志广	高级政工师	2000年

续表

姓名	专业技术职称	获得时间
许明颖	高级政工师	1997 年 12 月
陆庆奎	高级农艺师	1997 年 12 月
雷炳书	高级政工师	1997 年 12 月
覃克哲	中学高级教师	1997 年 12 月
叶更生	中学高级教师	1997 年 12 月
何建管	中学高级教师	1997 年 12 月
梁世荣	中学高级教师	1997 年 12 月
刘艳萍	中学高级教师	1997 年 12 月
黄榜开	中学高级教师	1997 年 12 月
廖文桥	中学高级教师	1998 年 12 月
郑　洪	中学高级教师	1998 年 12 月
覃月琼	中学高级教师	1998 年 12 月
廖结春	中学高级教师	1998 年 12 月
韦永浪	中学高级教师	1998 年 12 月
覃广告	中学高级教师	1998 年 12 月
黄佩宝	中学高级教师	1998 年 12 月
余其敏	中学高级教师	1998 年 12 月
黄美琦	中学高级教师	1998 年 12 月
覃少争	中学高级教师	1999 年 12 月
韦明正	中学高级教师	1999 年 12 月
韦超料	副主任医师	2000 年 12 月
臧　雄	中学高级教师	2000 年 12 月
谭绍泽	中学高级教师	2000 年 12 月
覃世光	中学高级教师	2000 年 12 月
潘华新	中学高级教师	2000 年 12 月
韦永作	中学高级教师	2000 年 12 月
韦邦仅	副主任医师	2001 年 12 月
彭润凤	中学高级教师	2001 年 12 月
蔡禄飞	副主任医师	2001 年 12 月
潘侣贤	副主任医师	2002 年 12 月
廖青莲	中学高级教师	2002 年 12 月
韦培安	中学高级教师	2003 年 12 月
曾廷杰	副主任医师	2003 年 12 月
黄文锐	副主任医师	2003 年 12 月
张鸿斌	副主任医师	2004 年 12 月
韦云最	副主任医师	2004 年 12 月
韦　杰	副主任护师	2005 年 12 月
陈　菡	中学高级教师	2005 年 12 月
韦启俪	副主任医师	2005 年 12 月

表 32-14　(五)金秀瑶族自治县:中华人民共和国成立后至 2005 年获高级专业技术职称人员表

姓名	专业技术职称	获得时间
郭嘉龙	高级工程师	1988 年 7 月
廖炎武	高级农艺师	1988 年 7 月
戚如龙	高级农艺师	1990 年 6 月
官海君	高级工程师	1991 年 6 月
赵郭英	高级政工师	1992 年 7 月
郭廷炫	高级讲师	1992 年 7 月
李荣桂	中学高级教师	1992 年 7 月
黄荣荪	中学高级教师	1993 年 7 月
赵华忠	中学高级教师	1993 年 9 月
陈秀琼	中学高级教师	1993 年 9 月
胡　炬	中学高级教师	1993 年 9 月
李海生	中学高级教师	1993 年 9 月
罗伟才	中学高级教师	1993 年 9 月
莫忍章	高级工程师	1993 年 12 月
罗保庭	高级工程师	1995 年 12 月
刘保成	高级工程师	1995 年 12 月
黄新和	高级工程师	1995 年 12 月
韦国发	中学高级教师	1995 年 12 月
覃伟才	中学高级教师	1995 年 12 月
盘青锋	中学高级教师	1995 年 12 月
杨秀平	中学高级教师	1995 年 12 月
陈柏坤	高级经济师	1995 年 12 月
黄元礼	高级经济师	1995 年 12 月
梁奇志	高级经济师	1995 年 12 月
周宜贵	高级经济师	1995 年 12 月
胡志坚	高级经济师	1995 年 12 月
张建中	高级经济师	1995 年 12 月
覃洪光	副主任医师	1995 年 12 月

续表

姓名	专业技术职称	获得时间	姓名	专业技术职称	获得时间
叶文凤	高级政工师	1994年9月	覃志良	副主任医师	1995年12月
陈伙养	高级会计师	1994年11月	张延金	副主任医师	1995年12月
徐梅芳	高级工程师	1994年11月	赵连英	副主任医师	1995年12月
黄静波	中学高级教师	1994年12月	黄营芳	副主任医师	1995年12月
毛玉杰	中学高级教师	1994年12月	黄静光	副主任医师	1995年12月
黄佩宁	高级工程师	1995年9月	盘梅召	副主任医师	1995年12月
韦张兵	高级经济师	1995年9月	苏志坚	副主任技师	1995年12月
赵成斌	高级经济师	1995年9月	梁　明	高级农艺师	1995年12月
赵文旺	高级经济师	1995年9月	莫营福	高级农艺师	1995年12月
罗广平	高级经济师	1995年9月	苏玉凤	高级会计师	1996年12月
黄素炬	高级经济师	1995年9月	郭业鹏	中学高级教师	1996年12月
郭廷宇	高级经济师	1995年9月	覃社会	中学高级教师	1996年12月
莫隆章	副编审	1995年9月	陈志忠	中学高级教师	1996年12月
刘明原	副编审	1995年9月	巫福纯	副主任法医师	1997年9月
郭茂辉	副主任编辑	1995年9月	余昌彦	中学高级教师	1997年12月
李文武	高级工程师	1995年12月	管建桂	二级律师	1995年9月
韦于欢	二级律师	1995年9月	韦良超	中学高级教师	1997年12月
粟昌基	副研究员	1995年9月	梁生财	高级政工师	1998年3月
龙　锐	高级农艺师	1995年9月	陈远梅	高级政工师	1998年3月
翁建忠	高级统计师	1995年12月	陆家培	高级政工师	1998年3月
兰桂琴	高级会计师	1995年12月	莫金梅	高级政工师	1998年3月
覃一平	高级工程师	1995年12月	郭建华	中学高级教师	1999年12月
莫建荣	高级工程师	1995年12月	莫训瑶	中学高级教师	1999年12月
陆富盛	高级工程师	1995年12月	苏国良	中学高级教师	1999年12月
余永福	高级工程师	1995年12月	黄礼强	中学高级教师	2000年12月
潘发成	中学高级教师	2000年12月	何海平	中学高级教师	2000年12月
杜　文	中学高级教师	2001年12月	覃润华	中学高级教师	2001年12月
苏金宁	中学高级教师	2001年12月	吴义生	中学高级教师	2001年12月
陆志忠	中学高级教师	2001年12月	周汉高	中学高级教师	2001年12月
盘龙庆	中学高级教师	2001年12月	黄静光	副主任医师	2003年6月
覃丽青	中学高级教师	2001年12月	覃建宏	副主任医师	2005年10月

表32-15　（六）合山市：中华人民共和国成立后至2005年获高级专业技术职称人员表

姓名	专业技术职称	获得时间	姓名	专业技术职称	获得时间
黄耀青	高级农艺师		杨燕光	中学高级教师	
陈　榕	高级农艺师		陆　迅	中学高级教师	

续表

姓名	专业技术职称	获得时间	姓名	专业技术职称	获得时间
黄重辉	高级兽医师		霍金柳	副主任医师	1992年12月
韦宝奎	副主任医师		钟培祯	高级工程师	
石中瑶	副主任医师		易中和	高级工程师	
钟应新	副主任医师		刘佑奇	高级工程师	
郭振强	副主任医师		韦凛宗	高级工程师	
陈开法	副主任医师		王启宽	高级工程师	
何永琦	副主任医师		邓启寿	高级工程师	
何应中	副主任医师		许信益	高级工程师	
雷德俊	副主任医师		阎振德	高级工程师	
吴卓之	高级会计师		罗甘滋	高级工程师	
莫永忠	高级会计师		黄永绍	高级工程师	
莫朝德	高级会计师		李昌怀	高级工程师	
李文进	高级会计师		杨贵年	高级工程师	
程　彬	高级会计师		周耀文	高级工程师	
蒋周禧	高级会计师		梁同华	高级工程师	
李天瑞	中学高级教师		覃忠民	高级工程师	
李培华	中学高级教师		谢杏辉	高级工程师	
陈基风	中学高级教师		蓝光明	高级工程师	
周　凯	中学高级教师		谭泰然	高级工程师	
吴壮周	中学高级教师		熊宗智	高级工程师	
吴继光	中学高级教师		魏光宗	高级工程师	
唐永康	中学高级教师		潘海滨	高级政工师	
凌绍鸣	中学高级教师		陆大年	高级政工师	
崖玉钟	中学高级教师		杜永乾	高级政工师	
黄作超	中学高级教师		黄达友	高级政工师	
韦乐发	中学高级教师		高　扬	高级政工师	
卢欣廷	中学高级教师		林辉权	高级政工师	
韦善群	中学高级教师		李　岳	高级政工师	
卢世和	中学高级教师		吕雪松	高级政工师	
冯秉林	中学高级教师		郭天汉	高级经济师	
赵中定	中学高级教师		田慧佳	高级工程师	
黄廷富	中学高级教师		张　静	高级会计师	1998年3月
李树成	中学高级教师		何汉柳	高级工程师	1998年7月
陈文作	副主任医师	1992年12月	周如新	中学高级教师	1998年8月
肖玉祥	副主任医师	1992年12月	罗绮薇	副主任医师	1992年12月

续表

姓名	专业技术职称	获得时间	姓名	专业技术职称	获得时间
庞民先	副主任医师	1992 年 12 月	阮小松	中学高级教师	1998 年 12 月
罗世金	高级工程师	1993 年 5 月	卢建新	中学高级教师	1998 年 12 月
黄宝安	高级工程师	1993 年 12 月	卢　勇	高级工程师	1998 年 12 月
黄仕宏	高级工程师	1994 年 10 月	蒋礼年	高级工程师	1998 年 12 月
周德魁	副主任医师	1994 年 11 月	罗晓燕	中学高级教师	1998 年 12 月
宁明德	高级政工师	1994 年 11 月	安重九	高级工程师	1999 年 1 月
覃超南	高级工程师	1994 年 12 月	廖志雄	副主任医师	1999 年 4 月
钟赵龙	高级政工师	1994 年 12 月	蓝　林	中学高级教师	1999 年 12 月
谭光林	高级工程师	1994 年 12 月	张远松	中学高级教师	1999 年 12 月
王纯高	副主治医师	1995 年 12 月	赖茂业	高级工程师	2000 年 12 月
谭冠莲	副主治医师	1995 年 12 月	梁　兴	高级工程师	2000 年 12 月
杨辉光	副主治医师	1995 年 12 月	刘谋行	高级工程师	2000 年 12 月
覃树发	高级工程师	1995 年 12 月	曾少思	高级工程师	2000 年 12 月
徐汉余	高级工程师	1995 年 12 月	吴庆光	高级经济师	2000 年 12 月
刘小强	中学高级教师	1995 年 12 月	曹　群	高级工程师	2000 年 12 月
兰祖斌	中学高级教师	1995 年 12 月	韦忠周	高级会计师	2000 年 12 月
杨　宏	高级经济师	1995 年 12 月	刘运峰	中学高级教师	2001 年 12 月
陈发雄	高级工程师	1995 年 12 月	罗仁捷	中学高级教师	2001 年 12 月
甘世超	高级工程师	1995 年 12 月	覃有能	中学高级教师	2001 年 12 月
谢玉芳	副主任医师	1996 年 12 月	谭终胜	中学高级教师	2001 年 12 月
黎展智	高级政工师	1996 年 12 月	朱日友	高级政工师	2002 年 12 月
邓文国	高级工程师	1996 年 12 月	覃继潮	高级工程师	2002 年 12 月
曾云海	高级政工师	1996 年 12 月	梁庆廉	高级工程师	2002 年 12 月
方　兴	高级工程师	1997 年 6 月	覃恩英	高级政工师	2002 年 12 月
谭希维	中学高级教师	1997 年 9 月	蒋永武	中学高级教师	2003 年 12 月
彭恒海	副主任医师	1997 年 12 月	冉孟永	中学高级教师	2003 年 12 月
郑继有	高级工程师	1997 年 12 月	张　振	高级工程师	2003 年 12 月
闭致顺	中学高级教师	1997 年 12 月	罗桂吉	中学高级教师	2004 年 12 月
张　毅	高级工程师	1997 年 12 月	周世远	高级工程师	2004 年 12 月
朱国雄	中学高级教师	1997 年 12 月	王永步	高级工程师	2004 年 12 月
周学能	中学高级教师	1997 年 12 月	高　伟	高级工程师	2004 年 12 月
韦军航	高级经济师	1997 年 12 月	陈永福	中学高级教师	2004 年 12 月
彭子文	高级兽医师	1997 年 12 月	樊扬兴	中学高级教师	2004 年 12 月
蓝宾北	高级农艺师	1997 年 12 月	韦卓豪	中学高级教师	2004 年 12 月
张柏禄	高级工程师	1997 年 12 月	周仕友	高级工程师	1997 年 12 月
吴克帅	高级政工师	1998 年 8 月			

表32-16　（七）来宾市直（地直）单位中华人民共和国成立后至2005年获高级专业技术职称人员表

姓名	职称名称	获得时间	姓名	职称名称	获得时间
刘森贵	高级工程师	1983年8月	窦永章	高级工程师	1987年1月
曹应忠	高级畜牧师	1985年7月	刘甲楷	高级工程师	1987年7月
封槿清	高级农艺师	1985年7月	陈韶晖	高级农艺师	1987年12月
黄光明	高级兽医师	1985年7月	韦庆荣	高级畜牧师	1987年12月
黄正平	高级农艺师	1985年7月	张振成	高级农艺师	1987年12月
康成业	高级兽医师	1985年7月	钟燕晖	高级农艺师	1987年12月
李树铭	高级畜牧师	1985年7月	陈斯湖	高级工程师	1988年7月
廖德华	高级兽医师	1985年7月	陈永乐	高级工程师	1988年7月
林金山	高级工程师	1985年7月	黄克明	高级工程师	1988年7月
柳以申	高级兽医师	1985年7月	陆飞鹏	高级会计师	1988年7月
阮瑞文	高级工程师	1985年7月	麦顶生	高级工程师	1988年7月
沈观容	高级工程师	1985年7月	杨文献	高级经济师	1988年7月
谢尧兴	高级农艺师	1985年7月	张国荣	高级工程师	1988年7月
宾祖祯	高级工程师	1990年6月	陆锡麒	高级经济师	1992年7月
蔡光雄	高级工程师	1990年6月	覃弛纪	高级会计师	1992年7月
曾国敏	高级畜牧师	1990年6月	覃瑞廷	高级经济师	1992年7月
陈立贵	高级工程师	1990年6月	滕耀星	高级工程师	1992年7月
邓聚长	高级工程师	1990年6月	王肖鸣	高级统计师	1992年7月
董明秀	高级兽医师	1990年6月	韦　礼	高级工程师	1992年7月
韩素芳	高级农艺师	1990年6月	梧裕珠	高级讲师	1992年7月
雷　激	高级工程师	1990年6月	夏玉清	高级经济师	1992年7月
梁琪瑶	高级农艺师	1990年6月	张玉琼	高级工程师	1992年7月
梁文明	高级工程师	1990年6月	李培华	高级工程师	1992年11月
廖意复	高级畜牧师	1990年6月	何英安	高级工程师	1992年12月
龙任基	高级畜牧师	1990年6月	黄立高	高级工程师	1992年12月
马训杰	高级工程师	1990年6月	黄瑞生	高级会计师	1992年12月
宁爱英	高级农艺师	1990年6月	金思炎	高级农艺师	1992年12月
牛者田	高级工程师	1990年6月	兰茂希	高级工程师	1992年12月
王保元	高级兽医师	1990年6月	黎达勇	高级经济师	1992年12月
王福金	高级工程师	1990年6月	李道滋	副高级农艺师	1992年12月
吴焯鸣	高级工程师	1990年6月	李宏仁	高级农艺师	1992年12月
吴世利	高级畜牧师	1990年6月	李曼姝	高级兽医师	1992年12月
向德盟	高级工程师	1990年6月	李启明	高级工程师	1992年12月
谢秀坤	高级畜牧师	1990年6月	李振华	高级工程师	1992年12月
何金玉	高级农艺师	1990年7月	李　正	高级工程师	1992年12月
李垤庆	高级农艺师	1990年7月	梁璧华	高级会计师	1992年12月

续表

姓名	职称名称	获得时间	姓名	职称名称	获得时间
李耀钧	高级农经师	1990年7月	陆　明	高级工程师	1992年12月
龙婉玲	高级农艺师	1990年7月	吕单鹏	高级工程师	1992年12月
扬子渭	高级农艺师	1990年7月	莫如惠	中学高级教师	1992年12月
梁　军	高级工程师	1990年12月	莫松之	高级政工师	1992年12月
马贵山	高级工程师	1990年12月	秦开培	高级经济师	1992年12月
吴焯鸿	高级工程师	1990年12月	覃复翼	高级工程师	1992年12月
卓俊和	高级工程师	1990年12月	谭　柯	高级工程师	1992年12月
伍筱媛	高级农艺师	1991年12月	陶绍棣	高级工程师	1992年12月
贺继光	高级工程师	1992年7月	王嗣胤	高级农艺师	1992年12月
胡绍康	高级工程师	1992年7月	韦肖文	高级工程师	1992年12月
兰年顺	高级经济师	1992年7月	谢玉瑄	高级兽医师	1992年12月
蓝瑞甲	高级工程师	1992年7月	张天鹏	高级工程师	1992年12月
李明真	高级工程师	1992年7月	张祖开	高级农经师	1992年12月
李志成	高级经济师	1992年7月	杨钦武	高级工程师	1994年9月
郑信英	副研究馆员	1992年12月	郭茂新	高级经济师	1994年10月
邹碧云	高级讲师	1992年12月	骆胜彬	高级经济师	1994年10月
侯怡崇	高级农艺师	1993年2月	罗吴明	高级工程师	1994年11月
雷玉新	高级工程师	1993年2月	曹红羽	高级工程师	1994年12月
李建竖	副高级农艺师	1993年2月	黄幼垣	高级兽医师	1994年12月
梁荫庭	高级工程师	1993年2月	梁显春	中学高级教师	1994年12月
谭鉴源	副高级兽医师	1993年2月	刘传玺	农业科技推广研究员	1994年12月
罗元春	高级工程师	1993年5月	莫益守	中学高级教师	1994年12月
黄仕明	高级农艺师	1993年9月	倪金华	高级工程师	1994年12月
梁建平	副高级工程师	1993年9月	童　芳	高级工程师	1994年12月
刘俊民	高级畜牧师	1993年9月	温桂珍	副研究馆员	1994年12月
刘韻佩	高级农艺师	1993年9月	吴建祥	高级兽医师	1994年12月
陆献吉	高级水产工程师	1993年9月	莫帮福	高级会计师	1995年9月
马宗玲	高级工程师	1993年9月	陈远基	高级政工师	1995年9月
蒙善卿	高级水产工程师	1993年9月	黎耀宗	高级政工师	1995年9月
莫庭喜	高级兽医师	1993年9月	李振德	副研究馆员	1995年9月
石朝朗	高级畜牧师	1993年9月	廖重德	高级政工师	1995年9月
陈生保	高级工程师	1993年12月	凌燕兰	副研究馆员(档案系列)	1995年9月
林　寿	高级工程师	1993年12月	罗志宏	高级政工师	1995年9月
刘美玉	高级工程师	1993年12月	史本荣	高级政工师	1995年9月
龙光日	高级工程师	1993年12月	覃忠琳	高级政工师	1995年9月
罗盛谋	高级工程师	1993年12月	吴兰芳	副研究馆员	1995年9月
梁正经	高级畜牧师	1992年12月	骆冠斌	卫生系列副主任医师	1993年12月

续表

姓名	职称名称	获得时间	姓名	职称名称	获得时间
漆业辉	卫生系列副主任医师	1993 年 12 月	徐和爱	副研究馆员(档案系列)	1995 年 9 月
苏锦高	卫生系列副主任医师	1993 年 12 月	陈爱国	高级经济师	1995 年 12 月
孙培琨	高级工程师	1993 年 12 月	陈建凡	高级工程师	1995 年 12 月
王庆军	高级讲师	1993 年 12 月	陈觉新	高级经济师	1995 年 12 月
温德云	高级工程师	1993 年 12 月	陈进策	高级工程师	1995 年 12 月
张国仕	卫生系列副主任医师	1993 年 12 月	陈筱柏	高级工程师	1995 年 12 月
张士兰	高级工程师	1993 年 12 月	樊树鹏	高级经济师	1995 年 12 月
赵金凤	卫生系列副主任医师	1993 年 12 月	甘俊豪	高级农经师	1995 年 12 月
钟　芳	高级工程师	1993 年 12 月	辜德培	高级工程师	1995 年 12 月
邹苍生	卫生系列副主任医师	1993 年 12 月	何发兰	高级会计师	1995 年 12 月
李浩良	高级经济师	1994 年 2 月	胡筱玲	高级统计师	1995 年 12 月
黎榜升	高级政工师	1994 年 9 月	黄非常	高级工程师	1995 年 12 月
李巍林	高级工程师	1994 年 9 月	黄光庆	高级工程师	1995 年 12 月
韦国川	高级工程师	1994 年 9 月	黄开拓	高级工程师	1995 年 12 月
黄木英	高级工程师	1995 年 12 月	吴　键	高级工程师	1995 年 12 月
黄善明	高级工程师	1995 年 12 月	吴照星	高级会计师	1995 年 12 月
黎春梅	高级经济师	1995 年 12 月	夏福成	高级工程师	1995 年 12 月
李坤枝	高级工程师	1995 年 12 月	谢吕光	高级工程师	1995 年 12 月
李佩云	高级工程师	1995 年 12 月	杨国华	高级经济师	1995 年 12 月
李锐锋	高级工程师	1995 年 12 月	杨庆姣	高级工程师	1995 年 12 月
李　献	高级兽医师	1995 年 12 月	杨亚智	高级工程师	1995 年 12 月
李燕山	高级经济师	1995 年 12 月	张晓东	高级工程师	1995 年 12 月
练　华	计划生育副主任医师	1995 年 12 月	张祖明	高级会计师	1995 年 12 月
梁德太	高级工程师	1995 年 12 月	周志和	高级农艺师	1995 年 12 月
梁昭琴	计划生育副主任医师	1995 年 12 月	朱昌奎	高级会计师	1995 年 12 月
梁忠邦	高级经济师	1995 年 12 月	田子淳	高级工程师	1996 年 1 月
廖金朗	高级经济师	1995 年 12 月	李金洲	高级经济师	1996 年 3 月
廖　平	高级农经师	1995 年 12 月	谭念宗	高级经济师	1996 年 5 月
林培荣	高级经济师	1995 年 12 月	贯文林	高级政工师	1996 年 6 月
刘　勋	高级工程师	1995 年 12 月	劳肇力	高级工程师	1996 年 6 月
卢少明	高级会计师	1995 年 12 月	韦炳奎	高级农艺师	1996 年 6 月
卢运逸	高级经济师	1995 年 12 月	吴肇致	高级农艺师	1996 年 6 月
罗保庭	高级工程师	1995 年 12 月	杨华辉	高级农艺师	1996 年 6 月
罗日杨	高级工程师	1995 年 12 月	邱建军	副研究馆员	1996 年 7 月
骆　进	高级工程师	1995 年 12 月	金　进	高级农艺师	1996 年 12 月
吕榕生	高级会计师	1995 年 12 月	陈卞宾	高级农艺师	1997 年 12 月
谢玉英	高级政工师	1995 年 9 月	宁材强	高级工程师	1995 年 12 月

续表

姓名	职称名称	获得时间	姓名	职称名称	获得时间
欧诗和	高级工程师	1995 年 12 月	唐坚真	高级工程师	1997 年 12 月
邱树杰	高级工程师	1995 年 12 月	王　华	高级政工师	1997 年 12 月
石惠琼	高级工程师	1995 年 12 月	韦跃冬	高级经济师	1997 年 12 月
苏　杰	高级会计师	1995 年 12 月	杨红卫	副研究馆员	1997 年 12 月
覃惠平	高级农艺师	1995 年 12 月	周志忠	高级经济师	1998 年 2 月
覃建考	高级工程师	1995 年 12 月	熊向阳	副教授	1998 年 11 月
覃项贤	高级工程师	1995 年 12 月	曾宪彪	副教授	1998 年 12 月
陶世姣	高级统计师	1995 年 12 月	邓海明	内科副主任医师	1998 年 12 月
王缉珍	高级工程师	1995 年 12 月	韦远规	高级工程师	1998 年 12 月
王彦平	高级农艺师	1995 年 12 月	张　杰	高级工程师	1998 年 12 月
韦盛光	高级工程师	1995 年 12 月	陶桂东	高级工程师	1999 年 12 月
韦武青	高级经济师	1995 年 12 月	王　斌	高级农艺师	1999 年 12 月
吴大光	高级农艺师	1995 年 12 月	严长泽	高级工程师	1999 年 12 月
吴惠鸾	高级会计师	1995 年 12 月	张大刊	高级农艺师	1999 年 12 月
周琳玲	高级工程师	1999 年 12 月	黄　瑜	高级工程师	2003 年 12 月
朱贯莲	高级工程师	1999 年 12 月	蒋水生	高级工程师	2003 年 12 月
胡跃鹏	高级工程师	2000 年 12 月	廖永胥	高级工程师	2003 年 12 月
肖永健	高级工程师	2000 年 12 月	丘积刚	高级工程师	2003 年 12 月
赖家胜	副教授	2001 年 12 月	曾凡芝	高级实验师	2004 年 12 月
廖味光	高级兽医师	2001 年 12 月	李珏璇	高级实验师	2004 年 12 月
李巧文	副教授	2002 年 7 月	林翠英	副教授	2004 年 12 月
梁浩文	高级建筑师	2002 年 12 月	余永生	副教授	2004 年 12 月
林发仁	高级农艺师	2002 年 12 月	陈　璟	副教授	2005 年 12 月
潘民熙	高级工程师	2002 年 12 月	欧艳梅	副教授	2005 年 12 月
洪小红	高级经济师	1997 年 12 月			

附　录

一 文 献

广西来宾麒麟山人类头骨化石

中国科学院古脊椎动物研究所
贾兰坡 吴汝康

中国科学院古脊椎动物研究所野外调查队于1956年1月14日在广西来宾县桥巩圩麒麟山的一个洞穴里发现了1具残破的人类头骨,1件粗制的石器和2件人工打制的石片。麒麟山位于桥巩圩之北1.5千米,合隆村之南0.5千米;该山东西长约150米,南北宽约110米,高45米。

这一带为马平石灰岩区,由于喀斯特地形发育,构成多座奇形怪状的孤立小山。麒麟山之北有狮子山和猴子山,西有芭扁山和龙口山,西南有老蚌山和板山,东3千米有江山,在江山之东有红水河。

麒麟山本身由于石灰岩的节理特别发育,构成许多大小不同的洞穴,在一些洞穴里曾发现零星的第四纪哺乳动物化石,在其中的“盖头洞”(壮语叫作“卡姆头洞”;地点编号56.08.1)发现了人类的头骨。

盖头洞高出现在的地面7米;洞口朝南偏东10°,洞口高2.7米,洞的纵深4.8米。在洞的尽头通过一个小洞还另有一个洞室。洞内原有的堆积约为18立方米,但当时农民利用这种堆积作为肥料,在我们调查队到达之前已挖去了约15立方米;调查队又发掘了约1立方米,现在还保留着约2立方米的堆积。

洞内的堆积共有1.7米厚,根据它的性质可以分为上下两层:上层为黄灰色的角砾岩,厚0.6米,虽被薄层石笱分隔为三层,但由于堆积的性质十分一致,仍应作同一地层看待。薄层石笱表示上层的堆积物在堆积期间有时持续有时则停止。人类化石发现在表层石笱之下0.12米处。下层为硬的红色土堆积,不如上层胶结紧密,厚2.1米,层中含有结核和碎石块。

在这个地点发现的化石种类很少,除由上下层中发现有一些零星的残破鹿牙,猪牙和肢骨的破片外,并发现有小量的斧足类壳和大量的腹足类壳,在腹足类中以田螺(Viviparus)和乌蛳(Semisulcospira)为最多。

这个地点出土的文化遗物也很少,除上层发现有薄层的灰烬(中有炭块和烧骨)外,并发现了1件石器和两件人工打制的石片。石器打制得很粗糙,只将扁圆的石英岩砾石的一边,向一面打击,使之成为适于刮削的刃缘。由于石器发现过少,石器的加工又特别简单,目前还没有可能作出石器性质上的或者是时代上的可靠判断,因为如此加工的石器,在石器时代的任何阶段都可以找到。

麒麟山的人类头骨化石仅有颅底部分保存,包括大部分上颌骨和腭骨,右侧的颧骨和大部分枕骨,但三者已不连续,因而不能互相粘接。标本呈灰白色,石化程度中等。上颌骨保留有右侧的三个臼齿和第一前臼齿,左侧的第一臼齿和二个前臼齿,其余的牙齿已在生前脱落。臼齿齿冠已大部分被磨蚀掉,前臼齿则已磨蚀到齿颈部分,显然为老年的个体,头骨表面粗糙,牙齿较大,表示其为男性。

上颌骨和腭骨组成完整的硬腭,由于其位置较高,因此上颌窦底位于鼻腔底壁的水平之下,鼻腔底面平坦,与上颌骨前面有一较锐的骨嵴相分隔。犬齿窝较浅,齿槽凸度中等。犬齿隆起非常明显,但向上延伸远不到达鼻腔底的水平。鼻梨状孔的下部较宽。硬愕约呈“凵”字形,表面粗糙。牙齿磨蚀程度虽然极大,但仍可看出臼齿齿冠约呈长方形而非方形。

右侧颧骨仅有骨体和部分眶突保存,眶突与前面相交几成直角,也就是眶突并不如一般现代人的下陷。骨体的前面大部平坦,仅稍微隆起。

枕骨的鳞部大部保存,其余保存的部分只有左侧的枕骨髁和基底部。由人字点到大孔后缘点的弧长约为121毫米,弦长101毫米,因此枕骨的曲度指数为83.5。现代各人种枕骨的曲度指数平均为82.8,两者颇为接近。在枕骨鳞部,枕平面的正中矢状弧长70毫米,项平面的正中矢状弧长51毫米,在现代人中,极大多数情形为枕平面长于项平面。枕外隆凸为中等大小。枕外嵴微显。上项线为明显的骨嵴,下项线则较不明显。

枕骨内面深凹而为一“十”字骨嵴分隔成四个窝,上部容纳大脑枕叶的窝较小而深,下部容纳小脑半球的窝较为宽大。枕内嵴高而锐。枕内隆凸与枕外隆凸位于同一水平，也和一般现代人相似。十字隆起的右臂较左臂的位置为高，在现代人中则常是如此。枕内嵴的前端在接近枕骨大孔后缘时向两侧扩展成一三角形隆起，止于大孔后缘，三角形隆起表面微凹，以容纳小脑蚓部。在现代人中也多有这种结构，但没有这样明显。

从以上的叙述中，可知麒麟山人类化石属于新人类型，没有很明显的原始性质，与人化石共生的动物，无论是哺乳动物或者是软体动物也多是现代种，因而它的时代的下限，不能早于旧石器时代的晚期，但没有陶器和磨光的石器同时发现，表明它的上限，也不会晚到新石器时代。就总的材料以及地层的情况判断，这个地点的时代应该是旧石器时代晚期。

除盖头洞外，类似的石器在柳州市附近白面山的白莲洞，柳江县木罗山的思多岩和穿山岩，崇左县濑湍区绿青山的矮洞中也有发现，并且也同时有大量腹足类的外壳。在我们所调查的洞穴中，凡是有大量斧足类或腹足类外壳的洞穴堆积里一般都可以找到一些石器，因此我们认为这种软体动物的外壳可能是古代人食剩的残余物。在上述的四个地点中也都没有发现过磨光石器和陶片，只是在白莲洞发现过一件扁尖的骨锥和一件粗制的骨针。因此我们认为这几个地点都属于同一时代。

到目前为止，我国境内人类化石的发现大多在华北地区。在华南洞穴堆积中除去最近在广东曲江马坝和广西柳江发现的人类化石以外，便只有麒麟山的人类化石了，所以这个人类化石的发现表示华南大量的洞穴堆积中有丰富的人类化石存在的可能。进一步在华南洞穴中发现更多的类似的人类化石材料将有助于解决现代人种的起源和分布问题。

（《古脊椎动物与古人类》1959 年 1 卷 1 期）

来宾至玉林 500 千伏输变电工程简介

广西玉林地区是大西南和广西内陆与广东沿海地区的重要交通要道，商品经济较发达，但由于地处广西电网末端及地区电网薄弱等原因导致输变电容量严重不足，制约了该地区经济的发展，为了扭转该局面并配合国家“西电东送”的战略部署，广西电力工业局（现为广西电力有限公司）于 1995 年提交了建设广西来宾至玉林 500 千伏输变电工程可行性研究报告，1996 年电力部向国家计委提交了该工程可行性研究报告。

该输变电工程根据国家计委计交能〔1998〕619 号文“关于广西来宾至玉林 500 千伏输变电工程可行性研究报告的批复”及电力部国电电规〔1998〕300 文“关于来宾至玉林 500kV 变送电工程初步设计的批复”而开工建设。

一、工程概况

工程投资规模为 52212.14 万元，工程包括：来宾至玉林 500 千伏输电线路和玉林 500 千伏变电所。该工程建设单位为广西电力开发有限责任公司（原为广西壮族自治区电力开发公司），设计单位为广西电力工业勘察设计研究院，施工单位为广西壮族自治区送变电建设公司，运行单位为广西玉林供电局，监理单位：线路委托广西玉林供电所代行监理职能，变电所由广西正远电力建设工程监理有限责任公司进行监理。

1　线路部分

1.1　线路工程概貌

来宾至玉林 500 千伏输电线路工程西起来宾 500 千伏变电所，途经来宾县、武宣县、贵港市、兴业县、玉林市，东至玉林 500 千伏变电所，全长 150.34 千米。施工地形大部分处于山区，高山大岭约占 26%，线路穿越天广 500 千伏直流线路 1 处，220 千伏线路 1 处，跨越铁路 3 处，高速公路和一级公路各一处。

全线铁塔 354 基，其中耐张转角塔 22 基。直线自立塔 296 基，直线拉线塔 36 基。自立塔基础均为现浇基础，有掏挖基础、阶梯基础、偏心基础、岩石锚筋基础，拉线塔拉基础为预制拉盘、现浇拉盘及现浇重力式基础；每相导线均为 4 分裂，导线采用两种型号：处在Ⅱ、Ⅲ级污秽区和高山区及跨越郁江段采用 LZCJ-300/25 铝锌稀土镀层钢芯铝绞线和 FXB4-500/160 合成绝缘子，其余地区使用 LGJ-300/25 钢芯铝绞线和玻璃绝缘子。全线架设 GJ-70 双避雷线。

1.2　工期

工程为配合来宾 BOT 电厂电力外送和加强桂东南电网结构的需要，以及玉林地区经济快速发展对电力迅速增长的需求，来宾至玉林 500 千伏输电线路于 1998 年 2 月 18 日先期开工，1999 年 12 月 30 日完工，2000 年 4 月 12 日降压成 220kV 线路运行，2000 年 12 月 31 日线路升压 500kV 运行。

1.3　投资额度

工程批准概算为 25375.4 万元，实际总投资为 25045 万元，实际造价为 166.6 万元 / 千米。

1.4　质量完成情况

本工程没有发生重大质量事故。于 2000 年 1

月11日至1月26日由广西电力开发公司组织进行检查验收，验收人员一致认定工程质量良好，符合设计和验收规范要求，施工技术资料齐全，工程竣工验收合格率100%，优良率达99.96%。工程评定为优良级，投产后没有发生任何质量事故。

2 变电所部分

2.1 变电所工程概貌

玉林500千伏变电所位于玉林市城西梨山村，距市区9千米。规划为500kV电网的枢纽变电所，该工程的建成投产不仅能满足玉林地区的负荷增长需要，而且将成为天广三回“西电东送”重要出口。

根据广西2010年电力规划，玉林变电所本期建设和远景规模为：

项目名称	本期	远景
主变压器	1组(3台) 750MVA	2组(预留第三组)
500kV出线回路数	1回	4回
220kV出线回路数	5回	10回
低压并联电抗器	3×50Mvar	4×50Mvar
低压并联电容器	1×50Mvar	2×50Mvar

所区占地面积70760平方米，主要建筑面积2775平方米。所内道路面积10000平方米，构支架基础693基，电缆沟长1882米。

所内500千伏电气主接线为一个半断路器接线方式，配电装置用屋外软导线普通中型布置，本期1线1变，为不完整串并增设母线跨接条的接线方案，比完整串节省了一台断路器，节省投资；220kV电气主接线为双母线单分段带专用旁路断路器接线，配电装置为屋外支持式管母中型布置方式，断路器双列布置。各级配电装置布局适当、可靠、紧凑、美观，具有与电气主接线对应性强等一系列的优点。

变电所本期装设3台单相变压器，型号为ODFPS—250000/500，其中2台为ABB公司瑞典厂生产，1台为ABB公司重庆厂生产；各电压等级的断路采用西门子杭州高压开关厂的产品；500千伏线路保护一套采用ABB公司产品，另两套为南瑞公司产品，三套保护均采用复用载波机通道传输保护信号，其中两套主保护分别与不同的载波机配合，提高了保护动作的可靠性；200千伏线路保护全部采用南瑞公司产品。所有这些设备都由业主和设计院参加选定，吸取了广西多年的运行经验，经过技术经济比较优选出来。通过施工、调试和运行的考验，设备性能稳定，动作正确、可靠性强。

2.2 投资额度

工程审定概算的静态总投资22097万元，动态总投资为26837万元，实际投资为26761万元，工程造价为357元/kVA。

2.3 工期

土建施工及构支架基础施工：1999年6月—2000年5月

电气安装调试阶段：2000年6月—2000年11月

2000年12月31日试运行结束，正式并网带负荷运行。

2.4 质量完成情况

本工程没有发生重大质量事故。于2000年11月27日由广西电力有限责任公司组织进行检查验收，验收人员一致认定工程质量良好，符合设计和验收规范要求，施工技术资料齐全，工程竣工验收合格率100%。优良率：土建92.95%，变电98.26%。工程评定为优良级，投产至今没有发生任何质量事故。

二、保证工程质量所采取的措施

1. 建立健全质量保证体系 确保工程目标层层落实

广西送变电建设公司领导对来宾至玉林500千伏输变电工程高度重视，确定了“精心施工，力创鲁班奖”的工程目标。我公司于1995年起宣贯ISO 9000族标准、1996年率先在广西建筑行业获得质量体系认证证书，经过几年的有限运行，摸索出一套成熟的行之有效的管理方法，公司《质量体系程序文件》规定了各级管理部门的职责，做到凡事有人负责，凡事有人监督，从工程施工总体策划、物资管理、设备管理、技术管理、质量管理、安全管理、人员管理、工程服务等方面均制定了详细的程序情况进行监督调查，确保了工程目标的层层分解落实到位。

2. 广泛采用“四新”不断提高施工质量水平

为了不断提高工程质量水平，施工广泛采用“新技术、新工艺、新设备、新材料”，并结合工程的特点，线路工程编制了11项施工工艺措施方案，变电所部分编制了19项工艺措施，对工程施工起到了很好的指导作用。主要采用的“四新”有：

线路部分：(1)针对地形复杂的线路基础高低腿偏心基础技术首次在全国送变电工程设计中采用，制定新的基础施工工艺措施，专门研制了偏心基础钢模板，与设计人员一起参加试点工作，对基础的开挖尺寸、制模、地脚螺栓的安装调整、箍筋安装、浇制等进行严格控制，共同研究，得出经验后再推广没保证了工程的进度和质量；(2)线路工程采用内拉线铝合金抱杆新工艺组塔；(3)对广西500千伏输电线路首次使用的合成绝缘子进行施工质量攻关，确保工艺精良；(4)线路工程采用从意大利进口的性能优良的牵张设备进行张力放线。保证了放线质量和施工进度。

变电所部分：(1)变电所主控通讯楼主体结构首次采用后浇带无缝施工技术；(2)装饰工程的大面积玻璃墙新技术，使结构新颖美观；(3)变电所电缆沟两侧首次采用预制板代替砌砖，比以往工程结构更牢靠，表面更平整；电缆沟压顶板镶嵌橡胶墩实现了电缆沟盖板无声响；(4)变电所装配式母线安装采用一次性压接成形的新技术；(5)自行研制加工了扁钢平弯器进行扁钢弯制，施工工艺美观流畅；(6)变电所24边型钢管构支架的首次使用，不但外形美观，而且施工速度快；(7)变电安装工程采用进口真空滤油机对ABB公司变压器进行油污处理；(8)变电安装工程采用进口的保护调试设备进行现场调试，确保调试质量；(9)全站采用无垫片和不锈钢端子箱安装新工艺，在保证内在质量的同时提高外观质量。

3. 对施工过程进行监控　确保施工质量精益求精

施工前加强培训，提高技术人员的专业能力及施工人员的操作能力，要求特殊作业人员持证上岗。

施工过程严格按照《质量体系程序文件》的要求执行。(1)对原材料严格把关。在进货检验中，所有原材料都验证材质证明材料，材质资料齐全有效后才投入使用，钢材、水泥等关键材料试行双向控制，砂、石、砖实行分批抽样试验；电气设备安装前均组织相关方开箱检查，做好开箱检查记录，发现不合格或者有缺损的，及时与厂家联系解决；对施工装置性材料做好接收检验工作，所有装置性材料都要有质量证明书和出厂合格证，方能进入施工现场。(2)设置质量控制点。根据工程具体情况，对重要的工序、关键质量特性设置质量控制点，制定控制措施，严格实施。(3)做好每一道工序的技术安全交底工作。施工班队每天执行“站班会”制度，由技术人员和项目负责人对当天的每项工作进行交底，施工人员充分领会后才进行操作。(4)施工过程广泛开展全面质量管理工作。工程中碰到不少的施工难题，通过开展一系列的攻关活动均得到了解决。例如：先后攻克了偏心基础浇制、小钢芯导线压接、合成绝缘子安装等难关；对后浇带的首次施工、电缆沟预埋件、电缆沟踏无声、路面无裂缝、改造高压调试设备、提高接地电阻测量效率等开展活动，取得显著效果。不少QC成果荣获地市级、部级优秀奖。(5)严格执行三级检验制度。建立施工队、分公司、公司三级质量检验网络，配备经培训合格的人员从事工程质量检验工作，根据有关验收规范、标准的规定，编制了工程检验计划。在工序检验中，上道工序经检验合格后才转入下道工序，隐蔽工程经甲方（监理）验收签证后方隐蔽，工程竣工后，完成质检计划规定的所有检验项目并判定合格后才申报竣工验收。(6)积极应用统计技术。工程中利用各种渠道收集工程质量信息，应用统计技术分析施工中可能出现的问题，针对原因，制定措施组织实施，并检查实施效果。

——节选自2002年“国家电力公司送变电优质工程申报材料”

关于广西红水河恶滩水电站扩建工程可行性研究（等同原初步设计）报告审查意见的批复

电水规〔1996〕599号

广西电力工业勘察设计研究院：

1995年8月，水电水利规划设计管理局会同广西壮族自治区建委在广西南宁主持召开了红水河恶滩水电站可行性研究（等同原初步设计）报告审查会议，提出了审查意见。经研究，我部同意审查意见，现印发给你院，请在下阶段工作中按照执行。

附件：红水河恶滩水电站扩建工程可行性研究（等同原初步设计）报告审查意见

一九九六年九月二十五日

附件：

红水河恶滩水电站扩建工程可行性研究（等同原初步设计）报告审查会审查章见

1995年8月24日—26日，电力部水电水利规划设计管理局，会同广西壮族自治区建委在南宁共同主持召开红水河恶滩水电站扩建工程可行性研究（等同原初步设计）报告审查会。参加会议的有国家开发银行电力信贷局，中国国际工程咨询公司，交通部水运规划设计院，广西壮族自治区计委、电力局、交通厅、环保局、土地局、移民办、建行、广西国际工程咨询公司、广西建设投资开发公司、桂冠电力股份有限公司、水电工程局、恶滩水电厂，电力部成都勘测设计研究院、中南勘测设计研究院，广西柳州、南宁地区、都安、忻城、马山县及广西电力工业勘察设计研究院等单位的领导、专家和代表共约130人。

会前部分专家查勘了恶滩水电站现场及库区。

会议听取了广西电力工业勘察设计研究院关于恶滩水电站扩建工程可行性研究报告的全面汇报，并进行了认真讨论。

恶滩水电站为红水河第八个梯级水电站，是以发电为主，兼有航运、灌溉等综合利用的水电枢纽工程，距上游在建的百龙滩水电站76千米。原电站装机容量60MW，电站扩建后装机600MW，保证出力213.70MW，多年平均发电量30.1亿千瓦时（未考虑龙滩电站投入运行）。恶滩水电站对外交通方便，施工条件好，距负荷中心近，技术经济指标较优越，兴建后可缓解广西电力紧张状况，改善红水河部分河段通航条件，发展农田灌溉，对促进广西经济发展具有重要意义。

审查认为，广西设计院提出的恶滩水电站扩建工程可行性研究报告，基本满足规范要求，审查意见如下：

一、水文、泥沙

同意报告采用的坝址径流和设计洪水成果，坝址多年平均流量21804m^3/s，百年一遇洪峰流量25700m^3/s，千年一遇洪峰流量319004m^3/s，二千年一遇洪峰流量33800m^3/s。

同意报告采用的坝址水位流量关系曲线。

基本同意报告提出的水文预报站网及水情自动测报系统规划，下阶段应开展水情自动测报系统总体规划设计工作，水情自动测报总体规划设计报告另行审定。

同意设计采用的入库多年平均悬移质年输沙量为5690万吨。

同意水库淤积及回水计算成果。

建议补充水库及坝区泥沙观测规划。

为防止船闸上、下引船道淤积，同意在船闸左侧设置冲沙闸。

基本同意电站进水口防沙采用冲沙廊道方案。建议根据大化水电站冲沙廊道运行经验，进一步优化设计，并制定运行规则。

二、规划

同意本工程的开发任务为：以发电为主，兼顾航运、灌溉等。同意船闸通航标准近期为2501级，远景为500t级；库内提水灌溉，近期实现的灌溉面积为9.38万亩，其中都安县6.9万亩，马山县0.92万亩，忻城县1.56万亩。

同意正常蓄水位为112m，汛期限制水位为110m，死水位110m。

同意装机容量为600MW。

基本同意报告提出的运行方式原则。枯水期电站运行水位范围为正常蓄水位112m至死水位110m，承担广西电网的调峰、调频任务，汛期为减少库区淹没损失，水库水位降至110m运行。在选定水轮机型号、参数后，需根据其适用的最大、最小水头相应调整、确定发电的限制条件。

三、水库淹没处理

同意计入20年泥沙淤积后，按2年一遇洪水回水线征用耕地、10年一遇洪水回水线迁移居民和专项设施改建所确定的淹没处理范围。

同意设计院在地方政府配合下，于1994年4月对水库淹没实物指标进行的调查核实，即淹没耕地10211.24亩，桑园地68.9亩，河坡地2039.34亩，开荒地156.27亩，草地645.19亩，鱼池110.94亩，迁建乡集镇两座，改建四级公路27.9千米，淹没小水电站两座2475kW。经过补充规划工作，线下人口和考虑部分村组淹地不淹房需迁移的人口共6560人。以此为基数推算规划到2003年共需迁移人口7588人（其中非农业人口888人），拆迁房屋26.24万平方米，生产安置11784人。

可研报告中的农业移民安置，在开发性移民方针指导下，采取以土地为依托，因地制宜种果、种桑等多种经营的原则，符合当地经济发展情况。经过1年的补充规划工作，采取本村组后靠2729人、远迁柳州龙口茶场4859人的安置方式是基本可行的。

同意《补充报告》中百旺乡址改迁到下游1千米处和拉烈乡镇址原地后靠的重建方案。下阶段根据地形地质条件，合理确定用地规模，减少挖填工程量。

水库淹没补偿投资按国家现行政策和有关规定，以1995年价格水平核定为32551.46万元（不含耕地占用税）列入工程总概算。

四、环保设计

基本同意该环保设计。建议对个别环保投资较大的项目（如渔业增值站）进行方案比选和经济比较。

建议尽快在水库蓄水后可能引起内涝加剧的地点进行水位、雨量等项目的季节性观测，重点研究确定拉烈地下河、南康金钗地下河及福言洼地受影响的程度和范围,并积累本底资料。

对环境监测站网作适当补充调整,重点做好内涝影响的环境监测和施工的水质监测。

各项环保措施在下阶段设计中应逐项落实,建议环境保护投资列出专项,以确保本工程环境保护的“三同时”。

五、地质

1. 同意报告对工程区区域地质的评价,工程区位于区域构造相对稳定的地块内,近代地震活动性较弱。根据1974年9月广州地震大队鉴定意见及《中国地震烈度区划图(1990)》,坝址地震基本烈度为VI度。

2. 同意报告以库岸稳定性的评价,下阶段应对刁江两岸库岸再造问题作进一步调查。

3. 基本同意报告对水库渗漏问题的评价,水库不存在向龙江武鸣河和向下游支流滂江的渗漏问题。库首左侧邻谷与库区间的地下水分水岭高程低于正常蓄水位约10米,地下分水岭部位分布有P21M质灰岩与硅质岩互层组成的相对隔水层,蓄水后,不会发生影响库区正常运行的渗漏。建议在地下分水岭两侧布置地下水观测网,观测蓄水前后地下水动态的变化。

4. 下阶段应对南康——金钗地下河、刁江拉烈地下河及福言洼地开展岩溶水文地质调查,为评价库区内涝及工程处理提供确切资料。据广西壮族自治区煤炭工业厅煤基字(1993)09号文,恶滩水库直接淹没煤矿区范围不大,对小煤矿无直接影响。现有煤矿坑口均高于库水位,除金钗矿外其余矿井高程远高于枯季地下水位,雨季地下水位则远高于矿井高程,水库蓄水后将不会影响这些矿井的开采。下阶段应在岩溶水文质调查的基础上,研究水库对金钗矿井渗水量的影响。

5. 同意报告对水库诱发地震的分析,库内可溶岩广布,岩溶发育,恶滩水库蓄水初期有可能发生水库诱发地震。建议设置简易地震台网,在蓄水前后一定时段内作地震监测。

6. 同意推荐下坝线为选定坝线,基本同意报告对选定坝线各建筑物的工程地质评价。

7. 坝基内P21q、P41q、P91q层黑色炭质泥灰岩、泥岩相对集中,建议下阶段复核这些岩体的抗剪强度与承载力。并对坝基的差异沉降问题作出评价。

8. 鉴于船闸坝基岩体内表部单位吸水率较大,小溶洞、缓倾裂隙发育,建议下阶段进一步研究提高基础岩体完整性,减少变形量,提高岩体抗滑稳定性的工程措施。

9. 右岸2X34一带地下水低槽低于正常高水位,由于岩体吸水率小,可暂不作防渗帷幕,待蓄水后,根据地下水位的变化再作处理。左岸帷幕应延长至2X458以远。

10. 下阶段应对引航道土质边坡施工期的稳定性作出评价并计算一、二期基坑的涌水量,调查交通洞的围岩稳定条件。

11. 天然建筑材料:基本同意报告对天然建筑材料的评价,经试验厂房航道基坑开挖料质量能满足要求,下阶段应对基坑岩体详细分区,以便开挖时,剔除硅质条带泥岩夹层集中的废碴。左坝肩土料场天然含水量偏高,不利于碾压筑坝,应研究降低含水量的工程措施。

六、水工

1. 同意本工程为二等工程,主要建筑物按二级设计,挡水和泄水建筑物按100年一遇洪水设计,1000年一遇洪水校核。土坝按2000年一遇洪水校核。挡水建筑物抗震设防烈度为VI度。

2. 经综合比较,同意设计推荐的下坝线。

3. 同意设计推荐的枢纽总体布置方案,即河床式电站厂房和船闸布置在左岸,溢流坝段布置在主河槽,船闸左侧设冲沙闸。建议下阶段设计中的进一步研究左岸岸坡接头坝的形式,以简化施工,保证灌浆帷幕的可靠性。

4. 同意采用表孔泄洪方案。基本同意消能工采用戽式消力池。鉴于本工程下游水位高,佛氏数低,下泄大流量时,下游流态为波流,表面流速较大,应注意作好下游两岸防护工程。此外,1、2号溢流坝泄流受右岸老厂房影响,戽内及坎后流态复杂,冲坑较深,需进一步优化消能方式并采取必要工程措施。对于戽式池尚需进行抗滑稳定验算。

5. 老坝坝基开挖过程中发现多条缓倾角构造裂隙,其中T1、T2延伸长度达30~40m。在下坝线附近的钻孔中亦发现有缓倾角裂隙,下阶段设计中根据新的地质评价资料,进一步复核坝体浅层或深层抗滑稳定,必要时采取工程处理措施。个别溢流坝段坝基部分坐落在P21q层,该层为中薄层炭质泥灰岩、泥质灰岩或页岩,厚度20米,抗压强度较低,属于软岩类。下阶段设计中应根据地质提供新的f’C’值,核算坝体抗滑稳定,并加强该段地层坝基固结灌浆。

6. 同意设计推荐的厂房排沙廊道方案。设计院需研究排沙廊道的运行方式,并确保施工质量。

7. 同意通航建筑物主体段和上游引航道按500t级船队设计，下游引航道近期按2501级设计，船闸的有效尺寸为120×12.0×3.0m（长 × 宽 × 水深）。同意设计推荐的一级船闸方案，输水系统的型式采用分散式。交通部门的代表要求进一步核定最小通航流量及下游最低通航水位。并建议进一步研究航道口门区流态。

8. 基本同意设计推荐的坝基及两岸防渗帷幕方案，希在下阶段设计中进一步优化两岸接头防渗帷幕布置。

9. 同意电站永久生活区设在忻城县城。生活区规划按扩建工程定员编制，征地列入概算。

七、机电及金属结构

1. 同意装设4台单级额定容量为150MW立轴轴流转桨式水轮发电机组，额定水头为19.5m。水轮机比转速可在610mkW左右选取，最终的水轮机型号与参数，在下阶段设计中，经进一步技术经济比较后选定并优化机组结构。

2. 本电站水头变幅较大，建议下阶段设计中，研究水轮机低水头运行的适应性。

3. 因无快速门防机组飞逸，应增设事故备用压力油源。

4. 水轮机可采用模型验收，建议不设超声波测流装置。

5. 同意厂房采用全面机械送排风为主，局部空调为辅的通风空调设计方案。

6. 本电站按220kW一级电压接入广西电网，出线五回，其中四回分别送至百龙滩、合山、六圩和柳江，另一回经宜州送至六圩。

7. 同意发电机与主变压器的组合采用四组单元接线，升压后接入220kW配电装置，2201kW侧采用四进五出的双母线带旁路的接线。同意设计推荐的电气设备选型。

8. 同意四台主变压器布置在副厂房顶部。220kW配电装置采用敞开式电气设备，开关站布置在厂房左岸下游200~400m处，紧靠船闸左边挖填方场地上，采用中型软母线布置方式。

9. 为满足厂用电和坝上建筑物供电安全可靠，应设三个厂用电源，其中一个电源分别从4台发电机主母线上引接一台高压厂用变压器；一个电源经主变由系统倒送取得；另一个外来电源由保留的施工变电站引一回10kW专用线取得。

10. 同意本电站采用开放式全分布计算机监控系统。系统硬件配置：二台主机、二台操作员工作站、一台远方监视终端、6—8个现地控制单元（LCU）、总线为同轴电缆单网结构，并预留与系统调度自动化联系的接口设备。

11. 同意厂内发电机、变压器等元件保护的配置方案及设备选型。

12. 直流电源系统，待下阶段进行技术经济比较后再确定是否设置电源调压屏。

13. 同意本阶段设计的闸门和拦污栅及启闭机设备型式、尺寸和容量。建议研究减少一台坝顶门机的可能性。

14. 下阶段对电站进水口拦污栅的淤积污物以导排为主，并设清污设备。鉴于排沙廊道的流态复杂，建议进一步对门槽采取防冲刷和防气蚀措施。

15. 同意船闸系统的闸门和启闭机布置。在下阶段设计中深入调查研究，结合冲、泄水廊道的模型试验，落实廊道门槽的防气蚀措施，确保运行的安全。

八、施工

1. 同意设计采用的分期导流方式。一期围左岸厂房、底孔坝段，二期围溢流坝段。围堰挡水标准：一期为全年5年一遇洪水，二期为枯水时段10年一遇洪水。导截流应充分利用岩滩、大化水库调控能力。厂房尾水渠左岸边流速较大，应对岸边采取保护措施，纵向围堰基础也需保护，以确保围堰安全。建议下阶段在不影响机组发电水流情况下，研究论证一期上游围堰拆除高程，宜留作永久的挡砂坎。下阶段对一期上游围堰结构型式进行优化设计。

2. 同意对外交通采用公路运输方式。左岸新建约2kW公路（含约400m长交通隧洞），接“20231”省道。公路等级为平原微丘三级。施工期通航：利用上游已建起岸设施并适当扩建，下游仍用车渡码头，采用水运转公路或再转水运的转运方式。建议下阶段根据永久运行及施工运输需要，对交通隧洞断面进行优化设计，落实超限运输方案。

3. 鉴于坝址附近缺乏天然砂砾石料，同意混凝土骨料、反滤料采用基抗开挖石碴灰岩人工砂石骨料。由于开挖碴料含有燧石，吸水率大，在保证混凝土质量时，需增加水泥和粉煤灰用量，在工程开工前宜选定水泥、粉煤灰供应厂家。对不符合质量要求的软弱夹层、泥质灰岩等开挖碴料，应采取剔除措施，并弃至弃碴场。

4. 基本同意主体工程施工方法。二期工程溢流坝混凝土浇筑时间短，强度大，是控制性工程，建议下阶段研究溢流坝采用碾压混凝土的合理性。施工开挖放炮对原电厂及开关站的影响应研究安全措施。注意施工期船闸及开关站开挖边坡的稳定并采取安全措施。

5. 基本同意施工总布置。建议下阶段做好土石方平衡规划及开挖碴料利用规划，根据施工总进度的安排，对开挖碴料的运输、堆存、二次倒运进行优化设计，尽量减少倒运量。由于本工程开挖弃碴量大，应做好弃碴场地规划，尽量多利用弃碴填筑施工工区及临时生活区的场地平整，少占农田。

6. 建议施工电源由本工程提前修建的忻城220kV变电站架设15km的35kV永久架空线路至保留的施工变电站。同时解决忻城及库区用电。

7. 同意施工总进度（备用方案）的安排，电站厂房施工是施工总进度的关键线路，第一台机组发电工期为4年6个月，总工期为6年9个月。建议下阶段做好筹建期详细的进度计划安排，为电站提前发电创造条件。

九、设计概算

1. 设计概算采用编制方法、费用构成、计算标准、建筑及安装定额、工程单价的组成内容及材料原价的确定是符合国家有关规定的。

2. 请设计单位按电水规(95)170号文精神对设计概算加以调整。材料、设备等价格调整到1995年6月末水平，并补编分年度投资和资金流程表。

3. 施工机械台班费一类费用按电力工业部电水规(1995)277号文颁发的系数加以调整。

4. 机电设备水轮发电机组价格、计算机监控设备价量以及金属结构部分价格偏高，按核定后加以调整。

5. 基本预备费费率按6%计算列入，价差预备费按年物价上涨7%计算。

6. 建设期贷款利息利率按15.3%计算，计算办法按电力工业部经〔1995〕459号文“关于发、送变电工程基本建设项目竣工决算报告编制方法的补充规定”计算。

7. 本工程静态投资为344692万元，工程总投资为540705万元。

十、经济评价

1. 国民经济评价：采用燃煤火电站作为恶滩水电站的替代方案，恶滩水电站的经济内部收益率为17%，大于社会折现率12%，国民经济评价可行。

2. 财务评价：按照(1)扩建投资的30%为资本金，70%为银行贷款，利率为15.4，还款期为15年；(2)上游有岩滩及天生桥一级两座调节性能优越的水电站投入运行；(3)全部扩建投资由发电偿还等条件下，测算所得的还贷期上网电价为0.61元千瓦时，还贷后上网电价为0.35元/千瓦时，本电站将于下世纪初投入运行，预测财务评价可行。

红水河恶滩水电站扩建工程可行性研究（等同初设）报告审查会议

一九九五年八月二十六日

国务院关于同意广西壮族自治区撤销柳州地区设立地级来宾市并调整柳州市行政区划的批复

国函〔2002〕88号

广西壮族自治区人民政府：

你们《关于调整我区柳州市和柳州地区行政区划设立地级来宾市的请示》（桂政报〔1999〕58号）收悉。现批复如下：

一、同意撤销柳州地区和来宾县，设立地级来宾市。市人民政府驻新设立的兴宾区建设大道。

二、来宾市设立兴宾区，以原来宾县的行政区域为兴宾区的行政区域。区人民政府驻来宾镇前卫路。

三、来宾市辖原柳州地区的忻城县、象州县、武宣县、金秀瑶族自治县和新设立的兴宾区。原柳州地区的县级合山市由广西壮族自治区直辖。

四、将原柳州地区的鹿寨县、融安县、融水苗族自治县、三江侗族自治县划归柳州市管辖。

来宾市的各类机构要按照“精简、效能”的原则设置，所需人员编制和经费由你们自行解决。

中华人民共和国国务院

二〇〇二年九月二十九日

广西壮族自治区人民政府关于撤销柳州地区设立地级来宾市并调整柳州市行政区划有关问题的通知

桂政发〔2002〕58号

各市（地）、县人民政府（行署），区直各委、办、厅、局：

根据《国务院关于同意广西壮族自治区撤销柳州地区设立地级来宾市并调整柳州市行政区划的批复》（国函〔2002〕88号），现将撤销柳州地区设立地级来宾市并调整柳州市行政区划的有关事项通知如下：

一、按照国务院批复，对现柳州地区和柳州市的行政区划作如下调整

（一）撤销柳州地区和来宾县，设立地级来宾市和兴宾区。来宾市人民政府驻新设兴宾区建设大道，兴宾区人民政府驻来宾镇前卫路。

（二）来宾市辖兴宾区和原柳州地区忻城县、象州县、金秀瑶族自治县、武宣县，原柳州地区的县级合山市属自治区直辖，由来宾市代管。原来宾县的行政区域为兴宾区行政区域。

（三）调整柳州市行政区划，将原柳州地区的鹿寨县、融安县、融水苗族自治县、三江侗族自治县划归柳州市管辖。

二、对做好撤地设市调整行政区划工作的要求

撤销柳州地区设立地级来宾市并调整柳州市行政区划是行政管理体制的重大改革，这对克服地、市同驻一地在管理上带来的矛盾，合理划分桂中地区的行政区域，促进区域经济中心的形成和发展具有十分重要的意义。为此，柳州地区和柳州市以及自治区有关部门要做好如下工作：

（一）柳州地区和柳州市要顾全大局，要有利于稳定，有利于发展的要求，积极稳妥地做好有人、财、物的交接工作。

（二）在行政区划调整过程中，要加强管理，严肃纪律。对机构调整、人员安排、财产划转等工作，要坚持原则，做到公正、公平、深入细致。要稳定机关、事业单位和国有企业，做到思想不散，秩序不乱，工作不断。要加强国有资产的管理，严禁借各种名义私分国家、集体财产。要严格遵守组织人事纪律，不得突击提拔干部。对违规违纪的，纪检监察机关要严肃查处。

（三）在新的来宾市、兴宾区成立前，原柳州地区、来宾县及其所属各部门要照常运转办公，各司其职，各负其责，保持工作的连续性，确保今年各项工作任务的完成。

（四）撤地设市调整行政区划工作涉及方方面面，要统筹兼顾，全面安排，稳步推进。要将撤地设市调整行政区划工作同当前经济社会发展等各项工作有机衔接起来，努力做到协调一致，相互促进。

（五）柳州地区和柳州市要加强请示汇报，主动与自治区有关部门沟通、联系，及时协调解决有关问题。自治区各有关部门要大力支持撤销柳州地区设立地级来宾市并调整柳州市行政区划的各项工作，确保撤地设市调整行政区划工作有序、平稳、顺利地完成。

广西壮族自治区人民政府
二〇〇二年十一月十九日

自治区党委　自治区人民政府印发《关于撤销柳州地区设立地级来宾市并调整柳州市行政区划工作指导方案》的通知

桂发〔2002〕18号

柳州市（地）党委，柳州市（地）人民政府（行政公署）：

现将《关于撤销柳州地区设立地级来宾市并调整柳州市行政区划工作指导方案》印发给你们，请认真贯彻执行。

中共广西壮族自治区委员会
广西壮族自治区人民政府
2002年11月21日

关于撤销柳州地区设立地级来宾市并调整柳州市行政区划工作指导方案

根据《国务院关于同意广西壮族自治区撤销柳州地区设立地级来宾市并调整柳州市行政区划的批复》（国函〔2002〕88号）精神，按照《广西壮族自治区人民政府关于撤销柳州地区设立地级来宾市并调整柳州市行政区划的通知》（桂政发〔2002〕58号）的要求，为保证撤地设市工作顺利进行，现提出如下指导方案。

一、指导思想

坚持以邓小平理论和江泽民同志“三个代表”重要思想为指导，按照建立社会主义市场经济体制和实现富民兴桂新跨越的目标要求，认真做好撤地设市和调整行政区划的各项工作，要坚持一手抓撤地设市和调整行政区划工作，一手抓经济建设和社会发展，动员广大干部群众，以撤地设市和调整行政区划为契机，振奋精神，努力工作，推动当地各项工作的全面发展。

二、组织领导

为加强领导，搞好协调，自治区党委、自治区人民政府决定成立撤销柳州地区设立地级来宾市调整柳州市行政区划协调指导小组，具体协调指导撤销柳州地区设立地级来宾市调整柳州市行政区划工作。同时，成立撤销柳州地区设立地级来宾市筹备工作领导小组，具体负责撤地设市的筹备工作。兴宾区也要成立相应的筹备工作领导小组，由柳州地区撤地设市筹备工作领导小组确定。柳州市成立相

应的行政区划调整工作领导小组，负责有关工作。

三、工作原则

（一）坚持促进发展，维护稳定。撤销柳州地区设立地级来宾市并调整柳州市行政区划，是行政管理体制的重大改革。要围绕着有利于稳定，有利于发展，有利于把新的来宾市建设好这个目标，正确处理改革、发展和稳定的关系，积极稳妥，把撤地设市调整行政区划的工作同推进两个市经济社会发展、保持社会稳定结合起来，实现平稳转变。要以撤地设市调整行政区划为契机，逐步完善市领导县的管理体制，优化资源配置，加强基础设施建设，改善投资环境，维护社会秩序，进一步发挥资源优势和区域性中心城市的辐射带动作用，推动城市和辖县社会主义物质文明和精神文明建设，促进城市和农村更好更快地发展。

（二）坚持精简、统一、效能的要求，转变政府职能，合理设置机构，严格控制编制。地级来宾市要按照建立社会主义市场经济体制的要求，实现由自治区派出机构的管理方式向城市管理方式的转变，切实加强经济调节、市场监管、社会管理、公共服务的职能，实现政企分开，加强对市场的监督和管理。地级来宾市党委、政府机构的设置原则上按照《自治区党委、自治区人民政府关于市（地）县党政机构改革的意见》（桂发〔2001〕21号）的规定设置。市人大、政协、法院、检察院和群团的机构，按照有关法律程序和规定设置。原来宾县改为兴宾区后，要按照城区机构设置的有关规定对现有机构进行精简和调整。原柳州地区直属事业单位划归来宾市后，应与来宾县现有直属事业单位的调整通盘考虑，由来宾市报自治区机构编制委员会审批。设立地级来宾市所需要的编制，原则上以原柳州地区地直机关和原来宾县机关的行政编制为基数，进行必要的调整，具体数额经自治区机构编制委员会审核报自治区党委、自治区人民政府审定后重新下达。上级驻来宾市机构的设置按有关规定执行。

（三）坚持从大局出发，积极稳妥做好人、财、物的划分移交。在撤地设市调整行政区划过程中既要贯彻属地管理原则，又要根据实际情况区别对待。

1. 原柳州地区直属党政机关的在职干部原则上调入来宾市，考虑到农村工作、民族、民政工作和干部管理工作等因素和需要，可少量适当带编调入柳州市；

2. 原柳州地区的事业单位成建制划归来宾市，这些事业单位应创造条件，逐步迁出柳州市；

3. 原柳州地区直属党政机关、事业单位的离退休人员按照人随单位的原则，划入来宾市管理；

4. 原柳州地区在鹿寨县、融安县、融水苗族自治县、三江侗族自治县4县内的地区直属企业、事业及其他单位人、财、物按属地管理原则整体移交给柳州市管理；

5. 原柳州地区在柳州市内的地区直属企业按照属地管理原则，人财物整体移交给柳州市；

6. 原柳州地区直属党政机关和事业单位成建制划归来宾市后，各部门、各单位的动产部分随单位搬迁。考虑到来宾市要在柳州市设立管理处，以方便为离退休人员服务和办理有关事务，可酌情保留部分财产，具体由两家协商确定。原柳州地区在柳州市内的行政、事业单位的不动产，原则上划拨给柳州市，这些资产经过评估后，由柳州市按其资产的一定比例，分五年专项上缴自治区财政，由自治区财政逐年专项补助给来宾市，用于来宾市党政、事业单位的基础设施建设。

自治区财政厅据此调整有关基数。

（四）坚持依法办事。地级来宾市的筹备工作要依照宪法、党章和有关法律、章程的规定进行。要严格按照法定程序做好地级来宾市的“中国共产党来宾市第一次代表大会”“来宾市第一届人民代表大会第一次会议”“政协来宾市第一届委员会第一次会议”的筹备和指导工作。同时，要加强对兴宾区筹备相应会议的指导、帮助和督促工作。柳州市也要依法做好相应工作。

四、工作步骤

（一）2002年11月下旬，自治区成立撤销柳州地区设立地级来宾市调整柳州市行政区划工作协调指导小组。分别成立撤销柳州地区设立地级来宾市筹备工作领导小组和柳州市行政区划调整工作领导小组，具体负责撤销柳州地区设立地级来宾市和柳州市的行政区划调整工作。自治区有关部门要在自治区党委和自治区人民政府确定的总体原则基础上，制定具体工作方案。

（二）撤销柳州地区设立地级来宾市筹备工作领导小组要认真抓好地级来宾市“三会”召开的各项筹备工作，来宾市所属县市区应在法律规定的时间内召开县区人民代表大会，选举来宾市人大代表。争取在12月15日左右召开地级来宾市第一次党代会，12月中下旬召开地级来宾市第一届人代会和政协会议。12月25日左右“三会”工作全部完成。

（三）划入柳州市的四个县要在法律规定的时间内，召开县人民代表大会，选举柳州市的人大代表。2003年市政协会议召开前，完成四个县的柳州市政协委员的协商提名工作，并在适当时候召开市党代表会议，增选四个县的柳州市委委员。

（四）2002年12月底前，柳州地区与柳州市、来宾市要基本完成有关人、财、物的交接工作。撤销柳州地区设立地级来宾市调整柳州市行政区划工作要在2002年底基本完成。

五、工作要求

（一）加强领导，形成合力。柳州地区撤地设市筹备工作领导小组和柳州市行政区划调整工作领导小组要坚决贯彻落实好国函〔2002〕88号和桂政发〔2002〕58号文件精神，以高度的政治责任心，切实加强领导，坚定不移地贯彻自治区党委和自治区人民政府所确定的撤地设市调整行政区划的原则。各级领导干部都要讲政治、讲大局、讲团结，明确职责分工，形成工作合力，切实加强思想政治工作，提高干部群众对撤地设市调整行政区划重大意义的认识，进一步统一思想，调动各方面的积极性，为撤地设市调整行政区划贡献力量。

（二）加强管理，严肃纪律。在机构调整、人员安排、财产划转等工作中，要坚持原则，做到公正、公平、深入细致。要稳定机关、事业单位和国有企业，做到思想不散，秩序不乱，工作不断。要加强国有资产的管理，严禁借各种名义私分国家、集体财产。要严格遵守组织人事纪律，不得突击提拔干部，防止干部人事工作出现不正之风。对违规违纪的，纪检监察机关要严肃查处。

（三）统筹兼顾，全面安排，稳步推进。撤地设市调整行政区划工作涉及方方面面，涉及当前和长远，对各方面工作要统筹兼顾，妥善安排，严密实施。要将撤地设市调整行政区划工作同当前经济社会发展等各项工作有机衔接起来，特别要做好与自治区第十届人大代表选举工作的衔接。努力做到协调一致，相互促进。在撤地设市调整行政区划工作中，柳州地区撤地设市筹备工作领导小组和柳州市行政区划调整工作领导小组要加强请示汇报，主动与有关部门沟通、联系，及时协调解决有关问题。自治区各有关部门要大力支持撤销柳州地区设立地级来宾市调整柳州市行政区划的各项工作，确保撤地设市调整行政区划工作有序、平稳、顺利地完成，通过撤地设市调整行政区划使当地经济社会发展再上一个新的台阶。

中共柳州地委　柳州地区行署关于地级来宾市筹建期间有关问题的通知

柳地发〔2002〕36号

各县（市）党委、人民政府，古亭山开发区工委、管委，地直各单位：

根据国务院和自治区人民政府的意见，为搞好撤地建市工作，实现平稳、有序、顺利地撤地设市，经地委、行署研究决定，现就撤地建市期间有关问题通知如下：

一、提高认识，统一思想，确保撤地设市工作顺利进行。各级领导干部，特别是地直部门、单位和来宾县、乡及各部门领导干部，要加深对撤地设市重大意义的认识，把思想统一到国务院文件、区党委和区人民政府有关建市的要求上来。始终保持思想稳定、社会稳定和治安稳定。各级党组织、各部门领导要掌握本单位干部职工的思想动态，切实做好思想政治工作，坚守岗位，负起责任，履行职责，本着对党对人民高度负责的态度，严格管好自己的人，办好应该办的事，确保撤销柳州地区设立地级来宾市、撤销来宾县设立兴宾区工作平稳、有序、顺利地开展。

二、停办干部任免，冻结机构编制。在地级来宾市建立之前，除地委、行署决定任免的领导干部外，地直和来宾县以及直属各部门、各单位、各乡镇的人员调动、干部任免一律暂停办理，机构编制冻结。属于筹建来宾市、兴宾区需要的干部，由地委统一办理。

三、严防国有资产流失。地区直属各部门、各单位和来宾县的一切公共财物要如实造册登记，并于10月底以前将造册登记情况分别报地区财政局和来宾县财政局，不准变卖，不准转移，不准私分。

四、加强资金管理，严格财务开支制度。地区直属各部门、各单位和来宾县行政、事业单位预算外资金的银行账户一律冻结，并且将预算资金列出报表于10月底前分别报地区财政局和来宾县财政局备案，来宾县直单位属于正常使用的资金要做出计划报县财政局审核，由县政府分管财政的领导审批。自收自支的事业单位除工资和正常经费外的资金一律冻结，不能动用。县财政局及各股室历年的结余一律暂停动用，原定开支但暂未兑现的款项，原则上暂时停止办理，特殊情况确需动用，必须经县分管领导同意，报地区财政局审核，由地区行署分管领导审批。县属所有单位的奖金、补贴的发放，要经县政府分管领导审核，报地区财政局复核后，由地区行署分管领导审批。来宾县财政局和行政、事业单位暂停办理资产抵押、借债、贷款，特殊情况确需办理的，须经县党委、县人民政府主要领导审核后，报地委、行署主要领导批准。县财政和行政、事业单位收回的各种款项要全面清理，一律不得账外运行，严禁公款私存。同时，地区和来宾县各级各部门不准突击发钱，不准以其他名目购置各种设备、设施；不得以各种会议的名义或其他形式发放物品，变相花钱，不准用公款大吃大喝。任何单位和个人不得进行国内外公款旅游。一律暂停与撤地设市无关的外出考察活动。

五、加强土地管理。筹备设市期间，地直行政、事业单位与来宾县范围内的土地划拨、出让、转让手续暂时停止办理(有正式合同的外来投资合作项目除外)。

六、要认真抓好在建项目的投资建设工作。地区和来宾县在建项目，要按计划抓紧建设，不得终止投资和停止施工。行政、事业、企业单位所有工程项目的资金一律不准挪作他用，不得转移，不得外借，确保专项资金专用，确保项目建设顺利进行。

七、加强国有资产和财务的监管力度。对国有资产和财务开支等事项必要时审计部门要进行审计。纪检、监察部门要进行监督。如有违反上述规定的要严肃追究单位领导和当事人的责任。

八、各级领导干部要从实践“三个代表”重要思想的高度抓好当前的各项工作，确保完成全年的各项工作任务。在来宾市与兴宾区党代会、人大会、政协会召开选举产生新的领导班子之前，地区和来宾县的党政机关、职能部门的工作确保正常运转，各司其职，各负其责。其他各县(市)党政机关、职能部门也要确保正常运转。广大党员干部职工，尤其是领导干部一定要认真实践“三个代表”重要思想，讲大局，讲团结，讲稳定，严守纪律，扎实认真抓好各项工作，坚决完成今年的各项工作任务。并为明年的工作打好基础。要切实抓好社会稳定和安全生产工作，以优异成绩，向党的十六大献礼！向新来宾市献礼！

中共柳州地委　柳州地区行署

2002 年 11 月 18 日

中共柳州地委　柳州地区行署关于印发地级来宾市筹建工作方案的通知

柳地发〔2002〕44 号

各县(市)党委、人民政府，古亭山开发区工委、管委，地直各单位：

现将《地级来宾市筹建工作方案》印发给你们，请认真贯彻执行。

中共柳州地委　柳州地区行署

2002 年 11 月 24 日

地级来宾市筹建工作方案

根据《国务院关于同意广西壮族自治区撤销柳州地区设立地级来宾市并调整柳州市行政区划的批复》(国函〔2002〕88 号)和《自治区党委、人民政府印发〈关于撤销柳州地区设立地级来宾市并调整柳州市行政区划工作指导方案〉的通知》(桂发〔2002〕18 号)精神，为做好撤地建市的各项工作，特提出本方案。

一、指导思想

坚持以邓小平理论和江泽民同志“三个代表”重要思想为指导，全面贯彻党的十六大精神，按照建立社会主义市场经济体制和实现富民兴桂新跨越的目标要求，认真做好地级来宾市各项筹建工作，坚持一手抓筹建工作，一手抓经济建设和社会发展，动员广大干部群众，以撤地设市和调整行政区划为契机，振奋精神，努力工作，推动各项工作的全面发展。

二、组织领导

在自治区党委、自治区人民政府成立的撤销柳州地区设立地级来宾市调整柳州市行政区划协调指导小组的协调指导下，已经自治区党委、区人民政府批准成立的撤销柳州地区设立地级来宾市筹备工作领导小组，具体负责撤地设市的筹备工作。兴宾区成立相应的筹备工作领导小组，负责撤县设区的有关工作。

三、主要任务

组建好地级来宾市和兴宾区党政、群团、人大、政协和有关职能机构，选配好地级来宾市党委、人大、政府、政协和兴宾区党委、人大、政府、政协以及各级工作部门的领导班子，调配好机关工作人员；理顺地级来宾市和兴宾区的管理关系，明确两级的事权财权，安置好柳州地区地直机关的人员，处理好地直机关的财物。筹备开好地级来宾市和兴宾区第一次党代会、人代会、政协会；指导工会、共青团、妇联召开第一次代表大会。推动各项工作有序开展。

四、工作原则

（一）坚持促进发展，维护社会稳定。撤销柳州地区设立地级来宾市，是行政管理体制的重大改革。要围绕着有利于稳定，有利于发展，有利于把新的来宾市建设好这个目标，正确处理改革、发展和稳定的关系，做到积极稳妥，把撤地设市工作同推进当地经济社会发展、保持社会稳定结合起来，实现平稳转变。要以撤地设市调整行政区划为契机，逐步完善市领导县的管理体制，优化资源配置，加强基础设施建设，改善投资环境，维护社会秩序，进一步发挥资源优势和区域性城市的辐射带动作用，推动城市和辖县社会主义物质文明和精神文明建设，促进城市和农村更好更快地发展。

（二）坚持精简、统一、效能的要求，转变政府职能，合理设置机构，严格控制编制。地级来宾市要按照建立社会主义市场经济体制的要求，实现由自治区派出机构的管理方式向城市管理方式的转变，切实加强经济调节、市场监管、社会管理、公共服务的职能，实现政企分开，加强对市场的监督和管理。地级来宾市党委、政府机构的设置原则上按照《自治区党委、自治区人民政府关于市（地）县党政机构改革的意见》（桂发〔2001〕21号）的规定设置。市人大、政协、法院、检察院和群团的机构，按照有关法律程序和规定设置。原来宾县改为兴宾区后，按照城区机构设置的有关规定对现有机构进行精简和调整。原柳州地区直属事业单位划归来宾市后，与来宾县现有直属事业单位的调整通盘考虑，由来宾市报自治区机构编制委员会审批。设立地级来宾市所需要的编制，原则上以原柳州地区地直机关和来宾县机关的行政编制为基数，进行必要的调整，具体数额经自治区机构编制委员会审核报自治区党委、自治区人民政府审定后重新下达。上级驻来宾市的设置按有关规定执行。

（三）坚持依法办事的原则。要依照宪法、党章和有关法律、章程的规定进行。要严格按照法定程序做好地级来宾市的“中国共产党来宾市第一次代表大会”“来宾市第一届人民代表大会第一次会议”“政协来宾市第一届委员会第一次会议”的筹备和组织工作。同时，加强对兴宾区筹备相应会议的指导、帮助和督促工作。

（四）坚持从大局出发，按照自治区党委、自治区人民政府《指导方案》的规定，积极稳妥做好人、财、物的划分移交工作。

1. 原柳州地区直属党政机关的在职干部原则上调入来宾市，少量带编调入柳州市；

2. 原柳州地区的事业单位成建制划归来宾市；

3. 原柳州地区直属党政机关、事业单位的离退休人员按照人随单位的原则，划入来宾市管理；

4. 原柳州地区在鹿寨县、融安县、融水苗族自治县、三江侗族自治县4县内的地区直属企业、事业及其他单位人、财、物按属地管理原则整体移交给柳州市管理；

5. 原柳州地区在柳州市内的地区直属企业按照属地管理原则，人财物整体移交给柳州市。

五、工作步骤

整个筹备工作在2002年12月底前完成。筹备工作分三个阶段进行：

（一）第一阶段：筹建准备工作阶段（10月20日至10月31日）

召开地直机关领导干部大会，统一思想认识，稳定干部队伍；加强国有资产管理，明确财经纪律，防止国有资产流失；拟定工作方案，做好建市前期的准备工作。

1. 上报来宾市筹建工作领导小组，经自治区批复后宣布成立。

2. 召开“撤销柳州地区设立地级来宾市”工作大会，正式开展地级来宾市的筹建工作。

3. 成立来宾市筹建工作领导小组办公室以及如下工作组：

(1)秘书协调组；

(2)党代会、人大会、政协会筹备工作组；

(3)机构编制人事安排及事权划分工作组；

(4)清产核资及财税权限划分工作组；

(5)维护稳定安全和来宾市市容市貌整顿工作组；

(6)宣传组；

(7)后勤保障组；

(8)经济和社会发展规划组；

(9)来宾市城北区建设工作组；

(10)办公室住宅建设组。

以上机构负责整个筹建工作的具体实施。筹建工作领导小组办公室的领导由地委、行署领导担任，办公室工作人员及各工作组人员从地直和来宾县直单位抽调组成（已以柳地发〔2002〕41号文确定）。

4. 以地委、行署的名义发出《关于地级来宾市筹建期间有关问题的通知》,并检查落实。

5. 落实安排好筹建工作领导小组办公室和各工作组的办公地点和具体工作人员名单,正式开展筹建工作。

(二)第二阶段:全面开展筹建工作阶段(11 月初至 12 月上旬)

主要任务是制订具体工作方案,落实各项工作计划,理顺来宾市和兴宾区的管理关系、财税关系;落实市级机关临时办公地点和人员住地;做好市级“三会”召开的准备工作,特别是“三会”代表、委员人选的安排和选举,指导兴宾区筹备和召开“三会”。

1. 各个工作小组要按照职责起草工作方案,提交筹备领导小组讨论同意后实施。此项工作要在 11 月上旬完成。

2. 理顺来宾市与兴宾区的管理关系,明确财权和事权。

(1)各工作组通过调研,征求各方面意见,写出报告提交地委、行署主要领导(或筹建领导小组正、副组长)审阅后,召开四家班子领导会议进行讨论,然后反馈给各工作组及兴宾区筹建领导小组,组织实施。

(2)在来宾市筹建工作领导小组及其办公室的领导下,组织有关部门进行事权财权的划分工作。

(3)对原地直机关的财物造册登记后,对搬迁至来宾市的财物进行核拨登记。

(4)机构编制及事权组,要对来宾市的党政群团、事业单位的机构设置、人员编制核定、人员调配(包括市直部门领导的安排)和分流到柳州市直机关的人员拿出具体方案,提交地委、行署主要领导(或市筹备工作领导小组主要领导)审核后,提交地委委员会(或市筹建工作领导小组成员会)讨论决定。

3. 做好“三会”文件的准备工作。一是“三会”的工作报告(或筹建工作报告),第一稿于 11 月底前完成,组织有关人员讨论后形成第二稿交筹建工作领导小组讨论修改,时间要在 12 月 5 日前完成;第三稿在 12 月 10 日前完成定稿付印。二是“三会”的工作方案(包括会议召开时间、通知、列席人员名单、会议日程安排等),12 月 5 日前提交筹备工作领导小组审定。

4. 拟好“三会”代表、委员的推荐、选举工作。“三会”代表、委员的推荐工作于 11 月 20 日前完成,11 月底前完成选举任务。

5. 抓好党委委员、人大常委会委员、政协常委的选拔考核工作,尽快确定初步名单上报区党委组织部审核。

6. 协调指导来宾市辖区的县、市、区召开好“三会”,选出人大、政府、政协新的领导班子,选举出席来宾市“三会”的代表、委员。

(三)第三阶段:召开来宾市“三会”和挂牌庆典活动阶段(12 月初—12 月底)

主要任务是把来宾市“三会”开好,产生来宾市四家班子领导,以及组织庆典活动。

1. 制定来宾市挂牌仪式和庆祝大会方案,明确应邀参加的领导同志和贵宾名单,并做好各项准备工作(包括制牌匾等工作)。

2. 来宾市第一次党代会于 12 月 13 日左右召开,来宾市第一届人民代表大会第一次会议于 12 月 23 日左右、政协来宾市第一届委员会第一次会议于 12 月 22 日左右召开。

3.12 月 28 日举行地级来宾市四家班子及纪律检查委员会的挂牌仪式和庆典活动。

4.12 月 30 日,来宾市人民代表大会召开常务委员会议,通过市长提请任命市政府职能部门的正职领导,并颁发任命书。

六、工作要求

(一)统一思想,提高认识。撤销柳州地区建立地级来宾市,是中央和自治区为顺应当前经济社会发展需要而作出的重大决策,是桂中地区人民群众政治生活中的一件大事,对于加快桂中地区工业化、城镇化进程,促进桂中地区的改革开放和经济建设,推动桂中地区经济的跨越式发展和社会的全面进步具有重大的现实意义和深远的历史意义。全地区各级领导、干部、人民群众必须深刻认识其重要意义,把认识统一到国务院和自治区党委、政府的决策上来,把思想统一到撤地设市的工作上来,讲政治、讲大局、讲团结、讲奉献,全身心投入,各司其职,各负其责,努力把撤地设市工作做到让党和人民群众满意。

(二)加强领导,精心组织。筹建工作领导小组要切实加强领导,对撤地设市的每项工作要认真思考,尽量做到尽善尽美。各工作组的同志要按时间要求,抓紧抓好每项工作。同时,对原管辖范围的工作也要统筹兼顾,互相衔接,确保今年全地区各项工作任务的完成。

(三)加强思想教育,严肃组织纪律。撤销柳州地区设立地级来宾市,涉及柳州地区人财物的重新调配等重大问题。因此,必须加强对干部的思想教育,特别是政治纪律、组织纪律、财经纪律的教育,严格按照地委、行署《关于地级来宾市筹建期间有关问题的通知》(柳地发〔2002〕36号)的要求,确保筹建期间不出现违纪违法问题,确保干部思想稳定,确保筹建工作顺利进行。

(四)紧张务实,有条不紊。筹备工作领导小组和各工作组以及地直各部门,对筹建工作要认真制订好计划,排出工作日程表,按先急后缓、先易后难的办法,抓好每一项具体工作的落实,对工作中遇到的问题要及时研究,该请示汇报的及时请示汇报,使问题及时得到解决。

(五)遵章守纪,依法办事。在人事安排上要严格按照有关规定办理,在"三会"代表、委员的推荐和选举上依法进行,在人员分流上要讲大局、讲需要。

(六)统筹兼顾,做到两不误。要坚持做到既要抓好撤地设市的全面工作,又要抓好当前辖区的工作,确保今年全地区各项工作任务的完成。

(七)密切注意社会动向,确保社会稳定。要对当前社会治安和不稳定因素进行深入的排查,发现问题及时化解,确保大事不出、中事不出,小事少出,确保社会稳定。

中共来宾市委　来宾市人民政府关于市委和市人民政府机构设置的通知

来发〔2002〕2号

各县(市、区)党委、人民政府,市直各单位:

根据《自治区人民政府关于撤销柳州地区设立地级来宾市并调整柳州市行政区划的通知》(桂政发〔2002〕58号)和《自治区党委、自治区人民政府关于地级来宾市党政机构设置和人员编制方案的通知》(桂委会〔2002〕243号)精神,现将来宾市委、市人民政府机构设置通知如下:

一、市委机构设置

纪律检查委员会机关

办公室

组织部

宣传部

统一战线工作部

政法委员会

政策研究室

机构编制委员会办公室

直属机关工作委员会

纪律检查委员会机关与监察局合署办公;保密委员会办公室(市国家保密局)、机要局、督查室在市委办公室挂牌;精神文明建设委员会办公室在市委宣传部挂牌;台湾工作办公室(市政府台湾事务办公室)、宗教事务办公室在市委统一战线工作部挂牌;社会治安综合治理委员会办公室在市委政法委员会挂牌;610办公室是来宾市处理法轮功问题领导小组的常设办事机构,挂靠市委政法委员会。机构编制委员会办公室为机构编制委员会的常设办事机构,既是市委的工作机构,又是市人民政府的工作机构,增挂事业单位登记管理局牌子。老干部局由市委组织部领导;市委、市政府信访办公室,由市委办公室领导。档案局和档案馆维持局馆合一体制。

二、市人民政府机构设置

(一)工作部门

办公室

发展计划委员会

经济贸易委员会

人事局

交通局

统计局

旅游局

环境保护局

教育局

科学技术局

文化局

卫生局

广播电视局

体育局

新闻出版局(版权局)

公安局

司法局

监察局

审计局

民政局

民族事务委员会

计划生育委员会

财政局

劳动和社会保障局

对外贸易经济合作局

粮食局

建设与规划委员会

市政管理局

国土资源局

农业局
林业局
水利局
水产畜牧局
外事侨务办公室
（二）议事协调办事机构
扶贫开发领导小组办公室
人民防空办公室
蔗糖生产领导小组办公室
水果生产领导小组办公室
（三）直属事业单位
农业机械化管理中心
市委市政府接待办公室
经济技术协作招商办公室
防震工作办公室（副处级）

来宾市驻柳州管理处为市委、市政府直属正处级机构。安全生产监督管理局（副处级）由市经济贸易委员会管理，加挂安全生产委员会办公室牌子。

法制办公室、调解处理土地山林水利纠纷办公室在市人民政府办公室挂牌；物价局在发展计划委员会挂牌；乡镇企业局在农业局挂牌；移民办公室在水利局挂牌；科学技术局加挂知识产权局牌子。

监察局与纪委合署办公，列入市政府工作部门序列，不计机构个数；外事侨务办公室列入市政府工作部门序列，不计机构个数。

扶贫开发领导小组办公室、蔗糖生产领导小组办公室、水果生产领导小组办公室分别为扶贫开发领导小组、蔗糖生产领导小组、水果生产领导小组的常设办事机构；人民防空办公室为市国防动员委员会的常设办事机构，也是市人民政府防空工作的主管部门。

中共来宾市委员会
来宾市人民政府
2002 年 12 月 25 日

中共来宾市委　来宾市人民政府关于原柳州地区直属党政机关、事业单位工作人员调入来宾市工作的通知

来发〔2002〕5 号

市直各单位：

根据自治区党委桂发〔2002〕18 号和桂委会〔2002〕243 号文件精神，市委、市人民政府同意：

一、原柳州地区直属党政机关公务员、机关工作者、工勤人员，原则上调入来宾市直属党政机关工作；

二、原柳州地区直属事业单位在职工作人员，原则上调入来宾市直属事业单位工作；

三、原柳州地区直属党政机关、事业单位的离退休人员，划入来宾市管理。

各单位根据上述原则，将本单位干部职工、离退休人员按干部管理权限造册，于 2003 年 1 月 10 日前分别报送市委组织部、市人事局、市劳动和社会保障局备案。

附：《来宾市直属党政机关、事业单位在职、离退休人员名册》（样表）（略）

中共来宾市委员会
来宾市人民政府
2002 年 12 月 31 日

中共来宾市委　来宾市人民政府关于来宾市机构设置和人员编制方案的实施意见

来发〔2002〕7 号

根据《自治区人民政府关于撤销柳州地区设立地级来宾市并调整柳州市行政区划的通知》（桂政发〔2002〕58 号）、《自治区党委、自治区人民政府关于地级来宾市党政机构设置和人员编制方案的通知》（桂委会〔2002〕243 号）和《自治区党委、自治区人民政府关于印发〈关于撤销柳州地区设立地级来宾市并调整柳州市行政区划工作指导方案〉的通知》（桂发〔2002〕18 号）精神，结合本市实际，现就地级来宾市机构设置和人员编制问题提出如下实施意见：

一、机构移位、调整、撤并、转体的组织实施

（一）市委机关机构设置及调整

1. 中共柳州地区委员会办公室、组织部、宣传部、统一战线工作部、政法委员会、政策研究室、直属机关工作委员会，柳州地区机构编制委员会办公室，分别整体移位并更名为中共来宾市委员会办公室、组织部、宣传部、统一战线工作部、政法委员会、政策研究室、直属机关工作委员会，来宾市机构编制委员会办公室。柳州地区机构编制委员会整体移位并更名为来宾市机构编制委员会。来宾市机构编制委员

会办公室为市机构编制委员会的常设办事机构，既是市委的工作机构，又是市人民政府的工作机构，加挂来宾市事业单位登记管理局牌子。

2. 中共柳州地区纪律检查委员会整体移位并更名为中共来宾市纪律检查委员会（纪律检查委员会机关与监察局合署办公）。

3. 中共柳州地区委员会、柳州地区行政公署信访办公室，整体移位并更名为中共来宾市委员会、来宾市人民政府信访办公室，由市委办公室领导。

4. 中共柳州地区委员会老干部局，整体移位并更名为中共来宾市委员会老干部局，由市委组织部领导。

5. 中共柳州地区委员会保密委员会整体移位并更名为中共来宾市委员会保密委员会。中共柳州地区委员会保密委员会办公室（柳州地区国家保密局）、中共柳州地区委员会机要局、中共柳州地区委员会督查室分别整体移位并更名为中共来宾市委员会保密委员会办公室（来宾市国家保密局）、中共来宾市委员会机要局、中共来宾市委员会督查室，均在市委办公室挂牌，其党务人事、行政后勤等由市委办公室管理。

6. 中共柳州地区委员会精神文明建设委员会整体移位并更名为中共来宾市委员会精神文明建设委员会。中共柳州地区委员会精神文明建设委员会办公室整体移位并更名为中共来宾市委员会精神文明建设委员会办公室，在市委宣传部挂牌，其党务人事、行政后勤等由市委宣传部管理。

7. 中共柳州地区委员会台湾工作办公室（柳州地区行政公署台湾事务办公室）、柳州地区行政公署宗教事务办公室分别整体移位并更名为中共来宾市委员会台湾工作办公室（来宾市政府台湾事务办公室）、来宾市宗教事务办公室，均在市委统一战线工作部挂牌，其党务人事、行政后勤等由市委统一战线工作部管理。

8. 柳州地区社会治安综合治理委员会、柳州地区处理“法轮功”问题领导小组分别整体移位并更名为来宾市社会治安综合治理委员会、来宾市处理“法轮功”问题领导小组。柳州地区社会治安综合治理委员会办公室、柳州地区处理“法轮功”问题领导小组办公室（610 办公室）分别整体移位并更名为来宾市社会治安综合治理委员会办公室、来宾市处理“法轮功”问题领导小组办公室（简称来宾市 610 办公室）。社会治安综合治理委员会办公室在市委政法委员会挂牌，610 办公室挂靠市委政法委员会，其党务人事、行政后勤等由市委政法委员会管理。

9. 中共柳州地区委员会档案馆（柳州地区档案局）整体移位并更名为中共来宾市委员会档案馆（来宾市档案局）。

（二）市政府机关机构设置及调整

1. 柳州地区行政公署办公室整体移位并更名为来宾市人民政府办公室。

2. 柳州地区行政公署发展计划局、经济贸易局、民族事务局、建设局、计划生育局，分别整体移位并更名为来宾市发展计划委员会、经济贸易委员会、民族事务委员会、建设与规划委员会、计划生育委员会。

3. 柳州地区行政公署教育局、科学技术局、公安局、监察局、民政局、司法局、财政局、人事局、劳动和社会保障局、国土资源局、交通局、水利局、农业局、对外贸易经济合作局、文化局、卫生局、审计局、环境保护局、统计局、林业局、水产畜牧局、粮食局、外事侨务办公室，分别整体移位并更名为来宾市教育局、科学技术局、公安局、监察局、民政局、司法局、财政局、人事局、劳动和社会保障局、国土资源局、交通局、水利局、农业局、对外贸易经济合作局、文化局、卫生局、审计局、环境保护局、统计局、林业局、水产畜牧局、粮食局、外事侨务办公室。来宾市科学技术局加挂来宾市知识产权局牌子。

4. 柳州地区广播电视管理局、体育事业局、旅游局由行署直属事业单位调整为市政府工作机构，分别整体移位并更名为来宾市广播电视局、体育局、旅游局。

5. 设置来宾市新闻出版局（版权局）、市政管理局。撤销柳州地区新闻出版（版权）管理办公室。

6. 柳州地区安全生产监督管理局整体移位并改为来宾市安全生产监督管理局（副处级），加挂市安全生产委员会办公室牌子，由来宾市经济贸易委员会管理。

7. 柳州地区行政公署法制办公室、调解处理土地山林水利纠纷办公室和物价局、乡镇企业管理局，分别整体移位并更名为来宾市法制办公室、调解处理土地山林水利纠纷办公室和物价局、乡镇企业局，分别在市人民政府办公室和市发展计划委员会、市农业局挂牌。设立来宾市移民办公室，在市水利局挂牌。上述挂牌机构相对独立行使其职能，重大问题由所在挂牌的部门党组决定。

8. 设立来宾市驻柳州管理处，为市委、市政府直属正处级行政机构。

（三）驻外机构

设立来宾市驻北京办事处、来宾市驻上海办事处，由市政府办公室管理。

（四）议事协调机构及其办事机构

原柳州地区的议事协调机构及其办事机构、非常设机构的称谓一律改为来宾市 ×× 委员会（领导小组）及其办公室。其中：

1. 设置来宾市人民防空办公室，为来宾市国防动员委员会的常设办事机构，也是市人民政府防空工作的主管部门，使用行政编制。来宾市国防动员委员会国民经济动员办公室、来宾市国防动员委员会交通战备办公室为来宾市国防动员委员会的办事机构，分别设在市发展计划委员会、市交通局，人员经费列入同级财政预算。

2. 来宾市城镇住房制度改革委员会办公室为来宾市城镇住房制度改革委员会的办事机构，设在市人民政府办公室。来宾市老龄工作委员会办公室为来宾市老龄工作委员会的办事机构，设在市民政局。来宾市森林防火指挥部办公室为来宾市森林防火指挥部的办事机构，设在市林业局。上述办事机构分别使用事业编制。人员经费列入同级财政预算。

3. 来宾市扶贫开发领导小组办公室为来宾市扶贫开发领导小组的常设办事机构，使用行政编制。因地制宜设置的来宾市水果生产领导小组办公室、来宾市蔗糖生产领导小组办公室分别为来宾市水果生产领导小组、来宾市蔗糖生产领导小组的常设办事机构，使用事业编制。

（五）人大、政协，法院、检察院和群团等机构在来宾市的设置，按有关法律程序和规定设置。

（六）其他机构

1. 柳州地区供销合作社整体移位并更名为来宾市供销合作社，为农民的合作经济组织，使用事业编制，所需经费列入同级财政预算。

2. 柳州地区公安交通管理局（柳州地区公安局交通警察支队）整体移位并更名为来宾市公安交通管理局（来宾市公安局交通警察支队），其管理体制等维持不变。

（七）事业单位

1. 政府直属事业单位

柳州地区行政公署农业机械化管理中心、经济技术协作招商办公室和接待处，分别整体移位并更名为来宾市农业机械化管理中心、来宾市经济技术协作招商办公室和中共来宾市委员会、来宾市人民政府接待办公室。柳州地区行政公署防震工作办公室整体移位并更名为来宾市防震工作办公室。

2. 相当副县（处）级以上事业单位

柳州地区相当副县（处）级以上事业单位划归来宾市后，其更名或调整，按管理权限由市委、市政府或市机构编制委员会上报自治区机构编制委员会审定。

3. 其他事业单位

来宾市其他事业单位的设置，原则上维持原柳州地区设置现状不变，分别整体移位并更名为来宾市 ×××。需要作个别调整或改变称谓的，由其主管部门从下文之日起 30 天内提出意见，报市机构编制委员会审批。

事业单位更名后，必须及时办理事业单位登记变更手续。

二、编制使用范围

市委、市政府各部门，市人大、市政协机关，来宾市驻柳州管理处和工、青、妇机关，以及有关议事协调机构的常设办事机构等单位使用机关行政编制，机关后勤服务人员使用机关事业编制。法院、检察院、公安局、司法局等政法部门使用政法专项编制。政府直属事业单位和其他群众团体，使用事业编制。各机关单位的编制数额在“三定”方案（规定）中明确。事业单位使用事业编制，并根据撤地设市后工作任务的实际情况，在事业单位编制总量控制数内进行适当调整。

三、“三定”方案（规定）的制定和实施

（一）制定“三定”方案（规定）的范围

市委、市政府各工作机构，议事协调机构的常设办事机构，直属事业单位，市人大、市政协机关，法院、检察院和群团机关，均要制定“三定”方案（规定）。挂牌机构的“三定”，由所在挂牌的部门审核后，附其后一并上报。

（二）“三定”方案（规定）的主要内容

部门的主要职能和需要转变调整的职能；内设科室的数量、名称和主要职能；编制名额及科级以上领导职数。另附工作岗位设定及人员安排表。

（三）制定“三定”方案（规定）的要求

1. 市委各部门要适应社会主义市场经济体制的要求，党政职能要分明。进行职能分解时，着重理顺党政关系，调整干部结构，提高干部素质，提高工作效率。同时，加强为经济建设服务的职能以及宏观管理和监督的职能。

2. 市政府各部门要按照政企分开的原则，以部门管理转向行业管理和社会管理。要根据设市实际，对现有职能进行分解，明确哪些需要加强，哪些需要下放，哪些需要转移；属县（市、区）的下放给县（市、区）政府，属于企业的下放给企业，属于辅助性、技术性、服务性的职能交给事业单位或社会服务组织，弱化以至取消微观直接管理职能。同时，要加强宏观规划协调、研究制订重大政策和法规职能，加强用行政、经济和法律手段调控、监督社会经济活动的职能，加强为基层和企业服务的职能，使转变政府职能具体化，并真正落到实处。

3. 理顺各种关系。主要是理顺市、区关系，理顺市委各部门之间、政府各部门之间、市委各部门与市政府各部门之间的关系。将属于市管理的职能收归市管理，属于区管理的职能下放给区管理，明确市与区的管理关系；将目前由两个部门或多个部门分管相同或相近的职能交由一个部门承担，确需几个部门共同承担的职能，要明确分工，分清主次，确定牵头部门，建立部门协调制度。"三定"过程中职能交叉问题，原则上参照自治区各部门的职责分工进行划定。

4. 确定内设机构、人员编制和领导职数。各部门要在定职能的基础上，按有关规定适当调整、设置内设机构。内设机构职能交叉的，要进行裁并；职能相近的，要尽量合并；职能较少、工作量不大的，应综合设置或归属到职能相近的内设机构，不单独设置。市党政工作部门内设机构，原则上称科，个别可称室。人员编制除个别部门作适当调整外，原则上维持原柳州地区核定给各部门的人员编制不变，人员编制具体分配方案由市委、市政府审定。

领导职数按有关规定核定。党政工作部门领导职数 2~3 名。发展计划、经济贸易、财政、公安、建设与规划、国土资源、农业等少数工作任务重、人员编制较多的政府工作部门，可增配副职 1 名；在市委、市人民政府工作部门中挂牌的机构，可配 1 名领导职数。工作机构内设科（室）的领导职数 1~2 名，编制 8 名以上的科可增配副科长 1 名。政府工作部门设党组的，党组和行政班子一般不分设，党组书记和副书记、成员分别由部门党员主要领导干部和其他党员领导干部担任。政府及其工作部门一律不配领导助理。

（四）"三定"方案（规定）的拟制、审批和实施

市党政各部门和有关单位，在职能分解的基础上，提出转变职能、理顺关系、明确事权，内设机构设置和人员编制配备方案。"三定"方案（规定）的格式，参照最近一轮机构改革的"三定"方案（规定）格式拟写。"三定"方案（规定）一式 15 份统一报送市编委办公室审核后，再报市委、市政府或市编委审定，由市委办公室或市政府办公室行文印发。"三定"方案（规定）一经批复，各部门、各单位即组织实施。

四、有关政策规定

凡达到《国务院关于颁发〈安置老弱病残干部的暂行办法〉和〈国务院关于工人退休、退职的暂行办法〉的通知》（国发〔1978〕104 号）规定退休年龄的党政机关人员，必须及时办理退休手续。未达到退休年龄，但至 2002 年 12 月 31 日止，工作年限满 30 年或男年满 55 周岁、女年满 50 周岁，且工作年限满 20 年的，本人愿意，经任免机关批准，可提前退休，但不享受《自治区党委办公厅、自治区人民政府办公厅关于印发〈市（地）县乡机关和乡镇事业单位人员分流安排办法〉和〈市（地）县乡机关定编定岗定员办法〉的通知》（桂办发〔2001〕40 号以及《中共柳州地委办公室、柳州地区行署办公室关于印发〈柳州地区地直机关人员分流安排实施办法〉的通知》（柳地办〔2001〕64 号）规定的人员分流安排的有关政策待遇。

五、其他问题

（一）印章使用问题。行政印章由市政府统一制发，党群部门的印章由市委统一制发，其他单位的印章自行制作。各部门、各单位在本通知下发后一个月内启用新印章。在新印章启用前，因工作必须使用印章的，可用原机构印章代替。

（二）机构牌子问题。各部门、各单位的机构牌子，按有关规定的标准自行制作，在本通知下发后一个月内挂牌。党政群机关内设机构牌子，必须按"三定"方案（规定）的称谓挂牌。新机构挂牌运转后，原机构牌子不得再挂。

六、加强领导，严明纪律，确保撤地设市的机构调整顺利进行

撤地设市的机构调整和人员调配涉及面广、难度大。因此，必须加强领导，严明纪律，确保机构调整、人员调配等各项工作顺利进行。市直各部门领导要把这项工作列入重要议事日程，精心组织，认真抓紧抓好。同时，要加强思想政治工作，教育干部职工识大体，顾大局，自觉服从组织安排。广大机关工作人员特别是领导干部和共产党员更要模范带头，严格遵守组织纪律、维护党和国家整体利益。任何单位和个人都不得借机突击提拔干部，擅自调进人员，擅自增设机构，侵吞或私分公有财产，对出现的

各种违纪行为，一经发现，要严肃查处，并追究责任人和单位领导人的党纪政纪和法律责任。

中共来宾市委员会
来宾市人民政府
2002年12月18日

来宾市人民政府关于印发来宾市招商引资奖励办法（暂行）和实施细则的通知

来政发〔2004〕14号

各县、市、区人民政府，市直各委、办、局、处：

现将《来宾市招商引资奖励办法（暂行）》及《来宾市招商引资奖励办法实施细则》印发给你们，请结合实际，认真贯彻执行。

二〇〇四年四月十三日

来宾市招商引资奖励办法（暂行）

根据广西壮族自治区人民政府《关于印发招商引资奖励办法（暂行）的通知》（桂政发〔2003〕33号）文件精神，为加大我市招商引资工作力度，充分调动社会各界参与招商引资的积极性，促进我市经济和社会的快速发展，特制定本办法（暂行）。

第一条 奖励原则

（一）分类奖励的原则。对成功引进市外资金的国内外公民、团体或组织实行分类奖励。其中对社会引资者以物质奖励为主，对符合条件的公务人员引资者以行政奖励为主，并给予适当的物质奖励。

（二）分级奖励的原则。各级人民政府对本级重点招商引资项目及投资在100万元规模以上项目分别进行奖励。

（三）谁受益谁奖励的原则。凡引进市外客商投资项目实际利用资金确定后，按财政隶属关系由市、县（市、区）财政进行奖励；国有及国有控股企业自主招商引资的项目，由国有及国有控股企业出资进行奖励。

第二条 奖励对象

（一）我市公务人员引资者：党和国家机构、人民团体中的党政干部；具有行政管理职能的事业单位中的党政干部，其他事业单位中相当于科级以上党政领导干部；市属管理企业的领导班子中的领导干部。

（二）社会引资者：除我市公务人员引资者以外的其他引进外来资金者。

第三条 奖励条件与标准

（一）引进外来资金须是以独资、合资、合作形式投资于我市。

（二）引进外来资金投资项目必须已在工商部门登记注册，并按合同约定中项目实际使用外来资金额进行奖励。

（三）引进市外资金投资工业项目，生产性固定资产投资在100万元的，奖励引资者1万元；投资在100万元以上的，在奖励引资者1万元基数奖基础上，另外再按增加生产性固定资产投资实际利用资金的1.5%计奖。

（四）引进市外客商投资农业开发项目的引资者，按实际利用资金的1.5%一次性计奖。

（五）引进市外资金投资第三产业的引资者，按正式投入运营一年内实际上交地方财政收入的10%一次性奖励。

（六）已在本市投资兴办企业后，通过引资人努力又使客商追加投资的，按本办法相应条款按其实际追加额给予奖励。

（七）对我市公务人员引资者，根据有关规定分别给予记功和嘉奖的奖励。其中引进1000万以上至2000万元以下的给予嘉奖；2001万元以上5000万元以下给予记三等功；5001万元以上8000万元以下记二等功；8001万元以上报请自治区人民政府记功。

除给予公务人员上述精神奖励之外，还按社会引资者奖励标准的50%给予奖励。

（八）以上各奖项，其单项最高奖励金不得超过100万元。

第四条 奖励资金

（一）政府奖励资金，在财政一般预算或基金预算中安排。

（二）国有及国有控股企业自主引资的合资合作项目，其奖励金由国有及国有控股企业负责，其奖励金可列入当年法人经营成本。

（三）政府或企业奖励给引资者的奖励金，引资者应依法纳税。

第五条 引资者身份认定

引资者可以是自然人，也可以是社会法人。引资者必须在外来资资金进入我市前，获得由投资者签署的委托其开展投资引荐事务的委托书，并持有效身份证明到市、县（区、市）招商引资部门办理引资者登记手续。逾期不登记的视为自动放弃。

同一个项目一般只认定一个引资者。如投资者委托二个或二个以上引资者,视为一个引资者团队。

第六条 奖励申领程序

(一)如外来资金一次性到位,引资者可持法定验资机构出具的验资报告及相关材料,到招商引资部门办理申领手续。

如市外客商投资资金分期到位,在资金到位达合同外来资金总额的30%、60%、100%时,引资者可持法定验资机构出具的验资报告和相关材料分期办理手续,也可在外来资金全部到位后一次性办理申领手续。

(二)引资者团队申领奖励金,引资团队不论人数多少,奖金总额不变,须书面委托其中一人具体办理。奖励金如何分配由引资者团队自行商议。

(三)引资者可以自行办理,也可以书面形式委托他人代为办理奖励申领手续。

(四)市、县(市、区)招商引资部门接到引资者的申请后,提交招商引资奖励工作小组进行初审,然后报市、县(市、区)人民政府批准实施。

(五)对我市公务人员引资者的行政奖励,按有关规定程序办理。

(六)以上引资均以人民币计算,如引进境外资金的按国家汇率折为人民币计算,奖励金均以人民币支付。

第七条 奖励的管理

(一)由市、县(区、市)的经协招商办、外贸、计委、财政、人事、监察等部门组成招商引资奖励工作小组,负责对市、县(区、市)奖励工作的组织和实施。招商部门具体负责引进市外资金的物质奖励的申报工作;财政部门负责向引资者兑付奖励金;人事部门具体负责对公务人员的行政奖励的申报审核工作;监察部门具体负责对招商引资奖励过程中的监督。

(二)国有及国有控股企业自主引资的合资合作项目的奖励金,由国有及国有控股企业负责兑付。

(三)违反本办法骗取奖励的,除追回全部奖金外,还要追究有关人员的行政、经济责任;行为构成违法犯罪的,依法追究刑事责任。

第八条 本办法由市经协招商办公室、市人事局负责解释。

第九条 本办法自公布之日起执行。

来宾市招商引资奖励办法实施细则

第一条 根据《来宾市人民政府关于招商引资奖励办法(暂行)》(以下简称《办法》)的有关规定,制定本实施细则。

第二条 本实施细则适用于对符合《办法》规定的引资者进行奖励。凡于《办法》公布之日以后签约并进资的项目,引资者均可参照本细则规定办理奖励金手续。

第三条 《办法》第一条第二款所称的重点项目是指由市、县(市、区)人民政府对外公布的招商项目。

第四条 凡超出项目合同规定最后进资期限后进入来宾的外来资金不再予以奖励;外来投资者不能同时以引资者身份对其自身投资的项目申领引资奖;通过公开投标方式进行招商的项目,不纳入奖励范围。

第五条 《办法》第三条第二款的实际使用外来资金额是指合同项目实施中实际使用的资金总额。

第六条 市人民政府奖励金由市财政在一般预算或基金预算中安排。县(市、区)人民政府奖励金由县(市、区)在财政一般预算或基金预算中安排。

第七条 引资者应在其所引进项目正式进资之日前,持以下材料及时到招商部门填写《来宾市外来资金引资者登记表》(见附表一),办理引资者备案登记。

1. 项目投资者出具的投资引荐委托书;
2. 引资者本人有效身份证明。

第八条 《办法》第六条中所称引资者办理奖励金申领手续时所需的材料一式三份如下:

1.《来宾市外来资金引资者登记表》;
2. 投资者出具的投资引荐委托书;
3. 引资者有效身份证明;
4. 项目业主或主办单位对引资者的确认函;
5. 国家法定机构出具受资企业的当期验资报告;
6.《来宾市社会引资者奖励申领表》(见表二),或《来宾市公务人员引资者奖励申领表》(见表三)、《来宾市公务人员引资者行政奖励呈报审批表》(见表四)。

若引资者委托他人代为办理奖励金申领手续,除上述六项材料外,还需同时提供引资者出具的书面委托书及受托人的有效身份证明。

第九条 在所进项目建成投产或正式运营之日起一年内需办理奖励金申领手续。逾期不办者,视为自动放弃。

第十条 社会引资者所引资金到位后,由引资者向市、县(市、区)招商部门提出奖励申请。招商部门应在受理引资者申请材料后，按规定及时审核奖励申领材料，并作出是否予以奖励的回复；同时对符合奖励条件的申请，计算出相应奖励档次、金额后提交招商引资奖励工作小组进行初审，对同意奖励的申请报市、县（市、区）人民政府批准，并将材料随审批意见交财政部门拨付奖励金。

财政部门10个工作日内，及时向引资者兑付奖励金。兑付奖励金时应当按有关法律法规代为扣缴个人所得税。

第十一条 公务人员引资者所引资金到位后，由引资者经所在单位提出意见后将第八条规定的申报材料报招商引资奖励工作小组审核，然后按有关规定程序办理。

第十二条 引资者按本实施细则获取的奖励金属合法收入，受国家法律的保护。

第十三条 本实施细则自公布之日起正式执行。

来宾市人民政府关于加快推进农业产业化经营的通知

来政发〔2004〕54号

各县、市、区人民政府，市直各委、办、局、处，华侨投资区管委会：

为加快推进我市农业产业化经营进程，提高农民生产的组织化程度，促进农业增产增效和农民增收，根据《广西壮族自治区政府关于加快推进农业产业化经营的通知》（桂政发〔2004〕21号）精神，现就有关问题通知如下：

一、我市农业产业化发展的目标

今后5年，我市推进农业化经营的目标是：农产品规模化、专业化、标准化生产基地得到快速发展，全市基地农产品销售收入占农产品销售总收入的60%以上，带动一半以上农户进入农业产业化经营领域；全市重点培育3家自治区级农业产业化重点龙头企业，20家高级重点龙头企业；发展10家上规模、上档次、带动力强的自治区级农民专业合作经济组织。

二、实施农业标准化战略，建设农业主导农产品生产基地

按照发展优质、高效、高产、生态安全农业的要求，进一步调整优化农业产业结构，以实施“2个135”农业丰产增效工程为重点，建立100万头肉牛生产基地，100万亩速生丰产林基地，30万亩高标准瓜菜基地，30万亩高标准水果基地，50万亩标准化桑园基地，50万亩“吨糖田”基地。基地建设要做到专业化生产，规模化开发，集约化经营，标准化建设。同时抓好农产品质量安全标准、技术规程和合格评定标准的宣传与培训，严格执行检验制度，强化农产品市场准入制度；支持产业化经营组织设置检测机构，完善农产品检测检验手段，充分发挥产业化经营组织在推行农业标准化生产中的主体带动作用，建立一批主导农产品无公害标准化生产基地，夯实农业产业化经营基础。

三、建立健全农业产业化组织体系

农业产业化经营组织是指实行产供销一体化经营的农业企业、农产品市场、农产品行业协会、农业合作社以及各类农业中介组织。要积极引导和帮助农业产业化经营组织组建行业协会，使其成为协调行业内部经营行为，加强行业内联且与合作，搞好行业自律，提高行业整体市场竞争力，维护会员单位合法权益的农村新型组织。

要大力培育发展农业合作社，提高农民直接参与产业化经营的程度。鼓励各类社会中介组织机构和经纪人牵头建立一批农业合作社，鼓励龙头企业带动一批农业合作社，支持农村集体经济组织发展成区域性农业合作社。

要大力发展农产品加工业，把农产品加工、集贸市场建设与小城镇建设相结合，引导农业企业、农村剩余劳动力向中心镇和工业区集中。对促进农村土地流转，带动农民实行规模化、专业化生产，吸纳转移农村剩余劳动力有突出成绩的产业化经营组织要给予奖励。

四、加快培育农业产业化龙头企业，打造龙头企业品牌

农业产业化龙头是发展农业产业化经营的关键。要把发展培育龙头企业作为加快推进农业产业化经营的突破口，实施项目带动战略，按照打破地域界限、部门界限、所有制界限，优化资源配置，相对集中发展和规模经济的要求，重点培育和扶持一批规模大、带动面广、技术水平高、附加值高，有较强竞争优势和带动能力的龙头企业，争取列入国家级或自治区级重点龙头企业；加大对农业产业化重点龙头企业的扶持力度，重点支持一批能带动区域经济发展和农民增收的龙头企业。

农产品品牌意味着农业标准化，意味着品牌农产品在市场上的“信用度”。我市农产品要在国内外市场具备足够的竞争力，走品牌化之路是一个根本

性方向。各级政府要以龙头企业为载体,增加农业科技投入,不断提高农业科技创新水平,进一步强化龙头企业、生产基地和品牌产品的标准管理,带动全市农业标准化生产。各县(市、区)要相应引导培育一批生态、特色农业产业化品牌龙头企业。

五、大力发展农民专业合作经济组织

在指导思想上,坚持积极扶持、稳定发展,因地制宜、讲究实效的方针,不断把农民专业合作经济组织的发展推向新水平;

在发展原则上,坚持民办、官办、民办官助,官办民营等形式同时发展,领头创办可以是农民、专业大户、经济能人、村委会、龙头企业、农业技术推广部门和乡镇政府等;

在发展目标方向上,坚持通过帮助专业经济组织引入新的发展机制,促进其向高层次的贸工农,产供销一体化方向转变,逐步形成为规章制度健全运作规范、生产规模适度、专业技术水平较高、市场竞争力较强、具有相当经济实力的合作经济组织;

在发展环境上,坚持加强宣传,营造有利于专业合作经济组织发展的氛围。各级人民政府要深入实际,研究当地专业合作经济组织发展新情况,解决新问题,总结经验,树立典型,表彰先进,做好当地专业合作经济组织发展的组织,引导、协调、服务、扶持工作。

六、培育农产品营销主体,完善市场流通服务体系

重点建立健全农产品市场协会。鼓励乡及乡以下建立农产品流通合作社,大力推行“协会+合作社+农户”的营销模式。要加快发展农产品连锁、超市、配送经营,逐步将城市农贸市场改建成超市。支持农业龙头企业到城市开办农产品超市。要加快农产品市场体系建设,在大宗农产品主要产区和重要集散地建设农产品市场,重点在畜牧、蔬菜、水果、蔗糖、粮油、桑蚕、林产、茶叶、花卉、中药材等主产区培育和建设一批辐射市内外的区域性农产品批发市场。

七、完善农业产业化利益联结机制

采取切实有效措施,引导产业化经营组织大胆尝试,建立长期、稳定、“双赢”的利益联结机制。鼓励龙头企业采取保护价收购、利益返还等形式,密切企业与农户双方的利益关系。鼓励通过提供生产基金或预付定金,优惠供应良种、赊销生产资料、技术培训与指导、产品储运与加工销售、资金的承贷转贷等方式,引导农业产业化主体树立互利互惠、长远发展的利益关系。要加大法律法规宣传力度、努力提高企业和农户的法律意识、强化诚信理念,支持企业与农户签订合同并兑现合同。对实行“公司+合作社+农户”经营方式的重点龙头企业优先给予扶持。

建立和完善风险保障机制。通过实行农业保险,将由农业经营者独自承担的全部风险损失,分散给各个投保人,从而提高单个农户抵御风险的能力。要积极探索政策性保险制度,鼓励保险机构开办农业保险业务;有条件的地方,可对龙头企业带动的种养业农户给予一定的保费补贴。

八、进一步加大对农业产业化经营组织的扶持力度

进一步加大财政投入力度,整合由各个部门掌握的财政支农资金,最大限度地发挥财政支农资金支持农业产业化的作用。今后,用于农业标准化、种子工程、优果工程、农业科技示范园建设和农业(水产、畜牧、林业)技术推广、农业综合开发、扶贫开发的资金,要逐步与农业产业化经营相结合;用于农业基本建设的投资、水利基金、水利专项资金,优先投向与农业产业化基地配套的项目;对农业产业化龙头企业申报扶持的技术项目、农产品加工项目和技改贴息项目,有关部门要优先申报和安排。

落实税收优惠政策。各级税务部门要把国家和自治区扶持农业产业化经营的税收优惠政策,贯彻落实到农业产业化经营组织;各县(市、区)农业产业化办公室要做好优惠政策的宣传和检查工作,在工商管理机关登记的农业合作社和民政部门登记的农民专业协会、专业合作社,开展直接为农民服务为主的非营利性活动的,可向税务机关提出减免税申请,经税务机关依照税收管理权限审核批准后,免征所得税、增值税、营业税。

加强金融信贷服务。农业银行、农业发展银行要按照常规贷款和专项扶贫款相结合的方式,大力扶持农业产业化龙头企业的发展。鼓励重点龙头企业参与扶贫开发,对以“公司+农户”等组织形式在贫困村建设原料生产基地所需的种苗、技术培训及相关的基础设施等配套项目优先安排扶贫专项资金,所需要的固定投资和流动资金优先安排扶贫贴息贷款。

改善用地管理。重点龙头企业所需非农建设用地,需纳入土地利用总体规划,由国土资源管理部门保障其建设用地指标。农业龙头企业直接为农业和农民服务的非农业建设用地,可以依法采用入股、联营、租赁等方式使用集体建设土地。在不改变农用

地性质的前提下，允许农户依法有偿向产业化经营组织转让承包土地使用权，或以土地使用权入股参与农业产业化经营。

鼓励外来投资办企业。充分利用中国东盟博览会在南宁市举办的契机扩大农业对外开放。从2004年开始，凡是市外到我市兴办农业企业，固定资产投资达到500万元以上，经市农业产业化联席会议审核属于产业化经营的，要优先给予财政、信贷支持，享受市重点龙头企业税收优惠。

九、加强组织领导，切实推进农业产业化进程

加快推行农业产进化经营是农业和农村工作中一件带有全局性和方向性的大事。各级人民政府要加强组织协调，明确办事机构，落实专职人员，日常经费要列入年度财政预算，确保农业产业化工作经常化、制度化。农业、发改委、财政、税收、金融等部门要按照各自的职责分工，根据新形势、新要求，进一步制定和完善鼓励支持农业产业化经营发展的强大合力。各有关部门要切实转变观念，解放思想，为龙头企业和农民专业合作经济组织提供热情周到的服务，为发展农业化经营创造良好的外部环境。

二〇〇四年十二月十日

中共来宾市委关于制定国民经济和社会发展第十一个五年规划的建议

（2005年11月27日中共来宾市第一届委员会第四次全体会议通过）

我市国民经济和社会发展第十一个五年规划(2006—2010年)，是来宾建市后编制的第一个五年规划，是全面建设小康社会与构建和谐来宾进程中的重要规划。认真贯彻党的十六大、十六届五中全会和自治区党委八届六次全会精神，把握发展趋势，提出符合市情、顺应时代要求、凝聚全市人民意志的发展目标、指导方针和总体部署，对于推进我市改革开放和现代化建设，意义十分重大。

一、以科学发展观统领经济社会发展全局

(1)“十五”发展回顾。“十五”时期是不平凡的五年。2002年12月28日，地级来宾市正式成立。我们及时完成了撤地设市任务，在新的历史起点上，开始了建设新来宾的征程。建市头三年即“十五”后三年，我们坚持以邓小平理论和“三个代表”重要思想为指导，认真贯彻党的基本路线和中央的各项方针政策，树立和落实科学发展观，按照全面建设小康社会的目标要求和自治区党委“三大战略、六大突破”决策，紧紧围绕我市第一次党代会提出的“工业立市、农业稳市、商贸旺市、科教兴市、依法治市”总体思路，牢牢抓住发展这个党执政兴国的第一要务，团结带领全市各族人民，艰苦奋斗，开拓进取，克服了创业初期的重重困难，较好地实现了各项发展目标。

国民经济持续快速发展，综合实力明显增强。工业化步伐加快，传统优势产业得到巩固和壮大，新的支柱产业逐步形成，工业对经济增长的贡献率逐年提高，实现第二产业总量超过第一产业的重大突破。农业产业化稳步发展，农业效益进一步提高。城镇化进程加快，新城市建设有序推进，城市承载能力得到明显提高。以旅游、商贸、交通运输为重点的服务业不断发展壮大。固定资产投资和重大项目建设不断取得突破，增强了发展后劲。经济体制改革进一步深化，国有企业改革成效明显，非公有制经济加快发展。对外开放进一步扩大，招商引资取得突破性进展。县域经济初具规模，扶贫开发取得新成效，城乡居民生产生活条件进一步改善，生活水平明显提高。社会主义民主法制和精神文明建设取得新进展。全市城乡面貌发生较大改变，经济呈良性发展，社会局面保持稳定，民族团结和睦，人民安居乐业，为“十一五”加快发展奠定了良好基础。

在“十五”建设和发展进程中，我们主要积累了以下几方面经验：坚持把中央、自治区的方针政策与来宾实际紧密结合，解放思想，开拓创新，不断探索符合来宾发展的新路子、新办法；坚持以经济建设为中心，加快工业立市步伐，加强项目和投资工作，不断增强经济实力和发展后劲；坚持调整经济结构，做大做强支柱产业，促进增长方式转变，提高经济增长质量和效益；坚持深化改革扩大开放，改善投资环境，加大招商引资力度，主动融入区域合作，为加快发展增加动力和活力；坚持发展壮大县域经济，大力推进城镇化和农业产业化，促进农村经济发展；坚持同步推进三个文明建设，正确处理改革发展稳定关系，保持社会稳定，巩固民族团结，促进社会和谐；坚持把实现好、维护好、发展好各族群众的根本利益作为工作的出发点和落脚点，千方百计扩大就业，着力改善群众生产生活条件，使人民群众在发展中得到实惠。这些基本经验，在“十一五”乃至更长时期的发展中仍需始终坚持。

(2)“十一五”是承前启后的重要时期。今后

十五年是我市实现富民兴市新跨越、全面建设小康社会的重要时期，“十一五”处于打基础、求突破的关键阶段。和平、发展、合作成为当今时代主流，经济全球化进程加速，世界经济正处于新一轮恢复和增长期，国际生产要素流动和产业转移加快；国内经济保持平稳较快增长，国家深入实施西部大开发战略，加大对西部地区、民族地区的支持力度；中国—东盟自由贸易区、泛珠三角区域合作进程加快，我们面临的将是一个机遇与挑战并存、总体上有利于加快发展的形势。但由于我市经济总量小且质量和效益不高，工业化、城镇化和农业产业化水平较低，产业结构不尽合理，县域经济发展不平衡，生态基础较脆弱，城市建设和管理经验缺乏，人才和资金紧缺，经济发展后劲不足等问题突出，前进的道路上还面临不少困难和问题。我们应保持清醒头脑，紧紧抓住机遇，积极应对挑战，趋利避害，发挥优势，认真解决发展中的矛盾和问题，开创我市社会主义经济建设、政治建设、文化建设、社会建设的新局面。

(3) 全面贯彻落实科学发展观。制定“十一五”规划，要以邓小平理论和“三个代表”重要思想为指导，坚定不移地贯彻党的十六大和十六届五中全会以及自治区党委八届六次全会精神，进一步解放思想，更新观念，坚持以科学发展观统领经济社会发展全局，坚持发展这个党执政兴国的第一要务，坚持以经济建设为中心，坚持用发展和改革的办法解决前进中的问题。要坚持以人为本，转变发展观念，创新发展模式，提高发展质量，落实“五个统筹”，切实把经济社会发展转入科学发展的轨道。要按照自治区党委建设“富裕广西、文化广西、生态广西、平安广西”的决策部署，结合实际，继续围绕“工业立市、农业稳市、商贸旺市、科教兴市、依法治市”的总体思路，全面推进“富裕、文化、生态、平安”来宾建设，通过若干个五年规划的实施，努力把来宾建设成为人民富裕、文化先进、生态良好、社会和谐、可持续发展的社会主义现代化新来宾。

全面落实科学发展观，必须从思想上、组织上、作风上和制度上形成更为有力的保障。要深化对科学发展观基本内涵和精神实质的认识，坚持一切从实际出发，尊重群众的首创精神，自觉按客观规律办事，扎扎实实推进我市改革开放和社会主义现代化建设。关键是坚持以下原则：

——必须保持经济更快更好发展。注重经济增长的质量和效益，加快经济结构的战略性调整，加快转变经济增长方式。进一步扩大市场，加大投资，促进消费，增强经济增长拉动力。节约资源，保护生态环境，发展循环经济，加快建设资源节约型、环境友好型社会，促进经济发展与人口、资源、环境相协调。要正确把握经济发展趋势的变化，保持社会供求总量基本平衡。

——必须促进城乡区域协调发展。坚持把解决好“三农”问题作为工作的重中之重，实行工业反哺农业、城市支持农村，推进社会主义新农村建设，促进城镇化健康发展，努力构建优势互补、良性互动的区域协调发展机制。

——必须不断深化改革开放。进一步发挥市场在资源配置中的基础性作用，提高资源配置效率，切实转变政府职能，不断提高对外开放水平，增强在扩大开放条件下促进发展的能力。

——必须加强和谐社会建设。按照以人为本的要求，着力解决关系人民群众切身利益的现实问题，更加注重经济社会协调发展，加快发展社会事业，促进人的全面发展；更加注重社会公平，使全体人民共享改革发展成果；更加注重民主法制建设，正确处理改革发展稳定的关系，保持社会安定团结。

(4)“十一五”发展目标。努力实现经济持续快速协调健康发展和社会全面进步，取得富民兴市新跨越、全面建设小康社会的重要阶段性进展。主要目标是：经济发展速度保持高于全国、全区平均水平，二〇一〇年人均生产总值比二〇〇〇年翻一番以上，财政收入与国民经济同步增长；资源利用效率明显提高，万元生产总值能源消耗比“十五”期末有较大降低，生态环境进一步好转；实施西部大开发战略取得显著成效，经济结构战略性调整和经济增长方式转变取得新的进展，工业化、城镇化和农业产业化水平明显提高，新兴的现代化工业城市和区域性商贸中心的雏形初显；城乡基础设施建设更加完善，公共服务能力明显增强，产业规模进一步发展壮大；社会主义市场经济体制比较完善，开放型经济达到新水平；社会事业全面发展，九年义务教育得到进一步巩固和提高，城乡就业岗位增加，社会保障体系比较健全，贫困人口继续减少；城乡居民收入水平和生活质量普遍提高，价格总水平基本稳定，城乡面貌有较大改观，居住、交通、教育、文化、卫生和环境等方面条件有较大改善；三个文明建设同步推进，社会治安和安全生产状况进一步好转，构建和谐来宾取得新的进步。

二、全面推进社会主义新农村建设

(5) 统筹城乡经济社会发展。建设社会主义新农村是现代化进程中的重大历史任务。要按照“生产发展、生活宽裕、乡风文明、村容整洁、管理民主”的要求，坚持从实际出发，尊重农民意愿，扎实稳步推进新农村建设。坚持“多予少取放活”，加大对农业和农村投入的力度，扩大公共财政覆盖农村的范围，突出抓好农村道路、水利、能源、教育、医疗卫生、科普等方面的基础设施建设，强化政府对农村的公共服务，逐步建立以工促农、以城带乡的长效机制。千方百计增加农民收入。搞好乡村、集镇建设规划和管理，突出地方和民族特色，节约和集约使用土地。组织推广适宜桂中地区的先进农业机械，减少农民劳动强度。培养有文化、懂技术、会经营的新型农民，特别重视加大对农民实用技术的培训力度，提高农民的整体素质，通过农民辛勤劳动和政策扶持，明显改善广大农村的生产生活条件和整体面貌。继续加大扶贫开发力度，重点对几个贫困县进行扶持，着力提高贫困地区人口素质，改善基本生产生活条件，开辟增收途径，切实加快贫困地区脱贫致富步伐。因地制宜整村推进扶贫开发方式，对丧失劳动能力的贫困人口实行救助。

(6) 推进农业结构战略性调整。按照“优化粮经、做强蔗糖、主攻桑蚕、发展畜牧、扩大水产、提升林果”的要求，加快农业科技进步，加强农业设施建设，调整农业生产结构，发展高产、优质、高效、生态、安全农业。继续实施“2 个 135”农业丰产增效工程，大力发展特色农业，引导县域发挥资源优势，培育名优产品，形成有区域特色的农业产业带和产业群。扩大无公害食品、绿色食品、有机食品生产，加快“菜篮子工程”建设，推进农业标准化建设。严格保护基本农田，提高耕地质量。推进农业产业化经营，培育扶持壮大龙头企业，健全企业与农户利益联结机制。

(7) 全面深化农村各项改革。稳定并完善以家庭承包经营为基础、统分结合的双层经营体制。加快农村流通体制改革。巩固农村税费改革成果，扎实推进乡镇机构、农村义务教育和县乡财政管理体制等改革，进一步减轻农民负担。引导农民发展合作经济组织，逐步推进规模经营，提高农民进入市场的组织化程度。落实土地征用有关政策，保障和引导失地农民解决生活出路问题。依法稳步推进农村集体土地有序流转，提高农业规模化、集约化水平。积极发展农村保险。切实加强基层组织建设，大力推进村民自治，维护农民民主权利。

(8) 大力发展农村公共事业。大力改善交通条件，加快乡村道路建设，提高技术等级和路网密度，逐步实现农村道路硬化。加快发展农村文化教育事业，巩固和提高义务教育水平，认真落实“两免一补”政策，完善文化网络基础设施建设。加强农村公共卫生、基本医疗服务体系和社会保障体系建设，加快建立新型农村合作医疗制度。加强农村基层卫生保健工作，建立城乡一体的流行性疾病控防体系。继续完善农村电网，巩固提高广播电视“村村通”水平，积极推进信息网络建设。加强农村水利基础设施建设，以提高防洪抗旱能力为重点，着力缓解洪涝灾害威胁和水资源制约。抓好大型水利灌溉工程建设，重点抓好桂中治旱乐滩灌区补水工程和下六甲水利枢纽工程建设。进一步解决农村饮水难和饮水安全问题，加强对水资源的综合开发利用。大力普及农村沼气和太阳能利用，积极发展适合农村特点的清洁能源，引导农民科学改厕改厨改水。

(9) 做大做强县域经济。围绕壮大县域经济实力、增加县乡财政收入、提高城乡居民收入，科学合理制定县域经济发展规划。进一步完善县域经济发展思路，明确发展重点，坚持有所为有所不为，抓住关键点，选准突破口，构筑机制灵活、主体多元、特色鲜明、富有活力的县域经济发展新格局。充分发挥资源优势，大力实施项目带动战略，加快推进工业化和农业产业化，形成一批有比较优势的特色产业和支柱产业，扩大经济总量。加速农村人口向城镇转移，加快科技教育发展和人才开发，增强县域自我发展和可持续发展能力。着力营造良好的发展环境，加大招商引资力度，大力发展非公有制经济，壮大县域经济主体。加大对县域经济发展的政策、财税、金融、用地、科技和人才支持力度。健全市场机制，加强资源整合，打破行政区划局限，克服各自为战的弊端，促进生产要素在区域间自由流动，形成区域间相互促进、优势互补的互动机制，实现区域协调发展。

三、进一步突出工业经济主导地位

(10) 巩固和提升传统优势产业。深入实施“工业立市”战略，坚持自主创新和技术引进相结合，强化政策支持，加快对传统优势产业的技术改造和优化升级，集中力量加快电力、制糖和冶炼三大传统优势产业基地建设。充分发挥煤炭、水能资源丰富的优势，提高煤炭生产能力，鼓励煤电联营，继续抓好电源点建设，强化电力企业内部管理，努力实现降耗增效，进一步巩固和加强我市作为广西电力生产和“西电东送”重要基地的地位。大力发展制糖业，适度扩大压榨能力，改造提升制糖工艺和技术，加大蔗糖综合开发利用，进一步延伸发展蔗糖下游产业，抓好糖的深加工。探索电冶结合模式，延长产业产品链条，重点发展铟、锡、锌、铝、铜、锰等系列冶炼产品，促进优势资源合理配置和有效转化增值，力争形成更多拥有自主知识产权的知名品牌，提高规模经济效益。千方百计降低能耗，提高效益，进一步做大做强冶炼产业。

(11)培育壮大新的支柱产业。抓住国家宏观经济环境宽松，产业结构调整升级和地区间产业转移加快的机遇，充分发挥我市特有的资源优势和技术优势，积极培育具有发展内在潜能、外部空间广阔的优势特色产业，打造一批产业链长、辐射面广、拉动力强、创造就业多的新的支柱产业。立足市场，集中力量培育龙头企业，重点形成以茧丝绸、林浆纸、林板、皮革、食品加工和家具制造业等资源型工业为主的桂中轻工业生产基地。把握城市建设进程加快所提供的广阔发展空间和良好发展机遇，整合改造现有生产企业资源，加快发展新型墙体材料、新型干法水泥等现代环保型建材产业。深入挖掘民族医药精髓，以开发名、特、优瑶医瑶药为龙头，努力创建地方优质名牌医药保健产品，发展特色医药工业。主动接受发达地区工业辐射和产业转移，大力发展汽车零部件、机械配件、新型农业机械、节能产品、电子产品、五金产品等制造工业，推动来宾市制造业壮大规模、提升水平。

(12)积极探索新型工业化发展路子。按照建设新兴现代化工业城市的目标，探索走出一条科技含量高、经济效益好、资源消耗低、环境污染少、人力资源优势得到充分发挥的新型工业化路子。把信息化和传统工业结合起来，通过对工业企业的改造，实现资源与技术、劳动密集与资本技术密集、传统产业与新技术、新工艺的结合与综合利用，加快传统产业改造步伐。突出抓好河西循环经济生态工业园区、来华投资区、八一工业园区和城东工业园区建设，坚持高起点规划、高标准建设，努力建成新型工业发展的集聚区、实验区和示范区。鼓励企业建立技术开发中心，加强对比较优势产品的深度研究与开发。抓紧组织专门力量，研究制订全市工业发展中长期规划，进一步明确我市工业发展的总体思路、目标定位、区域布局、产业重点和工作措施。

四、加快推进城镇化发展步伐

(13)突出发展中心城市。集中力量发展来宾市区，按照建设新兴现代化工业城市、区域性商贸中心和广西重要内河港口城市的目标，力争“十一五”期末城市功能逐步得到健全和完善，市区规模比老城区扩大一倍以上。大力加快公路、铁路和内河航运建设，做好各种运输方式的相互衔接，发挥组合效率和整体优势，着力构建以来宾市区为中心的便捷、通畅、高效、安全的综合交通运输体系。重点加快城市路网、行政办公设施、城市广场、客货运站、市场、星级宾馆、文化体育场馆、学校、医院等完善城市功能的基础建设。加强人文景观建设，提升城市品位。加快市区产业和人口集聚，壮大市区经济实力，增强城市综合竞争力，不断提高辐射带动能力。培育和建设特色专业市场。逐步完善城市社区设置和管理，改善人居环境，提高城市管理和经营水平。加大现代科技在新城市建设中的应用力度，提高城市数字化水平。深入研究并用足用活相关政策，积极争取国家、自治区对新建城市在资金、项目上的支持。

(14)大力改善县城和乡镇面貌。在重点抓好县城建设和改造的基础上，辐射带动全市城镇协调发展，按照循序渐进、节约土地、集约发展、合理布局的原则，努力形成资源节约、环境友好、经济高效、社会和谐的城镇发展新格局。以来宾市城区为龙头，以各县县城为骨干，依托交通干线和枢纽，重点发展列入国家和自治区级试点建设的小城镇，加快培育形成用地少、就业多、要素集聚能力强、人口分布合理的城镇化格局。坚持高起点规划、高质量建设、高效能管理，统筹做好区域规划、城镇规划和土地利用规划，保护好生态环境和历史文化环境，保持地方特色，走可持续发展的城镇化道路。建立健全与城镇化健康发展相适应的财税、征地、行政管理和公共服务等制度，完善户籍和流动人口管理办法。加快城镇经营性基础设施市场化进程，培育多元投资主体。

五、发展壮大第三产业

(15)大力发展旅游业、商贸业和现代物流业。坚持政府主导，按照整合资源、培育品牌、建设精品的旅游产业发展思路，以山水奇观和民族风情旅游为特色，以景区景点建设为重点，进一步完善全市旅游总体规划与景区景点的科学布局。大力推进以金秀旅游资源为主体的“大瑶山生态民俗文化旅游区”建设，着力打造一批具有地方特色的旅游景点和精品线路。加强和完善主要景区、景点道路、环保设施、住宿餐饮等基础建设，提高旅游景区的接待能力。不断丰富旅游产品。推进区域化旅游合作。切实提高旅游综合效益，以旅游业带动相关产业加快发展。着力建设市区专业和综合批发市场，大力建设具有本地特色的商业街和购物广场，尽快形成辐射全市的大型商品批发市场，努力把我市建设成为区域性商贸中心。坚持以市区为中心,以重点区域、大型企业、内河港口、货运站场为重点,以便捷通畅的交通网络为纽带,以县域以及广大农村为市场,建设发展来宾大物流圈。鼓励本地物流企业与区内外大中型物流企业合作,培育具有规模、竞争力较强的现代物流企业。加快培育一支由各类专业协会、营销专业户和农村能人组成的流通大军,拓宽农产品流通渠道。

(16)推进新兴服务业加快发展。大力发展金融业,完善市级金融机构设置,进一步办好农村信用社,努力争取更多的金融部门实现升格设置,促使金融业务适应我市经济发展,切实提高利用金融政策和金融资源的能力。积极发展保险业,把社会保险业务延伸到经济社会发展和人民生活各个领域,提高覆盖率,切实提高保险业务服务质量和保险诚信度,积极发展证券业和信用担保机构,建立完善金融市场体系。积极培育房地产市场,引导房地产业有序发展。大力发展中介机构,重点发展信息、咨询、租赁、培训、会计、审计、法律、资产评估、社会公证、经纪与代理等各类社会中介服务机构。进一步破除制约第三产业发展的障碍,建立完善公开、平等、规范的行业准入制度,营利性服务单位要逐步实行企业经营,培育竞争力较强的大中型服务企业集团。

六、建设资源节约型、环境友好型社会

(17)大力发展循环经济。坚持资源开发与节约并重、节约优先的方针,按照减量化、再利用、资源化的原则,以提高资源利用效率为核心,大力推广节能节水节地节材技术,完善再生资源回收利用体系,加强资源综合利用和循环利用。制定循环经济规划,搞好循环经济试点和示范推广工作,推动电力、冶炼、制糖、造纸、煤炭、建材、化工和农村沼气等重点行业的资源综合利用,加快建设循环生态工业园区。强化节约意识,提倡全民勤俭节约。完善促进资源节约政策,建立资源节约和资源循环利用评价指标体系。

(18)加大环境保护力度。坚持预防为主、综合治理,强化从源头上防治污染和保护生态,坚决改变先污染后治理、边治理边污染的状况。采取严格有效措施,降低污染物排放总量,切实解决影响经济社会发展特别是危害人民群众健康的突出问题。加强工业污染防治,重点实施火电企业燃煤脱硫、冶炼企业二氧化硫治理、冶炼和建材生产企业除尘处理等,淘汰落后工艺技术,依法关、停、并、转污染严重企业,加强重点污染区域治理。综合治理城市环境,加快城市污水和垃圾处理设施建设,提高城市绿化率、污水处理率和垃圾无害化处理率。注重加强农村环境卫生工作,积极防治农村面源污染,特别要保护好饮用水源,引导农民合理使用化肥、农药,搞好畜禽养殖规划和污染治理。加强地质灾害防治、矿山环境恢复治理及城市地质、农业地质环境调查评价。健全环境监管体制,完善环境监测体系,提高环境监管能力。加大环保执法力度,严格执行排放总量控制、排放许可和环境影响评价制度。探索并推行污染控制指标有偿调剂使用制度。大力发展环保产业,建立社会多元化环保投融资机制,运用经济手段推进污染治理市场化进程。

(19)切实保护自然生态。坚持保护优先、开发有序,以控制不合理的资源开发活动为重点,强化对水源、土地、森林等自然资源的保护。建设重要生态功能保护区、自然保护区,促进经济生态化和生态经济化,遏制生态环境恶化趋势,提高生态安全保障水平。继续实施植树造林、封山育林、退耕还林、生态公益林等“绿色工程”,加强石漠化和水土流失治理。防止外来有害物种对我市生态系统的侵害。把改善人居环境、发展生态经济与生态建设有机结合,大力发展生态农业、生态工业、生态旅游业。大力推进金秀大瑶山自然保护区生态工程建设。按照谁开发谁保护、谁受益谁补偿的原则,加快建立生态补偿机制。

七、努力开创改革开放新局面

(20)注重优化发展环境。着力推进行政管理体制改革,加快政府职能转变,继续推进政企分开、政资分开、政事分开、政府与市场中介组织分开,减少和规范行政审批,在加强政府经济调节和市场监管的同时,更加重视社会管理和公共服务。深化政府机构改革,理顺职责分工,提高行政效率,降低行政成本。分类推进事业单位改革。深化投资体制改革,完善投资核准和备案制度,规范政府投资行为,健全政府投资决策责任制度。理顺财政管理体制,继续深化部门预算、政府采购和收支两条线管理制度改革。加快国有企业股份制改革,完善公司治理结构,建立现代企业制度。积极配合国家推进垄断行业改革。加强国有资产监督管理,特别要加强市属重点企业和原地直单位在柳州的国有资产管理,积极探索国有资产监管和经营的有效形式,防止国有资产流失。加快建设法治政府,健全科学民主决策机制和行政监督机制。依法整顿和规范市场经济秩序,认真执行国家法律法规,严格依法办事,不断改善依法行政环境。更加突出营造、优化适宜创业发展和生活居住的城市环境。

(21)全力推进招商引资与区域合作。以招商引资作为重要突破口,努力开创全方位、多层次、宽领域的对外开放格局。创新招商方式,逐步形成多主体、多层次、多形式招商。明确招商重点,瞄准中国—东盟自由贸易区和外资外商密集、非公有制经济发达的地区,瞄准港、澳、台资企业和沿海发达地区的中小民营企业,瞄准城市建设型、资源密集型和劳动密集型的产业开展重点招商。着力改善和优化投资环境,构筑招商平台,抓好几个重点工业园区的基础设施建设与发展,积极创新管理体制和运行机制,不断提高我市各类经济功能园区的发展水平,力争把这些园区建设成为我市对外开放和招商引资的窗口。关注重大项目,整合优势资源,科学建立项目库,提高吸引外资的水平。加强区域经济协作,主动对接泛珠三角地区,积极融入中国—东盟自由贸易区,加强与区域内各成员的产业、经贸、基础设施、科技教育、旅游、会展、物流、信息、生态等方面的合作,推进市场开拓、产业对接和资源开发,拓展与西南地区、长三角以及其他省区市的多领域经贸合作,健全区域协调互动机制,实现区域间的相互促进、优势互补,引导产业转移。

(22)大力发展非公有制经济。政治上鼓励、政策上扶持、方向上引导、法律上保护,大力发展个体、私营等非公有制经济。重点加快非公有制经济发展,优化非公有制经济发展环境,完善社会化服务体系,引导私营企业调整优化组织结构。努力培育和扶持一批与来宾文化和城市发展相适应的、有竞争力的知名品牌、私营企业和企业家,发展一批“专、精、特、新”的中小企业,使非公有制经济成为推动产业结构升级的重要力量。继续深化集体企业改革,发展各种形式的集体经济,鼓励和支持非公有制经济参与国有企业改革,进入金融服务、公用事业、基础设施等领域,大幅度提高非公有制经济在全市经济中的比重。加强和改进对非公有制企业的服务和监管,引导个体、私营企业制度创新,进一步改善非公有制经济发展的政策环境,为非公有制经济创造平等的发展环境,引导非公有制企业制度创新和产业升级。

八、深入实施科教兴市和人才强市战略

(23)加快推进科技发展与技术创新。着眼于经济建设和社会发展的需要,加强对农业、农产品深加工、矿产资源深加工、生物技术、中草药、新材料、现代制造业等关键环节和重点领域的技术研究,切实加强对科技创新项目的扶持力度。鼓励企业建立研究开发机构,增强原始创新能力、集成创新能力和引进消化吸收再创新能力,促使企业成为技术创新主体。深化科技体制改革,整合科技资源,完善科技服务体系,加速科技成果向现实生产力转化,切实提高科学技术对经济发展的贡献率。鼓励和支持民营科技企业发展。加大科技投入,建立完善以政府投入为引导、企业投入为主体、社会资本广泛参与的多元化科技投融资体制。切实加强科学技术的普及和应用,不断提高广大干部群众的科技意识和科技素质。加强知识产权管理工作,提高公民和企业利用、保护知识产权的意识。

(24)优先发展教育事业。适应经济社会发展对知识和人才的需要,全面实施素质教育,深化教育体制改革,加快教育结构调整,提高教育质量,发展现代远程教育,积极构建现代终身教育体系,努力创建学习型城市。强化政府对教育的保障责任,加大对教育的投入。在巩固九年义务教育的基础上,积极发展高中教育、学前教育和特殊教育。大力发展职业技术教育,扩大技能型实用人才培养规模。整合资源,提高质量,创造条件,努力实现高等教育“专升本”的突破。加强师资队伍建设,改善办学条件,鼓励和扶持社会力量办学。基本实现义务教育均衡化、高中教育优质化、职业教育专业化、成人教育终身化,促进各类教育全面、协调、健康发展。

(25)建设高素质人才队伍。树立人才资源是第一资源的观念。坚持党管人才原则,加强人才培养,提高人才素质,优化人才结构,完善人才工作机制,大力推进人才强市战略。加强人力资源能力建设,从主要依靠物力资本转向主要依靠人才资本,从主要依靠自然资源转到主要依靠人才资源。实施人才培养工程,加强党政人才、企业经营管理人才和专业技术人才三支队伍建设,抓紧培养专业化高技能人才和农村实用人才。着力培养学科带头人,积极吸引国内外和区内外高层次人才,留住、稳住本地人才。根据经济社会发展需要,集中力量,采取特殊的政策和措施,巩固、提升、发展人才小高地。深化党政干部选拔制度改革,加强培养妇女和少数民族干部,探索建立国有企业经营管理人才选拔机制,积极稳妥地推进事业单位人事制度改革。建立健全以品德、能力和业绩为重点的人才评价、选拔任用和激励保障机制。

九、加快推进以“富裕、文化、生态、平安”为主要内容的社会主义和谐社会建设

(26)坚持把“富裕、文化、生态、平安”作为我市社会主义和谐社会的主要内容。根据自治区党委关

于建设“富裕广西、文化广西、生态广西、平安广西”的决策部署，结合我市实际，抓好贯彻落实。富裕，一方面要民富，就是发展和改革的成果真正惠及人民群众，全市各族人民物质生活宽裕、政治生活宽松、精神生活丰富；另一方面要市兴，就是全市经济总量明显增强，综合实力明显上升，社会事业全面进步，发展能力明显提高。文化，就是使来宾成为公民素质高、科技教育进步、文化事业繁荣、文化产业兴旺、文化品牌独特的文化先进市。全社会形成良好的道德品质、文明风尚和人际关系，人民群众享有丰富健康的文化生活。生态，就是人与自然和谐相处，可持续发展能力增强，生态环境改善，资源合理利用率提高，人民群众在舒适优美的环境中工作和生活。平安，就是民主法制得到加强，公平正义得到维护，人民群众生命财产安全得到保障，社会安定团结，人民安居乐业，各民族共同繁荣发展。

(27)千方百计扩大就业。把扩大就业摆在经济社会发展更加突出的位置，实施积极的就业政策。大力发展劳动密集型产业、服务业和各类所有制的中小企业，拓宽就业渠道，增加就业容量。重点瞄准“珠三角”“长三角”等地区，推进跨地区的劳务协作和对外劳务输出，引导劳动力转移就业。适应企业用工需求和就业方式变化，鼓励下岗失业人员通过非全日制、临时性等灵活多样的方式实现就业。按照“劳动者自主择业、市场调节就业和政府促进就业”的方针，支持劳动者自谋职业和自主创业。继续实行和完善促进下岗失业人员、就业困难对象再就业的扶持政策。改进就业服务体系，充分利用全社会教育培训资源，为大中专毕业生、城乡劳动者开展多层次、多形式的就业培训。规范企业裁员行为，妥善处理破产企业职工安置工作。完善就业和失业统计制度，加强政府对就业的宏观调控。

(28)加快完善社会保障体系。加快建立与经济发展水平相适应、保障标准和方式合理规范、管理服务社会化的社会保障体系。完善城镇职工失业、医疗、养老、工伤、生育保险等社会保障制度。增加财政的社会保障投入，多渠道筹措社会保障基金，逐步做实个人账户。推进机关事业单位养老保险制度改革。发展企业补充保险和商业保险，完善社会慈善、社会捐助等救助体系，不断扩大社会保险覆盖率。认真探索解决进城务工人员及农村劳动者社会保障问题。

(29)丰富人民群众精神文化生活。大力发展文化事业和文化产业，不断满足人民群众日益增长的精神文化需求。不断加大对文化发展的投入，大力兴建一批群众文化活动场所。繁荣新闻出版、广播电影、文化艺术，创作更多既有地方和民族特色又富有现代气息的优秀文化产品。规范网络、音像、歌舞娱乐等市场，扶持健康文化，抵制腐朽文化，突出城市建设过程中的民俗文化特色，建设一个有特色的城市。活跃群众性文化，大力发展社区、校园、村镇文化，营造积极向上、奋发创新的文化氛围。加强文物保护。以盘古文化为载体，积极挖掘、抢救、整理民族民间文化遗产。积极寻求文化、旅游的结合点，促进文化资源和经济发展的有机结合。努力培养一批本地作家、理论家、知名记者和其他艺术人才。

(30)提高人民群众健康水平。加大政府对卫生事业的投入，以逐步完善城乡公共卫生和医疗服务体系、环境卫生体系为重点，提高疾病预防控制和医疗救治服务能力，努力控制重大传染病，建设和完善突发公共卫生事件应急反应机制，积极防治地方病、职业病和人畜共患病。加强妇幼卫生保健。大力发展农村卫生服务和社区卫生服务。深化医疗卫生体制改革，合理配备卫生资源。认真研究并逐步解决群众看病难看病贵问题。整顿药品生产和流通秩序。支持中草药事业发展，积极开发民族中草药业。坚持计划生育基本国策，稳定人口低生育水平，积极推行优生优育，有效治理出生人口性别比偏高的问题。大力加强城乡社区体育设施建设，积极开展全民健身活动，增强人民身体素质。重视心理健康，开展健康教育，提高人民群众健康意识。

(31)保障人民群众生命财产安全。坚持安全第一、预防为主、综合治理，进一步加强社会治安综合治理工作，强化维护社会稳定责任制和责任追究制，部门协作，齐抓共管。加强基层基础工作，建立健全工作机制，改善和加强信访工作，认真排查调处“三大纠纷”等各种社会矛盾，积极预防和妥善处置群体性、突发性事件。严密防范和严厉打击“法轮功”等邪教组织的破坏活动，依法严厉打击刑事犯罪及各种黑恶势力，坚决扫除“黄赌毒”等社会丑恶现象。高度重视并切实做好安全生产工作，严格安全执法，加强安全生产设施建设。切实抓好煤矿、危险化学品等高危行业的安全生产，有效遏制重特大事故。加强交通安全监管，减少交通事故。强化对食品、药品、餐饮卫生等的监管，保障人民群众健康安全。

十、团结带领全市共产党员和各族人民为实现“十一五”规划而努力奋斗

(32)加强和改善党的领导。顺利实现“十一五”

规划，胜利实现“十一五”目标，关键在党的领导。要坚持立党为公、执政为民，加强党的执政能力建设和先进性建设，加强各级领导班子和基层党组织建设，不断提高党领导经济社会发展的水平，进一步增强凝聚力、号召力和战斗力。各级党委要全面分析和正确判断经济社会发展面临的形势，确定经济社会发展的基本思路和工作重点，加强和改进对经济社会重大事务的综合协调，把握社会主义现代化建设的大局。坚持党要管党、党管干部、党管人才的方针，建立高素质干部队伍。坚持和完善民主集中制，发展党内民主，增强各级党组织的活力。加强党风廉政建设，建立健全教育、制度、监督并重的预防和惩治腐败的机制，大兴清廉、务实之风，反对形式主义、官僚主义和弄虚作假。

(33)加强社会主义民主政治建设。坚持和完善人民代表大会制度、中国共产党领导的多党合作和政治协商制度、民族区域自治制度。巩固和发展民主团结、生动活泼、安定和谐的政治局面。进一步扩大基层民主，保证人民群众依法行使选举权、知情权、参与权、监督权。加强基层民主建设，全面推行政务、厂务、村务、校务公开，建立健全政务公开责任追究制度。进一步加强社区民主建设。进一步发挥工青妇等群团组织民主参与和民主监督作用，切实做好民族、宗教和侨务工作。落实好市场主体、市场交易、市场监管、社会管理、可持续发展等方面的法律法规，规范司法行为，加强司法监督，促进司法公正，维护司法权威，进一步提高依法行政水平，确保人民群众当家做主落到实处。

(34)加强社会主义精神文明建设。坚持和巩固马列主义、毛泽东思想、邓小平理论和“三个代表”重要思想在意识形态领域的指导地位。加强思想道德建设，弘扬以爱国主义为核心的民族精神和以改革创新为核心的时代精神，弘扬集体主义、社会主义思想和艰苦奋斗作风，努力构建现代思想道德体系。树立来宾市民新形象，提高社会公德、职业道德、家庭美德和个人品德水平，做诚实市民、守信市民、文明市民。充分发挥工青妇等群团组织的作用，以现代媒体为主阵地，大力宣传先进典型，增强人们的精神力量。开展精神文明单位创建活动，全面推进群众性精神文明建设。搞好思想政治工作，重点加强和改进未成年人思想道德教育。

(35)充分发挥共产党员先锋模范作用。巩固和发展保持共产党员先进性教育活动成果，建立健全永葆共产党员先进性的长效机制。全市共产党员要坚定理想信念，牢记党的根本宗旨，按照“六在前六争当”的要求，兢兢业业地工作，积极投身富民兴市新跨越、全面建设小康社会的伟大实践。各级领导干部要忠实执行党的群众路线，坚持权为民所用、情为民所系、利为民所谋，克服形式主义、官僚主义，始终保持同人民群众的血肉联系。坚持清正廉洁，自觉反腐倡廉、拒腐防变，永葆共产党人的政治本色。坚决纠正损害群众利益的不正之风。坚持求真务实，大力发扬谦虚谨慎、艰苦奋斗的优良传统。

全市共产党员和各族人民要紧密团结在以胡锦涛同志为总书记的党中央周围，高举马克思列宁主义、毛泽东思想、邓小平理论和“三个代表”重要思想伟大旗帜，在党中央和自治区党委的正确领导下，按照市委统一部署，全面贯彻落实科学发展观，振奋精神，扎实工作，锐意进取，开拓创新，为实现国民经济和社会发展第十一个五年规划和全面建设小康社会的宏伟目标而努力奋斗！

二　艺　文

(一)诗　赋

(唐代至民国时期)

象州东岗岭[①]题石壁诗

张唐辅[②]

象山秀拔倚清穹，宝刹禅关占四峰。
东北岭头千桧竹，西南崖表万杉松。
楼台掩映高低起，殿阁参差上下重。
我愧不才叨假守，公余时喜一游从。

【注释】 ①东岗岭：在象州县城东面约1千米。旧为佛教圣地，古建筑颇多，为象州八景之一“东岗夕照”地点。题石壁诗：刻于仁寿院遗址石壁，为张唐辅所作。②张唐辅(生卒年不详)，宋代曲江(今广东省韶关市境)人。神宗朝任象州知州。

迁江[1]纪事诗一首

秦 密[2]

广右开炎服，思刚置县衔。
羁縻唐世及，正朔圣朝加。
乡分今贺水，邑隶古琅玡。
泉脉通明镜，封邻接镆鎁。

【注释】①迁江，即迁江县，在今来宾市兴宾区西部，汉至隋，属领方县地。②秦密（生卒年不详），宋代天禧四年（1020年）废思刚州设置迁江县后，于宋代末叶，曾任迁江县知县。

游西山[1]诗

林 毅[2]

西山登眺任低昂，飞阁凌云接大荒。栖栋霞光生邃谷，映栏曙色出扶桑。千年翠竹遮崎径，百树岩梅压短墙。满目峰峦看不尽，依依回首白云乡。

【注释】①西山，位于忻城县城西5千米处。②林毅（生卒年不详），宋代广南西路（即广西）贺州（古称临贺）人。绍圣年间（1094—1098年），曾任忻城县知县。

送来宾[1]宰

戴复古[2]

君作来宾宰，听我说来宾。蛮俗无王化，当为行化人。
有民无租赋，租赋出商旅。逐利遭重征，商旅亦良苦。
能放一分宽，可减一分怨。不爱资囊橐，但爱了支遣。
民穷赖抚摩，官贫俸不多。但得百姓安，俸薄其奈何。
勿谓朝廷远，官职易迁转。律己贵廉勤，御事要明断。
自县辟为州，指日为太守。须知早归来，瘴乡不可久。

【注释】①来宾：县名，今兴宾区中东部，宋代时，治所在今来宾市兴宾区良江乡白面村。②戴复古（1167—？），字式之，宋代天台（今浙江省台州）人，一说黄岩（今浙江省黄岩县）人。好游历，足迹遍及大江南北包括广西各地，谙知地方乡情民意。

潜游武宣

风尘一日忽南侵，天命潜移四海心。
凤返丹山红日远，龙归沧海碧云深。
紫微有象星环拱，玉漏无声水自沉。
遥想禁城今夜月，六月犹望翠华临。

【注释】明建文四年，明朝第二任皇帝朱允炆潜游武宣桐岭镇旺田村背仙岩石刻时遗诗3首，此诗为第二首。

白云洞[1]

钱 溥[2]

野外寻仙迹，云封古洞幽。碧桃时在涧，瑶草不知秋。道路通三岛，烟霞占一丘。有无谁可必，明月自悠悠。

【注释】①白云洞，又名龙洞，为来宾县（今来宾市兴宾区东部）属八景之一（取名“龙洞眠云”），位于良江乡东北约8千米、今来宾市城区南隅约4千米的龙洞山。昔日有龙洞寺。龙洞寺遗址（含石刻）已定为来宾市第一批市级文物保护单位。②钱溥（生卒年不详），字原溥，明代松江华亭（今上海市松江县）人。正统进士，授检讨。仕至南京吏部尚书。官两广时，曾参与镇压大藤峡农民起义。

平断藤峡[1]

韩 雍[2]

人言断藤峡，险峻天下少。我视断藤峡，培塿一拳小。蜂屯蚁聚百万家，跣足蓬头尽瑶獠。数十年来肆猖獗，二广生民苦骚扰。五征不克势益张，处处孤城未能保。圣皇当天赫然怒，选将提兵奉天讨。内外群公总豪杰，百万精兵雄矫矫。共言困守非良图，必须长驱且深捣。雷霆砰訇鬼神怒，几日群山尽倾倒。百炼钢刀破新竹，万里长风振枯槁。岩居穴处皆荡焚，瘴雾烟尘都迅扫。积尸如山血如川，诛锄只许留襁褓。兔窜狐奔网罗密，我军追戮如芟草。大藤根株悉已断，五岭封疆真再造。振旅班师归柳营，黄童白叟迎遮道。自言顾望来苏久，不图便见成功蚤。从今水陆是通衢，来去行人免迂绕。有田可耕山可樵，共享承平永安好。圣皇睿算天助顺，群公整顿南荒了。丰功伟绩万古传，附骥成名愧台老。

【注释】①断藤峡：即大藤峡，从武宣县城东南隅黔江勒马滩起至桂平市西北30千米的黔江弩滩止，全长41千米，河道滩涂众多。②韩雍（142—1478年），字永熙，明代长洲（今江苏省吴县）人，英宗正统进士，授御史，巡按江西。天顺中任兵部右侍郎，时广西瑶壮人民据大藤峡起义。宪宗成化元年至三年（1465—1467年），雍以左佥部御史统兵16万进围，杀掠义民数万，并断峡之大藤。

记壮俗六首

桑 悦

一

动讲襄公九世仇，通情洗面只偿牛。亲邻相助歌迎鬼，男女分行戏打球。赴敌护头装凤翅，占疑随手掷鸡头。几回缉事军先觉。木刻传村有别谋。

二

饮食行藏总异人，衣襟刺绣作文。鼠毛火净连皮，牛骨糟酣似酒。小语相侵随致，清歌互答自成亲。趁圩亦有能装束，数朵银花缀网巾。

三

山深路远不通盐，蕉叶烧灰把菜腌。女髻风鬟纯黑绾，男头雨笠尽红尖。租田亦与人分，摘穗惟将手当镰。间有十冬讵赋役，欲询无计召交谭。

四

村村竹木占山乡，屡杀人民似犬羊。冬尽水干兼送哨，春来箐密喜装塘。能通官语惟村老，惯结同年是熟商。夫子居夷心一片，清灯闲坐细思量。

五

除夜双盘贮鸱鸪， 清晨蚁集看何如。斫牛伏地心先动，牵犬登山乐事多。毒药煎成封弩箭，纯钢炼就作干戈。杀人每讲赔头物，有数从来实不孚。

六

姓同处处是华宗，朝甫先加老唤公。三界有灵焉助虐，诸冯非祀肯相容。将劫夺为生理，亦以均分示至公。谁把峰峦齐一铲，平畴万里尽归农。

【注释】 桑悦(1447—1503年)，字民怿，明代常熟(今江苏省常熟)人。成化举人。正德间迁广西柳州府(治所在今柳州市)通判。

黔 江[①]

甘 振[②]

晚风吹渡祖生舟，意气终当肃九秋。黄帽刺船惊水府，锦袍腰箭落旄头。断藤峡破诗留石，细柳军回剑倚楼。百望不堪成激烈，两江横截似襟喉。

【注释】 ①黔江：广西红水河与柳江在象州县汇，其下乃称黔江。②甘振(生卒年不详)，字大声，明代桂平(今广西桂平市)人。弘治进士，授南京户部主事，历员外郎。母卒后不复仕，隐居于白石山(今桂平市南)，学者执经就讲。

来宾道中立夏先一日[①]

钱 薇

心折盘江道，迢迢山下轮。从行徒卉服，入望是来宾。明发刚初夏，兹辰惜暮春。三年滞粤徼，不敢畏风尘。

牂牁江[②]

钱 薇[③]

路入东瓯境，犹登万里舟。衣冠无故识，邪许总夷俦。壤接夜郎境，程逾铜柱秋。清风赖相送，暂尔思悠悠。

【注释】 ①来宾：在今广西来宾市兴宾区东部。县治在今兴宾区城厢村。②牂牁江：红水河，在汉代称牂牁江，后又有称红水江、乌泥江。红水河上游称北盘江，牂牁江为北盘江(在贵州省南部)支流。红水河流经广西中部，在象州县石龙镇与柳江汇合，以下称黔江。③钱薇(1502—1554年)，字懋薇，一作懋垣，号海若，明代海盐(今浙江省海盐县)人。嘉靖十一年(1532年)进士。由行人擢升礼部给事中。因疏谏南巡而斥为民。

热水泉[①]

刘志英[②]

烟暖霞蒸景未磨，仙源仿佛落银河。井边丹汞烧清液，琴里熏风起绿波。飞瀑流云输静穆，冷泉含月少阳和。分明既济滋离火，莫作寻常水石歌。

【注释】 ①热水泉：即象州温泉。②刘志英：生卒年及生平事迹不详。

茶浦舒香[①]

姚一凤[②]

春来无树不呈葩，好向茶材觅雀牙。两岸低山开叠帐，一湾流水护仙艖。游人忘倦迷归路，樵子时歌乐岁华。风送天香何地至，却疑托迹在烟霞。

【注释】 ①茶浦舒香：一名茶浦春泉，为来宾(今来宾市兴宾区)八景之一，在旧县城(今城厢村)北5千米的格兰村旁。一小土岭石壁下有清泉涌出，从不枯竭，水味甘美异常，煮粥或泡茶过夜无败味。古驿道旁十里茶亭以及官府均派专人到此取水泡茶，故称此泉为茶浦。②姚一凤(生卒年不详)，字雠亭，明代来宾县(今来宾市兴宾区)人。万历年间，选拔贡生，升新宁州学正。致仕归里后，重视地方教育，并编纂县志。

蓬莱砥柱[1]

姚一凤[2]

江心浮出古莱洲，仙境蓬壶作胜游。猛浪乍惊腾化鲤，静波徐觉伴沙鸥。滩头好把严光钓，适志堪乘范蠡舟。若问狂澜谁砥柱，烟波风雨几千秋。

【注释】 蓬莱砥柱：即蓬莱洲，在来宾旧县城(今城厢村)东7.5千米的红水河中，为来宾八景之一。蓬莱洲与岸齐高，面积约100亩。据旧《来宾县志》载，每当洪水“盛涨时，洲不能没”，故称“蓬莱砥柱”。

游龙洞山[1]

汤奕浚[2]

杖策遵沙坦，巅峰惊卓笏。合沓云红腰，门幽隐脩樾。清溪环其前，春泉喷澎汃。抠裳涉乱流，宁复虑畢辕。孽孽微径通，交藤度攀越。崆山龙一洞开，寒冽凛肤骨。烟霏净卷舒，钟乳垂碑矶。逼仄转危岩，别境辟金阙。阴森怪石髓，碧玉瑶簪列。削壁清凿凿，莹滑爽填蚧。灵娲劳斧斤，玄窍雕幻忽。爆竹轰一声，喷咙地轴折。野人戟手言，在昔龙所穴。至今蛇虺区，纵横走猬狨。我闻诧且哂，传误毋乃拙。神龙非狡兔，讵必营三窟。精怪本天工，宁事龙踏裂。险语破髌愚，大笑冠缨绝。解衣横铁笛，三弄翻飞鹘。日落岚滴翠，兴豪酒限竭。隔涧起暮钟，归途踏明月。

【注释】 ①龙洞山：在今来宾市城区南隅约4千米，有岩洞叫龙洞，一说白云洞，为来宾(今来宾市兴宾区)八景之一：龙洞眠云。昔日有龙洞寺，洞内有石刻。今为来宾市第一批市级重点文物保护单位。②汤奕浚(生卒年不详)，字钟廷，号整庵，清代江西南丰县人。康熙庚子五十九年(1720年)举人，以知县拣发广西。乾隆十二年(1747年)署富川，次年调新宁(今广西扶绥县)，又次年调来宾。

过斗二隘[1]

莫元相[2]

峭壁层峦奇且怪，相传此处斗二隘。回环百里势凌空，重叠千山多窒碍。霭霭浮云逼面生，青青林木张华盖。四时天气暗晴阴，万壑烟光迷远黛。鸟道羊肠去路艰，攀藤附葛行人惫。我来勒马驻高峰，剑气光芒侵上界。虎啸风生两腋间，鸟啼花落春常在。何须别地觅天台，耸翠如斯聊可爱。仰探碧落抹残霞，俯视群山皆下拜。牧童不识问何来，笑而不答过三寨。

【注释】 ①斗二隘：为忻城主要关隘，在忻城县城东5千米处。②莫元相(1667—1730年)，字绍基，号伯藩，清代广西忻城土县(今忻城县)人。为忻城土县第十任土官莫宗诏之长子。

黔江偶兴[1]

陈　仁[2]

宣城一带好观瞻，郁郁山川胜概兼。江迴月明千倾碧，峡高云吐万峰尖。野花欹岸香微度，浓树侵帘翠欲沾。徒倚蓬窗闲得句，百壶倾尽更教添。

【注释】 ①黔江：红水河与柳江在象州三江口汇合后，其下即称黔江。②陈仁(1706—1780年)，清代广西武宣县人。雍正十一年(1733年)与胞弟陈旭同举进士。任翰林院编修、福建及陕西监察御史等职。

过黄牛诸滩[1]

方秋白[2]

霁景射回峦，林壑如初沐。松间滴苍翠，倒漾波光绿。挂席溯前浦，凉吹逼巾幅。恣情一以眺，山水自相属。榜人理舟具，努力板山麓。驾言涉重滩，百叠归烦仆。直行一里遥，渐觉寒涛促。寥廓变寒号，崩腾醒耳目。石峭裂齿牙，嶙嶙势相触。一步一纡回，一篙一相续。篙与石争持，石并舟相逐。左转而右旋，上弦而下曲。有如驱八骏，偃蹇难缚束。樯丝牵百丈，愈进气逾跼。黄河混渺茫，倒流横地轴。云根坼雷雨，远近纷骇瞩。屏息敛神魂，遂得达崖陕。意谓尽倾危，俄惊波闪倏。水更打篷高，声逾振林木。江河日以下，谁挽滔滔速。俯仰尽高深，戒惺一时足。日暮月随船，又向岩边宿。闲杀采薇人，抱影卧空谷。

【注释】 ①黄牛诸滩：指红水河今兴宾区平阳经迁江至桥巩约15千米河段中的黄牛滩、铜鼓滩、白瀑滩、黄滩、十五滩等。②方秋白，清代人，生卒年及生平事迹不详。

游西山寺[①]

莫振国[②]

西山胜迹自天开，著屐登临载酒来。雨润丹崖光似洗，风回松壑净无埃。追寻故址余仙奕，欲读残碑半土灰。坐对深林听鸟语，几回不禁意徘徊。

【注释】①西山寺：位于忻城县城西5千米的西山东麓西山岩内。佛寺，建于宋代绍圣初年。已毁。②莫振国（1690—1729年），字文懿，号卓臣，广西忻城土县（今忻城县）人。康熙五十年（1711年）承袭忻城土县莫氏第十二任土官。

翠屏山赋[①]

莫元相[②]

维上天之蒙茏，荟千峰之紫翠；相大地之茫窈，罗一方之峻屏。山为艮象，万象告止以成形；泽以物畜，百物藏辉以献灵。故瑶房阆风，常留仙人之迹；蓬莱方丈，曾动王者之车。望群玉之嶙峋，实为灵居；入罗秀之巃嵷，堪扣幽庐。翠微色耀，灿窈窕之曳裾；屏峦势峭，贯珠玉为卷舒。扶舆磅礴竞凭倚；秀丽江山入图书。南天一柱，孤峰不厌看；东岩七星，佳趣自幽暗。青鸟飞来，秀草之奇英可啖；白龙卧深，紫云之华盖不淡。此固分镇大邦，奇峻独撼；谁知隐列边隅，耸翠莫减。维此芝州，环围皆险坎；蹑屐名山，翠屏为胜览。金毛呈光，爪牙后拥清署；玉麟献瑞，文章铺满云衢。探丹穴之深奥，彩凤常濯碧池；盼青松之苍蔚，虬龙群展金须。凭花岩以为椅，笑琉璃之空娱；环梨州以作帐，何水晶之是愉。石叠壁峭，失天台之路殊；树密岚结，迷桃源之津区。惟是淡冶春山，形云之掩映常在；苍翠夏景，融风之披拂不休。值秋色之凋零，烟霞凝乎丹丘；望冬日之惨淡，霜雪焕乎锦州。更有池清绝巅，碧澄河汉之岸；明珠夜半，光射牛斗之墟。天籁无声，而寂静不觉，从石穴以吹嘘。布泽宣气而呈象，何知镌蒙贵乎清渠。比翠帘以长垂，消烟雾之蒙霾；列玉屏以永树，知天地之无际。彼夫凤凰飞腾，千秋同远睇；龙虎踞蟠，万古共带砺。此有万丈苍崖，白云任流逝；千寻危峰，朱霞常摇曳。余亦将结草庐，无奈绿林之深闭；更欲往造幽岩，莫披青山之薜荔。此为粤西之藩篱，实天南之障蔽。尝闻石牛夜斗，不敌永峙之文犀；试觑潜龙时隐，讵知长踞之玉麒。万绿阴阴，鸟飞而猿驰；一壁岩岩，雪丽而冰澌。蛮烟耶？瘴雨耶？莫染此雄帏；千屏耶？万幛耶？谁知彼险巇。愚公移来，未必安百里之巩基；神功妙化，殊难画一座之峨眉。攀藤与附葛，入霄路之歧；云蒸而霞蔚，穿林枝之陆离。峙一方之雄镇；壮万代之边陲。固坤德之厚载，亦乾维之独奇。

【注释】①翠屏山：在莫氏土司衙署建筑群的后面，由三座山峰连绵组成，主峰海拔289米，占地18公顷，东西走向，东西两头窄，南北两面宽。1987年5月正式建翠屏山植物公园，为游览胜地。②莫元相：忻城第十四任土官。

象州八景总题[①]

秦宏智[②]

岚晴天盖锦光浮，碧玉屏开翠欲流。云起春山呈万象，潭临秋月映全牛。环峰濮水千层浪，远浦渔歌一叶舟。更爱圣塘仙境好，遥连夕照过岗头。

【注释】秦宏智（生卒年不详），清代广西雒平县（今柳江县）人。乾隆十七年（1752年）举人，乾隆二十六年（1761年）进士。

入红水河[①]

黄体正[②]

闻道源头浊，崩泥出洞蛮。更无波眼媚，只有石头顽。水落江成隧，天连岸似山。如经武溪恶，添得鬓毛斑！

【注释】①红水河：别名有红水江、牂牁江、乌泥江。②黄体正（1763—1841年），字其直，号云渥，清代广西浔州（今广西桂平市）人。仁宗嘉庆三年（1798年）乡试解元。此后18年内连续5次进京应试不第。直到他55岁的迟暮之年，才以大挑二等被授以广西迁江县（今属来宾市兴宾区）训导，后调任西隆州（今广西西林县）学正、桂林府学训导。晚年，曾先后在全州、迁江、西隆、桂林、桂平等地各书院主讲。著有《带江园诗草》。

农亭遗树[①]

莫云卿[②]

风暖云亭劝力农，偶来树下仰高踪。桑田税架星初落，麦垄停旌露正浓。自昔苍生歌五袴，于今世泽享千钟。甘棠遗爱空陈迹，凭吊荒烟对古松。

【注释】①农亭遗树：为“思练八景”之一。农亭，位于忻城县思练下街吴家门前，为忻城土县莫氏世袭第六任土官莫镇威于明代万历年间所建的“劝农停车所”。昔亭前有一株古松，浓荫盖地。时过境迁，亭毁树存，故名。②莫云卿(1786—1857年)，原名子密，号梧庄，清代广西忻城土县(今忻城县)人。忻城莫氏土官官族后裔。59岁时，应道光甲辰(1844年)科中式举人。

山居遣兴[①]

郑献甫

青畦列我前，丹崖枕我后，瀑布飞我左，炉烟生我右。当中著草堂，四旁启瓮牖。竹篱三径排，木柱一椽构。久种树如翁，初开花如妇。蜚声水无心，答响山有口。行吟画在胸，坐啸笔拈手。可以养天和，可以洗尘垢。安得素心人，共把浇愁酒。

【注释】 郑献甫(1801—1872年)，原名存纻，字献甫，别字小谷，自号识字耕田夫，又号白石，清代广西象州人。道光五年(1825年)拔贡中举人，道光十五年(1835年)进士，官刑部主事，14个月之后，以亲老乞养为由，辞官而归。一年以后父母相继去世，从此遂不出仕，乡居教授、著书以终其生。曾先后于广西雒容设馆教学、广西宜州的德胜书院与庆江书院、桂林的榕湖书院与秀峰书院、广东顺德的凤山书院、广州的越华书院任、象州的象台书院、柳州的柳江书院主讲。著述颇丰。

圣塘山

郑献甫

我家圣塘山，未睹圣塘水。朝爽洗素秋，目极三十里。神鱼无凡鳞，仙花有奇蕊，梦想四十年，攀条负樵子，谢客蜡木屐，准果去前齿。

【注释】 圣塘山：即圣堂山。据旧《象州志》载：“在(象州)东北乡(今属金秀瑶族自治县)，离城(指象州)百余里，山势高峻，冠全县诸山，人莫能登。昔有一藤蔓垂地，一瑶人攀越而上，到顶见一池，水清冷可爱，亦鱼龟之类，有猿猴至多，桃李环之。瑶人归语，藤折莫有至者。”

濮 泉

郑献甫

温泉世习见，沸井吾未尝。频频过荒村，系马丛祠旁。青焰息阴火，白气浮阳光。空山夕阳下，松劲何苍苍。荒野非清华，负此莲花汤。

【注释】 濮泉：即象州热泉(热水泉)。

舟经大藤峡感赋

郑献甫

两山积铁森嵯峨，一水鸣玉喷滂沱。神灵故意作高峡，客舟下掷如奔梭。榜人手示游人目，仿佛此上曾挥戈。峡树实无三尺柯，峡藤乃有千年萝。猺獠横行不用楫，昼则伏涧宵凌波。军人震怒奋大斧，风雨忽斩生蛟鼍。王公韩公一笑去，妖血千古埋山阿。故垒荒营杳难近，蛋人木舟时相过。我行其下正落日，野水飞落如群鹅。薜荔横缠怪石出，猿猱斜向崩崖摩。断藤峡改永通峡，夜来且听渔人歌。

织锦女

郑献甫

我为芝城客，未见织锦女。凉风过深巷，机声无定所。凄凄青女秋，脉脉黄姑渚。碧玉本小家，鸣机正当户。纤手弄轻梭，细心安密缕。幼舆方病齿，作达恐投杼。平视了无嫌，不断亦不怒。顿挫双足劳，顾盼两眉妩。日无一尺强，况乃三丈许。温香覆鄂君，珍重拜羊祜，但知热客豪，那知寒女苦。一问偶一答，媚若自相与。家足越溪丝，系本延陵绪。归来唱吴娘，潇潇暮方雨。

【注释】 锦：指壮锦，一名土锦，因忻城土县(今忻城县)所产，故名土锦。土司统治时期，作进贡皇帝的贡品。

过桂花滩[①]

凌应楠[②]

滩高如上树，浪滚竞飞花。挥尽篙工汗，风清又日斜。

【注释】 ①桂花滩：在迁江至浔州之间的红水河、黔江一带，具体地点不详。②凌应楠(1834—1888年)，号汝材，别字叔桥，清代广西迁江县北泗(今属合山市)人。咸丰十一年(1861年)拔贡，后朝考以大挑二等，以教职选用为永宁(今永福县)训导。后来又升为浔州府(治所在今桂平市)教授。

榜山歌[①]

凌应柏[②]

有山坐镇邕江口，雄奇冠绝众山首。山花横作榜花开，榜山之名由来久。有时山石偶颓坠，非为雷击即兽蹂。邑人竞指为实征，榜开群听秋闱后。我于此事颇疑怪，不知此言始谁某。人杰固由山水灵，功名宁听山水牖！爰摇我头，爰运我肘，登山四望心呦呦。清浊两江绕山足，波涛日夜东流走。山穷水尽时，忽遇红颜叟。乃知开榜言，实为形象诱。君不见同治之初岁乙丑，山石崩如巨灵剖。兵灾疠疫与饥馑，不为休征翻为咎。劝君休听开榜言，榜花书院山之右。其读我书坚我守，储三壬，罗二酉，山即不开亦何负！况闻山之深处素多材，杞梓楩楠无不有。大木未遇工师求，大材肯遇樵人手！山间更多肤寸云，变现阴阳幻昏黝。触石倘起为霖雨，沛泽直偏九州九。我来见此竟忘倦，衣裳坐袭天香久。仰天长啸山动摇，黄牛滩下黄牛吼。大猴小猴小如拳，印山当前亦培。回头试向山灵叩，小子狂言君信否？吁嗟呼，小子狂言君信否？下视井邑小如斗。

【注释】 ①榜山：在迁江县城（今来宾市兴宾区迁江镇）东门外，清水河东岸，延绵 10 里，形如列榜。②凌应柏（生卒年不详），清代广西迁江县北泗（今属合山市）人。为明代迁江屯田千户所一所百户（土目）凌氏后裔。同治十二年（1873 年）拔贡。

圣塘山[①]

韦陟云[②]

堂堂圣塘山，汩汩青谿水。明明天上月，泼泼葭中鲔。洪池顿层巅，激流环峻趾。青冥横其上，白云出其里。其南多樟楠，其北富梓李。江莲杂松桂，山桃间兰芷。草木已蒙茸，攀条扪葛藟。丹葩耀日鲜，绿叶和云委。及兹怀高蹈，策杖登隈垒。虽无谢公屐，庶纳王乔履。山花散濛濛，馥郁闻珠蕊。石磴泻嫣红，涧泉浮姹紫。清能照我心，坚亦砺我齿。扶行过小桥，言寻遗庙址。不知何年造，古屋余阶户已。芳塘久芜没，斥竹罗摧唯。仙禽与奇兽，杂沓游岸涘。绝蝻巘耸岩崖，瓴甓嵌压。四时足云气，半岭滋石髓。樵人不敢行，高下盘迤逦。

仙人赤松子，邀我餐霞绮。洪崖拍我肩，玉女褛褋我被。投壶争一笑，琼膏斟玉醴。葛洪采药来，丹林芭素蘸。呼吸沆瀣中，登降互侈靡。或翳彩凤旌，或骑白鹿麃，天地相终始。翩然鸾鹤集，扬扬亦止止。叶高最后至，溪间骖赤鲤。飞行夹日月，天地相终始。

【注释】 ①圣塘山：即圣堂山。②韦陟云，字郇五，清代广西象州人，生于道光末年，卒年不详。同治十二年（1873 年）举人。光绪年间曾在北京任户部主事多年。光绪十六年（1890 年），他请假回里，次年受人牵连，“罹无妄之灾”，居家候审。三年之后才奉命回京，“羁栖待命”。

来宾八景[①]

翟富文[②]

得意三台顶望游，晓妆双髻正昂头。云眠龙洞山犹湿，雾罩西江水自流。茶浦舒香堪扑鼻，古松挺秀足凝眸。金峰涌玉流行远，直到蓬莱探海洲。

【注释】 ①来宾八景：旧有蒙赓唐孝廉所写八景：龙洞眠云、鳌山泻瀑、江渚晴沙、金峰夕照、茶浦春泉、蓬莱秋濑、双髻晚霞、三台芳草。今翟诗中不见江渚晴沙、鳌山泻瀑二景，添雾罩西江、古松挺秀二景。②翟富文（1865—1942 年），原名文焕，字利轩（又作丽轩），广西来宾县（今来宾市兴宾区）人。18 岁考中秀才，29 岁乡试中举。曾任来宾雷江书院山长。民国 1 年（1912 年），当选为国会众议会议员。

来宾八景

韦志道

三台顶上夜人游，双髻豪光照夜楼。玉涌金峰仙境雅，云眠龙洞佛踪幽。西江夜渡舟无遏，茶浦舒香水应酬。秀插古松云阜路，蓬莱砥柱坐孤洲。

【注释】 韦志道（生卒年不详），广西来宾县（今来宾市）人。清末秀才。

玉屏[①]集翠

梁天翮[②]

峭壁凌云峙，天然树玉屏。平收千顷翠，远集万峰青。朗润磨风雨，光芒耀日星。俗尘侵不到，时有彩云停。

【注释】 ①玉屏：玉制或玉饰的屏风。此指今合山市北泗乡屯山村背后的玉屏山。②梁天翮（生卒年不详），民国 27 年（1938 年）随西南运输公司修械厂来到迁江县北泗乡（今属合山市），寓居屯山村。有诗才。

愤割日寇首级[1]

梁廷芳[2]

国破家亡时感忧,铁蹄蹂躏半神州。忍看朋辈成新鬼,怒向倭奴割死头。树立雄心寒敌胆,誓将热血写春秋。书生自问无他虑,唯有精忠报国仇。

【注释】①此诗作于1945年春。是年春,迁江抗日游击队在北泗乡瀑泉村附近伏击日寇,击毙敌人后,割其首级示众,以壮军。②梁廷芳(1915—2002年)广西来宾县(今来宾市兴宾区)人。大学文化。长期担任中学教师。抗日战争期间,曾参加迁江县(今属来宾市兴宾区)抗日自卫团,在迁江县北泗乡(今属合山市)一带进行抗日战争。

无　题

蒙光朝

为迎旭日上山头,曙气霞光眼底收。四面群山环抱拥,八方诸水顺潮流。轻呼数句千妖抖,大叫三声万鬼愁。待到寅时天放亮,莺歌燕舞遍神州。

【注释】此诗作于1949年6月。山头:在今来宾市兴宾区南泗乡下王那款一带。蒙光朝(1923——),广西来宾市兴宾区人。1947年参加党领导的桂中游击队。1949年先后任来宾红河武装工作队(简称武工队)队长、桂中总队来宾红河中队队长、桂中总队来宾南河大队队长、中国人民解放军桂中支队来宾县大队队长。1956年任来宾县县长,1961年任柳州地区文化局长,1981年任中共柳州地委宣传部副部长兼文化局长。

(二)文　选

蓬莱洲州城碑

宋景定二年,帅臣朱祀孙被命行边,城蓬莱移象治,为广右中流柱,遵太傅大丞相鲁国贾公指授也。三月戊子经始,十月丁巳告成。

都统鄺进、谭渊董其事;幕客赵希哲、李是、舒大邦赞其谋;将佐余庆、唐彬、陈鉴、李智、滑用、彭立、周胜、赵思德、李虒、王从贵、赵广、雷文、吴文、掌福、单飞、刘通、郭靖、金受、郑全、万全、宋殿、阮天佑、吴以忠、吴之才、张稳、许松、方成、方从龙、仇子真、蒲祥、毕迁、李进、李旺、唐坤、孙太、杨春、牛龙、秦玉、莫璘赋其役;令狐震已、蒲仲修以留幕供资用;何应龙、陈闳、赵汝校、骆逢时、贺棨以郡僚典金谷。斯城斯池,金汤万古。兴实在德,无竞维人。授笔锋崖,以告来者。

【注释】《蓬莱洲州城碑》位于今市中心城区东十多里红水河中的蓬莱洲,古碑高八尺宽六尺,摩崖镌刻于在离岸十米高峭壁上,字径四寸,摹颜欧体,书法遒劲,刻工精致,碑阑缭以云龙。此碑今已700多年。原碑无标点,为了方便阅读,梁茂宏试加标点。

象州运江镇麻子村除陋蔽碑

本里田少山高,赖种生理以帮税食。每岁成熟,竟有强蛮日掳夜盗,多受其殃。买卖生意巧弄奸诈,以至不平,多亏善良。因此通理公议竖碑,永远禁革。

一禁盗割田禾掳掠生理;一禁窝藏远来外处匪窃人;

一禁匪类群游日掳夜盗;一禁拆烧圩市房;

一收留牲畜不得勒措藏赃;一禁男女山上断宵唱歌;

一禁米谷畜肉掺泥灌水;远来买卖不得强欺盗夺;

一有赃证经众送官究治;一禁未交十一月乱火烧山;

卖盐不得掺沙灌卤□减秤;一近在圩边不许围种生理;

买卖秤头足码不得多少;一禁围住圩厂拐窃扰害地方;

是非评理不得行蛮打架;麻风人讨米即速回去;

凡得其拐,交保证解送,不得交索失主。

以上议禁,违者送官究治。

乾隆三十年八月中秋吉旦　通里公立

(象州县志编纂委员会编:《象州县志》,701页,知识出版社1994年版)

金秀九个村禁示龙堂碑

窃为木有本则不绝,水有原则不站(旱)。三江龙挖瓮口冲山场,乃九村水源。源流田禾之山上,应国课数十余石,下养生命万有余丁。前罗国泰六肆代山地,曾经呈控于前任沐瑞二州主在案。今有不法地棍复行砍伐树木,断绝水源。九村不已,禀恳龙州主出示永禁刊碑于圩,以朽不朽。

告示——保护水源,以资灌溉也。查州属大河,上通雒容,下至来宾,有自然水利;其余环绕港,全资山水源流注。而山水须藉树木荫庇、保存须滴源灌溉。田禾是树木,即属蓄水之本,岂可任意砍伐致碍水源。且系中难容私占兹闻地棍,但图目前之利,行招租批佃或自行开垦、椟伐树木、放火烧山、栽种杂粮,日久踞为己有,公然告争,以致水源顿绝,田禾没涸,大为民害。其余官荒树木,概不许私佃自垦、伐树烧山,以蓄水源。如还(犯),依律重究。

义路村、古陈村、大泽村、六龙村、花覃村、凤凰村、花芦村、厄村、浦保村。

嘉庆十八年十月初一日九村刊立

(金秀瑶族自治县县志编纂委员会编:《金秀瑶族自治县志》,525 页,中央民族学院出版社 1992 年版)

教士条规十六则

莫振国

一崇道统

道统渊源为纲纪万化之本,由尧、舜、汤文以及孔子,始集群圣之大成。孟子私淑诸人,时值杨墨,榛芜辟而辟之廓如也。宋、周、程、张、邵诸子,皆为理学正派。白杨龟山有道南之叹,三传而及朱子,遂为诸儒之宗。观其与诸贤议论,往复辟金溪之清虚,摈同甫之功利,其言详且审矣。明成祖命诸儒编辑《性理大全》等书。斯道之传,于今为昭。凡读书怀古者,谁非羽翼之侣,务期寻源溯流,毋使正学为异端所窃也。

一讲性学

《易》曰:"各正性命。"《书》曰:"厥有恒性。"性学之不可不讲也审矣。孔子之言,性相近。孟轲之言,性善说。似异而归则同。从兹体会,道由此明,学由此进。若荀、杨、陆、王诸人,纷纷各是,终归于偏。自周子太极通书,默契真原,复经程、朱阐扬,而性学大明。程子曰:"性即理也"朱子曰:"性在气中。因气而变于相近。"性善之旨,分明解破真善,发孔孟之复矣。故论学,莫先于论性。论性,莫若深明理,气之不杂不离,须以孔、孟之书,接于目者留于心。

一博经史

凡读书、稽古,要明理而达事。经专于道理,史专于时事。读经者学问之原本可得;读史者治术之是非可明。若拘守一隅,未能博洽,何异于井窥之见,而不知天地之广;守锱铢之箧,而目眩帑藏之多。唯学四书五经,佐以三通子史,所谓博闻强识者,其在期乎。若叶廷珪嗜书四十余年,未尝释卷。闻人有异书,无不借读,手抄数十册,名曰《海录》。尚有望于汝后生小子了。

一文礼乐

礼乐之作,由性情而起,进退疾舒,动静语默,期须不可弃。生际明备之时念,作述之意便见,习礼知和,敬以致敬,和以导和,风移俗易,在旦晚间耳。汉有徐生习其数,而不知其义,君子非之。若陈祥道之礼书,陈之乐书,聂崇义之三礼图,韩邦奇之志乐,尚属流传,亦于礼乐有参证耳。其可束之高阁乎?

一敦实行

人生天地间,躬行为先。圣教首严弟子,迈年尚可抑戒。自古忠臣孝子,未有不从饬励中来。故论孝,必及闵曾(应为闵损);论忠,必推皋夔。若剽窃虚名,希图幸进,礼义之维,名节之闲,终于坠废。细读柳公之箴,马援之训,白有着力处。甘露瑞云,实行召致,声犹在耳。诸生其风闻之否?

一谨士趋

士子闭户潜修,惟端趋向,若不矜不谨,少有梯媒,便攀援竞进,获一私宾辄趋若鹜,行谊既亏,入则有玷宫墙,出则有坏乡党,奔竞之风必由此而倡。淡台灭明,矫矫自爱,落落难合,芳声在昔,介气犹存。为士者步亦步,趋亦趋,绝迹嚣尘,不入公室,所谓彼美一方,典型尚在,不与陈长孙杜门清修同,望重于乡里乎?

一尊严师

学礼学乐,圣人尚不敢私心白用,况后生小子乎。《礼》曰:"侍坐于先生,先生问焉则对,请业则起。"又曰:"从于先生,不越路而与人言。遇先生于道,趋而进,正立拱手,先生与之言,则对。不与之言则趋而退。"敬师之道,备游定夫。杨中立见伊川,瞑目而坐,侍立不敢去。及觉顾谓:尔辈尚在乎?今既晚且休矣。及出门外,雪深三尺,其严惮之意何如耶?若此从事于师,可无愧乎。

一重益友

易垂盍簪,诗歌神杖杜,切磋琢磨,唯友是辅,戴洪正每得密友一人,则于书简,编号金兰簿。好友其如是乎。怀道进师尚友,一堂晤对,千古谈深。风雨晦明,神心若接。孟郊诗曰:惟当金石交,可与贤达论。"得此意也。毋逐声名,毋尚势利,毋忌人艺,能乐多贤友,孔子之教深矣。若伤此匪议凶终,又在诸士之出门知谨。

一会讲章

诗书奥义，有可以言传者，有不可以言传者，仔细寻绎，始能得其意味，致其精微耳。目之涉猎虽多，终属无据。董仲舒汉醇儒也，其得力处，正在三年不窥园圃，潜心大业耳。诸士当稽古质疑之际，细之绎之，穷理必探其窟，格物必究其原。遥遥千古，俨如面谈。其于学问之道得矣。

一勤著作

名山之作，大都为传人起见，经史子集，当日之焦思竭虑，何如为后学者，无只字之传，虽腹有鬼簿，谁氏点出。李贺之背锦囊，白乐天之置诗筒，好厥作也。诸士有心著述，贯天人者，学广川；明治思者，学贾傅；理可质先哲者，学昌黎之正大；论可济当时者，学眉山之著。明如此，发天地之英华，阐圣贤之妙奥，其无遗憾矣。若汉儒气、唐士风流更有厚望焉。

一戒怠惰

人生斯世，前责我，后待我，事为许多，勤且做不了，懒如何做得？朽木粪墙所见诛。韩昌黎进学解曰："学精于勤。荒于嬉。"是深于策后生小子也。古妇工，月三十日当四十五日，以夜作之工居其半，岂非其勤之效乎？诸士责备在身，可老妪之不若耶。陶公运甓，惜分阴之意，良可仿矣。

一慎言语

太上立德，其次立言，琬琰竹册，千古辉煌，恐漫不经心，一言失出，驷马难追。阅古以口舌构干戈，议论结谣诼，何代箴有金人之戒，良有以矣。三复白圭，其意深哉。诸士读书至惟口起羞，勿轻放过。学易至吉人，辞寡多读几声。《诗》曰"出话有章"，其庶几乎。谓躁谓瞽，早知免矣。若谓呐呐形状，难以对人，试观王大宝，不在能言之流，其人居何等耶。

一防静驰

学问之道无他，求其放心而已。夫且不止，谓之坐驰，坐而驰焉。灵台知府，日作交攘之乡，鸿鹄来猿马去，纷纷旁逐，虚灵终不在舍。故静持工夫，为学者第一着紧处。周程诸子，得力就在此时。诸士欲求治心，先求主静。欲求主静，端在主敬。戒慎睹，恐惧不闻。庶寂然不动之际，不落方所，颜氏子，坐忘境地。静致何如，彼佛家观世界，视身如云影，又当别论也。

一遏嗜念

程伊川先生诗曰："云淡风轻近午天，傍花随柳过前川。"

此嗜念净尽景界也。凡为士者，左有礼园，右有书圃，冠山之堂也，肴三坟，馔五典，适口之珍也。前羲皇，后周孔，美人之列也。网古今，罗宇宙，羽猎之奇也。何庸分华。战我道德，彼见金不顾，坐怀不乱，淡定何如？诸士其洗心焉。

一乐为善

东平王格言"为善最乐"，诚见纲常名教，许多快活处。若好事不做，专于行险侥幸，这无形陷井，一坠落其中，狂呼疾救，悔之无及。览阴骘图，作事须循天理，一言可以蔽全篇。诸士悉心讲究，衾影有知，墙羹有见，日乐此不疲，自是天地间一完人。

一速改过

行年五十而知四十九之非，圣贤且不敢自言无过。偶尔错辙，失之东隅，收之桑榆，未为晚也。人心一面镜，忽然蒙垢，拂去仍复光明。倘不肯认错，白以为是，王安石之执拗，遗议儒流。诸士梦寐，自问未敢怙终，殆勇以修风雷之益。若日月逾迈，读书以误之；悔吝滋多，学易以免之。此更上一层楼，亦在汝诸生之发愤进去。

【注释】 ①《教士条规十六则》教士条规十六则是教师、学生做学问和做人必须遵守的规则。忻城过去设有官族及堡目子弟入学的"义学"私塾。②莫振国：忻城第十五任袭职土官(在位 1714—1735 年)。

大瑶山团结公约及补充规定

一、大瑶山团结公约

我大瑶山各族各阶层人民，自中华人民共和国成立后，在中国共产党、毛主席领导教育下，大家认识到，过去各族及民族内部不团结的原因，是国民党反动派和少数坏瑶头挑拨离间所造成。因此，今后大家必须互相谅解，不计旧怨，共同在中国共产党、毛主席、人民政府领导下，亲密团结，并订立团结公约 6 条，共同遵守不渝：

(一)长毛瑶为表示团结，愿放弃过去各种特权，将以前号有公私荒地，给原住瑶区各族自由开垦种植，谁种谁收，长毛瑶和汉人不再收租，过去种树还山者不退，未还者不还。

(二)荒山地权归开荒者所有，但荒芜 1 年以上，准由别人开垦。杉树山砍后，如隔 1 年不修种，则该山地可自由开垦，准谁种谁收。水田荒芜 5 年以内者，经别人开垦后，3 年不收租；荒芜 5 年以上者，可自由开垦，谁种谁收。

(三)老山原有杉树、香菇、香草、竹、木等特产，仍归原主所有，不应偷取损害；但无长毛瑶培植特产之野生竹木地区，可自由培植香菇、香草。

（四）经各乡各村划定界之水源、水坝、祖坟、牛场不准垦植；防旱防水之树木，不准砍伐；凡放火烧山，事先各村约定日期，做好火路，防止烧毁森林。

（五）除鸟盆（按：鸟盆为在大森林中的捕鸟工具）附近外，山上可自由打鸟。各地河流，准自由钓鱼，放网，但如放麸闹鱼（按：放药毒鱼）应互相通知邻村集股作份，不作份者，只能在界外捡鱼。

（六）瑶族内部，原有水田的租佃关系可由双方协定，但不得超过主一佃二租额。除地主富农外，有力自耕者，可收回自耕，但不得换佃。

以上公约，如有违犯或纠纷，由各族各阶层人民选出代表成立各级协商委员会调处，并会同各级政府按情节轻重处理。凡住在我大瑶山人民（包括汉人），均须遵守。各乡各村可依本地情况另订具体公约，但不得与本约相违背。本公约修改权，属于大瑶山各族各界代表会议。

大瑶山各族代表会议订立

公元 1951 年 8 月 28 日

二、大瑶山团结公约补充规定

我大瑶山各族人民一年多来，在执行大瑶山团结公约中，加强了民族团结，发展了生产。我们为了彻底贯彻团结公约精神，圆满解决具体实际问题，特根据目前实际情况，本着有利团结有利生产的原则，作如下补充规定：

第一条，关于种树还山问题：

1. 订有批约者，以批约为准，已退批约者为还山，未退批约者为未还山；已还者不退，未还者不还。

2. 没有订批约者，或订有已遗失者（指种树者失批约），原则上按谁种谁收，如双方争执时，双方亲到区人民政府报告，在不伤民族感情原则下，协商处理，但根据历史社会情况，应多照顾种树者。

3. 承批人向出批人批山岭开荒种地而出批人去种树，不管有无批约，由双方协商处理，按双方所出劳动力多少来分树，根据历史情况及社会情况，应多照顾开荒者。

第二条，关于山权问题：

1. 为当地各族人民公认历来没有开垦而树木成林的叫老山。该老山可以培植土特产者，不准开荒，各族人民可以自由到老山培植土特产，并加以保护。但为了避免彼此猜疑，可以协商划分地区各自培植。

2. 开伐过之山现已成林者，可根据当地情况在保护森林与水源原则下，由政府领导通过当地各族代表，划定若干森林区封山育林。但为了解决靠种地为生的贫苦群众要求，经区人民政府批准，可在林区开荒。

3. 水源发源地由政府领导通过各族代表划定水源范围内之林木不应砍伐，以免损坏水源，不利灌溉。除此之外不得乱扩大水源范围，限制开荒。

4. 牛只应有专人看管，不得乱放，牛场地点大小由当地人民政府协同代表，根据牛只多少和需要，协商踏勘划定牛场范围。但牛场不要过宽过多。

5. 村边附近的柴山归该村所有，不得借口生产而在村边柴山开荒。

6. 开荒时石头滚到别人田、地、水沟、水圳，由开荒人负责搬开，坏者修理，并注意不让泥土冲到别人田里。

第三条，关于瑶区内部租佃关系问题：

租佃关系应根据发展生产提高生产积极性的原则，其租额应规定由双方协议，原则上以每亩产量在 500 斤以上者，租额不超过主一佃二，300 斤至 500 斤者不超过主一佃三，300 斤以下者不超过主一佃四，如原租额低于此规定者照旧不变，并以中华人民共和国成立后 1951 年每亩产量为准。双方订立新批约按批约交租，今后佃户加工加肥所增产的粮食，全归佃户所有，如因灾情减产，双方协商，按灾情损失轻重酌情减免。

1953 年 2 月 24 日

（金秀瑶族自治县县志编纂委员会编：《金秀瑶族自治县志》，529~530 页，中央民族学院出版社 1992 年版）

识字耕田夫别传

郑献甫

识字耕田夫者，郑其姓而逸其名。尝读苏诗有云：“我是识字耕田夫。”取为印章，遂以自号。

幼时，随父上冢，泊舟近岩。月夜散布同口，其长者出对云：“岩空留月宿。”应声对曰“水阔放云行。”长者摩其顶谓：“是儿将来或可为诗人耳！”其父曰：“吾正恐为诗人耳！”十岁读五经，又三年读九经，甫如童子军，即补第元。二十有五，始为拔贡，登书贤。三十有五，始成进士，官比部。自念少无宦情，又亲届年高，乞假归，丁内外艰，遂不复出。沉浮乡里，教授诸生，於舍侧葺补学轩，自为记曰“凡物阙需补补斯完，完斯止，学无所谓完也；凡物少补斯，补斯足，足斯止，学无所谓足也，故事皆可以补，惟学无可补。余少时涉猎传记，贪多务得，待以博取科名耳。二十时，有志辞章，而苦无学。三十时有志考据，而苦无书；四十时，有志著作，而苦于无学。幸退而闲居畜鸡种黍，实此余日，因茸宇半间，庋书四架，日必皇皇其中，家人见其所为，而又苦于无所求也。笑曰："得无以今补昔言？何其悫也！"余心之不然，口应曰："然。"因而名吾轩。

其所述若此，性不好品茶，不好饮酒，不好训禽，不好种花，不好琴，不好棋，不好畜古玩，不好仙，不好佛，不好做官人。其与人也，不好结盟，不好讲学，而好读书，好游山，好近妇人，人或以为苦，而窃自以为乐，更历寒暑而不厌也。

既早达，得捐其俗学；又退得早退，得以从事古学。尝自言："丈夫当读万卷书，行万里路。"当其壮盛之时，北走燕赵，南留江淮，东游齐鲁，西居汉沔，颇得江山之助。功名既不显于世，亦不见重于乡里，惟以文墨自喜耳。著有诗文若干卷，又《一愚录》若干卷，皆以次第行于世。少年授知于元伍实生中丞，中年见重于泰安程茴西太守，而生平最契于李秋航大令，是数者公，性情既各异，学识亦不等，而相得分谊最笃，其有偏好耶？抑或有别鉴耶？外人固不得而知也。

赞曰：耕田夫特为田人耳，非能荷蓑笠，把犁锄，事疆亩也，又自号者识字，尝问以奇字，司农刘夫人碑中俊、二字，《吴越春秋》中那、咸二字及《管子书》字、《墨子书》字，《淮南子》字，酒官碑字，亦不能知也。然比较博士不足，较以农夫固有余矣，学者固仍相与，循此称云。

西笑亭记

郑献甫

余宅田四面皆平田，田之外三面阻，平冈惟西面。村落罗布，树林离立，立视可十里许，故屋皆西向。时畏西日，因于庭前构一亭蔽之。取《原子新论》所引古谚"人间长安乐，则出门西向而笑"。颜曰："西笑聊以蔽西日耳。"客有见而哂曰："闻而笑者，乐而笑。先生少年官部曹，不一岁即去长安，老年鹰辟，荐又再辞，不至长安，其不以为乐亦明矣。笑何为者？笑毋乃伪耶？"余曰："否。子不见拘方士睹粉白、黛黑者，亦为流目乎？茹素之夫说：'山珍海错者，亦为朵颐乎？'此无他，其所共乐，真有所可乐，不能以己之拘，方茹素而诬其非乐也。乐在此则笑向此，彼锱尘轩免桎梏，仕宦而走长安者，纷纷亦犹是矣。夫何伪？且世有望长安而虚想其乐者，亦有走长安而莫享其乐者，岂有至长安而漫不知其乐者？而余故望长安走长安而至长安者也。虽欲便己，实不欲欺人。"客闻之亦极目相与拊掌曰："有是哉！"遂书其问答以为记。

热水铭

郑献甫

昔者秦皇行幸，厥有温泉。玉女投车，非无沸井。炎洲南纪，热海西流。易著虚词，难为实录矣。吾州去城二十里，有热水焉！夏无火而焰青，冬有冰而烟白。浑包正出，沧涟旁流。其温者可以浴鹄，其沸者可以沧鸡。而乃青冷草间，汩没尘外，谢公之屐未到，桑钦之经不收，洵志地者一大憾事！余生其乡，流览兹胜，党江乘地纪，或曰半温，华阳国志，亦云长热。特较此中，具在其下。乃为铭曰：煮百斛鼎，其水常冽。涌万斛泉，不火而热。地志未详，天浆自泄。浴可去疾，浸可烹鲜。藏砂蓄硫，亦想当然。曲阿沸井，枣阳汤泉，格功量德，莫之或先。郑子为铭，刘生代镌。永峙一石，长垂千年。

【注释】 热水，见"诗词赋"部分"濮泉"条，热水即象州濮泉、热泉（热水泉）。

（三）传　说

卜伯与雷王

很久以前，玉帝本来把天庭管得很好，文臣武将，各尽其职。下界人间风调雨顺，国泰民安。后来雷王府的雷风伯、雷雨师、雷三郎兄弟掌管天上风、云、雷、雪大事。他们性情暴烈，凶恶残忍，全不顾凡间百姓死活。他们不给人间施降雨露，以致天下大旱，人们饥渴交困。特别是雷三郎，他自恃有些法术，竟不把玉帝放在眼里，经常编一些假话向玉帝谎奏，欺天瞒地，使人间民不聊生。

一天，太白金星问他凡间情况，他哈哈大笑地说："凡间风调雨顺，物阜民丰，君民同乐，歌舞升平。"他把痛苦的人间描绘成一个极乐世界，欺瞒仙长。又一天，雨师在天花台游玩，听见人间哭声四起，非常凄惨。便回府向三郎说起此事，叫他下去看一看。三郎却板着面孔说："莫理他们！凡人旱死饿死与我们有什么关系？凡间张卜伯有些法术，但他奏不到玉帝那里，怕什么，你们只管玩乐吧！'，风伯、雨师不作声了。

为了求天下雨，壮家老人韦东来召集众人商量，凑钱建了雷王庙，抬了三牲礼品去雷王庙求雨。雷王仍是不管百姓死活。人们等了一天又一天，全不见降雨。韦东想起了老表张卜伯。张卜伯法术高明，天神地鬼都要怕他几分。他有这样一身的硬功夫，雷王必定怕他。

第二天，韦东来来到老表张卜伯家。卜伯正在中堂施法练功，看见老表到来，忙请表兄上厅堂坐下，吩咐一对儿女伏羲和知妹捧茶款待。两人坐下后，东来把来意讲明。卜伯道：救黎民于水火，拯生灵于涂炭，是贫道求术学功之宗旨。但遁雷王降雨，必震动天庭，事非小可。要征服雷王，一要法力齐天，二要民众配合，表弟回去告诉众乡亲，选好力大的青壮年男子七十二人，每人执利斧一把，用红绳捆好桃枝一束，镇守雷王庙八方七十二界；借来黑身花马一匹，为贫道备用。老兄先行，贫道在三日之内必到。

东来回到家乡，向各乡亲传了张卜伯的话，大家都很高兴，分头作好准备。第三天一早，张卜伯骑着白马来到了。张法师一到便说："除了前天嘱咐准备好的东西外，还要连根拔回茅草一百二十扎，到场的人都要把茅草结成青鸟一个，再拿桃叶一枝，作斗雷驱邪之用。"乡亲们按照张卜伯的嘱咐，一切准备停当。

当天正午，张卜伯骑上黑花马，手执六合宝剑，口中念念有词，花马引颈长嘶，剑尖闪闪发光，十色火光四面飞溅，庙顶上火焰腾空，照耀得七十二员卫士红光满面，杀气腾腾。韦东来、覃九公等二十多个监管满面怒气，跟在张法师后面，涌进雷王庙。张卜伯给玉帝作了一道奏折，未见反应，昨晚三个雷王夜游女宫，如今还在梦中。张卜伯的六合剑敲震了他们的脑壳才醒来，他们见是张卜伯。正欲施展法术，张卜伯的法网已重重围住，雷王兄弟只得俯首就擒。他们虽被按倒在天井里，但仍不答应下雨。卜伯将宝剑扎进雷王的鼻孔，雷王仍不吭声。卜伯气得怒火中烧，再将宝剑扎进雷王眼睛，雷王疼痛难忍，哭了一声，流出的眼泪、鼻涕化成了一场雨，救了亿万生灵。张卜伯见他们如此狼狈，便发善心放了他们。谁料三郎狡猾多端，骗得卜伯放生后，回到天庭，向玉帝造谣道："凡间张卜伯等纠集数十万刁民造反，辱骂玉帝，扬言要打上天庭。"玉帝道："凡间风云雨雪都由卿等掌管，他们的生死权都在你们手里，他们恶得了吗？由你们去处理吧！可不能乱伤害百姓。"

他们得了玉帝的旨意，更是得意忘形，不但不给凡间降雨，还要对张卜伯进行报复。他们打算，先劈烂张卜伯的房子，再劈死张卜伯全家。先由风伯下去施行，因为张卜伯的法力高强，有隐身之术，风伯连张家的房子也找不到。随后再由雨师下来，仍然找不到张卜伯的住所。

张卜伯早就预料到雷王兄弟不会善罢甘休，一定会要阴谋加害他家，他特意盖了一栋坚固的房子。他知道三郎有三十六变法术，便请人到河里捞了十几担青苔回来，糊在瓦顶上，并请铁匠打了一铁罩，一副马笼头，一根铁通条，为斗胜雷王做了充分的准备。

三郎见两个哥哥下凡都找不到卜伯，他立即拿着雷公斧，叫第一声离开天庭，叫第二声下到半天空，第三声便到了卜伯房顶。他站到青苔上双足一滑，四脚朝天跌在天井中。张卜伯立即罩上大铁罩，雷三郎动弹不得了。雷三郎被擒后，心中很是不服，可是在卜伯面前，他无可奈何。卜伯对他说："人家讲你有三十六变法术，如果你能变得脱，你就可以上天。"三郎听了马上摇身一变，变成一只大公鸡，鸡冠有四、五尺高，昂首喔喔啼叫，叫声震天动地。这时张卜伯口中默念咒语，如万斤铁罩压下，大公鸡又不能动弹了。卜伯叫小孩道："你们赶快烧滚水，我们杀大公鸡吃，你们吃肉和鸡腿。我啃骨头。"三郎见势不妙，又摇身变成了一匹黑身花头马，掀开铁罩，卜伯又暗中作法，将马笼头一套，跃身骑上马背，马鞭一抽，到野外逛游去了。

黑马跑得汗流如雨，疲倦不堪，背上被鞭子抽得毛脱皮烂，伤痕累累，回来被送进铁罩，一点水也不得喝。三郎觉得变马逃不掉，又变成一头大水牯，两个犄角十分尖利，额上乱毛茸茸，来势汹汹，大有压倒一切之势。卜伯又暗暗作法，叫一声："着！"铁条立即往牛鼻子一通，穿好牛鼻，马上牵去犁田、拉车，拉得它背弯如弓、气喘吁吁。张卜伯把它弄得筋疲力尽，再关进铁笼，同样不给吃草喝水。水牯饥渴难当。肩辣骨痛，实在难忍。雷王无可奈何，当天晚上只有变成一个六七十岁的老头子，长吁短叹，犹如重病呻吟。卜伯见三郎黔驴技穷，便又命他用手打一百丈草绳，如果完成可以饶他老命。三郎无可奈何，只得从命。可是他每打不到一丈就被草花蛇和老鼠咬断了。雷王骂道："卜伯关我害我欺负我，你们也帮他害我，等我有日归天，一定要劈死你们！"

三天以后，卜伯见雷王无法打成草绳，便嘱咐伏羲、知妹："我已把雷王移到最坚固的房里关押了，他是天下百姓的罪人，我们一定要杀掉它。今天我要上街去买个大坛子，到下圩去请三亲六友来吃雷公肉，吃不完就用坛子把它的肉腌起来，它的皮就拿去造大鼓。你们两兄妹在家好好看守，一不给它喝水饮茶，二不给生人来接近它。”伏羲、知妹满口答应。卜伯便骑马上街了。雷王等卜伯走后，就问伏羲兄妹：“你们父亲上街前交待你们什么事情？”伏羲、知妹开始开始都不肯讲，三郎再三哀求，老实的伏羲兄妹把父亲的话告诉三郎。雷王听了大惊，三魂七魄都吓散了。他想：在卜伯的牢笼里，谁能来救我？只有听天由命了。想着想着，他昏睡过去了。朦胧中，他的魂魄上到天堂，请太白金星下来搭救他。太白金星说：“你想要回到天庭，只有吃猪潲水才有力挣开铁笼。”雷王悠悠醒转，记得梦中太白金星所嘱，恍然大悟道：“对了，对了，我今危在旦夕，潲水虽然污浊，只要能喝下去，就会有万钧大力，破笼回天。”他便温和地向伏羲道：“你爹交待不给我喝茶喝水，喂猪的潲水总可以给我喝点解渴吧！”伏羲、知妹本是善良的壮家儿女，经不起三郎苦苦哀求，便把一桶潲水抬到笼子边。但铁笼的网眼太小，三郎的头大，伸不出来。知妹就拿来一抓禾稿砍去两头递给雷王，雷王就把禾稿伸到桶里吸喝起来。喝第一口，口中湿润呼吸自然了；喝第二口，全身血脉流通了；喝第三口，便觉得身上有万钧大力。这时卜伯不在家，没人降服他，他手脚一挣，“叭”的一声，铁笼全部散了架。三郎大叫一声，飞上天庭去了。伏羲、知妹见了这般情景，吓得目瞪口呆，慌成一团，后悔不已。他们一同跪向雷王大叫道：“雷王大哥，你走了，老爹回来，一定要杀我们，如何是好？”说完号啕大哭。

雷王见两兄妹哭得可怜，转回来说：“我回天庭一定要降雨成灾，水泡天门，淹死你们爹爹和天下百姓。你们两个救了我，我不会忘恩负义，一定会救你们的。”说着，他在口中拔了一颗牙齿交给伏羲、知妹：“你们马上把它拿到菜园种下，两个时辰发芽，两个时辰开花，两个时辰结成一个大葫芦。大水来时你们开个洞钻进去，壳子可以作船，里面的种子可作粮食，随水漂到天上找我。”说罢就腾云驾雾飞上天去了。

伏羲、知妹只好按雷王说的，把牙齿埋进土里。过了六个时辰果然结成一个大葫芦。

卜伯在街上听到雷声大作，天地动摇，知道不好，一定是家里的雷王逃脱了。他立即飞马赶回家，果然不见了雷王。他向伏羲、知妹问清情况后，把伏羲、知妹痛打一顿，伏羲兄妹也痛哭了一场。

雷王上到天庭，立即派风伯雨师要五百张大牛皮来联成一个大戽斗，又派水怪浪妖去要了能围一万八千里堤坝的芦苇，戽东海水来降成大雨。不一会，狂风大作，电光闪闪，雷声隆隆，大雨瓢泼倒下。降雨第一天，天下旱象全无；第二天，大水泡了平地；第三天水泡屋顶；下到第十天，大水便泡到天门。伏羲、知妹坐在大葫芦里，随水漂到天门。三郎看到伏羲、知妹便笑问道：“你们父亲死了吗？天下的人死完了没有？”伏羲兄妹哭着答道：“天下的人都死光了！我们父亲坐着戽斗随后就到。”雷王听了大吃一惊。忽然“唰”的一声，六合剑如闪电飞来，本要斩下三郎头颅，但三郎纵身跳起，两条腿已从膝盖被砍断，跌在芦苇上。三郎立即拔出宝剑，把旁边飞过来的金鸡砍下双脚接到自己的腿上，自身化为一只大公鸡飞奔逃跑。张卜伯正在紧紧地追赶，忽听太白金星大声喝道：“两人不得无礼！雷三郎上任以来不管天下风、云、雨、雪，坑害凡间生灵，后又为泄私愤，戽斗淹死天下百姓，理当斩首，但是雷氏兄弟是玉帝的亲戚，又加上天庭水部需要人管理，所以暂饶大罪，如若再犯，定杀无赦。张卜伯你虽然是为民排忧解难，可是你私囚雷王，伤害天官，也犯了逆天大罪，理应严加惩罚，但念你赤心救民，将功抵过。死罪既免，活罪难饶，今罚你在天庭劳役。”

一场大水灾使天下人死光了，只剩下伏羲、知妹二人。太白金星准奏玉帝后，打发伏羲、知妹重返凡间造人。兄妹回到凡间，太白金星责令百子宫的花仙婆化为一个金龟到半路拦住，劝说伏羲、知妹兄妹二人结为夫妻，重新造人。伏羲兄妹听了，羞得满面通红，久久不知如何回答。金龟再三讲天下已经断绝人种，全靠你们结成夫妻，重造人类，这是天意。伏羲说：“亲生兄妹结成夫妻，这是万万不能的事。”知妹也气愤地说：“我们把你砍成一百块碎片，如果你能还原成金龟，我们就答应你的要求。”说着就拿刀把龟砍成一百片，撒在水中。一会儿，水中吹起一阵清风，浮在水中的金龟碎片聚在一起，立即变成了一个活龟。两人大惊，无话可说了。知妹十分害羞，跑进鸳鸯岩躲了起来。太白金星又派月宫的月老化成一条龙飞进岩里对知妹耐心劝说：“你们原是金童玉女下凡，在天上原是一对，到凡间也应该成为一双，请你们不要再推辞了。”伏羲兄妹听了只得默默地答应了。在结成夫妻时，他们怕死去的亲娘见怪，还用一床仙帐掩盖。结婚那天，天昏地暗，日月无光。卜伯在天庭也知道今天他的两个亲儿女结婚，但为了重造人类，也只得默认了。

伏羲、知妹成婚后，知妹第一次怀孕，生出一个像磨石一样的怪胎来。伏羲非常气愤，抡起铁锤就砸，砸几十下下去，那块石头胎被锤得粉碎。伏羲把碎粉撒在野外。第二天，他们往外一看，野外站满了人。知妹胆小，大叫了一声："强盗来了！"民间传说，未曾有人先有强盗，可能据此流传。伏羲一看，果然有成千上万的人。他再仔细观看，只见个个脚上都没有膝关节，直挺挺地站着。伏羲、知妹看了很生气，他们拿起一根竹竿向人群横扫过去，这样一来，脚骨折断，各人虽然痛了一点，但是个个的脚都有了膝关节，成了活动灵便的人。这些人一代代地繁衍，人便繁盛起来了。

讲述者：韦瑞禧　罗德才

搜集整理者：黄达　廖永良

盘古神话

黄汝迪

很古很古的时候，天上的仙界有个玉皇大帝，管天又管地。他手下有十几个大官协助工作。有个官的名字叫雷公，专管天晴和下雨。雷公可厉害呢！生就一对灯笼眼，眨起眼来骨碌骨碌闪绿光。他背脊上长了一对翅膀，抖动起来，就刮起风暴。他那双脚很大又很重，走起路来，发出轰隆轰隆的响声。手上拿着大板斧，发起脾气，霹呖啪啦到处乱砍。大海里的八条龙是他的兄弟，只要雷公一声令下，八条龙便腾空而起，马上兴云布雨。

地上住着数不清的凡人。凡人无名无姓，只有领头人才得到土地神赐给姓名。有个领头的男子虽有姓名，因为年代久远，没有谁记得他姓甚名谁。不过这也无关紧要。有一年的六月十八日，正是新谷登场的时候，这位领头人的妻子生下一对龙凤胎。这两个小孩子一生下来就会笑，一个月就会讲话，三个月就会走路，一岁以后就会帮爸妈做事。他们非常聪明伶俐，很能计爸妈的喜爱，乡亲们都十分羡慕。男孩子最爱帮爸爸磨刀，爸爸就用磨刀石给他起名字叫"盘"（"盘"是"磨刀石"的壮音）。女孩子最爱种葫芦，妈妈就用葫芦给她起个名字叫"勾"（"葫芦"的壮音叫"勾"）。乡亲们管"盘勾"两兄妹叫"盘古"。盘古一家四口中，日子过得和和美美。

那时，凡人经常给雷公供奉香火、果蔬、三牲，便会风调雨顺，凡人的日子倒也过得平平安安。可是，有一年，雷公在天上闷得慌，偷偷跑到人间来。土地神把雷公当贵客招待，捧出准备进贡玉皇大帝的琼浆玉液、山珍海味、灵芝、蟠桃、玉桂。雷公大饱口福。以后，"猪仔好卖圩圩来"，雷公经常下到凡间，贪杯海喝积习难改，常常酒后一觉就睡几十天，懒得去管天晴下雨的事。凡人多有埋怨。"来多人不敬"，雷公不再受到欢迎。土地神不得已向玉皇大帝禀告，雷公受到玉皇大帝的责备。从此，雷公和土地神积怨成仇。有一次，雷公下来，土地神不爱理睬他，他恼羞成怒，即向土地神不宣而战，他们不需"虾兵蟹将"之类助战，两人就对打起来，整整打了六六三十六天，打得尘土飞扬，天昏地暗。土地神终于不敌而远走高飞，跑到别处去了。雷公占领了土地神的宫殿，把宫中卫士通通杀死，迫不及待地砸烂谷仓、肉仓、酒仓、果蔬仓的门锁，捧出酒、肉等物，随意豪饮鲸吞，尽情享用。光是喝酒，一口气就喝了九九八十一桶，醉舞狂歌，最后醉卧沙场九百九十九天不醒。

盘古从十五周岁生日那天起，就见凡间九百九十九天滴雨不下。所有的山塘干涸，河水断流后而枯竭，山山岭岭的草本枯萎，飞禽走兽濒临绝迹。耕地里的作物颗粒无收，致使饿殍遍野，惟独剩下赤地千万里。盘古的爸爸领着一群在死亡线挣扎的凡人长跪不起，呼天抢地，真是叫天天不应，叫地地不灵。许多凡人在烈日的暴晒之下倒地而昏死过去。

正当雷公酣睡不醒之际，土地神杀了个回马枪，回到了自己的宫殿。见到雷公烂醉如泥，虽是怒气冲天，却又从容不迫，找来几百条麻绳，将麻绳扭成一股，把雷公的双手和翅膀牢牢地捆绑起来，又找来几十张渔网，将雷公全身死死地套住。众凡人纷纷赶来，帮助土地神把死猪一般的雷公抬进肉仓关起来。土地神吩咐盘古一家看守监管雷公，通知凡人回去把刀磨利，过几天要杀雷公，分割雷公的肉。

雷公醒来，左顾右盼，知道大事不妙，土地神和众凡人饶不了他。雷公先是软声细语地向盘古的爸爸求饶，当面许诺要马上下雨而普救苍生。盘古的爸爸向土地神报告雷公求饶的情况，因为害怕放了雷公就像放虎归山，反复无常而后患无穷。土地神绝不释放雷公。雷公暴跳，无奈全身动弹不得，知道来日无多，只好自认倒霉。

盘古的爸爸要上街买盐，打算拿盐来腌雷公的肉。盘古的妈妈要去请外公外婆来吃雷公的肉，也像盘古的爸爸一样，一去就得好几天。爸妈临走之前，对盘古兄妹千叮咛万嘱咐，千万不能让雷公喝水，连尿也不能给雷公喝。

雷公渴得喉头冒火，还装着鬼脸引逗盘古兄妹，雷公伸出舌头，从嘴里喷出一丝丝幽幽火焰，又把舌头收住，火焰消失。雷公求盘古要水喝，但不管雷公怎么求说，盘古就是不答应，他们牢记爸妈的话，不仅不给雷公喝水，就是连尿也不让雷公喝。雷公再三苦苦哀求，心地善良的盘古兄妹顿生怜悯之心，便到染布缸舀了半碗蓝靛水，问雷公喝不喝。雷公喜出望外，对船厂兄妹连边称谢。因为仓库的窗口太小，碗放不进去。雷公眼珠一转，叫盘古兄妹找来一根稻草秆当吸管。雷公捞到稻草秆，就把蓝靛水一口吸光了，雷公喝了蓝靛水，喉咙湿润了，身上长力气了，脸上变蓝靛色了，翅膀能展动了，于是用力一挣，身上的绑绳断了，就连仓库也散架了，房子倒塌了。盘古兄妹吓得哭着跑了。

雷公决心要把凡人通通杀光，但是想到人死光了，就没有谁给他供奉香火和食品。又念及盘古兄妹有恩于他，使他大难不死，于是把盘古兄妹找来，雷公拔下一颗牙齿交给他们，以表示报答他们的救命恩情。叫他们马上把牙齿拿去地里种。盘古兄妹把雷公的牙齿种了，第二天发芽，第三天攀藤，第四天开花，第六天结出两个大葫芦。雷公亲自将葫芦摘下来交给盘古兄妹，并说马上就要发大水了，天下的人都会死光，他们背着两个葫芦就可以活下来。雷公说完就飞上天了。

爸妈还没有回来，盘古兄妹忧心如焚，抱头痛哭。

雷公回到天上，立即如来海中八条龙，霎时，雷声隆隆，电光闪闪，狂风怒号，倾盆大雨下了七天七夜。水把大地淹了！把房屋推倒了！把山岭泡了！水涨到天门了！盘古兄妹把葫芦系在身上，也上到了天门。

土地神对雷公无可奈何，见凡间如此，见水泡天门这般，不得已而到玉皇大帝面前告御状！玉皇大帝立即下令将雷公缉拿归案。雷公犯了天条，罪不容诛，玉皇大帝令人先对雷公施杖刑三百，再严令其三天之内退水后再作处置。

三天之后，洪水退了，凡人死光了，就只剩下盘古兄妹不死，广袤大地寂然无声。盘古兄妹决心寻找爸妈。不知走了多少路，找了多少天，爸妈还是生不见人，死不见尸，盘古兄妹悲痛不已。他们他们走到莲花山，遇到一对金龟。金龟对他们说："不要再找了，天下的凡人都死光了，你们就先到麒麟山的岩洞里住下吧，可以结成夫妻生儿育女，再造人伦"妹妹羞得满脸通红，说："丑死人了！世界上哪有兄妹结婚的？"说完便哭了起来，哥哥安慰妹妹，叫妹妹不要再哭，便趁机说："金龟也是一片好心，我们不结婚，人就绝种了"。说完也哭了起来。过了一会，妹妹说："好吧，介要依我一条：我从这里绕过八仙岩、良村弄口、人仔山跑，你在后面追。妹妹跑了36圈共360里。哥哥追了360里，就是没追上妹妹。金龟给哥哥出主意："你要转过头来迎着妹妹跑，不是很快就追到妹妹了吗？"哥哥转身往回跑果然很快就追到了妹妹，一把妹妹搂住。妹妹故意撒娇说："这样还不行，你到北三江两岸各烧一堆火，如果两堆火的烟能合成一团，我们兄妹一定成婚。"哥哥答应了，在江岸两边各烧一堆火。说来也怪，两堆火很快就合成一团。妹妹无话可说，盘古兄妹就结成夫妻。

天有情，地有意，花开花落终结果。妹妹十月怀胎，哥哥非常高兴，因为很快天下要有第三个人了。谁知，生下来的却是没有眼睛、没有鼻子、没有耳朵、没有手脚而是像磨刀石一样的肉团。盘古兄妹伤心极了。一只刚从南海飞来的小燕子站在他们面前的树枝上，说起话来："肉团细细粒粒分，撒在大地上，就会变成人！"盘古兄妹照着做，果然大地上到处都有人。盘古兄妹好不高兴。但仔细一看，见这些人都不会走路，转喜为忧，一气之下，哥哥拿起一条长长的竹篙，左右开弓，东一扫，西一扫，所有的人都应声倒下。更为奇怪的是，这些人很快从地上爬起来，手、脚、耳、鼻、眼全都有了。他们害怕再挨竹篙横扫，一个个咿咿呀呀地喊着，跑得比猴子还快，漫山遍野都是人！

从此，这块古老的大地上有人了，他们生儿育女，一代接一代，久而久之，人便慢慢多了起来。

（四）考　察

来宾市是盘古文化的重要发祥地

（在来宾市盘古文化重大发现新闻发布会上的通报）

覃乃昌

（作者系广西民族研究所所长、广西壮学学会会长）

各位领导、各位专家学者、各新闻媒体的朋友们，同志们：

应中共来宾市委、来宾市人民政府的邀请，我们广西壮学学会专家组于2003年9月13日到28日对该市进行文化考察，主要目的是了解该市民族文化的整体面貌及特征，为该市的文化建设和民族文化资源开发提供参考。在考察过程中，我们惊喜地发现这里还保留有十分丰富的盘古文化，其中包括盘古庙、盘古节、盘古神话传说、盘古歌谣、以及以盘古命名的村庄、山岭、岩洞等，形成了历史悠久、独具特色的盘古文化体系。特别是最早为1500多年前的南朝梁任昉《述异记》记载的“桂林(当时治所在今象州县境)有盘古祠”，而在来宾市所辖的今武宣县、兴宾区境内至今仍有盘古庙，象州县城直到20世纪80年代也还有盘古庙。根据壮族民间宗教经文、神话传说中有关开天辟地、盘古兄妹再造人类的内容，以及汉文古籍中较晚才有盘古神话记载的情况，我们认为，来宾市就是盘古文化的重要发祥地。

现将我们的考察研究情况报告如下。

一、来宾市有丰富的盘古文化

一是有盘古庙。经初步调查目前还保留的有3座，中华人民共和国成立前建有后来毁掉的有2座。

9月17日下午，我们来到兴宾区良塘乡甘东村，在村民的带领下，我们登上了该村后面盘古山，走进建在半山腰的盘古庙。该庙设在宽约200多平方米的自然形成的盘古洞中，在依山垒起的两层平台上，建有两道庙门。外层庙门两边有对联：“盘帝德高深永奠山河强各族；古皇恩浩荡宏开天地造人伦”。山脚下是一片山岭环绕的宽阔田垌。据管理该庙的何师武(74岁)老人介绍，中华人民共和国成立前这座庙设施比较完善，并有相当的规模，庙内有盘古兄妹的木雕象，挂有一口民国4年铸造的有“盘古大庙”铭文的大钟(中华人民共和国成立后该庙因多次人为破坏，该钟流落民间，目前在良塘街一位居民家中，我们在兴宾区即原来宾县文管所见到该钟的照片)，每年举行庙会和大年初一、十五，都敲打此钟。每年盘古庙的祭祀活动大致有三次，一是农历六月十八日盘古生日举行祭祀活动，同时举行庙会；二是八月八日举行诵经活动，有壮族师公(称为“老筛”)主持喃颂，经文有的用壮话喃诵，有的有柳州话喃颂；三是每年除夕和大年初一，民众各家各户自己带祭祀品来祭拜盘古，供品有糯米饭、粽子、猪肉、全鸡等。祭祀者有本地的，还有来自柳州、兴宾城区、合山、凤凰等地。另外是遇着天大旱时举行祭盘古求雨活动，那一天大家抬着盘古兄妹雕像游田峒，游到对面山盘古的外婆家岜姆岭时停留，有壮族“老筛”诵经一夜，第二天游回庙里，再颂一天经。现在每年农历六月十八日盘古的生日人们仍举行祭祀盘古和庙会活动。

9月19日上午在武宣县桐岭镇盘古村调查时，93岁村民黄兰芳介绍，该村旁边原来有一座盘古庙(今称秀才庙)，每年农历六月初六杀牛举行祭拜盘古和庙会活动，三月三、四月八等节日也举行活动，遇着天大旱则在盘古庙举行祭祀盘古求雨活动。

9月19日下午，我们来到武宣县桐岭镇大祥村，在村边的山脚下，有一座盘古庙，庙的神台上有一排神像，中间一座即为盘古公，像高约40厘米，为木雕像，其他为三界神、花婆神等。村民苏建祥(71岁)、苏建军(61岁)等介绍说，大年三十和大年初二当地群众各家各户都来盘古庙祭盘古。

9月23日下午，我们在象州县人民政府会议室召开文化调查座谈会，当地文化界知名人士发言说，该县县城桥头公园一带原来有一座盘古庙，面积约400平方米，中华人民共和国成立前有庙祝1人，每年都举行祭祀和庙会活动，1986年建大桥时该庙被拆掉。

9月26日上午在柳州与来宾市老文化工作者蒙光朝、覃桂清座谈时，覃桂清说，他老家武宣县二塘镇大琳村有一座盘古庙。

二是有盘古神话传说。在兴宾区良塘乡甘东村盘古山考察时，74岁的何师武老人向我们叙述了当地流传的盘古兄妹造人类的故事，梗概是：由于雷王不降雨，盘古的父亲布伯上天斗雷王并把他抓起来，限他三天内降雨。雷王被迫答应后又反悔，并且要劈死布伯。布伯设计捉雷王。雷王骗盘古兄妹得水喝逃回天上，走时留下一颗牙齿叫盘古兄妹赶快种下。不久结出一个大葫芦。雷王降大雨，水泡天门。天下人都死了，盘古兄妹躲在葫芦中没有被淹死。天下只剩下兄妹两人，仙人劝他们结婚，重新创造世界。婚后他们生下四四方方像磨刀石一样的怪胎。他们把它砍成碎块四处抛撒，肉块变成千千万万的人，从此人类又繁衍起来。

有关盘古神化传说在已经出版的来宾县(今兴宾区)、武宣县、象州县的《民间文学作品精选》中均有录载。

三是有盘古地名。包括村庄名、山岭名、岩洞名。据民国《武宣县志》记载，境内的盘古村有5个，其中庙王区1个(中华人民共和国成立后分县时划归象州县，现为象州县妙皇乡盘古村)，桐岭区2个，禄新区2个。目前已知的地名还有武宣县桐岭乡大祥村盘古岭1个，盘古洞1个；二塘镇大琳村盘古岭一座。

四是有盘古山歌、唱本、戏剧。9月25日下午，我们到象州县马坪乡龙岩村调查，该村全为壮族，壮族歌手为我们即兴对唱了传统的盘古歌。9月26日下午我们到忻城县，当地提供的壮族师公唱本中也有歌唱盘古的内容。此外，还有演唱盘古的师公戏。

二、盘古神话源于华南珠江流域，秦汉以后才渐渐北传，其创始者为壮族先民。

据考证，秦汉至三国以前的汉文古籍中，是没有关于盘古神话的记载的。正如茅盾先生所说："先秦之书如《山海经》和《楚辞》，西汉的书如《淮南子》，都没有开天辟地的神话的影踪。《天问》起首言'遂古之初，谁传道之？上下未形，何由考之？冥昭瞢暗，谁能极之？……圜则九重，孰营度之？惟兹何功，孰初作之？'并无一言说到天地的创造。"

直到公元三世纪的三国时代，盘古神话才出现在徐整的《五运历年纪》中："首生盘古，垂死化身，气成风云，声为雷霆。左眼为日，右眼为月，四肢五体为四极五岳，血液为江河，经脉为地理，肌肉为田土，发髭为星辰，皮毛为草木，齿骨为金玉，精髓为珠石，汗流为雨泽；身之诸虫，因风所感，化为黎氓。"宋《太平御览》卷二等都转引了徐整的记载。

茅盾先生认为："徐整是吴人，大概这盘古开天辟地的神话当时 就流行在南方（假定是两粤），到三国时始传播到东南的吴。如果这是北部和中部本有的神话，则秦汉之书不应毫无说及；又假定是南方两粤地方的神话，则汉文以后始通南粤，到三国时有神话流传到吴越，似乎也在情理之中（汉时与南方交通大开，征伐苗蛮，次数最多；因战争而有交通，因此南方的神话传说也流传过来了）。""我们现有的神话是北中南三部民族的混合物，所以我们的片段的开辟神话也是混合品。始创天地的盘古神话，本发生于南方，经过了中部文人的采用修改而成为中华民族的神话；现存可信的材料为徐整《三五历纪》的记载"。茅盾先生认为，后来一些著作中提到的其他地方有盘古地名、祭祀盘古的庙宇及活动等，"也帮助我们想象盘古神话本产生于南方而后渐渐北行的"。

盘古神话较晚才传到北方，是因南方少数民族没有自己的文字，加上交通不便的原因，还有就是在文化上对邻近小民族的鄙视。茅盾先生说："和南方的交通，盛于汉代，那时中国本来的（汉族的）文化已经到了相当的高度，鄙视邻近的小民族，南方的神话当然亦不为重视，虽然民间也许流传，但随即混入土著的原始信仰中，渐渐改变了外形，终于化为莫名其妙的迷信习俗，完全失去了神话的意义了"。

茅盾关于盘古开天辟地神话属于南方民族的神话，产生于南方少数民族而后渐渐北行的见解在我国神话研究史上具有重要的意义。"经过半个世纪以来我国民族学者、历史学家和神话学者对这个问题的研究和考证，证明茅盾的见解是有学术价值的"。

茅盾先生把盘古神话的发源地推断为两粤，这是正确的。两粤即今岭南的广东、广西地区。上述南朝梁任昉《述异记》记载的"南海有盘古氏墓"中的南海，指的就是这个地区。《述异记》记载"桂林有盘古祠"中的桂林不是现在的桂林市，而是南北朝时期的桂林即桂林县或桂林郡，其中心在今广西象州一带。我国当代著名神话学家袁珂先生《古神话选释》一书注梁任昉《述异记》中"桂林有盘古氏庙，今人祝祀"说："桂林，秦置郡名。约有今广西壮族自治区的全部地方。其后三国吴也设有桂林郡，治所在现在广西壮族自治区象州。其后南齐所置桂林郡治所也在这里。此处所说的桂林，即指广西壮族自治区象州"。

开天辟地、再造人类的远古神话，就是珠江流域原有少数民族——壮族及其同源民族的远古神话。

根据历史资料、考古发现和民族学、人类学研究，现在生活在珠江流域的壮侗语民族包括壮、侗、布依、水、仫老、毛南等是这一流域的原始居民，而现在生活在这一流域的汉族是在秦汉时期、彝族大约是在两晋时期、瑶族大约是在隋唐时期、苗族和回族大约是在宋代因不同的原因，从不同的方向迁入的。

壮族及与之同源的民族有丰富的开天辟地、人类起源的神话传说。在壮族《姆洛甲》等神话以及民间宗教经文《麽经布洛陀》中都有大量的开天辟地和兄妹婚再造人类的神话传说。如壮族神话《姆洛甲》中就有：从前天地没有分家的时候，先是在宇宙中旋转着一团大气，渐渐地越转越急，越转越快，最后变成一个蛋的样子。但这个蛋和鸡蛋不一样，它内中有三个蛋黄。

这个蛋在宇宙中由一个拱屎虫推动它旋转。另外，有一个螟蛉子每天都爬到上面钻洞，钻呀钻呀钻。有一天终于钻出一个洞来，这个蛋就爆开来，分为三片。一片飞到上边成为天空，一片下地底成水，留在中间的一片，就成为我们中界的大地。

在用古壮字抄写的壮族民间宗教经书《麽经布洛陀》中，也有大量的开天辟地再造人类的神话传说。

与壮族同源的布依、水等民族中也有开天辟地、再造人类的神话传说。

有学者著文认为，壮族的盘古神话是在汉武帝时期，通过岭南越人巫师传到长安的。据《史记·孝武本纪》记载："是时既灭南越，越人勇之乃言：'越人俗信鬼，而其祠皆见鬼，数有效……'乃令越巫立越祝祠，安台无坛，亦祠天神上帝百鬼，而以鸡卜。上信之，越祠鸡卜始用焉"。从历史上看，北方普遍信奉的是"龟甲卜"，而"鸡卜"则是壮族民间普遍信奉的一种古老的占卜术，民间至今仍有古壮字手抄本《鸡卜经》；壮族民间巫婆喃唱的巫词中仍有"兄妹进葫芦再造人类"的内容。因此，盘古神话在秦汉时期传到中原汉族地区，应该是在情理之中了。

磨刀石、葫芦——"盘古"的壮语含义。在壮族地区的盘古庙里，所敬的盘古神有的是男神，有的是兄妹两个神，并且有葫芦兄妹结婚再造人类的神话传说，实际上就是盘古兄妹再造人类。这就说明，随着历史和社会的发展，人们对于开天辟地的神话已经不怎么关注了，而注重的是人类自身的繁衍问题。盘古作为开天辟地神的同时，又是一位生育神。与《麽经布洛陀》里说的一样，盘古兄妹生下的是磨刀石似的肉团，砍碎抛撒以后变成人类。我们在各地考察时，人们在叙述盘古兄妹结婚再造人类的故事，当说到他们生出磨刀石怪胎时，都用壮话说成"因盘末伦"[hin pan mo lon]。这里"因"[hin]是石头，"盘"[pan]是磨刀石，"末伦"[mo lon]通称"因末伦"[hin mo lon]，即鹅卵石，合起来就是用鹅卵石做的磨刀石。这里最重要的是磨刀石"盘"[pan]。而葫芦（作水瓢用的大肚葫芦）壮语叫"勾"[kau]，合起来就是"勾"[pan kau]，由于壮族历史上没有文字，汉人用汉字记音就是"盘古"。

葫芦是壮族地区普遍种植的植物。葫芦瓜嫩时可作菜肴，老时晒干可作容器盛物，特别是盛装液态物质，这对远古时代人类的生活具有十分重要的意义，是远古时期未能制造陶器之前人类重要的生活用具。葫芦易生，繁殖能力强，多籽，其形状恰似孕妇那圆润的躯体，是原始时代恶劣自然条件下人类所追求的生命力和繁殖能力的象征。壮族有信仰和崇拜葫芦的传统习俗，在桂中地区，盘古庙里都贴着或挂着各种形状的剪纸葫芦，在其他庙宇中也挂着用红纸剪成的葫芦，在各种建筑的柱、梁上还雕刻有葫芦，所有这些，都源于对葫芦兄妹再造人类神话和盘古文化的延续和传承。

兄妹结婚生下像磨刀石的肉团而后繁衍人类的传说，反映了壮族对磨刀石的崇拜意识。从石器时代起，砺石（磨刀石）就是壮族地区重要的生产工具和生活用具，都离不开砺石（磨刀石）。2002 年在百色市发掘的革新桥新石器时代遗址，是一处规模巨大的新石器加工场，出土各种石器成品、半成品 2 万多件。该遗址已被评为 2002 年中国十大考古发现之一。在该遗址中就出土了大量的砺石（磨刀石），其大者有 200~300 千克。在距今 6000 多年的象州南沙湾新石器时代贝丘遗址和兴宾区、武宣县的新石器时代遗址出土的器物中都有砺石（磨刀石）；在平乐银山岭战国墓葬出土的随葬品中，也有不少砺石（磨刀石），与铜、铁制的生产生活用具和兵器为共存物。过去壮族家庭都置有专用磨刀石，将祖传的磨刀石视为神圣之物。壮族家庭大年初一祭祀时也要给磨刀石烧纸上香；搬家时要搬上磨刀石；兄弟分家是要在父辈的主持下分磨刀石，一般是全家共用的祖传磨刀石分给长子管理；兄弟相争时也会争磨刀石。壮族麽经《解兄弟冤》中就有兄弟争磨刀石的记载。磨刀石在人们生产生活中重要性及它所承载的人类对远古时代的深刻记忆，使它成为壮族的崇拜物。

磨刀石、葫芦"盘勾"[pan kau]盘古，这就是壮语对"盘古"的最原始的解释。

从上述可以看出，珠江流域的壮族先民的以盘古神话、盘古崇拜为主要内容的盘古文化基本上是一种原生态的文化。而河南等地的盘古神话，从其内容所涉及的寺院、石狮子、用馍馍喂石狮子、人钻到石狮肚子里躲过洪水、玉皇大帝、太白金星、石磨、滚磨成亲、如意球以及八卦、两人分别坐在两座山头修炼等元素来看，是一种次生态的神话，其中含有明显的道教观念的因素。正如茅盾先生所说的，后来一些著作中提到的其他地方有盘古地名、祭祀盘古的庙宇及活动等，"也帮助我们想象盘古的神话本产生于南方而后渐渐北行的"。据有关史料记载，河南泌阳等地是在唐代才开始祭祀盘古的，距今只有 1300 余年的历史。

盘古文化是中华各民族所认同的一种文化，从长期以来的学术研究以及我们的实证考察来看，与老一辈专家学者们的研究推断更为丰富、翔实，从而可以确认其源头就在珠江流域。而河南等其他地方的盘古文化，则是珠江流域的盘古文化融入中原汉族文化以后的变异和发展，它们各具特色，相得益彰。

三、来宾市是盘古文化的重要发祥地

盘古文化，是指以盘古神话、盘古信仰为核心所产生的包括神话传说、民间故事、歌谣、麽经和师公唱本、庙宇、祭祀活动及地名等文化现象，构成了原

生态的文化体系。我们说来宾市是盘古文化的重要发祥地,是基于以下理由:

从地理学和考古学来看。来宾市位于广西正中部,珠江水系的主干流之一红水河与柳江在境内汇合成黔江流入浔江。这里是珠江水系的中心,也是珠江流域的腹心地区:是云贵高原文化通过红水河与华南低地文化沟通的结合部和汇集点。在这个区域及整个桂中地区有属于旧石器时代晚期的距今5万年的柳江人遗址、距今2~3万年的麒麟山人遗址和距今1万多年牛岩人遗址、都乐人遗址、九头山人遗址、甘前人遗址,有跨越旧石器和新石器时代的距今1万多年到几千年的白莲洞人遗址等,说明这里从旧石器时代起人类活动就很频繁。这里新石器时代人类遗址就更多。而且在这些旧石器时代遗址周围分布了较为密集和发达的新石器时代文化遗址,显示其互相衔接和前后相因的继承性,说明这里远古时代的人类没有灭绝,没有发生过整体性的迁移,而是世代祖传繁衍下来,成为华南珠江流域的原始居民。著名人类学者在对柳江等古人类骨骼及现代壮族活体测量获得大量数据的基础上进行分析比较后指出:“现代壮族在其体质形成过程中,与岭南地区和东南亚地区某些新石器时代人类有一定的继承关系,而其根源可以追溯到旧石器时代晚期的柳江人”。说明壮族及壮侗语民族是这里的原始居民,也说明这里从旧石器时代以来,其文化发展一脉相承,层次清楚,脉络清晰,这种情况在我国其他地方是很少有的。而反映在神话上,也是层次清楚,脉络清晰,可以从开天辟地、人类起源讲起,这种情况在我国其他地方还是少有的。所以,盘古开天辟地和再造人类的神话在包括来宾市和桂中地区在内的珠江流域最早出现,是符合规律的现象。

文化与人类密不可分,不存在没有文化的人类,也不存在脱离了特定人类群体的文化。从民族学和人类学的角度来说,一定的文化总是由一定的民族创造的。某一种文化只能属于某一个或某一些民族的文化。没有民族作为载体的文化和没有文化特征的民族同样是不存在的。盘古神话作为一种文化,其创造者是华南珠江流域的原始居民,亦即壮侗语民族的先民,地处珠江流域腹地的来宾市,就是其重要的发祥地。

从历史文献记载看。古籍记载“桂林有盘古庙”,今来宾市仍有盘古庙。汉元鼎六年(公元前111年)在今来宾市辖的象州县境内设桂林县,此后,三国吴、西晋、东晋、南朝、宋、齐都在今象州设置桂林县,南朝梁、陈不置桂林县。隋开皇十二年(592年),在象州复置桂林县,唐武德四年(621年)仍置桂林县,唐乾封元年(666年),撤桂林县并入武宣县。三国吴、南朝宋、齐设的桂林郡,郡治都在象州境的武安、武熙县。历史上在象州设桂林县的时间长达687年。南朝梁任昉《述异记》记载:古说:盘古氏夫妻,阴阳之始也。今海南有盘古氏墓,亘三百里,俗云后人追葬盘古之魂也。桂林有盘古祠,今人祝祀,南海中有盘国,今人皆以盘为姓。按:盘古氏,天地万物之祖也,然则生物始于盘古。

这里说的桂林,就是治所在今象州境内的桂林郡和桂林县。桂林有盘古祠,就是指当年在今来宾市境内有盘古祠。这里的南海不是一个具体的地名,而是一个泛指词,按史书上的习惯用法,是指岭南珠江流域广大地区。这至少是南朝及其以前有关盘古庙的唯一的记载,可见今来宾市境内当年纪念和崇拜盘古的风气之盛。今天来宾市境内仍有盘古庙,而且人们仍在祭祀盘古。盘古庙所承载的是人们对盘古的信仰,而盘古信仰是盘古文化的核心。由此可以说明,来宾市是盘古文化的重要发祥地。

从语言学来看。德国著名的语言学家T·Grimm说过:“关于各民族的情况,有一种比之骨头、工具和墓葬更为生动的证据,这就是他们的语言”。语言对一个民族来说,具有稳定的对应性。一种语言总是一个以它为母语的民族的专用品,通过保留下来的古老的民族语言,可以了解这个民族历史上经济、观念文化、社会生活的情况。从这个意义上说,语言是了解各民族历史发展的“活化石”。根据语言发生学原理,事物的名称是随着这一事物的出现而出现的。上文所述的盘古源于壮语的“盘古”[pan kau],即磨刀石葫芦,其中磨刀石“因盘”[hin pan]是壮族地区普遍的叫法,而葫芦全称有的叫“勒报”[1kabau],有的叫“勒勾”[Lak kau]。其中“勒”[Lak]是词头,习称为“报”[bau]或“勾”[kau]。桂中来宾市一带就称葫芦为“勾”[kau]。这就说明了盘古[pan kau]文化在这一地区具有十分悠久的历史。

从地名文化看。地名是人们在社会生活中,为地理实体、居民聚落和地域区划所取的名称,是特定的一种语言符号和人类活动的历史印记。它具有鲜明的地域性和民族性,又具有顽强的延续性和稳定性。盘古地方名就是一种特定的语言符号,它记载的是历史上人们对盘古的信仰和崇拜,是盘古文化的历史印记。来宾市的盘古地名,是当地具有深厚的盘古文化的历史印记,是盘古文化发祥地的历史见证。

从神话等民族民间文学看。来宾市民间流传的盘古神话传说、盘古歌等,与壮族民间大量存在的开天辟地神话、盘古兄妹再造人类神话更说明了来宾盘古文化之来源历史悠久,来宾市是盘古文化的重要发祥地。

四、来宾市盘古文化重大发现的意义

对于人们了解中华民族悠久的历史具有重要的意义。每个民族总是要追溯自己的历史,追溯宇宙万物的形成和人类的来源。每一个民族的神话,赫然写在第一页上的都是关于宇宙万物从何而来的创世故事,以及开天辟地创造世界的神话人物。关于宇宙的发生,人类的来源,是具有寻根本能的人类的一个不朽的话题。

中华民族开天辟地的神话人物是谁?是盘古。“自从盘古开天辟地,三皇五帝到如今”。这是在中国乃至全世界华人中妇孺皆知的一句民谣。体现了各民族的文化认同。盘古神话成为中华民族历史文化伟大开端的一个不朽的象征。开发盘古文化,对人们了解中华民族悠久的历史文化具有重要的意义。

对人们了解盘古文化的源头以及中华民族多元一体文化具有重要的意义。过去很长一段时间,对中国有无创造世界的神话众说纷纭,而一些学者特别是西方学者则以我国中原地区没有创世神话的历史文献记载为由,干脆不承认中国存在过创世神话,其中以美国学者波德(Derk.Bodde)的说法最具代表性:“特别应该强调的是(如果把盘古神话除外),中国可能是主要的古代文化上唯一没有创世神话的国家。中国的哲学也有类似情况。中国历来对人类的发展及对周围环境的适应特别关注,对于宇宙的起源却兴趣不大”。还有一些学者则把盘古神话说成是外国(例如印度)传进来的。开发来宾盘古文化,可以向世人证明:(1)中国有自己的创造世界的神话,而且内涵十分丰富,源头十分清楚,脉络十分清晰。(2)中华民族文化是多元一体的文化,它是由以汉族为主体的56个民族的文化组成的,而不是单一民族的文化。如果从大河流域来说,它包含了黄河流域、长江流域、珠江流域、辽河流域的文化。盘古文化源于珠江流域,它是中华民族多元一体文化的重要组成部分。

对于适应广大人民群众的寻根意识,满足他们的文化生活需求具有重要的意义。

打造盘古文化品牌,对提高来宾市的知名度和美誉度,促进来宾市的经济文化发展具有重要的意义。

对树立壮族文化形象,增进世人对壮族文化在中华民族文化乃至世界文化发展史中的地位和作用的认识和了解具有重要的意义。

对于弘扬和培育民族精神,增强中华民族的凝聚力,加强民族团结,具有积极的促进作用。

对发展与东南亚经济文化交流与合作具有重要意义。东南亚国家与壮族同源的民族及相关民族中也有盘古神话或类似盘古神话传说,开发盘古文化,有利于发展壮族与东南亚相关民族和国家的文化交流,增进互相之间的了解和友谊,促进广西与东南亚的经济合作。这对当前在“中国——东盟自由贸易区”的构建中发挥广西的地缘、人文条件优势,又具有特别重要的意义。

来宾县名溯源

何　赤　邓雄光

新《来宾县志》面世后,有读者对来宾县得名时间提出疑异。为溯来宾县之名,特写此文,发刍荛之议,作抛砖引玉之举。

一、议证

社会主义的第一部《来宾县志》,于1994年面世。该志定来宾县得名时间为唐天宝二年(743年)。

历史上,对来宾县置县和得名,说法不一,共有11种:

1. 在唐初　见民国翟富文《来宾县志》(下简称《翟志》)

2. 在唐高祖时　见清汤奕浚《来宾县志》

3. 在唐高宗时　见《翟志》

4. 在唐乾封元年　见《翟志》、《旧唐书》

5. 在唐乾封二年　见《新唐书》

6. 在唐乾封三年　见清·王锦、吴光升《柳州府志》

7. 在唐天宝二年　见《翟志》、唐《元和郡县图志》、《大清一统志》、《嘉庆重修一统志》、《中国古今地名大辞典》、《广西地理沿革简编》、《广西建置沿革考录》、《柳州地区志》

8. 唐置　见《清·民国辞源》

9. 唐置县　见1979年版《辞海》

10. 始于唐　见《翟志》

11. 自唐始　见《翟志》

新《来宾县志》概述中的“天宝二年(743年),又将怀义更名来宾”的“天宝二年”,是从这么多说法中筛选出来的。

该志面世后，热心文化事业者，特别是有关领导认真研读，以充分了解和掌握县情，因地制宜，扬长避短，正确决策，为加快来宾县现代化建设步伐作出贡献。但也有读者对来宾县起名时间提出批评，否定得名于唐天宝二年(743 年)，自定来宾县得名时间为乾封元年(666 年)；并在报刊上发表文章，正式使用乾封元年(666 年)为来宾县得名的时间。有少数领导也提出符合之说，造成一时思想混乱，否定来宾县修志成果。为慎重，我们对历史资料作了详细考证。

二、考证

一考清《来宾县志》来宾自唐建县名起，千余载文明史事，载述并流传至今者不多。明代，知县周大继曾修《来宾县志》，然未能传世。今传世的，一为清《来宾县志》，一为《翟志》。清《来宾县志》汤奕浚纂(下简称《汤志》)，传抄乾隆间复修本。全国仅存有两本，一藏中国科学院，一藏南开大学。1989 年 6 月初，县志办公室派人赴中国科学院印回。

对设置来宾县的时间，《汤志》说："唐高祖时为南昆州，始置来宾县，属岭南道"。

看完原文，讲两点意见。一、此说的"唐高祖时"，即 618—626 年。没有别的资料作佐证，具体设于这一时期的何年不详。二、唐太宗贞观时，合并州县，革除唐初"民少吏多"的弊政，从而节省了开支，有利减轻人民的负担。上说的这个来宾县，在合并州县时被撤了。

二考《翟志》 民国《来宾县志》翟富文纂。民国 26 年(1937 年)修，2 篇铝印本。有读者说《翟志》已考证论定来宾县建置得名的初始时间是唐高宗乾封元年。为此，我们重新翻阅《翟志》。在该志的字里行间，并未发现这则资料，也未发现这样的内容。虽然该志不失为不可多得的极富史料价值的志书，介其中毛病不少。

一是资料说法不一。《翟志》对来宾县的置县待名有 6 种说法。《古蹟》章："来宾之为县始于唐初，迄今千有条载"("唐初"一词在该志 3 个地方出现)；《士林人物》章："来宾自唐始为县，迄今遥遥千余年"("自唐初"一词在该志 3 个地方出现)；《时征》章："来宾自唐高宗时始设县"；《已设来宾县时代》章："高宗乾封元年，招致生獠，置严州及三县(来宾、循德、归化)""乾封二年为怀义县，天宝二年改曰来宾"⑧。这些说法，在该志 5 个篇的 15 个章记载，很明显，这些资料未经鉴定。若经鉴定只能取其中一种说法。翟富文说不准，有意让后人去考证。

县始得名时间应在《沿革》中记载。在《沿革》以外的地方记载就显得不自然。如《未设来宾县时代》章，内文主要讲当时县境是属哪个县的县地隶属于哪个郡。读者看了题目和内文，便知当时还未设来宾县。可是文章一开始就说："高宗乾封二年，风严州，治来宾县。来宾之为县自唐始，县境在唐以前未有来宾县之名也。"加上这句不是多此一举？

我们看过不少旧县志。在这些旧县志中，一个县只有一个得名的时间。若象《翟志》那样，出现多个得名的时间，分散记载，不符合志书的要求，史料贬值，留下麻烦给后人。

二是时间表述不准。如《艺文》章："来宾为县始于唐初，遥遥千数百年"。又如《历象》章："来宾置县自唐始"。上述《艺文》章的"唐初"是何时？有资料说，626 年唐高祖把帝位传给李世民，李世民即唐太宗(626—649 年)在位，史称贞观之治，这一时期为唐初。也有资料说，唐高祖建立唐朝至唐玄宗开元元年，即 618—713 年，这一时期为唐初。一句话，没有明确的标准。有读者说，乾封元年是唐初，天宝二年进入中唐，因而定乾封元年为来宾县得名时间，否定天宝二年。这样理解是不对的。因为，笼统时间与具体时间不能混为一谈，这样肯定和否定不是资料鉴定的方法，更不符合资料制作时的历史状况。《已设来宾县时代》章的"始于唐"，时限更宽。唐朝中国的一个历史年代(618—907 年)、历时 290 年。来宾县得名是在唐朝的那一年，无法弄清。清、民国《辞源》的"唐置"、1979 年版《辞海》的"唐置县"与《翟志》的"始于唐""自唐始"是一个意思。从三书的记载中，我们只知唐朝设置来宾县，同样是别无所获。

三是没有志书断限。《翟志》虽设修志义例，但无断限，传志书无章可循。以该志的上限为例，如《未设来宾县时代》章，视需要和资料情况上溯至公元前的 200 多年。时秦始皇并海内，置三十六郡，今来宾县地为桂林郡属地。这样追溯至这件事的开端是正确的。但有的章有资料也不去追溯，事先定框框，从唐代某年写起。如《物异》章属于这种情况。《历象》章亦事先框框不上溯⑤。出现这种情况，实不为妙。

有读者说，在《历象》、《物异》章，找到否定天宝二年的依据。我们在这两章中寻览，始终找不到依据。但可说明，一是《历象》章的资料不是来自县志，而是民国 16 年(1927 年)由高鲁征集而来的。高鲁是天文台长，福建福宁人，当时其是特别调查员，其征集到手的资料最远是乾封二年，不能推定来宾县得名的时间“应该始于乾封二年或更早之前”。这样是错的。日食星变是共性资料。《历象》章的“唐高宗乾封二年丁卯岁秋八月乙丑朔日食”，这则资料，武宣县可以说是他的，象州县也可以说是他的，都可以记述。一般说共性资料是志书质量低下的资料，应突出自己的个性。二是《物异》章说“唐高宗乾封元年丙寅岁始置严州”，出现这种“亦此方彼”之说，实不足取。三是《物异》章的“唐高宗乾封元年丙寅岁始置严州，治来宾县”，这话严州是在唐高宗乾封元年设置，但不能肯定是何年设置来宾县。令人茫然。

四是互不印证。《兵事》章记载“光绪七年(1881年)夏，武宣县因灾找来宾知县杨均乞求买粮，杨许。后杨令大湾，正龙两圩商民运粮数千石往武宣县。远至象州界红水河边时，被象州属西乡某甲纠党遮阻，商民张玉龙受重伤，所运粮食全部被劫走。次年7月18日，韦某、某甲率众愈千，攻打来宾县城，遭惨败。尔后，杨均“奉委兼理象州，并代理武宣县长”，“乃募调来宾、武宣两县乡团，随象州官兵大举搜剿，围某甲于象州某村。……某甲仅以身免，其党死者三十余人，其妾亦被戕”。发生在来象武三县的这一兵事活动，且是“大举搜剿”，理应找到资料佐证。可是，我们查了本室藏的武宣、象州两县县志，也用书面进行采访武宣、象州两县史志部门，就是找不到可作证明的资料。当时《翟志》一家之言，我们不敢相信当时象州曾发生过这一兵事活动。

从上边这些例子可知，《翟志》不是完美无缺，我们体会，欲用《翟志》资料，必须谨慎。我们经过这样的考证，认为唐天宝二年(743年)得名来宾县是可信的。

三考《辞源》某读者曾在《来宾报》发表文章，引用1979年7月修订第一版《辞源》作创证，定来宾县得名来宾县的时间为乾封元年(666年)，否定天宝二年(743年)。

该《辞源》原文：“[来宾](一)……(笔者略)(二)县名。属广西壮族自治区。汉潭中县地。唐乾封元年置来宾县。参阅读史方舆纪要一〇九柳州府”此“柳州府”，不能理解为《柳州府志》。此“柳州府”，是清之行政建置。清代，今广西境内先后设置有梧州、廉州、镇安、太平、平乐、庆远、泗城、柳州、南宁、思明、思恩、浔州、桂林13府(含土府)。清雍正三年(1725年)，来宾属宾州直隶州，十二年(1734年)还属柳州府。此的“乾封元年置来宾县”，源自清·顾祖禹《读史方舆要》。顾祖禹(1631年—1692年)，字景范，江苏无锡人。后徙居无锡，常熟交界之宛溪。明亡后隐居不仕，而写成此书。清时徐乾学奉勅修《大清一统志》，聘祖禹主其事。可是，写成的《大清一统志》，以及后来写成的《嘉庆重修一统志》，均未采用顾祖禹的乾封元年这个时间，而用天宝二年。说明新《来宾县志》编者的看法与该两本一统志编者的看法是一致的。

回过头再看《辞源》。《辞源》编辑始于清光绪三十四年(1908年)。民国4年(1915年)以甲乙丙丁戊五种版本出版。民国36年2月续编合订本第十五册的“来宾”词条第二义项写道：“今县名。唐置。明清皆属广西柳州府。今属广西柳江道。”此的“唐置”与1979年7月修订第一版《辞源》的“乾封元年置来宾县”有异。

《辞海》也是工具书。上海出版社1979年出版的《辞海》(缩印本)“来宾”词条第四义项写道“县名。在广西壮族自治区中部，红水河沿岸，湘桂铁路纵贯。唐置县。”

同是工具书，记载有同也有异。编史修志，资料来源广，渠道多，数量大，同一事物，往往说法不一。入志资料如果不可信，只会贻害于人。孟子说过：“尽信书，不如无书。”事物本身就是假象、真象、现象、本质。必须去伪存真、由表及里，方能归还历史的真面目。我们的体会，不管哪个渠道来的资料，都必须进行鉴别。

四考新旧《唐书》乾封元年置来宾县这一时间，最早不是见于《读史方舆要》，而是见于《旧唐书》。

《旧唐书》原名《唐书》，因与欧阳修等所撰写《新唐书》区别，故称。此书先后由赵莹、刘昫监修，编撰者为张昭远、贾纬等人。修于天福五年至开运二年间(940—945年)。它起源于唐高祖武德元年(618年)，至唐哀帝天祐四年(907年)止，记载唐王朝290年的历史。

《新唐书》宋太宗祁、欧阳修等撰。成书于仁宗嘉祐五年(1060年)。

两书对严州、来宾、循德和日化的设置时间，说法均有岐异。看原文使知端详。《旧唐书》：“严州秦，桂林郡地，后为獠所据。乾封元年，招致生獠，置严州及三县。天宝元年，改为修德郡。乾元元年，复为严州。领县三。

来宾州所治也。循德归化与州同置。

《新唐书》：“严州循德郡，下。乾封二年招致生獠，以秦故桂林郡地置。县三。来宾，下。乾封二年置。

循德，下。本隶柳州，后来属。归化，下。乾封二年置。”

两书对广西的记载，说法也不一。为说明问题，也说广西。据《旧唐书》载，广西境内包括羁縻州县在内，共有五十余州，一百六十余个县。这些州县主要分属桂州、邕州、容州三都督府（观察使），少数州县则分属安南都护府、广州都督府和潭州都督府。《新唐书》则载，广西境内设州三十九，县一百七十个左右，此外，尚有羁縻州三十五个，羁縻县二十个。

西书记载的岐义，除了年代标准和根据资料不同外，还由于当时到变更频繁，唐末的资料零乱和考证不精。但参照两书的记载，也可以大体上反映唐代广西地方政权的设置情况，应该说是比较冗滥的。

唐武德四年(621 年)、今来宾县地开始建县⑥。

唐初，行政建置的改制工作经历了两次大变动。第一次在武德四年(621 年) 和武德五年(622 年)，高祖改随郡县两级制为州县两级制。第二次在贞观年间，先后又增设了山、义、古等 12 州⑦。至唐朝中期，复有一次大的改制。由此看出，唐高宗时末有大的改制。可是两书都分别记载唐高宗乾封元年、唐高宗乾封二年设置来宾县。此时有否置县之事，有县治及县辖地在哪里？两书记载的来宾县，是由哪个县改称的，以后又改称什么县名？何时复称来宾县、无法找到答案。两书或许是把别的时间混为一谈，鉴于此，两书记载设置来宾县的时间只有留给后人去考证了。

五考《元和郡县图志》(下简称《元和志》)

成书于唐宪宗元和八年(813 年)。该志是唐朝地理名著，为我国现存最早又较完整的地方总志。作者李吉甫(758—814 年)，先后在太常博士、中书侍郎、宰相等职。该志面世时，李吉甫还在宰相的位置上。

新《来宾县志》概述说：“天宝二年(743 年)，又将怀义县更名为来宾县，至今不变。此说源自《元和志》。《元和志》原文：“来宾县，下。本乐沙，县也(地)，乾封二年为怀义县，天宝二年改日来宾，在都泥江北，来宾水东，故以为名。” 根据原文，讲四点看法：①该书的来宾县下注告诉我们，来宾县是唐天宝二年(743 年)由怀义县、来宾县、本意是让读者知道怀义县更名为来宾县的时间，让读者知道来宾县自天宝二年得名后始终未改。②各名缘由，来宾县下载，来宾县在都泥江北，来宾水东，故以为名。今年三月上旬的一天，柳州地区建设局和来宾县志办一行 3 人，加上磨东村一位爱好考古者共 4 人，专带新《来宾县志》及有关资料，到来宾镇磨东村实地考察唐来宾县治之位置。均认为当时来宾县治在今磨东村(昔称武东村)之西。此地确是在都泥江之北，来宾水之东。昔之都泥江，今称红红水河，昔之来宾水，今称北之江，又称称清水河。《元和志》记载来宾县治之位置，可信。③据考，今城厢、良江、三五、凤凰、桥巩等乡镇，以及原迁江县之北境，为当时之来宾县辖地。唐之县辖地较小。时来宾县为严州所辖，严州州治在武东村(即磨东村)，来宾县治为其附郭。今这来宾辖地，已信蓰于当时之来宾县境。知时又知地，《元和志》讲的来宾县得名的时间可信。④唐朝中期，行政建置进行第三次大改制。《元和志》谓天宝二年怀义县改日来宾，此时正是唐朝中斯。新《来宾县志》定天宝二年(743 年)为来宾县得名的时间，符合资料劳作的历史状况。

三、验证

鉴于我们对资料进行考订、核实，关于来宾县何时得名的问题，可以作出判断。

上述《汤志》的唐高祖时设的那个来宾县，设于唐初的何年不详，载于唐初的何年也不详，故新《来宾县志》未入载。

对于来宾县和得名，《翟志》有 6 种说法。如上所述，翟是让后人考证选择。我们筛选，《6 种说法中选唐天宝二年(743 年)》为来宾县得名的时间。下说理由。《翟志》并未 “考证认定来宾县得名的初始时间为乾封元年。”

清 · 王锦、吴光升《柳州府志》谓乾封三年置来宾县，这是该志独家之言，原则是孤证不取的。

据上考证，“乾封元年” 也不能定为来宾县得名的时间，理由有三：第一，1979 年 7 月修订第一版《辞源》的 “乾封元年置来宾县 “，源自清、顧祖禹《读史方舆要》。清时徐乾学奉勅修《大清一统志》，并未用“乾封元年”，而用 “天宝二年”，说明，“乾封元年” 站不住脚。第二，些时最早见于《旧唐书》。如上所述，让书比较冗滥，使人不敢相信。《新唐书》也一样冗滥，其说乾封二年置来宾县，也不能让人信服。第三，唐高宗时行政建置未有大的改制，此时冒出 “乾封元年置来宾县”，不符合资料制作时的历史状况。新旧唐书的两个时间论定，有待再去考证。

据上考证，可定唐天宝二年(743 年) 为来宾县得名的时间。理由有四：第一，此时间源自《元和志》。该志作者李吉甫，久任宰相，且在当朝任职，熟悉当时图籍，当朝人写当朝事，“时近则迹真” 此时间可信。第二，按《元和志》记载进行考证，我们知道来宾县名的由来，知道来宾县治所在，还知道当时来宾县辖的范围。这两点说明,《元和志》讲的来宾县得名时间可信。第三,定唐天宝二年(743年)为来宾县得名的时间,符合资料制作时的历史状况。第四,选用唐天宝二年(743年)为来宾县得名的较多,有权威性。(2001年7月25日)

(五)文　章

良塘:“司马第”印象

黄汝迪

中华人民共和国成立之初,我在良塘中心校读高小。有一天放学回家,看不见我们家大堂门楣上那块“司马第”匾额了。等到在邻村教书的父亲回来,便问及此事。父亲告诉我,是他跟族上几个年轻人将匾额拆下来的,已叫木匠把那三个镏金大字刨去,正在过漆做黑板,用来出宣传土改政策的黑板报。我想,家里根本不缺做黑板的木料,何必如此!

过几天,父亲悄悄地对我说,自从土改工作队进村后,那个中队长,据说是从北京某大学来的徐教授,见到气势不凡的“司马第”大宅院,便猜度这是大地主家,于访贫问苦、扎根串联阶段,就是不敢让大宅院任何人参加农会。为族上10余家人的利益考虑,父亲忍痛使出此招。其时,村里的贫雇农多次跟工作队反映,说“司马第”大宅院多数人家都是贫苦农民,只是虚有其表而已。土改时,我家划为贫农成分,其余仅一户富农。从此,在后来数十年间,关于“司马第”的话题,我总是缄口如瓶,生怕惹出什么麻烦来。近几年,随着盘古文化的升温,壮学专家、各级政府官员及四方游客纷至沓来,到甘东盘古大庙考察、游览,有不少人到过“司马第”旧址。我几次邀请文友前来参加盘古庙会活动,他们都到“司马第”旧址一睹容颜。文友们向我提议:“司马第”这座饱经沧桑的清代州官府第,是一部鲜为人知的历史,应当撰文向社会披露。原《桂中日报》社长邓炳星先生,早已将镜头对准距今二百余年的“司马第”两栋楼房以及原来四进屋宇遗存的台阶、门槛、天井、木柱础石、花窗等物,拍下数十张照片,并制成碟子送我,供我不时之需。我思忖再三,决意不辜负文友们的美意,将尽心竭力写好这份作业。

(一)

清代康熙(1662—1722年)末年,一世祖黄日辉率子玄承等亲丁数人,远自山东迁居迁江县(今属来宾市兴宾区)东乡(明末迁江土千户所之七所,今良塘、七洞乡境)甘东村。东乡境内,明代末年农民义军谭公柄刬马军被镇压后,就已人口锐减,田园荒芜。黄日辉父子的到来,于北三江两岸,购置土地数百亩,经营租佃而渐渐发家。二世祖黄玄承曾先后供职于县、州衙署。三世祖黄珍,“乃恩授国学生”(恩授,皇帝登基或其他庆典而授予;国学生,国家最高学府生员,或叫监生),并荣获“成钧俊彦”(古代大学中德才兼备、有大学问之贤士)匾额。四世祖黄温川,字应瑞,生于乾隆三十六年(1771年),“由茂才恩授儒林郎候选州同知”(茂才,即秀才;恩授,指嘉靖皇帝赐授官职之事;儒林郎,官阶名,六品封阶;州同知,亦称州同,别名司马,为知州佐吏)。世人称温川为黄司马,从六品官阶后晋五品官阶。据史载,康熙中后期统一中国后,为争取南方的人心,采取一系列鼓励移民政策,让他们安居乐业。同时,克服民族偏见与隔阂,大胆启用汉人担任文臣武将,实施满汉合作。诸如上述“恩授”均是顺乎天而应乎人之美事。温川何时何地担任司马,尚待考证。

温川担任司马职后,上级官府授权代管良塘、七洞一带田粮税赋,且免上交国库而自行收支。这种特殊待遇近似“世袭”而延至清代末年。黄司马拟修府第,经申请批准,得按朝廷工部(清廷六部之一,主管土木兴建和水利等)规定五品官阶之格局便大兴土木,历时10余年,“司马第”方始竣工。

黄司马之正室莫氏,乃“忻城宦族”,即忻城莫土司官族后裔、思里堡(今忻城县安东乡)韦村人,忻城县历史上第一位举人莫震之胞姐。生长子黄极、次子黄槐,生女2人,“一切敬事翁姑,抚恤诸妹,无不备至”。莫氏知黄司马前人三代单传,“劝夫立妾,以重家祧”。黄司马先后娶廖氏、董氏为侧室。莫氏42岁辞世,时黄极10岁,黄槐5岁。

黄司马之侧室廖氏,生三子黄梯,生女4人。自莫氏逝世后,佐助料理家政10年而后逝世。

黄司马之又侧室董氏,乃柳州市谷埠街“一门三进士”之董氏大家闺秀,为黄梧、黄柄、黄桀、黄楙之生母。莫氏、廖氏相继仙逝后,肩担家政重任。凡嫡庶出,均亲为己子。

大兴“司马第”土木之后,家底见薄,所生4个儿子逐渐长大而尚未受室成家,为住房问题所扰,董氏毅然将当年丰厚的陪嫁之资赞助已获得功名的黄梧、黄柄,于香火堂左侧营建一座与香火堂同一模式的楼房,给“司马第”建筑群添彩。

黄司马于“知天命”之年后告老还乡,与董氏夫唱妇随。曾顺应乡情民意,牵头组织四邻汉、壮村庄

“三老”，筹措资金，在千百年来人们祭祀盘古神的盘古岩，兴建盘古大庙，行善积德，收到汉、壮民族团结、融合之效。

黄司马于道光八年(1828年)寿终正寝，享年58岁。莫震为其撰写墓碑碑文，碑文中称：“司马，震旧谊也。”落款时，有“敕授文林郎嘉庆己卯科举人，吏部拣选知县，道光丙戌大挑二等，即用教谕，署迁江县儒学训导加三级……弟莫震顿首拜撰”等语，可见黄司马与莫震关系非同一般。碑文中说：“司马之性，惟直是敬，谆谆坦厚，温恭兢守；司马之行，品行端方，克有成德，辑具休光；象物是宜，卜筮孔时，里人所铭，不愧于词。”

笔者曾对莫震其人其诗作过系统的研究，撰有《壮族文学宝库中的一颗明珠——广西忻城土司官族诗人莫震诗歌赏析》一文，深知莫震的人品、文品，莫震对黄司马的“盖棺论定”，决非那种溢美之词。

黄司马有七子六女四婿为其送终。长子黄极，凭着文才、人才、家财的“硬件”，25岁乡选拔贡，获广西学政颁发拔贡证书、授予“文选”匾额。此二件文物均传至其曾孙黄善章珍藏，20世纪60年代尚存，笔者有幸亲眼所见。黄极曾为甘东盘古大庙撰写山门楹联，联语曰：“盘帝德高深永奠山河强汉族；古皇恩浩荡宏开天地造人伦。”该楹联至今仍悬挂于庙中。次子黄槐27岁中式举人。然尚未步入官场即英年早逝(享阳36岁)。黄极亲撰碑文，对黄槐“未强仕党，赍憾以没”，即壮志未酬而逝去，发出“被苍者天，曷其有极”的冲天怨气！可见黄极对黄槐手足之情何等深厚！四子黄梧秀才出身，供职于迁江县署。五子黄柄、七子黄楙(后改名为黄朴)为武秀才。

黄司马与世长辞之后，7个儿子中，除黄桨禾殇外，均各相继完婚，后由董氏主持分家，将房产及数百亩田产平分六房，各自经营发展。“六房虽系六支彻底算来远近依然同个祖；一族即如一树从根观去亲疏都是自家人”的楹联，正是若干年后“司马第”的真实写照。

“司马第”坐落在层峦耸翠、风光旖旎的莲花山麓，前方一马平川，远处连云叠嶂，山光水色，令人赏心悦目。大宅院依山坡而建。主体工程有大堂、二堂、三堂、香火堂以及香火堂左侧共封山的偏堂。大堂是门楼式建筑，宽度与二堂、三堂、香火堂的正厅一样。屋顶高约8米，屋檐高约5米。四级金石(花岗岩石)条块台阶上至月台，月台用金石板铺就。大门宽约2米，高约4米，设有格木推栊。门槛、门墩用金石打制，门墩三面雕刻吉祥物图案(二堂、香火堂及香火堂隔壁偏堂的大门与大堂门格式基本相同)。屋顶正脊有浮雕，前后两侧翘角饰“富贵荣华”草卷，两壁封山接大院围墙，围墙厚度为两块半砖长度，约70公分。“司马第”三个镏金大字的匾额悬挂于大堂门楣上。

进入大堂门内月台，左右两侧有拱门与围墙内侧多间平房相通。天井用掺和淡糖水的三合土铺成。过天井，三组五级金石条块台阶至二堂月台，月台用火砖铺成。二堂中厅为通道，左间为武馆，右间为文馆。内外墙壁于适当位置绘有花鸟虫鱼、才子佳人之类工笔画。过二堂，便是用金石板铺成的天井。天井两侧有大拱门(俗称月亮门)，与二堂、三堂两侧的廊房、偏堂、耳房相通。过天井，三组五级金石条块台阶达三堂月台。三堂模样如何，笔者未曾见过。据前辈口传，为三间开，除两边砖砌封山，其内部中堂两侧两组中竖木柱直上而穿斗构架支撑台庐，用杉木板镶内山屏风达屋顶，将三堂隔成三间。左右两侧房间镶木板楼。中堂靠后镶屏风亦达屋顶。地板用火砖铺成。三堂为接待达官贵人或节日喜庆宴席场所。过三堂，是火砖铺的天井。过天井，三组金石条块台阶达香火堂月台，月台之上盖有二檐。雕梁画栋的香火堂，约有现代5层楼房高度。大门楣上悬“成钧俊彦”匾额，笔者幼时曾见过。香火堂靠后镶有屏风直达屋顶。屏风前有座神龛，高约1.5米，宽约1米，长约4米，周边雕琢花鸟鱼虫，形象栩栩如生，抛光上漆，古色古香，更显豪华气派。神龛安置列祖列宗灵位牌及香炉盆、蜡烛台。香火对联曰：“发祥东国馨香远；余庆邕江世泽绵。”香火堂楼房右侧是厨房和做餐厅的三间开砖木结构平房。香火堂左侧的偏堂，建筑模式与香火堂相同。两座楼房的12个大花窗，均由雕刻的各种图案镶成，显得雅致。香火堂与偏堂后面山脚处，有一排共8间砖木结构平房。于天井左侧，过偏堂封山脚，有一宽约2米、长约30米金石铺成的便道，尽头是一座小门楼，主要供仆佣之人出入。

营造“司马第”如此规模的大宅院，让人叹为观止矣！且不去说它耗资之巨大，仅就其建筑所需的物力、人力，就有许多惊人之处。古人十分讲究宅居建筑风水。据说当年选了三处地方，经若干堪舆里手测定，反复推敲比较，才定点于斯。笔者早年就注意到，上述的门槛、门墩、台阶、天井、木柱础石所用金石，未见方圆约10千米的山区有此品种，也不发现开采痕迹，于何地购进不得而知。木材用量很大，数十根直径均在40公分左右的柱子、大梁，大量的桁条、椽子、木板，均是优质油杉木料，良塘及其周边地区均未见出产，纵使能从木材集散地的柳州买到，在交通运输极为落后的古代，这木材又是如何才能运到交通十分闭塞的良塘来呢？

人们有所不知，1958年以前，良塘的牛车路只通到不过5千米外的高槐村。如若取道柳江、红水河水运，上得岸来，尚有15千米左右的路程，不知动用多少人力！只有石灰、砖头、瓦片才能就地建窑烧制。笔者幼时曾在村子附近的岭坡、山边，见过9处石灰、砖头、瓦片土窑旧址。据传，砌墙的火砖要磨过，规定每人一天磨3块。此事未必真有，但从现存的楼房看，功夫要求精细倒是不假。从设计到施工、各类高级技师、工匠、画师及小工有多少人，无资料佐证。这绝非一般的"野马"建筑队所能胜任。各类技师、工匠多来自广东。大宅院竣工后，一些老弱病残或是无家可归或是自愿留下的人员10多人，黄司马和家人都作妥善安排，给他们养老送终。

"司马第"大堂门外的小广场用金石板铺成。大门正前方约15米，有两组用金石板构架的升旗台，升旗台两旁附近种了3株荔枝树，长大后像3座小山包，其果实的甜美绝不亚于当今优质的品种。大宅院前方约100米处，有两张人工挖的池塘。近处池塘约3亩，栽种莲藕，稍远处池塘约七八亩，每年发春水后均自然引进许多野鱼。常年四季，池塘水若明镜。大宅院背后几座小山，生长5株大榕树，根深叶茂，四季常青。香火堂右侧约30米处，一株高约30米、胸径约1.5米的木棉树，上面筑有许多鸟巢。每当三月阳春，木棉花开红似火，宛如半天霞光，非常壮观。大宅院右侧是后花园，占地约5亩，种有各种花草和果树。大堂门外右侧的石阶路两旁，自然生长数株胸径都在1.5米左右的香樟树。百米长的石阶路尽头荒野，栽种丛丛刺竹。还有一眼间歇泉，夏、秋二季流水潺潺。

当我对"司马第"营造规模所作的描述告一段落时，忽然想起黄司马正室莫氏的祖宗、世袭忻城土县第十一任土官莫元相"何须别地觅天台，耸翠如斯聊可爱"的诗句来。借此诗句形容"司马第"，应该说也是毫不夸张的。

清代，乃至民国时期，教育文化是落后的。称"南蛮之地"的广西，特别在偏远的乡村，更加落后。各县有县学一间，还是断断续续办学，且遭连年战乱兵燹所毁。清代乾隆年间，迁江县始建书院，以后的百十年间，屡毁屡建，很难正常发展。光绪末年的1905年，书院改为县立高等小学堂。当然一般农民子弟是没有机会进学堂受教育的。"司马第"乃官宦之家，但距县城近百里，只好开办家塾，于二堂文馆办学，家族中子弟及门当户对的亲戚子弟就学，教师均由族中秀才、廪生、拔贡、举人充当，上一代人教下一代人。此状况持续二百余年。直到20世纪20年代，晚清秀才七世祖黄鉴元（我的叔公）开馆，在迁江县颇有名气。我的父亲黄善贤及其兄弟、堂兄弟、族上侄子10余人，甚至有忻城县举人莫震、方俊贤之后人，都在鉴元的学馆读书。抗日战争胜利后的1946年，族中父老要求我父亲放弃在外地任教师而回文馆开设私塾，教我兄弟叔侄及村中子弟读书。

中华人民共和国成立后不久，良塘中心校高小恢复招生考试，该私塾7人报考7人录取，我兄弟叔侄4人，分别名列第一、第三、第四、第六，我父亲从此声名鹊起。幸存的文馆旧址，斑驳陆离、古老陈旧的墙壁上，至今尚清晰的留下"兴到读唐诗""四壁琴书供笑傲，一窗风月读离骚""陶情差有换鹅书"等不同字体的题壁诗句，虽不知出自何代何人的手笔墨宝，却使人感知这里曾经有过浓浓的文化氛围。

古代科举选士分文、武两科。唐代武则天执政时置武举，为武举之始。清代，武科亦分乡试、会试。武科试分内外场。外场试分马射、步射及刀、石，内场试《武经》，须外场中式（考试合格）始得入内场。"司马第"子弟中有习武者，得在二堂武馆攻读《武经》。黄司马之五子黄柄、七子黄朴曾入迁江县学习武，为武秀才，之前就在武馆攻读《武经》。六世祖黄文熬等人都在少年时期于武馆攻读《武经》。从黄柄、黄朴始，为练习马射、步射等项武功，曾在甘东村与良塘街之间开辟武科外场（俗称马路），占地百余亩，作为习武场所。

1856年，太平天国在南京发生内讧，翼王石达开于1859年7月率部回师广西，分南路军西路军转战广西各地。南路军曾经象州、来宾进迁江，在距"司马第"约10千米的马王、合隆（原属迁江县良塘乡境，今属兴宾区桥巩乡境）一带驻数万之众。太平天国运动虽有其重要历史意义，却"毁佛崇天帝"，空有《天朝田亩制度》，流寇式的打打杀杀，并没有给那个时代的百姓带来太平和任何实惠，这是不争的事实。据前辈口传，人称太平军为"长毛""湖广马"。当时"司马第"无一兵一卒、一枪一炮，只有"司马第"建筑群而已。黄极、黄梧兄弟2人被太平军带去问话，为强征粮钱而被逼变卖田产之外，还被告知，太平军要把"司马第"那座象征权力和富有的三堂烧掉。呜呼！巍巍三堂，"长毛"一炬，可怜焦土！当年三堂被焚毁的废墟留下成堆断砖碎瓦灰烬及颓垣断壁，直到1949年尚未清理干净。

解放战争期间，"司马第"族人曾经掩护过中共地下组织活动，支持中共领导的游击队武装斗争。1948年9月，以良塘中心校校长身份作掩护的韦业莽（后任桂柳区人民解放桂西南六纵队政委）开展地下活动时，经常到"司马第"其姻亲黄善贤家吃宿。武装起义前三天，仍在黄善贤家，黄能为韦保守武装起义秘密。1949年4月25日，游击队举行武装起义，前线作战指挥部先后两次设在"司马第"，黄善贤在村中积极筹集钱粮，保证给养。游击队遭到国民党军队"围剿"而撤退时，来不及带走的油印机、纸张等物，黄汝侯家冒着生命危险将它们秘密收藏，直到中华人民共和国成立后才由县政府派人来取，受到县政府表扬。

1951年4月，汝侯之子振峰参加中国人民志愿军，开赴抗美援朝前线作战，3次荣获三等功，族人视为光宗耀祖之事。

1958年秋，党的路线、方针、政策出了偏差。为了达到全国钢铁生产1070万吨总量，举国上下开展全民大炼钢铁运动，"小高炉"遍地开花。一时间，在良塘境内，青壮年农民、机关干部、学校师生一齐涌到甘东村对面的大洲村旁土岭，日夜加班挖铁矿石。在距"司马第"1千米的地方建炼铁厂。由于砌小高炉缺少火砖，公社领导一声令下，"司马第"大堂、二堂及围墙被拆，前人之功毁于一旦。当时的香火堂及隔壁偏堂两座楼房也岌岌可危，因多家住户难安排，村干部出面讲许多好话，拆房队伍才撤退。小高炉炼铁需要木炭，那几株荔枝树，那几株大樟树，还有一批黄皮果树、龙眼树，就连山腰上的几株大榕树、山边那株木棉树，均无一幸免，硬是砍下来烧木炭，为大炼钢铁的政治服务一回！

1966年5月，史无前例的"文化大革命"开始。"司马第"香火堂那座精美豪华的神龛被视为"四旧"（旧思想、旧文化、旧风俗、旧习惯），经红卫兵猛烈冲击，连同列祖列宗灵位牌、香炉盆、蜡烛台等物荡然无存，使先祖神无所依，灵无所安。君不见"秦始皇焚书坑儒，六学自此缺矣"，却在"大革文化命"中，仅"破'四旧'"一项，就足以使相当部分的文化人"触及灵魂"而胆战心惊！我父亲和堂兄汝卓便是如此。他们是家族中多喝了点墨水的人，均做过小学教师，虽然出身贫农，受到惊吓，却把《辞源》、《康熙字典》、《幼学故事琼林》、《三国演义》等书销毁。更有甚者，他们把七世祖黄鉴元几十年前遗留并珍藏于两个大樟木箱中种种古籍以及所作诗文，于三更半夜抬到后山付之一炬！

"文化大革命"前，"司马第"共24家，有大学生1人，中专生5人。今有40多户，有大学生13人，中专生17人。现在，大多数人家先后于大宅院外围，建起35座砖混结构的新式楼房，人们正在逐步地"小康"起来。

"司马第"，这座饱经沧桑的清代州官府第，当年大堂、二堂、三堂风采不再。遗存的门槛、门墩、台阶、天井及两座楼房等旧迹，虽然默默无语，却是"司马第"这部秘史的见证，也将是"司马第"的后人创造美好未来的见证。

（六）辑　要

来宾市城市总体规划（2003—2020）

2002年行政区划调整后设立的来宾市，在良好的区域发展条件下，进行了设市后的第一次总体规划修编。规划确定来宾为桂中经济区的副中心城市；以电力、制糖、造纸、有色金属和建材等产业为主的区域工业基地；富有地方文化和民族特色的山水园林城市；市域政治经济文化中心。规划构建"一区五轴、网络状"的市域城镇空间结构，突出"十字轴线，一城三区；青山环抱，绿水依依"中心城区空间格局。至2020年规划期末，中心城区人口规模达到40万人，城市建设用地控制在45平方千米左右。

规划背景：

随着2002年行政区划调整设立地级来宾市，位于华南经济区与西南经济区结合部的来宾与广西其他城市一样都面临着来自中国—东盟自由贸易区（"10+1"）、CEPA、泛珠江三角洲协作（"9+2"）和国家西部大开发的四大机遇，进入历史上前所未有的快速发展时期。在此背景下进行了来宾设市后的第一次总体规划编制。

城镇体系：

以"强化中心、依托轴线、带动全域"为总体发展战略，构建"中心城——副中心——县域中心城市——重点镇——一般镇"的多层次的城镇体系，形成"一区五轴、网络状"的空间结构。

城市性质：

综合考虑来宾市本身的基础和条件，以及在区域发展中的地位和作用，确定来宾的城市性质为：桂中经济区的副中心城市；以电力、制糖、造纸、有色金属和建材等产业为主的区域工业基地；富有地方文化和民族特色的山水园林城市；市域政治经济文化中心。

城市规模：

近期2010年城市规划建设用地内人口为25万人，人均用地按照125平方米，建设用地控制在32平方千米左右；中期2015年城市规划建设用地内人口为35万人，人均用地按照115平方米，建设用地控制在40平方千米左右；远期2020年城市规划建设用地内人口为40万人，人均用地按照110平方米，建设用地控制在45平方千米左右。

空间布局：

来宾市中心城区的城市总体空间发展的目标是：保持良好的生态环境和自然景观，形成山、水、城一体的城市格局特色，继承与发展城市的传统肌理，建设舒适高效的城市基础设施，形成与自然融合、生态型的现代化城市。构建“十字轴线，一城三区；青山环抱，绿水依依”的整体空间格局。

· 项目信息：

· 所属分类：总体规划与概念规划

· 所在省份：广西

· 设计单位：总体规划研究中心

· 项目负责人：

· 参与人员：林澎、马元、徐惠文、刘佳燕；

· 协作单位：

· 项目图片展示：

索　　引

索引说明

一、本索引采用主题分析索引方法。正文(包括篇、章、节、目、子目、文献、资料、图片和表格)中凡具有独立检索意义的完整资料,均可通过本索引进行检索。少数目名、子目名因语言环境需要,在名称前或者名称后酌加修饰词;有的目名、子目名动词置后。

二、索引按汉语拼音字母(同声字按声调)顺序排列。篇、章、节作索引款目用黑体字排印,其余款目用宋体字排印。表格、图片在其款目后分别注明“表”“图”。

三、索引款目后的阿拉伯数字和拉丁字母(a,b)分别表示内容所在的页码和栏别(即左、右栏)。

四、空两字位起排的款目为上一主题的“附见”。同一主题的“参见”只标页码。为便于读者检索,内容有交叉的款目,在本索引中重复出现。

五、索引一个标目在志书中出现多处页码的,依次排在同一个标目之处,用“,”号将不同的页码分开。

六、序、概述、大事记等不作索引,阿拉伯数字和拉丁字母开头的款目排在索引的前面。

D

E

F

G

H

J

K

L

M

N

R

T

T

W

X

Y

Z

后　记

根据国务院办公厅《关于进一步加强地方志编纂工作的通知》和自治区人民政府批转自治区地方志编纂委员会《关于开展第二届三级地方志编纂工作意见的通知》精神，2006年6月26日，来宾市人民政府印发《来宾市人民政府批转市地方志编纂委员会关于开展全市第二轮地方志编纂工作意见的通知》（来政发〔2006〕30号）文件，2007年3月29日中共来宾市委办公室、来宾市人民政府办公室印发《关于调整来宾市地方志编纂委员会组成人员的通知》（来办〔2007〕42号），成立来宾市志编纂委员会及其办公室，正式开始来宾市首次修志工作。

2007年3月30日，中共来宾市委、市人民政府召开全市地方志工作会议，各承修单位均与市委、市人民政府签订编修《来宾市志》工作责任状，133个承修单位先后成立修志工作领导小组或编写组，搜集资料，撰写初稿。各承修单位撰稿人还参加修志业务培训，形成500多人的修志队伍。在来宾市地方志编纂委员会领导下，《来宾市志》编辑部多次召开编务会议，卓有成效地开展编修工作。

在修志中，市人民政府做到“一纳入五到位”（即把编纂地方志工作纳入地区经济社会发展规划，做到领导到位、机构到位、经费到位、队伍到位、条件到位）。至2008年底，各承修单位将单位审稿意见书和专志验收报告上报，市直大多数单位按时上报基础材料。但仍存在不少问题，如资料越境、断线、过简，体裁、结构、语法不统一等。《来宾市志》编辑部及时组织人员进行审改，对个别资料难以采用的，要求原单位补写。

为了加强编修力量，2009年，市人民政府聘请李大明、黄宗信、黄志韬、何赤为本志编辑人员。2010年，市人民政府聘请荣获广西首轮修志特别荣誉奖的退休干部何赤、黄志韬为执行编纂。2009—2010年，几经上下审改充实，整理成《来宾市志》雏形稿，文字350万字。2011年4月20日，市委、市人民政府召开《来宾市志》各专志审改工作推进会议，要求按地方志书“三级评审制度”做好缺漏补充工作。2013年完成送审稿，送自治区地方志办公室评审。因志书下限超出2005年和志书中2002年以前的内容均以原柳州地区为主，未获通过。

2014年，根据自治区地方志办公室的统一要求，将志书下限资料统一至2005年底。2015年，自治区地方志办公室专家对《来宾市志》提出修改意见后，聘请张亮胜、黄增祥对全志进行修改。2016年7月，完成《来宾市志》送评稿。同年10月9日—10日，来宾市人民政府召开《来宾市志》三级评稿会议，评稿专家提出了1180多条的修改意见和建议。会后，编委会组织力量进行了梳理，汇集专家的纸质和眉批意见建议，并以中共来宾市委办公室、来宾市人民政府办公室的名义印发《关于进一步做好〈来宾市志〉补充材料工作的通知》，要求承修单位修改补充和完善。编委会利用社会力量，长期聘请两位修志专家对各承修单位交来的志稿再次进行修改和编纂。经过两年整改，于2018年11月形成《来宾市志》送审稿，于2019年3月29日通过终审验收并提出进一步整改完善意见。审验会后，市地方志办公室李勇、廖金朗、兰龙生、黄海春、杜红旗、罗钰余6位同志分工进行材料补充完善，平均每人达100多万字。2020年7月23日，市地方志办公室赖祥旭、廖金朗、谭勇、兰龙生携志稿到自治区地方志办公室专题汇报工作进展情况。自治区地方志办公室于2020年8月下旬派出市县志工作指导部部长叶建维等4位专家前来指导。根据自治区指导组意见，市地方志办公室重新撰写本志概述，并再次向4县1市1区及33个市直单位发文要求补充完善本志书资料，收到补充资料100多件，基本解决了志稿资料明显不足的问题。随后，市地方志办公室将修改后的志书送市四家班子主要领导、市政府领导及首任市委书记、市长等曾任来宾市四家班子成员的部分老领导，曾任兴宾区四家班子成员的部分老同志，部分熟悉市情的市直单位负责同志，以及4县1市1区进一步征求意见建议，同时进行补充修改完善提升。来宾市四届人民政府第100次常务会议审议通过本志书。付印前，赖祥旭、廖金朗、兰龙生到南宁驻点对志稿进行印前校订。

本志编修期间得到上级业务部门、市直各单位领导、专家的关心指导和热情支持，对此表示衷心感谢；对参与本志编修者一并表示诚挚谢意！

本志书记述一方自然和社会经济的历史现状和发展变化的轨迹，属于首轮创修，时间跨度较大，且本志书以记述来宾市辖区内的人和事为主体，志稿中牵涉原柳州地区的鹿寨、融水、融安、三江4县已划归柳州市管辖，这4个县相关材料和数据原则上都要析出，但有些难以析出，故仍保留在志稿中。因为编辑水平有限，错漏在所难免，敬请给予批评匡正。

来宾市地方志编纂委员会

2020年9月

来宾市志

LAIBIN SHIZHI

来宾市地方志编纂委员会　编

中

方志出版社
Publishing House of Local Records

目　录

第十三篇　水利　电力

第十四篇　工业　乡镇企业

第十五篇 糖 业

第十六篇 商 贸

第十七篇 粮 油

第十八篇 旅游业

第十九篇 交通运输

第二十篇 邮政 通信

第二十一篇 财政 税务 金融

第二十二篇 综合经济管理

第二十三篇　机构编制　人事　劳动

第十一篇

农业　畜牧业　渔业

远古时代，境内先民以渔猎为生，使用石犁、石铲、石奔、石凿、石磨、石杵等石制工具从事耕作和产品加工。秦汉时期，境内开始种植水稻，发展畜牧业，并使用铁犁等铁制工具。唐代，象州茶叶载于陆羽《茶经》而闻名；宋代，境内有双季稻生产，耕作技术有了提高。清代，相继引进玉米、红薯、花生、烟草等种植。但清朝以前，境内生产力落后，农业生产水平低。民国时期，广西省建设厅从美国购进拖拉机分配给境内垦殖公司，为境内农业机械化之始。

中华人民共和国成立后，境内农业生产不断发展。1950年，农林牧渔业总产值（当年价，下同）为0.91亿元，粮食产量21.03万吨，肉类产量0.4万吨。1957年，粮食总产达到30.36万吨，比1950年增长53.7%，肉类产量0.99万吨，增长1.47倍，农林牧渔业总产值1.51亿元，增长64%。1958年，境内开展“大跃进”“人民公社化”运动，农村正常生产秩序遭到破坏。1961年，进行整风整社，纠正错误，但因危害较大，再加上连年自然灾害，生产恢复困难。1962年，境内农林牧渔业总产值1.31亿元，比1957年减少13%。1965年，农林牧渔业总产值恢复到1957年水平。

“文化大革命”时期，境内各县加强水利建设和农田改造，农业生产有所发展。但在“农业学大寨”运动中，过分强调“以粮为纲”，多种经营受到限制。1975年，境内农林牧渔业总产值2.89亿元，比1965年增加1.3亿元，畜牧业产值占16.6%，比1965年下降4.2个百分点。1976年，粮食播种面积32.43万公顷，创历史新高。

1978年12月，中共十一届三中全会后，境内各县农村经济体制改革，推行家庭联产承包责任制，农村社会生产力得到解放，调整产业结构，大力发展高效特色产业，农林牧渔业和农业机械化全面发展。

2005年，全市农林牧渔业总产值97.89亿元，比1950年增长123.7倍；粮食产量94.03万吨，比1950年增长3.8倍；油料产量5.44万吨，比1950年增长4.4倍；肉类产量33.66万吨，比1950年增长83.2倍；水产品产量4.81万吨。全市农机总动力为100.46万千瓦。农民人均纯收入2385元。

第一章　管　理

第一节　机　构

管理机构

来宾市农业局　民国时期，境内始有农业主管机构。中华人民共和国成立后，1948年12月柳州行政专员公署设建设科，1952年8月为宜山专员公署建设科。1954年6月撤销建设科设农林水利处。1955年1月撤销农林水利处设农牧科。1958年2月将农牧科、林业科、水利科合并称为农林水利局。1958年6月称为柳州专员公署农牧局，1963年5月改称农业局。1968年8月后属于地区革委会生产指挥组农牧小组管理。1972年3月，恢复农业局。2002年12月来宾市成立，2003年2月成立来宾市农业局，主管全市农业和农村经济工作。2005年，市农业局内设办公室、计划财务科、人事科、科技教育科、法制科、农村经济体制与经营管理科、粮食经济作物科、市场信息科、区划科（对外挂区划办），人员编制22人，实际在职20人。

局长：贾文魁（2002年12月—2005年12月）。

来宾市水产畜牧局　民国时期畜牧业由专员公署建设科管理。1952年，专署农林水利处农牧科内设畜牧股，负责管理境内畜牧兽医工作。1963年农业局内设畜牧水产科，1974年成立畜牧办公室。1979年，成立柳州地区水产局。1981年3月柳州地区行署农业局畜牧科与柳州地区水产局合并，成立柳州地区行署畜牧水产养殖局。1987年机构改革后称柳州地区畜牧水产局，2001年行政机构改革后称柳州地区水产畜牧局，2002年撤地建市后称来宾市水产畜牧局，主管全市水产畜牧，是市人民政府常设行政机构。内设办公室、渔业与渔政科、畜牧与饲料科、兽医与药政科，编制12名。

局长：覃恩（2002年12月—2005年12月）。

来宾市农机管理中心　1949年12月柳州行政专员公署设建设科，管理农机事项。1960年2月成立农械局，1961年1月并入工业局。1962年在农业局设农械科，次年3月改为农业机械管理处。1969年5月后属于地区革委会生产指挥组工交小组，归农林小组管理。1971年11月成立机械局，1973年9月改称农机局。1984年机构改革，撤销农机局，成立农业机械化服务公司。次年5月恢复农机局。

2001年9月农机局改称农业机械化管理中心。2002年12月来宾市成立，同月来宾市农业机械化管理中心成立，为来宾市人民政府直属一层事业单位，行使行政管理职能，主管全市农业机械化。

主任：胡学富(2002年12月—2005年12月)。

市水果办　中华人民共和国成立前，境内水果生产由农业部门管理。中华人民共和国成立后，境内水果生产由辖区农业部门管理。20世纪80年代，柳州地区行署成立柳州地区发展水果生产领导小组办公室，发展和管理水果生产，境内各县也先后成立水果生产领导小组办公室，隶属柳州地区发展水果生产领导小组办公室。2002年12月，来宾市成立后，设来宾市水果生产领导小组办公室，为来宾市人民政府直属一层事业单位，行使行政管理职能，主管全市水果生产和发展。在市农业局挂牌。2005年办公地址在来宾市维林新城六巷30号。

主任：廖妙灵(2002年12月—2005年12月)。

农村经济经营管理处　中华人民共和国成立前，境内无农村经济经营管理专门机构。中华人民共和国成立后，随着农业合作化的发展，专业学校和本地区培养了一批农业经营管理专业技术人员和农民会计员。1953年，地区配备1~2名兼职的从事农业经营管理工作的会计辅导员，1954年改为专职。1958年，各地成立人民公社后，地区配备一名专职干部专职抓经营管理。1961—1973年，农村经营管理由柳州地委农村部负责。农村部内设经管科，配备2名工作人员，办公地点在柳州市友谊路地委大院。20世纪70年代，各县在农村部设有经济经营管理科，各公社配有1~2名经管干事。1974—1984年，经管工作由柳州地区农业委员会负责。农委内设立经营管理科，编制12个，属行政人员编制，办公地点在柳州市湾塘路行署大院。1985—1992年，农委经管科单独设立，改称农村经济经营管理指导站，隶属于农委二层事业单位，具有法人资格，财务独立。1985年后，境内各县(市)、乡(镇)也先后单独设立农村经济经营管理指导站，县站有5~10名人员编制，乡站有2~3名人员编制。期间，农村经济经营管理部门实行专业技术职称评定，人员工资是按事业单位技术人员职称等级发。1993年，工资制度改革时，人员工资改为按行政机关发。1996年12月，经柳州地区编制领导小组批准，农村经济经营管理指导站改称农村经济经营管理处，内设秘书科、合作经济管理科、调查统计科，定为副处级单位，人员编制12人。1997年，国家实行公务员制度时，农村经济经营管理处参照公务员制度管理，编制12人，内设秘书、合作经济管理、调查统计3个科室，设主任1名(副处级)、副主任2名(正科)，正副科长5名，主任科员3名，享受公务员工资待遇，办公地址在柳州市弯塘路26号行署大楼。2002年12月更名为来宾市农村经济经营管理处。2005年，市农村经济管理处在市农业局挂牌的副处级机构，内设秘书科、合作经济管理科、调查统计科，在编人员12人。

市级二层事业机构

2002年12月，来宾市农业局成立时下属事业单位有农村经济经营管理处、蚕种场、农业技术推广站、种子站、植保站、土肥站、经作站、推广中心、环境保护站、农产品质量监测中心10个二层单位。来宾市畜牧水产局成立时下属事业单位有来宾市动物疫病预防控制中心、来宾市动物卫生监督所、来宾市畜牧站、来宾市渔政渔港监督管理站、来宾市水产技术推广站5个二层单位。来宾市农业机械化管理中心成立时下属事业单位有来宾市农业机械化技术推广站、来宾市农机安全监理所、柳州机电工程学校3个二层单位。

市农业技术推广站　1978年，境内农业系统有农业技术推广机构94个。县(市、区)、乡(镇)推广机构主要以农业技术推广站和兽医站为主。1980年，境内各县成立土肥站。1981年，境内各县植保站成立。1992年，来宾县增设县经济作物推广站，1994—1999年，成立农作物种子管理站，2000年，增设蚕业技术指导站。2000年，境内农业系统推广机构有112个，比1978年增加18个。2002年，机构改革，境内乡镇农技站、农机站、经管站合并成立农业服务中心。农业服务中心三权由乡镇政府管理。境内县(市、区)推广机构设农业技术推广站、土壤肥料工作站、植物保护站、农业技术推广中心、种子公司、蚕种场等，乡(镇)级推广机构主要以农业技术推广站为主。农业技术人员总人数664人。其中，研究生1人，大学86人，大专154人，中专403人，高中12人，初中以下3人。按职称分：高级农艺师19人、农艺师256人、助理农艺师240人、技术员105人、其他40人。

2003年，来宾市农业科研推广机构有165个，其中，市级11个，县(市、区)、乡(镇)154个。兴宾区36个、忻城县25个、象州县33个、武宣县22个、金秀瑶族自治县24个、合山市14个。农业科研推广机构在职人员1771人，其中，市直232人，县(市、区)、乡(镇)1539人。

2004年，全市农业科研推广机构有132个，其中，市直9个，县(市、区)、乡(镇)123个。分别为兴宾区33个、忻城县22个、象州县19个、武宣县18个、金秀瑶族自治县22个、合山市9个。农业科研推广机构在职人员1440人，其中，市直156人，县(市、区)、乡(镇)1284人。分别为兴宾区409人、忻城县180人、象州县236人、武宣县252人、金秀瑶族自治县125人、合山市82人。

2005年，全市农业科研推广机构有128个，比2000年增加16个。其中，市级9个，县、乡(镇)级119个。分别为兴宾区32个，忻城县21个，象州县20个，武宣县16个，金秀瑶族自治县21个，合山市9个。全市农业科研推广机构在职人员1339人。农业科研推广机构在职人员1339人，其中，市直68人，县(市、区)、乡(镇)1271人。其中兴宾区386人、忻城县183人、象州县231人、武宣县258人、金秀瑶族自治县126人、合山市87人。

市农业科学研究所 民国17年(1928年)，广西筹建柳江农林试验场，是广西农业科研机构之始，后改称广西农事试验场。1950年改称广西农业试验场，1954年改建为广西综合农业试验站，1957年1月改称柳州农业试验站。1972年前，柳州农业试验站及其前身属于省级农业科研单位。1973年，柳州农业试验站划归原柳州地区管理，改称柳州地区农科所。2002年12月来宾市成立后，改称来宾市农业科学研究所(简称市农科所)。2005年9月后来宾市农科所划归柳州市，来宾市无市级农业科研机构。

来宾市农产品质量监测中心 2004年，来宾市农产品质量监测中心成立。是市农业局下属二层事业单位，主要从事农产品质量安全监督检测。

市蚕种场 来宾市蚕种场于1964年成立，2003年重新核定编制数68名(来编〔2003〕38号)，其中行政管理人员编制7名(含核定领导职数3名)，专业技术人员编制48名(其中生产一线人员22名)，后勤服务人员编制13名，为来宾市农业局管理的财政差额拨款事业单位。主要职能是：负责全市蚕种技术推广、指导等公益性服务职能和蚕种生产经营性职能。办公地址位于柳州市柳北区沙塘镇公馆路7号。单位从成立至2005年12月31日无变化。

市种子站 来宾市种子站于1973年成立，其前身为柳州地区种子站，成立时人员编制12人，其中2人为自收自支。职能为负责农作物新品种区域试验；农作物新品种审定；农作物种子质量管理；农作物种子执法监督体系指导；农作物种子《生产/经营》许可证管理。2005年，人员编制为12人，其中2人为自收自支。办公地址：柳州市航生路15号地区种子公司大楼。2003年2月(来编〔2003〕8号)，柳州地区种子站更名为来宾市种子站，人员编制、职能和办公地址均无变动。

市植物保护站 来宾市植物保护站于1981年10月成立，其前身为柳州地区植保植检站，成立时单位编制数12人，职能为掌握全地区农作物主要病虫发生动态，对实况进行综合分析；对主要病虫发布中、长期预报；对突发性病虫发布警报；对迁飞性害虫及流行性病害进行监测。组织植保科研，积累植保资料，建立技术档案，提高测报质量和防治水平。组织新农药的试验、示范和推广。执行植物检疫法规。主动及时指导病虫害防治工作，保障农业生产安全，负责好本地区辖区内各县(市)植保站的技术指导及业务管理，技术培训。2005年单位编制数为8人，办公地址设在柳州市城站路185号。2003年2月(来编〔2003〕8号)，柳州地区植保植检站更名为来宾市植物保护站，人员编制、职能和办公地址均无变动。

市经作站 来宾市经作站于2003年2月20日成立(来编〔2003〕8号)，成立时事业编制6名，其中行政管理人员编制2名(含核定领导职数2名)，专业技术人员编制4名。主要职能是：负责全市经济作物新技术、新品种引进、示范和推广，全市经济作物技术培训、成果应用和绿色证书培训工作，协助相关农业执法工作。办公地址位于柳州市柳南区城站路185号。单位从成立至2005年12月31日无变化。

市农业技术推广中心 来宾市农业技术推广中心于1998年8月成立，其前身为柳州地区农业技术推广中心，成立时核定事业编制11名，职能主要包括种植业技术试验示范、推广、培训、种植业技术引进、种植业技术适应性试验、对比试验、种植业技术示范、种植业技术规范制定、种植业技术推广机构与队伍建设及法规宣传。制定全市农业技术总体方案和实施方案，组织农业技术培训和农民技术员培训，贯彻实施农业法、农业技术推广法、种子法、农药管理条例、植物检疫条例等法律、法规，组织和参与行政执法活动，具有明晰的公益性职能。中心职能关系到全市农业技术推广、农民素质教育、农业信息引导、农业规范化生产和农产品质量安全，是全市建设现代化农业、生态农业的基础工程。2003年3月(来编〔2003〕8号)，柳州地区农业技术推广中心更名为来宾市农业技术推广中心站。2005年人员编制11

名。办公地址:柳州市航生路 11 号。人员编制、职能和均无变动。

市农村环境保护站 来宾市农村环境保护站于 1986 年 7 月成立,其前身为柳州地区农村环境保护站,成立时人员编制为 3 人。主要职责是贯彻执行国家有关农业环境保护的法律、法规和方针、政策;拟定农业环境保护长远规划和年度计划;开展农业环境质量调查与监测,负责农业用地、用水、农畜产品质量和农用化学物质的监测,对农业环境质量作出预测和评价,向本级人民政府提供农业环境质量的报告;组织开展农业生态建设,合理利用和保护农业自然资源,开发无公害农产品,发展农业环境保护产业;开展农业生物物种资源调查,保护珍稀濒危生物资源及缘的生物资源;对影响农业环境的建设项目进行环境评价,对直接影响农业环境的建设项目和单位进行监督检查;参与农业环境污染事故和污染纠纷的调查处理;宣传普及农业环境保护知识,组织开展农业环境保护科学研究、推广农业环境保护的先进技术和经验。2003 年 3 月(来编〔2003〕8 号),柳州地区农村环境保护站更名为来宾市农村环境保护站,人员编制、职能和办公地址均无变动。2005 年,人员编制为 3 名,办公地址:柳州市城站路 185 号。

市土壤肥料工作站 来宾市土肥站前身为柳州地区土壤肥料工作站,成立于 1980 年 8 月。核定编制 10 名,实际在职 14 人。2002 年 12 月来宾市成立后改称来宾市土壤肥料工作站。核定编制 9 名,在职人数 9 人。2015 年经批准为参照公务员管理事业单位,核定编制 8 名。主要负责全市土壤肥料工作规划,基本农田保护,土壤、肥料试验、示范技术推广,土壤肥料资源调查和开发利用,耕地与肥料质量监测等工作。

市动物疫病预防控制中心 2003 年改称来宾市动物疫病预防控制中心。办公地址为来宾市人民路西 338 号。

来宾市兽医卫生监督检验所 其前身为 2000 年增设在柳州地区畜牧兽医工作站的柳州地区兽医卫生监督检验所,2002 年 12 月成立来宾市后,单独设置来宾市兽医卫生监督检验所,办公地点设在来宾市维林大道东一巷 6 号,定编 8 人,全额拨款事业单位;职责是:负责动物及动物产品的检疫、监督;负责动物及动物产品饲养、生产、经营、运输、屠宰、储存各个环节的动物防疫监督;负责动物疫情的处置、扑灭、染疫动物及其产品无害化处理的监督、指导;负责民间执业兽医队伍及动物诊疗活动、动物产品质量安全及兽药的监督管理;负责对违反动物防疫、动物产品质量安全、兽医管理等方面法律法规行为的查处;负责动物卫生行政许可资质认定等。

来宾市畜牧兽医工作站 其前身是民国 25 年柳州划为防疫区时设立的兽医防治所,民国 35 年广西第二行政督察专员公署设立兽医防治分站,配备技术人员 3~6 人,1950 年建立专区兽医防治站,1951 年成立农林工作站,站内设兽医防治队,工作人员 10 多人,1952 年建立家畜配种站和兽医检疫站,1953 年增加到 20 多人。

1953 年后各县相继设立畜牧兽医站,1958 年,各县公社农业技术站中配备畜牧兽医技术干部,或组织民间兽医人员成立集体性质的兽医联合诊所,1963 年建立公社畜牧兽医站、大队兽医室和生产队防疫员三级畜牧兽医防治网络。

1964 年成立柳州地区兽医诊断室,办公地点设在柳州市城站路 185 号,编制 6 人。同年成立柳州地区家畜配种站,站址设在柳州地区百朋种畜场。1969 年柳州地区家畜配种站并入柳州地区兽医诊断室,成立柳州地区畜牧兽医工作站;1980 年定编 34 人,全额拨款事业单位。此后,1983 年在畜牧兽医工作站内增设柳州地区铁路兽医检疫站,1999 年撤销铁路兽医检疫站;1986 年 9 月又在畜牧兽医工作站内增设柳州地区畜牧水产局科教站;1987 年增设柳州地区饲料监测站;1989 年增设柳州地区畜禽科技试验站;1997 年增设柳州地区畜禽品种改良站。后面增设的站均挂在畜牧兽医工作站内,实行合署办公,没单独设有人员编制。

2000 年在畜牧兽医工作站内增设柳州地区兽医卫生监督检验所也是合署办公。同年,经地区编委同意,将畜牧兽医工作站一分为三,将柳州地区畜牧兽医工作站改称为柳州地区兽医工作站,成立柳州地区畜禽品种改良站和柳州地区畜牧兽医技术服务中心,从柳州地区畜牧兽医工作站人员编制中划出 7 个编制给畜禽品种改良站、划出 8 个编制给畜牧兽医技术服务中心。

2002 年 12 月来宾市成立后,柳州地区畜牧兽医工作站与畜牧兽医技术服务中心合并,改称来宾市畜牧兽医工作站,办公地点设在来宾市合山路 33 号,编制 19 人;依据《动物防疫法》,其职责是:承担动物疫病的监测、检测、诊断、流行病学调查、疫情报告以及其他预防、控制等技术工作;单位内设动物防疫科、兽医实验室、城区防疫管理办公室、柳地畜牧兽医技术服务部;单位建设有 2~8℃冷库 54 立方米和 -21℃冷库50立方米,用于畜禽强制免疫疫苗储存和调制,年均流转畜禽疫苗1600万毫升(万头份);兽医实验室面积220㎡,配有酶标仪、生物安全柜、电子天平、生化培养箱等仪器设备,可完成细菌培养、药敏试验、布鲁氏菌病检测、免疫抗体监测和疫病诊断。历年来,单位完成了多个科技项目,其中《猪牛大面积驱虫技术推广应用(星火科技)》项目于1991年12月获得广西壮族自治区科技进步三等奖;从1980年开始实施到2005年完成的《来宾市稳定控制畜间布鲁氏菌病》项目获得来宾市科技进步一等奖。

来宾市畜禽品种改良站 其前身为1997年增设的柳州地区畜禽品种改良站,2000年成立柳州地区畜禽品种改良站,编制7人,全额拨款事业单位;2002年12月来宾市成立后,根据中共来宾市委、来宾市人民政府《关于来宾市机构设置和人员编制方案的实施意见》(来发〔2002〕7号)、《关于来宾市相当科级事业单位(含不定级别的事业单位)机构设置的通知》(来编〔2003〕8号)、《关于来宾市水产畜牧局所属事业单位机构编制问题的通知》(来编〔2003〕45号)精神,更名为来宾市畜禽品种改良站,其主要职责为:负责畜禽品种改良的技术推广和技术指导;根据管理权限审发畜禽良种许可证;参与本区域良种体系的布局、品种资源管理方案的制定和执行;冻精和液氮管理业务等。

来宾市水产技术推广站 其前身为1983年成立柳州地区水产技术服务中心(柳署农办〔1983〕第17号),人员以柳州地区畜牧水产局技术骨干为基础,不再增编制和调入人员,隶属局直接领导。1985年成立柳州地区水产技术服务中心站,为事业编制区级建制法人单位,编制11人,其中站长1人、督导员1人,负责柳州地区渔业、渔政和渔业统计等工作。柳州地区畜牧水产局水产科撤销,其职责由柳州地区水产技术服务中心站承担。1988年称柳州地区水产技术推广站。1988年定级为相当于区(科)级事业单位。2002年3月成立柳州地区渔政监督管理站,人员和编制从柳州地区水产技术推广站划出,渔政的职责也相应划出。2002年3月柳州地区渔政监督管理站人员和编制从柳州地区水产技术推广站划出后柳州地区水产技术推广站编制5人。2002年来宾建市后称来宾市水产技术推广站,核定编制5人。2003年4月核定来宾市水产技术推广站编制11人,2003年12月来宾市水产技术推广站增挂来宾市水生动物防疫检疫站,实行一套人马两块牌子,不另增加人员编制。2005年6月,从来宾市水产技术推广站划出5个编给市动物检疫站,划出1个编给市渔政渔港监督管理站,调整后市水产技术推广站为5个编制。

来宾市渔政渔港监督管理站(挂来宾市渔业船舶检验站) 其前身为成立于2002年3月的柳州地区渔政监督管理站,2003年4月成立来宾市渔政渔港监督管理站(挂市渔业船舶检验站),为全额拨款事业单位,核定人员编制11人。主要职责:宣传、贯彻和执行《渔业法》等法律法规;查处各种渔业违法行为,查处违法经营利用水生野生动物的行为;负责增殖和保护渔业资源;负查处渔业水域污染事故,征收各种渔业规费;负责渔业船舶与渔业安全生产的管理;负责渔业船舶登记、检验发证;负责渔船水上交通事故处理查处;负责实施渔业船员考试发证工作。

市农机安全监理所 前身柳州地区农业安全监理所,1984年5月成立,定编8名。2002年12月来宾市成立,2003年2月20日改称来宾市农业安全监理所,编制10人。2005年编制10人。办公地址在来宾市新兴北路。主要负责本市农机安全监理行政执法工作;协助政府有关部门,做好重特大农机事故的调查、处理和报告工作;负责本市农机事故责任的重新认定工作;负责本市拖拉机、联合收割机等农业机械牌证的发放及驾驶操作人员的技术考核、考试和驾驶证发放工作。

市农业机械化技术推广站 1973年9月成立柳州地区农业机械研究所。1980年7月成立柳州地区农机技术推广站。2001年8月柳州地区农业机械研究所和柳州地区农机技术推广站合并,称柳州地区农业机械化技术推广站。2003年2月改称来宾市农业机械化技术推广站,编制20名。2005年编制20人。办公地址在柳州市北雀路94号。主要负责对各县(市、区)推广站领导、技术骨干、业务培训及乡镇农业服务中心(农机)进行业务指导;引进国内外先进、适用的农机化技术及成果,承担新技术、新机具的引进、试验、示范、改进科研开发及推广应用;参与农机化技术推广项目的论证与技术攻关,执行标准,参与推广项目的鉴定、验收;收集和发布农机化信息,开展农机化技术咨询培训及新技术的对比试验及现场演示活动。

第二节　土地所有制

1956年2月,各县普遍建立高级农业合作社,入社农民的土地成为高级社集体所有的土地,个体农民土地所有制被集体土地所有制取代,集体土地所有制至21世纪初期一直未改变。

封建土地所有制

封建土地所有制是封建社会统治的基础。中华人民共和国成立前,来宾境内的耕地有官田和民田,田地以民田为主。从明清时期开始,忻城县境内所有土地、山川、河流属土官所有。清代后期起,民田多为地主占有,境内有些县地主占田80%以上。土地私有,买卖自由,因而大部分耕地集中到地主、富农手里,农民少地或无地,不得不租种田地或出卖劳力来维持生活。

农民个体土地所有制

1949年12月,境内各县全部解放。从1950年12月境内各县实行土地改革,没收征收地主、富农的土地分给无地少地的农民,至1954年5月结束。经过3年的土地改革运动,来宾境内农村阶级关系发生了根本变化,废除了封建的土地所有制,实行耕者有其田的农民土地所有制。地主阶级的封建特权和经济特权被剥夺,农民取得了土地,成为土地的主人。武宣、象县(今象州县)2县,土地改革前,地主占有耕地24.01%,富农占9.78%,中农占43.43%,贫农占14.49%,雇农占1.21%,小土地出租者占0.55%,小土地经营者占1.32%,其他劳动者占5.21%。土地改革后,地主占7.36%,下降了16.65个百分点;富农占7.5%,下降2.28个百分点;中农占44.33%,上升0.9个百分点;贫农占29.02%,上升14.53个百分点;雇农占7.68%,上升了6.47个百分点;小土地出租者和经营者略有减少,其他劳动者略有增加。

土地国家所有制

中华人民共和国成立后,来宾境内各县根据《中国人民解放军布告》《中国人民政治协商会议共同纲领》等文件的规定,立即没收官僚资本,把国民党政府和官僚资本家办的企业没收为国家所有,包括官僚资本长期控制的铁路、交通、银行、矿山、工厂、邮电等。1950年1月5日,中国人民解放军桂林军事管制委员会接管合山煤矿公司,煤炭资源收归国家所有。境内垦殖公司(场、社)土地均收归国有,先后创办国营农场,境内的有来宾华侨农场、迁江华侨农场、凤凰华侨农场、广西国营红河农场,农场土地为国家所有。

农民土地集体所有制 社会主义集体所有制是变革土地私有制而产生的,从萌芽到发展,经历了农业生产互助组、农业生产合作社、人民公社三级所有制和改革开放家庭联产承包责任制等四个发展阶段。

农业生产互助组 经过土改,境内各县广大农民响应党和政府关于“组织起来”的号召,1951年,在自愿互利的基础上组成一批临时互助组,实行变工互助、等价交换的原则。主要是采取人力牛力换工从事生产的做法。

农业生产合作社 1954年春,因农民群众积极性不断提高,境内各县开始试办农业初级社。按照入社自愿、退社自由、互助互利的原则,实行土地入股,集体所有,统一经营,统一分配。1955年冬,农业合作化步伐加快,境内各县根据毛泽东《关于农业合作化问题》的报告,纷纷建立高级农业社,掀起对农业合作化高潮。进入高级农业社后,土地无偿转为集体所有;耕牛、大农具等生产资料评价入社;成片山林、果园按股带林或折价入社;土地上附属的水塘、渠、坝等水利设施亦为集体所有,统一管理使用。高级农业社对生产队实行包工、包产、包资,超产奖励的责任制;社员劳动由生产队评工记分,后改为定额管理,按社员完成的定额记给该工种工分;取消初级农业社的土地分红,实行按劳(工分)分配,每年夏收后进行预分,秋收后进行年终分配。

人民公社 1958年8月至9月,境内各县贯彻中共中央《关于在农村建立人民公社问题的决议》精神,根据自治区党委《关于人民公社组织问题的几项规定》,建立以公社为团、生产大队为营、生产队为连(排、班视连的大小而定)的军事体制,实行组织军事化、行动站斗化、生活集体化,由团统一指挥。原来高级社的土地、耕牛、农具等生产资料全部无偿转为人民公社所有;社员的自留地、家畜家禽也收归公社。实行以公社为基本核算单位。公社化初期,为了“跑步进入共产主义”,以自然村、生产队为单位,大办公共食堂,实行“吃饭不要钱”。到改革开放前,人民公社实行的平均主义,挫伤社员劳动积极性,严重制约了社会生产力的发展。

家庭联产承包 1979年9月,党中央作出《关于加快农业发展若干问题的决定》,强调各级行政机关应允许各社、队在国家统一计划的指导下,因时因地制宜,保障他们的自主权,发挥他们的主动性。1981年10月,自治区党委、自治区人民政府印发的《农业生产责任制两个试行办法的通知》,此后境内各县开始实行家庭联产承包责任制,土地属集体所有,农民自主经营,进一步发挥广大农民的生产积极性，农业生产有较快的发展。

1983年，境内各县粮食产量比1980年增长25%以上，农业总产值也比1980年增长15%以上。

1984年6月，境内贯彻自治人民政府《关于贯彻中央1号文件，搞活农村经济若干决定》的精神，明确农户承包耕地承包期一般要延长至15年以上。

1997年11月，自治区党委办公厅、自治区人民政府办公厅发出的《关于认真贯彻落实〈中共中央办公厅、国务院办公厅关于进一步稳定和完善农村土地承包关系的通知〉的通知》（桂办发〔1997〕53号），境内各县按中央和自治区的要求，根据本县实际情况，在延长土地承包期30年不变的工作中，采取多种方法做好土地延包工作，在总结经验、完善承包办法的基础上与农户签订延长土地承包合同，到期一批，签订一批，一定30年不变，在承包期内实行“增人不增地、减人不减地”的办法。对原承包办法基本合理、农民群众基本满意的，尽量保持原承包办法不变，直接延长承包期；对因人口增减变化较大、耕地被国家建设征用等原因造成承包土地严重不均、农民意见较大的，遵照“大稳定、小调整”的原则，经群众民主商定，在人地矛盾突出的个别农户中进行调整。对所有农户不进行普遍调整，也没有打乱重来。极少数地方进行调整的村（队），需报经乡（镇）和县人民政府批准，由县人民政府从严掌握。

2003年，来宾市成立后，各县严格做好延长土地承包期并将其纳入法制化管理轨道。农村经济经营管理部门组织填写由县或县以上人民政府统一印制的土地承包经营权证书，及时发放到农户，并做归档案加强管理。延长土地承包期工作结束后，建立健全规章制度，加强对土地承包的规范管理。把土地承包管理同农民负担管理结合起来，做好农民每年上交的土地承包费的提取和管理工作。

2005年，市农村经济管理处开展农村土地承包经营权证书的发放及土地流转管理工作。全市66个乡（镇）750个村委会11676个村民小组41.28万农户，有41.24万户签订了土地延包合同，占应签合同户数的99.9%，共发放证书31.37万本，占应发证的76%。

第三节　耕地　劳动力

耕地

耕地面积　来宾市地处广西中部，总面积1.34万平方千米，全市耕地面积40.8万公顷（约612万亩），人均耕地2.82亩。1991年，境内各县实施中低产田（地）改良4466.67公顷，其中早稻中低产改良3.82万亩，晚稻中低产改良2546.67公顷，年总产粮食2303.45万千克。

2003年末，按照《广西耕地类型及耕地地力等级划分标准》，水田、旱地分别统计结果：水田11.05万公顷，其中，高产田（800~900千克/亩·年）2.42万公顷，占水田面积的21.9%；中产田（500~800千克/亩·年）5.98万公顷，占水田面积的54.1%；低产田（100~500千克/亩·年）2.65万公顷，占水田面积的24.0%。旱地23.09万公顷，其中，高产地（500~600千克/亩·年）2.05万公顷，占旱地面积的8.9%；中产地（300~500千克/亩·年）8.08万公顷，占旱地面积的34.99%；低产地（100~300千克/亩·年）12.96万公顷，占旱地面积的56.11%。

2004年，全市耕地面积34.21万公顷。

2005年，全市耕地面积34.19万公顷。

表11-1　1997—2005年来宾市耕地面积统计表

年度	土地总面积（万公顷）	耕地总面积（万公顷）	其中	
			水田（公顷）	旱地（公顷）
1997	133.92	34.30	—	—
1998	133.92	34.31	—	—
1999	133.92	34.31	—	—
2000	133.92	34.40	—	—
2001	133.92	34.43	—	—
2002	133.92	34.37	—	—
2003	133.92	34.14	11.05	23.09
2004	133.92	34.21	—	—
2005	133.92	34.19	—	—

耕地保护　中华人民共和国成立后，来宾市境内认真贯彻执行节约用地、合理用地、保护耕地的政策，注重节约和合理用地。随着经济发展，兴修水利，修筑道路，民间建房等原因占用耕地，耕地逐年减少。1986 年，各级土地管理部门建立后，贯彻实施《中华人民共和国土地管理法》和"十分珍惜和合理利用每寸土地，切实保护耕地"的基本国策，1997—2005 年，今来宾市 6 个县（市、区）划定基本农田保护区共 70 个，基本农田保护面积 29.03 万公顷，保护率 87.4%。（参见第四篇第三章第四节基本农田保护）

中低产田改良

低产水稻土的障碍因素，归纳为瘦、浅、渍、潜、旱、沙、黏、障、酸、涝。其中以瘦、浅、渍、潜、旱，影响最大。改良中低产田的方法有：以肥改土，培肥地力。境内中低产田的主要障碍因素是养分贫缺，土壤肥力低。因此以肥改土，培肥地力是根本措施。具体做法是广辟肥源，增施有机肥。抓好冬季绿肥生产。做好早稻稻草还田。增施农家肥料。经济合理施用化肥，推广优化配方施肥。深耕改土，增厚耕层。要逐年深耕，结合施用有机肥，以熟化土壤。少施或停施石灰，改良石灰性稻田。该土壤耕层浅，土壤板结，碱性重，应少施或停施石灰，同时种植绿肥，以提高土壤的供肥能力和改良土壤结构。开沟排水，改良潜育性低产稻田。实行浅灌和多露少晒的用水技术；增施有机肥和氮磷钾化肥，促进水稻早生快发。兴修水利，改造易旱稻田。兴建山塘水库，增施有机肥和速效氮、磷、钾化肥。因土种植，做到地尽其用。可改种玉米、黄豆、甘蔗、花生，或进行水旱轮作。

2003 年，改良面积 19.17 千公顷，其中，水田 7.46 千公顷，旱耕地 11.71 千公顷。

2004 年，改良面积 15.88 千公顷，其中，水田 5.41 千公顷，旱耕地 10.46 千公顷。

2005 年，改良面积 25.49 千公顷，其中，水田 8.17 千公顷，旱耕地 17.32 千公顷。

表 11-2　**2003—2005 年来宾市采取综合措施改良中低产田情况表**

年度		2003 年改良面积（千公顷）	2004 年改良面积（千公顷）	2005 年改良面积（千公顷）
合计		19.17	15.88	25.49
其中	水田	7.46	5.41	8.17
	旱耕地	11.71	10.46	17.32
渍潜稻田型		0.85	0.70	0.32
渍涝旱地型		0.23	0.15	0.01
坡地梯改型	水田	0.15	0.09	0
	旱耕地	0.45	0.55	0.49
盐碱耕地型	水田	1.6		
	旱耕地			
沙化耕地型	水田	0.03	0.05	0.05
	旱耕地	0.01	0.05	0
干旱灌溉型	水田	2.07	1.04	2.45
	旱耕地	0.05	0.24	2.56
瘠薄培肥型	水田	2.68	3.37	1.30
	旱耕地	10.94	9.27	2.98
障碍层型	水田			0.01
	旱耕地			0.02

劳动力

民国时期，人口稀少，加上战争频繁，劳动力分散。来宾市境域内长期保持在 12.80 万户，55.74 万人。境内在圩镇从事工商业人数占比小，绝大部劳动力在农村从事农、林、牧、渔业。

中华人民共和国成立后，来宾市境域内人口得到恢复和快速发展，人口日益增多，劳动力大幅度增加，每个劳动力负担耕地面积逐年减少。根据全国第2、3、4次人口普查数字显示，境内具有小学以上文化程度人口逐年增加，文盲半文盲人口逐渐减少。1950年，来宾市境域内总人口户数19.98万户，总人口90.43万人，其中农业人口85.19万人。1980年32.03万户，176.16万人，其中农业人口159.20万人。1989年以前，境内农业人口占总人口的90%以上。1990年，43.85万户，218.56万人，其中农业人口197.57万人。2000年54.43万户，236.94万人，其中农业人口205.08万人。2005年，全市总户数67.82万户，总人口246.80万人，其中农业人口210.14万人。

改革开放后，随着乡镇企业迅速发展，农村剩余劳动力逐步向工业、交通、建筑和商业、饮食、服务等行业转移。20世纪90年代，境内农村大量剩余劳动力开始转移到广西区内的柳州、南宁以及广西区外的深圳、珠海、浙江等务工。

表11-3　　若干年度年来宾市农业人口及劳动力统计表

年度	全市总人口(万人)	农业人口(万人)	劳动力(万人)	劳力占人口比(%)
1950	90.43	85.19		
1980	176.16	159.20		
1985	198.89	180.29		
1990	218.56	197.57		
1995	232.68	201.32		
2000	236.94	205.08		
2005	246.80	210.14	140.21	56.81

第四节　经营管理

20世纪50年代，境内各县开始进行农村经营管理工作。1953—1973年，境内各县配备有1~2名兼职或专职农业经营管理人员。20世纪70年代，各县在农村部设有经济经营管理科，各公社配有1~2名经管干事。20世纪80年代初，境内各县进行农村经济体制改革。1981年，境内推行家庭联产承包责任制。1985年，各县设独立的农村经济经营管理指导站，隶属原柳州地区农村经济经营管理指导站，县站有5~10名人员编制，各公社党委(管委)也相继设经管站，配备1~2名经管干部抓农业经营管理。1990年，境内各县实行新的《村合作经济组织会计制度》，开展农村集体资产清产核资，逐步推行村帐乡(镇)管制度，开展村干部任期和离任经济责任专项审计，积极稳妥开展化解村级债务，进一步加强农村集体财务管理。1993年，境内各县贯彻落实中共中央、国务院关于切实减轻农民负担的有关文件规定，开展减轻农民负担工作，对农民负担实行预决算、监督卡制度，村提留、乡统筹款项统一管理制度，农民负担专项审计制度。完善减轻农民负担的“四项制”[即推行农业税收和涉农价格收费的“公示制”、推行贫困地区农村中小学收费“一费制”、实行对村级订阅报刊费用“限额制”和涉农负担案(事)件责任“追究制”]；开展农民负担专项治理；实施村级“一事一议”筹资投劳制度，农民负担监督管理收到实效。1995年，境内各县开展第二轮土地承包期延长工作。2002年，来宾市开展农业产业化经营管理，通过规划引导、政策支持、示范带动等方法，大力发展甘蔗、优质谷、桑蚕、食用菌、畜牧等优势产业，采取多项措施完善农业产业化龙头企业优惠政策，重点扶持龙头企业带动支柱优势产业。2005年，全市扶持35个市级农业产业化重点龙头企业。培育发展一批新型农村合作经济组织；发展无公害、标准化农产品生产；建设农业科技创新体系；建设农产品专业批发市场。

农村财务及集体资产管理

1990年，境内农村会计执行新的《村合作经济组织会计制度》。1991年5月，财政部和农业部联合颁发《村合作经济组织会计制度(试行)》和《村合作经济组织财务制度(试行)》等两个农村财务会计制度，会计记账方法由过去的收付式改为借贷式，境内统一按新会计科目建账，统一总账科目，并按照农经工作设置二、三级明细科目，柳州地区统一印制了账、表、册、据，制定了钱账分管，开支审批，定期结算制度，纠正了过去村干部人人收钱、管钱、用钱的历史。结合实际逐步建立和完善农村财务现金管理、收入管理、支出管理、预算管理、票据管理、资产资源管理、债权债务管理、民主理财和财务公开管理、筹资筹劳管理、财务档案管理、会计报表管理、农村财务清理审计、违反村级财务管理行为责任追究制等一整套规章制度，使村级财务管理做到“有章可循”。

1997年下半年至1999年，境内各级政府根据党中央、国务院有关文件精神，全面开展农村集体资产清产核资工作。2001—2005年，来宾市在农村逐步推行村账委托乡（镇）管制度。村账委托乡（镇）管是在不改变村集体经济组织资金所有权，资金使用权、管理权的前提下，按行政村设立账簿，由乡（镇）统一建账、审核凭证、报表、保管会计档案的村级财务管理办法。

2000年，为巩固农村税费改革成果，防止农村负担反弹，各县（市）根据自治区人民政府关于积极稳妥化解村级债务的通知精神，开展化解村级债务工作。计划用5年时间逐步化解2002年底以前的村级债务，采取先试点，后推广的方式，确定2003年化债20%。全市286名国家干部驻村指导化债，对村级资产债权、债务进行了清理核实，全市债权总额3260.83万元，债务总额为3007.74万元。

2001年，在武宣县二塘镇开展了村账委托乡（镇）管试点。2002年底，来宾市农村全面推行村账委托乡（镇）管制度，有效改善了农村财务混乱局面。

2005年初，来宾市农村经济经营处为贯彻财政部颁发的《村集体经济组织会计制度》（2005年1月1日起施行），落实新会计制度，抓好全市农村集体财务管理，举办了1期师资培训班，为在全市推行新会计制度打下了基础。随后又多次组织有一定经济收入的村级财务人员参加自治区财政厅和自治区业务主管部门举办的新会计制度培训班。逐步在农村推行新会计制度，进一步加强了农村集体财务管理。同年7月11日，农业部、监察部、国务院纠风办下发《关于做好村干部任期和离任经济责任专项审计的通知》（农经办〔2005〕12号），市成立领导小组及办公室，积极开展村干部任期和离任审计工作，全市审计面达到85%以上，取得显著成效。是年，市农村经济管理处落实财务公开、民主管理工作，推进财务公开工作向规范化发展。全市除武宣县有1个村没有进行财务公开外，其余行政村均进行村务公开。各行政村成立村民理财小组，开展集体资产、财务管理新模式的试点工作，对财务收支、资产情况、村集体经济项目及经营情况、村干报酬等进行公开。继续在武宣县二塘镇朗村指导开展“村账乡代管”试点工作。在合山市河里乡河里村开展农村会计电算化试点，对在村级实行会计电算化进行探讨。抓好村级财务清理审计工作，结合村“两委”换届选举，各县、乡对大部分村委离任村干部实行财务、经济责任专项审计，并督促村级新老财务人员进行交接，以保证集体资产的完整和账务的衔接。对群众反映较大、问题严重的村组进行重点审计。其中，武宣县审计清理武南、合群两个村委，查出违纪资金40多万元。象州县共清理审计235个村组，审计金额503.5万元，其中违纪金额279.3万元。

农村合作基金会

20世纪80年代中期，国内一些地方开始创办农村合作基金会，并得到中央的肯定。1993年6月，来宾境内各县开始创办农村合作基金会。1997年7月，各县（市）成立乡镇企业发展基金会和供销合作社社员股金服务部，当时称“两会一部”。至1999年6月，全市农村合作基金会营业肉点56个，股金余额15156.31万元，股民50491户，资产总额16450.03万元。“两会一部”建立之初，对缓解农村资金供求矛盾，加强和改善集体资金管理，壮大集体经济、增加农民收入、促进农村经济发展等方面起到一定的作用。但由于农村合作基金会内部管理制度不够完善，地方行政干预严重，投放的资金逾期无法收回甚至沉淀，加之，受1998年亚洲金融危机影响及外地农村合作基金会所发生的不良事件冲击，各县普遍出现逾期欠款过大，群众退股多，股金余额大幅度下降的金融风波隐患。

1999年7月26日，根据党中央、国务院和自治区党委、自治区人民政府的统一部署，开展清理整顿农村“两会一部”工作。根据自治区的要求，对农村合作基金会清产核资、分类处置，完成债权债务登记审核、核查验收、追收欠款、股金兑付等各阶段的工作。至2005年8月底，共进行了4次兑付工作，农村合作基金会全部兑清股民所有股金。

农民负担监督管理

20世纪80年代中期，境内各级党委政府对农民负担过重问题普遍重视不够，进入20世纪90年代后，农民负担过重问题日益突出。1993年3月，按照中共中央办公厅、国务院办公厅《关于切实减轻农民负担的紧急通知》（中办发电〔1993〕7号文件）规定“自本通知下发之日起，农民除依法纳税和按国务院《农民承担费用和劳务管理条例》关于村提留和乡统筹费必须严格控制在上年农民人均纯收入5%以内的规定继续执行外，其他涉及要农民负担费用的各种摊派、集资、达标活动和行政事业性收费，以及在农村建立各种基金等，不论是哪一级政府或哪一个部门制定的文件或规定，一律先停止执行，然后进行清理”的要求。同年5月，境内各县陆续开展对涉及农民负担的文件和项目进行清理，逐步展开农民负担监督管理工作。各县(市)建立领导小组，党政主要领导亲自抓。市、县(市)先后建立农民负担监督管理机构。对涉农的收费项目和文件作了初步清理、审查，宣布取消或停止收费项目，宣布取消涉农收费项目41项，减轻农民负担7247万元。对农民的乱收费、乱集资、乱涨价、乱罚款的情况得到初步遏制，农民负担有所减轻。1996年12月，各县(市)采取措施加大治理“三乱”力度，开展新一轮大规模、深入持久的农民负担监督管理工作。从1997年起，境内实行农民负担监督管理四项制度。同时，建立农民负担预决算制度。农民每年负担的村提留、乡统筹款项，先作出预算方案，提请乡(镇)人民代表大会审议通过后，分摊到户，一定三年不变。发放农民负担监督卡，经过规定程序审批分摊到户的提留统筹款项，填入统一印制的农民负担监督卡，一户一卡，卡内收款项目和标准一定三年不变。农户按卡交费。村提留、乡统筹款项实行统一管理，向农民征收村提留、乡统筹款，必须使用自治区统一印制的专用票据，统一由乡(镇)农经部门代管，分村立户设账。

1999年底，境内实行农民负担专项审计制度，停止执行涉农收费项目23项，降低标准项目21项。2001年12月，境内各县(市)推行、实施和完善“四项制度”工作，即推行农业税收和涉农价格收费的“公示制”。清理涉农收费项目48项，取消收费项目11项，清退违规收费650万元。

2002年，来宾市继续清理、取消不合理的涉农收费项目。清理不合理的收费项目456项，取消不合理的收费项目325项。境内普遍推行农业税和涉农价格收费公示制度，制作公示牌172块，基本做到项目公开、标准公开、范围公开。境内各县(市、区)在减轻农民负担工作中，坚持实行党政“一把手”亲自抓、负总责的工作制度。对违反规定向农民乱收费和乱摊派的，除追究有关直接责任者的责任外，还要追究当地的党政主要领导的责任，给予党纪政纪处分。

2003年，全市各县(市、区)进一步开展涉农收费项目的清理工作。全市共发生涉农负担案件4起，清查结案4起，受党纪政纪处分4人。

2004年，全市结合收费许可证年审工作，共清理263个文件189个项目，涉及金额610万元，停止不合理收费和清理代收费1215.2万元。

2005年，全市继续深入推进农村税费改革试点工作，建立健全各项工作制度，加强农民负担监督管理，保护农民的经济利益。年内，全市减征农业税4000多万元，人均减负19元，税改后全市减轻农民负担1.21亿元，人均减负58元。

农业产业化经营管理

1949年，境内粮食亩产量比较低。1950年，境内第一产业增加值0.60亿元，占国内生产总值的96.8%。1965年，随着农业生产发展，第一产业增加值不断增多，境内第一产业增加值1.04亿元。1975年，境内第一产业增加值1.93亿元。20世纪80年代，境内实行家庭联产承包责任制，粮食亩产大幅度提高，尤其是在改革开放后，农业发展上取得了举世瞩目的成就。1985年，境内第一产业增加值4.04亿元。1995年，境内第一产业增加值28.80亿元。20世纪90年代末，农业方面收入增长迅猛。2000年，境内第一产业增加值42.34亿元。

2002年12月，成立来宾市农业产业化领导小组，成员由市计委、经委、农业局、水产畜牧局、林业局、财政局、贸易发展局、外经贸局、地税局、国税局、扶贫办、供销社等单位领导组成，分管副市长兼任领导小组组长，政府分管副秘书长兼任领导小组副组长。领导小组办公室设在市农经管理处，负责日常具体工作。

2003年，成立来宾市农业产业化办公室，建立农业产业化联席会议制度，编制《来宾市2003—2007年农业产业化发展规划》，蔬菜、桑蚕、食用菌、水果、养猪、奶牛等协会组建运行，逐步形成以粮食、木薯、制糖、中草药等生产、加工、销售紧密联系的产业化经营格局。当年全市有产业化经营组织126个，辐射带动农户9万户，占全市农户总数的12%。

2005年，全市农业产业结构调整得到进一步的优化升级，农业生产专业化、规模化、区域化和农民生产组织化程度得到进一步提高，农业产业化经营得到一定发展。初步形成原料蔗、优质谷、桑蚕、畜牧、蔬菜、水果、木薯、商品林、中药材、茶叶等优势特色农产品产业带，全市共建立主要农产品生产基地35.85万公顷；产业化经营组织发展到1028个，覆盖并带动全市70%的农户，其中，规模经营(年销售收入500万元以上)产业化组织56家,产值超亿元的有10家,被确定为自治区级农业产业化重点龙头企业3家,市级农业产业化重点龙头企业9家:全市各类产业化组织通过实行保护价收购、拓宽就业渠道带动农民增收,带动农户达32.06万户,比上年增加4.58万户,增长10%,平均每户从中增收1000元以上,制定扶持农业产业化经营有关优惠政策,重点在投资环境、贷款贴息、土地流转、税收减免、科技创新等方面,支持龙头企业、种养大户、经济能人发展农业产业化经营,通过扶持,建立一批上档次的农业科技示范基地。年内,市财政拨出6万元专项资金用于农业产业化日常工作,联席会议制度成员单位由原来的13个增加到19个,各县(市、区)也相应成立组织机构,并初步拟定一系列加快农业产业化经营的政策措施;市级农业产业化重点龙头企业的申报认定工作顺利开展。5月,认定广西永鑫糖业有限公司等9家企业,为来宾市第一批农业产业化重点龙头企业。积极申报自治区第四批农业产业化重点龙头企业,并选择三家有竞争能力企业向自治区申报,有一家被评为自治区级的农业产业化重点龙头企业,使全市的自治区级重点龙头企业达到3家,提升龙头企业品牌上规模、上档次,提高来宾市农产品加工龙头企业在区内外的知名度。全市各类农民专业合作经济组织已发展到452个,会员5.3万名,辐射带动农户16.28万户,农民专业合作经济组织生产经营基本覆盖全市的种植业、养殖业、加工业等农业主导产业,包括了蔬菜、甘蔗、桑蚕、食用菌、水果、茶叶、畜禽等20多个主导产品。列入自治区农民专业合作经济组织规范化试点单位6个,其中5月新列入试点的金秀大瑶山茶叶产业协会获自治区扶持资金15万元。各类农民专业合作经济组织直接带动会员增收450元以上,辐射带动农户人均增收300元以上。有市级农业产业化重点龙头企业35个(含自治区级4个),自治区级先进农民专业合作经济组织"合作之星"和市级先进农民专业合作经济组织"合作之星"共27个。

农村土地承包流转

1995年,境内全面开展第二轮土地承包工作。2001年,各县在农村税费改革试点工作中,对土地承包情况又进行了一次全面检查清理。在坚持土地性质不变,农户承包权不变,不改变土地农业用途的前提下,按照平等、自愿、协调、有偿的原则,引导农户进行土地承包经营权流转。

至2005年,全市土地流转面积共0.47万余公顷,形成规模经营(30~50亩)的有0.25万公顷。农村土地流转已由过去单纯的由农户之间协商进行转包转让发展到转包、转让、租赁、入股、联营等多种形式;由零星、自发向有组织、有一定规模的方向发展。武宣、兴宾、象州等地在发展特色经济项目中,流转土地都达133.33公顷以上。土地流转与结构调整、发展农业产业化经营相结合,全市流转的土地中,约有50%左右流向产业化龙头企业,30%~40%左右流向专业大户。

农村流通体制改革

来宾市以供销体制和粮食流通体制改革为突破口,积极推进农村流通体制改革。经过改革和完善,全市所有农产品购销均已全部放开。流通主体除传统的商业、粮食、供销、农资企业继续发挥作用外,广大农民已成为流通的主体,各种社会资本也越来越多地进入农村流通领域。至2005年全市有各类农产品批发市场20多个,城乡集贸市场340多个。全市在推进粮食流通体制的市场化改革中,基本实现粮食顺价销售,国有粮食企业进行自身改革,农副产品实现市场流通和市场调节,有效促进了粮油产品优质率和商品率的提高。

农村税费改革试点

2003年,来宾市税费改革试点工作全面铺开,通过税费改革,减轻农民负担。当年全市农民人均负担水平由改革前的51.42元减至26.27元,人均减负25.15元,清理和取消涉农收费4600多万元。在推进税费改革的同时,各县(市、区)进行了乡镇机构改革和村组建制调整。全市减少乡镇8个,分流人员488人,清退各类临时人员280人。行政村减少12个,精简村、社干部58人。

2005年,来宾市继续推进农村税费改革试点工作,落实自治区人民政府实施免征农业税政策,提前一年取消农业税和农业特产税,全市减征农业税4000多万元,农民人均减轻负担19元。

第五节 技术服务

中华人民共和国成立后,境内各县开始全面建立农业技术推广机构,逐步形成农业技术推广体系。

20世纪80年代,随着农业商品生产组织形式的多元化,政府农技推广机构主导的农业技术推广模式与农业技术需求不断出现新情况新问题，农技推广工作呈现出不同的特点。1980—1999年，农技推广服务工作的特点体现在“传授”上。

21世纪初，来宾市委、市政府组织开展全市甘蔗生产大会战，全市年产甘蔗新增加千万吨的任务目标，甘蔗生产得到稳步推进。各县(市、区)按照市委、市政府的工作部署要求，扩大甘蔗种植面积，改良种植新品种。各县在指导中积极推广地膜覆盖技术，推广优良品种、宿根蔗盖膜栽培、同时抓好甘蔗病虫害综合防治、配方施肥工作，提高甘蔗生产的科技含量，促进甘蔗增产，为甘蔗增产增收做好技术服务。

2005年，全市有县乡级农技推广机构72个。其中，综合反映来宾农业信息的《来宾农业信息网》，开发建立“来宾农业综合信息库”“农业和农村经济统计数据库”等农业专题数据库20多个。全市6个县(市、区)全部建立了信息平台，并新建乡(镇)信息服务站26个。每年深入农业生产第一线推广新品种、开展技术培训等活动达6万多人次，累计推广各类增产、增收技术50多项次。

第六节　行政执法

农业执法体系建设

2004年，国务院《关于印发全面推进依法行政实施纲要的通知》(国发〔2004〕10号)和《广西壮族自治区行政执法监督办法》(自治区人民政府令第55号)，进一步规范来宾市农业行政执法工作，提高全市农业行政执法水平，全面推进农业行政执法机关依法行政。全市农业执法部门不断加强制度建设，建立了规范执法的长效机制，进一步规范行政执法程序和行政执法文书的制作，严格遵照执行案件逐级审批制度、错案追究制度、重大案件集体讨论制度，依法查处和纠正各类行政违法案件，组织开展了农业行政执法案卷评查，认真做好行政复议工作，行政执法做到事实清楚，证据确凿，定性准确，处罚适当，程序合法，手续完备。农业执法队伍围绕“建一流队伍，创一流业绩，做一流执法人员，树一流执法”的目标，不断提高执法人员业务素质，加强监督，严厉杜绝违法办案和错案发生，切实做到依法行政。2005年，来宾市制订地方农产品质量安全标准，建立农产品质量安全检验监测体系。在象州县实施优质稻和桑蚕标准化生产，在金秀瑶族自治县实施无公害茶叶标准化生产，全市实施无公害蔬菜标准化生产3万公顷。全面启动县级农产品质量安全检测站，开展蔬菜农药残留快速检测和生产基地蔬菜质量安全认证体系。市农产品质量安全监测中心完成1438个蔬菜样品的抽检送检工作，蔬菜类农药残留得到有效控制。

农资市场整顿

2003年，来宾市农业部门抓好农资市场整治工作，全年共出动执法检查人员5821人次，出动车辆473台次，检查生产经营单位743个，立案51起，案值22.06万元，罚没金额6.44万元，挽回经济损失100万元，其中查处假冒伪劣种子15518千克，肥料124300千克，农药27千克。

2004年，来宾市依法整顿和规范农资市场经济秩序，严厉查处各种制售假冒伪劣农资产品的违法违规行为，确保农业生产安全，促进农民增收，推进全市农业和农村经济持续、稳定、健康发展。全年共出动执法人员57次，印发各种农业法律法规宣传资料8.8万份，整顿农资市场803个次，检查生产经营单位4394个次，立案查处各种违法违规案件187起，其中种子案件85起，肥料案件37起，农药案件65起，涉案金额达72.27万元，执法处罚金额27.65万元，挽回经济损失约81.4万元。

2005年，来宾市继续强化农资产品市场安全执法监督管理。全年共出动执法人员3097人次，出动车辆836台次，印发宣传资料4.95万份。整顿市场714个，检查企业331家，查处不合格农资产品30768千克，查处案件112件，其中种子78件、肥料12件、农药22件，结案88件，罚没金额63.14万元，挽回经济损失26.95万元。

动物、动物产品检疫及饲料、兽药市场整顿

2003年，来宾市各级水产畜牧部门组织开展对动物防疫耳标挂标率、重大动物疫病防疫免疫、屠宰场及市场检疫3次大规模监督检查活动，开展对饲料、兽药和种畜禽生产经营秩序专项整治工作，打击各种违法生产经营行为，共检查兽药经营户390户、饲料经营单位814个，查出经营不合格兽药产品单位3个，无证经营兽药1户，查获“三无”饲料2万千克，查验“种畜禽生产经营许可证”168本，查处违规案件4件，涉案人员5人。2005年，全市组织进行活畜禽检疫237.91万头(只、羽)，肉品检疫3.86万吨，检出病害肉品1.57吨，查处动物违法案件62件。全年共整顿饲料、兽药市场42个，检查饲料、兽

药经营店(摊点)153 个,查获假冒伪劣兽药和饲料产品 65 件、856 盒、33 千克、950 包,查获过期饲料 6907 千克,立案查处违法案件 15 件。

渔政执法

2003 年,全年共检查渔船 2158 艘次,没收电鱼机 256 台,电网 6 张,柴油机 6 台,罚款 1 万元。对 600 多个饭店、酒楼、招待所、农贸市场及收购摊点进行检查,发放渔业法律、法规资料 1.5 万份,发放捕捞证 61 本,教育渔民 2500 人次。2005 年,市水产畜牧局出动执法人员 230 人次,渔政快艇 46 艘次,车辆 42 辆次,检查渔船 458 艘(次),查处电、炸药、毒鱼和无证捕捞等违法行为 48 件,没收电鱼机 8 台,鱼鹰 12 只,调查渔业水域污染事故 6 件,查处无证经营利用鲨鱼等野生动物 2 件。渔船初次检验 126 艘,年度检验 116 艘。

农机安全监理

1990 年以前,农机安全管理部门对农用拖拉机驾驶员的违章处理,主要以教育为主或通报批评。1991 年恢复农机安全监理机构后,被授权处理所的道路外农机事故。1996 年 8 月《广西农机管理条例》颁布实施后,农机事故的报告、立案调查、事故勘察、调查取证、责任认定、赔偿调解、档案管理,全部由农机监理部门负责实施。2003 年,农机管理部门与农机手签订农机安全生产责任收书 12002 份。完成拖拉机年检 13555 台,驾驶员年审 12233 人。2005 年,农机管理部门与农机手签订农机安全生产责任收书 13506 份。清理“黑车非驾”拖拉机 578 台,强制无证驾驶人员参加培训 286 人,下达整改通知书 42 份,报废拖拉机 315 台,清理超标拖拉机 19 台,检查拖拉机 9787 台,纠正拖拉机违法行为 2365 件。

第二章　粮食作物种植

秦汉时期,境内已有水稻栽培。至宋代,象州的稻米“长腰玉粒,为南方之最”。来宾市粮食作物以水稻为主,玉米、大豆、红薯和其他旱稻为辅。大麦、小麦,荞麦,粟,高粱,绿豆、红小豆等亦有栽培,但面积较少。民国 26—29 年(1937—1940 年),境内的迁江、来宾、象县、武宣县粮食总产分别为 16.19 万吨、14.46 万吨、19.72 万吨、14.79 万吨。

1950 年,境内粮食播种面积为 17.35 万公顷,平均每公顷产粮 1174 千克,粮食总产 20.37 万吨;1952 年粮食播种面积 21.91 万公顷,单产每公顷 1237 千克,总产达到 27.11 万吨;1976 年,境内粮食播种面积 32.44 万公顷,单产每公顷 1795 千克,总产量 58.23 万吨。

1999 年,辖区粮食播种面积 26.07 万公顷,单产每公顷 3698 千克,总产 96.41 万吨,创粮食总产量历史最高水平;2000 年后,辖区内种植结构调整,粮食作物播种面积有所下降。2005 年,来宾市粮食播种面积 23.66 万公顷,单产每公顷 3762 千克,总产 89.04 万吨,比 1950 年分别增长 36.37%、2.2 倍、3.51 倍。

表 11-4　1950—2005 年来宾市境内粮食播种面积、单产、总产表

年份	播种面积(公顷)	单产(千克/公顷)	总产(吨)	年份	播种面积(公顷)	单产(千克/公顷)	总产(吨)
1950	173496	1174	203670	1962	269007	1030	277115
1951	188041	1126	211795	1963	257071	724	186105
1952	219125	1237	271110	1964	297869	1101	327965
1953	234334	1107	259325	1965	263925	1287	339565
1954	267927	1365	365805	1966	259708	1288	334503
1955	277153	944	261510	1967	259413	1417	367650
1956	313693	956	299740	1968	248084	1453	360550
1957	300791	1009	303530	1969	267850	1448	387900
1958	265668	1010	268350	1970	293655	1504	441526
1959	262689	1148	301455	1971	296113	1646	487526
1960	311541	930	289770	1972	296375	1677	497135
1961	294390	917	270055	1973	309251	1757	543501

续表

年份	播种面积（公顷）	单产（千克/公顷）	总产（吨）	年份	播种面积（公顷）	单产（千克/公顷）	总产（吨）
1974	310683	1732	537990	1990	247418	3060	757207
1975	299571	2020	605011	1991	242741	2985	724482
1976	324353	1795	582285	1992	238450	3414	813999
1977	318930	1763	562285	1993	246632	3443	849157
1978	313142	1846	577991	1994	268554	2854	766479
1979	292343	2010	587682	1995	259731	3410	885600
1980	277825	2172	603310	1996	263211	3410	897558
1981	278855	2180	607775	1997	262774	3566	936995
1982	287646	2427	698185	1998	273258	3490	953580
1983	272347	2681	730130	1999	260716	3698	964124
1984	252849	2574	650910	2000	260225	3688	959681
1985	230370	2713	624925	2001	248068	3858	957087
1986	240131	2505	601505	2002	243075	3824	929528
1987	237057	2807	665489	2003	235967	3849	908342
1988	236713	1991	471251	2004	235259	3781	889575
1989	241198	2933	707331	2005	236648	3762	890351

第一节　水　稻

面积产量

水稻是境内主要粮食作物，播种面积大，单产高，种植历史悠久。秦汉时代，境内各县已普遍种植水稻。宋代，象州的稻米尤为有名。宋王象之《舆地纪胜》记载：象州“多膏腴之田，长腰玉粒，为南方之最，旁郡多取给焉”。民国23年(1934年)，境内的迁江、来宾、象县、武宣、忻城县水稻单产分别为每公顷1740千克、1965千克、2587.5千克、2130千克、1552.5千克。民国26—34年，水稻总产分别为16.19万吨、14.46万吨、19.72万吨、14.79万吨、17.63万吨、11.23万吨、19.27万吨、12.20万吨、10.27万吨。抗日战争爆发后，日军入侵，田园荒芜，水稻总产锐减。

1950年，境内水稻播种面积10.59万公顷，总产量15.87万吨，平均每公顷单产1499千克。1951年后，各县人民政府开始增加农业投入，兴修水利，改善农业生产条件，造田造地，推广良种良法，开展爱国丰产运动，调动农民的生产积极性。1952年，境内水稻播种面积12.77万公顷，总产量21.26万吨，比1950年增加5.4万吨。1953—1975年，境内推广良种良法，增加水稻播种面积，水稻单产逐步提高，总产量亦增加。1958—1963年，因大炼钢铁等人为因素和严重干旱影响，水稻播种面积锐减，粮食减产严重。

1975年，境内各县开展“农业学大寨”运动，片面强调粮食生产，水稻播种面积17.69万公顷，创历史新高。1976年，各县推广普及农业生产新技术，推广杂交稻等水稻良种，普及科学施用化肥技术等，水稻单产成倍增加。1998年，境内水稻播种面积恢复到13.55万公顷，水稻总产量创历史最高69.71万吨。2001年，境内水稻单产最高每公顷5462千克，比1975年增长1.21倍，比1950年增长2.77倍。2005年，全市水稻播种面积12.05万公顷，总产量60.01万吨，分别占当年粮食播种面积、总产量的50.93%和67.40%。兴宾区水稻播种面积4.54万公顷，总产量22.62万吨，分别占全市水稻播种面积和总产量的37.68%和37.69%；忻城县水稻播种面积1.16万公顷，总产量5.38万吨，分别占全市面积和总产量的9.63%和8.97%；象州县水稻播种面积3.05万公顷，总产量15.71万吨，分别占全市面积和总产量的25.31%和26.18%；武宣县水稻播种面积2.03万公顷，总产量9.90万吨，分别占全市面积和总产量的16.85%和16.50%；金秀瑶族自治县水稻播种面积0.77万公顷，总产量3.79万吨，分别占全市面积和总产量的6.39%和6.32%；合山市水稻播种面积0.50万公顷，总产量2.61万吨，分别占全市面积和总产量的4.15%和4.35%。

表 11-5　**1950—2005 年来宾市境内水稻播种面积、单产、总产表**

年份	播种面积(公顷)				单产(千克／公顷)				总产(吨)			
	合计	早稻	中稻	晚稻	合计	早稻	中稻	晚稻	合计	早稻	中稻	晚稻
1950	105865	25367	58795	21703	1449	2048	1360	1232	158675	51945	79990	26740
1951	115738	27719	65050	22968	1318	1661	1279	1015	152545	46030	83210	23305
1952	127723	30536	71959	25228	1665	2044	1621	1332	212645	62405	116645	33595
1953	127496	33786	70499	23212	1541	2180	1266	1448	196520	73655	89255	33610
1954	135845	37326	68429	30090	1716	2228	1416	1764	233120	83180	96870	53070
1955	123933	35097	59200	29635	1553	2078	1216	1603	192450	72935	72005	47510
1956	148568	59985	37158	51425	1463	1931	990	1258	217310	115815	36785	64710
1957	140900	54776	44912	41212	1616	1866	1353	1572	227755	102215	60770	64770
1958	114067	48026	24227	41813	1545	1573	1380	1607	176180	75540	33435	67205
1959	123092	48926	28377	45788	1717	1739	1700	1704	211345	85075	48255	78015
1960	135310	57021	19648	58641	1506	1576	1178	1547	203725	89850	23150	90725
1961	146781	57037	32335	57409	1673	1683	1296	1876	245596	95968	41915	107713
1962	146272	55163	36320	54789	1486	1773	1188	1396	217431	97795	43165	76471
1963	104828	44283	15689	44856	1188	1405	686	1149	124513	62225	10765	51523
1964	150416	60251	31314	58850	1690	1850	1280	1744	254209	111493	40075	102641
1965	160682	66122	30739	63821	1704	2015	1210	1621	273863	133230	37180	103453
1966	155004	65329	25912	63762	1693	2070	683	1718	262484	135245	17690	109549
1967	145992	69898	16832	59263	1923	2322	1197	1659	280770	162275	20155	98340
1968	146246	64851	22393	59001	1951	2115	1452	1960	285330	137170	32520	115640
1969	156202	72703	20279	63220	1879	1989	1356	1920	293451	144591	27490	121370
1970	171402	82949	15231	73222	1945	2240	1645	1673	333353	185793	25060	122500
1971	165167	75746	12862	76559	2094	2368	1521	1919	345842	179389	19563	146890
1972	156478	72841	11323	72315	2195	2314	1532	2180	343504	168521	17349	157634
1973	167238	77608	9626	80004	2301	2215	1799	2445	384837	171902	17315	195620
1974	172391	79610	8259	84522	2297	2564	1537	2119	395921	204100	12692	179129
1975	176945	83282	6032	87631	2471	2360	1747	2626	437221	196558	10537	230126
1976	176686	82446	6210	88030	2402	2607	1750	2257	424466	214896	10865	198705
1977	169251	76039	6172	87039	2346	2306	1513	2440	397087	175365	9341	212381
1978	168653	78415	6201	84037	2517	2571	1667	2530	424518	201594	10339	212585
1979	163114	76048	7692	79374	2827	3081	1775	2685	461091	234307	13653	213131
1980	156925	72578	7213	77135	2944	3206	1908	2795	462004	232650	13760	215594
1981	155784	73436	6369	75980	2975	3312	1681	2758	463470	243245	10705	209520
1982	152165	73273	5326	73566	3508	3839	2152	3278	533850	281265	11460	241125
1983	153281	75302	4360	73619	3794	4216	2178	3459	581615	317455	9495	254665
1984	144338	73392	2623	68322	3501	4218	2342	2777	505397	309545	6145	189707
1985	128473	71162	1837	55474	3822	4235	2559	3333	490970	301360	4700	184910
1986	136668	70331	1763	64574	3556	4157	2280	2937	486027	292346	4020	189661
1987	131621	69773	1883	59965	4005	4735	2819	3192	527080	330380	5307	191393
1988	120427	63486	1417	55524	3336	4286	2892	2262	401769	272098	4097	125574
1989	120912	68857	1396	50659	4428	5230	3047	3375	535379	360139	4255	170985
1990	129703	70329	1207	58168	4649	5523	3388	3617	602927	388442	4088	210397
1991	123752	61725	2678	59348	4646	5812	3498	3485	574983	358761	9369	206853

续表

年份	播种面积(公顷)				单产(千克/公顷)				总产(吨)			
	合计	旱稻	中稻	晚稻	合计	旱稻	中稻	晚稻	合计	旱稻	中稻	晚稻
1992	128789	70495	1062	57232	1955	5957	4077	3736	638117	419954	4330	213833
1993	127158	70368	1282	55508	4830	5883	3729	3521	614146	413943	4781	195422
1994	132673	68973	2301	61399	4149	4617	3666	3641	550472	318466	8435	223571
1995	130942	70745	880	59317	4926	6095	4324	3540	644979	431164	3805	210010
1996	133356	70678	972	61706	4909	5990	4097	3684	654690	423377	3982	227331
1997	134504	71305	1074	62125	5040	6260	3947	3658	677911	446396	4239	227276
1998	135465	70360	817	64288	5146	5980	5021	4235	697104	420740	4102	272262
1999	129886	68415	1166	60305	5347	6267	5072	4309	694517	428760	5914	259843
2000	126928	67454	768	58706	5362	6287	5091	4303	680614	424103	3910	252601
2001	123984	66427	803	56754	5462	6348	5039	4426	676930	421678	4046	251206
2002	121424	64613	790	56021	5336	6273	4784	4263	647891	405305	3779	238807
2003	119323	64094	823	54406	5268	5986	4577	4432	628541	383651	3767	241123
2004	118297	62732	1053	54512	5119	5803	4798	4337	605555	364060	5052	236443
2005	120464	64330	988	54727	4993	5302	4726	4635	599428	341098	4669	253661

注:表中总面积包括旱稻面积

种植分布

境内种植水稻,分早、中、晚稻和旱稻。

20 世纪 50 年代,境内因水利设施不完善,大部分地区种植中稻,中稻面积占水稻面积的 55.52%。后随水利灌溉条件不断改善及水稻良种、栽培新技术的推广普及应用,水稻生产逐步改变成以双季稻(即早稻和晚稻)种植为主,旱稻仍有种植,但面积少,主要分布在忻城县和金秀瑶族自治县。2005 年,来宾市中稻种植面积 988 公顷(忻城县 274 公顷,金秀瑶族自治县 678 公顷),旱稻播种面积 419 公顷(忻城县 70 公顷,金秀瑶族自治县 349 公顷),均不足水稻播种面积的 1%。兴宾区、象州县、武宣县、忻城县、金秀瑶族自治县和合山市水稻播种面积分别占全市水稻播种面积的 37.68%、25.31%、16.85%、9.63%、6.39%、4.15%。兴宾区、象州县和武宣县是本市主要水稻产区。兴宾区、象州县和武宣县的水稻播种面积共 9.62 万公顷,占全市水稻播种面积的 79.83%,稻谷总产量 48.23 万吨,占全市稻谷总产量的 80.37%。境内的双季稻在自治区内属桂中稻作区。金秀瑶族自治县海拔 500 米以上的稻田在自治内属高寒山区稻作区,历史上是以粳糯稻为主的单季稻区域。

2002 年,来宾市成立后重视粮食生产。图为象州县国家优质稻生产基地

栽培技术

中华人民共和国成立前,境内水稻育秧采用水直播和旱播两种方式,以水直播为主,旱播次之,因播种量大(1125~2250 千克/公顷)、秧田多,不易管理,秧苗整体素质差,牛毛秧多。

20 世纪 50 年代,改旱播育秧为水播育秧,推广半水育秧、合式育秧、疏播育秧。1952 年,境内各县开始半水育秧示范。1964 年,引进加盖塑料薄膜保温育秧技术,使早稻能适时偏早播种,抢上季节早插,达到提早收获和高产的目的。但因薄膜投资大、育秧成本高,仅在农科所等单位使用,生产上难于推广。20世纪60年代中期,境内各县半水育秧普及应用,引进塑料薄膜育秧技术。20世纪70年代,推广晒坪育秧,蒸气温室育秧、小苗带土育秧、旱播育秧、通气育秧、温床育秧等,播种量减为600~750千克/公顷。20世纪80年代,推广生物热能育秧、两段育秧、暖土育秧、多效唑育秧、农地膜防寒育秧。20世纪90年代初,自治区农业厅大力补贴扶持农地膜防寒育秧技术推广,使农地膜防寒半水育秧技术在境内迅速得到普及,确保了水稻适时早播插、抢季节、提高了单产,水稻生产“白色革命”(白色地膜,形象称为白色革命)为广大群众所接受。各县(市)推广旱育稀植育秧、塑料抛秧软盘育秧、水稻壮秧剂育秧、旱育保姆育秧、温室工厂化育秧、无纺布隔层育秧。2005年,来宾市生产上应用较多的育秧方式主要有塑料抛秧软盘育秧、旱育稀植育秧、农地膜防寒半水育秧。

旱育稀植栽培技术 选弱酸性或酸性的旱地、菜地、果园地、排水良好的稻田做秧地,每公顷大田早稻需225~450平方米的苗床面积,晚稻需450~750平方米苗床面积,先培肥苗床土,后起厢播催芽露白的谷种,并用细土盖种,早稻盖农地膜防寒保温育秧,晚稻盖秸秆防雨水冲打(现青见叶后揭走),干燥湿润管理育秧,可弹性培育小苗、中苗、大苗秧,秧苗移栽后回青快分蘖多产量高。该技术育秧省地,易操作,秧龄弹性大,节支增产增收明显。1992年,引进水稻旱育稀植栽培技术,并开展示范。1996年,该项技术获柳州地区科技进步一等奖。2005年,来宾市用水稻旱育稀植技术育秧移栽大田面积3.57万公顷,占全市水稻播种面积的78.6%。

抛秧栽培技术 1995年,境内引进水稻抛秧栽培技术,示范面积15公顷。采用水稻育秧塑盘置于经过培肥的秧床上,在塑盘装平营养细土和播上催芽的谷种进行旱育秧或湿润育秧,在移栽时,把手插秧改进为抛秧,即为水稻抛秧栽培技术。旱育或湿润育秧,每公顷(大田)需561孔塑料软盘750~800张,施用壮秧剂培育壮秧,早稻20~25天秧龄、晚稻15~20天秧龄抛秧较好,小苗抛栽易于立苗,发蔸快产量高。该技术的最大好处:投资少,增产增收显著,并把种田人从繁重的传统弯腰插田中解放出来,不用弯腰插田,大大地降低劳动力强度,即省力,省工,提高工效,1人1天可抛大田3~5亩,工效提高6~10倍;产量高,一般水稻抛秧比手插秧增产10%左右。深受广大农民群众的欢迎。1999年,该技术获柳州地区科技进步一等奖。2005年,来宾市应用水稻抛秧技术的面积4.09万公顷,占全市水稻播种面积的90.09%。兴宾区水稻栽培全部采用水稻抛秧栽培技术。

免耕抛秧栽培技术 2002年,来宾市开始推广该项技术,兴宾区在桥巩乡水头村进行1亩的试验并取得成功。该水稻免耕抛秧栽培技术采用大孔抛秧盘(353孔或434孔)或无纺布隔层育秧方式育适龄秧苗,施用壮秧剂(多效唑或旱育保姆等)培育壮秧,秧龄弹性较561孔的大,大田杂草用化学除草剂灭杀后,灌水浸泡田,免耕浅水抛秧种稻,一般比常耕抛秧要多抛秧苗10%,产量与常耕抛秧相当,但比常耕抛秧节省机耕费,无须翻耕田地更利于抢季节种植。2003年,兴宾区在各乡镇试验示范,示范面积1000多亩。由于兴宾区是干旱地区,水利灌溉条件较差,沙子田面积较大,漏水漏肥较为严重,以及群众不愿意留低禾桩等主观原因,因此,免耕抛秧推广面积始终没有实质性突破。2004年,来宾全市推广水稻免耕抛秧栽培技术1.47万公顷。2005年,经兴宾区农技站的努力,兴宾区完成水稻免耕抛秧推广面积0.93万公顷,每亩增收节支43.2元。

第二节 玉 米

面积产量

境内各县(市、区)均种植,忻城县和兴宾区最多。民国26年(1937年),境内玉米总产为8417吨。民国34年,境内玉米总产为6573吨。

中华人民共和国成立后,1950年,境内玉米播种面积1.76万公顷,单产729千克每公顷,总产量1.28万吨。1952年,境内玉米播种面积2.56万公顷,总产2.03万吨,单产790千克/公顷。1966年,境内玉米播种面积4.46公顷,单产突破1000千克/公顷,1162千克每公顷。1982年,境内玉米播种面积4.80万公顷,单产突破2000千克/公顷,2015千克/公顷。1976年,境内玉米播种面积8.5万公顷,创历史最高纪录。1993年,境内推广杂交玉米新品种,玉米播种面积5.44公顷,玉米单产突破3000千克/公顷,3032千克/公顷。2002年,来宾市玉米播种面积5.42万公顷,总产量19.28万吨。2005年,全市玉米播种面积5.46万公顷、单产3679千克/公顷、总产量20.07万吨,比1950年分别增长2.1倍、4.05倍、14.63倍。兴宾、忻城、武宣、象州、金秀、合山6县(市、区）玉米播种面积分别为2.26万公顷、1.92万公顷、5753公顷、3844公顷、1553公顷、1551公顷，分别占当年全市玉米播种面积的41.46%、35.26%、10.54%、7.05%、2.85%、2.84%。

表11-6 1950—2005年来宾市玉米播种面积、单产、总产量表

年份	播种面积（公顷）	单产（千克/公顷）	总产量（吨）	年份	播种面积（公顷）	单产（千克/公顷）	总产量（吨）
1950	17615	729	12845	1978	74848	1521	113829
1951	18948	665	12600	1979	64091	1466	93970
1952	25637	790	20255	1980	61806	1733	107080
1953	32193	702	22615	1981	54022	1836	99205
1954	35659	808	28805	1982	48040	2015	96820
1955	54702	677	37030	1983	35768	2684	95990
1956	54385	777	42245	1984	45408	2308	104805
1957	44568	816	36385	1985	43591	2083	90810
1958	56091	807	45245	1986	43188	1827	78925
1959	65064	905	58895	1987	48262	2195	105914
1960	75927	717	54415	1988	61776	765	47250
1961	55924	600	33530	1989	55742	2345	130733
1962	45866	759	34820	1990	56268	2164	121789
1963	69630	556	38725	1991	55963	2080	116414
1964	51685	841	43490	1992	52998	2613	138463
1965	44160	929	41040	1993	54387	3032	164922
1966	44610	1162	51820	1994	59382	2267	134601
1967	43611	1243	54210	1995	54475	3043	165765
1968	42231	1058	44675	1996	55529	2996	166379
1969	69150	887	61305	1997	55480	3176	176228
1970	53872	1235	66540	1998	60129	2930	176202
1971	61831	1606	99331	1999	57480	3224	185334
1972	76336	1458	111275	2000	58450	3296	192660
1973	78927	1375	108504	2001	55570	3447	191527
1974	81050	1434	116188	2002	54201	3557	192808
1975	84115	1568	131852	2003	52707	3619	190750
1976	84977	1373	116695	2004	54665	3706	202579
1977	77221	1525	117739	2005	54560	3679	200747

品种分布

境内各县（市、区）均种植玉米。按季节分为春玉米和秋玉米。兴宾区和忻城县为玉米主产区，年播种面积占全市的70%以上。玉米是忻城县第一大粮食作物。1991—2005年，忻城县种植春玉米11.29万公顷，每公顷产量5325千克，总产量60.12万吨；种植秋玉米9.56万公顷，每公顷产量2857千克，总产量27.31万吨。春秋玉米种植面积20.85万公顷，玉米总产量80.97万吨，播种面积及总产量占全年粮食作物面积和总产量的50%左右。

中华人民共和国成立前，境内各县玉米品种主要有本地农家品种。中华人民共和国成立后，农家玉米品种逐步被淘汰，新的优良品种得到推广应用。1957年，广西区农科所柳州工作站试种优良品种白鹤，每公顷单产2625~3750千克，高于当时大面积生产产量。1972年，忻城县农科所育成忻农1号，属单交种，组合为：仁20×来宾白，籽粒白色。该品种适应性广，瘦地、山地均可种植，产量高。1975年开始推广，累计播种面

积达37万亩，是中华人民共和国成立后推广面积较大的玉米杂交种。1974年，忻城县在种植白马牙品种的7.67公顷耕地上改种单交种“群单105”，平均每公顷单产产量提高2085千克，增产51.5%。1985年，忻城县农科所育成忻农6号，属单交种，杂交组合为：墨白轮选 × 桥头糯。1987年开始推广，先后在安东、思练等地推广，后在新圩、马泗、欧洞等乡镇推广，到1990年全县种植面积累计约4万亩。1984年，忻城县农科所育成忻农7号，属单交种，组合为：中下286×墨10-1。1986年开始推广，至1988年，全县推广3万亩左右。20世纪90年代后期，境内大面积推广“桂单”“登海”“正大”等优质高产杂交玉米品种，玉米单产、总产量大幅度提高。1997年，忻城县推广种植优质高产杂交玉米新品种，全县玉米单产从1991年的每公顷503千克，提高到1997年的每公顷2089千克，每公顷单产提高3.15倍。当年，忻城县玉米种植面积7316公顷，总产量15282吨。2003年，全市推广杂交玉米3.86万公顷，占玉米播种面积的73.24%。总产量14.26万吨，占全部玉米产量19.08万吨的74.74%。2005年，全市推广杂交玉米4.93万公顷，占玉米播种面积的90.32%。杂交玉米每公顷单产3800千克，总产量18.73万吨，占全部玉米产量的93.28%。

栽培技术

地膜栽培技术 1987年，忻城县采用地膜栽培技术，每公顷采用地膜栽培技术的玉米产量比不采用地膜栽培的玉米增产2283千克。2005年，全市推广玉米地膜栽培技术3933.33公顷，平均每公顷增产80.92千克，共增产玉米318.28吨。

免耕栽培技术 中华人民共和国成立后，在山区或劳动力较少的玉米耕作区，采用化学除草剂灭杀杂草后，免耕栽培玉米，通过合理施肥、加强田间管理，玉米同样高产丰收。该技术省工省力节本增收能赶季节。2005年，全市玉米免耕栽培技术示范推广面积0.07万公顷，总增产玉米289.08吨，总节本增收147.83万元。一般情况下玉米免耕种植不会减产，每亩节约耕耙成本约50元左右。

第三节 豆类 薯类

豆 类

大 豆 大豆有黄豆、青豆、黑豆等品种，以黄豆为主。主要产区为兴宾区、忻城县、武宣县、象州县。民国26—34年(1937—1945年)，境内大豆总产每年分别为2488吨、2343吨、2618吨、2211吨、2090吨、1448吨、1726吨、1868吨、2693吨。1950年，境内大豆播种面积0.62万公顷，总产0.32万吨，单产514千克/公顷。1954年，大豆播种面积1.21万公顷，单产688千克/公顷，总产0.84万吨。1956—1976年，大豆生产处于徘徊时期，年播种面积0.73万~1.47万公顷，总产0.26万~0.81万吨，均低于1954年；1963年，受干旱影响，大豆单产仅288千克/公顷。1979—1982年，年播种面积由1.96万公顷逐年增加到4.43万公顷的历史最高水平，增1.26倍，总产由1.07万吨增加到3.68万吨，增2.44倍。1983—1988年，因国家限购，销路不畅，加工能力薄弱，政府取消奖售，大豆价格下跌，致使大豆生产连续6年下降。2001年总产4.98万吨为历史最高年份。2003年，播种面积3.25万公顷，每公顷单产1436千克，总产4.67万吨。2005年，播种面积3.18万公顷，每公顷单产1357千克，总产4.32万吨。

表11-7 1950—2005年来宾市大豆播种面积、单产、总产表

年份	播种面积（公顷）	单产（千克/公顷）	总产（吨）	年份	播种面积（公顷）	单产（千克/公顷）	总产（吨）
1950	6183	514	3175	1956	12212	367	4480
1951	6899	499	3445	1957	14747	435	6420
1952	8859	616	5460	1958	13437	556	7475
1953	8930	672	6000	1959	7348	591	4340
1954	12141	688	8350	1960	13552	417	5645
1955	17351	323	5600	1961	9913	352	3485

续表

年份	播种面积（公顷）	单产（千克/公顷）	总产（吨）	年份	播种面积（公顷）	单产（千克/公顷）	总产（吨）
1962	9125	426	3885	1984	32712	804	26290
1963	9049	288	2605	1985	31449	848	26655
1964	7645	506	3870	1986	32805	599	19665
1965	10099	456	4610	1987	26602	484	12868
1966	9630	385	3705	1988	21915	467	10224
1967	9566	575	5500	1989	24913	882	21976
1968	10563	559	5905	1990	28963	727	21048
1969	11008	621	6835	1991	27578	641	17678
1970	12833	633	8120	1992	24998	894	22346
1971	12932	618	7998	1993	30846	1295	39957
1972	12121	471	5705	1994	37086	1104	40951
1973	11639	622	7235	1995	33556	1269	42590
1974	13683	432	5908	1996	34172	1238	42307
1975	13317	597	7951	1997	34158	1349	46074
1976	13648	430	5868	1998	37731	1086	40971
1977	14967	550	8239	1999	35857	1309	46932
1978	15585	526	8195	2000	37938	1272	48251
1979	19620	547	10738	2001	34545	1442	49819
1980	24068	549	13216	2002	33286	1431	47634
1981	30421	669	20365	2003	32535	1436	46708
1982	44257	831	36760	2004	31837	1408	44822
1983	39519	725	28665	2005	31841	1357	43207

绿　豆　绿豆传统种植习惯采用条播或点播，与玉米、木薯、甘蔗等作物间种或套种的较多。品种多为本地农家品种，20 世纪 80 年代中，曾大力推广中绿 1 号。1996 年，播种面积 1564 公顷；2002 年绿豆产量 1071 吨。2005 年，绿豆播种面积 676 公顷，单产 904 千克 / 公顷，总产 611 吨。武宣县、忻城县是主要产区，播种面积分别为 266 公顷和 232 公顷，总产量分别为 240 吨和 165 吨。

薯　类

红　薯　清朝初传入境内，主要种植在旱地和坡地较多的地方。民国 26—34 年(1937—1945 年)，每年红薯总产分别为 18418 吨、20499 吨、21902 吨、13344 吨、12690 吨、14676 吨、50908 吨、24250 吨、34343 吨，是当时仅次于水稻的粮食作物。1987 年红薯播种面积 4.83 万公顷，总产为 10.59 万吨，单产 2.19 吨 / 公顷。2003 年，红薯播种面积 2.46 万公顷，总产 3.45 万吨。2005 年，红薯播种面积 2.35 万公顷，总产 3.88 万吨，单产 1651 千克 / 公顷。

马铃薯　1953 年，境内来宾县引进马铃薯，利用冬闲田种植。1993 年全市马铃薯播种面积、单产、总产分别为 656 公顷、3.01 吨 / 公顷、1972 吨。1995 年播种面积为 1064 公顷。2005 年，播种面积 789 公顷，总产 10931 吨，单产 13.85 吨 / 公顷。

木　薯　(又名树薯)来宾市辖区各县(市、区)广泛种植，传统栽培青梗(茎)木薯和白木薯为主。民国时期，主要种植区域在武宣、来宾和象县(今象州县)等县。民国 26—29 年(1936—1940 年)，辖区内每年木薯产量分别为 1957 吨、2147 吨、5997 吨、1775 吨、6375 吨、3359 吨、5609.45 吨。1950—1952 年，木薯种植区域在来宾县、武宣县、象州县和忻城县。1953 年以后各县均有种植。1957 年，境内开始引种南洋木薯。1959 年，部分地区引种海南优良品种，后又引种越南面包木薯、糯米木薯、南植 118、南植 188 等品种。1980 年，播种面积 1.64 万公顷。2003 年，全市木薯种植面积为 1.44 万公顷，总产量为 7.76 万吨。2005 年，全市木薯种植面积为 1.45 万公顷，总产量为 85870 吨。

表 11-8 来宾市若干年代木薯播种面积及总产量表

面积:公顷、产量:吨

年序	20 世纪										21 世纪	
	50 年代		60 年代		70 年代		80 年代		90 年代			
	面积	产量	面积	产量	面积	产量	面积	产量	面积	产量	面积	产量
0	1292.0	838.4	7516.0	3671.9	14270	12801.4	16364	21598.2	14437.0	22574.4	12304.0	38578
1	1495.0	944.5	4808.0	2444.6	11424	12980.3	15984	23332.3	13296.0	21449.6	13846.0	3942
2	2442.0	1687.2	5674.0	3719.4	10404	14686.4	15698	22333.4	13026.0	20090.0	13116.0	54312
3	2781.0	2043.7	9221.0	5587.8	7805	10773.6	6240	13064.1	12355.0	25142.0	14360.0	72597
4	3963.0	1700.1	8841.0	4348.1	8321	8813.1	4825	11058.5	11819.0	26902.0	14899.0	73647
5	5239.0	3039.1	8712.0	5650.3	11672	16309.0	5404	13008.5	13187.0	34049.0	14529.0	85870
6	7996.0	5958.2	8855.0	4222.2	10191	12856.4	6972	17827.1	15047.0	38075.0	14966.0	98117
7	6242.0	5253.5	5015.0	5056.0	4991	6399.8	13155	21576.7	12793.0	42757.0		
8	5925.0	4319.0	4609.0	5128.9	9027	10198.2	15497	22288.6	11471.0	35749.0		
9	6684.0	4889.1	10976.0	11868.9	14565	18109.5	15336	23305.1	11173.0	33272.0		
年均	4405.9	3067.3	7422.7	5169.8	10267	12392.8	10920	18939.3	12860.4	30006.0	14002.9	61009

第四节 麦类 其他旱粮作物

麦 类

小麦、大麦 境内各地都曾种植小麦、大麦,以种植小麦较多,大麦很少。民国 26—29 年(1937—1940 年),每年大小麦总产量分别为 2016 吨、2055 吨、2103 吨、2336 吨。1950 年后,小麦的播种面积随粮食丰歉而变。1987 年后,小麦面积渐减。1995 年播种面积 3806 公顷,总产达 3158 吨,为历史最高纪录。

2003 年,全市小麦播种面积 0.13 万公顷,产量 0.16 万吨。2005 年,全市小麦播种面积 1465 公顷,小麦单产 1223 千克每公顷,总产 1791 吨。忻城、兴宾、武宣、象州 4 县的小麦分别占全市小麦播种面积的 64.44%、23.62%、8.60%、3.34%。

荞 麦 是来宾市传统的灾年救荒作物,各地都曾有种植,主要在忻城、兴宾 2 县(区)小面积种植。民国 26 年(1937 年),年荞麦总产为 2726 吨。1994—1998 年,荞麦播种面积呈增加趋势,总产亦随播种面积而增加。1999—2005 年,荞麦播种面积呈逐年下降趋势,但单产却呈逐年增加。2005 年,全市荞麦播种面积 843 公顷,单产 1166 千克 / 公顷,总产量 983 吨。

其他旱粮作物

旱稻(陆稻) 中华人民共和国成立前,旱稻是境内山区传统粮食作物之一,各县均有栽培,种植面积较多。中华人民共和国成立后,随水利条件的改善,种植面积渐减。

民国 26—32 年(1937—1943 年),每年总产分别为 8100 吨、6659 吨、111736 吨、8305 吨、7439 吨、11736 吨、16909 吨。1991—2005 年,年播种面积由 1284 公顷下降至 269 公顷,单产由 401 千克 / 公顷增加至 1818 千克 / 公顷,总产 1997 年最高达 1099 吨。2005 年,全年播种面积 419 公顷,每公顷单产 1499 千克,总产量 628 吨。其中金秀瑶族自治县 349 公顷,忻城县 70 公顷。

粟 品种有黄粟、鸭掌粟等。民国 26—29 年(1937—1940 年)年,每年总产分别为 307 吨、345 吨、173 吨、178 吨。1992—2005 年,播种面积最大 1997 年 389 公顷,总产最多 2001 年为 289 吨,单产最高为 2004 年的 1474 千克每公顷。2005 年,全市种植面积 31 公顷,单产 613 千克每公顷,总产 19 吨。其中,忻城县种植面积 20 公顷,金秀瑶族自治县种植面积 10 公顷。

高 粱 民国 26—32 年(1937—1943 年),每年高粱总产分别为 130 吨、128 吨、79 吨、95 吨、275 吨、294 吨、385 吨。1992—2005 年,来宾市播种面

积在81~562公顷，单产在531~1444千克/公顷，总产在81~454吨内波动。主要分布在忻城县和兴宾区。2005年，全市播种面积81公顷，每公顷产量1444千克，总产量为117吨。兴宾区播种面积50公顷，忻城县播种面积22公顷。

芋　头　境内各地曾普遍种植以补食粮之不足，是仅次于水稻和红薯的粮食作物。20世纪90年代后作为蔬菜食用，种植面积较小。

第三章　经济作物种植

第一节　水　果

中华人民共和国成立前，境内各县农村居民在其房前屋后种植果树，数量少，产量低，商品化不高。1955—1956年，农民的果树被折价加入农业生产合作社。1958—1960年，人民公社将社员的零星果树收归集体所有。1962年，柳州地区水果总量1086吨（境内约占6成），产量是中华人民共和国成立后历年来最低。20世纪60—70年代中期，境内的水果生产被当作“重钱轻粮”“重副轻农”“自留地商品化”等所谓资本主义倾向批判，水果生产基地被毁，水果产量在1000吨左右徘徊。1979年改革开放后，境内农民开始承包集体果园和荒山、荒地种果，进行规模经营，水果生产迅速发展。1984年后，境内出现群众性开发、经济能人规模经营、机关企事业单位办果场的热潮。1985年，各县（市、区）水果产量5650吨。1990年水果产量18570吨。

20世纪90年代后，来宾市境内各县（市、区）为发展经济，调整产业结构，大力发动种植水果，并向群众提供优惠果苗。至2005年，全市共有果园面积2.84万公顷，全市水果产量达233271吨。

品种　分布

来宾市境内属南亚热带季风气候向中亚热带过渡区，气候温和，适宜水果生长，是宽皮柑橘类最适宜生长区和早熟区之一，也是广西传统的柑橘主产区，所辖6县（区、市）均列入国家农业部确定的柑橘优势区域。

境内果树品种资源丰富，有果树23个科，145个品种。主要野生品种有野生枇杷、阳桃、葡萄、橄榄、猕猴桃、荔枝、石榴等30多种果树，主要分布在金秀、武宣两县的山区。人工栽培的水果品种主要有柑橘、橙、柚、荔枝、龙眼、杧果、梨、枣、柿、李、桃、葡萄、枇杷及其他杂果类品种，境内6县（市、区）均有种植。

表11-9　野生果树资源分布表

品种	产地	品种	产地(县、区)
桃金娘(岗稔子)	各县(区、市)	野生猕猴桃	武宣县、金秀瑶族自治县
野生阳桃	武宣	野生橄榄	武宣县
野生石榴	武宣等县	野生乌榄	武宣县
苹婆(林檎)	武宣、忻城	山芭蕉	武宣等县
野生牛甘子	多数县	野生佛手	武宣县
野生草莓	部分县	毛桃	多数县分布
野生梅	武宣	山荔枝	金秀瑶族自治县
酸豆	武宣	酸橘	武宣县
野生山楂	各县(市、区)	四季橘	武宣县
野生枇杷	金秀	酸柚	武宣县
野生杨梅	各县(区、市)	柠檬	武宣县
锥栗	大部分县	罗汉果	武宣县
野生无花果	武宣	野生葡萄	各县分布
拐枣	兴宾、象州		

表 11-10　**人工栽培水果品种分布表**

主要品种	成熟期	主要分布
早熟温州柑	7—8 月	兴宾区、忻城县、象州县
碰柑	12—1 月	金秀瑶族自治县、兴宾区、象州县
杂交柑	12 月	兴宾区、象州县、武宣县、金秀瑶族自治县
砂糖橘	12 月	兴宾区
马水橘	2—3 月	兴宾区
脐橙	11—12 月	兴宾区、忻城县、金秀瑶族自治县
夏橙	5—6 月	金秀瑶族自治县
红江橙	12 月	武宣县、兴宾区
脂胭李	5—6 月	武宣县
牛心柿	9—10 月	武宣县
解放钟(大果枇杷)	4—5 月	武宣县、兴宾区、金秀瑶族自治县、忻城县
巨峰葡萄	5—6 月	武宣县、象州县、合山市
早桃	4—5 月	象州县、忻城县、武宣县、金秀瑶族自治县、兴宾县

面积　产量

1998 年，境内开始建设水果生产基地，当年水果面积达 1.13 万公顷。其中，武宣县完成了以牛心柿、优质李为主的水果基地建设，基地面积 4621.6 公顷(牛心柿 2044.13 公顷、优质李 2577.47 公顷)；来宾县建成大果枇杷、龙眼基地，面积 2675.33 公顷；金秀瑶族自治县建成大果枇杷、脐橙、梨、葡萄等水果基地，面积 2939.33 公顷；忻城县建成早熟桃、大果枇杷水果基地，面积 208.13 公顷；合山市建成坚果基地，面积 80 公顷；象州县建成龙眼基地 733.33 公顷。水果基地建成以较高水果生产标准进行栽培管理，成为各县(市)水果生产的示范样板。1999 年底，遭严重霜冻灾害，境内 90% 以上的龙眼生产基地受灾，损失惨重。1999 年底，境内各县遭受严重的霜冻灾害，水果生产受灾严重，特别是龙眼生产遭到灭顶之灾。

2000 年，柳州地区水果办分别在武宣县和来宾凤凰华侨农场建立种植 30 个新品种的示范园，总面积 100 亩。示范园选育出适合来宾市发展杂交柑、早熟温州柑、早熟桃、早熟葡萄等品种。2002 年 11 月，全区“优果工程”建设现场会召开后，来宾市委、市政府下发《中共来宾市委、来宾市人民政府关于实施“2 个 135”农业丰产增效工程的决定》(来办〔2003〕58 号)，在全市推进“优果工程”暨 30 万亩高标准果园建设。经过 3 年建设，取得成效，全市水果产量从 2002 年的 13.8 万吨增加到 2005 年的 23.33 万吨；单产从 2002 年的亩产 536 千克提高到 2005 年的亩产 548 千克；优质果品率从 2002 年的 46.1% 提高到了 2005 年的 51.03%。水果为农民增收的贡献从 2002 年的人均水果收入 137 元到 2005 年人均水果收入 234 元，人均水果增收 26 元。

2003 年，全市利用交通方便、水利设施比较完善的土地 1.04 万亩，完成象州县大乐镇、百丈乡的杂交柑示范基地建设；来宾华侨农场、凤凰华侨农场等的杂交柑、特早熟温州柑的标准化栽培基地建设；武宣县的通挽乡、兴宾区的小平阳镇等大果枇杷标准化生产示范点的建设；武宣二塘镇早熟葡萄标准化生产示范建设等。全市新建水果标准化生产示范点 12 个，面积 4000 多亩。经过采取增加新种优良品种、高接换种优良品种、淘汰不适合市场需求及效益差的品种、淘汰不适合当地气候条件的品种等措施，至 2005 年底，全市完成品种结构调整面积 2.84 万公顷(良种覆盖率从 2002 年的 60% 提高到 2005 年的 65.4%)。水果产量达 233271 吨。其中以兴宾区和武宣县果园面积最多，分别达 9991 公顷、1.03 万公顷。

表 11-11　**1990—2005 年来宾市各县(市、区)水果果园面积表**

单位：亩

年份	合计	兴宾	忻城	象州县	武宣县	金秀	合山
1990	89504	23667	3875	32516	22666	3271	3509
1991	101464	27606	4629	34924	25574	8473	258

续表

年份	合计	兴宾	忻城	象州县	武宣县	金秀	合山
1992	107625	24510	5295	31680	37440	8325	375
1993	102540	24870	3015	27105	36255	10140	1155
1994	128340	36075	9390	31575	39660	10500	1140
1995	114495	13875	8160	26880	53100	11430	1050
1996	157935	22755	7800	26385	85710	14055	1230
1997	278040	29715	114420	29505	88740	14265	1395
1998	212310	36930	7635	30450	120180	14745	2370
1999	229410	32220	6975	43650	124905	18720	2940
2000	265560	64125	9870	31905	137625	17295	4740
2001	328920	87060	14595	43500	156330	22305	5130
2002	384165	123420	14790	56580	158205	24705	6465
2003	369030	101460	16125	58065	160995	27435	4950
2004	394470	123570	21600	59520	153000	28665	8115
2005	426015	149865	25425	56265	154995	31770	7695

注:水果产量、果园面积统计数据来源《柳州地区统计年鉴》和《来宾市统计年鉴》

表 11-12　**1990—2005 年来宾市(县、市、区)水果产量表**

单位:吨

年份	合计	兴宾	忻城	象州	武宣	金秀	合山
1990	18570	7099	1484	4406	3274	2107	200
1991	22542	9683	1625	5081	3358	2502	293
1992	23604	10455	1661	5122	3591	2621	154
1993	23826	10566	1432	4800	4148	2696	184
1994	25977	10220	1542	4909	6858	2331	117
1995	27856	12048	2019	4374	6870	2428	117
1996	31566	8602	2894	3608	9234	7104	124
1997	43361	13404	3085	4197	15180	7353	142
1998	39493	10543	3230	4267	14882	6271	300
1999	73540	17119	3600	6138	38605	7627	451
2000	52033	14861	3616	4305	22899	6117	235
2001	87301	25208	6385	7970	38512	8556	670
2002	135273	40960	10150	12821	57756	12825	761
2003	168259	49470	15530	20967	65120	16131	1041
2004	201972	62106	16783	27373	76300	18008	1402
2005	233271	73161	19076	33388	83000	22850	1796

特优产品

杂交柑　主要以天草柑为主。2000 年,境内引进天草、清见、诺瓦等杂交柑品种,经品种对比试验后在全境推广。2003 年,来宾市凤凰国营华侨农场杂交柑示范园生产的杂交柑——天草橘橙果品,经中国柑橘研究所依据 GB8210—1987 出口柑橘鲜果检验方法检测,各项指标均达到优等品要求,感官鉴评检测评分得分 113.5 分(总分 120 分),品质优良。

砂糖橘　原产广东四会,因其味甜如砂糖故名。2000 年,来宾县首先引进该品种,主要种植在城厢、良塘、桥巩和凤凰等乡(镇)。来宾市所产的砂糖橘果实扁圆形,顶部有瘤状突起,蒂脐端凹陷,色泽橙黄,裹壁薄,易剥离。果形指数 0.78,单果重 62~86

克，可食率71%，可含溶性固形物11%以上，每100毫升含全糖10.55克，果酸0.35克。果肉爽脆、汁多、化渣、味清甜，果肉富含维生素C，柠檬酸和糖分，鲜果食用具有清心、润喉、养颜、促进消化等功能。

牛心柿　1927年从外地引进，是武宣县的名优特色水果。首先是武宣县二塘镇大村屯的农户房在前屋后种植。该果与其他同类产品的最大区别是果呈四棱，果沟四条但不明显，果似心脏形，果顶凸似牛心，故此得名。该果耐贮运且个大匀称，肉质嫩脆，汁多清甜而无渣，平均果重170~196克，最重372克；果皮薄，橙红色，光滑，果粉多，曾获国际博览会"金象奖"和2001年国际农牧业科技成果及产品推广博览会"优秀产品金奖"。牛心柿含有多种人体所需的重要元素，含碘较高，可治甲状腺疾病，还有清热、止渴、生津、润肺、化痰、健脾、涩肠、止血、镇咳的作用。果实成熟期9月下旬至10月下旬。

来宾市特色物产：荣获中华品牌称号的武宣县仙城牌牛心柿

胭脂李　属中晚熟品种，成熟期在5月下旬至6月上旬。因鲜果成熟时果皮附有一层蜡质的粉，与红色果肉相映，形似胭脂，故得名。个大、匀称、肉质鲜红、汁多、果甜、脆而爽口、口感特佳是该品种的主要特点。胭脂李作为地方名贵品种，民国时期便享誉港澳。史载最早清代咸丰年间(1851—1861年)武宣县城边初见几株，至于何人所种，从何处引进抑或是野生则无从稽考。光绪十年种植增多，民国后面积便陆续扩大，每年产量数十万斤。解放初期面积达200多亩，主要分布在武宣县城周边，如今的武宣汽车总站、北街河边和武宣镇陈家岭(原天马庄大队)，当时全县产量在15万~20万千克。20世纪60—70年代，割"资本主义尾巴"，武宣胭脂李濒于灭绝。1980年经调查发现，武宣镇北街老农韦五婆

来宾市特色物产：荣获全国优质鲜食李称号的武宣胭脂李

(名陈玉英，时102岁)，家菜园尚余29株老树，树龄均达50年以上，已基本失去结果能力。1981年，武宣县政府将29株胭脂李老树作为母本树进行保护，并派出技术人员和工人对果树采取技术措施更新培壮。1982年起，在武宣镇园艺场(今龙眼示范场)及东乡、三里、桐岭等建立胭脂李苗圃，促进了胭脂李的发展。在2003年，首届国家优质鲜食李杏评选会上，胭脂李被评为"优质鲜食李果"。2005年，来宾市胭脂李面积达2.4万亩，以武宣县三里镇为最。

大果枇杷　1990年4月，境内从福建省农科院果树所引进大果枇杷。来宾市栽培的大果枇杷与引种地同品种相比具有风味浓、酸度低、成熟早的特点，尤其是早熟优势较明显，正常年份一般早熟7~10天，有市场潜力。来宾市大果枇杷栽培的主要品种有龙泉一号、大五星、解放钟、长虹三号、早钟六号。

生产和繁育基地

2005年，境内已初步形成了象州县大乐镇、百丈乡的杂交柑标准化生产基地；象州县早熟桃标准化生产基地；兴宾区来华农场、凤华农场等的杂交柑、特早熟温州柑的标准化生产基地；武宣县桐岭镇杂交柑标准化生产基地；武宣县三里镇牛心柿标准化生产基地；武宣县三里镇李标准化生产基地；武宣二塘镇早熟葡萄标准化生产基地；合山市澳洲坚果标准化生产基地；金秀瑶族自治县桐木镇大果枇杷标准化生产基地等水果生产标准化生产基地。

广西来宾二级良种果树苗圃　该育苗基地位于凤凰华侨农场场部，是自治区二级苗圃，面积50亩。始建于2003年冬，由来宾市水果办组织实施。建有一个拱形温室大棚2000平方米，2个平遮阳钢架结构防虫网室6000平方米，一个5000平方米的简易

防虫育苗网室，一个5000平方米的简易防虫采穗圃网室，配置有完善的供水系统，采用营养杯育苗、营养槽育苗。每年可提供50万株无病毒杂交柑、南丰蜜橘、早熟温州柑等柑橘苗木，可供发展近6000亩，带动近3000户农户调整优化品种结构。

桂中现代农业实验区水果良种苗木繁育基地 基地于2001年春建成，总面积300亩。2003年，兴宾区水果部门通过招商引资，引进广西来宾桂蜀高新果业有限责任公司300多万元扩建基地。基地水果苗木品种有大五星枇杷、无花果、南方无核葡萄（希姆劳特等）、日本甜柿、美国李、良种油桃、杂交柑、良种梨及红枣、台湾青枣等10余个优良品种。

凤凰华侨农场杂交柑示范园 建于2003年，总面积300亩，位于广西国营凤凰华侨农场四队。该园按高标准果园进行建设、管理，长势旺于其他地方同龄果园。

兴宾区马村小流域水土保持综合治理工程 马村小流域综合治理工程总投资910万元，自2001—2003年分3年实施完成。该工程经济林面积250亩，其中大果枇杷面积130亩，脐橙120亩。

兴宾区政法水果示范基地 基地位于兴宾区城厢乡马村附近，建于2001年冬，水果面积1000多亩，品种有砂糖橘、贡柑、大果枇杷、南方早熟梨（桂花、丰水、新九、桂二等）、东魁杨梅等名优水果品种。

象州县石贵柚果村 象州县象州镇石贵村是县里有名的柚果村，全村有53户195人，耕地面积1100亩。近年来，该村大力发展柚子为主的各种名优水果生产，采用"养殖—沼气—种植"的生态栽培模式，共种植水果660亩，户均15亩。2005年，全村人均纯收入2891元，其中水果收入1359元，占47%。全村有49户盖起了楼房，过半数以上家庭有电话和摩托车。村里修建有2.3千米的水泥村道、科技培训楼、灯光球场和戏台，成为象州镇科技培训及党员培训基地。

忻城县马泗乡堡上屯 忻城县马泗乡堡上屯是典型的"水果屯""生态屯"。全屯19户81人，有耕地面积96亩。1981年，开始种植水果。到2005年，全屯水果种植面积已发展到84亩，占耕地面积的88%。2003年5月，堡上屯被确定为来宾市"党员带头奔富裕小康示范屯"，2004年4月被确定为来宾市和忻城县"农村生态家园建设示范屯"，水果生产已成为该屯长久的支柱产业和主要经济来源。

武宣县三里镇上李村 全村205户，人口507人，全村种有柿子面积为1100多亩，大部分种于上世纪20世纪90年代末。全村90%的农户种有柿子果，是一个典型的一村一品示范村。2005年柿子产量为877.69吨，平均亩产797.9千克，人均有果1731.14千克。按每千克市场价4元计，水果总产值351.08万元，人均水果收入6924元。

金秀瑶族自治县三江乡那谷屯 全屯99户335人，每户都有一块水果地，全村水果种植面积267亩，水果产量66.75万千克，水果产值106.8万元，人均水果收入3500多元，占农民全年收入80%以上。

来宾市金秀瑶族自治县三江乡果农采摘柑橘

象州县象州镇培森村 该地处深山老林中，一年四季气候宜人，地理位置特殊，全村24户101人，人均有果面积2.25亩，水果产量高，品质优，人均水果收入3624元，占总收入的40%。

象州县早熟桃标准化生产基地 位于象州县马坪乡丰收村，面积1000亩，基地由象州县马坪丰收早熟桃协会实施果园规划、种植管理，提供技术指导，组织果品销售。协会成立于2002年，会长吴建兰，有会员21人。早熟桃成熟期间，在协会的组织下，一方面联系商家在果园坐地销售，另一方面组织果品外销。由于协会组织得力，每年商家云集，果品供不应求。2005年，基地早熟桃产量达到2500吨，平均销售价格每千克3.00元，产值750万元。

忻城县马泗乡观光果园 于2004年建造，果园面积345亩，主要栽培早熟桃、李、柑橘等果树，建有烧烤、垂钓等休闲娱乐基础设施，可同时接待150人。

科技推广

1996年，柳州地区水果办选送的沙田柚被全国柚类大会评为"金杯奖"。1999年，武宣县水果办主持的"龙眼园母本园建设和矮密早丰示范项目"获得武宣县政府科学技术进步一等奖，2000年获得柳州地区科学技术进步三等奖。2000年，柳州地区水果办与中国柑橘研究所合作建立融安试验站，引进天草、清见、诺瓦等杂交柑品种，经品种对比试验后在柳州地区大力推广。2001年，由武宣县水果办选送的牛心柿获国际农牧业科技成果及产品推广博览会优秀产品金奖。

2003年，由来宾市水果办主持的"平琴板栗园施硼试验示范"项目获来宾市科学技术进步三等奖。武宣县水果办选送的胭脂李在首届全国优质鲜食李杏评选会上被评为优质鲜食李。2005年，由来宾市水果办主持的"引进天草橘橙高接多种中间砧丰产优质栽培示范"项目获来宾市科学技术进步二等奖。五年内完成水果套袋面积7.68万亩，推广捕食螨防治果园面积1.8万亩，标准化生产技术推广面积43.6万亩（按水果种植面积统计），标准化生产技术与管理得到广泛的应用，优果率从2002年的46.1%提高到了2005年的51.03%；单产水平不断提高，从2002年的亩产536千克提高到2005年的为产548千克。

技术培训

境内各县水果办成立后，水果技术干部一直致力于品种结构调整、低产果园改造、高标准果园建设、各品种适用栽培技术、龙眼早结丰产技术、沙田柚高产稳产及柑橘矮、密、早、丰栽培技术等方面的技术进行培训与推广。主要通过三个途径进行培训：一是实施"绿色证书工程"；二是加强对机关开发、能人办场、农村专业户、果园劳动工人的岗位培训；三是加强对全柳州地区水果部门技术干部技术更新，知识充实的业务培训。1997—2005年，武宣县水果部门累计投入技术培训经费7万元，在县、乡（镇）、村三级举办水果技术培训班850期，受训农民8.5万人次，印发技术资料9.1万份，接待前来咨询的果农9.5万人次。2001年，该县开始在村级创建水果行业协会。至2005年，武宣县已发展村级水果行业协会14个，拥有会员1220人，对技术培训、良种推广起到积极促进作用。

2002年后，来宾市在实施"优果工程"建设暨30万亩高标准果园建设过程中，紧紧围绕着标准化生产技术、新技术、无公害生产三条主线进行开展培训。根据实际制定了杂交柑、三华李（胭脂李）、牛心柿、早熟桃等品种的地方标准和生产技术规程，并在全市组织实施，同时积极推广"三避"技术、生物防治、物理防治等新技术，积极推广"猪+沼+果+灯+鱼""捕食螨+黄板+水果套袋+科学施肥"等生态农业新模式。按照分级培训的原则，探索建立起了有本地特色的技术培训机制，有效地促进了新品种、新技术的推广和应用，为推进"优果工程"提供扎实的技术保障。主要通三个途径进行培训：一是进一步实施"知识更新工程"，每年都聘请中国柑橘研究所研究员、广西大学果树教授、广西柑橘研究所研究员以及水果栽培先进地区的技术人员来对全市技术干部进行每年两次轮训，进行更新知识；二是利用来宾市农村党员培训地基作为平台，开展农村党员和农村技术骨干培训；三是利用澳援项目开展参与式发展技术培训。从2002—2005年，来宾市共举办各类技术培训班2995期，培训专业技术干部1800人次，果农194675人次，发放资料15万份。其中培训农村党员、农村种植能手16078人次，建立党员科技示范户2680户，对50多个喀斯特地貌的村屯进行发展设计和开展相关技术培训，使8650人次生活在大石山区的农民掌握致富发展的技术。

第二节 花生 油菜 芝麻

花生种植

面积 产量 来宾市是广西4个花生主产区之一。民国时期，境内已广泛种植花生。民国26年(1937年)，境内花生产量为6847吨。民国35年，花生年产量约7000吨。其中产量最高为武宣、象县(今象州县)、来宾3县。

20世纪50年代，境内花生播种面积逐年增加。1950—1954年，各县花生单产和总产量较平稳，1955年以后有较大波动。1960年单产最低，每公顷产量仅214千克；1961年，辖区花生总产量仅3690吨。1970年以后，单产和总产量有所增加。1983年，每公顷产量1006千克，首次超过20世纪50年代初期水平。1983年，实行联产承包责任制和推广增施钾肥、地膜覆盖等先进技术，单产和总产量稳步上升。1989年，辖区内花生每公顷产量1346千克，总产量29892吨。2000年，辖区内花生每公顷产量1941千克，总产量56283吨，总产量为境内历史最高水平。

2003年，全市花生播种面积2.75万公顷，总产量5.12万吨。

2005年，全市花生播种面积2.61万公顷，每公顷产量1987千克，总产量51906吨。其中，兴宾区花生播种面积1.77万公顷，占全市总播种面积的67.2%，播种面积和总产量为全市最多。合山市花生每公顷产量2333千克，单位产量为全市最高。

表 11-13　**1950—2005 年来宾市花生面积及产量表**

面积:公顷、单产:千克/公顷、总产:吨

年份	面积	单产	总产	年份	面积	单产	总产	年份	面积	单产	总产
1950	9793	909	8900	1969	17648	881	15547	1988	21552	764	16463
1951	10350	943	9756	1970	19922	678	13509	1989	22201	1346	29892
1952	11415	936	10682	1971	18217	572	10428	1990	23920	1322	31633
1953	13122	817	10721	1972	17832	892	15914	1991	23863	1483	35397
1954	16085	820	13190	1973	17597	594	10450	1992	24278	1686	40940
1955	19913	567	11282	1974	18007	740	13323	1993	27281	1799	49081
1956	19642	405	7957	1975	18919	815	15413	1994	27262	1402	38221
1957	22193	689	15290	1976	18940	837	15858	1995	27904	1824	50910
1958	23829	600	14298	1977	18954	991	18789	1996	27723	1732	48005
1959	20087	444	8926	1978	19972	891	17793	1997	26966	1824	49179
1960	18214	214	3895	1979	19463	660	12849	1998	27688	1681	46535
1961	13103	282	3690	1980	17782	680	12086	1999	27945	1793	50096
1962	14101	467	6586	1981	17919	674	12083	2000	28999	1941	56283
1963	15143	343	5193	1982	17916	770	13796	2001	28811	1839	52987
1964	17988	375	6750	1983	18862	1006	18973	2002	27999	1790	50112
1965	15487	561	8683	1984	20377	1053	21452	2003	27511	1861	51188
1966	19899	420	8364	1985	21541	1105	23807	2004	27516	1907	52466
1967	17726	668	11837	1986	22350	938	20954	2005	26125	1987	51906
1968	15864	589	9345	1987	21859	657	14369				

栽培技术　花生一般以轮作、间种、套种等方式栽培。花生→红薯→冬翻休闲两熟制;木薯间种、套种花生冬翻休闲两熟制;花生冬翻休闲一熟制;花生→秋作两熟制;花生→晚稻→冬种作物三熟制;水稻→花生轮作制;玉米→花生轮作制;花生→玉米间作制;花生→甘蔗(2—3 年)轮作制;甘蔗→花生→玉米四年七熟制;花生→秋荞轮作制;花生→小麦→红薯两年三熟制;花生→红薯轮作制;花生间种黄粟套种红薯等。

20 世纪 60 年代中期以前,境内主要以春植花生为主,后有部分地区种秋植花生。到 20 世纪 70 年代,境内部分地区试行推广开浅沟(穴)播双粒的“电白式”种植方式和推广“小垄双株”起畦种植法、“起垄双行双株种植法”。

20 世纪 80 年代,境内各县大面积推广翻秋花生良种种植及使用植物生长调节剂、化学除草及地膜覆盖等技术。主要推广品种有粤油 551、桂花 17、桂花 23 等品种。

施　肥　20 世纪 60 年代前,用石灰与厩肥堆沤作基肥,一般不追肥。20 世纪 70 年代后,用钙镁磷肥与农家肥沤制作基肥,追肥推广使用尿素、钾肥。这种施肥方法一直沿用至今。

油菜种植

面积和产量　来宾市是广西油菜主要分布区域,各县都有种植。民国 26—29 年(1936—1940 年),每年油菜产量分别为 261.15 吨、264.95 吨、511.9 吨、294.6 吨。

20 世纪 50 年代,油菜主要分布在忻城县和象州县。1960—1989 年,主要分布在忻城、象州、金秀 3 县。20 世纪 90 年代初分布在来宾县、象州县、忻城县和金秀瑶族自治县。

中华人民共和国成立后至 20 世纪 70 年代末,境内油菜年均播种面积稳定在 200 公顷以上,总产量也稳步上升。1975 年,播种面积 549 公顷,1954 年,播种面积 541 公顷;总产量最高的是 1978 年为 191.7 吨,其次是 1975 年为 185.6 吨。20 世纪 80 年代,播种面积和总产量下降,年均播种面积仅 65.5 公顷,年均总产量 42.9 吨。20 世纪 90 年代以后,面积又大幅度上升。历史上播种面积最大、总产量最高的是 1996 年,播种面积 1.67 万公顷,总产量 12993 吨。1986 年总产量是解放以来最低年,仅 1.3 吨。

2003 年,全市油菜播种面积 2000 公顷,产量 1700 吨。

2005 年,全市油菜播种面积 1341 公顷,每公顷产量654千克，总产量877吨。

栽培技术　境内种植的油菜主要以冬种为主，一般都用冬闲田种植。双季稻推广以前是采用稻→油菜两熟制，双季稻推广后发展为稻→稻→油菜三熟制。有些地方有用荞麦与油菜混种的习惯。1970年开始引进大波油菜和四川油菜。2005年，栽培的品种主要有大波油菜和四川小油菜、胜利油菜、贵州大红花、三堡油菜、川油10号、秦油等。

表11-14　**1950—2005年来宾市油菜播种面积及产量表**

面积：公顷、产量：吨

年份	面积	产量	年份	面积	产量
1950	85	23.2	1978	420	191.7
1951	17	7.6	1979	19	52.9
1952	109	30.3	1980	284	203.1
1953	29	8.8	1981	8	63.8
1954	541	103.9	1982	52	50.5
1955	485	90.9	1983	21	17.1
1956	136	21.6	1984	10	18.7
1957	465	27.7	1985	19	16.9
1958	204	38.3	1986	6	1.3
1959	204	45.9	1987	180	13.5
1960	67	19.6	1988	16	1.6
1961	21	3.7	1989	9	2.2
1962	435	78.0	1990	503	307.6
1963	19	3.7	1991	1254	374.9
1964	9	88.6	1992	1000	790.0
1965	307	29.3	1993	1899	1355.0
1966	415	48.1	1994	1588	1202.0
1967	346	48.3	1995	4873	4376.0
1968	324	43.5	1996	16705	12993.0
1969	73	69.4	1997	15365	11068.0
1970	138	51.0	1998	8893	7011.0
1971	148	42.3	1999	10573	8578.0
1972	107	49.6	2000	4659	4022.0
1973	236	92.6	2001	3934	2874.0
1974	269	72.7	2002	2900	2474.0
1975	549	185.6	2003	1989	1703.0
1976	43	114.7	2004	1323	1135.0
1977	73	64.4	2005	1341	877.0

芝麻种植

境内各县均有种植，是芝麻产区。清光绪十七年(1891年)，迁江(今属兴宾区)“芝麻种植者甚稀，作油者亦多”。民国期间，武宣县被列入广西种植芝麻较多的县份之一。据1934年《武宣县志》记载，武宣县“出口麻油1万千克，约值4400元(毫币)”。民国26—29年(1936—1940年)，武宣、迁江、来宾、象县、忻城5县芝麻产量分别是1107吨、530吨、740吨、344吨和1781吨。

1950—1952年，境内芝麻种植区域主要是武宣县、忻城县和象州县。1953年，金秀瑶族自治县开始种植。1957年，来宾县开始种植。1984年以后，全市各县(区、市)均有芝麻生产，其中种植面积较大、产量较多的是来宾县。中华人民共和国成立后，境内播种面积最大、总产量最高的年份是1984年，播种面积为6202公顷，总产为1625.5吨。

2005年，全市芝麻播种面积255公顷，每公顷单产961千克，总产量245吨。

表 11-15 1950—2005 年来宾市芝麻播种面积及产量表

年份	面积(公顷)	产量(吨)	年份	面积(公顷)	产量(吨)	年份	面积(公顷)	产量(吨)
1950	838	261.20	1969	1364	212.15	1988	0.73	
1951	424	132.55	1970	1507	322.30	1989	0.20	
1952	1011	315.85	1971	1300	250.65	1990	931.00	219.3
1953	529	126.25	1972	1422	275.45	1991	2970.00	545.7
1954	786	209.60	1973	1281	257.45	1992	2739.00	523.0
1955	1131	269.85	1974	1156	120.25	1993	3067.00	1655.0
1956	655	112.20	1975	1436	314.00	1994	2684.00	853.0
1957	2996	488.60	1976	1005	489.00	1995	2146.00	746.0
1958	828	110.00	1977	1024	198.20	1996	2133.00	788.0
1959	650	111.00	1978	1534	363.15	1997	1701.00	563.0
1960	515	85.95	1979	1133	203.55	1998	868.00	319.0
1961	1054	223.30	1980	1958	446.35	1999	720.00	331.0
1962	1771	233.10	1981	670	131.00	2000	744.00	466.0
1963	1446	155.80	1982	852	234.90	2001	623.00	365.0
1964	2447	479.50	1983	1129	263.75	2002	474.00	263.0
1965	4740	922.30	1984	6202	1625.50	2003	313.00	106.0
1966	1770	217.95	1985	4745	922.65	2004	214.00	133.0
1967	1936	363.95	1986	12	8.75	2005	255.00	32.6
1968	1699	206.55	1987	6	1.00			

第三节　蔬菜　食用菌

蔬菜种植

面积　产量　清代，境内种植的蔬菜品种有白菜、芥菜、芸苔、菠菜、蕹菜、甜菜、生菜、芹菜、莴苣、苦马(脉)菜、苋菜、茼蒿、茄、白萝卜、艾菜、芥蓝、紫背、春芽、豆芽、枸杞菜、笋、芋、山薯、韭菜、葱、蒜、姜、辣椒、扁豆、刀豆、黄瓜、丝瓜、南瓜、葫芦瓜、节瓜、莲藕、慈菇等。

民国时期，从外省和香港引进的品种有结球甘蓝(俗称包菜、包心芥蓝)、花椰菜、胡萝卜、西红柿等。

中华人民共和国成立前，境内农民在房前屋后菜园种植蔬菜，以自食为主，少量拿到市场销售。1950 年以后，境内各县引进的蔬菜品种有大白菜、北京大青口、河南大包心、广东“短叶 13 号”早萝卜、浙江豇豆、广东豆角、北京、江苏番茄等。境内各县城镇和工矿区人口增多，城镇郊区农户或生产队专门种植蔬菜供应市场。1958 年，人民公社成立公共食堂，社员种植蔬菜的自留地收归集体所有，各地农村以食堂为单位，建立蔬菜生产基地。“文化大革命”期间，各社队的蔬菜基地大多改种粮食作物。

中共十一届三中全会后，农村实行家庭联产承包责任制，农村菜园重新恢复，城郊利用地域优势，不少农户扩大商品菜生产，供应城镇和工矿区居民。1988 年，境内各县相继建立了蔬菜生产基地，郊区若干大队成为蔬菜生产基地，种植蔬菜供应市场。1990 年，境内各县从外地引进佛手瓜、四季豆、苦瓜、菜豌豆、圆白菜、菜心菜、韭茶、小白菜、牛腿瓜、香菜、槟榔芋、八月豆、白瓜、青椒、荷兰豆、淮山、葛根及其他新选育的高产、优质品种和反季节栽培蔬菜品种。

1991 年，境内蔬菜种植面积 1.57 万公顷。1997 年以后，境内各级政府重视冬季农业开发，发动群众利用冬季闲置田地种植蔬菜，增加收入。2000 年后，境内各地政府致力于无公害蔬菜生产基地建设，发展无公害蔬菜生产，引导农民利用地域性小气候及大棚、小拱棚等设施栽培反季节蔬菜，建立规模商品蔬菜生产基地，加强服务和引导，形成规模化生产，提高经济效益。

2003 年，全市蔬菜种植面积 6.49 万公顷，总产量 87.89 万吨。

2005 年，全市蔬菜种植面积 6.74 万公顷，总产量98.81万吨。

栽培模式　来宾市蔬菜的栽培模式有菜→菜→菜→菜、菜→稻→菜→菜、稻→菜→菜、稻→菜→菜→菜、稻→稻→菜、佛手瓜→棚下蔬菜→冬西红柿（或辣椒）、早稻→秋西红柿→冬玉米、早稻→蔬菜→冬西红柿、佛手瓜（瓜下蔬菜）→夏西红柿、藕→藕→菜。

表11-16　**1991—2005年来宾市蔬菜（包括菜用瓜）面积及产量表**

单位：公顷、吨

年份	面积	产量	年份	面积	产量
1991	15734		1999	47489	559289
1992	17470		2000	58092	752719
1993	21445		2001	62185	862179
1994	23403		2002	66875	953640
1995	27928		2003	64858	878948
1996	32648		2004	63491	870033
1997	35695		2005	67439	988010
1998	36888				

食用菌

来宾市食用菌栽培品种主要有香菇、木耳、竹荪、蘑菇、草菇、平菇、金针菇、茶树菇、茯苓、灵芝、猴头菌等。

野生食用菌有匙盖银耳、朱砂色银耳、皱木耳、琥珀木耳、粘锈耳、革耳、胶脑菌、虎掌菌、杯珊瑚菌、喇叭菌、宽褶金钱菌、山地刺泡多孔菌、宽鳞大孔菌、松林假牛肝菌、齿菌白色变种、粉红铆钉菇、松乳菇、尖顶乳菇、红菇、长根菇、长根菇鳞腿变种、粘小奥得菌、赭盖饿膏、库恩菇、小红蜡伞、红蜡盘、假猴头。

野生食药兼用菌有银耳、金耳、黑木耳、毛木耳、侧耳、香菇、洁丽香菇、茯苓、灵芝、热带灵芝、紫芝、云芝、单色云芝、美味牛肝菌、褐环粘盖牛肝菌、密环菌、构菌、裂褶菌、白鬼笔、网纹马勃。

野生药用菌有隐孔菌、桦褶孔菌、血朱栓菌、蓝绿膜菌、尖顶地屋、黄裙竹荪、大团囊虫草、树舌、木蹄等。

20世纪初，武宣县依托引进的食用菌加工企业，引导农民发展食用菌生产。食用菌成为境内农民增收的新途径。金秀大瑶山生产的香菇、木耳久负盛名。20世纪70年代末至80年代初，忻城县生产盐水蘑菇出口港澳地区和东南亚各国。

2005年，全市食用菌生产面积223公顷，生产食用菌8335吨。其中，忻城县食用菌生产面积135公顷，产量7585吨，生产面积和产量分别占面全市的60.54%和91%。

表11-17　**2000—2005年来宾市各县（市、区）食用菌面积及产量表**

面积：公顷、产量：吨

年度	合计		兴宾区		忻城县		象州县		武宣县		金秀瑶族自治县		合山市	
	面积	产量	面积	产量	面积	产量	面积	产量	面积	产量	面积	产量	面积	产量
2000		523		30		83		209				154		47
2001														
2002		883		62		605		23				178		15
2003	121	1546	11	6	56	1182	8	164			44	187	2	7
2004	164	4669			83	3809	29	579			49	240	3	41
2005	223	8335			135	7585	26	368	1	30	54	265	7	87

第四节 茶叶 药用植物

茶 叶

产量 分布 境内大瑶山脉,是世界茶树原产地“云贵高原”的余脉。位于大瑶山脉一带的金秀瑶族自治县、象州县和武宣县,是世界茶树原产地的中心之一,茶叶的栽制、饮用具有悠久的历史。唐朝陆羽所著的世界第一部茶叶专著《茶经》(卷下:八、茶之出)载:“(茶叶)岭南生福州、建州、韶州、象州(包括今象州县和金秀瑶族自治县的一部分)。……往往得之,其味极佳。”。清朝,武宣县已产茶,清光绪《得州府志》载:“东乡茶、庙王茶、苦茶、徭茶,以上皆产武宣”。唐代,象州是全国42个产茶州之一,据《茶经》记载,象州所产茶叶色味香,与名茶相比,各有千秋,后来因制茶技术落后,而让位于西山、六堡、白毛等名茶。清宣统二年(1910年)产茶叶100石。民国时期,近城、寺村两乡仍产明火烟茶;中平乡所产青山茶,色黄绿,味香滑。民国21年(1932年)产茶3000千克,民国22年产茶叶3700千克。民国时期,境内产茶的区域是今金秀、武宣、象州三县,所产茶叶品质优良。《象州县志》(1948年)载:“……盖本县境内皆可种茶,而所产茶叶,以色、香、味言之,实不让各地各种”。据民国时期的《广西年鉴》(第一回)记载,民国元年至20年,象县的茶叶年产量为3吨。

20世纪50年代至70年代,境内茶叶主产区在金秀、石龙(今象州、武宣)一带。象州县妙皇、寺村、大乐等乡仍产茶叶。妙皇乡古琶细茶,茶色清,味甘香。1950年后,茶叶面积和产量都稳步增加。1954年,茶园面积12公顷,茶叶产量13吨。1958年,茶园收归集体所有并开始兴建集体茶场。1962年,国家开始对茶叶实行奖励收购政策,并多次调高收购价格。1964年后,出现开山种茶热潮,1965年,茶园面积58公顷。1966年,茶园面积90公顷。1967年,茶园1072亩,采茶利用的仅110亩。象州县平均每年产茶叶1788千克。1979年以后,集体经营的茶叶生产实行承包制,茶园大部分丢荒,产量逐年下降。

20世纪80年代初,境内茶叶主产区在金秀、武宣、忻城、象州县。平均每年采茶10.9亩,产量208.7千克。1983年以后,茶叶市场放开。采用集约经营方式,茶园统一规划、集体开发、分户种植、管理、采摘,再由村办或乡办的茶厂收鲜叶统一加工。至20世纪90年代,主产区在武宣县、金秀瑶族自治县、来宾县。1990年,象州县采茶10亩,产量200千克。2000年以后,产区为金秀瑶族自治县、来宾县和象州县。2003年,全市茶叶种植面积700公顷,产量280吨。2005年,全市茶叶种植面积835公顷,产量330吨。

栽培技术 来宾市具有丰富的野生茶树品种资源,特别是大瑶山脉的原始森林里,到处都生长有野生茶树。20世纪40年代,境内多数栽培本地从野生品种选育的茶树品种。茶树多为野生或零星分散种植在山坡或菜园边,人工种植的茶树以丛栽为主。茶树自然生长,只采春茶。20世纪60年代以后,开始推广等高梯级茶园,单行条栽,以种子直播为主,少量进行苗圃种子育苗或营养杯种子育苗移栽,并对茶树进行合理修剪(定型修剪、轻修剪),全年采摘茶叶。1964年,开始大面积引进“云南大叶种”(实生品种)。20世纪70年代,少量引进浙江的“鸠坑种”、福建的“福鼎大白”等实生品种。20世纪80年代,开始推广无性系良种。1983年,开始推广双行条栽,采用无性系茶苗移栽定植。兴宾区从福建引进国家级无性系良种“福安大白”进行栽培,20世纪80年代末,境内大面积引种国家级无性系良种“福云六号”,并少量引种“福云595”和“福鼎大毫”等无性系良种。20世纪90年代初,开始自繁自育无性系良种。2005年,在金秀瑶族自治县原始森林里发现100多亩连片的野生茶树群。

茶叶加工 20世纪40年代,境内主要加工“黑茶类”(与六堡茶相类似),茶叶加工以手工为主。1957—1965年,主要加工“功夫红茶(条形红茶)”出口苏联,也加工黑茶。1965年后,主要加工“烘青绿茶”。其中,以区内品种的鲜叶为原料加工的茶称“桂青茶”,以“云南大叶种”鲜叶加工的茶称“云南大叶青茶”,以“福鼎大白”“鸠坑”等品种加工的茶称“鼎坑茶”。1965—1982年,以半机械化加工为主。1984年以后,逐步推广茶叶加工机械化。

1992—1995年,武宣县通挽乡和东乡乡曾加工茉莉花茶。20世纪90年代中后期,开始推广加工名优绿茶。2000年以后,境内各地开始加工多种茶类。2005年,来宾市加工的茶叶品种主要有:名优绿茶、功夫红茶、黑茶(六堡茶)、乌龙茶(青茶类)。2005年,来宾市有茶叶加工企业31家,加工茶叶330吨。其中金秀瑶族自治县24家、武宣县4家、兴宾区2家、象州县1家。

附:传统名茶简介

白牛茶 产于金秀瑶族自治县罗香乡白牛村原

始森林中。据《金秀瑶族自治县志》记载，清朝年间，平南官府曾以白牛茶作为贡品进贡朝廷，颇负盛名。白牛茶树叶色翠绿，干茶外形显毫，茶液浅黄色，远闻有香味，茶刚入口即感甜味，接着就有清凉感觉，饮后可很快消除疲劳。当地群众将采制的谷雨茶，用于治疗痢疾和咳嗽等疾病。白牛茶不仅味好著名，还有奇特功效。将谷雨前采得的白牛茶叶和铜钱放在嘴里一起嚼，可使铜钱慢慢软化，能像软骨一样把铜钱嚼碎，发出"啪啪"之声。1985年，中国茶科所庄晚芳教授在《茶人之家》刊物上发表了《香茗嚼碎铜钱，自古奇闻证实》的文章和"铜钱嚼碎表优劣"的题词。历来有把白牛茶与铜钱放入口中细嚼，慢慢可把铜钱嚼成小碎块，被嚼得越碎就说明茶叶越好，以此来说明白牛茶叶品质的优劣。同年，桂林请一些茶叶专家和教授进行"广西茶树品种资源"成果鉴定，专家们都能把白牛茶与铜钱嚼碎。金秀白牛茶在1994年已载入《中国名优茶选集》，1998年4月2日，中国茶文化研究会将白牛茶和桂林毛尖茶、桂平西山茶作为国优名茶向国内外推荐。1998年，金秀白牛茶获中国国际茶博会银奖，1999年获中国国际茶博会金奖。2002年广西电视台《走进农家》节目组拍摄了白牛茶嚼碎铜钱的全过程。

东温茶　产于金秀瑶族自治县大樟乡海拔1000多米的东温群山中。

东温茶历史悠久，相传在南北朝时期曾进贡朝廷，清朝荣列为皇室贡品。民国《象州县志》记载的象州茶就包括金秀大樟的东温茶。金秀东温茶先后获广西新科技新产品交易会奖、获"98年中国国际文化名茶银奖"；1999年，在日中茶协会举办的国际茶叶博览会上，被评为"国际名茶金奖""国际名茶银奖"。在日中茶协会举办的国际茶叶博览会上，以每千克3200元的价格出售。东温茶获1999年"中茶杯"全国名优茶评比"二等奖"。获多项奖励"瑶山醇叶香茗"，其鲜叶原料即采自东温。

古琶茶　产于象州县妙皇乡大瑶山脉一带，1810年(清嘉庆十三年)和民国13年的《武宣县志》均有记载。清朝时期，"古琶茶"也是皇室贡茶。

双髻龙茶　民国时期改称"金龙茶"。产于武宣县东乡镇金榜村，位于大瑶山余脉的金龙山和双髻龙山之间的峡谷地带。该茶生产迄今已有300多年的历史。20世纪20年代至40年代末"金龙茶"颇具盛名，曾远销香港、澳门和新加坡，创下了"谦益""和利""胜记"等品牌字号。当时的"金龙茶"商标印模现存金榜村。"金龙茶"于1976年恢复发展，今注册商标为"双髻龙"。

药用植物

金银花　境内各地有野生金银花，但数量较少。1970年，忻城县北更公社弄兰大队弄水屯开始人工试栽培金银花。此后，开始大面积种植金银花。1984年，忻城县种植金银花887公顷。1999年，忻城县种植金银花达1133.33公顷，建立千亩以上示范基地4个。2002年，忻城县金银花面积达1866.67公顷，年产干花300多吨，产值450多万元。2003年，该县科技部门组织力量研究开发金银花脱水加工技术，攻克了鲜花遇温度升高变黑的技术难题，所含的有效成分——绿原酸少受破坏，产品质量在同类产品中处于全国优质行列。金银花脱水加工产品，是制药和花茶的优质原料。2005年，来宾市(主要是忻城县)金银花种植面积达3466.67公顷，当年干花产量达400多吨，产值4000多万元，忻城县成为广西的"金银花之乡"。全县有脱水加工生产线3条，日处理干花能力15吨，年生产"八寨"牌脱水金银花茶100万盒。

表11-18　**若干年度来宾市茶叶面积及产量表**

面积：公顷、产量：吨

年份	面积	产量	年份	面积	产量
1951	7	5.5	1983	68	64.8
1954	12	13	1988	133	22.4
1959	31	33.8	1989	151	28.4
1960	49	39.2	1992	298	79
1966	90	122	1993	488	131
1971	79	15.6	1994	481	124
1975	142	14.2	1995	644	145
1978	206	33.4	1996	809	254

续表

年份	面积	产量	年份	面积	产量
1997	743	267	2002	1007	340
1998	785	351	2003	712	281
1999	915	327	2004	756	286
2000	928	331	2005	835	330
2001	1250	308			

第五节 麻类 棉花 其他作物

麻 类

民国时期，境内栽培的麻类有苎麻和黄麻。民国26—29年(1936—1940年)，境内每年苎麻产量分别为38.85吨、31.25吨、30.15吨、31.30吨，黄红麻产量30.4吨、25.6吨、34.3吨、37.3吨、35吨。

1950—1951年，境内黄红麻主产区在来宾县、武宣县和象州县。1952—1957年，产区发展到金秀瑶族自治县，1960年，忻城县开始种植。1964年，播种面积和产量激剧上升，播种面积比1963年增加296公顷，总产量增加76.1吨，分别增长2.67倍、2.03倍。1966年，播种面积4519公顷，为最高年份。1967年，播种面积为3846公顷。1967年，总产量927.6吨。1968年，降到134.1吨。

1972—1978年，播种面积保持在2667~3733公顷，产量则逐年增加。1978年，来宾县被自治区定为麻种生产基地县。

1979—1983年，种植面积和总产量在徘徊中逐渐减少。1985年，播种面积7160公顷，总产量5241.1吨。1986年以后，黄红麻播种面积和产量激剧下降。1987年以后，黄红麻种植区域逐年缩小，到2005年，境内只有兴宾区和象州县有黄红麻种植。2005年，全市黄红麻种植面积177公顷，总产量263吨。

表11-19 来宾市若干年代黄红麻播种面积及总产量表

面积：公顷、产量：吨

年序	20世纪										21世纪	
	50年代		60年代		70年代		80年代		90年代			
	面积	产量	面积	产量	面积	产量	面积	产量	面积	产量	面积	产量
0	131	130.8	351	448.2	1445	256.9	1069	685.4	285	53.8	332	307
1	140	159.9	237	16.9	1396	232.2	1603	1080.9	201	63.9	251	313
2	188	307.2	77	20.7	3498	772.7	450	368.2	547	333.0	307	422
3	227	481.5	111	37.5	2788	575.5	258	176.6	642	506.0	323	424
4	97	129.8	407	113.6	3635	763.0	1676	1561.2	454	409.0	239	344
5	110	173.5	1157	369.3	2679	1207.9	7160	5241.1	255	226.0	177	263
6	72	130.8	4519	571.9	2848	1718.2	159	161.5	355	257.0	213	93
7	279	329.6	3846	927.6	3151	1742.1	82	21.6	399	385.0		
8	121	167.0	1705	134.1	3740	2392.6	343	96.5	294	281.0		
9	128	76.3	1112	271.7	1636	1348.5	712	132.2	171	176.0		

棉 花

民国时期的《广西年鉴》记载，民国22年(1933年)，忻城县种植籽棉面积1131公顷，总产量87.25吨；民国26—31年(1937—1942年)，该县分别产籽棉47.85、46.75、7.5、9、26.3、94.5吨。武宣县和来宾县有少量种植。民国22年，武宣县种植面积66公顷，产籽棉7.5吨，民国35年，种植面积119公顷，总产

15.4 吨。

1950 年后，境内棉花种植区域主要在忻城、武宣两县。1950—1959 年，忻城县年平均种植面积 212 公顷，年平均产量 6.5 吨，武宣县年平均种植面积 165 公顷，年平均产量 11.6 吨。

1963 年后，国家曾经对棉花实行收购，并推广优良品种，一度促进棉花种植发展。1963 年，忻城县种植面积 637 公顷，总产量 191 吨；1960—1969 年，忻城县年均种植面积 743.1 公顷，年均产量 103.2 吨。武宣县年均种植面积 72.6 公顷，年均产量 22.3 吨。1965 年，忻城县棉花种植面积达到 5783 公顷，总产量 737.3 吨。1966 年，武宣县种植面积 301 公顷，总产量 93 吨。

1970—1979 年，忻城县年均种植面积 36.4 公顷，年均产量 9.5 吨；武宣县年均种植 4 公顷，年均产量 2.9 吨。1990—1999 年，忻城县年均种植 32.4 公顷，年均产量 8.6 吨；武宣县年均种植 5.5 公顷，年均产量 0.8 吨；金秀瑶族自治县年均种植 4 公顷，年均产量 0.9 吨。2000 年，忻城县棉花种植面积 77 公顷，产量 25 吨。2005 年，全市棉花种植面积 49 公顷，产量 18 吨，均为忻城县种植。

烟　叶

民国时期，境内各县均有烟叶种植，其中武宣、象州、忻城属于广西最适宜种植烟叶的县，以武宣县种植面积最多。具有 300 多年栽培历史并享有盛誉的武宣“朗村烟”，是广西晒黄烟的当家品种。

民国 23 年（1934 年）的《武宣县志》记载：“出口烟叶 5 万担，约值 4000 元（毫币）。”象州县烟叶主要产于下西乡（今石龙镇境）、中西乡（今马坪乡）。民国 21—29 年（1932—1940 年），平均每年烟叶产量在 211.6 吨，其中 21 年 750 吨。民国 26—29 年（1937—1940 年），境内烟叶产量分别为 288.3 吨、299.7 吨、500.5 吨、456.85 吨。

1950 年后，境内各县均种植烟叶。20 世纪 50 年代，象州县平均每年种植面积 2690 亩，烟叶产量 53.9 吨。1963 年，象州县种 112 亩，产量 2 吨。1965 年，象州县列为柳州地区烤烟基地，聘请河南、福建农民烤烟技术员到县传授烤烟生产技术。1966 年，烤烟种植面积开始回升，当年烤烟种植面积 2552 亩。因在稻田冬种烤烟影响早稻种植，1967 年烤烟种植面积开始减少。20 世纪 60 年代，象州县平均每年种植 1503 亩，产量 41.2 吨。

20 世纪 70 年代，平均每年种植 2423 亩，产量 96.9 吨。1985 年，武宣县被列为自治区烟草生产基地和晾晒烟基地。1988 年，象州县列为自治区烤烟生产基地县，聘请富川县农民烤烟技术员进行技术指导，当年种烟面积增至 5083 亩，产量 273.9 吨。

1990 年，境内烟叶播种面积 2192 公顷。1992 年，播种面积 2390 公顷、产量 2682 吨。1997 年，境内烟叶总产量达 2518 吨。2005 年烟叶播种面积 18 公顷，产量 15 吨

表 11-20　**来宾市境内若干年代烟叶播种面积及产量表**

面积：公顷、产量：吨

年序	20 世纪										21 世纪	
	50 年代		60 年代		70 年代		80 年代		90 年代			
	面积	产量	面积	产量	面积	产量	面积	产量	面积	产量	面积	产量
0	343	1059	80	355.4	94	550.7	67	139.9	2192	1313.6	1578	1976.0
1	382	386.5	760	197.3	43	805.6	108	153.4	1883	1698.7	1213	1674.0
2	395	435.6	280	199.4	90	675.2	267	475.3	2390	2682.0	384	515.0
3	558	444.8	196	128.1	51	514.9	248	263.1	1879	1791.0	275	326.0
4	610	464.6	320	122.9	104	370.8	447	572.9	1313	1091.0	28	33.0
5	432	281.9	846	355.2	91	395.5	804	870.1	837	536.0	18	15.0
6	143	75.2	448	421.1	103	216.3	422	504.7	1256	1154.0	677	770.0
7	174	143.2	134	361.7	106	315.6	649	562.6	2013	2518.0		
8	100	360.5	42	230.3	265	432.8	1435	1547.7	1409	1427.0		
9	67	216.0	86	374.5	179	218.4	1391	1943.2	1221	1714.0		
年平均	320	386.7	319	274.6	113	449.6	584	703.3	1639	1592.5	596.13	758.4

烤　烟　1952年，武宣县开始试种春烤烟，因缺乏栽培技术而失败。1956年，引进冬烤烟试种成功。20世纪60年代，来宾县开始种植烤烟。1965年，象州县被列为柳州地区烤烟基地。1987年，武宣县被自治区确定为烤烟生产基地县。1988年，象州县被列为自治区烤烟生产基地县。

20世纪90年代以后，烤烟种植逐渐减少。1992年，境内种植烤烟有象州、武宣、来宾、金秀、忻城5个县，面积681公顷，总产量1134吨。1993年，种植区域有来宾、武宣、象州、金秀4个县(区)，面积250公顷，产量626吨。1996年，有武宣、象州、金秀3个县种植烤烟，面积250公顷，产量357吨。2005年，全市种植烤烟面积3公顷，产量5吨。

表11-21　**1991—2005年来宾市烤烟种植面积及产量表**

面积：公顷、产量：吨

年份	面积	产量	年份	面积	产量
1991	279	318.4	1999	180	261
1992	681	1134	2000	393	569
1993	461	626	2001	274	423
1994	223	267	2002	16	21
1995	84	78	2003	6	11
1996	250	357	2004	3	4
1997	521	784	2005	3	5
1998	238	326			

晒　烟　“朗村烟”称为“大乌烟”，是武宣地产的名晒烟，原产地为武宣县二塘乡朗村，在清朝已有名气，具有300多年的栽培历史，被《广西名特优经济作物》一书列为名产晒烟。在历史上，年产量曾达250吨以上。其烟丝曾作为水烟原料，除在本地销售外，还销往柳州、武汉、上海、湖南、石家庄及东北各省，在区内外享有很高的声誉。20世纪70年代后期，柳州卷烟厂曾用“朗村烟”加工成“南疆”牌香烟，作为招待外宾用。1997年，获得自治区烟草局烤烟品质质量第三名。

其他作物

红瓜子　境内象州县是红瓜子的传统出口产品，该县生产的红瓜子色泽鲜红、粒大饱满，畅销港澳及广东各地。民国22年(1933年)，象州县红瓜子种植面积794亩，产量6.3万千克。《武宣县志》记载：民国23年，“瓜子出口5万斤，约值1万元(毫币)”。

中华人民共和国成立后，境内主要种植区域在象州、武宣和来宾三县，合山市、金秀瑶族自治县有少量种植。1950—1955年，象州县红瓜子平均每年产量0.28万千克。1965—1969年，象州县红瓜子平均每年种植9553.6亩，产量13.42万千克。20世纪70年代，平均每年种植4474亩，产量10.41万千克。20世纪80年代，平均每年种植13148.6亩，产量36.06万千克；其中1980年种植19997亩，产量54.53万千克，为历史种植面积、产量最高年份。20世纪90年代，年均种植面积3010公顷。2005年，来宾市红瓜子种植面积4488公顷，总产量2356吨。

表11-22　**1991—2005年来宾市红瓜子种植面积表**

年份	面积(公顷)	年份	面积(公顷)	年份	面积(公顷)	年份	面积(公顷)
1991	5942	1995	1523	1999	3989	2003	4069
1992	9026	1996	3145	2000	7252	2004	4837
1993		1997		2001	120	2005	4488
1994		1998	3461	2002	5616		

席　草　象州、金秀两县长年有少量种植。1997年，种植面积6307公顷，来宾、武宣、象州、金秀4县种植面积分别为3256公顷、2008公顷、958公顷、85公顷。2005年仅象州县种植3公顷。

表 11-23 1991—2005 年来宾市席草种植面积表

年份	面积(公顷)	年份	面积(公顷)	年份	面积(公顷)	年份	面积(公顷)
1991	7	1995	8	1999	6	2003	4
1992	8	1996	33	2000	8	2004	19
1993	9	1997	6307	2001	—	2005	3
1994	—	1998	8	2002	6		

花　卉　民国期间,境内有居民栽种花卉拿到圩上出售。境内大瑶山有野生花卉近百种,特别珍贵的有丹霞杜鹃,又名变色杜鹃。清、民国时期,民间常栽的花卉品种有菊、鸡冠、凤仙、兰花、水仙、月季、杜鹃、桂花、玉兰、芙蓉、茉莉、秋海棠、绣球、吊兰、美人蕉、夜来香、百合花、仙人掌、虎刺等。

1950 年以后,引进优良品种,有云南山茶、君子兰、郁金香等。境内各县县城建有苗圃、花园,供应街道、机关、厂矿美化环境。

20 世纪 60 年代至 70 年代,把庭院种花当作"封、资、修"进行批判,一些厂矿、机关、学校将花园改为菜园,花卉生产减少。20 世纪 80 年代中、后期,境内人们开始在庭院、阳台种植一些观赏性花卉,农村开始出现种花专业户,城镇开始出现花卉专卖店。20 世纪 90 年代,境内各县城建部门始建花圃,生产花卉苗木。公园、街道、机关、学校、厂矿普遍种花、种草,美化、绿化环境,花卉生产日渐增多,形成花卉种植销售产业链。栽培的观赏花木新品种有:香石竹、唐菖蒲、叶子花、万年青、绿(莎)萝、一品红、变叶木、红(绿、蓝)宝石、假槟榔、圆柏、君子兰,金银花、红桑、倒挂金钟、洋蹄甲、山茶花、迎春花、虎刺梅、绿巨人(绿巨人白掌、大叶白掌)、九里香、年橘、苏铁、红绿草、三角梅、巴西铁、大丽花、石榴、非洲菊、茶梅、报春花、文竹、罗汉松、观音竹、花叶芋、鹊梅、细叶榕、洒金榕、吊丝榕、大叶榕、小叶榕、橡胶榕(橡皮树、印度榕、印度胶树)、刺海棠、玫瑰海棠、剑兰、马蹄莲、仙来客、扁桃、海桐、龟背竹、红背桂、西洋杜鹃、金边蕊香、五指松、棕竹、鱼树、葡树、台湾水竹、散尾葵、黄杨、满天星、玛尼拉草、台湾草、康乃馨、玉树、袖珍椰子、鸟巢蕨、黄氏梅、千年矮。1998 年,全市花卉种植面积 10.94 公顷,销售额 149.73 万元。2005 年,全市花卉种植面积 88.66 公顷,销售额 1674.21 万元。2005 年的种植面积和销售额分别是 1998 年的 8 倍、11 倍。

表 11-24 1998—2005 年来宾市花卉种植销售情况表

年份	种植面积(公顷)	销售额(万元)	年份	种植面积(公顷)	销售额(万元)
1998	10.94	149.73	2002	15.62	213.73
1999	0.62	382.02	2003	40.62	525.78
2000	4.21	391.92	2004	84.41	1601.13
2001	4.07	201.82	2005	88.66	1674.21

表 11-25 1998—2005 年来宾市花卉生产情况表

年份	切花、切叶			盆栽植物			观赏苗木			草坪		
	面积(公顷)	销售量(万枝)	销售额(万元)	面积(公顷)	销售量(万盆)	销售额(万元)	面积(公顷)	销售量(万枝)	销售额(万元)	面积(公顷)	销售量(平方米)	销售额(万元)
1998	2.07	10.93	14.68	2.20	8.81	91.35	1.87	59.46	39.12			
1999		4.67	21.57	0.37	17.09	334.85	0.15	9.04	22.05		3.03	1.4
2000	0.44	5.47	3.08	2.77	12.86	184.34	0.20	0.60	0.90	0.8	6.00	
2001	0.54	5.65	4.68	2.43	14.47	193.12	0.30	0.81	0.02	0.8	6.00	4.0
2002	10.20	112.97	24.48	5.01	17.39	182.00	0.11	2.40	4.82			
2003	10.95	64.17	50.98	20.17	44.69	297.50	9.50	11.25	176.80			
2004	10.16	111.92	24.18	18.79	102.69	796.95	54.46	15.60	780.00	1.0		
2005	12.15	121.32	24.78	20.81	112.42	852.73	54.60	17.01	796.70	1.1		

灵香草 属报春花科多年生草本植物，适生于天然阔叶林下透光度30%的林荫坡地腐殖土上，烘干后具有特殊的芳香气味，可用于驱蛀虫、防虫蛀，也可用于制作香料。金秀瑶族自治县金秀镇是灵香草原产地，历史悠久，在东南亚各国享有盛誉。金秀瑶族自治县广泛种植。2005年，全县种植面积100公顷，总产量750吨。

第四章 种桑养蚕

境内的种桑养蚕历史悠久，据南宋王象之《舆地记胜》引《象郡志》的记载："象州地也无桑拓，民不事蚕作，虽间有之，不能(懂)缫丝，第为棉絮而已，或未熟而纽缕之，以为粗绸。"清朝，武宣县已有人种桑养蚕。清宣统二年(1910年)产茧7石。民国时期，境内零星种植本地桑树，有少量养蚕。

20世纪50年代初，境内引进印度蓖麻蚕，1955年，在石龙县(象州、武宣合并)作为广西蓖麻蚕繁殖种子试验点之一试养成功。1956年，种植木薯较多的忻城、来宾、象州、武宣等县也相继成立县蚕业指导站及蚕种场，扩大木薯蚕茧饲养。1965年，境内各县饲养蓖麻蚕达85073.8合，产茧皮86.26吨，创造历史最高产量。但由于蓖麻蚕茧解舒率低，不能作缫丝原料，加上其纺织品起毛、反黄、褪色等问题无法解决，产品销路不好，效益差，导致饲养量逐年下降。

1985—2000年，随着蚕茧产品销路逐步好转，价格逐年提高，境内各县(市)持续发展桑蚕生产。2003—2005年，全市桑蚕生产发展较快，桑蚕业已成为来宾市的优势特色产业。

2005年，全市桑园面积1.57万公顷，产茧量2.52万吨。桑园面积、产蚕量均排广西第二位，是国家"东桑西移"的主要承接地。全市上规模的缫丝加工企业有5家。

第一节 桑树 桑园 种桑技术

桑树品种

解放初期，境内各县有零星种植本地桑树。1965年，各县引进草桑种植。1967—1970年，自治区农业厅从浙江海宁、桐乡聘请桑农到各县进行指导，推广湖桑嫁接、种植技术。1969年，引进广东荆桑种育苗，从广东顺德引进1万株"伦教40"嫁接良种桑苗。来宾县、武宣县各4000株种植，并扩大繁殖后，逐步取代浙江湖桑系列品种。1984年"伦教40"占桑园面积的25%。1984年，境内开始引进杂交桑"沙二×伦109"种子繁殖育苗。2000年后，桂桑优12、桂桑优62品种是来宾市的主导品种。

伦教40号 20世纪60年代至70年代，由广东省农科院、华南农业大学、伦教蚕种场等单位协作选出的优良品种，该品种叶大、肉厚、水分多，凋萎慢，耐贮藏，生长成熟快，产量高，叶质优，易采摘，单产比普通荆桑高20%~30%。但由于该品种需用无性繁殖，对水肥条件要求高，种植面积逐步减少。

沙二×伦109 20世纪70年代至80年代，由广东顺德农科所育成的杂交桑，具有群体整齐，生长旺盛，发芽早，发条多，叶片大等优良特性，产量高，较耐旱，耐剪伐，比荆桑增产20%左右。

桂桑优12 该品种是由广西蚕业指导所"九五"科技攻关项目育成的桑树新品种(杂交组合)。该组合群体整齐，发条数多，枝高节密，叶大叶厚，耐剪伐，发芽较早，收造较晚，产叶量高，叶质较优，繁殖较易，适宜常规栽培，也适宜于丰产省力化栽培，其单位面积桑园产茧量比"沙二×伦109"增产19.63%。高产优质，耐剪伐，再生能力强，适合片叶收获，也适合条桑收获，易繁殖，投产快，适应性较广。

桂桑优62 该品种是广西蚕业指导所"九五"攻关项目育成的桑树新品种(杂交组合)。该组合群体整齐，枝条数较多，枝高节密，叶大叶厚，耐剪伐，发芽较早，收造较晚，抗花叶病较强，耐旱耐高温能力较强，适宜常规栽培，也适宜速生丰产省力化栽培。其产叶量比现行高产桑品种"沙二×伦109"增产19.32%，每公顷桑园产叶量可达60吨。该品种(组合)具有优良的丰产性，耐剪伐，再生能力强，适合片叶收获也适合条桑收获省力化养蚕；易繁殖，投产快，且适宜性广。

桑园面积

1966—1984年，境内各县均有种桑养蚕，但数量少，没有形成规模，主要分布在象州县和忻城县。1985—2000年，累计桑园面积2.41万公顷。2000—2005年，全市各县(市、区)桑园面积均有较大发展，面积达1.57万公顷，象州县、忻城县为主产区。

表 11-26　　1985—2005 年来宾市境内桑园面积统计表

单位：公顷

年份	桑园面积（公顷）	年份	桑园面积（公顷）
1985	279	1996	
1986	263	1997	
1987	120	1998	
1988	134	1999	
1989	112	2000	2707
1990	440	2001	6128
1991	558	2002	11944
1992	991	2003	12003
1993		2004	13321
1994		2005	15666
1995	2633		

种桑技术

桑苗是发展蚕桑生产的基础。桑苗繁殖，主要方法有两种：一是无性繁殖，如扦插、嫁接、压条、埋条等；二是有性繁殖。

扦　插　扦插育苗成活率的高低，与桑树品种遗传性、枝条成熟度、母树年龄、贮存养分有关。同一枝条中，下部成熟度高；一年种杂交枝条，形成层活动旺盛，发根率高，很容易扦插成活。

嫁　接　嫁接主要用于一些优良品种如“伦教40”“7625”等，其本身枝条发根性能差，利用其他品种枝干或根作砧木接入。

压　条　把母株部分枝条压入附近松土中，生根长出新枝，然后切离成新株植，成活率高，用于树干低的老桑园补缺，改造低产桑园。

埋　条　埋条成园技术是一项桑树栽培新技术，在境内各县推广普遍。

来宾市桑园种植大部分是购进桑种繁殖桑苗，也有部分调进实生苗栽植。“伦教 40 号”通过嫁接繁殖。桑树的育苗时间一般春播（3—5 月）或秋播（8—10 月），水肥条件好的也可夏播。种植密度每公顷 6 万 ~7.5 万株。桑园施肥采用冬施有机肥、磷肥为主，养蚕期间施复合肥、化肥。桑叶收获多数采用冬根刈、夏低刈或冬低刈、夏根刈的形式，这样全年可采片叶。在来宾市境内当年春种桑，夏秋即可开始养蚕。

第二节　桑蚕和蓖麻蚕养殖

桑蚕品种

中华人民共和国成立前，境内各县养的是土蚕种，茧小、丝质差，但其生命力强。20 世纪 60 年代，桑蚕品种南农七号（多化性品种）、306× 华十、川一 × 华十取代了土蚕种。20 世纪 70 年代初，饲养桑蚕品种东 34× 苏 12、东肥 × 华合、苏 16× 苏 17。20 世纪 70 年代末，以桂夏一号、桂夏二号取代了以上品种。1979—1993 年主要饲养“桂夏一号”和“桂夏二号”。20 世纪 80 年代推广饲养的品种有“两广一号”“群芳 × 朝霞”“三新 ×5091”“两广二号”。推广应用时间较长的有“桂夏二号”和“两广二号”。特别是“两广二号”深受蚕农、种场、丝厂欢迎，是境内的当家品种。桂蚕一号，桂蚕二号正处于推广应用阶段。

桂夏一号（7201×7211）　1974 年，广西蚕业指导所育成“桂夏一号”。1979—1981 年，境内各县推广较多。

桂夏二号（932×7532）　1977 年，广西蚕业指导所育成“桂夏二号”。该品种抗高温多湿能力和抗病力较强，是强健好养易繁殖的蚕品种。单张（8 克蚁量）产茧 20~23 千克，茧层率 19.5%~20%，茧丝长 750~800 米，出丝率 12%，可缫制 A~3A 级丝。1979—1993 年，境内各县主推该品种。

两广一号（新九 ×7532）或（新菁 × 朝霞）　1980

年，广西蚕业指导所和广东省农业科学院蚕业研究所合作育成“两广一号”。该品种强健好养，对高温多湿有较强的抗性，单张产茧(8克蚁量)产茧23.6千克，茧层率21.08%，一茧丝长884米，解舒率79%，净度3A~4A级。因制种难度较大，推广面小，时间短。

群芳×朝霞(539B×7532) 1981年，广西蚕业指导所育成“两广一号”。该品种参加全国秋蚕新品种鉴定，比对照种东34×苏12好；茧层率提高2.24%；一茧丝长增加109米；出丝率提高1.48%；解舒率、茧丝净度略高于对照种。因来宾市气温较高等因素，蚕种繁殖数低，饲养量少。

三新×5091 1988年，广西蚕业研究所育成“三新×5091”。1987—1988年，该品种参加全国桑蚕早秋蚕新品种鉴定，茧层率23.84%，一茧丝长1060米，解舒率70.92%，净度94.24分，鲜茧出丝率16.88%，是个优质桑蚕品种。因蚕种繁殖系数低，成本高，推广不多。

两广二号(9·芙×7·湘) 1992年，广西蚕业指导所与广东省农科院蚕业研究所于合作育成的夏秋用四元杂交种。该品种具有强健、高产、优质、易繁，适应性广的优点。

桂蚕一号(9·10×7·10) 2000年，广西蚕业技术推广总站育成“桂蚕一号”，该品种强健、好养、产量高，茧形大，蚕茧解舒好、繁殖性能优，属夏秋蚕四元杂交种。来宾市除7、8月特高温外，其余季节可养。

桂蚕二号(芙·桂×朝·凤)即(芙·10×7·11) 2000年，广西蚕业技术推广总站育成“桂蚕二号”。该品种强健，好养，高产，茧丝质优，早秋蚕四元杂交种。来宾市除7—8月特高湿季节外均可饲养，属优质、高产的新品种。

蓖麻蚕(又称木薯蚕) 20世纪50年代初，由印度引进境内。1955年，广西在石龙县等农垦殖场试养成功。

良种繁育

来宾市蚕种场是来宾市唯一的桑蚕良种繁育场，生产一代杂交种，主要供来宾市各县蚕区和广西各蚕区。

1964—1974年，柳州专区木茹蚕原种场主要生产木茹蚕原种供各县蚕种场制一代杂交种。忻城县蚕种场、武宣县蚕种场、象州县石龙蚕种场、来宾县蚕种场，主要是制木茹一代杂交种，不制桑蚕种。1984年后因木茹蚕茧价低，茧丝质量差，饲养量减少而逐渐被淘汰，逐步转为生产桑蚕一代杂交种。各县蚕种场，主要负责农村桑蚕生产技术指导和发放蚕种。

2000年，蚕种生产量有所增加，生产蚕种9.29万张。2001年，生产蚕种28.4万张。2003年，来宾市成立后，市蚕种场年产蚕种25万张至30万张，成为广西生产规模最大的蚕种生产单位。2005年，国家相关部门和自治区农业厅拨出项目专款，对来宾市蚕种场蚕种生产基础设施和生产设备进行更新改造，提高蚕种生产能力，扩大生产规模。当年，来宾市蚕种场生产蚕种24.13万张，主要品种有“两广二号”“桂蚕一号”“桂蚕二号”。

表11-27 **1970—2005年来宾市蚕种场历年制桑蚕种产量表**

单位：万张

年份	张数	年份	张数	年份	张数	年份	张数
1970	0.04	1976		1982	0.51	2001	28.24
1971	0.10	1977	0.23	1983	0.53	2002	27.77
1972	0.19	1978	0.26	1984	1.36	2003	26.78
1973	0.27	1979	0.41	1985	2.21	2004	25.98
1974	0.29	1980	0.37	1986	1.64	2005	24.13
1975		1981	0.43	2000	9.29		

蚕种管理

1988年前，桑蚕一代杂种价格每张3.5元；1988年7月，自治区农业厅对蚕种价格调整，桑蚕普通种出场价每张9元，零售价10元；1989年，自治区农业厅、自治区物价局下发农经字〔1989〕07号《关于整顿桑蚕种价格等有关问题的通知》，桑蚕普通种销售价格每张15元，销售价格中每张提取1元作风险基金。20世纪90年代中期后，桑蚕普通种的出场价每张18~22元。随着蚕业生产的快速发展，蚕种市场逐步放开，蚕种价格根据市场需求和广西蚕种协会宏观调控的价格进行调整。2005年，来宾市蚕种场根据全区统一制定的出场价每张 65 元，但实际到蚕农手中每张已超过 70 元。

养蚕技术

20 世纪 50 年代，境内各县饲养多化性蚕种，饲育技术是传统的多回育。20 世纪 60 年代中期后，以高产、优质、省工、低耗为目标，不断改良蚕品种，革新养蚕技术，促进了蚕桑生产的不断发展，提高了蚕茧产量和质量。2003 年，生产蚕按自治区要求统一集中冷藏和质量检疫检验，全市桑蚕良种普及率 100%。

选育优良蚕种　20 世纪 60 年代，根据品种的优良性状结合本地气候特点、饲养条件进行了多次品种更新换代，以"南农七号"为主要品种。20 世纪 70 年代初，以"桂夏一号"为主，淘汰"南农七号"。20 世纪 70 年代后期，以"桂夏二号"取代了"桂夏一号"。20 世纪 90 年代，"两广二号"在全区推广，其发种量占全区的 90% 以上，取代了"桂夏二号"成为今来宾市的当家品种。21 世纪初，境内各县在推广"两广二号"同时，利用春、秋气候优良的特点，推广"桂蚕一号""桂蚕二号"。

推广小蚕尼龙育，大蚕室内地面育　20 世纪 60 年代后期，利用小蚕抗高温多湿能力，抗 CO_2 能力强的特点，从广东引进了"小蚕尼龙育技术"。做法是用尼龙薄膜（打孔）把蚕覆盖起来饲养，1~2 龄上盖下垫，3 龄只盖不垫，眠中不盖，四龄不盖不垫，给叶前半小时掀开薄膜，给叶完后再覆盖。尼龙覆盖可以保持蚕座湿度，桑叶新鲜，蚕充分饱食，各龄给桑次数，每天可减少 1~2 次，每天只喂 3~4 次，节省劳力 30% 以上。小蚕尼龙育一直沿用至今。

2005 年，广西十佳桑蚕生产基地象州县桑园

20 世纪 80 年代后，推广使用大蚕室内地面饲养，一般五龄饲食第二次给叶后放下地面饲养，中间不用出蚕沙，至吐丝结束后再出蚕沙，给叶方便，减轻了劳动强度，省工、省力、提高工效。地面育大蚕有利于高温季节养蚕，至今来宾市 90% 以上蚕户仍采用室内地面育蚕技术。

推广小蚕共育技术　20 世纪 80 年代以前，来宾市小蚕饲养为千家万户分散自育。1981 年，象州县妙皇乡采用小蚕共育，比不共育单张产蚕提高 20%~30%。茧质有较大提高，省工又省叶，可节省 70% 以上的劳力。小蚕共育在推广过程中碰到不少问题，推广速度慢。2000 年，境内各级政府加大推广小蚕共育的力度，在资金和物质上给予扶持，使小蚕共育不断发展。2003 年，全市有共育室 145 个，大部分共育室推广使用"折叠式蚕框"，此蚕框一般长 90~100 厘米，宽 70 厘米，高 7 厘米左右，用此框育蚕省时、省力、省蚕室面积。

推广优良蔟具，熟蚕自动上蔟　20 世纪 60 年代初期，熟蚕上蔟结茧用稻草编织成草龙蔟。20 世纪 60 年代后期用竹子编织成花蔟。20 世纪 80 年代至今不少蚕农用塑料折蔟。20 世纪 90 年代后，自动缫丝机逐步取代了立缫机，政府或"公司"或丝厂采用资金补贴的方法或提高方格蔟茧的收购价格来激励蚕农使用方格蔟。方格蔟茧价每 500 克高 0.5~1 元。

标准化种桑养蚕技术推广　1991 年，境内各蚕区全面宣传，推广自治区地方标准〔DB/450000B47008~1990〕《农村桑蚕饲育技术规程》。2002 年，象州县桑蚕业被确定为国家桑蚕农业标准化示范区和自治区基地县。2004 年 10 月，象州县以 93.5 分的最高分通过了国家桑蚕农业标准化示范县的验收，成为广西第一个获此殊荣的县。

蚕病综合防治

蚕区常见的蚕病有血液型脓病、中肠型脓病、细菌性软化病、细菌性败血病、猝倒病、白僵病、曲霉病。其中，血液型脓病和中肠型脓病最为常见，危害最大。20 世纪 80 年代至 90 年代，各县进一步强化推广以消毒防病为中心的综合性防治技术，严格蚕种检疫制度，实施蚕种必须经过严格的微粒子病检验、检疫，实行"两消一洗"蚕室蚕具制度；实行小蚕共育，大小蚕室分开、蚕具专用、专人管理的管理办法；根据蚕病发生的种类及时使用相应的蚕药，坚持蚕体蚕座消毒制度。常用的蚕药有新鲜石灰、漂白粉、福尔马林、毒消散、防病一号、氯霉素、蚕病清、灭蚕蝇、灭蚁净、防蚁灵等；提高桑叶质量，合理施肥。严禁蚕区使用高毒高残留农药，推广使用生物有机肥、有机复合肥，无害处理的农家肥。减少病源交叉传染，推广使用"桑园＋沼气"的立体种养模式。象州县中平镇已成功地推广此模式，取得良好的效果。

第三节　蚕茧产量　收购

产　量

20世纪60年代初，为鼓励农民养木薯蚕，自治区制定木薯蚕茧收购价格和奖售布票政策。木薯蚕茧由各供销社全额收购，按质论价，按质奖励布票，一级茧皮每千克5.5元，奖励布票10市尺；二级茧皮每千克5.1元，奖励布票8尺；三级茧皮每千克4.5元，奖励布票6尺。同时，境内各县政府下达生产计划，提高了群众养木薯蚕的积极性。1964年，境内饲养木薯蚕种87897合，产茧皮63.32吨。1965年，境内饲养木薯蚕达85073.8合，产茧皮达86.26吨，创历史新高。其中，武宣县养32031合，产茧皮34.05吨；来宾县养31057合，产茧皮30.05吨。

20世纪末新世纪初柳州地区和象州分别出台支持种桑养蚕的激励政策，当时的柳州地区将别是象州县的桑蚕实现跨越式发展。2001年，全市桑园面积6127公顷，产茧8504吨，分别比上年增长123.9%、51.1%。2003年，全市桑园面积1.2万公顷，产茧1.5万吨。当年在广西排名第2位，是广西重要的原料茧主产区之一。2005年，全市桑园面积1.57万公顷，产鲜蚕25222吨，分别比2001年增加1.57倍和1.97倍。

表11-28　1965—2005年来宾市桑蚕鲜茧产量表

年份	鲜茧产量(吨)	年份	鲜茧产量(吨)	年份	鲜茧产量(吨)
1965		1979	16.3	1993	1675
1966	0.20	1980	23.5	1994	
1967	0.50	1981	21.9	1995	2321
1968	2.90	1982	29.60	1996	2128
1969	3.80	1983	41.10	1997	2262
1970	6.85	1984	92.00	1998	2994
1971	13.40	1985	290.30	1999	4052
1972	65.10	1986	206.20	2000	5628
1973	57.50	1987	146.60	2001	8504
1974	24.00	1988	185.70	2002	12745
1975	16.90	1989	291.00	2003	15034
1976	13.80	1990	364.60	2004	17810
1977	13.50	1991	557.00	2005	25222
1978	13.30	1992	981.00		

蚕茧收购

20世纪60年代至70年代，境内各县桑蚕茧一直为供销社经营。1966—1978年，各县执行自治区商业局颁布新产区评级计价标准(简化等级)，即鲜白上茧茧层率16%价格为100%，每50千克115元，双宫茧价按80%，柴印茧价等按65%，其他下脚茧按30%计价。1980年，鲜茧收购50千克平均茧价138元。1985年，蚕茧收购由自治区丝绸进出口公司委托基层供销社、茧丝公司代购代烘，干茧由区丝绸公司安排调拨给区内指定的缫丝厂，收购部门无权往自治区外调蚕茧。1988年，收购站属代收代烘性质，没有完全的经营权，蚕茧代收代烘主渠道是供销社。随着缫丝厂的兴建和推广，国家规定对桑蚕茧实行全额收购，并有统一的蚕茧按质论价、评等分级的收购标准。1987年，境内执行《关于桑蚕茧收购、调拨价格实行向上浮的通知》(桂价字〔1987〕11号)文件：鲜茧收购在桂价字〔1979〕019号文的基础上，可以向上浮动一个等级。干茧每50千克可上浮25元，即每50千克干茧(干茧茧层率45%~46%，上车茧率95%)可以上浮到560~566元。

1989—1998年，境内各蚕区按《关于下达一九八九年度蚕茧收购价格和干茧调拨价格的通知》(桂价字〔1989〕072号)文件的价格收购。代购手续费按8%，代烘综合费按8%，烘率38%计算，鲜茧集运费由2元提高到4元，烘烤费由20元提高到30元。干茧调拨最高限价，从茧层率21%的鲜茧收购价为基价计算调拨限价每50千克为1540元；实行按质论价原则，干茧茧层率超过48%的，每增0.1%，调拨价增加10元；低于47%的，每低0.1%则调拨价减7元；上车茧每增、减1%，调拨价则增、减4元。蚕业技术改进费按每50千克鲜茧提取12.45元，折成干茧为32.8元；建灶费每50千克鲜茧提取6元，折成干茧为15.8元。两费折成干茧共48.6元，由广西区丝绸公司根据其购进干茧数量统一提取。2000年，鲜茧收购价每50千克507元。2001年，鲜茧收购价每50千克537元。2002年，鲜茧收购价每50千克488元。2003年，鲜茧收购价每50千克593元。2004年，鲜茧收购价每50千克750元。2005年，全市有收茧站95个，鲜茧收购价每50千克940元。当年全市缫丝加工企业5家，形成了以收烘蚕茧、缫丝加工为龙头的产业化经营模式。

第五章　农业技术

20世纪50年代至60年代，境内各县种植当地的常规水稻品种，采用传统农业技术。20世纪70年代至90年代，各县科技人员积极组织和参与农业科技项目的研究和推广。

2002年12月28日，地级来宾市成立。当年，全市农林牧渔业总产值71.33亿元，其中农业产值42.19亿元，林业产值1.23亿元，畜牧业产值25.87亿元，渔业产值1.95亿元，全市农林牧渔业增加值46.13亿元，农民人均纯收入1769元。

建市以来，市委、市人民政府坚持“农业稳市”的发展战略，开拓创新，培育产业，奋力推进农业经济持续发展。提出“优化粮经、做强蔗糖、主攻桑蚕、做大畜牧、发展水产、提升林果”的工作思路，着力打造优质粮食、蔗糖、桑蚕、水果、蔬菜等农业优势产业基地，通过产业发展向优势区域集中，促进了优势产业集群的形成，农业产值和效益逐年增长。来宾市成为全国第二大甘蔗生产基地和广西第二大桑蚕生产基地，象州县、兴宾区、武宣县被确定为国家粮食生产基地县，象州县、兴宾区被确定为国家新增千亿斤粮食生产能力基地县，兴宾区、武宣县、象州县、忻城县被确定为全国糖料蔗基地县，兴宾区甘蔗区获得国家农业产业化示范基地称号，象州县、忻城县被确定为国家标准化桑蚕生产基地县。

1995年，由忻城县农业局主持，蓝福光、卢让北、樊永生、韦建春、蓝桂嘉等人参加的“玉米聚土垄作高产综合栽培”技术成果获柳州地区科技进步三等奖；由潘桂安、陆斗门、莫波等人参加的“掖单系列紧凑型玉米高产栽培技术开发”技术成果获柳州地区科技进步三等奖。1997年，由银梓刚、莫增军、黄焜宋、何来源、梁金华、郭以湖、覃忠琼等人组织的“大面积推广冬种油菜”项目获柳州地区科技进步二等奖；由陈卡宾、张则旭、陈似娥、郑益群、李梅青、陈德峰、林发仁等人组织的“茶树无性系良种短穗扦插育苗技术开发”项目获柳州地区科技进步二等奖。1998年，林发仁、韦应科、陆技球等人组织的“2万亩蚕桑高产优质高效综合技术开发”项目获柳州地区科技进步三等奖。1999年，由王斌、张大刊、韦家幸、李耀钧、赖树情、覃大庆、李德智、赖海英等人组织实施的“水稻抛秧栽培技术示范推广”项目获柳州地区科技进步一等奖。2000年，由周志和、覃惠平、贺惠安、黄晞、陈秉瑶、黄汉能、覃克队等人组织的“柳州地区大功臣(吡虫啉)防治稻飞虱试验与推广应用”项目获柳州地区科技进步二等奖。2002年，由象州县农业技术推广站组织，李德智、韦建平、韦宛玲、李桂山等人参加的“推广优质谷增加农民收入”项目获柳州地区科技进步二等奖；象州县蚕业服务站组织杨波、潘家宽、吴永才、韦应科、杨秀荣、梁光嗣、陆庆松、黎建鸿、黄其耀、韦少昌等人参与实施的“推广桑蚕新品种‘桂蚕一号’”项目获柳州地区科技进步二等奖。2004年，武宣县农业局组织钟龙辉、张祝昌、李旭林、韦兰英、赖树情、朱小宁、江科、莫桂生、黄惠、虞日宁、覃笑龙等人参加的“双孢磨菇无公害综合增产技术”项目获来宾市科技进步一等奖。2005年，金秀瑶族自治县农业局组织赵富明、陈卡宾、韦文军、冯文科、蓝凌、祝远芳、罗德仁、罗文基、黄福荣、陆呈繁等人参与的“金秀瑶族自治县名优绿茶生产技术开发”项目获来宾市科技进步一等奖。

1995—2005年，全市农业局系统共获得地市级科技进步奖11项，其中一等奖3项、二等奖5项、三等奖3项。

第一节 品种改良

粮食作物品种

水　稻　20世纪50年代以前，沿用传统农家品种，栽培品种繁多，品种更新主要依靠民间串换。20世纪60年代初，开始引进早稻矮秆品种“广选3号”，平均单产6075千克/公顷。经几年推广，该品种在象州县、兴宾区、武宣县等大面积种植。到1968年，广选3号在兴宾区种植面积1.17万公顷，占当时早稻种植面积的53%。20世纪70年代初期，在境内晚稻区试栽品种中，由博白县农科所提供的“团结1号”抗病力强，适应性广，又较省肥，生育期130天左右，一般单产3750~4500千克/公顷，高的达6000多千克/公顷。1975年，来宾县晚稻种植面积2.8万公顷，占晚稻种植面积的70%。此外，境内推广应用的常规稻良种还有湘矮早九号、红南、广二石、桂朝二号、双桂一号、“05占、朝灵11号、河西二号、水辐17号、包选二号、激青等品种。从20世纪70年代开始，境内各县陆续引进少量杂交水稻原种进行试种、试验。20世纪80年代中期，杂交水稻制种生产技术得到改进。当时的组合主要有汕优2号、汕优桂8、汕优64、汕优桂33、汕优桂34、威优64等优良品种。1990年，各县种子公司都建立杂交水稻制种基地，象州和武宣两县实现杂交水稻种子自给。当年境内杂交水稻种植面积已占64.27%。杂交水稻品种组合呈多样化，主推组合包括汕优桂99、汕优63、汕优4480、汕优287、汕优36辐、博优49、博优903、博优253、枝优01、枝优402、枝优桂99、金优桂99、金优77、优Ⅰ77、优Ⅰ402、特优63、特优18、Ⅱ优338、国稻1号、中浙优1号、培杂双七、培杂茂三、中优桂99、中优1号、中优402、秋优1025、T优433、T优1202、Y两优1号等品种，杂交水稻品种产量不断提高，米品质也不断得到改良，部分杂交水稻品种米质达到国标二等优质米。

2005年，全市水稻播种面积12.05万公顷，全部推广使用杂交水稻品种，其中优质水稻播种面积8.82万公顷，总产量43.45万吨。分别占水稻播种面积、总产量的73.23%和72.45%。

玉　米　1950年前，境内以沿用适宜各地栽培的农家传统品种为主，有本地黄、本地白、本地糯、早玉米、迟玉米、本地白马牙、白马牙、金皇后、宜山玉米、运江玉米等品种。20世纪50年代至60年代，主要推广优良的品种有：品杂1号、品杂4号、靖西2号、农大4号、农大7号、双跃80号、火箭3号、小英雄、白鹤、罗城糯、和平1号、雪坟米、柳双11号等；20世纪60年代，进行单交种试种。20世纪70年代，推广单交种，主要有：新单1号、新单2号、桂单1号、桂单12号、桂单15号、群单101、群单105、白单4号、联顶1号、唐山×运江、唐山×宜山白、双跃3号、新顶1号、西103×保安黄、白马牙×桥头糯、忻农1号、墨白1号、墨白94号、桂玉3号等。1970年，开始推广种植杂交玉米品种。1985年，杂交玉米得到大面积推广。玉米主要品种以顶交种为主，如桂顶一号、桂顶三号、南校1号、南校8号、桂三2号、桂三5号等。1995年，辖区内推广种植杂交玉米4.33万公顷，占玉米种植面积的78.54%。2000年，玉米单交种得到大面积推广种植，推广的主要品种有桂单22、桂单24、桂单26、桂单30、正大619、正大999、南校18、南校968、南校968、迪卡007、农大109、玉美头106、玉美头106、玉美头107、大丰2号、大丰5号、花单1号、临奥1号、临奥4号、柳糯1号等。

2005年，来宾市推广种植杂交玉米4.93万公顷，杂交玉米种植面积占全市玉米种植面积的90.32%。

小　麦　20世纪50年代，引进南大2419、北流小麦。20世纪60年代，引进阿夫、阿白、全县四方小麦、丽英阿婆六角麦、碧玉麦。20世纪70年代，引进福麦17、墨西哥小麦波塔姆、沙端克、依尼阿、繁六、文革1号、红芸等。20世纪80年代，引进桂麦1号。

大　豆　民国时期，境内种植大豆的品种有本地六月黄豆和八月黄豆等。20世纪50年代至60年代，种植品种有小果青、大果青、小果黄、大果黄、宜山六月黄豆、靖西黄豆等。20世纪70年代，先后引进玉林大黄豆、云南大黄豆、苹果大黄豆、穗季豆、小芸豆、恭城青皮豆、蜂窝豆、北京大黄豆等品种。1989年，试种柳豆1号，成为主栽品种。20世纪90年代后，推广品种有桂早一号、桂春一号、柳豆2号、柳豆3号、桂春5号等。

红　薯　1960年以前，境内种植白心红薯等传统品种。1960年后，引进无忧饥、北京薯、徐薯18、白槟榔、黄心红薯、花心红薯等品种。20世纪80年代末期以来，多种植桂薯1号，该品种以其优质高产成为本地当家品种。

经济作物品种

花　生　民国时期，境内主要种植本地珍珠花生、三鞘花生、大颗挖籽花生等品种。民国18年（1929

年)，境内引进越南花生良种。20世纪50年代，推广珍珠花生。20世纪60年代，引进推广的花生品种有盾地雷、狮头企、伏花生、红衣花生、越南花生、一窝猴等。20世纪70年代，栽培的主要品种是狮头企、伏花生、合油1号、合油4号、贺粤1号等。20世纪80年代初期，引进7719—1花生品种。20世纪80年代后，以柳油1号、狮选64、粤油551、粤油551—116、511—16、中花117、桂花15、桂花16、合油4号、汕油27号等品种为主。2000—2005年，全市推广桂花17、桂花21、桂花22、桂花23等品种。

芝　麻　芝麻又称脂麻、油麻、胡麻。各地种植的芝麻品种主要有八棱芝麻、四棱芝麻、白芝麻、黄褐色芝麻、中芝1号、忻城尚宁矮芝麻、忻城红渡黑芝麻、忻城那邦黑芝麻、兴宾区黑芝麻。其中来宾市忻城尚宁矮芝麻、忻城红渡黑芝麻、忻城那邦黑芝麻是经过全国统一鉴定的具有耐渍性的广西12份芝麻种质中的3个品种；兴宾区黑芝麻则是全国统一鉴定的具有耐旱性的广西17份芝麻品种之一。

油　菜　以冬季油菜为主，主要栽培品种有：大坡油菜、四川小油菜、胜利油菜、贵州大红花、三堡油菜、川油10号、秦油等。

木　薯　本地区曾种植南洋木薯、越南面包木薯、糯米木薯、南植118等品种。

第二节　耕作技术

水田耕作制度

双季稻两熟制　1950年，境内种植单季稻面积5.88万公顷，占水稻面积55.52%。1960年，双季稻面积发展到11.57万公顷，占水稻面积87.25%。1970年，双季稻种植面积迅速发展。1970—1979年，年平均双季稻种植面积15.98万公顷，其中1975年，种植面积达到17.09万公顷，占水稻种植面积96.59%。1977年，境内各县对双季稻区域进行规划和调整。1980—1989年，年平均双季稻种植面积13.66万公顷。1990—1999年，年平均双季稻种植面积12.93万公顷。2000—2005年，来宾市双季稻种植面积分别为11.74万公顷、11.35万公顷、11.20万公顷、10.88万公顷、10.90万公顷、10.95万公顷、分别占当年全市水稻种植面积的88.96%、91.77%、87.51%、81.38%、67.37%、78.49%。

双季稻—冬作三熟制　稻—稻—冬油菜、稻—稻—麦、稻—稻—冬豆、稻—稻—绿肥、稻—稻—菜、稻—稻—烟三熟制。

水稻—其他作物两熟制　水稻—蔬菜、水稻—豆类、水稻—油菜、水稻—马铃薯。

水旱轮作　旱玉米—中(晚)稻轮作、早稻—黄豆轮作、黄豆—晚稻轮作、早稻—红薯轮作。

旱地耕作制度

春玉米—秋玉米两熟制　20世纪50年代初期，约有6666公顷。20世纪70年代，曾扩大到2.33万公顷。因受秋旱影响，秋玉米产量低而不稳，经济效益低，20世纪90年代每年只有1万~1.33万公顷，主要分布在忻城、来宾等县。

春玉米—黄豆两熟制　20世纪70年代以前，多以春玉米收获前一个月左右，套种八月黄豆，实现一年两熟。随着黄豆新品种的推广，20世纪80年代以后，多为玉米收获后翻耕种秋黄豆。

春玉米—红薯两熟制或黄豆—红薯、花生—红薯等两熟制这一种植方式由来已久，既可增加粮食和油料，又可解决畜禽饲料。

木薯间种红瓜子或黄豆、花生两熟制。境内武宣县、象州县、兴宾区的农民多有这种套种习惯。

第三节　肥料使用

有机肥料

农家肥　境内农民素有积、造、堆、沤和使用农家肥料的传统习惯，一般作基肥，也可作追肥。农家肥主要有人畜粪便、家禽粪便、草木灰、草皮灰等。20世纪70年代中期，境内各县推广稻草、玉米秆等秸秆还田。1982—1984年，原来宾县每年稻草还田1.73万~1.8万公顷。1987年，原柳州地区土肥站在合山市和武宣县做稻草还田实验。1990年以后，境内不提倡铲草皮，烧草皮灰。

人工种植绿肥　主要品种有专用绿肥的红花草、苕子、薯菜等，兼用绿肥有油菜、豌豆等。20世纪60年代中、后期，境内冬季绿肥生产较快。20世纪70年代，境内种植绿肥面积有所下降。20世纪80年代后期，绿肥生产回升。1992年，境内种植绿肥1.86万公顷。1993年，境内种植绿肥1.19万公顷。1994年，境内种植绿肥1.14万公顷。2000年，境内绿肥种植面积0.72万公顷。2005年，全市绿肥种植面积0.47万公顷。

表 11-29 **1990—2005 年来宾市绿肥种植面积表**

年份	面积(公顷)	年份	面积(公顷)	年份	面积(公顷)	年份	面积(公顷)
1990	9184	1994	11401	1998	9188	2002	5521
1991	14706	1995	9153	1999	8797	2003	4563
1992	18572	1996	9072	2000	7214	2004	3205
1993	11892	1997	158	2001	—	2005	4728

水生绿肥 主要有水浮莲、水花生、水葫芦、红萍。20 世纪 70 年代中期,境内推广稻田养萍,后因萍螟、萍灰螟危害严重,越冬、越夏保种困难,未能继续推广。

野生绿肥 农民常用的含氮较高的野生绿肥有苦艾、糯艾、胡枝子、假望江南、马缨丹等。20 世纪 50 年代至 60 年代,境内野生绿肥施用面积较多,金秀瑶族自治县、象州县、武宣县生产苕子、红花草根瘤菌肥。20 世纪 70 年代开始,由于冬种绿肥面积增大和化肥用量不断增加,野生绿肥施用面积减少。推广使用“5460”菌肥,还土法生产“920”肥料。20 世纪 80 年代,由于绿肥种植面积下降,一些菌肥厂停产,使用少量的如花生根瘤菌需从外地购进。境内农村开始利用沼气池生产沼气肥,随着沼气池的不断增多,沼气肥应用越来越多。

腐殖酸肥 是利用褐煤与氨水或碳酸氢铵堆沤而成。1972 年,来宾县开始生产腐殖酸肥。1975 年上半年,来宾县生产腐殖酸类肥 7.2 万吨,施用 6.8 万吨,有 210 个大队、2669 个生产队施用。

1980 年后,境内各地对花生麸、菜籽麸除少量直接施用外,大部分先做饲料,然后利用畜禽粪便作肥料。境内饼肥施用量占有机肥总量的 1%~1.6%。

无机肥料

民国 34 年(1945 年),武宣县已有“肥田粉”上市,但销量很小。民国 36 年,象州县开始使用国际救济化肥——硫酸铵,用量共 100 吨。

中华人民共和国成立后,境内各地建立商业机构,化肥销售品种、数量都有增加。1951 年,象州县、来宾县使用硫酸铵 8.75 吨。1952 年,武宣县销售化肥 28 吨。1953 年,武宣县销售化肥 14 吨。1954 年,武宣县销售化肥 97 吨。1959 年,武宣县化肥销量为 490 吨。1960 年,境内各县开始施用尿素、氨水、硝酸铵等氮肥。武宣县 1964 年销售化肥 1138 吨、1967 年销售化肥 4673 吨。20 世纪 70 年代中后期至 20 世纪 80 年代才普及钾肥、复合肥。氮、磷、钾肥料以及复合肥料实物使用量逐年增加。1973 年,武宣县销售化肥比 1963 年增长 1.39 倍,1979 年又比 1973 年增长 73.06%。1983 年以后,境内才大面积施用化肥。1987 年,忻城县化肥销售量 19302 吨,其中氮肥 15286 吨,磷肥 2271 吨,钾肥 1620 吨,复合肥 125 吨。武宣县销售化肥 35021 吨,比 1980 年增长 47 个百分点。1990 年,武宣县化肥销量为 35053 吨。忻城县化肥销售量为 14859 吨。1953—1990 年,忻城县化肥销售 240683 吨,其中氮肥 185791 吨、磷肥 40569 吨、钾肥 11578 吨、复合肥 2735 吨。2005 年,全市化肥使用量达 599382 吨,其中氮肥 209486 吨、磷肥 150919 吨、钾肥 98015 吨、复合肥 140962 吨。

表 11-30 **1971—1990 年柳州地区化肥使用量(实物时)表**

年份	化肥使用量(吨)	年份	化肥使用量(吨)	年份	化肥使用量(吨)
1971	27585	1978	63225	1985	127702
1972	32949	1979	86862	1986	151591
1973	39502	1980	73675	1987	166560
1974	48245	1981	110860	1988	167655
1975		1982	134654	1989	180106
1976	53466	1983	116775	1990	196005
1977	54299	1984	121506		

表 11-31　1991—2005 年来宾市化肥使用量(实物吨)表

年份	化肥用量合计(吨)	氮肥(吨)	磷肥(吨)	钾肥(吨)	复合肥(吨)
1991	235682	116010	73094	31349	15229
1992	239586	115354	75102	32162	16968
1993	238105	111546	72388	34066	20105
1994	249813	114471	72581	36522	26239
1995	297372	133318	87753	41537	34764
1996	329251	144911	91634	47716	44990
1997	329251	144911	91634	47716	44990
1998	394637	166591	102340	57477	68229
1999	421495	170028	108945	61849	80673
2000	431886	170679	107599	62710	90898
2001	440468	176118	110592	65070	88688
2002	477503	183752	121035	70702	102014
2003	536758	193206	133735	88539	121278
2004	591708	204407	152574	99223	135504
2005	599382	209486	150919	98015	140962

20 世纪 70 年代，境内各县开始施用硫酸锌，部分县还使用土法生产的磷肥、“920”“杀螟杆菌”。20 世纪 80 年代，各县推广使用“硼肥，硅肥、钼肥、锰肥、稀土”等。微量元素肥料主要在合山、象州、来宾、忻城等 4 个县(市、区)使用。80 年代中后期，还引进“三十烷醇、喷施宝、甲天下、喷必灵、富民叶面肥”等植物激素。第二次全国土壤普查后，推广配方施肥，许多地方少施或停施石灰。

施肥技术

境内传统的施肥技术，以农家肥作基肥和追肥，采用泼施(淋施)、撒施、点施(塞蔸)、穴施等方法，随着化学肥料的广泛应用，各地农业部门总结推广多种施肥技术。

20 世纪 80 年代，测土配方施肥逐步走向规范化、标准化的轨道。境内各县在第二次土壤普查成果的基础上，开展“补磷、补钾、补素(微量元素)工程”试验、示范工作，摸索了一些经验。1982 年，各县在柳州召开全国南方钾肥现场研讨会后，普遍推广农作物配方施肥技术。1983 年，各县(市)开始实施《水稻配方技术规范》及优化配方施肥法。1984 年，农业部给柳州地区试验用标准化肥 3800 吨，在水稻上施用。

1986—1988 年，境内共发放配方施肥卡 20.3 万份。1982—1989 年，境内水稻、玉米、甘蔗、花生、黄豆等作物配方施肥面积每年在 1.67 万 ~11.67 万公顷次。1990—1994 年，上述作物配方施肥面积在 10.8 万 ~14.5 万公顷次。

2005 年，测土配方施肥作为广西区农业厅重点推广的 10 项农业新技术之一，在来宾市推广示范。全市测土配方施肥面积 3.34 万公顷，免费为农民速测土壤 4634 个(次)，发放施肥建议卡 11335 份，推广测土配方施肥增产效果明显，得到广大农民的认可。

第四节　病虫害防治

水稻病虫害

境内水稻病虫害发生种类主要有稻瘟病、纹枯病、胡麻叶斑病、稻赤枯病、恶苗病、白叶枯病、细菌性条斑病、三化螟、稻纵卷叶螟、稻飞虱、稻苞虫、黏虫、稻叶蝉、稻瘿蚊、蟀象、稻叶水蝇、中华稻蝗、稻蓟马、稻螨、稻蝝甲虫、赤斑黑沫蝉等。

稻瘟病　民国时期，境内已有稻瘟病发生。20 世纪 50 年代至 60 年代，稻瘟病多发生在山区粳糯稻产区。20 世纪 70 年代后，上升为境内水稻耕作区的主要病害之一。90 年代后，抗病性较强的杂交稻得到迅速推广种植，加上农民重视种子消毒，稻瘟病发生程度较轻，发生面积呈下降趋势。1999 年，来宾县稻瘟病发生面积 10 万亩次，损失粮食 318.4 吨。2005 年，来宾市大面积种植常规优质稻，常规稻抗病性较差，稻瘟病发生面积有所回升，年发生面积在

2万~3万公顷，约占水稻种植面积的20%~25%。

水稻纹枯病 20世纪50年代，境内已有纹枯病发生。20世纪80年代后，各地由于偏施氮肥，缺钾肥，此病上升为主要病害之一。1994年，原来宾县发生纹枯病面积达35.77万亩次，占种植面积的52.8%，防治面积30.3万亩次，经防治后挽回稻谷损失5665吨，仍损失3911.1吨。进入21世纪以后，该病已成为来宾市水稻生产发生面积及造成损失最大的病害，每年发病面积均在6万公顷左右，占水稻种植面积的50%~60%。兴宾区年发生面积均在22万亩次以上。

稻胡麻叶斑病 20世纪50年代至60年代，稻胡麻叶斑病是境内稻作主要病害之一。20世纪90年代以后，随着耕作施肥水平的提高，没有造成灾害性损失。

稻赤枯病 20世纪80年代，境内稻赤枯病发生较普遍。1990年后，此病很少发生。

恶苗病 20世纪60年代至70年代，境内稻恶苗病发生较重。1982年，境内种植感病品种朝灵11号3万公顷，稻恶苗病发生面积1.71万公顷，失收126公顷。1986年，忻城县早稻秧田200公顷发生稻恶苗病。20世纪90年代以后，境内大面积种植杂交水稻，推广应用抛秧技术，采取秧盘育秧，极大减轻了该病的发生程度。

稻白叶枯病 1978年，境内发生稻白叶枯病面积较大。20世纪80年代，有小面积发生稻白叶枯病。1991年后，没有发生危害。

水稻细菌性条斑病 1976年，水稻细菌性条斑病列为全国对内植物检疫对象。1976年9月，首先在来宾县发现，当年发生水稻细菌性条斑病面积达21.17公顷。1985年和1987年，象州、武宣、金秀等县发生该病虫害。2002年后，来宾市每年发生水稻细菌性条斑病面积在0.8万~1万公顷，占水稻种植面积的10%~15%。该病发生面积多少主要视当年8—10月份的降雨多少而定。如在8月上旬至10月下旬降雨次数多，强度大，发病就重，反之则轻。

此外，境内水稻病害还有稻曲病、稻叶鞘腐败病，稻细菌性褐斑病等，发生面积小，对产量影响甚微。

三化螟 三化螟是水稻主要害虫之一。中华人民共和国成立前、后均有发生。2002年后，来宾市每年发生面积在2万~2.5万公顷，占水稻种植面积的30%~35%。

稻纵卷叶螟 民国28年(1939年)，境内忻城县发生稻纵卷叶螟危害。1978—1995年，境内有11年受稻纵卷叶螟危害。其中，1990年受灾较重。20世纪90年代后，稻纵卷叶螟已成为境内水稻发生面积最大、为害最重的害虫之一。2002年后，来宾市每年发生面积在3.5万~4万公顷，占种植面积的50%~60%。

稻飞虱 稻飞虱是境内水稻的主要害虫，常年早稻受害重于晚稻。一年发生7代，成虫迁入高峰期一般在3月下旬和4月中旬，经繁殖1~3代后，于7月中下旬左右再向北迁飞到长江中下游进行危害，8月下旬至9月上旬回迁危害晚稻。早稻主害代(第三代)发生程度均达中等局部——偏重以上，低龄若虫高峰期在6月上旬至中旬。晚稻主害代(第六代)一般为中偏轻局部中等程度发生，低龄若虫高峰期出现在9月上中旬。从1990年起，稻飞虱已成为境内水稻上发生面积最大、为害最重的害虫之一。1992年，来宾县发生面积达30.65万亩次，占种植面积的75.6%，防治面积30万亩次。1980—1995年，有11年发生较严重。2002年后，来宾市每年发生面积在3.5万~4万公顷，占种植面积的50%~60%。

稻苞虫 20世纪50年代至60年代，稻苞虫是境内稻作区主要害虫之一，晚稻受害重于早稻。1964年，武宣县发生面积3266公顷，20世纪70年代后，随着高效广谱性农药的推广使用，此虫的发生量减少。2002年后，来宾市只是偶见零星发生。

黏　虫 黏虫多发生在境内的武宣、忻城、象州县，占晚稻面积的32.9%。1987年，黏虫害发生严重。2002年，来宾市发生黏虫害面积1433公顷，主要为害甘蔗及部分水稻。该虫为间歇性发生，一般是在洪涝灾害过后则较容易发生。2002—2005年，来宾市每年轻度发生黏虫害，常年发生面积200~500公顷。

稻叶蝉 20世纪60年代至70年代，稻叶蝉是水稻的主要害虫之一，境内常年发生1.33万~2万公顷。20世纪80年代后，发生呈下降趋势。1982年，境内稻叶蝉发生面积达1.89万公顷次。1990年，境内发生稻叶蝉面积达1246公顷，1995年，境内发生稻叶蝉面积达6440公顷。2002—2005年，来宾市每年均为轻度发生。

稻瘿蚊 20世纪50年代至60年代，稻瘿蚊多发生于中晚稻田，常年发生。20世纪70年代后，逐步上升为普遍性大面积发生的稻作主要害虫，对晚稻生产构成较大威胁。1994年，为特大发生年。2000—2005年，来宾市境内发生面积及为害程度呈逐年下降，常年发生面积0.8万~1.2万公顷，占种植面积的 8%~10%。

稻蟋象　境内稻作区中后期稻蟋象广泛发生危害。1987 年，稻蟋象大面积发生。2002—2005 年，来宾市每年均为轻发生，发生面积 1 万 ~1.2 万公顷，占水稻种植面积的 8%~10%。

稻叶水蝇　自 1979 年以来，境内稻叶水蝇常年发生。2002 年后，来宾市年发生面积基本稳定在 0.3 万 ~0.5 万公顷，占水稻种植面积的 2%~5%。

中华稻蝗　1964 年，武宣县大发生中华稻蝗灾害，全县受害面积 3.11 万亩。1984 年，境内大面积发生华稻蝗灾害。2002—2005 年，来宾市常年发生面积在 0.1 万 ~0.2 万公顷，占水稻种植面积的 0.8%~2%。

稻蓟马　1981—1983 年，境内稻蓟马连续发生稻蓟马灾害，危害严重造成秧苗枯黄。2002—2005 年，来宾市发生为害程度呈下降趋势，常年发生面积 0.1 万 ~0.2 万公顷，占水稻种植面积的 0.8%~2%。

此外，来宾市稻作害虫还有稻螨、稻蟓甲虫、赤斑黑沫蝉等，但发生面积小，为害程度轻，基本上对水稻产量构不成威胁。

玉米病虫害

主要有纹枯病、蚜虫、玉米螟、铁甲虫、玉米大小斑病、玉米丝黑穗病、玉米黑粉病和蝗虫等。

纹枯病　20 世纪 80 年代至 90 年代，境内有玉米纹枯病发生。随着优质玉米特别是甜玉米种植面积不断扩大，施肥水平不断提高，该病呈加重趋势。2002—2005 年，来宾市常年发生面积 2.0 万 ~2.5 万公顷，占玉米种植面积的 30%~40%。

玉米螟　2002—2005 年，来宾市玉米螟有逐年加重趋势，常年发生面积 2.5 万 ~3.0 万公顷，约占玉米种植面积的 35%~40%。

蚜　虫　随着“墨白”玉米的推广，玉米蚜虫上升为主要害虫之一。1989 年，境内发生占种植面积 43.6%，有蚜株率 30%~40%，防治面积占发生面积 87.4%。常年发生面积 2.0 万 ~2.5 万公顷，占玉米种植面积的 30%~40%。

铁甲虫　20 世纪 30 年代，境内已有玉米铁甲虫发生为害。1972 年，来宾县、忻城县的石灰岩地区发生铁甲虫面积有 200 公顷，成灾损失面积达 40%~50%。1986 年，玉米铁甲虫害发生较严重，造成连片玉米叶片枯白。1988 年，抽样检查平均每 667 平方米仅有虫 15 头。20 世纪 90 年代后，由于连续多年的联防以及生态环境的改善，该虫发生面积大幅度下降，发生地域也在缩小。2002—2004 年，兴宾区溯社乡铁甲虫暴发成灾，3 年共发生面积 2.2 万亩次，成灾面积 0.8 万亩次，绝收面积 0.1 万亩次，造成粮食损失 2157.6 吨，防治上主要是在成虫盛发期发动群众联合统一行动，在晴天上午 9 时前或下午 4 时后及阴天全天，开展人工捕杀成虫，同时在卵孵化率达 10% 时开始选用 18% 抗虫灵或杀虫双喷雾防治。

此外危害玉米的病虫害还有玉米大小斑病、玉米丝黑穗病、玉米黑粉病和蝗虫等。

东亚飞蝗　根据历史记载，东亚飞蝗在来宾市曾多次爆发成灾，给农业生产造成严重损失。1955 年 7 月—9 月，来宾县蝗虫爆发成灾，发生面积 543.27 公顷，占广西当年发生面积的 16.9%。1963 年，东亚飞蝗在来宾县、武宣、象州县大面积发生，发生总面积 8904.13 公顷，占广西当年发生面积的 37.3%。受害作物有玉米、甘蔗、水稻等。其发生特点是面积大、分布广、突发性强、发生早、密度高。1988 年 8 月—10 月，在缺乏预见性的情况下，兴宾县、武宣县近 30 个乡镇境内飞蝗突然爆发成灾。发生面积达 2100.27 公顷，占广西当年发生面积的 64.7%。其中，农作物受灾面积 586.53 公顷，占广西受灾面积的 66.7%。仅武宣县受灾直接经济损失就达 50 多万元。

2005 年，来宾市在间隔 17 年后，东亚飞蝗再次爆发。全市发生面积 1.89 万公顷，严重面积 539 公顷。其中，作物地发生面积 1.71 万公顷，主要为害甘蔗，发生严重的甘蔗地受害株率达 100%。兴宾区发生程度最重。甘蔗地虫口密度高达 2130 头 / 平方米，平均为 16.2 头 / 平方米；荒草地虫口密度高达 1220 头 / 平方米，平均为 57 头 / 平方米，以群居型蝗蝻为主。

柑橘病害

来宾市柑橘病害主要有黄龙病和溃疡病等。各县（市、区）均有发生。柑橘溃疡病属于全国检疫对象，全市发生面积 80~100 公顷。

草　害

1986 年，境内各县进行稻田、畲地、果园杂草类普查，农田杂草主要有 16 个科 129 种。2002—2005 年，来宾市常年发生面积在 20 万 ~25 万公顷。其中，水稻田杂草 8 万 ~10 万公顷，占水稻面积的 60%~80%；旱地作物杂草 12 万 ~15 万公顷，约占旱地作物种植面积的 60%~70%。

农田鼠害

境内各县在历代均有农田鼠害发生。2002—2005年，全市常年发生面积在10万~12万公顷。其中，水稻田鼠害4万~5万公顷，占水稻面积的30%~40%；旱地作物鼠害6万~7万公顷，占旱地作物种植面积的25%~30%。

防　治

民国时期，境内农田除杂草均为人工除草，农田鼠害防治以人工捕杀为主。民国22年(1933年)，境内即推行病虫害防治工作。民国27年，象县制造虫船梳，试行烟草水治螟。民国28年，象县稻蝽象发生，采用人工捕捉、滴油驱杀及放鸭啄食除虫，成效尚佳；忻城县发生稻纵卷叶虫害，用拍板驱除。20世纪50年代中后期，开始使用磷化锌配成毒饵灭鼠。

20世纪50年代初，境内病虫防治仍以手捉网捕及虫梳、虫拍等人工器械为主，少数地方采用烟草水，硫磺等土农药治虫。1954年后，境内开始推行使用“六六六”“滴滴涕”等化学农药灭虫。1957年，境内各县相继设置农作物病虫害预测预报站，并配备技术员，开展农作物病虫害预测预报工作。1962年，境内武宣县蝗虫大发生，自治区农业厅除送给武宣“六六六”粉外，还派出1名技师与柳州专署农业局技术干部到现场指导灭蝗。从8月中旬开始，到10月3日止，全县共出动10036人次，使用喷雾器308架次，“六六六”粉16595千克。防治面积31165亩，消灭蝗蝻群99股。1964年，境内各地利用溴甲烷、氯化苦、氰酸气灭棉红铃虫，利用氰酸气灭豌豆象。同年，开始推行养蜂治虫。1965年，境内开始用化学农药除草，主要使用除草醚、五氯酚钠、敌稗、2.4—D和二甲四氯等。20世纪70年代，境内大力推行综合防治，科学用水，“土洋并举”防治病虫害。采集野生辣蓼、了哥王、羊角扭等土农药与剧毒农药混合，进行适时灭虫。推行齐坭割稻，冬季大搞农田“三光”除虫；春季适时提早春灌耙沤灭螟；秧田期人工摘除螟虫卵块；螟蛾盛期灯光诱蛾；此外养鸭啄虫，养蜂治虫；土法生产杀螟杆菌灭虫措施，取得一定效果。1975年，第四代三化螟盛发期，搞“万家灯火”诱杀成虫。同年，有不少面积农地实行养蜂治虫、以菌治虫。20世纪70年代后期至80年代初，由于化学农药除草易发生药害和毒性大，停止使用。20世纪80年代，农业技术部门推广杀螟松、甲胺磷、叶蝉散等新农药，推行植保技术承包。到20世纪90年代，境内防治虫害以高毒高残留有机磷农药为主，特别是广谱性的甲胺磷几乎在所有的作物上都有使用，甚至在生育期很短的蔬菜上使用，因而造成食物中毒的现象时有发生。随着栽培方式、耕作制度的改变，农田化学除草得到迅速发展。农业部门在水稻免耕技术实施过程中，大力推广使用农民乐747(74.7%草甘膦)、农达(41%草甘膦)、20%百草枯等，除草剂被广泛用于杀灭稻桩及落谷长出的秧苗，使水稻免耕技术得以推广；随着25%秧歌(丁草胺+卞醚磺隆)等抛秧田除草剂的大面积推广使用，水稻抛秧配套技术日臻完善；此外，在甘蔗田广泛使用莠灭净、二甲四氯、敌草隆等防除蔗田杂草取得很好效果。1992年，境内开始推广使用低毒的扑虱灵(噻嗪酮)防治稻飞虱。1995年推广使用10%大功臣(噻嗪酮)防治稻飞虱取得巨大成功，从而结束了大量使用混灭威、叶蝉散防治稻飞虱的历史。

病虫害预测预报

20世纪60年代，境内始设病虫测报站，配员1~2人。1962年，象州县设病虫测报站。1963年，来宾县设病虫测报站。辖区内各县站先隶属原专区1956年设的柳州植保植检站，后隶属于1964年设立的柳州地区农作物预测预报站。定测报对象为水稻三化螟、稻苞虫、稻纵卷叶虫、稻瘿蚊、稻叶蝉、稻飞虱、稻胡麻叶斑病和稻瘟病等。1972年以后，境内各公社(乡镇)农业技术推广站建立病虫测报点，大队由农科干部负责测报工作。县植保站(病虫测报站)每年发出病虫预测预报9~24期，乡镇推广站不定期的发出情报，指导病虫害防治。1976年，境内各县均有测报站，公社有测报点，大队有查虫员。60年代至70年代，境内水稻病虫害有6种；甘蔗、花生、大豆、玉米、果树、冬种绿肥等8种作物。测报病害19种、虫害30种，其中水稻病害11种、虫害15种，其他作物病害8种、虫害15种。

20世纪80年代，境内各县设立县级植保站，隶属原柳州地区植保植检站。1980年，境内重新确定三化螟、稻飞虱、稻纵卷叶虫、稻苞虫、稻叶蝉、稻瘿蚊、稻蓟马、黏虫、稻瘟病、稻纹枯病、玉米螟等为主要测报对象。柳州地区植保站以发综合情报、急报，中长期预报为主，常年收集各县(市)病虫资料、建病虫档案。各县(市)根据各种病虫发生发展规律及历年病虫资料及当时系统的田间调查，分析预测各个时期病虫发生发展的可能趋势，及时发出病虫情报。1981年，象州县病虫测报站改为植保站。1985

年2月，来宾县成立县级植保站，24个乡镇均配备植保员，全县形成植保网，对农作物病虫害能及时进行测、预报。

2002年后，来宾市乡级农业技术推广站与畜牧、农机、甘蔗等站合并为农业技术服务中心，归乡（镇）政府管理，不设乡级植保员。来宾市及所辖6个县（市、区）有专业的“农作物病虫害预测预报站”，但个别县因人员调动频繁、非专业人员过多、专业人员严重不足等，影响测报业务工作的正常开展。

植物检疫

1960年，境内发生的检疫对象有7种：水稻白叶枯病、水稻干尖线虫病、洋麻炭疽病、柑橘黄龙病、柑橘溃疡病、甘薯小象鼻虫、棉红铃虫。植检处理结果：购进索马里花生有谷斑皮蠹转而随花生麸传入柳州地区内劳改系统农场和园艺场。经采取对简易仓房烧毁，包装麻袋进行蒸煮等措施，谷斑皮蠹已灭迹。1963年，柑橘瘿蚊随柑橘果苗传入柳州地区农科所，1964年进行田间帐幕室氰酸气处理，经多次复查，无再发现。1965年，小麦线虫病由河南引种小麦传入来宾县，经采用黄泥水汰除瘿粒，限制地域插种和次年不留种等措施，已灭迹。1966年，境内发生的检疫对象有10种：水稻白叶枯病、水稻细菌性条斑病、小麦线虫病、红薯瘟病、洋麻炭疽病、柑橘黄龙病、柑橘溃疡病、红薯小象鼻虫、柑橘大实蝇、毒麦。1976年，普查中发生毒麦，后采取召开现场会，发动群众在毒麦抽穗期田间拔除植株，当地小麦不留种、更换新种等措施，已灭迹。1983年，境内发生的检疫对象有5种：水稻细菌性条斑病、甘薯瘟病、柑橘黄龙病、柑橘溃疡病、柑橘大实蝇。1988年，对从美国进口小麦过境跟踪调查时，在来宾县凤凰发现假高粱植株，当即拔除。同年，在原地区粮油转运站复查进口大豆时，确定夹带假高粱，采取筛选汰除法等措施，避免了后患。1995年，来宾市境内发生的检疫对象有5种：水稻细菌性条斑病、柑橘黄龙病、柑橘溃疡病、柑橘大实蝇、四纹豆象。

2002年，来宾市成立后，市级无植物检疫机构，只配备2~3名专职植物检疫员，与植保站为一套人马，两块牌子，开展植物检疫工作。2005年，辖区内有象州县植物检疫站为独立的植物检疫站，有编制和专职检疫人员，其余各县（市、区）只配备专职植物检疫员，负责辖区内的植物检疫工作。

第六章　畜牧业

秦汉时期，境内畜牧业以养猪为主，其次有牛、马、羊、狗、鸡、鸭、鹅等。民国时期，境内各县设有建设科管理畜牧业。20世纪40年代，开始引进外地良种，进行禽畜改良。中华人民共和国成立后，特别是改革开放以来，境内各县的畜牧业保持了较高的发展速度，实现了持续增长。

1951年，境内各县人民政府制定保护耕畜、奖励农民养畜的政策，帮助农民解决缺乏种子、耕牛、肥料等困难问题，发放支农贷款给农民购买耕牛。1953年，发放农业贷款给农民购买耕牛，同时调整肉食品价格，在养畜方面增加农民收入。1953年，来宾、武宣两县引进盘克夏和约克夏公猪，与本地猪进行杂交改良。至1957年，境内各县畜牧业生产发展速度快，牛、猪存栏每年平均递增速度为4.81%和3.10%。1958年，境内各县成立人民公社，土地、山林、耕畜、农具等均入社归集体所有。畜牧业采取“公养为主，私养为辅”的饲养方针，各公社、大队、生产队兴建集体养猪场、养鸡场，发展集体畜牧业。公社建立兽医站，大队建立兽医室，生产队配备兽医防疫员。但当时“共产风”“浮夸风”严重挫伤农民的生产积极性，粮食连续减产，农民口粮和牲畜饲料紧缺，中猪、母猪被大量宰杀，集体猪场大部分名存实亡，畜牧业生产严重下降。

1963年，自治区党委和自治区人民委员会两次调整畜牧养殖政策，开放生猪和耕牛市场。养猪方针由“公养为主”改为“公私并举，私养为主”。同时，提高生猪收购价格和实行奖售粮食、工业品的政策，恢复及增加社员自留地，允许社员在完成生猪派购任务后，自宰自卖，自由上市。到1965年，畜牧业生产连续3年得到发展，牛、猪存栏数平均每年递增2.57%和2.32%。1965年，生猪存栏达41.63万头，耕牛存栏达30.06万头。

“文化大革命”时期(1966—1976年)，境内农民私人养畜禽受到限制，畜牧业生产遭到严重挫折。

1970年，各县执行广西畜牧业生产第四个五年计划，实现“一人一猪”“一亩一猪”，境内畜牧业生产（猪、牛存栏）略有回升，生猪、耕牛存栏分别达45.66万头和30.32万头。

中共十一届三中全会后，境内农村实行家庭联产承包责任制，畜牧业进入了蓬勃发展时期。自治区畜牧局在来宾、象州等20个县建立禽蛋生产基地，将来宾、忻城等10个县列为商品牛基地。1979年，境内各县实行自治区革命委员会公布的《1979年粮糖油猪增产奖励办法》，开放耕牛市场，实行议价交易，允许社员家庭养牛和自宰上市。1980年，自治区人民政府制定实行生猪收购“购一多留”办法，取消活鸡派购，实行议购议销。1985年初，自治区人民政府下发《关于大力发展畜牧业生产的通知》，广西全面放开生猪市场，取消派购政策，取消城镇非农业人口凭猪肉票定量供应办法，农民养猪可以自宰上市，价格随行就市，农民可根据市场要求安排畜牧业生产。境内各级人民政府进一步调整农村产业结构，大力发展畜牧业，重点发展草食畜禽生产，推广配合、混合饲料，科学养畜养禽。

1990—1992年，柳州地区畜牧水产局组织全地区10个县（市），132个乡镇，1981个村参加实施《广西科技兴牧“133”工程》项目，参加项目实施的各级领导2019人，科技人员2882人，农民技术员3659人。参加科学养猪、养牛、养禽的农户达33.03万户，科学养猪188.08万头，出栏肉猪116.04万头，新增肉猪出栏41.31万头，出栏率达117.3%；科学养牛22.03万头，杂交配种母牛2652头，选留本地种公牛2373头，配种母牛37926头，1991—1992年，产牛仔21637头；科学养禽1367.59万羽。通过大力推广以配合饲料，人工孵化和人工育雏，提高家禽防疫密度等技术措施，大大提高了雏鸡育成率和饲料利用率，人工育雏率达81.2%；饲料报酬1∶2.45。象州县寺村乡张海斌饲养红宝鸡和京黄鸡820只，全部用配合料，饲养56~60天出栏，活禽重达1.55~1.75千克；鸡的死亡率大大下降。通过大范围地推广科学饲养畜禽的适用技术，促进了畜牧业的持续健康发展。境内畜牧业的经济效益也随着家庭饲养规模的扩大和配（混）合饲料的推广应用而不断提高，在此期间，自治区畜牧局调查一些具有一定生产规模的饲养大户，他们采用配、混合饲料科学养畜获得了显著效益。来宾县良江乡太平村覃美庆一家养猪40头，当年出栏，获纯利2300元，平均每头猪获利57.5元（不含猪粪折价款）。

2000年6月，经地区编办批准，将挂靠在地区畜牧兽医站的畜禽品种改良站单独设置，并从畜牧兽医站划出5个事业编制，充实业务骨干，狠抓畜禽品改工作。将2001年定为畜禽品种改良年。各级政府加大投入力度，大量引进二元杂瘦肉型种猪、良种牛、良种山羊，推行牛同期发情技术，通过招商引资的形式引进广西皇氏集团到来宾县建设规模黑白花奶牛场。由于品改工作成绩突出，当年被评为广西品改工作先进单位。

2003年，市人民政府下发《来宾市人民政府关于加快水产畜牧业发展的意见》（来政发〔2003〕13号），提出全市水产畜牧业的发展目标、任务、重点和政策措施。市水产畜牧业克服“非典”和山羊痘疫情带来的巨大影响，继续保持稳定快速发展势头。同年，全市率先在全自治区建立规模养殖小区160个，小区栏舍建筑面积137780平方米，配套建设沼气524个。全市肉类总产量达28.25万吨，同比增长8.97%；牛奶产量700吨，同比增长26.13%；水产品产量3.75万吨，同比增长8.5%。肉猪出栏321.6万头，同比增长8.68%；肉牛出栏24.54万头，同比增长14.99%；山羊出栏27.14万只，同比增长9.24%；家禽出栏1534.15万羽，同比增长21.59%。

2005年，市境内的生猪已基本实现杂交良种化。全市肉类总产量32.23万吨，同比增长7.42%；生猪出栏358.1万头，同比增长5.96%；肉牛出栏28.99万头，同比增长9.07%；山羊出栏31.69万只，同比增长12.42%；家禽出栏1817.31万只，同比增长11.29%；年末生猪存栏165.91万头，同比增长3.42%。牛存栏71.79万头，同比增长5.06%；山羊存栏30.13万只，同比增长2.87%；牛奶产量931吨，同比增长22%。畜牧业产值占全市农业业总产值36%。

第一节 品　种

境内人民历来擅长家畜、家禽养殖，且品种齐全，养殖量大。

养殖户大规模养殖香猪　（2005年摄）

1957年3月，为适应畜牧业发展需要，境内各县加强畜牧兽医服务体系建设和兽医防疫、家畜品种改良工作。2003年，市人民政府下发《来宾市人民政府关于加快水产畜牧业发展的意见》（来政发〔2003〕13号），提出了全市水产畜牧业的发展目标、任务、重点和政策措施，全市水产畜牧业克服了“非典”和山羊痘疫情带来的影响，继续保持稳定快速的发展势头。

畜禽品种

猪　境内饲养的生猪主要有桂中花猪、香猪、长白猪、大约克猪、东山猪、陆川猪、杂交猪等。1960年以后，桂中花猪，数量逐年减少。

20世纪70年代，境内引进产英国北部约克夏郡大约克猪用作父本。1994年，全市种用公猪211头，占良种公猪总数的32%，主要分布在武宣、来宾等县。20世纪80年代，引入广西全州县东山猪用作杂交母本。该猪种体型高大，产仔数多，断奶窝重大，仔猪生命力强，增重快，是境内杂交母本的主要猪种之一。1987年，境内有陆川母猪1182头。

牛　境内饲养的本地黄牛多分布在山区，水牛主要分布在水稻产区。黄牛有黄、棕、黑、枣红及花斑数种。1950年，黄牛年末存栏数13.78万

来宾县引进的优良品种巴西摩拉牛　（2001年摄）

头。1953年，境区内曾引外来牛种，如引进摩拉、尼里、拉菲等水牛和黑白花、辛地红、古巴、西门达尔、安格斯、隆林等黄牛。1990年和1994年，境内的水牛年末存栏分别为13万头和44万头。1995年，黄牛年末存栏数33.54万头。2003年，全市黄牛年末存栏29.59万头，水牛存栏39.01万头。2005年，全市黄牛年末存栏29.01万头，水牛存栏41.15万头。

此外，从国外引进的黑白花奶牛和杂交奶水牛。黑白花奶牛学名荷斯坦奶牛，原产于欧洲，主要奶用，平均305天产奶量可达到6500~7500千克，乳脂率3.5%左右。境内最早有黑白花奶牛记录是1953年。奶水牛是对挤奶水牛的称呼，主要利用摩拉、尼里—拉菲等优良奶用水牛对本地水牛进行杂交改良后进行奶用。由于个体差异，其产奶量没有有效统计。

羊　境内饲养的本地羊属都安山羊型，主要分布在忻城县、兴宾区的山区。1950年，境内存栏1.2万只。1960年后，先后引进新疆细毛羊、沙能奶山羊、成都山羊、隆林山羊、努比亚羊（奶羊）等。

马　明清至民国时期，境内饲养的马多用于坐骑或驮运物品，亦有少数马用于拉车、推磨、碾米等。境内的马属西南马类型，被毛多为栗色，体高1.1~1.4米，体重200~250千克，可驮物80~100千克，可拉车500~750千克。

中华人民共和国成立后，用于拉车和拉磨的马逐渐减少，部分山区群众仍依靠马驮运货物，个别地方用马耕田。

兔　境内饲养肉兔主要有本地兔，成年兔体重1.5~2.5千克，母兔年产6~7窝，每窝产仔5~7只。1970年后，相继引进安哥拉兔、日本大耳兔、哈白兔。

犬　境内城乡居民饲养的犬类多为皮肉用犬，在农村较为普遍，城镇养犬较少。

猫　境内农村饲养的本地猫，主要用于捕鼠，其体重1.2~1.8千克。母猫年产两胎，每胎3~4只。

鸡　境内饲养的本地鸡种主要有三黄鸡、峒中矮鸡、六谷鸡、新州鸡、竹丝鸡等。20世纪70年代后，相继引入来航鸡、白洛克鸡、红布罗、仙居鸡、固始鸡、珍珠鸡、AA鸡、星杂288、艾维茵、良凤花鸡等优良品种。引进的良种鸡生产性能高，农村、城市的养鸡专业户及养鸡场绝大多数饲养良种鸡。

鸭　境内饲养的本地鸭种主要有小麻鸭，引进鸭种有番鸭、大麻鸭、北京鸭、樱桃谷鸭、狄高鸭等。农村多饲养麻鸭、城镇郊区多饲养引进品种鸭，尤以北京鸭、樱桃谷鸭居多。

鹅　境内饲养的本地鹅多灰色，引进品种有狮头鹅、豁鹅等。

畜禽品种改良

猪品种改良　境内猪品种改良始于20世纪50年代，1953年来宾县、武宣县引进长白、大约克公猪与本地土猪进行杂交改良。1955年，来宾县率先开展人工授精技术。据武宣县1959年测定，用长白公猪与陆川母猪杂交改良，其杂交后代在育肥

期间的日增重比陆川猪提高35%左右(400克/天)。20世纪60年代猪品种改良进展比较缓慢;20世纪70年代中期,猪品种改良得到较快的发展,1975年,境内引进良种长白公猪88头,设有56个猪人工授精站点,杂交改良本地母猪3.56万头,猪品改覆盖面达45%。20世纪80年代中期,境内加大了猪人工授精技术的推广力度,养猪生产水平得到迅速提高,1985年,境内存栏良种公猪395头,有县、乡、村三级猪人工授精服务网点173处,杂交改良本地母猪5.58万头,占能繁母猪75%。1990年,来宾县开始淘汰劣种公猪,建立种公猪站,引进长白、大约克、杜洛克公猪15头,在24个乡镇设立28个猪精供应点,实行鲜精统一配送,全县改良母猪3.05万头。1995年,境内良种公猪数增到723头,二元杂母猪存栏数7.49万头,占能繁母猪80.38%,人工授精配种母猪8.33万头,占能繁母猪总数的89.38%。2000年,境内二元杂母猪存栏8.86万头,生猪良种和改良种比重达到95%以上。2005年,来宾市生猪已基本实现了杂交良种化,全市杂交猪饲养量占98%以上。

牛品种改良 1953年,境内开始引进摩拉、尼里/拉菲水牛和黑白花、辛地红黄牛等外地良种牛与本地牛杂交改良。外来良种牛个体大、产肉量、产奶量高。纯种摩拉公牛成年体重500~600千克,杂交牛比本地牛生快长,个体大。20世纪60年代,境内各县均开展引进良种牛与本地牛杂交工作。20世纪70年代,各县(市、区)均引进良种公牛,开展了人工授精技术推广工作。1979年,境内有杂交牛2000多头。20世纪80年代,农村实行生产承包制,牛分散到各家各户饲养,农村饲养管理条件较差,有的品种如古巴、辛地红、安格斯等良种公牛先后被淘汰,杂交改良的范围逐渐缩小,杂交改良工作难度增大,牛品种改良工作进展缓慢。据1994年统计,境内尚存外来良种公牛29头,母牛9头,大部分以本交为主;1999年,来宾县、武宣县重新开展了牛人工授精配种工作,据测定,摩拉公牛与本地水牛杂交一代13头,平均初生重22千克,比本地水牛提高32.3%,6月龄体重114千克,比本地水牛提高24.7%。200年1—2002年,境内狠抓牛品种改良工作,聘请牛品种改良专家举办了10期牛人工授精技术培训班,培训县、乡镇、村级牛品种改良员218人,开展牛人工配种技术现场培训25次。2002年,为进一步加快牛品种改良进程,在兴宾区、武宣县、金秀瑶族自治县开展了牛同期发情试验,共进行药物处理能繁母牛1050头,配种1025头,第一情期配种受胎率接近40%,第二情期为60%。2003年6月,来宾市建立牛冻精、液氮中转站,当年免费向全市提供牛冻精和液氮。2002—2003年,象州县和忻城县分别开展牛人工配种工作。2003年底,全市各县(市、区)均开展牛人工冻配工作。2004年,来宾市在兴宾区淘汰劣质公牛225头。2005年,全市引进良种公牛33头。

羊品种改良 1960年后,境内先后引进新疆细毛羊、沙能奶山羊、成都山羊、隆林山羊、努比亚奶山羊等良种山羊与本地山羊杂交,杂交优势明显。1994年,来宾县畜牧水产局对458只山羊体重测量,都安母山羊与隆林公羊杂交、都安母羊与努比亚公羊杂交,杂交代的公羔初生重分别为1.77千克和2.37千克,比本地山羊公羔初生重增长34%和80%;母羔初生重分别为1.58千克和2.22千克,比本地山羊母羔初生重增长30%和90%;公羔6月龄体重分别为16.22千克和28.23千克,分别比本地山羊增长32%和130%;母羔6月龄体重分别为13.48千克和24.01千克,分别比本地山羊增长28%和128%。境内羊品种改良主要以本交为主,种公羊主要是隆林山羊,占90%以上,其次是南江黄羊、努比亚山羊、波尔山羊、乐至山羊等品种。1996—1999年,忻城县引进隆林公羊836只、努比亚山羊128只,通过开展种公羊轮养轮换的办法来改良本地山羊5万多只。2004年,来宾市开展山羊人工授精技术推广工作,当年开展山羊冻配1200只,生产杂交羊845只。

第二节 生猪养殖

清乾隆《柳州府志》记载,桂中花猪“花白色、耳颇小”。饲养1年一般约重60千克每头。

民国时期,境内各村镇的酒坊和农家百姓均有养猪习惯。据载,民国21年(1932年),生猪存栏有93246头。

中华人民共和国成立后,境内各县养猪业迅速发展。1950年,各县人民政府对养猪采取“私养、私有、公助”的方针,鼓励农民发展家庭养猪业。粮食部门组织运送米糠下乡供应,帮助农民解决猪饲料困难问题。1957年2月,中共广西省委农村部召开全省农村副业生产工作会议,提出全省每户农民年末存栏猪要达1.5~2头,平均每5户或6户农民饲养母猪1头。同年4月,中共广西省委、省人民委员会作出《必须采取有效措施发展生猪生产的指示》,要求各地积极发展生猪生产。1957年,生猪年末存栏突破30万头;1965年,生猪年末存栏突破40万头。1958—1961年,境内生猪生产连续下降,1961年,由于政策失误,将农民饲养的生猪全部作价归公社集体所有,大办"百头""千头"集体猪场。因缺乏经验,又无充足的饲料来源,绝大部分集体猪场逐步垮掉。年末,生猪存栏降到12.85万头,比1957年下降65.67%,降至历史最低谷。1962年,经过整风整社,调整养猪政策,生猪生产开始回升。至1965年,生猪生产连续4年增产,生猪年末存栏由1962年的20.64万头增加到1965年的41.63万头。

"文化大革命"前4年,社员的自留地被没收归集体,家庭私人养猪受到限制,生猪存栏数低于1965年的水平。

1970年,广西制订养猪大发展规划,提出争取在三五年内实现"一人一猪""一亩一猪"的目标。1971年,生猪年末存栏突破50万头。1974年10月,自治区革命委员会制订生猪"购一留一"政策,1975年6月,自治区革命委员会发出《关于提高生猪收购起点的通知》,生猪收购起点由原来的60千克改为良种杂交猪80千克、土种猪70千克。1975年,生猪年末存栏突破60万头。1977年,境内生猪生产继续上升,存栏数60.67万头,比1976年增长3.22%。1978年,境内把多年行之有效的畜病合作防治收费当做"增加农民不合理负担"和"土政策"加以取消,导致大队兽医员弃医归农,公社畜病防治工作无人抓,猪病严重,生猪生产遭重挫。1979年,自治区革命委员会公布《1979年粮糖油猪增产奖励办法》,提出凡达到粮糖油猪任何一条奖励标准的,给予该公社奖现金1500元,给予该生产大队奖现金1000元,给予该生产队奖现金500元。1980年,自治区人民政府制定实行生猪收购"购一多留"办法,取消活鸡派购,实行议购议销。1979—1981年,境内农村经济体制处于转轨阶段,管理工作跟不上,大多数生产队将集体养的猪宰杀或出卖。1985年初,自治区人民政府下发《关于大力发展畜牧业生产的通知》,广西全面放开生猪市场,取消派购政策,取消城镇非农业人口凭猪肉票定量供应办法,农民养猪可以自宰上市,价格随行就市,农民可根据市场要求安排畜牧业生产。境内各级人民政府进一步调整农村产业结构,大力发展畜牧业,重点发展草食畜禽生产,推广配合、混合饲料,科学养畜养禽。当年,生猪年末存栏突破70万头。

1995年末,境内生猪存栏108.17万头,肉猪出栏113.42万头,分别比1980年增加1倍和4倍多。2000年后,地方政府高度重视生猪生产,柳州地委行署和务县(市)出台大力发展生猪生产地实增加农民收入的系列文件,地区畜牧水产局实施《100万头瘦肉型猪及配套饲料技术推广》大力发展推广瘦肉型猪,全地区(市)生猪生产得到了快速发展。2003年,全市生猪存栏158.23万头,肉猪出栏321.62万头,2005年,全市生猪存栏165.91万头,出栏358.1万头。分别比2003年增长4.85%倍和11.34%。

2005年,全市规模养殖快速发展,规模养猪户5513户(其中万头以上7户、千头以上113户、百头以上256户)。

表11-32 **1950—2005年来宾市生猪年末存栏出栏统计表**

单位:万头

年份	生猪存栏	出栏	年份	生猪存栏	出栏
1950	20.39		1961	12.85	
1951	21.38		1962	20.64	
1952	26.27		1963	31.91	
1953	27.41		1964	38.72	
1954	29.08		1965	41.63	11.67
1955	27.05		1966	34.83	
1956	29.48		1967	34.32	
1957	37.43	10.67	1968	38.00	
1958	31.80		1969	41.29	
1959	25.17		1970	45.66	
1960	16.18	11.31	1971	59.96	

续表

年份	生猪存栏	出栏	年份	生猪存栏	出栏
1972	56.35		1989		
1973	58.58		1990	87.79	57.32
1974	57.20		1991		
1975	60.74	12.28	1992		
1976	58.54		1993		
1977	60.67		1994		
1978	62.30		1995	108.17	113.42
1979	54.83		1996		
1980	48.49	19.32	1997		
1981	41.68		1998		
1982	47.54		1999		
1983	52.05		2000		
1984	63.24	12.28	2001		
1985	70.92	35.33	2002	154.82	295.95
1986			2003	158.23	321.60
1987			2004	160.42	337.96
1988			2005	165.91	358.10

第三节　牛　羊　马养殖

牛

境内以饲养本地黄牛、水牛为主，主要用于犁地、耙田、拉车等劳作为主。民国21年(1932年)，境内牛存栏7.64万头。民国32年，牛存栏9.91万头。水牛和黄牛各占总数的一半。

1950年，境内耕牛由农民私有私养，政府奖励农民养牛，发放农业贷款给农民购买耕牛，农牧部门抓好牛瘟防治，为农民解决养牛后顾之忧，到1957年，牛年末存栏达30.02万头，比1950年增长32.42%。

1958年，各县农村成立人民公社，农民耕牛全部入社，成为集体公共财产，生产队养牛的主要用途是用于劳役。是年，中共中央颁布发展生产“六十条”和“四十条”，自治区人民政府作出《关于恢复和发展耕牛的决定》，区域内牛存栏逐步回升。1982年，各县将集体耕牛作价分到农户，实行“私有私养”，该年牛存栏22.39万头。1983年，耕牛为农民个体所有，发展养牛既可作劳役使用，还可作商品出售，养牛业迅速发展。当年牛存栏34.90万头。1984年末，境内牛存栏38.68万头，1985年末，境内存栏40.19万头。

进入21世纪，来宾市各级政府高度重视，肉牛养殖，提出人均饲养一头牛的发展目标，大力引进尼里、摩拉、古巴、西门达尔等良种牛，强力推进品改，建设养殖小区，是境内肉牛发展的最好时期。2003年，全市年末牛存栏数为66.46万头，肉牛出栏24.54万头，同比增长14.99%。同年，来宾市建成市级液氮冻精中转站，供应来宾及柳州市各县家畜品种改良所需要的液氮和冻精。同时新建牛人工授精配种点52个，全市牛人工授精配种站(点)有148个。当年累计杂交配种母牛3.37万头(其中人工授精配种2.05万头)共引进

来宾市率先在广西发展规模养殖小区。图为奶水牛养殖小区　(2005年摄)

公牛 187 头,母牛 323 头,奶牛 159 头。

2002 年,在自治区人民政府原副主席龙川的支持下,武宣县在三里镇旧县村建立奶水牛养殖小区,引进了 30 头尼里摩拉奶水牛采取公司 + 基地 + 农户的形式进行。次年,武宣的三步村和兴宾区农科所分别建立奶水牛养殖小区,全市奶水牛饲养量达 280 头,年产奶 180 吨。奶水牛产奶多,营养高,销路好,是奶农脱贫致富的奶门路。2003 年 6 月,中央电视台第七频道记者还专程到武宣县奶水牛养殖小区进行采访报道。

2005 年,全市新建和完善牛人工授精配种站 193 个(其中村级配种站点 141 个),实行配种收费的站点 106 个,发展牛工授精员 232 人(其中村级输精员 131 人)。全市牛杂交配种 73578 头,生产杂交牛仔 22013 头,年末肉牛出栏量达 30.96 万头。

2005 年,全市规模养殖快速发展,规模养牛小区发展到 98 个,规模养牛户 1013 户。

表 11-33　1950—2005 年来宾市牛年末存栏统计表

年份	牛存栏(万头)	出栏(万头)	年份	牛存栏(万头)	出栏(万头)
1950	22.67		1978	30.29	
1951	23.78		1979	30.51	
1952	24.51		1980	30.29	0.12
1953	26.33		1981	25.45	
1954	28.06		1982	27.39	
1955	29.59		1983	34.90	
1956	29.37		1984	38.60	
1957	30.02		1985	42.19	2.14
1958	29.77		1986		
1959	29.66		1987		
1960	25.37		1988		
1961	23.59		1989		
1962	24.13		1990	54.32	5.09
1963	26.27		1991		
1964	27.87		1992		
1965	30.06		1993		
1966	30.60		1994		
1967	29.80		1995	58.51	12.79
1968	29.60		1996		
1969	29.70		1997		
1970	30.32		1998		
1971	31.13		1999		
1972	31.09		2000		
1973	32.33		2001		
1974	32.27		2002		
1975	32.29		2003	68.71	24.54
1976	30.55		2004	66.46	18.36
1977	29.58		2005	70.37	30.96

羊

民国 26 年(1937 年),境内年末羊存栏数 1.38 万只;民国 27 年,羊存栏数 1.50 万只。

1957 年,年末羊存栏 2.7 万只,比 1950 年的 1.21 万只,增长了 125%。1959 年,年末羊存栏 3.73 万只,1965 年发展到 5.32 万只,1975 年羊存栏数为 9.47 万只,为历史最高峰。1985 年,年末

农户饲养的山羊　　（2003 年摄）

羊存栏降到 5.4 万只。1987 年后，随着人民生活水平的提高，羊肉逐渐成为紧俏商品，促进了生产发展。1995 年，年末羊存栏达 15.26 万只，比 1980 年增长 147.33%；出栏 8.08 万只，比 1980 年增长 239.49%。1996—1998 年，各县开始实施“贷羊还羊”计划，由县畜牧水产局投放 1 只后备母羊给养羊户，农户在三年内返还 3 只 6 月龄羊仔。1999 年，各县实施“广西 100 万只山羊综合开发利用项目”，山羊饲养量增长了 13.25%。

2003 年，来宾市水产畜牧局在忻城县安东乡拉朝村新建种羊场，建设羊舍面积 480 平方米，种植牧草 80 亩，引进波尔山羊 3 只，隆林山羊种羊 69 只。2005 年，全市大力发展和推广山羊圈养和人工授精配种等养殖新技术，圈养山羊向多元化方向发展，圈养山羊养殖小区 36 个，全年规模养羊户达 2406 户，年末羊存栏达 30.13 万只，出栏 31.69 万只。

表 11-34　全市若干年度羊年末存栏统计表

年份	羊存栏（万只）	羊出栏（万只）	年份	羊存栏（万只）	羊出栏（万只）
1950			1980	6.17	2.38
1957	2.70		1985	5.40	1.72
1960	3.29		1990	7.67	2.33
1965	5.32		1995	15.26	8.08
1975	9.47	0.45	2005	30.33	31.69

马

民国时期，境内一些军政机关，地主以及富裕人家，以马代步，或作交通运输役畜。民国 21 年（1922 年），境内有马 2942 匹。民国 32 年（1933 年），有马 5112 匹。

中华人民共和国成立初期，境内交通落后，境内仍有养马。1958 年后，各县交通环境改善，除集体生产组织用作役畜外，群众少有养马。1995 年，年末马存栏数 11058 匹。2003 年，全市马存栏 1.37 万匹。2005 年，全市饲养马 1.42 万匹。

表 11-35　全市若干年度马年末存栏统计表

年份	马存栏（万匹）	年份	马存栏（万匹）
1950	0.22	1980	0.15
1957	0.16	1985	0.32
1960	0.12	1990	0.54
1965	0.11	1995	1.11
1975	0.16	2005	3.42

第四节　鸡鸭养殖　其他养殖

鸡鸭养殖

境内各县饲养的家禽以鸡、鸭为主，鹅、鸽次之。民国 22 年（1933 年），武宣、象县、迁江、来宾等地饲养鸡 145.03 万羽，占家禽总数 73.67%；鸭 36.71 万羽，占总数 25.31%。民国 27 年（1938），饲养家禽共有 146.06 万羽。其中，鸡 119.21 万羽，占家禽总数 81.62%；鸭 26.07 万羽，占 17.85%。

中华人民共和国成立后，境内饲养的家禽主要有鸡、鸭。1980 年以后，农村生产发展，粮食丰收，复合饲料基本能满足市场需要，家禽饲养量增加。

1982年,境内养鸡达462.73万羽。1991年,年末鸡存栏数642.92万羽,出栏数785.2万羽。1995年,年末鸡存栏数685.18万羽,鸡出栏数844.4万羽,分别比1991年增长6.57%和7.54%。年末鸭存栏数122.04万羽,出栏数243.12万羽。1995年,年末鸭存栏262.1万羽,出栏403.63万羽,年末出栏和存栏分别比1991年增长115%和66.02%。

2003年,来宾市农民改变传统的养殖模式,在广西率先创建以若干农户自愿组织、集中连片,适度规模养殖模式。按照"统一规划、统一技术指导、统一防疫检疫、统一销售、分户管理",建立农户养殖小区新模式,全市共建有各种规模养殖小区160个,涉及农户2113户;小区栏舍建筑面积达13.78万平方米,配套建设沼气池524个。是年,来宾市鸡、鸭出栏分别为975.20万只和408万只。

2005年,全市规模养禽小区发展到23个、规模养禽户1266户。是年,全市鸡、鸭出栏分别为1302.85万只和499.18万只。全市出栏家禽1817.31万羽,存栏802.85万羽。

其他养殖

兔 中华人民共和国成立前,境内民间已有养兔。

中华人民共和国成立后,境内普遍饲养肉兔。1972年,忻城县从国外引进日本安哥拉长毛兔和日本的大耳兔。同年,该县畜牧部门先后在北更公社的加福、塘太、北更、加乐、凤凰等大队,遂意公社的板桐、弄江、增仰、弄尧等大队,古蓬公社的上浪、东河、枝林等大队,红渡公社的雷洞大队和思练公社的练江大队,办起25个重点养兔场。1973年,饲养量达1.1万只。1974年,该县利用上级拨给的扶持资金,帮助重点队、重点户扩大饲养量,并制定发展养兔业的一些配套政策:凡养活成年兔100只,出售兔毛15千克以上者,奖励100元。饲养超过300只,出售兔毛50千克以上者,奖励200元。为外贸部门提供一只种兔,补助2元。交售0.5千克一级兔毛,奖售标准化肥尿素2.5千克。交售0.5千克二级兔毛,奖售化肥2千克。交售0.5千克等外兔毛,奖售化肥1.5千克。1978年,忻城县毛用兔存栏达3.5万只。1980年后,市场对肉用兔及兔毛需求增加,境内养兔业得到较快发展。1995年,境内兔年末存栏9.46万只,比1985年增长1.62倍。2003年,全市年末兔存栏数达31.75万只。2005年,年末兔出栏数31.58万只,存栏数25.93万只。

犬 中华人民共和国成立前,境内养犬是为守家防盗,或巡山打猎。民国34年(1945年),境内养犬达2.53万只。20世纪70年代,境内狂犬伤人较多,政府曾下令禁止城市和县城养犬。各地组织打犬队,上街进村打犬。2005年,来宾市境内年养犬达4.29万只。

猫 明清时期,境内农村群众已有饲养家猫习惯。20世纪50年代,饲养家猫为捕鼠护食,消灭鼠疫。1955年,境内饲养家猫有3000多只。20世纪70年代,因滥用"灭鼠药",猫食死鼠中毒死亡,猫的饲养量锐减。20世纪80年代末,家猫几乎濒临灭绝。20世纪90年代初,家猫在市场上已少有。20世纪90年代后期,由于控制生产、使用"灭鼠药",加之养蚕业的发展,养猫常是蚕农必备的看家工具之一,猫饲养量有所回升。

第五节 畜禽疫病防治

猪疫病

境内猪疫病主要有:猪瘟、猪丹毒、猪肺疫、猪口蹄疫、猪传染性水泡病、猪链球菌病、猪喘气病、猪布氏病、猪钩端螺旋体病等。

猪 瘟 据民国《广西年鉴》记载,民国22年(1933年),武宣、象县、来宾、迁江、忻城等县因猪瘟死亡生猪4.6万头。

1950—1952年,象州、来宾等县因猪瘟死亡的生猪19732头。1954年,因猪瘟死亡生猪2万多头。1963年,人民公社兽医室解体,猪瘟防疫停滞,各县食品公司从外省调入大量的活猪和冻猪肉供应市场,检疫不严。来宾县因猪瘟死亡生猪3499头。1978年,境内取消兽医合作医疗组织,猪瘟免疫密度随之下降。1980—1982年,境内有75%的大队流行猪瘟,猪死10万余头。1985年,畜牧兽医部门实行科学免疫,逐步控制了猪瘟的流行,当年生猪死亡率9.2%。1990年,生猪死亡率下降到3.6%。2002年12月,来宾市畜牧兽医工作站成立,畜牧兽医部门加大了防控工作力度,猪瘟死亡率控制在3%以下。

猪丹毒(俗称"鬼打印") 1950年,象州县暴发猪丹毒,患猪丹毒病猪有905头,死亡359头。1978—1983年,境内因猪丹毒死亡的生猪达31232头。2005年,金秀瑶族自治县、象州县、兴宾区患猪丹毒病猪238头,死亡53头,死亡率22.27%。

猪肺疫(又称猪出败) 中华人民共和国成立初

期，境内猪肺疫的防治主要是用猪肺疫氢氧化铝菌苗进行免疫。1980年后，多以猪三联苗，二联苗或猪肺疫弱毒苗为主，与猪瘟免疫同步进行。

1978—1983年，境内因猪肺疫死亡的生猪有40275头。2005年，金秀瑶族自治县、象州县、兴宾区患猪肺疫病猪有333头，死亡83头，死亡率24.92%。

猪口蹄疫 1966年初，境内各县从河南省调入的活猪带口蹄疫病毒，传染各县食品公司的生猪，蔓延形成17个疫点。总发病猪104头，与病猪同栏猪773头。通过采取急宰，高温无害化处理，病情得到控制。1979年，境内发生第二次生猪口蹄疫流行，境内各县均有发生，疫点达1240个，发病猪24233头；发病牛1562头。1983年，疫情严重，畜牧兽医部门采取紧急防治措施，当年扑杀生猪9600头。1984年，疫情下降。1989—1994年，染病猪7087头。2004年，兴宾区陶邓乡发生猪口蹄疫，病猪115头，死亡2头，扑杀病猪和同群猪共173头。2005年2月—11月，兴宾区高安乡、忻城县大塘镇发生猪W病猪107头，扑杀同群和病猪2860头。

猪传染性水泡病 1973年，来宾县和忻城县发生猪传染性水泡病，急宰并高温处理病猪1002头。2005年，全市猪传染性水泡病极少发生。

猪链球菌病 1963年上半年，境内猪链球菌病流行。忻城县死猪2228头，占存栏猪的16.9%。1974年，境内各县又先后发生猪链球菌病，猪死亡2461头。1978年以后，境内主要疫区推广使用自治区兽医研究所研制的G10-S115弱毒菌苗进行预防注射，逐步控制该病的流行。2004年，来宾市发生猪链球菌病171头，病死41头。2005年，兴宾区和武宣县发生猪链球菌病115头，病死15头，病死率13.04%。当年，武宣县有1例确珍为人畜共患链球菌病例，经入院治疗后治愈。

猪喘气病 1953年，境内猪喘气病首先在国营农场发生，然后蔓延到农村。1958—1959年，境内大部分集体猪场均有不同程度发生猪喘气病。1960年，猪喘气病在各集体猪场爆发，仅来宾县大湾、正龙两公社猪场发病生猪346头，死亡260头。1970年，境内第二次爆发猪喘气病。2005年，来宾市共有33个村发生猪喘气病，发病猪1372头，死亡猪49头，死亡率为3.57%。

猪布氏病 1958年，猪布氏病始发于武宣农场。1962年后，境内的各农场开展布氏病检疫，共检疫生猪30659头，阳性猪2837头，阳性率9.3%。1966年，来宾县红河农场和广西武宣种畜场从外省引进山羊，检出有羊型布氏杆菌病。因农场输出种猪把关不严，此病逐步传播到各县的126个村，510头猪呈阳性。对检出阳性猪进行淘汰，消灭传染源，同时对阳性地区实行预防注射，收到一定的效果。1977年，境内猪布氏病阳性率高达38.9%。1986年，检查发现有5个县56个村发生阳性猪。20世纪60年代，各县采取对病猪群全部淘汰并彻底消毒，取得较好的效果。20世纪70年代，境内一些农场采取扑杀清场净化，重新引进阴性种猪，效果显著。1978年后，通过开展布病监测普查、检疫、免疫、淘汰阳性畜、推广人工授精等技术措施，该病得到有效控制。2001年，境内猪阳性率下降到0.06%。据2002—2005年监测，境内该病达到农业部颁布的畜间布氏病稳定控制区标准。

猪钩端螺旋体病 猪钩端螺旋体病多在每年7月至11月发生，哺乳猪和断乳猪发病率高，常暴发转为散发。境内只在个别农场和农村发现。1975年，广州军区后勤部军马防治研究所对广西武宣军马场的100匹繁殖母马的血清进行钩端螺旋体凝——溶试验，检出抗体效价400倍以上的占38%，100倍以上的占83%。该病尚无疫苗防治，发病时用抗菌素治疗有效。

猪附红细胞体病 2005年，境内武宣县发生猪附红细胞体病发病猪81头，死亡48头，死亡率达60%。

猪圆环病毒 2005年，境内武宣县发生猪圆环病毒病，发病6头，死亡率为83.33%。

猪细小病毒病 2005年，兴宾区发生猪细小病毒病，发病数不多，但死亡率较高。

除上述疾病外，1987—1995年，两次疫病普查还发现白痢、弓形体病、姜猪性鼻炎、寄生虫有姜片吸虫、肾虫、细颈囊尾蚴、棘头虫、蛔虫、肺丝虫、囊虫、大肠结节虫、鲍氏线虫、长尾结节虫、有齿结节虫、阿氏后园线虫、有齿线虫、长后园线虫、猪毛首线虫、棘球蚴等。

牛疫病

主要的牛疫病有牛瘟、炭疽、气肿疽、口蹄疫、出败等传染病及牛血吸虫、肝片吸虫、锥虫等寄生虫病。

牛　瘟 民国22年(1933年)，武宣、象县、迁江、来宾、忻城等县发生牛瘟死牛。1950年冬和1951年春，来宾县和武宣县有1000多头牛死于牛瘟。来宾县石牙乡牛角塘村，存栏牛415头，染牛瘟死319头，瘟死牛占牛存栏数的76.87%。1952年，境内各县防疫站,在农村就地制造牛瘟兔化弱毒苗,逐村进行防疫注射。1954年,停止牛瘟防疫,经过三年疫情监测,未发现牛瘟疫情。1956年,境内宣布消灭牛瘟,至2005年,境内无牛瘟发生。

牛炭疽　1949—1993年,辖区内有60个乡镇发生牛炭疽病164次,病牛859头,死亡583头。来宾、武宣、象州等3个县为疫情多发区。境内炭疽病感染646人,死亡50人。

牛出血性败血症(简称牛出败)　1951—1961年,据象州、来宾等县统计,每年均有此病发生,先后死亡牛604头。1975—1977年上半年,境内发病牛4915头,死亡1143头。1991年,境内病牛803头,死亡735头。1992年,境内病牛2117头,死亡1824头。从发病牛看,90%以上是水牛。1993年以后,疫病得到有效控制。

牛口蹄疫　1979—1985年,境内口蹄疫病第二次流行,猪牛并发。1983年疫情达到高峰,境内发病牛6728头,扑杀1149头,其余采取隔离封锁,进行对症疗法,让其自然康复;在疫点周围对健康牛进行预防注射。1985年6月—1988年未出现疫情。1989—1994年,第三次流行牛口蹄疫,境内患病牛有938头。少数作扑杀处理,大部分采取隔离封锁和疫点周围预防注射的方法进行控制。

牛血吸虫病　中华人民共和国成立前,该病主要发生在忻城县。1958年,忻城县的马泗、大塘、欧洞等3个乡(镇)检查2483头牛,检出阳性牛46头,治疗43头,扑杀3头。1967年,检查2088头,检出阳性牛7头,全部治疗。1970年,检查1556头,检出阳性牛3头,全部治疗,此后未发现病牛。1982年,自治区血防领导小组对忻城县进行复查考核,认定忻城县已达到国家1980年颁布的“消灭血吸虫病的试行标准”,并宣布可转入监测巩固工作。此后,忻城县每年检查牛400头,至2005年,均未发现有阳性病牛。

牛肝片吸虫病　中华人民共和国成立后,境内各县普遍存在肝片吸虫病。1974年检查,境内有93%的生产队的牛有肝片吸虫病。农牧部门用工业用四氯化碳进行大面积驱虫,1990—1991年,用丙硫苯咪驱治患牛,牛分户饲养管护得到进一步加强,牛肝片吸虫较少发现。

牛锥虫病　1972年,境内的北泗公社(今属合山市)发生因牛锥虫病死牛13头。1989年冬至1990年春,死牛87头。没有临床症状而带虫子的阳性牛各县均普遍存在。1984—1995年,对部分县及部分农牧场的牛采血检查,共检查牛613头,检出阳性牛48头,阳性率7.8%。1987—1990年,自治区兽医防检站对象州县、来宾县的耕牛进行检查,象州县阳性率18.27%、来宾阳性率达25%。

焦虫病　1966年,广西武宣军马场血片检查该场马匹167匹,发现焦虫体的马121匹,带虫率为72.46%。1967年,广州军区后勤部军马所对该场马、螺49匹进行血片抽检,查出焦虫体的有40匹,带虫率为81.63%。

除上述疫病外,1987—1995年,境内进行3次疫病普查还发现有牛肺疫、牛烂舌病、牛黏膜病、传染性鼻气管炎、白血病、结核病、布氏病、焦虫病、锥虫病。寄生虫病有吸虫、线虫、孢子虫、昆虫、绦虫等。

羊疫病

区域内常见的羊病有羊疥癣、羊肝片吸虫、传染性角膜结膜炎和传染性脓疱病(羊烂口疮)。

羊疥癣(螨病,俗称羊生“癞”)　1986年,合山市水电局在北泗水库养羊54只,全部发病。

羊肝片吸虫病　中华人民共和国成立后,境内各县普遍发生。1974年,来宾县良江公社可疑羊群中粪检25只,全部呈阳性。1990年,来宾县青岭乡死亡8只羊,经剖检,发现病羊的肝、胆管、胆囊有大量的肝片吸虫。

羊传染性角膜结膜炎　1974—1975年,忻城县从河南省引进山羊时带入此病。同年,来宾县也发现此病。1975年,境内有病羊1519只,死亡1100只,死亡率72.4%;1976年,有病羊838只,死亡422只,死亡率50.3%。

羊传染性脓疱病(羊烂口疮)　中华人民共和国成立前,无资料记录。中华人民共和国成立后,境内各县均有发生。1966年,自治区兽医研究所在境内检查羊56只,确诊为羊烂口疮。

山羊痘病

山羊痘病是由山羊痘病毒感染引起的一种急性、热性、接触性传染病,以皮肤、黏膜发生特异性痘疹为特征,传播快,死亡率高,对山羊业的发展构成严重威胁。2003年6月—11月,来宾市暴发山羊痘疫情,疫情波及忻城县的欧洞乡、马泗乡、宁江乡、红渡镇、果遂乡、大塘镇、思练镇、安东乡,兴宾区的溯社乡、平阳镇、七洞乡、良塘乡、桥巩乡、陶邓乡、三五乡、北五乡、凤凰镇、南泗乡、石牙乡、蒙村乡,合山市的岭南镇、北泗乡,武宣县的禄新乡等4个县(市、区）23个乡镇，疫点村78个，病死山羊1547只，特别是6月29日—7月29日的一个月时间里，以每天2~3个疫点增加，传染势头迅猛，15日内山羊发病率为28%，病死率为43.3%，给山羊养殖户造成重大经济损失。本次疫情，由于及时采取了疫情普查、疫区封锁和无害化处理及采用山羊痘疫苗进行紧急预防免疫等综合防控技术措施，封锁疫区23个，无害化处理山羊6118只，免疫山羊21.15万只，于2003年12月控制了暴发的山羊痘疫情。

羊寄生虫病还有绦虫、线虫、孢子虫、昆虫等。

兔疫病

常见疥癣病、球虫病。1989年，忻城县古蓬、北更、遂意等3个乡流行兔瘟，兔死亡1458只。

马疫病

锥虫病 1965年，境内广西军马场发现4匹马患锥虫病，可疑3匹，全部扑杀。

鸡疫病

鸡新城疫（俗称“鸡瘟”） 民国22年（1933年），武宣、象县、迁江、来宾、忻城县发生鸡瘟流行，死亡率均在90%以上。中华人民共和国成立后，兽医工作偏重于大中牲畜疫病防治，1970年以后，鸡新城疫苗预防注射面逐年扩大，但仍未能控制该病的流行。1990年以后，预防注射密度提高，基本控制该病的流行。

鸡住白虫病 1980年4月，金秀瑶族自治县种畜场从柳州市食品公司鸡场引来航、红布罗雏鸡700只。一月龄后，经抽检场内鸡群，带虫率达66.6%，雏鸡死亡率达30%。

禽霍乱（又称禽出败） 1983年，象州县石龙公社一农户养鸭743羽，发生霍乱死亡534羽，死亡率71.87%。1986年，对来宾、武宣等2个县6个乡600户农户抽查统计：全年饲养鸡17285羽，死亡6049羽，其中禽霍乱死亡849羽，占总死亡数的14%。

鸡法氏囊病 1990年，自治区兽医防检站对境内象州、来宾送检的鸡进行血清检查，阳性率在13.9%~44%。

鸡白痢 中华人民共和国成立后，境内农村分散饲养鸡，鸡白痢危害不大。1980年后，养鸡专业户出现鸡白痢较多。1987年，境内对25家养鸡户649只雏鸡进行调查：不用药物预防的30日龄雏鸡436只，因患鸡白痢死亡的占24.5%。1990年，自治区兽医所对境内部分县饲养的鸡进行血清检查，阳性率占送检鸡的2%~30%。

鸡球虫病 1980年以前，农村分散养鸡，鸡球虫病较少发生。随着专业户养鸡的兴起，球虫病对养鸡业的危害越来越突出。1981年，象州食品公司鸡场饲养红布罗小鸡500只，死亡于球虫病的275只，死亡率达55%。1982年以后，用药物防治，该病得到控制。

畜禽免疫

民国时期，农村喂养的畜禽没有进行免疫注射。1950年以后，免疫工作得到加强。

牛免疫 1952年，境内组织防疫大队，用牛瘟兔化弱毒苗免疫为主，到1956年，境内共注射牛40多万头。20世纪60年代以后，对牛炭疽、牛气肿疽、牛出败、牛口蹄疫等传染病疫区周围进行预防注射。

猪免疫 20世纪50年代，境内疫区开展少量生猪预防注射。20世纪60年代主要控制猪瘟、猪丹毒、猪肺疫三大传染病，各县均成立消灭猪瘟指挥部，组织民间兽医建立公社集体兽医站和大队兽医室。畜牧兽医干部、大队兽医员和生产队防疫员在每年春秋两季用自制的猪瘟兔化弱毒牛体反应苗，猪丹毒和猪肺疫氢氧化铝菌苗，开展预防注射，注射密度在50%左右。20世纪70年代，各县推行生猪“双保”制度，生猪实行包防疫注射、包治疗，死亡包赔偿的合作医疗制度，由食品公司收购生猪时向畜主收取1~2元“双保”费，交由畜牧部门支付民间兽医的劳动报酬，调动了民间兽医的积极性。各县兽医部门推广应用自制的兔化猪瘟弱毒牛体反应苗、猪丹毒、猪肺疫、鸡胚口服苗，每年春秋两季全面免疫注射。生猪免疫密度达90%以上，猪三大传染病基本得到控制。20世纪80年代初期，“双保”制度被取消，免疫密度下降到80%左右。1984年，恢复和健全乡（镇）集体兽医站和大队兽医室。1985年增加生猪屠宰税每头1.5元给兽医部门作防疫专项经费。实行防疫收费，推行防疫承包。改革每年春秋两防为常年免疫，恢复了猪瘟全面防疫注射。1985年以后，开展猪瘟免疫抗体和母源抗体的监测工作，推行科学免疫程序，统一应用自治区生物药厂生产的猪瘟冻干苗和猪瘟、猪丹毒、猪肺疫三联苗在每年春秋两季全面预防注射，对断奶小猪实行月月补针。1985—1994年，境内生猪免疫密度在90%以上。2000年，境内生猪死亡率为2.94%；2001年生猪死亡率 2.62%；2002 年生猪死亡率 1.73%；2005 年，来宾市生猪瘟疫免疫密度为 97.12%，猪口蹄疫免疫密度为 97.64%。

家禽免疫 主要是对鸡新城疫免疫。20 世纪 80 年代前，免疫工作仅限于城镇周围及一些养鸡场，20 世纪 80 年代后，各县兽医站和乡镇兽医站，开展对鸡的预防注射。1990 年后，大多数养鸡专业户、小型养鸡场自行预防注射。其他传染病如鸡出败、鸡马立克氏病、传染性法氏囊病等免疫工作都是针对鸡群状况进行局部免疫，广大农村则很少开展。

第六节 动物卫生检疫

中华人民共和国成立后，境内经常对县城及县以下较大乡(镇)的肉类市场开展肉品卫生检疫。20 世纪 60 年代至 80 年代，境内实行生猪派购，食品公司及食品站宰杀的牲畜多数由其兽医人员自行检疫，畜牧兽医站进行监督。少数没有兽医人员的食品站，则由县畜牧兽医站或其委托公社畜牧兽医站检疫。市场肉品卫生检疫，大部分由县畜牧兽医站实施。农民自宰和屠商宰卖的肉品，一律由县畜牧兽医站或指定的乡畜牧兽医站检疫。每个市场均设有消毒锅灶，对检出的一般传染病肉品就地煮熟后才允许出售；对检出的炭疽、口蹄疫等恶性传染病牲畜和肉品则上报县畜牧主管部门，并按规定销毁或扑杀。

2003 年，来宾市动物卫生监督所成立后，原来宾县动物卫生监督所实施检疫的屠宰场和肉品市场划归市动物卫生监督所管理，当年，全市开展屠场检疫家畜 52.3 万头。2005 年，全市进行活禽检疫 237.91 万头(只、羽)，屠宰检疫 193.75 万头(只、羽)，肉品检疫 3.86 万头，检出病害肉 1.57 吨，查处违法案件 62 件。

肉品卫生检疫

20 世纪 50 年代至 70 年代，境内的乡(镇)食品站少数配有兽医员，其屠宰牲畜的肉品由其自行检疫，多数没有兽医人员的则由县畜牧兽医站指定的乡(镇)畜牧兽医站检疫。1985 年后，其肉品卫生检疫，均由县畜牧兽医站或指定的乡(镇)畜牧站，委托民间兽医实施。

畜禽市场交易检疫

1960 年，境内各县畜禽市场均开展交易畜禽检疫。1982—1985 年，境内活畜交易市场检疫生猪 25.30 万头，检出病猪 4048 头，病猪检出率 1.6%；检疫活牛 8.30 万头，检出病牛 540 头，病牛检出率 0.65%。

2003 年，来宾市开展外销检疫牲畜 60.1 万头，2005 年，全市活畜禽检疫 238 万头(只、羽)。

第七节 兽药 饲料

兽 药

1990 年 8 月，象州县建立象州县天龙兽药厂，主要生产穿心莲、洗胃散、开胃精、左旋咪唑片等产品。1995 年，武宣县桂中兽药厂建成投产，主要生产化奶母仔壮，龙胆粉等 15 个产品。天龙兽药厂和桂中兽药厂生产的产品大部分销往四川、贵州、重庆等地，少部分产品在广西销售。2003 年，由于各种原因，天龙兽药厂和桂中兽药厂先后倒闭。

1996 年后，境内每年抽调各县兽药监督员进行交叉检查，并对兽药监督员、兽药饲料经营业主进行培训，考试发证。2002 年，境内查处兽药违法案件 20 余起，其中立案查处 10 起，查处假冒伪劣饲料产品，假冒伪劣兽药品价值 5 万元。2003 年，来宾市开展饲料兽药经营秩序专项整治工作，打击各种违法生产经营行为。全市共检查兽药经营户 390 户，饲料经营单位 814 个，查处经营不合格兽药产品单位 3 个，无证经营兽药户 1 户，查获“三无”饲料 2 万千克。

2005 年，全市共整顿饲料、兽药市场 42 个，检查饲料兽药经营店(摊点)153 个，查获假冒伪劣兽药和饲料产品 65 件、856 合、33 千克、950 包，查获过期饲料 6907 千克，立案查处违法案件 15 件。

饲 料

境内畜禽饲养业所用的饲料种类主要有粗饲料类、青绿饲料类、青贮饲料类、能量饲料类、蛋白质饲料类、维生素饲料类、矿物质饲料类、添加剂、其他饲料类及青绿饲料类、树叶类、青贮饲料类、块根块茎瓜果类、干草类、农副产品类、谷实类、糠麸类、豆类、饼粕类、糟渣类、草籽树实类、动物性饲料类、矿物质饲料类、添加剂及其他。1985 年 2 月，来宾县兴办饲料厂，主要生产猪、鸡配合饲料。10 月与广西华桂饲料厂联营生产猪、鸡配合料。1993 年，武宣县粮油总公司与自治区植物油贸易公司引进香港建龙基公司，三家合资建设武宣仙龙饲料有限公司，同年投入生产。生产大猪、中猪、小猪配合料和大鸭、中鸭、小鸭颗粒料。

2005年，境内象州县引资1200万元，成立象州县佳绫饲料有限公司，建设一座年生产3万吨的饲料加工厂。

猪禽饲料 粮食是饲养猪、禽的主要精饲料。据1979年统计，当年境内平均每头猪仅有饲料粮13.5千克。猪的其他精饲料主要有红薯、木薯、芋头、芭蕉芋、花生麸、豆麸、零粉渣、豆腐渣、酒糟等。1980年后，开始使用混合饲料。猪的青饲料主要有红薯藤、萝卜菜、水浮莲、水葫芦、芋苗、瓜豆茎叶、各种蔬菜残叶、芭蕉秆等。

牛饲料 境内牛饲料主要为各种野菜。冬春季节缺少新鲜草料时，辅以稻草、干红薯藤饲养。1980年起飞播牧草。1986年冬，来宾县高安乡山坡上飞播红三叶、白三叶、黑麦草5.67公顷。1989年，形成植被，最高每亩产鲜草2300千克。1988年，国营农场栽培象草喂牛。境内各县种植的牧草有象草、王草、杂交狼尾草、类玉米、桂牧一号等。1990年，在象州县马坪乡石社村进行稻草氨化喂牛试验。1991年，境内各县共推广农户3139户。2003年，全市种植各类牧草0.31万公顷，其中桂牧一号0.23万公顷，种植的类玉米每亩产量10000~20000千克，收割后打粉喂养。境内各县(市、区)稻草氨化喂牛仅小范围使用，稻草氨化喂牛达1.53万吨。

羊马饲料 境内的羊和马，多为放牧或栏牧，晚上补一定精料。

草地资源

1984—1987年，境内开展了为期4年的草山草坡调查。经统计汇总，境内共有草地面积66.28万公顷，占土地总面积50.33%。其中，可利用的草地面积45.08万公顷，占草地面积的68.01%。

表11-36　1984—1987年来宾市境内区域内草场面积表

单位：万公顷

县(市、区)	土地总面积	草地面积	占土地面积%	可利用草地面积	占草地面积%
合山	3.50	0.50	14.15	0.41	72.59
象州	20.91	13.08	62.71	8.64	65.86
武宣	17.39	8.64	49.68	6.12	70.81
来宾	43.64	18.27	41.86	13.85	75.70
金秀	20.83	6.40	30.74	3.67	57.36
忻城	25.41	19.35	76.13	12.39	64.03
合计	131.69	66.28	50.33	45.08	68.01

草丛类草场 草被覆盖不低于80%的草场，分布于各地，面积10.95万公顷，兴宾区面积在5.33万公顷以上。主要植被是纤毛鸭嘴草、金茅、野古草、五节芒、辅地蜈蚣等。

灌丛类草场 草场植被中灌丛覆盖度大于50%，树冠高度不超过1.5~2米的草场。分布在低山、丘陵、石山。面积13.63万公顷，其中兴宾区占46.67%，忻城县占19.13%。植被以桃金娘、牡荆为主，草丛以纤毛鸭嘴草、刺芒、野古草、白茅、青香茅为主。

灌木类草场 草场植被灌木郁闭度在0.3~0.5之间，为灌木类。海拔200米以上的丘陵、石山较多，面积16.82万公顷。以青树、栎山枫木、红面将军、油茶、松树等为主，草丛以白茅、金茅、刺芒和纤毛鸭嘴草为主。忻城县和象州县面积较大，分别占42.82%和21.7%。

疏林类草场 以植被中树林的郁闭度在0.1~0.3之间的草丛草场。主要分布于丘陵、山地和平地，面积13.32万公顷，以武宣县和象州县居多。以马尾松和常绿阔叶、针叶混交林，草丛以纤毛鸭嘴草、白茅、芒萁居多。

林间类草场 林间类草场定义为郁闭度0.5以下。该类草场面积19.94万公顷，象州县占14.92%。植被以及林木、灌木、草丛、腾本等植物相结合。

农林隙闲类草场 境内农林隙闲地草场29.07万公顷，是丘陵、平原区草食家畜主要饲养地。以臭根草、雀稗、牛筋草、画眉草、狗尾草、竹节草等为主。

表 11-37 2002 年来宾市各类草场面积表

单位：万公顷、千克 / 亩、万头

名　称	草场面积	可使用面积	亩产鲜草量	理论载畜量
草丛类草场	10.95	32.39	774.15	27.83
灌丛类草场	13.63	10.19	413.00	3.66
灌木类草场	16.82	9.34	515.00	4.86
疏林类草场	13.32	7.91	784.00	6.63
林间类草场	19.94	9.57	561.00	5.94
农林隙闲地草场	29.07	9.57	1082.00	30.51
合　计	130.39	91.76	774.77	79.45

注：表中数字含三江、融水、融安、鹿寨 4 县数据，4 县总数约占总数的 3 成

牧草改良

象　草　象草原产非洲，多年生，喜湿暖，适应性强，生长迅速，再生快，味道好，用茎繁殖，一年收数次。20 世纪 80 年代初，境内开始引进象草种植。20 世纪 90 年代初期，开始大量种植。进入 21 世纪初期，各级政府高度重视畜牧业的发展，把种植牧草列入目标管理层落实任务，大量种植桂牧一号（杂交象草），至 2005 年，境内种植象草面积 4.2 万亩。

银合欢　银合欢属半乔木饲料树，境内均有种植，以忻城县居多。银合欢有毒素（含羞草素），多食会使牛羊脱毛，甲状腺肿等。2005 年，境内种植银合欢约 3.2 万亩。

格拉姆柱花草　格拉姆柱花草属多年生豆科牧草，秋天生长繁茂。20 世纪 80 年代，境内引进格拉姆柱花草种植。1990 年，境内种植较多，境内有 5 个县 12 个乡镇种植柱花草 301.27 公顷，收干草 203.74 万千克。

第七章　渔　业

民国时期，境内农民利用稻田、池塘繁殖鱼苗，渔业生产始于江河捕捞。民国 29 年（1940 年），迁江县（今属兴宾区）、武宣县已开始江河捕捞，为渔业生产之始。

20 世纪 50 年代至 70 年代，境内渔政属农业局管理。1956 年，境内建立渔业社。1967 年后渔民逐步上岸定居。1967 年，开始水库养鱼。1978 年，推行网箱养鱼。20 世纪 80 年代，境内各县相继成立畜牧水产养殖局，隶属柳州地区畜牧水产养殖局。1995 年，境内鱼产量达 8702 吨，比 1951 年的 259 吨，增加 33 倍。

2002 年，各县（市、区）相应成立渔政站，加强渔政管理工作。市渔政站处理参与电、炸、毒鱼的渔民 100 多人次。2003 年，来宾市出动检查执法人员饭店、酒楼、招待所、农贸市场及收购摊点进行检查，发放渔业法律、法规资料。2005 年，市水产畜牧局加大查处渔业违法案件的力度，对检查渔业水域污染和无证经营利用水生野生动物进行严肃查处。

第一节　渔业资源

资　源

鱼　类　1980—1989 年，境内渔政部门对柳江鱼类进行调查，在柳江水系中有 164 种鱼类，骨鳔类 142 种，占 86.59%。其中，鲤科最多，共 100 种，占骨鳔类总数的 70.42%，其次为适应水急滩多生存环境的鳅科和平鳍鳅科，分别为 13 种和 9 种，占 9.15% 和 6.34%。鲶形目 4 科 15 种，占 9.14%，鲈形目 5 科 15 种，占 9.14%。

在鱼类分布中，柳江、黔江有中华鲟、鳗鲡、马口鱼、寡鳞飘鱼、大眼红鲌、（鱼艮）鲴、细鳞斜颈鲴、棘鲃、例刺鲃、似鳡南方白甲鱼，叶结鱼、桂花鲮、鲮鱼、中华长臂鮠、斑鳠、黄鳝、大眼鳜、斗鱼、斑鳢、月鳢、大棘鳅、弓斑东方、赤魟、蒙古红鲌、青鱼、草鱼、鲢鱼、鳙鱼、唇鱼、赤眼鳟、鳙科鳜属等，多以大型鱼类为主。

甲壳、软体类，境内各江河支流均有蟹、虾、螺、蚌。其中，来宾清水河段的三角帆蚌，象州罗秀河的褐纹冠蚌，可用于养殖珍珠或直接生产珍珠层粉。

藻　类　据1984年调查，境内浮游藻类有8门90多属。主要种类有硅藻门的舟形藻、月形藻、异端藻、小环藻、直接藻、双菱藻；绿藻门的栅列藻、新月藻；甲藻门的隐藻；裸藻门的囊裸藻、眼虫藻；黄藻门的黄丝藻。

水域滩涂　境内水系发达，水资源丰富，河流均属珠江流域西江水系。主要河流有红水河(215.7千米)、柳江(64千米)、黔江(123千米)、北之江(109千米)、运江(107千米)、清水河(68千米)。全市有水库283座，总库容量61403万立方米。

浮游动物　境内共采集到4大类44属69种。主要种类有轮虫中的臂尾轮虫、晶囊轮虫；桡足类中的剑水蚤、小剑水蚤、锯真剑水蚤；枝角类中的盘肠蚤、尖额蚤、低额蚤、裸腹蚤、象鼻蚤。

底栖动物　境内软体动物主要为河蚬、背角无齿蚌等，环节动物主要为尾鳃蚓、水丝蚓、颤蚓、蛭类等，水生昆虫主要为蜉蝣科幼虫和摇蚊科幼虫，腹足纲的螺类，甲壳纲的沼虾、栉虾等。

大型水生植物和陆生植物　境内具有丰富的植物资源，其中水生植物主要有马来眼子菜、轮叶黑藻、金鱼藻、喜旱莲子草、菹草、芜萍、苦草、水浮莲、水花生、水葫芦等。消落区陆生植物有禾本科植物、豆科植物、青菜类、象草、黑麦草等，消落区陆生植物成为库区的主要营养源之一。

第二节　江河捕捞

中华人民共和国成立初期，在境内江、河捕鱼的主要是个体捕鱼专业户(渔民)。1956年后，渔民组织渔业生产合作社(组)，捕鱼工具主要有鱼鹰(鸬鹚)、渔网、鲟钩等。捕捞品种主要有鲤、鲫、青、鲶等数10种。1959—1961年，境内肉食供应紧张，电鱼、炸鱼等违法行为不断发生。1970年后，境内江河地方兴建水电站，阻断洄游鱼类迴游通道，鱼的品种、数量日益减少。1973年，境内渔业社(组)渔民1217人，渔船823艘，年捕鱼量约5.8万千克。1980年后，除渔民外，一些农民也从事专业捕捞。1991年，境内共捕捞75万千克；1994年捕捞148.5万千克，其中鱼类142.5万千克、虾蟹4.2万千克、贝类1.5万千克、其他0.3万千克。到2000年，捕捞量达6809吨。21世纪初，由于拦河筑坝和人为滥捕导致鱼类种群的变动，渔业资源急剧减少。还有是因过度捕捞和环境污染及水利工程影响，鱼类资源日益枯竭。为了加大对渔业资源的保护，来宾市渔业行政部门除了下大力气规范江河捕捞业的秩序外，同时还加大对江河渔业资源的增殖力度。2003年，全市水产品产量为3.75万吨。2005年，全市水产品产量为4.37万吨。

2002—2005年，来宾市年捕捞量在3304吨至4020吨。

第三节　人工养殖

来宾市水域总面积2.98万公顷，可养殖面积1.5万公顷，已养面积1.24万公顷。其中，池塘0.61万公顷，水库(小二型以上)0.63万公顷。

1951年，境内农民在池塘(鱼塘)、稻田养鱼增多。1958年，人民公社成立后，渔业作为一种副业。1959—1962年，一些地方禁电鱼、炸鱼。1963年以后，新增水库放养。

1981年，境内始现养鱼专业户，养殖面积逐年增加。1981年，境内淡水渔业养殖3549公顷，比1978年增长88.1%。1990年，渔业养殖5556公顷，比1981年增长30.47%，鱼产量(含捕捞，下同)分别增加62.55%和2倍。1995年，养殖面积1.09万公顷，比1990年增长17.85%，鱼产量增长95.31%。

2005年，来宾市先后两次在清水河和红水河开展鱼类人工增殖放流活动，放养赤眼鳟鱼苗种26万尾。同年4月，来宾市首次在清水河石陵段进行鱼类人工增值放流，将6万多尾赤眼鳟为主的优良土著性鱼种放归大自然。同年9月，自治区人民政府同意建立广西红水河来宾段珍稀鱼类自治区级自然保护区。是年，全市水产养殖大户561户，水产养殖面积1.24万公顷，鱼产量4.36万吨。

鱼　种

1958年后，自治区在境内投资，陆续建成来宾、象州、忻城、武宣等4个国营鱼种场。除国营鱼种场外，各县尚建有集体、个体鱼种场30余个。1964年，境内鲢、鳙、草鱼人工孵化成功后，鱼苗产量逐步上升。1980年，境内孵化鱼苗7650万尾，除供应境内外，尚有部分外销。是年，来宾县引进尼罗罗非鱼，用泉水保种过冬成功，当年产鱼苗100余万尾。1982年，象州县建立以尼罗罗非鱼为主的良种基地，年产鱼苗5000余万尾。1983年，象州良种场引进埃及塘角鱼，次年人工孵化成功。1985年，忻城县古蓬镇大批孵化鱼苗成功，至20世纪90年代，年产草鱼苗2亿余尾。1990年鱼种为4507万尾，1994年为5565万尾。

养 殖

池塘养鱼 境内养殖的主要品种有鲢、鳙、草、鲤鱼。鲤鱼主要是杂交鲤(丰鲤、何元鲤)。养殖方法以施肥培育水质为主，草鱼喂草料。民国27年，迁江、来宾、象县有池塘养鱼。1930年，民国时期的迁江县、来宾县平均每亩产鱼66.5千克。

1980年，境内每亩池塘产鱼33.5千克。1987年后，投喂少量颗粒饲料。1990年，推行"山塘养鱼技术"星火计划。1991年，境内池塘养鱼面积1468.39公顷，产鱼250.86万千克，其中，渔业专用塘1137.73公顷，产鱼228.9千克。1995年，池塘养殖面积为3564公顷，比1991年增加45.63%。2003年，来宾市池塘养鱼产量达17553吨。2005年，全市池塘养殖面积0.57万公顷，产量2.31万吨。

稻田养鱼 20世纪60年代初，境内稻田养鱼4000余公顷，后水稻生产推广浅水灌溉，养鱼面积大幅度减少。20世纪70年代初，境内稻田养鱼面积下降到1333公顷。1982年，武宣县通挽、桐岭等2个乡13个生产队，采用此办法在3.47公顷稻田培育夏花草鱼种222万尾、鲮鱼110.5万尾、鳙鱼10.5万尾。忻城县大塘镇部分群众将田基加高0.67米以上，早稻放鱼，收完早稻后加水深到0.67米，不插晚稻，每亩可收鱼200~250千克。

水库养鱼 1967年，境内石祥河、马步、长村水库开始放养鲢、鳙鱼。后各县水库亦有投放。1980年，平均每亩产鱼3.1千克。1991年，共养殖5440.87公顷，产鱼152万千克。1995年，养殖7140公顷，比1991年增长20.2%。1995年后，水库养鱼逐渐由"人放天养"发展到"人放人养"，投放的鱼种规格较大，成活率较高，产量高，经济效益好。

2003年，来宾市水库养殖鱼产量达17553吨。2005年，全市水库养殖面积0.63万公顷，产量1.62万吨。

网箱养鱼 1978年，境内开始出现网箱养鱼，养殖品种由单养草鱼，发展到养殖尼罗罗非鱼。因网箱养鱼成本高，难以推广。1983年，境内在马步水库推广机械化网箱养鱼，也因投资大，未能推广。1992年，境内网箱养鱼发展到6586平方米。1994年，境内网箱养鱼7163平方米，产鱼208吨。生产虾蟹1.4万千克，贝类1.5万千克，其他水产品0.2万千克。1995年，境内各县沿江河地段均有少量网箱养鱼，面积较少。2003年，来宾市网箱养鱼面积3520平方米，同比增长74.3%。2005年，全市网箱养殖面积达13012平方米，产鱼378吨，产值约226.8万元。

来宾市注重特色养殖，图为娃娃鱼生态养殖
（2004年摄）

庭院水产养殖 2000—2001年，武宣县、来宾县群众在房前屋后挖水池养塘角鱼，面积2~200平方米不等。象州县妇联和县水产畜牧兽医局联合开展"渔娘庭院兴业"工作，在县城开展庭院养殖示范户，扶持示范20户，扶持幼鳖1080只，种鳖46只，总面积419平方米。

名优品种养殖 境内名优养殖品种主要有土塘角鱼、斑点叉尾鮰、银鲫、鲶、胡子鲶、月鳢、泥鳅、黄鳝、龟、鳖、大鲵(娃娃鱼)、南美白对虾、鲟鱼等。1999年，金秀瑶族自治县引进大鲵养殖并人工繁殖成功。2005年，全市名优品种养殖达1.7万尾。

第四节 鱼病防治

境内流行的鱼病主要有肠炎、烂鳃病、出血性腐败病、虫病等。

肠　炎 主要危害草鱼，其次是罗非鱼。其病原体是点状产气单胞杆菌，它是由于鱼吃了不洁食物，或摄食过饱消化不良等引起。病鱼静卧缸底，投饵不食，粪便呈乳白色，肛门红肿。境内各县均有发生，象州、武宣、来宾较严重，常造成大批鱼死亡。

1988年，境内开始对草鱼进行土法疫苗注射，每年注射20万尾左右，发病率减少。1994年后，境内高密度养殖的罗非鱼发病增加，选用2片呋喃唑酮，溶于80厘米×50厘米×40厘米的水族箱中，多次用药后可康复。此外，还选用0.02克呋喃西林粉，溶于10千克水中，浸洗病鱼20~30分钟。

烂鳃病 主要危害草鱼、罗非鱼，各县均有发生。其病原体是粘球菌。患病个体鳃部溃烂并附有较多黏液，严重时鳃丝溃烂形成一个个圆洞，病鱼呼吸困难，死亡率很高。防治方法：可选用3~4片土霉菌，溶于100千克水的水族箱中，低浓度浸泡，多次用药后可痊愈。

出血性腐败病 境内各县发生草鱼和罗非鱼发病较多，主要症状：体表出血、发炎、鳞片脱落、背鳍或全部的鳍充血、鳍会烂的像一柄破扇子。掉鳞处或烂鳍处会发水霉。会和烂腮、出血症并发。病因：鱼体受伤病源菌侵入造成。冬天如果鱼冻伤的话也是以大病因。治疗方法：1%的食盐水或是百万分之二(2ppm)的高锰酸钾或是百万分之二(2ppm)的漂白粉溶液浸泡。

虫　病 主要是草鱼常发疾病，死亡率高。1984年以前境内鱼种场经常发生。治疗方法：将鱼放入福尔马林水溶液中，每4千克水中放入福尔马林1毫升。浸泡20秒后立即捞回水族箱中，每天1，连续2~3天可治愈。

第五节　渔政管理

1950—1973年，境内渔政属农业局管理，1981年，境内各县相继成立畜牧水产养殖局，隶属柳州地区畜牧水产养殖局。各县(渔政)水产管理人员1~2人。

2002年，来宾市成立渔政站，辖区内各县相应成立渔政站，加强渔政管理工作。市渔政站处理参与电、炸、毒鱼的渔民100多人次。2003年，来宾市出动检查执法人员652人次，检查渔船2158艘次，没收电鱼机256台，电网6张，柴油机6台，罚款1万余元；对600多个饭店、酒楼、招待所、农贸市场及收购摊点进行检查，发放渔业法律、法规资料1.5万份，发放捕捞证61本，教育渔民2500人次。2005年，市水产畜牧局共出动执法人员230人次，渔政快艇46艘次，车辆42架次，检查渔船458艘(次)，查处渔业违法案件48起，检查渔业水域污染事故6起，检查无证经营利用水生野生动物2起，渔船初次检验126艘，年度检验116艘。2005年9月8日，广西壮族自治区人民政府批准建立广西红水河来宾段珍稀鱼类自治区级自然保护区，主要保护珍稀鱼类及其栖息地、产卵场。自然保护区所涉河段在兴宾区境内，总长度为44.5千米，水域面积约为582平方千米。2005年保护区开展巡查48次，出动人员240多人，查处保护区内非法活动10起，发放保护区宣传材料3000份。

第八章　农业机具

战国时期，铁制工具开始传入境内。汉代已使用铁犁、牛耕和牛车运输。唐宋年间，应用砻、碓、筒车等加工和提水工具。明清时期，普遍应用畜力曲辕犁，“而”字耙、筒车、龙骨车、戽斗、镰刀、水碾等耕作、提水、加工工具。

民国时期，境内开始有动力碾米机、耕作机、拖拉机和收割机等农业机械。民国21—29年(1932—1940年)，先后有30个垦殖公司(场)在迁江、来宾、象县、忻城等地领垦荒地6099公顷。其中，象县办的垦殖公司(场、社)有24个，民国31年(1942年)4月，领垦荒地4854公顷。民国26年到31年(1937—1942年)，茂森、广林公司与新加坡华侨合组“广林园茂森园有限公司”，垦殖荒地2549公顷。

中华人民共和国成立初期，境内农民仍沿用人畜力生产，耕作用锄头、木犁、月刮、木耙、抓耙，收割用镰刀、谷桶、谷架、连枷，运输用木制人力手推车，人力小木船、牛车，大多靠人背肩挑。

1950—1957年，在国民经济恢复和第一个五年计划建设时期，农业生产除沿用传统人畜力工具外，还大力进行旧式农具改造和新式农具试验推广。并在自然、经济条件较好，农业生产要求较迫切的地区，开始试办国营农业机器拖拉机站及国营农(林)场(站)。这时期购置农业机械投资以国家为主，农机经营管理体制以国营为主，农村社队只购置经营半机械化机具，农业机械以统配为主。社队重点优先发展排灌机械，其次是耕作机械。

20世纪60年代末，境内各县根据中央精神，将国营拖拉机站的大部分农业机械作价转让给农村社队集体经营。1974年，为适应境内发展糖料蔗生产、垦荒植蔗和农田基本建设的需要，象州、武宣、来宾、忻城等县相继建立国营机耕队。20世纪70年代末，境内农机形成两种所有制（国家所有制和集体所有制）和五种基本经营形式[国营农、林场机务队、县（市）国营机耕队、人民公社农机站、生产大队农机站和生产队农机组]，各县开始出现少量私有私营农机形式。由于农机的“三权”（所有权、经营权、使用权）之间的矛盾得到较好解决，农机事业获得迅速发展。1979年1月，境内开始推行农村经济体制改革，农机经营体制亦进入改革发展阶段。

20世纪80年代，随着经济体制改革深入发展，农业机械作为商品进入流通市场。农民有选购农机和经营农机自主权，农民经营农机经济效益好，脱贫致富快，极大地推动农民经营农机的积极性，农民从小型农具到大中型农机具，从农林牧渔业到各行各业，从耕作、种植、排灌、植保、收获、运输到加工等各种农业机械，都由农民购置和经营，且不断地新增、补充、更新，使农机化在改革中持续发展。1980年，境内大型拖拉机集体占有比例为97.7%，个体占有比例为0.02%；小型拖拉机集体占有比例为98.89%，个体占有比例为1.11%；农用汽车集体占有比例为99.23%，个体占有比例为0.01%。1988年，自治区人民政府报请国务院批准，确定来宾、武宣两县为重点糖料甘蔗生产基地，实行综合开发，适度规模经营。农民针对根据甘蔗生产实际，重点选购大中型拖拉机，开展机耕作业。

2004年末，全市拥有大中型拖拉机10005台，其中，兴宾区占38.58%：武宣县占20.95%。全市拥有联合收割机90台，其中，象州县拥有65台，占72.2%。2005年，全市农机总动力达100.46万千瓦，各类拖拉机3.28万台，同比增长2.75%。其中，大型拖拉机（不含变形拖拉机）1.09万台，同比增长8.76%；小型拖拉机（含微拖）15960台，同比减少2.42%；耕整机及微拖6056台，同比增长6.83%；水稻联合收割机169台，同比增长87.78%。

第一节　农　具

战国时期，铁制工具由中原传入境内。汉代，境内开始引进铁犁、铁锄、牛车等工具。南北朝开始使用畜力齿耙。唐宋时期，使用砻、碓、筒车加工和提水工具。明清时使用曲辕犁、而字耙、筒车、龙骨车、镰刀、禾剪、水辗、旱碾、水碓、踏碓等耕作、提水、收割、加工工具。

民国时期，境内广大农村靠简单的农具从事农业生产，偏僻山区仍停留在刀耕火种的原始农业阶段，生产工具落后，生产力低下。

20世纪50年代，境内广大农村掀起农具改革高潮，农业机械开始进入县社。20世纪60年代，半机械化农具发展迅速，各县农业机械得到发展。20世纪70年代，各县大力发展耕作、种植、灌溉、植保、收获及粮、油、饲料加工机械。20世纪80年代，农村体制改革初期，农户购买力水平低，农业机械适应不了新的农业体制而停滞不前。随着农村商品经济的发展，农机产品经过适当调整后，小型农机和半机械化农具得到快速发展。到2001年底止，原柳州地区农业机械总动力达136.06万千瓦。其中，耕作机械动力47.56万千瓦，农业动力60.20万千瓦。来宾市成立后，2003年末，全市拥有农业机械总动力93.8万千瓦。2005年末，全市拥有农业机械总动力100.46万千瓦。

传统农具

耕作农具　境内农民使用的耕作农具主要有木质曲辕犁、踏犁（翻锹、足犁、脚犁）、锄（挖锄、镐锄、钉字锄、方形刮、半月形刮）、锸（锹、铲）、齿耙（木、竹、铁齿耙）、滚耙、手耙（木、铁二齿、三齿或四齿耙）等。至今仍在使用的有犁、耙、锹（铲）等。

收割农具　境内农民使用的收获农具主要有镰刀（禾镰、草镰）、禾剪、谷扒（谷拨）、谷桶、掼床、石滚（碌碡）、连枷、禾叉、谷垫、风柜（风车）等。至今仍在使用的有镰刀、曲刀、打谷桶、风柜等。

农副产品加工农具　境内农民使用的农副产品加工农具主要有碓（水碓、槽碓）、碾（水碾、旱碾）、杵、臼、磨（手磨、旱磨、水磨）、油榨（木榨）、锄刀等。

提水农具　境内农民使用的提水农具主要有筒车（水车、竹车）、龙骨车、戽斗、连筒、吊桶、桔槔、辘轳等。

运输农具　境内农民使用的运输农具主要有扁担、泥箕、箩筐、桶、背篓、枷（禾枷、砖枷）、篮、独轮手推车、双轮手推车、牛车、马车等。至今仍在使用的有人力车、畜力车、木船等。

新式农具

20世纪50年代初，国家在增补供应传统农具的同时，大力推广新式农具，境内各县从外地引进农具。1953年，境内推广使用柳州机械厂根据广西水田、旱地一般土壤性质，耕作习惯，耕牛体况试制成功的五三步犁。20世纪60年代中期，从广东潮汕

来宾市成立后农业机械化水平逐年提高。图为2003年水稻收割机现场作业

引进潮汕犁。1955年，分配给柳州沙塘等农具推广站的双轮双铧犁、双轮单铧犁、镇压器、12片圆盘耙、网状钉齿耙、三齿轻便耘锄、10行靴式圆盘条播机、摇臂收割机等全套马拉农具。1958—1960年，使用广西农学院设计的轻便耘田器。20世纪70年代，境内一些农机厂在传统木滚耙的基础上改制铁滚耙。20世纪80年代，境内一些农机厂生产人力手推割禾器。2005年，境内部分地区农村仍有使用铁滚耙农具。

第二节　农机种类

耕作机械

境内农业机械主要有大中型拖拉机、手扶拖拉机、机耕（滚）船、机引犁、机引耙、旋耕机等。

大中型拖拉机　1956年，来宾、武宣、象州等县均成立国营拖拉机站。1966年，来宾、象州、武宣3县拥有大型拖拉机分别为10台、2台、5台。2005年，全市大中拖10872台。全市大中拖发展之快，主要得益于甘蔗种植业的发展。

小型拖拉机（含微拖）　1966年，境内仅有手扶拖拉机5台。1980年起，手扶拖拉机成为农田耕作和农村运输作业的主要机具，发展较快。2005年，全市小型拖拉机15690台。

机耕（滚）船　境内结合水田情况研制而成的一种能在深泥脚田间耕作的新机型。2005年末，来宾市拥有机耕（滚）船143台。

耕整机　1986年，柳州地区农机推广站组织购进11台耕整机，在各县推广使用。1988年，除来宾县和合山市外，其余各县均有农户购买耕整机。1990年，境内已推开使用。2002年，全市拥有耕整机4937台。2005年，全市拥有耕整机拥有6056台。

机引农具　在人民公社时期，基本是一台拖拉机配套一台犁、一台耙、一部拖车，有的还配套旋耕机。农村生产体制改革后，农民购买能力低，一些农具生产厂家转产改行，出现主机和配套农具分割销售，造成主机和配套农机具发展比例失调。

大中型机引犁　境内使用的大中型机引犁分旱地犁和水田犁，与丰收-37型拖拉机配套的有IL-3-30、LXF-3-30旱地三铧犁和水田四、五铧犁等。与东方红-75配套的有重型悬挂旱地五铧犁和IL-5-35重型机引五铧犁。

1991年，境内开始推广深松犁，该犁耕深在25厘米以上，不破坏土质层位，用于甘蔗地深松，有利于保水和甘蔗根系生长。2003年，来宾市兴宾区引进荷兰110—90大型拖拉机1台。该拖拉机功率大，牵引性能极佳，与悬挂式高架垂直翻转双向四铧犁相配套，在耕深为30厘米时，拖拉机作业速度为5.8~10.5千米/小时，直线行驶的作业效率达0.8~1.4公顷/小时，成为新世纪大马力拖拉机发展的领先者。是年年末，来宾市拥有大中型机引犁1124台。2005年，全市拥有大中型机引犁为1342台。

大中型机引耙　20世纪30年代，境内主要引进苏联圆盘耙，属旱地型机具。20世纪60年代后，使用国产机引耙。主要型号有PQX-1.8型悬挂缺口耙、PQZ-2.5重型缺口耙、PY-3.4型41片圆盘耙、PLX-2.0及PTS-37型联合水田耙。

2003年，来宾市兴宾区引进荷兰110—90型拖拉机1台。全市拥有大中型机引耙881台。2005年，全市拥有大中型机引耙2814台。

小型机引犁　与工农-12型手扶拖拉机配套的双铧犁，由于操作技术要求高，对土地湿度适时耕作要求高，因而不太受农民欢迎。1978年以前，该犁随主机搭配出售，农民很少使用。与整耕机配套的单铧犁，在水田作业耕翻质量较好，行走直、操作省力，较受农民欢迎。2001年末，柳州地区拥有小型微型机引犁11009台。2003年末，来宾市拥有小型微型机引犁7422台。2005年，全市拥有小型微型机引犁7868台。

小型机引耙　来宾县农业机械研究所研制的与工农-12型手扶拖拉机配套的IBG-64型滚田耙，1976年4月通过自治区级鉴定，1982年荣获广西科技成果三等奖。其特点是结构简单，使用方便，适用于稻草还田和绿肥田间作业，受到群众欢迎。2003年末，来宾市拥有小型机引耙5727台。2005年，全市拥有小型机引耙为5855台。

旋耕机 以拖拉机为配套动力，是手扶拖拉机耕作的主要配套农机具，是一种复式作业机具，能完成犁、耙作业。1980年，境内旋耕机发展到210台。2003年，来宾市拥有9941台。2005年，全市拥有10018台。

农业设施设备

国民经济和社会发展“九五”计划末和“十五”计划初，设施农业设备开始在境内引进和推广，主要标志是塑料大棚温室。2000年，境内大棚温室共42.43万平方米，其中象州39.95万平方米。2001年，境内大棚温室降到18.95万平方米。其中合山市0.47万平方米、象州县16.80万平方米。2002年，来宾市大棚面积为8.53万平方米。其中合山市0.47万平方米、象州县7.81万平方米、忻城县0.25万平方米。2003年和2004年，来宾市只有象州县有大棚温室，面积分别为3.07万平方米和7.19万平方米。2005年，全市有大棚温室面积为7.6万平方米。

栽植机械

播种机 1960年，来宾县率先引进4台播种机。1962年，来宾和武宣县各引进6台播种机。1971年，来宾红河农场研制成红河－3型甘蔗联合种植机，配套动力为丰收－37型拖拉机，该机能一次完成开行、送种、砍种、喷药消毒、施肥、覆土等作业，工效高。1977年，来宾县农业机械研究所设计与工农－12型手扶拖拉机配套的气吸式花生播种机，从原理上解决了精量播种，是播种技术的新发展和运用。

插秧机 1958年，境内引进南宁产木制人力插秧机。1965年，象州、武宣、来宾等县引进57台广西65型人力水稻插秧机。1978年，人力水稻插秧机发展到29488台，该机结构简单，易操作，工效高，但对育秧要求高，需要整秧、补漏，辅助工作大，操作费力。1971年，象州县引进1台3马力机动插秧机。1978年，境内机动插秧机发展到33台。

2005年，在国家实施农机购置补贴政策后，各级政府对水稻插秧机补贴投入不断加大，水稻插秧机推广应用得到长足发展，先进成熟的水稻插秧机得到农机朋友的青睐。

抛秧机 1996年，来宾县从河北省三河市农机修造厂购进水稻抛秧机1台，开始引进、推广水稻抛秧机。1997年6月，从北海市农机研究所引进2台水稻抛秧机，其工作原理也是利用离心力的作用实现抛秧，但该机型是靠人力在水田中推进，效率相对较低，平均每小时抛秧3亩左右。引进后，因抛秧机不适应当地农村生产而无法继续推广使用。

农业动力机械

境内农业动力机械由内燃机和电动机两大类组成，内燃机包括煤气机、柴油机、汽油机。

中华人民共和国成立前，境内曾使用木炭蒸汽机、煤气机、柴油机，主要用于城镇农副产品加工，但数量很少。中华人民共和国成立后，农业动力机械得到迅速发展。2001年末，来宾市拥有农业动力机械8.56万台/52.4万千瓦。2005年末，全市拥有农业动力机械14.3万台/100.46万千瓦。

蒸汽机（煤气机） 1937年，境内曾引进木炭蒸汽发动机。1938年，象州县罗秀梁兴记等合资5000元（国币），举办大丰年碾米厂，安装使用24马力煤气机一台。1953年，忻城县古蓬区旧镇屯安装使用1台20马力煤气机配套水泵抽水灌田。20世纪60年代初，生产厂家停止生产，但这些蒸汽机曾为发展抽水、农副产品加工、运输起到了积极促进作用。

柴油机 20世纪60年代初期，境内各县推广使用柴油机，为农村抽水抗旱、粮食加工服务。使用的机型主要有195型、2105型、165型、170型。广泛用于抽水、农副产品加工、饲料加工、发电、碎石、制砖等作业。2001年末，来宾市拥有柴油机6.28万台／38.17万千瓦。到2005年末，全市拥有柴油机3.42万台／22.2万千瓦。

汽油机 1960年，境内开始使用的汽油机，主要用于发电、抽水、农副产品加工，单台功率较大。由于汽油机在使用中故障多，维护保养要求技术高，大功率汽油机逐步被柴油机、电动机取代，汽油机小功率化越来越明显。2001年末，境内拥有汽油机9466千瓦，其中，农村2226千瓦。2004年末，来宾市拥有汽油机145千瓦。2005年末，来宾市拥有汽油机191千瓦。

电动机 中华人民共和国成立前，电动机仅为城镇加工米面、烟等使用，数量很少。中华人民共和国成立后，随着小水电的发展，电动机得到迅速发展。20世纪60年代，原柳州地区建立凤山电机厂，生产电动机。电动机被广泛用于排灌、喷淋、脱粒、农副产品加工、饲料加工、木材加工等，为繁荣农村经济发挥了积极作用。1960年，来宾县、金秀瑶族自治县、石龙县共购进电动机23台530千瓦。2001年末，境内拥有电动机2.44万台/20.57万千瓦。2005年末，全市拥有电动机1.7万台/17.43万千瓦。

植保机械

人力植保机械 中华人民共和国成立前，境内只能用木制梳齿式梳虫器（梳杀稻苞虫）和竹制单管喷雾器，生产效率低，抵御病虫害能力差。1953年，中南财经委员会调拨广西农药械器3100具，分配给石龙等县使用。1958年，金秀瑶族自治县购进5台、次年购进100台人力喷雾（粉）器。至1961年，境内发展到1968台。1994年末，境内拥有人力喷雾（粉）器21.58万具。2005年，人力植保机械在境内广大农村中仍然普遍使用。其主要型号有552丙型压缩喷雾器，联合—16型背负式喷雾器，踏板式喷雾器、工农—0.5型单管喷雾器。

机动植保机械 1970年，金秀瑶族自治县引进7台、12马力植保机械。1982年，境内发展到522台、882千瓦。机动植保机械迷雾细，附着好，工效高，适合连片大面积作业，但结构复杂，故障多，维护保养要求高，转移不方便。农村体制改革后，仅在果园，林业上使用，在农作物上应用较少。2001年末，境内拥有466台/1496千瓦，主要型号有工农—36型担架式机动喷雾机和东方红——18型迷雾喷粉机。2004年末，来宾市拥有机动喷雾（喷粉）机55台/149千瓦，到2005年末，全市拥有机动喷雾（喷粉）机55台/149千瓦，主要分布在兴宾区、象州县、金秀瑶族自治县，用于甘蔗杀虫。

排灌机械

排灌机机械主要由农用水泵、水轮泵、水锤泵、潜水泵、喷淋机和喷灌机械等组成。其在抗洪排涝、抗旱救灾中发挥作用，已成为来宾市农业生产上不可缺少的机械。

农用水泵 1953年春，来宾县北泗乡购进农用水泵1台，石龙县购进农用水泵1台，以25匹煤气机为配套动力，在岩洞中抽地下河水灌溉农田。1962年，武宣等县引进农用水泵。

随着电力事业的发展和农业生产需要，农用水泵得到迅速发展，大、中、小型水泵并起，配套动力有柴油机、电动机、汽油机。特别是在农村体制改革后，小型水泵深受农户欢迎。2001年末，境内拥有农用水泵2.99万台。2005年末，来宾市拥有农用水泵（包括潜水泵、清水泵）2.14万台。

水轮泵 水轮泵省油省电力，适应于缺油缺电、但水资源丰富的农村。1964年，自治区在柳州召开全区水轮泵工作会议，要求将水轮泵安装工作摆在水利建设的优先位置，争取在3年内基本实现水轮泵化。1970年，境内有水轮泵1080台。1974年后，随着机电排灌机械的迅速发展，水轮泵使用量逐年减少，到1995年，境内保有量为897台。2001年，水轮泵不再列入年报表统计范围。

喷灌机械 包括固定作业区域的喷灌机和随意移动作业的喷淋机。20世纪70年代，境内各县大力发展旱地作物喷淋机械。1972年，忻城县购进喷灌机8台。次年，来宾县购进喷灌机2台。1974年，象州、来宾等县开始推广使用喷灌机。1978年，境内喷灌机发展到1220台，后逐年下降。1991年降到506台。此后又有所恢复。2001年末，来宾市拥有喷灌机械1577台。2005年末，全市拥有节水喷灌机械780台套。

潜水泵 是一种叶轮和电动机连成一体，潜入水中的机具。1980年，境内潜水泵拥有128台，1986年，境内潜水泵只有51台。2001年末，来宾市境内拥有潜水泵2190台，其中农村2173台。2003年，不再列入农机年报统计内容。

水锤泵 1965年，柳州制造厂（现柳州第二空压机厂）试制成20型、30型和15型登山牌水锤泵。1971年，境内推广55台，1972年推广75台，1973年推广88台，1974年保有量为64台，由于建站投资大，收益少，之后很少使用。

收获机械

境内使用的收获机械主要有脱粒机、收割机、谷物烘干机等。

人力水稻打谷机 中华人民共和国成立后，人民政府重视脱谷机的发展，从价格、贷款上对脱谷机投资倾斜，积极安排脱谷机生产。1958年，金秀瑶族自治县购进人力打谷机10台。1960年，境内人力打谷机发展到1677台。1969年，境内人力打谷机发展到8409台。1980年，人力打谷机发展到23996台。20世纪80年代后，境内大部分县农械厂、部分县农机推广站组织生产人力打谷机，使人力打谷机的发展又上一个新的台阶。20世纪90年代初，人力打谷机开始出现用机器代替人力，人力打谷机逐步被动力脱粒机取代。1994年末，境内人力打谷机发展到162370台，平均每公顷水田有人力打谷机1台多。由于人力打谷机轻巧方便，经济省力且适合小田块作业，深受农民喜爱。至2005年，来宾市广大农村仍普遍使用人力打谷机。

机动水稻脱粒机 1961年，来宾县引进机动脱粒机3台。20世纪60年代中期，境内开始生产机动打谷机，象州、金秀等县农机修造厂及来宾县合作工厂生产机动脱粒机，配套动力为1.7~4.5千瓦的电动机，以全喂入为主。至1978年，境内拥有机动打谷机5272台。1989年，境内有机动脱粒机1475台。2002年，来宾市机动打谷机共有13413台，2004年，来宾市机动打谷机共有16349台，其中固定动力机3402台。2005年末，来宾市有机动水稻脱粒机共22103台。

玉米脱粒机 20世纪50年代，境内已经引进使用手摇玉米脱粒机。20世纪70年代，境内开始使用柳州农机站生产的机动玉米脱粒机。20世纪80年代，再次推广手摇玉米脱粒机。2003年，来宾市部分县(市、区)开始引进新型玉米动力脱粒机，市场出现供不应求的局面。

其他脱粒机 20世纪70年代，农村自制木、钢丝结构鼠笼式花生脱粒机，农业体制改革后，不再使用。1985年，象州县农业机械研究所研制的红瓜子脱籽机通过自治区级鉴定，但由于农业生产体制改革，未能投入批量生产。

水稻联合收割机 1973年，来宾县购进水稻联合收割2台。1993年，象州县购进水稻联合收割3台、忻城县购进水稻联合收割2台、金秀瑶族自治县购进水稻联合收割4台、武宣县购进水稻联合收割5台。2001年末，境内拥有大小型水稻联合收割机58台。2004年末，来宾市拥有大小型水稻联合收割机90台。2005年末拥有大小型水稻联合收割机达169台。

来宾市加大农机补贴力度，农民用上了联合收割机 (2005摄)

割晒机 1966年，象州县引进割晒机1台。因不适应当地农村田间作业的需要而自行消失。

谷物烘干机 1978年，来宾县有谷物烘干机59台。到1980年，境内发展到98台。农村体制改革后，因不适应当地农村的需要而消失。

林业机械

境内林业机械主要有挖坑机、植树机、油锯、电刨等。1980年，忻城县林场引进1台挖坑机。1981年，来宾县引进3台挖坑机。1983年，境内保有量最高为6台。1995年，来宾县引进植树机1台。2000年，挖坑机、植树机、割灌机等均不再列入农机统计年报统计内容。

电 刨 20世纪80年代，境内开始引进使用电刨作为木材加工工具，其刨口呈小圆状安装在轴上，由单相或三相电动机作动力。进入20世纪90年代以后，专业木工加工人员，一般都使用此工具。

油 锯 是由柳州机械厂生产，用于伐木造材及截割枝干，并可作为制材生产中的准备、辅助和修建等作业机械化工具。1980年，境内油锯保有量为52台。2001年为93台，其他年份为20多台至50多台不等。2002—2005年，来宾市每年保有量仅为6台。

渔业机械

境内渔业机械主要有渔用机动船和渔船挂浆机。1980年，境内有渔用机动船13艘、324吨、199.3千瓦。主要分布在武宣、象州、来宾等县。2001年有1049艘、6014千瓦。1995年，有渔船挂浆机62艘。2002年，来宾市有渔用机动船161艘，渔船挂浆机58艘。2005年，分别为141艘和6艘。

畜牧业机械

境内畜牧业机械主要包括饲料粉碎机、切蔓机、打浆机、统糠机等。

饲料粉碎机 饲料粉碎机可将干藤类、秸秆类、块根类作物以及豆类、玉米、大米等食物加工成粉末，既扩大了饲料来源，又有利于畜禽吸收转化。20世纪70年代末，来宾县农机修造厂生产370型饲料粉碎机。2003年末，全市有饲料粉碎机1.08万台。2005年全市有饲料粉碎机为1.14万台。

切蔓、打浆机 20世纪50年代，农村兴起农具改革高潮。一些能工巧匠自制手摇、脚踏切蔓机、切片两用机,用于青饲料加工和薯类切片加工。20世纪70年代,政府号召发展百头猪场,切蔓、打浆机得到较快发展。1980年,境内有1097台。农村生产体制改革后,铁制手摇、脚踏切蔓机走进千家万户,配套单相电动机为动力的在农村中广泛使用。

统糠机 1972年,境内开始推广使用统糠机。1981年,境内有490台。后由于碾米机技术水平提高,粗糠出现极少且粉碎机能代替统糠机作业,故统糠机逐年减少。

农产品加工机械

境内农产品加工机械主要包括碾米机、磨面机、木薯淀粉加工设备、榨油机、揉茶机、轧花机等。

碾米机 1961年,来宾县引进2台。随着农业动力机械的发展和人民群众生活的需要,碾米机发展十分迅速。20世纪70年代,武宣县农机修造厂成为碾米机生产定点厂,生产武宣3号、4号碾米机。碾米机最初发展是米、糠混合。20世纪80年代,附加了米糠分选机构,一次加工出大米和细糠。1995年末,柳州地区有碾米机22320台。另外,随着微型水力发电站的发展,山区推广微型碾米机。2001年末,柳州地区有微型碾米机42743台。2004年末,来宾市有微型碾米机14360台。大米、玉米加工实现机械化。2005年末,全市有粮食加工机械1.93万台。

磨面机 1961年,忻城县引进1台磨面机。1962年,来宾、忻城等县发展到8台。20世纪70年代,忻城县农机修造厂生产小钢磨。2005年末,来宾市有磨面机1518台。

木薯淀粉加工设备 1986年1月,柳州地区农业机械研究所研制的6U—600型木薯淀粉加工设备通过自治区级科研鉴定。2005年末,来宾市有木薯淀粉加工机械273台。

榨油机 20世纪50年代,广大农村使用传统的木榨。1961年,来宾县引进榨油机1台。后来,武宣县农机修造厂开始生产立式螺旋榨油机、卧式螺旋榨油机。2001年末,柳州地区有榨油机3198台。各县粮食系统都建有榨油厂,形成了机械化、半机械化和传统木榨并存的油脂加工格局。2005年末,全市有榨油机0.19万台。

榨糖机 1961年,来宾县引进榨糖机1台。20世纪60年代至70年代,忻城县农机修造厂生产三辊式小型甘蔗压榨机,配套7千瓦的电动机。1975年,境内榨糖机发展到527台。由于甘蔗生产的大力发展,国营糖厂大型自动化甘蔗加工设备出现,农村使用的小型榨糖机逐年减少。2001年末,柳州地区只有榨糖机144台。2004年末,来宾市仅有榨糖机60台。2005年,全市有榨糖机51台。

揉茶、采茶机 1974年,金秀瑶族自治县引进揉茶机1台。到1979年,柳州地区发展采茶机12台,由于采茶机出现漏采和新芽老叶混采严重,采茶机使用基本消失。

运输机械

境内农用运输机械主要有汽车、拖车、机动船、木船、机帆船、手推车、畜力车等。

农用汽车 1950年,柳州农试站经营1辆苏制75马力汽车,是柳州地区第一辆汽车。1956年,来宾县引进95马力的农用汽车3辆。1979年农业体制改革后,出现个体、联合经营汽车销售,家用载重汽车得到迅速发展。2001年末,柳州地区有农用载重汽车1797台、16.87万千瓦,有农用运输车1427辆、4.37万千瓦。2003年末,全市有农用载重汽车1298台、12.53万千瓦,有农用运输车537台、1.63万千瓦。2005年全市有农用载重汽车1315台、12.65万千瓦,有农用运输车752台、2.06千瓦。

中型拖车 1961年,石龙县(时由象州、武宣两县合并)国营拖拉机站引进中型拖车5辆。1980年,原柳州地区拥有中型拖车2438辆。2000年拥有中型拖车1797辆。2001年后不再列入农机统计报表内容。

小型拖车 1966年,武宣、金秀等县共引进5辆小型拖车,1970年全地区小型拖车发展到64辆。随着小型拖拉机的发展,小型拖车发展很快。2000年末,全地区有小型拖车24750辆,已成为农村短途运输的主要机具。2001年后,不再列入农机统计报表内容。

农用运输船 1970年,柳州地区第一艘农用机动运输船出现在武宣县。1980年,全地区农用运输船发展到209艘。2001年末,柳州地区农用运输船增加到1019艘、1.46万千瓦。2005年末,全市有农用运输船145艘、0.46万千瓦。

汽轮手推车 1958年,境内大量使用汽轮手推车。当年,金秀瑶族自治县引进汽轮手推车20辆,次年增加到150辆。进入21世纪,境内汽轮手推车使用量逐年减少。

胶轮畜力车　1960年，石龙（时由象州、武宣两县合并）等县引进胶轮畜力车130辆。1994年，全地区发展到1474辆。进入21世纪，境内胶轮畜力车在境内使用量逐年减少。

农田基本建设机械及其他机械

农田基本建设机械主要有推土机、铲运（装）机、平地机、碎石机、微型水力发电机和柴油发电机组等。

推土机　1976年，境内开始引进和使用推土机。1980年，全地区拥有推土机17台。随着农村经济的发展，建筑、筑路不断扩大，推土机得到迅速发展。2001年末，柳州地区拥有推土机117台、6858千瓦。2005年末，全市有推土机80台、4688千瓦。

铲运（装）机　有KX—1.1型铲运机、KX—1.8型铲运机、T—75型铲运机、LX—1.2型铲运机四种。2001年末，柳州地区拥有装载机22台、2482千瓦。2005年末，全市有装载机9台、855千瓦。

碎石机　20世纪70年代末，境内开始开始引进和使用碎石机。20世纪80年代末，由于筑路、制水泥砖、水泥预构件、建筑等需要大量石渣、石米，碎石机得到迅速发展。

微型水力发电机　1984年，在金秀等山区县推广使用，深受山区群众欢迎。2001年末，境内拥有微型发电机组7329套、5489千瓦。随着农村电网改造，农村及山区居民用电得到有效改善，微型发电机组逐年减少。2003年末，来宾市拥有微型发电机组1492套、1352千瓦。2005年末，全市拥有微型发电机组1179套、1048千瓦。

柴油发电机组　1989年，境内有48台669千瓦。2001年末，境内有柴油发电机组511套、6557千瓦。2005年末，全市有柴油发电机组205套、3147千瓦。

第三节　农机推广

20世纪50年代，境内开始引进示范推广双轮双铧犁。到1957年冬，60%以上耕地面积都采用双轮双铧犁。

1959年，广西59-3型人力插秧机研制成功。1965年3月，第八机械工业部科技人员对59-3型人力插秧机改进，并在象州县中坪乡进行生产鉴定试验。1965年6月，该产品通过广西机械厅鉴定合格，转入批量生产推广。据统计，从1965—1976年，境内共推广使用人力插秧机28332台，机插面积达61万亩。20世纪70年代末，该机被淘汰。

1982年，境内主要引进、改进推广切蔓机23277台。木薯淀粉加工机械497套，小型耕作机械（包括3~5马力耕整机、6马力微型手扶拖拉机、机滚船）2208台，人力手扶式割禾器2822把，轻便型人力打谷机64716台，微水电机4393台，柴油机节油消烟器1608只，方向盘式运输型12-15马力拖拉机260台。

1996年，为配合农村产业结构调整的需要，境内组织推广适用、优质、价廉的小型水旱两用耕作机、甘蔗深耕深松施肥培土机、水稻联合收割机、挖坑机、切蔓机等新式农机具。同年7月25日，在象州县大乐乡召开水稻联合收割机现场演示会。当年境内推广水稻联合收割机2台，其中象州县、来宾县农机推广站各1台。1997年3月，象州县象州镇石里村农民何家顺自筹资金4.3万元购买一台联合收割机（广西首个农民自筹资金购买大型联合收割机）。当年收割水稻面积23.3公顷，总收入17500元。2002年末，境内有大小型联合收割机49台。其中：象州县25台、武宣县10台、来宾县5台、金秀瑶族自治县6台、忻城县3台。2003年，来宾市在象州县中平乡、兴宾区良江镇召开小型水稻联合收割机演示会。当年推广水稻联合收割机12台，全市水稻联合收割机有53台，小型耕作机械1320台，小型喷淋抽水机1168台，挖坑机3台，甘蔗机械42台，其他新农具2189台套。是年，在6个县（市、区）创建农机科技致富示范村试点6个，举办各种演示咨询现场会5次。全市开展农机产品市场整顿和打假行动129次，检查农机企业和经营网点77家，立案查处13家，查封假冒伪劣农机产品184台件，货值1.5万元。来宾市落实甘蔗生产机械示范推广项目35万元，由兴宾区实施，购买一台120马力纽荷兰大型拖拉机及配套农具。实施甘蔗剥叶机项目20万元，由来宾市农机化技术推广站实施。

2005年，来宾市重点推广国家补贴购置的高性能水稻联合收割机，大、中型水稻联合收割机及大型拖拉机（80马力以上），甘蔗机械，小型耕作机械及抗旱设备等；实施甘蔗深耕深松机械化技术，水稻生产机械化技术，秸秆还田机械化技术等。全年共推广联合收割机79台，小型耕作机械1314台，小型喷淋机（抽水机）1375台（套），挖坎机4台，甘蔗机械70台(套),铡草机7台;全年完成甘蔗深耕深松机械化技术3.4万公顷,推广化肥深施技术11.4万公顷,水稻机收面积0.45万公顷,节水技术0.18万公顷。

第四节　驾驶员培训考试

20世纪50年代,境内开始农机培训工作,培训任务主要由当时的国营拖拉机站承担,培训对象主要是拖拉机驾驶员。20世纪60年代,随着农业机械的增多,培训任务主要由农机局承担。1974年以后,各县农机校相继成立,培训工作完全由农机校承担。

20世纪70年代,境内农机培训工作主要培训对象为公社、大队、生产队集体选送的农用拖拉机驾驶员、农机修理工、其他农机具操作手等。1975年,培训人数达33243人,主要培训项目有插秧机手,其次是拖拉机驾驶员。参加培训人员学习拖拉机构造原理、保养维修技术、实际操作技能、交通管理法规等课程。各类农机人员的培训均实行无偿培训,学员到农机校学习一切学习费用由学校承担外,学校还要负责学员的伙食费,发误工补贴给学员回生产队计工分。培训任务由自治区农机局下达。自治区农机局每年按培训任务项目标准下拨培训费40万~50万元。

20世纪80年代,农村实行家庭联产承包责任制后,农机技术培训工作也开始从无偿培训转为有偿培训,即培训各类农机人员学校不再负责学员的学习费、伙食费、误工补贴,学校开始尝试适当收取一定的培训费用。由于农村刚开始实行联产承包责任制,各种工作尚未步入正轨,农机培训工作陷入"农机到户、培训无路"的境地,培训人数急剧下降。1982年,境内年培训量只有2789人。

1988年,培训工作按"立足农业,面向市场,强化功能,增强活力,提高效益,加快发展"方针,采取多形式、多内容、多规格、校内与校外、长训与短训、学历与非学历教育的方法,利用学校人才、技术、师资的优势,采取多种形式开展培训。1991年,象州县农机校率先开办了职业高中班,结束柳州地区县级农机校只办短训班的历史。1995年,武宣、来宾县农机校分别与柳州地区农机校联合开办成人中专班。2004—2005年,全市培训各类人员9775人,其中大、中型拖拉机驾驶员3076人,农民工及其他从业资格证4334人,农用汽车驾驶员培训895人。

第五节　作业经营

作业服务组织

国营农业机械作业组织　民国时期,农业机械主要分布在国营场站和粮所,在国营场站的拖拉机主要为本场站开垦荒地,为本单位服务。

1950—1969年,国营拖拉机站下设机耕队,队下设机车作业班组,直接对农村社会代耕、代运等作业。1969年后拖拉机折价下放每个社队经营,国营拖拉机站撤销。但国营农场还继续保持机耕队和机车作业班组服务模式到实行家庭联产承包责任制作。1975年,国营拖拉机主要用于为社队开垦荒地,每年下达开荒任务,国营机耕队无偿开垦荒地。为方便东方红—75型拖拉机调运,柳州地区成立农机车队,无偿为各县机耕队调运拖拉机。国家无偿调拨给生产队的农业动力机械和国家扶持生产队购买的手扶拖拉机,主要在本生产队作业,属自用。1976年,境内大队成立拖拉机站,拖拉机作业按油耗、修理费、人员报酬计入作业成本,年终结算分摊到用机的生产队,实行初级的有偿服务。

集体农业机械作业组织　20世纪70年代境内大部分的人民公社建有农机站,站下设有机务队(组),为本公社农业生产服务。未建有农机站的公社由机手直接进行作业服务。生产大队也设农机站,直接为本大队生产作业服务。1979年,农村经营体制改革后,农业机械经营户除自用和帮亲友作业外,对外作业均实行有偿服务,农机作业服务开始向社会化、市场化方面发展。随着农村经济体制改革的深化和社会主义市场经济体制的不断完善,农机服务的形式也不断丰富和完善。

农户个体(联户)经营农业机械作业组织　20世纪80年代初期,农户开始经营农业机械,作业服务处于自发状态。后经引导协调,组建村农机阴和村民小组农机队,发展壮大后组织村级农机协会,直接服务于需要的农户。2002年后,境内各县农户经营农业机械已占主流。2003年,全市共组织农机作业服务队812个,农机协会6个,农机作业服务队完成机犁耕面积13.27万公顷,跨区机耕2.33万公顷,跨区机收175公顷,跨省机收30公顷。2005年,全市有农机作业服务队817个,全市共组织2.8万台拖拉机投入农业生产,完成机犁、耙面积21.13万公顷,其中机犁面积4.22万公顷;机耙面积5.27

万公顷;未犁悬耕面积1.17万公顷;深耕深松面积4.21万公顷。全市机收面积0.45万公顷,跨区机收面积525公顷,机械化肥深施11.51万公顷。全市农机村管员419人,农机经营户5.78万户,6.26万人;形成市、县、乡、村农机经营户的经营管理服务网络。

经 营

1932—1949年,境内农业机械主要从国外引进,国营经营。

1950—1975年,国营拖拉机主要用于为社队开垦荒地,每年下达开荒任务,国营机耕队无偿开垦荒地。为方便东方红—75型拖拉机调运,柳州地区成立农机车队,无偿为各县机耕队调运拖拉机。国家无偿调拨给生产队的农业动力机械和国家扶持生产队购买的手扶拖拉机,主要在本生产队作业,属自用。1975年,境内国营机耕队的拖拉机下放给公社后,社队开始购买拖拉机,部分公社、大队成立拖拉机站,对使用拖拉机的生产队收取少量机耕费用。大队拖拉机站人员工资从统筹中解决,适当收取生产队代耕费。1976年,境内大队成立拖拉机站,拖拉机作业按油耗、修理费、人员报酬计入作业成本,年终结算分摊到用机的生产队,实行初级的有偿服务。1979年,农村经营体制改革,国营机耕队、公社拖拉机站对拖拉机驾驶员实行“定人员、定机具、定任务、定消耗、定报酬”的“五定一奖”经营管理办法,对超额完成任务和节约费用的给予奖励。在分组承包土地的同时,部分生产队将拖拉机承包到组经营,而大部分生产队则将拖拉机折价卖给农户,农村出现了联户、独户经营拖拉机。1985年,农户出资购买农业机械,户有户营,农机利用率大为提高。2003年,来宾市开始由农机行政管理部门组建农机作业服务队,提供农机作业信息,组织跨区作业,组织管理费用由主管部门支付,逐步过渡到收取一定的中介有偿服务费,同时加大培养中介组织的力度,把服务职能从主管部门中分离出来,按市场化运作。2005年,全市农机经营户5.78万户,6.26万人,市、县、乡、村农机经营户的经营管理服务网络全面形成。

第六节 农机供应与修配

20世纪50年代末,各县农机修理厂相继成立。20世纪60年代,境内各县农机供应公司陆续成立,负责农业机械及配件供应,属国营企业。隶属柳州地区农机公司。1971年,农机修理延伸到公社,1975年,大队开始建立修理点,境内形成了县、社、大队三级农机修理网络。担负农机维修保养、旧件修复工作,部分县级农机厂还生产部分农机零配件。农机修配不仅有效缓解维修配件供不应求的矛盾,还节约大批原材料和资金。20世纪80年代,由于农机经营体制改变,配件生产供应情况日趋好转,旧件修复某些工艺不够成熟,因此大部分的旧件修复项目被淘汰。1983年,境内县、社、队三级农机修理网络基本瓦解,形成了以个体户为主的农机修理队伍。20世纪90年代末,境内各县农机公司陆续进行改制,部分农机公司已破产或濒临破产。县级农机供应公司改制后,个体农机供应网点迅速发展,抢占城乡农机市场。1995年,境内农业机械供应的品种涉及农、林、牧、副、渔业机械及配件、汽车、工程机械、摩托车及配件、大中小型电动机、柴油发电机组,各种轮胎、轴承、钢材、有色金属等15大类20多个机型,农业机械及零配件品种达8560多个。

2000年,柳州地区个体农机维修网点发展到578个,其中二级综合维修点28个、三级综合维修点448个。2001年,柳州地区农机维修网点有512个,其中二级综合维修点21个、三级综合维修点414个,专业修理点11个。2002年底,来宾市所辖6个县(市、区)的个体农机维修网点有326个,其中三级综合维修点319个,专业修理点8个。2005年,来宾市个体农机维修网点有326个,其中二级综合维修点6个、三级综合维修点316个,专业修理点4个。全市有农机供应网点146个,担负全市城乡农机(台)套、零配件的供应。全市乡(镇)农机人员187人,农机供应点146个257人;农机维修网点326个,维修人员518人。

第七节 发证检验 安全管理

学习发证

1974年8月3日,柳州机电工程学校(原柳州地区农业机械化学校)成立,主管部门为境内农机化管理中心。同年11月,农业机械化学校举办首期农机管理干部培训班,开设课程为党的农业、农机方针、政策、拖拉机使用维修、农机经营管理等。

1975年,学校除举办短训班外,还举办首届学制两年的农机经营管理中专班。1976年,柳州地区“五七”大学农机分校举办一年制“拖拉机维修”专业大专班。1977年,该校举办两年制“社来社去”的农机化中专班。1978年,学校开办首期参加高考国家统招统分两年制农机修理专业中专班。1979年,学校开设农机化专业,学制两年。1985年,学校开设农用机电修理专业,学制四年。1986年和1987年,开办拖拉机、汽车修理专业,学制四年。1988年,开办汽车拖拉机运用与维修专业班。1994年,新增“机电设备维修”专业。1995年,增设“机械设备维修与管理”专业。至1998年,新开设“机械制造”专业,学制四年,所开设的课程主要有政治、创造与创业、体育、语文、英语、数学、物理、机械制图、工程力学、机械设计基础、电工学与工业电子学、机械工程与金属加工基础、公差配合与技术测量、计算机应用基础、液压传动、金属切削原理与刀具,机械制图、工程力学、机械设计基础、电工学与工业电子学、机械工程与金属加工基础、公差配合与技术测量、计算机应用基础、液压传动、金属切削原理与刀具、机械制造工艺学、夹具设计、机床电气控制技术、企业管理、机械加工基础。实践课程主要有机械加工实习、钳工实习、机械拆装实习、机床电气线路安装调试实习、制造工艺设计等。1998年7月,柳州机电工程学校改称柳州地区机电工程学校。

1999年,学校开设“机电技术应用”专业,普通学制四年,职业中专学制三年。2001年,学校增设“电子技术应用”专业,学制三年。2002年,学校增设“计算机与应用”“电子商务”两个专业,“计算机及应用”专业开设的主要理论课程有德育(含法律、经济与政治、哲学、创造与创业等),语文、数学、英语、计算机应用基础、体育、物理、电工基础、计算机电路基础、计算机原理、编程语言基础、数据应用基础、计算机组装与维修、计算机网络技术、多媒体技术应用、计算机专业英语、常用软件、计算机安全与管理、计算机外设使用与维护、多媒体制作等。主要实训课程为英语文打字实训、录入与图文编排实训、计算机组装与维修实训、上岗实习、毕业实践。

2005年,柳州机电工程学校继续深化教育教学改革,开展“工学结合”办学方式招生。全年培训1940余人,鉴定各类工种420人(次)。

技术检验

1978年以前,境内拖拉机按机动车管理,由交通监理部门进行安全技术检验。1978年成立农机安全检查站后,明确拖拉机的安全技术检验由农机检查站进行。

1984年农机监理机构成立后,全面负责对农用拖拉机及驾驶员进行年度检审验工作,并接受交通监理部门监督。1986年农机监理所(站)成立后,负责对农用动力机械及操作手进行普查、检审、培训和发证工作。1990年,自治区人民政府桂政发〔1990〕26号文件明确农用拖拉机由农业(农机)部门负责管理,农机技术检验走上正规化轨道。

安全管理

1978年以前,境内各县未设有专门农机安全管理机构,农机安全生产管理工作由各县农机局具体负责。同时各县及乡镇政府成立农机安全委员会,村民委(村公所)设立农机安全机构,开展创建农机安全示范村活动。

1984年成立农机安全监理所(站),加强对农机驾驶(操作)人员管理和教育培训工作,提高安全生产意识。

2003年2月来宾市农机安全监理所成立,各县(市、区)相应设有农机安全监理所,负责本区域内农机安全监理拖拉机、联合收割机等农业机械牌证的发放及驾驶操作人员的技术考核、考试和驾驶证发放工作。市、县(市、区)农机安全监理所7个,人员69人。全市有农机安全监理和教育管理人员共892人(市级10人、县级69人、乡(镇)138人、村级685人),6个县(市、区)和68个乡(镇)政府设立农机安全委员会,384个村委会建立农机安全管理机构,形成市、县、乡、村四级农机安全教育管理网络。同时聘请村级农农机管理员685人。

2005年,市农机化管理中心与6个县(市、区)农机化管理中心,县(市、区)人民政府与68个乡(镇)人民政府,乡(镇)人民政府与384个村委会签订农机安全生产管理责任状,农机监理部门与农机驾驶员签订农机安全生产责任书13506份。农机监理部门构筑“三大防线”,强化对乡村道路农机事故多发路段、重点时段和作业市场的执法监控,严格查处超速超载、无牌无证、违法搭客、人货混装、酒后开车等违法行为,全市共清理“黑车非驾”拖拉机578台,强制无证驾驶人员参加培训286人,下达整改通知书42份,报废拖拉机315台,清理超标拖拉机19台,检查拖拉机9787台次,纠正拖拉机违法行为2365起。全市巩固、完善、创建自治区、市、县三级“农机安全示范村”78个。

第九章　农　场

来宾市境内有来宾、凤凰、迁江等3个华侨农场,总面积约62.27平方千米,总人口近1.5万人,共安置了13个国家的归侨5000多人。自治区农垦局直管广西国营红河农场(广西红河实业总公司)和自治区畜牧水产局直管的广西黔江示范牧场、广西武宣种畜场。

2004年4月26日,来宾市撤销华侨农场建制,成立来宾华侨投资区,并于2004年10月28日正式挂牌成立。辖来宾、凤凰、迁江等3个华侨农场,总面积约55平方千米,总人口近1.5万人,共安置从13个国家归来的侨胞5000多人。

第一节　广西来宾华侨农场

来宾华侨农场地处广西来宾市市郊,土地总面积约25.5平方千米共38263亩,其中20平方千米已整体收回纳入城市规划范围。农场成立于1960年11月,前身为国营古瓦劳改农场。1960年11月建场后至1969年,由中央侨委和自治区侨委直接领导和管理。1970—1977年,下放给柳州地区农业局领导和管理。1960—1980年期间,来宾华侨农场先后安置来自印尼、印度、尼泊尔、不丹、锡金、马来西亚、缅甸、新加坡、越南、柬埔寨、泰国等13个国家和地区的归难侨,素有"小小联合国"之称。1978—1998年3月,上收由自治区侨办华侨企业管理局领导和管理。2000年由来宾县人民政府领导和管理。2002年来宾撤县设市,2003年5月由来宾市人民政府领导和管理,2004年4月30日,由来宾华侨投资区领导和管理。

来宾华侨农场经历三次管理体制调整与改革,精简了行政管理人员,完成社会职能的剥离,为农场的进一步发展奠定了基础。中央、自治区为解决华侨农林场问题而出台的一系列扶持政策措施,特别是地级来宾市成立后,将来宾华侨农场20平方千米的国有土地纳入城市发展总体规划,为农场实现跨越式发展提供了历史性机遇。随着来宾市委、市政府"西进北扩"城市发展战略的实施,城市建设不断加快,土地问题已成为城市扩张和项目落户的瓶颈。通过深化来宾华侨农场改革,在切实解决好农场职工及其子女家属生活出路、社会保障和住房安置等问题的同时,整体调整使用土地,为来宾市的城市建设发展提供良好的条件,华侨投资区成为融商贸物流领域和文化教育中心于一体的高档住宅区和未来城市发展核心区。

21世纪初,农场在上级侨务部门和地方政府重视和指导下,立足场情,充分发挥邻近市区的区位和土地的优势,采取"土地整体回收,人员全员安置"改革模式,不断提升农场的侨务工作水平,使5000多名归侨和侨眷民变市民,农场改革成效显著。至2005年,全场总人口为5648人,其中归难侨人口2450人,占全场人口总数的43%。2005年农场国内生产总值1744.63万元,其中农业生产总值1677.63万元。农场共投资350多万元,先后建设侨法宣传室、图书阅览室、多媒体教室、文娱健身广场。

第二节　广西凤凰华侨农场

凤凰华侨农场地处来宾市北部,南距来宾市23千米,北距柳州市50千米。全场土地面积28.77平方千米共43157亩,其中耕地10032亩、水域面积350亩。农场地势平坦,气候温和,主要种植水果、甘蔗、茶叶等作物。

凤凰华侨农场始建于1958年,属新兴劳改农场归自治区劳改局管理。1969年7月,由中国人民解放军0546部队接管。1969年12月,重新回归新兴农场。1970年1月,下放给来宾县管理,3月改称来宾县凤凰农场,5月与来宾共产主义大学合并,改称来宾县共产主义劳动大学。1971年来宾共产主义大学撤走,恢复来宾县凤凰农场称谓。1973年划归广西农垦局管理,改称广西国营凤凰农场。1978年越南排华,改称广西国营凤凰农场,先后安置越南难侨、难民3批,共1412人。1979年3月,正式命名为广西国营凤凰华侨农场,由自治区侨办管理,1993年归自治区华侨企业管理局管理。1998年4月1日,下放给柳州地区行政公署领导和管理。2000年12月7日。由来宾县人民政府领导和管理。2002年,来宾撤县设市,2004年4月30日,凤凰华侨农场划归来宾华侨投资区管理。

凤凰华侨农场人口由两部分组成,一是接收安置自越南而来的归难侨及其子女;二是原国营凤凰农场的国内职工及其子女家属。2005年全场总人口3456人,其中归难侨人口1219人,占全场人口总数的35.3%。2005年农场国内生产总值1296万元,其中农业生产总值506万元。

第三节　广西迁江华侨农场

迁江华侨农场地处来宾市西部,距离来宾市50千米,距离南宁市、柳州市均为130千米,周边与迁江镇、石陵镇、大里乡相邻,国道322线纵贯全场。全场土地总面积为8平方千米共12000亩,其中耕地面积为7595亩,甘蔗种植面积5500亩、水果类种植面积1700亩、其他395亩。农场以国道322线为界,东部为丘陵地带,贮藏有丰富的煤炭资源,南中北部较为平坦,西部多有石山,山为石灰岩石,岩溶发育。土壤属砖红壤,地表为砂黏土层,成棕红、红黄色斑状结构。

迁江华侨农场始建于1958年元月,其前身为国营迁江农场。从1978年5月起至年底,迁江华侨农场共安置越南归难侨1409人。1979年5月迁江农场划归自治区华侨企业管理局,改为广西国营迁江华侨农场,属自治区侨务办公室管理。1998年下放到原柳州地区管理,并委托原来宾县代管。2000年3月正式下放来宾县管理,2002年,来宾撤县设市,2004年4月26日,划归来宾华侨投资区管理。

1958—1980年迁江华侨农场生产经营采用的是全民所有制的管理模式,1980—1993年为专业化、规模化经营阶段,1994—2007年继续调整产业结构和品种结构,落实和完善双层经营责任制。2005年底,全场总人口为2360人,其中归难侨人口1697人,占全场人口总数的71.9%。2005年农场实现工农业总产值1410万元。

第四节　自治区驻来宾市农场

红河农场

该场建成于1955年10月,位于兴宾区东南,与蒙村、正龙、大湾、凤凰4个乡镇接壤。原名广西国营红河甘蔗垦殖场,后与国营红桦农场合并,更名为广西国营红河农场。1994年6月28日,在农场的基础上成立广西红河实业总公司,属自治区农垦局管理。农业以种植甘蔗为主,1995年,种植甘蔗面积1082公顷,甘蔗总产量7.5万吨。1995年,有工人1707人,干部104人,技术员222人。土地面积3933公顷,其中耕地面积1333公顷,林地面积593.3公顷。固定资产4114.5万元,年工农业总产值8830.97万元,年创税利1600多万元。

广西黔江示范牧场

广西黔江示范牧场位于来宾市兴宾区高安乡,原为广西军区军马场二连,始建于1968年8月。1985年与黔江种畜场分设,归自治区畜牧局管理。全场面积1200公顷,有职工124人。1980—1982年由国家农业部投资,先后聘请新西兰3名专家指导建设牧场。该场是中国20世纪80年代初引进国外先进设备和技术建设的3个牧场之一,旨在中国南方亚热带地区进行草地改良和养牛示范。三年中进行草地围栏1200公顷,围栏总长度85千米,进行草地改良1145公顷(其中全垦人工草地400公顷)每年养牛800~1000头,养羊500~800只,为广西最大的黄牛良种繁殖基地。每年可向社会提供种牛约50头,役用和肉用牛约150头,种羊200只,肉羊200只。1985年后,调整产业结构,先后投资1800多万元,建成一个年出栏5000头瘦肉型猪场。该场实行多种经营,生产收入不断增加,由1985年的10万元增加到1994年的340多万元,1994年实现营利15多万元。2005年,广西黔江示范牧场生产经营收入49.73万元。

广西武宣种畜场

广西武宣种畜场位于武宣县黄茆镇新龟岩,总面积1100公顷,可耕面积270公顷,占种畜场总面积24.24%。广西武宣种畜场前身为广西军马场,1975年称广西武宣种马场,1980年易名为广西黔江种畜场,1988年改为广西武宣种畜场,归自治区畜牧局管理。现在场人口657人。种畜场以养猪为主,多种经营。现有基础母猪450头,存栏4000头;固定资产340万元。1991年生产收入228.5万元,盈利15.4万元;1994年生产收入484.2万元,盈利31.6万元;1995年生产收入749.55万元,比1994年增加265.35万元。2005年,生产营业收入954.6万元,实现盈利30.3万元。

第十二篇

林　　业

蜀汉建兴三年(225年),境内始有竹木生产记载。境内壮、苗、瑶、侗各族人民“靠山吃山”,培育大批杉木、竹料和木本油料。宋代,各族人民已经掌握杉、松、毛竹、油桐、油茶人工栽培技术。明初,瑶民开发了荒无人烟的原始森林。明清时期,柳州杉木占广西杉木出口量一半。同时,已成为广西油茶、油桐生产出口基地。民国时期,开始设立苗圃,建立林场,批准私人领荒造林,实施石山林木保护,促进公路两旁造林。民国26—33年(1937—1944年),各县育苗92.33公顷,造林8666.67公顷。

1950年以后,各县人民政府十分重视林区开发建设,在政府工作部门中设置林业工作机构,负责本辖区的林业生产和管护工作,制定林业发展规划,组织实施造林护林,加强生态环境保护,绿化国土,发展林业经济,促进地方林业可持续发展。

1978年改革开放后,境内各县由于山林分包到队到组到户,农村出现乱砍滥伐山林现象,森林破坏严重。1982年各县开展林业“三定”(稳定山权林权、划定自留山、确定林业生产责任制)工作,促进林业生产。20世纪90年代,境内各县(市)开展造林灭荒和绿化达标造林活动,造林面积大幅度增加。1994年全部实现造林灭荒达标,1997年全部实现造林绿化达标。来宾县、忻城县、象州县和合山市被自治区党委、自治区人民政府授予1997年造林绿化达标县(市)。

2003年以后,来宾市成为广西的重点林区,杉木产量居广西各市之首;毛竹产量居广西各市第二;油茶籽产量占广西总产量的三分之一,名列广西各市第一;油桐籽产量占广西总量的五分之一,位居广西各市第二。林特产品有茶油、桐油、松脂、八角、板栗、紫胶、笋干、云木耳、香菇、绞股蓝、灵香草、药材等。金秀大瑶山国家级自然保护区的圣山、圣水、圣都被自治区旅游局列入全区旅游资源整合开发重点精品之一。据统计,2005年,全市林业用地61.01万公顷,占土地总面积134.11万公顷的45.5%,森林覆盖率为34.16%,活立木总蓄积量1401万立方米,销售运输木材6.91万立方米,完成沼气池建设1.92万座,全市林业科研与技术推广人员22人。

第一章 管　理

中华人民共和国成立前,今来宾市境内在民国时期,各县政府设置有林业管理机构,负责本区域内林业管理,专司林业管理工作。中华人民共和国成立后,境内各县设置有林业管理机构,负责林业工作相关事宜,制定林业发展规划,组织营林造林,强化森林管护,提高国土森林覆盖率和林业经济效益,促使林业更好地为经济发展服务。

1954年8月,境内金秀瑶族自治县设林业科。1956年,来宾县、武宣县设林业科,专管林业工作。

20世纪90年代初,柳州地委行署十分重视林业发展,给每个县(市)增设专职分管林业的副县(市)长,各乡(镇)也配有专职分管林业的副乡(镇)长。

1995年柳州地区林业局行政编制14人,事业编制36人,全地区下辖10个县(市)林业局,共有职工169人。10个县(市)共有事业机构100个,有固定职工5751人。1996—2002年,全地区林业行政事业单位机构数有229个。其中:林业行政机构12个,林业事业单位214个。

2002年12月28日,撤销柳州地区成立地级来宾市,2003—2005年,市林业局内设8个科室,下辖金秀、武宣、象州、兴宾、忻城、合山6个县(市、区)林业局,代管大瑶山自然保护区管理局。

第一节 机　构

市林业局

1949年12月,柳州行政专署建设科,主管农业、林业、水利和交通工作。1953年成立广西森林工业局柳州分局(简称森工局),主管林业工作。1955年宜山专署设林业科。1958年柳州专署林业科升格为林业局,同年12月林业局与森工局合并,保留林业局建制。1962年9月恢复林业局和森工局。1969年11月,柳州地区革命委员会撤销林业局和森工局,成立柳州地区革命委员会生产指挥组林业小组。1972年3月恢复森工局,1978年11月,柳州地区行署将森工局改为地区林业局。2002年12月,来宾市林业局成立,为全市林业主管机构,内设办公室、财务科、营林科、林政资源管理科、科学技术计划科、森林利用管理科、森林公安分局、林地林权纠纷调处办公室8个职能科室。来宾市森林防火指挥部办公室、市绿化委员会办公室和市退耕还林领导小组办公室设在林业局。局机关公务员编制18人，参公登记的森林公安分局人员编制7人。森林防火办公室、农村能源办公室为参照公务员管理事业单位，编制各7人，共14人。直属二层事业10个单位，即农村能源办公室、林业基金站、林业技术培训中心、林产工业办、营林管理站、林业勘测设计院、机关服务部、林业行政执法稽查队、森林病虫害防治检疫站和金秀大瑶山自然保护区管理局（代自治区林业局管理），事业单位编制共160人。

2005年，市林业局内设办公室、财务科、营林科、林政资源管理科、科学技术计划科、森林公安分局、森林利用科、林地林权纠纷调处办公室等8个科室。市政府协调议事机构2个，即森林防火指挥部办公室、绿化委员会办公室，人员编制31人。市林业局下属单位有森林病虫害防治检疫站，事业编制5人；营林管理站，事业编制18人；农村能源办公室，事业编制7人；林业局勘测设计院，事业编制60人；林业基金管理站，事业编制3人；林业技术培训中心，事业编制5人；林产品工业办公室，事业编制3人；林业局机关服务部，事业编制7人；林业局行政执法稽查队，事业编制6人。二层事业单位10个，人员编制117人。办公地址为来宾市兴宾区红水河大道285号。

来宾市林业局历任局长：彭筱基（2002年12月—2004年6月），倪金华（2004年6月—2005年12月）。

大瑶山自然保护区管理局

1994年，自治区林业厅和广西大瑶山水源林自然保护区管理委员会联合下发文件，成立广西大瑶山自然保护区管理处，负责自然保护区的管理工作，与广西大瑶山水源林自然保护区管理委员会办公室实行一套人马两块牌子。

2001年4月，金秀瑶族自治县机构编制委员会下发（金编字〔2001〕11号文件）成立广西大瑶山国家级自然保护区管理局。9月，自治区林业局下发（桂林发〔2001〕66号文件）委托原柳州地区林业局代管理保护区管理局。保护区管理局内设行政科、财务科、保护管理科、生产技术科，在保护区各片设7个保护站、16个护林点。

2003年7月，来宾市机构编制委员会下发（来编〔2003〕85号文件），确认保护区管理局由来宾市林业局管理，主要职责是贯彻执行国家和自治区有关自然保护区的法律、法规、方针、政策，开展科普宣传教育，维护自然生态系统的稳定，保护、恢复和发展珍稀野生动植物，研究探索自然演变规律和合理利用自然资源的途径。保护区管理局内设机构为行政科、财务科、保护管理科、生产技术科，事业编制数为45人，并在保护区各片设7个保护站、16个护林点。

第二节　山林权属

明清时期，山林权属私有。民国时期，山林权分为公有和私有两种。习惯上，谁的山地经营到哪里，林木则属谁所有。无人管理的荒山划为官荒，官荒地域内林木定为公有，由县政府安排经营。1961年6月26日中共中央发布《关于确定林权、保护山林和发展林业的若干政策规定（试行草案）》后，各县根据谁种谁有的原则，确定和保障林业所有权。即：1. 国家所有的山林；2. 人民公社所有的山林；3. 生产大队所有的山林；4. 生产队所有的山林；5. 社员私人所有的山林。今来宾市境内林权所属分全民所有有制、集体所有制和私人所有。国有林场的林权为全民所有，其余林场为集体或个人经营。

全民所有

全民所有是指市境内的国有林场和广西大瑶山自然保护区拥有的林权。1995年，今来宾市有维都、柳花岭、茶花山、笔架山、中虎岭、六峰山、铁帽山、青峰、老虎弄、金秀、老山、欧洞、桃源等13个县办国营林场，土地总面积11.62万公顷，林业用地11.12万公顷。各国有林场从建场至1995年共造林10.50万公顷，有宜林荒山、疏林地及灌木林地5884公顷，其中，宜林荒山1602公顷，疏林305公顷，灌木林2613公顷。国有林场活立木蓄积量668.61万立方米，森林蓄积量（林分）668.35万立方米。

1996—2002年，今来宾市管辖的13个国有林场，累计生产木材133.7万立方米，完成造林面积5460公顷，占原全地区造林面积的3.3%。

2003—2005年，全市国有林场为社会提供商品木材29.33万立方米，占全市木材生产量的47.8%，造林面积2814公顷，完成迹地更新2365公顷。

表 12-1　　1995 年境内国营林场一览表

场名	建场年月	职工人数	面积土地总（公顷）	有林地（公顷）	活力木蓄积量（立方米）	年产木材（立方米）	建场—1995年林业基建投资（万元）	建场—1995年累计经济总收入（万元）	林木资产（万元）
维　都	1959	1025	16139	14203	191359	27014	6120	5340	
金　秀	1956	402	24851	20802	1092900	7510	1284	3224	16608
老　山	1958.2	47	3390	3359	482116	3460	213	1187	2482
茶花山	1958	220	3532	2714	254978	10500	1096	2674	3857
笔架山	1958	145	8031	6471	302699	7310	1019	1852	3756
中虎岭	1958	97	2958	1960	90452	3320	341	679	1081
六峰山	1957.3	488	8959	5561	570724	36477	2074	6915	3099
铁帽山	1955	330	2835	1645	121873	8298	1962	4470	4092
青　峰	1958	150	3000	1444	83228	1800	477	767	1502
老虎弄	1965	61	491	327	27868	1365	172	487	464
柳花岭	1959	189	4182	2459	156892	5280	629	1410	3135
欧　洞	1958.9	119	2736	1992	124344	4930	518	1445	1857
桃　源	1967	55	2328	1092	27728	1962	207	355	214
合　计		3328	83432	64029	2956437	119226	16112	30805	42147

集体所有

中华人民共和国成立前，大瑶山的森林，大部分为茶山瑶、坳瑶、花蓝瑶族所占有，也有一村或数户公有，境内各县农村风水林、柴山等为公有，有一部分山林为乡、村、学校所有。

1951 年土地改革时，按照《中华人民共和国土地改革法》规定，对地主的山林进行没收，分给无林或缺林的农民，由县人民政府发给山林土地证。随着农业生产合作化运动的发展，1956 年普遍建立高级农业生产合作社，农民的林木折价入社后，成为集体山林，由个人所有变为集体所有。1958 年实现人民公社化，山林从小集体所有变为一乡一社或数乡一社的大集体所有，统一经营。1961 年，对山林实行公社、大队、生产队三级所有，境内公社所有林地面积 13.95 万公顷，占 64%，大队所有 6.42 万公顷，占 29.5%。公社所有森林蓄积量 1500 万立方米，占 52.6%；大队所有 1086 万立方米，占 38.1%。1973 年森林普查，境内有森林面积 48.61 万公顷，其中集体所有林面积 37.07 万公顷，占 76.2%。森林蓄积量 2099.56 万立方米，其中集体所有 1356.45 万立方米，占 64.6%。

1980 年开始，在集体林区实行定林权、定山权、定管护权。1989 年，境内共有集体森林面积 61.40 万公顷，占全部森林面积的 89.3%；集体所有森林蓄积量 2440.34 万立方米，占 81.5%。

1954 年，境内办农业生产合作社后，出现了林业专业队。1956 年，境内的来宾县林业专业队发展到 109 个 1205 人。1960 年，来宾、忻城、象州社队林场发展到 392 个，其中公社林场 54 个、大队林场 338 个，共有场员 4919 人。1990 年，境内社队林场 412 个，其中公社办 11 个、大队办 345 个、生产队办 56 个，专业劳动力 5190 人。

1972 年 12 月 3 日，境内贯彻原柳州地区革命委员会颁布《关于巩固和发展社队林场（采育场）的若干规定（试行草案）》。随着飞机播种造林的开展，为管好飞播林区，自治区提出播区办林场，林场管播区。1978 年，境内社队林场发展到 870 个，其中，公社办 50 个、大队办 812 个、生产队办 8 个，经营面积 14.3 万公顷，造林累计 9.5 万公顷，专业劳力 13368 人。1995 年，辖区乡村林场发展到 1561 个，其中，乡办林场 85 个、村办 734 个、联户办 742 个，经营面积 14.3 万公顷，有立方米、毛竹 40.25 万株。全年总收入 2486.4 万元。多种经营收入 134.43 万元。场员共 7233 人。

20 世纪 70 年代中期，辖区社队开始办采育场。

1976年，社队采育场发展到190个，专业人员9101人，年采伐木材9.56万立方米。1981年后，随着农村体制改革，林区社队采育场只剩下17个。2002年后，集体林场归属县、乡（镇）林业站管理。2005年集体林场管理体制保持不变。

私人所有

宋代，大批客居人潜入境内，占据山林。明代，瑶民大量迁入大瑶山林区定居。清代，盘瑶到林区租山种粮，树大还山，山林为山主所有。

民国时期，农户在村前庄后，山岭沟壑造林，均属谁种谁有。《广西统计年鉴》第一回称："政府极力提倡造林，奖励领垦，人民领荒造林者，已渐踊跃，尤以柳江区为盛"。该年鉴统计，植保、合益、裕民等公司在象县领垦459.8公顷荒地造林。民国27年(1938年)，境内各县私有林占55.33%。

土地改革前，大部分山林为地主、富农所占有。

1952—1954年，土地改革没收征收地主、富农的山林分给贫雇农。土地改革后，私有山林面积占山林总面积的50%。

1956年，农业合作社后，除群众房前、屋后、自留地上零星的林木、果树、油茶仍属私有外，其余林木均折价入社。1958年，成立人民公社后，山林无代价入社，原山林折价凭证不兑现。1961年，按中共中央《关于确定林权，保护山林和发展林业的若干政策规定（草案）》，划给社员个人少部分自留山，每户2~3亩。但在"文化大革命"中，又被全部收归集体。1982年，开展林业"三定"（即定山权、林权、管护权）工作，境内给农户划分自留山7.57万公顷，户均0.67公顷，人均0.13公顷，自留山经营权归户，山权仍属集体所有。

20世纪80年代，在林业"三定"划定自留山和责任山的基础上，林业政策不断开放，境内涌现个人承包荒山造林的专业户、重点户，个人办家庭林场。1995年，全市有家庭林场626个，经营面积2.15万公顷，林地10.41万公顷，经济林面积0.48万公顷，林木蓄积量278.7万立方米。2002年后，家庭林场归属县、乡（镇）、村委统一管理。私有林场极少存在。

第三节　资金投入

1950—1995年，柳州地区得到国家林业资金投资4387.69万元，占营林基本建设投资完成额的17.3%；向国内银行贷款757.91万元，占3.0%；利用外资562.05万元，占2.2%；自筹（包括配套资金）17235.95万元，占67.9%；其他资金2437.26万元，占9.6%。国营林场基建投资164.95万元，占19.1%。用于集体林区的飞播造林、封山育林、森林病虫害防治、护林防火、林业公安等费用占88.9%。

1996—2002年，共投入林业事业建设资金61603.93万元。其中：财政预算内投入资金18092.68万元，占总投入资金的29.37%；贷款投入资金5634万元，占总投入资金的9.15%；林业部门林业基金及其他林业收费投入资金31102.25万元（其中自治区林业主管部门所拨款1787.70万元），占投入资金总额的50.49%；林业部门自筹资金投入6775万元，占总投入的10.99%。

2004—2005年，来宾市林业部门加强对外交流与合作，开展招商引资工作。引进广东湛江信威工艺品有限公司对国有武宣六峰山林场进行并购重组，采取企业投资参与林场资产重组的方式，即林场拿出所有可经营的林业资产与企业合作，双方注册成立林产一体化的股份制新企业。新企业成立后，安置职工100多名，承接林场所有的银行债务。同时，利用资金、技术、信息优势，规模化营造速生丰产林，兴办实木加工厂。年内新企业投资4000万元，造林1040公顷，企业加工产值达1.1亿元，上缴税收350多万元，实现政府、林场、企业"三赢"。2005年，全市速生丰产林人工造林面积已达3.07万公顷，完成造林固定资产投资7242万元。其中国家投资4143万元（国债资金1264万）。

来宾市在实施国家西部大开发战略中，把生态建设作为根本性措施，高度重视生态环境建设，加大了对林业的投入，实施了以保护生态环境为主体的林业六大重点工程。2003—2005年，来宾市实施了珠江防护林工程、退耕还林工程、速生丰产林工程、自然保护区建设工程、森林生态效益补助试点工程、农村沼气池建设工程等林业重点工程项目，共投入林业建设资金2.34亿元，其中：财政预算内投入1.63亿元（其中，中央财政投入1.22亿元），贷款投入资金75万元，林业基金收入和林业主管部门拨款投入6026.73万元，自筹资金1022.43万元。2003—2005年，全市林业建设支出2.13亿元。

表 12-2

1996—2002 年柳州地区林业资金投入情况表

单位：万元

项目 年度	合计	1996 年	1997 年	1998 年	1999 年	2000 年	2001 年	2002 年
合　计	61603.93	10547.49	8614.16	7763.70	8322.41	7693.33	6551.51	12111.33
一、财政预算内投入	18092.68	1321.25	1343.00	1407.00	1582.00	2557.00	2292.21	7590.22
1. 基建拨款	4275.25	343.25	344.00	253.00	446.00	1381.00	676.00	832.00
2. 林业事业费拨款	4654.59	534.00	493.00	586.00	698.00	695.00	638.54	1010.05
3. 造林补助费	4263.56	398.00	401.00	412.00	305.00	183.00	404.19	2160.37
4. 农业发展专项资金	10.00					10.00		
6. 不发达地区发展资金	123.17	6.00	18.00		28.00		65.00	6.17
8. 林业专项拨款	1736.27	40.00	87.00	156.00	105.00	288.00	508.48	551.79
9. 生态效益补助资金	3029.84							3029.84
二、贷款	5634.00	2099.00	1453.00	482.00	611.00	989.00	0.00	0.00
1. 一般银行贷款	2768.00	1366.00	894.00	286.00	124.00	98.00		
2. 世行贷款	995.00	402.00	281.00	55.00	73.00	184.00		
3. 林业项目贷款	632.00	251.00	187.00		194.00			
4. 林业专项贷款	1239.00	80.00	91.00	141.00	220.00	707.00		
三、林业基金及收费	31102.25	5350.24	4214.16	4336.70	4384.41	4036.33	4259.30	4521.11
1. 育林基金	26597.59	4314.68	3502.20	3548.76	3200.76	3763.00	3971.70	4296.49
2. 其他林业收费	2716.96	473.31	520.46	625.24	610.14	151.00	112.19	224.62
3. 主管部门拨款	1787.70	562.25	191.50	162.70	573.51	122.33	175.41	
四、自筹资金	6775.00	1777.00	1604.00	1538.00	1745.00	111.00	0.00	0.00

注：数据包含柳州地区的三江、融安、融水、鹿寨 4 县

表 12-3

2003—2005 年来宾市林业资金投入情况表

金额单位：万元

项目	合计	2003 年	2004 年	2005 年
合计	23404.46	7171.43	7700.03	8533.00
一、财政预算内投入	16280.30	5273.82	5702.39	5304.09
1. 造林绿化补助	215.00	75.00	40.00	100.00
2. 种苗工程	184.00		184.00	
3. 珠防林工程	360.00	100.00	260.00	
4. 自然保护区工程	0.00			
5. 森林病虫害防治	64.00	16.00	15.00	33.00
6. 森林防火	461.53	37.00	393.73	30.80
7. 森林公安	40.70	13.00	13.00	14.70
8. 农村沼气池建设	1063.64	229.20	611.44	223.00
9. 退耕还林工程	4515.75	1957.50	690.00	1868.25
10. 森林生态效益补偿基金	4387.71	1617.86	1329.08	1440.77
11. 林业事业费	3202.93	822.86	1199.94	1180.13
12. 林业项目贷款贴息	107.54	30.00	48.00	29.54
13. 森林植被恢复费	837.50	13.40	705.20	118.90

续表

项目	合计	2003年	2004年	2005年
14. 水源林管护经费	380.00	170.00	90.00	120.00
15. 其他林业项目	460.00	192.00	123.00	145.00
二、贷款资金	75.00	75.00	0	0
1. 一般银行贷款	75.00	75.00		
2. 世行贷款	0			
3. 林业项目贷款	0			
4. 林业专项贷款	0			
三、林业基金及收费	6026.73	1483.05	1629.95	2913.73
1. 育林基金	4733.62	1260.89	1306.80	2165.93
2. 其他林业收费	348.97	182.16	104.69	62.12
3. 主管部门拨款	944.14	40.00	218.46	685.68
四、自筹资金	1022.43	339.56	367.69	315.18

表 12-4

2003—2005年来宾市林业资金支出情况表

单位:万元

项目	合计	2003年	2004年	2005年
合 计	21284.31	7531.57	6970.04	6782.70
1. 造林	7263.44	3268.46	1984.29	2010.69
其中:用材林	3568.84	1470.81	992.15	1105.88
经济林	1089.51	490.27	297.64	301.60
2. 抚育	844.36	361.74	185.44	297.18
3. 封山育林	61.27	35.61	25.66	
4. 低产林改造	40.14	19.91	20.23	
5. 国有林场	329.01	107.03	110.99	110.99
6. 国有苗圃	17.91	8.16	6.13	3.62
7. 林业工作站	788.03	249.35	254.37	284.31
8. 林木种子繁育	67.69	35.20	20.44	12.05
9. 林业技术推广	110.39	33.53	55.56	21.30
10. 护林防火	1148.74	398.74	427.65	322.35
11. 病虫害防治	86.98	10.36	26.30	50.32
12. 规划设计及资源清查	180.31	40.27	63.87	76.17
13. 改燃节柴沼气建设	188.32	45.89	64.07	78.36
14. 林业科研教育	119.10	36.98	55.81	26.31
15. 林业宣传	21.14	2.33		18.81
16. 林业机构经费	2215.12	590.96	863.08	761.08
17. 森林保护	3737.85	1094.17	1376.43	1267.25
其中:森林生态效益补偿	2569.46	878.35	754.62	936.49
18. 林业基础设施	358.17	14.55	185.56	158.06
19. 其他	3706.34	1178.33	1244.16	1283.85

第四节　林政管理

林政工作始于20世纪50年代。1981年地区林业局设林政科，1985年4月改为林政办公室。2002年12月，来宾市林业局成立，设林政资源管理科，各县（市、区）设林政办公室，具体负责林政资源管理。

林地管理

1996—2002年，柳州地区发生征用占用林地面积955.17公顷，实际办理征用林地审批手续的面积只有473.39公顷，审核率仅49.6%，收取森林植被恢复费44.10万元，违法用地行为相当严重。除了违法用地外，毁林开垦、侵占林地现象也较严重，据2001年统计，境内国有林场被周边村屯群众毁林开垦和强行侵占林地面积达8244.8公顷，另有纠纷面积5991.1公顷。

据1999年柳州地区利用航天遥感技术进行森林资源规划设计调查结果，全地区有林业用地面积是156.66万公顷，有林地面积128.12万公顷，森林覆盖率57.14%，绿化程度57.97%。全地区开展清查违法用地工作，共查出毁林开垦面积1995.2公顷（种蔗1588.6公顷、种粮241.47公顷、种果165.13公顷），乱占林地面积539.47公顷（修路414.73公顷、采矿32.1公顷、建房92.73公顷），两项合计共2534.67公顷。清理后制定退耕还林计划和实施方案，检查督促被毁林开垦的林地植树造林工作。

2001—2002年，全市办理征占用林地项目18宗，面积95.05公顷，收取森林植被恢复费292.89万元。查出毁林开垦面积1995.2公顷（种蔗188.6公顷、种粮241.47公顷、种果165.13公顷），乱砍占林地539.4公顷（修路414.73公顷、采矿32.1公顷、建房92.73公顷），两项合计2534.6公顷。

2002年起，来宾市开展林木林地权属登记和发证工作。2003年10月，制定下发《来宾市林权登记发证试点工作方案》和《来宾市林地林权登记换发证工作要求》，选择象州县石龙镇迷赖村作为林权登记发换证工作试点村，试点工作是以退耕还林林权登记部分为主，试点涉及农户115户，234宗地，面积684亩。试点工作结束后依法核发林权证96户，184宗地，面积571.5亩，发证率占申请地块的78.6%。同时，全市对历年征占用林地进行重新清理，据统计，2003—2005年，全市共审核审批征占用林地项目共34项，批准使用林地面积145.22公顷。

表12-5　**2005年来宾市国有林场林地被侵占情况统计表**

单位：公顷

国有林场名称	林地被侵占面积			林地林权纠纷面积	
	被侵占面积	侵占单位或个人	侵占后现用于（用途）	纠纷起数	纠纷面积
合　计	1747.2			16	3700.1
茶花山林场	36.7	群众	作耕地	1	
笔架山林场	40.0	群众	作耕地		3172.0
中虎岭林场	80.0	群众	作耕地	2	92.0
六峰山林场	49.5	群众	作耕地	2	279.8
铁帽山林场	3.2	群众	作耕地	1	
青峰林场	53.0	群众	作耕地	1	
老虎弄林场	1.0	群众	作耕地	1	
金秀林场	460.0	群众	作自留山	6	
老山林场	63.0	群众	作耕地	1	133.3
欧洞林场	23.0	群众	作耕地	1	23.0
桃源林场	557.0	群众	作耕地	2	243.0
柳花岭林场	580.8	群众	作耕地	3	179.0
大瑶山自然保护区					

木材采伐管理

1950—1953年，对森林资源虽然没有完整的管理办法和专门机构，但在计划经济年代，木材采伐每年都按指令性下达，严格控制资源消耗。1953年以后，境内开始推行订约收购木材。1955年，基本完善了木材订约收购管理办法。各县收购首先摸清森林资源，提出采伐计划，经过上级平衡，再逐级下达到县、乡、村（屯），然后由村（或生产队）组织群众评议，把木材采伐数量分配到户，再由林业部门与生产队（集体部分）或林农户按数量、规格、分季度交货期签订合同。经过多年实践，以县为单位，每年均能控制在下达计划指标增减5%左右。这种采伐管理办法，在计划经济年代曾有效制止木材大量超砍伐，控制了森林资源消耗。

1991年，按照自治区有关森林采伐限额管理的有关法规文件，以县（市）集体和国营单位为基础，按消耗林分树种编制采伐限额，经自治区审核，国务院批准实施。执行采伐限额按森林法规定，由林业主管部门核发林木采伐证，凭证采伐，合理砍伐利用木材。实施采伐限额后，境内森林资源年消耗量从1989年的230万立方米下降到1994年的130万立方米。1985—1990年，境内森林平均年生长量为192.81万立方米。森林资源年消耗量231.15万立方米，消耗量大于生长量。1995年，森林资源遥感调查，森林平均年生长量为247.84万立方米，森林资源年消耗211.98万立方米，生产量大于消耗量。2002年，森林平均年生长量为56万立方米，森林年消耗23万立方米；2005年，全市森林平均年生长量为61万立方米，森林年消耗29.43万立方米。

木材运输销售管理

20世纪50年代木材凭证运输。1989年10月，木材始凭证加工经营。1986—1995年，凭证运输销售木材量共40.46万立方米，其中区内销售138.60万立方米，区外销售265.97万立方米。

2003年，来宾市建立健全木材运输证的领取、登记、签发、保管等制度和措施，加强对木材运输的管理，对签发木材运输证进行监督检查。截至11月底共签发木材运输证1538份，外运木材7.35万立方米，竹子20多万根，杂竹376吨，人造板2211.18立方米，木片555吨，经检查没有出现差错。自治区林业局分四批下达给全市森林采伐总蓄积量31.51万立方米，出材量20.49万立方米；全市分四批商品材、六批速丰林造林用地采伐计划蓄积量共30.53万立方米，出材量19.93万立方米下达给各县（市、区）。

2005年，全市编制下达木材生产计划蓄积为40.02万立方米，出材量为25.71万立方米。全市林产工业共销售运输木材6.91万立方米，其中：当年销售运输木材1.81万立方米、存材3.55万立方米、过境材5991立方米、二次运输5964立方米，销售运输杂竹2610吨，毛竹、篙竹7.95万根。

木材检查监督

1954年，始设柳州木材检查站，1995年，全地区共有25个木材检查站，这些检查站维护林区木材运输秩序，有效控制非法采运行为。1988—1995年，全地区林业行政案件发生14507起，平均年发生1813起，罚款504.98万元，赔款损失39.96万元，补交林业经费234.35万元，收缴木材25499立方米，变价款771.62万元，行政处罚7008人。2005年，全市受理行政案件390起，收缴木材1409立方米，罚款110.9万元。

森林案件查处

1987年1月，地区林业局始置林业公安科。金秀瑶族自治县设林业公安局，其余县（市）设林业公安股，林场、水源林保护区设立派出所。2003年来宾市成立后，全市共有28个森林公安机构，其中县（市、区）森林公安分局6个，林场、水源林林区派出所21个，编制164人。

1988—1995年，森林刑事案件发案515件，其中重大案件发案98件，特别重大案件发案16件，治安案件发案6289件，受权处理的林业行政处罚案件6269件。森林案件的发生，给林业生产带来重大损失，损失森林面积6329公顷，木材56665立方米，幼林、竹子724.19万株，野生动物7514只；损失金额1421.96万元，其中木材折款1193.52万元，幼树、竹子折款105.99万元，野生动物折款17.26万元，其他损失折款105.19万元；死亡2人，伤49人。期间，森林公安侦破森林刑事案件388件，其中重大案件82件，特别重大案件16件，破案率分别为75.3%、83.7%和100%。治安案件查处4921件，查处率78.8%，受权处理的林业行政处罚案件处理5969件，处理率95.2%。受处罚人次16113人，其中逮捕375人，劳教45人，治安拘留2008人，警告1655人，治安罚款3145人，林业行政罚款5875人，其他处罚3010人。收缴木材33119立方米，币值1261.28万元,其中木材折款854.59万元,治安罚款41.35万元,林业行政罚款255.10万元,赔偿损失86.41万元,其他财物折款23.83万元。林业公安部门经过严厉执法,使森林刑事案件的发案量由1988年的132件下降到1995年的24件,乱砍滥伐森林面积由1980—1985年的8661公顷下降到1991—1995年的251公顷;木材损失量由1980—1985年的33万立方米下降到1991—1995年的1.4万立方米。

1996—2003年,森林公安侦破森林刑事案件373件,其中重大案件99件,特别重大案件28件,破案率分别为83.3%、83.9%和93.3%。治安案件查处1729件,查处率92.9%,受权处理的林业行政处罚案件处理6066件,处结率98.3%。受处罚10775人(次),其中逮捕356人,劳教107人,治安拘留1602人,林业行政罚款3615人,其他处罚3760人。收缴财物:木材28728立方米,价值1261.28万元,其中木材折款864.95万元,治安罚款17.76万元,林业行政罚款301.26万元,赔偿损失66.8万元。

第二章　林木资源

中华人民共和国成立前,境内始设苗圃,建立林场,批准私人领荒造林,实施石山林木保护,促进公路两旁造林,绿化村庄。中华人民共和国成立后,虽然在"大跃进"时期遭到一定的破坏,但境内森林资源较为丰富,生态环境保持较为良好。改革开放后,党和人民政府更加重视发展林业,各级政府注重生态建设,加大林林保护力度,组织实施荒山造林,封山育林,工程造林,采取有效措施,对林业生产实施造、封、管并举,境内林业生产取得长促发展,森林面积扩大,覆盖率提高。

第一节　树种　林种

树　种

来宾境内林木种质资源丰富,具有经济价值的林木约有600种。中华人民共和国成立后,经开发利用提供种苗或接穗的有杉木、马尾松、柳杉、台湾相思、小叶桉、柠檬桉、尾叶桉、油茶、油桐、八角、毛竹等40余种。

杉　木　各县(市、区)均有分布。1960年,全地区(注:数据包含柳州地区的三江、融安、融水、鹿寨4县。下同)面积8.84万公顷,蓄积1074.35万立方米;1971年,面积8.22万公顷,蓄积586.32万立方米;1989年,面积13.12万公顷。蓄积720.48万立方米;1995年,面积29.78万公顷,蓄积1050.46万立方米。2004年,全市杉木面积8864.6公顷,蓄积量92.33万立方米。

松　树　各县(市、区)均有分布。1960年,全地区(注:数据包含柳州地区的三江、融安、融水、鹿寨4县。下同)面积4.41万公顷,蓄积330.44万立方米;1971年,面积15.67万公顷,蓄积264.85万立方米;1989年,面积15.02万公顷,蓄积693.79万立方米;1995年,面积24.4万公顷,蓄积752.97万立方米。2004年,全市松树面积1.79万公顷,蓄积量139.91万立方米。

桉　树　各县(市、区)均有分布。1960年,全地区(注:数据包含柳州地区的三江、融安、融水、鹿寨4县,下同)面积15.9公顷,蓄积0.10万立方米;1971年,面积3269.6公顷,蓄积5.13万立方米;1989年,面积3610.6公顷,蓄积11.53万立方米;1995年,面积1.57万公顷,蓄积47.76万立方米。2004年,全市桉树面积4827.7公顷,蓄积量16.47万立方米。

阔叶树　各县(市、区)均有分布。1960年,全地区(注:数据包含柳州地区的三江、融安、融水、鹿寨4县。下同)面积15.9公顷,蓄积0.10万立方米;1971年,面积3269.6公顷,蓄积5.13万立方米;1989年,面积3610.6公顷,蓄积11.53万立方米;1995年,面积1.57万公顷,蓄积47.76万立方米。2004年,全市面积1.31万公顷,蓄积量168.67万立方米。

油　桐　各县(市)均有分布。1960年,全地区(注:数据包含柳州地区的三江、融安、融水、鹿寨4县。下同)面积1.67万公顷;1971年,2456.4公顷;1989年,1013.7公顷;1995年,6946.2公顷。

油　茶　各县(市)均有分布。1960年,全地区(注:数据包含柳州地区的三江、融安、融水、鹿寨4县。下同)9.64万公顷;1971年,6.57万公顷;1989年,9.65万公顷;1995年,9.83万公顷。

八　角　以金秀瑶族自治县为主,其余各县(市)有零星分布。全地区(注:数据包含柳州地区的三江、融安、融水、鹿寨4县。下同)共种植八角4646公顷,其中金秀县营造3591公顷,占78.92%。

2004年,全市八角面积1709公顷。

毛　竹　各县(市)均有分布。1960年,全地区(注:数据包含柳州地区的三江、融安、融水、鹿寨4县。下同)面积1.15万公顷;1971年,1.1万公顷;1989年,1.99万公顷;1995年,2.17万公顷。

林　种

来宾市境内林种资源丰富多样,按用途可分为用材林、防护林、薪炭林、特用林、竹林和经济林。各个时期,境内各县(市、区)均有不同面积分布。民国27年(1938),来宾市境内的象县、武宣、来宾、迁江、忻城等县进行森林面积调查。中华人民共和国成立后,先后采用以县为单位进行逐片踏查、目测与实测相结合森林普查和广西森林资源二类调查法抽样调查。2004年,在贵州省林业规划设计院的协助下,来宾市利用传统的森林资源规划设计调查方法,摸清了全市森林面积、蓄积量和森林覆盖率、森林生长量与消耗量都发生不同情况的变化。

用材林　1960年,全地区(注:数据包含柳州地区的三江、融安、融水、鹿寨4县。下同)面积21.79万公顷,蓄积2852.45万立方米;1971年,面积36.36万公顷,蓄积1979.07万立方米;1989年,面积36.36万公顷,蓄积1883.45万立方米;1995年,面积66.22万公顷,蓄积2331.96万立方米。2004年,全市面积2.76万公顷,蓄积量223.13万立方米。

经济林　1960年,全地区(注:数据包含柳州地区的三江、融安、融水、鹿寨4县。下同)面积1.13万公顷;1971年,7.15万公顷;1989年,109.33万公顷;1995年,12.71万公顷。2004年,全市面积362.3公顷,蓄积量226立方米。

竹　林　1960年,全地区(注:数据包含柳州地区的三江、融安、融水、鹿寨4县。下同)面积1.35万公顷;1971年,1.62万公顷;1989年,2.53万公顷;1995年,12.71万公顷。2004年,全市面积822.3公顷。

防护林　1960年,全地区(注:数据包含柳州地区的三江、融安、融水、鹿寨4县。下同)面积3.12万公顷;1971年,面积3.33万公顷,蓄积302.01万立方米;1989年,面积16.73万公顷,蓄积1088.58万立方米;1995年,面积16.85万公顷,蓄积812.27万立方米。2004年,全市面积2.51万公顷,蓄积量194.81万立方米。

薪炭林　1960年,全地区(注:数据包含柳州地区的三江、融安、融水、鹿寨4县。下同)面积7822.2公顷,蓄积17.81万立方米;1971年,面积1053.6公顷;1989年,面积2.12万公顷,蓄积16.96万立方米;1995年,面积2.84万公顷,蓄积38.67万立方米。2004年,全市面积133.6公顷,蓄积量7078立方米。

表12-6　**1986年境内6县(市)森林面积情况表**

单位:公顷

县(市)	森林面积	用材林	防护林	薪炭林	特用林	竹林	经济林
合　计	235447.7	126025.22	82813.8	524.5	373.9	4125	21585.3
来宾县	21374.1	17816.22	100.6	28.2	76.3	302	3050.8
合山市	3290.7	2960.3	24.8	0.6	10.1	44.9	250
象州县	39525.1	29917.6	3378.7	42.2	76.6	243.3	5866.7
武宣县	30348.1	22459.1	3243.3	453.5	27.8	1095.5	3068.9
金秀县	131283.9	44460.5	75759.2			1985.4	9078.8
忻城县	9625.8	8411.5	307.2		183.1	453.9	270.1

第二节　林区分布

分　布

2005年,来宾市以县(市、区)为单位划分为6个主要林区,林地面积总62.08万公顷。其中,兴宾区林区的林地面积13.87万公顷,忻城县林区的林地面积7.99万公顷,象州县林区的林地面积8.14万公顷,武宣县林区的林地面积8.11万公顷,金秀瑶族自治县林区的林地面积22.62万公顷,合山市林区的林地面积1.36万公顷。除了金秀瑶族自治县林区主要林种为防护林,主要树种为阔叶树外,其余5个县(市、区)主要林种均为用材林,主要树种均为马尾松。

从林地面积、森林面积、木材生产占比衡量,境内国有林场是林区的重要组成部分。兴宾区林区内分布有铁冒山林场、青峰林场、老虎弄林场、广西国营维都林场。忻城县林区内分布有欧洞林场、桃源林场。象州县林区内分布有茶花山林场、笔架山林场、中虎岭林场。武宣县林区内分布有六峰山林场。合山市林区内分布有柳花岭林场。

境内林场

境内林场有自治区直属林场—广西国营维都林场及县(市、区)属林场。

合山市柳花岭林场 地处合山市境东北部,东至屋南山与兴宾区良塘乡毛敢村相邻;西到岭南镇弄猪村;南起柳花岭矿;北至大利山与忻城县新乡村、兴宾区良塘乡中段村林场毗邻。东西总长17千米,南北宽7.65千米。1959年建场,前身是1950年创建的苗圃,1959年改称来宾县柳花岭经营所,1962年改称来宾县柳花岭林场,1982年合山市成立后改称合山市柳花岭林场。经营总面积4182公顷,林业用地3602公顷。共有森林面积2459公顷,森林覆盖率为68.2%。林副产品有:油茶籽、油桐籽、松脂等。

象州县茶花山林场 位于象州县城的西北面,距县城约11千米,境内最高峰为茶花山,海拔406米,故名。1958年建场,前身是石龙县上茂林场,1958年场部从龙付乡上茂迁至岩村乡柳江河畔,因处于茶花山脚,故名茶花山林场。1962年石龙县改制,易名国营象州县茶花山林场。经营土地总面积3532公顷,林业用地3157公顷。共有森林面积2713公顷,森林覆盖率为88.9%。

象州县笔架山林场 位于象州县城的东南,妙皇乡的东面,境内笔架山海拔高达932.9米,故名。1958年建场,原属石龙县管辖,1962年石龙县改制,更名为象州县笔架山林场。经营土地总面积8031公顷,林业用地7637公顷。共有森林面积6470公顷,森林覆盖率为80.6%。

象州县中虎岭林场 位于象州县的西北部,水晶乡辖区内。境内最高海拔为大岭(中虎岭)374.6米,故名。1958年建场,1962年下马,1969年恢复。经营土地总面积2953公顷,林业用地2471公顷。有森林面积1960公顷,森林覆盖率为66.6%。

武宣六峰山林场 位于武宣县城东北面,地处大瑶山延伸余脉、属低山丘陵地貌。林场界跨武宣、象州两县境,南北长18千米,东西宽8千米与武宣县的二塘、黄茆、金鸡乡和象州县的妙皇乡毗邻。1957年7月建场。前身世为武宣县新生劳改农场。1956年农场迁址,林业部门接管,取名武宣县六峰山林场。经营土地总面积8959公顷,林业用地8503公顷,森林覆盖率为70.8%。

兴宾区铁冒山林场 位于兴宾区东部南泗乡境内。1955年建场,经营土地总面积2835公顷,林业用地2318公顷。共有森林荫道面积1644公顷,森林覆盖率为60.2%,主要林副产品有:松脂、油茶籽。

兴宾区青峰林场 位于兴宾区东部蒙村镇境内。1958年建场,经营土地总面积3000公顷,林业用地面积2430公顷。共有森林面积1444公顷,森林覆盖率为48.3%。

兴宾区老虎弄林场 位于兴宾区东北部城厢镇红旗村一带。1965年建场,1969年并入维都林场,1973年分出自立。经营土地总面积491公顷,林业用地面积404公顷。有森林面积327公顷,森林覆盖率为66.6%。

金秀县金秀林场 总场坐落在距县城东北部5千米的阴冲山西侧,下分直属、古兆、大木、金龙河、合江、沙梨坪、石坪顶等7个林站,分布于金秀、三角、大樟、六巷4个乡(镇)境内。1956年建场,经营土地总面积2.49万公顷,林业用地2.45万公顷。有森林面积2.08万公顷,森林覆盖率为83.7%。

金秀县老山林场 位于金秀县城南部金秀老山北缘老山口,场部距县城4千米。1958年2月建场,取名老山伐木场,前身是1957年筹建的老山采伐所。1979年改称为老山采育场。1995年经自治区林业厅批准改称为老山林场。经营土地总面积3390公顷,林业用地3369公顷。有森林面积3359公顷,森林覆盖率为99.1%。

忻城县欧洞林场 1958年9月建场,场址在忻城县欧洞乡达好屯。经营土地总面积2736公顷。林业用地面积2435公顷。有森林面积1991公顷。森林覆盖率为72.8%。主要林副产品有松脂。

忻城县桃源林场 原属欧洞林场,于1987年12月分出建场。经营土地面积2328公顷,林业用地2053公顷。有森林面积1106公顷,森林覆盖率为47.8%。

广西国营维都林场 位于来宾市兴宾区境内,林地跨来宾市兴宾区10个乡镇,东西宽20多千米,南北长约80千米,为自治区属林场。总场设在来宾市中心,占地面积117平方千米。下辖龙凤、平塘、雅江、良富江、清水河等6个分场。1959年4月9日,由铁冒山林场分出部分职工搬到原来宾县(今兴宾区,下同)城厢公社维都大队东汉村建立苗圃,1959

年冬在金锡坳东坡建场，定名为金锡山林场。1960年7月，经来宾县人民政府批准，凤凰林场与金锡山林场合并，定名为维都林场。1962年7月，自治区林业厅将原来宾县管辖的龙凤山林场、平塘林场并入维都林场，隶属自治区林业厅管辖。1970年7月，林场下划给来宾县管理。同年，将老虎弄林场和县苗圃的河村点（今维都林场清水河分场）并入维都林场。1972年5月，老虎弄林场从维都林场分出，1975年9月，自治区林业厅收回维都林场，为自治区直属林场。林场隶属自治区林业局管辖，为差额拨款事业单位，按企业体制管理，下设维都、龙洞山、雅江、平塘、清水河5个分场以及年产8.8万吨的水泥厂1座。2003年，林场职工自营经济人数达679人，种植经济果木林660公顷，甘蔗530公顷，职工自营经济产值900万元，纯收入达520万元。全场职工956人。林场主要任务是发展速丰林，培育森林资源，负责对南柳高速公路、湘桂铁路绿色通道和红水河、清水河的护岸护林以及平塘分场松柏分区等9万多亩生态林的建设和管护。造林已辐射到周边的合山、忻城、象州、武宣、兴宾区、柳江等县（市、区）。

表12-7　2003—2005年来宾市县（市、区）属国有林林场基本情况及木材生产表

林场名称	经营总面积（公顷）	林业用地面积（公顷）			年产木材量（立方米）		
		合计	商品林面积（公顷）	公益林面积（公顷）	2003年	2004年	2005年
合　计	971327	906272	517937	382330.5	98400	102562	92372
兴宾区铁帽山	42042	29862	29862		14800	16600	16492
兴宾区青峰	40425	40320	16425	3540.0	4000	3920	4670
兴宾区老虎弄	7203		6919		800	700	500
象州县茶花山	52095	52095	52095		10500	12200	11800
象州县中虎岭	42146	40158	40158		4700	4900	5000
象州县笔架山	104391	104391	53350.5	51040.5	5600	5000	5500
武宣县六峰山	133193	132231	123528	8703.0	19500	17000	11300
金秀县金秀林场	364085	358091	81237	276853.5	16600	16500	13000
金秀县老山林场	45639	45531	4812	40719.0	2500	2300	3000
忻城县欧洞	45368	42303	41218.5	1084.5	7800	6800	8600
忻城县桃源	33452		7042	390.0	1700	2500	2510
合山市柳花岭	61290	61290	61290		9900	14142	10000

第三章　营　林

第一节　采种　育苗

采　种　民国时期，境内各县（市）民众自行采种，松、杉多采集野生苗种植，油桐、油茶则下种营造。

中华人民共和国成立后，以林业部门收购采种为主要渠道。采集的树种有松、杉、桉、台湾相思、苦楝、油桐、核桃、八角等。据统计，1950—1995年，柳州地区林业部门共采购林木种子570万千克。各县自行采集各类树种。1952—1990年，来宾县共采种26.68万千克。1953—1990年，忻城县共采种12.65万千克。1952—1990年，象州县共采种48.58万千克。1980—1990年，武宣县采种6.69万千克。1952—1987年，金秀瑶族自治县共采种2123.13万千克。

育　苗　民国时期，境内各县先后建立苗圃场，民国26—34年（1937—1945年），共育苗2494.73公顷。

中华人民共和国成立后，境内各县人民政府除号召农民采种、培育壮苗外，还建立苗圃，配备人员专管林木种苗。1954年境内开始建立两个国营苗圃。1956年起，农业合作社和人民公社的林业专业队、公社、大队、生产队林场也育苗。1973年，地区规定，每育1公顷苗补助600元，从而调动了群众育苗的积极性。

除国营苗圃育苗外，国营林场也育苗。1978年，建立武宣六峰山林场杉木初级种子园，1978—1995年，产杉木良种6.23吨。

1985年，建立象州茶花山林场杉木种子园，1985—1995年，生产杉木良种0.59吨。

1983—1995年，忻城县欧洞林场古蓬马尾松采种基地，共采集古蓬马尾松优良种子8.51吨。

1990年前，境内各县(市)培育苗木方法多采用圃地播种育苗，之后逐步采用容器育苗，且成活率高。

1950—1995年，林业部门共育苗9224公顷。

1996—2002年，今来宾市有种子园和采种基地2个，累计生产林木种子19720千克，全市育苗面积累计321.49公顷，累计苗木产量8451.74万株。其中，忻城县采种量12870千克，育苗面积135.83公顷，苗木产量2863.4万株，兴宾区采种量600千克，育苗面积47.38公顷，苗木产量2074.65万株，金秀县育苗面积47.36公顷，苗木产量1751.89万株，象州县采种量4950千克，育苗面积11.93公顷，苗木产量714.25万株，武宣县采种量1300千克，育苗面积75.38公顷，苗木产量746.55万株，合山市育苗面积3.6公顷，苗木产量301万株。

2003—2005年，全市有忻城县欧垌林场250亩古蓬松种子园和象州县茶花山林场1000亩杉木种子园。2004年国家安排给来宾市种子园建设国债资金180万元。全市总育苗面积25.14公顷，培育造林苗木13708.07万株，6个县(市、区)均有个体老板经营苗圃，培育速生桉树、任豆和松树苗木。2005年，全市育苗面积共25.22公顷，苗木产量13706万株。

表12-8　1996—2002年来宾市林木种子采集及育苗量

项目 县	林木种子采集量(千克)	育苗面积(公顷)	当年产苗量(万株)
合　计	19720	321.49	8451.74
兴宾区	600	47.38	2074.65
合山市	0	3.60	301.00
象州县	4950	11.94	714.25
武宣县	1300	75.38	746.55
金秀县	0	47.36	1751.89
忻城县	12870	135.83	2863.40

表12-9　2005年来宾市种子采集及育苗统计表

县(市、区) 项目	合计	兴宾区	合山市	象州县	武宣县	金秀县	忻城县
林木种子采集量(千克)	1860.00	0	0	0	0	0	1860.00
育苗面积(公顷)	25.22	2.12	0.89	1.33	7.25	3.37	10.26
当年苗木产量(万株)	13706.07	2177.90	201.40	1720.00	2523.10	789.64	6294.03

第二节　人工造林

民国时期，政府批准私人领荒造林，各县的私营垦殖公司、场、社及村、农户开始放垦荒山荒地。但由于政局动荡，民不聊生，民间造林时冷时热，成效甚微。

中华人民共和国成立后，党和人民政府重视林业生产，号召"植树造林""绿化祖国"，并规定"谁种准有"，并由国家免费供给种子、苗木，集体林场全垦造林的机耕费、种苗均由各县负责开支和供给，林业获得了较大发展。县、乡(镇)统一领导，统一行动。每年造林任务从上至下层层下达落实。林业部门做好组织宣传、种苗供应调剂和技术指导工作，造林季节，从领导干部到人民群众均参加植树造林。1950—1995年，全地区(注：数据包含柳州地区的三江、融安、融水、鹿寨4县。下同)人工造林115万公顷，占造林面积的64.9%。1995年，人工造林保存55.43万公顷，占历年人工造林面积的49.1%。

1991年起，全市因地制宜发展优质品种，改造低产品种，从传统发展杉木、松木品种为主的低效经营模式逐步转向以速生桉和经济林为主的高效经营模式，并不断提高经营管理水平。

2002年来宾市成立后，主要造林形式有国有林场造林、国有林场辐射造林、非公有制造林3种形式。非公有制造林（公司或个人）得到迅速发展，成为全市造林的一大主力军。

集体造林

中华人民共和国成立后，特别是农业合作化以后，境内各县纷纷建立集体林场，林场造林采取群众造林与专业队管理相结合的办法，由公社、大队统一布置，生产队安排劳动力突击营造，然后固定少量场员长期管理。

1955年来宾县建立第一批集体林场。1956年，来宾县集体造林3600公顷。1960年，集体林场发展到261个，场员3727人。合作化开始后，来宾县南泗区高安农业生产合作社廖明昌等带头组织7名60岁以上的社员（后发展到30人）组成老年造林队，办集体林场，绿化了136个大小山头，栽下各种林木321.33公顷。该老年造林队多次被评为县、专区、自治区先进集体单位。1959年，廖明昌受邀赴京参加中华人民共和国成立十周年大庆典礼。来宾县城厢公社格兰大队，1964年以来大办林场，大力造林，认真护林，到1981年，全大队绿化56个山头，95%以上的宜林荒山种上了树，成林面积533.33公顷。1987—1990年，国营铁帽山林场与周围17个自然村联营造林1000公顷。

民国25年（1936年）3月，忻城县政府把发展林业定为“图经济充裕和防止灾害”之要政，制订了《忻城县乡村街造林实施办法》共25条，制订了5年种桐计划，饬令各乡遍设桐场，使全县种桐业有较大的发展。中华人民共和国成立后，忻城县侧重于“四旁”（路旁、水旁、宅旁、村旁）植树，整个20世纪60年代共造林1.37万公顷。20世纪70年代，忻城县在社队集体林场大办杉木、油茶基地，1975年全县办起社队林场81个。1991—2005年，全县累计造林达1.51万公顷，平均每年造林1006.67公顷。

国营林场造林

来宾市境内的国营林场是人工造林的主体。1995年，今来宾市有维都、柳花岭、茶花山、笔架山、中虎岭、六峰山、铁帽山、青峰、老虎弄、金秀、老山、欧洞、桃源等13个国营林场，土地总面积11.62万公顷，林业用地11.12万公顷。各国有林场从建场至1995年共造林10.50万公顷，有宜林荒山、疏林地及灌木林地5884公顷，其中，宜林荒山1602公顷，疏林305公顷，灌木林2613公顷。国有林场活立木蓄积量668.61万立方米，森林蓄积量（林分）668.35万立方米。

1996—2002年，今来宾市管辖的13个国有林场，累计生产木材133.7万立方米，完成造林面积5460公顷，占柳州地区造林面积的3.3%。

2002年12月后，来宾市国有林场从原来的13个减少到12个，全市国有林场经营总面积为6.48万公顷，林业用地面积6.04万公顷。其中，商品用材林面积3.45万公顷，公益林面积2.55万公顷。国有林场仍是营林造林的主力军，在营林造林、木材生产等方面仍起主力军作用，林场改革力度加大，林场在改革中发展，自营经济也取得了长足进展。2005年，武宣六峰山林场把商品林地转让给广东信威公司经营，公司负责林场职工的保险及买断职工工龄，在生产经营中林场占有利润的10%股份。

2003—2005年，全市国有林场为社会提供商品木材29.33万立方米，占全市木材生产量的47.8%，造林面积2814公顷，完成迹地更新2365公顷。

个人造林

民国时期，广西省政府批准私人领荒造林，植树造林多为民众自发行动。在大瑶山瑶族聚居地实行“种树还山”的造林办法，鼓励瑶民植树造林。

中华人民共和国成立后，境内各县人民政府领导各族人民开展植树造林活动。1956年互助合作运动后，山林土地归国家和集体所有。1963年人民

2005年，来宾市大力发展速生丰产林种植，桉树种植面积达2.66万公顷，蓄积量120万立方米

公社确定生产队林权，并划给社员一定数量的自留山，允许社员在屋前屋后及生产队指定的荒地种植林木，群众造林积极性有所高涨。

1964—1978年，由于受“以粮为纲”“农业学大寨”及“文化大革命”影响，群众造林积极性低落。

1980年，农村经济体制改革后，林业政策不断开放，山界林权政策开始得到落实，划定自留山，允许家庭承包集体荒山造林，鼓励个人植树造林。加上国家对集体和个人造林给予扶持和财政补助，农民造林积极性提高，出现一批造林专业户、重点户、个人办家庭林场。个人造林林种以用材林速生丰产林为主，如速生桉树。

1984年，柳江县福塘乡供销社女职工覃玉肖自愿停薪留职回到其丈夫家七洞乡贡则村，组织7户农民联合承包荒山554亩，到1987年已造林450亩，其中种下黑荆树300多亩。

1995年，全市有家庭林场626个，经营面积2.15万公顷，林地10.41万公顷，经济林面积0.48万公顷，林木蓄积量278.7万立方米。

第三节　飞播造林

1968—1995年，境内各县乡镇及各国营林场开始大规模的飞播造林（点播），飞播的树种为马尾松。其间，来宾县进行了12次飞机播种造林，飞播造林面积11.24万公顷，自治区、地区和县财政投入588万元，为柳州地区飞播造林面积和财政投入最多的县；忻城县进行了5次飞机播种造林，飞播造林面积8.99万公顷，自治区、地区和县财政投入410万元；象州县进行了9次飞机播种造林，飞播造林面积7.52万公顷；武宣县进行了5次共267架次的飞机播种造林，飞播造林面积5.78万公顷；金秀瑶族自治县进行了2次飞机播种造林，飞播造林面积2.63万公顷；合山市进行了2次飞机播种造林，飞播造林面积5288公顷。1995年后随着林业事业发展，人工造林成为植树造林的主要形式，飞播造林次数减少，2000年停止。

表12-10　**1968—1995年来宾境内6县（市）各时间段飞播造林面积表**

单位：公顷

时间段	1968—1995年	1968—1970年	1971—1975年	1976—1980年	1981—1985年	1986—1990年	1991—1995年
合　计	366795	51633	103746	68367		51600	91449
来宾县	112378	17233	29080			29133	36932
合山市	5288					3147	2141
象州县	75179	18000	25253	13680		7427	10819
武宣县	57753	16400	20107	9020		11893	333
金秀县	26340		673	25667			
忻城县	89857		28633	20000			41224

第四节　林分抚育

来宾市境内林木良种基地建设起步于20世纪70年代末。2003年，全市完成中幼林抚育面积1.56万公顷。2005年，全市完成幼林抚育面积1.44万公顷，成幼林抚育面积3280公顷。来宾市建设市后，良种繁育工程建设进展迅速，已建或投产的良种基地有武宣六峰山林场杉木种子园、象州茶花山林场杉木种子园、忻城欧洞林场古蓬马尾松采种基地。

武宣六峰山林场杉木种子园，创建于1978年，是列入部省联营育种繁育基地建设重点项目之一，实际建设规模33.3公顷，总投资91.49万元，至1995年共产杉木良种6.23吨。

象州茶花山林场杉木种子园，创建于1985年，是广西林业厅把中国林木种子公司兴安县摩天岭杉木种子园改设在象州县茶花山林场营建而成。该项目属中央和地方合资项目，规模面积66.7公顷，总投资107.2万元，计划1985年冬开始，1990年完成，利用广西各地从半同胞子代试验林选出增产效益显著的无性系，营建1.5代杉木种子园，主要任务是营建种子园生产群体区53.33公顷，育种群体区1.21公顷，子代测定林13.33公顷。经过几年实施，实际经营总面积83.82公顷，其中种子园生产群体区 64.37 公顷(含区界面积)、育种群体区(优树收集圃)1.21公顷,采穗圃1公顷,子代测定区17.24公顷。实际完成投资 60.2 万元,其中生产投资 39.7 万元,基建投资 15.5 万元,购置设备 5 万元,至 1995 年生产杉木良种 0.59 吨。

忻城县欧洞林场古蓬马尾松采种基地。1983年由柳州地区林业局、忻城县林业局、自治区林科所、地区林科所、广西林校共同协作建成。基地建成后即对古蓬地区和欧洞林场,进行林分调查测定,共筛选出 10 片具有优良性状的林分共 200 公顷(3000 亩,其中古蓬镇 1500 亩,欧洞林场 1500亩),并在优良林分中,测定优良单株,共筛选出优树 53 株,为营造古蓬马尾松种子园和母树林采种基地创造了条件。是年,忻城县政府发布了《关于保护古蓬马尾松母树林的通告》,配备护林员 20 名管护 10 片优良林分,在母树林附近的乡村普遍制定护林村规民约。建设期间,广西林业厅总共拨款3.1 万元。截至 1995 年,采种基地共采集古蓬马尾松优良种子 8.51 吨。

第五节 退耕还林 封山育林

退耕还林工程

1999 年,境内各县(市)开始对坡度大于 25 度以上的坡耕地实施退耕还林,退耕农户国家每年每亩补助粮食 150 公斤、管护费 20 元和一次性补助种苗费 50 元。到 2002 年,共完成退耕地还林任务5992公顷,占人工造林面积的3.6%。2003—2005年,国家下达给来宾市退耕还林任务3.31万公顷。其中,退耕地 0.63 万公顷,配套荒山造林 1.88 万公顷,退耕还林封山育林 0.80 万公顷。除金秀县自治区没有安排退耕还林任务外,全市各县(市、区)均有任务。总累计完成退耕还林 3.31 万公顷。

表 12-11 2003—2005 年全市退耕还林计划及完成情况表

单位:公顷

单位	计划任务				完成情况			
	合计	退耕地	配套荒山	封山育林	合计	退耕地	配套荒山	封山育林
来宾市	33106.7	6306.7	18800	8000	33106.7	6306.7	18800	8000
忻城县	6000	1333.3	3333.4	1333.3	6000	1333.3	3333.4	1333.3
兴宾区	11000	2000	6333.3	2666.7	11000	2000	6333.3	2666.7
武宣县	6106.7	1106.7	3666.6	1333.4	6106.7	1106.7	3666.6	1333.4
象州县	9533.3	1866.7	5000	2666.6	9533.3	1866.7	5000	2666.6
合山市	466.7	0	466.7	0	466.7	0	466.7	0
金秀县	0	0	0	0	0	0	0	0

封山育林工程

境内民间有风水林封育的传统。民国 23 年(1934),广西省政府公布《广西各类石山林木保护办法》,提出封山育林。1950 年以后,各县只是零星封山育林,成效不大。1979 年,柳州地区规定封山育林 133 公顷以上,每公顷无偿补助 30 元,从而调动了群众封山育林的积极性。1986 年,采取规模工程设计,实施封山育林,成效显著。封山育林面积最多是忻城县 4.4 万公顷,其次为武宣 3.1 万公顷,金秀2.8 万公顷。

20 世纪 80 年代,境内各县(市)实施封山育林工程,实行造、封、管结合,把封山育林任务落实到区、社、队。各地根据具体情况,发动群众封山育林,通过制定护林公约、配备护林员、搞好防火措施,加强对封山育林区的管护。1996—2003 年,累计封山育林面积 14.74 万公顷。其间封山育林成效典型的有金秀瑶族自治县莲花山和忻城县凤凰村。

莲花山 位于金秀瑶族自治县境内,海拔650~1347.5 米之间,山体总面积 400 余公顷,其中石山半石山 267 公顷。莲花山周围有美村、孟村、社村、江燕四个村屯,过去当地农民为了生活经常到莲花山砍柴、烧炭、采伐原始森林加工木材、种植香菇和木耳,林相遭到严重的破坏,山体中下部群众用作牧场,一些险峰古老的马尾松、五针松、福建柏也常遭盗伐,在莲花山上栖息生存的野生动物明显减少。

1987年，金秀瑶族自治县委、县政府将莲花山划为封山育林特别管理区，组织林业科技人员进行封育设计，制定实施方案，并加大宣传力度，村村制定封山育林村规民约，严禁在封山育林区内砍柴、烧炭、伐木、生火、狩猎、放牧、毁林开荒等。在主要道口竖立永久性封山育林宣传牌，对一些已受到破坏且难以自然恢复的地段采用马尾松直播造林或种植八角等方式恢复林木生态。经过十年的封育，遭严重破坏的林相得到了较好的恢复，乔木每公顷有1100株以上，郁闭度达0.8以上，乔灌木每公顷有1350株以上，覆盖度50%以上；灌木每公顷有1000株以上。封育区内的气候变得更加凉爽，有三条小溪每年流水时间比封育前增加两个月，封育区内栖息的白鹇、猴子、小灵猫等野生动物也明显增多。莲花山是金秀县著名的旅游风景区之一，1994年以来接待游客8万多人，增加旅游收入340万元。

凤凰村 忻城县北更乡一个山村，石山面积1402公顷，占全村土地总面积的93%。过去仅有林地8.9公顷，无林地1394公顷，是一个山光、人穷、生态环境恶劣的地方。1991年开始，该采取封造并举的办法促进林木生长。在封山育林形式上，采取死封、活封、轮封相结合的方法，把封山育林落实到山头，把靠近自然屯的山头进行死封，任何人不得擅自入内割草、打柴和放牧；把近耕作区的山头实行活封，只许进入割草割蔓，不许砍伐幼树；把稍远的山头实行轮封，定期开放，轮流封山，以解决群众生活燃料的实际困难。在石多土少，植被自然恢复能力差的石头缝里发动群众种竹子、金银花等。村里制定了村规民约，做到有约必依，群众敢管，多年来没有发生过乱砍滥伐现象。经几年的封山育林后，成林面积有200多公顷，基本成林有260多公顷，有竹子1万多丛，金银花2万多株，森林植被基本形成，成林树种有任豆、菜豆、香椿、苦栋、大叶樟、小叶榕、朴树、栎类、吊丝竹等100多种。全村505户，竹子、金银花年收入5.8万余元。由于生态环境的改变，凤凰村常有猴子出没，也促进粮食增产，缓解全村1899人温饱的困境。

第四章 森林保护

1985年1月，《中华人民共和国森林法》实施，森林保护步入法制轨道。

第一节 森林防火

森林火灾

各县（市、区）境内山林火灾多因每年秋冬初春季节气候干燥，林地易燃火以及炼山整地、烧炭、打猎等野外用火增加而频繁发生。

据统计，1954—1988年，来宾县发生山林火灾共580次，烧毁林木3.4万公顷；1991—2000年，全县累计发生火警火灾72次，过火林木面积800.55公顷，其中有林面积134.1公顷。

1952—1990年，忻城县共发生山林火灾423次，毁林面积8953.33公顷，其中国营林场72次、毁林900公顷；1996—2005年，全县共发生森林火灾33次，过火面积580.12公顷，烧毁林木155.61公顷。

1952—1969年，象州县发生山林火灾363次，年均27.9次，过火面积2.92公顷，年均2240公顷；1970—1979年，全县发生山林火灾172次，年均17.2次，过火面积年均1660公顷；1980—1989年，年均发生山林火灾26.3次，过火面积年均1726.67公顷，年均毁林833.33公顷；1984—1989年共损失立木蓄积20.2万立方米，年均损失3.37万立方米；1991—2005年共发生森林火灾114次，过火面积2236.35公顷，受害森林面积849.05公顷。

民国10年（1921年）、21年（1932年）冬季，武宣县均发生山林火灾，烧毁松20~30万株、桐4~5万株；1959—1987年，共发生森林火灾445次，烧毁森林2.01万公顷，平均每年火灾毁林1666.67公顷；1988—1990年火灾25次，损失面积130.85公顷，材积1197立方米，年均损失43.6公顷。

1953—1987年，金秀瑶族自治县共发生山林火灾948次，平均每年29.6次；全县历年火灾造成受灾山林面积共计1.96万公顷，其中有林面积1.94万公顷。1988—1991年，全县共发生森林火灾63次，过火面积5840公顷，森林受害面积2460公顷。

1987—1990年，合山市累计发生火灾22次，烧毁有林面积101.1公顷。1991年后，由于防范有力，市境内火灾发生率低，过火面积和烧毁有林面积小。

2003年，全市共发生森林火灾29次，过火面积3748公顷，受害森林面积68.7公顷，森林受害率0.11‰，烧死幼林6.45万株，烧毁活立木蓄积量1150.6立方米。

2005年，全市共发生森林火警火灾28次，其中森林火警19起，一般森林火灾9起，比去年同期87起下降了210.7%；火场过火总面积431.68公顷，比去年同期448.6公顷下降12.85倍；毁林面积32.37公顷，损失成林蓄积773立方米，幼林0.94万株；森林受害率0.07‰，比去年同期1.02‰下降95个千分点。全年查明火因26次，已处理20起。

2003—2005年，全市共发生森林火警火灾170次，其中森林火警108次，一般森林火灾62次，烧毁森林面积1008.11公顷，毁林蓄积量30479.立方米。

森林火灾的起因是大部分是野外用火不慎引起的。据1996—2003年查明火源的279起火灾中，生产性火源193次（其中烧荒烧灰101次、炼山造林44次、烧牧场8次、烧窑11次、烧甘蔗叶12次、其他17次），占已查明火源次数的69%；非生产性火源86次（其中野外吸烟26次、上坟烧纸17次、取暖做饭2次、小孩玩火5次、烧山驱兽12次、痴呆弄火12次、电线引起2次、其他10次），占已查明火源次数的31%；故意放火35次，占已查明火源次数的12%；外省烧入2次，占已查明火源次数的1%。

表12-12　**2003—2005年全市发生森林火警火灾情况表**

年份	次数		面积（公顷）	毁林蓄积（立方米）
	火警	火灾		
2003	26	11	81.90	1249.0
2004	61	36	680.80	20726.4
2005	21	15	245.41	8504.0
合计	108	62	1008.11	30479.4

森林消防

民国3年（1914年）11月，民国政府颁布《森林法》，并惩治放火烧毁森林者。中华人民共和国成立后，境内各县人民政府实行“预防为主，积极消灭”的护林防火方针。从1954年开始，境内加强森林保护工作，建立健全森林防火机构，加强森林消防，从县（市、区）、乡（镇）乃至村屯都建立有相应的防火机构和组织。1955年，境内各县贯彻原柳州专区森林防火“五不烧”（即未经批准不烧、无组织领导或准备工作不齐不烧、未开防火线或防火线不合标准不烧、天气干燥和大风天不烧、傍晚和夜间不烧），做好境内森林防火工作。1976年11月，境内各县贯彻地区护林防火指挥部发布《林区用火管理办法》，严禁在林区烧蜂驱兽、砍柴烧炭、烧火取暖和玩火。1986年9月，今来宾市各县（市、区）成立护林防火办公室，各县（市）及区属林场设立防火办公室。1993年9月，境内各县（市）贯彻原柳州地区行署发布的《关于加强森林防火的规定》。1995年，今来宾市林区村屯制定的村规民约有森林防火的规定。

2003年后，来宾市建立健全各级森林防火组织机构，成立各级专业、半专业森林消防队伍。2003年，全市共设森林防火检查站11个，专职护林员837人。2003—2005年，全市有森林防火指挥部8个236人；分指挥部71个676人；专业森林消防队9支384人；半专业森林消防队83支1598人；村级半专业森林消防队21支315人；义务森林消防队366支3678人，护林员947人。生物防火林带1488千米，机耕带2502.8千米，防火公路361千米，预测预报站9个，瞭望台66座，望远镜66台，专用电话线7800米，有线电话机31部，图文传真机6台，微型计算机7部，各种品牌风力灭火机717台，通信差转机15台，防火储备库8座，759平方米，通信对讲机486部，森林防火指挥车17辆，森林防火运兵车26辆。2005年，兴宾区、金秀瑶族自治县、象州县获得重点火险区综合治理工程项目建设资金共300多万元，为基础设施建设跃上新台阶创造条件。

森林联防

1955年3月，经林业部批准，成立黔湘桂三省南盘江林区防火指挥部。原柳州地区抽一名干部常驻联防办公室。

2003年，来宾市的金秀瑶族自治县、柳州市的鹿寨县、桂林市的荔浦县建立森林防火联防，并设立联防指挥部，联防指挥部下设办公室。同年，金秀、象州、武宣建立森林防火联防，并设立联防指挥部，联防指挥部下设办公室负责日常工作。建立防火联防时，制定了《防火联防章程》，联防县轮流值班，时间为一年。值班县的职责主要是搜集联防县当年防火动态，提供有关数据，调动联防县专业森林消防队伍增援扑救森林火灾，组织联防县有关人员研讨各季节防火对策以及负责组织召开当年联防工作会议等。

航空消防

1999年秋冬季，经国家林业局批准，开始在柳州开展航空护林工作。当年航期为11月2日—12月20日，历时49天。此后，每年的11月初至次年的1月中旬，都以柳州白莲机场为中心开展航空护林工作。2002年后，来宾市森林航空消防沿袭原柳州地区做法，每年11月2日—12月20日持续开展航空护林。

航空护林主要任务是巡护、航空直接灭火、林区视察和火场侦察、空运灭火物资、食品等。

第二节　禁止乱砍滥伐

明、清时期，朝廷都颁发保护森林，严禁乱砍滥伐林木的法令。民国时期，民国政府公布《森林法》，"严禁滥伐"森林。

1950年1月28日，柳州专署布告规定："对公有私有林木，未经许可，任何人不得砍伐或损毁。"

土地改革和农业合作化时期，又造成短时间的乱砍滥伐。1954年，柳州专署遵照《广西省木材管理暂行办法》，适当限制采伐，不经县人民政府批准，不得擅自采伐，对盗伐、偷运、强买、投机、抬价压价者分别给予惩处。从而一度制止乱砍滥伐。

1958—1960年，土法大炼钢铁，大砍林木烧炭，森林遭到严重破坏。同时各地还大放"竹木卫星"，共砍伐木材145.92万立方米。因山区不通公路，致使7万余立方米木材烂在山上。

1966年"文化大革命"初期，无政府主义泛滥，部分地方流行"打倒当权派，自由砍树卖"等错误口号，偷砍滥伐不断发生。1967年，各县宣传贯彻中共中央、国务院《关于加强山林保护管理，制止破坏山林树木的通知》后，才初步制止。1971—1975年，各县革命委员会强调山区要"以粮为纲"，粮食自给，开展"农业学大寨"，造田造地，各地大面积毁林开荒种粮，被毁林地每年至少在1.5万公顷以上。1974年9月29日，柳州地区革命委员会发出《关于认真贯彻自治区木材经营管理办法的通知》，通知强调："各用材单位和个人不得擅自进入林区套购、偷运、盗窃、乱砍滥伐"。同年11月，又制订《柳州地区木材检查站工作试行条例》。一度制止乱砍滥伐。

1979—1981年，乱砍滥伐林木面积达8333公顷，损失木材约17.8万立方米，油茶籽12.5万千克。其中金秀瑶族自治县和毗邻6个县群众大量进入大瑶山林区乱砍滥伐，被砍杉木达20万株，林木蓄积量超过5万立方米。

1981—1982年，农业推行家庭联产承包责任制，所有林区县照搬农业的做法，忽视林业的特点，有的地方把自留山和责任山合并在一起，推行"两山并一山"，把不适宜分散经营的集体所有林木，特别是成材木，划分给各家各户管理，农民害怕政策变，有"多得不如少得，少得不如现得"的思想，林木一到手就大砍滥伐出卖。1982年10月，贯彻中共中央、国务院发出《关于制止乱砍滥伐森林的紧急指示》。同时按照自治区发布的《稳定山权林权，完善林业生产责任制暂行条例》，落实山权林权，才把这股滥伐风刹住。

1982—1995年，乱砍滥伐森林面积1.84万公顷，损失木材440522立方米。平均每年乱砍滥伐森林1313公顷，损失木材31466立方米。由于乱砍滥伐林木，破坏了生态环境，造成水土流失，水、旱灾害连年不断，给人民生产和生活造成严重损失。

2000年，开展"保护森林资源三号行动"，共立案查处各类林政案件691起，抓获并处理违法人员1069人，取缔非法木材加工摊点113家，收缴非法木材2723立方米。

1996—2003年，查处林业行政处罚案件6171起，处理违法人员10775人(次)。

2005年，受理林业行政案件390起，处结386起。收缴木材1409立方米(折款146.32万元)，罚款110.9万元，为国家挽回经济损失44.79万元。全市森林公安机关共立森林刑事案件108起，破案90起。立林业行政案件1479起，查处1456起，收缴木材4168.18立方米。

表 12-13　**1982—1995 年来宾市境内乱砍滥伐森林面积情况表**

年度	面积(公顷)				木材损失(立方米)				其中滥伐严重年代		
	1982—1985	1986—1990	1991—1995	小计	1992—1985	1986—1990	1991—1995	小计	面积	木材	年份
来宾县	950	312	4	1266	13275	1761	102	15138	421	2208	1985
合山市	60	37	14	111	2517	2132	649	5298	45	625	1984
象州县	1778	3982	1	5761	28724	24575	760	54059	1336	27054	1985
武宣县	1701	3	4	1708	4601	874	69	5544	900	2400	1984
金秀县	258	15		273	5701	6225	1226	13152	200	2224	1982
忻城县	165	26		191	2883	653		3536	120	1436	1985

第三节　自然保护区

来宾市境内有国家级自然保护区 1 个。

广西大瑶山国家级自然保护区

位于广西壮族自治区中部偏东的金秀瑶族自治县、荔浦县和蒙山县(保护区大部分及主体部分在金秀,少部分在荔浦和蒙山)交界处。1982 年 6 月开始建设,2000 年 4 月,国务院批准建立国家级自然保护区。保护区面积 2.56 万公顷。保护区内动植物资源丰富多样。有维管束植物 216 科、855 属、2232 种,植物种类占亚热带植物区系的 86%,其中包合国家保护植物 28 种和瑶山特有植物 62 种。有国家一级重点保护植物银杉、伯乐树、南方红豆杉等 6 种;二级保护植物白豆杉、福建柏等 16 种。有陆栖脊椎动物 481 种,其中鸟类 287 种,占广西鸟类的 60%,占中国鸟类的 22%;两栖类占广西的 75%;有昆虫 21 目 168 科、570 属、853 种;有国家一级保护动物瑶山鳄蜥、金斑喙凤蝶等 6 种;国家二级保护动物猕猴、白鹇等 46 种。

第四节　野生动植物保护

来宾市野生动植物种类繁多,是生物多样性最丰富的区域之一。高等植物资源有 327 科 1388 属 1.54 万种,占广西现有维管束植物种的 65.5%;陆栖野生动物有 460 余种,占广西此类动物种的 52.1%,至 2005 年末,全市列入国家重点保护野生植物 109 种。其中属一级保护的,即银杉、南方红豆杉、伯乐树、瑶山苣苔、合柱金莲木、异形玉叶金花 6 种;属国家二级保护的有金毛狗脊、桫椤、黑桫椤、苏铁蕨、柔毛油杉、广东松、福建柏、白豆杉、樟树、闽楠、任豆、花榈木、半枫荷、伞花木、喜树、紫荆木等 16 种。列入国家一级保护动物 8 种、国家二级保护动物 31 种,列入广西重点保护动物的有 120 多种。比较著名的野生珍稀动物有瑶山鳄蜥、金斑喙凤蝶、大鲵(娃娃鱼)等。野生动植物主要分布在金秀瑶族自治县有大瑶山区。

保护野生动植物宣传

1989 年以前,由于无法可依,偷盗、贩卖和采挖掘野生动植物现象泛滥。1989 年 3 月 1 日《中华人民共和国野生动物保护法》正式施行,林业部门坚持抓好保护野生动物法律法规的宣传工作,通过每年 3 月举办“爱鸟周”活动及 10 月的“爱护野生动物宣传月”活动,采取挂横幅、贴标语、发放宣传单、出墙报、图片展览、电视播放公益性广告等多种形式,向社会宣传野生动物知识和法律法规,增强人们保护野生动物意识。2003—2005 年,大瑶山自然保护区管理局在保护区内张贴保护野生动物法律法规的宣传标语 2000 余条。

野生动植物保护管理

各县(市)林业局定期开展野生动物驯养繁殖和经营利用清理整顿和年审工作,每年 4 月分清理一些不符合养殖和经营条件甚至有违反野生动物法律法规的养殖单位和经营利用单位。1998—2002 年共注销野生动物养殖场 4 家、酒店经营户 22 家经营野生动物及其产品的资格。2003 年,在“非典”期间。来宾市林业局、工商局据合发出了《关于严禁经营野生动物的通告》,在全市范围内开展对野生动物养殖和经营利用情况进行大规模清理,立即停止所有的野生动物养殖和经营利用活动,严禁一切猎捕、养殖、贩运野生动物行为。当年对野生动物养殖和经营利用单位年审时，注销了6家专门以养殖和经营蛇类为主的养殖户。

2003—2005年，来宾市共注销10家野生动物养殖场。

2003年，来宾市林业局联合森林公安机关参与国家林业局保护野生动物“春雷行动”，对市区内的饭店、酒家、市场、车站等易发生违法经营、收购、贩卖野生动物的场所进行清理整顿，共查处违法经营或贩卖野生动物案件20起，放生野生动物1.2万多只(条)，罚款12万多元。当年，森林公安机关组织开展的“一号行动”“绿剑行动”依法抓获偷盗、贩卖野生动植物违法人员，收缴野生动物12648只(条)，没收木材394立方米，挽回经济损失125.67万元。

2005年，来宾市林业局开展“保护森林资源三号行动”和“关注候鸟保护鸟类”为主题的“爱鸟周”活动。收缴野生动物2003只，珍稀植物14株，罚款110.9万元。当年，森林公安机关收缴野生动物3139只，珍稀植物28株，松脂1152千克，挽回经济损失239.9万元。

2003—2005年，大瑶山自然保护区管理局加大保护野生动物资源的执法力度，严厉打击乱砍滥伐木、乱捕滥猎行为，野生动植物得到较好保护。没收盗挖的短叶罗汉松4332株，移交司法机关处理48人，没收、放生野生动物57只，拆毁用于猎捕野生动物的山厂12个。

第五节　农村能源建设

1985年，柳州地区在农业局设沼气办公室，1988年，更名为农村能源办公室，1990年7月1日归属林业局。各县(市)及乡镇相应设置农村能源机构，共有专职人员151人。从1990年起，原柳州地区以推广普及省柴节煤灶为主要任务，结合可再生能源(沼气、微水电等)的开发利用，全面开展节能降耗、保护森林资源的农村能源建设工作。1995—2002年底，共投入农村能源建设经费累计达9054.03万元，举办农村能源技术培训班622期，培训人员达38409人次。2002年12月来宾市成立后，全市有县级和乡级农村能源推广机构73个，有专职人员161人。

2003—2005年，来宾市加大对农村能源建设投入，重点抓好农村沼气建设，充分利用中央财政资金和地方配套资金，发动群众自筹部分资金建设沼气，发展农村清洁能源。三年共投入农村能源建设经费9319.67亿元，其中中央和地方财政投入沼气建设资金达2571.22万元、群众自筹资金达6748.45万元，建设农村户用沼气池5.98万座，全市累计农村户用沼气池达到11.62万座，能正常利用的11.46万座，沼气池使用率达98.62%，入户率达到26.52%；每年户均产气420立方米，全市年产气量5075万立方米，可解决45.84万人的主要生活用能。每年节约薪柴17.19万吨，折标煤9.82万吨，每年为农村提供优质有机肥料34.38万吨。

改灶节柴

1985—1995年，来宾市境内各县对楼、堂、馆、所等用柴大户及农村进行改灶节柴工作，重点抓好农村的改灶节柴，期间共完成农村38.09万户的改灶节柴任务，占境内乡村42.26万户的90.13%。其中商品灶30.56万户，型煤炉1.38万户。1994—1995年初，全国省柴节煤广西验收组对境内各县(市)进行抽查验收，改燃节柴户占总农户数的90%以上，改灶合格率达90%，单体灶升温热效率在20%以上，均超过标准要求。

表12-14　1995年来宾市境内各县(市)省柴节煤灶建设验收统计表

县(市)	1995年末农户数(万户)	累计建灶数(万个)	其中		抽查			抽样测试	
			商品灶(万个)	型煤炉(万个)	户数	完好灶数(万个)	完好率%	户数	平均热效率%
合计	42.26	38.09	30.56	1.38	1374	1327	96.58	216	33.09
来宾县	15.53	12.17	11.87	0.24	239	234	97.91	36	33.23
象州县	7.10	6.87	3.05	0.02	230	224	97.35	35	31.24
武宣县	6.74	6.32	6.27	0.12	240	227	94.58	36	34.37
金秀县	3.08	3.22	3.17	0.05	220	209	95.00	36	32.58
忻城县	8.20	8.00	5.05	0.95	224	217	96.88	38	35.94
合山市	1.61	1.50	1.14		221	216	97.74	35	31.16

沼气建设

境内沼气建设始于1958年。1984年8月，忻城县被国家列为全国推广沼气重点县，经过几年组织实施，共完成8000座沼气的项目建设任务，1989年10月，通过国家验收。

1958—1995年，国家和群众投入建沼气池资金共1102.30万元，建设沼气池19406户，其中可利用18204户，使用率93.8%，但入户率（建池户数占总农户数的百分比）只有2.73%。

1997年以来，国家补助资金从300元/户提高到500元/户，自治区补助资金从50元/户提高到200元/户。截至2002年，来宾市境内农村户用沼气池累计达6.68万座，入户率达12.87%，累计投入资金达9914.36万元。

2003年12月底，来宾市共完成新建农村沼气池15324座，占全年任务的50.57%。其中贫困村完成建池4655座，占任务的45.2%；非贫困村完成建池10669座，占任务的53.35%（含国债项目完成1556座）。举办农民技术员培训班51期，培训农民技术员2200人次；全市新增农村生态家园示范点6个，示范农户360户；建设农村规模养殖小区沼气配套设施6处，共建沼气池26个，池容360立方米（其中最大池容50立方米，最小池容10立方米）；发放沼气池建设宣传资料23510份。

2004年，全市沼气池建设完成1.45万座，占任务的85.13%。完成农村生态家园建设示范点22个，示范户800户。全市累计建成农村沼气池9.94万座，入户率达21.4%。2005年，全市沼气池建设共完成18552座，占任务的103.07%。

表12-15　**2003—2005年来宾市沼气建设及经费投入统计表**

单位：万座、万元

年份	当年建设	年末累计	资金投入			
			合计	国家投入	地方补助	群众自筹
2003	1.53	1.53	2311.6	280.0	806	1225.6
2004	1.45	2.98	2364.3	379.3	535	1450.0
2005	1.86	4.84	2580.0	660.0	120	1800.0
合计	4.84	9.35	7255.9	1319.3	1461	4475.6

注：有的年末累计数已扣除当年报废数

太阳能利用

太阳能开发利用方式为推广农作物地膜覆盖、太阳能温室和太阳能热水器的使用。境内兴宾区、合山市、武宣县太阳能资源较丰富，至2002年末，推广地膜覆盖总面积7385公顷；推广太阳能热水器用于城镇居民、酒店、宾馆、旅馆以及部分农村的热水供应共1157平方米，其中，兴宾区318平方米、象州县311平方米、武宣县19平方米、金秀瑶族自治县63平方米、忻城县340平方米、合山市106平方米。2003—2005年，全市推广太阳能热水器8405平方米，其中兴宾区4174平方米、象州县1541平方米、武宣县400平方米、金秀瑶族自治县1200平方米、忻城县590平方米、合山市500平方米。

微型水电　截至2005年，境内山区农户自动建设微型小水电站3082处，装机容量5917千瓦，年发电量1889.73千瓦小时，解决了29992户的用电。

地热利用

位于来宾市东部的象州县寺村镇有地热（水）2处，一处出露为上升泉形式，水温740C，流量为53.56升/秒；另一处出露以自流孔形式，水温720C，流量1.24升/秒；每小时热水量185立方米。象州县地热开发利用，主要有地热发电研究、农田灌溉、养鱼、洗浴、饮用等。当地农民利用热水种植的农作物有3.2公顷，用于养殖业的有2公顷。1997年建成的花池温泉旅游区每天吸引大量的游客前往观光和洗浴。

第六节　石漠化治理

来宾市地处桂中旱区，全市石山面积27.17万公顷，其中不可造林石山24.36万公顷、可造林石山2.81万公顷。从2001年开始，原柳州地区就把石山绿化纳入全地区造林绿化工作重要内容。忻城、合山为境内主要石漠化治理区。2001年,忻城县被自治区列为石漠化治理先行试点县。撤地设市后,境内各地政府对石山区采取“以封山育林为主,人工造林补植、改燃节柴、推广沼气池建设为辅的造、封、管、节”措施进行改造。同时,中国—澳大利亚合作喀斯特环境恢复项目(简称KERP项目)也于2001年在忻城县开始实施。项目实施5年后,项目区农民人均收入超过855元,增长了31.0%。2003—2005年,全市结合实施林业六大生态工程,完成石漠化治理试点工程人工造林面积3.40万公顷,完成封山育林总面积9.27万公顷。

2003年,兴宾区在平阳镇弄桥村委玉牙屯石山连片种植任豆3100多亩。经2005年12月测定,该项目生态效益显著,对石山绿化起到示范带动作用。

表12-16　2003—2005年来宾市各县(市、区)封山育林面积一览表

单位:公顷

年度	2003		2004		2005	
项目	现有封山育林面积		现有封山育林面积		现有封山育林面积	
	合计	其中:本年新封	合计	其中:本年新封	合计	其中:本年新封
合计	298501	7043	296994	2380	283807	6720
合山	7058	696	7058		7058	
金秀	6501		2953		1267	
象州	7893	2044	8417	337	8770	353
武宣	27882	2000	30036	333	14476	1699
兴宾	74019	1636	73382	1710	75087	2667
忻城	175148	667	175148		177149	2001

第七节　病虫害防治

检　疫

1996—2000年,境内共进行产地检疫苗木83.6万株(2001—2002年苗木产地检疫5511.7亩),检疫种子0.23万千克;调运检疫木材273.61万立方米、竹材11113.3万根、苗木1073.99万株、种子4.88万千克、药材6.2万千克。1999年7月—2000年6月,境内开展检疫对象普查,分布有板栗疫病、桉焦枯病、柑橘溃疡病等3号检疫对象。

2003—2005年,全市共进行产地检疫苗木5056.66亩、种子0.03万公;调运检疫木材52.41万立方米、苗木420.28万株、种子0.04万千克、药材4.59万千克;检疫复检苗木1.11万株、木材0.05万立方米。

森林病虫害

境内分布森林病害211种,有森林害虫354种。

1955—1995年,境内森林共发生病虫害面积19.6万公顷。其中,1955—1957年213公顷,1958—1962年1547公顷,1963—1965年8006公顷,1966—1970年1.5万公顷。20世纪70年代后,发生量呈上升趋势,且周期性明显。1971—1975年发生面积3.18万公顷,1986—1990年发生面积4.28万公顷,1991—1995年发生面积2.70万公顷。森林发生的病虫害主要有:油茶毒蛾、松毛虫、竹蝗、白蚁、松茸毒蛾、松尺蠖、油桐尺蠖、桉青枯病、松青枯病、杉炭疽病等。1988—1995年,病虫害发生面积13.35万公顷。其中油茶毒蛾发生面积5.59万公顷,占病虫发生总面积的41.9%;松毛虫发生4.54万公顷,占34.2%;白蚁发生2.81万公顷,占21.1%;竹蝗发生2650公顷,占2.0%;其他病虫发生1385公顷,占1.0%。

森林病害,1992年、1994年境内分别发生桉青枯病87公顷和6公顷;松赤枯病92公顷和86公顷;杉木炭疽病92公顷和86公顷。

森林虫害天敌

境内已发现森林病虫害天敌昆虫306种,隶属9目40科167属;致病微生物4种,益鸟23种,蜘蛛22种。病原微生物——白僵菌,天然分布全地区。1979年,武宣县林科所建立白僵菌生产厂,进行人工生产,1979—1995年,共生产白僵菌粉41万千克,除满足境内防治用外,还供应河池、桂林等地,该厂菌粉质量曾获自治区林业厅一等奖。

2003—2005年,全市森林病虫害发生面积0.62

万公顷，年均发生面积0.21万公顷，年均发生率0.46%。其中马尾松毛虫累计发生面积0.43万公顷、黛袋蛾累计发生面积0.03万公顷、白蚁累计发生面积0.12万公顷、油桐尺蠖累计发生面积0.03万公顷、八角叶甲0.01万公顷、其他病虫害累计发生面积86.67公顷。主要病虫害有：马尾松毛虫、白蚁、油桐尺蠖、八角叶甲、桉青枯病等。

1996—2002年，境内森林病虫害防治面积1.38万公顷，预防面积0.61万公顷，年均防治率74.45%；马尾松毛虫累计防治面积1.17万公顷，年均防治率为72.93%；黛袋蛾防治面积0.02万公顷，防治率80%，共施放农药12.26万千克。其中，白僵菌粉等生物农药6.82万千克，有机磷、溴氰菊酯、烟剂等化学药物5.44万千克，投入防治经费168.8万元。

2003—2005年，来宾市森林病虫害防治面积9.01万亩，预防面积3.84万亩，年均防治率96.25%。马尾松毛虫累计防治面积6.16万亩，年均防治率为95.94%；黛袋蛾防治面积0.34万亩，防治率81.52%，共施放农药2.41万千克。其中，白僵菌粉等生物农药1.94万千克，有机磷、溴氰菊酯、烟剂等化学药物0.47万千克，投入防治经费53.01万元。

森林病虫害防治

1995—2002年，境内森林病虫害发生率、严重成灾、防治率等各项考核指标均达标，与“八五”期相比，森林病虫害年均发生面积下降了13.64%，严重成灾面积基本持平，防治率提高了0.51个百分点。测报员由1996年的208人增至2002年232人。

2003—2004年，来宾市森林病虫害成灾率分别为0.01%、0.06%，防治率为87.9%、94.42%，监测覆盖率为96.12%、99.75%，种苗产地检疫率和木材调运检疫率分别为96.12%和98.13%、100%和98.85%；松毛虫成灾率为0.02%和0.13%；防治率为94.34%和94.49%；监测覆盖率95.98%和99.22%；松材线虫病监测覆盖率达100%和100%；全年检疫复检准确率达到100%，未发生检疫责任事故。全面完成了森防目标管理的各项控制指标。2003年，市本级和兴宾、象州、武宣、忻城、金秀6个森林防治检疫站获得国家级森林防治检疫标准站称号。

2003—2005年，来宾市森林病虫害发生率、严重成灾、防治率等各项考核指标都达标，与“八五”期相比，全市森林病虫害年均发生率下降了0.26个百分点，严重成灾率下降了300%，防治率提高了22.31个百分点。共举办培训班3期，参加培训30人；发布预报78次，收集、发放测报资料848份。

2005年，全市森林病虫害发生面积0.28万公顷，防治面积0.27万公顷，森林病虫害成灾率0.60%，防治率99.85%，监测覆盖率99.75%。

表12-17　**2003—2005年全市森林病虫害防治目标管理完成情况统计表**

单位：万亩，%

年度	监测覆盖率		发生率		成灾率		防治率		种苗产地检疫率	木材调运检疫率
	监测面积	监测率	发生面积	发生率	成灾面积	成灾率	防治面积	防治率		
2003	629.22	96.12	0.80	0.12	0.05	0.01	0.70	87.9	96.12	98.13
2004	877.30	99.75	4.44	0.65	0.41	0.06	4.19	94.42	100.00	98.85
2005	770.84	99.8	4.12	0.6	0.03	0.004	4.12	99.85	100.00	99.35
年均			3.12		0.16		3.00	95.04		

第五章　采伐储运　木材经营　林副产品

第一节　木材采伐

林政工作始于20世纪50年代。1950—1953年，对森林资源虽然没有完整的管理办法和专门机构，但在计划经济年代，木材采伐每年都按指令性下达，严格控制资源消耗。1953年以后，境内开始推行订约收购木材。1955年，基本完善了木材订约收购管理办法。各县收购首先摸清森林资源，提出采伐计划，经过上级平衡，再逐级下达到县、乡、村（屯），然后由村（或生产队）组织群众评议，把木材采伐数量分配到户，再由林业部门与生产队（集体部分）或林农户按数量、规格、分季度交货期签订合同。经过多年实践，以县为单位，每年均能控制在下达计划指标增减5%左右。这种采伐管理办法，在计划经济年代曾有效制止木材大量超砍伐，控制了森林资源消耗。

1991年，按照自治区有关森林采伐限额管理的有关法规文件，以县(市)集体和国营单位为基础，按消耗林分树种编制采伐限额，经自治区审核，国务院批准实施。执行采伐限额按森林法规定，由林业主管部门核发林木采伐证，凭证采伐。实施采伐限额后，境内森林资源年消耗量从1989年的230万立方米下降到1994年的130万立方米。1985—1990年，境内森林平均年生长量为192.81万立方米。森林资源年消耗量231.15万立方米，消耗量大于生长量。1995年，森林资源遥感调查，森林平均年生长量为247.84万立方米，森林资源年消耗211.98万立方米，生产量大于消耗量。2002年，森林平均年生长量为56万立方米，森林年消耗23万立方米；2005年，全市森林平均年生长量为61万立方米，森林年消耗29.43万立方米。

第二节　木材储运

来宾境内木竹运输，自古靠河道运输。1950—1971年仍以水运为主。在20世纪60年代，林业部门就开始投资兴建林区公路。随着社会公路、铁路建设的发展，至20世纪70年代基本上形成了水陆运输网络，木竹陆运量迅速增加。20世纪80年代以后，木材运输基本上以陆运为主，陆运运载量大，运速快，适应市场需要。

水　运

"赶羊"流送　即单根散放水运。是在山溪、小河借水力运送木材的一种传统方法。山溪小河弯曲多石、水源易涨易落。群众积累了筑坝赶羊、开沟挖槽、水涨赶羊、人随材走等许多经验。"赶羊"流送木材具有运量大、成本低的优点，群众广为采用。随着汽车运力的加强，20世纪80年代"赶羊"流送、栏河缏已逐步消失。

排　运　杉木、毛竹扎排运输是林区一种传统的水运方法，把木材流送至城镇集散。20世纪50—60年代，仍普遍使用排送。排型有竹排、条木排、原木排、多节联运排、多层联运排等。排型结构有单头排、中排、方形排等。木排扎排传统将杉木头7~10厘米处打眼，用硬质杂木穿成一排，两端用竹篾或铁线绑扎。

船　运　1949年前，船运木材不发达，但亦有融江河船运板材、棺材板到广州、港澳。1950年后，国民经济的发展，木材生产任务增加。1958年自治区在来宾县成立区直属红水河木材水运局，并在天峨县设木材水运站，年投资200万元，增加木材船运。

红水河木材水运局是广西第一个木材水运局。后因木材水运回收率低，年亏损100万元以上，于1963年撤销。

陆　运

汽车运材　1960年开始以专业车队运材，但运力较小，运量不大。随着木材生产的深采远购，木材水运量逐年减少，汽车运材逐年增加。至20世纪90年代，林区木材、竹材运输以汽车为主。汽车运力主要有林业汽车队、国营林场(伐木场)汽车和社会车辆。

林业汽车队运材　主要有柳州地区、金秀2个林业汽车队。始建于1960年的柳州地区林业汽车队，初期配备汽车6辆，1975年发展到83辆，下设鹿寨、融水两个分队。1985年国家取消木材统购统销以后，林业汽车队转入社会物资运输。

国营林场、伐木场汽车运材　20世纪70年代末期，国营林(伐木)场开始自购运材汽车，运力发展较快，对国营林场自身的木材运输起着重要作用。

社会汽车运材　从20世纪80年代起，社会车辆开始参与运输木材，运力运量不小。至20世纪90年代，木材运输几乎由社会车辆承运。

铁路运材　20世纪50年代有湘桂和黔桂铁路，20世纪70年代增加枝柳铁路，木材的铁路运输对来宾市境内木材销售调拨任务的完成起着重要作用。

木材贮存

1952—1984年，木材统购统销时期，木材运输单位把木材运送缴库至贮木场。贮木场的主要任务是按照国家木材统购统配的有关规定和木材年度指令性计划，接收指定的有关县、伐木场的木材。严格管理木材，木材进场后进行逐根检查，按树材种分类归堆、制材、贮存、保管等。严格遵守按木材分配计划调拨，没有木材调令的任何单位、个人一律不供应。

1958年，自治区林业厅建立来宾贮木场。随着木材统购统销的取消，贮木场完成了木材贮存使命，境内贮木场改为自主经营木材或多种经营。

第三节　木材销售

1950年前，木竹由商家经销。1952年以后，木材划归森工部门经销，竹材经销划归供销部门。1985年后，木竹市场开放，木材由林业部门一家收购，多家销售。

表 12-18　2003—2005年来宾市林业产业总产值（按现行价值计算）

单位：万元

年份	合计	兴宾	合山	象州	武宣	金秀	忻城
2003	14072	2461	684	3104	3232	3244	1347
2004	16028	2672	878	4200	3302	4143	833
2005	21337	5017	1179	4664	2976	6658	843

第四节　木材加工

木材加工

原柳州地区的木材加工主要以加工生产板方材为主。1996年，全地区有木材加工企业110家。其中：板方材加工63家、木片加工3家、木制品加工34家，胶合用单板加工7家，其他木材加工5家，年加工木材27.76万立方米，产值2475万元。2000年，全地区有木材加企业495家。其中：板方材加工272家、木片加工12家、木制品加工199家，胶合用单板加工6家，其他木材加工6家，年加工木材量3.76万立方米，产值5225万元。2002年，全地区木材加企业发到537家。其中：板方材加工281家、木片加工13家、木制品加工210家，胶合用单板加工12家，其他木材加工21家。

2003年，来宾市木材加工企业以个体和私人为主，私人和个体企业占90%以上，生产规模小，年加工能力几十至一百多立方米，加工产品以板方材和木片为主，少量企业加工胶合板用单板。当年通过招商引资，年初在象州县筹建年产2万立方米中密度纤维板项目—象州湘柳纤维板厂，该厂当年生产中密度纤维板0.7万立方米。

至2005年底，全市通过招商引资，引进资金建设象州县永隆胶合厂、金秀瑶族自治县福金木制品厂、金秀瑶族自治县三江木业加工厂、忻城县广兴木材加工厂等4家胶合板加工企业，人造板年加工能达5万立方米。全市木材加工量从2003年的1.33万立方米，提高到2005年的4.32万立方米，增长224.81%；木材加工产值从2003年的909万元，增加到2005年的3468万元，增长281.52%；人造板产量从2003年的0.7万立方米，提高到2005年2.6万立方米，增长271.43%。

表 12-19　2003—2005年来宾市木材加工业各年度情况表

年份	总产值（万元）	加工总量（立方米）	其中：人造板	
			产量（立方米）	产值（万元）
2003	909	13310	7000	660
2004	2648	29279	14500	1290
2005	3468	43200	26000	3550

松脂加工

2002年，原柳州地区有松脂加工企业7家，年加工能力7200吨，当年加工生产松香1960吨、松节油36吨，总产值785万元。2003年，来宾市共生产松脂4523吨，全市有松脂加工企业3家，多为小型加工厂，当年生产松香84吨，生产松节油12吨，产值29万元，多数松脂以原料外销。

2005年，全市松脂加工企业增加到7家，武宣县引进年生产能力5000吨的广西武宣县杰新林产化工厂，松脂加工能力得到提高。年内全市松香产量3453吨，加工产值1258万元。

花卉产业

境内花卉产业始于2001年。当年,境内各县(市、区)园林绿化部门均有一定面积的花卉苗木生产苗圃,主要以培育城市花卉和绿化苗木为主。2002年,境内共有各种花卉生产经营户31户,从业人员200多人,花卉种植面积680多亩,销售各种花木(含盆栽草本花)26万株(盆),年产值105万元。

2005年,全市花卉产业多为家庭式的种植。全市花卉种植面积395亩,生产经营户35户,生产绿化苗0.2万株、盆花1万盆、盆景2.1万盆、观叶植物1万盆,销售收入50多万元。

第五节　林副产品

主要有油茶籽、油桐籽、松脂、八角、板栗等。其次有竹笋干、木耳、棕片、五倍子、桉叶油乌桕籽、桂皮、核桃、生漆、紫胶原胶等。

油茶籽

茶油是来宾市境内的传统产品。明、清以前就有茶油生产,民国时期有所发展。

油桐籽

桐油是来宾市境内传统产品。早在明、清以前就有生产。

松　脂

主产地在象州、金秀。民国时期,采用钩刀割皮,让松脂流到地面的传统采脂方法。1955年起,脂农开始学习推广苏联的下降采脂法。20世纪80年代,各地脂农不分松树大小,全部采割,松树资源严重破坏。1988年,象州镇2000公顷飞播松林被脂农掠夺式采割,造成严重损失。20世纪90年代,境内各县加强资源管理,松脂产量回升。

八　角

主要产地在金秀,2003—2005年,全市共产八角8830吨。

板　栗

兴宾、金秀、象州均有生产。2003—2005年,全市共产板栗856吨。

表12-20　2003—2005年来宾市主要林产品产量

单位:吨

	合计	兴宾	合山	象州	武宣	金秀	忻城
油茶籽	9669	474	71	5186	1097	2794	47
油桐籽	401	223	9	79	42	32	16
松脂	22907	7119	1810	10586	1707	1130	555
八角	8830	1559		3	25	7243	
板栗	856	119	1	116	224	86	310

第十三篇

水利　电力

明朝永乐元年(1403年)武宣县三里镇典村、赖村、万昌村共同捐粮、捐款合力兴建了典村水坝,六八水坝、盈水坝等水利工程,田村、乐村合力兴建了田心水坝。明朝崇祯五年(1632年)又开挖了灵湖。清朝顺治元年(1644年)至康熙五十八年(1719年)间,武宣县三里镇居民合力兴建三江水坝、古律水坝、连交水坝;武宣镇居民兴建了统安水坝,禄新镇居民兴建了莲塘水坝。

民国时期,忻城县政府设水利委员会,拨款或组织民工兴建堤坝、渠道等小型水利工程。至民国38年(1949年)底,来宾、象州、武宣、忻城4县共有水利工程1187处(其中引水工程865处,山塘322座),有效灌溉面积1.3万公顷。

中华人民共和国成立初期,境内各县人民政府组织农民修复和新建一批小型水坝。1955年12月,广西省人民委员会发出《关于大力兴修农田水利》的指示,境内各县掀起了水利建设高潮。来宾县的水利建设,在1957年成为宜心专区和全广西兴建水利的先进典型。同年12月12日的《广西日报》发表社论《来宾是全省水利工作的方向和旗帜》。1958年5月,来宾县委书记张文卿被邀请列席中国共产党第八届委员会第二次全体会议,并在会上作关于来宾县水利建设的专题发言。从1956—1965年,境内建成中型水库11座,小型水库221座。与此同时,对境内的清水河、罗秀河、水晶河、弄茶、濠江坝、六道、白汗等拦河引水工程进行建设,建成溯社电灌站和马安电灌站。1966年,西津水电站电力输送到境后,广西壮族自治区水利厅编制《西津电灌柳来电灌工程规划报告》。1967年,来宾、武宣、象州、忻城等县成立电灌工程指挥部,掀起了大力兴建电灌工程和水轮泵提水工程的水利建设高潮。来宾县建成了马村、蓬莱、溯河、大罗、正龙、白沙等17座国营电灌站。至1972年底,来宾县电灌站总数达到175处259台,有效灌溉面积1.57万公顷;武宣县建成樟村、武农、朗村、龙从等4个电灌系统站和根村电灌站共五大电灌工程;象州县建成石龙和马坪2个电灌灌区;忻城县建成“671”电灌片和马龙电灌站。续建、新建完成乐梅水库(中型水库)以及老虎尾、石滩、大荣、长塘等28座小型水库建设。1970—1973年,忻城县政府组织劳力开挖了龙东、鸡叫、九重岩等38个排涝隧洞,总长7000多米,排涝面积1619公顷;完成了双胜河和遂意河改河工程,裁弯取直10.21千米,建成桥梁18座,排涝面积200公顷。1973—1978年,境内各县随着“农业学大寨”运动掀起,兴修水利作为农田基本建设的重点得到高度重视和全力推进。来宾县建成甘着水库、屯丈水库,象州县建成牡丹水库、绿青水库、花仪水库、六旺水库、杨柳冲水库、民安水库,武宣县建成松响水库、屯朋水库、新冲水库等11座小型水库,以及来宾县的八角龙电灌站、九龙滩水轮泵站、古元滩水轮泵站,忻城县建成大塘—思练电灌片、恶滩水轮泵站,金秀瑶族自治县建成凉亭坝引水工程、古西引水工程、落沙引水工程、奔腾引水工程等骨干水利工程。同时还大规模发动组织农村劳动力投入改河排涝工程的建设。1975—1977年,来宾县人民政府组织劳力对止马河、河敏河、南泗河等小河改造河道,裁弯取直,疏浚排涝。寺山、蒙村两个公社每日有2万多人参加改河排涝,将河敏河改直5千米,排涝面积533公顷;三五、五山两个公社干部农民日夜奋战,将止马河改直1.5千米,并在黄官河段修建1座活动闸坝,汛期开闸排涝,汛后蓄水灌溉。至1980年底,境内已建成中、小型水库278座,引水工程6299处,电灌站559处,水轮泵站259处,万亩(667公顷)以上罐区31处,各类水利工程有效灌溉总面积达到9.81万公顷。

20世纪80年代,境内各县农村开始实行联产承包责任制,部分公社、生产队对水利工程管理不善,有些水利设施遭不同程度的破坏,水利灌溉效益大幅下滑,至1985年底,市境内有效灌溉面积合计7.19万公顷,比1980年的9.81万公顷下降26.7%。有些水库土坝老化失修,存在坝坡渗漏、放水管断裂、溢洪道损坏等问题,成为病险水库。1986—2000年,市境内累计投入水利建设资金37392.02万元,新建成小型水库1座,完成石祥河、三利、莲花、富尧、长村(一期)等5座中型水库和一批小型水库的除险加固工程,以及蓬莱、正龙、马坪、石龙、溯河等电灌站的更新改造工程,新增防渗渠道282.5千米,有效灌溉面积恢复到9.81万公顷,累计解决农村60.67万人、45.23万头牲畜饮水问题。

至2005年末,全市建成中小型水库283座(其中中型12座),塘坝2679处,水井水柜18723处,引水工程5531处(其中引水流量1~3立方米/秒13处,0.5~1立方米/秒25处),机电排灌站1739处2320台79.05兆瓦,0.1个流量以上防渗渠道1748.7千米,万亩(667公顷)以上灌区31处灌溉面积5.82万公顷,全市有效灌溉面积达到10.12万公顷,旱涝保收面积达到7.49万公顷,水土保持治理面积累计达到

15.80 万公顷，累计解决农村 85.1 万人、64.16 万头牲畜饮水问题。境内已开发建设的有三大火电厂（来宾电厂、来宾火电厂、合山电厂）、两大水电站（乐滩电站和桥巩水电站）。

第一章　水　利

来宾市境内的河流均属珠江流域或西江水系，其干流为黔江。黔江的上游是一级干流红水河和一级支流柳江，各县（市、区）还有集雨面积 50 平方千米以上支流 89 条。兴宾区有清水河、北之江、凤凰河、止马河、河敏河、南泗河。象州县有瓦泥河、运江及其支流枫木河、落脉河、罗秀河、寺村河、水晶河以及下腊河、岩村河、北山河、妙皇河、高龙河。武宣县有石祥河、大琳河、三里河、马来河、新江、阴江、东乡河、濠江河、武赖河。忻城县有奇庚江、古蓬河、思练河、平安河。金秀有镇中河、金秀河、卜泉河、六巷河、大樟河、盘王河、大垌河、忠良河、六定河、长垌河、古麦河、桐木河、二排河、石抬河等。其他小河流网状分布全境，水资源比较丰富，有利于兴修水利工程。

民国以前，来宾市境内水利建设是由地方官员主持修建。民国后，境内各县设建设科，委任专人兼管水利事务。

中华人民共和国成立后，境内各县、乡设有水利行政管理机构，并配备专职管理人员。20 世纪 50 年代，境内各县组织农民在冬季开展小型农田水利建设。20 世纪 60 年代，境内各县大兴水利建设，由政府征调大量农村劳动力集中到工地参加施工，兴修水库和水柜等水利工程。20 世纪 70 年代，境内各县开展“农业学大寨”运动，县、乡（公社、大队）组建农田基本建设民兵专业队，大搞水利建设，修建拦河堤坝，开挖水利渠道。20 世纪 80—90 年代，农村实行家庭联产承包责任制，各县（市）水利部门改革灌区管理体制，落实农村基层农民管水组织，建立灌区管理委员会，制定“统一管理、科学用水”“按田配水、按水量收费”“五先五后”（即先急后缓、先远后近、先高后低、先连片后零星、先用库外水后用库内水）、轮灌等灌区用水管理制度，坚持依法管理水，统一调度。总结推广“薄、浅、湿、晒”水稻节水灌溉技术，根据水稻各生育阶段需水要求进行水量分配，灌溉效益有所提高。

21 世纪初期，来宾市各县（市）以产权制度改革为核心，以用水户参与灌溉管理为主要内容，进行农村小型水利体制改革，由国家补助资金和群众自筹资金相结合，加强水利管理和建设。2001—2005 年，全市累计完成水利建设投资 37679.35 万元（其中中央和自治区投资 23797.62 万元，市县自筹资金 13881.73 万元），完成 5 座中型水库和 139 座小型水库除险加固工程，建设防洪堤 1.3 千米，完成乐滩水库引水灌区取水口工程和下六甲水利枢纽等水源工程，新建了一批塘坝和水井水柜，兴建农村饮水安全和乡镇集中供水工程 560 处，解决饮水困难人口 23 万。新增防渗渠道 250 千米，灌区平均灌溉水利用系数 0.35 提高到 0.4，新增小水电装机容量 51 兆瓦、高压线路 1456 千米、变电站容量 11 兆伏安。全市成立有 165 个农民用水户协会，管理小型水利工程共 221 处，全市农民用水户协会投入资金共 711.1 万元，投入 21.07 万工日，完成渠道三面光防渗 31.89 千米，改善和恢复灌溉面积 3453 公顷。截至 2005 年底，来宾市共有以防洪、灌农溉为主的水库 283 座，其中：有中型水库 12 座，主要分布在兴宾区、武宣县、象州县，水电装机容量达 64.2 万千瓦。

2005 年来宾市累计投入小型农田水利建设资金 1057.65 万元，新增小型农田水利工程 88 处，新增蓄水能力 103.9 万立方米，改善和恢复灌溉面积 7273 公顷。全市年内完成水土流失初步治理面积 12862.8 公顷，共营造水保林 4572 公顷，经果林 3313.8 公顷，实施封育治理 4977 公顷。

第一节　机　构

民国 23 年（1934 年），境内忻城县已设有水利委员会。民国 25 年，忻城、来宾、迁江等县设有建设科，各委任 1 人兼管水利事务。

1950 年，设立地市一级的水行政管理机构。同年 9 月，成立柳州行政区专员公署水利处。1952 年 8 月，柳州行政区专员公署与宜山行政区专员公署合并后，成立宜山行政区专员公署水利处。1954 年 7 月，宜山行政区专员公署水利处与建设科合并成立农林水利处。1955 年 5 月撤销农林水利处，成立宜山地区工作委员会水利科。1958 年 2 月成立宜山行政区专员公署农林水利局。同年 7 月，宜山行政区专员公署迁至柳州市，改称柳州行政区专员公署。同年8月，成立柳州行政区专员公署水利电力局。1968年9月，成立柳州地区革命委员会生产指挥组水电小组。1972年3月成立柳州地区革命委员会水利电力局，1978年5月改称柳州地区行政公署水利电力局。至2001年12月，机构改革后改称柳州地区行政公署水利局。2002年12月，因行政区划调整，撤销柳州地区成立地级来宾市，随之将柳州地区行政公署水利局整体移位并更名为来宾市水利局，原柳州地区行政公署水利局及其下属机构人、财、物整体转入来宾市水利局及其下属机构。

市级行政机构

1952年8月—1958年8月，宜山行政区专员公署水利处(局)内设机构有：工务股、水政股、设计股、秘书股、测量队及农田水利科。1958年8月—1966年12月，柳州专员公署水利电力局内设机构有秘书科、人事科、农田水利科、计财科、基建科、电业科及水土保持办公室。所属二层机构有水利工程大队、排灌站、水利工程管理处、水电勘测设计队、机械队、机电安装队、水文分站、糯米滩水轮泵管理处和沙埔河工程管理局筹备处。

1967年1月—1982年12月，柳州地区革命委员会(行政公署)水利电力局内设机构有秘书组、基建组、财务组、电业组和水土保持委员会办公室。下属二层机构有水利工程管理站、水电勘测设计队、水电基建公司、水电预制件厂、糯米滩水轮泵管理处、沙埔河工程管理局筹备处和水文站。

1983—1986年，柳州地区行政公署水利电力局内设机构有秘书科、人事科、计财科、水电技术室、科技科、水利建设科和水土保持委员会办公室。下属二层机构有电力工程管理站、水利工程管理站、水电物资供应站、沙埔河水利工程管理局筹备处、水电基建公司、水利电力勘测设计院、水电设备厂、糯米滩水轮泵站管理处和灌溉试验中心站。

1987—2002年，柳州地区行政公署水利电力局、柳州地区行政公署水利局内设机构有：秘书科、人事科、计财科、水电技术室、科技科、水政水资源科、防汛抗旱办公室和水土保持委员会办公室。下属二层机构有水利工程管理站、电力工程管理站、水电物资供应站、水电勘测设计院、灌溉试验中心站、柳州特种变压器厂、水利电力工程处(1993年并入柳州农用运输车辆总厂)，直属企业有地方电力开发公司、水电实业开发总公司。

2002年12月—2005年12月，来宾市水利局内设机构有办公室、人事科教科、工程建设科、计划财务科、水政水资源科、水土保持科、防汛抗旱指挥部办公室。所属二层机构有水利工程管理站(防洪排涝工程管理处)、电力管理站、防汛微波管理站、水政监察支队、水电物资供应站、灌溉试验中心站、柳州水利电力勘测设计研究院、水土保持监测分站、桂中治旱乐滩水库引水灌区建设管理处、水利局驻柳办事处，直属企业有地方电力开发公司。

局长：潘木金(2002年12月—2005年12月)。

市直属事业单位

来宾市水利工程管理站 1958年8月，成立柳州地区水利工程管理处，1983年改称柳州地区水利工程管理站。2003年1月，改称来宾市水利工程管理站，是财政全额拨款事业单位。核定编制数17名，其中事业编制15名，后勤服务人员2名。主要职能：指导各县(市、区)水利工程安全运行管理，提高技术管理水平，充分发挥工程效益，业务范围包括水库工程安全运行管理、河道工程安全管理及技术审批、灌溉工程管理、机电泵工程管理及机电泵更新改造工程技术审批、水库除险加固工程技术审批、来宾市城区防洪工程建设与管理、河道管理。

来宾市电力管理站 1984年，成立柳州地区电力工程管理站，2003年1月改称来宾市电力管理站，是财政全额拨款事业单位，核定事业编制7名。主要职能：提出地方电力农村水电发展战略、中长期规划和年度发展计划建议；负责地方电力农村水电工程的归口管理(装机容量2万千瓦及以上的发电或枢纽工程须经自治区发改委核准)；负责地方电力农村水电建议书、可行性研究和初步设计的技术审批、审查或审核工作；负责地方电力农村水电建设与生产行业管理。

来宾市防汛微波管理站 1995年3月，成立柳州地区防汛微波管理站。2003年1月，改称来宾市防汛微波管理站，是财政全额拨款事业单位，核定事业编制数12名。主要职能：管护广西壮族自治区防汛会商会议系统(柳州地区)来宾市分会场设备，管护地(市)防汛抗旱指挥部办公室至各县(市、区)甚高频防汛中继站，协助和指导各县(市、区)防汛通信网络建设和管护，管护各县(市、区)防灾减灾信息网络。

来宾市水政监察支队 1997年11月，成立柳州地区水政监察支队。2003年1月，改称来宾市水政监察支队，是财政全额拨款事业单位，核定事业编制4名。主要职能：宣传贯彻《中华人民共和国水法》及其他水法律、法规、规章；查处水事案件，依法对管理范围内的水资源、河道、堤防、水土保持、水工程、水文和防汛管理等进行监察，对重大水事案件及时向上级报告；参与水政水资源管理的日常工作；对县（市、区）水政监察大队执法工作实施监督检查、业务指导和业务培训；依法征收直接管理范围内的水行政性费用；按规定程序审核报批各水政监察大队成员。负责本支队水政监察员的呈报工作；对水政监察大队及其负责人水政监察工作业绩的考核；负责本市水行政执法统计工作，对水政监察证件、标志、着装、装备和执法器材进行规范管理；配合司法部门查处水事治安、刑事案件。

来宾市水土保持监测分站 2004年4月成立，是财政全额拨款事业单位，核定事业编制3名。主要职能：负责水土保持监测及水土保持监测网络与信息系统的建设与管理；承担水土流失动态监测及数据处理与综合分析；承担水土流失普查和预报；承担水土流失重点监督区、重点治理区、重点预防保护区的调查评价和工程规划设计；负责开发建设项目水土保持方案报告的评审；承担水土保持监测宣传、咨询和科技成果推广应用。

来宾市水电物资供应站 1973年，成立柳州地区水电物资供应站，2003年1月改称来宾市水电物资供应站，属自收自支事业单位，核定事业编制20名。主要职能：维护（地）市水利局的防洪抢险工具和物资以及抗旱物资；负责防洪抢险及抗旱后勤保障；为水利电力建设工程提供所需的工程材料。

来宾市地方电力开发公司 1989年2月成立柳州地区地方电力开发公司，2003年1月改称来宾市地方电力开发公司，属自收自支事业单位，核定事业编制12名。主要职能：统一管理电源和电网的规划开发、中小水电的生产管理和调度、电力成套设备、小水电资金以及电力队伍技术培训。

柳州水利电力勘测设计研究院 成立于1964年8月，属自收自支事业单位，核定事业编制65名。院内设办公室、计划经营科、总工室、水工设计室、规划设计室、机电设计室、地质勘查室、测绘室以及明园工程建设监理公司、科园招投标咨询公司等12个科室和部门。主要职能：承担水利电力工程、工业与民用建筑工程设计、工程技术咨询、工程建设项目监理、招标投标咨询等业务。

第二节 体制改革

20世纪50年代初，境内各县政府每年组织农民在冬季开展小型农田水利建设。1956—1958年，境内各县先后建立农业社和建立人民公社，各大队设有总管水员，生产队设有看水员，从水库到田间均有专人管理。1981年，农村实行家庭联产承包责任制后，农田灌溉用水由各家各户自行取水，灌溉管理秩序不规范。1985年后，各县（市）水利管理部门改革灌区管理体制，落实农村基层农民管水组织，建立灌区管理委员会，坚持依法管水，统一调度。

2002年，各县（市、区）根据国务院办公厅文件推进水利工程管理体制改革。忻城县水利系统经过深化改革，水利工程管理人员执行竞聘上岗，全县合并成20个水利工程管理单位（其中12个为水利站），落实42个全额拨款的水利站工作人员，负责全县公益性水利工程管理；恶滩电灌站执行经费定额补助；其余水管所执行企业化管理，主要对水厂、电站进行管理。金秀瑶族自治县原国有水利工程管理单位2个，管理体制改革后核定人员编制17名。2004年，全市建成地头水柜（水井、山塘）1427座，蓄水容积12.64万立方米，可灌溉面积1500公顷。2005年，来宾市全面展开国营水利管理体制改革，农村小型水利工程以产权制度改革为核心，以用水户参与灌溉管理为主要内容进行水利体制改革。国家财政部、水利部印发《中央财政小型农田水利工程设施建设民办公助专项资金管理试点办法》，象州县作为来宾市唯一的试点县，在年内开展小型农田水利工程“民办公助”试点，获得中央政府下拨资金669万元，新建堤坝工程5处，总长0.44千米；完成渠道防渗工程15.34千米。使项目区内主要渠道全部实现衬砌防渗，改善和恢复灌溉面积400公顷，灌溉保证率达80%以上。同年7月，合山市政府下发文件同意合并溯河电灌站、南洪水管所、独山水管所、洛山水管所四个国营水利管理单位，成立合山市灌区管理站和灌区渠道养护队，其中合山市灌区管理站定性为准公益事业单位，灌区渠道养护队定性为准公益事业财政差额补助单位。金秀瑶族自治县政府下发文件同意将凉亭坝、二排河水利工程管理所定性为财政资金定额补助事业单位。金秀瑶族自治县2005年起由县财政每年从预算安排10.5万元经费作为人员工资补助。同年11月，武宣县政府批复水管单位人员经费90万元。同年12月，合山市财政局根据合山市水利局《关于给予安排合山市灌区管理站、灌区渠道养护队2006年经费预算的报告》测算，同意两单位测算共需经费41万元列入2006年财政预算。至2005年末，全市有国营水利管理单位65个(含13个乡镇水利站)，水利管理单位干部职工共1500人，其中，在职职工1086人，离退休职工379人，其他职工35人。市境内有万亩(677公顷)以上水利灌区40处，设计灌溉面积为10.83万公顷。全市水利管理体制改革资金已落实271.5万元，实际到位140.5万元。全市成立165个农民用水户协会，改制后共管理小型水利工程221处，全市农民用水户协会共投入资金711.1万元，21.07万工日，完成了渠道三面光防渗31.89千米，改善和恢复灌溉面积3453公顷。全市年内累计投入小型农田水利建设资金1057.65万元，新增小型农田水利工程88处，新增蓄水能力103.9万立方米，改善和恢复灌溉面积7273公顷。

第三节　蓄水工程

1950—2005年，市境内建成中、小型水库283座，其中中型水库12座，小(一)型水库76座，小(二)型水库195座，总库容63120万立方米，有效库容39475万立方米，设计灌溉面积2.98万公顷，有效灌溉面积2.39万公顷，坝后电站装机容量4730千瓦。

表13-1　来宾市各时期水利建设投资及灌溉面积统计表

各个时期	建设投资(万元)	期末有效灌溉面积(万公顷)
1949年底		1.30
三年恢复时期(1950—1952)	26.08	1.47
“一五”时期(1953—1957)	1055.60	2.13
“二五”时期(1958—1962)	3235.00	3.73
三年调整时期(1963—1965)	1306.68	5.02
“文革”时期(1966—1975)	12376.98	9.41
“五五”时期(1976—1980)	4571.40	9.81
“六五”时期(1981—1985)	2330.03	7.19
“七五”时期(1986—1990)	6155.70	9.43
“八五”时期(1991—1995)	15144.22	9.60
“九五”时期(1996—2000)	16092.10	9.81
“十五”时期(2001—2005)	37679.35	10.12
合计	99973.14	—

表13-2　2005年来宾市各类水利工程及灌溉面积统计表

序号	工程类别	处数	总库容(万立方米)	正常引水流量(立方米/秒)	装机功率(千瓦)	有效灌溉面积(万公顷)
	合计	29169	65546.26	84.89	79053.00	10.12
一	水库	283	63120.01			2.39
(一)	中型	12	28941.00			1.16
(二)	小(1)型	76	26358.85			0.82
(三)	小(2)型	195	7821.16			0.40
二	塘坝	2679	2216.47			0.43
三	水井水柜	18723	209.78			0.63
四	引水工程	5531		84.89		3.13
(一)	1个流量	13		24.48		0.81
(二)	0.5~1个流量	25		13.68		0.41
(三)	0.5个流量以下	5493		46.73		1.91

续表

序号	工程类别	处数	总库容（万立方米）	正常引水流量（立方米/秒）	装机功率（千瓦）	有效灌溉面积（万公顷）
五	机电排灌站	1739			79053	3.35
（一）	机械排灌站	879			10898.5	0.39
（二）	电力排灌站	860			68154.5	2.96
六	水轮泵站	214				0.20

中型水库

2005年，市境内有中型水库12座，总库容28941万立方米，有效库容15512万立方米，设计灌溉面积1.44万公顷，有效灌溉面积1.16万公顷。其中，兴宾区8座（三利、二沟、莲花、高境、樟村、陈寺、富尧、清潭），武宣县2座（石祥河、乐梅），象州县2座（长村、丰收）。最大中型水库为武宣县石祥河水库，总库容7630万立方米。

石祥河水库　位于武宣县金鸡乡，柳江支流石祥河上。1957年由广西省水利厅派驻宜山专区的曾中允主持石祥河水库工程设计，广西省水利厅总工程师甘怀义负责具体指导。1958年6月开工，当时由政府征调大量农村劳动力集中到工地参加施工。1960年11月建成，1961年开始发挥效益。建成时坝顶高程96.5米，坝高31米，坝底宽193米，顶宽3米，坝顶长220米。水库集雨面积228平方千米，按1%频率洪水设计，洪水位93.85米；按1‰频率洪水校核，洪水位94.65米，正常蓄水位90.4米。总库容7630万立方米，有效库容3450万立方米，死库容1213万立方米。1959年5月，库水位达到89米高程时，外坡75米高程以下普遍渗水，渗水量随水库水位的升高而增大。同年7—9月，在上游坝面85~91米高程处铺设黏土斜墙防渗，在下游坝面铺干砌石护坡。1961—1963年，又在内坡81米高程以上培厚防渗墙，在此高程以下进行水中倒土防渗，渗水量有所减少，但在1964年以后渗水量又逐年增加，1967—1968年进行了灌浆，效果良好。在同一水位下，渗水量在灌浆前为2.74升/秒，灌浆后减少到0.16升/秒。

1985年2月，柳州水利电力勘测设计院对大坝除险加固工程进行设计，1986年进行施工，1988年竣工。坝顶由3米加宽到6米，坝外坡由原来的1∶1.9和1∶2.5分别培厚放缓为1∶2.75和1∶3.5，坝顶增设高0.8米的防浪墙。

库区淹没象州县的古柳、大塘、塘念、大龙保等村屯，搬迁农户339户，2714人；房屋1464间，26790平方米；淹没耕地259公顷，其中水田71公顷；淹没公路2.5千米，乡村路21.5千米。

灌区主要包括金鸡乡、黄茆乡、二塘镇、武宣镇和武宣农场7个队、黔江种畜场、县农科所。设计灌溉面积5940公顷，有效灌溉面积3840公顷。灌区干渠1条，长52.53千米；支渠17条，长95.77千米；附属工程284处，其中渡槽13座，长436米；反虹管7座，长256米。

至1989年已完成工程土石方361.8万立方米，钢筋混凝土45.6立方米，混凝土5746立方米，投工584.5万工日。完成投资1049.79万元，其中，国家投资958.43万元，自筹91.36万元。

2004年，在广西水库大坝安全状况普查中，石祥河水库技术认定为二类坝，工程主要问题：①左坝脚旧涵管处有渗漏；②溢洪道下游两侧导墙基脚有50米被冲刷淘空；③坝内坡伸缩缝有白蚁。

三利水库　位于兴宾区五山乡三土村以南，止马河上游。因具有抗旱、排涝、人畜饮水三方面的利好，故名。水库集雨面积183.6平方千米，总库容5060万立方米，有效库容2300万立方米。原设计灌溉面积7067公顷，后考虑到库区为岩溶发育区，漏水严重，近期不能处理，1965年设计灌区时，核定计灌溉面积4693公顷，1984年柳州水利电力勘测设计院对三利水库进行配套、加固设计，再次核定计灌溉面积为4120公顷（其中水田3927公顷）。2005年核定计灌溉面积2160公顷，有效灌溉面积2160公顷。灌区覆盖三五乡、五山乡、良江镇、蒙村镇、小平阳镇等5个乡镇35个行政村。

三利水库工程由宜山地区工作委员会水利科设计，来宾县人民委员会组织施工。于1957年10月动工兴建，征调农民参加工程施工，最多时达1.85万人，1958年有2000多名建设者在工地过春节。1958年冬主坝建成，1960年春，水库开始发挥效益。1962年冬，民工近万人到工地参加工程配套建设，完成东西干渠2条，共长48.34千米；支渠11条，共长 76.24 千米。

三利水库建成时有主坝 1 座，副坝 6 座，均为均质土坝，主坝高 23.89 米，长 290 米，坝顶高程 113.1 米，坝顶宽 5.4 米，6 座副坝坝高 9 米，共长 258 米。按 2% 频率洪水设计，3‰频率洪水校核，设计洪水位 111.14 米，校核洪水位 112.68 米，正常蓄水位 107.95 米。宽顶堰溢洪道 1 座，堰顶高程 107.95 米，净宽 60 米，最大泄洪流量 965 立方米 / 秒；东干渠长 25.32 千米，西干渠长 23.02 千米。建成时工程完成土方 82.68 万立方米，石方 2.94 万立方米，混凝土 1300 立方米，154 万个劳动工日。投资 339.6 万元，其中，国家投资 68.81 万元。

工程运行后，主坝反滤体产生 1 处漏水点，1976 年实测最大漏水量 0.22 立方米 / 秒。同年对库区和坝基进行了地质勘探和观测，弄清了坝基渗漏的原因和渗漏水方向，测出年渗漏水量约 3000 万立方米。1979 年按水利部规定的新标准，采用 1‰频率洪水校核，溢洪道改为开敞式，宽度由 60 米扩宽到 120 米，同时利用副坝做非常溢洪道，主坝顶增设 1 米高的防浪墙。1980—1982 年完成了主坝坝基的防渗帷幕灌浆，但库区的渗漏问题仍未解决。1987 年 4 月 4 日，库底沿旧河床出现 31 个落水洞，最大的直径 5 米，深 7.2 米，仅 1 周时间就把当时的 178 万立方米库水漏光。1987 年将漏洞封堵。1989 年 12 月库水再次漏完，水库底显露，发现走向一致大小不等的 9 个落水洞。1988 年，由柳州地区水利电力勘测设计院对水库工程进行除险加固设计，广西壮族自治区水利厅批准投资 897 万元进行除险加固，1995 年 5 月除险加固工程竣工，主要完成主副坝灌浆防渗、培厚加高、增建防浪墙，新开挖放水压力隧洞，修建进坝公路、办公楼和住宅楼等工程。但库区内堵漏工程尚未作设计、施工。

在 2004 年广西水库大坝安全状况普查中，三利水库经技术认定为二类坝，主要存在问题：①主坝反滤体部分被破坏，脱落、崩塌长达 50 米；②放水闸前的护坡斜墙底部已被淘空，严重影响放水塔的稳定。

长村水库 位于象州县罗秀镇，始建于 1958 年 10 月，1963 年建成发挥效益。水库集雨面积 17.7 平方千米，总库容 1720 万立方米，有效库容 664 万立方米。该工程设计灌溉面积 1160 公顷，有效灌溉面积 980 公顷，旱涝保收灌溉面积 930 公顷。建成时工程总投资 105.57 万元，其中，国家投资 73.36 万元。

水库主坝为均质土坝，坝顶高程 147.6 米，坝高 17.3 米，坝顶长 195 米。坝顶宽 4.9 米，坝底宽 92.8 米，坝内坡坡比为 1 : 2.43。外坡坡比分别为 1 : 2.32 和 1 : 3.0。按 50 年一遇洪水设计，洪水位 145.52 米，按 330 年一遇洪水校核，洪水位 147.32 米。副坝，坝顶长 79 米，最大坝高 7.1 米。

水库溢洪道，设于坝右侧的山坳处，为开敞式宽顶堰。堰顶高程 144.12 米，进口宽 32 米，最大泄洪流量 313 立方米每秒。1999 年除险加固工程中对溢洪道进行了加固和维修。

水库放水设施，原旧涵管位于大坝右侧，为钢筋混凝土压力穿坝涵管，1995 年出现严重漏水，1999 年除险加固工程中，对旧涵管进行封堵，并于溢洪道右侧山岭新建放水隧洞。

乐梅水库 位于武宣县三里镇乐梅村。乐梅水库工程于 1966 年 10 月开工，1971 年建成小(一)型水库，1976 年冬扩建成中型水库。现水库集雨面积 43 平方千米，所在河流为柳江河支流高龙河的龙岩沟，总库容 1400 万立方米。枢纽主要建筑物有主坝、溢洪道、灌溉发电放水涵洞，主坝为均质土坝，坝顶长度 163 米，最大坝高 36.8 米，坝顶宽 5 米，设计灌溉面积 1730 公顷，有效灌溉面积 1460 公顷，旱涝保收灌溉面积 670 公顷。设计多年平均发电量 114 万千瓦时，实际多年平均发电量 101 千瓦时。在 2004 年广西水库大坝安全状况普查中，技术认定为三类工程，存在的主要问题：①大坝外坡面有渗漏湿润现象，湿润面积约 18 平方米；②溢洪道消力池有多个渗漏泉眼，当库水位较高时，渗水泉眼有水冒出，在消力池下游左岸有一沉陷坑，深约 5~6 米，洞直径为 0.4 米。

丰收水库 位于象州县马坪乡龙座村，水库工程于 1957 年 12 月开工，1958 年 5 月竣工，水库集雨面积 39.27 平方千米，总库容 3290 万立方米，有效库容 2300 万立方米。枢纽主要建筑物有主坝、副坝 4 座，溢洪道、灌溉放水涵洞，主坝为均质土坝，坝顶长度 446 米，最大坝高 12.78 米，坝顶宽 6.5 米，设计灌溉面积 80 公顷，有效灌溉面积 80 公顷。2004 年，来宾市水利局组织对丰收水库进行安全鉴定，鉴定结果为三类工程，主要存在的问题：①主、副坝不够高，水库左坝肩漏水，主坝内坡的干砌石护坡只护到 76 米高程，而且局部脱落，76 米高程至正常水位坝坡被风浪淘刷，四座副坝均无护坡，坝面被淘刷；②主坝和古德副坝内浆砌石涵管有多处空洞和漏水，木峨和大利副坝放水涵管进口高程较高，库水位处于此高程时间甚短，进出口已被埋没，灌溉渠道已废弃；③主坝外坡的灌溉放水管影响坝坡安全；④库底漏水；⑤溢洪道消力池不够长，底板不稳定，导墙不够高；⑥古德副坝放水涵管启闭平台处于正常蓄水位以下，启闭设备处于露天，出现锈蚀；⑦枢纽无水工水文观测设施；⑧管理值班房为土坯墙，已属危房，防汛抢险道路年久失修，无法满足防汛抢险要求。

清潭水库 位于兴宾区蒙村乡盘龙村，建于1956年8月，1958年4月主坝建成，1959年春开始发挥效益，当年灌溉253公顷。所在河流为红水河支流马村河，水库集雨面积41.5平方千米，总库容1825万立方米，有效库容809万立方米。枢纽主要建筑物有主坝、溢洪道、灌溉发电放水涵洞，主坝为均质土坝，坝顶长度80米，最大坝高25米，坝顶宽5米，设计灌溉面积830公顷，有效灌溉面积830公顷。工程运行后，1960年春发现原浆砌石梯级放水涵管漏水严重。1967年春坝内涵管111米高程处出现2处塌陷洞，深3米，宽4米，后将松土清除，分层回填砂砾石、黏土并夯实，但未解决问题。1973年将浆砌石放水涵管改建为钢筋混凝土放水涵管，并将大坝加高3米至120.5米高程，平整了大坝内外坡，溢洪道从50米扩宽到52米，使大坝达到二类安全标准。1998年6月，库区内连日暴雨，清潭水库水位急涨，暴雨造成水库溢洪道右侧山体滑坡，溢洪道被冲毁，并损坏下游学校和农田，整个水利枢纽处于瘫痪状态。同年8月，柳州水利电力勘测设计院对清潭水库进行除险加固设计，分三期进行除险加固。1999年，除险加固工程动工，至2004年基本完工，主要加固内容有①培厚主坝，坝顶宽由原3.5米增加至5米；②修复溢洪道；③改建放水系统，将坝内原放水涵管封堵，在主坝右岸山体新建放水隧洞；④在新建放水隧洞出口处新建小水电站。水库经加固后，运行基本正常。2004年，在广西水库大坝安全状况普查中，对清潭水库进行安全认定，认定结果为二类工程。

高境水库 位于兴宾区平阳镇，水库建于1957年10月，1958年3月竣工，所在河流为红水河支流高境河，水库集雨面积22.8平方千米，总库容1405万立方米，有效库容792万立方米。枢纽主要建筑物有主坝、副坝，溢洪道、灌溉放水设施，主坝为均质土坝，坝顶长度785米，最大坝高9.9米，坝顶宽4.5米，设计灌溉面积300公顷，有效灌溉面积300公顷。工程运行后，1963年主坝左端距放水涵管220米处的坝基出现漏水，漏水量约20升每秒。当年冬在上游坝脚修建截水墙，漏水曾一度减少，但过了几年又发现漏水。1975年冬在该坝段外坡增设了反滤层。1976年1月，距主坝左端180米，离内坡脚10米的库区内出现一个塌陷坑，直径约0.3米。后将该塌陷坑挖到4米深、5米长、3米宽，用2米厚水泥砂浆回填，再用黏土覆盖夯实。高境水库由于出现坝基、坝坡严重漏水等安全隐患，在2000年11月开工进行除险加固，于2002年基本完成施工，2004年在广西水库大坝安全状况普查中，由于高境水库虽经除险加固但未进行验收，故认定三类工程，存在的主要问题有①大坝反滤体部分脱落、崩塌；②库区有溶洞，漏水严重。

樟村水库 位于兴宾区蒙村乡樟村，水库建于1957年12月，1958年3月竣工，水库集雨面积16.8平方千米，总库容1090万立方米，有效库容807万立方米。枢纽主要建筑物有主坝、溢洪道、灌溉放水隧洞，主坝为均质土坝，坝顶长度305.5米，最大坝高17.7米，坝顶宽5米，设计灌溉面积130公顷，有效灌溉面积130公顷。樟村水库在2002年3月进行除险加固，2004年基本完成施工。是年，在广西水库大坝安全状况普查中，由于樟村水库虽经除险加固但未进行验收，故认定三类工程，存在的主要问题：①在大坝右侧库区内，新放水塔与原放水斜管（已废弃）中间的岭坡有一个溶洞，溶洞口底部高程86.90米，溶洞距大坝内坡脚约50米，洞径约2米；②灌溉放水塔两侧山岭为沙砾土，由于没有衬砌，已有部分崩塌，危及进水口的安全。

二沟水库 位于兴宾区城厢乡三香村，水库建于1959年10月，1960年4月建成主坝溢洪道1961年7月挖通420米长的隧洞，1962年春发挥效益。水库集雨面积15.6平方千米，总库容1950万立方米，有效库容1040万立方米。枢纽主要建筑物有主坝、副坝2座，溢洪道、穿坝放水涵管，主坝为均质土坝，坝顶长度140米，最大坝高21米，坝顶宽5米，设计灌溉面积430公顷，有效灌溉面积430公顷。工程运行后，1965年和1966年在大坝外坡86米高程以下发现渗漏点，漏水量约3升每秒。1967年修建导渗沟后，坝坡渗水现象基本消失。由于大坝填筑的土料中含有风化石较多，夯压不够坚实，沉陷较大。1960—1968年实测沉陷量0.89米。

陈寺水库 位于兴宾区南泗乡陈寺村，建于1957年9月，1960年2月竣工，水库集雨面积15.6平方千米，库内有地下泉水涌出。总库容1950万立方米。枢纽主要建筑物有主坝、副坝2座,溢洪道、穿坝放水涵管。主坝为均质土坝,坝顶长度253米,最大坝高12.5米,坝顶宽3米,设计灌溉面积910公顷,有效灌溉面积830公顷。工程运行后,1962年8月大坝外坡脚老河床部位出现管涌,涌水量250升每秒。因此,将小溢洪道加宽到31.5米,以降低水位保坝,并在涌水口用石块砌成反滤层。1963年春,距坝内坡脚10米处的旧河床部位出现漏水洞,洞口塌陷,经用黏土回填处理后漏水量减少。1966年汛期,坝内坡距坝顶10米处出现塌陷洞,长5米,宽3米,库水经塌陷洞漏到坝后,当时用麻袋装土填塞堵水,保住了大坝。同年将这段坝体挖到基岩,用混凝土封堵了基岩漏洞,然后回填黏土,恢复坝坡原状,处理后,漏水量减少。1969年,再次出现漏水,最大漏水量250升每秒。1975年对漏水岩溶通道进行灌浆封堵,效果良好,漏水量减少到1.4升每秒。1976年重新加固大坝,内外坡均用水泥砂浆砌石护坡并勾缝。加固后增加了水库蓄水量,曾在小溢洪道上设置8孔闸门,总宽27米,高0.82米,后来除了保留右端第1孔外,其他均用砌石堵塞,砌石顶端尚设1块闸板。2004年,在广西水库大坝安全状况普查中,技术认定为三类工程,存在的主要问题:①主坝右端与山体接触处漏水;②溢洪道消力池底板浆砌石脱落损坏达60平方米,原设计的闸门未安装;③穿坝涵管漏水。

富尧水库 位于兴宾区凤凰镇富尧村,建于1957年11月,1958年4月竣工,所在河流为六列河,水库集雨面积28.2平方千米,总库容1101万立方米,有效库容751万立方米。枢纽主要建筑物有主坝、副坝,溢洪道、灌溉放水隧洞,主坝为均质土坝,坝顶长度695米,最大坝高15米,坝顶宽5米,设计灌溉面积330公顷,有效灌溉面积300公顷。工程运行后,1963年春大坝浸润线抬高,溢出坝外坡,因此将坝体表面0.5~1.5米厚的沙壤土挖除,改填黏土斜墙防渗。1981年春,库区内距库中心石山40米处出现1个漏水洞,漏水量200升每秒。为处理这个问题,将漏水洞挖到5米深左右,然后灌水泥浆,再用黏土回填处理,堵水效果良好。富尧水库因大坝出现坝基、坝体渗漏等问题,于1995—1997年进行除险加固,1997年9月基本完工,完成大坝加高加宽、帷幕灌浆防渗、进坝公路等工程。但因未按审批的设计项目完成除险加固,尚遗留有部分隐患没有消除,主坝左端旧涵管未进行堵漏,在1998年8月,水库水位达113.5~114.64米高程时,主坝外坡近左坝端处出现渗漏,1999年冬进行维修。2004年汛期旧涵管重新出现严重渗漏,危及大坝安全,2005年底采用灌浆封堵旧涵管,效果良好。

莲花水库 位于兴宾区石牙乡党村,红水河支流石牙河上。建于1957年11月,1958年8月竣工,水库集雨面积23.9平方千米,总库容1210万立方米,有效库容676万立方米。枢纽主要建筑物有主坝、副坝1座,溢洪道、穿坝放水涵管,主坝为均质土坝,坝顶长度570米,最大坝高8.82米,坝顶宽4.5米,设计灌溉面积370公顷,有效灌溉面积300公顷。工程运行后,1964年主坝内坡西端出现2个碗口大的漏水洞,经填土夯实处理后,未再出现。1967年主坝西放水涵管东侧15米,高程135米处出现2个渗水点,周围土壤湿润呈饱和状态,2年后又自然消失。1971年,西放水涵管进口挡土墙内出现坝坡沉陷,面积1.5平方米,经清基回填处理后未再出现。1974年6月东放水涵管出口八字墙出现漏水,经反滤竹筒接出处理后未再漏水。1983年距东放水涵管5米的大坝内坡脚出现2个漏水点,用钻机在坝顶钻孔发现,6米深处有水流动,但未作处理。莲花水库由于大坝渗漏等问题,于1997年进行除险加固施工,1998年基本完工,2003年经验收为合格工程,2005年运行基本正常。

小型水库

至2005年末,来宾市有小(一)型水库76座,总集雨面积679.5平方千米,总库容26358.85万立方米,有效库容18255.11万立方米,设计灌溉面积10280公顷,有效灌溉面积8220公顷。各县(市、区)分布为兴宾区35座、合山市6座、象州县19座、金秀瑶族自治县4座、武宣县10座、忻城县2座。全市有小(二)型水库195座,总集雨面积313.1平方千米,总库容7821.16万立方米,有效库容5707.35万立方米,设计灌溉面积5120公顷,有效灌溉面积4000公顷。其中兴宾区77座、象州县64座、武宣县37座、忻城县8座、金秀瑶族自治县7座、合山市2座。

表 13-3

2005 年底来宾市中型水库基本情况表

水库名称	所在县（市、区）	集雨面积（平方千米）	总库容（万立方米）	主坝				副坝（座）	溢洪道			下游影响			放水设施可放水量（立方米／秒）	有效灌溉面积（千公顷）	竣工年月	工程安全类别（截至2005年底）
				坝型	最大坝高（米）	坝顶长（米）	坝顶高程（米）		堰顶高程（米）	堰顶净宽（米）	最大泄洪（立方米／秒）	人口（万人）	距铁／公路（千米）	耕地（万亩）				
合计			29914									9.84		12.17		12.61		
石祥河	武宣县	228.0	7770	土坝	34.70	220.0	96.80		90.40	90.0	1729.0	0.66		1.22	10.00	3.85	1960.1	3
乐梅	武宣县	43.0	1400	土坝	36.80	163.0	146.80		142.50	60.0	662.0	0.65		0.40	16.90	1.40	1966.10	3
长村	象州县	17.7	1720	土坝	17.30	195.0	147.60	2	144.12	32.0	151.0	0.65	/1.0	0.10	21.08	1.37	1959.10	3
丰收	象州县	39.3	3606	土坝	12.78	446.0	79.78	4	77.00	80.0	336.0	1.00	/3.0	2.00	3.50	0.39	1958.5	3
高镜	兴宾区	22.8	1257	土坝	9.90	785.0	106.20	1	102.40	52.0	180.0	0.4		0.75	1.40	0.30	1958.3	3
三利	兴宾区	183.6	6200	土坝	23.88	150.0	113.10	4	107.95	60.0	505.0	2.94		1.93	7.48	2.16	1958.11	3
二沟	兴宾区	15.6	1950	土坝	21.00	140.0	94.30	2	91.00	10.0	40.0	0.05	/2.5	0.19	2.50	0.47	1960.4	3
莲花	兴宾区	23.9	1175	土坝	8.82	570.0	139.40	1	136.10	45.8	156.0	0.35		0.40	1.09	0.31	1958.2	2
清潭	兴宾区	41.5	1363	土坝	25.00	80.0	120.50		113.89	40.0	534.0	0.19		0.18	2.44	0.49	1957.10	2
樟村	兴宾区	16.8	1170	土坝	17.70	305.5	97.70		95.08	34.2	155.0	0.35		0.20	13.75	0.17	1958.3	3
陈寺	兴宾区	54.3	1260	土坝	12.50	253.0	96.50	2	93.20	40.0	1120.0	1.10	/3.0	1.80	3.10	0.80	1960.2	3
富尧	兴宾区	28.2	1043	土坝	15.00	695.0	118.30	1	114.32	42.0	318.2	1.50	/20.0	3.00	1.50	0.90	1958.4	3

表 13-4

2005 年来宾市小(一)型水库基本情况表

水库名称	所在乡镇	集雨面积（平方千米）	总库容（万立方米）	主坝				副坝（座）	溢洪道			下游影响			放水设施可放水量（立方米／秒）	灌溉面积（公顷）	竣工年月
				坝型	最大坝高（米）	坝顶长（米）	坝顶高程（米）		堰顶高程（米）	堰顶净宽（米）	最大泄洪（立方米／秒）	人口（万人）	距铁／公路（千米）	耕地（万亩）			
合山市																	
南洪	北泗	9.0	649.00	土坝	14.07	820.0	152.50		149.50	26.00	79.60	1.15	2.0/3.0	0.95	1.03	420.0	1958 年 3 月
东亭	北泗	20.2	141.70	土坝	18.30	152.2	166.20		161.00	28.00	388.00	0.17	/3.0	0.35	0.50	20.0	1960 年 3 月
洛山	北泗	5.1	299.80	土坝	18.40	201.0	179.95		173.50	6.00	34.40	0.50	5.0/5.0	0.45	0.76	46.7	1958 年 3 月
独山	河里	7.9	306.60	土坝	15.30	385.0	125.17		122.60	38.00	102.00	0.50	1.6/1.6	0.40	0.60	66.7	1962 年 1 月
桶桥	河里	4.7	125.40	土坝	16.60	231.0	114.61		112.40	30.00	118.00	0.25		0.09	0.50	93.3	1957 年 3 月
洛沙	河里	2.7	118.70	土坝	11.30	203.0	197.34		194.60	7.00	44.70	0.25		0.08	0.05	20.0	1959 年 12 月

续表

水库名称	所在乡镇	集雨面积（平方千米）	总库容（万立方米）	主坝				副坝（座）	溢洪道			下游影响			放水设施可放水量（立方米/秒）	灌溉面积（公顷）	竣工年月
				坝型	最大坝高（米）	坝顶长（米）	坝顶高程（米）		堰顶高程（米）	堰顶净宽（米）	最大泄洪（立方米/秒）	人口（万人）	距铁/公路（千米）	耕地（万亩）			
兴宾区																	
福龙	石陵	0.9	127.70	土坝	6.99	215.0	95.61		93.94	4.00	3.47			0.08	0.40	6.7	1960年1月
北洛	平阳	3.9	306.60	土坝	14.00	150.0	112.23		106.45	17.50	64.00	0.12	/2.0	0.15	0.80	213.3	1959年3月
六沙	城厢	3.4	147.60	土坝	10.00	155.0	108.47		106.03	16.48	41.80			0.20	0.60	108.0	1956年3月
上茂	城厢	6.3	244.20	土坝	8.00	141.0	102.97		96.42	2.00	72.00				提灌	106.7	1959年4月
盘龙	城厢	4.1	240.00	土坝	18.10	109.0	119.20		116.52	8.00	23.40	0.16		0.16	0.52	366.7	1958年7月
铁匠	蒙村	32.6	243.31	土坝	6.70	605.0	86.75		84.37	60.00	290.00	0.30		0.20	2.90	160.0	1961年1月
莲花塘	蒙村	2.3	256.59	土坝	6.96	580.0	92.40		90.60	9.00	6.43	0.04		0.20	0.40	66.7	1960年3月
六力	寺山	3.0	241.60	土坝	10.70	120.0	90.00		87.90	10.00	82.00	0.04		0.04	0.20	10.0	1960年3月
青瑶	寺山	3.7	133.50	土坝	13.30	190.0	93.15		90.26	16.00	65.50	0.08		0.05	0.20	30.0	1957年1月
顶伞	石牙	5.7	546.00	土坝	10.40	107.0	162.00		159.47	22.00	34.00	0.30	/1.0	0.15	0.48	580.0	1960年3月
白面	良江	38.2	450.00	土坝	9.30	220.0	99.30		95.97	80.00	365.00		/0.2	0.25	0.30	200.0	1959年3月
那刀	良江	2.3	276.00	土坝	7.00	210.0	97.40		95.56	7.00	7.60		/2.0	0.01	0.30	66.7	1960年3月
碑口	三五	3.2	192.00	土坝	11.60	140.0	107.65		105.35	17.00	40.00	0.05		0.02	0.40	333.3	1956年3月
甘着	三五	9.5	311.30	土坝	17.20	64.0	158.10		155.43	19.60	118.20	0.05	3.0/	0.10	0.83	100.0	1975年2月
料村	三五	4.4	169.00	土坝	8.20	123.0	115.81		112.18	8.30	52.40	0.15	/2.0	0.20	0.27	13.3	1957年4月
六佬	小平阳	4.8	180.50	土坝	12.66	133.0	123.47		120.60	11.00	46.20	0.04	/2.0	0.01	1.60	13.3	1959年3月
大虫	小平阳	3.3	281.77	土坝	14.65	145.0	116.32		114.05	24.00	33.40	0.25	/2.5	0.15	0.50	99.3	1956年3月
其林	小平阳	14.0	947.00	土坝	70.00	63.0	110.39		107.76	57.00	55.00	0.15	/0.4	0.50	1.51	233.3	1959年1月
大凡	陶邓	2.6	379.10	土坝	9.75	320.0	109.77		107.84	41.50	42.80	0.05	/0.5	0.01	1.40	100.0	1960年3月
六勇	陶邓	3.0	528.00	土坝	14.91	84.0	118.07		116.60	9.00	10.00	0.06		0.06	0.35	40.0	1956年3月
德龙	陶邓	3.4	187.40	土坝	8.60	51.0	108.83		106.99	8.00	24.50	0.10		0.10	0.37	66.7	1959年5月
桥则	陶邓	1.6	141.00	土坝	9.19	63.0	99.19		97.44	4.00	6.73	0.08		0.10	0.20	66.7	1956年1月
桥里	陶邓	18.0	488.00	土坝	4.03	76.0	103.18		100.94	18.00	27.00	0.12		0.20	1.20	53.3	1958年5月
古瓦	桥巩	36.9	422.00	土坝	12.00	270.0	85.20		83.90	10.80	54.70			0.06	0.50	426.7	1960年3月
龙头	桥巩	8.0	592.60	土坝	13.00	241.4	108.28		105.30	20.00	120.00	0.40	/2.0	0.60	1.20	246.7	1960年3月
百爱	七洞	26.0	991.40	土坝	20.53	140.0	118.62		114.20	20.00	219.00	0.10		0.60	1.50	400.0	1958年3月
大里	大里	2.4	242.00	土坝	9.70	128.0	101.06		99.26		3.50	0.15		0.02	0.28	80.0	1957年1月
赵村	大里	3.1	448.00	土坝	10.10	190.0	103.38		99.26		18.60	0.26		0.07	1.20	53.3	1958年1月

续表

水库名称	所在乡镇	集雨面积（平方千米）	总库容（万立方米）	主坝				副坝（座）	溢洪道			下游影响			放水设施可放水量（立方米/秒）	灌溉面积（公顷）	竣工年月
				坝型	最大坝高（米）	坝顶长（米）	坝顶高程（米）		堰顶高程（米）	堰顶净宽（米）	最大泄洪（立方米/秒）	人口（万人）	距铁/公路（千米）	耕地（万亩）			
方庆	大里	4.4	512.00	土坝	12.00	825.0	102.02		100.00	25.00	38.00	0.10		0.25	1.50	273.3	1958年1月
四季	迁江	6.4	281.00	土坝	12.00	380.0	100.60		97.35	7.40	40.00	0.11	0.8/		2.50	43.3	1963年12月
河力	南泗	7.7	244.30	土坝	13.60	87.0	111.42		107.00	8.00	75.00	0.08	/1.0	0.05	0.60	100.0	1958年3月
那谷	大湾	8.6	489.00	土坝	10.77	170.0	100.52		97.85	33.00	77.00	0.45	/3.5	0.60		133.3	1957年5月
石山	大湾	5.2	189.80	土坝	6.00	70.0	82.23		80.49	34.00	31.50	0.20	/10.0	0.45		266.7	1957年11月
站江	正龙	3.0	174.30	土坝	14.40	78.0	106.29		103.48	12.00	36.40	0.03	/0.5	0.60	0.30	53.3	1956年2月
岩口	桥巩	12.1	648.00	土坝	10.00	400.0	106.61		104.09	15.50	72.00	0.50	/5.0	1.00	1.20	200.0	1955年2月
象州县																	
跌马寨	百丈乡	2.1	180.20	土坝	13.24	115.0	227.18		224.50	15.00	33.10	0.58	/0.1	0.12	0.161	108.3	1958年5月
百万	运江镇	2.5	102.50	土坝	11.00	107.0	82.20		80.00	20.00	51.40	0.10		0.15	0.201	66.7	1958年3月
两旺	运江镇	4.2	935.20	土坝	17.80	375.0	112.65		110.51	19.80	23.90	0.13		0.04	1.51	540.0	1958年3月
龙旦	马坪乡	12.0	953.90	土坝	19.60	340.0	116.36		113.74	46.00	100.00	0.30	/0.8	0.50	1.42	196.7	1958年4月
牡丹	马坪乡	7.8	391.80	土坝	18.30	180.0	114.30		111.50	26.00	93.20	0.13	/4.0	0.15	0.432	78.0	1973年3月
六冲	马坪乡	5.1	289.80	土坝	12.50	136.0	90.17		86.79	9.60	37.80	0.12	/1.5	0.10	0.215	68.7	1958年4月
山头	马坪乡	5.2	176.00	土坝	8.40	85.0	75.77		73.60	34.00	85.70	0.10		0.10	0.205	51.9	1958年4月
北梦	马坪乡	3.6	133.50	土坝	9.87	160.0	105.87		103.60	10.00	63.80	0.04		0.10	0.202	21.7	1957年4月
歪甲	罗秀镇	2.1	145.30	土坝	7.80	105.0	125.11		123.08	6.30	13.70	0.15		0.70	0.20		1958年10月
云岩	罗秀镇	3.8	124.10	土坝	12.49	131.0	115.34		113.00	16.00	56.50	0.11		0.025	0.391	98.7	1958年4月
绿青	妙皇乡	15.3	245.40	土坝	20.40	175.0	105.20		102.00	45.00	326.00	0.10		0.37	0.501	113.3	1975年2月
花仪	妙皇乡	13.7	212.70	土坝	24.04	153.0	247.24		242.00	12/24	326.00	0.68	/0.5	0.91	0.501	107.3	1975年8月
金龙	水晶乡	7.1	204.30	土坝	13.10	120.0	141.10		138.28	30.00	104.00	0.10		0.035	0.171	35.1	1958年4月
老虎尾	水晶乡	1.0	190.20	土坝	13.20	110.0	102.20		100.00	10.00	13.70	0.02		0.05	1.11	30.0	1966年2月
甫上	水晶乡	1.5	321.20	土坝	13.57	260.0	116.22		113.25	4.00	7.01	0.07	/0.1	0.072	1.21	566.7	1964年3月
红泥	寺村镇	2.3	133.50	土坝	14.03	135.0	114.03		110.41	3.00	22.40	0.40		0.20	0.20		1956年4月
马力	寺村镇	6.6	393.20	土坝	14.30	227.0	109.64		106.70	20.00	76.40	0.40		0.20	0.452	446.0	1958年3月
仕会	寺村镇	2.3	144.20	土坝	12.00	422.0	139.48		137.56	40.00	30.40	0.19	/0.2	0.20	0.21	10.0	1957年4月
兰靛坑	寺村镇	1.2	225.50	土坝	13.80	100.0	132.80		130.80	10.00	10.80	0.05	/5	0.089	3.00		1960年1月
武宣县																	
乐业	二塘镇	12.0	690.00	土坝	24.00	124.0	104.10		101.40	15.00	158.00	0.55	/4	0.50	0.99	189.3	1958年5月

续表

水库名称	所在乡镇	集雨面积（平方千米）	总库容（万立方米）	主坝				副坝（座）	溢洪道			下游影响			放水设施可放水量（立方米／秒）	灌溉面积（公顷）	竣工年月
				坝型	最大坝高（米）	坝顶长（米）	坝顶高程（米）		堰顶高程（米）	堰顶净宽（米）	最大泄洪（立方米／秒）	人口（万人）	距铁／公路（千米）	耕地（万亩）			
福隆	二塘镇	21.8	680.00	土坝	22.30	286.0	111.65		107.80	50.00	335.00	0.82	/4.0	0.855	1.20	500.0	1958 年 4 月
石滩	二塘镇	13.8	139.00	土坝	20.40	96.0	160.40		158.00	10.00	49.00	0.57		0.86	1.80	228.7	1968 年 5 月
松响	东乡镇	19.5	404.50	土坝	39.60	108.0	303.60		299.00	28.40	369.00	0.098	/10.0	0.73	16.80	576.7	1975 年 12 月
横岭	三里镇	0.5	216.00	土坝	17.40	135.0	98.40		97.00	11.00	8.00	0.55	/7.0	0.80	1.08	69.3	1957 年 4 月
大荣	禄新乡	5.7	358.00	土坝	8.90	324.0	106.10		105.04	48.00	34.00	0.36		0.45	0.72	210.0	1969 年 2 月
北堂	通挽镇	10.0	633.00	土坝	31.40	168.0	154.40		150.00	29.00	258.00	0.78	/2.0	0.90	2.10	512.0	1958 年 8 月
洪岭	武宣镇	2.9	139.50	土坝	16.80	87.0	52.20		50.10	11.00	38.50	0.33		0.15	0.50	86.7	1956 年 5 月
马山	思灵乡	1.9	168.00	土坝	8.40	251.0	54.00		52.15	35.00	28.80	0.57		0.78	0.60	113.3	1966 年 2 月
陈康	黄茆镇	15.0	175.00	重力坝	14.50	112.0	122.80		119.80	41.00	164.00	0.95	/5.0	0.42	1.85	166.7	1969 年 3 月
金秀县																	
长塘	桐木	2.9	585.00	土坝	15.00	298.0	178.50		176.00	12.40	10.50	0.12	/1.0	0.15	1.00	226.7	1999 年 3 月
太山	桐木	14.8	505.00	土坝	15.80	110.0	113.40		110.00	50.00	132.00	0.80	/7.5	0.20	0.70	200.0	1958 年 4 月
都堂	七建	1.1	112.60	土坝	12.59	72.0	109.10		107.30	23.00	14.50	0.05	/2.0	0.05	0.20	23.3	1959 年 3 月
田村	金秀	40.0	966.00	堆石坝	48.00	146.0	754.00		746.30	20.00	450.00	0.05	/12.0	0.01	2.51	1706.7	1991 年 10 月
忻城县																	
板寻	思练	50.2	877.00	土坝	15.00	670.0	108.00	4	105.00	38.00	145.00	1.20	/1.5	0.80	0.80	233.3	1958 年 4 月
板毛	欧洞	11.8	352.84	土坝	15.00	269.5	325.10	1	321.69	26.00	223.60	0.80	/5.0	3.00	1.72	133.2	1958 年 4 月

表 13-5

来宾市小（二）型水库基本情况表

水库名称	所在乡镇	集雨面积（平方千米）	总库容（万立方米）	主坝				副坝（座）	溢洪道			下游影响			放水设施可放水量（立方米／秒）	灌溉面积（公顷）	竣工年月
				坝型	最大坝高（米）	坝顶长（米）	坝顶高程（米）		堰顶高程（米）	堰顶净宽（米）	最大泄洪（立方米／秒）	人口（万人）	距铁／公路（千米）	耕地（万亩）			
合山市																	
六里	河里	0.5	18.66	土坝	9.00	72.0	116.10		113.80	10.0	14.10	0.10		0.02	0.03	20.00	1959 年 2 月
下里	河里	0.3	16.80	土坝	5.70	53.0	105.20		103.60	3.0	5.05	0.12		0.03	0.04	20.00	1955 年 12 月
兴宾区																	
条村	凤凰	1.5	33.44	土坝	10.00	62.0	144.47		143.12	6.0	16.30	0.03		0.02	0.10	6.70	1974 年 2 月
四月八	凤凰	1.2	39.10	土坝	7.30	240.0	104.10		101.50	11.5	4.50			0.02	0.10	13.30	1957 年 4 月

续表

水库名称	所在乡镇	集雨面积（平方千米）	总库容（万立方米）	主坝				副坝（座）	溢洪道			下游影响			放水设施可放水量（立方米/秒）	灌溉面积（公顷）	竣工年月
				坝型	最大坝高（米）	坝顶长（米）	坝顶高程（米）		堰顶高程（米）	堰顶净宽（米）	最大泄洪（立方米/秒）	人口（万人）	距铁/公路（千米）	耕地（万亩）			
杨村	凤凰	3.4	17.50	土坝	3.40	250.0	100.13		98.80	17.0	15.80			0.02	0.04	26.70	1957年4月
甘村	凤凰	2.0	28.33	土坝	4.90	168.0	101.64		99.48	20.0	70.30			0.02	0.06	10.00	1956年1月
吉利	良江	2.5	92.00	土坝	9.00	239.0	116.32		114.50	20.0	58.40			0.03	0.50	40.00	1958年3月
凌八	良江	2.0	68.78	土坝	6.00	130.0	102.32		101.17	18.0	22.80			0.02	0.31	73.30	1959年3月
蒙村	良江	1.3	25.85	土坝	8.00	240.0	84.40		82.83	4.0	3.50			0.02	0.08	20.00	1959年4月
长塘	良江	1.3	54.80	土坝	8.50	140.0	120.10		118.59	16.0	23.70				0.28	26.70	1972年1月
权村	良江	2.7	54.70	土坝	9.40	87.0	92.28		89.99	7.0	33.60	0.04		0.04	0.08	66.70	1960年1月
凌口	良江	2.5	62.00	土坝	7.50	380.0	52.90		51.50	30.0		0.02		0.01	0.30	40.00	1958年3月
龙山	良江	1.5	10.60	土坝	5.00	130.0	108.94		107.23	30.0	34.69	0.01	0.3/			33.30	1955年3月
板江	三五	3.8	92.28	土坝	8.00	97.0	90.22		89.01	9.0	71.60	0.08		0.02	0.50	46.70	1959年12月
青春	三五	4.1	66.82	土坝	3.76	250.0	115.53		113.37	5.5	26.37			0.03	0.26	33.30	1960年12月
略篓	三五	0.5	41.07	土坝	4.20	48.8	105.46		105.05	8.0	4.40	0.20		0.02	0.05	40.00	1959年12月
重塘	三五	0.4	19.76	土坝	5.43	32.0	102.43		100.52	5.8	5.45		/0.5	0.05	0.05	26.70	1958年12月
牛角	三五	2.6	66.60	土坝	10.50	170.0	102.80		100.57	20.0	49.90			0.03	0.04	26.70	1967年2月
六榜	三五	1.4	27.32	土坝	3.60	190.0	99.68		98.50	18.0	29.20			0.03	0.03	30.00	1962年11月
塘南	三五	0.8	33.12	土坝	5.07	75.0	90.52		90.32	3.0	19.84			0.02	0.10	13.30	1957年12月
塘班	小平阳	0.8	54.40	土坝	7.70	28.0	129.96		128.96	10.0	8.20	0.06	1.3/1.3	0.05	0.06	26.70	1959年1月
弄怀	小平阳	1.2	34.30	土坝	4.00	601.0	112.70		111.00	40.0	36.30	0.10	1.5/1.2	0.08	0.05	20.00	1972年3月
长车步	小平阳	1.5	92.80	土坝	7.00	79.0	115.12		114.62	11.0	8.35	0.03		0.03	0.02	20.00	1957年3月
塘挖	小平阳	0.8	19.00	土坝	3.65	12.0	124.25		121.78	12.0	13.00	0.15	1.0/1.0	0.05	0.03	20.00	1957年3月
长塘	小平阳	1.1	38.12	土坝	6.50	180.0	108.97		108.26	24.0	33.40	0.25	/2.5	0.15	0.50	100.00	1956年12月
塘角	小平阳	0.3	10.70	土坝	2.40	50.0	128.06		125.23	16.0	3.95		0.3/0.3	0.02	0.02	13.30	1958年3月
上游	小平阳	0.2	15.12	土坝	6.41	127.0	119.15		118.40	20.0	7.50			0.02	0.04	13.30	1972年3月
石狗	小平阳	0.2	19.10	土坝	5.60	130.0	106.69		106.29	4.0	2.03			0.03	0.03	40.00	1956年3月
莲花岭	小平阳	0.3	19.80	土坝	3.20	46.0	106.25		104.97	3.0	1.71	0.01		0.05	0.03	13.30	1958年3月
老鸦	小平阳	0.5	31.91	土坝	3.65	149.0	113.13		111.57	4.0	6.46		0.5/0.5	0.02	0.02	13.30	1972年3月
大邓	陶邓	1.1	20.84	土坝	6.00	80.0	101.17		99.00	5.0	4.00	0.12	0.3/0.3	0.05	0.04	13.30	1955年3月
黄禄	陶邓	1.1	40.00	土坝	6.40	160.0	108.40		106.93	8.0	14.60			0.03		40.00	1953年3月
灵龟	陶邓	1.0	27.63	土坝	7.75	184.0	106.75		104.89	8.0	18.65	0.03		0.03	0.10	6.70	1960年3月

续表

水库名称	所在乡镇	集雨面积（平方千米）	总库容（万立方米）	主坝				副坝（座）	溢洪道			下游影响			放水设施可放水量（立方米／秒）	灌溉面积（公顷）	竣工年月
				坝型	最大坝高（米）	坝顶长（米）	坝顶高程（米）		堰顶高程（米）	堰顶净宽（米）	最大泄洪（立方米／秒）	人口（万人）	距铁／公路（千米）	耕地（万亩）			
北栏	陶邓	1.9	67.80	土坝	11.00	113.0	110.79		109.19	29.0	42.50	0.08		0.05	0.15	13.30	1967 年 3 月
石盆	五山	4.2	19.78	土坝	6.00	197.0	101.70		100.34	40.9	79.50	0.11		0.04	0.03	13.30	1958 年 4 月
甘固	迁江	3.7	53.00	土坝	12.20	178.0	116.70		114.10	10.0	36.00	0.06			0.10	6.76	1960 年 1 月
老梅	迁江	0.8	15.91	土坝	5.20	345.0	92.53		91.22	15.6	17.80				1	26.70	1958 年 12 月
欧村	迁江	0.5	27.24	土坝	7.09	145.0	101.17		99.52	5.0	6.95	0.05	1.5/1.5	0.04	0.30	26.70	1958 年 1 月
中村	迁江	0.6	18.39	土坝	10.70	60.0	94.70		93.30	5.5	10.70				0.30	13.35	1958 年 2 月
三道	石陵	0.5	32.14	土坝	9.20	130.0	103.04		102.10	10.0	9.04			0.02	0.10	20.00	1958 年 4 月
感慢	石陵	0.6	41.42	土坝	9.40	133.0	94.43		93.43	50.0	15.30	0.03		0.05		32.70	1958 年 4 月
桥成	石陵	0.9	29.90	土坝	9.19	216.0	94.44		93.55	10.0	17.90	0.04		0.03	0.45	23.30	1960 年 4 月
南生	平阳	0.9	66.49	土坝	7.00	93.0	110.38		109.39	7.5	15.90	0.03	/4.0	0.10	0.20	20.00	1958 年 2 月
下刁	小平阳	1.6	40.43	土坝	4.00	290.0	128.33		126.18	9.2	36.26	0.06		0.05	0.26	13.33	1960 年 3 月
潮山	平阳	10.4	96.00	土坝	3.86	162.0	100.42		99.01	50.0	162.50	0.06		0.10	0.18	213.30	1959 年 3 月
满井	城厢	0.8	25.42	土坝	7.36	55.0	105.20		103.60	10.0	17.40	0.12		0.08	0.25	20.00	1957 年 3 月
凡村	城厢	0.5	20.50	土坝	7.40	62.0	100.80		98.36	2.0	8.30	0.08		0.04	0.20	20.00	1955 年 5 月
付山	城厢	1.5	42.27	土坝	7.91	50.0	106.52		105.00	5.5	5.82			0.06	0.26	33.30	1960 年 1 月
铜盆	城厢	0.5	16.60	土坝	7.83	58.0	98.60		97.32	8.0	12.30			0.10	0.25	46.70	1960 年 1 月
陆棉	城厢	0.4	40.24	土坝	9.49	113.0	105.87		105.14	4.0	0.65			0.01	0.10	13.30	1959 年 12 月
那列	城厢	0.2	13.00	土坝	7.32	82.0	100.28		98.78	2.0	3.00					6.70	1960 年 1 月
老相桥	城厢	1.9	52.00	土坝	8.70	81.0	108.90		106.11	7.0	19.60	0.13		0.30	0.10	33.30	1955 年 2 月
那布	城厢	1.2	64.00	土坝	4.92	64.0	103.92		102.50	9.0	11.30			0.02	0.10	20.00	1958 年 2 月
黄基	城厢	1.3	23.20	土坝	6.20	49.0	101.75		99.38	9.0	30.90	0.04		0.05		20.00	1955 年 5 月
磨石岭	城厢	1.0	50.90	土坝	17.00	92.0	77.35		75.50	8.0	12.20					40.00	1955 年 5 月
平安	蒙村	1.5	59.00	土坝	8.10	140.0	102.22		100.00	12.1	50.17				0.40	33.30	1961 年 1 月
青年	蒙村	1.6	30.20	土坝	7.10	110.0	101.54		100.00	10.0					0.20	26.70	1961 年 1 月
勒马	寺山	2.5	76.01	土坝	11.00	130.0	89.80		88.00	15.0	26.90	0.08		0.05	0.10	26.70	1956 年 12 月
方学	寺山	2.5	74.00	土坝	11.70	190.0	90.35		89.10	18.0	15.60	0.01		0.05	0.10	6.70	1960 年 3 月
飞马	寺山	1.6	76.40	土坝	11.00	86.0	91.02		89.40	12.0	26.90	0.03		0.05	0.10	33.30	1959 年 1 月
炉塘	寺山	1.1	46.28	土坝	6.80	195.0	88.20		87.50	15.0	21.60	0.11		0.05	0.10	26.70	1965 年 2 月
陆正	寺山	1.3	29.90	土坝	9.00	170.0	89.70		89.40	20.0		0.05		0.05	0.10	13.30	1965 年 3 月

续表

水库名称	所在乡镇	集雨面积（平方千米）	总库容（万立方米）	主坝				副坝（座）	溢洪道			下游影响			放水设施可放水量（立方米/秒）	灌溉面积（公顷）	竣工年月
				坝型	最大坝高（米）	坝顶长（米）	坝顶高程（米）		堰顶高程（米）	堰顶净宽（米）	最大泄洪（立方米/秒）	人口（万人）	距铁/公路（千米）	耕地（万亩）			
永久	寺山	1.3	64.50	土坝	9.00	135.0	89.80		87.80	20.0	21.42	0.04		0.03	0.10	20.00	1959年2月
列村	寺山	3.1	41.86	浆砌石坝	4.00	55.0	90.90		90.20	52.0	63.90	0.04			0.05	13.30	1960年7月
陈王	寺山	0.9	16.80	土坝	9.00	160.0	89.40		88.30	3.5	22.54	0.08		0.05	0.10	26.70	1965年11月
屯丈	寺山	0.8	26.58	土坝	9.00	160.0	106.81		106.20	5.0	15.40	0.03		0.01	0.10	6.70	1973年4月
中谷	石牙	0.6	35.01	土坝	7.00	37.0	156.58		154.95	10.3	14.80	0.05		0.05		37.30	1962年6月
北律	石牙	2.2	51.05	土坝	6.30	72.0	157.38		155.85	19.6	32.60			0.20	0.52	20.00	1962年3月
古辣	南泗	12.8	37.00	土坝	7.40	318.0	102.67		100.50	50.0	189.00			0.02	0.60	13.30	1969年12月
霸王山	南泗	3.4	53.50	土坝	11.21	101.0	172.96		69.65	7.0	51.50			0.01		40.00	1958年1月
夏至	大湾	6.8	76.70	土坝	6.00	334.0	91.46		90.04	48.0	160.00	0.07	/10.0	0.25	0.05	93.30	1957年10月
略蒙	大湾	1.1	57.50	土坝	9.90	82.0	94.26		92.81	8.0	12.00		/10.0	0.05		133.30	1957年3月
牛牯	大湾	0.2	14.93	土坝	7.10	40.0	81.78		79.62	4.0	3.18			0.04	0.05	6.70	1957年12月
兴安	大湾	0.2	16.21	土坝	6.90	75.0	81.50		79.80	5.0	5.30			0.40	0.05	13.30	1957年4月
赤土	大湾	0.5	12.10	土坝	9.90	54.0	99.85		98.60	4.5		0.04		0.04		3.30	1958年3月
盘龙	大湾	0.4	28.46	土坝	9.50	50.0	108.74		107.20	6.4	10.00	0.04		0.04		20.00	1956年4月
回龙	正龙	0.4	40.35	土坝	7.70	96.0	85.11		83.54	6.0	2.10	0.05	/0.5	0.06		20.00	1958年12月
蒙村	正龙	0.3	24.60	土坝	8.70	90.0	89.34		87.78	4.0	4.10	0.05		0.05		13.30	1957年12月
兄弟	正龙	0.5	40.52	土坝	12.60	126.0	105.78		104.00	10.0	10.50	0.06	/1.2	0.07	0.10	13.30	1958年3月
象州县																	
马列	运江镇	1.3	81.62	土坝	8.50	190.0	99.33		97.50	10.0	14.60	0.032		0.05	0.091	60.70	1958年3月
二五	运江镇	3.8	48.62	土坝	10.38	139.0	109.50		107.20	38.5	94.60	0.011		0.08	0.201	34.00	1958年3月
四对	运江镇	1.0	45.52	土坝	18.79	130.0	107.96		105.57	20.0	37.20	0.06		0.10	0.081	28.70	1965年3月
蚕楼	运江镇	0.2	33.95	土坝	8.20	130.0	99.61		97.92	5.0	2.63	0.10	/1.0	0.15	0.041	26.30	1971年1月
前进	运江镇	1.7	58.70	土坝	10.19	180.0	60.19		58.83	60.0	35.50	0.02	/0.5	0.01	0.501	40.70	1972年3月
那龙	运江镇	2.2	51.30	土坝	12.53	158.0	101.40		98.00	12.0	48.80	0.06	/0.6	0.05	0.061	35.60	1958年3月
木桥	运江镇	0.6	14.42	土坝	11.34	66.0	99.74		97.59	10.0	21.90		/0.5	0.02	0.102	12.70	1958年4月
六里	运江镇	0.5	32.92	土坝	9.78	170.0	107.97		105.92	10.0	7.80	0.02		0.03	0.202	22.70	1966年2月
黄田	运江镇	0.1	16.42	土坝	9.00	130.0	99.63		不设溢洪道			0.025	/1.0	0.04	0.101	10.00	1970年3月
歪盆	运江镇	0.8	33.01	土坝	9.40	55.0	109.00		107.07	12.0	20.30	0.06		0.02	0.102	14.70	1958年3月

续表

水库名称	所在乡镇	集雨面积（平方千米）	总库容（万立方米）	主坝				副坝（座）	溢洪道			下游影响			放水设施可放水量（立方米/秒）	灌溉面积（公顷）	竣工年月
				坝型	最大坝高（米）	坝顶长（米）	坝顶高程（米）		堰顶高程（米）	堰顶净宽（米）	最大泄洪（立方米/秒）	人口（万人）	距铁/公路（千米）	耕地（万亩）			
友庆	运江镇	0.4	39.22	土坝	10.78	177.0	115.33		113.50	12.0	9.19	0.03		0.02	0.201	24.80	1972年3月
大塘	石龙镇	1.2	57.42	土坝	5.22	95.0	105.12		103.10	15.0	14.40	0.055		0.036	0.025	30.00	1957年2月
芝灵	石龙镇	1.0	24.48	土坝	6.59	148.0	100.74		99.07	30.0	29.80	0.03	/0.2	0.014	0.043	16.00	1958年12月
龙佃	石龙镇	1.4	71.23	土坝	7.58	85.0	93.09		91.10	17.0	27.00	0.08		0.01	0.112	28.70	1958年2月
长江	中平镇	3.7	99.01	土坝	21.90	122.0	102.61		100.10	32.0	109.00	0.04	/3.0	0.08	0.201	103.30	1958年4月
木皇	中平镇	0.7	20.02	土坝	13.10	120.0	100.49		99.35	21.0	28.00	0.02		0.01	0.061	12.00	1958年3月
中华	中平镇	2.5	47.04	土坝	12.14	200.0	100.76		98.03	10.0	54.70	0.02	/2.0	0.04	0.140	60.70	1960年2月
六闷	象州镇	2.1	39.81	土坝	13.50	50.0	102.49		98.79	7.1	55.20	0.03	/2.0	0.05	0.011	22.70	1959年2月
六蒙	象州镇	1.8	34.51	土坝	10.50	158.0	110.50		108.00	16.0	53.70	0.02	/1.0	0.02	0.061	37.30	1959年2月
大山塘	象州镇	0.4	19.53	土坝	6.56	185.0	105.56		104.00	10.0	7.53		/0.5	0.07	0.040	22.00	中华人民共和国成立前
石龙背	象州镇	1.0	13.41	土坝	6.10	55.7	86.10		84.00	14.0	32.50	0.02	/0.5	0.04	0.002	10.70	1963年12月
鸡沙	象州镇	2.4	66.02	土坝	8.37	144.0	104.60		102.00	10.0	76.70		/1.0	0.03	0.012	15.50	1958年3月
龙富	象州镇	1.1	14.20	土坝	7.60	50.6	104.29		102.40	8.0	46.60	0.02	/2.0	0.03	0.011	14.00	1958年3月
中团	马坪乡	1.0	26.72	土坝	9.12	102.0	103.38		101.47	19.5	28.30	0.02		0.02	0.101	28.30	1971年10月
六旺	马坪乡	6.7	39.25	土坝	9.34	62.0	101.92		98.75	20.0	115.00	0.06		0.20	0.03	9.30	1975年2月
牡丹桥	马坪乡	0.4	16.72	土坝	6.68	40.0	100.20		98.62	3.0	5.12	0.10	/1.5	0.20	0.01	5.30	1956年10月
尖山	马坪乡	3.1	22.22	土坝	15.26	95.0	112.46		109.58	29.0	90.50	0.02	/2.5	0.30	0.401	63.00	1969年4月
古天	马坪乡	2.8	70.72	土坝	10.00	207.5	104.82		102.01	15.0	50.00	0.08	/1.2	0.04	0.101	127.70	1956年3月
旺春	马坪乡	0.8	14.75	土坝	9.36	86.0	100.34		98.30	16.0	13.90	0.04	/0.1	0.02	0.252	5.30	1969年3月
那选	马坪乡	1.4	28.93	土坝	6.22	46.5	106.28		103.70	25.3	85.70	0.025	/2.0	0.02	0.042	111.70	1959年2月
昌其	马坪乡	0.5	17.92	土坝	7.15	85.0	107.85		105.93	14.5	11.50	0.04		0.005	0.041	59.30	1956年12月
木堂	马坪乡	2.7	24.11	土坝	8.49	235.0	107.20		105.00	40.0	98.50	0.055	/0.5	0.01	0.052	47.30	1969年3月
南蛇	马坪乡	1.7	24.22	土坝	5.95	130.0	73.22		71.04	20.0	51.80	0.02	/0.2	0.01	0.012	8.00	1956年12月
黑岭	大乐镇	3.5	98.02	土坝	26.76	141.0	68.30		64.44	10.0	68.20	0.15	/4.0	0.03	0.201	92.50	1958年3月
龙女	大乐镇	2.7	79.51	土坝	17.49	140.0	81.49		78.93	24.0	48.10	0.07	/3.0	0.085	0.081	40.00	1956年3月
鹅山	大乐镇	8.4	64.02	土坝	9.88	64.0	99.34		95.87	8/36	106.00	0.07	/1.0	0.05	0.061	23.30	1966年3月
迷曼	大乐镇	0.6	33.52	土坝	11.75	106.5	47.79		45.47	9.0	16.20	0.034		0.05	0.072	38.70	1958年4月
那汉	大乐镇	1.3	41.22	土坝	17.49	85.0	102.00		99.00	10.0	36.70	0.03		0.05	0.101	54.00	1966年3月

续表

水库名称	所在乡镇	集雨面积（平方千米）	总库容（万立方米）	主坝				副坝（座）	溢洪道			下游影响			放水设施可放水量（立方米/秒）	灌溉面积（公顷）	竣工年月
				坝型	最大坝高（米）	坝顶长（米）	坝顶高程（米）		堰顶高程（米）	堰顶净宽（米）	最大泄洪（立方米/秒）	人口（万人）	距铁/公路（千米）	耕地（万亩）			
屯强	大乐镇	0.2	11.62	土坝	7.10	74.0	106.96		105.08	10.0	12.20	0.08		0.02	0.101	10.00	1966年3月
长朝	妙皇乡	2.5	88.52	土坝	15.07	153.0	115.00		112.10	13.0	47.20	0.10	/1.0	0.20	0.202	168.50	1962年3月
山定	妙皇乡	0.5	75.53	土坝	10.44	185.0	99.44		98.77	17.5	9.10	0.10	/1.2	0.20	0.201	168.50	1966年12月
三环	妙皇乡	1.5	49.54	土坝	11.35	64.0	99.35		96.43	4.0	23.20	0.12		0.10	0.101	38.70	1958年4月
山琛	妙皇乡	2.2	14.38	土坝	16.41	64.0	209.20		206.65	10.0	66.10	0.03		0.02	0.022	16.70	1968年2月
武装塘	寺村镇	0.8	30.48	土坝	3.50	450.0	100.70		100.03	11.0	12.30	0.06	/4.0	0.02	0.101	15.10	1956年4月
三叉	寺村镇	0.8	20.61	土坝	7.46	49.0	100.59		99.72	14.5	18.40	0.02	/0.1	0.02	0.041	18.70	1956年9月
杨柳冲	寺村镇	3.1	36.02	土坝	22.01	136.0	103.70		98.53	18.0	81.10	0.10	/2.5	0.10	0.202	40.00	1974年3月
六道	寺村镇	1.5	77.41	土坝	18.81	170.0	117.81		114.67	4.0	8.21	0.035	/2.0	0.10	0.301	197.00	1958年4月
桥塘	寺村镇	0.6	28.04	土坝	8.00	70.0	99.20		97.66	10.0	12.50	0.091	/0.1	0.05	0.121	54.00	1966年3月
喜力	寺村镇	2.4	15.35	土坝	11.31	85.0	100.34		97.80	29.2	76.70	0.07	/2.0	0.10	0.101	27.30	1966年3月
排能	寺村镇	0.4	36.51	土坝	12.84	165.0	106.82		103.39	13.0	11.10	0.08	/0.2	0.03	0.401	30.00	1956年2月
石仁塘	寺村镇	1.1	46.51	土坝	5.74	150.0	102.92		100.55	10.0	16.50	0.05	/3.0	0.03	0.020	14.00	1956年3月
朗樟	寺村镇	0.4	22.41	土坝	4.07	103.0	96.60		95.49	10.0	6.85	0.032	/1.0	0.01	0.031	16.70	1957年2月
百合塘	寺村镇	1.8	47.80	土坝	5.28	50.0	103.27		101.50	15.0	34.60	0.036		0.05	0.031	16.70	1958年1月
民安	水晶乡	0.8	51.52	土坝	9.60	78.0	103.13		100.96	4.0	7.53	0.015		0.03	0.042	8.00	1975年6月
河甫	水晶乡	1.1	23.52	土坝	6.67	145.0	57.10		55.07	25.0	41.20	0.04		0.08	0.101	22.00	1958年3月
木便	水晶乡	0.6	31.51	土坝	9.00	158.0	57.36		55.70	20.0	16.20	0.03	/2.0	0.05	0.201	47.30	1965年2月
迷塘	水晶乡	0.8	57.02	土坝	12.33	182.0	89.58		88.00	12.0	24.40	0.08		0.10	0.201	42.30	1958年3月
寨松	水晶乡	0.9	37.82	土坝	10.80	45.0	110.10		108.00	10.0	20.70		/0.5	0.08	0.101	15.00	1967年1月
古力	水晶乡	1.9	26.45	土坝	6.41	126.0	90.81		89.70	14.0	39.50	0.05		0.03	0.101	23.30	1965年4月
六艾	水晶乡	1.1	26.92	土坝	14.20	125.0	105.63		103.70	8/2	30.20	0.16	/3.0	0.07	0.301	38.70	1960年2月
故土	水晶乡	1.4	93.81	土坝	6.59	80.0	126.80		123.70	9.0	20.80	0.11	/2.5	0.05	0.332	46.40	1957年1月
西巴	水晶乡	1.6	62.48	土坝	8.58	162.0	107.40		106.20	10.0	16.50	0.04	/0.5	0.03	0.192	49.70	1959年1月
罗光	寺村镇	1.2	24.04	土坝	9.30	75.0	129.84		127.58	18.2	6.51	0.016	/1.0	0.05	0.602	23.30	1959年3月
大周	罗秀镇	1.5	60.20	土坝	7.00	146.0	133.00		131.90	65.0	35.30	0.095	/2.0	0.14	0.201	16.70	1960年1月
武宣县																	
元旦	禄新乡	3.0	96.00	土坝	12.00	263.0	61.00		60.30	3.5	46.00	0.03		0.15	0.30	46.70	1958年5月
地有	禄新乡	4.4	107.00	土坝	13.20	184.0	111.60		108.50	17.5	63.00	0.65		0.35	0.30	80.00	1958年3月

续表

水库名称	所在乡镇	集雨面积（平方千米）	总库容（万立方米）	主坝				副坝（座）	溢洪道			下游影响			放水设施可放水量（立方米／秒）	灌溉面积（公顷）	竣工年月
				坝型	最大坝高（米）	坝顶长（米）	坝顶高程（米）		堰顶高程（米）	堰顶净宽（米）	最大泄洪（立方米／秒）	人口（万人）	距铁／公路（千米）	耕地（万亩）			
百合	禄新乡	2.2	57.20	土坝	7.00	79.0	103.85		102.30	5.0	12.20	0.65		0.35	0.15	53.30	1966年2月
思龙	禄新乡	1.3	41.10	土坝	10.80	182.0	106.89		106.10	44.0	17.00	0.12		0.08	0.15	20.00	1966年3月
禄贵	通挽镇	1.7	31.50	土坝	7.00	193.0	105.00		103.60	36.0	35.40			0.04	0.10	33.30	1961年8月
万安	通挽镇	1.2	59.00	土坝	14.00	80.0	170.50		168.60	18.8	52.80	0.39		0.90	0.10	33.30	1958年1月
团结	通挽镇	1.4	27.50	土坝	19.50	124.0	117.30		113.50	10.0	72.10	0.51	/3.0	0.40	0.20	26.70	1967年3月
玉皇	通挽镇	0.6	23.70	土坝	17.00	82.0	103.50		100.00	10.0	34.60	0.485	/2.0	0.35	0.20	40.00	1956年5月
东雅	通挽镇	1.1	78.00	土坝	17.00	62.6	112.50		110.75	9.0	58.00				0.80	66.70	1969年12月
古佐	通挽镇	2.2	66.50	土坝	14.00	93.0	117.00		113.40	11.0	69.20	0.12		0.40	0.21	43.30	1966年3月
禄奇	通挽镇	0.7	15.00	土坝	14.50	66.0	99.73		97.82	10.0	27.30	0.21	/2.0	0.10	0.10	14.70	1966年12月
三联	通挽镇	2.6	17.00	土石坝	16.00	53.0	116.00		113.00	16.0	97.50	0.18	/2.0	0.12	0.20	16.00	1968年4月
古龙	桐岭镇	1.5	25.00	土坝	17.00	70.0	103.31		99.01	7.2	65.50	0.26	/2.0	0.32	0.12	53.30	1956年4月
盘古	桐岭镇	0.4	12.60	土坝	8.00	200.0	100.00		98.90	20.0	12.30	0.25		0.21	0.10	33.30	1958年11月
禄朋	桐岭镇	1.9	84.30	土坝	16.10	126.0	115.80		113.60	20.0	79.50	0.21		0.45	0.50	80.00	1958年5月
大皇冲	东乡镇	4.3	50.00	土坝	21.80	87.8	122.70		118.80	15.0	140.00	0.45		0.25	0.60	111.30	1958年3月
长塘	东乡镇	0.1	12.00	土坝	8.60	190.0	102.30		101.70	13.0	5.00	0.20		0.10	0.12	26.70	1965年4月
那凭	东乡镇	0.2	22.00	土坝	10.90	210.0	101.80		101.00	19.8	4.80	0.25		0.08	0.12	37.30	1965年4月
坡斗冲	河马乡	3.1	20.10	土坝	16.10	90.0	122.40		120.50	30.0	110.90	0.28		0.15	0.20	73.30	1958年3月
北合	思灵乡	0.6	13.40	土坝	8.90	76.0	107.40		105.20	12.0	24.90			0.05	0.05	10.00	1968年3月
五大塘	思灵乡	0.9	32.00	土坝	2.50	107.0	99.70		99.00	16.0	16.00	0.05		0.08	0.05	10.00	1966年3月
岜望	思灵乡	2.1	20.80	土坝	4.60	66.0	99.58		99.00	6.0	50.00	0.17		0.21	0.04	8.70	1958年3月
冲公	思灵乡	1.4	16.70	土坝	5.80	240.0	105.80		103.60	20.0	50.40	0.15		0.08	0.05	20.00	1958年3月
思伴	思灵乡	1.4	34.80	土坝	6.30	140.0	55.23		53.68	15.0	19.10	0.05		0.06	0.30	33.30	1958年2月
塘度	二塘镇	0.6	19.40	土坝	2.70	100.0	101.70		100.33	12.0	18.00	0.20		0.05	0.05	18.70	1957年3月
果恩	二塘镇	1.0	40.00	土坝	6.50	290.0	288.66		287.00	100.0	37.50	0.18		0.25	0.20	30.00	1968年5月
那六	二塘镇	0.7	13.00	土坝	13.50	71.0	100.88		99.33	2.6	3.20	0.16		0.33	0.07	20.00	1966年3月
波耀	二塘镇	0.7	13.00	土坝	5.50	34.0	100.27		99.52	13.5	30.00	0.09		0.07	0.03	16.70	1966年2月

续表

水库名称	所在乡镇	集雨面积（平方千米）	总库容（万立方米）	主坝				副坝（座）	溢洪道			下游影响			放水设施可放水量（立方米/秒）	灌溉面积（公顷）	竣工年月
				坝型	最大坝高（米）	坝顶长（米）	坝顶高程（米）		堰顶高程（米）	堰顶净宽（米）	最大泄洪（立方米/秒）	人口（万人）	距铁/公路（千米）	耕地（万亩）			
廷旺	武宣镇	1.8	20.00	土坝	6.20	97.0	102.37		100.45	34.0	14.70	0.05		0.07	0.06	20.00	1966年1月
南蛇	武宣镇	2.4	97.60	土坝	9.50	324.0	106.20		100.22	19.6	44.00			0.20	0.05	26.70	1969年12月
清水	武宣镇	0.2	14.20	土坝	2.50	40.0	100.45		99.70	20.0	14.00				0.04	23.30	1951年3月
屯朋	三里镇	0.2	14.00	土坝	3.40	396.0	99.70		98.80	10.0	6.50			0.03	0.10	33.30	1975年3月
沙安	三里镇	0.3	21.20	土坝	2.50	140.0	101.65		100.50	17.0	10.90	0.01		0.04	0.10	6.70	1956年9月
新冲	三里镇	0.2	13.50	土坝	3.60	276.0	71.70		70.70	9.0	5.90			0.03	0.10	20.00	1975年3月
赖山	金鸡乡	2.0	67.00	土坝	7.80	126.0	103.70		101.54	3.6	29.00	0.03		0.31	0.06	26.70	1958年12月
架田	金鸡乡	1.7	55.00	土坝	9.50	130.0	106.20		105.00	8.2	67.00	0.06		0.41	0.05	16.70	1955年1月
中安	金鸡乡	1.0	31.20	土坝	8.00	125.0	102.95		101.23	5.0	11.00	0.03		0.22	0.03	20.00	1967年2月
金秀县																	
白挡	桐木镇	1.8	36.60	土坝	8.57	53.0	99.74		98.20	20.0	28.50	0.05	/0.6	0.04	0.08	20.00	1958年3月
恳闷	桐木镇	0.6	14.80	土坝	8.42	98.0	99.84		98.32	20.0	10.80	0.05	/6.0	0.04	0.06	20.00	1958年3月
六唧	大樟乡	0.8	14.80	土坝	8.10	52.5	376.00		374.50	15.0	12.00	0.06	/1.5	0.02	0.06	26.70	1958年4月
六山	头排镇	1.2	38.00	土坝	11.00	83.0	99.45		97.30	5.4	11.30	0.03	/2.5	0.05	0.06	20.00	1967年3月
翁背	头排镇	0.3	33.80	土坝	11.00	325.0	96.50		94.50	43.0	96.00	0.05	/4	0.05	0.05	40.00	1972年3月
那马	头排镇	2.7	29.20	土坝	10.20	202.0	102.37		100.00	20.0	58.50	0.02	/0.5	0.05	0.06	13.30	1970年2月
那发	头排镇	3.3	31.60	土坝	11.50	153.0	101.10		99.70	63.4	81.30	0.05	/4.0	0.05	0.08	26.70	1966年2月
忻城县																	
弄麦	欧洞乡	2.3	12.33	土坝	6.14	81.0	100.14		98.00	4.0	21.00	0.05	/4.0	0.06	0.40	8.00	1959年5月
长岭	果遂乡	1.0	85.50	土坝	8.00	260.0	100.00		98.30	2.0	3.10	0.08	/0.05	0.12	0.40	50.00	1959年3月
凌头	古蓬乡	1.6	89.50	土坝	10.00	70.0	100.00		98.00	4.82	12.60	0.08	/3.0	0.07	0.96	33.30	1958年2月
枝林	古蓬乡	1.5	67.50	土坝	15.00	52.0	100.00		98.68	7.6	10.65	0.06	/2.0	0.08	0.40	13.30	1958年3月
板黎	遂意乡	2.7	72.00	土坝	8.32	241.0	100.32		98.80	10.0	19.50	0.03		0.45	0.40	40.00	1958年1月
新乐	马泗乡	5.5	92.50	土坝	12.70	92.0	100.00		97.20	8.0	39.00	0.06	/3.0	0.07	0.40	46.70	1958年5月
平阳	欧洞乡	2.0	67.00	土坝	9.52	135.0	99.82		98.61	10.0	10.00	0.06	/2.0	0.07	0.50	91.30	1958年5月
岜板	欧洞乡	0.6	34.50	土坝	7.70	72.0	100.00		98.50	8.0	5.43	0.05	/6.0	0.07	0.30	15.50	1957年5月

第四节　引水工程

20世纪50年代，境内各县开始大规模兴修引水工程。至2005年底，全市共建成引水工程5531处，设计引水流量97.94立方米/秒，正常引水流量84.89立方米/秒，设计灌溉面积3.90万公顷，有效灌溉面积3.13万公顷，旱涝保收面积2.53万公顷。其中设计引水流量1立方米/秒以上的引水工程13处，设计灌溉面积1.17万公顷，有效灌溉面积8100公顷，旱涝保收面积6730公顷；设计引水流量0.5~1立方米/秒引水工程25处，设计灌溉面积4130公顷，有效灌溉面积4080公顷，旱涝保收面积3470公顷；设计引水流量0.5立方米/秒以下引水工程5493处，设计灌溉面积2.32万公顷，有效灌溉面积1.91万公顷，旱涝保收面积1.51万公顷。较大的引水工程有罗秀河引水工程、水晶河引水工程、清水河引水工程、凉亭坝引水工程。

主要引水工程

罗秀河引水工程　罗秀河引水工程是拦截运江支流—罗秀河的低坝引水灌溉工程，其引水枢纽位于象州县中平镇大普化村西南，坝址以上集雨面积614平方千米，灌区面积约258平方千米，范围包括中平、罗秀、寺村、运江、象州5个镇的27个行政村，是来宾市内最大的引水工程。该引水工程有拦河大坝1座，为浆砌石溢流坝，坝顶长176米，坝顶高程133.54米，最大坝高4.5米；平板式进水闸2孔，断面尺寸为2.2米×2米，最大引水流量10.64立方米/秒，正常引水流量5.8立方米/秒，最小引水流量2.74立方米/秒；泄水闸1孔，断面尺寸为1.5米×2米。总干渠由进水闸至士会分水闸止，全长24.5千米，渠道底宽3~3.5米，水深1.59~2.3米，可通过流量9.5立方米/秒，渠道全部为水泥砂浆砌石“三面光”。南干渠从士会分闸起至花山电站止，全长33.1千米，渠道底宽3.7~1.1米，水深1.4~1.1米，引水流量为3.5立方米每秒，渠道基本硬化，渠尾即为花山跌水电站，装机180千瓦。北干渠从士会水闸起经上山、崇山、林塘、三里、石古、大曼等6个行政村，至两旺水库止，全长25.7千米，渠道底宽3.3米，水深1.4米左右，通过流量3.07立方米每秒，渠道硬化6.5千米。灌区内配套工程有12条支渠，共长110.1千米，斗渠201条，共长228千米。灌区内尚有结瓜小(一)型水库3座(两旺、百万、士会水库)、小(二)型水库5座(二五、马列、石仁塘、武装塘、大山塘)，总库容1425.3万立方米，有效库容1055.7万立方米，调节下游的灌溉面积579公顷。

该引水工程枢纽由拦河大坝、进水闸、泄水闸、闸后水电站(装机10千瓦)组成。经总干渠和南北干渠引水灌溉，最高灌溉面积为1974年的3960公顷。1958年5月，由石龙县水利电力局勘测设计罗秀河引水工程。1958年6月18日破土动工，至1960年9月完成拦河坝主体工程(主坝长129米)，基本挖通主要渠道(总干渠和南、北干渠)，长87千米，临时建成独崖寺渡槽、木苗渡槽等附属建筑物。1960年3月通水发挥灌溉效益，当年灌溉60公顷。此阶段水泥等材料紧缺，拦河坝中间采用烧黏土加4%石膏浆砌结。1962年，该工程由柳州行政区专员公署水利电力局勘测设计处进行补充规划设计，设计灌溉面积7460公顷。1963年度，独崖寺渡槽和木苗渡槽改建为钢筋混凝土结构，按设计要求修整补齐总干渠16.8千米，配套附属建筑物，开始开挖易平、芙蓉、林塘、象州等4条支渠。之后三年连续对总干渠和南、北干渠续建配套，扩建两旺调节水库和全面配套支斗渠，对主要渗漏的渠段进行三合土防渗，并延长了枢纽拦水坝。至1964年10月按实测1/10000的灌区地形图量算结果，设计灌溉面积定为6330公顷，但经水文复核，按75%保证率计算，罗秀河水量不足。至1966年末，工程基本按设计建成，除总干渠和南、北干渠外，建设有支渠12条，长110.1千米，斗渠201条，长228千米，连接调节塘库11座，有效库容1235.7万立方米，工程实际灌溉面积3906公顷。1975—1979年，罗秀河引水工程第一次加固扩修，进行以渠道三面砌石防渗为主的加固扩修，完成总干渠和南、北干渠主要渗漏渠段的“三面光”渠道31千米，建成了兰淀坑水库、花池渠道改线的石拱渡槽，改建了南北干渠的麻科、沐恩河平交道，增建了由总干渠14千米+780米处取水的冲天桥电站，装机640千瓦。此阶段，渠道防渗砌石采用石灰浆砌，水泥砂浆勾缝，质量欠佳。1982—1988年又一次进行以渠道混凝土防渗为主的加固配套建设。1982年，柳州地区行政公署水利电力局勘测设计处重新核定设计灌溉面积为4960公顷，并根据工程配套现状进行了全面的加固配套设计，重点是对总干渠和南、北干渠断面扩修，混凝土防渗，砌石挡土防塌和附属建筑的配套。至1988年底，罗秀河引水工程相继配套建设完工，总工程量完成土方289.31万立方米，石方142.29万立方米，浆砌石

18.28 万立方米，混凝土 14621 立方米，投入劳动工日 745 万工日，共投资 929.65 万元。设计工程灌溉效益为 4960 公顷，有效灌溉 3950 公顷。至 1988 年底，完成混凝土防渗渠道 46 千米，建设北干渠五潮汶改线渡槽和加固了士会水库，同时还建设了 7 处管理站房，将工程管理处迁移到寺村乡政府所在地。1990 年 10 月，罗秀河引水程在联合国粮食计划署 3730 项目中再次进行加固维修。

2005 年末，罗秀河引水工程灌区设计灌溉面积 4740 公顷，有效灌溉面积 2910 公顷，旱涝保收面积 2910 公顷，当年实际灌溉 500 公顷。

水晶河引水工程 水晶河引水工程是拦截运江支流—水晶河的低坝拦水引灌工程，其枢纽位于金秀瑶族自治县桐木镇甘棠村西南，集雨面积 381 平方千米。灌区包括金秀瑶族自治县桐木镇的古院，象州县水晶乡的竹山、新村、水晶、甫上、雷安，运江镇的保应、都连、京岭、芽村等 10 个行政村。

水晶河引水工程，是边勘测、边设计、边施工的工程。该引水枢纽由拦河坝和进水闸组成，拦河坝有主、副坝各 1 座，均为浆砌石实用堰溢流坝，主坝高 5.4 米，顶部高程 102.08 米（黄海基面），坝长 68 米，副坝高 2 米，坝顶高程 102.55 米，坝长 23.5 米。进水闸在主坝右端，为矩形平板闸，最大引水流量 2.51 立方米 / 秒，正常引水流量 2.2 立方米 / 秒，最枯引水流量 1.15 立方米 / 秒。灌区工程有干渠 1 条，支渠 9 条。

1956 年 1 月 18 日，水晶河引水工程开工建设，1958 年 3 月拦河坝建成，干渠通水灌溉。1961 年 12 月，由石龙县水利电力局提出“石龙县水晶河水坝续建配套工程设计报告书”，设计建设拦河副坝和山坳渠道清淤。1962 年增建引水枢纽的拦河副坝，为浆砌石溢流堰，长 23.5 米。1963 年开始，连续三年对干渠进行续建配套，扩修渠道断面 19.8 千米，建暗涵一座长 110 米，山坳挡土墙 71 米，三合土防渗 1.19 千米。1963 年 7 月，象州县水利电力局对水晶河工程进行工程设计，设计灌溉面积 1323 公顷，引水流量 2.51 立方米 / 秒，设计主要内容为扩修干渠、续建开挖支渠，对渗漏渠段进行三合土防渗和附属工程配套。同年，柳州行政区专员公署水利电力局将水晶河工程灌区纳入桐木灌区，以凉亭坝、太山水库、长塘水库、水晶河引水等工程联合进行，对灌区进行全面规划设计。除续建配套法村、官田、竹山、福幸、保应、新定、长塘等 7 条支渠长 45.96 千米外，在 1964 年增加配套雷安支渠，长 12 千米。建成长 53 米，高 3.8 米的同骨渡槽，三年中对支渠进行三合土防渗 2.38 千米。1964 年增建反调节的甫上水库（有效库容 315 万立方米），1965 年，工程按设计续建配套完成，灌溉面积达到 1070 公顷。1966—1980 年为工程正常运行管理阶段。此期间的 1971 年增建调节水库即前进水库（有效库容 52.7 万立方米）。

1983 年，象州县水利电力局派出技术员配合工程管理所，对水晶河引水工程再次进行配套设计，设计灌溉面积按 1972 年的“五查四定”核定的设计灌溉 1233 公顷，配套主要内容为干渠、支渠混凝土防渗和浆砌防塌及附属建筑物的配套。1984—1988 年，对干、支渠进行混凝土防渗和附属工程配套，8 年配套防渗渠道 20.17 千米和附属建筑物，修复了长塘渡槽，改建了管理所和坝首、上坪等管理站房。

水晶河引水工程自 1956 年 1 月动工至 1988 年底的相继配套工程建设，完成总工程量包括开挖土方 82.9 万立方米，开挖石方 12.6 万立方米，浆（干）砌石 5.41 万立方米，混凝土 4712 立方米，投入的劳动力 142.23 万工日，共投资 182.52 万元。工程于 1958 年开始产生效益，当时实际灌溉面积只有 528 公顷，最高灌溉面积为 1974 年的 3960 公顷，1988 年，实际灌溉为 2190 公顷。

2005 年，水晶河引水工程设计灌溉面积 1150 公顷，有效灌溉面积 950 公顷，旱涝保收面积 890 公顷，当年实际灌溉 500 公顷。灌区有甫上小（一）型，前进小（二）型两座调节水库，总库容 382.5 万立方米，有效库容 367.7 万立方米，可调节灌溉面积 607 公顷。

清水河引水工程 清水河引水工程位于来宾市兴宾区良塘乡安康村西南面，拦截北之江而建，集雨面积 1460 平方千米，拦河坝为浆砌石梯形坝，最大坝高 1.5 米，坝顶长 79 米。分东西两条干渠引水。最大引水流量 3.6 立方米 / 秒，正常引水流量 3.5 立方米 / 秒。总干渠 2.28 千米，东西两干渠各长 11.4 和 28.25 千米，两条支渠长 4.6 千米。灌区内建有渡槽 11 座，总长 165 米，反虹管 3 条，总长 130 米。

清水河引水工程于 1954 年由广西省水利局设计，施工时中共来宾县委员会书记马忠英任指挥长，广西省水利局工程师李道生作技术指导，当地农民自愿参加施工劳动，仅用半年时间全凭人力完成施工任务，于 1955 年 4 月 10 日放水灌溉。工程总投工 109.23 万个工日，完成土石方 87.01 万立方米，混凝土 500 立方米；总投资 130 万元，其中国家投资 65.98 万元，农民自筹 64.02 万元。1957 年，在清水河引水工程的下游弄茶村河段修建弄茶引水工程，在灌区范围内的桥巩乡水头村兴建小(一)型龙头水库，在东干渠的下游六道村河段修建六道引水工程。1977年灌区最高灌溉面积曾达到1100公顷。1982年将清水河引水工程灌溉面积调整为设计灌溉面积1130公顷，有效灌溉面积为530公顷。

2005年底，清水河引水工程设计灌溉面积1000公顷，有效灌溉面积830公顷，旱涝保收面积530公顷，当年实际灌溉740公顷。

凉亭坝引水工程 该引水工程位于金秀瑶族自治县桐木镇高仁村委苟歪屯桐木河上，集雨面积103.4平方千米，为浆砌石实用堰溢流坝，最大坝高13.5米，坝顶长110米，坝顶高程181.5米；引水闸为开敞式铝制平板闸，断面尺寸为1.3米×1.5米，最大引水流量4立方米/秒，正常引水流量2.4立方米/秒。

工程由柳州专员公署水利电力局勘测设计处设计，柳州专员公署第二水利工程队施工，1964年10月开工，1968年3月建成。累计完成工程量62.57万立方米，其中混凝土1145立方米；总投资128.2万元，其中国家投资50.02万元，社队集体自筹78.18万元。

2005年，凉亭坝引水工程设计灌溉面积800公顷，有效灌溉面积500公顷，旱涝保收面积400公顷，当年实际灌溉面积400公顷。

广西桂中治旱乐滩水库引水灌区(简称乐滩灌区) 位于红水河中下游两岸，该地区属广西桂中典型干旱区，涉及南宁市宾阳县和来宾市忻城县、合山市、兴宾区共4个县(市、区)，规划灌溉面积8.60万公顷。乐滩灌区是水利部《加快灌区建设保障粮食安全近期重点建设规划》中确定的9个新建灌区之一，也是《广西增产50亿斤粮食能力建设工程规划》中的重点工程，规划工程总投资49亿元。按规划乐滩灌区工程将分两期实施：一期工程为红水河左岸灌片，主要包括总干渠及北干渠片，规划灌溉面积为3.67万公顷，范围涉及来宾市忻城县、兴宾区及合山市；二期工程为红水河右岸灌片，建设南干渠片，范围涉及来宾市兴宾区和南宁市宾阳县，规划灌溉面积4.93万公顷。

2003年4月2日，广西恶滩水电站(后改名为广西乐滩水电站)由原6万千瓦扩建到60万千瓦装机容量建设工程举行开工仪式

2004年9月27日，乐滩灌区进水口工程开工建设，工程分取水口、箱涵、进水塔、金属结构4个分部工程，概算总投资1961万元。同年8月，为了合理利用红水河水资源，广西壮族自治区水利厅组织，广西水利电力勘测设计研究院编制完成了《广西乐滩水库引水灌区工程规划报告》。2005年5月，乐滩灌区上古岭隧洞工程开工建设，工程概算投资2268万元。同年6月23日，国家水利部批复同意广西水利电力勘测设计研究院编制《广西乐滩水库引水灌区工程规划报告》。2005年，位于忻城县红渡镇红水河干流上的乐滩水电站水库扩建工程完成，扩建后水库正常蓄水位由94.3米提高到112米，为发展自流灌溉提供了良好的水源条件。

表13-6 **2005年来宾市设计引水流量1立方米/秒以上的引水工程统计表**

县(区)	座数	引水流量(立方米/秒)		灌溉面积(公顷)		
		设计	正常	设计	有效	旱涝保收
总计	13	33.94	24.48	11660	8100	6730
象州	3	14.35	9.04	6330	4010	4010
武宣	1	1.04	1.04	400	250	150
兴宾	4	7.80	7.50	2520	2030	1450
金秀	3	8.25	4.06	1950	1420	770
忻城	2	2.50	2.00	460	390	350

表 13-7

2005 年底流量 1 立方米 / 秒以上引水工程基本情况表

工程名称	开建年月	建成年月	所在地点			集雨	拦河坝				进水闸				灌溉效益(公顷)			
			县别	乡镇	所在河流	面积(平方千米)	形式	最大坝高(米)	坝顶长度(米)	坝顶高程(米)	形式	最大引水(立方米 / 秒)	正常引水(立方米 / 秒)	最枯引水(立方米 / 秒)	设计面积	有效面积	旱涝保收	当年实灌
合计												33.94	24.48		11660	8100	6730	4100
罗秀河	1958.01	1960.09	象州	寺村	罗秀河	596.00	浆砌石溢流坝	6.00	176.0	133.54	平板闸	10.64	5.80	2.74	4740	2910	2910	570
水晶河	1955.01	1957.03	象州	水晶	水晶河	381.00	实用堰溢流坝	5.40	68.0	129.30	平板闸	2.51	2.20	1.15	1150	950	890	500
游龙坝	1958.01	1959.03	象州	百丈	大樟河	222.00	堆石坝	1.00	320.0	143.50	平板闸	1.20	0.80	0.50	370	270	230	270
濠江坝	1963.11	1964.01	武宣县	禄新	濠江河	110.94	矩形断面堰	4.70	184.0	97.50	矩形无压涵	1.04	1.04	0.25	400	250	150	130
清水河	1954.11	1955.04	兴宾	良塘	清水河	1460.00	梯形溢流堰	1.50	79.0		启闭机	3.60	3.50		1	830	530	740
六道	1954.10	1955.10	兴宾	城北区	红水河	1460.00	浆砌石溢流堰	2.50	186.0		平板闸	1.50	1.50	0.30	600	480	300	100
弄茶	1957.09	1958.04	兴宾	桥巩	北之江	1059.00	浆砌石溢流堰	2.10	100.0		平板闸	1.20	1.20	0.50	500	380	270	360
白汗	1955.10	1956.10	兴宾	凤凰	凤凰河	643.00	浆砌石溢流堰	2.60	60.0		启闭机	1.50	1.50	0.30	600	480	350	450
凉亭坝	1964.10	1967.03	金秀	桐木	桐木河	103.40	实用堰溢流坝	13.50	110.0	181.50	开敞式	4.00	2.40	0.20	800	500	400	400
范道河	1957.11	1958.04	金秀	金秀	范道河	87.70	宽顶堰	3.00	40.0	100.00	开敞式	2.00	1.08	0.30	400	220	160	200
二排河	1956.10	1957.04	金秀	头排	二排河	175.00	浆砌石重坝力	4.95	64.0	100.00	平板闸	2.25	1.26	0.10	720	640	380	280
东车引水	1962.10	1963.02	忻城	思练	思练河		实用堰溢流坝	2.75	29.5	229.18	矩形无压涵	1.50	1.20	0.10	290	140	140	90
车马引水	1959.01	1964.01	忻城	古蓬	古蓬河		实用堰溢流坝	1.00	0.8	50.00	矩形无压涵	1.00	1.00	0.20	90	50	20	010

第五节 提水工程

民国以前，境内农村提水灌溉采用戽斗、龙骨车、水车等古老的机具。

1954年以后，开始采用水轮泵提水灌溉。1956年后逐步采用内燃机抽水灌溉。20世纪70年代中期，市域内燃机抽水站和水轮泵站得到较快发展，来宾县建成九龙滩和古元滩2座较大的水轮泵站。至1975年，境内有机械排灌站1066处，装机1101台1.26万千瓦，旱涝保收面积4830公顷。1979年以后，提水机械逐步老化加上电灌站的兴起，内燃机抽水站和水轮泵站逐步减少。

电力排灌工程

20世纪60年代初，境内始建设电灌工程，来宾县是境内电灌工程规模最大的县，其次是武宣县、忻城县和象州县。1963年，来宾县兴建溯社、马安电灌站，由合山矿务局电厂供电。至20世纪60年代末~70年代初，来宾和武宣县的电灌工程建设全面铺开，由柳南电网供电。较大的电灌工程有来宾县的马村、蓬莱、杨村、正龙、八角龙、九龙滩、白沙、高桥电灌站，武宣县的朗村、龙从、樟村、武农电灌站，忻城县的“671”电灌站，象州县的青凌电灌站和合山市的溯河电灌站等。

至2005年末，全市有电力排灌站785处，装机1031台，功率68154.5千瓦，设计灌溉面积5.28万公顷，有效灌溉面积2.82万公顷，旱涝保收面积2.20万公顷。

马村电灌站 位于兴宾区城厢乡马村附近3.5千米的红水河畔。1966年10月开工，1968年9月建成投入运行。马村电灌站分三级站抽水，一级抽红水河水，灌城厢乡马村东侧；二级站在凤凰村南，马村电灌管理站所在地；三级站为乡、村集体管理，有城厢、利荣、白水、六味4个站。一级站装机4台，共2500千瓦，净扬程31.2米，提水流量6.08立方米/秒。二级站装机4台，共1760千瓦，净扬程21.7米，设计流量5.1立方米/秒。三级站共4个站，装机5台，共157千瓦。马村电灌站与盘龙、黄基、杨村等水库组成马村灌区，全灌区原设计灌溉面积3700公顷，其中水浇地700公顷，有效灌溉面积1630公顷，1995年实际灌溉面积860公顷。整个工程完成土石方65.49万立方米，混凝土2500立方米，投工136万工日；总投资241.38万元，其中，国家投资232.49万元。

八角龙电灌站 位于兴宾区平阳镇建村。1973年9月开工，1974年8月建成。泵房装机3台，共1670千瓦，净扬程43.1米，流量1.6立方米每秒。设计灌溉面积1830公顷，其中旱地850公顷，1995年实际灌溉180公顷。建成时完成土石方102.65万立方米，混凝土1274立方米，投工85万工日，投资183.4万元，其中，国家投资115万元。

青凌电灌站 位于象州县石龙镇马列村西偏南1.5千米的青凌河畔。始建于1965年10月，1970年4月投入运行。原设计装机3台共840千瓦，28米扬程，抽水流量2.5立方米每秒，灌溉1530公顷。电源由来宾大湾的35千伏输电线路延伸供电，从大湾至电灌站35千伏线路长6.23千米，设35千伏变电站一座，装1000千伏安变压器1台。灌区一级站输水渠道下游有大塘、左村、大蒙3个二级抽水站。大塘二级站位于石龙镇大塘村，装机1台20千瓦，抽青凌一级站水源，扬程4米；由青凌变电站10千伏出线输电，线路长1.57千米，装50千伏安变压器1台，灌溉面积440公顷。左村二级站位于石龙镇迷赖村，装机2台20千瓦，50千伏安变压器1台，10千伏线路长1.29千米，灌溉面积120公顷。大蒙二级站位于石龙镇大蒙村，装机2台38.5千瓦，抽青凌一级站大马支渠水源，扬程17米；由青凌变电站用10千伏输电，线路长0.34千米，装50千伏安变压器1台，灌溉面积90公顷。总投资65万元。1967年成立石龙电灌工程管理处，青凌一级抽水站属石龙电灌工程管理处管理。

樟村电灌系统站 包括樟村一级、樟村二级、樟村三级（农场）站，装机11台，总功率2290千瓦。一级站位于武宣县二塘镇樟村西面黔江边，工程于1970年6月开工，电灌站机房为钢筋混凝土圆形、半圆顶潜没式泵房，内径11米，安装水泵4台、电动机4台，总功率1520千瓦，变压器2台，容量为1850千伏安；压力管长173米，廊道长71米。工程由柳州水电工程队第一队施工，1974年6月20日竣工投入运行。黔江枯水位34.4米，出口渠道水面高程69米，静扬程34.6米，抽水流量2.65立方米/秒。设计灌溉面积100公顷，有效灌溉面积66.67公顷。干渠长3.16千米，渠道由当地农民施工。

二级站干渠利用石祥河水库干渠水。设计灌溉面积1800公顷（其中水田面积1780公顷，水浇地面积20公顷），有效灌溉面积540公顷，是为石祥河水库补充用水的电灌站，灌溉面积均已列入石祥河水库灌溉面积中。三级站利用福隆水库西干渠，为福隆水库灌区补充用水，灌溉农场8队和黄茆、新桂一带农田。

朗村电灌系统站　包括朗村一级、二级、三级、四级、五级、六级站，一级站位于武宣县二塘镇朗村黔江边。灌区包括武宣县禄新镇、思灵乡及二塘镇朗村、武宣镇大禄村，以及来宾县南泗乡、石牙乡、寺山镇，总耕地面积8000公顷，其中水田3240公顷，旱地4760公顷，可垦地1850公顷。设计灌溉面积5010公顷，其中水田3050公顷，水浇地1960公顷。灌区有干渠5条，共长38.1千米，支渠13条，共长91千米；干、支渠已衬砌防渗49.59千米。主要附属工程有渡槽7座，反虹管、隧洞各1座，总长670米。

一级站工程于1967年由广西水利水电勘测设计院设计，柳州水利水电勘测设计处进行施工设计，武宣县水利电力局、来宾县水利电力局组织配套设计与施工。一级电灌站机房为钢筋混凝土圆形、半圆顶潜没式泵房，高26.8米，内径12米，机房面积294平方米，安装水泵7台、电动机7台，单机功率625千瓦，总功率4375千瓦，主变压器1台，容量为2400千伏安；压力管3条，各长136.73米。工程于1969年9月开工，1973年6月完工。完成工程量：土石方110万立方米，浆砌石12.62万立方米，混凝土2274立方米；投工357.5万工日，完成投资630.95万元，其中国家投资443.1万元。

1985年以后，仅能使用一、二级站，装机11台，功率6875千瓦。设计灌溉2430公顷，有效灌溉面积710公顷，其中水田630公顷，水浇地80公顷。

溯河电灌站　1970年8月动工，由来宾县抽调各地民兵（民工）共3万余人参加施工。工程设计规模为装机2台，单机570千瓦，水源为合山火电厂冷却废水，扬程19.5米，抽水流量3.2立方米每秒，设计灌溉面积1840公顷，有效灌溉面积1650公顷。1973年6月建成投产。灌区内有总干渠长26.6千米；干渠7条，共长23.96千米；支渠4条，共长26.32千米。渠系建筑物有渡槽4座，总长2285米，其中凌口渡槽，全长1840米。工程共完成土石方135.37万立方米，混凝土664立方米；总投资424.38万元，其中国家投资168.36万元。

表13-8　**2005年来宾市各县（市、区）拥有的电力排灌设施统计表**

县（市、区）	座数	提水流量（立方米／秒）		灌溉面积（公顷）		
		设计	正常	设计	有效	旱涝保收
总计	785	1031	65584	52750	28190	22010
合山	43	48	2302	2460	2220	1840
象州	104	118	7407	5180	2070	1690
武宣	150	175	21100	8620	3300	2360
兴宾	296	467	31386	3200	18190	14480
金秀	8	30	200	250	250	210
忻城	184	193	3189	6040	2160	1430

注：本表包括电灌站及电配井。合山市有电配井10处，装机13台，功率207千瓦；象州县有电配井12处，装机12台，功率171千瓦；合计有电配井22处，装机25台，功率378千瓦。合山市电配井的设计与有效灌溉面积均为180公顷。象州县的电配井为饮水工程，未用于灌溉。本表未包括喷灌设备

表13-9　**2005年底来宾市国营机电排灌站工程规模及灌溉效益情况统计表**

	工程规模			工程效益（公顷）			
	机电排灌站		水轮泵	设计灌溉面积	有效灌溉面积	旱涝保收面积	2005年实际灌溉面积
	台数	容量（千瓦）	台数				
来宾市	177	43235	22	42350	21050	8240	4790
（一）兴宾区	99	21487	13	22480	11310	5010	2440
1. 马村电灌站	8	4260		2300	1770	900	100
2. 蓬莱电灌站	9	2410		2530	1490	430	290
3. 杨村电灌站	3	1630		930	750	400	400
4. 八角龙电灌站	3	1670		1830	280	270	0

续表

	工程规模			工程效益(公顷)			
	机电排灌站		水轮泵	设计灌溉面积	有效灌溉面积	旱涝保收面积	2005 年实际灌溉面积
	台数	容量(千瓦)	台数				
5. 高桥电灌站	10	1588	4	2180	890	380	0
6. 古旺电灌站	4	675		460	330	40	0
7. 塘权电灌站	10	1840		1560	970	50	250
8. 正龙电灌站	6	1875		1370	870	40	280
9. 白沙电灌站	3	915		1280	510	270	170
10. 大湾电灌站	6	1135	4	1310	510	470	300
11. 大罗电灌站	7	1300		1890	650	380	290
12. 龙旺	7	745		730	450	200	0
13. 小平阳电灌站	6	413		840	320	120	60
14. 九龙电灌站	9	810	5	2190	1160	220	300
15. 蚂拐坳电灌站	5	221		1060	330	30	0
(二)武宣县	44	14345		12590	4580	1010	480
1. 朗村电灌站	11	6850		5120	700	110	170
2. 龙从电灌站	10	3160		3950	710	080	80
3. 樟村电灌站	10	2235		1970	1810	400	0
4. 武农电灌站	9	1740		9900	810	200	100
5. 根村电灌站	4	360		560	560	100	130
(三)象州县	27	3733	9	2540	2540	1100	880
1. 石龙电灌站	16	1805	9	1740	1740	730	410
2. 马坪电灌站	11	1928		800	800	440	470
(四)忻城县	5	2410		2360	1310	220	180
1. 恶滩电灌站	3	2040		2020	1130	40	0
2.671 电灌站	2	370		340	180	180	180
(五)合山市	2	1260		2380	1480	1000	800
1. 溯河电灌站	2	1260		2380	1480	1000	800

水轮泵站及机电排灌站

1954年以前，提水灌溉采用戽斗、龙骨车、水车等古老的办法。1954年后，开始采用水轮泵提水。1956年后，逐步采用煤气机、柴油机等内燃机抽水灌溉，并于1964年成立中南排灌队。20世纪70年代中期，来宾市的水轮泵和内燃机抽水站得到迅速发展，来宾县建成九龙滩、古元滩等2座较大的水轮泵站。至1975年，境内各县有内燃机抽水站共1066处，装机1101台共1.26万千瓦，保灌面积达4830公顷。1979年以后，由于提水机械逐步老化，加上电灌站的兴起，水轮泵和内燃机抽水设备逐步减少。

至2005年末，全市有水轮泵站214处，装水轮泵253台，设计灌溉面积3520公顷，有效灌溉面积1960公顷，旱涝保收面积1060公顷；有机电排灌站1739处，装机2320台79053千瓦，设计灌溉面积6.26万公顷，有效灌溉面积3.35万公顷，旱涝保收面积2.49万公顷。

九龙滩水轮泵站 位于兴宾区石陵镇全来村委九龙屯以北1千米的清水河九龙滩上。1976年7月动工兴建，1978年建成并投入春灌。安装100型水轮泵5台，提水流量1.7立方米/秒，设计灌溉面积800公顷。1995年实灌面积500公顷。建有浆砌石重力坝1座，坝高5.3米，坝长170米，坝底宽6.9米，坝顶宽2米；干渠1条，全长11千米，防渗渠段长9.5千米，支渠6条，共长30.64千米，已防渗3.28

千米；石拱渡槽1座，全长1.3千米。投工25.3万个工日，国家投资71万元。

古元滩水轮泵站　位于兴宾区迁江镇古欧村东南面1千米处的清水河古元滩上，站址距迁江镇3千米。1976年8月开工，1977年11月建成。安装100型水轮泵4台。工作水头4米，净扬程23.4米，总出水量0.85立方米/秒。设计灌溉面积430公顷，有效灌溉面积380公顷，1995年实际灌溉面积只有10公顷。建有浆砌石重力坝1座，全长155米，干渠1条，长7.52千米，输水能力为1.3立方米/秒；支渠3条，共长8.62千米；渡槽1座全长1.22千米。工程共投入23.8万个工日，国家投资25.58万元。

泵站的引水渠道与高桥电灌站和古欧电灌站连通，利用缸瓦窑水库蓄水来调节灌溉用水。古元滩水轮泵站和高桥电灌站共同组成灌区，归高桥电灌站管理。

第六节　饮水工程

历代以来，市境内农村的人畜饮用水，主要是取用江河、小溪、山泉、水塘、水井或溶洞、溶井地下水。取水的方法主要是人工挑水或开渠引水，或用提水器具取水，或用水笕引水。在丰水季节，水源充足，尚可满足人畜饮水需要，但是在枯水季节或天旱时，很多地方尤其是大石山区，往往溪河断流，泉井干涸，地下水位下降到深处，农村居民的饮用水就十分困难。有的要到十多千米甚至更远的地方去挑水，有的地方要排长队一滴滴地等水，有的地方被迫饮用污浊的池塘水。为取饮用水，既要耗费大量的劳动力，影响正常的农业生产，又由于水质不符合卫生标准，损害人们的身体健康。境内一些农村的饮水困难，是历史遗留下来的问题。随着人口的增加，问题越来越严重。饮水困难的地方，有的是由于降水集中在春夏两季，9月至次年3月的枯水季节，降水量很少，往往不到全年降水量的10%，造成饮水困难时期。有的是由于降水量在地区上的分布不均，桂中是广西的旱片中心，忻城、来宾、武宣、象州等县是旱情严重的县份。此外，石灰岩地带，地面蓄水条件差以及水源林的过量砍伐，也是造成水源枯竭，引起饮水困难的原因。从20世纪50年代起，水利部门每年都拨出专项资金，实施农村饮水工程项目，解决农村人畜饮水困难。1950—1952年3年，境内解决饮水困难的群众只有0.5万人，牲畜0.17万头。尚需解决35.35万人，19.15万头牲畜的饮水问题。到1970年，境内累计已解决14万人，7.8万头牲畜的饮水问题。1986年后，除了用于解决饮水困难的水利投资外，国家还通过粮棉布等工业品以工代赈项目扶助贫困山村兴建人畜饮水工程。到1995年，境内累计尚需解决饮水困难的人口有61.14万人、牲畜有43.66万头；累计已解决饮水困难的人口有46.52万人，35.08万头牲畜。2000年底，境内有335个村的农户用上了自来水。

进入21世纪后，全市饮水工程建设步伐加快。2001—2005年，全市累计投入农村人畜饮水及乡镇供水工程建设资金5700万元，其中中央财政投资2700万元，地方投资3000万元，新建、改扩建各类农村人畜饮水及乡镇供水工程560处，新增供水规模2.3万吨/日，解决农村饮水困难人口23万。

表13-10　**1995年来宾市各县(市、区)解决饮水工程问题情况统计表**

县(市、区)	需要解决		累计已解决	
	人数(万人)	牲畜(万头)	人数(万人)	牲畜(万头)
总计	61.14	43.66	46.52	35.08
合山	1.02	1.63	0.74	0.95
象州	6.04	3.62	3.29	2.33
武宣	10.90	7.49	8.06	5.27
兴宾	20.40	11.92	13.97	8.85
金秀	7.35	5.56	6.78	5.34
忻城	15.43	13.44	13.68	12.24

忻城县是干旱严重的大石山区，也是境内人畜饮水最为困难的一个县。县境内岩溶发育，地表水匮缺，在没有河水和泉水的山村，只有靠修建蓄水池，引蓄季节性山泉水或积蓄雨水饮用。1950年后，随着农田水利和各项建设事业的发展，忻城县农村的饮水条件也逐步得到了改善。到1975年，全县共建

成石笕引水工程9处，浆砌石结构蓄水池21处，并结合农田水利建设，共解决了6.47万人的饮水困难。1976—1980年，忻城县从水利经费中投入108.45万元，用于饮水工程建设，共建成蓄水池466处、抽水工程14处、引水工程18处、水井1处、其他饮水工程6处，解决饮水困难人口7.63万。1981—1985年，忻城县人畜饮水工程建设资金，除了水利经费中投入外，还利用以工代赈办法投入资金266万元，建成蓄水池421处、抽水工程20处、引水工程20处、水井5处，建成其他饮水工程4处，共解决5.36万人口饮水问题。1975—1995年，全县共建成蓄水池工程996座，总蓄水量100.62万立方米，解决了12.63万人口饮用水问题。全县所修建的水池，以浆砌石结构和砌石混凝土环梁组合结构的圆形水池为主，蓄水量最大的是果遂乡的古抗水池和弄鹿水池，其蓄水量分别为13140立方米和11000立方米。1986—1998年，忻城县利用国家粮棉布等工业品以工代赈投资为主，加上地方自筹，共投入饮水工程建设资金2482.74万元，农民投劳463.5万工日，建成农村饮水工程2454处，其中引水工程81处，村屯水柜（池）152处，水井7处，电力抽水站97处，家庭水柜2111个，解决农村饮水困难人口11.96万。至2005年底，全县累计建成农村饮水工程6446处，其中引水工程116处，提水工程129处，蓄水工程6301处，累计解决农村饮水困难人口26.96万，农村人口自来水普及率达54%。

2000年1月6日，忻城县召开家庭地头水柜扶贫工程建设大会战动员会

2002年3月26日，忻城县委、县政府召开全县地头水柜建设现场会

第七节　地头水柜工程

来宾市历届党委、政府及域内各级党委、政府高度重视地头水柜建设，先后建成一大批地头水柜工程，既有效地解决群众饮水问题，还在一定程度解决农业节水灌溉问题。2000—2005年全市建成地头水柜64225处，容积259.01万立方米。特别是地处大石山地区的忻城县二十世纪九十年代末至2005年连续几年集中开展地头水柜工程大会战，取得了显著的社会效益和经济效益。

1999年，忻城县加快节水灌溉工作步伐，改变石山干旱地区农业生产条件，组织县、乡干部深入农村发动群众，投入大量扶贫资金，在全县范围内进行地头水柜建设大会战，在很大程度上解决了群众饮水难问题，同时促进粮食和经济作物高产稳产，解决农民温饱问题。2000年，建成地头水柜26213个，投资1875万元，供水农户22591户，新增灌溉面积2526.77公顷。2001年投资270万元，建成地头水柜3045个，总容量78.27万立方米，解决3013户的用水，新增灌溉面积304.56公顷。2003年，全县累计完成投资11414万元（含群众投工折款），其中国家补助2000万元，建成农村地头水柜29258个，总容量175.54万立方米，新增旱地灌溉面积1933.33公顷，完成地头水柜配套种竹和经济林果面积733.33公顷，实现地改田面积133.33公顷；全县完成饮水工程18处，建成家庭水柜1154座。2005年，建成地头水柜327个，总容量28790立方米，总投资160.08万元，奖励投资51.82万元，灌溉面积73.77公顷。

集雨灌溉示范工程

1999年7月，柳州地区水利电力局下发《关于下达1999年度地头水柜集雨灌溉工程计划的通知》，下达忻城县资金30万元，建设地头水柜集雨灌溉工程试点项目。忻城县把项目任务具体落实到试点乡、村、屯、农户，乡、村落实施工组织领导机构。各乡镇指派1名副书记和1名副乡长专抓此项工作，并建立工作责任制，具体落实到人。县水利局组织3个施工指导

1999年，忻城县掀起地头水柜建设热潮，有效解决了农村部分村屯人畜饮水问题。图为忻城县工作人员深入村屯检查了解地头水柜建设情况

2000年，忻城县加乐村木等屯交错纵横的地头水柜

小组，分片包干，负责具体工程建设技术指导。

地头水柜集雨灌溉示范工程，由县水利局设计队设计，工程采用敞口式圆形浆砌石结构，分别设计容量为40立方米、60立方米、80立方米、100立方米的圆形浆砌石结构的定型图纸。试点工程245处，分布在4个乡6个村31个自然屯，总投资114.99万元，规划总容量13840立方米，其中容量为40立方米的128处，容量60立方米的46处，容量80立方米的60处，容量100立方米的11处。补充灌溉面积23.20公顷。2000年2月，工程全部竣工，建成地头水柜245个，占计划的100%，总容量1.68万立方米，占计划的121.70%，补充灌溉面积28.07公顷，占计划的121%。总投资114.99万元，其中国家补助27.57万元；地方自筹投资87.42万元，其中群众自筹20.10万元。通过县初级验收，工程达到优秀等级162个，占总数的66%；良好等级78个，占总数的32%；合格等级5个，占总数的2%。经3个月的蓄水试验，蓄水保水率99.20%。

表13-11 **1999年忻城县度地头水柜集雨灌溉工程试点项目完成情况表**

乡镇名称	村委名称	自然屯名	工程处数	容量（立方米）	补充灌溉面积（公顷）	投资（万元）			工程量（立方米）				投劳（工日）	水泥（万千克）
						合计	国家补助	自筹资金	挖土方	开石方	浆砌石	混凝土		
北更	凤凰		42	2850	4.77	19.53	4.472	15.085	610	410	2130	144.0	5151	17.20
北更	古利		28	2130	3.51	10.53	2.184	8.366	400	270	1120	117.0	2856	8.40
北更	加兰	内光	37	2870	4.65	22.44	5.62	16.820	550	370	2473	167.0	5763	21.60
遂意	弄江	拔上	18	1011	1.69	7.42	1.638	5.782	240	320	773	53.0	2539	6.30
遂意	弄江	拔下	16	960	1.58	7.28	1.677	5.603	120	360	680	46.0	2306	6.45
遂意	弄江	弄厚	12	851	1.45	5.62	1.326	4.294	40	320	572	41.0	1947	5.10
遂意	弄江	都钭	14	774	1.31	5.27	1.092	4.178	336	84	527	34.0	1594	4.20
遂意	弄江	弄春	28	2090	3.55	13.08	3.003	10.077	210	650	332	95.0	4433	11.55
遂意	弄江	弄流	27	1578	2.67	12.19	2.782	9.408	180	640	1120	76.0	3870	10.70
宁江	弄洪	新龙	12	1100	1.85	6.78	1.794	4.986	501	339	529	39.1	2160	6.90
欧洞	欧洞	绵木	11	610	1.03	4.83	1.092	3.742	664	0	360	24.4	1260	4.20
	合计		245	16824	28.07	114.97	26.680	88.341	3851	3763	10616	836.5	33879	102.60

地头水柜集雨灌溉工程大会战

2000年1月，忻城县家庭地头水柜集雨灌溉工程建设动员大会在县城召开，计划修建地头水柜2.50万个。是年3月，全县召开地头水柜建设现场会，组织参观思练镇厂上村加想屯、宁江乡古麦村古麦屯地头水柜建设工程。是年4月3日，中共忻城县委员会、县人民政府召开县直属机关干部动员大会，将家庭地头水柜建设任务分解到各单位、村、屯,落实分级管理责任,并举行扶持地头水柜建设捐款仪式,收到捐款27.46万元。工程投资、质量管理由县扶贫开发办公室和县水利局负责。

2001年,全县完成地头水柜建设3013个,总容量18.37万立方米,投劳57.08万工日,调运水泥10545.5吨,投资1141.60万元,其中国家补助270万元、群众自筹871.60万元,补灌面积304.87公顷。此后每年全县均新建地头水柜(水池)集雨节水灌溉工程。2005年,全县完成地头水柜建设388个,总容量5.20万立方米,投劳9.18万工日,调运水泥455.2吨,投资413万元,其中国家补助100万元、群众自筹313万元,补灌面积133.33公顷。

第八节 工程管理

1949年以前,境内有小(二)型水库2座,即象州县大山塘水库和武宣县沙安水库。当时的农田灌溉主要依靠山塘和小引水渠道,水利工程均属私有,由私人管理。

20世纪60—80年代,国营电灌工程的水费征收,各县(市、区)无统一规定,按政策象征性收取少量电费,电灌站入不敷出,部分由国家补贴。境内12座中型水库和部分国营管理的小型水库均设有专门的管理机构,负责对水库进行检查观测、养护维修和运行操作。日常进行的水库观测项目有大坝沉陷、位移、渗漏、浸润线、水库水位、流量、水温,水库坝首降雨、蒸发、气温等。1951年3月,武宣县清水水库建设工程竣工。1955年2月,境内第一座小(一)型水库——来宾县岩口水库建设工程竣工。同年5月,境内第一个万亩(667公顷)灌区——来宾县清水河灌区开灌。1957年8月,境内第一座中型水库——来宾县清潭水库建设工程竣工。1961年1月,武宣县石祥河水库开展水文观测至今,从未间断,是来宾市最早开展水文观测工作的水库,观测资料较齐全。各中型水库水文观测资料每2年集中到地(市)水利(电力)局进行整编,每3年上报广西壮族自治区水利工程管理局汇编刊印《广西大中型水库水文资料》。1979年后,水利工作转移到加强经营管理、讲究经济效益上来,提出“行业脱贫,职工致富”目标,国营水利工程实行职工承包或水面出租,制定目标管理制度,实行一业为主,多种经营。集体管理的水利工程由农民个体承包管理,承包者报酬来源于统筹或水库养殖收入。到1980年底,境内建成中、小型水库278座,引水工程6299处,电灌站559处,水轮泵站259处,万亩以上罐区31处,各类水利工程有效灌溉总面积达到9.81万公顷。1983年11月4日,广西壮族自治区财政厅、水利厅和物价委员会颁发《广西壮族自治区水利工程供水收费和使用管理试行办法》,境内各县(市)政府制定相应配套政策。明确农田灌溉每亩按定额用水收基本水费,超过定额用水再多收超额部分的水费。收费方式灵活多样,有的由电灌站派人逐户登门收取,有的由当地粮食管理所或者乡镇政府代收,由电灌站付给代收单位一定比例的费用。由于灌溉水浪费较大,加上收费标准偏低等因素制约,尽管实行农田灌溉收费制度,很多电灌站仍收不抵支。

1988年,广西壮族自治区水利电力厅批准投资897万元用于三利水库除险加固。

1991年7月,来宾县北洛水库库区内因挖煤淘空库底造成水库涵管断裂,大坝沉陷,不能蓄水。1992年5月17日,象州县中团水库(1971年10月建成)因库区暴雨发生垮坝,冲毁稻田8公顷,直接经济损失25.5万元。同年冬,县财政投资8万元,农民投劳重新修复大坝,次年春恢复运行。1994年7月5日来宾县凌八水库、略娄水库因库区降特大暴雨而发生垮坝,冲毁农田64.6公顷,直接经济损失43万元。1994年,广西壮族自治区水利电力厅批复概算投资621万元,用于因年久失修存在安全隐患的富尧水库除险加固。1995年2月开工,1997年6月竣工。完成大坝加高加宽,大坝帷幕灌浆148个孔,总进尺6426米。竣工后,水库安全运行,受益灌溉面积由1989年166.67公顷增加到433.33公顷。

1996年,国家加大对病险水库除险加固的投入,境内国有水库工程的除险加固维修全部由国家和地方财政投资完成,乡(镇)和村屯集体管理的水利工程维修和除险加固由国家和地方财政补助。1997年,广西壮族自治区水利电力厅拨款248万元,来宾县配套资金190万元,对莲花水库进行除险加固。1998年3月工程项目按计划完工,水库灌溉面积由除险加固前的133.33公顷增加到466.67公顷。1998年,清潭水库溢洪道因水灾全部崩塌,1999年开始除险加固,至2000年末,完成投资720万元,溢洪道修复加固工程基本完成。2002年,来宾县多渠道筹措资金1931.87万元,对高境水库、樟村水库、清潭水库和富尧水库进行除险加固。

2005年，市内各县(市、区)开展水利工程管理体制改革。市和各县(市、区)均设立水利工程管理站，为同级水利(电力)局直属事业单位。县(市、区)水利工程管理站主要职能是对境内水利工程的技术和日常业务进行管理，市水利工程管理站的主要职能是对县(市、区)水利工程管理站进行技术指导。当年汛末检查，全市有病险水库108座，占水库总数的38%。全市有10座水库进行除险加固，其中中型水库3座(兴宾区的樟村、清潭和富尧水库)；小(一)型水库4座(武宣县的乐业水库、象州县的落脉河水库、金秀县的长塘水库、都堂水库)；小(二)型水库3座(武宣县的五大塘水库、忻城县的新乐水库、枝林水库)。10座水库除险加固计划总投资2730.06万元，至2005年底，已完成投资1987.78万元，完成土方工程13.29万立方米，石方工程3.23万立方米，混凝土工程1.20万立方米。其中乐业、落脉河、长塘、五大塘等4座水库已完成除险加固工作，樟村、清潭、富尧、都堂、新乐、枝林6座水库尚有部分工程未完成。

2003—2005年，来宾市多渠道筹措资金4382.06万元，对市境内17座存在隐患的水库进行除险加固，使全市水利工程的防洪、抗旱、减灾能力得到提高。其中有兴宾区的樟村、高境、清潭、富尧水库和象州县的长村水库5座中型水库；武宣县的乐业水库，象州县的落脉河水库，金秀县的长塘水库、都堂水库、忻城县的板毛水库5座小(一)型水库；武宣县的三联、古龙、那凭、斗坡冲、五大塘水库，忻城县的新乐、桂枝水库7座小(二)型水库。

第九节 防汛抗旱

1950年以前，境内没有设立专门的防汛抗洪机构，水利工程及江河堤防设施少，每遇暴雨容易形成水灾。1950年以后，柳州专区设立防汛抗旱临时机构。

从1951年开始，境内各县陆续建成一批中小型水库。1989年，境内各县(市)机构编制委员会明确防汛抗旱指挥部为常设机构，并设办公室处理有关防讯抗旱日常事务。防汛抗旱办公室每年汛前与气象、水文部门共同做好雨情和江河水情预测预报，制定沿河乡镇及重点水库的防洪抢险预案，从人力、物力、技术上做好防汛抗洪的准备。至2005年底，全市有中小型水库283座，塘坝2679座，总库容63120万立方米。这些蓄水工程除了为农田提供灌溉用水以外，还起到了调节洪水防止洪灾的作用。同时，修筑和加固了部分江河堤防，改善了防洪条件。

抗洪救灾

中华人民共和国成立后，境内经常发生洪涝灾害，各县政府投入大量人力物力进行抗洪救灾。1976年7月，境内发生洪灾，来宾、武宣、象州等县受淹水田7674公顷，受淹旱地2350公顷，受淹房屋198间，倒塌房屋6间。1988年8月下旬，境内在大旱之后又遭受洪灾，受灾人口46万，死亡6人，倒塌房屋1545间，受灾作物面积3.07万公顷，粮食损失43660吨，经济总损失8812万元。来宾县组织县级领导干部14名、乡科级领导干部258名、军警92名、县直属单位干部107名、工人1592名及其他农民8.22万人参加抢险救灾，派出医疗队26个91人，出动车辆188辆、船只43艘，下拨柴油44.98吨，油毛毡71捆，麻袋3550条，其他物资折款18.5万元。在抢险救灾中转移被洪水围困居民3.42万人、牲畜1.05万头、粮食1747吨、工业品100吨、其他商品160吨，迁移水电设备23处1361千瓦，以上各项价值35.44万元。灾后县政府下拨救灾款3.15万元、粮食15.7吨、木材52立方米。1994年6月市内又发生较大规模水灾。6月13日，忻城县宁江乡和马泗乡暴雨内涝成灾，大片农田及房屋被淹没，村民被迫爬树木、上屋顶避洪水。时任柳州地区防汛抗旱指挥部指挥长黄业初率领柳州地区行政公署水利、民政、卫生等部门人员，带冲锋舟来到忻城县灾区，解救、转移居民8600人次，并给受灾群众送粮送药。

2002年后，境内各县有防洪任务的工程、单位，受水灾威胁的城镇、乡村均编制有防洪预案，基本形成市、县、乡、工程(单位)四级防汛预案网络。水库安全度汛和山洪灾害防御是防汛工作的

2005年7月15日，柳江洪水冲击象州大桥

重点和难点，防汛抢险工作主要依照预案要求进行。2005年6月19日—21日，来宾市遭受百年一遇特大洪灾，全市受灾人口109.27万，其中有52个村5万多人被洪水围困，死亡10人，失踪11人，农作物受灾面积8.32万公顷，绝收2.78万公顷，大牲畜死亡3.62万头，直接经济损失13.13亿元。市、县（市、区）防汛抗旱指挥部启动防汛预案，指挥军民全力抗洪救灾，同时协调军队出动飞机、冲锋舟等装备，紧急调配粮食4000吨、资金2000万元，以备抗洪救灾之需。防汛抗旱指挥部成员单位均按预案规定履行各自职责。广西驻军第41集团军、75120舟桥部队、来宾军分区、来宾武警支队等单位出动兵力2000余名，冲锋舟22艘，卡车15辆参加抗洪救灾。

桂中治旱工程施工现场

抗旱救灾

来宾市境内旱灾频发，旱情特别严重。据历史资料记载，从公元1612—1945年的334年间，境内共发生旱灾170次，平均每2年发生1次。其中大旱灾15次，平均每22年发生1次。

中华人民共和国成立前，境内各县受经济发展水平的制约，采取的抗旱手段有限。除部分河溪较多的地方可采取引水或水车提水抗旱外，其余地方普遍采用戽斗、龙骨车抗旱。远离水源的地方只能向天祈雨。

20世纪50年代，各县开始大力开展水利建设，改善灌溉条件和人畜饮水困难。1963年，境内发生春夏秋大旱灾，全年降雨量仅820毫米，比正常年份减少38.2%，受灾农作物面积9万公顷，受灾人口79.57万，粮食减产21.63万吨。在1988年、1999年和1990年的三年中，境内连续遇旱灾，降雨比常年减少30%。三年间，境内受灾面积29.67万公顷，粮食减产20万吨，平均每年受灾9.87万公顷，损失粮食6.7万吨；甘蔗减产85万吨，平均每年损失甘蔗28万吨。

从1993年起，来宾、象州、武宣、忻城四县成立抗旱服务队，发挥灵活机动的优势，弥补蓄、引、提水工程的不足。至2005年底，全市建成中小型水库283座（其中中型12座），塘坝2679处，水井水柜18723处，引水工程5531处（其中引水流量1~3立方米/秒13处，0.5~1立方米/秒25处），机电排灌站1739处2320台79.05兆瓦，0.1个流量以上防渗渠道1748.7千米，万亩（667公顷）以上灌区31处灌溉面积5.82万公顷，全市有效灌溉面积达到10.12万公顷，旱涝保收面积达到7.49万公顷，水土保持治理面积累计达到15.8万公顷，累计解决农村85.1万人、64.16万头牲畜饮水问题。全市有县级以上抗旱服务队5个，有抗旱设备510台（套），装机容量2120千瓦，抗旱灌溉能力2600公顷。在农村组建农民供水协会，协调村屯内调水关系。至2005年底，全市已成立165个农民供水协会。农业和水利部门共同推广普及水稻“薄、湿、浅、晒”节水灌溉技术，全市每年可节约灌溉用水2000万立方米左右。另外，市、县两级成立人工影响天气办公室，实施人工增雨抗旱。抗旱工程和非工程体系结合，提高防旱抗旱能力。全市累计投入抗旱人力82.72万人，投入抗旱设备6.37万台套/14.2万千瓦，运水车辆10830辆，抗旱用电547万度，抗旱用油943吨，累计投入抗旱资金1000.36万元，抗旱浇灌面积2380公顷，临时解决36.85万人和29.28万头牲畜饮水困难。

表13-12　1996—2005年全市抗旱资金投入情况表

年份	投入抗旱资金（万元）	年份	投入抗旱资金（万元）	年份	投入抗旱资金（万元）
1996	305.10	2000	75.40	2004	1799.09
1997	0.00	2001	465.42	2005	1000.75
1998	39.00	2002	632.75		
1999	642.02	2003	779.41		

第十节　水政水资源管理

1950年9月，成立柳州行政区专员公署水利处。1952年8月，柳州行政区专员公署与宜山行政区专员公署合并后，成立宜山行政区专员公署水利处。1954年7月，宜山行政区专员公署水利处与建设科合并成立农林水利处。1955年5月撤销农林水利处，成立宜山地区工作委员会水利科。1958年2月成立宜山行政区专员公署农林水利局。同年7月，宜山行政区专员公署迁至柳州市，改称柳州行政区专员公署。同年8月，成立柳州行政区专员公署水利电力局。1968年9月，成立柳州地区革命委员会生产指挥组水电小组。1972年3月成立柳州地区革命委员会水利电力局，1978年5月改称柳州地区行政公署水利电力局。1989年4月，经柳州地区机构编制委员会批准，柳州地区行政公署水利电力局增设水政水资源科，编制5人，实际到位2人。同年6月，武宣县成立了水政水资源办公室，并于10月与县公安局联合成立武宣县公安局水电执勤室。1996—2005年，市境内查处水事违法案件、调处水事纠纷结案率和调处率均在85%以上。

水利执法体系建设

1990年5月，武宣县被国家水利部列为全国第二批水利执法体系建设试点县，并于1991年1月25日通过验收。通过试点，武宣县水事秩序好转，水事违法案件与纠纷得到及时处理。1991年，各县（市）成立以分管水利的副县（市）长为组长，水利电力局局长为副组长，司法机关和政府有关职能部门领导为成员的县（市）水利执法体系建设和实施取水许可制度领导小组，以便协调各方面的关系，并设立水利电力局内的水政水资源管理机构。各县（市）水利电力局任命水政监察员。水政机构（包括水政监察员）代表或履行水法赋予水行政主管部门的各项职责，对全社会水事行为实施监管。1992年12月，来宾、武宣等县的水利执法体系建设和实施取水许可制度工作达到广西壮族自治区水利电力厅制订的统一标准，首批通过柳州地区水利电力局组织验收（武宣县仅验收取水许可制度1项），1993年6月中旬，第二批合山市、忻城县、象州县、金秀瑶族自治县通过验收。

2005年，全市共处理水事案件38起，其中，查处水事违法案件13起，调处水事纠纷25起。

表13-13　2003—2005年来宾市水利纠纷统计表

年份	上年遗留纠纷（件）	当年发生纠纷（件）	当年解决纠纷（件）	直接损失（万元）	挽回损失（万元）
2003	4	13	15	1.5	1.2
2004		2	2	0.5	0.5
2005	2	25	25	17.4	10.0

水利法规宣传教育

每年3月22日“世界水日”及“中国水周”期间，市、县两级水行政主管部门开展水法规宣传活动。采用召开座谈会、文艺会演、电视广播、板报、报纸杂志等形式宣传。

2005年，来宾市水利局围绕“生命之水”及“保障饮水安全，维护生命健康”主题，开展水法规知识宣传活动，共发放《广西实施〈水法〉办法》4000册、《广西2004年水利法规、政策文件选编》600册，宣传画200套、宣传标语4000条。在3月22日—28日的“中国水周”水法规宣传活动中，利用广播、电视传媒，宣传水法律法规。在来宾电视台连续播放4天《人、水、法》电视系列片。利用宣传车到街道、工矿企业进行巡回宣传19辆（次）；“世界水日”和“12·4全国法制宣传日”，在市迎宾广场开展水法律法规宣传咨询活动，共接待咨询人员1000多人（次），分发水法律法规宣传资料15190多份。在水土保持法颁布实施14周年期间，全市采取宣传车宣传83辆次，书写张贴宣传标语6120多条，张挂横幅标语51幅，分发水土保持宣传品14500多份，开设广播专题，播放水土保持电视录像片55次，开展咨询宣传活动19次，出版宣传板报8期，共投入宣传经费3.2万元。全年接受教育人达200多万人次。

1996—2005年，市县两级水利部门共印发宣传资料29万份，出动宣传车100多辆次，印发宣传画48000多张，参加水法知识竞赛者达200人次。

水资源管理

1991年,境内各县(市)开展水资源开发利用研究。1995年10月,合山市、忻城县的研究报告通过上级水利电力部门组织验收。1993—1994年,柳州地区水利电力局与广西水文水资源柳州分局对辖区珠江流域各河流的入河排污口的废污水和河段水质进行调查监测。1995年初,柳州地区水利电力局组织人员编制了《柳州地区水中长期供求计划》,当年8月建立计算机数据库。1996年后,各县(市)水利部门加强水资源管理,实行取水许可证申请审批、取水许可证年审、计划用水、节约用水、水质管理、水资源统计等制度。1997年,《广西壮族自治区取水许可制度实施细则》颁布后,市内水资源管理工作从取水许可登记、审批、发证转移到取水许可监督管理上来,开展取水许可年度审验工作。从1998年开始,市内各县(市)逐级下达取水计划指标,下达取水量占全社会总取水量的90%以上。2003年,全市征收水资源费共224.1万元。2004年,全市征收水资源费共192.4万元。

2005年,全市实行建设项目取水许可水资源论证制度。当年全市审批取水许可申请7套,新发取水许可证16套,新发许可证许可水量8.78亿立方米,审批水力发电许可取水量7.92亿立方米,年终保有的有效取水许可证680套。年内全市共安装取水计量设施135套(其中超声波流量计13套),实现市直接发证管理企业全部按要求安装超声波流量计,全市完成征收水资源费320万元。

表13-14 2003—2005年来宾市取水许可年审情况表

单位:套、亿立方米

年份	实施监管的取水许可证数量	许可证批准水量	年审许可证数	年审水量	退水水质检测户数	退水水质检测达标率(%)	吊销许可证数	吊销许可证水量	计量设施装置数
2003	777	16.88	513	13.86	17	89			135
2004	649	10.77	337	14.47	21	89	64	6.35	154
2005	650	7.29	420	4.77	103	99	4	0.66	135

表13-15 2003—2005年来宾市取水许可基本情况表

单位:套、亿立方米

年份	新批申请		新发许可证				年终保有的有效取水许可证					
	批准数量	批准水量	批准水力发电水量	发证数量	许可水量	水力发电许可水量	取水许可证总数	水力发电许可证数	许可总取水量	其中水力发电水量	其中地表水量	其中地下水量
2003	6	1.2055	1.202	18	2.2269	1.202	790	13	22.1523	5.2709	21.8484	0.3039
2004	6	3.6397	3.6397	3	2.5007	2.5007	668	19	22.0117	11.2384	21.6916	0.3201
2005	7	4.3253	4.2977	16	8.7769	7.9203	680	30	28.3651	21.0757	28.0522	0.3152

表13-16 2003—2005年来宾市水利执法案件统计表

年份	上年遗留案(件)	立案(件)	结案(件)	结案率(%)	没收违法所得(万元)	暂扣许可证(个)	吊销许可证(个)	责令限期拆除(次)	责令停产停用(次)	责令赔偿损失(万元)	采取补救措施(项)	直接损失(万元)	挽回损失(万元)
2003	10	7	17	100.0	0.4			13				6.2	6.1
2004	2	11	13	100.0		1	1	1	1	4	6	4.0	4.0
2005		13	9	69.2				4	1		4	15.4	17.0

第十一节 河道管理

20世纪50—70年代，由于河道管理法律法规不健全，河道主管部门长期未明确，境内的河道管理，特别是对河道采砂业务的管理不够规范。1988年，《中华人民共和国水法》《中华人民共和国河道管理条例》《广西壮族自治区河道采砂收费管理办法实施细则》等法律法规颁布实施，明确县级以上水利部门为河道主管部门。

1991年，柳州地区行政公署水利电力局以武宣县为征收河道采砂管理费试点县，试点后全面铺开，依法对河道采砂实行许可证制度，并征收河道采砂管理费。同时对在河道管理范围内新建、扩建、改建的建设项目及公共设施实施审批、监督、检查制度。1993—1997年，黔江武宣段共进行了9个工程项目的审批、监督检查，加强了河道的管理。

1993年5月26日，《忻城县河道管理暂行规定》颁布实施。

1990年以来，来宾县白汗村、泗等村、凤凰街等部分群众擅自在河道范围内围筑鱼塘，设置固定式网箱养鱼，围垦河道筑塘13处，侵占河道面积19500平方米，设置网箱10处，侵占水面积660平方米；违章鱼塘、网箱23处，涉及违法人员19人，1999年4月21日—5月10日对凤凰河违章建筑及违法人员分别进行依法清障和行政处罚，共清除违法建筑阻水障碍物土、石方2435立方米，拆除拦河渔具600平方米，行政处罚违法人员19人。

1999年后，广西壮族自治区水利电力厅编制河道清障规划(1999—2003)，兴宾区和象州县列为广西壮族自治区重点清障工作县。4年共清除违章码头3个、砂场8个、鱼塘1处、滑道1处，完成清障工程量3.29万立方米。

2000年来宾县累计颁发河道采砂许可证280本，共征收河道采砂管理费6.5万元。2000年象州县完成河道清障规划报告，查处个体采砂业主在下田河段违章采砂案件，收取河道采砂管理费1.27万元。2003年收取河道采砂管理费1.4万元。

2004年全市水利部门共签发河道采砂许可证28本，征收河道采砂管理费2.99万元。

2005年全市水利部门共签发河道采砂许可证19本，征收河道采砂管理费2.3万元，其中市水利局签发河道采砂许可证2本，征收河道采砂管理费0.9万元。年内完成金秀瑶族自治县防洪堤工程建设项目的审批以及柳江象州县北山小区河段防洪堤、红水河来宾电厂取水泵房改扩建、红水河来宾市磨东水厂等河道管理范围内建设项目的初审，上报珠江水利委员会审批。黔江两岸经审批建设码头7处，建简易流槽3处，设矿坪1处，两岸共建有大小电灌(抽)站22处，自来水水塔1座。

第二章 电 力

来宾市风能资源丰富，因季风从东南沿海过来，经过桂中地区平原地带，在象州、金秀和忻城等地遭遇1000米左右高山脉阻挡后受挤压，风速会在一定区域内提高，这样的风能资源对于风力发电而言优势明显，仅金秀瑶族自治县的风能资源就可达30万千瓦的装机容量。此外，来宾市煤炭资源占全区煤炭总产量的50%，地热资源和太阳能资源均可开发利用，可为电力生产提供足够的能源。境内煤炭资源有合山市矿区和来宾、忻城矿区。已探明煤田地质总储量为7.37亿吨。煤炭生产占广西地方煤炭总产量的50%，是广西重要的能源基地。地热资源主要在象州，曾利用地下热水安装1台200千瓦的汽轮发电机组，1981年12月发电，实际发出功率约50%。境内太阳总辐射量在90~110千卡/平方厘米·年，日照可利用天数占全年的41%~55%，是利用太阳能的有利地区。

来宾市地形复杂，雨量充沛，水系发达，水域面积达297.5平方千米，属珠江流域西江水系。其中62%属于西江干流红水河，17%属黔江，19%属柳江，2%属桂贺江。水系多呈树枝状分布。由于地势由西北向东南倾斜，周高中低，形成集水盆地，使河流水系呈树枝状向湖盆中央汇集。集水面积3000平方千米以上有3条。即黔江、红水河、柳江。全市地表水资源总量114.05亿立方米，地下水资源总量53.66亿立方米。全市水能资源蕴藏量34.17万千瓦(不含过境河流)，可开发量14.86万千瓦，至2005年底，已开发量3.44万千瓦。

民国23年(1934年)，来宾县境内合山煤矿股份有限公司利用柴油机在白鹤隘发电成功，自此开始了来宾用电的历史。中华人民共和国成立后，各县在县城建设小型柴油机发电站，供县城居民生活照明。来宾撤地设市后境内有乐滩电厂、桥巩水电站、来宾A厂、B厂、合山电厂等五大电源点，总装机容量370.6万千瓦；500千伏变电站2座，是广西电源和电网负荷枢纽中心之一、西电东送的中通道和电源重要支撑点。拥有110千伏及以上变电站32座，其中220千伏变电站7座、110千伏变电站25座、35千伏变电站56座。10千伏及以上线路12746.65千米，其中35千伏及以上输电线路总长度3740.17千米（含电缆线路44.44千米），10千伏配网线路9006.48千米。来宾市境已形成以500千伏变电站为支撑，以220千伏双链结构为主网架，110千伏系统辐射各县（市、区）的超高压、大容量、高可靠性的现代化电网。

第一节　电站电厂建设

大型电站工程

广西开投乐滩水力发电站（原恶滩水电站工程） 广西恶滩水电厂位于忻城县红渡镇红水河边，20世纪60年代末期至70年代，进行恶滩水电站地质勘探。在恶滩水电工程地质勘探中应用物探技术，对岩性分层和风化带等采用了电测井和声波井的物探方法，为工程地质提供了科学数据。逐步开始应用卫星照片和航测照片资料，研究红水河规划中的区域地质构造和岩溶发育规律，完成恶滩、麻石水电站工程地质报告。1966—1976年，进行恶滩等中型水电工程设计。

1977年1月，恶滩水电站开工建设，电站安装富春江水工机械厂生产的6万千瓦转桨式水轮发电机组1台。1980年6月18日完成机组埋设件安装，7月正式投入主机安装。1981年5月15日机组投产，装机容量为4×1.5万千瓦，保证出力3.1万千瓦，年发电量3.24亿千瓦时。安装工程预算投资194万元，实际耗资136万元。同年12月，工程全部竣工，总投资5655万元。有主变压器两台共9.5万千伏安，220千伏出线3回，分别与金城江、合山、大化电站连接；35千伏出线2回，送马山县金钗镇和忻城县。

1982—1985年，每年发电量在3亿千瓦时以上。至1985年，累计完成发电量14.7亿千瓦时，总产值9556万元。1985—1995年，累计完成发电量36.87亿千瓦时，总产值2.42亿元。

国家重点工程——广西乐滩电站　(2005年摄)

2001年11月，广西桂冠开投公司投资40.24亿元对恶滩水电厂进行扩建改造，装机容量为4×15万千瓦，该项目是广西壮族自治区实施“西电东送”的重要建设项目、广西红水河规划的第八个梯级电站，年发电量为35亿千瓦时，是一座以发电为主，兼有航运、灌溉、防洪等综合利用效益的水利水电工程。2004年12月20日第一台机组投产发电。

2005年12月4台机组全部竣工投产并网发电。并更名为广西桂冠开投电力有限责任公司。该工程是红水河规划开发的第八个梯级水电站，位于广西忻城县红渡镇上游3千米，上、下游分别与已建的龙滩水电站和在建中的桥巩水电站衔接，该电站是一座以发电为主兼有航运、灌溉等综合利用效益的水电工程，电站水库正常蓄水位112米，总库容9.5亿立方米，调节库容0.46亿立方米具有日调节能力。可替代火电容量55.56万千瓦，替代火电电量24.9亿千瓦时，每年可节约标准煤87万吨，节省燃料费2.61亿元。电站正常运行后，每年可向电网提供30.7亿千瓦时优质、清洁的电能。2005年发电量为8.64亿千瓦时；实现工业总产值18.91亿元；企业拥有固定资产312.36亿元；职工人数240人；实现利税7.61亿元；装机容量60万千瓦。

合山电厂 位于合山市区，是广西第一座电网最大的火力发电厂和储量丰富的合山煤矿坑口电厂。1967—1976年，完成合山火电工程的测量工作。第一期工程由中南电力设计院设计，其后各期工程由广西壮族自治区电力设计院承担，分5期建设。后一再扩改，致使厂区总体布置不合理，公用设施重复建设，工程量增大，建设周期长。1967年7月，合山电厂第一期开始安装，由广西壮族自治区机电工程处施工。1967年11月，合山电厂第一期工程完工，主厂房采用框架装配式钢筋混凝土结构，装机容量2×2.5万千瓦。至1986年10月二、三、四、五期土建工程完工，最后1台机组投产，工程概算总投资3.14亿元。第一期工程装机2×2.5万千瓦，1971年3月30日1号机组发电。1972年6月，第一期安装工程竣工。同年7月1日，2号机组建成。第二期工程装机1×2.5万千瓦，1974年9月20日投产。第三期工程装机2×7.5万千瓦机组，先后于1975年12月29日和1977年3月投产，安装两台7.5万千瓦发电机组。1977年6月，安装1台10万千瓦高参数发电机组，由广西壮族自治区火电安装公司承担。1978年4月12日正式投产。同年4月30日，6号机组开始安装，第四期工程装机1×10万千瓦机组，1978年12月25日发电。1984年，第五期工程(2×10万千瓦)开始安装，先后于1985年6月23日和1986年10月发电。全厂总装机容量50.5万千瓦，工程总投资3.14亿元。1993年，合山电厂先后对4、5、6、7号机组进行了增容改造，总容量达到了52.5万千瓦。1991—1995年，累计完成发电量63.32亿千瓦时。

合山电厂　(2005年摄)

随着国家能源政策的调整，13号机组于2000年12月已全部退役。2001年9月28日，成立大唐桂冠合山发电有限公司(原称“广西合山发电有限公司”)。2002年，电力体制改革后归属中国大唐集团公司管理。同年11月2日，电厂改扩建2台33万千瓦新机组，该工程总投资23.57亿元，由广西桂冠电力股份有限公司、国电南京自动化股份有限公司、深圳国电科技发展有限公司分别以60%、20%、20%投资建设。两台新机组从主体工程破土动工建设，并分别于2004年9月15日、12月17日通过168小时整套启动试运行后进入试生产。2004年，大唐桂冠合山发电有限公司技术改造投入618.3万元，主要用于设备改造、机组检修。2005年，大唐桂冠合山发电有限公司2台33万千瓦机组投入商业运行，当年发电量首次突破73.1亿千瓦时。

2005年末，企业拥有固定资产262.40亿元，职工人数1508人，装机容量113万千瓦，发电量49.92亿千瓦时，主营业务收入132.50亿元，实现工业总产值131.32亿元(现价)，工业增加值30.52亿元(现价)，利税总额6.57亿元。

来宾电厂工程　80年代初，为解决“七五”计划期间广西电网在枯水期严重缺电问题，1977—1985年，进行来宾火电厂测量。1985年，经国家计划委员会及水利电力部批准，由广西自筹资金兴建。主要是为提高广西电网水、火电的调剂能力，解决枯水期间严重缺电状况。该厂规划装机容量85万千瓦。

该工程由中南电力设计院设计，1985年11月完成初步设计。工程由广西壮族自治区火电建筑公司、广西壮族自治区火电安装公司、广西壮族自治区水电工程局火电工程处、柳州铁路局工程处、广西壮族自治区送变电公司分别承包。工程充分考虑环境保护，选用除尘效率为92%~95%，脱硫效率为10%~15%的文丘里水膜式除尘器和高210米的烟囱，来宾县城基本无烟气污染。电厂的灰渣经挥浆泵直接排入下文水库灰场，灰水经澄清后，用回收水泵打回厂区灰浆房作冲灰水源重复利用，灰水不排入江河。两台机组锅炉为上海锅炉厂生产，超高压中间再热式，自然循环汽泡炉，额定出力420吨小时，SG420/140-415型。汽轮机为上海汽轮机厂生产，中间再热凝汽式，额定功率12.5万千瓦，N125-135/535/535型。发电机为上海电机厂生产，双水内冷汽轮发电机，额定功率12.5万千瓦，电压13.8千伏，QFS-125-2型。主要发电机设备设计先进，自动化水平高。

第一期工程为2×12.5万千瓦，厂区主要生产设施按升压站，主厂房、煤场三列式布置。工程于1987年1月6日开工，两台机组分别于1989年1月1日和1990年1月2日经72小时试运转后投产。投产初期由广西壮族自治区人民政府委托广西电力工业局代管，按现代企业制度要求，明晰产权，1997年4月划归广西开发投资有限责任公司管理。来宾电厂投产后，发电机组运行比较稳定，达到额定出力，由于燃煤来自贵州，发热量较高，锅炉燃烧较为正常，能保持负压。1989年共完成发电量5.33亿千瓦时，厂用电率9.34%，发电标准煤耗405克/千瓦时。1990年，完成发电量11.74亿千瓦时，工业总产值5392.3万元。1991—1995年，累计发电量75.48亿千瓦时。

来宾电厂和已投产的来宾B电厂同在一地
（2005年摄）

2003年，作为广西壮族自治区人民政府的投融资主体、国有资产授权经营单位广西投资（集团）有限公司对所辖的电力资产进行重组，8月28日，广西方元电力股份有限公司来宾电厂挂牌成立。2004年，来宾电厂技术改造投入2602.9万元，主要用于锅炉燃烧气改造、锅炉管道更换、磨煤机技术改造2#机组DCS系统改造。同年3月，来宾电厂第二期扩建2×300兆瓦机组工程启动，工程静态投资25.43亿元，配套脱硫工程投资1.9亿元。2005年2月，工程项目主体工程动工，当年累计投入资金64206万元。

2005年末，来宾电厂企业职工人数1062人；拥有固定资产32.66亿元；装机容量85万千瓦，发电量17.85亿千瓦时，完成工业总产值42.46亿元（现价），工业增加值13亿元，利税总额2639万元，主营业务收入42.46亿元。

广西法资发电公司（广西来宾火电B厂） 位于来宾市河西工业区，厂区占地面积1000多亩，是中国、法国两国合作工程项目。来宾火电B厂是中国第一个经国家批准采用以BOT（建设—经营—移交）方式创办的建设项目，电厂由法国电力公司（EDF）联合体建设和运营，通过国际融资，筹措所有资金。投资方在建成电厂并商业经营15年后，把电厂移交给广西壮族自治区人民政府。

1995年5月，由国家立项建设，法国电力和通用电气阿尔斯通联合体取得项目的特许权。项目总投资6.16亿美元，采用欧洲最新的电厂设计技术，装机容量2台单机为36万千瓦的燃煤发电机组。1999年9月18日，一号机组成功并网发电；2000年5月1日二号机组成功并网发电，年上网电量为35亿千瓦时。同年10月5日，一、二号锅炉安装调试完毕。年内完成发电量12.66亿千瓦时；完成工业总产值4.81亿元；实现利税9745万元。2004年，来宾B电厂技术改造投入1000万元，主要用于进行锅炉燃烧、提高热效率改造。

2005年，用于正常设备技术改造以及机组的维修维护等共投入资金1000万元左右。完成发电量39.78亿千瓦时，完成工业总产值18.31亿元。

2001—2005年，累计完成发电量187.93亿千瓦时；完成工业总产值77.84亿元；实现利税29.58亿元。

县级电站工程

1953年，建成石龙县电厂，用135马力煤气机1台，带动1台80千瓦发电机发电，员工27人。1956年，建成忻城发电厂，有150千瓦内燃机2台，128千瓦发电机2台，工人9人。1959年，建成大瑶山电厂，有水轮机2台，100千瓦发电机2台，员工7人。1953—1961年，境内各县城先后建立火电厂，装机容量535千瓦。

国营电站 1991年9月20日，境内象州县落脉河一级电站动工兴建，1999年8月15日建成投产发电。1996年1月15日，武宣县河口电站开工建设，1997年3月建成并网投产。1996年11月，象州县水晶河一级电站动工兴建，1998年建成投产。2002年12月，兴宾区清潭水库电站开工建设，2005年1月建成投产发电。2002年12月31日，象州县长村水库坝后电站开工，2005年3月28日建成投产。2004年12月，象州县水晶河二级电站动工兴建，2005年8月建成投产。

股份电站 1999年11月，兴宾区来宾冷却水电站二期工程动工兴建，2001年12月建成投产。2004年1月，金秀县和平电站二级站动工建设。同年5月，兴宾区元龙水电站开工建设（2005年11月建成并网发电）。2004年12月，象州县廷岭电站和中平电站开工建设。2005年11月，金秀县枫木坳电站开工建设。

民营电站 2004年，兴宾区兴建鸭江水电站、古瓦电站。2005年，象州县兴建花王一级电站、花王二级电站、纳绿电站、长塘电站、龙舞电站。

1996—2005年，来宾市进行水电技术改造项目有象州县冲天桥电站、落脉河二级电站；武宣县乐梅电站、石祥河坝后电站；金秀县和平电站、河口电站；忻城县上滩电站。2003—2005年，金秀县兴建永和电站、金桂电站、十八家电站、大村电站、能琴电站、大樟河二级电站、天堂水电站、金发一级电站、胶厂电站、共和电站、金发二级电站、金圣电站、大垌河二级电站、立冲电站、长垌二级电站。

表 13-17　**1996—2005 年来宾市小水电装机拥有量和发电量统计表**

年份	处数	装机容量(千瓦)	年发电量(万千瓦时)	备注
1996	174	21094	6938	
1997	174	21694	8018	
1998	173	21694	7613	
1999	173	23649	7481	
2000	174	30579	8110	
2001	174	34224	9053	
2002	174	34414	10445	
2003	174	34114	13030	
2004	176	37390	11066	
2005	34	42040	12045	未含微型电站

表 13-18　**2005 年末来宾市装机容量 500 千瓦及以上水电站情况统计表**

县(市区)	电站名称	电站所在地	装机		设计水头(米)	投产时间(年月)		备注
			台 × 千瓦	容量(千瓦)		第一台	末台	
兴宾区	冷却水电站	良江乡	2×1250+1×3600	6100	25.3 (24)	1995.12	2001.12	24 米为 3600 千瓦机组的水头
	九龙滩电站	石陵乡	3×200	600	4.20	1985.12	1985.12	
	古元滩电站	迁江镇	3×200	600	4.00	1982.1	1982.1	
	下易电站	良塘乡	2×200+1×100	500	19.20	1974.2	1974.2	
	鸭江电站	大湾乡	2×250+1×160	660	7.00	2006.6	2006.6	
忻城县	上滩电站	红渡镇	1×320+1×200	520	22.00	1972.1	2003.5	扩容技改 1 台
	北开河电站	安东乡	2×320	640	13.00	2004.12	2004.12	
象州县	冲天桥电站	寺村镇	2×320+1×500	1140	23.50	1977.10	1999.2	新增机组 1 台
	落脉河一级站	大乐镇	3×630	1890	35.00	1999.8	1999.8	
	落脉河二级站	大乐镇	2×125+1×160+1×320	730	15.30	1981.12	2006.6	新增机组 1 台
武宣县	松响电站	东乡乡	2×320	640	74.00	1976.6	1976.6	
	河口电站	东乡乡	1×800	800	130.00	1997.3	1997.3	
金秀县	和平电站	金秀镇	3×1600+1×6300	11100	275.00	1977.9	2000.6	
	香草湖电站	金秀镇	2×200+1×320	720	50.00	1991.9	2004.5	扩容技改 1 台
	河口电站	金秀镇	1×1600+1×1250	2850	110.00	1995.11	2004.6	扩容技改 1 台
	永和电站	忠良乡	2×500+1×250	1250	72.00	2004.4	2004.4	
	十八家电站	忠良乡	3×630	1890	165.00	2004.7	2004.7	
	金桂电站	金秀镇	4×630	2520	90.00	2005.3	2005.3	
	和平二级电站	金秀镇	2×1250	2500	42.17	2004.1	2006.11	
	能琴电站	忠良乡	2×2500	5000	205.00	2004.8	2006.12	
	大村电站	桐木镇	1×400+1×250	650	11.50	2003.10	2006.1	
	天堂电站	忠良乡	3×630	1890	240.00	2005.9	2007.11	
	大樟河二级站	大樟乡	1×4500	4500	95.00	2005.1	2007.11	
合山市	溯河电站	岭南镇	2×1600	3200	34.00	1987.3	1987.3	
广能公司	下六甲电站	金秀县六巷乡	2×9800	19600	88.00	2003.11	2006.12	
	廷岭电站	象州县中平镇	2×2500	5000	24.00	2004.12	2007.5	
	中平电站	象州县中平镇	2×2500	5000	25.00	2004.12	2007.6	

第二节　电力生产

2003年11月14日，来宾供电局挂牌成立，隶属中国南方电网广西电网有限责任公司，拥有220千伏磨东站等6座变电站，承担广西八一铁合金、来宾冶炼厂、合山矿务局等3个大用户以及来宾市城北新区、来华投资区、河南工业园区的供电任务。

2004年，来宾供电局按照新局新机制模式，对传统生产管理模式和管理方式进行改进创新。110千伏建政变电站、35千伏来华变电站正在建设中，以解决来宾城北新区和来华投资区的供电；来宾工业园区、合山岭南2座110千伏变电站和220千伏红河变电站可行性研究已经完成；磨东至武宣的110千伏线路得到全线改造，全年多供电量1.2亿千瓦时。

2005年，110千伏建政变电站、35千伏来华变电站建成投运，解决来宾城北新区和来华投资区的供电问题；开工建设来宾工业园区、合山岭南2座110千伏变电站和220千伏莆田变电站。

合山市　1954年以前，合山煤矿发电车间只是夜间发电，白天停机。1955年后，实行全日发电，独立供电。1970年3月合山电厂1号机组投产发电，1986年10月全部完成。合山电厂负担着广西电网枯水期的主要发电任务，发电由广西壮族自治区电力中心调度所统一安排。合山市水电厂发电也并入广西电网。1991年，发电量306816.52万千瓦时，其中：合山电厂发电量305614万千瓦时，合山市水电厂发电量1202.52万千瓦时；1995年，发电量288419.76万千瓦时，其中合山电厂发电量287584.41千瓦时，合山市水电厂发电量835.35万千瓦时；2000年，发电量314847.58万千瓦时，其中合山电厂发电量313713.58万千瓦时，合山市水电厂发电量1162.12万千瓦时；2005年，发电量592292.47万千瓦时，其中合山电厂发电量592292.47万千瓦时，合山市水电厂停产。

金秀瑶族自治县　大瑶山水能理论蕴藏量16.46万千瓦，可开发利用6.19万千瓦，为发展水力发电提供了较好的自然条件。金秀瑶族自治县于1955年在县城开工建设第一个水力发电厂—金秀电厂。1957年冬，金秀电厂建成发电，向金秀四村及自治县直属机关及学校、医院、工厂等企事业单位和用户供电。和平电站于1969年动土兴建，1977年12月1号机组(1600千瓦)安装投运，经同年建成的和平电站至县城10千伏线路，主要向县城供电。当年，金秀电厂停运并成立自治县供电所，负责对县城用户进行供用电管理，年供电量31.6万千瓦小时。1965年后，各公社、大队、生产队，掀起了自筹资金，国家扶助，大办小水电的热潮。至1980年底，全县已建有小水电站122座(包括和平电站)，装机124台，容量为4268千瓦，电网高压线路长27.5千米，低压线路长254千米，安装变压器容量为9190千伏安，有8个社镇、34个大队、337个生产队用上了电；1980年发电934万千瓦小时。1988年10月，开始在全县实施山区初级电气化达标工作。经过1年多的努力，至1989年12月，全县总装机容量已达9111.66千瓦。其中县办电站2座，装机4台，装机容量4925千瓦；乡办电站3座，装机6台，装机容量715千瓦；农户1户或数户联办的微型电站2545处，装机2953.51千瓦；单位厂场自备柴油发电机44台，518.15千瓦。发电主要设备完好率为96.77%。2005年发电量6399.02万千瓦小时，购电1659.16万千瓦时，售电量5735.69万千瓦小时，实现利润17.5万元，交纳税金178.2万元。公司所属桐木变电站变电容量1×1000千伏安，1987—1988年扩建为2×2000千伏安，新建设10千伏线路4条。1987—1988年，新建头排变电站，变电容量2×1000千伏安，原有35千伏(鹿寨县)四排至桐木线路一条(属鹿寨县建设)，新建10千伏线路4条。桐木变电站和头排变电站的电源点来自和平电站。

忻城县　1956年9月建成了第一座小型火力发电厂，装机一台53千瓦，仅供县城机关、学校、医院和部分居民照明用电。1963年，该厂增安一台135马力、装机容量80千瓦的柴油发电机组，县城机关及居民用电稍缓。1969年，该厂又增安一台180马力、容量120千瓦的柴油发电机组，进一步扩大供电户。1971年11月合山至忻城屏山变电站建成投产，该厂同时撤销停产。1965年后，古蓬、大塘、马泗、思练、遂意等公社，自筹资金，先后购置安装了35千瓦左右的柴油发电机组发电，供当地机关、学校用电。1975年，全县建成小水电站44处，装机46台，1085千瓦，年发电量91.26万千瓦时。1981年5月，国家投资建成恶滩电站后，大电网通到全县各地，一些小水电站因自然水头低，加之有地方拦河筑坝，引水灌田，水源不足，不能正常发电等，使小水电站逐步被淘汰。截至1990年，坚持继续发电的只有上滩、大桑等两个小水电站。这两个站装机4台，405千瓦，年发电量34.4万千瓦小时。1991年，大同变电站调整扩容，由原2台主变容量为2×1000千伏安调整扩容为 2×2000 千伏安。1993 年，县境内以农业排灌为基础的电力网络初具规模，建成 35 千伏变电站 7 座，安装主变 12 座，总容量 21140 千伏安，电网覆盖率达 93.85%。全县有柴油发电机 146 台，装机容量 5660 千瓦。1994—1997 年，大塘变电站和县城中心变电站先后投入运营。1999—2004 年，安东乡北开河小型水电站建成，装机容量为 2×320 千瓦，年发电量为 100 万千瓦时。2005 年 12 月，县乐滩(恶滩)水电站扩建工程竣工并投入运营，总装机容量为 60 万千瓦时，年均发电量为 35 亿千瓦每小时。

武宣县　1959 年建成石祥支渠跌水电站，装机 1 台 12 千瓦，年发电量 2.1 万千瓦时，供水库管理所和水库附近 2 个生产队用电。1962 年，武宣县建立电厂。1965 年以后，武宣兴建一批小型小水电站，但发电能力低，未能满足生产、生活需要。1972 年以后，建成武宣 110 千伏变电站，安装主变 2×10000 千伏安。1972 年 4 月，武宣联接西津电网。1971—1975 年，新建水电站 13 座，装机容量为 13 台，175 千瓦。1975 年底，全县拥有小水电站 18 处，装机 18 台总容量 251 千瓦，年发电量 58 万千瓦小时。1976 年以后，各地用电大增；西津电网供电不正常。武宣县糖厂、武宣农场糖厂、锰锌矿、农机修造厂、县印刷厂等厂矿企业和一些机关单位，自购柴油机、汽轮机发电机作为备用电源。1976—1980 年，新增小水电站 15 处 16 台，总容量 485 千瓦。截至 1990 年，全县拥有小型柴油机、汽轮机发电机 8 座，总装机 10 台 4829 千瓦。1991—2005 年，小水电方面有金鸡石祥河电站(总装机容量 0.4 兆瓦)，年发电上网电量 132 万千瓦时；东乡松响电站(总装机容量 1.44 兆瓦)，年发电上网电量 272 万千瓦时；三里乐梅电站(总装机容量 0.4 兆瓦)，年发电上网电量 128 万千瓦时。

象州县　民国 27 年(1938 年)，罗秀大丰年碾米厂以煤气机为动力，设 1 千瓦直流发电机，发电供本厂照明用，为县内最早火力发电。1953 年，于石龙县城建第一座火力发电厂，以 30 匹马力单缸煤气机为动力，带动 25 千瓦发电机，供县直机关及部分居民照明用电，1958 年更扩为 80 千瓦。1956 年县财政投资 3000 元，于罗秀建成石龙县第一座小水电站——罗秀电站，装机 4.5 千瓦，供罗秀机关和部分居民照明用电。1959 年于象州兴建花山水电站，利用罗秀河引水渠道水源发电，装机 180 千瓦，1962 年正常发电，供象州县城及附近村庄。1962 年，花山水电站增设 1 台 60 匹马力柴油机带动水电站 180 千瓦发电机，于无水时以火力发电，出力约 45 千瓦。1963 年，全县建有小水电站 5 座，装机 216 千瓦。象州县城装 80 千瓦柴油发电机组 1 台，1967 年增设 1 台 84 千瓦，共 164 千瓦，由花山电站统一管理，补充水力发电不足时象州的工业生产和居民用电。自 1964 年后，无水力发电条件的社队，相继兴办火力发电，火力发电机组最高达 138 台，740.3 千瓦。因成本高，故每晚仅发电数小时，且不正常，多为照明用电。1970 年起，来宾电网伸入县境，火力发电逐渐为电网供电代替。至 1988 年，全县已无常用火力发电厂，仅部分机关、厂、矿设有火力发电机组 35 台，3963 千瓦，于电网停电时发电供本单位生产或生活用电。1991 年全县电力装机容量 5525 千瓦，其中水电装机容量 1525 千瓦，火电装机容量 4000 千瓦；发电量 1039.6 万千瓦时，其中水电发电量 200 万千瓦时，火电发电量 839.6 万千瓦时。1993—1994 年，由于广西电网供电能力不足，对象州县实行限电。加上 1994 年全县遭受洪涝灾害，县内工农业生产受阻，供电量分别为 4220 万千瓦时和 4282 万千瓦时。1996 年全县发电装机容量 10560 千瓦。2000 年全县发电装机容量为 12880 千瓦。2005 年全县总装机 6.8 万千瓦，县电网总供电能力 10 万千瓦。

来宾县(兴宾区)　1957 年 7 月，县工业部建成 1 座小发电厂，装机 1 台 64 千瓦，以木炭作燃料，由蒸汽机拖带电机发电，县城机关、企事业单位和城镇部分居民安装电灯 1200 多盏。当年发电量 1.82 万千瓦小时。1958 年，县糖厂接管工业部的发电厂，动力改用柴油机，并增加 72 千瓦发电机 1 台，供县城西区居民照明用电。1960 年，县锰矿在县城用 1 台 120 匹马力柴油机牵引 1 台 64 千瓦发电机发电，供县城东区居民照明用电。1962 年，县锰矿下马，县农械厂接管其发电机组继续发电。1967 年 12 月，县财政投资 2 万余元，从马村电灌二级站架接 1.5 千米的 3 千伏线路至来宾镇，镇内生产及生活用电改用西津电。从此，各单位的发电机组改为备用。1987 年 1 月，广西壮族自治区人民政府投资建设的来宾火力发电厂破土动工，1989 年 1 月建成投产。此外，县境部分企业单位自建有热力发电厂(站)。1990 年，各厂矿的发电厂(站)装机容量为：迁江糖厂 1×6000 千瓦和 3×1500 千瓦，来宾糖厂 1×750 千瓦，八一锰矿 2×1500 千瓦，红河糖厂 2×1500 千瓦和 1×750 千瓦。1993 年 10 月 9 日，县供电局投资 1800 万元建成 110 千伏河滨变电站，为县第一座采用先进计算机监控系统的变电站，第一期工程 35

千伏线路于当年1月竣工,主变容量31500千伏,主要供县城郊区生产和居民生活用电。1995年4月,建成九龙滩水电站,与县网并网发电。同年,岑丹水电站并入县网。是年11月27日,来宾火电站冷却水发电厂建成投产。1995年计划建设来宾火电B厂。来宾火电B厂是中国第一个经国家批准采用"建设—经营—移交"即BOT方式创办的建设项目,通过国际融资,筹措所有资金。投资方在建成电厂并商业经营15年后,把电厂移交给广西壮族自治区人民政府。1997年9月3日正式签署特许权协议,法国电力和通用电气阿尔斯通联合体取得项目的特许权。项目总投资6.16亿美元,采用欧洲最新电厂设计技术,装机容量2台单机为36万千瓦的燃煤发电机组,其中汽轮机和发电机由阿尔斯通生产,锅炉为国内生产,锅炉每台出蒸气额定率每小时1006吨,属全国少有的大型锅炉之一,1999年9月18日,一号机组成功并网发电,2000年5月1日,二号机组成功并网发电,年上网电量为35亿千瓦时。

第三节　农村供用电改革与农村电网改造

1996年3月28日,国务院批准境内象州、武宣和忻城3个县为全国第三批农村水电初级电气化建设县。同年底,随着农村电力事业的蓬勃发展,用电面不断扩大,境内乡(镇)通电率100%、村通电率96.6%、户通电率94.79%。1999年1月,境内各县拉开农村电网建设(改造)工作序幕,通过农网建设与改造和农电体制改革,达到城乡用电同网同价的目标。农电管理体制改革把原归水利系统管理的5个县(市)(原来宾县供电部门隶属县经委管理)的供电管理部门一分为二,划归水利系统管理的县级地方电力供电企业只有金秀瑶族自治县,其余5个县(市、区)地方电力供电企业划归大网系统代管,技术业务归口广西电力公司管理。至1999年底,象州、武宣和忻城3个县农村水电初级电气化县建设指标均达到《农村水电初级电气化验收规程》(GB/T15659-1995)要求。2003年1月25日,金秀瑶族自治县水利电业有限公司(前身是金秀县水电公司)成立,是广西水利电业有限公司控股的县级供电企业。

至2003年12月,全市农网改造与建设工作结束。农网建设与改造结束后,供电企业除金秀瑶族自治县水利电业有限公司归广西水利电业有限公司管理外,其余5个县(市、区)的供电部门均归广西电力公司代管。每个县(市、区)只保留1个供电机构,取消中间环节,由1个县级供电企业对县(市、区)电网实行城乡统一管理、统一核算、统一价格。发供电实行厂网分开管理,地方发电部门不管其投资主体如何,其管理职能均归地方水行政管理部门管理,具体业务由来宾市电力管理站负责。各发电站(厂)的上网电量(除隶属广西广能公司管辖的下六甲电站、廷岭电站、中平电站直接上区大网外),由县(市、区)供电企业统一购供经营。2005年末。全市乡(镇)通电率100%、村通电率100%、户通电率99.6%。

2005年,来宾供电局安全生产工作有序开展。年内,开展变电、线路维修及检修工作基本完成。开展安全性评价工作,摸清该局安全生产现状。完善现场规程编修,落实事故处理预案。年内,设备预试计划完成率99%,110千伏及以上设备缺陷消缺率100%。220千伏继电保护正确动作保持100%。电网安全稳定校核和保护整定正确率100%。

象州县　1968年兴建石龙电灌输变电工程,此后输变电工程日趋配套完善。至1990年,全县共有4路电网供电,建有110千伏输变电工程1处;35千伏输变电工程4处以及一批输变电配套工程。1991年拥有110千伏输电线路45千米,35千伏线路90千米,10千伏线路477千米,0.4千伏线路260千米;10千伏以上变电变容量55010千伏安。供电量4156万千瓦时,线损率16.7%,户通电率84.3%。2005年有110千伏变电站1座,主变容量6万千伏安;35千伏线路11回224千米;35千伏变电站9座,主变容量2.11万千伏安;10千伏线路59回962千米;配电变压器1020台,共7.3万千伏安。

来宾县(兴宾区)　1965年以后,县线路接广西电网,由来宾变电站以1回35千伏线路送电到县开关站,再由开关站转送到县境各地的变电站供用户使用。1970年,全县共有高压输配电线341千米。1980年增至898千米。1990年,境内除广西电力工业局直属的来宾电厂等单位外,县内共有35千伏变电站15处,安装变压器43台,容量6.3万千伏安;35千伏输电线路9条共248.9千米;3~10千伏供电变压器975台,容量6.49万千伏安,输电线路1184.5千米;0.4千伏低压输电线路1500千米。1991年,来宾县安装整改35千伏线路71千米,6~10千伏线路244千米,低压线路118.6千米,安装变压器190台,共增加容量12589千伏安。1992年,已并网的下易、王公水电站并入县网,古元滩水电站也并入电网。1993年，上团变电站迁至石牙街，容量为2000千伏安。同年，石牙乡两线一地改为三线制，并兴建蒙村乡至石牙乡、泡水至小平阳镇35千伏的输变电工程。1993—1994年，兴建凤凰35千伏变电站，容量为4000千伏安。1996年，投入50万元整改35千伏线路12千米，10千伏线路24千米，低压线路80千米，安装整改830户，改造安装变压器12台。1997年，安装高低压线路257千米，其中高压10千伏线路186千米，低压线路71千米；安装变压器102台，全县117个边远山区村屯村村通电。1998年，投资155万元整改合山至东江35千伏线路11.85千米，平阳至石牌6千伏线路8.5千米，良江至河滨变电站10千伏线路5千米，红河变电站至正龙及龙南6千伏线路7.5千米，来宾开关站至维都35千伏线路9.39千米。1999年，投资52.32万元整改蒙村变电站35千伏进出线2.1千米，桥巩乡良水村至七洞10千伏线路26千米。1999年4月，县人民政府移交来宾县供电局给广西电力有限公司代管，线路整改工作继续进行，其中整改蒙村变电站35千伏进出线2.1千米；整改良水至七洞10千伏线路26千米。2000年，全县进行农网建设大会战，成立县农网建设与改造工作协调领导小组，来宾电力工业已发展至以35千伏线路为主，遍及全县各乡镇的农电网路。

武宣县　1962年武宣县电厂架设低压线路4千米。1972年4月，武宣联接西津电网。1976—1980年，建成10千伏配电线路28千米、0.4千伏线路38.4千米。1982—1984年，建松响跌水电站至三里10千伏线路12.4千米、锦卜线路2.6千米。1986年建成松响电站至河马乡10千伏线路3.6千米。1990年，全县有35千伏线路10.2千米，10千伏线路61.4千米，低压线路55.7千米。小水电供电区装配电变压器80台3015千伏安。1968年8月，广西壮族自治区革命委员会批准《柳南电灌片一武宣电灌工程》兴建，由广西水电勘测设计院设计，南宁送变电工程处、柳州水电公司安装队、武宣电灌工程指挥部共同施工，建武宣大陆110千伏变电站1座，主变压器（以下简称主变）2台总容量2万千伏安，110千伏高压线路65千米，接来宾县葵花变电站；建35千伏变电站4座，35千伏高压输电线路68千米。到1972年基本建成。1990年止，电网遍布全县13个乡镇，共有35千伏线路4条，总长101.8千米，35千伏变压器32台，总容量32030千伏安；10千伏线路13条，总长534.8千米，10千伏变压器341台，总容量35495千伏安。1999年，国家开始实施改革农电管理体制、改造农村电网、实现“两改一同价”（城镇、农村电网改造，城镇、农村用电类别是统一销售价格）。武宣县当年即实施农村电网建设和改造工程。农网改造前，武宣县电网有35千伏线路118千米，35千伏变电站5座，主变容量10750千伏安；有10千伏线路764千米，配电变压器736台，容量69015千伏安。至2005年，武宣网区完成农网改造工程1031个，总投资为7593.75万元，其中，一期农村电网建设与改造完成35千伏变电站工程11个，新增主变6台，总容量18300千伏安，完成35千伏线路施工11条，新建及改造线路123.08千米；10千伏及以下单项工程514项，新建10千伏线路443.05千米，低压线路1484.3千米，配电台区476个，配变容量17675千伏安，改造一户一表55747户。二期完成10千伏及以下单项工程施工495项，新建及改造10千伏线路360.48千米，低压线路529.37千米，真空开关工程29个，配电台区313个，配变容量22530千伏安，改造一户一表16070户。2005年基本实现城乡“两改一同价”。

忻城县　1969年，从合山电厂架设1条35千伏输电线路到忻城，并相应建设1座简易降压站，装机容量1310千伏安。1971年11月，屏山变电站建成投产，忻城开始用大电网电源供电。尔后各乡镇变电站、电管站、开关站相继建成投产，全县供电网路逐步形成，供电设施日趋完善。至1990年底止，全县已建成变电站5个，开关站1个，电管站6个。拥有35千伏输电线路119千米，10千伏输电线路499.5千米；35／10千伏主变压器9台，装机容量14140千伏安；配电变压器494台，装机容量21915千伏安；用电设备23476千瓦，其中农用电设备13980千瓦。从1971—1990年，用于电网建设投资666.41万元，其中传导设备337.89万元，房屋及其他建筑103.58万元，生产设备197.91万元，运输设备24.35万元，工具仪表2.16万元，其他固定资产5241元。1999—2004年，全县启动农村电网建设与改造项目，恶滩水电站开工建设。大念至县城变电站35千伏输电线路建成投入运营，线路长14千米。

合山市　1954年合山煤矿建立了发电车间，解决了里兰矿区的供电问题后，用6千伏线路（1961年改用35千伏线路）向溯河、柳花岭和东矿矿区供电。1960—1965年，里兰至东矿公路沿线的农村始用电照明和农业排灌。1965年合山矿务局自备电厂用6千伏线路向河里矿供电。1967—1968年间改用35

千伏线路向河里矿送电。这条线路于1969年通过迁江农排线路接通西津电网。1970年西津电网通过专线向正在施工的合山“671”电厂工地送电。1971年3月,合山电厂1、2号机组投产后,矿区用电迅速发展,合山矿务局的9对矿井和3个厂(煤机厂、烧砖厂、机修厂)以及邻近矿区的农村,都用上了电。1988年兴建北泗变电站,4条10千伏线路分别架设到北泗乡的北泗街、灵台村和下麦村以及市政府所在地,全长55.4千米;从煤机厂架设2条6千伏线路到北泗乡古楼村;从河里矿变电站架设1条6千伏线路到河里乡。1988年7月,市水电厂与广西电网并网供电后,市区工农业生产、生活和照明电普遍。1990年全市156个自然村,村村通电,户户用电。1991—2005年,合山电厂有输电线路6~10千伏线路14条,长100千米,电杆101杆;35千伏线路18条,长180千米,电杆1230杆,共投资500万元。此外,合山电厂向境外输电线路有:110千伏线路4条,长312千米;220千伏高压线路4条,长390千米。

金秀瑶族自治县 1988年10月,开始在全县实施山区初级电气化达标工作。经过1年多的努力,至1989年12月,县管电网拥有35千伏线路27.9千米,35千伏变电站2座、装机容量4000千伏安;10千伏配电线路172.12千米,配电变压器139台、11175千伏安;400伏低压线路108.92千米。乡管独立电网3处,拥有10千伏配电线路32.25千米,配电变压器22台、1155千伏安,400伏低压线路38.63千米。农村微型电站400伏低压线路96.09千米。综合网损率为9.21%。输变电主要设备完好率为100%。各项指标均已达到国家水电部颁布的山区县农村电气化初级阶段标准。自治县农村电网“两改一同价”(指改革农村电网管理体制、改造农村电网和城乡用电同网同价)工作,于1999年实施,工程总投资6129万元。其中:一期35千伏项目工程投资2251万元,批复工程量为新建35千伏变电站5座,35千伏线路125.7千米;10千伏及以下工程投资2508万元,批复工程量为新建10千伏线路180千米,改造10千伏线路210千米,配电台区240个,完成“一户一表”改造26359户;二期10千伏及以下工程投资1370万元,35千伏工程投资2251万元,二期批复工程量10千伏线路162.36千米,配电台区117个,完成“一户一表”改造3792户。该工程于2005年12月顺利通过自治区农网改造验收组验收,全面完成广西壮族自治区计划委员会批复的农网建设与改造工程任务。

第四节 供用电

2003年,来宾市电力总装机容量为150万千瓦,是广西电网主力发电基地之一。广西方元电力股份有限公司来宾电厂的前身是广西来宾电厂、广西开发投资来宾发电有限责任公司,8月23日挂牌成立广西方元电力股份有限公司来宾电厂,装机容量为2×12.5万千瓦。广西来宾B电厂是中国电力行业经过国家审批的第一个BOT(建设—营运—移交)项目,法资发电公司为业主,把电厂的营运和维护工作承包给广西来宾希诺基发电运营维护有限责任公司,装机容量为72万千瓦。合山发电厂始建于1967年1月,经五期工程建设增容后装机容量为47万千瓦。广西开发投资恶滩发电厂于20世纪80年代初期建成投产,装机容量为60万千瓦。全年总发电量为91.79亿千瓦时,完成上网电量83.06亿千瓦时。

2005年,来宾供电局大力推进电网建设,做好电力供应,做好用电规划和前期用电协调。年内,累计售电量完成22.6亿千瓦时,同比增长12.05%。平均负荷率84.97%;电网最高负荷率94.13%,最高负荷36.8万千瓦,增长12.20%,日最大供电量731.50万千瓦时。

2005年,来宾市全社会用电量为239019.33万千瓦时,同期增长11.23%。其中,第一产业用电量5812.25万千瓦时,占总用电量的2.43%;第二产业用电量200683.39万千瓦时,占83.96%;第三产业用电量6016.23万千瓦时,占2.52%;城乡居民用电量26507.46万千瓦时,占11.09%。各县(市、区)用电量情况:兴宾区(含市直机关)151055.94万千瓦时,同期增长13.78%;忻城县9645.84万千瓦时,同期下降14.1%;象州县11924.02万千瓦时,同期增长24.88%;武宣县12635.98万千瓦时,同期增长16.52%;金秀瑶族自治县6330.76万千瓦时,同期下降4.6%;合山市47426.79万千瓦时,同期增长8.12%。

来宾县(兴宾区) 1964—1975年,来宾县城先是由县工业部建的电厂供电,后由糖厂和农械厂电厂供电;良塘公社由王公水电站供电;溯社公社平阳公社由合山煤矿电厂供电;凤凰公社和北五公社由八一锰矿电厂供电。1965年以后,县线路接广西西津电网,由来宾变电站以1回35千伏线路送电到县开关站,再由开关站转送到县境各地的变电站供用户使用。1970年,全县共有高压输配电线341千米。1980年增至898千米。1990年,县内共有35千伏变电站15处,安装变压器43台,容量6.3万千伏安,输电线路1184.5千米;0.4千伏低压输电线路1500千米;用电设备装机6.78万千瓦,其中农业排灌用电3.21万千瓦,县办工业用电2295千瓦,城镇街道工业和乡镇工业用电5520千瓦,粮油食品和农副产品加工用电7180千瓦。1999年,全县购电量16828千瓦时,创历史最高纪录,实现工业总产值681万元,销售收入3818万元,实现税利375万元,其中税280万元,利95万元。2000年上半年购电量为7949.37万千瓦时,售电量7123.87万千瓦时,实现税利192.31万元,与1999年同期相比增加30.87万元,线损率10.3%。

金秀瑶族自治县 1989年,金秀瑶族自治县全年发电量1869.23万千瓦小时,县外购电量378.63万千瓦小时,供电量合计2243.37万千瓦小时,实际用电量2084.83万千瓦小时;全县通电达到25407户,占总户数的91.04%。用电保证率为87.86%。以电代柴户达3472户,占总户数的12.44%。全县年用电量2084.83万千瓦小时,平均每人用电量151.08千瓦小时。全县生活用电量750.48万千瓦小时,户均用电268.93千瓦小时。2005年工业装机容量由网改前的1.75万千瓦增至3.75万千瓦。

合山市 1971年合山电厂1、2号机组投产后,合山矿务局开始用电作为动力进行煤炭生产。1987年市水电厂投产后,市水泥厂、硅铁厂、灰沙砖厂和灵台煤矿等先后用电于生产。据1990年统计,工业用电量为1.42亿千瓦时。其中:合山矿务局1.36亿千瓦时,市水泥厂、硅铁厂、灰沙砖厂、灵台煤矿以及市办的小工业和乡镇企业等用电620万千瓦时。1991—2005年,合山电厂和合山市水电厂并入广西电网后,合山矿务局用电作为动力开采煤炭生产,市内各个厂、矿、企业也全部先后用电生产。2005年,全市工业用电12192万千瓦时,其中:合山矿务局8152万千瓦时,市属厂、矿及小工业等用电4040万千瓦时。合山农业用电始于1965年。1990年全市建有电力排灌站33处,装机34台,容量2100千瓦,用电305.8万千瓦时,受益农田面积1850公顷。1991—2005年,合山市新增电力排灌站2处,装机2台,容量1600千瓦,用电221万千瓦时,受益农田面积3466.67公顷。市水电厂投产后,以电代替燃料,满足市民的生活需要。农村用电户占全市总户数的85.63%,据统计,1990年生活用电996万千瓦时,2005年全市生活用电1942万千瓦时。1971年以后,机关、学校、厂矿等照明普遍用电。1982年以后,农村照明普遍用电。1990年全市农户13703户,全部用电照明,用电量为375.3万千瓦时。2005年,全市照明用电量2300万千瓦时。

象州县 民国时期,仅罗秀私营大丰年碾米厂用电照明。1953年,石龙县直机关及县城部分居民开始用电照明。1962年,花山水电站向象州县城及花山附近村庄供电。1964年,大乐、中平、百丈、罗秀的部分村庄,用小水电照明或农副产品加工。1970年后,石龙、马坪、象州、妙皇、寺村、运江等乡镇均由电网供给生产、生活用电。1980年后,罗秀、中平、百丈、大乐均由电网供生产、生活用电。1990年,全县11乡镇112个行政村,42000户居民用电,用电面积达82.7%。1993—1994年,由于广西电网供电能力不足,对象州县实行限电。加上1994年全县遭受洪涝灾害,县内工农业生产受阻,供电量分别为4220万千瓦时和4282万千瓦时,比1992年的4688万千瓦小时减少9.98%和8.66%。1995年县内工矿企业、农业生产全面恢复,广西电网能力日趋提高,县内供电逐渐正常。1996—2000年,象州县电网供电量6181万~6632万千瓦时。2005年全县总装机6.8万千瓦,县电网总供电能力10万千瓦。

武宣县 1951年,在武宣镇下南街蔡家巷建立武宣县大米加工厂。该厂45匹马力柴油机白天加工大米,晚上发电照明。1953年,发电设备迁到石龙镇。1962年建立武宣县电厂,年供电量20.4万千瓦时。1972年4月,武宣联接西津电网后,柴油机停止发电。1976年以后,各地用电大增;西津电网供电不正常。武宣县糖厂、武宣农场糖厂、锰锌矿、农机修造厂、县印刷厂等厂矿企业和一些机关单位,自购柴油机、汽轮机发电机作为备用电源。截至1990年,全县拥有小型柴油机、汽轮机发电机8座,总装机10台4829千瓦。1999年,开始实施全县农村电网建设与改造工程。2005年完成购电量1.26亿千瓦时,售电量1.19亿千瓦时,综合线损率5.64%。

忻城县 1956年9月,在县城建成了第一座小型火力发电厂,装机一台53千瓦,仅供县城机关、学校、医院和部分居民照明用电。随着电力需求日增,1963年,该厂增安一台135马力、装机容量80千瓦的柴油发电机组,县城机关及居民用电稍缓。1969年,该厂又增安一台180马力、容量120千瓦的柴油发电机组,进一步扩大供电户。1971年11月合山至忻城屏山变电站建成投产,该厂同时撤销停产。1990年,全县13个乡镇全部通了电;130个行政村,有98个通了电,占75.38%;7.62万户,有4.78万户用上了电,占62.73%。1994年,全县行政村通电率在93.8%，自然村通电率达88.97%。全县供电量5850.4万千瓦时，售电量5452.7万千瓦时。1996年，国务院批准忻城县列为全国2000个第三批农村电气化县。1998年村通电率为98.46%，年用电量7000万千瓦小时。2000年3月，全县农村电网建设与改造启动，2003年12月，全县农村电网建设与改造全部完工。2004年全县完成供电量11228万千瓦小时，售电量10040万千瓦小时，综合线损率10.59%，年电费总收入3555.38万元。2005年，乡、村通电率达100%，年用电量约1.12亿千瓦小时，其中工业售电量5177.21万千瓦小时，农村售电量4202.31万千瓦小时。

第三章 库区移民安置

1956—1962年来宾县境内兴建的清潭、三利、二沟、樟村、高境、陈寺、莲花和富尧8座中型水库共淹没土地2529公顷，其中：耕地1754公顷。搬迁安置移民17个村屯1232户共6394人。详见《中型水库工程淹没搬迁统计表》。这些移民分别安置在兴宾区的南泗、五山、小平阳、三五、正龙、蒙村、石牙、平阳、凤凰9个乡镇的59村屯。

1956—1962年兴宾区共兴建小型水库112座，其中有16座有移民的水库，共淹没土地616.67公顷，其中耕地389公顷，搬迁安置移民17个村屯752户共4216人。这些移民分别安置在兴宾区的南泗、平阳、小平阳、三五、桥巩、蒙村、迁江、良江、大湾和寺山10个乡镇的30村屯。

忻城县移民安置主要涉及乐滩水电站坝区征地及水库淹没耕地影响的移民搬迁安置，其中乐滩水电站坝首所在地古令屯实行整体搬迁安置，水库淹没耕地及宅基地影响的移民全部实行就地后靠安置。2001年，原恶滩水电站（后更名为乐滩水电站）开始扩建，坝首施工区征地涉及忻城县红渡镇六纳村委古令、加范两个村民小组，古令屯实行整体搬迁安置，搬迁至电站生活区附近的大岭、官运岭安置，搬迁农村人口为496人；加范屯由于第一次征地占地数量少（0.67公顷），仅占原有耕地的10%，征地涉及移民就地安置。乐滩水电站水库淹没影响涉及忻城县红渡镇的红渡、六蝶、六纳和遂意乡的兰甲、加龙等2个乡（镇）5个村民委29个村民小组，淹没耕地面积20公顷（水田3公顷、旱地5.13公顷、菜地0.15公顷、桑地10.85公顷），2005年，需生产安置人口为381人。忻城县受乐滩水库淹没需建房人口为52户248人，全部实行就地后靠建房安置。

至2005年末，来宾市共有大中型水库移民49849人，其中中型水库移民39166人，大型水库移民9581人，在建乐滩水电站移民1102人。移民分布情况如下：兴宾区33049人，其中中型水库移民25784人，由玉林市、贵港市迁入大型水库移民7256人（含贵港市平龙水库344人，玉林市老虎头水库2690人，广东省鹤地水库博白县移民4231人）；象州县9668人，其中中型水库移民9612人，大型水库贵港达开水库迁入桂平县移民56人；武宣县6030人，其中中型水库移民3770人，大型水库贵港达开水库移民2260人；忻城县乐滩水电站库（坝）区移民1102人。

2004年市移民局工作人员深入移民点调查研究

2005年，市、区两级移民局工作人员在桥巩水电站移民安置点与村委干部协商工作

第十四篇

工业　乡镇企业

自唐代时期起，今来宾市境内就已有冶炼业。清朝中叶，忻城县就已有手工作坊织锦业。光绪三十一年(1905年)合山开始开采煤矿。民国27年(1938年)，广西省政府与中国银行合办合山煤矿股份有限公司。

中华人民共和国成立后，今来宾市境内先后开发煤炭、冶金、建材、造纸、农产品加工、制药、机械、电力等工业生产。

1958年，国家进入第二个五年计划时期，境内各县始办一批小型工业企业或将一些集体工厂转为国营企业。

1960—1970年，国家进行经济调整和时逢"文化大革命"，工业受到严重影响。1960年，今来宾市境内有全民所有制工业企业59家。1961年以后，按照"调整、巩固、充实、提高"的方针，各县办国营企业减少。1967年，开展"文化大革命"运动，境内工业建设和生产均受到严重影响。1969年，境内工业恢复生产。1970年，境内有工业企业193家。

1971—1978年，境内工业经济逐渐发展。先后建设4座规模为3000吨的氮肥厂，建成6家农械厂、4家糖厂和一批矿产品加工、木制品加工企业，初步形成了机械、食品、化工、冶金、轻工等门类比较齐全的工业体系。全市工业总产值、主要产品产量等工业经济指标均有较大提高。

1979年，在改革开放大潮的推动下，境内工业经济进入市场经济取向的起步阶段：贯彻中央"调整、改革、整顿、提高"八字方针，工业企业在完成国家计划的前提下，可制定补充计划；实行利润留成，把企业经营好坏同职工的物质利益挂钩，企业可用利润留成建立生产发展基金、集体福利基金和职工奖励基金，有权自行安排使用。从1980年起，固定资产折旧费70%由企业安排使用，固定资产原值在100万元以下的小型企业折旧费，全部留给企业安排使用。

1981—1982年，境内全面推行工业经济责任制。

1983年，境内实行利改税，进一步扩大企业自主权，实行厂长负责制，完善职工代表大会制度。对城镇集体工业进行改革，对集体所有制工业进行整顿、改革，恢复发展非公有制工业，恢复个体工业，发展"三资"企业。通过一系列的调整和改革，全市工业稳步发展，至1984年底，境内全部工业户数314家，全民所有制工业企业固定资产原值3.14亿元，独立核算工业企业职工31686人。全部工业总产值2.64亿元。

从1987年下半年开始，部分大中型工业企业开始推行承包经营责任制，对小型工业企业实行租赁制，继续推进城镇集体工业和乡镇企业改革，鼓励发展非公有制工业，发展"三资"工业。境内工业得到快速发展，工业企业从1985年的249家发展到1990年底的356家。

1997—2001年，开展深化体制改革，积极引资扩大开放，建立"产权清晰，权责明确，政企分开，管理科学"的现代企业制度，大多数国有企业都进行了以分配制度为核心的三项制度改革。来宾市在巩固企业三项制度改革成果的同时抓好企业的改制改组工作，先后组建两大集团公司，18家大中企业纳入推进建立现代企业制度试点。放开中小企业275家，搞活204家，规模以上工业企业共完成工业增加值15.94亿元，工业产品销售率达到100%。

到2002年末，境内所辖6个县(市、区)规模以上工业企业资产总值118.35亿元，比1990年增加79.45亿元，增长2.04倍；实现工业总产值(当年价)82.50亿元，比1990年增加70.91亿元，增长6.12倍。

来宾市成立后的2003—2005年，境内工业经济进入市场走上较快发展阶段。电力工业快速发展，产业实力不断增强；制糖工业快速推进，支柱产业地位明显，成为来宾市的支柱产业。来宾市成为广西制糖基地之一；冶金工业挖潜改造，加快产业升级，成为来宾市又一支柱产业；茧丝工业发展强劲，逐步成为新的支柱产业；浆纸业快速发展，成为市轻工业的优势产业；电子工业实现零的突破，填补了境内高新产业空白。国有企业产权改革进展顺利。英国糖业公司收购了象州县罗秀糖厂和武宣县糖厂；东糖集团公司增资控股了迁江糖厂、凤凰糖厂、桂宝糖厂、石龙糖厂；永鑫集团公司收购了来宾二糖厂；南华集团收购忻城糖厂和思练糖厂；民营企业主投资建设合山糖厂。工业经济总量不断扩大。到2005年底，全市工业企业7835家。其中，主营业务收入500万元以上(规模以上企业，下同)工业企业99家，全部从业人员29989人。全市工业企业实现工业总产值(当年价)154.7亿元。其中，规模以上工业企业实现总产值103.46亿元；规模以上企业完成增加值45.73亿元。全市规模以上工业企业实现利税总额20.49亿元。县域工业经济稳步发展：忻城县工业经济增长强劲，增幅达119.7%，合山市增长110.5%，金秀县增长72.4%，武宣县增长29.8%，象州县增长16.2%，兴宾区增长3.4%。全市6个县(市、区)，有4个县(市、区)实现工业总产值超10亿元。其中，兴宾区工业总产值达到83.38亿元，合山市25.69亿元，象州县14.18亿元，武宣县12.12亿元。

第一章　工业管理

民国时期境内工商业由各县建设科管理。中华人民共和国建立后，各县（市、区），来宾市人民政府设立经济委员会（经贸局）管理。中华人民共和国成立前，境内多以农产品加工为主的作坊式手工工业，多以家庭经营为主，规模小且多耗人力。有打铁、印刷、榨糖、榨油、制面、酿酒、织布、陶工、石工、木工等手工操作加工10多个小作坊行业，从业人员1万余人。比较大的有采矿、铁器、纺织、造纸、木器等行业。1950—1957年，境内工业属初发阶段；1971—1978年，境内工业得到逐步发展。

第一节　机　构

民国时期境内工商业由各县建设科管理。1949年12月，境内各县相继解放成立县人民政府，内设建设科，组织领导工商业事业，统一接受柳州地区行署工商科领导。1954年6月，撤销工商科，分设工业科、商业科、手工业科。1956年2月到1957年12月，各县政府工作机构仍设有工业科，手工业科。1958工业科、手工业科、交通科合并成立工交局（后改称工交科）。工作机构设有工交局（工交科）。1960年10月，工交局改称手工业局。1968年8月，各县革命委员会成立后，设：办公室、政工部、生产指挥部、人民保卫部等工作机构，只指定临时负责人，没有任命职务。10月，将“一室三部”改设办事组、政工组、生产指挥组、人民保卫组。1971年11月，各县经过调整设置后，革委会工作机构设有工业局、二轻工业局、公社企业局。

1976年10月至1987年10月，社会主义现代化建设新时期。各县革委会工作机构有增有减。1976年10月撤销二轻工业、公社企业局，二轻业务并入轻工业局，公社企业局并入计委内设立公社企业科（股）。这一时期工作机构设有重工业局、轻工业局、煤炭局。1978年5月，革命委员会撤销，恢复各县人民政府，革命委员会的工作机构相应改称政府工作机构。在此期间，随着经济体制和政治体制改革深入和发展，对工作机构进行了调整、加强和完善。1983年4月，开始处理“文化大革命”遗留问题，“处遗”后政府工作机构包含经济委员会、二轻工业局、乡镇企业局。

1987年10月，各县人民政府工作机构中设有经济委员会、工业局、二轻工业局、乡镇企业局。随着经济建设和改革开放的需要工作机构有所调整。1993年5月，乡镇企业局改为乡镇企业委员会，1996年5月又改为乡镇企业局，同时二轻工业局改为二轻工业总公司。1996年下半年机构改革，各县（市）经济委员会改为经贸局，原劳动部门负责的安全生产管理职能纳入经贸局。

2002年12月28日，来宾市挂牌成立，市人民政府设立经济贸易委员会（简称经贸委），经贸委主管全市工业和商贸业。经贸委内设10个科室：办公室、经济运行科、技术进步与投资科、安全生产监督管理科、企业监督科、资源节约与综合利用科、贸易市场科、电力科、人事教育科、行业综合科。市安全生产监督局挂靠经济贸易委员会，散装水泥办公室仍为经贸委下属单位。市经贸委指导兴宾区、象州县、武宣县、忻城县、金秀县、合山市等六个县（市、区）经贸局工作。

来宾市经贸委办公地点为：来宾市兴宾区北二路59号（借用来宾建设银行九楼办公）。

历任经贸委主任：张红烈（2002年12月—2004年6月）。

2004年，政府机构实施重大改革，来宾市撤销市经济贸易委员会，设立来宾市经济委员会（简称经委），原安全生产管理职能和市场贸易职能分别划归新成立的市安全生产监督管理局和商务局，乡镇企业局的管理职能划归市经委，原柳州地区二轻局改为二轻总公司，隶属来宾市经委，形成大工业格局。经委内设：办公室、人事科、政策法规与工业规划科、经济运行科、资源节约与综合利用科、能源工业科、工业区建设与规划科等7个科室（办公地点不变）。散装水泥办仍为经委下属部门。经委指导6个县（市、区）经贸局工作。

历任经委主任：张红烈（2004年6月—2005年12月）。

境内二轻工业管理机构成立于20世纪五十年代。1954年4月，来宾县设立手工业管理科，隶属宜山专区设手工业科。1956年后，境内各县（市）手工业联社经民主选举社员代表参加县联社代表大会，选派联社理事会、监事会成员，1958年9月裁撤。

1960年，设手工业管理局，隶属柳州专区手工业管理局，1969年裁撤。1971年，成立手工业管理站，1973年，改称手工业公社企业管理局。1974年，设第二轻工业管理局，与手工业公社企业管理局合署办公，两块牌子，一套人马，1978年分开办公。1981年，象州县设第二轻工业局，隶属柳州地区轻工业局。1985年8月，各县第二轻工业局改称城乡手工业联社。1988年又改为第二轻工业管理局，隶属柳州地区二轻工业管理局。

1996年上半年机构改革，原柳州地区二轻局改为柳州地区二轻总公司，隶属地区经贸局。各县二轻局按地区的模式进行改革，忻城县将二轻局并到县经贸局，职能划给经贸局；兴宾区保留二轻联社，工作人员3人，工资列入区财政预算；武宣保留二轻联社，工作人员5人，资金来源自收自支；象州县保留二轻联社，工作人员6人，其中工资列入县财政预算2人。1997年2月，来宾县二轻工业局改称二轻工业总公司，忻城县将二轻局并入经贸局，各县二轻工业总公司隶属柳州地区二轻总公司。

2002年撤地设市后，二轻总公司仍然由来宾市经委（经贸委）代管，没有设置新的编制，属于企业建制。

地区乡镇企业局的前身是1975年地区计委的社队企业科。1978年，成立地区人民公社企业局。1984年，改为地区乡镇企业局。1993年，乡镇企业局改为地区乡镇企业委员会，下设办公室、生产技术科、财务科、经营管理科、科教科等。工作人员18名，其中行政管理人员11人，企事业人员7人。1996年5月，又改为地区乡镇管理企业局。2002年12月，来宾市成立，地区乡镇企业管理局整体移位并更名为来宾市乡镇企业管理局。至2004年6月撤销来宾市乡镇企业管理局。

来宾市乡镇企业管理局局长：江益宏(2002年12月—2004年6月)。

第二节　企业发展

据地方志记载：明朝永乐年间(1403—1424年)，忻城县新圩乡打铁村已有村民从事打铁为生。清朝乾隆嘉庆间，来宾县“南北两乡产棉最盛，织机纺车往往声相闻”。清同治年间(1962—1874年)，忻城县思练镇厂上村，有粤人黄氏来此采矿冶铁铸锅。清道光年间(1821—1850年)，合山境内煤炭就已被发现并人力畜力挖掘。清光绪三十一年(1905年)合山矿区开始小规模开采，民国21年(1932年)，吕春碹和李楚凡分别组建同福、同德公司，属矿商合营；民国22年(1933年)，同福、同德公司合并为合山煤矿股份有限公司。民国25年，广西省政府入股，实行官商合营，公司改组称合山煤矿股份两合公司。民国27年，中国银行入股占股份总数一半，公司改组为合山煤矿股份有限公司，为官、商、银行三家联办。中华人民共和国成立前，境内多以农产品加工为主的作坊式手工工业，多以家庭经营为主，规模小且多耗人力。有打铁、印刷、榨糖、榨油、制面、酿酒、织布、陶工、石工、木工等手工操作加工10多个小作坊行业，从业人员1万余人。比较大的有采矿、铁器、纺织、造纸、木器等行业。手工业户中，多为农忙务农、农闲务工的季节性农村副业。圩镇手工业户为数不多，规模也小，或前门设店，后门设坊；或流动赶圩，摆摊设点；或走村串巷，送货上门，自产自销小型生产工具和生活日用品，惨淡经营，收入甚微。

1950—1957年，境内工业属初发阶段，各县兴办大米加工厂、酱料加工厂、陶器社等小型企业。1958年开始，扩建和新建发电厂、自来水厂、农业机械厂、印刷厂、大米厂、陶瓷厂、副食品加工厂、煤矿锰矿以及国营农场附属工厂等小型企业。各乡镇也先后成立了农具厂、车缝社等集体企业。1958年，国家进入第二个五年计划，境内各县开始兴办一批小型工业企业(或将一些集体工厂转为国营)。1960年，境内有全民所有制工业企业59家，其中象州县12家、武宣县7家、来宾县15家、金秀县10家、忻城县15家。1961年后，按照国家“调整、巩固、充实、提高”的方针，各县办国营企业减少。1966—1967年“文化大革命”运动，境内工业建设和生产均受到严重影响。1969年，境内工业逐渐恢复正常生产。1970年，今来宾市境内有工业企业193家，其中：兴宾区61家、象州县43家、武宣县31家、忻城县30家、金秀瑶族自治县28家。

1971—1978年，境内工业逐步发展，先后建设了4座规模为年产3000吨的氮肥厂、建成6家农械厂、4家糖厂和一批矿产品加工、木制品加工企业，初步形成了机械、食品、化工、冶金、轻工等门类比较齐全的工业体系。全市工业总产值、主要产品产量等工业经济指标均有较大提高。

1979年，在改革开放大潮的推动下，来宾市工业经济进入市场起步阶段：境内贯彻中央提出的“调整、改革、整顿、提高”八字方针，工业企业在完成国家计划的前提下，可制定补充计划；实行利润留成，把企业经营好坏同职工的物质利益挂钩，企业可用利润留成建立生产发展基金、集体福利基金和职工奖励基金，并有权自行安排使用。从1980年起，固定资产折旧费70%由企业安排使用，固定资产原值在100万元以下的小型企业折旧费，全部留给企业安排使用。

1997—2001年，开展深化体制改革，积极引资扩大开放，建立“产权清晰，权责明确、政企分开、管理科学”的现代企业制度，大多数国有企业都进行了以分配制度为核心的三项制度改革，逐步把企业改革整顿的工作重点转到以产品和产品质量为中心上来。来宾市在巩固企业三项制度改革成果的同时，抓好企业的改制改组工作，先后组建了两大集团公司，18家大中企业纳入推进建立现代企业制度试点；放开中小企业275家、搞活204家，规模以上工业企业共完成工业增加值15.94亿元，工业产品销售率达到100%。

2002年末，境内所辖6个县（市、区）规模以上工业企业资产总值118.35亿元，比1990年增加79.45亿元，增长2.04倍；实现工业总产值（当年价）82.50亿元，比1990年增加70.91亿元，增长6.12倍。

2002年12月，来宾市成立后，国有工业企业进入新的发展时期。

2003年，市委、市人民政府提出了“工业立市”的发展战略，深化以产权制度改革为核心的企业改制。把加快工业化进程作为来宾市一项重要而紧迫的任务抓紧抓好，从战略上调整和优化工业结构，实现结构优化升级；加大政策支持力度，深化企业改革，实现制度创新；加大科技开发力度，强化管理，实现技术、管理创新；加大对内对外开放，抓好项目和招商引资工作。在来宾市第一届人民代表大会第一次会议上，市委、市人民政府提出重点发展电力工业，优化提升制糖产业，突出发展以铁合金、铟、锌为主的冶金工业；发展建材工业、医药产业、发展汽车零配件加工业和其他制造业、农副产品加工业等产业，并作出部署，以产权制度改革为核心，加快推进国有企业和集体企业股份制改革。深化以产权制度改革为核心的企业改制，提出“工业立市”发展战略，以产权制度改革为核心，加快推进国有企业和集体企业股份制改革，加大对优势产业结构的调整力度，进一步加快企业集团组建步伐。同时，围绕来宾市的资源优势，提出坚持水火电结合、电冶结合、糖纸结合、种养加工结合、改造提升传统工业和发展高新技术结合“五个结合”，做大做强能源、糖纸、冶炼、食品、建材、农产品加工、医药、商贸流通等八大产业的发展思路，把发展工业作为全市经济发展的战略重点，营造工业发展的良好氛围，掀起工业建设的高潮。先后编制完成《来宾市“十五”后三年及2010年工业发展规划》《来宾市电力行业发展规划》《来宾市冶金行业发展规划》《来宾市建材工业发展规划》《来宾市矿业开发利用规划》《来宾市医药工业发展规划》《农副产品加工业发展规划》《制糖业发展规划》和《“十五”后三年及2010年茧丝发展规划》9个行业发展规划。同时，市委、市人民政府制定一系列发展工业的政策，确立了来宾工业区、河西循环经济工业园、八一工业园、华侨投资区高新技术工业园、迁江铝工业园以及迁江—合山工业带、忻城—红渡工业带、石龙—象州工业带、武宣仙城—黔江农场工业带、金秀桐木工业带。各县（市、区）人民政府认真实施“工业立市”发展战略，掀起建设工业平台，加大工业投入，壮大产业规模、增加工业总量的建设高潮。工业园区建设、国有企业改革、工业投入、工业经济总量、产业结构调整、产品结构调整取得了显著成绩，工业经济得到长足发展。

与此同时，来宾市建立“国有退出，民营跟进”的机制，先后出台《中共来宾市委员会、来宾市人民政府关于加快来宾市工业发展的若干决定》《中共来宾市委、来宾市人民政府关于加快中小型企业产权制度改革若干问题的规定》，为全市工业发展提供了政策保障。以迁糖集团项目为载体，采取增资扩股的形式，引进广东东糖入股进行改制，组建广西来宾东糖集团有限公司；罗秀糖厂、石龙糖厂、来宾凤凰糖业公司通过改制，引进外资对生产线进行技改，扩大了企业的生产规模，日榨能力分别由2800吨扩大到6000吨、2500吨扩大到4000吨、3500吨扩大到7000吨；忻城县的两家糖厂、忻城县制药厂、金秀县医药公司、来宾县制药厂、兴宾水泥厂等企业通过改制重现生机和活力；八一铁合金（集团）公司与广西开发投资（集团）公司、大锰公司合作成立广西汇元锰业有限公司。来宾迁江糖业集团有限责任公司实施以企业内部职工身份置换、剥离非生产性资产及企业办社会职能、规范完善集团重组为主要内容的企业改制，实现与广东东莞糖业集团的增资扩股合作，成立广西来宾东糖集团有限责任公司。忻城县通过引进民营企业海南洋浦南华糖业集团有限责任公司，对县属两家糖厂进行改制，实现企业依托集团优势走出困境的目标。广西八一铁合金（集团）公司与广西开发投资（集团）公司顺利合作，成立广西汇元锰业有限公司，签订投资意向书，并完成项目可研报告评估，项目计划投资4.8亿元。同年10月，广西来宾东糖集团有限公司成立。同年11月14日，来宾供电局正式揭牌成立。成立后的来宾东糖集团公司，首先整合属下迁江、凤凰、桂宝、石龙4家制糖公司的甘蔗资源，充分利用制糖公司生产过程中产生的蔗渣、桔水、滤泥为原料，投资新建了纸业公司和食品生物科技公司。先后投资2.7亿元对凤凰公司进行扩建，将其生产能力由日榨3500吨提高到1.3万吨；投资6000万元对迁江公司进行技改，将其生产能力由日榨1.2万吨提高到1.5万吨；投资3.5亿元把桂宝公司从来宾城区搬迁到正龙乡，将其生产能力由日榨3000吨提高到7000吨；投资6000万元对石龙公司进行技改，将其生产能力由日榨2500吨提高到6000吨。公司日榨蔗量由2.1万吨扩大到4.1万吨，年浆纸生产能力由2.5万吨提高到15万吨，年生物肥生产能力从1万吨提高到5万吨，新增年产高活性干酵母5万吨和酵母抽提物2万吨的能力；公司总资产也由原来的10.8亿元增加到50亿元，年销售收入由9.64亿元上升到近30亿元，年实现利税从1.2亿元增长到10.5亿元。同年，来宾迁江糖业集团有限责任公司实施以企业内部职工身份置换、剥离非生产性资产及企业办社会职能、规范完善集团重组为主要内容的企业改制，在此基础上实现与广东东莞糖业集团的增资扩股合作，广西来宾东糖集团有限责任公司基本完成组建新集团的工作。广西八一铁合金（集团）公司与广西开发投资（集团）公司顺利合作，成立广西汇元锰业有限公司，签订投资意向书，并完成项目可研报告评估，项目计划投资4.8亿元。同年，忻城县国有企业采取产权转让、资金重组、租赁承包、依法破产、来料加工等方式加快企业体制创新和技术创新。县人民政府对忻城县糖厂和忻城县第二糖厂进行产权改制。其中，忻城县糖厂采用承债式转让方式改制，产权受让方为洋浦南华糖业集团有限公司；忻城县第二糖厂实施依法破产，公开拍卖，生产经营性资产由洋浦南华糖业公司购买。通过引进民营企业海南洋浦南华糖业集团有限责任公司，对县属两家糖厂进行改制，实现企业依托集团优势走出困境的目标。全县2家糖厂改制后，由民营企业洋浦南华糖业集团有限公司承接，组建忻城县南华糖业集团有限责任公司。

同年12月，筹建来宾市工业区（由A区和B区组成），完成A区前期项目工作报告和B区的总体规划初步方案。来宾市先后制定出台《广西来宾市投资优惠政策》《来宾市工业区投资优惠政策》《招商引资奖励办法》《来宾市人民政府关于招商引资奖励办法（暂行）》《来宾市招商引资奖励办法实施细则》《2004年来宾市招商引资工作意见》和《来宾市人民政府关于委托代理招商办法（暂行）》等政策性文件。当年，全市进入工业区的意向项目有18个，其中，通过立项审批有7个项目，总投资额约达21亿元。全市12家国有大中型企业，全部改制的有11家。全市176家国有工、商企业中小型企业，完成改制的有113家，改制面为64.2%；退出国有的企业有55家，占已改制企业的59.55%。全市进入工业区的意向项目有18个，其中，通过立项审批有7个项目，总投资额约达21亿元。全市176家国有工、商业中小型企业中，完成改制113家，改制面达64.2%；退出国有的企业55家，占已改制企业的59.55%。全市12家国有大中型企业除广西八一铁合金（集团）公司外，全部完成改制工作。全市规模以上工业企业完成现价工业总产值67亿元，同比增长25%；完成不变价工业总产值43亿元，同比增长25%；完成工业增加值213亿元，同比增长15%；实现利润5.6亿元，同比增长80%；实现税利10亿元，同比增长36%。同年，忻城县经贸口工业企业完成总产值19962.07万元，同比增长34.70%，其中制糖企业完成5709.12万元，同比增长54%，占经贸口工业企业总产值的78.69%；产品销售收入完成19749.16万元，同比增长34.44%；实现税金2167.2万元，同比增长66.87%，其中制糖企业同比增长83.96%，金嗓子药业公司增长18倍。

2004年，市经委紧紧围绕自治区党委、政府提出的经济发展“三突破”目标和市委、市政府提出的“五个结合”“八大产业”的工作思路，明确工作重点，采取有效措施，努力挖掘潜力，克服煤、电、油、交通运输紧张等种种不利因素的影响，创造性地开展各项工作，继续开创了工业生产持续高速增长、经济效益显著提高的良好局面。同年2月，来冶首次签订60吨锡锭加工合同，注入第一笔贸易融资款360万元。同年4月，来宾供电局接管调度权后，平均每天争取到临时负荷指标达20.00兆瓦，全年多供电量1.2亿千瓦时，为来宾市圆满完成经济“三突破”目标提供了强有力的电力支撑。至5月，进入来冶外购锡砂100多吨。同年12月，大唐桂冠合山发电有限公司利用1—3号机组原用场地改、扩建2台33万千瓦机组，投产发电，装机容量达到113万千瓦，成为广西首座超百万千瓦的火电厂。同年，八一铁合金集团公司、广西来宾东糖迁江有限公司、广西康密劳铁合金有限公司、广西博宣食品有限公司、来宾法资发电有限公司五家企业1—11月实现利润10.58亿元，净增利润6.05亿元，增长133.55%，占规模以上工业企业完成数的80.15%，拉动工业利润增长121.25%。来冶共完成融资2.7亿元，收购锡砂金属3298吨，粗锡金属1755吨，开展代加工600多吨，全年实现销售收入12.6亿元，利润4000多万元，上缴税费6000多万元。全市发电量达98.5亿千瓦小时，产机制糖100.4万吨，产铁合金34.3万吨。制糖、黑色金属冶炼及电力行业分别完成增加值7.1亿元、6.99亿元、13.48亿元，同比分别增长34.9%、2.1倍、3.7%。至11月，全市规模以上工业企业经济效益综合指数达243.5，同比提高82.4个百分点；实现税利19.12亿元，同比增长115.2%；实现利润13.2亿元，同比增长166.28%。进出口总额继续保持同步增长，实际总值累计额为14732.87万美元，同比增长62.02%，其中进口总值为5958.89万美元，同比增长73.38%；出口总值为8773.98万美元，同比增长73.15%。当年，全市工业企业有7736户，其中规模以上工业企业80户，规模以下工业企业7656户，大中型企业19户。年内，完成技术改造项目24个，其中新开工项目16个，续建项目6个。全年完成工业总产值117亿元，规模以上工业企业累计完成增加值30.43亿元，同比增长26.4%；规模以上工业企业完成产品销售收入81.93亿元，同比增长31.8%；规模以上工业企业实现税利20.71亿元，同比增长109.2%，实现利润14.15亿元，同比增长162.45%。

2005年，来宾市按照建成现代化的新兴工业城市的要求，树立科学发展观，以发展为第一要务，以结构调整为主线，以项目为载体，以改革开放和科技创新为动力，努力创造良好的投资环境，搭建平台，使工业经济继续保持持续快速健康的发展态势，不断优化结构，提高质量和效益。努力发挥独特的区位优势和资源优势，找准工业经济快速发展的亮点，坚持走可持续发展的新型工业化道路，坚持“五个结合”，做强做大糖纸、能源、冶炼、茧丝绸和农产品加工五大产业，同时推动建材、食品、医药等产业的发展，努力把来宾建设成为新兴的工业基地。当年，全市第二产业增加值首次超过第一产业增加值，三次产业的排序从“一、二、三”调整为“二、一、三”，实现了历史性的突破。合山发电公司助燃油耗率完成192吨/亿千瓦时，全年耗掉的油量占到集团公司系统总油量的1/6。同年，来冶公司“金海牌”锡锭获中国名牌产品称号。当年，全市GDP完成177.17亿元，同比增长13.5%。其中：一产完成增加值62.86亿元，占GDP完成数的35.48%；二产完成增加值68.94亿元，占GDP完成数的38.91%，同比增长19.3%。全市工业增加值完成62.22亿元，比2000年翻了1.47番。全市工业完成总产值完成145.7亿元，全市工业完成工业增加值完成62.22亿元，全市工业企业实现利润11亿元。

到2005年底，全市工业企业7835家。其中，主营业务收入500万元以上（规模以上，下同）工业企业99家；主营业务收入500万元以下工业企业7736家。其中，在主营业务收入500万元以上（规模以上企业，下同）工业企业中，规模以上工业企业拥有固定资产131.14亿元。其中，内资工业企业固定资产91.54亿元，外商和港澳台投资企业39.60亿元。全部从业人员29989人。全市工业企业实现工业总产值（当年价）154.7亿元。其中，规模以上工业企业实现总产值103.46亿元。规模以上企业完成增加值45.73亿元。全市规模以上工业企业实现利税总额20.49亿元。

2005年，县域工业经济稳步发展。忻城县工业经济增长强劲，增幅达119.7%、合山市增长110.5%、金秀瑶族自治县增长72.4%、武宣县增长29.8%、象州县增长16.2%、兴宾区增长3.4%。全市6个县（市、区），有4个县（区）实现工业总产值超10亿元，其中，兴宾区工业总产值达到83.38亿元、合山市25.69亿元、象州县14.18亿元、武宣县12.12亿元。

第三节　工业所有制变迁

中华人民共和国成立前，境内工业企业大都是小型家庭式手工作坊，鲜有“官办”企业。1953年，境内开始对农业、手工业和资本主义工商业三个行业的社会主义改造。1954年9月至1956年，手工业生产者参加公私合营，先后参加按行业组织的生产合作组，后转为生产合作社。20世纪70年代，境内没有私营、个体工业和手工业。20世纪70年代末开始贯彻改革开放政策，允许城乡个体户办工业，20世纪80年代以后开始发展的私营、个体或合资、股份制企业，开始采用机械化、电气化生产，资金明显增多，其绝大多数又是从乡镇企业或中小型国企转制形成，固定资产往往在数万乃至百万、千万元以上。开始形成了以国营企业为主体，集体企业、个体私营企业为补充的工业所有制结构。

1979年4月后，境内贯彻中央提出的“调整、改革、整顿、提高”方针，工业企业在完成国家计划的前提下，可制定补充计划；实行利润留成，把企业经营好坏同职工的物质利益挂钩，企业可用利润留成建立生产发展基金、集体福利基金和职工奖励基金，有权自行安排使用。从1980年起，固定资产折旧费70%由企业安排使用，固定资产原值在100万元以下的小型企业折旧费，全部留给企业安排使用。1981—1982年，境内全面推行工业经济责任制，贯彻各尽所能、按劳分配的原则。

1983年后，根据国家规定实行利改税，境内进一步扩大企业自主权，解决企业社会负担过重的问题。国有工业企业领导体制从党委领导下的厂长负责制逐步改为厂长负责制，完善职工代表大会制度。对城镇集体工业进行改革，对集体所有制工业进行整顿、改革，恢复发展非公有制工业，恢复个体工业，发展“三资”企业。通过一系列的调整和改革，全市工业稳步发展，至1984年底，境内全部工业户数314家，全民所有制工业企业固定资产原值3.14亿元，独立核算工业企业职工31686人。全部工业总产值2.64亿元。

1985—1992年，市境内贯彻国家颁布的《全民所有制工业企业承包责任制暂行条例》《全民所有制小型工业企业租赁经营暂行条例》《股份制企业试点办法》《城镇集体所有制企业条例》《乡村集体所有制企业条例》《城乡个体工商户管理条例》《私营企业暂行条例》《中华人民共和国外资企业法》《中华人民共和国中外合作经营企业法》等法规。从1987年下半年开始，部分大中型工业企业开始推行承包经营责任制，对小型工业企业实行租赁制，继续推进城镇集体工业和乡镇集体工业改革，鼓励发展非公有制工业，发展“三资”企业。境内工业得到快速发展，先后新建了凤凰糖厂、忻城县糖厂，并对制糖企业进行大规模的技术改造，扩大糖厂的生产规模。八一铁合金集团公司建成两台1.25万千伏安电炉，扩大铁合金生产能力。华锡来宾冶炼厂对锡生产线、锌生产线进行技术改造，形成年产锡3万吨、锌2万吨能力，建设年产80吨铟生产线，成为世界最大铟产品生产基地之一。对忻城县制药厂、来宾县制药厂进行技术改造，由只能生产冲剂产品向生产片剂产品转变，提高产品档次。先后建成康密劳公司等一批具有先进工装设备、生产规模较大、产品档次高的工业生产企业，增强工业实力，增加了工业总量。

在巩固企业三项制度改革成果的同时，切实抓好企业的改制改革，先后组建了两大集团公司，18家大中企业纳入推进建立现代企业制度试点，放开中小企业275家，搞活204家，搞活率为74%，工业生产呈逐步好转态势。“九五”期末，规模以上企业共完成工业增加值15.94亿元，同比增19.69%，规模以上工业企业实现利润17807万元，整体扭亏为盈。

到2002年末，境内所辖6个县（市、区）规模以上工业企业资产总值118.35亿元，比1990年增加79.45亿元，增长2.04倍。实现工业总产值（当年价）82.50亿元，比1990年增加70.91亿元，增长6.12倍。

第四节　工业投资和技改

来宾在历史上属于交通不便，信息闭塞地区。工业企业以简单粗放、独立经营的小作坊为主，较大规模的手工工场数量很少，生产方式落后，生产力水平低，流动资金有限，工业投资和技改亦少。据《来宾县志》（1936年版）“农工商业”记载“县属富户寥寥，藏金家不及万元，储粟家不及三千担，稍巨商业，多广东来客操之”。虽然矿产资源丰富，但直到民国时期，仍然是人工开采为主，开采手段落后、原始，投入少，出产量少，未能促进地方经济的发展。

中华人民共和国成立初期，境内工业企业改造投入主要是国家基本建设的投入。1964年，国家开设了小型技术组织措施贷款，由自治区、柳州地区拨给，通过中国人民建设银行办理发放，应用在花钱少、收效快，有利于提高产品质量，降低产品成本，增加企业收入而急需解决的小型技术组织措施项目。

1967年，境内对企业固定资产更新、技术改造资金管理制度进行改进，合并资金渠道。国营企业提取的基本折旧基金实行70%留给企业，30%集中地方财政统一使用，并设立“更新改造资金”。更新改造资金实行折旧抵留办法。

1978年起，技术改造资金逐步分列出来，实行专项管理。重点技改项目由国家、自治区无偿补助或部分补助拨款。后来，一些经自治区批准的项目由区下达贷款计划，有部分低息贷款。1984年以后，技术改造资金来源的渠道不断增多，以银行贷款为主渠道。

1992年，企业技术改造资金渠道仍然以银行贷款为主，但企业自筹资金比重逐渐提高。同年，全市完成1.63亿元的技改投资中，贷款1.08亿元，占66.3%；自筹3740.24万元，占22.9%；自治区补助48万元，占0.3%，其他来源1705万元，占10.5%。1992—2002年，市境内工业得到快速发展。先后新建了凤凰糖厂、忻城县第二糖厂等，并对制糖企业进行大规模的技术改造，扩大糖厂的生产规模；八一铁合金集团公司建成两台1.25万千伏安电炉，扩大铁合金生产能力。华锡来宾冶炼厂对锡生产线、锌生产线进行技术改造，形成年产锡3万吨、锌2万吨能力，建设年产80吨铟生产线，成为世界最大铟产品生产基地之一；对忻城县制药厂、来宾县制药厂进行技术改造，由只能生产冲剂产品向生产片剂产品转变，提高产品档次。先后建成康密劳公司等一批具有先进工装设备、生产规模较大、产品档次高的工业生产企业，增强工业实力，增加了工业总量。到2000年(九五期间)增加79.45亿元，增长2.04倍。实现工业总产值(当年价)82.50亿元，比1990年增加70.91亿元，增长6.12倍。1997年底动工兴建国家第一个BOT试点项目——广西来宾希诺基发电运营维护有限责任公司，至1999年9月8日第一台机组建成并网发电，项目总投资6.16亿美元，为广西境内最大利用外资项目。

截至2005年(十五期末)，全市工业投入增加，产业实力增强。2003—2005年，建市三年累计工业投资额60亿元，对电力、制糖、冶金、以茧丝绸为主的农副产品加工等产业进行了新建、技改，不断扩大产业的生产能力，增强产业实力。

2003年，来宾市计划进行技改项目38项，计划投资7.5亿元，全年实际完成技改投资13.37亿元，同比增长1.5倍。当年实施的合山电厂2×33万千瓦、合山矿务局2×6300千伏安电炉等技改项目进展顺利；永鑫糖业有限公司改造到1万吨/日榨能力、迁糖公司填平补齐到1.2万吨/日榨能力、石龙糖业公司填平补齐到4000吨/日榨能力技改项目已顺利完成；八一铁合金(集团)有限责任公司2×1.65万千伏安电炉技改项目也已开工建设；来宾东糖有限公司10万吨/年文化用纸项目已奠基，项目总投资9.08亿元。企业技术改造投资大幅增长。全市工业项目完成投资22亿元，占全社会固定资产投资的57%，其中技术改造完成投资13.37亿元，同比增长1.5倍。

2004年来宾市继续实行项目跟踪负责制，多渠道筹措技改资金和项目前期经费，突出抓好重大项目建设。全市完成技改投资14.5亿元，同比增长11%。合山电厂2×30万千瓦机组改造项目、广西八一铁合金(集团)有限责任公司的2×1.65万千伏安电炉技改项目、广西来宾东糖凤凰有限公司改造到7000吨/日生产线技改项目已竣工投产；来宾金钱草药业有限公司异地搬迁及GMP改造项目竣工，并取得药品GMP证书开始正常生产；广西来宾东糖有限公司9.8万吨/年文化用纸项目和广西汇元锰业有限公司系列产品项目均于10月26日开工建设；来宾电厂2×30万千瓦机组扩建项目于10月26日开工建设，项目静态投资25.50亿元，年内完成投资1.68亿元。加快以企业为中心的技术创新体系的建设，提高企业技术创新能力和市场竞争力。大力推进科技与经济的紧密结合，进一步加大科技在工业生产中的应用，抓好新产品开发工作，培育新的经济增长点。2004年，来宾市计划技术创新项目9项，总投资4342万元，实际开工项目10项，当年完成投资3687万元。主要项目有：广西合山矿务局GX合金项目、八一铁合金集团公司铁合金连铸技术及迁糖企业信息化项目、广西来宾永鑫糖业公司信息化项目等。

2005年，来宾市加快实施“工业立市”战略，大力推进工业化进程，主动适应国家宏观调控环境，积极推进项目建设，把扩大投资规模与调整优化投资结构、推进重大项目建设结合起来，确保投资对经济增长的强劲拉动。来宾市工业计划实施重点技术改造项目共45项，实际实施技改项目35项，建成投产25项，累计完成技改投资108845万元，同比下降2%。

国家第一个BOT试点项目——广西来宾希诺基发电运营维护有限责任公司，亦称来宾火电B厂。位于来宾市区河西，厂区占地面积100多亩，是中(国)法(国)两国合作工程项目。1997年9月5日动工兴建，1999年底建成投产。

来宾火电B厂是中国第一个经国家批准采用“建设—经营—移交”即BOT方式创办的建设项目，通过国际融资，筹措所有资金。投资方在建成电厂并商业经营15年后，把电厂移交给广西壮族自治区人民政府。

自1995年5月国家批准立项后，经2年多谈判，法国电力和通用电气阿尔斯通联合体取得项目的特许权。项目总投资6.16亿美元，采用欧洲最新电厂设计技术，装机容量2台单机为36万千瓦的燃煤发电机组,其中汽轮机和发电机由阿尔斯通生产,锅炉为国内生产,锅炉每台出蒸气额定率每小时1006吨,属全国少有的大型锅炉之一,1999年9月18日,一号机组成功并网发电,2000年5月1日,二号机组成功并网发电。年上网电量为35亿千瓦时。标志来宾火电B厂在中国利用外资建设并已投运的火电项目中,按装机容量计排名第10位。2003年,完成发电量44.56亿千瓦时。2004年,完成发电量49.85亿千瓦时。2005年,完成发电量33.22亿千瓦时。来宾火电B厂是广西2005年最大的外资项目。来宾火电B厂(希诺基)的远景目标是成为中国最具有竞争力的一流运营商。

第五节 工业产业结构

历史上,来宾地区工业企业形式以独立经营的小作坊为主,较大规模的手工工场数量很少。中华人民共和国成立后,在境内工业中,轻、重工业的比重在不同时期有不同的变化。1963年,贯彻国民经济调整方针,强调加强轻工业生产,轻、重工业总产值比重为63.13%、36.87%。1965年轻工业总产值的比重升至72.61%,重工业的比重降至27.39%。1975、1980年为63.95%、36.05%。1991年,轻、重工业的比重分别为67.11%、32.89%。1952—1992年的40年中,轻工业的比重都比重工业的比重大,轻工业产值年均递增8.64%,重工业产值年均递增10.60%,重工业发展速度快于轻工业。1992—2002年的十年间,在邓小平视察南方重要讲话指引下,全市改革开放不断深化,境内工业投资项目增多,工业产业结构有了较大的发展,1992年,全市工业总产值19.85亿元,其中,轻工业4.39亿元,占22.12%,重工业12.44亿元,占62.67%。2002年,全市工业总产值81.94亿元,其中,轻工业16.9亿元,占20.62%,重工业34.74亿元,占42.4%。十年间,工业总产值年均增长31.28%,其中,轻工业年均增长28.5%,重工业年均增长17.93%。

2003—2005年,来宾建市三年,工业经济得到快速发展,产业结构逐步优化。2003年,来宾市轻、重工业同步快速增长。轻工业完成现价产值22.31亿元,比上年增长48.8%,拉动规模以上工业增长24.7个百分点,对规模以上工业增长贡献率达79.9个百分点。重工业完成现价产值41.05亿元,同比增长12.6%。大中型工业企业生产强势增长。从完成工业总产值的比率来看,除集体企业下降外,大多数经济类型企业均保持增长。国有企业完成12.69亿元,增长39%;集体企业完成1.35亿元,下降2.8%;股份制企业完成25.47亿元,增长37.6%;外资企业完成23.26亿元,增长11.9%;其他企业完成0.59亿元,增长2.5倍。

2004年,来宾市工业生产快速增长。全年完成工业增加值45.20亿元,比上年增长19.6%。国有产品销售收入500万元以上的非国有工业企业(以下简称规模以上工业企业)发展到80家,比上年增加10家,增长14.3%。规模以上工业完成增加值30.43亿元,增长26.4%。分经济类型看,外资企业完成12.87亿元,增长9.2%;股份制企业完成12.45亿元,增长64.5%;国有企业完成4.52亿元,增长7.2%;集体企业完成0.35亿元,下降18.7%;其他企业完成0.25亿元,增长2.0倍。分轻重工业看,轻重工业同步快速增长。轻工业完成增加值8.08亿元,增长35.6%;重工业完成增加值22.36亿元,增长23.4%。年末累计产品销售率为97.9%,比上年提高0.2个百分点。在规模以上工业中,绝大部分主要行业增势强劲,其中,黑色金属冶炼业增长2.1倍,化工行业增长42.4%,造纸业增长35.2%,制糖业增长34.9%。黑色冶炼、制糖和电力三大优势行业成为工业经济增长的主要力量,三大行业共完成增加值27.6亿元,占全市规模以上工业的比重达90.7%,对规模以上工业增长的贡献率达90.6%。

至2005年,来宾市三大产业比重为35.5∶38.9∶25.6,三大产业比重的排序从“一、二、三”调整为“二、一、三”,第二产业增加值首次超过第一产业,实现历史性突破。全市工业完成总产值从2000年的71亿元发展到2005年的146亿元,五年间增长105.9%,年均增长21.2%。工业对全市GDP增长贡献率逐年加大,由2002年的27.6%提高到2005年的44%。全市完成工业增加值62亿元。工业对全市经济增长贡献率为49.3%,实现利润11亿元。工业结构进一步调整优化,支柱产业更强,全市工业企业年实现销售收入超10亿元的企业有3家,其中,来宾法资电力有限公司、大唐桂冠合山发电有限公司实现销售收入超15亿元。有3家企业跻身广西企业50强序列,6家企业进入全区工业企业50强序列,“QT”牌食糖被授予中国名牌产品称号,“晶龙”牌食糖评为国家免检产品和通过绿色食品认证。

第六节 企业改革

1978年12月,中共十一届三中全会召开,标志着中国改革开放正式启动。1979年,境内工业经济进入市场取向起步阶段，全市对工业企业进行扩大企业经营自主权，在生产计划方面，允许国有工业企业在完成国家计划的前提下，可制定补充计划，国有工业企业实行利润留成，把企业经营好坏同职工的物质利益挂起钩来，企业可用利润留成建立生产发展基金、集体福利基金和职工奖励基金，有权自行安排使用。

1982 年，国有工业企业贯彻各尽所能、按劳分配的原则，全面推行工业经济责任制，企业实行以利代税，独立核算，自负盈亏；企业职工工资实行多劳多得的分配制度。1983 年，逐步建立厂长负责制，同时逐步完善职工代表大会制度。企业实行利改税，进一步扩大了企业生产经营自主权，解决企业社会负担过重的问题。同时，对城镇集体工业进行改革和对集体所有制工业进行整顿、改革，恢复发展非公有制工业和个体工业，发展“三资”工业企业，工业经济有了新的发展。

1986 年，境内工业企业采取“一厂一策”方式，逐步实现国有企业产权制度的改革，普遍推行承包经营责任制，实现所有权与经营权的分离。与此同时，对经营机制和产权制度进行改革，实现企业经营机制的转换和政府职能的转变，明晰企业产权，实现企业投资主体多元化，承包经营走上法制轨道，逐步建立现代企业制度。国有企业普遍实行厂长负责制的企业领导体制，建立以厂长为中心的生产经营指挥系统，扩大企业自主权，实行企业民主管理制度，推行各种经济承包责任制，把企业与国家承包任务、指标逐一分解到各车间、班组以至个人，逐级进行承包经营。

1987 年，原柳州地区行署以广西八一铁合金总厂为综合改革试点，全面推动企业经营机制的转换和政府职能的转变。同年 7 月，进一步强化工业企业承包经营责任制，部分大中型工业企业推行承包经营责任制，对小型工业企业实行租赁制，继续推进城镇集体工业和乡镇集体工业改革，鼓励发展非公有制工业，发展“三资”工业。

1988 年，全市贯彻执行国务院《全民所有制工业企业承包经营责任制暂行条例》，使国有工业企业承包经营和租赁经营走上了有法可依的轨道。当年，工业总产值为 4.72 亿元，比 1978 年增长 1.2 倍；独立核算工业企业实现利润、税金总额 7500 万元，比 1978 年增长 3.2 倍；预算内工业企业实行承包的经营户，占企业总数的 73.8%；商业企业实行承包经营的面达 89%。预算内工业企业的工业总产值、上交财政收入、职工人均工资收入分别比上年增长 2.55%、39.73% 和 17.95%。

1989 年，境内国有工业企业的改革取得了初步成效，企业留利增多，在一定程度上调动了经营者和企业职工的积极性，确保了国家财政收入的稳定增长。当年，全部工业总产值 7.48 亿元，全部工业增加值 1.93 亿元。预算内工业企业的工业总产值、上交财政收入、职工人均工资收入比上年分别增长了 10.79%、16.97% 和 7.5%。

1990 年，境内企业坚持“包死基数，确保上交，超收多留，欠收自补”的原则，认真做好承包基数和承包指标的测算，正确处理国家、企业、职工、经营者之间的关系。境内各县（市）经济委员会（局）为适应市场经济发展的需要，按照“抓大放小”“一厂一策”“一厂多策”的总体要求，切实调整、优化工业经济结构，指导、引导所属工业企业进行了一系列的改革，采取了切块承包经营、租赁承包经营、股份合作经营等形式。

1992 年 3 月，全市采取以点带面的办法，在八一铁合金总厂开展综合改革试点，在武宣县开展商业“四放开”改革试点。八一铁合金厂综合改革试点启动后，从精简机构、划小核算单位和分流富余人员入手，增强企业活力。全厂共有职工 4945 人，原设各种机构 50 个，配置管理人员 1400 人。精简后，机构保留 35 个，减 30%；裁减管理人员 204 人，减幅达 14.5%；分流富余人员 200 人，辞退计划外工人 500 人。同时，企业进行内部“人事、劳动、分配”等三项制度改革，建立了劳动合同制和竞争上岗制度，实行工效挂钩和岗位技能工资制。

1993 年，境内工业企业转换企业经营机制由点到面稳步推进，贯彻党的十四届三中全会作出的《中共中央关于建立社会主义市场经济体制若干问题的决定》，明确提出了国有企业改革要“建立适应市场经济要求、产权清晰、政企分开、管理科学的现代企业制度”，国有企业改革进入了制度创新阶段。当年，取消与《转机条例》相抵触的文件 25 个、不合理的收费项目 36 个。

1995 年，境内企业有 105 户预算内工业企业进行了内部三项制度改革，占企业总数 65%。全实行劳动合同制的职工有 2.25 万人；实行工效挂钩的企业 86 个，职工 2 万人；实行岗位技能工资制的企业 1 个，职工 4454 人。同年 5 月，合山市有 9 家国有企业实行了不同形式的改革。其中，实行股份制的 2 户，租赁经营的 2 户，拍卖的 1 户，破产的 1 户，代管的1户，联营的2户。同年6月、7月，在全面总结合山市产权制度改革经验的基础上，分别在来宾、象州等县的国有工业、商业、二轻、供销、乡镇企业进行产权制度改革试点工作。同年8月，成立产权制度改革领导小组和办事机构，组织工作队，由体改、经贸、商业、二轻、供销、乡镇企业、财政、劳动等部门领导带队，深入试点帮助和指导。

1996年9月，总结和推广经济体制改革经验。同年，来冶公司瞄准了国际上最先进的管理标准体系—ISO9000质量管理体系，并经过努力，成功通过该体系验证审核，成为当时全国首家通过验证的有色企业；忻城县属国有企业进行以分配制度改革为核心的企业内部三项制度改革，开展以产品和产品质量为中心的全面整顿。象州县按照，坚持“三个有利于”的原则，采取多元化、多种经济成分组成的经营策略，对全县企业进行全面产权制度改革。当年，境内共有10家制糖企业，全部进行全面产权制度改革。

1997年2月，全市总结产权制度改革试点工作情况，对经济体制改革工作进行部署，使企业真正成为自主经营、自负盈亏、自我发展、自我约束的法人实体和市场竞争主体。同年6月7日，来宾县印刷厂和来宾县汽车修理厂分别改制为股份合作制企业。同年，来宾塑料综合厂、桥巩优质石灰厂等2家集体企业先后组建股份合作制企业。同年12月，迁江糖业集团有限责任公司成立。来宾县有32家国有小型企业以产权制度改革为核心，采取一厂一策、一厂多策的改制形式。当年12月，境内有145家企业完成改制任务，占计划改制企业总数的86%。实行股份制企业有28家、股份合作制企业有38家、嫁接经营企业有2家、整体拍卖的企业有1户、以资抵债的企业有4户、企业兼并的有5户，占已改制企业的51%。当年，全部工业总产值达64.47亿元，全部工业增加值达19.63亿元。

1998年，全市通过三项制度改革，基本解决了“企业吃国家大锅饭，员工吃企业大锅饭”的问题，形成了经营者能上能下，人员能进能出，收入能增能减，逐步适应市场经济规律的新机制。同年，象州县罗秀糖厂与外资进行嫁接经营后，生产能力比上个榨季扩大了3倍，日榨达到6000吨。当年，境内国有企业共205户，进行三项制度改革的有182户，占企业总数90%；经验收合格的有173户，占进行三项制度改革企业总数的89%。技术改造资金投入1.4亿元，开发新产品8个；全部工业总产值39..36亿元，全部工业增加值12.92亿元。至1999年，全市列入自治区建立现代企业制度试点的大中型企业有10家，基本建立现代企业制度框架的有7家，占试点企业总数72.22%；列入全区脱困的国有大中型企业有8家。

2000年10月9日，由来宾桂宝糖业有限公司、广西八一凤凰糖厂、合山市糖厂、来宾县造纸有限责任公司等企业共同组成成立迁江糖业（集团）有限公司，成为境内一家以糖业为主，多种经营成分并存的跨行业、跨地域、跨所有制的综合性糖业（集团）公司，该公司集中有限的资金和人才资源，实行以资产联结和契约联结为纽带的母子公司，实现多元股权结构的资本经营模式。当年，境内国有中小型企业205家，全面放开经营的有160家，占应放开企业总数82%；放开搞活的企业有151家，占74.18%。实现脱困目标的有7户，完成任务的85.71%。同年12月，广西第一位租赁国企糖厂的个体老板黄汝廷出资7000万元，租赁忻城县糖厂正式开榨。至年底，象州县将全县原有的25家国有企业改组、改制为29家企业。其中有中外合资企业1家、国有控股公司9家、股份合作制企业19家。来宾县进行股份合作制改造的有5家，抽资和租赁承包的有12家，实行经济能人抵押承包的有2家，分块搞活的有4家。当年，全地区全部工业总产值42.54亿元，全部工业增加值15.51亿元。

2001年，为搞活国有企业，忻城县按照“先冒烟后改制”的办法，开展企业产权制度改革。促成广西金嗓子有限责任公司并购县制药厂；以租赁、承包、来料加工等方式，完成忻城水泥厂老线技改，重新恢复生产，安置300多名待岗职工；对资产负债率高达218%的县缫丝厂，通过引进浙江老板，注入资金，重新启动，安排400名职工就业；对县铁合金厂采取托管经营方式，由供电公司进行来料加工，重新投入生产运营。同时，以产权转让、兼并重组、出售等方式对部分国有企业进行整改，转换经营机制，有偿转让县甘蔗纤维板厂产权，恢复该企业生产经营；以兼并重组的方式把县制药厂产权整体转让给广西金嗓子集团，提高产品科技含量和市场竞争力；用以资抵债方式把县二糖厂酒精车间产权转让给广东湛江吴川林屋机械厂。全县经贸所属企业完成工业增加值4068.05万元，实现利润11.9万元，同比减亏499.12万元。当年，全地区全部工业总产值达43.99亿元，全部工业增加值16.28亿元。

2002年，境内加快国有中小型企业产权制度改革，继续采取兼并、拍卖、出售、破产等各种形式放开搞活中小型企业。有20家改制中小型企业完成改制并退出国有企业，改为股份有限公司的有12家，改为有限责任公司的有10家，破产的有3家，列为停产关闭的企业有6家。忻城县多层次、多形式、全方位、宽领域对国有企业进行放开搞活，大多数处于停产、半停产企业重获生机。县两家制糖企业、县制药厂、县水泥厂，通过租赁、兼并、承包等方式进行改制，有效提高企业经营效益。当年，全市工业投资额12.13亿元，工业总产值82.5亿元，工业增加值35亿元；全市规模以上工业企业实现利润2.8亿元。至2002年末，境内所辖6个县（市、区）规模以上工业企业资产合计118.35亿元，比1990年增加79.45亿元；实现工业总产值（当年价）82.50亿元，比1990年增加70.91亿元。年内，有6家产品好、班子好、管理好、效益好的工业企业建立现代企业制度框架；有12个QC小组获得柳州地区2002年度优秀、先进QC小组称号；桂宝、来纸公司取得了IS09001-2000国际质量体系认证证书。

2003年，来宾市深化以产权制度改革为核心的企业改制，提出"工业立市"发展战略，以产权制度改革为核心，加快推进国有企业和集体企业股份制改革，加大对优势产业结构的调整力度，进一步加快企业集团组建步伐。同时，市委、市人民政府制定一系列发展工业的政策，确立了来宾工业区、河西循环经济工业园、八一工业园、华侨投资区高新技术工业园、迁江铝工业园以及迁江—合山工业带、忻城—红渡工业带、石龙—象州工业带、武宣仙城—黔江农场工业带、金秀桐木工业带。与此同时，来宾市建立"国有退出，民营跟进"的机制，以迁糖集团项目为载体，采取增资扩股的形式，引进广东东糖入股进行改制，组建广西来宾东糖集团有限公司；罗秀糖厂、石龙糖厂、来宾凤凰糖业公司通过改制，引进外资对生产线进行技改，扩大了企业的生产规模，日榨能力分别由2800吨扩大到6000吨、2500吨扩大到4000吨、3500吨扩大到7000吨；忻城县的两家糖厂、忻城县制药厂、金秀县医药公司、来宾县制药厂、兴宾水泥厂等企业通过改制重现生机和活力；八一铁合金（集团）公司与广西开发投资（集团）公司、大锰公司合作成立广西汇元锰业有限公司。来宾迁江糖业集团有限责任公司实施以企业内部职工身份置换、剥离非生产性资产及企业办社会职能、规范完善集团重组为主要内容的企业改制，实现与广东东莞糖业集团的增资扩股合作，成立广西来宾东糖集团有限责任公司。忻城县通过引进民营企业海南洋浦南华糖业集团有限责任公司，对县属两家糖厂进行改制，实现企业依托集团优势走出困境的目标。广西八一铁合金（集团）公司与广西开发投资（集团）公司顺利合作，成立广西汇元锰业有限公司，项目计划投资4.8亿元。同年10月，广西来宾东糖集团有限公司成立，整合属下迁江、凤凰、桂宝、石龙4家制糖公司的甘蔗资源，充分利用制糖公司生产过程中产生的蔗渣、桔水、滤泥为原料，投资新建了纸业公司和食品生物科技公司。先后投资2.7亿元对凤凰公司进行扩建，将其生产能力由日榨3500吨提高到1.3万吨；投资6000万元对迁江公司进行技改，将其生产能力由日榨1.2万吨提高到1.5万吨；投资3.5亿元把桂宝公司从来宾城区搬迁到正龙乡，将其生产能力由日榨3000吨提高到7000吨；投资6000万元对石龙公司进行技改，将其生产能力由日榨2500吨提高到6000吨。公司日榨蔗量由2.1万吨扩大到4.1万吨，年浆纸生产能力由2.5万吨提高到15万吨，年生物肥生产能力从1万吨提高到5万吨，新增年产高活性干酵母5万吨和酵母抽提物2万吨的能力；公司总资产也由原来的10.8亿元增加到50亿元，年销售收入由9.64亿元上升到近30亿元，年实现利税从1.2亿元增长到10.5亿元。同年，来宾迁江糖业集团有限责任公司实施以企业内部职工身份置换、剥离非生产性资产及企业办社会职能、规范完善集团重组为主要内容的企业改制，在此基础上实现与广东东莞糖业集团的增资扩股合作，广西来宾东糖集团有限责任公司基本完成组建新集团的工作。广西八一铁合金（集团）公司与广西开发投资（集团）公司顺利合作，成立广西汇元锰业有限公司，项目计划投资4.8亿元。同年，忻城县国有企业采取产权转让、资金重组、租赁承包、依法破产、来料加工等方式加快企业体制创新和技术创新。县人民政府对忻城县糖厂和忻城县第二糖厂进行产权改制。其中，忻城县糖厂采用承债式转让方式改制，产权受让方为洋浦南华糖业集团有限公司；忻城县第二糖厂实施依法破产，公开拍卖，生产经营性资产由洋浦南华糖业公司购买。通过引进民营企业海南洋浦南华糖业集团有限责任公司，对县属两家糖厂进行改制，实现企业依托集团优势走出困境的目标。全县2家糖厂改制后，由民营企业洋浦南华糖业集团有限公司承接，组建忻城县南华糖业集团有限责任公司。同年12月，全市12家国有大中型企业，全部改制的有

11 家。全市 176 家国有工、商企业中小型企业,完成改制的有 113 家,改制面为 64.2%;退出国有的企业有 55 家,占已改制企业的 59.55%。全市 176 家国有工、商业中小型企业中,完成改制 113 家,改制面达 64.2%;退出国有的企业 55 家,占已改制企业的 59.55%。全市 12 家国有大中型企业除广西八一铁合金(集团)公司外,全部完成改制工作。全市规模以上工业企业完成现价工业总产值 67 亿元,同比增长 25%;完成不变价工业总产值 43 亿元,同比增长 25%;完成工业增加值 213 亿元,同比增长 15%;实现利润 5.6 亿元,同比增长 80%;实现税利 10 亿元,同比增长 36%。

2005 年,来宾市按照建成现代化的新兴工业城市的要求,以结构调整为主线,以项目为载体,以改革开放和科技创新为动力,努力创造良好的投资环境,搭建平台,使工业经济继续保持持续快速健康的发展态势,不断优化结构,提高质量和效益。努力发挥独特的区位优势和资源优势,找准工业经济快速发展的亮点,坚持走可持续发展的新型工业化道路,坚持“五个结合”,做强做大糖纸、能源、冶炼、茧丝绸和农产品加工五大产业,同时推动建材、食品、医药等产业的发展,努力把来宾建设成为新兴的工业基地。当年,全市第二产业增加值首次超过第一产业增加值,三次产业的排序从“一、二、三”调整为“二、一、三”,实现了历史性的突破。合山发电公司助燃油耗率完成 192 吨 / 亿千瓦时,全年耗掉的油量占到集团公司系统总油量的 1/6。同年,来冶公司“金海牌”锡锭获中国名牌产品称号。当年,全市 GDP 完成 177.17 亿元,同比增长 13.5%。其中:一产完成增加值 62.86 亿元,占 GDP 完成数的 35.48%;二产完成增加值 68.94 亿元,占 GDP 完成数的 38.91%,同比增长 19.3%。全市工业增加值完成 62.22 亿元,比 2000 年翻了 1.47 番。全市工业完成总产值完成 145.7 亿元,全市工业完成工业增加值完成 62.22 亿元,全市工业企业实现利润 11 亿元。

第二章 煤炭工业

来宾市境内煤炭资源丰富,为最具有优势的矿产。煤炭资源集中在合山市、兴宾区和忻城县境内,全市煤炭资源总储量为 7.52 亿吨,其中,兴宾区储量为 3436.25 万吨,可采储量为 2113.08 万吨;忻城县储藏量煤矿藏量为 3802 万吨;最多是合山市,约 6.79 亿吨左右,占全市煤炭储量的 90% 以上,是广西最大的煤炭生产基地和重要的能源基地。

合山煤资源在清道光年间(1821—1851 年)被发现,开采于清光绪三十一年(1905 年)。

1938 年,中国银行占股 50%,成立合山煤矿股份有限公司,年产原煤 7 万 ~9 万吨。

1958 年,建设忻城县红渡煤矿;1995 年,该矿原煤产量 1.1 万吨。1968 年,建成忻城县凌头煤矿;1995 年,该矿固定资产 281 万元,产原煤 0.82 万吨。1969 年,来宾县建设东江煤矿;1995 年,该矿固定资产 269.7 万元,产原煤 6.2 万吨,总产值 396 万元,实现税利 116 万元。1975 年,来宾县建成百乐煤矿;1995 年,该矿年产原煤 4.2 万吨。1987 年,煤炭部批准来宾县为全国 100 个重点产煤县之一。1995 年,境内煤炭总产量 790 万吨,占广西煤炭总产量的 64%。1950—1995 年,今来宾市煤炭总产量 9311.11 万吨,其中国家统配煤炭产量 5739.36 万吨、地方煤炭产量 3571.75 万吨,占全市总产量的 38.36%。1950—1995 年,全市煤炭工业总产值 14.12 亿元,占全市工业总产值的 5.43%。1996—2005 年,全市煤炭产量累计 220.33 万吨,煤炭工业总产值 28.46 亿元。

第一节 煤炭勘查和矿区建设

煤田勘查

合山煤田 位于合山市境内,南北长 30 千米、东西宽 8~12 千米、四周为岩溶峰林的向斜盆地。已探明藏煤面积为 264 平方千米,含煤 9 层,可采 4 层,地质储量为 6.7 亿吨,煤层厚 0.3~8.6 米,顶底板为灰岩,煤层倾角多平缓,埋深 0~1000 米。煤种为贫煤,煤灰分多为 35%~52%,发热量 13~24 兆焦 / 千克,是供工业动力用煤。

贤按煤田 位于忻城县红渡镇和古蓬镇境内,并向上林县境内延伸。煤田地质储量为 5000 万吨,其中,三分之一的储量在忻城县境内,三分之二的储量在上林县境内。煤种为贫煤,灰分 32%~36%,挥发分 10%~18%,硫分 6%~8%,发热量每千克 16.7~25.1 兆焦。

迁江煤田　位于兴宾区迁江、石陵、大里、陶邓等乡(镇)境内,面积98平方千米。地质储量为1181万吨。煤种为贫煤,灰分12%~30%,挥发分10%~25%,硫分2%~10%,发热量每千克14.6~18.8兆焦。

泡水煤田　位于来宾县城厢乡、良江镇和三五乡境内,面积132平方千米,地质储量为209.5万吨。煤种为贫煤,灰分13%~37%,挥发分10%~20%,硫分1%~11%,发热量每千克14.6~20.9兆焦。

矿　区

民国22年(1933年),合山煤矿由个体矿商联合组建股份有限公司后,开始搞基本建设,采取股份集资、贷款、利用外资等方式筹集资金,开发合山、大隆、里兰、河里、东矿、牛栏岭、巴岭等矿井,修筑公路,兴建窄轨铁路,购置汽车、火车、船只及其他运输器材设备,办修理厂,建设生活设施等。

中华人民共和国成立后,1950—1995年,合山矿务局先后建了8个矿区,四煤井17对。1958年,今来宾市境内开始建设县(市)国有矿区。至1987年,先后建设来宾县东江、毛服、百乐、泡水煤矿,忻城县红渡、凌头、桥头煤矿,合山市灵台煤矿。1969年,将窄轨铁路改为准轨铁路97千米,建设发电厂1座,装机容量5300千瓦,建房面积67万平方米,征用土地366.8公顷,基建总投资1.96亿元。1970—1980年,国家煤炭部和自治区煤矿厅共扶助县(市)国有煤矿建设资金3211.2万元。之后又获公用投资1000.9万元,用于矿区降压站、煤矿装船码头等建设。1991—2005年期,除马鞍斜井、石村竖井、溯河河边斜开被水淹没停产外,还有里兰、东矿、平垌、东矿、柳花岭、溯河、上塘、河里、石村等7个矿的部分矿井投产,年均生产能力178万~100万吨,合山境内大矿井日趋于衰老报废,生产管理工作后劲不足,矿井涌水量大,生产成本提高,亏损大,煤炭市场低迷,国营大矿在20世纪90年代前新开扩建了一些煤井,矿区只能维持生产原状,之后再没有扩建新煤井。

矿　井

合山煤炭约于清道光年间(1821—1851年)被发现,开采于光绪三十一年(1905年),矿工搭棚栖息山野。民国21年(1932年),矿商吕春官和李楚凡分别组建同福、同德公司进行合营开采,年产煤万余吨。民国22年,同福、同德公司合并为合山煤矿股份有限公司。民国25年,广西省政府入股,实行官商合营,改称合山煤矿股份两合公司。合山股份公司先后建合山、大隆、河里、东矿、柳矿、牛栏岭、嘉巴岭等矿井。民国27年,中国银行入股占公司一半股份,公司改为合山煤矿股份有限公司,成为官、商、银行三家联办,年产煤7万~9万吨。

中华人民共和国成立后,合山矿务局从1958—1980年,又先后建柳花岭、溯河、石村、马鞍、上塘等矿井。1983—1990年,先后改建里兰、东矿、柳矿、溯河矿井。1995年,除马鞍斜井、石村竖井、溯河河边斜井被水淹停产外,尚有里兰、东矿平硐、东矿斜井、柳花岭、溯河、上塘、河里、石村等8对矿井进行作业。

1958—1959年,今来宾市境内建设一批县办煤矿,先后建成来宾毛服、大隆、东江、泡水矿井和忻城红渡矿井。1962年调整,关闭大隆矿井。1969—1978年,先后建来宾东江108矿井、高椅矿井、忻城桥头矿井、凌头矿井。1988年,建设合山市灵台矿井。1995年,境内县(市)国有矿区有灵台、泡水、东江、百乐、红渡、凌头等6个矿井进行作业。

1958年,开始建公社集体煤井,至1995年,今来宾市共有乡镇办煤井16个,其中,来宾县7个,忻城县9个。

1988年,今来宾市共有村办、群众集资办、个体办的小煤井1815个,其中,合山市900个,忻城县315个,来宾县600个。1990年,经过整顿,尚有1000个小煤井继续作业。1995年,国家限制煤炭生产,境内小煤井大幅度减少。2001年,境内严格贯彻执行《国务院办公厅关于进一步做好关闭整顿小煤矿和煤矿安全生产工作的通知》(国办发〔2001〕68号文件),各县(市)所有小煤矿全部关闭。2002年底,国家对小煤窑执行关闭停产。

掘　进

1949年前,合山矿务局巷道掘进多用手工打眼,岩石用黄色炸药爆破,煤层用自制黑色火药爆破,靠人装车出碴。1956年起,采用风动凿岩机。1969年,改用立式风钻作业。为确保掘进安全,消除地下水对巷道掘进的影响,矿工们采用钢钎超前探水法,及早发现地下水。在20世纪70年代,曾用耙斗装岩机,因适用性差而停用。1980年后,开始使用红外线给部分巷道导向,掘进方向准确度高。打眼有单台机和多台机。出碴装岩,多为人工操作。有些全煤巷掘进时,用刮板输送机运输,加速掘进速度。1950—

1990年,合山矿务局巷道掘进总进尺129.88万米,年均掘进3.17万米。

1958年“大跃进”时期、20世纪60年代末和70年代初,境内全民大办“五小工业”(即小钢铁、小水泥、小化肥、小农机、小矿山)时期,自力更生、土法上马办的小煤矿,全部是沿煤层露头线斜井开拓。小煤矿采用人力钢钎铁锤凿岩打眼,使用煤矿安全炸药人工放炮落煤,人力装车出碴,肩挑出煤。

20世纪70年代后期,境内较正规的国有来宾县东江煤矿、毛服煤矿、泡水煤矿、溯社煤矿、平阳煤矿、下麦煤矿和忻城县煤矿等成为生产原煤的骨干矿井。上述矿井基本上按制定的开发规划开采煤矿。经过改造,开拓掘进设备逐步先进,掘进工程用上机械凿岩,开拓掘进技术大有长进。

2004年、2005年,合山矿务局年度掘进进尺分别为39100米和60851米。

第二节　煤炭生产

采　煤

民国至1955年,合山矿务局挖煤全靠手工。采五煤层时,工人赤身裸体躺在煤坑里锄煤、铲煤。1955—1959年,铲煤、装车、支柱、移动等仍为手工操作。1973—1977年,境内主要产煤区合山矿区及来宾县平阳、忻城县红渡、古蓬矿区采上四煤,试用过NBI—1型刨煤机,因效益差而停用。后改用80型滚筒机,因工作面地质变化大,夹矸多,发挥不了机器作用而停用。各小煤矿采煤是探、掘、采三结合进行。开采煤层沿用土方法,边探边掘进边落煤,以掘代采,采掘不分。生产工具为手镐,支柱为当地产的架木,排水采用长竹制成的唧筒抽水,搬运煤矿采用箩筐泥箕肩挑或拖拉出矿井。

1950—1954年,合山矿仍以采五煤层为主,沿袭过去的采煤方法,但由于工人当家作主而焕发出来的生产积极性,工效提高。仅合山矿区年均产煤49100吨,远高过采五煤任何一年的产量。1958年9月下旬,为适应“大跃进”时期大炼钢铁的需要,政府组织农民上山挖煤,采用“大炸破”“大剥皮”的露天采煤方式,大放煤矿生产“卫星”。1969年后,出现土法上马的小煤矿,仍是手工劳动,没有形成生产能力。

1970年后,国家对开发煤矿给予大量投资,对年产3万吨以上的矿井,煤矿部都给予技术改造资金扶助。来宾、忻城县办煤矿和乡镇骨干矿井,采用单一走向长壁式全面冒落采煤方法,使用手持电钻沿采煤工作面打眼,然后装入煤矿安全炸药使用放炮器放炮。手工将煤铲上刮板机运送到主巷道装进矿车运到地面煤仓。巷道掘进使用的设备是手锤、钢钎和少量的风力凿岩机,1990—2005年,境内各生产矿区巷道掘进均采用机械化、半机械化作业,使用风力凿岩机或电煤钻,还有压风机、电动局扇机、钻架、绞车、水泵、刮板运输机、红外线导向仪等。1950—1990年末,境内矿区巷道掘进总进尺为1298435米,年均进尺31699米。1990—2005年全矿区巷道掘进总进尺为779466米,年均进尺41025米。

产　量

民国26年(1937年),境内结存原煤2.67万吨。1938—1939年,共产原煤38.32万吨。1950—1995年,今来宾市煤炭总产量9311.11万吨,其中地方煤炭产量3571.75万吨,占总产量的38.36%,合山矿务局原煤产量5740万吨,占全市总产量的61.64%,煤炭工业总产值共14.12亿元,占工业总产值的18.54%。1996—2005年,来宾市煤炭产量3517.95万吨,完成工业总产值220.33亿元。

1990年国家不断投资建设新井,至1990年的36年间,来宾境内主要采矿区合山矿务局新矿井年设计生产能力达311万吨,使产量大幅度增长。20世纪60年代平均年产56万吨,20世纪70年代达174.21吨,20世纪80年代达189.31吨。1978年,煤炭产量突破200万吨大关。到1988年,达到250万吨,超过当年矿井设计能力的41.24%。合山矿务局从开矿至1990年共产煤炭4589.46万吨,其中1950年前产煤39.98万吨,1950—1990年共产煤4549.48万吨。同时,由于矿井老化与报废,新井建设接替不上,现有矿井的生产能力已逐年减退,2000年12月又关闭6对资源枯竭的矿井。原煤产量由1979年的237万吨减少到1989年168万吨,2000年为153.65万吨,2005年为220.3万吨,10年减少三分之一,实际产量呈下降趋势。

表 14-1　1996—2005 年来宾市煤炭产量表

单位：万吨

年度	全市合计	合山市	兴宾区	忻城县
1996	817.46	480.37	272.80	64.29
1997	680.02	406.15	248.00	25.87
1998	530.26	391.10	119.13	20.03
1999	364.00	265.54	81.72	16.03
2000	269.00	210.46	43.93	13.72
2001	196.00	178.03	14.45	3.86
2002	151.84	151.84	0	0
2003	141.18	141.18	0	0
2004	148.19	148.19	0	0
2005	220.33	220.33	0	0
合计	3517.95	2593.19	780.03	143.80

第三节　储运和销售

储　运

境内煤炭建矿初期，储煤均为露天堆存。民国 22 年（1933 年）后，合山矿建有井口煤仓储煤。1959 年后，各矿场都建有钢筋水泥结构的煤仓。1990 年，国营矿区有 300~1200 吨的煤仓 11 座，合山、来宾、忻城三个产煤县（市）的集体、个体矿山有 300~1200 吨煤仓 30 座。1995—2000 年，境内产量减少，合山矿务局有煤仓 8 座，合山、来宾、忻城三个产煤县（市）的集体、个体矿山有煤仓 20 座。2005 年，合山矿务局有煤仓 5 座，合山、来宾、忻城三个产煤县（市）的集体、个体矿山有煤仓 12 座。

小煤井外销的原煤，除来宾、合山、忻城 3 个重点采煤县（市）的煤矿公司成立有煤矿车队和民间私人汽车运煤外，大部分原煤通过火车或船只运送给用户。为方便外运，境内建有合山马鞍码头、里兰码头，忻城红渡码头，来宾新龙码头、平阳大龙码头、来宾港航务码头等。此外，还有王所火车站、广屯火车站、河里火车站等煤矿装卸站台。河里总库装卸煤台，东矿大弯弓煤槽煤台等储运设施，供各地小煤井就近运送外销。

销　售

中华人民共和国成立前，境内煤炭多销往梧州、广州、香港和澳门。抗日战争期间广州沦陷后，改销桂林、南宁、柳州等地。抗日战争胜利初期，湘桂铁路不通，合山煤炭多销往广州。民国 37 年（1948 年）后，湘桂铁路局成为合山煤炭的主顾。20 世纪 50 年代初，合山煤炭仍向湘桂铁路局销售。1950 年 8 月 5 日，柳州铁路分局订购合山煤炭 3000 吨，1951 年达 4.76 万吨。1952 年，水运复通，原煤销往广东。20 世纪 60 年代，桂林、柳州、梧州三大电厂及其他企业仍用合山煤炭。

1971 年，合山电厂发电，成为销煤大户。1980—1990 年，在合山电厂用煤总量中，合山煤占 70%，忻城、来宾煤占 30%。1987 年 1 月，自治区投资建设的来宾火力发电厂破土动工，规划装机容量 85 万千瓦，1990 年 1 月，2 台机组投入使用 2×12.5 万千瓦。1989 年 1 月建成投产。广西来宾希诺基发电运营维护有限责任公司，（亦称来宾火电 B 厂）1999 年底建成投产，总装机容量为 72 万千瓦。三大火电企业成为合山、来宾县（市）煤炭销售的大户，境内出产的煤炭大部分就地销售。

小矿井煤炭的销售，因井而异。国营小煤井生产的原煤，归国营矿部统一销售；县（市）属小煤井生产的原煤，1988 年前，集体或个体为自行销售。1988 年 5 月 12 日，合山市人民政府规定，小煤井的煤产品（含国营小煤井），必须在市政府下达的收购任务基础上，经批准方允许自销。

2000 年后，除了合山矿区外，境内各地其他小煤矿已基本关闭。因煤炭市场好转，煤炭供不应求，为最大限度提高经济效益，合山矿务局不断调整煤炭营销策略，采取高度集中统一管理模式，实行统一价格、统一计量、统一开票、统一结算、统一收款的“五统一”管理，规范销售行为，保证煤炭销售健康、有序开展。同时抓好煤质工作，煤炭销售取得较好成绩。2004 年、2005 年，合山矿务局销售原煤分别为 147.08 万吨和 209.5 万吨。

第四节　煤炭行业管理

机　构

1976 年前，现来宾市境内煤炭行业属原柳州地区工业局管理。1977 年，原柳州地区成立燃料化工管理局（简称燃化局），煤炭归燃化局管理。1985 年 5 月，撤销燃化局，成立地区地质矿产管理局和地区煤矿工业局。合山、来宾、忻城等重点产煤县（市），相继成立地质矿产管理局和煤矿工业公司。产煤的乡镇设矿产管理站，在公路交通要道设检查站。

管理体制

1980 年，境内合山、来宾、忻城三个重点产煤县矿产资源管理局和煤矿工业管理公司实行政企分开，公司为企业单位，负责煤炭的产、销、技术、安全管理。县办国营煤矿改为独立核算单位。县（市）人民政府对公司实行上缴利润包干、超过分成的办法。县办矿实行自负盈亏。从公司到企业普遍推行以产计酬、联利计酬的经济责任制。忻城县实行经济责任制后，1981 年上缴利润 62 万元，超额 37.8%；1982 年增加上缴利润 28%；1983 年上缴利润 194 万元。1984 年后，小煤矿生产原煤由完全统配改为计划分配与合同供应相结合，并放开原煤价格，随行就市，按质论价。允许集体和个人合资联营办矿。1989 年 1 月起，地方煤矿的产、运、销由煤矿工业部门归口管理。

合山矿务局属自治区煤炭厅管理的统配煤矿。2005 年跻身全国煤炭 100 强企业和广西 50 强企业，系自治区直属的国有大型企业。

发　证

民国时期，开采煤矿报请广西省政府建设厅批准发证才能开采。1950 年，合山煤矿公司办理采矿登记手续。1979 年 6 月，煤矿实行“开办许可证”制度。1985 年 3 月，贯彻《广西壮族自治区集体和个人采矿暂行办法》，采矿由县（市）国营煤矿实行采矿登记发证。1988 年，县（市）国营煤矿实行采矿登记和发证工作。

1994 年 12 月，国家煤炭部颁布《煤炭生产许可证管理办法》，煤炭企业领到“采矿许可证”后，县（市）煤炭管理部门按照自治区制定的《乡镇煤矿管理条例》和《乡镇煤矿安全规程》，进行现场验收，合格后方发给“生产许可证”。两证同时具备，煤炭企业才能进行生产。1998 年 2 月 12 日，国务院颁布《矿产资源开采登记管理办法》后，煤矿开采许可证上收省级以上国土资源管理部门审批颁发。2001 年 1 月 1 日起施行新的《广西壮族自治区矿产资源管理条例》至 2005 年，境内仍然按照新“条例”实行采矿登记和发证工作。

收　费

1986 年前，煤炭管理部门 10% 的管理费。1986 年 4 月，境内贯彻原地区行署《关于贯彻（中华人民共和国矿产资源法）的若干规定》。对煤炭资源费、维持简单再生产费的收取作出具体规定。1988 年，来宾县、合山市、忻城县，除了合法经营的矿产公司和煤炭公司外，尚有 180 多家非法或无证经营煤炭，使税费损失约 150 多万元。1990 年，原柳州地区行署发出《关于整顿矿产品流通市场，加强矿产品管理的通知》，组织执法工作组深入来宾、合山、忻城县（市）治理整顿，注销关闭了 100 多家非法或无证开采的矿井。加强“三费”征收管理，整顿矿山秩序。1995 年以后，境内煤炭资源枯竭，产出量日益减少，煤炭税费逐年递减。2000 年后，除了合山矿区的合山矿务局生产外，境内各地其他小煤矿已基本关闭，来宾、忻城县煤炭收费基本停止。

安全生产

1986 年，境内贯彻执行“安全第一，预防为主”的方针。明确各级党政一把手是第一安全责任人，各矿均由一名副矿长抓安全生产，班组设安全委员，形成安全网络。每个井口设“入井须知”或“入井守则”，当班安全员坚持“一班三检”“一炮三检”制度，及时发现和排除事故隐患。

1997 年，合山矿务局把预防重、特大事故作为安全工作的重点来抓。在实行各项安全管理制度的同时，突出体现安全工作全员、全方位、全过程参与，在人、财、物方面优先保障安全工作的需要，确保安全管理目标的实现。

2001 年，合山矿务局深入开展“安全生产活动月”和安全知识竞赛活动。在全局营造“遵章守法，关爱生命”的良好氛围，促进安全生产。

2004—2005年，合山矿务局把预防重、特大事故作为安全工作的重点来抓。进一步建立、健全和落实各级管理人员安全生产责任制和各项安全规章制度。根据《煤矿安全规程》要求和结合本局实际，完成了各项规章制度和岗位安全操作规程及《矿井安全专篇》的编制工作。加大安全生产监管力度，实行“入井证”“三违”曝光台、安全警钟台等制度。在全局8个矿推行安全宣传教育“十法”活动，加强对矿井“一通三防”管理，全员、全过程抓好安全生产。全年投入“一通三防”专项资金230万元，完成主扇安装及附属设施工程50余处，安装防尘管17780米，补充增加对旋式主扇机、瓦斯报警断电仪、自救器等通风安全装备2093台，提高了矿井的通风和防灾能力。深入开展“安全生产活动月”和安全知识竞赛活动，在全局营造“遵章守法，关爱生命”的良好氛围，促进了安全生产，较好地实现了年度安全管理目标。全年无各类重、特大人身伤亡事故发生。原煤生产发生因工死亡事故3起，死亡3人，重伤12人，轻伤86人。原煤生产百万吨死亡率为1.36，控制在3.3的目标考核内。

第五节　生产企业

自治区统配煤矿（广西合山矿务局）

清光绪三十一年(1905年)起，刘炳宇、龚政等人先后到合山从事煤矿开发。民国8年(1919年)，贵县龚雨亭任广东造币厂长时和桂平县姚健生到迁江合山煤田探采煤炭。1932年，陆川吕春璀同福公司和李楚凡同德公司在迁江合山煤田探采煤炭。1933年，两公司合并为合山煤矿股份公司。1936年11月，合山煤矿股份有限公司由广西省政府主持改组为合山煤矿股份两合公司，资本为360万元，并由广西省政府负无限责任。1938年7月1日，中国银行同意投资合办合山煤矿，又将合山煤矿股份两公司改组为合山煤矿股份有限公司，资本440万元。1941年，来（宾）合（山）轻便铁路全线通车。1944年，合山矿由原有的1个矿场发展至5个，月均产煤近8000吨。1944年11月，合山煤矿股份有限公司修复日军侵占期间被破坏的矿井设施，正式恢复生产。1905—1949年，合山煤矿生产原煤不足40万吨。1949年12月1日，合山解放。1950年1月5日，人民解放军桂林军事管制委员会接管合山煤矿股份有限公司，并将该公司改为省营。1951年产煤5万多吨。1954年6月，合山煤矿股份有限公司改称广西省合山煤矿。1955年矿区由主采五煤转为四煤。同年矿区全面开展地质勘探、兴建自备电厂、添置设备、培训人员，煤炭生产进入新的发展时期。1955—1959年，里兰、东矿的四煤矿井先后建成投产，铲煤、装车、支柱、移机等仍是手工操作。1962年1月1日，成立广西壮族自治区合山矿务局，直属自治区煤炭工业厅管理。

1970年，合山矿务局有溯河、东矿、里兰、河里、石村、马鞍、上塘7对独立的生产矿井，年设计生产能力为177万吨，实际年产量达260万~300万吨。是广西最大的煤矿生产基地，被誉为“广西煤都”。

1979年后，合山矿务局矿业掘进、采煤、运输、通风、排水等系统均实现了机械化或半机械化。还推广应用条带采煤、皮带运输、瓦斯遥控、大口径钻孔排水和金属支柱等先进技术，促进了煤炭工业的发展。1989年，合山矿务局实际产煤量已达200万吨以上。1988年和1989年连续两年突破250万吨，占广西原煤总产量的25%。1950—1990年，销售收入92567.73万元，税金4640.28万元。1950—1978年，销售利润3154.99万元。1995年产煤492万吨，总产值7872.6万元。

2004年，合山矿务局有计划整合重组原合山市和兴宾区所属的一批个体小煤井。针对小矿井安全生产存在较为严重的安全隐患情况，矿务局制定了《合山矿务局整合井入井整改安全基本条件》《合山矿务局整合井整改条件验收办法》，同时编制整合矿井《采区设计》《完善生产系统计划》等一系列措施，对整合的小煤矿加大监管力度，确保做到不安全不生产。在做好整合矿井安全生产的同时，加大对异地煤炭资源的开发力度，成立合山矿务局贵州分局，负责在贵州的煤炭资源开发。计划通过2—3年的建设，力争在贵州形成年产煤炭400万~500万吨的规模，逐步实现煤炭生产战略性、区域性转移。

2005年，合山矿区总面积260万平方米，有专用铁路线直通各矿，铁路在来宾站与湘桂线连接。合山矿务局计划产煤222万吨，实际完成220.33万吨，完成计划的99%，同比增长76%；掘进进尺完成6.09万米，其中，开拓计划进尺2.59万米，实际完成3.13万米，完成计划的121%。

地方煤矿

来宾市境内煤炭资源丰富，除了合山矿区储藏量、产量最多外，地方煤炭资源主要分布在来宾、忻城两县，为来宾县、忻城县最具有优势的矿产。

来宾矿区 来宾县煤炭资源主要分布在溯社、平阳东部一带，陶邓、石陵和迁江三角地带，城厢、三五东部一带及大里一带。另外在高安乡的衣滩、石牙乡的苦炼、陶邓乡的方阳和洪村、正龙乡、大湾乡等地也有分布，分布点多面广。县煤炭资源的开采主要在合山煤矿东江矿区、迁江煤田和泡水煤田。已探明储量的有合山煤田的东江、泡水矿区，总储量为3436.25万吨，可采储量为2113.08万吨。各矿区的煤发热量为4000大卡/千克左右。

民国8年(1919年)，以刘茂模为代表的广益公司在鲤鱼岭开采煤矿，为县境内有组织开采煤矿之先。

中华人民共和国成立后，县煤矿开采始于1957年。首先开采泡水煤矿，次为石陵煤矿。不久，泡水、石陵煤矿关停。1959年开采大龙煤矿(称东江煤矿)。1962年，大龙煤矿下马。1969年后，大龙、泡水、全来先后恢复生产。由于全来煤矿煤层变化大，难以开采，1976年关闭，转到平阳开采毛服煤矿(称百乐煤矿)。乡镇(社队)最早于平阳和溯社进行煤矿开采。20世纪70年代，乡镇煤矿开采业发展较快，除平阳、溯社外，迁江、石陵、大里、三五等乡(镇)都就地进行开采。当时只允许社队集体办矿。

1974年后，县社煤矿逐步进行技术改造，采用凿岩机采掘，刮板机出煤，绞车提升，机械通风排水等机械、半机械作业，改变了原来手挖肩挑的生产方式，产量不断提高。1978年，全县原煤产量56万吨。1979—1986年，由于调整国民经济，原煤年产32万吨左右。1986年后，国家放宽对矿产资源开发的限制，允许国家、集体和个人共同经营，县境乡办、村办、联户办和个体办煤矿迅速发展，原煤产量急剧上升。1987年全县产煤70.56万吨，其中集体、个体办矿产57.7万吨。当年县被国家列为全国100个重点产煤县之一。1988年产煤86.06万吨，1989年达99.94万吨，创历史最高纪录。1990年降至82.36万吨。1994年，百乐、东江、泡水三个县属国营煤矿遭受洪灾，被迫停产，造成直接经济损失150万元。1999年1月—9月，原煤产量64万吨，征收“四费”(矿产资源补偿费、采矿权价款、采矿权使用费、水资源补偿费)1010万元，分别占全年任务量的80%和78%。1997年，东江煤矿停产；1999年，泡水煤矿停产；2000年，百乐煤矿停产。境内无大规模煤炭生产。

忻城矿区 忻城县境煤矿藏量为3802万吨，主要分布在红渡、古蓬、思练、北更、遂意等地，发热量每千克3000~6000大卡，有开采价值。20世纪50年代开始，忻城县组织大规模的人力、机械化煤炭开采；1958年，在“大跃进”和人民公社化运动中，全县先后组织群众几万人对红渡、古蓬的凌头、思练的加马等地的煤炭进行开采，还成立了县办红渡煤矿和加马煤矿。但由于缺乏地质资料，生产带有盲目性，费用多、收益少，企业亏损。1959年除保留经济效益较好的红渡煤矿外，其余全部撤销停产。1962—1963年，在国民经济调整中，各地工业大都下马，原煤大量积压，企业出现亏损。1963年9月，红渡煤矿也处于困难之中，被迫停止生产，裁减大部分职工，仅留10人负责推销积压原煤，此后，采取以销定产的办法，生产处于停停打打的状态。1965年和1966年每年产煤仅100吨。1967年4月，该矿到古蓬周安开辟一个新矿井，作为第二工区。从此，生产逐步回升。到1969年，全县产量上升到1.3万吨。20世纪70年代以后，自治区把忻城县列为重点产煤县之一，给予大力扶助，逐年增加对忻城煤炭工业的投入。从1972年起，自治区煤炭局先后拨给134.5万元，新建年产3万吨能力的古蓬桥头矿井和红渡八线矿井各一对；1977年以后，又拨给168万元，建设一对年产3万~5万吨能力的凌头矿井。几年内，全县很快形成红渡、桥头、凌头三大产煤工区，职工人数达384人。1971—1973年，思练、古蓬、果遂、红渡、北更、遂意、大塘、马泗等公社社办煤场相继建立。1979年，全县原煤总产量达45.62万吨，其中县办煤矿4.86万吨，社队办40.76万吨。20世纪80年代以后，进行了以提高经济效益为中心的体制改革。1983年，县办煤矿由原来一个矿部下分三个工区改为三个独立核算单位，即红渡煤矿、凌头煤矿和桥头煤矿。1984年后，小煤矿生产的原煤由完全统配改为计划分配与合同供应相结合，并放开原煤价格，随行就市，按质论价；允许集体和个人合资联营办矿，煤炭发展快，经济效益好。1989年，全县产煤35万吨，实现税利271.98万元，是历年经济效益较好的一年。1990年全县煤产量为34万吨，比1989年减少1万吨。

20世纪90年代，煤炭开采企业主要有国有企业和乡镇集体企业。国有企业开采企业有：红渡煤矿、桥头煤矿、凌头煤矿。1990年，忻城县人民政府放宽矿山开采政策，集体开采煤矿进一步发展。全县13个乡镇，除城关镇和宁江乡没有乡（镇）煤矿外，11个乡（镇）开办有乡镇煤矿开采企业。红渡、思练镇境内自有煤炭资源就地组织开采，其他乡镇组织人力到合山、来宾、罗城、上林等地开采。1991年，全县产煤总量22.25万吨，其中国有煤矿产煤1.10万吨、乡（镇）企业煤矿产煤21.16万吨。全县煤矿产煤实现工业总产值1083.48万元。1992年，全县产煤总量23.48万吨，其中国有煤矿产煤2.30万吨，乡（镇）产煤23.25万吨。全县煤矿产煤实现工业总产值1195.70万元。1993年，全县产煤总量29.60万吨，其中国有煤矿产煤4.46万吨，乡镇产煤25.14万吨。全县煤矿产煤实现工业总产值1287.25万元。1994年，县桥头煤矿因井口进水，停止生产。当年，全县产煤总量30.46万吨，其中全县国有煤矿产煤1.14万吨，乡（镇）煤产量29.32万吨，全县煤矿产煤实现工业总产值1503.45万元。1995年，全县产煤总量30.79万吨，其中国有煤矿产煤1.86万吨，乡（镇）煤矿产煤28.93万吨。1996年，国有凌头煤矿因亏损严重而停产。当年，全县产煤总量28.84万吨，其中国有红渡煤矿产煤8534吨，乡镇煤矿产煤27.99万吨。全县煤矿产煤实现工业总产值1466.64万元。1998年，因资源枯竭，生产成本高，国有煤矿全部停产。全县乡（镇）产煤20.03万吨，煤矿产煤实现工业总产值1041.65万元。

1991—1999年，全县煤炭总产量229.37万吨，年均产煤25.48万吨。总产值1.13亿元，年均产值1259.4万元。其中变化较大年份是1999年，全县煤炭产量16.03万吨，比年均产量减产9.45万吨，减幅达37.1%。产值831.96万元，比年均产值减少427.44万元，减幅达34%。减幅原因主要是由于3家国有煤矿和部分乡镇煤矿先后停产。至2000年，全县所有煤炭矿井全部关闭停产。

1991年开始，境内各县矿井煤炭资源日趋枯竭，矿井生产设备衰老报废，生产管理工作后劲不足，矿井涌水量大及瓦斯爆炸等安全隐患，生产成本提高，亏损大，煤炭市场低迷，财力不济，矿区只能维持生产原状，再没有扩建新煤井。至2000年，境内各县煤矿基本关闭停采。

第三章　非煤矿山采选工业

唐代，现来宾市境内已有冶炼业，宋代始采铅锌矿，明代冶炼铅锌，清代炼铁铸锅，民国采选锰矿。锰矿开采始于民国5年（1916年），由合益公司、三益公司在武宣县土法开采锰矿。截至2005年，来宾市已探明各种矿藏20多种。重要非煤矿产资源有锰、铜、铅、锌和重晶石，其中锰储量641.66万吨，铅储量1496.79万吨，锌储量1551.35万吨，重晶石储量1299.92万吨。其中重晶石、煤炭、锰等7种矿藏储量居广西首位，象州重晶石连续多年出口居广西第一，合山号称“广西煤都”。金秀大瑶山蕴藏着金、铜、铁、水晶、重晶石、花岗石等十多种矿产，素有“万宝山”之称。经过多年开采，资源逐步枯竭，开采难度大，产量逐年下降，2000年开始，大部分矿种停止开采。

第一节　金属矿勘探

锰　矿

民国17年（1928年），广西省建设厅组成矿务视察团，调查武宣县锰、铅矿。民国21年，该视察团认为武宣三里锰矿铅矿“规模大，殊堪注意”。

1949年起，中南地质局415队、广西有色金属局273地质队、柳州地区地质队和广西石油地质队先后在来宾市境内开展锰矿勘查工作，共查明2处中型、6处小型锰矿床，截至2005年末，累计探明锰矿资源储量926万吨。

铜　矿

1965—1976年，广西429、629、204等地质队先后在市境内开展铜矿勘察工作，探明象州县那马、刀郎和武宣县水村等16个小型铜矿床点，累计探明铜矿资源储量5.28万屯。

铅锌矿

1954—2001年，中南地质局411队、477队、柳州专属地质队、桂中地质综合地质大队、广西第七地质队和柳州地区地质队先后在市境内开展铅锌矿勘查工作，探明铅锌矿床30处，其中大型矿床1个，中型矿床3个。累计探明铅矿金属储量28.2万吨，锌矿金属储量262.8万吨。

第二节 锰矿采选

境内锰矿开采始于民国5年(1916年),由合益公司、三益公司在武宣县土法开采锰矿,合益公司生产4000吨,三益公司生产8500吨。民国6年,在武宣县开采锰矿的公司逐渐增加,到20世纪末,先后有10多家公司在三里圩附近的各个矿点进行土法开采。民国8年,来宾县大湾有数家联营的锰矿公司。民国15年,有三益公司在来宾县晒谷岭、牛栏岭开采锰矿。

中华人民共和国成立后,地质部门先后在来宾、忻城、武宣、象州、金秀等县进行地质勘查,共探明10个锰矿床,矿石储量累计1467.2万吨,远景储量137.92万吨,其中来宾县八一矿区矿石储量1113万吨,属中型矿床,其余均属小型矿床。1958年,随着各地大办钢铁厂,锰矿开采业逐步发展。1960年,境内生产锰矿石53.12万吨,占广西总产量的43.08%,成为广西锰矿业的重要基地。20世纪60年代初,国民经济处于调整时期,锰矿生产进入低谷。20世纪60年代中期以后,锰矿开采逐步恢复和发展。20世纪70年代,进入大量开采时期,境内年均产量在40万吨左右,1977年生产43.89万吨,仍为广西锰矿产业的重要基地。进入20世纪80年代,由于高品位锰矿石资源逐步减少,产量逐年下降,1988年境内仅生产锰矿石24.16万吨。1957—1995年,今来宾市共生产锰矿石1080.96万吨。2002—2005年,全市共生产锰矿石41.43万吨。

主要生产企业

广西八一锰矿(广西八一铁合金有限责任公司) 位于来宾县凤凰镇,包括凤凰矿区和思荣矿区。1952—1955年,先后由中南地质局415勘探队对两个矿区进行普查勘探,探明锰矿石储量1113万吨。八一锰矿因由部队成建制转业办矿而得名,于1959年8月1日成立,先后隶属自治区、冶金部中南锰矿公司。1972年,下放原柳州地区,1978年,自治区收回作为直属企业,1987年,复下放原柳州地区,2002年12月后,属于来宾市直属国有企业。

1959年,开始矿山基本建设,1960年,建成凤凰火车站至思荣、凤凰矿区两条长14.65千米的准轨铁路及高站台、简易公路。1963年,开始进行机采建设。1965年,凤凰矿区基本建成年产12万吨锰矿石的机采工程。1966年,思荣矿区部分实现半机械化开采。1967年,进行水采试验成功。1968年,建成水采工程,全矿基本实现水采化。尾矿坝先后建成13座,总库容3000立方米。1974年开始建设烧结车间。1993年,烧结车间正式投产,年生产能力18万吨,解决了锰矿粉的利用问题。

1959—1963年,矿区采用土法进行露天开采,从最初“刨土豆”式的挖掘到后来的挖矿“爆破”、选矿“筛子自动”、运矿“铁轨斗车”,最后形成长流筛流水作业线。1964年,实行机械采矿,降低了劳动强度,提高了生产效率。1965年,矿区形成12万吨的生产能力。1966年,矿区开始进行水力开采,机械化程度和劳动生产率高,且设备简单,生产过程易操作,成本低。1969年,矿区形成水采年产35万吨的生产能力。1978年,生产锰矿34.76万吨,创历史最好水平。采矿损失率和采矿贫化率分别为18.65%~7.7%和7.99%~5.74%。进入20世纪80年代,矿区资源枯竭,产量逐年下降。1983年,矿区已不能水采,只能用少量机械或手工回采残矿,矿山生产由采矿为主逐步变为冶炼为主。1956—1995年,矿区共采锰矿971.5万吨,锰矿少量为铁合金原料自用,大部分销往全国各地钢铁企业。1988年,矿山有职工4265人,从事采矿的只是小部分人,生产锰矿石21万吨,矿山工业总产值5034.61万元,其中矿产品产值2583万元,占51.31%。进入20世纪90年代,只能开采深部矿和残矿,1994年生产锰矿7.6万吨,1995年,生产锰矿11.27万吨。1998年以后,因矿源枯竭,矿区锰矿停止生产,由采矿为主逐步转向冶炼为主。

广西下田锰矿有限责任公司 位于象州县象州镇下田村。经地质探明C1+C2级矿石储量4万吨,D级32.7万吨,属小型矿床。1958年,乡镇民采建矿。1962年,收归国有,由广西锰矿公司管辖。1970年,属广西冶金厅管理。1987年,下放原柳州地区管理。1996年,锰矿资源枯竭,转为锰合金生产企业。

20世纪60年代,矿山主要是露天开采,生产放电锰矿石。生产手段原始,工艺流程简单,采、堆、拉、筛选全靠人工。1964年,职工265人,生产化工锰2295吨,锰粉264.2吨。20世纪70年代,转入地下开采,并增加洗选、磨粉设备。生产手段和生产工艺流程为手工、半机械化和机械化并进,开采、洗选、加工相结合。1974年,生产电池二级锰408吨,锰粉944.95吨,碳酸锰粉179.15吨。20世纪70年代末,生产转入锰系列产品,以电解二氧化锰为主,其次为电解金属锰、微粒锰。化工产品初具规模,具有年产2000吨电解二氧化锰、300吨电解金属锰的生产能力，成为广西锰制品加工骨干企业之一。1982年，有职工304人，生产电解锰405.65吨，锰粉66吨。1990年，生产锰品2400吨。1995年，生产锰品3485吨。1996—2000年各年度生产电解二氧化锰2803吨、3209吨、3290吨、3435吨、4353吨，实现工业总产值1401万元、1604万元、1644万元、1798万元、2012万元；2003年3月企业改制，成为广西桂柳化工有限责任公司下辖的子公司，是广西锰系列产品生产重点企业，全国生产电解二氧化锰的骨干企业之一。2005年，生产电解二氧化锰7299吨，实现工业总产值4022万元，销售收入3658万元，利税收入611万元，从业人员230人。

象州县大蒙锰矿　位于象州县石龙镇。1969年，广西273地质队探明B+C1+C2级锰矿石储量53万吨，属小型矿床。矿山于1958年开采，1959年，属石龙县三里锰矿分矿区，1961年，成立象州县国营大蒙锰矿。主要生产冶金锰，品位21.18%。采矿劳动力全是民工，由社队选派，进行露天开采和暗笼开采。办矿初期，手工采选，1966年，采矿民工2500人，生产1.2万吨。1970年，矿山进行技改，改为长流筛、电力马达振动筛、粉矿焙“烧结锰”，建成日处理毛矿480吨的洗矿机，生产能力进一步提高，1970年，生产冶金锰1.85万吨。1977年，自治区冶金厅扶持，先后投资60多万元，兴建水采场2个，日选24吨（纯矿）双棍磁石一个，采、选、洗形成机械化流水线，生产能力大为提高，1978年，生产冶金锰2.13万吨。进入20世纪80年代，资源逐步枯竭，采量、质量明显下降，1985年生产7243吨，1986年生产6360吨，1988年生产6800吨，1990年将块矿、粉矿一起出售共12462吨。1993年生产冶金锰9848吨，1994年生产6816吨，1995年生产7564吨。2000年以后，因矿源枯竭，矿区停止生产。

武宣县锰锌矿　位于武宣县三里乡。1969年，273地质队探明铁锰储量60万吨，尚难利用42.5万吨，放电锰7.1万吨。1952年，成立公私合营三里锰矿公司，1957年，成立三里锰矿，1958年，改为石龙锰矿。1959年，为适应大办钢铁需要而大搞锰矿，采矿民工2821人，先为手工采矿，后为摇筛选矿，1959年，生产冶金锰92482吨，1960年，生产116890吨。1969年，改为水抢开采，分东西2个矿区，1970年，生产冶金锰11284吨。1973—1978年，生产较稳定，年均生产3万吨左右。进入20世纪80年代，由于高品位锰矿石采尽，余下低品位矿，且质量变化大，开采成本较高，经济效益低，群众不愿开采，产量逐年减少，1987年生产冶金锰2400吨，1991年生产910吨，1992年生产400吨，处于停产状态。此后，因锰矿枯竭转入铅锌矿开采。开采的铅锌矿有花鱼岭、朋村、古立村、石山、风岩等5个工区。2000年以后，因矿源枯竭，矿区停止生产。

来宾县锰矿　位于来宾县凤凰镇洛河村。矿区共有5个矿点，探明锰矿储量58万吨，矿石品位28℃~36℃。1957年筹建，称凤凰锰矿。1958年，正式投产，手工开采，先采洛河和陆江2个矿点。1959年，生产冶金锰11.1万吨。1962年下马，1966年重建，改称来宾县锰矿。1970年，生产冶金锰7766吨。1971年后，逐步改为推土机开采，主要设备有水泵3台，洗矿机2台，推土机2台，生产效率提高。1975—1980年，年均生产量在3万吨左右。进入20世纪80年代，由于高品位矿少，产量逐年下降。1988年，生产冶金锰1.68万吨。进入20世纪90年代，手挖筛选残矿，1993年生产冶金锰9550吨，1994年生产14816吨，1995年生产5382吨。建矿30多年来，共采出锰矿63万多吨。2000年以后，因矿源枯竭，矿区停止生产。

广西有色金属集团汇元锰业有限公司　广西有色金属集团汇元锰业有限公司前身为广西投资集团汇元锰业有限公司，是广西有色金属集团全资子公司，2005年5月开工建设，注册资本4.95亿元，从业人员1400人。

项目计划于2007年初建成投产，首期建设项目为3万吨/年高纯低硒电解金属锰和2万吨/年无汞碱锰型电解二氧化锰，投资6.9亿元；二期规划为6万吨/年电解金属锰和4万吨/年电解二氧化锰。

第三节　铅锌矿铁矿采选

铅锌矿

铅锌矿主要分布在武宣县、象州县。1956—1980年，广西404地质队、477地质队、桂中地质队、柳州地区地质队、泗顶矿地质队等先后在境内探明铅矿床13处，其中，中型矿床6处；探明锌矿床11处，其中，中型矿床6处。累计探明铅锌矿石储量1993万吨，铅金属量21.35万吨，锌金属量126.29万吨。20世纪80年代末，铅锌矿逐步开发，在武宣县有三里锰锌矿。

20世纪60年代，铅锌矿山处于建设时期，生产量逐年增加，境内年均生产铅锌矿石10万吨左右。

20世纪70年代,境内生产持续发展,年均生产铅锌矿石20万吨左右。20世纪80年代,铅锌矿开发进入鼎盛时期,境内年均生产量25万~30万吨,1988年生产矿石33.5万吨。进入20世纪90年代,铅锌矿资源逐步枯竭,产量逐年下降,1994年,境内生产铅锌矿石29.5万吨,1995年生产24.6万吨,2005年生产7万吨,金属量0.4万吨。

选矿厂建设 1970年,武宣县建成荣鱼塘选矿厂,1978年改造扩建成朋村选矿厂,1990年又建成花鱼岭新选矿厂。1990年,象州县将矿粉厂改建为选厂。1990年,境内生产铅锌精矿2.5万吨,创造历史最好水平。1962—1995年,今来宾市累计生产铅锌矿石712.8万吨,生产铅锌金属量53.11万吨。1996年,全市生产铅锌金属量2888吨;2000年,全市生产铅锌精矿含铅锌量共计9.71万吨。

至2005年底,境内铅锌矿设置有44个矿产资源勘查项目,其中,铅锌矿勘查项目22个,锰矿勘查项目20个,铝土矿勘查项目2个,主要分布武宣县三里、桐岭、二塘、东乡、黄茆、武宣等乡镇及象州县象州、石龙、大乐等部分乡镇。

主要生产企业

武宣县锰锌矿 武宣县铅锌矿资源丰富,分布在三里、二塘、东乡、桐岭等乡(镇),从1956—1980年,经地质部门探明矿床9处,其中,中型矿床2处,累计探明铅锌矿石储量719万吨,铅品位0.8%~5%,锌品位2.8%~10%。武宣锰铅锌矿位于武宣县三里镇,于1958年筹建,后因种种原因,三次下马,三次复产。1970年与三里锰矿合并为武宣县矿先后开发古立、朋村、花鱼岭和风沿4个矿区,建成2座年采矿量3万吨竖井(井深100米)及3座斜井,自采矿石能力10万吨。至1995年,共采出矿石量78.5万吨,加上民采部分,全县共采矿石157.2万吨。武宣铅锌矿同时开展矿产品加工,1970年建成荣鱼选矿厂,生产锌精矿124吨。1971年开始生产铅精矿,1978年生产铅精矿158吨,锌精矿1019吨。1990年,生产铅精矿691吨,锌精矿6560吨。1991年,生产铅精矿400吨,锌精矿6400吨。1993年,生产铅精矿350吨,锌精矿5120吨。1994年,生产铅精矿375吨,锌精矿5095吨。1995年,生产铅精矿502吨,锌精矿5374吨。到1995年底止,共加工处理矿石133.4万吨,平均入厂品位铅0.75%,锌5.6%;共生产铅精矿5127吨,锌精矿62569吨;选矿平均回收率铅50%,锌85%。

象州县选矿厂 位于象州县城。1989年11月,与原柳州地区矿冶集团联合,组建象州县选矿厂,生产铅锌精矿。1990年,固定资产原值254万元,有职工90人,产值146.82万元,销售收入474.99万元,实现税利33.05万元。1994年,工业总产值365万元,利润总额15万元。1990年,生产锌精矿1362吨。1991年,生产铅精矿121吨,锌精矿664吨。1993年,生产锌精矿1100吨。1994年,生产锌精矿1195吨。1995年,生产锌精矿1869吨。2001年,该厂由恒泰公司并购。

铁　矿

清道光、咸丰年间开采忻城县毛洞铁矿。民国境内调查的铁矿点有武宣县的东乡加马、官桥岭。中华人民共和国成立后,经地质部分调查,除合山市外,今来宾市各县(区)均发现有许多矿床、矿点,但点多分散,富矿少,贫矿多。已探明的铁矿石有武宣县的风门坳,忻城县的技林等9个,铁矿床均属小型。1958年后,所有的铁矿床均已开发利用。随着国民经济进入调整时期,境内各县的铁矿山停止开采。

硫铁矿

今来宾市硫铁矿主要分布在武宣、金秀等县,两县发现多处矿床、矿点。从1973年起,经第七地质队探明武宣县古立、二塘等4个矿床,矿石储量262.7万吨,其中D级储量203.4万吨,矿石品位含硫一般大于20%,最高达40.54%,属优质硫铁矿。武宣古立黄铁矿属中型矿床,矿石储量145.5万吨,其他属小型矿床。武宣县开采桐岭、二塘等地硫铁矿。20世纪70年代,境内生产硫铁矿年均4万~6万吨。20世纪80年代初,由于武宣等县磷肥厂(硫酸厂)下马,武宣县硫铁矿停产,1985年,境内生产硫铁矿2.09万吨。进入20世纪90年代,时有零星开采,产量少。1971—1995年,共生产硫铁矿57.24万吨。2000年以后,因矿源枯竭,矿区停止生产。

第四节　铜矿金矿采选

铜　矿

清代,金秀三角乡大木铜矿开采,桐木的公朗、那马、大风等地铜矿,为法国人开采。民国25年(1936年),有矿商集资6万元,开采大模山铜矿(今属金秀),后收归省经营。

1950年后,经5个地探单位勘查,探明金秀、武宣等县共有12个矿床、矿体和矿点，铜矿石储量68858吨，主要分布在大瑶山多金属带和元宝山多金属带。矿床规模小，品位不高。

20世纪60年代末至70年代初，象州县组织开发铜矿，由桐木镇企业办公室组织当地社员开办桐木铜矿，由于地下开采，生产困难，产量很少。1980年，生产铜矿石15吨，1985年生产20吨。20世纪80年代，金秀先后引进柳州、桂林、广东等地人贷资开矿办厂，但皆因矿床规模小，地质结构复杂，矿体不稳定，产量低，效益差，原已兴建的选厂中途停办。1987年，生产铜块矿13.7吨，基本属于停产状态。1990年，生产铜块矿142吨，1991年，生产34.42吨，1993年，生产600多吨，1994年，开采5个矿点，生产865吨。1995年，生产金属铜21吨。

武宣县二塘水村铜矿，因埋藏深，水文复杂，生产困难，1994年，生产铜块矿10吨，1995年，停止生产。

金矿采选

民国时期，桂平、平南等地船民曾在来宾县红水河与柳江河交汇口的狮流滩淘金。

1950年后，经地质部门勘查，在金秀、来宾等县发现金矿床、矿体和矿点。

金秀瑶族自治县金矿，主要分布在长洞至马练向斜轴部龙平一带，面积约43平方千米，属桂东金矿带向西延部分，成矿条件好，是一个黄金远景地区。发现矿点5处，含金量一般5克/吨，高的102克/吨，其中1987年石油地质队探明龙平金矿点6个矿体，矿体长几米至10米，厚0.4~0.76米，深10~20米，品位含金5.5~13.82克/吨，计算储量18.49万克。历年时有群众开采，1958—1982年，生产黄金16千克，1990年统计仅26.88克。1991年，有罗香、村北、良乡等零星采金点，产量不明。1992年以后，因矿源枯竭，矿区停止生产。

金矿，主要是贮存于来宾市兴宾区红水河与柳江河交汇口河床沙滩中，狮流滩储量最大。1985年，经地质部门调查，含金量0.3克/立方米。1986年，在金秀发现多处矿床、矿点。由于储量少且分散，没有正规的开采活动。

第五节　重晶石矿开采加工

重晶石矿勘探

来宾市重晶石矿主产区在象州县，分布在寺村、潘村、龙保、普和4个矿区。中华人民共和国成立后，地质部门对来宾市境内的象州、武宣、金秀、来宾等县勘查，探明重晶石储量4360.93万吨，矿床11处，其中，大型矿床5处，中型矿床5处。矿石品位块矿含硫化钡大于85%，部分高达94.56%，属化工重晶石矿二级品；压碎重晶石矿（贫矿）含硫化钡20%~85%；压碎重晶石矿（贫矿）含硫酸钡20%~70%。

1962—1985年，桂中地质队、广西第六、第七地质队在象州县探明重晶石矿储量为2638万吨，其中寺村矿区为大型矿床，潘村、龙保、普和3个矿区为中型矿床。此外，还有很多重晶石矿点。

开　采

境内重晶石矿开采始于20世纪50年代末。1958年，象州县始采重晶石矿，当年，该县群众对普和矿区进行开采。1963年，开采范围扩大到寺村矿区的9个山头；1964年，增加开采古兰岭；1978年，普和、寺村2个矿区所有矿脉全被采挖；1984年，开采潘村、运江镇3个矿点；1986年，开采百丈、水晶乡等矿点。1960年，武宣开采重晶石矿。1980年，金秀开采重晶石矿。20世纪80年代后，来宾市重晶石开采进入全盛时期，多数年份产量在35万吨以上。1988年，全市重晶石矿产量59.24万吨。进入20世纪90年代，全市重晶石矿开采快速发展，产量大幅增加。1990年，全市重晶石矿产量91.18万吨，1996年，全市重晶石矿产量209.55万吨（含鹿寨县11.06万吨）。其中象州县重晶石产量100.54万吨、武宣县重晶石产量8.4万吨、金秀瑶族自治县重晶石产量13.95万吨。1996年，象州县生产重晶石矿123.4万吨。1997年，金秀瑶族自治县重晶石产量达31万吨。2001年，全市重晶石矿产量145.95万吨。1996—2005年，全市境内累计生产重晶石矿1047.05万吨，其中象州县累计生产867.65万吨，武宣县累计生产89.52万吨，金秀瑶族自治县累计生产92.72万吨。2005年，全市重晶石产量12.84万吨。来宾市成为重晶石主要的生产和出口基地。

采矿企业

广西象州恒泰矿业有限公司　该公司成立于1997年，注册资本1200万元，总资产3.1亿元，从业人员1000多人。公司主营重晶石及有色金属矿产品开发、生产、加工及贸易。1993年开始从事重晶石矿场、加工、收购散矿经营，为使矿产资源得到充开发利用，达到规模化生产，对无法生产经营的矿山进行整合，建立机采矿场，以大型机械剥采的开采方式，进行规模化矿山生产，产量快速增加，从年产几万吨提高到年产百万吨。本着做大做强的发展战略，在融安、融水、武宣等县建立分公司，在武宣投入1000多万元，建设年产30万吨的重晶石矿，在融安投资800多万元，建设年产20多万吨重晶石矿，在贵州天柱县投资2500万元，建设年产50万吨重晶石矿。该公司20世纪90年代办理企业自营出口业务，是原柳州地区第一家拥有自营出口权的民营企业。实现生产—销售—出口一条龙经营模式，生产经营业绩显著，到2001年资产总计6335万元，实现工业总产值4528万元（当年价），销售收入9575万元。2005年，实现总产值8758.8万元，实现销售收入9678.7万元，实现工业增加值3856.5万元。全年出口重晶石32万吨，创汇1094万美元。

象州县寺村矿产公司 公司于1996年成立并运营。没有固定矿场，主要收购农民散采重晶石矿，由公司组织统一销售。散采最高年份为2001年从业人员2050人。1999年，实现产值2410万元（当年价），销售收入2695万元，2005年，实现总产值3564.3万元（当年价），实现工业增加值1454.6万元，销售收入3564万元。

象州县宏源矿业公司 象州县宏源矿业公司成立于2003年9月，拥有合法重晶石采矿许可证7本，矿山面积36平方千米，从业人员20人。矿山开采主要以机械剥离。年生产矿石30万吨，年销售矿石25万吨，年销售收入5000多万元，创利税600万元。2005年，资产总计1687.7万元，实现工业总产值4759.5万元（当年价，下同），工业增加值2255.9万元，实现主营业务收入4759.5万元，利税总额574.2万元。

加　工

20世纪80年代境内即开始重晶石加工，产业小，产量低。1978年，象州县加工生产重晶石粉0.34万吨。1982年后，武宣县矿粉厂和金秀县矿粉厂相继建成投产。1988年，境内象州县建成5家矿粉厂，设计年加工能力12万吨，当年加工生产重晶石矿粉8万吨。至此，今来宾市共有7个矿粉厂。到1995年底，全市累计生产重晶石粉67.24万吨。1996年后，由于矿产资源逐渐减少，国企改革步伐加快，加上矿粉市场因素，矿粉厂转产或停产，矿粉产量逐年减少。1996—2002年，全市累计生产重晶石矿粉33.35万吨，其中，象州县16.62万吨，武宣县7.08万吨，金秀瑶族自治县9.6万吨。2005年，全市生产重晶石矿粉18.54万吨，其中，象州县12.84万吨，武宣县0.7万吨，金秀瑶族自治县5万吨。

主要加工企业

广西象州联壮化工有限公司 由广西联壮投资公司和广西象州县恒泰矿业有限公司合资组建，公司位于象州镇城南工业区。该公司原是象州县高宏化工公司。2005年，国有企业改革，高宏化工公司被象州县最有实力的广西联壮化工有限公司和象州县恒泰矿业有限公司收购，由国有企业转为民营企业。公司占地面22.7万平方米，从业人员300人，各类技术人员58人，其中，中高级职称15人。公司下设高宏化工厂、恒泰选矿厂、综合部、财务部、供应部、销售部、生产技术部。年生产能力为沉淀硫酸钡2万吨，硫化钠0.8万吨。主要生产沉淀硫酸钡、工业硫化钠等钡盐系列产品和煅烧陶土系列产品、重晶石矿粉、氧化铝等化工产品。主导产品“星象牌”沉淀硫酸钡畅销华南、华东地区，远销欧美、非洲和东南亚各国，“神象”牌煅烧陶土出口东南亚、日本等。1995年，公司拥有固定资产1325万元，从业人员150人，生产硫酸钡6473吨，矿粉4049吨，氧化铝68吨，实现工业总产值325万元（当年价），实现主营业务收入313万元。2004年，公司资产总计4512万元，从业人员392人，实现工业总产值3734万元（当年价），工业增加值1458万元，实现利税195万元。

2005年，公司资产总计5477.7万元，从业人员392人，实现工业总产值3734万元（当年价），工业增加值1458.2万元，实现利税总额195万元，公司亏损161万元。是年，象州恒泰矿业有限公司收购后，加大技改投入，拓宽产品市场销路，企业进入快速发展时期。

第六节　石灰岩及其他建材矿开采

石灰岩矿

来宾市境内水泥用石灰岩矿丰富，辖区各县（市、区）均有石灰岩矿石，一般氧化钙含量为53.07%~55.18%，氧化镁多数小于1%，属优质特级Ⅰ、Ⅱ级水泥用原料。1978年，自治区建材地质队探明合山上里矿，矿石储量8445万吨，属大型矿床。

1980年,自治区建材地质队探明来宾县新鸡笼矿,矿石储量2313万吨,属中型矿床。1983年,地区地质队探明忻城县背仔山矿,矿石储量1038.76万吨。20世纪60年代末至70年代初,境内大办小水泥厂,每年消耗石灰岩矿30万吨以上。20世纪80年代,各县(市)老水泥厂不断改进,扩大生产能力,各县又建设新厂。1988年,境内6个水泥厂,共消耗石灰岩矿42.04万吨。进入20世纪90年代,又新建4家水泥厂,境内10家水泥厂消耗石灰岩矿大量增加。1990年,水泥用石灰岩矿87.05万吨,1994年生产石灰岩矿142.22万吨,1995年生产192.4万吨,2005年,全市生产石灰岩矿230万吨。

大理石矿

市辖各县(市、区)都有不同程度的大理石矿矿带、矿体、矿点,发现有黑、白、红、绿、灰5种。矿石资源储量为6073万立方米。彩色大理石,即"彩云""彩条""翡翠"大理石,分布在市境内东部,南起来宾县蒙村、武宣县三里、二塘。经象州县下田、运江、金秀县桐木西部等地,由南向北长百余千米。黑色大理石,亦叫"墨玉",分布在来宾、武宣、忻城等县境内。从1964年起,经桂中地质队、地区地质队探明武宣县三里、思灵等乡镇、金秀瑶族自治县忠良岭祖,忻城县安东等地共有4个矿体矿床。20世纪80年代末,境内大理石开发始于武宣、忻城、金秀等县开采加工,产量逐年增加。1991年,全市生产大理石荒料425立方米,板材606平方米;1992年生产荒料630立方米,板材149平方米;1993年生产荒料1100立方米,板材2350平方米;1994年生产荒料1280立方米,板材6890平方米;1995年生产荒料695立方米,板材3497平方米。

花岗岩矿

境内金秀花岗岩矿最为丰富。已探明金秀瑶族自治县长垌1处,矿石储量310.9万吨,有红、绿、黑、白等色,为理想的建筑装饰材料。1992年始开发利用,1993年生产花岗岩荒料420立方米,板材7102平方米;1994年生产荒料148立方米,板材6424平方米;1995年生产荒料164平方米,板材2000平方米。2000年后,花岗岩矿没有开采。

方解石

方解石矿,主要分布在兴宾区、武宣和忻城县,储量未经探明。武宣县历年有少量加工米石。2005年,境内矿山开采27个,大多为小型及小型以下的矿山,其中,忻城县北更乡2个方解石矿为大型矿床。年产矿石4.26万吨,产值111.8万元,保有资源储量18.39亿吨,已投入生产矿山6个,正在筹建的矿山12个,处于停产矿山6个。

黏　土

水泥、砖瓦用黏土,市辖各县(市、区)都有不同程度的储量,经地质部门查明来宾县383.6万吨,忻城县127.96万吨,象州县35万吨。分为粘土矿类型和含燧石碎块(半风化)黏土类型,均为二级品。黏土型含SiO2平均为72.08%,含燧石碎块SiO2一般为76%~82%。黏土矿,除水泥厂使用外,砖瓦厂大量使用。2005年,全市黏土产量55万吨,产值3852万元。

石膏矿

境内来宾、象州2县发现石膏矿多处。1976年,自治区建材地质队探明来宾县莆田石膏矿1处,矿石储量911万吨,难利用储量158万吨,以水泥用石膏矿石为主及纤维状石膏的中型矿床。1991年来宾县引进外资开发,建成投产矿井5个。1993年生产石膏矿8.08万吨,1994年生产21万吨,1995年生产18.17万吨。

2005年,兴宾区莆田石膏矿新开吉祥、吉利、龙凤3个石膏矿田均为小型矿山,分布在莆田矿床附近,保有储量110.54万吨,当年产量6.62万吨,产值441万元。

水泥用页岩矿

水泥用页岩矿发现不多。1980年,自治区建材地质队探明来宾县新安村1处,矿石储量344万吨,矿石品位SiO266%,Al2O316.65%,属中型矿床。

水泥用泥岩矿

水泥用泥岩矿广泛分布在来宾市中部和西部,质量好,普遍被用作水泥原料、石灰原料和建筑石料。1979年,自治区建材地质队探明合山市桥岭(北泗乡甘套村)1处,矿石储量1218万吨,矿石品位SiO262.32%,Al2O315.97%,FeO26.8%,属Ⅰ级品。

2005年,全市有8处水泥用石灰岩矿山,1个中型矿床,7个小型矿床,年产量35万吨,年产值367万元。

第四章　冶金工业

秦始皇三十三年(公元前214年),秦统一岭南,在武宣设中留县(治所在今武宣县三里镇勒马村),至今已有考古出土石器、铁器、铜器、矿渣、鼓风管等青铜器,此为境内最早发现使用冶炼技术的历史,至今已经2200多年。唐代,境内已有冶炼业,象州、武宣工匠为寺庙铸造出工艺精细的麒麟大铜钟。宋代始采铅锌矿,明代冶炼铅锌。清代炼铁铸锅。民国时期采选锰矿。1953年以后,境内冶金工业进一步发展,先后在境内建有4个大、中型采选、冶炼企业。1953—1995年,累计实现冶金工业总产值24亿元,占全部工业总产值8.31%,来宾市冶金工业得到快速发展。

1956年,建设武宣县锰锌矿。1958年,建设八一锰矿、下田锰矿、来宾县锰矿和来宾冶炼厂。1966年,建设象州县大蒙锰矿。1968年10月,八一锰矿开始电炉生产铁合金。此后建成八一铁合金(集团)有限公司。1988年建成合山铁合金厂。1989年建成忻城县铁合金厂。1994年,建设武宣县有色冶炼厂等采冶企业。2004年,开工建设广西投资集团汇元锰业公司、广西康密劳铁合金有限公司、广西合山市世昌锰业有限公司、广西合山市华金硅锰业有限公司。2005年,建成广西象州吉东锰业有限公司、广西忻城县宏图锰业有限责任公司、来宾市凤凰新海冶炼有限公司、广西下田锰矿有限责任公司等。由于矿产资源枯竭、产量逐年下降,锰矿产量由1995年的13.78万吨下降到2005年的1.79万吨。

2005年,全市规模以上黑色冶炼企业8家,总资产11.59亿元,占全市工业总资产8.84%,从业人员4279人,实现工业总产值18.10亿元,占全市工业总产值的17.35%,实现工业增加值6.83亿元,占全市工业增加值的15.18%,实现主营业务收入16.10亿元,占全市工业企业主营业务收入的15.14%。

冶金企业

中华人民共和国成立后,今来宾市冶金工业快速发展。1956年,境内武宣县建设三里锰锌矿,1995年,该矿拥有固定资产1680.8万元,实现工业总产值2556万元,职工572人,年锰矿石原矿产量872吨,铅锌矿5.74万吨。20世纪60年代,境内铅锌矿山处于建设期,生产量逐年增加,全市年生产铅锌矿石10万吨左右。20世纪70年代,全市年生产铅锌矿石20万吨,20世纪80年代,铅锌矿开采快速发展,全市铅锌年产量25~30万吨,1988年生产矿石33.5万吨,创造历史最好水平。进入20世纪90年代,来宾市境内铅锌矿资源逐步枯竭,矿山开采进入晚期,产量逐年下降,1994年,全市铅锌矿石产量29.5万吨,1995年,全市生产铅锌矿石产量24.6万吨。1962—1995年,全市累计生产铅锌矿石712.8万吨,生产铅锌金属量53.11万吨。

1970年,武宣县建成草鱼塘选矿厂。1978年,将草鱼塘选矿厂改造扩建成朋村选矿厂,1990年,建成花鱼岭选矿厂,两厂日处理矿石700吨。1990年,象州县将矿粉厂改建选矿厂。至此,全市铅锌矿石日处理量达1600吨。

来宾市冶炼业主要是黑色冶炼和有色冶炼,2005年,全市共有冶炼企业12家,其中,黑色冶炼8家,有色冶炼4家。拥有固定资产11.73亿元(不含华锡来宾冶炼厂),其中,黑色冶炼业固定资产11.59亿元,有色冶炼业固定资产1440万元。主要生产铁合金、精炼锡、电铟、电解金属锰、电解二氧化锰等产品。年生产铁合金37.36万吨,精炼锡2万吨,电解金属锰5万吨,电解二氧化锰2万吨,电解锌6万吨,铟70吨,锌焙砂4.5万吨,硫酸8万吨。

1996—2005年,全市有色冶炼业及压延加工业实现工业总产值累计23.64亿元,其中,2002—2005年,累计完成1.72亿元;1996—2005年实现销售收入累计22.88亿元,2003—2005年,建市三年累计完成销售收入1.67亿元。

铁合金生产

1971年,来宾市境内开始生产铁合金,1971—1995年,全市共生产铁合金54.94万吨。铁合金生产主要企业是广西八一铁合金厂。来宾、合山、忻城等县(市)的铁合金厂,农械厂铁合金车间也生产铁合金,1991—1995年,来宾县生产铁合金26.97万吨(含八一铁合金厂),合山市生产铁合金0.81万吨,忻城县生产铁合金1.13万吨。1996—2005年,来宾市累计生产铁合金256.05万吨。其中,兴宾区233.25万吨,合山市17.56万吨,忻城县5.24万吨。

主要生产企业

广西八一锰矿(广西八一铁合金有限责任公司)　1968年10月27日,八一锰矿电炉炼锰成功,开始铁合金生产,至1985年,有7座1800千伏安和2座5000千伏安电炉相继建成,设计生产品种为碳素锰铁、硅铁和锰硅合金。碳素锰铁是八一锰矿主要铁合金产品,历年产品全部供区内外钢铁企业作炼钢原料,因其含磷低和化学成分稳定而受用户欢迎,1968—1986年生产锰铁11.68万吨。S175硅铁历年基本按自治区冶金厅指令性计划指标组织生产,产品供区内外钢铁企业作炼钢脱氧剂和还原剂,1970年投产,至1983年第一次扭亏为盈,以后效益有所提高,1970—1986年生产硅铁3.39万吨。锰硅合金投入生产初期,炉口常出现冲火及翻渣现象,有时满炉都是热渣,操作十分困难,1970年仅生产181吨,后经不断提高技术水平,生产渐趋正常,1970—1986年共生产11815吨,其中1986年生产9673吨。八一锰矿中碳锰铁生产在202#1800KVA精炼炉进行,从1975—1979年实际生产4年,共生产664吨,全部产品外调。1970—1979年共生产钼铁73吨,后因无生产指标而停产。1970年8月,八一锰矿与长沙矿山设计院提出利用尾矿生产电解锰的方案,1971年4月,在上海109厂进行尾矿电解锰试验,试验结果锰的浸出率90%以上,电解锰含量大于99.80%,试验表明利用八一锰矿选矿厂尾矿进行电解锰是可行的,质量符合国家标准,且工艺流程简单,生产成本低。1971年10月,八一锰矿电解锰车间动工,1972年12月建成投产,1973—1975年共生产电解锰10.24吨,由于沸腾炉焙烧选矿石未投产,电解锰生产亦随之停止。

20世纪80年代初期,八一锰矿由采矿为主逐步转向冶炼为主。1992年,八一锰矿改称八一铁合金厂。1993年,该厂入选广西"百强"行列。1995年,有职工4498人,固定资产原价15424万元,工业总产值18044万元。2003年,生产铁合金30万吨,实现工业总产值和销售收入均超8亿元,实现利税8000多万元,2004年,生产铁合金34.32万吨,完成工业总产值13亿元,销售收入12.77亿元,利税3.89亿元。2005年,公司有职工3700多人,总资产14.7亿元。

广西华锡集团来宾冶炼有限责任公司　来宾冶炼厂是广西大厂矿务局采选冶联合企业建设的配套项目。1976年2月,国家计委批准建设,规模为年产锡1.2万吨、锌3.5万吨、铅5万吨、锑0.4万吨,副产品硫酸8万吨。1990年,来宾冶炼厂正式竣工投产,当年产锡2286吨;1994年产锡2319吨;1995年产锡6009吨。1995年,工业总产值34166万元,利润总额2303万元。2004年,全年完成工业产值12.6亿元,当年有资产9.41亿元。

中外合资企业广西康密劳铁合金有限公司　公司是法国埃赫曼集团香港康密劳亚洲铁合金有限公司与广西八一铁合金总厂组建于1996年1月,公司注册资本1.03亿元人民币,投资总额1.36亿元人民币,外方占股70%,中方占股30%,合资期限五十年。公司的经营范围为锰铁合金、烧结矿的生产销售。生产运行设备配套完善,现有180立方米高炉两座,年产高碳锰铁8万吨;综合利用高炉煤气余热发电3000千瓦机组两台,年发电量4500万千瓦时,24平方厘米烧结机一台,年产烧结锰矿石10万吨,是全国重点铁合金生产企业之一,主要经济技术指标居同行业前列。主要产品高碳锰铁质量稳定,主销国内各大钢铁公司,部分出口美国、日本、东南亚等国家和中国台湾地区,深受用户好评。年产值、销售收入均近4亿元,年创外汇超1000万美元。

忻城县铁合金厂　1990年,忻城县原炭肥厂转产铁合金,成立忻城县铁合金厂,年生产硅锰合金1378吨,工业总产值443.84万元。1992年,因企业亏损严重而停止生产。改建后转产硅锰合金,更名为广西工贸合营忻城县铁合金厂。1993—2004年,硅锰合金总产量58206.17吨,工业总产值18519.82万元。2005年,县铁合金厂租赁给个体合伙经营,继续生产硅锰合金,全年生产硅锰合金4709.03吨,实现工业总产值2061.48万元,累计亏损135.94万元。

合山市铁合金厂　该厂前身是合山冶炼厂,1988年建成投产,有3000千伏和1800千伏矿热电炉二台及配套设施,因市场的变化和体制的制约等因素的影响,出现巨额亏损。而于1993年改为合山市铁合金厂,1997年市进行企业改革,各企业根据自己的实际情况选择了改革模式,铁合金厂采取聘请能人治厂的形式,2002年6月,因累计欠市电力公司500万元电费而被电力公司收购。2002年7月起由湖南省湘潭市弘祥贸易有限公司租赁经营,选择生产锰硅、锰铁等铁合金厂产品。2005年12月,因老板负债潜逃而倒闭。

合山市金硅锰业有限责任公司　于2004年3月落户合山,公司占地33亩,现有6300千伏安矿热电炉1台,年产硅锰合金1.2万吨,2004年8月试产,企业严重亏损。

合山市世昌铁合金有限责任公司 于2004年投资兴建，占地70亩，现有6300千伏安2台矿热电炉。年产硅锰合金2.4万吨，在近一年的生产经营吕，实现一定的总产值和税金。2005年，投入120万元进行环保技术改造项目。

第五章 建材与化学工业

来宾市境内建材资源丰富，分布面广，已查明的建筑材料及其他非金属矿有水泥用石灰岩矿、粘土矿、页岩矿、泥岩矿和石膏，大理石、花岗岩等。

中华人民共和国成立前，境内有民间石匠开采荒石和土窑烧制石灰用于建房、架桥、铺路等。

中华人民共和国成立后，国家派出专业地质队伍在境内开展地质勘查，为开发利用资源提供依据。自20世纪70年代以来，境内资源已逐步得到开发利用，用于生产水泥、黏土砖和其他建材产品。2005年，全市有水泥生产企业12家，拥有固定资产8965万元，年生产能力163万吨，从业人员1335人。当年水泥产量76.29万吨，销售收入1.45亿元，亏损484.09万元，利税总额1653.02万元，水泥散装量11.54万吨，散装率为16.99%。

第一节 水泥工业

民国25年(1936年)，广西省政府与合山煤矿股份有限公司引进外资，在来宾至合山铁路线迁江县白鹤隘车站筹建广西合山水泥厂，1938年已建部分厂房，设备亦已运至香港，后因日军侵华、香港沦陷，所建厂房被日机炸毁。

20世纪60年代末—70年代初，今来宾市境内相继兴建小水泥厂。1970年，来宾县和忻城县分别建成年产3000吨的小水泥厂；象州县、武宣县建设的3000吨/年水泥厂于1971年投产；金秀在大樟筹建的1000吨/年水泥厂，1973年3月投产，1974年停办。1975年，合山建成7000吨/年水泥厂。1975年，今来宾市拥有水泥厂4家，生产能力1.9万吨，水泥产量1.79万吨，主要生产300#以下水泥。

1976年，忻城县在县城洞马屯选址建设2万吨/年水泥厂，于1978年建成投产，撤销龙马水泥厂，并入新厂。1976年，来宾县将原年产3000吨的水泥生产线扩建至年产1万吨，1978年又将原普通立窑改为通径1.8×7米往复式机立窑，使生产能力扩为年产2万吨；武宣县水泥厂由3000吨/年扩至5000吨/年；年产2000吨的来宾县小平阳水泥厂，于1978年建成投产。1980年末，全市水泥生产企业4家，年生产能力4.7万吨，当年水泥产量2.56万吨，利润总额1.54万元。

1981年，忻城县水泥厂投资22万元将原土立窑改为通径2.2×7米机立窑，生产能力扩至4万吨/年，1986年又新建一条年产5万吨的机立窑生产线，于1987年建成投产；1982年，象州县水泥厂由于原料运距远、成本高，在1980年贯彻国民经济“调整、改革、整顿、提高”方针期间停办；1983年，合山市筹建合山市水泥厂，投资420万元建设一条4.4万吨/年水泥生产线，曾一度停建，1988年投资570万元续建，当年9月建成投产，并将原北泗水泥厂并入；1984年，八一矿水泥厂生产能力扩至4.4万吨/年，到1988年再建成一条4.4万吨/年水泥生产线，总能力达8.8万吨/年；1985年，武宣县水泥厂将原5000吨/年扩大到5万吨/年生产能力，于1987年9月建成投产。县办水泥企业及其他行业办的水泥企业均进行了技术改造，全部采用较先进的机械立窑生产装备；1985年，合山矿务局投资578.52万元将原建材厂改建为年产4.4万吨生产能力的水泥厂，于1987年建成投产；1985年，小平阳水泥厂由2000吨/年扩到5000吨/年，1986年继续扩到4.4万吨/年，并于1988年投产；1986年，红河农场将原磷肥厂改建为2万吨/年生产能力的水泥厂，于1986年底建成投产；1987年，来宾县水泥厂将原来通径1.8×7米往复式机立窑改为通径2.2×8.5米塔式机立窑，生产能力由2万吨/年扩至4.4吨/年，于1988年建成投产；1987年，来宾县蒙村乡将来宾县水泥厂扩建换下来的2万吨/年往复式机立窑生产设备全套迁至蒙村建厂，于1988年完成安装投产。

“七五”期末，境内对水泥生产工艺进行技术改造，对水泥厂化验室进行整顿验收，使水泥企业的生产技术装备和管理水平均有较大提高，所有水泥生产企业均采用机械化立窑生产，产品产量和质量显著提高。1989年，合山矿务局水泥厂、八一矿水泥厂获国家颁发的“水泥生产许可证”，其余企业也于

1990年获得“水泥生产许可证”。1990年，全市水泥生产企业增至8家，水泥生产规模42.4万吨，当年生产水泥13.48万吨，销售收入1861.57万元，出厂水泥合格率达100%。当年来宾县水泥厂、小平阳水泥厂参加企业联合组织生产水泥出口共4.75万吨销往香港和东南亚地区。

1991—1995年，境内原有水泥企业纷纷进行扩建，各地又新建一批水泥厂。1992年，合山矿务局水泥厂进行扩建，新增1条8.8万吨/年机立窑水泥生产线，总产能达13.2万吨/年。2家乡镇企业合山市水泥厂和蒙村水泥厂也进行扩建，分别扩到8.8万吨/年和4.4万吨/年；金秀瑶族自治县水泥厂8.8万吨/年，来宾县小平阳水泥厂扩至8.8万吨/年，来宾麒麟水泥厂8.8万吨/年，开工建设来宾县兰天水泥厂8.8万吨水泥生产线。1995年，国有水泥企业进行技术改造，红河农场水泥厂扩建到8.8万吨/年；武宣糖厂投资建设的八宝水泥有限公司2条年产8.8万吨的水泥生产线投产；黔江实业总公司水泥厂年产8.8万吨。

1990—1995年，境内水泥生产企业加强管理，推广应用先进技术，微机生料配料，立窑微机偏火控制，微控制预加水成球，节能沟槽衬板，立窑添加晶种煅烧技术等新技术得到普遍采用。水泥产量、质量显著提高，消耗下降。1994年，全市拥有水泥生产企业增至11家，年生产能力102万吨。水泥工业成了优势产业，水泥产品除满足本地使用外，大部分销往广东、海南等地。当年水泥产量33.49万吨，产品销售收入8956.58万元，利润总额1063.48万元，利税总额1787.54万元。

1996年，合山矿务局水泥厂再次进行扩建，增加1条年产20吨的立窑水泥生产线，生产能力从13.2万吨提高到33.2万吨，增加主要设备有闭合曲线2.4×11米生料磨1台，闭合曲线3.0×11米现代化机立窑2座，闭合曲线2.4×11米水泥磨1台。同年，广西国营维都林场水泥厂在来宾县龙洞山建成投产。1999年，国家实行宏观经济调控，紧缩银根，银行不再向水泥项目借贷。境内在建的兰天水泥厂因缺乏资金已完成60%的土建工程被迫下马。已完成原料车间、生料车间和烧成车间建设并部分投产的来宾麒麟水泥厂因欠债无力偿还而下马。是年，全市水泥生产企业增至12家，年生产能力130.8万吨。当年水泥产量45.41万吨，产品销售收入6366.35万元，总亏损766.27万元，利税总额为负156.32万元。

2000—2004年，国家对水泥工业进行产业结构调整，上大压小，鼓励发展新型干法旋窑水泥生产技术，淘汰落后水泥工艺生产线，将直径为2米以下机立窑、直径为1.83米水泥磨和生产能力为4.4万吨以下水泥生产线淘汰。2000年，淘汰合山矿务局4.4万吨/年水泥生产线1条，小平阳水泥厂4.4万吨/年生产线1条，忻城县水泥厂4.4万吨/年生产线1条，来宾县蒙村水泥厂4.4万吨/年生产线1条，将来宾县水泥厂4.4万吨/年生产线1条改造为20万吨/年水泥粉磨站。

2005年，来宾市水泥企业逐步推行产权制度改革，将国有企业资产所有权转让给其他所有制单位或企业，改制后企业进行技术改造。是年，武宣县水泥厂将产权转让给武宣县东田建材有限公司后进行了全面技术改造，将闭合曲线2.5×10米机立窑改为闭合曲线3.0×11米的现代化机立窑，用2台闭合曲线2.2×6.5米球磨机分别代替2台闭合曲线1.83×7米生料磨和水泥磨，重点改造了除尘设备，用较先进的环保设备技术，使改造后的生产工艺线收尘效果达到新国标水泥粉尘排放标准要求，水泥生产能力由6万吨/年增至8.8万吨/年。是年，全市水泥生产企业12家，生产能力158万吨，水泥产量76.29万吨，产品销售收入1.45亿元，亏损484.20万元。

表14-2　**1970—2005年来宾市水泥工业历年主要经济技术指标统计表**

年期	企业数量（个）	水泥产量（万吨）	产品销售收入（万元）	利润总额（万元）	熟料标准煤耗（kg/吨）	水泥综合电耗（kwh/吨）	出厂水泥合格品中各种标号数量（万吨）					
							数量合计	500号	400号	300号	300号以下	出厂水泥合格率(%)
1970	3	0.02										
1971	3	0.24										
1972	5	0.53										
1973	5	0.88										

续表

年期	企业数量（个）	水泥产量（万吨）	产品销售收入（万元）	利润总额（万元）	熟料标准煤耗（kg/吨）	水泥综合电耗（kwh/吨）	出厂水泥合格品中各种标号数量(万吨)					
							数量合计	500号	400号	300号	300号以下	出厂水泥合格率(%)
1974	4	1.43										
1975	4	1.79										
1976	4	1.69										
1977	4	2.02										
1978	6	2.77										
1979	5	2.90	206.80	0.38	282	112	1.33	0.11	0.62	0.49	0.11	65.20
1980	4	2.56	187.32	1.54	216	106	1.95	0.13	0.86	0.75	0.21	76.17
1981	4	3.32	252.32	9.97	204	104	2.39		0.98	1.09	0.32	87.54
1982	4	3.90	370.50	38.91	201	115	3.69	0.01	2.66	0.91	0.11	67.46
1983	4	5.42	487.80	67.69	188	112	3.69	0.01	2.57	0.83	0.03	67.34
1984	4	5.73	480.08	78.10	179	113	5.59	0.80	3.53	1.20	0.06	92.86
1985	4	7.40	689.21	44.63	178	115	6.78	1.88	4.41	0.47	0.02	91.49
1986	4	8.33	748.82	140.00	181	111	7.95	1.61	6.05	0.28	0.01	97.67
1987	6	9.38	1092.74	103.21	203	101	9.20	1.06	7.46	0.67	0.01	95.04
1988	8	16.63	2491.01	383.58	178	108	14.13	1.47	11.72	0.86	0.08	96.12
1989	8	11.30	1983.00	−96.96	196	139	11.11	1.82	7.70	1.27	0.32	98.32
1990	8	13.48	1861.57	−96.40	184	114	12.42	2.31	10.02	0.09		100
1991	8	17.70	2789.13	137.18	178	112	17.91	3.52	14.32	0.07		96.67
1992	8	22.68	3720.25	997.73	173	108	22.99	3.13	3.08	16.74		100.00
1993	8	29.37	9701.04	2314.00	164	104	26.96	4.99	4.74	17.18		100.00
1994	11	33.49	8956.58	1063.48	160	101	33.55	6.52	27.03			100.00
1995	11	35.21	7378.47	−312.00	168	100	35.42	9.29	25.97	0.16		100.00
1996	11	40.81	7604.00	−2301.00	161	103	40.51	17.94	22.48	0.09		100.00
1997	12	47.10	9219.33	−2609.21	163	103	49.47	34.00	4.14	11.16	0.17	100.00
1998	12	40.58	7116.70	−1897.84	157	93	38.58	22.84	10.15	5.59		100.00
1999	12	45.41	6366.35	−766.27	148	95	45.22	30.32	6.85	8.05		100.00
2000	12	45.33	5128.96	−190.34	147	94	49.18	33.58	6.04	9.56		100.00
2001	12	45.67	6315.90	−209.42	146	91	46.30	11.24	21.98	13.08		100.00
2002	12	56.85	6158.96	−1120.61	139	92	56.81		37.16	19.65		100.00
2003	12	70.23	12348.94	226.14	141	84	70.03		50.79	19.24		100.00
2004	12	77.23	14428.79	55.83	141	84	76.83		54.29	22.54		100.00
2005	12	76.29	14476.36	−484.20	137	80	76.08		47.51	28.57		100.00
合计		782.07	132560.93	−2837.84			766.07	188.58	395.11	180.59	1.45	

企业改制

1971—1999年，今来宾市境内的水泥企业都是国有或集体所有制企业，采用国有与集体所有制的管理方式进行管理。1978年后，随着国有企业体制改革的不断深化，对企业采取一厂一策等方式进行改革，逐步实现产权制度的改革。1986—1995年，今来宾市水泥企业普遍推行“水泥吨工资含量”分配式，把职工收入与工作效果挂钩,体现多劳多得的工资分配制度,充分调动国有企业职工的积极性,改善了企业管理。1996—1999年,境内推行水泥企业股份制改革,来宾县水泥厂、忻城县水泥厂改为股份制企业。

2000—2004年,来宾市大部分水泥企业采取“租赁”方式经营,将国有企业的水泥生产固定资产租赁或承包给民营企业和个人经营,企业通过收取租金的方式来维持企业的正常运行。2002年,来宾县小平阳水泥厂率先将企业资产转让广东商人经营,改称来宾市粤桂建材有限公司;2004年,来宾水泥厂将厂房租赁给贵港商人经营,承租人将其改造为水泥粉磨站。

2005年,忻城县水泥厂转让给桂林商人经营,改称忻城县红运水泥有限公司。武宣县水泥厂转让给广东商人经营,改称武宣县东田建材有限公司,广西八一水泥有限责任公司转让给福建商人经营仍沿用原企业名称。

散装水泥

1986年,柳州地区成立散装水泥办公室,负责全地区散装水泥的推广应用工作,为自收自支事业单位。来宾市成立后,散装水泥办公室仍属来宾市经贸委管理下的事业单位。

在国家、自治区散装水泥政策法规的基础上,来宾市先后制定三个本市散装水泥政策性文件,有利促进本地散装水泥的发展。2003—2005年累计推广应用散装水泥22.59万吨,按散装水泥节能减排的量化计算节约标准煤0.5万吨、减少水泥粉尘排放1.11吨、减少废气(二氧化碳、二氧化硫、氮氧化物)总排量1.38万吨。

预拌混凝土

2002年12月前,境内无预拌混凝土。来宾市成立后,随着城市建设的快速发展,各行业建设对预拌混凝土需求增多,预拌混凝土也随之发展起来。2003年,来宾市城市建设开发投资有限公司以股份形式,租用来宾华侨农场修理厂,建设全市第一个混凝土搅拌站,于2004年10月投入生产,年生产20万立方米预拌混凝土。2004年,来宾盈福实业发展有限公司收购来宾华侨农场砖厂,建设混凝土搅拌站,于2005年8月投产,年生产能力为20万立方米预拌混凝土。两家混凝土搅拌站合计生产能力为40万立方米/年。2004—2005年,累计完成预拌混凝土供应量10.14万立方米。

第二节 砖瓦生产

秦始皇三十三年(公元前214年),秦统一岭南,在武宣设中留县(治所在今武宣县三里镇勒马村),至今已有2200多年的历史。考古发现,“勒马古城”的汉代城址上,还叠压着唐代以后各时期的遗存。遗物有砖、瓦、瓦当以及陶器、瓷器、石器、铁器、铜器、矿渣、鼓风管等,就是古城居民的主要活动区域,表明2200多年前境内就有砖瓦生产、使用。明清、民国时期,境内民间烧制砖瓦以黄泥制坯,砌土窑以柴草为燃料烧制,所产砖瓦为青灰色,俗称青砖青瓦,产品多为自用。中华人民共和国成立后,随着城乡建设的发展,对建材需求量日增,农村生产队组织副业组烧制砖瓦,供集体和社员使用。1950—1960年,砖瓦生产为手工生产,土窑烧制,劳动强度大,产量低。1970年,“五小”工业企业兴起,来宾、忻城等县财政拨款筹建砖瓦厂,1972年,来宾、忻城砖瓦厂建成投产,采用挤砖机和轮窑生产工艺。随着城乡建设发展,农民建房增多,对砖瓦需求量增加,乡镇企业、集体和个人纷纷投资兴办小砖厂,1977年,境内社队砖厂发展到330个,人数5860人。由于小砖厂机械化程度低,产品质量差,产品销售差,逐步被淘汰,至1988年境内小砖厂尚存70个。1994年,全市所属乡镇企业砖厂85家,全部采用较先进的轮窑生产工艺。

改革开放以来,境内县办砖厂依靠科技进步,提高产品产量和质量,大力开发新产品。1978年,忻城县砖瓦厂由城关公社范团大队迁至洞马村屯扩建改造,建成24门轮窑1座,年生产能力1000万块标砖。1982年,来宾县砖瓦厂进行改造,1986年扩建新厂,1987年11月投产,规模为年生产红砖4000万块标砖。全厂拥有350挤砖机组2套,L245B挤砖机组成1套,30门轮窑和40门轮窑各1座。2002年,来宾市国有、集体和个人办砖厂达60余家,年生产能力54400万块标砖。

来宾建市后,各级政府大力推行墙体改革政策,发展新型墙体材料生产,一批新型墙体材料生产企业应运而生,加快发展,新型墙体材料成为全市新的建材企业。

2003年,来宾市红水河灰砂砖厂在市爱华路兴宾区第四中学旁建成投产,年生产5000万块标砖,有5台盘转式制砖机和蒸压养护设备,主要原料是石灰、砂和粉煤灰,按照GB11945-1999国家标准生产240×115×53立方毫米规格的蒸压灰砂砖。来宾市雄鹰建材厂在来宾电厂旁建成投产。2004年7月,象州县丰华页岩砖厂开工建设,2005年7月投产,生产能力3000万块标砖,主要设备有一次码烧隧道窑2座,粉碎车间、制砖车间各1座及相关配套设施。该项目建成投产填补了来宾市生产页岩空心砖的空白。

2005年,市政府加大对实心黏土砖改多孔黏土砖的改革力度,大批页岩砖厂建成投产,大部分实心黏土砖生产企业将实心改多孔,采用较先进的生产设备,自动化生产程度极大提高。全市建筑用砖生产企业增加至80家,年生产能力达7.32亿块标砖。

第三节　化学工业

境内化学工业起步于20世纪60年代。1996年,有化工企业25家,职工3500多人。主要产品有钙镁磷肥、普通过磷酸钙、硫酸、炸药、复合肥、硫酸钡、松香、香精等。

今来宾市化学肥料生产始于20世纪70年代,先后建成来宾、象州、忻城、武宣等4家小氮肥企业。由于种种原因,这4家小氮肥企业先后关、停、并、转。据统计,这些小氮肥企业累计生产碳酸氢铵64.94万吨。1971年建成武宣县磷肥厂,是县属国有企业。1995年有固定资产813万元,当年生产磷肥1.4万吨,发烟硫酸0.58万吨,实现工业总产值546万元。1991—1993年,境内先后建成凤凰糖厂复合肥厂、罗秀糖厂复合肥厂、武宣县复合肥厂、忻城复合肥厂、来宾县化工厂。1995年全市生产复合肥4.57万吨。2002—2005年底,除糖厂所属复合肥厂生产外,其余的肥料生产企业转产或停产。

1996—2005年,化学工业在产业结构调整和企业体制改革以及撤地建市行政区划的变动中受到影响,特别是化学肥料制造业影响较大,只有糖厂内建设小规模的复合肥生产分厂或车间,隶属糖厂管理。2005年,全市化学工业企业有11家,固定资产净值6452万元,实现工业总产值31357万元,工业增加值9463万元,销售收入2863万元,利润总额622万元。

第六章　机械制造修理缫丝造纸印刷业

西汉时期,境内象州先民用土法炼铸铜鼎和剑、刀、斧等铁器。冶炼技术颇高。北宋时,武宣铁水好,铅、铜、锡易得,元丰年间铁锹、铁锄新颖灵巧。明代成化年间,来宾、武宣、象州开始出现用灰口铁铸造的浮桥铁柱和铁链,质地坚硬。清光绪二十三年(1897年)梧州辟为通商口岸后,随着进出口贸易的发展、航运业的扩大,与轮船密切相关的机器、船舶修造业开始兴起,也辐射到西江流域上游的武宣、象州、来宾等县,沿江沿河两岸,开始出现私营运输船队和修配作坊。民国年间,武宣县武宣镇,象州县城、石龙镇和来宾县大湾镇等有十余家由当地商人和广东外来客商兼营的船厂,每厂雇工数人或10多人,手工操作,可修造20~30吨位的木船。

中华人民共和国成立以后,境内机械制造修理、缫丝、造纸、印刷业等得到了发展。20世纪80年代,随着市场经济的兴起,本地企业因产品竞争力弱,受到了严重冲击。20世纪90年代初,境内各县农业机械生产发展缓慢,企业生产经营困难,亏损严重,大部分企业面临破产。1995年开始,境内各机械制造修理、缫丝、造纸、印刷业企业通过承包、租赁、资产重组等改革,寻求新的发展道路。

第一节　机械制造修理

今来宾市境内规模化机械工业起步于20世纪50年代,主要是以农业机械制造、农机修理、船舶修理为主。20世纪60年代、70年代,主要生产碾米机、饲料粉碎机、脱粒机、打谷机等。进入20世纪80年代后,由于推行家庭联产承包制,农业机械工业受到冲击,转向生产小农机具为主,由于技装备落后,资金短缺,各企业生产经营滑坡严重,至20世纪90年代末,各县农械厂纷纷撤销合并到县农械厂或并于水泥厂、糖厂作为这些企业的一个车间或分厂。2002年,来宾市只有3家机械工业企业。

船舶修造企业发展于20世纪60年代至1995年,全市水运工业共有船舶修造厂10家,年修造船能力4.5万吨,其中造船1.5万吨、修船3万吨。2000年开始,境内船舶修造企业受市场环境影响,生产经营受到严重冲击,大都歇业、停业。2005年,来宾市只剩下武宣船舶修造厂1家。

农业机械(参见第十一篇第八章农业机具)

今来宾市境内农业机械起步于20世纪50年代。1958年，境内忻城县将手工业改造期间组织起来的几个木器生产合作社（组）合并，成立忻城县通用机械厂。来宾县建立农械厂。随后，象州县在石龙创办通用机械厂，金秀建立县农械厂。各县农具厂组织生产简单的农业机械，为农业生产服务。

1962年，武宣县在三里乡古旺村建立农机修造厂，1965年搬到县城。1963年，象州县城从石龙将通用机械厂搬迁到县城，改称县农业机械修配厂。1967年，来宾县将原自治区农垦来宾拖拉机站改成县农机大修厂。1962年，在国民经济调整中，撤销忻城县农具厂。1965年，重新恢复建立。1965年末，今来宾市有农业机械制造企业6家，主要生产碾米机、饲料粉碎机、脱粒机、打谷机等产品。

1980年，在"全国实现农业机械化"的口号下，今来宾市各县大力发展农业机械，各公社及大队都办起农业机械修造点，配有车床、刨床、钻床、焊机等基本设备。来宾、象州先后建立农机二厂，来宾县合作厂改称轻工机械厂。来宾、武宣、象州、忻城、金秀等县相继建立汽车修理厂，从事拖拉机、汽车修理。

农村实行家庭联产承包责任制后，农业机械生产受到冲击，各县农业机械厂转向生产小农具为主。来宾县农械厂撤销合并到县农机大修厂，象州县农机一厂、二厂和汽车修理厂合并成立县农机修造厂。忻城县、金秀瑶族自治县汽车修理厂先后并入县农机修造厂，不久又分开。1985年，来宾县轻工机械厂进行改革，实行分组和个人承包经营。1985—1986年，柳州市电机总厂承包经营来宾县农机大修厂，挂柳州电机总厂来宾分厂牌子。1986—1988年，柳州市开关厂与象州县农机厂联营。1989年末，来宾县有9个农机制造企业，职工909人，固定资产净值736万元，工业总产值993万元，占县属工业总产值的4.31%。企业生产的主要产品有打谷机、切蔓机、碾米机、畜力车、饲料粉碎机、小钢磨、花生脱壳机、电炒锅、纤维板、铸铁件等。

20世纪90年代初，境内各县农业机械生产发展缓慢。1991年，各农业机械厂由于承包期间造成严重亏损，大部分联营厂终止承包经营合同。1992年6月，来宾县农机修造厂改称来宾县机械工业公司。象州县农械厂将部分优良资产合并给英糖博华食品公司作为机修车间。武宣县农械厂进行产权改革，生产停产。1994年7月，忻城县糖厂兼并忻城县农机修造厂作为该厂的1个车间，投资技改转产中密度蔗渣板，更名为忻城县甘蔗纤维板厂。2000年以后，受市场环境冲击，境内农业机械企业生存艰难，纷纷进行转产、联营或利用场地租赁维持生计，生产经营业绩大幅滑坡，至2005年，全市农业生产机械企业全部停产。

矿山机械

今来宾市境内矿山机械制造企业分属广西八一铁合金集团公司、广西合山矿务局管理。建厂之初主要是为本企业生产设备维修和生产普通配件。改革开放后，矿山机械制造企业面向社会生产矿山机械产品。主要产品有磨机、煤矿矿车斗、刮板运输机及电炉、井下设备配件、水泥、制糖等机械设备及配件。

广西八一机械有限责任公司　系广西八一铁合金（集团）有限责任公司下属子公司。公司占地面积14.3万平方米，固定资产2000多万元，下设公司办公室、财务科、生产科、工程技术管理科以及铸造车间、加工车间、制安车间、制氧车间等科室车间。公司技术力量雄厚，有高级工程师1名、工程师6名、各类技术人员20多名，装备先进、工艺配套齐全，拥有铸钢、铸铁、铸铜、铆焊、锻造、机械加工、装备、制氧等自成一体的工艺流程，主要产品有冶金、矿山、水泥、制糖等机械设备及配件。2005年，该公司资产总值2611.7万元，从业人员195人，实现工业总产值1489.2万元，工业增加值652.5万元，利税总额104.9万元，利润2.3万元。

广西桂中机器有限责任公司　属合山矿务局的1家下属公司。1958年12月，合山煤矿在里兰成立矿山机械厂。拥有铸造、机加工、结构、制氧、机电设备安装等主要生产车间，机械设备500多台套，固定资产2468万多元，职工人数220人。主要产品有提升绞车、调度绞车、刮板输送机、矿山运输设备，以及水泵、液压油缸、富锰渣、焊接材料等40余种。2000—2005年，合山煤矿最大的机械厂已成广西最大的煤炭机械铸造厂之一，矿山机械产品畅销区内外，以及越南等东南亚国家。年均产值120万元，创外汇50万人民币。2005年实现工业总产值1953万元，工业增加值542万元，税收164万元，亏损31万元。

广西合山鑫丰机械有限责任公司　属合山矿务局1家下属公司。2005年10月25日在合山市工商行政管理局注册成立，注册资本为30万元，占地2.5万平方米，拥有铸造、锻造、钢结构、机加工、机械制造安装、电器修理6个主要车间,主要产品有各型破碎机、粉碎机、滚筅筛等石场机械系列产品和各型号矿车、皮带运输机、标准道岔、天轮、弯道器、地滚、夹板、道钉等矿山采用的系列产品和配件。

汽车修理

中华人民共和国成立前,境内无汽车修理企业。中华人民共和国成立后至20世纪90年代后期,今来宾市境内各县(市、区)个体户先后建立小规模的汽车修理厂,这些小修理厂设备落后,手工操作,只能作简单的故障修理。来宾市成立后,全市汽车修理行业发展较快,建立具有先进设备,配置专业技术人员,专业从事各种进口、国产高档轿车保养、大中小修汽修厂。

主要企业

来宾汽修股份合作公司 前身为来宾县汽车修理厂,厂址县城西一路73号,占地面积35877平方米。1997年改制为来宾县汽修股份合作公司。1988年,来宾县汽车修理厂兼并1家集体办的塑料编织厂,在木工车间成立1个分厂。主要设备有立式金刚石镗床、立式术磨机、牛头刨床、曲轴磨床、卧轴矩强平面磨床、卧式升降台铣床等。当年有职工64人,大修汽车52辆,二保汽车291辆,三保100辆,工业总产值为30.3万元,实现利润3.7万元,上缴税利5.63万元。1990年被自治区运输管理局批准为甲类汽车修理企业,能承接国内外各种类型汽车的大、中修理。

1995年,拥有固定资产原值46万元,拥有各种设备100多台套,设有汽车修理和塑料制品2个主要车间,以汽车修理为主,兼生产各种塑料打包带。1996年,该厂亏损32万元。1997年,资产值144.2万元,负债值127.4万元,其中银行借款97万元,净资产16.8万元,工业总产值126万元,生产编织袋174万条,销售收入161.13万元,上缴税利10.05万元,盈利6000多元。2001年,该厂设汽车修理、机加工、编织袋3个车间,有职工195人,其中退休职工34人。2002年,企业改制,停产。

来宾市鼎盛汽修厂 创建于1997年,原为来宾市粤柳汽修厂。位于来宾市合山路,具备二类汽车维修资质。厂房面积近3000平方米,员工近100人。专业从事各种进口、国产中高级轿车保养、大中小修、空调电器、电脑检测、四轮定位、事故钣金、高级喷漆、烤漆、汽车美容、音响、装饰、轮胎等整车24小时全程服务,是来宾市专业性强、设备领先、门类齐全、功能完善,具备综合维修能力的大型汽车维修厂家。

造船企业

20世纪90年代初期,由于水运市场的开放和繁荣,促进造船企业的发展。当时众多煤炭、矿建材料等货物需通过水路运出外界,在水运运力不足情况下,水运工业开始得到迅速发展,承担起修造船舶的任务,为水运运力的发展提供保障。1992年起,来宾县在红水河下游两岸成立有来宾镇船厂、来宾县正龙船厂、来宾县正龙船舶修造厂3家二等船舶修造厂,年造船300吨以上船舶10艘。至2000年,来宾县3家船舶修造厂共造出钢质机动货轮船10艘3000吨位,修造船舶16艘。其中,来宾县正龙船舶修造厂是1993年成立的集体独立核算企业,属三类船厂,直属正龙水运公司管理,该厂有固定资产92万元,有7座船台共2000平方米,滑道能力为200吨,年造船能力1200吨,年修船能力3000吨,全厂有工人52人,技术员2人,当年工业总产值200万元,居原柳州地区各船舶修造厂总产值之首。据统计,至1994年底,境内国有、集体和个体水运企业共有船舶修造厂6家,年修造能力4.5万吨,其中造船能力1.5万吨,修船能力3万吨。船舶修造厂家为:武宣黔江船舶修造厂、武宣船舶修造厂、象州船厂、来宾镇船厂、来宾县正龙船厂、来宾县正龙水运公司船舶修造厂。至20世纪90年代末,由于水运市场不景气,加上船厂规模比较小,技术水平低,竞争力不强,船厂承接社会上造船越来越少,部分船厂因生产经营不景气,生产经营亏损,陆续停产。2002年12月,成立地级来宾市后,全市船厂仅剩下武宣船舶修造厂1家。2003年,该船舶修造厂完成船舶工业总产值134万元;2004年,完成船舶工业总产值100万元;2005年,完成船舶工业总产值100多万元。

电子器材

2003年11月,广西海洋世纪音像有限责任公司在市工商局登记注册,注册资金2008万元人民币。公司位于来宾市华侨投资区高新工业园。2005年3月,经自治区新闻出版局批复同意设立可录类光盘生产企业,是一家以光盘加工、复制、销售为主的民营企业,主要从事只读类型、可记录类型的光盘生产的光储存技术的研发,拥有整套国际领先水平的光盘生产、检测及印刷设备，能生产各类高品质的光盘产品及高质量的盘面印刷。公司拟建可录类CD、DVD-R光盘生产线25条、只读类光盘生产线25条，项目全面建成后可实现年产只读类光盘32297.8万片、可记录类光盘26280万片，实现年产值8.2亿元，税前利润2.02亿。年内，该公司投资4800万元的6条可录类光盘生产线、3台DVD-R粘合机、3台印刷机已调试完毕并通过验收，可以投产；近期通过国家审批的5条只读类光盘生产线中，有3条生产线的设备已向外商订货，已经全部到位，并安装调试生产。

第二节　缫　丝

来宾市桑蚕主产区在象州县、忻城县，茧丝加工业也主要在象州县和忻城县。

1992年10月，投资600万元的忻城县缫丝厂建成投产，生产规模5760绪（立缫4160绪、自动缫1600绪），设计年生产白厂丝180吨，丝绵被1万床。1995年，忻城县建成第二家缫丝企业忻城县盘龙缫丝厂，该厂总投资378万元，安装2400绪立缫机3组，年产白厂丝50吨。1994年，忻城县投资435万元对县缫丝厂进行技术改造，增建1条4组自动缫丝生产线，生产规模达5760绪（立缫4160绪、自动缫1600绪），生产能力为年产白厂丝180吨，丝棉被1万床。1997年7月23日，县土产公司盘龙缫丝厂更名为忻城县盘龙缫丝厂，固定资产（厂房、设备、职工宿舍等）划归县盘龙缫丝厂。当年生产白厂丝28吨，实现工业总产值420万元。1999年，县盘龙缫丝厂因缺乏生产流动资金而停产，县缫丝厂因亏损严重而停产。2000年，县人民政府招商引资引进浙江、江苏两地个体客商租赁承包县缫丝厂和县盘龙缫丝厂，总投资1200万元。2001年，县缫丝厂通过来料加工的方式重新开机生产，有300多名职工重新上岗。2003年9月，县供销联社通过招商引资对已停产的县盘龙缫丝厂进行技术改造和资产重组，将县盘龙缫丝厂更名为忻城县瑞龙丝业有限责任公司。投资185万多元，进行技术改造，淘汰原有的3组立缫机和附属设备，安装华龙2000优先型自动缫丝机3组和真空系统、环保设备等。11月8日，忻城县瑞龙丝业有限责任公司正式投产，安置下岗和其他富余人员共90多人。2004年，县缫丝厂因企业亏损不能偿还到期债务，依法破产，注销国企建制，由江苏翔鹰丝绸有限公司整体竞买破产财产重组成为民营缫丝生产企业，总投资5000多万元，建成缫丝生产基地。1993—2005年，忻城县缫丝厂生产白厂丝总产量累计为727.84吨，年均产量为55.99吨。总产值累计达13460.73万元，年均产值为1035.34万元。变化较大的年份是1999年，白厂丝总产量为1.34吨，比年均产量减产54.65吨，减幅为97.6%。其减幅原因是市场疲软，流动资金短缺，导致企业亏损，停止生产。2005年，县缫丝厂生产白厂丝总产量达198.7吨，比年均产量增产142.91吨，增幅为255.24%。增幅原因是企业破产重组为民营企业，企业生产得到较快发展。同年，开始，忻城县实施“122”农业丰产工程，计划用3年时间把桑园面积发展到20万亩，种桑养蚕得到长足发展。缫丝产业日益发展为忻城县继蔗糖业之后的第二支柱产业。

2002年以来，来宾市主动承接“东桑西移”，加大桑蚕生产投资，种桑养蚕快速发展，积极引进缫丝加工企业。当年，象州县开办第一家民营缫丝加工企业—象州县茧丝绸有限责任公司投产，资产总值474万元，工业总产值883万元，工业增加值94万；年加工蚕茧800多吨，产白厂丝120吨，销售额786万元。兼营涤吐、汰头副产品加工。2003年4月，由浙江客商投资建成象州县佳绫丝绸公司，公司是以蚕丝白厂丝为主营业务的丝绸加工制造企业。职工250人，自动缫丝机6组，总资产1500多万元；年产白厂丝150吨，生产总值2200万元，缴纳税金130万元。2004年，浙江客商建成象州县联鸿茧丝有限公司，公司固定资产1132万元，年收烘干茧1500吨，年产白厂丝250吨，蚕丝被1万余床。至2005年，象州拥有3家缫丝企业，其中佳绫缫丝公司、象州缫丝公司为广西第一批国家桑蚕农业标准化示范区协作单位，以佳绫公司为龙头，推行“公司+基地+农户”的产业化经营模式。

2002年，来宾市生产白厂丝（主要是象州、忻城县）85吨。2003年，来宾市有2家缫丝加工企业，有6组、2400绪自动缫丝生产线，年加工干茧420吨，年产白厂丝120吨，年创税利236.8万元。2004年，生产白厂丝345吨。

2005年，全市缫丝加工企业发展到5家，分别是忻城好运来丝绸有限公司、忻城瑞龙丝绸有限公司、象州县富通丝绸有限公司、象州华佳丝绸有限公司、象州佳绫丝绸有限公司。缫丝加工企业形成24组，9600绪自动缫丝生产线，年加工干茧3770吨，生产白厂丝572吨，年创税利371万元。有7个丝棉加工企业，年加工丝棉被1.9万床；有95个烘茧站，年收烘鲜茧1.59万吨，占全市鲜蚕量的62.97%。全行业实现产值9912万元。

主要生产企业

象州县佳绫丝绸有限责任公司 公司位于象州县象州镇，2003年4月，由浙江省德清县佳绫丝绸有限责任公司和浙江省双益制丝有限责任公司共同投资组建，有资产2500万元，缫丝生产线6条，员工300人，年产厂丝180吨，产值3500万元，销售收入3000万元，上缴各项税费150万元。2005年，资产总计1395.3万元，从业人员250人，实现工业总产值（当年价）1772.1万元，工业增加值575.3万元，主营业务收入2625万元，利税总额252.3万元。

广西华佳丝绸有限公司 公司位于象州县城西南工业区内，由江苏华佳投资集团独资兴建。公司总投资5000万元，占地面积3.6万平方米，其中，厂房面积2.8万平方米。项目分两期进行建设，共建20组8000绪的自动缫丝生产线，其中第一期建设10组共4000绪的自动缫丝生产线。项目建成投产后，年产白厂丝600吨，产值1.4亿元，上缴利税560元，提供就业岗位800多个。项目完成投资2500万元，第一期建设已经完工并投入运行。公司通过“企业+基地+农户”模式在象州桑蚕主产区中平镇和象州镇培育万亩优质桑园和原蚕基地，带动农户4万多户，并在寺村、罗秀、大乐、中平、运江、百丈、妙皇、水晶、马坪等乡镇建立11个蚕茧收购站，每年收烘干茧约1000吨。同时，公司还与来宾市桂中蚕种场按8 ∶ 2的比例在象州县马坪乡马坪村合资建设了象州华佳蚕种场。该项目总投资2000万元，占地2万平方米，建筑面积5500平方米，年产优质蚕种30万张。

忻城县好运来丝绸有限公司 公司为江苏省扬州翔鹰有限公司收购原忻城县缫丝厂后投资组建，2004年7月1日投入生产。该公司收购原忻城县缫丝厂后投资新上7组30IB型自动缫丝生产线，现已形成11组自动缫生产规模，年生产白厂丝可达390吨，耗用原料茧1326吨，年产值达7330万元，年实现税利370万元，安排劳动就业岗位400多个。2005年，拥有资产1796.4万元，从业人员380人，实现工业总产值（当年价）4267.7万元，主营业务收入3556.2万元，工业增加值1562.5万元，利税331.1万元。

忻城县瑞龙丝业有限责任公司 公司前身为忻城县盘龙缫丝厂，由县供销社投资兴建。2001年4月引进浙江私营企业主前来收购经营盘龙缫丝厂，公司投资350万元进行扩建，有5组国内先进的2000优型自动缫生产线，年产值达3600万元，年实现税利150万，劳动就业岗位达200个。2005年，拥有资产884.8万元，从业人员160人，实现工业总产值（当年价）2989.1万元，工业增加值1046.7万元，主营业务收入3299.7万元，利税99.2万元。

表14-3 2003—2005年全市桑蚕茧丝加工情况统计表

企业	项目数量 \ 县别年份	忻城县			象州县			其他县			合计		
		2003	2004	2005	2003	2004	2005	2003	2004	2005	2003	2004	2005
缫丝企业	个数（个）	2	2	2		2	3				2.0	4	5
	组数（组）	6	9	12		7	12				6.0	16	24
	绪数（绪）	2400	3600	4800		2800	4800				2400.0	6400	9600
	年加工干茧（吨）	420	1200	1570		1700	2200				420.0	2900	3770
	年产厂丝（吨）	120	300	400		130	172				120.0	430	572
	年创税利（万元）	70	180	210	166.8	22	161				236.8	202	371
丝棉被加工	个数（个）	3	4	5		1	2				3.0	5	7
	年加工床数（床）	6000	8000	12000		300	7000				6000.0	8300	19000
收烘茧站	个数（个）	42	47	54	20.0	43	32	5	6	9	67.0	96	95
	收烘鲜茧量（吨）	7000	8000	11000	1991.0	3310	4070	718	857	812	9709.0	12167	15882

第三节　造　纸

明清时期，境内来宾、忻城、武宣、象州县乡间就有小规模的造纸作坊，主要生产书写纸和祭祀用纸钱，采用土法造纸法，经过砍竹、剥竹、浸塘、踩料、抄纸、榨纸、捞浆、捡页、晾干等30多道工序，历时半年才能做出成品草纸，工艺复杂，产品粗糙。20世纪60年代，来宾市始有造纸工业，20世纪80年代进行技改，企业性质均属国有、集体企业。

1958—1964年，境内先后建成5家机制造纸厂，20世纪60年代中期，因设备、工艺落后和经济效益差而全部关停。20世纪70年代末，境内恢复和新建造纸厂。1980年后，造纸工业全面整顿，调整产品结构，进行技术改造，采用新工艺，开发新产品，造纸工业快速发展。至1994年，来宾市境内有来宾县造纸厂、金秀瑶族自治县纸厂、金秀瑶族自治县纸浆厂3家，主要生产产品有纸袋纸、牛皮纸、箱板挂面纸、瓦楞原纸、凸板纸、书写纸、白板纸、卫生纸等12种。1969—1995年，全市累计生产工业机纸37.7万吨。1996—2001年累计生产机制纸52.32万吨。1985—1995年，工业总产值6.2亿元，1996—2001年，工业总产值15.2亿元。

在计划经济年代，因体制问题，企业生产经营困难，亏损严重，大部分造纸企业面临破产。1995年开始，境内各县国有造纸企业通过承包、租赁、资产重组等改革，寻求发展道路。2002年建立来宾市初期，造纸企业减到3家，分别是来宾造纸公司、金秀金海纸业公司、合山恒源纸业公司。2003年，来宾造纸公司由广西东糖集团控股，国有企业变成民营企业。同年，来宾市造纸企业全部改制为民营企业。

2004年后，来宾市引进外资先后建设来宾东糖造纸公司（年产9.8万吨）、武宣金竹园纸业公司、象州莲桂纸业公司、象州县龙腾纸业公司等造纸企业。主要生产高挡书写纸、卫生纸、纸袋纸、箱板挂面纸等。除来宾东糖造纸公司、金竹园纸业公司配套有碱回收设施、莲桂纸业公司不在生产漂白浆、龙腾纸业公司不产化学浆外，其余都没有配套碱回收设施，各企业虽在工艺和管理上进行了改进，严格控制污水超标排放，但造纸废水排放问题仍没得到彻底解决。

2003—2005年，全市机制纸及纸板产量6.14万吨，工业总产值1.87亿元，工业增加值3793万元。

2005年，全市规模以上造纸企业5家，拥有固定资产4140万元，机制纸产量9773吨，实现工业总产值7652万元（当年价），实现主营业务收入7677万元，实现工业增加值1637万元，亏损428万元，比上年增亏76万元。

第四节　印　刷

民国23年（1934年）秋，由刘剑仙等合股在象州县城创办长风印书局，雇工7人，设备有丽泰六度机1台，圆盘机1台，石印机1台及若干铅字粒。业务主要为印刷郑小谷著作及信笺、信封、红、白贴、小包装杂件。长风印书局为来宾境内最早之印刷企业，1940年迁往柳州市。民国36年（1947年），武宣县城厢镇有一家3人合办的“联合印书局”，有石印机3台，雇请8人做缮写。主要承印国民党政府文件、布告和社会上的各种表格。1952年春，汤火生等3人办“职工合作联社”印刷厂，1952年9月，该厂与公私合营石龙印刷厂合并，称“地方国营石龙县印刷厂”。1953年春，戴文庄等5人，在原来宾县城城厢街成立新华印刷社，始用石板印刷，1956年1月，在手工业合作化中，成立印刻补染生产合作社，购置两台脚踏圆盘印刷机。

1958—1960年，境内先后兴建武宣、象州、来宾、忻城、金秀等县国营印刷厂。1962年，全市共有4家国营印刷企业，1978年，4家印刷企业从业人员564人，工业总产值291万元，固定资产161万元。

20世纪60年代前，各县印刷厂大部分企业生产设备都比较落后，工厂用圆盘机、大四开机、小四开机、手拉割纸弯刀，生产宣传品、杂件、表册等。20世纪80年代，各县印刷厂开始对设备进行更新改造，较大幅度地提高了生产能力。印刷采用铅字、活字及网线铜字板印刷，快速装订、自行铸字。能印刷照片，出版书籍、插图、表册、套印多色商标等技术较为复杂的印刷品。1985年，全市印刷企业固定资产增加到543万元，从业人员增加到656人。

1990年，来宾县、金秀瑶族自治县印刷厂投资增加激光照排系统及胶印生产线，印刷工业迈入声光电现代包装印刷行列。1995年，全市印刷工业固定资产增加到2217万元，从业人员增加到775人。

20世纪90年代以来，全市国有工业企业进入大改革时期，国有印刷企业全部进行产权改革，国有企业变成民营企业，经营方式、管理模式发生重大转折。企业性质改变，印刷工业现代技术快速发展，受资金、技术、人才所限，来宾印刷工业却发展缓慢。1991年，武宣县印刷厂产量12.55万千印，总产值

172.6万元，销售收入124万元，利税总额8.01万元，利润3万元。1995年，产量195671千印，总产值267.32万元，销售收入157.22万元，利税总额15.68万元。1996年，产量5.99万千印，总产值82.46万元，销售收入84.38万元，出现亏损。1996年，共有干部职工77人。1997年后，武宣县印刷厂处于亏损状态。1999年，企业进行改革。2000年，武宣县印刷厂实行租赁经营。

1997年，来宾县印刷厂改制为县印刷股份合作公司，为全县第一家首先改制为股份合作制的企业，年产生产能力为30万千印，2000年完成工业总产值35.18万元，完成销售收入73.73万元，实现税利8.18万元，亏损额为10.61万元；在职职工68人；拥有固定资产总值187万元，生产的主要产品为学生作业册、表册、杂印件、联单、报纸和书籍等。2002年，全市只有武宣印刷厂和忻城印刷厂。资产总计319万元，从业人员89人，实现工业增加值142万元（当年价），实现工业增加值51万元，销售收入127万元。2004年，全市规模以上印刷企业只有武宣印刷厂1家，固定资产187万元，从业人员45人，实现工业总产值36万元，销售收入39万元，处于半停产状态。

2005年，境内有武宣股份合作印刷公司、来宾市富兴印刷公司、来宾市兴宾区其能印刷厂、忻城县恒源印刷厂、合山市光明印刷厂、武宣县教育印刷厂、武宣县文化印刷厂、象州县新华印刷厂，象州县三源印刷厂、金秀县新华印刷厂，金秀县鑫隆达印刷厂等24家印刷企业，来宾市新时代印务有限责任公司和来宾市其能印务有限责任公司为内部资料性出版物印刷企业，武宣县印刷厂为包装装潢印刷品印刷企业，其余21家印刷厂为其他印刷品印刷企业，规模小，设备落后，印刷能力低。24家印刷企业中，国有企业2家，有限责任公司2家，集体企业6家，合伙企业1家，个体企业13家。均不同程度的存在资金周转困难、装备落后、工艺简单、产品竞争力不强等问题。

2005年，全市有经年度核验合格的“三印”（打印、复印、影印）企业81家，从业人员约300人。

第七章　制药　食品　制茶业

来宾境内各县（市、区）中草药资源十分丰富。据1985年有关部门普查资料统计，境内有各种植物药材达638种，为制药工业的发展提供了充足的原料来源。1995年，全市有制糖、造纸、印刷、医药、食品、日用化工、纺织等国有（合资）制造企业56家（归类为二轻工业），从手工业基础上发展起来，以各县城集体企业为主，有9类11个行业。1996年后，随着工业企业产权制度改革不断深入，市场竞争激烈，原轻工业除制糖业得到快速发展外，其他轻工行业发展缓慢，不少轻工产品退出市场。截至2005年底，全市规模以上企业（不含制糖企业）15家，其中，淀粉及淀粉制品制造企业9家，纺织制造业4家，木材加工及木、竹、藤、棕、草制造企业2家。

第一节　制药业

清末民国初，境内来宾、武宣、象州等县私人药店用传统古方精选纯正药材，以简陋工具用手工操作生产丸散。产品有六味地黄丸、知柏八味丸，十全大补丸、健脾散、疳积散等。制药工业始于20世纪70年代，来宾、忻城、金秀三县分别建设制药厂。

1973年，来宾县建立来宾制药厂，生产大型输液和感冒灵、穿心莲糖衣片等中成药。1972年4月，来宾县各公社卫生院相继办起了小制药厂，生产柴胡注射液、热可平注射液、止咳糖浆、穿心莲糖衣片等等。1981年，来宾制药厂充实技术力量，新建生产车间，加速技术改造，完善生产工艺，药品产量5.31吨，产值7万元。1982年，该厂开始进行技术改造。1982—1990年共投资160多万元建成了冲剂和片剂两条生产线及其配套工程设施，从而使生产有较大发展，经济效益明显提高，年综合生产能力可达700万元产值。产品品种有丸、散、酒、片、糖浆等剂型共33个中西成药，其中自行研制开发复方金银花冲剂和石淋通冲剂（原名金线草冲剂）等。1990年，全厂有职工174人。设有提取、制粒、片剂、包装、锅炉、机修6个车间。主要设备有多能提取罐、制粒机、制片机、远红外烘干机等50多台（套），固定资产原值197万元。当年，中成药产量215.41吨，产值225.7万元，利润29.9万元，上缴税利19.64万元，比1982年分别增长5.15倍、8.68倍、33.37倍和12.54倍。1982—1990年，共生产中成药1380吨，总产值1186.59万元，销售税金69.21万元，实现利润144.98万元，上缴税利100.95万元。

1981年7月，忻城金银花制品厂（忻城县制药厂的前身）建成投产。生产以金银花为原料的金银花露、金银花冲剂、精制金银花三种保健饮料投放市场，产出金银花露16.8万多瓶、金银花冲剂6.9万多盒，精制金银花1.15万多盒，当年实现产值22.8万元，利税3.5万元。1984年，企业改制为忻城县制药厂后，产品有糖浆、冲剂两种中成药共6个品种，年生产能力150吨。从1986年7月至1989年，工厂利用柳州地区制药厂的部分药品生产配方和工艺技术开发新产品，扩大市场销售量，至1990年已建成三层楼房的糖浆车间一座，新购置安装了各种制药机械设备和化验仪器40台套。形成固定资产原值113.4万元，全年生产中成药227.04吨，总产值230万元，实现利税46.17万元，有职工240人，固定定资产700万元，全厂占地面积2.4万平方米。生产有片剂、冲剂、糖浆、酒剂、胶囊剂5种剂型62个品种。主要产品有金银花露、乳鸽状元酒、克喘素片、维C银翘片、陈香露白露片、清火栀麦片、板蓝根冲剂等。1992—1996年，由于企业管理不善，累计沉淀在外货款320多万元，企业处于半停产状态。

1992年，建立金秀瑶族自治县制药厂。1996年，全市医药企业4家，实现工业总产值（当年价）693万元，其中来宾县制药厂554万元、忻城县制药厂139万元；工业增加值（当年价）210万元，其中来宾县药厂180万元、忻城县药厂30万元；完成销售收入362万元，实现税收18.4万元。1997—2000年，忻城制药厂企业采取来料加工和代加工方式恢复生产经营活动，年均实现工业总产值194万元。

2002年后，全市有3家制药企业，分别为来宾县制药厂、忻城县制药厂和金秀瑶族自治县制药厂。2002年后，来宾市加大对制药企业技术改造和新产品开发投入，全市制药企业得到较快发展。2003年，全市制药企业3家，共有职工430人，实现工业总产值5997.9万元，工业增加值1819.7万元，产品销售收入2845.9万元，利税总额280.7万元，利润总额190.4万元。2005年，全市有规模以上制药企业4家，制药企业资产总计14355万元，固定资产3309万元，从业人员764人，中成药产量1174吨，实现工业总产值14397万元，销售收入13469万元，工业增加值6588万元，利税总额3768万元，利润2129万元。

制药企业

广西金嗓子药业股份有限公司　该公司是由广西金嗓子集团于2001年并购原忻城制药厂而成，公司成立后投入3800万元进行GMP改造，并于2004年6月通过GMP达标验收。公司的主要产品有银杏叶片、维C银翘片、板蓝根颗粒、陈香露百露片、益母草颗粒、舒经活血片、丹七片、穿心莲片、妇康宁、利胆片、罗汉果玉竹颗粒、复方百部止咳冲剂。2005年，该公司资产总值3217.1万元，有职工138人，实现工业总产值1272.3万元（现价，下同），工业增加值690.8万元，主营业务收入1513.7万元，利税总额384.2万元，利润66.3万元。

广西圣堂药业有限责任公司　原为广西金秀县制药厂。2002年由香港商人庞国投资改制而成。公司注册资金1126万元，占地面积约10000平方米，生产厂房1800平方米，固定资产1680万元，在职员工108人，专业技术人员40人。改制后，公司投资2000多万元建设新厂区，公司拥有片剂、胶囊剂、颗粒剂、散剂、原料药等多种剂型生产线，10多个产品品种，并于2004年4月率先通过国家GMP认证，成为来宾市第1家通过国家GMP认证的制药企业。9月，公司被评为广西扶贫龙头企业。是广西唯一以生产瑶族特色药为主、生产第三代头孢菌素类为辅的现代化制药企业。2005年，实现工业总产值2867万元，工业增加值1195万元，主营业收入551.6万元，利税54.1万元，资产总值1485.4万元。

广西来宾金钱草药业有限公司　原为广西来宾县制药厂。企业经过20多年的发展，已建立起一套完整的科研开发和质量保证体系。2003年公司有26名工程技术人员从事技术创新和新产品开发研究，拥有片剂、胶囊剂、颗粒剂、丸剂、水剂、糖浆剂、酒剂等9个剂型共48个品种，该企业自行研制的石淋通冲剂（原名金钱草冲剂）、复方金银花冲剂曾两届获得广西优质产品奖。1994年开始，企业与科研单位合作，研制出疗效确切的新产品“双蚁祛湿通络胶囊”，2002年获国家药品批准生产文号。

2005年，该公司通过GMP达标验收，资产总值2506万元，主营业务收入1173.3万元，实现工业总产值1211.8万元，工业增加值375.1万元，利税总额358.6万元，利润263.9万元，从业人员167人。

医药生产

1995年，来宾市4家医药生产企业通过改制后，生产经营步入良性循环轨道。根据国家食品药品监督管理局的要求，为提高企业的工艺水平和产品质量，全市医药企业积极投入资金、人力，严格按照GMP标准要求，对生产厂房、设备、设施进行技术改造。全市制药企业主要生产经血宁胶囊、双山颗粒、复方三叶香茶菜片、石淋通片、抗骨增生片、消栓通络片、安胃止痛散、银杏叶片、维C银翘片、板蓝根颗粒、陈香露百露片、益母草颗粒、舒经活血片、丹七片、穿心莲片、妇康宁、利胆片、罗汉果玉竹颗粒、复方百部止咳冲剂、双蚁祛湿通络胶囊等产品。

1996年,全市医药企业生产中成药310吨。其中,来宾制药厂生产309吨,忻城制药厂生产1吨。实现工业总产值(当年价)693万元,其中,来宾县制药厂554万元,忻城县制药厂139万元;工业增加值(当年价)210万元,其中,来宾县药厂180万元,忻城县药厂30万元;完成销售收入362万元,实现税收18.4万元。

2003年,全市规模以上制药企业3家,生产药品60多个品种,按照药品GMP要求,加大技改投入,提高经济运行质量,实现经济效益稳步增长。全年制药行业实现工作总产值5997.9万元,工业增加值1819.7万元,产品销售收入2845.9万元,利润190.4万元,利税总额280.7万元,均比上年有所增长。

2005年,全市规模以上制药企业4家,共生产中成药1174吨,其中,广西来宾金钱草药业公司39吨,广西金桑子药业股份公司1661吨。全市制药行业实现工业总产值1.44亿元(当年价,下同),比上年增长1.27倍,完成工业增加值6588万元,比上年增长1.9倍,实现主营业务收入1.35亿元,利税总额3768万元,利润总额2129万元。

企业改制

20世纪70年代,来宾市制药工业始成立,企业性质均属国有、集体企业,生产设备落后,产品单一,经济效益差,大部分企业处于亏损状态。2000年后,医药企业通过资产重组、兼并、引进资金等多种形式,对企业进行改制。2001年8月,忻城县引进广西金嗓子股份有限公司资金收购忻城县制药厂,成立广西金嗓子公司忻城分公司。2001年9月,来宾县制药厂通过改制,成立广西来宾金钱草药业有限公司。2002年,港商庞国先生投资金秀瑶族自治县制药厂,改称广西金秀圣堂药业有限责任公司。2005年,全市医药生产企业全部民营化。

第二节　食品工业

淀粉加工

淀粉加工主要分布在武宣县、象州县和兴宾区,20世纪50年代中期淀粉生产企业首先在武宣国营农场建成投产。20世纪60年代,在来宾华侨农场投入淀粉生产。1970年,来宾迁江华侨农场生产淀粉。1996年,乡镇企业开始加入淀粉生产行业,武宣县建成思灵淀粉厂,全市淀粉生产企业增加到4家,当年产量1.52万吨。1997—2003年,淀粉加工业走入低谷,全市淀粉产量只有4.01万吨,年平均生产6675吨。2003年,象州红枫科技有限公司、武宣县伟业淀粉有限责任公司(后改称广西伟业淀粉有限责任公司)投资淀粉生产。2004年,全市淀粉产量1.31万吨。2005年,全市淀粉生产企业主要有象州红枫科技有限公司、武宣伟业淀粉有限责任公司、武宣金黔湾食品有限责任公司、武宣思灵淀粉厂、来宾华侨农场淀粉厂、迁江华侨农场淀粉厂6家,淀粉产量达1.59万吨,比上年增长20.8%。

广西象州红枫科技有限公司　公司前身为2003年投资2400万元的象州红枫淀粉厂,位于象州县象州镇。2005年,拥有资产1420.3万元,从业人员50人,实现工业总产值(当年价)1271.7万元,工业增加值381.4万元,主营业务收入628.2万元,亏损150.5万元。

广西伟业淀粉有限责任公司　公司前身是武宣县伟业淀粉有限责任公司,位于武宣县武宣镇官禄村,2003年建设,属股份制企业。公司注册资本为人民币600万元,已投资1400万元。生产能力日加工木薯1500吨,日产木薯淀粉400吨。公司有员工250人,其中企业管理人员35名,中初级技术人员25名,技术力量雄厚。2003年,公司生产能力为日榨鲜木薯400吨,2005年,公司日榨鲜木薯1500吨,日产淀粉从2003年的100吨提高到2005年的400吨。公司在生产使用原“红枫”牌商标的基础上,再创“伟业”品牌,“伟业”牌商标淀粉经质检部门检验及客户使用,深受客户喜爱。生产的“伟业”牌淀粉不添加任何添加剂,符合绿色食品要求,公司产品主要销往豫、津、粤、沪、闽、浙、冀等地。广西伟业淀粉有限责任公司采用立体落差的生产工艺,利用湿法加工工艺生产木薯淀粉,工艺过程包括鲜木薯清洗、粉碎、筛分、渣浆分离、脱水、干燥、包装、成品等工序全部实现自动化。2005年,拥有资产1800.7万元,从业人员23人,实现工业总产值(当年价)851.3万元,主营业务收入718.2万元,工业增加值201.2.8万元,利税57.1万元。

今来宾市淀粉生产从20世纪50年代开始,主要在境内的国营华侨农场生产木薯淀粉,规模较小。

来宾市成立后，淀粉生产从2003年开始得到较快发展，到2005年，全市具一定生产规模的淀粉加工企业4家，均为民营企业。其中象州县1家、武宣县3家。拥有固定资产2948万元，从业人员207人，实现工业总产值9474.5万元(当年价)，实现工业增加值3272.5万元，实现销售收入1.03亿元。

制糖综合利用

来宾市制糖企业在加大投资建设糖厂，扩大生产规模的同时，注重开展综合利用，多种经营。1981年，红河糖厂与自治区轻工研究所协作生产单细胞蛋白饲料、粉状酵母。武宣糖厂生产的食用酒精，获1991年轻工部产品质量优良奖。黔江糖厂生产的食用酒精，在1993年/1994年榨季全国产品质量评比中获产品质量优良奖。

小食品业

中华人民共和国成立后，今来宾市小食品工业发展慢，企业规模小。1959年前，私人小作坊小规模生产糖果、糕点，1959年后，原生产糖果、糕点的公私合营店(厂)转为国营公司附属厂，1975年后实行独立核算。主要生产糖果、糕点、罐头食品、豆制品等。1990年，今来宾市糖果产量532吨，1995年，今来宾市糖果产量仅5吨；糕点产量152吨。1996—2005年，来宾全市累计生产糕点1.13万吨，其中象州县338吨、武宣县578吨、兴宾区1.04万吨。

2002年前，来宾具有一定生产规模的食品生产企业是来宾豆制品厂。该企业建于1983年，有1条年产100吨腐竹生产线，1985年进行技术改造，扩建1座年产500吨腐竹车间，1987年企业进行技改，使腐竹年生产能力达750吨，成为国内腐竹生产规模较大的厂家。1990年，固定资产532万元，从业人员272人，当年生产腐竹611吨，实现主营业务收入203万元。该厂生产的园枝腐竹达到出口质量要求，产品远销香港地区和东南亚各国。1987年，园枝腐竹被评为自治区优质食品，1990年，评为国家轻工部优质产品。1993—1995年，生产腐竹、腐乳共1995吨。由于企业体制和内部管理原因，该企业于1995年停产后倒闭。

饮料制造业

境内饮料工业主要是生产白酒。1995年，忻城县有酒厂1家，生产乳鸽酒，该厂生产的“壮锦牌”乳鸽酒，1993年参加国际名酒香港博览会评比，获金奖。1996年，今来宾市规模以上饮料企业19家，资产总计2333万元，饮料产量4.4万吨，实现工业总值1839万元，从业人员648人。2001年，今来宾市规模以上饮料企业减到2家，资产总值1368万元。1996—2001年，今来宾市共生产饮料酒47.9万吨。2002—2005年，全市共生产饮料酒5.4万吨。2003—2005年建市三年，全市食品制造业实现工业总产值612万元，实现增加值147万元。

2005年，全市规模以上饮料企业1家，即广西农垦思源酒业有限公司。该公司位于武宣县黔江工业集中区，隶属广西农垦集团公司。2003年，投资6000多万元，建成食用酒精厂，年生产能力5万吨，利用糖厂糖蜜进行深加工生产食用酒精。2004年生产酒精27180万升，实现工业总产值6451万元，实现工业增加值1520万元，实现主营业务收入6263万元，实现利税130万元。2005年，资产总计149万元，从业人员138人，生产酒精26718万升，完成工业总产值6353万元，工业增加值1585万元，主营业务收入5432万元，实现利税172万元。

香料生产业

来宾市境内，香料生产企业仅有2家，即金秀瑶族自治县香料厂、金秀瑶族自治县食品厂。

金秀瑶族自治县香料厂创建于1982年，2001年改制为香料香精有限责任公司，为民营股份制企业。公司以自治县盛产的金秀灵香草、大红八角、甜茶叶、山苍子、两面针等特有资源产品为原料，生产灵香浸膏、甜茶浸膏、山苍子油、柠檬醛、香茅油等系列产品。烟用香料有烤烟型、混合型和梗丝加料、薄片加料等100余种。公司经不断的技术改造，于2000年通过鹏程认证中心认可的IS09001、2000国际质量体系认证。从2000年后改为广西金秀香料香精食品有限责任公司，利用自治县特有的灵香草、八角、山苍籽、甜茶及黄柏、两面针、香茅等100多种天然香料植物，研制生产系列烟用加料、加香香精，食用、医用和日用香料。主要产品有灵香浸膏、田七浸膏紫薇浸膏、两面针浸膏、山苍籽油、柠檬醛、香茅油、大红角等。从20世纪90年代中期起，公司坚持以科技为先导，以经济效益为核心的管理理念，连续12年被评为自治区“重合同、守信誉”企业。

金秀瑶族自治县食品厂，成立于1985年。该厂以胶股蓝系列保健品为开端，适应市场发展需要，主要生产有兰系列保健(袋泡茶、口服液，冲剂、冲剂、股)，亚安口服液、晚安口服液、大瑶山甜茶、王千杯茶、山子茶、茶山石崖茶等。从2000年后改为广西金秀圣堂山保健品有限公司，该公司利用大瑶山特有的灵香草、八角、山苍籽、甜茶及黄柏、两面针、香茅等100多种天然香料植物研制生产系列烟用加料、加香香精，食用、医用和日用香料。主要产品有灵香浸膏、田七浸膏紫薇浸膏、两面针浸膏、山苍籽油、柠檬醛、香茅油、大红角等。公司于2002年实施GMP（良好生产规范）改造，完成部分地标升国标工作，对5个独特的民族药申请中药品种保护，还继续投资2000多万元建设新厂区，进行了一系列重大技术改造和扩建。公司坚持“药材好，药才好”的管理理念，扶持和培育有5000多亩中药材种植基地。公司于2004年4月通过GMP（良好生产规范）认证。2005年，公司产值2400万元。

第三节　制茶业

茶叶生产

境内大瑶山脉，是世界茶树原产地“云贵高原”的余脉。位于大瑶山脉一带的金秀瑶族自治县、象州县和武宣县，是世界茶树原产地的中心之一，茶叶的栽制、饮用具有悠久的历史。唐朝陆羽所著的世界第一部茶叶专著《茶经》（卷下：八、茶之出）载：“（茶叶）岭南生福州、建州、韶州、象州（包括今象州县和金秀瑶族自治县的一部分）。……往往得之，其味极佳。”。清朝，武宣县已产茶，清光绪《浔州府志》载：“东乡茶、庙王茶、苦茶、徭茶，以上皆产武宣”。唐代，象州是全国42个产茶州之一，据《茶经》记载，象州所产茶叶色味香，与名茶相比，各有千秋，后来因制茶技术落后，而让位于西山、六堡、白毛等名茶。清宣统二年（1910年）产茶叶100石。民国21年（1932年）产茶3000千克，民国22年产茶叶3700千克。民国时期，境内产茶的区域是今金秀、武宣、象州三县，所产茶叶品质优良。《象州县志》（1948年）载：“……盖本县境内皆可种茶，而所产茶叶，以色、香、味言之，实不让各地各种”。据民国时期的《广西年鉴》（第一回）记载，民国元年至20年，象县的茶叶年产量为3吨。

20世纪50年代至70年代，境内茶叶主产区在金秀、石龙（今象州、武宣）一带。象州县妙皇、寺村、大乐等乡仍产茶叶。妙皇乡古琶细茶，茶色清，味甘香。1950年后，茶叶面积和产量都稳步增加。1954年，茶园面积12公顷，茶叶产量13吨。1958年，茶园收归集体所有并开始兴建集体茶场。1962年，国家开始对茶叶实行奖励收购政策，并多次调高收购价格。1964年后，出现开山种茶热潮，1965年，茶园面积58公顷。1966年，茶园面积90公顷。1967年，茶园1072亩，采茶利用的仅110亩。象州县平均每年产茶叶1788千克。1979年以后，集体经营的茶叶生产实行承包制，茶园大部分丢荒，产量逐年下降。

20世纪80年代初，境内茶叶主产区在金秀、武宣、忻城、象州县。平均每年采茶10.9亩，产量208.7千克。1983年以后，茶叶市场放开。采用集约经营方式，茶园统一规划、集体开发、分户种植、管理、采摘，再由村办或乡办的茶厂收鲜叶统一加工。至20世纪90年代，主产区在武宣县、金秀瑶族自治县、来宾县。1990年，象州县采茶10亩，产量200千克。2000年以后，产区为金秀瑶族自治县、来宾县和象州县。2005年，全市茶叶种植面积835公顷，产量330吨。

茶叶加工

20世纪40年代，境内主要加工“黑茶类”，茶叶加工以手工为主。1957—1965年，主要加工“功夫红茶（条形红茶）”出口苏联，也加工黑茶。1965年后，主要加工“烘青绿茶”。其中，以区内品种的鲜叶为原料加工的茶称“桂青茶”，以“云南大叶种”鲜叶加工的茶称“云南大叶青茶”，以“福鼎大白”“鸠坑”等品种加工的茶称“鼎坑茶”。1965—1982年，以半机械化加工为主。1984年以后，逐步推广茶叶加工机械化。

1992—1995年，武宣县通挽乡和东乡乡曾加工茉莉花茶。20世纪90年代中后期，开始推广加工名优绿茶。2000年以后，境内各地开始加工多种茶类。2005年，来宾市加工的茶叶品种主要有：名优绿茶、功夫红茶、黑茶（六堡茶）、乌龙茶（青茶类）。2005年，来宾市有茶叶加工企业31家，加工茶叶330吨。其中金秀瑶族自治县24家、武宣县4家、兴宾区2家、象州县1家。

精制茶叶的生产和加工主要在金秀瑶族自治县和武宣县，来宾市茶叶加工业起步较晚，1980年，金秀瑶族自治县纺织机械厂开始改产绞股蓝茶，1990年，武宣县东乡镇第一家乡镇企业开始生产茶叶，2002年后，改制为武宣县双髻龙茶有限公司，该公司年产精制茶叶50吨，有茶园积面积40公顷。金秀瑶族自治县有精制茶叶生产企业21家，茶园面积1000公顷，茶叶资源丰富。武宣和金秀两县共有茶叶生产企业25家,属小规模生产,茶叶品种档次不高,没有形成规模企业。

1985年,建成金秀绞股蓝食品厂,1986年,金秀瑶族自治县绞股蓝食品厂与广西中医学院进行技术联合,开发生产绞股蓝速溶茶、绞股蓝口服液、绞股蓝汁和运用绞股蓝配方的护肝金药等系列保健食品和药品。绞股蓝系列保健品1991年获中国优质保健品银奖、香港国际优质保健品博览会获银奖,日本消费者把绞股蓝视为"福星草"。1994年,金秀食品厂更名为金秀圣塘山天然保健品开发公司,投入新建以绞股蓝为原料的制药厂。1996年,全市精制茶叶产量32吨(境内产量),2005年,全市精制茶叶产量230吨,比1996年增长7.19倍,1996—2005年来宾市境内精制茶叶产量为1487吨。

第八章　织锦编织制革其他工业

民国至1955年,市境内手工业全为私人经营。主要行业有铁、木、竹藤制品,缝纫、小五金、纺织、砖瓦建材、制鞋、陶瓷、食品等。

1954年,境内各级人民政府对手工业进行社会主义改造。1956年,手工业基本实现合作化,境内建立手工业生产合作社(入社的生产资料为集体财产)以及一批生产合作小组(生产资料仍属个人所有)。

1958年,境内有4个手工业生产合作社转为地方国营工厂,7个社改为联社合作工厂(按国营工厂管理)。乡镇所在地生产合作社为人民公社管理。1961年,境内各级政府贯彻中共中央《关于城乡手工业若干政策问题的规定(试行草案)》后,恢复手工业生产合作社。1964年,全地区共有手工业生产合作社(组)546个。1970年后,境内各县县城所在地生产规模较大的合作社,改为直属县联社的合作工厂(独立核算,县联社统负盈亏;20世纪70年代后期改为自负盈亏)。

1950年,今来宾市境内手工业有34个行业。1956年,手工业基本实现社会主义改造后,一些行业的生产纳入国家计划(含地方计划)原材料计划供应,国营商业包销,生产基本正常。1980年后,城乡个体手工业生产者增多,生产根据市场需求决定能否持续发展。1995年,境内二轻工业主要有日用硅酸盐、食品饮料、皮毛皮革及制品、木材加工及竹藤棕草制品、家具、工艺美术、塑料制品工业、金属制品、纺织、缝纫服装等9大类11个行业。2001年,实现工业总产值(1990年不变价)1569万元。其中,象州县127万元,武宣县316万元,来宾县986万元,忻城县140万元;2002年,全市二轻系统实现工业总产值(1990年不变价)1351万元。其中,象州县137万元,武宣县243万元,来宾县872万元,忻城县99万元。2002年,二轻系统实现主营业务收入1155万元,其中,象州县108万元,武宣县249万元,来宾县648万元,忻城县105万元。

第一节　织　锦

唐代已有生产,多作背小孩的背带芯和头巾等用,壮族女青年结婚时常用壮锦被面作为嫁妆。民国时期,无经营厂家。忻城县周长兴母亲织的龙凤壮锦被面,在民国26年(1937年)全国手工业艺品展览会广西梧州初展会上,获得甲等奖。后送南京、上海等地展出。由于商品经济不发达,无专营厂店。

1957年,境内建立忻城县壮锦生产合作社,该社生产的壮锦,当年在广西省手工业局举办的"全省民族产品展览会"上获得好评,并送北京参加全国民族产品展览会展出。由于缺少资金,长期用古老的"猪笼式"织机编造,生产发展缓慢。进入20世纪80年代后,忻城壮锦厂列为自治区民族用品生产定点企业,自治区多次拨款扶助,更新设备,扩大生产能力。1986年,英国牛津慈善组织先后几次到忻城县考察,并给予40万元资金扶持,使该厂拥有K84编机、K84提花龙头机、K70分条整经机、100锭拼机、卷纬机和染设备等机械,生产实现机械化,年生产大小壮锦25万件,其中壮锦被面5万件,壮锦床单3万件。并根据市场需要生产壮锦家用电器护罩、沙发布、壮锦领带等产品。1990年,经过更新改造,忻城县壮锦厂已设有电机、解拼纱、排子、织造等4个车间,拥有机械设备128台套,固定资产原值17.53万元。有职121人。但由于流动资金不足,制约生产的发展,生产远未达到设计能力。1990年,生产床单1878床,背带芯2662件,各种挎包半成品12786个,被单72床,总产值1.39万元。1995年,因亏损而难以为继。1998年,企业停产。2002年后,壮锦传承人蒙如君组建忻城县民族壮锦厂,主要生产销售纺织品制作，在职员工16名，工厂根据客户需求，实行壮锦“订单式”生产，每年不足100幅，忻城壮锦濒临失传的风险。

第二节　竹木藤编

境内竹木藤编有悠久的历史，属于一直为民间借助地方资源发展起来的手工业，原归类为一轻工业范围，20世纪50年代后期已形成一定的规模，境内手工业全部为私人经营，主要行业有铁、木、竹藤、制鞋、陶瓷等制品。

1950年，今来宾市境内手工业有34个行业。1954年，境内各级人民政府对手工业进行社会主义改造。1956年，手工业基本实现合作化，境内建立手工业生产合作社（入社的生产资料为集体财产）以及一批生产合作小组（生产资料仍属个人所有）。1956年，手工业基本实现社会主义改造后，一些行业的生产纳入国家计划（含地方计划）原材料计划供应，国营商业包销，生产基本正常。

1958年，境内有4个手工业生产合作社转为地方国营工厂，7个社改为联社合作工厂（按国营工厂管理）。乡镇所在地生产合作社为人民公社管理。1961年，境内各级政府贯彻中共中央《关于城乡手工业若干政策问题的规定》（试行草案）后，恢复手工业生产合作社。1964年，全地区共有手工业生产合作社（组）546个。1970年后，境内各县县城所在地生产规模较大的合作社，改为直属县联社的合作工厂（独立核算，县联社统负盈亏；20世纪70年代后期改为自负盈亏）。

1980年后，城乡个体手工业生产者增多，生产根据市场需求决定能否持续发展。1995年，境内主要有日用硅酸盐、食品饮料、皮毛皮革及制品、木材加工及竹藤棕草制品、家具、工艺美术、塑料制品工业、金属制品、纺织、缝纫服装等9大类11个行业。1996年后，随着工业企业产权制度改革不断深入，市场竞争激烈，轻工业除制糖业得到快速发展外，其他轻工行业发展缓慢，不少轻工产品退出市场。

据统计，2005年，来宾市境内木材加工及木、竹、藤、棕、草制造企业2家，总产值（当年价）为2270万元，工业增加值为1013万元。

第三节　制　革

境内制革工业，主要在来宾、象州县。20世纪50年代到60年代，象州县石龙镇手工业社曾兼营皮革加工，生产少量皮鞋，为来宾市制革工业之始。

1972年，境内来宾县二轻部门向银行贷款49.9万元，筹建制革厂，1975年正式投产。主要产品为普通面革、淡黄手套革、鞋面革等。由于耗料大，成本高，产品销售渠道不畅等原因，企业出现亏损，被迫停产。1985年，来宾县皮革厂与柳州市皮革工业公司联营，引进资金技术，生产皮革，1986年工业总产值51万元，实现利润2.9万元。1987年终止联营经营协议，来宾皮革厂发动群众集资3万元，解决收购猪皮缺乏资金的困难，更新设备，提高生产能力，该厂生产的普通面革、淡黄手套革产品在自治区同类产品质量评比中名列第二。进入20世纪90年代，经多次试验，服装面料革研制成功并批量投入市场。1994年，工业总产值360万元。20世纪90年代后期，由于原料价上涨，猪皮原料收购困难，生产成本高，企业经济效益差，环保治理问题难以解决，制革厂停产。

1984年，象州县寺村乡6户农民集资9000余元，兴办寺村皮革厂，引进江苏省皮革生产技术，生产皮鞋、皮箱。1990年产皮鞋400双。1988年，象州县食品公司筹资42万元，兴办全民所有制象州县制革厂。采用半机械化生产，产品有黄牛、水牛皱纹革、软面革、修面革等高档皮革和各种档次男、女皮鞋。还可生产猪、牛套革、绒面革、箱包革、沙发革、衣革及蓝湿革等多种档次皮革。生产能力为年产成革3.33万平方米，皮鞋5万双。当年制皮革3377张，产值40万元。1990年有职工26人，产皮鞋8700双，产各类皮革4489平方米，产值31.9万元，实现税利2.22万元，全员劳动生产率12269.2元。县制革厂所产黄牛皮皱纹软面革参加1990年度全国皮革行业产品质量评比获“优质新产品奖”；牛皱纹软面革新工艺及其起皱剂项目，在国家科委、河南省人民政府联合主办的郑州全国技术成果交易会上荣获“优秀奖”。

1991年，境内制革企业有象州县国营皮革制品厂（后改为皮件厂）和象州皮鞋厂2家，主要生产皮革、皮鞋，产品收入37万元。1993—1995年企业固定资产原值分别119.3万元、120.3万元、202.8万元；净值115.9万元、111.4万元、188.45万元；实现工业总产值191.11万元、163.1万元、155.6万元；上缴税利5.7万元、8.9万元、13.4万元。自20世纪90年代以来，由于企业技术力量薄弱，设备陈旧，品种单一，经营管理差，资金不足、缺乏有效的销售手段等原因，产品产量不断下降，产品滞销，企业连年亏损，濒临破产。1996年后，两家企业基本停产，除留部分管理人员外，其余职工“放长假”。1999年8月，经中国工商银行象州支行起诉并申请人民法院执行，将县皮件厂的资产“以资抵债”，生产经营停止；2003年实施企业改制，县皮鞋厂依法“申请破产”。

第四节　其他工业

小五金制品

清朝末期，境内以修理雨伞、汽灯及其他小五金行业。民国时期，境内各县小五金制品多为各种农具。民国38年(1949年)武宣县有9户从事五金修理，从业人员12人。

中华人民共和国成立后，五金制品用量日渐增多，修制人员随之增加。1952—1954年，五金、铁器手工业者成立互助组。1954年起，先后建立铁器或五金生产合作社，主要生产中小铁制农具和日用小五金制品。20世纪60年代后，约60%的铁匠炉都生产农具，20%从事修理，20%生产日用小五金制品。1961年，境内区生产日用小五金12.4万件。1965年，铁制农具年产量95.2万件，居自治区第二位，年总产值占境内二轻系统总产值的70%。1966年后，武宣县小五金行业增添普通车床3台、电焊氧焊设备4套、冲床3台、钻床4台、电动砂轮机5台、各种虎台钳8台，职工增加到63人。焊接维修比较大件的有铁桶、油桶、电动机、发电机、柴油机；批量生产打米机主要配件的米筛和小刀，产品畅销区内各地。1970年后，武宣县小五金企业生产铁通扫、水泥钢笼、简易打谷机、自行车零配件的座子管、白铁锑桶等。1976年后，境内农村圩镇166个手工业厂社全部归人民公社管理，各县二轻系统所辖的县城镇小五金制品业主要生产黑白铁制品，如铁制锄、刀以及镀锌铁皮水桶等日用品。1975—1977年，武宣县轻工五金厂利用边角废料生产水泥钢笼8900条。生产小刀10507把，畅销各县。1977年荣获自治区“工业学大庆”先进企业称号。是年，该厂生产打米机米筛20113件、水泥钢笼4146条、自行车配件价值8526元、白铁水桶5460个，年产值16.24万元。1979年，该厂试制钢通扫成功，1980年批量生产33755个，销往区内各糖厂和云南、湖南50多家糖厂。是年，锑桶产量11580个，年产值21.1万元，创建厂以来最高纪录。

1980年后，由于市场竞争激烈，原材料供应和销售渠道有所改变，境内小五金企业未能根据市场需要更新产品，生产逐年下降，大部分企业出现亏损，生产难以维持而转产停产。1995年，境内尚有五金企业15家。

缝　纫

清朝末年，境内各县城有缝纫店铺，迁江镇、来宾镇、武宣镇、象州镇、城关镇一些店铺已用英国造的脚踏缝纫机。民国时期，县城和大圩镇均开设缝纫店，主要设备为脚踏缝纫机。光绪十七年(1892年)，“植庆记”缝衣店在武宣开业。三年以后，黄亚钢、欧亚水(广东人)、曾议、毛福珍(湖南人)等在武宣镇相继设店。民国时期，武宣县城有裁缝铺6户10人。三里、二塘、黄茆、桐岭、东乡等圩镇共有裁缝铺15户20人。1949年缝纫业发展到43户60多人，年产服装5000件左右。象州县城较有名的裁缝有“朱祥亨”“黄英记”；农村裁缝多数上门为顾主制作。据统计，1949年，境内各县从事缝纫生产的有470户，从业人员680人，分布于各县各乡镇，是手工业个体户中最多的一个行业。该业多以代客加工，工具极为简单，一把剪刀、一把尺子，全凭手工技巧从事经营。

中华人民共和国成立后，境内各县、区人民政府为了帮助车缝生产人员解决生活困难，发动手工业生产者组成车缝生产小组，通过无息贷款扶助，为供销部门代加工被单、蚊帐、服装等。1954年，境内各县城和大圩镇开始组织车缝生产合作社。1956年，境内有车缝生产合作社140多家，社员5000多人。实行棉布统购统销后，主要业务为来料加工。1976年，境内县城以下的手工业社厂下放公社管理时，还有24个车缝社。当年武宣县生产服装34.33万件，产值达187.6万元。1977年，武宣县生产服装35.5万件，产值200.4万元。20世纪80年代初，设厂撤社，境内有14个服装厂，职工1000多人。国家取消棉布统购统销后，各服装厂除来料加工外，还开展成衣及布制品购销业务。因企业退休职工多，从事生产人员减少，生产大幅度下降，企业收不抵支，一些企业出现变卖厂房、设备和私分集体资产现象。境内各县二轻管理部门对企业进行整顿，实行厂长经营承包责任制，改革企业内部工资分配制度。1985年6月，原柳州地区设立服装公司，从技术、经营管理、产品开发等，为各县服装厂对口服务。1995年，境内有服装企业8家，职工400多人，年工业总产值510万元。2001年和2002年服装产量分别为17万件、16万件。2003年后，全市各类大型服装超市已建成营业，从外面进来的各种各样日新月异的服饰产品取代当地上规模生产的服装、鞋帽产品，当地企业全部倒闭。厂房闲置或租赁给个人办学校、做仓库或与房地产商达成协议进行房地产开发。职工一般是退休或买断工龄后自谋职业。

塑料制品

境内塑料制品生产始于20世纪80年代中期。1985年，象州县将原二轻局五金厂、棉胎厂合并成立象州县二轻塑料厂，生产塑制品。1987年，购置吹膜机、瓶盖机、塑料机等设备，具备生产压塑制品13万~26万件，瓶盖150万套，薄膜80吨的生产能力。主要产品有：压膜粪桶、红提桶、建筑灰浆桶、塑料薄膜、瓶盖、注塑件。4月，象州县运江镇企业办公室自筹资金兴办的运江塑料厂建成投产。主产塑料编织化肥袋、糖袋等。1990年，象州县有塑料制品厂4家，共生产塑料薄膜15.4吨，产值15万元。生产塑料编织袋12.36万条，产值8.94万元。20世纪90年代初，来宾县二轻局新建2个小塑料厂，生产塑料薄膜、塑料丝等，年工业总产值200多万元。至1995年止，境内4家塑料厂，年工业总值678万元，产品销售利润33万元。2001年、2002年塑料总产量分别为168吨、106吨。2003—2005年建市三年，全市塑料制品总产量达到3489吨。

机械配件

境内机械配件工业是在手工业合作化的基础上发展起来的。手工业合作化前，境内各县仅有些个体打铁铺，生产锄头、镰刀等小农具。此后，各县在县城及各乡镇（社队）普遍建立手工业生产合作社和综合加工厂。1958年，来宾县在县城以合作工厂为基础，建成集体机械企业。有职工242人，1959年发展到610人。主要生产双轮双铧犁等中小农具。1960年，来宾县从联合厂抽出部分技术骨干工人，建成第一家县办国营农械厂。联合厂改为合作工厂，仍属集体企业。为适应农业机械化发展需要，1969年，来宾县根据上级农机管理部门的授意，把原属自治区农垦系统的来宾拖拉机站改建成县农机大修厂，主修拖拉机，兼产中小农具、拖拉机和内燃机配件以及其他农机配件。1976年，各公社在手工业社综合加工厂的基础上分别建成公社农机厂，专营农机修理，归口农机系统。1958—1990年，来宾县生产的农机产品共有：B665型牛头刨床60台，4号碾米机700多台，0.75吨拖卡1000余辆，3吨拖卡78辆，370—1型饲料粉碎机7100台，手拖滚田耙2509台，喷淋机和小型动力机284台，砝码51吨，储油罐98个，人力插秧机210架。此外，还生产一大批手扶拖卡钢圈、拖内配件、农机配件、充气机、轧花机、平地机、撩壕机、刮土机、防滑轮、铸铁管以及60千克、150千克和560千克压力空气锤等。

1976年，境内小农具由乡镇企业生产后，各县农具五金厂转产，成立轻工机械厂。武宣轻机厂生产打砖机、牛头刨床等。1980年，武宣轻机厂转产磁铁产品，有的转产生产铁锅等。由于生产效益差已停产。

第九章　乡镇企业

来宾市乡镇企业的前身是1956年农业生产合作社办的集体工副业。1958年，人民公社在原有集体工副业的基础上，大办小煤窑、农具厂、砖瓦厂、农副产品加工厂、林场等社队企业。“文化大革命”期间，社队企业被当作“资本主义倾向”受到批判。至1975年底，境内社队企业仅有1722个，总收入为708万元。1981年，农村实行联产承包责任制以后，队有企业大部分被分光。社队企业从1978年的1922个共下降到1983年的816个。1983年下半年，全市认真贯彻中共中央“社队企业也是合作经济，必须努力办好”等一系列指示以后，得到恢复发展。1985—1990年，乡镇企业平均每年增长的速度为31%，企业单位由1985年的1.8万多个，上升到1990年的3.5万个，形成乡、村、联户、个体办企业。1991—1995年，全市把发展乡镇企业作为经济支柱来抓，相继制定《关于加快发展乡镇企业的决定》和《关于加快发展乡镇企业的补充规定》等文件，加强对乡镇企业的领导；组织实施“十百千万”星火工程；提倡“能人经济”，培养乡镇企业管理人才；实行乡镇企业经营管理先进奖；把乡镇企业引入党政机关目标管理责任制等,促进了乡镇企业蓬勃发展。乡镇企业由 1990 年的 3.5 万个,上升到 1995 年的 6.6 万个;总产值由 1990 年的 1.36 亿元(含乡、村、个体办工业),上升到 1995 年的 42.5 亿元(含乡、村、个体、联合办工业、建筑业、农业企业、运输业、农村批发零售贸易业、餐饮业、农民在城里办企业)。但是,乡镇企业发展不平衡,乡、村办的企业比个体企业少,有些村没有村办企业。

到 2000 年,全市乡镇企业已发展到 5.79 万家。比 1978 年增长 18.85 倍。从业人员达 32.4 万多人。比 1978 年增长 4.46 倍。实现总产值 92.2 亿元,实现利润 4.56 亿元,实交国家税金 2.76 亿元,分别比 1978 年增长 302 倍、141.5 倍、333 倍;“九五”期间乡镇企业新安置农村富余劳动力 6 万多人,用于补农建农和农村各项事业建设资金 6000 多万元。

2003 年,全市乡镇企业实现总产值 85 亿元,比 2002 年增长 11.1%;完成增加值 16.8 亿元,同比增长 10.8%;实现利润 3.5 亿元,比 2002 年增长 11.2%;上缴国家税金 1.9 亿元,同比增长 9.6%;其中规模以上乡镇工业企业总产值、增加值、利润、税金、工业品销售产值比 2002 年分别增长 33.24%、17.53%、40.86%、10.8% 和 24.3%。招商引资成效显著,投资结构逐步由单一向多元化转变。乡镇企业系统共引进新项目 78 个,改、扩建项目 23 个,总投资 2.6 亿元,比 2002 年增长 28%,其中投资额 500 万元以上的项目 16 个,在年内乡镇企业新上项目中,近一半是农产品加工项目。全年实现乡镇企业劳动者报酬 9.1 亿元,农民人均收入来自乡镇企业 440 元,人均增收 20 元。

2004 年,按照中央、自治区的统一部署,境内撤销市、县(市、区)乡镇企业管理局,人员和职能分别并入市、县(市、区)经济贸易局和安全生产监督管理局。乡镇企业办公室更名为乡镇企业管理站,业务上隶属县经贸局领导和指导,行政上和人财务仍由乡镇政府领导和管理。至此,乡镇企业发展、管理统一由经贸局中小企业局管理,纳入中小企业范畴,乡镇企业完成其使命,成为了历史。

第一节 体 制

来宾市境内的乡镇企业有两种经济形式,即集体企业和个体企业。集体企业包括县(市)乡镇企业局办的和乡、镇、村办的企业。这些企业,其财产归集体所有,收入实行按劳分配,除按国家有关政策规定上交税、费外,还需向主管部门按比例上缴利润和向企业管理部门上交管理费。个体企业包括联户(或合作)举办的和个体举办的企业。这些企业除按国家有关政策规定上交税、费外,还需向乡镇企业管理部门上交管理费,剔出上交费用,其一切收入归个人(联户、合作)所有。

集体企业

主要是县(市)乡镇企业局办的企业。1978 年,境内各县乡镇企业局始办企业,属局辖二层单位,称乡镇企业供销公司。其业务主要是帮助社队企业和后来发展的乡镇企业在产、供、销方面疏通渠道和提供信息服务。1988—1993 年,合山市乡镇企业局除办供销公司外,还开办 2 家煤窑;象州办一家造纸厂;武宣办两个建筑公司、一个燃料公司和一家爆竹厂;来宾县将乡镇企业供销公司改为乡镇企业经济发展总公司。到 1995 年,县(市)乡镇企业局办的直属企业共 11 家,从业人员 320 人。2000 年开始,上述企业纷纷适应市场经济发展要求,进行改制,转化为民营(私营)企业。2005 年,境内已无县(市、区)乡镇企业局办的企业。

乡镇办企业 1978 年,全市社办企业 756 个,从业人员 2.2 万人。1994 年,乡(镇)办企业 556 个,从业人员 2.5 万人。1995 年,乡(镇)办企业总产值(1990 年不变价)8.4 亿元,营业总收入 10.68 元。2000 年开始,上述企业纷纷适应市场经济发展要求,进行改制,转化为民营(私营)企业。2005 年,境内已无乡镇办企业。

村办企业 1978 年,境内大队(村公所)办企业 1668 个,从业人员 2.5 万人。1994 年,村办企业 1874 个,从业人员 1.6 万人。1995 年,村办企业总产值(1990 年不变价)6.55 亿元,营业总收入 7.15 亿元。2000 年开始,上述企业纷纷适应市场经济发展要求,进行改制,转化为民营(私营)企业。

股份合作等企业 1995 年,境内组建各类乡镇企业性质的有限责任公司和集团 15 个,各种不同类型的承包企业 550 个,租赁和拍卖企业 5 个,建立工业小区 3 个,股份制和股份合作制企业 66 家。2000 年开始,上述企业纷纷适应市场经济发展要求,进行改制,转化为民营(私营)企业。

个体企业 1955 年前,乡镇有个体企业,后经过社会主义改造,加入社队企业。1979 年后,贯彻中共中央提出乡镇企业要“多轮驱动,多轨运行”“积极扶持、合理规划、正确引导、加强管理”“多种经济成分共同发展”的方针，认真做好“松绑”，放权、指导和服务工作，积极鼓励和扶持群众举办各种企业，此后，个体办企业蜂拥而起。1994年统计，境内个体办企业6.82万个，从业人员12.68万人。1995年总产值(1990年不变价)43.52亿元，营业总收入60.93亿元。2000年以后，个体企业全部纳入民营经济(私营经济)管理和统计范畴，2005年个体企业性质的乡镇企业已全部转化为私营企业。

第二节　门　类

经过多年的积累和发展，1990年境内乡镇企业3.5万个，1995年6.6万个；总产值由1990年的1.36亿元(含乡、村、个体办工业)，上升到1995年的42.5亿元(含乡、村、个体、联合办工业、建筑业、农业企业、运输业、农村批发零售贸易业、餐饮业、农民在城里办企业)。到2000年，全市乡镇企业已发展到5.79万家。比1978年增长18.85倍，从业人员达32.4万多人，比1978年增长4.46倍。实现总产值92.2亿元，实现利润4.56亿元，实交国家税金2.76亿元，分别比1978年增长302倍、141.5倍、333倍；“九五”期间乡镇企业新安置农村富余劳动力6万多人，用于补农建农和农村各项事业建设资金6000多万元。

2003年，全市乡镇企业实现总产值85亿元，同比增长11.1%；完成增加值16.8亿元，同比增长10.8%；实现利润3.5亿元，同比增长11.2%；上缴国家税金1.9亿元，同比增长9.6%；其中规模以上乡镇工业企业总产值、增加值、利润、税金、工业品销售产值同比分别增长33.24%、17.53%、40.86%、10.8%和24.3%。

乡镇企业门类主要分矿产、化工、塑料制品、农机制造、船舶修造、建材、食品、工艺美术、日用家具等10多个门类，生产90多种产品。

矿产开采

乡镇企业已开采的有铁矿、锰矿、硫铁矿、煤矿、石灰石、大理石、石膏矿、滑石矿、重晶石等品种。年产值占乡镇工业企业产值的40%左右。

煤　炭　在20世纪70年代中后期乡镇企业开始开采煤矿，年产量在6万吨至10万吨，1995年60万吨；2000年20万吨，2005年5万吨。

铁　矿　1976—1995年，开采的铁矿产量有起有落，不稳定。1976年5914吨，1993年6.5万吨，1995年6.82万吨，2000年3.2万吨，2005年2万吨。

锰　矿　自1976年开采起，系开采量较大的矿种之一，1976年6.64万吨，1995年达54万吨，2000年32万吨，2005年8.7万吨。

重晶石　主要在产地象州县，乡、村、个体(合作)三级企业均参与开发，1976年为9.5万吨。进入20世纪80年代后，产量相对平稳。20世纪90年代，年产量突破百万吨，1995年111.51万吨。进入21世纪后产量呈现下降之势，2000年65万吨，2005年45万吨。

石膏矿　20世纪90年代初期始开采。1992年4875吨，1993年5100吨，1994年7200吨，1995年1.14万吨。2000年后，因资源枯竭，每年产量1500吨左右。

化学、油脂工业

乡镇企业兴办的化学油脂加工工业产品有：松香、松节油、桐油、茶油、钡盐、塑料制品、烟花爆竹等。松香20世纪90年代初期，以乡企业为主，村及个体(合作)企业亦有少量生产。1990—1995年，产量由236吨发展到1035吨。2000年，产量800余吨，2005年产量500余吨。松节油20世纪90年代初，由乡办企业生产。产量由1990年的19吨发展到1995年的320吨。2000年，220吨，2005年，120吨。桐油20世纪90年代初，以个体(合作)企业为主，乡、村企业有少量生产。1990年产量3吨，1995年184吨，2000年120吨，2005年产量不足50吨。塑料制品20世纪90年代初，乡、村企业率先开发。1993年后，个体(合作)企业才有生产。1990年105吨，1993年122吨，1994年105吨，2000年80余吨，2005年停止生产。烟花爆竹20世纪80年代，以个体(合作)企业生产为主。1980年产量287箱、产值2.81万元，1995年产量3000余箱、产值82万元。

食品工业

乡镇食品工业有粮食、油料、茶叶加工，酿酒、饮料、粉丝及豆制品生产等企业。粮食加工，起步于20世纪80年代初，至20世纪90年代，乡、村、个体(合作)企业均有食品生产厂家。1981年产量3104.85吨，1994年99.54万吨，1995年113万吨，2000年125万吨，2005年86万吨。油料加工20世纪80年代初起步，到20世纪90年代，发展较快。乡、村、个体(合作)齐办。1981年135.84吨,1990年1.2万吨,1995年1.49万吨,2000年1.03万吨,2005年8600吨。茶叶加工20世纪90年代初,随着茶叶种植的发展,乡、村、个体(合作)企业开始自己加工茶叶,1991年6吨,1995年120吨,2000年78吨。酿酒业以个体企业生产为主,1981年产量为102吨,1995年2.53万吨,2000年1.96万吨,2005年2.05万吨。1992年境内有个体(合作)企业开始生产饮料,年产量为6吨。1993年,乡镇企业开始生产,产量2065吨,1995年1001吨。2000年后,受市场冲击,基本停产。20世纪90年代初,粉丝生产以个体(合作)企业为主,1980年12.8吨,1995年243吨。2000年以后,生产减少,年产量徘徊在80~120吨。20世纪90年代初期,乡镇和个体(合作)企业开始生产腐乳、豆腐、腐竹等。1990年1211吨,1994年8700吨,1995年2676吨,2000年以后,产量下降,年产量徘徊在100吨左右。

金属制品工业

机动脱粒机,主要由乡和个体(合作)企业生产。1994年后,村办企业才开始生产。1978年482台,1980年80台,1994年330台,1998年260台,2000年后大部分乡镇企业转产、停产。人力打谷机,20世纪80年代初,乡、村、个体(合作)企业均有生产,1981年592台,1982年910台,1993年2568台,1994年1029台,1998年以后受外来先进农机影响,大部分乡镇企业转产、停产。农机具配件,20世纪70年代后期,乡、村、个体(合作)企业均有生产。1978年达10.66万台件,1995年5857台件,2000年1500台件。铁制农具,20世纪70年代中期,乡、村、个体(合作)企业均有生产。1976年111.56万件,1994年1382万件,1995年234万件。2000年以后,上述家属制品,受外来先进的农机、农械影响,大部分乡镇企业转产、停产

建材工业

主要产品有水泥、水泥预制件、砖、瓦、石灰、河沙、片石、石米、大理石板材、花岗石板材等。20世纪70年代中期乡镇企业开始生产,境内乡镇企业有12个小砖瓦厂,砖年产量近6亿块,瓦年产量近1亿块;20世纪70年代中期开采生产石灰、河沙、片石、石米等建筑材料,各县(市)的乡、村、个体(合作)企业均有生产,以个体(合作)企业为主,其中石灰年生产能力60万吨、河沙150万立方米,片石90万立方米。水泥生产起步于20世纪70年代中期,经过20世纪80年代和90年代发展,全市乡镇企业承办机械化生产的水泥厂3个,年生产能力为24万吨;20世纪90年代初,乡、村、个体(合作)企业均有生产水泥预制件,其中以个体(合作)企业为主,年生产能力为1.2万立方米。1995年,境内乡镇建材工业产值为7500万元,2000年为2.3亿元,2005年乡镇企业全部改制民营企业。

其他工业

乡镇其他工业有木材加工、造纸、饲料加工等行业。造纸,起步于20世纪70年代中期。主要产品有瓦楞原纸、文化纸、卫生纸、纸袋纸和纸箱等。乡、村、个体(合作)企业均有加工生产。1976年345吨,1995年2500吨、纸箱为25.32平方米,1998年后受环保要求,境内乡镇企业造纸厂基本停产。

日用家具制造　20世纪70年代,已有日用家具制造业,但产量不高。20世纪80年代后,发展较快,乡、村、个体(合作)企业均有加工生产。1983年2516件;1994年450304件,产值2758万元;1995年554202万件,产值4851万元。

饲料加工　20世纪90年代初期兴办的一项产业。乡、村、个体(合作)企业均有加工生产。1990年生产混合饲料600吨、配合饲料99吨;1993年生产混合饲料2.85万吨;1995年7710吨;1998年,受市场冲击,境内乡镇企业饲料厂基本停产。

农业企业

农业企业,以农、林、果、菜、茶的种植和家畜、家禽、鱼类的养殖为主要项目。20世纪70年代中期以前,其生产、收入、分配均由社队统一安排,属社队集体副业。20世纪70年代后期,随着农村经济体制的变化,原有的及后来发展的种植、养殖企业实行独立经营,自产自销,成为人民公社管理下的社队企业。20世纪70年代后,农业企业逐年有所发展,到20世纪90年代,发展较快。农业企业共有种养面积12万公顷,其中乡村林场面积8.5万公顷、果林面积6500公顷、蔬菜7800公顷、鱼塘0.6万公顷、其他品种8万公顷。1990年,全市农业乡镇企业385个,从业人员1850人,实现总产值1120万元;1995年,全市农业乡镇企业1500个,从业人员3.18万人,实现总产值3.65亿元;2000年后,随着农村经济形势的发展,上述农业企业或对外发包或转为私人所有。

交通运输企业

交通运输企业分为水上运输和陆地运输两大类。运输工具主要有船舶、汽车、拖拉机、摩托三轮车、人力三轮车等。随着城乡经济的发展,水陆交通的发达,在经营管理上经历由单一走向联合,成立运输服务站、运输公司的过程;在发展上经历20世纪70年代起步,20世纪80年代发展,90年代兴旺,2000年以后转型、分解的过程。1995年,全市乡镇交通运输企业发展到1.54万个,其中合山1211个、象州1076个、武宣4656个、来宾6333个、金秀388个、忻城1693个。在乡镇交通运输企业中,有乡办、村办和个体(合作)办,其中个体(合作)办为主。1990年,实现总产值620万元。1995年,实现总产值12亿元。1998年以后,随着运输市场竞争日益激烈,上述乡镇运输企业或对外发包或转为私人所有。

建筑企业

境内,乡镇企业建筑企业有乡办、村办,也有个体(合作)办。其起步于20世纪70年代。20世纪90年代,得到加快发展,境内各乡镇纷纷组建乡镇建筑队、乡镇建筑公司。1995年,全市有乡镇建筑施工企业1152个,其中合山140个,象州99个,武宣219个,来宾622个,金秀10个,忻城62个。1990年总收入1551万元,1995年6.5亿元,总产值占乡镇企业总产值9.64%。1998年以后,乡镇企业建筑企业随着市场形势的发展,全部改制为民营企业或者挂靠国有建筑企业,乡镇企业性质的建筑企业大都名存实亡。

商业服务业

商业、饮食、服务、其他企业起步于20世纪50年代初期。至1956年,国家对私营商业、饮食业、服务、其他企业实行社会主义改造以后,乡镇中的商业、饮食、服务和其他企业全部归供销部门经营和管理。1979年后,乡镇企业中的商业、饮食业、服务业和其他企业又逐步恢复和发展起来。

商业饮食企业 1990年1.2万个,1995年1.8万个,比1990年增长1.87倍;1990年从业人员1.79万人,1995年3.37万人,比1990年,增长2.28倍;1990年总收入6747万元,1995年18.2亿元,比1990年增长25.1倍;1990年总产值4213万元,1995年12.23亿元,比1990年增长29.4倍。

服务企业 1990年2545个,1995年4122个,比1990年增长1.49倍;1990年从业人员4207人,1995年8867人,比1990年增长2.71倍;1990年总收入1258万元(当年价),1995年6.32亿元,比1990年增长57.85倍。1996年以后,随着商业市场竞争日益激烈,上述乡镇商业企业或对外发包或转为私人所有。

第十章　工业园区

2003年5月,来宾市始建设工业区,经过2年筹备后,2005年成立来宾市工业区管理委员会、来宾市八一工业园区管理处。由来宾市工业区管委会对市本级工业区进行统一领导、统一规划、统一开发和统一管理,并对其他县(市)区的工业集中区进行产业规划布局和宏观指导,行使市委、市人民政府授予的党务及经济行政管理职能。

2005年,来宾市采取"一区多园"的模式,推进河西循环经济工业园、华侨投资区高新技术工业园、八一工业园区建设。年内,制订、完善《来宾市工业园区发展规划——建设"一区多园"来宾工业园区的构想》《来宾市关于加快工业园区建设的意见》《来宾市工业园区管理办法》及《来宾市工业园区投资优惠办法》4个加快工业园区建设的文件。完成河西循环经济工业园总体规划、第一期控制性规划、地质勘探、数字化地形图、可行性研究报告、环境报告等基础性前期工作;初步完成华侨投资区高新技术工业园和八一工业园总体布局规划。经过努力,在"十一五"期的《广西工业园区建设与发展规划》中,自治区经委、发改委已把来宾循环经济工业园区列为全区四个循环经济园区(试点)之一。入驻河西工业园的东糖集团年产9.8万吨文化用纸项目、广西汇元锰业公司锰系列产品加工项目、来宾A电厂2×30万千瓦机组扩建项目及来宾港码头等4个项目累计完成投资额10.6亿元。在建项目共6个,计划投资4.3亿元;为改善投资环境,来宾市累计投入资金3200万元(主要用于征地补偿),为入驻园区项目的顺利开工建设创造条件,招商引资取得新进展。

至2005年12月底,工业区共实现工业总产值112亿元,成为加快来宾市工业发展的重要基地。

第一节　运行机制

机构设置

2003年5月7日，成立来宾市工业区筹备处，筹备建设来宾市工业区。2004年2月27日，成立来宾市工业发展领导小组办公室。负责协调工业区建设相关工作事宜。2005年8月22日，分别组建来宾市工业区管理委员会和来宾市八一工业园区管理处。

工业区工委书记：李新元(2005年8月—2005年12月)，管委会主任：张洪烈(2005年8月—2005年12月)。

管理体制

2005年8月，在来宾市工业区领导小组办公室的基础上组建来宾市工业区管理委员会，为市人民政府的派出机构，赋予一定的行政职能，重点对河西工业区实行统一领导、统一规划、统一开发和统一管理。人员经费由市财政全额拨款，人员参照公务员管理。设立来宾市八一工业园区管理处，为市人民政府直接管理的相当于正处级事业单位，赋予一定的行政职能，受市人民政府委托，对八一工业园区内的经济、社会事务、行政工作实行统一领导、统一规划、统一开发和统一管理。管理处人员经费来源由市财政安排。原调入人员属公务员的参照公务员管理，其他人员按事业单位人员管理。

第二节　园区建设

2003年，市委、市政府制定一系列发展工业优惠政策和《来宾市“十五”后三年及2010年工业发展规划》，确立了来宾工业区、河西循环经济工业园、八一工业园、华侨投资区高新技术工业园、迁江铝工业园以及迁江—合山工业带、忻城—红渡工业带、石龙—象州工业带、武宣仙城—黔江农场工业带、金秀桐木工业带。来宾市政府认真实施“工业立市”发展战略，掀起“建设工业平台，加大工业投入，壮大产业规模、增加工业总量”的建设高潮。工业园区建设、国有企业改革、工业投入、工业经济总量、产业结构调整、产品结构调整取得了显著成绩，工业经济得到长足发展。先后建设来宾河西工业区、凤凰工业区、来华高新工业区、象州石龙工业集中区、忻城红渡工业集中区、武宣河西工业集中区等工业区(工业集中区)。工业园区(工业集中区)规划(包括拟规划)面积95.38平方千米，为招商引资、产业集群建设、企业聚集搭建良好平台。

2005年，来宾市采取“一区多园”的模式，着力推进河西循环经济工业园、华侨投资区高新技术工业园、八一工业园区的建设，取得一定成效。

第三节　来宾市河西工业园

2004年10月，来宾市成立河西工业区领导小组办公室，安排9个事业编给工业区。2005年8月在来宾市工业区领导小组办公室的基础上组建来宾市工业区管理委员会，为市人民政府的派出机构，赋予一定的行政职能，重点对河西工业区实行统一领导、统一规划、统一开发和统一管理，由来宾市工业区管委会对河西工业区实行统一领导、统一规划、统一开发和统一管理，并分别对河东工业园区、八一工业园区、华侨投资区实行产业规划布局和宏观指导，行使市委、市人民政府授予的党务及经济行政管理职能。人员经费由市财政全额拨款，人员参照公务员管理。

河西工业园位于来宾市区西南面，红水河西边，距离市区7千米，规划面积约26.3平方千米。园区规划重点发展电力、冶金、造纸、化工、农林产品加工等产业。入驻企业有来宾冶炼厂、来宾电厂A厂、来宾B厂、永鑫糖业有限公司等大中型企业。

2005年，园区引进建设广西汇元锰业有限责任公司(总投资5.1亿元)、来宾东糖纸业有限公司(总投资9.23亿元)、扩建广西方元电力有限公司2×30万千瓦发电机组(总投资26.5亿元)及来宾港码头等项目，首期投资额为40亿元人民币。在建基础设施项目有：工业区11万伏变电站，两条各1000米左右的道路及排污管。

第四节　来宾市凤凰工业园

来宾市凤凰工业园(来宾市八一工业园区)。来宾市八一工业园区管理处于2005年9月28日成立，为市人民政府直接管理的相当于正处级事业单位，赋予一定的行政职能，受市人民政府委托，对八一工业园区内的经济、社会事务、行政工作实行统一领导、统一规划、统一开发和统一管理。管理处人员经费来源由市财政安排。原调入人员属公务员的参照公务员管理,其他人员按事业单位人员管理。

园区位于来宾市区西北面,距市区18千米,规划面积28平方千米,2004年园区区域供电、供水交通完善,社会服务功能齐全,已初步形成工业城镇。重点规划重点发展矿产冶炼及深加工、制糖及综合利用、机械制造、电子电器、木材深加工、新型建材等产业。

园区有八一铁合金集团公司、康密劳公司、来宾东糖集团凤凰糖业有限责任公司和八一水泥有限责任公司等大中型企业,实现工业总产值19.02亿元。2005年园区引进来宾海翔木业有限公司、来宾凯立木业有限公司、来宾刚华锌品有限公司、来宾宏林木业有限公司4家企业,总投资2.44亿元。

第五节　来宾华侨投资区

来宾华侨投资区于2004年10月挂牌成立。位于来宾市城西,辖来宾、凤凰、迁江三个自治区华侨农场,土地总面积55平方千米,总人口1.5万人,共安置来自13个国家的归侨同胞5779人。纳入来宾市总体规划面积11平方千米,规划建设集办公住宅、商贸物流、金融保险、高新产业、旅游观光、科教文化、外向型工业为一体的现代化新城区。

2005年,该区充分发挥区位优势、土地优势和政策优势,运用市场运作的手段合理定位工业化建设的区域布局和产业布局。发挥政府财政资金的引导作用,加大基础设施建设力度,按照"工业立区"的战略思路,不断探索符合本区实际的工业产业布局。以轻工业为主的广州工业园区成功引进碳墨粉厂、毛衣厂、针织厂等五家企业。定位为高新技术产业工业园区的"北区工业园区"已完成规划;来宾盈福新型建筑材料厂不断壮大,投产不到一年,就成功收购了开投商品混凝土搅拌站,年内月平均产值已超过120万元,月上缴利税达15万元;通过努力,该区形成了以建材、制衣为主的工业产业,发展轻工业和高新技术产业的路子逐渐明晰。2005年,该区新引进项目17个,合同金额11.24亿元,其中引进1000万元以上项目10个,合同金额10.77亿元;新建成或投产项目12个,合同金额1.97亿元。全面完成了年初制定的招商引资任务。

2005年,投资区投资1.05亿元建设6条城市道路,其中投资2700万元建设的3号、B号道路全面完成路面铺设;其余4条按"BT"模式建设的城市道路于11月破土动工;桂中大道出入道口建设逐步规范,设置了标准的交通安全标志牌,道路扩建、亮化、绿化等工程都已完成设计;广州工业园内的高压线迁移和"三通一平"工作已经完成,区内简易路网已通车使用;采用"BOT"模式建设的城市弱电管网工程于12月成功签约;城市给排水网络随着城市道路的建设已逐步形成;城市道路、水电等基础设施的不断完善。

2005年,华侨投资区实现国民生产总值12634万元,固定资产投资38619万元,财政收入1238万元。

华侨投资区工委书记:韦盛秋(2004年10月—2005年12月),管委会主任:余治平(2004年10月—2005年12月)。

第十五篇

糖　业

唐、宋时期，境内已有种蔗制糖。清宣统二年(1910年)，来宾县产糖36吨。民国22年(1933年)，境内各县共产糖3029.4吨。

1958年，境内始建有小型机糖厂。1971年，实行机糖土糖并举，产糖89996吨。1982年，境内各县贯彻上级精神，把蔗糖作为支柱产业，调整产业结构，制定奖励甘蔗生产政策，解决糖厂“吃不饱”问题。1988年，国务院要求把广西建成全国重点蔗糖生产基地后，境内各县实行加大甘蔗生产奖励力度、及时兑现蔗款、蔗价与糖价联动挂钩、制糖企业反哺甘蔗种植业等一系列政策，蔗糖业快速发展。1991年，全国食糖放开经营后，境内制糖企业因市场应变能力差，糖价大幅度下跌，造成企业资金周转困难。境内各县(市)贯彻原柳州地区行署相关稳定蔗糖生产新政策，促进蔗糖生产稳定发展，进厂原料蔗逐年上升。

来宾市成立后，市人民政府继续把糖业作为支柱产业来抓，甘蔗生产飞跃发展。2005年，全市种植甘蔗12.2万公顷，进厂原料蔗573.49万吨。全市拥有制糖企业13家，总日榨量6.89万吨。全市制糖企业工业总产值(当年价)27.42亿元，工业增加值11.40亿元，产品销售收入(不含税)26.35亿元，利润4.89亿元，机制糖税收2.49亿元。

第一章　管　理

民国时期，境内无蔗糖生产专门管理机构，蔗糖生产由政府实业科兼管。

20世纪50年代，境内对土糖产品实行由商业部门统一收购、集中管理。20世纪60年代初，境内新建的糖厂开始推行厂长负责制和各种企业管理制度。1965年，境内各县贯彻执行自治区制订的土糖等级规格标准后，加强对土糖生产的管理，严格按照规格标准进行生产，使土糖产品质量有明显提高。

20世纪80年代，境内各县恢复厂长负责制和各种规章制度。1982—1984年，境内完成国家统一部署对大中型企业的全面整顿工作。1986年，境内各企业按照中共中央、国务院颁布的《全民所有制工业企业基层组织工作条例》《全民所有制工业企业职工代表大会条例》进行经营管理。实行厂长负责制的企业领导体制，建立以厂长为中心的生产经营指挥系统。扩大企业自主权，实行民主管理制度，推行各种经济承包责任制，把企业与国家承包任务、指标逐一分解到各车间、班组及个人，逐级进行承包经营。各制糖企业把完善承包经营责任制同贯彻《中华人民共和国全民所有制工业企业法》结合起来，使承包经营走上法制轨道。

1995年后，随着制糖企业体制改革，糖厂职工转换身份。至2003年底，来宾市境内除农垦红河制糖公司、黔江制糖公司外，其余11家糖厂的职工均全部置换身份，成为民营(私营)制糖企业员工。

第一节　机　构

民国时期，境内无专门蔗糖生产管理机构，蔗糖生产由政府实业科兼管。20世纪50年代至70年代，境内蔗糖生产均由各级政府农业和工业部门分别管理，农业部门管理甘蔗生产，工业部门管理制糖工业。至20世纪80年代，境内来宾、忻城、象州、武宣、合山等县(市)先后设立蔗糖生产管理机构，属县政府直属事业单位，具有行政职能。1981年，成立柳州地区蔗糖生产办公室。1975年1月，境内来宾县、武宣县设立蔗糖生产办公室，2月，忻城县设立蔗糖生产领导小组办公室，5月，象州县设立糖业生产领导小组办公室。1978年，象州县糖业生产领导小组办公室改称糖业科。1980年7月，称农委糖业科，同年9月，改称糖业办公室。1981年7月，武宣县恢复蔗糖生产办公室。1982年8月，忻城县蔗糖生产领导小组办公室改称糖料科。1984年9月，忻城县糖料科复称蔗糖生产办公室。同年，来宾县蔗糖生产领导小组办公室改称蔗糖生产管理局。1985年，来宾县蔗糖生产管理局复称蔗糖生产办公室。同年5月，合山市设蔗糖生产办公室。1991年，合山市蔗糖生产办公室改称糖业生产办公室。1997年1月，金秀瑶族自治县设糖业局，来宾县蔗糖生产办公室改称蔗糖生产管理局。2002年12月，原来宾县蔗糖生产管理局改称来宾市兴宾区蔗糖生产管理局。

2003年1月8日，来宾市蔗糖生产领导小组办公室正式挂牌，是市人民政府直属事业单位，内设综合管理科、原料科、工业科。辖6个县(市、区)蔗糖生产办公室(管理局)，行使蔗糖生产管理职能。至2005年未变。

市糖办主任：吴正拣(2002年12月—2005年12月)。

第二节 体 制

20世纪60年代,境内所有糖厂基本属自治区和地区管理,原柳州地区管理的直属制糖企业有石龙、来宾、武宣、忻城等4家糖厂,自治区农垦系统直属企业有红河农场糖厂。境内甘蔗生产由各县管理,机糖生产由自治区和地区管理。20世纪70年代,地区将糖厂(除农场所建糖厂外)下放给所在县管理。1979—1995年,境内各县(市)对各制糖企业管理进行改革,扩大企业自主权,推行承包经营责任制。国家对企业实行“包死基数,确保上交,超收多留,欠收自补”或“保上交利润、保固定资产增值指标,工资总额与实现税利挂钩浮动”的“两保一挂”办法,由企业与各县主管部门签订合同,一定三年不变。通过改革调动制糖企业生产积极性,促进境内蔗糖生产的发展。

2003年,全市完成制糖企业改制工作。来宾市政府通过招商引资,引进广东东糖集团投入2.1亿元人民币增资扩股,重组迁江糖业集团、凤凰糖业公司、桂宝糖业公司、象州县石龙糖厂和来宾造纸厂,组建了来宾东糖集团公司(东糖集团控股73%、来宾市人民政府控股27%),原有职工身份置换,由国营(集体)企业职工变为民营企业职工。

2005年,全市13家制糖企业,隶属于7个集团或企业,其中,广西来宾东糖公司拥有迁糖、桂宝、凤凰、石龙4家糖厂;南华集团下属忻城一厂、忻城二厂;英糖集团下属有博宣(武宣糖厂)、博华(罗秀糖厂)2家;广西农垦糖业集团下属有黔江、红河2厂;永鑫(来宾二糖厂)、合山、金秀3家各为一体。除黔江、红河两家糖厂属国有性质外,其余糖厂属私营控股和中外合资企业。全市制糖企业性质分为国有企业2家、中外合资企业2家、私营控股企业9家。

第三节 生产管理

民国时期,境内甘蔗生产由区县建设科管理,广西农林试验场和各区农场进行技术指导。

中华人民共和国成立后,由地、县农业部门对甘蔗的种植计划、生产、技术进行一系列管理。20世纪60年代,实行蔗糖技术改进费提成收交制度,每收购50千克土糖抽提0.10元,按抽提总额的60%留县、20%交地区、20%上交自治区,主要用于甘蔗良种的繁殖推广、土糖技术改进、试验费及宣传费等。境内各制糖企业开始改革劳动管理制度。1981年,境内来宾、武宣、象州、金秀、忻城、合山等6个县(市、区)在各乡(镇)设置甘蔗站和甘蔗技术推广站,蔗区村委会配蔗管员,负责抓好甘蔗生产、技术推广和甘蔗砍、运、榨服务工作。1985年,境内13家糖厂共有固定生产工人7542名,季节工2万名。1986年以后,各糖厂推行经济承包责任制,把承包任务、责任同工资、奖金挂钩,把企业经济效益同职工个人收入联系起来,使全员劳动生产率不断提高。1995年,各糖厂平均全员劳动生产率为69962元每人,与1964年、1970年、1980年和1989年相比,分别提高33.98倍、8.91倍、4.15倍和2.26倍。试行“少数固定工,多数临时工”办法后,普遍推行亦工亦农的季节工制度。

1997年,境内各县(市)在乡(镇)机构改革中,乡(镇)甘蔗站下放给乡(镇)人民政府管理,除兴宾区(来宾县)所有乡(镇)甘蔗站和忻城县个别乡(镇)甘蔗站外,其余的乡(镇)甘蔗站作为甘蔗组设在乡(镇)农业服务中心。

2005年底,全市制糖企业职工共8278人,其中,国有企业1087人,外资企业1558人,民营企业5633人。

第二章 甘蔗生产

唐、宋时期,境内象州已种植甘蔗。民国时期,境内来宾、象州种蔗最多。民国26年(1937年)后,境内各县普遍种植甘蔗,蔗区有迁江、来宾、武宣、忻城、象县等。

中华人民共和国成立后,境内各级党委和政府加强对甘蔗生产的领导,制定甘蔗生产优惠政策,大力发展甘蔗种植,把发展甘蔗作为群众脱贫致富的一项措施来抓,引进和推广甘蔗新品种,推进甘蔗生产良种化进程,科学管理,推进订单种植,建立和完善合同订购,糖蔗价格联动,使甘蔗生产有了新的突破,无论是种植面积和单产、总产都得到迅速发展和提高。

20世纪60年代初期,国民经济出现暂时困难,粮食减产,种蔗面积、甘蔗产量锐减。20世纪70年代初期,境内已建有石龙、来宾、武宣、忻城等4家糖厂,自治区农垦系统直属企业有红河农场糖厂。由于实行土糖、机糖并举,加上相继兴建一批机制糖厂,甘蔗面积逐年增加。20世纪80年代后,农村实行联产承包责任制。各县本着“立足县情,因地制宜,扬长避短,发挥优势”和“宜粮则粮,宜蔗则蔗”原则,合理调整和优化农村种植业结构,在抓好粮食生产的同时,积极发展甘蔗生产,调动农民种蔗积极性,利用旱坡地,宜农可垦荒地来扩大甘蔗种植面积。

21世纪初,来宾市人民政府继续把蔗糖生产作为农民增收、财政增长、企业增效的支柱产业来抓,甘蔗生产飞跃发展。各县(市、区)抓好蔗区管理,稳定甘蔗种植面积,引进和推广甘蔗新品种,推进甘蔗生产良种化进程,继续推行订单农业,把订单农业作为来宾市实施糖业结构调整,提高企业核心竞争力,保护蔗农基本利益的重要措施,有效地促进蔗糖生产稳步发展。2005年,全市甘蔗种植面积12.2万公顷,比上年增加0.58万公顷,增长4.99%;生产糖料蔗573.49万吨。当年来宾市甘蔗种植面积、产量均列全国地级市第二位(第一位为广西崇左市)。

第一节 产区 产量

唐、宋时期,象州已种植甘蔗。民国元年—20年(1912—1931年),种蔗最多是境内的来宾、象州县。民国26年(1937年)以后,境内各县普遍种植,蔗区有迁江、来宾、武宣、忻城、象县等,是年甘蔗产量2139.2吨,其中迁江1741.65吨,来宾125吨,武宣45.05吨,象县21.25吨,忻城206.25吨。

20世纪50年代,境内各县甘蔗用于榨土糖。甘蔗种植面积在1933.33~2666.66公顷,总产量55745~56285吨。1958年,境内始建来宾糖厂,甘蔗发展到4097公顷,总产94220吨。

1962年,甘蔗面积减到704公顷,总产7690吨,来宾糖厂也因原料蔗不足而被迫下马停产。1964年,经过对国民经济进行调整,甘蔗生产逐步恢复。1966年,境内甘蔗面积7158公顷、总产8.4万吨。1973年,各级政府片面强调抓粮食生产,甘蔗面积下降到1万公顷以下。1978年,各县在糖厂周边建立原料蔗生产基地,在蔗区实行粮食减购增销政策,甘蔗生产持续发展,境内甘蔗种植面积1.25万公顷、总产30万吨。但原料蔗供应仍不能满足糖厂生产需要,糖厂设备利用率只有40%。迁江、石龙等糖厂蔗区的原料供应达不到设备能力的30%。主要原因是蔗区80%的生产队平均亩产不到2吨(其中30%的生产队平均亩产1吨左右)。1978年,境内各县贯彻柳州地区行署召开的蔗糖生产会议精神,调整利用排灌、适宜种蔗的水田和一等地种植甘蔗,要求基地公社在一两年内原料蔗总产达3万吨以上。1980年,境内甘蔗总产量22.11万吨,其中来宾县12.09万吨、忻城县2.38万吨、象州县2.54万吨、武宣县5.1万吨。1982年,各县按柳州地区行署要求把甘蔗生产列为经济支柱,加大力度抓好甘蔗生产。至1983年,境内甘蔗种植面积1.46万公顷、总产43.27万吨。其中来宾县16.18万吨、忻城县9.02万吨、武宣县12.62万吨、象州县4.16万吨、金秀瑶族自治县0.5万吨、合山市0.79万吨。1985年,各县(市)调整部分晚稻田种蔗,提高甘蔗单产,增加总产,进厂原料蔗逐年增长。1986/1987年榨季,进厂原料蔗为51.9万吨,1989/1990年榨季,进厂原料蔗为71.2万吨。

1991/1992年榨季,进厂原料蔗为198.3万吨,创历史最高水平。但在全国食糖放开经营后,因糖价大幅度下跌,境内各制糖企业资金周转困难,调低蔗价,拖欠农民蔗款和旱灾等原因,甘蔗生产出现滑坡。1992/1993年榨季,进厂原料蔗比上榨季减产30万吨。此后,境内各县(市)贯彻原柳州地区行署1993年2月关于稳定蔗糖生产的几条规定和1994年印发的《改革糖料蔗收购作价办法》《发展蔗糖生产的试行奖励办法》等政策措施,促进蔗糖生产的发展。1995/1996年榨季进厂原料蔗达234万吨,1996/1997年榨季进厂原料蔗为293万吨,1997/1998年榨季进厂原料蔗为387万吨,1998/1999年榨季进厂原料蔗为435万吨。

2000年7月至9月初,境内遭受严重夏旱,甘蔗单产低,加上受1999年特大霜冻灾害影响,各地甘蔗面积减少,榨季砍运秩序混乱,境内外流甘蔗近70万吨。导致2000/2001年榨季进厂原料蔗大幅度减少,只有257万吨,比上榨季减产38%。2001年,甘蔗生产呈恢复性增长。当年,境内甘蔗种植面积6.93万公顷,进厂原料蔗达496万吨。2003年,全市种植甘蔗8.91万公顷,进厂原料蔗达764万吨。全市甘蔗农业产值(按收购价175元/吨计)13.37亿元。2004年,全市甘蔗种植面积11.62万公顷,比上年增加1.31万公顷,增长12.67%;生产糖料蔗817.44万吨,比上年增加58.44万吨,增长7.7%,成为广西第三蔗糖大户。2004/2005年榨季,全市原料蔗产量817.44万吨,全市甘蔗农业产值(按二次联动后价格205元/吨计)16.77亿元。

2005年,全市种植甘蔗12.2万公顷,比上年增加0.58万公顷,增长4.99%,进厂原料蔗573.49万吨,创历史新高,原料蔗首次突破1000万吨大关。全市甘蔗农业产值16.09亿元(按联动后价格295元/吨计)。蔗区已覆盖全市66个乡(镇)、3个街道,种蔗农民30万户、140万人。

表 15-1　**1952—2005 年来宾市甘蔗面积、亩产、原料蔗产量统计表**

年份	面积（公顷）	亩产（千克）	原料蔗产量（吨）	年份	面积（公顷）	亩产（千克）	原料蔗产量（吨）
1952	1976.1	1904	56285	1979	11106.6	1216	202584
1953	2347.9	1855	69630	1980	8678.4	1307	170140
1954	2347.9	1714	60350	1981	6683.0	1409	141263
1955	1765.1	1326	35110	1982	10112.9	1610	244155
1956	2178.7	1421	46460	1983	11275.0	1568	265121
1957	2338.2	1443	50610	1984	10551.5	1565	247625
1958	2786.9	1335	55795	1985	11954.8	1944	348544
1959	4699.1	1349	95115	1986	13768.1	2493	514815
1960	4317.8	1254	81215	1987	19321.3	2625	760765
1961	1447.9	239	6367	1988	25942.2	1889	734992
1962	745.3	689	7701	1989	27549.0	1797	742406
1963	802.1	1244	14971	1990	21586.7	2068	669563
1964	2075.6	1540	47938	1991	34473.3	3612	1867621
1965	4442.6	1407	93744	1992	35900.0	3104	1671310
1966	7658.7	752	86425	1993	27553.3	3758	1553021
1967	5594.9	1225	102827	1994	27260.0	3444	1408325
1968	4959.7	965	71790	1995	43920.0	3504	2308132
1969	3978.6	1359	81058	1996	54166.7	3460	2810962
1970	5476.7	1715	140860	1997	60593.3	4234	3848236
1971	6544.9	1723	169130	1998	74473.3	3955	4417709
1972	9740.4	1708	249498	1999	66126.7	4413	4377299
1973	11600.3	1587	276147	2000	60393.7	2863	2593333
1974	10486.6	1114	175225	2001	69359.0	4864	5060146
1975	2836.0	1169	49732	2002	97013.5	5545	8069625
1976	2677.3	1131	45421	2003	107849.0	4760	7700778
1977	2737.9	1039	42670	2004	113640.5	3903	6652759
1978	11509.2	1178	203367	2005	118080.0	3236	5734900

表 15-2　**1978/1979—2005/2006 年榨季来宾市蔗农种蔗收入一览表**

榨季	进厂原料蔗（吨）	每吨价格（元）	蔗农总收入（万元）	榨季	进厂原料蔗（吨）	每吨价格（元）	蔗农总收入（万元）
1978/1979	203367	38.06	774.01	1992/1993	1671310	113.45	18961.00
1979/1980	202584	44.51	901.70	1993/1994	1553021	132.64	20599.27
1980/1981	170140	44.42	755.76	1994/1995	1408325	186.16	26217.38
1981/1982	141263	49.53	699.67	1995/1996	2308132	295.64	68237.61
1982/1983	244155	49.51	1208.81	1996/1997	2810962	306.14	86054.48
1983/1984	265121	49.30	1307.04	1997/1998	3848236	229.23	88213.11
1984/1985	247625	67.26	1665.53	1998/1999	4417709	176.08	77787.02
1985/1986	348544	67.27	2344.66	1999/2000	4377299	146.66	64197.47
1986/1987	514815	67.75	3487.87	2000/2001	2593333	204.72	53090.71
1987/1988	760765	76.41	5813.00	2001/2002	5060146	192.15	97230.71
1988/1989	734992	102.60	7540.65	2002/2003	8069625	159.43	128654.03
1989/1990	742406	103.94	7716.20	2003/2004	7700778	175.74	135333.47
1990/1991	669563	117.58	7872.72	2004/2005	6652759	198.37	131970.78
1991/1992	1867621	119.92	22396.51	2005/2006	5734900	292.51	167672.58

第二节 品 种

民国23年(1934年)以前,境内甘蔗当家品种为大蔗、竹蔗。民国23年(1934年),广西省政府曾致力改良品种,从印度尼西亚爪哇和台湾等地引入POJ2725、POJ2878及POJ234等品种。民国29年(1940年),设在柳州的中央农业实验所柳州工作站与广西农事试验场选育出甘蔗品种POJ2878和POJ2725,其产量、糖量、糖质均比竹蔗优,民国31—32年在境内来宾县等地推广。

20世纪50年代中期,境内从广东引进台糖134品种试种,很适应旱地种植,产量和糖分较高,很快在境内推广。1955年,来宾县于从贵县、柳城县陆续引进POJ2878、POJ2725、CO290、CO331等品种种植。1963年,从广西区甘蔗研究所引进桂糖1号(选57/624)、桂糖2号(选60/289)等品种试种和推广。1968年,从柳城县引进桂糖3号(选号60/149)试种。1975年,陆续引进粤糖7号、粤蔗63/237、桂糖7号、桂糖8号、选3、桂糖9号、桂糖10号等品种。

20世纪60年代至70年代,境内台糖134品种种植面积占总面积80%以上,成为境内甘蔗当家品种。80年代,境内引进早熟、高产、高糖,宿根性好,且耐旱、瘠、寒的桂糖11号。1982年,境内各县开始推广桂糖11号品种,1983年,各县推广种植面积达631公顷,1986年,种植面积扩大到8666.67公顷。1991年,种植面积达到2.08万公顷,占当年甘蔗种植总面积3.44万公顷的60.5%。1985年9月,由来宾县糖办从广西农垦大学引进台糖172品种试种,该品种耐旱耐瘦、适应性广、高产、宿根性好。但开始由于种种原因宣传推广不到位,发展速度慢。从试种到大面积推广经过7年时间,因台糖172号耐旱耐瘦、宿根性比桂糖11号好,稳产高产,推广后很快就取代桂糖11号成为当家品种。至1998年,境内台糖172号种植面积3.78万公顷,占当年甘蔗总面积的52%。

1995—1999年,境内各县(市)糖办(局)和糖厂先后从广东湛江和北海引进新台糖16号、22号、24号、25号(台优)、26号、27号和桂糖94/116、94/119、桂引9号等品种。比较优良的新台糖16号、22号,高产高糖、宿根性好,蔗糖分高于台糖172号。各县人民政府和糖厂采取加价收购原料蔗等措施,加大对这两个品种的推广力度,调动蔗农种植该品种的积极性。

2002年,新台糖16号、22号已成为来宾市甘蔗当家品种。2003年,全市种植甘蔗8.91万公顷,其中新台糖16号5.39万公顷,占60.5%;新台糖22号2.61万公顷,占29.3%。2005年,各县种植良种蔗品种主要有:高产高糖的新台糖16号、22号为当家品种,新台糖16号占良种蔗面积42%,22号台糖占良种蔗面30%,25号台糖占良种蔗面积10%左右;逐步推广宿根性良好,抗旱耐寒、抗病性强的高产高糖25号、27号及桂糖94/116、94/119、粤糖93/159等新品种。全市种植甘蔗面积12.2万公顷,其中,良种蔗面积达12.1公顷,占甘蔗总面积99%以上。

第三节 栽培技术

来宾市在甘蔗生产过程中,为了提高产量,保证甘蔗营养成分充足,采用了增糖增产的化学催熟技术,并且达到预期效果。采用化学催熟增产增糖剂的方法是在甘蔗收割前28~64天将药剂均匀喷洒叶面,在药剂的作用下,甘蔗中下层的叶片能够充分吸收阳光,在光合作用下蔗糖从叶片运输至甘蔗茎部,大量糖分在茎部积累,甘蔗糖分浓度增强,达到增糖的效果。

在甘蔗生产过程中应用了病虫害防治技术,并且取得了一定的成果。在病虫害防治中以农业防治技术为主,辅助使用化学防治与生物防治措施。在甘蔗品种的选择上,优先挑选无病虫害品种,从根本上降低病虫害发生概率。在种植前采取浸泡消毒措施,消灭病虫害感染源头;在甘蔗生长过程中爆发病虫害,采取灯光诱杀手段。针对常见的甘蔗螟虫,养殖培育赤眼蜂和使用振频式杀虫灯等,为甘蔗创造更加稳定的生长环境,避免化学药剂对甘蔗品质造成的不良影响。

为解决甘蔗生长受旱导致产量严重降低问题,来宾市根据当地具体的地理位置与环境等条件的不同,采取相应的滴灌、喷灌、微灌等不同灌溉技术,为甘蔗的生长提供了充足水分,保证甘蔗的糖分积累及产量的增加。

春植蔗

春植蔗是境内从开始种蔗以来一直延续的传统栽培制度,在“立春”至“立夏”前种植甘蔗,整个植期虽长达3个月之久,但春植蔗种植还要抓一个“早”字,要求2月初至3月底种完,春植蔗才有充足生育期,为提高产量奠定基础。春植蔗是经历短期低温到高温的生长过程。对栽培技术要求仅次于冬植蔗。春植蔗栽种面积大、范围广,一般占新植蔗面积 90% 以上。

秋植蔗

秋植蔗是在 8—10 月(即立秋到立冬)之间种植,到翌年秋末冬初榨季开始收割甘蔗。秋植蔗是经历从高温到低温(冬季)再到高温的生长过程,生长期长。种植秋蔗有五大好处:一是高产增收。秋植蔗实际是把甘蔗的生长期前移,其生育期特别长。在正常气候和栽培条件下,一般到来年 4 月下旬即可进入拔节伸长,到 9 月中旬出现秋旱后,拔节伸长期已达 150 天左右,一般亩产可达 6~7 吨,高产的可达 10 吨以上;二是早熟高糖。秋植蔗成熟较早,早期含蔗糖分比冬春植蔗高。三是保面积。境内历年冬季霜冻害较严重,低温天气维持时间长,往往会冻坏蔗梢苗,造成蔗种不足,影响到冬春植蔗计划的完成。如多种秋蔗,施足保温肥培土过冬,地表上蔗叶虽被冻坏,但生长点不受损害,春暖后可快速恢复生长,保证有一定的甘蔗面积,使甘蔗生产得到稳定发展;四是可加速良种的繁殖。因秋植蔗高产,良种通过秋植再秋植,可大大提高良种的繁殖系数快速推广;五是错开农活。多种秋蔗可相应减少冬春植蔗面积,春耕时减少与其他农作物争劳力、争肥料的矛盾,有利于整个农业生产的发展。

20 世纪 60 年代,境内开始推广种植秋植蔗。20 世纪 80 年代,境内大面积种植秋植蔗。1995 年 9 月 13 日,柳州地区行署决定扩大秋植蔗种植面积 9000 公顷,并制定完成任务的奖励办法,是年共完成秋植蔗 6724 公顷。境内来宾县采取领导抓,抓领导,制定奖励办法和补助政策,组织工作队深入蔗区乡镇村屯,发动群众种植秋植蔗,全县完成秋植蔗种植 5578 公顷,占全地区秋植蔗种植面积 6724 公顷的 83%。此后,境内各县(市、区)每年均种植秋植蔗,其中,兴宾区(来宾县)种植秋植蔗最多,象州县、合山市次之。

秋蔗栽培技术要点:一是选地。因秋蔗生长期长,产量高,要求选择中等肥力以上旱地或旱田种植。二是种植时间。根据气象资料和多年实践经验,境内每年 9 月中旬后多数出现秋旱,此后种下的秋蔗萌芽慢,出苗率低,缺苗断垄多,产量低。8 月 20 日前种植发芽快,出苗率高,但蔗苗生长快,能拔节伸长过冬,遇上霜冻害生长点易被冻坏造成损失。境内秋植蔗种植最佳时间是 8 月 20 日至 9 月 15 日,最迟不宜超过 9 月 20 日。此阶段种植,气温较高,正常年景雨水好,泥土潮湿,种后萌芽快,出苗率高且整齐,不拔节过冬。三是蔗种要浸种退糖。因秋蔗是用全茎作种,此时蔗茎已积累有部分糖分。故砍种前要把蔗种放入水(流动水最佳)中浸泡 20~24 小时退糖,才能提高出苗率。蔗种取出后砍成双芽或单芽段;四是种植。机械深耕深松蔗地,行距 100~110 厘米,摆种,施足基肥盖土;五是加强田间管理。在 11 月底前,最迟不超过 12 月初施一次保温肥培土过冬,亩施草木灰或农家肥 400~500 千克。2 月底至 3 月初气温逐渐回升后,将高培土部分扒开,施一次追苗肥,亩施尿素 5~6 千克,促进分蘖。4 月中旬至 6 月中旬进行两次中耕追肥培土,这样才能适应秋植蔗前中期生长快的特点。同时做好各种病虫害的防治和防倒伏等。

冬植蔗

一般在 11 月至 2 月初(即“立春”前)种植。按下种时间可分为早冬植、中冬植、晚冬植三个种植期。11 月初至 12 月上旬下种的为早冬植;12 月中旬至 1 月中旬种植的为中冬植;1 月下旬至 2 月初种植的为晚冬植。冬植蔗是经过较长的低温再到高温的生长过程,按常规种植管理,冬植蔗比秋植蔗低产,比春植蔗高产。但冬季低温时间长,对种茎的萌发和蔗苗生长极不利,同时因冬季易旱,所以冬植蔗对栽培技术要求比较高。

20 世纪 60 年代,境内各县开始发展冬植蔗。20 世纪 80 年代,大面积种植冬植蔗。冬植蔗栽培技术要点:一是精细整地。冬植蔗在低温条件下萌芽生长,整地质量要求比秋、春植蔗高,只有泥土细碎疏松才利冬植蔗萌芽,出苗生长。二是选用蔗梢苗作种,不宜用全茎作种,因蔗茎含蔗糖分高,下种后在冬季长期低温情况下,糖分不易转化蔗芽难以萌发生长,容易烂种,造成缺苗,达不到种冬蔗要求。三是选择适宜下种期。在条件允许的情况下,选择早冬植或晚冬植为最好。早冬植(11 月初至 12 月上旬)平均气温仍在 13℃以上,土温较高(一般在 15℃以上),土温可满足冬蔗的萌发生长,如再下小雨泥土潮湿,甘蔗萌芽率更高,蔗苗生长较快,增产效果较好。中冬植期间,气温最低,也常遇干旱,感染凤梨病率较高,缺苗较普遍。晚冬植期间,虽然气温仍较低,不利甘蔗萌芽,但离“立春”已近,播种后不久,气温即回升,一般出苗率都比中冬植高。四是种苗处理与下种。冬蔗砍种成双芽或三芽段,因冬季气温低，天气干旱，种茎易感染凤梨病，降低萌芽率，要求对蔗种进行药物浸种消毒，预防凤梨病感染。下种量要适当增加，比春植蔗下种量增加15%~20%。五是施足基肥。六是盖土后覆盖地膜，提高出苗率。七是提早进行田间管理，做好揭膜查苗补苗、中耕追肥，防治螟虫等。

宿根蔗

新植蔗砍收后，余下的老蔸长出的甘蔗称宿根蔗。甘蔗一般可留2~3年宿根，宿根性好的品种可留4~5年以上。境内每年留宿根蔗面积占全年甘蔗面积的50%~60%左右。留宿根蔗优点：一是节约蔗种，按通常种植一亩新植蔗用种1000千克计，留一亩宿根蔗即可节约蔗种1000千克，可增加料蔗进厂，增加蔗农收入。二是节省劳动力。留宿根蔗每亩只需3~4工日进行破垄松蔸，而种一亩新植蔗则需要10工日以上。三是早熟。宿根蔗因前期生长快，比冬春植蔗株龄长，成熟早，糖分高；四是有利加速良种繁殖。良种新植蔗砍收后，除地上部分全茎作种外，管好余下的宿根，可得一季产量作种，加速良种的繁殖推广。

宿根蔗栽培技术要点：一是选用宿根性好的品种。二是施壮尾肥。新植或上年宿根蔗后期要施一次壮尾肥，即在9月初至9月中亩施尿素5~7.5千克，促进地下芽粗壮，为来年宿根壮苗打下基础。三是适时砍收。由于冬季气温低、干旱，不利宿根蔗芽萌发。所以，在安排砍蔗时，不留宿根的先砍，留宿根的后砍，一般1月后即可以砍，但最好是2—3月砍，砍后气温回暖，宿根蔗芽即可萌发生长。四是提高砍收质量。砍收时砍刀要锋利，砍入泥，一次砍断，防止蔗头破裂，尽量不让蔗头裸露在地表上。五是砍收后即破垄松蔸，覆盖地膜。盖膜前亩施有机肥800~1000千克、钙镁磷肥75~100千克（与有机肥拌匀堆沤7~8天后施）、氯化钾30~35千克（与有机肥拌匀后施）、尿素5~6千克以及防地下害虫的药；六是早中耕追肥和防治虫害。

第四节　政策扶持

20世纪50年代至80年代，境内实行粮蔗挂钩政策。为鼓励农民多种蔗，从自治区、地区到县层层制定甘蔗粮食奖售政策，蔗区农民口粮得到保障，调动了农民种蔗的积极性。为加快推进境内糖料蔗基地建设，境内各县人民政府结合实际，相应出台了很多扶持优惠政策。

粮蔗挂钩政策

1979年8月28日，境内各县贯彻原柳州地区行署《关于机蔗区实行按交售原料蔗奖售粮食（简称粮蔗挂钩）办法的通知》规定：基地生产队交售一吨原料蔗奖售原粮50千克，非基地25千克。1979年11月22日，原柳州地区行署划定94个大队1658个生产队为机制糖蔗基地生产队，从1980/1981年榨季起执行交售原料蔗奖售粮食；甘蔗基地，以生产队为单位，种蔗面积达到总耕地面积30%以上（最少不低于25%），或人均提供原料蔗1吨（最少不低于每人0.8吨）以上，其自产口粮人均不到200千克的，按柳州地区行署〔1979〕108文件规定：国家给予统销到200千克。但自产口粮超过200千克，又有粮食征购任务的应交售征购任务。自产口粮超过200千克的部分完成征购任务后，自产口粮加奖售粮每人超过300千克的，超过部分按40%~50%卖给国家。1980年12月5日，境内贯彻自治区人民政府关于发展蔗糖生产若干问题规定的通知，从1981/1982年榨季开始，在机蔗区，甘蔗交售基数内的粮食奖售标准，不分基地和非基地，每吨甘蔗一律奖售原粮72.5千克；1981年7月31日，境内对时行政策进行调整：迁江糖厂蔗区，象州县的石龙、马坪公社蔗区定为特区，每交售一吨原料蔗奖售原粮110千克；武宣县的通挽、桐岭公社蔗区，每交售一吨原料蔗奖售原粮95千克。1989年11月30日，原柳州地区行署下发《关于1989/1990年榨季甘蔗奖售粮结算若干问题的通知》，规定蔗奖粮指标可抵交粮食定购指标；蔗农完成定购任务后，要求将蔗奖粮买回作口粮的，应发证供应，并对蔗奖粮卖议价作了规定。自治区从1981/1982年榨季起实行甘蔗用粮包干给原柳州地区，原定给原柳州地区原料蔗交售基数34.4万吨（不含国营农场）不变，超基数的原料蔗每吨奖售原粮110千克。自治区另外每年固定给原柳州地区250万千克原粮作机动，保证甘蔗粮奖售蔗农。

1984—1985年，来宾县人民政府规定：迁江蔗区每进厂1吨原料蔗，奖售粮食110千克，其他蔗区95千克。不要粮食的每吨补差价款10.97元。1989/1990年榨季进厂原料蔗，奖售粮标准仍实行“一半给粮、一半给钱”政策不变。即每进厂1吨料蔗，迁江糖厂奖售原粮指标55千克，来宾、红河、凤凰、廖平糖厂 47.5 千克。结算办法：欠有公粮的农户应用谷物完成公粮任务，确因无谷物交公粮农户，允许用蔗奖售粮顶交；抵顶购粮，每 50 千克奖售原粮指标顶抵同样数量的购粮任务，由粮所补给蔗农粮差价款 11.38 元。农户在完成当年公购任务后，在安排好生活的基础上还有蔗奖售粮结余指标的，可抵顶交下年度的公购粮任务。农户在完成公购粮任务后，蔗奖售粮指标可以卖议价，每 50 千克指标由粮所补给蔗农差价款 20 元。据统计，1984/1985—1989/1990 年榨季，来宾县兑现甘蔗奖售粮达 18738.73 万千克，其中最多是 1988/1989 年榨季 5085.32 万千克，其次是 1987/1988 年榨季 4944.39 万千克。

甘蔗奖售政策

20 世纪 60 年代，境内开始执行甘蔗奖售政策，鼓励农民种甘蔗，由各级政府制定糖酒回销政策，给蔗农得利。每交售 1 吨原料蔗奖售标准化肥 15 千克，回销糖、酒各 2.5 千克。1978 年，调整为每交售 1 吨料蔗奖售化肥 25 千克，每吨原料蔗回销糖、酒各 2.5 千克不变。自治区人民政府桂政发〔1980〕218 号文件规定：生产队交售甘蔗，每吨蔗返销糖、酒各 5 市斤，均不含税，不要或少要糖的可返销同等数量的酒；将返销糖卖给国家的，按含税出厂价加 25% 收购。此项政策，随着食糖市场开放而取消。

对回销糖给予免税，即每市斤只收 0.35 元，酒每市斤收 0.22 元。不要回销糖的，每市斤糖票加价 0.27 元收回，由糖厂统一支付后和县糖业烟酒公司结算。1984/1985—1989/1990 年榨季，来宾县共兑现甘蔗奖售化肥（尿素、钾肥）26946.44 吨，其中 1988/1989 年榨季兑现最多达 7313.34 吨，其次是 1987/1988 年榨季 6988.89 吨。

面积奖

1994 年，各县（市）人民政府下发通知，对完成秋蔗种植任务的给予奖励。即各乡（镇）完成任务 70%~99% 的每亩奖 3 元；完成任务 100%，每亩奖 5 元。1999 年，来宾县设置完成秋植蔗任务奖：完成新台糖 16 号种植任务的，每亩奖励 15 元（其中乡（镇）12 元、糖厂农务处（科）3 元）；完成新台糖 22、23 和 24 号种植任务的，每亩奖 30 元（其中乡（镇）25 元、糖厂农务处（科）5 元）；全县完成高产高糖面积 5 万亩以上的，每亩奖 5 元给县蔗糖生产指挥部。上述奖励经费由各糖厂筹措解决。2000 年，各县设立“吨糖田”专项奖和设秋植蔗完成任务奖。各乡（镇）、糖厂、甘蔗站要有 100 亩以上“吨糖田”示范样板点，经验收，达到“吨糖田”标准的（亩产原料蔗 8 吨、含蔗糖分 15% 以上），每亩奖励 30 元给样板点有关负责人员，经费由各制糖企业从柳州地办〔1999〕19 号文件规定收取高产高糖良种发展基金中列支；完成种植任务（包括新台糖 22、23、24 号品种）的乡（镇），由糖厂给予奖励，每亩奖励 5 元，超任务部分每亩奖励 10 元。2001 年，各乡（镇）甘蔗站夏植蔗采用机械深耕深松技术、连片示范种植新台糖 25 号 10 亩以上的给予奖励 1500 元，蔗管员夏植蔗示范种有新台糖 25 号 1 亩以上的，给予奖励 150 元。同时设立完成任务奖：乡（镇）完成夏植蔗任务（指新台糖 23、24、25 号任务）的每亩奖 10 元，超任务每亩奖 15 元；完成秋植蔗任务的每亩奖 3 元，超任务每亩奖 5 元，其中奖给乡（镇）80%、县蔗糖生产指挥部 20%。奖励经费由制糖企业支付。

2002 年，各制糖企业要建有连片 200 亩、乡（镇）要建有 100 亩、甘蔗站建有 50 亩以上“吨糖田”示范样板片。全面完成县下达“吨糖田”任务的，由所在蔗区制糖企业按每亩给予奖励 30 元。2003 年，通过实施“吨糖田”来提高单产，增加收入。2004 年，对完成秋植蔗任务 60%~80% 的乡（镇），每亩奖励 2 元，完成 80%~100% 的乡（镇），每亩奖 3 元，超额完成每亩奖 5 元。2005 年，对完成秋植蔗种植任务 60%~80% 的乡（镇）每亩奖励 2 元，完成 80%~100% 的乡（镇），每亩奖励 3 元，完成不到 60% 的乡（镇）不给奖励，超额完成部分每亩奖 5 元。奖金由制糖企业支付。

进厂料蔗奖

1990 年，各县人民政府实行料蔗产量定基数，超奖减罚，一定三年不变。即从 1991/1992 年榨季起，各乡（镇）料蔗产量原则上以前三年的平均数为基数，超基数每吨奖励 0.5 元，减产的每吨扣罚 0.5 元。各农场超基数的每吨奖 3~4 元。1995 年，榨季进厂原料蔗，糖厂按每吨付给乡（镇）奖金 1 元。1997 年，榨季设完成进厂原料蔗奖，乡（镇）完成县政府下达进厂料蔗任务的，每吨给予奖励 1 元，奖金由糖厂支付。

2005 年，在 2005/2006 年榨季进厂原料蔗基础上，每增产 1 吨原料蔗由制糖企业奖给乡（镇）、村委会 2 元。

劳务费

1985年,各县(市)人民政府决定对榨季进厂1吨原料蔗,由糖厂支付给乡(镇)劳务费1元。1987年榨季,每进厂1吨原料蔗,糖厂支付1元给乡(镇)、村干部作服务费。1994年,榨季按每吨进厂原料蔗由糖厂支付给乡(镇)劳务费3元、修路费2元、技改费1元(其中地区0.3元、县0.7元)。1994/1995年榨季,迁江糖厂对桥巩收购站实行优惠政策,按收购进厂每吨原料蔗付给服务费3元给蔗糖生产服务公司。1997年,糖厂按县人民政府下达给各乡(镇)的春植蔗任务每亩预拨3元作为劳务费。

2000年,各制糖企业按每吨进厂原料蔗提取劳务费3元(县指挥部0.4元、乡(镇)政府1元、甘蔗站0.8元、村委和村民小组各0.4元)。乡(镇)的劳务费与完成进厂料蔗任务挂钩,完成进厂任务90%以上的每吨付100%的劳务费;完成进厂任务85%~89%的每吨付给90%的劳务费;完成进厂任务75~84%的每吨付给85%的劳务费;完成进厂任务65%~74%的每吨付给75%的劳务费;完成进厂任务低于65%的,每吨付65%的劳务费。

利润返还政策

从1981/1982年榨季起,凡境内机糖厂,每吨甘蔗统一实行返利润5元给原料蔗生产单位,实行利润返回的,取消原定超产加价的办法。1981年,对于蔗区跨县糖厂和国营农场糖厂,实行实交原料蔗基数,超过基数部分,利润三七分成的办法,即以糖厂当年每吨原料蔗平均利润的七成给交原料蔗的县或农场,办糖厂的县或农场得三成;超基数部分利润分成70%中包括每吨返还5元给蔗农在内,基数内返还给蔗农部分由糖厂承担。

反哺蔗业政策

2005年,来宾市制糖企业利用在资金、机耕、农资、技术等方面优势,积极反哺甘蔗种植业,扶持蔗区甘蔗种植,促使甘蔗生产向高产、高效、优质方向发展。当年,全市制糖企业共发放蔗种、机耕、肥料、地膜等补贴4200万元,调动了群众种蔗积极性。全市有蔗面积12.2万公顷,高产高糖良种保持占总面积的100%,居广西前列。先进实用的综合栽培技术得到大力推广运用,每年机械深耕深松面积占新植蔗面积的85%以上。全市制糖企业共投入蔗区道路维修资金6025万元,蔗区公路总里程已达到11000千米。

第五节　收　购

20世纪60年代至90年代,境内普通品种甘蔗进厂价格逐年增加。收购蔗价分为普通蔗价、综合蔗价、良种蔗价、联动蔗价、保底蔗价、淘汰种蔗价、损失补偿等六种。蔗农交售给糖厂原料蔗(不含蔗种和奖售物资差价)总收入由1978/1979年榨季的880万元,增加到2005/2006年榨季的160577.2万元,增长181.47倍。

普通蔗价

1994年,开始实行与白糖销售价格挂钩的联动价格,糖价高甘蔗收购价就高,反之则低。1965/1966年榨季每吨30元。1971/1972年榨季每吨34.6元。1980/1981年,每吨43.3元。1981/1982年榨季料蔗价按上年不变,但凡进厂一吨料蔗,糖厂给蔗农返还利润5元,实际每一吨料蔗价为48.3元。1984/1985年榨季,实行综合价,不要粮食奖售补差价款(10.97元每吨)的,每吨价格为53.03元。1986/1987年榨季每吨料蔗价为53.03元;实行价外补贴3元。1987/1988年榨季每吨蔗价78.04元(含价外补贴4元)。1988/1989年榨季普通原料蔗(代表品种:台糖134)收购价为95.48~96.35元每吨,其中红河、武宣农场每吨90元。1993/1994年榨季开始,进厂原料蔗一般品种保护价定为120元每吨。1994年2月19日,改革糖料蔗收购作价办法,实行与白糖销售价格挂钩,白糖界定价为每吨2500元,糖价每超过100元,给农民增补蔗款3~5元。1994/1995年榨季,普通蔗每吨140元,良种蔗每吨150元,只准上浮,不准下降。同年9月26日,调整1994/1995年榨季普通糖料蔗收购价格每吨为170元。1995年8月8日,调整1995/1996年榨季糖料蔗价格,普通种收购价为每吨230元,上浮不能超出250元,良种在普通种最高上浮价格基础上每吨加价不超过10元。1997/1998年榨季料蔗价格每吨255元。1998/1999年榨季料蔗价格每吨198元。1999/2000年榨季料蔗价格每吨160元。2000/2001榨季料蔗价格每吨180元。2001/2002榨季料蔗价格,每吨180元。2002/2003榨季料蔗价格,每吨150元。2004/2005榨季料蔗价格,每吨185元,二次联动结算增加每吨15元,实际执行每吨200元。2005/2006榨季料蔗价格,每吨230元。在榨季过程中,由于糖价上涨较快,自治区三次提高联动首付价至每吨280元,二次联动结算实际执行每吨280元。

综合蔗价

1984年12月14日，境内对综合价统一规定为：95千克奖售粮标准的蔗区，综合价每吨64元。55公斤奖售粮标准的蔗区，综合价每吨66元。淘汰品种不给利润返还和价外补贴，综合收购价格为每吨37元。

良种蔗价

含蔗糖分比普通品种高的品种，在普通品种价格的基础上适当给予加价，称为良种价。1969—2003年，各县(市、区)对桂糖1号、2号、3号、7号、9号、16号、17号和新台糖1号、16号、20号、22号、23号、24号、25号、26号、27号、台优和粤糖93/159、美国CP80/1827、巴基斯坦6号、日本农林8号、桂糖86/267等高糖良种执行高于普通品种的价格。

2003/2004年榨季起，全市执行统一的良种价。2004/2005年榨季，粤糖93/159、桂糖94/116和94/119、新台糖20号等4个良种，每吨加价15元，加上二次联动结算每吨增加15元，每吨料蔗实际价格为215元。新台糖1号、16号、22号、25号、26号、27号和台优等良种每吨加价10元，加上二次联动结算每吨增加15元，每吨料蔗价为210元。2005/2006年榨季，新台糖1号、16号、22号、25号和台优等5个品种在普通糖料蔗收购价格基础上每吨加价10元。粤糖94/128、93/159、桂糖21号(桂糖94/119)、新台糖20号、26号、27号等6个品种在普通糖料蔗收购价基础上每吨加价15元。

联动蔗价

1999—2003年，境内各县(市、区)统一执行蔗价与糖价格挂钩联动，以全榨季白糖平均销售价对应普通甘蔗品种价，各县(市、区)蔗价有所差异。

2003/2004年榨季起，执行全市统一的联动价。2003/2004年榨季，全市蔗价与糖价联动挂钩的比例基数为普通蔗收购价格185元与每吨白砂糖价格(亚法一级)平均含税销售价格2800元联动挂钩，联动加价系数为5%。当食糖销售价格每吨超过2800元时，在收购底价普通蔗每吨185元的基础上按5%的联动系数值与蔗农进厂二次结算(良种加价同理结算)。当食糖价格低于2800元/吨，糖料蔗收购价格不再进行二次结算。

2005/2006年榨季，糖料蔗收购价格继续采取蔗糖价格挂钩联动、二次结算方式。全市每吨普通糖料蔗首付价230元与每吨亚法一级白砂糖平均销售价格3500元联动挂钩。制糖企业亚法一级白砂糖平均含税销售价格超过3500元每吨的部分，在普通糖料首付价每吨230元基础上按5%联动加价系数与实行二次结算。当制糖企业亚法一级白砂糖平均含税销售价格低于3500元每吨时，糖料蔗按上述几个方面价格不再进行二次结算。

保底蔗价

从2000年起，境内各县(市)执行进厂料蔗保底价。2004年起，来宾市执行进厂料蔗保底价。2004/2005年榨季，普通蔗保底价185元每吨。2005/2006年榨季普通蔗保底价230元每吨。

淘汰种蔗价

境内各县(市)对粤蔗71/210、选3、柳蔗、新台糖2号和12号、爪哇蔗、无名蔗、桂糖8号等低糖迟熟品种执行低于普通品种10~40元每吨的价格。

2004/2005年榨季起，全市执行统一的淘汰种价。2004/2005年榨季淘汰品种新台糖2号160元每吨(比普通种减价25元每吨)，台糖172、粤糖63/237等140元每吨(比普通种每吨减价45元)，淘汰品种均不执行联动价。2005/2006年榨季，淘汰品种新台糖2号200元(比普通种价格减30元每吨)。台糖172、粤糖63/237和选3等三个品种每吨180元(比普通种价减50元每吨)。

损失补偿

21世纪初，境内各县(市)对历年自然灾害或人为(糖厂)造成料蔗糖分重大损失的，由糖厂补贴给蔗农。2001/2002年榨季，来宾县规定，若遭严重霜冻灾害，引起甘蔗糖分严重损失，本着糖厂、蔗农利益共享、风险同担原则，与正常年景相比，蔗糖分每下降1%(绝对值)蔗价下降15元每吨，如原料蔗已无压榨价值时，由糖厂给予蔗农适当的补贴。2004/2005年榨季，来宾市规定，若遭严重霜冻灾害、气候异常引起甘蔗糖分严重下降，与正常年景相比，蔗糖分每下降1%(绝对值)、蔗价下降10元每吨，如果原料蔗无压榨价值时，由制糖企业给予蔗农适当补损。若人为(不按计划规定砍运、火灾等)造成糖分下降损失的，属制糖企业的责任损失由制糖企业负责。属于蔗农责任的，制糖企业可根据甘蔗含糖分情况酌情计价付款。

第三章 土 糖

壮乡民间土红糖,纯手工烧制。采用传统手工熬制,将收割下来的甘蔗经压榨过滤沉底后放入大铁锅中,先大火煮开,后转小火熬煮2~3小时,人工不停搅拌,把水分蒸发留下浓浓的营养液精华,到火候就可出锅,然后打沙倒模成型,待冷却后即成为入口绵甜,沙脆可口,清香怡人,甜而不腻,回味无穷的原生态红糖。

唐、宋时期,境内土糖生产是木制或石制两辊式土榨,用牛拖动,人工将甘蔗送入木、石榨中,压出蔗汁,一般要反复压榨3次,榨出蔗汁仅为55%左右。明代,木制的两辊式土榨称为糖车,应用这种木辊榨蔗取汁已很广泛。清宣统二年(1910年),境内来宾县已有制糖作坊,生产土糖称“黄糖”或“砖糖”。民国时期,境内来宾县、迁江县、象县、武宣县、忻城县均有种蔗制糖。中华人民共和国成立后,境内仍采用土榨制糖。20世纪60年代后,机制糖厂建成后,土榨制糖作坊逐步淘汰。1963年,“大跃进”期间粮食紧缺,蔗区农民挖蔗改种粮菜,甘蔗种植面积急剧下降,土糖产量连续滑坡。1971年,境内各县革委会贯彻自治区革委会提出的“发展蔗糖生产实行机糖、土糖并举方针”,积极鼓励农民恢复传统土糖生产。自治区制订土糖等级标准,按质论价,各地按照标准进行生产,提高土糖产品质量。

“文化大革命”期间,土糖生产再受挫折。土糖产量从1966年的2419吨下降到1969年的200吨。

1991年,境内机糖厂发展到9家,所有土糖厂全部停止生产。

21世纪初,境内部分农村个体或合作生产土红糖。忻城县地处大石山区,常年气候温和,光照充足,种植的甘蔗无公害、无污染。因此,忻城也成为古法红糖制作的绝佳原料地。该县土红糖生产沿用传统工艺,纯手工熬制土红糖,深受广大群众的喜爱。

第一节 作坊(厂)

土榨作坊

清宣统二年(1910年),境内来宾县土榨作坊制糖,产糖600石。民国时期,境内各县均有土榨作坊制糖,象州县石龙镇即有大小糖榨80付,年产黄糖1000吨以上,年产万斤糖户达10余户。民国30年(1941年),广西农事试验场调查统计各县土榨作坊数:忻城192间,来宾20间,迁江16间,武宣7间,象县5间。土榨有木榨和石榨,原料蔗压榨2~3次榨出的蔗汁达55%,8小时能榨蔗1250千克左右,每500千克甘蔗可榨出糖水250千克。在蔗汁榨出后,制土白糖则将蔗汁加石灰澄清过滤。制黄糖则不需对蔗汁澄清过滤,只把石灰乳加入蔗汁,将蔗汁置于三灶相连的糖镬中煮熬,糖熬成时,使其冷却结晶,倾于方格中,结成糖块,纵横切截,即成片糖。如制白糖,则先熬成结晶后仍能流动的漏糖,然后将其置于称为“糖漏”之瓦罐中,经十余日,糖油自罐底流出,罐中之糖分则渐次结晶而成土砂糖。250千克糖水,煮得糖油40千克,如制白糖,则可得14千克,糖油26千克。土法制糖由于方法落后,蔗汁回收率只有60%~70%,糖的总回收率约60%。生产一吨糖约需甘蔗14吨。1960年,推广“沸水闷渣多次压榨法”,使二辊木榨出糖率由8.64%提高到15.5%。

土糖厂

1964—1970年,境内来宾县先后在迁江、良塘等地建立日榨5~15吨的半机械化土糖厂38间,用柴油机或电动机作动力榨蔗提汁,总日榨能力300吨,采取土法煮糖,生产黄片糖。土机设备制造简单,其动力可综合利用(除用于榨蔗外,还可以用于加工粮食、饲料等),投资少,见效快,便于经营,适合山区和分散种蔗的地区,境内各县推广来宾县经验,纷纷办半机械化土糖厂。

20世纪70年代末,境内527间土糖厂全部停止使用,蔗区甘蔗全部供应机制糖厂压榨。

第二节 榨 糖

境内制糖业始于唐、宋时期。清宣统二年(1910年),来宾产糖30吨。民国21年(1932年),境内产糖430吨,其中忻城100吨、来宾180吨、象县150吨。民国22年,境内产糖427.2吨,其中来宾174吨、忻城153吨、象县96吨、迁江4.2吨。民国27年,来宾产糖300吨。

1950—1954年，境内各县人民政府采取稳定生产、稳定物价、合理制订土糖价格、发放贷款扶持农民种蔗制糖等措施，鼓励农民兴办土榨加工制糖，土糖产量从1950年的970吨，发展到1954年的1596吨。1955—1957年，境内农村先后建立农业生产合作社，对土榨实行评价入社，由农业社集体经营。1955—1957年，境内共有土榨960间，土糖产量5213吨。1958年土糖产量1102吨，1963年土糖产量仅41吨。1964—1966年，土糖生产在经济调整中逐步恢复发展，1965年土糖产量达2957吨。

"文化大革命"期间，土糖生产再受挫折，土糖产量从1966年的2417吨下降到1969年的200吨。

20世纪60年代，境内各县开始建立半机械化土糖厂。20世纪70年代，土榨作坊全部改为半机械榨糖。1971年，境内各县革委会贯彻自治区革委会提出的"发展蔗糖生产实行机糖、土糖并举方针"，积极鼓励农民恢复传统土糖生产。自治区制订土糖等级标准，按质论价，各地按照标准进行生产，提高土糖产品质量。是年，境内糖产量3032吨。1972年，境内贯彻自治区革委会发出的《关于积极发展蔗糖生产的指示》，调整奖售政策，每售土糖50千克奖售化肥5千克；1973年1月1日起，每售土糖50千克，奖售氮肥7.5千克。同年11月，工商税从39%降为30%，黄糖收购价格每50千克由20.55元提高为23.94元，取消价外补贴。1978年糖产量8878吨。1981年糖产量达24754吨，1989年糖产量11.06万吨。1991年，境内机糖厂发展到9家，所有土糖厂全部停止生产。

表15-3 1950—1990年今来宾市境域土糖产量统计表

年份	产量(吨)	年份	产量(吨)	年份	产量(吨)	年份	产量(吨)
1950	970	1961	304	1972	3718	1983	28448
1951	1051	1962	41	1973	5875	1984	30764
1952	1388	1963	41	1974	399	1985	29755
1953	1579	1964	632	1975	21	1986	57609
1954	1596	1965	2957	1976	191	1987	72061
1955	1735	1966	2417	1977	263	1988	80557
1956	1616	1967	943	1978	8878	1989	110559
1957	1862	1968	214	1979	364	1990	100966
1958	1102	1969	200	1980	2873		
1959	2647	1970	345	1981	24754		
1960	268	1971	3032	1982	19981		

第四章 机制糖

20世纪50年代，境内开始机制糖生产。1958年，来宾县兴建第一家机制糖厂。20世纪70年代，境内各级人民政府加强糖厂建设，使制糖生产能力同糖料甘蔗的发展相适应，本着"发展优势，合理布局"原则，以挖潜改造为主，逐步把糖厂建设成为大中型、现代化、综合性制糖企业，境内机制糖厂发展到3家。后随着甘蔗生产的发展，机制糖厂不断增加，生产能力不断扩大，逐步成为来宾市的经济支柱产业。20世纪80年代，境内糖厂建设遇到物价上涨和资金紧缺困难。自治区和地区决定对建设糖厂贷款偿还继续实行税前还贷政策，新建、扩建糖厂新增加的税利，除按过去规定给县、市财政10%~15%及按照有关政策给糖厂留利外，其余部分都用于归还糖厂新建扩建贷款，使糖厂建设资金得到及时解决。20世纪90年代，境内10家机制糖厂总日榨能力增加到21400吨。至2005年，全市有机制糖厂13家。

第一节 糖 厂

1958年，境内兴建来宾糖厂，为境域内第一家日榨100吨的机制糖厂。1961—1977年，境内先后兴建日榨500吨以下的石龙、武宣、红河农场3家小型糖厂。1974年，重建日榨200吨的来宾糖厂，新建日榨150吨的忻城糖厂(1987年转为食品厂)。

广西来宾东糖集团迁江糖厂榨季繁忙景象（2004年摄）

1977年，境内各级人民政府遵照国务院《关于研究广西发展糖业生产问题的会议纪要》精神，在进行糖业基地建设中，加强糖厂建设，使制糖生产能力同糖料甘蔗发展相适应，本着“发展优势，合理布局”原则，以挖潜改造为主，逐步把糖厂建设成为大中型、现代化、综合性制糖企业。1978年，新建日榨蔗2000吨的迁江糖厂，因未处理好建厂与发展原料蔗生产的关系，糖厂建好后原料蔗供应不足，糖厂“吃不饱”，从投产的1978/1979年榨季到1980/1981年榨季，迁江糖厂连续3个榨季，设备利用率仅为23.71%。1981年7月，自治区人民政府召开迁江糖厂原料蔗生产座谈会，专题研究解决糖厂多年吃不饱问题。为贯彻自治区和原柳州地区座谈会精神，境内各县对现行政策进行调整，计划拿出1万公顷能排灌、适宜种蔗的好水田和1.6万公顷一等地来种蔗，1983年种蔗面积要达到2.67万公顷、总产原料蔗100万吨以上，使蔗糖生产在总产和单产上都有一个大的突破，让所有糖厂能够“吃饱”。此后，迁江糖厂蔗区种蔗面积不断增加，亩产也逐年提高。1988年，境内糖厂建设遇到物价上涨和资金紧缺的困难，当年扩建的武宣糖厂建设资金不到位，由工商银行和建设银行贷款解决。自治区和地区决定对建设糖厂贷款偿还继续实行税前还贷政策，新建、扩建糖厂新增加的税利，除按过去规定给县、市财政10%~15%及按照有关政策给糖厂留利外，其余部分都用于归还糖厂新建扩建贷款，从而使糖厂建设资金得到及时解决。

在解决建设糖厂资金困难中，除了国家扶持，银行专项贷款以及地方、企业自筹资金以外，罗秀糖厂采取补偿贸易的形式，实行横向经济联合，引进资金110万元，补装25吨/时锅炉1台，使日榨蔗800吨设备能力进一步完善。1989年，凤凰糖厂由天津市以补偿贸易方式贷款2980万元，加上八一锰矿劳动服务公司自筹资金312万元，建成广西第一家集体所有制糖厂，日榨能力1000吨。由象州县罗秀糖厂和英国糖业海外(中国)有限公司合资经营的广西博华食品有限公司成立于1997年10月17日，总投资4.5亿元，注册资金2.4亿元，中英双方分别持有29.06%和70.94%的股份。公司生产能力6000吨/日，年榨蔗量超过100万吨，年产复合肥15000吨。

广西来宾永鑫糖业有限公司成立于2001年11月1日，是广西永鑫华糖集团有限公司的控股公司，注册资本8633万元，地处桂中腹地，坐落于红水河畔，紧邻湘桂铁路，依傍桂海高速公路，交通十分便利。2003年公司经过技改，采用亚硫酸法生产工艺，日处理甘蔗能力由4000吨/日扩至10000吨/日，年榨蔗量在150万吨以上。于2003年通过IS09001：2000质量管理体系认证，2004年率先获得全国首批发放的糖产品生产许可证(QS证书)，被列为广西农业产业化重点龙头企业、全国农产品加工示范企业。

2005年，全市拥有制糖企业13家。2005/2006年榨季总日榨能力68850吨，其中来宾东糖迁江公司日榨能力13000吨，来宾东糖凤凰公司日榨能力9000吨，来宾永鑫公司日榨能力1万吨。

广西来宾永鑫糖业有限公司（2003年摄）

表 15-4　**2005 年来宾市制糖企业一览表**

企业名称	投产日期	建厂投资（万元）	建厂时日榨能力（吨）	2005 年底日榨能力（吨）
来宾东糖迁江公司	1979 年 1 月	3000	2000	13000
来宾东糖凤凰公司	1990 年 3 月	3292	1000	9000
来宾东糖桂宝公司	1974 年 11 月	14000	200	3500
来宾东糖石龙公司	1977 年 11 月	605	500	4500
博宣公司	1975 年 12 月	594	500	6000
博华公司	1988 年 12 月	2946	800	6000
红河制糖公司	1965/1966 年榨季	289	500	5000
黔江制糖公司	1983 年 12 月	570	350	4000
忻城南华一厂	1984 年 1 月	820	500	3500
忻城南华二厂	1996/1997 年榨季	6000	1000	4000
来宾永鑫公司	1996/1997 年榨季	15594	2000	10000
合山祥星制糖公司	1997/1998 年榨季	15950	1000	2500
金秀东达有限公司	1995/1996 年榨季	24801	850	2500

第二节　工　艺

20 世纪 60 年代至 70 年代，境内制糖企业生产制糖工艺较落后。20 世纪 80 年代后，逐步淘汰落后制糖生产工艺，广泛采用先进制糖生产工艺，提高制糖质量和经济效益。

提汁工艺

20 世纪 60 年代至 70 年代，境内糖厂甘蔗提汁先后采用渗出法和压榨法。来宾糖厂采用渗出法（分为蔗丝渗出法和蔗渣渗出法），耗电量、设备投资和维修费用均较少，设备制造容易，生产安全率高。20 世纪 60 年代糖厂压榨回收平均值为 84.60%，20 世纪 70 年代糖厂压榨回收平均值为 95.36%。但渗出法耗汽量大，散热损失大，渗出器内糖汁倒流严重，烟雾大，车间操作环境差，脱水汁处理困难，蔗汁蒸发热力方案不能合理执行。境内各糖厂经过对压榨法提汁工艺进行多项技术改造，20 世纪 80 年代后期，压榨法提汁向大型、多辊压榨机发展。并相继研制和推广机械装卸甘蔗代替人工装卸。切蔗机由顺转式改为逆转式以及采用密刀式切蔗机，以提高甘蔗破碎度和破碎均匀度。采用饱和渗浸工艺，下送辊入料装置新技术，高位槽入料，提高压榨机线速。中间蔗带由链板式改为胶带式。改重块式油压蓄力器为油压胶囊式蓄力器。带动压榨机的动力设备由蒸汽机改电动机等。在压榨提汁中推广应用一系列先进技术、先进设备，压榨收回率提高。20 世纪 80 年代糖厂压榨回收平均值为 94.83%，20 世纪 90 年代糖厂压榨回收平均值为 95.36%，2001—2005 年糖厂压榨回收平均值为 95.96%。

澄清工艺

蔗汁澄清工艺分为亚硫酸法和碳酸法 2 种，经对澄清工艺进行改进，推广应用先进技术，煮炼回收率和总回收率不断提高。20 世纪 60 年代 5 个榨季平均值分别为 82.61% 和 80.75%。20 世纪 70 年代平均值分别提高到 87.97% 和 78.69%。20 世纪 80 年代平均值分别稳定在 86.5% 和 82.47%。20 世纪 90 年代季平均值分别为 88.14% 和 84.10%。2005 年，来宾市制糖企业除来宾东糖迁江有限公司采用碳酸法清净工艺外，其余糖厂全部采用亚硫酸法清净。

2001—2005 年，榨季平均值为 89.81% 和 86.21%。

煮炼工艺

20 世纪 80 年代初，煮糖系统逐步推广应用投粉起晶技术工艺。境内糖厂煮炼设备丙糖膏的分密已全部使用连续式离心机，白砂糖干燥系统在甲糖分蜜机改用 0.4~0.6 兆帕(4~6 千克 / 平方厘米）过热蒸气，取消原白砂糖干燥流程，减少了摩擦产生的糖粉，白砂糖闪光度大有改善，其干燥后水分也达到指标要求。20 世纪 70 年代初期开始，境内亚硫酸法糖厂全部采用这项技术。至 20 世纪 90 年代，采用压缩空气输送糖糊。

第三节　生　产

20 世纪 50 年代末，境内开始机制糖生产。1958 年，新建的来宾糖厂，日榨甘蔗 100 吨，1959/1960 年榨季产糖 170 吨。1960—1964 年，境内甘蔗种植面积、产量大幅度下降，原料蔗供应不足，来宾糖厂被迫停产。1964 年后，经过国民经济调整，糖蔗生产逐步恢复。1966—1970 年，甘蔗生产有所发展，新建日榨 500 吨的红河糖厂，此时期产糖 2.41 万吨。1971—1975 年，实行机糖、土糖并举方针，相继新建 3 家糖厂。至 1975 年，境内共有 5 家糖厂，总日榨能力增加到 1450 吨，产糖 8.59 万吨。1977 年，贯彻自治区《关于坚持把广西糖业生产搞上去的决定》，成立县糖业领导小组及其办公室，糖厂建设由建小糖厂到建设大、中型糖厂，新建日榨 500 吨的石龙糖厂和日榨 2000 吨的迁江糖厂。至此，境内共有 7 家糖厂，总日榨能力由 1450 吨增加到 3850 吨，产糖 9.56 万吨。1981—1985 年，境内先后新建忻城新村糖厂、武宣农场糖厂。1988 年，国务院要求把广西建设成全国重点糖业生产基地后，新建罗秀、凤凰糖厂，扩建来宾、武宣、迁江、忻城新村、红河农场等糖厂，总日榨能力增加到 19550 吨。1991—1995 年榨季，经扩建，境内 9 家糖厂总日榨能力增加到 21750 吨。1996—2000 年，新建忻城南华第二糖厂、来宾二糖厂（来宾永鑫公司）、合山糖厂（合山市祥星公司）。至 2005 年，境内所有 13 家糖厂总日榨季能力 68850 吨，平均 5296 吨 / 家，高于广西和全国水平。

表 15-5　1959/1960—2005/2006 年榨季来宾市境内机糖生产情况统计表

榨季	榨蔗量（吨）	糖产量（吨）	榨季	榨蔗量（吨）	糖产量（吨）
1959/1960	1443	170	1983/1984	265121	27233
1960/1961	1382	54	1984/1985	247625	26778
1961/1962	—	—	1985/1986	348544	36667
1962/1963	—	—	1986/1987	514815	61623
1963/1964	—	—	1987/1988	760765	72881
1964/1965	19400	2000	1988/1989	734992	81805
1965/1966	38459	3700	1989/1990	742406	79437
1966/1967	52853	5019	1990/1991	669563	70840
1967/1968	52026	5479	1991/1992	1867621	191991
1968/1969	43916	4767	1992/1993	1671310	183510
1969/1970	49202	5219	1993/1994	1553021	179063
1970/1971	83873	9284	1994/1995	1408325	154212
1971/1972	86964	10850	1995/1996	2308132	255279
1972/1973	128093	14524	1996/1997	2810962	327477
1973/1974	146744	18008	1997/1998	3848236	403295
1974/1975	300973	33172	1998/1999	4417709	526149
1975/1976	49732	5314	1999/2000	4377299	461805
1976/1977	45421	6412	2000/2001	2593333	297196
1977/1978	42670	5279	2001/2002	5060146	596085
1978/1979	203367	25961	2002/2003	8069625	905412
1979/1980	202584	25647	2003/2004	7700778	991090
1980/1981	170140	20507	2004/2005	6652759	858206
1981/1982	141263	10929	2005/2006	5734900	726843
1982/1983	244155	24494			

注：此表数据不含廖平糖厂部分

表 15-6 1979/1980—2005/2006 榨季境内糖厂甘蔗、白砂糖、赤砂糖平均成本统计表

榨季	甘蔗进厂成本(元/吨)	白砂糖单位平均成本(元/吨)	赤砂糖单位平均成本(元/吨)
1979/980	50.43	609.07	473.87
1980/1981	50.82	622.80	502.74
1981/1982	52.26	661.29	566.51
1982/1983	52.25	854.42	724.51
1983/1984	51.99	725.26	629.50
1984/1985	61.93	823.54	701.18
1985/1986	62.69	802.93	701.92
1986/1987	62.43	761.21	655.21
1987/1988	65.25	922.92	817.42
1988/1989	108.80	1230.11	1226.16
1989/1990	108.39	1479.44	1258.05
1990/1991	137.54	1824.85	1580.49
1991/1992	144.53	1784.18	1537.31
1992/1993	129.66	1617.62	1409.79
1993/1994	149.00	2040.58	1778.64
1994/1995	235.23	2943.26	2498.14
1995/1996	295.64	3472.00	3010.33
1996/1997	306.14	3124.32	2560.84
1997/1998	287.43	2937.95	2548.95
1998/1999	218.78	2143.98	
1999/2000	175.78	1895.82	1594.19
2000/2001	241.42	2491.84	2188.18
2001/2002	233.12	2025.91	1773.28
2002/2003	191.45	1688.77	1497.33
2003/2004	207.36	1588.71	1398.90
2004/2005	220.31	1859.43	1620.56
2005/2006	323.14	2756.00	2337.44

节能和安全生产

20 世纪 60 年代，境内各糖厂重视节能工作，百吨蔗耗标煤百分比逐步下降，5 年平均百吨蔗耗标煤 11.08%，平均每吨蔗耗电 19.17 千瓦时，5 年平均安全生产率为 88.71%。1975 年，武宣糖厂投产后，因锅炉经常出现熄火结焦，标煤百分比高，安全率低。20 世纪 70 年代 10 年平均每吨蔗耗电为 25.11 千瓦时，10 年平均安全生产率为 87.58%。20 世纪 80 年代 10 年平均百吨蔗耗标煤下降到 9.18%，吨蔗耗电量为 31.54 千瓦时，10 年平均安全生产率为 89.44%。1980 年，武宣糖厂将蔗渣流态干燥和贮存节余蔗渣回送入炉、回收汽凝水入锅炉、减少甚至不烧煤等节能新技术在全厂推广，取得实效。20 世纪 90 年代 10 年平均百吨蔗耗标煤下降到 6.01%，平均每吨蔗耗电为 32.43 千瓦时，10 年平均安全生产率为 93.93%。2001—2005 年，平均百吨蔗耗标煤下降到 5.18%，平均每吨蔗耗电下降到 31.81 千瓦时，平均安全率为 98.41%。

第四节 综合利用

境内甘蔗除制糖、酿酒外，蔗渣可造纸，还可做纤维板、活性炭，肥料糖化饲料，可制酒精、无机溶剂、酵母、甘酸、甘油等。滤泥可制蔗腊、水泥、下料可肥田。20 世纪 80 年代，境内各糖厂均开展综合

利用，多种经营，建设糖厂的同时，兴建酒精车间。1981年，红河实业总公司制糖总厂（原红河农场糖厂）生产蔗渣硬质纤维板2.2万立方米，同时与自治区轻工研究所协作生产单细胞蛋白饲料，粉状酵母。1985年，迁江糖厂建成年产5000立方米蔗渣碎粒板生产。1985—1995年，境内糖厂生产酒精共8.55万吨，共生产蔗渣碎粒板24416立方米。与此同时，还建成塑料纺织袋生产线和复合肥车间。1991年，武宣糖厂生产的食用酒精获轻工业部产品质量优良奖。1992年，武宣糖厂相继兴建塑料制品厂、复合肥厂和地膜厂等。1994年，红河实业总公司制糖总厂生产的酵母蛋白饲料获自治区工业新产品百花奖。黔江糖厂的食用酒精获全国产品质量评比获产品质量优良奖。武宣县把蔗叶综合利用关键技术进行推广，全县每年蔗叶还田约3.12万吨，相当于施尿素296.4吨，过磷酸钙401.7吨，钾肥713.7吨，为农户节本增效390万元以上。此外，武宣县利用甘蔗尾稍作为养牛饲料，每年甘蔗尾稍用量约4万吨以上，蔗叶综合利用工作取得了显著成效。2005年，广西来宾东糖集团有限公司致力于广西地区甘蔗资源的综合开发利用，以甘蔗渣为原料，年产文化用纸9.8万吨。全市形成了“甘蔗—制糖—酒精—生物有机肥”和“甘蔗—制糖—酵母及其抽提物”“甘蔗—制糖—蔗渣—浆纸—废液碱回收”三大循环经济产业链，制糖企业率先在全市工业中走上发展循环经济道路。

第十六篇

商　贸

宋代，境内已有商贸活动。象州的“象布”“长腰”优质稻米，忻城壮锦，武宣晒烟，金秀茶叶，来宾牲畜等土特产闻名四方，吸引邻近州郡商贾前来交易，商业活动颇为活跃。

明清时期，境内迁江、来宾、合山北泗、忻城红渡和大塘、象州石龙、武宣等地贸易市场初步形成，市场周边有猪牛肉行、饮食摊点、理发、修理小五金等服务。广东、湖南等地商人纷纷在境内较大圩镇经商，较大圩镇均建有粤东会馆、福建会馆。

民国时期，境内交通运输以水运为主，商业集镇亦分布在大小河流沿岸。红渡、迁江、来宾、大湾、石龙、中平、罗秀、武宣、东乡、三里、桐木等地商贸较为繁荣。距离江河较远的少数民族山区，属自给自足的自然经济，甚少形成定期农贸集市，所需日用工业品、生活用品，多由肩挑小贩串乡走村销售。民国后期，因时局动荡，市场萧条。

1951年，境内各县开始组建国营商业贸易公司，供销合作社。至1954年，境内国营商业和供销合作社商业建立，并确定国营商业主导城市市场，供销合作社主导农村市场。1956年，个体商业的社会主义改造基本完成，商业纳入国家管理范围，国营商业主管日用工业品以及五金、交电、化工、石油等商品；供销合作社主管除粮油以外的农副产品和农业生产资料，同时负责农村市场日用工业品、副食品供应。同年，私营商业的社会主义改造基本完成，私营商贩绝大多数参加公私合营或合作商店(组)。1958年，经过对私营商业的社会主义改造及“大跃进”、人民公社化等运动，国营、集体商业取代私营商业，居主导地位，国营商业与供销合作社合并，公私合营、合作商店(组)大部分并入国营商业。1961年，恢复供销合作社和合作商店(组)，放宽集市贸易政策。

20世纪60—70年代，境内日用工业品实行分配供应和凭购货证定量供应。至1978年，国营商业和供销社曾三合三分，集市贸易时开时闭，个体商贩下放务农，城乡市场为国营商业和供销社“垄断”，商业的流通渠道、经营方式、商品价格均较死板，独家经营、渠道单一，商品花色品种少，供不应求，商品流通阻塞，此地积压，彼地脱销。

20世纪80年代，境内商业体制改革，国营公司扩大经营自主权，实行多种形式的经营责任制。同时，开放市场，国营、集体、个体商业竞争发展，地区界限被打破，多种经济成分并存，流通渠道畅通，市场繁荣，社会商品零售总额逐年增加。

20世纪90年代，境内商品价格逐步放开，市场竞争日益激烈，国营商业处境艰难。私营、个体商业经营灵活，迅速发展，农贸市场繁荣。

21世纪初，今来宾市全面深化国有商业企业改革，强化企业内部管理，实行全面改制。通过改制，企业法人财产权得到进一步确认，部分企业经营机制发生重大变化，逐渐摆脱困境，部分闲置资产得以盘活，大部分职工得到安置。

2002年12月，地级来宾市成立，消费市场需求旺盛，国内贸易和第三产业快速发展。2005年，全市实现社会消费品零售总额32.77亿元，年均增长12.5%。全市共有城乡集市贸易市场138个，当年城乡集市贸易成交总额达35.9亿元，同比增长16.18%。在商贸快速发展的同时，第三产业也得到长足发展。全市服务业企业单位224个，资产总计1661.21万元，全部从业人员年平均人数1399人，主营业务成本244.81万元，营业利润24.99万元，主营业务税金及附加20.79万元，利润总额31.44万元。

第一章　商业管理

清代以前，商业活动没有专设的管理人员和机构。民国时期，工商管理由各县建设科兼管或由其统管下的商会配合各区(乡)公所负责。

中华人民共和国成立初期，境内各县成立商业局、供销社，同时相应成立县级百货，五金交电、糖业烟酒、食品、饮食服务、农资、土产等实体商业企业及基层供销社，确立国营、集体商业的市场主导地位。

20世纪90年代中期开始，由计划经济向市场经济转型变革，国营、集体、个体私营、公有民营、股份制经营等多种经济成分共同发展，市场呈现出“多层次、多类别、多特色”的繁荣景象。

1991—1995年，国有商业和供销合作商业转换经营机制，进一步完善承包经营责任制，推行“国有民营”“社有民营”改革，使商业企业经营环境得到改善。

1996—2000年，将企业推向市场，国有商业企业全部改制为股份合作制企业。商贸市场由过去国有制一统天下转变为国有控股、股份制、中外合资、外资独资及个体、集体等多种经济成分并存，竞争共赢的局面，大型超级市场开始涌现。2001—2005年，尚未改制的商业企业继续实施人事、用工、分配“三项同制度”改革，以适应市场经济的需要。市场消费活跃，电子商务开始涌现。

第一节　机　构

清代以前，商业活动没有专设的管理人员和机构。清宣统二年，广西始设劝业员掌管农工商业及交通事宜。官府外，民间自发成立地方商团及行业商会，处理商务事宜。清代，遍布来宾、武宣、象州县较大圩镇的“粤东会馆”，就是广东商人成立的处理同乡籍人士商贸事务的组织。道光七年(1827年)建象州城粤东会馆时，有188个商户捐银，会馆碑上有记载广东商人到象州经商情况：“负贩而来，不远千里，比邻而处，何止百家，而广州犹盛”。民国时期，工商管理由各县建设科兼管或由其统管下的商会配合各区(乡)公所负责，其管理职能由各地商会及商业同业工会代行。中华人民共和国成立前，来宾市境内没有官府专设的工商管理机构。

中华人民共和国成立后，境内各县先后在政府工作部门设立工商科，兼管本县商贸服务事务，按行政区域分别隶属柳州、宜山、柳州专区(行署)工商科。1950年3月，武宣县成立工商科；4月，象州县设立工商科；5月，忻城县成立工商科；1951年2月，来宾县设立工商科；1952年12月，金秀设立大瑶山民族贸易公司，负责商贸服务事务。1954年后，各县相继成立食品公司、花纱布公司和烟酒专卖公司，分别掌管畜禽商品收购、供应、棉布统销和烟酒专卖业务。1956年，境内各县撤销工商科，成立商业局，各县商业局隶属宜山地区商业局。2月，金秀成立大瑶山瑶族自治县商业局。5月，忻城县撤销工商科，成立商业局。10月，来宾县成立商业局。1957年3月，金秀商业局与农产品采购局、供销合作社合并组成民族贸易管理局。同月，忻城县商业局、县供销社合并成立民族贸易管理局，设百货、药材土产、生产资料、食品4个商店，5月，忻城县各区设民族贸易商店。1958年2月，来宾县供销社、服务局并入商业局。金秀民族贸易局改称商业局。3月，忻城县复称商业局，并调整所属机构，将百货、食品、药材土产、生产资料等商店合并，成立综合商品推销批发站，县以下设中心商店。1961年，境内各县供销社与商业局分开。商业局管理国营商业，供销社管理供销商业。1968年，境内各县供销、外贸、物资合并，改称革命委员会生产指挥组商业小组。1972年，境内各县先后恢复商业局，县直属国营商业属商业局管理，县及县以下供销社由县供销社管理。1982年3月，合山市成立市商业局，下设统计、财会等股室，管理人员7人。同月，来宾县商业局将合山商店、合山电厂商店、合山饮食店、合山矿区食品供应站、合山电厂食品供应站、北泗食品购销站等划拨给合山市商业局。7月，合山市将各店、站划分为百货、糖业烟酒、土产、食品、饮食服务公司等行业。1984年5月，金秀商业局复改称民族贸易局。1990年，境内商业局下辖百货、五金、糖业、食品、综合、饮食服务、食品工业等公司、商店及集体综合店。1991年5月，金秀民族贸易局又改称商业局。至此，境内各县(市)商业局仍隶属柳州地区商业局。供销社隶属柳州地区供销社。

1997年，境内党政机关机构改革，各县(市)商业局改为县(市)商业总公司，保留行政管理职能。各县(市)商业总公司隶属柳州地区商业总公司。1998—1999年，境内各县(市)先后恢复商业局，“实行一套人马两块牌子”挂牌办公，原正副总经理改称为正、副局长，下设机构不变。其职能主要负责落实国家商品流通的方针、政策、法律、法规；全县(市)国有商业行政管理领导的调配，监督财务运转，把握经营方向，执行有序竞争；国有商业各类报表的数据汇总上报、统计、分析；畜禽屠宰行业和酒类流通管理；深化企业改革，强化企业内部管理，减少费用开支，实现扭亏增盈。1998年5月，来宾县恢复县商业局，下设百货公司、五金交电公司、糖业烟酒公司、食品公司、饮食服务公司、商业综合公司、八一矿区商场等。1999年4月，忻城县恢复商业局。2001—2002年，境内各县(市)机构改革，先后撤销商业局和商业总公司，机构人员并入经济贸易局，行政职能划归经贸局。从组建商业总公司开始，由行政单位改为县人民政府直属事业单位，赋予行业管理职能，负责商品市场和商品流通的规划、协调、监督、服务工作；负责国有商业企业的指导、协调、管理工作；负责家畜定点屠宰、酒类商品流通和行政执法工作。各县(市)经济贸易局隶属柳州地区经济贸易委员会。

2002年12月，来宾市经济贸易委员会成立，核定编制13名，领导职数设2正5副，在职人员13名。各县(市)经济贸易局隶属来宾市经济贸易委员会。

2004年6月，来宾市商务局成立，主管全市商贸服务业工作，核定编制13名，领导职数设1正2

副，在职人员13名。内设办公室、规划财务科、对外贸易科、市场体系建设运行调节科、商业发展改革科、利用外资科。各县（市、区）没有成立商务局，商务职能由县级经济贸易局承担，由1名分管领导和1个股负责。

市商务局局长：张洪程(2004年6月—2005年12月)。

第二节　所有制结构

私营个体商业

清光绪三十一年(1905年)，广东等外地商贩进入境内经商，来宾、忻城、象州、武宣等县个体商业得到发展。清光绪三十四年(1908年)，忻城县有个体商户44户，总资本13880元（银圆），户均315.4元，年输出商品总值40万元，输入商品总值30万元。民国29年(1940年)，忻城县私营商店总户数277户，资本总额156840元（国币）。其中经营百货店有55户87人，资本48294元（国币）；有杂货店66户115人，资本47239元（国币）；饮食113户190人，资本27015元；服务业43户55人，资本10320元（国币）。来宾县私营、个体商业除3家商号为官办外，余均为私营，共有私营商店45户，资本总额53560元。象州县有个体、私营商店122户，资本额90026元国币。经营项目有纱布、粮食、食油、盐业、杂货、烟酒、国药、木材、家具、图书文化用品、陶瓷器、爆竹、饮食等。商户较多为石龙镇、运江镇，各有90多户。民国35年，象州县个体、私营商业增至361户，多为小本生意，其中无固定商店的摊贩136户。象州县城有个体、私营商业83户，其中杂货38户、烟草2户、粮店2户、医药4户、木材1户、神香1户、陶瓷3、纱布3户、百货6户、木器1户、屠宰7户、饮食服务业15户。

1950年，境内私营有证商店4473户，商品零售额2547万元，占社会商品零售总额的96.37%（含粮食、手工业、饮食、服务，下同）。5月，迁江县原较繁盛的迁江街商户减少，只有小商号80户。1951年，象州县私营、个体商业零售额占全县商业零售额的80.54%。武宣县经过工商登记领取营业执照的私营工商业有2426户，从业人员2700人。其中工业19户205人、商业1682户1742人、饮食业424户424人、服务业201户294人。1952年，石龙县有个体、私营商业1720户。1953年，合山境内经营棉布花纱14户34人，自有资金1.1万元；百货14户33人，自有资金0.9万元；什货10户24人，自有资金0.55万元；药材6户6人，自有资金0.2万元；粮油3户6人，自有资金0.3万元；米粉、榨粉27户52人，自有资金0.87万元；油坊3户7人，自有资金0.2万元；屠宰行业8户16人，自有资金0.14万元；车衣8户15人，自有资金0.18万元；甜品小吃2户2人，自有资金300元；洗染5户5人，自有资金170元；粽粑、糕点16户24人，自有资金0.1万元；豆腐作坊4户8人，自有资金400元；米粉作坊6户18人，自有资金0.1万元；其他17户20人，自有资金0.17万元。总计161户302人，自有资金总额5.5万元。在这些个体商业户中，行商人数约占50%。

1954年，来宾市境内对粮食、油料、油脂、棉布实行统购统销，个体、私营粮商和与粮食、棉布有关的行业受到限制。象州县个体、私营商业有901户，其中坐商229户、摊贩672户。坐商中经营副食杂货138户、纺织品15户、文具5户、日用百货25户、医药46户。来宾县有个体商业1191户，从业1545人，全县商品零售额1189万元，其中私营商业49万元，占4.1%。合山市东矿、柳花岭矿、里兰矿矿区圩场从事理发、车衣、米粉、甜品小吃、豆腐行业、经营百货、杂货等个体商业共27户27人，自有资金1.5万元。

1955年，境内开始对私营商业进行社会主义改造，引导个体商户走集体化道路。武宣县对私营工商户进行普查，全县有个体工商户1607户，从业2066人，其中工商业921户1081人，饮食业434户629人，服务业252户356人。1956年，境内各县完成对私营商业进行社会主义改造，原个体商业人员有的从事农业生产，有的歇业，有的参加手工业合作社，有的组成合作店。境内私营商业共1475户，商品零售额425万元，占社会商品零售总额的6.31%。其中合山市组成手工业合作社2个45人，综合店3个47人，车缝社3个27人。1958年，来宾市境内私营商贩333户，商品零售额80万元，零售额占全社会商品零售总额1.03%。武宣县工商业有1807户，从业2304人，其中商业1203户，从业1487人，开设1122个门市；饮食业342户，从业482人，开设209个门市；服务业325户，从业335人，开设134个门市。

1963年，集贸市场放开，境内有证个体商贩户共496户，从业人员576人。“文化大革命”期间，境内个体商贩减少，国营商业、供销社、集体商店占绝对主导地位。中共十一届三中全会后，个体商贩得到恢复发展，境内个体有证商贩户共800户，从业人员1071。1980年，境内社会消费品零售总额1.44亿元，其中，来宾县6384万元、忻城县1930万元、象州县2580万元、武宣县3018万元、金秀瑶族自治县483万元。1981年，武宣县有个体工商户260户，从业280人，自有资金0.99万元。其中商业157户167人，有资金0.47万元；饮食业44户46人，自有资金0.1万元；服务业36户40人，自有资金0.2万元；修理业23户27人，自有资金0.22万元。1982年，合山市从事商业、饮食、服务、修理等行业的个体户有158户158人，自有资金5.5万元，营业额9.5万元。1988年，境内有6家私营企业，投资者18人。金秀瑶族自治县登记有个体工商户3079户，从业人员3719人，注册资金716万元；私营企业2户，雇工人数40人，注册资金46万元。

20世纪90年代，国家商业政策放宽，经营范围扩大。在登记注册、场地安排、收费等方面给予政策优惠；关、停、转企业的编余人员以及优化组合后的剩余人员，离退休职工，常住机关单位的职工家属等，经本人所在单位同意提供有关证明文件，给予办理经商营业执照；允许个体工商业经营除国家专控专营以外的商品，可一业为主多种经营，可批零兼营，可代购、代销、代储、代运、代加工；个体工商户经批准同意，可经营石油、化肥、彩电、钢材、木材等国家专营专控商品，可经营粮食、食糖等商品批发业务。

1990年，境内私营、个体商业共有27512户，经营资金4714万元。合山市个体工业、交通运输、商业、饮食服务、修理等行业总计达2224户2645人，自有资金1026.7万元，营业额999万元。象州县个体商贩发展到2716户3305人，注册资金393.14万元。其中农业户兼营2058户。在个体商贩中，经营百货业1691户、食品杂货809户，当年商业零售额5611万元，占全县商业零售总额的47.47%。来宾县有证个体商户6467户8248人（城镇1400户1972人），注册资金2477万元，零售额6713万元。忻城县个体有证商业者4136户4673人，其中，县以下农村商业2465户2793人。武宣县有个体工商业3725户4683人。合山市从事工业、交通运输、商业、饮食服务、修理行业等个体工商户2224户2645人，自有资金1026.7万元，营业额999万元。

1995年，境内各县（市、区）人民政府根据自治区人民政府《关于进一步加快个体私营经济发展的决定》，采取措施，大力发展个体私营经济，改革和完善企业登记管理制度，按公司法的规定，取消行政审批，由出资人直接向工商行政管理部门申请登记注册，简化办照程序，在企业经营范围和经营方式上适当给予放宽政策，除国家规定的许可证和专项审批行业产品外，企业可以突破行业界限，本着一业为主，兼营其他的原则自主选择经营范围和经营方式。年末，境内私营、个体商业共29500户，注册资金10204万元；饮食服务12970户，注册资金4316万元。来宾县狠抓个体私营商业发展，明确在发展个体私营经济工作中实行五不限制政策，即不限制发展比例，因地制宜地发展；不限制发展规模；不限制经营范围（除国家法律、法规和政策明文规定不准经营的项目外）；不限制投资人员；不限制收入分配。工商部门把发展个体私营经济的任务指标落实到人，并列为职工年度工作考核指标之一。简化审批制度，对有困难的个体户和私营企业，经申请调查核实后免收或减收管理费。当年全县共有个体、私营企业8521户（个体户8509户，私营企业12户）。其中新发展个体户1944户，私营企业5户。象州县登记发照的个体商业8451户10971人，注册资金3850万元，销售总额9992万元。其中城镇265户442人，商品零售额3301万元；农村729户1123人，商品零售6691万元。武宣县个体工商户发展到7626户，新增1471户9470人，注册资金5173.5万元。私营企业发展到30户554人，注册资金535万元。忻城县个体工商户发展到3355户，从业人员6200多人，注册资金1177万元。金秀县个体工商户发展到2350户，从业人员2665人，注册资金765万元。合山市个体工商户发展到2150户，从业人员2365人，注册资金665万元。

1996年，境内各县（市）先后3次对完成或超额完成发展个体私营经济任务的单位予以通报表扬和奖励，对完成任务差的单位通报批评。工商部门简化审批手续，对于一些政策许可和季节性经营的项目实行临时经营许可证制度（即由各所根据实际情况直接进行临时性登记后即可经营）。

1998年，来宾市境内对私营经济发展实行目标管理责任制，各县（市）政府制定下发《关于加快发展个体私营经济的意见》，把发展个体私营经济任务落实到工商所和个人，并对下岗职工实行优惠倾斜政策，优先给予办理营业执照、安排摊位、提供咨询服务、指导经营。当年全市有个体工商户（私营企业）3.54万户，注册资金3.28亿元，从业人员5.89万人。其中，来宾县有个体户1.52万户，注册资金9870万元，从业人员16865人；私营企业49户，从业人员

1170人。象州县有个体工商户9184户,从业人员11372人,注册资金5769万元,私营企业28户,从业人员850人。武宣县有个体工商户1.04万户,从业人员12372人,注册资金6890万元,私营企业30户,从业人员1150人。忻城县有个体工商户4002户,从业人员8200人,注册资金4300万元,私营企业15户,从业人员760人。金秀瑶族自治县个体工商户3508户,从业人员4500人,注册资金2300万元,私营企业10户,从业人员560人。合山市个体工商户3108户,注册资金3700万元,从业人员3500人,私营企业15户,从业人员860人。

1999年,来宾市境内强化私营经济服务意识,建立回访制度,经常深入个体私营企业中了解其经营情况,帮助解决生产经营中遇到的实际问题,加强监督管理,取缔无证经营等违法行为。当年,境内有个体工商户(私营企业)3.33万户,其中,来宾县有个体工商户17224户,比上年净增2192户。金秀瑶族自治县个体工商户发展到4220户,从业人员4839人,注册资金3360万元;私营企业25户,雇工人数570人,注册资金1083万元。象州县个体工商户10144户12576人,注册资金6441万元。忻城县个体工商户4791户。武宣县个体工商户9692户,注册资金6384万元,从业人员12910人,产值4038万元,营业额44178万元,私营企业63家,注册资金2678万元,从业人员1316人,产值1106万元,营业额253万元。合山市有个体工商户3500户,从业人员3568人,注册资金25002万元,私营企业22户,雇工人数660人。

2000年,境内各县工商部门在个体户中进行普法宣传教育,举办守法经营上岗前培训班,把柳州地区下达到各县的发展个体私营经济任务落实到基层,实行完成任务与经济效益挂钩。2001年,境内各县(市)把加快个体私营经济发展作为振兴地方经济的一项重要工作来抓,强化服务意识,引导个体私营企业向健康方向发展,制止"乱收费、乱罚款、乱摊派"行为,为个体私营经济发展提供一个宽松的经营环境。

2002年,来宾市成立后,市委、市政府十分注重发展非公经济,采取措施,创造条件发展个体工商业。当年,全市登记注册个体工商业35857户,从业人员45070人,注册资金3.37亿元;登记注册私营企业330户,从业人员9976人,注册资金2.03亿元。

2003年,来宾市个体工商户达到4万户,比2002年增加0.41万户;从业人员9.68万人,增加3.18万人;注册资金5.07亿元,增长70.7%。全市私营企业654户,增加320户;从业人员2.57万人,增加1.06万人;注册资金7.14亿元,增长243.3%。全市个体工商户和私营企业的从业人员总数达12.25万人,占总人口的5.1%。

2004年,来宾市个体工商户达到4.17万户,比上年增加0.94万户,增长24.4%。私营企业700户,比上年增加251户,增长44.2%。个体工商户和私营企业从业人员分别比上年增加1万人和1.07万人;个体工商户注册资金比上年增长8%,私营企业注册资金比上年增长31.4%。非公经济提供税收达到总税收的35%,比上年增长5%。全市个体工商户和私营企业的从业人员总数达14.32万人,占总人口的5.75%。

2005年,来宾市个体工商户主要集中在批发和零售业、制造业、交通运输、住宿和餐饮业、居民服务等行业。私营企业主要集中在批发零售、制造业、采矿业和信息传输及计算机服务、房地产等行业,个体工商户的数量已基本达到饱和。当年全市个体工商户达到4.10万户,比上年减少700户,下降1.7%;私营企业71031户,比上年增加331户,增长47.3%。个体工商户注册资金5.9亿元,比上年增长15.2%;私营企业注册资金23.2亿元,比上年增长134.3%。非公经济提供税收达到总税收的35%,比上年增长5%,非公有制经济在全市国民经济中所占比重达39%。全市个体工商户和私营企业的从业人员总数达15.26万人,占总人口的6.17%。

国营商业

1950年,境内有象州、武宣贸易支公司,忻城、来宾、金秀等县有3个贸易公司购销处。当年国营商业(含粮油等企业)商品零售额96万元,占社会商品零售总额3.63%。同年9月,来宾县成立贸易处,管理国营商业事务。是年,来宾县国营商业企业有县贸易购销处和城厢、蒙村、石牙、三五、南泗、大湾等6个购销组;迁江县有迁江、河里、平阳、北泗等4个国营贸易购销处(组)。1951年,象县贸易支公司建立,下设石龙贸易购销组。

1952年,中平、罗秀增设购销组;同年9月,象县、武宣县合并成立石龙县贸易支公司。1954年,境内各县相继建立国营商业和供销合作社商业。来宾县成立国营食品公司、油脂营业处、花纱布公司、百货商店、收购站,全县有国营商业企业22个(县城6个)。1955年,境内各县在同一时期设立相应的专业公司，国营商业职工 4694 人，商业纯销售（含供销合作商业日用工业品纯销售额）3193 万元。1956 年，境内各县成立商业局，同时成立百货公司、文化用品公司、五金、医药、化工公司、贸易公司。来宾县有国营商业企业 30 个。象州县商业局、农副产品采购局设立贸易、烟酒专卖、百货、食品、纺织品、糖果糕点、文化用品、药材 8 个公司。1957 年，各县设立商业局、服务局、供销社，县辖国营商业企业 39 个 923 人，境内国营公司共 118 个，职工 7016 人。1958 年，境内各县实行商业体制"大合一"即把供销社和服务局并入商业局，花纱布、医药公司并入百货公司。象州县撤公司设立食杂站、工业品站、生产资料供应站、农产站和城关商店。1961 年，境内各县供销合作社从国营商业系统中独立，恢复其原来的建制与经济性质，在食杂站析出食品公司。象州县撤站改设公司，成立食品、贸易、百货、医药 4 个公司。1962 年，境内各县商业机构改组，来宾县国营商业系统下属企业有 5 个。象州县增设生产资料公司。1964 年，境内各县相继设立饮食服务公司。1966 年 9 月，象州县再次撤销公司，成立农产站、工业品批发站、食杂站。1968 年，因"文化大革命"影响，境内各县商品零售额下降，境内商品零售额只有 7067 万元，1969 年，境内各县商品零售额开始逐步上升，市场趋于平稳。1973 年，象州县撤站，先后恢复各专业公司。1975 年，境内县以上商业企业管理机构 54 个，职工 4512 人，商品零售额占社会商品零售总额 20.67%。1980 年，境内国商业商品零售额占当年社会商品零售总额 21.37%。1982 年开始，境内商业体制改革，国营、集体、个体商业竞争发展，社会商品零售总额逐年增加，国营商业受到冲击。1984 年，忻城县国营商业企业商品购进额 1887.9 万元，商品销售总额 1893.4 万元。

20 世纪 90 年代，境内各地掀起经济改革开放热潮，工、农、兵、学、商等行业投入经商，出现全民经商热潮，个体商业、集体商业、股份制商业等非公有制商业像雨后春笋，遍布城乡，冲击、动摇国有商业在商品流通领域中的主导地位。境内国有商业为加强自身改革，转轨换型，商业行政部门还政于企业，让企业拥有更多的经营自主权。商业企业内部为适应市场竞争，采取机动灵活、形式多样的经营承包责任制，实行百元销售额工资含量承包方法、工资、奖金与销售效益挂钩、商场（店）经营承包方法、柜组（台）承包方法、租赁承包方法、股份制等。由于受计划经济影响，国有商业的经营观念、经营方式落后，历史包袱沉重，国有商业商品销售量、经济效益下滑。但非公经济成分的商业销售旺盛，带动全社会商品销售上升。1990 年，忻城县社会商品零售总额 9931 万元，比 1981 年增加 3.1 倍，其中，国营商业商品零售额 3247.7 万元，占总额的 32.70%；个体商业零售额 3204 万元，占总额 32.26%。1990 年，来宾县国营商业企业 6 家，商品零售额 5226 万元，占全县商品零售额的 25.99%。1994 年，境内国营商业商品零售额比 1985 年增长 1.43 倍，占当年社会商品零售总额 22.74%。1995 年，境内商业系统经营资金 7452 万元，其中固定资金 6237 万元，占资金总数 83.7%；69 个核算单位，平均每个单位 90.39 万元；自有流动资金 1216 万元，平均每个单位 17.61 万元。国营商业商品零售额下降，当年商品销售额仅为 1994 年的 98.35%。象州县商业局系统有国营商业企业 8 家，职工 397 人，有各类网点 30 个，职工 365 人，固定资产原值 1829 万元，净值 1548 万元，商品购进总值 915 万元，销售总额 1266 万元。1995 年武宣县国营商业全系统商品购进总额分别为 3845.78 万元，销售总额为 4763.96 万元，上缴税金 125.5 万元。

1996 年，境内国营商业系统所属企业积极筹措资金，增建装修营业场所设备，改善经营环境和设施，以适应市场消费形式。象州县饮食服务公司自筹或向社会集资 50 万元，在所属企业空地上兴建金龙商城，设门面 43 间，每间面积 20~30 平方米，安排下岗职工及待业人员 64 人，县糖业公司筹集资金 60 多万元，在县城新区（城东开发区）增建商业网点，面积约 640 平方米；投资 6 万元，将原旧的经营部、旧的仓库改为经营场地等。但随着市场经营的进一步深化，商业企业传统观念没有彻底改变，缺乏市场竞争机制，经营老化，放而不开，搞而不活。也因历史遗留的死账、呆账、坏账以及政策性亏损等较多，企业债务沉重；还存在着企业整体素质较低，企业设施陈旧，科技含量低，经营方式单一，缺乏经营上的积极性和主动性，导致境内国营商业经济效益整体下降。1996 年，武宣县国营商业全系统商品购进总额 3097.27 万元，比上年减少 748.51 万元，下降 19.46%，销售总额 3781.91 万元，比上年减少 982.05 万元，下降 20.61%，上缴税金 71.1 万元，比上年减少 54.4 万元，下降 43.35%。1995—1996 年，来宾县国有商业企业经营额滑坡，亏损 200 多万元。

1997 年后，境内各县属国营商业系统转换经营机制，深化企业改革，先后采取工效挂钩、集体承包、抽资承包等经营形式，对劳动、人事、分配等制度进行改革，调动经营积极性，强化企业内部管理，减少费用开支，努力扭亏增盈。至2000年底来宾县国营商业全系统扭转亏损28万元，基本实现扭亏增效。

2000年后，境内商务系统独立核算单位实行不同形式的改革，逐步退出国有性质，实行股份合作制，参与市场竞争。当年，象州县商业系统有股份合作制企业8家，(百货公司、五金交电化公司、糖业烟酒公司、食品公司、饮食服务公司、民族食品厂、皮件厂、皮鞋厂)职工350人，有各类商业网点34个，职工321人。其中工业品批发机构2个，职工6人；商业零售网点21个，职工207人。固定资产原值2293万元，净值1906万元。

2001年以后，随着市场经济的发展，个体私营企业纷纷抢滩各商业领域。境内国营商业因体制方面的原因，不同程度的存在资产负债率居高不下，缺乏强有力的龙头企业和拳头产品，技术设备落后，资金短缺，包袱沉重，管理不科学，改革政策落实不到位等等问题。武宣县，2002年仅完成经营收入2714.40万元，其中零售2470.16万元，上缴税利65万元，亏损183.05万元。其他各县(市)国有商业举步维艰，生存困难。

2005年5月始，为使国有商业尽快摆脱困境，来宾市人民政府根据上级有关县级不再保留国有商业企业的精神，抓紧和加快国有商业企业改革，采取多种形式对国有商业企业进行全面改制。当年，来宾市经过改制转型，国有商业全部完成民营化改制，国有经济成分全部退出，转变为各类股份制经济实体。

公私合营商业

1952年，境内工商业者开始走入社会主义道路。1955年冬，个体商业全行业的改造，个体商业者分行业组织到公私合营、合作商店或合作小组等集体所有商店，接受社会主义改造。对半商半农的小贩，采取农商分工，按本人自愿进行安排。1956年12月，境内各县个体商业按行业组织起来的公私合营、合作店、合作小组，属公私合营的单位实行独立核算，照章纳税，自负盈亏，货源由国营公司按月提供，业务由主管单位指导；属于合作店、合作小组和个体商户则建立相应的管理机构。是年，境内组建公私合营店58户。经营资金42万元，其中，商业46户1034人；饮食业6户174人；服务业6户177人，当年商品零售额406万元(含饮食、服务，下同)，占社会商品零售总额6.03%。象州县建立公私合营商店10家，公私合营商店由国营商业公司、供销合作社派出干部担任公方经理；私方推选1名代表任副经理。其余的私方从业人员概由国家安排工作，大部分仍在公私合营商店任职，少数到国营商业、供销社工作。私方的营业场地及设施、资金、商品皆折价入股，由公私合营商店按股金发给定息。1958年，境内各县商业实行“一条龙”管理，各种经济性质的商业全部过渡为全民所有制的国营企业，其人员均成为国营公司、供销部职工(但原来的私方代表仍拿定息)，公私合营商店遂不复存在。1959年，境内商业企业实行人员下放、资产下放，采取统一政策、统一计划、统一管理和财政包干，大部分公私合营商店并入当地国营公司。1965年末，公私合营商店还有11个，此类商店虽然独自经营，但财务报表按商品类别，分别报国营专业公司。1974—1976年，各县公私合营商店全部并归国营专业公司，公私合营商业不复存在。

集体合作商店

1955年，境内开展私营商业社会主义改造和社会主义合作化运动。1956年，各县人民政府组织个体商业走集体化道路，国家继续对其实行“利用、限制、改造”的政策，控制经营品种、进货渠道。是年，境内合作商店有254个2789人，其中商业店201个1064人；饮食店33个1152人；服务店20个573人，组织合作小组154个1984人。时来宾县1419个个体商户中有375户684人加入合作店(组)，210户287人组成合作商业小组。全年合作店(组)完成社会商品零售额634.14万元，占全县零售额1179万多元的53.79%。石龙县建立合作商店105个，合作小组63个，经销、代销店89个，服务社1个，从业人员1778人。1958年，各县合作店(组)并入公社供销部，实行单独核算，与供销部共负盈亏。合作商店(组)的从业人员由供销部负责安置，有的安排到生产大队供销店任供销员，有的下放到生产队从事农业生产。1959年下半年，各县合作商店(组)全部改为供销部门市部，与供销部统一核算，共负盈亏。商业企业实行资产下放、人员下放，合作商店(组)共1249人被下放从事农业劳动；有1403人过渡到国营公司和基层供销合作社及公私合营。1960年3月，各县纯商业、饮食业、服务业、合作店(组)提出转为国营商业、供销商业，实行分别核算，共负盈亏的过渡办法。店(组)只留牌子，以原单位实行核算，利润上交，店员工资不变动，与国营商店职工一样享受各种福利待遇。1961年6月，境内各县恢复合作商店(组)。1962年，国家把下放农村的合作商店(组)部分从业人员收回安排，境内收回调出和下放劳动人员共1680人。各县商业系统进行“精兵简政”，合作商店（组）部分人员又被“精简”下放农村。1965年，境内各县共有合作商店（组）159个。1974年11月，境内各县合作店组改为国营商业的代购、代销、代营店，仍保留其集体经济性质，单独核算。职工福利待遇和报酬参照国营商业职工执行。1978年，境内各县商业局系统管理独立核算的合作店（组）共45个，经营资金84万元。1980年，境内取消对合作商业的经营限制。象州县有独立核算、自负盈亏的合作商店47个，门市部75个352人，退休及保养人员105人。1987年，境内各县（市）合作商店相继推行“大包干”责任制，即把门市（柜组）承包给职工经营，企业只负责提供经营场地、设备和一定数量的定额资金，承包者向企业上缴定额利润，盈亏自负，经济效益有所好转。1990年，象州县有合作商店33个，在职人数135人，退休保养人员共88人，店员股金7.12万元。

1991年，随着社会主义市场经济发展，集体商业因其竞争能力低等原因，各地合作商店纷纷转轨变型，进行体制改革，集体饮食、服务业转为个体经营。忻城县集体商业有百货总店、糖烟总店、饮食总店、五金总店等4个总店，实行独立核算，自负盈亏。百货总店有员工15人，以经营百货、针纺织品为主，兼营副食品、其他食品、日用杂货、五金交电等，自有流动资金4.9万元；糖烟总店下设8个门市部，有员工44人，自有流动资金7.2万元，以经营副食品、其他食品为主，兼营针纺织品、百货、日用杂货、汽车货运，年购进商品总额为22.7万元，销售总额18.89万元，上缴税金0.55万元，利润19.34万元；饮食总店有员工45人，自有流动资金3.9万元，经营饮食、旅社、理发等，年营业总额45.7万元。

2000年后，境内各县（市）集体商业企业、合作商店先后倒闭，职工下岗，各门市部实行租赁经营，以租赁方式出租合约给职工个人经营。

2005年，由于市场竞争和管理等因素，来宾市各县（市、区），乡镇集体合作商店经营不佳，部分经营店停业解散，职工停薪留职，自谋出路；部分经营店变卖固定资产，分配资金由职工独立经营，各县（市、区）集体商业、合作商店名存实亡。

供销合作社

县级供销合作社　1952年下半年，境内各县正式成立县供销社联合社。1958年县供销联合社并入商业局，集体所有制改为全民所有制。1961年9月，恢复供销社建制。1962—1963年，各县先后召开供销联合社代表大会，选举产生理事、监事会。1966年以后，县供销合作联社再次并入商业（民贸）局。1983年起，国务院决定恢复供销合作社的农民集体所有性质。到1984年8月，除来宾、合山外，其余8个县都召开社员代表大会，选出理事、监事会成员。各县（市）供销社下属公司主要有农业生产资料公司、土产公司、日杂公司、工业品贸易公司等。

基层供销合作社　民国27—34年（1938—1945年），境内区、乡消费社、供给社和公用社共14个。

1950年，境内县、乡用清匪反霸减租退押所获的一部分资金，办合作社，农会会员均为社员；有的通过群众集资。1951年，根据《农村供销合作社章程准则（草案）》，除被剥夺公民权者外，承认社章，缴纳股金，便可成为社员，经组织发动后，境内各区、乡先后成立供销合作社。1954年，90%的社按照社章选举代表，召开社员代表大会，选举理事会、监事会。1955年全部按社章建立机构，全市共有基层供销社51个。1958年，县供销合作社并入商业（民贸）局，基层供销合作社改为国营商店。1961年9月，恢复供销社建制后，各地相继召开代表大会，选举领导班子。1967年以后，县供销社再次并入商业（民贸）局，基层社名称保留。1983年，恢复供销合作社的集体性质后，通过清理股金、落实股权，兑现分红，扩股增股（集镇的非农业居民、干部职工可加入）。到1984年7月，全市68个基层供销社，全部召开社员代表大会选举产生理事会和监事会。1987年以后，按任期换届选举。

市级供销合作社　2002年12月，来宾市供销合作社挂牌成立。2003年，来宾市供销合作社系统有县级（市、区）供销联社6个，即忻城、合山、武宣、象州、金秀、兴宾；市直属企业3个，县社直属公司25个，基层供销社67个，全系统有独立核算单位103个，有干部职工4999人，其中在职3398人，离退休1601人。资产总额3.17亿元，其中流动资产1.99亿万元，固定资产8217万元；年内，全系统综合经营总额8.05亿元，实现商品购进总额3.36亿元，同比增长22.14%；实现商品销售总额3.49亿元，同比增长18.10%；农副产品收购4727万元，下降8.32%；售给农民的农业生产资料2.02亿元，同比增长30.98%；售给居民及社会集团消费品5127万元，同比增长23.90%；销售各种化肥25.04万吨，同比增长34.06%。创办农产品批发市场或农贸市场14个，年商品交易额达1.70亿元，创办各类种养基地11个；

供销社以各种方式联结农户 6100 多户，帮助农民实现收入 2549 万元。

2005 年，来宾市供销合作社系统有县级（市、区）供销联社 6 个，即忻城、合山、武宣、象州、金秀、兴宾供销社；市直属企业 3 个，县社直属公司 25 个，基层供销社 67 个，全系统有独立核算单位 103 个，有干部职工 4800 人，其中在职 3219 人，离退休 1581 人。资产总额 3.19 亿元，其中流动资产 2.02 亿万元，固定资产 8217 万元。是年，来宾市供销社系统综合经营总额达 85168 万元，商品购进总额 40040 万元，商品销售总额 40740 万元，农副产品收购 6807 万元，售给农民的农业生产资料 20321 万元，消费品零售额 6692 万元，分别比 2004 年增长 42.45%、36.62%、36.19%、78.15%、21.71% 和 10.65%。农副产品收购总额比 2000 年增长了 1.23 倍，为农民增产增收和来宾市建设做出了积极的贡献。

市供销合作社主任：赖沙奇（2002 年 12 月—2005 年 12 月）。

第三节　体制改革

国营商业体制改革

20 世纪 60 年代，境内国有商业部门独家经营，坐店经商，固定经营渠道和分配制度。20 世纪 80 年代初，随着市场的开放和市场多元主体竞争机制的形成，在利益机制与竞争机制的作用下，商业企业的经营体制改革走上不断深化的征程。1983 年，进行行政管理体制改革，自治区将企业资产经营核算关系划归各地人民政府，由条条管理变为块块管理，保留商业购销业务的行政调控职能。随着企业商品、价格管理方式以及企业经营机制的转变，商业行政管理也逐步由微观管理转向间接调控管理，履行“指导、协调、监督、检查”职能。1984 年，境内先后取消生猪派购政策，购销价格放开。食品公司系统放开计划管理，走向市场。商业企业按照“自主经营、自负盈亏、自我发展、自我约束”的要求，实行经营承包责任制，推动责、权、利有机结合的经营管理办法，成为独立经济实体。1989 年，来宾市境内 51 家商业企业中，实行经营承包责任制的有 42 家，占总数的 82.3%。1992 年，境内各县（市）商业实行以落实企业经营自主权为主要内容的“四放开”（经营放开、价格放开、分配放开、用工放开）改革，在武宣县进行改革试点取得成功。同年 12 月，各县商业企业推行“四放开”改革，改革面达 83.5%。当年，全系统商品零售总额达 9741 万元。1994 年，境内商业企业开展“国有民营”“抽资承包”改革，象州、来宾、金秀、合山等县（市）小型企业实行“国有民营”改革，柜台原有商品由职工自筹资金买断，在国有名义（或国有企业招牌）下由职工自己组织资金和商品开展经营。1996 年 5 月，境内行政机构改革，各县（市）商业局先后挂县（市）商业总公司牌子，同时仍保留商业行政主管部门职能。1998 年，境内商业系统实行“抽资承包”改革，企业由整体统一经营转为柜组或个人自主经营，资金来源由完全依靠银行贷款转为职工个人筹资经营，商业企业批零结构由批发为主转为零售为主，从根本上转变国有职工的固定身份传统观念，打破“铁饭碗”，走进市场。同时，境内商业系统推行产权制度改革，国有商业按照“产权明晰，权责分明、政企分开、管理科学”的要求，实现由计划经济体制向市场经济体制转变。

2000 年，境内商业企业全面改制，改制的重点主要集中在商业系统内部。2003 年后，来宾市全面深化国有商业企业改革，强化企业内部管理，采取“因企施策、分门别类、灵活多样”的原则引导企业改革，宜股则股、宜破则破、宜撤则撤、宜租则租，不搞一刀切，不搞行政干预，充分尊重企业和职工意见，国有商业企业改革稳妥推进，企业债务逐步消除，职工身份逐步转换，管理模式逐步改变，加快国有资本从小企业退出步伐；继续推动小型国有商业企业拍卖、议价出售、向内部职工定向出售或实行股份合作制；鼓励大企业特别是民营企业按市场化方式整合商业小企业及其网点；对扭亏无望、资不抵债、没有市场前景的企业，积极利用有关政策，采取关闭、破产等方式退出市场；对暂时无法退出的“空壳”企业，由出资方设立专门机构集中统一管理。截至 2003 年 4 月，来宾市商业系统下属 112 户国有企业，有 85 户进行改制（其中，市直 12 户，改制 9 户）。改制以先售后股为主，采取股份制、股份合作制、出售、关门走人、兼并、破产等多种形式。通过改制，企业法人财产权得到进一步确认，部分企业经营机制发生重大变化，逐渐摆脱困境，盘活部分闲置资产，大部分职工得到安置。

2005 年，来宾市国有资本从现有商业系统中小企业中已经全部退出，国营商业退出历史舞台。

集体商业体制改革

供销合作社改革　1978 年，中共十一届三中全会后,党的工作重点转移到社会主义现代化建设上来,提出了经济体制改革的任务,供销合作社事业也随之发生了历史性的转折。供销社从商业局析出,工作重点是支持农业生产,为农业服务,为人民生活服务。境内各县(市、区)贯彻中共中央“改革、开放、搞活”方针,对供销合作社的管理体制进行了一系列改革。主要包括:扩大供销合作社企业自主权,实行经营责任制,调动企业和职工的积极性;调整购销政策,逐步缩小农副产品派购范围,扩大议购议销,恢复供销合作社集体所有制性质,加强供销合作社组织上的群众性,管理上的民主性,经营上的灵活性,密切同农民的关系;在劳动人事制度、农民入股、经营范围和服务领域、按劳分配、价格管理五个方面进行改革,进一步扩大供销合作社自主权;开展系列化服务,完善商品生产服务体系,逐步把供销合作社办成农村经济服务中心。

1983 年 3 月,中共柳州地委、地区行署组织工作队在象州县进行供销社体制改革试点,随后在全地区供销社系统内铺开。体制改革的重点是围绕“全民改集体”“官办变民办”这个中心,在管理体制、流通体制、经营体制上进行改革,通过恢复“三性”(即组织上的群众性、管理上的民主性、经营上的灵活性),实行“三多一少”(即多种经营形式,多种经营方式,多条流通渠道,减少流转环节)的流通体制,大力推行以经营承包为中心的经营责任制,扩大业务经营范围。

1984 年和 1985 年,下放经营权,集中管理权。推行简政放权,将业务经营权、机构设置权、干部任免权、职工调动权、资金使用权、财务管理权、物价管理权、小型基建权下放给所属企业。地区供销合作社根据国家商业部在全国供销合作社主任会议上提出的“五突破”的要求(即农民入股不受限制,扩大经营服务范围,改进劳动人事制度,实行按劳分配,下放价格管理权限),将地区土产公司划分为四个公司,即土产公司、果品公司、日杂公司、物资公司。同时组建了综合贸易公司,扩大企业自主权。

1999 年 5 月《国务院关于解决当前供销社几个突出问题的通知》(国发〔1999〕5 号)文件指出:目前供销合作社经营机制不活,为农服务功能不强,人员负担及债务包袱沉重,亏损不断增加,难以适应农业和农村新形势的需要,因此,要进一步深化供销合作社改革,着力解决当前存在的突出问题:一是坚持合作经济方向,着力解决当前存在的突出问题,即尽快扭转效益下滑,亏损增加,经营萎缩的被动局面,清理整顿社员股金,防范和化解金融风险。二是改造基层社,创造条件逐步办成农民的合作经济组织;三是进一步理顺各级联社的组织管理体制;四是按照自主经营、自负盈亏的要求,搞活社办企业;五是清理社员股金,清除金融隐患;六是妥善处理供销合作社亏损挂账。国务院 5 号文件下发后,境内各县供销社认真贯彻落实,开展清产核资,清理社员股金,加强企业内部外部追收欠款,盘活存量资产,兑付社员股金,同时,申请向中央举债(再贷款)兑付股金 5000 万元。到 2000 年止,境内社员股金兑付余额从 1997 年的 21837 万元减少到 8000 多万元。与此同时,积极开拓市场,扩大购销业务,寻找经济增长点,逐步恢复供销社的正常经营运转,取得明显效果。

2003 年,来宾市各级供销社完善生活消费品经营承包责任制,改革以“承包”代“管、管理”的做法,加强餐饮、副食品、音像图书、烟花爆竹等经营商品的市场秩序整顿。同时根据农村市场需求变化情况组织适销对路的商品供应,满足群众消费要求。全系统全年生活资料零售额实现 5127 万元,比上年增长 23.9%。主要家电商品销售看好,洗衣机、电冰箱、空调器销售量分别比上年增长 1%、32.48% 和 13.9%。

2004 年,市供销社系统进行转型经营改革,大力培育和发展不同类型、不同层次的农业产业化龙头企业。各级供销社充分利用自身场地多、位置佳等优势,创办农村集贸市场和农产品专业批发市场,引导农民进入市场经营,切实解决农产品“卖难”问题。全系统共办有市场 7 个,年商品交易额 423 万元。

2005 年,来宾市供销社对基层社和社属企业改革。以象州县为重点,抓好石龙镇供销社改革试点。年内,象州县社系统全面开展清产核资工作,并请有资质的中介机构对各企业进行评估。各县社也拿出各自的系统改革方案,申报当地政府审批;对县级联社的改革,按照自治区人民政府《关于加快推进供销合作社改革与发展的意见》(桂政发〔2005〕46 号)文件精神,各县向当地党委政府申报县级联社机关在精减人员、机构的基础上解决“入编进财”问题;对地直企业的改制工作,是年 9 月柳州市和来宾市明确原地区供销社系统直属公司由来宾市自行处置,市社及时成立了企业改革领导小组,并派出 7 名工作人员坐镇柳州,落实二个小组专职负责,开展各公司资产评估阶段,原地直企业的改革改制工作全面推进。

第二章 商品购销

来宾市盛产大米、甘蔗、花生、茶叶、水果、八角，还有闻名遐迩的来宾蔗糖，金秀大瑶山灵香草、绞股蓝，武宣三华李、龙眼，象州粉葛，忻城乳鸽酒、金银花、桐油等名优土特产品。

中华人民共和国成立前，境内各县内多粮行、米店、菜籽行、油坊、土特产购销店，还有贩卖畜禽产品的有猪行、鲜肉庄、蛋行等。粮行(籴、粜行)的经营方式为向农民收购稻谷，加工成糙米或白米，批发、贩运盈利，实力雄厚者附设碾米厂，前行后厂。油店亦有附设油坊，加工成品油出售。境内商品购销活动除在本地外，还多利用水路将农副土特产品销往梧州、粤港澳等地，再从梧州、粤港澳等地购进日用工业品返回本地销售。

1952年，境内各县国营商业、供销合作社机构逐步建立，工业品由各县国营商业专业公司从柳州二级站按计划购进，不足部分自行采购；农副产品由国营食品部门、基层供销合作社收购。1957年，国营公司商品纯购进2200多万元，比1955年增长3.33倍，私营商品零售额273万元，为1955年的23.04%。1961年，境内国营商业开展糖果、餐饮等经营，对紧俏商品实行凭证定量供应，纯销售额3500多万元。1963年，国家经济恢复发展，凭证定量供应的商品逐步减少。1965年，来宾市境内商品纯购进5600多万元。1966年，受“文化大革命”运动影响，生产发展缓慢，商品流通渠道不畅，购销总额增长缓慢。1968年，境内商品纯购进额4500多万元。1978年12月，市场开放，国营商业进货从单一渠道变为多渠道采购。1979年，国家实行改革开放政策，境内国营、集体、个体商户共同经营，商品购销总额迅速增长。1980年，商品流通放开搞活，合作店(组)、个体商户可以就地向批发部门进货，也可到外地进货，销售市场活跃。1988年，境内私营、个体商业户有31552户，销售额7257万元，平均每户0.23万元；1990年，境内五金、百货等商业系统从自治区外购入商品额850万元，占商品纯购进总数32.10%。1995年，境内从区外购进百货、五金等商品额为577万元。营业额比1990年增长1.14倍，平均每户1.56万元。

2002年12月，随着地级来宾市的成立，消费市场需求旺盛，国内贸易和对外经济活跃。2003年，来宾市实现社会消费品零售总额25.86亿元，比上年增长12.5%，增幅比全区高2.9个百分点，比上年加快1.4个百分点。2004年，全市国内外贸易快速增长，市场需求旺盛。全年实现社会消费品零售总额28.21亿元，同比增长13.2%，增幅比上年加快0.7个百分点。2005年，全市实现社会消费品零售总额32.77亿元，比上年增长13.91%。实现商品销售总额43.85亿元，比上年增加7.56亿元，增长20.83%。

第一节 日用百货

民国时期，境内日用百货由私人经营，主要商品有棉花、棉布、棉针织品、日用百货、文具、元钉、铁丝、苏打、碱砂、染料等。货源多为广州、上海等地产品，也有国外进口产品经广州、梧州、柳州转销国内各地。民国36年(1947年)，武宣县城有私营百货店9家，年销售银币约5000元。县以下圩镇百货销售均为兼营，年销售银币约2万元。

中华人民共和国成立初期，境内日用百货主要由国家经营。私营商业经营工业品仍从广州、梧州进货，国营商业则多从柳州调入。随着工业生产的恢复和发展，五金、交电、化工产品逐步增多，国营、合营商业销量逐年增加。1950年，境内各县国营公司、供销合作社相应建立，百货销售品种增加。1951年，国营商业企业共销售元钉、铁丝等五金器材4.6万元。1953年，境内各县先后成立百货公司，负责百货批发及县城部分百货零售，当年销售额为725.7万元。日用百货主要由百货公司经营，商品由上级计划调拨，县内批发零售。1954年，国家实行棉布统购统销，每人发5市尺布票，凭票在国营公司或供销社购买布料。工业品也是统购、包销，货源从柳州调配，但计划外的三类小商品多数从梧州、广州、桂林、武汉等地购进。1955年，境内商品销售额为1457万元。1956年，国家完成对私营商业改造完成，扩大公私合营、合作商店(组)经营范围，仅五金器材销售金额增加到198.5万元。1959年，国民经济困难，民用肥皂、火柴等商品曾一度脱销，国家采取凭证供应办法，度过困难时期。是年，境内国营商业百货、文具类商品销售额为812.5万元。1961年，境内百货销售总额625万元，比上年下降11.97%。

境内日用工业品销售金额179万元，为1956年90.18%。1962年，国家对30种主要工业品实行凭购货券购买。国家职工按工资额的5%发给购货券；农民则按出售粮、油、猪等有奖售的农副产品金额的8%~10%发给购货券。1963年，国家经济逐步好转，部分商品不再凭购货券购买。1964年，购货券全部取消，所有商品敞开供应。1965年，境内商品总销售额为771万元，比1961年增长23.36%。其中，五金、交电类销售额220万元，为1961年的122.91%，(五金器材类销售占总数49%，交电类销售额占34%)；百货类销售占总额75.23%。1971年后，大多数商品货源增多，其中收音机、自行车最为消费者所喜爱。1972年，境内总销售额1429万元，其中百货类商品销售额占总数81.6%；五金、交电类销售额611万元，比1965年增长1.78倍，(五金器材类销售额占总数38.79%，交电类占48.45%)。

1978年，国家允许多种经济成分、多种流通渠道并存。原有的专业公司(商店)除经营主业外，可以跨行业经营，个体商户也可以经营百货商品。1979年，商品货源日趋充足，国家计划分配的工业品逐渐减少，凡不属于国家计划分配的工业品，商户可按市场需求自行采购，高档耐用商品进货渠道增多，原来紧俏的手表、缝纫机等商品基本能满足市场需求，但贵重商品如电视机、洗衣机等因属"奢侈品"很难销售。境内当年商品销售总额比1975年增长66.52%，其中百货公司系统销售总额7028.3万元，商品零售2494万元，占社会商业零售额的9.89%。1980年，境内百货公司逐步推行经济体制改革，实行经营承包责任制，参与市场竞争，自行采购，多数商品不再由上级计划调拨。收音机、自行车、日光灯、台灯、电灯、油漆、铁镐、铁钉等商品畅销，而电视机、洗衣机、收录机等仍较难销售。是年，来宾县国营商业纯购进日用工业品114.4万元，纯销售741.4万元。1982年，境内商业部门对价格较高，库存较大，销售困难的耐用消费品如电视机、洗衣机、电冰箱、收录音机、高档收音机、高档照相机等商品采取"提前付货，分期收款"办法，收到明显效果。当时老百姓心目中的"奢侈品"黑白电视机在人们的生活中逐渐普及起来。1983年，国家取消棉布定量供应政策，针织品、纺织品敞开供应，各种服装款式日新月异，销售量大增。当年，武宣县仅纺织品销售就达228.72万米，销售金额159.14万元，比1975年分别增长59.5%和61.8%。1984年，境内百货销售总额6989万元，占商业局系统国营企业销售总额的30.25%，其中零售2878万元，占社会商业零售额16.24%。1985年，境内商品销售额4181万元，比1979年增长2.67倍。其中家用电器销售额达2380万元，占五金交电类商品销售总额77.80%，五金交电化工商品销售金额比1980年增加1.2倍。1986年，境内主要商品销量下降，但销售总额仍有增长。1989年，境内百货销售10168万元，其中零售2960万元，占社会商业零售额的4.37%；同年，经营百货(含五金交电，下同)的私营、个体业户比1988年减少29.29%，销售额增长2.69倍。

1990年，境内国营商业商品销售额4615万元。1994年，境内国营商业商品销售额达8507万元，占商业系统销售总额19.54%，百货零售4985万元，占社会消费品零售总额2.6%；同年，私营、个体户数比1989年增加1.07倍，营业额增长98.04%。1995年，境内百货销售额7640万元，其中零售4930万元。1996年，城乡居民收入增加，生活水平明显提高，自行车、缝纫机和收音机等老"三大件"商品不再稀奇，普通居民家庭开始追求新"三大件"电冰箱、电视机、洗衣机。2000年，境内贸易业商品销售总额(主要指日用百货销售)30.99亿元，其中批发业销售总额10.6亿元，零售业20.39亿元。

2002年12月28日，来宾市成立后，放宽工商管理政策，调整税收、金融政策，降低市场准入门槛，引导社会各界兴办商贸服务企业，吸引外资，有力地促进国有经济、集体经济、私营经济、个体经济、联营经济、股份制经济、外商投资经济、港澳台投资经济等多种经济成分并存流通格局的发展。是年，全市贸易商品销售总额约33.11亿元，其中批发业10.5亿元，零售业22.6亿元。

2003年，随着地域政治经济文化中心向来宾市转移，人流、物流向来宾城区集中，一批超市、购物中心及酒楼饭店相继开业，极大地促进了来宾市消费市场的兴旺繁荣。手机、电脑、空调和摩托车开始出现在人们的日常生活中，成为城乡居民消费的新时尚。是年，实现社会消费品零售总额25.86亿元，同比增长率12.5%。增幅比全区高2.9个百分点，比上年加快1.4个百分点。城乡消费按地域分，县(市、区)以上实现消费品零售额15.60亿元，增长15.6%；县以下实现消费品零售额10.26亿元，增长8.2%。按经济类型分，国有经济零售额3.11亿元，增长9.7%；集体经济零售额1.50亿元，增长5.1%；私营经济零售额1.15亿元，增长38.4%；个体经济零售额15.37亿元，增长11.5%；股份制经济零售额1亿元，增长42.4%。按行业分,批发零售贸易业零售额17.15亿元,增长15.4%;餐饮业零售额2.93亿元,增长15.1%;其他行业零售额5.78亿元,增长3.6%。

2003年,全市供销合作社系统综合经营总额8.05亿元,实现商品购进总额3.36亿元,同比增长22.14%;实现商品销售总额3.49亿元,同比增长18.10%;农副产品收购4727万元,下降8.32%;售给农民的农业生产资料2.02亿元,同比增长30.98%;售给居民及社会集团消费品5127万元,同比增长23.90%;销售各种化肥25.04万吨,同比增长34.06%。同时创办农产品批发市场、农贸市场14个,年商品交易额达1.70亿元,创办各类种养基地11个;供销社以各种方式联结农户6100多户,帮助农民实现收入2549万元。

2004年,全市实现社会消费品零售总额28.21亿元,同比增长13.2%,增幅比上年加快0.7个百分点。按地域分,市、县实现消费品零售额16.04亿元,增长15.5%;县以下农村市场实现消费品零售额12.16亿元,增长10.3%;按行业分,批发零售贸易业零售额24.66亿元,增长12.9%;餐饮业零售额3.51亿元,增长15.7%。按经济类型分,国有经济零售额3.01亿元,增长35.6%;集体经济零售额1.01亿元,增长12.7%;私营经济零售额1.61亿元,增长16.1%;个体经济零售额21.47亿元,增长10.5%;股份制经济零售额1.11亿元,增长11.9%。全市共有城乡集市贸易市场138个,城乡集市贸易成交总额30.9亿元,比上年增加10亿元,增长47.85%。全市供销社系统全年实现综合经营总额5.98亿元,比上年增长12.42%;商品购进总额2.93亿元,增长12.12%;商品销售总额2.99亿元,增长13.78%;农副产品收购总额3821万元,增长43.54%;售给农民的农业生产资料1.67亿元,增长13.29%;售给居民及社会集团消费品零售额6048万元,增长17.96%。全系统盈亏相抵后盈利3万元,与上年持平,荣获得全区供销社系统经济效益二等奖。

2005年,全市实现社会消费品零售总额32.77亿元,比上年增长13.91%。实现商品销售总额43.85亿元,比上年增加7.56亿元,同比增长20.83%。其中,国有经济实现零售额9468万元,同比下降0.99%;集体经济实现零售额8675万元,同比增长5.64%;私营经济实现零售额6745万元,同比下降9.99%;个体经济实现零售额28.14亿元,同比增长15.84%;股份制经济实现零售额2.14亿元,同比增长9.93%。全市批发零售贸易业零售额27.67亿元,占社会消费品零售总额的84.37%,住宿和餐饮业社会消费品零售额5.02亿元,占社会消费品零售总额15.32%。农村市场消费明显加快,城乡消费差距逐步缩小。来宾市本级实现消费品零售额9.68亿元,增长12.68%,县实现消费品零售额8.49亿元,同比增长17.12%,县(含县)以下实现消费品零售额14.59亿元,增长12.93%。全市共有城乡集市贸易市场138个,城乡集市贸易成交总额30.9亿元,同比上年持平。

表16-1 **2005年来宾市社会消费品零售总额表**

单位:万元

指标名称	总计	兴宾	忻城	象州	武宣	金秀	合山
社会消费品零售总额	327680	141009	51301	47469	44969	19302	23630
按销售单位分组							
市级零售额	96839	77008					19831
县级零售额	84924		24223	25804	27231	7666	
县以下零售额	145917	64001	27078	21665	17738	11636	3799
按经济类型分组							
国有经济	9468	2587	1727	900	1513	2480	261
集体经济	8675	2110	1985	1604	1248	883	845
私营经济	6745	6230	42	52	219	117	25
个体经济	281374	118941	45766	42333	39352	14229	20753
股份制经济	21418	11141	1781	2580	2637	1533	1746
其他经济	—	—	—	—	—	—	—

续表

指标名称	总计	兴宾	忻城	象州	武宣	金秀	合山
按行业分组							
批发零售贸易业	276638	113878	43042	43950	39899	16181	19688
限额以上	22556	12654	1736	2580	2499	1645	1442
限额以下	254082	101224	41306	41370	37400	14536	18246
#个体	236030	96501	37540	39175	34536	11526	16752
住宿和餐饮业	50156	26911	8246	3359	4911	3059	3670
星级(限额以上)企业	2032	2032					
限额以下及个体	48124	24879	8246	3359	4911	3059	3670
#个体	46849	24482	8226	3351	4814	2604	3372
其他	886	220	13	160	159	62	272

第二节 食品副食品

民国年间，境内食糖、食盐、酒类等主要副食品由杂货店综合经营和肩挑小贩串村叫卖。境内肉市主要品种有猪肉、牛肉、鸡鹅、鲜鱼等。民国时期，武宣县生猪收购在市场自由成交，据民国版《武宣县志》记载，生猪收购出口量年约5000头。民国4年(1915年)，来宾县城有官办烟酒专卖分店1家(广西省办)。抗日战争期间和中华人民共和国成立前夕，境内副食品市场萧条。民国36年，武宣县肉猪上市年销量为1.1万头、出口为9000头、内销2000头。民国36年4月，象县上市猪、牛肉4.95万千克。民国37年，来宾县境有屠户5家、代宰工4户5人。县城居民的肉食等主要靠农民提供，上市肉类以猪肉为主，日上市肉猪4~20头。

中华人民共和国成立初期，境内食品自由购销，国家不予限制。生猪、菜牛、家禽、蛋类由私营屠户和个体商贩自由经营。1952年，境内来宾、忻城、武宣、象州四县上市猪肉8558头。1954年，国家对生猪收购实行派购政策，由食品公司统一收购，不准私人经营，派购制度实行后，生猪收购稳定，1954年，境内来宾、忻城、武宣、象州、金秀五县收购生猪7.8万头。1955年，来宾市境内对肉猪实行派购致策，实行“一条鞭”管理，不准私商经营和随意宰杀，畜禽生产健康发展。当年，境内五县肉猪上市7.96万头。1956年，境内各县食品公司取代个体屠户，非农业人口肉食由食品公司定量供应；农业人口在完成派购任务后，可自宰自食或上市销售自养禽畜。因各县肉源不足，政府每年都给予肉类经营亏损补贴。国家对生猪、家禽、鲜蟹实行派养派购，奖售饲料、布票，并成立专门机构进行购销。1957年，境内出现生猪库存爆满，国营食品公司除积极宰杀供应市场外，大量加工腊肉和熟食品，满足群众肉食的需要，境内全年销售肉猪7.52万头。“大跃进”和三年经济困难时期，生猪收购下降。1958年，境内农民家庭养猪收归集体饲养，集市贸易受到限制，猪肉上市下降。全市猪肉上市从1955年的7.96万头降至2.1万头。1959年，猪源急剧下降，市场供应紧张，境内各县采取“凭票定量”办法供应肉猪，采取“肥、粮、猪”挂钩的办法促进生猪生产，即把生猪派购任务分配到生产队，生产队向食品公司交售肉猪，每交售一头肉猪，奖售给原粮20千克。1962年，每出售一头肉猪，增加奖励布票和奖售化肥。通过以上办法，促进了生猪生产的发展。境内猪肉供应开始回升，市场趋于平稳。1963年，境内各县恢复县食品公司，经营食品、副食品。当年，全市猪肉上市量8.78万头。1964年，农村肉猪生产恢复发展，群众和机关干部食肉定量略有增加；对城市、工矿区肉猪的供应增多，逢年过节另增加供应。生猪派购任务以生产队为单位，实行年初定额，一年一定，包干交售。全市当年销出4.65万头，1965年起，农户每出售给食品公司一头肉猪，又加返销猪肉3千克。当年，全市生猪收购量比1959年增加9.61万头，增加3.87万头。1966年，全市生猪收购量为25.4万头。1968年，生猪收购改为“购一留一”和“购留各半”的办法。从1961年，境内各地对盐、糖、烟、酒等商品实行凭票(证)供应。

20世纪70年代，境内各地实行城镇居民按人定量平价供应肉食品。1971年，境内生猪派购任务改为“购一留一”，饲料补助以活猪60千克为基数，补助原粮20千克、每超过7.25千克增补原粮0.5千克；每交售鲜蛋50千克，奖售原粮50千克，由食品部门发给“留一”猪准宰证，允许社员自宰自食或上市交易。1973年，境内各地规定农民“留一”猪准宰证可跨年度使用，50千克以上活猪不准自由上市。1974年，规定凡上交1头肉猪，除执行原奖售办法外，国家增奖布票0.7米。1977年起，境内副食品市场逐步放开，凭票（证）才能购买的商品逐渐减少。1978年，规定凡由国家定量供应肉食的居民所养的肉猪全部卖给国家，国家除按标准奖售饲料外，另发给肉票2.5~5千克。

20世纪80年代，农村商品经济迅速发展，畜、禽、蛋、鱼等肉类上市量大增。1980年，随着生猪市场和消费的变化，生猪收购实行“计划合同收购”，同时允许养猪户自销，市场日益活跃。1982年，境内食品市场开放，供求矛盾缓和。各县（市）食品公司执行生猪、鸡、鸭、蛋品购销政策，按计划价格收购、销售。1984年，国家取消计划收购和计划供应制，食品自由购销。取消生猪派购政策，实行议购议销，对原享受定量供应的非农业人口发给肉类食品差价补助。1985年2月，国家取消生猪派购和鸡、鸭、蛋品的派购任务，实行“多家经营，多条渠道流通”政策，各县国营食品公司的购销业务，采取议购议销的办法，实行随行就市议购议销，参与市场竞争。国营食品公司、集体、个体、肉猪生产者均可宰猪上市，市场购销两旺。1986年12月，市场上不再存在凭票（证）供应商品。

20世纪90年代，境内全部取消食品（主要是生猪）派购任务，市场价格放开，形成国营、集体、个体多种经济成分竞争格局。1990年，境内来宾、忻城、武宣、象州、金秀、合山县（市）国营食品公司共收购生猪15.58万头，占社会收购量45.1%。后因个体商贩经营灵活，抢占市场商机，国营食品公司体制机制问题，在生猪购销上处于被动局面。1991年，境内各县（市）食品部门参与市场议购议销，城镇居民的猪肉供应全部市场化。大多数食品公司主要靠出租门面收取租金和加工经营饲料来维持日常运作。1992年以后，境内国营食品公司基本停止肉类食品收购经营。但是，随着经济的发展，人民生活水平逐渐提高，对肉类食品需求日益增长，社会生产和供应量呈现“井喷式”的增长，不断满足市场需求和人民群众迫切解决温饱的需要。1995年，来宾市以猪牛羊肉，鸡鸭鹅等为主的肉食产量11.17万吨，比1990年增长13.75%，年均增长26.35%。其中，来宾县产量4.26万吨，比1990年增长146.24%，年均增长29.25%；忻城县产量1万吨，比1990年增长53.85%，年均增长10.77%；象州县产量2.63万吨，比1990年增长165.57%，年均增长33.13%；武宣县产量2.21万吨，比1990年增长142.86%，年均增长28.58%；金秀瑶族自治县产量7500吨，比1990年增长114.29%，年均增长232.85%；合山市产量3200吨，比1990年增长68.42%，年均增长13.68%。

1995—2000年，来宾市肉食产量继续保持较快的增长速度，不断满足人民群众日益增长的物质需要。据统计，2000年，全市以猪牛羊肉，鸡鸭鹅等为主的肉食产量21.08万吨，比1995年增长88.72%，年均增长17.74%。其中，来宾县产量9.69万吨，比1995年增长127.46%，年均增长25.49%；忻城县产量2.71万吨，比1995年增长171%，年均增长34.2%；象州县产量3.55万吨，比1995年增长35%，年均增长7%；武宣县产量3.73万吨，比1995年增长68.79%，年均增长13.76%；金秀瑶族自治县产量1.01万吨，比1995年增长34.67%，年均增长6.93%；合山市产量3900吨，比1995年增长21.88%，年均增长4.4%。

2000年后，境内城镇居民食品消费发生重要转变，逐渐摒弃“只求吃饱”的传统饮食习惯，从“粗放型”向“营养型”转化，有意识地注意食品的营养结构搭配。2002年，全市居民人均肉食消费224.16元，占全部食品消费支出的24%。

2005年，来宾市以猪牛羊肉，鸡鸭鹅等为主的肉食产量32.25万吨，比2000年增长53%，年均增长10.6%。其中，兴宾区产量14.43万吨，比2000年增长48.92%，年均增长9.78%；忻城县产量4.74万吨，比2000年增长75%，年均增长15%；象州县产量5.78万吨，比2000年增长62.81%，年均增长12.56%；武宣县产量5.13万吨，比2000年增长37.54%，年均增长7.6%；金秀瑶族自治县产量1.5万吨，比2000年增长48.51%，年均增长9.7%；合山市产量6800吨，比2000年增长74.36%，年均增长14.87%。当年，来宾市居民对于副食品的消费量逐年增加，粮油的消费量逐年下降，城镇居民家庭的食品消费由原来的以粮油为主向以副食为主转化。全市城镇居民食品消费2317元，其中，粮油消费385元，占全部食品消费支出16.62%。蔬菜、干鲜瓜果、糕点、奶及奶制品等消费468元，占全部食品消费支出20.2%，肉禽蛋水产品消费1022元，占全部食品消费支出44.12%。

表 16-2　　来宾市各县(市、区)肉类总产量若干年度对比表

单位:万吨

县(市、区)名称	1950 年	1980 年	1985 年	1990 年	1995 年	2000 年	2005 年	2005 年比 2000 年	
								增减%	年均增减%
总计	0.40	2.05	2.90	4.82	11.17	21.08	32.25	53.01	8.87
兴宾区	0.16	0.85	0.91	1.73	4.26	9.69	14.43	48.87	8.28
忻城县	0.10	0.20	0.51	0.65	1.00	2.71	4.74	75.00	11.84
象州县	0.03	0.61	0.59	0.99	2.63	3.55	5.78	62.71	10.23
武宣县	0.11	0.33	0.51	0.91	2.21	3.73	5.13	37.62	6.59
金秀县		0.05	0.18	0.35	0.75	1.01	1.50	48.39	8.21
合山市		0.01	0.20	0.19	0.32	0.39	0.68	74.13	11.73

注:1990 年以前为猪牛羊肉产量

第三节　食盐专营　烟草专卖

食盐专营

清初,境内食盐实行官卖,盐商向官府缴银,领取盐引,凭引到指定的引岸领盐运销。清康熙二十二年(1683 年),象州盐引额 1099 道,每道可领盐 248 斤 2 两,共计盐 27.27 万斤 8 两。有盐埠 2 处,一在州城西门,一在中平仁义村。乾隆二十四年(1759 年),境内食盐停止官办,改归商办。民国时期,境内销售的食盐多为粤产,民间称为“东盐”,进货地点在广州、梧州、大湟江口一带。中华人民共和国成立前夕,来宾、迁江两县有 5 个盐庄,但因连年战乱,进货困难,食盐供应紧张,价格昂贵。有时 1 担大米只能换 2~3 斤食盐。

中华人民共和国成立初期,境内各地销售的食盐由柳州盐站调给。1952 年,各县设盐业专营公司,由国营副食品站(糖烟酒公司)兼营食盐购销业务,而后供销社也相继销售。1952—1958 年,境内年销量 3000~4000 吨。1962 年,境内各县城、乡镇供销社建立备战盐仓贮存食盐。1965 年在来宾建立大型备战盐仓。“文化大革命”期间,凡经营食盐之国营公司、供销社普遍建仓贮盐。1966 年,食盐销售 3293.24 吨;1972 年食盐纯销量 3655.5 吨,比 1966 年增长 11.14%;1977 年备战盐先后转作商品盐出售。1981 年销售量 7281.5 吨,比 1972 年增长 99.20%;1982 年,境内出现抢购食盐风,人均年购买食盐 5 千克,共销售 4600 吨,创食盐销售最高纪录。1988 年食盐货源不足,个体商贩套购食,盐提价销售,国营公司实行凭证定量供应,每人每月发给盐票 0.5 千克,食盐市场趋于稳定。当年备战盐全部解冻完毕,食盐销量仅次于 1982 年。1990 年取消凭票供应办法。1990 年食盐销售量 7446.06 吨,比 1981 年增长 2.26%。

2003 年 12 月,经自治区经贸委同意,广西壮族自治区盐业公司来宾支公司(县级,负责兴宾区、合山市食盐销售)升格为广西壮族自治区盐业公司来宾分公司,同时增挂来宾盐务管理局牌子,隶属广西壮族自治区盐业公司,负责来宾市四县一市一区 240 多万人的食用碘盐和其他用盐的供应。2003 年,来宾盐业分公司实施以改革食盐流通方式为主要内容的“三改一规范”(改革食盐流通方式、改革企业用人机制、改革分配制度,规范多种经营管理),以市场为中心,抓食盐经营网络建设,全市共建立 34 个食盐委托销售点,碘盐覆盖率达到 95% 以上;落实财务体制改革,实行收支两条线管理,保证资金安全;围绕企业等级达标和仓储改造目标,抓内企业部管理。2003 年,全市购进食盐 6171 吨,销售 6013 吨,完成计划 100.22%,吨盐毛利润 298.51 元,吨盐费用 121.77 元。

2005 年,来宾市盐业分公司加大宣传力度,提高全民食盐专营和加碘意识。在“5·15”宣传日会同市卫生局等部门在兴宾区开展“控制碘缺乏,保护母婴健康”为主题的第十二届防治碘缺乏病日活动,向市民发放宣传图片、宣传单、《食盐专营办法》、《广西壮族自治区盐区管理办法》、“食用合格碘盐,严禁销售非碘盐”等宣传品 4000 多份。8—9 月,来宾盐业分公司与工商部门对来宾市食盐市场进行大检查,全面整顿食盐市场,巩固盐政举报信息网络,发动群众共同参与打击涉盐违法行为,基本保障食盐市场不受私盐冲击。2005 年,来宾盐业分公司继

续抓食盐经营网络建设,强化食盐专营工作,完善盐品配送制,确保碘盐供应。2005年,来宾盐业分公司盐品购进8456吨,超额完成任务;销售10002吨,完成计划100.02%;吨盐毛利润229.04元,吨盐运费102.2元;碘盐覆盖率98%以上,碘盐合格率98%以上,安全经营率100%;向国家缴纳税金99.19万元,人均创收41328元。

烟草专卖

民国时期,境内农村多产吊烟,除自给外,有少量在集市出售。唯来宾、武宣、象州盛产晒烟,色泽淡黄,烟味适中,是加工生熟烟丝、卷烟的上乘原料,年产25~35吨左右,畅销柳州、梧州等地。烟草及其制品的购销,除民国4年(1915年)广西省在来宾县设1家官办烟酒专卖分店外,其余是私营。主要经营烤烟,销往梧州、广州等地。时来宾县有20多家卷烟作坊,最大的是大湾的南强烟庄。生产的卷烟主要销往柳州、梧州等地。民国22年,年收购烟叶出口约15吨。

从1952年起,境内烟草制品由国家专营。先后由县食品站、供销社、土产公司、糖业烟酒公司经营。1963年,全市销售卷烟24.13万条。1965年,柳州地区划象州县为烤烟生产基地;武宣县销售卷烟157箱。1967年,来宾县烤烟产量创历史最高纪录,达45.30吨。但缺乏烟草生产技术,量低、质量差,不具竞争力。1967年,忻城县购进卷烟865箱,销售1009箱;象州县收购烤烟6.3万千克。1979年,忻城县糖业烟酒公司成立,负责全县糖类、卷烟、酒类批发和县城的供应业务。县设烟酒批发部和3个零售门市部。当年购进卷烟7856箱,销售7596箱。武宣县销售920箱。1980年后来宾县烤烟市场日趋冷落。

1985年5月,来宾县烟草专卖公司正式营业,经营卷烟的批发业务。所经营的卷烟以区内烟为主,区外烟为辅,进口烟次之。销售量最大的是丁、戊级烟,有时供不应求。1985年,忻城县购进卷烟231箱,销售228箱。1988年,自治区把象州县列为烤烟生产基地县,当年供销社收购烤烟6.52万千克。1990年来宾县烟草公司销售总额1067.9万元,利润27.99万元,上缴利税19.18万元,人均劳动效率56.21万元。1990年,忻城县购进卷烟61.7箱,销售58.4箱;武宣县销售7022箱;象州县销售卷烟144万条。

2003年,全市共查处烟草违法案件575起,查获各种非法卷烟6016.6条,收缴烟叶烟丝38.3吨,切烟丝机48台,端掉窝点40个,铲除非法种植烟叶800亩,移送公安机关处理16人,其中行政拘留5人,留置11人。

2004年,全市共查处违法案件414起,查获各种非法卷烟53.91件,收缴烟叶烟丝8627.5千克,切烟丝机4台(套),铲除非法种植烟叶1.91万平方米。

2005年,来宾市累计销售卷烟55646箱,同比增长8.38%,完成年度计划的97.96%。其中本地产烟45169箱、区外烟10477箱;卷烟单箱销售额6288元每箱,同比增加656元每箱。获得“广西烟草系统卷烟生产经营完成任务奖”。年内,市烟草专卖局根据广西区烟草专卖局加强专卖力量,完善专卖机构设置要求,重新设置11个专卖市场管理所,配备市管员45人,对专卖稽查机构进行相应的调整。年内共查处烟草违法案件812起,查获各种非法卷烟65.81件,收缴烟叶、烟丝18.84吨,收缴烟丝制造机械1台,捣毁窝点4个,铲除非法种植烟苗9500平方米、烟丝302.2亩,实现罚没款7.12万元。

第四节　统配物资

管理范围

统配物资是指工业生产出来的各种生产资料,包括钢材、水泥、木材、化工等产品。

1958年12月以前,境内所需的国家统配物资由自治区计委分配,经柳州专署计委平衡后下达各县,通过柳州专署商业部门调拨供应。1958年,境内来宾、忻城、象州、武宣、金秀县先后成立物资局(物资公司)以后,统配物资按照“统一领导、分级负责”进行管理(各县(市)物资供应和财务核算均由柳州地区物资局垂直领导)。1960年,境内各县物资局开始经营钢材、杂铜、机电、炸药、水泥等87种商品,货源由上级分配,按各县计委下达计划供应。1962年,境内钢材按国家统配办法购销。各县物资局主要经营木材(1972年业务划归县森工站经营)、金属材料、化工、建材产品、机电产品4大类25个品种。计划分配的物资按各县分配计划和供应方向供应,不纳入计划供应的单位和个人则采取调剂的办法适当供应。物资部门主要经营国家统一管理、分配的计划内物资。如钢材、生铁、铜线、铝线、水泥、玻璃、沥青、橡胶、炸药、机电设备、焦炭等。各县物资局每年编造需要各种物资数量表报地区,地区按掌握的物资数量核定分配指标,各县根据核定的指标进货。1979年,除按计划分配指标购入物资外,各县根据经济建设需要,到地区内外联系议购。物资部门管理的物资有国家统一分配的物资,国家各部分配的物资,各地自定纳入地方分配的物资。管理的品种,随着供需关系的变化,时有调整。

境内物资部门自成立之日起至1979年,经营管理国家统配物资主要品种有:黑色金属类有生铁、钢材、废钢铁等;有色金属类有铜、铝、锌、锡、杂铜等;燃料类有煤炭;化工产品类有电石、纯苯、甲醛、高锰酸钾、烧碱、硫酸、火工产品等;建筑材料类有水泥、木材、平板玻璃、石棉制品等;机电产品类有汽车、金属切削机床、动力机械、电工产品、电动葫芦等。经营管理的部管物资:炉料有年炭、矽铁、锰铁、耐火材料等;橡胶制品有轮胎、橡胶、运输带、传动带、三角带、吸水胶管等;轻工产品有新闻纸、纸袋纸、麻袋等;经营管理的地方管物资主要有:地产小水泥、小规格木材、胶合板、小型电动机、发电机、变压器、锅炉、水泵、轴承、电器仪表、标准件、工量刃具、各种焊接材料等。

1980年后,火工产品、废金属涉及社会治安,仍由物资部门会同公安、工商部门加强管理外,其余物资不再纳入计划管理。

1980年后,全国实行经济体制改革,物资供应部门走向市场经营。计划供应物资逐年减少,指导性计划和市场调节物资增多。指导性计划和市场调节物资敞开供应,大宗物资采取对口直接供应的办法供应。国家统一管理的计划内物资采取“统一计划,全面安排,保证重点,兼顾一般”的原则安排供应,需要统配物资的单位每年需报送计划,各级计划委员会和物资局根据货源情况,核定分配指标,购货单位按分配的指标到物资局购买。来宾市物资销售额1779万元,经营利润28.3万元。1984年,钢材供应实行“双轨”制,除计划内货源外,各县物资部门从柳州、武汉、上海、鞍山、贵州等地钢铁厂购进计划外钢材,按议价敞开供应。

物资供销

1963年,统配物资购销按国家计划,当年全市物资管理部门销售的统配物资40.5万元,盈利9.2万元。1970年销售182万元。1971年销售额443万元,1972年以后销售额600多万元,除1976年亏损1.2万元外,其余年度略有盈余。1980年以后,国家统管物资逐步减少,物资部门除经营物资外,兼营其他。1980年,全市物资销售额2484万元,经营盈利27.1万元。1990年,全市物资销售额1.7亿元,经营盈利476万元。物资销售和盈利分别比1980增长18.92倍、17.95倍。1992年,境内物资销售额1.06亿元,经营盈利255万元。当年,销售额超千万元的有合山、象州、来宾、武宣等县(市),物资销售和盈利分别比1980年增长833%、1871%。1994年,全市物资系统销售额出现大幅下滑,出现亏损。

1995年后,随着市场经济的发展,统配物资经营权放开,生产资料作为商品开始进入市场,境内物资部门物资供应逐年减少。1998年,全市主要统配物资的消费量为:原煤312.2万吨、汽油1956吨、煤油20吨、柴油1.18万吨,分别比上年减少10.6%、27.8%、15%和13.2%。

2000年,境内部分国营物资企业因经济转型等原因,经营亏损,资不抵债。2002年,国营物资企业进行以“三置换一保障”为内容的企业改制,所有企业全部进行产权制度改革。

2005年,来宾市通过实施破产,整体买断、公转民营或私营、注销等改革,全市国有物资商业系统全部完成民营化改制,国有经济成分退出,转变为各类股份制经济实体,统配物资成为历史。

第五节 石 油

经营单位

民国时期,境内来宾、迁江、武宣、象州、忻城县私营杂货店都有煤油供应。石油及其制品都是进口的,称为“洋油”。所供应的煤油一般都是从梧州、广州航运到武宣、象州、大湾、迁江、红渡等沿江沿河码头,再由商贩销往各地。当时煤油只在县城有一定销量。

中华人民共和国成立后,石油及其制品由国家经营。其品种由中华人民共和国成立前单一的煤油逐步扩大到汽油、柴油、润滑油、润脂油等5大类30多个品种,且全是国产货。

1950—1978年6月,境内石油经营销售以各县五金交电化工公司为主体,供销社少量代销。1978年7月,境内来宾、忻城、象州、武宣、金秀石油公司从县五金交电化工公司分出成立,是全民所有制企业。1984年,成立合山市石油公司。各县级公司主要经营汽油、柴油、煤油和润滑油等石油商品,属统购统销商品。统一归属广西柳州石油分公司领导,属垂直管理、经营企业。

2005年，来宾市辖区范围内石油市场经营主体是中国石油化工股份有限公司广西柳州石油分公司所属的来宾、忻城、象州、武宣、金秀、合山6家县级公司。全市有零售经营加油站（网点）165个，其中，属中石化的122个，属中石油的43个，属其他经营单位及个体加油站58个。

石油销售

1950年以后，国家对石油类商品实行计划管理。1957年以前，境内机动车少，销量少，煤油敞开供应，1952年纯销售石油102吨，1957年，煤油销量914吨。1959年，石油类商品货源偏紧，煤油、润滑油亦纳入国家计划，当年石油类销售108吨，销售额20余万元，1960年销售额140万元。1963年以后，石油工业发展，供货比过去多，市场需求也随之增大，销售量增加，1964年销售额162万元。1970年煤油敞开供应。1972年，境内机动车辆增加，当年汽油销售量735吨，比1963年增加4.88倍；柴油销3741吨，增长11.2倍；煤油销1746吨，增长1.88倍。1977年，因煤油销量增长快，货源趋紧，恢复凭证定量供应。1978年，国家对石油产品实行统购、统配，生产用油按实际需要，结合货源情况，核定供应数，凭证分期定量供应。无电区居民的照明用煤油，按户凭证定量供应（一般每月每户供应200~500克）。当年汽油销量为496吨，煤油销量91吨。

1984年起，国家实行价格双轨制（平价、议价）。1986年调高价格，敞开供应。1988年，因汽、柴油车和柴油机增长较快，当年汽油销量7587吨，比1983年增长1.3倍；柴油销8825吨，增长45.57%；销售总金额1.05亿元，增长19.4倍，其中高价销售额占总额89.96%。1991年，按平价、计划外、高价、议价4种价格销售，当年计划外销售额占总数70.61%，平价占22.72%，销售额比1988年少56.79%，但汽油销量比1988年多35.79%，柴油多90.79%，煤油多7.85倍。1995年，销售总额为1991年的254%，比1988年增长10.13%。

1998年，汽油销售1676吨，柴油销售8226吨，煤油销售12吨；2000年，汽油销售1225吨，柴油销售6495吨，煤油销售15吨。

2003年，来宾市汽油消费8.67万吨，其中兴宾区2.99万吨，忻城县1.68万吨，象州县1.02万吨，武宣县1.15万吨，金秀8990吨，合山市9270吨。柴油消费13016万吨，其中，兴宾区6642吨，忻城县115吨，象州县2016吨，武宣县194吨，金秀19吨，合山市4030吨。是年，成品油资源总体偏紧，价格在高位运行。1—4月，因伊拉克战争，我国国内油价紧跟国际市场油价攀升；5—7月，因非典型性肺炎影响，社会需求减少，油价略微下滑；8月以后，市场需求旺盛，资源紧张；12月，出现0#柴油实行限量销售局面，价格也随之升至年内最高位。年内，成品油零售价格最低为90#汽油2.85元/升，93#汽油3.05元/升，0#柴油2.95元/升。零售价格最高为90#汽油3.10元/升，93#汽油3.35元/升，0#柴油3.20元/升。

表16-3 **2003年来宾市石油销售情况表**

县级公司名称	油品购进（万吨）	油品销售（万吨）	销售收入（万元）	利润（万元）
来宾	2.993	2.993	9461.73	727.94
合山	0.927	0.927	3001.46	203.56
忻城	1.678	1.678	5246.34	337.58
武宣	1.152	1.152	3719.08	254.11
象州	1.019	1.019	3281.78	168.93
金秀	0.899	0.899	2932.82	182.33
合计	8.668	8.668	27543.21	1874.45

2005年，来宾市汽油消费12.22万吨，其中兴宾区4.48万吨，忻城县1.25万吨，象州县2.09万吨，武宣县2.02万吨，金秀瑶族自治县1.27万吨，合山市1.09万吨。柴油2.02万吨，其中，兴宾区7447吨，忻城县51吨，象州县650吨，武宣县143吨，金秀瑶族自治县27吨，合山市1.19万吨。是年，成品油资源总体偏紧，油价继续在高位上运行。特别进入9月份，国内资源愈发紧张，国内油价紧张国际市场油价攀升。年内，成品油零售价格最低为90＃汽油4.15元/升，93＃汽油4.40元/升，97＃汽油4.80元/升，0＃柴油4.00元/升；零售价格最高为90＃汽油4.25元/升，93＃汽油4.55元/升，97＃汽油4.90元/升，0＃柴油4.20元/升。

表 16-4 2005 年来宾市石油销售情况表

单位	销售量(吨)	销售额(万元)
合计	122196	68942.08
来宾市区	44806	25177.48
象州县	20965	11741.51
武宣县	20263	11404.54
金秀瑶族自治县	12761	6990.49
忻城县	12453	7287.16
合山市	10948	6340.90

第六节 药材药品

中华人民共和国成立前，境内各地医药资源缺乏，本地所产药材大部分外流。境内各县各药房用药一般从贵县、柳州、南宁及广东等地购进。民国29年(1940年)，全市有中药店26家。民国37年有中药店34家，西药店5家(官办)。

1950年后，国家对药材实行统一收购，执行计划价格。主要收购金银花、小环草、石莲子、山枝子、蛇床子、草决明、土花椒、千层纸、陈皮、鸡内金、斑毛虫等45个品种。

1956年6月，来宾、忻城、象州、武宣、金秀等五县成立中药材公司，主要经营中药材收购和调运(在此之前由县土产公司经营)，兼营少量的中药零售业务。西药、中成药由各县百货公司和贸易公司经营。

1958年2月后，西药、中成药的采购、批发、零售业务由各县工业品批发部经营。1961年10月，各县中药材公司与县工业品批发部西药、中成药专柜合并，组成县医药公司(后加挂县药材局牌)。主要经营药材收购、调运和药品的采购、批发、零售业务。同年实行统一调拨制，保证药材(品)的供应。

1963年，境内药材收购执行奖售制，奖售原粮、化肥、布票等。当年兑现奖售粮8.99吨，棉布1138.8米。

1973年，各县引进种植板蓝根、半夏、泽泻、生地、白芷、玄参、川芎、黄芪、莪术、茯苓、杭菊花、罗汉果、杜仲、黄柏、使君子等10多种中药材；引进养殖药用鸡、药用乌等动物药材。同年，各县医药公司委托乡镇供销社建立医药批发部，经营药材(品)和医药器材500多个品种。

1983年起药材收购执行计划价、浮动价和自由价3种价格，同年成立合山市医药公司。1985年，各县(市)县城(城区)设药材(品)批发零售商店。1986年统计，全市医药公司经营药品635种，针器械546种，中成药616种，中药材492种。

1991年，境内来宾、忻城、象州、武宣、金秀、合山6县(市)医药公司有职工500多人，下属医药商店24个，批发站12个，固定资产248万元，流动资金514万元，销售总额1361万元，利润67万元，上缴税利134万元。

1995年，全市医药公司药材品购进总额3932.71万元，销售总金额4231.53万元，实现利润132.3万元。1995—1997年共盈利187.7万元。1998年后，受市场竞争环境影响，国营医药公司经营状况每况愈下。

1999年6月，全市各县工商、卫生等部门开展市场药品整顿，取缔72家非法经营药品户；对医药公司存在的不符合出售的过期药品进行清理、报废。共清查出112个品种116件，价值11.3万元。2000年7月3日—13日，历时11天，共出动765人(次)，对全市各乡镇的违法经营药品进行整顿，对111户经营药品户进行突击检查，暂扣药品542种，价值人民币约150万元。

2000年，全市6县(市)医药公司有职工692人，经营网点45个，商品购进总额2042.83万元，销售总额3035.12万元，亏损134.13万元。1998—2000年累计亏损480.92万元。

2001年，由于受到市场经济改革的影响，个体企业冲击国有企业，全市国营医药经营企业销售额严重下降，当年药品销量仅为1300万元，比2000年下降40%，累计亏损665万元，职工无法发满额工资，经营资本严重短缺，企业临于无法运转的边缘。

2002年，全市医药公司主要经营医药用品，兼营中草药材，保健品，医疗器械等。全市全年购进药品总额2663万元，比上年增长7%；药品销售总额3888

万元，比上年增长 6%；实现利税 119 万元；全年共还历年贷款 110.5 万元，还历年欠款 163 万元。因为工员多，负债大，职工平均月工资只有 300~400 元。

2005 年，全市医药公司药材药品购进总额 1690.73 万元，销售总额 2333.46 万元，亏损 750 万元。

第七节 农副产品流通

清末至民国末期，梧州素为桂西南商业中心和土特产品集散地。来宾境内红水河、柳江、浔江沿岸的忻城、迁江、来宾、象州、武宣县和云、贵边陲地区的农副土特产品大部分经江河运输集散，从梧州转口穗、港或运销国外。民国时期，境内从事农副产品集散贸易的行业有经纪行、粮油、山货等，品种有谷米、杂粮豆类、红瓜子、花生仁、芝麻、土糖、桐油、花生油。另有各种山货、野生中草药、砂纸、八角、酱油。农户出产的农副土特产品大都自产自销，自由贸易。

中华人民共和国成立后，国家对生活资料的流通实行完全的计划管理，按行政区划、经济区划设置一、二、三级批发，国营商业“一统天下”。农副产品如猪、禽、蛋等实行统购、派购任务；工业品实行统购统销，统购包销、层层计划调拨。1950 年起，境内国营、集体商业企业开始经营土特产品。1951 年收购总额 18 万元，1954 年 240 万元。1956 年以后，除粮、油等以外的农副产品和废旧物资，划归供销社经营。1957 年 8 月，国营、集体商业企业负责 60 多种农副土特产品统购、派购。1961 年统、派购产品减少到 25 种，并实行物资奖售。1971 年收购总值 961 万元，1975 年收购金额比 1971 年增长 37.53%。1979 年以后，统、派购品种进行调减，1980 年，国家实行改革开放政策，缩小二类农副产品管理范围，扩大市场调节比重，逐步取消粮、猪、禽、蛋等农副产品统购、派购政策。1980 年收购金额比 1975 年增长 74.38%。1983 年，境内放开 536 种小商品价格，逐步取消凭证、凭票定量供应商品，地区一、二级批发站先后下放各县地方管理。1984 年，自治区商业厅管理的计划商品，减少到 23 种。在农副产品中生猪、牛皮的收购、调拨、出口指标等 10 种商品实行自上而下的分配管理形式。1985 年，自治区商业厅管理的计划商品减至 12 种。其中：食糖等商品实行指令性计划管理；生猪、牛皮等 9 种商品实行指令性计划管理。农副产品市场开放。为保护农民生产积极性，当年供销社保价收购销路不畅的木薯淀粉 2140 吨，罗汉果 14.3 万个；1985 年保价收购金银花、灵香草共 1444.4 吨、桑蚕茧 202 吨；1985—1986 年保价收购黄红麻 4593 吨。1986 年收购总额 2543 万元，比 1983 年增长 8.34%。1991 年 12 月，境内取消国家在商品流通中的指令性计划管理。1990 年、1995 年，全市农副产品收购分别比 1986 年多 33.46% 和 105.9%。收购的土特产品，大部分在系统内调拨或供应出口。其他商品（除棉胎外）纯销售集中在 1951—1958 年、1981—1995 年。木薯干片销量为收购数的 11.66%，毛竹、柑橘分别为 6.91% 和 3.46%。2000 年上述三种商品销售量分别占收购总量的 30.5%、58.13% 和 1.82%。2005 年，来宾市除烟草、食盐、石油、医药分别不同情况实行专项管理外，其余所有农副产品和日用消费品全部放开。

主要农副商品收购

木薯干片淀粉 1954 年，供销社代理收购木薯干片 467 吨、淀粉 240 吨。1959 年，木薯干片收购 410 吨，淀粉 112 吨。1963 年木薯降为三类物资，划归供销合作社经营。1963—1967 年，平均每年收购木薯干片 2100 吨，木薯淀粉 248 吨。1973 年，收购木薯干片 4896 吨，淀粉 2381 吨。1982 年，木薯实行议购议销，至 1989 年，平均每年收购干片 7127 吨，淀粉 7887 吨；20 世纪 90 年代初，出口减少，木薯收购亦相应削减。1990—1995 年，年均收购干片 3180 吨，淀粉 5167 吨。1998 年后，农村调整种植业结构，农民群众大力发展甘蔗、水果等经济价值更高的农副产品，木薯种植大幅压减，2000 年，境内收购木薯干片淀粉不足 1000 吨，主要集中在国营农场。2005 年，境内国营农场出产的木薯干片淀粉仅 300 多吨。

桐　油 1957 年划归供销合作社经营。1959 年纯购入 246 吨，1961 年以后，年收购量从 200 多吨降至 1966 年的 118 吨。1969 年以后，油桐生产发展。1970—1975 年，年收购量 400~520 吨。1980 年，供销合作部门按收购额 8% 提取生产扶持费，提供千年桐、无性系对年桐等优良品种供林农选种。到 1981 年桐油年收购在 500~600 吨。1984 年，桐油改为三类商品，实行多渠道经营，年收购量降至 300~400 吨。1988 年起，供销社加强产前、产中、产后服务，1989—1992 年共收购 4271 吨，平均每年 1242 吨。1995 年收购 1637 吨。2000—2005 年，共收购 2250 吨，平均每年收购 450 吨。

毛　竹 1951 年多家经营，当年收购毛竹 2600 根，1956 年收购 27.3 万根。1957 年由供销社经营。1958 年受“大跃进”运动影响，当年收购 82.8 万根，比1957年多1.85倍。1961年，国家对农民销售的毛竹给予物资奖售，当年收购42.4万根。1964—1969年，年收购31万根至47万根。70年代初，为开发山区毛竹，国家拨出资金帮助社、队修筑林道，并给予运费补贴，1974—1983年，年收购量50万根至100万根。1984年，毛竹市场开放，1987年收购40万根。1990年，基本建筑用的竹脚手架被钢铁管取代，毛竹需求下降。1995年，基建用的竹踏板需求量增加。1995—2000年，年平均收购28万根。2000—2005年，年平均收购10万根。

烟　草　1951年，收购晒烟叶11吨，1952—1963年，平均年购入18吨；1958年收购烤烟叶5吨。1964年起，各县利用冬闲稻田种植冬烤烟，1966年共收购烟叶213吨，其中烤烟占85.62%。1969—1973年，烤烟年均收购量168.8吨。由于烤烟的质量不高，收益少，产量下降，1982年未收上烟叶。1985年，来宾、象州、武宣等县根据市场情况，引进良种晒烟种植，1988年收购烟叶694吨，其中晒烟占82.75%。1990年，各县调整烟叶品种结构，1992年收购烟叶1629吨，其中烤烟叶1325吨。1993年以后，市场供求关系变化，一些产区将烟地改种甘蔗，1995年烤烟收购量仅为1992年的5.85%。1995年以后，国家、自治区调整烟叶种植区域，来宾市境内不再是烟叶生产范围，除了农户零星种植外，烟叶收购交易大幅减少。2000年，出产烟叶28吨，2005年，出产15吨。

松　脂　1954年，代梧州松脂厂收购45吨。1955年，广西省工业厅委托供销合作社收购，当年收购156吨。1957年，松脂列入国家统购物资，当年收购数比1955年增长46.91%。1958年秋，为放“钢铁卫星”，砍伐部分松树林，当年收购100吨，为1957年的38.24%。1961、1962年，国家收购松脂曾给予粮食、棉布等物资奖售，但收购量仅27吨。1963年以后，松脂生产发展，1964—1968年，全市平均每年收698.6吨。1969年以后，收购量略有下降。1978年，调高收购价格，当年收购数比1977年增长58.97%。1980年，松脂由林业部门经营，委托基层供销社按计划代购，收购量下降，1983年仅购进3吨。1984年，松脂市场开放，不少厂家直接到产区设点收购，供销社年收购量在100吨以下。2000年，全市出产松脂5563吨。2005年，出产8190吨。

柚　子　1951年开始收购，1955年收购69.35万个。比1951年增长13.6倍。1956年，沙田柚列为二类或重要的三类农副产品，由供销合作社统一收购。1956—1959年，平均每年收39.5万个。1960年，果品供应紧缺，收购量下降。1961年，虽实行奖售原粮，但仅收购7.4万个。1963年以后，产量增加，1964—1973年，年均收购11万个。1974年以后，年收购量下降至6万至8万个。1979年，国家调高奖售化肥标准，1981年，收购量恢复到10多万个。1983年，柚子市场开放，供销系统收购量从1984年的13万个到1988年的6多万个，1992年再降到3万个以下，1994年没有收上。2000年，境内柚子出产45万个。2005年，全市出产柚子3740吨约149万个，其中沙田柚1142吨约45.68万个。

柑　橘　1951年开始收购，1957年收购280吨，比1951年增长10.4倍。1958年收购358吨。1963年收购102吨。1964年，柑橘列为二类农副产品，实行派购，给售货方化肥奖售，年收购量仍在80多吨以下。1970年，部分县发展柑果生产。1972年收购量469吨，1977年1124吨。1981年，采取与生产大队签订合同、大队将任务分配到生产队的办法，同时加强产前、产中、产后服务，当年收购2089吨。1984年，农副产品市场全面放开，1992年收954吨，1995年仅收购110吨。2000年，出产1.8万吨。2005年，出产2.8万吨。

第三章　服务业

来宾市服务业的自然行业较多，分别隶属于国民经济的各个部门，在来宾市归口商业系统领导和管理的，历史上曾有旅宿、理发、照相、浴池、洗染等行业，在部分地区，还有租赁、修理、刻字、茶水等行业。

来宾市服务业的发展有几种走势：一是经营正常，不断发展。旅宿、理发、照相行业虽形成年代不同，但均一贯保持正常经营，尤其在市场开放以来，各种所有制纷纷投资经营，业务突飞猛进。二是条件变化，出现萎缩。浴池、洗染、租赁、茶水行业，由于价格、需求、代替等各种因素，业务大为减少。三是适应需要，新建营业。随着市场的需要，旅游、装饰、行业机具等行业应时而生，先后建立经营，按“家务劳动社会化”的发展趋势，范围将不断延伸。四是体制影响，归口更改。由于社会的需要，修理业始终保持较大的业务量，尤以市场开放以来个体经营发展很快，修理重点已由修理钢笔、钟表、自行车、收音机，转为修理鞋类、提包、摩托车、电视机、空调机、电冰箱等。

20世纪90年代以来，来宾市服务业出现两个趋向：一是一业为主兼营其他。如旅宿业兼营商场、餐饮、舞厅；理发业兼营美容、化妆用品、理发工具；照相业兼营录像、扩印、照相器材。二是向服务综合体发展。纷纷出现以大型饭店为依托，配置酒楼、茶室、市场、舞厅、理发室、咖啡间、游乐场等，形成系列化的服务大楼。

来宾市服务业各自然行业之间虽发展不平衡，但总的来说尚能适应各个时期的社会需要。尤其在市场开放以来，许多方面出现了重大变化，经营甚为活跃。2005年，来宾市县城以上服务业有网点7680个，从业人员1.22万人。营业额4.5亿元。

第一节　餐饮业

来宾市境内风味小吃品种繁多，色香味美，各具特色，有米粉、米糕、糍粑、粽子、元宵、汤圆、八宝饭、彩色糯米饭、黄香饭、鸡蛋糕、绿豆糕、艾馍、竹筒饭、烤红薯、烤玉米、豆腐肴、南瓜扣、竹笋粉丝等小吃。民国时期，境内饮食业均属私营，以来宾县城厢街、迁江街、大湾圩，武宣县武宣、二塘、东乡、三里圩，象州县象州、寺村、石龙、罗秀圩，忻城县城关、古蓬、思练、大塘圩等中心圩镇为盛。饮食业多以经营粉摊为主，另有甜品、面食、油炸食品、粽子等，饭店（酒家）极少。其中，来宾、迁江、武宣县的饮食业比较繁荣。来宾李仁宽经营的“高楼馆”以味美价廉和服务优质在来宾、迁江两县饮食界中声誉极高。该馆平时营业额在35元国币左右，圩日则高至300元以上，常备菜谱有20余种，以牛腊巴最负盛名，民间有“上馆当上高楼馆，点菜勿忘牛腊巴”之说。民国37年，来宾市境内有饭店（酒家）36家、小食摊500多个，年营业额12万多元银币。

1950年以后，经营饮食多为资金小的店铺。1952年，全市饮食经营2699户，营业总额125万元，平均每户759元。1955年，经营业户比1952年减少0.58%，营业总额109万元，平均每户营业额1119元。1956年，对私营饮食业的社会主义改造基本完成，1957年，经营饮食业的有公私合营、合作店（组）、私营、个体店。1958年，来宾县整顿、取缔个体商业，个体饮食业随后绝迹，仅剩下公私合营饮食店42家，员工248人，合作饮食店16家，员工150人，合作饮食小组73个，员工165人。1959年，境内各县饮食公私合营商店转为国营企业。1960年，饮食业所需的原料不足，全年国营、供销合作社饮食营业总额共73万元。1961年，国营、供销合作系统饮食店，经营高于国家牌价3~5倍的高价餐、高价盘菜，敞开供应，当年营业总额96万元。1963年，市场物资逐渐充裕，农村集市贸易活跃，国营店逐步恢复平价供应，个体经营摊点也增多。当年，国营、供销合作社饮食、服务营业总额194万元；饮食合作店（组）（国营商业归口管理，下同）营业额164万元。1970年以后，国营、供销合作系统饮食店新建、改建或扩建营业场所，增添设备，扩大经营项目（如冷饮），1972年国营、供销合作系统营业额3706万元；饮食业合作店（组）营业额170万元。

1978年以后，市场逐渐放开，国营企业投入更新改造资金2467万元，除建商业营业楼外，还建中档饭店6个。1980年，国营饮食业营业额（含服务业）376.6万元，比1978年增长20%；饮食合作店（组）营业额92.3万元，下降35.24%。1984年后，境内大批农民进城开办饮食店，境内餐饮业得到较快发展。1985年以后，私营、个体饮食店增加，1988年，境内餐饮业经营户共6297户，营业额达1086万元，平均每户营业额达1725元。1990年，国营饮食营业额（含服务）277.4万元，为1985年73.6%。同期，饮食合作店因老职工退休，部分人员改营其他，独立核算的合作店营业额37.4万元，为1985年39.74%。私营、个体饮食店（摊）数比1988年减少2.38%，营业额4956万元，平均每户营业额9650元，比1988年增长4.59倍。

1990年以后，国营饭店改为酒家，普遍开设卡拉OK厅，有的附营录像、舞厅、五金交电、日用百货、糖烟酒等，个体私营饭店在激烈的竞争中，根据饮食市场求名、求奇，重视消费环境，讲究“档次”，集团消费明显增加等特点，注重设备更新，适当延长营业时间，改善服务，采取“人无我有，人有我精”的经营策略，开发具有民族特色和地方特色的菜点和风味小吃，生意做得红红火火。境内各饮食服务公司通过深化改革，强化经营管理，提高服务质量，拓展经营渠道，改革管理方式，实行门店分类管理，任务落实到门店摊铺并签订经营责任书，建立奖罚制度，把经营决策权、人事权、财权、工资福利支配权、设备维修保养权等交给各门店摊铺点灵活掌握，自主经营，自负盈亏，有效地调动了广大员工的积极性和创造性。对较小的门店则采取风险抵押承包方式，实行工资与效益挂钩的办法，加强管理，分清责任，奖罚分明，灵活经营，薄利多销，提高经营效益。

1992 年，境内国营饮食（含服务）营业额 377.4 万元。其中，因老职工退休，部分人员改行，独立核算的合作店营业额仅 37.4 万元。该年，私营、个体饮食店（摊）数比 1988 年减少 2.38%，而营业额增加到 7956 万元，平均每户营业额 9650 元，比 1988 年增长 4.59 倍。

1993 年，境内餐饮业总产值 2561 万元（当年价），其中来宾县 813 万元，忻城县 314 万元，象州县 252 万元，武宣县 779 万元、金秀瑶族自治县 224 万元，合山市 179 万元。

1994 年，境内餐饮业总产值 3270 万元（当年价）。是年，各县（市）政府招待所普遍经营餐饮业，负责县内各种会议及有关公务来往人员餐饮接待。1995 年，境内餐饮业共有经营户 5000 多家，年营业额 2.5 亿元。其中国营饮食服务营业额 867 万元；私营、个体饮食店总营业额达 20844 万元，平均每户营业额 15776 元，比 1990 年增加 46.17%。象州县个体户饮食业增至 2120 户计 2975 人，营业收入 1350 万元；武宣县餐饮业经营户 734 户计 1062 人，营业收入 1403.7 万元。餐饮社会消费零售额 1943.4 万元。

1996 年，境内餐饮服务业总产值 8066 万元。其中武宣县个体餐饮业有 664 户计 949 人，注册资金 219.2 万元，营业收入 2195.9 万元，社会消费品零售额 2019.4 万元；私营餐饮业 2 户计 16 人，注册资本 63.3 万元，营业收入 85 万元。象州县个体餐饮业为 1124 户计 1705 人，注册资金 173 万元，营业额 1060 万元。

1997 年，境内餐饮服务业总产值 9370 万元。其中武宣县个体餐饮业 721 户计 1003 人，注册资金 290 万元，营业收入 2312 万元，社会消费品零售额 2073 万元；私营餐饮业 2 户，营业收入 83 万元。象州县个体餐饮业经营户 932 户计 1423 人，注册资金 157 万元，营业额 1025 万元。

1998 年，境内餐饮服务业总产值 8919 万元。其中武宣县个体餐饮业比上年略有减少，只有 530 户计 683 人，注册资金 180 万元，营业收入 1328 万元，社会消费品零售额 1293 万元；私营餐饮业 2 户计 16 人，资本 12 万元，营业收入 50 万元。象州县个体餐饮经营户为 1034 户计 1541 人，注册资金 215 万元，营业额 1119 万元。

1999 年，境内餐饮服务业总产值 9312 万元。其中武宣县个体餐饮业 500 户计 849 人，注册资金 169 万元，营业收入 1100 万元，社会消费品零售额 1500 万元。私营餐饮业 3 户计 26 人，注册资本 48 万元，营业收入 1750 万元，社会消费品零售额 930 万元。象州县个体餐饮经营户 1175 户计 1737 人，注册资金 287 万元，营业额 738 万元。

2000 年，境内各地随着改革开放的不断深化，经济持续发展，人民生活水平不断提高，餐饮业作为开放较早、市场化程度较高的行业，快速持续发展，规模不断扩大。社会投入持续增加，投资主体更趋多元化。社会对餐饮业的投入不断增强，个体、私营、三资企业比例继续增加，网点持续增多；境内各地一批老字号企业得到积极的保护和发展，凭借着较好的信誉、技术和文化优势在各地发挥着品牌示范的作用。在餐饮业网点中，国有经济比重越来越少，以个体、私营和三资企业为代表的非国有经济的比例占到 90%以上，成为行业的主体。在社会化程度日益提高的影响下，随着居民家务劳动时间日益缩短，外出就餐和享受服务的时间不断增长，居民的消费观念和消费方式的转变，住宿和餐饮人群不断壮大，境内餐饮网点迅速增加，外卖、快餐、送餐、小吃、家常菜和半成品加工、超市食品的市场越来越大，以家庭私人消费为主的节假日市场日趋红火，健康美食和绿色餐饮成为重要趋向，市场消费向价格、品位、氛围、服务和品牌文化等综合型方向转变，人们追求健康营养和环境服务的个性消费成为新时尚。当年，境内餐饮业营业单位达 1.1 万户，全年营业收入达 2.19 亿元。其中，个体餐饮业 8500 户，营业收入 1.97 亿元，占 90%。餐饮业总产值 9977 万元。境内象州县有个体经营餐饮户为 1273 户计 1729 人，注册资金 331 万元，营业额 904 万元。武宣县全县个体餐饮业 1905 户计 3369 人，注册资金 758 万元，营业收入 8392 万元，社会消费品零售额 15516 万元。私营餐饮业 13 户，员工 138 人，注册资金 605 万元，社会消费品零售额 202 万元，是历史上该县个体餐饮业发展最快的一年。是年，忻城县国有餐饮企业进行改革，包干上缴，放开经营，分组承包，自筹资金，自主经营，自行纳税，自负盈亏。同时，因柳州至南宁、宜州至柳州的公路改道，过往车辆和客流量大幅度减少，在 G322、G323 国道沿线的大塘、思练、欧洞等乡镇的个体餐饮店经营受阻，多数路边餐饮店停业，全县个体餐饮店减少到 204 家。

2001 年，境内餐饮业实现总产值 12710 万元

(2000可比价,下同)。其中,象州县有个体餐饮业1318户计1790人,注册资金369万元,当年新发展45户计61人、注册资金38万元。而武宣县个体餐饮业则比上年减少1440户,只剩465户计2539人,注册资金245万元,营业收入3348万元。私营餐饮业4户,比上年少9户;雇工91人,比上年少47人;注册资本73万元,比上年少532万元。

2002年,境内餐饮业实现总产值15888万元。其中,兴宾区7963万元,忻城县3269万元,金秀瑶族自治县870万元,合山市869万元。武宣县有个体餐饮业889户计1522人,注册资金1894万元,营业收入1675万元,社会消费品零售额1815万元;私营餐饮业11户,雇工88人,注册资本143万元,营业收入171万元,社会消费品零售额180万元,实现总产值1770万元;象州县有个体餐饮业1370户计1866人,注册资金412万元,当年新发展52户,从业人员76人,注册资金43万元,实现总产值1147万元。

2003年,来宾市餐饮业实现总产值20185万元。其中,兴宾区8855万元,忻城县3394万元,金秀瑶族自治县957万元,合山市1173万元。武宣县有个体餐饮业为493户计1141人,注册资金960万元;私营餐饮业5户,雇工61人,注册资本258万元,实现总产值2017万元。象州县有个体餐饮业1428户计1949人,注册资金457.5万元。其中当年新发展58户计83人、注册资金45.5万元,全县餐饮业实现总产值1859万元。

2004年,来宾市餐饮业营业收入43185万元,实现总产值20077万元。其中,兴宾区9824万元,忻城县3649万元,金秀瑶族自治县1237万元,合山市1420万元。武宣县有个体餐饮业493户计1141人,注册资本960万元;私营餐饮业2户,雇工56人,资金100万元,全县餐饮业实现总产值2421万元。

2005年,来宾市餐饮业营业收入50156万元,比上年增加6971万元,增长16.14%,其中个体餐饮业营业收入4.69亿元,占餐饮业营业收入的93.43%。全市餐饮业实现总产值22052万元。

地方小吃

珍珠糯玉米粥 糯玉米主要产地分布在忻城县境内的城关镇范团、龙头、龙午、尚宁等村以及果遂、新圩等乡镇。20世纪90年代初,当地群众把糯玉米碾成小颗粒(俗称玉米头)后煮成饭、粥当作主食,或在逢年过节时将糯玉米冲碎去皮后磨成粉末,然后加工成后年糕、水圆等糕点。糯玉米粥入口柔软圆滑,甘香可口。1992年后,来往人员增多,尤其在夏天,常有客人在小食摊喝玉米粥。糯玉米粥颗粒圆润,呈乳白色,形似“珍珠”,民众称之为“珍珠糯玉米粥”。“珍珠糯玉米粥”营养丰富,素有“似珍珠却胜珍珠八桂名馔、非御米更超御米五星佳肴”美誉。食用玉米粥有酸、辣、甜、腻等二十几种配菜,美味可口,深受人们喜爱。2005年,忻城县城有4家个体户加工糯玉米头,用硬纸盒或纺织袋包装,在广西区内外销售。另外,县城及各乡镇贸易市场有散装糯玉米头销售摊点80多个,供周边县市商贩或群众选购。

羊　憋 “羊憋”是用山羊胃里和小肠里未完全消化吸收的绿色草末液汁,加入新鲜羊血、羊肠和羊肚等制成,其味道清苦独特。习惯食用羊憋的主要是忻城县马泗乡五龙村和大塘镇新村等少数民族地区的瑶族村民,尤其是在贵客来访时,屠宰大肥羊来款待,羊憋是必不可少的。羊吃百草,羊憋相当于百草药,具有清热解毒功效,对患有胃炎的人有一定裨益。

清水羊肉 “清水羊肉”是用新鲜山羊(必须是放养在石山的山羊)连皮带骨肉,切块后加清水,配大茴香、小茴香、桂皮、草果、砂姜、生姜以及甘蔗等佐料炖熟。清水羊肉汤味鲜,肉质嫩,具有滋阴补气之功效。清水羊肉最早源于忻城县北更乡、遂意乡等山区村屯,1991年后传遍忻城县境内各乡镇。2005年,清水羊肉成为忻城县城各酒店、餐馆、羊肉店和大排档必备的一道菜谱。另,象州县马坪乡的清水羊肉也异常清甜鲜美,享誉桂中大地。

羊　扣 “羊扣”是用放养在石山的山羊带皮肉,加配大茴香、小茴香、桂皮、草果、砂姜、生姜以及酱油等佐料,经煮、炸、蒸烹制而成。羊扣色香味俱全,酥而不烂,香甜不腻。羊扣最早源于忻城、象州县等山区乡镇的村屯,1991年后传遍两县境内各乡镇。2005年,羊扣是忻城、象州县城各酒店、餐馆、羊肉店和大排档常见的一道菜谱。

龙　棒 “龙棒”,壮语称“楞棒”。是用猪血、粳米饭加葱和捣碎的花生米粉末搅拌均匀后灌入猪小肠,入汤锅煮熟即成。龙棒是境内壮族人民普遍喜爱的传统特色食品,其味道鲜美,即可当主食也可做零食。境内各地都有食龙棒习惯,尤其在春节农家杀猪过年时,大多人家都要灌“龙棒”。

豆腐圆 “豆腐圆”是来宾市壮族节庆和接待贵客的一道大菜。壮家人用制好的白豆腐块(俗称水豆腐）加鸡蛋蛋精搅拌做成外皮，然后用少量糯米饭或猪前夹肉（或猪油渣），另加虾米、木耳、香菇、葱花等配料，一同剁碎拌匀做馅，捏成圆状，再用花生油或其他食用油煎至两面呈焦黄色后，放入蒸锅蒸15~20分钟，即可装盘上桌。豆腐圆做成后皮黄味道鲜美，意寓“圆圆满满”。每逢中秋、春节等重大节日或亲人团聚，忻城各地壮家人都要制作“豆腐圆”。

豆腐肴　“豆腐肴”是用来宾市本地产黄豆粉和芥菜加水煮制的素食菜肴，营养丰富，清爽可口。

南瓜花酿　“南瓜花酿”是用新鲜南瓜花作“皮”，再将猪瘦肉、白豆腐、鸡蛋、葱花等食物剁碎抓拌均匀后作“馅”，经水煮或清蒸烹制而成。境内壮家人在南瓜开花时节，都喜欢制作“南瓜花酿”。

油炸馍　“油炸馍”主要用酸菜、猪肉、黑豆、葱花、辣椒等做馅，再用米浆包裹后油炸而成，味道香辣可口。来宾市境内各县（市、区）大街小巷都有摆卖，男女老少人人爱吃，如逢街日，油馍摊常常是人群围绕，边炸边吃。

艾　馍　“艾馍”是用糯米粉和捣碎的野艾菜加糖拌匀后蒸煮制成，香甜可口，韧性足，嚼劲大，具有清热解毒之功效，是来宾人喜爱的一种美食。

五色糯米饭　“五色糯米饭”是用黄花、枫叶、红蓝草等植物的天然汁液浸泡糯米染色后蒸熟，即可做成色泽鲜艳、五彩缤纷、晶莹透亮的黑、红、黄、紫、白等五种颜色的糯米饭。糯米饭入口慢嚼，口感滋润柔软，味道微甘鲜美，醇正平和。来宾壮家人习惯在清明节、“三月三”“四月八”等壮族民间节日食用“五色糯米饭”。

第二节　住宿业

中华人民共和国成立前，境内住宿服务业均为私营，以经营客栈为主，且为数不多，大都集中在县城和商贾出入地。民国年间，境内旅社和客栈不足50家，设备简陋，收费低廉，宿客不多。武宣县城仅有一家“仙城旅社”，其余均为客栈、伙铺。民国35年（1946年），象州县有客栈25家。民国37年，来宾县有客栈3家，迁江县有客栈15家。

20世纪50年代至70年代，境内旅社、客栈在50~90家之间。1955年，石龙县象州片有客栈33家。1956年，金秀瑶族自治县始办国营旅社，仅有床位27个，经济收入甚微。1952—1965年，武宣县有旅社18家，后随着经济的发展，旅社建设有所发展。1966年，武宣县城建成初具模式的旅社3家，有床位220个，各乡供销社也相继建起7家简易旅社，有床位120个，年营业收入为4.3万元。1962年底，象州县饮食服务商店开办旅社。此后，各基层供销社相继兴办旅社。1963年，来宾县成立国营饮食服务公司，公司下辖8个国营饭店和旅社1个。该县供销社系统所属20个基层供销社均开设旅社。忻城县饮食服务商店，下属单位有国营饭店、幸福旅社、合营饭店等。20世纪70年代初，象州县有国营、供销社办的旅社13家。1975年后，中平、寺村、大乐、运江等供销社相继兴建旅社服务大楼，增添床位，更新设备。1977年，忻城县饮食服务公司建成四层楼拥有400个客铺的忻城旅社，旅社增加为旅客缝补衣服、出租雨伞，送旅客看病、乘车等服务项目，该旅社1986年获柳州地委、柳州地区行署授予精神文明先进单位。

1978年后，政策放宽，允许个体、私营经营旅社、客栈，党政机关、企事业单位、铁路、驻军经办的招待所增多，住宿服务业日益兴旺。境内国营商业系统经营的旅社共18个（床位3570张），后经更新改造，建成中档旅馆6个。1980年，国家实行经济体制改革，各县城除国营饮食服务公司设立旅社外，还有行政、企事业办的旅社招待所和个体、私营办的旅社等，境内国营旅社17个，营业床位3781张。武宣县城乡旅社建设进入新的发展时期。该县城除国营饮食服务公司的旅社外，还有县人民政府、商业局、民政局、物资局、外贸局、县供销社办的招待所及六峰商场宾馆等。1981年，象州县的百丈、罗秀、石龙、马坪、象州等乡镇企业均开办有旅社。后由于个体旅社兴起，床位过剩，该县国营旅社床位利用率从1979年的75%降到1986年的40%。1981年，来宾县服务业中经营旅社的有186家，从业人员560人，其中私营160户250人、集体11户110人、国营15户200人。1983年，合山市饮食服务公司重新装修合山饭店，开办旅社，有床位60个。1986年，合山市饮食服务公司在广屯开办旅社，有床位120个。1987年底，金秀瑶族自治县国营旅社建成4层钢筋水泥结构楼房，共有客房53间，其中单人房27间、双人房12间、三人房15间、四人房9间。旅社设有卫生间，旅客住宿方便。

1988年，境内旅社（馆、店）住宿服务业市场竞争压力增大，国营、集体、个体、私营、股份制经营住宿服务业主为改善住宿环境和条件，客房附设卫生间，配电视机、电话、电风扇甚至空调。有条件的旅社还积极开展多种经营，开设夫妻房、母子间、文化活动室、舞厅、餐厅、小卖部,增设停车场、自行车出租、代购车票、代办长途电话、行李寄存等服务项目,同时注重对铺面、店堂、客房装修改造,不断提高住宿服务质量。1988 年,境内个体私营旅社(馆、店)有 607 户,营业额 140 万元。1990 年,境内国营旅社营业床位有 2020 张,营业额 505 万元,比 1988 年下降 16.43%。私营、个体旅社有所增加。象州县共有大小旅社 33 家,其中国营旅社 2 家、供销社 5 家、单位办 2 家、乡镇企业 7 家、村办 1 家、个体 15 家;县城对外营业的招待所共有 3 家,规模较大有县人民政府招待所,有客房 67 间,190 个床位,房内有卫生间、电视机等设备。1990 年,武宣县旅社业收入 140 万元,比 1965 年增长 31.5 倍。1994 年,境内国营服务业增设旅游服务项目、旅社设备进一步改进,营业床位 1552 张。武宣县旅馆业 13 家,其中国有的 3 家、集体的 10 家。在县城只有县人民政府招待所、禄峰宾馆、第一、二旅社,县商业局招待所等。在乡镇有武宣供销社旅社、三里供销社旅社、东乡供销社旅社、二塘供销社旅社、黄茆供销社旅社、禄新供销社旅社、桐岭供销社旅社、通挽供销社旅社。

1995 年,境内有旅社(旅馆)和招待所 800 多家,年接待旅客约 300 多万人次,营业收入 2000 多万元。其中私营、个体旅社营业 746 户,营业额 1900 万元。武宣县有旅馆 36 家。其中,国有旅馆 3 家、集体 10 家、个体户 23 家,23 家个体户旅馆当年营业收入 34.8 万元。1996 年,武宣县个体旅馆业有 23 户 30 人,注册资金 24.6 万元,营业收入 107.3 万元;私营旅馆业 10 户,雇工 13 人,注册资金 7 万元。1997 年,个体旅馆业 18 户 23 人,注册资金 8 万元,户数比上年少了 5 户,营业收入 68 万元,比上年少 39.3 万元。1998 年,个体旅馆业 30 户,比上年增加 12 户(上年的 10 户私营企业改办为个体户)32 人,注册资金 12 万元,营业收入 63 万元。1999 年个体旅馆业 31 户 38 人,注册资金 15 万元,营业收入 120 万元。私营旅馆业 12 户。

2000 年,境内旅社(馆、店)和招待所 1200 余家,比 1995 年增长 1.5 倍;年接待旅客约 800 万人次,比 1995 年增长 1.67 倍;年营业收入 5000 万元,比 1995 年增长 1.51 倍。

2005 年,全市有旅社(馆、店)和招待所 1300 余家,从业人员 2.5 万人。营业收入 1.2 亿元。全市以评定旅游星级饭店为契机,对森明大厦、蓝鹰大酒店、金秀避暑山寨、武宣银宇宾馆、合山红河酒店等宾馆酒店按星级酒店的要求和标准对软、硬件设施进行改造,提升床位数近 400 个。全市的星级饭店 6 家,其中三星级 3 家,二星级 3 家。社会饭店客房出租率为 66.4%,星级饭店床位出租率为 78.3%。截至年底,来宾市共有床位总数 1.1 万张,其中星级宾馆饭店床位有 927 张。

表 16-5 **来宾市星级宾馆**

星级宾馆	地址
来宾国际大酒店	来宾市维林大道 68 号
来宾宾馆	来宾市中南路 118 号
来宾市中兴大酒店	来宾市新兴北路 246 号(汽车站主楼)
来宾大酒店	来宾市柳来路 380 号
来宾市森明实业有限公司森明酒店	来宾市柳来路 167 号
象州县广源大酒店	象州县北山路交通大厦
象州县星都宾馆	象州县象桐路 122 号
象州县金长城宾馆	象州县河东大道 102 号
象州县宾馆	象州县象江路
忻城县富康酒店	忻城县邮政局大院内
金秀瑶族自治县莲花宾馆	金秀瑶族自治县解放路
金秀瑶族自治县瑶族避暑山寨	金秀瑶族自治县公园路
金秀瑶族自治县政府招待所	金秀瑶族自治县平安路

第三节　照相　理发　美容　沐浴　修理　家政服务

照　相

20世纪30年代，境内来宾、迁江、武宣、象州等一些经济繁盛市镇逐渐有了照相经营店铺。照相业初期多是受邀外出为老人、团体和要人莅临现场拍照。1949年，境内来宾、象州、忻城、迁江、武宣县城有私营照相馆11家，从业人员约20多人。

中华人民共和国成立后，境内照相业在原有基础上。经过公私合营，进而建立各县国营照相馆。国营照相业自建立以来，曾经历市场多次变化，但在经营、技术上始终居于主要地位。

20世纪70年代，在店外实行流动照相，照相员背相机到乡镇、景区巡回服务，曾盛极一时。80年代初期，来宾市照相业开始引进彩照扩印设备，并迅速发展，彩照的冲洗、扩印、拍照已成为业务经营的主流。照相业多采用手照机连动闪光灯拍照，开始使用国产“影室闪光灯”，多灯调节，各式光型日趋完善。根据需要设立儿童照、婚纱照、团体照、彩色照等专用影室，布景设备渐成规格化。引进彩色扩印设备，实现洗印相片明室自动化。

20世纪70年代后期，境内照相业对照相器材的正式经营，并日益扩大，在各县国营照相业设有照相器材专营及维修店，成为一项重要业务。全市国营照相业1984年照相器材营业额为8万元，1986年为22万元，1989年达144万元。

同时，各单位及个体照相发展迅速。但国营照相仍保持一定比重。

20世纪80年代末，随着人民生活水平的日益提高，彩色照相越来越普及，照相业的规模、设备、技术、服务项目均有很大发展。照相行业推出各种艺术照、明星照、结婚照、化妆照、时装照等服务项目，还有照片装裱、照片过塑、烫金、仪式摄影、婚纱出租等。同时，越来越多的照相企业，如翔艺照相馆、永恒照相馆、天达照相馆等由单一的照相发展为经营与照相有关的业务，兼营照相器材、胶卷、相纸等。随着商品经济的发展，不少照相企业还开展广告业、工业产品照相等业务，开辟了摄影领域新天地。自1988年起，境内每年均征集各方面的摄影作品展览。影展内容丰富多彩，体裁风格多样，摄影艺术贴近生活，从多角度反映改革开放中的巨大成就及广大人民群众的精神面貌。

20世纪90年代初，境内市照相行业引进国际上的彩扩、相机、光源、冲洗、胶卷、相纸等配套的先进设备和材料，降低了成本，机械化、自动化逐步取代了以手工操作的生产，提高了行业经济效益。1990年，境内照相业有执照的经营户140户，从业人员300余，营业额180多万元。

1992年后，照相业市场竞争激烈，经营者采取“争客源、促营销、攻服务、保质量”策略，以立等可取、价格优惠等措施吸引顾客，开展套拍、打折、送礼等活动争取顾客。同时，更新服务设施，购置高档相机和彩扩设备，引进使用先进技术，用广告灯箱嫁接婚纱摄影；引进黄金照相技术，把照片制作在黄金挂坠上；引进数码摄影，制作工作证卡照相；用电脑复制古照片，制作电子相册设备，把照片刻录在VCD光盘上，不断满足消费者的新需求。

2000年以来，随着人们生活水平的提高和数码技术的普及，相机不再是专业人士的摄影器材，数码相机开始进入千家万户，越来越多的普通百姓开始玩起了数码相机。受其影响，传统的照相业面临挑战。

2003年开始，传统的照相馆极度萎缩，走到了尽头，转型或升级，成了照相馆无法避免的选择。来宾市传统意义的照相馆只剩下20多家，取而代之的是各种个性写真馆、婚纱摄影楼、儿童摄影中心。

2005年，全市照相网点遍及所有乡镇，普遍采用彩色摄影，共有照相网点135个，从业人员500余人，营业收入1200万元。

理发　美容

中华人民共和国成立前，境内美发美容主要是个体经营。民国10年(1921年)，境内来宾、迁江、象州、武宣、忻城已办有理发业，发式简单，多以剃光头为主，装头很少，服务较细，有修容、刮耳毛、掏耳屎等服务项目。稍晚才有推剪，可理简单发式。民国38年，商会记载境内有理发业50户，各乡有1~2户，收入菲薄。

1950—1975年，境内理发业发展不快，原因是生产队出工紧，赶圩人少，也有自买理发剪在家互理头发的。1956年，境内对私营商业改造完成后，理发业维持原状，组成合作理发店(组)60余间。1976年，武宣县饮食服务公司开设理发门店1间，职工6人，年均营业收入为5000元。直至1978年，市境内只有6家国营理发店。1978年后，境内城乡理发业蓬勃发展,技术不断更新。1980年,部分理发室引进化学药水冷烫精烫发技术(俗称冷烫),后因其简单、快捷、便宜、效果好而为全市所普遍采用。1983年,各县饮食服务公司理发店选派员到南宁、柳州学习电发技术,回县推广,很受欢迎。与此同时,行业开放,个体理发业兴起,开始有女性理发师执业,发型多样化,理发行业出现新的热潮。1985年,境内有理发网点200余个,从业人员1000余人。20世纪70—80年代,境内理发业服务项目主要有修剪、洗头、剃须、刮脸、烫发、造型设计等。

20世纪90年代,随着人民生活水平的提高,人们不再满足于单一的理发服务形式,有了更高的美容美发需求。为适应各种层次的服务消费需求,理发行业引进、设计新颖时尚的男女发型,普遍利用电动工具理发、烫发,增设染发、修眉、修面、婚礼化妆等新的服务项目,逐步向美容保健领域发展,初步融美发美容保健为一体,传统的理发行业逐步发展为现代美容美发保健业。1990年,象州县有理发店128家,其中国营1家、乡镇企业2家、个体125家;武宣县有国营理发社1家、个体理发户79家,年营业收入为9万元。1995—1999年,武宣县从事理发美容业1701户2661人。2000—2002年,武宣县从事理发美容化妆有907户。

1995年开始,来宾县城出现圣女美容院和佳晶发屋等知名店院,增加染发、推拿、按摩、美容、化妆、面膜、足浴等服务项目。是年,境内理发业注册登记500余户1000多人,营业额120余万元。

1996年后,不少下岗人员看中理发美容及保健服务行业投资少、见效快的优势,纷纷加入美容美发保健业。不断壮大个体私营美容美发保健队伍,满足各种消费层次的需求,活跃繁荣了市场。1998年起,美容美发技术迅速发展,服务项目增设焗油、拉直、干洗等项目。

2000年后,境内理发美容及保健服务业经营户猛增。2003年,来宾市美发美容及保健服务业注册为1125户1365人,注册资金为405.12万元,营业收入3902.35万元,社会消费品零售额1152万元。但由于从业人员素质不高,服务质量参差不齐,价格混乱,理发美容及保健业时有出现损害消费者利益的现象。为此,市公安、工商等职能部门及时予以整顿,取缔一批以医疗保健、推拿按摩为名,变相从事色情服务的美容美发保健场所,逐步规范理发美容及保健行业。

2005年,来宾市美发美容及保健服务业注册馆1555户,从业人员8000余人,注册资金为3500万元,营业收入为6000多万元。

沐　浴

中华人民共和国成立前,浴池业历来网点稀少,营业清淡,主要是来宾气候炎热时间长,群众有经常沐浴的习惯,家庭大多有简单的沐浴设备;寒冷时间短,对依靠浴池的保暖沐浴需要不迫切,故浴池业受到明显的制约。境内淋浴业发展滞后,没有营业性澡堂。20世纪80年代中期,人们生活节奏加快,工作之余需要放松休闲,沐浴业伴随着人们需求的变化,逐步发展起来。1987年冬,象州县饮食服务公司在寺村乡热水村建34间温泉浴室,至1990年共接待顾客7万余人次,其中有不少德国、日本游客及港澳、台同胞客户。2002年,武宣县从事沐浴业有5户,从业人员15人。

2003年,来宾市有150余户桑拿中心开业,从业人员1000余人,注册资金4500余万元。至2005年末,全市桑拿中心发展到200余户,从业人员1500多人,注册资金达2500多万元。

修　理

日用品修理业,包括修理工厂以外的各类修理店(铺)进行的日用品修理活动,如修理照相机、钟表、自行车、缝纫机、收音机、电视机、黑白铁及其他杂品等。1985年,境内注册登记日用品修理业经营户200余户,从业人员250多人,注册资本84万元。20世纪90年代末,随着收录机、电视机、空调、电冰箱等家用电器的普及和日用品品种的增多以及档次的提高,日用品修理业得到快速发展。2000年,全市有个体修理业1200多户3885人,其中从事家用电器修理154户、钟表修理150户、自行车等修理138户。

2003年,全市日用品修理业经营户猛增至2027户3222人,注册资金1431.94万元,营业收入3348.16万元。

2005年,全市日用品修理经营户3550户,从业人员5000多人,注册资金3000多万元,营业收入5000多万元。

家政服务

20世纪90年代末,随着人们物质文化生活水平的提高,来宾市境内对家政服务的需求越来越大。各级劳动、工会、妇联组织和街道办事处,结合解决下岗职工就业问题，成立各种家政服务中心，为家政服务行业注入新的活力。家政服务范围从80年代单一提供家务保姆服务，扩展到家庭保洁、老人陪护、月子护理、接送儿童、病人陪护、家庭厨师、科学育儿等项目，计酬形式有月工资、周工资、日工资、小时工资等。至2005年，全市在工商部门注册登记的家政服务经营单位有13户，从业人员500多人。

家政服务中，境内搬家服务占绝大部分的比重。从20世纪90年代开始，随着人们家庭居住条件的不断改善和工商业活动场所变动频率的增大，家庭搬家、工厂、公司和机关单位搬迁逐年增多，搬家公司业务也应运而生。服务项目也从搬家、搬厂、搬办公楼，扩展到清理化粪池、污水沟，疏通厕所、下水道，清洗外墙、玻璃墙，维修幕墙，更换玻璃，上门开锁、开防盗门、保险柜等。2005年，全市有搬家公司25家，从业人员500多人。

第四节 仓储物流

仓 库

粮油仓库（见粮油志第五章第一节仓藏）。

盐业仓库 1950年，柳州盐业分公司在来宾县建盐业仓库，作为柳州盐业分公司的一个三级站。1988年，改称广西壮族自治区盐业公司来宾支公司，负责来宾、忻城、合山地区工业、农业、畜牧业、渔业和居民生活用盐的供应（批发）。上述三县市城乡供销社各设点储盐销售。2003年12月25日，自治区盐业公司来宾支公司升格为自治区盐业公司来宾分公司，同时增挂来宾盐务管理局牌子。公司主要负责来宾市240多万人的食用碘盐和其他用盐的供应。当年改造仓库8间，铺设食盐仓库木地板1950平方米，全年购进食盐6171吨。2004—2005年，分别购进食盐12900吨和8456吨。

石油仓库 2003年起，在柳州市和来宾市辖区范围内拥有成品油批发权的企业4家：中国石化广西柳州石油分公司、中国石油广西柳州分公司、柳州铁路材料厂、柳州工联公司。在柳州市和来宾市辖区内，石油市场经营主体是中国石油化工股份有限公司广西柳州石油分公司，管辖柳州市、来宾市范围内11个县级石油分公司，有油库3座，加油站132座。2003—2005年，年销售收入分别为10.02亿元、16.70亿元和6.89亿元。

煤炭仓库 合山矿建矿初期，储煤均为露天堆存。民国22年(1933年)，建有井口煤仓储煤。1959年后，各矿场都建有钢筋水泥结构的煤仓。1990年，国营矿区有300~1200吨的煤仓11座。2005年，市境内煤炭工业企业以广西合山矿务局为主，其余是零星分散的一些私人煤窑。合山煤业公司位于合山市境内，公司下辖19个子公司，有20个生产矿井，2005年总产值5.62亿元。

百货仓库、五金仓库 2005年，境内有百货仓库80个、五金仓库6个、农资仓库80个，其中县级百货仓库6个、乡镇级百货仓库74个、县级五金公司6个、县级农资仓库6个、乡镇级农资仓库74个。

铁路物资仓库 境内湘桂铁路境内段10个车站（白山、佳田、凤凰、维都、来宾、良江、平塘、古梦、小平阳、黄坡车站）均设有铁路物资仓库，其中较大的来宾站有物资仓库有2座，其余站各有1座。来（宾）合（山）铁路为来宾市境内铁路专用线，沿线设来宾（水落）、古瓦、桥巩、白鹤隘、河里、柳花岭、合山、东矿等8个站，每个站均建有铁路物资仓库。2005年，来宾市境内承担货运业务的铁路车站主要是来宾、凤凰、白山、良江4个车站，平塘、小平阳站基本停办货运业务。货运分为两种情况：发送货物和到达货物。年内，各车站以“规范货运管理、优化货运职能、健全管理机制、提高服务质量”为重点，深入开展优质货场创建、货运安全生产专项整治和“三查”（查思想、查管理、查作风）活动，切实抓好货源组织和装卸工作，较好地完成了货运任务。发送货物情况：凤凰站运量最大，为当地厂矿企业发送钢铁、金矿、非金矿、矿建、焦炭等货物43.7万吨，完成货运收入3409万元；来宾站排名第二，为当地厂矿企业发送金矿、非金矿、木材和饮食品30万吨，完成货运收入2220万元。到达货物情况：良江站排名第一，组织到达有煤炭、化工物品和粮食等货物，卸货311.3万吨；凤凰站卸货90.1万吨，来宾站卸货24万吨，白山站卸货7.6万吨。全年来宾市境内铁路各车站共发送货物83.2万吨，完成年计划86万吨的96.7%；到达货物总量为434万吨。

军用仓库 民国29年(1940年)，国民政府军第四战区司令部在迁江修建军用粮库1座，储备粮食37.5万千克。1955年，中国人民解放军工程兵部队在来宾县（今兴宾区）境内修建后勤仓库1座。20世纪80年代，境内各县（市）人民武装部相继修建县（市）人武部军械仓库。

食糖储备库 境内15家制糖企业（含廖平糖厂）均建有食糖储备仓库。1992年，自治区糖业公司在来宾县城北建有广西食糖储备仓库(称荣桂仓储),建筑面积7.25万平方米,总库容7万吨。2005年,上述食糖储备库仍在使用。

其他仓库 20世纪90年代起,市境内各县(市)相继建有水产品和肉食品冷冻库,2000年后陆续建有水果贮藏库。2005年,上述仓库仍在使用。

物　流

中华人民共和国成立前,境内物资流通主要是靠各县境内的小商小贩,通过步行或乘坐汽(火)车、货船将物品从生产地、供应地运到接收地出售,从而起到互调余缺作用,以满足人民生活资料、生产资料需要。如金秀瑶族自治县,中华人民共和国成立前县境瑶族与境外壮族、汉族的商品交换,主要依靠汉族、壮族行脚商贩进行。行商凭自己的劳力,在山外购买瑶族所需要的布匹、食盐、金银饰品、火柴、煤油、犁耙等生产资料和生活资料,然后挑进山内,走村串寨,挨家挨户上门兜售;同时,收购瑶族的香草、香菇、木耳、药材、棕衣等土特产品,挑出山外销售。清末民国初,运输物流业多为行栈附属经营。境内红渡、迁江、来宾城厢及象州石龙、武宣等地货栈行业多依靠红水河、黔江、柳江水道设有仓库驳船,代客办理运输、储存商品业务。抗日战争爆发后,广西及西南后方物资运输重心转移到柳州、来宾。来宾县客商通过红水河航运,将广东食盐运至县境销售,同时将县境内的土特产品运往梧州、广东等地销售。抗日胜利后,各业复苏,仓储运输业随之发展,境内红水河、黔江、柳江沿岸水路运输业旺盛一时,来宾县大湾、象州石龙因水陆交通便利,两岸仓储、货栈有100多家。

中华人民共和国成立前夕,境内通货膨胀,市场萧条,运输业大多停歇。

中华人民共和国成立初期,国民经济处于恢复阶段,境内所需的物资数量不多,物资的组织供应由国营商业部门和私营商店共同经营。1952年起,国家开始对主要生产资料实行统一管理,逐步实行单一的计划管理和计划购销体制,控制销售的物资逐步增加。计划供应物资分成一、二、三类。1956年,境内私营储运业大多纳入公私合营企业,国营商业部门仓储物流业由国营、集体运输企业负责。1958年,境内各县成立物资公司,主要负责大宗物资储集、运输、经营。20世纪50年代—70年代,境内物资流通主要靠各县物资局、商业局、供销社、农资公司等部门管理调配。

1979年后,国家计划分配的物资总类和数量逐步减少,指导性物资供应计划和市场调节物资范围扩大,生产资料市场逐步开放。境内国营物资系统相应进行经济体制改革,引入市场机制,逐步建立多渠道的开放式的物资流通,物资部门的各业务相对扩大成为金属材料、化工建材、生产资料服务、木材和机电设备等专业公司。物资管理部门继续发挥国有物资企业的主渠道作用,扩大市场占有率,以保证重点建设,方便人民群众生活。除国营企业外,一些集体企业和个体户也竞相参与经营物资,形成物资销售市场。

20世纪90年代,境内各县物资流通机构设置名称为县物资局、县物资供应公司,主要经营金属材料、机械及电器设备、化工产品、建筑材料,兼营废旧金属回收、计划外煤炭、汽车货运、农副产品、白糖等。

2003年,来宾市委、市政府认真实施“商贸旺市”战略,全面加快提升商贸流通业发展水平,打造区域性商贸物流基地,商贸流通业得到较快发展,促进生产、引导消费、推进国民经济结构调整。

2005年末,全市登记注册的物流经营单位有广西来宾鑫龙物流有限公司、“冠通物流”“韦丰物流”、百家惠超市、百家欢超市、来宾市购物中心、联华超市、中兴购物广场、百姓超市、我家超市、大自然服饰超市、家家福购物广场、汇佳购物广场、腾飞超市、福满多百货超市等100多家物流超市。来宾市水路交通便利,为发展物流业提供条件。主要通航河流为红水河、黔江、柳江,主要通航河道427.4千米,其中五级航道344.4千米,等外航道83千米,拥有港口5个,年吞吐量为1万吨以上的码头13个,26个生产泊位,年设计吞吐能力为货物178万吨,旅客30万人年;拥有运输船舶310艘64901载重吨4293客位,水路货运量93.6万吨,货运周转量43986万吨千米,港口吞吐量完成226万吨。来宾市公路交通发达,全市有道路运输场站15个(其中二级客运站5个、三级客运站5个、四级客运站3个、简易站2个),等级货运站7个,营运汽车5238辆,其中,营运客车1563辆23118座位(中级以上808辆,占51.7%),出租车484辆2394座位(中级以上376辆,77.7%),微型客车333辆2401座位,营运货车2679辆18437座位。全市有货运企业23家(危险货物运输企业3家、危货运输车辆62辆419吨位);全社会旅客运输量2929.6万人,比上年增加36.4%,其中铁路运输119.6万人,比上年增加21.4%;公路运输2714万人,增长 37.9%；水路运输 96 万人，增长 18.5%。全社会旅客运输周转量 137424.2 万人公里，增长 27.3%。全社会货物运输量 3531.3 万吨，增长 24.9%，全社会货物运输周转量 365810.7 万吨千米，增长 41.1%。其中，公路货运量 670 万吨千米(不含各县内短途运输量)，货物周转量 66473 万吨千米。除公路货物周转量外，各项运输量都比上年有所增长。

第五节 废旧物资回收

1951 年，境内供销合作企业开始收购废旧物资。1958 年，境内收购的废旧物资有 30 多类、约 1000 多个品种，纯收购总额 135 万元，比 1957 年增长 4.4 倍。到 1995 年，经营废旧物资共 12 大类 299 个品种。1971—1979 年，境内废旧物资收购金额 637 万元，平均每年 70.78 万元。1980—1989 年，境内废旧物资收购金额 1619 万元，平均每年 162 万元。

1990—1995 年，境内废旧物资收购金额 2754 万元，平均每年 459 万元。1996—2002 年，境内废旧物资收购金额 3500 万元，平均每年 500 万元。

2003—2005 年，全市供销系统切实加强再生资源回收利用工作，积极开展废钢材、有色金属、废铜、废铝等生产性和生活性废旧物资购售业务。加上全市个体、私营废旧物资回收经营户不断增多，全市废旧物资回收业发展迅速。

2005 年，来宾市供销社系统加强再生资源品种经营管理。市永安车船回收有限公司积极开展报废汽车回收拆解业务，全年购进报废汽车 175 辆。市桂中金属回收有限公司采取连锁经营方式，设 50 多个废旧经营网点，管理规范，全年收购废钢铁 4250 吨，经营额 900 多万元。市供销社在柳企业——柳州利宝物资回收有限公司通过开办旧货市场，加强与个体经营户合作，扩大企业经营规模，全年购进废钢铁 7223 吨，完成废旧物资回收总额 1845 万元，销售总额 1838 万元。

第六节 计算机软件服务

20 世纪 90 年代中后期，境内各级机关、企事业单位计算机应用逐渐普及，并进入部分市民家庭，计算机应用服务业应运而生。1996 年，第一次基本单位普查，境内从事计算机应用服务业仅 10 余户从业人员 30 多人。至 2003 年，来宾市注册登记计算机应用服务经营户有 79 户 106 人，注册资金 262.90 万元，营业收入总额 491.00 万元，社会消费品零售额 18 万元。但来宾市计算机应用服务业仍处于起步阶段，经营户大多数均兼营数业，为广大客户提供计算机软件开发、数据库开发、数据存储、数据库维护、网络服务、数据处理、计算机主设备和外围设备的维护修理，以及各种资讯服务。

20 世纪 90 年代末，随着互联网的发展，“网吧”开始兴起，发展迅速。但大都规模小，经营不够规范，存在经营含有色情、赌博、暴力、迷信等电脑游戏，以及超时经营，诱使未成年人迷恋网络等现象。2003 年，来宾市有“网吧”137 家，2005 年发展到 255 家，从业人员 550 人。

2004 年，全市计算机服务业和软件业经营户有 107 户 178 人，营业收入 516.58 万元，人均营业收入 2.90 万元，上缴税金 16.20 万元，人均上缴税金 910 元，固定资产原值 168.10 万元，人均 9444 元。2005 年，全市计算机服务业 123 家，从业人员 399 人，营业收入 1122 万元，利润总额 354 万元。

第七节 娱乐服务

境内娱乐服务业有卡拉 OK、歌舞厅、电子游戏厅(室)、游乐园(场)、夜录像放映厅、夜总会、咖啡厅、酒吧、茶艺馆、台球厅、保龄球馆、网球场、游泳池等。随着娱乐业的发展，迪厅、日光馆、蒸汽馆、健身中心、戏水园、网吧等娱乐项目已成为居民娱乐消费的热点。娱乐消费满足消费者寻求休闲与享乐的高级消费需求。娱乐服务行业常采用吸收会员、有奖销售、折价销售、举办活动等方式促销。不同娱乐项目吸引具有不同爱好、兴趣、年龄的消费者，不同档次的娱乐服务吸引了不同层次的消费群体。

1988 年，境内有娱乐场所 350 余处，其中歌舞厅 150 家、音乐茶座 100 家、录像放映厅 100 余家。

20 世纪 90 年代中后期，为了满足人们对娱乐方式的更高要求，许多娱乐场所不断更新娱乐设施，开设卡拉 OK 歌舞厅、KTV 包厢，并出现了夜总会等综合娱乐场所，录像放映厅却逐渐萎缩。1999 年，来宾市娱乐服务业为 238 户 1060 人，固定资产原值 1827 万元，年营业收入 4710 万元。

2003 年，来宾市娱乐服务业为 338 户 1160 人，固定资产原值 2822 万元，年营业收入 5713 万元。

2005 年，全市娱乐服务业为 453 户，从事人员 1800 多人，固定资产原值 3765 万元，年营业收入 6380 万元。

第四章　商场与集市贸易

中华人民共和国成立前，境内水陆交通方便的乡镇设有集贸市场，经销各种农副产品和日常生活用品，商业网点均属个体私营。

中华人民共和国成立后，境内商业网点发展较快，各乡（镇）所在地均有圩场集市，由供销社负责各种商品购销，大队（村）设有代销网点。中共十一届三中全会后，对外开放，对内搞活，商业网点迅速发展，多种经济成分投资建设商业网点，国营、集体、个体商业竞相发展。20世纪90年代末开始附设商店遍布城乡，大型超市、农贸市场、个体代销点各类商品琳琅满目，商业呈现繁荣景象。2002年12月，来宾市成立后，消费市场需求旺盛，商品销售活跃。2005年，全市共有城乡集市贸易市场138个，城乡集市贸易成交总额35.9亿元，比上年增加5亿元，增长16.18%。

第一节　圩　市

集市圩场

明朝万历年间(1573—1620年)，境内迁江、来宾、北泗、红渡、大塘、象州、石龙、武宣等皆形成圩市。清乾隆十一年(1746年)，忻城县有县厢、宁江（范团）、喇营（加仁）、龙归、弄怀、思练、古万、大塘、毛洞、乾竹等10个圩场。清乾隆二十九年(1764年)建成的象州县石龙（圩）埠，文献有记载。乾隆年间，境内共有圩市123个，金秀瑶族自治县的桐木圩场是方圆百里最热闹的大圩。道光七年(1827年)新增大樟、水晶、岩村3圩，古城、屯田圩不再成圩。清末，忻城县有大小圩场15个（含中华人民共和国成立后划入的古蓬、马泗等地区）。较大圩场有县厢、喇营、大塘、思练、古万、新圩、马泗、渡口、古蓬、北更、遂意等；较小圩场有宁江、隆光、马蹄、欧洞等。清咸丰之前，金秀瑶族自治县山外的桐木、七建、头排、三江、大樟等有圩场、商号。咸丰九年(1859年)，桂林太药店熊同春、黄福泰两家老板进入金秀坐地收购香草，瑶山内地开始有坐商。随后，陆续有汉族人进入金秀定居经商，也有个别瑶族家庭开铺面经商。光绪年间，七建、头排、三江等地均建有圩场。

民国时期，境内各县建设一批简易小圩亭和露天圩场，新型贸易市场逐渐形成。武宣集市除县城外，较大的圩场有桐岭、东乡、三里、二塘、黄茆、禄新、通挽等集市，小圩市（后废除）如二塘的四通圩、三里的勒马圩、仁和圩、通挽的王羌圩，圩期均为3天一圩。民国22年(1933年)，来宾、迁江两县共有圩场26个，店铺184间，资本国币4.65万元。调出的大宗货物有生猪、花生油、黄豆、棉花、红瓜子、山羊等。调进的大宗货物有煤油、棉纱、布匹、杂货等。主要商品有谷米、花生油、菜油、糖、麦和生猪等。象县有象州、石龙、远江、马坪、寺村、三里、人和、三界、中平、百丈、欧村、大樟、罗秀、大乐、界岭、水晶、那隘、中兴等18个圩市，以石龙和当时属雒容县之运江圩规模较大，平均每圩赶圩人数各2000人左右；次为县城、中平、罗秀、寺村、大乐，赶圩人数各1000人左右；再次为百丈、水晶、三里等圩为300~500人；其余圩市为100余人。民国23年，境内有圩市122个。民国24年，迁江县有西南、溯河、北洒、七洞、良塘、河里、溯社、平阳、太里、石牌、韦里、石陵、陶邓等13个圩市。出口以谷米、杂粮、生油、生麸、生猪、红瓜子为大宗；进口以布匹、煤油、日用工业品为大宗。上市主要商品有谷米、黄豆、花生、红糖、甘蔗、玉米、红瓜子、药材、蔬菜、鸡、鸭、木竹制品以及生产生活用具等。忻城县有大小圩场19个。思练、大塘、古蓬圩场平常赶圩人数为2000多人；县城圩1500人；宁江、喇营、新圩、马泗1000人；北更圩800人；遂意圩600人；隆光、古万、渡口、欧洞圩1500人；马蹄圩300人；思吉圩250人；板六圩100人。民国26年，来宾县有接龙、三五、石塘、桥巩、牛岩、大湾、古昔、正龙、塘圩、分界、石牙、双松、良江、大桥、寺脚、北五、迎恩、南泗等18个圩场，均为3日一圩。全县有药材，杂货、布匹、缝纫、油榨兼销售、铜铁器、银器店铺116家，有牛市14个。上市商品有蔬菜、谷米、豆、花生、鱼、肉、鸡、鸭、红薯粉、烟等。民国35年，象县圩市仅余县城、中平、罗秀、水晶、石龙、远江、寺村、百丈、大樟、三里、人和、下里、马坪等13个。象县集市贸易年成交额50万元（国币）以上100万元以下的有石龙圩、远江圩；10万元以上50万元以下有寺村圩、中平圩、大乐圩、罗秀圩；1万元以上10万元以下有水晶圩、象州圩。民国末年(1949年1月1日至9月30日止)，象县集市占地面积4803平方米，有圩场524处,面积3212平方米。武宣县有商业网点502个,其中县城168个,乡村334个。县城商业网点多分布在西街和南街,其次是东街、北街、下南街、下北街。据武宣商会统计,网点中,杂货业(含土产业)34个,烟果业7个,客栈业2个,面房业6个,酿酒业8个,冥镪业5个,药材业7个,纱布(含车缝业)9个,土布业6个,百货业(含文具书籍)19个,理发业5个,屠宰业6个,其他业(含摊贩)54个。

中华人民共和国成立后,境内上市品种多为完成统购、派购、计划收购后的大米、玉米、黄豆、花生、食用油、猪肉、牛肉、蔬菜、仔猪等。1950年,境内各县城、厂矿、乡镇先后建立圩场,各地圩期不同,有3天1圩日、5天1圩日、6天1圩日、10天1圩日。1951年,象县、武宣2县共有商业网点1757个,从业人员1935人,其中国营商业网点12个,职工127人。1952年,忻城县拨款,将城厢(后改称城关)市场移出西宁街外,划地面积3101平方米建圩亭4排32间,告别原来市场仅有6米多宽街道的历史。此外,在大塘汽车站旁边建有两排16间圩亭;在思练建3排20间圩亭;在古蓬建4排32间圩亭。1954年,来宾县有商业网点有1992个,其中个体1191个,合作商业网点210个,供销合作商业网点123个,国营商业网点468个。武宣县商业门店有1831个,其中县城350个、二塘圩281个、东乡圩252个、黄茆圩241个、通挽圩224个、桐岭圩195个、三里圩193个、禄新圩95个。1958年,"大跃进"时期,部分县曾将3天1圩日改为5天1圩日,或7天1圩日、10天1圩日。来宾、迁江两县有城厢、古昔、水落、桥巩、良塘、七洞、北五、牛岩、蒙村、石牙、和平、高安、小平阳、良江、分界、龙北、龙南、大湾、青岭、迁江、石陵、平阳、大里、北泗、陶邓、韦里、石牌、里兰等28个圩场,总面积5440平方米。1959年,石龙县象州片有马坪、石龙、妙皇、象州、运江、三里、寺村、中平、百丈、罗秀、大乐、水晶、桐木、七建等14个圩市。1961年,贯彻执行中共中央《农村人民公社工作条例(草案)》,各地恢复传统圩期。1962年,集市贸易上市品种、数量渐多,价格开始回落,猪肉、活鸡每千克价分别降至24元、9元。1963年,集市贸易恢复正常。1962—1963年,忻城县先后拨款增建马泗、果遂、红渡、加仁等市场,扩建城关、思练、大塘、古蓬市场房子和各市场肉行固定的摆肉桌,较小的市场也圈定场地。1965年,武宣县商业门店为273个,其中纯商业229个、饮食业27个、服务业17个。基中县城66个,县以下乡镇207个。按经济划分,国营商业66个,供销合作社101个,合作店(组)44个,个体商业19个,农村经销店43个。"文革"期间,限制农副产品上市,把发展多种经营视为资本主义复辟,"农业学大寨",批资批修,把农村集市贸易当作资本主义来批判,派民兵封圩、不准群众赶圩。1975年,境内在建设"大寨县"期间,集市贸易一度被禁止。1976年,武宣县商业网点仅有176个。

1978年以后,国家允许多种经济成分并存,商品流通渠道畅通,个体商业蓬勃兴起,市场日渐活跃,圩日行商和赶圩人数增多。忻城县原有市场拥塞,靠近公路的思练、大塘、马泗、新圩、古蓬等圩场,圩日过道两旁成圩,车辆行驶严重受阻。1979年,国家统购、派购、计划收购品种减少,集市贸易日趋繁荣。境内各县人民政府先后发布通告,恢复传统圩日。

1980年,贸易市场进一步开放,集市贸易更加繁荣。1981年,来宾县有私营商业网点891个。1983年,境内各地圩期有天天圩日、3天1圩日、5天1圩日、6天1圩日、10天1圩日。1984年,武宣县商业网点比1980年增加3倍。1986年,国家投资76.48万元,扩建忻城县大塘、思练、马泗、新圩等10个市场和新建周安、安东、加福、弄兰等市场,面积14837.3平方米。1988年,各地圩期有天天圩日和3天1圩日等2种。至1989年,境内市场建设总投资855.9万元,其中,财政拨款76.5万元,市场费开支467.9万元,银行贷款255.4万元,单位集资51.3万元,个人集资4.8万元,合计新建圩亭覆盖面积5.69万平方米。1990年,来宾县有商业网点6544个,其中私营商业网点4647个,合作商业网点25个,供销合作商业网点20个,国营商业网点32个。时全县人口83.6万人,平均每千人有7.8个商业网点。同年,全县社会商品零售总额为2.17亿元,其中国营商业5226万元,集体商业6362万元,有证经营的个体商业6713万元。有大小圩场44个(含厂、矿场圩场),市场总面积16.43万平方米,其中圩亭总面积4.54平方米(比1950年扩大8倍多),露天市场11.89万平方米。其中较兴盛的有来宾、迁江、蒙村、寺山、小平阳、凤凰等圩。当年贸易总成交额为6037万元,比1985年增26.9%。在总成交额中,食品类3622万元,占60.00%;衣着类886万元,占14.68%;日用品类475万元,占7.87%;文化娱乐用品类101万元,占1.67%;书报刊类125万元,占2.07%;医药和医疗用品类328万元,占5.43%;建材类324万元,占5.37%。主要消费品的零售量为食用植物油795吨,粮食 3.66 吨，猪肉和生猪 997 万头，食糖 2433 吨，缝纫机 2487 台，自行车 8211 辆，手表 2500 只，电视机 2620 台，录音机 448 台，电风扇 8112 台，洗衣机 379 台，农药 360 吨，化肥 3.43 万吨。象州县商业网点发展到 3030 个，从业人员 5101 人，全县集市贸易成交总额达 4528 万元，比 1985 年增长 1.1 倍。武宣县共有商业门店 4171 个，比 1980 年增加 6.65 倍，为 1987 年的 297.51%。其中国营商业网点 204 个，供销合作社商业网点 429 个，合作商店网点 44 个，私营个体商业网点 3494 个。

1991 年，忻城县商业网点 610 个，从业人员有 1520 人，主要经营类目有家禽、粮油、家电、家具、菜类、果类、衣类等，社会商品零售总额共 5200 万元。

1994 年，境内市场建设总投资 3043.8 万元，其中，财政拨款 71 万元，市场费开支 1586.3 万元，银行贷款 943.5 万元，单位集资 440.4 万元，个人集资 2.6 万元，新建圩亭覆盖面积 9.60 万平方米，圩亭覆盖面积累计 44.80 万平方米。1995 年，象州县城乡集市贸易网点 22 个，全年贸易成交额为 9651 万元，比 1991 年增长 92.02%，其中县城成交额 1930 万元，乡镇成交额 7721 万元，集市贸易额占社会商品零售额的 38.53%。年成交额在 200 万 ~440 万元之间的市场有马坪乡、百丈乡、水晶乡 3 个，在 450 万 ~1000 万元之间的有妙皇乡、运江镇、罗秀乡、大乐乡 4 个；在 1100 万 ~1800 万元之间的有石龙镇、象州镇、寺村镇、中平乡 4 个。1996 年，象州县集市贸易成交额为 15544 万元，其中县城成交额 2140 万元，乡镇 13404 万元。

1995—1997 年，来宾县投入资金 1714 万元，新建、改建、扩建、迁建金海、电厂、红河农场、桥巩、大里、七洞市场和来宾中心市场，占地面积 4.49 万多平方米。1997 年，来宾县投入 1524.98 万元，新建市场 2 个，扩建市场 5 个。年末，全县有集镇市场 45 处，集贸市场总面积达 21.2 万平方米。有私营企业、个体户 13270 家，有国营企业、集体企业 1376 家。人均集贸市场面积超过自治区规定 0.3 平方米的标准。

1997 年，境内除忻城县外，各县(市、区)市场开发服务中心共投资 2840.3 万元，新建市场占地总面积 3.45 万平方米，建筑面积 3.48 万平方米；改、扩建市场总面积 2.07 万平方米。随着市场经营面积扩大，商品交易量上升。当年，象州县集市贸易成交额为 2.01 亿元，其中县城成交额 4960 万元，乡镇 1.5 亿元。

1998 年，忻城县商业网点 1028 个 2499 人，主要经营类目有家禽、粮油、家电、家具、菜类、果类、衣类等，社会商品零售总额共 7818 万元。增加欧洞、芝州农贸、遂意、恒丰、北更、鞍山、红渡粮所、南星和南康市场等 9 个贸易市场，全县集市贸易总额 2 亿元。象州县集市贸易成交额为 25793 万元，其中县城成交额 9023 万元，乡镇 16770 万元。1999 年，合山市投资建设集贸市场 10 个，占地面积 4.28 万平方米，建筑面积 2.70 万平方米，基本形成市、乡(镇)、矿商品流通网络。象州县集市贸易成交额为 28629 万元，其中县城成交额 6833 万元，乡镇 21796 万元。

2000 年，境内各县积极培育和发展市场，为个体私营企业提供经营场地，鼓励采取股份制、个人投资、社会力量投资兴建市场。至 2000 年底，全市共投资 6057 万元，建各类商品交易市场 87 个，总面积 40.63 万平方米，使全市集贸市场增至 137 个，市场面积 55.33 万平方米：农村商品交易点 120 个，其中企业兴办市场 4 个，个人投资办市场 2 个，城、乡村市场网络基本形成。当年集贸市场贸易成交额 11.25 亿元，占全地区社会商品零售总额的 56%。当年，来宾县投入 98.89 万元，新建夏至、迁江、寺山、石牙等市场钢架棚圩亭 5820 平方米。投入 39.83 万元维修小平阳、陶邓、三五、七洞等危旧圩亭。象州县集市贸易成交额为 34164 万元，其中县城成交额 7850 万元、乡镇 26314 万元。市场成交额在 1500 万 ~1800 万元之间的有百丈乡、水晶乡、大乐镇 3 个；在 1900 万 ~3000 万元之间的有马坪乡、罗秀镇、妙皇乡、中平镇、运江镇、石龙镇 6 个；在 4200 万 ~7900 万元的有寺村镇、象州镇 2 个。

2001 年 12 月，境内各县(市、区)工商部门将市场开发服务中心移交当地政府接管，共移交市场 134 个，总面积 43.4 万平方米，移交建设市场所欠债务 3198.7 万元，分流人员 414 人，工商行政管理部门与所办市场脱钩。

2002 年 12 月，来宾市成立后，消费市场需求旺盛，商品销售活跃。来宾市加快商品市场体系和商业网点建设步伐，积极引起进资金，加快商业网点建设，个体、私营经济和外来投资者对商品市场和商业网点建设加大投入，全市的各类商品市场和商业网点进入快速发展时期，相继建成建材城、家居广场、家居装饰城、小商品批发市场、综合批发城等专业市场。城乡零售市场不断发展，零售业态从单一走向多种多样：百货店、超市、便利店、专业店、仓储式商场、购物中心、邮购、网购以及城乡集市贸易、小商品市场等应有尽有。

2003 年，全市共有城乡集市贸易市场 138 个，城乡集市贸易成交总额20.9亿元。2004年,全市城乡集市贸易市场历交额30.9亿元,同比增加10亿元,增长47.85%。2005年,全市共有城乡集市贸易市场138个,城乡集市贸易成交总额35.9亿元,比上年增加5亿元,增长16.18%。随着居民购买力的增长,一大批新业态的商场、超市纷纷抢滩来宾市区,各县县城、乡镇,所售商品琳琅满目,极大地满足了城乡消费者的需求。

表16-6 2005年来宾市境内主要商场、超市

商场、超市	经营地址
来宾市购物中心(来宾市景程商贸有限责任公司)	来宾市柳来路(农行对面)
联华超市(来宾市联华超市有限公司)	来宾市迎宾广场
来宾市联华超市有限公司柳来超市	来宾市柳来路实验小学开发区1号
来宾市百家惠超市	来宾市前卫路72号
象州家家福购物广场	象州县象州镇商业步行街
合山市汇佳购物广场	合山市人民中路127号中心商贸城二楼
合山市里兰鹏飞超市	合山市里兰综合市场
武宣县福满多百货超市	武宣县武宣镇城北路
武宣县百家惠超市	武宣县武宣镇太平路
忻城县新大众购物中心	忻城县城关镇鞍山路14号
忻城县城关镇万惠超市	忻城县城关镇翠屏西路17号
联华超市(金秀店)	金秀瑶族自治县金秀镇解放路128号

第二节 商品交易

清乾隆十一年(1746年),忻城县城厢圩有土锦(壮锦)出售,思练圩有百合粉出售。民国时期,圩市成交的主要商品有稻谷、大米、糖、油以及家禽等。民国初期,金秀桐木圩场已有大小商号70多家,经营范围达15个行业;民国4年(1915年),旧桂系陆荣廷部属与汉族地主、商人合股,在金秀设立"荣合""广源"等公司经营木材,后生意蚀本,无法支持,由广东督军莫荣新接管,改名"荣新公司",公司经营15年后,由于欺诈瑶民太甚,引发冲突,被迫撤出瑶山。忻城县较大的市场上主要商品有稻谷、大米、玉米、花生油、黄糖、茶叶、盐、猪肉、牛肉、活鸡、活鸭、活鱼、单酒、土布、棉纱、煤油、火柴和柴草等,其中商品交流数量以县厢、思练、大塘、渡口、古蓬圩为多。据民国22年统计,忻城县年商品输出额61万元(国币,下同),输入额44万元。其中城厢圩输入额6万元,输出额8万元;喇营圩输入额5万元,输出额7万元;宁江、隆光、新圩、古万、北更、遂意圩,输入额各为2万元,输出额各为3万元;思练、大塘圩,输入额各为5万元,输出额各为7万元;马泗、渡口圩输入额各为3万元,输出额各为4万元;古蓬圩输入额5万元,输出额6万元。民国23年,境内20个主要圩市共输出货物额达781.88万元(国币),输入货物额达总值124.8万元。民国33年,金秀各商家共有流动资金100万元(旧银圆)。

表16-7 民国23年(1934年)境内主要圩市货物输出输入情况表

单位:元(国币)

县	圩	输出货物总值	输入货物总值	贸易总值	县	圩	输出货物总值	输入货物总值	贸易总值
迁江	西门	60000			象县	三里	45000	25000	70000
象县	水晶	50000	35000	85000	象县	罗秀	150000	150000	300000
象县	大乐	250000	100000	350000	忻城	新圩	30000	20000	50000
象县	县城	14000	20000	34000	忻城	思练	70000	50000	120000
象县	石龙	250000	250000	500000	忻城	大塘	70000	50000	120000
象县	寺村	200000	160000	360000	忻城	古万	30000	20000	50000
象县	中平	250000	150000	400000	武宣	三里	665000	70000	735000

1953年，国家对粮食、油料、糖、生猪、木材等主要产品进行统购派购，此类产品上市数量减少，成交金额下降。1962年，放宽市场管理，当年成交金额比1961年增加3.7倍。1963年初，忻城县市场贸易1千克猪肉由原价24元下降到6元，1千克鸡由20元下降到1.6元。当年集市贸易总额272万元，次年增加到360万元。1979年，国家先后取消对粮食、油料、糖、生猪、木材、棉布等统购派购和统销，境内各县恢复传统3日一圩制。政府鼓励农民发展农副产品生产，把集市贸易当作社会主义经济的必要补充。随后市场开放、商品交易开放，市场交易愈加活跃，交易数额逐年增加。1980年，境内社会消费品零售总额14404万元，其中，来宾县6384万元，忻城县1930万元，象州县2589万元，武宣县3018万元，金秀瑶族自治县483万元。境内农民对非农业居民商品零售额1926万元，1983年增加到6059万元，增长2.14倍；1980年，象州县集市贸易成交金额1061万元。1982年，忻城县市场交易额1899.4万元；1985年，取消生猪派购和油脂油料统购，肉类、油脂上市量突增，境内社会消费品零售总额31504万元，比1980年增加17100万元，增长1.19倍。1987年，金秀瑶族自治县社会商品零售总额3259.2万元，人均241.85元，分别比1952年增加213倍和41倍。1988年，境内综合集贸市场成交总额47003万元，其中肉食、禽蛋类商品成交额占总数53.06%；农民对非农业居民零售额占总成交30.54%。1990年，境内社会消费品零售总额54975万元，其中，来宾县10748万元，忻城县7866万元，象州县11341万元，武宣县7509万元，金秀瑶族自治县3706万元，合山市7972万元。象州县集市贸易成交总额4528万元，比1985年增长1.1倍。当年成交总额中，肉食禽蛋占60.07%，幼畜禽占8.44%，粮食占8.24%，大牲畜占6.31%，水果占6.30%，油脂油料占5.32%，蔬菜占2.66%，水产品占2.66%。集贸市场税收125.7万元。

1991年，境内集市成交总额比1988年增长36.96%，其中，肉食禽蛋类商品成交额占总数52.9%；农民对非农业居民零售额比1988年增长22.1%，占当年市场成交总额27.22%。1995年，境内社会消费品零售总额115423万元，肉食禽蛋类销售比1991年增长87.74%，占当年市场成交总额的48.44%；农民对非农业居民零售额比1991年增长1.28倍，占市场成交总额30.32%。2000年，境内社会消费品零售总额180856万元，其中，来宾县61977万元，忻城县20277万元，象州县40786万元，武宣县30375万元，金秀瑶族自治县13442万元，合山市13999万元。

来宾市成立后，城乡集贸市场繁荣兴旺，市场商品极大丰富，消费品市场日益繁荣，交易活跃。2003年，随着政治经济文化中心向来宾城区转移，人流、物流的聚集，一批超市、购物中心及各类酒店饭店相继开业，来宾市消费市场稳中趋旺，日益繁荣。全市社会消费品零售总额25.86亿元，城乡集市贸易成交总额20.9亿元，比上年增长6.28%。

2004年，来宾市全年实现商品销售总额32.48亿元，同比增长15.01%；实现社会消费品零售总额28.21亿元，同比增长13.21%，增幅比上年加快0.7个百分点。按地域分：市实现消费品零售额8.27亿元，增长20.90%，县实现消费品零售额7.78亿元，增长10.31%，县以下实现消费品零售额12.16亿元，增长10.30%。按行业分：批发零售贸易业零售额24.66亿元，增长12.86%；餐饮业零售额3.51亿元，增长15.67%。按经济类型分：国有经济零售额3.01亿元，增长35.60%；集体经济零售额1.01亿元，增长12.72%；私营经济零售额1.61亿元，增长16.10%；个体经济零售额21.47亿元，增长20.54%；股份制经济零售额1.11亿元，增长11.88%。年内全市个人中长期消费贷款7.76亿元，同比增长42.0%。城乡集市贸易成交总额30.9亿元，比上年增加10亿元，增长47.85%。

2005年，来宾市全年实现商品销售总额43.85亿元，比上年增加7.56亿元，同比增长20.83%；实现社会消费品零售总额32.77亿元，比上年增加4.0亿元，增长13.91%。比2002年增长42.5%。按地域分：市实现消费品零售额9.68亿元，同比增长12.68%；县实现消费品零售额8.49亿，同比增长17.12%，县以下实现消费品零售额14.59亿元，同比增长12.93%；按行业分：批发零售贸易业零售额27.66亿，同比增长13.30%，餐饮业零售额5.02亿元，同比增长16.14%；按经济类型分：国有经济零售额9468万元，同比下降0.99%；集体经济零售额8675万元，同比增长5.64%；私营经济零售额6745万元，同比下降9.99%；个体经济零售额28.14亿元，同比增长15.84%；股份制经济零售额21418万元，同比增长9.93%。全市个人中长期消费贷款7.85亿元，同比增长1.2%。全市共有城乡集市贸易市场138个，城乡集市贸易成交总额30.9亿元，与上年持平。建市三年累计实现社会消费品零售额87.4亿元，年均增长12.5%。

第五章　对外贸易经济合作

来宾市资源丰富。杉木、竹、板材、桐油、茶油、锰矿等10余项是传统的大宗出口商品，畅销粤港澳地区和东南亚国家。中华人民共和国成立前，出口商品由私商收购从梧州口岸出口。解放初，境内各县商业部门没有直接开展对外贸易，进出口商品皆由上级进出口专业公司经营，地方负责提供货源，畜禽、蛋、红瓜子是供出口的主要商品。20世纪60年代，各县成立外贸机构以后，建立出口商品生产基地，出口商品产量逐年增加。1995年，大宗出口商品增加到9大类205个，出口商品由传统土特产品为主转为以工业制成品和矿产品为主。出口商品收购额由1953—1957年的974万元，发展到1991—1995年的5.88亿元。

1996年开始，国家加快赋予生产企业外贸经营权，境内10家内外资生产企业先后获得进出口权。与此同时，境内多数外贸公司由于种种原因，无法适应外贸形势发展变化需要，无能力再进行收购出口商品，导致境内外贸收购出口供货萎缩至极。1996—2000年，境内外贸收购出口额仅为6422.63万元，比上个5年减少5.24亿元。至2001年萎缩到6.25万元。

1992年以前，境内外贸只是收购产品交口岸外贸公司或自治区外贸公司出口，没有自营进出口权，1993年，经国家外经贸部批准有进出口经营权后，1995年，境内进出口贸易额达5911.47万美元，自营出口扩展到13个国家和地区。

2002年，境内完成自营进口额3578.86万美元。2003年，全市自营进口总额3447.34万美元。2004年，全市7家自营进口企业全年进口总额5669万美元。2005年，全市自营出口拓展到29个国家或地区。

境内利用外资、引进技术工作从1984年开始。到1995年底，境内利用外资项目63个，实际利用外资额3110.77万美元。

2003—2005年，全市累计利用外资751万美元，年均250.33万美元。

第一节　机　构

各县（市）机构

中华人民共和国成立之初，境内各县没有设立外贸行政管机构，外贸业务由商业部门负责，但商业部门没有直接开展对外贸易，进出口商品皆由原柳州（宜山）专区外贸局（外贸接收转运站）负责，各县负责提供货源。20世纪60年代后，境内各县始成立专门的外贸机构，负责管理本县外贸工作，境内各县外贸机构隶属柳州专区外贸局。1961年11月，来宾县成立对外贸易站。1962年10月，忻城县外贸组从商业局中分出，成为独立的对外贸易专业机构。1962年，大瑶山瑶族自治县成立外贸站，负责外贸商品收购与出口。1968年12月，金秀瑶族自治县对外贸易站并入县土产公司。1969年9月，来宾县对外贸易站撤销，其经营的禽、蛋品、畜及药材收购出口业务由县食品公司、县土产公司和县药材公司经营。1970年11月30日，忻城县外贸组并入县农业生产资料公司，为该公司的外贸组。1971年10月，来宾县恢复对外贸易站机构，隶属柳州商业局外贸服务站。12月，金秀瑶族自治县对外贸易站又与土产公司分开，由县商业局和柳州地区外贸公司双重领导。1973年4月20日，忻城县成立县对外贸易公司，属商业局领导。12月，来宾县对外贸易站改为来宾县对外贸易公司，隶属柳州地区商业局外贸公司。20世纪70年代末~80年代，境内各县成立对外贸易局，隶属柳州地区对外经济贸易局。1979年9月12日，忻城县对外贸易公司，升格为“忻城县革命委员会对外贸易局”，设业务、计财、储运3个股。1984年，境内各县撤销外贸局，改为外贸公司。11月21日，忻城县撤销县外贸局，改称忻城县外贸公司；12月8日，改为忻城县对外经济贸易公司。1987年，境内机构改革后，各县境挂对外经济贸易局牌子，与对外经济贸易公司，一套人马，两块牌子。对外经济贸易局属行政管理单位，对外经济贸易公司属企业。隶属柳州地区对外经济贸易委员会（简称地区外经贸委，下同）。1991年，境内各县对外经济贸易局改为政府直属事业单位。1994年，境内各县对外经济贸局划归地方政府统一领导，挂对外经济贸易局和对外经济贸易公司两块牌子，一套人马。1997年，境内机构改革，各县撤销对外经济贸易局，保留对外经济贸易公司，改为企业单位事业管理，隶属柳州地区对外贸易经济合作局。至2005年，各县（市、区）没有单独设置商务管理机构，商务工作由各县（市、区）经贸局管理。

来宾市机构

2003年1月8日，来宾市对外贸易经济合作局成立，编制10名，在职干部职工10名，领导职数1正4副，是来宾市人民政府工作部门，正处级单位。内设办公室、计划财务科、外贸外资科。原对外经济贸易局领导不再兼任柳州地区对外经济贸易公司领导职务，原柳州地区对外贸易经济合作局直属公司移交柳州市管辖。2004年6月，来宾市组建商务局，为来宾市人民政府工作部门，将来宾市经贸委的内贸管理、对外经济协调和重点工业品、原材料进出口计划组织实施职能，来宾市发改委的农产品进出口计划组织实施职能，来宾市对外贸易经济合作局的职能整合后，划入来宾市商务局，编制13人，内设办公室、规划财务科、对外贸易科、市场体系建设运行调节科、商业改革发展科、利用外资科。

2005年1月17日，中国国际贸易促进委员会来宾市支会（中国国际商会来宾市商会），挂靠在来宾市商务局，核定为财政全额拨款事业单位，编制3名。同年，撤销柳州地区对外经济贸易公司设立的“香港正誉贸易有限公司”，处置、清算其资产等遗留问题。年末，市商务局核定编制13名，领导职数1正4副，在职名。内设机构为办公室、规划财务科、对外贸易科、市场体系建设运行调节科、商业改革发展科和利用外资科，办公地址：来宾市人民路1号。

市对外经济贸易局局长：谭雄荣（2002年12月—2003年2月），黄胜杰（2003年2月—2004年6月）。

市商务局局长：张洪程（2004年6月—2005年12月）。

第二节　经营体制

1953年开始，境内外贸系统实行系统核算、统一管理的体制。1961年3月，以外贸站为基础，设立政企合一的各县对外贸易局，业务由柳州地区外贸局统一管理。1984年，实行分系统内部独立核算体制，奖励、福利、生产折旧基金彻底分开。1988年，境内外贸系统进行体制改革，实行自负盈亏、自主经营、自我约束、自我发展的管理体制，改变过去系统核算统一管理存在的“吃大锅饭”的现象。实行3年承包经营责任制后，第一年因银行信贷资金紧缺，运杂费用提高，银行利息调高等原因，外贸亏损60.68万元。为了扭亏为盈，进一步加强管理，完善企业内部承包经营责任制，把任务与奖金挂钩，1989年和1990年，全市外贸企业两年共盈利390.7万元。1991年，外贸企业实现盈利222.33万元，比上年增长29%，亏损企业由上年的3个减至1个。1992和1993年分别实现利润187.34万元和167.76万元。1994年，境内各县（市）外贸公司实行柳州地区统一管理，企业独立核算，自主经营、自负盈亏的管理办法，与此同时，将原对外贸企业实行的利润承包上缴办法相应改为实行综合效益目标管理办法。1994年度，综合效益目标基数核实为200万元，所得税目标66万元。是年，境内外贸企业盈利额为127万元，向财政上缴税金379.57万元，是计划任务的2.9倍。1994年以前，境内各县外贸为柳州地区对外经济贸易系统组成部分，业务经营方式是系统内部调拨关系，主要职责是组织收购出口商品调拨给地区、自治区进出口公司。1995年，柳州地区行署发出《关于外贸企业下放管理有关问题的通知》，决定将各县外贸企业管理权下放给各县人民政府管理，外贸企业所有财产、物资和财务核算纳入县级财政管理。境内各县外贸业务经营方式由系统调拨改为自主经营。

1981年，境内外贸系统实行民主管理企业，建立职工代表大会制度。1981年8月，第一届职代会讨论通过《企业管理办法》《奖惩制度》《按分计奖办法》。1985年8月，召开第二届职工代表大会，修改完善奖惩制度，通过岗位责任制，建立经营管理、生产技术、劳动竞赛工作小组、落实提案工作小组，职工福利工作小组。1985年12月，职代会对经贸公司领导35人进行评议。

1987年，全市外经贸系统实行政企分开，各专业进出口公司和厂（场）实行经理（厂长）负责制。

1997年，境内机构改革，各县撤销对外经济贸易局，保留对外经济贸易公司，改为企业单位事业管理，隶属柳州地区对外贸易经济合作局。2000年以后，各县（市）对外经济贸易公司先后撤销或改制为民营企业。

第三节　出口与销往港澳台地区商品

清朝，境内始有对外贸易交往。清咸丰九年（1859年），桂林市熊同春、黄福太两大药店，派员进入金秀瑶山，收购灵香草；汉人黄正美定居金秀村，设店收购灵香草。光绪年间（1875—1908年），平南县思旺许周合利、逢源、均兴隆、聚兴、润兴等商号均派人进山，收购灵香草、黄柏皮、笋干、香菇、桐油等土特产品;蒙山县文圩、夏宜、新圩等地商家亦派人进入忠良乡收购薏米、药材、桐油等。光绪三十四年(1908年),汉商廖义德曾在金秀村设立义德商记,专营灵香草等出口产品。

民国年间,来宾县私营商号经营大米、黄豆、花生、芝麻、玉米、食油、活猪、米酒、花生麸等销往香港,又从香港购进布匹、棉纱、食盐、煤油、火柴、铁灯、缝纫机等商品到县内销售。民国22年(1933年),广西省政府开始对外贸实行国家统制。据民国23年《武宣县志》记载:武宣每年出口谷类、青豆、蔗油、生油、烟叶、瓜子、桔梗、前胡、柴胡、天冬、麦子、牛、猪等土特产13种约值银币38万元。此外还有三里的锰矿远销日本、法国、英国。象县南栈、罗秀林桂两大商号各自收购桐油出口香港,年出口量达8000多担,进口布匹、煤油等。象州孙顺记商号收购生猪、红瓜子、花生仁等,水运至广州转香港,年出口生猪300~400头,红瓜子、花生仁30~40吨。

民国时期,境内销往香港或经香港转销其他国家主要大宗商品计有:桐油、茶油、大米、牛皮、糖、鸭毛、五倍子、活牛、活猪、红瓜子、杉木、楠竹、篙竹、香草、木耳、香菇、沙田柚、锰矿等。

中华人民共和国成立后,对外贸易由国家统一经营,出口商品由国营外贸公司经营。1953—1995年,境内出口商品的品种有9类205个,其中:粮油食品类45个、土产类36个、畜产类19个、轻工类8个、工艺品类8个、医药保健类23个、化工类13个、五金矿产类35个、机械类18个。2000年后,除大宗矿产产品出口外,境内再无其他商品出口。

2005年,境内大宗出口商品有粮油食品、土产、工艺品、化工、畜产品、医药保健、五金矿产等7大类。

粮油食品类

粮油食品是境内传统的出口商品,在20世纪90年代中期前每年均有出口,进入90年代后期,已无粮油食品出口。

活　猪　是境内传统出口商品,中华人民共和国成立前,境内活猪就销往港澳地区。民国时期,境内忻城县每年运销港澳地区活猪500多头,武宣县年均出口约4000头。来宾县大湾叶顺安商行经营活猪销往香港。中华人民共和国成立后,活猪仍是境内传统出口商品。1953—1985年,境内共出口50.03万头,创汇2251.14万美元。1985年以后,年出口仅5000头左右。其主要原因,一是根据港澳需求量,国家采取配额出口;二是猪源品质下降,优质猪少,停止向社会收购,导致出口量减少。1953年,石龙县国营商业提供出口生猪89头。1962—1985年,忻城县出口活猪36956头。同期,象州县出口活猪14520头。武宣县1962—1983年,除1973年、1979年外,其余年份都有出口,出口数较高的是1966年为4668头。1987年后,活猪出口需求从肥肉型变为瘦肉型,国营武宣农场、黔江种畜场致力于培养发展瘦肉型种猪,满足市场需求。1985—1990年,境内8个农场共提供出口优质猪46228头。1990年,武宣县出口瘦肉型猪3039头。1992年后,境内再无活猪出口。

活　牛　是境内传统出口商品。民国时期,外埠商人到象州、武宣等地收购活牛调梧州、广州出口。50年代末至70年代,年收购出口5000头左右。1954—1986年,共收购出口118275头,创汇828万美元。1962—1986年,忻城县出口活牛29877头,象州县出口活牛1605头。1987年后,由于境内菜牛质量差,出肉率低,市场不适销,停止出口。

活　羊　主要销往香港、澳门市场。1960—1985年,境内共出口活羊89376只,创汇233万美元。1960—1985年,忻城县出口活羊69917只。1985年以后,境内活羊品种退化,体型小出肉率低,销路不畅,无计划出口。

乳　鸽　境内养鸽历史悠久,为传统出口商品。1964—1970年,境内出口量只有716羽。1971年以后,外贸部门引进良种在忻城县发展养殖。收购出口量从1971年的5496羽增加到1980年的23.9万羽,10年增长43.3倍。20世纪80年代末,外贸部门自繁自养出口。忻城县在外贸部门的支持和帮助下,从1971年开始引进良种乳鸽养殖,在供外贸出口的同时,也增加了农民收入。当年收购出口乳鸽1617羽,1987年达到18.28万羽,比1971年增长113.1倍。1971—1990年,忻城县乳鸽出口共135.75万羽。1995年后,因养殖分散、数量少、品质下降,乳鸽养殖数量锐减,来宾市再无乳鸽出口。

活杂鱼　是境内传统出口商品。来宾、象州、武宣、忻城等县主产七星鱼、塘角、泥鳅、水鱼、黄鳝等。金秀等县主产娃娃鱼、山瑞、金头龟、鹰嘴龟等,销往香港、澳门市场,1970年前出口数量有限。1979年出口57吨,为历年最高水平。1962—1986年,忻城县收购活鱼出口28.04吨。20世纪80年代以后,保护野生动物,停止收购出口。

桐　油　传统出口商品,销往中国香港、澳门地区和马来西亚、也门、波兰、法国、伊朗等国家。民国

28年，设立广西出入口贸易处柳州分处，其业务为收购柳江流域的桐油。从1960年开始，境内由外贸部门调运出口，至1990年共出口5152.7吨。此后无出口。

柑　橙　柳蜜柑、柳甜柑、柳蜜橙畅销港、澳地区。1957—1995年，境内出口39267.31吨。2000年后，市场不适销，停止出口。

沙田柚　传统出口商品。1954—1992年，境内出口23707.36吨。1995年后，市场不适销，停止出口。

果　胚　利用各种鲜果加工成果胚，供区内凉果厂或罐头厂加工蜜饯、凉果出口。历年加工的果胚有：金橘胚、李子胚、梅子胚、黄皮胚、柠檬胚等，其中以金橘胚为多。金橘为传统出口商品，1960—1981年，境内共收购鲜果9777吨出口。1990年后，市场不适销，停止出口。

火　姜　主销美、英、法、西德、日本及非洲等国。1960—1986年，境内共出口5038吨。主产区为境内忻城县果遂乡古抗、古楼、加书3个村委。马泗、大塘、思练等乡镇也有出产。1967年1月，外贸部门在果遂、马泗、大塘等产地建立火姜加工厂(场)，初步实现生产、加工、出口一条龙。从1965年到1981年忻城县共出口干姜片2802.8吨。1979年为571.8吨，是出口干姜片最多的一年。1982年，忻城县停止出口。

盐水蘑菇　是1980年后境内发展并提供出口的新品种，主产区为忻城县城关、古蓬、遂意等地。1981年，忻城县出口蘑菇14748千克，柳州地区确定忻城县为生产蘑菇的重点县。1983年以后，因菌种不纯，生产下降，无货出口。至1990年，境内共出口1564吨。1992年后，市场不适销，停止出口。

优质米　武宣、来宾县优质谷“七桂早”，1991—1994年，共出口8709.43吨，年均出口2177.36吨。进入90年代后期，因受泰国、柬埔寨、越南等国大米冲击，来宾稻米因价格因素在国际市场无竞争优势，已经无此类产品出口。

砂　糖　1986—1994年，境内出口1.71万吨，年均出口1900吨。主销中国香港、澳门地区和朝鲜、罗马尼亚等国家。进入90年代后期，因受古巴糖冲击，来宾砂糖因价格因素在国际市场无竞争优势，已经无此类产品出口。

腐　竹　1986—1992年，来宾县豆制品厂生产的“圆枝牌”腐竹出口427.46吨。1995年后，市场不适销，停止出口。

土产类

土特产品是境内传统的出口商品，在20世纪90年代中期前每年均有出口。进入90年代后期，因产品竞争力弱，市场不适销，已经无土产类产品出口。

茶　叶　是传统出口商品。1962—1971年，象州、金秀等县集体所有的老茶园供货，出口1257吨。1974年，境内引进云南大叶茶种，各国营茶场扩大茶园面积，出口量增加，1975—1993年，境内共出口红碎茶8461.59吨。

木薯干片　是传统出口商品。主销中国香港地区和法国、意大利、瑞士等国家。1953—1995年，境内出口31704.86吨。1962—1990年，武宣县木薯干片出口3409.8吨。

木薯淀粉　是传统大宗出口商品。武宣、来宾等县农场供货，主销中国香港、澳门地区和欧洲。1961—1995年，境内出口43689吨。由于国内需求量大，且价格高，国际市场售价低，1994年仅出口214吨。武宣县1962年开始出口40吨，1971年出口170吨，1972年出口480吨，1986年出口248吨，1990年出口1162吨。

松　香　1980—1982年，境内出口963吨，1993年为4187.63吨。

红瓜子　系传统出口产品，清代已出口东南亚各国。1953—1995年，境内出口6837.73吨。武宣县1965年出口85吨。1967—1969年，出口下降。1970—1983年的14年间，红瓜子均有出口。1980年红瓜子出口量424.4吨，占当年出口贸易额的52%。1984年后，红瓜子出口规格，要求颗粒大、鲜红、饱满，武宣红瓜子颗粒小，在国际竞争中受挫，出口量减少。

香　菇　宣统三年(1911年)，香菇等7个特产品种通过梧州口岸出口。1960—1995年，境内出口522.43吨。金秀1961—1975年共出口21.9吨。

棺材板　是销往港、澳的传统产品。1961—1995年，境内出口棺材板73986副。1989年以后，货源严重不足，年均出口量为417副。金秀1961—1975年出口2381副。

床　板　是传统出口商品。1961—1985年，境内共出口中式床板111282副。金秀1961—1976年共出口23804副。1963—1983年，出口西式床板1005728块。1985年后再无出口。

竹　类　1961—1986年，境内出口篙竹403.8万支。1954—1994年，出口毛竹263万支、篙竹1316吨。

竹　筷　1988年后，境内每年出口总值100多万元，1990年348.9万元。主销中国香港、澳门地区和日本、泰国、新加坡等国家。1990年后无出口。

土　纸　是传统出口商品。1960—1983年,境内共出口1653吨。

蜂　蜜　为传统出口商品。1963—1984年,境内共出口786吨。1985年后,因蜂蜜质量差,停止出口。金秀1961—1975年共出口42.1吨。

五倍子　是传统出口商品。1954—1991年,境内共出口883.16吨。

薏　米　为传统出口商品。1962—1984年,境内共出口978吨。

樟木油　是传统出口商品。主销中国香港地区和巴基斯坦、美国等。1955—1989年,境内出口539.5吨。

工艺品类

芒　编　境内金秀等县利用芒藤资源优势,编织芒编制品,打入国际市场。1977—1993年,出口总值达1261.22万元。后因原料短缺,价高,品种没有创新,出口减少。

木衣夹　1976年,武宣等县建立专业厂家生产出口木衣夹,至1995年,共出口75万多箩。1976—1979年,出口木衣架2万多打。1988—1994年,出口各种款式高级衣架48.40万打,年均出口6.91万打。进入90年代后期,因产品竞争力弱,市场不适销,已经无此类产品出口。

化工类

三聚磷酸钠　1979—1984年,境内共出口13718吨,创汇550万美元。

电解二氧化锰　1982—1992年,象州县下田锰矿出口1856.75吨。1995年后,无出口。

畜产品类

畜产品是来宾地区传统的出口产品。进入90年代后期,因产品竞争力弱,市场不适销,已经无土产类产品出口。

牛　皮　境内外贸部门从1954年接收经营,至1981年,经营权交食品部门止,出口牛皮56.75万张。象州县从1962—1980年出口牛皮7158张。忻城县从1962—1964年共出口牛皮5.56万张。

山羊板皮　是传统出口商品。1962—1990年,境内共调出口136132张。忻城县从1962—1990年共出口37465张。

麂　皮　金秀等县主产。1962—1990年,出口127493张。1992年停止出口。忻城县1962—1990年,共出口95125张;金秀1962—1990年,共出口30325张。

杂　皮　包括狸子、貉子、水獭、猸子、香狸、狐、松鼠、猫、狗等皮。1962—1989年,出口958867张,主销日本、西欧和加拿大等国家。为保护野生动物,1990年停止收购出口。

兔　毛　境内1976—1987年出口66.15吨。忻城县1962—1990年共出口25.04吨。

羽　毛　主要是鹅鸭毛,为传统出口商品。1953—1993年,出口4689.62吨。

肠　衣　20世纪80年代初以前,猪肠衣是外贸出口的传统商品。主销西德、英、法等国。1962—1991年,共加工出口肠衣502.72万条。忻城县1962—1990年共出口27.94万条。

猪　鬃　1962—1986年,出口19.2吨。

医药保健类

灵香草　为传统出口商品,境内仅金秀有产。其中金秀瑶山所产灵香草较著名。1961—1992年,出口211.55吨。金秀1962—1975年共出口52.7吨。进入90年代后期,已经无此类产品出口。

山苍子油　是传统出口商品。1960—1990年,出口522.14吨,创汇258万美元。进入20世纪90年代后期,已经无此类产品出口

罗汉果　1979—1995年,出口1077万个。进入20世纪90年代后期,已经无此类产品出口。

五金矿产类

重晶石　境内所产重晶石,品位高、比重大、质量好、运输方便,畅销日本、美国、欧洲、中东、北美洲等地,在国际市场享有盛誉。1961—1995年,象州县共收购出口645.91万吨,创汇16400多万美元。象州县从1960年开始收购重晶石,当年首次供应出口1200吨。1963年出口量突破万吨,1966年增至7.2万吨。1966—1973年,该县年均出口3.4万吨,1974年上升至8.7万吨。1979年,荷兰西帕公司、联邦德国五金银行、美国来利公司的代表先后到象州县的寺村、妙皇等矿山考察;此后,印度、美国、英国、日本等国商人亦先后到产地看货,称赞象州为"重晶石之都",产品为"重晶石皇后"。1982年,象州县重晶石出口量达44.1万吨,创历史最高水平。1962—1990年,该县共收购出口重晶石456.85万吨,重晶石粉19.28万吨,出口创汇16698万美元。1986—1990年,象州县重晶石出口吨位占全区此类产品出口吨位的

64%。武宣县1978年开始出口重晶石12.5吨,1990年,出口17.58吨。2005年,全市重晶石出口39.72万吨,出口创汇1354.25美元。

2000年,全市重晶石出口17.08万吨。2005年,全市重晶石出口39.72万吨,创汇1254.3万美元。

重晶石粉 主要销往罗马尼亚和美国。1978—1994年,全市共出口38.93万吨。1977年,象州县后先后建立5个矿粉厂,对重晶石进行加工,外贸部门开始收购重晶石矿粉出口。1982年,该县出口重晶石粉4.5万吨。1962—1990年,象州县共收购出口重晶石粉19.28万吨。2001—2005年,该县收购重晶石矿粉8.58万吨。

软锰砂(粉) 软锰砂主要产于武宣县三里乡。民国时期已销往香港。1960—1975年,共出口41024吨。进入20世纪80年代,已经无此类产品出口。

软锰粉 1961—1971年,武宣和柳州锰粉厂共供货出口1.44万吨。进入80年代,已经无此类产品出口。

硬锰砂 民国时期,武宣已出口。1964年,在广州秋季交易会上,日本、法国商人指明要武宣锰砂。1961—1992年,出口34.69万吨。进入80年代,已经无此类产品出口。

锡砂(锭) 锡砂、锡锭是1985年开始出口的新品种,主销中国香港、澳门地区和欧洲、美国。1985—1990年,出口461.85吨。进入90年代,已经无此类产品出口。

黑钨砂 1974—1986年,境内出口110吨。进入90年代,已经无此类产品出口。

结晶硅 1986—1993年,境内出口6775.8吨。进入90年代后期,已经无此类产品出口。

红铁氧 武宣、来宾、忻城3县主产,销往中国香港、澳门地区和东南亚各国。1976—1985年,出口4268吨。进入90年代,已经无此类产品出口。

方解石(粉) 1961—1975年,收购方解石块24381吨调柳州市加工出口。1976—1990年,共出口方解石粉7442.8吨。进入90年代,已经无此类产品出口。

石　米 主销中国香港、澳门地区和东南亚各国。1965—1986年出口24283吨。进入80年代,已经无此类产品出口。

表16-8　1953—1995年境内销往境外商品名录(1)

品名	数量	品名	数量	品名	数量
粮油食品类					
活猪	539342头	鲜蛋	87.6吨	杂豆	15.27吨
活牛	163234头	柑橙	39267.31吨	茹豆	73.3吨
活羊	94528头	沙田柚	23707.356吨	干姜	461.06吨
活鸡	496543羽	金橘	10942.385吨	盐水蘑菇	1605.083吨
活鸭	370985羽	金橘制品	149.62吨	鲜姜	7.1吨
活鹅	44507羽	梨	55.3吨	桐油	5152.71吨
竹丝鸡	1406612羽	马零西瓜	125吨	砂糖	17054.256吨
乳鸽	1919170羽	黄皮	2664.479吨	冰片糖	23吨
冻猪肉	152吨	柠檬	98.649吨	腐竹	427.463吨
冻牛肉	322.9吨	李子	2581.771吨	糯米	1.381吨
果子狸	4307只	鲜梅	18.4吨	盐水姜	186.52吨
蛇	478968条	罐头	4181.753吨	蒜苗	312.658吨
小活动物	总值7.84万元	优质米	8吨	茶油	0.38吨
小活杂鱼	324.086吨	大米	8741.46吨	其他食品	总值418.88万元
田螺	168.36吨	玉米	863.3吨	冻羊肉	57.26吨
土产类					
五倍子	83.155吨	中式床板	111282副	薏米	978.979吨
木薯片	31704.856吨	棺材板	73986副	山苍子油	677.359吨
木薯淀粉	43689.434吨	篙竹	1316.47吨	蜜枣	114吨
毛竹	2685599支	竹笏	7898.291吨	火姜	4364.7吨
土纸	1653.748吨	茶麸	7205.357吨	荔浦芋	89吨

表 16-9 1953—1995 年境内销往境外商品名录(2)

品名	数量	品名	数量	品名	数量
土产类					
冬笋	814.964 吨	辣椒干	119.629 吨	橡胶树皮	624.9 吨
茶叶	8892.974 吨	栗子	92.5 吨	桑蚕茧	33.164 吨
木薯粗粉	734.8 吨	红薯淀粉	189 吨	麻袋	2691.274 吨
蜂蜜	786.831 吨	叶粉	6756.395 吨	红瓜子	6837.73 吨
新式床板	1005728 副	八角	188.831 吨	香菇	522.425 吨
畜产类					
牛皮	567518 张	活猴	690 只	杂皮	958867 张
猪鬃	19.242 吨	鸡毛	769.26 吨	家兔皮	6314 张
猪肠衣	5027200 条	牛角甲	422.577 吨	獾皮	480 张
山羊板皮	136132 张	绵羊毛	52.06 吨	狗皮	107743 张
麂皮	127439 张	兔毛	66.15 吨	草兔皮	510 张
黄狼皮	6399 张	山羊毛	1.75 吨	鹅鸭毛	3882.347 吨
马鬃尾巴	0.428 吨				
医药保健					
花粉	150.664 吨	桔梗	24.198 吨	土花椒	7.725 吨
蛤蚧	19715 对	鸡骨草	13.272 吨	罗汉果	10773773 只
陈皮	84.291 吨	青天葵	0.309 吨	泽兰叶	18.621 吨
金银花	23.582 吨	首乌	9.215 吨	骨碎补条	11.433 吨
土茯苓	68.906 吨	草决明	201.762 吨	槐米	0.121 吨
火麻仁	219.746 吨	勾藤	148.777 吨	续断	0.749 吨

表 16-10 1953—1995 年境内销往境外商品名录(3)

品名	数量	品名	数量	品名	数量
医药保健					
石昌蒲	23.368 吨	绞股蓝	2009 箱	灵香草	211.547 吨
黄柏	32.022 吨	水枝子	471.698 吨		
工艺类					
芒编	总值 1261.22 万元	发渣	2.04 吨	木衣夹	759918 箩
厂丝	158.81 吨	地拖柄	总值 3.09 万元	木衣架	504566 打
筷子	704.75 万扎	其他工艺	总值 2642 万元		
五金矿产类					
方解石	30725.42 吨	结晶硅	5160.8 吨	焊锡料	691.87 吨
锰粉	8982 吨	锡锭	5305.68 吨	锌锭	1623.72 吨
石米	22545 吨	炼锑	577.1 吨	白大理石	2000 吨
滑石	785 吨	硅锰合金	6254.71 吨	水泥	15242 吨
方解石粉	7442.8 吨	磷铁	3009.24 吨	硅铁	1736.68 吨
红氧铁	4268.6 吨	铅锭	300.11 吨	锑锭	397.75 吨
黄色土	43 吨	粗锑氧粉	203.36 吨	重晶石	4659133.1 吨
重晶石粉	302270.4 吨	中厚钢板	2001.23 吨	硬锰砂	346931.84 吨
黑钨砂	427.754 吨	锑矿	49.5 吨	软锰砂	41024 吨
石灰粉	1739 吨	硫化锑粉	34.3 吨	锡砂	263.521 吨
大理石板料	499 平方米	仲钨酸铵	110 吨	锌精矿	732 吨
大理石荒料	51.261 立方米	花岗石板料	120 平方米		

表 16-11　1953—1995 年境内销往境外商品名录(4)

品名	数量	品名	数量	品名	数量
机械类					
柴油机	20 台	剪枝剪	18000 把	胡桃钳	10440 把
钢锯架	1135 打	中波线圈	18500 只	抹泥刀	198 打
电视天线	2829913 支	钢角尺	3250 打	台虎钳	3200 只
收音机	79474 台	羊角锤	153947 把	电风扇	6811 台
可变电容器	924900 只	油灰刀	86620 打	家用塑料汽水壶	20000 只
电容器	1451000 只	砌砖刀	3010 打	离心清水泵	5 台
化工类					
人发	230.095 吨	硫酸钡	120 吨	聚氧乙烯树脂	450 吨
发渣	193.58 吨	磷酸五钠	250 吨	磁性氧化铁红	100 吨
三聚磷酸钠	7367.75 吨	醇酸树脂	1500 吨	二氧化二砷	1000 吨
电解二氧化锰	1856.75 吨	电池	3277987 打	条纹牛皮纸	148 吨
磷酸钙	1524.75 吨	劳保手套	366854 打	网眼袋	总值 13.11 万元
氧化锌	260 吨	书写纸	120 吨	箱包	总值 152.01 万元
立德粉	220 吨	练习本	14140 打	布袋	总值 28.8 万元

出口商品收购

收购原则境内出口商品种类繁杂，规格品种多，供货渠道广。出口商品收购必须根据国际市场需要量，按国家或上级有关政策规定进行收购。境内各县外贸部门本地商品实际情况出发，按照各上级公司要求的品种、数量、质量、包装、规格、交货期“六要素”，组织出口商品的生产与收购，完成上级下达的各种商品收购任务。

收购方式　清代，出口商品由私商收购出口，民国 22 年(1933 年)开始，对外贸易实行国家统制，但私人商贩仍拥有大部分收购出口货物经营权。中华人民共和国成立后，对外贸易商品收购方式大体是按商品主管权、供货部门、数量多少、集中与分散、所在地的交通状况决定。境内历年沿用的收购方式有直接收购、委托收购和代理收购 3 种。

直接收购　直接收购有 3 种收购办法：一是外贸部门直接设立收购门市部收购；二是外贸部门按国家下达供货计划从商业、供销社接收其主管的商品；三是外贸部门直接从工矿、农场(园艺场)收购工矿产品和农产品。

委托收购　委托收购是外贸部门主管的商品，但外贸部门在县以下没有设工作机构，因此虽属外贸主管商品，只能委托商业、供销部门收购。此类商品均为畜产品类的商品，如牛皮、羽毛、兔毛、杂皮、肠衣等。

代理收购　代理收购有系统内代理和系统外代理。系统内代理，是区内上级公司不经营或暂时还未获准经营的商品，有区外贸某单位或口岸到某地区收购某一商品，经区内上级公司同意，地方主管商品部门许诺并有货源可供，某地区按商品归属经营权的公司与需方单位签订代理收购合同，某地区代理方收需方一定的代理手续费。系统外代理，是商品归外贸主管，但外贸在县以下基层无机构设置，要收购自己主管的商品，就得用系统外的兄弟单位或个体商贩协商，由外贸部门给一定的场地费、代理手续费和业务用的工具以及必要的周转金，代理外贸部门主管的商品。

收购类别与品种　1953—1992 年，境内各县尚无直接经营出口业务，主要工作是抓出口商品的发展和收购。境内外贸从建立机构至 1993 年的 41 年中，先后经营外贸收购出口的商品有 200 多个。其中：粮油食品类 36 个，主要有活猪、活牛、活羊、竹丝鸡、乳鸽、活杂鱼、桐油、柑橙、沙田柚、果胚、干姜块、盐水蘑菇、优质米、砂糖、腐竹等；土产类 44 个，主要有茶叶、麻袋、木薯干片、木薯淀粉、松香、红瓜子、香菇、棺材板、床板、竹类、竹筷、土纸、蜂蜜、五倍子、薏米、樟木油等；畜产品类 21 个，主要有牛皮、山羊板皮、麂皮、杂皮、兔毛、羽毛、肠衣、猪鬃等；工艺品类 4 个，主要有芒编、木衣夹、木衣架等；医药保健类 29 个，主要有灵香草、山苍子油、罗汉果等；化工类 10 个，主要有三聚磷酸钠、电解二氧化锰等；五金矿产类 32 个，主要有重晶石、重晶石粉、软锰砂(粉)、硬锰砂、锡砂(锭)、黑钨砂、结晶硅、红色土(红铁氧)、方解石(粉)、石米等;还有茶叶类1个,轻工类6个,冶金类6个。20世纪80年代末,商品结构有较大的变化,工矿产品占收购总额比例幅度已达到55.63%。在经营的出口商品中,收购金额达1000万元的有重晶石及重晶石粉,500万元以上的有麻袋,100万元以上的有白砂糖、锡锭、柑橙、芒编、竹制品等商品。

收购出口额　清代,出口商品由私商收购和出口。民国22年(1933年),广西省政府开始对外贸实行国家统制。民国28年初,广西出入口贸易处柳州分处成立,统制收购桐油、茶油、皮革。由于统制收购出口商品有限,私人商贩仍拥有大部分收购出口货物经营权。1953年冬,广西省土产进出口公司驻柳州工作组成立柳州外贸接收转运站,柳州地区在国家计划指导下的对外贸易由此开始。当年,收购出口商品仅有生猪、鹅鸭毛、红瓜子3个品种,收购额为3万元。1956年,完成对资本主义工商业的社会主义改造,对外贸易全部由国家外贸公司经营。收购业务逐步扩大,收购品种21个。1953—1957年,境内收购出口总额1231万元。其中:象州239万元、来宾168万元、金秀15万元、忻城20万元。

1958年,境内外贸收购出口额达928万元。1961年国民经济困难时期,出口商品收购额下降至582万元;1962年收购出口比1958年下降67.3%。第二个五年计划期(1958—1962年),出口商品增加至56个品种,收购出口额为765万元。其中:象州315万元、来宾248万元、金秀108万元、忻城94万元,年均收购值153万元。

1963—1965年,国民经济开始好转,对外贸易收购出口相应扩大,收购品种增加到71个。在国民经济三年调整时期,外贸出口收购额为1138万元(其中:象州234万元、武宣379万元、来宾167万元、金秀73万元、忻城161万元、农场124万元),年均收购379.33万元。

第三个五年计划期(1966—1970年),受"文化大革命"的冲击和破坏,到1970年,收购出口额仅684万元,比1966年下降47.9%。期间,境内收购出口额3429万元,(其中:象州533万元、武宣436万元、来宾281万元、金秀102万元、忻城322万元、农场607万元),年均收购值685.8万元。

第四个五年计划期(1971—1975年),境内外贸部门开始重视发展出口产品基地,扶植一批养殖加工企业。外贸收购出口逐步摆脱徘徊困境,收购额有所回升,外贸收购出口额从1973年的720万元,上升到1975年1107万元。"四五"期间,境内收购出口额为2316万元(其中:象州756万元、武宣271万元、来宾451万元、金秀215万元、忻城276万元、农场347万元),年均收购值463.2万元。

第五个五年计划期(1976—1980年),境内收购出口直线上升,收购品种由5大类63个增加到7大类94个。出口收购额共4805万元(其中:象州2218万元、武宣904万元、来宾661万元、金秀246万元、忻城391万元、农场385万元),年均收购值961万元。比第四个五年计划年均增长2.07倍。

第六个五年计划(1981—1985年)期末,境内外贸收购下降,其原因主要是三类商品不断扩大,原计划价格变为市场价格,国内市场价格上升,产品外流,各县外贸部门难以供货。虽然收购年趋下降,但出口产品结构较前有所优化,工业制成品、五金矿产及机械产品出口比重增加,约占48%。这时期,境内外贸收购出口额5706万元(其中:象州3537万元、武宣1151万元、来宾622万元、金秀207万元、忻城159万元、农场30万元),年均收购值1141.2万元。

第七个五年计划期(1986—1990年),外贸体制进行全面改革,境内外贸企业实行自负盈亏、自主经营、自我完善、自我发展。1988年,柳州地区外贸部门率先在全区地市外贸系统中推行承包经营责任制。当年,完成出口收汇1831万元,占年计划129.2%。来宾县完成出口总额383.95万元,创历史最高水平。此时期,收购出口品种由7大类80余个,增加到9大类105余个,工业制成品及矿产品收购出口比重占61.1%。境内初步建立出口商品生产基地40个,基地产品收购出口占59.8%。大宗出口产品重晶石收购量192.6万吨,收购额为3851.6万元,占境内收购出口总额的14.8%。此时期,境内外贸收购以年均25.35%速度稳步增长,累计收购额为8628万元(其中:象州4166万元、武宣2060万元、来宾1240万元、金秀569万元、忻城593万元),比"六五"计划期累计收购出口额5706万元增长1.51倍。

1991年,境内外贸收购出口供货额为9442万元。来宾县出口收购总额316.77万元,比上年增长47.51%。其中粮油食品类87.48万元,土畜品类54.36万元,五金矿产类174.93万元。武宣县出口收购总额341万元,比上年增长4%,其中粮油食品类完成113万元,土产品类124万元,轻工和五金矿产类104万元。1992年,境内武宣县出口收购总额704.54万元,完成年度计划任务195%,其中粮油食品类527.57万元,土产品类115.27万元,五金矿产类61.67万元。出口主要产品有优质大米2215吨、生猪4833头、木薯干片1987吨、重晶石粉7002吨。来宾县出口收购总额679.54万元，比上年增长1.15倍。其中粮油食品类452.24万元，土畜品类39.07万元，五金矿产类187.23万元。1993年，来宾县出口收购总额692.87万元，比上年增长1.96%。其中粮油食品类167.01万元，土畜品类116.23万元，五金矿产类409.65万元（比上年增长1.18倍）。武宣县出口收购总额728万元，比上年增加23.46万元，出口主要产品精锑1000吨，精铅1000吨，粗银3.5吨。1994年，由于市场放开，个体户参与经营，境内外贸公司经营管理不善，市场竞争意识不强，加上资金短缺，对外贸易范围不断缩小，出口贸易额不断减少，下岗职工不断增加，境内外贸严重滑坡，除来宾县外贸收购额比上年增加外，其余各县总体下降，完成收购出口额只占年计划的77.3%。来宾县外贸收购额增加主要依靠五金矿产类，全年五金矿产类收购额737.14万元，比上年增加327.49万元，增长79.94%。武宣县出口收购总额仅111万元，比上年减少617万元。1995年，境内外贸出口形势更为严峻，来宾县出口以五金矿产品为主，其收购总额530万元，占出口收购总额555.03万元的95.49%。武宣县出口收购总额仅完成65.5万元，企业靠卖机械设备来维持。1991—1995年，象州县收购总额10277.28万元。

“八五”期（1991—1995年）末收购出口额下降的原因，主要是贷款资金不足，商品价格浮动大，汇率下跌，外贸经营的传统大宗出口产品重晶石，因各地抬价抢购，造成质次价高等。“八五”计划期，境内外贸出口收购额为17023.18万元（其中：象州10277.28万元、武宣1853万元、来宾3414.9万元、金秀1137万元、忻城341万元），年均收购值3404.64万元，仍比“七五”期增长97.30%。

1996年开始，国家加快赋予生产企业外贸经营权，境内10家内外资生产企业先后获得进出口权，形成多层次、多渠道自营外贸的格局，侧重向自营进出口的转变。与此同时，境内各县外贸公司由于种种原因，无法适应外贸形势发展变化需要，导致难以维持经营、甚至破产的地步，已无能为力再进行收购出口商品，导致境内外贸收购出口供货萎缩至极，1996—2000年，境内外贸收购出口额仅为11063.61万元（其中：象州10410万元、金秀557.61万元、武宣96万元），到2000年只有1390.87万元，其中，象州824万元。2001年萎缩到6.25万元。之后，境内外贸出口商品收购收效甚微，外经贸企业宣告破产。

生产扶持

1953年以后，境内根据出口商品结构，国际市场需要，换汇率等情况，用“以进养出”办法，从种、养、挖、加工等方面，采取资金、物资、技术等扶持措施，建立出口商品生产基地、专门厂家（车间）、专业户、定点生产出口商品。

资金扶持从1958—1987年，境内外贸系统使用生产费112.2万元，帮助生产单位发展出口农副产品的生产。1978—1985年，扶持芒编、竹木制品试制费1.7万元。1972—1983年，扶持菜牛基地良种化、良种鸽场、夏橙试种、猕猴桃人工种植、香菇、五倍子菌种研究和人工种植等农副产品试验费23.3万元。1969—1979年，先后投资204万元，用于象州、武宣重晶石开采运输建桥、修路、建专用码头等。1977—1984年，全市外贸部门经上级公司批准拨下周转资金及无息贷款46.8万元，用于农畜副出口产品生产。1988—1989年，通过补偿贸易形式先后为重晶石主产县象州解决无息贷款325万元引进国内先进设备，开办机械化开采点。1962—1963年，自治区外贸局分给外汇留成12.76万美元，用于进口化肥2625吨，扶持出口商品生产。1974年，金秀外贸公司指派专人，到县内其他适宜种植灵香草地区，宣传灵香草的经济价值，传播种植技术，并投放资金5.2万元，化肥25吨，帮助群众种植灵香草。经过多年努力，全县大部分乡镇均有种植。从1982年起，县科委与广西农学院科研人员一道，经3年多的试验，研制出灵香草“点蜡烛”等10余种主要病害的防治方法，促进了灵香草生产的发展。1986—1993年，共分得外汇留成317.34万美元，用于进口化肥和解决企业进口生产急需设备。1998年后，再无此类活动。

物资扶持 1958—1984年，境内外贸部门扶持出口商品生产化肥38512吨，粮食982吨，布票316233米。扶持各种汽车49辆，手扶拖拉机35台，钢材312吨，水泥2500吨，柴油机4台，喷淋机10台，电冰箱8台，推土机1台，发电机2台，抽水机8台，胶水管一批。经外贸部门扶持引进的优良品种有优质猪1661头，牛种1360头，引进绵羊508只，普通羊种2397只，良种鸽1083对，毛兔26056只，云南大叶茶叶种350吨，沙田柚苗3.97万株，良种白瓜子2吨，姜种128.5吨，水枝子苗67万株，蘑菇菌种21万瓶，香菇菌种17万瓶，灵香草苗150吨，罗汉果种苗76万株，夏橙种苗6万株。1995年后，再无此类活动。

技术指导 1963—1983年，境内外贸部门先后雇请区内外毛兔养殖、罗汉果、茶叶、蘑菇栽培等专业技术人员58人。从1969年起,先后为社队或生产单位举办短期培训60多次,共1000多人次。1955—1990年,印发种养技术资料8万册(份)。1969—1990年,由外贸部门出资组织有关商品生产技术人员到外地参观学习先进生产技术共计60多次,总人数550余人次。1995年后,再无此类活动。

建立生产基地 1958年9月,柳州外贸接收转运站在忻城县建立菜牛饲养基地。1977年,忻城县被自治区列为菜牛出口基地县,并拨给扶持菜牛生产周转金5万元。县外贸公司先后在北更、遂意、古蓬、城关、马泗、大塘建立菜牛饲养场21个。其中,县外贸公司自办场1个、公社办场1个、大队办场5个、生产队办场14个,共建牛舍1141间。同时,开展牛的品种改良工作,推广冷冻精液配种技术。1979年,忻城县被列为全国菜牛基地县,自治区外贸局无偿拨给一辆进口大货车,作为菜牛出口运输工具;一辆北京吉普车,作为运送冷冻精液改良牛种专车。1980年,县外贸公司把菜牛的育肥工作扩大到古蓬、城关、大塘等公社菜牛饲养场所在的农村,与农民签订合同,把牛交农民代养。代养育肥的菜牛普遍长膘增重,得到代养费和长膘奖,并获得大量牛粪,促进农业生产的发展。在来宾、石龙等县建立鸡鸭饲养基地;在来宾建锰矿基地。1964年,自治区党委批准象州、武宣两县为红瓜子生产基地。外贸部门对基地给予资金、物资、技术扶持和实行产品奖售。据不完全统计,1958—1966年,经外贸部门给予扶持或奖售的物资计有专项扶持款29.57万元(其中15.5万元为基地专项贷款),原粮463吨,化肥1889吨,棉布票316233米;引进绵羊508只,安哥拉兔455只,茶叶种子12.5吨。

1966年开始,由于“文化大革命”动乱,外贸扶持出口商品生产基地遭到严重破坏,境内有5个县交售出口的社队茶园,没有一个能恢复到1966年前的生产能力和出口质量,被迫停止收购出口;象州县红瓜子基地从1966年前种植120公顷下降到1971年的46.67公顷。1966年,金秀外贸站派员前往广东韶关中国真菌研究所,学习香菇新法制种、种植技术;学成回县后,指导群众采用新法生产香菇,增加了产量,节省了木材。

1972年起,忻城县外贸公司先后在思练公社的板四、板社、排芳,城关公社的加仁、木乐、拉寨、隆光,大塘公社的木林、兴木,古蓬公社的凌头、板内等大队的生产队办起集体养鸽场。1974年,上述4个公社办起重点养鸽场100多个。县外贸公司从区外引进良种鸽种850对,加上该公司养鸽场繁殖的良种鸽共1410对,供给刚办起的养鸽场和饲养户。这批良种鸽,每对价格20~50元,为发展养鸽业,外贸部门给各场的鸽种每对只收5元,其余部分作为扶持生产经费开支。1979年,忻城县集体养鸽场发展到1500多个。1984年,忻城县外贸局投资3万多元在县城综合加工场建一栋二层楼,面积为380平方米的鸽舍。1986—1987年为区内外提供种鸽2000余对,被列为自治区乳鸽出口基地县。1988年后,由于饲料价格上涨,乳鸽和种鸽价格低落,该县所有的养鸽场停办。

1973年以后,境内外贸部门对传统出口的农副土特产品如优质猪、牛、柑橙、沙田柚、金橘、茶叶、香菇、红瓜子、五倍子、灵香草等品种继续给予扶持,先后供应优质猪种900头,为社会和农场发展优质猪出口;红瓜子基地从2个县扩大到4个县。从新疆引进绵羊508只,因管理不善全部死亡。1975年统计,外贸拨下香菇菌种补助费1.7万元,由于生产队不落实专人种管,当年外贸仅收购香菇9.7吨。1976年,金秀瑶族自治县外贸站从浙江省引进长毛兔400只,由金秀公社土献青年队、长垌公社平道大队养殖,1983年和1984年又从柳江县、柳城县引进741只,交大樟、长垌公社群众饲养,从灵山县聘请1名技术员到该县指导。

1977年开始,外贸部门通过调查研究,总结过去扶持生产的经验教训,对出口商品生产扶持,向有计划、有重点、有效益发展,重点扶持毛兔、红瓜子、罗汉果、香菇生产。

1979年,忻城县外贸公司在果遂公社的古楼、古抗、加书3个大队和马泗公社的里苗、欧洞、联团等大队(今为行政村)建立火姜生产基地。从贵州省调回100吨火姜种,扩大到城关、大塘、思练等公社,全县共扩大719亩。1980年,鲜姜产量达1800吨,创历史最高纪录。1980—1983年,金秀外贸局从融安县引进罗汉果种3万余个,投资2万多元,投放化肥30吨,在长垌公社多种经营场及滴水、平道、长垌、道江等大队,金秀镇六拉大队,三角乡龙围、古范、长乐大队等地发展罗汉果生产。

1981年,柳州地区外贸局对罗汉果、兔毛、灵香草、羽毛等出口商品发展制订计划内收购价格补贴加奖售,计划外收购随行就市的措施。1985年以后,随着农副土特产品的价格全部开放、随行就市,此类产品价格偏高,外贸收购出口亏损大,除优质猪、茶叶、柑橙等出口商品生产还扶持外，其他农副土特产品终止扶持。境内外贸系统根据本地资源优势，重新调整出口商品结构，把重点放在市场适销，收购金额大，创汇多的优质猪、重晶石、结晶硅等商品的创新及开发上。

1958—1995年，柳州地区外贸先后扶持境内生产出口商品品种计54个。1953—1969年，以农副土特产为主，扶持商品收购总值约占30%~50%；1970—1980年，农副土特产和工矿产品所占比例约为65%~70%；1980年以后，主要扶持工矿产品为主，所占比例已上升到85%~90%。

1972年，忻城县饲养安哥拉长毛兔和日本大耳白兔，发展很慢。1974年，该县外贸公司采取扶持措施，不论集体或个人，凡养活成年兔100只，年出售兔毛15千克以上的，拨给扶持费50元；养成年毛兔超过200只，年卖兔毛30千克以上者，拨给扶持费100元：养成年兔超过300只，年卖兔毛50千克的拨给扶持费200元；凡能为外贸提供1只种兔的，补贴2元。1976年，忻城县外贸公司在北更公社的加福、塘太、北更、加乐、凤凰大队，在遂意公社的板桐、弄江、弄尧、增仰大队，在古蓬公社的上浪、东河、枝林大队，在红渡公社的雷洞大队，在思练公社的练江大队办起25个重点养兔场。到1977年，忻城县毛兔存笼数3.2万只，1978年3.5万只。1976年，全县收购出口兔毛591千克，1977年为2087千克，成为忻城县出口的主要商品。

进入20世纪90年代，因市场竞争激烈，已经无此类产品出口。

第四节　进口商品

清光绪二十三年(1897年)，梧州开辟通商口岸，设立海关，外国货物从梧州进口转境内倾销。民国25年(1936年)，境内进口大宗商品有12种。1950年以后，进口商品由国家管理，进口贸易由国家统一组织和安排，各进出口公司经营。

1965—1990年，忻城县进口化肥30万吨，进口小汽车13辆，其中日本产德胜小车5辆、丰田牌小车2辆、三菱牌小车1辆、苏联产伏尔加1辆、五十铃1.75吨农夫车2辆、丰田1.75吨农夫车2辆；1954—1958年，境内进口机电设备4台套；1962—1990年，进口瑞士、日本手表，日本、西德、罗马尼亚的彩色电视机、收录机，日本摩托车，民主德国的自行车及一批高档服装、毛料等商品，价值人民币50余万元；1974年，广西从菲律宾进口木材一批，其中分配给忻城县10立方米。

1979年，象州县有出口商品外汇分成后，开始进行直接进口贸易；进口主要商品有化肥、农药、汽车、铲车、钢材及生活用品。1963年开始，象州县间接进口日本、苏联等国产的尿素。1986—1988年，象州县用外汇125.3万美元，直接进口1.3万吨加拿大、罗马尼亚、美国产的钾肥、尿素。1989—1990年，象州县间接进口各类化肥4934吨，购进1605、1059、赛力散、西力生等农药和除草剂。1979年后，象州县通过广西五金矿产进出口公司，购进日本产50铃自卸载重汽车17辆、矿石铲车2台、矿石装载机1台。1987年，象州县直接进口法国产马口铁1860吨、日本产镀锌铁皮500吨。象州县物资公司购进日本等国钢材供应市场。1985年后，象州县烟草专卖公司间接购进剑牌、万宝路、希尔顿、555等牌子香烟，1988年共购进2060条。象州县五金交电公司购进日本、荷兰产的日立、乐声、菲利浦等彩色电视机；医药公司购进日本、新加坡、美国、朝鲜的胃仙U、红花油、高丽参、西洋参等药品供应市场。

1993年，国家对外经济贸易部批准柳州地区外贸进出口经营权以后，境内开始来料加工出口业务。1995年，广西八一铁合金厂一般贸易869.15万美元，来料加工133.41万美元；中外合资、合作、外资独资(简称“三资企业”)141.51万美元。总计进口总值2197.84万美元。

表16-12　民国25年(1936年)境内进口大宗商品量

品名	单位	数量	货值(元)	品名	单位	数量	货值(元)
棉纱	包	5000	3025000	粗砂糖	包	1200	57600
食盐	市斤	10000000	1410000	面　粉	包	3500	42000
棉布	匹	100000	1330000	铁　钉	桶	1000	37000
火油	罐	100000	1200000	水　泥	市担	8100	24000
香烟	箱	1500	600000	冰　糖	包	400	21600
铁板	市斤	1500000	345000	合　计			8292200
火柴	箱	10000	200000				

1994—2002 年，境内进口额累计达 39052.52 万美元，年均 4339.17 万美元，其中最高的 1998 年达 16662.43 万美元。剔除外商投资企业作为投资进口的设备、物品 21633.70 万美元因素外，1994—2002 年，境内自营进口商品 17418.82 万美元，年均 1935.42 万美元，主要为生产内外销产品进口生产原料锰矿砂 149.34 万吨，9 年累计金额占进口总额的 90% 以上。剔除 1998—1999 年外商投资企业作为投资进口的设备、物品 21633.70 万美元因素外，还首次出现贸易逆差，而逆差额高达 11868.14 万美元。2002 年，今来宾市完成自营进口额 3578.86 万美元。

2003 年，来宾市自营进口总额 3447.34 万美元，其中内资企业自营进口额 2621.46 万美元，占全市进口额的 76.04%。三资企业进口额 825.88 万美元，占全市进口总额的 23.96%。

2004 年，来宾市加大对出口企业特别是重点企业的支持力度，充分利用国家的鼓励政策，在巩固原有国际市场的同时，寻找、结交新的贸易伙伴，加强进料加工和一般贸易出口业务工作，全市自营进口贸易呈稳中有升的增长态势，7 家自营进口企业全年进口总额 5669 万美元，占全市进口总额的 72.69%。广西八一铁合金（集团）有限责任公司仍占据着来宾市进出口主力军位置，全年进口额 5621.54 万美元，占全市自营企业进口总额的 99.16%。

2005 年，全市自营进口额完成 5153.26 万美元，比上年下降 9.1%。比 2002 年的 3578.86 万美元增长 43.99%。2002—2005 年，全市累计自营进口额 17022.58 万美元，年均 4255.65 万美元，年均递增 11%。按海关编码的进口商品有 80 个，主要有锰矿砂、维护发电零配件等商品，货物进口国家为澳大利亚、南非、加蓬、法国、韩国、印度、美国、德国及中国台湾地区。

表 16-13　**2005 年来宾市各进出口企业对外贸易实绩及大宗商品出口情况表**

项目 企业名称	进出口总额（万美元）	出口额（万美元）	进口额（万美元）	硅锰（吨）	锰铁（吨）	重晶石（吨）
广西八一铁合金（集团）有限公司	8903.84	3961.21	4942.64	41137	16574	
来宾市桂中经贸有限公司	176.73	176.73	–			
来宾德邦工贸有限公司	847.02	684.64	162.38			
象州恒泰矿业有限公司	738.70	738.70	–		222150	222150
象州广源矿业有限公司	515.55	515.55	–		175063	175063
象州吉象锰业有限责任公司	8.93	8.93	–			
象州高宏化工有限公司	22.50	22.50	–			
金秀圣堂山天然保健品公司	0.76	0.76	–			
武宣润丰化工有限责任公司	17.71	17.71	–			
广西康密劳铁合金有限公司	3048.58	1229.06	1819.51		16542	
广西来宾法资发电有限公司	48.23	–	48.23			
合计	14328.57	7355.80	6972.77	41137	33116	397213

第五节　对外与港澳台经济合作

中华人民共和国成立前至 1979 年，境内无对外经济合作项目。改革开放后，境内陆续开展对外交流和引进外资及技术、人才工作。来宾市成立后，全市对外经济合作不断得到发展，全市引进各种先进技术设备、管理经验和人才，并采取中外合资、合作、外商独资经营和补偿贸易、加工装配、租赁等形式利用外资。促进了来宾市国民经济的发展。

利用外资与港澳台资

1984—1995 年 12 月，境内批准直接利用外资项目 63 个，合同投资总额 13277.62 万美元，合同投资额 5386.58 万美元，实际利用外资额 3110.77 万美元。其中“八五”期间批准直接利用外资项目 53 个，合同投资总额 12782.62 万美元，合同外资额 5120.58 万美元，实际利用外资额 2855.43 万美元。5 年时间直接利用外资相当于 1981—1990 年 10 年总和的 10 倍多。

“八五”期间(1991—1995 年)，境内利用外资规模扩大，引进投资地域范围扩大。引进外商投资

500万美元以上项目7个，其中，来宾华锡冶化有限公司投资额达2874万美元。引进地域从中国香港地区发展到美国、日本、瑞典、加拿大、澳大利亚、法国和中国台湾地区。到1995年止，境内已开业的33家“三资”企业中，正式投产31家，投产企业亏损19家，占61%，盈利12家，占39%。境内在1994年底前成立的56家“三资”企业中，除1家合资期满外，其余13家被吊销营业执照，12家外商不出资，外资全部到位或部分到位30家(全部到位14家，部分到位16家)。境内各县(市)实际间接利用外资3249万美元，各县(市)利用世界银行贷款造林共293万美元，象州县3730工程利用联合国粮农组织无偿援助165万美元。

“九五”期间(1996—2000年)，境内利用外资建设的领域逐步拓宽，外商投资涉及电力、交通、房地产、石材、电子、制糖、建材、医药保健、汽车修理、旅游资源开发、工艺化妆品加工等行业。期间，境内累计实际利用外资额为77609万美元，是过去12年(1984年成立第一家外商投资企业至1995年)实际利用外资总和的23倍多，而这巨大的数额外商也能够按合同出资完毕。

来宾市成立后，市人民政府抓住有利时机，成立机构，加强领导，做好利用外资工作。2002年底，来宾市实际利用外资66.91万美元。2003年，来宾市实际利用外资额仅43万美元，比上年下降55.6%。影响实际利用外资额下降的原因在于：部分涉外部门服务意识差，政策法规不熟，招商引资方法不多，招商项目没有得到很好宣传，投资软硬环境还不够完善。当年，来宾市批准外商独资企业1家(来宾中南芳草生态园开发有限公司)，投资总额2896万美元，是上年的30.2倍。

2004年，来宾市加大招商引资及利用外资工作力度，全年全市审批外商投资企业3家，其中：广西品科技术发展有限公司总投资3000万美元，合同外资额1200万美元；广西来宾兴宾路桥建设有限公司总投资2500万美元，合同外资额1000万美元；广西山岡轮胎有限公司总投资额120万美元，合同外资额60万美元。全年实际利用外资36万美元，同比下降19.3%，形势较为严峻，在一定程度上制约了本地资源优势和地理位置优势的发挥和利用。

2005年，全市合同外资额637万美元，比2002年的66.91万美元增长8.52倍，年均递增2.13倍，全市累计利用外资718.91万美元，年均204.48万美元。是年，全市新批外商投资企业3家，合同外资额637万美元，新批企业数与上年持平，合同外资额同比下降71.81%。下降的主要原因是工业基础较为薄弱，没有新批的后续项目，合同外资存量少。

三资企业

合资企业境内自1979年设立利用外资机构至1995年止，共批准成立合资企业41家，占批准成立“三资”企业总数65.07%，合同投资额10129.12万美元，其中合同利用外资额3265.08万美元，占注册资本的47.72%，实际投入外资额1656万美元。

广西来宾华锡冶化有限公司是当时境内投资规模最大的中外合资企业，总投资额2874万美元，1994年9月批准成立，10月利用外资额632万美元便全部到位，经技改嫁接的锡冶炼系统工程初步形成规模生产。1995年，生产精锡11000吨，产值47000万元，销售收入40300万元。

在批准成立的41家合资企业中，后因8家因经营管理不善造成亏损；或外商不出资；或双方资金不到位等原因先后被注销。

合作企业1984—1993年，境内经批准先后成立6家合作企业，合同总投资额2381万美元，合同利用外资额1388万美元，实际投入外资额17万美元，其中，福明造纸有限公司、联达机械工程施工有限公司、武宣胜辉锌业有限公司等5家合作企业合同外资额1311万美元。但其中有3家由于前期工作准备不充分，仓促签约，终以外商未出资而告吹。

独资企业境内自1992年5月经批准成立第1家外资企业之后，至1995年，先后成立外资企业14家，合同利用外资额585.5万美元，实际投入外资额255.94万美元。

广西来宾法资发电有限公司，1997年落户来宾县，是中国电力行业第一家BOT(建设—运营—移交)项目，合同投资总额6.16亿美元，合同外资额1.54亿美元，外商实际投资额6.16亿美元，成为来宾市迄今为止最大的外资项目。

2005年，来宾市有三资企业9家，其中只有广西康密劳铁合金(集团)有限公司有自营进出口业务。年内，进出口总额为3048.58万美元，占全市进出口总额的21.27%。

对外经济技术合作

境内对外经济技术合作业务起步较晚，1994年，境内取得第1个进出口经营权后，在发展一般贸易的同时，开始“三来一补”(指来料加工、来样加工、来件装配及补偿贸易）等灵活贸易，引进先进设备、技术和人才，开展国际经济技术合作等对外经济工作，以引进外资补充建设资金的不足，通过先进设备、技术和人才的引进，促进产业结构调整，提高企业的生产技术和管理水平，促进企业发展，增加就业和财政收入，促进地方经济的发展繁荣。

加工贸易来料加工装配贸易境内于1994年开始有来料加工装配贸易业务，1994—1999年，来料加工装配贸易出口2061.37万美元、进口2320.91万美元，2004—2005年，出口5710万美元，进口2979.93万美元。

进料加工贸易境内于1996年开始开展进料加工贸易，虽然比来料加工装配贸易起步晚，但发展更快，1996—2002年，出口达23077.12万美元、进口达10084.57万美元，2003年，来宾市加工贸易出口5080.92万美元，占90%，比上年增长12.8%。2004—2005年，出口达14697万美元、进口达14774.7万美元，主要是通过这种贸易方式进口铁矿石生产铁合金产品再出口。来宾市进料加工贸易最高纪录是2004年，出口高达8849.60万美元、进口高达3650.20万美元。

2004年，来宾市进料加工贸易和来料加工装配贸易组成的“加工贸易”出口高达8864.85万美元，排在广西各市加工贸易出口额第1位，广西八一铁合金（集团）有限责任公司加工贸易出口7642.02万美元，排在广西各出口企业加工贸易出口额第1位、广西各出口企业出口额第2位。

补偿贸易境内采用补偿贸易方式的企有3家，合同利用外资额157.9万美元，实际投入外资额157.9万美元。

象州重晶石补偿贸易　1982年6月，广西五金矿产进出口分公司与美国来利（NL）公司在南宁签订补偿贸易协议，由美国来利公司预付100万美元给广西五金矿产进出口分公司，广西五金矿产进出口分公司在1982—1995年间，给美国来利公司重晶石25万吨，并在总数量中以2.5万吨作为偿还预付货款，象州县矿产公司也在协议上签字。1984年6月，象州县经济委员会与广西五金矿产进出口分公司签订了《利用外资发展象州县重晶石矿产和出口协议》，广西五金矿产进出口分公司将美国来利公司100万美元汇给象州县，象州县利用此款对现有矿山剥离、洗选等技术进行改选，作为补偿贸易出口重晶石12.5万吨，其中2.5万吨为直接偿还美国来利公司100万美元的资金。

贸易洽谈交流

参加广西第一次对外经济技术洽谈会　1985年4月25日—5月5日在桂林举行。境内各县（市）组团参加洽谈会并组织出口商品参展及组织项目参加对外经济贸易洽谈。会上共签订引进技术设备合同4个，意向书1份，合同总金额813万元，其中使用外汇150万美元。

参加广西第二次对外经济技术合作暨出口商品展销洽谈会　1987年12月1日—7日在南宁举行。全市率团参加洽谈会。洽谈会期间，共接待国外及港澳地区客商820人次，累计签订合同59项，总投资8254万美元，其中外资3327万美元；审批项目27项，总投资3144万美元，外资占1023万美元。此外，通过经委口审批的技术改造项目共33项，总投资达2.07亿元，其中外资1799.75万美元，出口商品累计成交额为4204.89万美元。

参加广西第三次对外经济贸易洽谈会　1990年9月4日—10日在桂林举行。境内各县（市）组团参加洽谈会。会上，有一公司刨花板生产线项目签订协议书，总投资人民币3844万元，其中外资500万美元；来宾黔江牧场，象州下田锰矿电解二氧化锰、重晶石采选和钡盐综合开发项目签订意向书，总投资人民币3325万元，其中利用外资529万美元，出口贸易订货710万元。

参加广西第四次投资项目介绍会　1993年2月初，在香港举办。会期，境内各县（市）积极宣传本地区的资源优势、投资环境及投资优惠政策，广泛结识朋友，分别与来自美国、日本、西班牙等国家及中国香港、澳门、台湾地区的商家83人接触，共签订中外合资、合作项目18项，投资总额为3761万美元，其中利用外资额1758.3万美元，占投资总额的46.7%。

参加第一届昆明出口商品交易会　1993年8月8日—18日，组织有关企业参加第一届昆明出口商品交易会出口商品展销，外贸企业与外商签订了部分外贸合同。

参加广西第五次出口商品展销暨投资项目洽谈会　1993年9月21日—25日在香港举行。展销会期间，共签订合同、协议、意向项目13个，投资总额为7243万美元，其中外商投资2588万美元，占投资总额的36.6%。在签订的投资项目中，合同项目6个，投资总额3480万美元，其中外商投资额为1356万美元；协议项目2个，投资总额128万美元，其中外商投资额为49万美元，意向项目5个，投资总额3635万美元，其中外商投资额为1183万美元。此外，签订白糖、重晶石、有色金属、竹制品等出口商品成交合同732万美元。

参加广西第六次投资项目洽谈会 1994年8月新加坡举行，会上签订“广西来宾华锡冶化有限公司”1个项目，项目总投资额2874万美元，其中利用外资额632万美元。

参加广西第七次项目招商洽谈会 1995年5月21日—25日在香港举办。会上签订合同项目4个，总投资额1584万美元，其中外资额为1084万美元；签订意向项目3个，总投资额17050万美元，其中外资额为15820万美元。

参加第三届昆明出口商品交易会 1995年8月举行，外贸企业与外商签订了部分外贸合同。

参加韩国汉城(广西)进出口商品展销会 1997年9月，组织有关外贸企业参加，与韩国商人签订了部分外贸合同。

参加自治区40大庆商品展销经贸洽谈会 1998年12月，组织有关企业参加自治区40大庆商品展销经贸洽谈会商品展销，外贸企业与外商签订了部分外贸合同。

参加中国昆明出口商品交易会 2003年8月26日—30日，来宾市组团参加，带去本市企业生产的28个商品参展。达成桐油、药品贸易意向200多万元和水电、企业技改及农产品招商引资项目意向。

参加中国—东盟博览会 2005年10月19日—22日，来宾市党政代表团70余人参加中国－东盟博览会，其间全市有10个项目签订投资合同协议，其中涉外投资合作项目2个，合同金额5650万美元，国内投资合作项目8个，金额13.5亿元。项目涉及农产品加工、城市建设、矿石开采、旅游开发等行业。达成合作项目10个，金额近20亿元。

第十七篇

粮　油

第一章　管　理

清乾隆四十九年(1784年),来宾市境内始有粮油贸易,粮食收购、加工、储运、销售纯为私人经营。民国29年(1940年),境内各县始有粮油管理机构。中华人民共和国成立后,各县人民政府设置财粮科、粮食局,负责粮油购销工作,实行粮食统购统销政策,落实粮食定购任务,完成粮食征购任务,加强粮食余缺调剂和城乡及国家重点项目用粮,安排好灾区、库区移民粮食供应工作。1978年后,县粮食局是粮食行政管理机构,负责全境粮食流通和粮食行政管理,进行粮食流通体制改革,做好粮食流通管理工作。1992年,各县设立粮油总公司,乡镇设立粮油管理所。

2002年,粮食企业职工开始进行身份置换。同年12月28日,设立来宾市粮食局。随着粮食流通体制的演变和粮食局行政职能的转变,粮食系统管理机构和人员由少到多,全市粮食系统干部职工由1953年326人增加到1997年1735人。2005年末,来宾市粮食部门有行政管理机构7个,事业单位1个,有粮食购销企业22家,粮食附营企业33家,有职工1982人。

第一节　机　构

市粮食局

2003年3月11日,来宾市粮食局(正处级)正式挂牌。核定编制9名,领导职数1正3副,有人员9名。内设办公室、粮食行政调控科、监督检查科和直属单位来宾市粮油监督检测站。

2004年,来宾市粮食系统有6个县(市、区)粮食行政主管部门和市粮食局及来宾市粮油监督检测站、来宾市粮食储备库、来宾市军粮供应中心3家直属单位。年末,在职职工1285人,离退休870人。

2005年,来宾市粮食局驻来宾市维林新城一巷18号,局机关核定行政编制10名,实有9名,内设办公室、粮食行政调控科、监督检查科。全市粮食部门有机构63个,其中行政管理机构7个(市粮食局和6个县市区粮食局)、国有粮食购销企业22家、粮食附营企业33家、事业单位1个。职工总数1982人,其中在职职工1291人。市粮食局和县(市、区)粮食局二层机构设粮食储备库、军粮供应中心(站)。全市粮食系统国有机构63个,其中行政机构7个,事业单位1个,国有粮食经营企业55个,职工总数1982人,在职职工1291人。离开单位仍保留劳动关系的职工370人。

市粮食局历任局长:李佳坤(2003年3月—7月)、谭雄荣(2003年7月—2004年11月)、潘启勇(2004年12月—2005年12月)。

县(市、区)粮食局

民国29年(1940年),境内各县成立粮食管理委员会。民国30年,改设粮政科。

1949年12月,来宾境内解放。来宾、迁江、武宣、忻城、象县人民政府设立粮食行政管理机构。1953—1955年,境内6个县成立粮油公司,后并入粮食局。

1949年12月—1957年,来宾县、象州县、武宣县财粮科、粮食局隶属柳州(宜山)专区财粮科、粮食局。1949年12月—1952年6月,迁江县(1952年11月并入来宾县)财粮科(粮食局)属武鸣(南宁、宾阳)专区财粮科(粮食局)。1950年1月—3月,忻城县财粮科、粮食局分别隶属武鸣、宜山专区财粮科、粮食局。1952年5月28日,正式成立大瑶山瑶族自治区(县级),该区粮食部门隶属平乐专区粮食部门管辖。

1958年,境内各县粮食局隶属柳州专区粮食局。各县按行政区划改设人民公社,并在每个公社设粮油管理站(所),各公社粮油管理站(所)归县粮食局管理。1962年4月,石龙县分设武宣县和象州县,两县粮食局随之设立。"文化大革命"期间,境内各县粮食局失去职能作用,由县革命委员会生产指挥组的粮油小组取代。1971—1972年,境内各县恢复粮食局,隶属柳州地区粮食局。1982年,成立合山市粮食局,隶属柳州地区粮食局。

1992年,境内各县(市)设立粮油总公司,与粮食局并列,实行两个机构,一套人员。乡(镇)设立粮油管理所,一部分辖区范围大的粮管所,下设粮食管理站,属粮管所的分支机构,不实行独立核算。各县(市)粮油总公司隶属柳州地区粮油总公司。1997年下半年,境内各县(市)机构改革,粮食局改为县

(市)人民政府直属事业单位(正科级)。内设机构各县(市)根据实际需要和人员情况设置,不尽相同。1998年,粮食流通体制改革后,实行政企分开,国营粮食企业进行新的重组和布局,境内各县(市)撤销县(市)粮油总公司。各县(市)粮食局改为行政单位(正科级),行政编制5~7名不等,内设机构3~5个。新成立县(市)粮食收储有限责任公司、粮油贸易总公司、储备粮库(管理公司)。各乡(镇)粮所归县(市)粮食收储公司管理。

2002年,境内机构改革后,原粮食企业职工全部进行身份置换,解除劳动合同关系,通过文化考试、综合测评,择优录用,返聘上岗。11月,忻城县第一、二粮油购销公司合并成立忻城县粮油购销有限责任公司,管辖全县7个粮管所及25个粮站(点)。

2002年12月28日,地级来宾市成立,来宾县粮食局改称兴宾区粮食局,来宾县粮油总公司改称兴宾区粮油总公司,来宾县粮食收储有限责任公司改成兴宾区粮食收储有限公司,来宾县储备粮管理公司改成兴宾区储备粮管理公司。

同年,来宾市辖6个县市、区均设粮食局,行政级别正科级。至2005年末机构级别不变。

第二节 粮食流通体制改革

1955年,境内农村实行粮食定产、定购、定销政策。1962年9月起开展粮油议购议销业务。1971年,将粮食征购“一定三年”改为“一定五年”。1972年起,实行“统一收购,统一销售,统一调拨,统一库存”的管理体制,组织粮源,保证供应。

1979年后,境内进行粮食流通体制改革,实行“放宽政策,搞活经济”的方针,提高粮食的收购价格,调整减少粮食征购基数。

1983年,实行议购议销经营。1985年,改粮油统购为合同定购。1988年7月,放开粮油价格。1992年11月,粮食购销价格放开,在粮油市场自由购买。

粮食流通体制改革,主要是实行一业为主,多渠道经营;“两线”运行,“两个”效益,建立“三项”制度,深化企业改革;完善“四个”体系,增强宏观调控;实行“五个”统一,加强企业管理。

1996年,是粮食流通体制改革实行“米袋子”首长负责制的第二年,自治区要求各县必须完成下达的粮食购、销、调、存计划。各乡镇粮所是负责执行粮食政策性任务的单位,隶属县粮食局领导和管理,国有粮食企业将政策性业务和商业性经营分开,实行两条线运行。

政企分开

1997年,根据《国务院关于做好当前粮食收购和储备工作的通知》,按照“政企分开,储备和经营分开,中央与地方责任分开,新老挂账分开,完善粮食价格机制”的思路,加快粮食流通体制改革步伐,从根本上解决企业经营自主权问题。象州县粮食局在国家行政机关改革中,撤销了1993年建立的象州县粮油总公司,不再直接干预企业经营;为便于管理,统一经营,将县饲料公司和优质米厂并归直属粮库。

1998年,贯彻执行国务院《关于进一步深化粮食流通体制改革的决定》,深化改革,转变粮食企业经营机制,实行政企分开,将原有的政企合一、粮食储备与经营不分开的体制一分为三:县粮食局为粮食行政主管部门,负责全县粮食行业管理活动。储备业务从行政部门分出,建立县储备粮管理公司,作为宏观调控和管理储备粮的经济实体,负责本级储备粮管理,成为独立核算企业。各乡镇粮所转换经营机制,面向市场,成为独立核算的粮食购销企业(粮所名称不变),成为自主经营,自负盈亏,自我约束,自我发展的经济实体。建立粮油贸易公司,其性质属附营企业,人员财务实物等均从粮库分流出来,实行独立核算,自主经营,退出粮食购销企业统计口径。经改革后,象州县属粮食收储企业共13个,即11个乡镇粮所及县购销公司、直属粮库;附营企业1个,即粮油贸易公司。

1999年12月,忻城县粮食购销企业实行改组,组建“忻城县粮油购销有限责任公司”和“忻城县第二粮油购销有限责任公司”,隶属县粮食局,所属粮所由企业法人改为二级法人,实行独立核算。忻城县粮油购销有限责任公司管辖城关、果遂、红渡、古蓬、北更、遂意6个粮所;忻城县第二粮油购销有限责任公司管辖大塘、思练、马泗3个粮所,公司驻地大塘镇,公司内部实行定岗定员、竞争上岗。2001年5月,北更、遂意粮所撤所为站,其人员经费和有关业务由古蓬粮所管理。2002年11月“忻城县第二粮油购销有限责任公司”并入“忻城县粮油购销有限责任公司”。2003年,县粮食系统企业有粮油购销有限责任公司、储备粮管理公司、饲料公司、粮油食品工业公司和城关、马泗、大塘、思练、红渡、北更等6个粮油贸易有限责任公司,粮食企业10个。

机制转变

1998年,象州县贯彻执行国务院《关于进一步深化粮食流通体制改革的决定》,按照自治区人民政府《关于进一步深化我区粮食流通体制改革的通知》,转变粮食企业经营机制,贯彻执行“敞开收购,顺价销售和粮食收购资金封闭运行”三项政策。按保护价敞开收购农民余粮,对符合粮食质量标准的粮食,不得拒收限收,不得压级压价或抬级抬价,不得给农民打“白条”。严格执行粮食顺价销售政策,不搞逆向操作。各粮食收储企业须按保本微利的原则确定粮食销售价格,不允许发生新的亏损挂账。严格执行粮食收购资金封闭运行的政策。实行“钱随粮走”政策,粮食销售款及时回笼,不允许挪作他用。农业发展银行严格按照“库贷挂钩”的原则和办法供应和管理粮食收购资金,坚持“钱货两清”的办法和原则,保证粮食收购资金封闭运行。同时,建立和完善粮食风险基金制度,以发挥政府调控粮食市场、稳定粮食市场价格,加强粮食储备,实施粮食市场宏观调控的作用,其资金来源由自治区和县财政按1∶1.5拨给,实行专款专用。

1999年,境内各县(市)根据自治区人民政府《关于进一步完善我区粮食流通体制改革政策措施的通知》精神,坚持以粮食流通体制“三项政策,一项改革”(按保护价收购农民余粮、粮食收储企业实行顺价销售、粮食收购资金实行封闭运行,推行粮食流通体制改革)为重点,完善相关政策,制定新的措施;适当调整粮食保护价收购范围,从2000年新粮上市起,早籼稻、玉米和小麦退出保护收购范围;进一步调整和完善粮食收购价格政策;调减粮食定购任务和粮食储备规模;改进粮食超储补贴办法;抓紧处理陈化劣变粮食。

2000年,各县(市)进一步加大粮食企业机构改革力度,着重对粮食购销企业进行机构改革。以县为单位组建新的粮食购销公司,统一负责粮食购销业务,即负责全县的粮食收购入库、保管及销售业务,代管各级粮食储备。取消各乡镇粮管所和直属粮库的法人资格,改为非独立核算的报账式单位。新组建的粮食购销公司,实行统一收购,统一销售,收购资金统贷统还,统一反映盈亏业务,隶属县粮食局管理,其法人代表及公司领导由粮食局考核任免。新组建的粮食购销公司从8月1日起开始运行。

粮食购销政策改革后,国有购销企业收购退出保护价收购范围的粮食品种,农发行按照“以销定贷,以效定贷”的原则提供粮食收购贷款。

2004年5月26日,国务院颁发《粮食流通管理条例》后,来宾市完善粮食市场准入制度,支持符合经营粮食条件的民营企业参与粮食经营,有34人取得粮食行政执法资格证,给46家民营企业发放粮食收购准入证,营造统一、开放、竞争、有序的粮食市场环境。

2005年,全市国有粮食购销企业22家,粮食附营企业33家。固定资产原值10140万元,净值7421万元。全年粮食销售收入6187万元,比上年增长6%;费用总额1803万元,下降14%。

第三节　管理体制改革

1954年后,境内粮食实行统一征购、统一销售、统一调拨、统一库存的管理体制,粮食征购、销售、省间调拨和库存均由中央统一安排。

1982年,境内贯彻“购、销、粮食包干”政策,各县(市)在完成购销包干任务前提下,多购少销的粮食可用于扶持生产,如发展养猪和食品加工等,但不得用于提高口粮供应标准。

1993年,境内粮食购销价格全面放开,取消农民粮食定购任务,粮食收购随行就市,依质论价收购。除军供粮油供应价格不变外,取消平价粮销售,改为议价粮供应。

1995年,粮食工作实行在统一政策、统一市场、统一进出口管理的原则下,中央和地方分级负责,分级管理。粮食平衡实行行政首长负责制。在经营管理上,实行两条线运行制,政策性业务和商业性经营分开。政策性业务单位是县(市、区)粮食局、粮管所、粮库。从事非政策性单位是粮油零售单位、加工企业、运输企业等。要求这些企业做到自主经营、自我发展、自负盈亏、照章纳税。国有粮食企业承担政策性业务,必须实行财务分开,核算分开。对承担政策性业务的商业性经营企业,按规定的定额代理费用给予补贴。

1998年,境内粮食流通体制实行“四分开一完善”(即实行政企分开、中央与地方责任分开、储备与经营分开、新老财务账目分开;完善粮食价格机制)。县(市)粮食局与企业彻底脱钩,代表同级政府对全社会粮食流通进行管理,不再参与粮食经营,不直接干预企业自主经营活力。所有国有粮食企业面向市场，实行独立核算，成为自负盈亏，自我发展的经济实体，不再承担粮食行政管理职能。

实行政企分开后，境内各级政府建立完善粮食储备制度，根据自然灾害及调控市场的需要落实粮食储备，建立粮食风险基金制度。粮食风险基金用于储备粮的利息和费用补贴，即国营粮食企业因按保护价收购粮食，致使经营周转粮库存增加，流转费用提高，而又不能顺价出售时发生的亏损补贴。

2002年，自治区推行粮食购销市场化改革，取消粮食定购任务，放开粮食购销市场，放开粮食购销价格，境内各县（市）取消粮食定购任务，公粮征收额度不变，国有粮食购销企业实行随行就市收购粮食，代收公粮实物。是年，国务院决定南方地区早籼稻、玉米退出保护价收购。

2003年，来宾市全面推行农村税费改革，公粮收购转化为农业税形式缴纳，粮食企业不再有代收公粮任务，粮食收购全部随行就市，改定购粮收购为议价收购。

2004年，来宾市继续深化粮食购销市场化改革。粮食部门开展粮食收购，掌握粮源，落实储备，确保政策性粮食供应，维护粮食市场稳定。推广象州县对种粮农民实行直接补贴与粮食订单收购挂钩试点工作的经验，粮食部门按照购得进、销得出，不亏损的原则，开展市场粮食收购，采取合理设置收购网点、委托收购和上门收购等灵活多样方式、市场内购与外采相结合，坚持质量标准，做到不压级压价或变相降价收购，多收粮食。年内，全市收购粮食40239吨，其中，市场纯购进27790吨，外采12449吨。

2005年，早籼稻、玉米退出保护价收购，依照市场粮价情况，随行就市，依质论价开展收购。市粮食局分配给各县（市、区）周转粮任务，再由各县（市、区）粮食局组织粮油购销公司，储备粮管理公司落实任务，商定收购价格及规格质量，由公司组织人员自行收购。当年，粮食收购31765吨，比上年减少8474吨；粮食销售43340吨，比上年增加10304吨。年末粮食库存比上年减少940吨。

第四节　票证管理

1955年8月起，境内各县按照中央、省政府的规定购买统销粮要持粮食供应证，即出现粮油票证。发出的粮食供应证有城镇居民粮食供应证、工商行业用粮供应证、常年流动人口粮食供应证、临时流动人口粮油供应证、农业粮食统销供应证、农村粮食供应证、周转粮食供应证（卡）、自理口粮（人员）粮食供应证、军粮供应证和粮食迁移证等10种。实行粮油统购统销后，由中央和地方分别印发各种面额的通用粮票和地方粮票。

1955年，各县开始使用全国通用粮票和广西省地方粮票、军用价购粮票。1972年，境内合山市与全国、全区并用的有合山矿区粮票。在实行粮食“三到”（基本口粮到个人、工种粮食定量差额粮到班组、工差粮指标到单位）管理后，增加使用工种粮票。1981年4月，境内始用广西原粮奖售粮票和玉米奖售粮票。使用粮证的种类有市镇居民粮食供应证、市镇居民粮食供应转移证、农村居民粮食供应转移证、农村粮食统销供应证、市镇饲料供应证和工商行业粮油供应证。

1956年3月，境内开始用广西区内“流动油票”，1957年，粮油管理机构合并后，实行粮票带油和粮卡注明带油或不带油，同时停止使用油票。

境内各县粮食局及所属粮管所都配有专职票证员，加强票证管理工作，实行票证专柜保管，账票分开，建立有领取、发放、收回的制度，做到收有凭，支有据，日清月结。定期对票证进行盘点，按月逐级报送收、支、存情况表，达到账票、账表相符。粮油市场放开后，凭票证供应粮油随之取消。

第五节　财务管理

中华人民共和国成立后，粮食财务管理最初由中央粮食部门统一管理，以后下放到自治区粮食厅（局）管理。后又收归中央统管，随后又下放自治区管理。

1986年以前，地县市的粮食财务收支缴拨一直由自治区粮食厅（局）向中央或自治区财政结报。1986年起，自治区将粮食财务下放到县（市），纳入县（市）财政预算，采取钱随粮走、粮钱挂钩、粮油征、购、调包干和粮食财务捆在一起，与县（市）权利相联系。同时执行粮食财务挂账制度。

1988年后粮食企业经营全面推行各种形式的承包责任制，粮食企业的责权又与粮食部门的经营联系在一起。

1986—1992年3月底，境内粮食财务挂账数额3123.81万元。其中，属于县（市）财政应补未补造成挂账1642.47万元。

表 17-1　　1992 年 3 月来宾市境内各县(市)粮食财务挂账数额统计表

单位:万元

县(市、区)别	挂账金额合计	其中属县(市、区)财政应补未补
合山市	197.00	191.00
象州县	383.00	6.00
武宣县	529.00	68.00
兴宾区	1389.80	974.60
金秀县	370.17	152.59
忻城县	254.84	250.28

1992 年 3 月—1998 年 5 月 31 日的粮食财务挂账为:今来宾市的 6 个县(市、区)审计确认中央给予贴息新粮食财务挂账 9031.03 万元。其中合山市 446.6 万元、象州县 1589.2 万元、武宣县 2114.3 万元、兴宾区 2705.7 万元、金秀县 1143.7 万元、忻城县 320.48 万元。1998 年 6 月 1 日—2002 年 6 月 30 日新粮食财务挂账情况见附表。

2005 年 12 月底,全市粮食政策性财务挂账按文件要求从粮食企业剥离到各县(市、区)的粮食局账上,全市已剥离挂账 9031.03 万元。但经营性财务挂账 5153 万元仍然挂在粮食企业账上。

表 17-2　　1992 年 3 月 30 日—2002 年 6 月 30 日来宾市境内各县(市)粮食财务挂账统计表

单位:万元

	政策性财务挂账合计			经营性财务挂账合计		
县市区	合计	1992 年 3 月末到 1998 年 5 月末新增挂账	1998 年 6 月 1 日到 2002 年 6 月末挂账	合计	1992 年 3 月末到 1998 年 5 月末新增挂账	1998 年 6 月 1 日到 2002 年 6 月末挂账
合计	9031.03	8320.03	711	5153	3918	1235
合山	446.60	446.60		123	110	13
象州	2300.20	1589.20	711	465	196	269
武宣	2114.30	2114.30		1076	988	88
兴宾	2705.80	2705.80		2689	2006	683
忻城	320.43	320.43		378	287	91
金秀	1143.70	1143.70		422	331	91

第二章　粮油收(征)购

清乾隆四十九年(1784 年),境内来宾等县开始征粮。

民国元年至 29 年(1912—1940 年),各县征收粮食袭用清朝田赋制,以交纳纹银代替实物稻谷。民国 30 年后,改为征收实物稻谷。粮食销售由粮商操纵。

中华人民共和国成立初期,政府征收农业税(公粮),由财政部门收缴和安排开支。

1953 年 10 月起,执行中共中央《关于实行粮食计划收购与计划供应的决议》,实行粮食计划收购。

1954 年起,各县实行粮食统购统销,取消粮食自由市场,禁止私商经营粮食。

1955 年,实行“三定”(定产、定购、定销)政策。1956 年,采取以农业生产合作社为单位的计购计销代替过去以户为单位的计购计销办法。

1957 年 10 月起,执行国务院发布的《粮食统购统销的补充规定》。1985 年后,实行合同定购。2004—2005 年,实行市场收购。

第一节 粮食收(征)购

来宾市粮食收购历经自由收购、计划收购、合同定购、市场收购等历程。粮食收购量从1953年的57335吨减少到1955年的50170吨,增加到1960年的94010吨,减少到1965年的60620吨,增加到1970年的62820吨,增加到1975年的79530吨,增加到1980年的84550吨,减少到1985年的68630吨,增加到1990年的114728吨,减少到1995年的70168吨,减少到2000年的28136吨,增加到2005年的35304.3吨。

自由收购

清乾隆四十九年(1784年),境内合山市等县始有粮食征收。民国,实行赋率计征。民国30年(1941年)前,所征收田赋,要缴纳银圆(以法币为单位),不收实谷。后改征银圆为征稻谷。

1950—1953年,今来宾市境内粮食收购实行自由收购政策,多种经济成分并存。为确定合理的粮价,稳定市场粮价,国营粮食公司采取挂牌收购,在同一市场、同一时间内,只挂一个牌价。当市价低于牌价5%时,粮食公司就大力收购;当市价高于牌价5%时,粮食公司就大量销售。通过购销吞吐来调节市场粮价,稳定粮价水平。人们把此种经营方法称为"大进大出"。

1950年,各县筹集军粮支援中国人民解放军南下。来宾县人民政府制定"粮多多出,粮少少出,没粮不出"的征粮政策,组织征粮工作队,深入农村宣传和发动农民交粮,全县完成粮食入库2108吨、(原粮)超额完成任务108吨。

计划收购

从1953年10月起,各县执行中共中央《关于实行粮食计划收购与计划供应的决议》,实行粮食统购统销制度。

1954年起,各县执行省政府发布的粮食随征带购试行办法。实行粮食统购统销后,取消粮食自由市场,禁止私商经营粮食。规定所有农户、互助组及农业合作社,其生产的粮食除缴交公粮和留下自己的口粮、种子粮、饲料粮以及5%~15%的余粮作为机动粮外,其余均应在缴交公粮时全部卖给国家。国家在征收公粮的同时,按农业税的比例规定带购率来收购农民的余粮。

从1955年粮食年度起,各县粮食征购任务改为"三定"(即定产、定购、定销)办法。定产:农户的粮食产量按粮田的面积、自然条件评定。从1955年起,三年不变,增产不增购。农民利用田埂、场地、宅基空地生产的粮食不计产量。定产后新垦荒地在三年内不计产量。定购:国家向余粮户统购粮食,一般应占其余粮数量的80%~90%;对特殊的余粮率适当提高到95%。(余粮是指总产量扣除种子粮、口粮、饲料粮后剩下的部分粮食)。当时规定的口粮标准,水稻区按人均180千克原粮计留,玉米、杂粮地区忻城县按170千克计留;种子粮水稻按亩一季4~5千克原粮计留,玉米按亩4~5千克计留;饲料粮按口粮的5%~7%计留。定销:在下章销售中叙述。

实行"三定"政策,各县粮食入库均完成征购任务。1955年,全市完成粮食征购47530吨。

1956年,实行以农业生产合作社为单位的计购计销办法。

1957年10月起,执行国务院发布的《粮食统购统销的补充规定》,在坚持粮食"三定"的基础上实行以丰补歉,保证国家粮食的正常收入,在丰收年景,国家只增购40%;灾年根据灾情适当减购或增购。

1958年底,开展"大跃进""人民公社化"运动,出现浮夸风。各地虚报粮食高产量,出现高征购。当年,境内粮食征购入库61170吨,比上年多征购42.6%。

1954—1984年粮食年度,境内实行计划收购(统购)政策。当时确定计划收购任务采取随征带购的办法,即以公粮任务为基础,规定一定的起购点和累进的带购率计算应负担的购粮任务,在进行宣传动员的基础上,采取由县颁发控制数字和群众自报公议的办法贯彻实施。

表17-3 **1954年来宾市随征带购计算表**

每人平均常年应产数(千克)	税率%	每人平均应交公粮(千克)	购粮率%	每人平均应带购粮(千克)
250千克以下	12	27.00~30.00	免购	
250.5~275	13	32.50~36.00	50	16.0~18.0

续表

每人平均常年应产数（千克）	税率％	每人平均应交公粮（千克）	购粮率％	每人平均应带购粮（千克）
275.5~300	14	38.50~42	75	29.0~31.5
300.5~335	15	45.00~50.50	125	56.5~63.0
335.5~370	16	53.50~55	160	85.5~95.0
370.5~370	17	63.00~69.50	180	113.5~125.0
405.5~405	18	73.00~79	190	138.5~150.0
440.5~475	19	83.50~90.50	200	167.0~181.0
475.5~525	20	95.00~100.50	210	199.5~211.0
525.5~575	21	110.50~121.00	215	237.5~260.0
575.5~625	22	126.00~137.50	215	272.0~295.5
625.5~675	23	144.00~155.50	225	324.0~350.0
675.5~725	24	162.00~192.00	225	364.5~391.5
725.5 以上	25	184 以上	225	409 以上

随征带购办法，在当时对推进粮食统购工作和完成统购任务发挥了一定作用，但由于确定农户的公粮任务不尽合理，加上按公粮为基础计算购粮，有些农民卖了过头粮，又向国家返购。有的农民隐粮不报或少报，该卖的又未卖足，造成粮食紧张。

1958—1965 年，境内先后 4 次提高粮食统销价格。1965 年与 1957 年相比，粮食统购价格平均提高 35%。当时在工业品供应紧张的情况下统购粮食实行奖售工业品或用工业品换购的办法。从 1980 年粮食年度起，生产队在完成 1979 年确定的一定 5 年粮食征购、双超任务后，向国家多交售粮食除按双超粮计价付款和奖售外，再奖售标准化肥和奖售工业品。同时实行奖励政策。1980 年境内有 86 个生产大队受奖。

1959 年 2 月，各县提出“反瞒产、查黑仓”组织粮食入库。

1959—1960 年，境内粮食征购仍然居高不下，购过头粮，农村口粮不足出现浮肿，发生非正常死亡现象。

1961 年 10 月，境内开始实行粮食收购奖售工业品政策。1963 年，开始实行粮食加价收购，遇特大旱灾粮食大减产，各县粮食征购任务无法完成。1964 年，各县合理调整农民负担，兼顾国家、集体和个人三者利益，农业生产恢复发展，粮食入库增加。当年来宾县粮食入库 22290 吨，其中，征购入库达 21100 吨（征收 7020 吨，统购 12750 吨，双超 1550 吨，其他 180 吨），议价收购 1190 吨。

1965 年，各县执行中央、省、地各级政府决定，实行粮食征购任务一定三年不变的政策，以稳定粮食负担，达到合理负担，少购多销，藏粮于民。一定三年政策到 1967 年届满，但因受“文化大革命”影响，中央和省政府决定将此政策顺延到 1970 年。

1966 年，由于受“文化大革命”无政府主义思潮影响，境内征购工作放松，粮食征购任务受到影响，虽然实行超购超奖的政策，但定购粮任务没有完成。来宾县粮食征购入库仅 11170 吨，比上年减少 4310 吨，比 1964 年减少 9940 吨。

1971 年，根据中央指示，粮食征购任务实行一定五年，把 1969 年增加的“战备粮”于 1971 年转为“超购粮”，同时给予加价收购。境内调整粮食征购任务，将粮食征购任务改为一定五年。次年，将原来执行双超粮奖一半化肥一半现金（加价 30%）的办法，改为全部奖现金。象州县将征购任务从 1970 年 14655 吨调整为 16100 吨，增幅为 9.86%。来宾县征购任务从 1970 年的 18810 吨调整为 19640 吨，增幅为 4.40%。武宣县征购数从 1970 年的 10665 吨调至 10950 吨，增幅为 2.67%，主要是增加购粮任务。金秀粮食征购任务从 1970 年的 545 吨调至 560 吨，其中公粮 165 吨，统购粮 365 吨，双超粮 30 吨。忻城县粮食征购任务从 1970 年的 10655 吨下调至 10235 吨，下降 3.94%。合山市征购任务从 1970 年的 1880 吨下调至 1665 吨，下降 11.44%。

1979 年，中共十一届三中全会后，起购点调高至200千克原粮,奖励社队多卖“双超粮”,同年4月,各县粮食征购任务比上年减少。境内完成粮食征购入库45169吨,比上年减少1646吨,下降3.52%。

1980年,境内对交售的定购粮,双超粮,超过任务的,每多售原粮50千克,奖给8元的工业品购货券。是年,境内粮食入库88245吨,其中,征购53725吨,双超粮19610吨,议价收购7560吨,其他7350吨。忻城县超任务交售兑换工业品金额2.5万元,兑现自行车36辆、缝纫机25架和手表100块。1982年,来宾县粮食丰收,全县粮食入库创历史最高水平达38245吨,其中征购17280吨,工业品换购10035吨,议价收购10930吨。至1983年6月底止,象州县换购入库16450吨贸易粮,共奖售自行车5619辆,缝纫机3379架,手表1705块。同年下半年粮食部门库存爆满,停止工业品换购。

1980年粮食年度,市内商品粮基地有象州县的寺村、中平、百丈、罗秀、大乐、水晶公社、桐木公社,武宣县的东乡公社,来宾县的城厢公社等9个商品粮基地公社,粮食种植面积2.17万公顷,人均提供商品粮149千克。

1981年,各县实行粮食购、销、调拨包干“一定三年、三年不变”政策。1985年4月,执行中央、自治区规定,将粮食统购改为合同定购。定购的粮食任务仍按原来的任务执行。

1985—1991年,国家多次提高合同定购粮食的收购价格和调减粮食定购任务。1992年4月1日起,各县(市)粮食管理实行全面放开粮食购销价格。1995年恢复指令性的粮食收购任务。

合同定购

1985年,境内根据中共中央、国务院《关于进一步活跃农村经济的十项政策》,取消粮食统购,改为合同定购,定购价格40%按原统购价,60%按原双超粮价。象州县粮食部门与37102农户签订粮食定购合同29010吨,合同兑现18415吨,仅占合同定购数的63.48%,占全县合同定购粮33000吨的55.80%。

1986年,境内贯彻执行一系列粮食定购优惠政策。各县(市)针对合同定购粮食入库任务难完成的情况,采取有效措施以保证粮食合同定购任务完成。象州县修订奖励标准,当年有56户卖粮超5000千克,282户人均卖粮超250千克。1987年,各县停止实行上述奖励办法。

1987年,境内对完成任务的村,按每5吨原粮奖励村干部10元。合山市制定“夏粮收购优惠政策和奖励办法”,象州县、忻城县、来宾县对完成任务的农户,另从县财政经费中给价外补贴。金秀县则按每50千克原粮给予3元的价外补贴。

1988年,境内粮食受灾大减产,粮食征购入库降至中华人民共和国成立后最低点。1989年,境内粮食年成较好,粮食征购完成任务后,因粮食部门仓容不足,致使农民卖粮难。当年,境内粮食入库102522吨,比上年增加51703吨,增长1.02倍。

1992年4月1日起,各县粮食管理实行“计划指导,放开价格,加强调控,搞活经营”,全面放开粮食购销价格。除农业税“公粮”按国家下达的定购任务继续征收实物外,其余粮食改为指导性计划收购。

1995年,各县执行中共中央、国务院和自治区政府关于粮食收购责任制,恢复指令性的粮食收购任务。

2003年,来宾市粮食部门合理确定粮食收购价格,国有粮食购销企业随行就市,按照市场粮价格购得进、销得出、不亏损的原则确定。粮食收购价格每50千克中等质量标准的早籼谷均价为54~56元,玉米52元。粮食部门采取合理设置收购网点、委托收购和上门收购等灵活多样方式,方便农民售粮,全市粮食购销企业购进粮食29870吨,其中市场纯购进27430吨,外采2440吨。

市场收购

2004年,来宾市取消粮食定购任务,粮食收购价格、收购市场全面开放,国有粮食购销企业本着“购得进,销得出,不亏损的原则”开展粮食收购。每年根据粮食生产成本,提出收购保护价,当市场粮价低于保护价时,国有粮食购销企业要按保护价敞开收购农民的余粮。企业按保护价收购发生的合理亏损,由地方财政从粮食风险基金中给予补贴。全市收购粮食40239吨,其中,市场纯购进27790吨,外采12449吨。

2005年,来宾市粮食部门落实直补订单粮食收购政策,做好订单粮食收购。全年按1.5元/千克收购直补订单粮食25000吨(原粮),发放种粮农民补贴款250万元,确保农民增产增收。全年粮食收购31765吨,比上年减少8474吨;粮食销售43340吨,比上年增加10304吨。年末粮食库存比上年减少940吨。

表17-4　　1953—1970年今来宾市各县(市、区)贸易粮食收购表

单位:吨

数量 单位 年度	合山市	象州县	武宣县	兴宾区	金秀瑶族自治县	忻城县
1953	1895	16015	9545	16815	295	12770
1954	2075	19090	12625	14925	890	11545
1955	2640	12895	8760	14645	750	10480
1956	1320	12790	4920	15890	385	6460
1957	1560	12810	7770	14300	510	7435
1958	2570	13930	12190	16610	1610	16830
1959	3585	24080	16560	37150	1820	21970
1960	3420	21255	14140	33710	1880	19605
1961	2165	16680	11280	25835	1020	10340
1962	1985	13935	9645	21815	555	9515
1963	375	12240	3500	5095	675	8005
1964	2225	19025	11690	22290	560	11390
1965	1230	19230	11770	16720	375	11295
1966	1375	24655	11385	11350	465	10980
1967	800	22700	11440	11400	550	11145
1968	1140	16995	9870	12900	450	9190
1969	725	21490	10300	13155	565	10145
1970	1880	18660	10900	19280	545	11555

表17-5　　1971—1983年今来宾市贸易粮食收购表

单位:吨

项目 年度	合计	征收	统购	双超	工业品换购	议购
1971	67820	20680	38290	7370	—	1480
1972	65350	20810	35300	8280	—	960
1973	73250	21110	36830	12630	—	2680
1974	69400	21230	36100	11250	—	820
1975	79530	21540	38570	19420	—	1240
1976	71750	21640	36340	13770	—	780
1977	64260	19360	33760	11140	—	670
1978	62650	19230	32050	11370	—	1890
1979	59790	17350	28340	14100	—	4410
1980	84550	18190	30650	15460	10360	9890
1981	73160	17500	27220	17230	11210	3480
1982	85800	16770	30220	16550	22260	24890
1983	114620	16510	31220	55590	11300	6980

表 17-6　　1984—2005 年今来宾市各县(市、区)贸易粮食收购表

单位:吨

年度＼项别	合计	象州县	武宣县	兴宾区	金秀瑶族自治县	忻城县	合山市	直属企业
1984	109770	32290	17585	34955	7045	15645	2250	
1985	68630	22720	14880	19940	3850	5795	1445	
1986	70995	18430	12910	27825	4940	5655	1235	
1987	84305	21495	15790	31215	5730	8060	2015	
1988	50819	16230	11212	12775	4907	3550	2145	
1989	102522	32284	18157	30391	9690	8540	3460	
1990	114728	33286	30530	33061	8571	6865	2415	
1991	68541	18183	17782	16940	6586	8220	530	
1992	50771	16531	15760	5738	5532	6910	300	
1993	66976	15053	15265	16356	5167	7330	7805	
1994	47424	6326	8825	11682	6163	2820	11608	
1995	70168	14638	15607	16303	4353	12817	6450	
1996	64812	15142	14525	17482	4572	11358	1733	
1997	52079	10787	10725	11079	5536	12346	1606	
1998	58374	8730	6293	8677	2798	30580	1296	
1999	46798	9459	8821	9166	4750	10760	3842	
2000	28136	4999	4740	7443	3628	5191	2135	
2001	21484.76	2433	5314	1132.76	3391	7500	1714	
2002	28803.6	7754	3087	3795	3352.6	5549	5266	
2003	41437.4	9824	4611	8555	5936.4	9599	2912	
2004	33205.1	7950	3860	12215	3569.1	8900	1711	
2005	35304.3	11208	2257	15288	2997.3	840	2714	

第二节　油脂收购

来宾市种植的食用植物油料,主要有花生、芝麻、油菜、油茶。民国时期,境内食用油脂、油料市场交易规模小、数量少。当时食用油脂、油料收购,均由私营商贩所为。其收购方式,城乡富裕户直接向农民收购油料加工食油卖给商人,或商人在市场上收购食油,销往广州、香港、梧州、柳州、南宁等地。据民国《来宾县志》载:该县收购花生“资本多者收至五六十万斤,少者亦十多万斤”。

中华人民共和国成立后,境内油脂征(收)购方式经历了自由收购、计划收购(统征购)和合同定购三种方式。

自由收购

1951 年,境内食用植物油脂、油料实行自由收购政策。油脂在自由市场上销售,国营商业、供销社和贸易公司,私人商业企业在市场上自由收购、销售油脂、油料。1953 年,境内只有来宾县统购食油 537.1 吨,其他各县均没有食油统购数据。

计划收购

1954—1984 年,境内食用植物油脂、油料实行计划收购(食油统购或征购)。农民生产的油料除留口油(时规定口油标准人年均 2.5 千克)和种子外,一律卖给国营油脂公司。再由油脂公司按标准供应部队、学校、机关团体和居民。

1954 年,境内各县油脂公司成立后,遵照中央《在全国实行计划收购油料的决定》,取消油料自由市场,由油脂公司统一经营。统购的标准是:生产总量扣减规定留下的口油、种子后,余下的油脂交售 90%。来宾县人民政府作出《关于油料统购统销的决定》,农民生产的油料,按来年种植需要留种和扣

除每人年均2.5千克口油外，余油卖给国家。每人年均不到2.5千克口油的不统购。当年，来宾县统购油脂2274.9吨，为中华人民共和国成立后5年来最多的一年。武宣县统购油脂415吨。

1955年，境内对油料实行定产、定购、定销的“三定”政策，油脂统购任务与粮食“三定”同时落实到农户，对城镇非农业人口实行凭证供应。因种植花生的土地不固定，对油料收购只能一年一定。当年，武宣县收购油脂433.5吨，来宾县收购油脂1147吨。

从1956年起，食油统购不再实行“三定”，实行粮油统购任务同时下达。是年，境内油脂收购量达1441.6吨。其中，来宾县806.2吨，武宣县250吨，象州县234.8吨，忻城县145.6吨，金秀瑶族自治县5吨。

1957年，是境内历史上油脂收购量比较多的一年，达2118.26吨。其中，来宾县1166吨，武宣县370.4吨，象州县281.4吨，忻城县231.2吨，金秀瑶族自治县10吨，合山市59.26吨。

1958—1971年，境内各县农业生产重粮轻油，油料生产减少。1960—1962年，是油脂收购最低谷的年份，分别是331.55吨、253.95吨和312.55吨，3年收购数量共898.05吨，不足1957年收购量的一半。

1961年起，境内对油料统购实行奖励。生产队每交售50千克花生油、芝麻油奖售原粮40千克，奖标准化肥指标15千克；交售50千克茶油除奖售40千克原粮外，另外奖售煤油5千克；奖布票1.7米。

1964年，对超任务交售的食油，每50千克奖售布票3.3米或化肥75千克，如不要布票、化肥奖售，则按统购价加价30%付给。

1965年，不分统购任务内外，每交售50千克花生油、芝麻油、菜籽油奖售原粮70千克、标准化肥20千克、布票5米。交售同等数量的茶油，奖售原粮25千克、布票5米。对超任务交售部分，按统购价加价30%的奖励。当年油脂收购达1277吨，比1962年增长4.1倍。

1972年，在食油收购量减少、供不应求的情况下，境内各县采取了一些措施。来宾县对产油地区自产粮食不足的生产队，给予卖油吃粮指标，下达《关于油料集中产区口粮标准规定的通知中》规定：平均每人每年向国家提供商品油分别为2~2.5千克、2.5~3千克、3~3.5千克、3.5~4千克、4~5千克、5千克以上的生产队，平均每人每年定口粮指标分别为180千克、192千克、210千克、228千克、252千克、270千克。自产粮达不到上述规定的，给予统销粮指标补足。当年境内收购食油1141.7吨，其中：来宾县538.6吨，忻城县40.2吨，武宣县229.15吨，象州县302.45吨，金秀瑶族自治县20吨，合山市11.3吨。实行给予卖油吃粮指标，也存在弊端，1980年后，停止实行此办法。

1973年，境内取消奖售原粮，统购任务内外实行不同奖售标准的政策，以50千克标准计：交售统购任务内的花生油、芝麻油，奖售化肥60千克；超任务部分，除按统购价加价30%外，另奖售标准化肥30千克。交售统购任务内的菜油，奖售标准化肥35千克、无偿奖励磷肥15千克；超任务部分，按统购价加价30%。交售统购任务内的茶油，奖售标准化肥35千克；超任务部分，按统购价加价30%，奖售标准化肥17.5千克，无偿奖励磷肥7.5千克。当年因灾减产只收购656吨，比上年减少41.9%。

1977年，境内食油收购1612.9吨，其中，来宾县909.4吨，象州县368.65吨，武宣县170.6吨，忻城县84.9吨，金秀瑶族自治县45吨，合山市34.35吨。

1982—1984年，食油统购改为合同定购，一定三年不变。1987年春，取消食油定购任务。1988年4月1日起，食油价格全面放开，食油购销全部实行市场调节，食油统购制度结束。

1983年，生产队交售食油，不分任务内或任务外，一律调整为40%按统购价，60%按超购价计价，并实行同一奖售标准。以50千克标准计：交售花生油，奖售原粮100千克，标准化肥60千克；交售芝麻油，奖售原粮40千克，标准化肥58千克；交售菜油，奖售标准化肥35千克，磷肥15千克；交售茶油，奖售原粮90千克，标准化肥10千克，布票3尺。超购价格仍执行以统购价为基础，加价50%的规定。当年花生油集市价为每50千克170元，按以上政策结算价达171.98元。由于价格规律的作用，农民踊跃向国家交售食油。当年境内收购食油达1353.1吨，仍未达到上年度的1612.05吨水平。

1984年，境内采取议价收购的办法，当年收购食油2234.9吨，仅来宾县就收购1355.8吨，占境内收购总量的60.66%，为此，该县粮食局获自治区食油收购超任务奖。

合同定购

1985年后，境内取消食油统购，改为合同定购，除执行原定奖售化肥政策外，花生油定购价按“倒二八”比例计价（二成按统购价，八成按超购价），茶油按“倒三七”比例计价（三成按统购价，七成按比例价）。因市场价高于合同定购价太多，各县（市）合同定购油任务难以完成。当年，武宣县签订合同定购的油脂400吨，实际收购各种油脂308.45吨，比1984年少219.4吨。

1987年，境内食油仅收购403.9吨，比1984年少1831吨。来宾县仅收购158吨，比1984年减少1197.8吨。1987年，花生油、茶油的收购价，分别由每百千克322元和318.60元统一提到345元；油料收购价则按出油率制定。

1988年后，境内撤销食油统购，对农户不再分配食油定购任务，实行议价收购。议价收购食油的价格随行就市。当年，来宾、武宣、象州、合山共议价收购食油352.55吨。

1989—1990年，调整提高食油收购价。1990年境内议价收购食油象州县33.28吨，武宣县5.3吨，合山市1.6吨，来宾县15.6吨。来宾县因向城镇非农业人口议价销售食油1吨，故收购虽少，但仍有余油。

1997年，国有粮食企业体制进一步深化改革，油脂收购全部进入市场，由市场调节经营，国营粮油企业参与市场竞争，因体制等诸多原因，很少收购到油脂，逐步退出油脂收购市场。至2005年，来宾市国有粮食企业不再从事食油收购业务。

表17-7　**1956—1983年来宾市食油统购表**

单位：吨

项别 年度	合计	品种			
		花生油	芝麻油	菜籽油	茶籽油
1956	1441.60	1097.60	266	30.00	48.0
1957	2118.26	1799.26	237	22.00	60.0
1958	1105.00	973.00	64	15.00	53.0
1959	925.00	831.00	39	4.00	51.0
1960	331.55	235.55	50	5.00	41.0
1961	253.95	123.79	79	11.00	40.0
1962	312.55	254.00	41	6.55	11.0
1963	614.00	514.00	53	25.00	22.0
1964	946.00	573.00	353	4.00	16.0
1965	1277.00	813.00	401	20.00	43.0
1966	826.00	685.00	87	23.00	31.0
1967	857.00	592.00	231	19.00	15.0
1968	825.00	600.00	164	8.00	53.0
1969	1233.00	938.00	261	8.00	26.0
1970	966.00	738.00	158	6.00	164.0
1971	659.00	341.00	129	34.00	155.0
1972	1141.70	765.70	201	74.00	101.0
1973	656.00	318.00	162	52.00	124.0
1974	863.00	628.00	82	35.00	118.0
1975	1167.00	954.00	140	30.00	43.0
1976	1168.00	985.00	105	19.00	59.0
1977	1612.90	1219.00	153	17.00	223.9
1978	1186.00	874.00	175	13.00	124.0
1979	645.00	322.00	130	40.00	153.0
1980	840.00	284.00	364	66.00	126.0
1981	835.00	286.00	419	57.00	73.0
1982	1612.05	1000.05	508	23.00	81.0
1983	1353.10	752.10	528	2.00	71.0

第三章 销 售

清,今来宾市境内粮油销售,均由私营粮油商贩经营,自由交易。清宣统二年(1910年),来宾县市场销售食油共2100石,其中芝麻油900石、花生油600石、菜油600石。民国24年(1935年),武宣县销售大米3.1万担(每担50千克,下同),稻谷1.32万担。其中,销往外地的大米0.77万担。

1950—1953年,境内粮油实行自由销售,粮油余缺在集贸市场上调节。除国家机关、事业单位和部队用粮油由政府统筹外,居民行业用粮油,均在自由市场上采购。

1954—1993年,粮油实行计划销售(统销)。其间,1983—1993年,实行计划供应与市场调节并存。1993年后,粮油销售完全进入市场化经营。所有用粮油(军粮油除外)均由市场调节,国营粮食企业参与市场竞争,境内粮油销售出现个体、私营、股份制多种经济成分并存格局,多种所有制参与国营粮食企业销售粮油。2005年,全市粮食部门销售粮食43340吨,比上年增加10304吨,增长31.19%。

第一节 城镇粮食供应

清朝、民国时期,境内城镇粮食供应在市场上自由买卖,通过自由市场调节解决。据民国24年(1935年)调查统计:武宣城厢镇销售的大米1.55万担,稻谷6600担;二塘销售稻谷6600担;桐岭销售大米7800担。二塘销往外地的大米6200担,三里销1500担。

民国25年,来宾县从大湾街运往桂平县江口镇出售的大米10万市斤,谷子90万市斤,运往梧州出售的大米13万市斤,谷子15万市斤。民国26年,来宾、迁江两县销往象县石龙镇的大米5200担。民国31年,迁江县运往桂平县江口镇销售的大米15万市斤,谷子15万市斤。

1950—1953年,境内实行国家机关、事业单位和部队用粮由政府统筹外,居民用粮,工商行业用粮,都向自由市场采购。

1954年4月始,对城镇居民实行粮食统销制度。采取定人、定点、定时、定量供应办法。1958年始,对城镇居民粮食供应作出各种类型定量规定。1961—1968年,开展压缩城镇人口到农村去,取消他们的城镇户口和粮食供应。

1954—1993年,粮食供应实行计划销售(统销)。其间1983—1993年,实行计划供应与市场调节并存的政策。1993年后,粮食供应、销售完全进入市场化经营。

2005年,全市粮食部门销售粮食43340吨,比上年增加10304吨,增长31.19%。

定量供应

1955年8月,境内贯彻执行国务院《市镇粮食定量供应暂行办法》和广西省人民委员会《市镇粮食定量供应实施细则》的规定,对城镇非农业人口按人分等定量分月凭证供应粮食指标。粮食部门对境内所有城镇居民,按照其劳动差别,年龄大小等情况分等定量,以户为单位发给购粮凭证,按月按量供应粮食。供应标准见下表。

表17-8 1955年来宾市城镇粮食定量供应等级和标准表

单位:人、千克/月

等级	工种	定量	平均控制数
特重体力劳动者	矿井挖掘、高温冶炼工人	24.0~27.0	25.0
	司炉、搬运、铺轨等工人	22.0~24.5	23.5
重体力劳动者	勘探、打铁等工种	20.0~24.0	20.5
	泥木工、打炮等工种	18.5~19.5	19.0
	司机、锻工等	17.5~18.5	18.0
轻体力劳动者	电工、马车夫等	15.0~17.0	16.0
	手工业、清道工等	13.0~15.5	15.0

续表

等级	工种	定量	平均控制数
脑力劳动者	市级工作人员	12.0~14.0	13.5
	县级工作人员	12.5~14.5	14.0
	区级工作人员	13.5~15.5	15.0
大中学生	高中、大学生	13.5~16.0	15.5
	初中生、干校	13.0~15.5	15.0
一般居民	十周岁以上	11.0~13.0	12.5
	六至十周岁	8.0~10.5	10.0
	三至六周岁	5.5~8.0	6.5
	三周岁以下		

1955年，境内城镇粮食定量人口73388人，口粮供应量10270吨。1958—1959年，全民大炼钢铁，非农业人口急剧增加。1959年，城镇粮食定量人口达109883人，比1954年增长56%；当年非农业人口口粮供应量达20535吨，比1957年增长47.5%。1960年，精简城镇人口、压低市镇居民口粮标准。除高温、高空、井下作业人员和其他重体力劳动工人的口粮标准不降低外，其余人员每月平均降低1千克左右。1963年，境内定量人口78714人，比1959年减少31169人，口粮供应12665吨，比1959年减少7870吨。

1964年，境内粮食生产结束了多年徘徊、下降局面，粮食总产量创历史最高水平，达327965吨。缓解了粮食供应紧张局势。8月，境内对城镇非农业人口10周岁以上的居民每人每月调高供应指标0.5千克。

1970年5月和1971年2月，境内按照政策调整国家机关、企（事）业单位干部、职工粮油定量标准和调整国营厂矿职工口粮标准。此标准一直执行到1993年取消粮食定量供应不变。

1988年，根据自治区人民政府要求，每个非农业人口每月节约1千克粮食指标用以支援灾区，节约粮食指标上缴自治区统一安排。此办法贯彻执行至1990年。

表17-9　**1970年来宾市调整后粮食定量供应等级和标准表**

单位：人、千克／月

工种	等级、人员	定量
特重体力劳动者	一等	25.0
	二等	23.0
	三等	21.5
重体力劳动者	一等	20.0
	二等	19.0
	三等	17.5
轻体力劳动者	一等	16.0
	二等	15.0
机关、企、事业单位干部、医务人员、教师	县及县以上	14.5
	公社	16.0
服务行业人员	县及县以上	15.0
	公社	16.0
大中学生	大学和高中生	16.5
	初中生	15.0
国营农场	生产工人	20.0
	管理干部	17.5

续表

工种	等级、人员	定量
城镇居民	10 周岁以上	13.0
	9~10 周岁	12.0
	8~9 周岁	11.5
	7~8 周岁	10.5
	6~7 周岁	9.5
	5~6 周岁	8.5
	4~5 周岁	7.5
	3~4 周岁	6.5
	2~3 周岁	5.5
	1~2 周岁	4.5
	一周岁以下	3.5

定量外补助粮供应

在居民定量口粮和劳动工种定量以外，对工作需要，增加劳动强度，在粮食供应上采取补助的办法。补助粮项目有几十种之多。有干部顶班生产补助粮、夜班补助粮、大专院校师生实习补助粮、民兵训练补助粮等等。根据不同对象采取不同的补助办法和标准：干部职工因公出差，每人每月定量不足15千克的，按15千克补足；出差不足1个月的按实际天数计算补助；机关、企（事）业单位干部参加集体生产劳动、顶班顶位的按同工种补助差额；凡是三班制生产的工矿企业、医疗单位，晚上生产、工作到11点，国家机关、党群团体、事业单位等工作人员，晚上工作到12点，每人每晚补助粮食0.1千克；大专院校师生到工矿企业参加生产实习，按同工种补助差额；到部队进行军事训练和部队一起食宿的，按部队标准补助；城镇街道集体经济组织（包括经过批准的工矿企业的“五·七”家属公社）劳动强度比较大，分别工种轻重，每人每天按50、100、150、200克粮食补助。1983年后，取消城镇定量外补助粮。

表 17-10　1976—1983 年来宾市城镇定量外补助粮销售表

单位：吨（贸易粮）

年度	定量外补助粮销售	占定量口粮 %	年度	定量外补助粮销售	占定量口粮 %
1976 年	340	1.5	1980 年	360	1.3
1977 年	380	1.5	1981 年	410	1.4
1978 年	440	1.7	1982 年	370	1.3
1979 年	370	1.4	1983 年	310	1.1

行业用粮供应

1955年实行粮食统销后，境内行业用粮包括工业、手工业、食品业、副食品业和酿造业全部纳入计划供应。由上级业务部门按不同时期供应指标。初期采取由生产单位根据生产需要，编制用粮计划、报请主管部门审查、粮食部门核准，分月凭证供应的办法。

1958—1985年，实行由自治区下达控制指标或统一规定供应标准，各县（市）粮食局再作具体安排供应。

从1962年第四季度起，城镇行业用粮改为凭粮票供应，取消计划定量供应办法。在执行凭票供应之前，各粮所按当地非农业人口计算预拨给用粮单位一定数量的铺底粮指标，作为周转使用。

1964年7月起，行业用粮供应标准按非农业人口平均每人每月2千克计算作为全年用粮总指标，由粮食局一次性划拨给商业、供销等行业用粮部门，再由各粮管所与行业用粮部门协商，把指标分配给用粮单位,包干掌握使用。

1973年,境内矿区按粮食定量人口每人每月供应1.25千克;县城按粮食定量人口每人每月供应1千克;公社按总人口每人全年供应1.1千克,按平价收回粮票供应大米饭、米粉、包子、馒头、发糕、饼干等。

1980年以后,境内各公社的饮食、酿造等行业用粮单位大部分自行解散或改行,行业用粮陆续退出统销行列,改为议价供应。

1950—1959年,境内行业用粮每年均在1500吨以上。1960—1962年,由于三年自然灾害,行业用粮减少到800吨左右。1960年9月,来宾县饮食行业用粮指标仅25.2吨,由于指标少,重点供应工矿区或交通要道的圩镇,旅客吃客饭、稀饭、米粉、饼干等,一律凭粮票、车票或证明才供应。之后随着粮食供应的形势好转,行业用粮又逐渐恢复到2000吨以上。1980—1984年,由于食品业用粮、酿造业用粮陆续退出统销,境内行业用粮供应降至1000吨左右。1985年起,行业用粮改为议价销售,粮食市场开放后,改由市场调节。

第二节　农村粮食统销

1953年,境内执行粮食统购统销政策,由于对农村产粮情况了解不清楚,统购入库工作有草率和强制命令行为,超购农民部分口粮。农村人均口粮标准未作统一规定,由各区乡根据调查情况而定。缺粮户经过自报,民主评议,报区批准,由当地粮食部门发给统销供应证。对农村各类缺粮人口口粮,收购农副产品奖售粮、饲料粮、民工补助粮、种子粮的供应销售数量,因年景和政策的变化而变。一般农村用粮,占整个粮食销售量的77%左右。当年,武宣县给农村缺粮户统销粮食3045吨。

1954年,境内忻城县超购农民部分口粮,农村大部分农户缺粮,转给农民返销粮食5555吨,占1953年该县征购入库粮总数的37.51%。

1955年8月—1958年10月,实行定销粮食、借销粮食、统返销粮食等3种办法供应农村缺粮队(户)口粮。还有农副产品奖售、农业饲料粮供应和民工补助粮供应等粮食销售。

1958年11月始,农村办起公共食堂,实行农民吃饭不要钱的粮食供给制,定销制度被取消。1959年春,粮食形势紧张,农村缺粮严重,各县决定恢复供应粮食。

1972年,实行粮食征购基数一定五年,各县农村出现定销指标。1981年,实行粮食购、销、调包干后,各县各类型的缺粮队有变化,重新核定定销队、定销人数。1982年实行以户联产承包责任制后,农村缺粮户减少。

1992年4月后,取消粮食统销,粮食销售步入市场,农村缺粮户在市场经济中调节。

1955年,境内遭受旱灾,粮食歉收。来宾县定销1779.5吨,实销9665吨,实销超定销7885.5吨。武宣县定销2625吨,实销3780吨,超定销1155吨。象州县统销4270吨,金秀瑶族自治县统销430吨,合山市统销160吨。

1956年,境内稻谷产区人均自产粮食年不足150千克(原粮,下同),玉米、杂粮产区自产粮食年不足125千克,不足部分给予统销。当年农村口粮统销18430吨。其中,来宾县统销6905吨,武宣县统销1840吨,金秀瑶族自治县统销1060吨,象州县统销1875吨,合山市统销625吨。忻城县农村统销粮食6125吨。

1957年,境内农村统销粮29770吨,占当年境内粮食征购入库的67.07%。其中,来宾县10160吨、武宣县3755吨、象州县5760吨、金秀瑶族自治县670吨、合山市730吨、忻城县8695吨。忻城县也由原来的粮食调出县变成调进县。

1960年,境内调整为以生产队为单位,粮食产量扣除种子后,稻谷产区人均口粮不足165千克,稻谷、玉米混产区人均口粮不足150千克,差额部分由粮食部门给予统销。当年,境内农村口粮销售26905吨。

1959—1961年,三年国民经济困难时期,境内农村统销粮达58905吨。其中,象州县16080吨、来宾县14835吨、武宣县7745吨、金秀瑶族自治县3545吨、合山市1310吨、忻城县15390吨。忻城县年平均销售量5000吨以上,其中1960年返销粮7165吨,是3年中最多1年,但仍解决不了群众的基本生活需要,很多群众上山挖野菜充饥。

1963年,境内遭受特大旱灾,粮食大减产,武宣县、来宾县不少地方粮食绝收,农村缺粮人口多,统销粮销售量大,是两县历史上农村粮食统销量最大的年。全年农村统销粮食销售达41265吨,按当时境内农村人口计算,平均每人统销粮食52千克。其中:象州县7225吨、武宣县7470吨、忻城县3650吨、金秀瑶族自治县600吨、合山市1125吨、来宾县21195吨。

1970年以后，粮食生产发展较快，境内农村统销粮逐年减少，除少数五保户和特困户需要统销部分粮食外，其他困难户则由生产队的储备粮安排，或民间互借解决。

1973年，来宾县甘蔗种植面积增多，粮食种植面积减少，甘蔗奖售粮亦随之增多，当年该县统销粮仅1325吨，是解放以来农村统销最少的一年。

1978年，境内将口粮标准提高，达不到标准的给予统销。具体为稻谷产区人均口粮不到180千克，稻谷、玉米混产区人均口粮不到165千克，纯玉米产区人均口粮不到150千克，粮食部门给予统销补足。当年农村统销粮15465吨。其中，来宾县8460吨、象州县2200吨、武宣县1955吨、忻城县1785吨、金秀瑶族自治县895吨、合山市170吨。1981年，境内统销粮为11335吨，比1978年少销4130吨，下降26.71%。其中，来宾县3810吨，比1978年少销4657吨，下降55.05%，象州县2440吨，金秀瑶族自治县2005吨，忻城县1750吨，武宣县1240吨，合山市90吨。1982年，境内农村推行承包责任制，粮食生产大发展，同时实行甘蔗和收购农副产品奖售粮食政策，农村缺粮人口逐步减少，口粮统销所占比重逐年下降。

1984—1988年，境内连续遭受旱灾和水灾，粮食减产。1986年，忻城县尚有9308农户人均吃粮水平仍处在贫困线以下，温饱问题未解决。该县人民政府向自治区借用贸易粮2500吨指标，还从外地购进议价粮，解决统销粮不足的问题。1988年，境内春、秋季均遭旱灾，粮食减产，需要销售统销粮48929吨。其中：来宾县17390吨、金秀瑶族自治县6280吨、象州县6365吨、武宣县6024吨、合山市980吨。

1990年，境内粮食收成较好，农村缺粮户相对减少，境内农村统销粮食22569吨，比1988年少销26360吨，下降53.88%。其中，来宾县少销14146吨，下降81.15%，武宣县少销3641吨，下降60.44%，忻城县少销6120吨，下降51.47%，象州县少销1991吨，下降31.28%，金秀瑶族自治县少销322吨，下降5.13%，合山市少销140吨，下降14.29%。

1991年5月1日起，根据国务院统一部署，境内提高粮食及其制品的统销价格，原按统购价供应的蔗奖粮从7月1日起改按定购价供应，而工种粮改按议价粮供应。凡享受工种粮的职工，基本口粮为15千克/月，超过15千克以外的粮按0.8元/千克给予补贴。当年农村生活安排粮食供应品种搭配比例是大米40%、玉米30%、面粉30%。1992年按国务院部署，提高粮食统销价格，并于7月1日起执行。1991—1992年，境内武宣县销售农业人口口粮共5980吨，象州县销售农业人口口粮12414吨，忻城县统销粮销售21885吨。

1993年3月15日起，根据国务院关于提高粮食流通体制改革和自治区粮食购销政策，取消城镇居民定量口粮标准和供应指标。粮食销售价格随行就市，按质论价，对有困难的农村“两户两属”（五保户、困难户；军属、烈属），按照国家政策规定给予补贴。粮价放开后，境内除军供粮（含凭军用供给票的财政供应和凭价购票供应的事业用粮和其他凭证明、凭国票供应的军供粮）按原供应办法和价格继续供应平价粮食，可以动用平价库存外，其他各项用粮不动用平价粮食库存作平价供应。农村特困户、受灾缺粮户、城镇低保、困难户的粮食供应，由民政救济解决，粮食企业依照民政部门安排到户的口粮指标和粮款供应粮食，粮食价格低于市价。

1994年，境内发生特大洪灾。武宣县动用了自治区专项储备粮1300吨，县专项储备粮930吨用于救灾。忻城县调进平价粮食750吨，粮食部门又从外地调进平价粮食6790吨，供应灾民及农村特困户、低保困难户口粮4260吨，同时销售议价粮9190吨，保证灾区群众粮食供应。

至2005年，全市农村除救灾粮外，已无人吃统销粮。

农副产品奖售粮

1959年，境内开始实行收购生猪奖售粮食政策，当年用于收购生猪奖售粮595吨。1961年，农副产品收购实行奖售粮食扩大到46种产品，境内销售奖售粮1640吨。1962年，取消羊、家禽、蛋、晒烟等商品的粮食奖售，另外增加25种中药材收购的粮食奖售，当年用于奖售粮降到495吨。1963年，自治区农副产品收购奖售粮调为22个品种。但对甘蔗收购提高奖售标准，每吨由原来奖售粮食10千克，提高到50千克，当年奖售粮销售达1020吨。1965年，猛增到4850吨。1980年，国务院确定广西为蔗糖生产基地，境内蔗糖产区每吨甘蔗奖售原粮提高到90~110千克。当年甘蔗奖售粮3550吨。1991年后，境内取消甘蔗奖售粮政策。至2005年，来宾市全部取消农副产品奖售粮。

民工补助粮

1955年,境内对兴修大型水利、修筑公路及带义务性征用的民工,国家每人每天补助原粮0.5千克。当年民工补助粮500吨(贸易粮,下同)。随着经济发展的需要,征用的民工越来越多,需要补助的项目也越来越多:训练农村农业技术员、征用民工挖矿、亦工亦农公路养护员等都需要给口粮补助。1955—1970年,境内平均每年民工补助粮1957吨。1993年后,境内全部取消民工补助粮,改由市场调节。

饲料粮

境内实行粮食统购统销政策后,对经县级以上批准从事社会运输的农村马匹,每匹每天供应饲料2千克(原粮),种猪适量供应。1958年,境内生产队建100头猪场,公社办牛奶场,饲料不足的由国家供应一部分。1959年,境内农村饲料粮供应为530吨,比1955年多360吨。1966年,商业、外贸系统收购的禽畜,从收购站到最终目的地,每头猪供应中转粮3.5千克(原粮),每只家禽供应0.7千克。1971年,改为商业、外贸收购、转运、育肥生猪、每头每天350克,家禽每天每只75克。良种猪、禽饲料供应标准为:公母猪每头/月供应饲料粮30千克,鸡、鸭每只重2千克以上月供应饲料粮4千克,不足2千克的减半供应。从1962年起农村养猪生产队分给饲料地,国家不再供应饲料粮,境内农村饲料粮供应逐年减少,相反,城镇饲料粮供应逐年增加,1970年,境内城镇饲料粮供应达1425吨。粮食市场放开后,已无饲料粮供应,由市场调节。

种子粮

1953年起,境内由粮食部门经营种子粮。1955年,境内销售种子粮3205吨(贸易粮)。1958年,由于推行密集插秧、密集水播,种子粮销量达7095吨。1984年,种子粮归口农业部门种子公司经营。粮食市场放开后至2005年,已无种子粮供应专门机构。

议价销售

1963年起,今来宾市粮食部门开展粮食议购议销业务,后随着政治、经济形势的发展变化,粮食集市贸易时开时停。"文化大革命"中,为限制资产阶级法权,促进集体经济的巩固和发展,巩固无产阶级专政,粮食集市贸易完全关闭。中共十一届三中全会后,今来宾市粮食集市贸易迅速恢复,国营粮食部门的议购议销业务迅速恢复和发展。

1976年,境内粮食部门议价销售粮食1460吨,1979年达3930吨,两年翻2.7倍。随着工业、食品酿造业、饲料用粮逐步退出平价供应,改为议价供应和市场调节,境内的议价粮销售逐年增多。

1980—1989年,每年平均销售1万吨以上。1981年销售6800吨,其中:1980吨用于调节市场;720吨供给食品、副食品和酿造业;660吨作饲料销售;1160吨用于安排农村缺粮户中经济条件较好的农户;2280吨销往区外粮食部门。

1990年,境内来宾县议价粮销售1494吨,武宣县4002吨,金秀县142吨,象州县1143吨,合山市55吨。

1993年,境内象州县议价粮销售16813吨,武宣县3496吨,金秀县4294吨。

2001年,境内4县议价粮销售总量68091吨,其中,来宾县44607吨,金秀县1021吨,象州县14901吨,武宣县7562吨。此外,境内粮食部门认真搞好缺粮群众的生活安排和保障驻军部队的粮食供应,配合县民政部门安排好救灾粮食供应,解决好受灾群众的吃饭问题。

2003年,来宾市粮食部门坚持顺价销售、薄利多销的原则,做好粮食销售工作,利用中秋节、国庆节、春节等集团消费的有利时机,组织优质粮油品种投放市场,全市粮食购销企业销售粮食42730吨,企业效益提高。在抓好议价销售的同时,重视做好农村生活安排工作,组织人员深入乡(镇)、村、屯调查摸底,配合当地民政部门做好粮食发放工作,全年安排农村缺粮人口19万人,供应原粮3770吨,其中:安排五保户、困难户和军烈属12万人,供应原粮750吨。当年,市粮食部门积极搞好退耕还林粮食供,全市退耕还林面积1.03万公顷,兑现林农原粮24360吨。

2004年,来宾市人民政府制定《来宾市粮食供应应急预案》和《粮食价格预警方案》,建立由市、县粮食储备库、粮油加工企业、农贸市场以及六县(市、区)的粮食零售市场组成的覆盖全市购、销、加、存的粮食供求和价格监测网络,随时掌握粮油市场动态,做好应急准备工作。在粮食市场供求波动时,及时发布价格信息和粮食供求信息,稳定人心,维护社会稳定。市粮食部门采取有效措施做好军队和农村救济救灾粮食供应工作,为驻来宾部队提供粮食保障服务，安排农村缺粮人口23万人，供应原粮14590吨，其中：安排五保户、困难户和军烈属12.7万人，供应原粮9360吨；水库移民230人，供应原粮60吨。粮食部门根据市林业部门验收合格的退耕还林面积供应粮食7434吨贸易粮，比上年减少16926吨，减少69.48%。年内全市粮食购销企业销售粮食33036吨，同比减少13963吨。

2005年，市粮食部门认真宣传国务院颁发的《粮食流通管理条例》。完善粮食市场准入制度，支持符合经营粮食条件的民营企业参与粮食经营，给46家民营企业发放粮食收购准入证，营造统一、开放、竞争、有序的粮食市场环境。6月，象州、金秀两县遭受百年不遇的特大洪涝灾害，造成20.66万人缺粮。同月23日，市粮食局启动粮食应急预案，指令金秀、象州、武宣、兴宾、合山粮食部门紧急加工大米920吨运往受灾乡（镇）、村、屯，保证灾民粮食供应，稳定了民心。全年，全市粮食企业粮食销售43340吨，比上年增加10304吨，增长31.19%。当年，市粮食系统开展社会粮食供需平衡调查工作。调查显示，全市的社会粮食供给和需求基本达到平衡。

表17-11 1971—1982年来宾市议价贸易粮销售表

单位：吨

年度	销售量	年度	销售量	年度	销售量	年度	销售量
1971	1610	1974	1490	1977	1450	1980	2130
1972	1600	1975	1440	1978	1180	1981	6820
1973	1460	1976	1460	1979	3930	1982	11480

表17-12 1955—1970年来宾市粮食销售分项表

单位：吨

年度	合计	非农业									农业						
		小计	口粮	食品业	副食品业	酿造业	事业	工业及制酒业	饲料	其他	小计	口粮	奖售	种子	饲料	民工补贴	其他
1955	37115	10270	10270	1310	10	60	115	170	155	5	25020	21105	—	3205	170	500	40
1956	32470	15075	12060	2100	30	145	40	390	290	20	17395	15275	—	700	360	525	85
1957	50305	16755	13920	1650	20	155	75	590	305	40	33550	23095	—	6255	410	3670	120
1958	44200	20000	17335	1715	10	340	180	210	135	75	24200	16315	—	7095	55	260	475
1959	46175	23000	20535	1440	40	200	40	195	495	55	23175	15295	595	5615	530	825	315
1960	46310	19405	17845	680	10	100	75	95	355	245	26905	20810	1640	2675	435	140	1205
1961	30205	17830	16330	565	5	150	175	165	330	110	12375	10700	170	705	235	280	285
1962	30400	15100	13425	710	55	205	310	210	165	20	15300	12660	495	1355	40	715	35
1963	60305	14125	12665	690	100	120	290	75	170	15	46180	37560	1020	6215	—	1215	170
1964	31085	15090	12635	1075	220	125	210	145	655	25	15995	12075	2245	1080	10	560	25
1965	33130	15970	13300	860	270	205	225	280	855	25	17160	9810	4850	1415	—	1080	5
1966	49000	18015	14735	1470	200	215	180	175	905	—	30985	22215	4720	2290	—	1735	25
1967	34625	17635	14865	1500	135	160	120	125	650	80	16990	13980	2425	320	5	230	30
1968	36900	19525	15980	1915	20	80	140	145	840	405	17375	13670	2240	580	—	795	90
1969	34980	19425	15505	2465	15	125	120	60	935	200	15555	9710	2720	1160	—	1870	95
1970	33760	33760	16665	1950	35	10	95	50	1425	90	13575	8185	1900	345	—	2525	620

第三节 食油销售

清代，今来宾市境内食油销售，均由私营粮油商贩经营，在市场自由交易。清宣统二年(1910 年)，境内来宾县市场销售食油共 2100 石，其中芝麻油 900 石、花生油 600 石、菜油 600 石。

1950—1953 年，境内食油实行自由购销政策，单位和居民食用油均向国营油脂公司或私营商贩购买。1953 年 12 月，境内食油实行计划销售(统销)，由国营粮食部门按计划供应。

城镇食油统销

城镇食油统销定额供应，分为居民口油、食品行业用油及特殊用油(指对少数民族、婚丧、节日、特殊体力劳动和高级脑力劳动者等特殊情况的补助)三种。

居民口油 1955—1957 年，境内县城机关、企业、学校教职工、中学在校开膳生按 3.5 千克 / 人·年标准供应；区、乡干部和乡下小学教师、其他城镇居民按 2.5 千克 / 人 · 年标准供应。来宾县 3 年共供应食用油 1465.8 吨，其中，非农业居民 356.8 吨，农村居民 1109 吨。

1958—1959 年，境内油料作物严重减产，1960 年非农业人口口油供应标准，每人 1.8 千克，当年境内供应食油 815.3 吨，其中，来宾县 236.9 吨、武宣县 231.5 吨、象州县 149.95 吨、合山市 36.65 吨、忻城县 135.3 吨、金秀瑶族自治县 25 吨。

1961 年，停止对农村缺油社、队的食油供应。1963—1964 年，境内油料生产得到恢复和发展。从 1965 年起，境内对县及县以下非农业人口食用油又提高供应标准，按人每月 0.2 千克标准供应。对工商行业用油实行“以粮带油”的供应办法，饮食业按用粮计划 2% 配给，糕点加工按 3.5% 配给。当年，境内按标准供应食油 376.85 吨，其中来宾县 169.5 吨、象州县 100 吨、武宣县 36.7 吨、金秀瑶族自治县 10 吨、忻城县 22.5 吨、合山市 38.15 吨。

1971 年，境内供应食油标准再次提高，每人每月按 0.25 千克标准供应。当年供应食油 440.77 吨，其中来宾县 219.6 吨、武宣县 44.7 吨、象州县 82.55 吨、金秀瑶族自治县 20 吨、忻城县 65.8 吨、合山市 81.2 吨。

1988 年，境内食油价格和经营权全面放开，购销市场化，除部队外取消按平价供应食油，粮食部门不再实行定量或凭票供应食油，改为议价销售食油。由国家发给职工油价补贴每人每月 1.5 元。全年销售食油 811.6 吨，其中来宾县 550 吨、合山市 235 吨、武宣县 25 吨、象州县 1 吨(议价销售 1.6 吨)、忻城县 0.6 吨。之后，境内食油销售逐步由市场所取代。

食品行业用油 供应饭店、餐饮、糕点厂用油是按实际需要，由行业订计划，经过一定批准手续按计划供应。今来宾市行业用油呈逐年上升趋势。1960—1969 年，平均每年食品行业用油 47.52 吨，1970—1979 年，平均每年 93.5 吨。1987 年取消行业用油平价供应，允许自行市场采购，行业用油完全由市场调节。

特殊供应 1955 年，境内对回民以及住院病人每人每月按 0.5 千克供应；婚丧事需宴客经批准供应 0.5~2 千克。1958 年，对分散回家疗养的特等、一等残废军人每人每月按 0.6 千克供应，产妇按 0.5 千克标准补助。1961 年，对长期患病的国家工作人员每人每月按 0.25 千克供应。1963 年，对政法部门的法医及毒品化验人员每人每月按 0.25 千克供应。1982 年，对行政 14 级以上，享受离休待遇的干部每人每月补助供应 0.5 千克。1988 年后广西食油购销政策放开，境内粮食部门也取消特殊供应。

农村中缺油户口油供应

境内实行食油统购统销后，对农村中的缺油户由国家负责供应，但不定额，供应多少视当年油脂收购情况内部掌握，一般低于余油户的留油标准。1955 年，对农村平均人年均自产油不到 2.5 千克的缺油户，按 2.5 千克补足供应。1956 年，调低为人年均自产油不到 1.5 千克，按 1.5 千克补足供应。1959 年，再次调低为人年均自产油不到 1.2 千克，按 1.2 千克补足供应。1961 年，取消对缺油户的口油统销，但对菜农仍然保持统销供应。从 1962 年起，境内农村口油供应逐渐减少和取消。至国家粮油市场放开后，全部取消农村口油供应。

民工口油补助

1961 年，境内对参加基本建设、公共事业征用的民工自带口油不达工程单位的食油标准，按标准由国家补助供应。

油料种子供应

1955 年，境内对花生产区的缺种农户，根据需要和库存情况酌情供应。1957—1960 年，平均每年供应花生种(折油脂下同)1692 千克。1961—1970 年，平均每年供应花生种 1063 千克。1971—1980 年，平均每年供应花生种 621 千克。

表 17-13　**1957—1983 年来宾市食油销售分项表**

单位:千克

年度	总计	非农业							农业				
		小计	口油供应	食品业供应	事业供应	工业供应	定量外补贴	其他供应	小计	口油供应	民工补贴	种子供应	其他供应
1957	7090	2182	1702	374	37	49	—	20	4908	2859	—	2042	7
1958	9053	3486	2709	474	90	206	—	7	5567	4246	—	1028	293
1959	10087	2885	2348	298	68	159	—	12	7202	3891	—	2357	954
1960	6447	1606	1439	90	36	7	—	34	4841	3380	—	1342	119
1961	3534	1257	1089	72	38	6	—	52	2277	1011	2	1198	66
1962	2990	1245	944	123	168	1	—	9	1745	453	57	1203	32
1963	4286	1336	1058	105	167	—	—	6	2950	568	49	2275	58
1964	3230	1730	1427	204	98	—	—	1	1500	288	3	1205	4
1965	3639	2230	1835	258	126	1	—	10	1409	111	5	1293	—
1966	4174	2548	2160	295	72	18	—	3	1626	281	14	1327	4
1967	2841	2327	1975	286	8	24	—	34	514	77	46	309	1
1968	3869	3097	2531	483	14	—	—	69	772	207	31	534	—
1969	3996	2835	2215	497	33	—	—	90	1161	88	113	958	2
1970	4740	3512	2574	525	40	2	—	371	1228	655	229	327	17
1971	9401	8574	2844	721	—	4951	—	58	827	160	233	392	42
1972	4057	3513	2770	674	38	15	—	16	544	53	191	287	13
1973	4354	3719	2926	677	87	10	—	19	635	56	124	429	26
1974	5980	5286	3210	761	101	1172	—	42	694	33	43	596	22
1975	6794	5796	3411	727	69	1579	—	10	998	58	8	908	24
1976	5659	4785	3386	899	76	129	290	5	874	84	4	774	12
1977	6270	5424	3504	960	61	564	325	10	846	108	83	653	2
1978	7290	6155	3850	1127	53	754	363	8	1135	224	71	840	—
1979	6517	5193	3625	1031	52	61	376	48	1324	126	33	1165	—
1980	6155	5734	4080	811	47	384	384	28	421	243	7	170	1
1981	6983	6632	4796	987	55	52	637	105	351	314	1	28	8
1982	9049	8749	4161	1112	52	13	3389	22	300	247	1	42	10
1983	9088	8852	6070	884	57	13	376	1452	236	101	—	121	14

第四节　粮油市场

民国时期,境内各县市场粮油多从外地运入。水路交通便利的红水河岸大湾、石龙、红渡等港口及县城和农村较大圩镇出现一批粮油集市,上市杂粮和稻谷。一批粮油商业大户,在新谷收获时大量购进,在青黄不接时抛出牟利。中华人民共和国成立初期,各县粮食靠市场调节,自由贸易。均以私营为主,私商曾一度左右着粮油市场。由于粮油供需悬殊,私商盈利颇丰。1950 年,各县设置粮食局和公司,大的圩镇设立粮站(店),负责组织粮油供给军需民食。同时,加强粮食市场管理,教育私商守法经营,严禁私营粮商囤积居奇,确保人民生活稳定。采取由上级公司和地方财政拨入粮食投放市场,创开出售,稳定市场粮油价格;当新粮市价低于收购牌价 5% 时，按市价大量收购粮食，使粮食市场价格稳定在国家收购的价格水平。

1952 年，各县政府采取对私营工商业实行“利用、限制、改造”政策。粮油市场经营状况发生变化，私人粮油商人经营优势减少，国营粮油经营数量增多，收购新粮和外出采购粮食，及时投放市场。1953 年 11 月，实行粮食统购统销，粮油经营纳入国家计划管理。1956 年 10 月，各县限量开放粮油市场。1957 年，农村开展批判资本主义，关闭粮油市场。

1961 年，粮食统购价格大幅度提升后，国家考虑为稳定物价，安定人民生活，对统销价格不动，购销出现价格倒挂，亏损由国家补贴。1962 年 9 月，粮油市场再次开放，粮油交易缓解了灾荒缺粮问题。1966 年，提高粮食销售价格，农村和城镇的统销价为每吨三级大米 284 元，比 1965 年提高 21.3%。1968 年 12 月，受“文化大革命”冲击，粮油市场再次关闭。

1978 年后，各县恢复开放粮油市场。粮食市场管理袭用统购统销政策，只许农民在完成征购任务后把余粮上市。对进入市场购买粮油者，规定是农村缺粮户，以及乡镇发给证明的用粮户。

1980 年起，境内各县粮食市场逐步开放，允许多家经营粮食生意，商业、供销、集体和个人都可以收购、销售、贩运粮油。1983 年 1 月后，国家对粮油市场采取大开放的政策，打破国营粮食部门独家经营的模式，实行国营、集体、个体多渠道经营，大小粮店遍及城乡，上市品种和数量增加，市场购销兴旺。1953 年 11 月国家实行粮食统购制度至 1984 年 12 月终止，时间长达 31 年。此后实行市场调节。

1987 年，国家 3 次提高粮食统购价，销售价不变，各县（市）重新出现粮食购销价格倒挂。1988 年 5 月，国家调整粮食统销价，城镇居民享受粮食统销价为三级大米每吨 600 元，比 1966 年提高 111%。1989 年，国家先后 6 次提高粮食统购价，比 1953 年提高 3.88 倍，执行至 1991 年。1991 年 4 月 1 日起，再提高到三级大米每吨卖 900 元。

1990 年 7 月 20 日，境内来宾县人民政府发布关于加强粮食市场管理的通告。规定农户在完成全年定购任务前，不准粮食上市，严禁借完成定购任务证件出售议价粮食；允许用自产黄豆顶交粮食定购任务；全县在未完成粮食定购任务前，不准国营粮食部门以外的任何单位和个人插手粮食经营活动等。

1992 年 4 月 1 日起各县（市）按照国务院批准的“计划指导、放开价格，加强调控，搞活经营”的原则，放开粮油购销价格，把粮油经营推向市场，全面实行市场调节，取消合同收购，实行议价收购议价销售。对早籼三级标二大米销售实行最高限价，每千克不得超过 2 元。

1995 年，各县（市）先后成立粮食市场管理机构，执行国务院决定提高粮食收购价格。从 1995 年度起恢复国家粮食定购任务，对国家定购粮执行三级稻谷每吨 1400 元收购保护价，价外补贴 100 元。每吨贸易粮奖售标准氮肥 150 千克，各地实行兑现奖售肥差或实物。1997 年后不再设最高限价销售。各县对粮油集贸市场的开放有所限制，一般规定在两造征购任务期间暂时关闭粮食贸易市场或凭完成粮食征购任务证明才准许粮食上市交易。

1998 年，粮食流通体制改革进一步深化，调减定购任务，增加市场收购，粮食收购价格下调，不提保护价，由自治区政府制定目标指导价，三级稻谷每吨收购价为 1100 元，取消奖售化肥和价外补贴。政府执法部门加强粮食市场管理，重点处理无证个体粮商直接到农村收购粮食的违法行为。

2000 年，由于调整粮食收购政策，早籼三级稻谷退出保护价收购范围，加上粮食集贸市场放宽政策，粮食市场交易更为活跃，上市量和成交量部明显增加。

2002—2005 年，全市共购进粮食 12.53 万吨（贸易粮），其中：公粮 0.72 万吨，定购粮 0.05 万吨，市场收购粮食 2.88 万吨。

第五节　军粮供应

粮食行政部门负责军粮供应的管理，对军粮的供应有两种办法：一种凭军用定额支票（供给粮票）供粮，不付粮款，将定额支票逐级上报，由人民解放军总后勤部与粮食部（商业部）结算；另一种是随军家属及非军事编制的军队服务人员、技术人员凭军用价购粮票，购粮按国家牌价付粮款。

2003 年 8 月 15 日，来宾市军粮供应中心成立，为市粮食局管理的事业单位，事业编制 3 名，负责建立和完善全市军粮供应制度，协调安排、筹措军供粮源，保证军粮供应，管理、监督和检查全市粮食部门军粮财务情况，负责对基层军供网点建设及维修的上报、把关、验收，严格执行国家军粮供应政策，负责上报各种报单，收取解缴军用粮票。

第四章 储 运

境内粮食储运工作起于宋代，在象州设常平仓，储粮备荒。民国时期，境内各县设仓储粮油，私营商贩通过水陆路运往外地销售。

中华人民共和国成立后，境内各级人民政府加强粮食、食油储蓄调运工作，粮油实行统购统销后，各级粮食部门加强仓库建设，增加仓容，多储备粮油，以备荒年或灾年粮食供应，保证粮油市场价格平稳，人民生活不受影响。粮油储运从原始的方法向现代化转变。1950—1959年贯彻“以防为主，防治并举”的方针，粮食储藏普遍采用通风密闭和低温的方法，使用物理机械防治和土农药防治和氯化钴、溴化钾、磷化锌、磷化铝等熏蒸杀虫。后转为以化学药剂为主，物理机械防治为辅，空仓消毒用敌敌畏，六六六粉等。1978年后，推广塑料薄膜密封粮面，进行自然缺氧、低氧、低毒剂保藏。1981年后，则以科学保粮为主，药剂防治为辅。

1960年前，境内粮食调运均用人力、畜力运输到沿江码头装船外运，1960年后粮油调运改为火车、汽车、轮船运输，现今粮油调运采用集装箱运输，方便快捷，减少运输成本，提高了粮食企业的经济效益。

第一节 储 藏

储 备

宋代，境内象州设常平仓，储粮备荒。明洪武三年(1370年)，武宣建库房一所，在县署大堂东西各一间。清嘉庆六年(1801年)，《广西通志》载，来宾、迁江两县各设常平仓、社仓、义仓等。来宾县仓储谷共一万六千二百八十四石一斗五升二合一勺；迁江县仓储谷共一万六千零三十四石一斗三升八合二勺。

民国21年(1932年)冬，象州再次恢复义仓。从赈灾项下拨款1000元，购谷3万余千克为资本，并由绅富捐谷40吨，借城内机关空屋收贮，推选士绅保管。民国23年以后，广西规定县仓由政府筹款，储粮100~250吨，乡镇仓150吨，村街仓5吨。民国25年，武宣县共有粮食仓库197个，存谷158.5吨，其中，镇仓14个，储量27.35吨；村街仓183个，储量131.15吨。忻城县有粮仓151处，存原粮114.1吨。其中，乡粮仓6处，存粮8.4吨；行政村(街)粮仓145处，存粮105.7吨。来宾县各乡农仓委员会成立，设农仓。当年来宾县有粮仓共46座，存谷1581担，其中县仓1座，存谷600担；乡镇仓13座，存谷725担；村街仓32座，存谷256担。迁江县有粮仓共157座，存谷3825担，其中县仓1座，存谷91担；乡镇仓15座，存谷1093担；村街仓141座，存谷2641担。当时多借民房和庙堂作粮仓。民国末年(1949年1月1日至9月30日止)今合山市北泗收纳仓存粮52.5吨，河里收纳仓存粮60吨，石村收纳仓存粮90吨。

中华人民共和国成立初期，境内政府部门没收地主房屋，或利用公房、祠堂、庙宇，或借用民房储存粮食。随着粮食、食油统购统销政策的贯彻执行，粮油储备量越来越大，粮食部门陆续兴建永久性、半永久性粮仓。

1950—1959年，境内建苏式仓库容量8650吨、房式仓7500吨。来宾县建仓24座，总容量14110吨。1958年、1959年，忻城县基本实现“四无”(无虫、无霉、无鼠雀、无事故)粮仓。

20世纪50—80年代初，境内贸易公司、油脂公司收购的油脂，用铁油桶储存、转运，每个油桶盛油180千克。1984年开始用卧式和立式圆铁皮油罐。1990年，来宾县有卧式和立式油罐24个，总容量230吨。

1960—1969年，境内建房式仓容15950吨、拱形仓容1500吨。来宾县改建旧仓和扩建新仓共30座，总容量20710吨。1965年，提倡有余粮的生产队留集体储备粮，象州县生产队集体储备稻谷1390吨。

1970—1979年，境内建土园仓、双拱仓容8060吨。来宾县建仓43座，总容量12350吨。象州县1184个生产队有储备粮，占全县生产队总数83.73%，储备稻谷累计79950吨。

1980—1989年，境内建钢筋混凝土平顶仓容10125吨，房式仓容13465吨。1984年，来宾县建成平顶仓12座，总容量9230吨，是中华人民共和国成立后该县建仓最多的一年。1987年底，金秀瑶族自治县粮食仓库共有64间，库容量14270吨。1987年，武宣县有通挽、思灵、二塘、黄茆、金鸡、三里、桐岭7个所被评为“四无”粮所。1982—1988年，今合山市先后在广屯、岭南、河里、电厂、里兰和市饲料公司共建砧石钢筋混凝土结构的平顶仓8栋，仓容4300吨。1988年，象州全县实现无虫粮1.26万吨，占存粮总数91%；粮仓及存粮100%达到标准。金秀瑶族自治县有储粮仓库64间，仓容14275吨。象州县粮食部门共有仓库180间，总面积24376平方米，仓容41550吨。武宣县有18个仓储点，仓库73座，面积共23626平方米，容量35976吨，年正常仓储粮食谷1万吨左右。来宾县有各式粮仓共118座，总容量66500吨。合山市共建仓26座，仓容13235吨。金秀瑶族自治县有储粮仓库51间，仓容16200吨。

1990—1999年，境内粮食经营走上市场经济轨道，粮食调运通过购销环节进行平衡，粮食库存大时推行顺价抛售粮食，缺粮时到外地采购粮食。各县（市）人民政府为保管好国家粮食，确保储粮安全，加强粮食仓储保管工作，筹措资金进行仓库维修。境内建拱形仓、平顶仓、房式仓容量共24400吨。1990年，境内有粮仓400多座，各式粮食仓库容量205196吨。当年，忻城县建粮仓70座，面积为2.52万平方米，总容量31735吨。其中苏式仓5座，容量2450吨；房式仓35座，容量19000吨；拱形、平顶仓15座，容量6600吨；简易仓10座，容量2935吨；石圆仓5座，容量750吨。象州县粮食部门共有仓库180间，总面积24376平方米，仓容41550吨。武宣县有18个仓储点，仓库73座，面积总共23626平方米，容量35976吨，年正常仓储粮食谷1万吨左右。武宣县首次荣获“四无”粮仓县的称号。来宾县有各式粮仓共118座，总容量66500吨。合山市共建仓26座，仓容13235吨。金秀瑶族自治县有储粮仓库51间，仓容16200吨。从1987—1990年，来宾县连续被自治区粮食局评为“四无”粮仓县。

1991年，境内粮食体制实行粮食政策性业务和商业性经营“双轨制”的两线运行。1995年，忻城县投资19万元，维修仓库58间，粮食库容量12900吨；钉塑料密封槽仓库18间，粮食库容量4700吨。今来宾市粮仓座数和库容量均比1990年减少16%。1996年后，随着改革开放进一步深化，粮食市场放开，干部职工粮油不再由国家统一供应，国家存粮主要是军队用粮和储备粮，今来宾市粮仓相对减少。当年，忻城县“双低”（指“低氧、低药剂量”，下同）保管存粮入库3263吨。1995—1997年，忻城县“双低”保管存粮入库7249吨。1997年，境内各级粮食部门按保护价收购农民粮食，粮食入库多，库存量大，各级粮食部门采取对外抛售粮食，减轻库存压力。随着粮食市场改革的深化，库存粮食性质由最初的储备粮（县级、自治区级）、平价粮、保护价粮、议价粮过渡为储备粮（县级、市级、自治区级）和周转粮。

2001年，来宾县开展“双低”储粮22483吨，占总储粮69.3%，机械通风降温储粮4100吨，占总储粮12.6%。各项指标达到自治区的要求，经春秋两季粮油安全储存普查，被地区评为“一符四无”（账实相符；无害虫、无变质、无鼠雀、无事故）县。忻城县“双低”保管存粮共7492吨。

2002年，金秀瑶族自治县库存区级储备粮950吨，县级储备粮980吨。

2002年12月，来宾市成立后，全市库存储备粮41962.9吨。其中，忻城县12123.9吨，兴宾区14410吨，武宣县5259吨，象州县6447吨（区级5458吨，县级989吨），金秀瑶族自治县1930吨（区级950吨，县级980吨），合山市1793吨。

2003年，来宾市粮食部门加强储备粮管理，按“一符三专四落实”（账实相符，专人专仓专账，落实数量、质量、品种、地点）要求，严格执行储备粮管理各项规章制度，搞好春秋两季粮油安全普查，采用先进储粮技术，提高储粮水平，加强业务人员培训，提高信息化管理程度，确保储粮安全。经春秋两季粮油安全普查，来宾市“一符四无”粮仓、“一符四无”存粮均符合国家标准。建立健全储备粮体系和管理制度，保证储备粮调得动、用得上，防止霉坏变质。全市各县（市、区）储备粮规模为7950吨。至年底，县（市、区）储备粮实际库存5980吨。储备粮以2002年的稻谷为主，质量按国家规定的粮食质量标准执行，确保新购储备粮质量。

2004年，全市各储粮单位加强储备粮管理，确保粮食安全，全市储备粮以2003—2004年的稻谷为主，质量按国家规定的粮食质量标准执行。年底，市、县（市、区）新增粮食储备规模9000吨，实际库存储备粮食5148吨。

2005年，全市6个县（市、区）完成订单储粮4.1万吨，兑现直补奖金819.6万元。当年，全市共投入资金134万元，维修库点83个，维修总库容7.03万吨。全年按1.5元/千克收购直补订单粮食2.5万吨（原粮），发放种粮农民补贴款250万元，确保农民增产增收。国有粮食企业总仓容138220吨。

保　管

清代、民国时期，粮食商贩、民间保管粮食主要是采取粮面扒沟，出仓翻晒、过风、筛等方法。

1950年,境内粮食保管主要靠保持仓库清洁,做到仓内“六面光”,仓外“三不留”和使用粮食清理机械来防治仓虫。1953年后,粮食部门贯彻以防为主、综合防治的方针,本着安全、经济、有效的原则保管粮食。推广粮食高温密闭和化学储藏方式保管粮食,即粮食经过暴晒趁高温进仓密闭储藏;化学储藏,即采用氯化苦等化学药剂熏蒸粮食长期密闭保管。

1955年起,粮食部门开展“四无粮仓”(无害虫、无霉变、无鼠雀、无事故)活动。制订粮食检查制度,确保粮食安全。1957年,境内各县粮食部门积极做好库存粮食的保管工作,忻城县人民政府要求,凡库存有粮食的地方,都要成立护仓委员会,晚上由民兵持枪护仓。

1960—1969年,根据不同季节、不同粮食品种和不同仓库条件运用压盖储藏、气控储藏、温控储藏、“双低”(低氧、低药剂量,下同)和“三低”(低温度、低氧、低药剂量)储藏以及通风储藏等技术,延缓粮食的陈化过程。各县仓库建立“粮质检查简报制度”,规定各库、各所每日一小查,每周一大查,月末全面普查一次;遇大风、下大雨随时检查,保证粮食在梅雨季节不发生霉烂。每旬,各库、各所存粮数量、品种、水分、杂质等情况,上报县粮食局。

1974年,境内忻城、来宾两县粮食局在自治区交叉检查评比中被评为“四无粮仓县”。1978年,武宣县通挽粮油管理所被评为自治区粮食保管先进单位。1977年、1979年,忻城县被自治区评为“四无”粮仓县。1984年,境内各县粮食部门推行机械通风新法保管粮食,来宾县用通风降温机处理高温发热粮食3000吨。1987年,金秀瑶族自治县连续2年被自治区粮食局评为“四无”粮仓县。1987—1990年,来宾县连续被自治区粮食局评为“四无”粮仓县。

1990年,武宣县首次荣获“四无”粮仓县称号。

1991年,境内各县(市)粮食仓储保管工作,坚持“以防为主,综合防治”的保粮方针,不断改善仓储条件和完善仓储管理制度,以电子测温、“双低”储粮和机械通风储粮为主的保粮方法,开展“一符四无”(账实相符、无虫害、无霉变、无鼠雀、无事故)粮仓活动,经自治区、地区春秋粮油鉴定,境内各县(市)储粮安全保管,储备粮管理达到“一符三专四落实”(账实相符,专人专仓专账,落实数量、质量、品种、地点。下同)要求。

2001年,来宾市粮食部门从实际出发,积极推广科学保粮的先进技术,加强仓储管理工作的领导,狠抓仓储的改善,完成对仓库的维修工程。来宾县开展“双低”储粮22483吨,占总储粮69.3%,机械通风降温储粮4100吨,占总储粮12.6%。忻城县“双低”保管存粮共7492吨。境内粮食保管各项指标达到自治区的要求。

2002年,忻城县粮食部门筹措资金,购买电子元件,在大塘、思练等粮管所对7000多吨仓容安装电子测温系统。

2003年,来宾市粮食部门加强储备粮仓储管理。按“一符三专四落实”要求,严格执行储备粮管理各项规章制度,搞好春秋两季粮油安全普查,采用先进储粮技术,提高储粮水平,加强业务人员培训,提高信息化管理程度,确保储粮安全。经春秋两季粮油安全普查,来宾市“一符四无”粮仓、“一符四无”存粮均符合国家标准。

2004年,全市各储粮单位严格按照“一符三专四落实”的要求,认真执行各项规章制度,坚持春秋两季粮油普查与平时粮情检查相结合,及时发现整改隐患,提高科学保粮技术,加强仓储保管业务知识培训。市库存粮食无虫粮100%。“一符四无”仓容和存粮均达到100%,粮情稳定,数量真实,品质保证。经粮油安全普查显示,2005年底,全市“四无粮库仓”达100%,科学储粮率达86%。

代　管

1964年,境内忻城县开始接受代管专项储备粮任务,1971年代管“103”储粮2270吨,“203”储粮1250吨。分存在大塘、思练、马泗、城关、古蓬等粮管所。1986年,“203”储粮拨给忻城县;次年7月,“103”储粮上调中央,境内不再有代管储备粮。

境内粮食部门在仓储管理中,也出现了一些问题:1952年,武宣县桐岭雅岗粮库用硫磺熏蒸杀虫,不慎起火,烧坏谷子数吨。同年秋,武宣县二塘粮食购销组租借民房装粮超重,横梁断塌压死男孩1人。1983年1月,武宣县东乡粮所第4仓存谷130吨,因保管员不负责任,仓粮发热霉坏谷子0.8吨。同年10月,武宣粮所第四仓,因没有把压在谷堆中的薄膜取出,造成50多吨稻谷变质。此外,有禄新、桐岭、二塘等粮所,也先后发生粮食、黄豆被盗和储油漏损的现象。

第二节　调　运

宋代,今来宾市调象州常平仓存粮供给平州(今三江县)。元至元元年—二十九年(1264—1292年),

调运象州稻谷赈济两江道(今左右江)饥民。清雍正五年(1727年)春,调象州捐谷到广东平价销售,赈济灾民。乾隆四十三年(1778年)三月,迁江青黄不接,调运象州稻谷4000石供应。次年,象州歉收,从平南调入稻谷5500石。民国时期,武宣、二塘、三里私营粮食的商贩外销的粮油,沿黔江水路运往桂平江口、梧州、广州。据民国23年(1934年)资料,武宣通过水路出口的谷类1250吨,绿豆200吨,生油50吨,麦子75吨。民国30年,象州调义仓谷100吨至柳州销售。

中华人民共和国成立后,在执行粮食统购统销年代,粮食一直实行统一调拨制度,省间的粮食调拨由国务院或主管部门统一组织和安排,省内县间粮食调拨由省统一组织安排。境内国营粮食部门每年都根据上级下达的进出调拨任务,按照"统一调拨、合理运输、先中央后地方,保证重点、照顾一般"和"方便群众,减少周转环节,提高经济效益"的原则,安排粮源,摆设粮点,制定调运具体实施方案。

境内实行粮食购销平衡,正常年景自给有余。

1953年,象州县因调出粮食过多造成该县部分区乡粮食脱销,遂于1954年2月从柳州调入650吨,供应石龙县缺粮地区。此后粮食部门加强粮食调运计划性,严格按照商品粮流转方向摆布粮食库存。先留足内销,再安排外调,杜绝粮食倒运。象州县罗秀、大乐、水晶等乡镇的粮食,调往鹿寨县;运江镇粮食从水路运往柳州、梧州;寺村、中平、百丈等乡镇的粮食则集中县城待运。调出之粮食均为稻谷或大米,调入麦面粉、玉米等。

1953—1970年,境内调入贸易粮212200吨,调出贸易粮529150吨,纯调出316950吨。18年间平均每年调入粮11790吨,调出29400吨,纯调出17610吨。1953年,来宾县调入贸易粮3130吨,调出6000吨,象州县调入贸易粮320吨,调出9725吨,忻城县调入贸易粮35吨,调出5835吨。

1954年,来宾县通过铁路和水运调往桂林、梧州、广州、郑州、锦州等地的稻谷、玉米、黄豆等共8150吨,调入7000吨。象州县调入贸易粮365吨,调出10070吨,忻城县调入贸易粮925吨,调出6710吨。

1958年,来宾县调入贸易粮7020吨,调出4090吨,象州县调入贸易粮2605吨,调出9035吨,忻城县调入贸易粮660吨,调出13355吨,合山市调入贸易粮2040吨,调出525吨。

1960年,由于"五风"盛行,虚报产量,来宾县调出粮食19910吨,是中华人民共和国成立后最多的一年。

1963年,境内遭受特大旱灾,不少生产队粮食绝收,粮食减产,今来宾市调入贸易粮42780吨,调出7430吨,纯调入35340吨。是今来宾市中华人民共和国成立后一年调入粮食最多的一年。来宾县为解决缺粮群众生活,调入粮食26400吨,调出900吨,纯调入25500吨。合山市调入2410吨,调出155吨,纯调入2255吨,忻城县调入575吨,调出2590吨,象州县调入2610吨,调出3845吨。

1975年,为援助越南,来宾县调出玉米2500吨,该县全年调入贸易粮10170吨,调出10220吨。象州县调入1110吨,调出21870吨,忻城县调入1105吨,调出5330吨,合山市调入6825吨,调出640吨。

1985—1988年,境内连续遭遇旱灾和洪涝灾害,粮食减产严重,群众口粮无保障。来宾县内连遭4年旱灾,部分粮食绝收。1988年,来宾县调入粮食46725吨,安排灾区群众生活,是中华人民共和国成立后该县调入粮食最多的一年。象州县调入4050吨,调出3620吨,忻城县调入18770吨,无粮调出,合山市调入11625吨,调出210吨。

1990年,境内来宾县调入粮食7100吨,调出4500吨,象州县调入2192吨,调出22875吨,忻城县调入5835吨,调出525吨,合山市调入9005吨,无粮调出。

1953—1990年,境内来宾县共调出贸易粮266490吨,调入粮食376608吨,粮食调出和调入相抵后,纯调入粮食110118吨。武宣县共调出贸易粮183084.4吨,调入粮食7882.9吨,纯调出175201.5吨。象州县共调出贸易粮572081吨,调入粮食52556吨,纯调出粮食519525吨。忻城县调出贸易粮230966吨,调入112661吨。忻城县除贸易粮调出数与调入数相抵外,有28年纯调出共167035吨,平均每年调出5965.5吨;有10年纯调入贸易粮49155吨,平均每年调入4915.5吨。其中1988年调人18770吨,占这10年纯调入总数的38.19%。

1957—1990年,境内合山市粮油调入主要从湖南、湖北、安徽、江西、辽宁等省和区内的桂林市、鹿寨、象州、永福和宾阳县。期间粮食总调出18210吨,调入为187926吨,纯调入169716吨。

1971—1992年,今来宾市共调入贸易粮1022960吨,调出586210吨。

1991—2005年,忻城县从区内调入贸易粮

17989.9 吨，调出贸易粮 7187 吨。象州县调入贸易粮 30340 吨，调出贸易粮 193551 吨。

2003—2005 年，来宾市共调入贸易粮 38210 吨，调出贸易粮 48331 吨。其中，2003 年调入 2440 吨，调出 11720 吨，2004 年调入 6013 吨，调出 11572 吨，2005 年调入 29757 吨，调出 25039 吨。

民国 23 年(1934 年)，境内武宣通过水路出口生油 50 吨。民国 35 年，武宣水运调出县外生油价值 456 万元(国币)。

1954 年，境内实行粮油统购统销，粮食部门根据本地食油购销情况，食油多余时外调，食油收购少时，通过外地调回供应，食油调运工作至食油市场放开后结束，油料经营完全市场化，各用油单位和个人需用食油均到市场采购。

1954—1987 年，来宾县调出食油 8180 吨，调入食油 1180 吨；武宣县调出食油 4441.9 吨，调入食油 1972.9 吨；象州县调出食油 2853.7 吨，调入食油 252.3 吨。

第五章　粮油加工

清、民国时期，境内粮油加工均靠人力，加工工具使用石磨、石碓、手舂、脚舂，有水碾的地方则用水碾加工，工具落后效益低。

中华人民共和国成立后，粮油加工业得到较大发展，从初期的靠石磨、石碓或水碾、土榨加工，逐步发展为柴油机械加工，后又被电动机械所取代。1991 年以后，随着粮食购销价格放开和市场经济的不断完善，粮食经营主体多元化，粮油加工企业由国有粮油加工企业独家经营，发展到有个体、私营、股份制粮油加工企业参与竞争的多种经营格局，境内国有粮油加工企业加工量逐年减少，个体、私营、股份制粮油加工成为主力军。

第一节　粮食加工

民国时期　境内山区群众主要采用石磨、手舂、脚舂、牛碾方式加工粮食。一般是家庭作坊，加工自己的口粮。在平原有溪流之地则用水碾加工粮食。民国时期，来宾县有水碾 35 座，武宣县有水碾、船碾作坊 48 家。其中武宣县县城古迹滩船碾日加工稻谷 1.5 吨以上，是当时武宣县最大的大米加工作坊。这些碾米厂一般是采取来料加工，收取加工费。在稻谷主产区的象州县罗秀乡、运江镇当时也有比较先进的梁兴记大丰年和粮友私营机器碾米厂。他们向农户收购原粮，加工出售成品粮。

1951 年，境内增加粮食加工厂。武宣县在武宣镇南下街蔡家巷建第一家国营大米厂，发电兼打米，日加工大米 10 吨左右。象州县将罗秀梁兴记大丰年私营机器碾米厂赎买，成为该县第一家国营粮食加工厂。

1953 年，实行粮食统购统销政策后，各县粮食部门在县城都办有粮食加工厂。是年，忻城县尚有石磨 450 架，水碾 43 座。

1954 年 10 月，经广西省粮食厅动员，南宁市源丰大米私营加工厂一部分人员搬迁到来宾组建来宾大米加工厂，代来宾县粮食局加工大米。

1950—1959 年，境内各县大米厂动力一般都是老式的煤气机，生产过程中的进料、清杂、分谷提筛仍为人工操作，不仅生产能力有限，而且碎米多。

1970—1979 年，动力改为电动机，砂辊碾米机代替铁滚筒，进料改为风运设备，并且使用高频振动除石除杂设备，加工的大米整米粒好，碎米少、杂质少。

1993 年，象州县粮食局与柳州地区粮油总公司共同投资在象州镇兴建年产 2 万吨优质米厂。该厂采用多机轻碾、比重去石，精米抛光等先进加工工艺，生产的大米达到免淘要求。

20 世纪 70 年代末，根据市场需要，各县粮食局陆续开展面条和干切粉加工业务。

1986 年，境内粮食部门加工面条生产能力达 23250 吨，干切粉 1100 吨。

1998 年，粮食流通体制改革后，随着市场经济的不断完善，个体、私营、股份制粮食加工企业参与粮食加工，境内大部分国有粮食加工企业基本停止加工业务，取而代之的是个体、私营和股份制粮食加工企业。

2005 年，全市规模以上粮食加工企业 16 家，年加工能力 50 万吨(稻谷)。其中象州太粮米业有限公司占地面积 1.40 万多平方米，生产设备引进瑞士布勒集团及日本佐竹，年加工大米 7 万多吨，产品“鸣象牌”系列大米获得“无公害农产品”称号。

表 17-14　　1986 年来宾市大米生产能力表

单位	合计		2 号米机		3 号米机	
	米机（台）	生产能力（吨 / 年）	米机（台）	生产能力（吨 / 年）	米机（台）	生产能力（吨 / 年）
合计	62	224500	10	78250	48	146250
合山市	2	12000	1	8250	1	3750
象州县	9	51250	6	43750	3	7500
武宣县	8	31250	1	8750	7	22500
来宾县	26	93125	1	8750	25	84375
金秀瑶族自治县	10	29375	1	8750	9	20625
忻城县	3	7500			3	7500

表 17-15　　1986 年来宾市面条切干粉生产能力表

单位	面条机		干切机	
	台(套)	生产能力(吨 / 年)	台(套)	生产能力(吨 / 年)
合计	115	22600	11	1100
合山市	6	1350		
象州县	10	2295	1	100
武宣县	10	3240		
来宾县	42	6975	2	200
金秀瑶族自治县	9	1740	2	200
忻城县	38	5650	6	600

第二节　食油加工

民国时期，来宾市民间食油生产大多采用木榨方式。木榨又分为撞扎、雷公榨两种。榨有大小之分，每榨加工原料不等。在山区也有群众使用竹筒压榨，解决自家口油。加工能力较大的有武宣县的林信福油坊，该油坊有雷公榨 5 条，雇有长工 20 多人。一年四季开榨，年加工花生仁 1500 吨，芝麻 500 吨左右。

1954 年，食油实行统购统销后，各县粮食部门都在大米加工厂设立油脂车间，也有花生集中产地的粮管所设立榨油车间，一般采用木榨和手摇式榨油机。

1960 年后，以 200 型、95 型、90 型榨油机取代旧式的榨油机具。取消食油统销后，国营食油加工企业逐渐退出加工业务。

1995 年末，境内独立核算的油料加工企业共有制油设备 32 套(件)，年生产能力 4875 吨。其中年浸出油能力 2520 吨。此后，由于油料加工企业规模达不到统计要求，行业不再统计。

第三节　加工企业

中华人民共和国成立前，来宾市无大型的加工企业，食油加工主要依靠小作坊。中华人民共和国成立后到 20 世纪 80 年代，逐步建立了一些加工企业，之后加工企业逐步增加。

1951 年 9 月，武宣县人民政府在武宣镇下南街蔡家巷建了第一家国营大米加工厂。

1988 年，地区粮食局直属企业鹿寨蒸谷米厂新增面粉生产线投产，全地区面粉仅此一条生产线。新建该面粉生产线一方面是为缩短从柳州、黎塘调金秀、鹿寨、象州等县面粉的运距；另一方面是为取得面粉加工附产品(麦麸)供应蒸谷米厂本身饲料生产所需配料。1993 年粮价和粮食经营放开以后，面粉来源渠道多，面粉以销定产，生产亦不饱满。此外，鹿寨谷米厂浸出油生产线 1 条，是地区最大和较先进的油脂加工设备，生产能力日处理大豆 85 吨，产品质量好，豆油、豆畅销区内外，豆油曾销往东北、湖南、江西、上海等地。

1990年，武宣县成立大米加工厂，后改为国营粮油加工企业的有县粮油食品工业公司，内设大米车间3个，食油车间、糠油车间、统糠车间、面条车间、小食品车间各1个，全公司1990年有职工38人，年加工大米3496吨，面条165吨，油脂32吨，机制饲料1053吨，饼类30多吨，年产值124.48万元，盈利4.14万元。

1991年忻城县设有大米厂，属于独立核算单位，1991年全县共加工大米398万千克，1992年加工197万千克，1993年以后，随着粮食统销价格放开，大米加工宣告结束，加工设备也逐步进行了处理。粮食企业除了大米加工外，面条加工一直是企业的支柱产业，从20世纪70年代开始到1998年以前，县大米厂的面条加工一直开展得比较好，1991年全县加工面条239万千克，1992年66万千克，1993年以后，随着粮价放开，平价面条加工终止。但是议价面条加工一直坚持到1998年来才结束。

1992年象州县与原柳州地区粮油总公司共同投资兴建柳州优质米厂(1997年由象州县单独经营)，设计加工能力为年产优质精制大米2万吨。加工工艺采用多机轻碾、比重去石、精米抛光等先进技术，碾米设备是当时国内最先进的喷风碾米机，其设备、工艺厂房设计等在广西区内是一流的。其生产的“吉象牌”优质大米是区著名品牌。联合兴建的这一优质米厂，促进了象州县优质谷生产的长足发展，优质谷种植由当时不足万亩发展到10万亩以上，使优质谷成为象州县一大支柱产业，优质米厂功不可没。

1998年粮食流通体制改革后，象州县国有粮食加工企业及网点除保留一条面条加工生产线外，其余已停止运转，优质米厂租赁给“广西国泰粮食集团”经营，仍保留“吉象牌”优质大米这一品牌。而私营粮食收购加工企业发展较快，到2004年象州县内主要粮食加工企业有象州国泰米业公司、广西象州太粮米业有限公司、水晶三和优质米厂等。

广西象州太粮米业有限公司 由东莞市太粮米业有限责任公司投资组建的集粮食收购、加工、储存及销售为一体的民营大型粮食加工企业，位于寺村镇307省道旁。项目总投资3000万元，占地14000多平方米，高标准仓库5000多平方米，年加工能力7万多吨，工厂生产线设备从瑞士布勒集团及日本佐竹引进，生产工艺和加工设备属国内一流水平。生产过程严格遵循ISO9001，2000国际质量管理体系，从原粮采购、储存、加工到成品包装、出库等环节都经过严格把关，确保产品质量稳定、安全、卫生。生产的“鸣象牌”大米获国家“无公害农产品”称号。“鸣象”系列大米深受消费者青睐，在县内及周边地区有良好的销售业绩，作为地方特产之一成为送礼首选。

象州县水晶三和优质米厂 属“象州县重点保护企业”。2004年初兴建，总投资400多万元，厂房面积3600多平方米，当年9月建成投产，日生产能力200吨，安置农村劳动力50多人(包括外销人员10人)，主要产品“三和油黏米”“三和马坝银黏”“三和缘国香”等优质米和米糠油等成为主打品牌，产品除满足当地市场外，主要销往广东等地及日本、美国等国外市场。

第十八篇

旅 游 业

来宾市具有优越的旅游条件和丰富的旅游资源。是桂林/贺州—柳州/河池—来宾—南宁—钦州、防城港(东兴)—北海黄金旅游线上的中点。境内有景色奇特的大瑶山、风光罕见的百崖大峡谷、名冠中南第一泉的象州温泉和被誉为壮乡故宫的莫氏土司衙署,有壮、汉、瑶、苗、侗、仫佬等18个民族浓郁的民族风情,加上盘古文化、麒麟山人文化等人文景观,使来宾大地风光迷人,充满魅力。

来宾市旅游业起步于20世纪80年代后期。1987年象州县温泉洗浴中心建成投入使用,成为各地游客的香饽饽。20世纪80年代后期至90年代中期,每年春节期间,象州温泉的洗浴票更是呈现一票难求的热闹场面。1987年,金秀成立柳州地区第一家旅游开发办公室。1988—2002年,境内不断加大旅游开发力度,把旅游业当作支柱产业,初步形成境内的旅游业特色。撤地建市后,来宾市提出“突出发展旅游业,把旅游业作为第三产业的主导产业来抓”的战略决策,坚持政府主导型的旅游发展战略,制订《来宾旅游产业发展总体规划》和《关于加快旅游产业发展的决定》。以金秀“圣山、圣水、圣都(世界瑶都)”旅游景区为龙头,着力打造“大瑶山生态民俗文化旅游”新品牌。实现旅游产品的规模化和品牌化,使“大瑶山生态民俗文化旅游区”跻身于广西六大全面推进规划建设的旅游区行列。金秀、武宣、忻城三县被列入自治区十大精品旅游线路中,来宾市初步成为南北黄金旅游带中的热点城市。至2005年底,全市共有金秀大瑶山国家森林公园、忻城莫氏土司衙署、武宣百崖大峡谷、象州花池温泉等25处风景区(点),1个国家3A级旅游景区、1个国家2A级旅游景区、2个国家森林公园、1个国家级重点文物保护单位、2个自治区级风景名胜区、6个自治区级重点文物保护单位。主要景区景点有金秀圣堂山景区、莲花山景区、银杉公园、金圣漂流项目、瑶族博物馆、孟村民俗村、古占民俗村;象州温泉、中平古榕;忻城莫土司衙署、翠屏山、红水河风光、三界庙;武宣百崖大峡谷、武宣文庙、黄肇熙庄园、八仙天池。2005年接待游客183.72万人次,比上年增长10.96%,实现旅游总收入6.29亿元,比上年增长12.5%。

第一章 管 理

中华人民共和国成立前,境内无旅游管理机构。中华人民共和国成立后,境内旅游业起步较晚,至1985年境内仍未设立旅游专门管理机构。1985年,金秀始成立旅游业筹备领导小组。1987年2月,设立金秀旅游开发办公室和金秀旅游开发公司,具体负责旅游开发管理工作。20世纪90年代,境内各县(市)开始重视旅游业,把旅游业当作重要产业,成立旅游公司或旅游局,开发利用旅游资源,行使旅游行政管理职能,对本县(市)旅游业实施管理,规范管理旅游市场,保证旅游市场的公平竞争和旅游业的健康发展。

第一节 机 构

来宾市旅游局

2002年12月,撤地设市后,设立来宾市旅游局,主管全市旅游工作。2003年1月,来宾市旅游局正式挂牌成立,行政编制8名,内设办公室、市场开发科、法规与规划科、综合管理科。4月,来宾市旅游局下属单位来宾市旅游质量监督所(事业单位)成立。来宾市旅游局下辖来宾市旅游质量监督所和象州县、忻城县、武宣县、金秀瑶族自治县及合山市旅游局。

2005年,来宾市旅游局,行政编制8名,领导职数1正2副。内设办公室、市场开发科、法规与规划科、综合管理科。下辖来宾市旅游质量监督所和象州县、忻城县、武宣县、金秀瑶族自治县及合山市旅游局。

市旅游局历任局长:吴泣(2003年7月—2005年12月)。

柳州地区行政公署旅游局

1988年前,境内未设置专门的旅游管理机构。1988年4月,柳州地区行政公署旅游局成立。1993—1998年,境内各县(市)成立旅游公司或旅游局,隶属柳州地区行政公署旅游局,负责对本区域旅游业实施管理,行使旅游行政管理职能。重点加强对景区旅游服务行业的管理,培训旅游从业人员,提高管理能力,规范旅游服务,保证旅游市场的公平竞争和旅游业的健康发展。

各县(市)旅游局

1985年,金秀瑶族自治县成立县旅游业筹备领导小组。1987年2月,金秀瑶族自治县设立旅游开发办公室和旅游开发公司，具体负责旅游开发管理工作。1993年2月，金秀瑶族自治县旅游开发办公室改称金秀瑶族自治县旅游局，下设自治县旅游公司。

1993年4月，象州县成立温泉开发筹备处。1994年5月，象州县成立旅游总公司，行使象州温泉开发、管理职能，为事业单位。1998年10月，象州县旅游局成立。象州县旅游总公司改称象州县旅游公司(2004年10月25日公司破产)。

1993年，武宣县旅游局成立，属县人民政府工作部门。1995年，武宣县成立旅游公司。

1996年7月，忻城县旅游公司成立。

2002年3月，忻城县旅游局成立。

2001年12月，合山市旅游局成立。

来宾市旅游产业发展领导小组

2003年5月成立。由市长张少康任组长，市委常委、常务副市长莫恭明和市委组织部长黄必贵任副组长。领导小组成员由市委宣传部、市发展计划委员会、市建设与规划委员会、市财政局、市工商局、市国税局、市地税局、市公安局、市文化局、市林业局、市环保局、市交通局、市国土资源局、市扶贫办、市统计局、市旅游局等单位领导组成。其主要职责是：确定来宾市旅游产业中、长期发展战略；解决全市旅游产业发展中遇到的重大问题；协调旅游业与各有关部门之间的关系；指导下设的来宾市假日旅游协调领导小组开展工作等。领导小组下设办公室，办公室设在市旅游局，由市旅游局局长吴立兼任办公室主任。

来宾市假日旅游协调领导小组

2003年5月成立。该小组与来宾市旅游产业发展领导小组是两块牌子，一套人马；下设假日旅游信息统计中心，负责假日旅游信息的统计与发布，办公地点设在市旅游局。

第二节　景区管理

1988—1989年，柳州地区旅游局会同有关部门，对全地区旅游资源进行全面考察，发现可开发的景点有60处。1988—1995年，先后投入近5000万元人民币，在金秀兴建瑶族博物馆、瑶族民俗村、瑶族避暑山寨、花王山庄、林海山庄、老山森林度假村及莲花山风景区旅游公路、花池温泉度假区、百崖峡谷风景区等景区(点)和接待设施。

1996年，境内抓紧受灾景点的恢复性建设，并进行新景点开发，武宣县投资110万元扩大仙湖岛景区和百崖峡谷景区的服务设施建设。象州县投资1500万元建设花池温泉度假区，当年一期工程竣工并对外营业。

1997年，金秀对老山伐木场场部旧址进行改造装修，建成集食、宿、游、娱为一体的林海山庄，投入86.7万元，兴建莲花山、孟村、古占村、原始森林度假村和县城瑶族避暑山寨等景点。

2003年，来宾市加快景区景点及配套设施建设步伐。其中，发行金秀旅游国债1500万元，当年完成国债项目配套建设资金300万元。第一期工程金秀莲花山公路建设于12月31日正式开工；金秀圣堂山山庄综合楼工程建设投资400万元，计划2004年5月1日前将竣工投入使用。武宣县投资20多万元修建停车场、景区大门等，优化景区环境。忻城县投资67万元，修建土司文化历史步行街路面建设，投资750万元在莫土司衙署景区重建东城门、西城门、南城门，并把西门建成土司衙署景区入口；投资1000多万元完成土司老街及主要街道土司风格立面改造；修复土司练兵场和红水河乐滩库区码头，提升景区景点的接待水平和档次；投资980多万元完成内城土司农庄及泮水生态公园，打造生态旅游，乡村旅游景点，进一步盘活和壮大土司文化旅游市场；投资4.8万元修复三界庙神像，并于2003年6月重新对外开放有400多年历史的古庙；投资16万元开辟红水河旅游航线，投资100余万元新开发红水河风光旅游项目，丰富旅游内容。

2005年是来宾市的“景区建设年”。来宾市旅游主管部门，通过积极创新工作方式，实施项目责任制、项目联系人制、项目时间推进制、项目督查制、项目跟踪服务制等五个制度，加强对旅游重点项目的联系与服务工作，全面推进全市旅游项目的开发建设，采取定期编制《来宾市重点旅游项目实施进展情况表》的形式，及时向各级领导通报项目进展情况。年内各项景区景点建设项目进展顺利。截至年底，金秀大瑶山生态旅游区第一期旅游国债建设项目全部完成，并通过金秀瑶族自治县发改局初步验收；9月8日，长垌河红壶旅游区正式动工，修建了进入景区的四级公路；完成世界瑶都项目的概念性规划及项目可行性研究报告编制和广西、广东、湖南三省(区)10多个瑶族自治县文史资料的收集、考察等工作；象州花池山温泉疗养度假村项目投资1200多万元，完成一期工程景区道路等土建工程；武宣百崖大峡谷景区通过绿化景区停车场、维修游览步道、翻新客房等，景区的基础设施、环境得到进一步优化；12月28日，投资业主与兴宾区政府签订开发建设合同，举行蓬莱洲景区开工典礼，一改来宾市区无旅游景区（点）状况；其他旅游项目建设有序进行，象州大梭生态峡谷群一期工程完工，运江古镇旅游项目的规划编制工作启动，金秀莲花山景区AAA级旅游景区申报工作筹备之中。

1988—2005年，金秀瑶族自治县旅游景区景点项目开发建设共引进国内外资金6800多万元。其中：国家投资1000万元，引资5800万元。建设景区游览观光步道13680米，游览栈道1470米，观景亭、台、楼阁15处，旅游景点接待客房设施7521平方米，客房床位355张，修建景区生态环保公厕7座、污水处理设施2处、垃圾处理中转2处，给水设施4座，生态停车场6100平方米，景区景门、山门4座，管理用房345平方米，游客服务中心1076平方米，游乐厅1000平方米，餐饮厅1500平方米，景区安全防护栏4418米。新建国内旅行社3家，旅游有限公司6家，开发旅游景点10个，旅游定点接待宾馆、(其中瑶族避暑山寨获二星级酒店)，酒店8家，新建工业旅游示范点一个，新编制待开发旅游精品景区项目建议书7个，新建旅游景区四级柏油公路5.17千米，新建旅游景区砂石公路13千米，新增旅游从业人员182人、间接就业人员580人，新增旅游购物商店46家、旅游餐饮酒店17家、旅游客运车辆20辆。1999—2005年，景区累计投入建设资金4000多万元。其中：国家投资245万元，私营业主投资约3760万元，建成杨梅坪圣堂山庄综合接待宾馆（建筑面积5421平方米），设有客房(86间，可住宿350余人)、餐厅（可接待800人就餐）、娱乐设施（建筑面积1000平方米）、停车场(3600平方米)、公厕(4座)。还建成景区大门一座，游览观光步道6700米（已开放游览4900米），游览栈道1200米，给水设施3处，管理用房150平方米，游客服务中心300平方米，垃圾中转站1座，污水处理设施1处，景区观景亭、台6处，生态环保垃圾箱150个，安全防护栏2000米，其他环保设施一批。山顶云海山庄建有综合食宿宾馆（建筑面积1800平方米），有客房55间，可住宿150人，接待500人就餐。景区配置有生活用车2辆，接待用车1辆。景区景点导游介绍、指路牌、警示牌齐全完好。配有导游讲解员5人。景区通信、供电、供水方便。1999—2005年，圣堂山景区累计接待国内外游客47.36万人次，旅游收入3219.87万元。

第三节　旅游市场管理

旅游产业政策规章

1993年10月，金秀瑶族自治县人民政府发出《关于加强自治县旅游业管理若干问题的意见》。1999年8月，作出《关于加快金秀瑶族自治县旅游业发展的决定》。

1999年5月，境内贯彻中共柳州地区委员会、柳州地区行政公署《关于加快柳州地区旅游业发展的决定》，加快境内旅游发展步伐，境内旅游业进入一个全新的发展时期。

2001年，金秀瑶族自治县起草《金秀瑶族自治县旅游管理条例》。2002年7月27日，广西壮族自治区第九届人大常委会第31次会议审议通过《金秀瑶族自治县旅游管理条例》，并于2002年10月1日起施行。2002年10月，自治县党委、政府按打造“旅游强县”的思路展开工作，促进旅游业快速稳步发展。

2004年6月，中共来宾市委、来宾市人民政府制定《关于加快来宾市旅游产业发展的决定》。明确提出全市旅游产业发展的指导思想、奋斗目标和战略方针以及全市旅游产业的发展方向、目标和重点。决定强调要加强对全市旅游工作的领导，充分发挥市（县、区）旅游产业发展领导小组的职能，确实将政府主导型发展战略落到实处；各级党委要切实加强对旅游业的领导，真正把旅游产业发展作为事关经济发展全局的大事来抓。

管理措施

来宾市成立后，全市旅游部门认真贯彻落实《旅行社管理条例》《导游员管理条例》《旅游安全管理暂行办法及实施细则》《广西壮族自治区旅游管理条例》和《广西壮族自治区风景名胜区管理条例》，依法全面加强旅游市场管理工作。2000年，境内旅游管理部门加大综合治理力度，采取措施对旅游环境和秩序进行综合治理，以消灭脏乱差为重点，全面提高服务质量，改善旅游环境和秩序，树立整洁、有序、安全、文明的旅游新形象。金秀瑶族自治县制定《关于对旅游服务行业进行市场整顿的工作方案》，在全县开展旅游服务行业市场整顿。

2001年，境内狠抓旅游管理和安全问题，净化旅游环境，消除安全隐患。象州县充分发挥行政主管部门的职能作用，与公安、工商、卫生、消防、文化等部门联合行动，重点治理整顿温泉度假区市场秩序。

2002年，境内旅游部门为进一步贯彻落实全国、全区整顿和规范旅游市场经济秩序工作会议精神，根据国家旅游局的统一部署和要求，结合《广西壮族自治区整顿和规范旅游市场秩序工作方案》及《柳州地区整顿和规范旅游市场秩序工作方案》，大力整顿和规范旅游市场，会同交通、海事、交警、工商等部门对"黄金周"旅游市场进行监督检查，开展旅游安全工作大检查，排除各种安全隐患，确保"黄金周"安全有序落幕。健全和完善假日旅游值班制度，向社会公布值班电话和旅游投诉电话，坚持24小时值班，及时协调解决和处理各种急难问题和突发事件，实现"黄金周"旅游零投诉。为搞好旅游质量监督管理工作，2002年9月，成立柳州地区旅游质量监督管理所，受理旅游投诉等工作，切实维护旅游市场经营秩序和旅游者的合法权益。据统计，2002年共开展旅游市场专项检查45次，出动人员145人次；查处无证和违规导游18人，取消6家非法设立的旅行社营业部。

2003年，来宾市旅游部门面对突如其来的"非典"疫情，积极应对，不折不扣的落实预防"非典"措施、预案，防止通过旅游渠道传播"非典"，全市无一例因旅游而发生"非典"病例，也无一例通过旅游渠道产生输入性病例。全市旅游业一手抓防控"非典"，一手抓经济发展，苦练内功，积极整合旅游资源，最大限度降低"非典"对旅游业的影响。6月11日—13日，全市所有旅游景区免费向游人开放3天。6月17日，在迎宾广场举办来宾市恢复旅游业暨"来宾人游来宾"启动仪式活动，让广大市民来了解来宾、认识来宾、宣传来宾，展示来宾市"壮瑶风情、神奇山水、绿色世界"新形象，振兴来宾旅游。期间，市旅游主管部门根据国家及自治区有关文件精神，积极协调有关部门落实国家、自治区应对"非典"的优惠扶持政策，全市累计暂退旅行社质量保证金18万元，6—9月，为各旅游企业减免各种税费、行政收费合计15.85万元，帮助来宾市旅游企业顺利度过艰难时期，为今后的发展积聚后劲。

2004年，来宾市旅游局根据自治区旅游局《迎"南博会"广西旅游优质服务年工作方案》和来宾市委、市人民政府规范旅游市场秩序要求，对旅游市场开展一系列专项整治工作，严肃处理阳朔国际旅行社在来宾市变相委托代理组团行为；对市内几家旅行社负团费恶性竞争进行整顿，维护旅游市场公平、开放、有序环境，全面提高旅行社的服务质量。强化旅游行业管理，在辖区旅游企业中全面推行质量监督管理制度，举办旅游行业内部质量监督员培训班。

2005年，启动"让游客满意在来宾""诚信旅游"等活动。组织发动全市各级旅游管理部门和旅游企业积极行动起来，围绕"让游客满意在来宾""诚信经营、诚信服务"的主题，结合自身特点，大力推进景区建设，加强旅游市场管理，提高旅游服务水平和质量，树立良好的行业风气，以实际行动打造来宾旅游新形象，促进全市旅游业健康快速发展。各县（市）、各旅游企业积极响应倡导，深入开展此项活动。金秀瑶族自治县通过开展旅游行业专项整治活动，召开全县旅游服务行业业主动员大会，举办导游讲解员培训班，开展"让游客满意在来宾"活动，加强旅游行业的管理，规范旅游市场秩序，提高旅游服务水平，进一步推动旅游的软环境建设。市旅游部门对全市的所有旅行社开展业务年检，从旅行社人员配备、经营业绩、实现利税、安全投诉等方面把关。经检查，全市9家旅行社均通过年检，审计验证率100%。

安全生产管理

2000年，境内旅游主管部门认真贯彻落实国务院办公厅关于切实加强安全生产工作有关精神，加强旅游安全管理。各县（市）制定和完善旅游安全生产领导机构，树立"安全第一，预防为主"的意识，不定期对本地旅游企业、重点景区、宾馆饭店、旅游车船、娱乐场所进行安全检查，消除旅游安全隐患。

2001年，境内旅游主管部门继续狠抓旅游安全工作，将旅游安全工作放在"秩序、效益"之前，作为工作的重中之重来抓，防患于未然，从安全工作中要秩序，要效益。组织旅游从业人员进行安全常识培训，学习国家有关安全法律法规及自治区旅游局《关于进一步做好旅游安全工作，严防恶性事故发生的紧急通知》等文件精神，有效地提高旅游从业人员的安全知识水平，增强安全防范意识。同时，对旅游景点、车船等进行安全大检查，签订安全生产责任状，治理整顿"三无"船舶，为防止恶性事故的发生做了大量细致的防范工作。

2003年，来宾市高度重视旅游安全管理工作，结合春节、"五一"、"十一"旅游黄金周，坚持"安全第一、预防为主"的方针，早布置、早检查，加强防范，扎实开展旅游安全大检查，做好各项防范工作。9月

13日，由来宾市旅游局牵头，组织卫生局、安监局等部门对辖区内星级宾馆、旅行社、旅游景区(点)的食品卫生、火灾隐患、道路安全、旅游车船全面排查，对不具备基本安全条件的旅游企业，下达限期整改通知；对存在安全隐患的要求及时处理；对危险路段要立好警示标志，对部分不宜开展旅游接待，存在重大安全隐患的景区道路，坚决禁止旅游车辆驶入。同时，制定旅游安全事故紧急救援预案，向社会公布来宾市旅游投诉、举报电话：0772-4221490。9月23日，组织召开全市假日旅游工作会议，传达和贯彻全区假日旅游厅际协调工作会议精神及工作要求，明确各成员单位的职责，部署下一步工作。根据全市假日旅游工作会议的要求，来宾市旅游局及各有关部门分别组织人员对各主要景区督查。黄金周期间，来宾市实现无1例旅游安全事故发生，旅游质量“零”投诉，达到“安全、健康、秩序、质量”四统一的预期目标。全年未发生旅游安全事故及大的旅游质量投诉。

2004年，来宾市采取经常抓与重点抓相结合的方式，加强对旅游安全工作的管理。建立旅游安全生产责任制，与各县(市)旅游局签订旅游安全生产目标责任书，将旅游安全生产责任落实到人。组织开展好季度和黄金周前、“两会一节”的旅游安全检查，重点对旅游接待单位和各景区进行安全检查，并对在检查中发现的安全隐患及时发出限期整改意见，消除各种安全隐患。年内，全市没有发生旅游安全事故及旅游投诉事件，实现旅游“健康、安全、秩序、质量”四统一目标。组织参与全市安全月活动，进一步提高市民对旅游的安全意识，普及旅游安全理念，倡导文明、健康、舒适、安全的旅游方式。宣传日期间，有480人次前来咨询。

2005年，市旅游局与各县(市)签订《2005年度来宾市旅游行业目标管理责任书》，形成齐抓共管的机制，抓好安全生产工作的落实，不定期开展安全生产检查与督查工作，确保全年旅游安全生产无事故。黄金周前，及时召开假日旅游协调小组成员会议，通报情况，明确职责，部署工作，并组织有关部门对假日旅游工作准备情况进行检查，确保黄金周实现“安全、健康、质量、效益”四统一目标。在黄金周期间，市旅游局坚持24小时值班，认真做好信息沟通、投诉处理、协调服务、旅游统计等各项工作。

行业队伍管理

2001年，境内各县注重旅游人才培训，做好旅游人才培训工作，对旅游人才进行职业道德、旅游服务、消防安全等课程培训。所有从业人员必须岗前培训，持证上岗，执行岗位标准。全年共举办旅游从业人员培训班15期，参加人员380余人。

2002年，境内各县(市)加大教育培训力度，组织旅游系统工作人员参加自治区旅游局举办的旅游信息化培训班、旅游区(点)质量等级评定培训班、旅行社经理考试及全国导游员资格考试等工作。组织开办旅行社经理、导游员业务培训班。

2003年，针对旅游从业队伍及相关人员增长快、人员新、总体素质不高的状况，来宾市旅游局举办全市旅游发展“十五”规划及2010年远景规划培训班、旅游从业人员(星级饭店)培训班、“来宾旅游在线”网站培训班等，有200人次参加培训。并做好旅行社经理及国家导游员资格考试的报名、培训、考试工作。各县(市)旅游主管部门也举办多种形式的行业培训班，加强从业人员的业务素质及服务技能培训。

2004年，来宾市注重加强旅游行业队伍建设，提高全市旅游从业人员的素质。组织全市旅游行业队伍深入学习贯彻“三个代表”重要思想、党的十六届四中全会精神，积极开展党风廉政建设工作、机关工作作风整顿和“建设新来宾，我该怎么办”大讨论活动，树立良好的机关工作作风和廉洁、高效的公务员形象。全面贯彻实施行政许可法，贯彻落实《中共来宾市委、市政府关于加快旅游产业发展的决定》精神。与来宾市职业中等专业学校联合开办首届旅游专业中专班，以面授的形式培养旅游专业人才，开辟来宾市旅游人才的培训教育基地。举办旅游统计培训、导游员资格考前培训、导游年审培训、酒店管理、服务技能培训等7个培训班，培训人次近千人。在自治区旅游局举办的“迎中国—东盟博览会”广西导游服务大赛中，来宾市取得团体总分第六名、个人总分第七、第八名的佳绩。

2005年，全市旅游行政管理部门工作人员通过参加公务员全员培训、派员到桂林市旅游局跟班学习、参加上级主管单位举办的各类业务培训等方式，提高全市旅游行政管理人员执政水平和管理水平，全年有39人次参加学习培训。强化对从业人员特别是导游人员、管理人员的职业道德、行业法规、专业知识、专业技能的教育和培训，组织召开由全市30余名旅游行政管理人员及旅游企业负责人参加的来宾市旅游及旅游企业发展战略研讨会，围绕如何做大做强旅游企业、发展和壮大来宾旅游产业，企业之间如何形成互惠互利、实现合作共赢等问题进行研讨;举办各类旅游从业人员岗位培训6期131人次;继续与市职业技术学校筹办第二期旅游管理中专班,筹备建立旅游职业教育培训基地;全市28人参加全国导游人员资格考试。

旅游行业协会

来宾市旅游行业协会　成立于2005年10月28日。主要由来宾旅游企事业单位及个人组成,是非营利性社会组织,共有26名团体会员和55名个人会员。下设来宾市饭店协会、来宾市旅行社协会、来宾市景区协会。协会主管部门为来宾市旅游局,办公室地点设在来宾市旅游局,会长吴立(市旅游局局长)。

来宾市饭店协会　成立于2005年10月28日。主要由来宾市各饭店及其相关的企事业单位和个人组成,共有8名团体会员和12名个人会员。主管部门是来宾市旅游局,在业务上同时受来宾市旅游行业协会和来宾市民政局的指导和监督,办公地点在来宾市旅游局。协会会长杨广治(来宾市蓝鹰大酒店总经理),副会长单位有:来宾宾馆、来宾森明大酒店等。

来宾市旅行社协会　成立于2005年10月28日。由来宾市境内依法设立、守法经营、无不良信誉并承认协会章程的旅行社按照自愿加入的原则组成。有会员9名。主管部门是来宾市旅游局,在业务上同时受来宾市旅游行业协会和来宾市民政局的指导和监督,办公地点在来宾市旅游局。会长刘洋(来宾市春秋旅行社总经理)。

来宾市景区协会　成立于2005年10月28日。由来宾市境内旅游景区按照自愿加入的原则组成。有会员9名。主管部门是来宾市旅游局,在业务上同时受来宾市旅游行业协会和来宾市民政局的指导和监督,办公地点在来宾市旅游局。会长覃明芳(金秀莲花山景区总经理)。

第二章　旅游开发

境内旅游业起步较晚,除象州温泉在20世纪80年代开始开发,1987年建成象州温泉洗浴中心,供游客泡洗温泉澡外,大部分县(市)旅游资源是20世纪90年代初期才开始初步开发。开发较早的百崖大峡谷也是1994年后投资建设的,虽有一定的规模,但开发的程度比较低。象州温泉的旅游开发则一枝独秀,形成一定规模,在广西区内享有较高声誉。由于经济条件、交通条件等因素的制约,境内旅游业的整体发展一直较为缓慢。2002年撤地建市后,旅游资源的开发程度得到加强,各县、市都对本地的旅游资源进行全面普查,制订出旅游业发展规划,景区建设力度不断加大,逐步拓宽旅游市场,全市旅游业呈现出良好的发展势头。

第一节　旅游规划

县级旅游业发展规划

1988年,自治区计划委员会组织编制《大瑶山旅游总体规划》完成,是境内第一部旅游规划。11月,自治区计划委员会在广西大学召开“大瑶山旅游规划评估会”。会议通过了《大瑶山旅游总体规划》。1993年4月,金秀瑶族自治县委、县人民政府邀请北京林业大学和广西大学编制《大瑶山风景名胜区总体规划》。1995年1月,金秀瑶族自治县聘请国家林业部中南调查规划设计院编制《大瑶山森林公园总体规划》。1998年4月,金秀瑶族自治县委、县人民政府聘请广西林业勘测设计院,结合大瑶山旅游发展趋势的特点,编制《金秀大瑶山森林公园总体规划》。2001年5月,金秀瑶族自治县聘请广西林业勘测设计院编制完成《广西金秀瑶族自治县大瑶山生态旅游区旅游资源开发与自然生态环境保护项目规划》《圣堂山景区的详细规划》《莲花山景区的详细规划》。同年,忻城县旅游总公司委托广西桂林城市规划设计院编制忻城县旅游总体规划。其规划范围:以莫土司衙署及其历史街区为规划主体,分为土司文化旅游区和红水河乐滩旅游景区,重点打造“一城两河”,土司古城由莫土司衙署、翠屏山公园、通天寺、土司衙署老街组成,“两河”即双胜河、红水河,作为莫土司衙署景区的延伸和配套,其建设要充分体现壮乡风情,集观赏、休闲、娱乐之功能于一体。其规划目标:一是对忻城—上林、忻城—柳州道路、景区、旅游、基础设施等配套建设。二是高起点规划建设,确定忻城旅游形象,保护和挖掘土司文化旅游区的历史内涵和壮民族的特色产品,完善土司文化旅游区各项基础设施,建成以“壮乡故宫”和

“壮乡风情”为特色的旅游精品景区，吸引更多的游客留在忻城，使旅游业成为国民经济的重要支柱产业。三是对旅游景区及周边的环境保护和绿化工作，切实有效地保护历史环境和自然生态环境，使忻城县成为“花园式特色山庄，历史文化旅游城”。

至2002年底，境内编制完成《金秀莲花山景区详细规划》《来宾县龙洞山风景旅游区规划》《象州温泉景区规划》《武宣百崖峡谷景区总体规划》《八仙天池—百崖大峡谷景区旅游发展总体规划》《忻城土司文化旅游区旅游资源开发与历史人文景观保护可行性研究报告》《广西金秀瑶族自治县大瑶山生态旅游区旅游资源开发与自然生态环境保护项目规划》《圣堂山景区详细规划》《莲花山景区详细规划》，并通过专家评审。

2003年，来宾市编制完成《来宾市旅游产业规划概要》，从全市国民经济与社会发展的战略高度来认识旅游业，提出“政府主导型”发展战略，确定“十五”计划期间来宾旅游业的发展目标。在“十五”期间，重点推进的旅游项目有：莲花山景区、圣堂山景区、象州温泉、武宣百崖峡谷、忻城莫土司衙署等。当年，启动了全市旅游发展总体规划编制工作。同年4月完成《金秀大瑶山青山峡谷瀑布景区旅游开发规划》。7月完成《金秀红壶圣水旅游区详细规划》《自治县“世界瑶都”开发建设项目前期工作初步方案》，10月完成《长滩河景区旅游开发概念性规划》，12月完成《金秀瑶族自治县旅游发展总体规划》。2004年12月，由南宁国际民歌艺术研究院对金秀“世界瑶都”项目进行整体策划，完成了项目的创意策划、理论策划、外观策划等工作，策划范围涵盖整个金秀，策划文本《金秀世界瑶都文化旅游品牌总体策划》已通过专家评审。另外，完成金秀瑶族自治县金秀河红壶旅游景区、象州县大梭生态峡谷群、华侨投资区金龟岛等四个景区项目的规划工作。

来宾市旅游业发展总体规划

2003年，成立市旅游产业发展规划编制领导小组，委托广西旅游规划设计院开始编制《广西来宾市旅游业发展规划2005—2020年》（简称《总规》，下同），市委副书记黄必贵和市委常委、常务副市长莫恭明亲自指导规划编制工作，市旅游局局长吴立直接抓旅游规划的编制工作。

同年12月，广西旅游规划设计院项目规划组深入现场，在进行问卷调查、实地综合考察和广泛收集资料的基础上，根据国家和自治区有关政策文件精神和技术规范、规定，对全市旅游业发展的指导思想、战略目标、战略步骤、战略措施、形象定位、项目策划等进行分析论证，于2004年9月完成规划大纲，并提交来宾市旅游业发展研讨会，邀请区内外知名的旅游、民俗和生态学等方面专家对来宾市旅游业的发展进行研讨。此后，规划组对专家提出的意见和建议进行整理、归纳，补充完善规划方案，同时征求来宾市各部门的意见，10月完成《总规》（征求意见稿）。11月中旬完成《总规》中期评审稿。11月26日，市旅游局在来宾主持召开《总规》的中期评审会议，来自来宾、南宁、桂林、柳州的各学科专家和有关部门、单位的领导与代表对规划的中期成果进行认真讨论和评议，在充分肯定规划成果的基础上，就进一步修改、完善规划提出一系列意见和建议。12月形成《总规》送审稿。2005年1月21日，自治区旅游局在南宁市主持召开《总规》评审会，来自区直有关部门、单位，南宁市、桂林市、来宾市的各学科专家、领导和代表在认真阅读规划文本和听取广西旅游规划设计院介绍规划成果后，进行解充分讨论和认真评审。与会专家、代表认为规划具有较强的科学性、指导性和操作性，一致同意通过评审。3月，广西旅游规划设计院根据评审意见和与会专家、代表提出的建议，对规划进行修改、完善，形成规划最终成果材料。

整个规划成果，由规划文本、图则，规划说明书，规划专题研究报告集，规划基础资料汇编等部分构成。《总规》从来宾市当前旅游业发展现状和各项客观实际条件出发，按照区域旅游业发展的一般规律和特征，系统准确地提出来宾市旅游业发展的指导思想、发展战略和目标、发展阶段和步骤、建设重点以及“一城一镇两带两环线五旅游区”的总体开发建设框架和“金山秀水、天下来宾”的总体旅游形象。

2005年2月，《广西来宾市旅游业发展规划》及其子规划《金秀瑶族自治县旅游业发展规划》通过终期评审。《总规》及其子规划确定了来宾市和金秀瑶族自治县旅游业发展的指导思想、战略和目标、阶段和步骤、建设重点以及“一城一镇两带两环线五旅游区”的总体开发建设框架和“金山秀水、天下来宾”的总体旅游形象。编制出《来宾市旅游业发展“十一五”规划（征求意见稿）》。同年3月，金秀瑶族自治县完成《自治县旅游业发展规划》（2005—2020年），另通过景区、景点详细规划5个。6月完成《金秀瑶族自治县“世界瑶都”旅游开发概念性规划》。

来宾市旅游产业规划概要(2002—2010年)

2002年底，来宾市旅游局编制出《来宾市旅游产业规划概要(2002—2010年)》(简称《概要》)，2003年5月形成送审稿。《概要》提出2002—2010年来宾旅游业发展的指导思想是：以党的十六大精神和自治区党委“三大战略、六大突破”决策及市党代会、人大会精神为指导，突出民族特点，发挥资源优势，以市场需求为导向，以景区(点)开发为中心，带动旅游产品和基础建设。构筑开放带动型旅游产业体系，努力使旅游业成为第三产业的主导产业，为来宾市经济腾飞和社会的发展做出更大的贡献。

《概要》确定2002—2010年来宾旅游业发展计划指标是：到2005年，全市全年接待海外旅游者0.35万人次，实现旅游外汇收入120万美元，接待国内旅游者115万人次，实现旅游总收入2.7亿元。到2010年，全市全年接待海外旅游者1.88万人次，实现旅游外汇收入610万美元，接待国内旅游者183万人次，实现旅游总收入5.1亿元。

境内旅游资源类型多，品位高，组合度好。以金秀圣堂山、莲花山和武宣百崖大峡谷为代表的生态旅游资源，山峻谷深。长滩河、红水河沿岸石奇、水美，风光秀丽。象州温泉以水温高、水量大而有“中南第一泉”之美誉。大瑶山瑶族风情浓郁，瑶族支系众多，瑶族建筑精美，民俗文化保持完整，形成了五彩金秀。此外，还有多姿多彩的壮族民俗文化。

境内旅游资源特点：地貌复杂多变。有高山、峡谷、丘陵、平原。有丹霞地貌、火成岩地貌、峡谷地貌、岩溶地貌；水系发达，河流纵横交错，湖泊、水库、泉水、瀑布广为分布，形成众多的水域风光；瑶、壮等少数民族广泛分布于各县，各少数民族的建筑、服饰、民俗、民风各具特色，为旅游者所向往；生态优良，环境优美。区域内树木繁茂，森林众多，并有不少珍稀植物，自然保护区内生活着大量的野生动物和昆虫；古文化保留完好，区域内尚有较多的古塔、古寺、历代石刻、明代土司衙署、清代壮族山寨遗址和规模宏大的庄园群落。

第二节　经费投入

宣传经费

1992年，柳州地区通过筹集资金增加旅游投资额达50多万元，修建了一批旅游景区(点)。同时，还建立一批旅游服务设施，建成接待楼5个、歌舞厅1个，卡拉OK厅2个。1993年，投入24.8万元的宣传费，参加在香港举办的旅游展销会和在澳门举办的经贸洽谈会，打破了地区旅游从没有向港澳宣传促销的局面。地区和各县旅游局还印制了各种宣传画册，参加“93桂林山水节”和“广州全国国内旅游交易会”，广泛宣传柳州地区的旅游项目。金秀瑶族自治县在柳州举办了旅游新闻发布会。金秀投资80万元完成直达莲花山4.6千米的旅游公路及景点改造。金秀瑶族自治县旅游局和港商张先生合作，引进五十万元人民币投资完善莲花山景点。

旅游项目建设经费

1994年投资建设象州花池温泉、花王山庄、水上瑶都等新景点，金秀的避暑山寨投入使用。

1997年3月，通过招商引资投入资金500万元建成象州温泉源头景区。

2001年，国家加大对广西旅游建设的国债支持力度，支持广西10个旅游项目建设。其中，金秀大瑶山生态旅游区获国家旅游发展基金拨付60万元。从1999年开始自治区人民政府设立旅游产业发展专项资金，主要用于旅游规划和景点建设补助。

1991年7月广西文化厅下拨土司衙署维修费4.5万元。1994年自治区文化厅下拨衙署文物维修专项经费35万元。1995—1998年，国家文物局和区文化厅共投入经费30万元，修复、建设西跨街辕门、土司碑林、土司衙署门前地坪、三界庙所有建筑、土司观戏台、消防水池2个、国保标志碑、抢救清代壁画5幅以及土司衙署维护等。1998年10月国家文物局下拨土司衙署文物维修专项补助经费60万元，1999年3月完成衙署大门、头堂、二堂、三堂、后苑(闺房)、花廊、西花厅、廊房和祠堂大门等10栋33间古建筑的维修。

2003年，忻城县人民政府投资67万元，修建土司文化历史步行街路面，投资750万元在莫土司衙署景区重建东城门、西城门、南城门，并把西门建成土司衙署景区入口。投资1000万元完成土司老街及主要街道土司风格立面改造、修复土司练兵场和建设红水河乐滩库区码头。投资980万元完成城关镇内城土司农庄及泮水生态公园建设。投资4.8万元复制三界庙神像，400多年的古庙于2003年6月重新对外开放。投资16万元开辟红水河旅游航线，由私人投资60万元建设的马泗枫洞聚龙山庄，面积710亩。

2004年9月国家文物局下拨土司衙署编制保护规划费20万元。2004年底,国家文物局下拨土司衙署文物维修专项补助经费60万元。

2003—2005年,来宾市获得自治区旅游发展资金补助的项目共有15个,分别是:大桂北山水民俗风情旅游线——来宾市旅游信息、培训中心与机构建设、来宾市华侨投资开发区金龟景区项目前期、来宾市旅游信息网络建设、来宾市蓬莱洲景区项目前期、象州温泉旅游度假区基础配套设施建设、象州温泉旅游度假区规划建设、武宣百崖大峡谷建设完善、武宣百崖大峡谷景区二期工程项目前期、金秀大瑶山/长滩河项目规划建设、金秀世界瑶都暨圣堂山顶观景台规划建设、金秀世界瑶都暨圣堂山景区规划建设、大桂北山水民俗风情旅游线——忻城土司衙署保护性旅游开发、忻城土司衙署保护与旅游开发、忻城中华土司园项目前期、忻城中华土司衙署文物陈列馆项目建设等,共获资金补助295万元。

第三节　景区景点建设

1988—2005年,金秀瑶族自治县旅游业共吸引国内外资金6800多万元投入旅游景区景点项目开发建设。其中:国家投资1000万元,引资5800万元。建设景区游览观光步道13680米,游览栈道1470米,观景亭、台、楼阁15处,旅游景点接待客房设施7521平方米,客房床位355张,修建景区生态环保公厕7座、污水处理设施2处、垃圾处理中转2处,给水设施4座,生态停车场6100平方米,景区景门、山门4座,管理用房345平方米,游客服务中心1076平方米,游乐厅1000平方米,餐饮厅1500平方米,景区安全防护栏4418米。新建工业旅游示范点一个,新编制待开发旅游精品景区项目建议书7个,新建旅游景区四级沥青公路5.17千米,新建旅游景区砂石公路13千米。

1987年,象州县饮食服务公司抽取温泉地下水于温泉源头西热水村旁建简易温泉疗养室接待游客,为县内最早的旅游服务设施。有浴室34间,附设有客房10余间,每间简易温泉疗养浴室面积4平方米,有容纳2人的浴池和冲浴区。年接待洗浴温泉游客2万人,年营业收入10万元。1993年10月,初步规划征用1.8平方千米土地建设象州温泉旅游度假区,将之建设成为以温泉为主调,集泉浴、疗养、游览、文娱、体育、饮食、商业及房地产于一体的旅游胜地。1994年8月一期工程动工兴建,1995年10月已投入资金1000万元,建成"象州温泉"大门、浴室、餐厅、卡拉OK音乐厅、茶座、住宿部、游泳池、停车场等设施,初步具备接待能力。象州温泉度假区建成后,游客流向设施、环境更好的象州温泉度假区,温泉简易疗养浴室因无客源而停止经营。利用泉水浴治疗,可收到保健和治疗多种疾病的功效,温泉开发热潮逐年增高。1995年10月新建成温泉宾馆1栋2层,客房42间共58个床位。县矿泉水厂改造毗邻温泉简易疗养浴室的职工宿舍为温泉宾馆,有客房24间共52个床位。1997年3月,客商投入招商引资资金500万元建设温泉源头景区,共建温泉源头宾馆、溢水池、烫蛋池等住宿、游览设施。2005年利用温泉水建设的景区有:温泉疗养区、知春湖疗养区、源头宾馆疗养区。2003年5月,民营个体开工建设蕉林游泳池及更衣室等设施,2004年5月1日正式对外开放。

武宣县截至2005年投入近600万元,着重开发了一批以自然山水、农业观光、民族风情、休闲娱乐等为主题特色的旅游景区、景点,以及进行宾馆、交通等旅游配套设施建设。在百崖大峡谷景区,建成至河马8千米的柏油路,4000平方米的停车场,150平方米的售票中心,及游览道、住宿木屋、就餐场所、通讯基站、变电站、小卖部、休息亭等。

2003年,忻城县人民政府投资67万元,修建土司文化历史步行街路面,投资750万元在莫土司衙署景区重建东城门、西城门、南城门,并把西门建成土司衙署景区入口。投资1000万元完成土司老街及主要街道土司风格立面改造、修复土司练兵场和建设红水河乐滩库区码头。投资980万元完成城关镇内城土司农庄及泮水生态公园建设。投资4.8万元复制三界庙神像,400多年的古庙于2003年6月重新对外开放。投资16万元开辟红水河旅游航线,由私人投资60万元建设的马泗枫洞聚龙山庄,面积710亩。

2003年,金秀瑶族自治县1200万元旅游国债落实,完成国债项目配套建设资金300万元,第一期工程金秀莲花山公路建设于12月31日正式开工;金秀圣堂山山庄综合楼工程建设投资400万元。武宣县投资20多万元修建停车场、景区大门等,优化的景区环境。忻城县投资100余万元新开发红水河风光旅游项目。荔浦县汇泉房地产公司与象州县签订总投资3800万元开发象州花池山温泉和青山石巷迷宫同。象州花池山温泉旅游度假村的第一期工程已于2003年11月11日正式开工,计划投资1500万元,预计2004年底第一期工程完工。金秀瑶族自治县与桂林投资商签订投资金额达4000万元开发长滩河景区的协议，与澳门投资商签订开发六巷青山大瀑布的合同，一期投资300万元的工程正在建设。

2003年7月，来宾市金秀"三圣"旅游区被确定为全区集中力量重点建设的12大精品旅游景区；9月，自治区旅游局确立了"在广西中部重点突出以来宾'三圣'旅游区开发"的战略思路；12月，自治区人民政府正式将来宾市确定为全区六大全面推进规划建设的旅游区之一"大瑶山生态民俗文化旅游区"的核心区。

2004年，全市签约旅游项目8个，达成旅游项目意向投资资金2.2亿元以上，其中金秀瑶族自治县引进项目资金近亿元。"三圣"景区（"三圣"指金秀瑶都之"圣山、圣水、圣都"）全面进入实质性开发建设阶段。圣堂山、莲花山景区的国债项目处于全面建设中，圣堂山景区国债建设项目22个，已完成建设17个，莲花山景区国债建设项目21个，已完成建设17个；金秀河红壶旅游景区已完成规划编制工作；"世界瑶都"已进行项目策划，并落实投资业主。象州县花池山温泉旅游度假村、象州马坪三连环农业观光项目等一批正在建设、准备开工建设、签订了投资合同的项目达11个。为改变来宾市没有A级景区景点的状况，提升旅游景区的质量，来宾市根据各景区的特色和条件，将金秀莲花山景区作为全市创建A级旅游景区工作的突破口。年内，该景区正在按照3A级旅游景区的标准进行改造和建设。

2005年，金秀大瑶山生态旅游区第一期旅游国债建设项目全部完成，并通过金秀瑶族自治县发改局初验；长垌河红壶旅游区于9月8日正式动工，修建进入景区的四级公路；世界瑶都项目的概念性规划及项目可行性研究报告编制完成；象州花池山温泉疗养度假村项目已累计投资1200多万元，一期工程完成景区道路等土建工程；通过绿化景区停车场、维修游览步道、翻新客房等完善景区的基础设施建设，武宣百崖大峡谷景区环境得到进一步优化。蓬莱洲景区投资业主与兴宾区政府签订开发建设合同，于12月28日举行开工典礼。象州大梭生态峡谷群一期工程完工；运江古镇旅游项目的规划编制工作启动。筹备金秀莲花山景区AAA级旅游景区申报工作。

2003—2005年，来宾市旅游资源整合包装和开发建设成效明显，围绕建设"大瑶山生态民俗文化旅游"，打造"世界瑶都"品牌，重点建设了金秀圣堂山景区、金秀红壶圣水景区、金秀世界瑶都景区、忻城莫土司衙署、象州花池山温泉度假区等对全市旅游发展起骨干支撑作用的景区。

境内景区景点以山岳、峡谷景观和水域风光为主的主要景观，分布在6个县（市、区），共29处。

表18-1　**2005年来宾市旅游景区（点）一览表**

序号	名称	建设时间（年）	门票（元）	所在地
1	圣堂山	1997	65	金秀瑶族自治县长垌乡、六巷乡交界处
2	莲花山	1993	65	金秀瑶族自治县城西北部14千米处
3	银杉公园	1992	50	金秀瑶族自治县忠良乡、金秀镇交界处
4	花王山庄	1995	0	金秀瑶族自治县金秀镇河口
5	原始森林度假村	1993	0	金秀瑶族自治县金秀镇16千米
6	孟村民俗村	1992	0	金秀瑶族自治县金秀镇金田村
7	古占民俗村	1994	0	金秀瑶族自治县长垌乡
8	青山峡谷瀑布	2004	50	金秀瑶族自治县六巷乡青山村
9	象州温泉	1995	60	象州至桐木公路7千米处
10	古海底迷宫		15	象州县沙兰村
11	大梭景区	2005	20	象州县妙皇乡
12	龙女岩			距象州县城40千米
13	古榕			象州县中平乡
14	文定大峡谷	无		合山市北泗镇
15	玉屏山	无		合山市北泗镇
16	四月八岭	无		合山市北泗镇
17	灵岩湖			合山市河里镇

续表

序号	名称	建设时间(年)	门票(元)	所在地
18	翠屏山	1992	0	忻城县城关镇
19	盘鹤岭森林公园	2014	0	忻城县北面
20	红水河风光		0	忻城县
21	莫土司衙署	1992	50	忻城县
22	百崖大峡谷	1994	20	武宣县河马乡北面
23	八仙天池			武宣县马步乡禄村
24	大藤峡			武宣黔江古迹滩至桂平市浔江碧滩
25	犀牛岩			武宣县马步乡官禄村
26	三山景区	1997	0	兴宾区石陵乡
27	二沟水库	1958	0	兴宾区城厢乡
28	白沙洲	1996	0	兴宾区正龙乡
29	金龟岛		0	兴宾区西侧

表 18-2 来宾市人文景观资源一览表

（以遗址遗迹、建筑和设施为主的人文景观，共 21 处）

名称	所在地	名称	所在地
忻城莫土司衙署	忻城县城中和街	龙女天主教堂	象州县大乐镇
瑶族博物馆	金秀瑶族自治县金秀镇	运江古镇	象州县运江镇
龙腾古村	金秀瑶族自治县桐木镇	贝丘遗址	象州县城南面 2 千米处
帽合山岩画	金秀瑶族自治县桐木镇	黄肇熙庄园	武宣县二塘镇樟村
六段民俗村	金秀至修仁公路旁(距县城 20 千米)	文庙	武宣县城南街一巷
古占民俗村	金秀瑶族自治县城与圣堂山之间	洪秀全称王遗址	武宣县东乡莫村
十八家瑶寨	金秀瑶族自治县忠良乡	北门	武宣县武北街
孟村民俗村	金秀罗汉山东面山脚下	麒麟山人遗址	兴宾区桥巩乡
郑小谷故居	象州县寺村镇白石村	蓬莱洲	兴宾区城厢乡(距县城 16 千米)
大乐剖面	象州县大乐镇	龙洞山	兴宾区西南 4 千米处
抱　村	象州县百丈乡	文辉塔	兴宾区迁江镇

第四节　宣传促销

1993 年，境内加大宣传力度，投入宣传经费 24.8 万元，参加在香港举办的旅游展销会和柳州地区在澳门举办的经贸洽谈会，开启地区旅游到境外宣传促销的先例。柳州地区和各县(市)旅游局印制各种宣传画册，组织参加 1993 桂林山水节和中国广州旅游交易会。金秀在柳州召开新闻发布会，让全国各地对境内的旅游资源有较全面的了解。柳州地区旅游局编制《柳州地区旅游》宣传画册。

1999 年，柳州地区组团参加昆明旅游交易会和广西大篷车旅游推介活动。各县(市)主动“走出去”宣传促销，邀请各地各级电台、电视台、报社记者采访宣传，取得较好的效果。

2001 年，在全国“两会”召开期间，柳州地区在《人民日报·华南版》整版宣传柳州地区旅游形象，使全国人大代表和政协委员认识柳州地区旅游资源，提高柳州地区的知名度。是年，金秀组织全区各主要新闻单位记者赴圣堂山和原始森林度假村等景区景点，实地考察，全方位宣传报道，提高大瑶山旅游业的知名度。同时，协助中央电视台拍摄甲天下之旅《寻找图腾》大型专题片，举办“广西第二届(圣堂山)森林旅游登山节”活动，自治区各大媒体对登山节活动和圣堂山的自然风光进行宣传和报道，制作2万份旅游宣传折页和100份光盘，宣传金秀旅游资源，提高金秀旅游景区的知名度。象州在《南国早报》《广西日报》展开系列报道，形成较强的宣传攻势。

2002年，象州县由县长带队到南宁召开旅游推介会暨联谊会。金秀于4—6月邀请珠海电视台《珠海日报》《人民日报》《广西日报》《柳州日报》以及国内各大旅行社老总到金秀考察，全方位宣传报道金秀大瑶山的旅游资源和民俗风情；在头排国道树立一块60平方米的宣传广告牌；印制金秀大瑶山旅游风光2003年挂历一批；在柳州出版《崛起的金秀旅游业》大型图片展，扩大金秀大瑶山旅游的知名度。武宣县打出"武宣人游百崖峡谷"口号，制作VCD光盘，在区内各地进行宣传和推介。

2003年，来宾市积极营造旅游发展的社会氛围，邀请区内旅游界知名教授、博士为有关县领导及干部作旅游专题讲座；市旅游局及市糖办联合桂中日报社举办《我说来宾市旅游》栏目，树立干部群众的旅游意识。同时，做好宣传促销及招商引资工作，来宾市旅游局策划制作"来宾金秀大瑶山风光宣传册""来宾市旅游风光VCD"，与来宾市邮政局联合制作以反映来宾旅游风光为主的《神韵来宾》邮册，宣传来宾市的旅游资源；配合广西旅游行业在线管理与营销系统的实施，与广西华光旅游资讯有限公司建设完成来宾市旅游信息网站——来宾旅游在线。11月，组织各县旅游局和各旅游企业参加"八桂狂欢游"和广西经贸洽谈会旅游展，起到较好的宣传效果。忻城县通过音像、电视、文字、图文、画册、制作专题旅游风光片光碟，在地方有线电视台、桂中电视台和广西电视台以及广西日报、桂中日报、南国今报等新闻媒体宣传促销，提高忻城旅游的知名度。

2004年，来宾市采取举办节庆活动、旅游推介会、摄影大赛、参展等多种宣传促销方式，开展宣传促销工作。为整合全市旅游宣传资源，对全市旅游宣传促销进行全面统筹，组织编制来宾市旅游整体形象及2005—2006年传播策划方案，编制文本已通过专家的评审。在桂海高速公路上的王灵服务区及兴宾区凤凰镇凤凰跨路天桥制作发布2幅代表来宾市旅游资源特色的宣传广告，首次向公众推出来宾市的旅游品牌形象。针对游客出游方式的改变，打造"神奇来宾自驾圣地"旅游品牌，并于10月23日在南宁市成功举办"神奇来宾自驾圣地"自驾车旅游活动启动仪式，拉开打造来宾市自驾车旅游品牌的序幕。充分利用网络优势进行宣传促销，办好"来宾旅游在线"旅游网站，并先后将网站与广东旅游网及区内桂林市、南宁市等23家网站建立链接，一年来网站点击人次达6万余人次。组织参加"广西旅游科技周"旅游展、中国(杭州)国内旅游交易会、"走进东盟—广西国际旅游大篷车""中国—东盟博览会"和中国玉林"中小商机博览会"等宣传活动，并分别到南宁、柳州、玉林、贺州、梧州等重点客源城市开展旅游推介活动。年内，来宾市先后在中央电视台一套、七套、十二套，广东卫视、广西电视台的卫星频道、公共频道及香港《大公报》《中国旅游报》《广西日报》《南国早报》等媒体上宣传来宾旅游。

2005年，来宾市策划印制完成《来宾市自驾自助游手册》《第三届来宾法国狂欢节旅游指南》等一系列旅游宣传品，在100辆进出来宾市的快巴上播放《来宾——神奇大瑶山》旅游风光VCD，打造移动旅游宣传长廊。组织参加2005中国国内旅游交易会，成功举办第三届来宾法国狂欢节及旅游推介暨联谊会、2005全国特色旅游产品信息交流会、全国千家旅游行业大型推介交流会、来宾市旅游推介会、来宾市首届烹饪大赛等11个大型推介活动。组织包括北京、上海、山东、陕西、福建、云南等全国16个省(市)的50家旅行社百名老总到来宾市进行踩点考察；邀请包括《中国旅游报》《香港大公报》《广西日报》《湛江日报》在内的16家新闻媒体记者到来宾采风，开展连续报道，宣传造势。与此同时，充分利用网络传播速度快、信息量大、受众面广的特点，加强对来宾旅游在线网站建设和推广力度，加强和其他网站的链接等方面工作，使来宾旅游在线成为来宾旅游的展示平台、宣传平台、信息发布和反馈平台。

节庆活动

1999年，金秀瑶族自治县举办旨在向国内外宣传、展示"民族风情大都，美景奇石荟萃"特色景观的1999柳州地区金秀瑶族风情旅游节，期间共接待游客7万人次，实现旅游收入250万元。

2002年11月25日，金秀瑶族自治县隆重庆祝中国第一个瑶族自治县——广西金秀瑶族自治县成立五十周年。瑶寨壮屯，城镇乡村，奇山、秀水、古树、飞瀑等绮丽森林风光成为金秀旅游开发的"黄金"资源。莲花山景区、圣堂山景区、金秀老山景区，每年吸引数以万计的游客和科学考察者，旅游产业成为金秀民族经济的一大亮点。

2004年，来宾市举办"圣堂药业杯"中国广西神奇大瑶山摄影大赛和神奇圣堂山风光摄影展、金秀瑶族自治县“大瑶山杜鹃花节”、象州县“郑小谷文化周”、合山市“龙王民族民俗文化艺术节”等一系列节庆活动。是年，围绕“百姓生活游”的主题，举办迎“中国百姓生活游”启动仪式，开展“来宾人游来宾”活动，通过采取景区门票优惠办法吸引市民游览本市景点，鼓励市民出游。

2005年，由市人民政府主办、市旅游局和广西摄影家协会承办、广西金秀圣堂药业有限责任公司及广西方元电力股份有限公司协办的“圣堂药业杯”中国广西来宾神奇大瑶山摄影大赛落下帷幕。此次大赛从2004年5月12日—2005年1月20日截稿止，共收到来自全国各地摄影爱好者寄来700多幅作品。这些摄影作品题材广泛，内容丰富，充分展现来宾奇丽风光、浓郁民族风情、深厚民族文化、丰富森林资源和珍稀动植物种类。2月20日，由中国摄影家协会、广西摄影家协会等组成的专家评审委员会对参赛作品经过反复筛选、多次评审，评选出入围摄影作品100幅，评出一等奖2名，二等奖2名，三等奖6名，优秀奖10名。

第五节　游客市场

2001年，柳州地区与桂林、柳州等地旅游局的合作，初步达成客源市场与旅游资源互补、共享的共识，柳州市将柳州地区的旅游资源纳入本市旅游总体规划中。

2004年，来宾市利用中国—东盟博览会在南宁举办这一商务平台及两广、桂湘签订《旅游交流与合作协议》的有利时机，主动出击，积极拓展旅游合作空间。通过与广东省广州市、肇庆市双方旅游部门的互访，对两地旅游资源及线路的考察，达成旅游合作共识：在区域内，允许双方旅行社实行直接组团、接待一条龙服务，建立两市无障碍旅游区；两市组织相关媒体、旅行社互相推介对方的重点旅游线路，共同打造两市间的精品旅游线路；双方加强对相关旅游资源进行整合，共同加强两市旅游宣传促销的合作；本着“谁投资谁受益”的原则，加大两市旅游项目投资领域的合作；加强旅游人才培养方面的合作；通力合作，建立良好的合作保障机制。通过玉林“中小商机博览会”的交流平台，主动与玉林市旅游部门和企业达成整合两市旅游资源，从2005年起，互送客源10万人次的协议。积极参与打造“湘桂黔渝毗邻地区现代黄金旅游圈”，签署“湘桂黔渝毗邻地区（湖南省的怀化市、邵阳市、永州市、张家界市、湘西自治州，广西的桂林市、来宾市、柳州市，贵州省的铜仁地区、黔东南州，重庆市的黔江区、秀山县）经济技术协作区关于加强旅游合作的框架协议”，为全市旅游的发展拓展更大的发展空间。

2005年5月，分别与湛江、茂名签订《关于加强区域旅游合作框架协议》，三方在旅游资源整合、旅游精品线路推介、旅游绿色通道建立、旅游人才培养、输送客源等方面达成共识；6月，赴贵州开展友好交流合作和业务考察活动，进一步落实2004年签署的协作区《关于加强旅游合作的框架协议》的有关事项；8月，采取回访的方式赴广东湛江、茂名等市落实《来宾、湛江、茂名三城市关于加强区域旅游合作框架协议》。来宾市的部分旅行社还与桂林、湛江、茂名、珠海等区内外旅行社签订组团合作协议。据统计，仅“五一”黄金周期间60%到来宾的游客是结成战略伙伴的旅行社组团或推荐到来宾旅游的。区内方面，充分依靠桂林这一旅游龙头，主动接受辐射，通过到阳朔县与当地旅游部门、企业开展联谊活动，进行来宾旅游产品说明推介和邀请桂林“甲天下旅游联合体”负责人到来宾市踩线等方式开展合作。

第三章　景区景点

来宾市旅游资源丰富，品类齐全，品级和品位高，特色鲜明。境内有国家级自然保护区和国家森林公园。金秀大瑶山，是世界瑶族文化的研究中心，其“三圣”（圣山、圣水、圣都）、“三奇”（奇人、奇俗、奇药）令人神往；“壮乡故宫”——忻城县莫氏土司衙署是全国重点文物保护单位，系亚洲现存规模最大、保存最完好的土司建筑群，其规模和保存完好等综合性指标评分在全国17个土司衙署中排名第一；“中南第一泉”象州温泉的流量之大及温度之高在中南堪称第一；“世界罕见的峡谷风光”——武宣县百崖峡谷为自治区级风景名胜区，被誉为“广西的九寨沟”；还有威名遐迩的“壮族祖先遗址”——来宾市所在地兴宾区的麒麟山人遗址。来宾市还是盘古文化的重要发祥地。至2005年，来宾市旅游景区景点有25处。

第一节　大瑶山风景名胜区

1988年，大瑶山风景名胜区被定为自治区级风景名胜区；1997年，被定为国家森林公园；2000年，被定为国家级自然保护区。

大瑶山位于广西中部弧形山脉的东部，因其主体部分在金秀瑶族自治县境内得名。整座大瑶山从桂中拔地而起，山体庞大壮观，山高、坡陡、谷深、脊线多向、地质古老，远眺大瑶山，山峰林立，气势宏伟，雾霭重重，神秘莫测。

大瑶山为泥盆系紫红色砾岩和砂岩组成。由于地表水侵蚀、切割，长期的风化、崩解，形成了丹峰挺拔、朱崖壁立、棱角钢锐、峡谷幽深的丹霞式钢棱削面塔柱地貌。由于北回归线附近充沛的雨量和所处的优越地理位置以及少被破坏的生态环境，成就了它风光绚丽、气势磅礴、丹霞碧水、朱崖绿树、景色如画的自然景观。有关专家评估道：大瑶山集华山之峻峭，衡岳之烟云，雁荡之巧石，张家界之灵秀，峨眉之清凉，黄山之苍莽于一身，令人赏心悦目，流连忘返。难得之处是山与原始森林、瀑布、山溪、幽谷、云海、日出、幻雾等自然景色交融，是岭南不可多得的旅游胜地。

大瑶山气候温和，四季如春，年均气温17℃，且温差不大，冬暖夏凉。7月平均气温23℃左右，暑期气温凉爽，清风习习，夜间睡觉须盖棉被，气温十分宜人。由于山高谷深，林木茂密，流水潺潺，空气极为清新。经测定，县城及景区内的空气负离子平均含量为9194个每立方厘米，最高的含量达65960个每立方厘米，空气负离子平均含量为一般平原地区、山区和城市郊外的10~100多倍，是难得的旅游、度假、避暑、疗养胜地。

大瑶山有以植物“活化石”银杉为代表的213科870属2335种野生植物和以动物“活化石”瑶山鳄蜥为代表的31目69科281种野生动物，以及众多的昆虫、真菌等，形成区系成分古老复杂、类型多样、珍稀种类繁多的基因库，是天然的动植物园，也是建立研究物种形成与演变课题的科研、教学基地的最佳场所。

大瑶山的旅游景区从东北至西南连成一片。有圣堂山、天堂岭、金秀老山、莲花山，这些山均为丹霞式峰林地貌，千峰挺秀，处处是奇丽壮观的景色。1986年12月金秀瑶族自治县列为对外开放地区后，吸引美国、日本、加拿大、英国、法国、德国、新西兰、爱尔兰、澳大利亚、新加坡、泰国等10余个国家和中国港、澳、台地区及国内众多旅游者前来游览。

第二节　莫氏土司衙署

位于忻城县城关镇中和街，翠屏山北麓，为国家级重点文物保护单位。土司衙署建筑群，主要由土司衙门、莫氏祠堂、土司官邸等建筑组成，总面积38.9万平方米，其中建筑占地面积4万平方米，是全国现存规模最大、保存最完好的土司建筑群，被誉为“壮乡故宫”。始建于明万历十年(1582年)，原为明清时期忻城土县官吏办公的场所，故名。衙门右侧为世袭莫氏土司祠堂，建于清乾隆十八年(1753年)。衙门与祠堂占地总面积约9281平方米。衙门原为莫氏世袭土司官邸，明万历十年(1582年)始建，万历三十三年(1605年)，因家庭内讧，衙署被焚殆尽，同年开始重建，历时10年。清顺治九年(1652年)，家庭再度内讧，衙门再度被焚，同年再维修。道光十年(1830年)又作大维修。光绪二十八年(1902年)，农民军首领覃火生率兵攻打县城，冲进衙门，赶跑最后一任土司莫绳武，焚烧三堂(土司卧房)和东花厅。1963年，忻城土司衙门、莫氏祠堂被列为自治区级重点文物保护单位，此后，自治区人民政府拨专款维修。1986—1995年，国家文物局、自治区人民政府拨专款，对占地面积9000多平方米的衙门主体建筑以及三清阁、代理土司官邸等进行全面维修。1992年6月，维修任务完成，土司衙门正式对外开放。至1995年年底，代理土司官邸维修任务完成，1996年初修复三界庙(原名三清阁)。1996年11月，忻城土司衙署被列为国家重点文物保护单位。近年来，自治区内外游客以及不少海内外的民族、民俗学者慕名而来。如泰国皇家艺术大学学者诺番、澳大利

全国重点文物保护单位忻城土司衙署

(2002年摄)

亚著名学者贺大卫，以及泰国民俗文化考察团等曾多次实地考察、采访，获取了大量科研资料。

土司衙门 衙门坐南朝北，大门临街，背倚翠屏山，纵深110米。衙门主体原由前门照壁、大门、正堂、二堂、三堂、东西花厅、长廊、兵舍、监狱构成。从大门至三堂，监狱兵舍、东西花厅、东西厢房按顺序分布左右。其余附属建筑有莫氏祠堂、三界庙（又名三清阁），代理土司官邸、参军第、大夫第、练兵场、土司官塘等。现存前门照壁、大门、正堂、二堂、西花厅和长廊均为清道光十年(1830年)所修建。

衙署大门临街，门前为宽廊，廊柱有黑底金字阴文楹联，上联"守斯土、莅斯民，十六保群黎谁非赤子"，下联"辟其疆、利其赋，三百里区域尽隶王封"。大门两侧是八字跨街牌房，称东、西辕门，门楣上横额分别浮雕"庆南要地""粤西边隅"8个大字。楹联及横额传为清同治年间(1862—1874年)重修时书法家郑小谷手书，原手书已毁，现存为后人补书。衙门前竖立巨幅照壁，照壁前有一小广场。进大门是一大院，院中有民国14年(1925年)种的巨榕1株。正堂颇具明代建筑特点，由8根柱子支起天面，并与天梁形成框架，东西两砖墙不承受压力，只起到挡风及装饰作用。这些柱子均系青冈木精制，木质坚硬，历时近200年，仍然质坚如初。另有仿壮锦图案制作的花窗，镶嵌于屋脊、屋角、山墙的龙头鱼身水神瓻吻，以及以福禄寿为内容的各种图案颇具民族特点。正堂、二堂同长廊相连，长廊两侧是东、西花厅，再经一大院则是三堂。衙门全部建筑为砖木结构，硬山翘脊、穿斗构架，均系珍贵木材制作；天面飞檐翘脊，落地门式屏风，彩绘浮雕，朱漆梁柱，古色古香，气势豪华。

衙门整体布局严谨，讲究左右对称，主次分明。正堂森严肃穆；二堂三堂庄重豪华；后苑谧静清幽；东、西花厅则华贵高雅，不失为当年侯门贵胄府院气派。

忻城土司衙门自明万历至今，有400余年历史，历尽沧桑，几遭劫难，由于构架纯系坚木制作，正堂和二堂构架至今完好无损，仍保留明代建筑原貌，是研究古代建筑艺术的宝贵实物依据。

世袭莫氏土司祠堂 分前中后3进，前在亦立照壁，照壁两侧为门第。门楣浮雕"本支百世""列国一同"8个大字。第一进为正门，门前置石鼓1对。第二进为正厅，设八扇活动屏风，其后为客房，前后透雕花窗，古万字间花图案，颇具壮族民间艺术风格。三进为后殿，为当年安放土司历代宗亲牌位处。祠堂和衙门除构架有不同时代特征外，布局装饰与衙门协调相称，相互烘衬。

第三节 民俗旅游景区

来宾市少数民族风情浓郁，历史文化悠久，瑶族文化、壮族土司文化、红水河文化、麒麟山人文化等内涵深厚。

金秀瑶族自治县是中华人民共和国成立后第一个瑶族自治县，现有茶山瑶、盘瑶、花蓝瑶、山子瑶、坳瑶五个支系，是世界上瑶族支系最多的县，每个瑶族支系都有自己独特的民歌、舞蹈艺术、节庆，创造自身璀璨的瑶族民间艺术，形成五彩缤纷的瑶族风情。著名的人类社会学家费孝通先生认为"世界瑶族研究中心在中国，中国瑶族研究中心在金秀"。

茶山瑶的民居建筑如六段民俗村、金秀村极具瑶族特色，建筑形式复杂，多为砖墙或泥墙木架二层瓦盖木楼，前门侧有吊楼，大门雕龙刻凤装饰花纹，具有很高的观赏价值和艺术价值。

金秀瑶族长期流行于民间多彩的歌曲，是瑶族人民生活和斗争的艺术再现，无论在丛林、田野、山坡劳作或是在木楼、棚、火塘边，歌声总是不绝于耳。瑶族的民间舞蹈艺术别具一格、风情独特，形成各种不同的类别、形式、体裁及各自的风格特点，主要有黄泥鼓舞、出兵收兵舞、八仙舞、跳盘王、三师舞、白马舞、舞灵舞等。瑶族服饰精美，各支系服饰式样、织绣、色彩、饰品等各具特色，其中以茶山瑶、花篮瑶、盘瑶为代表。金秀瑶族的饮食文化、民俗文化、瑶医瑶药等都很有特色。瑶族节庆活动主要有春节、社节、清明节、分龙节、保苗节、七月祭祖、禾魂节、尝新节等。

麒麟山人遗址

位于来宾市兴宾区桥巩乡合隆村南0.5千米处，因外形似麒麟而得名。1956年1月14日，中国科学院古脊椎动物研究所野外队在该山盖头洞发现一具残破的人类头骨化石，和一件粗制石器以及两件人工打制石片等。1959年，经我国古人类学家贾兰坡、吴汝康研究，认为该头骨化石为一男性老年个体，属新人类型，定名为"麒麟山人"。遗址时代属于旧石器时代晚期。1958年和1963年两次被列为自治区级文物保护单位。

象州贝丘遗址

位于象州县城南郊柳江东岸，是广西目前发现的最大的新石器时代贝丘遗址之一。遗址南至南沙湾三沟，北至象州镇二沟，西至柳江河东岸，东至方家坪旧屋东北冲槽，南北长约150米，东西宽约100米，层高约1~1.5米。可见螺蛳壳、蚌壳、脊椎动物骨骼的化石以及夹砂陶片、石斧、石奔等石器，石器多呈扇形、舌形、三角形。该贝丘遗址是广西已发现的分布在最北面的新石器时代的河旁台地贝丘遗址，距今约一万年，对研究古人类发展史具有重要意义。1985年被列为自治区级文物保护单位。

象州大乐泥盆纪剖面

位于象州县大乐镇河良村与罗秀镇、中平镇马鞍山一带。是华南地区泥盆纪近崖浅海类型地层的典型代表。该剖面科考价值巨大，是地层和古生物科学考察、研究的重要场所。剖面处于“广西山字形构造”前弧东冀内侧、大瑶山腹背斜西部。剖面分为5段，剖面长15千米，露头良好，层序清楚。始形成于古生代末期（距今4亿年左右），由于地壳运动使海底上升成为陆地，后经侵蚀、剥蚀作用，又下沉成为海洋，经过泥盆纪（3.6亿~4亿年）、石炭纪（2.8亿~3.6亿年）、第三纪（200万~2.3亿年）长达数亿年的海底沉积，在新生代第四纪（200万年前至今）该区域地壳继续上升，最后形成陆地。该剖面各类古生物化石非常丰富，计有14个门类97个组合带，是我国华南泥盆纪代表近岸、浅水、富氧、水动力强的沉积环境下由滨海向碳酸盐台地过渡的典型剖面之一。1985年被列为自治区级文物保护单位。

武宣文庙

又称“黉宫”“孔庙”，是专门祭孔子的庙宇，也是武宣县最早兴学立教之地。始建于明宣德六年（1431年），距今已有五百六十多年的历史。位于武宣县城南街一巷，坐北朝南，砖木结构，占地5000平方米，为广西现存孔庙之最。文庙布局讲究，庄严肃穆。由棂星门、礼门、义路、戟门、状元桥、大成门、东西两庑、大成殿、崇圣祠、尊经阁、明伦堂等主要部分组成，还有左右厢房、名宦祠、乡贤祠、东西斋和武皇殿等附设建筑。其主体建筑为“大成殿”，重檐歇山两层楼阁，高15米，宽20米，深24米，面宽3间，进深3间，气势雄伟，有浓厚的古代建筑风格。殿的四周有回廊，回廊上有大幅壁画，据自治区博物馆考古专家鉴定，认为殿廊四周壁画均系清代早期，是广西孔庙绝无仅有的，全国亦少见。2000年被列为自治区级文物保护单位。

金秀孟村民俗村

位于金秀瑶族自治县县城西南8千米处。孟村民俗村始建于1992年春，坐落在海拔1335米的罗汉山东麓，居住着30多户茶山瑶同胞。这里环境幽雅，群山环抱，风景秀丽。全村户户整洁、宽敞、明亮。随着金秀旅游业的发展，游人增多，孟村组建起瑶族风情表演队，为游人演唱《香哩歌》《驱兽歌》，表演《钓鱼舞》《蝴蝶舞》等瑶族民间舞蹈，与游客对歌联欢，至高潮时宾主融为一体同跳瑶族集体舞——《三元舞》。在民俗村，游人可品尝到风味别具的民俗餐，领略瑶族的民俗风情。

象州龙女天主教堂

位于象州县大乐镇龙女村。始建于清光绪十九年（1893年），光绪二十二年（1896年）竣工。建筑面积3700平方米，有中西式建筑23间。其中，圣母堂及神甫、童贞住所为西式建筑，其余为象州县内农村常见中式平房。主体建筑圣母堂为歌德式建筑，长27米，宽12米，大理石砌成。大门两侧各有一座直径3米的4层楼房建筑，全楼尖券顶，每层陈列圣象8尊，右楼平顶，每层亦陈列圣象8尊。顶层为钟楼，悬挂一口重约100千克的铜钟。圣母堂前有一棵树龄200多年的榕树。

合山市壮族寨山遗址

位于合山市岭南镇思光村东南面，距离合山市区约3千米，面积约80亩，四周高、中间低，山口有寨门，山内有民房，过去壮族村民在这里砌石房而居。遗址建于清代，是个典型的壮族村落，至今已有六七百年的历史，现仍留有石台阶、石碑、社庙遗址、寨门、石墙、屋基、御敌石等设施，寨山门口东侧的石峰顶端上还有一块御敌石，酷似大龟，亦称“飞来石”。登上山巅，合山市区和周边田园尽收眼底。寨内山谷地周围是一座座石山峰，山谷面积6.7平方千米，山谷中种有金竹、油竹、椿芽树林。2004年7月12日，来宾市政府将寨山遗址列为市级重点文物保护单位。

合山市司烟山瑶寨遗址

位于合山市北泗镇北泗街东面的司烟山南半山腰上，是过去北泗解放村瑶族韦村人居住的旧址，海拔518米，占地面积约100多亩，距北泗街约3千米。明清时期，100多户瑶民从湖南、广东逃荒来到合山地区,在司烟山上聚居,先后在弄水、大雕、弄廷、公番等12个山头建起瑶寨;民国初年,部分瑶民迁往鹿寨、黄冕一带定居。如今,韦村瑶寨遗址内岩石表面上仍保留有雕刻的瑶公、瑶婆、鸟、马、鲤鱼等的摩崖图案,还有古代壮族的"土俗"等方块汉字,引起区内外文物考古专家的广泛关注,司烟山瑶寨遗址迎来了一批批考古专家及宾客。2004年7月12日,来宾市政府将该遗址列为市级重点文物保护单位。

第四节 生态景区景点

圣堂山

是大瑶山主峰,位于金秀瑶族自治县县城西南面长垌乡和六巷乡交界处,距县城45千米,东西走向,总面积150平方千米,最高峰海拔1979米,为广西第五高峰。圣堂山是大瑶山自然风光精华所在。有24个山冲,墨绿色的原始森林覆盖着每个山头,无数条山溪向周围8个县辐射,灌溉着数百万亩良田,被称为绿色大水库。7座海拔1600米以上的石山峰高插云天,最高峰名马鞍顶。群峰长年掩映于云雾之中。登顶眺望,山中峰峦起伏,相对高差达400~500米,一望数十里,有如塔林戟海,壮观异常。山谷间尚存古冰川时期的遗迹石河石海。山上古木参天,为典型中亚热带森林风光。海拔1000~1500米的山脚间是针叶、阔叶混交林带,有名贵的欣赏树种五针松、罗汉松。1500米以上至山顶,有全国罕见的万亩变色杜鹃林,间有珍贵的福建柏。每年5月,杜鹃花竞放,万树繁花,红、黄、白相间,花香浓郁。山中瀑布极多,有的高达数百米。方圆百里沟壑纵横、森林茂密,是珍禽异兽乐园,游人不时可见群猴嬉戏于山林崖壁间,亦有麝、山羊、白鹇、锦鸡等兽禽窜入人们的眼帘。景区内主要景点有,出云峰:位于群峰顶端,远看似一座独立尖削的高峰。峰南有云时,从峰中穿越而过,云过峰时,速度加快,出口呈喷涌状,甚为奇观。在圣堂山顶,

圣堂山风光　　(摄于2005年)

金秀圣堂山——古树祥光　　(2005年摄)

置身飘逸流转的云雾之中,有升腾欲仙之感。云海:清晨,站在圣堂山顶俯瞰,只见连绵数十里的群峰之巅云涛汹涌,气势磅礴。群山在云海之中时隐时现,有如蛟龙腾舞。太阳出来时,云镶金边,光霞万道,蔚为壮观。古冰川遗迹石河、石海:圣堂山北坡及五指山南坡有冰河遗迹的石河、石海。块石巨大,绛色,呈斜方式多面体,棱面整齐但稍有倒角。大致分布在海拔1000~1500米中山石峰坡脚下。从下往上看,那些石块像是滚滚下泻的河流。据考古学家分析,这是冰川时代的遗迹,是古冰河期寒冻风化使巨大的石峰崩解所致。石河、石海上大多数长着茂密的森林。也有部分石海则不长树,块石裸露,延伸数十米至200多米,远看如一条"石河"悬挂山坡,石块浮置松动,可跳步攀行,既险亦奇。神秘的石墙:位于海拔1500米的圣堂山山坳处,有3处。由巨石堆砌而成,其中南北两处相距1千米,将山谷拦断。山坳处石墙长170米,宽6米,高4~5米,依山势用大块方石砌成,有的石块重500千克以上。后墙长满厚厚的青苔。据考证,这是明代瑶族起义军首领侯大苟、蓝守贰,继承者侯公丁率兵反抗朝廷时,撤兵到此设防而堆砌。现为自治区级文物保护单位。万亩杜鹃林:位于圣堂山北面海拔1500米的马鞍坳上。上万亩相连成片,种类繁多,在广西独一无二。花期在春夏之交,花朵随着花期的变化而变换颜色,花蕾鲜红,花瓣初开时粉红,后转为淡黄,故名变色杜鹃。以红岩杜鹃、华南杜鹃为优势种群,羊角杜鹃、花坪杜鹃、百合杜鹃、白花杜鹃、变色杜鹃等杂散其中。5月的花期正逢旅游旺季,置身群山之巅花海之中,令人心旷神怡。雾虹幻景:圣堂山主峰南面常常看到的奇景。大雨前闷热时,日照云彩,七色彩虹如彩练飘空,变幻莫测,瑰丽迷人。人称"佛光"奇观。飞瀑:圣堂山有两道并列的瀑布,飞流而下后合二为一。瀑布高数十米,长年不绝,主流气势

磅礴呈一阵阵喷射状，轰鸣声传到数里之外。主流旁边有数条涓涓细流，顺石崖盘曲而下，与主流形成对比，互相陪衬，富于情趣。瀑布下面形成一水池，清澈见底，景观十分优美。古树保平安：位于山顶的一株南方铁杉，树龄已逾千年，造型原始，古朴苍劲，被誉为“圣堂神树”。

莲花山

位于金秀瑶族自治县城西部8千米处，景区面积23平方千米。是集自然保护区与自然景观为一体的山岳型风景旅游区。因远眺整座山酷似一朵含苞待放的莲花而得名。其景观由能多山群峰、莲花山群峰及棋盘山群峰组成，海拔在900~1350米之间，主峰能多山海拔1350米。莲花山为泥盆系紫红色砾岩和砂石组成，在自然力的作用下，并经地表水长期侵蚀、切割、风化，崩解为丹霞式钢棱削面塔柱地貌。由于雨量充沛、地处北回归线附近以及优良的生态环境，孕育了风光绮丽、气势磅礴、丹峰碧水、朱崖绿树、四季如春、景色如画的自然景观。具有重大的科研和观赏价值，是人类社会少有的自然遗产，为桂中不可多得的旅游胜地。景区以石林为主，衬以繁茂的原始森林，加上云海、杜鹃花林、古树，形成了秀美、飘幻的奇景。2005年被评为国家AAA级旅游景区。景区内主要景点有，石林仙都：由类丹霞地貌形成的巨大石柱、石塔，妙趣叠生。其中盘王造型形象逼真，令人肃然。一线天：为“U”形峡谷，形成“一线天”奇观，规模之大在广西罕见。石门位于石林仙都对面100多米的半山上。净空高约4米，宽1.5米，厚1.5米。为砂岩风化而成，门框、门楣整齐分明，门头卧着五六十吨巨石，观者无不称绝。盘瓠庙：位于山腰上，系瑶族人民为纪念盘瑶族祖先盘瓠所建，内有盘瓠及瑶家十二姓祖先的塑像。

金秀莲花山风光——石林仙都　(2005年摄)

象州温泉

旧名濮泉，又称花池温泉，位于象州县城东8千米处的寺村镇花池村。这里四周低山环抱，数十口温泉散布于田野间，远望田垌，犹如一个特大蒸笼，热气腾腾，白烟袅袅，古称“花池仙境”。明朝刘志英有《热水泉》诗云：“烟缓霞蒸景未磨，仙源仿佛落银河。”清乾隆年间(1736—1795年)为象州八景之一，名“濮水名泉”。象州花池温泉自古为游人观光之地。明朝中叶的张忠简为史载的第一位游人，接之而来的是奈立，泉边有石碑记载此事。此后游人大增。历代不少名人骚客撰文吟咏此泉，明代柳州八贤之一张羽中的《西风七月》、刘志英的《热水泉》，清代郑小谷的《象州沸泉记》、刘元春的《象州沸泉志》、石汉章的《壬子重游热水赋》等均有赞誉之词。州县官在泉边建有“观濮亭”等供人休憩。象州温泉一带山美水奇，一条溪水绕村而过，溪两侧两眼天然热泉自地下喷涌而出，大泉长约7米，宽约3米，水面热气腾腾，水底游鱼翩翩，将上下两层水搅匀，水温渐趋适中，宜于洗濯。小泉呈正方形，长宽1.5米，此泉水温较高，达82℃左右。一年四季碧波蒸腾，雾霭弥漫。象州花池温泉水系由地壳岩石圈内深循环形成，有良好的自然封闭条件，水质好，流量稳定。属高热矿泉水，水温在73℃~77℃之间，最高水温为87℃，流量为每秒0.05立方米。因其水量大、水质佳、水温高，素有“中南第一泉”的美誉。泉水清澈透明、无色、无味、无污染。经科学鉴定，为含偏硅酸和锶的硫酸重碳钙型矿泉水，含有锶、偏硅酸、钾、钙等24种重量元素，对神经衰弱、心血管病、皮肤病、关节炎、风湿病有很好的疗效。

百崖大峡谷

百崖大峡谷，又名百崖槽，位于武宣县河马乡境内，大瑶山脉南麓，武宣县城东北方向约50千米的双髻山中。1988年定为自治区级风景名胜区。面积13.66平方千米，海拔316米。从峡谷口到峡谷顶蜿蜒约10千米，主峡谷长8千米，分为碧湖、枫鹃、月光池、险崖、奇石5个游览区。计有88道弯；有观赏价值的瀑布5处，深潭7处。峡谷两岸布满数以百计险峻陡峭、大小不一的侧峡谷，因此名叫百崖大峡谷。景区里空气清新，气候宜人；峡谷峰峦险峻，峡岩逼空；清溪百折，飞瀑壮观。香港《大公报》誉之为“世界罕见的峡谷风光”。

百崖大峡谷林木种类繁多，多为古松，还有桫

武宣县百崖大峡谷 (2005年摄)

椤、紫荆木、蚬木、马尾树、观光木等国家一、二级保护珍贵树种。其他如红锥、白锥、香花木、深山含笑、黄杞、橄榄、包红木、黄杨等名贵树种也随处可见。珍贵树种观光木曾被指定种植在北京毛泽东主席纪念堂旁。有不少生物学家到此进行实地考察,是难得的原始植物考察地之一。百崖峡谷还是珍禽异兽的良好栖息地,有飞虎、娃娃鱼、穿山甲、黄羊、山岩蛤蚧、水旱獭、黄猄和斑鸠、毛鸡、画眉、猴类。

百崖大峡谷风景奇丽,气候常年温和宜人,是一处旅游避暑胜地。峡谷中有天槽飞瀑、壮老峡、月光池、画屏凌空、水中布达拉宫、万年龟隐溪、百福泉、天女散花瀑等景点。百崖大峡谷的人文史故也颇为引人。这里山峰险要峭立,山势峻陡,有"一夫当关,万夫莫开"之险,是明代大藤峡瑶民起义的重要活动地。峡谷口是太平天国西王肖朝贵故居遗址及太平军活动遗址,附近的东乡莫村是太平军天王洪秀全登基称王之地。至今,太平天国的营盘和点将台、炮台仍依稀可辨。

瀑布多且密是百崖大峡谷的一大特色。峡谷内有大小瀑布20多处。由于其位于大瑶山西麓,绵延几百里,苍苍莽莽的大瑶山为它提供水源,瀑布长年不断流。这里的群瀑有其独特的秀美和灵性。小的如白链翻飞,大的若怒马奔腾。尤其是"鸳鸯瀑",两相竞美,从10多米高处犹如两条白绸飘然而下,冲击峡谷底时,如雾如烟,迂回缭绕,经久不息。距"鸳鸯瀑"不远处,有一高达三四十米的悬崖飞瀑。它把整个清溪、山崖连成一片,汇成一条条飞瀑直泻而下,似绢丝玉缎;瀑布分别跌落谷底,如狮吼雷动,隆隆作响,又是另一番情景。百崖大峡谷的溪流水景清澈毓秀、甘洌凉爽。浅溪里多为丹霞式的砂岩石。石上有国画般花纹的石种,有较高的收藏价值。峡谷中的星星峡景色尤佳。当步入峡谷中,举目仰望,酷似峨眉"一线天"。星星峡谷以雾景为著名。白雾来去迅疾,一时间遮天盖地,两米之隔不得相见,一时间又雾尽云开,天色澄明,变幻莫测。

八仙天池

位于武宣县城南6千米处的马步乡官司禄村八仙山半山腰上,别名八仙寨。1988年定为自治区级风景名胜区。该池海拔313米,高出地面68米,一池碧水镶嵌在8座山峰的环抱中。景区地质属第四纪岩溶地层。池水天旱不涸,雨季不溢。水味甘可饮,水色依时变幻。清晨,池水暗绿,幽不见底;中午,阳光影射,池中一片绯红;黄昏,夕阳西照,池水如明镜映红霞;半夜,月光辉映,池面一片银白。天池进口处有清咸丰年间(1851—1861年)修筑的寨营墙和寨门。

老　山

位于金秀瑶族自治县中部偏北处,有亚热带原始森林面积50多万亩,包括12千米处的银杉公园、16千米处的护林场,是广西最大的原始森林。风景区内,峰丛挺拔,古树苍劲,林间曲径,幽谷婉转,飞瀑直泻,碧流萦迴,是极好的旅游避暑胜地。林内树种繁多,珍稀植物随处可见,有名的华南五针松就生长在这里。此外还有瑶人种植的气味芳香的名贵土特产灵香草。

银杉公园(银杉保护区)

位于金秀瑶族自治县县城东北16千米处的原始森林中。公园内有属于国家一级保护植物、被喻为"活化石"的银杉集中分布区。在10多平方千米的范围内,分布着11大群落银杉,并按发现顺序编为1~11号银杉基地。至1998年止对游人开放的是4号基地。

银杉为松科常绿乔木,是珍贵的冰川孑遗树种,著名的植物"活化石"、国家一类保护珍稀树种。生长在海拔1200米处,叶子的背面有两条白色气孔,微风一吹,叶子翻动,在阳光的照射下闪着银光,故而得名。据科学家论证,大约在2亿~3亿年前欧亚大陆均有这种植物,后来因地壳运动,气候变迁而湮没。目前在欧洲大陆只剩下它的化石,而中国的四川、贵州、湖南、广西等省(区)均发现有银杉。

银杉公园除银杉外,还有大量稀有珍贵树种,如牛皮杜鹃、长苞铁杉、假黄杨、五裂槭、光叶木莲、伯乐树、油杉、华南五针松、大明山松、福建柏、白豆杉、红豆杉、三尖杉、马蹄参、半枫荷、穗花杉等，汇集于老山之巅，与银杉为伴生组成混交林，保持原始状态，形成一个中生代裸子植物群落奇观，不但有很高的观赏价值，又为古植物学、植物地理学、地质学、气象学、地球史学等方面研究提供极其重要的实物基地。尤宜在此设置“科学旅游区”并建立“自然博物馆”，介绍动物、植物知识。

原始森林度假村

位于金秀瑶族自治县县城东北16千米处老山的山谷中。度假村东南面是50多万亩的原始森林，北面毗邻银杉公园，四周群山环抱，树木葱茏。密林中有几人合抱的千年古树，令人眼花缭乱的奇花异草，有各色各样的飞禽走兽，还有瑶族同胞种植的名贵土特产——灵香草、香菇、木耳、绞股蓝等。春天，竹笋破土而出，秋天、野荔枝、山楂、猕猴桃、野枇杷、山菠萝、牛藤果等可食野果随处可见。林中溪流密布，泉水潺潺，夏不涝、冬不涸。清风习习，林间曲径，幽谷婉转。经有关部门测定，空气中负离子含量达13970个/立方厘米，是难得的大自然旅游、度假、避暑理想处所。

金秀河红壶峡谷

国家森林公园，位于金秀瑶族自治县长垌乡。是集自然保护区与自然景观为一体的山岳型风景旅游景区。拥有险峻奇特的类丹霞式山地景观、秀丽壮观的河流峡谷景观、丰富的森林资源和野生动植物资源以及民族特色浓郁的瑶族村寨，集峡谷景观、湖泊水域风光、瑶族传统文化为一体。气候属南亚热带季风气候，季节性气候变化明显，冬暖夏凉。植被为典型的常绿阔叶林和含热带成分的常绿阔叶林，河谷雨林密布，珍稀动植物种类较多。区内分布有众多的“V”字形谷、嶂谷、幽谷等峡谷。山间有长垌河谷平地，秀水萦回、阡陌纵横、群山环绕。金秀河贯穿整个景区，所经区域构成风景区的主要景色。水流湍急，部分河床平均落差为5%~10%。河岸滩多，潭多水深，河中游鱼成群。由于地壳上升、河流深切，形成深谷陡崖，沿河两岸陡崖垂直，垂直绝壁高达200~300米。窄处不足2米，两侧陡崖高达300米，形成典型的“一线天”峡谷景观。河流或穿行于绝壁之间，或绕山峰而过，蔚为壮观。两岸森林资源丰富，生态环境优良，不时有猴群攀岩摘果。是游览观光、避暑度假、科学考察、探险的理想胜地。景点有长垌河谷地、六架瑶族村寨、长垌水库、金秀河峡谷、三角壶潭、老壶潭、小壶潭、游壶潭、河谷雨林等10多个。

中平河景区古榕

位于象州县城以东中平、百丈一带，共有60多株，树龄都在百年以上。皆有树冠高大、树龄长、造型奇特的特点。中平镇河村前小河边有7株参天古榕，连片生长，浓荫蔽日，树龄在600年上下；中平河边有数株古榕，造型各异，树龄均达数百年，树身要几个人拉手方能合抱，成为中平圩的标志；自协村有倒地榕、过江榕，其中一株形似腾龙，头、嘴、角、爪、鳞甲毕露，横跨河面，栩栩如生。除中平河区域，县城其他地方亦生长有数量众多的古榕，象州因之享有“古榕之乡”的美誉。

大冲瀑布

位于象州县中平镇平贯村东5千米的大面山之中，象州、金秀两县交界处，西距象州县城约35千米。瀑布与峡谷中的溪流、悬崖、怪石、花木等构成一幅天然美景。沟口山脚下有溪边小路，时而趟溪水，时而过乱石，经石板坪、吃水冲、母豕槽等地，便到达大冲瀑布。瀑布有两条：第一条自平贯大冲金秀一侧高山下泻，高约70米，呈多级，瀑身展宽约25米，水量稀疏；第二条位于第一条瀑布南边约200米，水自金秀一侧高山悬崖垂直而下，高约70米，瀑身宽约10米，于落地处冲积成深潭，激溅起高达10余米的雾状水珠，声势壮观。两条瀑布水量均由金秀一侧高山水源补给，雨季，水量亦随雨量增大而加大。水经平贯村流出，汇入运江。

罗汉岩

位于象州县中平圩西面2千米处，岩高100余米，岩洞深约5米，洞口敞开，地面平坦。仁义河水转弯从岩石边流过，形成一个宽35米，长100余米的大深潭；罗汉岩口贴近水面，潭水碧绿平静，清澈透明，是仁义河漂流中途小憩的理想之地。罗汉岩对面河岸边有50余亩滩地，古树参天，绿竹丛丛，鸟语花香。

古海底迷宫

位于象州县城南约3千米处，是一处岩熔侵蚀型石巷地质地貌自然风景区，因其由海底地壳变化形成状如迷宫而得名。

迷宫景观占地约13000多平方米，共有四个入口，里面巷道纵横交错、迂回曲折，宽处可容二人并肩而行，窄处仅容一人侧身而过，如无向导或路标，极易迷路。整个迷宫状如城堡，且极为隐蔽。在抗战期间，当地百姓多到此避难。在后泥盆纪时代，这里为滨海—浅海环境，海底沉积了大量的石灰岩，为形成石巷地貌景观奠定了基础。后受地壳运动的抬升作用成为陆地，经长期水蚀、风蚀作用形成。景区内灌木、野藤丛生，多见藤绕树、树倚岩、岩连藤及石厅、石门、石井、石壁、石柱等景观，周围可见珊瑚、贝壳、层孔虫等古生物化石。此外，迷宫四周还分布有桃林、竹林、柿子林、李子林等。古海底迷宫既是科考、野营的重要场所，又是旅游观光的理想胜地。

大梭生态峡谷景区

位于象州县妙皇乡境内，距县城约 26 千米。峡谷内年平均气温 22℃ ~24℃，空气清新，置身其中，移步换景，景致迥异，以山秀、水碧、林幽构成一个奇幽的仙境。大梭峡谷长达数十千米，大自然鬼斧神工使其峰峦延绵叠翠、空谷幽静恬适、清溪百折千曲、溪潭清澈碧绿、空气清新凉爽、花香沁人肺腑、鸟声宛转悠扬。这里没有大气污染，空气中的氧负离子含量平均高达 8000 个 / 立方厘米，对人体健康十分有益。峡谷溪水终年不竭，水质清澈，有数处大小不一的溪瀑、碧潭，水清碧绿，是天然浴池。若入池沐浴，疲劳顿失、神情倍增。溪瀑、碧潭、树木、奇花异草姿容纷呈，相融构成一幅幅山水油画。有几段狭窄而弯曲陡峭的“一线天”，从谷底往上眺望，蓝天变成一条由云织成的彩带，遥远而空灵。最为壮观诱人的是二处叠层瀑布，瀑布随水的大小有不同的景观。雨水稀少时，水从山上不同角度跌落，形如珠帘下垂，遇到崖石化成水雾，雾随风飘，上下翻转，每逢晴天丽日，阳光普照，彩虹如桥；雨水充足时，瀑布以排山倒海之势、雷霆万钧之力倾倒入山谷中，溅起的浪花如浮云堆雪，势态万千，美妙绝伦。大梭峡谷及周围的土壤含水率高，自然肥力好，微呈酸性，很适宜茶树生长，其邻所盛产的“古琶茶”不但汤绿、味醇、气香，喝了有飘然欲仙之感，而且还有抗辐射、抗癌等作用，历史上曾是贡品之一。大梭峡谷不仅风光绮丽，而且有穿山甲、猿猴、蛤蚧、娃娃鱼及桫椤、白椎、红椎、米椎等名贵珍稀动植物。

象州县大梭生态峡谷群风光　　(2005 年摄)

大藤峡

位于武宣县黔江古迹滩至桂平县浔江碧滩一带。这一带峭崖壁立，江河狭窄，滩浅石多，河水从山峡夺路而出，势不可挡，涛声如雷，壮观无比。黔江及两岸景点甚多，有古迹滩、勒马四孤洲、清代古墓群、明代古城址、红石滩、大藤庙、瑶民举义烽火台等。

三山风景区

位于兴宾区石陵乡南面的三山村和大黄屯一带，柳邕公路 2.5 千米的宾阳、上林和来宾三县、市的交界处。这里群峰簇拥，异峰突起，有 4 个溶洞——都麟岩、敢怀岩、敢藏岩、敢东岩。岩内，有的洞宽如大礼堂，有的窄如斗室；好几处洞与洞相通，中有溪流积蓄成塘，可撑船而过。洞内钟乳石、石笋、石柱、石花、石幔，比比皆是，景物奇观，目不暇接。在都麟岩和敢怀岩之间有一条小河，春夏河面宽阔，清澈见底，可供游人洗濯、游泳、垂钓或划船筏。附近石山不时有群猴往来，更增加游客的乐趣。敢藏岩有上下两个大洞口，上岩口在山腰陡壁上，从外面无路可攀；下岩口几乎与地面平行，宽约 20 米、高 10 来米。岩内形成数个气势雄浑的大厅。大厅一般长约 40 米、宽 20 米、高 10 余米，最高的 50 米。下岩洞在第一厅尽头与上岩洞相通，并在此分成两洞，左边的名为“通天洞”，深约 200 米，宽约 30 米，高 50 米以上，洞的尾部有一巨洞直通山顶，因此洞内光线充足，空气新鲜；右边的名为戏台厅，厅的前半部为平坦地面，后半部则是高出地面1米多的石板结构，在右角有一石阶可登，形成一个天然大戏台，上岩洞的光线直射台前。岩中有洞往西与都麟岩、往东与敢东岩等相连。

其他自然景观

合山矿山 合山市矿山资源类型多、规模大，拥有广西最早、最大的煤矿和广西第一家煤矿企业，以及纵贯县（市）域范围的广西第一条窄轨铁路，煤楼、矿区、旧式火车、特色民居等矿业生产遗址、活动遗迹，保存完好，形成极具怀旧风格的矿山文化。其中，东矿始建于1948年，是合山历史较悠久的采煤矿区，承载着合山煤矿产业的辉煌，有"中南五省第一大矿"美誉，年最高产煤量近90万吨，东矿斜井是中南五省区机械化采煤程度最高的矿井。

合山奇石 "广西奇石甲天下，奇石源头在合山"，经过二十多年的发掘和整理，合山奇石市场如火如荼，已走出合山、走向全国、走向世界。已发掘出12个品种，以惟妙惟肖的象形、美轮美奂的色彩、冰清玉洁的石体等特质，深受广大玩石者喜爱，其中绿彩陶石、黄彩陶石、葫芦石、鸳鸯石、包卷石更被誉为"合山五大名石"。合山奇石极大地丰富了中国当代赏石文化艺术的内涵，以无可挑剔的形、质、色、纹之美，奠定了现代赏石文化的基石，其发现与传播是中国现代奇石鉴赏、收藏、商贸发展和奇石文化的缩影。

合山奇石交易市场吸引八方来客 （2004年摄）

蓬莱洲 蓬莱洲距来宾市兴宾区16千米，总面积8200平方米，蓬莱洲系红水河中一孤岛，椭圆形状，洲长500米，宽250米，相对高度30米。该洲原是来宾县旧八景之一，有"蓬莱仙境"的美誉，洲头蓬莱滩为红水河十大险滩之一。南宋时期（1127—1279年），于蓬莱洲建象州州城。洲上南畔石壁上有一高2.66米、宽2米的摩崖碑刻（象州故治修城碑），为广西尚存的最完整最大的宋代碑刻。蓬莱洲对岸边花岭有唐代循德县城遗址。洲上绿化达100%，95%为果树。1998年初，加拿大、俄罗斯等12个国家的地质专家考察红水河时，发现两岸的二叠纪地层剖面层序完备、分布广泛，是世界罕见的二叠纪地层剖面。

其他人文景观

瑶族博物馆 自治区爱国主义教育基地。位于金秀县城东面的小山头，是瑶族历史、文化的展示场馆。建成于1982年10月，仿瑶族民居式建筑，由著名社会学家费孝通先生题写馆名，是我国第一个、至今唯一的瑶族博物馆。拥有馆藏文物1200余件，其中一级文物2件、二级文物10件、三级文物65件。文物展览有两个展厅：第一展厅主要展出瑶族史、民族革命斗争史、石牌制、瑶族生产工具、生活用具、宗教艺术、出土文物等；第二展厅主要展出中国瑶族服饰。该馆的瑶族服饰最具特色，共收藏有全国各地及海外瑶族服饰58类75套，是目前中国收藏瑶族服饰数量最多、种类最全的博物馆，成为金秀乃至中国、世界瑶族社会的缩影。

文辉塔 （2005年摄）

永吉桥 位于忻城县古蓬镇屯南。建于清光绪十九年(1893年),长73.33米、宽4米、高9米,呈梯形,7拱6墩,拱高8米、孔跨6米,墩脚最小处为0.4米,是罕见的小脚桥。桥墩全为料石砌成,无灰浆勾缝,极为牢固。桥两头有10余级踏附,两侧以石柱、石板为栏。桥身近水面饰以两大龙头,下水面饰以两条龙尾。整座桥造型古雅美观,对研究古建筑和壮族文化历史有一定的价值。

文辉塔 位于兴宾区迁江镇扶济村红水河北岸上,距城区35千米处。由明朝万历年间迁江武举守备营参谋黄文辉主办筹建,故名文辉塔。此塔高35米,为八角八面七层平座空心砖塔,内径2.27米,壁厚3米,其造型是从底层向上逐层收窄,每层叠涩出檐,盖为铸铁锅形,无塔尖。2层以上各层都有南北对开风门,其余各面均是衬托假门,底层除南北对开风门外,西面还有一风门。塔内1~6层均设有佛龛,塔内外均无梯。塔身龛内雕龙画凤,缮花缀鸟,色彩斑斓,富丽堂皇。整座塔巍峨秀丽,工艺精巧。为市级文物保护单位。

龙王明清古建筑群 龙王村位于合山市北泗镇政府北面500米处,始建于明朝洪武三年(1370年)。相传,明太祖洪武年间,覃季(龙王村人始祖,原籍山东省红花县米行街人)从军后随明大将军常遇春南下广西平乱,剿平匪患后从扎寨邑庙村移徙到龙潢村(今称龙王村)筑寨建房,生息繁衍。村庄布局分为三个主体建筑群,称为上龙王、中龙王和下龙王,历经600多年风雨,至今仍保留有27栋81间明清时的房屋,除2栋明代房屋倒塌外,其余保存完好。清澈的龙王清泉,青砖砌成的房子,石头垒成的屋子,干净别致的村舍,犹如江南小镇,古味悠然。

第四章 旅游服务

来宾市旅游服务功能齐备,旅游产品以生态游主主导,各县(市、区)均有旅行社经营机构,可办理国内、出境旅游。1988年起,金秀瑶族自治县景区内设置有专业导游,可为游客全程陪同讲解服务。境内宾馆、酒店众多,旅游接待能力能够满足日益增长旅游需求。特色美食每县每景各有特色。旅游商品种类不多,以各地土特产为主。

第一节 旅游产品

旅游线路设置

2005年,来宾市旅游局与各县(市、区)旅游局共同策划并编制"大瑶山生态民俗游"旅游线路,该线路将金秀、象州、武宣等三县的旅游景区景点和旅游服务载体整合起来,使之具有较强吸引力。8月,该线路所涉及的旅游企业签订合作协议;9月,首批体验团队共53名游客购买了该条旅游线路;10月,桂林、南宁、广东等地的5家旅行社认购了该线路。"大瑶山生态民俗游"旅游线路的开通结束了来宾旅游"有点无线"的历史,使来宾市初步形成"点""线"结合的产品体系。

大瑶山生态民俗游 金秀瑶族博物馆、莲花山—武宣百崖大峡谷一晚二日游;金秀圣堂山—象州温泉—武宣百崖大峡谷两晚三日游;金秀瑶族博物馆、圣堂山—象州一晚二日游。

市域内线路 来宾—金秀大瑶山生态民俗游;来宾—合山—忻城壮乡风情游;来宾—象州休闲疗养保健游;来宾—武宣百崖大峡谷风光探秘游。

区域线路 三江—融水—柳州—金秀桂中壮苗瑶侗风情游;桂林—柳州—忻城—宜州壮乡刘三姐与土司文化风情游;桂林—金秀—象州—武宣—柳州生态民俗休闲游;南宁—贵港—武宣—桂平—平南—梧州太平天国历史文化游。

来宾市乡村游线路 来宾—武宣文庙—武台民俗文化村—百崖大峡谷二日游;来宾—金秀七建龙腾古祠村、孟村民俗村、金秀圣堂药业工业旅游示范点、古占民俗村、六段民俗村民俗体验三日游;来宾—来宾市农业科技示范园农业观光一日游;来宾—象州温泉康疗、郑小谷故居、大梭生态峡谷二日游;来宾—忻城土司衙署、聚隆山庄二日游。

2005年来宾市精品旅游线路

1. 来宾—金秀—象州—武宣休闲疗养保健四日游

第一天:来宾接团,赴武宣;住武宣百崖大峡谷景区。第二天:游览武宣百崖大峡谷;赴象州;观田园风光,享受"中南第一泉"—象州温泉"泡即去疾,浸可烹鲜"的美妙;住象州。第三天:赴金秀;游览莲花山景区;住金秀。第四天:游圣堂山,下午送团。

2. 来宾—金秀神奇大瑶山生态民俗游

A线:来宾—莲花山二日游

第一天：来宾接团，赴金秀；参观瑶族博物馆，领略五个瑶族支系的不同语言、服饰、习俗；游金秀县城；晚餐后观看瑶族歌舞、绝技表演，住金秀县城。

第二天：在依姣（瑶妹）导游陪同下，游莲花山景区；下午送团。

B线：来宾—圣堂山二日游

第一天：来宾接团，赴金秀；游圣堂山景区，住圣堂山。

第二天：继续游圣堂山；游“世界瑶乡第一漂”，下午送团。

3. 来宾—金秀大瑶山生态民众文化旅游三日游

第一天：来宾接团，赴金秀；途中游览龙腾古祠，观看民俗表演，宿县城。

第二天：参观瑶族民俗村，下午赴圣堂山景区，宿圣堂山。

第三天：继续游览圣堂山；下午送团。

4. 来宾—武宣百崖大峡谷风光探秘二日游

第一天：来宾接团，赴武宣。晚餐后游百崖大峡谷，住景区内。第二天：继续游览百崖大峡谷，下午送团。

5. 来宾—忻城壮乡风情二日游

第一天：来宾接团，赴忻城；下午游览莫土司衙署、土司三界庙；晚餐后观壮族对歌，住忻城。

第二天：乘船游览红水河风光，下午送团。

6. 来宾—象州生态保健二日游

第一天：来宾接团，赴象州中平乡，午餐后参观七星古榕、冷泉、罗汉岩、桑海等；下午乘车前往象州温泉，晚餐后泡温泉，夜宿温泉内。

第二天：早餐后游象州石巷迷宫；下午送团。

第二节　旅行社与导游服务

2003年，来宾市境内旅行社3家（国内社），其他旅游企业4家，旅游直接从业人员600余人。

2004年，全市新成立旅行社5家，共有旅行社8家，其中市区3家，金秀瑶族自治县3家，象州县、武宣县各1家。全年旅行社组织国内游客出游达30289人天，接待游客达2087人天，其中接待入境游客达220人天。全市共有旅游直接从业人员1663人，其中行政管理部门43人，旅行社82人，饭店业1108人，旅游景区430人，间接从业人数达5500人。

2005年，全市新成立国内旅行社1家，新增旅行社营业部3家，共有国内旅行社9家。当年共组织国内游客出游达19701人天，接待游客达7555人天。旅游直接从业人员达1876人，间接从业人数达8561人。组织召开了由全市30余名旅游行政管理人员及旅游企业负责人参加的来宾市旅游及旅游企业发展战略研讨会，围绕如何做大做强旅游企业、发展和壮大来宾旅游产业，企业之间如何形成互惠互利、实现合作共赢等问题进行研讨；举办各类旅游从业人员岗位培训6期131人次，全市28人参加2005年全国导游人员资格考试。2005年10月28日，来宾市旅游行业协会成立暨第一次会员大会隆重召开，标志着来宾市旅游行业协会及其下属的旅行社协会、饭店协会、景区协会等三个专业协会正式成立。经登记注册成立的来宾市旅游行业协会共有等26名团体会员和55名个人会员。

金秀瑶族自治县旅游业在1992年以前实行无偿服务，1993年5月开始实行有偿服务，当时仅有旅游开发公司、旅行社各一家。2005年底，在县城设立有自治县旅游接待中心及旅游有限公司6家（其中七建龙腾古祠农家乐旅游公司，成为来宾市第一家农民旅游公司），有自治县三圣旅行社、金秀大山旅行社、金秀风旅行社有限公司等3家旅行社，旅游定点接待宾馆、饭店、招待所、山庄、度假村等23家，共有客房床位1600多张，旅游购物商店近百家，旅游从业人员182人，其中管理人员47人、导游员25人。2005年，接待游客比1993年增加35倍多倍；当年，旅游收入2318万元，比1993年增加230倍。同时，旅游业促进了社会创收，带动了第三产业的发展。

金秀瑶族自治县三圣旅行社是具有全国范围内组团资格的旅行社。三圣旅行社管理者都具有通过全国统一考试取得的资格证书。三圣旅行社还拥有一批通过严格考试录用的导游人员。三圣旅行社具备了组织游团在全国各地旅游的资格和实力。

象州交通旅行社位于县城温泉大道289号，隶属来宾中兴汽车运输有限责任公司，有从业人员11人，其中导游5人。2004年8月由县旅游局的指导扶持，象州县汽车站申请成立“象州交通旅行社”，当年10月正式获得广西壮族自治区旅游局批准。主要业务为经营国内旅游、会议考察游、自驾车旅游、休闲游等国内各线旅游线路。

第三节　旅游接待

20世纪80年代象州温泉源头年接待洗浴温泉游客2万人，年营业收入10万元。2000年象州温泉景区接待游客22万人次，营业收入840万元。2005年利用温泉水建设的景区有：温泉疗养区、知春湖疗养区、源头宾馆疗养区，接待游客67万人，营业收入10682万元。

金秀瑶族自治县1999年接待游客突破5万人次，比上年翻一番。1999—2005年，金秀圣堂山景区累计接待国内外游客47.36万人次，旅游收入3219.87万元。2005年，莲花山景区累计共接待国内外游客7.93万人次，门票收入295.11万元。

1996—2005年，武宣县共接待游客200万人次，其中海外游客1000多人次，旅游收入2.18多亿元。其间，2005年接待游客8.55万人(次)，旅游收入5794.5万元。

1991—1995年，忻城县旅游游客接待量和收入量少，未存有统计数字。1996—2004年，全县共接待游客180万人次，其中海外游客6300人次，旅游收入5.7亿元。2005年全县各旅游景点共接待境外游客520人次，共接待境内游客15.6万人次，全年旅游总收入为9000万元。

2002年来宾市接待游客为71.3万人次，旅游社会总收入1.61亿元，占来宾市GDP的0.9%。

2003年，来宾市共接待国内旅游人数132.6万人次，国内旅游总收入3.66亿元；海外旅游人数500人次，旅游外汇收入25.8万美元；社会投资旅游业达1.02亿元。全市旅游行业在防控“非典”同时，整合旅游资源，最大限度地降低“非典”对旅游行业发展的影响。6月11日—13日，全市所有旅游景区免费向游人开放三天，并于6月17日在迎宾广场成功举办了来宾市恢复旅游业暨“来宾人游来宾”启动仪式活动。

2004年。来宾市累计接待游客165.6万人次，同比增长25.1%，实现旅游全部收入5.6亿元，同比增长52.7%。其中金秀瑶族自治县全年接待国内外游客17.31万人次，同比增长147.3%，接待入境旅游者700人次，同比增长175.6%，创历史新高；象州县接待游客52.2万人次，同比增长22.25%。

2005年，来宾市共接待游客183.72万人次，比上年增长10.96%，实现旅游总收入6.29亿元，比上年增长12.5%。其中：接待入境旅游者0.33万人次，同比增长65.6%；实现入境旅游收入98.2万美元，同比增长55.2%；接待国内游客183.39万人次，同比增长10.9%，实现国内旅游收入6.2亿元，同比增长11.9%。

宾馆饭店

1992年开始，境内筹集资金增加旅游投资50多万元，修建一批旅游景区(点)和一批旅游服务设施，建成接待楼5个，歌舞厅1个，卡拉OK厅2个。1995年，金秀避暑山寨投入使用。2001年，象州县引入内资500万元建设温泉源头宾馆，引入外来投资200万元建设娱乐中心。2001年，圣堂山云海山庄宾馆和花王山庄避雷工程全部竣工，通讯、供电工程完成。圣堂山景区自筹资金，投资1300万元修建圣堂山庄，圣堂山景区的设施得到改善。象州温泉大酒店2号服务楼建设投资280万元，于12月底前建成并投入使用。武宣百崖大峡谷景区重新修建8间标准客房、2个避雨凉亭、2个休息亭、停车场等。

2005年，全市以评定旅游星级饭店为契机，对森明大厦、蓝鹰大酒店、金秀避暑山寨、武宣银宇宾馆、合山红河酒店等宾馆酒店按星级酒店的要求和标准对软、硬件设施进行改造，提升床位数近400个。有两家新开业的高档次饭店宾馆申请旅游星级饭店评定。全市宾馆有580张床位按照二星级饭店的床位标准改造。全市星级饭店6家，其中三星级3家，二星级3家，全市共有床位1.1万张，其中星级宾馆、饭店床位927张。

表18-3 2005年来宾市星级宾馆一览表

名称	星级	评定时间
来宾宾馆	三星级	2003年3月
森明大厦	三星级	2005年12月
盈丰大酒店	三星级	2005年12月
金秀避暑山寨	二星级	2005年12月
武宣银宇宾馆	二星级	2005年12月
合山红河酒店	二星级	2005年12月

旅游交通

1993年，金秀把莲花山的4.6千米旅游公路作为扶贫项目来抓，投入资金70万元进行建设，使莲花山景点能较快地接待游客。

2000—2005年，来宾市为提高全市各旅游景区的可进入性，不断改善全市对内、对外的交通能力，加大旅游交通基础设施建设，完成莲花山景区旅游公路、武宣百崖大峡谷景区公路2条旅游景区公路；柳州—武宣（象州）、合山—忻城、头排—金秀、象州—桐木、象州—石龙等公路建成通车，全市实现县县通二级公路；忻城—宜州、武宣—平南二级公路开工建设，以及武宣八仙天池、象州大梭瀑布和通往金秀龙腾古祠、红壶旅游景区旅游交通公路的修建，极大改善了来宾市旅游交通环境。

第四节　旅游土特产品

兴宾区特产：红薯粉、红河面条等。

合山市特产：广禾纯干米粉、广禾螺蛳粉、合山坚果、荷泉荷叶茶、藕粉、六畜兴牛肉干、宏美木瓜丁、五关生态农业北回归稻生态大米等。

忻城特产：壮锦饰品和“忻城吉祥四宝”—珍珠糯玉米头、乳鸽酒、金银花茶、蚕丝被等。

象州县特产：韦老壮牌山野百合粉、象州香米、象州红米、象州紫香米、象州黑米、古琶茶、寺村牛腊巴、甜酒酸、蚕丝被等。

金秀瑶族自治县土特产品，如香菇、木耳、灵芝、金秀灵香草、竹笋、绞股蓝、灵芝、茶叶、八角、瑶药等。瑶族的服饰、刺绣工艺品，以及各种保健药酒、野菜、鲊肉、火熏肉等瑶族特色食品等。

武宣县特产：红糟酸、金龙茶、中秋米饼、国画石、双髻龙茶等。

象州米　优质米是象州传统特色农产品。宋代《舆地纪胜》载“象州长腰玉粒为南方之最”；清《柳州府志》载“（粘稻）象州出者佳”，“红白香粳象州出者第一”。自古以来，“象州米”以色泽洁白、质地细腻、味香、柔软、口感好，深受消费者喜爱，畅销县内外。

百合粉　象州历来盛产野生山百合，采用野生山百合为原料制作的象州“百合粉”味道甘美，营养丰富，且具有清凉解暑、润肺止咳、清心宁神的功效。具食用、药用双重功能，为一般热症病人最佳食品。民国时期，象州“黄聚兴”“钟永和”百合粉畅销粤、港、澳。20世纪80年代以后，野生山百合资源日渐减少，百合粉一度停止生产。1991年后，采用人工种植的百合为原料恢复生产。其中注册“韦老壮”商标的象州百合粉采用种植期为4年以上的百合为原料，经现代工艺精制而成，是象州著名特产，名扬区内外，深受消费者喜爱。

壮　锦　“土锦”是土民编织的纺织品，壮族土民十分喜爱，中华人民共和国成立后改名为“壮锦”。壮锦历史悠久，宋代已生产。到了清代，壮锦生产已遍及忻城全境。土锦曾作为进贡朝廷的贡品。编织壮锦的彩线都是自己染制的，有黄、红、蓝、淡黄、金黄色、老绿、品蓝、石榴红、玫瑰红、粉红、水红、米色、褐色、黑色等十六种。各种颜色的混合使用，使壮锦的色彩绚丽多姿。壮锦产品有床单、被面、背带芯、腰带、提包、挎包、头巾、围裙、坐垫、烟袋、门帘等。工艺美术图案较著名的有“狮子滚球”“双龙戏珠”“新春红梅”“凤串牡丹”“四宝围篮”“万事如意”“蝴蝶朝花”及大小“卍”（万）字纹、大小梅花等多种花头。这些纺织品以棉纱为经、丝绒为纬，造型耐用，具有浓郁的壮族特色和独特的传统艺术风格。

珍珠糯玉米　忻城珍珠糯玉米是广西独特优质品种，年种植3.5万亩，产量达450万~500万千克。忻城珍珠糯玉米，籽粒圆小，呈乳白色黏滞性高，适口性佳，可鲜食或加工成罐头。经加工后的糯玉米煮成粥后，粥粒晶莹透亮圆滑，酷似珍珠。珍珠糯玉米含丰富的蛋白质、赖氨酸、铁、镁等矿物质元素，能加速人体对氧化物的分解，具有抵制癌细胞活动的功能，是一种健脾保肝、清热解暑的降温滋补保健食品。珍珠糯玉米不仅可以直接煮粥、饭食用，还可以制成玉米糖水、汤圆粉、冰淇淋、八宝粥等食品。

合山奇石　合山奇石主要产自市境内红水河流域的溯河村至马安村约30千米河段，其以质优、型好、色美、纹奇、韵雅而闻名遐迩，在国内外赏石界占据重要地位。“柳州石玩天下奇，奇石精髓在合山”，合山被国内石玩界誉为“中国现代奇石文化发源地”。1992年，合山最初发现奇石。合山奇石资源十分丰富，种类多，储藏量大。历经十几年，发掘和整理出10多个品种，被广大玩石者公认和喜爱的有8类石种，分别是绿彩陶（也称绿玉石）、黄彩陶（也称黄釉彩陶）、素彩陶、葫芦石、鸳鸯石、包卷纹石（也称包卷石）、扒灰石、草花石。其中，绿彩陶石、黄彩陶石、葫芦石、鸳鸯石、包卷石被誉为“合山五大名石”，被广大赏石爱好者视为珍品级收藏对象。

金龙茶 武宣县东乡镇的金龙茶，因山高而得名。由于该山高且雾多，雨量充沛，气候温和，阳光充足，土壤肥力适中，故其茶品质优良。加之采用传统制茶技术和现代制茶技术相结合，金龙茶成品外形若龙，汤色青绿，香气幽长，味道甘醇，成为名茶，远销港澳及新加坡等地。

武宣红糟酸 红糟是用煮好的米饭，拌入红糟种子（每制作一次红糟都会把一小抓留下来作为种子）使之发酵后制成干爽、松散、浓香、殷红的新鲜红糟（用水越洗越红，不添加任何色素）。用它来腌制各种蔬菜瓜豆，特别是姜、荞头、辣椒、豆角、木瓜、空心菜梗等，腌制后色泽鲜艳，滑嫩脆口，香味独特，酸辣适度，色、香、味俱佳。用红糟焖鱼或炒猪大肠、猪肚、菜梗等家常菜，浓香味道催人食欲。

金秀红茶 金秀瑶族自治县茶叶生产历史悠久，是“茶圣”陆羽所著《茶经》中提到的42个著名产茶区之一。民国《象县志》评象州茶“其特佳者，中平有青山茶，色黄绿，味香滑；大樟乡有东温茶；瑶山中有瑶茶，微红，极促消化，隔宿其味不变”。其中所指的“青山”“东温”“瑶山”等地名，均在现金秀瑶族自治县境内。另有罗香乡罗运村所产白牛茶，清朝年间，官府曾进贡皇上，颇负盛名，当地群众将采制的谷雨茶细心保存，用于治疗痢疾和咳嗽等病。近年来金秀县境内陆续发现大量原生态野生茶群落，资源丰富、品种稀特。据有关专家研究，金秀一些年限长久的古茶树年龄达几百至上千年，属乔木、半乔木型，大、中、小、叶种均有，极具有研究开发价值。

大瑶山香菇 香菇，又名香蕈、冬菇、香信、香菌、香菰，是菇类家族中一颗璀璨的明珠，自古以来就有“山珍之王”“健康食品”等美称。香菇性平味甘，有健胃益气，治风活血，化瘀理气，益味助食，理小便不禁，促小儿麻疹发出以及护肤、美容、健脑等奇妙功能。生长在大瑶山的深山之中、野生或半人工半野生用椴木种植的原木香菇，在自然气候环境中生长，味道特别香甜，营养价值高，是香菇中最珍贵的品种。

合山澳洲坚果 澳洲坚果合山市于1996年开始引种澳洲坚果，试验种植的澳洲坚果具有速生、早结、丰产、耐旱、耐寒、病虫害少、管理粗放等良好特性，极适宜大面积推广种植。澳洲坚果的食用价值很高，且营养丰富，含有人体必需的八种氨基酸，还富含蛋白质、多种矿质元素和维生素。有“干果皇后”之美称。

第十九篇

交通运输

来宾市地处北纬23° 16′ 10″ ~24° 28′ 14″之间，东经108° 24′ 39″ ~110° 27′ 18″，广西中部，地处大西南出海通道要冲，区位优势明显，交通运输便利，铁路、公路、水路纵横交错，故有“桂中”之称，市政府驻地兴宾区距离首府南宁市156千米，湘桂高速铁路，桂海和柳武高速公路横穿境内，209、322、323国道纵贯南北，县县通二级路，乡乡通公路；西江干流红水河穿越市区，红水河、柳江在武宣县境内交汇后称黔江，来宾市属于西江经济带城市之一，有5个县（市、区）通航，千吨级船舶可直航珠三角，内河通航里程341千米，四通八达，公路、水路、铁路运输并驾齐驱，为全市经济社会发展提供坚强的交通服务保障。

唐朝至清朝，纵贯今市境兴宾区的桂州（今桂林）至邕州（今南宁）驿道，是南宁、太平（今崇左）、泗城（今凌云）、镇安（今德保）、思恩（今武鸣）五府官员晋省、驿传公文、巡抚行边必经的交通要道。唐朝开辟的柳皇驿道，从桂林、荔浦进入今来宾市，经象州、妙皇、武宣等地到达大湟江口，跨今来宾市境约200千米。清代，今来宾市境内通外的大路有来宾至郁林大路（全长213.5千米），穿山至浔州大路（全长235千米），桂林至武宣大路（全长182.5千米）。明朝至清朝，境内开辟县城至乡村的地方古道共15条，其中忻城县10条，金秀瑶族自治县5条。民国时期，市境各县始修筑公路。中华人民共和国成立初期，全市交通工作重点为整修改善公路，全面恢复交通。

1950—1952年，中央、中南公路局、省政府和省公路局先后下拨工程款、粮食，对桥梁、涵洞、引道、公路进行翻修。至1952年9月，所有干线公路得到较大改善。1955—1957年，全市掀起修建县乡公路热潮。象州、武宣、来宾、金秀等4个县，通过组织群众投工投劳，共修建4条县乡公路268多千米。其中以象州县为多。三年间，该县共修3条地方公路81多千米，即1955年修建38千米长的石龙至武宣公路，1956年修建12千米长的桐木至七建公路（今属金秀瑶族自治县），1957年修建31千米长的石龙至象州公路，此外还修建乡村公路250多千米。其余各县修建忻城至古蓬、良塘至来宾等公路。1958—1960年，根据中央交通部提出“依靠地方、依靠群众、普及为主”的公路建设路线目标要求，全市公路建设得到飞速发展，实现了县县通汽车，大部分公社通汽车。1961—1965年，全市公路建设以整修改善建成公路为主，新建公路采取有重点、有步骤地进行，并开始大力推广兴建石拱桥。1966—1976年“文化大革命”期间，全市干线公路建设主要是铺筑沥青油路。先后完成大塘至来宾线路36千米，南宁至柳州线（来宾段）90多千米，六道至来宾线20千米，八一锰矿18千米。随着农业机械化起步和农田水利的兴办，地方公路建设日益受到重视，相继修建一批县乡公路。1966年，修建来宾县正龙至蒙村公路17千米，伏龙至高安30千米。1973年广西壮族自治区批复县社公路修筑补助经费后，各县修筑堤防公路积极性得到进一步提高。1966—1976年间，全市修建县乡公路9条154.8千米。1977年按照中央提出的“面向边远区、山区、老区”方针，通过自治区、地区和县拨款投资，群众出勤，至1980年，以民办公助形式修建地方公路3条73.7千米，即象州县中平至金秀瑶族自治县六巷公路，象州县寺村至水寨公路、金秀瑶族自治县长垌至滴水公路。1980年以后，全市干线公路建设在普及沥青油路的同时，逐步把渡口改为桥梁。1984年开始，柳州地区公路建设顺应经济形势发展的要求，掀起了第一个建设热潮。这一年，交通部提出“有路大家行车，有水大家行船”。交通运输业迅猛发展，公路建设步伐必须加快才能适应形势的发展。同年，国家计委开始用库存粮、棉、布（后改为低档工业品），采取以工代赈的方式，兴修县乡公路。以工代赈是国家扶持贫困地区建设基础设施最连贯、持续时间最长、涉及面最广、农民得益最多、群众最拥护的一项政策。民工建勤在当时公路建设中也发挥了重要作用。自1990年开始，为了多修路，快致富，在积极争取上级投资的同时，调动全社会力量，发动群众投工投劳，开展全民义务修路，很多县因此出台了民工建勤修路的规定、办法，掀起民工建勤修建公路的高潮。至1990年，通过自治区拨款、银行贷款、地方投资、养路费、基建费投资补助等形式，县级建成了武宣大桥、象州大桥、石龙大桥等3座大跨径双曲拱桥和钢筋混凝土箱形桥。建成迁江、武宣、头排、合山等城镇进出口和街道路段60多千米二级公路。1997年，全市实现了乡乡通公路的目标。1999年底，全市辖区基本实现村村通汽车的目标，贫困山区人民群众“出行难、乘车难、运货难”的紧张状况有了很大缓解。为打通西南出海大通道，加快广西经济发展步伐，1995年起，桂海高速公路开始分段建设，1997年建成通车的桂海高速公路和1999年建成的南柳高速公路后，来宾县被纳入了桂海高速公路经济圈。同时，全市加紧改造干线路，不断提升公路通行质量，

1996年实现县县通沥青油路。1998年实现干线路无渡口的目标。1999年,随着国家实施西部大开发战略,全市启动了县县通二级公路路网改造和乡乡通油路工程。1999年10月鹿寨经头排至平乐二级公路动工建设,2000年底忻城至合山、迁江经来宾至武宣、象州至新兴等3条二级公路相继开工建设。总之,中共十一届三中全会以后,改革开发的政策给全市交通基础设施建设带来了无限生机,交通状况发生了翻天覆地的变化。

至2005年末,全市管养公路总里程2706.9千米。按行政等级分,国道310.3千米、省道177.1千米、县道1128.5千米、乡道1071.2千米、专用公路19.6千米;按技术等级分为:高速公路70千米、一级公路4.5千米、二级公路416.3千米、三级公路399.6千米、四级公路1627.4千米、等外公路189.0千米,公路密度为20.2千米每百平方千米,辖区各县(市、区)均通二级以上公路,二级以上公路占总里程的18.1%。全市66个乡镇通公路(61个乡镇通柏油路,占92.42%);393个村委通等级公路,占54.21%(不含33个社区);306个村委通机耕路,占42.21%,还有26个村委不通路,占3.58%。全市有道路运输场站15个,等级货运站7个,营运汽车5238辆,其中,营运客车1563辆、出租车484辆、微型客车333辆、营运货车2679辆;全市有货运企业23家;有维修业户769家,其中甲类企业3家、乙类企业59家、丙类业户707家(2005年新增维修业户55家,其中乙类企业4家、丙类业户51家);驾校3所,全部达到二类驾校资质。

民国27年(1938年)6月,开工建设抗日战争时期国内始建的第8条铁路干线湘桂铁路,纵贯市境内中部,途径凤凰、城厢、城东街道、良江、三五、小平阳6个乡镇(街道),于民国30年9月8日建成,同年11月交付使用,市境线段里程83千米。大湾支线自湘桂铁路凤凰站至来宾县大湾乡,全长19.3千米,于民国31年9月11日开工建设,翌年3月14日竣工通车,1950年12月拆除大湾支线。同时,先后建成了良江至火电厂等9条专用线,总长130多千米。其中:良江至火电厂专线于1986年10月20日动工,1989年2月通过验收投入使用,全长13.52千米;良江至来宾冶炼厂专线于1978年初动工,1989年4月27日开通使用,全长5.3千米;八一矿区专线于1959年8月1日动工,1961年8月竣工交付使用,全长16.95千米;白鹤隘至迁江糖厂专线于1975年3月动工,1978年9月25日建成通车,全长9.3千米;白山采石场专线于1951年开工建设并完工,全长0.5千米;625专线(黄坡站出岔)于1970年6月动工,1972年竣工通车,全长3.47千米;广屯至东矿专线于1949年5月开工,同年11月完工投入使用,全长4.23千米;广屯至马鞍专线于1977年3月动工,1978年11月完工投入使用;广屯至电厂专线于1985年初动工,1986年9月竣工交付使用,全长3.6千米。

来宾市境内有红水河、柳江和黔江,自古以来水路畅通便利。水路运输历经古代木帆船客货混载、轮船崛起之后的画线经营和客货分流三个阶段。民国2年(1913年),客货私营电船开始定期航行柳梧航线。民国35年7月,梧州至石龙,船由4艘增至10艘。1948年,行驶柳梧航线的客货电船有11艘,921多载重吨,1205客位。1950年,辖区水上民间运输以个体船为主,船主雇用民工从事运输。1956年,民间水上运输开始实行合作化,按照船舶吨位进行划分,25吨以上船舶划归国营柳州航管局,25吨以下自划船舶划归木帆船运输合作社。1958年柳州航运局把所有合作社船舶及劳动力接收纳入公私合营,由柳州航运局统一管理。1960年。柳州航运局把原合作社的船舶及职工划分出来,合并更名为长风社。从1972年起,民间运输船舶开始由自划船更新为小马力机动船。1976年在县城的集体交通运输水运企业为县交通局直接领导。1978年,开始引进先进技术,购置钢质船舶,各县水运社不断发展壮大,相继更名为水运公司。1983年开始,国家大力支持和发展个体船舶运输,提出“有路大家行车,有水大家走船”的口号。1984年,广西壮族自治区人民政府发布关于搞活交通运输的规定,允许所有船舶跨区域、跨航区经营,可以个人或联户经营,形成国营、集体、个体一齐上,同竞争的局面。1986年,广西水运管理实行政企分开,内河运输初步形成以集体企业为主、个体联户为辅的水运新格局。1987年,水运企业开始全面推行承包经营责任制,并取得初步成效。1987—1989年,象州第一水运公司全面推行经济承包责任制,两年间完成货运量3.03万吨比承包前三年的总和增加55.82%,产值160.7万元,增长63.5%。1994年8月8日,原柳州地区成立桂中港澳轮船公司,隶属柳州地区交通局领导和管理,由柳州地区部分水运企业合股经营,较大股东有象州水运一公司、柳州地区港运公司、忻城县水运公司等,主要业务是组织货源,代办运输业务,运送柳州至港澳往返的物资。截至2005年底,全市境内主要通航河流有红水河、黔江、柳江3条，主要通航河道427.4千米，其中五级航道344.4千米，等外航道83千米，拥有港口5个，年吞吐量为1万吨以上的码头13个，26个生产泊位，年设计吞吐能力为货物178万吨，旅客30万人/年；拥有运输船舶310艘64901载重吨，4293客位。是广西重点开发的红水河经济带的重要组成部分，500~800吨船舶可直航港澳。

1980年，于市城北区（时为来宾县城郊西北）建设中国民用航空来宾导航台，为过境的国内、国际航空飞行提供导航服务。

第一章 管　理

第一节 机　构

铁路管理机构

来宾车务段 来宾车务段前身是来宾运输段，于1974年成立，属柳州铁路分局领导。车务段机关设在来宾火车站广场南侧，1990年，全段职工874人，其主要任务是从事办理接发列车和客货运输业务。其管辖范围：湘桂线进德至和吉村间13个车站；黔桂线新圩、太阳村、洛满3个站；焦（作）柳（州）线柳江、成团、福塘3个站及柳州乘务驻在所20个站所，正线总延长为193千米。在管辖区内分别接有广西水泥厂、白山采石场水泥厂、八一锰矿1和锰矿2、来合线、来宾冶炼厂、来宾火电厂等较大的专用线，80%以上的货物都在这些专用线内装卸作业。发送的大宗货物主要有水泥、煤炭、金属矿、非金属矿和矿建物资等。1974—1997年，年均旅客发送量为115.55万人，年均货物到发量为157.51万吨。1998年10月，来宾车务段撤销，该段原管业务改由柳州车务段管理。

来宾管理段 民国30年(1941年)9月—1958年，1961年3月—1971年9月，来合线由合山煤矿管理。1959年—1961年2月改属柳州铁路局管理。1971年10月1日，自治区将来宾至合山铁路线复交柳州铁路局代管。1972年5月1日，成立柳州铁路分局来合铁路运输段，段址设在来宾县合山路181号。段内设有党、政、工、团组织及运输、电工设备、财会、总务、材料、教育室等职能部门，下辖白鹤隘、合山2个工务领工区以及古瓦、桥巩、白鹤隘、河里、王所、广屯、柳花岭、东矿等车站。当年全段共有职工820人。1973年3月8日，改称柳州铁路分局来宾铁路管理段。1985年4月，来合线交由柳州铁路局地方铁路处直接领导。1988年10月26日，柳州铁路局地方铁路处撤销，广西境内的来合、三罗、金红、洛茂、桂海等地方铁路移交柳州分局管理。1990年全段共有职工836人，房屋建筑面积77996平方米。1992年10月1日，广西地方铁路有限责任公司成立，来宾铁路管理段移交该公司管理，改称广西地方铁路有限责任公司来宾管理段（下简称来宾管理段）。车务段机关设行政办公室、党委办公室，运输科、劳人科、计划科、工电科，是一个集机车、车务、工务、电务、车辆的综合性管理段。管辖来宾至合山铁路运营线（简称“来合线”）及大唐桂冠合山发电有限公司，合山柳花岭矿、合山东矿、合山马安、合山水泥厂、河里平洞、河里独山线、广西来宾东糖迁江有限公司，兴宾区供销联社、广西地方铁路有限责任公司来宾管理段合山机辆车间油库共10条铁路专用线。沿线设有古瓦、白鹤隘、河里、合山4个站。

2005年，来宾管理段位于来宾市合山路181号。管辖来合线，沿线设有古瓦站、白鹤隘站、河里站、合山站，全长57千米。段机关设办公室、运输科、劳人科、工电科、财务科，是一个集机、车、工、电、辆的综合性管理段。全段在职干部职工605人，全段有动力机车6台。

公路管理机构

公路管理局 民国14年(1925年)，修筑柳邕公路（今国道322线），归柳庆迁石公路管理局管养；民国17年7月，柳庆迁石公路管理局改为柳江区公路管理局，境内路段归其管理。民国29年柳江区公路管理局改称桂柳公路监督处，境内路段归其管理。

中华人民共和国成立后，境内各县成立公路养护工区，负责本辖区内国道、省道及部分县道的养护、路网建设、路政管理，隶属柳州公路段。1958年2月，成立忻城公路段；1958年石龙养护工区成立；1959年来宾县设公路养护工区；1961年12月

27日,来宾成立公路段,隶属柳州公路总段。1962年撤销石龙养护工区,成立象州公路段和武宣公路段,隶属柳州公路总段,负责境内国道、省道、县道的管理、养护和改造;1964年,金秀瑶族自治县公路养护段正式成立;1971年,来宾公路段与县汽车站合并,成立来宾公路运输站。1973年10月13日,站、段分开,恢复公路段名称。根据各条线路养护里程,各县公路段下设若干个道班。1980年以前,境内未设立路政管理机构,公路路政管理主要由公路养护部门行使。1986年,柳州公路总段根据自治区人民政府办公厅(1985)137号文件规定,成立柳州公路总段公安科,受柳州公路总段和柳州地区公安处双重领导。境内各县(市)公路局成立公路公安派出所或执勤室,受柳州公路总段公安科和各县(市)公安局双重领导。1993年,境内各县公路段改称公路管理局,隶属柳州公路管理局,各县(市)公路管理局下设若干个公路管理站。1998年1999年,境内各县(市)交通局先后设立路政管理大队,隶属柳州地区交通局公路管理处路政科。2000年,境内有来宾、忻城、象州、武宣、金秀瑶族自治县和合山市6个公路管理局,隶属柳州公路管理局。2003年末,柳州公路管理局改称桂中公路管理局,辖境内来宾、忻城、象州、武宣、金秀和合山公路管理局。2004年4月,来宾公路局与合山公路局合并,称来宾公路管理局。桂中公路管理局主要从事柳州、来宾两市辖境专业公路的规划、建设、养护、管理和征费等工作。2005年,该局管养公路总里程为1778千米,来宾、忻城、象州、武宣、金秀公路管理局归其管辖。

公路运输管理处(所)　中华人民共和国成立前,境内无专门运输行业管理机构。民国14年(1925年),境内运输行政管理由柳(柳州)庆(庆远,今宜州市)公路局兼管。

中华人民共和国成立后,境内各县在20世纪50年代成立汽车站,各地汽车站自成系统,受广西省交通局管理。各县地方从事公路运输辅助经营的搬运社、牛(马)车社等,统称"民间运输",由各县交通局设员管理。1955年,石龙县人民政府曾制订《武宣搬运站运力暂行办法》。1956年,石龙县由全县从事水陆运输者组成的"运输联社"代行政府对民间运输管理职能。运输联社对民间运输实行统一货源、统一调度、统一运价、统一票证的"四统"管理。1962年,各县相继建立民间运输联社,隶属柳州专区民间运输联社,均兼有公路、水路运输经营与管理职能。1963年7月,武宣县在二塘、桐岭设立交通管理站,分片管理民间运输事宜。执行统一货源、统一调度、统一运价的"三统"政策。同时《关于加强我县民间运输管理的通告》中规定,凡专业、副业运输社、队,一律经县交通主管部门会同公安部门审查发给运输证,车船发给行驶执照并经税务部门核发牌照;散车、散船、散工则应具区公所证明,并向交通管理站和税务部门登记取得牌照,否则不得参与营运。8月,各县民间运输联社与当地交通局合署办公。1968年,忻城县人民政府为维护运输行业秩序,减少车辆空驶,提高运输效益,组建忻城运输指挥部;下设联运办公室,由县银行、交通局、汽车站等部门参加,根据货运情况,编制运输计划,每月到柳州运输指挥部参加平衡会议一次,按规定范围,实行省、地、县三级协调,加强计划运输管理。1969—1970年间,境内各县的民间运输社与当地交通局民运科(股)、木帆船管理站、港航监督站等合并,组建民间运输管理站,管理本地民间公路、水路运输行业。1973年,由于受"文化大革命"的干扰,运输行业难以控制,忻城县联运办公室解散。

1984年底至1985年初,境内各县(市)相继撤销民间运输管理机构,建立运输管理机构,管理辖区内公路、水路运输行业,隶属柳州地区运输管理处。1984年11月19日,武宣县成立县交通运输管理所;12月,来宾、金秀瑶族自治县和合山市公路运输管理所成立;1985年1月,忻城县运输管理所成立;4月,象州县运输管理所成立。1988年5月,辖区各县(市)运输管理机构的管理职能分拆,分别成立公路运输管理所和航务管理所。公路运输管理机构专职管理公路运输市场,职能包括管理公路旅客运输、货物运输、汽车维修等行业,征收公路运输管理费、公路建设基金、拖拉机(摩托车)养路费等规费。1992年,各县(市)公路运输管理所内增设驾驶员培训管理办公室(股),专职实施境内驾驶员培训机构、营运性机动车驾驶员从业资格培训等行业管理。1995年7月29日起,境内各县(市)公路运输管理所贯彻执行《广西壮族自治区道路运输管理条例》,抓好公路运输管理工作。

2003年1月8日,来宾市交通局成立,下设来宾市公路运输管理处。同年11月,来宾市公路运输管理处内设办公室、计财科、维修管理科、培训管理科、客运管理科、货运管理科、稽查安全科、办证科等8个科室。

表 19-1 来宾市辖区县(市、区)运政管理机构成立时间表

单位	成立时间	成立文号
象州县运输管理所	1985 年 4 月 16 日	象政发〔85〕102 号
武宣县运输管理所	1984 年 11 月 19 日	武政发〔84〕第 101 号
来宾县运输管理所	1984 年 12 月 29 日	来政发〔84〕第 203 号
金秀瑶族自治县运输管理所	1984 年 12 月 11 日	金政〔84〕第 221 号
忻城县运输管理所	1985 年 1 月 28 日	忻编字〔85〕3 号
合山市运输管理所	1984 年 12 月 4 日	合政发〔84〕第 146 号
来宾市运输管理处	2003 年 1 月 8 日	—

交通管理机构

市交通运输局 清代以前，今来宾市境内各县历届政府均无交通机构。民国时期，境内各县政府建设科兼理交通事务，直至中华人民共和国成立前夕。民国 17 年(1928 年)4 月，忻城土县升为正县之后，该县设民间运输、财会、宣传教育、建设 4 科，由建设科兼管道路、桥梁建设工作。

1949 年 12 月—1952 年 8 月，柳州区专员公署、宜山区专员公署分别设立建设科，负责辖区内交通建设。1952 年 8 月，柳州区专员公署与宜山区专员公署合并，称广西省人民委员会宜山区专员公署，同年 12 月改称桂西壮族自治区宜山专员公署，均设立交通科。至 1956 年 2 月，宜山专员公署改为桂西壮族自治州宜山地区工作委员会，设交通科。1957 年撤宜山地区工作委员会，恢复宜山专员公署，交通工作机构不变。1958 年 2 月，工业科、手工业科、交通科合并成立工交局(后改称工交科)。1958 年 6 月，宜山专员公署改称柳州专员公署，期间设交通运输管理局。1961 年 4 月，柳州地、市工作机构分开办公，交通与运输分开，恢复交通管理局。1963 年，柳州专署设立交通局。1968 年 8 月，柳州地区革命委员会成立，设立工交小组，1971 年 11 月成立交通局，直至 1978 年 5 月。1978 年 5 月，柳州地区行政公署成立，设交通局。1984 年始成立中国共产党柳州地区交通局党组。1986 年，中国共产党柳州地区纪律检查委员会在地区交通局内设纪律检查组，但未配备专职各工作人员。2002 年 12 月，柳州地区撤地设市后，2003 年 1 月 8 日，来宾市交通局成立，负责来宾市辖区内的交通运输管理工作。局机关内设办公室、人事教育科、财务科和综合科；下设市公路管理处、公路运输管理处、航务管理处 3 个副处级事业单位和市交通规费征收稽查办公室。市交通战备办公室挂在市交通局，在职干部职工 80 人，辖兴宾区、忻城县、象州县、武宣县、金秀瑶族自治县和合山市交通局。2005 年，来宾市交通局(正处级单位)核定编制 14 人(其中事业编制 1 名)，在职 14 人，领导职数设 2 正 3 副。机关内设办公室、人事教育科、财务科和综合科；下设市公路管理处、公路运输管理处、航务管理处 3 个副处级事业单位和市交通规费征收稽查办公室；市交通战备办公室挂在市交通局。在职干部职工 79 人。2005 年来宾市交通局在市人民路西 356 号办公。

市交通局历任局长：陈秀初(2002 年 12 月—2004 年 12 月)，罗美兰(2004 年 12 月—2005 年 12 月)。

县(市、区)交通局 中华人民共和国成立后，境内各县人民政府设建设科负责管理交通事务。先后隶属柳州专区(1950 年—1952 年 8 月)和宜山专(地)区(1952 年 8 月—1958 年 6 月)建设(交通)科。1949 年 11 月 27 日，忻城县人民政府成立，下设建设科，隶属武鸣专区建设科(1951 年 1 月属宜山专区)；1950 年 10 月，来宾县人民政府设立建设科；同年，武宣县置建设科；1954 年 8 月，来宾县成立交通科；同年，忻城县成立交通科。1953 年 4 月 30 日，石龙县成立后至 1956 年，今象州、武宣两县交通由石龙县人民政府农牧科兼管。1956 年 1 月，大瑶山瑶族自治县人民委员会交通科成立，属平乐专区(1958 年后属柳州专区)。1957 年，武宣县交通科自农牧科中独立出，专设机构。1958 年 3 月，金秀瑶族自治县交通科改称工业交通科。8 月，金秀瑶族自治县将自治县汽车站、自治县搬运社合作社合并成立交通运输局，属柳州专区交通运输局直接领导的企业机构。同月，来宾县交通科与手工业科合并，称工业交通科。1959 年 6 月，来宾县工业与交通分设，成立县交通运输局，合公路养护、汽车运输为一体，党政由县委、县府领导，业务由柳州专区交通运

输局领导，经费由区交通厅拨发。1960 年，忻城县交通科改称交通运输局。1961 年 8 月，金秀瑶族自治县交通运输局收归自治区交通厅直接管理，属柳州专区交通运输局的派出机关。1963 年 2 月，来宾县交通运输局改称交通局。境内各县交通局隶属柳州地区交通局。同月，金秀瑶族自治县交通运输局移交金秀瑶族自治县人民委员会领导，属县人民委员会的工作机构。1963 年 9 月，金秀瑶族自治县交通运输局改称交通局。

"文化大革命"期间，境内各县交通局职能由县革命委员会生产指挥组取代。"文化大革命"后，境内各县陆续恢复交通局，行使交通管理职能。1970 年 2 月，来宾县成立交通服务站，代行交通局职责。1971 年 12 月，来宾县撤销交通服务站，恢复交通局；1972 年 9 月，忻城县恢复交通局；1974 年，武宣县恢复交通局。

1980 年后，境内各县交通局设公路组，负责县域内县乡公路的修建和养护工作。1990 年后，各县交通局设立公路管理所、公路运输管理所、航务管理所、交通规费稽查所、货运服务站和乡（镇）交通站等。

水路管理机构

民国 31 年(1942 年）以前，今来宾市境内水路运输无专门管理机构，水路运输业管理处于民间自由状态。民国 31 年，广西航业联营社始于大湾设立航运办事处，经办水上运输业务。

中华人民共和国成立后，境内各县（市）开始重视水运事业，并逐步建立健全相应的组织及管理机构。1956 年，境内各县（市）按照中南局颁布的《帆船运输社组织章程》，在对生产资料私有制的社会主义改造中，通过宣传教育，把个体运输户组织起来，成立民间木帆船运输合作社，水上运输开始走上合作化道路。是年，柳州航运部门在武宣镇西街租用民房设港务站。4 月，石龙县（今象州、武宣县）建立高级木帆船运输合作社；忻城县成立"红渡木帆船运输合作社"；来宾县成立民间木帆船运输合作社。1958 年 11 月 1 日，石龙县水运组织联合成立先行人民公社。公社实行集中领导，划分为 5 个联络站分级管理。1959 年 8 月 14 日，成立石龙县民船运输联社；1963 年，象州县成立运江第二运输社。20 世纪 70 年代，境内各县相继成立民间运输管理站，负责管理民间运输组织及运输计划。1971 年 6 月，来宾县成立县民间运输管理站；1972 年，象州成立民间运输管理站。1981 年，来宾县木帆船运输合作社改称来宾县水运公司，实行经营自主、独立核算、自负盈亏，拥有生产、生存等多种形式的组织管理体制。

20 世纪 80 年代至 90 年代，境内各县相继成立航运管理机构，称航运管理所，属自收自支独立核算事业单位，隶属柳州地区航务管理处。负责对辖区内水路运输企业、各种运输船舶和水路运输服务企业的业务审批，经营活动的检查，维护水路运输的秩序，汇集和发布水运技术、经济信息，为水运企业和运输船舶提供咨询服务。1986 年 11 月，来宾县运输管理站改称航运管理所。1992 年，忻城县航务管理所成立。

2003 年 1 月 8 日，设立来宾市航务管理处（副处级单位），专门负责市境内水路运输管理工作，在业务上指导辖区内武宣县航运管理所、象州县航运管理所、兴宾区航运管理所、合山市航运管理所、忻城县航运管理所对本辖区水路运输管理工作。当年，为加强水上交通安全管理，境内有客运船舶的乡（镇）配备 1 名船舶管理员，负责辖区内乡（镇）船舶安全管理工作。

第二节　铁路管理

安全管理

2003 年，来宾市境内国有铁路各站车务、工务、电务等运输生产单位，贯彻落实国家《中华人民共和国安全生产法》，坚持"安全第一、预防为主"方针，按照铁道部"规范管理、强基达标"总要求，始终把运输安全生产作为重点工作来抓，加强安全基础建设，建立健全安全管理规章制度，不断完善"三控"（监控、互控、自控）体系和"三重"（重奖、重罚、重教）机制，坚持不懈地抓安全管理，推行逐级负责制，层层保安全，开展安全大检查和安全专项整治活动促进安全形势稳步发展。国有铁路 10 个站均未发生任何行车事故，黄坡、维都站分别取得 6873 天无事故好成绩；15 个工务线路、道口桥梁工区均未发生任何行车事故，凤凰线路工区实现连续无任何行车事故 10383 天，创历史最高纪录；来宾、凤凰电务信号工区分别取得 7233 天和 7230 天无行车事故好成绩。

来宾管理段则依据公司及段职代会、党代会精神，结合铁路运输市场整顿，重点抓好各级各部门安全生产责任状的签订、重点工程施工安全管理、危险货物运输管理。结合公司的安全专项整治活动，组织开展"百班、百趟"竞赛活动、运输生产运动会，同时利用墙报、黑板报、标语等形式广泛宣传《安全生产法》。此外,还着重强调“监控、自控、互控”及“重奖、重罚、重教育”,从公司到管理段、管理段到车间、车间到班组、班组到职工个人,实行层层管理、相互监控制的管理体系。同时加强安全检查力度,严厉责令整改安全隐患并及时反馈信息。是年,没有发生一起运输生产安全事故,实现了全年安全生产的目标。

2004年,来宾市辖区内各火车站把安全生产放在各项工作的重中之重的位置来抓,坚持“安全第一,预防为主”的方针,严格管理,认真落实安全生产逐级负责制,强化安全责任的落实;针对自动闭塞、DMIS等新技术、新设备的投入使用,加强职工日常的学习培训,全面提高职工队伍素质;针对施工作业多,对安全影响较大,加强对现场作业的监控;开展安全生产大检查、安全生产专项整治等活动,消除影响安全生产的隐患和问题;严格检查考核,强化奖励约束机制,夯实安全基础。辖区内各站均消灭一切责任行车事故,实现安全年目标。截至当年12月31日,白山站实现安全生产4242天、凤凰站实现安全生产5802天、来宾站实现安全生产4847天、良江站实现安全生产4315天、平塘站实现安全生产6067天、小平阳站实现安全生产5819天。来宾管理段结合运输市场整顿,重点抓好各级各部门安全生产管理、重点工程施工安全管理、危险货物运输管理、结合公司的防洪要求,制定系统的防洪措施,重点在汛期前、中、后对重点地段、桥梁、道口实行24小时监守,保障汛期安全生产。为强化职工的安全生产意识,来宾管理段开展安全专项整治活动,工会组织开展“百班、百趟”赛活动、运输生产运动会,充分发挥墙报、黑板报、标语、来合简报等宣传阵地,开展形式多样的安全教育,从公司到管理段、管理段到车间、车间到班组、班组到职工个人,实行层层管理、相互监控的网络管理体系,加强安全检查力度,严厉责令整改安全隐患并及时反馈信息。是年,辖区内没有发生一起责任路外伤亡事故,较好完成安全生产任务,实现全年安全生产目标。

2005年,来宾市境内铁路各单位重视安全生产,经常对职工进行安全教育,增强安全意识;加强业务学习培训,提高职工队伍整体素质;落实作业标准化,严格执行自控、互控、监控措施;广泛开展安全大检查、大反思和专项整治活动,及时消除安全隐患。至12月31日,境内各车站、工区实现连续无责任行车事故天数为:白山站4602天、凤凰站6167天、来宾站4293天、良江站4608天、平塘站6432天、小平阳站6178天,来宾工务领工区1540天,来宾、凤凰电务工区7339天和7731天。来宾管理段加强铁路安全生产工作。当年,重点抓好各级各部门安全生产责任状的签订、工程施工安全管理、道口安全管理、危险货物安全及货物防超载限管理、劳动安全整治,结合公司安全专项整治活动,组织开展“百班、百趟”赛、“安全生产月”“标准中间站”等竞赛活动。严格执行行车安全控制点及要求,规范运输安全管理。当年,顺利实现安全生产目标。

路风建设

2003年,来宾市境内各铁路部门贯彻国务院、中央纪委关于纠正行业不正之风和整顿规范市场经济秩序精神,坚持“创建并举、标本兼治”的方针,以抓优质服务、促安全营销为重点,加强路风建设管理,严格路风工作考核,推进路风基础建设;开展客货运输收费清理整顿“回头看”活动,巩固清理整顿成果;加强路风监察监督,加大路风问题源头治理力度;开展路风专项检查,严格规范路风行为,遏制乱收费乱加价、以车以票谋私、粗暴待客路风问题发生;完善路风建设领导负责制、逐级负责制和分级管理原则,层层签订《路风建设责任监督监察包保责任书》,实行路风建设抵押金制度;开展路风教育、形象设计、职业道德、文明服务、承诺服务等活动,提高职工队伍的整体素质,树立良好的铁路形象。是年,各站路风形势稳定,路风建设健康发展,无路风不良反应。

2004年,来宾市辖区内各火车站加强职工教育与管理、强化职工的法制意识;认真落实路风建设责任制,职工与车务段签订责任书,交纳风险抵押金,强化责任的落实;对春运、暑运、“五一”及国庆“黄金周”等路风问题高发期,各站加强对关键人员的监督控制,严防以车谋私、以票谋私等问题发生。全年各站均无不良路风事件发生。

2005年,市境内铁路各服务窗口单位继续坚持“标本兼治、纠建并举”的方针,加强对职工的路风教育,加大对以车以票谋私问题的检查力度,防止发生损害旅客、货主利益不正之风,维护铁路良好形象。来宾站路风建设常抓不懈,路风管理毫不放松,全年为旅客货主做好事163件,赢得群众好评。

治安管理

柳州铁路公安局来宾车站派出所辖区内有车站12个,铁路线路111千米,沿线有自然村142个、人口约 28 万人。2003—2005 年，派出所以“发案少、秩序好、政治稳定、群众满意”为工作目标，加大铁路治安管理力度，开展专项整治，搞好综合治理，推行“站警联防”新机制，有效遏制货盗案件的发生，确保铁路运输生产安全，维护社会稳定。

2003 年，破获刑事案件 52 起，其中重特大案件 6 起；查清治安案件 152 起，其中危及行车安全的“五类”案件 20 起；抓获各类违法犯罪嫌疑人 260 人，其中刑事拘留 15 人、治安拘留 9 人；追缴赃款赃物价值 5 万元；协助地方公安机关破获案件 62 起；安全消防检查 183 处；巡查线路 4413 次 1.95 万千米；路外宣传 127 人次，受教育 5 万人次。来宾车站派出所多次被评为“先进集体”，2003 年获集体三等功。

2004 年，来宾市辖区内各火车站在职工中广泛开展“四五”普法教育活动，通过上宣传课、组织观看录像等形式，进一步提高职工的法制意识。加强职工管理，职工与车务段签订责任书，交纳抵押金，强化责任的落实。对防盗薄弱的重点部位进行整治，更换铁门铁窗，安装防盗探头等，全面落实“三铁一器”，防止现金、有价证券及贵重物品被盗问题的发生。来宾站开展站警联防活动，有效遏制货盗问题发生。针对白山站区治安问题突出，站区与驻站公安开展联防，实行巡守制度，站区治安明显好转。

2005 年，来宾火车站派出所按照“抓班子、带队伍、保平安”的工作思路，切实做好铁路治安工作，保障铁路运输安全畅通。全年打掉犯罪团伙 7 个，破获刑事案件 61 起，其中重特大案件 21 起；查清治安案件 265 起，其中危及行车安全的五类案件 7 起；抓获各类违法犯罪嫌疑人 436 人；巡守停站货物列车 5.69 万趟，清查爬车及其他闲杂人员 3981 人；先后出动警力 7976 人次，巡查线路 8.58 万千米；路外宣传 257 场次，受教育人数达 10 万之众，与耕牛户签订责任状 4366 份，涉及耕牛 8621 头；清理检查 77 家废旧收购站点，其中 12 家无证经营，3 家非法收购铁路专用器材。2005 年度，来宾火车站派出所被铁道部公安局评为二级派出所，获集体三等功 1 次、集体嘉奖 2 次。

第三节 公路管理

路政管理

路政执法 在“十五”期间，辖区内路政机构不断完善，办公条件得到有效改善。各路政大队相继有了专门的办公场地，配齐了执法专用车、电脑、举报电话，以及办案的必要工具。各级路政管理部门依法开展路政管理工作，为维护路产路权，保障公路畅通，做出了积极贡献。

1980 年，境内公路路政管理机构成立后，贯彻实施自治区公路管理条例和国务院颁布的《中华人民共和国公路管理条例》《中华人民共和国公路法》，改变过去公路管理“有章可循、无法可依”的被动局面，公路路政管理步入法制轨道。各县（市）注重发挥县公路部门公安机构在维护公路治安，保护路产路权中的重要作用，把法律手段和必要的经济手段、行政手段结合起来，坚持依法治路，路政管理工作出现新局面：临路违法建筑基本得到控制；一批“卡脖子”路段，交通拥挤状况有了很大改观；超重车辆损坏路面、桥涵等事件有所减少；任意侵占公路和毁坏公路设施的行为得到有效遏制。象州县 1989—1990 年共查处路政案件 103 起，追回路政赔款 15505 元，罚款 650 元；兴宾区（原来宾县）1991—2005 年，共查处路政案件 1300 多起，收回路产损失赔偿 190 多万元。忻城县境内路政案件主要是车辆超载损坏路面案件，收取因超载导致路面损坏的路产损失赔（补）偿费，1991—2005 年，全县查处路政案件 1782 起，年均 118.8 起；收取路产损失赔（补）偿费 184.34 万元，年均收取 12.29 万元。1997 年后，忻城县境内因车辆超载损坏路面案件逐年增多，路产赔偿也增多，忻城县 2000 年查处路政案件 666 起，收取路产损失赔（补）偿费 27.16 万元，为历史最高年份。2004—2005 年，武宣公路管理局路政管理所在所管辖路段内发生路政案件及涉路审批项目共计 262 起，挽回公路路产损失赔补偿费 58.15 万元；检测车辆 10223 辆，查处超限运输车辆 496 辆，卸载货物 3853.62 吨，卸载率达 96.8%，处罚 496 人，罚款总额为 115.76 万元。路政所先后荣获桂中公路局路政先进集体、自治区公路局治超工作先进集体等荣誉。

2003 年，来宾市共查处各种涉路违法案件 101 起，清除违法建筑设施 39 处。为确保交通安全，在金秀至修仁、石龙至龙兴、二塘至界首、上浪至加芳、河里至里兰、伏龙至凤凰等 6 条共 188.39 千米路段埋设道路交通标志 347 块，投入资金 12.58 万元。

2004 年，路政执法开始治理运输车辆超限超载工作。由市交通局牵头成立来宾市“治超办”，召集所属各县（市、区）路政、运管执法人员组成流动执法小组上路查处超限超载车辆，此后在公路上的违法建筑行为和车辆超限超载违法行为得到了治理。

桂中公路管理局加强路政管理，维护路产路权。重点清理违章公路道口，加大清理整顿涉路光缆工作的力度，加强对违法建筑的监控，桂中公路局辖区路政案件发案581起，查处581起，查处率100%，其中立案查处193起，结案193起，结案率100%，避免路产损失256.67万元；加强对超限超载车辆的治理，共投入治超执法人员8498人次，检测车辆9169台，查获超限车辆1433车次，卸载1385车次，卸载货物15013吨，车辆超限率由治超初期的41%下降至目前的7%左右，卸载货物总量、处罚案件数量等硬性指标名列全区同行前茅。

2005年，市境内公路路政管理的重点是治理车辆超限超载。全市交通行政执法人员分成3个流动执法小组在所管辖的路上开展治理车辆超限超载工作。是年，共发生路政案件562起，立案查处530起，结案530起；收取路政赔偿款4万元，行政许可8起，治理车辆超限超载出动路政、运管执法人员2763人次，处罚违法车辆502辆，卸载货物5003吨，罚款77万元。桂中公路管理局加强路政管理，维护路产路权。全年路政案件共发案432起，查处432起，查处率100%，其中立案97起，查处97起。收回路政损失199.19万元，其中路政赔款36.28万元，补款161.42万元，罚款1.49万元。针对桂中地区的特殊情况，加强在榨糖季节的道路巡查和路政宣传，开展送“法”上门20余次、发放宣传资料2000余份、拆除临时搭棚102处789.6平方米、清理公路范围内堆积物989处1246.5平方米、清理人为堵塞水沟781.9米、清理各类非交通标志、广告牌915块；加强超限运输现场管理、整治超限运输车辆，全年共检测车辆55736台次，查处超限车辆3976台、卸载车辆3908台、卸载货物48406.42吨、治超罚款850.96万元。

运政稽查 20世纪50年代，辖区内没有专门的运政管理机构，各县国营汽车站自成管理体系，统称“民间运输管理”。1962年开始进行调整，相继成立了地区、县市(市)民间运输联社。20世纪80年代，境内各县(市)成立运输管理机构，负责辖区内县(市)公路、水路运输市场管理。1984年12月，辖区内撤销民间运输管理机构，在原柳州地区交通局民运组基础上，设置柳州地区交通局运输管理科，对外称柳州地区运输管理处。80年代后期，境内各县(市)水陆运输管理分开，设立公路运输管理机构和航务管理机构。公路运输管理机构称公路运输管理所，副科级单位，负责道路运输行业管理、运政稽查等工作职责，依法检查公路运输行业经营者的经营行为，督促经营者守法经营，纠正各种违法经营行为，维护公路运输市场秩序。2003年3月3日，自治区人民政府批准来宾市设立来宾市城郊、象州县城郊、武宣县城郊、忻城县城郊、忻城县大塘、金秀瑶族自治县城郊、合山市城郊等7个征费稽查站点。来宾市公路运输管理稽查人员依托此7个稽查站点对运行中的营运车辆进行检查。

2005年，来宾市路政管理部门的管理重点是治理车辆超限超载。全市交通行政执法人员分成3个流动执法小组在所管辖的路上开展治理车辆超限超载工作。是年，共发生路政案件562起，立案查处530起，结案530起，收取路政赔偿款4万元，行政许可8起，治理车辆超限超载出动路政、运管执法人员2763人次，处罚违法车辆502辆，卸载货物5003吨，罚款77万元。来宾市、县二级运政机构配备稽查工作人员32名，工作车辆18辆。

表19-2 **1996—2005年来宾市检查营运车辆数量统计表**

年份	检查数(辆/次)	违法数(辆/次)	占受检车数%	处罚数(辆/次)
1996	21734	2350	10.81	2314
1997	24318	2424	9.97	2397
1998	58745	4997	8.51	4965
1999	65528	7506	11.45	7498
2000	162774	10047	6.17	10024
2001	151114	13538	8.96	10489
2002	15449	1091	7.06	1054
2003	66257	5248	7.92	5226
2004	10284	2799	27.22	2772
2005	19351	641	3.31	598

交通规费征收

养路费征收　1950—1952年，设柳州监理所，属柳州公路总段直接领导。1953年，交通监理所设在运输局；1959—1969年，广西公路局监理科下设有柳州监理所。1970年，各县公路运输站辖监理站。1971年，柳州公路总段与柳州汽车总站合并，成立柳州公路运输总站，设监理科，对外称监理所。1973—1984年，今来宾市各县（市）设交通监理站，隶属柳州地区交通监理所。1985年，今来宾市各县（市）公路段设养征站，隶属柳州公路总段养征所，负责本地区养路费征收工作。1989年，境内各县设交通规费稽征站，隶属柳州地区交通规费稽征所。1992年12月30日，境内各县设交通规费稽征站改称交通规费征收稽查所，隶属柳州地区交通征费稽查处。1994年，境内各县（市）交通局设立拖拉机、摩托车规费征收办公室，下设若干个乡镇交通管理站，负责征收本地区拖拉机和摩托车养路费。

2003年1月8日，来宾市交通局成立，下设交通规费征收稽查办公室，负责辖区内拖拉机和摩托车养路费征收。下辖兴宾区、忻城县、象州县、武宣县、金秀瑶族自治县、合山市、交通规费征收稽查办公室。

2005年，来宾市交通部门加强政策宣传力度，严格票证的领用和管理，认真抓好征费计量核定，推广征费微机管理，加强稽查工作，以查促收。全年组织联合大稽查13次，重点稽查4次，补征交通规费近600万元，征收滞纳金60多万元；全年征收各项交通规费9610.3万元，增长7%。其中，公路征费部门完成5369.3万元，地方交通部门完成4241万元。根据《广西壮族自治区人民政府办公厅转发自治区交通厅关于广西壮族自治区农村公路客运车辆税费征收减免方案的通知》和自治区交通厅、公安厅联合下发的《关于实施我区农村公路客运车辆税费减免方案有关问题的通知》文件精神，认真做好全市农村客运税费减免审批工作。全年全市共审批符合减免规定的农村客运班线48条，客车248辆。其中：跨县4条，6辆；县内44条，242辆（含微型车11条，75辆）。

表19-3　**1996—2005年来宾市地方交通规费征收情况表**

单位：万元

年份	公路养路费（万元）	公路建设基金（万元）	公路运输管理费（万元）	合计（万元）	增长率(%)
1996	2164.61	599.46	94.23	2858.30	
1997	2196.43	622.52	96.86	2915.81	2.01
1998	2243.55	660.17	97.06	3000.78	2.91
1999	2195.38	771.02	95.43	3061.83	2.03
2000	2321.46	977.15	117.00	3415.61	11.55
2001	3679.25	118.81	124.00	3922.06	14.83
2002	4210.48	211.97	148.32	4570.77	16.54
2003	3433.64	177.40	114.23	3725.27	−18.50
2004	3597.71	177.87	112.25	3887.83	4.36
2005	3848.98	175.19	80.43	4104.60	5.58

征收标准　民国17年（1928年）至民国末年，境内养路费征收按《广西公路征收养路费暂行简章》执行，以车为单位，按车辆额定载重吨位、客货票价、行驶里程，按车全应收总票价七折为基数，征收40%作为养路费。1950年，境内养路费按运价总收入10%计征，空车征费在本年度作三次调整：1月25日—5月4日，空车按额定吨位计算5%计征。5月5日—6月30日，按总价收入10%计征。8月22日至年末，按总运价8%计征。1951年8月起，空重车按总运价6%计征养路费。1952年，车辆按月缴费，每吨每月征收养路费旧币24000元，按次缴费每吨千米旧币240元，每人千米24元。1953年7月起，每月1500车千米的公私专业运输车辆仍按月征费，费率7.5%不变，非运输部门车辆按次征收养路

费。1955年,按月缴费车辆按成本平均运价8%计征;1956年,车辆养路费按货运价8%计征;1960年国营运输企业建制车辆按月营运总收入9.5%计征养路费,机关、厂矿、企事业单位车辆按月分旬计征养路费;1963年,专业运输单位车辆按营运总收入12%计征养路费,厂矿、企事业单位车辆养路费分旬计算征收,月费每吨88元,旬费29.3元,机关、学校、团体车辆养路费按厂矿、企事业单位养路费的80%计征,汽车挂车和拖拉机拖斗,每吨月费35.2元,旬费11.2元。军车、养护工程车、筑路机械车、消防车、救护车、教练车、非营业性质小卧车、中小吉普车、二轮机械脚踏车等,免收养路费。从1965年2月起,自治区直属国营专业车按营运总收入14%计征养路费,厂矿、企业、事业单位车按每吨88元计征月费,每吨11元计征次费;党政机关、学校、人民团体车按每吨44元计征养路费,每吨11元计征次费;免费车辆参加运输,每吨千米0.03元计征次费。1979年,专业运输车辆养路费按营运总收入10%计征,社会车辆按月吨70元计征养路费,至1980年4月调整为:专业营运车辆按营运总收入12%计征养路费,社会车辆按月吨70元计征。同年12月执行广西壮族自治区交通厅公路养路费征收与使用办法,交通部门公路运输企业的营运车辆(旅游车、出租车)按营运收入总额的12%计征,厂矿、企事业、合作社等单位车辆按月吨80元计征,汽车挂车减半征收,拖拉机每月吨按64元计征。党政机关、学校、人民团体自用的客货汽车及拖拉机、新闻广播、环保监测、水文气象、公安看守等车辆,减半征收。至1985年,根据自治区人民政府办公厅桂政办函(1984)612号文件,养路费有所提高,境内交通部门公路运输企业的营运汽车及旅游、出租车,按营运总收入的15%计征养路费,社会车辆按每月每吨105元计征,非农业拖拉机每月每吨64元计征,党政机关、学校、人民团体自用的小轿车、吉普车、小旅游车和拖拉机,公安看守、强劳队、广播新闻等单位车辆以及各单位自用的后三轮摩托车和简易机动车、汽车挂车减半征收,从事营运的农业拖拉机每月吨按42元计征,贫困乡镇农业拖拉机每月每吨按31.5元计征。自养公路单线里程在20千米以上的农林场和厂矿单位,其车辆养路费减征比例为费额的20%~60%。1993—1994年,境内执行《广西壮族自治区公路养路费征收管理办法》,营运客车和从事旅客运输的后三轮摩托车、客货两用车、微型汽车,每月每吨按160元征收养路费,货车、非营运客车、简易机动车(包括农用运输车)、汽车拖带的挂车、后三轮摩托车的养路费,按每月每吨130元征收。摩托车养路费征收标准为:二轮摩托车每月每辆10元、二轮轻骑每月每辆5元、侧三轮摩托车(包括三轮轻骑摩托车)每月每辆15元。2001年1月1日起,根据自治区人民政府办公厅《关于规范公路养路费征收管理有关问题的批复》规定,境内对公路养路费征收标准调整为:汽车、客货两用车、微型汽车、农用运输车、多功能拖拉机养路费为每月每吨200元;方拖、手扶拖拉机为每月每吨140元;两轮摩托车为每月每辆20元;两轮轻骑每月每辆15元;侧三轮摩托车(包括三轮轻骑摩托车)为每月每辆25元;营运侧三轮摩托车养路费为每月每辆40元。

2005年组织联合大稽查13次,重点稽查4次,补征交通规费近600万元,征收滞纳金60多万元。全年征收各项交通规费9610.3万元,其中,公路征费部门完成5369.3万元,地方交通部门完成4241万元,增长7%。同时,认真做好农村客运税费减免审批工作。根据《广西壮族自治区人民政府办公厅转发自治区交通厅关于广西壮族自治区农村公路客运车辆税费征收减免方案的通知》和自治区交通厅、公安厅联合下发《关于实施我区农村公路客运车辆税费减免方案有关问题的通知》文件精神,认真做好全市农村客运税费减免审批工作。2005年,全市共审批符合减免规定的农村客运班线48条,客车248辆。其中:跨县4条,6辆;县内44条,242辆(含微型车11条,75辆)。建市三年来,来宾市交通筹资规模实现新突破。全市交通部门狠抓交通规费征管,努力为交通建设筹集资金,累计征收地方交通规费1.2亿元。地方交通规费征收工作每年都有新突破,各项交通规费征收逐年增长18.24%、13.89%、7%。

公路货运基金 1992年,自治区人民政府印发《广西壮族自治区交通基础设施建设基金征收使用管理暂行办法》,决定征收交通基础设施建设基金(又称公路货运基金)。其中汽车为每月每吨30元,挂车、大中型拖拉机、货运后三轮摩托车为每月每吨20元,手扶拖拉机为每月10元。2005年,为减轻农民负担,取消对手扶拖拉机征收公路货运基金的规定。

公路运输管理费 1992年,境内根据《广西壮族自治区公路运输管理费征收和使用规定》及《广西壮族自治区公路运输管理费征收和使用实施细则》的规定,对广西区内营运车辆征收运输管理费。

表 19-4　广西公路运输管理费定额收费标准表

项目	计量单位	收费标准(元)
一、载货汽车		
1. 货车	元 / 吨 · 月	12.0
2. 挂车	元 / 吨 · 月	6.0
3. 大中型拖拉机	元 / 吨 · 月	6.0
二、载客汽车		
1. 普通、中级客车	元 / 座 · 月	2.4
2. 旅游客车	元 / 座 · 月	4.8
3. 高级客车	元 / 座 · 月	8.0
4. 轿车	元 / 座 · 月	11.0
三、其他车辆		
1. 微型客、货车、后三轮摩托车	元 / 辆 · 月	16.0
2. 过三转摩托车	元 / 辆 · 月	8.0
3. 两轮摩托车	元 / 辆 · 月	5.0
4. 手扶拖拉机	元 / 辆 · 月	4.0
5. 人、畜力车	元 / 辆 · 月	5.0
四、搬运装卸	元 / 人 · 月	5.0

说明：卧铺客车按旅游客车收费标准收，每个铺位按 1.5 个座位折合算，若折合计算扣客座位数超过同类底盘普通客车最高客座位数的，按最高座位数计算

第四节　水路管理

水路运政执法

中华人民共和国成立后，境内水路运政执法工作无专门机构，由行业组织按相关规定执行。20 世纪 80 年代后，各县相继成立管理机构，隶属柳州地区航务管理处。管理部门按《广西壮族自治区水路运输管理实施办法》进行水路运输执法管理。1991—1996 年，按《广西壮族自治区水路运输、服务企业暂行管理规定》《广西壮族自治区水路运输新增动力额度管理规定》等规章制度完成县境内水路运输市场治理整顿，对水路运输企业、船舶和水路运输服务企业、单位、个体的经营资格、经营行为、经营范围进行检查审验，建立健全各项规章制度。1997 年后按照《中华人民共和国水路运输管理条例》和《广西壮族自治区水路运输管理条例》对辖区内水路旅客运输（含水路旅游客运、渡运）水路货物运输、水路运输服务以及水路运输相关港口（含码头、泊位）经营、民间运输船舶候造等进行管理。水路运输实行多家经营、统一管理、协调发展的方针。1999 年，原柳州地区航务管理处组织 8 个县、市的航管人员组成联合检查组到陈家岭检查站执法，重点治理“大船小证”、不按规定缴纳规费等现象。共检查运输船舶 5475 艘、纠正违章船舶 830 艘、处罚 657 艘。2002 年，武宣县航务部门管理的水路运输检查站成立，负责辖区水路运输检查。

2003 年以前，辖区内水路运政执法管理由原柳州地区航务管理处统一管理，在业务上指导各县（市、区）航管所对本辖区水路运政执法管理工作。境内武宣县航管所、象州县航管所、来宾县航管所、合山市航管所、忻城县航管所。

2003 年 1 月 8 日，来宾市航务管理处成立，专门负责全市水路运政执法管理工作，来宾市水路运政执法由市航务管理处统一管理，各县（市、区）航管所对本辖区水路运政执法管理工作。辖区有武宣县航管所、象州县航管所、兴宾区航管所、合山市航管所、忻城县航管所等 5 个。水路运政执法工作

主要是根据《中华人民共和国水路运输管理条例》及其《实施细则》《广西壮族自治区水路运管理条例》、原交通部22号令《水路运输违章处罚规定》有关规定完善水路运输市场管理，建立健全行业各项规章管理制度，加强对辖区水路运输市场治理整顿，对水路运输企业、客货运输船舶经营资格、经营行为、经营范围进行监督检查。维护合法、公平竞争经营秩序，建立统一开放的水运管理体系，实行多家经营、统一管理、协调发展的方针。水运管理部门按有关水运企业开业资质条件对水运企业进行年度审验，全市经审验合格的水运企业5户、服务企业5户、港口企业13户、船舶修造厂1户；加大执法力度，依托武宣水路运输检查站检查船舶8822艘次，纠正处理违法经营行为455起；普查客圩渡船，全市共有客圩渡船102艘，3519客位；以乡镇客渡船舶作为水上交通安全工作重点，向企业、船舶员工、乘客等进行广泛的水上交通安全宣传，全年共组织水上安全检查20多次，检查渡口码头165处次，船舶3722艘次，发现安全隐患并责令业主整改56起，处罚违反安全管理规定的船舶7艘次。

2004年，来宾市采取有力措施，督促各县(市、区)航管部门加强执法检查，抓好源头管理，维护运输市场秩序。加强水运行业年审，从1月1日—4月30日止，共完成水运企业(省际)年审6个，年审率100%；完成区内旅游水运企业年审1个，年审率100%。武宣水运检查站共检查船舶9722次，共查出违章行为720起，实施行政处罚637起，共收缴交通行政罚款11.15万元，代征和补征客货运附加费和航道养护费共115.25万元。

水路运输市场管理

1980年开始，来宾市水运市场管理工作由开始时的民间无序、自由管理，逐步发展到政府组织有序、依法依规管理，管理工作从不成熟逐步发展到成熟和完善，管理措施得到进一步加强。全市对水路运输市场的管理主要是根据《中华人民共和国水路运输管理条例》及其《实施细则》《广西壮族自治区水路运输管理条例》以及《水路运输违章处罚规定》等法规条例。通过采取有效措施，按照一定的程序、方法、标准加强水路运输市场的整治工作，各方面得到规范化管理。严把水运市场的准入关，加强经营资质管理、规范经营者市场行为，运输价格、经营质量、运输票证、规费缴纳等方面得到规范管理，行政监督处罚得到加强，特别是成立武宣水路运输检查站后，进一步加强水运市场检查监督管理，严厉打击各种违法经营行为，建立统一、开放、公平竞争、有序的水运市场。

水上交通安全管理

来宾市水上交通安全管理主要是以渡口、渡船的管理。境内除金秀瑶族自治县外各个县(市)均有客圩渡船和横水渡船。1991年以来，境内各级政府和交通部门根据《广西壮族自治区乡镇运输船舶安全管理暂行办法》，加大对水上交通安全检查、监督力度，特别是注意做好洪水季节和节假日、农村民间传统节日、圩日的安全教育和现场监督，防止事故发生。1992年起，水上交通安全通过全面落实县、乡、村三级安全管理责任制，签订安全责任书，严格按照上级有关规定开展水上运输行业的“十防”工作(即：防碰、防雾、防台风、防污染、防沉、防火、防油、防可燃气体爆炸、防有毒有害气体中毒、防缺氧窒息)和防抗雷大风等安全措施及安全操作教育，整治无船名船号、无船舶证书、无船籍港的“三无”船舶，开展“安全生产周”活动，加强水上运输安全管理以及“五一、十一黄金周”检查。1994年境内乡镇船舶主要分为：乡镇客圩渡船、横水渡船、区内短途货运船舶3个类型。乡镇船舶由当地交通局管理，具体执行部门为各县航务管理所。当年，境内各县在有乡镇船舶的乡镇设立专职乡镇船舶管理员，境内设有乡镇船舶管理员21人，驻在21个乡镇，负责本乡镇水上交通安全管理工作。

2003年来宾市航务管理处成立，负责全市水路运输安全管理。辖区各县(市、区)除金秀瑶族自治县外，均设有航务管理所，负责本辖区水路运输安全管理。市航务管理部门通过全面落实各项安全责任制，发挥各级分管人员和船舶管理员的作用，广泛开展安全宣传教育，抓好安全基础设施建设，开展安全大检查，全面制止违章运输和大力表彰先进等一系列有针对性的工作。采取主要措施为：层层落实安全责任制。市、县、乡、村把安全管理工作列入主要的议事日程；坚持安全检查。市、县、乡三级每年建立一系列检查、考核、评比制度，即市每年组织两次安全大检查(上半年和下半年各一次)，县级每季度组织检查一次，乡(镇)每逢重大节日、圩日都到渡口、码头实行现场监控；抓好航道整治和船舶改造以及便民码头建设。提高航道的通航条件和船舶的安全性能，改善群众的安全出行环境；督促各县加快客圩渡船、横水渡船的更新改造，发展钢质客船；抓好安全宣传教育；抓住重点，照顾一般，实行全面安全监控。

2003年，全市各级交通部门结合运输市场整顿，重点抓安全生产责任状的签订、水路运输的源头管理。抓好水上交通安全专项整治，组织开展“百日安全无事故”活动、水上交通安全专项整治，参加全国“安全生产月”、交通系统“反三违月”（反违章指挥、反违章作业、反违章劳动）等安全管理工作。以乡（镇）客渡船舶作为水上交通安全工作重点，向企业、船舶员工、乘客等进行广泛的水上交通安全宣传，全年共组织水上安全检查20多次，检查渡口码头165处次，船舶3722艘次，发现安全隐患并责令业主整改56起，处罚违反安全管理规定的船舶7艘次，并对重大安全隐患进行排查、整改，使全市水运交通行业生产状况有较大改善，安全生产形势较为平稳。水路运输行业未发生责任范围内的安全生产事故。

2004年，来宾市交通航运管理部门认真抓好水上交通安全管理，通过开展水运行业安全大检查，签订交通行业安全管理责任书，开展“全国安全生产月”和交通系统“反三违月”活动，完善安全管理各项规章制度，举办乡镇船舶安全管理培训班等措施，水上交通安全生产得到平稳。全年未发生责任范围内的安全生产事故。

2005年，来宾市交通航运管理部门根据“深查隐患抓整改”的工作基调，按照安全检查与建立长效机制相结合的原则，认真落实好安全生产责任制，实行市、县、乡（镇）、村四级安全责任承包，安全责任落实到位，各级领导重视水上安全工作，严格管理，经常检查指导，群众遵守安全法规，依法经营水路运输。建立和完善安全生产监管体制和应急反应体系，防止重、特大事故发生。按自治区交通厅要求，对乡（镇）客运船舶进行标准化型更新改造，指定船厂制造，乡（镇）客圩渡船舶更新改造工作有新的进展，乡（镇）标准化型客圩渡船舶已建造完工5艘250客位。辖区内的兴宾区、忻城县、象州县、武宣县、合山市共有渡口51道，渡点67个，涉及沿河21个乡（镇），共有渡船76艘2934客位1251千瓦。当年水路交通无行业安全管理责任范围内事故发生。

第五节　航空管理

（参见本篇第五章　航空导航）

1980年2月，中国民航总局始在境内设立中国民用航空来宾导航台。导航台初设于原来宾县委党校。1980年6月，来宾导航台由县委党校搬迁至今来宾市城北区兴建新台，占地7334平方米。1983年竣工，投资60多万元，1981年10月新台投入使用。隶属广西南宁民航站领导，人员及经费直接由其管理，属国营企业单位。2001年12月28日，隶属民航南宁空中交通管理中心。

第二章　古道　公路

唐朝至清朝，纵贯境内的桂州（今桂林）至邕州（今南宁）驿道，是南宁、太平（今崇左）、泗城（今凌云）、镇安（今德保）、思恩（今武鸣）五府官员晋省、驿传公文、巡抚行边必经的交通要道。来宾县内各塘、堡之间也有较小的驿道联通，公路延伸至相邻的贵县、武宣、上林、忻城等县。民国15年(1926年)9月动工修筑大塘至宜山公路。境内长36千米，翌年7月通车。民国16年8月，南（宁）柳（州）公路修通，线路自思练镇加马屯入境，到大塘镇三拱桥而入柳江县，全长36千米。

中华人民共和国成立前，今来宾市境内基本无公路运输。中华人民共和国成立迄今，今来宾市各级政府利用区位优势，加快公路建设，使公路通达里程不断增加，境内高速公路、一级、二级和三级公路纵横交错，形成了四通八达的公路网，促进了公路运输业的快速发展。2005年末，来宾市管养公路总里程2706.9千米，公路密度为20.2千米每百平方千米，辖区各县（市、区）均通了二级以上公路。全市有道路运输场站15个(其中二级客运站5个、三级客运站5个、四级客运站3个、简易站2个）、等级货运站7个，营运汽车5238辆、出租车484辆、微型客车333辆、营运货车2679辆，货运企业23家(危险货物运输企业3家、危货运输车辆62辆419吨位）。全市66个乡（镇）全部通公路[其中61个乡（镇）通沥青（水泥）路]。731个行政村已有705个通公路[其中有364个行政村通沥青（水泥）路]。

第一节 古 道

夏、商、周时期,“柳江人”“麒麟山人”后代进化的西瓯、骆越部落,开始与中原地区华夏民族相互往来,逐步形成今来宾市通往外地的古道。隋朝至宋朝年间,有主要驿道经境内,如境内迁江县有驿道通南宁、桂林、柳州、玉林。唐代,有柳湟古官道自湘入桂,经桂林、荔浦、象州、妙皇至武宣,自武宣东折往三里、东乡越双髻山,过桂平花雷、紫荆达大湟江口,跨县境60千米。明、清时期,朝廷对桂州(今桂林)至柳州经严州(今来宾)通邕州(南宁)的驿道加以整修,拓宽路面。光绪九年(1883年)越南事起,清政府在广西设置大量驿馆、塘站,以利军需运输和军情传递。由湖南入广西全州、桂林、柳州、严州、宾州(宾阳)、思恩(武鸣)、邕州、镇安(德保)、泗城(凌云)、太平(崇左)的南北大道上,设置驿站更多,并添设巡道官兵,时境内设塘20站。在增设驿站、铺塘的同时,也相继修筑乡村驿道。隋唐至明、清,该古道是广西陆路通衢,为思恩、邕州、镇安、泗城、太平五府赴省必经之地,上下交往,差使络绎不绝,为冲繁之区。据清《来宾县志》驿传:“自桂柳赴邕,以达边关,严州适扼其冲。”清《迁江县志》称“清官渡,在城东清水河榜山头岩下,为南太泗镇,思恩五府晋省必过之渡。”明万历年间,境内又开辟自柳州经穿山、象州境与原古道汇合入武宣。象州县境历史上有陆地古驿道4条分别通往修仁、武宣、马平、雒容。金秀地处大瑶山中心地带,万山盘矗,谷深壁悬,山重水复,山道多回旋于冥岩隩谷之中。进出大瑶山,自古有“悬蹬绝壁”“手挽足移,十步九折”之称(《明史·纪事本末》卷三十九)。中华人民共和国成立前,瑶族居住区域,通往外地仅有羊肠小道,自古无车、马、船可行。

驿 道

桂州至邕州 唐代开辟,从桂州(今桂林)往永福、柳州、严州(今来宾)、宾州(今宾阳)至邕州(今南宁)。

柳皇驿道 唐代开辟,北从桂林、荔浦进入来宾市,经象州、妙皇、武宣、三里、东乡,越双髻山,过花雷、紫荆达大湟江口,跨来宾市境内约200千米。

大 路

到清代,境内通往外地大路有三条:

来宾至郁林大路 自来宾经桥头、分界圩、樟木、太平圩、金竹圩,进入贵县(今贵港市)至郁林州(今玉林市),全长213.5千米。

穿山至浔州大路 自马平(今柳江县)的穿山经石龙、黄茆、二塘、武宣、三里、东乡、花雷至浔州(今桂平),全长235千米。

桂林至武宣大路 自桂林至荔浦,再从荔浦经修仁、才村塘、寺村塘、象州、牛栏塘至武宣,全长182.5千米。

县城至乡村道路

中华人民共和国成立,境内各县开辟县城通往乡村的地方古道。明朝时期,忻城县境内开辟古道10条共251千米,即忻城至大塘39千米、忻城至思练30千米、忻城至柳花岭35千米、红渡至兰甲17千米、红渡至百旺33千米、新圩至果遂23千米、马蹄至厂圩8千米、红渡至遂意15千米、忻城至大念12千米、忻城至里苗39千米。至清朝,金秀瑶族自治县开辟金秀至平南思旺、金秀至桐木、金秀至大湟江口、金秀至修仁、金秀至蒙山县新圩等五条重要古道。各县也开辟少量县至乡、乡至乡间羊肠古道。

中华人民共和国成立前,来宾县主要乡村古道有:县治(注:明清时期的来宾县治在今城厢村委所在地)北门经洗菜桥、飞凤村、泗贯村、维都村、牛岩圩、北五圩过象山入马平县界的百朋圩达柳州,长210里,境内120里;县治西北方向至七洞经洗菜桥头分出,12里至古昔圩,又10里至彩村,渡河上岸行5里至山头村接迁江县界,又向北25里至良塘圩,又30里到北三江,渡河到七洞圩;行15里经古律隘入忻城界,全长195里;县治至西方向至迁江自洗菜桥头起,经古昔圩、彩村到桥巩,从桥巩西南沿红水河北岸走25里至北山村进迁江县界,经塔脚村25里渡红水河入迁江城,长108里;县治东南方向至石牙自南门渡过红水河至江头村,经歌朗、铁象两村中间至马步桥,迁南12里至猫儿山,又东南15里至石塘圩,15里至寺脚圩,20里至渡鸭桥,过桥10里至石牙街;过石牙经元岭村15里至禾摖坳,于此分道,东赴武宣,南至贵县。东赴南泗武宣有2道:一道出东门25里正龙圩,渡红水河迁东南45里经沙子坳到南泗,又25里至河耀村入武宣界,再25里达武宣府治;另一道自南门行至老鸦渡过红水河为江头村,东南行15里至歌朗村,又东行20里至福堂村,再30里经桃子坳达南泗圩入武宣界。迁江至北泗至柳州,自迁江府西门渡红水河经河里圩至北泗圩，入忻城境至大塘圩达柳州，全长260里；迁江至陶邓，自南门过清官渡，经黄汉、龙灵、白花、韦里圩、桥宇，过石桥分两道，一道东南经莫村、洪村、谢村、大邓村至陶邓街，入宾州境洋桥至宾州府；另一道经梁内、高洞至大罗入宾州界艾村、廖平圩、大桥圩到达宾州府。

第二节　公路线路

国　道

民国36年(1947年)7月，国民党政府行政院修正通过国道网计划，广西境内有七条路线划入国道，因政局混乱、战争频繁，计划未能实施。1979年5月，交通部制定初步国道网规划。1981年11月，国务院授权国家计委、国家经委和交通部联合发出《关于划定国家干线公路网的通知》，同时附发《国家干线公路网(试行方案)路线布局图》。其中来宾境内的国道线有209、322、323等三条。

国道209线来宾段　民国15年(1926年)9月建成柳州至石龙段，民国17年7月建成石龙至武宣段，两段总长96千米。全路段在抗日时期遭到破坏，1950—1951年进行整修。1987—1990年，广西壮族自治区公路管理局和武宣县共同投资1423万多元，建成武宣大桥。1991年，柳州公路管理局投资110万元，对3056K+800—3058K+500路段进行二级改建。1992—1994年，广西公路管理局投资402万多元，对3003KX+581—3008K+950路段进行二级路改建，全路段实现油路。

国道322线来宾段　该路途经大塘、合山、迁江石陵，总长163千米。民国16年(1927年)建成柳州至南宁段。1971—1975年，柳州至南宁路段铺筑沥青表处路面，1976年建成迁江大桥，1990—1993年，自治区公路管理局贷款2390余万元，对660K+000—691K+547共31多千米路段进行二级路改建，1993年，自治区公路管理局和合山市政府共同投资对625K+622~660K+000路段进行二级路改建。

国道323线来宾段　该路起自金秀瑶族自治县三江乡，终至忻城县欧洞乡，经头排、寨沙、鹿寨、柳州、大塘，总长214千米。该路段于民国17年(1928年)建成，1972—1978年，对全路段进行铺设沥青表处路面，1993年，对过头排镇路段(920K+960—926K+280)进行二级路改建。

桂海高速来宾段　该路于1993年10月5日动工，1997年5月1日建成通车，是广西境内第一条高速公路，工程投资18.6亿元，全长138.5千米，路基宽24.5米，4车道，全封闭，全立交，设计时速100千米(平原微丘区段120千米，重丘区段100千米、山岭区段80千米)，属国家公路发展“五纵七横”主骨架的一段。凤凰至王灵(来宾段)于1996年11月动工，1998年12月建成通车，全长70千米，设计时速120千米，路基宽28米，双向4车道。

2005年，来宾市境内的国道公路总长310.34千米。分别为209线来宾段，起自石龙、经武宣、至通挽，总长82.55千米；323线来宾段，起自金秀瑶族自治县三江乡，终至忻城县欧洞乡，全长63.49千米；322线来宾段，起自忻城县大塘镇，经合山、迁江、石陵，全长94.30千米；桂海高速公路来宾段长70千米。

省　道

至2005年底，经来宾境内的省道线有20134线、20231线等2条，总长177.1千米。

20134线来宾段(穿山至头排线)该线起自柳江穿山，经马坪、象州、寺村、罗秀、大乐、桐木，终至金秀瑶族自治县头排，总长116余千米，境内路段102千米(自马坪大翁至头排镇)。该段路线有桥梁18座，涵洞535个，属三级公路。1956—1959年以民工建勤形式修成。1970—1981年，国家投资128万元，象州县交通局测设，利用世界银行贷款兴建象州至穿山公路。1987年经自治区交通厅批准，将石龙至头排路线的象州至头排路段与象州至穿山公路合为20134线。石龙至头排线，金鸡往象州方向20千米段。1957年因修建石祥河水库，占用一段公路，作过一次较大规模环山公路的改道，现为省道三级公路；武(宣)至三(里)线，起自武宣县城，终止三里镇，全程13千米；双龙线路。武宣往禄新至思灵的双龙公路，全长30.5千米，为省道暂编三级公路；石(龙)头(排)线，经金秀瑶族自治县内仁里至头排，在金秀瑶族自治县境内长25.2千米；金(金秀)桐(桐木)线全长33千米。1986—1987年，柳州公路总段投资244万元，对象州至穿山公路按三级路进行沥青路面铺设。1981—1994年，柳州公路管理局投资700多万元，按三级路标准逐年逐段对象州至头排公路进行沥青路面铺设。

20231线来宾段(勒欧线)该线始自宾阳勒马桥北向，途经枝林、三浪、周安、红渡等村镇而抵县城，再经马泗直达欧洞圩，与国道323线相交，其中属忻城县境路段全长74千米，属三级公路标准，划为省道20231线。原系白欧线，起自上林县白圩镇，1988年自治区公路管理局把白欧线改称勒欧线，仍为省道。1953—1957年，宜山县（今宜州市）、忻城县发动群众以民工建勤形式修成周安至欧洞段，1958—1968年逐年加宽。1963—1964年，忻城县以民工建勤形式修筑周安至枝林村公路于南宁地区公路相接。1976—1991年，柳州公路中断投资200多万元，按三级路标准，对68K—140K+410路段进行线性改善和局部沥青路面铺设。

县 道

2005年，市境内有县道公路1128.3千米，其中市交通局管养县道24条693.34千米。至2005年底，市境内有县道公路1128.5千米。

刘村至马练线 位于金秀瑶族自治县境内。起自刘村，经长垌、滴水、罗香至平南县马练，全长76多千米。1978年11月投资近125万元修建刘村至长垌段，长21千米；1981年2月投资24万元修建长垌至滴水段12.8千米；1984年投资416万元修建滴水至罗香段35.8千米。三段总长70.2千米，共投资565万元，其中世界银行贷款153万多元。1970年10月投资修建罗香至马练路段6千米，1992年拨款22万元进行改建。全线有68多千米达四级公路标准，其余为等外路。

金秀至新圩线 位于金秀瑶族自治县境内。起点为金秀瑶族自治县城，经林场、16K、三合、车田、车田桥、忠良至蒙山新圩，全长60.45千米。1970年2月起逐年逐段进行修建，1991年全线建成四级砂土路，总投资613.8万元。1997年K0~K5改建成沥青路面。2004年列入自治区县际路网改建工程，改建里程66千米。

寺村至大樟线 位于象州县和金秀瑶族自治县境内。起自象州县寺村，经中平、百丈至金秀瑶族自治县大樟，全长29.54千米，象州境内21.79千米、金秀境内7.75千米。1955年民工建勤修建寺村至百丈段，1958年投资8万元修建百丈至大樟段，1959年进行修整，1979年柳州地区交通局拨款1.5万元，象州县自筹5000元，象州县交通局设计、施工，按四级路标准改建K0~K3路段，1981年完工。2001年投资622万元，寺村至百丈段改建成沥青路；2002年投资128万元百丈至大樟段改建成沥青路。

石龙至龙兴线 位于象州县境内。起自国道209线象州石龙镇附近，经高龙、丰收、新庆至龙兴，全长15千米。1959年11月民工建勤修建，1959年后逐年改建，增设桥梁和部分涵洞，1972年12月建成通车。

罗秀至中平线 位于象州县境内。起自罗秀镇永利村附近，接省道20134线（现S30745线），经军田、多福至中平，全长8.49千米。1980年11月23日动工修建，1991年11月15日竣工通车。总投资149.8万元，其中自治区以工代赈办公室拨款88万元，象州县自筹30万元。

蒙村至禄新线 起自兴宾区蒙村，经洪江、高岭、南泗、大宝、下莫至武宣县禄新。全长27.78千米，兴宾区境内23.22千米、武宣县境内4.56千米。1964年7月发动群众义务建勤，蒙村至南泗18千米路段，投资4000元。1986年4月，柳州地区交通局拨款23万元，由来宾县（今兴宾区）交通局测设、施工，于1987年完成南泗至禄新路段修建工程。2003年10月投资350万元，改建K0~K13+500成沥青路。

凤凰至穿山线 起自兴宾区凤凰，终至柳江县穿山，与国道209线相接，全长11.66千米。1959年发动群众建勤修建，同年12月竣工。

红渡至平阳线 起自忻城县红渡，经忻城县上滩电站、古梨、马安、里英、古排、下耙、兴宾区的溯社、风口、大龙至平阳，全长47.39千米。1970年，来宾县发动平阳、溯社两公社社员义务建勤修筑平阳至溯社路段。1975年忻城县民工建勤修建红渡至马蹄路段。1985年，国家用粮棉布以工代赈折合人民币32万余元，修建马蹄至溯社路段，全线得以贯通，同年11月经柳州地区交通局验收合格交付使用。2002年自治区交通厅补助130万元，县乡自筹197万元，平阳至溯社段改建沥青路，2003年4月竣工。

安东至七洞线 起自忻城县安东，经忻城县头目、上留、中留、下留、兴宾区春归、坡六至七洞，全长11.22千米，忻城县境内7.36千米，兴宾区境内3.86千米。1985年国家交通部扶贫投资53万多元修建，1989年4月完工，经柳州地区交通局验收合格交付使用。

古蓬至石门线 位于忻城县境内。起自古蓬，经内联、岐山、板内、北丁、加守、龙球至上林县石门村，忻城县境内长10.14千米。1970年，柳州公路总段（现桂中公路管理局）投资12万元修建内联桥；1974年，忻城县交通局修建全线涵洞；1979年该县交通局投资24万元,发动民工建勤,1980年春建成四级砂石公路。

忻城至思练线 位于忻城县境内。起自忻城县城,经板河、牙昌、木排、四要、加思、厂上、沙帽、良平、良马、梅岭至思练,全长35.78千米。1959年,思练、厂上两个公社组织民工义务修建思练至厂上机耕路。1973年和1975年,该县交通局投资分别兴建梅岭和良平两座双曲拱桥。1985年国家以工代赈投资113万多元,配套资金69万多元,修建全线公路,1987年1月竣工通车。2003年投入县乡自筹资金132万元建成K0~K5沥青路。

上浪至加芳线 起自忻城县古蓬镇上浪村,经北更、塘太、加福、百福、龙门、东稠于马山县加芳圩。忻城县境内长23.3千米。1958—1965年发动民工修建上浪至加福路段。1985年投资万多元修建加福至百福路段,1986年建成通车;1989年修建百福至东稠路段,与马山县境路段相接,1990年12建成通车。2002年自治区交通厅补助60万元,县乡自筹84万元,改建成K0~K6沥青路。

来宾至大利线 起自兴宾区铁道口,经城厢、正龙、大安、歪傍、东番、大湾,终至象州县石龙镇大利村接209国道,全长44.27千米。1969年动工修建来宾至大湾路段,1970年完工;1987年投资7.85万元,修建大湾至大利段,1988年竣工通车;1998年10月,共投资510万元,至2000年12月改建成K0~K22沥青路;2000年6月投资650万元,2001年12月改建成正龙至大湾路段为沥青路。

小平阳至樟木线 位于兴宾区境内。起自小平阳,经五山至贵港市覃塘区樟木乡,兴宾区境内长16.8千米。1970年动工修建小平阳至五山段10千米,1971年完工;1986年投资16.58万元,修建五山至交界处,1987年完工。2000年6月始投资250万元,2001年12月改建成K0~K10沥青路。

小平阳至迁江线 位于兴宾区境内。起自小平阳镇铁道口,经陶邓、韦里、青岭、白花、龙灵至迁江镇,全长37.87千米。1964年民工建勤修建小平阳至白花路段。1979年民工建勤修建白花至迁江路段,1980年10月全线贯通。2000年6月始投资250万元,2001年12月改建成K0~K10为沥青路。

高岭至高安线 起自X622线K13+500处,经高岭、南泗、鳌塘至高安,全长16.8千米。1998年投资130万元,民工建勤修建高安至南泗路段,1999年建成,2002年列入养护里程,与1964年7月群众义务建勤修建的K0~K3+500路段相连成线,2003年10月改建成K0~K3+500沥青路,2005年定为县道。

龙富至石龙线 位于象州县境内。起自龙富,经龙门至石龙与国道209线相接,全长16.94千米,是来宾市境内第一条以民工建勤方式修建的三级公路。1993年3月开工,1996年12月13日通过验收,总投资248万元。2003年12月全线改建沥青路面。至2005年未交工验收。

三里至河马线 位于武宣县境内。起自武宣县三里街,经李运、东乡、王道至河马街,全线长16.72千米。1958年民工建勤建成三里至东乡段。1972年民工建勤建成东乡至河马段;1998年上级补助加上交通规费投入共304万元改建沥青路;1999年完工。2004年武宣至平南二级公路开工,三里至东乡段12千米于2006年改建成二级路。

里高至思练线 忻城县与柳江县连接线。起自柳江县里高镇,经寨东、新桥、安东至忻城县思练镇,柳江县境内2千米、忻城县境24.3千米,全线由忻城县交通局管养。1976年上级补助12万元,公社发动群众民工建勤修建思练至安东砂土路段,1977年完工,1979年进行修整。2000年交通厅补助及县乡自筹共计198万元改建沥青路,2001年8月完工。1984年上级拨款40万元修建里高至安东砂土路段,1985年3月完工。2004年县乡自筹共计404万元改建沥青路,2004年12月完工。

鹿寨至都莲线 鹿寨与象州县连线,象州县境内3.89千米。起自两县交界,终至都莲村。1998年4月动工,当年12月完工,总投资88万元。

金秀至修仁线 位于金秀瑶族自治县境内。起自金秀至新圩公路K9+300处,经长二、大桥、长乐,终至荔浦县修仁镇,金秀境内长38.18千米。该路由交通厅利用扶贫资金全额投资,分段建设。一期工程大桥至长乐路段,投资849万元,1997年10开工,1999年8月竣工验收;二期工程金秀至大桥路段,投资500万元,1999年9月动工,2000年8月竣工验收。

福隆至凤凰线 位于兴宾区境内。起自城厢乡福隆村,经歌郎、木棉、大步、高安、高台、杨村、兴安、大湾、东番、牛角,终至凤凰镇。全长65.44千米。1970年,利用旧铁路的路基建成凤凰至大湾路段,1993年,民工建勤修建伏龙至大湾路段。1997年自治区公路局批准将两路段连接成伏龙至凤凰线,行政等级定为县道。2003年,投资370万元,红河至高安路段改建成沥青路。2004年,投资490万元,大湾至凤凰段改建成沥青路。

遂意至金钗线 位于忻城县境内。起自忻城县遂意乡,经过弄江、南康至马山县金钗镇,忻城县境内长18.57千米。国家以工代赈投资75万元,1985年4月开工,1986年6月全线建成四级砂土路。

里兰至河里线 位于合山市境内。起自里兰,经杨村、马安、怀集、五塘、环山至河里街,全长25.25千米。1971年修筑里兰至马安等外路段,1983年投资50万元改建为四级路,2002年7月合山市与合山矿务局合资468.22万元,改建成10.2千米沥青和3.01千米水泥路。1991年5月,合山市争取上级补助12.6万元,地方自筹5万元修建河里至马安段,1992年10月经原柳州地区交通局验收合格后全线交由合山市交通局管理。1996年河里至二级路口段1.42千米改建成三级沥青路。

乡 道

2005年,市境内有乡道公路996.08千米,其中交通局管养乡道80条836.95千米。至2005年底,全市共有乡道1071.2千米。

村 道

2005年,全市共有村道1748.42千米。

表19-5 **2005年来宾市农村公路路线一览表**

路线代码		路线名称	路段起止名称		路段起止桩号		里程	技术等级	行车道数	路面类型	通车日期
路线编号	所在行政区划代码	标准名称	起点	止点	起点 千米	止点 千米					
X609	451322	鹿寨—都莲	茶荘岭	都莲	36.43	40.32	3.89	四级公路	单车道	其他当地材料加固或改善土	1999年
X610	451322	石龙—龙兴	石龙	龙兴	0.00	15.00	15.00	等外公路	单车道	其他当地材料加固或改善土	1959年12月25日
X611	451322	罗秀—中平	罗秀	中平	0.00	8.54	8.54	四级公路	单车道	其他当地材料加固或改善土	1991年8月25日
X612	451322	龙富—石龙	龙富	石龙	0.00	16.68	16.68	三级公路	双车道	沥青表面处治	2005年
X612	451322	龙富—石龙	龙富	石龙	16.68	16.98	0.30	四级公路	双车道	泥结(级配)碎、砾石	1995年
X613	451322	寺村—大樟	寺村	百丈出点(路基变化点)	0.00	21.85	21.85	四级公路	单车道	沥青表面处治	2001年
X613	451324	寺村—大樟	百丈乡出点(路基变化点)	大樟	21.79	29.66	7.87	四级公路	单车道	沥青表面处治	2002年
X616	451323	三里—河马	三里街	河马街	0.00	17.03	17.03	四级公路	单车道	沥青表面处治	1998年
X622	451302	蒙村—禄新	高照村	禄新街	0.00	13.50	13.50	四级公路	单车道	沥青表面处治	2002年
X622	451302	蒙村—禄新	蒙村街	兴宾区武宣县交界	13.50	23.22	9.72	四级公路	双车道	泥结(级配)碎、砾石	1977年12月31日
X622	451323	蒙村—禄新	复旦村	禄新街	23.22	27.78	4.56	四级公路	单车道	其他粒料	1985年10月22日
X623	451302	凤凰—穿山	凤凰街尾	柳城分界处	0.00	11.66	11.66	四级公路	双车道	沥青表面处治	1998年
X624	451302	小平阳—樟木	小平阳镇		0.00	9.30	9.30	四级公路	单车道	沥青表面处治	2001年
X624	451302	小平阳—樟木	小平阳街	来宾市与贵港交界处	9.30	16.80	7.50	四级公路	单车道	泥结(级配)碎、砾石	1987年4月
X625	451302	福隆—凤凰	福隆	凤凰街	0.00	16.17	16.17	四级公路	单车道	泥结(级配)碎、砾石	1970年5月20日

续表

路线代码		路线名称	路段起止名称		路段起止桩号		里程	技术等级	行车道数	路面类型	通车日期
路线编号	所在行政区划代码	标准名称	起点	止点	起点	止点					
					千米	千米					
X625	451302	福隆—凤凰	福龙	凤凰街	16.17	17.43	1.26	四级公路	单车道	沥青表面处治	2002年
X625	451302	福隆—凤凰			17.43	28.93	11.50	四级公路	单车道	沥青表面处治	2002年
X625	451302	福隆—凤凰			28.93	45.50	16.56	四级公路	单车道	泥结(级配)碎、砾石	1970年
X625	451302	福隆—凤凰			45.71	46.86	1.16	四级公路	单车道	沥青表面处治	2005年
X625	451302	福隆—凤凰			46.86	47.51	0.64	四级公路	单车道	厂拌沥青碎石	2005年
X625	451302	福隆—凤凰			47.51	53.58	6.07	四级公路	单车道	厂拌沥青碎石	2005年
X625	451302	福隆—凤凰			53.58	63.27	9.69	四级公路	单车道	厂拌沥青碎石	2005年
X625	451302	福隆—凤凰		凤凰	63.27	65.65	2.38	四级公路	单车道	水泥混凝土	2005年
X626	451302	来宾—大利	铁道口		0.00	35.43	35.43	四级公路	单车道	沥青表面处治	1997年
X626	451302	来宾—大利		兴宾与象州交界点	41.50	47.00	5.50	四级公路	单车道	沥青表面处治	2002年
X626	451322	来宾—大利	大塘	大利	47.00	50.35	3.35	四级公路	单车道	沥青表面处治	2005年12月
X633	451302	高岭—高安	高岭		0.00	2.90	2.90	四级公路	单车道	沥青表面处治	2002年
X633	451302	高岭—高安			2.90	4.00	1.10	四级公路	双车道	水泥混凝土	2003年
X633	451302	高岭—高安			4.00	4.43	0.43	四级公路	单车道	沥青表面处治	2003年
X633	451302	高岭—高安			4.43	13.80	9.37	四级公路	单车道	泥结(级配)碎、砾石	1989年
X633	451302	高岭—高安	高岭村	高安街	13.80	16.80	3.00	四级公路	单车道	沥青表面处治	2003年
X646	451324	刘村—马练	刘村(X645)		0.00	70.10	70.10	等外公路	单车道	泥结(级配)碎、砾石	1988年10月5日
X646	451324	刘村—马练			70.10	70.72	0.62	等外公路	单车道	水泥混凝土	1988年
X646	451324	刘村—马练		马练	70.72	76.42	5.70	等外公路	单车道	泥结(级配)碎、砾石	1988年
X647	451324	金秀—新圩	金秀瑶族自治县城	金鸡坳	0.00	60.45	60.45	等外公路	单车道	粒料加固土	1988年
X648	451324	金秀—修仁	金新公路9.3千米处	长乐	0.00	38.18	38.18	四级公路	单车道	泥结(级配)碎、砾石	2000年
X652	451302	红渡—平阳	K22+000		21.90	37.54	15.64	四级公路	单车道	泥结(级配)碎、砾石	1995年

续表

路线代码		路线名称	路段起止名称		路段起止桩号		里程	技术等级	行车道数	路面类型	通车日期
路线编号	所在行政区划代码	标准名称	起点	止点	起点	止点					
					千米	千米					
X652	451302	红渡—平阳		平阳	37.54	47.48	9.94	四级公路	单车道	沥青表面处治	2003年
X652	451321	红渡—平阳	红渡		0.00	0.22	0.22	四级公路	单车道	水泥混凝土	2002年
X652	451321	红渡—平阳		平阳	0.22	21.90	21.68	四级公路	单车道	泥结(级配)碎、砾石	1985年
X653	451321	古蓬—石门	古蓬		0.00	0.78	0.78	四级公路	单车道	水泥混凝土	1999年
X653	451321	古蓬—石门			0.78	0.95	0.17	四级公路	双车道	水泥混凝土	1999年
X653	451321	古蓬—石门			0.95	2.00	1.05	等外公路	单车道	泥结(级配)碎、砾石	1979年
X653	451321	古蓬—石门		古门	2.00	10.17	8.17	四级公路	单车道	泥结(级配)碎、砾石	1979年
X654	451321	遂意—金钗	遂意(等外路起点)		0.00	3.20	3.20	等外公路	单车道	泥结(级配)碎、砾石	1985年5月6日
X654	451321	遂意—金钗		加北交界	3.20	18.57	15.37	四级公路	单车道	泥结(级配)碎、砾石	1985年5月6日
X655	451321	忻城—思练	忻城百货大楼		0.00	1.70	1.70	四级公路	四车道	水泥混凝土	1997年
X655	451321	忻城—思练			1.70	3.05	1.35	四级公路	双车道	沥青表面处治	2003年11月
X655	451321	忻城—思练			3.05	3.81	0.76	四级公路	单车道	泥结(级配)碎、砾石	1985年
X655	451321	忻城—思练			3.81	7.21	3.40	四级公路	双车道	沥青表面处治	2005年
X655	451321	忻城—思练			7.21	26.79	19.59	四级公路	单车道	泥结(级配)碎、砾石	1985年10月
X655	451321	忻城—思练		思练(G322)	35.31	35.78	0.47	四级公路	双车道	水泥混凝土	2005年11月10日
X656	451321	上浪—加芳	上浪(与X650相交)		0.00	5.42	5.42	四级公路	单车道	沥青表面处治	2002年
X656	451321	上浪—加芳			5.42	5.83	0.41	四级公路	双车道	水泥混凝土	2003年
X656	451321	上浪—加芳			5.83	11.98	6.15	四级公路	单车道	泥结(级配)碎、砾石	1975年
X656	451321	上浪—加芳			11.98	12.48	0.50	四级公路	单车道	水泥混凝土	2003年
X656	451321	上浪—加芳			12.48	13.01	0.53	四级公路	单车道	泥结(级配)碎、砾石	1985年
X656	451321	上浪—加芳			13.01	14.00	0.99	等外公路	单车道	泥结(级配)碎、砾石	1985年
X656	451321	上浪—加芳		龙门交界	14.00	23.30	9.30	四级公路	单车道	泥结(级配)碎、砾石	1985年

续表

路线代码		路线名称	路段起止名称		路段起止桩号		里程	技术等级	行车道数	路面类型	通车日期
路线编号	所在行政区划代码	标准名称	起点	止点	起点	止点					
					千米	千米					
X657	451302	安东—七洞	忻城与兴宾分界处		7.40	10.43	3.03	四级公路	单车道	沥青表面处治	2005年
X657	451302	安东—七洞		七洞	10.43	11.22	0.79	四级公路	单车道	水泥混凝土	2000年
X657	451321	安东—七洞	安东	忻城与兴宾分界处	0.00	7.40	7.40	四级公路	单车道	沥青表面处治	2005年
X659	451302	小平阳—迁江	小平阳（铁道口）		0.00	10.45	10.45	四级公路	单车道	沥青表面处治	2001年
X659	451302	小平阳—迁江		迁江镇	10.45	37.87	27.42	四级公路	单车道	泥结(级配)碎、砾石	1996年
X660	451381	里兰—河里	里兰		0.00	9.99	9.99	四级公路	单车道	沥青表面处治	2004年
X660	451381	里兰—河里			9.99	12.56	2.57	四级公路	双车道	水泥混凝土	2002年7月
X660	451381	里兰—河里			12.56	23.85	11.29	四级公路	单车道	泥结(级配)碎、砾石	1992年
X660	451381	里兰—河里		河里	23.85	25.26	1.41	三级公路	双车道	沥青表面处治	1996年
X661	451321	里高—思练	里高		0.00	0.62	0.62	四级公路	单车道	水泥混凝土	2005年12月
X661	451321	里高—思练			0.62	13.00	12.38	四级公路	单车道	沥青表面处治	2005年12月
X661	451321	里高—思练			13.00	14.50	1.50	等外公路	单车道	沥青表面处治	2005年12月
X661	451321	里高—思练			14.50	15.84	1.34	四级公路	单车道	沥青表面处治	2005年12月
X661	451321	里高—思练			15.84	15.98	0.14	四级公路	单车道	水泥混凝土	2003年
X661	451321	里高—思练		思练	15.98	26.30	10.32	四级公路	单车道	沥青表面处治	2001年
Y002	451381	东矿—里仰	东矿		0.00	0.23	0.23	四级公路	双车道	沥青表面处治	1985年
Y002	451381	东矿—里仰		里仰村委勤俭屯	0.23	3.46	3.27	四级公路	单车道	水泥混凝土	1997年12月
Y003	451381	东亭—文定	东亭村委	文定村民委	0.00	11.01	11.01	四级公路	单车道	泥结(级配)碎、砾石	1997年
Y033	451322	罗秀—水晶	罗秀	水晶	0.00	17.36	17.36	四级公路	单车道	沥青表面处治	2002年
Y034	451322	象州—风门坳		风门坳	22.00	27.08	5.08	四级公路	单车道	其他当地材料加固或改善土	1987年
Y035	451322	桐木—水晶	桐木		0.00	13.72	13.72	四级公路	单车道	沥青表面处治	2003年
Y035	451322	桐木—水晶		水晶	13.72	13.89	0.17	四级公路	单车道	水泥混凝土	2003年

续表

路线代码		路线名称	路段起止名称		路段起止桩号		里程	技术等级	行车道数	路面类型	通车日期
路线编号	所在行政区划代码	标准名称	起点	止点	起点	止点					
					千米	千米					
Y036	451322	寺村—水寨	寺村	水寨	0.00	23.60	23.60	四级公路	单车道	沥青表面处治	2001年
Y037	451322	石里—运江	石里		0.00	9.37	9.37	四级公路	单车道	其他当地材料加固或改善土	1980年
Y037	451322	石里—运江			9.39	19.75	10.36	等外公路	单车道	其他当地材料加固或改善土	1980年
Y037	451322	石里—运江		运江	19.75	22.61	2.86	四级公路	单车道	沥青表面处治	2002年
Y038	451322	横桥—上山	横桥	上山	0.00	4.17	4.17	四级公路	单车道	其他当地材料加固或改善土	1979年
Y039	451322	水晶—法村	水晶	法村	0.00	4.21	4.21	四级公路	单车道	粒料加固土	1991年12月
Y040	451322	多福—石龙	多福	石龙	0.00	4.54	4.54	四级公路	单车道	粒料加固土	1996年
Y041	451322	罗秀—麦棉	罗秀	麦棉	0.00	9.71	9.71	四级公路	单车道	粒料加固土	1998年
Y042	451322	多福—屯上	多福	屯上	0.00	4.68	4.68	四级公路	单车道	粒料加固土	1994年
Y043	451322	三岔—法六	三岔	法六	0.00	6.32	6.32	四级公路	单车道	粒料加固土	1996年
Y044	451322	石鼓—平田	石鼓	平田	0.00	10.46	10.46	四级公路	单车道	粒料加固土	1996年
Y045	451322	龙富—岩村	龙富	岩村	0.00	20.78	20.78	四级公路	单车道	粒料加固土	1996年
Y046	451322	沙岗—崖脚	沙岗		0.00	0.60	0.60	四级公路	单车道	沥青贯入式碎、砾石	2000年
Y046	451322	沙岗—崖脚		崖脚	0.60	3.85	3.25	四级公路	单车道	粒料加固土	1997年
Y047	451323	河马—高达	河马街	百崖槽风景区大门	0.00	7.90	7.90	四级公路	单车道	沥青表面处治	2001年
Y048	451323	二塘—大琳	二塘街	古寨村	0.00	10.23	10.23	四级公路	单车道	泥结(级配)碎、砾石	1980年
Y049	451323	三里—草鱼塘	三里镇	草鱼塘码头	0.00	7.59	7.59	四级公路	单车道	泥结(级配)碎、砾石	1988年
Y050	451323	二塘—界首	二塘	界首木材检查站	0.00	22.60	22.60	四级公路	单车道	其他粒料	1998年
Y051	451323	三里—棚村	三里街	朋村	0.00	7.10	7.10	四级公路	单车道	其他粒料	1959年6月
Y052	451323	双狮—朗村	双狮	朗村	0.00	14.70	14.70	四级公路	单车道	泥结(级配)碎、砾石	1990年
Y053	451323	三里—勒马	三里街		0.00	9.50	9.50	四级公路	单车道	其他粒料	1987年
Y054	451323	黄茆—新龟			4.00	6.30	2.30	四级公路	单车道	泥结(级配)碎、砾石	1998年

续表

路线代码		路线名称	路段起止名称		路段起止桩号		里程	技术等级	行车道数	路面类型	通车日期
路线编号	所在行政区划代码	标准名称	起点	止点	起点	止点					
					千米	千米					
Y055	451323	龙华口—禄新	龙华口	禄新	0.00	13.77	13.77	四级公路	单车道	粒料加固土	1993 年
Y056	451323	岔路口—花山	岔路口(龙马线 K2+750)	花山村	0.00	3.82	3.82	四级公路	单车道	泥结(级配)碎、砾石	1993 年
Y057	451323	思灵—良田	灵池村(武来路 K56+000)	良田村	0.00	12.13	12.13	四级公路	单车道	泥结(级配)碎、砾石	1995 年
Y058	451323	武宣—河耀	国 209 线 K3062+250	河耀村	0.00	10.10	10.10	四级公路	单车道	泥结(级配)碎、砾石	1998 年
Y059	451323	桐岭—湾龙	大祥村	湾龙村码头	0.00	11.52	11.52	四级公路	单车道	泥结(级配)碎、砾石	1997 年
Y060	451323	清水—洪狮		洪狮村	3.00	5.41	2.41	四级公路	单车道	泥结(级配)碎、砾石	1998 年
Y061	451323	武来路口—上堂	武来路口 K62+730	古朵村	0.00	5.21	5.21	四级公路	单车道	泥结(级配)碎、砾石	1998 年
Y062	451323	双桂—古情	双桂村(二禄线 K12+842)	禄新林场古情分场	0.00	6.72	6.72	四级公路	单车道	泥结(级配)碎、砾石	1998 年
Y065	451302	正龙—蒙村	正龙街		0.00	2.50	2.50	四级公路	单车道	沥青表面处治	2001 年
Y065	451302	正龙—蒙村			2.68	3.61	0.93	四级公路	单车道	水泥混凝土	2001 年
Y065	451302	正龙—蒙村		蒙村	4.87	17.42	12.54	四级公路	单车道	泥结(级配)碎、砾石	2001 年
Y066	451302	迁江—大里	迁江镇	大里村	0.00	7.75	7.75	四级公路	单车道	沥青表面处治	2000 年
Y067	451302	小平阳—龙葛		龙葛村	15.00	20.17	5.17	四级公路	单车道	泥结(级配)碎、砾石	2000 年 12 月
Y068	451302	凤凰—古楼	凤凰镇		0.00	6.62	6.62	四级公路	单车道	泥结(级配)碎、砾石	1996 年
Y068	451302	凤凰—古楼		古楼	7.62	13.92	6.30	四级公路	单车道	泥结(级配)碎、砾石	1996 年
Y069	451302	福隆—大塘	福隆村	大塘路口	0.00	21.27	21.27	四级公路	单车道	泥结(级配)碎、砾石	2000 年
Y070	451302	略蒙—夏至	略蒙三岔路口	夏至农场	0.00	6.88	6.88	四级公路	单车道	泥结(级配)碎、砾石	1983 年
Y071	451302	五山—周罗	五山街	周罗	0.00	9.51	9.51	四级公路	单车道	水泥混凝土	1980 年
Y072	451302	寺山—新步	寺山街	新步	0.00	10.98	10.98	四级公路	单车道	泥结(级配)碎、砾石	1987 年
Y073	451302	石牙—牛角塘	石牙	牛角塘	0.00	10.58	10.58	四级公路	单车道	泥结(级配)碎、砾石	1986 年
Y074	451302	良江—新桥	良江	新桥	0.00	24.91	24.91	四级公路	单车道	泥结(级配)碎、砾石	1980 年
Y075	451302	三五—分界	三五		0.00	5.00	5.00	四级公路	双车道	沥青表面处治	1980 年

续表

路线代码		路线名称	路段起止名称		路段起止桩号		里程	技术等级	行车道数	路面类型	通车日期
路线编号	所在行政区划代码	标准名称	起点	止点	起点 千米	止点 千米					
Y075	451302	三五—分界		分界	5.00	7.90	2.90	四级公路	单车道	沥青表面处治	1980年
Y076	451302	三山—东南	三山		0.00	10.70	10.70	四级公路	单车道	水泥混凝土	2000年
Y076	451302	三山—东南		东南	10.70	17.39	6.69	四级公路	单车道	半整齐石块	1980年
Y077	451302	凤凰—牛岩	凤凰街口	牛岩	0.00	5.68	5.68	四级公路	单车道	泥结(级配)碎、砾石	1996年
Y078	451302	陶邓—东南	大邓村	东南	0.00	8.11	8.11	四级公路	单车道	泥结(级配)碎、砾石	2000年
Y114	451324	六巷—门头	六巷	门头	0.00	11.22	11.22	等外公路	单车道	泥结(级配)碎、砾石	1986年
Y115	451324	金秀—老山口林场	金秀瑶族自治县城		0.00	1.48	1.48	等外公路	单车道	水泥混凝土	2004年
Y115	451324	金秀—老山口林场		老山口林场	1.47	4.02	2.54	等外公路	单车道	泥结(级配)碎、砾石	1959年
Y116	451324	七建—三角	七建街口	三角桥尾	0.00	10.03	10.03	四级公路	单车道	泥结(级配)碎、砾石	1966年
Y117	451324	长垌坳—王雷	长垌坳	王雷	0.00	8.14	8.14	等外公路	单车道	泥结(级配)碎、砾石	1986年
Y118	451324	利俩—大垌	利俩	大垌	0.00	11.00	11.00	等外公路	单车道	其他当地材料加固或改善土	1986年
Y119	451324	中平—六巷	中平	六巷	0.00	32.25	32.25	四级公路	单车道	泥结(级配)碎、砾石	1999年
Y120	451324	车田—忠良	车田	忠良	0.00	2.44	2.44	四级公路	单车道	泥结(级配)碎、砾石	1998年
Y121	451324	大蚕—六鸣	大蚕	六鸣	0.00	8.16	8.16	等外公路	单车道	泥结(级配)碎、砾石	1993年
Y122	451324	马安—圣堂山	马安	圣堂山杨梅坪	0.00	15.46	15.46	等外公路	单车道	泥结(级配)碎、砾石	1999年
Y123	451324	同扶—夏塘	同扶	夏塘	0.00	9.21	9.21	等外公路	单车道	泥结(级配)碎、砾石	1986年
Y124	451324	板显—滴水	板显	滴水	0.00	5.02	5.02	等外公路	单车道	泥结(级配)碎、砾石	1996年
Y125	451324	长垌坳—龙华	长垌坳	龙华	0.00	5.70	5.70	等外公路	单车道	泥结(级配)碎、砾石	1997年
Y126	451324	桐木—泰山公路	桐木	泰山	0.00	4.76	4.76	等外公路	单车道	泥结(级配)碎、砾石	1997年
Y127	451321	北更—内仁	北更		0.00	0.54	0.54	四级公路	单车道	沥青表面处治	2002年
Y127	451321	北更—内仁			0.54	9.00	8.46	四级公路	单车道	泥结(级配)碎、砾石	1979年

续表

路线代码		路线名称	路段起止名称		路段起止桩号		里程	技术等级	行车道数	路面类型	通车日期
路线编号	所在行政区划代码	标准名称	起点	止点	起点	止点					
					千米	千米					
Y127	451321	北更—内仁			9.00	10.00	1.00	等外公路	单车道	泥结(级配)碎、砾石	1979 年
Y127	451321	北更—内仁			10.00	14.59	4.59	四级公路	单车道	泥结(级配)碎、砾石	1979 年
Y127	451321	北更—内仁			14.59	16.00	1.41	等外公路	单车道	泥结(级配)碎、砾石	1979 年
Y127	451321	北更—内仁		内仁	16.00	20.90	4.90	四级公路	单车道	泥结(级配)碎、砾石	1979 年
Y130	451321	沙帽—毛洞	沙帽	毛洞	0.00	4.14	4.14	四级公路	单车道	泥结(级配)碎、砾石	1976 年
Y131	451321	凤凰—拉利	凤凰		0.00	5.04	5.04	四级公路	单车道	泥结(级配)碎、砾石	1990 年
Y131	451321	凤凰—拉利		拉利	5.04	8.90	3.86	等外公路	单车道	泥结(级配)碎、砾石	1990 年
Y132	451321	思练—加毫	思练		0.00	15.30	15.30	四级公路	单车道	泥结(级配)碎、砾石	1993 年
Y132	451321	思练—加毫		加毫	15.30	19.10	3.80	等外公路	单车道	泥结(级配)碎、砾石	1993 年
Y133	451321	马泗—塘岭	马泗	板么	0.00	7.30	7.30	等外公路	单车道	其他当地材料加固或改善土	1978 年
Y134	451321	加书—北丹	加书	北丹	0.00	16.70	16.70	等外公路	单车道	其他当地材料加固或改善土	1997 年
Y135	451321	安东—桃源	安东—桃源	桃源	0.00	10.30	10.30	四级公路	单车道	泥结(级配)碎、砾石	1996 年
Y136	451321	大塘—金鸡	大塘		0.00	13.75	13.75	四级公路	单车道	泥结(级配)碎、砾石	1996 年
Y136	451321	大塘—金鸡		金鸡	13.75	14.00	0.25	四级公路	单车道	泥结(级配)碎、砾石	
Y137	451323	桐岭—祥龙村	国 209 线 K3075+300	祥龙村	0.00	0.64	0.64	四级公路	单车道	泥结(级配)碎、砾石	1997 年
Y138	451323	清水—大岭村	清水村(武三线 K4+070)	大岭村	0.00	2.70	2.70	四级公路	单车道	其他粒料	1998 年
Y139	451324	杨柳—六段	杨柳	六段	0.00	1.32	1.32	等外公路	单车道	泥结(级配)碎、砾石	1989 年
Y148	451322	象州—培森	象州	培新	0.00	6.68	6.68	四级公路	单车道	其他当地材料加固或改善土	2001 年
Y149	451322	石龙—龙楼	石龙	花山	0.00	6.76	6.76	四级公路	单车道	其他当地材料加固或改善土	2001 年
Y151	451323	马步—雅村	马步街	雅村(G209)	0.00	13.95	13.95	四级公路	单车道	泥结(级配)碎、砾石	2002 年
Y152	451323	209 国道—	209 国道	宗安村	0.00	4.64	4.64	四级公路	单车道	泥结(级配)碎、砾石	2004 年

续表

路线代码		路线名称	路段起止名称		路段起止桩号		里程	技术等级	行车道数	路面类型	通车日期
路线编号	所在行政区划代码	标准名称	起点	止点	起点千米	止点千米					
Y153	451323	武宣—五星	黔江农场场部	黔江实业总公司	0.00	8.77	8.77	四级公路	单车道	水泥混凝土	2004年
Y155	451323	金鸡—鱼步	G209	鱼步村	0.00	3.12	3.12	四级公路	单车道	泥结(级配)碎、砾石	2004年
Y156	451323	龙棍—马王	龙棍	马王	0.00	4.90	4.90	四级公路	单车道	泥结(级配)碎、砾石	2004年5月
Y157	451323	二塘—平田	Y048	平田村	0.00	1.54	1.54	四级公路	单车道	泥结(级配)碎、砾石	2003年
Y158	451323	东乡—长塘	东乡街	长塘村	0.00	4.40	4.40	四级公路	单车道	泥结(级配)碎、砾石	2002年11月15日
Y159	451323	河马—下龙	河马街	乐梅水库	0.00	8.19	8.19	四级公路	单车道	泥结(级配)碎、砾石	2004年
Y160	451323	思灵—朝东	Y141	朝东村	0.00	4.90	4.90	四级公路	单车道	泥结(级配)碎、砾石	2004年6月
Y161	451321	马泗—新村	马泗	新村	0.00	10.64	10.64	四级公路	单车道	粒料加固土	2005年
Y162	451321	马蹄—厂圩	马蹄	厂圩	0.00	11.60	11.60	四级公路	单车道	粒料加固土	2003年6月
Y163	451321	龙安—九隆	龙安	九隆	0.00	8.39	8.39	四级公路	单车道	粒料加固土	2005年
Y164	451321	板河—猫洞	板河	猫洞	0.00	20.50	20.50	四级公路	单车道	粒料加固土	2003年6月
Y165	451322	下田—思劳	下田	思劳	0.00	13.51	13.51	四级公路	单车道	其他当地材料加固或改善土	2003年
Y166	451381	二级路—仁义	合山二级路	仁义村	0.00	1.90	1.90	四级公路	单车道	泥结(级配)碎、砾石	2004年
Y167	451302	高安—依滩	高安	依滩村	0.00	6.40	6.40	四级公路	单车道	泥结(级配)碎、砾石	1980年
Y168	451302	溯社—尖山	溯社	尖山村	0.00	4.38	4.38	四级公路	单车道	泥结(级配)碎、砾石	1980年
Y169	451324	桐木—石马	桐木镇	石马村	0.00	7.19	7.19	四级公路	单车道	泥结(级配)碎、砾石	2005年
Y170	451321	练江—里伴	练江	里伴	0.00	11.90	11.90	四级公路	单车道	泥结(级配)碎、砾石	2005年
Y171	451321	黄金—思耕	下思耕屯	新塘屯	0.00	5.60	5.60	四级公路	单车道	泥结(级配)碎、砾石	2005年
Y172	451321	果遂—古楼	果遂街	古楼村	0.00	5.89	5.89	四级公路	单车道	泥结(级配)碎、砾石	2005年
Y174	451323	二塘—樟村	G209	樟村村	0.00	1.50	1.50	四级公路	单车道	泥结(级配)碎、砾石	2004年1月
Y176	451323	禄新——瑶兰	Y141	瑶兰村	0.00	2.20	2.20	四级公路	单车道	泥结(级配)碎、砾石	2004年6月

续表

路线代码		路线名称	路段起止名称		路段起止桩号		里程	技术等级	行车道数	路面类型	通车日期
路线编号	所在行政区划代码	标准名称	起点	止点	起点	止点					
					千米	千米					
Y179	451323	二塘—石菂	Y048 二大线	石菂村	0.00	1.52	1.52	四级公路	单车道	泥结(级配)碎、砾石	2005 年
Y180	451323	禄峰林场—波耀	Y050 二界线	波耀村	0.00	2.77	2.77	四级公路	单车道	泥结(级配)碎、砾石	2004 年 6 月
Y181	451323	新龙—银村	G209	银村	0.00	1.35	1.35	四级公路	单车道	水泥混凝土	2005 年
Y182	451323	桐岭—石岗	G209		0.00	1.57	1.57	四级公路	单车道	泥结(级配)碎、砾石	2005 年 3 月
Y182	451323	桐岭—石岗		大祥村	1.57	2.27	0.70	等外公路	其他(混合车道)	无路面	
Y183	451323	武宣镇—清水	X615	Y060	0.00	2.20	2.20	四级公路	单车道	泥结(级配)碎、砾石	2004 年 9 月

公路建设

民国 14 年(1925 年)11 月,广西省征工近万名,耗资 13 万多元,修建柳州至石龙公路,次年竣工。民国 15 年 1 月开始动工修建石龙至武宣公路,民国 16 年 7 月完工,征用民工 4700 名,耗资 13 万元。两条公路总长 96 千米,全线共有桥梁 10 座,涵洞 105 道。民国 15 年 9 月,柳庆公路总局指挥修建大塘经迁江至宾阳公路,民国 16 年 8 月竣工通车,其间共征调民工 8800 余名,建筑费用 37 万多元,沿线共建桥梁 39 座,全线公路总长 110 千米。

民国 19 年(1930 年)起,今来宾市开始修建县乡公路。民国 22 年,广西省公路局召开各县县长、建设局长商酌会,提出修筑县道衔接办法。境内大部分县开始筹划筑路。同年冬,征调民工修筑武宣至通挽公路,全长 32 千米,民国 23 年春完工通车。民国 33 年,日本侵略军发动桂林、柳州战役,境内公路遭到破坏。

民国 35—36 年(1946—1947 年),广西救济分署拨助赈粮 210 吨,营养品 16 箱,修复柳州至石龙公路;拨助赈粮 328 吨、营养品 698 箱、水泥 400 袋,修复柳州至荔浦公路。至民国 37 年,境内除石龙至通挽公路尚未修复外,其余基本恢复通车。民国末年(1949 年 1 月 1 日至 9 月 30 日止)国民党军队溃逃前,大肆破坏公路、桥梁、渡口,境内除大塘至六寨公路大塘段通车外,其余公路基本遭毁无存。

中华人民共和国成立初期,境内交通工作重点是整修改善公路,全面恢复交通。为支持清匪反霸,巩固农村政权,1950—1952 年,中央、中南公路局、省政府和省公路局先后下拨工程款、粮食,修复境内桥梁、涵洞、引道,翻修、整治路面,大部分干线公路恢复通车。

1955—1957 年,境内掀起修建县乡公路热潮。象州、武宣、来宾、金秀 4 个县,通过组织群众投工投劳,共修建 10 条县乡公路,其中以象州县为多。象州县共修 3 条地方公路 81 多千米,即 1955 年修建 38 千米长的石龙至武宣公路;1956 年修建 12 千米长的桐木至七建公路(今属金秀瑶族自治县);1957 年修建 31 千米长的石龙至象州公路,同时还修建乡村公路 250 多千米。忻城、来宾县分别修建忻城至古蓬、良塘至来宾公路。

1958 年 4 月,中央交通部提出"依靠地方、依靠群众、普及为主"(以下简称"地、群、普")的公路建设路线。境内各县成立有县委领导组成的筑路机构,动员农村劳动力 18~45 周岁男子,每年用 5 天时间参加义务修路。要求修路需技术人员,除交通机构技术人员外,由县每年选调乡村积极分子进行短期培训。修路所需经费,除大工程由地区或自治区拨款外,一切依靠群众就地取材和县财政补助。各县群众修路积极性高涨,以石龙县(1962 年分设象州县、武宣县)尤为突出。1958 年 8 月,石龙县委发出"全党全民办交通,苦战两个月,建成公路网"号召,全县群众热烈响应,乡乡出工,社社献料。不到两个月,群众出工 14 万个工日,新建地方公路 196 千米、修复公路 36 千米、完成桥梁 29 座 174 米、涵洞 402 道、过水路面 10 处 370 米、渡口 1 处;群众献木料

250立方米、石灰50吨、火药200千克、水泥18包，广西交通厅对石龙县依靠地方群众修路的做法和取得成绩给予充分肯定。1958年石龙县召开交通工作"大跃进"现场会，印发石龙县依靠党委发动群众修筑地方公路经验。1958年10月，广西交通厅厅长韦纯束在交通部《公路》期刊上发表题为《学习石龙经验，加速地方交通建设》文章。通过党委领导，群众出工献料，1958—1960年"大跃进"时期，今来宾市公路建设得到飞速发展。至1960年底，境内实现县县通汽车，大部分公社通汽车。

1961年起，境内公路建设转向以整修改建公路为主，新建公路采取有重点、有步骤地进行。在新建公路工程中凡需建设桥梁的，开始推广石拱桥建设。

"文化大革命"期间，今来宾市干线公路建设主要是铺筑沥青油路。至1976年，全市共完成铺筑沥青油路258余千米，即南宁至柳州线(来宾段，下同)136余千米、柳州至覃塘线48千米、大塘至来宾线36千米、六道至来宾线20千米、八一锰矿18余千米。随着农业机械化发展和兴修农田水利，境内地方公路建设日益受到重视，各县相继修建一批县乡公路。1966年今来宾市境内只有县乡公路47千米，即来宾县正龙至蒙村17千米和福隆至高安30千米的县乡公路。至1970年，全市县乡公路达532千米。特别是1973年，自治区恢复县社公路修筑补助费后，各县修筑地方公路积极性进一步提高。1971—1976年，全市新增县乡公路238千米。

图为2002年来宾县人民群众在热火朝天修路的情景

1977年以后，本市干线公路建设进一步普及铺筑沥青路面。同期，公路建设贯彻中央"面向边远区、山区、老区"方针，通过自治区、地区和县拨款投资，群众出勤，至1980年，以民办公助形式修建成地方公路3条约65千米，即象州中平至金秀六巷公路、象州寺村至水寨公路、金秀长垌至滴水公路。

1980年以后，境内干线公路建设，在普及沥青油路的同时，逐步把渡口改建为桥梁。至1990年，通过自治区拨款、银行贷款、地方投资、养路费、基建费投资补助等形式，相继兴建武宣大桥、象州大桥、石龙大桥等3座公路大桥；建成迁江、武宣、头排、合山等城镇进出口和街道路段二级公路。为帮助贫困地区脱贫致富，国家计委于1984年开始用库存粮、绵、布(后改为低档工业品)，采取以工代赈的方式修建县乡公路。同时，各县继续以民工建勤方式修建公路，县乡公路建设得到较快发展。至1995年，今来宾市交通部门管养的县乡公路达1095千米。1996年，境内实现县县通油路。1997年，桂柳高速公路开通，结束境内无高速公路的历史。

1996年，来宾境内开始在铺设农村沥青公路。图为建设中的农村油路施工现场一角

1998年，境内各县(市)贯彻执行自治区县乡公路建设大会战决策，各县(市)县乡公路建设大会战拉开序幕。同年9月，来宾县村级公路建设大会战打响，全县各族人民投入到一场轰轰烈烈的村级道路建设之中；次年9月，来宾县实现了257个行政村全部通汽车的目标，全县投入村级公路建设资金1114万元，新增村级公路59条，总长455千米。是年，忻城县实施村级公路建设大会战，投资540万元修建公路32条291千米。1999年，建成古蓬至上林县境石门村水泥路，途经内联、岐山、板内、北丁、加守、龙球，忻城县境内路长10.17千米。1999年，今来宾市基本实现村村通汽车。金秀在乡村公路大会战中，加大投资力度，加快建设步伐，改善乡村交通环境。至2005年，该县共投入乡村公路建设资金3854.90万元(包括自治区财政扶贫资金、以工代赈、群众自筹资金)，完成通车里程355.56千米。

2000年，境内开始启动县县通二级公路和乡乡通油路工程，当年忻城至合山、迁江至来宾至武宣二级公路和10条141.78千米通乡油路开工。6月，来宾县乡乡通油路工程启动，工程总投资5680万元，修建油路11条共193千米，工程分2期进行。第一期工程修建小平阳至五山、陶邓至小平阳、迁江至大里、正龙至大湾、三五至小平阳6条柏油路90.2千米于2002年3月全部竣工；第二期工程5条线路于2003年9月全部竣工。至此，兴宾区24个乡镇实现乡乡通柏油路目标。

2000年柳州地区油路建设工作会在来宾县召开

图为2000年来宾县开展村村通公路大会战。图为劈开大石山修建成的来宾县大里乡雷山村村级公路

2002年，境内二级公路建设步伐加快，忻城至合山、新兴至象州（象州境内26千米）、迁江至来宾至武宣3条二级路共199千米，分别于5月、6月和9月交付验收，质量等级评定均为优良。

2003年，来宾市公路建设取得重大进展，全市续建、新开工交通基础建设工程29项，竣工21项，完成投资10229.5万元。同年11月10日，开工建设象州至桐木二级公路工程，全长56.6千米，投资1.16亿元，至年底完成投资1040万元。忻城至宜州二级公路已成立工程建设办公室，进行征地拆迁和招投标工作。武宣至平南二级公路已完成施工图设计，凤凰至穿山二级公路已纳入自治区交通厅“十五”计划新增项目并下达项目前期工作计划，县级油路和县乡村公路建设步伐加快。同年12月初，开工建设龙富至石龙三级油路改建工程，全长17.6千米，金秀至平南、金秀至蒙山、忻城至都安等3条县际公路已列入自治区县际公路建设规划，进行施工图设计。12月底，全长50千米的金秀至头排二级公路全线建成通车，当年完成投资5181万元，累计完成投资8796万元，质量检验为优良工程，标志着来宾市六个县（市、区）全部实现通二级公路的目标。其中金秀至平南公路，全长138千米（其中来宾市境76千米），总投资8300万元；金秀至蒙山公路，全长76千米（其中来宾市境61千米），总投资4070万元；忻城至都安公路，全长87千米（其中来宾市境55千米），总投资6895万元。全年共建成县乡柏油公路7条112千米，其中续建完成通乡油路4条74千米，即平阳至溯社、蒙村至南泗、罗秀至水晶、寺村至运江公路，当年完成投资701万元，累计完成投资1906万元。加快重要经济线路改建工程，完成金秀桐木至象州水晶甫上、合山里兰至马安码头、忻城至思练油路3条38千米，完成投资1260万元，其中桐木至甫上全长20千米，质量优良，受到上级表彰。忻城县建成古蓬至遂意油路，在全区国定贫困县中率先实现乡乡通油路。2003年安排县乡公路桥梁建设项目10个，主要是重建（加固）危桥、抢修水毁修复工程，由自治区交通厅补助78万元，至年末共完成县乡公路桥梁建设项目8个，完成总投资46万元；建成通村等级公路13条126千米，完成投资1522万元。其中，新建兴宾区三五乡至甘着村、寺山至上水、武宣东乡至二塘3条四级公路35千米，完成投资364万元；民工建勤项目建设总投资1158.5万元。其中忻城龙安至九隆、马泗至新村等9条公路82千米，完成投资882万元，建成武宣至草鱼塘路段，全长8.52千米，投资276.5万元，经自治区公路局验收，列入管养路段。

2004年，随着金秀至头排二级公路全线建成通车，从此改变了大瑶山不通高等级公路的历史。至此，来宾市实现全市县县通二级公路的目标，在建的象州至桐木二级公路、象州至石龙三级公路进展顺利，实现粗通的目标。忻城至宜州二级公路，全长55千米（来宾市境13千米），投资1.14亿元，于8月13

日开工建设。武宣至平南二级公路，全长94千米（来宾市境30千米），投资4.75亿元，该项目部分控制性工程于9月9日开工建设。列入全市通乡油路改建计划的兴宾区正龙至高安、平阳至溯社、蒙村至南泗、象州县寺村至运江4条公路全长67.2千米竣工，投入资金1976万元；列入通乡等外公路改造的金秀七建至三角、中平至六巷公路总长42千米，计划投资955万元，其中七建至三角公路长9.8千米，于1月开工，年底完工。列入2003年农村公路通达工程追加计划和当年农村公路通达工程计划的共有8个项目，全长233.2千米，计划总投资9538万元，已开工的有金秀境内巴勒至德香、16千米至大新、六巷至大樟、三角至大桥等4个项目，全长87千米，计划投资5300万元，完成投资3930万元，累计到位资金3600万元，已完工路段合计103千米；未能开工的项目有忻城县境内遂意至增仰、合山市境内云堡至灵台、武宣县境内勒马至下江、邓寺至东乡等4个项目共46.2千米。完成民工建勤公路工程建设11条公路全长49.56千米，完成投资212.85千米，新增通公路行政村11个（武宣县境内金鸡至鱼步、龙棍至马王、二塘至眉山、二塘至平田、禄新林场至波耀、二塘至樟村、二塘至石苟、三里至合村、禄新至古亢、禄新至瑶兰、思灵至朝东），11条民工建勤公路工程建设通过自治区公路局验收。

2005年，全市加快交通基础设施建设，等级公路、县乡村公路建设全面推进，全市公路网络不断完善，有效促进了地方经济发展和繁荣。全年交通固定资产投资完成22684万元，同比增长25.2%。其中，公路建设完成投资18779万元，同比增长8.8%。当年，忻城至宜州二级公路（境内13千米）完成投资1489万元；武宣至平南二级公路（境内30千米）完成投资7161万元。建成县际公路2条。其中，象州至桐木二级公路，全长56.6千米，总投资11583万元，当年完成投资2497万元，累计完成投资11583万元，占总投资的100%；象州至石龙三级公路，全长17千米，投资960万元，累计完成投资939万元，占总投资的97.8%。建成凤凰至大利公路，全长18.59千米，完成投资632万元。3月，新开工金秀至蒙山县际公路路网改造工程，全长66.24千米，总投资5894万元，至12月底完成投资2916万元。全市县乡公路建设完成投资7632万元，同比增长17.2%。其中，通乡等外路改造：金秀七建至三角公路完工，完成投资311万元；中平至六巷公路完成投资850万元，占总投资的51%；农村公路通达工程：完工6个、续建1个，完成投资673万元；其他工程项目：忻城县安东至里高油路改建全长14.9千米，完成投资196万元；武宣县思灵至通挽油路改建工程全长12.9千米，完成投资241.5万元；完成忻城县思练至里高公路白沙桥重建；金秀瑶族自治县大樟桥已完工，完成投资150万；象州县黄樟桥重建工程完成投资70万元；兴宾区迁江清水河大桥桥面维修工程和桥堡村至沙幅山村级公路完工。利用交通规费、以工代赈及扶贫资金修建通村、屯公路256千米、桥梁229米每7座，全年完成投资1826万元。

图为2005年建成崭新的迁江至来宾二级公路

“十五”期间（2001—2005年），来宾市二级路网工程建成434.32千米，在建43千米，完成总投资85252万元。完成通乡油路投资8075万元，建成通乡油路347.44千米，新增通油路乡镇26个。至2005年底，全市731个行政村中通等级公路393个，通机耕路306个，不通路26个。

第三节　桥梁　渡口隧道　车站

桥　梁

史载宋代境内象州已建有石结构拱形桥梁。清代和民国时兴建的大小桥梁多以木桥、石板桥和石拱桥为主，均为民众捐资所建，而官修官办的极少。

中华人民共和国成立前，今来宾市境内建成的桥梁，除少数石拱桥外，大多为木桥、台石墩木面桥和石板桥。中华人民共和国成立后从1956年起，境内各县人民政府开始有计划地新建和改建重要路线永久性桥梁。从1960年开始大力推广石拱桥，1966年后开始引进双曲拱桥技术。从20世纪70年代末至1994年，桥梁建设向箱型拱桥和预应力桥梁发展。至2002年，境内有公路桥梁70座，总长13083.7米，其中高速公路桥梁1座、干线公路桥12座、县乡公路桥 57 座。今来宾市主要大型公路桥梁有来宾公路大桥、迁江大桥、象州柳江大桥、象州石龙大桥、武宣大桥、忻城红渡大桥等。2005 年,全市交通部门管养的公路上共有桥梁 470 座,总长度 18428.61 米,其中大桥 23 座,总长度 5335.56 米;中桥 130 座,总长度 7384.1 米;小桥 317 座,总长度 5708.95 米。

来宾公路大桥　位于城区中心,跨越红水河,是连接市城区河东河西及通往南部各乡和桂南各县的主要通道。该桥是来宾冶炼厂为加速建厂的一个建设项目,由冶金部投资,其设计及施工任务,由自治区冶金局报请自治区建委下达给自治区交通局承担。1976 年 3 月,由自治区交通局勘测设计院组织设计,自治区公路工程公司第二工程队、自治区交通厅机械大队和装吊队、县 800 多名民工负责施工,总投资 416 万元。1977 年 1 月兴建,次年 12 月 18 日竣工。竣工决算 340 万元。使用钢材 510 吨、木材 1650 立方米、水泥 5580 吨、劳动力 31.55 万工日。大桥主孔 105 米,是当时国内跨径最大的箱型拱桥。大桥共 5 孔长 377.56 米,高 32 米,桥面宽 14 米(其中车行道宽 10 米)。设计洪水频率 1/100,通航净空符合 5 级航道要求,设计荷载汽—15,挂—80。来宾大桥是广西首次建成的无支架缆索吊装,预制组装封闭式的箱型拱桥,1981 年获广西壮族自治区优质工程一等奖,1983 年被国家质量奖审定委员会评定为国家优质工程,获银质奖。

迁江大桥　迁江大桥位于国道 322 线 K668+180 处,跨越红水河。大桥为六孔悬链线空腹式双曲拱桥,长 361 米、高 37 米多、宽 9 米余,载重汽 -15,挂 -80。由自治区交通厅勘测设计院测设,自治区交通局(今自治区交通厅)工程公司二队于 1974 年施工,1976 年建成。

合山马安红水河大桥　位于东江矿下游约 700 米处,跨越红水河。为勾通红水河南北交通,保证合山电厂用煤运输,国家煤炭部、财政部批准修建此桥。由煤炭部投资 454 万元,铁道部大桥工程局设计,大桥局第五工程处承建。1979 年 11 月筹建,1980 年 10 月 31 日动工。1982 年 3 月 28 日竣工,同年 4 月 3 日通过验收交付使用。桥 6 墩 7 孔,50 米预应力钢筋混凝土简支桥梁,每两墩之间跨度 14 米,桥全长 368.37 米,桥面宽 12 米,其中行车道 9.5 米,两侧行人道一侧为 0.5 米,一侧为 2 米,桥高 32 米,桥栏杆高 1.2 米。设计载重汽车 20 吨,挂—100。

迁江清水河大桥　位于塘(圩)迁(江)线、距迁江镇 2.1 千米处,跨越迁江清水河。大桥由广西壮族自治区交通厅设计院设计,区公路局和县迁江糖厂投资(160 万元),柳州地区交通局承建。1988 年 6 月动工,次年 7 月竣工交付使用。大桥为双曲拱桥 4 孔,中间两孔净跨各为 50 米,两端两孔净跨各为 12 米,桥长 152.27 米,净宽 7 米,设计荷载为汽—15,挂—80 验算。大桥建成后,解决了迁江镇与兴宾区境南片陶邓、小平阳、三五、五山等乡的交通以及清水河东岸人民赶迁江圩、运送原料蔗到迁江糖厂难的问题。

城厢枫木桥　位于红水河南岸的兴宾区城厢乡枫木村东边,枫木小河流入红水河出口处约 1.5 千米处。大桥由广西壮族自治区交通厅设计院设计,区公路局投资(150 万元)、承建。1988 年 11 月动工,次年 10 月竣工交付使用。大桥为 T 型桥梁,5 孔,各孔净跨为 20 米,桥长 135 米,净宽 12 米,设计荷载为汽—15,挂—80 验算。大桥建成后沟通兴宾区境内东片石牙、寺山、蒙村、南泗、高安等乡及红河农场、青蜂林场、铁帽山林场和县城的交通,缩短了兴宾区到达象州、武宣等县的路程。

象州柳江大桥　位于省道 20134 线 36 千米 +500 米处,系钢筋混凝土悬链线箱形拱桥。全长 488.55 米,引道长 1510 米,桥面行车道宽 9 米,两旁人行道各 1.5 米,桥高 45 米,全桥 6 孔。由自治区交通勘测设计院设计,设计载荷汽车 20 吨,挂卡 100 吨,人群载荷 350 千克每平方米。大桥由区公路管理局机械施工处承建,1985 年 10 月 2 日破土动工,1987 年 10 月 22 日建成验收,12 月 8 日正式通车。全工程共使用 34.56 万工日,耗用钢材 535 吨,水泥 6800 吨,木材 1000 平方米,总投资 718 万元。

象州柳江大桥　（韦敏 2005 年摄）

石龙大桥 石龙大桥位于柳州至覃塘公路石龙镇附近，跨越柳江（国道209线K3022+600处），全长578.4米，为预应力简支梁和T型钢构混合式结构。桥面宽12米，高43.6米多，全桥13孔。自治区交通设计院三队设计，设计荷载汽-20，挂-100；广西壮族自治区公路管理局一队负责施工，总投资840万元。1980年12月动工，1984年5月竣工，6月1日正式通车。竣工决算806万元，共用钢材1871吨、木材1300立方米、水泥7796吨。

罗秀大桥 位于省道20134线70千米+300米处，跨运江河，系钢筋混凝土悬半波双曲拱桥。桥长184米，桥面行车道宽7米，两旁人行道宽各1米，桥高13米，全桥3孔，每孔跨径45米。设计载荷量汽车15吨，挂卡80吨，人群载荷250千克每平方米。由柳州公路总段设计，柳州公路总段工程队承建，1976年12月动工，1978年8月建成通车，投资73万元。

石祥桥 石祥桥位于石龙至象州公路K11+800处，为单拱浆砌片石拱桥，全长74米，桥高23米多，单孔跨径40米。1966年建成，为柳州公路总段（现桂中公路管理局）设计和施工的第一座大跨径石拱桥。

武宣大桥 位于县城城北路，横跨黔江。由自治区交通勘测设计院设计，区公路管理局一工程处承建，总投资1800万元，其中中央投资400万元，自治区投资900万元，县自筹500万元。于1987年12月3日破土动工，1990年7月建成，8月1日正式通车。共6墩7跨，总长549.28米，桥面宽12米，从基础底面到桥面高61米。墩、台全用水泥预制块镶面砌筑。设计承载能力为单车道负荷20吨，挂车100吨。大桥引道全长5051米，全部按二级公路标准施工。

红渡大桥 在勒欧线上忻城县红渡街头，横跨红水河，1981年3月始建，次年10月通车。造价320万元，由自治区交通厅设计院设计，交通厅工程公司施工，桥长404.6米，上构4拱各80米，钢筋混凝土箱型拱桥，每拱20米双曲拱；下构1、2、4号墩为现浇混凝土重力式墩，3号墩为预制块墩。南端为重力式台，北端为挖孔墙组合式台。桥面车行道宽7米，两侧人行道各宽1.5米，桥高46米，栏杆高1米，花草装饰。桥面为2%双纵向坡，桥上可通行15吨汽车或80吨拖挂车，桥下可通行300吨驳船。

表19-6 2005年来宾市公路桥梁一览表

编码	名称	中心桩号（千米）	跨越地物名称	填报单位编码	桥梁长度（米）	跨径组合	设计荷载	桥面全宽（米）	建成时间	管养单位
G209L0600451322	石龙大桥	3018.45	柳江河	452022221	578.40	2*25+8*40+2*53+1*81	4.汽车-20级	12.00	1984年5月	象州公路管理局
G209L0010451323	南山桥	3032.11	南山溪	452022231	20.70	1*4.7+1*4.9+1*4.5	5.汽车-15级	11.00	1969年	武宣公路管理局
G209L0620451323	黄茆桥	3035.51	黄茆溪	452022231	19.30	1*4.7+1*4.4	7.汽车-10级	12.60	1968年10月	武宣公路管理局
G209L0630451323	二塘平桥	3043.88	二塘溪	452022231	27.50	9*1	7.汽车-10级	8.60	1964年10月	武宣公路管理局
G209L0640451323	武宣大桥	3055.51	黔江河	452022231	549.60	1*35+5*80+1*35	4.汽车-20级	12.00	1990年7月	武宣公路管理局
G209L0650451323	马步桥	3061.20	马步溪	452022231	42.00	2*3.3+1*3+1*6	7.汽车-10级	7.50	1958年10月	武宣公路管理局
G209L0660451323	望田桥	3079.99	望田溪	452022231	18.80	5*2	6.汽车-13级	7.50	1971年10月	武宣公路管理局
G209L0670451323	新龙桥	3080.55	新龙溪	452022231	28.20	9*2	7.汽车-10级	7.50	1969年10月	武宣公路管理局
G209L0680451323	三江桥	3086.43	通挽溪	452022231	14.00	4*2	7.汽车-10级	8.40	1959年10月	武宣公路管理局
G322L0810451302	迁江大桥	675.71	红水河	452022021	361.00	1*80+5*40	5.汽车-15级	11.00	1976年	来宾公路管理局
G322L0820451302	龙降桥	683.94	龙降河	452022021	54.90	1*30	4.汽车-20级	14.50	1992年	来宾公路管理局

续表

编码	名称	中心桩号（千米）	跨越地物名称	填报单位编码	桥梁长度(米)	跨径组合	设计荷载	桥面全宽(米)	建成时间	管养单位
G322L0830451302	五板桥	688.70	五板小溪	452022021	9.50	1*5	7.汽车-10级	15.00	1993年	来宾公路管理局
G322L0680451321	大塘桥	609.92	大塘小溪	452022211	16.40	2*6	7.汽车-10级	15.80	1966年12月	忻城公路管理局
G322L0690451321	思练桥	621.66	思练小溪	452022211	26.00	4*6	7.汽车-10级	8.00	1966年11月	忻城公路管理局
G322L0700451321	石龙桥	624.12	石龙小溪	452022211	20.60	3*5	7.汽车-10级	8.60	1966年11月	忻城公路管理局
G322L0710451381	吉林桥	639.14	吉林河	452022021	72.00	3*16	4.汽车-20级	12.40	1995年	合山市二级公路收费所
G322L0720451381	东矿桥	642.00	东矿小溪	452022021	13.40	2*6	4.汽车-20级	12.00	1995年	合山市二级公路收费所
G322L0730451381	公路铁路立交桥	645.32	柳合线K62+176	452022021	38.10	1*15	4.汽车-20级	12.00	1995年	合山市二级公路收费所
G322L0750451381	古樟桥	648.45	古樟河	452022021	13.80	1*7	4.汽车-20级	17.00	1995年	合山市二级公路收费所
G322L0760451381	双寺桥	649.71	双寺小溪	452022021	11.00	1*5	4.汽车-20级	12.00	1995年	合山市二级公路收费所
G322L0770451381	思光立交桥	652.79	柳合线K54+250	452022021	45.50	3*13	4.汽车-20级	12.00	1995年	合山市二级公路收费所
G322L0780451381	思光桥	656.71	思光小溪	452022021	6.90	1*6	4.汽车-20级	12.00	1995年	合山市二级公路收费所
G322L0790451381	新欧桥	657.28	新欧小溪	452022021	29.70	1*16	4.汽车-20级	12.00	1995年	合山市二级公路收费所
G322L0800451381	中甸桥	665.27	中甸小溪	452022021	7.00	1*6	4.汽车-20级	12.00	1995年	合山市二级公路收费所
G323L0690451321	千杯桥	1100.98	千杯小溪	452022211	12.50	1*5	7.汽车-10级	7.40	1966年12月	忻城公路管理局
G323L0700451321	里苗桥	1118.00	里苗小溪	452022211	14.00	1*5	7.汽车-10级	8.00	1966年11月	忻城公路管理局
G323L0440451324	下思桥	907.17	下思屯	452022241	17.10	1*7	2.公路Ⅱ级	12.00	1972年3月	金秀公路管理局
G323L0450451324	三江一桥	911.30	三江街	452022241	53.00	5*8	2.公路Ⅱ级	12.00	1972年10月	金秀公路管理局
G323L0030451324	三江二桥	911.92	三江街	452022241	18.50	1*8	2.公路Ⅱ级	12.00	2000年10月	金秀公路管理局
G323L0040451324	寨堡桥	915.65	寨堡屯	452022241	46.00	2*16	2.公路Ⅱ级	12.00	1999年10月	金秀公路管理局
G323L0050451324	石墙桥	916.83	石墙	452022241	43.70	2*16	2.公路Ⅱ级	12.00	1971年10月	金秀公路管理局
G323L0060451324	古月坪桥	920.58	古月坪	452022241	23.50	1*14	2.公路Ⅱ级	12.00	1993年10月	金秀公路管理局
G323L0070451324	二排桥	925.90	二排	452022241	82.00	3*23	2.公路Ⅱ级	12.00	1967年7月	金秀公路管理局

续表

编码	名称	中心桩号（千米）	跨越地物名称	填报单位编码	桥梁长度（米）	跨径组合	设计荷载	桥面全宽（米）	建成时间	管养单位
G323L0080451324	江洲桥	926.01	江洲屯	452022241	81.00	3*23	2. 公路Ⅱ级	12.00	1967 年 10 月	金秀公路管理局
G323L0090451324	便村桥	926.82	便村屯	452022241	27.70	3*7	2. 公路Ⅱ级	12.00	2000 年 10 月	金秀公路管理局
S101L0100451321	旧镇桥	109.76	红水河	452022211	64.00	3*12.9	7. 汽车−10 级	7.00	1982 年 10 月	忻城公路管理局
S101L0090451321	红渡大桥	121.87	清水河	452022211	404.60	1*80.2+4*79.5	3. 汽车−超 20 级	10.00	1982 年 12 月	忻城公路管理局
S101L0080451321	清水河桥	128.73	忻城河	452022211	21.20	1*15.9	7. 汽车−10 级	11.80	2002 年 10 月	忻城公路管理局
S101L0010451321	双胜桥	136.59	双胜河	452022211	30.00	1*16	4. 汽车−20 级	13.00	2006 年	忻城公路管理局
S101L0020451321	清水河桥	137.67	清水河	452022211	55.50	3*16	4. 汽车−20 级	13.00	2006 年	忻城公路管理局
S101L0030451321	泮水河桥	138.09	泮水河	452022211	25.00	1*14	4. 汽车−20 级	13.00	2006 年	忻城公路管理局
S101L0040451321	高阳中桥	142.84	板燕小溪	452022211	60.00	3*16	4. 汽车−20 级	13.00	2006 年	忻城公路管理局
S207L0050451324	寨堡桥	273.41	寨堡河	451131241	14.80	1*8	3. 汽车−超 20 级	7.80	2000 年	金秀交通局
S207L0200451324	阴冲桥	283.02	阴冲	451131241	9.80	1*6	7. 汽车−10 级	7.80	1969 年	金秀交通局
S207L0080451324	三角坳桥	292.13	三角坳	452022241	46.00	2*16	2. 公路Ⅱ级	8.00	2002 年 10 月	金秀公路管理局
S207L0070451324	田村桥	294.35	田村	452022241	26.00	1*8	2. 公路Ⅱ级	8.50	2002 年 10 月	金秀公路管理局
S207L0010451324	刘村桥	296.00	金秀河	451131241	31.00	2*10	7. 汽车−10 级	7.10	1960 年	金秀交通局
S207L0020451324	公香桥	301.35	公香冲	451131241	20.00	1*5.2	7. 汽车−10 级	6.80	1969 年	金秀交通局
S207L0030451324	下象桥	302.10	下象冲	451131241	12.00	1*6	7. 汽车−10 级	8.20	1969 年	金秀交通局
S207L0040451324	道江桥	302.55	道江河	451131241	26.00	1*15	7. 汽车−10 级	7.60	1978 年	金秀交通局
S207L0130451324	道江 2 桥	302.58	六合冲	451131241	26.00	1*12	7. 汽车−10 级	8.20	1986 年	金秀交通局
S207L0060451324	古占桥	307.27	古占河	451131241	21.00	1*13	7. 汽车−10 级	7.50	1970 年 10 月	金秀交通局
S207L0180451324	长垌桥	318.21	长垌河	451131241	40.00	2*7	7. 汽车−10 级	7.50	1983 年	金秀交通局
S207L0190451324	溶洞桥	329.20	溶洞冲	451131241	27.80	1*10	7. 汽车−10 级	8.30	1983 年	金秀交通局
S207L0090451324	芝俄桥	331.61	芝俄冲	451131241	18.00	1*5.5	7. 汽车−10 级	5.30	1982 年	金秀交通局
S207L0100451324	六力桥	334.01	六力冲	451131241	20.00	1*6	7. 汽车−10 级	8.00	1983 年	金秀交通局

续表

编码	名称	中心桩号（千米）	跨越地物名称	填报单位编码	桥梁长度（米）	跨径组合	设计荷载	桥面全宽（米）	建成时间	管养单位
S207L0110451324	腊河桥	341.28	水弯河	451131241	17.00	2*6	7.汽车−10级	7.60	1984年	金秀交通局
S207L0120451324	罗丹桥	347.30	滴水河	451131241	45.00	1*25	7.汽车−10级	9.00	1985年	金秀交通局
S207L0170451324	公也桥	365.65	六合冲	451131241	26.00	1*12	7.汽车−10级	8.20	1986年10月	金秀交通局
S207L0140451324	马安桥	366.52	沉朗冲	451131241	9.00	1*5	7.汽车−10级	8.60	1966年	金秀交通局
S207L0150451324	腾娇桥	367.65	罗香河	451131241	17.00	2*6.3	7.汽车−10级	6.60	1978年	金秀交通局
S207L0160451324	马练桥	372.16	蒙江	451131241	64.00	2*25	7.汽车−10级	5.50	1981年	金秀交通局
S208L0180451322	回龙桥	301.10	回龙河	451131221	14.50	1*6.3	3.汽车−超20级	7.90	1998年	象州县交通局
S208L0070451322	长塘拱桥	301.60	长塘河	451131221	35.60	3*7	3.汽车−超20级	8.00	1998年	象州县交通局
S208L0140451322	长塘桥	303.55	长塘河	451131221	15.00	1*12.5	3.汽车−超20级	6.50	1997年	象州县交通局
S208L0090451322	长塘漫水桥	304.34	长塘河	451131221	180.00	1*10	3.汽车−超20级	14.00	1997年	象州县交通局
S208L0030451322	思劳桥	315.79	思劳河	451131221	36.50	2*11	5.汽车−15级	6.60	1972年	象州县交通局
S208L0020451322	大变桥	320.90	大变河	451131221	9.20	1*7.7	5.汽车−15级	6.80	1972年	象州县交通局
S208L0010451322	山厂桥	325.02	山厂河	451131221	19.80	2*7.8	5.汽车−15级	6.50	1985年	象州县交通局
S208L0200451322	石磨桥	338.87	石磨河	451131221	6.40	1*5.4	5.汽车−15级	7.90	1992年	象州县交通局
S208L0170451322	胡家桥	342.50	胡家河	451131221	7.50	1*5.2	5.汽车−15级	6.00	1990年	象州县交通局
S208L0150451322	大沙桥	343.55	大沙河	451131221	60.00	6*6	5.汽车−15级	5.50	1994年	象州县交通局
S208L0040451322	大节桥	345.58	大节河	451131221	18.40	1*15	5.汽车−15级	7.00	1996年	象州县交通局
S208L0050451322	团村桥	347.19	团村河	451131221	7.00	1*5.1	5.汽车−15级	7.00	1992年	象州县交通局
S208L0060451322	花六桥	349.22	花六河	451131221	23.00	3*6	3.汽车−超20级	7.00	1995年	象州县交通局
S208L0160451322	龚村桥	350.68	龚村河	451131221	26.00	3*8	5.汽车−15级	7.50	1996年	象州县交通局
S208L0080451322	古朴桥	351.79	古朴小河	451131221	14.00	1*7	5.汽车−15级	7.00	1993年	象州县交通局
S208L0190451322	甘邓桥	352.70	甘邓河	451131221	40.00	1*5	7.汽车−10级	7.00	1995年	象州县交通局
S208L0100451322	古印一桥	353.13	古印河	451131221	41.40	1*5	7.汽车−10级	7.00	1996年	象州县交通局

续表

编码	名称	中心桩号（千米）	跨越地物名称	填报单位编码	桥梁长度（米）	跨径组合	设计荷载	桥面全宽（米）	建成时间	管养单位
S208L0110451322	古印二桥	353.55	古印河	451131221	41.60	1*5	7. 汽车−10 级	7.00	1997 年	象州县交通局
S208L0120451322	古印三桥	353.76	古印河	451131221	41.00	1*5	7. 汽车−10 级	7.00	1998 年	象州县交通局
S208L0130451322	赵村桥	355.49	赵村河	451131221	40.00	1*5	7. 汽车−10 级	7.00	1995 年	象州县交通局
S208L0010451323	小林三桥	363.05	小林溪	451131231	14.30	2*6	4. 汽车−20 级	6.50	2004 年	武宣县交通局
S208L0020451323	小林二桥	363.13	小林溪	451131231	13.80	2*6	4. 汽车−20 级	6.50	2004 年	武宣县交通局
S208L0030451323	小林一桥	364.24	小林溪	451131231	17.10	3*5	4. 汽车−20 级	6.50	2004 年	武宣县交通局
S208L0040451323	卢村桥	370.60	卢村河	451131231	88.00	5*16	2. 公路Ⅱ级	7.50	2007 年	武宣县交通局
S208L0050451323	河背桥	390.37	河背河	451131231	35.00	3*8.8	4. 汽车−20 级	7.60	1980 年	武宣县交通局
S208L0060451323	王年桥	393.27	东乡河	451131231	67.70	3*15	4. 汽车−20 级	7.60	1967 年	武宣县交通局
S208L0070451323	禄库桥	396.54	禄库河	451131231	19.50	2*8	4. 汽车−20 级	6.00	1980 年	武宣县东乡镇政府
S208L0080451323	平东桥	397.19	平岭溪	451131231	7.50	1*6	4. 汽车−20 级	6.00	1987 年	武宣县东乡镇政府
S208L0090451323	上棉二桥	399.12	上棉河	451131231	11.20	2*4.5	4. 汽车−20 级	5.00	1998 年	武宣县东乡镇政府
S211L0010451321	马泗桥	157.28	马泗小溪	452022211	12.50	1*6	7. 汽车−10 级	12.00	1962 年 11 月	忻城公路管理局
S211L0020451321	可达桥	159.33	可达小溪	452022211	13.50	3*3	7. 汽车−10 级	6.60	1970 年 10 月	忻城公路管理局
S211L0030451321	重弄二桥	163.02	高岭小溪	452022211	12.65	1*3.6+1*3.4+1*2.2	7. 汽车−10 级	13.30	1972 年 1 月	忻城公路管理局
S211L0040451321	重弄一桥	163.21	重弄小溪	452022211	13.92	3*3	7. 汽车−10 级	11.90	1970 年 10 月	忻城公路管理局
S211L0050451321	三丈河桥	172.07	重弄小溪	452022211	27.60	2*5+2*4.9	7. 汽车−10 级	11.60	1971 年 10 月	忻城公路管理局
S211L0060451321	西龙桥	180.79	三丈小溪	452022211	13.00	2*5	7. 汽车−10 级	7.30	1958 年 10 月	忻城公路管理局
S211L0070451321	双胜桥	180.96	忻城河	452022211	21.00	1*15.9	7. 汽车−10 级	7.30	1987 年 12 月	忻城公路管理局
S211L0090451321	隆光大桥	193.73	隆光河	452022211	108.00	1*17+4*16+1*15	4. 汽车−20 级	12.00	2002 年	忻城公路管理局
S211L0100451321	加旦桥	196.26	龙田小河	452022211	17.60	1*11.4	4. 汽车−20 级	12.00	2002 年	忻城公路管理局
S211L0110451321	龙午桥	199.87	龙马小溪	452022211	16.40	1*11.4	3. 汽车−超 20 级	12.00	2002 年	忻城公路管理局
S211L0040451381	合山电厂桥	233.50	合山电厂小溪	452022021	56.00	3*16	4. 汽车−20 级	14.00	2002 年	来宾公路管理局

续表

编码	名称	中心桩号（千米）	跨越地物名称	填报单位编码	桥梁长度（米）	跨径组合	设计荷载	桥面全宽（米）	建成时间	管养单位
S212L0040451302	白山桥	20.27	无名旱沟	452022021	13.60	1*8	7. 汽车-10 级	12.00	1959 年	来宾公路管理局
S212L0050451302	北伍一桥	30.94	北伍小河	452022021	36.30	4*7	7. 汽车-10 级	8.40	1959 年	来宾公路管理局
S212L0060451302	北伍桥	32.17	北伍小溪	452022021	15.70	2*4.3	7. 汽车-10 级	8.00	1959 年	来宾公路管理局
S212L0070451302	新城桥	59.23	来宾小溪	452022021	80.00	1*24.5	3. 汽车-超 20 级	17.00	1991 年	兴宾区建设局
S212L0080451302	来宾大桥	61.02	红水河	452022021	377.60	2*105+2*53	4. 汽车-20 级	14.00	1978 年	兴宾区建设局
S212L0090451302	桥贵桥	68.26	桥贵小溪	452022021	19.60	2*8	7. 汽车-10 级	7.90	1969 年	来宾公路管理局
S212L0100451302	平阳公路与铁路立交桥	73.80	铁路	452022021	16.40	1*13.4	5. 汽车-15 级	8.90	1974 年	来宾公路管理局
S212L0110451302	广龙一桥	76.20	广龙小溪	452022021	11.20	2*4	7. 汽车-10 级	6.00	1969 年	来宾公路管理局
S212L0120451302	三五桥	83.08	三五小溪	452022021	16.50	2*8	4. 汽车-20 级	8.50	2004 年	来宾公路管理局
S212L0130451302	小平阳桥	104.58	小平阳小溪	452022021	22.00	2*7	7. 汽车-10 级	8.70	1969 年	来宾公路管理局
S212L0140451302	青岭一桥	108.29	无名小溪	452022021	12.30	2*5	5. 汽车-15 级	8.00	2000 年	来宾公路管理局
S212L0150451302	青岭二桥	108.31	无名小溪	452022021	6.00	1*5	5. 汽车-15 级	8.50	2000 年	来宾公路管理局
S212L0010451302	悠鬼桥	110.63	无名小溪	452022021	11.80	2*5.25	7. 汽车-10 级	8.50	1969 年	来宾公路管理局
S212L0020451302	古林桥	114.53	古林小溪	452022021	21.00	2*5	7. 汽车-10 级	8.00	1969 年	来宾公路管理局
S310L0010451322	砖厂桥	360.10	砖厂河	451131221	13.00	1*10	3. 汽车-超 20 级	6.50	1997 年	象州县交通局
S310L0050451322	王干桥	362.56	王干河	451131221	7.00	1*5.5	3. 汽车-超 20 级	5.00	1997 年	象州县交通局
S310L0030451322	平葛桥	364.17	平葛河	451131221	25.40	1*5	3. 汽车-超 20 级	7.50	1997 年	象州县交通局
S310L0040451322	瓦窑桥	365.43	瓦窑桥	451131221	7.00	1*5	3. 汽车-超 20 级	6.00	1997 年	象州县交通局
S310L0090451324	六了桥	253.86	六了冲	451131241	12.00	2*5	7. 汽车-10 级	6.00	1980 年	金秀交通局
S310L0130451324	高田桥	256.72	高田河	451131241	25.00	4*5	7. 汽车-10 级	7.50	1967 年	忠良乡人民政府
S310L0140451324	黄腰桥	257.27	定卜冲	451131241	20.00	1*16.8	7. 汽车-10 级	6.00	1967 年	金秀交通局
S310L0120451324	竹夹桥	257.88	定卜冲	451131241	20.00	3*5	7. 汽车-10 级	6.50	1967 年	金秀交通局

续表

编码	名称	中心桩号（千米）	跨越地物名称	填报单位编码	桥梁长度（米）	跨径组合	设计荷载	桥面全宽（米）	建成时间	管养单位
S310L0160451324	仁怀桥	258.80	长六冲	451131241	10.00	1*6	7. 汽车 -10 级	6.50	1967 年	金秀交通局
S310L0170451324	卜泉桥	278.92	卜泉河	451131241	21.00	1*13	7. 汽车 -10 级	7.50	1988 年	金秀交通局
S310L0180451324	二七桥	290.28	二七冲	451131241	10.00	1*6	7. 汽车 -10 级	10.00	1987 年	金秀交通局
S310L0110451324	十九千米桥	293.16	古卜冲	451131241	13.00	1*12	7. 汽车 -10 级	7.50	1970 年	金秀交通局
S310L0060451324	社村桥	316.88	社村	452022241	34.80	1*18	2. 公路Ⅱ级	8.50	2002 年 10 月	金秀公路管理局
S310L0050451324	美村桥	321.01	美村	452022241	52.00	2*16	2. 公路Ⅱ级	8.50	2002 年 10 月	金秀公路管理局
S310L0040451324	花坪桥	334.35	花平	452022241	59.70	3*14	2. 公路Ⅱ级	8.00	2002 年 10 月	金秀公路管理局
S310L0030451324	新安桥	335.09	新安屯	452022241	21.00	1*10	2. 公路Ⅱ级	8.50	2002 年 10 月	金秀公路管理局
S310L0020451324	古池桥	338.29	古池屯	452022241	21.50	1*16	2. 公路Ⅱ级	8.50	2002 年 10 月	金秀公路管理局
S310L0010451324	桐木新桥	342.38	桐木屯	452022241	108.00	4*20	2. 公路Ⅱ级	12.00	2002 年 10 月	金秀公路管理局
S310L0100451324	那马桥	348.04	那马河	451131221	7.00	1*5	7. 汽车 -10 级	4.50	1964 年	象州县交通局
S311L0010451302	凤凰桥	136.12	凤凰小溪	452022021	21.00	2*7	5. 汽车 -15 级	25.00	1968 年	来宾公路管理局
S311L0110451302	罗沙桥	139.30	古浪河	452022021	52.80	3*12.3	7. 汽车 -10 级	9.00	1965 年	来宾公路管理局
S311L0030451302	七洞大桥	161.51	清水河	451131211	67.20	2*20	5. 汽车 -15 级	9.00	1988 年	兴宾区公路管教所
S311L0010451321	头目桥	168.58	头目河	451131211	15.00	1*8	7. 汽车 -10 级	8.00	1987 年	忻城县交通局
S311L0020451321	岩俄桥	171.15	安桃河	451131211	10.50	1*6	7. 汽车 -10 级	8.30	1987 年	忻城县交通局
S311L0030451321	北荡桥	172.38	安桃河	451131211	17.50	4*2.6	7. 汽车 -10 级	7.20	1968 年	忻城县交通局
S311L0040451321	敏洞桥	173.56	敏洞河	451131211	10.00	2*4	7. 汽车 -10 级	7.10	1968 年	忻城县交通局
S311L0050451321	肯索桥	181.70	肯索河	451131211	12.00	1*8	7. 汽车 -10 级	7.25	1975 年	忻城县交通局
S311L0060451321	梅岭桥	186.39	留乡河	451131211	19.00	1*10.5	7. 汽车 -10 级	7.25	1981 年	忻城县交通局
S311L0070451321	良平桥	191.41	良平河	451131211	9.00	1*5	7. 汽车 -10 级	8.90	1974 年	忻城县交通局
S311L0080451321	板河桥	216.92	双胜河	451131211	22.00	2*6	7. 汽车 -10 级	8.15	1970 年	忻城县交通局
S311L0010451322	古车桥	28.77	古车溪	452022221	59.00	3*16	4. 汽车 -20 级	12.00	2004 年 10 月	象州公路管理局

续表

编码	名称	中心桩号（千米）	跨越地物名称	填报单位编码	桥梁长度(米)	跨径组合	设计荷载	桥面全宽(米)	建成时间	管养单位
S311L0020451322	罗秀二桥	44.05	罗秀河	452022221	107.00	6*16	4.汽车-20级	12.00	2005年12月	象州公路管理局
S311L0030451322	罗秀一桥	44.73	罗秀河	452022221	186.00	11*16	4.汽车-20级	12.00	2005年12月	象州公路管理局
S311L0040451322	水利桥	52.06	木苗灌溉水渠	452022221	18.72	1*13	4.汽车-20级	12.00	2003年12月	象州公路管理局
S311L0050451322	龙头桥	52.79	龙头小溪	452022221	43.50	2*16	4.汽车-20级	12.00	2005年12月	象州公路管理局
S311L0060451322	横桥桥	63.48	横桥溪	452022221	44.00	2*16	4.汽车-20级	12.00	2005年7月	象州公路管理局
S311L0070451322	热水桥	68.24	热水溪	452022221	19.05	1*10	4.汽车-20级	12.00	2003年12月	象州公路管理局
S311L0080451322	石龙桥	72.08	石龙小溪	452022221	27.00	1*16	4.汽车-20级	12.00	2005年8月	象州公路管理局
S311L0090451322	象州大桥	78.46	柳江河	452022221	488.55	6*70	4.汽车-20级	12.00	1987年9月	象州公路管理局
S311L0100451322	鸡沙桥	80.92	鸡沙小溪	452022221	12.00	1*5.6	4.汽车-20级	12.00	2002年4月	象州公路管理局
S311L0110451322	龙富桥	85.32	龙富小溪	452022221	40.00	3*10	4.汽车-20级	12.00	2002年4月	象州公路管理局
S311L0120451322	那河桥	89.87	旱地	452022221	18.00	1*5.6	4.汽车-20级	12.00	2002年4月	象州公路管理局
S311L0130451322	新圩桥	93.17	新圩小溪	452022221	14.00	1*5.6	4.汽车-20级	12.00	2002年1月	象州公路管理局
S311L0140451322	龙兴桥	95.35	龙兴小溪	452022221	29.00	2*10	4.汽车-20级	12.00	2002年1月	象州公路管理局
S311L0150451322	龙头桥	98.62	龙头小溪	452022221	29.20	1*17.2	4.汽车-20级	12.00	2000年11月	象州公路管理局
S311L0160451322	马龙桥	99.46		452022221	14.00	1*5,6	4.汽车-20级	12.00	2001年12月	象州公路管理局
S311L0170451322	回龙桥	103.62	回龙小溪	452022221	25.00	2*8	4.汽车-20级	12.00	2001年12月	象州公路管理局
S311L0010451324	头排桥	1.18	头排	452022241	35.00	3*10	2.公路Ⅱ级	12.00	1970年10月	金秀公路管理局
S311L0020451324	古模桥	6.89	古模	452022241	25.30	1*10	2.公路Ⅱ级	12.00	1973年	金秀公路管理局
S311L0030451324	七建桥	9.14	那棒屯	452022241	92.00	5*16	2.公路Ⅱ级	12.00	1960年	金秀公路管理局
S311L0040451324	大力一桥	12.92	大力屯	452022241	31.50	1*20	2.公路Ⅱ级	12.00	2001年10月	金秀公路管理局
S311L0050451324	大力二桥	13.27	大力屯	452022241	23.00	1*13	2.公路Ⅱ级	12.00	2003年10月	金秀公路管理局
S311L0060451324	苟歪桥	15.95	苟歪屯	452022241	17.00	1*6	2.公路Ⅱ级	12.00	2003年10月	金秀公路管理局
S311L0070451324	仁村桥	18.08	仁村屯	452022241	30.50	1*16	2.公路Ⅱ级	12.00	1972年4月	金秀公路管理局

续表

编码	名称	中心桩号（千米）	跨越地物名称	填报单位编码	桥梁长度(米)	跨径组合	设计荷载	桥面全宽(米)	建成时间	管养单位
S311L0080451324	仁里小桥	24.72	仁里屯	452022241	22.00	1*16	2. 公路Ⅱ级	12.00	2005 年 10 月	金秀公路管理局
S311L0090451324	仁里大桥	25.03	仁里屯	452022241	124.00	5*19	2. 公路Ⅱ级	12.00	2003 年 12 月	金秀公路管理局
S313L0050451302	蒙村中桥	263.52	蒙村河	452022021	51.50	4*9.3	4. 汽车−20 级	12.00	2002 年	来宾公路管理局
S313L0040451302	蒙村小桥	263.96	蒙村小溪	452022021	42.00	3*10	4. 汽车−20 级	12.00	2002 年	来宾公路管理局
S313L0010451302	白面水库桥 1#	288.16	小河	451131211	24.00	3*5	3. 汽车−超 20 级	7.20	1964 年	兴宾区交通局
S313L0020451302	白面水库桥 2#	288.19	小河	451131211	27.00	4*5	3. 汽车−超 20 级	6.90	1960 年	兴宾区交通局
S313L0100451302	塘权桥	297.18	河	451131211	15.60	3*5	3. 汽车−超 20 级	7.60	1964 年	兴宾区交通局
S313L0080451302	青水河大桥	311.91	清水河	451131211	152.20	2*51	3. 汽车−超 20 级	9.00	1991 年	兴宾区公路管理所
S313L0060451302	五里桥	315.40	五里河	452022021	31.20	2*10	7. 汽车−10 级	8.00	1984 年	来宾公路管理局
S313L0070451302	四甲桥	320.43	四甲小溪	452022021	37.00	2*6.1	7. 汽车−10 级	5.80	1984 年	来宾公路管理局
S313L0030451302	中山桥	325.07	小东河	452022021	19.50	4*4	7. 汽车−10 级	5.60	1984 年	来宾公路管理局
S313L0090451302	定扣二桥	327.18	定扣小溪	452022021	14.90	2*4.9	7. 汽车−10 级	7.40	1984 年	来宾公路管理局
S313L0010451323	松响 2 号桥	188.00		452022231	130.00	20*6	4. 汽车−20 级	11.00	2008 年 8 月	武宣公路管理局
S313L0020451323	松响 1 号桥	188.46		452022231	130.00	40*3	4. 汽车−20 级	8.50	2008 年 8 月	武宣公路管理局
S313L0030451323	东乡中桥	194.05	东乡河	452022231	128.09	7*16	4. 汽车−20 级	12.00	2008 年 8 月	武宣公路管理局
S313L0040451323	三里中桥	205.06	三里河	452022231	80.07	16*4	4. 汽车−20 级	12.00	2008 年 8 月	武宣公路管理局
S313L0050451323	新路桥	214.79		452022231	79.60	14*1+23*1+14*1	4. 汽车−20 级	12.00	2008 年 8 月	武宣公路管理局
S313L0070451323	长岭桥	234.28	长岭小溪	452022231	98.50	10*9	2. 公路Ⅱ级	12.00	2002 年	武宣公路管理局
S313L0060451323	思布中桥	241.54	思布小溪	452022231	76.00	10*7	2. 公路Ⅱ级	12.00	2002 年	武宣公路管理局
S314L0010451302	小平阳桥	282.30	小平阳河	451131211	12.00	1*8	7. 汽车−10 级	7.50	1998 年	兴宾区公路管理所
S314L0020451302	马鞍桥	285.13	马鞍桥	451131211	21.00	2*7	5. 汽车−15 级	7.00	1987 年	兴宾区公路管理所
S314L0030451302	廖平清水河大桥	302.58	清水河	451131211	112.30	3*30	2. 公路Ⅱ级	12.00	1987 年	兴宾区公路管理所

续表

编码	名称	中心桩号（千米）	跨越地物名称	填报单位编码	桥梁长度(米)	跨径组合	设计荷载	桥面全宽(米)	建成时间	管养单位
S533L0010451302	来华中桥	85.54	来华小溪	452022021	56.60	1*30	4.汽车−20级	11.00	2000年	兴宾区建设局
S533L0020451302	古瓦中桥	89.48	古瓦小溪	452022021	68.00	3*20	4.汽车−20级	12.00	2002年	来宾公路管理局
S533L0030451302	桥巩桥	98.36	桥巩小溪	452022021	9.20	1*8	4.汽车−20级	12.00	2000年	来宾公路管理局
S533L0040451302	白鹤隘桥	113.83	白鹤隘小溪	452022021	11.40	1*10	4.汽车−20级	12.00	2002年	来宾公路管理局
S533L0010451322	白石良桥	3.09	白石良小溪	452022221	7.60	1*5.2	4.汽车−20级	7.00	1967年9月	象州公路管理局
S533L0020451322	溢洪桥	6.71	干河	452022221	47.60	1*40	5.汽车−15级	6.00	1967年9月	象州公路管理局
S533L0010451323	石祥桥	20.57	石祥河	452022231	74.80	1*40	3.汽车−超20级	7.60	1966年3月	武宣公路管理局
X602L0010451302	水吉桥	10.94	水吉村	451131021	31.00	3*10	3.汽车−超20级	5.20	1972年	兴宾区交通局
X610L0010451322	高龙一桥	3.71	高龙河	451131221	26.00	1*4+1*4.25	3.汽车−超20级	6.50	1972年	象州县交通局
X610L0020451322	高龙二桥	3.80	高龙河	451131221	27.10	1*15	3.汽车−超20级	6.50	1972年	象州县交通局
X611L0010451322	黄汉桥	0.41	黄汉河	451131221	48.80	8*5.35	3.汽车−超20级	7.00	1989年	象州县交通局
X611L0020451322	黄汉小桥	0.89	黄汉小河	451131221	6.50	1*5.6	3.汽车−超20级	8.10	1991年	象州县交通局
X611L0030451322	都金桥	3.22	都金河	451131221	43.00	1*5.6	3.汽车−超20级	7.60	1991年	象州县交通局
X611L0040451322	苏村桥	3.81	苏村河	451131221	22.70	2*6	3.汽车−超20级	7.30	1991年	象州县交通局
X611L0080451322	黄樟一桥	6.73	黄樟河	451131221	62.00	3*16	3.汽车−超20级	7.50	2006年	象州县交通局
X611L0060451322	黄樟二桥	6.93	黄樟河	451131221	30.00	1*16	3.汽车−超20级	7.50	2006年	象州县交通局
X611L0070451322	龙宫桥	7.31	龙宫河	451131221	56.80	2*18.6	3.汽车−超20级	8.20	1991年	象州县交通局
X612L0010451322	糖厂桥	15.32	糖厂河	451131221	69.80	1*20	3.汽车−超20级	8.50	1985年	象州县交通局
X613L0010451322	三界桥	3.20	三界河	451131221	13.60	1*10	3.汽车−超20级	8.00	1988年	象州县交通局
X613L0020451322	士笼桥	6.70	士笼河	451131221	7.80	1*6.15	3.汽车−超20级	6.80	1993年	象州县交通局
X613L0030451322	良山桥	9.30	良山河	451131221	9.00	1*6.9	3.汽车−超20级	8.25	1993年	象州县交通局
X613L0040451322	大淮桥	11.90	大淮河	451131221	6.00	1*5	3.汽车−超20级	4.50	1992年	象州县交通局
X613L0050451322	中平桥	12.60	仁义河	451131221	114.60	2*45	3.汽车−超20级	11.00	1997年	象州县交通局

续表

编码	名称	中心桩号（千米）	跨越地物名称	填报单位编码	桥梁长度（米）	跨径组合	设计荷载	桥面全宽（米）	建成时间	管养单位
X613L0060451322	大桥桥	14.80	大桥河	451131221	24.50	1*13.7	3. 汽车－超 20 级	6.60	1994 年	象州县交通局
X613L0070451322	百丈桥	19.73	百丈河	451131221	101.00	6*16	3. 汽车－超 20 级	7.50	2007 年	象州县交通局
X613L0020451324	大樟二桥	28.80	大樟河	451131241	40.00	5*6	3. 汽车－超 20 级	5.70	1982 年	金秀交通局
X613L0010451324	大樟一桥	29.13	大樟河	451131241	81.50	4*16	7. 汽车－10 级	8.50	2005 年	金秀交通局
X618L0010451302	来宾铁路立交桥 1	1.70	来宾铁路	452022021	35.10	1*12	4. 汽车－20 级	12.00	2002 年	兴宾区建设局
X618L0020451302	来宾铁路立交桥 2	2.26	来宾铁路	452022021	32.90	1*19.2	4. 汽车－20 级	12.00	2002 年	兴宾区建设局
X618L0080451302	枫木桥	9.94	枫木河	452022021	130.50	5*16	4. 汽车－20 级	9.10	1975 年	来宾公路管理局
X619L0010451302	下料一桥	0.64	冲沟	452022021	16.90	5*2.8	3. 汽车－超 20 级	5.50	1968 年	来宾公路管理局
X619L0020451302	下料二桥	2.58	下料小溪	452022021	17.70	2*4.9	3. 汽车－超 20 级	4.10	1971 年	来宾公路管理局
X619L0030451302	下料三桥	3.27	下料小溪	452022021	9.00	1*5	3. 汽车－超 20 级	7.30	1971 年	来宾公路管理局
X619L0040451302	大英桥	16.92	大英小溪	452022021	18.60	6*2.1	7. 汽车－10 级	9.90	1970 年	来宾公路管理局
X619L0050451302	高巷桥	28.86	清水河	452022021	43.70	1*30	3. 汽车－超 20 级	5.00	1967 年	来宾公路管理局
X622L0010451302	洪江桥	7.56	洪江河	451131211	8.00	1*6.5	7. 汽车－10 级	6.70	1981 年	兴宾区公路管理所
X622L0020451302	下莫桥	20.62	下莫河	451131211	10.00	2*5	5. 汽车－15 级	7.60	1990 年	兴宾区公路管理所
X622L0030451323	复旦桥	25.79	复旦溪	451131231	53.20	5*6.6	4. 汽车－20 级	8.70	1985 年	武宣县交通局
X625L0010451302	界首桥	7.74	界首水利	451131211	10.00	1*6.3	7. 汽车－10 级	6.20	1970 年	兴宾区公路管理所
X625L0050451302	牛角桥	60.13	牛角河	451131211	11.40	4*1.8	7. 汽车－10 级	7.80	1980 年	兴宾区公路管理所
X625L0060451302	凤凰桥	64.81	凤凰河	451131211	21.00	1*10	3. 汽车－超 20 级	9.00	1965 年 6 月	兴宾区公路管理所
X626L0040451302	新桥	15.17	雅江河	451131211	40.00	3*10	5. 汽车－15 级	5.00	1968 年	兴宾区公路管理所
X626L0050451302	凌仓桥	26.57	凌仓河	451131211	17.30	3*3	7. 汽车－10 级	7.00	1970 年	兴宾区公路管理所
X626L0010451322	青凌桥	29.90	青凌河	451131221	54.00	1*26	5. 汽车－15 级	6.10	1972 年	象州县交通局
X633L0010451302	南泗桥	3.55	南泗河	451131211	15.00	3*4	7. 汽车－10 级	7.50	1968 年	兴宾区公路管理所

续表

编码	名称	中心桩号（千米）	跨越地物名称	填报单位编码	桥梁长度(米)	跨径组合	设计荷载	桥面全宽(米)	建成时间	管养单位
X633L0020451302	马塘桥	9.19	王了河	451131211	37.00	6★1.5	7. 汽车−10 级	6.50	1987 年	兴宾区公路管理所
X649L0010451321	和平桥	0.76	忻城小溪	452022211	17.20	1★5.3+1★4.8	3. 汽车−超 20 级	7.60	1960 年	忻城公路管理局
X650L0010451321	北来桥	9.19	上浪小溪	452022211	20.30	2★5	3. 汽车−超 20 级	7.10	1985 年	忻城公路管理局
X652L0010451321	上滩桥	1.60	上滩河	451131211	48.00	1★20	7. 汽车−10 级	8.90	1985 年	忻城县交通局
X652L0020451321	马蹄桥	17.70	马蹄桥	451131211	40.80	2★6	7. 汽车−10 级	8.10	1985 年	忻城县交通局
X653L0010451321	内联桥	0.90	傍江河	451131211	74.50	4★12	7. 汽车−10 级	7.90	1978 年	忻城县交通局
X654L0010451321	谷家桥	7.68	谷家河	451131211	8.20	1★5	7. 汽车−10 级	8.00	1985 年	忻城县交通局
X654L0020451321	南康桥	12.70		451131211	12.20	1★8	7. 汽车−10 级	7.50	1985 年	忻城县交通局
X654L0030451321	加棉桥	16.88	加棉河	451131211	22.00	2★8	7. 汽车−10 级	5.10	1985 年	忻城县交通局
X656L0010451321	古鸾桥	3.68	敢上桥	451131211	10.00	1★5	7. 汽车−10 级	8.00	1975 年	忻城县交通局
X656L0020451321	北更桥	5.85	犀牙河	451131211	13.70	1★8	7. 汽车−10 级	9.40	1975 年	忻城县交通局
X656L0030451321	塘太桥	7.94	加福河	451131211	16.00	2★5	7. 汽车−10 级	7.50	1964 年	忻城县交通局
X659L0040451302	桥宇 1 桥	1.45	东南河	451131211	13.50	3★3	5. 汽车−15 级	6.50	1999 年	兴宾区公路管理所
X659L0030451302	桥宇 2 桥	1.47	东南河	451131211	13.50	3★3	5. 汽车−15 级	6.50	1978 年	兴宾区公路管理所
X660L0010451381	杨村小桥	2.33	杨村小河	451131811	11.50	2★4.7	2. 公路Ⅱ级	8.00	1977 年	合山市交通局
X660L0020451381	石榴河小桥	5.61	石榴河	451131811	30.00	1★16	4. 汽车−20 级	8.00	1988 年	合山市交通局
X660L0030451381	怀集中桥	16.92	怀集水库	451131811	40.00	1★4.05+1★4.3+1★4.95+1★4.35+1★4.65+1★4.0	3. 汽车−超 20 级	8.00	1972 年	合山市交通局
X661L0010451321	白沙桥	2.07	新辉河	451131211	17.50	3★4.5	7. 汽车−10 级	8.00	1975 年	忻城县交通局
X661L0020451321	新乐桥	6.69	新辉河	451131211	17.50	2★4.5	7. 汽车−10 级	5.20	1968 年	忻城县交通局
X664L0011451323	武来桥	2.31	祥龙河	451131231	70.00	5★10	4. 汽车−20 级	8.50	1982 年	武宣县交通局
X667L0010451323	旧县桥	5.35	旧县沟	451131231	45.00	20★1	4. 汽车−20 级	8.30	1996 年	武宣县交通局
X668L0010451323	黄庙桥	5.65	黎江溪	451131231	12.00	1★5	4. 汽车−20 级	7.60	1958 年	武宣县交通局

续表

编码	名称	中心桩号（千米）	跨越地物名称	填报单位编码	桥梁长度(米)	跨径组合	设计荷载	桥面全宽(米)	建成时间	管养单位
X668L0020451323	秀江桥	7.50	秀江河	451131231	61.00	2*20	4. 汽车－20级	8.00	1958年	武宣县交通局
X669L0010451324	洪冲桥	24.00	旱冲	451131241	35.00	1*25	7. 汽车－10级	8.70	1981年	金秀交通局
X669L0020451324	大冲桥	25.00	大冲	451131241	15.00	1*6.5	7. 汽车－10级	4.50	1981年	金秀交通局
X672L0010451302	周罗桥	8.50	周罗河	451131211	24.00	3*5	7. 汽车－10级	5.00	1965年	兴宾区人民政府
Y003L0010451381	三岩小桥	1.01	上垌河	451131811	9.00	1*8	4. 汽车－20级	8.00	1998年	合山市交通局
Y005L0010451381	安塘小桥	4.68	洛满小河	451131811	9.00	1*8.0	4. 汽车－20级	7.50	1998年	合山市交通局
Y033L0010451322	罗秀一号桥	0.04	罗秀河	451131221	41.00	2*16	3. 汽车－超20级	8.10	1987年	象州县交通局
Y033L0020451322	大岭桥	1.32	大岭河	451131221	14.00	1*10	3. 汽车－超20级	8.50	1987年	象州县交通局
Y033L0030451322	马蹄桥	7.02	马蹄河	451131221	9.40	1*8	3. 汽车－超20级	6.00	1987年	象州县交通局
Y033L0040451322	丕力桥	8.22	丕力河	451131221	14.70	2*6	3. 汽车－超20级	7.70	1987年	象州县交通局
Y033L0050451322	朝阳桥	15.94	朝阳河	451131221	57.00	1*20	3. 汽车－超20级	7.50	1987年	象州县交通局
Y033L0060451322	水晶桥	17.01	水晶河	451131221	128.00	9*5.3	4. 汽车－20级	7.00	1987年	象州县交通局
Y036L0010451322	上山粮所桥	5.61	上山河	451131221	6.50	1*5.3	7. 汽车－10级	6.90	1988年	象州县交通局
Y036L0020451322	八公里桥	7.93	无名小河	451131221	6.50	1*5.3	5. 汽车－15级	6.50	1990年	象州县交通局
Y036L0030451322	马列水库桥	11.62	水库	451131221	7.00	1*5	5. 汽车－15级	7.50	1989年	象州县交通局
Y036L0040451322	三里小桥	13.72	三里河	451131221	19.50	3*5	5. 汽车－15级	7.30	1991年	象州县交通局
Y036L0050451322	二五水库桥	16.50	二五水库	451131221	20.00	1*5	5. 汽车－15级	7.30	1983年	象州县交通局
Y036L0060451322	石鼓桥	19.71	石鼓河	451131221	6.40	1*5	5. 汽车－15级	7.00	1993年	象州县交通局
Y036L0070451322	大曼桥	22.30	大曼河	451131221	24.00	1*13	3. 汽车－超20级	7.00	2006年	象州县交通局
Y040L0010451322	多福桥	0.63	多福河	451131221	22.00	1*10	3. 汽车－超20级	7.00	1990年	象州县交通局
Y041L0010451322	三里一桥	9.20	三里河	451131221	210.00	24*8	4. 汽车－20级	5.00	1993年	象州县交通局
Y041L0020451322	三里二桥	9.66	三里小河	451131221	6.50	1*5.3	5. 汽车－15级	5.80	1993年	象州县交通局
Y042L0010451322	三来桥	2.51	三来河	451131221	30.40	5*5.5	5. 汽车－15级	6.50	1995年	象州县交通局

续表

编码	名称	中心桩号（千米）	跨越地物名称	填报单位编码	桥梁长度（米）	跨径组合	设计荷载	桥面全宽（米）	建成时间	管养单位
Y042L0020451322	平石桥	3.60	平石河	451131221	57.20	8*6.1	3.汽车－超20级	6.50	1974年	象州县交通局
Y043L0010451322	南岸一桥	1.20	南岸河	451131221	25.20	3*5.4	5.汽车－15级	6.50	1996年	象州县交通局
Y043L0020451322	南岸二桥	3.51	南岸河	451131221	24.40	3*5.6	5.汽车－15级	6.50	1996年	象州县交通局
Y044L0010451322	友庆桥	1.85	友庆河	451131221	288.00	6*8	4.汽车－20级	6.50	2006年	象州县交通局
Y054L0010451323	马场桥	1.53	水利渠	451131231	12.40	1*8.7	4.汽车－20级	6.70	1992年	武宣县交通局
Y061L0010451323	上堂桥	2.55	上堂溪	451131231	9.50	2*4	4.汽车－20级	7.00	2004年	武宣县交通局
Y067L0010451302	羊古桥	8.26	阳沟河	451131211	13.60	2*4	7.汽车－10级	5.50	1971年	兴宾区公路管理所
Y067L0020451302	工农桥	8.40	岭头河	451131211	28.00	4*4	5.汽车－15级	4.20	1971年	兴宾区公路管理所
Y069L0010451302	泡水桥	7.93	泡水河	451131211	56.00	4*7	5.汽车－15级	7.50	1997年	兴宾区公路管理所
Y069L0020451302	古灯桥	12.25	古灯河	451131211	25.00	3*5	7.汽车－10级	5.00	1989年	兴宾区公路管理所
Y069L0030451302	下圩桥	20.62	下圩河	451131211	12.50	1*5	7.汽车－10级	7.00	1989年	兴宾区公路管理所
Y072L0010451302	廖村桥	1.50	廖村河	451131211	25.60	2*8.3	5.汽车－15级	8.40	1987年	兴宾区公路管理所
Y075L0010451302	巴葵桥	1.40	小河	451131211	72.00	5*8	3.汽车－超20级	75.00	1976年	兴宾区交通局
Y077L0010451302	凤凰新桥	5.60	凤凰河	451131211	43.00	5*7	5.汽车－15级	10.00	1999年	兴宾区公路管理所
Y078L0010451302	木棉桥	1.22	木棉河	451131211	94.50	3*12	5.汽车－15级	5.50	1984年	兴宾区公路管理所
Y115L0010451324	九二桥	1.90	金秀河	451131241	12.60	1*8.6	7.汽车－10级	5.50	1969年	金秀交通局
Y115L0020451324	平旧桥	2.30	金秀河	451131241	13.00	1*8.3	7.汽车－10级	5.50	1959年	金秀交通局
Y116L0010451324	三角桥	9.94	三角河	451131241	17.00	1*12	3.汽车－超20级	6.50	1966年	金秀交通局
Y118L0010451324	德安桥	0.05	德安河	451131241	36.00	1*25	7.汽车－10级	4.50	1986年	金秀交通局
Y118L0020451324	船步桥	1.40	船步河	451131241	20.00	1*15	7.汽车－10级	6.50	1986年	金秀交通局
Y118L0030451324	白石桥	8.12	白石河	451131241	20.00	1*10	7.汽车－10级	6.50	1986年	金秀交通局
Y120L0010451324	车田桥	0.07	能勤河	451131241	59.10	4*13.6	5.汽车－15级	5.90	1969年	金秀交通局
Y121L0010451324	大蚕桥	2.70	盘王河	451131241	62.04	4*13	3.汽车－超20级	7.50	1993年	金秀交通局

续表

编码	名称	中心桩号（千米）	跨越地物名称	填报单位编码	桥梁长度(米)	跨径组合	设计荷载	桥面全宽(米)	建成时间	管养单位
Y122L0010451324	马安桥	0.05	滴水河	451131241	40.00	1★25	7. 汽车−10 级	5.50	1992 年	金秀交通局
Y122L0020451324	大烈冲桥	7.10	大烈冲	451131241	31.00	1★16	7. 汽车−10 级	5.70	1996 年	金秀交通局
Y123L0010451324	夏塘桥	6.80	夏塘河	451131241	10.00	1★8	5. 汽车−15 级	4.50	2004 年	金秀交通局
Y123L0020451324	都利桥	8.40	都利河	451131241	20.00	2★9	5. 汽车−15 级	5.00	1996 年	金秀交通局
Y127L0010451321	犀牙桥	3.55	犀牙河	451131211	26.00	2★4	7. 汽车−10 级	7.50	1970 年	忻城县交通局
Y132L0010451321	新练桥	3.35	新练河	451131211	20.00	4★2.6	7. 汽车−10 级	7.20	1979 年	忻城县交通局
Y135L0010451321	拉滩桥	1.88	桃源河	451131211	11.00	1★5.5	7. 汽车−10 级	7.50	1980 年	忻城县交通局
Y135L0020451321	板石桥	4.17	桃源河	451131211	14.00	2★4.7	7. 汽车−10 级	7.10	1986 年	忻城县交通局
Y135L0030451321	韦新桥	5.61	桃源河	451131211	7.50	1★5	7. 汽车−10 级	7.90	1968 年	忻城县交通局
Y135L0040451321	小桃桥	10.24	小桃河	451131211	9.00	1★5.5	7. 汽车−10 级	5.10	1986 年	忻城县交通局
Y140L0050451381	下麦桥	7.39	下麦小溪	452022021	16.00	2★4.5	7. 汽车−10 级	8.00	1973 年	来宾公路管理局
Y140L0010451381	兴龙桥	11.86	兴龙小溪	452022021	10.00	1★5	7. 汽车−10 级	8.00	1965 年	来宾公路管理局
Y140L0020451381	北泗一桥	13.38	北泗小溪	452022021	8.00	1★5	3. 汽车−超 20 级	12.00	1963 年	来宾公路管理局
Y140L0030451381	岑长桥	27.56	岑长小溪	452022021	14.60	2★6	5. 汽车−15 级	8.20	1964 年	来宾公路管理局
Y142L0010451381	石村桥	3.80	石村小溪	452022021	19.80	4★3.2	7. 汽车−10 级	7.00	1967 年	合山公路管理局
Y142L0020451381	广屯桥	4.15	广屯小沟	452022021	20.80	3★4.8	7. 汽车−10 级	6.00	1967 年	合山公路管理局
Y142L0030451381	寺村小桥	4.69	寺村小溪	452022021	8.10	1★5.4	4. 汽车−20 级	41.00	1995 年	合山公路管理局
Y142L0040451381	电厂桥	6.88	电厂河	452022021	63.50	4★13	5. 汽车−15 级	9.60	1967 年	合山公路管理局
Y145L0010451323	三里桥	12.43	三里溪	452022231	56.60	3★15	5. 汽车−15 级	7.50	1965 年 10 月	武宣县建设局
Y148L0010451322	沙岗桥	0.38	沙岗水渠	451131221	6.50	1★5	5. 汽车−15 级	7.00	1999 年	象州县交通局
Y148L0020451322	木寓桥	5.30	木寓河	451131221	30.00	1★15	5. 汽车−15 级	7.00	1996 年	象州县交通局
Y151L0010451323	居龙桥	3.55	居龙溪	451131231	23.30	1★9.8+2★5.2	4. 汽车−20 级	7.00	1968 年	武宣县交通局
Y152L0010451323	龙保水利桥	1.20	龙保溪	451131231	9.00	1★6	4. 汽车−20 级	11.60	1980 年	武宣县交通局

续表

编码	名称	中心桩号（千米）	跨越地物名称	填报单位编码	桥梁长度(米)	跨径组合	设计荷载	桥面全宽(米)	建成时间	管养单位
Y155L0010451323	水尾塘桥	1.80	鱼步溪	451131231	46.00	3*10	4. 汽车-20级	7.10	1978年	武宣县交通局
Y158L0010451323	长塘路一桥	0.58	天后溪	451131231	24.50	3*6.5	4. 汽车-20级	6.10	1980年	武宣县交通局
Y158L0020451323	长塘路二桥	3.30	长塘溪	451131231	7.00	1*5	4. 汽车-20级	8.60	1980年	武宣县交通局
Y158L0030451323	长塘路三桥	4.30	白沙溪	451131231	6.60	1*6	4. 汽车-20级	6.00	1980年	武宣县交通局
Y161L0010451321	马泗1桥	0.15	马泗河	451131211	24.00	2*6	7. 汽车-10级	8.00	2002年	忻城县交通局
Y161L0020451321	马泗2桥	2.46	马泗河	451131211	17.80	1*8	7. 汽车-10级	8.00	2002年	忻城县交通局
Y161L0030451321	新村桥	10.01	新村河	451131211	13.50	1*6	7. 汽车-10级	6.60	2002年	忻城县交通局
Y163L0010451321	寨南1桥	4.01	寨南河	451131211	22.60	1*5	7. 汽车-10级	8.00	2002年	忻城县交通局
Y163L0020451321	寨南2桥	5.45	寨南河	451131211	18.70	2*5	7. 汽车-10级	7.90	2002年	忻城县交通局
Y165L0010451322	下田桥	1.03	下田桥	451131221	32.60	3*6	4. 汽车-20级	6.50	2004年	象州县交通局
Y170L0010451321	龙东桥	6.50	龙东河	451131211	15.00	1*7	7. 汽车-10级	7.00	1973年	忻城县交通局
Y171L0010451321	黄金桥	0.42	黄金河	451131211	40.00	2*9	7. 汽车-10级	6.00	1994年	忻城县交通局
Y171L0020451321	黄宜桥	2.76	黄金河	451131211	43.00	2*15	7. 汽车-10级	8.00	2002年	忻城县交通局
Y172L0010451321	古楼桥	2.35	古楼河	451131211	13.50	1*6.3	7. 汽车-10级	6.50	2005年	忻城县交通局
Y177L0010451323	禄村桥	0.66	禄村溪	451131231	10.00	2*4	4. 汽车-20级	7.50	1980年	武宣县交通局
Y177L0020451323	古杭桥	0.92	古杭河	451131231	25.00	3*5	4. 汽车-20级	7.50	1980年	武宣县交通局
Y181L0010451323	银村桥	0.29	银村溪	451131221	18.00	1*9	2. 公路Ⅱ级	6.50	2007年	武宣县交通局
Y191L0010451323	和睦桥	1.60	和睦河	451131231	68.00	5*10	4. 汽车-20级	7.50	1980年	武宣县桐岭镇政府
Y194L0010451324	C004一桥	0.02	金秀河	451131241	10.00	1*8	3. 汽车-超20级	4.50	1994年	金秀镇人民政府
Y194L0020451324	C004二桥	1.20	金秀河	451131241	11.00	1*6.6	3. 汽车-超20级	3.80	1994年	金秀镇人民政府
Y194L0030451324	C004三桥	2.10	金秀河	451131241	9.00	1*6	3. 汽车-超20级	4.00	1996年	金秀镇人民政府
Y195L0010451323	古佐桥	5.00	古佐溪	451131231	18.00	1*9	4. 汽车-20级	10.00	2007年	武宣县通挽镇政府
C001L0010451323	五福桥	2.70	五福河	451131231	45.00	7*6	4. 汽车-20级	4.50	1980年	武宣县三里镇政府

续表

编码	名称	中心桩号（千米）	跨越地物名称	填报单位编码	桥梁长度（米）	跨径组合	设计荷载	桥面全宽（米）	建成时间	管养单位
C002L0010451323	双龙桥	0.50	双龙河	451131231	59.00	7*8	4. 汽车－20 级	5.00	2001 年	武宣县三里镇政府
C002L0040451324	石琢桥	18.59	忠良河	451131241	40.00	4*8	7. 汽车－10 级	5.50	1996 年	忠良乡人民政府
C003L0010451324	老矮河桥	2.05	老矮河	451131241	25.00	2*8	3. 汽车－超 20 级	4.50	1980 年	
C007L0010451321	塘太二桥	0.03	河	451131211	15.00	1*7.5	3. 汽车－超 20 级	5.00	1985 年	忻城县交通局
C007L0010451324	共和桥	7.60	共和河	451131241	8.00	1*8	7. 汽车－10 级	4.00	2005 年	金秀镇人民政府
C007L0020451324	古卜桥	24.90	古卜冲	451131241	16.00	2*8	7. 汽车－10 级	4.00	2004 年	罗香乡人民政府
C007L0030451324	古下桥	26.20	古下冲	451131241	40.00	1*25	7. 汽车－10 级	5.50	2005 年	罗香乡人民政府
C010L0010451321	东圩桥	0.51	东圩河	451131211	14.00	2*4	7. 汽车－10 级	4.00	1973 年	忻城县思练镇人民政府
C012L0010451322	牡丹桥	1.90	牡丹河	451131221	49.00	6*5.5	3. 汽车－超 20 级	6.50	2002 年	马坪乡政府
C012L0020451322	东岸桥	3.58	东岸河	451131221	26.00	2*6.2+1*6.1	3. 汽车－超 20 级	6.50	1995 年	马坪乡政府
C012L0030451322	三门桥	5.21	三门河	451131221	6.50	1*5	3. 汽车－超 20 级	6.50	1993 年	马坪乡政府
C012L0010451324	双永桥	0.05	双永河	451131241	10.00	1*8	3. 汽车－超 20 级	5.00	1998 年	三角乡人民政府
C012L0020451324	六定桥	3.94	六定河	451131241	21.00	2*10	3. 汽车－超 20 级	5.00	1998 年	三角乡人民政府
C014L0010451322	新村桥	0.63	新村河	451131221	31.00	1*15	3. 汽车－超 20 级	5.00	1995 年	马坪乡政府
C015L0010451322	花林桥	0.11	花林河	451131221	11.00	1*6	3. 汽车－超 20 级	5.10	1996 年	马坪乡政府
C015L0020451322	大朝桥	0.34	大朝河	451131221	15.00	2*4.5	3. 汽车－超 20 级	4.70	1996 年	马坪乡政府
C016L0010451323	邓寺桥	0.09	东乡河	451131231	47.00	3*11+1*8	4. 汽车－20 级	5.00	2003 年	武宣县东乡镇政府
C017L0010451302	龙头桥	1.74	龙头河	451131211	8.00	1*6.8	7. 汽车－10 级	3.50	1985 年	
C018L0010451322	六旺桥	2.81	六旺河	451131221	12.00	1*6	3. 汽车－超 20 级	6.50	1997 年	马坪乡政府
C018L0010451323	马道一桥	0.82	献山溪	451131231	8.00	1*6	4. 汽车－20 级	5.00	1980 年	武宣县东乡镇政府
C018L0020451323	马道二桥	0.99	马道河	451131231	43.00	5*8	4. 汽车－20 级	5.10	1999 年	武宣县东乡镇政府
C019L0010451323	马台桥	0.84	马台溪	451131231	12.40	1*7	4. 汽车－20 级	5.00	1980 年	武宣县东乡镇政府
C020L0010451322	古城桥	0.10	古城河	451131221	90.00	2*4.3+1*3.8	3. 汽车－超 20 级	5.10	1992 年	妙皇乡政府

续表

编码	名称	中心桩号（千米）	跨越地物名称	填报单位编码	桥梁长度(米)	跨径组合	设计荷载	桥面全宽(米)	建成时间	管养单位
C020L0010451323	风沿桥	1.20	风沿溪	451131231	18.20	3★5.5	4. 汽车－20 级	6.70	2003 年	武宣县东乡镇政府
C021L0010451322	路村桥	0.47	路村河	451131221	8.10	1★5.1	3. 汽车－超 20 级	5.50	1995 年	妙皇乡政府
C022L0010451302	弄谋桥	4.06	弄谋河	451131211	12.00	1★5	7. 汽车－10 级	4.50	1962 年	
C026L0010451324	镇冲桥	0.82	镇冲河	451131241	85.00	5★8	3. 汽车－超 20 级	5.00	1999 年	长垌乡人民政府
C028L0010451302	感桑桥	3.44	高境水库	451131211	10.50	1★5	7. 汽车－10 级	4.00	1993 年	
C028L0020451302	高境桥	4.53	高境水库	451131211	19.00	1★4.9+1★3	7. 汽车－10 级	4.20	1992 年	
C030L0010451321	上浪桥	0.38	上浪河	451131211	16.00	1★9	7. 汽车－10 级	7.00	1975 年	忻城县古蓬镇人民政府
C030L0010451323	甘岭水利桥	1.30	甘岭溪	451131231	8.40	1★5.8	4. 汽车－20 级	4.80	1980 年	武宣县二塘镇政府
C030L0020451323	新渠桥	2.59	新渠溪	451131231	12.40	1★5.8	4. 汽车－20 级	6.20	1978 年	武宣县二塘镇政府
C031L0010451321	尚宁桥	2.40	河	451131211	60.00	5★8	3. 汽车－超 20 级	5.80	1972 年	忻城县交通局
C032L0010451322	敖抱桥	1.31	敖抱河	451131221	50.00	2★5.5	3. 汽车－超 20 级	4.50	1999 年	百丈乡政府
C033L0010451324	古范一桥	2.70	古范河	451131241	20.00	2★8	3. 汽车－超 20 级	4.00	1998 年	三江乡人民政府
C033L0020451324	古范二桥	2.80	古范河	451131241	30.00	4★6	3. 汽车－超 20 级	4.00	1998 年	三江乡人民政府
C034L0010451321	五龙桥	0.08	五龙河	451131211	30.00	1★20	7. 汽车－10 级	6.50	1974 年	忻城县马泗乡人民政府
C034L0010451322	北山桥	3.02	北山河	451131221	47.50	1★20	3. 汽车－超 20 级	5.90	1984 年	象州镇政府
C034L0010451323	乐业桥	1.50	乐业水利渠	451131231	6.00	1★5	4. 汽车－20 级	5.00	1980 年	武宣县二塘镇政府
C034L0010451324	石壁桥	0.56	三江河	451131241	35.00	4★8	7. 汽车－10 级	5.00	1998 年 12 月	三江乡人民政府
C034L0020451324	合兴 1 桥	7.29	合兴河	451131241	20.00	2★8	7. 汽车－10 级	5.00	1998 年 12 月	三江乡人民政府
C034L0030451324	合兴 2 桥	7.68	合兴河	451131241	20.00	2★8	7. 汽车－10 级	5.00	1998 年 12 月	三江乡人民政府
C034L0040451324	合兴 3 桥	7.90	合兴河	451131241	20.00	2★8	7. 汽车－10 级	5.00	1998 年 12 月	三江乡人民政府
C034L0050451324	合兴 4 桥	8.06	合兴河	451131241	10.00	1★8	7. 汽车－10 级	5.00	1998 年 12 月	三江乡人民政府
C036L0010451323	七星桥	2.21	龙山溪	451131231	47.00	3★13	2. 公路Ⅱ级	7.50	2008 年	武宣县二塘镇政府
C036L0010451381	马安大桥	0.57	红水河	451131811	377.00	7★51	4. 汽车－20 级	12.00	1977 年	

续表

编码	名称	中心桩号（千米）	跨越地物名称	填报单位编码	桥梁长度(米)	跨径组合	设计荷载	桥面全宽(米)	建成时间	管养单位
C037L0010451321	新桥桥	0.39	新桥河	451131211	36.00	2*15	9. 低于汽车 −10 级	5.00	1982 年	忻城县安东乡人民政府
C038L0010451324	古麦桥	4.50	古麦河	451131241	60.00	4*8	3. 汽车 − 超 20 级	4.50	1998 年	六巷乡人民政府
C038L0010451381	龙王小桥	0.57	龙王小河	451131811	17.00	1*4+1*4.2	7. 汽车 −10 级	6.20	1980 年	合山市交通局
C040L0010451321	寨南 3 桥	0.52	小河	451131211	20.50	1*10	3. 汽车 − 超 20 级	6.00	1975 年	
C040L0020451321	石林 1 桥	3.40	小河	451131211	15.00	2*5	3. 汽车 − 超 20 级	7.00	1970 年	
C040L0030451321	石林 2 桥	3.41	小河	451131211	12.00	1*5	3. 汽车 − 超 20 级	7.00	1970 年	
C040L0010451324	平贡 1 桥	3.70	平贡河	451131241	24.70	3*8	7. 汽车 −10 级	5.00	2004 年 10 月	罗香乡人民政府
C040L0020451324	平贡 2 桥	7.37	平河贡	451131241	8.70	1*8	7. 汽车 −10 级	5.00	2004 年 10 月	罗香乡人民政府
C041L0010451321	彩江桥	2.22	彩江河	451131211	90.00	5*14	9. 低于汽车 −10 级	5.00	1986 年	忻城县城关镇人民政府
C041L0020451321	龙头桥	3.97	龙头河	451131211	85.00	14*3.6	9. 低于汽车 −10 级	4.80	1972 年	忻城县城关镇人民政府
C041L0010451322	模范桥	2.90	模范河	451131221	12.00	2*5	3. 汽车 − 超 20 级	6.00	2002 年	象州镇政府
C041L0010451324	高秀桥	1.12	大樟河	451131241	10.00	1*8	3. 汽车 − 超 20 级	4.00	1980 年	大樟乡人民政府
C042L0010451381	古邦小桥	2.64	古邦小河	451131811	17.00	2*4	5. 汽车 −15 级	6.00	1977 年	合山市交通局
C042L0020451381	东矿小桥	5.14	东矿河	451131811	20.00	2*6	2. 公路Ⅱ级	8.00	2008 年 9 月	合山市交通局
C043L0050451322	文化桥	7.10	文化河	451131221	7.00	1*5	3. 汽车 − 超 20 级	8.00	1998 年	运江镇政府
C043L0010451324	平道桥	4.75	平道河	451131241	20.00	2*4	7. 汽车 −10 级	4.50	1998 年	长垌乡人民政府
C045L0010451322	下运桥	4.40	下运河	451131221	20.00	3*5	3. 汽车 − 超 20 级	7.00	2000 年	运江镇政府
C046L0010451324	江横桥	0.04	江横河	451131241	41.00	1*25	7. 汽车 −10 级	5.50	2005 年	罗香乡人民政府
C046L0020451324	下铃桥	3.60	下铃河	451131241	20.00	2*8	7. 汽车 −10 级	5.00	2003 年	罗香乡人民政府
C048L0010451321	坡贯桥	0.13	坡贯河	451131211	13.00	3*3	9. 低于汽车 −10 级	3.50	1998 年	忻城县欧洞乡人民政府
C048L0010451322	大冲桥	0.34	大冲河	451131221	87.10	7*42	3. 汽车 − 超 20 级	6.50	2001 年	运江镇政府
C053L0010451321	桥戈桥	0.29	国辉河	451131211	21.00	1*17	9. 低于汽车 −10 级	4.00	1983 年	忻城县安东乡人民政府
C053L0010451322	大乌桥	0.92	大乌河	451131221	23.00	2*7.3+1*6.4	3. 汽车 − 超 20 级	4.30	2001 年	寺村镇政府

续表

编码	名称	中心桩号（千米）	跨越地物名称	填报单位编码	桥梁长度(米)	跨径组合	设计荷载	桥面全宽(米)	建成时间	管养单位
C054L0010451321	板位桥	0.73	板位河	451131211	13.00	1*8	9. 低于汽车 -10 级	5.00	1992 年	忻城县大塘镇人民政府
C055L0010451321	板荒桥	1.93	板荒河	451131211	19.00	3*3	9. 低于汽车 -10 级	4.00	1990 年	忻城县大塘镇人民政府
C055L0010451322	白木桥	0.58	白木河	451131221	10.60	1*8.7	3. 汽车 - 超 20 级	4.10	1997 年	寺村镇政府
C056L0010451322	中团桥	0.68	中团河	451131221	10.60	2*4.1	3. 汽车 - 超 20 级	3.40	2005 年	寺村镇政府
C057L0010451321	木乐桥	0.51	木乐河	451131211	77.00	10*5	9. 低于汽车 -10 级	6.50	1982 年	忻城县城关镇人民政府
C059L0010451322	吉村桥	1.20	吉村河	451131221	14.30	1*7.4+1*6	3. 汽车 - 超 20 级	4.00	1996 年	寺村镇政府
C063L0010451321	东因桥	0.29	下敢河	451131211	10.00	1*2+1*4+1*2	9. 低于汽车 -10 级	3.50	1989 年	忻城县古蓬镇人民政府
C063L0020451321	下敢桥	1.50	下敢河	451131211	21.00	2*9	9. 低于汽车 -10 级	4.00	1989 年	忻城县古蓬镇人民政府
C065L0010451321	医院桥	0.47	傍江河	451131211	56.00	11*4	9. 低于汽车 -10 级	4.00	1968 年	忻城县古蓬镇人民政府
C068L0010451302	晚江桥	1.57	中龙沟	451131211	19.50	1*2.3+2*3.1+1*2.3	7. 汽车 -10 级	5.20	1993 年	
C068L0010451323	仁元桥	3.20	上仁元溪	451131231	7.20	1*6	4. 汽车 -20 级	6.50	2005 年	武宣县金鸡乡政府
C071L0010451321	东岸桥	0.24	东岸河	451131211	35.00	5*4.5	9. 低于汽车 -10 级	5.00	1994 年	忻城县红渡镇人民政府
C072L0010451321	板竹 1 桥	0.49	板竹河	451131211	40.00	9*4	9. 低于汽车 -10 级	4.00	1980 年	忻城县古蓬镇人民政府
C072L0020451321	板竹 2 桥	0.71	板竹河	451131211	14.00	2*5	9. 低于汽车 -10 级	4.00	1980 年	忻城县古蓬镇人民政府
C072L0010451323	黄茆水利桥	0.63	黄茆水利沟	451131231	7.50	1*5	4. 汽车 -20 级	7.50	1980 年	武宣县黄茆镇政府
C073L0010451322	河村桥	2.45	河村河	451131221	17.00	2*6	3. 汽车 - 超 20 级	6.00	1989 年	中平镇政府
C074L0010451321	内浪桥	1.35	内浪河	451131211	27.00	4*5	9. 低于汽车 -10 级	4.00	1986 年	忻城县古蓬镇人民政府
C074L0010451323	玉村水利桥	0.10	玉村水利沟	451131231	12.00	1*5.6	4. 汽车 -20 级	5.20	1980 年	武宣县黄茆镇政府
C075L0010451322	平地桥	0.52	落脉河	451131221	74.04	4*16	2. 公路Ⅱ级	7.50	1998 年	中平镇政府
C075L0020451322	架村桥	3.90	架村河	451131221	22.00	2*5.2+1*4.5	3. 汽车 - 超 20 级	7.10	1997 年	中平镇政府
C075L0010451323	下村桥	0.23	下村水利沟	451131231	12.40	1*5.3	4. 汽车 -20 级	7.40	1992 年	武宣县黄茆镇政府
C075L0020451323	水碾一桥	1.96	周眷溪	451131231	12.00	1*8	4. 汽车 -20 级	8.00	1984 年	武宣县黄茆镇政府
C075L0030451323	水碾二桥	2.02	黄茆溪	451131231	26.00	2*8	4. 汽车 -20 级	8.00	1984 年	武宣县黄茆镇政府

续表

编码	名称	中心桩号（千米）	跨越地物名称	填报单位编码	桥梁长度（米）	跨径组合	设计荷载	桥面全宽（米）	建成时间	管养单位
C076L0010451322	古雍桥	2.10	古雍河	451131221	58.00	3*5	3. 汽车－超20级	5.00	1993年	大乐镇政府
C079L0010451322	长满桥	1.00	长满河	451131221	35.00	4*6	3. 汽车－超20级	6.00	1994年	大乐镇政府
C081L0010451322	那芙桥	0.29	落脉河	451131221	130.10	6*20	2. 公路Ⅱ级	7.50	2008年2月	大乐镇政府
C082L0010451323	仁和桥	1.70	和睦河	451131231	49.00	3*15	4. 汽车－20级	7.00	1995年	武宣县桐岭镇政府
C083L0010451322	古模桥	1.10	古模河	451131221	11.00	1*7	3. 汽车－超20级	6.00	1994年	罗秀镇政府
C083L0020451322	纳禄桥	1.80	纳禄河	451131221	56.70	6*5.3+1*1.3	3. 汽车－超20级	7.70	1992年	罗秀镇政府
C087L0010451323	花马桥	2.85	花马河	451131231	29.00	1*10	4. 汽车－20级	7.70	1987年	武宣县通挽镇政府
C092L0010451302	九龙小桥	1.10	九龙河	451131211	12.00	1*7	7. 汽车－10级	3.80	1969年	兴宾区人民政府
C092L0020451323	江龙二桥	0.17	江龙溪	451131231	13.00	3*3.5	4. 汽车－20级	3.40	1980年	武宣县通挽镇政府
C092L0010451323	江龙一桥	1.50	江龙溪	451131231	17.00	4*3.8	4. 汽车－20级	3.90	1980年	武宣县通挽镇政府
C094L0010451322	竹山桥	2.30	竹山河	451131221	76.80	8*8	3. 汽车－超20级	6.50	1998年	水晶乡政府
C097L0010451322	新庆桥	1.60	新庆河	451131221	12.00	2*4.3	3. 汽车－超20级	5.00	1997年	中平镇政府
C104L0010451302	新陆桥	0.43	新陆河	451131211	40.00	1*6.5+1*12+1*5	7. 汽车－10级	5.00	1992年	兴宾区人民政府
C106L0010451322	无名桥	1.43	古车河	451131221	12.40	2*4.5	3. 汽车－超20级	5.00	1992年	罗秀镇政府
C108L0010451323	翁户桥	0.57	河背河	451131231	47.00	3*13	2. 公路Ⅱ级	7.50	2008年	武宣县东乡镇政府
C110L0010451302	良水桥	1.26	良水河	451131211	8.00	1*5	7. 汽车－10级	5.00	1964年	兴宾区人民政府
C126L0010451322	麻塘桥	2.73	麻塘河	451131221	30.00	3*6+1*4.6	3. 汽车－超20级	6.10	1995年	寺村镇政府
C130L0010451322	罗秀大桥	1.62	罗秀河	451131221	180.00	3*45	3. 汽车－超20级	7.00	1977年	罗秀镇政府
C136L0010451302	格兰桥	2.22	红水河	451131211	27.00	1*13	3. 汽车－超20级	6.84	2001年11月	兴宾区人民政府
C169L0010451302	幸福桥	1.46	大湾渡口支流	451131211	15.00	3*4	7. 汽车－10级	5.00	1962年	兴宾区人民政府
C205L0010451302	王元桥	0.71	王元河	451131211	39.00	3*10	7. 汽车－10级	4.00	1962年	兴宾区人民政府
C205L0020451302	排洪桥	1.23	排洪河	451131211	35.00	5*5	7. 汽车－10级	6.20	1967年	兴宾区人民政府
C209L0010451302	小河桥	2.12	清水河	451131211	34.00	5*5	9. 低于汽车－10级	6.20	1976年	兴宾区人民政府

续表

编码	名称	中心桩号（千米）	跨越地物名称	填报单位编码	桥梁长度(米)	跨径组合	设计荷载	桥面全宽(米)	建成时间	管养单位
C212L0010451302	石古桥	2.81	石古河	451131211	14.00	2*4	7.汽车−10级	4.50	1962年	兴宾区人民政府
C215L0010451302	排洪桥	0.75	排洪河	451131211	35.00	6*5	7.汽车−10级	6.20	1958年	兴宾区人民政府
C222L0010451302	朝西小桥	0.07	朝西河	451131211	33.00	2*8	7.汽车−10级	4.00	1975年	兴宾区人民政府
C237L0010451302	柳村小桥	0.98	柳村河	451131211	12.00	2*3	7.汽车−10级	4.50	1992年	兴宾区人民政府
C336L0010451302	熟车桥	0.21	平安河	451131211	10.00	2*1.6+1*1.8+2*1.5	7.汽车−10级	5.00	1962年	兴宾区人民政府
C337L0010451302	平安新桥	0.19	平安新河	451131211	15.00	1*12	7.汽车−10级	4.80	1975年	兴宾区人民政府
C342L0010451302	莲花水库桥	1.35	莲花水库河	451131211	10.00	1*7.5	7.汽车−10级	4.50	2001年	兴宾区人民政府
C356L0010451302	军屯桥	1.54	军屯河	451131211	50.00	5*8	7.汽车−10级	4.00	1998年	兴宾区人民政府
C361L0010451302	邑庙桥	6.43	清水河	451131211	12.00	1*5	7.汽车−10级	3.50	2000年	兴宾区人民政府
C392L0010451302	洋桥	0.88	洋村沟	451131211	14.60	3*2	7.汽车−10级	5.00	1958年	兴宾区人民政府
C394L0010451302	京察桥	2.21	京察河	451131211	15.00	5*2	7.汽车−10级	4.20	1994年	兴宾区人民政府
C402L0010451302	排洪桥	1.65	排洪河	451131211	15.00	6*5	7.汽车−10级	4.40	1976年	兴宾区人民政府
C407L0010451302	广东桥	1.33	广东河	451131211	14.00	1*12	7.汽车−10级	4.20	1975年	兴宾区人民政府
C409L0010451302	老桥头桥	2.38	老桥头河	451131211	29.80	6*4	7.汽车−10级	8.00	2004年	兴宾区人民政府
C414L0010451302	部队桥	2.82	部队河	451131211	37.00	1*15.8	7.汽车−10级	4.80	1978年	兴宾区人民政府
C432L0010451302	迁华四队桥	1.01	迁华四队河	451131211	30.00	5*4.6	7.汽车−10级	4.00	1962年	兴宾区人民政府
C438L0010451302	合江桥	2.44	合江河	451131211	34.00	2*8	7.汽车−10级	5.00	1995年	兴宾区人民政府
C523L0010451302	香村桥	1.24	香村河	451131211	20.50	2*8	7.汽车−10级	4.80	1976年	兴宾区人民政府
C525L0010451302	梧村桥	5.35	梧村河	451131211	76.00	2*27	7.汽车−10级	5.50	1976年	兴宾区人民政府
C528L0010451302	木马桥	0.24	红河	451131211	34.00	1*30	7.汽车−10级	5.70	1972年	兴宾区人民政府
C547L0010451302	文水桥	2.82	红河	451131211	17.00	6*2	7.汽车−10级	4.20	1962年	兴宾区人民政府
C555L0010451302	移民桥	9.25	红河	451131211	23.70	2*5.4	7.汽车−10级	4.80	1995年	兴宾区人民政府
C568L0010451302	大旺桥	6.86	大旺河	451131211	15.50	1*4.2+2*4	7.汽车−10级	7.50	1989年	兴宾区人民政府

续表

编码	名称	中心桩号（千米）	跨越地物名称	填报单位编码	桥梁长度（米）	跨径组合	设计荷载	桥面全宽（米）	建成时间	管养单位
C569L0010451302	塘圩桥2	1.08	塘圩河	451131211	15.00	2*4	7.汽车-10级	4.50	1989年	兴宾区人民政府
C573L0010451302	止马桥	1.57	黄官河	451131211	40.00	1*5+1*10+1*5	7.汽车-10级	4.80	1988年	兴宾区人民政府
C580L0010451302	林村桥	2.32	平洞河	451131211	10.00	3*3	7.汽车-10级	4.50	1986年	兴宾区公路管理所
C582L0010451302	新江桥	4.90	小河	451131211	26.00	10*1	3.汽车-超20级	4.20	1975年	兴宾区政府
C597L0010451302	塘山桥	4.66	塘山沟	451131211	16.95	1*4.2+1*4.6+1*4.4	7.汽车-10级	5.65	2005年	
C600L0030451302	中山桥1#	0.30	中山河	451131211	9.90	2*2.7	7.汽车-10级	5.00	1965年	兴宾区人民政府
C600L0040451302	中山桥2#	0.34	中山河	451131211	11.30	2*4.55	7.汽车-10级	5.20	1965年	兴宾区人民政府
C618L0010451302	春归桥	0.15	清水河	451131211	76.00	4*12	7.汽车-10级	4.80	1976年	兴宾区人民政府
C623L0010451302	凤凰桥	2.02	凤凰河	451131211	29.60	3*3	7.汽车-10级	4.60	1969年	兴宾区人民政府
C626L0010451302	黄官桥	2.83	王宽河	451131211	48.60	2*6.9+1*7.9+2*7	7.汽车-10级	5.80	1971年	兴宾区人民政府
C645L0010451302	韦里桥	0.38	红水河	451131211	11.70	2*2.8	7.汽车-10级	7.45	1969年	兴宾区人民政府
C649L0010451302	邑山桥	0.96	清水河	451131211	27.60	6*1.6	7.汽车-10级	6.60	1968年	兴宾区人民政府
C649L0020451302	邑山小桥	2.77	清水河分支	451131211	14.75	2*5.4	7.汽车-10级	7.80	1969年	兴宾区人民政府
C659L0010451302	中共桥	0.20	莲花水渠	451131211	10.00	1*6.1	7.汽车-10级	6.00	2001年	兴宾区人民政府
C662L0010451302	上李桥	1.06	泡水河	451131211	65.00	9*5	7.汽车-10级	3.80	1992年	兴宾区人民政府
C665L0010451302	碑口桥	4.35	碑口河	451131211	19.40	5*1.9	7.汽车-10级	4.40	1973年	兴宾区人民政府
C671L0010451302	桥巩桥	2.99	桥巩河	451131211	20.00	3*1.8	7.汽车-10级	4.80	2001年	兴宾区人民政府
C682L0010451302	康村桥	0.13	清水河	451131211	65.70	1*6.8+3*15+1*5.3	7.汽车-10级	5.05	1975年	兴宾区人民政府
C684L0010451302	北合桥	0.55	清水河	451131211	62.00	2*5+1*15.5+1*15	7.汽车-10级	4.85	1976年	兴宾区人民政府
C686L0020451302	大年桥	0.25	清水河	451131211	17.00	1*15	7.汽车-10级	6.00	1969年	兴宾区人民政府
C713L0010451302	盘龙桥	0.74	盘龙河	451131211	12.00	3*3	7.汽车-10级	5.00	1990年	兴宾区人民政府

渡　口

北宋时期，境内忻城县为方便官宦和游人进出，在高阳设义渡，为高阳渡，是今来宾市有文字记载最早的渡口。民国时期至1952年，今来宾市境内有迁江、石龙公路两个干线渡口。至1982年，增加武宣、罗秀、来宾、象州等渡口，该时期渡口船均为木质或水泥加钢网制造。随着桥梁的推广，渡改桥步伐日益加快，20世纪70年代末，先后取消迁江、罗秀等渡口。20世纪80年代末以后，取消来宾、红渡、石龙、象州、武宣等公路渡口。至1991年底上述渡口全部改建桥梁。2005年，来宾市交通局管养的公路上只留下大湾渡口。兴宾区正龙渡口归农垦来宾红河农场管理。

表19-7　**2005年来宾市渡口一览表**

序号	路线代码	路线名称	里程桩号	编码	渡口名称	渡口分类	渡船分类	渡船数量（个）	码头数量（个）	最大渡运量	渡运时间（年）	河面宽（公里）	修建年月	养护单位
1	X625451302	福隆至凤凰	45.50	X625D001451302	大湾车渡	1-机动渡	1-拖轮	1	1	18	0.3	0.21	1998年10月15日	兴宾区交通局
2	Y065451302	正龙至蒙村	2.50	Y065D513451302	红河渡口	1-机动渡	2-推轮	1	2	24	15.0	0.18	1990年	来宾红河农场

隧　道

来宾市农村公路线上只有忻城县的弄江隧道。弄江隧道位于忻城县境内的遂意至金钗公路K4+568处。1985年，自治区以工代赈办公室下拨粮棉布以工代赈款修建，忻城县交通局设计，由该县人民政府修建。1986年11月竣工，总投资13万元，全长170米、净宽5米、净高5米，直墙式单心圆拱形断面，路面为泥结碎石结构。2005年，来宾市公路隧道有武宣至平南公路的华乐1号、2号、3号三个隧道。

车　站

客运站　民国15年（1926年）起，原柳（柳州）庆（庆远，今宜州市）公路局先后在今来宾市境内设置石龙、大塘、迁江、北泗等汽车站，1949—1952年，大部分汽车站相继关闭。

1952—1984年，柳州汽车总站先后在忻城、武宣、象州、金秀、来宾、合山等县（市）设置汽车站，专营公路汽车客货运输，其站房、停车场、修理车间等设施只供本系统车辆使用。1985年，境内各县（市）汽车客运服务站相继向社会车辆开放经营，接纳社会客运车辆进站售票、配客、修理、停放等。

2005年，建市初期的来宾汽车客运总站

1998年，原柳州地区公路运输管理处在境内建设38个便民候车亭，每个造价8000元，其中，自治区公路运输管理局每个候车亭补助建设资金5000元。

2005年，来宾市公路运输管理机构运用中央车辆购置税及广西交通专项资金补助共90万元，加上运输企业自筹部分资金，组织建成忻城县周安客运站等3个农村客运站。乡镇客运站建设项目13个，大部分进入施工后期收尾阶段，其中忻城县周安客运站于12月23日建成开业，成为2005年全区应建农村客运站项目中第一个建成投入使用的站点。

货运站　20世纪80年代后期，来宾市辖区内各县（市、区）汽车站县级放弃货运经营，部分国营、集体运输单位公有车辆承包（租赁）给个人经营，货物运输多为个体业主经营。为先社会货运行业提供经营服务，加强对货运市场的管理，1989年4月，忻城县成立广西第一个社会公用型货运服务站。该站占地面积3648平方米，站房建筑面积676.5平方米，配备干部职工4人。至1991年4月，辖区其他5个县（市、区）相继成立货运服务站。货运服务站行政上受本县（市、区）交通主管机关领导，公路运政管理部门进行行业管理；主要业务范围为：为货主与车主代结代付运（杂）费，开启公路运输货票，管理货运行车路单等单证，进行公路货物运输行业统计等。各县（市）货运服务站成立初期，多借用本县交通局等单位房屋营业，后陆续建设站房设施。

表 19-8　　2005 年来宾市公路运输站场一览表

序号	名称	建设规模		总投资(万元)				发送能力		建设时间		站场等级	备注
		占地面积(平方米)	建筑面积(平方米)	合计	交通部补助	交通厅补助	自筹资金	旅客发送量(万人/年)	万吨/年	开工年月	完工年月		
1	来宾客运站	2806	1560	800.00			800.00	5000		1994 年 8 月	1997 年 1 月	2	
2	原来宾汽车总站旧客运站	11760	650	100.00			100.00	1000		1966 年	1968 年	4	
3	兴宾区八一客运站	5813	830	130.00			130.00	3000		2002 年 3 月	2003 年 6 月	3	
4	兴宾区平阳客运站	6669	60	2.96			2.96	500		2000 年 4 月	2000 年 5 月	简易站	
5	兴宾区良江客运站	2000	258	55.00	20	20	15.00			2006 年			租地
6	兴宾区城南客运站	2000	250	20.00			20.00	2000		2004 年 2 月	2004 年 5 月	4	租地
7	武宣客运站	8000	2500	980.00			980.00	2500		1999 年 4 月	2002 年 12 月	2	
8	武宣城北客运站	10000	300	30.00			30.00	1000		1999 年 1 月	1999 年 11 月	4	租地
9	武宣县通挽客运站	1667	178	29.85	20	9.85		300		2005 年 8 月	2005 年 12 月	5	
10	武宣县禄新客运站	4535	239	37.81	20	10	7.81	300		2005 年 8 月	2005 年 12 月	5	
11	武宣县河马客运站	3334	300	3.00			3.00	300		1998 年 1 月	1998 年 2 月	简易站	
12	武宣城东客运站	2600	1170	650.00			650.00					3	
13	金秀客运站	4973	2821	135.80			135.80	1500		1989 年 7 月	1992 年 5 月	2	
14	金秀桐木客运站	7933	2127	192.40			192.40	2800		1995 年 1 月	1996 年 11 月	3	
15	金秀头排客运站	3386	1004	131.40			131.40	2500		1997 年 12 月	1998 年 12 月	3	
16	金秀圣堂山客运站	1000	120	30.00	20	10				2005 年			
17	金秀罗香客运站	1000	80	32.00	20	10	2.00			2005 年			
18	忻城客运站	10506	3284	302.00			302.00	4000		1980 年 1 月	1982 年 2 月	2	
19	忻城县周安客运站	3600	290	130.00	20	10	100.00	1000		2005 年 7 月	2005 年 12 月	4	
20	忻城县古蓬客运站	2333	181	30.00	20	10				2005 年			
21	合山客运站	16655	1730	232.37			232.40	3000		1983 年 11 月	1991 年 1 月	3	
22	合山市城东客运站	5887	2778	443.32			443.32	3000		1995 年 6 月	1997 年 12 月	3	
23	兴宾区八一货运站	9777	4982	889.87			889.90			2003 年 1 月	2006 年 11 月		

续表

序号	名称	建设规模		总投资(万元)				发送能力		建设时间		站场等级	备注
		占地面积(平方米)	建筑面积(平方米)	合计	交通部补助	交通厅补助	自筹资金	旅客发送量(万人/年)	万吨/年	开工年月	完工年月		
24	武宣县货运站	2744	1053	154.00			154.00			1990年7月	1991年1月		
25	象州县货运站	900	850	75.00			75.00			1992年1月	1993年2月		
26	忻城县货运站	2000	750	150.00			150.00			1988年9月	1989年3月		
27	合山市货运站	1853	950	42.44			42.44			1991年9月	1992年9月		
28	金秀货运站												无房产
29	兴宾区货运站												无房产

第四节　公路养护

养护机构

中华人民共和国成立前，今来宾市境内无公路养护机构。民国14年(1925年)，修筑柳邕公路(今国道322线)，归柳庆迁石公路管理局管养；民国17年7月，柳庆迁石公路管理局改为柳江区公路管理局，境内路段归其管理。民国29年柳江区公路管理局改称桂柳公路监督处，境内路段随属监督处管理。民国30年6月，属广西公路管理局柳江办事处管理；民国35年，柳石公路归柳石公路养路段管养。

1950年—1951年8月，柳鹰公路八里塘至二排路段(今金秀瑶族自治县境内路段)，由修仁县负责养护；1951年8月—1958年7月，由荔浦县公路养护工区负责；1958年7月后，由鹿寨县养护工区负责。1955年1月15日，“广西省交通厅养路局大塘工作区”成立，是今来宾市境内最早的公路养护机构。1957年2月，撤销“大塘工区”，成立忻城公路养护工区。次年2月，撤销忻城公路养护工区，成立忻城公路段，负责忻城县境内公路养护。1958年，石龙养护工区成立，负责今象州、武宣境内公路养护。1959年，来宾县设公路养护工区，负责来宾县境内公路养护。1961年12月27日，来宾县成立公路段。1962年，撤销石龙养护工区，成立象州公路段和武宣公路段，隶属柳州公路总段，负责境内国道、省道、县道的管理、养护和改造。1964年，金秀公路养护段正式成立。1971年，来宾县公路段与县汽车站合并，成立公路运输站。1973年10月13日，站、段分开，恢复县公路段名称。境内各县公路段隶属柳州公路总段，根据各条线路养护里程，各县公路段下设若干个道班。1993年，境内各县公路段改称公路管理局，隶属柳州公路管理局，各县(市)公路管理局下设若干个公路管理站。2000年，境内有公路管理局6个，隶属柳州公路管理局。2003年，柳州公路管理局改称桂中公路管理局，辖境内来宾、忻城、象州、武宣、金秀和合山公路管理局。2004年4月，来宾公路管理局与合山公路管理局合并，称来宾公路管理局，设来宾、迁江、小平阳、桥巩、蒙村、合山6个公路管理站。2005年，桂中公路管理局主要从事柳州、来宾两市辖境专业公路的规划、建设、养护、管理和征费等工作。全年管养公路总里程为1778千米。来宾、忻城、象州、武宣、金秀公路管理局归其管辖。

1964年以前，境内主要县道由柳州养路段养护，乡(镇)公路实行民工建勤养护，未设立专门的养护组织。1960年5月，石龙县组织临时养路队33个2640人，配置人力车660辆，畜力车1000辆，不定期养护所属路段。从1964年起，除部分县道归柳州公路总段管养外，其余县道和乡道开始组建亦工亦农队伍进行养护，队伍群众既参加公路养护，又不脱离农业生产分配。1965年，象州县公路段在柳石路段设2个道班，石龙至头排线上设8个道班。20世纪70年代，一些县开始在县乡公路上设立固定的公路养护道班，1970年起，实行公路分管分养。境内各县公路段主要养护干线公路和部分交通流量大的县公路，其余县乡公路由各县交通局组织道班负责正常养护。随着县乡公路建设的发展，养护里程不断增加，养护任务日趋繁重，各县相继设立公路管理机构，负责本县县乡公路管养工作。1980年，来宾县交通局设立公路养护组，1985年改称公路股，负责管理和检查督促各道班对县乡公路的养护。1988年，金秀瑶族自治县交通局设公路股，乡镇或沿线均设有道班，负责辖区内县乡（农村）级公路修建、管理养护工作。从1990年起，境内各县（市）交通局相继设立县（市）公路管理所，隶属柳州地区公路管理处。1990年，来宾县交通局公路股改称公路管理所。1992年1月，金秀瑶族自治县设公路管理所。境内各县乡镇沿线公路设立道班（公路养护站），形成县乡两级公路养护网络。至1995年，境内县乡公路养护形成地区公路管理处、县公路管理所、道班三级网络。至2002年末，境内有公路管理所6个。

2005年，全市交通部门管养的县乡村公路1698.6千米。

养护管理

民国时期，各县自负责县境路段的养护工作，如遇水毁，则集中抢修。中华人民共和国成立后，今来宾市公路养护管理主要是计划、技术、财务、机料和路财的管理。即每年初，上级公路、交通部门将养护里程及路况质量指标、养护经费计划下达给各地（市）公路局、交通局，地（市）交通局根据具体情况将任务分解下达给各县（市）公路局、交通局，县（市）公路局、交通局将任务分解到各道班后，每个月核定道班的工作量和工程量，然后兑现工资和养护经费。1979年，柳州公路总段试行公路养护经济承包责任制。1980年，开始实行“五定一奖”（即定人员、定千米、定机械、定奖金、定标准、资金节余有奖）和“定三率”（即出勤率95%，出工率85%，好路率65%）。从1985年起，公路养护实行承包责任制，形成地、县、道班三级承包责任制。上级对下级推行目标承包责任制，实行风险抵押和奖罚，对全面完成承包目标给予奖励，不完成则扣除抵押金。承包的指标主要有：好路率、差路率、养护质量综合值、安全生产、精神文明建设等。采取承包管护责任制，由道班承包管护，每月按质量标准检查，按照路况质量发放承包费用，从而使公路质量逐年上升。好路率：1982年为32%、1983年为44.78%、1984年为93.58%、1985年后为97%以上。

2005年，全市境内列入管养的公路总里程2706.9千米，公路密度为20.2千米每百平方千米，列入管养的地方县乡公路里程1698.6千米。根据上级下达的养护指标，市交通部门将任务分解下达给各县（市、区），按照重保线重点养护，县道常年养护，乡道逐步下放给乡镇政府管养的总体原则，结合公路沿线的自然条件和季节变化及时调整具体养护措施，努力提高路况质量，保证公路安全畅通。年末经自治区公路局组织的公路检查组评定，全市重保线列入检评里程243.1千米，综合得分1020分，全面超额完成上级下达的养护任务，荣获全自治区县乡公路建、管、养目标责任管理一等奖。

在当年6月中下旬的洪灾中，全市有63个乡镇受灾，38个乡镇交通中断；104条县乡公路有93条受毁，47条公路交通中断，直接经济损失4620万元。交通部门加强水毁公路抢修工作，共投入抢修资金500多万元，组织人力20100人次、机械16170台班，修复水毁公路路基76910立方米、清理边坡塌方165950立方米、砂土路面392107平方米、沥青路面6200平方米、挡土墙6096立方米每27处、涵洞163.5米每22座。全市所有乡镇全部恢复交通，绝大部分公路及桥涵已修复通车。

养护工具

中华人民共和国成立初期，公路养护工具为锄头、镐头、铲子、扁担、簸箕和少量独轮车、双轮手推车。20世纪60年代，开始使用牛车、马车和回砂车。1965年，象州县公路段配有牛车、马车15辆，畜力回砂车4辆，手推车21辆。

20世纪70年代，公路养护机具有柴油机装配的回砂车、碎石机、拖拉机和工程汽车。1972年，金秀瑶族自治县养护机具配备马车4辆、破碎机4台、手推车8辆。1974年金秀瑶族自治县交通部门公路养护机具仅有4吨工程汽车1辆，80年代，开始有翻斗车、农用汽车、拖拉机、碎石机和工程汽车。1987年底，金秀瑶族自治县公路和养护机具有工程汽车5辆、手扶拖拉机17台，推土机2台、破碎机15台。其中，公路段有工程汽车1辆、手扶拖拉机8台、破碎机11台。交通部门有工程汽车4辆、手扶拖拉机9台、推土机2台、破碎机4台。1988年，来宾县公路段有解放牌汽车4辆，工具车、勘测车各1辆，大小型拖拉机7台，养路牵引车21台，压路机2台，碎石机21台，翻斗车4台，沥青洒布机2台，还有一批养路机械和车床、立式钻床、空气锤、空压机、电焊机、砂输机等机械设备。象州县公路段配有汽车2辆，中型拖拉机3台，手扶拖拉机14台，洒水车2辆，压路机1台。金秀公路局有工程车5辆、手扶拖拉机17台、推土机2台、破碎机15台。境内养路基本实现机械化和半机械化。公路养护路料破碎、运输和路面回沙、匀沙均实现了机械化。

20世纪90年代后，境内公路养护工具增加挖掘机、钩机、压路机、装载机等。1990年末，来宾县交通部门养护机具有各种车辆78辆（台），其中汽车5辆、小车2辆、中型拖拉机2台、手扶拖拉机25台、牵引车39台、机动后翻车4台、工程勘测车1辆、压路机3台、破碎机28台、沥青洒布机2台。此外，还有车床、立式钻床、空气锤、电焊机、空压机、发电机、电动机、砂轮机等修理设备。忻城公路段有大汽车2辆、小汽车2辆、农业车1辆、三轮摩托车1辆、两轮摩托车1辆、革新车3台、自动小翻斗车3台、中拖3台、小拖9台、手拖17台、牵引机7台、碾压机2台、静压机2台、发电机1台、电焊机1台、空压机1台、电机11台。武宣公路段养路设备有东风自卸汽车2辆、解放牌工程车2辆、东风牌汽车3辆、小汽车3辆、警车1辆、农用运输车2辆、四轮机车16辆、中型拖拉机1台、手扶拖拉机5台、东方红小拖拉机2台、8吨压路机2台、洒油辆1辆。武宣县交通局养护道班有解放牌自卸工程车1辆、小汽车2辆、手扶拖拉机7台、碎石机1台。象州县交通局养护道班有汽车2辆，推土机1台，碎石机6台，手扶拖拉机12台。2001—2003年，来宾县公路局养护机械有大东风车5辆、小车3辆，小型养路机械46台。2002年，金秀公路局施工机械5台、运输机械3台、养护机械10台。2005年，金秀公路局有养护机械45辆（台），其中：运输机械10辆（台）、施工机械35台。金秀公路管理所公路养护机械有小车3辆、方向盘拖拉机7台、手扶拖拉机4台、碎石机9台、装载机2台、压路机1台、沥青搅拌机1台。兴宾区交通局公路养护机械有小车7辆，农用汽车10台，手扶拖拉机（含小型养护机械）26台，压路机2台，汽车渡船1艘。

2005年，全市公路养护的机具有挖掘机1台、中型压路机3台、中型拖拉机9台、小型拖拉机55台、碎石机23台、装载机1台、铣刨机1台、发电机1台。

养护业务

路面保养　民国末期，境内干线公路路面基本铺上泥沙碎石，维持基本通行。20世纪50—60年代，境内所建公路大多为泥结碎石路面。1956年6月，首次在欧洞至忻城路段铺装磨耗层取得成功，后开始大力推广。此时起，县乡公路路面质量得到较大提高。1971年起，干线公路和主要县道路面开始铺筑沥青，20世纪80年代以后，干线公路路面基本普及沥青；实施通乡油路工程，部分县乡道也改建为沥青路。其路面保养方法为：平整弯道超高，处理网裂和龟裂路面，挖补龟裂、深陷、车辙和翻浆路面。砂石路面保养方法基本为：把松散到路肩的砂石扫到路面上，平整车辙和波浪路面，对磨耗大的路面进行铺拌泥结碎石，填补严重的坑槽、车辙和翻浆路面。水泥路面的保养的基本内容：清扫路面的泥土和污物，填充或铲除填缝料，修理裂缝、拱起、剥落、磨光的路面。沥青路面小修保养和基本内容：清扫保洁、处理泛油、拥包、裂缝、松散等问题。

路基保养　主要采取维修和加固路肩和边坡，疏通排水沟，清除塌方，加高路基，改善陡坡等方式进行路基保养工作。

桥梁与涵洞保养　境内一至三类公路桥梁由道班工人进行日常保养。公路管理部门定期组织技术人员对桥梁进行检测，对确定为四类的桥梁进行维修和加固；确定为五类的进行重建。涵洞保养的一般方法为：清除洞口及内部杂物和沉积物。

2005年底，来宾市境内列入管养的公路总里程2706.9千米，公路密度为20.2千米/百平方千米。列入管养的地方县乡公路里程1698.6千米。根据上级下达的养护指标，市交通部门将任务分解下达给各县（市、区），按照重保线重点养护，县道常年养护，乡道逐步下放给乡镇政府管养的总体原则，结合公路沿线的自然条件和季节变化及时调整具体养护措施，努力提高路况质量，保证公路安全畅通。

公路绿化

民国时期，今来宾市内公路基本无绿化。中华人民共和国成立初期，全力抢修水毁和人毁公路，无力进行绿化。1950—1965年，部分干线公路开始绿化。主要发动机关、学校、公路沿途群众在路旁植树绿化。1965年，境内公路部门成立绿化组，培育树苗，供公路绿化植树。20世纪60年代至70年代，境内各县公路绿化采取4种办法：一是群众义务建勤修筑公路时结合种植路树；二是部门拨款绿化；三是道班自办苗圃育苗，自行种植；四是公路段设绿化员负责公路绿化工作。境内来宾县南柳、六来、来石、古七4条公路共172千米，沿路两旁绿树成荫，共植路树18.9万株；1975年，来宾县县乡公路313.5千米，绿化里程146千米，占47.2%，绿化树木品种主要是柠檬桉、小叶桉、相思树等。

“文化大革命”期间，公路路树遭到破坏。直到20世纪80年代公路绿化才得到重视。1982年，原柳州地区交通局拨款8000元，用于育苗和购买路树，当年绿化县乡公路近75千米。20世纪90年代，政府和交通管理部门采取多种措施做好公路绿化工作，加强公路绿化方面的宣传教育工作，争取当地政府、学校师生、沿线村屯群众支持公路绿化工作。1990年，武宣县干线公路绿化里程80千米，占路线总长65%；县道公路绿化130千米，占公路总长的40%。1986—1994年间，柳州公路管理局和各县交通管理部门加大公路林木种植和管护力度，设立专职绿化管理队伍，实行以科学造林为原则，以计划管理为基础，以提高绿化成活率和保存为中心，以责任制为管理手段的公路绿化措施，柳州公路管理局投入80多万元对干线公路进行路树补植、更新，增加绿化达标里程。1990—2005年，兴宾区（来宾县）交通管理部门组织开展公路绿化宣传教育活动43次，受教育群众达56万人次；在公路沿线圩镇、村屯制作宣传教育牌16500块。1994年，来宾公路管理局被全国绿化委员会授予“全国绿化400家先进单位”荣誉称号，被自治区公路管理局评为“八五期间绿化先进单位”。国道209线柳州至石龙路段绿化和国道322线迁江至石陵二级路段绿化被自治区公路管理局评为“十佳绿化路段”。

1995—1998年，境内各县（市）在开展造林灭荒达标和平原绿化达标工作中，加强公路绿化工作，使境内公路绿化和平原绿化同步达标。1997年，合山市养护公路里程74.34千米，公路绿化里程24千米，绿化率为30.3%；2000年后，境内公路、交通管理部门在公路绿化过程中，把公路绿化与公路养护、生态环境，文明建设结合起来，在公路的边坡及容易绿化地段，点播容易成活、固沙固土效果好、具有欣赏价值的树种，使管养的主干线逐步形成符合本地区实际的公路带、网、片、点布局完善的绿化体系。此外，还把“绿色通道”工程与“文明样板路”建设结合起来。根据交通部建设“文明样板路”的要求，境内交通管理部门把绿化、美化纳入单位工作考核重要内容。加大护管绿化林木力度，配备专职绿化护理员，负责对所管养路线的新绿化路段进行巡逻，防止人畜糟蹋、破坏路树，发现缺损的路树及时补种。对一些路树常遭破坏的特殊地段，交通管理部门则雇请当地有一定影响力的村民进行护管，每月发给他们一定数额的管理费。2000年，来宾公路管理局在每个养护站配备1名绿化护理员，并雇请当地村民进行管护绿化工作。年末，来宾公路管理局管养公路里程288.79千米，宜林里程188.31千米，已绿化173千米，绿化率92%。1990—2002年，来宾县共投入公路绿化资金23.38万元。其间，来宾公路管理局每年投入绿化经费15万元以上，种植树苗1.5万株以上，点播相思树500平方米以上，成活率在80%以上。至2002年，来宾县管养公路里程728.27千米，宜林里程486.84千米，已绿化里程453.85千米，绿化率为93%。其中，县公路局管养里程289.94千米，宜林里程188.31千米，已绿化里程173千米，绿化率为92%。县交通局管养公路里程438.33千米，宜林里程298.53千米，已绿化里程280.85千米，绿化率94%。合山市养护公路里程100.54千米，全市公路绿化里程65千米，绿化率为64.6%。

2005年，来宾市管养公路里程2706.9千米。兴宾区交通局管养公路里程443.9千米，宜林里程325.15千米，已绿化里程308.89千米，绿化率为95%。金秀公路局所辖公路路段用地范围绿化率达100%，绿化林种以速生桉为主，兼种羊蹄夹、夹竹桃，形成带、网、片结合，层次多样，结构合理，具备绿色长廊功能，使绿色通道与生态环境，城乡绿化融为一体。县公路管理所所辖路段以乔灌木为主，以灌木为辅，林种以荷木、大叶棉、八角为主，宜林则林，宜草则草。公路绿化率80%。

第五节　公路运输

客　运

中华人民共和国成立前，今来宾市境内陆路客运多由轿、马、畜力车、人力车等工具承运。民国15年(1926年)，南宁至柳州公路和柳州至石龙公路通车后，境内始有汽车客运。南宁至柳州公路通车途经境内石陵、迁江、合山、大塘、思练和欧洞等地，在迁江设站，这是境内最早出现的客运业务。民国16年，在境内象州设石龙车站，每日有客车1辆往返于柳石线，发车无固定时刻，视客货多少获利大小而定。民国24年，省公路管理局规定发车、到站时刻，即早上7时从柳州开出，中午12时30分从石龙返柳州。民国25年，象州客运量16059人；民国26年象州客运量7488人；民国27（1938年）年象州客运量1987人。民国2年10月，石龙车站定为二等站。民国36年1月—9月，柳石路客运量为6056人。

中华人民共和国成立后，各级人民政府加强交通基础设施建设，不断改善城乡交通条件，形成国道、省道、县道和乡道纵横交错、四通八达的公路网，随着公路网的建设和完善，今来宾市公路客运逐步发展。1953年，境内忻城至柳州公路修通，柳州到忻城的客运汽车开通，时为每日对开一班，由柳州地区汽车运输公司经营。柳州公路运输局在境内设立石龙汽车站。7月，忻城至马泗正式通车，柳州汽车站在忻城组建汽车站。1958年4月，设立象州汽车站，1959年设立桐木汽车站。1960年，境内开通石龙至桐木客运线，客车由柳州站派出；11月1日开通柳州至象州客运线，每日1班往返。自1961年元旦起，柳州至象州的客车逢双日延伸到寺村。1962年5月1日，鹿寨县汽车站开通鹿寨至象州班车，以货车改装代客车，隔日1班。1962年，境内象州县完成客运量16459人，客运周转量49166人千米。1963年5月，柳州经象州至桐木客车开通，每日1班。10月，柳州汽车总站在来宾县城设立汽车站，定时从柳州派出客车来宾县经营客运。客车运行班次由柳州汽车总站调度安排，来宾县汽车站只负责代售客车回程车票。1964年，象州设立罗秀车站，并开通柳州至罗秀班车，每日1班。同年，还开通象州至桐木、象州至中平客运线。1964—1971年，境内各县以县城为中心的客运网开始形成，境内乡(镇)所在地大部分通班车。1972年，武宣汽车站有客车8辆，全县各乡镇所在地都开通了客车。1975年，增开武宣至南宁、武宣至来宾、武宣至象州的长途客运班车。1980年，武宣汽车站有客车10辆，县内又先后新开武宣至朋村、草鱼塘、大琳、六峰等4条支线班车。1985年以前，境内各县(市)公路客运为国营汽车站独家经营。1985年，境内各县(市)汽车站旅客运输量创历史新高。是年，来宾县汽车站旅客运输量为252.39万人次，周转量为6907.67万人千米，创建站以来最高水平。客运量和周转量分别比1972年增长8.89倍和9.29倍。武宣汽车站年客运量完成167.06万人次，周转量为5167.87万人千米，分别比1965年增加56倍和25.8倍，比1975年增加6.6倍和10.5倍。1985年，金秀瑶族自治县汽车站当年客运量59.91万人次，完成任务166.9%；旅客周转量7767.77万人千米，完成计划108.1%；实现利润10.08万元，完成计划102%。象州县汽车站旅客运输量167.86万人次，周转量为4818.9万人千米。

1986年，境内公路旅客运输快速发展，出现了国营、集体、个体、联户相继参与汽车客运经营，打破了国营汽车站独家经营格局，集体、个体和联户客运车辆增加，客运量逐年增大，逐步发展成为境内公路客运的主力军。是年，来宾县客运量262.84万人次，客运周转量8224.61万人千米。其中，国营汽车站完成客运量198.24万人次，客运周转量6103.81万人千米；集体、个体和联户运输完成客运量64.60万人次，客运周转量2120.80万人千米。金秀客运量56.77万人次，完成计划111.3%；客运周转量2133.35万人千米，完成计划103.5%；实现利润8.5万元。1987年，来宾县客运量267.77万人次，客运周转量10462.95万人千米。其中，国营汽车站完成客运量171.27万人次，客运周转量6975.25万人千米，集体、个体和联户运输完成客运量96.50万人次，客运周转量3487.70万人千米。金秀瑶族自治县公路客运量58.33万人次，客运周转量达3809.19万人千米。其中，金秀汽车站当年完成客运量43.81万人次，旅客周转量2357.19万人千米，被评为柳州地区客运系统先进单位。集体、个体、联户经营客车客运量为14.52万人次，客运周转量为1452万人千米。1988年，合山市每天发出(含发到)长短途班车55班次，营运线路26条，3950千米(其中市内线路4条35千米)，年完成客运量60.5万人次。1990年，来宾县共有大小营运客车122辆(其中个体车79辆)，日发南宁、柳州、贵县、武宣、宾阳、忻城、黎塘、里兰等地和县内各乡镇班线42条，152个班次。年发运旅客288.50万人次，完成客运周转量11310.14万人千米，比1972年分别增长110.29倍和15.60倍。其中，国营汽车站发运旅客140.07万人次，完成客运周转量5500.14万人千米，个体和联户运输完成客运量148.43万人次，客运周转量5810万人千米。个体和联户客运量首次超过国营汽车站。武宣县有客运汽车48辆，年运量189万人，周转9017万人千米。其中，国营客运汽车26辆，年运量167万人，周转7567万人千米，占公路客运量85%。集体客运车4辆，年运量5万人，周转350万人千米，占全县公路运量3%。个体客运汽车18辆，年运量17万人，周转1100万人/千米，占全县公路客运量12%。忻城县客运量25.4万人次。1991年，象州县营运客车发展到166辆，其中：象州汽车站22辆，集体、个体34辆，微型双排座小货车经交警部门同意改制而成110辆。集体、个体客运车辆主要从事经营县内短途客运。来宾县有公路客运车辆153辆，总座位

3928个,完成客运量293万人次,周转量12085万人千米。1996年,来宾县拥有公路营运公、私客车270辆,日发班线72条,378个班次(其中日发县外班线50条,172个班次,县内班线27条,206个班次),客运量534.23万人次,客运周转量21217.68万人千米。其中,国营汽车站发运旅客80.11万人次,完成客运周转量4002.16万人千米,个体和联户运输完成客运量454.12万人次,客运周转量17215.52万人千米。随着市场经济进一步开放、搞活,南柳高速公路建成通车,境内旅客运输业得到更快发展。2000年,国家不再执行征收议标费后,境内又迎来了第一次客运发展的高潮。7月,境内贯彻上级相关规定,将出租汽车行业归口交通部门管理。当年,忻城县有普通载客汽车404辆,年客运量140万人次。象州县拥有营运客车192辆,其中,汽车站29辆,集体、个体80辆,微客83辆。来宾县有客运车辆283辆,4767个座位,当年完成旅客运输489万人次,旅客周转量为24257万人千米。2001年10月,来宾县运通出租有限责任公司成立。2002年,来宾县拥有公路营运公私客车246辆,日发班线增至73条、447班次(其中跨县客运班线42条,日发跨县客运班次157个);年完成旅客运输量574万人次,完成客运周转量28422万人千米。

2003年下半年始,兴宾区及金秀、忻城、象州等县开始允许微型客车从事农村道路旅客运输业。2003年来宾市共有各类旅客运输业户509户,从业人员1916人,营运性客车1384辆(其中高、中级客车582辆),21411个客位,开行客运班线238条(其中跨省班线16条),日发2934个班次。全市6县(市、区)全部开通客运专线车,共有客运专线15条,投放专线车180辆,日发专线838班次,除金秀、象州县外,其他4县(市、区)开通直达班线9条,投放直达班车22辆。武宣县与兴宾区开通广西快客班线。全年完成道路旅客运输量1864万人,旅客运输周转量78668万人千米,比上年增长8.6%和8.33%。

图为20世纪80年代至90年代来宾县汽车总站(1996年摄)

2004年,来宾市公路客运业得到较快发展,积极引导开行客运专线、直达班线,发展乡村客运;加强春运和假日运输管理,确保春运及假日运输安全有序;规范出租汽车经营标志,提高服务质量,逐步规范出租汽车客运市场。年末全市拥有客运站14个,营运客车1648辆,23333个座位,其中班车788辆18212个座位、出租客车461辆2282个座位、微型客车399辆2839个座位;拥有客运班线239条,3154班次,其中直达班线10条304班次、广西快客线路3条9班次、客运专线20条1184班次、农村班线9条74班次,全年增加班线1条122班次。在春运和假日期间,组织好客源预测调查,合理组织运力,把好资质审验关,做好春运牌证发放、统计、总结等工作。春运期间,全市共投入客车807辆,共开行121056班次,运送旅客226.9万人次,完成客运周转量12051.1万人千米,接送跨省劳务民工3.8万人次。至12月底,全市开行直达班线10条,304班次,69辆直达班车,开行来宾至玉林、来宾至金城江2条快客班线,开行客运专线20条,1184班次,234辆专线车,新审批县内班线20条,运力24辆,班次136次,实际投入运行的县内班线14条,运力16辆,班次88次。此外,还引导各(市、区)运管组建微型客车车队,对微型客车采取划定经营区域(范围、线路)的措施,将微型车客运纳入待业管理的范畴,逐步规范出租汽车客运市场。至12月底,全市除金秀、忻城两县外均发展了出租汽车客运,拥有出租车企业12户,出租车461辆。其中,市区拥有出租车企业7户,出租车364辆。

2005年,全市有道路运输场站15个(其中二级客运站5个、三级客运站5个、四级客运站3个、简易站2个),营运客车1563辆23118座位(中级以上808辆,占51.7%),出租车484辆2394座位(中级以上376辆,占77.7%),微型客车333辆2401座位。是年,公路运输完成客运量2156万人,旅客周转量90058万人千米。是年,全市辖内象州县、武宣县、忻城县、合山市、兴宾区等共拥有出租汽车企业14户,出租车保有量484车辆、2394个座位(中级以上376辆,占77.7%),微型客车333辆、2401座。

货　运

民国前，今来宾市境内陆上运输以肩挑人抬为主，牲畜驮运为辅，运力小，运量少，公路货运零散落后。清末民初，来宾、大湾等地至柳州间，约有20驾牛马车来往运输货物及旅客。民国16年(1927年)，境内经来宾县境的南(宁)柳(州)公路和柳州至宜山公路建成通车后。在迁江设汽车站，公路沿线的迁江、石陵、大塘、思练等圩镇，商业逐步兴旺起来，货物进出，有少量用汽车装运，始有汽车运货，但迁江站没有建制车辆。民国22年，合山矿务局开始使用汽车运货，货运路线北至柳州，南至南宁，运出货物以煤炭为主。民国26年，境内柳石路汽车货运量6965吨，次年3144吨。民国36年9月，在柳石路上营运的货车有47辆。但境内其他地区不通公路，仍以人力肩挑为主，牲畜驮运为辅。民国22年后，境内曾推广人力车或畜力车，但收效甚微。至民国35年，象县仅有牛马车38辆。民国末年(1949年1月1日至9月30日止)，来宾县有畜力车近5000架。

中华人民共和国成立初期，境内陆上货物运输仍沿用古老的运输方式，以人力为主。1951年，境内各县在县城均成立有搬运组(社)，从事货物装卸和短途搬运业务。时今象州县内汽车货运均由柳州公路运输局(现柳州汽车总站)派车。1958年，境内提倡运输车子化，各生产队纷纷制作畜力车、人力车。民间出现胶轮车，数量也有大幅度增加，来宾县有人力车5800多架。据1960年1月统计，今象州辖区共有牛车2317辆、马车5辆、胶轮手推车49辆、独轮手推车5辆、手推车1892辆。1963年，象州县有畜力铁木轮大车697辆，随着农业机械的推广使用，畜力车逐渐减少。1974年，来宾县民间营运的畜力车有6000多架，营运性人力车不足100架。到1995年，境内畜力、人力车已全部退出营运性运输。

20世纪50年代至80年代中期，境内公路货运逐步发展，各县相继建立汽车站，承担公路货运业务，公路货运日趋发展，以各县汽车站等国营企业为主承运。1953年7月，柳州汽车站在忻城组建汽车站，开展货运业务。1956年，柳州汽车总站派出少量汽车到武宣县支援季节性的粮食调运。1958年4月，石龙县购进7辆汽车成立石龙县汽车队。当年，汽车队与汽车站共完成货运量2.08万吨，周转量119.73万吨千米。金秀瑶族自治县汽车货运量2910吨、货运周转量25.75万吨千米。1962年，象州县汽车队有汽车4辆，完成货运量5084吨，周转量27.3万吨千米。后因车况极差，出勤不正常，经济效益低，1964年，象州县汽车完成货运量2.96万吨，周转量130.32万吨千米。1965年12月，象州县撤销县汽车队。1963年，来宾县建立县汽车站，并在迁江、里兰设分站和业务站。20世纪60年代至70年代末，境内陆上运输除汽车外，拖拉机、自行车则成为农村运输的主要工具。汽车运输除汽车站外，粮食、商业、矿产等单位也先后购置汽车，除自有运输外还承运外单位货物。1971年，象州县直单位有货车7辆26吨位；是年，柳州汽车总站下拨13辆货车给象州汽车站调配使用。1975年，象州县机关、厂矿企业的货车增至25辆74吨位。1976年，忻城县组建煤炭车队，负责忻城县产煤外运和部分优质煤出口的运输。1979年11月，象州县重晶石矿公司利用补偿贸易购进日本产8吨五十铃翻斗车8辆，成立重晶石矿公司汽车队，从事重晶石矿运输。是年，合山矿务局购回2台载重汽车，运货量由1979年前的1万吨，提高到2.1万吨。在农村拖拉机和自行车则成为城乡群众简易的运输交通工具。大部分拖拉机配有挂车，既耕田又运输。每逢圩日，各乡(镇)载人或驮物赶集的自行车少则几百辆，多则上千辆。农村田间的部分运输，也常以自行车代替。1963年—1984年11月期间，来宾县公路货运以县汽车站为主，有建制车辆42辆，运输线路遍及全县各乡(镇)。1963年，来宾县汽车站完成货运量5.16万吨，周转量147.25万吨千米。1974年，来宾县民间营运畜力车有6000多辆，折算载力1500多吨位。1978年，来宾县汽车站完成货运量18.49万吨，周转量631.85万吨千米，与1963年相比，分别增长2.58倍和3.29倍，创建站以来货运最高纪录。1991—2002年，来宾县参与营运的拖拉机10449台，三轮摩托车7988辆。1995年，合山市参与货物营运的拖拉机63台，三轮摩托车61辆。2000年，合山市参加货物营运的拖拉机328台，三轮摩托车125辆。

20世纪80年代后期，今来宾市境内货物运输，以各县(市、区)之间及乡镇间物资交流为主，较大宗货物主要有糖蔗、粮油、农业生产资料、建材、百货商品等。境内与广西区内外的跨市区货运，以工矿生产资料、矿产品、建材、百货商品等为主。各县(市)国营汽车站因车辆老化、报废而减少和运输市场开放，单位和个体车辆投入营运等原因，国营运输企业相继放弃货运经营，改由个体运输户承担货运，汽车站货运量逐年下降。至1988年，来宾县汽车站只有旧车8辆，完成货运量1.75万吨，1990年停办货运业务。1989年后，来宾县内煤炭、矿产、农资、粮食、糖业等部门和迁江糖厂、来宾造纸厂及部分农林场先后成立货运车队，自办运输，全县国营货运汽车、货运量剧增。1990年，来宾县国营单位货运汽车357辆，完成货运量92万吨。

20世纪80年代后，改革开放运输市场，个体运输业迅速发展。1980年，象州县财政拨款进口日本产8吨五十铃翻斗车9辆，成立象州县汽车队，独立核算，同时将重晶石矿公司汽车队划归县汽车队。当年，县汽车队、象州汽车站完成货运量19.11万吨。随着经济的发展，货运日增，1982年后，个体经营汽车货运逐渐增多。1986年，全县拥有货车258辆，共1185.3吨位，其中工业部门28辆116.3吨位、农业部门22辆86.5吨位、交通部门69辆475.5吨位、商业部门26辆100吨位、国家机关部门68辆247吨位、个体户45辆160吨位。1986年，来宾县从事货运的个体车176辆，完成货运量21万吨。1990年，象州县有载重汽车499辆，其中，象州汽车站和县汽车运输公司43辆，完成货运量16.21万吨。

1990年，武宣县有国营货运汽车109辆，年运量13万吨，占全县陆路运输20%；集体企业共有货运汽车40辆，年运输量4万吨，占陆路货运的15%。武宣县个体货运汽车113辆，年运量19万吨，占陆路货运30%。

来宾县从事货运的个体车增至415辆，完成货运量76万吨；忻城县拥有载重汽车347辆，货运量30.49万吨，货运周转量4577万吨千米。

1991年后，随着公路的发展和社会主义市场经济进一步改革、开放、搞活，桂海高速公路的建成通车，进一步促进了境内公路货物运输业的发展。1991年，是合山市货运发展的鼎盛时期，当年参与营运的载货汽车392辆共1960吨位，完成年货运量400.32万吨，货运周转量28022.4万吨千米；来宾县货运量256.5万吨，货运周转量11235.1万吨千米；忻城县货运量30.49万吨，货运周转量4577万吨千米；象州县货运量48万吨，货运周转量5253万吨千米。1992年，境内金秀瑶族自治县公路货运有较大幅度增长，当年货运量为27万吨，货运周转量3627万吨千米，比1972年增加20.3万吨，增长3.03倍；来宾县货运量301.14万吨，货运周转量12001.8万吨千米；象州县有货运汽车302辆，货运量49万吨，货运周转量5430万吨千米；合山市货运量387.2万吨，货运周转量25161.8万吨千米。1993年，来宾县货运量321.11万吨，货运周转量12622.1万吨千米；象州县有货运汽车316辆，货运量51万吨，货运周转量5657万吨千米；合山市货运量389.3万吨，货运周转量25304.5万吨千米。1994年，来宾县货运量452.11万吨，货运周转量13962.1万吨千米；象州县有货运汽车371辆，货运量61万吨，货运周转量6811万吨千米；合山市货运量361.5万吨，货运周转量23497.5万吨千米。1995年，来宾县货运量491.51万吨，货运周转量15002.8万吨千米；象州县有货运汽车407辆，货运量69万吨，货运周转量7592万吨千米；合山市年货运量310.4万吨(比1991年减少90万吨)，货运周转量20796.8万吨千米。1996年，来宾县货运量463.88万吨，货运周转量14992.5万吨千米；象州县有货运汽车461辆，货运量70万吨，货运周转量7700万吨千米；合山市货运量279.1万吨，货运周转量18141.5万吨千米。1997年，来宾县货运量567.12万吨，货运周转量15821.6万吨千米；象州县货运量70万吨，货运周转量7568万吨千米；合山市货运量214.5万吨，货运周转量13942.5万吨千米。1998年，来宾县货运量541.11万吨，货运周转量14699.1万吨千米；象州县货运量81万吨，货运周转量8458万吨千米；合山市货运量179.3万吨，货运周转量11654.5万吨千米。1999年，来宾县货运量553.18万吨，货运周转量15186.5万吨千米；象州县货运量83万吨，货运周转量8847万吨千米；合山市货运量139.2万吨，货运周转量9604.8万吨千米。2000年，来宾县货运量543.51万吨，货运周转量15121.94万吨千米；象州县货运量88万吨，货运周转量9365万吨千米；忻城县货运量165万吨；合山市货运量119.3万吨，货运周转量7993.1万吨千米。2001年，来宾县货运量824万吨，货运周转量26536万吨千米；象州县货运量90万吨，货运周转量9568万吨千米；合山市货运量116.1万吨，货运周转量7894.8万吨千米。2002年，境内各县(市)货运服务站进行改制，因国营运输单位减少，大多为个体、联营和货车业主经营货物运输，服务站不再经营货物运输。当年，金秀瑶族自治县年货运量为77万吨，货运周转量4604万吨千米；象州县货运量92万吨，货运周转量10106万吨千米；来宾县货运量405万吨，货运周转量16212万吨千米；合山市货运量131.6万吨，货运周转量8817.2万吨千米。

2003年，来宾市交通运输业克服“非典”疫情带来的影响，公路运输业继续得到巩固和发展。全市共有各类货物运输业户2058户，从业人员3987人，营运性货车2624辆(其中商品汽车运输19辆、罐装运输车 23 辆),10485 吨位。货物运力增长继续实行只批不控,市场调节,相继出现危险货物运输、零担货物运输、大件货物运输、特种货物运输等多种货运组织方式。个体经营车辆加快向公司、车队等集约化经营集中,以融资、合股、联营等方式参与经营。全社会公路货物运输量 1854 万吨,货物运输周转量 143314 万吨千米,分别比上年增长 2.5% 和 2.64%。

2004 年,来宾市交通运输业快速增长,加快推进以公路建设为主的交通基础设施建设,不断拓展公路交通网络,狠抓交通行业管理,不断优化公路运输环境,有效促进交通运输业向企业化发展。全市拥有货运业户(主)1819 家,其中货运企业 23 家(危险货物运输企业 3 家),营运货车 3658 辆,20889 吨位,其中危险货物运输车辆 57 辆,267 吨位。新增营运货车 208 辆,984 吨位,新增车辆主要以重型货车、专用货车为主。是年,积极引导企业发展物流,全市有规模较大的 10 家货运业户发展了物流运输,主要是以商品汽车运输、煤矿运输、企业自用生产物资运输及仓储物流运输为主,共 133 辆货车。全社会公路货物运输量 1686.4 万吨,货物运输周转量 111416 万吨千米。各县(市、区)公路货物运输量和货运周转量分别为:兴宾区 838 万吨和 52757 万吨千米、忻城县 201.2 万吨和 11298 万吨千米、象州县 222 万吨和 22200 万吨千米、武宣县 362 万吨和 20135 万吨千米、金秀瑶族自治县 48.2 万吨和 3470 万吨千米、合山市 150 万吨和 1556 万吨千米。

2005 年,全市载货汽车 7179 辆,其中兴宾区 8430 辆、忻城县 278 辆、象州县 575 辆、武宣县 517 辆、金秀瑶族自治县 116 辆、合山市 1278 辆。全市货运企业 23 家(危险货物运输企业 3 家,危货运输车辆 62 辆,419 吨位);全市社会公路货运量 2188 万吨千米,货物周转量 227809 万吨千米。其中,兴宾区公路货运量 1061 万吨,周转量 65536 万吨千米;忻城县 244 万吨,周转量 13318 万吨千米;象州县 245 万吨,周转量 103067 万吨千米;武宣县 390 万吨,周转量 21674 万吨千米;金秀瑶族自治县 68 万吨,周转量 4806 万吨千米;合山市 180 万吨,周转量 19408 万吨千米。

表 19-9　**1986—2005 年来宾市营运车辆拥有量统计表**

年份	合计(辆)	其中			
		客车(辆)	货车(辆)	拖拉机(辆)	摩托车(辆)
1986	22712	—	3351	16510	—
1987	20688	1186	3303	14133	—
1988	26316	1390	4312	16252	—
1989	31726	1663	5604	14219	—
1990	34511	1919	6079	23036	—
1991	36382	1974	5121	24923	3654
1992	37448	2391	4575	25191	4533
1993	42899	2764	5591	27517	6119
1994	49402	3374	6965	28509	9330
1995	54560	3695	6826	29589	12554
1996	12176	1013	5608	3339	2216
1997	13692	1791	5032	4249	2620
1998	14835	1665	5363	4565	3242
1999	15115	1648	5098	5005	3364
2000	17664	1607	5347	6096	4614
2001	18372	1267	5765	6937	4403
2002	19274	1609	5893	7196	4576
2003	18025	1384	3224	7974	5443
2004	18565	1563	3125	8009	5868
2005	19640	1563	3947	7554	6576

说明:1.1986—1995 年数据系全社会机动车拥有量,取自柳州地区统计局《柳州地区社会经济统计资料》,"—"为原资料缺失
2.1996—2005 年数据系营运车辆拥有量,取自来宾市公路运输管理处档案,其中 1996—2002 年的拖拉机及摩托车数量不含鹿寨、融水、三江等县数据

表 19-10　1972—2005 年来宾市客货运输量统计表

年份	客运量（万人）	客运周转量（万人千米）	货运量（万吨）	货运周转量（万吨千米）
1972	120	3681	64	2599
1973	140	4434	61	2657
1974	155	4807	59	2924
1975	169	4947	71	3202
1976	196	5843	88	3300
1977	244	7152	95	4279
1978	272	8013	91	4164
1979	317	9444	89	3928
1980	425	12057	88	3793
1981	534	16165	444	9329
1982	670	19675	412	7883
1983	890	25839	507	9077
1984	1137	35246	424	7677
1985	1277	43013	454	9838
1986	1243	43643	699	14521
1987	1301	49822	562	20512
1988	1385	57933	698	32218
1989	1450	63093	1296	35920
1990	1739	73005	2643	76033
1991	1563	73208	2687	88374
1992	2065	105214	2560	142652
1993	2072	102204	2994	161133
1994	2585	144462	2443	142241
1995	2837	151632	3567	183161
1996	4154	164704	1450	116869
1997	3262	127362	2406	166289
1998	3466	132814	1727	137588
1999	2907	119490	2186	149974
2000	3038	133183	1737	146099
2001	3148	144173	1673	139781
2002	3325	147785	1742	154008
2003	1864	78668	654	73754
2004	2047	86657	635	68115
2005	2156	90058	670	66473

说明：1995 年前资料取自柳州地区统计局《柳州地区社会经济统计资料》，1996 年后资料取自来宾市公路运输管理处。其中 1972—1990 年及 1996—2005 年为公路运输量，1991—1995 年为全社会运输量，无法将公路运输量分列。

第六节　主要运输企业

国营运输企业

1952 年 10 月—1984 年，国营公路汽车运输企业的管理自成体系，各县（市、区）汽车站生产与经营由柳州汽车总站管理，柳州汽车总站对各县汽车站为直接领导关系，主要为：客货运输生产方面，由柳州汽车总站制定并下达月度、季度、年度客货运输生产计划，县（市、区）汽车站组织实施运输生产活动，完成生产任务；固定资产投资方面，各县（市、区）汽车站生产与经营所需的站房、车辆、汽修机工具、职工住宅等，由柳州汽车总站投资建置及分配使用，产权属柳州汽车总站所有；机构、人事、劳资管理方面，各县（市、区）汽车站的机构设置、生产用工、人员调配、干部任免、工资福利等，均由柳州汽车总站管理；财务、核算方面，各县（市）汽车站为非独立核算单位，经营资金由柳州汽车总站拨发，经营收入全数上缴柳州汽车总站，财会职能受柳州汽车总站指导与监督为有效管理县（市、区）汽车站，柳州汽车总站制订了有关客运班线与班次、货运商调、车辆维护修理、油料与零配件供应、行车安全、固定资产建置使用、机构人事劳资、财务统计等各方面较完整的管理制度，在县（市、区）汽车站中实施，形成一个较严密的封闭型系统管理体制。

1984年公路运输放开经营后，为适应公路运输市场的竞争与发展，各县（市、区）汽车站的管理体制先后进行一些变更：20世纪80年代期，各县（市、区）汽车站改为系统内部独立核算单位，营业收入除缴足向柳州汽车总站承包额后，归本站所得。各站放弃经营货物运输，原有货车（包括挂车）或报废或变卖，撤销货车队、商调股等货运生产职能机构，货车驾驶员由站方另行安排工作岗位。从1989年9月起，各县（市、区）汽车站相继将自用客运设施向社会开放，成立汽车客运服务中心（站）。1993年6月，各县（市、区）汽车站推行客车车辆净值全额抵偿承包，即将公有客车车辆净值全额抵偿承包给职工个人，职工缴足所承包车辆净值后，车辆归职工本人所有，承包者向企业交纳营运班线管理费及其他计收费用，自主经营。1994年1月，柳州汽车总站改称为“柳州汽车运输总公司”，各县（市、区）汽车站相应改称为“汽车总站”，内部机构设置基本不变。

1985—1995年，各县（市、区）汽车站在继续接受柳州汽车总站的系统内部管理的同时，在运输经营行为方面，接受公路运输管理部门行业管理。

除国营汽车站外，柳州地区一些国有经济部门（如交通、粮食、物资、商贸、煤炭、林业、供销等）建立自用型汽车运输队（公司），行政上由各自主管机构管理，所承运货物以本部门经营（生产）物资为主；经营行为方面，1984年以前由交通民运管理部门进行行业管理，1985—1995年由公路运输管理部门进行行业管理。

私营运输企业

民国初期，来宾境内对私营运输没有实施行业管理。民国17年(1928年)4月，开放公路私商汽车营运，开始出现少量私营汽车运输业。民国23年，广西省公路管理部门将分散经营的商车组成96家汽车公司或合作社进行联营，迁江县（今属兴宾区）有一家私营汽车商行，民国24年8月，广西对私营商车实行统制管理。民国25年5月，私营商车实行有限制开放，但在官府严格管理、战乱、汽车运价高昂、油料缺乏等多因素影响下，境内私营运输仍以人力、畜力运输为主，至1949年，汽车运输没有大发展。

1950—1956年，来宾境内私营运输基本处于自发性生产状态。1956年民间散存少量汽车并入国营汽车站，各县相继成立集体企业性质的搬运社、牛（马）车社等，组织从事私营运输的个体业主入社集体经营，视单干个体私营运输为“地下运输”，对其进行打击与取缔，至20世纪80年代初期，来宾境内基本上不存在个体私营运输。

1984年公路运输放开经营，允许个体业者参与经营公路客货运输业，个体经营者大增。1984年底境内个体营运汽车406辆，营运拖拉机8825台。1984年底起，柳州地区公路运政管理部门依照国家及交通主管部门制定的政策与规定，把私营运输纳入行业管理范围，规范私营运输行为，提倡公平竞争，保护合法经营，纠正违章经营行为。

为更有利于竞争经营，自1989年起，个体运输业主自发组织个体联营运输车队，至1995年底，辖区内新成立了多个个体联营的营运性汽车队。其中，象州县个体联营车队较多，有个体联营车队6个，参加联营的个体汽车315辆。个体车队的组建，以“平等、自愿、互利”为原则，队长、副队长由个体业主选举产生，财会（调度）等人员则向社会招聘，参加车队的个体车车主须向车队交纳管理费。车队的职能属服务性质，主要为个体车主代办各种证照手续，代缴各种税费，分配并督促完成政府下达的指令性运输业务，提供货源信息等。

1990年，针对公路运输市场放开后私营运输业主中大量存在违章经营行为，柳州地区公路运政管理部门对全地区公路运输市场进行全面治理整顿，取缔无证经营，清理“私车挂靠单位”或“单位车挂靠私人”车辆，纠正公路客运、货运、修理等行业中的各种违法违章经营行为。至1995年底，柳州地区从事公路运输业的个体业户10249户，从业人员13868人。

2003年6月新成立广西来宾中兴汽车运输有限责任公司，具备二级道路旅客运输企业经营资质。

公司位于来宾市新兴北路246号，员工700多人，资产总额一亿多元。下属基层单位有来宾、武宣、象州、金秀、忻城、合山等汽车总站及兴宾恒通分公司，主营道路客运、小汽车出租、汽车修理，并向旅游、物流、商贸等经营范围拓展。拥有客车370多辆，开行客运班线180多条，日发1500多个班次，客运线路辐射广西各地及广东的深圳、珠海、东莞、虎门等地。

2005年全市有货运企业23家(危险货物运输企业3家，危货运输车辆62辆，419吨位)；有维修企业769家，其中甲类企业3家，乙类企业59家，丙类业户707家(2005年新增维修业户55家，其中乙类企业4家，丙类业户51家)；驾校3所，全部达到二类驾校资质。

第三章　铁　路

来宾市铁路运输以湘桂铁路干线为主，来合地方铁路及各铁路专用线为辅的四通八达的铁路运输网络，连接公路、水路运输，形成境内十分便利的交通运输条件。境内铁路运输起步早，民国时期境内始修建铁路，抗日战争时期国内始建的第8条铁路干线湘桂铁路，纵贯境内中部，线段里程83千米，设凤凰、来宾、良江、小平阳等10个车站。于市境内线段出岔的地方铁路(支线)2条、专用线9条，总长130多千米。

2004年5月，随着铁路局生产力布局的调整和柳州—黎塘线自动闭塞设备的开通使用，柳州铁路局决定，撤销黄坡、古梦、维都、佳田站。在来宾市辖区有白山、凤凰、来宾、良江、平塘、小平阳站，其中办理货运业务的有白山、凤凰、来宾、良江、小平阳站，办理客运业务的有凤凰、来宾站，共有职工278人。

2005年，来宾市境内铁路分国家铁路和地方铁路，国家铁路地处湘桂线南端K566+100至K657+500处，复线总里程182.3千米，属柳州铁路局管辖范围。沿线有南宁车务段白山、凤凰、来宾、良江、平塘、小平阳车站6个；南宁工务段来宾车间1个，下设工务、道口、检查工区和机队18个；南宁电务段来宾、凤凰工区2个；柳州铁路公安处来宾车站公安派出所1个。来宾市境内国有铁路共有干部、职工597人，其中干部49人。

地方铁路为广西地方铁路有限责任公司来宾管理段(简称来宾管理段)，位于来宾市合山路181号，管辖来宾至合山铁路支线，简称“来合线”，沿线设有古瓦站、白鹤隘站、河里站、合山站，全长57千米。来宾管理段机关设办公室、运输科、劳人科、工电科、财务科，是一个集机、车、工、电、辆的综合性管理段。全段在职干部职工605人。

第一节　线路桥梁车站

线　路

干线(湘桂铁路来宾段)　今来宾市行政区域内国家铁路为湘桂线柳州至黎塘复线区段K500+500—K653+500处，总里程83千米，北起白山，南迄黄坡，纵贯市境中部，途经凤凰、城厢、城东街道、良江、三五、小平阳等乡镇(街道)，分别在白山、佳田、凤凰、维都、来宾、良江、平塘、古梦、小平阳、黄坡设10个站。2004年5月，撤销黄坡、古梦、维都、佳田站。来宾市辖区现有白山、凤凰、来宾、良江、平塘、小平阳6个站。其中办理货运业务有白山、凤凰、来宾、良江、小平阳5个站，办理客运业务有凤凰、来宾2个站。

湘桂铁路柳州至来宾段，于民国28年(1939年)动工兴建，中途因桂南战争停建。民国30年再行施工，当年9月10日建成，线路长71.8千米。来宾至南宁段，于民国27年6月始由18个县22万民工承建。工程施工自南宁北伸，后因战事施工中断。民国35年再次兴建，也仅完成少量工程。中华人民共和国成立后，1950年10月第3次修建，次年3月5日竣工通车，全长185千米。

1976年，铁道部将湘桂铁路柳州至黎塘段(经来宾)由单线改为复线，至1985年初复线全部竣工。湘桂铁路建成通车后，来宾县城成为今来宾市境内铁路交通枢纽，客、货运量与日俱增，进入20世纪80年代更为繁忙。1983年9月，来宾火车站新货场兴建，至1985年5月27日建成并正式运营。货场占地170多亩，有货位50多个，仓库2座，设计年蓄运货能力60万吨。1986年4月，来宾火车站改建，站房从铁道东侧迁至西侧，1987年6月1日建成。设到发线10股道，每股道有效长度865~1000米。

候车室 843 平方米，可同时容纳 600 名旅客候车，是 2002 年前广西境内最大的县级火车站。

湘桂铁路来宾段，在市城区内横跨红水河上建有钢桁桥梁和预应力混凝土斜拉桥 2 座。于市境干线部分站出岔通往白山水泥采石场、八一锰矿、54043、来宾火力发电厂、来宾冶炼厂、黄坡 652 工地、合山等专线 9 条，总长 105 千米。市境路段车站 1985 年前年客运量在 50 万 ~60 万人次之间，年货物到发量 200 万吨左右；1985 年后年客运量增加到 70 多万人次，年货物到发量增加到 220 多万吨；2003—2005 年，旅客发送量 170.21 万人次，年均客运量 56.74 万人次，货物发送量 255.24 万吨，年均货物发送量 85.08 万吨。

支线（地方铁路）来宾至合山支线　来宾至合山线路（简称来合线）自湘桂铁路来宾站起，经古瓦、桥巩、白鹤隘、河里、王所至合山，长 64.2 千米。

民国 24 年（1935 年），合山煤矿股份有限公司勘测设计，合山煤矿股份有限公司设筑路处组织施工。民国 27 年，广西省政府与中国银行总管理处合资接办。同年 1 月，白鹤隘至王所段线路建成通车。民国 30 年 9 月，通车至来宾。民国 33 年，日本侵略军再度入侵广西，来合线被迫停运。民国 35 年 9 月，修复通车，恢复客货运输。全线采用英制 35 磅每码钢轨，使用德制 24 吨小型蒸汽机车和 6 吨倾倒煤斗车，线路容许速度为 20 千米每小时。1969 年 6 月，来合线运量增加，自治区决定将来合线由米轨改为准轨，与湘桂铁路来宾站接轨，柳州铁路局组织施工。1971 年 7 月，全线通车，共投资人民币 1256.74 万元。

1971 年 10 月 1 日，自治区将该线复交柳州铁路局代管。1972 年 5 月 1 日，成立柳州铁路分局来合铁路运输段。1973 年 3 月 8 日，改称柳州铁路分局来宾铁路管理段，段址设在来宾县合山路。1972 年起，来合线铺设平洞、溯河、石村、马鞍、大弯弓等岔线。

1985 年 4 月，来合线交由柳州铁路局地方铁路处直接领导。1988 年 10 月 26 日，柳州铁路局地方铁路处撤销，广西境内来合、三罗、金红、洛茂、桂海等地方铁路移交柳州分局管理。1992 年 10 月 1 日，广西地方铁路有限责任公司成立，来宾铁路管理段移交该公司管理改称广西地方铁路有限责任公司来宾铁路管理段。

至 1995 年末，来合线线路延展长度 124.62 千米（其中正线 64.2 千米，站线 17 千米），设车站 6 个（其中合山为二等站，其余车站为四等站）、桥梁 18 座 421 米、涵渠 403 座 4780.1 米、隧道 1 座 340 米，配属蒸汽机车 7 台、客车 4 辆、货车 79 辆、矿区专用车辆 89 辆及附属设备，机械动力设备 128 台（辆），汽车 15 辆、养路机械化设备 24 台，以及通信、信号等设备。合山、王所、河里各站为色灯电锁器联锁设备，合山—王所、王所—河里为继电半自动，河里—白鹤隘为电气路签闭塞。

2003 年，来合线扩改工程全面动工，工程预算总投资 1.2 亿元，主要对来合线路设备、机车车辆进行技改和换型。是年，完成投资 5000 万元，各项工程经检验均为优良工程。

2004 年，来合线扩改一期工程完工，主要完成对来合线大部分线路的道床清筛、换轨、换枕、动力机车换型，桥梁改造，合山机辆油库、铺修库等系列工程。一期工程完成投资 8000 万元，各项工程验收均为合格。

2005 年，来合线扩改工程全面完工，工程总投资为 1.4 亿元。经扩改，来合线全线均更改用 P50 轨和水泥枕铺设，动力机车均更换为马力强大的内燃机车。

凤凰至大湾支线　该支线自湘桂线凤凰站出岔，至原来宾县大湾乡，全长 19.32 千米。

民国 29 年（1940 年）6 月，湘桂铁路管理局对大湾支线进行勘测设计。民国 31 年 9 月 11 日动工，翌年 3 月 14 日建成通车，同月 30 日开始营业。投资总额为法币 977.72 万元，其中 650 万元为湖南盐务局无息垫款。

民国 33 年（1944 年）11 月，日军侵犯广西，大湾支线由湘桂铁路管理局奉军事当局之命拆除和破坏。抗日战争胜利后，湘桂黔铁路工程局组织原线修复，以从广州运进钢轨、水泥等筑路器材，民国 35 年 4 月开工，同年 8 月 8 日通车，开行柳州至大湾直达列车。

大湾支线对修建和修复湘桂、黔桂铁路发挥重要作用，先后运输钢轨 30 千米、红水河大桥 90 米钢桁梁以及部分水泥、机车车辆配件等。1949 年 11 月，该线再次遭受破坏，经修复并短时期通车后，于 1950 年 12 月拆除线路，轨料移修湘桂线来宾至镇南关段。

专用线路良江至火电厂专线　1986 年 10 月 20 日动工，1987 年 12 月 16 日完成主线工程，1989 年 2 月完成铁路股道、装卸作业站场等工程，并通过验收使用。专线从湘桂铁路干线良江车站北端出岔，连通厂内站场,良江车站设调车股道,专线主线全长6千米,道岔11股,厂内配线8股,全长13.52千米。专线有桥梁2座,涵洞31座,投资284.15万元。

良江至冶炼厂专线 于湘桂铁路今境内良江站出岔,全长5.3千米,工程投资547.94万元。1978年初动工,1981年因国民经济调整缓建,1986年续建,1989年竣工,4月27日开通使用。专线机车,冶炼厂自备2台,牵引量1650吨。

八一矿区专线 位于来宾、柳江两县境内的自治区八一锰矿,建于1959年8月1日,矿区从凤凰站出岔,筑有2条铁路专线。凤凰至思荣专线全长11.05千米,1959年10月施工,同年12月建成,1960年1月12日通车,投资192.93万元,专线年运输量35万吨。1979年秋,思荣烧结车间建成,从专线9千米处引支线700米至烧结车间。凤凰站至凤凰矿区专线全长3.6千米,1960年3月施工,1961年9月竣工交付使用,投资41.85万元,专线年运输量25万吨。1975年凤凰矿区建成选矿车间,从凤凰高站台处起,扩建通往选矿车间准轨岔道1条,长1.6千米。八一矿区专线共长16.95千米。

白鹤隘至迁江糖厂专线 由衡阳铁路工程学校设计,柳州铁路局地铁处协助、糖厂筹备处组织施工。专线从来合线白鹤隘车站出岔,全长9.3千米。1975年3月动工建筑,完成土石方29.45万立方米,共建有涵洞35个,中型桥梁3座。于1978年9月25日建成通车,投资331.38万元。专线原设计为内运原煤和外运蔗渣为柳江造纸厂供原料。由于柳江造纸厂不再使用蔗渣,迁江糖厂多用本地煤,专线利用率较低,只是炼糖时租用运原糖。

652专用线 由市境湘桂铁路黄坡站出岔,1970年6月动工,1972年竣工通车,工程造价63.12万元。专线全长3.47千米。

白山采石场专线 于市境湘桂铁路白山车站北端方向出岔,全长0.5千米。1951年湘桂铁路竣工通车时,为解决白山采石场石碴外运以供修筑铁路使用即顺筑此专线。专线无单独投资核算。

广屯至东矿专线 1949年5月开始修筑,同年11月铺轨完毕,线路长4.23千米。1981年3月,东矿增建3道。

广屯至马鞍专线 1977年3月,由6927工程指挥部组织施工。1980年1月7日,6927单位撤销,由矿务局代管施工。1982年5月开始营运。

广屯至合山电厂专线 1985年,随着荣山煤场的建设,铁路道股由原来4股增到10股道,同时在里兰支线K1+458千米处出岔直通电厂。从合山站内直接牵引电厂送车和取车。1986年9月,全部竣工交付使用,共投资230万元。

桥　梁

红水河铁路钢桁桥 红水河铁路钢桁桥位于今市城区东南湘桂铁路K606+352米处,全长362.56米。1947年11月10日,由衡阳铁道管理局第二工程队承建。1949年12月13日停建,1950年10月15日复工,改由中国人民解放军铁道兵团第二师第二桥梁团承建,1951年10月竣工正式通车。1960年7月24日,大桥钢塔架被洪水冲击而倾斜,8月修复,后又几经逐孔换梁塔架更加坚固。大桥11孔,桥孔总长32.91米,主跨89.4米,主墩高29.16米,可双机重联通过。大桥落成后,由柳州工务段来宾桥梁工区负责维修保养。

红水河铁路斜拉桥 红水河铁路斜拉桥是湘桂铁路柳州至黎塘双线跨越红水河的第二座铁路桥(又称Ⅱ线桥)。由铁道部科学研究院和柳州铁路局共同研究设计,柳州铁路局工程处负责施工,为中国第一座、世界第四座具有现代先进技术水平的预应力钢筋混凝土铁路斜拉桥。大桥位于来宾城区湘桂铁路柳(州)黎(塘)段复线下行线K606+524米处。大桥于1977年11月15日动工兴建,1981年3月竣工,共投资500多万元,1981年9月1日交付运营。桥长409米,高38米,10孔11个墩台,正桥最大跨度96米。1981年10月铁道部组织国内外有关专家对斜拉桥进行技术鉴定,认为符合设计要求,工程质量优良。由于该桥具有可以争取到较大的通航净空,跨越能力大,结构经济合理,外形美观,养护简便,噪音小,适合悬壁施工等优点。1982年,获国家设计银质奖;1983年,获自治区优质工程奖;1985年,获国家优质工程银质奖;1986年,获国家科技进步奖。

车　站

1951年3月5日,湘桂铁路竣工通车后,在来宾境内设白山、佳田、凤凰、维都、来宾、良江、平塘、古梦、小平阳、黄坡10个运营车站。

民国30年(1941年)9月,来合铁路通车至来宾后,设古瓦、桥巩、白鹤隘、河里、王所、合山6个车站。

2002年,今市境内有火车站15个,其中,柳州铁路局管辖国有铁路车站有白山、佳田、凤凰、维都、来宾、良江、平塘、古梦、小平阳、黄坡等10个站;广西地方铁路有限责任公司来宾管理段(简称来管段)管辖来宾至合山铁路支线(简称来合线)有古瓦、桥巩、白鹤隘、河里、王所、合山等6个站。

2004年5月,随着铁路局生产力布局的调整和柳州至黎塘线自动闭塞设备的开通使用,柳州铁路局决定,撤销黄坡、古蓼、维都、佳田4个站。来合线设古瓦、白鹤隘、河里、合山4个站。

2005年,来宾市境内共有车站10个,其中,湘桂线6个,来合线4个。

来宾火车站 来宾火车站位于来宾市城区东侧,始建于民国30年(1941年),老站原靠水落街西侧,隶属来宾线路总支管辖。站场设有3股到发线,半股货物线,主要是接运合山的煤炭。在业务性质和行车量上,属四等客、货运站。中华人民共和国成立初期,车站到发线增加到7股,货物线增加到2股半。行车设备改用半自动电锁器联锁。1984年,柳(州)黎(塘)复线动工,将站址迁至合山路(铁路西侧,今址)新建来宾火车站房,扩建站场。站房建筑面积2322平方米,第一站台雨棚面积4352平方米,第二站台雨棚面积810平方米,有行人天桥1座,跨越1、2、3站台,总长191米;旅客候车室842.5平方米,可同时容纳600名旅客候车,车站日平均接送旅客4000人;车站货场占地面积170多亩,有50多个货位及2座仓库,设计蓄运货物能力60万吨;设10股到发线,4股货物线,站内衔接有来合线、450仓库及石油站3条及机车转头等客货运设施。1985年10月,复线建成通车后,来宾站主要行车设备,安装使用大站半自动闭塞电气集中联锁,采用色灯信号,是一个全面办理客货运业务的县级三等站。有职工170多人,分有运转、客运、货运3个车间,属来宾车务段直接领导。2002年前是广西最大的县级火车站。2005年,全年发送旅客59.8万人,货物到发量54.2万吨,其中,货物发送量30.1万吨,到达24.1万吨。

第二节　运　输

客　运

湘桂铁路来宾市路段10个车站客运,1985年前,年客运量在50万人次至60万人次之间,1985年单线改为复线后,年客运量增加到70多万人次。1985—2000年县境内湘桂铁路货物运输量4496.54万吨,年均货物运输量为280.93万吨,旅客运输量为1348.39万人,年均84.27万人。

表19-11　1981—2000年来宾火车站运量情况表

年份 \ 项目	发送货物(万吨)	到达货物(万吨)	发送旅客(万人)	年份 \ 项目	发送货物(万吨)	到达货物(万吨)	发送旅客(万人)
1981	10.62	12.37	37.13	1992	20.90	41.83	43.11
1982	11.32	13.05	39.07	1993	20.93	58.86	50.14
1983	12.72	14.49	43.66	1994	20.32	53.18	48.91
1984	20.41	14.23	46.87	1995	18.55	17.96	43.27
1985	22.72	12.17	44.82	1996	18.80	15.50	33.20
1986	26.01	15.32	38.52	1997	17.41	16.34	41.06
1987	25.21	20.05	46.20	1998	24.19	22.01	49.67
1988	30.59	32.94	62.17	1999	30.15	14.81	58.53
1989	25.91	26.10	60.75	2000	37.82	11.50	52.20
1990	14.75	37.96	48.44				
1991	98.83	37.15	43.12	合计	508.15	487.82	930.84

2002年后,来宾市境内铁路旅客运输主要集中在来宾、凤凰、小平阳3个车站。2003—2005年,来宾境内铁路运输年均客运量71.58万人次。

2003年,来宾市境内各车站铁路客运量为70.21万人次,其中湘桂线白山—黄坡间10个车站发送旅客61.21万人,超额完成年计划的15.5%。旅客发送量主要集中在来宾、凤凰、小平阳车站,来宾、凤凰、小平阳3个站发送旅客52.96万人,占10个站发送旅客总量的86.5%,其中来宾站占67.4%。来合线完成发送旅客9万人次。

2004年，来宾市辖内铁路旅客运输共发送旅客53.7万人次，其中湘桂线主要集中在来宾站。来宾车站全年发送旅客46.9万人，占境内发送旅客总量的87.38%。来合线发送旅客5万人次。

2005年，来宾市境内铁路旅客运输主要集中在来宾、凤凰2个车站。是年，来宾站发送旅客59.8万人，超额完成年计划43万人的39%，比上年多发送12.9万人，增长25.7%，完成客运收入2385万元；凤凰站发送旅客1.1万人，超额完成年计划6500人的69.2%，比上年少发送7000人，下降38.9%，完成客运收入6.4万元。两站共发送旅客60.9万人，比上年增运12.2万人，增长25%。

货　运

境内铁路货运主要集中在湘桂铁路10个车站。1981年前年货物到发量在120万吨左右。1981年，货物运输到发量为235.5万吨，其中，货物发送123.4万吨，到达112.1万吨。1984年，今来宾市湘桂铁路运输货物到发量223.6万吨，其中发送137.40万吨，到达86.20万吨。1985年，湘桂单线改为复线后年货物到发量有所增加，是年货物运输到发量为226万吨，其中发货140.9万吨，到达85.1万吨。1990年，湘桂线货物运输到发量329.2万吨，比1985年增加103.2万吨，增长45.67%，其中发送194.5万吨，为历史最高水平，到达134.7万吨。20世纪90年代后，随着公路运输的快速发展，湘桂铁路运输量有所减少，境内铁路运输量有所下降。1991年，今来宾市铁路到发运输量为575.43万吨，其中，湘桂铁路为287.83万吨（发送139.46万吨，到达148.37万吨），比上年减少41.37万吨；来合铁路为287.6万吨（发送258.6万吨，到达29万吨）。1997年，境内铁路运输货物到发量为566.94万吨，其中湘桂线为307.27万吨、来合线为259.67万吨。2000年，今来宾市铁路运输货物到发量为481.33万吨，比1991年减少94.1万吨。其中湘桂线250.35万吨，比1990年减少78.85万吨，下降23.95%；来合线230.98万吨，比1991年减少56.62万吨。2002年底，来宾市成立后，地方经济建设步伐加快，物资流动加快，铁路年货物到发量明显增加。

2003年，来宾市铁路运输主要以湘桂线为主，境内各车站通过加强运输组织工作，开展货源调查，扩展货源空间，搞好市场营销；召开货主座谈会，征求货主意见，稳住老货主，发展新货主；加强内部协调，改进工作方法，落实对作业车的装、卸和挂运等环节的衔接，提高办事效率和服务质量，赢得广大货主的信赖，有力地促进货物运输任务的完成。是年，境内铁路运输货物673.1万吨，其中湘桂线白山—黄坡间10个车站发送货物84万吨（维都、古梦、黄坡站停办货运业务），超额完成年计划0.12%，到达货物419.1万吨。其中，凤凰车站装车7311辆，发送货物43.9万吨，占7个站发送货物总量的52.3%；卸车1.53万辆，到达货物93.8万吨，占7个站到达货物总量的22.4%。发送货物主要是铁合金，到达货物矿石、焦炭为主。来合线完成货物运输量170万吨。

2004年，来宾市辖区内各铁路货运业务站按照柳州铁路局车务段下达的运输指标，加强货物运输组织，提高运输效率，努力多装、多运、多卸，为区域内厂矿企业单位提供安全、便捷的运输服务，促进来宾市工农业生产的发展。凤凰站为广西八一铁合金集团发送铁合金、锰矿水渣、糖等货物达40万吨，组织到达的焦炭、锰矿货物卸车达85万吨；良江站为来宾电厂组织到达的煤炭卸车达341.6万吨；来宾站为来宾市厂矿企业单位组织糖、锰矿、石膏等货物运输达32.9万吨，组织到达的化肥、矿建、油、煤等货物卸车达29.4万吨。全年辖区内铁路货物运输量为727.6万吨。其中湘桂线货物运输量610.6万吨（发送88万吨，到达卸车522.6万吨）、来合线货物运输量205万吨。

2005年，来宾市境内承担货运业务的铁路车站主要是来宾、凤凰、白山、良江4个车站，平塘、小平阳站基本停办货运业务。当年，各车站以“规范货运管理，优化货运职能，健全管理机制，提高服务质量”为重点，深入开展优质货场创建、货运安全生产专项整治和“三查”（查思想、查管理、查作风）活动，切实抓好货源组织和装卸工作，较好完成货运任务。凤凰站运量最大，为当地厂矿企业发送钢铁、金矿、非金矿、矿建、焦炭等货物43.7万吨，完成货运收入3409万元；来宾站排名第二，为当地厂矿企业发送金矿、非金矿、木材和饮食品30万吨，完成货运收入2220万元。到达货物，良江站组织到达有煤炭、化工物品和粮食等货物，卸货311.3万吨，凤凰站卸货90.1万吨、来宾站卸货24万吨、白山站卸货7.6万吨。全年市境内铁路运输量为801.24万吨，其中湘桂线各车站共发送货物83.24万吨，完成年计划86万吨的96.7%；到达货物总量为434万吨。来合线货物运输量完成284万吨，同比增长36%。

表 19-12 1991—2001 年来宾境内铁路客货运输情况表

项目/年份	湘桂铁路			来合铁路		
	货物发送量（万吨）	货物到达量（万吨）	旅客发送量（万人）	货物发送量（万吨）	货物到达量（万吨）	客运量（万人）
1981	123.40	112.10	128.60	206.50	8.40	19.20
1982	121.00	90.60	113.20	205.00	14.60	19.10
1983	127.90	83.40	124.00	219.80	15.90	20.20
1984	137.40	86.20	137.80	233.30	15.10	20.20
1985	140.90	85.10	121.80	226.50	10.30	16.90
1986	150.70	80.90	87.40	262.89	6.20	13.30
1987	176.60	91.50	117.20	320.59	11.00	13.80
1988	165.50	94.90	153.50	309.00	29.40	17.90
1989	190.50	139.40	149.60	295.90	34.60	17.50
1990	194.50	134.70	120.90	257.20	48.40	12.49
1991	139.46	148.37	77.14	258.60	29.00	11.50
1992	148.26	167.65	77.13	273.20	30.50	12.40
1993	144.28	169.74	90.34	265.20	41.20	8.00
1994	133.37	215.58	86.61	230.00	76.70	5.80
1995	138.49	174.89	78.65	221.48	53.70	6.74
1996	112.20	219.50	63.00	228.84	56.17	4.32
1997	105.40	201.87	75.80	185.26	74.41	2.62
1998	109.01	230.89	88.57	201.47	73.13	1.71
1999	112.29	211.12	96.07	186.50	54.20	7.79
2000	90.26	160.09	79.92	157.26	73.72	10.37
2001	31.10	30.00	44.70	109.86	68.44	6.75
合计	2792.12	2928.50	2111.93	4854.35	825.07	248.59

第四章 水 路

来宾市境内江河水系发达，水路运输起步早。据史载，早在汉武帝平定南越时，驰义侯由巴蜀率领一支夜郎兵是经过红水河水路来的。清朝时期，境内沿江河地区已有民间木帆船进行水路货物运输。到了民国时期，红水河、柳江、黔江已成为重要的水上交通运输线。沿岸盛产的山羊、桐油、黄豆等大宗土特产和煤炭，大都经过水路运销梧州、广州及港澳等地。境内众多江河码头，商船出入频繁，使境内红水河、柳江、黔江航运事业繁盛一时，但由于滩多水急，船载吨位不高，运力有限。

中华人民共和国成立后，人民政府多次投资，用于炸礁排险，疏浚河道。1995—2002 年，境内武宣县先后投资 2030 万元，对泗姑滩、努滩、碧滩、金钱眼、小宁戈、金滩和三梗滩进行航道整治，改善了航行条件。红水河、黔江、柳江 3 条主要河流通航里程 341 千米，常年通航 500~800 吨船舶。至 2005 年末，3 条主要通航河道 427.4 千米，其中五级航道 344.4 千米，等外航道 83 千米，拥有港口 5

个，年吞吐量为1万吨以上的码头13个，26个生产泊位，年设计吞吐能力为货物178万吨，旅客30万人年；拥有运输船舶310艘64901载重吨，4293客位。

第一节　航道　港口　码头　渡口

航　道

来宾市境内河流属珠江水系干流，主要河流有：黔江全长为124千米，来宾市境内86千米（石龙三江口至武宣下江）；红水河全长为656千米，来宾市境内为191千米（忻城红渡古奋至石龙三江口）；柳江全长为203千米，来宾市境内为64千米（象州运江马耳岭至石龙三江口）。小河支流有兴宾区境内清水河83千米。

境内河流航道通航条件好，黔江航道常年可以通航800~1000载重吨船舶，不受枯水影响，是来宾市、柳州市水运的黄金通道。红水河作为西南水运出海中通道，承担西南物资水运出海的任务，中通道建设已于2000年12月28日开始，作为起步工程的乐滩至石龙三江口航道整治工程于2003年1月完工，2003年7月16日通过交工验收。总投资7401万元，共整治36个滩险，整治前航道等级为Ⅵ级航道，整治后达到Ⅴ级，改善红水河该段航道的通航条件，来宾以下河段设置自助导航标志，保证昼夜24小时通航，航道通过能力已明显提高。今来宾市红水河航道在设计最低通航水位可以通航500载重吨船舶，黔江航道的几个主要险滩于2002年整治完毕。来宾市境内良好的航道通航条件为航运业发展打下坚实的基础，今在正常水位条件下，装载1000吨货物的船舶可以从合山市马安大桥直航珠江三角洲、香港、澳门等地。随着龙滩水电站的开工建设，建成后红水河的航道条件将进一步改善，来宾以下可以常年通航1000吨级船舶，大藤峡电站开工建成后，来宾以下可以通航2000吨级船舶。

航道设施建设与维护

红水河　2000—2003年对红水河进行较大规模的整治建设和维护，乐滩枢纽至石龙三江口175.1航段已基本达到Ⅴ级航道标准，可通航250吨级船舶。

柳　江　2005年，柳江红花水电站枢纽至石龙三江口101.2航段为天然航道，按Ⅳ级航道维护，可常年通航100~120吨级，中洪水期5—9月可季节性通航300~500吨级船舶。

黔　江　2005年，航道维护等级为Ⅴ级，通航300~500吨级船舶。但存在险滩多、流态较差，流速急、海事多发等问题，目前勒马段12km长航道不能夜航。

港口及码头

中华人民共和国成立初期至20世纪90年代，受航道通航条件影响，来宾港口建设滞缓，仅建有几个简易的货运码头。随着交通部门在2000—2003年对红水河进行较大规模的整治建设和维护，以及龙滩、岩滩、大化、白龙滩、乐滩、桥巩等水利枢纽的相继建成，红水河航道的航行条件得到较大改善，有力促进了来宾市的港口发展。2005年来宾市在册港口、码头13个，生产泊位26个。其中经设计后建造的有来宾港作业区一期工程、合山敬德码头（原合山航运公司码头）、武宣双狮码头、象州南门码头。其余均为利用自然坡岸修建或利用车渡码头的简易码头进行货物装卸，码头设备简陋，生产能力低，安全性较差。

来宾市辖区除金秀外，其他5个县（市、区）均建有水运港口、码头。中华人民共和国成立前，今来宾市港口、码头极为落后，装卸作业十分困难。中华人民共和国成立后，今来宾市各级航运管理机构逐步建立和健全，对港口、码头工作的领导进一步加强，开始有计划、有步骤地展开港口、码头扩建、新建工作。进入20世纪90年代后，水运市场经济不断发展，社会上纷纷投资建造货运码头。1995年底，境内建有大小水运港口码头共22个，其中年吞吐量15万吨以上有6个、1万~10万吨有16个，码头岸线总长2090米，泊位51个。截至2000年底，境内在册港口作业区有9个、码头42个，生产用泊位95个，年设计通过能力160万吨。2000年完成货物吞吐量120万吨，其中完成量比较大的港口作业区有原来宾县港区41万吨、武宣港区33万吨、合山港区19万吨、象州港区7万吨，其他港区共完成15万吨。

2003年，来宾港共有生产性泊位43个，其中300吨级及以上生产用码头泊位16个、300吨级以下生产用码头泊位27个，港口泊位通过能力为158万吨，旅客为43万人次。当年全市港口货物吞吐量为158万吨。

2004年，来宾港共有生产性泊位43个，其中300吨级及以上生产用码头泊位16个，300吨级以下生产用码头泊位27个。港口泊位通过能力为158万吨，旅客为44万人次。当年全市港口货物吞吐量为196万吨。

2005年，来宾港共有生产性泊位43个，其中300吨级及以上生产用码头泊位16个，300吨级以下生产用码头泊位27个。港口泊位通过能力为158万吨，旅客为48万人次。当年全市港口货物吞吐量为226万吨。

来宾港　来宾港区位于位于来宾城区红水河畔，沿红水河而上至忻城红渡港168千米，沿河而下至武宣港184千米，为红水河流域最大的港口，是来宾、合山、忻城三县(市)原煤出口的集散地。据2005年统计，沿河共有货物装卸码头9处。主要有来宾港宾港作业区、兴宾区航务码头、兴宾区平阳那旺码头、兴宾区迁江大村码头、兴宾区迁江大村石灰厂码头、兴宾区铁路福利公司码头、兴宾区新龙码头、兴宾区大湾建兴码头、兴宾区东江码头。

来宾港作业区　来宾港作业区有3个250吨级泊位、2个500吨级泊位，陆域92亩，河滩46亩，堆场25000平方米，仓库780平方米，总投资2670万元，年设计通过能力77万吨。2003年开工建设，是国家西南水运出海通道中线起步工程(广西段)配套建设港口之一，项目于1999年6月经自治区计委批准建设，原称来宾港罗村作业区。一期工程陆域占地92亩，建设规模为5个生产用泊位，其中3个250吨级泊位(兼顾500吨级船舶靠泊)和2个500吨级泊位(兼顾1000吨级船舶靠泊)，办公室、机修间、仓库和环保、水电系统设施、进港专用公路，设计年吞吐量77万吨，总投资人民币3000万元。一期工程于2003年10月28日开工建设，属国有资产，现自治区交通厅委托来宾市航务管理处管理，主要货物以件杂货为主。二期工程建设规模为新建6个1000吨级泊位(兼顾2000吨级船舶靠泊)多用途泊位，设计通过能力为209万吨，投资概算为3.32亿元，新增征地29.25公顷(预计2009年12月29日开工建设，建设期为30个月)。

兴宾区航务码头　改建于1994年，码头为斜道式，码头长度为150米，有2个生产泊位，最大靠泊能力500吨，堆场面积3000平方米，年综合通过能力20万吨，主要用于装卸原煤、矿渣、矿石物资。资产属来宾县(兴宾区)水路运输服务站所有，为全民所有制企业。

兴宾区东江码头(又称平阳大龙码头)　于1962年由来宾县煤炭公司建成，码头为斜坡式，长100米，属国营单位，现生产泊位8个，最大靠泊能力300吨，堆场面积5000平方米，年通过能力60万吨。

兴宾区新龙码头　建于1994年，码头为斜坡式，长度200米，直属原来宾县城厢乡企业办公室管理，有生产泊位2个，最大靠泊能力300吨，建有仓储面积共1000平方米，年综合通过能力为10万吨，主要货物为出口矿石和原煤，无装卸机械。

兴宾区大湾建新码头　系原来宾县煤炭公司建成，码头为斜道式，长度为200米，属国营单位，有2个生产泊位，最大靠泊能力350吨，堆场面积1500平方米，无装卸机械。

迁江大村码头　位于来宾市兴宾区迁江镇大村红水河左岸处，原名迁江扶济码头，属个体所有的简易码头。为满足桥巩水电站重大件设备运输和满足迁江工业带对水运的需求，经市人民政府协调会议决定由来宾市航务管理处作为业主收回重建，项目经市发改委核准，建设规模为300吨级泊位码头1个，占用岸线100米，下河坡道512米，建设用地45亩(其中河滩地30亩)，工程投资预算460万元。

象州港　象州港位于象州镇，地处象州县境西南柳江河畔，溯柳江而上174千米至柳州市，顺江而下至梧州391千米，至广州799千米，可达港澳。象州港有象州车渡码头、象州客运码头、象州皮带机码头、象州石龙码头、运江码头等5个主要码头。

象州旧车渡码头　于1990年建成，属象州县国有企业，直属县航务所管理，主要用于装卸从象州镇集散的各种物资，码头为斜坡式，长度为150米，有生产泊位3个，非生产用泊位4个，最大靠泊能为200吨；有生产吊机1台，最大起重为3吨，码头建有仓储面积100平方米，年通过能力为15万吨。

象州客运码头　于1950年建成，为象州国有客运码头，直属象州港务所管理，该码头为步级式浮码头，有1个生产用泊位，1个非生产用泊位，最大靠泊能力200吨；建有仓储面积100平方米，主要用于旅客集散，为柳州航运公司飞跃客轮靠泊服务。从20世纪90年代长途客船停运至今，该码头一直闲置。

象州皮带机码头　建于1962年，为斜坡直立式码头，长50米，直属象州县外贸局，该码头为外贸专用散装矿石码头，装卸机械为皮带机和铲车，有1个生产泊位,2个非生产泊位,最大靠泊能力200吨,建有堆场面积1500平方米,年通过能力为10万吨。

象州石龙码头　位于象州县石龙镇,自古就有,为斜坡式简易码头,长50米,泊位1个,靠泊能力120吨,年综合通过能力1万吨。

象州运江码头　位于象州县运江镇,自古就有,为简易码头,码头长度200米,泊位5个,前沿水深0.5米,靠泊能力20吨,年综合通过能力10万人次。

象州南门码头　该码头有1个250吨级斜坡道泊位,总投资约120万元,年设计通过能力10万吨。

武宣港　位于武宣县,地处黔江河畔,黔江水道绕武宣城而过,境内全长119千米,是西南水运出海,北线通道和中线通道的"咽喉",溯红水河而上184千米至来宾港,溯柳江河而上100千米至象州港,顺黔江而下至梧州291千米,至广州699千米,可达港澳。武宣港系柳州航区水上运输的南大门,原柳州地区现柳州市、来宾市水运物资出口的集散地。主要有车渡码头、金鸡码头、黔江码头、双狮码头、港务所码头等。

武宣原车渡码头　位于黔江河岸,地处武宣县城内,码头于1993年兴建,于1994年建成投入使用,码头为斜坡式,长度为100米,属人工装卸码头,可横靠船舶2艘,直靠船舶5艘,该码头货物以出口为主,最大靠泊能力为350吨,堆场面积200平方米,年通过能力为20万吨。

金鸡码头　位于石龙大桥下游100米处,柳江河左岸,属金鸡乡政府管辖,于1992年兴建,可横靠船舶1艘,直靠船舶2艘,人工装卸,货物以出口为主。

黔江码头　位于武宣县城旁边,是县企业局利用原有的自然坡岸加以修整而成斜坡式小码头,属集体性质,合资经营,1994年元月开始兴建,1995年建成投入使用,年吞吐量10万吨。1994年元月开始使用,年吞吐量5万吨,无正规泊位,可直靠3艘船舶,码头最大靠泊能力为300吨,堆场面积200平方米,码头长度为50米。

武宣双狮码头　位于武宣县城内,为简易码头,于1995年11月兴建,1996年12月竣工投入使用,有4个300吨级斜坡道泊位,1个500吨级斜坡道泊位,年综合通过能力10万吨。该码头有1个300吨级斜坡道泊位,总投资约140万元,年设计通过能力10万吨。

武宣港务所码头　位于武宣县城内,码头于1996年建成投入使用,码头为简易斜坡式,属于国有企业,1996年开始经营使用,有1个500吨级泊位,年通过能力为5万吨。

合山敬德码头　(原合山市航运公司马安煤炭码头)位于红水河左岸,地处马安大桥下游1000米处,于1993年6月建成,总投资96万元,是一座新建的机械化装卸专用码头。码头拥有皮带机总长52米,规格为0.8米,22型刮板机长45米,柳工LZ20装载机一台,设计年通过能力20万吨;码头占地面积5000平方米,办公楼120平方米;码头前沿水深2.5米,最大靠泊能力350吨,码头长度200米。该码头采用桥梁式溜筒装船,每小时可装煤80吨,均采用机械化流水线装船。1993年6月—1994年6月为合山航运公司经营,1994年6月以后,承包给个体经营。该码头有1个250吨级栈桥式泊位,陆域9亩,总投资约110万元,年设计通过能力20万吨。

合山天港码头　为简易码头,属于私营企业。1995年开始经营使用,1个300吨级泊位,年通过能力为2万吨。

忻城港　忻城车渡码头位于忻城县红渡镇,红水河畔,是红水河原柳州地区建成较早的货运码头。红渡码头于1992年再行改建,直属县交通局管理,码头为斜道式,长度为200米,系原旧车渡口基础上修成。有生产用泊位2个,最大靠泊能力250吨,堆场面积996平方米,有汽车吊一部,码头年综合通过能力5万吨,主要用于装卸水泥、原煤、水渣等。

渡口(渡点)

来宾市辖区内通航河流较多,河道通航条件良好,区域内由于经济不发达,公路交通建设不到位,区域内还有部分地方依靠水上交通来完成人流和物流,有部分村屯至今还无法通车,水路交通是他们与外界接触的唯一通道。各县市沿河两岸的渡口大都是自然形成的,非常简陋,加上自然灾害和缺乏维护,原先修建的简易码头大多已破烂不堪,危及船舶靠泊和群众上下安全,存在较多隐患。2005年,全区开展渡口渡船专项整治活动后,自治区逐年下拨资金对便民码头(渡口)进行建设,这些码头(渡口)的建成和投入使用,将大大改善来宾市公益性客圩渡码头的现状。至2005年底,全市共有渡口51道处,渡点67个。

表 19-13　　2005 年来宾市渡口(渡点)统计表

县、市、区	乡镇	渡口(渡点)名称
武宣县	金鸡乡	石祥河渡口、鱼步渡口
	二塘镇	朗村渡口
	武宣镇	卜玉渡口、陈家岭渡口
	三里镇	草鱼塘、勒马渡口、上江渡口、下江渡口
	黄茆乡	黔江种畜场渡口
象州县	石龙镇	石龙渡口、高滩渡口、中塘渡口
	象州镇	象州渡口
	运江镇	运江渡口、新运渡口、大山渡口
兴宾区	平阳镇湖社办事处	弄台渡口、屯兵渡口、弄河渡口、中许渡口、古旺渡口、古凡渡口、古梧渡口
	迁江镇	高龙渡口
	良江镇	新塘权渡口
	桥巩乡	老周平渡口、新周平渡口
	正龙乡	龙北渡口、
	大湾乡	平安渡口
	高安乡	双松渡口、新村沟渡口、翁尧渡口、古六渡口、依滩渡口
	石陵镇	河塘渡口
忻城县	红渡镇	沙场渡口、建旺渡口、古奋渡口、马蹄渡口、里英渡口、黑山渡口、六蝶渡口
	新圩乡	新圩渡口、丹灵渡口
	果遂乡	敢更渡口、溯丁渡口、凤凰渡口
合山市	岭南镇	溯河渡口、电厂渡口、里兰渡口、赛村渡口

第二节　内河运输

货　运

货运船舶　来宾市水路货运主要由省际运输和区间短途运输组成,20 世纪 90 年代,随着改革开放不断深化,水运市场逐步发展,省际货物运输逐步形成由国营、集体、个体多家经营格局;区间短途货物运输基本上以个体船只运输为主。船舶种类主要是普通散货船舶,船型结构基本上是横骨架式。90 年代期间,来宾市境内众多矿建材料、煤炭等货物通过水路运出外界,促使省际货运船舶得到迅速发展,大批小吨位的木质船逐步被淘汰,大吨位的机动钢质船舶得到发展,船舶科技含量有较大提高,安全运输得到有效保障。1991—2005 年期间,运输船舶逐年得到更新改造发展,单船运输能力最大从 100 吨左右发展至 1000 吨以上,单船运输能力的提高,货物运输量也逐步得到增长。水运货源主要是来宾境内周边地区物资通过公路或铁路运输至辖区港口码头经船舶运出外界,形成水陆联运和水铁联运的运输结构。省际货物运输航线主要是来宾至西江下游,珠江三角洲,深圳、珠海等水路货物运输航线,区间短途货物运输航线主要是在来宾各港埠之间往返运输。

省际运输　清光绪年间(1875—1908 年)有“电生”“电财”“电贵”等 10 余艘电船不定期航行于梧州至柳州之间,顺路搭载境内象州外运的货物。民国时期,境内象州大宗货物运输仍以水路为主。民国 23 年(1934 年)《武宣县志》载:县内“帆船约百艘,每船载重最大六百担,最小一百担;汽船十余艘,分汽船拖渡两种,每小时速度为三十里,食水深约五尺,载货约十余万千克,载客约五十余人”。民国 27 年三月,航行于梧柳线的船只有汽船 1 艘,拖渡 1 艘,电船 15 艘;航行于柳州至运江线的电船有贵益号、昌泰号 2 艘。民国 30 年,从柳州、鹿寨、江口、梧州航至石龙的民船共 10 艘 205 吨位;象县至柳州 1 艘 15 吨位;石龙至武林 1 艘 13 吨位;柳州至运江 4 艘

35 吨位；从运江驶往鹿寨、榴江、鸡喇、导江、象县、桂平、梧州等地的民船共 10 艘 161 吨位。外运的货物主要是稻谷、大米、玉米、烟叶、黄糖、生猪等农副土特产品，运回布匹、煤油、食盐等工业品。民国 36 年初，航行于梧州至柳州的电船有 7 艘；梧州至石龙电船 3 艘。

中华人民共和国成立后，来宾市水路运输主要以省际水路货运为主，在辖区河流省际船舶运输繁忙，发展快，运力结构较合理。水运货源主要是境内周边地区物资通过公路或铁路运输至辖区港口码头经船舶运出外界。水运货物主要是原煤、煤灰、矿石、钢材、木材、水泥、白糖、桔水、蔗渣等。省际货物运输航线主要是来宾至西江下游，珠江三角洲，深圳、珠海等水路货物运输航线。省际船舶种类主要是普通散货船舶，船型结构基本上是横骨架式。

1952 年，境内石龙县（今象州、武宣县境）有运输船 77 艘，于柳州、桂平、梧州间运行，载重量大的 45 吨、小的 10 吨，均属私人船只。1982 年，象州运输社和直属船队分别投资 13 万元、30 万元建造钢质货船，是年底拥有钢质货船 4 船 220 吨位，货运航线由柳州、桂平、梧州延伸至广州、深圳。1985 年 5 月，象州运输社改称象州县水运一公司、象州直属船队改称象州县水运二公司。1988 年，象州县 4 个集体水运企业共拥有机动钢质船 18 艘 1481 吨位，木质机动船 3 艘 158 吨位，私人船只 133 艘 2590 吨位，其中货船 66 艘 2195 吨位，大部分经营长途运输，航行于广州、梧州、桂平、柳州之间。来宾县自 20 世纪 80 年代开放运输市场后，乡镇企业运输和个体运输兴起，自发组织参与水路运输的县、乡镇企业机动船共 9 艘 611 匹马力、个体机动船 50 艘 3354 马力，最大载重量为 160 吨。1980 年，来宾县有机动货运船 59 艘 4155 马力，完成货运量 6 万吨，年货运量比 1979 年增长 57.48%；1989 年来宾县有拖驳船 12 艘，机动舵船 62 艘，年货运量 9.5 万吨。1990 年以后，随着水运市场经济发展，境内各县积极投资水路航运事业，充分发挥水路交通的作用。1990 年，来宾县水运货物 17.59 万吨，周转量 9735.8 万吨千米。1991 年，忻城县辖区内有长航货运船舶 13 艘，载重 3500 吨，主要以运输煤炭、水泥为主，在红渡装船运往广东各地，年货运量 1 万吨。武宣县有运输货船 34 艘、载重吨 4366.9 吨，年货运量 18.26 万吨。来宾县年水路货运量 23.33 万吨，其中国营 5.11 万吨、集体 0.63 万吨、个体 17.6 万吨。1992 年，水路运输市场对社会逐步开放，运力宏观调控逐步放宽，国家相继出台政策鼓励企业、社会上个体经营户加入水路运输市场经营，发展水运事业。此时期，今来宾市水运经济得到快速增长，水运业出现一次发展高峰，特别是个体省际运输船舶得到迅速发展，与国营、集体运输企业共同参与社会运输，形成国营、集体、个体齐上的多家经营格局。特别是在广东等沿海城市的高速发展背景下，境内水运市场迎来了新的发展机遇。境内小吨位的木质船舶逐步淘汰，大吨位的机动钢质船舶迅速发展，船舶拥有量剧增，运输能力及船舶科技含量均有较大提高，安全运输得到有效保障。1992 年，境内拥有省际运输船舶 317 艘 23607 载重吨，船舶平均载重吨为 75 吨，最大单船载重吨为 100 吨左右。1996 年，境内拥有省际运输船舶 520 艘 56018 载重吨，船舶平均载重吨为 108 吨，最大单船载重吨为 300 吨左右。武宣县的运输货船从 1991 年的 34 艘、载重吨 4366.9 吨发展到 1996 年的 42 艘、载重吨 11000 吨，货运量从 1991 年的 18.26 万吨发展到 1996 年的 25 万吨。同时，与周围县、市企业联系，每年的枯水季节，外地的大量水泥、钢材、白糖、水渣、化工原料等都运到武宣来配载，外来货源占据总货源的 70%。1997 年，由于公路发展快，公路运输对水运市场形成巨大冲击，加之航道通航条件制约，水运业发展受到极大影响，波动较大。此时期，今来宾市省际水运运力发展缓慢，小吨位的船舶在市场上逐渐失去竞争力，相继被淘汰，使省际运输船舶拥有量逐年减少。当年境内拥有省际船舶 506 艘 54423 载重吨。1998—2002 年，境内拥有省际船舶和载重吨分别 418 艘 46453 载重吨、361 艘 48106 载重吨、358 艘 54077 载重吨、313 艘 51698 载重吨和 286 艘 63323 载重吨。1998 年，武宣县年货运量 36 万吨，比 1991 年增长 97.15%。来宾县年货运量 28.83 万吨，比 1991 年增长 23.57%。1999 年，国家实施西部大开发政策，交通部把红水河列为中国西南水运出海中通道，并进行开发建设。2000 年 12 月，开始对红水河（即从忻城县乐滩至象州县石龙三江口）进行整治，2003 年 7 月完工验收。通过对红水河的整治，提高航道的通过能力，使船舶通行时间缩短，减少事故发生，有效促进省际船舶向大吨位发展。2000 年，武宣县有货船 53 艘、载重吨 14852 吨；来宾县水路货运以个体运输为主，该年货运量为 47.28 万吨，其中个体货运量为 46.51 万吨，占全部货运量的 98.37%。

2003 年 1 月，来宾市航务管理处成立，负责全市水路运输行业管理。针对辖区船舶拥有量少、单船载货能力低、无市场竞争优势的情况，来宾市航务管理处做好运力发展软环境建设工作，做好“船舶”文章，调整运力结构，大力发展水运运力，支持、鼓励和扶持社会团体和个人大力发展运输船舶，重点发展大吨位和专用船舶。年末，全市拥有省际船舶158艘53843载重吨。充分利用西江黄金水道，加强境内水路基础设施建设，改善水运通航条件，发展水运经济，促进地方经济建设。交通部门对来宾港口重新选址建设，来宾港年设计通过能力37万吨，总投资1715万元，10月完成设计，11月开始水下施工。武宣县下江、兴宾区双松、象州县运江码头等3个便民码头开工建设。合山港工程已完成施工前期的准备工作。全市通航河道430千米，拥有港口4个、码头12个、生产泊位24个，年设计吞吐能力为货物100万吨、旅客30万人，拥有运输船舶368艘、60286载重吨、3519个客位(含区间运输船舶)，全年完成货物运输量73.89万吨，货物运输周转量36693万吨千米(含区间船舶运量)；港口生产吞吐量完成157.9万吨，名列全自治区第四，比上年增长8.2%。2004年拥有省际船舶165艘62570载重吨；2005年拥有省际船舶160艘62029载重吨。

1991—2005年，今来宾市省际船舶拥有量(艘数)增减起伏不定，但水上运输能力稳步推进，单船运输能力得到较大提高。随着水运市场的发展，运输船舶经过逐年不断更新改造，向更大吨位船舶发展。1991年，单船运输能力最大为100多吨左右；1995年单船运输能力最大为300吨左右；2000年单船运输能力最大为500吨左右；到2005年单船运输能力最大达1000吨。

表19-14　**1991—2005年来宾市省际货运船舶拥有量及完成运输量情况表**

项目／年份	船舶拥有量			完成运输量	
	数量(艘)	载重(吨)	功率(千瓦)	货运量(万吨)	货物周转量(万吨千米)
1991	580	26000	18200	40.21	26203
1992	317	23607		46.13	36025
1993	410	35242		64.58	45206
1994	471	47909		45.00	35800
1995	472	47806	22054	58.70	44025
1996	520	56018	24048	65.50	40504
1997	506	54423	22743	68.00	51000
1998	418	46453	19782	69.90	52315
1999	361	48106	18793	63.90	46128
2000	358	54077	20705	70.00	45500
2001	313	51698	18196	74.00	43885
2002	286	63323	19845	82.50	49280
2003	158	53843	15010	73.89	36693
2004	165	62570	17120	91.48	43614
2005	160	62029	17130	93.62	43986

区间运输　来宾市区间货物运输主要以河砂运输为主，区间运输船舶在来宾管辖通航河流以自采自运的方式将河砂运至各港口码头供社会上建筑使用。20世纪90年代初，今来宾市区间运输船舶少，运量小，单船运输能力最大20载重吨左右。随着水运市场的发展，一批小吨位的省际货运船舶在市场上失去竞争力，开始加入区间运输市场。1996年，境内拥有区间运输船舶92艘2607载重吨，单船运输能力最大40载重吨左右；2002年，境内拥有区间运输船舶90艘5376载重吨3429千瓦，单船运输能力最大的100载重吨左右。12月，随着来宾市城市建筑业的发展，河砂需求量增多，红水河兴宾区辖区河

段，短途运输市场迅速繁荣，200~300多载重吨的省际运输船舶不断加入短途运输抢市场，2003年，来宾市拥有区间运输船舶95艘6443载重吨2673千瓦，单船运输能力最大的300载重吨左右；2005年拥有区间运输船舶172艘11.69万载重吨3765千瓦。

客 运

民国时期，境内来宾县大湾街商人叶善甫等曾经营“新鸿安”号轮渡，装载客货航行于大湾—桂平—江口之间。有柳州至梧州的客轮于象州、石龙、运江、武宣港搭载旅客。每天对开1班船，航船为钢质楼式“飞跃”轮，单机370马200客位，承坐分三、四、五等舱位。民国32年(1943)，大湾通了火车，广西航业联营社于大湾设立航运办事处，经营客运业务，安排“民富”“民治”“民贵”“民福”“民运”等号轮渡固定行驶大湾—梧州、大湾—桂平航线，运送往来于柳州、桂林及西南等省旅客。每当车来船到，旅客不下千人。抗日战争胜利后，柳州至大湾铁路恢复通车，班期客船随着复航。解放战争末期，及1951年火车直通南宁后，客运停止。

1953年，境内石龙、运江、武宣先后设港务站，属梧州航运局柳江航运办事处，具体承办客运业务。桂民203、204号客轮由柳州一梧州，每日对开1班，在运江、新运、岩村、象州、石龙、武宣等码头作短暂停泊，供旅客上下。柳州至梧州航班在武宣县客运量每年达1000人次。1961年5月，设象州港务站。1962年，象州、运江、石龙港务站共完成客运20228人，客运周转量为209.06万人千米。武宣港务站20世纪60年代每年3000人次左右；1964—1970年，象州县境内港务站完成客运量86944人，客运周转量947.54万人千米。1972年象州港务站划归柳州航运分局，下辖石龙、运江站。1971—1975年，完成客运160795人，客运周转量为1446.25万人千米。1973年9月6日凌晨，从梧州开往柳州的桂民204号客轮在岩村金滩河段沉没，造成220名乘客被淹死亡71人的特大交通事故。1975年，由飞跃号客轮代替桂民号，载客量增加，客运量持续上升。1982年，象州县客运量达12.1万人，为客运历史最高年。1984年后，柳州至梧州航线延伸至广州，柳州长途旅客增多，客轮空位不多，境内象州、武宣客运量急剧减少。1985年，该航线象州客运量9.14万人次，1990年减至0.37万人次。

20世纪90年代初，境内内河客运大部分船舶属于木质自划船舶。主要是乡(镇)圩渡客运。客运渡船均为个体船舶，主要渡运渡口所在地周边农民过河访亲赶集或学生上学。随着城乡经济发展，物资交流增多，乡(镇)农民赶集或进城购物频繁，木质自划船舶已不适应客运市场的发展需要。在水运交通比较发达地方，开始淘汰木质自划船舶，逐步向机动船舶发展，部分地方开始建造机动钢质船舶载客运输，乡(镇)圩渡客船舶逐年更新改造为大客位的机动钢质船舶。1990年，武宣县年客运量达5.1万人次。1991年，武宣县共有27艘客圩渡船，其中客船14艘683个客位、横水渡船13艘302个客位，年完成客运量7万人次。忻城县境内有客圩渡船10艘485座位、横渡船8艘164座位。1992年，武宣县有客圩渡船28艘1085客位，其中客船15艘703客位、横水渡13艘302客位，完成客运量8万人。1995年，境内拥有客圩渡船580艘10250客位，完成客运量为85万人，旅客周转量为980万人千米。随着辖区内乡(镇)村屯逐渐通公路，一些渡口被取消，渡船被淘汰，客圩渡船逐渐减少。1996年，忻城县有客运船舶19艘，其中，圩渡船10艘、横渡船9艘，年客运量10万人以上。1999年，境内拥有客圩渡船303艘9934客位，完成客运量为113万人，旅客周转量为1438万人千米。

至2000年，境内乡(镇)圩渡客船舶基本上改造为机动钢质运输船舶，单船运输能力最大达100客位。当年，境内拥有客圩渡船303艘9261客位，完成客运量为110万人，旅客周转量为1320万人千米。忻城县有钢质机动客运船舶15艘，年客运量为8万人次；武宣县共完成客运量21.2万人。2001年，境内拥有客圩渡船320艘10728客位，完成客运量为107.26万人，旅客周转量为1452万人千米；2002年，境内拥有客圩渡船277艘9542客位，完成客运量为118.7万人，旅客周转量为1545万人千米。来宾县拥有运输船舶54艘9446载重吨和客圩渡、横水渡船28艘1071客位。

2003年，来宾市拥有客圩渡船61艘2916客位1113千瓦，完成客运量为43.22万人，旅客周转量为547万人千米；2004年拥有客圩渡船89艘3527客位1467千瓦，完成客运量为43.86万人，旅客周转量为550万人千米。

2005年，全市加强乡村公路建设，乡村公路通达率达到90%以上，居民生活水平逐年提高，摩托车、电动车等交通工具拥有量大幅度增加，成为居民出行的主要交通工具，客源减少，客圩渡船市场逐年萧条,渡船减少。当年,全市拥有客圩渡船 76 艘 2934 客位 1251 千瓦,客圩渡船比 2002 年减少 201 艘 6608 客位,分别下降 264.47% 和 225.22%,完成客运量 48.03 万人,比 2002 年减少 70.67 万人,下降 147.14%,旅客周转量 586 万人千米,比 2002 年减少 959 万人千米,下降 163.65%。

第三节　水运企业

20 世纪 90 年代初,随着改革开放不断深入,国家相继出台政策鼓励企业加入水路运输市场经营,为企业的发展创造良好的环境。1993—1996 年,今来宾市水运经济得到较快发展,水运企业(省际)也从中受益。1995 年,境内拥有水运企业 25 家,共有船舶 159 艘载重 20832 吨 9315 千瓦;1996 年,拥有水运企业 23 家,有船舶 159 艘载重 21232 吨 9316 千瓦;1997 年,拥有水运企业 22 家,共有船舶 160 艘载重 22881 吨 9681 千瓦;1998 年,拥有水运企业 17 家,共有船舶 127 艘载重 19703 吨 7954 千瓦。

由于公路运输业的快速发展,对水运市场形成巨大冲击,水运企业发展受到影响,市场波动大,加之企业经营管理不善。从 1998 年开始,境内水运企业经营发展逐年滑坡,部分企业存在经营亏损现象,开始推行船舶产权折价承包和个人股份联合经营,以适应市场发展的需求。一些企业经济面临困难,一直没有新增运力,或者因负债被迫拍卖船舶,一些企业依靠船舶挂靠经营维持。此时期,水运市场上开始以个体经营户运输占主体。至 2001 年,一些国有企业相继被破产,部分集体企业经营也逐年滑坡,勉强维持生产。至 2003 年,来宾市民营水路运输企业开始发展起来,逐步占有市场。1999 年,境内拥有水运企业 16 家,共有船舶 123 艘载重 20467 吨 8560 千瓦,年完成货运量 16.65 万吨,货物周转量 11653 万吨千米;2000 年,拥有水运企业 15 家,共有船舶 127 艘载重 22332 吨 9540 千瓦,年完成货运量 16.62 万吨,货物周转量 11336 万吨千米;2001 年,拥有水运企业 14 家共有船舶 126 艘载重 13976 吨 8314 千瓦,年完成货运量 28 万吨,货物周转量 15944 万吨千米;2002 年,拥有水运企业 13 家共有船舶 93 艘载重 20719 吨 7455 千瓦,年完成货运量 25.27 万吨,货物周转量 17330 万吨千米。

2003 年,全市拥有水运企业 5 家共有船舶 71 艘 21940 载重吨 7041.57 千瓦,年完成货运量 30.79 万吨,货物周转量 16754 万吨千米;2004 年,全市拥有水运企业 7 家共有船舶 72 艘载重 27088 吨 8157.8 千瓦,年完成货运量 41.23 万吨,货物周转量 21383 万吨千米;2005 年,全市拥有水运企业 8 家共有船舶 79 艘载重 33321 吨 9705.21 千瓦,年完成货运量 42.85 万吨,货物周转量 21900 万吨千米。

国有水路运输企业

来宾市国有水路运输企业只有合山市航运公司。公司于 1991 年成立,当年购置货船 4 艘,其中:210 吨位 3 艘、320 吨位 1 艘,总吨位计 950 吨。2001 年,合山市航运公司因经营管理不善而破产。2002 年 12 月后,来宾市辖区武宣、象州、兴宾、合山、忻城等县(市、区)无国有水路运输企业。

集体水路运输企业

1995 年,原柳州地区拥有集体水运企业 23 家,固定资产原值 2559.8 万元,工人 1350 人,管理人员 106 人,船舶 134 艘载重 17880 吨,年完成货运量 26.82 万吨,货物周转量 18774 万吨千米。2001 年,原柳州地区拥有集体水运企业 13 家,有船舶 121 艘船载重 13133 吨 7963 千瓦。年总营运收入 1305.67 万元,利润 119.26 万元。

2003 年,来宾市拥有集体水运企业 4 家,职工人数 510 人,管理人员 19 人,有船舶 57 艘载重 13524 吨 4905.77 千瓦。年营运总收入 838.9 万元,总利润 118.49 万元。2004 年,全市拥有集体水运企业 4 家,职工人数 512 人,管理人员 20 人,年营运总收入 823.3 万元,总利润 207.02 万元。船舶 51 艘载重 13338 吨 4300.9 千瓦。2005 年,来宾市拥有集体水运企业 5 家,有船舶 51 艘载重 13608 吨 4300.91 千瓦。年营运总收入 1090 万元,总利润 120 万元。

民营水路运输企业

2003 年以前,今来宾市境内无民营水运企业。2003 年,来宾市民营水路运输企业仅有广西武宣平安航运有限公司 1 家。公司拥有职工人数为 70 人,管理人员 4 人,共有船舶 14 艘载重 8416 吨 2135.8 千瓦,年营运收入 250 万元,利润 15 万元。

2004—2005 年,全市民营水路运输企业有广西武宣平安航运有限公司、来宾市巨丰船务有限公司和广西武宣巨龙航运有限公司 3 家。2004 年,3 家民营水路运输企业职工人数109人,管理人员10人,有船舶21艘载重13750吨3856.9千瓦,年营运总收入537万元,利润46万元。2005年,3家民营水路运输企业职工人数115人,管理人员10人,有船舶28艘载重19713吨5404.3千瓦,年营运总收入439万元,利润55万元。

第五章　航空导航

第一节　导航台建设

1980年2月,为加强自中缅边境至香港国际航路的导航保障,中国民航总局始在在来宾县党校院内建立临时导航台。同年4月20日,导航业务始为国内航班使用,4月30日始为国际航班使用。1982年上半年迁至来宾县城西面2.5千米处正式建立来宾导航台。新台占地7334平方米,投资60多万元,1983年10月竣工投入使用。1990年,为改善和提高来宾导航台的导航半径,来宾导航台安装了测距和多普勒全向信标机等导航设备8台(套),装配有500~1000W导航机,并架设了24~33米高的铁塔天线,导航半径达200~300千米,可衔接全线导航任务。

来宾导航台分设两个台,一台为无方向信标台(NDB),另一台为多普勒全向信标(DVOR)台。两个台相距350米左右。来宾国际导航主要为航空器在空中飞行提供精确的无线电导航信息。确保航空器不迷失飞行方向。导航设备是确保空中飞行安全的重要设施。来宾国际导航台主要导航设施:包括一套无方向信标(NDB)、一套多普勒全向信标(DVOR)、一套测距(DME)。无方向信标(NDB)、多普勒全向信标(DVOR)提供方位信息,测距(DME)提供距离信息。这样航空器就能确定在空中的坐标,而不迷失飞行方向。来宾国际导航台建台NDB设备是63型归航机(电子管),1995年更新上海产的设备;DME是美国产的设备,1996更新意大利产的设备;1998年安装DVOR英国产的设备。

第二节　导航服务与管理

空中导航服务

1980年4月20日,来宾导航台始为国内航班导航服务,30日为国际航班导航服务。1990年,导航台开放使用多普勒全向信标和测距设备,提供定位导航。各导航台除区调临时通知开放外,均按飞行计划定时开放。来宾国际导航台每天为两百多架次的空中航班安全飞行提供导航服务。A599航路、R343、J427、J11、W2等航线都在来宾国际导航台上空交汇,是空中的十字路口。导航设备的正常运行率要求达到100%,工作任务十分繁重。来宾国际导航自建台至今,导航设备运行率年年达到100%。为保障飞行导航安全做出了杰出贡献。1993年来宾国际导航台扩建,建一栋家属楼共六套,改善职工的工作住房问题。1998年创建民航广西精品导航台,促进来宾国际导航台工作、生活环境上一个新台阶。导航台分中长波台和全向信标台,配有现代化通讯导航设备。其主要任务是为过境飞行提供无线电信息,担负国际航路导航。此外,还为国内南宁至北京、南宁至桂林、广州至昆明等航线飞行提供导航服务。来宾导航台自1980年建台至2005年,先后多次被广州民航管理局、南宁导航站评为先进单位。

管　理

1980年,来宾导航台建台初时有人员3人,设台长1人。1990年,来宾导航台隶属南宁航站通信科,人员及经费直接由其管理,属国营企业单位。2001年12月28日,隶属民航南宁空中交通管理中心。

第二十篇

邮政　通信

清代以前，今来宾市境域内无通信设备，来往文书靠驿站传送。光绪三十四年(1908年)，今来宾市境域内来宾、象州始设邮政代办所，递送民间书函。民国时期，今来宾市境域内始设邮电局和电报局，架电线、装电话，县设总机，乡设话机，与各乡始通电话，部分乡(镇)开通农村电话，县城开通无线电报。然因政局动荡，经济落后，这时期的邮政电信业发展甚为缓慢。

中华人民共和国成立后，邮政电信事业发展迅速，邮路四通八达，电话建立了以县城为中心的通信网络，乡镇设有电话总机。农村邮政、电话线路由乡镇向行政村延伸。1958—1960年，境内各县、公社及其所辖的小乡(生产大队，即今的村民委员会)全部通了邮路，公社装有电话交换机，所有公社、小乡全部通了电话。大多数生产队通邮。20世纪70年代，对农村电话线路全面改造，提高线路质量和通讯能力；20世纪80年代，邮政业务不断增长，电信设备得到更新改造，电报通讯实现全自动化；20世纪90年代，是境内邮政电信事业迅猛发展的重要时期。程控电话，市话交换机和线路设备不断更新，容量不断增大。无线寻呼业务发展到移动业务，寻呼业务逐步停止。移动电话不断更换载频和信道，从模拟机发展到数字移动电话。

来宾市成立后，邮政、电信、移动通信、互联网等信息产业迅速发展，机构健全，服务项目增多，给群众提供更加方便快捷的信息服务。2005年，全市邮路280条，汽车邮路总长1760千米，农村投递路线总长8071千米，全年完成邮政业务总量3538.84万元；全市各电信企业加强网络工程建设，网络信息已基本实现市境全面覆盖。全市固定电话用户总数超过30万户、小灵通用户总数达到10万户、互联网宽带用户总数接近10万户、移动电话用户40.66万户。

第一章 邮 政

从古代的官府设置驿站，利用马、车、船等传递官方文书和军情开始，发展到现代的政府设置邮政机构，为民众寄递各种邮件，邮政在国家的政治、经济社会等领域都发挥着重要的作用。邮政业是国家重要的社会公用事业，邮政网络是国家重要的通信基础设施。中华人民共和国成立后，特别是国家实行改革开放以来，中国邮政持续、快速、健康发展，邮政网络四通八达，覆盖全国、联通世界，整体实力不断增强。

来宾市邮政局自2002年12月28日挂牌成立以来，通信能力明显增强，技术装备水平明显提高，业务经营工作成效显著。至2005年，全市邮路280条，境内汽车邮路总长1760千米，农村投递路线总长8071千米，全年完成邮政业务总量3538.84万元，来宾邮政所提供的业务基本满足社会各界、各部门、各行业以及广大人民群众不同层次的用邮需求，同时为党、政、军机要通信安全畅通提供强有力的保障。

第一节 机 构

驿 站

唐元和十二年(817年)，境内象州设象台驿，武仙县(今武宣县)城南设仙山驿，严州(治来宾)设在城驿。

宋代对“驿”改革，在县(土县、州县)设置，将民役邮传改为“军卒传递”。

元代按路、府、州、县设站赤(蒙语驿站音译)，象州路有迎恩、来宾、宁丰、古望4处。

明洪武二年(1369年)，“站赤”复改为“驿站”。洪武至永乐年间(1368—1424年)，在境内设有：来宾清水驿、在城驿、来宾驿、迎恩驿、象州象台驿、龙门驿等。

清代，广西邮驿以桂林府为中心，州、县设置“县递”，并有“马递”，用以沟通中央及地方信息联系。雍正四年(1726年)境内设有：来宾县在城驿，象州象台驿，武宣县仙山驿。清嘉庆元年(1796年)裁撤。光绪二十五年(1899年)境内还设有塘递铺。清末至民国1年(1912年)，驿站、塘递铺被近代电报、邮政机构代替。

邮政局(所)

大清邮政局(所) 光绪三十二年至三十四年(1906—1908)在武宣、迁江、石龙、象州、运江、和睦设立邮政代办所，宣统二年(1910)，在来宾、东乡、三里、桐木、罗秀、中平设立邮政代办所。

中华邮政局(所) 民国1年(1912年)，大清邮政改称中华邮政，沿袭宣统三年机构。民国9—11

年(1920—1922年),境内武宣县城设邮政局。民国15年,修仁县在今金秀瑶族自治县桐木、头排分设邮政代办所。不久,又在七建、鹿鸣等地设代办所。民国16年,庆远邮政局在忻城县设邮政代办所。民国20年设大塘邮寄代办所,归柳州邮局管辖。民国28年4月,大塘邮政代办所改为二等甲级邮政局;民国29年10月,降为三等乙级局。设有汽油库和加油站,下辖思练邮政代办所及欧洞和里高两个信柜。民国28—30年,相继在境内象县、来宾、迁江县城和石龙、大塘镇设立邮政局。民国31年,在大湾(属来宾)设立邮政局。民国末年(1949年1月1日至9月30日止)9月,金秀设邮政代办所。

人民邮政局(所)　中华人民共和国成立后,中国人民解放军军事管制委员会接管境内各县邮政局。1950年3月,境内在来宾、石龙、象县、迁江、大湾、武宣、运江设邮政局。1951年4月,境内忻城县成立邮政局。原柳州邮政局所辖的大塘、思练2个邮政代办所,庆远邮政局所辖的忻城、加仁2个邮政代办所及新圩信柜拨给忻城县管辖。后陆续设立古

①民国时期来宾邮局局房;②民国时期迁江邮局局房;③中华人民共和国成立初期武宣邮局旧址;④1949年象县邮局及1967年以前象州县邮电局旧址

万、厂上、宁江邮政代办所。

1952—1955年,境内在完成对私商邮政代办所整顿。邮政、电话机构合并,称邮电局。

1952年8月,来宾、迁江两县均设为三等乙级邮局。来宾邮局所属邮政支局1个,邮政代办所15个。迁江邮局所属邮政代办所10个。11月3日,金秀瑶族自治县邮电局成立。同年12月1日,迁江邮局、电信代办处合并称迁江邮电营业处。1953年,境内各县农村电话管理处移交各县邮政局管理,遂融邮政、电信为一体,称邮电局,归省邮电管理局辖。各区设支局或所。同年初,设立石龙县邮电局,原象州辖区内有象州营业处及妙皇、寺村、中平、大乐、运江、罗秀营业所。9月,武宣邮电局改作支局归石龙县邮电局。武宣县有妙皇、黄茆、马步、禄新、桐岭、通挽、三里、东乡邮政代办所8处。金秀瑶族自治县邮电局设罗香、忠良、三角、长垌、大樟5区先后设立邮政代办所。1954年,境内金秀瑶族自治县三角、忠良、罗香、长垌、大樟、六巷等区设立邮电所。

1959年,境内据广西首次邮电工作会议通过的《改进农村邮电管理体制暂行办法》和《广西各级邮电局主要职责分工的暂行规定》。实行体制下放,农村邮电机构的行政和财务管理,交地方政府负责,县局只负责业务指导,县局受县政府及自治区邮电管理局的双重领导。各县所属的公社邮电支局、所,下放公社管理,业务上仍受邮电局领导。同年6月后又收归县局管理。1962年,精简机构,境内各县邮电局对下设的邮政支局、所进行撤并,减少下设机构。来宾县邮电局将原40个支局、所,7个代办处,撤并为3个支局25个邮电所。石龙县分设为象州县和武宣县邮电局。象州县邮电局设4个邮电支局和7个邮电所,武宣县邮电局设3个支局和4个邮电所。

1965年,境内调整整顿邮电局、所,各县邮电局下设支局、所稍有减少,时来宾县邮电局所属邮电支局4个,邮电所21个。"文化大革命"期间的1967年3月,军事管制人员进驻邮电局。1968年,各县成立县邮电局革命委员会。1969年底至1970年,邮政、电信机构分设。电信局归县人民武装部领导。邮政局归县革命委员会领导。1970年,来宾县邮电局下设28个邮政支局、所,电信局下设20个电信支局、所。1973年,邮政、电信机构合并,复称邮电局。时来宾县邮电局,下设35个邮电支局和代办所。1979年,邮电局实行自治区邮电局

和各县人民政府的双重领导，以自治区邮电局为主，干部按自治区直属企业干部管理权限进行调配。1985年，来宾县邮电局设13个邮电支局、12个邮电所和3个代办所。

1998年，随着邮电管理体制的重大改革，各县（市）邮政从邮电体制分离出来单独运行，各县（市）分别成立邮政局和电信局。分属柳州市邮政局和柳州市电信局，同时受各县（市）人民政府双重管理。8月18日，撤销原来宾县邮电局，组建来宾县邮政局；9月，撤销金秀瑶族自治县邮电局，成立金秀瑶族自治县邮政局；撤销忻城县邮电局，成立忻城县邮政局；撤销武宣县邮电局，成立武宣县邮政局；撤销象州县邮电局，成立象州县邮政局。1999年，各县（市）电信局固定通信网与移动通信网实行分营。

2002年12月，来宾县邮政局上划来宾市管理，改称来宾市邮政局，下辖象州、武宣、忻城、合山、金秀5个县（市）邮政局。市邮政局机构设置“三部一室”即综合办公室、人事教育部、计划财务部和市场部，生产部主要有来宾邮政储汇局、来宾邮政营业局、来宾邮政报刊发行投递局、来宾乡镇邮政局、来宾邮政函件集邮局。

2005年，市邮政局机构设置为综合办公室、人事教育部、计划财务部和市场部，有来宾邮政营业局、来宾邮政储汇局、来宾乡镇邮政局、报刊发行投递部、集邮公司、函件营销中心6个生产部门。全市邮政业务服务网点85个，邮政储蓄网点40个。全局共有员工376人，其中大专以上学历84人，中专以上学历184人，中级技术职称5人，初级技术职称34人。

表20-1　**1950—1990年来宾市各县（市、区）邮电局（所）情况表**

单位：处

县（市、区）名称 \ 年份	1950	1960	1970	1980	1990
合计	38	107	76	76	84
合山市					9
象州县	15	35	13	12	11
武宣县			10	10	13
兴宾区（来宾县）	17	43	33	36	29
金秀瑶族自治县	1	7	9	8	12
忻城县	5	22	11	10	10

第二节　设施设备

邮件运递设备

中华人民共和国成立前，来宾市境内邮政部门的机械设备极少，邮件的装卸及运递靠肩挑背扛。

1951年，广西邮政管理局拨给武宣邮局邮运用自行车1辆。1953年，来宾县邮局分得自行车1辆。1955年，境内各县共有邮运自行车13辆。1980年增加到480余辆。后随着邮运汽车的增加，邮运自行车相对减少。1995—2002年，境内各县邮运自行车减至380余辆。

1975年，境内各县共有邮运摩托车11辆，1985年增加到33辆；1995年，各县仅有1辆。2003年，来宾市邮政局有邮运摩托车2辆。

1975年，自治区邮电局拨给来宾县邮政专用邮运汽车1辆，年末，境内各县共有邮运汽车5辆。1985年后，县局有各种汽车5辆、三轮摩托车1辆、手扶拖拉机1辆、自行车76辆，全县有邮政信箱

20世纪90年代投递员出班　（1996年摄）

20世纪90年代邮车出班　（1996年摄）

20世纪90年代邮政运输车辆　　(1996年摄)

20世纪90年代信筒　　(1996年摄)

257个。1995年增加到40辆，其中来宾8辆、金秀2辆。2003年，来宾市邮政局有各种汽车37辆。2005年，市邮政局有各种汽车39辆，其中邮政储蓄专用汽车10辆、邮运汽车4辆、速递专用汽车6辆、普通投递专用汽车2辆、其他生产用车7辆、非生产用车8辆。

邮政营业设备

1980年以前，境内邮政部门的营业窗口所进行的各项营业工作，均靠手工操作。1980年，武宣、来宾等县邮局始用包裹收寄机，2县共有5台包裹收寄机。1995年，境内有邮政专用电子计算机(微机)共30台，来宾、武宣、合山、金秀等4个局在邮政营业、报刊发行和邮政储蓄业务中都用微机操作。各县(市)局营业窗口中总共配有13台包裹分拣机，9台包裹收寄机，14台信函收寄电子秤。

2003年，来宾市邮政部门有ATM柜员机6台、邮资机8台、过戳机20台、计算机20台、邮政信箱(筒)190个。2005年，ATM柜员机增至9台、邮资机8台、计算机132台、邮政信箱(筒)174个。

第三节　邮路　投递

清顺治年间(1644—1661年)，境内来宾县有邮路4条：即以来宾县城为起点，南至浔州府贵县界，中设苏捷塘、磨江塘、泡水塘、界塘4个驿站；西至思恩府迁江县界，中设韦里塘、鸦罗塘、三印塘、横山塘4个驿站；东至浔州府武宣界，中设河敏塘、河驴塘2个驿站；北至柳州府马平县界，中设底塘、横路塘、清水塘、马峡塘、老邓塘、迎恩塘、德化塘、乌石堡8个驿站。清乾隆年间(1736—1795年)，象州官府传递文书的旱路有4条，由州城东去经青山、寺村、督金(今都金)、大乐至才村共135里，与修仁县交界；由州城西去经都落、狼村至二陂塘共50里，与马平县交界；由州城南去至牛栏塘(今思高以南)30里，与武宣县交界；由州城北去波罗村50里，与雒容县交界。水路由州城南去经南沙湾至金鸡塘30里，与武宣县交界；由州城西去经岩村、麻子塘45里，与雒容县交界。清道光八年(1828年)以前，忻城县境内有驿路2条，一条由县城经高塘、板坡、罗墨、思吉、周安、三浪6个塘，全程40千米，最后经乔贤汛至思恩府。另一条，由县城经高塘、嗽营、烽火、黄栀4个塘，接永定土司界，全程25千米，至庆远府。清光绪十七年(1891年)，迁江县有邮路5条：即以迁江县城为起点，东至来宾县城；西至上林县接宾州城；西至平阳巡检司驻地；东南至贵县五山汛；西南至宾州安城镇。各路均设驿站。清光绪三十三年(1907年)秋，武宣县有县城步班邮路1条1千米，武宣至桂平水上委办邮路96千米，武宣至金鸡石龙水上邮路63千米。光绪三十四年，石龙、象州邮政代办所设立后，开辟象州—石龙—武宣—桂平—梧州水上邮路，邮件由商船代运。

民国时期，市境内开设邮路20条，其中步班邮路17条，汽运邮路3条。即：忻城县，大塘—里高、大塘—欧洞、大塘—思练—北泗、大塘—忻城4条步班邮路131千米，大塘—柳州—桂林、大塘—河池—六寨、大塘—宾阳—南宁3条汽运邮路；武宣县，县城步班邮路、武宣—桂平(水上委办邮路)、武宣—金鸡石龙(水上邮路)、武宣—桂平紫荆、武宣—贵县山东石龙、武宣—金鸡(陆上邮路)、武宣—二塘、武宣—三里、三里—东乡、武宣—桐岭、桐岭—通挽等步班邮路共11条357千米；象县邮局、石龙邮局设邮差3~4人，间日往来于县城、石龙及来宾县大湾圩之间转递信件包裹，县城至寺村、百丈二圩的邮件皆托趁圩商人代递，柳州发往象县的邮件，从柳州由汽车运至石龙托商船转运各地。来宾县邮路分东西南3路，以县城为起点，西路至迁江县城；东路至正龙、大湾，达象县(今象州县)的石龙圩，再由石龙圩北达柳州府局，东达象县城，南达武宣县城；南路自江头村至寺脚、石牙，再由石牙圩南行至贵县的樟木、覃塘，再由覃塘东南达贵县县城，西北达宾阳县城。各邮路中设驿站。

邮 路

干班邮路 20世纪50年代，今来宾市境内共有步班、干班邮路16条1129千米。即来宾县4条：来宾县城—蒙村—寺山—石牙—南泗，县城—分界—青岭—陶邓，县城—龙南—大湾，县城—良塘—桥巩—迁江。邮程总长625千米；忻城县5条：忻城—宜山，忻城—思练，忻城—万古，忻城—加仁—岐山，忻城—范团，总长334千米；象州县4条：象州—石龙，象州—罗秀—大乐，象州—中平百丈，象州—运江（水路），总长101千米；武宣县3条：二塘—黄茆，武宣—禄新，武宣—妙皇，总长69千米。1958年后，境内邮电事业迅速发展，步班、干班邮路逐步发展到农村局、所间。1958年4月，石龙县（今象州、武宣县）34个乡234个农业社全部通邮。1960年，忻城县共有邮路44条，全长2066千米，其中干班邮路118千米。1961年，境内邮电机构进行调整，逐步裁撤邮路。1961年，石龙县武宣片有邮路350千米。1962年后，各县的步班干班邮路陆续改为自行车干班邮路。时来宾县邮程总长1521千米。1963年，象州县率先开设象州—寺村—罗秀、大乐—桐木的汽车委办邮路。将象州至寺村、象州经寺村至罗秀、水晶至桐木、寺村至中平、寺村至百丈5条干线邮路由步行投递改为自行车投递；忻城县邮路只有960千米。1964年，象州县开设象州经寺村、罗秀、大乐至桐木的汽车委办邮路和象州经运江至柳州的水运邮路；增设象州至运江、象州和妙皇、中平至百丈自行车邮路。当年末，全县共有主干邮路62千米。1970年后，市境内各县陆续开设汽车委办邮路。1974年，象州邮电局开办象州—武宣—贵县（今贵港市）覃塘自办汽车邮路，总长144千米。1978年，武宣县委办邮路（汽车邮路）42千米，步班邮路176千米，自行车邮路960千米，总长1178千米。1979年，武宣县有邮路1274千米，其中委办汽车邮路88.5千米。1980年末，忻城县邮路总长1317千米。其中委办汽车邮路207千米，自行车邮路1110千米。1985年，合山市邮路总长23千米。1988年，来宾县委办汽车邮路改为自办汽车邮路。金秀瑶族自治县邮路总长1400千米。1989年，象州至石龙、象州至马坪委办邮路改为县自办邮路。

1990—2002年，来宾市境内有干班邮路40条左右，总长1800千米左右；来宾县干班邮路4条，计里程358千米；忻城县干班邮路208千米；象州县有干班邮路4条，长167千米；武宣县有干班邮路410千米；合山市增干班邮路3条共359千米均为委办汽车邮路（里兰至南宁，邮程179千米；合山至柳州，邮程110千米；合山至来宾，邮程70千米）。1998年，金秀瑶族自治县干班邮路由柳州邮区中心局开通柳州经武宣、象州至金秀自办汽车邮路，全程356千米。至2002年底，金秀瑶族自治县共开办干班邮路5条203千米。

2003—2005年，来宾市有干班邮路40条，全程1782千米。

表20-2 **1950—1990年来宾市各县（市、区）干线邮路长度情况表**

单位：千米

年份 县（市、区）名称	1950	1960	1970	1980	1990
合计	846	57405	7328	9375	1693
合山市					107
象州县	388	1665	1237	1538	220
武宣县			715	1320	75
兴宾区	340	2835	3365	3680	555
金秀瑶族自治县		839	1066	1536	528
忻城县	118	2066	945	1301	208

今来宾市城区内邮路1953年仅1条，即从老邮局（今东南一路兴宾区劳动服务公司大楼驻地）经新华书店到当时中共来宾县委会驻地，再到县人民政府、公安局，转回邮局。邮程长2.85千米，由1名邮递员递送。1980—1990年，今市区内按东、西、南、北设邮路4条，邮程120千米。2003年，城市投递基本上实行按址投递和投交两种方式，随着城市建设的发展，市区范围的扩大，市区设有5条投递段道。1991—2002年，今市区内按东、西、南、北设邮路11条，邮程140千米。

2003—2005年，来宾市城区内东、西、南、北设投递段道8条，邮程147千米，共有14名投递员每日2班次投递。

农村邮路　1953年，今来宾市境域内始设农村邮路。当年，象州县有乡村邮路295千米。1954年，金秀瑶族自治县邮路全长719.5千米。1956年，来宾县有农村邮路5条共352千米。20世纪60年代后，今来宾市境域内农村邮路发展迅速。1960年，忻城县共有农村邮路1940千米，其中，自行车邮路882千米、步班邮路1066千米。1962年，来宾县农村邮路1521千米。1963年，象州县农村邮路增至875千米；1964年，象州县乡村邮路增至1025千米。1966年，来宾县农村邮路1608千米。1973年，象州县有乡村邮路33条1100多千米。1977年，来宾县农村邮路增至55条，邮程2304千米。20世纪80年代末，全市80%以上的生产队通邮。1980年末，忻城县农村邮路总长1110千米。1990—2002年，今来宾市农村邮路230条左右，邮程8500千米左右。1990年，忻城县有农村邮路总长2011千米，其中，自行车邮路1996千米，步班邮路15千米。象州县乡村邮路35条，1291.2千米。合山市境内邮路15条，314.1千米。1991—1994年，象州县乡村邮路43条，1284千米。1993—1998年，忻城县境内除果遂邮电所自办投递员1人外，其余各邮电支局、所均委代办投递，全县乡村邮路48条总长1771千米，其中自行车邮路1553千米，步班邮路218千米。1997年，象州县共有乡村投递邮路34条（不包括乡镇街上投递），全长1346.5千米，共659个投递点。1991—2002年，来宾县农村邮路76条，邮程2514千米。武宣县农村邮路总长1211千米。1998—2005年，金秀瑶族自治县开通农村投递邮路22条，投递路线总长890千米（单程）。

2003—2005年，来宾市共有邮政业务服务网点82个，遍布全市城乡各地，实现村村通邮，重点党报党刊直投到各乡镇、村屯。全市境内农村投递路线总长度8071千米。

表20-3　**1966—1990年来宾市各县（市、区）通邮的生产队（村民小组）情况表**

单位：个

县（市、区）名称 \ 年份	1966	1970	1980	1990
合　计	5111	5376	7312	11562
合山市				47
象州县	1002	894	1013	1477
武宣县	1460	1460	1457	1946
兴宾区（来宾县）	1931	2226	3187	4273
金秀瑶族自治县	112	298	508	1113
忻城县	606	498	1147	2706

投　递

普通投递　清朝年间，今来宾市境域内各县往来军政文书，由驿站递送。民国时期，县城设邮电局，下设支局、所，来往文书、信件，由邮局投递。1952年，境内县城的邮件，由邮递员按住址投递；农村的邮件，由收件人到当地邮电单位领取。1953年“邮发合一”后，信函、邮件通知单、报刊等，交由单位收发员代投递，城镇居民的投递到户，农村的交给生产大队或学校捎转收件人。1952—1955年，境内县局只配乡邮员4~5人，均为步班，以肩背负邮件送到各邮电所、代办所，两三天送1次，邮程仅为1400~1500余千米。自20世纪60年代开始城镇和农村逐步以自行车投递代替步行投递。2004年，部分城区开始使用摩托车投递代替自行车投递。1990—2002年，来宾市各县(市)局县城共有投递道段25条左右近300千米，投递人员28~30人，投递用的自行车200辆左右；农村投递路线200余条800多千米，配有乡邮员130~150人，投递用自行车近200辆。2005年，全市城市投递段道24条265千米；境内汽车邮路总长1760千米，农村投递线路总长8071千米。

特快投递 凡符合现行邮件准寄范围的各种书信、文件资料和物品等，均可作特快交寄。1980年，全国邮政推出EMS特快专递业务，除提供国内、国际特快专递服务外，随后相继推出国内次晨达和次日递、国际承诺服务和限时递等高端服务，同时提供代收货款、收件人付费、鲜花礼仪速递等增值服务。1994年后，境内各县(市)邮政局始办特快投递业务。1994年4月，来宾县邮电局开始代柳州市邮电局办理特快专递业务，当年共收寄特快专递邮件75件。1995年5月，经自治区局邮政处批准，来宾邮政正式开办特快专递业务。并与来宾县各专业银行共同商定，各银行的联行汇款、托收承付、委托收款等主要往来函件均使用国内特快专递业务。随后，河西邮电支局、华侨邮电所及有条件支局、所相继开办此项业务。当年收寄国内特快专递邮件1003件。特快专递自开办以来，业务发展较快。象州县邮电局1995年11月1日起，开办国际、国内特快专递业务。至1998年7月1日止，象州县邮电局共办理邮政快件业务2187件。1991—1998年邮政快递业务量分别为56019件、62121件、69604件、86300件、98480件、79406件、55755件、25219件。1998年，来宾县邮电局共收寄特快专递邮件6364件，其中，国际及港澳台特快专递邮件217件。2001年收寄特快专递邮件1.35万件，收入34.89万元。2002年共收寄特快专递邮件1.44万件。

2003年，来宾市邮政局努力为客户提供特快专递业务服务，收寄国内、国际特快专递邮件，并重点向礼仪特快，帐单、证照类业务发展，特快专递邮件投递实行专人专车限时投递制，使特快邮件更及时、准确、安全投递。全年全市邮政特快专递业务完成16万件，增长258.3%。

2004年，全市邮政特快专递业务完成23.4万件，同比增长46.25%。2005年，来宾市邮政局坚持特快专递邮件“及时、准确、安全”的投递宗旨，实行专人专车限时投递，为客户提供优质服务。年内，全市邮政特快专递业务比上年有所下降，仅完成23.26万件，下降0.60%。

第四节 函件 包裹

函 件

民国时期，函件有信函、明信片、印刷品和盲人读物、快递函件等。境内各县邮政区(局)开设收寄函件业务，邮函每重20克银0.04~0.05元，分单挂号、双挂号两种，双挂号费加倍。此时期函件收寄量少，如民国20年(1931年)，武宣邮局邮件2.23万件，其中，挂号邮件7199件，占总邮件的32.2%。民国22年，武宣邮局收寄信函类1.38万件、明信片125张、印刷品书籍1.62万份、贸易契约8759份。象县在民国30年寄出函件2.63万件，民国35年寄出函件3.74万件。民国时期，今来宾市年收寄函件17.50万~20万件。

中华人民共和国成立后，境内仍沿用这几种函件。信函分为平常函件和给据函件两种。给据函件包括挂号函件(单挂和双挂)、特种挂号函件、保价函件、代收货款函件和快递函件。1953年取消快递函件。1966年停办双挂号函件，1979年又恢复业务。为发展邮政新业务，1991年10月邮电部决定，从1992年起，开办邮政贺年(有奖)明信片业务，此后，每年的元旦、春节期间均办理该业务。经过多次的业务调整后，1992年，国内函件业务分为信函、明信片、印刷品和盲人读物4种。按处理手续和承担责任的特别业务划分，分为平常邮件、挂号邮件、邮政快件、特快专递邮件、保价邮件、特挂信函、航空邮件、存局候领邮件等特别业务，提供用户按需要选择使用。

中华人民共和国成立后，随着邮政事业快速发展，乡村邮路不断扩展，人们和外界联系主要靠书信，加之经济发展和社会各项活动活跃，人们利用函件互通信息，函件收寄量持续上升，从20世纪50年代开始，函件年收寄量呈逐年上升，到20世纪90年

过戳机 (1990年摄)

邮政挂号登单机　　（1990 年摄）

代达到顶峰。其后随着电信业的迅猛发展，人们对信息传递的速度要求也越来越高，加之手机、传真机等现代通信设备的出现，民众书信联系少，函件业务逐年减退，尤其平信的减少量最大，函件业务市场逐渐缩小。

20 世纪 50 年代，境内收寄函件年均 50 万 ~60 万件。1951 年，境内象州县收寄函件 8.02 万件。1952 年，来宾县收寄函件 10.96 万件。1957 年，忻城县收寄函件 16.91 万件。20 世纪 60 年代年均 230 万 ~238 万件。1960 年，忻城县收寄函件 25.74 万件，比 1957 年增长 52.2%。1962—1966 年，象州县年均收寄函件 40.95 万件。1967—1971 年，象州县年均仅寄出函件 33.09 万件。20 世纪 70 年代年均 330 万 ~338 万件。金秀瑶族自治县收寄函件 1970 年为 6.99 万件，至 1979 年达到 18.57 万件，增长 1.66 倍。20 世纪 80 年代年均 550 万 ~560 万件。1986—1990 年，象州县共收寄函件 773.63 万件，其中，年均寄出 71.56 万件，年均收进 83.17 万件。金秀瑶族自治县收寄函件从 1952 年的 897 件增至 1987 年 80 万余件。1987 年，合山市经办函件 66.78 万件。20 世纪 90 年代年均 550 万 ~580 万件。1990 年，忻城县收寄函件 51.20 万件，比 1960 年增长 98.04%。比 1951 年增长 41.8 倍。来宾县收寄函件 171 万件。1991 年，来宾县收寄函件 150.47 万件，比上年减少 20.53 万件。1996 年，忻城县收寄函件 82.58 万件。1998 年，忻城县收寄函件 44.01 万件，比 1996 年减少 38.57 万件。2000 年，来宾县收寄函件 137.46 万件，比 1991 年减少 13.01 万件，减幅 8.65%。2001 年，来宾县收寄函件 190.80 万件，与 1991 年、2000 年相比，分别增长 11.58%、38.80%。2002 年，来宾县共收寄邮件 228.17 万件，与 1991 年、2000 年、2001 年相比，分别增长 51.64%、65.99% 和 19.59%。商函比重有所增长，全年商业信函 25 万件（份），邮送广告 72 万份。2001—2003 年，忻城县收寄函件 136.07 万件，年均量 45.35 万件，其中国内函件 92.98 万件、国际港澳台函件 209 件、邮送广告 21.88 万件。

2003 年全市收寄函件量 542.46 万件，2005 年全市收寄函件量 287.10 万件，比 2003 年增长 47.07%。

包　裹

民国时期，境内各县邮政局开设收寄包裹业务，但收寄量甚少，今来宾市辖区年收寄量 200~350 件。中华人民共和国成立后，20 世纪 50~80 年代，今来宾市辖内收寄包件量呈逐年上升趋势，20 世纪 90 年代呈下降趋势，2003 年后又呈缓慢回升。来宾市各时期年收寄包裹（件）为：20 世纪 50 年代 1.5 万 ~2.00 万件，20 世纪 60 年代 2.10 万 ~2.50 万件，20 世纪 70 年代 3.20 万 ~3.80 万件，20 世纪 80 年代 4.10 万 ~4.38 万件，20 世纪 90 年代 2.60 万 ~3.00 万件；2003 年 3.98 万件，2005 年为 4.19 万件。

第五节　汇兑　报刊发行　集邮

汇　兑

民国时期，各县邮政局开办普通汇款业务，但办理汇兑量少，今来宾市境域年办理 0.5 万 ~0.6 万张。中华人民共和国成立后，从 1952 年起增办电报汇款。为保证汇款及时准确汇出和兑付，20 世纪 60 年代以来，境内各县局设 1 名专职汇兑稽核员，对本县进出口汇票进行检查把关，按旬做好汇兑、上报。今来宾市辖区年出口汇票：20 世纪 50 年代 5.00 万 ~5.50 万张、20 世纪 60 年代 8.00 万 ~8.50 万张、20 世纪 70 年代 11.50 万 ~11.7 万张、20 世纪 80 年代 23.80 万 ~24.00 万张、20 世纪 90 年代 24.00 万 ~24.50 万张。1990 年，来宾县邮政局出口汇票 7.5 万张。1991 年，来宾县邮政局开发汇票 7.28 万张。1992 年后，各专业银行开办异地存取、通存通兑业务，到邮局办理汇款的用户相对减少。2000 年，来宾县邮政局共开发汇票 4.75 万张，比 1991 年减少 2.53 万张，降幅 34.75%。2001 年，来宾县邮政局开发汇票 4.04 万张，金额 18.69 万元。2002 年，在邮政汇兑网点开办电子汇兑业务，取消传统的实物汇票传递，邮政汇款业务提速，用户到邮政局汇兑联网的网点办理 5 万元以下的电子汇款业务，2 小时就可以把钱汇到指定地点。当年，来宾县邮政局开发汇票3.85万张,电子汇兑3.13万笔,金额1810.9万元。

2003—2005年,全市出口汇票都在10万张左右,分别为10.93万张、9.67万张、9.35万张。

报刊发行

中华人民共和国成立前,境内各县邮局未办理报刊发行业务。

中华人民共和国成立后,境内各县邮政局根据全国报纸经理会议和第一次全国邮政会议决定,始办理报纸发行业务。1950年10月,境内各县邮政局先在城镇和农村建立报刊推广发行站及读报组,各县邮政局始发行报纸。当年,象州县报刊期发数为453份。1951年,忻城县邮局报纸期发数332份,累计数4.42万份,杂志期发数315份,累计数4800份。象州县报纸期发1227份,累计20.43万份,杂志期发数为711份,累计数为7630份。1952年,来宾县报刊期发4557份,其中,报纸2837份,杂志1720份。1958年,境内贯彻中共中央关于"全党全民办发行"的指示,各县报刊发行量有较大增幅。当年,来宾县发行报刊增到2.08万份,发行密度为21人1份。金秀瑶族自治县发行报刊71847份,比1952年增加71.87倍。1959年,忻城县报纸期发数6872份,累计数146.29万份,比1951年分别增长20倍及30倍;杂志期发数4452份,累计数11.93万份,分别增长13倍和23倍。象州县报纸期发17884份,累计数为285.45万份,比1951年分别增长13.58倍及12.97倍;杂志期发数8290份,累计数20.12万份,分别增长10.66倍及25.36倍。1961年,国民经济调整,境内报刊发行量下降。当年,来宾县报刊发行下降为8274份,发行密度下降为50人1份。象州县报纸期发降至4365份,累计数降为130.01万份,比1959年分别下降3.1倍及1.2倍;杂志期发数1596份,累计数3.74万份,分别下降4.19倍及4.38倍。1965年,境内报刊发行量激增,报纸发行期数6.49万份,杂志期发3.69万份。当年,武宣县报纸期发份数7947份,报纸累计100.07万份,杂志期发份数2908份,杂志累计4.29万份。来宾县报刊发行累计206.58万份。象州县报纸期发7331份,累计数为99.54万份。杂志期发份数3879份,杂志累计5.68万份。

"文化大革命"期间,多数报刊停刊,发行量大幅度下降。1970年,境内杂志期发数3000多份,降幅最大的是忻城局只有97份。1978年,境内各县邮电局大力开展报刊发行宣传工作,推动各支局、所的发行业务,报刊发行业务得到恢复和发展,境内报刊累计发行1981.67万份。其中,忻城县全年报纸期发数上升至1.43万份,累计数374.63万份,比1969年分别增长3倍和2.2倍:杂志期发数1.38万余份,累计数16.48万份,比1969年分别增长40.9倍和43.3倍。象州县报纸期发数上升至1.26万份,累计数306.86万份,比1969年分别增长2.08倍和1.92倍;杂志期发数1.39万余份,累计数18.68万份,比1969年分别增长8.68倍和6.84倍。来宾县报刊发行累计866.54万份。武宣县报刊发行累计334.34万份。金秀瑶族自治县报刊发行累计76.98万份。1979年后,各行各业和人民群众对报刊信息需求与日俱增,各县(市)邮电局先后建立报刊零售摊点,零售全国的报纸杂志。1985年,境内报纸期发数246万份,杂志期发数25.86万份。象州县报纸期发数2.19万份,杂志期发数2.04万份。武宣县报纸期发数2.21万份,杂志期发数1858份。

1989年以后,各类报刊普遍提价,部分报社自办发行,加之单位压缩行政经费开支,邮电部门报刊发行量逐年下降。1990年,忻城县报纸期发1.28万份,累计数为170.15万份,比1979年分别减少1465份和204.49万份。象州县报纸期发数1.21万份,累计168.71万份,比1979年分别减少701份和151.91万份;杂志期发数1.32万份,累计17.45万份。武宣县报纸期发数1.34万份,累计194.2万份,杂志期发数9938份,累计26.7万份。来宾县报纸发行550种3.50万份,杂志发行1560种2.60万份,总期发数为6.10万份。1992—1993年,有所回升。1992年,武宣县报纸期发数1.80万份,累计230.59万份,杂志期发数1.50万份,累计21.68万份。来宾县报纸

全区邮电先进生产者罗广俊把邮件送到用户手中（1990年摄）

期发数 3.82 万份，累计 515.31 万份，杂志期发数 3.41 万份，累计 47.70 万份。象州县报纸期发数 1.76 万份，累计 205.87 万份，杂志期发数 1.69 万份，累计 22.35 万份。1995 年，境内报纸期发数 21.64 万份，杂志期发数 17.13 万份，报刊流转额 1241 万元。武宣县报纸期发数 1.77 万份，累计 211.93 万份，杂志期发数 1.36 万份，累计 18.47 万份，报刊流转额 108.32 万元。来宾县报纸期发数 5.20 万份，累计 580.93 万份，杂志期发数 3.41 万份，累计 34.84 万份，报刊流转额 235 万元。象州县报纸期发数 1.52 万份，累计 194.28 万份，杂志期发数 1.49 万份，累计 20.28 万份，报刊流转额 89.54 万元。

1996—1998 年，发行量又大幅度下降，但由于报纸扩版多，报刊提价，虽然发行量少，经各县(市)邮电部门的努力，报刊流转额都能保持稳定，并有所上升。1996 年，忻城县报纸期发 8603 份，报纸累计 140.35 万份；杂志期发 6744 份，杂志累计 9.59 万份，报刊流转额 77.79 万元。象州县报纸期发数 1.17 万份，累计 155.44 万份，杂志期发数 8395 份，累计 12.41 万份，报刊流转额 97.46 万元。武宣县报纸期发数 1.52 万份，累计 209.12 万份，杂志期发数 1.12 万份，累计 16.03 万份，报刊流转额 127.69 万元。来宾县报纸期发数 2.47 万份，累计 641.14 万份，杂志期发数 2.90 万份，累计 30.20 万份，报刊流转额 311.20 万元。1998 年，忻城县报纸期发 8978 份，报纸累计 143.51 万份。象州县报纸期发数 1.09 万份，累计 140.67 万份；杂志期发数 6980 份，累计 10.08 万份；报刊流转额 102.23 万元。武宣县报纸期发数 1.47 万份，累计 193.13 万份；杂志期发数 1.05 万份，累计 16.13 万份；报刊流转额 144.73 万元。来宾县报纸期发数 2.28 万份，累计 366.85 万份；杂志期发数 1.72 万份，累计 24.21 万份；报刊流转额 452.00 万元。

2000 年，来宾县报纸期发数 2.30 万份，累计 342.53 万份，比 1991 年分别减少 1.31 万份和 166.05 万份，减幅 36.29% 和 32.65%；杂志期发数 2.41 万份，累计 35.61 万份，比 1991 年分别减少 1.45 万份和 13.1 万份，减幅 26.89% 和 37.56%。2002 年，来宾县报纸期发数 2.21 万份，全年累计发行 331.10 万份，杂志期发数 1.88 万份，全年累计发行 28.11 万份，与 1991 年相比，分别下降 38.78%、34.90% 和 51.30%、42.29%。

2003 年，来宾市邮政部门加强报刊发行工作，利用邮政通信网点多、线长、面广等特点，将报刊出版单位的报纸、杂志以订阅、零售方式投送给读者的一项业务，并实行预收预订制度。随着社会经济的发展和人们文化水平不断提高，邮政报刊发行也得到不断地发展，全市当年订销报纸期发数为 52498 份，报纸累计发行 881.90 万份，杂志期发数 45455 份，杂志累计发行 80.97 万份。报刊流转额达到 736.23 万元。2004 年，来宾市实现村村通邮，重点党报党刊直投到各乡镇、村屯。当年订销报纸期发份数为 877.4 万份，杂志期发份数 72.2 万份，全年报刊流转额达到 810 万元。

2005 年，来宾市报纸发行 546.48 万份，杂志 68.80 万份，分别为 2003 年发行量的 61.97% 和 78.79%。报刊流转额 525 万元。

集 邮

1983 年 7 月、1990 年 3 月、1990 年 8 月，来宾、象州、忻城、武宣 4 县邮电局营业处先后开始办理集邮业务，设立集邮门市部，专售各种纪念邮票、特种邮票、纪念封、集邮册及明信片。1990 年，象州县邮电局集邮门市部完成集邮营业额 1.82 万元，忻城县邮电局集邮门市部售各种纪念邮票 4.32 万枚，完成集邮营业额 0.86 万元。武宣邮电局集邮专台出售集邮品 1.78 万枚，集邮收入 0.90 万元。1993 年，纪念邮票凭集邮协会会员证发售。是年象州县邮电局集邮门市部出售各种纪念邮票 5.88 万枚，完成集邮营业额 3.50 万元，武宣县邮电局出售各种纪年邮票、特种邮票 18.67 万枚(件)，集邮收入 8.31 万元。2002 年，来宾县集邮业务量为 30.63 万枚，集邮品 0.67 万册，实现营业额 90.68 万元。

2003 年 12 月 27 日，为庆祝来宾市成立 1 周年，进一步宣传推介来宾市，市邮政局制作发行《圣堂山杜鹃花》个性化邮票、《杜鹃》明信片和《来宾神韵》

来宾局集邮门市部

邮册,并在来宾市举行首发式。分别印制《来宾神韵》邮册4000册,《圣堂山杜鹃花》个性化邮票2000版,《杜鹃》明信片2000套,供应市场,收到良好的社会和经济效益。当年,来宾市集邮业务量为22.80万枚,集邮品3.76万册,实现营业额98.93万元。

2004年5月,来宾市邮政部门为宣传来宾市旅游资源,推介金秀—世界瑶族“三圣”人文景观,在金秀大瑶山杜鹃花节到来之际,市邮政局开发《瑶都揽胜》集邮礼品册2000册,供应市场,收到很好的社会效益。

第六节 速　递

邮政物流是充分发挥邮政的网络优势和末端配送优势,为企业提供全方位、系统化的综合性物流服务。主要业务有:同城(区域)配送业务、货运代理业务和分销与邮购业物。邮政开办的物流业务重点在手机、医药、化妆品、汽车零配件、烟草等行业(或产品)。2003—2005年,来宾市邮政物流运输量分别为0.49万件、0.55万件和72.29万件。

第七节 行业管理

民国时期,来宾市各县邮政部门系基层生产单位,各项管理制度均按省管理局规定实施执行。新中国成立后,人民邮电是国民经济的一个独立部门,是国家和社会的通信部门。2003年,邮政体制改革后,来宾市邮政局隶属广西壮族自治区邮政公司。来宾市邮政局按“人民邮政为人民”的宗旨,落实“迅速、准确、安全、方便”的服务方针,专业为居民提供邮务、金融、速递物流等服务。服务项目主要包括国内和国际邮件寄递、报刊等出版物发行、邮政汇兑、邮政储蓄、邮政速递物流、邮票发行等传统业务。

第二章 通　信

来宾市境域内通信事业始于清末,民国时期发展缓慢。

中华人民共和国成立后,来宾市通信事业有较快发展。20世纪50~60年代,电信设备简陋,电话线为空架明线,多数用户为单线,电报主要靠话传和人工报机传递,直到1978年才拥有较先进的电信设备,且使用范围始从城镇扩展到农村。20世纪90年代是来宾市电信事业迅猛发展的重要时期。固定电话、市话交换机和线路设备不断更新,容量不断增大。1990年,全市通电话的村公所(大队)739个,城镇电话机拥有量为3103部,农村电话机拥有量为2046部。1993年后,境内各县(市)城镇电话开始由人工制磁石式电话改用自动制程控电话机,开始发展无线寻呼业务,陆续开通移动电话。1999年,无线寻呼业务发展到移动业务,寻呼业务逐步停止。移动电话不断更换载频和信道,从模拟机发展到数字移动电话。不断拓展会议电视、分组交换、DDN、多媒体等新型通信业务。此后,市境有线电话逐步减少,无线寻呼和移动电话逐年增多。2005年,来宾市各电信企业业务项目更为多种多样。市电信分公司在加强固定电话、小灵通业务促销的同时,快速发展宽带、增值及集成业务,发展了腾讯QQ、娱乐信息、消费点值、互动乐园和电话QQ等。移动公司除基础语音通话外,还先后推出短消息、彩信、彩铃、彩振、GPRS手机上网、企业通、银信通、气象通、家校通、移动IP电话、1258/1259移动秘书等多项业务。联通公司发展了联通新时空CDMA移动电话、130/131/132/159GSM移动电话、193长途电话、IP电话、165互联网、联通在信、互动世界、神奇宝典、掌中宽带、定位之星、彩E、网上点歌、炫铃、联通小秘书等多项业务。各电信企业以独具特色的业务方式向来宾市广大军民提供了多种多样的电信服务。年末,全市固定电话用户29.86万户,小灵通用户10万户,互联网宽带用户接近10万户,移动电话用户40.66万户。

第一节 机　构

宣统元年(1909年)六月,境内设迁江大报房和来宾报房。

民国时期,境内设电报局、电话通讯处和乡村电话通信管理处,负责电报和电话通信管理。民国16—17年(1927—1928年),来宾、迁江两县县城分别增设电报局。民国16年冬,武宣设(长途电话)通信处,隶属省办贵县局。民国18年2月,广西省电话局在境内迁江镇和石龙镇设省营迁江电话通信

民国时期迁江电报局局房

处和省营石龙电话通信处(后改营业处),同年,始设迁江县和象县乡村电话通信管理处。民国19年4月,象州县在县城正东街设立乡村电话管理处。民国20年,武宣县府设乡村电话局于西门城楼。后与19年所设县城电话局合并,总称武宣县地方电话局,同时增设二塘、三里、桐岭分局。民国21年6月,在忻城县设大塘电话通讯处。民国22年初,忻城县政府成立乡村电话管理处及大塘、思练2个电话分处。民国24年,武宣县地方电话局改为乡村电话处,归县府建设科管理。同时取消二塘、三里和桐岭3个分局。民国28年,大塘电话通讯处直属广西省电话局,改称大塘电话营业处。民国29年3月,设省总台辖来宾县无线电分台和象县无线电分台,次年改属柳州无线电台。设武宣县无线电台,属梧州区分台管辖。民国32年,忻城县政府设乡村电话管理处。民国36年后,来宾无线电台和象县无线电台改属广西省无线电台。

中华人民共和国成立后,境内各县人民政府为顺利指挥清匪反霸、土地改革运动,迅速组建电信机构,抢修线路,恢复电话通讯。1949年12月,象县人民政府重新组建乡村电话处。

1953年1月,原武宣县邮政局、农村电话营业处合并称武宣邮电局。10月,来宾、迁江县邮政局和电讯局合并称邮电局,各区设支局或所。各县邮政局内分设电话股,负责电信通信业务。1969年12月—1970年初,各县邮电局分为邮政局和电信局,电信局专营电话通信业务,各公社邮电所仍兼办邮政、电信业务。1974年,邮政局、电信局再次合并,称邮电局。

1998年8月,按上级规定邮电机构实行分营,境内各县(市)成立电信局,隶属柳州市电信局。同月18日,来宾县电信局成立,时有职工115人。局内部机构设综合办公室和市场经营部,下设生产班组,实行三级管理。乡(镇)设有12个电信支局和8个电信所。9月,忻城县、象州县、武宣县、金秀瑶族自治县电信局成立。1999年,各县电信局固定通信网与移动通信网实行分营。单位地址:来宾县中南路177号。

2001年,来宾县电信局在册员工98人,2月份主附业分离后主业职工40人,实业分公司有员工58人。全局内部机构设置有综合办公室、市场经营部,下设8个生产班组,乡镇支局所及业务网点51个。单位地址:来宾县中南路177号。

2002年12月28日,来宾市成立,来宾县电信局上划来宾市管理。2003年8月26日,广西电信公司来宾分公司(简称来宾分公司)挂牌成立。辖来宾市忻城、象州、武宣、金秀瑶族自治县和合山市电信分公司,下设生产班组15个,在市区和乡镇电信业务网点135个,各类从业人员300余人。主要业务有国内、国际各类固定电信网络与设施服务,话音、数据、图像及多媒体通信与信息服务,包括本地网电话、无线市话(小灵通)、国内国际长途及港澳电话、IC卡公话、IP电话、会议电视、ADSL宽带及电信增值等业务。单位地址:来宾市兴宾区中南路177号。

2004年,广西电信公司来宾分公司改称广西电信有限公司来宾分公司。在册员工121人。设立综合管理部、市场拓展部、集团客户部、公众客户部、维护工程部和企业文化部。是年,成立公司党委、工会和企业文化部。单位地址为:来宾市兴宾区中南路177号。

2005年11月16日,广西区电信有限公司来宾市分公司(简称:来宾市分公司)正式升格,从柳州市电信分公司分离出来独立运作,下辖武宣县、象州县、忻城县、金秀瑶族自治县、合山市等5个分公司,现有员工600多人。9月21日,在分公司党委的领导和支持下,中国共产主义青年团来宾市分公司总支部成立。单位地址:来宾市兴宾区中南路177号。

广西区电信有限公司武宣县分公司(简称:武宣县分公司)2005年年末在册员工人数42人,退休职工23人,内退职工7人。公司内设综合办公室、市场经营部、维护安装部3个管理部门,下辖8个支局。单位地址:武宣县武宣镇城东路8号。

广西区电信有限公司象州县分公司(简称:象州县分公司)2005年年末在册员工50人,内退人员3人。公司内设综合办公室、市场经营部、维护安装部3个管理部门,生产班组3个,下辖支局(所)11个。单位地址:象州县建新路46号。

广西区电信有限公司忻城县分公司(简称:忻城县分公司)2005年年末在册员工55人,公司内设综合业务部,公众客户部,维护安装部,集团客户部4个管理部门,生产班组4个,乡镇服务点13个。单位地址:忻城县翠屏西路1号。

广西区电信有限公司金秀瑶族自治县分公司(简称:金秀瑶族自治县分公司)2005年年末在册员工40人,退休职工24人(含内退2人),公司内设综合业务部、市场经营部、维护安装部3个管理部门,生产班组4个。单位地址:金秀瑶族自治县金秀镇解放路60号。

广西区电信有限公司合山市分公司(简称:合山市分公司)2005年年末在册员工32人,离退休员工10人(其中内退1人),公司内设综合办公室、市场经营部、维护安装部3个管理部门,生产班组5个。单位地址:合山分公司2005年办公地址:合山市城站路40号。

柳州长途传输局来宾传输分局(1996年成立) 1996年,柳州长途线务局来宾分局暂驻合山市北泗乡,共有职工13人,设分局长、助理员各1人。1999年,柳州长途线务局来宾分局位于来宾县来宾镇合山路,年底职工15人,设分局长、分局助理、技术员各1人。2000年,柳州长途线务局来宾分局位于来宾县合山路267号,用地面积5160.03平方米(出让),有员工宿舍楼一栋6层12套868.44平方米,另有所辖成团、来宾、凤凰、迁江、石陵、河里、合山共7处巡房用地面积1911.33平方米,巡房房屋517.92平方米。年底有员工9人,协作工10人。设分局长1人,副分局长1人。2003年,柳州长途线务局来宾分局更名为柳州长途电信线务局来宾分局。在职员工10人,协作工19人,设分局长、副分局长各1人,协作管理员1人。2004年,柳州长途电信线务局来宾分局改称柳州长途传输局来宾传输分局。2005年,柳州长途传输局来宾传输分局位于来宾市合山路267号。在职员工8人,协作工18人,设分局长、副分局长各1人,协作管理员1人。

第二节　固定电话

长途电话

电路明线　民国16年(1927年),广西长途电话局成立,即以柳州为中心开始架设长途电话线路,当年架设柳州经大塘至迁江4.0毫米的铁线1对,全长108千米,架设柳州经大塘至庆远2.0毫米铁线及柳州至石龙2.0毫米铁线2路。

民国17年11月,设省营长途电话局,对柳州经大塘至迁江的4.0毫米线路沿宾阳至邕宁线路突击完成。时有迁江经大塘至宜山2路,迁江经宾阳至南宁2路。因是单线,远距离通话音质差。

民国21年,架设柳州—武宣、武宣—贵县(今贵港市)、武宣—桂平3条线路。

民国31年,有大塘至迁江线路,全长63千米,迁江至宾阳芦圩线路总长52千米,石龙至大湾线路总长14千米。

民国末年(1949年1月1日至9月30日止),长途电话线路遭到国民党溃退军队严重破坏,迁江境内的长途线路全部被毁坏不能通话。

中华人民共和国成立后,各级人民政府组织力量抢修电话线路。1950年春,广西省人民政府集中力量将柳州至梧州、柳州至桂林、柳州至南宁三条干线抢修通话。但线路多被土匪破坏,致使省内长途电话阻断,只能用无线电联络。下半年,逐步恢复有线长话线路。1952—1962年,境内实线长话电路有柳州至迁江、柳州至武宣、柳州至来宾、柳州至象州和忻城至宜山5条。

20世纪50—60年代,长途电话线路虽有所增加,但多为铜、铁线电路,载波电路不足一半。1970年开始,柳州至各县开通载波电路,至1984年长途电路已超过100路,其中载波电路占94.4%,半自动拨号占22.2%。

1990年,柳州至金秀开通12路载波机。1993年,武宣增加长途电话自动电路18路,1995年5月,增加长途自动交换机600路端,新增数字数据(DDN)网用话路30路。来宾长途电话电路从1990年的17线对,发展到212线对。合山市新增长途数字光纤终端复用设备,容量480路。6月,象州增加480路。

1994年12月—1995年11月24日，柳州至境内各县（市）光缆全部开通，标志着今来宾市境内长途传输进入数字化阶段。

电　缆　1992年，柳州开始建设通信一、二级光缆。一级光缆：南宁经柳州至长沙，皮长245.14千米，中继段7个，1993年开工，1994年12月使用。二级光缆：其中柳州—金秀（从头排起），建中继段2个，1994年1月建，1995年11月21日使用。迁江—合山—忻城，皮长61.83千米，建中继段1个，1994年3月建，1995年12月使用。柳州—象州、武宣，皮长90.74千米，建中继段3个，1994年8月建，1995年10月21日使用。来宾县邮电局在南宁—长沙的干线上开口接入。

光　缆　1993年8月，长沙至南宁架空光缆通信干线工程建成，全长1200多千米，全线可开通19700条电路，建成后广西线段北与京汉光缆沟通，南与昆明和粤桂光缆衔接，同时可解决来宾、合山、象州、武宣等沿途县（市）乡镇二级干线传输的困难。

线务员在维护明线线路　　（1998年摄）

1994年9月13日，南宁经柳州至长沙长途光缆工程（广西段），通过自治区级验收投入试运行。柳州至象州、武宣，来宾至合山、忻城2条长途通信电缆于1995年5月30日通过自治区初验后投入试运行，11月底正式通过终验。柳州至象州到武宣和来宾至合山到忻城2条光缆，采用美国电报电话公司的光缆通信系统，投资分别为524万元、506万元。这2条通信光缆建成使用，使来宾市各县（市）长途传输全部实现现代化通信的光缆化。

长途电话交换机　民国16年（1927年），柳州开办长途电话业务至20世纪70年代初期，一直沿

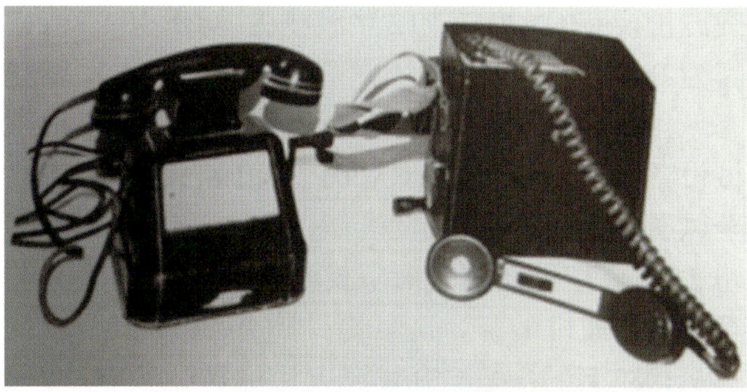

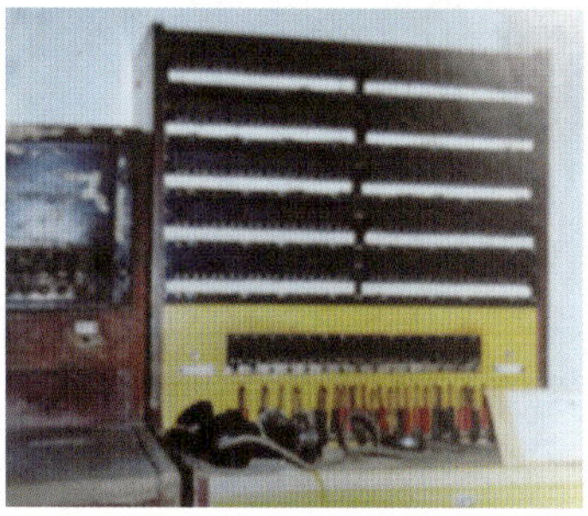

20世纪80年代以前使用的磁石交换机和磁石电话

用磁石式长途电话交换机，且与市内电话合用。其中忻城大塘、石龙、武宣、来宾大湾、金秀、象州各1部。进入20世纪80年代，境内各县（市）陆续安装专供长话使用的交换机，结束了长话与市话合用一部交换机的历史。进入20世纪90年代，市话改制为程控电话交换机后，长途电话可以直拨，长途电话并入全国直拨网，将沿用几十年的磁石交换机撤除。

载波电话机　1973年，境内忻城装设单路铁线载波机一端。1974年，开通柳州至来宾凤凰，采用德意志民主共和国制造的TFC型单路载波机，柳州至来宾开通，采用柳州电信局制造的晶体管单路载波机。1975年，武宣建立长途机务站，除专设1部20门的长途交换机外，还装一端长途3路载波机。1976年，象州邮电局安装3路长途电路载波机。1979年，忻城县改单路载波为3路载波机。

1980年，为增强长途电话通信能力，自治区邮电管理局决定将柳州至来宾原开的GX—2型3路

载波机房　　（1990年摄）

载波机换装 GX301 型 12 路载波机，柳州为 A 端，来宾为 B 端。

1981 年，来宾县邮电局安装的长途载波电话机械设备有：柳州至来宾 GX301 型 12 路载波机，柳州至凤凰 B845 型单路载波机，南宁经北泗增音机至柳州 2 套，南宁经北泗至衡阳载波机 1 套，南宁经北泗至桂林载波机 1 套。

1983 年，来宾长途载波电话机械设备有：柳州至北泗 GX301 型 12 路，来宾至柳州 GX301 型 12 路，GX—1 型 3 路。

1985 年，来宾长途载波电话机械设备有：柳州至来宾 GX301 型 12 路，柳州至来宾 GX2—1 型 3 路，柳州至凤凰 B841 型单路。当年，武宣增设一端武宣至柳州 12 路载波机。

1986 年，忻城改设 12 路载波机一端，并给县委及公安局传真电路 2 路。

1987 年 5 月，象州 305 型 12 路载波机安装完毕并投入使用。

在发展长途载波通信过程中，为适应战备需要，1965 年在柳州建立载波二站。1974 年冬在来宾北泗增设柳州载波三站(1984 年划归合山市邮电局管辖)。

载波机房

会议电话终端机及汇接机 1957 年 4 月 5 日，柳州局正式开办会议电话业务，使用会议电话终端机 1 部。1958 年，柳州局设会议电话室 3 处(其中柳州地委 1 处)，柳州地区各县邮电局相应设有电话会议室和安装会议电话设备。20 世纪 50 年代用 1 部话音增音机代替会议电话汇接机。1960 年，柳州局自行试制成功 1 台 18 路桥分器式汇接机，1970 年以后，换杭州产的新设备。1995 年 10 月 18 日，

载波机房 (1990 年摄)

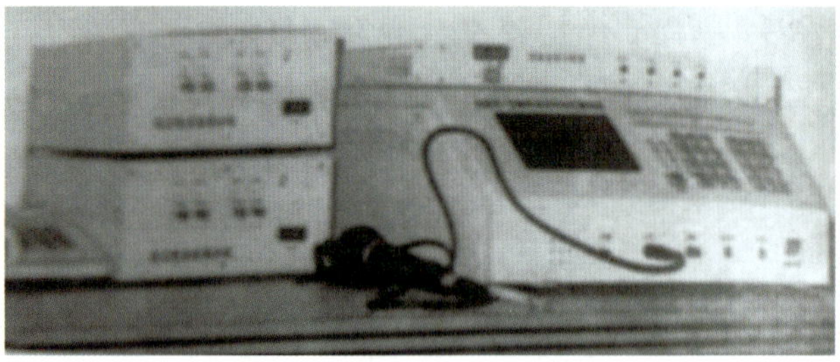

来宾局 1998 年使用的电视会议电话汇接台

柳州市邮电局从美国视讯公司引进价值 120 万元的会议电视电话设备开通投产。

来宾县邮电局于 1958 年始办会议电话业务。当年，由一位机务员自行研制会议电话汇接台，经测试，性能基本达到要求，即安装在市话、农话席间，每次召开电话会议时，把塞绳接到会议电话汇接台，预先通知各邮电支局、所总机接通各个用户。1978—1990 年，邮电局专设有一个会议电话室，专供县城各单位召开会议电话使用。1998 年，新安装电视电话会议设备 1 套，音质音量良好，图像清晰。

微波设备 1986 年 5 月 3 日，自治区人民政府批准兴建南宁经柳州至桂林数字微波干线，1988 年 1 月竣工，全长 355.7 千米，沿线 8 市县建站 8 个，其中来宾县 822 站。1988 年 12 月，安装意大利 CTR216 型 1920 路大容量数字微波设备，总投资 1107.6 万元，于 1989 年底开始运行，柳州为枢纽站，全线电路全部开通可同时提供 1920 条电路供用户使用。

1985 年，自治区微波通信局在来宾凤凰镇樟村附近山顶上筹建 1 个无人值机全自动微波机务站，1990 年建成投产，该站建成后，与外地有关站联结成点，沟通国内外大中城市的微波通信。

电源设备 1979 年前，今来宾市境内各县(市)电源设备较差，1979 年后逐渐得以改善。1979 年后，来宾县邮电局为确保电信通信畅通，先后安装 7 种电源设备：DZ603 型整流器 2 台，DP50A24V 直流配电屏 1 台，DT50A380V 交流电屏 1 台，DJ802 型油机三相 380V100A 市电转配电屏 1 台，2105 型油机发电机组 2 台(12 千瓦)，开口固定式 600AH24V 蓄电池 2 组，防酸隔爆式 50AH60V 蓄电池二组。

1994 年，来宾县邮电局安装 2000 门德国西门子自动程控交换机又重组 9 种电源设备：DPJ74380V400V 交流配电瓶 2 台，DZY7448V400A 整流器 3 台，DJP7448V600A 直流配电屏，防酸隔爆固定式蓄电瓶 2 组(每组 1200AH48V)，油机、市话转

换屏 1 台，380V400A1 台，250 千瓦油机发电机组 1 台，116 千瓦油机发电机组 1 台，2.2 千瓦中央空调 2 台，600A48V 直流分配柜 1 台。

业务种类　民国时期至 1950 年以后，柳州长途电话业务种类不统一，时增时减。1984 年，长途电话业务种类按人工、半自动接续和服务范围调整为：代号电话、特种电话、紧急调度电话、政务电话、普通电话、公务（业务）电话 6 种；长途电话按不同的处理手续分为叫号、叫人、传呼电话 3 种；此外，还开办有预约电话、会议电话和租用电路等 3 种特别业务。1990 年 6 月 26 日，正式开办长途电话直拨新业务。从 1992 年开始，柳州市及柳州地区各县（市）先后安装开通程控电话和架设开通光纤电缆，原长途电话靠人工台接转则由程控直拨所代替。原挂发长途电话则按“业务种类”和“接续顺序”进行接转电话的程序也不复存在。自 1995 年始，长途台先后撤销。

1966 年 9 月起，来宾始开办国际长话业务。

业务量　民国 18 年（1929 年），忻城大塘乡已有长话业务，属广西省局直接经营，但业务量甚少。民国 24 年 1 月—6 月，武宣县长途电话去话 112 次。民国 29 年，来宾、迁江两县长话次数分别为：一般 1006 张和 829 张，加急 74 张和 236 张。民国 31 年，象州长途电话去话首次 7510 次，加次 235 次。

中华人民共和国成立后，境内长话业务发展很快，长途电话业务量逐年增加。20 世纪 50 年代，今来宾市长途电话去话年均 0.7 万 ~0.9 万张。1953 年，来宾县计费去话 349 张。1954 年，金秀瑶族自治县去话 717 张。1955 年，金秀瑶族自治县去话 717 张。武宣县去话 2866 张，比 1953 年增长 9.2 倍；1958 年，来宾县去话 4793 张，比 1953 年增长 12.73 倍。

20 世纪 60 年代，今来宾市长话年均 2.5 万 ~3.0 万张。来宾县年均 1.2 万 ~1.4 万张，其中 1962 年为 1.06 万张，1965 年为 1.75 万张；武宣县 1960 年 8784 张，比 1955 年增长 2.06 倍。1965 年去话 5839 张；金秀瑶族自治县 1960 年为 3185 张，1967 年达 4252 张；象州县 1962 年为 0.6 万张，1965 年为 0.7 万张。

20 世纪 70 年代，境内开通 15 路载波，长途电话有所增加，年均长话去话 6.0 万 ~7.0 万张。来宾县 1970 年为 2.26 万张，1975 年为 3.11 万张，1978 年为 5.99 万张；1978 年来宾县长途电话去话和来话比 1968 年分别增长 2.08 倍和 0.61 倍；象州县 1970 年为 1.0 万张，1975 年为 1.4 万张，1978 年为 1.6 万张；武宣县 1970 年为 8500 张，比 1965 年增长 45.8%，1975 年为 12114 张，比 1970 年增长 42.5%；金秀瑶族自治县 1970 年为 3182 张，1975 年为 6468 张，1978 年为 8104 张。

改革开放后，搞活经济，长话对经济信息显示更大作用，境内长话业务量明显增加，长话年均 12 万 ~15 万张，比 20 世纪 70 年代增加 1 倍以上。来宾县 1982 年为 4.75 万张，1985 年为 5.87 万张，1988 年为 12.75 万张；象州县 1980 年为 1.7 万张，1985 年为 2.2 万张，1988 年为 3.5 万张；武宣县 1980 年为 1.93 万张，比 1975 年增长 58.9%；金秀瑶族自治县 1980 年为 9615 张，1985 年为 13611 张，1987 年为 16678 张。合山市 1984 年为 1.84 万张，1985 年为 1.55 万张，1988 年为 2.21 万张。

20 世纪 90 年代，随着改革开放的深入，今来宾市经济建设迅速发展，长途电话业务量明显增长。特别是开通长途电话直拨国内外后，业务量猛增。1990 年，忻城县长途电话去话 2.23 万张，比 1980 年增长 95.4%；武宣县长途电话去话 3.60 万张，比 1980 年增长 87.1%。象州县长途电话去话 2.93 万张，比 1980 年增长 72.35%；来宾县长途电话去话增加到 6.13 万张，来话 5.90 万张，比 1968 年分别增长 4.47 倍和 2.76 倍；比 1982 年增长 29.05%。当年，来宾县国际长话 76 张，港澳长话 172 张；合山市长途电话去话 1.87 万张，比 1984 年增长 1.63%。1991—1993 年，来宾县长途电话去话分别为 6.89 万张、13.25 万张和 23.99 万张，计费分别 6.75 万张、12.55 万张和 21.40 万张；忻城县长途电话去话 13.3 万张，年均 4.43 万张。其中计费电话 12.88 万张，年均 0.43 万张；武宣县长途电话去话分别为 4.06 万张、5.90 万张和 9.54 万张；象州县长途电话去话分别为 3.45 万张、4.65 万张和 18.13 万张。

1994 年，来宾县长途电话去话 73.14 万张，计费 68.91 万张，比 1990 年增长 10.93 倍；象州县长途电话去话 27.43 万张，比 1990 年增长 8.36 倍；武宣县长途电话去话 41.01 万张，比 1990 年增长 10.39 倍。

1995—1998 年，境内各县（市）长途电话路数增加，来宾至柳州开通的长途电话电路总数 1110 路。境内长途电话业务量也成倍增长。其间，来宾县长途电话去话分别为 171.15 万张、193.85 万张、248.20 万张和 342.85 万张；武宣县长途电话去话分别为 54.58 万张、58.47 万张、59.00 万张和 82.82 万张；象州县长途电话去话分别为 46.62 万张、56.21 万张、78.28 万张和 80.06 万张；1998 年，忻城县长途电话去话89.48万张，金秀瑶族自治县长途电话去话118万张。1999年，来宾县长途电话去话385.81万张，比1991年增长55倍，武宣县长途电话去话99.49万张，比1991年增长23.51倍。

21世纪后，电信事业发展迅速，广大人民群众普遍使用无线寻呼和移动电话，境内长途电话业务量仍在增长。2000年，来宾县长途电话去话398.67万张，比1999年增长3.33%；武宣县长途电话去话110.43万张，比1999年增长11%。2001年，来宾县长途电话去话519.68万张，武宣县长途电话去话129.08万张。2002年，来宾县长途电话去话599.68万张，比2000年增长50%，武宣县长途电话去话135.47万张，比2000年增长22.69%。

市内电话

人工交换机 民国15年(1926年)，柳庆电话总处最早安装的是瑞典依力伸磁石式人工交换机，用户20余户。民国19年，来宾县设有30门交换机1部，电话用户18户；武宣县局有25门磁石式交换机1部，实用21门。民国22年，忻城县在县政府内设20门瑞典产座台式交换机1部。民国24年，柳州市话交换机扩充至7个座席，电话用户176户；迁江县交换机10门；忻城大塘交换机6门；石龙镇交换机10门。民国33年11月，日军侵犯柳州，柳州总机无力撤走，便由驻柳国民政府第二十六军通讯兵监视，予以破坏。民国35年初，恢复市内电话业务。民国末年(1949年1月1日至9月30日止)7月，广西省政府令市内电话分别独立经营。民国39年，来宾县装机容量增至30门，用户增至20个。

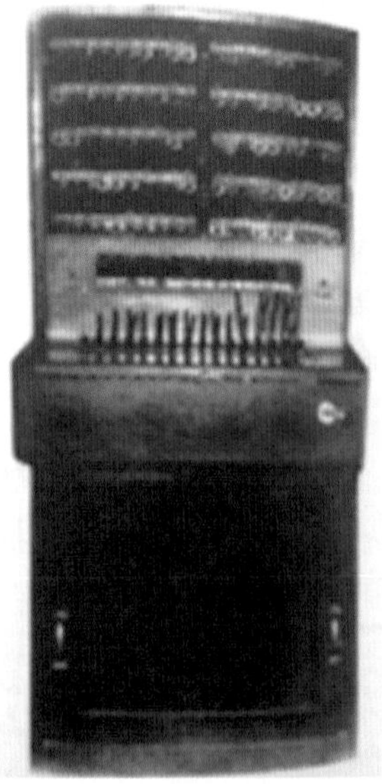
人工磁石电话交换机 (1990年摄)

1950年，武宣局设10门交换机1部，实用4门。1951年，柳州首次开办公用电话。1953年，石龙县城市内电话设50门总机1台，安装话机30部。来宾县总机从城厢街迁到来宾镇今劳动服务公司大楼处，设市话交换机容量70门。1954年，忻城县市话交换机总容量30门。1955年，境内各县市话交换机总容量530门，实占容量367门。1955年，忻城县市话交换机容量增至60门，实占42门，市话用户32户，均为党政及厂矿企业用户。1956年，石龙县增设50门交换机1台，装话机51部。1957年，忻城县市话交换机总容量增至100门，实占72门，市话用户51户，其中计费49户。1958年，来宾县市话交换机容量增至300门。1961年，忻城县市话总容量增至200门，实占105门，用户82个。1962年，象州县城设100门交换机1台，安装话机72部。1960年，武宣县有交换机1台100门，实用96门，有电话机85部。

1965年，境内市话交换机容量增到1600门，实占1135门。1967年，象州县将市内电话交换机增至2台容量200门。1971年，武宣县市话交换机扩容至200门。1975年，境内市话交换机总容量增加到2100门，实占1565门。1977年4月18日，象州县新装南宁产100门磁石市话交换2部，1980年，武宣县有交换机2台，总容量200门，实用194门。1981年，象州县增设100门磁石交换机1台，市话交换容量为300门，维持至1990年底。1984年，武宣县交换机总容量300门。

1985年，境内各县(市)市话交换机量达3640门，实占2260门。当年，来宾县市话交换机总容量增至600门，用户298个，维持至1990年底。1988年，武宣县交换机总容量500门，实用435门，维持至1990年底。

自动交换机 20世纪70年代末，今来宾市始用自动交换机，电话通话质量有较大提高。1979年，境内来宾局开通准电子式自动交换机，容量400门，电话用户194户。1989年，合山局分别换装国产纵横制交换机各500门。1990年，来宾局扩容纵横制自动电话交换机1000门。同年，柳州局引进西德西门子2万门数字式市内电话程控交换机设备，可直拨世界190个国家和地区的长途电话。同年12月，来宾局引进美国程控自动交换机容量1000门，更换国产600门准电子交换机。象州局投资200万元，引进美国产1000门程控交换机设备1套，并铺设电缆6千米，装电话机550部。1991年，来宾局1000门程控电话交换机开通使用，并完成迁江糖厂200门程控电话的安装工程。1992年，忻城县政府与邮电部门签协议共建县城2000门程控电话、移动通信、光缆通信，投资370万元，1993年开通投产。1993年12月31日，武宣局投资820万元，引进德国西门子EWSP2000门数字程控电话交换机，割接开通，并实行城乡同步，一次实现全县数字程控电话自动化，县、乡间等位拨号，全部甩掉“摇把子”电话。1994年2月28日，来宾县数字程控电话一次割接成功，2193门数字程控电话正式开通投产，电话号码由4位升6位。境内合山市、金秀瑶族自治县和象州县程控电话交换机进行扩容。合山局扩容2000门；金秀局投资400万元，年初开通1000门程控电话；象州局自筹资金和贷款安装上海产S-1240数字程控电话交换机2000门，12月开通。是年，今来宾市各县（市）的电话号码由6位升为7位，一齐进入柳州电话网。

1995年，境内来宾县交换机扩容2000门，使数字程控交换机总容量达到8456门。象州局2000门，武宣县扩容4000门，忻城县扩容4000门。金秀瑶族自治县新增容528门。1996年，来宾县交换机容量9063门。象州县S-1240数字程控交换机扩容2000门。1997年，忻城县程控电话再次扩容，市话交换机总容量达6144门。1997—1998年，象州县S-1240数字程控交换机再次扩容2000门。1998年，武宣县市话EWSD型数字程控交换机容量6391门，实占4560门；象州县市内电话S—1240数字程控交换机容量已达6000门。来宾县市话交换机容量18360门，实占10485门。忻城县市内电话交换机总容量6144门，实占3323门，市内电话用户3289户。1999年，象州县再扩容1500门，市话交换机总容量达7680门。来宾县市话交换机容量18360门，实占10485门。2001年，来宾县新增交换机容量11978门（含流动市话）。象州县市话交换机总容量达10240门。2002年，来宾县新增设备容量16723门。全县线路工程投资1600万元，完成线路主干、配线扩容、管道及户线应急工程82项。象州县交换机总容量为27136门。

2003年，来宾电信分公司完成20多个模块局EWSD设备扩容17000多门。建设完成来宾市政府线路工程。开通24个接入网点的华为160B、240F共5000多线。完成8个网点的华为SDH本地环路建设。完成15个网点的动力设备安装。完成市区、凤凰250个500MW小灵通基站安装和优化工作。全市市话交换机总容量突破27万门。固定电话用户总数已超过21万户，小灵通用户总数已超过10万户。兴宾区交换机总容量突破12万门固定电话用户总数已超过10万户，小灵通用户总数已超过3万户，信号已能覆盖整个来宾市区，以及凤凰、迁江、来宾华侨农场等各大乡镇（农场），互联网用户总数超过1万户。象州县交换机总容量达34920门。

2005年，全市新增固定电话交换设备（含接入设备）15.5万门，本地电话网总容量达到45万门。新增各类数据通信端口6万线，总数达到10万线。固定电话用户总数已超过29.86万户，小灵通用户总数10万户。

线路设备

民国31年（1942年），迁江、武宣、石龙等县（镇）市话架空线路长4千米，架空裸线25千米，电杆116根。

中华人民共和国成立后，据不完全统计，1950年，境内各县市话杆路长1千米，架空明线11.8千米。1960年，境内市话杆路长66千米，架空明线356对千米，电缆8.1皮长千米。1970年，境内市话杆路长105千米，架空明线274对千米，电缆14.12皮长千米。1980年，境内市话杆路长172对千米，架空明线566对千米，电缆32.65皮长千米。1995年，境内市话电缆324.5皮长千米。

来宾县城内电话线路：1949年11月线长6千米；1953—1959年为架空明线，共49对千米，多数用户为单线；1960年，全部改为双线装置，线路总长66对千米；当年末，有部分用户改用电缆，皮长1.6千米；1978年，来宾县城市内使用自动电话后，电缆伸长到4.84千米，蕊心长346对千米。1988年，对市内线路进行大修，木杆换上水泥杆。同时架设来宾至华侨用户中继电缆6.4皮长千米，从柳来路交通局至古三桥井字杆引入中继线用1.24皮长千米的电缆代替明线中继线。此次市内大修用户线路全部换成埋式电缆，结束了几十年使用的市内用户架空明线的历史。1990年，明线杆路长56对千米，电缆长17皮长千米。1991年后，来宾县市内电话全部采用电缆，当年市话电缆皮长23千米，1992—1998年，来宾县城市话电缆皮长分别为25千米、32千米、38千米、55千米、83千米、135千米和160千米。

石龙、象州县城内电话线路：1956年，石龙县架空明线长26.5对千米，次年为52对千米。1962年，象州县邮电局有市内电话线杆路总长3.6杆程千米，架空明线23.2对千米；1965年，架空明线36对千米；1967年，将市内电话线路大修，主杆线路由明线线路改为电缆共1.6皮长千米，电缆心线长81对千米；1978年，市话电缆长度发展到2.44皮长千米，心线长121对千米;1990年,明线杆路长17.5对千米,电缆长11.7皮长千米。1991年,继续使用1130对出局电缆,6孔管道645米至县房地产开发公司门前,4孔管道387.5米至县文化馆门前,新设塑皮电缆1.22千米(放于管道内),新设HYA塑皮架空电缆4.28千米,合计5.5皮长千米,共设入孔11个。1994年,配合数字程控电话装机工程,市内线路又进行一次较大规模的改造,原出局电缆1190对,增至3000对,全部采用直配式电缆;新放电缆16.92千米,折合为1619.52芯线千米。1996年5月,程控交换机扩容2000门,增加出局电缆3000对,其中邮电局至文化馆增加HYA—1000×2×0.4电缆1条,270米;邮电局至县公路局门前放HYA—1000×2×0.4电缆1条,680米;邮电局至建新商店门前放HYA—1000×2×0.4电缆1条。是年,共增加电缆长度5.2皮长千米。1997—1998年,程控电话交换机再扩容2000门,又相应增加出局电缆2000对。经过调配在光明路口农机公司门前设交接箱1个,邮电局到此交接箱放HYA—1000×2×0.4电缆1条;城东开发区朝南路口设交接箱1个,放HYA—1200×2×0.4电缆1条;东井路县劳动就业中心门前设交接箱1个,放HYA—600×2×0.4电缆1条。1998年,象州市内电话电缆皮长达30.2千米。1999年,象州市内电话出局电缆13000对,全程电缆共计183皮长千米。

武宣县邮电局:1962年有市内电话线杆路总长3杆程千米,架空明线23对千米;1965年有44线对千米,7杆程千米。1966年,架空明线增加到56对千米,1968年,因遭"文化大革命"运动破坏,市话线路只有12线对千米,杆路只剩3杆程千米。1969年,武宣县邮电局改建市内电话线路,开始增设市内架空电缆皮长1.66千米,电缆芯线长81线对千米。1971年挂空电缆增加到2.12皮长千米,架空明线相对减少。1975年,有34线对千米,18杆程千米,架空电缆皮长2.12千米,电缆芯线95线对千米。1980年市内电缆皮长2.62千米,电缆芯线112线对千米。1984年,电缆增加到4.1皮长千米。1988年,电缆增加到6.2皮长千米。1990年,市话线路为57线对千米,市话杆路长度17杆程千米,市话架空电缆6.2皮长千米。电缆线芯长度397线对千米。1993年11月6日,电缆管道线路工程全部结束。管道电缆4.5皮长千米,架空电缆8.5皮长千米。1995年,增设地下管道和电缆,电缆总长度72.3皮长千米(含地下电缆),线路长度718对千米。1998年,出局用户电缆4974对,电缆长度55.9皮长千米;光缆长度104皮长千米,光缆纤芯长度636芯千米。2000年,本地中继光缆线路长度96千米;光缆纤芯长度1295芯千米;接入网光缆线路长度20千米。2002年,本地中继光缆线路长度104千米;接入网光缆线路长度50千米。2003年,本地中继光缆线路长度180千米;本地管道长度11千米。2005年,本地中继光缆线路长度326千米;接入网光缆线路长度272千米;主干电缆长度412皮长千米。

金秀瑶族自治县市内电话从1997年12月底共有出局电缆120对、1.4皮长千米。1998年由于不断扩大市话电缆的施工建设,年末有出局电缆2000对、19.53皮长千米。

表20-4 **1960—2005年来宾市各县(市、区)城镇电话机拥有情况表**

单位:部

县(市、区)名称 \ 年份	1960	1970	1980	1990	2000	2005
合计	394	450	772	3103	68188	298613
合山市				1183	19861	27782
象州县	106	82	135	243	6329	28208
武宣县	0	119	195	263	7473	41633
兴宾区(来宾县)	151	111	227	988	25283	152543
金秀瑶族自治县	51	49	88	173	3360	19523
忻城县	86	89	127	253	5882	28924

市内电话业务

自民国14年(1925年)柳州市内电话开局到民国末年(1949年1月1日至9月30日止),除经营普通电话外,还办理合用电话、同线电话,电话副机、互通机、专线、界外电话及警铃电话。

1950年以后,市、县局实行邮电部修订的《市内电话业务规程》和《市内电话使用办法》。1983年5月1日起实行邮电部新颁布的《市内电话使用规则》,其业务种类计14种:即普通电话(正机)、电话副机及附件、同线电话、合用电话、用户交换机及互通机、分机、中继线、专线、临时电话(专线)、公用电话、复用设备、租用挂线、租用管道、代维用户机线设备。对上述业务种类办理装机、移机、拆机、暂拆换机、换号、改名、过户等事项。为方便用户查询及报警,还开办有几种市话特别业务:查号台(114)、障碍申告台(112)、火警(119)、盗警(110)。1989和1992年,柳州市局分别开办无线寻呼(BP机)和移动电话(大哥大)业务,境内各县(市)局于1993—1995年先后开办这两项业务。

表20-5　1950—1995年境内市内电话线路、交换机总容量表

年份	线路(对、千米)					交换机	
	杆路长度	架空明线	电缆长度	芯线长度	其中:地下电缆	总容量(门)	实占容量(门)
1950	1	11.8					
1955		186	3.50			530	367
1960	66	356	8.10	484		1300	893
1965	86	338	9.40	545		1600	1135
1970	105	274	14.12	744		1750	1151
1975	145	460	22.92	1451		2100	1565
1980	172	566	32.65	1833		2500	1972
1985	249	753	54.00	2762		3640	2605
1990	252		102.90		17.3	5840	3687
1995			324.50			44859	21320

表20-6　1950—1995年境内市内电话装机

年份	电话装机		年份	电话装机	
	总户	平均每年(户)		总户	平均每年(户)
1950	6		1971—1975	3605	721
1951—1955	924	184.8	1976—1980	7087	1417.4
1956—1960	3100	620.0	1981—1985	10039	2007.8
1961—1965	3944	788.8	1986—1991	13394	2678.8
1966—1970	3413	682.6	1991—1995	58615	11723

农村电话

管理机构　民国17年(1928年)广西省政府开始建设县筹省助的乡村电话,由县经营,供区、乡政府免费通话之用。民国18—22年,武宣、象县、来宾、迁江、忻城等县先后成立农村电话管理处(局),在区、乡设分处(局)。

1950年以后,境内各县人民政府接管乡村电话,改称地方电信,进行部分恢复。1954年,邮电部门代管地方电信,改称县内电话,即开始有计划地加以改造建设。1956年,农业合作化中,达到区区设总机、乡乡通电话。1961年,乡村电话改称农村电话。1989年,自治区人民政府决定,对农村电话管理体制进行改革,各县邮电局先后将农村电话乡(镇)以下(即乡镇至村委会)部分设备移交给当地政府管理,县至乡(镇)的中继线和交换机设备仍归邮电部

门管理。自此以后，乡（镇）至村委会电话的机线设备日常管理和建设，以及更新改造的投资费用全部由当地人民政府负责。乡村电话移交地方后，无专人负责管理，电话机线设备被盗严重，乡（镇）财政困难，无力修复通信。1995年，全地区1367个行政村，能保持通电话的只有122个，占行政村数的11.20%。2005年，全市开通程控电话的村（居）委会735个，占全部村（居）委会的95.70%。

线　路　民国18年（1929年），境内开始架设乡村电话线路，至民国24年，境内有乡村电话线路共2605.69千米，其中，来宾385.34千米，迁江239.61千米，象州217.73千米。民国29年，有乡村电话线3903千米，电杆59425根。同年，金秀警备区署架设修仁经头排、三角、甲江至金秀45千米线路。民国32年各县乡村电话线路3497千米。民国33年11月，日本侵略军入侵境内，各县乡村电话杆线被破坏殆尽。民国35年，逐步修复乡村电话。民国36年，象县38年，乡村电话线路部分被国民党军队破坏。

中华人民共和国成立初期，境内各县人民政府接管乡村电话，不久，乡村电话被土匪破坏。1951年下半年开始修复。1953年，境内乡村电话线路架空明线长度4137条千米。当年，忻城县代管的农村电话线路共有85线对千米。1954年6月，石龙县（今象州、武宣县）已恢复干线16条，373千米。恢复乡村电话线41条，381.1千米。1955年，武宣县有农话线路335线对千米，比1950年增长26.9倍，杆路增至46.5杆程千米。1956年底，忻城县共有452对千米，比1953年增长4倍。石龙县186个乡有180个通电话，线路长1395千米。1958年，石龙县架空明线杆路总长2018千米，架空明线线条总长2101条千米。1959年，对线路进行整治，公社有直达专线。石龙县农村电话杆路总长2139杆程千米，中继线356对千米，单线回路线条长1880千米。1960年，石龙县农村电话杆路长2604杆程千米。1961年，石龙县已有348个小公社、大队、生产队通电话。忻城县农村电话杆路长达1292千米，架空线路716对千米。但由于技术力量薄弱，不讲质量，每遇刮风下雨，漏电、倒杆、断线现象时有发生，维修极为困难，通话质量很差。1963年，象州县农话中继线杆路长度187千米。1965年，武宣县农话中继线231线对千米，589杆程千米，其中县城至各区农话中继线杆路148杆程千米，各区至公社杆路441杆程千米。忻城县杆路并为682千米，比1961年减少了47%，线路479对千米，比1961年少3%。1970年，境内农村线路杆路长度10475千米，明线线路长度9533对千米。武宣县农话中继线242线对千米，公社至大队电话用户线路303千米；673杆程千米，其中县至公社农话中继线杆路122杆程千米，公社至大队用户杆路551杆程千米。1975年，武宣县有农话中断线248线对千米，农话用户线路259线对千米；602杆程千米，其中176.46千米为水泥电杆，425.54千米为木杆。1980年，境内农村电话线路杆路长度9482千米，架空明线线条12279对千米，电缆10.43皮长千米。武宣县农话中继线315线对千米，公社至大队用户352线对千米；449杆程千米，其中县至公社农话中继线120杆程千米（水泥电杆82杆程千米），公社至大队用户电话329杆程千米。1985年，武宣县有农话中继线281线对千米；355杆程千米，其中县至公社农话中继线107杆程千米。1986年，忻城县计有农话中继线路160.87杆程千米，381.65线对千米，农话乡村用户线路488杆程千米，699线对千米，地下电缆0.7千米。金秀瑶族自治县计有农话中继线路160.87杆程千米，381.65线对千米，农话乡村用户线路488杆程千米，699线对千米，地下电缆0.7千米。1989年，境内农村电话杆路长度5820千米，架空明线长度10896对千米，电缆皮长91.1千米。

合山市1984年前电话线长为90对千米。1984年改单线装置为双线装置，全长14对千米。1984—1990年，有架空明线38对千米。1984—1988年，有电缆线路690对千米1990年增至1360对千米。

1990年，来宾县农村电话杆路长度595千米，架空明线长度1387对千米，电缆皮长21.2千米。忻城县计有农话中继线路160.87杆程千米，农话乡村用户线路144杆程千米，架空明线332对千米，地下电缆1.3皮长千米。武宣县电话线路615.5线对千米，其中农话中继线281.89线对千米，农村用户线路333.61线对千米。在农村用户线中，乡至村公所电话达263线对千米，农村电话杆路长度共243.01杆程千米，其中中继线杆程112千米，乡至村公所131杆程千米。金秀瑶族自治县中继线路不变，农话乡村用户线路144杆程千米，332线对千米，地下电缆1.3皮长千米。

1991年，来宾县农村电话架空明线长度1522对千米，电缆皮长23千米。1992年，来宾县农村电话架空明线长度1498对千米，电缆皮长25千米。武宣县农村电话杆路长度145千米，路线长度718对千米，载波路数12路，电缆长度0.4皮长千米。

1993年,境内各县(市)乡镇陆续开通乡镇程控电话,结束了农村电话手工“摇把子”人工电话的历史,农村电话线电缆有所增加。来宾县农村电话架空明线长度1507对千米,电缆皮长32千米。象州县共架设出局塑料电缆2.1千米,立水泥杆杆路73千米,放用户电缆皮长15.4千米,架空明线195千米。1994年,来宾县农村电话架空明线长度1537对千米,电缆皮长38千米。象州县增加用户电缆8.9千米,明线线路总长305线对千米。1995年,来宾县农村电话架空明线长度1546对千米,电缆皮长55千米。象州邮电局组织力量,为罗秀糖厂架设50对进厂电缆。建设罗秀开发区电缆杆路。对中平街排杆进行改造,增加电缆1.6千米,并为中平乡政府架设30对专线电缆进入政府大院。增架马坪街道主干电缆450米,同时为马坪中学架设20对专用电缆。武宣县农村电话杆路长度145千米,路线长度718对千米,载波路数20路,电缆长度52.6皮长千米。1996年,象州县邮局增放用户电缆5.36千米;来宾县农村电话架空明线长度704对千米,电缆皮长75千米。1997年8月,象州县架设运江街电缆1.53千米,架设寺村用户电缆3.58千米,并对大乐街北面排杆进行整治,更换水泥电杆11根,新架电缆1.76千米;9月,新建中平街排杆2千米,架设电缆3.16千米;10月,架设百丈用户电缆0.69千米,增建妙皇街排杆路0.65千米,架设用户电缆1.98千米;12月,架设石龙街电缆1.19千米,新架设石龙糖厂100对电缆3.04千米。当年,来宾县农村电话架空明线长度704对千米,电缆皮长96千米。从1997年起,境内各县先后开始架设乡镇光缆,逐步将通信建设的重点转向农村。至1997年6月底,象州县农话光缆全部架设完毕,总长147.4皮长千米。11月后,光纤电缆逐步开通使用,石龙、寺村、罗秀、大乐、中平、运江、妙皇、水晶、百丈全部安装武汉邮电通信设备厂生产的GD—MF8HS—IIIB型光端机。马坪安装诺基亚光端机。1998年,来宾县农村电话架空明线长度704对千米,电缆皮长123千米。象州县农村电话的出局电缆为5560对,总长55.60皮长千米。当年,境内各县农村电话中继线路全部采用光纤传输,明线和载波电路全部停用。

2000年,象州县先后完成中平、百丈、大乐、马坪等乡镇至行政村和部分自然村屯、罗秀至大周等村屯、寺村至大井、茶花山林场至运江岩村的农村电话杆路建设,共架设电缆261.44皮长千米,投资1500万元。年底,完成县城和运江、石龙、罗秀、中平、水晶街道的户线改造工程,为用户提供了优质高速的通信服务条件。

2001年,象州县建成并开通上山、林塘、麦棉三个农村有线接入网网点。完成百丈、水晶、马坪、妙皇、大乐的接入网改制工作。并在运江都莲、石鼓、寺村花池、罗秀潘村、大乐龙屯、马坪新庆等地建设有线接入网网点。电话网络覆盖了全县11个乡镇,56个自然村。来宾县投入工程建设资金970万元,主要建设项目有:县城PAS系统网络优化,增加安装小灵通基站80个,增加建设开通IC卡公话462部;完成凤凰、迁糖、桥巩、华侨、平阳、县城城南及县城河西等7个程控模块局的设备扩容和正龙、高安、良江等11个网点的接入网扩容,并新增设了文武、大宝、下廖等3个设备网点,增加埋设地下管道4.35千米,架设光缆线路15.5千米,配合迁江至武宣二级公路修建完成线路改道工程9.6千米,完成北五至凤凰部队拥军线路工程,解决了凤凰部队官兵长期以来打电话难的问题。

2002年,来宾完成凤凰八一冶炼厂、良塘等乡镇村屯的电缆扩容工程;开通龙头、甘秦、高槐等网点。全年新增设备容量逾1.6万门。完成凤凰、迁糖、桥巩、华侨、平阳、城南、河西等程控模块局设备的扩容。完成东塘、高槐、文武等接入网设备扩容。完成雅山、社头等光纤子模块设备安装。新增城厢、凤凰冶炼厂交换网点。加快宽带网建设。优化PAS系统网络,扩大网络覆盖范围。象州县在原有网络的基础上,新增固定资产投资1400多万元,安装调测开通小灵通市话业务和ADSL宽带业务;安装调测开通了县局2.5G传输系统;新建开通了28个乡村接网点;3个乡村光环点。武宣县本地电话中继电路1140路,本地中继光缆线路长度209.5千米,接入网光缆线路长度76.2千米。

2003年,来宾电信分公司完成20多个模块局EWSD设备扩容17000多门。建设完成来宾市政府线路工程。开通24个接入网点的华为1608、240F共5000多线。完成8个网点的华为SDH本地环路建设。完成15个网点的动力设备安装。完成市区、凤凰250个500MW小灵通基站安装和优化工作。配合市人民政府进行城北区管线规划以及建政大道等道路的通信设施迁改工程,支持来宾新兴城市的城市基础建设。根据兴宾区人大议案、市政协提案中关于“边远农村急需装电话”的建议,该分公司着眼于广大人民群众的根本利益,超常规建设,由各村委免费提供房屋,安装开通室内240F、室外1608交换设备解决了10多个行政村通电话问题。

象州县电信局完成罗秀、石龙、中平、寺村260传输的改造,RTUS交换机改造。割接、改造、扩容龙富、茶花山光环点改接入网点,由240门扩容至268门。新建开通马坪东岸、横桥、罗秀礼教接入网点。新建象州—寺村—百丈—中平—大乐—罗秀—水晶—运江—象州乡镇传输环的建设。完成了象州通信机房的防火改造。完成了中兴宽带在石龙、寺村、罗秀、县局的扩容,在中平、运江、马坪、妙皇、大乐的开通。完成了象州—石龙、象州—大乐、象州—运江、运江—水晶、罗秀—水晶、寺村—百丈的光中继扩容。

2004年,来宾开通移动公司各乡镇2M电路,安装28套8M光端机。开通信用联社各乡镇2M电路,安装32套8M光端机。小灵通方面:完成无线网络200MW基站一500MW基站的过渡安装和调测开通工作。优化RPC设备13套,200MW基站265个,10MW基站84个,开通500MW基站240个。完成迁江、迁糖、来华、良江、小平阳小灵通的基点开通。

2005年,象州县投资73.3万元,新增架设马坪、罗秀、县城光缆杆路,解决了当地农村通信难问题,全面支持政府信息扶贫工程;不断完善、优化小灵通的网络,安装与调通了石龙镇、温泉点的小灵通基站设备。武宣县本地电话中继电路266路,本地中继光缆线路长度770千米,接入网光缆线路长度210千米。

设　备　民国18年(1929年)2月,武宣县乡村电话处下设二塘、三里、桐岭分局,有交换机5部63门,实用50门,单机15部。民国20年和民国22年,迁江、来宾分别成立乡村电许管理处(局),时两县农村共有交换机3台55门。民国24年,境内各县共有交换机19部、368门,单机242部。民国29年,有交换机38部、444门,单机172部。

中华人民共和国成立后,境内各县人民政府迅速抢修农村电话通信干线,农村电话得到较快发展。1951—1953年,境内各级政府提出“土改到哪里,电话通哪里”。1953年,境内农村交换机总容量792门,实占536门,电话交换点331处。1954—1956年,境内在农业合作化中,实现区区有总机,乡乡有电话,农村电话交换点增到1186处,比1953年增加2.6倍。1958年,境内农村电话交换点增至1202处。1960年,境内各县辖公社及生产大队全部通电话。是年,武宣县有交换机10台310门,实用292门,电话机257部。1962年,农村电话网进行较大调整,1971年,境内农村电话交换点共有108处。武宣县有交换机总容量390门,实用186门,电话机178部。1980年,境内每个乡镇均安装交换机,大队全部通电话。武宣县有交换机8台总容量360门,实用377门,电话机369部。1985年,境内农村交换点109个。武宣县有交换机总容量300门,实用251门,电话机226部。

1990年,来宾县农村交换点25个,交换机总容量990门,实占449门。武宣县农村交换点8个,交换机总容量380门,实占224门。1991—1993年,来宾县农村交换点均为27个,交换机总容量分别为810门、874门和1174门,实占分别为505门、580门和674门。1993年,忻城县境市内电话改用自动制程控电话机,先后在思练、大塘、马泗、红渡、古蓬等乡镇增设铁线12路载波机,在新圩、果遂、北更、遂意等乡安装3路载波机。1994年,来宾县农村交换点26个,交换机总容量2570门,实占831门。同年9月,忻城县在大塘镇开通HID-88型256门程控电话交换机,在思练和红渡镇开通HID-88型96门程控电话交换机。1995年,境内90%的乡镇开通程控电话。来宾县各乡(镇)架设了光缆并安装程控交换机。来宾县农村交换点26个,交换机总容量2584门,实占1307门。1995年1月,建成合山至忻城光缆线路,忻城县停止使用长途12路载波机及3路载波机。同年5—11月,先后在马泗、古蓬、北更、新圩、果遂等乡镇开通HID-88型96门程控电话交换机。1996年,来宾县农村交换点26个,交换机总容量4502门,实占2181门。1997年,来宾县新分设的正龙、高安、七洞、大里4个乡,相继开通程控电话,从而实现全县乡乡安上程控交换机。来宾县农村交换点25个,交换机总容量14710门,实占3568门。12月,忻城县在欧洞乡安装上海贝尔S1240模块局512门。1998年,来宾县农村交换点24个,交换机总容量16454门,实占6850门。忻城县先后在马泗开通上海贝尔S1240模块局512门,在红渡、古蓬、大塘、思练开通上海贝尔S1240模块局1530门,在新圩、果遂、北更开通HDC-1000型120门光环路设备,在遂意安装64门光环路设备,在安东安装56门光环路设备。全县各乡(镇)之间建成光纤电缆线路总长178.98千米,130个行政村有99个行政村开通程控电话,农村电话用户1580户。2001年,来宾县电话交换机总容量33812门,实装用户22907户。象州县当年新增固定资产投资1300多万元,新增局用交换机4200门;建成并开通上山、林塘、麦棉3个农村有线接入网网点;完成百丈、水晶、马坪、妙皇、大乐的接入网改制;在运江镇都莲、石鼓、寺村镇花池、罗秀镇潘村、大乐镇龙屯、马坪乡新庆等地建设有线接入网网点，扩大了市场份额。电话网络覆盖全县11个乡镇、56个自然村。2002年，来宾县农村电话交换机总容量46475门，实占35133门。象州县在原有网络的基础上，新增固定资产投资1400多万元。新建开通28个乡村接网点、3个乡村光环点。全县交换设备总容量为27136门。2003年，忻城县人民政府投资建设农村电话网，先后完成宁江乡范团、板六、高塘、加仁、隆光、龙舞等村，马泗乡同古、五龙村，欧洞乡里苗村，大塘镇敬流、大同、龙安、寨东、寨南、寨北等村，思练镇梅岭、石龙村，安东乡新桥、国辉村，新圩乡丹灵村，果遂乡花红、龙马村，红渡镇马蹄、马安村及乐滩水电站，古蓬镇周安、东河、板内、龙球、三浪、枝林等村，北更乡塘太、加福村，遂意乡联堡村等接入设备安装，架设接入网点附近村屯电缆线路，并投入使用；完成县城21个500mw、26个10mw小灵通基站安装工作。欧洞乡有11个村屯开通程控电话，程控电话用户800户（部）。大塘镇家庭互联网用户89户；固定电话装机2360部，移动电话用户4500户；有9个村委装有固定电话。古蓬镇开通程控电话3800部，电话普及率90%；思练镇有4个行政村开通有线电话，有线电话1600部；象州县完成罗秀、石龙、中平、寺村260传输改造、RTUS交换机改造；中平、寺村模块局扩容1000门，石龙、罗秀模块局扩容500门；割接、改造、扩容龙富、茶花山光环点改接入网点，由240门扩容至268门，横桥接入网点扩容128门，麦棉、上山接入网点扩容128门，县局S-1240扩容1000门；新建开通马坪乡东岸、寺村镇横桥、罗秀镇礼教接入网点；新建象州－寺村－百丈—中平—大乐—罗秀—水晶—运江—象州乡镇传输环；完成象州通信机房防火改造；完成中兴宽带在石龙、寺村、罗秀、县局的扩容，在中平、运江、马坪、妙皇、大乐开通；完成石龙开关电源的割接改造和新油机的改造安装；母局配线架扩容了5000线，大乐配线架更新改造。为进一步完善象州的小灵通网络，新增部分小灵通机站；完成象州—石龙、象州—大乐、象州—运江、运江—水晶、罗秀—水晶、寺村—百丈的光中继扩容。

表20-7　**1953—2005年来宾市各县（市、区）通电话的行政村情况表**

单位：个

县（市、区）名称＼年份	1953	1960	1970	1980	1990	2000	2005
合　计	77	560	539	580	730	723	739
合山市				30	27	29	31
象州县	40	60	80	110	112	117	118
武宣县			85	90	142	126	126
兴宾区	27	296	223	204	252	248	256
金秀瑶族自治县	10	47	46	50	76	77	78
忻城县		157	105	111	121	126	130

表20-8　**1960—2005年来宾市各县（市、区）农村电话机拥有情况表**

单位：部

县（市、区）名称＼年份	1960	1970	1980	1990	2000	2001	2002	2005
合山市	—	—						
象州县	696	259	365	358	5453	6240	6745	7321
武宣县		274	258	281	5033	8067	9378	19976
兴宾区	700	401	2066	970	18788	22907	35133	78588
金秀瑶族自治县	107	87	118	218	2304	2764	3316	5621
忻城县	367	233	314	219	4903			
合　计	1870	1254	3121	2046	36481	39978	54572	111506

公用电话

民国14年(1925年),柳州始有公用电话。中华人民共和国成立后,今来宾市辖各县(市)公用电话随着程控电话网的形成而迅速发展。20世纪90年代前,境内各县(市)只在邮电营业窗口设公用电话,供用户使用。1993年,境内各县市均开通程控电话,在县城街道上始有公用电话代办点。随着无线寻呼、移动电话的开通和电话用户的普及面扩大,公用电话发展加快。

1993年,来宾县城内设有公话亭点23处,象州县有公用电话8处。1995年,境内共有公共电话分别为353部。其中,来宾县城公用电话53部,象州县公用电话25部,武宣县公用电话109部,合山市公用电话97部,忻城县公用电话38部,金秀瑶族自治县公用电话31部。1997年,来宾县城开设公用电话点111部,象州县有公用电话250部。1998年,随着各乡镇光纤电缆传输的开通,公用电话代办点也在乡镇迅速发展。来宾县城开设的公用电话点达213个。象州县城有公用电话点263个。象州县设在乡镇的公用电话代办点188个。武宣县公用电话点234个。

2003年,来宾市发展电话超市17家,超市电话达126部,发展有人值守公话874户。

第三节 电 报

清光绪二十九年(1903年),柳州设官子局,受理来往官商电报。清宣统元年(1909年)六月,设迁江大报房、来宾报房。

民国1年(1912年),柳州设官电报局。民国16—18年,来宾、迁江分别设电报局,开办官、军、私电报业务。民国29年,象县县城设有无线电分台,金秀警备区署设有无线电报机1台,供内部使用。

1950年以后,柳州及各县(市)邮电局均设电报通信业务。

清末和民国时期使用的电报机械为莫尔斯机、韦斯登机和振荡机等。20世纪50—80年代先后换用德制51型、68D型电传打字机。20世纪90年代后,逐步采用电报传真机、国产五单位自动发报机、中文译码机、电子电传机、插报机和多路载波电报机等。

电 路

光绪末年至宣统年间,人工转接的省内有线电报电路3条,南路由桂林—永福—中渡—鹿辖—柳州—来宾—迁江—宾阳—南宁。这些电报电路曾在民国28年(1939年)、民国34年日军两次进入广西及1949年底国民党当局败退时遭到严重破坏,中华人民共和国成立后才逐步得以恢复。1953年后,武宣、大瑶山(金秀)等县恢复电报电路,各区支局(所)办理电报业务。1954年,忻城试办电报业务。1951—1958年,来宾开办支局(所)话传电报,象州至柳州使用话传电报。1962年,开通象州至柳州电报电路。1972年9月,开通柳州至北泗直达人工电路。1976年底,开始将柳州至各县的人工机电路陆续改为电传电路。1985年末,柳州通各地电传电路25条,其中至来宾市境各县(市)电路7条(忻城、来宾、象州、武宣、金秀、合山、凤凰)。在健全电报通信网的同时,逐步建成载波电报电路通信网。至1985年底,境内开通载波电报电路2路(来宾凤凰、武宣各1路)。1987年4月起,逐步将幻线电报电路改为载波电报电路,至1989年末,全部完成改变任务。1987年,全区电报网路改革,在南宁建立自动转报中心。11月30日,柳州至南宁的两条电报电路接入南宁自动转报网,境内各县(市)原至柳州的电报电路亦先后接入南宁自动转报网。进入自动转报网系统后,每份来报处理平均时间从90分钟缩短为35分钟。

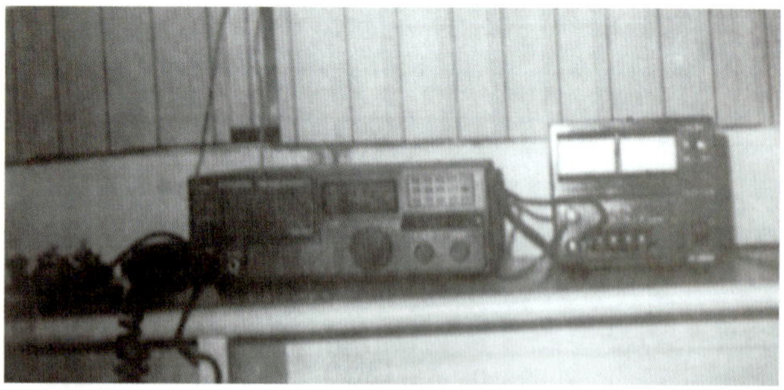

来宾局20世纪90年代后期使用的小型无线电台

来宾局20世纪80年代使用的——线路

有线电报 民国20—24年(1931—1935年),柳州电报局仅有莫尔斯单工电报机3部。民国28年

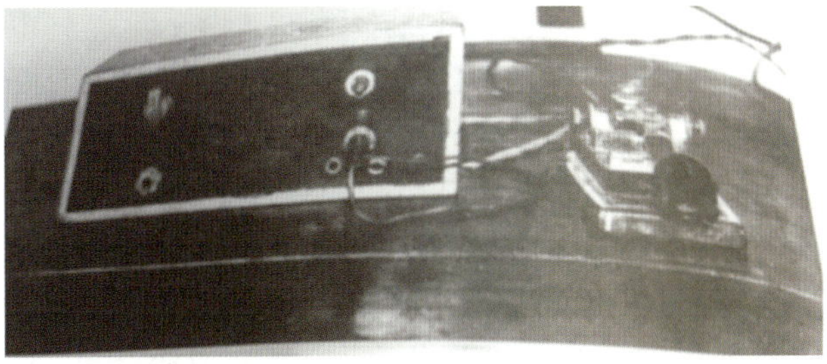

来宾局20世纪80年代使用的晶体管人工电报机

(1939年),始采用韦斯登双工收发报机。1953年以后,来宾、武宣、忻城、石龙等县报房有人工机。1979年以后,市境内各县的人工电路先后改为电传电路。1980年,自治区邮电管理局拨2部BD055型电传机给象州,取代原用之振荡机,实现收发报自动化。1985年,来宾至柳州安装自动发报和自动译电机。1991年,金秀启用电报自动汉字译码机。至1995年,柳州及县局共有电传机65部,电子电传机38部,分组交换节点机端口数138个,PAD端口数297个。

无线电报 民国28年(1939年),柳州电报局设立无线电台。民国29年3月,武宣县设无线电台,象县县城设有无线电分台。民国31年,柳州建区分台,大湾、金秀建县(区)台,武宣设有收发无线电报机。

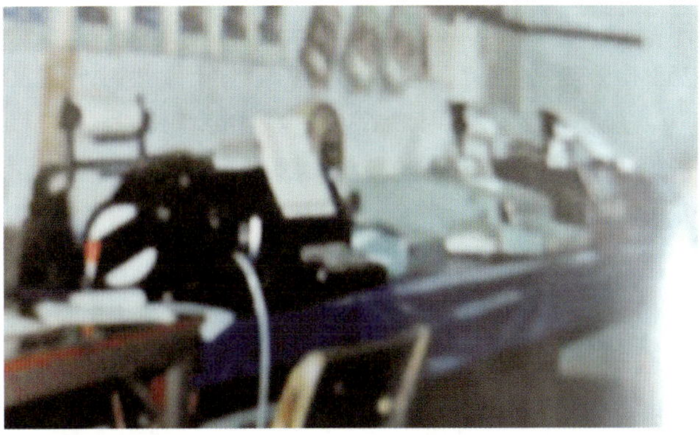

来宾局20世纪80年代使用的译码机

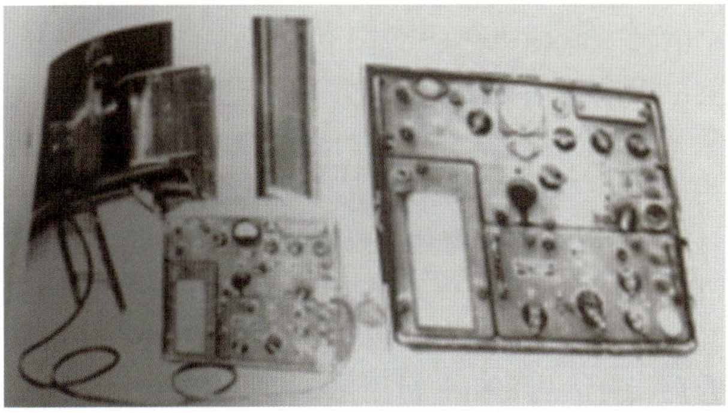

来宾局20世纪80年代使用的255B型无线电台

1964—1969年,象州、武宣等县各配有无线收发报机1~2部。1971年,因战备需要,柳州专区电信局增设无线站,1976年撤销。1978年11月1日起,全自治区以南宁为中心至各地、市,各地、市至各县(市)建立22个无线电短波通信网,柳州为:(2)柳州;(15)金秀;(16)忻城、象州;(17)武宣、来宾。

业务种类 清末,电报以办理官报为主。民国32年(1943年)经办官军电报特种业务。民国36年1月起,开放夜间电报。民国37年,境内施行电报种类有:寻常、加急、特快、官军、全价、新闻、加急新闻、夜间、交际、旅行、国内船舶、邮政、邮汇、真迹交际等电报,并规定转递时限。

1950年以后,国内电报业务种类不断变化增减,至1990年,柳州办理国内电报种类有:天气电报、水情电报、公益电报、政务电报、新闻电报、普通电报、汇款电报、传真电报、礼仪电报(包括吊唁)和公电10种。1995年冬,柳州及境内各县(市)邮电局增办鲜花电报业务。

业务量 清光绪三十四年(1908年),柳州官子局去报1203份。民国16年(1927年)、18年,来宾、迁江各自发报量为400多次;民国20年,来宾迁江两县发报分别为1260和526次。

1950—1955年,境内各县电报去报24万份。1953年,来宾县发接转电报1125份,金秀瑶族自治县电报去报413份。1955年,武宣县电报去报3714份,忻城县电报去报463份,金秀瑶族自治县电报去报621份。1958年,境内装设人工电报机,可直通柳州局,并开办区乡话传电报业务,电报业务量有所增加。来宾县邮政局和19个支局、所均开办话传电报业务,当年去报1.24万份。金秀瑶族自治县电报去报926份。1960年,忻城县全年去报6176份,其中计费电报5716份,比1955年增长11.3倍。武宣县电报去报15264份。1961—1965年,今来宾市境内电报主要靠话传和人工报机传递。电报去报增加到47.5万份。来宾县1962年电报去报接报共3.52万份,1965年增加到5.58万份;金秀瑶族自治县电报去报2664份,1965年增加到2546份;象州县电报去报0.7万份,1965年0.6万份;1965年,武宣县电报去报8540份,比1960年下降44%。1966—1970年,境内受"文化大革命"影响,电报业务下降到16.8万份。1970年,武宣县电报去报7400份,比1965年下降13.3%。金秀瑶族自治县电报去报2235份,比1965年下降12.22%;来宾县电报去报接报5.53万份,比1965年下降0.86%。

1980年以后境内电报业务量逐步增加。1980年，忻城县去报1.67万份，其中计费电报1.64万份，比1970年增长16%。武宣县电报去报16534份，比1970年增长1.23倍。1985年，来宾县邮电局至柳州安装了自动发报机和自动译电机，当年电报业务量为15.74万份（去报8.95万份，来报6.54万份，转报0.25万份）。

1986—1990年，境内电报业务量增加到221.6万份。1986年，合山市电报去报1.40万份。1987年，合山市电报去报1.59万份；金秀瑶族自治县电报去报1.57万份，比1970年增长6.01倍。1990年，境内各县邮电局增加传真电报机和电报载波电路调度机设备，开通载波电报电路，利用长途电话设备的载波电话机路，与柳州、南宁电信局电报中心调度台联结，并入全区、全国电报电信网路。来宾县利用3部载波电报机和9部电传机开展接发报业务，当年去报10万份，来报7万份。与1965年相比，分别增长1.60倍和4.83倍；忻城县电报去报2.71万份，其中计费电报2.58万份，比1980年增长57.8%，比1955年增长54.8倍；武宣县电报去报2.97万份，比1980年增长79.81%，比1955年增长7.03倍；象州县电报去报3.44万份，比1965年增长3.91倍；合山市电报去报2.14万份，比1984年增长57.35%。

1991年，来宾县电报去报10.15万份。象州县电报去报3.52万份。1992年，金秀瑶族自治县电报去报从1988年的0.54万份猛增到2.1万份。来宾县电报去报11.03万份。象州县电报去报4.14万份。

1993年后，随着现代化通信事业的快速发展，境内程控电话、无线寻呼和移动电话开通，为用户提供了更方便、快捷的通信手段，公众电报业务量逐渐减少。1990—1995年境内电报业务量与1968—1990年相比减少4.7万份。1995年，忻城县电报去报2.13万份，比1990年减少0.58万份；来宾县电报去报5.06万份，比1990年减少4.94万份；象州县电报去报1.95万份，比1990年减少1.44万份。1997年，忻城县电报去报0.67万份，比1995年减少1.46万份，下降68.55%；来宾县电报去报2.5万份，比1995年减少2.56万份，下降50.60%；象州县电报去报0.89万份，比1995年减少1.06万份，下降54.36%。

2000年后，今来宾市境内电报业务量下降幅度最大，电报业务量从1990年的22万份左右，降至3万份，降幅达85%以上。2000年，来宾县电报去报1.83万份，比1990年减少8.17万份，下降81.7%，比1993年减少9.27万份，下降83.51%；武宣县电报去报0.33万份，比1990年减少2.64万份，下降88.89%。2001—2002年，来宾县电报去报3.61万份，武宣县电报去报3446份。2003—2004年，武宣县电报去报仅916份。

2005年，来宾市虽然仍保持电报业务，但其业务已基本停止运行。当年，武宣县电报业务量216份。金秀瑶族自治县电报业务量仅25份。

第四节　无线寻呼

20世纪90年代初，境内各县（市）在完成第一步人工制磁石电话换代，建设自动制程控电话工程后，继续向移动通信发展。1993年，今来宾市辖区内各县（市）先后开通无线寻呼业务。4月8日，合山市容量500户。8月20日，来宾县邮电局正式开通使用126无线寻呼台。主要设备为JX-150T-100型无线寻呼系统；天线设在邮电局大门楼顶上；126台设备安装在5楼，型号为AOS-150A，天线增益(aBb)8.0，最高辐射方位角（度）360，天线距地面高33.0米；发射功率为100瓦。发射、接收频率为1526500 (MHZ)，系统性能有人工寻呼、自动寻呼、中文寻呼。10月18日来宾县容量5000户。当年来宾只开通126人工寻呼台，用户为528户。1994年1月，象州县开通“126”人工无线寻呼台，当年发展用户253户。4月，武宣容量5000户，当年发展用户230户。来宾县BP机用户630户。1995年7月18日，忻城开通126台和127台；金秀开通无线寻呼，容量2000户，有用户101户。同年，来宾县邮电局建成移动电话中心基站，开通数字、中文兼容的126人工台和数字127自动寻呼台及128中文台。自动台的开通减轻了126人工台的工作负担，提高了无线寻呼的接通率。年末用户速增加到1767户。武宣县发展用户589户。1997年，忻城县BP机用户1872户。武宣县BP机用户3800户，来宾县BP机用户6707户。1998年，来宾县BP机用户14705户，忻城县PB机用户4528户；武宣县PP机用户7064户，象州县BP机用户5593户，金秀瑶族自治县BP机用户2893户。2000年5月15日，象州县开通899寻呼台，至年末共有用户2300户。2001年，来宾县PP机用户15000户，象州县新增无线寻呼899用户3782户。2002年末，来宾县PP机用户31000户，金秀瑶族自治县899PP机用户3723户，象州县新增无线寻呼899用户4901户。2003年，象州县新增无线寻呼899用户1728户。2004年后，来宾市境内随着市话、小灵通的迅速普及，通话的方便、快捷，移动基站多(含GSM、CDMA)，实现乡乡通信号，CDMA网络可支撑无线上网，数字传递等功能，无线寻呼逐渐退出市场。至2005年，来宾市辖区内基本不再使用无线寻呼BP机。

表20-9　**1993—2002年今来宾市境内无线寻呼放号**

单位：户

年份	来宾县	武宣县	象州县	忻城县	金秀瑶族自治县	合山市	合计
1993	528	0	150		0	76	754
1994	630	230	253		0	183	1296
1995	1767	589	553	300	101	1252	4562
1996	3376	1434	2200		935	2755	10700
1997	6707	3800	2939	2931	1676	4760	22813
1998	14705	7064	5593	4528	2839	2068	36797
1999	7430	5406	4590		3182	1703	22311
2000	12560	1506	2300		3365	1137	20868
2001	23000	3067	3782		2250	2359	34458
2002	31000	4941	4901		3723	3533	48098

电话自动信息台

1994年2月8日，柳州局投资500万元建立的电话自动信息台(668)竣工投产使用。该台开办长话卡、BP机留言、电话留言、电话费自动查询，商业企业信箱租用、专家热线、股市行情动态查询、电话点歌等电信业务，并推出柳州最新的交通、旅游指南、消费指南等节目。

用户交换机

民国时期，柳州设有用户小交换机。1950年以后，用户交换机逐渐增多。至1995年，境内各县(市)共有用户小交换机44部，总容量9546门。除有小量仍为磁石式旧交换机外，多数更新为程控式电话交换机，都先后并入本地的公用电话网。用户小交换机安装较多是来宾县为7部2070门。1996年，象州县从县城拉电缆到广西下田锰矿，矿内电话全部接入市话交换机。县供电公司安装24门用户小程控交换机1部。1998年，象州县自来水公司安装24门小程控电话交换机1部。

第五节　移动电话

20世纪90年代初，今来宾市各县(市)在完成第一步人工制磁石电话换代，建设自动制程控电话工程后，继续向移动通信发展。1993年，柳州局移动电话交换局工程总投资1300多万元，引进瑞典爱立信公司的整套设备，可容纳2万个“大哥大”用户，于11月19日正式开通。同年6月，来宾县拨款80万元，建设来宾县移动电话通信基站。至1994年，柳州建有扩容移动电话基地4个，152个信道，“大哥大”用户5520户。1994—1995年上半年，来宾、象州、武宣、忻城、合山、金秀等县(市)陆续开通移动电话。除来宾县外，其余各县均为1个基站8个信道。1995年3月11日，建成来宾移动通信基站，铁塔高75米，开通县城基站8个信道，模拟移动电话(大哥大)正式对外开通使用。年末，来宾县已建成县城、凤凰、迁江、蒙村、小平阳5个移动电话通信基站扩容16个信道，拥有56个信道。同年1月，忻城县邮电局投资150万元，建设移动电话系统无线机站。5月，安装爱立信公司产品ERIPSON型模拟式移动电话通信设备1套，容量8个信道，信号覆盖范围5千米(半径)，于5月18日开通使用。12月，忻城县移动电话用户有88户。1996年，来宾县开通凤凰、迁江、蒙村3个移动基站移动电话用户737户。忻城县建成县城移动通信模拟式移动电话中心基站。1997年8月14日，梅山无线电话接入基站建成使用。来宾县为了减少移动电话的盲区，1997—1998

年,又相继建起电厂、三五、来华、平阳、河西、红河、邮电局宿舍7个移动电话基站,增加载频26个。至1998年末,来宾电信局移动电话通信能力总计容量为模拟96个信道,数字载频32个。

1998年1月,忻城县大塘、欧洞基站安装RBC-2000型数字机移动电话通信设备各1套,容量8个信道,2月13日,大塘邮电支局增设模拟移动电话基站,容量8个信道。9月15日,县城GSM移动电话系统扩容,增装RBC-2000型机架2个,共5个载频,总容量48个信道。10月,思练镇及红渡镇邮电支局开通GSM网移动电话基站,各安装RBC-2000型收发信机1套。年内全县拥有移动电话用户868户。

1997年7月,武宣县城模拟移动电话基站扩容16个信道。同时另建数字移动电话基站1个,开通1个载频。1998年,为扩大覆盖面,分别在东乡、黄茆、通挽、桐岭4乡(镇)各建数字移动电话基站1个,每个基站开通1个载频。基本覆盖武宣全县。同时,县城数字移动电话基站增开5个载频。年末,共有模拟移动电话基站1个,开通24个信道;数字移动电话基站5个,开通10个载频,移动电话用户1214户,其中:数字移动电话用户562户。

20世纪90年代建成来宾县城中心基站

1997年,金秀瑶族自治县为适应无线通信发展的需要,在扩大模拟移动电话业务的同时,新建数字移动电话。当年底,共建有模拟蜂窝移动通信信道24个、新建数字蜂窝移动通信信道16个;移动电话电路180路,号码为10位数,即"139×××××××",有模拟移动电话用户203户、数字移动电话用户468户。1998年,金秀瑶族自治县邮电局移动通信业务还与固定电话业务合并经营。当时仅有金秀、桐木、头排三镇数字、模拟基站各2个,6个基站网络覆盖三镇,其余8个乡镇均无信号覆盖,移动通信用户有160户,人均占有率为0.1%。1998年11月,投资180余万元,建立罗香、忠良等2基站。至此,数字移动信号覆盖5个乡镇,乡镇覆盖率为46%,人口覆盖率为30%。

20世纪90年代使用的移动通信机房

1997年,象州县石龙邮政支局建TACS模拟基站,安装全向天线3副,其中发射天线一副,接收天线天线2副,工程采用RBS889设备,8个信道。同年,石龙又安装GSM数字移动基站,该工程用瑞典爱立信公司生产的CME20蜂窝式移动通信系统,无线基站设备是RBS2202系统,采用全向天线,配置1个无线载频,8个逻辑信道,采用900MHZ频段,频率范围是:903MHZ~909MHZ(移动台发,基站收),948MHZ~954MHZ(基站发,移动台发)。1998年,象州县邮电局GSM数字移动电话基站扩容4个载频48个信道,另外增设罗秀、寺村、中平等3个GSM数字移动电话基站。

1998—2000年,来宾县电信局移动电话通信能力总计容量模拟96个信道,数字载频32个。

1999年7月,境内各县根据国家电信体制改革方案,移动通信从电信中分离,境内先后成立广西移动通信有限责任公司来宾分公司、广西移动通信有限责任公司忻城分公司、广西移动通信有限责任公司武宣分公司、广西移动通信有限责任公司象州分公司、广西移动通信有限责任公司金秀分公司、广西移动通信有限责任公司合山分公司,主要负责辖区内的移动通信网络建设、业务经营和综合管理。2000年11月,广西移动通信有限责任公司来宾、忻城、象州、武宣、金秀、合山分公司改制进入中国移动(香港)有限公司,成为在香港和美国上市的外商投资企业。拥有"全球通""神州行""动感地带"外,还提供VPMN集群网、MAS、ADC等信息化产品,除了提供优质的基础语音业务外,还提供彩铃、彩信、GPRS手机上网、企信通、银信通、气象通、农信通、来电提醒、移动秘书、移动IP电话等多项增值业务,为客户提供更方便、时尚、个性、实用的服务。开通10086免费客户服务电话,为客户提供24小时热线服务。

2001年,忻城县相继在古蓬镇、北更乡、安东乡开通 GSM 数字移动电话基站，在恶滩电厂及恶滩电厂扩建工程工地、石头村、县水电局、西隆山等增加 5 个基站。武宣移动公司新增桐岭、黄茆、三里、禄新、二塘等乡镇通信基站。并新增县城工商局基站，消灭了县城周边地带的信号盲区。同年 5 月，根据国家信息产业部有关文件精神，武宣县境内的全部模拟移动电话实施转入数字移动电话网工作。年末，第一代移动通信技术——900MHZ 模拟移动电话业务将正式退出使用，第二代数字移动电话系统——GSM 数字网得到全面应用。

2002 年，来宾分公司有基站 145 个，其中，兴宾区基站 30 个(25 个大站，5 个室内分布系统)，乡镇基站 115 个(112 个大站，3 个直放站)，武宣县基站 39 个，金秀瑶族自治县移动通信基站 11 个。象州县实现手机信号“乡乡通”后，投入大量资金，当年分批开通了 20 多个乡村基站，累计全县内基站数达 48 个。

2003 年，中国移动通信柳州分公司，全面负责中国移动(香港)有限责任公司在柳州市、来宾市辖区内的移动通信网络建设、业务经营和综合管理。下辖来宾、鹿寨、柳江、柳城、融安、融水、三江、象州、武宣、金秀、合山、忻城等 12 个县(市)分公司。中国移动数据业务发展步伐迅速而稳健。业务包括彩信、短信、GPRS、WAP、WLAN、CMNET、IP 直通车、手机证券、手机银行、手机彩票等，包罗万象的移动新业务使手机功能日益强大，给客户的日常生活提供了便利。中国移动通信柳州分公司以提升网络质量为目标，潜心打造精品网络，以优质满意的服务回报客户。年内，经过广大员工的共同建设，柳州移动通信 GSM 网络容量逾百万。GSM 网络覆盖柳州、来宾市区、市郊及 12 个县市的 172 个乡镇及 1266 个行政村，完全实现移动柳州分公司所辖范围内乡乡通手机。另外，两市市内所有的二星级以上酒店、大型商场及绝大部分的高层写字楼、电梯间、地下停车场都已实现信号覆盖。实现全国 31 个省市的所有大中城市及绝大部分乡镇的联网；实现与世界五大洲 100 多个国家和地区、170 多个运营商之间的国际自动漫游。“全球通”已成为国内网络覆盖最广泛、国际漫游国家和地区最多、功能最完善的数字移动电话品牌。

2004 年初，移动 GSM 网络信号已全面覆盖来宾市区、市郊及 26 个乡镇所有村屯、主要交通干线和重点地区，市内各办公楼、宾馆、酒店等建筑物的室内、电梯内实现了无缝覆盖。中国移动来宾分公司经营的品牌主要有“全球通”“神州行”和“动感地带”，移动电话网号“139、138、137、136、135、134”已家喻户晓。服务项目除了基本通话外，还推出 GPRS、彩信、彩铃、短消息、IP 电话、信息点播、移动梦网、WAP、移动公话等多项新业务，并为集团客户设计出集团彩铃、企信通、GPRS 行业应用、无线局域网接入等多项企业信息化整体解决方案，给客户带来全方位便利。至年底，来宾市兴宾区移动基站共 70 个，GSM 容量达 10 万门，在网用户 7.56 万户。武宣县基站 54 个，用户 4.01 万户。象州县运江镇三里，水晶乡马旦，马坪乡大佃、丰收水库、茶花山林场、笔架山林场等 40 多个乡村开通基站，客户规模快速增长，客户数达 5 万多户。

2005 年，移动来宾分公司以提升质量为目标，潜心打造精品网络，截至 2005 年底，GSM 网络容量达 20 万门户，在网用户 12 万。已建设投入使用的 GSM 移动通信基站 81 个，移动 GSM 网络全面覆盖来宾市兴宾区市区市郊及所辖 26 个乡镇的所有行政村，主要交通干线和市内大型商场及文化体育场所、宾馆等建筑物室内、电梯均实现了无缝覆盖。忻城县开通基站 89 个，在建基站 11 个；设无线电通信基站 47 个，其中 46 个基站分布于各乡镇及村民委所在地，移动通信覆盖全县 130 个村(居)委会。移动电话用户 49400 户，互联网用户 1974 户。武宣县开通基站 60 个，移动通信覆盖全县所有村(居)委会，用户 5.1 万户。象州县基站建设累计投资 7680 万元，移动基站达 58 个，客户 5.7 万户，网络覆盖全县 100% 的乡镇和 95% 的行政村。

第六节　互联网

电话拨号接入

20 世纪 90 年代末，来宾最初的个人宽带是 163、169 拨号。用户侧电脑上一般集成一块调制解调器卡，上网的时候需把电话线接到调制解调器上，上网的时候不能打电话，打电话的时候上不了网。上网的费用也比较贵。调制解调器一般是内制于电脑，电话线接口。Modem 保留了 8K 的带宽，用于语音传送，其余的带宽则用于数据传输，上网数率 56K。最大的特点就是拨号的时候调制解调器会吱吱响。网速慢，上网的费用还高。因为上网的时候不能打电话，后来就有一线通，即 ISDN 技术。ISDN 采用了 2B+D 的技术，上网的数率可达 128K，上网数率有所提高，并且 ISDN 是数字式设备，因而接入速度相当快。

ADSL 接入

2002 年初，来宾、象州、武宣、金秀、合山、忻城 ADSL 宽带业务正式开通。ADSL 技术是一种不对称数字用户线实现宽带接入互联网的技术，ADSL 作为一种传输层的技术，充分利用现有的铜线资源，在一对双绞线上提供上行 640kbps 下行 8Mbps 的带宽，从而克服了传统用户在“最后一千米”的“瓶颈”，实现了真正意义上的宽带接入。安装 ADSL 也极其方便快捷，用户侧需要一个分线盒实现，低频和高频分离。低频传输用户电话信号，高频传输网络数据信号。用户侧还需要一个宽带 MODEM，实现模拟信号向数字信号转换。接入设备上行口采用 ATM 技术，一般是 2M 捆绑，或是 155M 上行。

2002 年，来宾县电信局发展宽带用户 125 户，用户总数为 125 户。2003 发展宽带用户 2501 户，发展窄带(数据 IP) 业务 686 户；新增宽带 ADSL 设备 3000 线，ADSL 网点 34 个，实现了“乡乡通宽带”建设目标。2004 年，净增宽带用户 3522 部；调测开通来宾教育局、公安局、市消防支队、东糖集团、正龙中学 20 多个点的宽带专线；开通 30 多个网吧光纤电路，安装扩容 38 个 ADSL 设备网点，实现了“乡乡通宽带”。2005 年宽带用户净增 9158 户，总数达到 27080 户；调通来宾市兴宾区教育局所辖 24 所中学光纤宽带线路。来宾市市区 70 多家网吧使用电信网络；同年新入网的网吧在兴宾区 24 个乡镇全面开花，新增网吧 26 家，几乎每个乡镇都有网吧，连最偏僻的南泗乡也不例外，有的乡镇甚至两三家。2005 年象州县将宽带互联网业务引入农村，开通了鸡沙、温泉、中平架村、大乐那芙、罗秀军田、马坪龙岩宽带业务，响应政府“电话入户，宽带进村”的号召，实现了村民上网、信息致富的梦想。11 月，象州县分公司率先完成了罗秀菜厂村和纳禄村、中平大淮村、百丈平安村、寺村龙头村等 5 个示范村的电话和宽带接入工程，该公司的做法得到了自治区领导的一致认可和好评。

表 20-10　**2002—2005 年来宾市各县(市、区)宽带净增情况表**

单位：户

年份 / 县(市、区)名称	2002	2003	2004	2005
合山市	60	207	664	708
象州县		328	891	1008
武宣县		460	1010	1113
兴宾区	125	2501	3522	9158
金秀瑶族自治县		300	631	544
忻城县		650	991	323
合　计	185	4446	7709	12854

第二十一篇

财政　税务　金融

中华人民共和国成立前，境内长期处于自给自足的农耕经济，财税金融业不发达。唐代至清代前期，财权税权集中于朝廷，地方只负责征收和上缴，金融业则主要以私营为主。清后期及民国时期，随着境内近代资本主义的萌芽，财税金融业有了较大的发展，地方财权相对独立且管理日益规范，金融业以饷、票、当铺、银行分理等多形式相继形成、并存，初步形成近代财税金融业的刍形。中华人民共和国成立后，随着经济的发展和经济社会改革的不断深入，境内财税金融发挥越来越大的作用，财税体制、金融体制不断改革更新，成为中央、自治区、市、县政府进行宏观经济调控、服务和推动经济社会综合平衡发展的现代化管理手段。

第一章 财 政

唐代至清朝前期，财政全部集中于朝廷，地方只负责征收和上缴，征收的主要课目是田赋，支付由朝廷拨付，地方没有自主财力。晚清时期，逐步开征一些赋税，但财政仍集中于朝廷。清代，境内开征的税种主要有盐税、土药（鸦片）税、赌税、出口大米税、船行税、大贷税和省外入境货物销场税等。

民国时期，境内各县财政收入科目主要是：税捐收入，包括田赋附加、契税附加、屠宰税、商铺税等；财产收入，包括市场摊位租、公产租课、屠兽场租，银行利息、公款利息等；事业收入，包括医院收入、养路费、农林收入、电话费、学费等；行政收入，包括立契用纸、田赋执照费、罚金及没收款等；补助款收入，包括省款补助费、义务教育补助费；营业纯益；债款收入，包括办理土地陈报借款，办理农民借贷所，仓库开办费借款；其他收入，包括殷户教育公益捐、民户乐捐、上年度结存款等。

中华人民共和国成立后，随着经济体制改革的不断深入和经济的发展，境内财政收入逐年稳步增长，财力不断增强，有效地支持地方经济和各项事业的发展。1953—1957 年，地、县两级财政收入主要来源是个体私营经济缴纳的税收和农民缴纳的农业税（公粮），其中工商税收入占 48.58%，农业税收入占 39.84%。1958—1962 年，原自治区管理的部分企业下放到地区，地、县亦上一批工业项目，企业收入有所增加。

1966—1970 年，“文化大革命”期间，部分企业处于停产和半停产状态，收入下降。1983 年，境内各县实行国营企业“第一步利改税”和工商税制的改革，对国营企业原上缴的利润改为所得税和调节税。因而财政收入中，工商税收比重加大，企业收入比重减少。“七五”计划期间，境内各县（市）深化经济体制改革，对企业大力推行各种承包经营责任制，发展财政信用，大力支持以蔗糖生产为支柱的财源建设，各县（市）甘蔗种植面积和产量大幅增加，机糖厂建设加快，机糖税收显著增长，农业特产税征税品目扩大，同时开征耕地占用税。1994 年，中央对地方实行分税制财政体制改革，采取划分税种及上交中央“两税”（增值税和消费税）的办法，财政收入划分为一般预算收入和上划中央“两税”收入。由于体制改变，地方财政收入相对减少，中央采取税收返还办法确保地方既得财力。是年，境内遭受百年罕遇的洪涝灾害，但经济仍继续保持稳定增长，财政收入达 59678 万元，其中一般预算收入 35104 万元，占 58.82%，创历史最高水平。

21 世纪初，各县（市）财税部门建立和落实目标管理考核责任制，帮助企业搞好整顿和改革，继续抓好以蔗糖生产为支柱的财源建设，加大税收征管力度，财政收入有较大幅度增长。各县财政部门进一步依法理财，稳步推进预算和国库管理改革和深化“收支两条线”管理改革。2002 年 12 月，成立地级来宾市（含市本级和 6 个县、市、区）后，制定对区、县（市）的财政管理体制，基本理顺市与所属区、县（市）的财政关系，将原属来宾县（改为兴宾区）的部分企业和税种划归市本级管理，作市本级的财政收入，市本级通过转移支付补助形式确保兴宾区的既得财力。同时，积极推进国有企业改革，大力支持以制糖、电力、冶炼为主要的重点财源建设和市政建设，强化收入征管，全市财政收入大幅度增长，中央和自治区又加大对来宾市的财政转移支付补助的力度。市本级的经济实力和财力逐步增强，本级的国内生产总值和财政收入占全市的比重增大。2005 年，全市财政一般预算收入 66396 万元，其中本级收入 27590 万元。

第一节　机　构

行政机构

民国29年(1940年),柳州行政督察专员公署第一科负责民政、财政管理。民国30年6月,将原第一科分为两个科,第二科管理财政。

1950年3月,设立柳州专员公署财政科。1952年8月,柳州专员公署与宜山专员公署合并,设立宜山专员公署财政科。1956年2月,改称宜山地区工作委员会财政科。同年6月,财税合并,成立宜山地区工作委员会财政局。1957年12月,改称宜山专员公署财政局。1958年8月,宜山专员公署改为柳州专员公署,宜山专员公署财政局改称为柳州专员公署财政局。1960年9月,柳州专区和柳州市财政局合并,统称柳州财政局。1961年1月,柳州专区和柳州市财政局分设。同年9月,财政与税务分设,仍称为柳州专员公署财政局。1963年5月,改称为柳州专员公署财政科。1968年9月,财税合并,成立柳州地区财税局革命领导小组。1969年11月22日,财政、税务、人民银行柳州专区中心支行、建设银行柳州中心支行合并,设立柳州地区革委会生产指挥部财税金融领导小组。1972年3月,改为柳州专区革委会财税局。同年10月,人民银行柳州专区中心支行和建设银行柳州中心支行从财政局中划出。1973年9月,改名为柳州专区革委会财政局。1978年5月,改称为柳州地区行政公署财政局。1979年5月财税分设,名称不变。1994年7月,成立国有资产管理局,在地区财政局增挂牌子,实行“一套人马,两块牌子”。

2002年12月,撤销柳州地区行政公署财政局,设立来宾市财政局。局内部机构设置为办公室、综合科、预算科(小汽车定编办公室)、国库科、行政政法科、教科文科、经济建设科、债务管理科、社会保障科、农业科、农业税征收管理科、市农业综合开发办公室、企业科、统计评价科(市财政局清产核资办公室)、会计管理科、人教法规科、财政监督检查科(财政监督检查局),共17个科(室)。各科(室)的职能与原柳州地区行署财政局相应科(室)的职能基本相同。

市财政局历任局长:吕杰明(2002年12月—2005年12月)。

企事业机构

1986年2月24日,成立柳州地区民族经济发展资金管理所,为正科级事业机构(1996年12月30日,更名为民族经济发展资金管理局,2003年,设立来宾市民族经济发展资金管理所)。1988年5月9日,成立广西中华会计函授学校柳州地区分校,为正科级事业管理机构(2003年2月更名为广西中华会计函授学校来宾市分校)。1992年12月26日,设立柳州地区住房资金管理中心,为正科级事业机构(1997年7月17日调整划归柳州地区住房制度改革领导小组管理)。

2000年11月13日,设立柳州地区政府采购中心,为正科级事业机构(2003年2月更名为来宾市政府采购中心)。同年11月28日,设立柳州地区财政统一发放工资管理中心,为正科级事业机构(2003年2月更名为来宾市财政统一发放工资管理中心,2005年1月撤销)。2002年3月23日,设立柳州地区财会培训考试中心,为正科级事业机构(2003年2月更名为来宾市财会培训考试中心)。同时设立柳州地区财政预算编审服务中心,为正科级事业单位(2003年2月更名为来宾市财政预算编审中心)。2003年2月20日,设立来宾市票据管理中心,为正科级事业机构。同年12月17日,设立来宾市财政信息中心,为正科级事业机构。2005年1月17日设立来宾市国库支付中心,为正科级事业机构。

其他机构

1989年10月20日,设立柳州地区税收、财务、物价大检查办公室,为挂靠地区财政局的行政机构(1998年12月更名为柳州地区财政稽查分局,2002年3月更名为柳州地区财政稽查队,2003年2月更名为来宾市财政稽查分局)。1990年10月20日,设立柳州地区控制社会集团购买力办公室,为挂靠财政局的行政机构(2001年1月上划柳州地区行署)。2000年11月13日,设立柳州地直财务总监办公室,为挂靠财政局的行政机构(2002年3月更名为柳州地区地直企业财务总监办公室,2003年9月更名为来宾市财务总监办公室,2004年8月划入来宾市国资委)。

第二节　财政体制

民国2年(1913年),北京政府财政部公布国家税法和地方税法草案,除关税和盐税由外国人协助征收外,其余各税,均由各省征收。民国27年,国民政府财政部广西国款收支管理处成立,国库部分完全由中央接管。民国31年,将中央、省、县三级财政,调整划分为国家财政与自治财政两大系统,省级财政并入中央系统,称为国家财政。民国35年6月,又恢复为中央、省、县三级财政。

中华人民共和国成立后,中央政府和广西根据各个经济时期政治经济形势以及国家的方针政策,按照“统一领导,分级管理”的原则,多次变动财政管理体制。

自治区对地、市财政体制（1950—1994年分税制前）

1950年,广西省对专(地)区财政上实行统收统支,专区一级作为报账式单位,财政收入全额上解省财政;支出由省财政核拨到专区,年终结余全额上缴,收支不挂钩。1958年,专署本级为一级财政,自治区对专区实行支大于收,由省财政补助;收大于支,按固定金额上缴的财政体制,财政收支的核定以当年的预算数为依据,超收部分70%留专区。1961年,地区只就本级收入按规定的比例参与分成,全地区超收入的部分,本级按5%~10%分成。1963年,本级恢复为报账式单位。1970年5月,地区再次为一级财政,自治区对地区实行“定收定支,收支包干,保证上缴(或差额补贴),结余留用,一年一定”的财政体制,各县的财政包干由地区管理。1976年,自治区对柳州地区实行“收支挂钩,总额分成,一年一定”的财政政策,地区超收时与自治区对半分成。1978年,地区超收分成比例改为40%。1979年,地区重新改为自治区的报账单位。1980年,财政体制改革时,地区行署按规定不属一级财政。1985年,财政体制改革,自治区对地区行署的体制,实行收支两条线,一年一定的办法。1986年,地区设立本级财政,自治区将地区视同县级财政管理,对地区实行“收支包干,超收分成,结余留用,超支不补”的财政体制。收大于支,根据差额按基数的比例上解;收小于支,差额由自治区定额补贴;收入超过核定部分,地区留80%;地区所辖各县(市)总收入比上年实际增收部分,自治区给予分成奖励,柳州地区为9%。1988年,体制微调,对地区直属企业超收,自治区不参与分成,全部留给地区。1993年,自治区将地区原所属各县财政收支包干基数、上解比例、固定补助基数的管理权下放地区。

自治区对县(市)财政体制（1950—1994年分税制前）

1950年,自治区对县实行财政统收统支。1951年下半年,各县实行半级财政。1952年,实行一级财政。1957年12月,实行“划分收支,分级管理”的管理体制。1958年,实行“定收定支,五年不变”管理体制。1959年,改为“总额分成,一年一定”,县收大于支的,多余部分上解,不再划给分成收入;收小于支的,其差额从统一比例分成收入支给,其余收入仍不足核定支出的,由专署补助固定金额。1971年,实行“收支包干,增收分成”的管理体制。1976年,改为“总额分成,一年一定”。1979年,为“收支挂钩,超收分成”,少数民族自治县及收入在500万元以下的县,超收部分留县;来宾、鹿寨县超收部分留县80%。1980年,实行“划分收支,分级包干”。1985年,实行“划分税种,核定收支,分级包干”财政体制。在收入方面,基本上按照我国第二步利改税以后的税种设置,划分为中央固定收入、地方固定收入、中央和地方共享收入三大类。收入超过包干基数6%(年递增数)以内的,按1980年比例分成;超过6%以上部分全部留县;少数民族自治县递增10%的补助不变。该体制下的分成比例和定额补助,一定五年不变。1986年,对实际完成收入超过基数递增6%以上部分,由全部留给市县改为自治区参与分成,合山市、来宾县上解比例为20%。1988年,在“划分税种,核定收支,分级包干”的基础上,对各地、市、县核定基数,实行包干:合山市、来宾县等实行“定额上缴,递增包干”办法,在基数的基础上,每年按确定的递增比例递增,包干上交;对其他补助县实行定额补贴办法,以1986年固定补助数为基数,递增10%后,固定下来不再递增,包干体制一直延续到1993年。

自治区对市(地区)财政体制（1994—2005年分税制后）

1994年,自治区对地区(市)实行分税制财政管理体制。分税制财政管理体制的具体内容是:资源税、城镇土地使用税、土地增值税、国有土地有偿使用收入为自治区本级与地市的共享收入,地区分享比例为60%;自治区本级财政对地市的税收返还数额以1993年为基期年适当调整核定。按照1993年地市实际收入以及税制改革和自治区本级与地市的收入划分情况,核定1993年按年地市净上划上级(包括中央与自治区本级)收入数额(地市净上划中

央收入为消费税 +75% 的增值税 – 中央下划地市收入，地市净上划自治区本级收入为资源税、城镇土地使用税、土地增值税、国有土地有偿使用收入 4 项收入之和的 40%– 自治区本级下划地市收入）。1993 年，地市净上划上级收入，自治区本级按 1 : 0.9 的系数，返还给地市，并以此作为自治区本级对地市的税收返还基数。税收返还数额在 1993 年基数上逐年递增，递增率按照全国消费税与增值税之和比上年的平均增长率的 1 : 0.15 系数确定，即上述两税全国平均每增长 1%，自治区本级财政对地市的税收收入返还增长 0.15%。如果 1994 年以后净上划上级收入达不到上一年基数的，相应扣减税收返还数额；原体制的分配格局暂时维持不变，该补助的补助，该上解的上解，该递增的递增。原自治区本级拨给地市的各项专款，该下拨的继续下拨；出口退税以及其他年度结算的上解和补助相抵后，确定一个数额，作为上解或一般补助处理，以后年度按此定额结算。以后发生的出口退税全部由中央财政负担。1994 年，自治区本级逐步完善对地（市）的过渡期转移支付制度。对全区 26 个财政特困难县增加困难补助（一定两年），作为转移支付的一个尝试。1996 年，制定和实施广西过渡期第二轮转移支付暂行办法。自治区逐步调整和完善对地（市）的分税制财政管理体制，主要是对原体制上解地市分别取消上解递增，上解递增比例实行减半递增，一定两年。1997 年，为完善对民族自治县的分税制财政管理体制，自治区对民族自治县“两税”增量中央返还部分不再参与分享，并将自治区分享的资源税、城镇土地使用税、土地增值税和国有土地有偿使用收入等全额留给民族自治县。1997 年，进一步完善过渡期转移支付制度，实施第三轮过渡期转移支付方案。1998 年，取消上解递增办法，以后年度均以 1997 年实际上解为基数，实行定额上解。1999 年，实施第四轮过渡期转移支付方案（1999—2000 年）。2000 年，为缓解原未能享受过渡期转移支付的一些处于临界点的县（市）以及原体制上解任务较重、人均财力水平较低的农业大县、人口大县、财政供养人数大县收支矛盾突出、欠发工资问题严重等财政困难，在 1999—2000 年第四轮过渡期转移支付方案的基础上，再增加过渡期的转移支付。

2001 年，对现行财政管理体制进行较大的调整，具体内容包括：将自治区对地市的税后增量返还系数由原来的 1 : 0.15 调增到 1 : 0.3，即自治区本级不再参与分享，全留地、市、县；将自治区本级与地市共享的资源税、城镇土地使用税、土地增值税、国有土地有偿使用收入全留地市，作为地市固定收入；取消原财政包干体制下的地市对自治区本级作贡献上解；取消地市农业税倒“三七”上解与农业税提价增收上解；取消自治区本级对地市的城市教育费附加集中上解；要求地市本级对原通过体制集中县（市）财力的政策进行相应调整，不得从自治区增加转移支付的县（市）集中财力。2003 年，实行新一轮过渡期转移支付，一定两年。2005 年起，自治区对市实行新的对下财政管理体制。自治区按 8%、40%、15%、10% 的比例参与分享地方一般预算收入部分的增值税、营业税、个人所得税和企业所得税等四税收入。

市（地区）对县（市）财政体制（1994—2005 年分税制后）

1994 年 9 月 1 日，柳州地区制定地区对县（市、古亭山开发区）的分税制财政管理体制的方案。地区对县（市、区）的财政管理体制基本参照自治区对地市的分税制办法确定，只是地区对县（市、区）的税收返还数额的确定略有不同。主要是地区本级对县（市）税收返还数额以 1993 年为基础年，适当调整核定。按 1993 年县（市）实际收入以及税制改革和地、县收入划分情况，核定 1993 年县（市）净上划上级收入数额。对 1993 年县（市）净上划收入，地区按 1 : 0.87 的系数返还给县（市），并以此作为地区对县（市）税收返还基数。税收返还数额在 1993 年基数上逐年递增，递增率按照全国消费税与增值税之和比上年的平均增长率的 1 : 0.5 系数确定。同时，对在县（市）的地直企业的增值税采取地县共享的办法，按不同的县不同的企业不同分成比例地县共享，根据新税制和分税制财政管理体制的规定，就地征收入库，年终地县（市）结算。

2003 年，市重新制定对县（市）财政管理体制。市本级为适当集中部分财力，对县（市）上划“两税”形成的税收返还收入集中 3%；对县（市）一般预算收入（包括所得税返还收入）扣除城市维护建设税、土地增值税、土地使用税、资源税、专项收入后按一定比例集中，具体比例是：合山市 4%，其余各县 2%。市本级根据自治区人民政府《关于对我区现行财政体制进行微调的通知》（桂政发〔2000〕49 号）精神，对县（市）现行的财政体制进行相应的调整，即将原县（市）的增量返还系数 1 : 1.5 调整到 1 : 0.2，金秀瑶族自治县调整为 1 : 0 : 0.3；资源税，城镇土地使用税、土地增值税、国有土地有偿使用收入第四项收入作为市与县(市)共享收入,市与县(市)的分享比例为3∶7,金秀瑶族自治县的全部留在县级;原财政包干体制下县(市)向自治区本级作贡献上解部分,50%留在市本级,50%下放县(市);原县(市)农业税倒“三七”上解与农业税提价增收上解部分,市本级留50%,下放县(市)50%;取消自治区本级对县(市)的城市教育费附加集中上解,市本级对县(市)收入集中1.5%。对市驻县(市)的直属企业(包括国有和集体企业,下同)实行缴纳“两税”和所得税比例分成的办法,具体比例是:“两税”以1993年市直属企业缴纳的“两税”为基数(指25%部分和上划75%形成的税收返还,1993年以后新办的市直企业基数为零,下同),超基数部分市与县(市)按8∶2分成,即市80%,县(市)20%;市直国有企业缴纳的所得税(包括地方分成部分和上划返还部分,下同)全额上缴市本级;市直国有企业所办的集体企业,缴纳的所得税按市县(市)8∶2分成。上述分成以企业为单位计算已经完成改制的原市直国有企业按此办法执行。2004年,市对县(市)财政体制仍执行2003年的财政体制。2005年起,根据自治区对下财政体制改革的精神,市对县(市)的财政体制完全按自治区对县(市)的体制执行,各项补助和各项上解均为自治区制定的项目,并取消了所有集中县(市)财力的项目,市对县(市)的财政体制完全是自治区对县(市)的财政体制。

市本级对兴宾区财政体制

2003年,根据分税制财政管理体制的要求,通过合理划分市本级及兴宾区的事权和收支范围,并划分各自的财政收入范围,据此核定兴宾区的收支基数。其中:资源税,城镇土地使用税、土地增值税等三项税收,市与兴宾区按5∶5共享;市本级、兴宾区营业税之和,以及市区规划范围内的营业税、个人所得税、房产税、契税四项,以2002年实际收入为基数,基数内全部总留给兴宾区,超基数部分作为共享收入市级与兴宾区的分享比例为7∶3,即市级70%,兴宾区30%;对新办企业税收的划分,本着“谁投资,谁引进、谁管理、谁受益”的原则执行;按略高于兴宾区(原来宾县)2002年的财力情况,核定兴宾区的财力基数。2005年,根据自治区对下财政管理体制改革内容相应调整市对兴宾区的财政体制。同时将原属市本级收入的营业税、房产税、资源税、城镇土地使用税、土地增值税收入调整为兴宾区的固定收入,由兴宾区负责征收,但有关的市与区分享比例不变。

市本级对来宾华侨投资区财政体制

来宾华侨投资区是新成立管理区。2005年,根据分税制财政管理体制要求,市本级对来华投资区实行“划分收支范围,核定收支基数,减收超支不补”财政管理体制。通过合理划分市本级与来华区事权和收支范围,并划分各自财政收入范围,然后据此核定来华区的收支基数。其中:投资区实现的国土收入,全额缴入市国土收入专户,经市政府批准后拨给投资区。

第三节　财政收入

企业收入

中华人民共和国成立之初,境内没有国有企业,也没有企业收入。1952—1957年,开始创办企业,企业收入占财政收入比重4.4%以下。1958年,境内各县大办工业,自治区管理的企业下放给地、县,企业收入增加,占财政收入43.07%。1960年,企业收入占财政收入53.59%。1963—1965年,自治区将原下放给地县的部分企业陆续收回,地、县企业收入大幅度下降。1966—1970年,开展“文化大革命”,大部分企业处于停产半停产状态。1971年后,自治区管理的厂、矿、场下放给地、县,地、县企业收入开始大幅度增长。

1978年,境内推行经济体制改革和对外开放方针,企业改善经营、效益回升。企业收入占财政收入22.53%。1979年,共有预算内国有工业企业129户,其中县级企业117户、本级企业12户。1983年,实行第一步利改税。1984年,实行第二步利改税。1987年,实行企业工资总额与经济效益挂钩的办法,企业收入增长。1990年,企业收入1408万元,占财政收入63.31%,其中工业企业收入1245万元,占88.42%。1993—1995年,对企业实行综合目标管理,各县氮肥厂扭亏为盈,工业企业效益提高,企业收入占财政收入(指财政一般预算收入,下同)分别为6.13%、11.1%和8.3%。1996—2000年,工业产品价格下跌、效益下滑,企业收入减少,同期企业收入占财政收入4.4%。2001年,加强对企业历年所得税的汇算清缴工作,企业收入大幅度增长,突破亿元大关达14450万元,占财政收入16.82%,创历史最好水平。

来宾市成立后,外来企业投资增加,支柱产业发展较快,企业效益和上缴税利同步增长。2003—2005年,支柱产业增长势头良好,效益显著。

表 21-1 1952—2005 年来宾市(柳州地区)企业收入情况表

单位:万元

年度	收入	其中:本级	年度	收入	其中:本级	年度	收入	其中:本级	年度	收入	其中:本级
1950			1964	56		1978	1229		1992	4384	1892
1951			1965	34		1979	−203		1993	3124	1050
1952	8		1966	47		1980	69		1994	3896	1847
1953	2		1967	22		1981	304		1995	3607	765
1954	6		1968	−7		1982	293		1996	2823	256
1955	4		1969	25		1983	500		1997	3940	536
1956	15		1970	39		1984	151		1998	1667	268
1957	10		1971	619		1985	918		1999	2807	333
1958	1219		1972	2196		1986	473		2000	3915	485
1959	1668		1973	1352		1987	2814		2001	14450	766
1960	1880		1974	893		1988	3936		2002	3461	356
1961	540		1975	400		1989	4604		2003	1329	842
1962	102		1976	−114		1990	5027	1408	2004	4289	3532
1963	66		1977	−380		1991	4238	1472	2005	3166	2533

注:1. 本表数据系一般预算收入中的企业收入。2.1998—2005 年国有企业上缴利润和国有股份分红不列入企业收入,已列入非税收入中的国有资产经营收益

企业上缴利润 1952 年 4 月,广西省政府转发中央《关于 1952 年国营企业提缴利润及折旧基金办法》规定,企业利润应全额上缴。当年,全地区企业收入 8 万元。1956 年,规定企业超过计划的利润,在提取企业奖励基金和劳动竞赛奖金以后,60% 上缴财政。1953—1957 年,国有企业上缴利润 18 万元,占财政收入不到 1%。1958 年,广西省管理的商业、粮油加工企业和国营农林场下放地、县管理。企业下放后,上缴省 20% 的利润改为省 15%、地区 5%,县级企业按省、县对半分成。1958 年,受浮夸风的影响,企业账上反映的利润有虚假成分,上缴利润 1219 万元。1960 年,企业上缴利润 1896 万元,亏损补贴 16 万元。1961 年,自治区将除饮食服务企业外的商业企业收归为自治区,地、县关停一批经济效益差的企业,企业上缴利润下降到 669 万元,比 1960 年减少 1227 万元,其中工业企业减少 664 万元,企业亏损补贴 129 万元,比上年增加 113 万元。1963 年,对商业企业全面实行利润留成制度(一般县提取 5%、民族贸易县提取 20%)。当年全地区盈利企业 47 户,亏损企业 7 户,全年企业上缴利润 83 万元,企业亏损补贴 17 万元。1964 年商业企业利润留成总提取率不许超过 7%。1965 年,自治区管理的饮食服务企业下放给地、县管理,利润留成比例按 30% 提取。当年,全地区企业上缴利润 36 万元,亏损补贴 2 万元。1966—1970 年,全地区企业上缴利润仅 186 万元,比上五年减少 784 万元,其中 1968 年仅上缴利润 4 万元,五年企业亏损补贴 60 万元。1971 年,自治区规定基层供销社不再缴纳所得税,改为上缴利润,全地区企业上缴利润 786 万元,企业亏损补贴 543 万元,比上五年增加 483 万元。1972 年,自治区管理的部分厂矿企业下放给地区管理,原放给地县管理的商业企业重新收回。是年,全地区企业上缴利润 2343 万元。1973 年 1 月起,基层供销社恢复缴纳所得税。1974 年,全地区企业上缴利润 1602 万元,比上年下降 31.63%。1978 年,对全面完成国家下达年度经济指标的企业,按职工年工资总额 5% 提取企业基金,完成产量、品种、质量、利润 4 项指标的按 3% 提取,当年企业净上缴利润 1229 万元。1979 年,县办工业企业上缴利润 70% 留县、30% 交地区,商业企业利润留成比例为 11%,商办工业为 20%,是年全地区企业上缴利润 58 万元。1980 年,对氮肥厂实行联产亏损包干,对商业企业全额利润留成比例从 20% 提高到 50%,当年企业净上缴利润 69 万元。1981 年,对企业放权让利,实行利润留成,盈亏包干办法,企业净上缴利润 304 万元,比上年增加 235 万元。

1983—1984 年,调整企业与国家的分配关系,扩大企业自主权,实行国有企业第一步和第二步利改税,对盈利国有工业企业由上缴利润改为交企业所得税,以及实行税后利润包干上缴、比例上缴和征收调节税、承包费的办法。全地区国有企业除改交纳所得税外(下同),同时上缴利润 263 万元,亏损补贴达 708 万元,亏损补贴大于上缴利润。1985 年,

地区决定对企业超交利润部分的10%计发一次性特别奖金。1987年,部分企业进行技术改造,用贴息贷款办法,帮助农民增加原料蔗产量,木材由多家经营改为木材公司统管,林区县森工企业利润逐年增加。1987年,企业上缴利润108万元,亏损补贴1017万元。1988年,对企业普遍推行经营承包责任制,企业上缴利润910万元,亏损补贴1081万元。1989年,对企业实行工资总额与经济效益挂钩,企业上缴利润2076万元,亏损补贴1199万元(其中粮食企业政策性亏损补贴691万元)。1990年,财政部门积极开展财政信用业务,帮助企业解决流动资金不足,狠抓扭亏增盈工作。工业企业特别是各县机制糖厂上缴利润增长。企业上缴利润2459万元,其中本级工商企业效益好,盈利增加,企业上缴利润794万元,占32.29%。企业亏损补贴1256万元,其中本级企业亏损补贴312万元,占24.84%。1991年,工业生产稳步增长,但商业企业由盈变亏。企业上缴利润2487万元,与上年持平。其中,本级企业上缴利润1435万元,占全市(地)57.7%。1992年,除建材、森工、物资企业效益较好外,冶金、制糖工业效益下滑,大部分工业企业由盈变亏,企业上缴利润2667万元,其中森工企业上缴利润1453万元。本级工业企业效益较好,企业上缴利润1731万元,创历史最好水平。1993年,工业生产产销两旺,大部分企业实现扭亏为盈,企业上缴利润1705万元,企业亏损补贴1068万元。本级工业企业效益不理想,当年企业上缴利润653万元,比上年减少1078万元。1994年,全区遭受特大洪涝灾害,企业生产受到影响,效益滑坡。企业上缴利润2614万元,企业亏损补贴906万元,其中本级企业上缴利润1368万元,亏损补贴73万元。1995年,工业企业销售收入增长,利润下降,流通企业除外贸企业外其余均出现亏损。企业上缴利润1282万元,比上年减少1332万元。1996年,工业企业的资金和产品销售都出现困难,效益急剧滑坡,大多数企业由盈变亏,工业企业亏损额达9797万元。全地区94户汇编企业中,补贴后亏损企业50户,比上年增加24户,企业上缴利润922万元,比上年减少360万元,亏损补贴877万元。本级企业效益大幅度下降,企业上缴利润87万元,是历史上上缴利润最少的一年。1997年,对企业继续实行综合目标管理,工业、企业形势好转,上缴税利增加,企业上缴利润1057万元,其中工业企业上缴利润853万元。本级国有企业效益仍不理想,企业上缴利润151万元,亏损补贴88万元。1998年以后,国有企业上缴利润不列入企业收入,转列入非税收入中的国有资产经营收益。

企业所得税 1983年,试行第一步利改税,对盈利的大中型企业,按所得额征收55%的所得税,对饮食服务行业按15%征收所得税。税后利润一部分用固定比例上缴利润或征收调节税办法上缴,一部分按核定的留利水平留给企业。对小型企业按8级超额累进税率征收所得税,纳税后企业自负盈亏,对利润较多的企业,国家征收一定的承包费,或按固定数额上缴一部分利润。是年,实行第一步利改税的企业共254户,其中,工业企业74户、商业企业152户、物资企业13户、供销合作企业15户;本级直属企业11户。企业所得税入库511万元。1984年,实行第二步利改税,企业利改税后,企业所得税成为企业收入中除企业上缴利润外的又一重要来源。是年,入库1150万元,比上年增长1.25倍。1987年,所得税入库3337万元,比上年增长2.04倍。1988年,所得税入库4448万元,比1983年增长7.7倍。1990年,所得税入库4386万元、其中本级入库1438万元,占32.79%。1994年因遭受洪涝灾害,工业企业效益下降,商业企业全面亏损,企业所得税入库2321万元,比上年下降32.09%,减少1097万元,企业所得税退库131万元。本级企业所得税入库610万元,比上年减少43万元。1995年,企业效益好转,入库所得税3498万元,比上年增长51.07%,企业所得税退库257万元。本级企业所得税入库718万元,比上年增加108万元。1996—2000年,所得税入库16671万元,比上五年增加404万元,其中1999年来宾县外商投资企业所得税入库820万元。五年本级企业所得税入库1990万元,年均398万元。2001年,加强对历年企业所得税的汇算清缴,稽查补税和征收入库,企业所得税入库14892万元(其中股份制企业入库5412万元、电力企业入库1474万元、集体企业入库1396万元),创所得税入库历史最高水平,比上年增长2.34倍。本级企业所得税入库809万元,比上年增长53.22%。2005年,全市所得税入库占企业收入的109.25%,本级主要工业企业增长势头良好,企业所得税收入为全市所得税收入65.91%。

企业调节税 1983年,大中型企业按55%缴纳所得税后的利润分配,一部分采取递增包干、固定比例上缴的办法或交纳调节税的办法上交给国家。1982年,企业实现利润以企业上缴国家的利润部分占实现利润的比例为调节税率,基数利润部分按调节税率计征,比上年增长的部分,减征60%,调节税率逐级核定,一定三年不变。1984年,第二步利改税时，以年度应纳所得税所计税依据，以1983年实现利润，调整变动产品税、增值税、营业税税率以及开征资源税而增减的利润后，为核定基期利润，核定的基期利润扣除按55%计算的所得税。1983年，企业当年利润比基期利润增长的部分，减征70%。1985—1993年，共征调节税1711万元，占企业收入1.79%，其中1985年征税141万元、1987年220万元、1990年324万元。1991年后征收数下降，1993年征收不到72万元。1994年以后，无征税对象。至2005年，境内停止征收企业调节税。

工商税收

清乾隆时征收盐税，同治四年(1865年)征收当税。光绪、宣统年间征契税、厂税、赌捐客栈牌捐等，国民时期开征盐税、矿税、印花税、货物税、所得税、土地增值税、屠宰税、烟酒税、营业牌照税、筵席及娱乐税等几十种。

中华人民共和国成立后，为统一税收，建立新的税收制度。1952年1月30日《全国税政实施要则》规定全国统一征收的工商税为14种税，实际开征12种税。境内各县实际征收货物税、工商业税、存款利息税、印花税、牲畜交易税和车船使用牌照税等7种税。1953年，政务院统一规定工商税调整为11种税，主要是试行商品流通税。1958年9月，为适应社会主义改造基本完成的经济情况，进行简化税制改革，国务院公布试行《工商统一税条例(草案)》，将货物税、商品流通税、营业税合并简化为工商统一税，原工商税中的所得税，改为独立税种—工商所得税，工商税共开征8种税。1972年以后，调整14种税，新开征个人所得税、建筑税、燃油税、工商统一涉外税、中外合资经营企业所得税和外国企业所得税等。1984年，境内开征工商税为29种，主要是新开征增值税、营业税、个人收入调节税、资源税、固定投资方向调节税和奖金税等，将工商所得税划分为国营、集体、私营企业和城市个体工商户所得税。1994年1月，实行分税制财政体制改革，将税收收入按照税种划分为中央固定收入、地方固定收入和共享收入三部分。税制改革后的流转税，由增值税、消费税和营业税组成，所得税改革将内外资企业的所得税率调整一致，同时，把原来的个人所得税、个人收入调节税和城乡个体工商企业户所得税合并统一为个人所得税。

1950—2005年，工商税收收入占财政一般预算收入55.38%。1990—2005年，本级工商税收收入占财政一般预算收入44.72%。

表20-2 1950—2005年来宾市(柳州地区)工商税收收入情况表

单位：万元

年度	收入	其中：本级	年度	收入	其中：本级	年度	收入	其中：本级	年度	收入	其中：本级
1950	92		1965	1361		1980	4006		1995	19683	635
1951	373		1966	1269		1981	4056		1996	24522	463
1952	114		1967	1173		1982	5373		1997	27983	429
1953	134		1968	1003		1983	5597		1998	32705	658
1954	208		1969	1393		1984	5845		1999	35305	330
1955	219		1970	1482		1985	7556		2000	37193	378
1956	332		1971	2065		1986	8978		2001	43019	584
1957	669		1972	2277		1987	11373		2002	45656	1084
1958	903		1973	2768		1988	15267		地区小计	511045	5053
1959	792		1974	2871		1989	18596		2003	32118	15539
1960	760		1975	2508		1990	19686		2004	39126	18235
1961	644		1976	2702		1991	20664		2005	36866	12793
1962	846		1977	2754		1992	22390				
1963	1034		1978	3386		1993	38219				
1964	1064		1979	4025		1994	16152	493			

注：本表数据系一般预算收入中的工商税收收入

分税制前工商税收 1950—1993年，工商税收征收主要税种是货物税、商品流通税、工商统一税、工商税、产品税、增值税、工商业税(营业税)、所得税、盐税、资源税、城镇土地使用税、土地增值税、建筑税、固定投资方向调节税、奖金税、工资调节税、特别税、涉外税和其他工商税等。1950—1993年，工商税收入累计为228827万元，占同期财政收入76.3%。1990—1993年本级工商税收入累计为2277万元，占同期财政收入19.88%。

货物税 1950年3月31日政务院分布《货物税暂行条例》从1950年4月起施行，共开征51个品目，原柳州地区各县实征24个品目。1954年以前的货物税收入全部上划自治区。1954年以后，货物税列入县财政收入。货物税入库分别为：1954年213.5万元、1955年311.4万元、1956年206.9万元、1957年242.9万元。1958年，货物税合并入工商统一税。

商品流通税 1953年，对原来货物税的一部分重点税目改征商品流通税。1953—1957年，商品流通税累计入库433万元。

工商统一税 1958年，工商统一税是将原货物税、商品流通税、营业税、印花税合并后的税种。1958—1972年，工商统一税累计入库15266.9万元，年均1017.9万元。1973年，停征工商统一税。1985年，恢复征收工商统一税。1994年，工商统一税转入消费税和营业税。

工商税 1973年，将原工商统一税及其附加、城市房地产税、车船使用牌照税和屠宰税合并征收的税种。1973—1984年，累计入库工商税41032.6万元，年均3419.4万元，1985年停征工商税。

产品税 1984年10月，推行国营企业第二步利改税，将现行工商税按纳税对象，划分为产品税、增值税、盐税和营业税。产品税目有270个税目，其中工业产品260个、农产品10个。1984—1993年，共征收产品税66123.3万元，年均6612万元；其中1993年征收产品税为10573.8万元，为1984年的12倍。1994年，取消产品税，分别转入消费税、增值税、屠宰税、资源税、农业特产税。

增值税 1983年1月1日财政部颁发《增值税暂行办法》，试行开征增值税。1984年9月，国务院发布《中华人民共和国增值税条例(草案)》。1993年12月，全国人民代表大会常务委员会公布《中华人民共和国增值税条例》，全面开征增值税，统一按列举28种产品征收，以后逐步扩大征收范围。1983年，增值税收入39.3万元、1987年收入687.1万元、1988年收入3001.7万元、1992年收入5467.3万元、1993年收入15679.4万元。

工商业税(营业税) 1950年4月，开征工商业税，包括营业税和所得税。1950—1957年，共征收入库工商业税中的营业税1243.5万元。1958年，改革税制，将工商业税中的营业税与其他税种合并为工商统一税。1973年，又与其他税种合并为工商税。1984年，实行第二步利改税，将现行工商税按纳税对象划分，营业税成为独立的税种。1984—1993年，共征收入库营业税51393.4万元，年均入库5139.3万元。

工商所得税 1950年，《全国税政实施要则》规定，工商业所得税是工商业税中的一部分。1950—1957年，共收入库工商业所得税262.4万元。1958年，税制改革时，将工商所得税从工商业税中分离出来，成为独立设置的税种。1958—1985年，共征收入库工商所得税3523万元，年均125.8万元，其中1985年入库260.6万元，为1958年的8.57倍。1985年，工商所得税停征，改征集体企业所得税。1986—1993年，集体企业所得税收入3731.3万元。1986年1月，开征城乡个体工商业户所得税。1986—1993年，城乡个体工商业户所得税收入1853万元。1993年10月，国家规定个体工商业户的所得税按《个人所得税法》交纳个人所得税。

个人所得税 1980年9月，开征个人所得税。1993年，个人所得税收入2.8万元。

个人收入调节税 1986年9月25日，国务院发布《中华人民共和国个人收入调节税暂行条例》，自1987年1月1日施行。1988年，收入12.1万元，1989年收入80.5万元，1992年收入171万元，1993年，个人收入调节税收入241万元。1994年，全面实行新的税制，停征个人收入调节税。

盐　税 本辖区为非产盐区，盐税均为稽查走私盐和因改变食盐用途而征。1959年9月，盐税由盐务机关交由税务机关接办。1973年3月，全面试行新的工商税制，盐税并入工商税作为一个税目。1994年并入资源税。1959—1993，年盐税收入578.7万元。

资源税 1984年，开征资源税，辖区内征收资源税的品目有：煤炭、铁矿、铜矿、铅锌矿、锰矿、其他非金属矿原矿等。1987—1993年，共征收资源税565万元。

建筑税 1984年，依照国务院发布《建筑税征收暂行办法》开征建筑税。1984—1992年，共征收建筑税3610.5万元。

固定资产投资方向调节税 1991年4月16日，国务院发布《中华人民共和国固定资产投资方向调节税暂行条例》开征固定资产投资方向调节税。1991年，征收入库固定资产投资方向调节税72万元，1992年征收入库380.9万元。

奖金税与工资调节税 1984年，国家制定《国营企业奖金税》。1986年,国家制定《国营企业工资调节税》,境内开征奖金税和工资调节税。1984—1993年,共征收国营企业奖金税1364.7万元。1986—1993年,共征收事业单位奖金税135.5万元,征收集体企业奖金税176.4万元。1988—1993年,征收国营企业工资调节税262.2万元。1994年,税制改革停征奖金税和工资调节税。

城镇土地使用税 1988年9月,国务院发布《中华人民共和国城镇土地使用税条例》,原柳州地区决定自1990年1月1日起开征。1990—1995年,土地使用税共计收入1127万元,按财政体制的规定,纳入地、县财政收入583万元。

其他工商各税 其他工商各税包括交易税、牲畜交易税、集市交易税、车船使用牌照税、车船使用税、屠宰税、房产税、印花税、城市维护建设税等。

交易税 1950年,开征交易税包括牲畜交易等六个品目。1953年,牲畜交易税成为独立税种。1950—1993年其中停征10年,开征年份共征收383.5万元。1994年,取消该税种。

集市交易税 1962年4月,开征集市交易税,1966年4月停征。1962—1966年,共征收集市交易税195.8万元。

车船使用牌照税 1951年,开征车船使用牌照税。1951—1976年,共征收入库87.6万元。

屠宰税 1950年1月,全国统一开征屠宰税。1950—1993年,共征收入库屠宰税3854.7万元。

房产税 1950年5月,开征房产税。1973年对企业征收的房产税并入工商税征收,1987年又恢复征收。1950—1963年及1987—1993年,共征收入库房产税1926.6万元,其中1993年征收461.3万元。

印花税 1951年,开征印花税,1958年9月并入工商统一税,1988年8月以后恢复征收印花税。1950—1957年,征收印花税1985年1月1日起,开征城市维护建设税,是工商税收的重要税源之一。1985—1993年,共征收城市维护建设税入库4887万元,年均入库543万元。

分税制后工商税收 1994年,全国实行分税制财政体制改革,新税制形成以增值税、营业税、消费税和所得税为主体的工商税收体系。征收税种包括增值税、营业税、消费税、企业所得税、个人所得税、资源税、城镇土地使用税、土地增值税、房产税、固定资产投资方向调节税、城市维护建设税、屠宰税、车船使用税、印花税、外商投资企业和外国企业所得税、筵席税等16个,来宾市(含原柳州地区)实际开征除筵席税外的15个税种。1994—2005年,工商税收入(不含上划中央和自治区收入,下同)占同期财政一般预算收入50.68%;本级工商税收入占同期财政一般预算收入50.68%。

增值税 1994年起,全国实行分税制的财政体制改革,规定增值税作为中央和地方共享收入,其中上划中央75%,市、县留成25%,自治区不参与分成。1994年增值税收入8025万元、1997年增值税收入10710万元、2000年增值税收入12633万元、2001年增值税收入15793万元、2002年增值税收入18658万元;2003年增值税收入15832万元、2004年增值税收入18774万元。来宾市成立后,市本级管辖的企业增加,发展势头良好,增值税收入增长较快。2005年,自治区人民政府规定,增值税上划自治区8%,市、县留成17%。实行分税制后,随着经济的发展,增值税逐年增长,并成为地市、县工商税收入和财政收入的主要构成部分和重要来源。增值税主要来源于国有企业、集体企业、股份制企业、私营企业和外商投资企业,主要应税品种有:机糖、电力、冶金、有色金属、机制纸、化工、建材等产品。

营业税 1994年,实行分税制财政体制,中央规定营业税(不含银行、保险、铁路集中交纳的营业税)作为地方固定收入,中央和自治区不参与分成。1994年营业税收入4010万元、1996年营业税收入7966万元、1998年营业税收入9607万元、1999年营业税收入12069万元、2002年营业税收入14095万元、2003年营业税收入8708万元、2004年营业税收入10991万元。1994年本级营业税收入135万元、1996年本级营业税收入315万元、1998年本级营业税收入545万元、2000年本级营业税收入227万元、2001年本级营业税收入422万元、2002年本级营业税收入686万元,2003年本级营业税收入3116万元、2004年本级营业税收入3687万元。2005年,自治区人民政府规定,自治区对营业税参与分成,营业税收入上划自治区40%,市、县留成60%,全年营业税收入7884万元。

个人所得税 1994年,按照分税制财政体制规定,个人所得税属地方固定收入,中央和自治区均不参与分成,全额留给地方。2002年,中央规定个人所得税上划中央60%,市、县留成40%。2005年,自治区人民政府规定,自治区参与个人所得税分成,上划自治区15%,留市、县25%。

城市维护建设税 1994年,按照分税制财政体制规定,城市维护建设税属地方财政收入,中央和自治区均不参与分成。城市维护建设税的征税范围是缴纳增值税、营业税的单位和个人。随着增值税收入的逐年增加,城市维护建设税也逐年增加。1994—2002年城市维护建设税收入16694万元,年均收入1854万元。2003年,来宾市开始征收城市维护建设税,全市城市维护建设税收入2037万元,城市维护建设税收入1086万元。2004年,全市城市维护建设税收入3511万元,城市维护建设税收入2052万元。2005年,城市维护建设税收入4690万元,城市维护建设税收入2343万元。

房产税 随着经济的发展和城镇建设开发的加快,以及税收征管的加强,房产税收入增长较快。1994年,房产税收入552万元。1996年,房产税收入1082万元。2002年,房产税收入1978万元。2003年,房产税收入1181万元。2004年,房产税收入506万元。

其他税收 其他税收包括资源税、城镇土地使用税、土地增值税、屠宰税及港澳台外商投资和外国企业所得税。1994—2002年,资源税收入3095万元,年均343.9万元。2003—2005年,资源税收入年均669.75万元。

城镇土地使用税 1994—2000年,城镇土地使用税收入2607万元,年均372.43万元。2001年,城镇土地使用税收入1024万元。2002年,城镇土地使用税收入为1386万元。2003年,城镇土地使用税收入为522万元。2004年,城镇土地使用税收入161万元。2005年,城镇土地使用税划归兴宾区征收管理。

土地增值税 从1994年1月1日起,境内开征土地增值税。1995年,土地增值税收入2万元。2000年,土地增值税收入40万元。2002年,土地增值税收入187万元。2003年,全市土地增值税收入115万元。2005年,土地增值税收入31万元。

屠宰税 1994—2002年,屠宰税收入6962万元,年均773.6万元。2003年,全市屠宰税收入123万元。2004年,全国取消屠宰税。

港澳台外商投资和外国企业所得税 1997年,境内开始征收港澳台外商投资和外国企业所得税,当年收入16万元。1998年港澳台外商投资和外国企业所得税收入1008万元。1999年以后,境内外商投资企业和外国企业所得税收入并入企业所得税。

农业税收 农业税收收入包括农业税(公粮)、农业特产税、耕地占用税和契税四项,简称农业"四税"。农业税以征收粮食为主,亦称公粮。公粮为农业税的主体,同时还就农业特产品收入征收农业特产税,对占用耕地用于非农业生产者征收耕地占用税;对土地、房屋契约征收契税。农业税收收入由财政部门全面负责征收和管理,农业税收入是财政收入的重要组成部分,是乡(镇)一级财政收入的主要来源。1950—2005年,农业税收收入占同期财政一般预算收入13.20%,其中农业税(公粮)收入占收入总数43.49%;农业特产税收入占收入总数45.15%;耕地占用税收入9091万元,占收入总数4.74%;契税收入占收入总数6.62%。2005年,本级农业税收入占同期财政一般预算收入1.2%,其中耕地占用税收入占总收入总数33.07%;契税收入占收入总数66.93%。

表21-3 **1953—2005年来宾市(柳州地区)农业税收收入情况表**

单位:万元

年度	收入	其中:本级	年度	收入	其中:本级	年度	收入	其中:本级	年度	收入	其中:本级
1953	34		1967	689		1981	794		1995	10723	
1954	374		1968	760		1982	867		1996	13256	
1955	2		1969	781		1983	815		1997	14800	
1956	246		1970	797		1984	897		1998	14470	
1957	625		1971	819		1985	1162		1999	13198	
1958	516		1972	778		1986	1545		2000	12110	
1959	578		1973	831		1987	1731		2001	10912	
1960	703		1974	823		1988	1878		2002	15666	
1961	658		1975	830		1989	2752		2003	15243	543
1962	606		1976	789		1990	3080		2004	7639	286
1963	357		1977	811		1991	3041		2005	3876	980
1964	703		1978	804		1992	3411				
1965	667		1979	781		1993	4021				
1966	744		1980	781		1994	6495				

注:农业税收收入包括农业税、农业特产税、耕地占用税和契税

农业税征收　明清时期，农业税均按田亩征收。民国初年，沿清制征收粮赋。民国4年(1915年)，进行田赋改革，把历来按田亩征赋改为按收益课税。民国5年，厉行清赋，每粮米1升改为编谷90千克，每50千克征银1角，每石粮征银18元。民国21年，柳州地区管辖的县共征收粮赋192315元(国币)、粮赋附加54234元。民国29年，因粮价上涨，改征实物(稻谷)。

1950年1月，境内开始农业税(公粮)征收工作。征收的农户按总农户的60%~80%掌握，分5~9等核定税额。公粮的缴纳以稻谷为标准，分夏秋征两个阶段缴纳征收。1951年，农业税在土改地区实行20级全额累进税税制，税率掌握在6%~25%，未土改地区实行依率计征和分配任务与民主评议相结合。当年，按人口计算人均负担农业税任务65.6千克，按土地面积计算亩均负担28.1千克。1952年，贯彻查田定产，依率计征的规定，农业税入库59040吨(原粮，下同)，灾情减免5455吨。1953年，征收任务稳定在上年实际水平。1954年，对负担畸轻畸重的农户进行调整，全年征收公粮61390吨。1955年，在来宾等县部分缺粮区，试行征收农业税代金，当年公粮的征收数为上年的83.91%，减免数为上年2.82倍。1958年，人民公社建立后，规定以生产队、社为纳税单位，按比例税制征收公粮，全地区年均税率为15.08%，当年征收数比上年增长11.59%。1959年，农业税征收年度由跨年制(3月1日至次年2月末)改为历年制(1月1日—12月31日)。1960年，根据稳定农业税负担精神，按1952年常年产量，依率计征税额的88.62%，分配各县征收任务。1961年，调整农业税负担，以当年包产任务为主，参照历年负担情况确定征收任务，平均税率为9%，实际执行为9.63%，全年征收数为1960年的65.57%。1963年，遭受严重旱灾，粮食减产，征收数比上年减少13490吨，属历史最低水平，减免数为上年的4.37倍。1967年，征收税额(正税)比上年减少3765吨。1969年后至1978年期间加强管征，年均征收公粮在4万吨以上。

1979年，自治区规定各地稻谷产区平均每人每年口粮超过200千克，稻谷与玉米混杂产区超过185千克，玉米产区超过165千克的生产队，按章征收农业税实物的可折征代金，每50千克计税价11.55元，当年征收数为1978年的80.3%。1985年，农业科由征收粮食为主，改为折征代金，同时公粮结算价由基数加价办法改为按“倒三七”比例收购价(30%按原定购价，70%按原超购价)的办法，年度实际负担率为7.85%。1988年，遭受自然灾害，征收入库34065吨。1989年，清收公粮尾欠5258吨，占历年公粮尾欠41.68%，占全年征收总数14.23%。

1992年，各县根据实际情况，采取征收实物与代金相结合的办法征收农业税。1994年，全地区受灾，征收数为1993年的79.74%。1995年，粮食丰产，加上征管工作加强，征收数比1992年增长5.89%。1996年，全地区发生百年不遇的洪涝灾害，农业税征收比上年减少1273万吨。由于计税价格由60元/50千克提高到70元/50千克，农业税收入比上年增长11.24%。1997年，征收数比上年减少，计税价格下调，每千克比1996年减少0.3~0.8元，农业税收入比上年减少。1999年，调低粮食收购价，从每百市斤120~130元降至106元，农业税结算价格也相应调低，虽然征收实物比上年增加，农业税收入比1998年减少557万元。

2000年，粮食收购价格继续下调，从每百市斤106元降到86元，农业税减收803万元。2002年，加强征管，清缴欠税，农业税收入比上年增收280万元，超额10.12%完成年度任务。2003年，全区推行农村税费改革，取消向农民征收的“三提五统”，规范农民税费负担，重新核定农民的农民税负担。来宾市6个县(市、区)农业税及其附加任务6224万元，实际分解落实到农户5020万元。改革后农民负担税费总额，人均负担、亩均负担，分别比改革前的1999年减少5074.74万元、25.15元、29.01元，实现“村村减负，户户受益”的改革目标。当年，农业税收入3832万元，比1999年减少706万元。2004年，为进一步减轻农民负担，调动农民种粮积极性，根据自治区财政厅通知，农业税税率降低1个百分点，农业税任务减少642.4万元，农民人均比上年减负3.75元。农业税计税价格调整为90元/每百千克，部分粮食主产区进行免征农业税改革试点。当年农业税入库3415万元，比上年减少417万元。2005年，自治区人民政府令第10号《广西壮族自治区人民政府关于从2005年起免征农业税的决定》，从2005年起，全区范围内免征农业税及其附加。全市农民从此结束了缴纳“皇粮”(公粮)的历史。

农业税减免　农业税(公粮)的减免，是依据“依率计征，依法减免”的原则在征收期内按照税法规定和实际情况确定减免。境内属于土地贫瘠、自然条件差的山区和少数民族聚居的地区，农业生产落后，少数民族聚居区和贫困山区农民得到农业税(公粮）减免照顾。1952年，减免农业税5455吨。1955年，减免农业税12130吨。1958年和1959年，减免农业税分别为1670吨、1065吨。1960年，遭遇严重自然灾害，粮食减产，减免增加到7895吨，1963年，减免农业税增加到18255吨，是历史上减免最多的一年。1964年，农业生产形势逐步好转，减免数为1280吨。1966年，减免农业税4330吨。1967—1978年，农业生产处于稳定时期，每年减免数均在900吨以下。1979年起，实行农业税起征点的办法，对水稻地区人均口粮200千克以下，主杂粮地区185千克以下，经济作物地区人均收入50元以下以生产队为单位，凡口粮在起征点标准以下的，属于农业税全免的，其历年尾欠也一律给予减免照顾，当年减免7175吨。1981—1985年，继续实行农业税起征点办法，贫困地区起征点减免共计16245吨，占减免总额80.12%。1988年，全地区遭受特大洪涝灾害，粮食减产，1989年减免达5360吨。1991年以后，多数贫困地区逐步脱贫致富，对贫困地区和华侨农场的减免税规定停止执行，每年减免数在500吨以下。1998—2005年，每年灾情减免均在500吨以上。

表21-4　1952—2005年来宾市（柳州地区）农业税征收统计表

年度	实征税额（原粮、吨）	实征金额（万元）	年度	实征税额（原粮、吨）	实征金额（万元）	年度	实征税额（原粮、吨）	实征金额（万元）
1952	59040		1971	43130	819	1990	37410	1365
1953	58355	34	1972	41055	778	1991	37595	1724
1954	61390	370	1973	44195	831	1992	41150	2160
1955	51510		1974	43265	823	1993	36215	2474
1956	52135	246	1975	43715	830	1994	28880	3171
1957	58400	625	1976	41565	789	1995	43575	5287
1958	65170	516	1977	42690	811	1996	42302	5942
1959	63630	578	1978	42290	804	1997	40820	5496
1960	56445	703	1979	33960	781	1998	41332	5095
1961	37010	658	1980	33850	781	1999	41515	4538
1962	35900	606	1981	34360	794	2000	40187	3735
1963	22410	357	1982	36775	867	2001	39438	3587
1964	41825	703	1983	35220	815	2002	38214	3867
1965	40525	667	1984	38715	897	2003	42570	3832
1966	38820	744	1985	39040	1022	2004		3415
1967	35055	689	1986	38485	1305	2005		72
1968	39845	760	1987	30540	1322			
1969	40640	781	1988	34065	1186			
1970	40415	797	1989	37140	1492	合计	2183778	83344

注：1.本表数为农业税征收数，不含农业特产税、耕地占用税和契税。2.2004年征收农业税只有征收数、没有原粮数。3.2005年7月18日自治区人民政府令第10号公布从2005年起在全区范围内免征农业税

农业特产税　1950—1960年，农业特产税随农业税正税一并征收，作为农业税收入解交国库。1950年起，征收油茶、油桐、茶叶、桂、八角、竹、木材等7种特产税，税率6%。1954年，增加桑、云（木）耳、药材、香菇、罗汉果、果类、漆等产品征税，实行6%至20%的15级累进税率。1955年，应税产品只征收油茶、油桐、茶叶、八角、桂、竹6种，最高累进税率降至13%。1956年，按5%的税率计征。1961年以后，农业特产税从农业税中划出单独反映。1979—1982年免征农业特产税。1983年，为平衡粮食作物与经济作物之间负担，恢复对油茶籽、油桐子、茶青、果类、八角（茴油）、桂（桂油）、田七、竹等农产品征收农业特产税，税率除田七外统一按5%征收。1984年，农业特产税收入31.3万元。1985年，自治区人民政府发布农业特产税《实施办法》，征税品目增加木材、苗木、桑（蚕）、金银花、罗汉果、松脂、香菇、木耳、水产品等17种，税率除木材、竹子、松脂按销售收入2%、水产品3%、田七10%外，其余按5%征收。当年，农业特产税收入137万元。1987年4月，自治区人民政府下达农业特产税《补充规定》，增加果

蔗、西瓜、苎麻、红瓜子、药材、竹笋等6个品种,征税品种共为31种,税率果蔗、香蕉为10%、苎麻、西瓜、红瓜子、药材为8%、原木为2%调整为5%。当年,农业特产税收入为385万元。1988年,农业特产税收入为595万元。

1989年5月,自治区人民政府规定增加木薯、马蹄、席草、木炭、柠檬、桉油、山苍子油等7个应税品目,并对一些应税产品的税率进行调整。各县农林特产品发展较快,农业特产税的征管措施完善,当年农业特产税收入突破千万元大关,达到1135万元。1990年,桑(蚕)特产税缓征。1991年,恢复征收桑(蚕)特产税,并增加对栓皮、杨梅树皮、辣椒、莲藕等20种农产品征税。当年,农业特产税收入1383万元。1993年2月,对水果、原木等产品的税率进行了调整,规定原由税务部门征收的农林水产品的产品税,并入农业特产税征收。1994年5月,自治区人民政府对农业特产税的纳税人、应税产品及税率、应纳税额的计算、纳税环节、纳税期限重新作了明确规定。当年,开征原料蔗特产税。各县(市)大力发展以原料蔗、水果、竹木为主的农林产品生产,当年收入2746万元,比上年增长1.41倍。1995年,自治区人民政府规定缓征、减征猪、牛、羊皮农业特产税,对原木、原竹的税率规定,对生产者在生产环节、对收购者在收购环节各按8%征收。原木和原料蔗特产税收入增长较快,当年农业特产税收入4915万元,为上年的178.99%。1997年以后,甘蔗生产发展,原料蔗特产税增长快,占农业特产税的比重增大,当年农业特产税收入达到创历史纪录的8566万元,其中原料蔗特产税达5917万元,占69.08%。1999年,受市场影响原料蔗进厂价格调低,受霜冻灾害产量减少;国家禁止生态林砍伐,限制人工林砍伐,原料蔗和原木特产税大幅度下降,当年农业特产税收入比上年减收756万元。2002年,取消农业特产税直接从收入中提退代征代扣手续费,改由预算支出安排,此项农业特产税增收3000万元。原料蔗和蚕茧产量增加,收入增长快,当年农业特产税收入首次突破亿元,达10779万元,比上年增收4676万元。2004年,除烟叶仍继续征收农业特产税外,其他农业特产品的农业特产税一律取消。当年农业特产税收入3602万元,全部为历年欠税本年入库。2005年,继续清收历年欠税,农业特产税收入1596万元。

耕地占用税 1987年4月1日,境内开征耕地占用税。全自治区平均适用税额,每占用1平方米耕地征收4元,原柳州地区为3.86元,低于全区平均水平。耕地占用税收入为中央和地方共享收入,其中上解中央50%、自治区集中20%,县(市)留成30%。县(市)留成部分建立农业发展专项基金用于开垦宜耕土地和整理、改良现有耕地。1987年,征收耕地占用税41.12万元,入库为12.33万元。1989年,征收耕地占用税164.7万元,入库数73万元。1990年,耕地占用多,征收税额586.99万元。1991—1995年,征收税额1732.69万元,年均346.54万元;入库1369.31万元,年均273.86万元。1994年,全国实行分税制财政体制改革,耕地占用税作为一个地方税种,中央和自治区不再参与分成,全部作为市、县财政收入。1994—1995年,征收耕地占用税703万元,年均351.5万元。1996—2000年,征收耕地占用税2596.2万元,年均519.24万元。2003—2005年,征收耕地占用税年均669.83万元。

契　税 1953年,辖区所属各县全面开征契税,征收数34万元。1954—1955年,征税6万元。1957年,停止征收。1985年,恢复征收,当年征收3万元。1986—1993年,共征收契税281万元,年均35.13万元。1994年,房屋买卖、转让增加,加上房价较过去提高,共征收契税162万元为上年的197.56%,1995年,商品房和二手房交易增加,当年契税征收234万元,比上年增长44.44%,1996—2000年,征收契税1568万元,年均313.6万元。2001—2002年,征收契税1506万元,年均753万元。2003—2005年征收契税年均1485.5万元。2003年,全市契税收入138万元。2004年全市契税收入214万元。2005年,全市契税收入676万元。

非税收入

中华人民共和国成立初期,非税收入主要是其他收入类的收入。1952年,财政收入中其他收入类项目,有罚没收入(含赃款赃物收入)、规费收入、公产收入、杂项收入等4个项目,当年收入63万元。1953年后,其他收入类的收入项目内容增多,其内容根据不同时期的具体情况而划分,增加到14个项目。1956—1958年,增列公债收入,共收入194万元,1959年后无公债收入。1983年后,增加专款收入类收入(1985年改名为专项收入类),其内容包括排污费收入、城市水资源费收入、新增粮食调拨经营收入、教育费附加收入、矿产资源补偿收入、探矿权采矿权使用费及价款收入等项。

1952—1995年,其他收入和专项收入类收入累计42764万元,占同期财政收入10.22%,其中其他收入35520万元，占收入总数83.06%；专项收入7050万元，占16.49%；公债收入占0.45%。其他收入中累计收入超过1亿元以上的项目有罚没收入、杂项收入；累计收入600万~1000万元的项目有国家资源管理收入、行政事业性收费收入、国有土地使用权有偿出让收入等3项。其他各项收入均在250万元以下。1996年，其他收入类和专项收入类收入首次突破亿元，达1.16亿元，占财政一般预算收入22.27%，比1995年增长10.43%。

1998年以后，其他收入和专项收入统称为非税收入，列为非税收入的项目有：行政性收费收入、罚没收入、专项收入、其他收入、国有资产经营收益、土地和海域有偿使用收入等6个。随着改革开放的深入，非税收入逐年增长。1998年地县（市）执法部门加大执法处罚力度，财政部门严格收入管理，为缓解财政困难，对单位的预算外收入按一定比例上缴财政纳入预算。当年，非税收入达2.13亿元，占财政一般预算收入近三分之一。1998—1999年，增加土地和海域有偿使用收入687万元，2000年后无此项收入。2000年，非税收入继续呈上升趋势，当年收入29126万元。2001年，税费改革不断深入，经济秩序逐步规范化，当年除国有资产经营收益增加外，其他各项非税收入均大幅度下降，当年非税收入比上年减收11587万元。2002年，加强对各项非税收入管理，当年非税收入20725万元，比上年增收3186万元。

1990—2002年，非税收入累计20431万元，年均1571.6万元，占同期财政一般预算收入52.13%，其中行政性收费收入占总数0.82%，罚没收入占83.63%，专项收入占3.71%，其他收入占9.93%，国有资产经营收益占1.9%。

来宾市成立后，加强和规范对行政性收费收入、罚没收入的预算管理，严格实行“收支两条线”管理办法。2003年，行政性收费收入、罚没收入同比上年增加3208万元。专项收入、其他收入比上年减少3124万元。2005年，对历年的单位行政性收费财政集中缴入预算，各项非税收入增长。当年行政性收费收入、罚没收入、专项收入、国有资产经营收益、其他收入分别比上年增加1354万元、4004万元、828万元、3621万元、1131万元，非税收入实现22197万元，比上年增长94.7%。

2003年，非税收入3620万元，占财政一般预算收入17.62%。2004年，本级加强和规范对行政性收费收入和罚没收入管理，严格实行“收支两条线”管理办法，罚没收入、行政性收费收入增加，当年非税收入3756万元。2005年，对历年行政性收费收入集中调剂，转作预算收入；国有企业上缴税后利润和股份制企业按投资比例分红收入增长，国有资产经营收益大幅度增长，当年本级非税收入突破亿元，达1.13亿元。

表21-5 **1952—2005年来宾市（柳州地区）非税收入情况表**

单位：万元

年度	收入	其中：本级	年度	收入	其中：本级	年度	收入	其中：本级	年度	收入	其中：本级
1952	63		1966	12		1980	47		1994	8561	2784
1953	28		1967	28		1981	54		1995	9454	2389
1954	80		1968	22		1982	135		1996	11635	1501
1955	59		1969	33		1983	74		1997	10870	1561
1956	68		1970	38		1984	84		1998	21364	1530
1957	100		1971	29		1985	319		1999	24002	1240
1958	192		1972	26		1986	538		2000	29126	2022
1959	248		1973	29		1987	1379		2001	17539	1375
1960	165		1974	34		1988	1541		2002	20725	2675
1961	97		1975	50		1989	3148		地区小计	178025	17077
1962	64		1976	38		1990	3148		2003	9958	3620
1963	37		1977	34		1991	3436		2004	11550	3756
1964	33		1978	34		1992	3587		2005	22488	11284
1965	34		1979	26		1993	5558				

注：1.非税收入包括：行政性收费收入、罚没收入、专项收入、土地和海域有偿使用收入和国有资产经营收益。2.1998—2005年有国有资产经营收入（之前没有该科目）。3.土地和海域有偿使用收入只有1998—1999年有数据，其余年份未有数据

行政性收费收入　1953年，行政性收费收入开始纳入财政预算，当年收入5万元。1954—1986年，无此项预算收入。1987年，纳入财政预算收入24万元。1992年后，随着经济体制改革的深入，各项事业的发展，单位行政性收费收入逐年增多，对单位预算收入采取按一定比例上交财政预算，非税收入中，行政性收费收入逐年有所增加，成为非税收入的一项重要来源。1992—1995年，行政性收费收入823万元，年均205.75万元。1996—2000年，行政性收费收入9609万元，占非税收入9.91%，年均1921.8万元，比上五年增加1716.15万元。2001—2002年，行政性收费收入2515万元，年均1257.5万元。

来宾市成立后，对行政性收费收入严格实行"收支两条线"管理办法，对历年单位行政性收费收入纳入财政预算，该项收入逐年大幅度增长。2003年，行政性收费收入240万元。2004年，行政性收费收入300万元。2005年，行政性收费收入1214万元。

罚没收入　1952年，境内开始有罚没收入，当年收入4万元。1953—1956年，年罚没收入在6万元以下。1970年，罚没收入9万元。1971—1980年，罚没收入158万元，年均15.8万元。1981年以后，国家实行经济体制改革，推行依法治国的方针，惩治腐败行为，对违法违章案件处理增多，罚没收入逐年增加。1981—1985年，罚没收入385万元，年均77万元。1986—1990年，罚没收入达5098万元，年均2549万元，1991—1995年，罚没收入15303万元，年均收入3060.6万元。1996—2000年，罚没收入32093万元，占非税收入33.09%，年均收入6418.6万元。2001年，罚没收入6122万元。2002年，罚没收入7927万元。建市后，执法部门加大执法处罚力度，财政部门按"收支两条线"的办法严格罚没收入管理，罚没收入显著增加。2003—2005年，罚没收入年均9408.83万元。

专项收入　1983年，境内开征专项收入，收入项目有排污费收入。1983—1986年，年收入在40万元以下。1987年以后，各县加强排污费的征收管理，排污费收入较快增长。1986年7月，境内开始征收教育费附加，列入专项收入。1987—1990年，专项收入999万元，年均250万元。1991—1995年，专项收入5987万元，年均1197.4万元。1996年，专项收入2138万元。2000年，专项收入达1.04亿元。2001年、2002年专项收入分别为4769万元、4736万元。

2003—2005年，专项收入年均3351.9万元，其中排污费收入占25.83%、教育附加收入占63.53%。

国有资产经营收入　20世纪70—90年代末，国有企业上交税后利润列入企业收入，国有资产转让、出售收入列入其他收入。1998年以后，国有企业上缴税后利润、股份制企业国有股分红、其他国有资产经营收益和国有资产出售、转让收入等纳入非税收入中的国有资产经营收益中反映。1998—2002年，国有资产经营收益7091万元，年均1418.2万元，其中企业上缴税后利润占31.69%，国有资产出售转让收入占6.44%，其他国有资产经营收入占61.87%。

2003年，国有资产经营收益为167万元。2004年，国有资产经营收益165万元。2005年，国有资产经营收益达3786万元。

其他收入　1952—1985年，累计收入1615万元。1986年以后，收入项目增多，收入增加。1986—1990年，收入3627万元，年均725.4万元。1991—1995年，收入9306万元，年均1861.2万元。1998年以后，其他收入列为非税收入，其他收入简化调整为8个项目，实际征收利息收入和其他收入2个项目。1998—2002年，收入达31935万元，年均6387万元，占非税收入28.32%。2003年，收入597万元。2004年，收入454万元。2005年，收入1585万元。

上级补助收入　1952—1989年，原柳州地区累计得到上级补助收入125194万元，年均补助3294万元。补助收入的项目有固定补助、一次性追加补助、各项结算补助、专项补助、专项分成补助、调整收入任务增减补助、其他补助等项。1990年补助收入15426.4万元，为同期财政收入49.86%。1991年，补助收入14240万元。1992年，补助收入13683万元。1993年，补助收入10220万元。

1994年，实行分税制财政管理体制后，中央给予地方上划增值税、消费税的税收返还（简称税收返还收入），当年上级补助收入32806万元，为同期一般预算收入93.45%。1996年，补助收入中增列转移支付补助和一次性专项补助，其他补助大幅增长，当年上级补助收入39117万元，为同期一般预算收入74.88%。1998年，增发国债补助，一次性专项拨款补助快速增长，当年补助收入44063万元，为同期一般预算收入62.76%。1999年，为缓解地方财政困难，中央和自治区加大对贫困地区转移支付力度，大幅度增加各项补助，当年上级补助收入51330万元，为同期财政一般预算68.16%。2000年,转移支付补助、专项拨款补助和调资专项转移支付补助继续大幅增加,当年上级补助收入61634万元。2001年,增列中小学教师工资转移支付补助和艰苦边远地区津贴补助,税收返还补助、专项拨款补助、增发国债补助、过渡期转移支付补助和调资转移支付补助等均快速增加,当年上级补助收入94453万元。2002年,补助收入127899万元,为同期财政一般预算收入149.58%。

2003年,推行农村税费改革,取消向农民征收的"三提五统",规范农民税费负担,重新核定农业税负担农业税收入减少,中央增列农村税费改革转移支付补助,同时对调整公务员工资和提高村干部财政补贴标准给予补助。当年,上级补助收入93297万元,为同期财政一般预算收入159.08%。2004年,增列出口退税基数返还补助,取消农业特产税及调低农业税率给予专项转移支付补助;专项拨款补助、调资专项转移支付补助、各项结算补助、调整收入任务增加补助和其他补助等项补助较前增加;原体制固定补助减少。当年,补助收入108019万元,为同期一般预算收入172.54%。2005年,自治区参与"增值税、营业税、企业所得税、个人所得税"分成,为确保市、县(市)既得财力,给予分享四税基数返还;自治区决定从2005年起在全区范围内免征农业税和农业税附加,对此给予市及市(县)取消农业税专项转移支付补助;原体制固定补助、专项拨款补助、一般性转移支付补助、调资专项转移支付补助、增发国债补助、其他补助等项快速增长;还增列了其他一般预算补助(含退耕还林转移支付补助、一次性财力补助和缓解县乡财政困难三奖一补转移支付补助)。当年,补助收入154864万元,为同期一般预算收入233.24%。

表21-6　**1952—2005年来宾市(柳州地区)上级补助收入情况表**

单位:万元

年度	收入	其中:本级	年度	收入	其中:本级	年度	收入	其中:本级
1952	223		1971	741		1990	15426	1384
1953	451		1972	5018		1991	14240	978
1954	125		1973	4997		1992	13683	1496
1955	484		1974	4775		1993	10220	2870
1956	500		1975	4799		1994	32806	4134
1957	223		1976	1687		1995	31387	5416
1958	3137		1977	2435		1996	39117	6449
1959	34		1978	6227		1997	39627	8421
1960	1210		1979	2124	831	1998	44063	9862
1961	1104		1980	2827	972	1999	51330	9323
1962	887		1981	2865	835	2000	61634	10267
1963	822		1982	3001	825	2001	94453	18549
1964	805		1983	10220	906	2002	127899	27448
1965	794		1984	4967	1157	小计	535278	106597
1966	952		1985	3139	1632	地区小计	673831	117725
1967	973		1986	11458	1733	2003	93297	33255
1968	2285		1987	14028		2004	108019	37243
1969	587		1988	14305		2005	154864	49461
1970	646		1989	12927				

注:1. 本表全市(地)1950—1989年和本级1963—2005年的上级补助数据按财政决算表的决算数填列
2.1990—2005年全市(地)的上级补助数据,按自治区财政厅的财政决算核定数填列

表 21-7　1950—2005 年来宾市(柳州地区)财政一般预算收入情况表

单位:万元

年度	收入	其中:本级	年度	收入	其中:本级	年度	收入	其中:本级	年度	收入	其中:本级
1950	92		1965	2096		1980	4903		1995	43467	3789
1951	373		1966	2072		1981	5208		1996	52236	2220
1952	185		1967	1912		1982	6668		1997	57593	2526
1953	198		1968	1778		1983	6986		1998	70206	2456
1954	668		1969	2232		1984	6977		1999	75312	1903
1955	284		1970	2356		1985	9955		2000	82344	2885
1956	661		1971	3532	532	1986	11534		2001	85920	2725
1957	1404		1972	5277	2144	1987	17297	1319	2002	85508	4114
1958	2830	805	1973	4980	1350	1988	22622	1558	地区小计	927710	53645
1959	3286	949	1974	4621	957	1989	29100	1917	2003	58648	20544
1960	3508	511	1975	3788	518	1990	30941	2224	2004	62604	25791
1961	1939	90	1976	3415	148	1991	31379	2430	2005	66396	27590
1962	1618	-25	1977	3219	326	1992	33772	3132			
1963	1494		1978	5453	1350	1993	50922	3668			
1964	1856		1979	4629		1994	35104	5124			

注:1. 本表数据(含以下各种收、支表)时期:1950—2002 年为柳州地区(10 个县、市和古亭山),2003 年以后为来宾市(6 个县、市、区)
2.1950—1986 年,原柳州地区本级有 24 年(1952—1957 年、1963—1970 年、1979—1986 年)不设一级财政、作自治区的报账单位,收入全额上缴自治区

第四节　财政支出

清朝以前,财政支出全部由朝廷直接统管,地方支出来源主要是地方政权附征的耗羡、附加和学田、义田租金等用于规定的开支。

民国初期,财政权力集中于省。民国 21 年(1932 年),开始划分地方收入。支出科目设行政费、公安费、财务费、教育文化费、实业费、交通卫生费、营业费、补助费、抚恤费、债务费、总预备费等 11 项。民国 22 年,境内各县财政支出共计 33.76 万元(国币,下同)。1937 年,支出 105.92 万元。1942 年后,国币贬值,当年支出 1224.4 万元。1944 年,支出 3339.40 万元,1945 年,支出 34755.05 万元。

中华人民共和国成立后,辖区各级财政部门坚持“量入为出,量力而行”的理财原则,合理安排财政支出。1951 年,财政支出 216 万元。1952 年,支出 582 万元,其中行政管理费和文教卫生事业费支出 407 万元,占支出总数 69.93%,本级为广西省的报账单位。1957 年,全地区财政支出 1418 万元,比 1952 年增长 143.64%。1958 年,地区为一级财政,当年支出 4495 万元,其中本级支出 2263 万元,占总数 50.34%。1962 年,支出数为 1958 年 42.14%,其中本级支出 223 万元,占 11.77%。1963—1969 年,地区为非一级财政,各县合计年支出 1800 万 ~2700 万元。1971 年,地区恢复为一级财政。1978 年,支出数为 1971 年 181.89%,其中本级支出 1449 万元,占总数 19.54%。

1979 年,各县支出共 5846 万元。1986 年,支出比 1979 年增长 2.17 倍。1987 年,设立行署本级财政,当年全地区支出 27094 万元,其中地区本级支出 1880 万元,占总支出 6.94%。1995 年,支出(指财政一般预算支出,下同)比 1990 年增长 74.59%,支出中本级支出 8887 万元,占 11.32%。1996 年,全地区支出合计 91274 万元,比上年增长 16.3%。1997 年,从严从紧控制财政支出与上年支出基本持

平，兑现历年旧欠工资1971万元。1998年，确保工资发放，各县实现不欠发当年工资，增加社会保障支出和教育、科技等项支出，压缩一般非生产性支出，当年支出107604万元，比上年增长19.85%。1999年，提高行政、事业单位职工和离退休人员工资，提高“三条社会保障线”（即下岗职工生活费、城镇居民最低生活保障和企业离退休人员养老金标准），以上增加支出6800多万元。当年全地区财政支出120156万元，增长11.66%。2000年，全地区财政支出138080万元，比上年增长14.9%。2001年，财政支出172312万元，比上年增支34232万元，增长24.79%。2002年，调整优化支出结构，增加农业、科教投入。全地区财政支出208482万元，比上年增长21%。

2003年，各项支出需求大，费用增加。当年财政支出142499万元。2004年，财政支出161145万元。2005年，财政支出208923万元，比上年增长29.6%。

表21-8 1952—2005年来宾市（柳州地区）财政一般预算支出情况表

单位：万元

年度	支出	其中：本级	年度	支出	其中：本级	年度	支出	其中：本级	年度	支出	其中：本级
1952	582		1966	2304		1980	6021		1994	69211	8299
1953	688		1967	2428		1981	6715		1995	78438	8887
1954	697		1968	1962		1982	7644		1996	91274	9105
1955	805		1969	2653		1983	8584		1997	89776	9409
1956	1235		1970	2668		1984	10538		1998	107604	11737
1957	1418		1971	4076	602	1985	12808		1999	120156	12239
1958	4495	2263	1972	5315	1392	1986	18568		2000	138080	13106
1959	4531	1994	1973	5652	1195	1987	27094	1880	2001	172312	20433
1960	6260	2787	1974	5514	1298	1988	32564	2147	2002	208482	32483
1961	2502	383	1975	5094	849	1989	39275	2541	地区小计	1539768	166793
1962	1894	223	1976	5284	1017	1990	44926	3465	2003	142499	37013
1963	1898		1977	5657	1232	1991	46458	3647	2004	161145	47570
1964	2299		1978	7414	1449	1992	46455	4479	2005	208923	65503
1965	2298		1979	5846		1993	63316	6252			

注：原柳州地区本级1950—1986年有24年不设一级财政，作自治区的报账单位，由自治区列支

经济建设类支出

经济建设类支出包括基本建设、企业挖潜改造资金、科技三项费用、流动资金、农林水气象、工交流通部门事业费、城市维护费等项支出。

1952年，基本建设、农林水及气象事业费、其他部门事业费和城市维护费等4项支出共88万元，占财政总支出15.12%。1958年，国家执行第二个五年计划，基本建设投入大幅度增加，当年经济建设费支出3316万元，比1957年增长7.54倍，占财政支出总数73.77%。1961年以后，贯彻“调整、巩固、充实、提高”方针，经济建设费支出下降。1964年，支出385万元，为1958年的11.61%，占财政总支出的16.75%。1972年，支出2872万元，占财政支出54.03%。1973—1979年，年支出2200~3400万元。

1990年，各级经济建设类投入增加，支出超过亿元，比1986年增长1.09倍，占财政支出22.53%。1995年，支出（指财政一般预算支出，下同）16276万元，比1990年增长60.83%。“九五”时期（1996—2000年）共支出86205万元，比“八五”时期（1991—1995年）增长25.67%。2001—2002年合计支出

74251万元,年均37125.5万元。2003—2005年,支出年均38466.75万元。

事业费支出

中华人民共和国成立初期,辖区事业费支出项目主要是教育、卫生、文化、广播等事业经费,后逐步增加体育、科学、档案、公费医疗、计划生育、广播电视、地震、文物、出版、报刊等项事业经费。1952—2002年,教育、科学医疗卫生、文体广播等项目事业费支出累计499144万元,占财政支出32.42%。其中教育支出365214万元,占73.17%;科学支出2491万元,占0.5%;医疗卫生支出95654万元,占19.16%;文体广播事业费35785万元,占7.17%。

2003—2005年,教育、科学、医疗卫生、文体广播事业费支出占财政一般预算支出30.8%。其中,教育支出占73.96%;科学支出占0.76%;医疗卫生支出占18.43%;文体广播事业费占6.85%。

1996—2002年,本级教育、科学、医疗卫生、文体广播事业费支出累计21440万元,年均3062.85万元,占财政一般预算支出19.70%。其中,教育支出9375万元,科学支出477万元,医疗卫生支出7638万元,文体广播事业费3950万元。2003—2005年,教育、科学、医疗卫生、文体广播事业费支出年均12582万元,占财政一般预算支出15.42%。其中教育支出占总数55.85%;科学支出占2.24%;医疗卫生支出占28.82%;文体广播事业费占13.08%。

抚恤救济和社会保障支出

1952—2005年,辖区抚恤救济和社会保障累计支出占财政总支出10.1%,抚恤和社会救济福利支出占总支出数31.87%,社会保障补助支出占15.66%,行政事业单位离退休支出占52.47%。

1996—2005年,本级累计支出占财政一般预算支出5.88%,抚恤和社会福利救济支出占支出总数7.61%,社会保障补助支出占33.39%,行政事业单位离退休支出占55%。

行政管理费、公检法司支出和其他部门事业费

1950年3月,原辖区(柳州专区)本级和县开始建立地方财政,行政管理费由广西省人民政府核拨到专区,专区核拨到县,县向专区报账,专区向省报账。1951年7月1日起,省对县实行半级财政,专区和县的行政工作人员实行供给制和包干供给制,只发实物,不发现金。1951年10月,个人生活费原以大米计发改为按工资分计发。1952年,建立比较完整的县一级财政管理体制,行政管理费不再由省核拨,全部由地方财政列支,当年支出(包括行政管理费和公检法支出,下同)249万元,占财政总支出42.78%。1956年,全部实行工资制,职工福利费按工资总额5%提取。1957年,财政供养人员比1953年增长75.6%,行政管理费支出增长43.96%。1961年,精简、退职一部分工作人员,支出减少。1963年,支出数为1960年的75.18%,占财政支出28.24%。1964年5月起,提高县以下单位小伙食补贴标准。1966年,对干部职工发给粮食差价补贴,当年行政管理费支出631万元,比1965年支出增长15.56%,占财政支出27.39%。1967—1968年,因“文化大革命”运动,工作秩序不正常,支出比1966年下降。1971—1975年,支出3951万元,年均支出790万元。1977年,调整部分工作人员工资。1978年,恢复发放少数民族地区干部职工生活补贴等,当年支出达1110万元,比1977年支出增长27.47%,占财政支出14.97%。从1979年起,发放工作人员副食品补贴,提高福利费提取标准等。1980年,支出1148万元,比1978年支出增长3.42%。

1981年起,公安及安全部门的机关经费和业务费从行政管理费中划出单列支出,当年行政管理费支出1114万元,比1980年减少34万元。从1983年起,司法、检察和法院的机关经费、业务费从行政管理费中划出单列支出,当年支出1357万元,与1982年支出基本持平。1985年,改革行政工作人员工资制度,由等级工资制改为以职务工资为主要内容的结构工资制,由基础工资、职务工资、工龄工资、奖励工资四部分组成,全年工资部分增支996万元。从1986年11月起,辖区工资区类别从五类提高到六类,调整部分人员工资,增发退休人员生活补贴,在职人员全年可发放不超过1个月基本工资的奖励工资。1987年,支出3084万元,比1986年支出2093万元增长47.35%。从1988年起,奖励工资提高到年均不超过1个半月基本工资。1989年,国家机关工作人员普调一级工资,提高离退休人员生活待遇,当年支出4665万元。1992年,新增工龄工资和奖励工资,提高差旅费补助标准。1993年,支出比1991年增长37.18%,占财政支出13.85%。1995年,经考核两年为称职的工作人员,晋升一个档次的工资,当年支出13692万元,比1994年支出增长20.43%,占财政一般预算支出17.44%。

1996年以后,人员增加,工资调整,业务扩大,

人员经费和公用经费增长较快。1996—2000年，支出77729万元，占财政一般预算支出14.21%，年均支出15546万元。其中2000年支出达18954万元，比1995年支出增长38.43%。2002年，支出28347万元，比2000年支出增长49.55%，占财政一般预算支出13.6%。1996—2000年，本级支出9037万元，占财政一般预算支出16.25%，年均支出1807.4万元。2001年，支出2884万元。2002年，支出4860万元。2003—2005年，支出占财政一般预算支出11.34%，年均支出6458.5万元。全市行政管理费支出占支出总数59.95%；公用经费支出占支出总数38.04%；对个人和家庭补助支出占2.01%。公用经费中办公费、交通费、差旅费、会议费、维修费、办公设备购置费、交通工具购置费，分别占公用经费支出的8.5%、13.38%、4.76%、5.73%、5.87%、2.83%和5.55%。

上解支出和中央财政借款

上解支出 1952—1960年，原柳州地区有4个年度有上解支出，上解金额共137万元，其中1957年上解支出120万元，占4年上解数87.59%。1961—1970年，上解支出6190万元，年均上解619万元，其中除1968年上解1778万元外，其余年度上解均在950万元以下。1971—1980年，上解支出25910万元，年均上解2591万元，其中1972年、1973年、1974年和1978年4年每年上解支出都在4000万元以上。1981—1990年，年均上解1978.7万元。1992年，上解支出2742万元，其中体制上解占65.49%、专项上解占34.51%。1993年，取消体制上解，上解支出减少为1605万元。

1952—1993年，上解支出的项目随着财政管理体制的变更而变化，主要项目有：收大于支的定额包干上解、收入分成比例上解（1962—1987年）、超收（或增收）分成上解（1979—1987年）、体制上解（1988—1992年）和专项上解（1988—1993年）等5种。

1994年以后，实行分税制的财政管理体制，上解的具体内容增加，上解的数额逐年增长，是年上解支出（专项上解，下同）970.7万元，为财政一般预算支出1.4%，比1993年上解增长10.09%。1995年，增列税务经费基数上解1628万元，当年上解支出2507万元，为1994年上解支出258%。1996年，增列集中城建税上解、城市“三税”教育费附加提成上解和外贸出口退税地方负担上解等项，是年上解支出2715万元，比1994年上解支出增长1.8倍。1997年上解支出2922万元，是年县（市）对地区本级上解增列地方一般预算收入地区集中3%上解、地区在县地直企业税收分成上解和“四项”收入地区集中10%上解等3项。1998年，上解支出增列粮食风险基金上解，是年上解支出4187万元，其中粮食风险基金占上解占25.08%。1999年，上解支出5656万元，其中工商行政管理部门和技术监督部门上划自治区垂直管理经费上解占24.31%、税务经费上解占41.14%。2000年，除专项上解外，又增加其他上解（拖欠专项借款扣款），是年上解6392万元，为同期财政一般预算支出4.63%，为1999年上解支出113.01%，其中专项上解占总数97.11%、其他上解占2.89%。

2001年，自治区取消农业税“倒三七”折征和农业税提价部分增收上解，粮食风险基金上解减少以及追加收入基数减少上解等因素，专项上解大幅度减少。但自治区增列对拖欠财政周转金等3项扣款的其他上解。是年，上解支出13722万元。2002年，自治区又增列代征代扣代缴手续费上解，药品监督系统上划自治区垂直管理经费上解，是年上解支出7103万元，为同期财政一般预算支出3.41%。其中专项上解占97.46%，为2001年专项上解的129.14%。

2003年，上解支出5076万元，其中专项上解占94.78%。2004年，增列税务经费增量上解和小型农田水利补助费划转上解，其他上解增加，是年上解支出5872万元。2005年，增列出口退税上解，是年上解支出6428万元。

中央财政借款 1981年，为弥补中央财政的收支差额，中央财政决定向地方财政借款。借款按地方财政可用财力15%的比例数额划给中央财政，是年借款支出307万元。1982年，将比例借款改为定额借款，借款支出325万元。从1983年起，中央向地方借款改为以1982年向地方借款的数额为基础，调减地方支出包干基数并相应减少地方定额补助。1986年规定，1981年、1982年中央财政向县（市）财政的借款，作为地方财政对平衡当年国家预算的贡献，不再进行结算，并同时办理销账手续。1987年，国务院规定，将压缩的各项开支数额，抵顶中央拨款，把中央向地方借款打进基数，把借款变为上交，当年借款支出979万元。1981—1987年全地区中央财政借款共支出1611万元，占同期财政支出0.23%。

表 21-9　　**1952—2005 年来宾市(柳州地区)财政决算支出情况表**

单位:万元

年度	收入	其中:本级	年度	收入	其中:本级	年度	收入	其中:本级	年度	收入	其中:本级
1952	8		1966	940		1980	1508		1994	971	20
1953			1967	293		1981	1514		1995	2507	2
1954	6		1968	1778		1982	2109		1996	2715	49
1955	3		1969	234		1983	2210		1997	2922	48
1956			1970	610		1984	2211		1998	4187	32
1957	120		1971	439		1985	1512		1999	5656	32
1958			1972	4948		1986	1832		2000	6392	131
1959			1973	4651		1987	2276		2001	13722	−10
1960			1974	4598		1988	1696		2002	7103	18
1961	504		1975	3864		1989	1883		地区小计	105579	457
1962	492		1976	476		1990	2544	95	2003	5076	1264
1963	458		1977	264		1991	3030	10	2004	5872	1324
1964	231		1978	4213		1992	2742	10	2005	6428	1331
1965	650		1979	953		1993	1604	20			

注:1.1950—1989 年全市(地)和本级的上解上级支出数据按财政决算表的决算数填列

2.1990—2005 年全市(地)的上解上级支出数据,按自治区财政厅的财政决算核定数填列

其他项支出

其他项支出主要包括政策性补贴支出、支援不发达地区支出、专项支出、其他支出、城镇青年就业经费支出、武装警察部队支出、国防支出、债务利息支出、车辆税费支出等。1952—2005 年,来宾市(含原柳州地区)其他项支出占财政支出 12.43%。其中政策性补贴支出占支出总数 14.98%;支援不发达地区支出占 4.7%;专项支出占 13.94%;其他支出占 59.54%;武装警察部队等项支出占 6.03%。1996—2005 年,本级其他项支出占同期财政支出 12.98%。

第五节　财政预算

预算和决算

民国 20 年(1931 年),国民政府公布《预算章程》,广西省根据《预算章程》制定《广西各县财务局编制地方财政收支预算暂行办法》规定,以当年 7 月 1 日至次年 6 月 30 日止为会计年度。各县财政局的岁入岁出预算书,先提交地方财务会议(财政监察委员会或临时参议会的行政会议)审定,再经县政府审核转呈省财政厅批准。民国 28 年起,会计年度改为历年制。民国 37 年,由于通货膨胀,财政预算以稻为标准计算。

1950 年,广西对柳州专区、县实行统收统支。1952 年,实行县一级财政,县按规定编报年度财政预算。1953 年,采用自下而上编制预算,自上而下核定预算办法。1954 年,按照“增加生产,培养财源,增加收入,节约支出”的原则编制年度预算。1956 年,各县按总支出的 2% 设置预备费,并坚持本级预算平衡原则。1959 年,按照“统一领导,分级管理”的原则,建立自治区、专区、县三级财政,各县预算由专署批准,决算由同级党委、人民委员会审查后,经同级人民代表大会审查批准。1963 年,按照“以农业为基础,以工业为主导”的国民经济方针,支出预算安排首先保证农业资金需要,收入要抓好国营企业生产和扭亏增盈。1964 年,预算编制与执行,按照“收支平衡,略有结余”的原则掌握,对必须开支但无预算项目,要先报追加预算,对行政事业单位经费年终结余,不得结转使用,全部转作下年拨款处理。1967—1969 年,由于受“文化大革命”影响,正常的预算管理被视为“管、卡、压”,财政管理制度受到破

坏,预算编制比较粗糙,决算从简编报。

1970年,财政预算管理制度逐步恢复。1971年,财政预算实行大包干体制,预算收入在不少于上级下达任务,支出不突破预算指标的前提下,项目之间可互相调剂,上年结余可自行安排使用。1972年,预算编制要求对收入超收和支出结余,主要用于农业生产,国营企业流动资金不足和设备更新,以及“五小”工业企业的扶持。1975年,境内开展批判修正主义和资本主义的总体战,收支管理放松,全地区财政收入任务仅完成年度预算75%,支出超预算7%。1980年,实行“划分收支,分级包干”的财政管理体制,核定收支基数,一定五年。地、县财政预算可根据计划和有关政策自行安排调整,报自治区备案。1982年,自治区规定,凡涉及减收增支的规定,一律要报自治区批准,当年的超收分成不得当年安排支出。1983年,按照“量入为出,量力而行,留有余地,不留缺口,不打赤字预算”和“一要吃饭,二要建设”的原则安排财政预算,地方机动财力安排要确保重点,部分支农资金推行有偿使用的办法,坚持专款专用,结余结转使用。1984年,自治区财政厅和地区财政局,对1984年度财政决算编报工作实行考核评比办法。1988年,实行紧缩财政政策,地、县(市)按照抓紧收入,节减和控制支出,确保收支平衡的原则编制预算。

1990年,柳州地区行署制定财政收入目标管理考核办法,列入县(市)领导班子目标管理责任制的重要指标之一,当年全地区财政收入完成年度预算151%,地区本级和9个县(市)实现收支平衡。1991年,地区行署对地区财税部门、地直企业和企业主管部门实行完成财政收入任务目标考核管理办法。1994年,按照分税制财政体制收支划分范围等项口径编制年度预算。1995年,预算的编制和执行,按照“先吃饭,后建设”原则,坚持支出适度从紧,优化支出结构。确保工资发放,确保农业、教育、科技支出按法定比例增长,严格控制支出,重点控制行政管理费的过快增长。1998年,地区明确提出“三个确保”即确保财政收入任务完成,确保工资发放,确保财政平衡的目标。在支出预算编制中,坚持“量入为出,量财办事”的方针,把好支出预算关,不打赤字预算。在预算执行中,严格按预算办事,追加预算按规定程序审批;加强预算执行情况分析,及时调整支出预算;追踪专项资金使用效果,提高财政资金使用效益;在资金调度上,保证工资发放和重点支出。当年财政收入超额0.2%完成年度预算,实现县县不欠发当年工资,消化大部分历年财政旧欠工资,全地区实现财政收支平衡。2001年,财政收入预算坚持依法治税,不收过头税,不虚收虚支,严格执行“收支两条线”管理办法。支出预算按照合理安排支出,保证重点,兼顾一般,不留支出缺口的原则安排。全地区欠发工资县全部建立工资专户,将上级固定补助、转移支付补助、地方财政收入、税收返还补助等纳入工资专户,确保工资发放,实现工资发放工作正常化。

2003—2005年,建立市一级财政,面对全市财政困难状况,为缓解收支矛盾,确保全年预算,在预算编制和执行中,收入预算做到积极稳妥,层层分解和落实责任制到部门、单位,依法强化收入征管,实现财政收入稳步增长。支出预算坚持“量力而行,量财办事”“先吃饭,后建设”的原则,优化支出结构,严格支出管理。把确保工资的按时足额发放和政权机关正常运转列为财政支出的首位;优先安排社会保障资金和促进再就业资金;确保农业、教育、科技支出达到法定增长要求;积极转变财政支持经济的方式,优化财政资金配置,支持事关全市经济社会发展、事关长远的重点项目建设,集中财力做大、做强、做精、做稳支柱财源;支持城市基础设施建设,支持市重点项目建设和城市的绿化、亮化、美化工程。市财政部门每年定期向市人民代表大会作全市与市本级上年预算执行情况和本年预算草案的报告,向人民代表大会常委会作市本级财政决算的报告,并严格按市人大通过的财政收支预算执行。

控制社会集团购买力

1960年,辖区开始开展控制社会集团购买工作,对机关团体、学校、企事业单位公用经费中的商品性支出中的部分。对上述社会集团购买的部分商品实行“计划管理,凭票供应”的管理办法。规定所有单位在一年内不得购买沙发、轿车、摩托车、自行车、照相机、电风扇、桌椅等13种商品和其他非生产性设备用品。1963年,对确需购买的,国家单位需报自治区人民委员会批准,批准后凭证购买。同时,自治区下达社会集团购买指标,专区分配到县,县落实到单位,没有指标财政不予拨款。1965年,继续实行“核定限额,凭证购买”办法。限制购买的商品减少为9种。同年11月,不再下达社会集团购买力指标,并取消凭证购买办法,各单位本着节约精神,自行控制掌握。1966年,由于“文化大革命”运动,此项工作处于放任自流状态。1972年,沙发、地毯、小汽车、摩托车、电视机、打字机、电风扇、保险箱等30种为专控商品。1973年,将电视机、台式电子计算机、扩大机、多用机4种剔除列为专控商品。1978年,专控商品定为27种。1980年,增加空调机、录像机、洗衣机、复印机、电影放映机(不包括75毫米放映机)等5种专控商品。1984年,取消社会集团购买力指标控制办法,只控制购买商品品种。专购商品由32种减少到14种。当年控制社会集团购买金额1444万元,占控制指标80%。1985年,恢复控制指标,控制商品增加到17种。1989年,专控商品共29种。同年4月,规定购买其中27种专控商品征收10%的购置费附加。1990年10月,设立柳州地区控制社会集团购买力办公室,挂靠地区财政局。规定对专控商品按照进口商品从严,国产商品从宽,高档办公用品从严,一般商品从宽的原则审批。1991年,对控购商品进行大检查,通过自查、重点检查、抽查和县与县交叉检查,共查出违纪金额700多万元。县以上单位全年购买控购商品5499万元,占控制指标数122.2%。1992年,对控购项目实行分类管理(分指令性、指导性)。1993年5月,控购商品从29种调整为8种,其余调减商品列入指标管理范围。1995年,购买控购商品占控购指标113.82%,比上年增长48.4%。2001年1月,柳州地区控办业务上划柳州地区行署管理。同年12月,设立小汽车定编办公室,挂靠地区财政局,负责小汽车定编工作。2005年,由来宾市财政局预算科(小汽车定编办)负责。

冻结结余存款

1960年,地方金库存款减少,机关、团体存款数额大。中央决定冻结各单位12月25日在银行的结余存款(含财政预算外资金、企业利润留成、工资附加、固定资产变价收入等)。至1962年底,全地区共冻结中央级企业12.11万元,后解冻8.96万元归还银行贷款;冻结地方单位1420.75万元,其中地区本级417.47万元,占总数29.38%。各县共冻结1003.28万元,占总数70.62%。1962年,解冻426.84万元,解冻数占冻结数30.04%,其中地区本级解冻95.94万元,占解冻总数22.4%;各县共解冻330.9万元,占总数77.53%。对资金来源不符合国家规定的,如化大公为小公、化预算内收入为预算外收入,“平、调”的其他收入等,收归国库。

第六节 预算外资金

1954年,财政部门掌握的地方财政预算外资金,其收支都有明文规定,并与财政预算资金统筹安排使用。行政事业单位掌握的行政事业性收费,实行自收自支,以收定支自求平衡的管理办法,管理上比较松弛。国有企业及主管部门掌握的预算外资金,主要是企业留用和主管部门集中的各项专用基金,其提取的办法和使用原则也有明确的规定,一些重点项目须经主管部门和财政部门审核批准后方能使用。这一期间,行政事业单位、国有企业及主管部门的预算外资金存款均留在本单位,没有集中纳入财政专户管理。1986年,国务院发出《关于加强预算外资金管理的通知》,同年4月,地、县(市)财政部门陆续设立综合计划科(股),负责对预算外资金管理工作,对预算外资金进行清理、检查、汇总,1987年,地区财政局规定,行政事业单位的预算外资金收入要实行“专户储存”,其预算外资金收入分别集中到地、县(市)财政局开设的专户进行管理,预算外资金支出由财政部门核准后拨付到确认的基本账户进行核算和管理。1988年,单位的预算外资金大幅度增长,成为地区经济建设和各项事业发展的重要财源之一。财政部门对国有企业的预算外资金继续坚持计划管理、政策引导的办法;对事业行政单位的预算外资金。从1991年起,在原有专户储存的基础上,逐步推行“收支两条线”的管理办法,将行政事业单位的预算外资金收、支完全纳入财政部门的管理范围。

1990—1994年,全辖区累计存入财政专户的资金共计31185万元,累计回拨资金29330万元,财政部门充分利用财政专户资金的收支时间差融通资金766万元,帮助国有企业缓解了资金的紧缺。1995年,建立行政事业性收费的立项审批、银行开户审批、收费收据管理、票款分离、缴罚分离等项制度,制止预算外资金截留、坐支、私分等行为。2000年,对各执法部门的预算外资金经费预算安排实行收支脱钩办法。当年,全辖区上缴财政专户预算外资金29527万元,占收入总数74.7%,其中行政事业性收费上缴财政专户23180万元,占收入数75.22%。本级上缴财政专户的预算外资金9426万元,占收入总数73.67%。

2003年,全市行政事业单位总户数1255户,应纳入财政专户管理单位数856户,实际纳入的单位792户，财政专户入户率92.5%，其中行政单位入户率96.7%、事业单位入户率90.9%、其他单位入户率100%。市本级行政事业单位户数为110户，应纳入财政专户的单位数104户，实际纳入的单位101户，财政专户入库率97.12%，其中行政单位入户率为97.56%、事业单位入户率为96.77%。2005年，全面开展对各单位的银行账户的清理，规范银行账户管理；加强专户储存工作，对行政事业单位收费实行“单位开票，银行代收，财政统管”的票款分离制度；加强票款的管理、监督和检查，严肃处理预算外资金管理的违法违纪行为；严格执行预算外资金收支计划，合理安排资金的使用，对预算外资金实行统筹和调剂使用，对支出项目执行专款专用的原则。

收　入

1954年，境内工商税附加、农业税附加、公路养路费、养河费、育林费、中小学学杂费等列为预算外资金收入。1958年，收入90万元，其中各项税收附加收入占43.33%、集中事业收入占42.22%。1959年，原自治区在柳州专区范围经营的国营企业下放给专区和县，对国营企业实行利润留成办法，当年预算外收入330万元，其中国营工交企业留用的专项基金占55.76%，地方财政预算外收入（包括各项附加收入，集中事业收入，集中企业上交的利润、折旧基金，其他收入等，下同）占44.24%。1960年，收入2325万元，其中地方财政预算外收入占4.99%、行政事业单位的行政事业性收费占4.65%、国营企业（含预算内外企业留用各项基金、四项费用、大修理基金、奖励基金、工资附加费收入等项）及主管部门集中收入占90.36%。1962年，停止实行企业利润留成制度。1965年，国营机电排灌、小型水电站、供电所等收入纳入预算外资金管理，当年预算外收入164万元。1966—1971年，受“文化大革命”影响，放松管理，预算外收入仅有地方财政预算外收入一项，6年共收入681万元，年均收入113.5万元。

1972年，恢复对行政事业单位的行政事业性收费管理，县办“五小”企业利润60%，纳入财政预算外收入，当年收入1006万元，为年度预算内财政收入19.06%，比1971年收入增长3.49倍。从1978年起，国营企业基本折旧基金50%上缴财政，当年预算外收入1992万元，其中财政集中企业收入占42.57%。1979年，预算外收入2140万元，为预算内财政收入46.23%，其中地方财政预算外收入占57.06%、行政事业性收费占42.94%。1980年，国营企业主管部门收入恢复纳入预算外资金管理，当年此项收入336万元。1981年，企业利润留成改为基数利润留成或增长利润留成，企业留成增加；行政事业性收入增加城市公用事业收入项目。1982年，收入5112万元，为年度预算内财政收入76.66%，比1981年收入增长1.14倍。1985年，收入6916万元，为年度预算内财政收入69.47%。1986年，国有企业留用的各项基金增长较快。同年7月，开征教育附加费，教育部门的事业收入增加，当年预算外收入10619万元，为预算内财政收入92.07%，比1985年收入数增长53.54%，其中行政事业性收费增长1.26倍，国有企业及主管部门收入增长53.34%。1992年，收入34177万元，超过当年预算内财政收入一个百分点，其中行政事业性收入占总数43.59%、国有企业及主管部门收入占53.26%、地方财政预算外收入占3.15%。1993年，国有企业及主管部门收入不列作预算外资金，预算外收入相应减少，当年收入21995万元，为1992年收入的64.35%，为预算内财政收入43.19%。1995年，行政事业性收入有所增长，当年预算外资金收入34116万元，比1994年增长15.85%，为预算内财政收入的78.49%，其中地方财政预算外收入占3.64%，行政事业性收费占96.36%。1996年，预算外收入除原有地方财政预算外收入、行政事业性收费外，又增加了政府性基金（资金、附加）、主管部门集中收入、乡镇自筹资金和其他收入等4项，收入增长较快，当年收入46859万元，为预算内财政一般预算收入89.7%，比1995年收入增长37.14%，其中地方财政预算外收入占4.72%、行政事业性收费占62.59%、政府性基金占20.54%。1997年，将部分地方水利建设基金、排污费等项预算外收入纳入财政预算内管理，列为财政基金收入；同时，为缓解财政困难，将部分行政事业性收费集中上缴财政列入财政预算外收入，当年预算外收入50053万元，为同期财政一般预算收入86.91%。其中地方财政预算外收入占收入总数13.9%、行政事业性收费占60.13%、政府性基金收入占14.11%。1998年，地方财政预算外收入、地方水利建设基金，部分教育附加费和电力建设基金等项纳入财政预算。1999年以后，地方财政预算外收入和地方水利建设基金全部纳入财政预算，预算外收入减少，当年收入47041万元，为财政一般预算收入 62.46%，比 1997 年收入下降 6 个百分点。

2000 年，公路养路费、教育附加费、育林基金全部纳入财政预算当年预算外收入比 1997 年收入减少 21 个百分点。2002 年，公路养路费、育林基金全部列入预算外收入，部分教育附加费纳入财政预算，当年预算外收入 40083 万元，为财政一般预算收入 46.87%，其中行政事业性收费占收入总数 65.39%、政府性基金收入占 22.42%。2003 年，为减轻农民负担，全面推行税费改革，取消农村教育附加费和乡镇自筹、统筹收入，大部分其他教育附加费纳入财政预算，预算外收入大幅度减少，当年预算外收入 26782 万元，为财政一般预算收入 40.33%。2004 年，地方水利建设基金、育林基金、部分教育附加费等项纳入预算内，预算外收入继续下降，当年收入 24826 万元，为 2003 年收入 92.7%。2005 年，预算外收入 31546 万元，为财政一般预算收入 47.51%，比 2004 年收入增长 27.07%，其中行政事业性收费占收入总数 76.41%、政府性基金收入占 13.3%。

1996—2002 年，本级预算外收入 72999 万元，为同期财政一般预算收入 3.87 倍，年均收入 10428.4 万元，其中行政事业性收费占收入总数 71.74%、政府性基金收入占 21.09%、主管部门集中收入占 0.6%、地方财政预算外收入占 0.27%、其他收入占 6.28%。2002 年预算外收入 13405 万元，为财政一般预算收入 3.25 倍，比 1996 年收入增长 55.04%。建市后 2003—2005 年，年均收入 1335 万元，其中行政事业性收费占收入总数 69.79%、政府性基金收入占 21.61%。

表 21-10 1958—2005 年来宾市（柳州地区）预算外资金收入情况表

单位：万元

年度	收入	其中：本级	年度	收入	其中：本级	年度	收入	其中：本级	年度	收入	其中：本级
1958	90		1970	94		1982	5112		1994	29447	
1959	330		1971	233		1983	3477		1995	34169	
1960	2325		1972	1006		1984	4106		1996	46859	8646
1961	391		1973	1142		1985	6919		1997	50053	5885
1962	269		1974	1283		1986	10657		1998	49194	10603
1963	141		1975	1961		1987	12050		1999	47041	10860
1964	150		1976	1798		1988	21992		2000	39528	12795
1965	205		1977	1621		1989	21210		2001	42575	10805
1966	49		1978	1992		1990	22952		2002	40083	13405
1967	113		1979	2140		1991	25417		2003	26782	13573
1968	105		1980	2148		1992	34188		2004	24826	11255
1969	106		1981	2391		1993	21995		2005	31546	19063

注：1.1958—1997 年有地方财政预算外收入数据，1998 年以后，地方财政预算外收入的数据不列入本表。2. 本表不包括 1996—1997 年的社会保障基金收入（其余年度的报表均无此项目）

支 出

1958—2002 年，辖区预算外支出共有 18 个项目，累计支出 545071 万元，为同期预算内财政支出 35.41%。支出数中，行政事业费支出占总支出 60.56%；基本建设支出占 18.62%；城市维护费支出占 1.52%、乡镇自筹、统筹资金支出占 2.16%、其他支出占 17.15%。2005 年，预算外支出 30320 万元。

1996—2002 年，本级预算外支出 66842 万元，为同期财政一般预算支出 3.94%。其中行政事业费支出占支出总数 77.78%，基本建设支出占 8.99%，其他支出占 13.22%。2003—2005 年，本级预算外支出为同期财政一般预算支出 10.74%。其中行政事业费支出占支出总数 69.72%，基本建设支出占 22.32%，城市维护费支出占 0.11%，其他支出占 7.84%。

表 21-11 1958—2005 年来宾市(柳州地区)预算外资金支出情况表

单位:万元

年度	支出	其中:本级	年度	支出	其中:本级	年度	支出	其中:本级	年度	支出	其中:本级
1958	43		1971	214		1984	3666		1997	43601	6061
1959	207		1972	820		1985	5932		1998	48374	10657
1960	1717		1973	1107		1986	7752		1999	40487	10301
1961	538		1974	1041		1987	7733		2000	43186	11235
1962	202		1975	1383		1988	17669		2001	38858	9498
1963	258		1976	1706		1989	22016		2002	36562	11137
1964	124		1977	1432		1990	23795		地区小计	545071	66842
1965	145		1978	1788		1991	26315		2003	25385	12004
1966	19		1979	2041		1992	32408		2004	24701	9993
1967	59		1980	2027		1993	19331		2005	30320	18514
1968	57		1981	1739		1994	25341				
1969	75		1982	3941		1995	31646				
1970	42		1983	3177		1996	444497	7953			

注:本表不包括 1996—1997 年社会保险基金支出

第七节 农业税征收管理

农业税收管理

从 1950 年起,境内农业税(亦称公粮,下同)任务(包括正税和附加)落实到户以后,每年分为夏征和秋征,由财政部门负责征收管理。农业税征收以实物(粮食)为主,少数以经济作物为主的地区可以折征代金。同年 10 月规定,公粮交纳粮食的往返运送里程不超过 100 华里,山区不超过 60 华里为纳税人义务运送里程。1953 年,义务运送里程改为单程 30 华里。纳税人将公粮(粮食)送交当地粮食收购部门,粮食部门填写四联式结算单,纳税人凭公粮结算单到财政部门换取农业税税票,财政部门凭公粮结算单与粮食部门结算公粮价款,转入县财政金库,作农业税收入。同年,财政部门建立统一的农业税征解会计制度,设置专职会计人员管理全县农业税结算和报表编报工作。1956 年,实行新的统一会计制度,农业税征收年度采用跨年度制,即当年 4 月 1 日起至翌年 3 月 31 日止。1962 年,农业税以生产队为结算单位。公粮稻谷的计税单价按粮食部门收购价格每 50 千克 8.8 元计算。1964 年,将农业税附加提高到 12%。1966 年,财、粮部门公粮结算价款,从新粮食入库起,一律按三号中等稻谷每 50 千克 9 元 5 角结算回笼。1973 年,对农业税负担作了适当调整,一定五年不变。同年,清理农业税尾欠,建立农业税新账,按照会计年度设立账册、账页。1979 年,财政部门与粮食部门对公粮的结算和价款回笼,一律按三号中等稻谷新价每 50 千克 11.55 元结算。1982 年,农业税由生产队集中交纳为主改为由承包户(组)交纳,任务下达到户(组)。1985 年,取消粮食统购制,改为合同定购制。农业税实行继续征收粮食为主和按粮食“倒三七”比例价折征代金两种办法。农业税折征代金价格,统一按粮食“倒三七”比例价每 50 千克原粮 15.59 元计算征收。1986 年 10 月,对国家基本建设征用的计税土地的补偿费收入一律按补偿年限计征农业税,从征用土地单位支付的补偿费中一次扣清。1987 年 1 月,使用新的农业税征解会计制度,采用资金复式收付记账法。当年,财政部门对公粮的结算价格统一按早稻(中等)每 50 千克 17.59 元结算。1989 年,财粮两部门公粮结算价格按早稻谷(中等)每 50 千克 22.6 元计算。

2003 年,来宾市全面启动实施农村税费改革试点工作,取消乡统筹、农村教育集资等专门面向农民征收的行政事业性收费和政府基金、集资;取消屠宰税;取消劳动积累工、义务工;调整农业税和农业特产税政策；改革村提留征收使用办法。来宾市农业税及其附加任务6224万元，实际分解落实到农户的农业税及附加任务总额为5020万元。全市农户对计税土地面积的签字确认率达99.53%以上，对计税常产的认可率达98.32%；全市新农业税落实到户439443户，占总农户数453549户的96.89%，农民签字认可户数达436848户，占总农户数96.32%，改革后新农业税及其附加征收入库4524.85万元，完成任务的90.13%；已缴纳农业税农户406126户，占总户数89.54%。2004年，农业税税率在2003年的基础上降低一个百分点。兴宾区、象州县、武宣县和合山市农业税税率从6.5%下降到5.5%，忻城县和金秀瑶族自治县农业税税率从6%下降到5%。农业税税率降低后，全市农业税及农业税附加任务调整为4277.1万元，其中：农业税正税3578.7万元，农业税附加698.4万元；比上年减少770.9万元。全市实征农业税4072.2万元（含附加），比上年同期的4583.8万元减少511.6万元，下降11.16%，其中：农业税正税减收473.8万元，附加减收93.2万元；完成年度农业税预算收入任务36752万元的111.02%。2005年6月，自治区财政厅农税处下发《关于暂停征收农业税的通知》，全面减免农业税，全市停止征收农业税。

农业特产税征收管理

20世纪50年代，境内农业特产税随农业税一并征收。1960年，由当地税务部门代征代扣，采取跨年度查账征收办法，税务机关按实征税额提取2%~4%的征收经费。1979年，自治区革委会决定，除田七继续征收特产税外，其余过去征税的农林特产品暂时免征农业特产税。1983年，国务院“关于对农林特产收入征收农业税的若干规定”下达后，自治区决定从1983年起恢复征收农业特产税，当年全地区开征农业特产税，根据农业税税源零星分散、品种繁多、征收范围广，征收难度大、涉及千家万户的特点，各县（市）开展税源调查，掌握税源的基本情况，建立一套行之有效的征管办法。主要采取在生产环节和销售环节控制征收。具体的征收管理办法，包括对应税农业特产产品产地的农户实行定（估）产征收；对以应税农业特产品作原料的加工企业实行查账征收；对收购应税农业特产品的单位委托收购单位代征；对外销的应税农业特产品委托村公所代征；对在市场销售应税农业特产品的由财政部门直接征收；对外销的大宗应税农业特产品（主要是木材）设立检查站征收。在此基础上，各级财政部门定期开展纳税检查，减少漏税和欠税。部分县还建立公安、检察院驻财政执勤室，搞好依法治税，查处偷漏案件。财政部门把农业特产税收入任务纳入（镇）财政目标管理责任制，年终进行考核，调动基层征管积极性。1989年，根据区人民政府桂政发〔1989〕52号文规定，从农业特产税收入中提取30%用于扶持农业特产生产发展。各级财政部门抓好农业特产生产的联系点和样板点，协同当地政府和有关部门从规划、技术、引进良种、资金等方面扶持农业特产生产发展。2003年，启动农村税费改革试点工作，调整农业特产税政策，按农业特产税税率略高于农业税税率、减少征收环节、农业税和农业特产税不重复交叉征收的原则，根据国家农业特产税的统一政策，适当调整部分农业特产税税率。取消原部分一个应税品目两道环节征税，实行一个应税品目只在一个环节征税。税率的调整和两道环节征税的取消待调查测算后由自治区人民政府另行文下达。对在农业税计税土地上生产的农业特产税产品，其应纳农业特产税税额小于农业税税额的，不征收农业特产税，只征收农业税；其应纳农业特产税税额大于农业税税额的，只征收农业特产税，不收农业税。2004年，财政部、国家税务总局下发《关于取消除烟叶外的农业特产农业税有关问题的通知》（财税〔2004〕120号），规定从2004年起，除对烟叶暂保留征收农业特产农业税外，取消对其他农业特产品征收的农业特产农业税。

2005年12月29日，十届全国人大常委会第十九次会议决定，《农业税条例》自2006年1月1日起废止。

耕地占用税征收管理

1987年10月，境内开征耕地占用税，耕地占用税由被占用耕地的所在财政机关负责征收管理。当年，主要采取先批地，后征税的办法。先由获准征地或占用耕地的单位和个人，持县以上土地管理部门的批准文件向当地财政机关申报纳税，自批准之日起30日内缴清应纳税款，土地管理部门凭批准文件和纳税凭证划拨土地。征收方法部分县（市）委托当地土地管理部门代征，按实征税额付给1%的劳务费；部分县由财政部门直接征收。1990年1月，大部分县（市）改为财政部门直接征收，征收方法采取先收税后征地办法，即占地单位和个人在申报用地时，先向财政部门预交耕地占用税税款，然后持财政部门开具的预交税款凭证，到土地管理部门办理批准用地手续，财政部门凭土地管理部门的批地文件的实际用地面积结算，多退少补，完税后由财政部门开具税票，做到年税年清，减少欠税。2003 年，建立地级来宾市，市本级根据划分区域直接征收部分耕地占用税，耕地占用税征解会计采取资金复式收付记账法。

契税征收管理

1952 年，原辖区对进行土地房屋买卖、典当、赠与或交换等行为开征契税，契税由当地财政部门直接负责征收管理。缴纳契税的纳税人在产权变动成立契约后，向当地财政征收机关申报纳税，限期 3 个月内缴清税款，财政部门填写契税纳税凭证交纳税人保管。2003 年，建立地级来宾市，市本级根据划分区域征收部分契税。

第八节　国有资产管理

1953 年，对国营企业进行清产核资，核定企业流动资金定额，规定单价在 200 元以上的财产作为固定资产，造册登记。1954 年，企业间未使用和不需使用的固定资产需调剂时，实行无偿调拨。1961 年，对停产、撤销、兼并企业的固定资产，进行逐项清理；停产、兼并期间，固定资产不提折旧；企业之间调拨固定资产实行无偿调拨，固定资产变价收入上缴财政。1971 年 4 月，对工矿、交通运输、农林、商业、外贸等企业进行清产核资。1979 年，开展对企业的清产核资工作。1980 年，通过清产核资，核销部分企业的固定资产损失。同年对闲置的固定资产调拨改为有偿调拨。1984 年，对固定资产原值在 200 万元以下的企业，折旧基金留给企业。1986 年，原应上交的折旧基金留给企业用于技术改造、技术引进等项；对固定资产实行分类提取折旧。1990 年，地、县（市）国有资产管理机构建立，全面负责对国有企业、行政事业单位国有资产的管理工作。1992 年，完成国有资产登记 578 户，完成 96.33%，国有资产金额 83713 万元，占登记资产总额 32.31%。1993 年，对全地区行政事业单位国有资产进行清查，确定国有资产总额 126922 万元。1995 年，核实 514 户企业，国有资产总额 308320 万元。1993—1995 年，国有资产评估总值达 50190 万元。

2001 年，对地区 1585 户行政事业单位进行清产核资，核实总资产为 34.77 亿元，净资产 17.73 亿元。国有企业汇编 429 户，核实总资产 71.1 亿元，净资产 27.95 亿元。审批报废国有资产共 1925 台（件），价值 1234 万元。2003 年后，市驻柳管理处三大院国有资产全部移交给市国资委管理。市驻柳管理处三个大院公共大楼大部分进行出租。2005 年，财政部门国有资产管理职责移交市国资委管理。

第九节　机关单位企业财务管理

国有企业财务管理

1950 年，地方国营（国有）企业实行利润全额上交（亏损全额弥补）办法。1952 年，对完成国家下达生产、销售、财务等计划的企业，允许提取奖励基金。1954 年，对超计划利润，留给企业主管部门 4%。1958 年，自治区下放的直属企业中，交通运输、商业粮食、农牧、劳改等企业利润留成比例为 10%；邮电、轻化、煤炭、石油企业为 8%。1960 年，农村基层国营商业企业亦实行利润留成办法，留成比例为 10%。1962 年，除商业企业外，其余企业停止执行利润留成办法，恢复企业奖金制度，对完成国家下达的产量、质量、新品种、工资总额、降低成本、流动资金周转、上缴利润等项计划经济指标的，按 3.5% 提取奖金。1969 年，把奖励基金与医药补助费、职工福利费合并为职工福利基金，可按工资总额 11% 的比例提取。1978 年，全地区执行国务院批准的试行企业基金制度，对全面完成国家年度经济计划指标和供货合同的工业企业，可按职工工资总额 5% 提取企业基金。

1980 年，改按基数利润留成（新产品试制费按利润总额 1% 提取、职工福利基金按 11% 提取、职工奖励基金按 10%~12%、企业基金按 5% 提取），加增长利润留成（按不同行业提 10%~30%）。1983 年 6 月，地、县（市）实行国有企业“利改税”，工交企业交纳所得税后的利润，按国家核定的留利水平留给企业，其余按递增包干，固定比例或交纳调节税的办法上缴财政。1987 年，工交企业全面施行承包经营责任制，实行上缴利润递增承包、上缴利润基数承包、上缴利润定额包干；对亏损企业实行定额补贴包干；上缴所得税后利润承包等办法。

1990 年以后，对企业超目标部分的利润，财政分成比例不应低于 35%。1991 年起，将实现的利润分别以所得税和利润上交的形式上交给财政一部分（简称为“税利分流”）。1993 年，实施新的国有企业财务管理制度，为扩大企业理财自主权，全地区大部分国有企业实行销售费用包干办法。1998年，选择16户国有企业实行年度决算报表注册会计师审计试点，委托会计事务所对企业年度决算报表进行审计。1999年，地区和大部分县（市）向国有企业派驻财务总监，强化企业约束机制，并从管理、政策和资金等方面扶持企业的发展，帮助企业解决经营中的问题和困难。

2001年，对地区10户国有企业实行企业改制，其中实行公司制的企业5户、实行租赁经营形式的企业4户、按政策规定关闭的企业1户，改制面达到67%。2003年，按照《关于印发来宾市中小企业改革若干规定的通知》（来发〔2003〕53号）有关政策，开展全市国有企业改制工作，全市原有企业173户，2005年底，已改制87户，改制面为50.3%。当年10月来宾市以来宾迁江糖业（集团）等4家糖纸有限公司与广东东莞糖业（集团）有限责任公司组建来宾东糖有限责任公司。

行政事业财务管理

1950年，辖区各行政事业单位不是一级会计单位，其经费实行报账式的财务管理制度，收入全部上交，支出按供给制标准核定，实报实销。1953年，执行全国统一的行政事业单位会计制度和预决算编报制度。1956年，取消供给制办法，将单位经费分为个人经费和公用经费两大部分，按定员定额核定经费。1958年，精减人员，简化账表，实行“以表代账”，削弱财务管理。1962年，各行政事业单位经费实行“指标分开，统一安排，计划管理，定额控制，分月拨款，按月核销”的管理办法。1963年，对差额补助和自收自支单位实行收支全管，定期报送报表的办法。对公用事业实行统一收支，全面管理的办法。1966年，受“文化大革命”影响，财务制度遭到破坏，财务管理松弛。1974年以后，逐步建立健全行政事业财务管理制度，严格收支管理。1979年，对行政事业单位的经费实行“定额包干，结余留用”或“定额管理，节约分成”的办法。1980年，行政事业单位经费全面试行“预算包干”办法，即财政对主管部门实行年度预算包干，主管部门对所属单位实行核定年度预算包干，包干形式有全额预算包干和公用经费定额包干两种。1984年，实行定编定员，按编制核拨经费，公用经费要求压缩10%~20%。1985年，实行大包干，结余留用，超支不补。1988年，实行人员编制和工资基金相结合的管理制度，对1988年以后人员超编的，财政不核拨经费。1991年，对行政事业性收费，统一使用财政机关印制的票据；收费按性质分别纳入预算内或预算外管理；对预算外收入实行“财政部门专户储存、计划管理、财政审批、银行监督”的办法。1992年，对行政管理费和公检法司支出实行“核定基数，比例递增”办法。1993年，开始实行“零基预算”财务管理办法，即对各部门和单位的支出项目，不考虑以往的基数，不受上年支出规模的影响，取消原来“基数加增长”的预算分配办法，根据部门职能和事业发展的需要，结合财力可能，区分轻重缓急，统筹安排使用。

1995年，对有预算外收入的部分事业单位实行其预算外收入按一定比例抵顶一部分事业经费的办法。1997年，制发《关于柳州地区直属国家机关、事业单位工作人员差旅费开支的规定》；同时，改革事业单位财务管理制度，减少具体审批事务，扩大事业单位财务管理自主权。2001年，全地区全面推行行政事业人员工资统一发放办法。2002年3月，地区财政局成立政府采购中心，实施政府采购制度。2003年，制发《中共来宾市委办公室、来宾市人民政府办公室关于加强会议费管理的通知》。

住房公积金管理

公积金管理机构 来宾市住房公积金管理中心前身为柳州地区住房资金管理中心，1992年12月成立，属地区财政局内设二层机构，在职人员3人。1992—2002年，市内参加住房公积金缴存的单位为1074个，应参加住房公积金缴存职工人数为8.9万人，实际参加职工人数为4.93万人，住房公积金覆盖率为55%，住房公积金的缴交率为5%~10%。共归集住房公积金32621.54万元，其中，柳州地区7548.66万元、来宾县15465.49万元、合山市管理部2772.49万元、金秀瑶族自治县2913.94万元、武宣县1138.60万元、象州县2237.31万元、忻城县545.06万元；共提取住房公积金21204万元，其中，柳州地区4906.63万元、来宾县10052.57万元、合山市1802.12万元、金秀瑶族自治县1894.06万元、武宣县740.09万元、象州县1454.25万元、忻城县354.29万元。

2003年6月，原地区住房资金管理中心和来宾县住房资金管理中心组建为来宾市住房公积金管理中心，是来宾市政府直属事业单位，各县（市）的住房资金管理中心统一上划市中心，为市中心在各县（市）的派出机构（各县、市管理部）。

公积金缴存 2003—2005年，全市参加住房公积金缴存的单位为1074个，应参加住房公积金缴存职工人数为10.10万人，实际参加职工人数为5.45万人，住房公积金覆盖率为54%，住房公积金的缴交率为5%~15%。全市共归集住房公积金53772.33万元，其中市本级30531.34万元、合山市管理部13992.41万元、金秀瑶族自治县2281.21万元、武宣县2361.21万元、象州县3209万元、忻城县1397.16万元；共提取住房公积金23762.51万元，其中，市本级11360.41万元、合山市9331.02万元、金秀瑶族自治县489.59万元、武宣县640.97万元、象州县1396万元、忻城县544.52万元。

住房公积金个人贷款 1992—2002年，境内共发放住房公积金个人贷款920万元，发放户数313户。其中：柳州地区366万元，发放户数115户；来宾县发放个人委托贷款额0万元、合山市发放个人委托贷款额0万元，发放户数0户；象州县发放个人委托贷款额554万元，发放户数198户；忻城县发放个人委托贷款额0万元，发放户数0户；金秀瑶族自治县发放个人委托贷款额0万元，发放户数0户；武宣县发放个人委托贷款额0万元，发放户数0户。

2003—2005年，全市共发放住房公积金个人贷款12298.22万元。发放户数2838户。其中：市本级7198.92元，发放户数1623户；合山市管理部发放个人委托贷款额982.80万元，发放户数146户；象州县发放个人委托贷款额2291万元，发放户数152户；忻城县发放个人委托贷款额569.50万元，发放户数142户；金秀瑶族自治县发放个人委托贷款额757.50万元，发放户数383户；武宣县发放个人委托贷款额498.50万元，发放户数92户。

贷款风险准备金 1992—2002年，境内共提取贷款风险准备金553.30万元。其中：柳州地区218.83万元、来宾县164.50万元、合山市99.53万元、金秀瑶族自治县43.84万元、武宣县1.15万元、象州县25.45万元、忻城县0万元。提取城市廉租住房建设补充资金309.85万元，其中：柳州地区122.54万元、来宾县92.12万元、合山市55.74万元、金秀瑶族自治县24.55万元、武宣县0.64万元、象州县14.25万元、忻城县0万元。

2003—2005年底，全市共提取风险准备金1163.15万元。其中：市本级773.34万元、合山市163.77万元、金秀瑶族自治县179.28万元、武宣县11.99万元、象州县31.4万元、忻城县3.37万元。提取城市廉租住房建设补充资金1037.54万元，其中：市本级744.08万元、合山市154.75万元、金秀瑶族自治县107.53万元、武宣县5.13万元、象州县23.80万元、忻城县2.25万元。

住房公积金增值经营 市住房公积金管理中心在保证住房公积金安全运营的前提下，尽可能地使资金保值增值，并加强对各县（市）管理部的业务指导和宏观管理，完善内部的各种管理制度，将各项经济指标分解下放到各县（市）管理部，监督各项指标的计划完成情况。

第十节　社会保障财务管理

财政基金收入管理

1997年，根据财政部、自治区财政厅有关文件规定，将预算外资金收入中的利建设基金等13项政府性基金和行政性收费收入纳入预算，作财政基金收入管理。当年，实际纳入财政基金统计的政府性基金和行政性收费收入项目仅有6项，基金收入3837万元，为同期财政一般预算收入6.66%，其中文教部门基金收入（含农村教育、城市教育附加费）占收入总数45.95%、农业部门基金收入（含水利建设基金收入）占总数24.94%、地方财政税费附加（含农业附加税）占收入总数2.53%、其他部门基金（含排污费、城市水资源费）收入占总数26.58%。1998年，基金收入增列电力建设基金收入，城市教育附加费全部转作预算外收入，排污费和城市水资源费转作财政收入中的专项收入，基金收入相应减少，当年收入2164万元，为1997年56.4%。1999年，增列散装水泥专项资金收入项目。2000年，各县（市）开展城镇土地开发，财政基金收入项目增加土地出让金收入、城市公用事业附加和其他附加等3项，当年收入比1999年增加164万元。2001年，增列地方教育附加费收入，各县（市）城镇土地开发征用土地增加，土地出让金和城市公用事业附加等2项收入大幅度增长，当年收入3045万元，为2000年收入的165.4%，其中土地出让金收入1972万元，占收入总数64.76%。2002年，增列土地收益或土地增值收入，与土地出让金收入一起列为财政基金中的土地有偿使用收入，当年财政基金收入4422万元，为财政一般预算收入5.17%，为1997年财政基金收入的115.25%。

2003年，地方教育附加费收入不列作财政基金收入项目，市级城市基础设施和土地开发征用土地增多，土地有偿使用收入中的土地出让金以及土地收益或土地增值等2项收入大幅度增加，当年收入6679万元，为财政一般预算收入11.39%，其中土地有偿使用收入4338万元，占收入总数64.95%。2004年，财政基金收入增列育林基金和地方教育附加费等2项收入，土地出让金收入大幅度减少，土地收益或土地增值收入大幅增加，当年收入4318万元，比2003年减少2361万元，其中土地出让金收入减少3241万元，土地收益或土地增值收入增加1195万元。2005年，取消农村教育附加费，土地有偿使用收入中的土地收益和土地增值收入显著增加，当年财政基金收入10646万元，为2003年收入159.4%，其中土地有偿使用收入占收入总数71.34%。

财政基金支出管理

1997—2002年，财政基金支出累计13188万元，为同期财政一般预算支出1.58%，其中工业交通部门基金支出占1.56%、文教部门基金支出占22.12%、农业部门基金支出占35.65%、土地有偿使用支出占15.83%、地方财政税费附加支出占7.81%、其他部门基金支出占7.9%。

2005年，财政基金的使用，由基金使用单位、部门提出项目申请，并报送用款计划，送财政部门审核汇总编列财政基金支出预算，报市、县(市、区)人民政府审定，经市、县(市、区)人民代表大会批准后，由用款单位执行，财政部门按计划拨款并监督使用。全市财政基金收入10646万元，支出10936万元。

表21-12　**1997—2005年来宾市(柳州地区)财政基金收支情况表**

单位：万元

年份	收入	其中：本级	年度	收入	其中：本级	年度	支出	其中：本级	年度	支出	其中：本级
1997	3837	157	2002	4422	435	1997	3871	143	2002	3178	454
1998	2164	22	2003	6679	4577	1998	1598	22	2003	2035	787
1999	1677	59	2004	4318	428	1999	1522	40	2004	8145	4522
2000	1841	275	2005	10646	6114	2000	1094	68	2005	10936	6434
2001	3045	578				2001	1925	38			

注：1.1997年起财政年度决算设立本表，之前未设立本表

2.基金收、支数包括工业交通部门基金、文教部门基金、农业部门基金、土地有偿使用收、支、地方财政税费附加、其他部门基金

第十一节　会计管理

会计制度

1950年，境内实行国家统一的会计制度，按照“统一领导，分级管理”原则，实行分行业、分所有制会计核算办法，以适应当时财务管理和生产建设事业发展需要。1958年，在“彻底放权，大力简化”思潮中，大搞“无账会计”，“以表代账”，破坏正常会计工作秩序，造成账目混乱，家底不清，收支不实，会计数字不准。1961年，纠正“无账会计”“以表代账”做法，重新建立会计管理制度和核算办法，会计工作纳入正常轨道。

1966年，“文化大革命”期间，批判所谓“管、卡、压”，会计制度被打乱。1971年，地、县采取一系列措施加强会计工作。1978年，国务院颁发《会计人员职权条例》，会计工作围绕经济建设为中心，抓好财务会计整顿，加强会计基础工作，会计工作秩序好转。1985年，《中华人民共和国会计法》颁布，会计工作步入法制化的轨道。1989年10月，设置柳州地区会计事务管理所，会计管理围绕“抓基础、达标准、上等级”开展工作，会计工作逐步走向规范化、科学化、现代化轨道。从1993年7月1日起，实行新的《企业财务通则》和《企业会计准则》，改变原来按所有制、分部门和行业设计的会计制度以及平衡关系，建立统一会计制度。1996年4月，根据国务院《关于整顿会计工作秩序，进一步提高会计工作质量的通知》要求，地区财政局等4部门联合签发《关于在全地区开展整顿会计工作秩序的通知》，印发会计工作《约法三章》，制订和实施整顿工作的具体方案。1997年，按照财政部、审计署等部门联合发的《关于进一步规范会计工作秩序的通知》规定，抓好会计基础规范化，通过会计工作考核验收，确认18个单

位为会计基础工作规范化标准单位；做好会计人员《会计证》发证工作，经审核合格，全地区共发放会计人员《会计证》证书8511人。1999年，全地区共对204个单位会计基础工作进行正式考核验收，经考试验收达到规范化要求的单位77个，验收合格率为37.7%。2000年，全地区实行建账监管制度，对所有应依法建账单位的现金、银行存款日记账及总账的使用情况进行监督、管理，实行定额供应、定期检查。

2003年，来宾市成立，全市围绕会计从业资格管理，推行新会计制度和会计电算化进行。当年，完成年检会计从业资格证书7119本，新发放会计从业资格证书694本；对14个单位会计法规、制度和准则执行情况进行检查，查出违纪金额71.46万元，处罚金额0.88万元；验收会计基础工作规范单位48个；按照区财政厅《关于在全区推行乡镇财务“零户统管”的通知》，指导试点县制订实施方案、订立制度、软件选用、人员培训；开展“会计核算中心”试点工作，全市纳入“会计核算中心”统管单位62个，委派会计人员23名。2004年，财政部发布《小企业会计制度》《村集体经济组织会计制度》和《民间非营利组织会计制度》等新会计制度。2005年，全市县（市、区）全部推行乡镇财务“零户统管”制度，全市试点乡镇66个，试点单位624户，配备核算中心人员212人。

人员培训

1965年5月，地区财政部门举办财税会计培训班，学习行政事业会计基础知识，培训基层财税人员70多人。1972年，举办地直企业会计人员培训班，学习《企业财务制度》和《企业会计基础知识》，培训会计人员30多人。1987年3月，地区举办农业税征解会计业务知识培训班，培训基层农税管理人员144人，主要学习《会计原理》和《农业税征解会计制度》等课程。同年7月，成立广西中华会计函授学校柳州地区分校，配备专职办学人员2名，全地区设立10个县级函授站。1989年，把会计人员培训工作纳入地、县会计事务所议事日程，重点开展会计人员职业道德和继续教育为重点的培训工作。1992年4月地区财政部门举办财政农财管理人员培训班，培训基层农财管理人员40多人，学习《会计原理》和《农业财务管理》基础知识。1996年，举办《现金流量表》及会计基础工作规范培训班6期，培训人员338人；开展在职会计人员的会计电算化初级知识培训，全地区举办37期培训班，培训人员1953名，考试合格率96%。1999年，举办17期会计电算化初级知识培训班，培训会计人员1530人，经考试合格1522人，合格率99.48%；举办会计上岗知识培训班1期，培训人员37人。2003年，更名为中华会计函授学校来宾市分校，配备专职办学人员4名，全市设立6个县级函授站。至2005年，全市累计录取会计专业中专生3368人，毕业人数3325人，毕业率98.72%；录取大专生2158人，毕业人数2113人，毕业率97.91%；录取本科生469人，毕业人数192人，毕业率40.94%。

职称评定和会计考试

1980年，自治区人民政府制发《会计人员技术职称试行办法》。1986年，地区成立会计系列中级和初级专业技术职称评审委员会，按照自治区的试行办法制定具体实施方案，开展全地区会计系列专业技术职称评审工作。1986—1991年，通过考核评定，全地区累计获得会计系列专业技术职称5686人，其中高级会计师68人、会计师1966人、助理会计师和会计员3652人。1992—2002年，全地区累计通过初级和中级会计系列专业技术职务资格考试合格的人数2483人，其中达到全国合格分数线的2270人，达到自治区合格分数线213人。

2005年，全市会计系列专业技术职务考试工作步入经常化、规范化的轨道，考试人数增多，考试的类别是初级会计专业技术资格考试和中级会计专业技术资格考试2种。

第十二节　控制社会集团购买力政府采购管理

政府采购管理

2003年，来宾市政府依据《中华人民共和国政府采购法》及本市的实际情况，进行政府采购工作改革。制定《来宾市政府采购实施暂行办法》，对政府采购项目实行目录管理。具体目录包括：交通运输工具类含小轿车、面包车、吉普车、大客车、旅行车、货运车、专用车辆（如环卫车、消防车、警车、救护车等）、工程车辆（如施工车、吊车、翻斗车、铲车等）、摩托车等车辆购置；办公设备类含计算机及外部设备和网络设备、复印机、传真机、一体机、电视机、空调机、电冰箱及冷柜、摄影机、录像机、影碟机、高级照相机等办公设备的购置以及单项或批量购买价值在2万元以上的其他办公设备的购置；劳动服务类含车辆保险和会议住宿、就餐定点。

2005年3月，来宾市政府制定《关于公布来宾市政府采购集中采购目录及采购限额标准的通知》(来政发〔2005〕10号)，进一步规定政府集中采购的具体目录是：货物类包括交通工具含各种公务用机动车辆、船舶；电器设备含电视机、空调；办公自动化设备含计算机等15种设备；办公家具；电梯设备、锅炉设备、中央空调机组(含末端设备)；发、配电设备；计划生育仪器设备；使用财政资金购买通用医疗仪器设备；通用教学设备；广播电视、灯光音响仪器设备；消防通用设备等19种。工程类包括统一建设的公用房和住房；统一组织的房屋修缮、装修；环保、园林绿化工程；水利、防洪、交通建设工程；市政建设工程。服务类包括车辆保险、车辆维修、车辆加油；会议接待；印刷；通用软件。规定政府采购的限额标准是：货物类市本级单项金额在3000元以上或者单项金额低于3000元但批量金额在3万元以上的货物；县(市、城区)级单项金额在2000元以上或者单项金额低于2000元但批量金额在1万元以上的货物；工程类市本级20万元以上的工程项目，县(市、城区)级5万元以上的项目；服务类市本级单项金额在1万元以上或者单项金额在1万元以下但批量金额在3万元以上的服务，县(市、城区)级单项金额在1万元以上或者批量金额在2万元以上的服务。政府采购工作遵循公开透明、公平竞争、公正诚信、效益优先的原则，在此基础上积极稳妥地推进政府采购。在采购工作中灵活采用公开招标、邀请招标、竞争性谈判、询价等方式为各采购单位采购货物和服务。

第十三节 监督检查

1953年3月，专署财政科下设监察股，各县财政局设专职监察员。同年4月，开展对来宾等县财政收入政策落实情况以及专区直属2个单位的事业经费和基建财务管理情况的检查。1954年，全专区对36个企业、行政事业单位的财务和2个县的总预算管理执行情况进行检查，检查中发现财务制度不健全、物资保管不善、擅自开支、私设小家当等问题，同时发现有20个单位共90人贪污公款。1955年，共检查67个财务单位，查处经济案件18起，其中挪用公款6起、短款6起、虚报冒领14起，违纪金额共55.26万元。1956年8月，省、地组成联合检查组，对3个县总预算和11个乡级财政进行检查。1957年，围绕“增产节约，反对浪费”为中心的财务检查，全地区共检查90个单位，其中企业单位9个、公路基建1个、行政事业单位45个、县财政4个、乡财政31个。1958年，财政监察干部抽调开展中心工作多，财政监察工作未能正常开展。1962年，地区组织人员，对8个县的财政管理工作进行检查，使各县财政管理较前完善，当年全地区行政事业公用经费支出比1961年减少15.28%、本级公用经费下降31.38%。1966年以后，财政监察再度削弱。1972年以后，财政部门配合有关部门对已揭发的经济案件，进行检查。

1981年，逐步恢复建立财政监察机构，地区财政局设立财政监察科，各县财政局设立监察股或专职监察员。当年，采取财务汇审、组织联合检查等方式，围绕财政收支预算平衡，执行财经纪律开展检查。地、县(含柳江、柳城县)两级共组织80个检查组，检查315个单位，查出有违纪行为的232个单位，违纪金额240多万元。1983年，采取先自查、互查，后重点检查，到年底止，自查2216个单位，自查数占总数84.2%；互查105户、重点检查36户，查出违纪金额400.7万元。经复查落实为289.1万元，当年入库118.3万元。1985年，财务检查列为税收、财务、物价大检查内容(简称三大检查)，地、县(市)成立三大检查领导小组和办公室，根据国务院和区人民政府的部署，有计划地开展财务检查工作。1988年10月底止，开展自查4372户，占应查户40.5%，查出有违纪问题的798户，占自查户18.2%；全地区共派出181个检查组，重点检查427户，占应查户4%，通过自查和重点检查共查出违纪金额646.7万元，应补交入库601.3万元，已入库414.6万元。1989年6月，地区财政部门组织地、县财政局农业税科(股长)、部分乡(镇)财政所长开展农业税收征管工作和票证管理巡回检查。1990年，财务大检查共查出违纪金额191万元，其中偷漏企业所得税和侵占应交利润占18.32%、不按规定用途支取各项财政资金占18.32%、私设小金库占19.9%，已入库112万元，占查出总数58.64%。1995年，查出违纪金额比1990年增长2.21倍，已入库数增长2.74倍。1996—1999年，加大检查力度。全地区组织4187人组成1118个检查组开展财务、税收、物价大检查，重点检查党政机关、企事业、个体工商户等66743户，重点检查面为49.54%。重点检查存在违纪问题21063户，违纪面达32%，在违纪户中大案要案占53户，其中：10万元以上有44户、50万元以上6户、100万元以上3户。查出违纪金额25417万元，应入库18677.93万元，已入库17333万元，入库率达93%。

2000年，开展财政、税收、财务、清产核资及“小金库”专项检查工作。全地区抽调549人组成134个检查组对323个行政、事业、企业单位纳税情况进行检查。重点对中小学校的收费收入实行财政专户缴存情况进行检查,存在违纪问题120户,违纪面达37%,查出违纪金额3450万元,应入库903万元,已入库820万元,入库率达91%。全地区抽调232人,组成63个检查组,对247个单位进行“小金库”专项重点检查,查出存在“小金库”44个,查出“小金库”资金1412万元,违纪面达18%,应入库金额447万元,已全部入库。其中:地区本级抽调20人,组成4个检查组,对28个行政、事业、企业单位进行了检查,查出“小金库”5个,发现“小金库”资金768万元,应入库316.93万元,已入库315.82万元,入库率达99.65%;地区本级开展局机关内部审计,如为了掌握整个控购商品购置费附加收缴开支情况,对“控购办”1994—1999年,财务收支情况进行审计;当年8月,全地区开展对财政部门耕地占用税入库和税收执法大检查。2001年,全地区财政稽查系统加大各项监督检查力度,共抽调599人,组成178个工作组,检查744户,发现违纪问题619户,查出违纪金额4292万元,应入库2301万元,已入库2290万元。其中本级组织20人,组成4个检查组,对8户企业(重点是糖厂)和4家会计师事业所进行了会计信息质量检查,查出各种违纪金额1715万元,应入库525万元,已入库514万元。2002年,地区本级和10个县市重点对建设部门行政事业性收费和罚没收入实行“收支两条线”专项检查,共检查31个项目,收费总额4588万元,应入库4287万元,已入库4258万元,其中本级查出建设、房管部门扩大项目和提高标准收费等违规资金30.5万元,应收缴入库及罚款5万元,已全部入库;其次协助区财政厅检查组开展对3个县“义教工程”专项资金进行检查;对4个县减轻农民负担的各项规定和政策落实情况的大检查。2003年,市财政监督工作围绕财政中心工作和财政改革的要求,转变监督职能和工作方式,重点抓好财政收支检查、会计信息质量检查、专项资金检查和财政内部检查等。共抽调159人,组成60个检查组参加各项检查,检查167个单位,查出有违纪问题137户,违纪金额692万元,应入库643万元,已入库643万元,入库率100%。抽调127人,组成50个检查组,对155个单位开展了财政收支、专项检查,查出存在违纪问题132户,违纪金额544万元,应入库495万元,已全部入库;抽调20人组成7个检查组,开展对12个行政、国有企业和集体企业2002年会计信息质量进行检查,以及有针对性对会计师事务所审计过的企业会计年报进行核实,检查核实资产总额8991万元,所有者权益4217万元,利润总额负325万元,其中5户存在会计信息失真的现象,虚减资产24万元,虚减所有者权益利润总额72万元,应交各种税款148万元,已全部入库;重点检查中央及自治区补助全市的基础设施专用资金4361万元,包括乡村办公用房项目资金、教育建设项目资金、卫生建设项目资金、县乡政权建设项目资金和政法项目资金。2004年,抽调102人组成46个检查组,对行政、事业、企业及其他单位132户开展财务收支、会计信息质量检查及其他检查,查出有违纪问题126户,违纪金额643万元,应入库224万元,已入库220万元。重点是对全市23个行政事业单位2003年的会计信息质量进行检查,存在会计信息不实8户,金额394万元。其中:本级查出2户,金额49万元,收缴入库及罚款2万元,已全部入库。2005年,全市抽调127人组成40个检查组,对69个单位开展财政收支质量、房地产企业及行政、事业、企业会计信息质量和财政系统内部审计,其中存在违纪问题17户,已处理15户,查出违纪金额956万元,应入库521万元,已追缴入库520万元。

第二章 税 务

明朝时期,境内赋税由各县署征收。清代,今市辖区内开征的税种主要有盐税、土药(鸦片)税、赌税、出口大米税、船行税、大贷税和省外入境货物销场税等。民国时期,沿用清制继征和新开征的主要税种有盐税、禁烟罚金、赌捐(防务经费)、竹木筏水位牌照税等。境内各县设税捐稽征办公处、田赋管理处,各乡设田赋征收处。民国36年(1947年)以后,随着内战的扩大,军费激增,通货膨胀加剧,物价飞涨,财政税收状况日益恶化。

20世纪50年代初,根据国家实行个别地方“沿用旧税法,逐步整理改造”的方针和政务院颁布的《全国税收实施要则》,境内各县减少税种,简化税目,降低税率,不断减轻人民的税收负担,促进生产发展。同时注意培植税源,使税收逐年增加。1950

年1月,政务院颁布《全国税政实施要则》,实行统一税收。境内各县开征货物税、工商营业税、工商所得税、利息所得税、屠宰税、牲畜交易税和印花税等7种(1958年停征)。20世纪70年代末,国家实行改革开放政策,国有企业、集体所有制企业缴税所占比重下降,私营、个体经济缴税所占比重逐渐上升。20世纪80年代,境内各县实行税收改革,增设和恢复一些税种。1984年10月,境内实行第二步利改税,停征工商税,分别改征产品税、增值税、营业税。1985年,境内开征国营企业奖金税、集体企业奖金税、事业单位奖金税、国营企业工资调节税、城市维护建设税。1987年,开征资源税和房产税。1988年,开征个人收入调节税和恢复征收印花税。1990年,各县实施的税种有23个。1993年,《中华人民共和国税收征收管理办法》颁布实施,以税务专管员制度的取消为重要标志,征收、管理、稽查三分离的税收征管制度在来宾市逐步建立和推行。1994年,国家实行分税制财政体制改革,来宾市税务机关一分为二,分别组建国家税务局和地方税务局。国家税务局主要负责中央税和中央地方共享税的征收管理,地方税务局主要负责地方税、费、金的征收管理。

21世纪初,来宾市形成以电力、机糖、有色金属、黑色金属冶炼为支柱,建材、重晶石、化工、医药、纺织多头并举的工业结构,全市主要经济税源有电力、机糖、有色金属、煤炭、铁合金、重晶石、建材、化工等。其中,电力、机糖、有色金属、黑色金属冶炼是全市最主要的税源支柱产业。至2005年,入库的增值税税收占国税部门同期组织收入的70%以上。

第一节 机 构

厘金征收卡 清咸丰八年(1858年),广西开征厘金。同治三年(1864年),柳州设征收卡。光绪二十九年(1903年),柳州府城设征收卡2处,长安、古宜各1处。武宣(时属浔州府)洪水河设卡1处。光绪三十年(1904年)取消厘金,改办百货统税,厘金机构改为百货统税机构。

统税局(卡)宣统二年(1910年),柳州府统税机构有:柳州统税局,柳州上、下关稽征分卡;长安(今融安县)、古宜(三江县)统税卡。浔州府属统税机构有:洪水(武宣县)统税卡。民国初年,仍承袭清制,因统税卡兼办盐税,后改为统税征收局,下设上关分卡;长安、古宜、洪水统税兼盐务征收局。民国15年(1926年),洪水局改为卡(仍属浔州),古宜局裁并入长安局。民国16年洪水卡被撤销,柳州统税局增设谷埠分卡。民国20年长安局增设东圩分卡。民国22年撤销谷埠、东圩分卡。民国23年取消统税,机构全部撤销。

柳州区禁烟局(禁烟督察局) 民国13年(1924年),广西军事当局在柳州设禁烟局,征收禁烟(鸦片)罚金。民国15年,改称禁烟督察局(管辖雒容、来宾、迁江、融县、象县、三江等9个县),下设长安分局。另有武宣检查分局(属梧州局);中渡、榴江分局(属桂林局)。民国20年夏,改为禁烟局。民国24年,柳州禁烟局下设柳州、福禄分局和石龙、大塘等5个禁烟检查所,南宁区局在迁江设检查所。民国29年6月,禁止运销鸦片,禁烟局、所撤销。

营业税征收机构 民国23年(1934年),设柳州营业税局。民国24年,改为柳州区税捐稽征局,由局派1人任稽征局专员常驻征收的县有中渡、三江等6个县,属其他区局派人直接办理的有迁江(属武鸣区),武宣、象州、来宾(属浔州区),榴州(属平乐区),忻城(属庆远区)。民国27年7月,在派员直接办理征收的县设立稽征分局。民国31年,营业税由直接税征收机构接办,税捐稽征局、分局撤销。民国35年,营业税由各县市税捐稽征处代征。民国末年(1949年1月1日至9月30日止)1月,改为省税后设柳州区营业税局。同年,改为柳州区税捐稽征局(辖象州、来宾、迁江、忻城、雒容、中渡、榴江等县),武宣县隶属平乐区局。

印花烟酒局 民国4年(1915年)11月,广西成立烟酒公卖总局,征收公卖费。全省划为6个区,柳州属第四个区,设烟酒公卖分局,下设柳州分栈。民国15年改称第4区印花烟酒局,辖象州、迁江、来宾等9个县。下设宜山分驻所,忻城县为其管区。另武宣属第2区管征。民国23年取消商包,印花烟酒征收机构撤销,业务由各营业税局兼办。

饷捐局(卡) 民国16年(1927年)广西征收百货饷捐,由统税局、卡兼办。民国23年撤裁统税机构时,柳州区内设长安饷捐分局,分局下设古宜饷捐分卡(分卡于24年裁撤)。民国29年,柳州设饷捐卡,民国30年改为柳州饷捐局。民国31年停征百货饷捐,机构撤销。

货物税征收机构 民国26年(1937年),设柳州税务分所,接管矿税、烟酒税等。民国28年,改为税务分局,未设税务分局的县,仍由税捐稽征局代征。民国32年,直接税局与广西税务局合并改组。属融县分局,下设三江等4个县办公处。象州、武宣办公处属桂平分局，迁江、忻城办公处属宜山分局，来宾办公处属贵县分局。民国34年，在柳州设立广西货物税局柳江分局，下设忻城、金秀等16个办公(事)处。迁江、来宾、象州、武宣县办公处属贵县分局。民国37年与直接税机构合并。

直接税征收机构 民国29年(1940年)，设柳州所得税办事处。民国30年，改为广西直接税局柳州分局，下设宜山、长安查征所。办理所得税、过分利得税、遗产税、印花税征收。民国31年，接办营业税。民国32年，柳州分局下设运江、石龙、迁江、大湾等查征所；另有武宣查征所(属浔州分局)，忻城查征所(属宜山分局)。民国34年，根据水源情况调整机构。柳州分局下设石龙等6个查征所，武宣查征所属贵县分局。民国37年，与货物税机构合并。

柳州盐税分(支)局 民国15年(1926年)，设柳州验辑厂。民国20年，载撤榷运局后撤销。民国29年，设柳州盐税分局，行盐区域共11个县，来宾、迁江、武宣、象县属西江盐务分局，忻城属宜山盐务分局。民国37年4月，柳州盐务分局改为局。

柳州国税稽征局 民国37年(1948年)8月设立柳州国税稽征局。办理货物税、矿税、国产烟酒类税、所得税、印花税、遗产税等。来宾等6县设稽征所。民国末年(1949年1月1日至9月30日止)8月，改为柳州国税局，下设3个稽征所。

1950年3月，境内各县设有税务局。1968年，各县成立财税革命领导小组。1969年11月，财税革命领导小组与银行合并为财税金融革命领导小组。1972年，改称财政税务局。1973年9月，财政税务局称财政局。1979年3月，财政、税务再次分设。税务机构统称税务局，负责区域内的税收征管。1994年，进行税制改革和税务机构改革，税务局一分为二，设国家税务局和地方税务局。境内来宾县、象州县、武宣县、金秀瑶族自治县、忻城县、合山市等6个县(市)设国家税务局、地方税务局。

来宾市国家税务局 2002年12月，设立来宾市国家税务局。下辖象州县、武宣县、金秀瑶族自治县、忻城县、合山市、兴宾区国家税务局，内设行政科室为办公室、政策法规科、流转税管理科、所得税管理科、征收管理科、计划财务管理科、人事教育科和监察室；直属机构为稽查局；事业机构为信息中心、机关服务中心和票证管理中心。在职人员510人。2003年，来宾市国家税务局共有在职干部职工508人，其中中共党员303人，占在职干部职工的60%；大专以上文化程度471人，占在职干部职工的93%。内设机构有办公室、征管科、流转税科、所得税科、法规科、计财科、人教科、监察室、稽查局、信息中心、机关服务中心等11个科室(中心、局)，6个县(市、区)局设立6个稽查局、15个基层征收管理分局和49个征收处。2005年，来宾市国税局内设11个科(室)，即办公室、政策法规科、流转税管理科、征收管理科、所得税管理科、计划统计科、人事教育科、机关党办、监察室、信息中心、机关服务中心，直属机构为来宾市国家税务局稽查局；管辖象州、武宣、忻城、金秀、合山、兴宾等6个县(市、区)国家税务局及其所属6个稽查局、12个税务分局。

市国家税务局历任局长：玉发(2002年12月—2005年12月)。

来宾市地方税务局 2002年12月，设立来宾市地方税务局。设直属征收管理局、稽查局和兴宾分局3个直属单位，10个派出机构(基层税务所)；下辖5县(市)地方税务局中，共设10个直属单位(5个稽查局、5个征收管理分局)、29个派出机构(基层税务所)。全市地方税务系统有干部职工588人，其中，干部379人、工人19人、助征员129人。2005年11月，自治区地方税务局下发《自治区地方税务局关于来宾市地方税务局机构微调职能优化力量重组方案的批复》，来宾市地方税务局设置2个直属单位：直属税务分局、稽查局；下辖6县(市、区)地方税务局中，共设置8个直属单位(5个稽查局、3个直属税务分局)、29个派出机构(基层税务所)。

市地方税务局历任局长：黄冠平(2002年12月—2005年12月)。

第二节 税务体制

根据国务院《关于实行分税制财政管理体制的决定》，自1994年1月1日起，全面实行分税制。分税制是通过对税种和税收管理权限的划分确立政府间财力分配关系的一种制度，以分税制为基础的分级财政，是国家财政管理体制的一种形式，它是分级财政管理体制最广泛使用的收入划分形式。从我国目前分税制实践来看，有三个特点：一个是它在一定程度上具有现代分税制内容，如按分税制的要求界定事权，财权，划分税种，分设中央税与地方税征管机构等等；二是仍然保留了企业所得税按行政来属关系划分这条旧体制尾巴，与企业深化改革和专业化联合趋势的矛盾日趋尖锐；三是共享税在全部税收收入中的比重相当高，与比较彻底的分税制表现出很大的距离。因此，当时的分税制实际上是一种不彻底的分税制，它只是建立了分税制的一个基本框架，与规范、彻底的分税制还有很大距离。随着财政体制改革的不断深化，必须逐步加以改进和完善，以便更多地体现分税制的原则。

经过不断实践和探索，来宾市税务体质逐步形成了“以申报纳税和优化服务为基础，以计算机网络为依托，集中征收，重点稽查，强化管理”的税收征管体制。“以申报纳税和优化服务为基础”，体现了申报纳税和优化服务在税收征管工作中的基础地位。纳税人依法自行申报纳税是法定义务，税务机关依法为纳税人提供优质服务是行政执法的组成部分，并体现在税收管理各个环节。“以计算机网络为依托”，就是充分利用现代信息技术，大力推进税收管理信息化建设，不断强化管理手段。“集中征收”，是指税收征管信息的集中，以及在方便纳税人前提下办税地域的相对集中。“重点稽查”，强调要充分发挥税务稽查的打击作用，严厉查处各种涉税违法案件。“强化管理”，既是对税收征管的总要求，税收征管的各个环节都要体现强化管理的要求；同时也是对应于征、管、查，强调要加强税源管理。

第三节 税种 税率

田　赋　清雍正十三年(1735年)，核实象县应税田亩为100533亩，应征本色熟米3176.39石，折银2479.9两。同治九年(1870年)清查田亩，整顿田赋，改征谷为征银，核定象县田赋应征额为15222.66银圆。民国5年(1916年)，清理田赋，改按常年产量计算，田每产50千克谷征银1角，地每产50千克谷征银8分，象县全县应征田赋银30445元，比清代增加1倍。民国10年，田赋带征附加3倍。象州连同原额赋银共121781元。民国26年象州正赋额为法币29200元，附加110355元，合计139555元。民国30年，象州田赋改征实物，将附加3倍并作正赋征收，全县原应征田赋额为12.17万元，改征实物应征稻谷131.43万千克，并按此数再征借1倍。民国31年，象州加带征省、县公粮3成。民国36年，按田赋额1元，征实、征借及带征省、县公粮28.88千克。民国末年(1949年1月1日至9月30日止)，象州田赋继续增加，每赋1元征实稻谷17.5千克，征借谷8.75千克，带征省、县、乡、镇、村公粮谷7千克，新兵安家谷1.75千克，省自卫特捐谷8.75千克，合计43.75千克，比36年增加51.5%。

遇自然灾害和战乱，豁免田赋。清顺治十二至同治二年(1655—1863年)的近210年间，因水旱灾、战乱，朝廷下诏免征象州钱粮9次，免征尾欠5次，减征1次。民国33年(1944年)，日军侵入县境，象州免征当年田赋91170元。民国34年，象州田赋全部免征。

百货纳税　清末，境内对当地生产的商品征土货产税；省外入境的货物，于入境第一关(分口)时征销场税，税率均为5%，征税后发给执照，不再重征。光绪三十年(1904年)，洪水统税卡(今武宣境)31300两。光绪三十四年(1908年)，按三十一至三十三年征收数，重新核定统税卡的比额。洪水不增不减。民国初期，沿用清代统税制度。民国8年(1919年)，洪水局收50725.9元(国币，下同)。民国16年，重新修订《广西百货统税税则》，当年柳州统税兼饷捐局共征收百货统税253573.5元，洪水局收72525.2元。民国18年，因战乱招商承包。民国20年，统税局、卡直接征收。民国21年，再次修订统税税则，税率为5%(必需品)~17.5%(外国产奢侈品)。民国23年7月，改办饷捐，统税停止征收。

米谷练兵经费(米谷出口捐)　清光绪三十四年(1908年)五月，境内出口每百市斤大米征正税银7分7厘7毫，加收练兵经费6分，出口谷加收3分6厘。民国8年，共征收15493.6元，占全省征收总数20.27%，其中洪水局收8743.5元。民国14年，改征米谷出口捐。每担米收捐银0.4元，谷0.25元。民国15年，停征米谷出口捐。民国16年，恢复征收米谷出口捐。民国24年，米谷出口捐并入百货饷捐。

百货饷捐　民国16年(1927年)6月，对未持广西统税票照而持其他票照的出入口货物，征收饷捐。民国23年，裁销统税改办饷捐，出口货物分5类，捐率分4种即5%~15%(金银制品)；入口货物分16类，捐率11种：5%~35%(丝及其制品)。民国24年以后，先后附征民团特别后备队经费1成，沿河费(后改为建设费)1成，救国捐2成。民国29年，取消上述附加，改为抗战预备费5成。民国30年，因物价飞涨，饷捐捐额提高1.5倍。民国31年，停征百货饷捐。

烟酒公卖费　民国4年(1915年)，对国产烟酒实行官督商办；公卖费率为12%。民国13年，改为招商承办(省核定承保底数)。民国21年夏，改为官督商办，当年第四区印花烟酒局征收71000元。民国22年，收69700元。民国30年，改征烟酒类税。

禁烟罚金　清咸丰八年(1858年)以后，广西征收土药(鸦片)税。民国13年(1924年)，称禁烟罚金。民国20年,每千两征收国币500元,炭药折半征。民国21年,内销鸦片另外征内销费200元。民国29年6月,禁止运销鸦片,停征。

防务经费(赌捐) 清光绪二十七年(1901年)广西开办赌捐,招商承包。民国初沿用清制。民国14年改称防务经费,列作省收入。各县招商承包时,另附加20%~30%的县地方款。民国17年,实行分期禁赌。民国18年,蒋桂战争,禁政中断。民国21年,全面开赌征税。同年,划区禁赌。

货物税民国35年(1946年)9月,境内货物统税改为货物税,共有13个税目。民国36年,广西货物税局柳江分局共征收446282.5万元,其中忻城、象州、来宾等8县征收总数131814.9万元,占全分局29.54%。各县办公处征收大项为糖类、征收92889万元,占分局63.90%;土酒收33380.4万元,占23.85%。

工商统一税 清代,来宾县有厘金、关税、契税、牙帖、当税、屠捐、采矿业矿税和出口税等。民国时期,来宾县有统税、货物税、货物通过税、印花税、营业税、烟酒税、烟酒税附加、烟酒牌照税、屠宰税、生猪牛捐、车船使用牌照税、筵席税、娱乐税、油糖榨捐、油糖榨附加、户捐、饷捐以及各项附加等。民国21年(1932年),属国库收入的有印花税、烟酒牌照税;属省库收入的有当税、契税、屠捐、油糖榨捐、滞纳罚金等;属县库收入的有烟酒税、烟酒税附加、营业税、货物通过税、契税、契税附加、屠捐、生猪牛捐、油糖榨附加、户捐、船捐、公秤捐、香烛捐、防务特捐、公产租课等。

1950年1月,政务院颁布《全国税政实施要则》,实行统一税收。境内各县开征货物税、工商营业税、工商所得税、利息所得税、屠宰税、牲畜交易税和印花税等7种(1958年停征)。1952年,工商业和圩场全面恢复,工商税收增至61.64万元,比1950年增长6.6倍。其中货物税20.58万元、工商营业税14.4万元、印花税3.12万元、工商所得税4.3万元、屠宰税12.87万元、牲畜交易税6.35万元,分别占全县税收的33.39%、23.36%、5.06%、6.98%、20.88%和10.3%。1950—1952年,来宾县工商税收共115.97万元,年均38.66万元。1953年,境内开始征收商品流通税,税目共22项58目,税率7%~66%,按国营商业企业牌价计税。来宾县征该税的品目和税率为:白酒50%、原木10%。当年,该项税收16.59万元,占全年税收的17.84%。到1957年止,境内共征税433万元,平均每年征收86.6万元。1958年,商品流通税并入工商统一税,工农产品应税税目共105个,最低税率1.5%,最高为69%,工业品按销售额、农产品按采购额计算征税。境内征税税目46个,征收数额较大的项目有煤、糖、酒、原木等。工业产品应税税目共30个,税率3%~66%,按销售收入计税。农林牧水产品采购的税目7个,税率3%~40%,国营、集体企业按照收购金额计税,征税大项仍为糖、酒等。1959年,各县工商税进行第三次调整,将原商品流通税、货物税、工商营业税和印花税合并为工商统一税。工商所得税列为独立税种。当时工商统一税有煤炭、白酒、商品零售等16个项目。1960年和1961年,来宾县工商税收共325.84万元,年均162.92万元。1962—1965年,贯彻执行"调整、巩固、充实、提高"的八字方针,大力发展工农业生产,开放集贸市场,开征集市交易税,税源增加。

1973年,工商税收实行第四次调整,合并税种,简化税制,将原工商统一税及其附加、国营企业和合作企业的车船使用牌照税、屠宰税等合并为工商税。当时,有23个税目,税率有所变动:煤炭调高1%,砖瓦、土糖各调低1%,农机配件调低2%,机制糖调低4%,水泥调低5%(1977年停征)。1983年,开征建筑税。1984年10月,实行第二步利改税,停征工商税,分别改征产品税、增值税、营业税。1985年,开征国营企业奖金税、集体企业奖金税、事业单位奖金税、国营企业工资调节税、城市维护建设税。1987年,开征资源税和房产税。1988年,开征个人收入调节税和恢复征收印花税。1990年,各县实施的税种有23个。

产品税 1950年4月,开征货物税,主要品目有烟、酒、植物油等工农业产品。1953年,开征粮食货物税,按销售额4%开征,植物油类税率为12.5%。1959年11月,食用油税率降为8%。1960年,对种子粮、救济粮、回销粮、借销粮等给予免税照顾。1966年5月,粮食部门试行国营企业税后,粮所油脂加工、粮食销售不再纳税;生产队分配给社员的口油给予免税照顾。1972年,机制糖为主要税源。1985—1991年,境内适用的工业品应税税目25个,农、林、牧、水税目10个。税率最低为3%,最高60%。共征收45844.6万元,平均每年征收6549.23万元。1992—1993年,共征收19396.8万元,平均每年9698.4万元。1994年,改征增值税。

糖　税 1951年,境内平均每吨糖征收税款124.01元。1952年,征税34.5万元,占货物税总数19.08%,占工商税收总数7.56%。1958年,施行工商统一税，机制糖税率44%、半机制糖42%、土制糖39%。当年，平均每吨糖征收216.96元，共征收54.5万元。1966年，平均每吨糖征378元，境内征收金额269.2万元，比1958年增长3.94倍。1971年，平均每吨糖征税390.22元，境内共征收5913万元，占工商税总数28.63%。1972年施行工商税，机制糖税率40%，土制糖30%。1979年，机制糖税率调减为30%，土制糖为20%，当年征收36354吨，平均每吨糖收税339.27元，糖税1239.5万元，占工商税总数30.80%。1984年，实行产品税，机制糖税率又调减为22%、土制糖10%。1989年，每吨糖平均征税220.22元，比1983年少58.38元；由于糖业生产发展，征税数量88619吨，收1951.6万元，比1983年增长99.78%，征税总额增长57.92%，糖税占产品税总数31.17%，占工商税收总数9.65%。1993年，糖税占产品税收87.72%，占工商税收总数22.84%。1994年，改征增值税。

电力税　1963年，工商统一税税率为5%，征税3.6万元。1964—1971年，共征28.7万元。1972年，电力税率15%。1981年，电力税收占工商税收总数0.76%。1982年，电力税率达15.63%。1985—1989年，共征收电力税1099.1万元，占工商税收总数12.54%。1990—1993年，共收电力税14030.4万元。1994年，停止征收电力税。

原木税　1951—1959年，境内原木税税率为10%，共征收200.7万元。1959年，原木税占工商税收总数4.12%。1967年，原木税达11.95%。1980年，改行产品税，税率不变，占工商税收总数21.20%。1993年，原木税只占工商税收总数4.26%。1994年，停止征收原木税。

煤炭税　1950年，煤炭税税率为3%，1953年为5%。1957年，煤炭税收占工商税收总数3.33%。1958年，煤炭税收税率为7%。1972年，煤炭税收占工商税总数7.66%。1973年煤炭税收税率为8%。1984年，煤炭税收税率降为3%。1993年，煤炭税收占工商税收总数2.17%。1994年，停止征收煤炭税。

增值税　1985年，境内农业机具及其零配件，机器机械及其零配件、轴承、成剂药等产品，税率6%~14%，增值税占工商税收总数1.31%。1986年，税目增至38个，税率4%~20%。1987年，税目简并为13个，税率简并为7个（8%~43%）。1988年，增值税收占工商税总数18.03%。1989年，扩大征税范围，税目16个，税率12%~45%。1993年，收入数占工商税收总数38.82%，比1988年增长4.25倍。1995年，境内征收增值税32845.2万元，占国税征收总数83.75%。其中商业增值税8177.1万元，占总数25.9%；电力5529.1万元，占16.82%；糖4157.5万元，占12.66%。1994年1月1日，对在中华人民共和国境内销售货物或者提供加工、修理修配劳务以及进口货物的单位和个人征收增值税，税率有17%、13%和零税率，适用13%税率的货物有：粮食、食用植物油；自来水、暖气、冷气、热水、煤气、石油液化气、天然气、沼气、居民用煤炭制品；图书、报纸、杂志；饲料、化肥、农药、农机、农膜。适用17%税率的有：除适用13%税率外的所有货物、加工、修理修配劳务。适用零税率：出口货物，国务院另有规定的除外。从1994年5月1日起，境内农业产品的增值税税率由17%调整为13%。纳税人按照一般纳税人和小规模进行分类管理，小规模纳税人征收率为6%；从1998年7月1日起，商业小规模纳税人的征收率调整为4%。

特别消费税　1989年，境内彩色电视机每台征收特别消费税400元、600元。小轿车、吉普车（包括变型车）、面包车（包括工具车），每辆征特别消费税0.5万~3.5万元。1989和1990年共征特别消费税8.2万元。1994年，取消特别消费税。

消费税　1994年1月1日，对境内生产、委托加工和进口烟、酒及酒精、化妆品、护肤护发品、贵重首饰及珠宝玉石、鞭炮、焰火、汽油、柴油、汽车轮胎、摩托车、小汽车的单位和个人征收消费税。税率有从价征收的比例税率和从量征收的定额税率。比例税率最高45%，最低3%。从量定额征收有：汽油0.2元/升，柴油0.10元/升，黄酒240元/吨，啤酒220元/吨。

2001年1月，停止对护肤护发品税目中的“香皂”征收消费税。同年5月，粮食白酒和薯类白酒由比例税率调整为定额税率和比例税率的复合计税办法，定额税率每千克0.25元，比例税率粮食白酒25%、薯类白酒15%。同时啤酒也按不同的出厂价格调整定额税率。同年6月，卷烟消费税税率由比例税率调整为定额税率和比例税率，定额税率每标准箱150元，比例税率有45%和30%。境内征收消费税的产品主要有酒精、粮食白酒、其他酒和金银首饰。1994—2005年，境内共征收消费税5890.08万元，年均490.8万元。

营业税　民国时期，境内营业税类有：油、糖榨牌照费（23年按产量征，油榨年征5~20元；糖榨3~12元）；烟酒营业牌照税（21年烟批发年征80~400元，零售1~12元；土酒批发年征64元，零买8~24元；农村家酿酒 50 千克以上 8 元）；煤油特种营业税(22 年每 5 美加仑油征 1 元）；商业牌照费(21 年按资本额征 5%)；营业税(23 年按资本额征 5%~15%；按营业收入征 5%~10%)。1950 年，工商业税中的营业税按营业销售总额计税的税率：工业共有 1%~3% 税率 5 个；商业 1.5%~3%4 个；按营业收益额征税的税率为 1.5%~6%7 个。1953 年，修正税制，改订后工业行业税率为 1.5%~3.5% 共 5 个，商业 2%~3.5%4 个。由于原特种消费行为税部分项目并入营业税，按收益额计税税率为 2%~15%（舞场 15%)。1951—1957 年，境内共征收营业税 1214.1 万元，平均每年征收 173.44 万元。1957 年，境内营业税收占工商税收总数 27.29%。1958 年，改征工商统一税，按营业收入和营业收益计税的税率为 2.5%~7%，其中按营业销售征税的税目为商业零售，税率 3%。1972 年 5 月，实施工商税，具有营业税性质的商业零售税率 3%，交通运输及服务税率 5%。1977 年，境内商业零售税收 107 万元，交通运输税收 43.1 万元，服务税收 75.1 万元，合计 225.2 万元，占工商各税收入总数 8.17%。1982 年，境内开征银行营业收入的工商税（税率 5%)。1983 年，境内征收商业批发业务收入的工商税(税率 10%)。当年商业零售征税 740.5 万元，交通运输征 75.8 万元，服务征 88.2 万元，合计 904.5 万元，占工商税收总数 16.05%。1984 年，境内改征营业税，税率 3%~10%。1987 年，境内营业税收占工商税总数 27.4%。其中商业零售、交通运输、服务 3 项共征收 2171.9 万元，占营业税收总数 61.66%。1993 年，境内营业税收占工商各税总数 24.4%，其中商业零售、交通运输、服务共收 6090.2 万元，占营业税总数 61.45%。1994 年 1 月，境内金融保险业务的各银行、保险公司征收营业税，税率为 5%。1995 年，境内征收营业税 7676.9 万元，占总数 16%。1997 年 1 月 1 日，金融保险业营业税税率由 5% 调整为 8%，提高 3% 税率的部分由国家税务局负责征收。从 2001 年起，每年下调一个百分点，分三年将金融保险营业税税率从 8% 降低到 5%，即 2001 年按 7% 征收，2002 年按 6% 征收，2003 年恢复到 5%，由地方税务局征收。

农业税 明万历十年(1582 年)，来宾县田地塘共三百四十二顷四十一亩一分一厘，征收夏税米一石二斗四升五合九勺，秋粮米一千四百七十七石三斗八升六合四勺，折色解司银七十两零七钱七分四厘，夏税秋粮米一千二百四十二石七斗一升八合。

清代，税捐主要是田赋和贡品。《广西通志》载：“嘉靖元年(1522 年)，忻城官民田塘七十五顷有奇，粮三百一十九石三十斗四升有奇，夏税米一石四斗六升有奇”。康熙二年(1663 年)，金秀瑶族自治县罗香一带坳瑶开始向平南官府缴纳粮税。除坳瑶外，其他瑶族人民历代均无须缴纳粮税。坳瑶缴粮税以户为单位，依据贫富，田地和人口多少，每户交纳几十斤、百余斤不等。乾隆十年(1745 年)，来宾县熟田四百零八顷六十五亩一分二厘，征收秋粮米共一千九百八十五石六斗四升九合五勺，其中本色米一千二百三十九石九斗六升二合九勺，折色米七百四十五石六斗八升六合六勺。共征熟银一千九百六十九两五钱四分五厘，其中地粮熟银一千六百九十九两五钱八分三厘，人丁熟银二百六十九两九钱六分二厘。遇闰年加征熟银一百四十二两一钱一分二厘。乾隆十一年(1746 年)忻城土县实征熟民田六十六顷九十六亩五厘，各升科不等，应征秋粮折色米二百八十六石一斗四合，应征折粮熟银八十五两八钱三分一厘(内存钱八十五两五钱九分，超运粮二钱四分六厘)，遇闰加征钱七两一钱三分六厘。乾隆四十九年(1784)，迁江县熟田七百七十三顷七十三亩五分三厘，征折色米三千八百三十石八斗五升三合八勺，共征熟银二千三百九十二两四钱，其中内存留并驿站银一千一百八十七两四钱四分，起运银一千二百零四两九钱六分。遇闰年加征熟银一百一十三两四钱九分。民国时期，由于内战不断，时局不稳，境内大多数坳瑶不再交纳粮税。

民国时期，今合山市境内农业税称“田赋”（含正税、附加税)。民国 5 年(1916 年)，迁江县清理田赋，全县共交纳赋额二万二千五百五十元七角六分。民国 6 年，免征附加税捐，只留丁、漕二税，分春夏两季交纳。桐木镇田赋较集中，由修仁县派员驻地征收。民国 17 年，忻城县所立之粮册，按户征收，定率为亩产谷一石征粮银一角，票每张征费四仙(铜仙)。民国 21 年，田赋附加。来宾县和迁江县分别为 0.53 万元和 0.5~1 万元，占正赋的 30.29% 和 28.72%。忻城县全县公田租额年收三千九百六十元，应纳粮银二百五十三元五角四分六厘。民国 21—24 年(1932—1935 年)田赋，来宾县分别为 1.75 万元、4.52 万元、3.72 万元和 2.2 万元(国币，下同)；迁江县分别为 1.88 万元、5.82 万元、2.34 万元和 2.29 万元。民国 26 年，来宾县和迁江县田赋总额分别为 6.06 万元和 8.12 万元(法币，下同)，其中正赋为 1.62 万元和 1.95 万元，附加为 4.44 万元和 6.17 万元，附加是正赋的

2.74倍和3.16倍。民国37年，在来宾县中山乡田赋名册中，纳粮户何付义总产谷3540.5千克，征实谷460.5千克，征借谷230.5千克，公粮谷184千克，新兵安家谷46千克，合计921千克。

民国22年(1933年)，税收正赋国币1元。附加税7项，即公路附加桂钞币5角，中学附加桂钞币5角，省教育附加国币3角，县教育附加国币2角，团枪附加国币5角，自治附加国币2角，银行股桂钞币3角，计2.5元。民国25年，正赋1元，附加税仅地方附加1项就征收国币2元。民国37年3月，象县政府对所辖的东南乡(今六巷乡)、东北乡(今长垌乡)开征公粮，每乡每年26685千克。由于时局混乱，除2乡边缘地带外，大部分瑶民均未向当局交税。同年，金秀警察局向四乡瑶民征收“月份米”，遭金秀乡金田村金宝生、金玉宝等人发动群众坚决抵制，只得停征。大樟乡大樟、互助2村，桐木镇、头排区等地农民，历代均由所隶属县府征收粮税。清代官府征收丁、漕二税，附征各种税捐。

20世纪50年代初，中华人民共和国中央人民政府，废除封建田赋制度，田赋改农业税，俗称公粮。1950年7月，金秀瑶族自治县大樟乡、桐木镇、头排乡等产粮区，开始征收公粮(农业税)。同年10月，国家公布《农业税暂行条例实施细则及几点说明的布告》，规定公粮征收应以土地的常年产量为标准，以户为单位，按农业人口平均，年农业收入不足60千克稻谷者免征。对户收入10万~15.5万千克以上者，分别课以60%~80%的重税。所征公粮，均按正税带征15%的地方附加。1951年，中南区军政委员会颁布《土地改革地区农业税暂行条例》，征收办法仍以户为单位，按农业人口计算，每人全年平均农业收入不超过75千克主粮者免征。税率分为20级，税率从6%~25%。象县适用税率为15%，平均每人负担公粮45.5千克。1952年，今合山市境域内进行查田定产，按户负税。1952年，贯彻政务院《关于农业税工作的指示》，开展查田定产，来宾县计税耕地面积112.4万亩，征收公粮932万千克。1952年10月，石龙县开展查田评产，丈量核实田亩，评定产量，核定象州片农业税计税面积为47.48万亩。1952年，忻城县贯彻“查田定产，依率计征，依法减免，逐步实现统一累进，并取消一切附加”的方针。在查田定产、依率计征的基础上，进行个别调整，仍实行25级累进税制，编制农业税分户清册。1953年，忻城县税级改为20个等级，税率最低6%，最高25%。全年人均75千克以下者免征，75千克以上按级累进计征。1953年底，金秀瑶族自治县在忠良乡和罗香乡开征农业税，依率计征数为稻谷73295千克，减免2645千克，实征数70650千克。1954年，金秀瑶族自治县各乡均开始向国家缴纳农业税。根据“依率计征，依法减免，增产不增税”的农业税收政策，以实物(稻谷)为主，征收农业税。同年，来宾县征收公粮1128万千克。1955年，农业税的缴纳，以高级农业社为单位计征。未入社的农户，按各户原计征税率和计税土地产量缴纳，均增省附加5%、乡村事业粮自筹7%，来宾县每个农业人口平均负担农业税稻谷8.1千克。1956年，成立农业生产合作社以后，征收公粮仍按以上规定，实行分户计算负担，由农业生产合作社统一缴纳。1958年，广西省人民委员会根据《中华人民共和国农业税条例》制定的《广西农业税征收办法》，改按地区差别，采用比例税率计征，凡有农业收入的单位和个人都要缴纳农业税。石龙县为粮食主要产区，主要以粮食作物的收入作为分配农业税任务的根据。1958年今合山市境内执行民族农业税征收政策，平均税率为当年产量的14%，比一般地区税率少1.5个百分点。1958年，贯彻《中华人民共和国农业税条例》，将个体户为单位的累进税率改为以人民公社为单位的比例税率，按一定五年不变的常年产量征收。当年，来宾县计税耕地面积138万亩，征收公粮996万千克，折人民币64.8万元，占全县财政收入的16.06%。1959年和1960年，由于刮“浮夸风”，虚报产量，来宾县征收公粮分别为1130万千克和1067万千克。

1960年，对油茶、油桐、果类、桂皮、八角、茶叶等农林特产收入征收农业税，按当年实际产量，依照当地收购价格折款计算，以5%的税率计征。1961年，调整农业税负担，以大队为计算单位，负税率超过13%的减下来，一定三年不变，增收不加税，小灾不减免。石龙县由原任务1803.95万千克调为1078.5万千克，减少农业税任务725.45万千克。是年因灾减产的74个大队和负担率超过12%的32个大队减免65万千克。调整后，负税率基本稳定在常年产量的10%以内。1961年，金秀瑶族自治县发生风雹、水、旱等自然灾害，受灾面积6991亩，占耕地总面积9.24%，有35个大队粮食减产，全县减免农业税的有21个大队，共减免农业税稻谷32019千克。当年农业税最高税率为11.8%，最低为0.1%。1961年和1962年，落实政策，调减负担，来宾县征收公粮分别减至734万千克和585万千克。1962年，金秀瑶族自治县又遇较严重灾情，15个公社、73个生产队共减免农业税稻谷27024千克。当年，每个农业人口负担农业税稻谷11千克，每亩土地负担16千克，每50千克粮食产量负担4.95千克，平均税率5.83%，最低1.5%，最高不超过15%。1964年，境内农林特产税随征税额12%的自治区和乡附加。同年，忻城县农业税附加由7%增加到12%，全县共征收434.72万千克。1965年，金秀瑶族自治县对原来一年一定农业税任务改为一定三年不变。1970年，忻城县农业税调查，全县按实际产量每50千克负担税率4%。其中城关公社6.07%，马泗公社5.6%，大塘公社5.67%，思练公社5.87%，果遂公社5.51%，红渡公社3.6%，古蓬公社5.5%，遂意公社1.76%，北更公社1.75%。

1961—1970年，忻城县计税土地由34万亩增到37.9万亩，计税产量由4737.5万千克增至5142.5万千克，实际产量由5334.85万千克增加到9554.15万千克，依率计征由379万千克增加到439.75万千克，平均税率由8%增加到8.53%，实际负担税率由8.47%下降到4.84%。1971年，调整生产队农业税，忻城县全县9个公社2290个生产队，调增167个生产队，占总队数的7.3%，调增公粮1.5万千克，调减105个生产队，占总队数的4.6，调减公粮1.47万千克。同年，金秀瑶族自治县每个农业人口平均负担3.6千克，农业税占粮食总产量1.42%。1975年，象州县为平衡负担，对部分公社农业税计征率进行调整。马坪、妙皇、百丈3个公社分别调减0.6%、0.4%、0.1%，调减税额9.02万千克稻谷。对生产条件好、产量稳定、原来负担偏轻的中平、寺村、罗秀、象州等公社分别提高0.1%~0.6%，共调增17.25万千克。其他公社总的不变，生产大队之间，负担悬殊太大的，允许各公社在10%以内自行调整。此次调整后，负担最低是石龙公社税率为3.98%，最高是桐木公社为5.86%，其余在5%左右。1979年，境内贯彻自治区财政局《关于实行农业税起征点若干具体问题的通知》，规定以生产队为单位，每人口粮200千克、纯收入200元以下免征农业税。从当年开始，忻城县农业税实行起征点以下减免办法，即水稻地区人均200千克以下，杂粮地区150千克以下给予减免，全县有66个大队574个生产队（占总队数25%）得到减免，共减免公粮29.7万千克，折金额6.85万元。1979年11月，金秀瑶族自治县调整农业税起征点的口粮标准，林业区口粮210千克，粮食产区200千克，凡口粮低于此数，免征农业税。凡经营和兼营林业经济作物的，按前三年（1976—1978年）收入平均计，年平均超50元的，照征农业税代金；凡起征点以下的穷队，全部免征农业税，历年尾欠也免交。1980年，象州县农业税起征点调整为以生产队计算人均口粮200千克以上，并“一定四年”不变。对在起征点以下的马坪、石龙、妙皇、象州4个公社78个生产队，给予免税照顾，减当年任务7.82万千克，减历年尾欠45.88万千克。同年3月，再次对马坪、石龙、妙皇、象州、罗秀、运江6个公社73个生产队，减当年任务12.29万千克，减历年尾欠9.43万千克。同年12月，象州县对6个公社90个贫困生产队给予起征点减免照顾，减免公粮任务19.6万千克。当年，共调减公粮任务39.71万千克，免去历年旧欠55.31万千克。同年，忻城县对农业税征收实行奖励办法，从农业税征收费中抽出3500元来奖励完成任务的公社。次年抽出3600元来奖励夏季一次性完成任务好的公社。1981年，实行联产承包责任制后，各农户按承包耕地缴纳农业税。武宣县农业税收入87.81万元。1968—1981年，合山市境域每年农业税实征稻谷在58.41万~153.80万千克之间。1982年，贯彻落实家庭联产承包责任制，农业税以户为单位交纳。忻城县从各公社上交金额中提5%返还给公社作奖金，任务较少的公社，完成任务95%以上，提5%不达300元的，按300元给予奖励。1979—1982年，境内免收农林特产农业税，1983年复征。1971—1983年，金秀瑶族自治县农业税平均占粮食产量1.86%，每个农业人口平均负担4.45千克。1987年，武宣县农业税收入188.35万元。1984—1987年，金秀瑶族自治县平均每年农业税占粮食总产量2.45%，每个农业人口负担9千克。农业税实物，由粮食部门代收；所折税款，由粮食部门交县财政局。

1982—1990年，合山市根据不同年景，分别减免农业税，减免税额（原粮）分别为4.33万千克、4.33万千克、为4.37万千克、4.97万千克［另外，基建占耕地减免面积427.95亩，减免税额（原粮）5275千克］、5.49万千克、1.81万千克、4.47万千克和4.05万千克。1984—1988年，合山市全市共征收农林特产税共5.06万元。1990年，合山市征收农林特产税7.83万元。同年，象州县全县计征农业税耕地面积为43.38万亩，产量为5563.1万千克，平均税率9.4%，应纳稻谷522.72万千克，折金额236.27万元，另随征乡镇事业粮附加12%，应征62.73万千克，折款28.35万元，合计应征稻谷585.45万千克，实际征收581.73万千克，平均每个农业人口负担18千克，每亩耕地负担13.4千克。1988—1990年，武宣县农业税收入累计完成771.00万元，年均257万元。

所得税 民国时期,境内曾征收营利事业所得税、薪给报酬所得税(对公务员、自由职业者及其他各业者征收)、财产租赁所得税、非常时期过分利得税(1939—1942 年,资本纯益率 15% 以上;财产租赁所得超过财产价 12%~60% 以上)、特种过分利得税(1947 年,资本纯益率在 60% 以上)、利息所得税(5%)。

1950 年,境内工商业税中的所得税适用 21 级累进税率,最低税率 5%,最高 30%,征收利息所得税税率 5%。1953 年,修正税制,最低税率 5.75%,最高 34.5%。1951—1957 年,境内共征收所得税 251.9 万元。1958 年,改征工商所得税,征收办法不变。1959 年,地方国营、公私合营企业和事业单位征收所得税。当年,境内征收所得税比 1957 年增长 80.80%,占工商税总数 5.56%。1959 年,境内停征利息所得税。1963 年,征收数比 1961 年增长 2.14 倍,占工商税总数 10.78%。1981 年,征收个人所得税。职工工资、薪金按 7 级超额累进税率征税(5%~40%),其余按 20% 征收。1985 年,征收数占工商税总数 3.05%,征收集体企业所得税,按 8 级超额累进税率征税(10%~55%)。1986 年,改按新税种征税,征收城乡个体工商户所得税,实行 10 级超额累进税率(7%~60%)。1987 年,境内征收个人收入调节税,工资和承包、转包收入劳务报酬和财产租赁收入总额,超过计税基数(100 元)3~7 倍的部分征收,税率 20%~60% 共 5 级。对专利、稿酬、股息、利息收入,按 20% 税率计征。1988 年对私营企业资金用于个人消费部分,以及撤回生产基金或转让企业资金用于个人消费的,征收 40%,当年共征收 12.1 万元。

1990 年,征收私营企业所得税,税率 35%。1991 年 7 月 1 日对外资企业征收外商投资企业和外国企业所得税,法定税率 30%,地方所得税 3%。1994 年,改征个人所得税。同年 1 月 1 日,对内资企业征收企业所得税,法定税率 33%。1990—1994 年,共征收私营企业所得税 29.4 万元,平均每年 5.88 万元。1995 年,改征企业所得税。征收企业所得税,法定税率 33%,当年共征 870.6 万元。1994—1998 年共减免所得税(内资)4.7 万元。从 1999 年 11 月 1 日起,开征储蓄存款利息所得个人所得税,税率 20%。1999—2003 年,境内共征收 6042 万元。

2005 年,全市年均共征收利息个人所得税 1144 万元,减免所得税共 873 万元。

资源税 1987 年,境内征煤炭资源税每吨税额 0.30~5 元,铜、铅、锡每吨原矿 0.4~30 元,其他非金属原矿每吨 0.5~20 元。1988—1991 年,共征收资源税 144 万元。1992 年征收原铁矿资源税,每吨税额 2~30 元。1995 年,境内国、地税机关共征收资源税 712.6 万元,比 1992 年增长 4.3 倍。

盐 税 清咸丰八年(1858 年),盐厘金每斤征银 0.0025~0.004 两。民国初期,各地税额不一。民国 21 年(1932 年),实行盐专卖,取消盐税。民国 34 年恢复征税,每担税额 110 元。由于通货膨胀,民国 37 年 4 月每担征 35 万元。民国末年(1949 年 1 月 1 日至 9 月 30 日止),以银圆为本位,每担征 8 元。

城镇土地使用税 民国 36 年(1947 年),在大的城镇开征地价税,税率 15‰。同年,征收土地增值税,按 20%~80% 的 4 级超率累进税率计征。

1988 年 11 月,开征土地使用税,税额为每平方米 0.20~4 元。1990 年,境内征城镇土地使用税,每平方米土地按平均固定年税额 0.34 元征收。1994 年 10 月国、地税机构分设后,资源税、城镇土地使用税由地税部门征收。

建筑税 1983 年,境内按自筹基本建筑投资额征收建筑税 10%。1984—1986 年,平均每年征收 186.63 万元。1987 年,对全年自筹基本建设投资超过国家计划部分、未按规定向征税机构抄送投资计划或未列明自筹基建项目性质,以及国家计划外的自筹基建投资,税率 20%;未列入国家计划的楼、堂、馆、所和其他应严格控制的非生产建设项目,税率 30%,其余为 10%。1988 年收入比 1986 年增长 35.05%。1991 年,压缩基本建设投资,收入下降。1993 年,改征固定资产投资方向调节税。

固定资产投资方向调节税 1992 年,主要原材料工业及机电、纺织和住宅建设投资税率 10%;楼、堂、馆、所,以及某些长线产品项目投资征 30%。除基础产业薄弱部分外,未列举的一般性项目投资税率 15%。1995 年,征收固定资产投资方向调节税 728.8 万元。

城市维护建设税 1985 年,境内开征城市维护建设税。县城和镇纳税人缴纳产品税、增值税、营业税时,按所缴税额加 5%,其他地区 1%。1986 年征收数占工商税总数 3.24%,1993 年,收入占工商税总数 2.54%,1995 年,征收数比 1993 年增长 29.22%。1985 年 9 月,对从事生产、经营并按规定缴纳产品、增值、营业税的国营、集体企业和个体经营者,开征城市维护建设税。纳税人所在地在县城乡镇人民政府所在地的税率 5%;纳税人所在地不在县城乡镇所在地的税率 1%。1986 年,征收数占工商税总数 3.24%。

国营企业奖金税 1984 年,境内各县对国营企业使用奖励基金发放的各种奖金总额，超过规定标准月工资(50元)2个半月至6个月的，按30%、100%、300%税率计税。1985年，开征国营企业奖金税。9月，开征集体企业奖金税。1985年，开征事业单位奖金税。税率按超过发放限额部分征收30%~300%。1987年降为20%~200%。1994年，取消国营企业奖金税。

国营企业工资调节税 1985年，对经国家批准实行工资总额(包括工资基金以外的各种形式的工资、奖金、津贴、补贴、实物奖励等)随上缴税利挂钩浮动的大中型企业征税。超过核定的上年工资总额7%~20%以上的部分，按30%、100%、300%税率计征。1994年，取消国营企业工资调节税。

集体企业奖金税 1986年，境内开征集体企业奖金税。比照国营企业资金税有关法规执行。凡从事工业、商业、物资供销、交通运输、建筑安装、出牌业、娱乐业、服务业和其他行业的城乡集体所有制企业，发放的各种形式的奖金，都要按规定缴纳奖金税。1994年，取消集体企业奖金税。

事业单位奖金税 1985年12月，开征事业单位奖金税。凡从事教育、卫生、计划生育、科学研究、文化、文物、艺术、体育、广播、电视、农业、林业、水利、气象、畜牧、水产、环境卫护、公路养护、市政建设、房产管理等事业单位，所发放各种奖金，都要按规定缴纳奖金税。1986年，境内开征事业单位奖金税按30%、100%、300%税率计征。1994年，取消事业单位奖金税。

契　税 1950年4月，政务院颁布《契税暂行条例》。当年，开征契税。征收税率为：买契6%（赠与契同)，典当契为3%。

印花税 民国3年(1914年)，境内开征印花税。民国20年，修订印花税条例时，贴花凭证90种。按凭据份(件、次)数贴花额1分~2元；按凭据中的金额分级贴花额1分~1.5元。民国23年修正税制，贴花凭证62种，按凭证份数最高贴花4元；按凭证中金额贴花每件不超过20元。1950年12月，征税税目25种，按票面金额定率贴印花的税率千分之一至万分之三；按件定额贴印花为0.05~0.50元。1958年，印花税并入工商统一税。1988年复征印花税，税目共13个，税率千分之一至万分之五，定额5元。

屠宰税 民国25年(1926年)以前称屠猪、屠牛捐，各地捐额不一。民国27年，改屠捐为屠宰税。民国31年，屠猪、牛、羊按价值征6%，民国35年，改为5%。民国37年，增加屠宰马、骡的征税，税率不得超过10%。1950年5月，境内屠宰税率10%。1952年，境内一般圩镇税率13%。1956年，牛、马等税率调整为15%，后调至18%。1957年，屠宰税率调减为8%。1958年6月，对国营商业企业收购牲畜时在收购地征5%，宰杀时征4%。1959年，对在境内宰杀的按零售价征8%，对外调运的于起运时按调拨价征10%。1965年12月，国营、供销合作企业，按税率七折征收，其余按每头猪征3.50元、牛3.0元、羊0.3元。1973年，屠宰税仅对农场、农村人民公社生产队个人、集体食堂等征收。1985年，个人和单位自养自宰生猪每头征税5元，有证屠商每头10元，无证15元。

牲畜交易税 民国时期，开征生猪、牛马买卖照征税，猪每头1角~1元，牛每头3角7分~2元，马每匹8角~1元4角，羊每只5角，乳猪每头5分~1角5分。民国27年(1938年)大、中、小猪买卖证费每头0.2~0.6元；牛、马每头0.5~1.0元。民国31年，改按买卖价征1%，后为4%。民国37年，牲畜交易税税率5%。1950—1951年，境内对猪、牛、马、羊牲畜交易税征收5%。1954年10月，停征猪、羊交易税。同时，对农业社之间、社与农民之间和个体农民之间互换的牲畜，免征牲畜交易税。1962年，停征牲畜交易税。1965年，恢复征税牲畜交易税。1984年，按原税率减征4成。1994年，取消牲畜交易税。

集市交易税 1962年，境内全面施行集市交易税征收，税率5%、10%。家禽、家畜、肉类、干鲜果征收10%；薯类、竹木器、棕麻制品、草席、调味品征收5%。1962年6月，对旧钟表、旧自行车征收15%。1966年停征集市交易税，保留税种。1994年取消集市交易税。

城市房地产税 民国初期，开征房捐和地价税。民国29年(1940年)，广西全面征收房屋税。工商业使用的房屋征8‰，租赁住宅6‰，自住房屋4‰。民国31年、36年两次调整，对出租营业用房税率不得超过10%、自用不得超过5‰；住家用房出租不得超过5%，自用不得超过2.5‰。1950年，境内开征房地产税。

房产税 1987年，境内对城市、县城、建制镇、工矿区房屋征税。按房产原值一次减除30%后的余值征1.2%，出租房屋按租金收12%。

车船使用牌照税 清末至民国15年(1926年)征收船行捐。民国24年改称船舶牌照费。民国30年，开征竹木筏水位牌照税。民国35年，停征上述税捐，统一征使用牌照税。1950年6月，广西以大米斤数定半年税额，指定来宾等3县为开征地区。1951年9月改为按季定额。1955年，增加石龙等2县为征税区。1956年夏，全面开征。1957年，征税数比1955年增加62.5%。1966年、1974年停征农村车船使用牌照税。1973年，试行工商税后，企业单位应税的车船使用牌照税，并入工商税一起征收，仍继续征收个人的车船使用牌照税。1974年起，停止征收农村车船使用牌照税，减收城镇非农业人口自行车年税，每架额由4元降为3元。1977年，对自行车免税。1987年7月，恢复征收车船使用牌照税。

车船使用税 1987年，机动船及非机动船每吨分别征车船使用税1.2~5.0元和0.6~1.4元；客车每辆72~144元；载重汽车及拖拉机按每吨征24.12元；摩托车、人力三轮车、自行车征税2~36元。

特种消费行为税 民国22年起，境内一些县开征筵席捐、娱乐捐。民国36年6月，娱乐税最高税率调为25%。1951年6月起，娱乐税在工商业户300户及人口在3万人以上的城镇征收。县镇电影院、戏院税率15%。1953年，取消特种消费行为税。

文化娱乐税 1953年，开征文化娱乐税，不满2万人的城镇和农村税率分别为5%、2%。

第四节 税收收入

地级来宾市成立后，来宾市税务部门坚持“依法征税、应收尽收、坚决不收过头税”的组织收入原则，加强重点税源监控管理，税收收入总体保持较快增长。

国税收入

2003年，来宾市国税系统共组织税收收入66864万元，比2002年增长9.56%，增收5837万元，完成年度计划(区局年末计划数66000)的101.31%，超收864万元。其中：增值税收入完成63798万元，同比增长10.22%，增收5914万元；消费税收入完成387万元，同比下降1.02%，减收4万元；受国税部门停征金融保险营业税政策影响，全市营业税收入全年仅完成20万元，同比下降89.74%，减收175万元；内资企业所得税收入完成546万元，同比增长14.71%，增收70万元；外资企业所得税收入完成1035万元，同比增长2.58%，增收26万元；个人所得税收入完成1078万元，同比增长0.56%，增收6万元。

2004年，全市国税系统累计组织税收收入89878万元，比上年同期增长34.42%，增收23014万元。完成自治区政府考核口径税收收入(不含海关代征、企业所得税中央固定收入、出口退税由地主承担部分)87795万元，完成分配计划的102.09%，超收1795万元。其中，国内增值税收入完成84307万元，比上年同期增长32.15%，增收20509万元；国内消费税收入完成673万元，比上年同期增长73.9%，增收286万元；企业所得税收入完成847万元，比上年同期增长55.13%，增收301万元；外商外国企业税收入完成2829万元，比上年同期增长173.33%，增收1794万元；储蓄利息个人所得税收入完成1222万元，比上年同期增长13.36%，增收144万元。

2005年，全市国税系统累计组织各项税收收入合计112327万元，比上年同期增长21.51%，增收19888万元。完成自治区政府考核口径税收收入(不含海关代征、企业所得税中央固定收入、车购税)111792万元，增长24.38%，增收21914万元，完成分配计划的104.97%，超收5292万元，实现了新的跨越。其中，国内增值税收入完成106566万元，比上年同期增长26.4%，增收22259万元；国内消费税收入完成727万元，比上年同期增长8.02%，增收54万元；企业所得税收入完成900万元，比上年同期增长6.26%，增收53万元；外商外国企业所得税收入完成2456万元，比上年同期下降13.18%，减收373万元；储蓄利息个人所得税收入完成1143万元，比上年同期下降6.46%，减收79万元。

地税收入

2003年，来宾市地税系统共组织各项地方税收收入26120万元(不含防洪保安费)，同比减收104万元，下降0.4%，完成全年税收收入任务的92.29%，其中：税收收入24965万元，同比略有增长；教育费附加收入1123万元，同比下降11.47%；文化事业费收入32万元，增长248.39%；防洪保安费114万元，同比增长15.67%。

2004年，全市地税系统共组织各项地方税收收入31107万元(不含防洪保安费)，同比增收10987万元，增长42.06%，完成全年税收收入任务的100.29%，其中：税收收入35297万元，同比增收10332万元，增长41.39%；教育费附加收入1765万元，同比增收642万元；文化事业费收入44万元，增长37.65%。

2005年，全市地税系统共组织各项收入(按区地税局考核口径，不含文化事业费、防洪保安费、地方教育费附加)43113万元，完成自治区地税局下达年度任务42600万元的101.2%,其中:税收收入40892万元,同比增收5592万元,增长15.84%;教育费附加收入2221万元,同比增收456万元,增长25.84%。

第五节　税收征管

1980年,在改革开放初期,税务系统征管工作为"一员进厂,各税统管,征管查一体化"的传统模式。1986年4月,国家颁布《税收征收管理暂行条例》,征收管理工作开始走向制度化、程序化。境内税务系统在征管方式上采取"三自办税"(即自核税款、自开缴款书、自行缴库)。查账核实征收、代扣代缴、巡回检查。管理形式有条块结合管理、按地段管理、地段与专业市场结合管理、国营企业重点专管、划片巡回管理,并建立对工商业户的税务登记、纳税鉴定、纳税辅导、纳税申报、税款的征收与退库、账务票证管理、建立税收资料档案、纳税检查等征收管理制度。1994年,实行分税制改革,分设国税局、地税局。建立"以纳税申报和优化服务为基础,以计算机网络为依托,集中征收,重点稽查"的税收征管模式。1996年,境内重新调整和规范征管机制,各县、市(区)局设立集中承担税款征收和归集各项信息数据的征收分局;设立属地管辖,分类管理的管理分局;在农村设立跨行政区域且集征收管理为一体的综合性税务所。同年,成立各县局稽查局,实行稽查,促进税收征管。同时,各县局设立重大案件审理委员会,在总体上形成相互制约、相互促进的专业化征管查机制。2003—2005年,推行一窗式管理、一站式服务;特别是在税务登记方面,采取放宽准入、后置管理等简化办税程序新措施。

税务登记　20世纪50年代,境内工商企业开业时一般要到税务机关登记。1962年,集市贸易逐渐开放,个体商贩增加,税务登记工作较正常。1982年,贯彻《税务征管办法》后,税务登记工作正常进行。

纳税鉴定　1973年2月,对企业进行纳税鉴定。1985年,境内个体户应用发展较快,税务部门根据企业经营情况,扩大建账户。城镇中账证不全的集团企业和个体工商业户,采取定额、定期定额等征收方法,不另作纳税鉴定。

纳税申报　1986年,城镇中账证健全的查账征税户,应按税法规定的时间向税务机构报送有关纳税资料和纳税申报表。征收机关按申报的项目计算征税。

票证管理　1951年,境内各县较大集镇推行统一的发票制度。除国营企业、供销合作企业可自行印制发票外,其余企业由县税务局统一印制,企业向税务机关申请领用。一时未能统一印制发票地区,企业持发票到税务部门加盖税务机关印戳。1977年12月,广西区对营业票据试行全区统一管理。1986年《全国发票管理暂行办法》颁布,1987年起,对可以自行印制发票的企业,经批准后,到指定的印刷厂印制新发票,其余企业到当地税务机关上缴旧发票,换领新票。1989年,境内各县(市)税务局成立发票管理所,主要负责发票印制,发票使用、定期检查和违章处理工作。

税务稽查　1962年,来宾县开展4次纳税检查,共补税款17万元,退税3万元。1972年8月,来宾县进行纳税检查,清理国营、集体企业90户,补税8.2万元,清理农村纳税717户,查出偷漏税3.7万元。1981年,来宾县对287户进行纳税检查(其中自查自报244户),有偷漏欠税110户22.8万元。这年后,来宾县实行半年一次纳税检查制度。1988年,来宾县查出偷漏税289户176万元。1990年,来宾县先后对国营企业352户次、集体企业429户次和个体工商业3200户次进行纳税检查,查出国营企业和集体企业偷漏税款共420.34万元,个体工商业户偷漏税款26.14万元。

税收信息化　1995年,合山市地税局建立广西地税系统第一个银税一体化的微机办税大厅,用微机进行征收管理,提高工作效率,实现征管电算化。1997年,境内地税系统开始使用企业所得税报表软件。1998年,境内6个县(市)地税局全面推行"银税一体化"办税。2000年,开始试行应用《广西地税信息系统》软件,各县(市)局开始使用营业税税源调查软件。2002年,象州县地税局电子纳税申报正式运行。忻城县地税局建立《广西地税信息系统》推广应用制度,利用计算机开展征管质量考核,补充、完善《广西地税信息系统》软件,自行开发设计《通用发票开票》《发票管理》《税务文书管理》《征管报表生成》《税务咨询》等应用模块,拓展计算机在征管工作中的应用广度和深度。武宣县地税局加大硬件投入力度,在全县地税系统构建局域网络,各分局、所通过拨号连接,实现全县数据信息的共享,并利用计算机网络进行公文处理等各项工作。

第六节　纳税服务

以税还贷　1985年,八一矿冶炼厂增建两座1.25万千瓦的电炉工程,贷款投资2130万元,税务部门给予减免投产后3年内的新增税款。1986年，来宾火电厂兴建第一期工程，贷款投资3.53亿元，每供1000度电减免税6.7元用于归还贷款。截至1990年，税务部门分别给予这两个企业减免税款180.5万元和683.4万元，分别提供税款614.63万元和258.93万元，合计873.56万元，占当年税收的17.99%。

微观促产 20世纪50年代，来宾县税务、农业和粮食等部门发动和帮助社队发展花生生产，引进小榨油机35台，使花生仁出油率由43%提高到46%左右。1953年，全县植物油税收4.9万元，1959年增到8.4万元，增长71.43%。20世纪60年代初，来宾县税务部门30多名干部协助社队发展烤烟生产，并拿出5600元资金聘请福建省8名烤烟师傅到县作技术指导。1967年，全县有14个公社44个生产大队种植烤烟8000多亩，产烤烟30多万千克，后因价格低，供销社收购少，课税量2.95万千克，收上烤烟税仅8977元。

1984年，来宾镇农机厂有固定资产7万元，无利润，仅上交税款1260元。1985年，来宾县服装二厂设备和资金不足，生产遇到困难。来宾镇税务所借给该厂2万元，并协助搞好经营管理，扭亏为盈。同年，来宾县税务局借给该厂5万元，使该厂生产得到发展。1986年，该厂固定资产增到12万元，实现利润2.3万元，上交税款6800元，比1984年增长4.4倍。是年，来宾县服装二厂实现利润1.22万元，上交税款1.47万元，比1985年增长1倍。1990年，来宾镇农机厂实现利润5.48万元，上交税款3.36万元，比1986年增长3.94倍。

银税一体化 1994年，合山市地税局积极与当地建行合作，推出无折划税模式，并率先在全区地税系统成立第一个县级办税服务厅。1995年，在象州县开展“自核自缴”试点工作，进一步促进税收征管工作的开展。1997年，境内征收分局全部实现银税一体化，建成6个电脑综合办税厅。象州县实行“三自纳税”与“签约纳税”；忻城县实行“三代办税”与“联片征管”；象州、忻城等县实行中心会计制和中心稽查制；来宾、合山、忻城等县推出服务承诺制；武宣县率先实现户籍管理微机化。1998年，合山市地税局率先实行“征、管、查”三线联运机制，将全部税收征管划分为征收、管理、稽查三个序列，并规定三部门的各自职责和三线信息传递及工作配合机制，稽查部门人员约占全部业务人员的40%，对地方税收实行重点征收、重点稽查、分片(行业)管理。1999年，境内各县(市)地税局在对银税一体化征管改革情况进行调查的基础上，对银行“三代”办税的整个操作程序进行完善，制定有关的协议、格式和表格，统一违章处罚尺度，统一资料的传递流程。

2000年，来宾在县城分局试行征收和管理彻底分离的新机制，即将办税服务厅从分局独立出来，分局负责税收管理，征收由办税服务厅负责。分局和办税服务厅分别制定出具体、详细的工作流程、岗位职责及每个岗位的工作质量标准与要求，同时制定相应的考核办法，形成互相监督、互相制约和互相促进的新机制。2001年，境内地税局全面实施《柳州地区基层征收管理操作规程》，明确“征、管、查”三线各自的岗位职责、权力制约、数据传递、协调配合等内容，形成较为完善的“征、管、查”三线联动机制，使征收、管理、稽查三部门形成互相制约、互相监督和互相促进的新机制。2003年，来宾市地税局继续完善“以纳税申报和优化服务为基础，以计算机网络为依托，集中征收，重点稽查”的征管模式，合理划分征收、管理、稽查部门的职责范围，完善办税服务的功能，加大税收征管的科技投入，提升税收征管的科技含量。年内，全市地税系统共投入税收信息化建设资金78.9万元。

2002年，象州县地税局实行电子申报纳税方式取得成功。2003年，全面推行计算机远程申报、手持申报器申报、电话语音申报以及“银税一体化”服务等多元化办税方式，把税收管理的各个环节都纳入计算机系统管理范围，提高税收征管质量和工作效率。忻城县地税局依托高科技信息化手段，对银税一体化工作进行大胆的改革和创新，实行以“银税联网、分级管理、预存税款、授权代扣、中心批扣”的银税一体化新模式，银税一体化的数据传递由软盘和纸质传递的初级阶段上升到通过网络和接口程序传递的新阶段。2004年，全市各级地税部门在推广银税一体化申报方式的基础上，推行简易申报、简并征期的纳税方式。象州县地方税务局对年纳税额较少的590户固定纳税业户实行此办法，简化征纳程序，方便纳税人办税，提高征管工作效率。

2005年，来宾市地税部门继续加强税收征管改革。开展国税、地税联合办证试点工作。年内，来宾市地税局与市国税局在象州县开展国、地税联合办证试点工作取得圆满成功，共为纳税人联合办理税务登记证613本，减收纳税人办证费用30650元，实现了“五个一”目标(即一个机关受理，一套登记资料，一个编码管理，一本证件通用，只收一份费用)。同年12月，成立信息化达标建设突击工作组，统筹各方面的力量，解决在信息化推广过程中遇到的业务和技术问题，促进新信息系统逐步走向正常运转的轨道。

税收减免 1995—1999年，境内享受减免税的纳税人主要是特困企业和民政福利企业等。境内共减免税240万元，其中：营业税18万元，资源税104万元，土地使用税97万元，房产税21万元。

2003年，来宾市为下岗失业人员再就业开辟绿色通道。是年，共为173位下岗失业人员办理税收优惠，减免各税7.22万元。为35户企业办理减税或免税，减免企业所得税1075万元，其中，鼓励类企业18户，减征企业所得税855万元；劳动服务企业2户，减免所得税1.5万元；科研单位1户，减免企业所得税1万元；其他企业13户，减免企业所得税195万元。为4户符合减免税条件的劳动福利企业或特困企业办理税收减免，共减免营业税等各税1222万元。同年，武宣县对全县2600户个体工商户进行了税收调整，共减免地方各税83万元。在防治“非典”税收优惠政策中，对451个纳税户进行减免税，共减免各项税收25万元；给予下岗失业人员21人，减免地方各税2万多元。2004年，给予36户企业办理减免税1075万元，给予下岗再就业人员减免地方各税70多万元。同年，象州县地税局为1000多农户减免涉农地方税收5万多元；金秀瑶族自治县地税局按规定给予73名下岗再就业人员减免地方各税3.2万元。武宣县地税局为下岗失业等人员减免税达12.9万元；忻城县地税局为下岗再就业人员办理减免税38万多元；给下岗失业人员减免税达52人，减免税款2.93万元，给房屋销售减免税23人，减免税款9.84万元。

2005年，全市地税部门落实下岗失业人员再就业税收优惠政策，共为517位下岗失业人员办理税收优惠，减免各税务局24.83万元。为符合条件的2户企业减免土地使用税91090.29元，营业税17000元。为38户企业办理各项企业所得税减免工作，减免企业所得税6447.33万元。企业所得税获减免的38户企业中，属享受西部大开发税收优惠的企业28户，减免企业所得税6292.34万元；福利企业2户，减免企业所得税84.33万元；企事业单位技术收入2户，减免企业所得税16.29万元；其他6户，减免应纳企业所得税54.37万元。同年，武宣县减免企业所得税425万元，其中，广西农垦糖业集团黔江制糖有限公司减免税395.9万元；武宣县电力公司减免税23.4万元；武宣县自来水公司减免税0.68万元；给武宣县民政福利企业汇丰实业有限责任公司免征企业所得税95.8万元；批准下岗失业人员再就业减免税29人，减免地方各税3.3万元，受理并批准个人销售房屋减免税申请34人，减免地方各税14.8万元。1995—2005年，武宣县有广西农垦糖业集团黔江制糖有限公司、武宣县电力公司、武宣县自来水公司3家企业经批准享受西部税收优惠政策，按15%的税率缴纳企业所得税。

第三章 金 融

清代至民国21年(1932年)，境内先后开业的私营当铺约20家。清咸丰年间，象州有忠兴饷押，同治年间有当铺4家，光绪年间有普昌饷押，以及聂泰兴开设的当铺1间。民国22年，广西省银行柳州分行于来宾县大湾乡设分理处。1932—1934年间，来宾、象州、武宣等县创办银行。

20世纪50年代，境内按行政区设立人民银行分支机构。20世纪70年代，分设专业银行，吸收居民存款，发放工、农、商、基建等各项贷款。1980年，恢复保险、证券业务，金融借贷力度加大。

21世纪初，境内改革开放，金融事业、保险事业不断发展，金融机构设置进一步优化，电子计算机和各种科技手段在金融业务领域得到广泛应用。人行、工行、建行、农行、中行、农发行实现全国电子联行，农村合作银行(农村信用合作联社)实现全自治区电子联行，逐步实现全国、全自治区通存通兑。中国人民银行来宾中心支行充分发挥央行的作用，防范和化解金融风险，维护来宾金融稳定。中国工商银行来宾支行推出理财金账户、代理保险、企业网上银行等金融产品，贷款支持基础设施和能源、交通、电子信息、高科技产业。中国农业银行来宾分行加强行政合作、向来宾市政府提供近百亿元的意向性信用额度，用于支持境内工业、交通、城市基础设施、土地储备旅游、医疗卫生、文化教育等行业的重点项目和重点客户，促进来宾社会、经济、金融的和谐发展。中国银行来宾分行、建设银行来宾分行完成股份制改革工作，建成股份制商业银行。

第一节 机 构

人民银行来宾中心支行

1950年，柳州支行与宜山专署中心支行成立。1952年4月，柳州专署并入宜山专署，柳州地区原辖县人民银行同时划归宜山中心支行。1958年专署迁柳州，改称柳州中心支行。1960年10月，柳州地区与柳州市行合并为柳州中心支行。1961年3月，地、市银行分设。1969年，柳州地区革命委员会成立，人民银行与财政局合并成立财政金融组（隶属革命委员会生产指挥组）。1973年，恢复柳州地区中心支行。1985年1月，柳州地区、柳州市行再次合作，称柳州分行。1999年1月1日起改称柳州市中心支行。境内6县（市、区）人行支行隶属，随各时期中心支行变动而变动。2003年，人民银行柳州市中心支行在兴宾区（原来宾县）、忻城县、象州县、金秀瑶族自治县、武宣县、合山市等县（市）设分支机构。

工商银行来宾支行

1983年，中国工商银行柳州地区中心支行成立。1985年1月，柳州地区各县（市）中国工商银行县支行相继成立。至1996年，来宾县支行增设新兴路储蓄所、东街储蓄所、电厂储蓄所、储蓄专柜、八一储蓄所、十字街储蓄所、北二路储蓄所、城北储蓄所（城北一、二储蓄所）、河西东路储蓄专柜、火车站储蓄所（联办）、电厂储蓄流动组（联办）。1997年，由国有专业银行转属国有商业银行。同年3月，中国工商银行来宾县支行牡丹卡代办处成立，业务上由柳州分行牡丹卡部指导和管理。同年6月，转由中国工商银行柳州地区中心支行管理。同年7月，柳州地区中心支行与柳州市分行合并成立柳州分行，境内工商银行分支机构由柳州分行管理。1999年，根据总行县支行改革部署，撤销金秀瑶族自治县支行和象州县支行。

2000年，合山市支行电厂办事处更名为电厂分理处，柳花岭办事处并入广屯办事处，里兰储蓄所并入里兰办事处；武宣县支行城东储蓄所、城北储蓄所、新城储蓄所并入支行营业部；忻城县支行芝州一路分理处、储蓄二所、集贸储蓄所并入支行营业部。同年8月，武宣县支行、忻城县支行降格变更为中国工商银行柳州分行武宣分理处、中国工商银行柳州分行忻城分理处，两分理处在职员工分别为32人、27人。同年12月，来宾县支行中南路储蓄所并入火车站分理处。2002年，来宾县支行东南路储蓄所并入西南路分理处，火车站分理处迁至中南路122号，更名为中南路分理处。同年8月，忻城恶滩水电站分理处成立。2003年，中国工商银行来宾县支行更名为中国工商银行来宾支行。是年，来宾支行内部机构设立1室2部，即办公室、业务管理部、客户经理部。来宾支行新兴路储蓄所并入支行营业厅。2003年3月，合山市支行石村办事处并入广屯办事处。同年10月，广屯办事处并入合山市支行营业厅。

2005年7月，来宾支行直属广西分行管理，来宾支行管辖来宾市辖区内的所有工商银行分支机构，内部机构按1室4部设置，即办公室、客户经理部、业务管理部、信贷管理部、计财资金部，全辖实行扁平化管理，辖区支行不再设置内设机构，其管理职能全部上收来宾支行本部。同年，对辖区网点进行调整：将武宣分理处、忻城分理处、来宾市西南路分理处和中南路分理处升格为二级支行，撤销忻城恶滩分理处及合山市东矿分理处。年末，境内共设有13个对外营业网点，其中来宾支行本部对外营业网点7个，合山市支行3个，武宣县、忻城县、八一矿区支行各1个。

建设银行来宾支行

1975年10月1日，中国建设银行来宾支行成立，最初行名为中国人民建设银行来宾县办事处。1984年6月1日，更名为中国人民建设银行来宾县支行，下设办公室、业务股、会计股。1988年，下设办公室、业务股、会计股、储蓄股、储蓄专柜、来宾电厂办事处、来冶储蓄所、大桥储蓄所、镇北储蓄所、镇西储蓄所。1992年，下设综合部、行政部、业务一部、业务二部、财务部、房地产信贷部、储蓄专柜、来宾电厂办事处、来冶储蓄所、大桥储蓄所、镇北储蓄所、镇西储蓄所、建兴物资购销部、建银房地产开发公司。

1996年3月26日更名为中国建设银行来宾县支行，下设办公室、行政保卫科、财务科、业务科、储蓄科、营业部、清算中心、储蓄专柜、大桥储蓄所、镇东储蓄所、镇西储蓄所、镇北分理处、来冶分理处、来宾电厂分理处、房地产信贷部。2000年，下设综合部、业务部、储蓄部、营业部、清算中心、储蓄专柜、大桥储蓄所、镇西储蓄所、镇北分理处、来冶分理处、来宾电厂分理处、柳来路储蓄所。2003年1月1日，更名为中国建设银行来宾市支行，下设综合部、业务部、营业部、大桥路分理处、前卫路分理处。2004年9月15日更名为中国建设银行股份有限公司来宾支行。

农业银行来宾分行

中国农业银行来宾分行辖象州县支行、武宣县支行、忻城县支行、合山市支行、金秀瑶族自治县支行5个支行级经营单位,38个基层营业网点,其中乡镇营业网点14个。机关内设办公室、人力资源部、经营核算部、监察部、信贷管理部、公司业务部、机构业务部、个人业务部、资产风险经营管理部、保卫部、科技运行部、个人贷款审查审批中心、法律与合规管理部、金融超市、股改办15个部室。全行城区共11个营业网点,即分行营业室、来华分理处、迁江分理处、电厂支行、城中支行、柳二分理处、广场支行、柳来支行、八一分理处、新兴分理处、城北支行。

1956年,来宾县人民银行归中国农业银行柳州地区中心支行管辖。1957年4月,国务院决定将中国农业银行与中国人民银行合并,县级农业银行被撤销,并入县人民银行农金股。1960年10月,农行柳州地区中心支行与柳州市行合并为农行柳州中心支行,农行来宾、忻城、武宣、象州、金秀支行归柳州中心支行管辖。1961年3月,柳州地、市农行再次分设,划归农行柳州地区中心支行管辖。1964年3月,第二次设立农行来宾、忻城、武宣、象州、金秀支行,实行独立核算,分别与当地人民银行并列为两个金融机构,归中国农业银行柳州地区中心支行管辖。1965年,精简结构,农业银行来宾县支行、武宣县支行又被分别并入当地人民银行。

1979年2月,国务院决定正式恢复中国农业银行。同年,农行来宾县支行、象州县支行、武宣县支行、忻城县支行、金秀瑶族自治县支行恢复成立。1981年11月,中国农业银行合山市支行正式成立。1985年1月,柳州地区、柳州市行再次合并,称中国农业银行柳州分行。境内农行的各项业务统一归柳州分行管辖。1996年,各县农村信用社从农行分离,随后各县农业发展银行也从农行分设。1997年,农业银行基本完成作为国家专业银行“一身三任”的历史使命,开始进入真正向国有商业银行转化的新的历史时期,来宾农行也进入一个新的发展时期。

2002年12月,来宾市成立,来宾农业银行从柳州分行分离出来成立二级分行(正处级单位),各县(市)农业银行统一归农行来宾分行管辖,原来宾县支行改为城区直属营业网点直接归来宾分行管理。

中国银行来宾支行

中国银行股份有限公司来宾支行(简称“中行来宾支行”)隶属于中国银行广西分行领导,经人民银行和国家外汇管理局批准,办理人民币、外币、存、贷、汇兑款和信用卡业务。

1993年5月20日,中国银行来宾支行成立,设置相应的职能部门机构。1994年,增设来冶分理处,办理单位存款、贷款、汇兑及个人储蓄业务。1995年,增设金元储蓄所,增设信用卡部,办理个人储蓄和长城信用卡业务。

2000年12月,撤销码头储蓄所,来冶分理处搬迁至码头储蓄所原址,并更名为码头所分理处。2004年,中国银行进行股份改革。同年8月26日,挂牌成立中行股份有限公司,实行资产负债管理。

农业发展银行来宾支行

1997年3月,中国农业发展银行来宾县支行成立,隶属中国农业发展银行柳州分行,为国有农业政策性金融机构。内设办公室、计划信贷科、会计出纳科等3个职能部门和对外营业部1个。建行初期,全行员工和财产全部从农行分离出来,全行员工共有20人。2001年,改设信贷部、综合会计部和对外营业部。

2003年8月,来宾县支行更名为来宾市支行,但机构未升级,来宾辖区内农发行业务经营仍由柳州分行统一管理。2005年,中国农业发展银行来宾县支行代理机构有2个,即代理合山市、忻城县农发行业务。

来宾银监分局

来宾银监分局的前身中国银行业监督管理委员会广西监管局柳州监管分局来宾办事处(下称来宾监管办),于2004年初挂牌成立。

2005年,来宾监管办辖6个县(市、区)的监管办,内设综合组、银行监管组、农村合作金融机构监管组、统计信息组等4个职能部门。

中国银行业监督管理委员会来宾监管分局机构为处级单位,内设办公室、财务科、现场检查一、二科、现场检查三科、非现场监管科等五个职能部门,负责对来宾辖区银行业金融机构及其业务活动实施监督管理工作。其监管职责包括对辖区银行业金融机构的设立、变更、终止以及高级管理人员任职资格等的审查审批,针对辖区银行业金融机构的业务活动及其风险状况进行非现场监管工作。

自治区农村信用联社柳州办事处

2005年9月，广西壮族自治区农村信用社联合社（以下简称自治区信用联社）成立。自治区农村信用联社在柳州市设立办事处，代表自治区农村信用联社行使对柳州市、来宾市县级联社的管理、指导、协调和服务职能，下设4个科室。柳州办事处作为自治区信用联社的派出机构，不具有法人资格，其相关职责在自治区联社授权范围内依法履行，民事责任由自治区联社承担。

农村合作银行

1986年8月，来宾县成立农村信用合作社联合社。1985年1月23日，象州县成立农村信用合作社联合社。1985年11月14日，武宣县成立农村信用合作社联合社。1987年6月，忻城县成立农村信用合作社联合社。1988年1月，金秀瑶族自治县成立农村信用合作社联合社。1984年10月合山市成立农村信用合作社联合社。各县区联社建立后，信用社的人事、业务等管理工作，仍由农业银行承担，农业银行办事处、营业所与农村信用社合署办公不变。

1996年，农村信用社的金融监管由中国人民银行直接承担，各县、市农村信用合作社联合社独立担负管理辖区农村基层信用社的全面工作。各联社机关设在县（市、区）驻地，内部机构设：计划信贷科、资金组织科、会计科、稽查科、保卫科和办公室。

2005年，来宾市及所辖各县（市、区）共设有6个农村信用合作联社，分别为来宾市区、忻城县、合山市、金秀瑶族自治县、象州县、武宣县农村信用合作联社。各县（市、区）农村信用合作联社建立以“三会一层”（即社员代表大会、理事会、监事会，高级管理层）为主体的组织框架。联社机关设人力资源部、市场开发部、稽核审计部、办公室、计划信贷部、财务电脑部、资产风险管理部、保卫部以及党务办公室等机构。全市有农村信用合作联社4家、农村合作银行2家，即：忻城县、武宣县、金秀瑶族自治县和合山市农村信用合作联社，来宾桂中农村合作银行，象州农村合作银行。服务对象主要是中小企业、个体工商户、城镇居民、农民，主要办理存款、贷款、代收代办业务。

第二节　金融体制

20世纪50—70年代，境内金融机构现金净投，金融机构存款、余额、贷款余额较少。20世纪80—90年代，境内各项金融业务逐年增加。21世纪初，来宾市金融机构加大对地方经济发展的支持力度，信贷投放出现大幅度增长，各金融机构各项存款保持平稳增长的态势，对来宾市经济的持续发展起到重大作用。

现金投放

1991—2002年，境内金融机构年均净投6.91亿元，其间，净投最少为1992年3402万元，最多为1998年12.42亿元，为1992年的35.5倍。2003年，来宾市各金融机构累计现金收入192.52亿元，累计现金支出204.35亿元，收支相抵累计净投放11.83亿元。年末商品销售收入和服务业收入累计分别为10.56亿元和10.51亿元，工资支出、行政企事业管理费用支出和居民提取贷款支出分别为12.26亿元、7.95亿元和5.23亿元。2004年，来宾市辖区各金融部门累计现金收入243.04亿元，累计现金支出257.06亿元，全年现金收支相抵累计净投放14.02亿元。2005年，来宾市金融机构累计现金收入243.3亿元，支出257.3亿元，净投放现金14亿元，同比少投放2亿元。现金投放速度减缓。2003—2005年，全市平均每年净投137036.5万元。

表21-13　1955—1990年来宾市境内若干年度金融机构现金净投放表

单位：万元

年份	现金净投放	年份	现金净投放	年份	现金净投放	年份	现金净投放
1955	−51.3	1963	−95.8	1978	−626.8	1988	−8450.3
1957	−96.6	1970	11.4	1980	−103.5	1990	−14088.0
1960	−753.3	1975	−216.6	1985	−2228.6		

注：表内不含忻城县数据

存 款

1991—2002年，境内年末金融机构存款余额年均28.76亿元。2003年末，来宾市金融机构各项存款余额为70.66亿元，比年初增加14.46亿元，增长25.76%。年末储蓄存款余额为47.16亿元，比年初增加6.35亿元，增长10.35%，拉动各项存款增长11.32个百分点。从存款期限看，活期储蓄存款占储蓄存款的比重最大。年末，活期储蓄存款增加4.65亿元，占储蓄存款增量的73.22%。年末企业存款余额12.34亿元，比年初增加3亿元，增长32.12%，拉动各项存款增长5.35个百分点。其中，企业活期存款11.08亿元，比年初增加2.6亿元，增30.66%，占企业存款增量的86.67%。2004年，来宾市辖区各金融机构各项存款保持平稳增长的态势。年末，各项存款余额88.41亿元，比年初增加17.74亿元，增长25.1%。其中：企业存款余额16.90亿元，比年初增加4.56亿元，增长36.95%；储蓄存款余额55.96亿元，比年初增加8.8亿元，增长18.66%。2005年，来宾市金融机构各项存款余额102.19亿元，增长15.6%，比广西区高1.7个百分点，比GDP预期增长目标13%高2.6个百分点，货币供应量的增长与经济增长对货币供给的需求基本相适应。其中：储蓄存款余额63.65亿元，增长13.74%，增长原因是加息后，实际存款利率由负转正，刺激居民的储蓄欲望；企业存款余额19.73亿元，增长16.60%，2003—2005年，年均存款余额为95.83亿元。

表21-14　**1951—1990年来宾市境内金融机构存款余额表**

单位：万元

年份	存款余额	年份	存款余额	年份	存款余额	年份	存款余额	年份	存款余额	年份	存款余额
1951	49.3	1957	575.9	1965	1324.6	1975	3950.1	1980	6298.8	1988	39759.3
1953	160.7	1962	1553.2	1970	482.9	1978	−408.7	1985	19334.8	1990	64080.7

表21-15　**1991—2005年来宾市境内金融机构存款余额表**

单位：万元

年份	余额	比上年增长%	其中					现金净投(一)或回笼
			企业存款	财政性存款	城乡储蓄存款	农村存款	信托及其他存款	
1991	51917		21667	6449	44280	7271	−27750	−9946
1992	73451	41.47	21681	5271	57448	9606	−20555	−3402
1993	107770	46.72	23771	5098	80882	14008	−15989	−37310
1994	161317	49.68	36333	5372	106040	13645	−73	−49174
1995	219737	36.21	46406	4732	165063	2927	609	−53244
1996	248072	12.89	53003	4924	185388	4599	158	−78262
1997	308523	24.37	71538	7326	226568	3053	38	−111306
1998	349431	13.26	76062	9311	253088	7191	2920	−124158
1999	409599	17.21	87664	12787	280895	13154	1953	−100685
2000	443148	8.20	83929	18450	326306	13222	3818	−92074
2001	516891	16.64	109324	20764	369761	11680	5362	−77392
2002	561371	8.60	93310	42067	408047	14328	3545	−92315
2003	706637	25.88	123374	78776	471579	26581	6327	−118311
2004	884140	25.12	169034	116233	559621	31930	7322	−140190
2005	1021893	15.58	197301	133392	636497	38960	15217	−141547

贷 款

1951 年、1953 年、1957 年、1962 年、1965 年、1970 年、1975 年、1978 年、1980 年、1985 年、1988 年、1990 年等 10 个年份，境内年末金融机构贷款余额分别为 22.4 万元、167.3 万元、2547.1 万元、3842.6 万元、4736.3 万元、6479.9 万元、8281.6 万元、1.01 亿元、1.08 亿元、2.41 亿元、6.36 亿元、8.43 亿元。1991—2002 年，全市 6 县（市）金融机构年均贷款余额为 21.77 亿元。

2003 年，来宾市金融机构加大对地方经济发展的支持力度，信贷投放出现大幅度增长，对来宾市经济的持续发展起到重大作用。年末，来宾市金融机构各项贷款余额 43.98 亿元，比年初增加 8.04 亿元，增长 22.37%。全年短期贷款增加 4.31 亿元，占各项贷款增加额的 53.54%；中长期贷款增加 4.32 亿元，占各项贷款增加额的 53.73%；中期流动资金贷款下降 0.3 亿元，贴现下降 0.23 亿元，工业贷款增加 2.08 亿元。个人中长期消费贷款余额 5.46 亿元，增长 54.23%。2004 年，年末各项贷款余额 53.43 亿元，比年初增加 9.45 亿元，增长 21.49%。消费领域新增贷款 1.9 亿元，同比多投 0.3 亿元，占信贷增量的 20%。其中，住房消费贷款新增 1.8 亿元。经营性贷款新增 7.6 亿元，其中，工业贷款新增 1.8 亿元，占经营性贷款增量的 23.7%。年末农村信用社新增“三农”贷款 2.1 亿元，同比增 0.4 亿元。年内基本建设贷款余额 4.6 亿元，新增 2.7 亿元，占经营性贷款新增量的 35.5%。2005 年末，来宾市金融机构各项贷款余额 58.28 亿元，增长 9.1%。农业贷款余额 12.9 亿元，同比增长 18.3%。中长期贷款余额 25.1 亿元，同比增加 4.5 亿元，增长 21.8%。

表 21-16　**1951—1990 年来宾市境内金融机构贷款年末余额表**

单位：万元

年份	存款余额	年份	存款余额	年份	存款余额	年份	存款余额	年份	存款余额	年份	存款余额
1951	22.4	1957	2547.1	1965	4736.3	1975	8281.6	1980	10784.0	1988	63641.4
1953	167.3	1962	3842.6	1970	6479.9	1978	10142.6	1985	24055.6	1990	84337.5

表 21-17　**1991—2005 年来宾市境内贷款年末余额表**

单位：万元

年份	贷款年末余额	流动资金贷款			农业贷款	固定资产贷款			信托及其他贷款
		小计	其中			小计	其中		
			工业	商业			基建	技改	
1991	87360	52346	21569	27763	14248	20316	8523	6573	450
1992	98889	62489	28251	31100	14811	20771	—	5517	818
1993	113609	75647	34951	36110	15065	21539	—	5394	1358
1994	137919	101526	37355	38078	12305	36240	8725	8645	153
1995	199576	148750	44465	50686	25679	49008	9595	14300	1818
1996	229403	173600	49801	64100	29521	54451	10317	20860	1352
1997	275270	209929	66691	64756	36381	64258	13267	21136	1083
1998	292439	223942	72006	57246	48201	55478	9684	19450	14019
1999	195480	210590	65611	50722	38446	69685	10152	17586	13305
2000	307676	236121	63844	58331	43569	68008	11727	15496	3547
2001	315927	227237	71309	44356	53942	88121	10688	7751	—
2002	359380	244987	77322	35042	76190	110107	13989	12850	4286
2003	439843	284617	98079	41691	89553	153282	13987	17622	1944
2004	534322	323544	115717	45912	109178	206244	45890	16213	4534
2005	582750	328466	122530	40524	129247	251121	56860	15863	3163

第三节　金融管理服务

经营网点建设　1952年,境内人民银行支行有来宾、石龙、金秀、忻城4个。其中,来宾支行下设15个基层营业所,3个分理处,石龙下设15个基层营业所,1个工作组。1958年,境内人民银行支行与1952年同。其中,来宾支行下设36个基层营业所,1个工作组。1962年,境内人民银行支行有来宾、象州、武宣、金秀、忻城5个。其中,来宾支行下设基层营业所21个,分理处1个;武宣支行下设基层营业所8个;象州支行下设营业所10个。次年,所有营业所划归农行县支行管辖。1965年10月转划归人民银行县支行管辖。1980年1月1日,各公社人民银行营业所再次划归农行县支行管辖。此后,境内人民银行支行下属机构仅有少许县城储蓄所。

1981年,人民银行来宾县支行下辖八一锰矿银行办事处(下设第一、第二分理处)、迁江糖厂银行办事处、县城储蓄所。1982年4月,来宾县城储蓄所改为第一储蓄所,后增建第二、第三储蓄所。1985年1月1日后,人行县支行专门行使中央银行职能。来宾县支行原下辖的八一锰矿银行办事处及其下属的第一、第二分理处,迁江糖厂办事处,来宾县城第一、第二、第三储蓄所等及各县支行所辖县城储蓄所全部划归工行各县支行管理。

内控管理　20世纪50—70年代,内控管理工作主要是从教育干部职工爱岗敬业入手,建立和完善各种规章制度。20世纪80年代后,随着党的工作重心转移,内控管理工作主要加强内部管理力度,提高内部管理质量。

2003年,人民银行来宾市辖支行以"双文明建设年"为契机,强化内控管理。全面启动双文明创建工作,开展主题读书活动,创建学习型组织。年内,无盗窃、抢劫、诈骗、金融挤兑风险等大案要案发生。2004年,人民银行来宾支行内务管理重点抓好制度建设和安全保卫工作。认真贯彻落实《党政领导干部选拔任用工作条例》,进一步抓好人事制度改革;注重抓好职工学习培训,提高员工综合素质;建立科学的考核约束机制,深入开展文明单位建设活动;深入开展党风廉政建设活动和反腐败抓源头工作,使党风廉政建设延伸、融合在各项管理和业务工作的全过程。2005年,人民银行来宾市辖支行深入开展以"实践'三个代表'重要思想保持共产党风先进性"为主题的教育活动,继续抓好党风廉政建设和干部队伍管理工作,以创建学习型单位为切入点,全面推进文明单位建设,提高干部队伍综合素质,促进"三个文明"协调发展。年内,无盗窃、抢劫、诈骗、金融挤兑风险等大案要案发生。

第四节　存　款

工商银行

1985年,境内各县(市)成立工商银行,信贷资金管理体制实行"统一计划、划分资金、实贷实存、相互融通"的办法,明确企业等项目对公存款均属于专业银行的资金来源范围。1991年,境内工行各支行把吸收存款当作首要任务,坚持"信誉第一、服务第一、存款第一、顾客第一",各项存款业务迅速发展。1993年,境内工行各县(市)支行转变作风,积极竞争,围绕"以稳定增加存款为中心,转换经营机制,发展新兴业务,优化服务手段,提高吸存能力,加强科学管理,向综合性、多功能方向发展"的思路,开拓业务,狠抓存款。1994年,各行储蓄所全部实行所主任承包责任制,存款总额逐年上升。1997年,辖区内工商银行各支行树立集约经营观念,对所属机构进行精简,并完成干部聘任、职工聘用和部分干部岗位轮换工作,把增加存款放在首位,坚持"存款第一",年末工行来宾县支行城区9个储蓄网点全部实现电脑办理储蓄业务,并参加全区通存通兑网络。2005年,来宾市支行调动全行员工抓存款工作的积极性,努力扩大经营规模,年末,全辖各项存款总额达21亿元。

表21-18　1984—2005年工行来宾支行各项存款余额统计表

单位:万元

年份	总余额	比上年增长%	其中				
			来宾	合山	武宣	忻城	八一
1984			2276.2	2148			—
1985	7659.7		3017.9	2478	1411.9	752	—

续表

年份	总余额	比上年增长%	其　中				
			来宾	合山	武宣	忻城	八一
1986	10685.4	39.50	4390.9	3763	1552.5	979	—
1987	13168.8	23.24	5536.4	4810	1654.5	1168	—
1988	15735.9	19.49	6487.7	4755	2365.2	2128	—
1989	15626.1	−0.70	6711.6	5303	2357.5	1254	—
1990	22702.0	45.28	9310.8	6980	3220.2	3191	—
1991	27767.2	22.31	11299.8	9111	3742.4	3614	—
1992	30443.6	9.63	10463.8	9719	4334.9	2814	3111.9
1993	36612.4	20.26	11192.9	12844	6007.5	2911	3657.0
1994	42459.7	15.97	12535.6	13245	8316.0	3904	4459.1
1995	58140.4	36.93	18804.0	15254	8331.0	4379	5576.0
1996	61826.1	18.11	22335.3	11882	11596.8	8894	7118.0
1997	66784.0	8.01	21028.0	13840	15493.0	8019	8404.0
1998	74107.5	10.96	28171.7	19407	9625.0	8016	8887.8
1999	90498.7	22.11	33456.8	25618	14996.0	7435	8992.9
2000	95075.7	5.05	41443.0	28786	6913.0	7492	10441.7
2001	103253.0	8.60	48668.0	27304	9655.0	8070	9556.0
2002	108635.0	5.210	51017.0	27712	9791.0	8943	11172.0
2003	156978.0	44.50	81565	33090	13476.0	15730	13117.0
2004	202186.0	28.79	117744.0	34825	15855.0	16030	17732.0
2005	210457.0	4.09	116371.0	34862	20579.0	21726	16919.0

表 21-19　**1984—2005 年工行来宾支行对公存款余额统计表**

单位:万元

年份	总余额	比上年增长%	其中				
			来宾	合山	武宣	忻城	八一
1984	—	—	902.3	1082	—	—	—
1985	3474.3		1142.2	1056	878.1	398	—
1986	4692.2	35.05	1739.9	1670	785.3	497	—
1987	5205.6	10.94	1835.2	2076	681.4	613	—
1988	6768.8	30.02	2372.7	1629	1205.1	1562	—
1989	4979.6	−26.44	2016.9	1560	796.7	606	—
1990	9320.3	87.16	3383.1	1889	1380.2	2668	—
1991	11487.5	23.25	4333.0	2751	1491.5	2912	—
1992	10836.5	−5.67	4645.8	2591	1628.0	1767	204.7
1993	10948.1	1.02	4161.5	3936	1721.6	1036	93.0
1994	11663.4	6.53	4016.3	2612	3575.0	1345	115.1
1995	17091.0	46.53	8413.0	4006	2534.0	1971	167.0

续表

年份	总余额	比上年增长%	其中				
			来宾	合山	武宣	忻城	八一
1996	22851.0	33.70	9490.0	2257	7239.0	3368	497.0
1997	23514.1	2.90	7960.1	2843	8894.1	3016	801.0
1998	23015.8	-2.12	11658.1	4631	3011.1	3243	472.6
1999	32115.8	39.53	13915.1	6619	8603.0	2603	375.7
2000	31503.8	-1.91	17802.0	7740	1950.0	2319	1692.8
2001	40805.0	29.52	22454.0	7216	5109.0	4828	1197.0
2002	42211.0	3.44	23914.0	5123	5398.0	5661	2115.0
2003	79500.0	88.33	48064.0	8220	8549.0	12008	2659.0
2004	110321.0	38.76	75577.0	8940	8784.0	11348	5672.0
2005	111638.0	1.19	69519.0	9142	11725.0	17540	3712.0

表 21-20　**1984—2005 年工行来宾支行储蓄存款余额统计表**

单位：万元

年份	总余额	比上年增长%	其中				
			来宾	合山	武宣	忻城	八一
1984	—	—	1373.9	1066	—	—	—
1985	4185.4		1875.6	1422	533.8	354	—
1986	5993.2	43.19	2651.0	2093	767.2	482	—
1987	7963.3	32.87	3701.2	2734	973.1	555	—
1988	8967.1	12.60	4115.0	3126	1160.1	566	—
1989	10646.5	18.72	4694.7	3743	1560.8	648	—
1990	13381.7	25.69	5927.7	5091	1840.0	523	—
1991	16279.7	21.65	6966.8	6360	2250.9	702	—
1992	19607.1	20.43	5818.0	7128	2706.9	1047	2907.2
1993	25664.2	30.89	7031.4	8908	4285.9	1875	3564.0
1994	30795.5	19.99	8519.2	10633	4741.0	2559	4344.0
1995	35252.4	14.47	10391.0	11248	5797.0	2408	5409.0
1996	38975.1	10.56	12845.3	9625	4357.8	5526	6621.0
1997	43270.0	11.01	13068.1	10997	6598.9	5003	7603.0
1998	51091.7	18.07	16513.6	14776	6613.9	4773	8415.2
1999	58382.8	14.27	19541.6	18999	6393.0	4832	8617.2
2000	63571.9	8.88	23641.0	21046	4963.0	5173	8748.9
2001	62449.0	-1.77	26214.0	20088	4546.0	3242	8359.0
2002	66424.0	6.36	27103.0	22589	4393.0	3282	9057.0
2003	77478.0	16.64	33501.0	24870	4927.0	3722	10458.0
2004	91856.0	18.56	42167.0	25885	7171.0	4682	12060.0
2005	98819.0	7.56	46852.0	25720	8854.0	4186	13207.0

农业银行

1956年，境内各县农行秉承“存款自愿、取款自由、存款有息、为储户保密”的原则，在贯彻农总行赋予的办理财政支农拨款和农业长期贷款与短期贷款的主要任务和方针的同时也注重存款业务的发展。1965年，各县农业银行再次被撤销，并入当地财政局。1967年后，受“文化大革命”影响，各县农行无法正常开展工作，各项业务受到影响，存款业务发展缓慢。

中共十一届三中全会后，随着经济体制的改革，国家鼓励发展个体经济，地方经济得到快速发展，来宾农行抓住机遇大力拓展存款业务。至2002年末，来宾农行各项存款余额达17.36亿元。

2003年，农行来宾分行正式挂牌成立。来宾农行加大网点规范化建设，注重提高服务质量，储蓄存款稳步提升。同时加大对对公存款的营销，大力拓展大客户、大企业，对公存款增长迅速。至2005年末，全行存款达37.87亿元。

表21-21 1980—2005年农行来宾分行存款变化明细表

单位：万元

年份	来宾农行	市辖	象州县支行	武宣县支行	忻城县支行	合山市支行	金秀瑶族自治县支行
1980	—	958.0	1050.1	460	373	—	283
1981	3526.0	1152.0	1174.0	497	316	88	299
1982	4179.0	1249.8	1370.2	617	516	108	318
1983	5004.5	1546.6	1618.9	677	600	131	431
1984	5809.7	1834.3	1507.4	819	943	215	482
1985	7794.9	2085.9	1931.0	1164	985	461	1168
1986	10884.8	3592.2	2192.6	1506	1157	680	1757
1987	14357.3	4330.5	3230.8	1997	1615	1022	2162
1988	16355.0	5192.6	3527.4	2303	1845	1322	2165
1989	22111.1	8751.7	4396.4	2749	2586	1691	2037
1990	27170.5	8400.3	5880.2	3486	3730	2552	3122
1991	31274.9	9731.1	6672.8	3841	3440	3449	4141
1992	38333.5	12309.7	7833.8	4803	4008	4219	5160
1993	49576.5	16747.9	9428.6	6867	5390	5390	5753
1994	60607.5	20326.5	11063.0	8355	7988	6493	6382
1995	67371.0	21685.0	11643.0	10406	8876	7659	7102
1996	—	23354.0	12637.0	13456	7906	—	5773
1997	88929.0	28616.0	14862.0	16145	8473	11407	9426
1998	104947.0	31715.0	17454.0	17409	11874	12697	13804
1999	123079.0	35614.0	25639.0	19169	13851	13000	15806
2000	149351.0	41737.0	33628.0	22371	17319	14995	19301
2001	170508.0	41737.0	38752.0	27736	21771	18150	22362
2002	173694.0	49219.0	38752.0	31006	26830	22103	27887
2003	235746.0	—	42928.0	39503	33571	24790	33121
2004	301286.0	—	53773.0	44348	37464	30760	36373
2005	378683.0	—	68230.0	53976	42464	33494	44631

注：1. 由于年代久远、档案移交等因素，各项数据未能追溯到1980年以前

2. 象州县支行1984年以前的数据包括现金秀瑶族自治县支行的桐木营业所

中国银行

1993年，中国银行来宾支行成立，开始办理甲、乙、丙等3种外币存款，货币种类有美元、港币、英镑、日元等8个国家的货币。当年，外币存款折美元6万多元。同时，率先在市内推行“站立接柜”服务，采取“走出去，请进来”上门服务揽储，上门收款等灵活服务方式，各项存款迅速增长。同年年末，储蓄存款达1437万元，对公存款978万元。1994年，储蓄存款3161万元，对公存款2081万元。1996年，储蓄存款6335万元，对公存款2294万元。1997年，实现异地通存通兑业务，年末各项存款余额11365万元。

表21-22　2001—2005年中国银行来宾支行存款余额情况表

单位：万元

年份	年末各项存款余额	年份	年末各项存款余额	年份	年末各项存款余额
2001	14153	2003	21246	2005	40552
2002	14397	2004	32500		

农业发展银行

1997—2005年，农发行来宾县支行存款的主要来源是在支行开户的粮食企业存款、粮食风险基金存款、财政补贴存款和退耕还林粮补贴存款等。

表21-23　1997—2005年农发行来宾支行存款余额情况表

单位：万元

年份	年末各项存款余额	年份	年末各项存款余额	年份	年末各项存款余额
1997	455	2000	335	2003	1019
1998	363	2001	166	2004	2990
1999	374	2002	534	2005	4303

农村合作银行

1953年，来宾县试办信用合作社，农村存款余额仅1万元。到1957年底，来宾县各项存款为29.9万元，集体存款为29.4万元。象州县存款总额达26.1万元，其中社员储蓄存款10.1万元。北泗区各信用社存款余额3.51万元。

1958—1962年，由于执行过“左”的政策、三年“大跃进”和遭受自然灾害时期、“共产风”的影响，信用社的业务经营与管理下放到公社和生产大队。改信用社为信用分部，许多信用社干部被公社、生产大队抽调搞其他工作。农业遭受自然灾害造成农民群众经济困难，市场物价飞涨，货币贬值。在这三年中，信用社出现两少(存款少、放款少)，工作倒退，存款滑坡。农村信用社业务经营处于停顿衰退阶段。1958年，来宾县信用社存款738万元。1959年，来宾县存款101.8万元，合山市存款7.44万元。1960年，来宾县存款79.8万元、合山市存款6.42万元。1961年，来宾县存款39.7万元。1962年，来宾县存款35.1万元。象州县社员存款由1960年47.1万元降到1963年的13万元，下降262.3%；存款总额由1960年的100.9万元下降到1963年的55.2万元，下降82.79%。

1963年，国家银行对农村信用社实行集中控制和领导管理。信用社不再由公社和生产队管理，恢复农村信用社的名称。建立、恢复和加强信用服务站，推行背包下乡走村串户“定时、定线、定点”的流动方法，加强服务、便利群众。1964年，象州县年末存款余额为79.2万元，1965年升至95.0万元，同比增长19.94%；其中社员存款从1964年年末的22.1万元上升到1965年年末的23.9万元，同比增长8.14%。合山市存款为7.36万元。

“文化大革命”期间，以阶级斗争为纲，经济建设停滞不前，财政出现赤字，信贷资金失控，正常生产秩序和工作秩序被打乱，信用社业务开展极不正常。1966年6月，人民银行广西分行召开各县支行行长会议，要求银行、信用社干部职工参加“文化大革命”，信用社出现账务错乱、贪污挪用、资金被占用和业务停顿等许多问题。1967年后，受所谓“一月风暴”和“全面夺权”影响，社会上打砸抢成风，加之受当时存款无息的影响，信用社组织存款举步维艰。1969年初，人民银行明确信用社实行贫下中农管理和实行信用社职工不脱产，走亦工亦农的道路。同年2月，广西召开贫下中农管理信用社现场会，各地信用社组成大队革委、生产队长、信用社干部、贫下中农组成的管理领导小组，信用社干部不脱产不要国家粮，采取定工生产、定额补助的办法，定时定点办公，信用社业务逐步恢复正常。1966—1970年，象州县信用社平均年存款总额133.6万元，其中社员储蓄存款年平均14.7万元。1966—1971年，来宾县信用社存款余额接连下降。1971年，来宾县225个信用社社员存款只有7.9万元。1976年末，来宾县各项存款达190.4万元。合山市共吸收农村存款239万元。

1978年，农村信用社把组织资金作为首要任务，加强服务，改进结算，为企事业提供方便。1993年，金秀瑶族自治县存款4051万元。1994年，农村信用社作为独立法人纳入中国人民银行金融监管体系，农村信用社的业务管理由各县区联社负责。

2003年，农村信用社积极做好支持“三农”工作，加大支农力度，加大对农业生产的投入，支持来宾市农业生产发展，成为农村金融主力军。兴宾区信用联社各项存款余额为4.54亿元，比上年增长1.34亿元，增幅为42%，其中储蓄存款余额为39982万元，比去年增长12798万元，增幅为47%。象州县信用联社各项存款余额3.77亿元，比2000年末增加1.84亿元，增长97%，完成上级下达3500万元计划指标的345%。金秀瑶族自治县信用联社各项存款1.63亿元。合山市信用联社各项存款余额为7304万元，比上年增长1210万元，增幅为19.8%，其中储蓄存款余额为6525万元，比上年增长1239万元，增幅为23.4%，超额完成柳州全年下达计划任务的121%。2004年末，来宾市农村信用社各项存款总余额18.68亿元。兴宾区农村信用社各项存款余额为6.02亿元，比上年增长1.48亿元，增幅为30%，完成全年任务的114%。其中，储蓄存款余额为53932万元，比上年增长1.40亿元，增幅为35%；对公存款余额为6315万元，比上年增长864万元，增幅为16%。象州县农村信用社各项存款余额达4.54亿元，比上年底增加7469万元，增幅20.77%，完成上级下达存款任务5500万元的139%。其中，中间业务代付金额达1.43亿元，共吸收存款3832万元。金秀瑶族自治县农村信用社各项存款1.68亿元。合山市农村信用社各项存款余额为8475万元，比上年增长1172万元，增幅为16%，完成全年任务1000万元的117%。其中，储蓄存款余额为6770万元，比上年增长246万元，增幅为4%;对公存款余额为1705万元，比上年增长926万元，增幅为119%。

2005年，来宾市农村信用社坚持“存款立社、存款兴社”宗旨，努力拓宽资金来源渠道，提高金融服务水平。年末，全市农村信用联社各项存款余额达21.56亿元，比年初增加2.44亿元，增长12.75%，其中储蓄存款余额18.26亿元，比年初增加2.32亿元，增长14.56%。其中：兴宾区农村信用社各项存款余额为7.33亿元，比上年增加1.31亿元，增幅为22%。其中储蓄存款余额为6.43亿元，比上年末增长10397万元，增幅为19%；对公存款余额为8993万元，比上年增加2678万元，增幅为42%。忻城县农村信用社各项存款余额为2.45亿元。金秀瑶族自治县农村信用社各项存款余额为2.17亿元。合山市农村信用社年末各项存款余额为8325万元，比上年末下降151万元，降幅为2%。其中储蓄存款余额为6911万元，比上年末增长141万元，增幅为2%;对公存款余额为1414万元，比上年末下降291万元，降幅为17%。

表21-24　**1991—2005年来宾市农村信用合作银行城乡存款增减额**

单位：万元

年份	总计		居民储蓄		对公存款	
		其中：定期		其中：定期		其中：定期
1991	13572	5153	12583	5153	989	
1992	19075	6814	17270	6813	1805	1
1993	26790	9957	24966	9957	1824	
1994	38148	14551	34073	14525	4075	26
1995	39113	15276	35357	15275	3756	1
1996	47171	16554	41479	16355	5692	199

续表

年份	总计		居民储蓄		对公存款	
		其中:定期		其中:定期		其中:定期
1997	57971	23437	51236	23219	6735	218
1998	64792	34215	57981	33677	6811	538
1999	70806	34348	59701	34016	11105	332
2000	83177	36600	70645	36454	12532	146
2001	94023	42151	84550	42053	9473	98
2002	112663	45857	100169	45799	12494	3
2003	150507	52800	125939	52497	24568	303
2004	187791	59576	160525	58853	27266	723
2005	215552	70191	182877	69539	32675	652

第五节 贷 款

工商银行

中华人民共和国成立后，来宾、武宣、忻城、合山等人民银行县(市)支行一直统管工商信贷业务。1985年，中国工商银行各县(市)支行成立。工行来宾县支行当年发放工业贷款2957.5万元。合山市支行当年累计发放各项贷款1484万元，累计收回1024万元;武宣县支行累计发放各项贷款197.1万元。忻城县支行累计发放各项贷款2126万元，累计收回1608万元。当年末，来宾县支行各项贷款余额5623.7万元，比年初减少109.4万元，下降1.91%;合山市支行各项贷款余额956万元，比年初增加508万元，增幅88.19%;武宣县支行各项贷款余额为1086.7万元，比年初增加56.7万元，增幅113.08%;忻城县支行各项贷款余额为843万元。1986年，信贷资金投向以搞活大中型企业为重点，同时增办和发展新的贷款业务。工行来宾县支行主要投向八一锰矿、来宾迁江糖厂、来宾县造纸厂、来宾县豆制品厂等9家重点企业。全年累计发放工业贷款5752万元，比上年增加2794万元，发放技术改造贷款772万元。合山市支行累计发放各项贷款2251万元，累计收回1457万元;忻城县支行向农副产品、粮食收购及深加工等企业发放各项贷款355万元，累计收回185万元。

1987—1988年，工行合山市支行累计发放各项贷款5294万元，累计收回贷款2606万元;忻城县支行累计发放各项贷款5726万元，累计收回5587万元;武宣县支行累计发放各项贷款1.29亿元，累计收回1.19亿元。

1989年，各行继续执行“控制总量、调整结构”的信贷方针，对企业进行评估排队，并按照国家颁布的倾斜政策和产品政策在贷款上坚持优化投量、投向，工行武宣县支行重点支持粮、糖、化肥、采矿、百货、五金等行业。来宾县支行当年扶植国营工业企业发展生产购进原材料等，贷款比年初增加2240.6万元，全年累计发放贷款1.62亿元。

1990年，信贷资金实行“控制总量、分级管理和全年亮底、按月监测、适时调节”的管理办法，贷款规模实行指令性计划管理。工行来宾县支行全年累计向上级行拆借资金17笔，金额5040万元，向人行县支行累计拆借资金13笔，金额1539万元支持企业生产。当年，来宾县支行累计发放工业企业流动资金贷款1.58亿元，累计收回1.51亿元。累计发放商业流动资金贷款7680万元，比年初增加3564.5万元。年末商业流动资金贷款余额4678.7万元，比年初增加773.5万元，增长19.81%。工行来宾县支行各项贷款余额1.59亿元，分别比年初和1985年初增长27.32%和1.78倍。忻城县支行各项贷款余额5099万元，分别比年初和1985年增长75.59%和5.05倍。武宣县支行各项贷款余额3856.6万元，分别比年初和1985年增长22.22%和2.74倍。至1990年末，合山市支行国营工业贷款余额1186.7万元，国营商业贷款余额1958.3万元，其中矿区粮所粮食贷款余额717万元。各项贷款余额2097万元，分别比1985年初增长1.23倍、3.8倍、3.12倍。

1991年，信贷资金管理实行贷款规模和可用资金“双挖”的管理办法，工行来宾县支行年累计向上级行拆借资金11笔，金额7668万元，向人行来宾县支行拆借11笔,金额3900万元。全年累计发放1.28亿元。1992年,流动资金贷款规模执行“分级管理,适当集中”的管理办法,资金管理采取汇差基数控制。为管好用好资金,工行各县(市)支行注重加强分析贷款的增减变化,做到心中有数,集中规模和资金保重点,对到期的临时规模,及时督促企业回归按时上缴柳州地区中心支行。来宾县支行全年累计归还到期规模3900万元,年末贷款规模使用率达到99.9%。1993年,工行来宾县支行在信贷资金管理上实行“分级管理、自求平衡,比例上缴,有偿使用”的办法,全年累计发放贷款9386.8万元。

1994年下半年,来宾县支行全年累计向来宾电厂、来宾冶炼厂、来宾县农机二厂发放贷款1598万元;向来宾迁江糖厂、来宾县糖厂发放贷款4914万元。向来宾县食品工业总公司(原来宾县豆制品厂)、来宾县机械工业公司(原来宾县农机制造厂)、来宾县矿产公司三家国企共发放贷款495万元。1995年,工行来宾县支行累计发放商业企业贷款1295万元,年末余额2087万元,比上年增加41.4万元。

1991—1995年,工行合山市支行累计发放各项贷款2.46亿元,累计收回1.95亿元;忻城县支行累计发放各项贷款3.24亿元,累计收回2.66亿元;武宣县支行累计发放各项贷款4.9亿元,累计收回3.47亿元。

1996年,工行合山市支行、武宣县支行、忻城县支行分别累计发放各项贷款5262万元、8960万元,1538万元;合山市支行、忻城县支行分别累计收回各项贷款3851万元、757万元。

2000年,来宾县支行年末各项贷款余额比年初增加349万元,来宾县支行各项贷款余额1.96亿元,合山市支行1.04亿元,忻城县分理处5300万元;武宣县分理处为1.22亿元。2001年,来宾县支行各项贷款余额比年初增加1590万元,增幅8.1%。

2005年,工商银行来宾市支行抓住“建设一个新来宾”的历史性机遇,加大信贷资金投入力度积极支持地方经济建设,工行区分行向自治区政府回购来宾B电厂国外融资项目发放贷款2.7亿美元;与区分行营业部联合向广西桂冠开投公司乐滩电站扩建项目综合授信22.53亿元。年内,区分行营业部向该项目发放银团贷款14.9亿元,来宾市支行发放银团贷款1亿元。年末,中国工商银行在来宾市辖区内各项贷款余额51.6亿元。

表21-25　**1984—2005年工行来宾市各支行各项贷款余额统计表**

单位:万元

年份	总余额	比上年增长%	其中				
			来宾	合山	武宣	忻城	八一
1984	—	—	5733.1	508	510.0	—	—
1985	8509.4		5623.7	956	1086.7	843	—
1986	12956.9	52.26	5856.9	1741	4188.0	1171	—
1987	11951.5	-7.76	6813.9	1712	2194.6	1231	—
1988	16888.6	41.30	8981.8	2198	3415.8	2293	—
1989	20080.6	18.90	12508.0	1513	3155.6	2904	—
1990	26978.0	34.34	15925.4	2097	3856.6	5099	—
1991	31417.0	16.45	19069.0	1955	5678.0	4715	—
1992	40444.5	28.73	12456.5	2315	6910.0	6071	12692
1993	44530.2	10.10	11495.8	4245	6771.4	6469	15549
1994	42254.3	-5.12	9670.3	5360	7043.0	4249	15932
1995	49504.0	17.15	10774.0	6705	9395.0	6068	16562
1996	62004.0	25.25	15026.0	8101	13583.0	7025	18269
1997	67085.5	8.19	18343.5	9056	15408.0	7648	16630
1998	74012.8	10.32	17645.8	9422	16432.0	7421	23092
1999	76496.3	3.35	19271.9	10806	16013.4	6878	23527
2000	71677.0	-6.31	19621.0	10374	12195.0	5300	24187
2001	74780.0	4.32	21211.0	10118	12155.0	6165	25131

续表

年份	总余额	比上年增长%	其中				
			来宾	合山	武宣	忻城	八一
2002	82604.0	10.46	29562.0	9915	8669.0	6242	28216
2003	94405.0	14.28	43750.0	9740	6216.0	6205	28494
2004	104149.0	10.32	53172.0	12340	5872.0	5134	27631
2005	103444.0	−0.68	98784.0	2814	0.0	0	1846

中国银行

中国银行来宾支行承办的贷款主要是人民币贷款，分别为流动资金贷款和固定资产贷款两种。

1993年，累计发放流动资金贷款1951万元，年底余额为900万元。1994年，全年累计发放贷款6336万元，年底余额2560万元。1996年，累计发放8744万元，累计收回7366万元，全年余额为5528万元。1997年，年末累计发放贷款9699万元。1998年，累计发放贷款4446万元，余额6999万元。1999年，发放贷款1755万元，余额为6800万元。2000年，发放贷款692万元，余额为6228万元。2001年，贷款余额8950万元。2002年，发放8333万元，余额为10850万元。

2003年，贷款逐步增加，当年发放贷款6975万元，贷款余额9450万元。2005年，人民币贷款余额达1.2亿元。

表21-26 **1993—2005年中国银行来宾支行发放贷款情况表**

单位：万元

年份	发放贷款	贷款余额	年份	发放贷款	贷款余额	年份	发放贷款	贷款余额
1993	1951	900	1998	4446	6999	2002	8333	10850
1994	6336	2560	1999	1755	6800	2003	6975	9450
1996	8744	5528	2000	692	6228	2005		12000
1997	9699	—	2001	—	8950			

农业银行

1956年，来宾县农行从中国人民银行来宾县支行第一次分设，由县人民银行统一领导、统一核算、对外挂牌，开始发放贷款。当年，发放贷款69.76万元。1957年，境内各县（市）逐渐由初级社转入高级社，来宾农行被撤销，并入当地人民银行农金股。当年，来宾农行贷款7万多元，支持来宾大湾区修成4个大水库。1960—1963年，境内各县（市）受灾严重，农业生产大减产，副业生产受影响，整体经济出现严重下滑，社员生活困难。来宾农行当年共发放主灾区口粮贷款30.14万元，长期无息贷款69.72万元，贷款额比上年增加59万元。1964年，来宾农行发放灾区口粮贷款44.29万元，贫农贷款5.25万元，长期无息贷款6.82万元，农机贷款15万元。1965年，境内各县农业银行再次被撤销并入财政局。1967年，受“文化大革命”影响，农行无法正常开展工作，发放的贷款明显减少。

中共十一届三中全会以后，金秀瑶族自治县支行恢复成立，合山市支行成立，全行贷款业务快速发展。1996年8月，来宾农行按照国务院《关于农村金融体制改革的决定》，积极支持农业发展银行省级以下分支机构的设立和农村信用社与农业银行脱离行政隶属关系的改革。1997年，来宾农行基本完成作为国家专业银行“一身三任”的历史使命，开始进入向国有商业银行转化的新的历史时期。其信贷业务的发展方向也由“政策性投放”转向“商业性投放”，根据国家的产业政策不断调整贷款投向。2000年，进行部分不良资产剥离，将部分不良资产拨给中国长城资产管理公司管理，加速来宾农行的贷款业务发展。至2002年末，来宾农行各项贷款余额达12.69亿元。

2003年，农行来宾分行正式挂牌成立，成为来宾市第一个升格为二级分行的金融单位。

表 21-27 1980—2005 年农行来宾分行各年度贷款变化明细表

单位:万元

年份	来宾农行	市辖	象州县支行	武宣县支行	忻城县支行	合山市支行	金秀瑶族自治县支行
1980	—	3094.0	1048.8	1288	1054	—	235
1981	6844.4	3237.0	1169.4	1444	994	110	251
1982	7508.8	3507.0	1150.8	1709	748	179	215
1983	8580.2	3826.0	1329.2	1870	980	231	344
1984	14523.1	6520.7	2111.4	3096	2006	356	433
1985	16837.1	6463.2	2745.9	3785	2083	579	1181
1986	19439.7	8477.5	2774.2	3542	2263	792	1591
1987	23950.4	10547.5	3567.9	4282	2393	1089	2071
1988	25319.8	10388.2	4042.6	4570	2465	1251	2603
1989	27693.4	11017.4	5003.0	4724	2626	1351	2972
1990	32526.7	12584.6	6082.1	5435	3037	1798	3590
1991	37743.4	14397.1	6746.3	6544	3548	2055	4453
1992	—	14677.1	7235.6	—	3479	2729	4936
1993	—	15729.6	8439.2	—	5929	2197	5724
1994	—	16862.1	9881.4	—	6235	5161	8257
1995	63520.0	17382.0	13316.0	10875	6264	5690	9993
1996	—	19512.0	20512.0	13053	6969	—	11776
1997	75300.0	22915.0	16155.0	15038	7300	7329	6563
1998	99110.0	24711.0	16214.0	27179	15129	8261	7616
1999	120209.0	27367.0	21178.0	25662	17982	8643	19377
2000	108987.0	27479.0	18275.0	24669	15291	6147	17126
2001	117663.0	35681.0	24072.0	25819	15174	5846	16917
2002	126896.0	42563.0	17407.0	23700	21408	5025	16793
2003	176688.0	—	19808.0	24666	42816	8269	17241
2004	230699.0	—	17060.0	19091	40488	10539	11362
2005	251518.0	—	18868.0	21381	41528	11502	10401

注:1. 由于年代久远、档案移交等因素,各项数据未能追溯到 1980 年以前
2. 象州县支行 1984 年以前的数据包括现金秀支行的桐木营业所

农业发展银行

1997 年 3 月,清理、核对、接收农行信贷资产 1.14 亿元。年末,信贷资产 1.43 亿元,增幅 2455 万元。其中:粮食收购贷款 2055 万元,农业综合贷款 200 万元,林业贷款 200 万元。比 1996 年增加 2654 万元。

1998—2002 年,主要以政策性贷款为主,执行国务院颁布的《粮食收购条例》,按照“收一斤粮,发放一斤粮贷款;卖出一斤粮,收回一斤粮食贷款”的原则,坚持按照粮食收购进度发放贷款,增加信贷投入,确保夏秋两季粮油收购资金供应,支持粮食企业敞开收购农民余粮,遏制粮食企业向农户“打白条”的现象,支持地方农业经济发展,5 年累计发放贷款 8008 万元。

2003—2004 年,农发行来宾市支行根据“区别对待、分类指导”原则和“以销定贷、以效定贷”政策,支持企业收购储备粮和退耕还林粮,年末累计发放贷款 6117 万元。

农村合作银行

民国 27 年(1938 年),广西开办农村信用合作贷款。抗日战争胜利后,为恢复光复区农村经济,广西呈请中央拨给农贷 10 亿元。民国 35 年,核准迁江、

武宣、榴江等7个县紧急农贷3800万元。

1954年，农村信用合作社机构扩展，贷款逐年增加。1956年，农业合作化进入高潮，信用社开始发放集体农业贷款，解决生产队购买种子、肥料、农具和农药等资金困难。1958—1960年，为适应“大跃进”“人民公社”运动需要，信用社贷币发行过多，信贷资金失控，金融系统奉令大量发放大办粮食、大办钢铁、大办水利、大办养猪等“四大办”贷款，贷款有求必应，不实行贷前调查，贷时审查，贷后检查制度。致使贷款数上升很大，造成较大损失，导致一些贷款无法收回。

1963年9月，境内各县信用社积极发放贷款解决贫下中农的困难，打击高利贷活动。1964年上半年，境内各县农村信用社对社员群众发放生产、生活贷款。

“文化大革命”运动期间，信用社实行贫下中农管理。各级银行、信用社的正常业务工作秩序被打乱，组织涣散，信用社业务陷于停顿状态。1966年，来宾县发放贷款9.6万元，比上年减少18.3万元，减少1.9倍；贷款收回7.4万元，比上年减少2.4万元，减少32.4%。

1982年，农村实行家庭联产承包责任制，农村经济体制改革逐步深化，信用社贷款对象由过去的以支持生产队为主转向以支持千家万户的承包户为主，对农户贷款大增。1983年5月，信用社经过整顿，实行独立核算、自负盈亏的管理体制，信用社存款大量增加。1984年，境内各行根据当地调整农村产业结构的需要，相应的调整贷款结构，扩大信贷的服务领域。年底，来宾县信用社对承包户、专业户(重点户)发放各种贷款1817.8万元，收回各项贷款1170万元，收回占放出的64.36%。象州县信用社贷款发放首次突破千万元，实际发放1421.5万元。

1985年，境内各县建立信用社县(市)联社的工作，进一步完善经济责任制。1986年，实行“多存多贷”“多收多贷”的政策，调动信用社组织资金的积极性。1987年，在改革的推动下，信用社各项业务发展迅速，实现存款、放款、收贷、业务收入和盈利增加、亏损减少的目标。当年，来宾县信用社发放各项贷款2658.2万元，其中甘蔗贷款219.6万元，收回贷款1441.9万元，盈余金额37.4万元。合山市发放各项贷款506万元，其中支持粮食生产34.9万元，占9.6%，支持甘蔗生产贷款85万元，占23.3%，支持养殖业13.2万元。1989年，农村信用社调整贷款结构，实施向农业倾斜的信贷政策，重点增加粮、油、糖等农副产品及抗旱救灾生产贷款。

1990年，农村信用社农业贷款重点投向粮食、甘蔗、水果、副食品生产等。对农业生产的种子、化肥、农药、耕牛、农机具、兴修水利、抗旱救灾所需的贷款都给予优先供应，并在利率上给予优惠，以鼓励农民发展农业生产。1995年，来宾县发放粮食生产贷款1395.8万元，甘蔗贷款1144万元，水果生产贷款1439万元，畜牧业生产贷款224.4万元，其中养猪贷款101.6万元。2001年，全面推行小额农户信用贷款证业务，提高授信额度和贷款面。境内农村信用社按照“扶优增效”的原则，以农户小额信贷为主打品牌，重点支持农民发展种植业和利用本地资源进行的农副产品深加工，支持农村有市场前景的经济作物基地建设和农副产品的规模化经营。年内，共发放小额信贷6.32亿元，发放贷款300万元，为特色农业企业发放贷款1633万元。2004年，来宾市农村信用社各项贷款余额13.90亿元，实现利润2217万元，创历史最高水平。2005年，来宾市农村信用社服务“三农”，加大支农信贷投入，为社会主义新农村建设提供优质、高效金融服务。年末，各项贷款余额达16.53亿元，比年初增加3.36亿元，增长25.49%。以农户小额信贷为主线，重点支持农民种植甘蔗、种桑养蚕以及特色农业的发展。年末，农户小额信用贷款余额达7.55亿元，比年初增加了1.04亿元，增长16%。全年共发放支农再贷款1.29亿元，信用社累计发放农户小额信用贷款12.5亿元。

表21-28　**1991—2005年来宾市农村信用社发放贷款年末余额情况表**

单位：万元

年份	余额(万元)	年份	余额(万元)	年份	余额(万元)	年份	余额(万元)
1991	15435	1995	32365	1999	47726	2003	108337
1992	20350	1996	36672	2000	49480	2004	138611
1993	26310	1997	42818	2001	63138	2005	165306
1994	34573	1998	45174	2002	83805		

第六节 中间业务

工商银行

1992年,工行来宾县支行开始办理代发工资业务,之后逐步发展办理代退职工风险金、代发蔗款等。1997年6月,工商银行正式发行牡丹灵通卡。1999年5月30日,中国工商银行资金汇划系统正式投产,在国内率先实现汇划资金实时到账,即办理加急汇款可以在2小时内到账。

2000年,境内各县支行进一步巩固和发展代理业务,继续加大代发工资、代发蔗款等业务的工作力度,不断扩大代理业务范围。当年,工行来宾县支行代发蔗款1.31万户,金额2258万元,代财政发售国库券460万元。合山市支行发展工行信用卡,扩大"折卡合一"的营销范围,发卡1192张。2001年,境内继续大力发展中间业务。当年,来宾县支行纯中间业务收入16.07万元,比上年增加5.3万元。2002年,来宾县支行办理国债自营业务,年末余额为180.64万元,利息收入5.28万元。2003年,来宾县支行纯中间业务收入78.57万元。2004年,来宾市支行共发展企业网上银行23户,企业电话银行46户,个人网上银行685户,实现网上银行交易额27.63亿元,新发放牡丹卡、贷记卡471张,代理保险932万元。八一矿区支行新发各种银行卡2048张,完成分行下达任务的186%,人均营销发卡73张,累计发卡8421张。营销保险415万元,代理基金87万元,国债310元。年末,来宾市支行全辖实现中间业务收入299万元,其中市支行本部183.86万元。2005年,工行来宾市支行加大对银行卡、代理保险、基金、国债、融资顾问、理财顾问等新业务推广力度,不断地满足广大客户的金融服务需求,以电子银行理财金账等品牌产品为依托。当年,新开个人网上银行1423户,企业网上银行34户,个人电话银行55户,企业电话银行11户,实现网上银行交易额达49亿元;新开信用卡441户,灵通卡2.96万户,理财金账户335户;收取财务顾问费140.5万元,投融资顾问费60万元;清收账销案存贷款8.4万元。合山市支行代理"银行通"业务320.3万元,发展理财金账户63户,营销信用卡、贷记卡56张,国际卡7张,发展企业网上银行2户,企业电话银行4户、有客户证书个人网上银行19户。年末完成中间业务42.7万元,比上年增加17.3万元。忻城县支行实现中间业务收入71万元,完成上级行下达任务31万元的228.7%。来宾市支行全辖实现中间业务收入492万元,比上年增幅66.22%,人均中间业务收入达2.29万元,比上年增加9900元。

保付结算 保付结算是由购货单位在开户银行开立保付结算专户,再由开户银行发给保付凭证簿,在保付限额内使用的结算方式,保付期为15天,保付凭证有效期为1天,不得挂失和止兑。1953年,在区内重要城市及铁路沿线支行使用保付结算。1989年,境内各县废止保付结算。

托收无承付结算 托收无承付结算是一种无承付期托收的结算方式,收付款单位同城并在银行开立帐户,银行凭合同和结算凭证从付款单位账户拨付给收款单位。1973年起,人行来宾县支行开办托收无承付结算业务,主要是代收定期结算的水电、邮电、医疗等费用。1989年,境内各县停止使用托收无承付结算。

同城票据交换城 1986年7月,为适应多家银行间资金及时结算,区人行、工行、农行、中行、建行等5家银行联合布置,由人民银行牵头,各行配合、组建同城票据交换所,首先在地区和经济较发达,业务量较大的县城所在地推行。1987年8月,来宾县建立同城票据交换所。1994年6月,开始实行每日两场交换。

异地结算 异地结算的种类有汇兑、票汇、异地托收承付,信用证结算,特种帐户结算、异地委托收款、限额结算、商业汇票等。在来宾县境内只办过如下几种异地结算业务。

汇总结算 1950年,人行来宾县支行成立后,举办汇兑业务。1951年,为便利小额汇款,举办简易行的定额汇票。手续简便、不需填汇款申请书,不记名、只需说明汇往地点和金额即可。汇票面额分为500元、10万元、20万元、30万元、40万元、50万元(旧人民币)6种。1952年,停办汇兑业务。1953年,推行电信拨结算。1955年,实行汇兑结算,同时废止电信拨结算,取消电话汇款和信汇自带,结算仍分电汇和信汇两种。1981年7月,根据上级行通知,适当放宽信汇自带,同时对信汇自带处理手续作改进。

票汇结算 1984年,根据人民银行总行的决定推行票汇结算,人行区分行作补充规定:(1)票汇仅限于跨省、区参加全国联行往来的行、处之间办理。(2)实行票汇结算后,信汇自带在区内仍维持不变。1987年,人行区分行决定,凡参加本系统全国联行往来的专业银行，均可办理区内外票汇结算。

异地托收承付结算 1955年，人行来宾县支行开办此项结算业务，其结算金额起点为500元（旧币），承付期3天。1958年，人行区分行决定在广西区内取消托收起点，对区外托收仍按总行统一规定执行。

1978年1月，境内各县停止使用提货收据办理托收。全国于1980年10月，来宾于1982年，境内各县开办异地委托收款。1988年1月20日，工商银行开始办理商业票据贴现业务，人民银行同时办理再贴现业务。

农业银行

来宾农行中间业务发展起步比较晚，来宾农行的业务仅限于吸收存款、发放贷款，对公、储蓄存款业务也只是实行电脑单机操作。随着市场的发展和形势的变化，来宾农行推出银行卡业务，中间业务开始起步。来宾农行有选择性地保留传统业务的同时，开始先后在储蓄业务中推出教育储蓄、通知存款、开具存款证明书等业务；在中间业务增加代理保险（银保通）、代收代付，债券承销兑付，第三方存管业务（银证通）、代理基金销售和境外宝（个人投资理财）业务、投资银行业务、常年理财顾问等；银行卡业务先后推出星座卡、自考卡、准贷记卡、贷记卡，并根据客户的资金实力和业务需求的不同开办个人银卡、金卡、白金卡，还新开发公务卡、国际旅游卡、惠农卡。如今在用的借记卡、贷记卡均可在全国范围内使用，还可以在参与国际银行联网联盟的任意一家国内外银行、酒店、宾馆、商户使用。中间业务收入的范围和数额得到有效增长，单纯依靠卡收入的局面得到有效改观。

第七节 商业保险

20世纪50年代初，境内来宾县成立中国人民保险公司来宾县特约代理处。1953年1月，来宾县保险办事处改称中国人民保险公司来宾县支公司，受来宾县人民政府财政科和中国人民保险公司宜山专区保险分公司双重领导。同年11月，中国人民保险公司来宾县支公司改名为中国人民保险公司来宾县营业所，受来宾县人民政府财政科和中国人民保险公司石龙县支公司双重领导。20世纪80年代初，境内各县保险公司先后成立，属县人民银行的二层机构，受广西保险公司和县人民银行双重领导，业务与县人民银行分开核算。1999年6月12日，中保人寿保险有限公司柳州分公司挂牌办公。2005年，中国人寿来宾分公司属中国人寿广西分公司下属的二级单位，在来宾全辖各县市区共有6个营业单位，16个农村营销服务。服务网络及销售服务人员遍及各城乡、各大银行网点，形成了市、县、乡、村四级销售服务体系。

机 构

中国人寿保险股份有限公司柳州分公司 前身是中国人民保险公司柳州分公司。1996年，柳州分公司下辖3个县支公司，2个城区支公司；县营业部8个（不含柳州分公司三江县代理处）。柳州分公司机关内设科室8个。即办公室、综合科、计财科、直销业务科、业务管理科、业务中心、财务中心、资金清收办。同年8月和9月分别设立柳州分公司营业部、营销部。1999年6月12日，中保人寿保险有限公司柳州分公司举行挂牌仪式，正式更名为中国人寿保险公司柳州分公司。2002年1月，柳州分公司其余7个县营业部全部更名为支公司。2003年，中国人寿保险公司柳州分公司更名为中国人寿保险股份有限公司柳州分公司。2005年，柳州分公司在来宾市行政管辖范围内有来宾支公司、合山支公司、忻城支公司、金秀支公司、象州支公司、武宣支公司。

中国人民财产保险股份有限公司来宾支公司 1951年4月20日，成立中国人民保险公司来宾县特约代理处（简称来宾县保险代理处）。1952年11月15日，来宾县保险办事处分别在迁江、大湾设保险营业所。1953年1月1日，来宾县保险办事处改称中国人民保险公司来宾县支公司，受来宾县人民政府财政科和中国人民保险公司宜山专区保险分公司双重领导，迁江、大湾、北泗等区设立保险营业所。同年11月15日，中国人民保险公司来宾县支公司改名为中国人民保险公司来宾县营业所，受来宾县人民政府财政科和中国人民保险公司石龙县支公司双重领导。全县保留迁江保险营业所，撤销大湾、北泗保险营业所。1956年，来宾县保险营业处又改名为中国人民保险公司来宾县支公司。1958年，来宾县实现人民公社化，县保险公司的机构、人员、业务拨给来宾县财政局管理，局内增设保险股，负责退保业务。1960年，来宾县财政局保险股撤销，保险业务停办。

1981年6月1日，来宾县保险公司正式成立，属县人民银行的二层机构，受广西保险公司和县人民银行双重领导,业务与县人民银行分开核算。1983年6月,来宾县保险公司升格为与县科(局)同级的金融机构,受柳州保险公司和县人民政府双重领导。1994年4月24日,成立中保财产保险有限公司来宾县支公司(简称县中保财产保险公司)、中保人寿保险有限公司来宾县支公司(简称县中保人寿保险公司)。2003年,公司更名为中国人民财产保险股份有限公司来宾支公司。

业 务

人寿保险 1996年,中国人民财产保险股份有限公司来宾支公司自办保费总收入9771万元,完成年度计划的111%,同比增长34.5%。其中:寿险业务收入7536万元(包括营销业务214万元),完成年度计划的113.32%,同比增长42.9%;意外险业务收入2236万元,完成年度计划的103.99%,同比增长32.2%。全年办结各类人身险给付人数23947人,赔款(给付)2338.1万元,短期赔付率为44.4%,比区分公司核定的赔付率指标降低0.6个百分点。

财产保险 1995年,中国人民保险公司来宾分公司设5个业务代办处和1个保险所,八一保险所年收保费50.34万元,交警队、检测站代办处年收保费180.5万元,港航监督站代办处年收保费37.2万元,供电局代办处年收保费9万元,运管所代办处年收保费1.7万元,农机安监站代办处年收保费1.8万元。1999年5月,公司分业经营,加强业务、财务、档案管理。当年11月,收入保费267.7万元。

2005年,公司根据自治区分公司《授权书》授权,制定、补充和完善各项管理制度,进一步规范业务流程,加强承保理赔管理,强化数据管理和利润考核监控的力度,全面提高公司的经营管理水平和管控能力。

城市财产保险 1993年,城市业务共收入保费567万元,运输工具险收入保费232万元。1994年,城市业务收入820万元。结案729件,赔付金额572.3万元,赔付率78.5%。其中机动车辆承保车辆2991辆,收入保费297.9万元,出险结案520件,赔款172万元,赔付率57.7%。企业财产险承保企业23个,收入保费266.6万元,出险结案68件,赔款261万元,赔付率97.9%。船舶险承保船舶20艘,收入保费38.5万元,出险结案48件,赔款108.5万元,赔付率281.8%。货运险承保业务5893笔,收入保费70万元,出险结案52件,赔款28.5万元,赔付率40.7%。承运人险承保业务3919笔,收入保费23.3万元,出险结案9件,赔款3.2万元,赔付率13.7%。长效家财险承保家财3419户,收入储金100.6万元,出险结案85件,赔款6万元。

农村财产保险 1993年,农村业务收入保费537万元。农村业务保费收入132万元,其中储金50万元。农村业务处理各种案件1475起,赔付金额575万元。

1994年,停办退保农村长效家财险这一高赔险种。业务主要抓森林火灾保险,新开城镇居民用电综合责任险、变压器财产保险和供电线路财产保险。森林火灾险承保林场3个,林木5.1万亩,收入5.1万亩,收入储金110万元,全年没有出险,城镇居民用电综合险收入保费9万元,出险结案3件,赔付2203元,赔付率2.45%,变压器等财产保险,承保100单位(台),收入保费2.8万元,出险结案20件,赔付3.5万元,赔付率124.4%;拖拉机险承保拖拉机813台,收入保费10.6万元,出险赔案49件,赔款6.3万元,赔付率59.4%,承保家财险39个单位,收入保费22.5万元,出险赔案362件,赔付金额15.8万元,赔付率70.2%;农村业务总收入160.9万元,完成年计划任务150万元约107.3%,出险结案432件,赔付金额33.2万元,赔付率65.2%(其中洪灾家财险赔案298件,赔付12.5万元)。

人身保险 1993年,人身保险业务收入保费和储金730万元,其中储金578万元。长期人身保险业务中的简身险是龙头业务,在公医换证时通过政府下文新增简身险15000多份,年末有效12万份多,全年收入保费177万元。学生平安保险、计生系列保险和民办教师、村公所干部、集体养老等统筹养老保险得到巩固。单位职工个人养老金保险收入保费54万元。开办单位职工团体人身附加医疗保险和采矿民工意外伤害附加医疗保险,取得保费收入60多万元。随着形势发展,医疗医药价格上涨迅猛,滥医乱用药和假案较突出,人险结案难度大,全年处理各种人身保险案30871人次,赔付金额441万元,给付率49.76%。1994年,人身保险业务占公司总业务的47.5%,人险干部12人,业务收入888.5万元,出险结案1429件,给付金额65.6万元,短期给付率55%。其中长期业务:个人养老金险有效人数1851人,收入保费153万元;简身险有效人数36293人,份数11万份,收入保费126.4万元;集体养老金险有效人数767人,收入保费11.8万元,统筹养老金险有效人数386人,收入保费36.5万元,福寿安康险有效人数108人,收入保费13万元。其中短期业务:

各种意外险承保人数3672人,收入保费47万元,出险结案67件,给付金额20万元,给付率42.6%;学生平安险承保人数67000人,收入保费51万元,出险结案789件,给付金额27.3万元,给付率53.5%;一年期还本险承保人数2136人,收入储金425万元,出险结案2件,给付金额0.2万元;计生结扎手术平安险收入储金21万元,出险结案49件,给付金额1.32万元。1995年,收入保费595.54万元,年末有效储金189.6万元,已结各种赔案1456件,给付金额111.45万元,短期业务赔付率51.42%。人身保险业务收入保费占公司总保费的41.61%。学生平安险是公司人身险的主要险种,全年承保学生87507人,收入保费60.2万元,已结赔案899件,给付金额36.5万元,给付率为60.63%。人身意外险县政府把采矿人员保险列为煤炭开采条件之一,大部分矿井开采条件差,采矿人员人身伤亡事故经常发生,采取统保的承保方法,全年承保团意险人数4930人,收入保费106.56万元,已结赔案54件,给付金额40.94万元,给付率38.42%。个人养老金保险收入保费236.39万元。简身险年末保持有效份数11.58万份,年收入保费127.06万元。福寿安康保险和子女婚嫁金保险收入保费分别为55.7万元和7.6万元。1996年,停办人身险。2003年,重办人身险业务。

货物运输保险 1952年底,来宾县保险代理处开办货物运输保险。1991年,县保险公司采取直接至发货单位办理货物运输保险。当年,来宾县保费收入40.07万元,承保笔数占货运笔数的99.8%。1992年,来宾县货物运输保险保费收入比上年减少14.04万元,下降35.4%。1993年,来宾县公路货物运输保险费收入62.18万元,比上年增加36.15万元,增长1.39倍。1995年,来宾县保险公司到迁江、红河等糖厂承保白糖外运保险。当年,承保货运险业务2353笔,保费收入82.02万元,比上年增加12.04万元,增长17.13%。全年赔付支出62.75万元,赔付率达76.51%。

责任保险 责任保险包括城镇居民,用电户综合责任和承运人、产品质量责任保险等。1995年,来宾县责任保险收入保费47万元,已结赔案14起,赔付金额19.9万元,赔付率42.3%。

家财险和森林火灾保险 1995年末,来宾县有效储金284.4万元。

机动车辆保险 1995年,机动车辆保险收入保费462.5万元。1996年,赔款101万元。1998年,公司代办点共收机动车辆保险费90万元。2001年,来宾县交警大队机动车辆检测线代办点收入保费85万元,其中摩托车业务占90%。

船舶保险 1995年,受红水河特定条件限制,船舶保险事故率高损失严重,全年赔付金额28.4万元,赔付率达237%。次年4月份,停办业务申报调整费率,和高赔险种业务。当年,发生实际赔款17万元。

理　赔 中国人民财产保险公司来宾支公司在理赔上实行双人查勘、双人定损和专人结案,对疑案及时进行调查,并和县检察院联合进行调查,防止假案和骗案的发生。

1993年,公司加强对代办点业务指导和监督,确保承保质量,设置专人管理业务单证和业务档案,完善各项规章制度,坚持做到双人查勘定损,案前审计,降低赔付率,坚持理赔“八字”方针,及时兑现赔款,全年处理各种赔案2095起,赔付率89.64%。1999年,严格执行核保核赔制度,做好承保理赔关,防范经营风险,控制赔付率。

2001年,坚持双人查勘,超核赔要按规定上报上级公司,可疑赔案和检察院共同调查,防止假、骗赔案发生,降低综合赔付率。2004年,实行理赔客户服务标准化,对报案、查勘、立案、理算、核赔、预付赔款、代位追偿、拒赔案件、资料流转、数据录入、数据查询等管理工作,统一定损标准。

2005年,公司全面贯彻“严格规范,监督制衡,承诺服务,量化考核”的要求,充实查勘理赔队伍和事故调查,推进车险定损专业化管理,加强保险事故车辆推荐修理厂网点建设,做好对推荐修理厂修理质量、速度、价格的日常监督管理工作。

管　理

财务管理 1998年初,柳州分公司开始筹建财务处理中心和业务处理中心,并于当年5月正式运转。财务处理中心成立后,各项费用指标得到有效控制,资金管控力得到加强。

2004年,为进一步强化财务管理,减轻本级领导对财务工作的影响,中国人寿广西分公司实行财务人员派驻制,由区分公司直接对地(市)级分公司、县支公司的财务人员进行管理。同年,柳州分公司实行财务集中管理,各支公司、营销部的各项开支以“报账”模式进行。柳州分公司财务部每月通报基层单位各自收支情况和费用节余情况,并对费用超支的单位在开支方面进行严格控制。

业务管理 1998年5月,柳州分公司业务处理中心正式运转后，柳州城区支公司、营销部仅对相关业务资料、财务票证进行初步的归集和审核，所有的业务和财务都统一由两个中心全权处理。

为提升公司服务品质，2002年1月，中国人寿保险设立“95519”客户服务专线电话，为客户提供365天24小时“一站式”服务，服务项目包括查询、咨询、投诉受理、报案登记、挂失登记、保单保全、客户回访、电子保单激活、短信服务等。2004年6月，柳州分公司客户服务部于成立客户回访组，负责对区分公司95519客户服务管理中心授权的客户回访工作，对业务员误导客户、滞留保费违规行为进行监督，防范公司经营风险。同时，开展对客户进行缴费通知、各类业务服务的确认及告知工作。

第八节　债券　证券

债券分公债券和国库券两大类。公债券含人民胜利折实公债、国家经济建设公债、国家重点建设债券、国家财政债券、国家建设债券、基本建设债券、国家保值公债和国家特种债券。1950—1990年，境内6县(市)共推销债券4526.41万元，其中推销公债券1617.06万元，推销国库券2909.35万元。1981—1990年，国家发行“中华人民共和国国库券”，其对象是国营集体企业、机关、团体、部队、事业单位、国家干部职工及城乡居民，面额有5元、10元、100元、1000元、1万元和10万元。

债　券

公债券　1950—1990年，境内县(市)推销公债券1617.06万元，其中来宾县769.30万元，象州县56.58万元，石龙县48.58万元，忻城县299.60万元，合山市443.00万元。

人民胜利折实公债　1950年，来宾、象州等两县分别推销人民胜利折实公债0.1万元和1.58万元。

国家经济建设公债　1954—1958年，发行“国家经济建设公债”，来宾县认购54.70万元，石龙县(后析成象州、武宣两县)48.58万元，忻城县7.50万元。

国家重点建设债券　1987年，发行国家重点建设债券，期限3年，单位认购年息6%，个人认购年息10.5%，面额有50元和100元。境内县(市)认购192.5万元，其中忻城45万元，象州55万元，合山92.5万元。

国家财政债券　1988年，发行国家财政债券，由各专业银行、综合性银行和其他金融机构承购包销，期限5年，年息7.5%，其中有部分为期限两年，年息8%。当年，忻城县认购(发行)国家财政债券29万元。

国家建设债券　1988年，发行国家建设债券，期限2年，年息9.5%，由各基金会组织和金融单位承购包销。当年，忻城县发行国家建设债券55万元，合山市认购国家建设债券入库12万元。

基本建设债券　1988年，发行基本建设债券，各专业银行承购包销。当年，忻城县认购基本建设债券入库50万元。

国家保值公债　1989年，发行国家保值公债，期限2年，利率按同期银行存款利率加保值贴补率，外加一个百分点。境内县(市)共认购国家保值公债837.8万元。其中来宾县认购497.00万元，忻城县认购82.1万元，合山市认购258.7万元。

国家特种债券　1990年，发行国家特种债券，年息10%，期限3年，推销对象是机关、企业单位。当年，忻城县认购国家特种债券31万元，来宾县认购国家特种债券227万元，合山市认购国家特种债券48.8万元。

国库券　1981年，境只机关单位认购国库券年息为4%，偿还期10年，自认购后第6年起，按总额分5年5次偿还，每次偿还总额的20%。1982—1984年，单位认购年息4%，个人认购年息8%。1985—1987年，单位认购年息5%，个人认购年息9%。1988年，国库券全由单位认购，年息6%。1989年，单位认购国库券，年息14%。1990年，单位和个人认购国库券，年息均为14%。

1981—1990年，境内县(市)共认购国库券2909.35万元，其中来宾县761.13万元、象州县540.92万元、武宣县517.86万元、忻城县411.08万元、金秀瑶族自治县73.08万元、合山市605.25万元。

“农村两会一部”　1993年，境内各县(市)成立农村合作基金会。1997年7月，各县(市)成立乡镇企业发展基金会和供销合作社社员股金服务部。1998年，由于受亚洲金融危机影响及外地农村合作基金会发生的不良事件冲击，各县(市)普遍存在逾期欠款过大，群众退股多，股金余额大幅度下降的金融风波隐患。1999年7月，各县(市)清理整顿“农村两会一部”。象州县共有农村“两会一部”网点22个，股东27427户，股金余额9302.27万元。其中，农村合作基金会网点11个，股民16146户，股金余额4065.92万元；乡镇企业基金会网点1个，股民2694

户，股金余额1424.15万元；县供销社股金服务部营业网点10个，股民8587户，股金余额3812.2万元。至2001年3月底，全县共兑付股民股金7581.78万元，实现承诺的92.5%，占股金余额的83.3%。

大通证券股份有限公司来宾北二路证券营业部 1998年，境内第一家证券服务机构—柳州中山东路证券营业部来宾服务部设立。2005年，来宾服务部由大通证券接管，正式更名为大通证券股份有限公司柳州中山东路证券营业部来宾服务部，业务范围包括证券代理买卖、证券还本付息、分红派息、登记开户、证券承销、证券投资咨询、代办股份转让、受托投资管理业务、基金供销业务、理财产品供销业务、短期融资融券承销业务等。

第九节　金融监管

外汇管理　2002年12月28日，地级来宾市成立后，外汇管理由人民银行柳州市中心支行、人民银行来宾市辖内支行、国家外汇管理局来宾县支局负责。2003年，人民银行柳州市中心支行逐步实现由直接监管向间接监管的转移，支持外向型经济发展。年末，来宾市外汇存款余额115万元。2004年，人民银行来宾支行正式开办有关外管业务。当年，辖区内进出口总额达1.78亿美元，同比增长90.94%。其中：出口1.0亿美元，同比增长73.93%；进口0.78亿美元，同比增长118.32%。2005年，外管局柳州市中心支局、来宾县支局围绕核销、登记、查处、国际收支等主要环节做好外汇管理工作，加强外汇法规对外宣传和培训力度，打击逃、套、骗汇行为和非法外汇交易，取缔外汇黑市，提高外汇管理效能。全市外汇存款余额228万美元，比年初增加58.33万美元，增长58.33%。2003年，《中国人民银行法》重新修订后，人民银行主要是依法制定和执行货币政策，发行人民币，管理人民币流通，监督管理银行间同业拆借市场和银行间债券市场，实施外汇管理，监督管理黄金市场，经理国库，维护金融稳定和提供金融服务。

货币政策　20世纪50年代初，境内各级人民政府大力推广使用人民币的货币政策。当时经济处于复苏时期，城乡物资交流量小，人民币投放不足。1952年后，社会安定，农村经过减租退押和土地改革运动，群众生产热情高涨，经济好转，市场繁荣，人民银行执行“灵活调拨、有计划地组织货币投放”政策，不断加大人民币的投放量，同时注重做好回笼工作，有力支持地方经济建设。

1958—1961年，受“大跃进”影响，银行信贷资金管理失控，货币外流增多，出现通货膨胀。1962—1965年，贯彻执行“集中统一，严格控制货币发行”切实加强银行工作的六条规定，并贯彻“当年平衡，略有回笼”和紧缩银根，控制信用投放的金融方针、政策，加强结算管理和现金管理，进行工业调整，回收关停并转企业的贷款和不合理的贷款。

“文化大革命”期间，货币政策贯彻执行受阻，经济管理秩序混乱，不合理的非生产性支出增加，境内各县用于串联经费几乎等于个人的开支和企业行政管理费两项之和，货币外流严重，投放量增大。

1979年，中共十一届三中全会提出“调整国民经济，坚持按比例发展”的方持，执行改革、开放、搞活的经济政策，境内各县（市）工农业生产取得进一步发展。此后，人民银行市（地）中心支行和境内各支行，贯彻执行“稳中求松”“紧中有活”“区别对待，择优扶持，合理供给”等一系列稳健货币政策，促进国民经济发展。

2003年，人民银行柳州市中心支行执行稳健的货币政策，进一步加大金融对经济结构调整的经济发展的支持力度，货币政策操作工具的宏观调控和政策引导效果增强。2004年，中国人民银行来宾县支行提高执行货币政策水平，加大金融对经济发展的支持力度。年内，根据农民春耕生产资金的需要，并按照支农再贷款的有关规定，切实利用好支农再贷款政策，发放支农再贷款8000万元，支持22个基层农村信用社支农资金需要。2005年，人民银行来宾市辖内各支行认真落实加强和改善金融调控的各项政策措施，正确引导金融机构加大信贷结构调整力度，积极支持县城经济的发展。全年共发放支农再贷款1.29亿元，信用社累计发放农户小额信用贷款12.5亿元。

金融监管　20世纪70年代，境内实行人民银行“大一统”的金融管理。中共十一届三中全会以后，随着经济、金融体制改革，各专业银行相继分设；重新建立中国人民保险公司；相继组建信托投资公司和城市信用合作社。1985年，县级人民银行相继与工商银行分设，逐步建立和完善金融监管体制。

1985—1990年，人民银行境内支行根据总行颁布的《关于金融机构设置或撤并管理的暂行规定》和广西区人行《广西金融机构管理的具体办法》等规定，按照柳州二级分行的布置，金融监管重点是审查和整顿辖区内原有的金融机构，协调处理好各专业银行间业务交叉问题，对专业银行中存在的“置金融法规于不顾，变相提高利率争拉存款，篡改科目转移中央银行的财政性存款”等不良现象进行治理整顿，严肃金融法规纪律，维护金融秩序。

1991—2002年，在继续执行严格审批机构和金融执法检查的同是时，金融监管的重点是对金融机构的资金运营采取计划监管和稽核两条渠道进行监管，并根据总行的有关规定，执行存贷款开户许可制度，有效防止企业多头开户套取现金和逃避债务、逃避检查等现象发生。

2003年，人民银行柳州市中心支行以加强中小金融机构法人监管为主线，以降低国有独资商业银行不良贷款余额和比例、提高赢利水平为重点，促进辖区金融业合法稳健运行；建立约见谈话制度，推进监管派出制和定期走访制，加大现场检查和重点调查力度。深化农信社综合治理改革，推广小额农户信用贷款、创建信用社（镇），启动“农村青年诚信创业工程”。同年，金融监管职能从人民银行分离，中国银行业监督管理委员会柳州监管分局成立，负责金融监督职能，中国人民银行柳州市中心支行不再承担本辖区（含来宾市）对银行类金融机构金融监管职能。

国家金库　20世纪50年代初，来宾、迁江、象县（象州）、武宣、忻城等县相继成立人民银行，按照政务院颁布的《金库条例》建立县支库。1985年，人民银行专门行使中央银行职能，按国务院发布的《中华人民共和国国家金库条例》改称国库，支行的职能部门中专门成立国库股，配备专人经理国库业务，人民银行行长兼任国库主任，代理金库业务改称经理国库业务。县支库既是地方金库，也是中央金库的分支机构。其业务范围是：收纳上划中央预算收入，收纳上划省预算收入，收纳上划地（市）预算收入，办理县与地（市）分成收入的留解，直接收纳县预算收入，同时负责县级财政库款的支拨。境内各县（市）自成立人民银行后，一直按照国家金库条例经理好国家金库业务。

2005年，人民银行来宾市辖内支行积极配合自治区财政体制改革，组织开展配套工作，保证各级财政收入准确入库，推动地方财政体制改革顺利实施。成功接入大额支付系统，切实提高财政预算资金的使用效率。组织开展形式多样的《国家金库条例》颁布20周年宣传活动，加强国库收支分析、国库监督管理、国债兑付管理工作。年内，共办理各级财政收入资金入库17.52亿元，办理各级财政支出18.61亿元。

现金管理　1950年，来宾、迁江等县人民银行成立之初，即执行广西省人民政府财经委颁布的《广西省现金管理暂行办法草案》和《广西省现金管理暂行办法补充规定》，逐步建立和完善现金管理工作制度。按《规定》并结合地方实际情况，采取现金集中管理的办法做好现金管理，即一切机关、部队、公营企业、公立学校等的现金，除保留3天的日用开支外，其余一律在银行开户存储，发工薪、向农村采购及在城镇零星开支可以使用现金，其余一切往来尽量使用支票转账。年末，来宾、迁江两县所有的公营企业、机关、学校、部队等39个单位，全部在银行开户，其中结算户5户，往来户34户，集中掌管的现金存款12.53亿元（旧币）。1951年，贯彻执行中央财委会发布的《货币收支计划编制办法》，严格货币收支审查、批准制度，各单位的现金从自由收支到逐步按计划收支，银行得以迅速集中资金，加速现金归行，利于国民经济恢复。1952年上半年，由于进行“三反”运动，现金管理曾一度停滞。在“三反”运动中，为防止贪污分子携款潜逃，曾规定各单位提取现金，一律由单位首长亲自掌握，加强资金安全防范。1954年开始，对单位预算进行“查库存、查用途、查采购”三项工作，并认真执行省人行试行的“定额管理”，以减少单位编制现金出纳计划和银行估编工作的困难。现金管理转入银行内部资金管理，各基层营业所（处），根据货币管理单位的收支计划，按旬编制现金出纳收支计划，作为现金调拨依据，核定库存限额。1956年，执行省人民委员会财粮贸办公室批转省人行的《对公私合营企业、手工业生产合作社及国营福利基金管理的请示报告》，境内各县实现对私营企业的改造，从而把企业、机关的福利基金、公私合营企业、手工业联社的现金纳入统一管理的范围。

1958年，受“大跃进”影响，现金管理工作偏松，超额留存，大量携款采购的现象相当严重。1959年，为稳定货币市场，纠正1958年的错误管理方法，按照人行广西分行的规定相应采取有效措施：加强现金和采购资金的管理，重新核定库存限额，异地采购资金一律通过银行汇划，不得携带现金，并服从当地市场管理，非经有关部门批准，不得动用现金。1962年，执行人行广西区分行《关于切实加强现金管理、工资基金管理的紧急指示》和《关于对农村集体所有制单位采购资金管理问题的通知》，为彻底纠正“大跃进”时期的松散管理现状，各县对现金管理制度再次作必要的修改补充。

“文化大革命”期间，现金管理制度遭受严重破坏，特别是学生串联及“共产风”等，致使财经制度形同虚设，现金支出失控。1966—1967年两年，来宾县不合理的非生产性支出增多，仅串联费一项就达57.59万元。

中共十一届三中全会后，拨乱反正，现金管理制度得以恢复并不断完善。境内人民银行各支行，认真贯彻执行国务院提出的加强信贷管理，严格控制货币发行的决定，现金管理改革柜台监督工作方法，由会计股、计划股中抽调人员任专职监管，建立柜面监督登记簿，结合转账结算、汇总、账户管理等，全面审查和监督。在柜面业务检查和监督中，堵住各种不合理的现金开支。1978年，人民银行来宾县支行堵住各种不合理现金开支252笔，金额达79.28万元。1988年，贯彻执行国务院发布的《现金管理暂行条例》和中国人民银行印发的《现金管理暂行条例实施细则》，规定转账结算起点为1000元。1989年，贯彻执行中央治理、整顿的方针，在现金管理上执行大额提现审批制度和备案制度，从而较好地加强宏观调控，现金管理逐步转向正常。

2004年，人民银行来宾辖内支行加强现金管理，确保合理供应。加强发行基金调拨，做好货币投放工作，保证合理的现金供应。当年，现金净投放14.02亿元。认真贯彻落实《不宜流通人民币挑剔标准》和《残缺污损人民币兑换办法》，不断提高辖区流通中人民币的整洁度。按照《中国人民银行关于进一步加强大额现金支付管理的通知》要求，加强对大额现金支付的管理工作，坚持大额现金支付报备案制度，按时上报现金管理分析报告。2005年，人民银行来宾市辖内支行组织做好发行基金的回笼验收、调拨工作，保证辖区内合理现金需求；加强人民币管理，切实提高流通中人民币整洁度；加强人民币反假知识宣传，严厉打击制贩假币犯罪行为。年内共安排2个反假宣传月活动，加大对广大市民的宣传力度。开展现金管理现场检查和残损币、假币收缴鉴定管理办法执法情况检查，进一步规范金融机构收缴行为。按照上级行的部署，积极稳妥抓好武宣、金秀、忻城、象州等县发行库撤并及安全改造工作。全年金融机构共没收假人民币1453张，金额13.63万元。

金融服务 20世纪50—60年代，金融服务主要是做好"存款立行，效益兴行"，解决好银行信贷资金主要来源问题，有计划地组织和促进各金融机构努力开拓各种融资渠道，做好信贷发放、回笼工作，大力支持地方经济建设。

中共十一届三中全会后，特别是地级来宾市成立后，随着新兴城市建设发展需求，人民银行更加注重做好金融服务工作。

2003—2005年，人民银行来宾市辖内各支行改善服务手段，全面提高金融服务层次和水平。发挥人民银行柜面监督作用和结算举报中心作用。强化经理国库职能，办理各级预算收入、退库、拨款业务(2003年发行凭证式国债4期共计1221万元)。加强发行基金调拨和货币投放、回笼工作，确保合理的现金供应；加强人民币管理，切实提高流通中人民币整洁度，严厉打击制贩假币犯罪行为。发行保卫方面制定相互制约机制，确保库房、库款、金银的安全。

反洗钱和征信管理 2005年，人民银行来宾市辖内各支行认真开展反洗钱检查和可疑交易监测分析工作，加强对金融机构反洗钱工作的指导和监督，完善反洗钱工作制度，建立健全反洗钱工作机制。认真开展反洗钱知识宣传，提高社会对反洗钱的认知度和认同度。人民银行来宾市辖内支行认真做好银行信贷登记咨询系统的管理、维护，确保系统安全运行，加大对金融机构信贷登记咨询系统应用情况的检查力度；充分运用信贷登记咨询系统平台，充实、完善征信资料，充分发挥系统防范信贷风险预警功能，促进辖内征信业务的开展。

稽核业务 1985年，人行、工商行分设，境内内支行尚未设置专职稽核人员，稽核员由会计股长兼任，在开展工作中临时抽调会计人员协助稽核工作。1986年，人民银行来宾市辖内支行抽调会计人员组成稽检查组，各自对辖内专业银行的信贷以及乡镇营业所、信用社转存款计息的稽核，及时纠正一些专业银行、乡镇营业所、信用社在信贷、转存款中多计多收利息等不良行为。1987年，支行内部开始设置专职稽核人员，由2人组成，从而形成固定的稽核工作体系。1989年，金融形势出现前所未有的严峻局面，金融秩序混乱。金融机构变相提高存款利率争客户、拉存款，变相转移中央银行的财政性存款等；社会上擅自集资，随便提高股息分红和债券利率水平等。

1990年，人行来宾县支行查出专业银行储蓄机构公款私存金额34.9万元；查出储蓄机构超业务范围吸收存款41.0万元；查出专业银行发放各种揽储费5.6万多元；查出大额储蓄奖品开支1.3万多元，稽核处罚2.8万多元。1994年，按照总行提出的"继续整顿金融秩序，稳步推进金融改革，严格控制信贷量，切实加强金融监管"的金融工作方针，全年人行来宾市辖内开展现场稽核18项，其中常规稽核10项，专项稽核8项。1995年，稽核的手段主要有现场稽核和非现场稽核两种。按稽核对象分，有常规稽核、专项稽核、报送稽核、离任稽核等。

第二十二篇

综合经济管理

作为综合经济管理的计划、统计、审计、工商行政管理、物价管理、质量技术监督、食品药品监督管理、招商引资等，是伴随着市场化大生产的发展、政府宏观综合平衡和主导发展的需要而产生、发展的。境域清代以前有零星表现，真正萌于民国，产生于中华人民共和国成立后，综合完整体现于改革开放后特别是二十世纪后期和二十一世纪初，是在社会主义市场经济体制条件下，资源配置发挥市场调节这一“无形的手”的主体性作用和加强政府宏观调控这一“有形的手”作用相结合的具体体现。

第一章 计 划

在古代，秦汉时境内始种水稻。汉代，已有烧制陶器、青瓷器生产。宋代，农业生产已相当发达，周边州县商贾纷纷到象县购运稻米和手工业品。在1000多年前，象县已经成为中国南方重点水稻生产区。

民国8年(1919年)，境内组建有“合山迁善公司”。民国中期，境内农业有过一段较为稳定的发展时期，种植业有一定规模，迁江、来宾、武宣、忻城、象县有成片的甘蔗种植区。民国29年后，日军入侵，军阀混战，社会动乱，买办、官僚资本家垄断市场，通货膨胀，物价飞涨，境内工农业生产逐年下滑，商户经济损失惨重，社会经济处于崩溃边缘，城乡居民生活水平每况愈下。

中华人民共和国成立后，境内社会安定，经济复苏，城乡居民生活稳定。但在“大跃进”“文化大革命”期间，经济发展缓慢。改革开放后，境内经济快速发展，经济总量及人均收入水平不断跃上新台阶。尤其是第十个五年计划，国民经济快速发展，农村经济实力在经济结构调整中不断增强，工业主导地位逐步显现，实现第二产业超第一产业的历史性突破，第三产业对经济增长的贡献率稳步提高。固定资产投资持续高速增长，市场消费得到较快发展。城乡居民收入稳步增加，生活水平不断提高。

2005年，是国民经济第十个五年计划的最后一年，也是来宾市改革开放和现代化建设取得重大进展，来宾建市以来经济社会发展最快的一年。来宾市按照全区实现“双过千”目标任务要求，采取有力措施，克服洪灾、干旱以及煤电油运紧张等困难，加快经济结构调整，转变经济增长方式，提高经济运行质量。年末，全市实现地区生产总值增长13.5%，财政收入增长27.5%，全社会固定资产投资增长24.7%，城镇居民人均可支配收入增长27%，农民人均纯收入增长12.9%，全社会消费品零售总额增长13.9%。经济总量增大，区域经济综合竞争力增强，经济结构趋于合理，经济运行质量提高，人民生活总体水平在解决温饱、步入基本小康后，正向全面小康迈进。

第一节 机 构

民国时期，县内除统计外，计划、审计、工商行政、物价、计量等均无专门管理的机构。中华人民共和国成立后，上述机构和相应的管理体制得以逐步健全、调整并趋健全。

1954年，宜山区专员公署设立计划统计科。1956年，宜山区专员公署计划委员会(简称计委)成立，计划统计科并入计委。1958年，宜山专员公署改为柳州专员公署，计委随专署迁至柳州市。1961年，计委内设综合、工业、基建、农业4个科室。1968年，计委改为革命委员会生产指挥组物资计划小组。1974年，恢复计划委员会，行政隶属革命委员会领导。1974—1979年，有统计局、物资局、劳动局、物价局4个单位，共有干部8人；1980—1984年，增辖社队企业局和基建局；1985年，劳动局和社队企业局从计委划出，新成立的县房地产开发公司归计委直接管理，其他单位所属不变，当年有干部10人，1990年减至9人。1996年2月，计委更名为计划局(物价局在计划局挂牌)。2001年12月，计划局更名为发展计划局。2002年12月，撤销柳州地区设立来宾市。2003年3月，设立了来宾市发展计划委员会(国防动员委员会国民经济动员办公室、市物价局在市发展计划委员会挂牌)。2004年8月4日，来宾发展计划委员会改组为来宾市发展和改革委员会。2005年保持机构不变。

来宾市发展和改革委员会主任：韦仕军(2002年12月—2005年12月)。

第二节 计划编制与实施

在20世纪90年代，境内各县的计划编制未形成系统的规范和固定的模式。大多数计划的制定，是根据上级部门下达的控制数，结合县内实际情况，编制年度计划和五年计划，下达各县经济部门执行。1953—1980年，只编制年度计划，不编制五年计划，且计划范围较窄。1953—1957年，着重进行农业生产、基本建设和物资供应等年度计划。1981—1990年，除编制年度计划外，还编制五年计划，拓宽了计划范围。

中华人民共和国成立后，境内国民经济在恢复、调整中发展，特别是改革开放后，调整经济结构，注重“三农”工作，加快发展农村经济，优化农业产业结构，抓好工业布局，加大国有企业改革力度，完善工业管理体制和经营机制，抓好第三产业发展，大力发展非公经济，搞活商贸流通，繁荣市场，国民经济快速发展。自第一个五年计划至第十个五年计划，境内完成地区生产总值（当年价）分别为1.19亿元、1.16亿元、1.36亿元(1965)、2.85亿元、3.86亿元、6.97亿元、16.78亿元、59.31亿元、98.95亿元和170.01亿元。“四五”期末，境内地区生产总值比1950年增长459.7%。“十五”期末比“九五”期末增加71亿元，年均增长11.3%。

2005年，来宾市完成地区生产总值177.17亿元，比2004年增长13.5%。与建市之初的2002年相比，经济总量增加了62.46亿元，三年间年均增长12.4%。其中，第一产业完成增加值62.86亿元，增长7.8%；第二产业完成增加值68.94亿元，增长19.3%；第三产业完成增加值45.38亿元，增长13.6%。在第二产业中，工业完成增加值62.22亿元，增长19.5%。一、二、三产业对经济增长的贡献率分别为22.6%、53.9%和23.5%，分别拉动经济增长3.0、7.3和3.2个百分点。第二产业是这一时期经济快速增长的推动力量。三次产业结构调整为35.5：38.9：25.6，第二产业增加值首次超过第一产业，实现历史性突破。人均地区生产总值7203元，增长12.5%。

第一个五年计划时期（1953—1957年）

境内各县基本完成党领导的对农业、手工业和资本主义工商业的社会主义改造，参加农业生产合作社的农户达36.7万户，占总农户的97.6%。原来宾县建立高级农业生产合作社241个，入社农户7.67万户，占全县总农户的96.9%；武宣县建立高级社83个，入社农户占总农户数93.8%，基本实现了农业生产合作化。石龙县（今象州县）建立起高级农业合作社184个、公私合营工商企业14家、合作商店105家、手工业合作社36家；金秀瑶族自治县共建立高级农业生产合作社87个，入社农户达6564户，占总农户99.3%。境内全民工业企业由1952年的19家发展到1957年的66家，1957年工业总产值比1952年增加5.29倍。农业产值增长21.26%。

“一五”期间，1957年，忻城县计划粮食增产水平应为5240.1万千克，实际完成计划的78.9%；全县轻工业总产值为628万元（无重工业），占农业总产值14336万元的4.4%。合山市北泗区和合山煤矿公司分别制定《北泗区国民经济和社会发展第一个五年计划》《合山煤矿公司生产经济第一个五年计划》。计划农业以粮食增产为主要目标，适当发展经济作物；工业以煤炭采掘为主，同时扩大手工业生产；商业以掌握主要物资和占领矿区、农村阵地为主要目的。计划“一五”末年，工业总产值177万元，有国营企业1家、集体企业8家，粮食总产量7910万千克，原煤生产总产量87.65万吨，实际完成90.55万吨，发电量835万千瓦时。1957年，石龙县工业生产开始起步，县内工业主要有农具制造、粮油加工、缝纫、印刷及小型发电等手工业和小型工业，农村成立互助合作社，农业获得增产丰收。“一五”期末与1952年对比，工农业总产值增长31.22%，年均递增5.6%；粮食总产量增长11.84%，年均递增2.20%；油料总产量年均递减0.1%；固定资产投资增加3.62倍，年均递增35.8%。1957年，武宣县完成农业、手工业和私营工商业社会主义改造，建立高级农业生产合作社147个，入社户数33261户，占总农户数的93%；小工商业者基本上参加合作组织。全县完成全民所有制固定资产投资57万元；农业总产值平均每年增长2.19%，“一五”期末粮食总产量达5780万千克；工业总产值年均增长42.68%；社会商品零售总额平均每年增长21.14%。1957年来宾县粮食总产量11956万千克，农业总产值648万元，比1950年增长5.97倍，全县工农业总产值平均递增8.1%。

第二个五年计划和三年调整时期（1958—1965年）

境内由于瞎指挥、“浮夸风”“共产风”影响，工农业生产遇到不少挫折，工农业生产不尽人意，农业生产连年完不成计划；工业生产盲目冒进，造成人力、物力、财力损失浪费。境内各县情况如下：

忻城县　1958年，计划粮食作物播种面积5.99万公顷，平均公顷产90千克，总产量8102万千克，当年实际播种72.0万亩，总产量5262.6万千克，分别完成计划的80.08%和64.95%。1959年,人民公社化运动,强调“一大二公”,废除原农业合作社的核算制度,实行公社核算,村村办集体食堂,生活“集体化”,挫伤了农民劳动的积极性,加上自然灾害影响,粮食总产量仅完成计划12273.81万千克的45.65%。1960年,计划粮食总产量达18402.5万千克,仅完成计划数的31.09%。1961年以后,纠正了“左”的错误,贯彻国民经济“调整、巩固、充实、提高”方针,农业生产逐步恢复和发展。1962年,计划粮食总产量4267.5万千克,实际完成5210.5万千克,完成计划的122.10%,但仍比1957年减少305.15万千克;计划经济作物总产量335万千克,实际完成计划任务的84.19%。1963—1965年,纠正“二五”前期的错误,一切从实际出发,制订切实可行的农业生产计划,调动农民的劳动积极性,农业生产得到恢复和发展。1965年,粮食总产量6097.5万千克,经济作物总产量872.5万千克,分别比1962年同期增长17.02%和2.27倍。1958年“大跃进”期间,“以钢为纲”,全民大办钢铁;放“煤炭卫星”,挖煤炭、采锰矿;大办工业,办农机修造厂、水泥厂、红渡铝矿厂、石灰厂、农药厂、枝林炼铁厂、泮水造纸厂、砖瓦厂、被服厂、红渡造船厂、联合加工厂、工艺厂、皮革厂、陶器厂和食品加工厂等21个工业企业。当年产值达479万元。1959年总产值602万元。因违背客观规律,缺乏基础,1960年以后,厂矿企业纷纷下马。1965年,工业总产值仅38万元。

象州县 “二五”计划,“大跃进”和人民公社化运动期间,兴建罗秀河、长村水库等一批水利骨干工程,但因为搞浮夸、瞎指挥、刮“共产风”,加上1962年大水灾,以致经济发展计划未能完成。“二五”期末(1962年),工农业总产值只是1957年的87.59%,年均递减2.6%;粮食总产量只是1957年的97.95%,年均递减0.5%。1963年,经济调整,执行“调整、巩固、充实、提高”八字方针,经3年努力,经济逐步恢复增长。1965年,工农业总产值和粮食总产量,比1957年分别增加27.55%和24.69%。

武宣县 1958—1962年,完成全民所有制固定资产投资600万元,建成石祥河水库等水利工程1119处(灌溉总面积9.55万亩);新建发电厂、自来水厂、农机厂、印刷厂、大米加工厂、食品加工厂和锰锌矿(开采企业)。但由于“大跃进”“五风”(共产风、浮夸风、瞎指挥风、强迫命令风、干部特殊化风)干扰和自然灾害影响,农业减产,粮食短缺,人民群众生活极为困难。1962年,工农业总产值为2888万元,年平均递减3.77%,其中工业总产值296万元,年均增长16.83%;农业总产值为2592万元,年均递减4.47%,粮食总产量为5047万千克。1963—1965年,制定三年农业生产计划,预计期末粮食总产达到6800万千克,农业人口人均产粮370千克,人均口粮235千克。实际完成全民固定资产投资220万元;工农业总产值3914万元,年均增长10.66%。其中工业总产值378万元年均增长8.49%;农业总产值为3536万元,年均增长10.91%,粮食总产达6116万千克。

来宾县 1958—1962年,受冒进、浮夸等“左”倾思想影响,计划工作未能从实际出发,片面追求高指标、高进度,强调“压力变动力”。结果国民经济比例失调,社会总供给和总需求失衡,加上受自然灾害影响。工农业总产值年平均递减2.5%。1960和1961年计划的粮食总产量分别为3.17亿千克和3.0l亿千克,实际完成1.18亿千克和1.08亿千克,只完成指标的37.2%和35.9%。1963—1965年,贯彻执行“调整、巩固、充实、提高”方针,经过3年调整,经济逐步恢复正常,但仍受“左”的影响,对发展商品经济和市场调节缺乏认识,生产发展缓慢。这一时期,工农业总产值年平均递减2.0%。

金秀瑶族自治县 生产以林业为主。1955—1960年,农业合作化高潮时期,农民造林积极性高涨,同时,河道经过炸礁疏通,有利于放运木排,农民砍伐放运木材量大增,林业产值成倍增长。1958年,林业产值314万元,占农业总产值的39.1%;1960年294万元,占农业总产值44.27%。1961—1963年,经济困难时期,林业产值大减,全县林业产值只有157万元。1959年,粮食总产1027.64万千克,亩产124千克。1960—1962年,三年困难时期,粮食产量有所下降,三年总计产粮2052.25万千克,平均亩产87.5千克左右。

合山市 合山煤矿计划采掘原煤202万吨,完成295.34万吨,占任务146.21%。发电量4450千瓦时。1958年,受“大办钢铁”影响,原来宾县在河里乡凌口砌有土高炉2个,定为第四炼钢基地。因脱离客观实际,于1959年底“下马”。由于放松粮食生产,粮食总产量从1957年的7910万千克下降到1959年的5130万千克,“二五”计划末年,工业总产值4090万元,调整时期为1629万元。受旱灾影响,粮食总产量比1959年减少318.07万千克,其他经济作物普遍歉收。

第三、四个五年计划时期(1966—1975 年)

"三五"计划(1966—1970 年),受"文化大革命"影响,境内各县"三五"规划指标未能实现。"四五"计划(1971—1975 年)期间,境内各县执行结果:1975 年粮油平均亩产 143 千克;工业企业由 1970 年的 395 家发展到 1975 年的 549 家,工业产值 1975 年与 1970 年相比,小煤炭增长 111.93%、小机械增长 143.48%、小化肥增长 75.18%、小水泥增长 425%。

辖区各县情况如下:

忻城县 "三五"期间,粮食总产年均 8978 万千克,人均有粮 283.5 千克,比三年调整时期分别增长 182.4% 和 115.7%。1970 年粮食总产量达 8537.5 万千克,完成计划的 93.43%,比 1965 年增长 40%;经济作物总产量 791.15 万千克,完成计划的 80.38%,比 1965 年下降 9.28%;生猪计划存栏 14 万头,完成计划的 73.07%;牛计划存栏 7 万头,完成计划的 74.14%;羊计划存栏 2.7 万只,超额完成计划的 9.25%;马计划存栏 420 匹,超额完成计划的 14.05%。"四五"期间,全县粮食总产量年均 10859 万千克,人均占有粮食 353 千克,比"三五"期间分别增长 30.93% 和 21.53%。1975 年总产量 11950.5 万千克,完成计划的 91.93%,比 1970 年增长 39.98%;油料总产 134.5 万千克,比 1970 年增长 43.85%;计划甘蔗种植 1.6 万亩,完成计划的 66.25%,总产量 1344.5 万千克,比 1970 年增长 1.7 倍;年末计划生猪存栏 17 万头,完成计划的 73.88%;牛存栏 8 万头,完成计划数的 81%;羊存栏 5 万只,完成计划的 59.8%。"三五"和"四五"计划期间,工业生产有所回升。1966 年工业总产值 63 万元,1970 年 207 万元,五年平均年产值 150.4 万元。"四五"计划期间,恢复和兴办县砖瓦厂、氮肥厂、水泥厂等厂矿,1971 年总产值 303 万元,1975 年 843 万元,五年平均年产值533.4万元,比"三五"期间增长3.7倍。

象州县 第三、第四个五年计划(1966—1975 年)时期,受"文化大革命"干扰,经济发展计划未能顺利实施,但工农业生产仍获得一定的增长。"三五"期末(1970 年)与 1965 年相比,工农业总产值增长 22.64%,年均递增 4.2%;粮食总产量增加 38.12%,年均递增 6.7%;油料总产量增加 1.29 倍,年均递增 18%。"四五"期末(1975 年)与 1970 年相比,工农业总产值增长 32.02%,年均递增 5.7%;粮食总产量增长 22.44%,年均递增 4.1%;油料总产量是 1970 年的84.43%,年均递减3.3%;重晶矿石产量增长 1.02 倍,年均递增 15.1%。

武宣县 1966—1970 年,制定多种经营计划,以粮为纲,积极发展油、糖、烟等经济作物,加快林、牧、副、渔业生产,粮食总产量 1970 年 9000 万千克,年均增长 7.4%,养猪 16 万头,原料蔗 1.3 万吨,水稻平均亩产跨《纲要》(400 千克)。累计完成固定资产投资 227 万元,工农业产值为 4440 万元,年均增产 2.55%。其中工业总产值 505 万元,年均增长 5.96%;农业总产值 3935 万元。年均增长 2.16%。粮食总产量 6961 万千克。1971—1975 年,武宣县农业生产计划预计 1975 年粮食总产量 1.23 亿千克,年均增长 8.3%。制订 1970—1972 年工农业生产发展规划,其中粮食亩产要求从 1968 年的 275 千克提高到 450 千克,总产量达到 1.35 亿千克;在畜牧业方面,要求人均出栏猪 1 头;人口增长率降到 20‰。1975 年,全县累计完成固定资产投资 1291 万元,工农业总产值 6971 万元,年均增长 15.38%,其中农业产值为 5938 万元,年均增长 8.58%,粮食总量为 9272 万千克。

合山市 "三五"计划期间,1967 年受"文化大革命"运动影响,原煤生产任务完成 74.66%。粮食生产 1963 年底走下坡路,农民人均月口粮从 1962 年的 14.50 千克下降到 7.30 千克,1965 年恢复到 12.30 千克。工业总产值值 4431 万元。调整时期(1963—1965 年)编控制表,不作正式计划下达。此阶段的煤炭生产任务完成 357 万吨,发电量 3885 万千瓦时,粮食总产量 2155 万千克。"四五"计划期间,合山电厂 1、2、3 号机组相继投产,总发电量 11.36 亿千瓦时,合山市境内原煤计划生产 728 万吨,实际完成 812.21 万吨。农业生产以单一种植农作物为主,家庭种养列为"资本主义尾巴"被禁止。"四五"期间,粮食总产量 8440 万千克,工业总产值 19202 万元。

来宾县 1966—1975 年,受"文化大革命"干扰,计划目标无法实现,但国民经济仍有发展,工农业总产值平均递增 9.5%。

第五个五年计划时期(1976—1980 年)

1975 年,编成《柳州地区十年(1976—1985)农业长远规划要点》和《柳州地区第五个五年计划农业发展规划》。计划 1980 年粮食总产量达到 18 亿千克,1985 年达 22.5~25 亿千克。1976 年粉碎江青反革命集团后,编制《柳州地区 1976—1980 年工业发展规划》《柳州地区经济十年(1976—1985 年)规划纲要》,将粮食产量调为1980年达到15亿~16亿千克,1985年达19亿~20亿千克;1980年全地区工业总产值达到6.25亿~6.5亿元,在1977年10月《中共柳州地委关于贯彻区党委“落实大治天下八条标准,力争两年内大见成效的纲要(草案)”发展国民经济实施计划》中,1980年把工业总产值调为6亿元。提出1980年基本实现农业机械化。根据党的十一届三中全会精神,1979年编制《柳州地区发展国发经济七年规划》,提出1980年粮食产量13亿千克,1985年达16亿千克。

计划执行结果:1980年粮食总产量12.25亿千克,占计划的81.63%,工业总产值5.24亿元,占计划的87.3%;农业机械化设想未能实现。

辖区各县情况如下:

忻城县 5年农业总产值年均4263.4万元,粮食总产年均10849.8万千克,比“四五”期间年平均增2.15%。1980年粮食总产量10529.5万千克,完成计划的91.56%;甘蔗种植1.21万亩,完成计划的60.5%;花生种植17019亩,总产77万千克,分别完成计划的70.91%和51.51%;生猪、牛、羊年末存栏分别是9.32万头、6.01万头和3.15万只,占计划的71.6%、90.24%和70.95%。“五五”计划头三年以支援工业为重点,加强县、社、队三级农机修造网建设和农业机械、小磷肥、小农具等项的生产,部分其他工业企业则“关、停、并、转”。1978年工业总产值1521.86万元,完成计划94.62%,比1976年增长1.4倍。主要产品产量水泥有7419吨,完成计划的92.74%;蔗糖1880吨,完成计划的125.53%;饮料酒355吨,完成计划的118.3%;氮铵1256吨,完成计划的27.91%;原煤44万吨,完成计划的117.33%;发电量收入28万元,比1976年减少80万元,其他产品没有完成当年计划。1980年工业总产值1368.83万元,完成计划的84.13%,比1978年减少153.03万元(主要原因是磷肥厂、龙马水泥厂等停产)。主要产品有水泥14593吨,完成计划的121.61%;蔗糖2757吨,完成计划1600吨的172.31%;饮料酒461吨,完成计划的167%。

象州县 工业生产有发展,石龙糖厂、县矿粉厂、寺村矿粉厂、象州矿粉厂等一批骨干企业建成投产。“五五”期末(1980年)与1975年相比,工农业总产值增长18.62%,完成计划的138.7%,年均递增3.5%;粮食总产量增长16.82%,年均递增3.2%;油料总产量下降12.57%,年均递减2.7%;甘蔗总产量增长89.55%,年均递增13.6%;重晶矿石增加1.8倍,完成计划的147.7%,年均递增22.9%;固定资产投资增加57%,年均递增9.4%。

武宣县 1976—1980年,《武宣“五五”农业发展规划》主要目标是:全县耕地面积要从1974年的49万亩扩大到52万亩;粮食总产量达到1.25亿千克,比1974年增长49%,平均亩产490千克,农业总产值1870万元,年均增长10.8%;5年累计造林40万亩;人口自然增长率控制在12‰以下。实际完成固定资产投资1074万元,工农业产值为8107万元,年均增长3.07%。其中工业总产值为1816万元,年均增长11.94%;农业总产值6291万元,年均增长1.16%,粮食总产量9569万千克;财政收入418万元,年均增长11.7%,财政支出691万元,年均增长9.1%;农副产品收购年均增长12.2%;社会商品零售额平均每年增长10.5%;农村社员从集体分配得到的年人均收入由上一个五年计划期的65元增加到70.6元;全民所有制职工人均年工资由504元增加到643元;人口增长率下降到19‰。

来宾县 1976—1980年,贯彻“调整、改革、整顿、提高”方针,逐步肃清“左”倾错误路线的影响,因地制宜制定计划,国民经济有所发展,工农业总产值平均递增1.8%。每年粮食总产量分别为23194万千克、20780万千克、21861万千克、22052万千克和22899万千克。来宾县在蒙村公社搞以农业机械化为重点的“四化”试点,国家拨款购买大中型拖拉机83台,手扶拖拉机104台。最终国家包干的试点没有获得成功。

合山市 全面贯彻执行“调整、改革、整顿、提高”的方针,经济开始活跃,工农业产值39295万元。原煤生产计划977万吨,实际完成1031.03万吨;发电量38.21亿千瓦时,比“四五”时期总发电量增加26.85亿千瓦时;粮食产量比“四五”计划时期增加1790万千克。

第六、七个五年计划时期(1981—1990年)

1980年9月,境内根据党的十二大精神制订“六五”计划,1983年审议通过,付诸实施。到2000年,柳州地区工农业生产总产值要翻二点二一番,平均年递增速度8.2%。主抓农业、科教、农林产品加工和建材工业四个重点,力争前10年工农业发展速度年均8.09%,后10年年均增长8.31%,力争到本世纪末,人民生活达到小康水平。计划到1985年,工农业总产值年均递增7.13%,其中工业为8.8%,农业为5.8%。由于种种原因,“六五”计划执行结果并不理想，“六五”期间，境内工农业总产值年平均增长5.1%，其中工业总产值增长6.1%，农业增长4.4%。

“七五”计划于1986年9月付诸实施。计划以坚持改革开放，提高经济效益，加快发展速度，加强农业基础，大力发展地方工业，发展科技教育，两种生产两个文明一起抓，加快城乡圩镇建设，促进商品流通，为20世纪90年代经济振兴创造条件为指导思想和主要任务。“七五”提出的主要奋斗目标是，工农业总产值年均递增9.3%，其中工业年均递增12.1%，农业6.8%，财政收入1.7亿元，固定资产投资累计达到10亿元；人口自然增长率控制在1.25%以下，1990年总人口控制在369万人以内；粮食总产量12亿~13亿千克，肉类总产量6.05万吨，农民人均纯收入450元，期末80%的农民摆脱贫困。计划要求柳州地区经济发展要略高于前一个五年计划发展水平，缩小同全国全区差距。计划执行结果，工农业总产值达到19.16亿元(计划要求20亿元)，占计划数的95.8%，其中工业产值10.11亿元，占计划101.1%；农业产值9.05亿元，占计划数的90.5%；粮食产量122万吨，达到计划指标；肉类总产量7.34万吨，超额完成计划21.32%；财政收入3.09亿元(调整计划2.5亿元)；固定资产投资累计16.7亿元(调整计划15.7亿元)；期末总人口为367.9万人；农民人均纯收入470元，比计划数超出20元。

辖区各县情况如下：

忻城县 1981年秋起至1982春，农村全面推行家庭联产承包责任制，对粮食、油料、麻类、烤烟等作物种植实行指导性计划。当年全县农业总产值为5023.53万元，比1976年增长22.9%；粮食总产量10065万千克，完成计划的95.86%；生猪年末计划存栏10.29万头，完成计划的98.94%；牛存栏5.09万头，完成计划的80.79%；羊存栏3.28万只，完成计划的78.09%；淡水鱼总产量9万千克，完成计划的90%。1985年农业总产值6955.63万元，完成计划的94.78%；粮食总产量10223.5万千克，完成计划的88.52%（主要原因是粮食作物播种面积比上年相对减少）；花生产量190.5万千克，完成计划的173.18%；甘蔗产量8.99万吨，占计划的75.8%；猪、牛、羊年末存栏分别为14.53万头，6.39万头和7.93万只，完成计划的103.78%、105.73%和75.33%；淡水鱼总产量13.5万千克，占计划的90%。“七五”计划期间，继续贯彻“决不放松粮食生产，积极发展多种经营”的方针，力争农、林、牧、副、渔全面发展，严格控制占用耕地等。1986年农业总产值6031万元，完成计划的86.94%，比上年减少926万元，下降13.31%；粮食总产量9176.5万千克，完成计划的55.11%，比上年减产1047万千克，下降10.24%；甘蔗产量10.18万吨，占计划的101.8%；花生产量140.5万千克，完成计划的83.63%；年末生猪存栏13.16万头，完成计划的87.73%，当年出栏5.04万头，完成计划的51.96%；牛存栏7.89万头，完成计划的102.47%；羊存栏2.23万只，完成计划的106.19%；猪牛羊肉总产量431万千克，完成计划的99.65%；淡水鱼总产量20.5万千克，完成计划的61.19%。1990年农业总产值7752万元，比上年减少619万元；粮食总量10791.5万千克，完成计划的91.84%，比上年减少1245万千克，下降10.34%；甘蔗产量10.7万吨，完成计划的69.48%；花生产量281.4万千克，完成计划的112.56%；猪牛羊肉总产量654.1万千克，完成计划的105.16%；淡水鱼总产量27.1万千克，完成计划的99.33%。1981年，工业总产值1081万元，完成计划的103.54%；原煤产量22.9万吨，完成计划的106.51%；水泥1.23万吨，完成计划的87.86%；蔗糖2221吨，完成计划的92.54%；饮料酒333吨，完成计划的72.39%；氮铵1394吨，完成计划的58.08%。1990年工业总产值3705万元，比上年增11万元，完成计划的88.68%；原煤34.09万吨，完成计划的154.95%；锰矿石7854吨，完成计划的261.8%；铁矿石3738吨，完成计划的186.9%；水泥2.35万吨，完成计划的117.5%；机制糖1.40万吨，完成计划的127.29%。

象州县 第六个五年计划期间，进一步贯彻“调整、改革、整顿、提高”方针，工矿企业建立各种生产责任制。农村实行家庭联产承包责任制，调整农业生产结构，乡镇企业蓬勃兴起，经济发展步伐加快。“六五”期末的1985年与1980年(不含桐木公社数，下同)相比：国民生产总值增长68.34%，年均递增11%；国民收入增长64.54%，年均递增10.5%；工农业总产值增长34.96%，年均递增6.2%；粮食总产量增长12.6%，年均递增2.4%；油料总产量增长59.1l%，年均递增9.7%；甘蔗总产量增长70.27%，年均递增11.2%；水果总产量增长1.81倍，年均递增23%；机制糖仅达上期末的41.8%，年均递减16%；重晶矿石减少8.13%，年均递减1.7%。固定资产总投资比“五五”计划期增加2.06倍。第七个五年计划期间，继续贯彻中共中央“治理整顿，深化改革”的方针，以经济建设为中心，大力发展商品经济，抓好重点项目建设。“七五”期间，先后完成象州大桥、象州至柳州110千伏输变电工程、罗秀糖厂、花池矿泉水厂等4大工程，交通、能源状况改观。“七五”期末(1990年)国民生产总值达1.21亿元(按1980年可比价，下同)，比1980年的6042万元增长100.56%，实现翻一番目标。本期末与上期末(1985年)相比，国民生产总值增长19.14%，年均递增3.6%；国民收入增长26.53%，年均递增4.8%；工农业总产值增长54.37%，年均递增9.1%；粮食总产量增长13.67%，年均递增2.6%；油料总产量增长10.5%，年均递增2%；重晶矿石产量增长121.53%，年均递增17.2%；机制糖产量增长788.5%，年均递增54.8%。固定资产“七五”期总投资比“六五”期增加156%。

武宣县 1981—1985年，经济计划主要指标是：工农业总产值达到1.04亿元，平均每年增长6.7%，其中农业总产值7500万元，每年增长6%，粮食总产量1.2亿千克，年均增长5.1%；甘蔗种植面积4.5万亩，产原料蔗12万吨；财政收入800万元，年均增长13.7%，社会商品零售总额4300万元，年增长7.9%；人口32.6万人，自然增长率19‰。计划建设8个工业项目：氮肥厂技改，扩大普通过磷酸钙生产；扩建水泥厂；化肥厂生产配套过程；新建桐岭日处理500吨糖厂；开拓锰锌矿花鱼岭斜井；增设县糖厂年产500吨糖果车间；新增化肥、水泥袋和矿粉袋加工生产厂。计划执行结果，实际完成固定资产投资累计2041万元；工农业总产值1.05亿元，年均增长5.29%，其中工业总产值2242万元，年均增长4.3%；农业总产值8248万元，均每年增长5.57%，粮食总产量1.16亿千克；甘蔗实种面积5万亩，总产量12万吨。基本建设投资累计完成1400万元，建成日榨500吨甘蔗农场糖厂；扩建氮肥厂，生产能力由年产3000吨合成氨扩大到1万吨；社会商品零售总额达到5582万元，比上一个五年计划时期增长89.86%；财政收入759万元，比上一个五年计划期增长80.71%；乡镇企业总收入1200万元，平均每年增长18.4%；全县职工人均年工资由1980年的618元提高到1160元，平均每年增长13.4%；农民人均年纯收入由71元提高到200元，年均增长23%；全县人口自然增长率由1980的19.‰下降到16‰。1985年，县编制国民经济和社会发展的“七五”计划，目标是到“七五”期末，全县农业总产值达到1亿元，年均增长5.9%；粮食总产量达1.4亿千克；5年造林累计25万亩；乡镇企业总收入5500万元；农业经济商品率计划由20%提高到35%；工业总产值5000万元，年均增长15.3%，工业占工农业总产值比重由1985年的24.6%提高到33.3%；社会商品零售额7500万元，年均增长9.3%；期末财政收入1200万元，年均增长13%。财政支出紧缩在1400万元左右，力争基本自给；人口控制在35万人以内，自然增长率由“六五”的16.7‰下降到14‰；农民人均年纯收入430元，年均增长10.6%。此外，计划5年内新建、改建、扩建一批项目，包括锰锌矿古立矿井二中段扩建；花鱼岭一号斜井一中段开拓，保证200吨/日选厂对矿粉的需要；电池厂改造生产线；磷肥厂增设年产5000吨复合肥车间；水泥厂由年产5000吨扩建到5万吨；扩建县糖厂，由日榨500吨原料蔗扩大到日榨1500吨；自来水公司改造2号井，扩建3号井；新建1座年产5000吨的饲料加工厂；新建年产1万吨经质碳酸钙和年产1万吨碳酸钡等钡盐生产厂。“七五”计划完成情况：工农业总产值1.65亿元，年平均增长7.36%，超额完成计划任务，比1980年增长102.73%，实现了工农业总产值比1980年翻一番的目标。其中：农业总产值1.16亿元，年均增长6.21%；工业总产值4950万元，年均增长10.73%；粮食总产量达1.36亿千克；甘蔗种蔗面积9.3万亩，总产量3100万千克；社会商品零售总额达1.01亿元；财政收入2542万元；全民所有制和集体所有制职工年人均工资1953元和1754元；农民人均年纯收入431.43元；累计完成固定资产投资8601万元。武宣大桥建成通车，花鱼岭选厂建成投产，磷肥厂、电池厂、水泥厂、县糖厂、武农糖厂扩建完工。

来宾县 1981—1985年，计划安排注重实事求是，全县国民经济发展。这一时期，工农业总产值平均递增4.4%，基本实现计划目标。1986—1990年，贯彻执行“改革、开放、搞活”方针，编制计划注重从客观实际出发，缩小指令性计划范围，扩大指导性计划范围，国民经济发展较快。工农业总产值平均递增14.7%，其中工业递增24%，农业递增7.4%。1990年，全县工农业总产值41017.6万元，其中农业总产值18609.6万元，工业总产值22408万元。

金秀瑶族自治县 1987年4月，县党委提出《关于制定金秀瑶族自治县国民经济和社会发展第七个五年计划(1986—1990年)的建议》。提出制定“七五”计划的指导思想、指导原则和具体要求。1990年，工农业总产值达到7620万元，社会总产值达到9000万元，社会商品零售总额达到4000万元，财政收入达到550万元，比第六个五年计划期末增加215.78万元。1990年，自治县“七五”经济和社会发展主要目标均得到实现。其中,工农业总产值8353万元,比“七五”计划目标增加9.62%;社会总产值11176万元,比“七五”计划目标增加24.18%;社会商品零售总额4691万元,比“七五”计划目标增加15.48%;财政收入1123万元,比“七五”计划目标增加104.18%。

合山市　市计划委员会于1983年制定《合山市国民经济和社会发展第六个五年计划纲要(草案)》。“六五”计划坚持改革开放、重点发展商品经济、资源开发和粮食生产,同时抓蔬菜、水果、肉类生产以及家农副产品的加工。“六五”计划实施情况为:工业总产值4.83亿元;煤炭生产计划数为934万吨,实际完成1018.32万吨;发电量计划数为45亿千瓦时,实际发电量为50.40亿千瓦时,粮食产量计划数为2950万千克,实际产量为11728.50万千克。第七个五年计划(1986—1990年)期间,合山市城乡经济体制改革趋向纵深,乡镇企业长足发展,企业数从1981年的11个增加到1990年的51个,原煤产量计划数为1045.40万吨,实际完成1399.27万吨;发电量计划数为105.80亿千瓦时,实际发电量为118.05亿千瓦时;粮食总产量计划数为1.28亿千克,实际总产量为1.23亿千克,完成计划96.09%;工业总产量计划数为5.56亿元,完成7.96亿元;农业总产值计划数为6838万元,完成数为8028万元。

第八个五年计划时期(1991—1995年)

“八五”计划提出的主要奋斗目标是,国民生产总值年平均增长7.8%;粮食产量达到13.25亿千克;固定资产投资累计20亿~25亿元;“八五”期末年人均纯收入600元;总人口控制在393万人。根据党的十四大精神,1993年对“八五”计划进行调整充实,经济发展速度由年增7.8%调为13.7%。“八五”计划执行情况较好,国民生产总值年均递增14.5%,比计划数增加6.7%;固定资产投资累计完成30亿元;农民人均纯收入1994年达945元,比计划数增加57.5%;总人口382.8万人,控制在计划指标内。“八五”期末各项指标完成或超额完成任务,“八五”期间是境内经济发展速度最快、建设规模最大、人民生活水平改善提高最快的时期,也是物价上涨幅度最大的时期。

境内各县情况如下:

象州县　“八五”计划提出的各项任务圆满完成。1995年,国内生产总值11.05亿元(当年价),年均增长18.14%(可比价),增长速度比“七五”期间加快15个百分点。人均国内生产总值(当年价)由1990年(“七五”期末)的723元提高到3270元;农民人均纯收入由502元增加到1404元。工农业总产值达14.68亿元,年均增长18.96%,增长速度比“七五”期间快10个百分点。财政收入年均增长16.1%;粮食、甘蔗产量创历史新高;乡镇企业总产值与总收入均超过“八五”计划目标。固定资产投资比“七五”期间增长2.76倍,完成石龙糖厂、罗秀糖厂两个主要企业的技术更新改造,甘蔗压榨能力由原来日榨1300吨提高到4500吨;3730建设项目接近完成;温泉旅游初具规模;能源、交通、通信、市场等基础设施建设取得新成绩。产业结构调整优化,第一、第二、第三产业的结构比重分别由1990年的64.5%、16.1%、19.4%调整为1995年的43.4%、33.8%、22.8%,从根本上改变了象州县长期以来单一的农业经济格局。工、农业内部结构开始变化,轻、重工业的比例由1∶2.2变为1∶0.7,使单一的重晶石矿开采转变为以制糖业为主,其他产业形式为辅的工业经济结构;种植业的比重由68%下降到63.5%,林、牧、渔业全面发展。

来宾县　“八五”时期的12项主要经济指标与“七五”时期相比,实现8个翻番,4个快增长,即:国民生产总值、工业总产值、肉类总产量、乡镇企业总收入、财政总收入、在人均纯收入、全社会消费品零售总额、外贸出口收购总值八项翻番,其中:国民生产总值提前6年比1980年翻两番;农业总产值、粮食总产量、造林面积、全社会固定资产投资总额4项快速增长。基本做到5年计划3年实现,10年规划5年完成。1991—1995年国民生产总值年均增长18.09%,比“七五”时期年均增长快7.97个百分点。其中:第一产业年均增长11.37%;第二产业年均增长23.29%;第三产业年均增长21.82%。农业总产值年均增长10.96%,比“七五”时期快3.59个百分点;工业总产值年均增长24.68%,比“七五”时期快0.74个百分点;全社会固定资产投资总额年均增长30.96%,比“七五”时期快18.19个百分点;乡镇企业总收入年均增长100%,比“七五”时期快58.25个百分点,连续4年实现翻番;财政总收入年均增长21.94%;全社会消费品零售总额年均增长19.35%,比“七五”时期增10.32个百分点;农民人均纯收入年均增长20.37%,比“七五”时期快7.47个百分点;外贸出口收购总额年均增长20.88%。综合经济实力明显增强。

武宣县　原定“八五”计划主要奋斗目标于

1991年提前实现,国内生产总值(按90年不变价)5.32亿元;工农业总产值8.72亿元;乡镇企业总收入7.67亿元;地方财政收入完成4845万元;农民人均纯收入1045元。这五项指标分别完成计划任务数的110.4%、106.6%、333.1%、105.3%、104.5%。

第九个五年计划时期(1996—2000年)

“九五”计划提出的目标是,国内生产总值年平均增长16%,粮食总产量达15亿千克,固定资产投资累计100亿元,人均国内生产总值3073元。1995年,提出2010年规划及发展思路,发展目标是提前五年翻两番,到本世纪末,人民生活基本实现小康水平;到2010年经济发展年均增长12%左右,国民生产总值比2000年再翻番,人均国民生产总值基本达到全国全区的平均水平。“九五”期末,境内完成地区生产总值(当年价)98.95亿元。其中:来宾县(今兴宾区)完成43.48亿元、武宣县完成13.87亿元、象州县完成12.48亿元、忻城县完成10.39亿元、金秀瑶族自治县完成4.08亿元、合山市完成6.50亿元。

辖区各县情况如下:

来宾县 “九五”期末经济稳步发展,质量和效益进一步提高,2000年完成地区生产总值50.21亿元(当年价)。其中第一产业17.29亿元、第二产业23.19亿元、第三产业20.95亿元。地方财政收入2.41亿元,增长10.33%,财政收入总量居全广西县(市)级第一位。全社会消费品零售总额6.73亿元,增长6.89%,商品零售物价指数和消费品物价指数分别下降5.6%和4.77%;完成农业总产值12.13亿元(90不变价),增长8.32%;粮食总产量35.77万吨,增长1.23%;甘蔗总产量209.38万吨、肉类总产量10.43万吨,增长24.76%;农民人均纯收入1658元,比上年下降35.49%(因灾损失);年末居民储蓄存款余额11.63亿元,比上年末增长15.28%。

象州县 “九五”时期经济发展,政治稳定,民族团结,社会进步。2000年,全县地区生产总值(当年价)完成12.48亿元,增长8.96%。“九五”期间国内生产总值年平均增长率为9.75%。工业总产值平均每年增长16.87%。2000年财政收入1.12亿元,比“八五”期末增长114.5%,平均每年增长16.49%。全社会固定资产投资共完成10.57亿元,比“八五”时期增长241.89%。

忻城县 “九五”时期,国民经济持续增长,2000年全县实现国内生产总值(当年价)10.39亿元,年均增长9.7%。期末全县社会消费的零售总额2.19亿元,年均增长8.3%;农民人均纯收入1284元,年均增长8.6%;财政收入0.7亿元,年均增长7.8%。

第十个五年计划时期(2001—2005年)

“十五”期间的主要预期目标是,经济增长速度年均增长9%左右,到2005年按2000年价格计算的国内生产总值达到212亿元左右,人均国内生产总值约5100元。五年城镇新就业和转移农业劳动力分别达到3.85万人和55万人左右。城镇登记失业率控制在5%左右。价格总水平基本稳定。财政收入年均增长10.6%,财政收入占国内生产总值的比重进一步提高。外贸出口年均增长10%左右。

“十五”期间,境内经济快速发展,2001年,实现地区生产总值109.21亿元(当年价,下同)。其中,来宾县生产总值57.32亿元,占境内总数的53.20%;忻城县11.49亿元,占10.66%;象州县13.67亿元,占12.69%;武宣县13.91亿元,占12.91%;金秀瑶族自治县4.48亿元,占4.16%;合山市6.88亿元,占6.39%。2005年建市三年,来宾市地区生产总值由建市时的114.71亿元增加到165.22亿元,增加50.52亿元,三年间分别增长10.7%、13.1%和13.5%,年均增长12.4%,高于全国、全区平均水平。财政收入由2002年建市时的10.23亿元,增加到2005年的17.51亿元,增加了7.28亿元,三年间分别增长10.6%、21.4%和27.5%,年均增长19.6%。“十五”期间,来宾市国民经济持续较快发展,经济总量和财政收入稳步增长。经济社会发展面临工业竞争力不强,主导产业规模偏小,产品科技含量、附加值不高。

2003年,来宾市实现地区生产总值126.30亿元,比上年增长10.13%。固定资产投资完成34.92亿元,增长44.8%。财政收入完成11.31亿元,增长10.6%。社会消费品零售总额完成25.86亿元,增长12.5%。农民人均纯收入1927元,增长8.9%。兴宾区实现地区生产总值65亿元,占全市的51.83%,忻城县占11.6%、象州县占12.65%、武宣县占12.32%、金秀瑶族自治县占4.27%、合山市占7.33%。

2004年,来宾市国民经济快速增长,经济与社会事业发展成效显著。地区生产总值、规模以上工业企业盈亏相抵、财政收入(简称“三突破”)超额完成自治区党委、自治区人民政府下达的“三突破”任务。全市实现地区生产总值154.75亿元,完成“三突破”目标的104.7%,比2003年增长12.4%。其中,第一产业58.19亿元,增长7.7%;第二产业53.16亿元,增长 19.6%；第三产业 33.13 亿元，增长 11.3%；全社会固定资产投资完成 45.56 亿元，增长 30.5%。规模以上工业企业盈亏相抵后实现利润总额 14.15 亿元，提前两个月超额完成 10 亿元的“三突破”目标。经济快速增长带动财政收入取得突破性进展，全年财政收入 13.74 亿元，完成“三突破”目标的 101%，比上年增长 21.4%；社会消费品零售总额完成 28.21 亿元，增长 13.2%；农民人均纯收入实现 2113 亿元，增长 9.7%。

2005 年，全市国民经济快速增长，经济与社会事业发展成效显著。地区生产总值、规模以上工业企业盈亏相抵、财政收入均超额完成自治区党委、自治区人民政府下达的经济发展“三突破”任务。全市实现生产总值 170.01 亿元（当年价，下同），比上年增长 13.4%。其中第一产业 61.48 亿元，增长 7.9%；第二产业 65.66 亿元，增长 19.1%；第三产业 42.87 亿元，增长 13.6%；全社会固定资产投资完成 56.89 亿元，增长 24.7%。规模以上工业企业盈亏相抵后实现利润总额 11.47 亿元，比上年减少 2.80 亿元，减少 19.7%。经济快速增长带动财政收入取得突破性进展，全年财政收入达 17.51 亿元，比上年增长 27.5%；社会消费品零售总额完成 32.77 亿元，增长 13.9%；农民人均纯收入实现 2385 元，增长 12.9%。

改革开放成效显著。境内继续以承接东部产业转移工作为重点，全力推进招商引资大兑现工作，进一步提高政府诚信意识和服务意识，全面实施“走出去请进来”的发展战略，招商引资工作取得显著成效。2005 年共签订招商项目合同 257 个，合同资金 34.27 亿元，实施项目 366 个（其中上年结转项目 110 个），招商引资到位资金 31 亿元（其中上年结转项目资金 21.67 亿元），其中，引进区外到位资金 9.9 亿元。通过深化改革，鼓励全民创业，非公经济不断发展壮大，全市个体工商户 4.10 万户，私营企业 1031 户，同比分别增长 5.2% 和 47.3%，进一步增强了经济发展的活力，为全市经济保持稳定增长作出重大贡献。

就业和再就业形势稳定。2005 年末全市就业人员 139.68 万人，增长 2.3%，其中城镇单位就业人员 10.63 万人，增长 0.6%。全年城镇新增就业人数 8182 人，农村富余劳动力输出 7.06 万人。下岗失业人员实现再就业 2207 人，年末城镇登记失业人数 5847 人，城镇登记失业率为 3.45%。

国民经济和社会发展中存在的主要问题是：受国际金融危机影响，全市工业经济损失较大，特别是电力、黑色金属冶炼和铝加工等几大支柱产业受到严重冲击，加上企业自主创新能力较弱，产品竞争力不强，生产受市场需求约束较大；农业基础薄弱，抵御自然灾害能力不强；农民增收渠道不多，增收难度较大；经济增长方式还比较粗放，高耗能产业占经济总量的比重大；节能减排压力较大，就业和再就业、社会保障、社会治安、扶贫开发等工作任务还比较艰巨。

表 22-1　**1993—2005 年来宾市及各县（市、区）完成地区生产总值情况表**

单位：万元（当年价）

年份＼市、县（市、区）	全市	兴宾	忻城	象州	武宣	金秀	合山
1993	327724	132985	33205	51784	55876	18155	35021
1994	454744	185298	47562	67024	84581	25537	43402
1995	593054	237548	57872	94281	119044	34708	46135
1996	722294	313414	69025	105448	137670	35597	57928
1997	797346	342244	87564	113904	144630	42990	62008
1998	868875	429052	93512	114107	137720	35976	69055
1999	874873	421167	96303	113369	132908	38555	70755
2000	989469	502101	103861	124774	138719	40782	64978
2001	1092070	573227	114877	136680	139057	44804	68752
2002	1147148	600524	129238	143994	145951	49029	69365
2003	1263024	650059	145369	158586	154408	53587	91893
2004	1547458	828120	167293	194128	187821	61555	108221
2005	1700136	849239	191539	226399	207448	72531	147731

按照市委、市政府的部署，市发改委认真编制全市2005年国民经济和社会发展计划。在对国内外、自治区内外经济形式进行充分分析、调研、论证的基础上，完成《关于来宾市2004年国民经济和社会发展计划执行情况与2005年国民经济和社会发展情况计划（草案）的报告》，并经市人大一届四会议审议通过后在全市执行。年中完成《关于来宾市2005年上半年国民经济和社会发展计划执行情况审议意见办理情况的报告》，并分别经市一届人大常委会第十五、十六次会议审议通过。

第三节　专题规划

柳州地区区域专题规划始于20世纪80年代。20世纪80年代初开展的地区性农业区域规划取得丰硕成果。1985年11月由计委牵头组织农业、矿产、气的象、环保等有关部门的专家和技术人员20多人，编制完成《柳州地区国土资源》，比较客观完整地反映了柳州地区国土资源的概貌，荣获广西1988年科技进步三等奖。1986年12月，在《柳州地区国土资源》基础上，原柳州地区又编制完成了《柳州地区国土规划要点》，对地区的资源开发利用，经济建设的总体规划，环境治理等方面进行了较为系统深入的分析探讨，第一次比较全面地提出柳州地区国土整治开发的见解。1986年，根据自治区人民政府办公厅工作要求，柳州、河池两地区共同编制完成《柳州、河池经济区工业发展布局规划》，规划提出以能源、冶金、机电、轻纺、建材等行业为主的工业结构，到20世纪末将“柳河经济区”建设成为广西重要的工业基地。1988年9月，历时近11年，柳州地区编制完成《柳州地区行业发展规划》，规划对柳州地区的11个主要行业在进行总结的基础上提出了发展设想，提出了各行业到2020年的发展目标，并筛选出短中长期有重大影响的一批建设项目，提出经济建设布局的框架，是研究柳州地区经济发展和搞好行业发展规划的基础性材料。1988年编制完成《柳州地区贫困地区2000年经济发展规划》，该规划是为广西介绍贫困地区情况的第一工具书——《广西贫困地区经济开发指南》提供的专稿。根据党中央、国务院《关于加快发展第三产业的决定》，1992年编制完成《柳州地区第三产业规划要点》，该规划首次系统全面地对第三产业进行了总结分析、预测规划。2003年，为探索电冶结合的路子，编制了《来宾市电业和冶炼结合发展规划》，提出了来宾市电力和冶炼业结合发展到2010年实现电力、冶炼工业产值达到164.42亿元奋斗目标。2004年，制订了《能源进一步开发及相关产业发展规划》，这是根据来宾市煤炭和电力资源进一步开发建设的条件，结合冶炼业和相关产业发展的基础制定的专项规划，规划提出了能源进一步开发利用和相关产业发展的目标任务。

第四节　建设投资与项目管理

推进投资和重大项目建设

20世纪50年代，中华人民共和国成立伊始，建设项目主要是打基础和解决人民的生产生活问题，这个时期的农业项目有农具推广站、配种站、良种繁殖场、气象站、农（垦）场、林场和水库工程建设；中小学校、卫生防疫和卫生所、部分电影院、广播站建设；公路和汽车站建设；工业方面，照明用的火电厂、小型水电站、小纸厂、粮油加工厂，以及后期发展起来的农械厂、炼铁（钢）厂、矿山开采等建设；部分事业、行政单位，如商业、粮食、邮电局等办公室住宅及仓库、门市部的建设。

20世纪60年代，继续安排中小学和文化部门的图书馆、文化馆的建设。突出安排农业和支农项目及公益事业项目的建设。具体是农业技术推广站、畜牧兽医站、鱼种场、农林场、农机站和拖拉机站、化肥农药厂、兽药厂、水库工程、电灌站、动力排灌站、输变电线路工程、水文站、自来水厂、供销社、银行营业所、医院和公安派出所等建设。

20世纪70年代，立足战备，搞好大小三线项目的建设。这个时期地方的小钢铁、小煤炭、小机械、小化肥、小水泥等“五小”企业迅速发展。继续兴修电灌和动力机械排灌和大的电站、电厂工程，及水轮泵站建设，邮电部门安排电话载波工程建设。这个时期二轻行业竹器厂、五金厂、皮革厂、服装厂等一批企业也得到较快的发展。

20世纪80年代，投资增加，建设项目安排较多，工程规模相对比较大。这个时期安排的建设项目主要有干道的公路桥、地方公路、道班站房的建设，中小学校及其实验室、实验楼和党校建设，各种培训楼、知青劳动服务项目工程，招待所改扩建，离退休干部房和老干部活动室建设。工业方面主要发展造纸、水泥、糖厂、电站、饲料厂、茶厂等建设。农业方面的农业三站。此外，文化方面的电视差转台以及公检法的业务用房等工程项目建设。

20 世纪 90 年代，房地产开发商品房建设兴起，宾馆酒楼娱乐场项目增多，房地产开向高楼层、高档化、综合性、多功能和连片开发方向发展。旅游工程逐步增加，影剧院、旅社、招待所进一步改造，邮电通讯项目建设加快，大的骨干工业项目得到安排，学校、医院、商业和基础设施进一步改善，呈现出经济建设热潮的景象。

2005 年，全市完成投资 56.89 亿元，同比增长 24.7%，净增投资额 11.26 亿元。投资对经济增长的贡献率超过 50%。36 项重大续建项目进展顺利，乐滩水电站、来宾 A 电厂扩建工程、汇元锰业项目、东糖浆纸项目、来宾港、市行政中心、滨江园小区等一批重大项目全力推进，较好地完成了年度投资计划，部分项目完成建成投产或部分投产。2005 年，全市计划安排重大新开工、续建、前期工程项目共 128 项，其中：新开工项目 38 项，项目总投资 83.90 万元，2005 年计划投资 233962 万元，实际完成 146275 万元，完成年度计划投资的 62.5%；续建项目 36 项，项目总投资 744693 万元，2005 年计划投资 242550 万元，实际完成 191298 万元，完成年度计划投资的 78.9%；开展前期工作项目 54 项，前期工作经费计划投入 4168 万元。

以工代振项目

2005 年，来宾市实施金秀瑶族自治县 6 个村屯 140 户 856 人易地搬迁项目，总投资 611 万元。其中：国债专项资金 428 万元、自治区财政扶持资金 60 万元、县乡配套和群众自筹资金 123 万元；搬迁户 140 户，建设住房 140 套 8230 平方米，庭院和附属设施 900 平方米；开发和调整基本农田 857 平方米，水利渠道 6 千米，建乡村道路 8.8 千米；以及供电、广播电视等设施，至年底完成投资 598 万元，完成 140 户 856 人的易地搬迁，配套设施项目大部分完工。

项目争取

市发改委及时筛选上报 2005 年来宾市农业、城市基础设施、公检法、教育、卫生、文化等项目，积极争取中央国债、中央预算内、自治区本级等上级资金的支持，共获补助资金 15564 万元，其中国债资金 10062 万元，中央预算内 2397 万元、自治区本级 390 万元，项目包括农村饮水安全、农村沼气池建设、退耕还林、县城电网建设与改造工程、市东磨水厂、乡镇卫生院、忻城县宁江乡第一中学、金秀瑶族自治县桐木中学教学楼等项目。

第二章　统　计

民国时期，境内统计工作未能形成系统的管理体制。国民经济与社会统计由政府各有关部门分口负责，统计指标的设置也较单一，统计机构和管理制度不健全。中华人民共和国成立后，统计工作集中管理，并逐步形成相对规范的统计管理制度。

1951 年，各地在同级财经委中设立专门统计职能。1953 年政务院发布《关于充实统计机构，加强统计工作的决定》，统计机构和统计人员进一步得到加强。此后，统计部门按照经济结构和产业调整设置统计报表，定期统计报表设有农业生产统计、县以上工业、商业、人口统计等专业。先后建立农业、工业、交通运输邮电、基本建设、物资能源、商业外贸、科教文卫、财政金融和综合平衡等专业统计。20 世纪 60 年代增设基本建设、物资、劳动工资统计。20 世纪 70 年代中期后，随着经济的发展和制定国民经济计划需要，部分统计报表延伸至公社、大队。1980 年后，增加社会总产值、国民生产总值统计报表等。开始采取抽样调查推算，开展农村和城镇住户调查、价格指数调查等。统计专业从 1978 年的 8 个增加到 1986 年的 12 个，1996 年统计专业有 14 个。

2005 年，统计专业有 25 个：综合核算计、农林牧渔业、工业、规模以上工业抽样调查、能源、批发和零售业与住宿和餐饮、运输邮电业、社会综合、劳动综合、劳动力调查、城市社会经济基本情况、固定资产投资和建筑业、文化及相关产业、服务业调查、农民生活调查统计、城镇住户、基本单位名录库、人口变动情况、对外经济、群众安全感调查、科技综合、规模以上工业企业科技活动、工业企业创新调查、环境保护统计和妇女儿童状况综合统计。

第一节　机　构

行政机构

民国 23 年（1934 年），来宾县成立统计室。民国 26 年 3 月，省政府派人到武宣县担任统计工作，配统计员1名。

1951年6月，境内各县设立专门统计职能统计员。1953年7月，各县统计科成立。1954年，各县统计科改称计划统计科，负责各县的计划、统计、物资、劳动工资、物价方面的工作，行政上归口县计划委员会协调管理。1954年，石龙县人民政府成立计划统计科；1962年，武宣县人民委员会成立统计局。1968年3月，境内各县设“三部一室”（即办公室、政治工作部、生产指挥部、人民保卫部）。同年10月改称“四大组”（即办事组、政治工作组、生产指挥组、人民保卫组），统计归属生产指挥组（部），内设专职统计员1名，负责协调全地区统计工作。

1984年5月，来宾县辖区开始增设县农村抽样调查队（简称农调队）。

1985年起，县以上政府统计部门的事业人员编制、统计业务经费上划国家统计局统一管理。各县统计事业费列入中央预算，由国家统计局统一管理。

2002年12月28日，来宾市统计局成立，内设办公室、综合科、农村科、专业科。下辖兴宾区、忻城、象州、武宣、金秀等县和合山市统计局。

2003年2月18日，来宾市统计局正式从原柳州地区行署搬到兴宾区办公。2月26日，举行揭牌仪式。核定人员编制14名，其中行政编制13名、事业编制1名，增设社会统计法规科，科室由4个增加到5个。

2005年，来宾市统计局内设办公室、综合核算科、农村科、工业贸易能源科、社会科技服务科、法规教育投资科。核定编制14人，在职14人，其中，行政编制13人，事业编制1人。

市统计局局长：林中松（2002年12月—2005年12月）。

事业机构

2003年，来宾市普查城调中心、市电子计算站成立，单位性质为参照公务员管理事业单位，核定事业编制3人，所需经费由财政核拨。

第二节　专业统计

统计报表

民国时期，广西省统计局布置地（市）、县填报各种统计报表，给省编制、出版统计年鉴。专区和各县填报的年鉴目录21纲共93目，每年填报一次。民国33年（1944年），推行公务统计方案，专区和县政府填报的公务统计方案共计32类、205纲、670目。

1953年，国家统计局要求，各县统计部门建立统计月报、季报和年报制度，逐级汇总上报。以来宾县为例，1953年开始，定期统计报表设有农业生产统计、县以上工业、商业、人口统计等专业。随着国民经济的发展，统计范围不断扩大，先后建立农业、工业、能源、商业外贸、科教文卫、财政金融和综合平衡等专业统计。

20世纪60年代，各县增设基本建设、物资、劳动工资统计。20世纪70年代中期后，工业统计延伸至公社、大队。1980年以后，增加社会总产值、国民生产总值统计报表等。

从1977年起，各县先后在农业、工业基层统计单位建立统计台账。

1990年，各县经自治区统计局批准下发的统计报表共228种，其中月报、季报和半年报70种，年报158种，分别为农业（包括农、林、牧、副、渔五业）、工业、商业、交通运输、物资供应、劳动工资、固定资产投资、综合平衡等方面的统计专业报表。

1991—1998年，工业统计年报项目有：全部工业总产值、全民所有制独立核算工业企业主要财务成本指标、独立核算工业企业工业净产值、主要产品产量、主要工业产品单位成本等。2002年后，工业统计年报表有“主要工业产品产量”“规模以下工业主要产品产量”“工业企业生产、销售总值”“工业企业财务状况”4个表，季报有“主要工业产品销售量与库存量”，月报有“工业增加值”“工业产销总值及主要产品产量”“工业企业主要经济指标”3个表；交通运输邮电通信业统计年报表有“独立核算运输企业财务状况表”“民用车辆拥有量”“全社会客货运输（吞吐）量”“民用运输船舶拥有量”；能源统计年报表有“地区能源平衡表”“工业企业能源购进、消费及库存”“主要能源地区调拨情况”，季报表有“工业企业主要能源消费量与库存量”。

专业统计

20世纪50年代，政府统计部门仅设有农业生产、工业（县以上）、人口、商业4个专业。20世纪60年代增加基本建设投资、物资、劳动工资3个专业；20世纪70年代中期，增设交通邮电专业，工业统计延伸到公社、大队。从1978年的8个专业增加到1986年的12个专业。1996年有16个专业（综合核算计、农林牧渔业、工业、规模以上工业抽样调查、能源、批发和零售业与住宿和餐饮、运输邮电业、社会综合、劳动综合、劳动力调查、城市社会经济基本情况、固定资产投资和建筑业、文化及相关产业、服务业调查、农民生活调查统计、城镇住户)。2005年增设基本单名录库、人口变动情况统计、对外经济统计、群众安全感调查统计、科技综合统计、规模以上工业企业科技活动统计、工业企业创新调查统计、环境保护统计和妇女儿童状况综合统计9个专业。

第三节　普查与专项调查

民国23年(1934年),统计工作列为政府职能机构。各县政府统计室的主要职责是为上级统计机关及县政府填报统计资料,并配合县政府对赋税和壮丁等进行统计调查。统计的主要内容是辖区范围内的农业、工商业的基本情况和实绩。采用单一的典型调查法。中华人民共和国成立后,统计部门作为政府的职能机构,主要负责对国民经济发展情进行统计调查、统计分析,提供统计资料,实行统计监督。

1950—1952年,辖区统计部门主要是对辖区内国营工业企业进行普查;对工农业总产值和劳动就业进行调查;1954年私营工业和手工业普查;1955年对私营商业普查、农业生产合作社的收益分配调查、职工、农民家庭收支调查等。1979年后,统计工作把过去单一的农业生产统计改为综合反映农业、工业、商业和交通运输等各业发展情况的农村社会经济统计,把过去单一的国营合作商业统计改为全社会的商业统计。1982—1990年期间,先后开展各种大型调查:1982年开展第3次全国人口普,1984年开展第2次全国工业普查,1985年开展投入产出等大型调查,1987年开展1%人口抽样调查,1990年开展第4次全国人口普查,1984—1990年开展农产量、农村住户家计和农村经济等基本情况调查。

农村经济统计

1991—2001年,农村经济统计主要有农业总产值,农业净产值,农村现价社会总产值和农业商品产值,农业生产情况,农业机械年末拥有量、机械、用电、化肥、水利情况,农村经济收入、分配和收益,农村固定资产结构等。

人口普查

第一次全国人口普查　1953年进行,各县(市、区)统计部门成立人口普查办公室。普查项目共有6项:与户主关系、姓名、性别、年龄、民族和本户住址。经普查,当时境内总户数20.92万户,总人口92.94万人。

第二次全国人口普查　1964年进行,普查结果,境内总户数为24.83万户,总人口为112.22万人。

第三次全国人口普查　1980年进行,普查结果,境内总户数33.09万户,总人口187.23万人。

第四次全国人口普查　1990年进行,普查项目有:性别、年龄、民族、户口状况和性质、婚姻状况、妇女生育、存活子女、文化程度、在业人口的行业、在业人口的职业等21个项目。普查的数据处理由地区统计局电子计算站承担。普查结果,境内6个县(市)总户数为42.87万户,总人口为215.23万人。

第五次全国人口普查　2000年进行,普查结果,境内6个县(市)总户数54.11万户,总人口为214.07万人。

工业普查

中华人民共和国成立后,境内进行过三次全国性的工业普查。

第一次全国工业普查　1950年进行。境内各县成立工业普查领导小组,按要求完成普查任务。

第二次全国工业普查　1985年进行。经普查,境内有工业企业239家,其中全民所有制工业103家,集体所有制工业136家,当年实现工业总产值(按1980年不变价格计算)30203万元,其中全民所有制企业实现27541万元,集体所有制企业2662万元。

第三次全国工业普查　1995年进行。经普查境内各县(市、区)有工业企业1.58万家,其中国有经济153家、集体经济1.56万家、其他所有制经济7家。工业经济出现新的经济体,武宣、金秀出现联营经济,武宣、来宾、金秀出现股份经济。

第三产业普查

1993年进行,普查的范围是从事第三产业的所有单位:企业、事业和行政单位,如商业、运输、金融、保险、房地产、信息、咨询、科学研究、文化教育单位和行政机关、部队等;第一产业和第二产业企业中附属的第三产业单位,从事第三产业的个体户。普查结果显示,1992年,境内有第三产业单位7094个,按执行的会计制度分:执行企业会计制度的2331个、执行事业行政会计制度的4763个;按核算形式分:实行独立核算的2666个、实行单独核算的4428个。

基本单位普查

第一次全国基本单位普查　1996年9月开始,历时7个月时间,基本完成普查登记、质量验收和数据处理等各阶段的工作任务。

第二次全国基本单位普查 2001年进行,普查资料为2001年度。普查范围对象为辖区内所有个体工商户。普查内容:个体工商户字号名称、经营者姓名、无营业执照、主要生产经营活动、行业代码、年末从业人数、全年营业收入等。普查工作于2002年6月完成。

经济普查

第一次全国经济普查 第一次全国经济普查将原来的工业普查、第三产业普查和基本单位普查整合为经济普查。标准时点为2004年12月31日,时期资料为2004年度。普查对象:在来宾市境内从事第二产业、第三产业的全部法人单位、产业活动单位和个体经营户。主要内容:单位基本属性、就业人员、财务状况、生产经营情况、生产能力、原材料和能源消耗、科技活动情况等。来宾市成立第一次全国经济普查领导小组,先后3次向社会发布普查公报。

普查显示:按登记注册类型和三次产业分,来宾全市共有从事第一、二、三产业的法人单位5010个,全部从业人员13.39万人。其中第一产业法人单位16个,从业人员4964人;第二产业法人单位674个,从业人员5.31万人;第三产业法人单位4320个,从业人员7.58万人。产业活动单位7451个,其中,第二产业891个、第三产业6560个。个体经营户6.25万户,其中,第二产业7412户、第三产业5.50万户。

表22-2 2004年第一次全国经济普查来宾市各县(市、区)的法人单位、产业活动单位及从业人员表

县(市、区)名称	法人单位数					产业活动单位数		
	单位数(个)	单产业法人	多产业法人	从业人数(人)	#女性	单位数(个)	多产业法人所属的产业活动单位	从业人数(人)
总计	5010	4450	560	133870	46951	7451	3001	135533
兴宾区	1748	1557	191	58699	20863	2489	932	58291
忻城县	572	507	65	14476	5750	960	453	15106
象州县	752	665	87	15219	5269	1202	537	16491
武宣县	1032	949	74	21315	8063	1269	320	20268
金秀瑶族自治县	510	414	96	9159	3508	917	503	9685
合山市	405	358	47	15002	3498	614	256	15692

12月27日,国务院召开第一次全国经济普查总结表彰电视电话会议,设在市统计局的市经济普查办等8个单位获得国家级先进集体,市统计局叶毓山等17人获得国家级先进个人。

农业普查

第一次农业普查 1997年开展。普查对象:境内各类型的农业生产经营单位、农村住户、乡镇企业、行政村和乡镇。普查标准时点为1997年1月1日,时期资料为1996年度。整个农业普查以“四表两卡”(即农村住户调查表、非农村住户类农业生产经营单位调查表、行政村调查表和乡镇调查表,非农乡镇企业调查卡片和农业用地卡片)为主,涵盖全部农业农村生产发展情况。此次农业普查是农村实行联产承包责任制以后取得农业农村资料最全、最详细的一次统计调查。境内各县(市)成立农业普查领导小组及办公室,乡镇成立农业普查办公室,村委会成立农业普查组,共调查75乡镇,其中:乡52个、镇23个、745个村委会、26个居委会、40.42万户,共有农业生产经营户37.77万户。

其他调查

1%人口抽样调查 1987年7月开始。目的是摸清近五年来人口增长、人口分布、人口文化素质和社会经济结构的变化情况,查清人口出生、死亡、迁移状况,为国家经济建设、安排人民生活和控制人口增长提供可靠的人口资料。此后,在人口普查年份之后每五年都进行一次。1995年12月30日,进行1%人口抽样调查。2005年11月,进行1%人口抽样调查,全市实际调查的样本量为2.49万人,占全市常住人口的1.12%。调查结果显示:全市常住人口为222.45万人,与2000年11月1日零时第五次

全国人口普查全市常住人口214.07万人相比，增加8.38万人，增长3.9%；年平均增加1.67万人，年平均增长0.8%。

农村住户调查　2004年，市人民政府办公室印发《关于切实加强全市农民人均纯收入和城镇住户调查工作的通知》（来政办发〔2004〕59号），要求各县（市、区）人民政府要加强对调查工作的领导，建立和健全调查工作机构，充实调查专职人员，分年度解决调查经费，积极做好宣传工作，严格依法统计，确保调查工作顺利开展。

2005年6月，市委办、市政府办印发《关于建立和完善我市乡镇农民纯收入统计调查体系的通知》（来办〔2005〕66号），决定从2005年起，建立和完善全市乡镇农民人均纯收入统计调查体系，为全市开展十佳乡镇评比提供考评数据。通知指出，各级政府应将调查经费列入年度财政预算，妥善解决统计部门开展农民人均纯收入调查工作必要的工作经费，确保调查户的记账补助及时发放。

城镇住户调查　2004年8月，来宾市政府办公室下发《关于建立全市城镇住户调查体系有关问题的通知》（来政办发〔2003〕145号），贯彻落实自治区政府办公厅《关于建立全区城镇住户调查体系有关问题的通知》（桂政办发〔2003〕102号）精神，正式启动建立全市城镇住户调查体系工作。

人口变动抽样调查　1983年初开始进行，重点是对人口出生、死亡、自然增长情况的抽样调查，此后每年进行一次。调查以统计部门为主，直接派人到基层调查，经费由国家拨给，调查样本对自治区一级有代表性。境内各县（市、区）按照国家抽中样本10月底以前完成培训，11月初开展调查，11月底市统计局收集、审核抽中县（市、区）调查表送至自治区统计局，进行数据处理，上报国家统计局。

劳动力调查　2004年9月国务院下发《国务院办公厅关于建立劳动力调查制度的通知》，决定建立劳动力调查制度。

投入产出调查　从1987年起每5年进行一次全国投入产出调查和编表工作。投入产出调查采用重点调查和典型调查相结合的方式，即对各行业中的大型企业或重点企业进行重点调查，同时，对一些重要的费用构成情况选取部分典型调查单位进行调查；关注的重点是企业生产过程中成本费用的结构和增加值的构成情况。每次调查市、县两级人民政府都及时成立调查机构，并确定统计局一名领导分管，由综合核算科负责具体业务。

群众安全感调查　2002年，中央社会治安综合治理委员会委托国家统计局开展“群众安全感抽样调查”，要求从2002年起每年11月进行。调查样本对自治区一级有代表性。境内10月底以前完成布置培训、抽取样本等调查准备工作，11月初进行调查，11月中旬由市统计局收集、审核调查表，并送至自治区统计局进行数据处理，上报国家统计局。12月10日以前，国家统计局将调查汇总数据提供中央综治委。

第四节　统计服务

资料整理编印

统计部门兼有信息、咨询、监督三种职能。根据科学的统计指标体系和统计调查方法，灵敏、系统的采集、处理、传输、贮存和提供大量的以数据描述为基本特征的社会经济信息，并利用已经掌握的丰富的统计信息资源，运用科学的分析方法和先进的技术手段，深入开展综合分析和专题研究，为科学决策和管理提供各种可供选择的咨询建议与对策方案。多年来，地市级统计局先后编制《统计年鉴》《国民经济和社会发展统计资料》《统计分析》《来宾市主要经济指标快报》等大量资料；境内各县（市、区）根据职能要求编制本地统计资料，为地方科学决策和管理提供各种可供选择的咨询建议与对策方案。2002年设立地级来宾市后，来宾市统计局逐年编纂发行《来宾市统计年鉴》《来宾市统计分析》和《来宾市主要经济指标快报》《来宾市国民经济和社会发展统计公报》等多种统计资料。

统计分析和预测预警

2005年，市统计局紧紧围绕全市经济工作重点和预期目标，进一步加强对经济运行情况的监测和预警，及时跟踪和正确把握好经济发展趋势，做好统计分析，用准确的数据和权威的观点为领导决策服务。对全市经济发展、结构调整中的热点、难点问题进行深入分析，为推进经济结构调整、转变经济增长方式提供决策参考。各级统计部门充分发挥统计信息、咨询、监督职能，在探索和创新中建立健全各项统计服务体系，开展统计服务工作，统计服务再创新水平。定期编印35期《来宾市主要统计指标快报》，37期《来宾市统计分析》，完成《来宾统计年鉴》（2005版）统计资料的整理、编印、出版及发行工作，市统计局开展的重点研究课题《来宾市消费发展状况及对策分析》《来宾市人均 GDP 突破 1000 美元展望》《2004 年来宾市农民人均纯收入稳步增长》,引起相关部门和决策者关注。

第五节 统计执法监督

统计手段及信息化建设

从 20 世纪 50 年代起,统计部门计算工具普遍使用算盘。20 世纪 60 年代初,柳州地区统计局配备有一台手摇计算器,20 世纪 70 年代中期开始使用台式计算器。

1985 年,首次在农业年报使用电子计算机进行数据处理。1990 年后,各县统计部门已基本实现日常统计报表运用电子计算机处理。实现农业、工业、商业、固定资产投资、劳动工资、物资、综合等专业上报年、季、月报资料直接报送计算机处理软盘,实现计算机数据远程通信传输。1993 年第三产业普查,1995 年工业普查实现所有数据的微机录入处理工作。2004 年,来宾市统计局计算站完成来宾市全国经济普查数据处理工作。全市 6 个县(市、区)统计局都建立统计内部局域网。

2005 年,来宾市统计局成立统计信息化建设工作领导小组,建立和完善统计信息化管理的各项规章制度,加强对县(市、区)统计局信息网络建设的指导,强化统计信息的综合性和敏感性,全面提升统计信息的质量,及时、准确地反映本地经济和社会的热点难点和工作中的亮点,促进各项统计工作的发展。市统计局购置统计网络设备,对全局计算机及机相关设备进行有效管理,保证计算机和统计信息系统的安全运行并积极筹建普查网站并与市政府网站链接,实现统计信息资源共享。

统计执法与宣传

1984 年《中华人民共和国统计法》颁布实施以来,境内各县以多种形式开展统计法宣传活动。加大统计违法案件的查处力度,提高统计调查单位和统计人员的统计法律法规意识。1989 年,境内开展统计法规执行情况大检查。

2004 年 12 月,市统计局在兴宾区广场等设点开展统计法制宣传,发放宣传资料 3500 多份。"四五"普法期间,全市利用广播、电视、报刊等媒体宣传统计法律法规 549 次;2003—2005 年,开办统计法制培训班 41 期,宣传和普及统计法律法规知识。

2005 年,来市统计局与各县(市、区)统计局签订统计行政执法责任书,明确统计行政执法工作的目标和任务。市统计局与司法局联合发文开展全市统计普法学习教育考试,专(兼)职统计人员参加考试,考试合格 1.03 万人(次),完成自治区下达任务的 186%,超额完成全市统计"四五"普法考试任务。开展统计工作质量大检查,全市检查重点单位 191 个,完成自治区统计局下达目标任务的 159%。全年共查处统计违法案件 89 件,罚款金额 1.20 万元。

第三章 工商行政管理

中华人民共和国成立后,境内各县工商行政管理机构逐步健全,由初期的工商科逐步发展为独立的工商行政管理局,乡镇成立工商行政管理所。2002 年 12 月,来宾市工商行政管理局成立,下辖象州县、金秀瑶族自治县、武宣县、忻城县、合山市工商局和兴宾分局。各县(市)工商局、兴宾分局共有 72 个工商所。

来宾市工商行政管理部门加强对市场管理,加强市场建设,打击各种违法经营,维护消费者利益,维护市场经营秩序。1985 年后,市场建设机制不断完善,新建圩亭覆盖面积不断扩大,1994 年圩亭覆盖面积 44.80 万平方米,比 1985 年增长 3.8 倍。1995 年,工商行政管理机关与所办市场脱钩后,各县(市)市场开发服务中心在工商部门的领导和代管下进行市场建设。全市市场建设有了新的发展,市场监管机制不断完善。1985—1995 年,来宾中心市场、象州市场先后被评为全国文明市场。2003—2005 年,市个体劳动者私营企业协会指导各县(市、区)个体劳动者私营企业协会在个私业主中开展自我教育、自我管理、自我服务、自我发展活动。2004—2005 年评选出 100 户"诚信个体工商户"和"诚信私营企业主"。1985—1994 年,对境内党政机关创办的 1091 户公司进行清理整顿。1984—1995 年,各县(市)成立经济合同仲裁委员会,共调解仲裁经济合同纠纷案件 313 件。1979 年后,不断加大商标、广告管理力度,2003—2005 年,共查处商标违法案件 45 件、广告违法案件222件、经济违法违章案件19433件。1983—2005年，依法征收个体工商户管理费和集贸市场管理费，促进境内市场建设和市场管理。

第一节 机 构

县（市、区）工商行政管理局

清朝，境内没有专门的工商行政管理机构，由财政部门兼管，主要任务是向工商企业征税和在市场上向小商贩收取摊位租金。

民国时期，各县工商行政管理由县建设科统管下的商会配合各乡公所进行。

中华人民共和国成立后，境内各县（市、区）相继成立工商行政管理机构，分别隶属柳州（宜山）专区工商科和柳州地区工商行政管理局。随着业务的发展，工商行政管理机构逐步健全，由初期的工商科逐步发展为独立的工商行政管理局，乡镇成立工商行政管理所。

1950年，境内武宣县、象州县、忻城县相继成立工商科，担负工商行政管理和经济主管部门的双重任务。1951年，来宾县设立工商科，1952年，金秀瑶族自治县成立，随之成立工商科。合山市没有成立工商科，中华人民共和国成立初期市场由北泗区公所管理。

1956—1975年，境内各县（市、区）工商行政管理工作经历了一个曲折发展的过程。1956年，各县工商科相继被撤销，来宾县、忻城县、金秀瑶族自治县工商科改为（或并入）商业局，武宣县成立县、区市场管理委员会负责打击投机倒把、维护市场秩序。期间，金秀先后设立对私营工商业改造办公室、县手工业联社、县市场管理委员会、县“打击投机倒把办公室”，负责工商行政管理和市场管理工作；武宣县先后恢复武宣县工商局、成立打击投机倒把办公室和恢复市场管理委员会，履行工商管理职能和市场管理职能。1964—1975年，象州县先后设工商行政管理科、并入商业局；来宾县先后设立县工商行政管理领导小组、县工商行政管理局、县抓革命促生产指挥部财税小组。1965—1975年，忻城县恢复工商科，但在1966年“文化大革命”时期，工商行政管理工作陷于停顿状态。1968—1982年，合山市成立了北泗工商所、里兰工商所、北泗公社市场管理委员会、合山矿区市场管理委员会、北泗公社打击投机倒把办公室和合山矿区打击投机倒把办公室、市场管理委员会。

1975年，境内各县（市、区）相继成立工商行政管理局。2月，武宣县恢复县工商局；5月，忻城县成立县工商行政管理局；6月，象州县成立工商行政管理局；8月，来宾县成立工商行政管理局，与县市场管理委员会合署办公；金秀瑶族自治县也于同年成立工商行政管理局。1982年7月，合山成立市工商行政管理局。随着工商行政管理局局的成立，境内各县市区的内设机构及下辖工商行政管理所也随之成立。

1975—2005年，武宣县工商行政管理局从恢复之初的3人逐步发展壮大至66人，下设8个乡镇工商所。忻城县从人秘股、合同股、企业股、市场股、经检股、个体股、财务7个股和个体劳动者协会、消费者协会、经济合同仲裁委员会、工会委员会4个会，下辖11个工商行政管理所和3个办事处。象州县工商局经过30年的发展，至2005年，在岗干部职工为65人。来宾县工商局发展至2002年，共有在职人员113人，内设6个科室和下设15个基层工商所。2003年，来宾县工商行政管理局称来宾市工商行政管理局兴宾分局。至2005年，兴宾分局内设3个科室，实有工商所15个，下设5个中心工商所，共有干部职工97人。

2002年12月29日来宾市工商行政管理局成立，内设办公室、政治处、财务科、纪检监察室、法规科、商标广告科、企业注册登记与个体私营经济管理科、市场与合同规范管理科、公平交易与消费者权益保护科、机关党委办公室、消费者协会、个体私营经济发展办公室等12个业务科室；管辖武宣、合山、忻城、象州、金秀5个县（市）工商局和兴宾分局，63个工商所（其中25个中心工商所），全系统共有干部职工435人。

2005年，市工商行政管理局机关设办公室、人事教育科、机关党委办公室、法规科、公平交易与消费者权益保护科、经检支队、市场与经济合同管理科、企业注册登记与个体私营经济管理科、外商投资企业注册登记管理科、商标与广告管理科、财务科、纪检监察室、离退休干部工作科等13个职能科室（队）。各县（市）工商局、兴宾分局共有72个工商所。

来宾市工商局局长：张剑波（2002年12月—2005年6月），刘文新（2005年7月—2005年12月）。

第二节 市场管理

圩 市

民国时期的市场，由各县建设科统管下的商会配合乡公所进行管理。民国23年（1934年），各地圩期有三日一圩、五日一圩、六日一圩、十日一圩。

中华人民共和国成立初期，境内各级人民政府为促进社会经济的恢复和发展，鼓励和发展有利于国计民生的私人商业，组织国营经济，积聚主要商品物资满足市场供应平抑物价；同时限制私营经济，打击投机商人的违法行为，维护市场秩序。1950—1957年，仍按传统圩期。1953—1957年，市场管理为农业、手工业和资本主义工商业的社会主义改造服务，维护农副产品统购统销政策；协同国营商业改造批发商，实行批发商国有化，对黑市交易和套购国家统购统销物资的不法行为予以打击。1957年，各县成立市场管理领导小组，各区成立市场管理委员会，加强市场管理。1958年，取消集市贸易，堵塞了商品流通渠道。1958—1960年，"大跃进"时期有的县将三日一圩改为五日一圩，后来延长到七日一圩，又再延长到十日一圩，农忙季节，还派民兵封圩。1961年，境内贯彻执行中共中央《农村人民公社工作条例(草案)》以后，各地恢复传统圩期。"文化大革命"期间，农业学大寨，大打批资批修总体战，农村集市贸易被视为"产生资本主义的条件和土壤"，被当作资本主义批判。各地有民兵封圩、不准群众赶圩的现象，并严禁粮食、食油、黄红麻、食糖、烤烟、木材等产品上市，凡上市的强行收购。

1959—1962年，重点打击投机倒把和取缔长途贩运。1963年，农村实行"三自一包"(多留自留地、多搞自由市场、多搞自负盈亏、包产到户)，生产有所发展，市场管理较活，对生产队的集体产品在完成派购任务后，允许在市场出卖，农贸市场活跃，来宾县每圩赶集人数达8万人次，货物品种达370多种，且各种物价几乎下降到1957年的水平，如项鸡从1959—1961年的每千克30元下降到2元，与1957年的每千克项鸡1.28元接近。

1979年后，拨乱反正，清除市场管理工作中"左"的框框条条，随着经济体制改革的不断深入、搞活市场经济政策的贯彻实施，市场管理得到加强。市场管理以维护生产和消费者利益为中心创建文明集市活动，教育经营单位和个体户竞相开展优质服务、文明经商、公平交易，打击奸商的不法行为，城乡集市迅速发展。1979年以后，各县人民政府先后发布通告，恢复传统圩日。把原来的7天1圩改为5天1圩，允许社、队和社员个人在完成国家粮油统购、生猪蛋品派购任务之后，剩余部分拿到市场出售。从1980年11月起，恢复各集市3天1圩、交叉进行的传统圩期。如工矿区的圩场因为人口集中，购买力稳定，都是天天圩。来宾县城原安排为三天一圩，十一冶搬至来宾后，城市人口大大增加，购买力强也很稳定，自然天天均为圩日。新建的一批圩场，尚未安排圩日，暂为天天圩日。三天一圩这种形式，当时除了三江县以外，各县都有，约占当时圩场总数的70%；六天一圩，当时只有三江县的梅林圩使用。1988年后，各地圩期有天天圩和三日一圩2种，沿用至今。

1983年后，贯彻"计划经济为主，市场调节为辅"和"治而不乱，管而不死"的方针，进一步放宽政策，允许农民进城经商办企业，允许多种经济成分、多种经营方式、多种流通渠道并存，扶持第三产业，振兴社会主义经济，市场活跃。但少数人乘对外开放、对内搞活之机，或走私贩卖，抢购紧俏商品，趁机抬高物价，或无证经营，或掺杂使假、短斤少两、欺行霸市。

为加强市场管理，针对市场存在"脏、乱、差"的问题，1991—2005年的十五年间，境内各县工商行政管理部门不断深入开展市场检查活动，查处各类市场违法违章案件，维护了市场交易秩序，保护了消费者的合法权益。

合山市工商部门不断加强监管执法，查处无照经营、制售假冒伪劣商品、农资违法、商标侵权、广告违法、打击传销以及其他不正当竞争案件。

金秀工商局不断加大市场经济监督检查力度，坚持日常巡查与专项整治相结合，针对社会热点和群众关注的焦点问题，重点开展"红盾打假护农"活动和整治食品市场、粮食市场、文化娱乐市场、运输市场、扫黄打非及打击非法传销等各类专项执法行动。1988—2002年，全县共查处各类市场违法违章案件868件。

1991—2006年，武宣县工商行政管理部门不断深入开展市场检查活动，共查处市场违法违章案件3654件，罚没款221.41万元，维护了市场交易秩序，保护了消费者的合法权益。

1991—2000年，忻城全县共查处经济违章违法案672件，涉案金额59.6万元。收缴不合格计量器具420台，查扣无证经营各种劣质化肥10吨、无证经营农药290瓶、查扣非法经营粮食15.5吨、没收掺假劣质棉胎217床、查处非法经营未取得检毒合格证蚕种1216张、劣质低压电器781件、没收假冒大阳牌摩托车2辆，假冒伪劣商品香烟、酒、饮料、食品、日用品一批，共计罚没款83.2万元。1991—2005年，忻城县违章经营平均每年有89起，最多的是2002—2003年278起，最少的是1999年3起。

涉案金额只有1992年2.6万元、1998年2.1万元、2000年55万元、2001年5万元,其他均没有。罚款平均每年6.5万元,最多的是2002—2003年30.39万元,最少的是1992、1999年为0元。

1991—2002年,来宾县工商行政管理部门加强市场监管,在集贸市场设立公平称,杜绝短斤少两、欺行霸市、掺杂使假等行为,组织力量对粮油市场、肉类市场、运输市场等行业进行整治,维护市场物价稳定和市场正常秩序。2003—2005年,兴宾区共查办案件2754件,其中一般程序1340件,简易程序1424件。

市场建设

清代和民国时期,今来宾市辖统各县曾建设一批简易小圩亭和露天圩场。1979年前,除少数县修建部分圩亭外,大部分县没有新建圩亭,有的旧圩亭还被占用。

依据1983年2月5日国务院颁布的《城乡集贸市场管理办法》第三章第30条的规定,对进入集贸市场进行商品交易的单位和个人,由当地工商行政管理机关收取少量的市场管理费,收费标准工业品、大牲畜按成交额计算不得超过1%,其他商品不得超过2%,并规定合理的收费起点。自治区人民政府于7月4日作以下补充规定:"在集市上出售各种商品,按成交额计算,工业品、大牲畜1%,农副产品2%,不易计算成交额的行业,按其设摊占用面积收费;出售商品总值不足3元者,免收;国营商业、外贸和供销社在大牲畜市场收购大牲畜,按成交额1%收取市场管理费"。市场管理费支出,按照"取于市场,用于市场"的原则,用于市场建设和市场管理的各项开支。

1985—1989年,各县(市)财政拨款共76.5万元、市场费开支467.9万元、银行贷款255.4万元、单位集资51.3万元、个人集资4.8万元,合计市场建设总投资855.9万元,新建圩亭覆盖面积5.69万平方米。1991—1994年,各县(市)先后制订发展各类市场的优惠政策和措施,提出"政府领导,统一规划、多方兴建,合理布局,工商监管"和"谁投资、谁受益、谁所有"的原则。1991—1994年,各县(市)财政拨款71万元,市场费开支1586.3万元,银行贷款943.5万元,单位集资440.4万元,个人集资2.6万元,合计市场建设总投资3043.8万元,新建圩亭覆盖面积9.60万平方米。1994年圩亭覆盖面积44.80万平方米,比1985年增加3.8倍。

1995年,按照国务院要求,工商行政管理机关与所办市场脱钩,各县(市)成立市场开发服务中心,负责市场建设、维修和门店、摊位的出租、收费等管理工作,隶属本县(市)工商行政管理局。各县(市)市场开发服务中心在工商部门的领导和代管下进行市场建设。1997年,除忻城县外,各县(市)市场开发服务中心共投资2840.3万元,新建市场占地总面积3.45万平方米,建筑面积3.48万平方米;改、扩建市场总面积2.07万平方米。2001年12月,各县(市)市场开发服务中心移交当地政府接管,工商行政管理部门与所办市场彻底脱钩。2003—2005年,来宾市市场建设由各县政府部门负责,来宾市工商部门转变职能,加强对市场的规范管理,重点是加强对各类商品交易市场的规范管理,通过健全各类有形市场的规范管理制度,督促检查市场开办者完善和规范市场物业管理措施,创建"文明市场",使市场监管工作逐步纳入规范化管理的轨道。

1991年,武宣县投入资金46.57万元,在河马、二塘、朗村、马步扩建市场或建简易市场,在县城马鞍山区征地10亩,建鞍山市场。1992年,投入资金105.2万元(其中贷款50万元)用于河马市场、二塘新市场的后期工程,投50万元建设县城高立山菜市场。1993年,投入58.67万元,完善二塘市场工程和建设二塘、桐岭两个生猪屠宰场。1995年,武宣县在禄新乡建造钢筋混凝土框架结构市场460平方米,在二塘乡大琳村建立120平方米的砖瓦结构村级市场,在黄茆乡开发区建钢筋混凝土框架市场540平方米,在东乡建集贸市场综合大楼1720平方米。1997年,武宣县投资280多万元建设县城东门塘市场,东门塘市场建筑面积7785平方米,其中改建扩建市场3个,面积5610平方米。此外,先后在三里镇慕古村、二塘镇大琳、朗村,禄新乡地有村建了村级市场四个,面积500多平方米。全县市场占地面积3.31万平方米,建筑面积3.27万平方米,露天市场面积15.3万亩,形成了县、乡、村三级商品流通网络。建立了武宣矿产品交易市场、桐岭木材专业市场、二塘木材专业市场、二塘大牲畜专业市场、禄新猪花市场、大琳水果市场等。

集贸市场

1991—2005年,境内各县(市、区)开始多方筹措资金,投资市场建设,增加服务设施,而各阶层也开始参与市场建设,逐步形成了独资、合资、股份制等多方投资兴建的格局和县城、乡镇都有集市的集贸市场网络，集贸市场建设取得前所未有的成绩，极大方便群众进行商品交易，促进了市场繁荣。

至1999年“管办”脱钩四分离时，合山市工商行政管理局共投资建设集贸市场10个，共占地42780平方米，建筑面积26972平方米，基本形成了市、乡、矿商品流通网络。1999年市场“管办”脱钩后，合山市工商行政管理局积极创建“文明市场”，合山市城中、东矿、河里等集贸市场先后被评为地区级、自治区级“文明市场”。

到2000年底，武宣县共有集贸市场17个，占地面积3.31万平方米，建筑面积3.27万平方米；象州县共有集贸市场11个，占地面积3.31万平方米，建筑面积3.27万平方米；来宾县共有集贸市场46个，占地面积2.12万平方米。至2002年，金秀共有集贸市场14个、牛圩1个，市场面积23000平方米；市场成交额11177万元，全县获柳州地区工商局授予“文明市场”5个。这些都为促进区域商品流通，活跃城乡经济，发挥了重要作用。

1991—2005年十五年间，忻城县工商行政管理局投入大量资金进行市场建设和维修改造，增加服务设施。兴建各类市场已由工商行政管理部门独办转为政府行为，纳入政府的重要议事日程。各阶层积极参与兴建市场，忻城县出现一轮市场建设热潮。一批永久性、功能全、服务设施好的市场相继建成投入使用，一部分老旧市场得以改造更新。

2003—2005年，来宾市集贸市场由商务局管理，县级商贸市场由县经贸局管理，来宾市工商行政管理局只负责监管市场主体的经营行为。

监督管理

1949—1952年，境内各县工商行政管理部门保护合法经营，打击囤积居奇、哄抬物价等现象。1953年后，国家实行计划经济，对粮油、棉花、棉布实行统购统销后；对国家管理的一、二类物资不准上市，不准私商经营粮、油、棉（布）；不准转卖粮油票、布票、肉票等，农民在完成统派、购的粮食肉类后，准许在国家设立的市场销售。1982年后，允许上市的商品增多，1990年以后，除糖蔗、棉花，木材以外，其他农副产品全部开放，此时期，工商行政管理部门管理重点为保护合法经营和取缔非法经营。1985—1989年，设公平秤（台秤、电子秤），推广使用双面台秤。1986年，推广来宾中心市场实行牲畜定点屠宰，集中检疫的做法。1985—1995年，来宾中心市场、象州市场先后被评为全国文明市场。

食品市场专项整治

食品市场专项整治

1991年，武宣县工商行政管理局加强对各类市场的监督管理，把市场管理工作纳入规范化管理的轨道。除对全县市场开展日常的监督管理外，还与有关行政执法部门合作开展集贸市场、节日市场、烟草市场、文化市场、食品市场、建筑材料市场、生产资料市场、药品市场等一系列专项整治活动，打击经济活动中的违章违法行为，保护经营者的合法经营和消费者的合法权益。1991—2005年，武宣县共查处市场违法违章案件3654件，罚没款221.41万元。同时在全县范围内实行牲畜定点代宰制度，从源头上制止猪肉注水行为，同时查处注水、私宰肉类案件172起，没收销毁注水、病死肉类1687.3千克，罚款2.74万元。

2002年以后，来宾市工商部门加强市场巡查和执法办案工作，根据各阶段市场监管重点开展粮食、药品、移动通信产品、建材、成品油、汽车零配件、化妆品、化学危险品等各类商品市场和文化、旅游、网吧等行业执法检查，集中力量开展农资、食品、集贸

来宾市加强市场管理，市工商局执法人员每年均开展酒类市场专项检查

市场、节日市场以及无照经营等专项整治行动，通过引导经营者合法经营，逐渐规范市场主体竞争行为整顿和规范市场经济秩序。

2004年，为防止禽流感通过市场传播，对秩序混乱、卫生环境差的家禽市场进行整顿，全市共搬迁家禽及其肉制品经营摊点60个，关闭不符合防疫要求的禽类经营门店40余家。

第三节　工商登记管理

个体工商户、私营企业管理

民国29年(1940年)，来宾、金秀、象州、忻城有手工业57家，资本7.53万元(国币)；有商店262家，资本99.00万元(国币)。

1950—1951年，境内各县对工商业户进行全面登记。来宾县1951年登记的商业、饮食、服务业等个体户1724户(人)，个体手工业31个行业1036户，从业1828人。1953年登记的个体商业1191户1545人、饮食业577户715人、服务业160户210人、手工业31个行业1144户2022人，总营业额349万元，占全县商营业总额830万元的42.9%。1955年，来宾、象州、武宣县登记的私营、个体工商业5256户，从业人员7467人。当年，来宾县工商登记发证的个体商业608户835人、手工业1050户1850人、饮食业198户280人、服务业156户163人，取缔经营粮食个体户231户265人，动员返乡务农35户448人。1956年，对私人工商业进行社会主义改造后，来宾县有公私合营商业129户178人、合作商店278户351人、合作小组74户107人、公私合营服务店25个37人、合作服务店31个33人、合作服务小组47个5人。1958年，在“人民公社化”运动中，公私合营、合作商店、饮食店逐步向国营商业过渡。来宾县公私合营商业为22个92人、合作商业合并为33个112人、合作小组合并为3个7人；饮食业公私合营7个89人、合作饮食店6个50人、合作饮食小组13个65人；公私合营服务业7个28人、合作服务业9个26人、合作服务小组9个29人。

1959—1963年，境内各县工商登记停办。1964年，恢复工商登记，注册发证。“文化大革命”期间，工商登记又停顿。1966年后登记工作中断，1982年，境内各县(市)登记发照的个体工商户2809户。1971年，忻城县个体商业户缩减为21户，从业人员23人，营业额只有1.9万元。1981年，随着经济体制改革的不断深入，农村剩余劳动力进入圩镇务工经商日多，来宾县工商登记在册891户898人，其中城镇个体工商户525户532人、农村366户366人。1984年，忻城县工商业户发展到464户，从业人员5833人，资金总额为4081.50万元，全年营业额5892.8万元。1984年3月后，忻城县成立个体劳动者协会，同时，城关、马泗、大塘、思练、果遂、红渡、古蓬、遂意、北更等乡镇先后成立个体劳动者协会分会。各个协会组织会员学习法律知识和文明经商的知识，开展文明经营和按时缴纳税金等评比活动。1985年，忻城县个体工商业户1155户，从业人员1245人，资金总额121.4万元，全年营业额达232.8万元。其中工业(含手工业)85户117人、交通运输业73户78人、商业641户657人、饮食业93户107人、服务行业49户56人、修理业75户79人、其他行业139户151人。1990年，忻城县全县有个体工商业4750户5028人，资金总额237.5万元，全年营业额318.8万元，当年向国家缴纳个体登记管理费24.9万元。到1990年，来宾县个体工商6467户8248人，其中城镇1400户1972人、农村5067户6246人，注册总金额2477万元，总产值47万多元，营业额5161万元。

至1994年底，境内个体工商户已发展到31944户38460人，注册资金17702万元；2002年，境内各县(市)登记注册个体工商业35857户45070人，注册资金33687万元。1988年，境内有6户私营企业，投资者18人。到1994年底，发展到61户，投资者177人，雇工1260人，注册资金2164万元；1994年总产值2347万元，营业额1433万元，商品零售额590万元。2002年，境内各县(市)登记注册私营企业330户，从业人员9976人，注册资金20299万元。

1991年，来宾县工商行政管理局受理企业申请报告21家，办理登记21家，全县公司、企业发展到331家。全县公司、企业应年检310家(全民所有制120家，集体所有制190家)，已年检310家。对在年检中发现5家超越经营范围的原注册资金与实有资金不符情况予以纠正。全年检查企业111户，占企业总数的36%，超额完成柳州地区下达的检查任务。1992年来宾县有公司企业397家，当年新增加81家；属党政机关办企业28家；部门办开发服务性企业19家，年检323户企业，占年检户数的100%。1993年，来宾县对企业办理营业执照手续进行简化，实行“先上车，后补票”的办法，全年新增公司企业104家，其中党政机关开办的经济实体65家、部门开办开发服务性企业17家、属第三产业企业56家、全县企业达到463家。当年上半年全部完成企业年检工作，并深入160家企业了解企业经营情况，为企业排忧解难。1994年来宾县依法受理企业254家、办理开业注册登记67家、注销登记15家、变更登记168家、审查不合格不予登记4家。全年应年检企业463家，已年检438家，完成年检数94.6%。1995年来宾县受理各类申请登记、变更登记、营业性登记、注销登记178件，其中办理法人登记22户、营业登记9户、分支机构登记26户、注销登记30户。按《公司法》和《公司登记管理条例》的规定，办理有限责任公司6家。当年应年检企业487户，年检合格470户，处理名称与公章不相符企业3家。1996年新登记企业76户，同比增长33%，其中办理村委一级有限责任公司49户，同比增长276%；全县应年检企业1307户，已年检1177户，企业年检达90%；检查处理“三无”企业(无资金、无场地、无组织机构)2户。1997年，来宾县新登记企业32家，对企业年检1247家，年检率达90%。大力支持发展乡镇企业，在不违背国家法律法规的前提下，灵活变通，采取“先上车，后规范”的原则，新办乡镇企业4户，清理个人挂靠集体1户，超越经营范围1户，企业名称牌匾、公章与核准的执照名称不相符的企业5户，清理“三无企业”1户，举办企业厂长、经理等法人代表培训班1期，参加人数100人。1998年来宾县依法办理企业开业登记67户，其中非公司企业67户、变更登记59户、注销登记82户、全县有企业1371户(其中法人企业426户、分支机构及营业性登记945户)，注册资本91192万元。回访企业25家，应年检企业1386户，已年检1366户，占应年检企业98.6%，获自治区企业年检检查评比活动县(市)组一等奖。1999年来宾县依法办理开业企业登记42户(其中法人企业9户)、变更登记55户、注销登记446户、回访企业11家，应办理年检企业1371户(其中法人企业376户，营业性及分支机构995户)，已办理年检1313户，占应检数95.77%。2000年，来宾县新办企业6户，其中公司登记2、非公司企业3户、分支机构1户，变更登记70户，注销登记20户。并提前介入来宾迁江糖业集团和广西八一铁合金集团登记注册工作，使两企业集团顺利挂牌经营。全年回访企业53户，补检企业52户，补检率81.2%，清理挂靠企业13户。2001年，来宾县全县有企业1084户，其中法人310户、营业性656户，注册资本134465万元，公司登记74户，注册资金88154万元；全年受理咨询400多人次、办理企业设立登记101户、变更登记135户、注册登记51户；吊销企业营业执照45家、注销22家、查处违法企业15户。2002年，来宾县全年共有个体工商户12783户，新发展2353户14334人，增加2757人，注册资金15141万元，增加4029万元；共发展私营企业23家254人，注册资金1050万元。其中，新发展私营企业8家，从业人员86人，注册资金142人。2003年，兴宾区共帮助44名下岗职工实现再就业，免除各种费用20180元。加强监督管理，加大打击无照经营力度，保护合法经营，共清理无照经营792户，为个体私营等非公有制经济营造公平、公正的经营环境。共发展个体工商户12315户14202人，注册资本金17054万元，同比增长19%、16%和30%，其中新发展1938户，同比增长8%，完成市工商局下达的任务。2004年，兴宾区共有个体工商户12209户44494人，注册资金46825万元，其中新发展个体工商户2375户4786人，注册资金3105万元，同比分别增长5%、22.6%、24.1%；新发展私营企业79户，注册资金4243.5万元。2005年，年内，兴宾区注册登记内资企业2119户，注册资本20亿元。

1991年底，武宣县全县有合营企业3户，注册资金138万元。新发展个体工商户910户，总户数达到3969户，注册资金658.8万元，其中外来经营户176户。1992年，武宣县新发展个体户860户，歇业303户，实有工商户4272户，比上年增长7.63%。1995年，武宣县全县个体工商户发展到7626户，新增1471户，从业人员9470人，注册资金5173.5万元。私营企业发展到30户，从业人员554人，注册资金535万元。当年进行改革和完善企业登记管理制度，按《公司法》的规定，取消行政审批，由出资人直接向工商行政管理部门申请登记注册，简化办照程序，在企业经营范围和经营方式上适当给予放宽政策，除国家规定的许可证和专项审批行业产品外，企业可以突破行业界限，本着一业为主，兼营其他的原则自主选择经营范围和经营方式。当年年检企业总户数为909户，实际年检893户，年检率98.2%。清查出挂靠在国有、集体企业名下的假国有、集体企业46户，全部予以注销，限期办理个体营业执照；清理3家“三无”(无营业执照、无注册资金、无固定经营场所)企业，规范了企业行为。1998年，武宣县全县应年检企业750户，实际参加年检为733户，年检率97.7%。2000年，武宣县全县有个体工商户6570户11048人，注册资金4778万元；私营企业71户2594人，注册资金1288万元。全县新登记注册的企业53

户、变更登记148户、注销登记65户、清理334户应经前置审批而未有前置审批或前置审批不全的企业。2001年,武宣县全县共清理出未取得前置审批手续或未提交相关资质材料的企业447户,其中363户企业及时补齐有关许可证、资质证500份,70户企业因无法提供有效许可证而被取消相应的经营项目;14户企业因无法提供有效许可证而被注销;清理2家假集体,并变更为私营企业。2002年,武宣县查处三轮车无照经营客运业务的132户,罚款3.01万元,被查处的无照经营者全部限期补办了营业执照。2005年,武宣县重点整顿粮食市场交易行为,严格执行粮食收购资格准入制度;核发粮食收购营业执照8户,查处无照经营粮食和违规收购粮食25户。

1990年,合山市全市共有个体工商户2224户2645人,注册资金1026.7万元,营业额(产值)999万元。1998年,合山市个体户3723户,注册资金2656万元,从业人员4536人;私营企业20户,注册资金3139万元,投资人20人,雇工人222人。

依据1987年国务院发布的《城乡个体工商户管理暂行条例》的规定,个体工商户管理费收费标准是根据个体工商户的利润率或收入总额来确定。对从事购销活动的,按营业额的5%到15%收取;对从事劳务活动的,按收入总额的1%到2%收取。在执行过程中,境内工商行政管理机关对进入集贸市场从事经营活动的个体工商户,凡已收取集贸市场管理费(或交易手续费、设施租赁费)的减半收取个体工商户管理费。对收入较低、生活确实有困难的个体工商户,允许向市、县(区)工商行政管理局申请减收或免收管理费。

1998年工商行政管理系统实施“收支两条线”管理后,“两费”收入成为财政非税收入的重要组成部分,作为财政性资金,全部纳入财政预算管理。

2003—2005年,来宾市工商部门贯彻落实《广西壮族自治区工商行政管理局关于优化投资环境促进经济发展的若干措施》,根据法律、法规和规定,不断降低市场主体准入门槛,提高办事效率,提升服务质量,积极鼓励、引导和支持个体私营经济的发展。改革工商登记管理职能,精简审批事项,简化办事程序。实行注册资本认缴制度,允许实行认缴制的公司首期实缴注册资本可为公司法定注册资本或认缴金额的10%,其余注册资本在2年内分两次缴足。推行企业登记“一审一核”制,提高市场准入效率,于每年的4月开展服务个体私营经济发展主题宣传月活动,宣传加快非公有制经济发展的方针政策、法律法规,营造个体私营经济发展的良好氛围;开展“走千访百——把服务送到企业中去”活动,到企业和个体户中进行现场办公,上门年检。

2005年底,全市登记注册个体工商业41044户,注册资金5.9亿元;登记注册私营企业1031户,注册资金23.2亿元。个体工商户主要集中在批发和零售业、制造业、交通运输、住宿和餐饮业、居民服务等行业;私营企业主要集中在批发零售、制造业、采矿业和信息传输及计算机服务、房地产等行业。经过多年的发展,个体工商户的数量已基本达到饱和,发展趋缓,而私营企业发展迅速,经济效益和社会效益增长显著。

对个体工商户和私营企业要求亮照经营,一年进行一次贴花验照,符合条件,给予继续经营;不符合条件,注销、收回执照;违反法规的,给予处罚。1988年,各县(市)先后成立个体劳动者协会(工作委员会)。工商行政管理部门通过协会举办各种学习班,进行法制教育和职业道德教育。协会曾建立联购分销组织,解决边远山区个体经营者进货难的问题;组织名、优、特、新产品参加各地举办的展销会;举办电器维修、钟表修理、服装剪裁等各类技术培训班。2003年,来宾市个体劳动者私营企业协会成立,指导各县(市)个体劳动者私营企业协会在个私业主中开展自我教育、自我管理、自我服务、自我发展活动;2003—2005年,组织骨干会员参加中国——东盟博览会、广州中国中小企业博览会等;2004—2005年度评出100户“诚信个体工商户”和“诚信私营企业主”。2004年共募集到善款30多万元,救助遭受洪水灾害的个私业主。

企业登记管理

1981年,境内各县有工业、建筑业、商业、饮食业企业共853户,登记发证666户。1988年,增加对农、林、牧、渔、水利、地质、邮电、房地产、公用事业、居民服务和咨询服务业、卫生、体育、文化、教育、广播电视、科研、金融保险、社会福利业等进行登记。1994年,各县(市)登记国有企业1893户63286人,资金15.18亿元;集体企业3355户49502人;联营、股份制及其他企业49户2365人,资金3441万元。随着经济体制改革的发展,国有、集体企业进行股份制、公司制改革,个体、私营和外资企业也迅速发展,工商登记各类企业出现此消彼长的趋势。2002年,境内各县(市)工商机关登记注册国有企业1085户,注册资金15.21亿元;集体企业1545户,注册资金

4.15亿元；股份合作企业86户，注册资金6662万元；公司431户，注册资金17.45亿元；联营及其他企业21户，注册资金1181万元。

2003—2005年，来宾市工商部门贯彻执行《中华人民共和国行政许可法》、新《中华人民共和国公司法》开展登记工作，规范工商登记注册行为，把好市场准入关。采取简化审批程序，放宽市场主体准入条件，提高办事效率等措施促进各类企业发展。国有、集体企业继续深化改革，进行改组改制，户数进一步减少，而实行现代企业制度——公司制的企业户数迅速增长。

2005年，落实《自治区工商局关于优化投资环境促进经济发展的若干措施》，以优化投资环境为目标，坚持以法律法规为依据，改进企业、个体工商户登记管理方式，全面推行企业登记“一审一核”制，继续实行注册资本认缴制度，促进企业快速发展。年内，全市注册登记内资企业2119户，注册资本20亿元。深入开展“守合同重信用”活动，全市有31户企业获全区“守合同重信用企业”称号，进一步推进市场主体信用体系建设。

1991年，武宣县全县有各类企业有644户，其中国有企业249户、集体企业395户。1992年，武宣县全县企业770户，其中党政机关、事业单位办的企业74户，农机、农业技术部门办的企业17户。1994年，武宣县全县企业895户，其中国有企业374户、集体企业521户。根据国务院《关于贯彻党政机关与所办经济实体脱钩规定的实施意见》精神，县党政机关办的74户企业和事业单位办的17户企业等经济实体已全部脱钩或注销。1995年，武宣县清查出挂靠在国有、集体企业名下的假国有、集体企业46户，全部予以注销，限期办理个体营业执照。1998年，全县有国有企业309户，集体企业353户。1999—2004年，武宣县全县国有企业分别有303户、297户、290户、218户、213户、120户。集体企业分别有292户、256户、253户、191户、172户、97户。2005年，武宣县全县国有企业114户，集体企业88户。

1991—1999年，忻城县全县新办企业法人32户、办理变更登记57户、注销35户。2000—2005年，全县各类企业127户，注册资本3102.93万元，其中内资企业67户、私营企业60户、办理注销手续60户，依法吊销70户。1991—2005年，忻城县注册各类企业有：国有企业5户，注册资金2406.5万元；集体企业10户，注册资金1255.1万元；私营企业63户，注册资金2443.18万元；个体工商户238户，注册资金43.70万元，从业人员248人。1991—2005年，忻城县全县应年检企业9219户，实检企业9118户，年检率98.9%。

清理整顿公司

1985年，根据国务院《公司登记管理暂行规定》，工商行政管理部门对各类公司进行清理整顿。1990年，根据中共中央、国务院《关于进一步清理整顿公司的决定》，进行清理整顿，撤销不符合条件的公司。此后至2005年，不再开展清理整顿公司工作。

第四节　合同商标广告管理

合同管理

中华人民共和国成立后，境内各县注重加强经济合同管理。1950年开始，来宾县国营企业同私营工商业之间签订加工订货、经销代销、统购包销等合同。1956年社会主义三大改造基本完成后，生产关系发生了变化，国营企业对统购统销、计划分配物资采用调拨办法，不实行签订合同；国营企业、供销合作社计划收购地方产品和同外地开展的收购活动，仍签订合同并由业务主管部门签证。但由于经济法制不健全，没有一套完整的管理制度，有些合同不受法律的约束而流于形式。1962年起，恢复“上签协议，下订合同”制度，合同内容比以前具体明确，有的行业还恢复了违约责任制。“文化大革命”期间，经济合同制度一度被废止，1978年后，加强了社会主义法制，经济合同得到重新肯定。1982年7月1日《经济合同法》正式实施。1985年，境内各县工商行政管理局成立经济合同管理股，监督、检查经济合同的签订与执行。来宾县各乡镇相应成立合同管理小组，组织合同管理网点28个，指定专（兼）职人员28名，12个较大的厂、矿企业也设有合同管理员。在建立健全合同管理机构和规章制度的同时，随着商品生产的发展，签订经济合同日多。在推行经济合同管理过程中，各县采取经济合同实行分级签证管理的办法。全民、大集体工商企业与商业部门之间签订的合同，由县工商局签证；社、队、街道办工厂与商业部门签订的合同，由当地工商所审查，报县工商局签证。当年，来宾县在开展“重合同、守信用”活动中，经自治区工商局检查验收，县豆制品厂、造纸厂、八一锰矿、县劳动服务公司等单位被授予“重合同、守信用”的荣誉称号。

1982—1990 年，各县（市）工商行政管理部门通过会议、培训班等多种形式，给各企业负责人、财会、供销人员宣讲经济合同的基本知识。1984 年 1 月 19 日，来宾县五山乡企业办公室（甲方，下同）与江苏省丰县教具设备厂（乙方，下同）签订课桌板凳半成品购销合同，后甲方未按时交货给乙方。乙方向县工商行政管理局申请仲裁，仲裁委于 1987 年 12 月 25 日裁决，限令甲方于 1988 年 5 月 25 日前必须给乙方交货完毕。但甲方未履行已发生效力的裁决，局仲裁委予 1990 年 4 月 27 日再次裁决，限令甲方于 1990 年 5 月 30 日前将预付款 65570 元一次付清给乙方。1984 年 9 月 27 日，来宾镇个体工商户罗某与广东省逐溪县沙古镇符屋爆竹厂签订购销 146 箱爆竹的合同，金额 29706.55 元，后罗某未按合同规定付款。县工商行政管理局于 1986 年 5 月 18 日接到厂家的仲裁申请后，经多次调解无效，于 1990 年 10 月 15 日裁决，限令罗某在裁决之日起 60 天内付清本息 38529.39 元给厂家。1990 年 6 月 29 日，韦某和李某签订修路工程承包合同。工程完工后，李某少付韦某 1000 元包工费。后经局仲裁委多方调解，双方终于达成协议，李某补付给韦某包工费 810 元。1981 年后，经济合同扩大到工矿产品、农副产品收购、建设工程承包、加工承揽、货物运输、财产租赁、汽车维修、供用电、仓储保管等。2003—2005 年，来宾市有 64 户企业获全区"守合同重信用"企业称号。

对经济合同纠纷案件，工商行政管理部门进行调解。1984 年，各县（市）成立经济合同仲裁委员会。1995 年 9 月《仲裁法》实施以后，各级工商行政管理机关经济合同仲裁委员会撤销。

1991 年，来宾县检查全县 182 个企业 32949 份合同，金额 48181.93 万元，其中发现经济合同主体不合格金额 1 万元以上 61 份共 175 万元，挽回经济损失 175 万元。1992 年，局合同股深入 36 个企业检查了 1310 份合同，金额 28987 万元，其中检查发现合同主体不合格 36 件，金额 85 万元。1993 年，来宾县检查经济合同 48 次共 3576 份，发现纠正不合格经济合同 1034 件，避免企业经济损失 11 万元；签订经济合同 65 件，金额 62164 元。1994 年，来宾县全县有 55 家企业使用经济合同示范文本。1995 年，来宾县检查 23 家企业，检查经济合同 675 份，查出不规范合同 185 份，全县共有 25 家企业使用全同统一的经济合同示范文本。1996 年，来宾县有 35 家企业使用经济合同示范文本；1997 年，来宾县全县共有 28 家企业使用经济合同示范文本。1998 年，来宾县开展"重合同、守信用"活动，全县 6 家企业继续保持"重合同、守信用"企业荣誉称号。开展经济合同鉴证业务，鉴证经济合同 48 份，金额 4.62 亿元；认真做好动产抵押合同的登记工作，共办理抵押登记 48 份，金额 4.62 亿元。全年共检查了 20 家企业的 168 份合同，金额 5035 万元，查出不规范合同 8 份，涉及金额 956 万元，并及时给予纠正。1999 年来宾县工商局开展学习讲座，共培训 50 人次，发宣传资料 200 多份。为企业办理抵押登记和延期抵押登记 31 件，金额 48682 万元；办理合同签订 31 件，金额 48682 万元。2000 年，原来宾县引导企业做好合同签证工作，共办理抵押登记和延期抵押登记 20 件，金额 28677 万元；办理合同签订 13 件，金额 21481 万元。2001 年，原来宾县办理经济合同鉴证 26 件，鉴证金额 3 亿多元。2002 年，原来宾县深入 16 家企业检查 250 份经济合同的签订和履行情况；在企业中开展"重合同、守信用"活动，推荐来宾县造纸有限责任公司作为全国"重合同、守信用"企业公示榜，八一铁合金总厂水泥厂被评为自治区"重合同、守信用"企业；继续推行全国统一合同示范文本制度，已有 82 家企业使用了全国统一合同示范文本；积极为企业服务，搞好企业动产抵押和合同签证工作，共为企业办理抵押登记 16 件，登记金额约 5.2 亿元，鉴证合同 16 份，鉴证金额达 2.3 亿元。

1991 年，武宣县工商局大力宣传贯彻《经济合同法》，广泛开展"重合同、守信用"活动，帮助企业建立健全合同管理制度，指导企业和个体工商户按经济合同法规签订合同，履行合同，同时监督合同鉴证及履约等情况。在经济合同管理方面着重推行经济合同示范文本工作；对 137 户企业进行了调查摸底，有 76 户企业有经济合同往来，其中有 47 户企业使用了经济合同示范文本。对 70 户企业的合同管理人员进行培训，占应培训人员的 92%，有 42 户企业参加"重合同、守信用"活动，有 5 户企业被推荐参加自治区工商局评审。当年共鉴证经济合同 14 份，金额 37.5 万元；调解合同纠纷 6 起，金额 16.8 万元，在三里乡成立了经济合同仲裁庭。1992 年，武宣县使用经济合同示范文本的企业 80 户，占法人企业的 40%；有 65 家企业参加"重合同、守信用"活动，占企业法人的 33%，获自治区命名为"重合同、守信用"的企业有 12 家；其中连续三年评上的有 5 家，连续 5 年评上的有 2 家。全年鉴证经济合同 11 份，金额 41 万元，检查 68 个企业的经济合同 4266 份，金额 29868 万元，协助企业挽回经济损失 24 万元。1994年,武宣县全县有5家企业登上《中国广西"重合同、守信用"企业金榜集》。1995年,有6个企业获自治区"重合同守信用"企业称号,鉴证经济合同80份,金额25.66万元;检查250份合同,金额398万元;经济合同纠纷仲裁咨询7件,金额61万元。1996—1997年,武宣县共鉴证经济合同287份,金额为66.7万元;经济合同咨询30次,金额60多万元;到企业检查合同300份,金额5000多万元,为企业挽回经济损失100多万元,有4家企业获自治区命名的"重合同、守信用"企业称号。1997年,武宣县工商行政管理局依据《担保法》《企业动产抵押物登记管理办法》的有关规定,审核企业动产抵押物登记40笔,抵押物价值1.5亿元,抵押贷款额为0.92亿元,对3家企业减免合同鉴证费6700元。1998年起,开展房屋租赁合同的鉴证工作,武宣县共鉴证合同468份,合同金额146.2万元,检查合同186份,金额9778万元。1999—2002年,武宣县共鉴证合同479份,合同金额475.58万元;共办理动产抵押物登记60笔,抵押物价值13.65亿元,抵押担保主债权6605万元,贷款金额9690万元,全县有6家企业被评为自治区"重合同、守信用"企业。2003年,武宣县检查自治区、市级重合同守信用企业5家,对不符合自治区级"重守"条件的2家企业,报请自治区工商局予以撤销。全县共办理抵押登记165件,主债权金额5.33亿元,抵押物价值9.22亿元;鉴证合同785份,鉴证金额5.4亿元;监督拍卖活动1次,成交金额350万元。其中为企业办理动产抵押物登记3件,抵押物价值7825万元,贷款金额4450万元。2004—2005年,武宣县对全县146户经营农资、钢材、摩托车等重要商品的经营户发放《经营户商品来源(销货)情况登记台账》,为企业办理动产抵押13件,抵押物价值2.59亿元,贷款金额为1.82亿元。

1991年,忻城县推行经济合同示范文本,检查22家企业合同320份,金额2472.1万元;调解合同纠纷1起,鉴证合同8份,金额74.7万元;咨询协查合同18份,金额11万元,避免经济损失3.6万元。1998年,忻城县办理抵押物登记25件,标值4146.7万元;深入企业帮助企业建立合同管理制度,指导企业规范签约行为;检查合同521份,金额1185万元,发现其中20份为不合格合同,标值31.25万元;鉴证合同65份,金额5564.59万元。2000年,忻城县对全县建筑合同开展监管工作,在建筑行业推进合同示范文本,规范合同格式。当年检查合同245份,抵押登记2份,登记主债权120万元,抵押物价值210万元。2001年,忻城县检查14家企业101份合同,金额120万元。1991—2001年,忻城县鉴证合同77份,金额5738万元;调解合同纠纷4起,金额105.6万元;检查合同1266份,金额4526万元;办理抵押物登记2件,登记主债权120万元,抵押物价值210万元;调解合同纠纷2起,金额98.6万;发现不合格合同20份,标值31.25万元;咨询协查合同18份,金额11万元,避免经济损失3.6万元。2002—2005年,忻城县办理抵押登记6户,抵押值16690万元,贷款金额7308万元。

商标管理

中华人民共和国成立前,境内各县有少数手工业自制产品商标,但不注册。

1979年后,为适应市场竞争的需要,各县开始对商标实行管理,组织力量对所有企业进行商标普查、清理和注册。1982年,境内各县(市)按照国务院《广告管理暂行条例》和国家工同行政管理局制定的《广告管理暂行条件实施细则》,加强商标、广告管理。至1990年,来宾县经工商行政管理局审查、国家工商行政管理局核准的注册商标17只,其中有县纸厂生产的"红河牌"绉文卫生纸,县制药厂生产的"斜拉桥"金钱草冲剂(现名石淋通冲剂)、舒肝冲剂、复方肝炎冲剂、板蓝根冲剂,县豆制品厂生产的"红河牌"圆枝腐竹3只商标的商品获部省优质产品奖;未注册商标9只。为严格商标管理,保护商标使用权不受侵犯,1985—1990年,来宾县查处假冒商标案15起。1982年前,境内各县无专门广告管理机构。1982年,根据国家《广告管理暂行条例》和《广告管理暂行条例实施细则》,各县除组织有关人员学习外,并与广播、文化等部门组织力量大力宣传广告管理暂行条例。1984年9月,来宾县对全县24个乡镇和厂、矿、场进行广告宣传检查,没收销毁户外行医广告6000多份,并予以酌情罚款处理。

1987年10月,国务院发布《广告管理条例》后,境内各县工商行政管理局设商标、广告股,进一步加强对商标、广告管理的领导。

1988年,来宾县查处较大的假广告案件2起。小平阳街个体户杨某私立字号,以广西来宾小平阳种子站办事处名义,骗取有关单位盖章,在福建、贵州、江西等省科技报刊上刊登提供紧缺药材"冬虫夏草"种子的虚假广告。杨某根本没有"冬虫夏草"种子,靠假广告骗取全国24个省市2300多人次的13万多元汇款。县工商局发现后,立即查处,除令其在相应范围内发布撤销原假广告，将非法收入如数退还受骗者外，并吊销其商户营业执照，罚款3000元；1987年3月，陈某到来宾骗取有关单位盖章，以“来宾县南方机电修造厂”的虚伪名称申请开业，在广西、江苏等省市一些报纸上刊登广告，先后骗取各地汇款10万多元。其实际是非法生产销售捕鱼机。1988年6月，县工商行政管理局除责令其如数退款给受骗者外，并吊销其营业执照，罚款800元。1990年，来宾县经营广告业务1个（县广播站）、处理虚假户外广告案31起、收缴假广告6000多张、罚款2000多元、挽回经济损失12万元。1991年，来宾县立案查处广告违法案件3起、收缴非法印刷品广告3000多份。1992年，来宾县查处广告违法案件2起、责令拆除违法户外广告3处。是年，来宾县造纸厂的红河牌（卫生纸）、来宾豆制品厂的红河牌（腐竹）被评为广西著名商标。1993年来宾县检查34家广告经营单位发布的25条广告、处理有关信件15件、查处违章广告50起、没收违章广告1.2万张。1994年来宾县发展广告经营单位1户，1995年，来宾县共检查34家广告经营单位发布的25条广、没有发现违法广告、处理有关信件15件。1996年来宾县有4家广告经营单位通过年检，处理违法户外广告案件10起、收缴非法广告1万份、清理乱张贴广告3000多张。1997年，来宾县加强对电视广告、报纸广告、医疗广告、户外大型招牌广告的监管，收缴印刷品广告5000多份，立案查处违法广告3起。1998年来宾县对全县4家广告经营单位进行年检，检查广告内容31条、办理户外广告登记38件、审查印刷品广告11批、处理违法广告22起、收缴违法印刷品广告10万多份、清除乱张贴户外广告2万多份、清除乱张贴广告1000多张。1999年来宾县完成4家广告经营单位资格检查和验证工作、新发展广告经营户2户、检查广告81条、处理违法广告案5件、收缴违法印刷品广告2万多份、清除乱张贴广告2000多张、罚款750元。2000年来宾县，完成6家广告经营单位的资格检查工作、核准户外广告登记76件、审查备案印刷品广告2件、检查广告50条、组织开张3次对违法乱张贴、散发印刷品广告的专项治理行动、收缴违法印刷品广告共10万多份、清除乱张贴广告5000多张、拆除违法户外活动广告牌38个、查处违法广告案14件、罚款4590元。2001年，来宾县完成对7家广告经营单位资格检查、新增广告经营单位4户、核准户外广告登记122件、检查发布内容130条、查处违法广告案91件、拆除违法广告牌21块、收缴违法印刷品广告5万多张。2002年，来宾县核准户外广告登记176件、检查发布内容183条、查处违法广告案17件、收缴违法印刷品广告1万多张。

1991年，来宾县督促企业申请注册、变更商标5个。1992年，来宾县接待企业来访22人；1993年，来宾县接待企业来访34人次；1994年，来宾县接待企业来信来访36人次、办理商标申请注册4件、获商标注册2件；1995年，来宾县依据《商标法》的规定，做好服务工作，帮助县制药厂获得2个注册商标的续展注册。1996年来宾县为县食品工业公司、来华淀粉厂等企业代办4个商标注册和续展手续；1997年，来宾县引导企业注册商标，打造品牌，来宾造纸厂的“红河牌”卫生纸获广西著名商标；1998年来宾县完成30个注册商标年检工作，提供商标咨询25次，代办商标注册4件；2000年，来宾县全年共有8家企业咨询商标注册，共办理成功2家；2001年，来宾县工商局提供商标咨询28人次，为5家企业代办了商标注册、续展和变更手续。

2003—2005年，来宾市工商系统共查处商标违法案件45件，罚没款12万元，收缴侵权商标标识3000余枚。市工商系统以医疗、保健品、药品和化妆品广告为重点，积极查处虚假违法广告行为，共查处广告违法案件222件，罚没款26.73万元；收缴违法印刷品广告13000余份，拆除违法广告牌284块、条幅1500余条，并向社会发布《广告违法警示公告》。2005年，工商部门积极指导企业和个体工商户申请商标注册，实施品牌战略，努力提高全市注册商标总量，全系统共培育和受理商标注册申请21件。

1991年，武宣县工商行政管理局加大宣传《商标法》，提高企业的商标意识，指导企业运用商标战略开拓市场，参与市场竞争，当年共指导办理商标注册5个。1992年武宣县申请注册商标的企业比上一年增加40%，共指导办理注册商标9个。1992—1994年，武宣县举办2期《商标法》培训班，参加培训人员100多人；培训人员有厂矿企业的场长、书记、厂长、科长、经理、业务员等。1994—1996年，武宣县共指导办理商标注册21件、为企业查询商标21件、查处无证印制商标行为1件，并罚款100元。1991—1996年，武宣县全县企业已在国家工商局商标局注册的商标共29件，如县电池厂的“偶塔”“丽光”电池商标；县糖厂的“仙蜜”白糖等商标，享有商标专用权。2001—2004年，武宣县共查处商标侵权、商标违章违法案件14件，罚款0.84万元。2005年，武宣县查处商标侵权案4件，没收销毁侵权商标豆粕 4 吨，罚没款 1.67 万元。

1991—2005 年底，武宣县全县有 40 个产品注册了商标。

广告管理

1991—2005 年，武宣县县城和各圩镇有户外广告栏 29 个，面积 250 平方米，先后开办三期《广告法》学习班和广告业务知识培训班，参加学习和培训的有各工商所的广告管理人员和各企业的广告业务人员共 120 多人；全县有 9 户广告经营单位，每年通过工商局的年检。共核发户外广告登记证 146(份)户、店堂广告发布证 39（份）、设置路牌广告面积 280 平方米、核准张贴户外广告 6927 张、依法查处广告违法案件 226 起，罚款 4.56 万元、清理撕毁违规广告 3800 张、没收违规广告 9997 张，拆除违规广告牌、横幅广告 233 条(处)，收取广告管理费 3.31 万元。1991 年武宣县全县共设有户外广告栏 16 处，实用面积 124 平方米，查处违章张贴广告 16 起。1993 年全县核准 3 家广告经营单位，户外广告栏增加到 29 个。1995 年，武宣县举办两期《广告法》学习班，加强全县招牌广告设计制作市场的管理，促进武宣广告业的发展。2000 年，武宣县主要是规范户外广告行为，对违法违章广告行为进行查处，当年共有 9 家广告经营单位，全部通过年检，合格率达 100%。2001—2003 年，武宣县集中开展印刷品广告、户外广告，店堂广告清理检查，查处违法违章广告行为案件 94 件，罚款 1.86 万元；规范店堂广告，核发店堂广告发布登记证 39 户；核发户外广告登记证 38 户，核准张贴 1288 张，清理乱张贴广告 2400 多张(条)。

2004—2005 年，武宣县对全县的医疗广告进行全面检查，清理张贴发布治疗性病、肝病等违法广告，清理乱张贴广告 1260 张，没收销毁医疗、药品印刷品广告 633 张，印刷品广告 1452 份，拆除户外违法违章悬挂横幅、条幅广告 33 条，夸大疗效宣传的违法药品广告案 7 件，罚没款 0.2 万元，查处广告违法案件 6 件，罚没款 0.68 万元。

1991—1995 年，忻城县查处招工、招生、致富信息等虚假违章广告 42 起，没收虚假广告 3942 份。1996—2000 年，开展广告经营单位资质检查，依法规范户外广告行为，受理户外广告 18 户。查处发布“专家看病义诊”虚假广告案 1 起，罚款 800 元；查办户外广告案 4 起，收缴违章广告 2500 张。2001—2005 年，忻城县办理户外广告登记 164 件、查处违法违章广告 13 起、收缴违法印刷广告 19800 张，罚款 15200 元；拆除跨街横幅广告 105 条、非法设置巨幅户外广告 9 块、条幅 220 条、虚假违法广告损害消费者利益案件 2 起、受理广告经营户年检换证 1 户。1991 年—2005 年 12 月，忻城县全县新增注册和续展商标 13 件。

第五节　经济检查

1981—1987 年，境内工商部门按照国务院《关于加强市场管理打击投机倒把和走私活动的指示》精神开展经济检查工作，查处投机倒把案件 1957 件，罚没金额 223.8 万元。由于国家计划收购和计划供应的品种逐步减少，经营原计划收购和计划供应物资已不再属查处范围，接受申诉案件 766 起，已复议案件 609 起，其中全错全纠 96 件、部分错部分纠 107 件、维持原处理决定 406 件、退库金额 14.6 万元。

1988 年 4 月，境内工商部门先后成立经济检查大队，依法管理市场。进入 21 世纪，随着社会主义市场经济体制全面建立，工商部门对市场主体的准入、退出、交易和竞争行为实施全方位的监管，并把制售假冒伪劣商品、走私贩私、食品安全、打击传销、保护知识产权、反不正当竞争等列为监管重点。2003—2005 年，全市工商部门查处经济违法违章案件 12899 件，数量较大的涉案商品和物资主要有：陈化粮 4195 吨、成品油 749 吨、地条钢 362.2 吨、原煤 1200 吨、假冒名酒 2664 瓶、烟花爆竹价值 4.4 万多元。

1991—2000 年，合山市的市场监管和行政执法的重点是查处市场交易的短斤少两、掺杂使假、欺行霸市和投机倒把。10 年间，合山市共受理消费者申诉投诉 12 件，查处市场交易的短斤少两、掺杂使假、欺行霸市和投机倒把等 1378 例(件)。2001 年，合山市工商部在农村取缔和补办执照 7 户、在市场销毁制售假冒伪劣商品 13 次、纠正农资违法 1 件。2003 年 3 月，查获广东省茂名市一公司在合山非法经营成品油案，查获柴油 588.94 吨，案值 200 万元。2004 年 2 月合山市查获涉嫌非法经营成品油案，依法封存柴油 4000 千克，涉案金额 20 万元。2005 年，合山市查处过期饮食品 300 千克、查处农药残留蔬菜 800 千克，案值共 1 万元，查处生产销售“地条钢”的非法企业 2 家查获地条钢 80 吨，价值 30 万元。

第六节　消费者权益保护

1988 年，境内各县开展一系列保护消费者权益活动，宣传贯彻《消费者权益保护法》。来宾县小平阳乡一个体户利用广告宣传，诈骗邮购药材种子款，县消费者协会追回17万元，退还受骗者。1986—1995年，境内各县（市）每年进行几次商品和服务质量大检查，开展对一些产品质量跟踪评议活动。

1991—1996年，武宣县全县共处理消费者投诉463件，处结444件，处结率96%，为消费者挽回直接和间接经济损失100余万元。1997—2003年，武宣县全县共处理消费者投诉635件，处结608件，处结率95.9%，为消费者挽回直接、间接经济损失600余万元。做好每年度的“3·15”纪念日活动，深入各乡镇市场开展宣传、打假展览、咨询活动，受教育群众28万余人次，提高了群众鉴别假、冒、伪、劣商品能力和自我保护意识。2004—2005年，武宣县受理消费者投诉案235件，接受消费者咨询1433人次，为消费者挽回经济损失20.84万元。

2003年3月，来宾市工商局“12315”消费者申诉举报指挥中心成立，按照“一级受理，快速分流，辖区联动，多方参与”的工作模式开展消费者权益保护工作。2004年2月，市消费者协会成立后，积极开展消费者权益保护和相关法律法规宣传工作。当年，“12315”消费者申诉举报指挥中心被市人民政府、市妇女联合会评为“巾帼文明示范岗”。2005年，来宾市不断加强“12315”消费者申诉举报指挥中心建设和推进12315进乡镇、进村组、进社区、进企业、进市场、进超市，把市场监管消费维权网络覆盖到城乡基层。

第七节　打击传销

2002年以前，来宾市开展过打击传销行动，端掉窝点30多个、遣散传销人员800多人、行政拘留传销头目8人，查扣用于传销的西服20多套，化妆品一批，传销书刊、资料、记录本2000多册，罚款2万多元。

2002年12月建市后，各种激励政策和招商引资优惠政策，吸引了一大批的投资商到来宾投资创业。新兴来宾的发展也被传销团伙所利用，传销活动曾迅速发展蔓延（主要是兴宾区城区），从事传销的均为外省（区、市）的人员，主要传销组织有“深圳文斌贸易公司”“广州扬森公司”“新加坡派隆公司”等，以“连锁销售”“阳光工程”“资本运作”等各种名目从事传销违法犯罪活动。

2003年，来宾市工商局与公安部门配合在兴宾区、武宣和象州县等地多次开展专项整治传销活动，共出动执法人员1590人次，车辆378台次，端掉传销窝点219个、收缴变相传销书籍、资金资料笔记本等近2万册、没收用于传销的物品182件（套）、教育遣散参与传销人员4426人，由公安部门刑事拘留传销组织头目3人、劳教3人、治安拘留6人。市政府按照《国务院关于禁止传销经营活动的通知》要求，设立打击传销办公室，工商部门会同公安等部门开展查处取缔传销活动工作。

2004年，市工商、公安等部门出动人员2300多人次，执法车辆580多台次，捣毁传销窝点128个，劝返、遣送传销人员9000多人次，解救被传销分子限制人身自由的受害者30多人；对16户出租房屋给传销人员从事传销活动的屋主及40多名传销骨干分子进行处罚。

2005年，市委、市政府组织开展了2次联合打击专项行动，全市共捣毁传销和变相传销窝点300多个，遣送、驱散传销人员1.1万多人次；司法机关立案查处传销骨干74人，行政拘留38人、劳动教养14人、判刑2人；对130多户传销分子租用于从事传销活动的出租房采取断水、断电强制措施，对35户为传销活动提供便利的出租房主予以罚款。

在打击传销工作中，市打击专项行动指挥部总结制定了“五个结合”的方针并贯彻打传工作的始终，即严厉打击和综合治理相结合；严厉打击和宣传教育转化传销人员相结合；打击传销基层组织和抓头目、打上线，瓦解传销体系相结合；集中行动和经常性打击相结合；政法工商机关与群众参与相结合。以工商、公安为骨干力量组成专项执法队伍，通过坚持日常打击，适时组织开展大规模的集中整治行动，深入开展创建“无传销社区”活动，设立流通人口和出租屋管理站，强化宣传教育等措施，遏制传销活动的发展蔓延。

联合打击非法传销　　（2005年摄）

第四章 物价管理

中华人民共和国成立前，今来宾市所辖区均无物价管理机构，商品随行就市，议购议销。

中华人民共和国成立后至1985年，物价管理工作由相关部门配备物价工作人员承办。1986年后，各县相继成立物价局，代表本级政府依法行使物价管理职权。

1978年前，农产品和工业品中绝大部分由国家定价，国家管理的农副产品价格有12大类328种，工业品价格有61类1547种。1979年开始对三类农产品和完成收购任务后允许上市的一、二类农产品，允许企业议购议销，价格随行就市，实行市场调节；逐步放开工业小商品价格，允许在国家政策指导下实行市场调节，由企业根据成本和市场供求变化灵活掌握。1985年后，放开价格的工农业品种逐步增多，国家定价（1997年后称政府定价）的范围逐步缩小，国家指导价（1997年后称政府指导价）和市场调节价的范围逐步扩大。1991年，来宾市商品价格，国家定价、国家指导价、市场调节价分别占商品总数的52.29%、6.79%和40.92%。

第一节 机 构

1949年12月，国营商业企业负责系统内的物价核定。1951年1月，各县在县工商科配备兼职物价员，1952年12月，各县物价管理由商业科承办。1956年4月后，物价管理工作由计划委员会负责，1956年，各县工商科设市场物价股，1962年，在县计划委员会设专职物价员。1963年2月，各县物价管理工作先后由县工商科配备的专职物价员、商业局内设立的物价股和计划委员会内配备的专职物价员负责。1965年4月，境内各县成立物价委员会。1966—1968年受"文化大革命"冲击，物价机构瘫痪；1969年，物价业务工作由县革命委员会生产指挥组商业小组负责；1979年恢复物价委员会。同年，各县成立物价检查所，与县物价局合署办公，两块牌子，一套人马。1986年后，各县（市）相继成立物价局，均为本级政府职能局，代表政府依法行使物价管理职权。2001年12月，党政机关机构改革，各县（市）物价主管部门分别靠挂县（市）发展计划局，仍保留县（市）物价局牌子。

2002年12月28日，成立地级来宾市。2003年1月17日，来宾市物价局正式挂牌成立。2月8日，市局机关及所属机构全部从柳州迁至来宾市，原来宾县物价局上划市物价局。市物价局内设机构有办公室、价格管理科和收费管理科，下属二层机构有价格检查所、价格成本调查队、价格认证中心和价格监测中心。市价格调节基金办公室在市价格监测中心挂牌，实行两块牌子一套人员，下辖武宣、象州、金秀、忻城4县和合山市物价局。当年，市县两级物价主管部门共有干部职工79人，其中市局（含下属二层机构）28人，县（市）局51人。至2005年市物价局内设机构：办公室、价格管理科和收费管理科；下属二层机构设价格监督检查分局、价格成本调查队、价格认证中心和价格监测中心与价格调节基金办公室。全局（含二层单位）31人，其中高级经济师3人，中、初级经济师21人，高级统计师1人，另外，具有注册价格鉴证师资质的6人。

市物价局局长：陈家作（2002年12月—2005年12月）。

1991年，来宾县物价局内设物价检查所。全县有专、兼职物价管理人员65人，其中县物价局（所）11人。1992年，来宾县物价局增设价格事务所，编制由内部调整。2001年12月，党政机关机构改革，来宾县物价局靠挂县发展计划局，保留县物价局牌子。时县物价局有干部8人，设局长、党组书记各1人，副局长3人，行使价格管理、价格监督检查、收费管理、工农业产品成本调查等职能。2003年1月17日，来宾市物价局成立，来宾县物价局上划来宾市物价局。新成立的兴宾区不设物价机构，相关的价格管理职能由市物价局代为履行。

1992年，武宣县设立物价事务所，属县物价局的二层机构，编制3人，人员从局现有编制人员中调整，物价局局长兼任所长，另设副所长1名。2002年，武宣县物价局内设行政秘书股、收费管理股、价格管理股，下辖价格监督检查分局、价格认证中心两个事业单位。2005年底，武宣县物价局全局共有编制11人（其中行政5人，工勤1人，事业5人），实有在职人员12人（其中公务员5人、工勤人员1人、事业单位人员6人；具有本科学历4人、大专学历7人、中专以下学历1人）。

1991年，忻城县物价局行政编制5名，下设物价检查所，为二层机构事业单位。1992年6月忻城县成立并登记注册价格事务所，设在物价检查所，实行一套人马两块牌子，归县物价局统一管理。2003年7月忻城县价格事务所更名为价格认证中心，2005年5月更名为忻城县价格监督检查分局。

第二节　价格体制

按照各个时期价格重点来划分，辖区内价格改革历程可分为三个阶段：1979—1984年是改革的初始阶段，此阶段的改革以调整价格体系为主；1985—1988年是改革的展开阶段，此阶段以放开价格为主，改革价格管理体制，逐步转换价格形成机制；1989—2005年是改革的深化阶段，此阶段以加强宏观调控为主。

调整价格

中共十一届三中全会后，全面推进价格体系和价格管理体制的改革。价格管理体制的调整，要求做到以计划经济为主，市场调节为辅的原则。在价格管理形式上改革单一的由国家定价的形式，实行国家统一定价、浮动价、工商协商定价、议价和集市价格等多种形式。其中按国家指令性计划生产、由国家集中控制，实行国家定价；实行指导性计划的商品大部分实行浮动价，小部分实行工商协商定价；三类农副产品和完成国家统、派购任务后允许上市的一、二类农产品实行议价。并且规定计划价格是价格管理形式的主体，有指导的自由价格是补充。

从1979—1984年，价格改革以调为主。此阶段既有计划的调整价格，也进行价格管理体制的调整，适当放开一部分商品价格。此阶段先后进行了7次重大的价格调整：从1979年开始大幅度提高以粮、油为主体的大多数农产品收购价格，同时调整农产品之间的比价，6年间提高农副产品价格301种；1984年农产品收购价格比1979年提高51.5%，平均每年提高8.7%，通过调整农产品价格偏低的状况有所改善。从1979年11月1日起提高8种主要副食品即猪肉、牛肉、羊肉、家禽、鲜蛋、水产品、牛奶、蔬菜的销售价格，同时提高以上述8种副食品为主要原料的烧、卤、腊味加工复制品价格。1981年降低涤棉布、中长纤维销售价的同时、提高了烟酒的销售价格。1982年起分批放开工业小商品价格，并对三类农副产品实行议购、议销，小商品价格和第三类农副产品价格逐步趋于合理。1950—1982年，工业品价格由国家统一管理，实行计划价格，大小商品由上级管理部门制定价格，实行一县一价制。1982年和1984年提高煤炭、生铁、钢材等原材料价格，以利于基础工业的发展，同时降低了部分机械、电子产品的出厂价格。1983年有升有降地调整纺织工业品的销售价格，大幅度降低化学纤维制品的价格，同时提高棉纺织品价格。提高铁路货运价格和水路客运价，使运输价格结构趋向合理，有利于促进铁路、公路、水路运输的合理分流。

在此阶段中重点调整主要农产品价格。改变了农产品价格长期偏低的状况，使农村经济得到了迅速的发展。农民从农产品价格调整中增加了收益。1979年后，全市境内重视价值规律，改变对价格管的得太多、管得太死的弊端，实行计划经济与市场调节相结合的经济政策，在农村全面推行以家庭联产承包责任为主要形式的生产责任制，促进了生产的发展，市场产品增多，价格也趋于合理。

放开价格

1984年10月，党的十二届三中全会通过的《关于经济体制改革的决定》强调："社会主义计划经济必须自觉地依据和运用价值规律。"当时从中央到地方均反复强调，价格体系的改革是整个经济体制改革成败的关键、价格管理体制的改革是价格体系改革者的重要内容。在调整价格的同时，必须改革过分集中的价格管理体制，逐步缩小国家统一定价的范围，适当扩大有一定幅度的浮动价格和自由价格的范围，使价格能够较灵敏地反映社会劳动生产率和市场供求关系的变化，符合国民经济发展的需要。

1985年开始全面改革价格体系，在逐步改革价格体系的同时，注意安排国家、企业、个人三者的关系。

从1984—1985年按照以下原则进行价格改革：按照等价交换的要求和供求关系的变化，调整不合理的比价，该降的降，该升的升；在提高矿产品和原材料价格时，加工企业必须降低消耗，使由于矿产品和原材料价格上涨而造成的成本提高基本上在企业内部消化，少部分由国家减免税收来解决，避免因此提高工业消费品的市场销售价格；在解决农村产品购销价格倒挂和调整消费品价格的同时，采取切实的措施确保广大城乡居民的实际收入不因价格调整而降低。同时随着生产的发展和经济效益提高，逐步提高职工工资。

1985年，以放开价格为主，重点是改革商品价格管理体制。按照自治区人民政府颁发的《关于改革价格管理的试行办法》,辖区内对价格管理体制进行改革:一是放宽对城乡集体经济产品的价格管理。除由国家计划安排生产和供应原材料的一、二类产品必须执行国家定价外,其余产品价格放开,由企业自行定价。二是放宽对农副产品的价格管理。对完成国家统、派购任务后允许上市的一、二类农副产品和三类农副产品价格,允许企业根据市场供求情况议购议销。三是放宽对重工业产品的价格管理。属于议价购进原材料生产的产品,经各县(市)物价部门批准,可以议价销售。日用工业品中用议价原材料加工的产品,由企业根据保本微利的原则自行定价销售。除实行国家定价和国家指导价格以外的工业品,价格彻底放开,区内生产的糖果、味精、日用陶瓷及三类小商品价格放开。四是放宽对饮食业的价格管理。国家除规定饮食业综合毛利率和部分大众化食品价格由国家规定外,其他各种食品由企业自行定价;自治区下放部分物价管理权限、扩大了县(市)物价部门、业务主管部门和企业的定价权。对一些主要商品的价格变动,国家采取价格补贴政策。价格补贴主要有:生产、经营单位的政策性亏损:城镇居民、职工粮油、副食品和猪肉、市场生活用煤等。

1985—1988 年,辖区内放开猪肉购销价格,取消生猪派购,实行有指导的议购议销:在城镇放开蔬菜价格;放开木材和大多数农副产品价格,农产品中除粮、油、烤烟、糖蔗实行国家定价,黄麻、苎麻、蚕茧、松脂、毛竹、木材、生猪实行国家指导价外,其余全部放开。在工业品价格管理上,1985 年放开了计划外超自销的工业生产资料价格;还放开了缝纫机、手表、黑白电视机等 17 种重要工业消费品价格;逐步放开饮食业、车缝业、修理业、服务业等劳务收费,允许企业自行定价。

此阶段由于宏观调节失控,特别是国家货币投放过多,大大超过同期国民经济的增长速度,致使许多商品价格放开后大幅度上涨。据统计,1985 年生猪价格放开后,收购价格由每 50 千克 62 元上升到 120 元,蔬菜价格上升 30%~50%。

境内社会零售物价总水平 1985 年比上年上涨 11.1%,1986 年同比上涨 6.2%,1987 年同比上涨 11.4%,1988 年同比上涨 21.5%。物价大幅上涨,超出群众购买力的承受能力。尽管如此,价格改革取得的效果仍然是显著的:经过改革,基本上改变了计划价格统得过多、管得过死的状况;价格改革使价格体系也趋于合理;工农业产品交换“剪刀差”进一步缩小。

宏观调控

1988 年 9 月,中央提出治理经济环境,整顿经济秩序,全面深化改革的指导方针,遏制通货膨胀,逐步降低物价上涨幅度。境内各县(市)在宏观方面采取了一系列的重大措施:一是压缩基本建设投资规模。重点压缩计划外和非生产性的基建项目,对计划内的基建项目进行清理,无效益的和条件不具备的停建或缓建。二是压缩社会集团购买力,控制消费基金过快增长。规定对 29 种商品消费加以严格控制。三是认真清理整顿各种公司。对党政机关开办的公司,按国务院通知要求认真进行清理整顿,党政干部要和公司脱钩。四是贯彻国务院规定,不出台新的涨价政策,地方管理的商品价格和收费,也不得任意提高;五是加强市场管理,严厉打击投机倒卖活动,凡国家定价的商品必须严格执行,对放开的商品也要指导和管理;六是对部分紧俏工业品实行提价申报制度。

各县(市、区)为实现控制物价的目标,采取:实行物价控制目标责任制,将自治区下达的物价控制目标分解落实到位,规定本县(市、区)控制物价上涨的具体目标,并作为政绩目标考核的重要内容,实行物价控制目标各级行政首长负责制。同时,每年年终进行考核评比,分清优劣;严格控制调价项目出台,加强对已放开的部分工业品价格的管理和控制,对重要工业品价格实行监审制度;增加有效供给,控制消费需求;规定同群众密切相关公共事业和服务收费不涨价,对行政事业性收费严格执行《收费许可证》制度,对群众反映强烈的医疗、教育、服务行业的收费实施重点检查整顿。

通过采取上述措施,辖区内零售物价上涨幅度逐月回落。其中,1990 年今市区零售物价总水平比上年下降 0.3% (整顿初期上升 21.8%),1991 年比上年仅上涨 0.7%。当年,辖区 2224 种商品价格(包括中央和自治区管理),属国家定价 1163 种,属国家指导价 151 种,由市场调节 910 种,分别占总数 52.29%、6.79% 和 40.92%。1995 年,国家定价商品 132 种,比 1991 年减少 88.65%;国家指导价 110 种,减少 27.15%;由市场调节 1163 种,占商品价格种类总数 82.78%;比 1991 年增加 27.8%。工业品价格中国家定价的比重逐年下降。1990 年,在工业总产值中国家定价的比为 31.7%。

2005 年,来宾市健全价格监测体系和预警机制,形成了监测分析、信息报送制度。市物价部门坚持做好重要商品市场价格日报、旬报、月报工作,准确采集市场价格数据；加强市场价格分析预测工作力度。做好成品粮、居民食品、工业生产资料、日用工业品和居民服务收费等五大类全国重点监测项目及自治区七大类近200个品种的价格监测工作，做好对影响市场价格变动的相关情况的分析报告。被监测的五大类品种价格总水平比上年略高，但每月趋势由高向低发展。粮食类、工业生产资料类及城镇居民服务收费类分别升2.35%、2.85%、0.68%，居民食品类和日用工业品则分别降3.00%和0.02%。

由于受上年初价格上涨的翘尾影响，致使本年初成品粮类价格仍处较高位置，随着上年秋粮丰产带来的全国性供求关系缓解，市场价格明显回落，并一直保持至年末，9—11月同比平均降0.21%。居民食品类价格综合指数全年均维持负增长态势。主要是食用油类由于桶装油生产商多次下调油价，其中色拉油降幅达15.4%；上年受粮价上涨及禽流感所带来的滞后影响，肉禽类价格上涨高，2005年则转入平稳，逐步下降，其中牛肉大多维持在9.00元/500克，同比下跌1.00元。蔬菜价格则比同期有所上升，上年5月起公路治超，本地产品大量滞留内销，价格大幅度下跌，年内遇洪灾影响，市价曾一度猛涨，并带来滞后影响，价格同比以上升为主。工业生产资料类价格综合平均水平比同期上升2.85%。一是由于国际原油价格不断上涨，国内汽油、柴油价格也随之多次调整，平均比同期上升14%。二是年初黑色金属价格一度出现复涨，由此导致全年平均水平呈现上升。从4月份起，国家加大控制固定资产投资规模力度，并调整钢材原材料及成材的出口退税政策，使钢材价格涨势得以控制并逐渐回落。9—11月平均比同期降8.5%。日用工业品类价格虽也有变动，但变动不多且幅度不大，平均比同期降0.02%。城镇居民服务收费价格品种、项目价格由于有95%是属政府管理，价格变动较小。属市场调节的石油液化气和蜂窝煤，因受国际油价和国内能源及运输价格上涨影响，变动较频、幅度较大，其中液化气每罐平均72元，比增5元(+6.9%)蜂窝煤增幅则达38.6%。农资价格以化肥为主由于受能源、原材料及运输价格上涨影响，自二季度起便呈现明显上涨趋势。全年综合平均比上年涨幅达24%，其中尿素及氯化钾分别为16.5%和38.7%。9月以后尿素、碳铵开始有所回落，其中尿素在11月中旬起降至1850元每吨，比之前降150元每吨，而氯化钾仍维持在2060元每吨。

加强收费管理，重点抓好收费公示制度、《收费许可证》《收费员证》的管理以及涉农、涉企收费等工作。全年对涉及调整、取消的收费项目及时更正或注销其许可证，对已到期的《收费许可证》及时换发，共注销许可证99本，换发、新发许可证574本，对全市1592个单位进行了年审，在审验中对一些没有执行国家、自治区有关收费政策的单位，进行批评指正，对问题比较严重的4个单位给予查处。根据相关法律法规对教育、劳动、计生、公安、农机等部门的涉农和涉企的收费项目和标准进行取消或调整，共查处违规金额48万元。全市共清理涉农涉企收费文件108个、取消收费项目230项、降低收费标准26项，为企业和农民减负200多万元。

加强价格管理，深化价格改革，充分发挥价格杠杆作用，促进经济快速发展。清理整顿药品价格，完善药品价格管理方式。针对药品价格虚高，群众看病难、收费高这一社会热点、难点问题，市物价局对2004年集中招标采购药品价格进行重新审核，调整3442个招标药品和医疗器械最高零售价格。做好2005—2006年度药品、医疗器械集中招标采购最高零售价格的审核工作。按照国家发改委制定的最高零售价格、中标药品作价管理办法和差比价规则，参照其他市的最高零售价格，对中标的6244个品种规格的药品逐一审核制定最高零售价格。针对200多个药品的中标价高出国家规定的最高零售价格，市物价局要求这些投标企业降低中标价，否则不能在来宾各医疗单位进行销售，最大限度地保护消费者的利益。针对全市各医疗单位临床用血价格一直较为混乱，为扭转这一局面，从2月份即着手开展医疗单位临床用血运输费用和服务费用的调查，4月份制定出全市临床用血价格。

认真贯彻糖料蔗价格政策，维护农民利益，促进支柱产业发展。2005年8月下旬至9月上旬市物价局牵头组织市(区)审计、监察、财政、经委、税务、糖办等部门和蔗农代表组成检查小组，对兴宾区内各糖厂2004—2005榨季亚法一级白砂糖平均销售价格进行检查，确定兴宾区内各糖厂2004—2005年榨季白砂糖销售价格3099.16元每吨对应普通糖料蔗最终收购价格199.96元每吨挂钩联动(原定的糖蔗联动收购价格是2800元每吨对应185元每吨)，按照挂钩联动办法补给蔗农14.96元每吨，为便于结算，市政府最后确定为每吨兑现15元给蔗农。制定2005—2006年榨季糖料蔗收购价格。确定2005—2006年榨季每吨普通糖料蔗收购价230元对应3500元每吨一级白砂糖平均含税销售价格。12月5日根据自治区物价局《关于提前兑付糖料蔗挂钩连动价款的紧急通知》的精神，2005—2006年榨季蔗糖价格联动重新确定为每吨普通糖料蔗收购价240元与每吨亚法一级白砂糖平均含税销售价格3700元挂钩联动。制定物业服务收费标准和抓好客运票价调整备案制度，清理整顿乡镇供水价格，做好供水价格听证会工作，落实电价调整机制，对47家淘汰类的高能耗企业试行差别电价，根据自治区物价局有关文件精神，8月对8—9月用电量超过6月用电量5%以上的，6月处于停产或基本停产并符合国家产业政策的铁合金企业，其低谷时段用电量在各类用电电价基础上优惠0.07元每千瓦时。市物价局和市经委联合向自治区物价局请示，给予八一铁合金厂享受优惠电价，得到自治区物价局的同意，为该企业减少支出300多万元。加强燃气价格管理，严肃国家价格政策，规范价格行为，8月开始，市瓶装液化气零售价格持续上涨，12月27日突破93元每瓶，群众反应强烈。12月28日，市物价局对市区三家气库进行价格检查，发现三家气库在液化气零售价格突破80元每瓶时，均没有按规定办理提价申报手续。违反相关规定，分别对其罚款1000~2000元，有效地加强了市场燃气价格管理。

2005年，来宾市粮食价格继续实行保护价收购制度，根据国家发展改革委、财政部、国家粮食局、中国农业发展银行四部委〔2005〕594号等文件精神，市物价局公布了2005年全市水稻最低收购价格：早、中籼稻每50千克72元；粳稻每50千克75元。

第三节　市场价格

民国时期，境内商品随行就市，议购议销，物价变动较大。民国19—25年(1930—1936年)，境内政局稳定，生产得到恢复，主要商品价格走势正常。来宾县城，民国19—22年，50千克大米价格稳定在5.9~6.1银圆；武宣县城，民国23年和25年50千克大米平均价格为6.1银圆。民国34年后，货币贬值，通货膨胀，物价猛涨，政府无法控制。民国35年5月，武宣县市场每50千克大米平均售价52740国币，民国36年5月售价比上年同期增长1.46倍。民国37年，象州县曾发生猪肉类由每市斤数十万元国币涨至120万元国币，花生油每市斤售价16万元国币，白米每50千克售价1600余万元国币。物价疯狂突涨的现象，使人民生活遭受严重影响。在农产品与工业品交换中，由于当时交通不便，农产品运销不畅，价格低廉，工业品进货困难，价格昂贵，工农产品价格“剪刀差”大。如金秀瑶民最基本的生产、生活资料，如锄、刮、刀、斧、犁耙、食盐、布匹、火柴、针线及副食品等，大多由商贩挑进山，折价换取瑶民土特产，商人以1匹不够缝2件衣服的土布，就可以换取瑶民的150千克桐子，1根绣花针换取瑶民的15千克大米。

1950年，商业经济成分主要为私营、个体经济，商品价格根据供求关系确定；加上今来宾市辖区部分地方被武装土匪盘踞，影响物资交流，一些重要商品价格上涨。如大米，1951年每50千克收购价为7.35元，比1950年涨6.67%；花生油收购价45.09元，涨30.39%；茶油收购价为37元，涨6.94%。农产品收购价格总指数比1950年高23.4个百分点，农村工业品价格指数高9.5个百分点。由于国家加强宏观经济观调控国营企业直接参与一些重要商品经营，1952年，境内农产品收购价格指数比1950年增加13个百分点，农村工业品价格指数下降0.2个百分点。

1954年起，国家陆续对粮食、油脂实行统购统销，对生猪、烟、麻、茶、毛竹等实行派购；主要工业品购销实行计划定价。1954—1956年，今来宾市农产品收购价格指数升降幅度0.4~1.4个百分点，农村工业品价格指数升降幅度为0.3~1.5个百分点。1957年，部分商品供不应求，国家提高生猪、菜牛、花生油、茶油等农副产品收购价格，如生猪每百千克73.22元，比1952年升59.52%；花生油价110.22元，升34.54%。根据城镇购买力状况，相应提高呢绒、绸缎等高级消费品的销售价。当年，境内农产品收购价格指数比上年高8.6个百分点，农村工业品价格指数高0.5个百分点。

1958年秋，境内开展“人民公社化”和“大跃进”运动，出现生产瞎指挥，刮“共产风”“浮夸风”，粮食连年减产，1960年食品供应短缺，价格上涨。1961年，除扩大商品定量供应范围外，为促进生产发展，调整部分农产品收购价格，如每百千克大米收购价格22.92元，比1957年提高32.33%；花生油提高29.49%；茶油提高42.3%；生猪提高24.15%。为加速货币回笼，1962年，对糖果、糕点、名酒、自行车、钟表等消费品，实行高价敞开供应，如茅台酒敞开销售价高达每瓶16.00元，比牌价(计划定价)高4.3倍；上海牌手表每块价180.00元，高2倍。当年，境内农产品收购价格指数比上年高23个百分点，农村工业品价格指数比上年高10.9个百分点。

1962年，在稳定物价的基础上，开始分期分批对不合理的价格进行调整。1963年，调高农村粮食销售价，降低部分商品零售：白砂糖每千克由7.20元降为6.00元；高价名酒降价20%左右，茅台酒由8.20元降为6.20元，桂林三花酒由3.00元降为2.5元；高价针织品降价12%~25%。1965年调高城镇粮食销售价，将1961年以来粮食收购价高于销价的情况改为购售价格持平。1965年，来宾县每百千克花生油销售价250.00元，比1951年高95.3%；猪肉（去骨）每百千克销售价185.00元，涨54.17%。当年境内农产品收购物价指数比上年高0.3个百分点，农村工业品价格指数低4.5个百分点。

1967年，开展"文化大革命"运动，国民经济遭到破坏，相当部分生活消费品产量下降，品种减少，有的商品需凭证定点供应，或有价无货。1969年，大幅度降低药品、医疗器械、化学试剂销售价格。1971年，调整几种农副产品价格，如花生油每百千克收购价180.00元，比1965年提高26.12%；茶油价180.00元，提高26.31%；机糖区甘蔗每吨平均收购价从30元提高到34.60元。1972年，每百千克菜牛收购价115.80元，比1965年提高17.11%。1973年以后，先后调高土糖、淡水鱼、沙田柚以及木材等收购价。在调整收购价的同时，从1970年起，调低药品、中药材、半导体收音机，以及化肥、农药、农用薄膜、柴油、插秧机等支农商品价格。

1979年，实行"以计划经济为主，市场调节为辅"原则，大幅度提高粮食、油脂、生猪、家禽、蛋品、水产品等农副产品收购价格，稻谷（3号、中等）每百千克收购价23.10元，比1978年提高21.58%；小麦收购价31.40元，提高20.77%；花生油价230.00元，提高27.78%；生猪价155.06元，提高29.51%。同年11月，提高猪肉等6种副食品销售价格，猪肉（带骨）每百千克销售价152.80元，黄牛肉售价从102.00元提高到142.00元。对三类农副产品和工业小商品，允许经营单位根据市场供求自行定价。当年农产品收购价格指数比上年高17.8个百分点，农村工业品价格指数与上年持平。

1985年，境内取消粮食、油料统购，实行合同定购。粮食定购的30%按原统销价，70%按超购加价；油料按"倒四六"或"倒三七"计价；大多数农副产品价格放开，提高煤炭、生铁、钢材、水泥等价格；计划外超产和自销的工业生产资料，亦可根据市场供应定价。1987年，提高稻谷、玉米、花生油等农产品的合同定购价格和生猪销售指导价；对肥皂、搪瓷制品、纸张、水泥、纯碱、磷肥、铝、铜等不合理的价格进行调整。1988年，放开国营商业生猪、食油和13种名烟、名酒价格，调整甘蔗、白糖、肥皂、食盐、纸张、化肥、农用薄膜等价格，甘蔗每吨收购价95元，比1985年提高48.44%；区统配煤炭每吨提高5元。当年农产品收购价格指数比上年高24.4个百分比，农村工业价格指数高25.8个百分点。

1990年，境内零售物价上涨幅度按照国家要求严格控制在6%以内。由于放开价格的品种增多，特别是1993年不再实行粮食统销，大部分统配煤、统配钢材、水泥、铁矿石、锰矿石和锰矿粉等价格放开，提高成品石油、电力、工业用盐、化肥以及药品等商品价格，提高甘蔗收购指导价。到年底止，实行国家定价商品的比重，在社会商品零售总额中占5.4%，在生产资料销售收入中约占7.4%，在农副产品收购额中约占1.5%。放开价格后，1993年境内6县（市、区）零售物价总指数比1992年平均高22.6个百分点，高于广西平均数3.7个百分点，其中粮食类提高幅度较大，涨80.1个百分点；标二籼米、茶油价比1990年分别涨2.3倍和44.36%，比1992年分别高95.45%和33.39%。1995年全市零售物价总指数比上年高7.6个百分点。

1996年，适时疏导松脂、林木种子、部分中成药、化肥、城市公共交通、公有住房租金、自来水、民用燃料、教育、医疗等多年积累下来的价格矛盾；进行电价调整，取消随电价收取的各种不合理费用；有升有降地调整"中风康"等10多种药品价格，促进市场价格稳定，商品市场价格升降幅度不大。如下列商品每百千克市场平均价格，大米（中等）270元，比上年降5.6%；花生油1122元，降8.46%；猪肉1517元，升14.49%；活鸭950元，升5.56%。当年境内零售物价总指数比上年下降12.2个百分点。1997年，加强对33种居民生活、生产必需品和服务价格监审，注重抓好"米袋子"和"菜篮子"工程建设，市场物价稳定。如来宾县城市场（下列商品每百千克价格）大米（中等）220元，比上年降22.73%；猪肉1325元，涨0.07%；花生油1140元，涨1.6%；活鸭780元，降21.8%；计划外尿素187元，降24.06%。当年境内零售物价总指数比上年下降7.8个百分点，比自治区下达的控制目标低8个百分点。1998—1999年，降低农村电价水平，执行"五统一"（统一电价、统一发票、统一抄表、统一核算、统一考核）、"三公开"（公开电价、公开电量、公开电费）制度；贯彻国务院关于进一步深化粮食流通体制改革决定，按保护价敞开收购和顺价销售粮食。早籼稻定购价每50千克60元，保护价每50千克60元，优质稻的基准价在定购价的基础上浮20%~30%。允许各县（市）在上述基准价上上下浮动5%；制定糖料蔗收购基准价(最低保护价),食糖销售价格每高于基准价100元,则每吨糖料蔗加价5元;降低氨卡青霉素等21种120个规格的国产药品零售价格。境内市场物价连续两年走低,境内零售物价总指数,1998年比1997年下降4.6个百分点,1999年比1998年下降2.6个百分点。

2000—2002年,境内各县(市)陆续放开餐饮价格和宾馆、经营性景点收费标准,有升有降调整中小学、保育院收费标准,降低虚高药品价格和农村居民生活消费价格等,促进市场物价稳定。3年间,市场物价升降幅度甚小。境内市场下列商品每百千克平均价格:大米(中等)180~185元、玉米(中等)110~125元、黄豆270~293元、花生油820~948元、猪肉1155~1200元、牛肉1200~1250元、活鸭610~665元、草鱼660~700元、一级白砂糖408~443元、计划外尿素128~136元。

2003—2005年,随着经济体制改革不断深化,放开价格的品种增多,因国家两次调高成品油价格、交通运输价格提升、液化气价格上涨等各种因素,来宾市市场物价相对上涨。其中,由于农村种蔗面积不断增加,黄豆、花生种植面积减少,因此黄豆、花生油市场售价增幅较大。2003年、2005年与2002年相比,下列商品每百千克价格,大米分别提升22.2%和44.44%；黄豆分别提升23.08%和38.46%；花生油分别提升81.82%和77.27%；猪肉分别提升16.67%和50%；牛肉分别提升16%和48%；活鸭分别提升35.34%和41.35%；草鱼分别提升6.06%和13.64%；当今蔬菜分别提升8%、和20%。

1995年与1991年相比,武宣县粮油类价格上升101%、肉食类上升86%、鲜果类上升32.6%、生产资料类上升75%；2000年与1995年相比,粮油类价格下降9%、肉食类下降11.6%、鲜果类下降8%、生产资料类下降56.8%；2005年与2000年相比,武宣县粮油类价格上升51.8%、肉食类上升14.3%、鲜果类上升34%、生产资料类上升42%。商品零售物价总指数,1995年与1991年相比上升73.6%；2000年与1995年相比下降18.8%；2005年与2000年相比上升35.5%。

1991—2005年,忻城县商品价格总体呈上升趋势,1995年与1991年相比,忻城县粮食价格上升103%、烟类上升12%、酒类上升60%、水果类上升66.6%、生产资料类上升76.9%。商品零售物价总指数,以上年为100、1991年91.05、1992年102.52、1993年100、1994年121.22、1995年136.15。但个别时期个别商品价格上升幅度时高时低,有的比上年有所下降。

工农业产品价格

1991年,来宾县粮食和粮食副食品价格仍稳中有降,大米价格保持在每千克1~1.10元;猪肉价格保持在每千克6~6.40元;在全县各价区提高汽油、煤油、柴油等批发、零售价格;统一全县桑蚕收购价格,鲜茧中准价为每千克9.6元,对企业积压商品进行削价处理,逐步实行企业定价许可证制度;转发计划外化肥最高限价、蜜糖酒精价格、松脂松香收购价格等29个调价文件。

1992年,来宾县制定化肥销售价格。其中,进口议价尿素零售价为每吨1342元,比上年下降5%；进口计划化肥钾肥每吨987元;广西产复合肥每吨822元。对鹿寨化肥总厂出产的磷肥进行2次调价;对食盐价格(指小包装)进行2次调价,即2月调为县城每500克0.31元,乡镇每500克0.34元;11月调为县城每500克0.37元,乡镇每500克0.41元,县城和乡镇平均提高19%和18%,并规定加收盐业价格调节基金每500克0.02元。对早稻杂交种子定价为每千克6元,杂交玉米种子定价为每千克2.4元,花生种子定价为每千克3.2元。制定1992—1993年榨季原料蔗收购价格,普通品种为每吨120元,良种原料蔗则在普通品种综合价格基础上每吨加补贴7元,淘汰品种每吨80元。取消糖料蔗的粮食、化肥奖售,将奖售差价合并到综合收购价格中。经自治区批准,从1992年8月1日起,对县供电区内的用户收取电网建设附加费每千瓦时0.03元。

1993年,来宾县物价局加强服务职能,整顿市场价格秩序,及时转发和批办有关价格文件31项。对县自来水价格进行调整,生活用水从每立方米0.34元提高到0.57元,提高67.6%；工业营业性用水从每立方米0.41元提高到0.67元,提高63.4%,并规定水价每立方米另加收水资源费0.02元。鲜茧收购价格定为每千克8.8元,下降8%,并把鲜茧价格放开,由各经营单位自行定价。为维护企业正常生产,对县制药厂生产的金钱草冲剂等15种药品价格进行调整,药品价格比原来提高16%；对县古元滩、下易水电站上网电价调整为每千瓦时0.16元,比上年提高128.5%,增强了其还贷能力。

1994年,来宾县监督审查国家规定实行差率控制的33种商品价格,坚持价格调整执行提价备案制度,防止超费率定价或自行提价。为控制居民基本生活必需品过快过高上涨,稳定市场物价,对市场销售的粮油副食品实行临时性最高限价:优质米1.30元每500

克，晚糙米 1.20 元每 500 克，特制粉 1.12 元每 500 克，标准粉 0.98 元每 500 克，特制面条 1.15 元每 500 克，花生油 5.50~5.80 元每 500 克，猪肉 6 元每 500 克，牛肉 4.5 元每 500 克，鸡蛋 4.30 元每 500 克，鲜草鱼 3.50 元每 500 克。建立价格调节基金，确定征收范围、标准和征收办法。该项基金只限用于调节市场物价，稳定“米袋子”和“菜篮子”工程，防止价格突变事件发生。在调整价格方面，调整杂交水稻种子价格为每千克 8 元（当年 6 月下旬，县遭受洪涝灾害，下半年杂交水稻种子销售价格定为每千克 14 元）、花生油每千克 4.50 元、桑蚕茧为每千克 13 元、松脂收购价格每千克 1.4 元；居民生活用水每吨 0.73 元、工业用水每吨 0.78 元，并规定收取供水建设附加费每吨 0.13 元；食盐县城零售价为每千克 1.03 元、乡镇各价区零售价为每千克 1.09~1.17 元。制定 1994—1995 年一级白砂糖中准出厂价格为每吨 3400 元，批发价每吨 4000 元，批零差率为 17%，各糖厂在中准价基础上可上下浮动 10%。

1995 年，来宾县转发上级有关电价、城市房屋交易价格管理办法和商品房价格管理办法及批办各种价格文件 13 项，制定县木材最低保护价，面粉、面条销售价格的合理运杂费、加工费的加价办法。对县历年定购粮 380 万千克玉米进行定价销售，零售价为每千克 1.70 元，用于解决和供应农村缺粮户。制定县杂交水稻种子价格为每千克 18 元，晚稻杂交种子为每千克 16 元，杂交玉米种子每千克 5.20 元。

1996 年，制定早稻杂交种子零售价为每千克 13.40 元，杂交玉米零售价为每千克 5 元，晚稻杂交种子零售价为每千克 14 元。来宾县调整县食盐价格，小包普通装加碘盐县城零售价为每 500 克 0.60 元，乡镇各价区为每 500 克 0.62~0.66 元，每 500 克加收 0.03 元价格调节基金。

1997 年，来宾县调整县自来水价格，生活用水每吨 1.15 元，工业用水每吨 1.2 元，营业性、建筑性用水每吨 1.25 元，洗车用水每吨 1.4 元。调整食盐价格，县城加碘原盐每 500 克 0.65 元，乡镇各价区每 500 克 0.67~0.71 元，价格中包括征收价格调节基金每 500 克 0.03 元。调整县小水电上网电价冷却水、古瓦、九龙滩 3 座电站上网电价定为每千瓦时 0.29 元，下易、岑丹、古元滩 3 座水电站上网电价定为每千瓦时 0.25 元。制定 1997—1998 年榨季原料蔗收购价格为每吨 255 元，淘汰品种粤糖 71/210 每吨 215 元。为维护蔗农利益，规定进厂的粤 71/210 原料蔗由各糖厂补贴每吨 20 元给蔗农。各糖厂在进厂原料蔗中支付每吨 8 元劳务费、蔗糖生产发展基金、科技推广经费、奖励基金、治安维护费、修路费等开支。

1998 年，来宾县转发自治区有关药品、石油、化肥、邮电资费、铁路货运等价格文件 44 项。加强对县药品价格的管理，制止县药品生产经营中“高定价、高折扣、大回扣”等违法行为。按照价格管理权限，制定早、晚稻杂交种子价格。其中，早稻杂交种子每千克 16 元、晚稻杂交种子每千克 14.4 元。制定县小化肥零售价格，其中，鹿寨磷肥每吨 700 元、碳铵肥每吨 520 元、云南磷肥每吨 610 元。制定来宾公园门票和公园内各种游乐项目收费标准。制定 1998—1999 年榨季原料蔗收购价格，早熟高糖甘蔗品种每吨 230 元，一般品种每吨 198 元、淘汰品种每吨 180 元。

1999 年，来宾县物价指数连续 2 年下跌，县物价局优化经济结构，以促进物价总水平合理回升，培育新的经济增长点，转发上级下达的成品油、电价、食盐等价格文件 45 项。对电价进行整顿，取消“龙滩建设基金”和“电力建设集资”，制定《来宾县农村电力管理体制方案》，加大农村电网改造步伐。对县城、乡镇供水价格加强管理，将供水价格管理文件发至全县各供水企业，便于各供水企业及时申报《自来水调（定）价报告》及提供供水成本核算相关资料。调整县城碘盐零售价为每 500 克 0.71 元，乡镇各价区每 500 克 0.73~0.77 元。审核县医疗单位自制药品生产成本后，制定 21 种自制药品的出室价格和零售价格；同时还制定县蓬莱洲旅游景点门票和县城苗木、花卉销售价格。为保护农民种蔗的积极性，自治区首次推行蔗糖价格联动机制和二次结算办法，即糖价（一级含税）2700 元每吨对应普通品种蔗价 170 元每吨，联动系数为 5%，并实行保底价，良种另外加价 15~20 元每吨。

2000 年，来宾县转发和办理有关成品油、农网改造过渡电价等价格文件 68 项。制定农村电网改造中农民出资额为每户 160 元，比上级规定的最高限价 200 元少 40 元。制定良江、五山、蒙村、正龙、小平阳、北五 6 个乡镇的水价，最低为每吨 1 元（良江、五山、小平阳、北五），最高为正龙乡每吨 1.6 元，其次为蒙村每吨 1.2 元。调整县城复合膜小包装食盐零售价为每 500 克 1 元，乡镇各价区为每 500 克 1.02~1.04 元，比 1999 年提高 35%~40%，并要求做好明码标价工作。

2001—2002 年，来宾县对实行农网改造台区实施抄表到户，执行过渡电价，在全县推行“三公开、四到户、五统一”（即公开电价、电量和电费，到户抄表、收费、服务、核算，统一电价、发票、抄表、核算和考核）的农村电价管理体制。通过农网改造，电价由过去每千瓦时 1 元降至 0.54 元。

表 22-3　　**若干年份来宾市境内主要农副产品收购价格表**

单位:元 /50 千克

品名	等级	1952 年	1957 年	1965 年	1978 年	1980 年	1985 年	1990 年	1995 年
稻谷	三号中等	6.10	5.85	8.35	9.50	11.54	15.60	16.72	议价
大米	三等	8.40	8.65	11.48	13.90	16.69	21.91	31.20	议价
茶油	三度酸	28.69	50.06	71.23	108.00	118.00	159.20	188.75	议价
花生油	中等	40.98	55.10	71.37	90.00	115.00	161.00	183.92	议价
甘蔗	中等	1.32	1.15	1.50	1.72	2.18	3.20	4.76	11.52
生猪	四级	22.93	36.60	45.45	59.86	77.05	118.54		议价
菜牛	黄牛	32.76	42.20	49.45	67.00	94.00	143.70		议价
活鸭	项鸡	39.26	58.18	63.90	95.00	100.00	192.10		议价
杉原木	二等、每米	31.06	29.04	25.04	28.00	40.10	议价	议价	
松原木	二等、每米		20.03	24.90	27.70	36.00	议价		议价
毛竹	九寸围(根)	0.28	0.42	0.42	0.75	0.87	议价		议价

表 22-4　　**1990—2005 年来宾市境内主要农产品集市价格表**

金额单位:元 / 千克

品名	规格	计量单位	1990	1991	1992	1993	1994	1995	1996	1997	1998	1999	2000	2001	2002	2003	2004	2005
大米	中等	千克	1.04	0.90	1.06	1.30	2.33	2.85	2.70	2.20	2.10	2.16	1.80	1.80	1.80	2.20	2.40	2.60
玉米	中等	千克	0.74	0.66	0.78	0.90	1.34	1.82	1.81	1.60	1.53	1.32	1.02	1.25	1.24	1.31	1.31	1.35
黄豆	中等	千克	1.70	1.58	2.15	2.50	2.57	2.88	3.41	3.20	3.22	2.93	2.93	2.73	2.60	3.20	3.40	3.40
壳花生	中等	千克	2.02	2.00	2.08	2.66	3.30	3.53	3.40	3.30	3.28	3.29	3.30	2.95	2.45	3.30	3.50	3.60
花生油	中等	千克	5.52	6.00	5.87	7.43	10.98	12.17	11.22	11.40	11.80	10.70	9.48	8.13	8.80	16.00	18.00	20.00
茶油	中等	千克	5.18	5.67	5.63	7.00	9.55	12.17	11.22	11.40	12.30	12.58	12.50	11.25	11.10	24.00	25.00	26.00
猪肉	去骨、统肉	千克	6.23	6.28	6.88	8.67	12.00	13.25	15.17	15.20	13.30	11.88	11.55	12.00	12.00	14.00	16.00	18.00
黄牛肉	去骨、统肉	千克	6.04	6.12	6.62	7.60	9.83	12.42	14.92	14.20	12.40	12.20	12.00	12.00	12.50	14.50	16.50	18.50
项鸡	土鸡 1 千克以上	千克	9.88	10.17	11.08	14.20	16.92	22.25	27.67	22.00	21.90	21.93	21.60	21.80	22.00	24.00	24.50	25.80
活鸭	1 千克以上	千克	4.51	4.42	4.28	5.73	7.45	9.00	9.50	7.80	7.10	7.00	6.10	6.65	6.65	9.00	9.10	9.40
鸡蛋	中等	千克	6.42	6.33	6.07	6.77	7.45	7.93	9.17	7.10	6.80	6.19	4.78	5.03	5.30	7.00	7.00	7.60
仔猪	7.5 千克以上	千克	4.71	4.67	5.12	6.28	6.95	9.00	8.25	8.80	7.90	6.10	7.00	7.28	5.80	9.50	9.50	10.00
肉猪	90 千克以上	千克	4.20	4.43	4.98	5.43	6.33	6.50	6.25	6.50	6.60	6.20	6.10	6.10	5.59	7.50	7.50	9.00
草鱼	0.5 千克以上	千克	6.63	6.80	6.90	8.60	9.25	11.00	12.30	10.80	10.30	8.60	7.60	7.00	6.60	7.00	7.00	7.50
鲢鱼	0.5 千克以上	千克	4.90	4.57	4.58	5.83	6.58	7.00	7.25	7.00	6.80	5.80	4.63	4.74	4.40	4.80	4.80	5.00
当今蔬菜		千克	0.47	0.49	0.73	0.75	1.13	1.17	1.20	1.25	1.20	1.17	1.20	1.25	1.25	1.35	1.40	1.50
米糠	农家糠	千克	0.39	0.37	0.39	0.48	0.80	0.88	0.90	0.90	0.85	0.74	0.55	0.50	0.58	0.58	0.58	0.60
柑橘	中等	千克	1.74	1.58	1.73	2.00	2.42	3.26	3.40	2.30	2.37	2.27	1.80	1.73	1.65	1.70	1.70	1.80
白糖	一级	千克	2.40	2.40	2.40	3.00	4.32	5.93	5.70	5.60	5.50	3.80	4.08	4.43	4.21	4.40	4.40	4.80

表 22-5

1990—2005 年来宾市境内主要工业产品零售价格表

单位：元

品名	规格	计量单位	1990	1991	1992	1993	1994	1995	1996	1997	1998	1999	2000	2001	2002	2003	2004	2005
精盐	500g 袋装	袋	0.35	0.34	0.35	0.44	0.50	0.60	0.66	0.66	0.71	0.71	0.76	0.76	0.76	1.00	1.00	1.00
浅花布		米	2.93	3.11	3.21	3.51	3.90	4.07	4.40	4.9	5.00	5.00	5.50	5.50	5.50	6.00	6.00	6.30
合成革男凉鞋		双	17.00	16.00	16.00	15.58	17.80	20.00	20.00	20.00	20.00	20.00	20.00	20.00	20.00	21.00	21.00	21.00
洗衣粉	2 型 500g 一级品	袋	1.62	2.10	2.03	2.20	2.96	3.29	3.50	3.50	3.50	3.50	3.50	3.50	3.50	4.00	4.00	4.00
卫生纸	散装	千克	1.10	2.00	2.15	2.60	3.02	3.20	4.00	4.00	4.00	4.00	4.00	4.00	4.00	4.50	4.50	4.50
机械手表	国产 19 钻一级品	只	50.00	50.00	50.00	55.83	60.00	60.00	60.00	68.30	70.00	70.00	70.00	70.00	70.00	70.00	70.00	70.00
电风扇	400mm 落地扇一级品	台	206.75	206.00	208.50	225.33	254.00	272.08	285.00	285.00	276.70	258.75	250.00	250.00	250.00	245.00	245.00	245.00
电冰箱	国产 158 ～ 180 升	台	1580.00	1776.67	1732.50	2143.67	2504.00	2500.00	2458.30	2412.50	2162.50	2062.50	2000.00	2000.00	2000.00	1800.00	1800.00	1800.00
铝锅	22cm 一级品	个	13.29	13.29	13.29	13.29	14.99	20.10	22.20	22.40	22.85	23.00	23.00	23.00	23.00	25.00	25.00	25.00
黑白电视机	14 ～ 17 寸	架	620.00	579.00	510.00	510.00	631.20	617.50	625.00	570.00	510.00	385.83	370.00	370.00	370.00	340.00	340.00	340.00
牛黄解毒丸	小盒	盒	0.49	1.60	1.63	1.68	1.68	2.50	3.18	3.30	3.72	3.80	3.80	3.80	3.80	4.00	4.00	4.00
速效感冒片	小瓶	瓶	0.87	0.87	87.00	0.87	0.88	0.90	1.00	1.00	1.00	1.00	1.00	1.00	1.00	1.00	1.00	1.00
蜂窝煤		千克	0.11	0.13	0.13	0.15	0.20	0.22	0.21	0.20	0.20	0.20	0.20	0.20	0.20	0.25	0.25	0.30
水泥	425#	袋	9.75	9.50	11.33	17.71	19.10	22.00	15.83	15	12.58	10.58	11.33	11.33	11.33	12.50	12.50	13.00
乐果	40% 乳剂	千克	17.10	15.35	13.50	13.00	14.80	14.08	14.67	16.08	16.00	14.92	14.00	14.00	14.00	20.00	20.00	20.00
稻瘟净	40% ～ 50% 乳剂	千克	20.60	12.01	10.30	10.30	10.30	10.30	15.00	15.00	15.00	14.67	14.00	14.00	14.00	21.00	21.00	21.00
农膜	聚乙烯	千克	7.13	7.13	7.13	8.12	9.58	10.00	10.00	12.40	13.00	12.75	10.00	10.00	10.00	14.00	14.00	14.00
尿素	计划外	千克	1.29	1.38	1.24	1.24	1.49	2.36	2.32	1.87	1.66	1.46	1.28	1.29	1.36	2.60	2.60	2.60
碳胺	计划外	千克	0.39	0.41	0.38	0.42	0.50	0.63	0.69	0.57	0.48	0.44	0.40	0.39	0.41	0.80	0.80	0.80
甲胺磷		千克	16.00	16.00	16.00	16.00	17.50	18.67	15.00	15.00	16.00	15.00	13.00	13.00	13.00	18.57	18.57	18.57

第四节　非商品价格

交通运输价格

国家铁路运价，从20世纪50年代中期至20世纪80年代初期，基本上没有调整。水路运价和公路运价，中华人民共和国成立后，曾多次降价，运价也较低。民航运价也低于20世纪50年代水平，1952年每人千米0.20元，1988年平均人千米为0.11元（每人千米运输成本为0.18元），国内航线长期亏损。2000年后，为补偿因成品油提升而增加的铁路、公路和水路客运成本支出，国家对铁路客运运价进行2次适当调整，自治区、来宾市对公路和水路客运运价亦作相应调整。2003年3月25日，市物价局、交通局联合发文，公布来宾市汽车客运基准价：汽车旅客运价实行政府指导价，按政策规定允许经营者在自治区价格、交通主管部门制定的基准价基础上上浮15%，下浮不得低于成本价。

为保持与国铁运价相衔接，自治区曾对广西地方铁路货运价比照国铁进行相应调整。1991年以来，市境内地方铁路来（宾）合（山）线执行自治区多次调整的地方铁路货运价为：1991年每吨千米0.12元，1992年7月1日起为0.15元，提高24.6%；1993年8月25日起，在原货物运价的基础上增收铁路建设基金，每计费吨千米提高0.02元，但农药、化肥及区内化肥生产指令性用煤运价不变。1994年4月25日起，路产专用线出租收费比照国铁收费标准执行，即每换算来80元每年。2002年7月10日起，在现行货运价格基础上上浮10%，调整后为每吨千米0.19元。2003年7月20日起，取消地方铁路货物到达综合服务费，同年12月16日起，执行统一运价的正式营业线和运营临管线货物平均运价水平每吨千米提高0.25分，整车农用化肥运价暂不调整。

邮电资费

邮电资费是指邮政部门传递信息而收取的费用，可分为两类：一类是邮政资费，包括邮件、报刊发行以及外汇资费；另一类是电报、电话等项通信资费。

邮政资费　中华人民共和国成立初期，邮政资费是在民国时期的邮政资费水平基础上修补形成的。1950—1958年，各级邮电部门按照国家调整规定，先后5次调整国内邮资和国际邮资。此后直至1987年国内物价均有不同程度上升，但国家未对邮资作过调整。

由于国内邮政资费长期没有调整，企业经营连年亏损。据核算，1987年每封平信成本为0.13元，1988年上升为0.20元，但每封平信收费仅0.08元。1987年以后，虽然作了一些局部调整，没有从根本上扭转亏损。为有利于发展邮政事业，1990年7月，国家对国内国际邮政资费作大幅度调整。国内邮政资费：平信每20克本埠由0.04元提为0.10元，外埠由0.08元提为0.20元；明信片每张本埠0.10元，外埠0.15元；印刷品每重100克，本埠0.04元，外埠0.08元；邮政快件100克以内每重20克0.80元，100克以上，每重100克加1.00元；函件挂号费每件0.30元，函件航空费，每重10克0.05元；包裹费在原来基础上加150%收费；邮政汇费每汇1.00元收费0.01元，每笔汇费最低收0.30元。国际和港、澳、台邮政资费：寄往香港、澳门、台湾的平信每重20克或其零数起点费为1.50元，20~2000克按重量级别收费，资费由4.00~55.80元；寄往国际间的信函每重20克或其零数起点费为4.40元，20~2000克按重量级别收费为10.40~123.00元；亚太地区每重20克或其零数起点费为3.70元，20~2000克按重量级别收费，为8.80~104.00元。

此后至2002年，先后于1992年7月、1996年12月、1998年7月三次对邮政资费作小的调整。2003年后，邮政资费调整较多。

自2003年8月30日起，调整国内邮政专递业务资费标准和计费方式，并收取邮政汇兑附言超字段附言费。国内特快专递邮件计费单位由200克扩大到500克，500克及500克以下邮件资费统一降低为20.00元，200克及以下邮件资费维持现行标准不变。对500克以上邮件续重资费实行分区计费，一区（1500千米及以下）续重每500克资费降低为6.00元，二区（1500千米以上至2500千米）降低为9.00元，三区（2500千米以上）为15.00元。收取国内邮政汇兑附言超字段附言费：为客户免费提供6个汉字（12个字节）的附言服务，超过6个汉字（12个字节）的附言，从第7个汉字（第13个字节）起，每字收取0.10元附言费。

自2004年1月1日起，调整区内出国境证件特快专递业务资费：对营业窗散户办理单程寄递的收取邮费调整为22元（其中基本资20元，信封及单式2元），需双程寄递的收取两倍邮费；原则上对旅行社团办证每次寄递量达10件以上的,每证单程寄递收取邮费18元。

自2005年7月10日起,下调城市间互寄EMS邮件资费,各城市间互寄EMS邮件资费均按新调整的区内次晨达资费执行,即文件型和物品型分开计价。文件型:运距300千米以内,起重500克(或其零数)16元,续重500克(或其零数)4元;运距300千米以上,起重500克(或其零数)20元,续重500克(或其零数)6元。物品型:起重2KG(或其零数),运距300千米以内,资费16元;区内运距300千米以上,起重2KG(或其零数),资费25元。2KG以上,整件不可折分的,运距300千米以内,续重每千克8元;区内运距300千米以上,续重每千克12元。

电报资费　民国1—16年(1912—1927年)电报收费分同城、本省、外省3种,明码电报每字同城为3分,本省为6分,出省为1角2分。民国17年10月改用统一制,不分本省、外省,明码电报每字1角,军政电报减半,密码及外文电报加倍。民国26年,电报每字银圆1角。民国末年(1949年1月1日至9月30日止)8月,普通电报每字本省0.80元,出省1.20元;加急电报加倍,新闻电报本省0.13元、出省0.40元。中华人民共和国成立后,1950年,普通电报每字0.09元,加急电报加倍,新闻电报本省0.02元、出省0.03元。1958年,普通电报不分本省外省,每字降为0.03元,加急电报每字0.06元,新闻电报每字0.01元,译电费每字0.05元。此后20多年间,电报价目没有进行调整,电报经营亏损。

1983年12月起,普通电报每字(10字起算)0.07元、新闻电报每字(以10字起算)0.02元、加急电报每字0.14元、译电费每字0.05元、文件传真每页(以16开为准)5.00元。

真迹传真　甲种320平方厘米5.00元、乙种176平方厘米2.00元、丙种112平方厘米1.00元、丁种96平方厘米1.00元,

相片传真　甲种251~350平方厘米12.00元、乙种151~250平方厘米8.00元、丙种150平方厘米以下4.00元。

1983年对农村电报开办电报专送业务,收取专送费,规定3千米以内每份专送费0.30元、3~6千米每份0.50元、6~10千米每份0.80元、10千米以上每份1.00元,交通不便地区,徒步投递另加收40%。1984—1990年,电报资费无变动。

1991年,收取电报延伸费,如单位未设有统一收发室,收受电报须将电报送到各处、科、室的,每次每户收取服务费0.50元;电报须投送到高层楼房和住宅群、摊群市场、未设有代收点须投送到用户摊点、高楼房的,每次不论1份或2份电报,收取服务费0.50元;居民私人电报第一次投送到户住址时无人签收、代收、需第二次投送的,每份收费1.00元;超时服务范围的电报,需要雇请专人投送,1份每千米收费0.30元;徒步投送的收费40%。1993—1998年,电报收费标准,以10个字为基数,普通电报为1.40元,每增加1个字加收费0.14元;加急电报为2.70元,每增加1个字加收费0.27元。此后,执行公众电报资费项目共18项,收费标准各不相同。

电话资费　电话有长途电话、市内电话、农村电话3类。中华人民共和国成立初期,各地情况差异很大,国家对长途电话资费标准采取因地制宜的办法,由各大行政区自行制定。

长话资费　1958—1993年,境内长途电话资费,按照国家1958年1月、1958年8月和1991年三次规定的长话资费标准收取。

1994年,各县(市)陆续开通长途直拨后,其收费标准:0071~0078在区内拨打长话每分钟收取话费0.60元;0795~0797在区内拨打长话每分钟收取话费0.80元;北京、天津、上海、内蒙古、辽宁、黑龙江、吉林、山西等地拨打长途电话每分钟收费1.00元。长途电话实行半价收费时间:1991年1月1日—1998年7月1日,非假日每日21时~次日7时,星期日及法定假日全日,收取半价。从1995年5月1日起全国实行5天工作制后,周六也按法定休息日半价收费。1998年7月1日后,每日21~24时执行半价,零时~7时按全价30%收取。节假日全日收取半价。

市话资费　1958—1993年,境内市话资费实行包月制,收费标准按国家市话收费标准收取。

1994年,各县(市)市内陆续开通程控电话后,市内电话计费采用复式计次计费方式。交换机容量为1万门以下,甲种用户基本月租费每户每月7.60元、乙种用户基本月租费每户每月12元;通话费每次(3分钟)0.12元;中继线每对每月36.00元。

1995年12月,境内各县(市)市话并入柳州本地网后,市内电话收费:市内通话(含拨打移动电话),1次(3分钟)收费0.12元;拨打农村电话,1次(3分钟)收费0.60元;拨打柳州本地网电话(含柳州市)1次(1分钟)收费0.50元,并加收20%的建设基金费;基本月租不变。

1998年,调整市内装移机相关费用。装移机

手续费1次8.00元改为10.00元，装移机工料费由原执行按实需收费改为每次每户收费250.00元。同时还对市内收取初装费和电话新业务收费作具体规定。

2000年5月30日起，实行广西本地网电话资费标准，市内电话初装费每号800.00元，可上下浮动25%，最低不得低于500.00元。

公用电话资费 1954年，境内市内公用电话通话每次收费0.04元，1978年改收0.10元。1998年后，市内公用电话通话每次(3分钟)0.50元；拨打国际、国内长途电话按长途电话价目计收通话费外，国内电话每次另加收服务费1元，国际电话另加收手续费2.00元；拨通“126”“127”“128”无线寻呼机，按市话通话第一个3分钟计收0.50元，对方复机按传呼费标准收取，通话时间长短只收0.50元；用户持200卡拨打电话，话费已在卡内结算，一次加收服务费1.00元；传呼费，按次计收，5楼以下每次收0.50元，5楼以上每次收1.00元。

无线寻呼、移动电话资费 1993年，境内各县(市)陆续开通无线寻呼台后，其收费标准：数码机每台每月收服务费15元、中文机每台每月收服务费35元；全区联网手续费数码机每月收服务费25元、中文机每月收服务收45元；已办全国联网手续的数码机每月收服务费35元、中文机每月收服务费55元；区内漫游收费，中文机每部每月不超过35元、数码机每部每月不超过15元。1995年开通移动电话后，其收费实行双向收费(不分模拟和数字)，入网费每部收费1000~3000元，基本月租费50.00元每部。本地通话费0.40元每分钟。本地网及农话通话费0.40元每分钟，加收市郊、农村电话费1分钟0.10元。自动漫游通话主叫或被叫均按每分钟收取话费0.60元，通话不满1分钟的按1分钟计算。拨打国内、国际长途电话加收国内、国际长途电话费。

2000年5月20日起，实行广西区流通市话业务资费：(1)电话初装费由电信企业根据当地的实际情况自行确定，但不得低于固定电话初装费的下限标准(每部500元)。(2)基本月租按当地固定电话甲乙两种基本月租费的算术平均数制定，并允许上浮20%。(3)通话费：营业区内通话费按现行固定电话营业区内通话费标准执行，即每次(每3分钟为一次，不足3分钟按3分钟计)0.20元；营业区间通话费按每分钟0.20元收取。(4)安装流动市话免收装机工料费，其他收费按现行市内固定电话相应的资费标准执行。

农村电话资费 20世纪50年代初期，农村电话开始为党、政、军服务。1956年以后逐步采用收费办法，农村电话资费标准为每月每机租费3.00~5.50元，公用电话每次0.05元。1965年起，每部每月资费标准：甲种用户(指生产队)5.00元、乙种用户(生产大队)8元、丙种用户(除甲、乙以外)15元。装移机手续费每次每部机2元，材料按实际收费。1984年3月起，每部每月收费，甲种用户(生产队、大队)12元、乙种(除甲种以外)22元、住宅用户13.20元。1985年5月起，农村电话改为按月收费和通话次数相结合的办法收费。每部月租费标准为：甲种用户(生产队、大队)10元；乙种一级用户(自治区、地区直属单位以及厂矿企业)30元、二级用户(县属厂矿企业)20元、三级用户(乡人民政府、县属事业单位)15元、四级用户(乡镇医院、学校、村办工副业)12元、五级用户(私人住宅)10元。普通电话每次(3分钟为一次)0.40元、加急电话每次0.80元、公用电话每次0.10元，装移机手续费每部8元，并按实际收材料费。

1991年3月—1995年末，来宾邮电局分别执行自动电话499门以下和人工电话资费标准，人工电话25千米以上每分钟收费0.40元，25千米以内每分钟收费0.30元，加急电话加倍。叫人传呼电话按基本价目加1分钟通话费。销号费每张0.10元，农村附加费每张0.40元，自动电话每分钟0.40元。电话初装费：甲种用户1000元，乙种用户一级2000元、二级1800元、三级1500元、四级1000元。电话改制费：甲种用户800元，乙种用户一级1800元、二级1500元、三级1200元、四级1000元。1996年1月起，农村电话实现自动化，接入柳州本地网，基本月租费不变，计费通话部分，每分钟收费0.50元，附加费为通话费的20%。

为进一步减轻农民负担，鼓励农民安装电话，促进农村电话事业发展，从2000年3月10日起，来宾农村电话初装费标准，由现行每号400~700元调整为每号200~500元。从2000年5月30日起，农话区间电话收费由现行的每分钟0.50元调整为0.40元。

饮食、服务及公用事业收费

饮食业价格 1963—1990年，境内各县(市)饮食业价格实行国家、自治区统一规定的饮食业综合毛利率和分类毛利率。1963年饮食业综合毛利率掌握在25%~35%(包括燃料费用)，大众化品种毛利率稍低一些，小吃品种毛利率可略高于一般品种。

1964年，在1963年饮食业价格的基础上允许饮食业综合毛利率及分类毛利率有一定的机动幅度，综合毛利率掌握在1%~2%，分类毛利率掌握在2%~5%。1965年，饮食业综合毛利率不超过25%。1979年10月，规定饮食业综合毛利率县城不超过28%。1980年3月执行自治区商业局重新规定的饮食分类毛利率，纯粮食品不超过25%；快餐26%~28%、肉面粉26%~28%、包点28%~30%、普通小吃28%~30%、风味小吃32%~38%、粥品30%~33%、云吞（饺子）30%~33%、油炸类食品28%~34%、甜品28%~32%、糕点28%~35%、茶点32%~38%、小炒28%~35%、合菜30%~36%、筵席35%~40%、冷饮45%~55%。1983年12月起，饮食业综合毛利率在1979年10月统一规定的基础上，允许有1%~2%的机动幅度，分类毛利率按1980年规定的执行，其中纯粮制品客饭、快餐毛利率调整为25%~27%，名特食品掌握在40%~50%。1986年10月后，进一步放宽政策，改进饮食业价格管理，饮食业的价格，完全实行由自行定。1991—2005年，今来宾市兴宾区若干年度大众化食品价格为：汤素粉、汤素面100克，1991年0.32元、1995年1.00元、2000年1.00元、2002年1.50元；肉汤粉、肉汤面100克，1991年1.00元、1995年1.50元、2000年2.00元、2002年2.50元；馒头50克，1991年0.17元、1995年0.25元、2000年0.25元、2002年0.30元；鲜肉包子50克，1991年0.30元、1995年0.30元、2000年0.30元、2002年0.33元、2005年0.33元。

照相业价格　中华人民共和国成立后，在一段时期内，照相业价格由各地自行管理，自行定价。1962年起，各地进行3次调整，1965年价格略低于1957年。但各地照相馆的等级、产品规格、价格差别很大，缺乏统一的规定和作价办法。1965年5月，适当平衡各地照相价格，从有利于生产，有利于改善企业经营管理和为人民服务的原则出发，实行分等论价。根据各个照相馆的拍摄场地、设备条件、拍摄机具、技术水平和服务质量，划分3个等级，并规定纯利率：平均掌握在30%，一级店（馆）为32%、二级店（馆）为28%、三级店（馆）25%。1986年以后，全自治区各地照相业价格由各地自行制定，由当地物价局和商业局批准执行。

随着国民经济的不断发展，价格管理体制改革的不断深化，1991—2005年，各地照相业价格放开，价格由各个照相企业自定，由各地物价主管部门和商业主管部门批准执行，全市不作统一定价。

旅店收费　中华人民共和国成立后至1965年，旅店业收费由各地依据历史收费情况，参照邻近地区同行业收费水平制定。各地收费标准差别较大，为协调旅店业的收费，自1965年5月起，执行自治区物价委员会、商业厅对旅店业收费统一规定，按照旅店房屋质量、设备条件、服务水平、地段环境不同，划分为四个等级。旅店价格由客房成本、正常出租率、合理利润和税金构成。客房成本包括房屋折旧（或租赁房屋的租金）、设备折旧、业务费用、服务人员工资及企业管理费等项目。正常出租率为80%，综合纯利润为25%，但不同等级利润有所不同，一级店为30%、二级和三级店为25%左右、四级店为20%。

1981年，自治区物价委员会决定下放旅店业收费管理权限，各县（市）旅店价格由各县（市）自定。1982年以后，旅店业发生很大变化，集体和个体旅店迅速发展，各单位的各类招待所开始对外营业，涉外饭店、宾馆参与竞争。1986年11月，执行自治区制定的全自治区旅店、饭店、招待房费平衡协调方案。标准间客房每日房价标准为13.00元。条件高于标准的增加收费标准：客房内设有电话的，总机的分机增加1.00元、单机增1.40元；配有彩色电视机，14吋增1.40元、16吋增2.20元、18吋以上增2.80元；音响设备增2.00元；房间使用面积（包括卫生间）高于22平方米的每平方米增0.40元、28平方米以上不再加收；房内半铺地毯增1.00元、满铺地毯增2.00元；客房内有窗式空调增6.00元、安装空调增8.00元、有电冰箱增3.00元；其他高于标准的酌情增收。条件低于标准的减少收费标准：饭店公共设施不全，房间隔音、保温、防热条件差，光线不足，设备过于陈旧扣0.40~2.00元；无卫生间减3.00~4.00元、卫生间不能供应热水的减1.00元；房间使用面积（包括卫生间）低于18平方米且高于14平方米的扣1.00元、低于14平方米的每减少1平方米减0.40元；缺黑白电视机减1.00元，缺电风扇减1.00元；服务质量、床上主要用品、卫生安全条件达不到要求的减0.60~2.00元；其他达不到标准的酌情扣减。1987年3月，国家物价局加强内宾饭店的管理，规定机关招待所收费标准要比同类国营的内宾旅社低一至二个等级。自治区规定，招待所房费标准按略低于1986年11月全自治区旅店、饭店、招待所房费平衡协调方案的标准掌握，旺季上浮不超过10%，淡季下浮不限，超过标准的要降下来。自治区内市（地）、县（市）执行这一规定。

1991年，在改革开放的新形势下，各县(市)机关、团体和企业、事业单位所属的宾馆、饭店和招待所更加广泛地向社会开放，个体旅店增加。1991—1999年间，房间主要设备有彩电、闭路电视、电话、电扇、沙发、茶叶、香皂、卫生间的旅社，收费在如下价格上下浮动：单人间，1个床位，每天收费20元；双人间，2个床位，每天收费30元；3人间套间，3个床位，每天收费44元。店面、环境等条件较差、房设备简陋、房内设备只有床位、电灯、电风扇和黑白电视，整楼房共用卫生间的旅店，单人间，每天收费8~10元；双人间，2个床位，每天每6~8元；3人间，3个床位，每天每床收费4~5元。2000年后，随着改革开放的不断深入，旅店收费相应提高。县(市、区)城区较高档旅店，如仿四星级旅店收取住宿费的来宾国际大酒店，总统套间9999元/天、豪华套间880元/天、豪华单人间A488元/天、豪华单人间B428元/天、豪华商务间388元/天、豪华标准间328元/天、单人间218元/天、钟点房(3个钟头以内)60元。中高档旅店如永大公司蓝鹰大酒店来价字(〔2001〕04)号批准执行的客房门基准价格(天)为：豪华套间688元/间、标准套间258元/间、标准3人间188元/间、标准双人间168元/间、标准单人间138元/间。中档旅店如市区淇泉旅社，豪华间设备有卫生间、数字电视、电风扇、热水器、空调，标准间设备除无空调外，其余与豪华间设备同。其收费(天)为：单人间，豪华间60元、标准间45元；双人间，豪华间68元、标准间48元；3人间，豪华间78元、标准间58元；钟点房(3小时以内)30元。店面、环境条件和房间设备较差的普通旅店收费价格亦相应略有降低。

医疗收费 中华人民共和国成立后，在一段较长时间内，各级医院收费，由各地自行规定。各地医院收费标准不一，差别很大。如挂号费，低的每次0.10元，高的0.30元。收费偏高，增加病人负担，收费偏低，又使医院加重国家开支。1966年起，执行自治区统一规定的各级医疗收费标准共751项。其中城市医疗收费标准规定，挂号费(每次)：初诊0.10元、复诊0.05元、急诊0.15元、出诊0.30元，2.5千米以外，每超过0.5千米加收0.05元，最多不超过2.00元；住院费(每人每天)：病床0.40元、婴儿床0.10元、陪人床0.20元；注射费(每次)：皮下和肌肉0.10元、静脉注射0.15元、针灸0.10元；还对接生费、理疗费、检验费、手术费、X光检查费等项作详细的规定。县及县以下医疗机构收费标准由各地参照城市收费标准自行制定，但各项收费标准不能超过城市医疗收费标准。此后直至1983年5月，此种收费标准一直没有变动。1983年6月，医院住院收费按自治区统一调整的标准执行：优等病房1人1套或1人1房带卫生间，每人每天2.50元；1~2人房，每人每天1.20元；县级医院0.70元，公社卫生院0.60元，观察床、婴儿床0.60元，陪人床0.20元。

1985年3月1日起，对现代不合理的收费制度要进行逐步改革，逐步提高医疗收费标准，城市医疗收费标准为：门诊挂号费：初诊每人次(下同)0.20元、复诊0.10元、急诊0.25、出诊0.50元(超过2.5千米，每超0.5千米，加收0.10元)；教授、副主任医师专诊0.40元、主治医师门诊0.30元。住院费：每床每天1~2人房2.00元，3~4人房1.50元，5人以上房1.10元，临时加床1.00元，观察床、婴儿床0.80元，陪人床0.30元，高于病床1人室5.00元，2人室3.50元。体检费：团体每人0.40元，个人每人0.50元。注射费：皮下注射、肌肉注射每次0.15元，静脉注射0.25元，针灸0.20元。救护车费：5千米以内0.80元，每超1千米加收0.20元。县及县以下医疗单位的收费标准由各县参照城市医疗收费标准自行制定，经县人民政府批准后执行。1991—2005年，按照国家、自治区医改规定对医疗收费作过多次调整。2005年后，门诊普通挂号费0.50元每人次；皮下注射、肌肉注射收费(含一次性注射用具)，门诊6.00~8.00元每人次，住院3.80~4.00元每人次；住院费，普遍病房每床每天收费7.00元左右；体检费、影像、化验除特殊检查外，每人每次收费，一级医院13.00元，二、三级医院19.00元。救护车收费，起步价(3千米以内)8.90元，超过3千米的，每1千米加收2.00元。

房地产业 公房租金 20世纪50年代，公房由财政部门或镇人民政府管理。1963年后，有少数县建立房产管理所。到20世纪80年代，各县(市)成立房地产管理所。房租的收缴，本着“以租养房”的原则，租金分住宅和公用(营业门面)两种。公用(门面)租金：20世纪50年代，每平方米0.15元、0.25元、0.35元3个等级；20世纪60年代和70年代，每平方米0.20元、0.3元、0.45元3个等级；20世纪80年代，每平方米0.40元、0.70元、1.00元3个等级；20世纪90年代以后，按每平方米5.50元计收未改造的公产房租金，改造后的公产房租金按市场价格计收。住宅租金：20世纪50年代，每平方米0.05元、0.08元、0.12元、0.15~0.18元4个等级；20世纪60—70年代，每平方米0.08元、0.12元、0.15元、0.20元4个等级；20世纪80年代，每平方米0.22元、0.27元、0.30元3个等级；20世纪90年代以后，砖混住宅按每平方米1.80元，砖瓦住宅按每平方米0.80元计收未改造的公产房租金，改造好的公产房租金按市场价格计收。

1992年12月，住房制度改革之前，境内各县（市）直属单位的公有住房，分配给职工住宿的按月收租金，租金较低。从20世纪70年代到1992年底，租房租金均在每平方米0.05~0.10元。1993年1月，住房制度改革后各单位出售住房，每月按1990年的基本工资5%给房租补贴；1995年，按基本工资6%给房租补贴。未购买住房的职工仍然交纳住房租金，1993年每平方米0.40元，1994—1995年，每平方米0.90元。从1993年1月起，购买住房的职工（不含离退休职工），按月基本工资5%交纳住房公积金，1995年改按月基本工资6%交纳住房公积金。2003年后，改按月工资总额10%缴纳住房公积金。

商品房价格　1984年，境内县（市）开始进行房地产开发工作。1984—1994年，境内各县（市）相继成立房地产（房屋）开发公司。开发商品住宅、宅基地、农贸市场、娱乐场所、商业用房、工业用房、街道、居民住宅区、机关事业单位、科技服务单位等新点建设。从此，商品房走向市场，实行市场价格。1984—1994年，境内商品房价格每平方米400~700元；1995—2000年，每平方米1100~1200元；2003—2004年，全市商品房平均价格为每平方900元，市区商品房平均价格为每平方米1300元；2005年，全市商品房平均价格为每平方米1000元，市区商品房平均售价为每平方米1400元。

社会力量办学收费

社会力量办学，是指民主党派、群众组织、社会团体以及国家机关、科研单位、企事业、学校、公民个人，在国家计划外，举办面向社会招生，不包分配，经费自筹，教师自聘的各种政治、文化、技术、职业、业务学校。这类学校在中共十一届三中全会后，才得到发展。1984年5月后，按照自治区教育厅、物价局、劳动人事厅联合发布的《社会团体、私人办学收费标准暂行规定》收取社会办学费，即各类学校收费，均以每学期教学计划的总实际授课时数计算，学费收费标准以每生每课时计。办学收费主要用于教师上课酬金、教室租金、公杂费、班主任补贴、实验、实习、设备购置及交通费等。学员学习用的教科书、参考资料、讲义书等由学员个人自理。

第五节　差价与比价

社会商品零售价格指数

民国19—25年（1930—1936年），境内政局稳定，生产得到恢复，主要商品价格走势正常，商品零售物价总指数稳定在100~109.86之间。民国26年后，物价涨幅较大。31年来宾县城大米每50千克售价165元国币，民国32年涨至448元国币，涨幅1.72倍。民国35年5月武宣市场每50千克大米平均售价52740元国币，民国36年5月售价比上年同月增长1.46倍。

中华人民共和国成立后，各级人民政府重视物价管理，根据各个不同的历史时期采取相应有效措施，保持物价相对稳定，提高物价整体水平。如农产品收购价格总指数和农村工业品价格指数，1952年分别比1950年提高23.4个百分点和9.5个百分点；1957年比1956年分别提高8.6个百分点和0.5个百分点；1962年分别比1961年提高23个百分点和10.9个百分点；1979年比1978年提高17.8个百分点和0.2个百分点；1988年分别比1987年提高24.4个百分点和25.8个百分点。1990年，境内零售物价上涨幅度按照国家要求严格控制在6%以内。1993年，零售物价总指数比1992年高22.6个百分点，1995年比1994年高7.6个百分点。零售物价总指数和居民消费价格总指数为：1996年分别比1995年下降11.6个百分点和12.2个百分点；1997年分别比1996年下降7.8个百分点和8.7个百分点；1998年分别比1997年下降4.6个百分点和3.4个百分点；1999年分别比1998年下降2.6个百分点和1.7个百分点。2000—2005年，全市零售物价和居民消费价格与全自治区发展水平基本同步。市场物价变动特点是：1950—1992年，物价平衡上升，如每50千克三等大米收购价：1952年8.43元、1957年8.66元、1965年11.46元、1978年13.90元、1980年16.70元、1985年21.90元、1990年31.20元。中等花生油每50千克收购价为：1952年40.96元、1957年55.11元、1965年71.36元、1978年90.00元、1980年115.00元、1985年161.00元、1990年183.90元。活项鸡每50千克收购价为：1952年39.25元、1957年58.18元、1965年63.88元、1978年95.00元、1980年100.00元、1985年192.00元、1990年200.00元。1993—1994年，物价涨幅较大。如境内市场平均价格，每千克中等大米1993年为1.30元，1994年涨至

2.33元;每千克猪肉1993年为8.67元,1994年涨至12.00元。1995—1996年,物价缓慢回落。如每千克中等大米由1995年的2.85元回落至1996年的2.70元;仔猪由1995年的9.00元回落至1996年的8.25元。1997—1999年,境内物价呈下降趋势。如每千克中等大米保持在2.10~2.20元;每千克肉猪保持在6.20~6.66元。2000—2002年,境内物价平衡。如每千克中等米稳定在1.80元;猪肉每千克稳定在11.55~12.00元。2003—2005年,来宾市物价升幅较大。如每千克中等大米分别为2.20元、2.40元、2.60元;每千克猪肉分别为14.00元、16.00元、18.00元。

1991—1999年,来宾县各年商品零售物价总指数分别为105.9、104.69、123.2、135.03、122.4、104.2、96.2、95.6、94.48。2000年后取消物价指数登记。

物价政策

农副产品 境内各县(市)主要农副产品有粮食、油料、畜禽、蔬菜、水果、茶叶、棉花、黄红麻、桑蚕、林木、甘蔗、药材和土特产品等,其中粮食、油料、生猪、家禽和重要土特产品的价格,均不同程度受国家计划管理和制约,其他如蔬菜等价格随行就市。

粮　油 中华人民共和国成立后,境内粮油统购统销价格一直由自治区安排,议价粮油价格随行就市。为适应经济形势发展需要,曾于1965年、1966年、1979年、1987年分别调高粮食和油料价格。1965—1966年,实行统购粮食加价奖励办法,规定以生产队为单位人年均向国家提供公粮和商品粮超过50千克的加价12%。1966年7月后,粮食统购价格实行全区同一品质价格,取消地区和等级差价。1985年7月起,对稻谷、玉米、小麦等主要粮食品种实行合同定购,其他粮食品种自由购销,按比例价收购。1988年下半年起,花生油价格实行随行就市。

生猪、家禽、蛋品 1985年前,价格由国家统一安排。1985年,实行"放调结合,小步前进"的方针,取消生猪、家禽、蛋品派购统购政策,实行议购议销,价格随行就市。

药材、棉花、土特产品 药材购销价格,1950—1983年,实行统一收购价,1983年后实行国家指导价和最高限价。棉花及其制品购销价格,自20世纪50年代至今均由国家统一管理,实行计划价格。土特产品如烟叶、麻类、化工原料、柴炭等品种的购销价格,1983年前实行计划价格,按分管权限管理,1983年后取消计划价格,实行自由价格。

木　材 1985年前为产区价区(同一商品不同产地执行主产区的价格标准范围),1986年改为销区价区(同一产品非产区的价格标准执行范围)。1985年前其购销价格为国家计划安排,1985年后放开木材价格,实行指导价格,由地区和自治区确定费率和利率。

甘　蔗 境内各县进厂料蔗价格随物价的调整、改革而变动。普通品种每吨价格为:1952年26元、1953—1957年23元、1958—1959年25元、1960—1964年26元、1965—1970年30元、1971—1978年34.60元、1979—1983年43.30元、1984—1986年64元。1987年,迁江蔗区69元、红河蔗区67元,1988—1989年105元、1990年115元(凤凰蔗区当年无粮肥奖售,每吨原料蔗进厂综合价为145元)。平价粮食和化肥奖售,进厂料蔗每吨奖售原粮:1981—1988年,迁江蔗区110千克,来宾、红河蔗区95千克;1989年后,改为一半奖现粮,一半按市场粮价补差;1990年甘蔗价格调整后取消补差。进厂料蔗每吨奖售化肥:1981—1986年奖标准化肥(尿素、钾肥)15千克,碳铵10千克;1987—1988年奖标准化肥25千克;1989年后一半奖现肥,一半按议价补差;1990年甘蔗价格调整后取消议价补差。良种加价:为鼓励群众种植良种蔗,实行良种加价政策,即在普通品种价格的基础上给予适当加价。桂糖1、2、7号每吨加价:1981—1983年2元、1984—1988年6.70元、1990年7元;桂糖3号,1984—1988年3.70元、1990年4元;桂糖9号,1990年4元。1990年,凤凰蔗区无良种加价。价外补贴:为调动群众种秋植蔗的积极性,给种秋植蔗户每亩补贴,1970—1985年5~6元、1986—1987年提高到15元、1988—1990年不分春、秋植蔗一律改为贷款利息补贴。利润返还:1983—1987年,糖厂给蔗农返还利润每吨料蔗5元,作为甘蔗价外补贴。1988年甘蔗价格调整后取消。

工业品 1950—1982年,境内工业品价格均由国家统一管理,实行计划价格,大小商品均由上级管理部门制定价格,实行一县一价制。1983年国家开放小商品的价格,实行企业定价市场调节,先后开放1000多种小商品的价格,实行三种价格形式:国家计划价格、国家指导价格和自由价格。国家计划价格,主要是与人民生活关系密切的商品,如食盐、火柴、肥皂以及计划内的石油、彩电、食糖、学生作业本、铅笔、纸张、重要药品等,其余商品均实行指导价或自由价。农业生产资料,计划内的实行指定价,计划外的实行指导价。开放的小品种,由县物价部门核定费率实行综合价。能源、交通价格，由自治区统一管理。饮食服务业的价格和收费标准，实行上级计划管理收费标准。

地方产品 境内各县(市)地方产品主要有砖、瓦、石灰、水泥、卫生纸、白糖、糖果、饼干、白酒、酒精、腐竹、酱油、药品等。其价格，1985 年前由地区物价部门主管；1985 年后，除白糖仍由上级管理外，其余由县统一管理，按成本情况核定厂销价格。

差价政策

各种差价包括地区差价、购销差价、批零差价，是价格政策的重要组成部分，是国家对生产者、贩运者、消费者以及各阶层利益分配关系的具体体现。

地区差价 中华人民共和国成立初期，贯彻国家“产、运、销三者有利”的地区差价政策，基本原则是：需要利用和维持私商经营时从宽，需要限制和缩小私商活动范围时从紧；次要商品从宽，主要商品从紧，暂不前进时从宽。1952 年以后，缩小工业品地区差价。根据不同商品，产销两地牌价之间，除运杂费外，规定伸缩性综合差率。1952 年，地区差价综合差率，大中城市之间为 3%~5%；中小城城之间(市、县之间)为 1.5%~3%；城乡之间(县乡之间)为 0.5%~1.5%。1956 年，地区差价综合差率大中城城间仍掌握在 3%~5%，中小城城间为 1.5%~2.5%，并区别交通条件和距离二级站远近进行调整。对农产品价格，主要按当地农产品之间的合理比价制定，在五类地区(边远山区、山区、老根据地、少数民族地区、贫瘠地区)收购主要农副产品和销售主要工业品(如食盐、煤油、火柴、剪刀、布匹等)实行保护价格，即规定农产品最低收购价和工业品最高限价。1956 年对私商改造基本完成以后，进一步缩小工业品地区差价。1966 年，除少数商品实行全国一价和部分商品实行最高限价外，大部分商品如百货、文化用品、五金、交电、西药等均实行一县一价。1979 年以后，随着价格改革的不断深入，逐步扩大地区差价，保持合理的差价，以利于商业部门和个体经营者积极经营。如 1991—2002 年，工业品城乡差价，境内保持在 1%~2% 的综合差价率。2001 年，来宾县先后 5 次调整灯用煤油价格，县城以下灯用煤油价格，均以县城零售价格为基础加县城至各乡镇的合理运杂费为各乡镇的零售价格，合理保持城乡间的差价。而农副产品，由于实行经济体制改革后，取消粮食统销，农副产品价格放开，随行就市，因此，农副产品城乡差价无统一标准，但县城与乡镇、乡镇与乡镇之间同一农副产品销售价格差价不大，差价率一般保持在 0.8%~1.2%。如 1993 年中等大米每千克售价，来宾县城为 1.30 元，所属各乡镇为 1.10~1.25 元。

购销差价

工业品购销差价 中华人民共和国成立初期，国营商业对私营工业产品采取加工、订货、统购、包销的形式，其工缴货价一般按正常合理的中等成本的基础上根据工艺技术、劳动强度、生产周期等多种因素核定。而市场销售价格还要考虑到历史状况和供求关系，因而各类商品的购销差价是不平衡的。经过“五反”后，工缴货价普遍核低，私营工业生产困难，很快就得到纠正。1956 年全行业合营后，原国营商业与国营工业之间的公私关系改变为国营商业与国营工业之间的工商关系。1955 年，对私营工业按不同的商品保持 10%、20%、30% 左右的年利润。全行业合营后改为工商双方按“工大于商”利润分配原则协商出厂价格。工业利润为批发价格扣除出厂价格和批发站费用后的余额。也有少数商品，成本较低，利润较大，而原料缺乏，为限制消费，销售价格较高，利润分配“商大于工”。还有一些比较重要的商品，生产成本增加，为鼓励生产，出厂价提高而销售价不变，商业部门经营亏损或由国家财政补贴。

“工大于商”的利润分配原则，在全行业合营初期，缓和工商关系，对生产有一定的促进作用。并且由于当时商业部分实行统一核算，企业也没有把利润和集体、个人的经济利益挂钩，它的弊端没有表现出来。1979—1990 年，随着经济体制改革深入，企业自主权扩大后，工商之间的矛盾凸显。1991 年后，为适应价值规律变化要求，更好地调动工商两个部门的积极性，大力发展商品生产和商品流通，在价格改革中，逐步使工业生产企业和商品批发企业在正常生产和合理经营的条件下，都得到大致相等的利润率。

农产品购销差价 1955 年，国家规定处理农产品购销差价的原则是：(1) 必须服从巩固工农联盟的政策，鼓励农民增加生产，积极出售，便于国家收购和掌握商品货源。(2) 要服从和有利于生产的发展。(3) 在以上两条政策原则和在改善经营管理，降低流转费用的情况下，尽可能做到符合企业的经济核算。1955—1978 年，境内农产品购销差价主要有三种形式。零售价格与收购价格之间的购销差价，如粮、油、家禽、蔬菜、水果等；成品零售价格与原料收购价格之间的购销差价，如生猪与猪肉、菜牛与牛肉等；批发价格与收购价格之间的购销差价，如芝麻、烤烟等。这时期,对农产品购销差价的掌握一般是从严的,只包括产地商业经营企业的流通费用和微小的利润,有利于产地收购计划的完成,也有利于销地价格的稳定。有些商品如粮食、油料、棉花,采取购销价格倒挂,由国家对经营部门实行财政补贴。对猪肉、蔬菜等主要副食品,购销差价很小,经营部门亏损,由国家给予补贴。

1979—1990年,随着价格改革的逐步深入,有些商品由国家调整购销差价,有些商品价格放开,由企业自行定价。除少数国家供应的平价商品,如粮食、民用煤仍继续保持购销价格倒挂以外,其余大多数工农商品均保持合理的购销差价。1991—2005年,政府定价的商品越来越少,政府指导价和市场调节价的商品不断增多,工农商品购销差价更为合理,更有利于商业部门和经营者积极经营,有利于促进城乡物资交流。

批零差价 中华人民共和国成立前,批零差价很大,中间剥削重,米、布、食油、肥皂批零差价一般在100%以上。中华人民共和国成立初期,各地的城镇相继建立国营商品零售企业,经营居民需要主要消费品,以保障人民生活和物价的稳定。1952年前,国营企业批零差率较小,大米只有5.7%、食盐5%、日用百货12%。1952年后,私营零售商经营一度发生困难,国家为发挥私营零售商的作用和避免社会失业的增加,1952年11月调整商业,决定扩大批零差价,日用品批零差价一般扩大到10%~18%。境内亦按此规定调整批零差价。1954年,广西为适应国家对粮食、油料、棉花统购统销,统一规定零售牌价。1955年又对某些零星的小商品的批零差率扩大到18%~25%。今来宾市均执行广西上述规定。

1956年,对资本主义工商业改造基本完成后,批零差价成为促进零售商店加强经济核算、改善经营管理、加速资金周转、降低流转费用、为国家积累资金,更好地做好市场供应,为人民生活服务的工具。随后国家根据政策要求,区别商品性质、经营难易、周转快慢、损耗大小、费用多少、价值高低等不同情况,从1965年起,国家陆续规定主要工业品的全国统一批零差率:纺织品类10%~15%、针棉织品类13%~16%、百货类10%~16%、文化用品类10%~21%、五金交电类12%~16%、药品及医疗器械类15%、燃料类10%~15%、烟酒糖类10%~17%、小商品18%~25%。少数工业品如电视机、收音机实行批零一价。今来宾市按国家规定执行。

1982年起,自治区陆续放开小商品价格,至1988年,农产品中除粮、油、烤烟、糖蔗实行国家定价,芝麻、生猪等7种实行国家指导价外,其余全部放开。工业品放开手表、缝纫机等17种重要消费品的价格,并放开超计划生产的工业生产资料价格。此后至2005年,随着价格管理体制改革的不断深入,放开的工农业产品不断增多。由于绝大多数农产品、工业品价格放开,批零差价进一步扩大,有利于小商品的经营。

交换比价

民国19—25年(1930—1936年),来宾县市场大米与花生油及生盐的平均交换比介(数量比率)分别为1∶0.26和1∶0.23;每50千克大米可购买龙头牌白细布平均为38.6尺。民国35年后,货币贬值,物价上涨。民国末年(1949年1月1日至9月30日止),迁江县城市场,50千克大米可交换斜布3.2米、猪肉5.1千克、生盐10.3千克。来宾县物价变动剧烈,常常一天之内飞涨几次,人们常用谷物、棉纱等实物交换。

中华人民共和国成立后,境内各级人民政府为保障人民生活安定,坚持稳定物价方针,采取多种平抑措施,使粮食、食油、棉布等18类生活必需品,基本稳定在原来的价格水平上。

1950—1952年,国营、供销合作商业企业经营的商品价格,对当时的市场价格起到引导作用。1952年,忻城县城市场,三级稻谷与花生油、猪肉、煤油、海生盐的比价,分别为1比0.19、0.25、0.1和0.28。

1953年后,国家计划定价的范围扩大,同时,开始调整一些商品的比价,注意缩小工农商品价格剪刀差。1957年后,等量大米可交换的花生油、猪肉、黄牛肉数量连续下降。1957年,武宣市场大米与花生油、猪肉、黄牛肉的比价为1比0.16、0.17和0.25;1965年分别为0.14、0.14和0.24。同期,同等量的大米能换购的工业品增多。武宣县市场大米与煤油、食盐的比价,1957年为1比0.17和0.62,1965年增加到1比0.24和0.78;1957年,每百千克大米可兑换龙头牌白布21.8米,1965年比1957年可多兑换4.2米;1957年同量大米可购火柴98包(每包10小盒),1965年可多购19包。

1967—1968年,全国执行冻结物价政策。1969年后,国家调减药品、化学、农药等多种商品的销售价格,调高大米、油脂、肉类、糖蔗等销售价格。1978年,武宣市场大米与花生油、猪肉、牛肉的比价分别为1比0.16、0.14和0.2。同年,大米与煤油、食盐的比价为 1 比 0.36 和 0.93，多于 1965 年 0.12 和 0.15；100 千克大米，比 1965 年可多换龙头牌白布 7.1 米，或多换红河 53 型肥皂 19.2 条。

1979 年后，实行经济体制改革，逐步以市场调节为主，商品交换比价发生变化。1985 年，武宣市场大米与花生油、猪肉的比价为 1 比 0.16 和 0.08，每 50 千克大米可交换的龙头牌白布、火柴、肥皂数量分别比 1978 年少 3.1 米、23.2 包和 1.4 条。

随着市场供求关系的变化，各种商品之间的比价亦发生变动。1991 年，来宾市场大米与猪肉、花生油的比价为 1 比 0.14 和 0.15，比 1990 年分别减少 0.03 和 0.04；100 千克大米可交换精盐 264.71 袋、洗衣粉 42.86 袋、浅花布 28.94 米、国产 19 钻一级品机械手表 1.8 只、尿素 65.22 千克，比 1990 年分别减少 32.43 袋、21.34 袋、6.55 米、0.28 只、15.40 千克。1995 年，市场大米与猪肉、花生油的比价提高到 1 比 0.22 和 0.23，比 1991 年分别提高 0.08 和 0.08；每 100 千克大米可交换精盐 475 袋、洗衣粉 66.63 袋、浅花布 70.02 米、国产 19 钻一级品机械手表 4.75 只、尿素 120.76 千克，比 1991 年分别增加 210.29 袋、23.74 袋、41.08 米、2.95 只、55.54 千克。2002 年，市场大米与猪肉、花生油的比价又下降到 1 比 0.15 和 0.20，比 1995 年分别下降 0.07 和 0.03；每 100 千克大米可交换精盐 236.84 袋、洗衣粉 51.43 袋、浅花布 32.73 米、国产 19 钻一级品机械手表 2.57 只、尿素 132.35 千克。与 1995 年相比，尿素增加 11.59 千克，其他分别减少 238.52 袋、15.2 袋、37.29 米、2 只。2005 年，市场大米与猪肉、花生油的比价分别为 1∶0.15、1∶0.20，比 2002 年分别下降 0.01 和 0.07；每 100 千克大米可交换精盐 280 袋、洗衣粉 70 袋、浅花布 43.1 米、国产 19 钻一级品机械手表 4 只、尿素 107.7 千克，与 2002 年比，分别增加 43.16 袋、18.57 袋、1037 米、1.43 只、减少 24.65 千克。

1966 年 5 月、7 月，来宾县分别适当提高大麦、小麦、荞麦等 5 种春收粮食收购价格和粮食统购统销价格。1979 年 1 月，大幅度提高粮食、食油、棉花和猪、禽、蛋、鱼等主要副食品的销售价。1981 年 11 月，提高烟、酒销售价。1983 年 1 月，全面调整纺织品价格，同时降低国产手表和布胶鞋等销售价。1985 年主要粮食由统购统销改为合同定购；生猪派购改为议购议销，猪肉随行就市。从此，工农产品交换比价逐步缩小。农副产品的大米、生猪收购价是：大米（中等），1990 年与 1988 年、1980 年、1978 年、1957 年、1951 年相比，分别提高 19.0%、65.0%、78%、256%、277%；生猪，1985 年与 1980 年、1978 年、1957 年、1951 年相比，分别提高 7%、35.9%、125%、192%。几种主要工业品的销售价是：1990 年与 1988 年、1980 年、1978 年、1957 年、1951 年相比，食盐分别提高 29%、80%、80%、50%、32%；煤油分别下降 0%、0%、3%、44%、44；肥皂分别提高 1.0%、1.25%、1.25%、234%、234%；毛巾分别提高 51%、51%、124%、114%、302%；解放鞋（旧 38 码）分别提高 9%、9%、34%、55%、82%。尿素，1990 年与 1988 年、1980 年、1970 年相比，分别提高 148%、47%、47%；上海产 28 时自行车、缝纫机，1990 年比 1978 年分别提高 83%、44%；上海产名牌男式手表 1990 年比 1978 年下降 55%。

表 22-6 **来宾、武宣两县若干年份交换比价表**

比价：数量比率

品名		规格	单位	区域	1952 年	1957 年	1965 年	1978 年	1985 年	1987 年
大米		三号	千克		100.00	100.00	100.00	100.00	100.00	100.00
可交换	花生油	上等	千克	来宾	17.60	14.80	10.00	16.70	17.10	17.10
			千克	武宣	14.20	16.40	13.50	15.80	15.80	15.80
	猪肉	去骨	千克	来宾	19.00	15.80	12.70	17.90	14.60	18.40
			千克	武宣	13.30	17.00	14.10	13.90	7.80	
	黄牛肉		千克	来宾	23.80	21.00	23.30	20.00	23.40	20.60
			千克	武宣	16.30	24.80	23.80	19.90		
	项鸡		千克	来宾	15.80	14.80	14.00	15.60	15.20	15.60
			千克	武宣	13.30	15.10	14.50	12.00		
	煤油		千克	来宾	9.80	15.80	27.80	34.50	43.60	43.60
			千克	武宣	10.70	16.70	23.80	34.80	34.80	34.80

表 22-7　若干年份来宾市交换比价表

品名		规格	单位	年份						
				1991	1993	1995	1997	1999	2002	2005
大米		中等	千克	100.00	100.00	100.00	100.00	100.00	100.00	100.00
可交换	猪肉	去骨、统肉	千克	14.33	14.99	21.51	14.47	18.18	15.00	14.00
	黄牛肉	去骨、统肉	千克	14.71	17.11	22.95	15.49	17.70	14.40	13.66
	项鸡	土鸡 1 千克以上	千克	8.85	9.15	12.81	10.00	9.85	8.18	10.77
	活鸭	1 千克以上	千克	20.36	22.69	31.67	28.21	30.86	27.07	29.17
	鸡蛋	中等	千克	14.22	19.20	35.94	30.99	34.89	33.96	36.84
	草鱼	0.5 千克以上	千克	13.24	15.12	25.91	20.37	25.12	27.27	37.33
	花生油	中等	千克	15.00	17.50	23.42	19.30	20.19	20.45	12.13
	白糖	一级	千克	37.50	43.33	48.06	39.29	56.84	42.76	58.33
	当令蔬菜		千克	183.68	173.33	243.59	244.44	184.62	144.00	186.67
	精盐	500g 袋装	袋	264.71	295.45	475.00	333.33	304.23	236.84	280.00
	洗衣粉	25 型 500g 一级品	袋	42.86	59.09	66.63	62.86	61.71	51.43	70.00
	浅花布		米	28.94	37.04	70.02	44.90	43.20	32.73	43.08
	合成革男凉鞋		双	5.63	8.34	14.25	11.00	10.80	9.00	13.33
	机械手表	国产 19 钻一级品	只	1.80	2.33	4.75	3.22	3.09	2.57	4.00
	电风扇	400mm 落地扇一级品	台	0.44	0.58	1.05	0.77	0.83	0.72	1.14
	黑白电视机	14~17 寸	架	0.16	0.25	0.46	0.39	0.56	0.49	0.82
	电冰箱	国产 158~180 升	台	0.05	0.06	0.11	0.09	0.10	0.09	0.16
	牛黄解毒片	小盒	盒	56.25	77.38	114.00	66.67	56.84	47.37	70.00
	水泥	425#	袋	9.45	7.34	12.95	14.67	20.42	15.89	21.54
	尿素	计划外	千克	65.22	104.84	120.76	117.65	147.95	132.35	107.69
	乐果	40% 乳剂	千克	5.86	10.00	20.24	13.68	14.48	12.86	14.00
	农膜	聚乙烯	千克	12.62	16.01	28.50	17.74	16.94	18.00	20.00

第六节　价格监督检查

价格制度改革

2002 年 12 月 28 日前，来宾市在价格改革中，在调整价格体系的同时，注重改革过分集中的价格管理体制。通过采取建立健全的物价组织机构，形成新的价格管理、检查、监督网络；转变价格管理职能，改善价格管理手段等强有力措施。改变过去集中过多、管理过死，忽视价值规律、忽视市场调节的价格管理模式，逐步形成在国家宏观调控下的市场价格运行机制，在很大程度上起到调节生产、流通消费、调节投资方向、优化资源配置和促进技术进步的作用。

1978 年前，工农产品中绝大部分由国家定价，国家管理的农副产品价格有 12 大类 328 种，工业品有 61 类 1547 种。1979 年开始改变全部由国家定价的办法，对三类农产品和完成收购任务后允许上市的一、二类农产品，允许企业议购议销，价格随行就市，实行市场调节。1985 年起，除个别品种外，国家不再向农民下达农产品统派购买任务。粮食、油脂油料、棉花取消统购，改为合同定购；生猪、水产品、城市蔬菜逐步取消派购；其他统派购品种逐步放开。到 1990 年末，在农产品中，实行国家定价只有稻谷、小麦、玉米、棉花、烤烟、糖蔗、桑蚕茧等 11 种，实行国家指导价的品种有 39 种，其余农副产品价格全部放开。1980—1983 年，各县先后放开小农具、木制家具价格和小针织、小纺织品、小百货、小文化用品、小五金交电、小日杂用品、小食品、小药品等

700多种小商品价格。1984年后，又陆续放开广西产糖果、味精、日用陶瓷产品价格；计划外超产自销的工业生产资料价格；放开缝纫机、国产手表、收音（录）机、电风扇、黑白电视机、电冰箱、洗衣机等轻工产品价格；还开放电灯泡、大型衡器、磅秤、台秤、13种名烟、13种名酒和统配煤、统配钢材、水泥、铁矿石、锰矿石等品种价格。1991年，境内2224种商品价格（包括中央和广西管理），属国家定价1163种、属国家指导价151种、由市场调节910种，分别占总数52.29%、6.79%和40.92%。1995年，国家定价商品132种，比1991年减少88.65%；国家指导价110种，减少27.15%；由市场调节1163种，占商品价格种类总数82.78%，比1991年增加27.8%。工业品价格中国家定价的比重逐年下降，1990年和2005年，在工业总产值中国家定价的比重分别为31.7%降到0.5%。2005年，来宾市商品价格管制比重为政府定价占0.9%、政府指导价0.4%、市场调节价98.7%。

1991—1995年，合山市在全市开展物价计量“双信”活动，北泗供销社、里兰综合门市部等15个部门获“双信”先进单位（部门）。1997年合山市征收价格调节基金75.6万元。1988年，合山市开展对部分国营、集体、个体店物价检查。对哄抬日用品价格的部门和个人给予罚款处理。对有违反法纪行为的23户，分别处单项罚款5~20元。

价格管理

1958年，境内各县具体核定辖区内水路交通运价。1963年，县管理中央、广西壮族自治区物价以外的商品价格，辖区内文教、医药卫生、服务行业的收费标准及服务业销售价和集市物价。1975年，各县除执行原有职责外，增管修理行业和非商品收费。1979—1986年，各县（市）指导协调价格的有桐籽、八角、云耳、木薯片（淀粉）、柑橙、荔枝、菠萝、白果、沙田柚、柿饼、鱼或油换购的大宗水产品等。

1990年，按照自治区布置，境内各县（市）物价管理部门必须对44种商品价格走势进行监测，其中食品类13种（定量大米、定量面粉、定量食品、大路蔬菜、猪肉、鲜蛋、鱼、大众化食品、酱油、水豆腐、食盐、食糖、鲜牛奶），工业消费品19种（棉布、衬衫背心、棉毛杉裤、絮棉、搪瓷面盆、口杯、铝锅、铁锅、肥皂、洗衣粉、火柴、牙膏、铅笔、电池、卫生纸、课本、书写纸、元钉、铁丝、蜂窝煤），农业生产资料类5种（尿素、碳铵、农用薄膜、乐果、敌敌畏），非商品收费7种（房租、自来水、照明用电、学杂保育费、理发收费、市内交通费、医疗收费）。由于7种非商品收费已由原柳州地区定价，生活消费品监控品种从32种增加到43个品种。从1990年7月起，境内根据上述监控品种，编写《物价指数动态》，至1995年，共编写65期。

1991年10月，境内2224种商品价格（包括中央和自治区管理），属国家定价的1163种，占总数52.29%；属国家指导价151种，占总数6.79%；由市场调节的910种，占总数40.92%。1995年，由国家定价的商品共132种，比1991年减少88.65%；国家指导价110种，减少27.15%；由市场调节的1163种，占商品价格种类总数82.78%，比1991年增加27.8%。

1996—2005年，境内价格管理主要品种包括：工业品价格，如电力、爆破器材、交通运输、石油、液化气、计划内有色金属、邮政、电信价格、食盐、中医成药、医院自制药品价格等。农产品价格，如粮食保护价格、粮食种子价格，木材、桑蚕茧、甘蔗收购指导价格，烤烟、松脂收购价格等。公益事业服务价格，如城市供水、城市卫生服务价格，城市公用设施收费、公园门票、公厕收费，其他国家管理的公益性事业价格。经营性服务价格，如旅游服务价格、机动车辆检测收费、饭店服务业价格、文艺演出价格、体育比赛票价、汽车修理价格、农机服务价格、交通服务价格、停车收费、住宅小区物业管理收费、房地产价格、公产房租金、其他国家管理的营业性服务价格。

2005年，加强对价格的监督和服务。2005年8月下旬—9月上旬，由市物价局牵头组织市和兴宾区审计、监察、财政、经委、税务、糖办等部门和蔗农代表组成检查小组，对兴宾区所辖各糖厂2004—2005榨季亚法一级白砂糖平均销售价格进行检查，确定兴宾区内各糖厂2004—2005年榨季白砂糖销售价格为3099.16元每吨对应普通糖料蔗最终收购价格199.96元每吨挂钩联动（原定的糖蔗联动收购价格是2800元每吨对应185元每吨），按照挂钩联动办法各糖厂按进厂原料蔗计算，每吨原料蔗应补给蔗农14.96元，为便于结算，市政府最后确定为每吨按15元补给蔗农。制定2005—2006年榨季糖料蔗收购价格。在自治区物价局召开糖料蔗价格衔接会后，物价部门即到各糖厂、蔗区周边地区做了大量的调研工作，制定来宾市糖料蔗收购价格方案，经政府同意，确定2005—2006年榨季每吨普通糖料蔗收购价230元对应3500元每吨一级白砂糖平均含税销售价格。12月5日，根据自治区物价局《关于提前兑付糖料蔗挂钩连动价款的紧急通知》的精神，

2005—2006年榨季蔗糖价格联动重新确定为每吨普通糖料蔗收购价240元与每吨亚法一级白砂糖平均含税销售价3700元挂钩联动。针对部分乡镇供水价格混乱的情况，市物价局对兴宾区23个乡镇（街道办事处）的水厂进行调查摸底后，对陶邓乡等乡镇水厂的供水价格进行调整；11月，受自治区物价局委托，特邀忻城县人大、政协及有关专家和学者等40多位代表参加供水价格调整听证会，就忻城自来水公司供水价格调整方案的必要性，可行性进行了论证，为自治区物价局最后制定供水价格提供依据。年初，自治区物价局下发通知，对47家淘汰类的高能耗企业试行差别电价，即每千瓦时增加0.05元；按自治区通知精神，来宾市有6家企业被实行差别电价，但有3家企业已完成技术改造，不属于淘汰企业，上述3家企业提出请求解决差别电价问题。5月市物价局与来宾供电局联合召开会议贯彻落实自治区物价局《关于广西实施煤电价格联动有关问题的通知》，统一了广大用电户对国家实施煤电价格联动，疏导突出电价矛盾的认识，顺利地实施电价调整。通过市物价局和市经委争取，3家企业经批准均恢复正常电价，年减少电费支出约500万元。

根据自治区物价局有关文件精神，10月对8—9月用电量超过6月用电量5%以上的，6月份处于停产或基本停产并符合国家产业政策的铁合金企业，其低谷时段用电量在各类用电电价基础上优惠0.07元每千瓦时。市物价局和市经委联合向自治区物价局请示，给予八一铁合金厂享受优惠电价，获得自治区物价局批复同意，为该企业减少支出300多万元。8月开始，来宾市瓶装液化气零售价格持续上涨，12月27日突破93元每瓶，群众反应强烈。12月28日，市物价局对市区三家气库进行价格检查，发现三家气库在液化气零售价格突破80元每瓶时，均没有按规定办理提价申报手续。为严肃国家价格政策，规范价格行为，分别对其罚款1000~2000元，有效地加强了市场燃气价格管理。来宾市粮食价格继续实行保护收购制度，根据国家发展改革委、财政部、国家粮食局、中国农业发展银行四部委〔2005〕594号等文件精神，市物价局公布了2005年全市水稻最低收购价格为早、中籼稻每50千克72元；粳稻每50千克75元。

1991—1995年，境内本着既稳定物价又促进经济发展的精神，有步骤地放开粮食油价格。武宣县则加强对钢材、水泥、化肥、种子、公路运输的价格管理。1994年，中央对原油和成品油全部实行了国家定价，武宣县加强了国家对原油、成品油资源的管理，适当提高了原油的出厂价格，成品油出厂价格和零售价格实行计划内外并轨。同时还完成了电力价格、食盐价格、农业生产资料价格及运输费、县城和乡镇的自来水价格的测算和调整工作。为规范企业价格行为，全县凡生产、经营商品的国有和集体独立核算企业，实行企业定价许可证制度和企业内部价格管理制度，向县物价局领取企业定价许可证，持证按授权范围行使企业定价权，并实行明码标价。

1991—2002年，合山市举办企业定价许可证培训班6期，参加培训人员300人次。2003—2004年，合山市对部分旅馆、美容院、药店、鞋店、照相馆经营不标价，自制标价签和标价不规范责令改正，树立市中心市场二街为规范价格“示范街”，百姓超市、鹏飞超市、保康药店、红蜻蜓鞋店为规范介格“示范店”。2005年合山市注销6个单位的收费许可证6个。

1991—1995年，忻城县是有步骤地放开粮油价格，进一步加强对钢材、水泥、化肥、农药、种子、公路运输的价格管理。1995年上半年忻城县物价比1994年还在高位上运行，抑制物价上涨仍是物价工作重点，以宏观调控为主。1995年上半年忻城县物价指数平均为128.5，下半年为115.08，物价上涨势头得到遏制。1991年始，忻城县市场物价全年零售物价指数上涨幅度5.31%，自治区下达的涨幅控制目标为6%。1993年2月，忻城县放开粮食购销价格和经营。农业生产资料化肥仍属政府指导价，在价格管理上制定最高限价。粮价放开后绝大部分商品价格放开，属国家定价仅占6%左右，县以下国家定价商品仅有食盐、农用柴油、化肥、农药、农膜。当年市场物价上涨较快，涨幅较高有线材4700元每吨、水泥400元每吨，大米（中等）1.6元每千克，与上年相比，物价全年平均涨幅为14.5%。1994年，县物价局完成石油购销价格并轨，同时还完成电力价格、食盐价格、农业生产资料价格及运杂费、县城和乡镇的自来水价格的定价测算以及调整工作。政府职能转变，物价工作从政府直接管理转为宏观调控。粮食价格放开后带动相关商品和服务价格上涨，以上年同期为100。1994年忻城县物价指数第一季度为120.32、第二季度为129.10、第三季度为133.27、第四季度为140.82。县物价局对化肥、农药等基本生产资料制定最高限价，对放开经营的商业企业、个体工商户加强价格政策宣传，推行明码标价，防止价格欺诈、牟取暴利，全年共发放价目表350张、标价签 70000 多张。1996 年，忻城县核定自来水、化肥销售和房地产价格，全县物价平均涨幅为 10.5%。次年，全县建立价格调节基金制度，县人民政府印发《忻城县价格调节基金制度实施办法》，县物价局下发《关于重申加强石油液化气价格管理的通知》，审核县城液化气价格；查处倒卖救灾化肥一起，没收非法所得 7.2 万元。忻城县全县物价涨幅平均下跌 6.91%，1998 年，忻城县建立定期监审和提价申报制度，开展农村电价专项检查整顿，全县物价指数与上年比下跌 0.21 个百分点。1999 年，忻城县调查核实县自来水公司、果遂乡自来水厂、大塘水管所供水成本制定水价，开展对县医药公司、乡镇卫生院药品销售价格检查。2000 年，全县推行商品明码标价制度，加强居民生活必需品监管力度，调整古蓬、大塘水电工程管理所供水价格。2001 年，忻城县物价局设置 12358 价格违法专用举报电话，农村电网改造后用电价格由 0.80 元每千瓦时调为 0.55 元每千瓦时。2002 年，全县实行蔗糖价格挂钩联动、优质优价和最低保护价政策，普通蔗进厂价 170 元每吨、优质蔗进厂价 190 元每吨。2004 年忻城县加强对垄断行业价格管理和重要居民生活必需品价格监管，县城电网和农村电网改造后电价，执行"同网同价"。2005 年年忻城县开展居民用水、用水大户用水负担情况调查，会同来宾市物价局主持召开忻城供水价格听证会。2004—2005 年忻城县共征收到价格调节基金 7 万元。

收费管理

1950—1962 年，医疗收费由各地行政主管部门审定。

1963 年，境内各县物价部门负责管理本辖区内文教、医药卫生、服务行业收费标准。

随着经济体制改革的深入，国家新增一批行政、事业性收费项目。1987 年，根据自治区人民政府劳务收费及行政事业性收费管理暂行规定精神，由物价部门发给收费许可证，收费单位挂牌收费。1988 年 3 月，自治区物价局、财政厅批准公安、交通、工商、教育等 28 个部门收费，后又批准人民法院、建委、林业、矿产、环保、劳动、广播电视等 28 个部门收费。

1996 年，境内清理涉及收费，取消外贸部门"利用外资手续费"项目。参与房地产价格管理，取消向房地产收取的不合理收费项目 40 多项。1997—1998 年，收费管理重点为清费治乱，减轻企业和群众负担。1997 年，取消不合法收费项目。1998 年，境内各县（市）深入开展清理整顿工作，开展"收费许可证"年审，对社会反映较强烈的中小学收费、矿产收费和税务收费进行专项重点检查和处理。

2000 年，境内各县（市）抓好行政事业性收费管理，做好中小学收费调整工作，通过《桂中日报》公布调整后的收费项目和标准；为 2001 年顺利出台医疗收费标准方案做好调整前期准备工作；理顺公安、教育、交通、环保、劳动等部门部分收费项目和标准。

2001 年，境内各县（市）取消中小学、农村和小城镇建设、工商、卫生、中介等收费项目 87 个；调整中小学收费、医疗收费、有线电视维护费等，对涉及变动的收费项目和标准及时给予办理收费许可证的变更和换发手续；抓好申报定调费申请的前期调查、审核、申报工作；配合电力部门做好农村电网改造工程验收；进一步健全"两证一卡一票"制度，完善收费许可证管理、收费员持证上岗管理和交费登记管理等管理。

2002 年，来宾、象州、合山等县（市）对收费员进行全面培训，共举办培训班 12 期，培训人员 2898 人次，发放收费员上岗证 2898 本；清理收费文件 252 份，取消县（市）自行出台的涉农涉企文件 18 份，建议各级政府取消收费项目 12 项，降低收费标准 5 项；规范集贸市场和社会办学的收费行为，出台贸易市场租赁收费统一标准和社会力量办学收费管理办法。

2003 年，来宾市物价部门重点抓好《收费许可证》和《收费员证》管理、收费员培训、收费年审、"非典"时期收费减免和清理涉农收费等工作。当年，全市共注销《收费许可证》130 本、注销收费项目 3102 项、新增收费项目 201 项、变更收费项目和标准 3999 项；由于撤地设市原因，完成换发《收费员证》1350 本、《收费许可证》905 本；根据撤地设市需要及每三年定期培训收费员一次的规定，对新增或到期轮训的收费人员进行培训，举办培训班 1 期，参加培训 150 人；年审 1000 个收费单位，发现违规现象及时给予纠正，存在价格违法行为的移送检查所处理；按照自治区人民政府《关于对部分行业实行减免行政事业性收费政策的通知》精神，落实"非典"时期收费减免政策，全市给予减免行政事业性收费项目 15 项，减免金额 142.15 万元；坚持涉农价格和收费公示制度，全市在县城显要位置设立收费公示牌 6 个、在乡镇设立收费公示牌 75 个、教育收费公示牌 2088 个、卫生和其他部门设立收费公示牌 860

个，收费公示面达97%；继续清理涉农收费，进一步减轻农民负担，全市共清理收费文件373个、清理收费项目961个、取消收费项目134个、降低收费标准84个，年可减轻农民负担2500万元；开展越权定价专项治理工作，组织力量对各县（市、区）政府、物价部门出台的价格和收费文件逐一清查，共清理479个文件，发现越权文件4个，立即给予纠正，并要求其自行撤销。

2004年，来宾市重点抓好清费治乱、减负工作，加强收费管理、规范收费行为。一是降低收费门槛，促进招商引资。市物价局和市财政局联合下文，对涉及项目前期工作收费的8个部门（国土、建设、环保、水利、工商、气象、地震、消防）的29项收费进行重大调整，实行减半收费。二是清费减负。全年共清理收费文件351个、取消收费项目111项、降低收费标准44项、注销《收费许可证》114本，为企业减轻负担226.7万元。三是收费公示。根据自治区物价局《转发国家发改委关于全面实行收费公示制度的通知》精神，11月份由市物价局出资制作两块6米×2.6米和4米×6米规格的公示牌分别安放在市办证大厅和迎宾广场，向社会公示群众较关注的收费项目和标准。四是义务教育收费。按照上级推行义务教育“一费制”的要求，认真做好教育收费的成本核算，主持召开实施“一费制”收费标准会议。同时做好“一费制”收费公示和督促检查落实工作，保证“一费制”收费在来宾市推行实施，减轻学生家长负担，规范学校收费行为。五是行政事业性收费年审。共对1626个单位进行《收费许可证》审验，换发《收费员证》700本、《收费许可证》486本，培训收费员245人。

2005年，全市围绕优化投资环境和减轻群众负担，继续开展整顿和规范社会反映强烈的价格和收费工作，重点抓好收费公示制度、《收费许可证》和《收费员证》的管理以及涉农涉企收费等工作。年初，市物价局制作330块教育收费公示牌发放到市直、兴宾区各有关学校并悬挂在醒目位置。全年对涉及调整、取消的收费项目及时更正或注销其许可证，对已到期的《收费许可证》及时换发，共注销许可证99本，换发、新发许可证574本；对全市1592个单位进行年审，在审验中，对一些没有执行国家、自治区有关收费政策的单位，给予批评指正，对问题比较严重的4个单位给予查处。全市共清理涉农涉企收费文件108个，取消收费项目230项，降低收费标准26项，为企业和农民减负200多万元。

物价监督检查

物价补贴 1985年，境内开始全面改革价格体系，在逐步改革价格体系的同时，注意安排国家、企业、个人三者关系。对一些主要商品价格的变动，国家采取价格补贴政策。价格补贴主要有：生产、经营单位的政策性亏损；城镇居民、职工粮油、副食品和猪肉、市场生活用煤等，来宾县财政给职工每人每月补助粮差3元，食油补贴1.5元，肉、蛋、糖、菜补贴9元，煤价补贴1元，物价补贴5元等。

物价监督 1974年，来宾县审查2461个商品价格，纠正错价1232个。1979年，来宾县检查商业、供销、粮食、农机、建筑、教育、邮电、交通等9个部门的192个单位（其中县城27个，公社165个），检查35831个商品价格、纠正错价2309个、没收上缴财政的物价违纪金额1047元、退给消费单位和个人7.55万元。1980年，来宾县在全县物价大检查中，处理了7个违纪单位和个人，限期违纪者将违纪金额9948.83元如数退给消费单位和个人。1981年，查处1个违反石油商品价格的基层供销社，没收多收价款1023元上缴财政。1982年，各县物价部门设立物价检查所。1982年，来宾县查处9个违纪单位，没收非法所得款5.06万元，罚款700多元，其中上缴财政5.04万元，退给消费单位和个人982元，同年还审价480个，纠正错价26个。1983年，对农资各部门进行全面审价和纠正错价。1985年起，各县除按国务院布置每年集中力量进行1次物价大检查外，还根据实际情况，布置行业物价检查，节假日市场物价检查。来宾县检查182个经营单位和个体户，查处违纪50户，没收上缴财政的非法收入2.94万元，罚款1010元。1986年查处违纪案件2个，没收上缴财政的非法收入10.65万元。1987年，查处违纪案件24个，没收上缴财政的非法收入20.3万元。1988年查处案件5个，没收上缴财政的非法收入5.92万元。1988年下半年后，贯彻有关治理整顿经济秩序政策，开展物价大检查和清理乱收费活动。1989—1990年，来宾县查处案件37起，没收应上缴财政的非法收入120.01万元，刹住了乱涨价、乱收费和抢购风，市场物价日趋稳定。

1990年，境内各县（市）商品价格进行全面清理整顿。1996年，针对群众反映强烈的“热点”问题，重点对化肥、农药、农膜等农业生产资料价格和电力价格、中小学收费、邮电代办收费等进行专项检查。同时，加强对“米袋子”“菜篮子”和监审品种的市场价格检查，对价格欺诈、价格垄断和牟取暴利行为坚决查处。1997年，开展以清费、治乱、减轻企业负担为重点的价格、收费大检查，除经常开展市场物价检查和“三大”检查外，重点开展石油价格和土地、建设等项目收费的专项检查。1998年，为配合清费、治乱、减负工作的深入开展。除做好对中小学收费、矿产收费、电信、电力收费、税务收费和成品油价格等专项检查和处理外，重点开展农业生产资料价格及药品生产企业和医疗单位1996年以来的药品价格执行情况专项检查。

1999年，境内各县（市）物价部门除注意抓好日常市场物价检查外，注重抓好节日市场物价大检查。在元旦、春节、中秋、国庆等节日开展的市场物价大检查中，共出动336人次，检查国营、集体和个体商店3600余家。注重开展价格（收费）专项检查，对今来宾市6县（市、区）交通部分及其下属51个单位的收费情况及全市电力价格、药品价格、中小学收费情况进行重点专项检查。按照自治区的统一部署，还开展对食糖价格、涉外企业收费和卫生、土地、建设、计生、民政等部门的收费情况进行专项检查。当年共查处各种价格（收费）违法案件87件，查处非法所得146.4万元，实行经济制裁112万元，其中上缴财政89.4万元，退还用户或消费者22.6万元。在规范市场价格行为反价格欺诈方面坚持抓好明码标价工作，当年全市共发放统一标价签99万多张，国营、集体和个体门面明码标价率达90%。受理各种价格举报案件72件，查处价格违法案件金额11.4万元，其中退还群众9.6万元。

2000年，境内物价部门加强对价格和收费行为的监管，严厉查处乱涨价、乱收费、不按规定执行明码标价的行为，以及价格垄断、价格欺诈等价格违法行为。统一开展对群众关注、社会反映强烈的电信资费、电力价格、旅游价格、教育收费、公安收费等专项检查。各县（市）还根据当地实际，开展粮食、烤烟收购价格和农村医疗、计划生育、农村建房等涉及收费检查。

2001年，境内物价部门以清理整顿涉农价格与收费为重点，开展小城镇建设和农村建房收费专项检查；农村电价和农网改造收费专项检查；中小学收费检查；药品和医疗服务价格检查；检查整顿和规范自来水行业的价格和收费；各县（市）对粮食、糖料蔗、烤烟、蚕茧等农副产品价格执行情况进行检查，规范农产品价格。

2002年，境内物价部门加大价格监督检查力度，在做好常规价格检查的同时，先后开展春运客运票价检查；金融机构服务收费检查；土地、计生、农机、民政等部门相关收费检查；农村电价和农网改造收费检查；外出或外来务工人员收费检查；工商和集市贸易收费检查；下岗职工再就业收费监督检查；药品和医疗服务价格专项检查；城镇供水价格检查。

2003年，来宾市物价检查在建立好农村价格监督网络的同时，开展以水、电、药品等为重点的居民生活必需品价格检查，以机动车辆和路桥为重点的收费项目专项检查。年内，全市辖区75个乡镇、街道均建立有农村价格监督站，任命有正、副站长，聘任农村价格监督员757人。制定《农村价格监督站工作职责》《农村价格监督站站长职责》和《农村价格监督员守则》。建立县、乡、村三级价格监督网络，使价格监督延伸到农村，由于该项工作在全区率先抓紧抓好，得到自治区物价局好评，并在《价格公报》上报道加以推广。当年，全市检查244个单位，其中有违纪行为的单位90个，占总查单位数的36.9%，查出违法违规收费金额770.42万元。其中：对所辖6县（市、区）的交通局、稽征所、交警、路桥收费站等56个单位2001—2002年的收费执行情况进行检查，查出有违纪行为的单位16个，占系统检查单位数的28.57%，查出违纪金额15.6万元，占全市全年总查违纪违法金额的2.02%；对兴宾区和象州、武宣、金秀3县6家自来水厂及其安装公司的供水价格和安装材料收费进行检查，查出违规收费单位3个，占系统检查单位数的33.3%，违规收费金额13.4万元，占全市全年总查违纪违规金额的1.74%；对所辖6家供电公司及其供电零星安装收费进行检查，共检查9个单位，查出有价格违法的单位8个，占系统（行业）检查面的88.9%，违规收费金额90.2万元，占全市全年总查违法违纪金额的11.71%；开展治理教育乱收费专项检查，共检查学校、教育局165所（个），检查面达100%，查出有违纪行为的单位62个，占系统检查单位数的37.58%，价格违法金额589.92万元，占全市全年总查违法违纪金额的76.57%；对兴宾区人民医院、中医院等8家医疗单位的药品和医疗服务价格进行检查，查出有价格违法行为的单位1个，占行业检查单位数的12.5%，价格违法金额61.3万元，占全市全总查违法违纪金额的7.96%。当年，全市共查处价格和收费违法案件60件，查处非法所得165.6万元，实行经济制裁127.92万元，其中退还消费者6.64万元，上缴财政121.28万元；共受理各种举报案件134件，办结133件，办结率99.25%；查处违法案件 11 件，退还用户金额 7.35 万元，没收非法所得 1.9 万元，罚款 1.46 万元。

2004 年，全市主要就涉农收费、教育收费、技术监督部门收费、民爆器材经营收费、药品和医疗服务价格及电价等进行专项检查。全年共查处价格违法案件 119 件，查出非法所得 571.71 万元，退还当事人 5.55 万元，收缴财政 296.03 万元。同时，注意加强对农村价格网络监督站的指导，充分发挥农村价格监督站的作用。农村价格监督站常年坚持对农村农业生产资料价格、中小学生收费、计生婚姻登记收费、农民建房和蔗农收费等的监督，掌握第一手资料，坚决遏制涉农收费中的“三乱”行为。

2005 年，以“推进价格诚信，打击价格欺诈”为主题开展形式多样的价格检查活动。在元旦、春节、五一、国庆和中国—东盟博览会召开以及洪灾期间，组织人员分别对粮油、食品、液化气、客运票价等进行价格监督检查。春耕生产期间，重点对市辖区内的农业生产资料价格进行检查。中秋节期间，会同商务、工商、质监等部门开展规范月饼市场行为的联合检查，同时出动 8 个检查组 40 多人次，开展商品明码标价大检查，对 150 个不按规定明码标价的商家发出限期整改通知书。当年，全市共查处各类价格违法案件 66 件，退还当事人 3.6 万元，罚款 2.06 万，收缴财政 146.97 万元；受理举报案件 93 件，办结 93 件，办结率 100%。

1991—2002 年，来宾县物价局对县内的教育、卫生、工商、公安、林业、电力、粮食、供销、农资、矿产、城建、土地、交通、农机、计生等行业的价格和收费进行监督检查。共检查 8125 个单位，其中个体户 7466 户，查出违纪金额 1509 万元。

1993 年，来宾县物价局对农资价格、食盐价格、汽车客运票价等进行检查，共检查 79 个单位，对违价单位罚款 10.57 万元。重点检查县农资公司、县种子公司和 16 个较大乡镇化肥、农药、农用柴油、粮食、良种农膜销售点，对违价单位进行处罚，维护了农民的利益。上半年，不法分子为哄抬盐价谣传食盐要涨价，城乡出现抢购食盐风，县城食盐价由每千克 0.83 元涨至每千克 2 元，比国家定价高 145%，乡镇也出现类似现象。全局干部分 2 个小组采取询问顾客和亲自购买的办法检查县城各商店食盐销售价格，对国营单位乱涨价的，责令单位领导写检讨并罚款，对乱涨价的个体工商户处 50 元以下罚款，抑制了全县食盐乱涨价行为，稳定食盐价格。还查处了 1992 年对民办教师转公办教师乱收费问题，要求县有关部门将乱收的 105735 元于 1993 年教师节前全部退还给教师。

1994 年，来宾县成立物价大检查领导小组，由县物价部门牵头，组织工商、财政、公安、技术监督等 11 个单位 36 人组成检查小组，先后对县城和迁江、凤凰 2 个乡镇的国营、集体和个体工商户销售的商品进行检查，重点检查明码标价、短斤缺两、伪劣商品等，没收不合格计量器 56 把及伪劣商品一批，使各商场、营业摊点自觉进行明码标价，维护市场价格秩序。此外，还开展经常性的物价大检查，把物价检查干部分为固定的 4 个小组，负责企业和行政事业性收费检查，重点检查农资、邮电、粮食、农机、卫生、教育等 60 个单位和个体户 2450 户，收缴非法所得 594367.78 元。

1999 年，来宾县在整顿价格秩序、清费治乱减负中，县物价部门对县城和 24 个乡镇中小学收费进行全面检查，检查面达 91%。从检查中发现各中小学违规收费较普遍，主要是自立收费项目（如建校费、集资费）、搭车收费、代收费不实行多还少补等，加重了学生的负担。全县共查出中小学多收费额达 217 万元，并责令各学校退还给学生。

2000 年，来宾县物价局检查土地、房产、医疗、计生、学校等 45 个单位的收费执行情况，发现违价单位 42 个，违规金额 42.94 万元，经立案处罚，收缴财政 32.07 万元，罚款 1.5 万元。推行明码标价制度，抓好示范门店，全年共发放标价签 20 多万张，国营、集体和单位明码标价面达 100%。

2001 年，来宾县由物价、教育、纪检部门组成联合检查组到全县各乡镇农村中小学督查新调整的收费标准及明码标价执行情况，通过督查各学校都能按规定项目、标准亮证收费，并向学生家长公示。此次收费调整，平均每个学生每学期减少收费 40 元左右，按全县农村中小学 14 万人计算，全年为农民减负 1100 万元。对全县 24 个乡镇土地管理所农民建房收费情况进行检查，查出违价案件 20 起，违价金额 78 万元，对变相提高收费标准、自立项目收费的违价行为限期整改，规范收费行为，减轻农民负担。对全县 28 家医疗单位、41 家个体药店和诊所药品、医疗服务价格执行情况进行检查，查出违纪单位 10 个，违价金额 15 万元，对违纪单位给予经济处罚 21 万元。

2002 年，来宾县做好市场监督检查，元旦、春节、“五一”期间开展市场明码标价、石油液化气、食盐等价格常规检查。春季开学，组织人员到各乡镇中小学检查督促做好收费公示工作，在检查中查出平阳二中无证收取微机使用费，给予平阳二中1000元罚款处罚。4、5月份对全县36所初级中学上一学年燃料费收支情况进行重点检查，在检查中发现各学校收取的燃料费大部分没有做到专款专用，期中结算、公布、清退，而是将余款用于基建、发放教职工补助、奖金等，县物价局提请纪检、检察部门进一步查处。3月11日—18日，来宾县组织2个检查小组对中国人民银行来宾县支行等10家金融机构进行检查，查出各金融单位违规收取异地存取手续费132211.38元。

1991—2005年，武宣县共查处各类违法行为151件，查处价格违法金额263.69万元，给予经济处罚182.54万元。

1997—2005年，武宣县开展对教育、工商、公安、林业、土地、医疗卫生、电力、农机、计划、粮食、供销、农资、矿产、城建、交通、民政等价格或收费专项检查。共查处各类违法行为61件，查处价格违法金额108.99万元，实行经济制裁总额92.2万元，其中没收违法所得金额63.12万元、退还当事人28.99万元、罚款0.09万元。

1991—1993年，合山市进行物价监督检查，查处案件3起，罚款33.96万元，上缴国库28.27万元。1994—1995年，合山市共查处收费违法金额30万元，其中：没收1.34万元、罚款0.62万元、退户2.07万元。对全市154个行政事业性收费单位进行年审，年审率100%，查出违纪金额59.6万元。1996—1998年，合山市开展“三大”检查，重点检查的单位62个，查出违价34.3万元，处理非法所得入库1.3万元；查出违价4.72万元，退还违法收费4.6万元；对市属80个单位进行乱收费重点监督检查，查出违价金额102.5万元，立案处理25起，收缴罚没款入国库15.9万元。1999—2000年，合山市抽查国营单位7个，处理价格违法行为26起，罚没金额1.49万元；集体和个体23起，罚没金额897元，返还消费者771.80元。

1991—2005年，忻城县累计审查收费总额59800万元，对违规单位共处罚没款131万元，注销15本《收费许可证》。1991年查处擅自提价单位6个，收缴提价非法所得10万元，处理个体经销商60户，罚款0.05万元。重大节日会同工商、城管、商业、供销部门组成检查组，对国营、集体企业和个体工商户执行价格情况以及明码标价情况进行检查，共检查180个经营单位（含个体户）。2003年，县物价局出动人员检查单位11个，确保全县物价稳定。

价格服务

价格法律法规宣传　境内各县（市、区）每年均定期或不定期采取领导讲话、山歌会、印刷宣传资料、出版报简讯、上街游行、下乡宣传、设立咨询台等形式开展价格法律法规宣传活动。1998年5月1日《中华人民共和国价格法》正式实施日和2002年“3·15”国防维护消费者权益日、“5·8”价格举报宣传日，共出动宣传车180余辆次，人员300多人次，散发各种宣传资料3万份以上，接受群众咨询0.96万人次。

价格指数监测和价格信息服务　1986年，各县（市）成立物价局后，各级物价主管部门注重加强市场物价监测和价格信息服务工作，不断完善价格调控机制。

建立市场价格监测网络，加强对主要居民生活必需品价格和服务价格变化情况的监测各县（市）每月或每旬向上级报送当地主要居民生活必需品价格和服务价格情况。2003年，在防治“非典”期间，来宾市各级物价主管部门对涉及非典的62种药品、6种医疗用具和5种食品的价格运行情况实行日测日报制，共采集上报监测情况68期，为市政府和自治区价格监测部门及时掌握药品价格动态，做好决策提供服务；组织开展糖料蔗和食糖价格追踪监测工作，为市政府最终测定糖料蔗价格提供有力依据。2004年，针对市场农业生产资料、农副产品价格波动情况，做好市场采价、监测、汇报工作；协助粮食部门做好粮食风险预案、市场粮价分析、预测、预警工作，当好政府价格宏观调控的参谋。2005年，在元旦、春节、五一、国庆、中秋等节假日期间，加强对群众生活密切相关的粮油、副食品、液化气、长途客运票价等各类商品和服务价格的重点监测，预防消费旺季消费价格暴涨；确定来宾市第一批国家价格定点监测单位（门店），并向这些单位（门店）发放“全国价格监测定点单位”牌匾；加大对出现波动较大的生活、生产资料等重要商品的价格监测力度，除完成7大类全国重要监测项目、商品及粮食、糖料蔗、食糖近200个品种、项目价格的监测任务外，根据市场变化，把化肥、农药、农膜及种子等农资价格监测列入日常价格监测工作中，及时掌握相关商品价格信息，防止价格异常波动。

定期召开物价形势分析座谈会　每个季度末由物价部门牵头，组织召开有统计、计划等部门参加的物价形势分析座谈会，分析当前物价形势，研究存在问题,提出解决办法,并对下步价格变动趋势进行预测,写成分析报告,为部门领导做好价格宏观调控发挥参谋作用。

抓好价格信息服务工作 加快网络建设,实现县微机上网,与自治区价格网络中心、国家价格网络中心联网,把本地名、特、优产品信息送出去,把外地的信息取回来,经过加工整理,反馈给当地党委、政府引导产品和产业结构调整。开辟名、特、优产品信息取点,确保信息的准确性和可靠性。

成本调查 成本调查是政府价格主管部门对生产经营商品(或产品)提供服务的成本、费用及相关经济指标进行调查的行政活动。成本调查主要为政府宏观调控和价格管理提供可靠的数据、资料依据,为生产经营者加强经济核算和提高经济效益服务。

1964年,为准确制定农产品收购价格,境内各县(市)物价部门对稻谷、玉米、花生、茶油、生猪、毛竹、杉木条、甘蔗、土糖等54种产品的生产成本进行调查。1984年,境内各县(市)调查茶油、生猪、黄麻、茶叶、毛竹、桐籽、八角、晒烟、烤烟、棕片、蜂蜜、木柴、木炭、木耳、沙田柚、柑橙、荔浦芋、大头菜、蒜头、生姜、罗汉果、五倍子、杉木条等25种产品生产成本。1984年,境内各县(市)成立农产品成本调查队,今来宾市辖6县(市、区)编制12人。

1985—1995年,境内各县(市)重点对早稻、玉米、花生、糖蔗、油茶籽和生猪等大项农畜业生产成本进行调查。

1996—2005年,境内各级物价主管部门依据《中华人民共和国价格法》、国家计委《农产品成本调查管理办法》、自治区物价局《广西壮族自治区成本调查管理办法》赋予的调查内容及自治区下达的调查任务开展调查工作。1996年调查任务80个品种,其中工业19个、农业品22个、流通商品39个,全部于当年5月底前完成调查任务。1997年,除完成自治区下达的100个品种成本调查外,还将“八五”期间工农产品成本调查资料汇编成册,以提高资料的使用价值。1998年完成81个品种成本调查、6项专项调查和6个农产品成本及效益预测。1999年,在完成自治区下达的粮食、原料蔗等农产品及工业企业、流通企业共114个品种的生产、流通成本调查任务的基础上,同时开展粮食优质优价、粮食流通费用情况、农民存粮、生产种植及农资需求情况、生猪生产及流通情况等调查活动,为领导作产业结构调整决策提供服务。2002年,利用成本调查网络优势,开展政府和社会比较关注的热点、难点问题的调查研究,完成15个工交企业、17个流通企业产成本调查,同时开展优质稻和优质糖的成本调查。

2003年,做好农产品常规品种的生产成本调查上报,完成花生、玉米、糖料蔗常规各种生产成本调查以及农资购买和农户种植意向2项专题调查任务。2004年后,坚持定期或不定期地到调查点了解农户的生产情况,指导调查户做好登记工作;对已经失去代表性或不能胜任成本登记工作的调查点、调查户进行撤换,使调查的数据更加准确,更有代表性;按时、按质、按量完成玉米、花生、糖料蔗、早晚籼稻、桑蚕等品种的常规调查和直接调查任务。

表22-8 来宾市若干年份部分农产品生产成本、效益调查表

年份	调查地区	每亩(667平方米)					
		调查产品	主要产品产量(千克)	物资费用(元)	用工费用(元)	生产成本(元)	减税纯收入(元)
1991	来宾县(兴宾区)	糖蔗	4610.40	164.76	68.40	233.16	385.33
1993	来宾县(兴宾区)	糖蔗	5658.85	313.45	118.56	432.01	388.94
1995	来宾县(兴宾区)	糖蔗	4714.05	523.54	233.16	746.70	548.93
1997	来宾县(兴宾区)	糖蔗	6315.70	610.23	287.61	897.84	755.95
1998	来宾县(兴宾区)	糖蔗	4632.60	483.74	358.26	842.00	111.42
1999	来宾县(兴宾区)	糖蔗	4642.60	536.59	263.66	800.25	-65.90
2000	来宾县(兴宾区)	糖蔗	4924.70	502.15	175.74	677.89	233.98
1986	忻城古蓬	生猪	78.45	87.98	9.64	97.64	67.03
1990	忻城古蓬	生猪	105.54	346.50	253.00	599.50	52.85
1992	忻城	生猪	85.10	283.12	26.70	309.82	64.13

续表

年份	调查地区	每亩(667平方米)					
		调查产品	主要产品产量（千克）	物资费用（元）	用工费用（元）	生产成本（元）	减税纯收入（元）
1995	忻城	生猪	113.45	539.25	96.92	636.17	190.59
1987	象州	水稻	336.75	36.26	82.26	118.52	39.42
1998	象州	水稻	435.70	59.31	69.85	129.16	120.37
1989	象州	水稻	420.14	71.25	81.98	153.23	80.59
1990	象州	水稻	386.07	64.99	78.95	143.94	72.92
1995	来宾县(兴宾区)	玉米	279.59	171.16	116.70	287.86	131.34
1997	来宾县(兴宾区)	玉米	238.81	203.21	125.38	328.59	150.31
2001	来宾县(兴宾区)	玉米	373.80	262.45	82.49	344.94	95.37
1995	来宾县(兴宾区)	花生	156.96	186.03	103.98	290.01	118.53
1999	来宾县(兴宾区)	花生	130.60	192.18	119.82	312.00	59.61
2001	来宾县(兴宾区)	花生	162.00	236.82	84.91	321.73	65.90

第五章　质量技术监督

民国时期，境内始有计量检定工作。民国21年(1932年)，广西推行划一新制度量衡，并开展对各县度量衡的检定管理。

20世纪60年代，境内开展长度、力学、热工、电学4大类计量的部分检定和测试工作，而标准工作则由原柳州地区科学技术委员会主管。1985年起，境内质量技术监督部门开始对工业企业计量定级、升级、复查工作。同时，推行法定计量单位。开展技术标准清查、企业标准化整顿和企业标准化定级考核；新产品标准化审查，采用国际标准并制定境内企业标准。

1999—2005年，境内各县(市)质量技术监督局负责统一管理和组织协调境内标准化、计量和质量监督工作。2002年12月，来宾市质量技术监督局成立。

第一节　机　构

1959年10月根据国务院命令，成立柳州专区计量管理所，属中共柳州地委宣传战线领导，具体业务归口于柳州专区科学技术工作委员会代管。1962年3月，成立柳州地区计量管理所，行使辖区内标准计量监督管理职能，管理除柳州市以外的柳城、柳江、来宾、武宣、象州、三江、融安、融水、忻城、鹿寨、金秀、宜山、罗城、河池、南丹、天娥、环江等17个县。此后由于受文化大革命的影响，机构经过合并、撤销而分设。1974年6月恢复柳州地区标准计量所。1987年6月12日成立柳州地区标准计量局，机构升级为正处级，职能得到调整，管辖来宾、武宣、象州、三江、融安、融水、忻城、鹿寨、金秀、合山市等10个县市。1991年改称柳州地区行署技术监督局；1999年改称柳州地区质量技术监督局并上收自治区垂直管理。2002年12月随着设立地级来宾市，来宾县质量技术监督局与原柳州地区质量技术监督局合并成立来宾市质量技术监督局，并于2003年1月28日正式挂牌，管辖武宣、象州、忻城、金秀、合山市、兴宾区6个县(市、区)。

来宾市质量技术监督局历任局长：黄宝临(2002年12月—2003年9月)；邹卫国(2003年9月—2005年12月)。

1991年，来宾县质量技术监督部门称来宾县标准计量局。实有编制15人，设局长1人。1994年来宾县标准计量局全局实有人员18人，设正副局长各1名，局机关实有人员8人。局内设计量测试所、产品质量监督检验所，各定编制8人，属局直属事业单位，经济原则实行自收自支。至此，来宾县技术监督局的综合监督管理和行政执法机构与检测检验机构分开，提高了行政和服务效率。2001年，来宾县质量技术监督局内设办公室、执法股(稽查队)、计量与标准及质量监督管理股(综合股)3个股室,人员编制13人。2002年设立地级来宾市后来宾县质量技术监督局予以撤销,来宾县改称兴宾区后,兴宾区的质量技术监督职能由来宾市质量技术监督局直接或调整行使。

1991年,武宣县标准计量局改称武宣县技术监督局,有职工7人。1997年,武宣县质量技术监督局内设秘书股、计量股、业务股、稽查股,下辖武宣县计量测试所,局所共有人员19人。计量测试所主要负责全县衡器、天平、加油机、砝码、电话计时计费器、压力表、血压计等计量器具的检定和维修。1999年4月,武宣县技术监督局改为武宣县质量技术监督局,1999年10月,全区质量技术监督系统实行省级以下垂直管理,武宣县质量技术监督局成为柳州地区质量技术监督局的直属机构,县质量技术监督局增挂稽查大队牌子,内设办公室、综合管理股、法规监督股三个机构,下辖设县计量测试所,局所共有人员20人。

1991年,忻城县标准计量局更名为忻城县技术监督局,仍与县标准计量所合署办公,一套人马,两块牌子。人员编制由原来的6人增至8人。1997年,忻城县技术监督局内设质量标准化股和计量管理股,事业编制8人。1999年12月,忻城县技术监督局更名为县质量技术监督局。2000年,忻城县质量技术监督局内设人事秘书股、计量股、标准化质量股,标准计量所,局、所编制人员14人。2001年初,特种设备安全监管工作由劳动部门划入质监部门管理。同年6月,内设办公室、综合管理股、法规监督股;人员编制11名。2005年底,忻城县质量技术监督局内设机构不变,在编人员8名,空编4名;县标准计量所在编人员4名。

1991年7月,象州县标准计量局改称象州县技术监督局,下设标准化、计量管理、质量监督等办公室。下辖象州县标准计量所,计量所设天平、长度、标准化室。局、所实行一套人马,两块牌子,人员编制6人。1997年1月,象州县技术监督局升格为县人民政府直属事业单位,成为县人民政府统一管理全县标准化、计量、质量监督的职能部门。1999年10月,象州县技术监督局上划自治区质量技术监督局垂直管理,随之更名为象州县质量技术监督局,内设办公室、业务股、稽查股,下辖象州县计量测试研究所和象州县产品质量监督检验所。2001年12月,原由县劳动局负责的锅炉、压力容器、管道特种设备监察职能划归县质量技术监督局。该局及下辖两个所负责全县质量、计量、标准化及锅炉、容器、管道、特种设备的监督管理工作并行使行政执法监察职能。

2003年,来宾市质监局从柳州市整体搬迁到来宾市后,办公和主要住宿在来宾市中南路305号原来宾县质量技术监督局院内。局机关内设机构有办公室、监察室、质量科、计量科、法规监督科、标准化科、安全监察科、食品生产监管科,直属机构稽查支队;下属行政局有合山、忻城、武宣、象州、金秀质监局;下属事业单位有来宾市计量测试研究所、产品质量监督检验所、特种设备监督检验所以及忻城、武宣、象州、金秀计量所等7个技术机构。2003年,全市质监系统在职人员126人,其中市局机关人员编制34人;具有研究生学历2人,大学14人,大专67人,其他学历43人;获得高级职称5人,中级职称24人,初级职称75人。

2005年,市质量技术监督局(以下简称市质监局),内设机构有办公室、纪检监察室、标准化科、计量科、质量科、法规监督科、安全监察科、稽查支队。直属的行政单位有忻城、武宣、象州、金秀、合山5县(市)质监局;事业单位有市计量测试研究所、产品质量监督检验所、锅炉压力容器特种设备检验所,忻城、武宣、象州、金秀计量所7个技术机构。全市质监系统在职的干部职工有129人,其中高级工程师职称3人、中级工程师职称16人、初级工程技术职称56人。

事业机构

来宾计量测试研究所 来宾计量测试研究所是政府计量行政部门依法设置的法定计量检定机构。负责来宾市量值传递,执行强制检定和提供其他检定、校准、测试服务,以保证量值传递的准确可靠。其前身是来宾县计量所,于1965年10月成立,行政隶属县政府直接领导,办公室设在县人民政府办公楼内,配备所长1人,临时工2人。经费实行自负盈亏,标准设备由自治区无偿调拨,当时开展的业务为衡器检修、市称改制(收缴在用的十六两称)、配合市管会监督检查市场上的短斤少两,机构沿革颇为波折,“文化大革命”时期计量工作停顿,1972年2月恢复计量所,单位属事业性质,经费实行差额补助。1973年11月,改称为广西壮族自治区来宾县革委会计量管理所。1981年6月,改称来宾县计量管理所。1985年改称标准计量局,实为一套人马两块牌子,单位级别定为政府职能局(正科级),属事业单位编制，由县经委协调，经费仍然实行差额补助。

1994 年 5 月，来宾县计量测试所分开成立，作为来宾县质量技术监督局的二层机构单位，为自收自支事业单位，主要职责是开展计量器具检定。1999 年 10 月实行省级以下垂直管理。计量测试所为事业编制管理，编制 8 人，实行全额拨款。

2002 年 12 月，改称来宾市计量测试研究所，内设办公室、质量管理部门，建有力学室、电学室、出租车检验室等 3 个实验室。为全额拨款公益非盈利事业单位，定编 8 人，2005 年在职人员 14 人。建立有单相电能表校验装置、三相电能表校验装置、加油机容量检定装置、二等毫克组、二等克组标准砝码、三等标准砝码、四等标准砝码共七项计量标准，是来宾市最高社会公用计量标准。

来宾市产品质量监督检验所　前身为来宾县产品质量监督检验所。1994 年成立，为自收自支事业单位，编制为 11 人。2002 年，设立地级来宾市，来宾县产品质量监督检验所改称来宾市产品质量监督检验所，为来宾市质量技术监督局二层机构，正科级财政全额拨款事业单位，设所长 1 名，副所长 2 名，编制 11 人。拥有检验实验室 200 多平方米，开展有冶金及化工产品、蔗糖及造纸工业产品、食品、农资、矿产品、建材、石油产品等 48 项工业产品检验项目。

2003—2004 年的办公场所是利用来宾市局会议室改造成检验室面积 70 平方米，办公室面积 10 平方米。2004 年 8 月经与有关部门协调，租用来宾冶炼厂闲置办公楼，投入 20 多万元对此办公楼进行了装修，经过几年来不断投入改造和修缮，拥有实验室面积 500 平方米，办公室面积为 80 平方米的办公场所。

2003—2005 年由于未通过质检机构计量认证 / 审查验收，开展的业务检验范围仅限于一些不具备出厂检验能力的砖厂、复混肥厂提供出厂委托检验，2003 年、2004 年、2005 年检验收入分别为：0.96 万元、8.46 万元、1.59 万元。2003—2004 年，固定资产 4.12 万元，人均 0.69 万元，检验设备有机械天平、分光光度计、显微镜等 23 台（件）。

来宾市锅炉压力容器特种设备监督检验所　2001 年 11 月，劳动部门划出的锅炉、压力容器、特种设备监察、检验机构、人员、资产移交接收工作后，增设安全监察科，设置锅炉压力容器特种设备监督检验所。2002 年 12 月，开展有锅炉、压力容器、压力管道、电梯、起重机械、厂内车辆、特种电机检验项目，配置无损探伤仪、超声波测厚仪、检验量具等。

第二节　计量管理

1933 年，广西普通度量衡用器和检定用器，主要由省营度量衡制造所制造，自 1934 年制定“管理度量衡器具营业办法”后，各县市商业陆续遵章请领营业许可执照，从事营业。来宾、武宣、象县等县共有制造总厂、分厂 22 家，其生产之新器均按规定送当地检定机关检定。除对新器进行检定外，境内各县度政机构还经常派员下乡镇检查度量衡器具，并按规定设置各县检定用器和乡镇村街公所公用度量衡器。

1959 年 6 月，省内各县设市秤改革办公室，公社成立市秤改革领导小组（均属临时机构）。1959 年 10 月，设有长度、力学、热工电学三个业务组。1965 年 10 月各县成立计量所，行政隶属县政府，经济上自负盈亏，标准设备由自治区计量处无偿调拨。1968 年，因受“文化大革命”冲击，计量机构瘫痪。1972 年 2 月，恢复计量所，属事业单位，经济实行差额补助。1973 年，改称计量管理所。1974 年 6 月，境内恢复成立标准计量管理机构。1982 年 10 月，改称标准计量所。1985 年 4 月，柳州地区各县（市）成立标准计量局，实行局、所合一，两块牌子一套人马。1990 年，境内各县有专、兼职计量管理人员 120 多人。1991 年各县（市）改为技术监督局，也是实行局、所合一，两块牌子一套人马，直到 1999 年 10 月各县（市）技术监督局上划自治区质量技术监督局垂直管理，随之更名为质量技术监督局，实行局、所分开，标准计量所为事业编制，财政全额拨款，主要负责计量器具的检定工作。

2002 年 12 月成立来宾市以后，来宾市计量管理工作实行以计量技术为依托，计量行政部门监督管理模式，辖区计量管理工作得到加强和完善。指导全市计量检定工作，推行国家法定计量单位，管理市级最高计量标准和社会公用计量标准；组织、管理全市量值传递工作，确保国家量值的准确统一。负责贯彻国家计量检定规程，组织宣贯计量技术规范，并督促检查贯彻执行情况。依法监督管理全市制造、修理、销售和使用的计量器具；组织管理制造、修理计量器具许可证的考核和发放工作。组织计量仲裁检定，调解计量纠纷；负责管理和考核计量检定人员。指导质量检验机构、测试和校准实验室计量认证工作。推广先进计量技术和企业计量工作先进经验，贯彻国际实验室工作导则，推进计量工作与国际惯例接轨等,取得了显著成效。

计量标准和量值传递 民国21年(1932年),广西省政府要求在两年内完成全省划一度量衡制。到民国23年底止,境内各县均已依限完成划一。各县的度量衡器具均归柳州度政机构检定。民国23年,广西制定《管理度量衡器具营业办法》后,各县陆续遵章请领营业许可执照、从事营业。至民国30年底,来宾、武宣、象县等县共有制造总厂、分厂22家,生产的新器均按规定送当地检定机关检定。各县按规定在镇设置10千克以下铁砝码1付、5千克铁挂钩1条;乡村街公所设置标准器、公分尺及市尺各1支,量器1套、刀纽秤及绳纽秤各1套。1959年10月—1992年,境内各县(市)计量管理所内设有二等标准砝码,四等标准砝码,一部分标准温度计、光学高温计和铂铑热电侵等。1974年以后,境内各县(市)标准所相继建立力学、电磁2类计量标准系统。

随着社会经济的发展和科学技术水平的提高,计量工作有了较大发展,计量技术得到了不断加强,计量检定和校准范围不断扩大。辖区内各县(市)计量检定测试所的计量标准由2003年前的力学、电磁学2大类5项,拓展到能够开展16个项目的检定与校准工作。项目具体如下:

1. 光学计量:开展了验光镜片箱、电脑验光仪、焦度计等的校准与检定。所用计量标准有高精焦度计和模拟眼等。

2. 力学计量:开展了天平、砝码、电子汽车衡、电子天平、精密压力表、水表、燃气表、材料试验机、计量加油机、出租车计价器的计量检定。所用仪器有分析天平、F1等标准砝码、M1等砝码、0.05级数字压力计、标准测力计、燃气表检定装置、水表检定装置、加油机检定装置、出租车计价器检定装置等;

3. 电磁学:开展了电能表的计量检定,所用计量仪器有0.01级电能表检定装置。

4. 化学计量:开展了可见分光光度计、酸度计等的计量检定,标准器有标准分光光度计、标准石英滤光片、透射比滤光片、镨钕滤光片、钬玻璃滤光片、酸度计检定装置等。

5. 电离辐射计量:开展了医用诊断X射线辐射源的检定。主要标准器有标准剂量仪、分辨率卡、星卡等。

6. 无线电计量:开展了心脑电图仪、心电监护仪等的计量检定。主要仪器有心脑电图机、心电监护仪检定装置等。

7. 声学计量:开展了医用超声源的计量检定。主要标准有标准超声功率计、仿组织超声模体等。

8. 定量包装商品检验:开展了全市定量包装商品质量的检验。

市计量测试研究所负责全市量值传递工作和兴宾区辖区内开展计量检定与计量校准工作。全市共建立各种计量标准50多项。授权广西八一铁合金(集团)有限责任公司、广西来宾华锡冶炼有限公司、广西来宾东糖桂宝有限公司、广西来宾永鑫小平阳糖业有限公司、广西来宾永鑫糖业有限公司、广西来宾东糖迁江有限公司、金秀电能计量测试中心、象州县供水公司、合山市供电公司、来宾市水务公司、来宾市电厂(A厂)、来宾市电能表校表中心和广西来宾永鑫纸业有限公司等14家企业对内开展部分计量器具检定。

计量检定

1985年前,境内计量制度未健全,计量工作只作基本面计量器具的检定和较简单的监督管理,每年检定的计量器具不足千台(件)。1985年,计量法实施后,国家要求对贸易结算、安全防护、医疗卫生、环境监测的计量器具进行强制检定,每年各县(市)共检定、检修各种计量具6000多台(件)。

1992年,为配合整顿石油市场,柳州地区标准计量所开展对各县(市)172个燃油加油站的345台加油机实行强制检定工作。

1991—1999年,来宾县技术监督局完成全县24个乡(镇)的计量器具周期强制检定工作,共检修台案秤、地秤、天平、砝码、加油机、电能表等计量器具5.32万台(件)。忻城县共检定计量器具8707台(件),台、案秤、天平、地中衡、电子汽车衡和加油机等检修收入达18125元,其中地秤29台、台(案)秤1345台(件)、燃油加油机101台次,象州县深入企业对地中衡、加油机等计量器具实行等计量器具实行强制检定,为企业减损降耗提供技术保证。共检定地中衡、加油机、天平等计量器具1.68万台(件);金秀瑶族自治县共计量器具6231台(件);武宣县共检定计量器具2.1万台(件);合山市共计量器具7215台(件);1999年10月,来宾县质量技术监督部门收回电能表全部检定权;同年,自治区质监系统实行垂直管理后,合山市质量技术监督局撤销标准计量所,合山市计量检定业务由柳州地区计量测试研究所覆盖,成立柳州地区计量测试研究所合山检定站。

2000—2002年，来宾县计量测试所共检修各种计量器具12.67万台(件)。忻城县标准计量所投入8000多元，购买加油机检定仪，增加加油机检定项目，全年共检定杆秤20把次、案秤321台(件)、地中衡器11台次，电子汽车衡器4台次，燃油加油机150台次。

2003年，来宾市加大对集贸市场、加油站和“医用三源”等计量器具强制检定力度，全市共检定计量器具11640台(件)。

2004年，全市共检定工作计量器具12796台(件)，完成受检率90%。

2005年，来宾市计量检定机构完善民生计量检测体系，主要对电能表、水表、加油机、衡器等直接关系群众利益的民生计量器具实施首次强制检定。全市共检定计量器具13278台(件)。

计量监督

从1985年起，境内质量技术监督部门开始对工业企业计量定级、升级、复查工作。1996—2000年，境内质量技术监督部门对卫生防疫、药检、环保监测、石油、电力、机械、水泥等140家企事业单位进行计量确认定级，获区质量技术监督局颁发的确认证书。

1994年11月，原地区局配合象州、忻城两县分别查处象州县农机公司石龙加油站和忻城县里苗公安加油站，以70#汽油冒充90#汽油出售，破坏计量加油机、安装回油装置等计量违法行为，按计量法给予相应的处罚。

1995年，忻城县为企业抢修地秤9台次，台(案)秤20多台次；来宾县开展加油机专项整治工作；武宣、象州、合山和金秀局分别开展集贸市监督检查工作，共检查计量器具512台(件)，没收有意破坏计量器具准确度台秤23台(件)。

1996—2000年，检查市场上销售的定量包装商品63种，抽查计量器具725台(件)。检查燃油加油站58家的加油机检定情况，普查和备案登记销售计量器具单位12家，并对制造、销售计量器具的单位实行销售登记备案制度；开展衡器、加油机、电能表、水表和出租汽车计价器等五种计量器具的监督管理，共抽查867台(件)的计量检定情况，完成95%以上程控加油机税控装置的安装改造。共查处计量违法案件15起(其中忻城县依法没收有意破坏计量器具准确度台秤5台、收缴不合格杆秤15把、没收不合格计量器具6台、查处故意破坏计量器具准确度1家。发现有3家个体经营户4台加油机涉嫌短斤少两行为，2起短斤少两，克扣群众计量违法行为)。

2003年，开展集贸市场、加油站专项整治，检查市场15家、加油站45家，执行强制检定工作计量器具1520台件，其中合格率为85%。在抗击“非典”期间对各医疗单位及销售医用计量器具单位进行监督检查；开展计量器具打假扶优活动，检查42家商店，缴获假冒伪劣计量器具12件。忻城县共抽查发现短斤少两水泥20吨、石炭粉70吨、化肥5吨、饲料5吨，并对这些计量违法行为给予依法查处。

2004年，积极服务企业，帮助迁糖集团、八一铁合金集团等9家企业“创名牌”；对来宾市加油站负责人及其计量操作人员进行《加油站计量监督管理办法》宣传贯彻培训，为来宾市的定量包装生产企业提供技术指导服务，有42家企业获得计量确认定级合格证书。以消费者利益密切相关的食品、化妆品、洗涤用品等商品为重点，加强商品量的计量监督，组织人员对来宾市区内集贸市场和本全市137家具有一定规模的高中低档酒楼宾馆、饭店在用的计量具器进行了检查。忻城县局检查发现该县邮电局11台电子秤(包括乡下邮电所)多年未检，11家餐饮行业计量存在问题，执法人员当场给予查封，并责令整改。合山局抽查定量包装生产企业4家，查处定量包装违法案件2起。

2005年，市质监局指导和帮助企业建立计量保证和计量检测体系，完成对重点耗能企业能源抽样调查工作。选定东糖凤凰有限公司作为开展节能节水节材计量标准化试点企业，并制定了《节能降耗计量标准化试点企业帮扶工作方案》；对全市8家车辆安全检测站、市疾控中心和武宣县卫生防疫站等2家食品检测实验室进行监督检查；指导和帮助3家企(事)业单位建立完善企业内部最高计量标准19项。忻城县质监局出动计量执法人员15人次，检查燃油加油站8家，燃油加油机39台，检查发现全县14家医院的“医用三源”全部存在超期未检定现象，给受检医院下达责令改正通知书。

第三节　标准化管理

我国的标准化工作，历史漫长，古代标准化起源于原始社会晚期，禹的“左准绳、右规矩”，神农氏“制耒耜”等，到清朝时期颁布了《工程做法则例》共70卷，对于殿、厅、堂、阁等建筑都按一定比例并规范施工，民国时期在国际上“合理化”“标准化”浪潮的推动下，国民政府实业部成立“工业标准委员会”，

1947年全国度量衡局与工业标准委员会合并，成立“中央标准局”，截至1947年6月共编写标准草案1500个，但经审定只发布实施了171个，由于时下全国的标准计量工作流于中央形式，省级以下均未设专门机构，只编制名义专职人员，基本属纯粹“度量衡”检定管理。

中华人民共和国成立初期，标准化工作主要是围绕恢复经济、加工订货和出口贸易的需要，分别制定了一些产品质量标准和进口商品的检验标准。1949年成立了中央技术管理局，内设标准处和度量衡处，负责标准制定、管理和全国度量衡的管理工作，至1955年，标准化事业初步兴起，颁布了部分石油产品和检验方法标准，重工业部指定建材科学研究院为水泥标准国家检验机构，进行试验和仲裁检验，冶金工业部制定了214个部标准，以及第一机械工业部的“机械制图标准”等，初步改变了型号复杂，规格混乱的“万国牌”状况。

1955年在第一个五年计划中，提出了设立国家管理技术标准的机构和逐步制定国家统一的技术标准的任务，1956年5月国务院批准赴苏联考察标准化代表团的报告，标准化工作开始纳入国家科学发展规划，把加强标准化工作列为国家重要科学技术任务，并要求1966年、1967年制定标准要达到6000个和9000个。1957年7月我国申请加入国际电工委员会(IEC)组织，于同年8月被接纳为成员国。1958—1960年秋由于“大跃进”经济模式，出现产品不按标准生产，或随意改变标准，降低要求，造成了标准化机构被削弱，标准数量减少，产品质量下降，造成很大浪费。1960年冬，由于贯彻“八字方针”标准化工作开始得到整顿和提高，标准化事业又开始恢复和发展。1956—1965年的十年间，我国标准化工作处于开创和摸索阶段，全国统一的标准化管理制度开始建立，为我国建立自己的标准化体制打下了基础，标准化同质量工作相结合，与生产专业化相结合，与设计工作相结合，促进了产品质量的提高，产品品种的发展，取得了明显的经济效益。1966—1976年，标准化工作受“文化大革命”的影响，机构被撤销，部分标准情报资料被销毁或散失，工作处于瘫痪。1977—1984年全面开展社会主义现代化建设时期的标准化工作，国务院提出要努力做好标准化、通用化、系列化工作。1978年中央发出《关于加快工业发展若干问题的决定(草案)》，即“工业十条”中更加强调了要搞好标准化工作，并指出，没有标准化、通用化、系列化就没有专业化，就没有高质量、高速度。1979年7月31日国务院批准颁布了《中华人民共和国标准化管理条例》，这是标准化工作进入新时期的重要标志，同年9月派出代表团第一次参加了国际标准化组织(ISO)十一届年会。1984年4月，加快采用国际标准步伐，国产现行的6179个标准已采用国际标准和国外先进标准的有1742个，占28%，推动了企业的技术改造，产品质量达到了联邦德国的BBC公司同类产品水平，进入了欧洲市场。1955—1984年的三十年间，我国制定了国家标准7574个，除采标比重的占28%以外，还有一批国标达到接近国际上20世纪70、80年代水平，标准构成已有改善，基础标准在国家标准中占10.6%、方法标准占36.1%、产品标准占51.2%、安全标准占2.1%，初步改变了基础标准和方法标准偏少状况。至1988年期间，为了保证标准制定和实施，必须加强法制建设，以保证标准化工作的严肃性和权威性，国务院会同有关部门陆续颁发了《中华人民共和国标准管理条例》《产品质量监督试行办法》《工业企业标准化工作管理办法(试行)》《采用国际标准管理办法》等30多个全国性的管理办法，1988年12月29日颁布《中华人民共和国标准化法》，从此标准化工作纳入了法制管理轨道，标准化事业发展已走上与国际接轨的步伐。

原柳州地区标准化工作1981年前属原地区科学技术委员会管理，1982年从地区科学技术委员会分剥归口柳州行政公署经济委员会管理，1984年6月起归口到柳州地区行政公署标准计量管理所经管，体现了标准、计量的统一管理，标准、计量制度进一步完善健全，1987年6月地区、部分县标准计量管理机构升格改称地、县标准计量局；1991年地、县标准计量局更名为地、县技术监督局。地方标准化工作起步较晚，这期间也只能因简就陋地开展了标准化工作，对本地区的经济发展以及提高产品的竞争能力，对保护消费者利益和保护生产者的合法权益起到一定的促进作用，形成了一定的保证体系。1998年改称质量技术监督局，机构级别升级，职能得到调整，把经委管理的质量管理职责划入，实行标准化、计量、质量工作三位一体，坚持“以质量为中心，标准化、计量为基础”的工作方针，履行综合管理和行政执法两大职能，标准化监督管理得到全面确认和实质性开展。

农业标准化 1984年6月来宾县开展农业标准化工作，确定了标准化的专(兼)职人员，其余各县也不同程度地开展了工作。1985年今来宾市境内全面开展农业标准化工作，配合农业部门开展种子标准化建设，进行了优良品种普查、品种试验等，同年确立并备案花生、黄豆等种子标准11个。1986年为金秀香料食品厂起草、审核备案了《灵香浸膏》标准，这也是柳州地区开展标准化工作后出台的第一个企业标准。这个标准给企业带来了新的起点，企业从此可按标准组织生产、进行检验，为供货时不再受销售方的控制提供了保障。1987—1994年间，制定、审核、批准备案了《绞股蓝茶》《蜜枣》《稀土动植宝》等农业标准13个，猪、鸡、鸭、鱼养殖饲料标准标签38个。至2005年，全市共发布实施县级以上农业地方标准53个。

企业标准化 到1989年原柳州地区10个县市先后确定企业标准化专(兼)职人员，开展标准化工作。地区直属企业先后有柳州电缆厂、鹿寨化肥总厂、八一锰矿等企业成立标准化委员会。地区无线电厂、柳州电缆厂、地区制药厂、农机配件厂等企业建立了标准化管理机构并配备专(兼)职人员。

建立企业标准 自1986年金秀香料食品厂《灵香浸膏》—桂Q/LDHG 01—1986企业标准的第一个企业标准出台后，标准化工作围绕经济发展需求，严格控制新产品在开发时的制标工作。1987—1988年底，制定、发布、实施柳州电缆厂《全塑市话电缆》等地方企业标准13项。1989年4月1日《中华人民共和国标准化法》实施后，企业标准建立工作获得较快发展，截至2002年年底，累计制定、发布、实施广西林业化工厂《挂面牛皮箱板纸》、广西忻城教育乳鸽酒厂《乳鸽酒》等地方企业标准642个。来宾市成立后，2003—2005年，根据市场经济的快速发展，标准化工作围绕提高企业产品品质需求，着力提升企业标准格局，全市累计制定、发布、实施广西来宾东糖纸业有限公司《静电复印纸》、来宾市荣盛食品厂《烘烤类糕点》等企业标准42个、参与制定国家标准2个、制定广西标准9个。

标准备案 1988年之前，批准备案发布有广西象州矿粉厂《重晶石矿粉等级标准》等企业标准15个。1989年4月1日《中华人民共和国标准化法》实施后，企业标准备案工作获得较快发展，1989—1995年，备案发布实施地方企业标准445项，其中食品标签87项，饲料标签38项标准覆盖率46.7%。1996—2002年，累计为企业进行产品标准备案发布实施企业标准1422项，其中食品标签、饲料标签960项，标准覆盖率为91.4%。2003—2005年，全市共为企业进行标准备案275项，其中食品标签、饲料标签45项。

采用国外先进标准 采用国际标准(ISO)和国外先进标准以及国际IEC标准是我国一项重要的技术经济政策，是企业提高产品质量的一项重要措施，搞好企业采标工作，将使企业带来生机和活力。1989年广西八一锰矿、柳州电缆厂的6个产品通过采标验收，取得区一级标准合格证书，企业产品可以采用采标的认证标识进入国际市场，采标后优质品率得到了显著的提高。2004年，来宾市标准化工作深入企业开展采用国际标准技术服务。至2005年底，全市增加规模以上生产企业33家36类产品采用国际标准或国外先进标准，并获准使用采标标志，提高了企业产品的档次和质量水平，增加企业应对“入世”挑战能力，产品直接出口俄罗斯等国外市场。采标企业中有2家企业生产的产品分别获得了中国名牌产品称号和国家免检产品资格，2家企业生产的产品荣获广西名牌产品称号，1家企业生产的产品荣获广西优质产品称号。

消灭无标准生产 自1996年自治区开展“消灭无标生产试点县”工作，象州县第一个开展消灭无标准生产工作开始，2000年底今来宾市辖6个县(市)通过“消灭无标生产”达标验收合格，其中象州县获“全国消灭无标准生产县”称号，其余县(市)获“广西壮族自治区消灭无标准生产合格单位”称号，全面实现了消灭无标准生产。通过开展消灭无标准生产工作，原柳州地区共对1659家企业的2832种产品标准进行了登记，产品标准覆盖率平均达98.3%，比消灭无标试点工作前提高了72.7%，帮助企业制定企业标准242项、查询各种标准8228项，国家、自治区、地区产品质量抽查合格率提高23.5个百分点，此项工作为有效遏制无标生产，促进企业管理水平和产品质量的提高，增加了企业经济效益和社会效益。

标准化监督

标准宣贯 1989年以前，主要宣贯企事业单位急需的现行标准，深入到合山矿务局等企业进行国家基础标准《普通螺蚊》《机械制图》《龟表面粗糙度》等标准的寅贯，与邮电局协同举办“信封”和“公文格式”等国家标准的宣贯。1989年颁布实施《标准化法》，柳州地区标准计量局采取举办学习班、印制宣传手册、板报等多种形式宣贯《标准化法》，同年编写了《企业标准化水平考核辅导材料》；1991年编写了《食品标签标准实施指南》，1992年对食品标签实行了监督卡办法。1992年7月，首次对《质量管理和质量保证》系列标准(ISO9000)进行了宣贯。至

2005年，每年利用“世界标准日”之机，重点宣贯的标准有：六项基础标准、食品标签通用标准、公共信息图形符号、饲料标签、肥料标识、消费品使用说明、服装型号等。

标准检查 从1986年开始，为金秀香料厂、广西下田锰矿等19家企业进行了标准化再审查。1987年3月—1990年底，原柳州地区先后组织人员检查经委口108个企业，二轻口93个企业，乡镇企业中15万元产值以上企业245个。经委口的企业拥有产品数405种(个)，标准覆盖率为占调查的84.1%，采用国标标准和国外先进标准的仅有两个企业6个标准，乡镇企业产品标准覆盖率仅为49.8%。1991—1995年底，重点对强制性标准实施情况进行了监督检查，包括：食品标签通用标准、饲料标签、肥料标识、珠宝玉石和贵金属饰品标识等，全地区共检查企业165个，标签标识合格率69.95%，检查的八类产品中茶叶较差，合格率仅为36%。从1996—2002年底，共审查备案企业标准920个，食品、饲料标签2428个，标签标识合格率93.37%。

标准定级考核 1991年围绕国务院提出的“质量、品种、效益”年的经济目标，在原柳州地区范围内开展了企业上等级、企业标准化上水平的活动，派员深入企业协助开展标准化工作，对八一锰矿、来宾纸厂等企业进行了定级、升级的技术指导和考核验收工作。鹿寨化肥总厂经自治区考核评审小组到厂实地考核、抽查、验证，达国家标准化水平二级企业，至1995年12月，有2家企业确定为国家二级标准化水平企业、17家企业确定为自治区级标准化水平企业、37家企业确定为地级标准化水平。1998年鹿寨化肥总厂成为国家企业标准化示范企业，通过开展企业定级、升级告示活动，推动了企业的技术进步，改善了经营管理和提高了经济效益和社会效益。

标准化信息服务

商品条码 1987年10月成立原柳州地区标准计量情报所，承担标准信息的搜集、整理、服务，根据授权协同有关部门负责组织机构代码、商品条码的管理工作。1990年7月开始管理全地区条码工作，1992年对金秀圣堂山保健饮品有限公司、柳州精细化工厂、融安桂融金橘品公司、融水竹业开发总公司等4个企业进行了条码制度宣贯和具体指导，企业所申报的产品已获码使用。1995年自治区条码工作网成立，柳州地区成为网员单位。1998年国家《商品条码管理办法》发布后，全地区条码工作纳入法制化管理，条码发展步伐日趋加快，系统成员数量连年增加，截至2002年底，共发展中国物品编码系统成员104家，标识产品达620余种。

组织机构代码 1993年9月成立了原柳州地区企事业单位和社会团体统一代码标识制度领导小组，1994年全地区代码机构组建完成，开始发放代码证书，截至当年年底，共为5766个组织机构颁发了“代码”证书，覆盖率达80%以上。1995年9月自治区“代码”验收小组对代码的机构、赋码、数据库的正确输入数据、微机的使用、保养、软盘的拷制以及各种维护制度等方面进行审核、考查验收。1999年今来宾市境内7个代码工作机构全部实现与自治区质监局代码系统的联网，实行了网上赋码。至2005年底止，全市代码数据库总量达22948条。

标准信息服务 标准情报资料是整个标准化工作的耳目，情报资料工作本身就是标准化管理工作的重要组成部分。1988年以前，标准信息服务工作已逐步面向社会提供标准化信息服务，至2002年通过搜集、购置、整理、馆藏、检索、咨询提供国标、部(行业)标、企业标准、检定规程和图书、期刊等标准计量情报资料26700多册，涉及冶金、机械、化工、纺织、建材、食品、环保、能源、电器、电子、矿产、造纸、铁道、家具、煤炭、计量、生活用水水质等种类，已逐步发展成为面向社会、企业提供标准、技术规范、法律法规等综合信息服务的社会机构，至2005年底止，已累计为辖区行政机关、企业事业单位提供12300份标准资料，其中标准2480个。

第四节 质量监督

2000年后，在加强产品质量监督管理，严把产品质量关的同时，注重发挥检测设备、技术、信息优势，主动、热情为企业提供标准、计量、认证、检测等全方位的服务，对企业的质量管理、全市产品质量总体水平的提高起到较好的促进作用。

质量检查

2002年来宾市质量技术监督局成立后，按照国家质检总局有关源头抓质量的工作要求，以服务地方经济发展、维护百姓利益、保障安全健康、提高产品质量为目标，逐渐在重点产品、质检机构和机动车安检机构监管等领域全面推行“三抓手”工作机制，全面推行产品质量分类监管和信用等级评价制度，建立完善网络互联重要数据报送溯源全覆盖与现场

行政执法人员作产品质量抽查 (2003年摄)

查验相结合的监督机制，实现从事后监管向事后监管与过程关键点控制并重转变，提高质量安全监管的有效性。紧贴来宾市经济发展需要，突出抓好消费品质量安全监管，提高消费品抽查比重，强化消费品抽查不合格企业后处理，稳步提升产品质量水平。

2004年，为保证实施市场准入制度扎实有效，质监部门加强培训和宣贯工作，完成对人身安全健康关系最密切、最普遍、最广泛的酱油、大米、食用植物油等产品的38家重点企业进行法规宣贯，开展乳制品、茶叶、饮料等食品质量安全生产企业必备条件专项调查和检查。同时以产品质量监督抽查为手段，加大对不合格产品生产企业的整改力度，共检查企业354家，定检产品399批次，合格率为73%，针对检查中发现的问题，及时进行了后处理，指导和帮助企业找出问题的原因、解决方案，不断提高企业管理水平和产品质量。

质量服务

2002年建市后，市质监局进一步强化品牌战略，认真制定名优产品培育计划和推进措施，充分掌握全市企业的质量状况，把我市支柱产业及优势产业产品作为名优产品培育对象，提升工业发展水平。来宾华锡冶炼有限公司获全市首个中国名牌产品称号，广西八一铁合金(集团)有限责任公司的鑫凤牌锰铁、广西迁江糖业有限责任公司的QT（迁糖）牌一级白砂糖获得我市建市后第一批广西名牌产品称号。2004年，迁糖公司和永鑫公司生产的白砂糖分别获得了中国名牌产品称号和国家免检产品资格。2005年，市质监部门组织实施《质量振兴纲要》，推进质量兴市和名牌战略，引导企业建立质量管理体系，提升企业、产品市场竞争力，来宾的名牌产品培育工作取得进一步发展。

特种设备安全监察

2002年起，来宾市质监局加大现场安全监察力度，针对来宾市土制锅炉、压力容器、电梯、起重机械、游乐场所等设备不同程度存在一些安全隐患的现状，进行事故隐患专项整治。至2005年，共出动人员1420人次、车辆307辆次、印发宣传资料6500多份、检查单位820个(次)、共检查锅炉580台次、压力容器350台次、起重设备210台次、电梯55台次；发现安全隐患并责令整改58起、企业停业整顿1家，取缔不符合安全要求的锅炉15台、压力容器37台，检测检验特种设备2420台(次)，消除各类事故隐患178处。制定《来宾市气瓶普查整治工作实施方案》，气瓶建档31万只，其中产权转移30.6万只，覆盖率95%；加强特种设备安全生产服务，举办9期《特种设备安全监察条例》宣传贯彻学习班，为企业培训具有一定安全素质人员347人；制定来宾市特种设备安全生产事故处理应急预案，利用计算机技术建立和完善特种设备动态监督管理体制，及时掌握特种设备使用、维护、隐患、事故信息、为企业和用户提供优质服务；全市共有在用特种设备3110台，压力管道45.2千米，已注册登记3097台(组)，使用登记率达98.1%；特种设备的定检率达97.8%，其中重要特种设备的定检率为100%。累计出动人员900余人次，检查特种设备使用单位470余家次，检验单位2家；检查设备1900余台次，其中锅炉200余台次、压力容器440余台次、起重机械470余台次、电梯31台，液化气钢瓶730余只；查出隐患420余处，下达安全监察指令书109份，责令限期整改，部分设备责令停止使用。规范特种设备作业人员审核发证工作，审核发证589本，复审1013本，坚决查处无证上岗行为，持证上岗率达98%。每年坚持为来宾市12家糖厂进行榨前特种设备检查，保证设备能按期投入正常运行。2002—2005年，来宾市特种设备安全事故为零。2005年底，全市在岗安全监察员13人，大学大专8人、中专5人。

食品生产安全监管

来宾市成立后，加强对安全健康关系密切的酱油、大米、食用植物油等产品的38家重点企业进行法规宣传，开展乳制品、茶叶、饮料等食品质量安全生产企业必备条件专项调查和检查。同时以产品质量监督抽查为手段，加大对不合格食品生产企业的整改力度。2003—2005年，共检查企业354家，定检产品 399 批次，合格率为 73%；全市登记入网产品企业达到 68 家，赋码激活上市 40 家，激活率 58.8%。其中列入首批入网目录的 52 家企业 57 个产品已全部登记入网，入网率 100%。

同时，来宾市严格落实食品安全监管责任。2005 年，全市实现了"三员合一"的协管员制度，建立了食品安全区域监管责任制，在全市范围内落实了食品质量安全专职监督员共 7 名，食品监管员 15 人，食品协管员 76 人。将全市分为 6 个片区，每个片区实现了"四定"，即定区域、定监管人员、定职责、定企业。对所有食品企业进行了安全等级评价及产品质量安全风险分类。对企业的质量安全管理保障程度进行评价，把个企业分为 A、B、C、D 四个等级进行监管。与地方政府和食品生产企业签订食品安全生产承诺书，落实地方政府责任和企业是食品质量安全第一责任人责任。

行政执法

1992 年，境内实施产品质量监督行政执法。1997 年，境内开展农资质量监督检查、低压电器六类商品质量整顿治理、中秋月饼及酱油、饲料产品日常监督检查。

1991—2000 年，来宾县质量技术监督部门开展打击制售假冒伪劣商品违法行为的活动，通过"查大案、端窝点、整市场"，大打"三重一大"（重点市场、重点区域、重点产品、大案要案）战役，共查处假冒伪劣商品标值 1250 万元，销毁假冒伪劣商品标值 5.45 万元，捣毁制假企业 21 家，解决群众投诉案件 250 件，查处违法案件 819 件，罚没款合计 82.9 万元。

2001—2005 年，来宾市质监局深入开展打假治劣工作。组织开展食品、建材、农资、化妆品、防治"非典"产品等专项打假和监督检查活动。开展专项监督检查，针对建材产品、农资产品、五类食品、纤维制品、汽车配件、3C 认证产品、集贸市场及加油站等进行专项整治。检查水泥、红砖、螺纹钢、铝型材、涂料等建材产品生产、销售部门 92 家，抽检建材产品 62 批次，合格率 87%；查处 16 家生产、销售假冒伪劣建材产品的单位和个人，查获假冒伪劣建材产品标值人民币 43 万元，责令 7 家产品不合格的生产企业停止生产、销售，并限期整改；检查农资生产、经销单位 212 家，抽检农资样品 129 批次，合格率 83%，查处违法案件 57 起，查获假冒伪劣及定量包装含量不符的农资产品 432 吨（主要是复混肥），涉案标值人民币 34 万元；检查农机及配件产品生产、销售单位 57 家，抽检产品 1723 批次，查处 19 家生产、销售单位，查获不符合标准的农机及配件产品 344 台（件），标值 7.44 万元。与安监、卫生、药监、公安、工商等部门开展联合执法检查行动，对液化石油气、"毒鼠强"、电信终端产品、危险化学品等进行 5 次声势浩大的联合检查，共检查宾馆、招待所、旅社及发廊等场所 84 家，抽检在用的燃气热水器 560 台，其中安装基本符合安全要求的单位 47 家热水器 502 台，安装不符合安全要求的单位 12 家热水器 22 台，合格率为 96%，下达《责令整改通知书》6 份。

第六章　食品药品监督管理

随着国家法律法规的规定和国家机构改革的不断调整，来宾市食品药品安全监管体制不断健全，"地方政府负总责、监管部门各负其责、企业是第一责任人"的食品药品安全责任体系逐步建立，有效保障了全市人民的饮食用药安全有效。食品安全监管按照一个监管环节由一个部门监管的原则，采取分段监管为主、品种监管为辅的方式，形成食品安全多部门的监管体制。药品安全监管主要由来宾市食品药品监督管理局负责，对药品（包括中药材、中药饮片、中成药、化学原料药及其制剂、抗生素、生化药品、放射性药品、血清、疫苗、血液制品和诊断药品等）以及医疗器械的生产、流通、使用进行行政监督和技术监督。

第一节　机　构

来宾市药品监督管理局

2003 年 2 月 27 日，来宾市药品监督管理局挂牌成立，来宾市药品监督管理局内设办公室、人事教育科、监察室、市场监督科、综合业务科等 5 个科室，核定编制 24 人（其中行政编制 21 人，机关事业编制 3 人）。

来宾市药品监督管理局下设 5 个药品监督管理分局，即象州县分局、武宣县分局、忻城县分局、金秀瑶族自治县分局、合山市分局；分局领导职数、核定编制没有变动，原来宾县药品监督管理分局撤销，人员并入来宾市药品监督管理局；来宾市药品监督管理局负责市区及兴宾区3个街道办事处、6个镇和14个乡的药品和医疗器械监管工作。5个县（市）分局，属来宾市食品药品监督管理局派出机构，负责当地行政区域内的药品和医疗器械监管工作。

市药品监督管理局历任局长：周德源（2003年2月—2004年9月）。

来宾市食品药品监督管理局

2003年，国家进行机构改革，药品监管部门在原有的药品监管职能上，新增加食品、化妆品安全管理的综合监督、组织协调和依法组织开展对重大事故查处的职责。2004年9月16日，来宾市食品药品监督管理局在原来宾市药品监督管理局的基础上组建，内设科室由5个增至7个，即办公室、人事教育科、监察室、药品市场监督科、综合业务科、食品安全协调科、稽查队，核定编制为30人（其中行政编制27人，机关事业编制3人）。

市食品药品监督管理局历任局长：周德源（2004年9月—2005年12月）、张建良（2005年12月）。

原来宾市药品监督管理局下设的5个药品监督管理分局，也相应在原基础上成立食品药品监督管理分局；分局领导职数、核定编制没有变动。来宾市食品药品监督管理局直接负责市区及兴宾区范围内的食品安全综合监督、药品和医疗器械监管工作。象州、武宣、金秀、忻城、合山5个县（市）分局，属于来宾市食品药品监督管理局派出机构，负责当地行政区域内的食品安全综合监督、药品和医疗器械监管工作。

1991年1月—2002年4月，武宣食品安全监督管理由卫生部门监管。2002年5月成立武宣县药品监督管理分局，内设办公室、市场监督股、综合业务股。2004年10月成立武宣县食品药品监督管理分局，内设办公室、市场监督股、综合业务股、食品安全协调股。2005年1月，成立武宣县食品安全协调委员会及其办公室，县食品药品安全监管分局主要负责全县食品安全监管工作。

来宾市食品安全协调委员会

2004年11月1日，按照市人民政府（来政办发〔2004〕196号）文件精神，成立来宾市食品安全协调委员会，成员单位共19个。主要职责是统一指导、协调来宾市食品安全工作，研究提出全市食品安全工作的重大方针政策和解决食品安全工作重大问题。来宾市食品安全协调委员会下设办公室，办公室设在来宾市食品药品监督管理局，承担协调委员会日常工作。

第二节　食品安全监管

食品生产经营管理

来宾市食品生产加工企业以制糖、大米加工为主，数量上以家庭式小作坊生产居多。2005年，全市拥有食品生产加工企业628家，县城以上推行100%生猪定点屠宰，乡镇推行定点屠宰80%，在餐饮行业实行量化分级管理。

1990年，来宾县豆制品厂生产腐竹611吨、豆腐乳98.91万块、酱料306.12吨，完成工业总产值146.77万元。该厂的圆枝腐竹被国家轻工部评为优质产品，产品销往广西区内外，还远销至香港、东南亚各国、美国、加拿大和德国。同年，县供销社综合食品厂加工黄豆119吨、生产腐竹59吨，完成工业总产值17.2万元。1991年上半年，来宾县豆制品厂腐竹滞销，积压140吨。1992年6月底，来宾县豆制品厂负债总额为644.56万元，资产及债权总额为614.72万元，资不抵债29.84万元。同年9月9日，来宾县豆制品厂的腐竹生产线被迫停产，只生产一些碳酸饮料、豆奶、饴糖和酱油等产品，并成立机电安装维修经营部，由原腐竹生产车间实行一套人马两块牌子的经营机制，全面执行内部优化上岗，富余人员23人。1993年来宾县豆制品厂投资300万元，新建饼干生产线，次年建成投产。由于流动资金不足，新建的生产线不能发挥效益，且加重企业负担，企业处于半停产状态。1994年3月8日，来宾县豆制品厂改制为县食品工业总公司。

1987—1995年，八一铁合金总厂酱油厂共生产酱油50万千克、豆豉0.32万千克，销售收入35.41万元、上交税金1.66万元，实现利润0.84万元。1995年，来宾县食品工业总公司的饼干车间、饮料车间（后更名为饮料厂）、酱料车间（后更名为酱料厂）采取内部全员承包改革，年上交总公司承包金37万元，职工全部留用。1996年，八一铁合金总厂酱油厂承包给个人经营。同年，来宾县食品工业总公司采取内部承包方式也未能使企业走出困境，至当年10月止亏损额已达到36.35万元。

来宾县食品工业总公司在“八五”期末累计亏

损 1025 万元,负债率高达 124.6%。至 1997 年时,来宾县食品工业总公司经过 20 多年的建设,企业已形成年产腐竹 700 吨、蛋白质饮料 1500 吨、碳酸饮料 1800 吨、酱油 1800 吨、腐乳 300 万块、饴糖 300 吨、饼干 600 吨的生产规模。公司下设豆制品厂、饮料厂、酱料厂、综合腐乳厂、来宾健宾市场 5 个单位,共有员工 350 人,其中离退休职工 95 人。1997 年 3 月—1998 年 6 月,来宾县食品工业总公司共亏损 13.6 万元,1998 年 7 月 15 日,县经贸局批准同意将企业承包给职工个人经营。

黄桂廷副市长率队组织开展食品安全检查

食品生产监管机制

2005 年 1 月,武宣县质量技术监督局全面落实“三员四定,三进四图,两书一报告”的食品监管机制,即在落实“三员”方面,指定局内 4 名人员作为食品安全专业监管员,聘请 10 名乡镇副职领导作为全县食品安全协管员,在上规模的食品生产企业中落实专门的食品检验人员;在“四定”保障方面,县质量技术监督局把全县食品监管区域划分为五个区,将其中县城区,三里、东乡区,二塘、黄茆区,桐岭、通挽区,禄新、思灵区分解到局内的各股室负责监管,使食品生产监管做到定人、定责、定区域、定企业;按照“四图”的要求,设计和印刷食品生产加工企业变化动态图、食品行业分布图、监管责任落实图、食品安全警示图并公布上墙,使监管工作一目了然;在“两书一报告”方面,一是局内部层层签订食品安全监管责任状,二是与全县的食品生产加工企业签订了《广西壮族自治区食品生产加工企业质量安全承诺书》,进一步明确生产者的责任;三是坚持做到每个月、每季度向来宾市质量技术监督局食安办和武宣县食品安全协调委员会汇报食品安全监管信息情况。

食品生产监督检查

2005 年,武宣质监局在全县范围内开展食品“放心工程”,加强食品生产加工企业的巡查和定期监督检查工作,开展对无证生产违法行为的查处。在元旦、春节、五一节、中秋节、国庆节期间开展食品质量安全专项整治“百千万”行动,把武宣镇、二塘镇确定为 2 个“千点”,确定县内 10 家花生油、白酒、米粉等食品生产加工作坊为 10 个“万户”进行开展整治工作。共出动 2000 多人次,检查经营单位 2000 多户次,在检查中发现问题及时查处。2005 年,武宣质监局配合工商、药品食品等部门,开展重大节假日、重大活动期间食品安全专项整治工作,共查处违法经营 110 户,限期改正 59 户,没收销毁不合格产品 76 件,查处过期变质食品货值 10672 元。

食品安全专项整治

2004—2005 年,武宣县全县共出动检查人员 15000 多人次,没收销毁不合格小食品 2000 多千克、私宰猪肉 1400 多千克、假冒名贵瓶装酒标值 4.78 万元,取缔无照经营 50 多户。

食品安全协调和综合监督

2005 年 6 月 14 日,来宾市食品药品监督管理局协调组织卫生、工商两部门联合开展打击非法生产加工米粉专项行动,取缔 4 家非法米粉加工厂,没收销毁米粉 2000 多千克。市食品药品督管部门准确理解“综合监督、组织协调、依法组织开展对重大事故查处”的食品安全监管职能内涵,找准工作定位,突出协调服务和综合监督,扎实推进食品安全监管工作全面展开。加强信息通报与沟通,确定重点监管品种和区域,协调组织各监管职能部门,把食品安全专项整治工作引向深入,食品安全综合监管见成效,来宾市蔬菜农药残留超标合格率由去年的 70% 上升到 90%,畜产品“瘦肉精”和水产品氯霉素抽检阳性率为 0。

食品放心工程建设

2005 年起,来宾市食品药品监督管理局协调组织相关职能部门和各县(市、区)实施食品放心工程,推行食品安全信用体系建设。当年,合山市作为来宾市食品安全信用体系建设的试点,选择 17 家食品生产经营企业建立生产经营档案、监管信用档案和信用奖惩机制(两档一制)为基础的食品安全信用体系。

第三节 药品和医疗器械监管

药品经营企业监管

1992年6月30日,成立来宾县制药厂保健品分厂。1994—1995年,来宾县制药厂投资34万元开发白蚁系列保健品,醇痹胶囊2种产品获批准文号,但因资金短缺,无法组织生产。1995年,来宾县制药厂亏损37.9万元;1996年3月,来宾县制药厂发包给个人承包经营,当年实现利润5.78万元。同年,县制药厂生产的剂型由原来的冲剂等剂型发展至有酒剂、片剂、糖浆剂、胶囊剂、丸剂、散剂、水泛剂、冲剂等8个药型,生产能力由原来年产几吨提高到年产500吨药品的规模,形成年综合产值1500万元的年产生产规模,安排260多人就业。1997年,来宾县制药厂实现利润4.67万元。2000年8月,因承包经营者不履行合同义务,企业通过法律途径收回生产权。当年,来宾县制药厂除8个品种未获转标批文外,其余的38个品种由原地方标准转为国家标准。厂内设厂长办公室、中心化验室及生产、技术、供销、财务4个科室,下设冲剂、片剂、提取、动力4个生产车间。1991—2000年,来宾县制药厂共完成工业总产值5193.48万元,完成销售收入3960.61万元,实现利润37.8万元,上缴税金290.89万元。其中2000年完成工业总产值650.3万元,销售收入275.34万元,实现利润0.94万元,上缴税金5.7万元。2001年8月,县制药厂改制,转为民营企业,厂名改为县金钱草药业有限公司。企业职工进行身份置换,退出国有身份。2003年,辖区内有药品生产企业3家、药品批发企业7家、药品零售经营企业392家(含兼营医疗器械经营的235家)。

2004年,辖区内有药品生产企业3家,药品批发企业11家,药品零售经营企业367家(含兼营医疗器械经营的247家)。

2005年,辖区内有药品生产企业3家、药品批发企业15家、药品零售门店386家、药品零售连锁门店16家、医疗器械零售企业217家、医疗机构1210家。

药品安全监管

2005年,全市共有药品生产企业3家、医疗机构制剂室1家、药品零售门店386家、药品零售连锁门店16家、药品批发企业15家、医疗器械经营企业13家、医疗器械零售企业217家、医疗机构1210家。

药品市场环境监管

2004年,来宾市组织开展7个专项整治活动,共出动车辆470台次,行政执法人员1863人次,检查对象包括所有的药械生产经营企业,市、县直医疗机构及大部分个体诊所。年内,全市组织开展行政执法大检查,对2002年药监系统组建以来的652个药品、医疗器械行政处罚案件进行全面检查,对检查中发现的表述不规范、程序不完善等问题进行整改,共依法立案查处药品、医疗器械违法案件187起,涉案金额23.44万元,罚没款37.39万元,取缔无证经营药械32家、无证配制药品4家,其中,药品案件137起,涉案金额19.97万元,罚没款28.25万元;医械案件50起,涉案金额3.47万元,罚没款8.63万元;移交公安机关查处药品案件1起。

药品生产经营企业认证

2001年开始,国家食品药品监督管理局提高药品生产、经营企业的准入标准,促进药品行业结构调整,在全国范围内推行药品生产质量管理规范认证(GMP)和药品经营质量管理规范认证(GSP)(《药品管理法》明确的强制性管理规范)。来宾市食品药品监督管理局从2004年开始实施GMP、GSP。辖区内3家药品生产企业全部通过GMP认证,74家经营企业通过GSP认证,其中,批发企业7家、零售企业67家。全市80%的县(市、区)及乡镇建立农村药品监管网络,60%的县(市、区)实行药品配送进县到乡。年内,市食品药品监督管理局举办管理相对人培训班6期,培训管理相对人360多人次;同时加大日常检查力度,严格控制市场准入,严厉查处违法违规经营行为,使全市药品经营行业的管理水平有很大的提高,药品市场环境不断优化,保障药械的安全有效。

2005年,来宾市食品药品监督管理局切实按照"标准不降低、政策不走样、时限不延期"的要求,通过制定方案、提高资料审查和现场验收效率等措施,强力推进县以下药品零售企业GSP认证工作。全年共有256家县以下药品经营企业通过GSP认证,提前完成全年县以下药品零售企业GSP认证工作,排在全区的前列。至此,来宾市全面完成了《药品经营质量管理规范》(GSP)认证工作,并以认证为契机,促进药品经营企业结构调整,提高优势药品经营企业的整体竞争力,淘汰了一批经营质量管理规范达不到标准的企业,全面规范了药品市场秩序。

表 22-9　　2004—2005 年来宾市药品生产经营企业通过认证情况表

单位：家

年度	药品生产企业 GMP 认证	药品经营企业 GSP 认证	
		批发企业	零售企业
2004	3	8	101
2005	3	8	379

药品医疗器械市场整治

2004 年，来宾市通过在药品生产环节，加强对辖区内 3 家药品生产企业实施 GMP 跟踪专项检查，督促企业严格按 GMP 要求组织生产，确保生产出合格安全的药品。在药品流通环节，每年组织开展打击无证经营药品和有证无合法票据销售药品专项整治、中药材和中药饮片专项整治、医疗器械专项检查、疫苗专项整治等专项整治行动，联合卫生、计生两部门开展终止妊娠药品和避孕药具专项检查，严厉打击非法销售、使用终止妊娠药品行为。开展毒麻药品、精神药品监督管理专项检查，严格规范特殊药品的购销行为，防止其流入非法渠道。加大对发布违法广告、群众投诉多和有质量隐患品种的抽验力度，严厉打击药品、医疗器械生产、经营、使用违法行为。在药品使用环节，市食品药品监管部门联合卫生部门全面推进医疗机构药品规范管理，全市 80 家（其中乡镇卫生院 76 家，厂矿、农场医院 4 家）一级医疗机构全部通过“规范药房”的验收；推行村级卫生所“规范药柜”建设试点工作，长期监管薄弱的乡镇及村级医疗卫生机构药房管理得到加强。对 223 家经营医疗器械零售企业进行年度验证，通过年度验证淘汰 11 家经营条件差或经营条件达不到准入条件的企业。市食品药品监督管理局组织人员对 46 家新申办医疗器械经营许可证的企业进行现场审查，新增医疗器械批发企业 2 家、零售企业 44 家；举办医疗器械法规培训班 2 期，培训人员 62 人次。组织开展医疗器械专项整治活动，非营业性医院和医疗器械批发企业覆盖率达 100%，逐步规范全市医疗器械市场秩序。

2005 年，市食品药品监管部门将药品市场监管的重点放在乡镇，采取“主动出击，深挖案源”的稽查方式，组织执法人员对每一个乡镇涉药单位进行了全面的检查，确保不留监管死角。突出把规范医疗器械市场秩序专项整治和打击租用药柜销售假药专项行动作为重中之重抓好落实，严厉查处生产、经营、使用过程中的违法违规行为，药品、医疗器械市场秩序进一步规范。4 月 21 日—22 日，来宾市食品药品监督管理局经过近两个月的追踪暗查，一举捣毁一个长期在来宾制售假药黑窝点，查获一批蚁力神鞭丸、威林“克拉霉素胶囊、泌速康 T”、血毒清癣丸等八个品规假药，涉案价值 10 多万元。发售假药涉及 25 个省 84 个市、县，这是成立来宾市食品药品监督管理局以来查获的一起最大的制售假药案件。10 月 20 日，在兴宾区城厢垃圾场公开销毁一批价值 25 万多元的假劣药品、医疗器械，有力震慑了制售假药违法人员的嚣张气焰。全年共依法立案查处药品、医疗器械违法案件 212 起，涉案金额 44.1 万元，罚没款 46.5 万元。其中在专项行动中查处医疗器械违法案件 40 起、罚没款 13.5 万元；查处疫苗违法案件 3 起。

药品检验和稽查

2003 年，来宾市药品监督管理局立案查处药品、医疗器械违法案件 321 起，没收药品和医疗器械货值 56.20 万元（其中药品案件 40.62 万元、医疗器械案件 15.58 万元）、罚没款 68.18 万元（其中涉及药品 55.94 万元、医疗器械 12.24 万元）。2004 年，立案查处药品、医疗器械违法案件 187 起，涉案金额 23.44 万元（其中药品案件 19.97 万元、医疗器械案件 3.47 万元）；罚没款 37.39 万元（其中药品案件 28.76 万元、医疗器械案件 8.63 万元）；移交公安机关查处药品案件 1 起。2005 年，全市立案查处药品、医疗器械违法案件 195 起，涉案金额 32.5 万元（其中药品案件 27.97 万元、医疗器械案件 4.56 万元），罚没款 53.74 万元（其中药品案件 40.6 万元、医疗器械案件 13.35 万元）。

农村药品“两网”建设

2004 年，来宾市在全市范围内开展农村药品“两网”（农村药品监督和药品供应网络建设）建设，全市拥有 981 名信息员和协管员，县、乡、村三级覆盖率均达 100%。

2005 年，来宾市食品药品监督管理系统调整充实农村药品监督网络队伍,形成了级级有人抓,层层有人管,横向到边、纵向到底的县、乡、村三级联动的农村药品监管新模式。在药品配送网络的建设上,主要是采取以利用现有农村医疗卫生三级网络资源进行配送为主,建立一批“农村药品专柜”及指导药品批发企业直接向乡镇医疗机构、药品经营企业配送药品为辅的模式,扎实推进药品配送网络建设进程。年内,开展创建“药品管理规范药房(库)”活动,编制编印了《来宾市农村药品配送网点设置管理规定(暂行)》和《来宾市农村药品“两网”建设资料汇编》,切实加强对监督员、协管员、信息员以及监管相对人的培训学习,进一步规范农村药品“两网”建设的管理。全市农村药品监督网络县、乡、村三级覆盖率分别达到100%、100%、100%;供应网络覆盖率县、乡、村分别为100%、100%、82.4%。

药品不良反应监测

药品不良反应报告和监测管理工作是药品监管工作的重要组成部分,市食品药品监管部门通过制定《药品和医疗器械突发性群体不良事件应急预案》,与卫生行政主管部门加强沟通,争取支持和配合,加快监测信息网络化建设。药品不良反应监测网络逐渐建立完善,并发挥有效技术作用,有效应对和处置“齐二药”假药案、“欣弗”药害事件等安全性事件和突发性群体不良事件。建市以来,全市没有发生重大药害危害事件,有效保障了公众用药安全。

第七章　安全生产监督管理

作为分工独立专业化的社会化生产管理监控体制,境域安全生产监督管理始于21世纪初,来宾市及各县(市)都成立了专门的行政监督管理机构。随着境域经济的高速现代化发展,市场化、规模化、社会化各类工业生产的日益繁忙,生产安全问题日益突显,其机构和职能、各项工作亦逐步升级和得到加强。

第一节　机　构

2002年12月28日,来宾市安全生产监督管理局(副处级)成立,设综合科、法律宣传教育科、监督管理科和矿产行业监管科4个职能科(室)。2004年6月,来宾市安全生产监督管理局从来宾市经济贸易委员会分设,升格为来宾市人民政府直属机构(正处级单位)。同时加挂来宾市煤矿安全监察局、来宾市安全生产委员会办公室牌子,履行来宾市安全生产监督管理职能和煤矿安全监察职能。

2005年1月,来宾市安监局增加行政编制2名。调整后,行政编制13名、机关事业编制1名。县级安监机构编制和人员基本落实到位,设置县级政府直属机构的安监机构有7个,安监编制44人。乡、村两级安监机构设置安全管理办公室的乡(镇)有69个,配备安全助理的乡(镇)有52个,配备率75.2%;配备专职安全管理人员105人;配备兼职安全员的村有725个,配备率100%。全市已基本建立起了县、乡(镇)、村三级安监机构网络,三级机构人员的配置率达100%。

来宾市安全生产监督管理局局长:江益宏(2004年6月—2005年12月)。

武宣县安全生产监督管理局设立于2002年上半年,是县经济贸易局的内设机构,有领导1名,内设安监股,工作人员2名。2004年10月,武宣县按照县人民政府办公室《关于印发武宣县安全生产监督管理局主要职责、内设机构和人员编制规定》文件的规定,县安全生产监督管理局为主管安全生产综合监督管理的县政府工作部门,同时挂武宣县安全生产委员会办公室牌子,内设人事秘书股、矿产行业监督管理股、危险化学品安全监督管理股、综合监督管理股,有领导3名,工作人员10人。

2002年2月,象州县安全生产监督管理局成立,在县经济贸易局挂牌,负责原县劳动局安全生产监督管理职能。2004年7月,象州县安全生产监督管理局作为县人民政府工作组成部门从象州县经济贸易局独立出来,同时挂象州县安全生产委员会办公室牌子。

2004年,设立来宾市兴宾区安全生产监督管理局。主管安全生产综合监督管理和煤矿安全监察的政府工作部门,同时挂来宾市兴宾区煤矿安全监察局、来宾市兴宾区安全生产委员会办公室牌子。内设办公室、综合监督管理股、矿产行业监督管理股和危险化学品安全监督管理股。核定行政编制6名,机关后勤服务编制1名。其中领导职数设局长1名,副局长2名。

2004年7月,成立合山市安全生产管理局,为负责合山市安全生产综合监督管理工作的市人民政府工作部门机构，同挂安全生产委员会办公室牌子。行政编制 8 名、后勤服务 1 名，领导职数为局长 1 名，副局长 3 名。

第二节 安全生产宣传培训

2002 年以来，来宾市安全生产监督管理局加强和规范安全生产培训，开展各类安全生产管理人员和特种工作人员安全生产技术培训工作。2002 年，境内组织县(市)安监干部 56 人参加由自治区安监局举办的全区安全监察员培训班，培训特殊工种作业人员 3095 人，复训 2683 人。

2003 年，来宾市培训特殊工种作业人员 3341 人，复训 2441 人。另有 385 名生产经营单位主要负责人，660 名生产经营单位的安全生产管理人员，44 名安监系统人员参加各级安监部门组织的安全生产知识培训(考察)。

2004 年，全市培训安全管理人员及从业人员 3653 人、特种作业人员 3786 人、外来工和农民工 1600 人。

2005 年，全市培训生产经营单位主要负责人 116 人(其中煤矿 30 人、非煤矿山 61 人、危险化学品 25 人)；安全生产管理人员 742 人(其中煤矿 602 人、非煤矿山 56 人、危险化学品 17 人、其他 67 人)，特种作业人员 6587 人。

2004—2005 年，武宣县组织危险化学品生产、经营、储存、使用企业的相关人员 30 人参加安全生产资格培训；组织开展矿山爆破工及矿长、安全生产管理人员培训，共组织矿长 43 人、爆破工 85 人、安全生产管理人员 45 人参加培训班的学习，提高矿山从业人员的安全生产素质。培训厂矿企业负责人、分管安全生产负责人、安全生产管理人员、电工、焊工、卷扬机工等共计 4800 多人次。

制定安全生产规范性文件

2003 年印发《来宾市安全生产工作暂行规定》，2004 年制定《来宾市发生死亡事故(重大死亡事故、特大死亡事故)调查处理程序》，规范事故的报告、调查、处理程序；制定《来宾市重特大安全事故应急预案》，明确和规范事故应急处理程序；制定《来宾市安全生产监督管理行政执法办法》和《来宾市安全生产风险抵押金管理办法》。

2005 年制定《来宾市安全生产委员会成员单位安全生产工作职责规定》《来宾市安全生产目标管理责任制考核办法》《来宾市安全生产监督管理局行政审批项目实施程序》《来宾市非煤露天开采矿山企业安全生产许可证办证指南》《来宾市危险化学品经营许可证办证流程图》《来宾市非煤露天开采矿山企业安全生产许可证办证流程图》和《来宾市砖厂、沙场、矿泉水安全生产许可证办证流程图》等规章制度和文件。

开展安全生产月活动

自 2002 年以来，来宾市每年都开展安全生产月宣传活动。2002 年“安全生产月”活动期间，分发安全生产宣传招贴画 435 幅(套)、安全知识读本 15560 本、VCD 光碟 51 碟；放安全生产宣传资料 18.3 万份、参加咨询人员 2750 人、接受咨询群众达 5367 人次；出版各种黑板报、宣传橱窗 215 版；悬挂各种安全生产宣传横幅、标语 2300 多幅(条)；播放安全教育录像片 700 多场次；组织开展安全生产知识竞赛 18 场(次)。2003 年，在“安全生产月”活动期间，全市共出动人员 1040 人次、宣传车辆 74 台、宣传设备 30 台、印发资料 29.30 万份、宣传图片 1.38 万张、横幅标语 1391 条、咨询人数达 24.40 万人次。2004 年，在“安全生产月”活动期间，全市共出动 1342 人、车辆 65 辆次、宣传设备 26 台、发放各类宣传资料 27.30 万份、悬挂横幅标语 1257 条、展览宣传挂图 1.68 万幅、受教育人数达 36.40 万人。

2005 年，在“安全生产月”活动期间，全市共出动 1542 人、车辆 85 辆次、宣传设备 18 台、发放各类宣传资料 32.30 万份、悬挂横幅标语 8157 条、展览宣传挂图 2.68 万幅、受教育人数达 38.40 万人。

第三节 重点行业安全生产监管

危险化学品安全生产监督检查

2002—2003 年，武宣县开展以氰化钠为重点的危险化学品检查，登记使用危险化学品的单位，进行日常监督管理。组织全县有关单位开展毒鼠强等剧毒杀鼠药剂整治工作，共组织执法人员 950 人次，出动车辆 193 辆次，查获收缴各种毒鼠药料 1050 千克，其中，毒鼠强粉剂 525 克、杀鼠毒谷饵 450 千克、毒红薯 160 千克、无标签剧毒杀鼠剂 110 千克，其他“当场死”“最死剂”合计 230 千克；查处违法经营户 11 户，其中，查处一起重大非法制售毒鼠药案件并移交司法机关处理；检查加油站22家，清理取缔非法经营加油站2家；检查生产硫酸、酒精、爆竹生产厂家5家；易燃易爆物品场所5个。2004年，武宣县开展实施《安全生产许可证条例》。县安监部门配合来宾市安监局对全县生产、经营、储存、使用危险化学品的企业进行了安全评价，共评价经营农药点77家、生产企业4家，对19家加油站进行了安全评价。同时根据来宾市安委会《关于立即开展危险化学品从业单位安全生产检查的通知》，县安全生产监督管理局、经贸、工商、环保、质监等部门组成安全检查组对全县范围内从事危险化学品从业单位开展了专项安全检查。共检查18家加油站，其中石化集团武宣县分公司13个站，个体私营5个站。2005年，武宣县对危险化学品从业单位的日常监管，全县共有危险化学品从业单位120家，其中生产企业6家、储存单位1家、经营单位111家、运输单位1家，有4家危险化学品生产企业、7个中石化加油站取得《危险化学品经营许可证》。县安委会制定了《武宣县危险化学品安全生产专项整治工作方案》，并成立了专项整治领导小组。对剧毒危险化学品进行整治，组织销毁氰化钾、氰化钠等剧毒危险化学品一批。下达现场检查记录24份、限期整改决定书10份、强制措施决定书6份。关闭了武宣县爆竹厂、武宣县台村爆竹厂等两家爆竹生产企业。

第四节　安全生产监督检查

境内安全生产监督检查，重点围绕“元旦”“春运”“两会”“清明”“五一”“十一”等重要时段及重要活动期间抓好安全生产工作。开展全市安全生产大检查，深化安全生产专项整治，强化安全生产执法监督，确保全市安全生产形势持续稳定好转。

2003—2005年，全市监督监察生产经营单位3036家，其中金属与非金属矿山735家、危险化学品1063家、烟花爆竹12家、其他1226家；监督监察生产经营单位次数6307次，其中金属与非金属矿山1441次、危险化学品2287次、烟花爆竹284次、其他2295次；查处事故隐患1256起，其中金属与非金属矿山454起、危险化学品311起、烟花爆竹59起、其他432起；下达执法文书3771份，其中，现场检查记录1418份、整改指令书958份、强制措施决定书143份、行政处罚决定书61份。

表22-10　2003—2005年来宾市安全生产监督检查情况表

项目＼年份		2003	2004	2005	合计
监督监察生产经营单位数小计（家）		981	1014	1041	3036
其中	金属与非金属矿山	235	250	250	735
	危险化学品	347	348	368	1063
	烟花爆竹	4	4	4	12
	其他	395	412	419	1226
监督监察生产经营单位次数小计（次）		1989	2129	2189	6307
其中	金属与非金属矿山	447	487	507	1441
	危险化学品	699	779	809	2287
	烟花爆竹	89	96	99	284
	其他	754	767	774	2295
查处事故隐患数小计（起）		387	422	447	1256
其中	金属与非金属矿山	140	154	160	454
	危险化学品	88	107	116	311
	烟花爆竹	19	19	21	59
	其他	140	142	150	432
下达执行文件数小计（份）		1035	1218	1518	3771
其中	现场检查记录	370	474	574	1418
	整改指令书	282	314	362	958
	强制措施决定书	45	43	55	143
	行政处罚决定书	12	31	18	61

非煤矿山安全生产监督检查

2002年，武宣县配合有关部门4次检查了全县130多个持证开采的矿点，5个选矿点及2个无证开采点，共查处隐患70处，对12个存在隐患的矿山下达了《安全整改通知书》，责令限期整改。2003年，武宣县根据自治区《2003年全区非煤矿山安全整治方案》和来宾市安监局《关于印发2003年非煤矿山安全整治方案的通知》，组织专家组对全县8家申请验收的地下开采矿山进行检查验收，对存在各种不符合开采要求规定及其隐患给予及时反馈，并责成务必于年底前整改完毕。2004年，武宣县对全县采石场点开展了拉网式的安全生产大检查，对采石场基本安全生产条件、安全措施、开采坡度、操作规程、爆炸物品管理等进行全面检查，对存在较大事故隐患的石场当场下发责令整改书，共下发当场整改或限期整改责令书143份；检查12个乡镇的60多个矿山企业，督促各矿山业主切实落实各项安全生产措施；同时，多次配合来宾市组织的专家组到三里振祈锰矿进行现场检查，根据该矿存在重大事故隐患的事实，市、县多次对该矿下达了关闭通知，但该矿拒不执行，非法进行开采活动，致使该矿的重大安全隐患无法消除。12月18日对该矿采取了炸封措施。2005年，武宣县开展“安全生产许可证”发放工作，全县申报“安全生产许可证”的矿山企业45家。全年共检查各类矿山企业93个(次)，下发纠正违章作业通知书49份、责令整改通知书41份，与72名矿山业主签订了2005年度安全生产责任书，对非煤矿山企业实行目标管理责任制和风险抵押金制度，规范非煤矿山行业的安全监管。

2003—2005年，合山市为加强煤炭矿山安全和打击非法开采工作，对地方煤业先后出台《矿山执法工作制度》《矿山安全生产责任制度》《安全生产责任状》，对矿山管理体制进行改革，对煤炭行业办(2004年6月改称)，69名矿管人员调整治到各乡镇实行属地管理，对非法小煤矿的检查和打击取缔工作将由乡镇矿管站负责。2003年，合山市全市共查处违反制度矿管人员13人。其中：分管领导3人、中层领导5人、矿管人员5人，按照制度规定给予相应处分。2003—2005年间，合山市全市打击非法开采煤炭资源行为共出动执法人员19449人(次)；配合乡(镇)矿管站铲封非法小煤井1260个(次)；出动车辆1578台(次)，其中铲车75辆、东风东大卡车44台(次)；捣毁工棚18间；推平煤台180个；销毁设备40台(件)；收缴非法生产工具500件；铲毁非法采煤运输道路5条；查处非法运输煤炭车辆14台；没收非法原煤2520吨；向乡(镇)矿管站反馈《打非督查情况反馈通知》138份；向公安机关移送违法盗采人员120人，其中补上治安扣留34人。

2004年，市安监局重点围绕“元旦”“春运”、全国“两会”和“五一”“十一”“中国—东盟博览会”等重要节点，扎实深入地开展全市安全生产大检查并及时排查消除隐患，防止重特大事故发生。是年，来宾市安全生产监督管理局先后组织召开16次会议，开展46次全市性安全生产大检查，检查面广点多，涉及煤矿、非煤矿山、危险化学品、道路交通、水上交通、公共聚集场所消防、建筑施工、特种设备、食品卫生、职业卫生、医疗器械及药品、燃气热水器、易燃易爆物品、防汛、防雷、电力等10多个重点行业和领域。据不完全统计，共组织363个检查、督查组深入境内各县(市、区)、各部门和有关企业进行安全检查、督查。在历次检查、督查中，全市共出动执法人员3.88万人次，车辆2.84万台次，检查企事业单位(门面、摊点)1.52万个次，查出安全隐患3879处，整改隐患2607处、下达责令限期整改通知书1606份、责令整改单位200多家、取缔关闭非法生产经营单位234家、责令停产停业61家。

从2005年1月开始，为确保春运期间的安全，来宾市安全生产监督管理局认真落实自治区和市政府的部署，会同市交警、交通、海事、公安消防、安监、国土资源、卫生等部门组织开展全市性的春运安全生产大检查。采取“六查四把关”的措施，建立上路执勤和值班备勤制度，层层落实勤务制度，实行联勤联防监控，组织大量警力、人力对所有承担春运的车辆和客运企业进行检查，严把营运车辆技术关，严厉打击车匪路霸等犯罪活动，并加强对乡镇运输船舶特别是客圩渡船、横水渡船的安全监督检查，确保群众出行安全。据统计，春运期间，出动警力、人力6100多人次，检查车辆近1.6万台次，查处各类违章车辆8200多辆，暂扣车辆1600多台，累计加班加点9700多小时；检查客运企业24家，下发整改通知书12份，其中11家经复查通过合格验收；对参加春运的807辆客车均进行一次全面的维护和检验；检查船舶817艘次，渡口35处(次)，纠正违章21艘次，处罚船舶17艘次，发放“封航通知书”10份。煤矿、非煤矿山、危险化学品、公共聚集场所消防、建筑施工、特种设备等行业和领域的安全检查也一一展开。春运期间，全市安全生产情况总体稳定，杜绝了一次死亡3人以上的重大事故的发生，辖区内发生交通事故190起(其中水上交通事故起数为0)，其中重大事故

14 起，造成 15 人死亡，重大事故和死亡人数分别比上年春运下降 26%，重大事故下降 25%。工矿企业发生一起死亡事故，死亡 1 人。

从 2 月 25 日开始，利用半个月的时间，全面抓好全国“两会”期间的安全检查。以煤矿、非煤矿山、道路交通、公共场所消防、危险化学品和易燃易爆物品生产经营、运输、建筑施工单位、食品卫生、社会公共活动安全等为重点，分工负责，在全市范围集中力量开展全面的安全生产大检查活动，落实防范措施，及时消防事故隐患。全国“两会”期间，全市安全生产形势稳定，没有发生重大安全事故。

4 月 29 日—30 日，市人民政府组织开展“五一”节及汛期前安全生产大检查。组织由消防、交通、公安等部门牵头，市卫生、交通、旅游、质监、安监、农机、交警、建设、国土资源、水利等部门积极参与配合组成的 3 个督查组，分赴各境内各县（市、区）对安全生产大检查情况进行督查。据不完全统计，“五一”节前，全市共组织各种检查组 42 个，出动检查人员 1000 多人次，共检查企事业单位 2000 多个，发现事故隐患 400 多处，均当场责令整改或下达整改通知书。

按照“9·23”全国安全生产电视电话会议自治区有关安全生产工作文件精神，切实开展中秋节及国庆黄金周安全生产大检查。扎实开展全市旅游、矿山、道路交通、公众聚集场所消防、易燃易爆（烟花爆竹）、危险化学品生产、储存和运输、企业安全等重点领域的安全生产大检查。据不完全统计，全市共组织检查组 68 个，出动 1.04 万人次、车辆 1766 台次，检查单位 1344 个，发现安全隐患 354 处，责令当场整改 96 处、限期整改 258 处、提出整改意见 58 条。

10 月 20 日—30 日，为确保博览会期间社会稳定和安全生产万无一失，确保中国—东盟博览会顺利、成功举办，市政府组织开展第四季度的安全生产大检查。据不完全统计，全市共组织各种检查组 64 个，出动检查人员 1400 多人次，共检查企事业单位（含门面、摊点）2000 多个，发现事故隐患 400 多处，均当场责令整改或下达整改通知书。

第五节　事故应急救援与调查处理

应急救援队伍建设

截至 2005 年，全市依法应建立应急救援组织的企业 379 个，已建立 300 个，配备率 79%，配备应急救援人员 871 人，装备完善的应急救援组织 9 个。

广西合山煤业有限责任公司救护队　其前身是合山矿务局救护队，成立于 1959 年 11 月，是广西壮族自治区成立最早的救护队之一，也是自治区最主要的救护队员培训基地。在职职工 43 名。2005 年 12 月，广西矿山救援大队合山中队挂牌成立，两块牌子一套人马，接受广西合山煤业有限责任公司和广西安全生产监督管理局双重管理。

应急救援演练

2003 年，来宾市交通部门组织水上运输船舶防抗雷雨大风演练；市公安消防支队组织企业和相关部门举办消防灭火演练。

2005 年 6 月，市安监局组织合山矿务局救护队开展矿山应急救援演习活动。市人民政府有关领导，市直有关部门领导，各县（市、区）分管安全生产领导和安监局局长，以及兴宾区、武宣县、象州县部分矿山企业负责人等 100 多个人到现场观摩。

事故调查处理

来宾市成立后，安监局坚持“四不放过”（事故原因未查清不放过、事故责任人未受到处理不放过、事故责任人和周围群众没有受到教育不放过、事故没有制订切实可行的整改措施不放过）的原则，采用法律、经济、行政等手段，加大对事故的查处和责任追究力度，加强安全生产工作的警示和教育作用。

2003 年，全市各类伤亡事故 789 起，死亡 193 人、受伤 851 人，结案率 95.8%；一次死亡 3~9 人的重大事故（道路交通）1 起，死亡 4 人、受伤 0 人，结案率 100%；一次死亡 10 人以上的特重大事故 0 起，死亡 0 人、受伤 0 人。其中，工矿企业事故 24 起，死亡 24 人、重伤 5 人，结案率 95%；一次死亡 3~9 人事故结案率 100%；道路交通事故 684 起，死亡 160 人、受伤 843 人，结案率 98%；一次死亡 3~9 人事故 1 起，死亡 4 人，结案率 100%。

2004 年，全市各类伤亡事故 704 起，死亡 226 人、受伤 973 人，结案率 93%；一次死亡 3~9 人的重大事故 4 起，死亡 13 人、受伤 22 人，结案率 75%；一次死亡 10 人以上的特重大事故 1 起，死亡 10 人、受伤 0 人。其中，工矿企业事故 43 起，死亡 50 人、重伤 18 人，结案率 92.3%，一次死亡 3~9 人事故 1 起，死亡 3 人，结案率 100%；道路交通事故 519 起，死亡 147 人，受伤 876 人，结案率 100%；一次死亡 3~9 人事故 3 起，死亡 10 人，结案率 66.6%。

2005 年，全市各类伤亡事故 673 起，死亡 233 人、受伤 888 人，结案率 97%；一次死亡 3~9 人的重大事故 5 起，死亡 16 人、受伤 3 人，结案率 100%；其中，工矿企业事故 41 起，死亡 35 人、重伤 17 人，结案率 95%，一次死亡 3~9 人事故 2 起，死亡 6 人，结案率 100%；道路交通事故 466 起，死亡 161 人、受伤 761 人，结案率 96.5%，一次死亡 3~9 人事故 3 起，死亡 10 人，结案率 100%。在年度实施安全生产“一票否决”制度中，对 2 个单位严格落实“一票否决”。

第八章　审　计

民国时期，境内各县无审计机构。

1983 年以前，境内没有设立国家审计机构，由财政部门相关科(室、股)承担审计职责。1983 年 6 月，始成立县级审计局。1983—1984 年，各县先后建立审计局，依法对工商企业、财政、金融、外资、基本建设、行政事业等单位行使审计监督权。1984 年开始对国有企业和行政事业单位以及农业资金进行审计。1985 年后，县审计局独立开展审计工作，围绕经济体制改革，以审计财务收支、执行财经纪律为重点，严格遵循《国务院关于审计工作的暂行规定》和《审计工作程序》进行依法审计。1986 年，开始在各县(市)开展财政决算审计，同时围绕经济改革和经济运行中出现的问题，开展有关项目财政审计调查。1990 年，来宾县审计局有干部职工 15 人，其中正、副局长各 1 人，局内设秘书股、行政事业审计股、财政金融审计股和企业审计股。该局负责对本县人民政府各部门、下级人民政府、国家金融机构、全国所有制企业事业单位以及其他有国家资产单位的财政、财务收支的真实、合法、效益进行审计监督。至 1990 年末，来宾县被列为审计对象的单位共 122 个，其中工业企业 20 个、非工业企业 28 个、行政事业单位 74 个，先后共审计 151 个单位(含复审)，查出各种违纪金额 1081.71 万元，其中应上缴财政 344.37 万元，已上交 253.64 万元。审计工作在维护财经纪律、端正党风、加强宏观控制和管理，以提高经济效益和保护改革方面，日益发挥积极作用。

1995 年起，境内各县(市)审计局开展对同级政府财政预算执行情况审计。1996 年后开展经济责任审计和外资审计。2005 年，出台《来宾市审计局工作规则》。

第一节　机　构

县财政监察委员会

民国 22 年(1933 年)，武宣县设县财政监察委员会，掌管有关财经审核工作。民国 25 年(1936 年)6 月，各县建立财政监察委员会，由县地方法团和专职人员组成(简称“财监会”)。对县政府年度收支概算、决算以及县属各项财务收支进行审查，对县属各项财务收支存在的问题，交县政府查办。民国 28 年临时参议会成立后撤销。

县临时参议会

民国 28 年(1939 年)5 月，各县成立临时参议会，该会有议决县政府收支预、决算事项的职权。民国 29 年审计办事处成立后停止审议。

第二、三区审计办事处

民国 29 年(1940 年)1 月，在柳州设立第三区审计办事处，忻城属其管辖。来宾、武宣、象州当时属第二区审计办事处管辖。民国 30 年 7 月撤销。

市、县审计机构

2002 年 12 月 28 日，成立来宾市审计局，来宾县审计局改称来宾市兴宾区审计局。市审计局内设办公室、财政金融审计科、行政事业审计科、经济责任审计科、固定资产投资审计、经贸科 6 个，在编人员 22 人。辖合山、象州、武宣、兴宾、忻城、金秀 6 个县(市)审计局。2005 年 2 月，来宾市审计局增设法规科。当年，内设有办公室、财政金融审计科、行政事业审计科、经济责任审计科、固定资产投资审计、经贸科和法规科 7 个职能科室。市审计局有人员编制 24 人(行政编制 23 人，事业编制 1 人)，实有干部职工 23 人，其中：大学学历(在职教育)13 人、大专学历 10 人；高级职称 1 人、中级职称 20 人、初级职称 2 人。

市审计局历任局长：覃纪康(2002 年 12 月—2003 年 3 月)、韦文智(2003 年 4 月—2004 年 6 月主持工作)、杜爱华(2004 年 6 月—2005 年 12 月)。

1950 年—1984 年 6 月，武宣县有关财经审查监督工作，由县财政局与有关部门负责。1983 年 6

月 27 日，来宾县审计局成立；同年 8 月，金秀瑶族自治县成立审计局。1984 年 2 月忻城县设立审计局，7 月正式办公，干部 3 人。1984 年 4 月，象州县审计局成立。1984 年 7 月，武宣县审计局成立。1984 年 8 月，合山市审计局成立，下设审计一股、二股、三股，一股负责商业、粮食、企业部门的审计；二股负责财政、金融、保险部门的审计；三股负责行政、事业单位的审计。各专业银行和市一级机构部分单位设有内审人员协助审计工作。1990 年，武宣县审计局局内设企财、综合两个股，配局长、副局长和工作人员共 8 人。

1991—1992 年，来宾县审计局内设秘书股、财金审计股、企业审计股、行政事业审计股。1993 年 1 月，经自治区审计厅批准，成立来宾县审计师事务所，属审计局的下属事业单位，实行独立核算、依法纳税、自收自支、有偿服务。1994 年 1 月，来宾县审计局设置审计局办公室，把原财金审计股和行政事业审计股合并为综合审计股。1995 年 9 月，县审计局增设基建审计股。1997 年 4 月，来宾县审计局将原设置的审计局办公室和综合审计股撤销，改设秘书股、财政金融审计股和行政事业审计股。12 月，来宾县审计师事务所划归柳州地区统一管理，改称柳州地区审计师事务所来宾分所。1998 年底全国开展会计师（审计师）事务所清理整顿工作，未达到 5 名注册会计师（审计师）的办所基本条件被撤销。1999—2001 年，来宾县审计局将企业审计股和基建审计股合并为基建企业审计股。1999 年 5 月，经县机构编制委员会批准，成立来宾县审计局基建审计所，属审计局二层事业单位，不定机构规格，实行自收自支。2002—2003 年，兴宾区审计局内设秘书股、财政金融审计股、行政事业审计股，取消基建企业审计股，设置商贸审计股、固定资产投资审计股和基建审计所，增设经济责任审计股。2004 年 7 月 6 日，撤销基建审计所，并将基建审计所的财产单独设账由区审计局统一管理。

1991 年武宣县审计局内设行政秘书股、综合审计股、工交企业审计股、商粮贸审计股，有编制 10 个，实有干部职工 9 人。2005 年，武宣县审计局内设行政秘书股、行政事业审计股、经贸审计股、经济责任审计股。实有干部职工 12 人，其中大学本科 4 人、大学专科 7 人、高中中专 1 人；中级职称 6 人、初级职称 6 人；在职党员 9 人。

1991—1993 年，合山市审计局设办公室、审计一股、二股。1994—1998 年，合山市审计局设秘书股、行政事业审计股、企业审计股；二层机构设审计师事务所。1999—2001 年，设办公室、秘书股、行政事业审计股、企业审计股、经济责任审计股；二层机构设基建工程预决算审核服务部。2002—2005 年，合山市审计局设办公室、综合审计股、经济责任审计股。在编人员 13 人，其中局长 1 人、副局长（含书记）2 人、各股室人员 10 人。

1991 年，忻城县审计局内设 4 个股室，人员编制 11 名。2002 年，忻城县审计局内设综合股、经济责任审计股、经贸财金审计股、行政事业审计股，实有人数 11 人，其中：会计师 5 人，至 2005 年不变。

审计师事务所

1988 年 3 月—1993 年 5 月，各县先后建立审计师事务所，从业人员共有 73 人。

第二节　财政审计

财政决算审计

今来宾市境内财政审计工作开始于 20 世纪 80 年代，财政决算审计以“上审下的”方式开展。原柳州地区审计局在 1986 年 5 月开展对县级财政决算试点审计。

1986—1995 年，境内共审计各县（市）财政决算 28 次，除审计合山市 2 次外，其余县均审计 3 次，审计县财政、税务局决算 54 次。1985—1988 年，金秀瑶族自治县先后对县内 50 个单位进行审计，查出违纪金额共 189 万元，其中应上缴国库 110 万元。1988 年，金秀瑶族自治县着重对县内 8 个乡镇上年度财政决算进行审查，共查出乡镇私自隐瞒、截留财政收入 87 万元。

1996—2002 年，审计机关共完成财政决算（税收征管）情况审计项目 96 个，查处违规金额 6871 万元，管理不规范金额 1693 万元，应交财政金额 3402 万元。1996 年完成对来宾、象州、合山 3 个县（市）1995 年度财政决算审计，查处隐瞒截留财政收入、侵占挪用财政资金违纪违规问题金额 600.12 万元，其中应上缴财政 469.6 万元。

1997 年完成对忻城、金秀等 3 个县 1996 年度财政决算审计，查处隐瞒截留财政收入、侵占挪用财政资金等违纪违规问题金额 511 万元。同时通过审计报告，客观反映上述 3 个县 1996 年 7 月遭受洪灾造成的经济损失和财政极为困难状况，建议上级政府给予支持，增加财政转移支付补助。通过审计报告，共为上述三个县争取到财政转移支付补助400多万元。

2001年对来宾县财政决算审计，查处违规行为金额1700多万元，应上缴财政金额共计1382万元，其中应上交地区财政377万元、县级财政1005万元，决定处以罚款82万元。

2002年对象州县2001年度财政决算审计，查处违纪违规金额1083万元；2003年对忻城县2002年财政预算执行情况和其他财政收支审计，对忻城县地税局2002年度税收执行情况审计；2004年对武宣县、金秀瑶族自治县2003年财政预算执行情况及其他财政收支审计和地税局2003年度税收执行情况审计，查出部门应纳入预算管理而未纳入预算管理353.86万元，部门收取的规费未缴存财政专户管理14.34万元。

2005年结合县（市、区）长任期经济责任审计，对兴宾区2004年财政预算执行情况及其他财政收支审计和地税局2004年度税收执行情况审计，查出违纪违规金额90.45万元。应上缴财政13.57万元，已上缴财政13.57万元。2005年兴宾区预算执行延伸审计发现区民政局挤占挪用社会救济救灾资金42.71万元。

各县（市）审计局亦对县（市）属乡（镇）的财政决算以及财政、税务所单位决算进行审计，1984—1995年，对乡级财政决算审计175次（个），对财政、税务所单位决算审计33次（个），共查出有问题金额427.23万元，差错大项为：应收未收143.41万元，占总数33.57%；其他差错192.2万元，占44.97%。

1991—2005年，合山市审计局共查出财政及有关单位财务违规金额1345.34万元，管理不规范金额1554.58万元，应上缴财政807.86万元，应归还原渠道资金75.69万，应调账处理203万元，已上缴财政637.83万元，已归原渠道资金0.23万元。

财政审计调查

财政审计调查工作于1994年开展。

境内1988年审计1987年财政决算时，有1个县出现财政赤字，后来赤字县数量增加；有的县财政决算表反映少量结余，但实际已发生赤字。1992—1994年进行财政审计时，对出现赤字的县作审计调查；1994年决算有5个县列报赤字2854.9万元，经审查，有应付未付的隐形赤字5224.94万元，其中欠粮食企业的各种补贴款3876.5万元（占应付未付隐形赤字总数74.19%），公费医疗款180.08万元，行政事业费527.70万元，旅差费426.66万元，修缮费81.10万元，计生费132.90万元，赤字和隐形赤字两项相加，实际财政赤字应为8079.94万元，1995年审计两个财政赤字县，原决算列赤字2096.40万元，审计还有隐形赤字2511.90万元未列入决算。通过决算调查分析出现赤字的原因及造成的后果，及时向原柳州地区、自治区作出报告并提出建议。自治区于1994年和1995年给3个财政困难县一次性补贴2764万元；原柳州地区给1个财政困难县补贴100万元。

1994年在对4个县1993年度财政决算审计的同时，审查他们1994年的财政预算。发现：收入含有水分1151.8万元，支出大于收入6508.9万元，支出预算留有缺口3329.04万元，其中工资747.7万元，公费医疗273.25万元，公务费627.99万元，业务费373万元，修缮费337.4万元，粮食企业各项补贴969.7万元。审计后，提出加强预算管理和改进的意见。

本级财政预算执行情况审计

此项工作开展于20世纪90年代，也称同级预算执行审计。1996年是《中华人民共和国审计法》颁布实施的第二年，根据《中华人民共和国审计法》规定，原柳州地区审计局首次对地区本级1995年度财政预算执行情况进行审计，这是一项新的难度较大的财政审计监督工作。各县（市）审计机关也同时开展本级财政预算情况审计。

1988—2005年底，金秀瑶族自治县完成本级财政预算执行和乡镇财政决算审计26个，审计发现隐瞒截留转移财政收入、虚列支出、挤占挪用专项资金、违规预算、预算内转预算外、少计少缴税费等违纪违规行为金额756万元；其中：应归还原渠道资金98万元，调账处理800.1万元，应上缴财政金额58.08万元。1996—2002年，各县审计机关开展预算执行情况审计。

1991年武宣县审计局对本级预算执行情况的审计，主要是审查本级财税部门依照法律、法规的规定，及时、足额征收预算收入，按照规定向本级各部门批复、调整预算、拨付资金、办理上下级财政之间的结算以及管理使用国内外债务情况等。1996年起，武宣县审计局对教育、建设、水利等预算执行单位的预算执行情况进行审计。1996—2005年，武宣县审计局共审计执行本级财政预算单位28个，审计资金总额19.47亿元，查出应缴未缴预算收入、违规调整预算、违规提退代征代扣税款手续费、虚列财政支出等违纪金额1701.53万元，管理不规范金额2293.92万元，应上缴财政金额1352.73万元，实际上缴财政金额1248.55万元，提出合理化建议42条。根据《中华人民共和国审计法》的规定，县审计局每年向县人民政府提交了审计结果报告。受县人民政府委托，向县人大常委会提出对上一年度本级预算执行和其他财政收支审计工作报告。

2005年，市审计局对市本级2004年财政预算执行及有关财政收支情况进行审计。审计结果确认，2004年来宾市本级一般预算收入完成24512万元。当年预算安排支出55615万元，实际支出47570万元，完成预算的85.53%。审计指出，一般预算支出比例不够合理，事业行政费支出占一般预算支出的56.27%，生产性支出占22.01%，审计发现部门单位收费12.3万元未纳入预算管理，未缴同级财政专户管理资金132.96万元，县级财政未及时拨付自然灾害救济事业费170.58万元。

第三节　企业审计

企业审计是对国有工业、交通、商业、粮食、外贸、物资、供销、水产、文教等企业的审计。原柳州地区直属企业审计时间从1984年9月—12月，以原柳州地区审计局为主，抽调鹿寨、象州、武宣三个县审计局各一人，组成试点审计组，先后到鹿寨县和武宣县两个糖厂进行财务收支试审，分析经济效益，开始企业审计工作。1996年后，主要是开展企业资产、负债和损益情况审计。

1991—2005年，兴宾区审计局完成基建企业审计项目50多个，查出违纪违规金额800多万元，应交财政70多万元，应归还原资金渠道10多万元，已交财政60万元。

1991—2005年，武宣县共审计60个(次)单位，审计资金总额35.18亿元，查出违纪金额9725.36万元，管理不规范金额646.89万元，应上缴财政477.63万元，实上缴财政343.66万元，应追回被挤占挪用资金832万元，向司法机关移送案件2件，提出合理化建议77条，促进经济效益440万元。

1991—2005年，合山市审计局查出有关企业单位违规金额961.76万元，管理不规范金额88.38万元，应上缴财政382.51万元，应归还原渠道资金123.06万，已上缴财政24.99万元，已归原渠道资金10万元。

1991—2005年，忻城县审计局共完成企业审计项目32个(不含企业领导干部经济责任审计项目)，共审计单位32个，年均2个，审计面占应审计单位数30%，查出违纪违规金额5139.69万元，其中：应上缴财政93万元、已上缴财政22万元。全县原有19家国有企业，国有企业经过股份制、租赁经营、破产等一系列改革后，企业审计项目已逐年减少。2003年5月，忻城县在较短的时间内完成县第二糖厂破产前审计工作。

国有重点企业财务收支审计

1984—1989年，忻城县开展以下国有重点企业财务收支审计：

1984年忻城县抽调县直机关人员8人，组成审计组，对县农资公司和森工站进行审计，经试点审计，该单位应补交税款5.92万元。

1985年，忻城县对煤炭公司、糖烟公司、保险公司、工商局、农机供应站、县委招待所、扶贫办和粮食系统8个单位进行审计，审计总金额6874.25万元，查出违纪金额59.13万元，违规金额1.44万元，应上缴财政49.64万元，已上缴财政49.64万元，查出浪费损失34.2万元。

1986年忻城县审计矿产公司、水泥厂、物资局、农资公司、工商局、教育局、交通局、公路段和监理站等9个单位，审计总金额3535.12万元，查出违纪金额19.52万元、违规金额17.71万元，应追还挪用资金3.13万元、应上缴财政19.52万元，已上缴财政19.52万元。

1987年，忻城县审计22个单位，审计总金额6679.61万元，查出违纪金额253.16万元、浪费损失

2003年国家审计署领导到来宾视察工作

(2003年摄)

16.16万元,应追还挪用资金28.90万元、应上缴财政12.33万元,已上缴财政12.33万元。

1988年,忻城县围绕“治理经济环境、整顿经济秩序”这个中心,审计制药厂等17个单位,审计总金额2249.4万元,查出违纪金额68.05万元,应追还挪用资金12.66万元,应上缴财政9.7万元,已上缴财政9.6万元。1989年忻城县审计22个单位,审计总金额5405.4万元,查出违纪金额130.56万元、浪费损失23.66万元,应上缴财政66.1万元,已上缴财政66.01万元。

1989年,忻城县抓好大国有企业的审计工作,审计22个单位,审计总金额9535.28万元,查出违纪金额147.11万元,应上缴财政72.80万元,已上缴财政69.04万元;查出挪用公款1起,金额4万多元;严重浪费损失国家资财1起,金额6.34万元。

1987—1990年,忻城县配合廉政建设和反腐斗争进行审计,全县发现大案要案3起,分别移交给县监察局和人民检察院处理。2000年,忻城县审计局、来宾县审计局分别对忻城县糖厂、迁江糖业有限责任公司2家国有重点企业1999年度财务收支情况进行审计。对影响企业经营效益的外部环境进行审计调查分析,维护企业合法权益,促进企业强化管理,深化改革。

1992—2000年,武宣县开展对全县重点国有企业的财务收支审计,共查出多提成本费用、少计生产销售成本、原材料盘存升溢、业务招待费超支等违纪金额共计7358.50万元,审计调整增加利润共计2774.34万元,调整减少利润1261.27万元,实际调整增加利润1513.07万元;应上缴财政326.30万元,已收缴财政230.59万元;应追回被挤占挪用资金22万元,提出合理化建议22条,促进增收节支300万元。2001年后还开展对县锰锌矿、县电池厂、县水泥厂、县自来水公司、县矿产公司等国有企业进行财务收支审计。审计处查销售收入未入账、收取门面租金及电费收入未计收入、违规提取职工工资基金等问题,涉嫌经济犯罪1宗,移送检察院依法处理。

2003—2005年,来宾市审计局(市本级)开展以国有重点下企业财务收支审计:

2003年对原来宾县水厂改制前资产、负债和损益情况进行审计。

2004年对广西八一铁合金集团有限公司2003年度资产、负债和损益审计。查出违纪违规金额2193万元,应上缴财政268万元。

2005年来宾市审计局牵头组织市财政局、兴宾区财政局、兴宾区审计局对兴宾区矿管站(原来宾县矿产公司)的应收款、应付款及未入账资产情况进行全面清查,向市人民政府提交清查结果报告1篇,为市政府及其有关部门妥善处理该单位的遗留问题提供重要参考依据。同年,对来宾市兴宾区供电公司2004年度供电配电费、路灯附加费、电网价区加价资金的收取、管理和使用情况进行专项审计,查出公司未按规定将收取的贴费上缴国库,纳入预算管理。

企业承包经营责任审计

1991年,武宣县对县锰锌矿、县糖厂、县矿产公司承包经营责任执行情况进行审计。审计的内容是检查企业承包经营各项经济指标的完成情况、盈亏的真实性、国有资产的保值增值、遵守财经法纪的情况等。审计查处:多列甘蔗运费入生产成本2.54万元、截留包装袋收入14.3万元、应缴未缴罚没款1.09万元、少转销售工厂成本7.87万元、少计生产成本4.13万元、材料盘盈4.05万元,应上缴财政10.56万元,已全部上缴财政。

1995年止,境内各县(市)审计局共进行经营承包审计61个(次)。

粮食企业财务挂账审计

1998年6月,由审计机关牵头,会同财政、粮食、农业发展银行等部门,对6个县(市)粮食企业进行县与县交叉审计,主要核实粮食系统1992年4月1日—1998年5月31日新增财务挂账和其他不合理占用农业发展银行贷款及财政安排拨补粮油政策性补贴情况。

企业专项审计调查

1984—1995年企业专项审计调查 1993年,八一铁合金厂亏损大进行审计调查,并写出审计报告。

制糖行业1996年经济效益审计调查 1997年,通过对广西凤凰糖厂、迁江糖厂、来宾糖厂、武宣糖厂、忻城糖厂、金秀月皇制糖有限责任公司、石龙糖厂、罗秀糖厂等11家制糖企业1996年经济效益审计调查,认定上述11家制糖企业1996年经济效益普遍下降,经营亏损7家,盈利4家。主要原因是受销售价格下降,销售成本、产品费用上升,财务、管理费用增幅较大等因素影响。审计调查同时也发现制糖企业财务上存在的一些问题,如有的企业为少反映亏损,将期间费用挂账;有的则用“预提费用”科目少提或多提费用，人为调节利润；部分企业存在不良资产，应收账款（三年以上）不及时清理和催收，形成企业潜在亏损；有两家糖厂 1996 年末应交未交税金达 1255 万元，企业的综合利用能力普遍较差。并提交《关于柳州地区制糖行业 1996 年度经济效益的审计综合调查报告》。

各县（市）审计局企业审计完成情况　各县（市）审计局自建立以来，至 1995 年末，共完成企业审计 809 个（次），其中财务收支、决算审计 712 个（次），厂长、经理离任审计 24 个（次），经营承包审计 73 个（次），查出问题总金额 15593.44 万元、处理决定调增利润 3746.83 万元、调减利润 1140.04 万元、补交“两金” 72.25 万元、其他 73.07 万元。1991—2005 年，武宣县共审计 60 个（次）单位，审计资金总额 35.18 亿元，查出违纪金额 9725.36 万元、管理不规范金额 646.89 万元、应上缴财政 477.63 万元，实上缴财政 343.66 万元，应追回被挤占挪用资金 832 万元，向司法机关移送案件 2 件、提出合理化建议 77 条、促进经济效益 440 万元。

1991—2005 年，忻城县共完成企业审计项目 32 个（不含企业领导干部经济责任审计项目），共审计单位 32 个，年均 2 个，审计面占应审计单位数 30%，查出违纪违规金额 5139.69 万元，其中：应上缴财政 93 万元、已上缴财政 22 万元。全县原有 19 家国有企业，国有企业经过股份制、租赁经营、破产等一系列改革后，企业审计项目已逐年减少。2003 年 5 月，在较短的时间内完成县第二糖厂破产前审计工作。

1988—2005 年底，金秀瑶族自治县共完成审计项目 28 个，查出违纪违规金额 467 万元，其中应归还原渠道资金 5 万元、调账处理 369 万元、应上缴财政金额 93 万元。

表 22-11　**来宾市各县（市）1984—1995 年度企业审计查出问题金额汇总表**

单位：万元

项目 局名	查出问题金额													
	乱挤成本费用	多(+)少(-)转原材料成本	多(+)少(-)转产品销售成本	多(+)少(-)提费用	多(+)少(-)摊费用	应用销售收入不作销售收入	应作利润不作利润	漏工商各税	少计所得税	违反商品控购制度	欠交“两金”及其他	总计 合计	总计 正数	总计 负数
县（市）小计	908.22	132.67 −21.74	46.73 −51.49	181.47 −6.91	60.6 −177.59	428.19 −90.20	568.81	176.49	141.12	40.64	2998.24	6074.37	5719.14	355.25
象州县审计局	137.95	12.80			−2.78	30.10			0.07	0.41	77.12	261.23	258.45	2.78
武宣县审计局	301.27	2.52	21.13 −8.97	153.00 −7.32	54.43 −99.54	232.43	86.45	29.10	105.22	26.14	2084.95	3212.47	3096.64	115.83
来宾县审计局	49.86		2.52 −26.79	26.18 −1.13	2.83 −2.83	51.35	147.52	3.02	8.23	0.61	639.44	962.3	931.56	30.75
金秀瑶族自治县审计局	68.85		15.42 −15.08	−3.06		17.61	16.24	0.63			46.42	183.85	165.17	18.68
忻城县审计局	57.05	−0.59	7.66 −0.65	2.29 −2.18	3.34 −72.44	96.70 −90.20	354.60	81.22	27.60	13.48	137.91	947.91	781.85	166.06
合山市审计局	293.27	117.35 −21.15						62.52			12.40	506.66	485.51	21.15
总计 正数	1204.09	358.92	142.41	250.91	106.37	763.52	2178.85	206.76	158.75	42.78	3012.67		12653.95	
总计 负数		352.15	189.26	1004.72	843.91	90.20	174.51							2939.49
总计 合计	1204.09	711.07	331.67	1255.63	950.28	853.72	2353.36	206.76	158.75	42.78	3012.67	11124.04	8461.99	2662.07

表 22-12 来宾市各县(市)1984—1995年企业审计项目分类和处理汇总表

单位:万元

项目 \ 局名		县(市)小计	象州	武宣	来宾	金秀	忻城	合山
审计单位个(次)数		80	53	64	114	38	68	43
其中	财务收支	357	40	60	114	37	64	42
	离任审计	3		1			1	1
	经营承包	20	13	3		1	3	
查出问题金额		3751.23	261.23	3242.47	962.31	183.85	947.91	506.66
处理	调增利润	1649.08	181.17	792.42	31.06	78.38	514.41	
	调减利润	432.54	3.02	182.63	23.25		223.64	
	补交利润	1182.85	105.13	465.83	368.20	8.85	25.98	158.06
	补交工商税	10.04					16.70	
	罚款	4.65				4.65		
	补交“两金”	27.13	0.52				14.37	
	其他	7.86	7.86					

第四节 行政事业审计

行政事业单位审计重点是有经济监督权、有执法有罚没权及事业收入任务单位的审计;林业“两金一费”(育林基金、更新改造资金、林政管理费)、扶贫资金、农业及水利资金、教育资金、救济费、罚没收入及上交款项等项目的审计。1986年,对工商行政管理部门1984年和1985年的罚没及规费收支进行审计,对教育主管部门1984年及1985年教育经费使用情况进行审计。1987年对民政主管部门1985—1986年的民政事业费收支与管理进行审计;1992年对劳动部门管理的退休养老基金和待业保险基金1990—1991年财务收支进行审计,在审计方式上采取就地审计和定期报送审计。

重点审计公检法机关和教育、物价、水利、计生、工商行政、社会保障等部门,审计中主要查出小金库、账外账、公款私存、预算外收入未缴存财政专户、虚列支出、白条报账、固定资产未入账、挤占挪用社保基金、账务处理不规范等问题,促进行政事业单位加强财务管理,防止损失浪费,加强廉政建设。

1996年,来宾县对县社会劳动保险所1995年度养老保险基金和失业保险基金进行审计。获得自治区审计厅颁发的全区劳动“两金”专项审计项目优秀奖。1999年,由来宾县审计局牵头,抽调县财政局、县人民银行、县经管站共9人,经过49天的苦战,基本查清了城厢乡农村合作基金会的经营情况和有关问题,共查出违法违规资金839.5万元。2004年,兴宾区查处区水利局水政水资源管理站截留应缴上级水资源费285.4万元,其中:坐支水资源费224.5万元。良江第二中学为了逃避物价部门的检查,采取伪造、变造会计凭证,分别在2003年1月和2004年1月的学生食堂财务账中虚列支出56.7万元。2005年,兴宾区对区农机安全监理站的审计发现:该单位兴建两栋楼房,一层为单位使用的车库、办公收费大厅,建筑面积313平方米;二至八层为14套职工全额集资住宅楼,建筑面积2184平方米。用单位预算外资金支付两栋楼的基础费用74.01万元,没有按建筑面积进行分摊。违反国家法律法规的有关规定,责令该单位集资建房的职工个人分摊两栋楼房的基础费用50%;并对该单位违反规定用预算外资金支付应由职工个人负担的基础费用64.73万元处以15%的罚款。

1991—2005年,忻城县审计局共审计单位65个,年均4个,审计面占应审计单位数100%,共审计项目65个,查出违纪违规金额1668.92万元,其中:应纠正资金1458万元、应上缴财政203.72万元,已上缴财政73万元,移送司法机关查处案件1件。

专项资金审计和审计调查

1993—2002年,原柳州地区各县审计机关共完成民政救灾资金、养老保险基金和失业保险资金、住房资金、教育资金、林业“两金一费”、希望工程款等专项资金审计项目129个。

2002年4月—6月，境内组织开展2001年度养老保险基金审计及扩面和缴费情况审计调查。

2003年6月—8月，来宾市审计局组织力量对全市防“非典”专项资金及社会捐款赠物的接收、分配、管理、使用情况进行全程跟踪审计，促进专项资金加强管理和使用。

2005年，市审计部门对2004年度全市失业保险基金的筹集、分配、管理和使用情况进行审计，审计发现违规发放失业保险基金39.58万元、虚列支出失业保险基金13.3万元、单位欠缴失业保险费1429万元、应收未收失业保险费滞纳金80万元等问题。通过审计，对存在问题提出了改进和整改意见。对全市所属各县(市、区)2004年度自然灾害救济事业费的管理和使用情况进行专项审计调查，审计调查发现象州县、武宣县、忻城县、合山市、兴宾区等5县(市、区)民政部门不同程度存在挤占、挪用自然灾害救济事业费共计142万元。向市人民政府提交了专项审计调查报告，随后向相关县(市、区)人民政府发出限期整改通知书，并跟踪进行全面检查整改情况，确保如期整改，使被侵占挪用资金归还原渠道资金。

1999年，合山市审计局查出应归还原渠道资金4.76万元。2001年，查出违规金额23万元，应归还原渠道资金12.31万元。2003年，合山市审计局查出违规金额135万元，应上缴财政125万元。2004年，合山市审计局查出违规金额14万元，应上缴财政13万元。2005年，合山市审计局查出违规金额6万元、管理不规范金额27万元、应上缴财政24万元。

1991—2005年，忻城县审计局共审计单位42个，共开展专项资金审计项目42个，年均3个，审计面占应审计单位数100%，查出违规金额218.25万元。对县供电公司将应缴财政的供配电贴费违规转入企业资本公积金和其他业务收入73万元的问题，经过调查审计后作出决定，责令该公司上缴县财政。同时，还责令该公司将未纳入财政预算管理的电网价区加价资金17.69万元和路灯费7.09万元，纳入财政预算管理。做好“普九”经费专项审计，派专人协助自治区审计组开展“普九”经费审计工作，对审计查出问题，督促有关部门进行整改，全县顺利通过自治区“普九”达标验收。2002—2005年，对全县农业综合开发资金专项审计，促进农业综合开发资金规范管理和使用。

各县(市)审计局行政事业单位审计

中华人民共和国成立后，境内各县财政科(局)设财政监察员、监察股，负责审计工作，查处违反财经纪律的行为。各县(市)审计局结合本地实情，积极开展行政事业单位审计。1984—1995年，各县(市)审计局开展对行政事业单位财政、财务收支审计监督，重点对农业、林业、水利、民政救济、扶贫、教育、劳动养老保险和世界银行贷款以及经济执法监督部门等重点资金和单位的审计。1985年，象州县应审单位125个。当年对重晶矿公司、矿粉厂、粮食系统、保险公司等单位进行审计，查出违纪金额43.68万元，为财政增加收入35.6万元。1986年后，象州县每年根据上级审计机关下达的审计项目、县人民政府交办的临时审计任务加上县审计局确定应审的项目确定审计对象，进行专业审计、定期审计、专项审计、自筹基本建设资金审计、承包经营审计。从1988年起，为保持政府机关廉洁，还开展审计监督。1985—1990年象州县共对134个单位、项目进行审计，查出一些单位多提折旧款，乱摊派费用，把机械修理、零星土建、奖金纳入成本费用；部分单位隐瞒收入，截留利润、截留上缴财政款；一些单位乱发实物、奖金、劳务补贴，乱发家具费、服装费、生活补助费；一些单位“以平价转议价”套取差价款；一些单位运用生产发展基金、大修理基金建职工宿舍等，违纪金额达191.3万元、应上缴财政70.27万元、已上缴财政49.67万元。1988年象州对县矿产公司、县矿粉厂等承包经营企业进行承包审计，发现承包合同条款不具体不完善、承包前财产不盘点核实、承包基数过低等问题，并给企业提出建议。1989—1990年，象州县审计局配合纪检、检察机关对经济案件进行审计，司法机关根据审计提供的情况，对案件进一步查处，逮捕3名经济犯罪分子。

1991—2005年，武宣县对教育系统、医疗部门以及其他事业单位财务收支管理情况进行审计监督，共实施审计项目32个，审计资金总额24954.36万元、审计查出违纪违规行为金额2164.65万元、管理不规范金额890.01万元、应上缴财政127.39万元、已上缴财政115.26万元、应追回被挤占挪用资金31.58万元，提出合理化建议46条。1994年，对县教育资金实施审计和13个乡镇教育资金实施审计，审计查处的有挤占挪用教育资金、公款私存等问题。1997年对2个医疗部门1996年度财务收支进行审计，审计查处：提高医疗收费标准多收费3.19

万元,西药批零差率高于国家规定的15%,提价多收入2.30万元,漏提少分配一般采购基金52.11万元,不按规定比例分配收支结余等。1992—2005年,武宣县审计局对县六峰山林场、县大桥管理处等事业单位财务收支进行审计。

1991—2005年,武宣县对县土地局、工商行政管理局、各乡镇人民政府、公检法系统等行政部门的财政财务收支审计和审计调查,重点检查行政经费、其他财政专项经费、行政性收费、罚没收入、预算外资金等。共实施审计项目42个,审计资金总额19014.44万元、审计查出违纪违规行为金额2078.87万元、管理不规范金额515.13万元、应上缴财政196.51万元、已上缴财政66.54万元、应追回被挤占挪用资金109.9万元,提出合理化建议71条。

1991—2005年,武宣县审计局共审计专项资金和审计调查项目51个,审计资金总额3.26亿元,查出截留挤占挪用、应缴未缴专项资金等违纪违规金额3726.27万元、管理不规范金额385.7万元、应上缴财政781.56万元、已上缴财政241.55万元、归还原资金渠道673.85万元,向司法机关移送案件1件,提出合理化建议74条。

农业综合开发专项资金审计 1991—2005年,武宣县审计局检查各涉农部门是否真正把扶持农业的各项政策落实到位;地方配套资金是否真正落实;有偿无偿资金比例、提取资金活动费、占用费、银行贷款期限、利率是否按有关规定执行;项目投资的经济效益和社会效益等,共实施审计10次,审计查出违纪违规金额552.44万元,应追回被挤占挪用资金61.41万元,提出合理化建议18条。其中审计查出1996—1998年度以拨代支和以借据列支项目支出103.33万元,挪用专项资金总额323.06万元;2002—2004年度武宣县财政有偿资金65万元未按规定投入项目建设,其他支出挤占前期工作费0.73万元,前期工作费超批复计划拨付0.3万元,虚列支出、挤占挪用项目资金56.41万元。

社会保障资金审计 1995—2004年,武宣县审计局开展对全县养老保险基金和失业保险基金进行审计或审计调查,共实施审计11次,审计查出违纪违规金额572.89万元、管理不规范金额243.14万元、应上缴财政22.47万元、应追回被挤占挪用资金225.88万元,提出合理化建议15条。

1991—2005年,忻城县审计局开展社会保障审计项目15个,安全、完整,防止资金流失,保障人民群众基本生活权益、维护社会稳定;完成财政预算执行审计项目16个,查出违纪违规金额2423万元;完成财税及乡镇财政决算审计项目19个,查出违纪违规金额173.5万元;完成金融审计项目5个,查出违纪违规金额101.20万元,其中:管理不规范资金94.5万元、应上缴财政3.62万元。

财政扶贫资金审计 1991—2005年,武宣县审计局开展对全县财政扶贫资金的审计或审计调查,共实施审计6次,审计查出以拨代支、挪用人畜饮水工程款和以工代赈资金等问题金额3744.75万元,应上缴财政16.89万元、已上缴财政10.4万元,应追回被挤占挪用资金222.6万元,提出合理化建议12条。

民政救灾资金审计 1991—2005年,武宣县对民政专项资金审计主要是对全县的民政事业费、救灾款物、低保专项资金、社会福利资金进行审计。共实施审计11次,审计查出违纪违规金额275.46万元、管理不规范金额142.36万元、应上缴财政6.68万元、已上缴财政6.68万元、应追回被挤占挪用资金164.01万元,提出合理化建议21条,促进增收节支4万元。其中1994—1995年度以拨代支、虚列救灾支出88万元,挪用救灾款36.81万元;2002年度挪用救灾款74.01万元。

农林水专项资金审计 1993—2005年,武宣县对全县农业、林业、水利专项资金的审计或审计调查,共实施审计6次,审计资金总额3430.23万元。1993年对糖料综合开展资金进行审计,1998年、2004年分别对水利资金进行审计,2004年对桂中治旱项目建设资金进行审计监督,2003年对退耕还林资金进行审计监督。

国土专项资金审计 2004年,武宣县对全县2001—2003年度国有土地使用权出让、划拨、转让管理情况和国有土地使用权出让金征收、使用情况,以及新增建设用地土地有偿使用费、耕地开垦费、行政事业性收费、罚没收入的征收、使用及管理情况进行审计。共审计查处应征未征土地出让金643.27万元,收取的土地出让金(地价款)496.98万元未缴存财政专户,新增建设用地土地有偿使用、耕地开垦费92.25万元未按规定及时上缴,上缴财政征土地出让金202万元。

其他专项资金审计 1991—2005年,武宣县对住房资金、粮食资金等其他专项资金进行审计,共实施审计项目6项,审计资金总额2636.22万元,查出违纪违规金额216.44万元,管理不规范金额0.2万元。

表 22-13　　1984—1995 年来宾市各县(市)行政事业单位审计实绩汇总表

单位:万元

项目 / 局名	审计单位个(次)数	查出问题金额									处理决定		
		应作收入不作收入	应交未交财政收入	多报支出	乱发实物奖金补贴	挪用各项专款	违反控购商品制度	贪污	其他	合计	上缴财政	归还原资金渠道	其他
县(市)小计	550	283.18	374.81	30.92	37.34	1271.77	59.53	3.71	1641.62	3702.88	716.47	975.66	35.47
象州县审计局	58	1.60	2.93	0.57		1.12			20.13	26.44	5.71		21.97
武宣县审计局	90	6.78	98.11	2.56	12.78	206.22	7.97		246.43	580.85	98.11	208.74	
来宾县审计局	156	111.22	91.61	17.39	3.11	146.07	0.60	3.71	463.98	837.69	219.26	98.24	
金秀瑶族自治县审计局	70	19.02	45.66	9.20	4.92	36.40			34.65	149.85	62.60	35.81	13.50
忻城县审计局	111	45.09	72.41	1.20	16.53	828.01	4.57		650.84	1618.65	93.19	632.87	
合山市审计局	65	99.38	64.09			53.95	46.39		225.59	489.40	237.60		
总计	671	303.48	559.63	38.12	43.79	1327.00	92.97	3.71	1989.62	4358.54	894.69	975.66	35.47

表 22-14　　1984—1995 年来宾市各县(市)行政事业审计项目分类完成汇总表

单位:万元

局名 / 项目	县(市)小计	象州	武宣	来宾	金秀	忻城	合山	总计
定期审计	68		34			11	23	155
经济监督执法部门	32	3	5		4	14	6	45
林业“两金一费”	20	3	6		4	2	2	25
扶贫资金	37	6	6	1	2	22		41
农业资金	8		4	3		1		10
水利资金	9		1	4		3	1	10
民政救济	21	3	3	6	1	5	3	24
教育资金	106	12	6	68	1	17	2	108
劳动保险	14	1	1	6	1	3	2	16
世界贷款	16	6		19		1		17
其他	212	24	24	49	57	32	29	213

第五节　农业资金审计

扶贫资金审计

1991 年,原柳州地区审计局组织对金秀、忻城等 4 县“七五”期间四项扶贫资金(支边贷款、专项贴息贷款、发展资金、以工代赈)进行专项调查,并写出审计调查综合报告。

报告指出金秀等县“七五”期间使用各项扶贫资金 54530.61 万元,修建总长 502 千米的 59 条公路和 39 座桥,解决 1811 万人交通不便问题;修水柜、水井,解决 17.86 万人和 12.03 万头牲畜饮水问题;办一批小水电;办工业,扶持县属工业 62 项和乡镇企业 135 项;扶持贫困户种植糖蔗、水果、造林和杂优水稻等,扶贫成绩显著,同时针对一些扶贫资金未能及时到位;资金被挪用甚至被贪污等情况提出改善资金管理的建议。1993—1994 年,原柳州地区审计局分别对金秀等县上年度扶贫资金使用情况进行抽查，发现扶贫配套资金不能及时到位以及资金回收率低（如发展资金为19.47%，扶贫贴息贷款为20.41%），甚至有的扶贫项目形成呆滞资金24万元。原柳州地区审计局针对存在问题提出改正工作建议。

2003年7月—8月，来宾市审计局组织武宣县、象州县、合山市、兴宾区审计局对本级、金秀、武宣、象州、合山市、兴宾区2001—2002年扶贫专项资金的管理、使用情况进行审计，共查出违规金额779万元。

林业"两金一费"、罚没收支审计

1985—1993年，对林业"两金一费"（育林基金、更新改造基金和林政管理费）以及罚没收支，共审计7次，其中定期报送审计3次，财务收支审计4次。

农业综合开发资金审计

2002年，原柳州地区审计局组织对来宾县1999—2001年农业综合开发项目资金财务收支审计，撰写来宾县、象州县、武宣县、忻城县等县审计综合报告。

1991—2005年，忻城县审计局共完成农业审计项目10个，共审计单位10个，年均1个，审计面占应审计单位数100%，查出违纪违规资金291万元，确保农业资金专款专用，维护财政纪律。

第六节　经济责任审计

2001年4月9日，中共柳州地委办、柳州地区行署办印发了《柳州地区领导干部任期经济责任审计实施意见》（柳地办〔2001〕21号），柳州地区审计局于同年4月9日印发《柳州地区审计局关于领导干部任期经济责任审计质量管理的意见》（柳署审办〔2001〕17号），明确经济责任审计程序、审计承诺制度、审计实施、审计纪律、审计报告的撰写、审计评价、审计复核、审计质量跟踪追究责任和过错责任追究、审计项目质量管理检查等制度，强化经济责任审计项目的质量管理工作。

2001年4月28日中共柳州地委、行署组织召开了柳州地区经济责任审计工作会议，柳州地区十个县（市）分管组织工作的副书记，地、县纪检、组织、人事、监察、审计、经贸、财政等七部、委、局领导，以及地直一层各单位主要领导共169名代表参加会议。同年11月23日印发了《关于成立柳州地区领导干部任期经济责任审计工作领导小组的通知》（柳地办〔2001〕77号）和《柳州地区领导干部任期经济责任审计工作联席会议制度》（柳地办〔2001〕78号）两个重要文件，加强对经济责任审计工作的领导，强化联席会议部门之间的协调和配合，从此，柳州地区领导干部经济责任审计工作步入了一个新的发展阶段。

县级以下党政领导干部和国有企业领导人员任期经济责任审计

2001年，原来宾县审计局完成党政领导干部任期经济责任审计项目6个，查出违纪违规资金569.65万元，其中私设"小金库"42.3万元、虚列支出88.7万元，扩大收费范围、提高收费标准、私设收费项目，多收各种费用63.7万元、偷税漏税22万元、公款私存9.31万元、应缴未缴预算收入4万元、其他227.17万元，应上缴财政60万元、已交财政12.4万元。2002年，来宾市审计局完成党政领导干部任期经济责任审计项目10个，查出违纪违规金额203万元，其中虚列支出40万元、应缴未缴预算收入4万元、挤占挪用4万元、账外资产129万元、预算外资金未缴财政专户26万元、决定处理处罚203万元，应上缴财政27万元，已交财政33万元（含历年10万元）。2003年，兴宾区完成党政领导干部任期经济责任审计项目3个，查出违纪违规金额795万元，其中虚列支出241万元、账外资产133万元、预算外资金未缴财政专户61万元、其他360万，应上缴财政31万元，已交财政4万元。2004年，兴宾区完成党政领导干部任期经济责任审计项目8个，查出违纪违规金额499万元、损失浪费金额34万元、应上缴财政13万元，已交财政11万元。2005年，兴宾区完成党政领导干部任期经济责任审计项目11个，查出违纪违规行为金额431万元、应上缴财政27.5万元，已交财政18.4万元。

2003—2005年，来宾市各级审计机关共完成经济责任审计项目44个，审计经济责任人44人，查出违规金额2846.9万元，查出管理不规范金额718万元。

1994—2005年，武宣县共实施经济责任审计项目10项，其中已完成经济责任审计项目7项，在审3项；查出私设"小金库"、挤占成本、虚增利润、挤占挪用专项资金等违规金额6097.09万元，管理不规范金额323.34万元，其中：经济责任人应负主管责

任 4581.18 万元、应负直接责任 1839.25 万元、应上缴财政 186.36 万元、已上缴财政 1.8 万元、归还原渠道资金 142.2 万元、查出个人应负经济责任问题金额 19.58 万元;移送纪检监察机关 2 人、被免职 1 人、移送司法机关 1 人。

2005 年,合山市审计局查出违规金额 88 万元,管理不规范金额 47 万元。

1998—2005 年,忻城县审计局开展经济责任审计项目 14 个,共审计单位 14 个,年均 1 个,审计面占应审计单位数 100%,审计查出管理不规范金额 4413 万元,查出违纪违规金额 3007.86 万元,其中:应上缴财政金额 441.86 万元,已上缴财政金额 92.66 万元,移送纪检监察及司法机关查处案件 5 件。

县(市)长(书记)任期经济责任审计

2005 年,来宾市首次开展对县(市)长任期经济责任审计,当年对兴宾区原区长吴穆鹏开展任期经济责任审计。

第七节　外资审计

外资援助、贷款项目审计

1996—2002 年,各县审计机关共完成地方利用外资审计项目,审计涉及的利用外资项目主要是利用世界银行贷款的师范教育项目、妇幼卫生保健项目、疾病预防项目等。2003—2005 年,来宾市各级审计机关共完成地方利用外资审计项目 7 个,查出违规金额 72 万元。重点审查资金收拨和使用情况、提款报账资料和原始单据的真实合法性,以及配套资金的安排和到位情况,审计发现外资利用项目未能及时落实地方配套资金是主要存在的问题。

1991—2005 年忻城县受自治区审计厅委托,县审计局对世行贷款综合性妇幼保健项目资金、疾病防疫项目资金进行审计并出具审计报告。全县共完成外资审计项目 10 个,共审计单位 10 个,年均 1 个,审计面占应审计单位数 100%,出具审计意见 10 条。

1991—2005 年,兴宾区完成国外援贷款审计项目 42 个,查出违纪违规金额 12 万元。

专项审计调查

2002 年,兴宾区审计部门按照自治区审计厅的统一布置,对全区使用外国政府贷款情况进行了审计调查。自 1990—2001 年底,兴宾区利用外国政府贷款项目有国家造林、农村供水与环境卫生、农业支持服务、疾病预防四项,实际利用贷款 411.71 万美元(折合人民币 3419.23 万元),其中国家造林项目 1123.53 万元、农业支持服务项目 214.48 万元、疾病预防项目 47.72 万元、农村供水与环境卫生项目 2033.5 万元。截至 2001 年底,到期应还本息 1526.47 万元,其中国家造林项目 517.87 万元、农业支持服务项目 60.34 万元、疾病预防项目 10.54 万元、农村供水与环境卫生项目 937.73 万元。已偿还本息 580.02 万元,其中国家造林项目 399.84 万元、农业支持服务项目 60.34 万元、疾病预防项目 0.5 万元、农村供水与环境卫生项目 119.35 万元。在已还的款项中,用项目产生效益资金偿还 233.15 万元、用财政资金垫付 326.39 万元、其他资金 20.48 万元。拖欠到期本息 947.2 万元,其中国家造林项目 118.78 万元、疾病预防项目 10.44 万元、农村供水与环境卫生项目 818.38 万元。

第八节　其他审计

自筹基本建设项目资金来源审计

自筹基本建设项目资金来源审计,是根据国家审计署、计委审基字〔1989〕419 号《关于开展基本建设项目开工前审计的联合通知》、审基发〔1992〕84 号《关于印发“固定资产投资项目开工前审计暂行办法”的通知》、审基发〔1993〕168 号《关于加强对新开工建设项目资金来源审计的通知》的规定、柳州地区计委、审计局柳地计基字〔1993〕131 号《关于加强对基本建设自筹资金审计管理的通知》规定“各企业、事业单位、机关、团体等,凡需用自筹资金安排基本建设的,其资金来源必须按规定报送同级审计部门审计”而开展的一项审计工作。审计的主要内容是机关、团体、企事业单位用自筹资金安排基本建设项目,其资金来源是否真实、合法、正当。审计程序是项目立项前,由建设单位持有关资料报给审计机关审计,作出审计结论,送建设单位和项目审批机关批准立项。

原柳州地区审计局对地直单位 1991—1993 年自筹基本建设项目资金进行审计,共审计 19 个基本建设项目,原报投资总额 958.80 万元、审计批准 788.60 万元、核减不当的自筹资金 170.20 万元,其中 1991 年审计 11 个项目,核减 47 万元;1992 年审计 6 个项目,核减 123.20 万元;1993 年审计 2 个项目。

象州、金秀、忻城等五个局亦开展此项业务，共审计211个工程项目，申报使用自筹资金21782.92万元，审计批准使用自筹资金4649.41万元，核减17133.51万元。

金融保险审计

1999年经国家审计署授权，由自治区审计厅统一组织，象州、武宣、忻城、来宾、合山等县(市)分别对本县(市)工商银行资产、负债、损益审计。2001年经国家审计署授权，由自治区审计厅统一组织，来宾、忻城、象州、武宣等县审计局开展对中国人民保险公司(财险)2000年财务收支审计。2002年经国家审计署授权，由自治区审计厅统一组织，来宾、武宣、金秀等县分别对本县农业发展银行2001年度资产负债损益进行审计。

2003—2004年，各县(市)审计局受自治区审计署指派，审计32户金融保险机构的财务收支，查出问题金额271.21万元，其中乱挤成本费用172.39万元、应作利润不作46.35万元、其他问题52.47万元，上缴财政30.57万元、调增利润25.95万元、归还原资金渠道7.47万元。

2005年以后，不再有上级审计机关授权对金融保险的审计项目任务。

1997—2003年，武宣县审计局共实施金融保险企业审计项目8个，审计资金总额11.44亿元，查出违纪违规金额80.41万元，管理不规范金额21.96万元，应上缴财政8.55万元，已上缴财政8.55万元，提出合理化建议11条。1997年根据审计署的授权，武宣县审计局对金融部门1996年度资产、负债及损益情况进行审计。1998年根据自治区审计厅的统一部署，对保险部门1997年度资产、负债、损益情况进行审计，审计结果：超控制比例列支代办手续费7.50万元，业务费超支1.45万元。1999年根据审计署统一部署，武宣县审计局对金融部门1998年度资产、负债、损益情况进行审计。查处的问题有：少计支出45.30万元、多计利息支出11.89万元、多计营业费用2.56万元、漏交1997—1998年度防洪保安费5.5万元、其他21.96万元。

1997年，合山市审计局金融审计查出违规金额0.92万元，应上缴财政0.92万元；1998年，查出违规金额3万元，应上缴财政3万元；2001年，查出应上缴财政0.9万元。

固定资产投资专项审计调查　1984—1990年，合山市审计局完成审计项目77个，审计金额15608万元，审出违纪金额215.07万元，上缴财政137.37万元。2002年4月，各县(市)对2002年计划竣工的国债建设项目进行专项审计调查。重点实地抽查象州县罗秀河小流域治理工程等6个国债建设项目，对检查中发现的问题提出审计意见和整改措施，为有关部门加强国债建设项目管理提供有用依据。2003年对原来宾县实施的未完工的城建项目进行审计，落实工程进度、核实债务情况，为政府决策提供依据。2005年对华天大厦项目工程建设情况的审计调查，向市人民政府提交审计调查报告1篇。

1991—2005年，忻城县审计局加大对固定资产投资的审计力度，送审项目近200个，送审金额8082.64万元，审核增加项目资金25.75万元，核减项目资金902.52万元，为县财政和建设单位节约资金，提高项目资金使用效益。2005年忻城县审计局开始开展基建决算审计，完成县人民医院住院楼等9个工程项目决算审计、工程决算审计总金额500.33万元，审计核实金额434.81万元、审计核增金额4.24万元、审计核减金额69.76万元，其中，对县人民医院住院楼决算审计核减61.97万元，为国家挽回经济损失，为建设单位节约资金。

第九节　内部审计及社会审计

内部审计

根据《中华人民共和国审计法》和《中华人民共和国审计法实施条例》规定，柳州地区审计局加强对内部审计工作的指导，促进内部审计工作深入开展。1996—2002年，全地区(含地、县、市级)内审机构共完成内部审计项目63个，纠正违纪违规金额532.3万元，提出加强企业内部经营和财务管理意见135条，较好地发挥了内部审计监督职能作用。1999年10月31日，随着新《会计法》修订通过和2000年7月1日起施行，一些机关企事业单位为了加强自身内部管理的需要，内部设置审计机构和配备一定数量的内部审计人员，促进了原柳州地区内部审计工作的进一步发展。

至2001年6月底，原柳州地区有内部审计机构18个(包括行使审计监督职能的监察室)，内审机构由过去单一的企业内部审计，转变为企业内部审计和行政事业部位单位内部审计共同发展趋势，内部审计人员达到58人。1999年—2001年6月共完成审计项目25个，查出违规行为金额750万元，期间内部审计工作正常开展的机关企事业单位有：柳州公路管理局、柳州地区交通局、柳州地区教育局、柳州地区公安局、柳州地区建筑工程总公司、柳州地区交通征稽处、广西八一铁合金厂、广西泗顶铅锌矿等。柳州公路管理局和原柳州地区公安局内审人员郑谨谦分别被区审计厅评为2001年度全区内部审计先进集体和先进个人。

1988年，原来宾县供销联社内部审计机构成立以来，主要开展对本系统所属单位的财务收支、经济效益、经营承包、主要领导离任经济责任审计及其他专项审计，对所属单位经济运行进行有效的监督和服务。内审机构成立至今，共完成各项审计300多项次，每年审计覆盖率达30%，查出违法违纪金额47万元、移交司法部门查处1人、除名12人、写出审计报告120篇、提出审计建议300多条、被审计单位领导已采纳100多条。

社会审计

原柳州地区审计事务所于1988年3月经自治区审计局批准建立，1989年3月27日经柳州市工商局注册登记，领取营业执照开业。经营范围是政府和审计机关委托的审计事项，有关部门和行政、企、事业单位委托的经济鉴定、审计查证，及审计、会计咨询，兼营培训办学。后又于1993年更名为柳州地区审计师事务所。

各县（市）审计事务所（原为审计事务所）于1989—1995年先后报经自治区审计厅批准，当地工商行政管理部门登记，领取营业执照后开展社会审计工作，从1996年开始，为适应建立社会主义市场经济体制的需要，柳州地区社会审计得到较快速发展，审计业务由原来单一的验证资本金发展到验证资本金、厂长（经理）离任经济责任审计、国有企业年度财务报表审计鉴证、企业事业单位财务收支审计鉴证和咨询等。1996—1998年三年间，今来宾市辖区内有7家（原柳州地区本级、来宾县、武宣县、象州县、合山市、金秀瑶族自治县、忻城县）审计师事务所。

为了进一步规范社会审计行为，提高社会审计的执业质量，建立起适应社会主义市场经济的社会审计机制，从1997年开始，原柳州地区审计机关根据上级部署，积极履行职责，重点抓好注册会计（审计）师行业的清理整顿工作，重点解决柳州地区审计师事务所和各县（市）部分审计师事务所设立条件达不到上级要求，如注册资本、适龄内注册会计师不足等问题。按照整合资源、优势互补的原则，经向上级申请，自治区审计厅于1997年12月作出《关于柳州地区审计师事务所设立分所的批复》（桂审管〔1997〕164号），批准原柳州地区审计师事务所成立来宾（今兴宾区）、武宣、象州、忻城、金秀、合山分所，属集体经济性质，各所法人由地区所任命，内部实行独立核算，自负盈亏，在当地工商部门注册登记。

随着清理整顿注册会计师行业工作的逐步深入，为了加强全地区社会审计工作管理，原柳州地区审计局于1998年5月在忻城县召开了全地区社会审计工作会议，结合清理整顿工作，研究解决当时注册会计师行业执业过程中存在的问题，健全完善审计师事务所内部制度。同年7月，根据中国注册会计师协会《关于做好清理整顿注册会计师行业第二阶段工作的通知》（会协字〔1998〕52号），自治区注册会计师协会检查组于1998年6月对原柳州地区审计师事务所进行实地检查。根据检查组的整改意见，原柳州地区审计师事务所于9月根据各分所均达不到有2名专职适龄内注册会计师要求的实际情况，向区注册会计师协会申请撤销各分所并得到批准，仅保留原柳州地区审计师事务所。为了保证原柳州地区社会审计工作的正常开展，继续为社会各界提供审计中介服务，1999年2月起，原柳州地区社会审计业务实行“五统一”办法，即“统一名称、统一管理、统一承接业务，统一出具报告、统一收取费用”。

社会审计主要开展财务收支及决算审计查证、常年会计审计咨询服务、离任审计和承包经营终结审计、自筹基本建设项目资金来源验证、注册资金来源验证等服务业务。

1999年12月13日，原柳州地区审计局根据自治区注册会计师协会部署的审计师事务所脱钩改制工作，根据财政部《会计师（审计）事务所脱钩改制实施意见》（财协字〔1999〕37号）和自治区人民政府《关于我区会计师（审计）事务所脱钩改制实施办法》（桂政办发〔1999〕104号）精神，向自治区财政厅提出《关于请求终止柳州地区审计师事务所的报告》，自治区财政厅于1999年12月30日作出《同意终止柳州地区审计师事务所的批复》（桂财注协字〔1999〕111号），2000年5月和12月，经申请批准，原柳州地区审计师事务所分别注销工商和税务登记。至此，柳州地区社会审计工作全部脱钩改制完毕，此后的社会审计业务，均由社会上具有独立法人资格的会计师事务所受托承办。

表 22-15　**1989—1995 年来宾市各县(市)社会审计项目完成汇总表**

金额单位:万元

项目 局名	财务收支决算审计	厂长经费离任审计	经营承包审计	会、审计咨询及其他	查出问题金额	调增利润	调减利润	自筹基建资金来源审计			验证资本金		完成项目个数总计
								工程个数	申报使用自筹资金	批准使用自筹资金	验证企业个数	验证资本金	
县(市)小计	13	0	0	0	122.69	100	0	307	10935.90	10827.44	938	92868.92	1258
象州县审计事务所								110	3258.03	3258.03	15	2075.00	125
武宣县审计事务所											110	8546.80	110
来宾县审计事务所	13				122.69			104	5551.11	5551.11	295	48109.57	412
金秀瑶族自治县审计事务所											287	14778.46	287
忻城县审计事务所								69	1661.77	1661.71	177	16071.90	246
合山市审计事务所								24	465.00	356.60	54	3294.12	78

第九章　招商引资

建市以来,来宾市根据传统工业的实际情况,从拉长产业链入手,把技改投资的重点放在电力、冶金、制糖等传统产业上。加大对这些产业的招商引资力度,招大引强,引进战略合作者参与对传统产业的产权重组和开发,使电力、冶金、制糖三大支柱产业生产能力快速扩大,竞争力明显提高。建成乐滩水电站、桥巩水电站;完成来宾电厂扩建;开工建设合山电厂上大压小工程,电力项目总投资达 151 亿元,发电装机超过 400 万千瓦时,发电量占广西的四分之一。引进东莞糖业集团和法国乐斯福食品集团,建设来宾 20 万吨蔗渣造纸项目和 6 万吨酵母生产项目,促进了来宾市制糖产业的发展,形成制糖、蔗渣造纸、酒精、酵母生产的一条龙甘蔗产业链。在冶金方面,除加大八一铁合金企业的技术改造投资外,还引进投资 6.5 亿元的汇元锰业项目。2002 年,铁合金产量 33.3 万吨。根据自治区产业发展规划,充分利用自身的电源优势,大力发展与培育铝精深加工产业,把来宾迁江铝工业区建设成为华南乃至全国最大的铝加工基地,为此,市委、市政府把铝产业作为来宾市第四大产业来抓。成立迁江华侨铝工业园区,储备 1.6 万亩工业用地。抓住"东桑西移"的机遇,利用人均耕地面积多之优势,大力发展种桑养蚕,做大做强茧丝绸深加工产业,并出台投资优惠政策引进数家全国知名的丝绸深加工企业,其中有中国丝绸总公司、江苏华佳集团、江苏丝绸之路集团公司等大型企业,将来宾的蚕茧就地加工率提高至 90% 以上。

第一节　机　构

市招商促进局

根据《中共来宾市委、来宾市人民政府关于市直机构改革的实施意见》(来发〔2004〕18 号)精神,2004 年 8 月,撤销市经济技术协作招商办公室,设置来宾市招商促进局,对外加挂市投资投诉中心牌子。市招商促进局是管理、促进全市招商引资工作和受理市外投资者投诉工作的市人民政府直属相当正处级全额拨款的事业单位。

原市经济技术协作招商办公室负责经济技术协作和招商引资工作职能划给市招商促进局。增加投资投诉管理工作的相关职能,强化招商促进局的管理、协调、服务职能。来宾市招商促进局内设职能科室有:办公室、投资促进一科、投资促进二科、协作服务科。

来宾市招商促进局(来宾市经协招商办)历任局长(主任):梁永安(2002 年 12 月—2003 年 11 月)、

廖和明(2003年11月—2005年6月)、李宝未(2005年6月—2005年12月)。

各县(市、区)招商促进局

1984年,来宾县、武宣县、象州县、金秀瑶族自治县、忻城县和合山市相继成立招商促进局,为主管各县(市)招商引资工作和管理县(市)外投资者投诉工作的县(市)人民政府直属相当科级事业单位,对外加挂县(市)投资投诉中心牌子。各县(市)招商促进局设秘书股(办公室)、投资项目股和投资投诉督查股3个内设机构。各个内设机构主要职责与市招商促进局内设的相应机构职责大致相同。各县(市)招商促进局人员编制5~6人,设局长1人,副局长1~2人。2001年4月28日,武宣县成立县招商引资领导小组,下设招商引资办公室和优化投资软环境办公室(简称"两办")作为招商引资的办事机构,主要负责全县投资环境的建设、优化和对外开放、招商引资的组织、协调和管理等各项工作,实行两块牌子一套人马。6月11日,来宾县招商引资办公室正式挂牌成立,内设秘书股、项目股和综合服务股,内设事业编制6名,其中领导职数2名。2002年1月,来宾县招商引资办公室更名为县经济技术协作招商办公室。2004年7月19日,改称兴宾区招商促进局,对外加挂来宾市兴宾区投资投诉中心牌子,主管全区招商引资工作和受理区外投资者投诉工作,是区人民政府直属事业单位。同年9月,武宣县撤销"两办",成立县招商促进局,6个编制。

2004年,来宾华侨投资区招商发展局成立,设综合股和招商股2个内设机构。2005年,人员编制6人,设局长、副局长各1人。

第二节　招商政策

政策制定　2003年4月,来宾市人民政府颁布《广西来宾市投资优惠政策(暂行)》规定,在土地、财政扶持和收费等方面给外来投资者予以优惠政策。在土地使用上实行如下优惠:在来宾市范围内兴办的采料加工型,优势资源开发型企业等项目用地,按成本价收取土地出让金;在来宾市规划区内兴建的大型综合(专业)批发、商贸项目用地,通过公开拍卖办法供地,地价可按实际拍卖地价给予20%~30%的减免优惠,但最低不低于成本价;投资者在获取土地使用权之日起,先交纳50%的土地出让金,其余部分三年内交清;用国有土地的可按如下办法取得土地使用权:经来宾市人民政府批准,按土地成本价以国家资本金或股本金方式参股企业;以租赁方式取得土地使用权的,贡献较大的企业经市人民政府批准,自投产之日起三年内免缴租金。

在全市范围内兴办的来料加工型、优势资源开发型、大型综合(专业)批发、商贸项目用地,在享受自治区有关西部大开发优惠政策的基础上,还享受如下政策支持。

财政扶持办法　从新办企业或原有工业企业改扩建新增的属市本级收入的年度缴纳税金中集中部分财力,在年度财政预算中列支企业发展扶持资金,用于扶持企业的扩建、技改项目或基础设施的建设。对不同类别企业的扶持办法:企业自投产之日起,3年内,根据年度上缴税收数额给予不同的扶持比例,给予企业扶持资金:年度缴纳税金属市本级部分在50万~300万元(含300万元)的给予30%的扶持资金;年度缴纳税金属市本级部分在300万元以上的,给予20%的扶持资金。属来宾市优势资源的项目,以上比例按一半计;有特殊贡献的企业,另行协商优惠办法。

收费优惠办法　投资新建、改扩建项目,项目所有收费严格按照法律、法规、规章、规定执行,属本市权限内的收费,有幅度的按最低限标准收取。办法规定投资者在用水、用电、交通、通讯、就医和子女入学、就业等方面,与本市市民享受同等待遇,受理服务从优。

根据来宾市人民政府《来宾市投资优惠政策(暂行)》(来政发〔2003〕号25号)的规定,为加快推进来宾市工业化进程,进一步改善投资环境,鼓励外商积极参与来宾工业区开发建设,加快来宾市工业区建设步伐,推动来宾市工业跨越发展,2003年5月8日,来宾市人民政府印发《来宾市工业区按资优惠暂行办法》(来政发〔2003〕58号),在土地、税收、财政扶持等方面给外来投资者予以优惠政策。2004年4月13日,来宾市人民政府印发《来宾市委托代理招商办法(暂行)》(来政发)〔2004〕13号)。《办法》对委托代理招商人具备条件、委托代理招商的管理、委托代理招商手续的办理、招商代理人的义务和委托代理招商佣金的原则、比例及兑现办法等方面均作了明确规定。

招商服务

项目督办机制　来宾市对于投资1000万元以上的项目,在项目洽谈阶段,由一名招商指挥长召开项目引进协调会,确定项目选址和项目落地工作方案，明确各相关单位的项目落地责任和限时办结时限，在项目落户过程中招商指挥部可及时召开专题协调会。一个项目从立项到建成投产，国家制定有严格的土地、环保、规划、消防、税收等有关政策，严格控制项目的准入，通常最少要通过16个部门，30多项审批事项，并且审批事项环环相扣，互为牵制，这些程序严重制约招商引资项目落地步伐。为了提高办事效率，来宾市改变做法：只要项目符合环评手续，业主同意，招商指挥部即召开各相关部门参加的项目落地协调会，在充分征求各部门意见的基础上，制定快速落地方案，并形成书面纪要。由指挥部下达项目开工手续快速办理令，责成有关部门采取有效办法，按时限办结项目落户所需手续。

2002年建市以来，来宾市进一步加大对外开放力度，坚持“走出去、请进来”和“大招商、招大商”的发展战略，找准切合自身发展的路子，经济融入区域经济合作，促进区域经济协调可持续发展。

区域经济合作

为进一步加强与湘桂黔渝毗邻地区经济技术协作区、泛珠三角区域、东盟自由贸易区等区域的联系与合作，来宾市主动出击，连续多年出席湘桂黔渝毗邻地区经济技术协作区政府领导联系会、泛珠三角区域经贸合作洽谈会、厦门洽谈会、东盟博览会、桂台经贸交流会等，加强与各方有关单位和企业的联系，共同研究区域合作的重大政策措施，共同协调解决区域合作的突出矛盾和问题，努力探索建立加强区域经济合作、促进区域经济协调发展的政策体系，推进区域合作的规范化。市委、市人民政府从抓政府职能转变入手，切实解决政府部门存在的思想观念不解放、工作服务不到位、办事拖拉推诿等问题。同时加强对行政审批工作的整顿，在行政审批服务中心全面实行“一站式”联审服务，对各种行政审批事项实行一个窗口进出，提供“规范、便捷、高效、廉洁”的一站式、一条龙方位服务，不断提高办事效率和服务水平。各级党委还结合解放思想再讨论的活动，教育广大干部群众进一步解放思想，更新观念，树立市场意识、竞争意识、开放意识、危机意识，推动全民、全社会整体开放认识的提高，使来宾市的投资环境进一步得到改善。围绕全市社会、经济发展目标，加强与广东、浙江等沿海发达地区的经济合作与交流，积极拓宽合作渠道。市领导亲自带队率来宾市党政考察团，多次赴广东、浙江等沿海地区开展招商推介活动，宣传来宾的区位优势、资源优势和投资环境，推介和洽谈招商项目，以吸引更多粤商、浙商到来宾投资发展。

来宾市在开展区域经济合作中涉及的范围极为广泛，合作内容涉及投资、贸易、技术、商业、旅游等多个领域，经过不懈的努力，已与广东、浙江、福建、湖南、贵州、黑龙江、北京、重庆等省市的有关单位和商会、企业建立良好合作关系，区域合作的领域和范围正在不断扩大和延伸。

2005年，来宾市与泛珠区域各省份、特别行政区共签约项目133个，合同协议金额49.25亿元；有132个项目开工，合同履约率99.2%；累计到位资金15.35亿元，资金到位率31.2%。是年，来宾市与湘桂黔渝毗邻地区经济技术协作区各成员之间签订的合作项目共42个，总投资额27478万元；实施项目71个（含结转项目29个），到位资金17633万元（含结转项目到位资金8528万元）。

两广经贸合作

2004年，来宾市认真贯彻自治区有关开展“两广”经贸合作的工作指示精神，坚持从实际出发，进一步解放思想，更新观念，扩大对外开放，广泛开展“两广”经贸合作，推进产业对接，加大对广东项目的引进力度，“两广”经贸合作工作取得较好成效。据统计，全市共签订两广合作项目31个，总投资5.30亿元，其中合同引进资金4.86亿元，已完成投资项目12个，正在实施项目18个，引进到位资金2.52亿元。2005年，签订“两广”合作项目34个，合同引进资金5.61亿元；实施项目47个，到位资金5.51亿元。来宾市在华侨投资区专门划出300亩土地，设立广州工业园区，相继承接了广东的一批服装、建材、旅游、光盘和日用品等产业转移项目，引进广州市锐威体育用品有限公司、广州双信建材有限公司、广州市客商伍胜钊、广东汇锋亚洲实业公司、珠海市客商黄振昌、广东中山市古镇永安路灯厂等6个项目，总投资2.11亿元，引进到位资金3400万元。

第三节　招商方法

历年招商引资

据统计，2003年全市共签订招商引资合同（协议）项目172个，合同（协议）引进资金35.2亿元；实施项目162个，引进到位资金11.67亿元。

2004年，全市共签订招商引资合同（协议）项目

211 个，比上年增加 39 个，增长 22.7%；合同（协议）金额 77.1 亿元，比上年增长 94.0%，其中外来资金 75.6 亿元；实施项目 246 个（其中结转的项目 40 个，2004 年新签实施项目 206 个），比上年增长 51.9%；引进外来投资到位资金 21.3 亿元（其中结转的 10.4 亿元，2004 年新增 10.9 亿元），比上年增长 55.9%。

2005 年，全市共签订招商引资项目合同 263 个，合同金额 34.95 亿元，共实施项目 361 个（其中上年结转项目 99 个），实际到位资金 31.17 亿元（其中上年结转项目资金 21.16 亿元），完成年度引资任务 23 亿元的 135.5%，其中区外到位资金 10.82 亿元，完成自治区下达区外到位资金 10 亿元的 108.21%。

表 22-16　2003—2005 年来宾市招商引资情况统计表

年份	合同金额（亿元）	到位金额（亿元）
2003	35.20	11.67
2004	77.10	21.30
2005	34.94	31.17

招商活动

2003 年，来宾市共举行 5 次重大招商活动。1 月 27 日，来宾市举办“2003 年来宾市民营工商业迎春座谈会”，来自全市各行各业的 34 名民营工商业主参加座谈会。4 月，来宾市政府副秘书长梁永安率队赴西安参加第七届东西部合作与投资贸易洽谈会。9 月 8 日—11 日，来宾市常务副市长莫恭明率队赴厦门参加第七届中国投资贸易洽谈会。12 月，来宾市政府副市长郭连科率队赴香港参加“香港中小企业博览会”。12 月 28 日，来宾市举办第一届“来宾市投资洽谈会”，来自广东、北京、湖南及南市台商投资企业协会的客商 150 多人参加会议。

2004 年，来宾共举行 5 次重大招商活动。6 月 10 日，来宾市党政代表团在温州市举办“走进东盟—广西来宾推介会”。7 月 14 日—17 日，来宾市党政代表团 20 人参加在广州举办的第一届“泛珠三角区域经贸合作洽谈会”。9 月 8 日—11 日，来宾市政府一名领导率市经委、商务局、招商局、工商联等部门，参加在厦门举行的第八届中国投资贸易洽谈会。11 月 27 日—28 日，来宾市政府市长助理郝广权率市交通局、旅游局、招商局、林业局等部门，参加在湖南省怀化市举办的湘桂黔毗邻地州市经济技术协作区第十届专员、州长、市长联席会。11 月 2 日—6 日，来宾市组成以市委书记覃瑞祥为团长、市长张少康为副团长、市直各部门以及各县（市、区）为成员的 70 人党政代表团，参加在南宁举办的第一届“中国—东盟博览会”。

招商引资

2005 年，来宾市共举行 9 次重大招商活动。5 月 13 日—15 日，来宾市举行“来宾·法国狂欢节”活动，来自南宁、柳州、桂林、梧州等地的浙江商会、广东商会的企业家约 50 人，参加在来宾市举办的来宾环境推介会和招商项目洽谈会。7 月，来宾市政府一名领导率市经委、商务局等部门，参加第二届“泛珠三角区域经贸合作洽谈会”。8 月 9 日—14 日，来宾市委书记覃瑞祥、市长张少康率市党政代表团 20 多人，赴泉州、湖州、嘉兴、北京等地考察，举办座谈会。8 月 24 日—9 月 1 日，来宾市委书记覃瑞祥率市招商局、财政局以及市直部分企业，参加自治区在香港、澳门举办的“港澳广西周”活动。9 月 8 日—11 日，来宾市政府一名领导率市财政局、招商局、对台办、河西工业区等部门，参加在厦门举行的第八届中国投资贸易洽谈会。10 月 18 日—22 日，来宾市组成以市委书记覃瑞祥为团长、市长张少康为副团长、市直各部门以及各县（市、区）为成员的 74 人党政代表团，以及邀请区外、境外客商 40 人，参加在南宁举办的第二届“中国—东盟博览会”。11 月 9 日—11 日，市招商局参加在南宁举办的“南宁国际人居展”。11 月 21 日—23 日，来宾市组成以市长张少康为团长，市直各部门以及各县（市、区）为成员的 40 人党政代表团，参加在南宁举办的第一届“桂台经贸合作交流会”。12 月 1 日—2 日，来宾市政府一名领导率市交通局、调处办、发改委、招商局、广电局、旅游局等部门，参加在贵州省凯里市举办的湘桂黔毗邻地州市经济技术协作区第十一届政府领导联席会。

第四节　招商项目

自 2002—2005 年，来宾市采取有效措施，从项目准备、政策制定、推介招商到引资落地，强力推进招商引资工作，每年招商到位资金增长率均超过10%。2003—2005年重大招商引资项目主要有：

来宾市雄鹰建材厂 来宾市雄鹰建材厂始建于2003年4月，为承接东部产业转移，投资总额5276万元，建设用地67.72亩，建设地点位于来宾市工业区工业路西端与规划道路交叉东北面。

项目以来宾电厂排放的粉煤灰渣为原料，主要生产以环保粉煤灰标准砖为主的高强度、环保、节能的建筑材料，具有在生产过程中不需要用水、免烧、免蒸的特点，工艺简单，不污染环境，节约大量的能源。该生产工艺已获得国家专利，拥有独立的知识产权。

世纪联华超市丽景店 该项目由广西联华超市股份有限公司投资建设，项目总投资5000万元人民币，项目营业面积1.3万平方米，经营货品包括日用百货、生鲜食品等两万余个品种，是2005年来宾市最大的综合百货大卖场。

蓬莱洲旅游度假区项目 该项目由广州莎香体育用品有限公司投资建设，项目总投资17000万元。项目充分利用兴宾区丰富的旅游资源，对兴宾区蓬莱洲岛及周边水域和蓬莱洲岛对面花楼岭约700亩土地及蓬莱洲岛沿岸进行开发建设，把蓬莱洲岛景区建设成为一个集旅游观光、休闲度假、商务会议为一体的中高档旅游胜地。

高活性干酵母 该项目由广西丹宝利酵母有限公司投资建设。该公司是经广西壮族自治区人民政府批准，自治区工商行政管理局登记成立的中法合资企业，主要经营范围涉及加工、销售酵母和酵母抽提物。由东莞市东糖集团有限公司、广西来宾东糖集团有限公司和法国乐斯福集团三方共同出资4.5亿人民币，建设以糖蜜为主要原料的高活性干酵母生产基地，年产酵母4.8万吨。三方合资建设的项目属于“国家《产业结构调整指导目录(2005年本)》(国家发改委40号令)”鼓励项目，项目位于来宾市河西工业园内，年产4.8万吨高活性干酵母，项目用地总规模为32.58公顷(折合488.67亩)。第一期建设生产规模为年产3万吨，主要的产品有各类干酵母和速发干酵母、馒头干酵母、酒精干酵母、用于酵母提取物生产的液体酵母乳等。

酵母抽提物 该项目是来宾东糖集团基于对蔗糖副产品糖蜜的综合开发利用项目，通过引进发酵领域的最新技术和先进的管理方法，与东莞市东糖集团及法国乐斯福集团三方共同出资分别组建的由广西一品鲜生物科技有限公司投资建设，项目总投资20000万元，项目选址来宾市河西工业园，项目用地17.89公顷。第一期建设生产规模为8200吨每年，总投资8300万元人民币，经营范围有制造、加工酵母和酵母抽提物并在中国国内外营销和分销酵母和酵母抽提物。项目建成投产后，预计年可新增销售收入25.5亿元，利税3.38亿元。

来华四星级酒店 该项目是由广东佛山泰安集团有限公司全额投资，项目总投资1亿元人民币，建设约6万平方米产权式酒店一座和酒店式商务公寓两座，客房不低于400间，建设地点在来宾华侨投资区中心区，项目用地面积23亩，项目计划在两年内建设完成。项目建成后，可提供就业岗位400个以上，实现利税500万元。

来宾银海铝材 该项目由广西投资集团公司联合广东省广新外贸集团公司和广东华南铜铝业有限公司共同投资建设，项目总投资15亿元，选址来宾市迁江华侨工业园区，建设年产15万吨铝型材。项目投产后年销售收入将达到45亿元，将成为华南最大的铝型材加工企业。

裕达城市广场B区商务酒店 项目由广东裕达房地产开发有限公司投资开发。地处来宾市迎宾路与盘古大道交汇处，与来宾市政府为邻，周边有汽车客运中心、财政局、国税局，是来宾的城市门户、交通枢纽、行政核心。项目总建筑面积达42911.96平方米，按四星级商务酒店设计，项目总投资1.6亿元，是来宾市一家设施完备、功能超卓的高星级酒店，各类高级会所、总统套房一应俱全，50多亩绿化休闲娱乐专区，集游泳馆、篮球馆、羽毛球馆、网球馆、庭院绿化于一体。

裕达城市广场A区房地产开发 项目由广东裕达房地产开发有限公司投资开发。该项目地处来宾市迎宾路与盘古大道交汇处，项目占地70亩，总建筑面积16万平方米，总投资2.47亿元，规划建设绿地面积16770平方米，绿地率为35.9%，拥有两块大型中心绿地，三处游乐、休闲区、六条景观廊道，结合高速绿化带，形成小型公园，是集居住、商业、休闲景观于一体的大型城市综合社区。

农产品综合批发市场 项目位于来宾市城北区B–3地块，项目占地面积112160平方米，其中城市道路用地19401.6平方米，项目建设用地面积92758.9平方米。项目土地以挂牌方式出让，性质为商住。其中40%为商业用地，60%为住宅用地。主要规划条件为：建筑密度37%、容积2.2、绿化率25%；项目总建筑面积204461平方米，其中综合服务大楼6801平方米、交易大棚4542平方米、交易铺面10448平方米、库房3625平方米、住宅174980平方米、垃圾收集站100平方米、公厕100平方米、变电站70平方米、地磅房70平方米。项目总投资3.29亿元人民币。

丽景人家房地产开发　来宾市丽景苑二期·丽景人家房地产开发项目是广东客商梁立春投资开发，由柳州市银宇房地产开发有限公司与广西来宾帝恒燃气有限公司合作建设的项目，位于来宾市城市主干道维林大道和盘古大道交叉的东南角。项目总占地面积12.5万平方米，总投资额为2.85亿元。按规划设计，该小区将建设成为园林式纯住宅小区，小区设计以“绿色、人文”为主题，建筑外立面采用三色小灰砖，再现来宾“苏州园林”式景点，古朴典雅，恰当地将自然景观与休闲活动场地和谐结合相融，是目前来宾最具现代都市前沿特色的住宅小区。

来宾市垃圾焚烧发电厂　项目由福建中安通用能源环保股份有限公司、北京中科通用能源环保有限责任公司联合投资，工程总投资2.25亿元人民币，项目位于来宾市河西循环工业园。项目配备两台循环流化床焚烧炉、两台凝汽式轮发电机组，年处理城市生活垃圾18万吨，年发电1.2亿千瓦时。

来宾市江龙木业有限公司胶合板厂　项目位于来宾市工业园区维林水泥厂路口与来武二级公路交叉处附近，用地面积80亩。项目采用木材为原材料，经去皮、旋切、切片、干燥、涂胶、拼板、预压、直边、补板、油板、压制等工艺加工生水泥胶合板1.5万平方米，覆膜板2万平方米，中密度纤维板5万平方米，产品主要在广东、广西销售。项目总投资8000万元人民币。

微生物有机肥　项目由广东阳西富诚环保科技有限公司与广西永鑫华糖集团有限公司合资兴建，属兴宾区在第四届“中国—东盟博览会”上的签约项目，选址在河西工业园宾林路与兴业路交叉口西南侧。项目总投资3.1亿元，计划用地130亩，利用台湾绿世纪生物科技股份研发的贺力旺系列生物制剂对制糖企业排放的滤泥、蔗渣灰、废水等废弃污染物进行生化处理，使之变成有机生物肥。项目建成投产后，预计年可实现销售收入4.5亿元，利润9000万元，税金4500万元，可解决200多人就业。

来宾市东盟国际·商业广场　项目为2005年兴宾区人民政府引进福建客商会同香港东达集团投资开发，地处维林大道核心地段，位于维林大道与北江路交汇处，紧靠来宾国际大酒店，毗邻来宾最大的主题式江滨公园，是连接城北区和老城区的纽带。项目总投资1亿元人民币，占地67454.56平方米，总建筑面积约84403.5平方米，建成三大主轴步行街，两大中庭休闲广场和一条长300米、78套绝版古典商住天地楼的公园街以及5.8万平方米的森林公园。

来宾春茂农牧有限公司肉鸡饲料加工（总部及厂房建设）　项目由江西省南昌市春茂农牧集团有限公司独资投资建设、经营管理，属来宾市在第四届“中国—东盟博览会”自治区层级集中签约项目。项目总投资额1亿元，主要建设年产6000万羽鸡苗孵化厂、年产2000万羽肉鸡服务部、年产20万吨饲料厂以及存栏60万套的种鸡场等建设项目。并采用“公司＋农户”的模式建设一个集产供销为一体的大型畜牧企业。项目主要建设内容：孵化厂、饲料厂、肉鸡服务部、办公大楼、生活设施等。项目建成后，预计可带动养殖户达1500多户，每年可为养殖户创收达3000万元，可向社会提供500多个就业岗位。

来宾华侨投资区标准厂房　该项目为采用“政府引导、筑巢引凤、企业招商、市场运作”模式建设的招商引资项目。由政府做好规划、提供项目用地，引入客商投资建设标准生产厂房，项目选址在南区工业园C-10地块，建设用地面积约46亩，项目总投资5000万元，总建筑面积约4万平方米。项目建设期为两年，建成后，可安排13家企业入驻，投资规模达1.3亿元，提供1000个就业岗位，产值达4亿元，实现税利3000万元以上，经济效益和社会效益明显。

来宾大地景苑房地产开发　项目是由浙江东海石油温州房地产开发有限公司投资3.5亿元，占地152.4亩的房地产开发项目。该公司于2005年5月13日在“来宾市2005年第一期国有土地使用权挂牌出让交易会”上以最高竞价竞得位于城北区地块编号F-9、面积为101622平方米的国有土地使用权。该公司在2005年注册成立来宾市大地房地产开发有限公司，并对投资的房地产项目命名为“大地景苑”。项目总建筑面积23.5万平方米，是集居住、商业、金融为一体的商住小区。

红河制糖技改　项目是根据《广西壮族自治区人民政府关于印发广西壮族自治区企业投资项目核准和核准备案办法的通知》（桂政发〔2005〕34号）及自治区“十一五”制糖业规划布局精神实施。总投资15000万元，项目建设主要内容：通过采用先进、节能、低耗设备对压榨、制炼、锅炉、电气等车间进行更新，新增1条压榨生产线，改进部分生产工艺，同时加强全厂环保设备、设施方面的建设，做到清洁生产和产品升级。新增1台75t/h节能锅炉，新增6000千瓦汽轮发电机组套，相应使日处理原料蔗能力由5000吨提高到8000吨。

天成纸业有限公司漂白蔗渣浆 项目由广西农垦糖业集团股份有限公司和广西来宾市华耀浆纸有限公司合资建设，总投资5.4亿元人民币，工程项目位于来宾市兴宾区红河农场，距离来宾市区23千米，占地面积约30万平方米，建设规模为9.5万吨每年漂白蔗渣浆，产品为风干漂白蔗渣浆板。环保投资估算1.52亿元。项目建成投产后，年消耗统货甘蔗渣50万吨，新增产值4.5亿元，利税总额7000万元以上，每年可节约近40万立方米林木。

华成纸业有限公司文化纸 由广西来宾市华耀浆纸有限公司和广西农垦糖业集团股份有限公司合资建设，总投资5.6亿元人民币。工程项目位于来宾市兴宾区红河农场，距离来宾市区23千米，用地面积85亩，采用国内外最先进的技术和设备年生产20万吨文化纸、静电复印纸。项目综合利用广西农垦糖业集团天成纸业有限公司年产9.5万吨漂白蔗渣浆项目的蔗渣浆及污水处理系统，实现蔗糖纸一体化，是兴宾区制糖产业链的延伸项目。项目投产后，预计年产值达10亿元人民币，可提供就业岗位400多个。

民族纺织有限公司工业滤布 项目由湖南衡阳刘克明在来宾组建的来宾市民族纺织有限公司投资建设，项目投资8159.89万元，资金来源为申请银行贷款5000万元，企业自筹3159.89万元，用地面积29.4亩，年产180万平方米涤纶滤布和600万平方米针刺呢。该项目技术含量高，是一个无污染、低能耗、节能型的环保项目，是国家鼓励类产业。项目建成后将填补我国西南地区的空白，市场潜力巨大。

桥裕纸业有限公司高强瓦楞纸 项目由江门市桥裕纸业有限公司投资建设，总投资3.3亿元人民币。项目选址在来宾市河西工业区西部、桂海高速公路西侧、规划福凌路与规划红星路交汇处西、南面一带。项目采用先进的白水回用工艺，利用回收各种生活、工业废旧纸箱，加入15%的蔗渣和5%的进口纸箱生产高强瓦楞原纸。项目分两期建设，设计规模为年产15万吨的高强瓦楞原纸。第一期投资1亿元用地100亩建设一条年产5万吨的高强瓦楞原纸生产线，第二期投资2.3亿元用地100亩建设一条年产10万吨的高强瓦楞原纸生产线。项目工程第一期建成投产后，按现行市场价格计算年生产总值达3.5亿元，可为社会提供125个就业岗位。

凤凰工业园土地平整 凤凰工业园(原八一工业园区)是将凤凰的国有废弃矿区近万亩土地进行收归平整，打造成来宾市占地面积最大、规模最大的工业园。凤凰工业园规划面积28平方千米，控制面积11.65平方千米。园区内有12000亩土地可用于工业项目建设，项目总投资8.63亿元人民币，来宾市政府正分期进行开发建设，项目总投资8.63亿元人民币，现来宾市政府正分期进行开发建设，第一期1225亩、第二期1996亩、第三期3000亩。凤凰工业园的发展定位是充分接受柳州工业中心城市的产业辐射，优先鼓励传统产业升级换代，以优势产业为切入点，重点发展铁合金、汽车零部件加工、机械电器制造、建材等四大产业为主的产业集群；同时，培植新型加工、化工、仓储物流、房地产开发及商贸服务等产业，把工业园建设成为广西乃至全国具有重要影响力的铁合金及相关产业的工业基地。平整后的凤凰工业园，将成为市新兴工业项目集中落户的最大工业园之一。

东糖纸业有限公司文化用纸 项目是自治区和来宾市的重点建设项目，厂区占地面积65.3公顷，位于来宾市兴宾区城厢乡莆田村大田坪，距市中心约6千米，距来宾至武宣的二级公路约1千米，距红水河最近点约350米，距来宾火车站约7千米，交通运输十分便利。该项目充分利用广西来宾东糖集团内部丰富的甘蔗渣资源代替木浆生产市场需求量大的中高级文化用纸，规模为年产30万吨的第一期年产9.8万吨中高级文化用纸，项目总投资约9.23亿元人民币，采用国内外先进的制浆造纸工艺和设备，并配备高精度的DCS、QCS等自动化控制系统，对生产全过程和产品质量进行自动测量和控制。建成投产后每年可新增销售收入约6亿元，新增税利总额约1.5亿元，提供就业岗位700多个。

中国丝绸进出口总公司白厂丝项目 项目由中国丝绸进出口总公司投资兴建，项目总投资5000万元人民币，资金来源为企业自筹，用地面积为135.91亩，项目落户在来宾华侨投资区南区工业园，主要建设项目为缫丝、打线、丝织及服装加工等。

武宣鸿福鑫城 于2005年4月引进，位于武宣汽车总站旁，与马鞍山广场相连，由武宣鸿浩房地产开发有限责任公司投资1.5亿元建设。项目占地面积147亩，建筑面积15.68万平方米。项目设计建设居民住宅1041套，其中套式住宅932套、联排天地楼109栋、休闲广场占地31亩。项目于2005

年12月开工建设，分两期投资开发，第一期工程已完成，第二期工程完成40%。项目的实施既解决了国企改制安置职工，又换来城市建设的新貌。项目竣工后，鸿福鑫城将成为县城一个商贸、居住和休闲中心。

武宣建材鸿城 于2005年引进，位于县城北面，东靠209国道，西邻西环路，占地面积86亩，由武宣神通房地产开发有限责任公司投资7300万元建设，项目总建筑面积8万多平方米，即按国家三级站标准建设城北客运中心，建设170栋临街商住楼和280套商品房的瑞景花园住宅小区。

武宣商贸中心 位于县城南面，是武宣县旧城改造重点项目，由广西武宣县三合（温州）房地产开发有限公司投资1.2亿元开发，占地面积100多亩，建筑面积10多万平方米。实施该项目，改制县矿产公司、糖业公司、五金公司、饮食服务公司4家企业，搬迁了县政协、县工会、县石油公司、县新华书店、县医药公司5家单位。项目建成后，武宣商贸中心将成为一个集批发、零售于一体，集商贸、居住为一体的大型商贸平台。

武宣长林桂中地区木制品种植和加工基地 项目于2005年引进，位于武宣县改制后的六峰林场，已改造种植8万亩的大径尾叶桉，加工基地位于武宣县河西工业园区，建设总面积400亩，包括建设松木系列家具厂、建筑用胶合板厂、刨花板厂、竹木地板厂及制材厂。预计年产值将达到8亿元，为地方创造2000多个就业岗位，年创利税1亿元。

武宣白云石深加工 项目位于武宣县河西工业园区，由武宣华南钙镁粉体锰饲料化工有限公司投资9500万元建设，项目占地面积100亩。

武宣县制衣水洗 项目位于武宣县城东面三千米处，占地面积近300亩，由武宣锦兴制衣实业有限公司投资10000万元分三期在六年内完成建设。项目一期投资3000万元建设的制衣水洗生产线。项目完工后将建成集纺织、制线、漂染、水洗一条龙的加工生产基地，可安排就业近千人。

武宣县漂白蔗渣浆 项目于2005年引进，由广西金竹源纸业有限公司投资建设年产5万吨漂白蔗渣浆项目，位于武宣县黔江工业园区，总投资1.89亿元，占地面积200亩，建筑面积20757平方米。项目制浆、锅炉等主体工程已完成，相关设备正有序安装，项目建成投产达标后，年平均销售收入1.70亿元，年平均税利5000万元，安排就业400多人。

武宣盘老铅锌矿技改 项目由广西中金矿业有限公司组建技改，位于武宣县桐岭镇湾龙村境内，矿区面积15.6万平方米，已探明的铅锌矿石贮藏量是广西“八五”期以来发现的第二个中型以上矿藏。该公司投资6000多万元扩建选矿生产线（将日处理原矿石由原来的1000吨提高到现在的日处理原矿石1500吨），同时改造供配电系统、井下通风和排水系统。

武宣香精生产 项目于2004年7月引进，位于武宣县的河西工业园区，由广西武宣杰新林产化工厂投资8000万元建设年生产规模为3000吨的生产线及其有关配套设施。项目2005年开工，建成投产后，安排80多人就业，具有显著的社会效益和经济效益。

武宣硅锰合金 该项目占地70多亩，位于武宣县河西工业园区原八宝水泥厂围墙内，由广西武宣敏诚矿业有限责任公司投资1.50亿元建设两条16500千伏安环保节能矿热炉，年产8万吨硅锰合金。为地方创造400多个就业岗位，实现产值7亿~10亿元，缴纳各种税费6000万~8000万元，具有较好的社会效益和经济效益。

武宣废渣综合利用 项目位于武宣县武宣镇新路桥头东北面，由武宣新兴有限责任公司投资8000万元建设，项目占地150亩。项目原在武宣镇锌品厂的基础上改建两条挥发窑及配套电解锌车间。项目可安排250人就业，纳税3000多万元，具有较高的社会效益和经济效益。

武宣水泥熟料生产发电 项目由华润公司投资13亿元建设的年产300万吨新型干法水泥熟料生产线及其配套低温余热发电项目选址于武宣县的桐岭镇四安村，一期工程计划投资7亿元建一条生产水泥熟料150万吨，发电600万千瓦时。项目全部投产后，实现产值7亿多元，缴纳各种税费近1亿元，安排就业岗位500多个。

武宣白云石深加工超细钙镁粉和活性氧化镁系列产品 项目投资8000万建设白云石深加工超细钙镁粉和活性氧化镁系列产品项目，位于武宣县河西工业园区，项目占地160亩。

武宣县农业物流中心 于2005年元1月引进，位于武宣大桥头，南邻209国道，西邻黔江河，面积110亩，由武宣好日子房地产开发有限责任公司投资11000万元从2005年开始分期建设，计划建筑面积12万平方米，已完成一期7000万元的建设；二期投资4000万元，计划2010年底完工。该项目全面建成后，将成为武宣较为亮丽的农业物流中心和商住小区。

武宣300T/D食用油酒精节能降耗技改 项目位于武宣县三里镇广西农垦黔江糖厂旁，由广西思源酒业有限公司投资7200万元在原食用酒精生产线的基础上进行技术改造，主要是更换一条日产150吨酒精的差硬度生产线，配套一座发酵车间，新增75吨蔗渣煤粉锅炉和7000千瓦汽轮机组一套等。项目竣工投产，新增利税2500多万元。

武宣三里西区锰矿采选 项目位于武宣县三里锰矿西区、由广西武宣敏诚矿业有限责任公司投资5000万元建设年采选10万吨锰矿的生产线及其配套设施，是武宣县年产8万吨硅锰合金的原料供应配套项目。公司办有2.2平方千米的锰矿采矿许可证和6万平方千米的探矿权证。

武宣220KV佳城变电站 项目位于武宣县河西工业园区大榕林场内，为中国南方电网有限责任公司投资23000万元建设的220KV输电线路工程。

武宣思源酒业沼气供应 项目位于广西思源酒业有限责任公司旁，为广西来宾百欧奇新能源公司投资6000万元建设的日处理3700立方米的污水处理和沼气供应工程。

忻城金嗓子药业有限公司扩建 广西金嗓子有限责任公司在忻城成立广西金嗓子药业股份有限公司，公司性质为股份有限公司，具有独立的企业法人资格，实行独立核算，自负盈亏，注册资本3000万元人民币，总投资1.2亿元人民币，建设一家高投资、高规模、高科技的金嗓子药业股份有限公司。本着友好合作、双赢发展的原则，忻城县人民政府韦凤云县长与广西金嗓子集团公司江佩珍董事长在忻城县小礼堂签署合作协议。广西金嗓子集团公司并购忻城县制药厂成立金嗓子药业有限公司以来，集团公司不断注入资金、技术和人才，经过近几年的运作，金嗓子药业有限公司在忻城已成为具有多种产品和较强竞争力的企业，为忻城县经济和社会各项事业的繁荣发展作出了巨大的贡献。

忻城县南华糖业有限责任公司组建 该公司前身是忻城县两家糖厂，分为一厂和二厂，一厂位于忻城县城关镇古学路新村区，距县城中心3千米。生产能力平衡在日榨蔗3100~3200吨之间，日产酒精4万公升。主要产品有白砂糖、赤砂糖、食用酒精，生产工艺为压榨法提汁、亚硫酸法清净工艺。二厂位于忻城县思练镇祥凤岭，322国道从公司门口经过。生产能力为日榨甘蔗1500吨。主要产品有白砂糖、赤砂糖，生产工艺为压榨法提汁、亚硫酸法清净工艺。2003年4月，忻城县着手对两家糖厂进行产权制度改革。其中，县糖厂采用承债式转让的方式改制，由洋浦糖业集团有限公司受让产权。县第二糖厂实施依法破产，通过竞拍，洋浦南华公司获得该厂的产权。两家糖厂改制后由实力雄厚的民营企业洋浦南华糖业集团有限公司承接，分别组建忻城南华糖业有限责任公司忻城糖厂和忻城南华糖业有限责任公司忻城第二糖厂。总投资2.32亿元，洋浦南华糖业集团公司在忻城的发展目标是：将原来日榨蔗4500吨的生产规模扩建到日榨蔗7000吨，五年内计划发展原料蔗100万吨以上。

忻城县宏图锰业有限公司电解锰 2004年贵州大龙卓益锰业有限责任公司到忻城县成立忻城县宏图锰业有限公司，在忻城县红渡马安村上古屯征地80多亩作为建厂和生产用地。总投资12000万元，建设2万吨电解金属锰生产线、20万吨锰粉加工厂。该工程分三期建设，第一期建设年产6000吨电解金属锰生产线及与之配套锰粉加工厂，总投资5000万元；第二期在第一期投产后马上建设第二条6000吨电解金属锰生产线和与之匹配的锰粉加工厂，投资3000万元；第三期建设8000吨生产线和与之匹配的锰粉加工厂，总投资4000万元。项目年产值2.5亿元，上缴国税1200万元、地税300万元以上，包括电力以及相关行业每年直接或间接为当地上缴税收3000万元以上。可以解决600多人的就业问题，利润每年大约有2000万元。

忻城县鞍山商贸城 项目由县招商局引资柳州龙峰商业城开发建设。项目位于县城中部鞍山路东侧，规划总用地面积23900平方米，总建筑面积约5万平方米，工程总投资约7000万元。

忻城县土司国际大酒店和土司花园小区 项目由来宾市嘉城房地产开发有限公司投资1.3亿元建设，建设地址在原电影院宿舍区及城关苗圃育苗基地，总用地面积为27791.03平方米(41.69亩)，其中酒店用地面积为6921.66平方米(10.38亩)、住宅用地面积为20869.31平方米(31.30亩)。本工程酒店建设为9层高层建筑，拥有150套客房、三星级以上标准装修。项目总用地面积6921.66平方米，建筑占地面积为2046.56平方米，总建筑面积为10889.7平方米，建筑总高度为32.7米。酒店主体主要由裙楼和客房组成，布置健康娱乐中心、休闲中心、风味餐饮中心、宴会厅、绿化休憩庭院、商业中心、会议中心等等配套设施。小区建设为25栋住宅楼。

忻城县兴城石材有限公司大理石开采及加工 该项目占地面积约100亩，由广东省云浮市东山石材有限公司黎金兴投资5000万元建设，项目集矿山开采、石材加工和销售为一体的专业石材经营企业。达产后，企业生产板材达30万平方米每年、产值1500万元每年以上，直接增加地方税收，并带动当地上下游企业快速发展，创造约100个就业岗位。

合山发电公司2×600兆瓦级机组上大压小工程 根据国家发改委《关于加快关停小火电机组的若干意见》的精神，合山发电公司通过"上大压小"的方式建设2×600兆瓦级超临界燃煤机组，并对相应的配套设施进行扩建、再建。项目由北京大唐国际发电股份有限公司投资建设，总投资44.48亿元。

合山市矿务局企业改制 广西合山煤业有限责任公司前身是广西壮族自治区合山矿务局。公司是由原合山矿务局职工入股组建成立的广西合山广达投资有限公司与香港国际西南煤业投资控股有限公司共同投资成立，香港国际西南煤业投资控股有限公司计划出资4亿元。企业资产总值13.78亿元。公司除合山市、来宾市兴宾区十多个生产矿以外，还有贵州城光公司、三联公司、罗城合城煤业公司等子公司，全公司有20个生产矿、7个生产厂，主要产品除煤炭外，还有水泥、煤矿机械、冶金机械、制糖机械、硅锰铁合金、硫酸铝、特种钢材等。公司规划：到"十一五"期末或"十二五"初期全公司煤炭年总产量要达到500万~850万吨、铁合金8万吨、水泥30万吨、特种钢1万吨。公司总产值26亿元，利润7亿元，上缴税金3.09亿元。

合山红河时代广场小区房产开发 项目总投资1.42亿元，由广东珠海瑞诚贸易有限公司投资建设，项目占地面积200亩，计划开发商品房1200套，建筑面积约12万平方米，该项目是合山市目前最大的住宅小区。

合山汇景新城小区房产开发 大西南·汇景新城项目由浙江德发建设集团有限公司投入1.2亿元开发建设。项目位于合山市南部，人民路东侧。用地总面积4.2公顷，建筑面积9万平方米。

合山市轻质碳酸钙及纳米碳酸钙 项目由湖北、湖南籍客商共同出资，项目总投资1.2亿元，年产30万吨轻质、重质活性（纳米级）碳酸钙，项目占地300亩，集研究、开发、生产于一体的综合性企业。采用先进的煅烧、碳化、干燥等技术，产品的纯度及分散性能明显优于传统工艺产品，彻底去除产品中的杂质，独具"轻、白、纯"三大特点，性能指标达到国际先进水平。

金秀金圣电站 电站由全州客商肖先明先生投资建设，项目总投资6000万元。电站位于金秀忠良乡辖区，离金秀瑶族自治县城32千米，集雨面积49平方千米，雨量充沛，流量稳定，设计净水头高420米，流量3.39立方米每秒，装机容量12700千瓦(6300千瓦、3200千瓦 ×2)，年利用小时3771小时，平均年发电量4525万千瓦时。

金秀瑶都大酒店 由江苏客商陈彩广投资建设，项目总投资6900万元。项目地处金秀瑶族自治县城中心金园城市广场，面朝市人民政府规划建设的"人民广场"和"金秀大会堂"；南面与东面毗邻建设中的"夏园小区"；北倚山地，前可见穿城而过的金秀河，后可见山林绿坡，自然与地理条件较好。项目拟开发成一个集餐饮、休闲娱乐、住宿、商业、商务、旅游、会议接待等多功能于一体的四星级标准四星级管理与服务的旅游度假、产权式公寓酒店。占地面积为1898.65平方米，总建筑面积为18383.74平方米，建筑高度42.5米，属于二类高层建筑。

金秀金园小区 项目由柳州腾安房地产开发有限公司投资建设，法人代表陶文安，项目总投资8000万元，占地92.5亩。该小区位于金秀瑶族自治县城中心。项目拟开发成一个集商业、住宿、休闲为一体的商业住宅小区。

金秀六桂电站 项目由全州客商朱小海投资建设，项目总投资5000万元。水电站位于金秀瑶族自治县东南面的忠良乡境内，电站集雨面积36.5平方千米，设计净水头276米，装机容量7500千瓦，平均年发电量3150万千瓦时。

金秀大樟河梯级电站 项目由桂林私营业主蒋受贵投资建设，项目总投资5860万元。电站位于金秀西北面的大樟乡境内，该电站分为三级电站，装机容量分别为4500千瓦、1600千瓦、5000千瓦；水电站集雨面积分别为100平方千米、155平方千米、65平方千米；设计净水头分别为95米、20.7米、170米，一级站已投产发电。

金秀门头河梯级电站 项目由区发电公司黄锦才投资建设，项目总投资1.2亿元。项目属小水电代燃料生态保护试点工程，设计4级电站，最大一级为枫木坳电站，装机容量8000千瓦，年发电量3100万千瓦时。

金秀红壶圣水旅游景区 项目由南宁恒安房地产开发有限公司投资建设，法人代表陈雄，项目总投资7500万元。旅游景区位于金秀瑶族自治县城30

千米的长垌河峡谷景区内，水资源丰富，峡容狭长曲折，两岸为丹霞地貌、朱崖峻峰、绿树山花，形成秀雅纯情的景观特色。该项目利用丰富的水资源和奇特的峡谷风光，按国家3A景区标准进行建设。建设内容为水电站、旅游漂流、观光及相关配套设施。

金秀桐木农贸市场 项目由来宾大同房地产开发有限公司投资建设，法人代笔何日福，项目总投资2亿元。该市场位于金秀桐木镇，项目拟开发成一个集商业、住宿为一体的商业住宅小区，占地15亩，总建筑面积18000平方米。

象州粤能浆纸业有限公司 广西象州粤能浆纸业有限公司址位于广西象州县石龙镇柳江沿岸的称砣湾村，占地面积300亩，计划三年内完成投资1.6亿元人民币。项目建成后，将利用象州县及周边县、市丰富的甘蔗渣及桑杆资源制浆，预计年产5万吨纸浆及3万吨高档文化用纸。

象州广西银龙塑钢集团有限公司 广西银龙塑钢集团有限公司由广东新广源铝业有限责任公司投资创办，项目位于象州县石龙工业集中区，占地70亩，计划总投资1.1亿元人民币建设年产20万吨塑钢建材生产线。

象州山名胶合板制造有限公司 象州山名胶合板制造有限公司属股份制企业，主要采用上海山名建筑模板有限公司的先进技术及管理水平，专业生产"山名"牌建筑模板、家具板、实木地板及集装箱板。项目计划总投资6200万元人民币，占地面积150亩。厂房面积2200平方米，职工600人(其中管理人员38人)，建设原料生产基地2万亩。

象州宝晨人造板有限公司 象州宝晨人造板有限公司是隶属深圳市宝晨建材供应有限公司的下属分公司。深圳宝晨总公司在广西拥有"南宁市宝晨木业有限公司""宜州市宝晨人造板厂""金秀瑶族自治县宝晨木材加工厂""来宾市宝晨化工有限公司"等多家中型企业。深圳总公司是一家实力雄厚，年产值达5亿多元人民币，集产、供、销为一体的中型建材企业。象州宝晨人造板有限公司坐落于象州县寺村镇下木苗村，占地总面积100亩，总投入资金1.2亿元人民币(其中第一期投入7000万元、第二期投入5000万元)，引进4条最先进的生产线，是一家专业生产浸渍纸覆膜板的大型高附加值木材深加工企业，同时，也是无空气污染、无污水、废渣可排的先进人造板制造企业。公司产品是利用象州盛产的木材经脱脂、旋切、干燥、胶粘、覆膜、热压等生产工艺形成的一种胶合产品，年生产3万立方米成品覆膜板，年产值近亿元人民币。目前，公司已平整土地，一期工程正在建设中。公司建成后能充分利用资源，通过产品深加工，提高木材附加值，增加林农和地方财政收入，能安排近500人就业。

象东新城 象东新城是象州政府新行政中心所在地，是政府重点打造的象州新中心。项目西接新汽车站，外环路延长线穿新区而过，花山大道贯穿新区南北。项目总投资7800万元，占地面积约800亩，建筑用地面积21万平方米，容积率1.33，建筑覆盖率45%。整个新区建设以政府办公大楼及大型绿化广场为中心向四周扩展，是一个集行政、商业、居住、教育、健身、休闲、娱乐为一体的象州城区新中心。象东新城采用先进理念，科学规划，兼顾城市的可持续发展以及与自然地和谐共生，强力打造现代化生态新城。新城中央占地8000平方米的大型绿化休闲广场也在日渐完善中。新城的道路、水网管道、路灯、园林绿化工程已初步建成。象东新城的临街两侧规划为多层住宅楼和商铺，间隔布置造型别致的各种户型住宅楼。象东新城配套有新城农贸市场、标准足球场、大型市民休闲广场、商业步行街等运动、休闲、购物设施。

象州丝绸之路集团广西丝绸有限公司 丝绸之路集团广西丝绸公司位于象州县码头路，占地面积4.8万平方米，其母公司浙江丝绸之路控股集团有限公司是一家具有百年丝绸生产史、集科、工、贸为一体的企业集团公司。丝绸之路集团广西丝绸有限公司是浙江丝绸之路控股集团有限公司响应国家"东桑西移"的号召，实施"跨出浙江，发展丝绸"战略，在象州县独资新建的集生产白厂丝、丝绸面料和丝绸服装为一体的大型公司，是东部产业转移、"百企入桂"的典型招商项目。项目计划总投入8000万元人民币，分二期建设，其中第一期投资3000万元，建设20组采用国内最先进的飞宇2000新时代和最新型的2008型自动缫丝生产线；第二期投资5000万元人民币建设真丝织造及服装加工生产线。公司已有10组生产线投入运行。一期项目全部建成投产后，每年可加工干茧1800吨，生产白厂丝600吨，实现工业产值1.5亿元、实现税收500万元，可供800多个就业岗位。

象州龙腾纸业有限责任公司 广西象州龙腾纸业有限责任公司位于象州县石龙镇柳江沿岸的白崖头老村，占地面积约130亩。投资9000万元以上，建设年产9.6万吨高档纱管纸及其他纸制品的生产线，年工业总产值将达1亿元以上，利税1000万元。投资2.4亿元实施桑秆制浆项目，建设年产10万吨桑秆浆的生产线。项目建成投产后，每年回收利用桑秆30万吨，产值达2.7亿元，利税3000万元。

象州莲桂纸业有限公司　广西象州莲桂纸业有限公司是象州县委、县人民政府于2005年利用泛珠三角区域经济合作战略机遇引进的典型的“东部产业转移”项目，由广东番禺莲花山造纸有限公司投资创办。厂址位于象州县石龙工业区迷赖村委土兰村，占地面积100多亩，计划三年内完成投资1亿元，年产3万吨高档生活用纸。象州县引进莲桂纸业的整个洽谈过程，从见面到签约仅用45天时间。投资8000万元，安装12台造纸机及相应配套设备，年产量1.5万吨，产值达9000万元，当年可实现利税450万元。

象州合兴林业发展有限公司　合兴林业发展有限公司由厦门市永林木业有限公司与象州县个体老板合资创办，项目总投资9200万元人民币，达到2万立方米每年胶合板的生产能力，实现工业总产值8000万元人民币。

象州粤龙针织制衣有限公司　广西象州粤龙针织制衣有限公司是由龙达时装集团(香港)有限公司和国际粤粮有限公司共同出资创建的集生产、制造、销售于一体的大型服装公司。位于象州县服装城内，占地面积15000平方米，总投资为5000万元，主要生产毛织、机织服装，产品全部出口欧美国家。公司于2005年9月开始筹备且入驻桂粤服装城，装修桂粤服装有限公司提供的四个车间、一栋宿舍楼和一栋办公大楼，安装好水电配套设施，购买且安装好生产的机器设备，购买生产及贸易所需的交通运输工具及生产用的原材料。公司完全投入生产后，可提供3000个就业岗位，年销售总值将达1.2亿元。

象州鑫龙纸业有限责任公司　广西象州鑫龙纸业有限责任公司位于石龙工业集中区内，占地面积40亩，计划总投资9000万元人民币，其中第一期工程投资5000万元，安装六条生产线；第二期工程投资4000万元，再增加安装8条生产线。公司以甘蔗渣浆为主要原料，每年可生产、加工生活用纸2万吨，实现生产总值1.2亿元、利税1000万元，可安排就业岗位250个。

象州新兴矿业有限公司年有色金属生产线　广西象州新兴矿业有限公司是由广东省林氏茶叶饮料集团、穗闽安忠实业发展有限公司在象州县创办的独资企业，主要重选、加工重晶石废矿、低度有色金属矿及国家许可的有色金属开采和加工经营。广西象州新兴矿业有限公司把象州县妙皇乡作为公司的生产总部和新的创业基地，分别在象州、寺村、大乐等镇开设原料、浮选分厂，使公司生产有色金属产品达6万吨，总投资将达1亿元。此项目建成投产后，可安置工人280人，预计年创税500万元以上。

象州祥龙纸业公司　祥龙纸业公司位于石龙工业集中区内，占地面积38.3亩，计划总投资9000万元，其中第一期工程投资5000万元，第二期工程投资4000万元，工程厂房、仓库面积将达6000平方米。年产各种高级卫生纸2万吨，实现年产值1.5亿元，创利税1500万元，可安排就业岗位160个。

象州太粮米业有限公司　广西象州太粮米业有限公司由东莞市太粮米业有限公司投资兴建，是集粮食收购、储存、加工及销售为一体的大型粮食企业。公司坐落于象州县寺村镇，项目总投资5000万元，占地面积14000多平方米，现有员工28名，年加工稻谷能力达到8万多吨，配套建设有高标准仓库5000多平方米，常规稻谷库存达1万吨。公司稻米加工生产线设备均采用在行业内享有盛誉的瑞士布勒集团及日本佐竹公司的先进设备，生产工艺和加工流程由国内专家专门设计，属国内一流水平。象州太粮米业二期工程在石龙工业集中区建设，总投资5000万元，分三期完成，其中第一期2000万元、第二期1500万元、第三期1500万元。

象州庆龙纸业有限责任公司　广西象州庆龙纸业有限责任公司由浙江佳洲防爆电器有限公司投资创办，公司位于石龙工业集中区，占地面积52亩，计划总投资人民币8000万元，其中第一期工程投资4000万元，安装4条生产线；第二期工程投资4000万元，共完成8条生产线。公司以甘蔗渣浆为主要原料，工程全部结束后，年可生产加工生活用纸2万吨，实现生产总值1.8亿元、利税300万元，可安排就业岗位300个。

象州钜人电子有限公司　广西象州钜人电子有限公司厂址位于广西象州县城内东岗大道(原工业园内)，总投资8500万元人民币，主要产品为电子配件、五金、模具及塑胶制品等加工、销售及出口贸易。

象州金田纸业有限公司　广西象州金田纸业有限公司由广东开平文华印刷有限公司投资创办，厂址位于广西象州县石龙镇，占地面积50亩，项目计划总投资7000万元，建成利用蔗渣浆为原料的、配套设施完善的、具有高新特色的年产2万吨中高级生活用纸的生产线以及利用木浆为原料建设年产1万吨特种纸生产线。项目分两期建设，建成后，公司年工业总产值达2亿元，创利税1500万元，可安排就业岗位150个。

象州吉福礼品制品有限公司食品生产线 广西象州吉福礼品制品有限公司食品生产项目由广东立泰五金制品有限公司(台湾立泰集团设立在广东的公司)投资兴建。项目位于象州县象州镇东岗大道(台湾工业园区内),占地面积约35亩,总投资1亿元。项目分二期建设,其中一期工程投资5000万元,建成500吨每年食品糖果生产线;二期工程投资5000万元于2012年底前建成第二条500吨每年食品糖果生产线,使食品生产规模达到1000吨每年。

象州吉福礼品制品有限公司礼品生产线 广西象州吉福礼品制品有限公司是台湾立泰(广东总公司)在广西设立的第一家分公司,也是象州县政府重点招商引进的首家台商企业。公司位于象州镇东岗大道(原工业园区内),厂房倚靠东岗寺公园,环境优美,占地面积为32000平方米,主要生产、销售及代理加工各种工艺礼品、赠品、饰品、玩具、文具等。公司第一期投资额6000万元,有600名公司员工,其中198人已在广东总公司培训过,并有有一部分在公司管理岗位工作。

广西来宾金釜矿业有限公司 广西来宾金釜矿业有限公司是由江苏源融投资有限公司投资创建,厂址位于象州县妙皇乡,占地70亩。项目计划总投资1.1亿元人民币在象州县妙皇乡进行探矿并建设日选矿1000吨的铅锌铜混合浮选厂,项目建设分二期实施,其中第一期计划投资3000万元,第二期投资8000万元,两年内完成固定资产投入1.1亿元,建设规模达到日选矿1000吨的铅锌铜混合浮选生产线,实现年产值1.28亿元,利税达到768万元的目标,安排就业人员100人。

象州广西华佳丝绸公司 广西华佳丝绸公司是由江苏华佳投资集团独资创建的丝绸生产企业,主要从事蚕茧、制丝、捻线生产经营,厂址位于象州镇鸡沙村,占地面积36000平方米,厂房面积28000平方米,是象州县乃至来宾市最大的丝绸生产企业。该项目计划总投入1.1亿元,分三期建设。其中,一期投资5000万元建设20组自动缫丝生产线以及捻线加工生产线。一期工程全部完工并投产后,可年产白厂丝600吨,提供1000个就业岗位,年销售总值将为2亿元,把广西象州县建设成为公司集团重要的丝绸生产、出口基地。

象州古象温泉开发有限公司 2003年6月,由广西古象温泉开发有限公司与深圳市恒坤投资开发有限公司投资创办,项目计划总投资3亿元开发建设高档次温泉旅游、休闲度假村,项目建设分三期实施,其中计划第一期投资1亿元、第二期投资1亿元、第三期投资1亿元,三至五年内完成固定资产投入2亿元。建设规模达到占地约2500亩,实现年接待能力达15万人次,年销售收入6000万元,利税达到1000万元的目标,可安排就业岗位300~400人。公司一期工程投资1亿元建设休闲度假村,在建工程面积约15000平方米,分酒店、洗浴中心、餐饮会议、别墅酒店等部分。

第二十三篇

机构编制　人事　劳动

民国14年(1925年),广西省政府成立人事管理委员会,专员公署、县政府成立人事科或秘书室。中华人民共和国成立后,1951年7月,柳州专员公署成立人事科。1952年,桂西壮族自治区在民政局内设劳动科。新中国成立后至1983年以前,地、县设立的编制委员会,属各级党委、政府层次的议事协调机构,在地、县组织部配备专职工作人员。其间,地、县两级劳动、人事、编制管理部门,经历了精简机构、地市合并、"文化大革命"、机构改革等,机构不断更动,时合时分。1986年,柳州地区行署把劳动人事局设为劳动、人事2个局,编制委员会办公室设在人事局,配备专职工作人员。1987年,地区编制委员会办公室更名为编制办公室,属地区行署的直属机构,编制办公室主任由人事局长兼任。2002年12月地级来宾市成立后,原柳州地区机构编制委员会办公室(柳州地区事业单位登记管理局)同时更名为来宾市机构编制委员会办公室(来宾市事业单位登记管理局),列入来宾市委机构序列。2003年,来宾市机构编制委员会办公室(简称"市编办")为来宾市机构编制委员会的常设办事机构,既是市委的机构,又是市政府的机构,在市委机构序列单设。同时,增挂来宾市事业单位登记管理局牌子。下设事业单位登记管理中心,为副处级事业单位,主要负责事业单位登记日常具体工作。

在各个不同的时期,劳动、人事、编制管理部门,认真贯彻执行中共中央、国务院的规定,对劳动就业、干部及工人调配、知识青年上山下乡、工资调整及改革、职工福利、干部及工人思想教育、技术培训、廉政守法教育等管理,促进干部及工人队伍思想提高,推动了经济建设及各项社会事业的发展。

第一章　机构编制管理

来宾市级及县级机构编制部门的前身分别是柳州地区及境内各县编制委员会。编制委员会的常设办事机构是编制委员会办公室。1995年,地县两级先后设立事业单位登记管理中心,为本级机构编制委员会办公室下属事业单位。地县两级机构编制部门肩负贯彻国家有关行政管理体制、机构改革、机构编制管理方针、政策和法规任务,负责党政群机关、事业单位机构编制人数、文化结构、年龄结构、专业人员结构、领导职数,拟定机构改革实施意见,事业单位全国统一初始登记、年度检查等管理工作,确保党政群机关和事业机不发生擅自增设机构、提高机构规格、增加人员编制现象,促进政治稳定,经济繁荣和社会进步。

第一节　机　构

地市级机构编制委员会办公室

1949—1983年,柳州地(专)区设编制委员会,属同级党委、政府议事协调机构,在组织部配备专职工作人员。1984年,机构改革,编制委员会办公室设在地区劳动人事局,配备专职工作人员。1986年,劳动人事局分设为劳动局、人事局,编制委员会办公室设在人事局,配备专职工作人员。1987年,地区编制委员会办公室更名为编制办公室,属地区行署的直属机构,编制办公室主任由人事局长兼任。1992年,柳州地区将编制公室更名为机构编制委员会办公室,属地区机构编制委员会的常设办事机构,挂靠地区人事局,办公室主任由人事局长兼任,并配备6名专职人员。1995年,设立柳州地区事业单位登记管理中心,作为地区机构编制委员会办公室的下属科级事业单位,所需人员在地区机构编制委员会办公室内部调剂解决。2000年,为更好履行事业单位登记管理工作中的行政职能,与上级工作衔接,设立柳州地区事业单位登记管理局,在地区机构编制委员会办公室挂牌,局长、副局长分别由地区机构编制委员会办公室主任、副主任兼任。2001年,贯彻广西壮族自治区机构改革文件精神,柳州地区机构编制委员会办公室既是地区党委机构,又是地区行署机构,列入地委机构序列,配工作人员7人。

2002年9月,撤销柳州地区,设立地级来宾市。12月,柳州地区机构编制委员会办公室、柳州地区事业单位登记管理局分别更名为来宾市机构编制委员会办公室、来宾市事业单位登记管理局,列入来宾市委机构序列,配工作人员8名。

2003年6月,柳州地区事业单位登记管理中心更名为来宾市事业单位登记管理中心,为来宾市事业单位登记管理局管理的副处级事业单位,主要负责事业单位登记管理日常具体工作,核定事业编制

3 名,在职 2 人。12 月,来宾市机构编制委员会办公室(来宾市事业单位登记管理局)增加行政编制 1 名,在编人员 9 人。

2004 年,来宾市事业单位登记管理中心内设登记受理科,对外挂事业单位咨询服务中心牌子。全年有市属党政群机关和事业单位设置机构编制管理员 120 人,

2005 年,来宾市机构编制委员会办公室(市事业单位登记管理局)核定机关编制 10 名,其中行政编制 9 名,事业编制 1 名,实有在职人员 9 人,增设机构编制监督检查科。下设的事业单位登记管理中心(参照公务员法管理单位)核定事业编制 3 名,实有在职人员 3 人。

市编办历任主任:秦翠云(2002 年 12 月—2005 年 12 月)。

县级机构编制委员会办公室

1949—1983 年,境内各县设编制委员会,属同级党委、政府议事协调机构,在组织部配备专职工作人员。1984 年,机构改革,编制委员会办公室设在县劳动人事局,配备专职工作人员。1986 年,劳动人事局分设为劳动局、人事局,编制委员会办公室设在人事局,配备专职工作人员。

1987 年,境内武宣县最早设立隶属于县人民政府直属机构的编制局。1988—1991 年,来宾县、忻城县先后设立编制局。金秀瑶族自治县、象州县、合山市仍为编制委员会办公室,设在人事局,配备专职工作人员。

1993 年开始,来宾县、武宣县、象州县、忻城县、金秀瑶族自治县、合山市等县市先后将编制局或编制委员会办公室统一更名为机构编制委员会办公室。机构编制委员会办公室列入党委机构序列。其中,象州县、忻城县、合山市机构编制委员会办公室主任由人事局长兼任,配备的专职人员为 2~5 人,其他各县则作为政府机构或机构编制委员会的常设办事机构独立设置,人员配备 4~8 人。

1995 年,境内各县(市)先后设立事业单位登记管理中心,为本级机构编制委员会办公室下属事业单位。

2002 年 9 月,撤销柳州地区,设立地级来宾市,原来宾县改为兴宾区。2002—2005 年,兴宾区、合山市、忻城县、武宣县、象州县、金秀瑶族自治县机构编制委员会办公室仍按 2001 年机构改革规定列为本级党委机构序列,共配备工作人员 33 人。

第二节　行政机关和事业单位机构设置

直属机关党政和事业单位机构设置

1950—1965 年,柳州地区(含宜山专区)机构编制工作由地委、行署(专署)领导负责,地委、行署(专署)机构和编制配备设置,由地委、行署(专署)领导根据广西壮族自治区(广西省)文件精神讨论决定,人员编制管理及人员调配由地委组织部(行署人事科)领导掌握,配备的编办专职工作人员负责调出调入人员的登记及编制数和实有人数的年终统计。其间,由于国家实行计划经济,各项工作由党委、政府掌握。至 1965 年底止,柳州地区原专区级国家机构有 58 个;事业机构 15 个。

1966 年“文化大革命”初期,地委及各工作机构受到冲击,运转不正常。1967 年,地委“抓革命、促生产”指挥部成立,代行各机构职能。1968 年,公、检、法军事管制委员会成立,代行公安局、法院、检察院职能。同年,柳州地区革命委员会成立,实行“一元化领导”和“精兵简政”,党政合一。1969 年开始,陆续设置各种大组、小组名称的职能机构。至 1972 年底,柳州地区革命委员会的机构设置有:办事组、政治工作组、生产指挥组、保卫组。此外,还设有“五七”干校、战备办公室。

1973 年 10 月,撤销地区革委会办事组、政治工作组、生产指挥组、保卫组等四大组及内设各小组。设立地区党委、革委办公室、组织部、宣传部、统战部等 30 个机构。1977 年,柳州地区改为自治区派出机构(中共柳州地区委员会、柳州地区专员公署),对部分机构进行调整。

1978 年 10 月 16 日,地委成立纪律检查委员会。11 月 3 日,恢复地区科学技术协会,不另增编,由科委负责科普人员承担相应工作。11 月 25 日,地区妇联更名为自治区妇女联合会办事处。

1979 年 2 月,地区财税局分为财政局、税务局。6 月,设立地区地震办公室,由科委领导(核定编制 2 名)。10 月 17 日,地委组织部对外挂行署人事局牌子,不另增加编制。12 月 28 日,设立地区文学艺术界联合会,与文化局合署办公。1980 年 2 月 14 日,恢复和设立地区档案局(馆)。7 月 10 日,设立地区农业机械推广站(与农机科研所合署办公)。同年,设立柳州地区高级中学(1991 年,更名为柳州地区民族高级中学)。8 月 16 日,成立地委政法委员会。

1981年3月23日,建立地区党史资料征集小组,不配专门编制。随着行署管理事务的不断增多,机构和人员也逐渐增加,至1982年底止,地委、行署工作机构增至53个。

1984年,柳州地区机构改革,地委设6个机构;行署设35个机构;按党章、宪法和人民团体组织章程设置的机构有7个。1986年1月20日,柳州地区编委印发《关于恢复地委政策研究室的通知》将政策研究室列为地委工作部门序列。7月25日,设立地区党委、行署联合信访办公室,列入党委工作部门序列。同日,柳州地区编委下文设立地区档案局,为行署直属局级单位。7月29日,地区劳动人事局分设为劳动局、人事局;8月21日,成立地区土地管理局;8月9日,地区经济体制改革办公室列入行署工作机构。1990年2月,确定侨务办公室为行署工作部门。3月12日,地委办机要科调整为地委机要局,核定编制12名。

1992年3月,成立柳州地区行署财贸办公室(与税收、财政、物价三大检查办公室合署办公)。8月15日,成立地直机关行政事务管理局,列入行署机构序列,人员编制内调。9月17日,地委宣传部增挂“新闻出版管理办公室”牌子。10月27日,柳州地区修志指导小组办公室改为“柳州地区行政公署地方志研究室”。至1995年底止,根据上级文件和自身工作需要,党政群机关分别增设老干部局等16个机构,加上原有35个,共计51个党政机构。

1996年5月,柳州地区再次进行党政机构改革。地委设7个机构;行署设31个机构(不含人大、政协、工、青、妇、科协、侨联、法院、检察院),撤销原设置的财贸办公室,将商业局、二轻局、物资局改为经济实体,环保局改为环保办公室,档案局(馆)、技术监督局、广播电视局、体育运动委员会、农业机械化管理局、对外经济贸易委员会、蔗糖生产办公室、接待处、旅游局、经济技术协作办公室等改为行署直属事业单位。

2001年,柳州地区党政机构改革,地委设8个机构;行署设27个机构;议事协调办事机构9个。

2002年10月,根据《国务院关于同意广西壮族自治区撤销柳州地区设立地级来宾市并调整柳州市行政区划的批复》(国函〔2002〕88号)文件精神,撤销柳州地区设立地级来宾市的工作开始组织实施。

2002年11月19日,自治区人民政府下发《关于撤销柳州地区设立地级来宾市并调整柳州市行政区划有关问题的通知》(桂政发〔2002〕58号),进一步明确撤地设市区划调整事项:一是撤销柳州地区和来宾县,设立地级来宾市和兴宾区;二是来宾市辖兴宾区和原柳州地区忻城县、象州县、金秀瑶族自治县、武宣县。原柳州地区的县级合山市属自治区直辖,由来宾市代管。原来宾县的行政区域为兴宾区行政区域。古亭山经济技术开发区整体划归柳州市。

2002年11月28日自治区党委、自治区人民政府下发《关于地级来宾市党政机构设置和人员编制方案的通知》(桂委会〔2002〕243号),同意来宾市党政机构设置共40个(其中党委工作机构8个、政府工作机构32个;既是党委工作机构又是政府工作机构1个)。

市委工作机构设置8个:原柳州地委办公室、组织部、宣传部、统一战线工作部、政法委员会、政策研究室、直属机关工作委员会、机构编制委员会办公室,分别整体移位并更名为中共来宾市委员会办公室、组织部、宣传部、统一战线工作部、政法委员会、政策研究室、直属机关工作委员会,市机构编制委员会办公室。市机构编制委员会办公室为市委机构编制委员会的常设办事机构,既是市委的工作机构又是市人民政府的工作机构,加挂来宾市事业单位登记管理局牌子。

中共柳州地区纪律检查委员会整体移位并更名为中共来宾市纪律检查委员会(与监察局合署办公);中共柳州地区委员会、柳州地区行政公署信访办公室整体移位并更名为中共来宾市委员会、来宾市人民政府信访办公室,由市委办公室领导;中共柳州地区老干部局整体移位并更名中共来宾市委员会老干部局,由市委组织领导;中共柳州地区委员会保密委员会整体移位并更名为中共来宾市委员会保密委员会。中共柳州地区委员会保密委员会办公室(柳州地区国家保密局)、中共柳州地区委员会机要局、中共柳州地区委员会督查室分别整体移位并更名为中共来宾市保密委员会办公室(来宾市国家保密局)、中共来宾市委员会机要局、中共来宾市委员会督查室,均在市委办公室挂牌。

中共柳州地区委员会精神文明建设委员会(办公室)整体移位并更名为中共来宾市精神文明建设委员会(办公室),在市委宣传部挂牌。

中共柳州地区委员会台湾工作办公室(柳州地区行政公署台湾事务办公室)、柳州地区行政公署宗教事务办公室分别整体移位并更名为中共来宾市委员会台湾工作办公室(来宾市人民政府台湾事务办公室)、来宾市宗教事务办公室,均在市委统一战线工作部挂牌。

柳州地区社会治安综合治理委员会、柳州地区处理法轮功问题领导小组分别整体移位并更名为来宾市社会治安综合治理委员会、来宾市处理法轮功问题领导小组。柳州地区社会治安综合治理委员会办公室、柳州地区处理法轮功问题领导小组办公室分别整体移位并更名为来宾市社会治安综合治理委员会办公室、来宾市处理法轮功问题领导小组办公室。社会治安综合治理委员会办公室在市委政法委员会挂牌，处理“法轮功”问题办公室挂靠市委政法委员会。

中共柳州地区委员会档案馆（柳州地区档案局）整体移位并更名为中共来宾市委员会档案馆（来宾市档案局）。

市政府工作机构整体移位并更名的32个：来宾市人民政府办公室；原柳州地区发展计划局、经济贸易局、民族事务局、建设局、计划生育局分别整体移位并更名为来宾市发展计划委员会、经济贸易委员会、民族事务委员会、建设与规划委员会、计划生育委员会；原柳州地区教育局、科学技术局、公安局、监察局、民政局、司法局、财政局、人事局、劳动和社会保障局、水利局、农业局、对外贸易经济合作局、文化局、卫生局、审计局、环境保护局、统计局、林业局、水产畜牧局、粮食局、对外侨务办公室分别整体移位并更名为来宾市教育局、科学技术局、公安局、监察局、民政局、司法局、财政局、人事局、劳动和社会保障局、水利局、农业局、对外贸易经济合作局、文化局、卫生局、审计局、环境保护局、统计局、林业局、水产畜牧局、粮食局、对外侨务办公室。来宾市科学技术局加挂来宾市知识产权局牌子；原柳州地区广播电视局、体育事业局、旅游局分别整体移位并更名为来宾市广播电视局、体育局、旅游局，并由行署直属事业单位调整为市政府工作机构。撤销和新设立的机构：设立来宾市新闻出版局、来宾市市政管理局，为市人民政府工作机构。撤销柳州地区新闻出版（版权）管理办公室。

原柳州地区安全生产监督管理局整体移位并更名为来宾市安全生产监督管理局（副处级），加挂市安全生产委员会办公室牌子，由来宾市经济发展委员会管理；挂牌机构：原柳州地区行政公署法制办、调解处理土地山林水利纠纷办公室和物价局、乡镇企业管理局分别整体移位并更名为来宾市法制办公室、调解处理土地山林水利纠纷办公室和物价局、乡镇企业局，分别在市政府办公室、市发展计划委员会、市农业局挂牌；设立来宾市移民办公室，在水利局挂牌。上述挂牌机构相对独立行使其职能，重大问题由所在挂牌的部门党组决定。

设立来宾市驻柳州管理处，为市委、市政府直属正处级行政机构。驻外机构：设来宾市驻北京办事处、来宾市驻上海办事处，由市政府办公室管理。所需行政编制在下达给市政府行政编制总量中解决。

议事协调及办事机构9个：人民防空办公室，扶贫开发领导小组办公室、蔗糖生产领导小组办公室、水果生产领导小组办公室。人民防空办公室，扶贫开发领导小组办公室使用行政编制，蔗糖生产领导小组办公室、水果生产领导小组办公室属地方自设议事协调机构，使用事业编制；来宾市国防经济动员办公室、交通战备办公室为办事机构，分别设在市发展计划委员会、市交通局；来宾市城镇住房制度改革委员会办公室、老龄工作委员会办公室、森林防火指挥部办公室为办事机构，分别设在市人民政府办公室、市民政局、市林业局，使用事业编制。

人大、政协、法院、检察院和群团机关按有关法律和规定设置。

其他机构：柳州地区供销合作社整体移位并更名为来宾市供销合作社，为农民的合作经济组织。柳州地区公安交通管理局（柳州地区公安局交通警察支队）整体移位并更名为来宾市公安交通管理局（来宾市公安局交通警察支队），其管理体制等维持不变。

政府直属事业单位整体移位的有：市农业机械化管理中心、经济技术协作招商办公室。原柳州地区行政公署接待处整体移位并更名为中共来宾市委员会、来宾市人民政府接待办公室。来宾市防震办公室为副处级直属事业单位设置。

2003年，新建来宾市组织机构框架基本构建后，市委、政府考虑到地级来宾市设立后，作为一级政权，实现了由自治区派出机构的管理方式向城市管理方式的转变，其领导地位和管理职能发生了变化，因此，便着手调整市与城区职责权限，市委、市政府在充分征求意见和吸取兄弟城市经验的基础上，先后于2003年1月、4月、7月下发《中共来宾市委　来宾市人民政府关于来宾市与兴宾区事权划分的意见》（来发〔2003〕1号）、《中共来宾市委　来宾市人民政府关于来宾市与兴宾区部分部门事权划分的意见》（来发〔2003〕33号）、《中共来宾市委　来宾市人民政府关于上划兴宾区有关卫生事业单位的通知》（来发〔2003〕49号）等3个文件，提出了市与城区事权划分意见,明确了市、区职责权限。地级来宾市主要承担建设中心城市和领导一区五县(市)双重职能。兴宾区的主要工作是面向街道、社区和乡镇、农村,实行城区带动乡镇的管理体制。城市规划、经济综合管理等要以市管理为主,城市的社会服务原则以城区为主。根据市与城区的事权调整,先后将兴宾区环保局、物价局、旅游局、民族事务局、公安局、国土资源局分别上收市环保局、市物价局、市旅游局、市民族事务委员会、市公安局、市国土资源局管理,兴宾区公安局和国土资源局上划来宾市后改称为分局。原柳州地区直属136个事业单位统一更改为来宾市事业单位,同时,将兴宾区部分事业单位上收市级整合管理,上收兴宾区城建监察大队、市容环境卫生管理所、园林所、规划监察大队、建设工程质量监督站、城乡建设规划室、房地产管理所、环保监理所、环保监测站、土地勘测服务所、土地监察大队、地产开发公司、一中、教师进修学校、职业中学、民族中学、卫生防疫站、卫生监督所、人民医院、中医院、妇幼保健院、卫生成人中等专业学校、卫校附属医院、皮肤病防治站、物价所、广播电视局、动物检疫站、殡仪馆、文化稽查队、招生办公室、住房资金管理中心共31个事业单位;撤销市交通基建工程处;成立来宾市农村党员干部科技培训中心(核定编制6名)、驻柳管理处后勤服务中心(核定编制13名)、来宾市殡仪馆(核定编制17名)、来宾市社会福利院(核定编制8名)、来宾市救助站(核定编制3名)、来宾市城乡低保工作办公室(核定编制2名)、来宾市公墓管理处(核定编制3名)、来宾市建设工程交易中心(核定编制3名)、来宾市城市规划建设监察管理支队(核定编制36名)、来宾市建筑安装工程劳动保险费管理办公室(核定编制3名)、来宾市城市建设档案馆(核定编制2名)、来宾市房产管理局(核定编制15名)、来宾市土地储备中心(核定编制10名)、来宾市征地办公室(核定编制20名,含土地开发管理中心)、来宾市国土资源执法监察支队(核定编制22名)、来宾市国土资源市场交易中心(核定编制10名)、来宾市国土资源信息技术服务中心(核定编制5名)、来宾市路灯管理所(核定编制7名)、来宾市燃气管理站(核定编制3名)、来宾市环境卫生管理所(暂不核定编制,上收252人)、来宾市园林所(暂不核定编制,上收75人)、来宾市城建监察支队(暂不核定编制,上收60人)、广西壮族自治区大瑶山国家级自然保护区管理局(核定编制45名)、来宾市军粮供应中心(核定编制3名)、来宾市经济信息中心(核定编制2名)、来宾市财务总监(核定编制3名)、来宾市农产品检测中心(核定编制4名)、来宾市党员电化教育中心(核定编制2名)、来宾市墙体材料改革办公室(核定编制3名)、来宾市财政信息中心(核定编制3名)、来宾市人大常委会办公室机关后勤服务中心(核定编制8名)、来宾市政协办公室机关后勤服务中心(核定编制6名)、来宾市委办公室机关后勤服务中心(核定编制15名)、来宾市政府办公室机关后勤服务中心(核定编制20名)共34个事业单位。年内,根据《关于来宾市相当副处级事业单位机构设置的通知》(来编[2003]55号)文件,确定中共来宾市委党校、中共来宾市委党史研究室(来宾市地方志办公室)、来宾市档案局(来宾市档案馆)、来宾市经济技术协作招商办公室、来宾市委市政府接待办公室、来宾市农业机械化管理中心、来宾市农业科学研究所、桂中日报社为相当正处级事业单位;确定来宾市地震局、来宾市人才交流服务中心、来宾市公安局交通警察支队(来宾市公安交通管理局)、来宾市农村经济经营管理处、来宾市科学技术情报研究所、来宾市地质勘察院、来宾市妇幼保健院、来宾市人民医院、来宾市就业服务中心、来宾市综合设计院、来宾市电视台、来宾市民族歌舞剧团、来宾市群众艺术馆、来宾市卫生学校、来宾市师范学校、来宾市经济干部学校、来宾市技工学校、广西广播电视大学来宾市分校、来宾市机电工程学校、来宾市公路管理处、来宾市航务管理处、来宾市公路运输管理处、来宾市事业单位登记管理中心为副处级事业单位。

2004年2月3日,按照自治区党委、自治区人民政府统一部署,来宾市机构改革于2月下旬全面启动。根据《自治区党委办公厅、自治区人民政府办公厅关于印发〈来宾市党政机构改革方案〉的通知》(桂办发〔2004〕20号)和《中共来宾市委 来宾市人民政府关于市直机构改革的实施意见》(来发〔2004〕20号)制定了《中共来宾市委 来宾市人民政府关于市委和市人民政府机构设置的通知》(来发〔2004〕26号)文件,重新调整了部分机构设置:一是组建市人民政府国有资产监督管理委员会为市人民政府直属的正处级特设机构;二是将市发展计划委员会改组为市发展改革委员会,保留市物价局牌子及印章;三是撤销市经济贸易委员会,组建市经济委员会。将经济贸易委员会的工业规划技术改造委员会进行整合后划入市经济委员会,市经济委员会加挂市中小企业局牌子。不再保留挂在市农业局的市乡镇企业管理局牌子;组建市商务局为市人民政府工作部门，将市经济贸易委员会的内、外贸管理职能划入市商务局。撤销市对外贸易经济合作局；将市安全生产监督管理局由部门管理机构改为市人民政府工作部门，加挂煤矿安全监察局牌子；将市计划生育委员会更名为市人口和计划生育委员会。

调整后市委工作机构保留8个：纪律检查委员会机关（不计入机构个数）、办公室、组织部、宣传部、统一战线工作部、政法委、政策研究室、机构编制委员会办公室、直属机关工作委员会。

纪律检查委员会机关与监察局合署办公。在市委工作部门挂牌机构共6个，其中市委办公室加挂保密委员会办公室（市国家保密局）、机要局、督查室牌子；市委宣传部加挂精神文明建设委员会办公室牌子；市委统一战线工作部加挂台湾工作办公室（市人民政府台湾事务办公室）、宗教事务局牌子；合署办公机构1个，社会治安综合治理委员会办公室与市委政法委员会合署办公；610办公室是来宾市处理法轮功问题领导小组的常设办事机构，挂靠市委政法委。机构编制委员会办公室为机构编制委员会的常设办事机构，既是市委的工作机构，又是市人民政府的工作机构，加挂事业单位登记管理局牌子；老干部局由市组织部领导；市委、市人民政府信访办公室，由市委办公室领导。档案局和档案馆维持局馆合一体制。

政府工作部门设置33个：办公室、发展和改革委员会、经济委员会、教育局、科学技术局、民族事务委员会、公安局、监察局、民政局、司法局、财政局、人事局、劳动和社会保障局、国土资源局、建设与规划委员会、交通局、水利局、农业局、商务局、文化局、卫生局、人口和计划生育委员会、审计局、环境保护局、广播电视局、体育局、统计局、新闻出版局、林业局、安全生产监督管理局、旅游局、粮食局、水产畜牧局、市政管理局、外事侨务办公室。（其中监察局、外事侨务办公室不计入机构个数）。

直属特设机构1个：政府国有资产监督管理委员会。

议事协调机构4个：人民防空办公室、扶贫开发领导小组办公室、蔗糖生产领导小组办公室和水果生产领导小组办公室。

直属事业单位6个：农业机械化管理中心、市委市人民政府接待办公室、招商促进局、机关事务管理局、住房公积金管理中心（副处级）、地震局（副处级）。

来宾市驻柳州管理处为市委、市人民政府直属正处级机构。

市人民政府办公室加挂市法制办公室、市调解处理土地山林水利纠纷办公室牌子；市发展和改革委员会加挂市物价局牌子；市水利局加挂市移民办公室牌子；市经济委员会加挂市中小企业局牌子；市科学技术局加挂市知识产权局牌子；市安全生产监督管理局加挂市煤矿安全监察局牌子；市新闻出出版局加挂市版权局牌子。

此次机构改革有效地解决好行政管理体制中存在的一些突出矛盾和问题，把相同和相近的职能交由一个部门承担，克服了多头管理，政出多门的弊端，改进了政府管理方式，有效提高了行政效率和工作效率。

2004年，市委决定，上收中共兴宾区委员会党校（编制26名，在职23人）、来宾铁路中学（编制90名，在职84人，2005年更名实验中学），来宾铁路幼儿园（编制14名，在职13人，2005年更名机关幼儿园）三个单位由市委、市人民政府管理。撤销来宾市财务总监；撤销来宾市经济技术协作招商办公室，设立来宾市招商促进局（加挂投资投诉中心牌子，维持原编制不变）；设立水土保持监测分站（核定编制3名）、政府办公室机关老干部服务所（核定编制3名）、福利彩票发行中心（核定编制3名）、防洪排涝工程管理处（不核定编制，在水利工程管理站挂牌）、市委机关离休老干部服务室（核定编制3名）5个机构。

2005年，市级党政群机关机构变化情况：6月23日，根据中共来宾市委、来宾市人民政府决定，市编委下文，撤销来宾市人民政府驻上海联络处。8月22日，为了加快来宾市社会和经济发展，中共来宾市委决定，分别组建来宾市工业区管理委员会和来宾市八一工业园区管理处，作为市人民政府派出机构，赋予一定的行政职能；根据《关于明确市贸促支会（市国际商会）机构编制问题的批复》（来编〔2005〕10号文）件，设立来宾市贸促支会。事业单位的变化情况是：9月14日，按照来宾市和柳州市人民政府协议，来宾市农业科学研究所（原柳州地区农业科学研究所）成建制整体划归柳州市管理。同年，设立来宾市高级中学（核定编制98名）；设立来宾市城乡规划设计院（核定编制45名）、来宾市国库支付中心（同时撤销市统一发放工资中心）。撤销来宾市经济律师事务所。将柳州财经学校并入柳州师范高等专科学校（编制共471名）。截至2005年底，市级党政群机关机构总数为74个，其中，党委机关机构10个，人大机关机构9个，政府机关机构38个，政协机关机构7个，群团机关机构9个，民主党派1个。市级事业单位总数198个，其中，财政全额拨款单位146个,差额拨款单位14个,自收自支单位38个。市级政法系统机构总数4个。

县(市、区)行政机关和事业单位机构设置

1950—1965年,境内各县机构编制按柳州地区(宜山地区)党委、专员公署下达的规定执行。1966年,各县各工作机构受冲击,运转不正常。1967年,各县成立"抓革命、促生产"指挥部,代行各机构职能。1968年,成立公、检、法军事管制委员会,代行公安局、法院、检察院职能,同年成立革命委员会,实行"一元化领导""精兵简政",党政合一。1969年开始设置各种"大组、小组"职能机构。至1972年3月,各县革命委员会的机构设置有:办事组;保卫组;政工小组;生产指挥组。另设:县直党总支、战备办公室、"五七"干校。1973年,各县逐步撤销办事组、保卫组、政工组、生产指挥组等四大组及内设的各小组。至1976年元月,各县按柳州地区党委、革委会规定,统一设置党委、革委办公室等37个机构。1978年7月,各县成立人事局,与组织部合署办公。1979年2月,将各县财税局分设为财政局、税务局,编制自行调整。5月,县级计量所为同级革委会职能部门,委托科委代管。6月,各县设立地震办公室,由科委领导,配2人。8月,各县成立统计局。10月,将各县农村部、工交部、财贸部改为县革命委员会领导下的农业办公室、经济委员会、财贸办公室。12月,设立各县文学艺术界联合会(与文化局合署办公)。1980年2月,各县恢复和建立档案局(馆)。1981年3月,建立各县党史资料征集小组,不配专门编制。4月11日,各县成立畜牧水产局。8月,各县设立司法局,配4~5人。12月7日,自治区编委下达《关于合山市机构设置和人员编制的通知》,暂设办公室和若干个组。自此设立的合山市由柳州地区代管,同时,将柳江县、柳城县划归柳州市管辖。至此,柳州地区管辖来宾县、融水苗族自治县、忻城县、武宣县、象州县、鹿寨县、融安县、三江侗族自治县、金秀瑶族自治县共九个县,代管合山市。

1984年5月,中共柳州地委批复所辖县(市)党政群机构改革方案,各县(市)委机构统一设置:办公室、组织部(内设老干部科)等29个机构,其中7个非民族县设28个政府工作部门(不设民族事务委员会),合山市设22个政府工作部门。此外,按党章和宪法设置:纪律检查委员会、人大常委会、政治协商委员会、检察院、法院、直属党委;按章程设置:总工会、共产主义青年团、妇女联合会、科学技术协会。改为事业单位的有:党史资料征集委员会、县志编纂办公室,档案科改档案馆、经营管理科改为经营管理站、计量所属经委领导。

1996年,各县(市)党政群机构和乡镇机构改革。县(市)党政机构共设301个(不含按宪法和章程设置的90个机构)。2001年,各县(市)再次进行机构改革和乡(镇)事业单位改革。改革后县(市)党政机构设置245个(不含按宪法、法律和章程设置的90个),比原有301个减少56个,精简15.3%。

2002年,撤销柳州地区,设立地级来宾市,撤销来宾县、设立兴宾区。兴宾区党委工作机构设置6个;兴宾区人民政府工作机构共设23个。

2004年,各县(市、区)机构改革严格按照自治区的要求和市委、市人民政府的统一部署,各县(市、区)的机构改革与市级的同步进行,同步完成。这次机构改革,各县(市、区)党委机构设置没有变动,改革前后均为8个。对县(市、区)人民政府工作机构进行适当统一调整,对部分机构进行撤并,将各县(市、区)的发展计划局改组为发展和改革局。忻城县、武宣县、合山市、象州县的发展和改革局保留县物价局牌子及印章。金秀瑶族自治县的发展和改革局保留统计局、物价局的牌子和印章;保留各县(市、区)经济贸易局,不再保留挂在各县农业局的县(市、区)乡镇企业局牌子,其行政管理职能划入各县(市、区)经济贸易局,并明确各县(市、区)经济贸易局实行工业、内外贸易与经济合作的统一管理。将县(市、区)安全生产监督管理局由经贸局管理改为县(市、区)人民政府工作部门,加挂安全生产委员会办公室牌子。合山市加挂煤炭监察局牌子。将各县(市、区)计划生育局更名为市人口和计划生育局。

经上述调整,各县(市、区)政府工作机构设置共123个,其中,象州、武宣、忻城、合山、兴宾政府机构设置分别为21个,金秀瑶族自治县政府工作机构为18个。议事协调机构1个。此外,各县(市、区)分别设置招商促进局为各县(市、区)政府直属相当于正科级事业单位,加挂投资投诉中心牌子,负责承办对内对外招商引资工作,同时撤销各县(市、区)经济技术协作招商办公室。

2005年6月22日,金秀瑶族自治县撤销七建乡,整建制并入桐木镇;忻城县撤销宁江乡,整建制并入城关镇;武宣县撤销河马乡、马步乡,整建制分别并入东乡镇、武宣镇;兴宾区撤销北五乡、大理乡、溯社乡,整建制分别并入凤凰镇、迁江镇、平阳镇,撤销来宾镇,分设城北、城东、河西三个街道办事处,撤销乡

镇事业单位64个。7月7日，国土资源管理体制实施改革，兴宾区20个乡镇国土资源管理所上收来宾市人民政府管理，为来宾市国土资源局的派出机构，委托兴宾区国土资源分局管理，各县（市）所辖乡镇国土资源管理所分别上收，作为县（市）国土资源局的派出机构。同时，在市、县（市、区）、乡镇分别设立国土资源执法支队、大队和中队。忻城县环境保护局、审计局改为县政府工作机构，县政府工作机构增加到23个（粮食局、监察局不计机构个数）。据统计，2005年底，县（市、区）级党政群机关机构总数为265个，其中，党委机关机构48个，人大机关机构8个，政府机关机构149个，政协机关机构8个，群团机关机构43个，民主党派机关机构6个，兴宾区街道办事处3个。乡（镇）机关机构总数66个；县（市、区）级事业单位总数为843个，其中，财政全额拨款单位574个，差额拨款单位84个，自收自支单位182个，企业化管理事业单位3个。乡（镇）级事业单位总数1491个，其中，财政全额拨款单位1345个，差额拨款单位86个，自收自支单位59个，企业化管理事业单位1个；县级政法系统机构总数为23个。

第三节 行政机关和事业单位机构编制管理

1950—1955年，机构编制设置确定根据社会工作和经济建设需要而定。为加强编制管理。1956年11月，中共宜山地委桂西僮族自治州下发文件要求各县人民委员会配编制管理干部一人；成立编制委员会，设主任1人，副主任1~2人，兼职委员5~7人。1957—1958年人员不断增加，至1959年6月柳州地专机关总编制达721人，县级机关总编制为7756人。党政群机构设置36个（含政法）。

1959年8月，为克服在机构设置和人员编制工作中不合理现象。柳州地委组织部印发自治区编委《关于组织机构人员编制暂行管理办法（草案）（征求意见稿）》，并在9月召开会议上强调要求各级机构编制在上级统一领导下，实行分级管理不得相互挤占；要健全编委组织和落实专人负责编制工作；建立编制工作管理制度。

1960年，按上级精简规定，确定地专一级机构精简为32个，精简12.5%，干部总数由2740人精简为1367人，精简50.65%。1961年确定县级党政群机构设置29个，编制4711人，精简32%。

1961年5月，柳州地委组织部制订《关于组织机构人员编制管理暂行办法》要建立健全编委会。

1962年，按上级规定，再次明确规定柳州地委机构设置7个，群团机构设3个，专员公署机构设置22个，行政编制总数410名；县级党委机构每县一律设置7个，县人委机构每县设15个，群团机构每县设3个，并于1963年下达17个县级行政编制3680名。1965年底，柳州地区直属机关总人数已达918人，超编100.3%，所辖11个县级总人数为4169人超编13%，乡镇总人数为6430人。

1966年“文化大革命”开始，至1972年，机构编制工作受到冲击，各种机构一律冠以组或小组名称。各级编制管理机构名存实亡，人员编制管理处于无序状态，党政群人员使用不按实际需要确定。随着形势发展，为扭转机构编制管理的无序状态，1973年3月，柳州地区革委会决定恢复成立编制委员会至年底，柳州地区直属党政群（含政法）机关人数为808人，所辖11个县级总人数为4750人，乡镇级为3236人。1974—1975年随着各项工作逐步恢复和正常开展，机构和人员编制逐步增加，至1976年底，柳州地区直属党政群（含政法）机关为933人，所辖11个县级总人数为5354人，乡镇级为3610人。

“文化大革命”结束后，1977年开始，为保证各级党政群各项工作有序进行和正常运转，党政群机构全面恢复“文化大革命”前的机构名称，人员编制逐步增加，至1978年底，县、乡两级总人数分别为10474人和9586人。为遏制机构编制不断膨胀，1981年，柳州地委发文调整编制委员会，要求各县均恢复成立编制委员会，做好机构编制工作。

1987年6月，为理顺县、乡之间机构编制关系，柳州地区编委下文，明确乡镇党政机构人员编制配备按大乡镇37名、中等乡镇34~36名、小乡镇31~33名以及配8名领导职务（含委员）的规定执行，规范乡镇机构编制管理。

1989年，柳州地区编委分别印发《关于暂停办理地直党政群机关、事业单位增设机构、增加人员编制有关问题的通知》和《关于做好地直机关、事业单位人员编制和工资基金相结合管理工作的通知》等文件，要求全地区各级编制和财政部门相互配合，财政部门按编制人数发放工资的办法控制人员增长过快势头，并停止办理增加机构编制事项。

1990年，柳州地区编委下发《继续严格控制机构编制膨胀、压缩超编人员的通知》，加强事业单位管理。机关和事业单位人员数与上年比没有增加。

1991年，柳州地区印发《关于分配下达1991年事业单位编制增长计划控制指标的通知》，规定在1990年全地区事业编制数位61767名的基础上，1991年增长计划控制为1496名，年底实际使用指标为1324名，占计划的90%，空置率为10%。年内，印发《关于进行机构编制调整登记工作的通知》。1992年，柳州地区根据实际，印发《关于建立事业单位档案工作的通知》《进一步做好〈机构编制管理证〉工作的通知》，至年底，基本建立了全地区4131个事业单位共6万多人的机构编制档案。

1994年，柳州地区印发《关于控制地直党政机关机构编制和人员调配管理的意见》《关于地直党政机关执行取编进人制度及有关问题的通知》《关于在地直机关实行节编减人予以财政奖励的通知》等多个文件，执行"先取编、后进人"制度和单位每年节约一名编制奖励1000元的措施（当年财政拿出5.9万元的节编奖奖给20个空编节编单位）。

1997年，柳州地区继续开展机构改革后续的"三定"工作和富余人员分流安排以及群团等机构方案实施工作，加强机构编制管理，印发《关于严格控制机构编制膨胀和加强机构编制管理的通知》。

1999年，柳州地区开展乡镇不在编人员分流试点工作，至年底，全地区共分流162人（除教育系统外）。印发《关于进一步加强机构编制人员管理的通知》，坚持集体讨论和"一支笔"审批以及"先取编、后调配"制度。至年底，地直党政机关空编69名，事业单位空编370名，机构编制管理工作走上新台阶。

2001年9月6日，自治区党委、自治区人民政府下发《关于柳州地区党政机构改革方案的通知》（桂委会〔2001〕162号），批准柳州地区的《党政机构改革方案》，核定地区本级机关行政编由909名减为694名，精简23.7%，实有人数737人。地区政法系统专项编制按10%精简。

2001年9月27日，地委办、行署办印发《柳州地区地直机关核定编制定岗定员实施办法的通知》（柳地发〔2001〕63号），要求各部门的"三定"要在核定编制的基础上按照"精简、统一、效能"的原则和职位分类的要求，科学合理地设定岗位。

2002年10月，撤销柳州地区设立地级来宾市的机构编制调整工作开始组织实施。按照精简、统一、效能的要求，自治区下达来宾市机关行政编制1313名（含兴宾区机关行政编制，不含政法专项编制），兴宾区所辖乡镇机关行政编制800名；财政拨款和靠各类规费、行政事业性收费供养的乡镇事业单位（不含中小学、卫生院）事业编制1218名。政法专项编制总数937名，其中：法院政法专项编制222名；检察院政法专项编制140名，公安政法专项编制485名；司法政法专项编制90名。

2003年，市编办研究提出加强机构编制管理工作的意见和建议，得到市委、市政府和市编委的高度重视，先后下发《中共来宾市委办公室、来宾市人民政府办公室关于认真贯彻自治区党委办公厅、自治区人民政府办公厅通知精神切实加强我市机构编制管理工作的通知》（来办〔2003〕128号）、《中共来宾市委、来宾市人民政府关于机构编制管理的规定》（来发〔2003〕55号）等文件，进一步完善机构编制审批制度，明确机构编制审批程序和审批权限。兴宾区、象州县、忻城县也分别下发了有关加强机构编制管理工作的文件。市纪委、市编办、市监察局联合下发《关于进一步加强对派驻市直机关纪检监察机构人员编制管理的通知》（来纪发〔2003〕16号文件），理顺了纪检监察机构人员编制管理体制。市委组织部、市编办、市人事局联合下发《关于严格按职数配备领导干部的通知》（来组通〔2003〕58号）文件，要求各级各部门严格贯彻执行中央、自治区关于按职数配备领导干部的有关规定，不得超职数配备领导干部、擅自增设领导职位和高定干部的职级待遇。2003年，制定出台《来宾市机关事业单位个人编制证制度》，给全市机关事业单位在职在编干部职工核发《个人编制证》，实行一人一证管理，落实了广大干部群众对人员编制管理的知情权、参与权和监督权，调动干部群众参与监督的积极性，增强监督实效，着力解决编制混用、混编混岗问题。2003年，市委、市人民政府先后分别以来发〔2003〕1号、来发〔2003〕33号、来发〔2003〕49号等3个文件提出了事权划分意见，明确了市、区职责权限。按照事权划分意见，从兴宾区整体上划市管理的职能部门7个，上划市有关部门管理的事业单位25个，并对兴宾区有关部门的部分管理职能进行了上划调整。通过事权划分，明确了市与区的责、权、利，建立起新的管理体制和新的工作运行机制，从而大大增强了中心城市的辐射功能，充分调动了市、区两级的积极性，有力地促进了城乡经济协调发展。市级机构规模从原来的56个增加到65个，其中，党委工作部门9个，政府工作部门32个，群团组织13个，政府直属事业单位11个，行政编制由原来的895名增加到1066名。事业单位由原来148个增加到195个，事业编制由原来5618名增加到6642

名，从兴宾区上划人员共3200多人。

2003年，根据自治区编委《关于调整来宾市行政编制的通知》精神，从来宾市连人带编调整35名行政编制到柳州市，按桂编办发〔2003〕37号文增加军转编制1名。至2003年底，来宾市市直党政群机关编制1061名(其中行政编制896名、按行政编制10%核定工勤事业编制93名、按规定允许地方安排事业编制的部分群团机关、议事协调机关等核定编制72名)，实有人数953人，空编108名；市直政法编制1136名(其中，专项编制734名、公安交警地方编制402名)，实有人数757人，空编77名；市直事业单位编制6010名，实有人数5377人，空编633名。

2004年，来宾市出台《机构编制责任追究制度》，明确了责任追究对象、责任追究内容和责任分工问题。继续对全市各机关、事业单位在编人员核发《编制证》，落实一人一证管理。年内，理顺了市国土资源局兴宾分局的管理体制和村镇规划建设管理职能。2004年，按桂编办发〔2004〕30号文增加军转编制1名，桂编办发〔2004〕50号文增加军转编制2名。截至2004年底，来宾市市直党政群编制1063名(其中行政编制899名、工勤事业编制106名、按规定允许地方安排事业编制的部分群团机关、议事协调机关等核定编制58名)，实有人数967人。各县(市、区)党政群编制2569名，实有2595人。乡镇机关机构总数为74个，编制总数为2419名，在职人数为2229人；市直政法系统机构总数为4个，编制总数为1064名(其中，专项编制746名、公安地方编制318名)，实有人数959人。各县(市、区)政法系统机构总数为23个，编制总数为1629名，实有人数为1444人；市直事业单位机构总数为178个，编制总数为6350名，实有人数为5887人。各县(市、区)事业单位总数3442个，编制总数为39647，实有人数为36225人。街道办事处、乡镇事业单位总数2731个，编制总数为25706名，实有人数为22306人。

2005年，来宾市出台《来宾市机构编制管理责任追究制度》，明确了各级各部门领导尤其是党政一把手及其班子在机构编制管理工作中的职责、应予追究责任的行为及领导干部违反机构编制纪律应追究的责任。年内，根据桂发〔2005〕10号文件精神，按照市委、市政府的部署，机构编制部门加强与组织、人事、民政、财政等部门的协调配合，征求各县(市、区)党委、政府意见，综合考虑各地经济社会发展实际需要，对5个县、区的8个乡镇进行撤并，核销了128名事业编制。

2005年，根据桂编办发〔2005〕82号文，来宾市增加军转编制2名，用于接收安置军转干部。自定事业编制减少5名，工勤编制减少3名，下设机构类别为“其他”的单位编制减少1名。截至2005年底，市级党政去机关机构总数为74个，编制总数为1057名，在职人员总数971人。县级党政群机关总数为265个，编制总数为2616名，实有人数为2744人。乡镇机关机构总数66个，编制总数2392名，在职人数2122人；市直政法系统机构总数为4个，编制总数为1216名，实有1102人。县级政法系统机构总数为23个，编制总数为1665名，实有人数为1473人；市直事业单位机构总数为198个，编制总数为6270名，实有人数为5635人。县级事业单位总数为843个，编制总数为15499名，在职人数为15679人。乡镇级事业单位总数为1491个，编制总数为24351名，在职人数为20254人。

第四节　事业单位登记管理

2003年，全市各级编办共办理1686个事业单位的年检。市编办对新设立的条件成熟的事业单位和调整上划的事业单位，及时给予办理法人初始及变更登记，共办理市本级事业单位法人初始登记52个，变更登记108个。

2004年，来宾市事业单位登记管理局继续抓好事业单位登记年检工作，至4月底止，全面完成全市1689个应检单位的2003年年度检验工作，年检率和合格率均为100%。持续抓好事业单位有关人员的业务培训工作。9月初，市直事业单位142人参加事业单位登记管理工作业务知识培训班。2次组织人员对所辖县(市、区)事业单位登记管理工作进行检查，全市各级事业单位登记管理检查定量自评分数平均达98分以上。2004年，来宾市事业单位登记管理局被广西壮族自治区机构编制委员会办公室评为“全区事业单位登记管理工作先进单位”。

2005年，对市直158个事业单位进行2004年度年检工作。至5月底，年检154个，年检率和合格率为97%。2005年，全市共举办11期事业单位经办人员技能培训班，参加培训的人员共288人，其中，市直事业单位130人，县(市、区)158人。年内，全市举办3期县(市、区)事业单位法定代表人培训班，并对265个事业单位法定代表人颁发合格证书。同时按规定选送6名副处级事业单位的法定代表人到广西壮族自治区参加培训。

第二章　人　事

中华人民共和国成立后，各县先后设立县委组织部和县劳动、人事局主管人事工作。“文化大革命”期间，境内各县人事、劳动业务由县生产指挥部政工组组织开展。1984年机构改革后，境内部分县(市)人事局与劳动局合并，机构更名为劳动人事局。境内各县人事部门贯彻执行“统筹安排、合理使用，面向基层和教育第一线”的方针，按照“学以致用人尽其才”的原则进行分配大中专毕业生。对国家不包分配的大中专毕业生实行聘用合同管理。1999年，境内6个县(市)事业法人单位进行人事制度改革试点，以聘用合同制和岗位职务聘任合同制为突破口，坚持公开、平等、竞争、择优原则，全方位引入竞争激励机制，建立人员能进能出、岗位职务能上能下、工资待遇能高能低的充满生机活力的新的用人机制。1997年10月，各县(市)在行政机关中推行和参照试行国家公务员制度。2000年，国家取消大中专毕业生指令性计划就业模式，实行指导性就业办法。按“政府宏观调控，制定指导计划，由人才市场配置毕业生资源”的毕业生就业办法，把所有大中专毕业生全部推向市场，自主择业。来宾市人才市场不断完善服务功能，努力为各类人才和用人单位提供人事代理、人事招聘服务。2003年1月11日，来宾市人事局正式挂牌成立。

第一节　机　构

中华人民共和国成立前，境内无专门的人事管理机构。

中华人民共和国成立后，境内各县(市)设立人事科(局)，作为政府的职能部门，加强人事管理工作。按当时行政区域隶属上级人事部门。1951年7月，武宣县设立人事科，配备副科长1名，科员2名。10月，忻城县设人事科，配1名干事(1953年5月与县委组织部合署办公，1963年7月与组织部分开)。1952年9月，石龙县成立后，成立石龙县人事科。11月，来宾县设人事科。1962年，象州县分设象州县和武宣县，4月7日，武宣县设置人事科。“文化大革命”期间，境内各县成立革命委员会，其间人事、劳动各项业务，由县生产指挥部政工组取代。1973年，境内各县委、政府工作部门逐步恢复，组织部门恢复后，组织部承担起人事工作。1978年后，各县成立人事科。9月18日，成立武宣县革命委员会人事科。1979年3月，来宾县恢复人事科。1980年后，各县人事科改称人事局。3月，武宣县人事科改称为人事局。4月成立忻城县人事局。1981年，来宾县成立人事局。1984年，机构改革，境内部分县(市)人事局与劳动局合并，机构名称改为劳动人事局。5月忻城县劳动科人事局与劳动局合并，称为劳动人事局。7月，武宣县人事局与劳动局合并，机构名称改为劳动人事局。9月，来宾县人事、劳动两局合并，称劳动人事局。

1986年9月，各县(市)恢复劳动局和人事局。忻城县人事局设秘书股、调配股、干部培训股、工资福利股、干部退休管理股、人才交流中心股。1987年5月，各县(市)设置县老龄办公室，在人事局挂牌，由人事局代管有关业务。成立人才交流服务中心隶属人事局二层事业单位。1990年，忻城县人事局配员15人。来宾县人事局配员12人。1992年3月，武宣县人事局设秘书股、干部调配股、工资福利股、退休干部管理股、人才交流服务中心、老龄办(兼管)、奖惩工作由秘书股兼管，后设置考核培训股、职改股。1996年后，各县(市)职称改革领导小组办公室由县科技局移至县人事局，具体业务由职改股负责。2002年2月，武宣县人事局职改股改为专业技术人员管理股。2001年12月，武宣县人事局设办公室(秘书股)、公务员与军转安置股、工资福利与退休股、专业技术人员管理股、人才与引进智力股。2002年12月28日，来宾县人事局改称来宾市兴宾区人事局。内设公务员管理与人才流开发股、工资福利与退休股、专业技术人员管理股、考核与培训股、办公室。二层单位有人才交流服务中心、人才市场、机关社会保险所。

2003年1月11日，来宾市人事局正式挂牌成立，办公地点为来宾市兴宾区人民路1号，内设办公室、人才流动开发科、公务员管理科、计划培训科、工资福利与退休科、专业技术人员管理科(对外挂“来宾市职称改革工作领导小组办公室”牌子)、引进智力工作科、军官转业安置科(对外挂“来宾市军队转业干部安置工作领导小组办公室”牌子)等8个科室，核定行政编制20名，事业编制2名。下属2个事业单位:即来宾市人才交流服务中心、来宾市人才市场。1月20日,根据柳州地区撤地建立地级来宾市的有关要求,撤销柳州地区人才交流服务中心、人才市场,设立来宾市人才交流服务中心、人才市场,编制分别为5人和4人。人才交流服务中心属财政全额拨款事业单位,人才市场属自收自支事业单位。5月12日来宾市人才交流服务中心、市人才市场正式搬迁到来宾市上班。

2004年,来宾市人事局调整局内部机构设置:人才流动开发科更名为“人才规划科”,计划培训科更名为“教育科”。调整后的来宾市人事局内设办公室、人才规划科、教育科、公务员管理科、工资福利与退休科、专业技术人员管理科(对外挂“来宾市职称改革工作领导小组办公室”牌子)、引进国外智力工作科、军官转业安置科(对外挂“来宾市军队转业干部安置工作领导小组办公室”牌子)等8个科室,人才规划科与教育科合署办公。

2005年,市人事局内设办公室、教育科、人才规划科、公务员管理科、工资福利与退休科、事业单位管理科、专业技术人员职称科、引进智力职称科、军官专业安置科等9个科室,在职干部24人。局直属事业单位2个:人才交流服务中心、人才市场(人事考试中心)。

市人事局局长:黄克莉(2002年12月—2005年12月)。

第二节　人事制度改革

1985年,金秀瑶族自治县将536名民办教师转为公办,并从城镇人口中吸收教师10人,同时给分配到县内的8名大学、41名中专毕业生安排工作。

1990年开始,境内各县对国家不包分配的大中专毕业生实行聘用合同管理,主要在农村教学点、乡镇卫生院、乡(镇)农业服务站实行。1996年对事业单位新补充人员实行聘用制度试点。从1996年起,在一些事业单位中打破工资分配由国家统一分配的格局,根据事业单位的特点和经费来源的不同渠道以及工作人员的德、能、勤、绩等情况,试行工效挂钩或工资总额包干等形式进行分配的改革。

1990—1998年,事业单位人事的管理人员和专业技术人员沿用“国家干部”的称谓。进入总体上沿用传统的进人办法,主要渠道有三种:国家统包、统配大中专毕业生和军转干部;从国家不包分配的中专毕业生、行业青年和农民中录聘用;从企业和机关中调入。对内部人员管理有两种办法:参照党政机关管理办法;试行聘用制。

1999年,境内6个县(市)事业法人单位进行人事制度改革试点,以聘用合同制和岗位职务聘任合同制为突破口,坚持公开、平等、竞争、择优原则,全方位引入竞争激励机制,建立人员能进能出、岗位职务能上能下、工资待遇能高能低的充满生机活力的新的用人机制。

2005年,人事部出台《事业单位推行公开招聘人员暂行规定》(人事部2005年第6号令),自治区政府出台《广西壮族自治区事业单位公开招聘工作人员试行办法》,规定从2006年1月1日起全面执行事业单位公开招聘人员制度。

第三节　干部管理

干部队伍

中华人民共和国成立后,各县先后设立县委组织部和县劳动、人事局主管人事工作。正副县长、检察院检察长、法院院长、乡镇长,分别由县乡人民代表大会选举产生。县人民政府工作部门的正职领导,由县人民代表大会常务委员会任免,副职领导由县人民政府任免。县府科局(室)内设机构的行政干部,由县人事局任免,科局以下部门二层机构工作人员则由各主管局任免。

1950年5月,来宾县各区主要干部共12名,其中南下工作团人员6名,中共地方党组织骨干6名。县区其他干部从解放支前、地下活动、清匪反霸等运动的骨干中录用。主要选用“劳动人民家庭出身”“无产阶级立场坚定”者。1951年,来宾县安排部队转业干部14名。1952年,各县干部到都安、上林县参加土地所有制改革。1965年,境内各县到融安、鹿寨县搞“社会主义教育”(“四清”)运动,结束后有一部分干部留在当地工作。1957年,来宾速成师范学校毕业生中的县籍学生300多人响应中共发展山区教育的号召,前往大苗山(今融水)、天峨、河池、南丹、环江等县任教。

1974年,来宾县录用党政机关干部42名,其中贫下中农家庭出身38名,共产党员40名,分别占录用总数的90%和95%以上。1979年,来宾县录用管理区干部53名,偏重工作实践经验,录用大队干部、集体企业骨干42名,占录用总数79.24%。1984年起,各县逐步实行公开招考择优录(聘)用干部的制度。1987年,聘任乡(镇)干部重视思想品德、文化素质和年龄结构。实行由本人申请,组织上进行文化考试和德、能、勤、绩全面考核的录用办法。1982年,合山市直机关干部有76名,到1990年合山市直机关干部有1612名。1986年以来,根据有关政策规定,对行政机关干部和部分企事业单位的干部给予确定政治级别。1987年,对各类科技干部开展全面职称评定,共有2732名科技干部获得技术职称,其中高级职称55人,中级职称542人,初级职称2135人。1990年,来宾县聘用乡镇干部165人,其中女干部50人。至1990年止,合山市确定正处级11人、副处级44人、正科级422人、副科级510人。

1993年10月,《国家公务员暂行条例》实施后,境内各县(市)组织干部职工开展学习《条例》活动。

1995年2月,各县(市)相应调整充实县(市)推行国家公务员制度工作领导小组和办公室工作力量。同时,各部门、各乡(镇)相应调整或成立推公领导小组并设立办公室负责日常工作。

1995年,各县(市)相继举办骨干培训班。培训内容是对推行国家公务员制度的内容、步骤、政策和操作办法进行详尽讲解。

1997年10月,各县(市)在行政机关中推行和参照试行国家公务员制度。当年,忻城县在机构改革、“三定”方案的基础上,制定相关配套方案,在全县行政机关范围内推行公务员制度,全县有1148名行政机关工作者向公务员过渡。1998年7月,境内各县(市)成立推行和参照试行国家公务员制度领导小组,做好推行和参照试行国家公务员过渡工作,年底基本完成推行和参照试行(管理)国家公务员制度工作。武宣县政府系列有698人过渡为国家公务员,党群系列有325人参照试行公务员,分别占党政机关干部总数的84%和81.5%。来宾县全县列入推行国家公务员制度的单位共69个,列入参照试行机关单位49个。经公共课考试合格后,过渡为国家公务员(工勤人员除外)1669人(其中:过渡为党政机关工作者107人,人大机关工作者46人,政协机关工作者14人,人民团体机关工作者95人)。有88人留在机关暂缓过渡(主要为乡镇聘用制干部)。通过各种渠道分流出党政机关的208人。按照有关规定,分流对象是符合过渡条件但受超编限制的人员、不符合过渡的人员、长期病休的人员、年度考核有一年以上不称职的人员。当年,6个县(市)首次公开选拔科(局)级领导干部。是年,在行政机关内部推行轮岗和竞争上岗制度,以适应社会主义市场经济体制的需要,促进机关工作人员能上能下、能进能出,让优秀人才脱颖而出。

2002年,全市机关事业单位应参加考核人数为49181人,实参加考核人数为48907人,占99.44%;未参加考核人数为274人,占0.56%。考核结果,评为优秀等次6287人,占12.78%;评为称职(合格)等次41654人,占84.7%;评为基本称职(基本合格)等次65人,占0.13%;评为不称职(不合格)等次38人,占0.08%;未定等次858人,占1.75%。在年度考核工作中,积极推广应用光电阅读法进行综合量化测评,提高考核工作的科学性、准确性和高效性。2002年全市采用光标阅读法进行测评共6153人,占应考核人数的12.3%。2003年明确要求有条件的县(市、区)要逐步推广运用计算机和光标机相结合的考核测评办法,市直单位考核审核备案一律采用目前广西推广普及的年度考核备案软件进行无纸化电脑管理。

2003年,来宾市公务员管理逐步走上规范化轨道。针对部分县市违反“凡进必考”原则,擅自从企事业单位进人或以工勤人员名义调进机关,然后串岗到公务员岗位等现象,市人事局开展了公务员考录法规执行情况大检查。对不按规定从企事业单位调入公务员队伍的人员进行统一清理,并针对存在的问题提出纠正和处理意见,从制度上查原因、堵漏洞,逐步完善国家公务员考录、交流制度,建立工勤人员调进机关的审批制度。

2004年,来宾市国家公务员管理工作严格按照《国家公务员暂行条例》《广西壮族自治区公务员录用实施办法》和参照管理的有关规定,坚持“凡进必考、全区统考”原则,清理未经公开考试进入各级机关或参照公务员制度管理单位担任主任科员以下非领导职务的工作人员。全年共审批录用国家公务员166人,审核机关工作者材料45份。年内制定下发《关于选举、调任为国家公务员和机关工作者人员身份确认问题的通知》,年内共办理确认国家公务员身份206人,审核确认机关工作者身份238人。制定出台《来宾市科级干部选拔任用工作暂行规定》,规范科级干部的选拔任用。年内市直机关事业(不含党委系统)单位应参加考核人数为7052人,实考核人数为7024人,占99.63%。

2005年,来宾市委、市人民政府成立实施公务员法工作领导小组和办公室,制定全市学习宣传《公务员法》工作方案,印制发放《中华人民共和国公务员法(单行本)》8000多本,大力宣传公务员法。市人事局与市委组织部、市编办联合举办各类专门培训班,培训各层次的公务员。制定出台《来宾市科级领导干部调任工作暂行办法》《关于进一步加大党政机关竞争上岗工作力度的通知》《来宾市新录用国家公务员到基层锻炼暂行办法》等配套制度，解决公务员管理中的突出问题，使全市公务员队伍管理工作逐步走上规范化、制度化轨道。做好上年录用国家公务员和机关工作者的审批审核工作，全年共录用国家公务员 86 人，审核机关工作者材料 13 份。完成 2004 年年度考核备案工作，2004 年市直机关事业（不含党委系列）单位应参加考核人数为 7050 人，实际参加考核人数 7024 人，占 99.63%，其中参加处级考核人数为 186 人，占 2.64%；实参加科级考核 6858 人，占 97.28%；其中，评为优秀等次 995 人，占 14.11%；评为称职（合格）等次 5706 人，占 80.94%；评为基本称职（基本合格）等次 6 人，占 0.09%，不称职（不合格）等次 3 人，占 0.04%。未定等次 128 人，占 1.82%。

干部招录

中华人民共和国成立初期，境内干部来源主要有中国人民解放军留地方工作人员、南下工作队，从事地下革命工作的人员，留用的国民党政府人员，民国时期原任教师，大中专毕业生分配，从农村集体干部中提拔，军队干部转业，外地干部调入，民办代课教师转公办等。1949 年 10 月，各县中共县委会和县人民政府的主要领导成员由中国人民解放军南下工作团于武汉组成。到任后，吸收曾参加地方革命活动的少数骨干加入，并坚持政治标准第一，量才录用的原则。

1950 年 2 月 1 日成立县人民政府，配有县长 1 人，秘书、民政、财粮、文教、公安、民法文教、公安等科，各配科长 1 人及若干工作人员，共 25 人。至 4 月末，属县人民政府、区政府行政干部共 59 人；其中随军南下干部 6 人，都宜忻人民解放总队转地方 28 人，学生出身 19 人。县青、少教干班学员 5 人，旧政府雇员留用 1 人。5 月，来宾县直机关有干部 72 名，区直机关干部 101 名。在来宾县各区主要干部 12 名中，其中南下工作团人员 6 名，中共地方党组织骨干 6 名。6 月，忻城县党、政机关编制干部 199 人，实有干部 141 人，随后干部增进或调出，至 12 月底统计，忻城县干部为 140 人。来宾县全县干部总数达 249 名。各县县区其他干部从解放支前、地下活动、清匪反霸等运动的骨干中录用。主要选用“劳动人民家庭出身”“无产阶级立场坚定”者。此后，干部主要通过从社会上招收、部队转业人员，学校分配人员、民办转公办教师和工人中选拔等途径录用。1952 年 5 月，大瑶山瑶族自治区成立时，上级指定参加剿匪的军队干部和地方武工队员 18 人组成自治区领导机关，吸收各族积极分子参加干部队伍，全县干部有 242 人。9 月，武宣、象县并为石龙县后，随着事业发展的需要，不断从农村、工厂中吸收干部，干部队伍不断壮大。至 1959 年，石龙县共有国家干部 3593 名。忻城县从经过土改锻炼，有一定组织领导能力的土改工作队骨干和农村积极分子中吸收 52 人，吸收其他人员 57 人。至同年 12 月干部增加到 317 人，在行政机关的有 105 人、财政系统的 81 人、政法系统 34 人、卫生系统 30 人、农林水系统 24 人、工业系统 9 人、供销 33 人、交通邮电 1 人，其中中共党员 54 人、共青团员 97 人、少数民族（瑶、苗族）19 人。随着经济和各项事业的发展，干部需要量增多，1953 年后，从中学毕业生中录用一大批干部，此后，分配到县的大中专毕业生陆续补充干部队伍。1953 年，金秀瑶族自治县根据“德、才”标准，提拔瑶族县级干部 2 人、科长 3 人、区长 12 人，干部队伍中有南下干部 12 人。1954 年，金秀瑶族自治县从少数民族土改积极分子中选拔干部，提拔县级干部 3 人、区级干部 12 人，年末全县共有干部 419 人，其中县级干部 14 人、区级干部 75 人、一般干部 330 人，1955—1956 年，金秀瑶族自治县大量选拔瑶族干部。1956 年，金秀瑶族自治县正副县长 5 人中，瑶族 4 人；县委正副书记 5 人中，瑶族 2 人；26 名正副区长全是瑶族。在全县干部中，瑶族 347 人，占干部总数的 36.9%；16 名县级干部中，瑶族 10 人。1956 年，石龙县有国家干部 2873 人，其中武宣片 303 名，象州片 2570 人。1962 年，象州县分设象州县和武宣。象州县全县有高等院校毕业的干部 84 人，其中农业技术干部 11 人、医技人员 11 人、中、小学教师 57 人，其他干部 5 人。1960—1963 年，根据国家的调整计划，开始精简下放部分干部，充实基层加强农业生产第一线。1962 年，忻城县精简机构，下放干部 476 人。至 1963 年末，全县干部从 1960 年末的 2367 人减至 1891 人。1965 年后，国民经济调整计划胜利完成，经济状况有所好转，又开始收录用干部。武宣县招收干部批量较大的年份有 1972 年 148 人。向社会招收干部，遵循“德才兼备、任人唯贤”的方针，但各时期条件各有侧重。1965 年，忻城县从参加“四清”工作队的知识青年中吸收 21 人为干部。年末，全县国家干部共有 1939 人。1966 年“四清”运动结束后，从农村吸收一批积极分子参加干部队伍。1966 年 1 月—4 月，忻城县在“四清”工作队、上山下乡知识青年、复员军人中共招收460人为国家干部,分别分配到各企、事业单位和党、政机关单位工作,是中华人民共和国成立后吸收干部最多的1年。“文化大革命”期间,有大中专毕业生分配,1970年为“文化大革命”前入学的最后一批,此后又有工农兵学员毕业。中间曾间断了几年。此外,还有自治区、天津医务人员、干部下放境内。1964—1974年,招用条件偏重于阶级出身和政治面貌。1974年,来宾县录用的党政机关干部42名,有38名是贫下中农家庭出身,有共产党员40名,分别占录用总数的90%和95%以上。1977年后,大中专毕业生分配到县逐年增多,成为干部的主要来源。1979年,录用干部则偏重于工作实践经验。来宾县当年录用管理区干部53名,录用大队干部、集体企业骨干42名,占录用总数79.24%。这些干部,学历偏低,年龄偏高。46岁以上者14名,占录用总数的26.42%;具有小学学历者35名,占录用总数66%强。1964—1965年,金秀瑶族自治县共有干部703人,其中副处级1人、正县级5人、副县级27人、正区级140人,技术干部129人。技术干部中,大专以上文化程度的20人,中专的100人。1967—1970年间,金秀瑶族自治县接收分配到县的大中专毕业生100余名。1971年,金秀瑶族自治县增加干部135人,年末共有干部909人。1972年,金秀瑶族自治县吸收新干部132名,其中来自农村的60名。至1977年,金秀瑶族自治县从农村回乡知识青年、上山下乡知识青年和“社来社去”(从哪里到校读书,毕业后回那里去)的大中专生中选拔干部共447人。1980年,金秀瑶族自治县增加干部75人,其中从社会上吸收3名具有专业知识的闲散科技人员充实卫生干部队伍。忻城县有干部3622人。1971—1980年,忻城县净增干部1165人。1982年,合山市成立,市直机关干部有76名,到1990年有1612名。

1981—1983年,金秀瑶族自治县对口安排大专毕业生51名,中专生119名,从农村选拔干部134名、选任县人民代表大会常务委员会正副主任3人、正副县长5人,公社管理委员会正副主任20人。

1984年起,境内逐步实行公开招考择优录(聘)用干部的制度。在一些企事业实行选聘干部制。当年来宾县吸收聘用干部14人。经国务院批准,象州县的桐木镇、鹿寨县的头排乡划归金秀瑶族自治县管辖,年末金秀瑶族自治县干部达2692人。1986年,金秀瑶族自治县从工厂、农村选拔110人充实干部队伍,接收并安排12名大专、58名中专毕业生。对全县副局(区)级以上的干部给予评定政治级别。计评定正处(县)级7人、副处(县)级47人、局长级(区级)300人、副局(区)长级168人。1987年,境内招收干部聘用制,聘用期为3年,期满后,经考核合格,考试及格转为国家正式干部。所聘任的乡(镇)干部重视思想品德、文化素质和年龄结构。实行由本人申请,组织上进行文化考试和德、能、勤、绩全面考核的录用办法。来宾县共聘用197名乡镇干部。其中具有高中(含中专)学历者189名,20岁以下131名,共产党员66名,分别占录用总数的95.94%、66.50%和33.5%。忻城县聘用干部112人,期满后,经考核合格转为国家正式干部者85人。金秀瑶族自治县共聘用乡镇干部121人;安排大学毕业生14人,中专78人。当年,各县(市)对各类技术干部开展全面的职称评定。金秀瑶族自治县共有1738名各类科技干部获得各级职称,占科技干部总数64.4%;其中高级职称15人、中级职称323人、初级职称1400人,获职称的有少数民族1313人。有职称者除1人外全部被各专业部门聘用。

1990年,武宣县共录用合同制干部146名。来宾县聘用乡镇干部165人,其中女干部50人。在来宾县委、县人民政府、县人大常委会和政协县委会4套班子正副职领导33人中,有少数民族干部17人,占51.5%;部委办局领导190人中,少数民族干部123人,占64.7%。中共各乡镇党委会、乡镇人民政府正副职领导198人中,有少数民族干部158人,占79.8%。这年在全县少数民族干部5513人中,有中共党员2090人,共青团员1030人;具有大专以上文化程度的911人、中专2337人、高中1177人、初中及其以下188人。全县科技人员5652人中,少数民族3536人,占总数62.56%,其中具有高级职称的48人、中级职称的938人。象州县有干部4716人,其中行政机关干部1153人;事业单位干部2922人;企业单位干部641人。在这些干部中,共有各类专业技术人员2732人;大学、中专(含高中)学历3562人,占干部总数75.5%。

1965—1990年,武宣县共新吸收录用国家干部4277名,其中从工人中提拔720名,从农村基层中选拔583名,从复退军人中录用26名,从社会闲散科技人员和待业青年中聘用53名,大中专毕业生分配2142名(大专658名),从民办代课教师中转为公办教师773名。1985—1990年,象州县共招收聘任制干部391人。至1990年,象州县共接收安排大中专毕业生1440人,其中大学337人、中专1103人,分别安排在行政单位126人、事业单位1103人、企业单位195人、其他单位16人。1959—1990年，来宾县接受国家分配来的各级各类专业学校毕业生共2341名，其中大专以上毕业生512名、中专毕业生1829名。1年接受分配300名以上是1989年(319名)和1990年(354名)。一般按所学专业分配工作。

1972—1990年，来宾县从民办教师中招考择优转为公办教师的共993人。

1991年，来宾县招录(聘)用干部331名，其中：从机关事业单位工人中招收录用干部65名，从乡(镇)聘用制干部中转为录用制干部40名，从乡镇企业招录干部17名，从集体企业中录用1名，从“五大”(含自费中专毕业生)毕业生中招录2名，公安系统招录5名，从民办教师中招录99名，从代课教师中招录37名，从复退军人、村公所干部、城乡社会青年招聘干部65名。武宣县机关事业单位有在职干部4918人。1992年，来宾县招考录(聘)干部286名，其中：从民办代课教师(含以工代教)中录用公办教师134名，乡(镇)聘转录干部49名，乡(镇)卫生院4名，从乡(镇)机关事业单位工人中录用23名，集体企业聘转录干部6名；从乡(镇)计生站、农技站、兽医站、农机站、经管站、林业站(合同制工人)和村公所干部、复退军人、“五大”、中专毕业生以及城乡社会青年中招考聘用制干部70名。参加报考人数3200人。

1993年，来宾县招考录(聘)干部478名，其中录用制干部391名(包括民转公274名，事业单位工转干9名，国有企业工转干19名，集体企业工转干8名，乡镇企业录用干部6名，人才市场录用26名，乡(镇)机关聘转录17名，定向培养录用17名，乡(镇)企业聘转录6名，乡(镇)计生站3名，公安部门录用干部6名)，聘用制干部87名(其中：乡(镇)机关30名，计生站13保，农业服务系统22名，广播系统10名，税务系统12名)。1991—1996年，武宣县共聘用、录用干部814人，其中1991年169人、1992年141人、1993年180人、1994年68人、1995年132人、1996年124人。在录用干部中，民办教师转公办教师446人，所录用的干部全部分配到乡镇政府、学校等基层单位工作。1997年，来宾县从民办(代课)教师中招录公办教师183名，从机关企事业单位工人中招录干部65名，招收聘用制干部19名，从聘用制干部转为录用制干部180名。1996年，武宣县机关事业单位在职干部，5723人，其中机关1518人、事业4205人。忻城县在机构改革、“三定”方案的基础上，制定相关配套方案，在全县行政机关范围内推行公务员制度，全县有1148名行政机关工作者向公务员过渡。1988—1997年，金秀瑶族自治县通过公开招考，择优录用行政干部298人，乡镇聘用干部191人。全县事业单位共录用干部523人，平均每年43.6人。在录用的523人中，国家机关调入63人、大中专毕业生410人、自治县外调入50人。

1998年，来宾县从优秀民办教师中选招公办教师，经报名、审查、考试、政审、体检合格，有241名录用为公办教师。武宣县首次面向社会公开选拔任用副科级领导5人。年底，武宣县政府系列有698人过渡为国家公务员，党群系列有325人参照试行公务员，分别占党政机关干部总数的84%和81.5%。1991—2000年，忻城县全县共吸收录用干部1001人(2000年取消指令性分配，通过公开招考方式择优录取)。2000—2005年，武宣县全县向社会公开招考录用公务员94名。2001—2002年，武宣县直属机关单位、乡镇党政机关和直属事业单位全面实行机构改革，依照核定的编制数制定岗位，全部推行竞争上岗办法。全县有2743人参加改革，通过竞争，上岗1780人，分流(落岗)562人，办理提前退休(离岗)400人，辞职1人。

2002年，来宾县在全县范围内公开招考公务员和机关工作者，共75个职位，全县参加报名人数1376人，经考试、考核、政审、面试、体检等相关程序，最后录用66人进入国家公务员队伍，有9人进入机关工作。忻城县推行公开招考国家公务员和机关工作者；当年公开招考公务员和机关工作者69人。

2002年12月28日撤销柳州地区设立地级来宾市后，继续坚持“凡进必考”原则。2003—2005年，全市共公开考试录用公务员726人。

2003年，来宾市加强对公务员考试录用工作管理，坚持“凡进必考”，严把公务员队伍“入口关”。认真做好2002年下半年录用国家公务员和机关工作者的审批审核工作。共审批录用国家公务员189人，审核机关工作者材料34份。精心组织2003年下半年录用国家公务员和机关工作者考录工作，全市计划录用国家公务员和机关工作者239人，共有1931人报考。根据国家公务员考试录用的有关规定，制定《来宾市国家公务员和机关工作者候录库管理暂行办法》，建立来宾市国家公务员和机关工作者候录库，入库人数达587人。通过保留候录资格，为公务员队伍储备高素质人才，降低考录成本，有效解决了机构改革及撤地设市后部分机关单位急需补充公务员的实际问题。

2004年，来宾市国家公务员录用工作，严格执行《国家公务员暂行条例》《广西壮族自治区公务员录用实施办法》和参照管理的有关规定，坚持“凡进必考、全区统考”原则，对通过参加考试、考核、体检合格的人员，按规定程序办理了公务员录用手续。全年共审批录用国家公务员166人，审核机关工作者材料45份，为全市公务员队伍补充了一批高素质、充满活力的人员。做好2004年下半年国家公务员和机关工作者的考试录用工作。市直和5个县（市）34个单位共67个职位计划公开招考160人，实际开考24个单位38个职位，招考106人，报考人数890人，上线人数712人。兴宾区在中小学代课（聘用）教师、师范类的历应届大中专毕业生中公开招录公办教师职位1000名，3628名代课（聘用）教师和师范类的历应届毕业生参加笔试。

2005年，来宾市认真做好上年录用国家公务员和机关工作者的审批审核工作。共录用国家公务员86人，审核机关工作者材料13份。做好下半年国家公务员和机关工作者的考试录用工作。年内全市5个县（市）及市直机关10个部门共54个职位计划公开招考179人，实际开考41个职位，招考155人，报考人数784人。兴宾区1032名考生入围2004年招录公办教师，并参加政审、考核、体检。第一批997名考生被录用中小学公办教师，同年790人办理转正定级手续。

干部调配

1957年12月，省直机关干部100多人下放到来宾县的马王、平西、石村（今合山市辖）乡当社员。1957年，省地机关下放17名干部到金秀瑶族自治县工作，金秀瑶族自治县直机关下放26名干部到农村基层任职。1958年，在人民公社化运动中，小乡（即大队、村）干部回到农业生产第一线。5月，金秀瑶族自治县委会精简一批机关干部回乡参加生产劳动。1959年，金秀瑶族自治县下放干部210名，其中县级干部6名，区级干部72人，一般干部132人。1961年1月，来宾县下放干部1100名，其中县直机关干部72名，他们有到生产队当社员的，有到工厂当工人的，有到基层任职的。县长和两名副县长分别下放到迁江、良江、凤凰乡任党委书记。1—3月，来宾县直机关干部下放117名中，有75名到生产队当社员，42名到厂矿企业当工人。1961年，金秀瑶族自治县贯彻“全党动手、大办农业”“全民动手、大办粮食”的方针，压缩工商企事业人员，精简228名原籍农村的工人回乡支援农业生产，县内国营企业工人减少了37.7%。1962年4月恢复武宣县建置。1963年，忻城县对1958年1月以后参加工作的来自农村的新职工予以精简。被精减人员按离职处理，不带工资下放。全县共精简5568人，其中，国家机关、企、事业职工1862人；城镇人口和职工家属3706人。

到1964年止，武宣县全县共下放国家干部564名。

1966年，象州县精简302人。精减人员全部到农村从事农业生产。“文化大革命”期间，象州县内下放178户城镇居民共709人到农村。由于城镇居民到农村后很多实际问题无法解决，又渐得批准回城。1968年底，开始解放干部。将有“问题”的干部集中县革命委员会举办的“斗、批、改”学习班，接受群众的帮助、批判和改造。金秀瑶族自治县对“问题复杂”的87人送县“五七”干校或下放农村，边学习、边交代问题、边“改造思想”。解放出来留在机关工作的干部有1064人，其中90人结合进各级革命委员会领导班子。1970年，天津市有15名医务人员下放到来宾县迁江医院。1973年以前，国营企业职工一律由县劳动部门调配，1974年开始实行劳动部门与主管部门双重管理。岗位定员由企业根据实际情况合理安排。劳动力余缺调剂由主管部门调配。企业需要增加计划外用工（如季节工、轮换工），必须事前向劳动部门提出计划，获准后方可招用。至1979年，象州县下放农村的城镇居民全部回城安置。1985年起，企业招用的季节工、轮换工、临时工、外包工等，由县劳动服务公司统一安排招用并签订合同，合同期满后按时辞退。1984—1990年来宾县共调出职工314人，调进职工406人，其中属于解决夫妻两地分居问题的227人。

干部培训

1949年4月，中共贵（县）武（宣）来（宾）迁（江）边区特支在分界乡方村（今三五乡辖）举办地方干部训练班，学员28名；同年6月中共都宜忻工委创办凤红区政治干部学校，先后分两批共培训干部100余名；同年七、八月间，中共柳来象边区特支在大湾乡甘苗村狮子岩举办游击队骨干训练班，学员16名。

1950年，各县开办干部训练班，经培训后的学员分配在本地工作。1950年，忻城县人民政府，针对干部缺额的情况，开办了青干班、少干班、教干班和妇干班，共吸收146名学员。经过2个多月的培训后，教干班45名学员分配到各学校担任教师；青干班51名和妇干班15名学员，参加县征粮工作队；

少干班35名学员，下农村组织儿童团。经过一段时间实际工作考验后，吸收98名担任县人民政府各科和县直各单位的领导或一般干部。

1950年9月—10月间，中共来宾县委会培训县党政机关干部77名、区干部68名。1950—1953年，武宣县对在职干部主要采取边工作边学习的方法进行培训，组织干部学习党的方针政策，学政治理论，学文化知识。针对干部文化素质较低的实际，临时举办文化补习班和速成中学。对部分年轻干部，则保送到各级干校和全日制学校深造。1954年以后，结合党的中心，县分期分批抽调干部到基层挂职锻炼。1953年，来宾县开办职工业余学校，参加业余学习的职工283人。至1954年，金秀瑶族自治县共选送75名干部到各高等院校学习，选送中等专科学校学习5人，选送各类训练班短训29人。1960年4月，来宾县"红专"干部学校成立，办班2期，学员479名。9月，改为中共来宾县委党校，分期分批培训党员干部。1969年10月，各县"五七"干部学校成立，县直机关未进入各级革命委员会的干部，集中到"干校"学毛泽东主席著作，办农场、工厂，参加体力劳动。1961年，忻城县委党校成立后，不定期地对县直各单位的领导、区（公社）乡（大队）领导干部进行培训。1961—1965年，忻城县共办班14期，受训900多人（次），学习内容为《共产党员修养》《关于正确处理人民内部矛盾的问题》和党的基本知识。1978—1980年，忻城县分批培训县直、公社机关和大队领导干部共17期，1523人（次）。1979年5月，"五七"干校停办，各县恢复县委党校。自1979—1990年，来宾县党校举办党员干部轮训班32期，参加学习的党员干部5185人次。

1981年，忻城县选送7名公社管委会正副主任到广西民族学院，1名副处级干部到广西财经学校，2名部长级到广西区党校，3名公社党委正副书记到广西农业技术学校脱产学习1年，结业后，回县担任县委部、委、办和县政府科、局的主要领导职务。1982年以后，除短期培训外，还通过广播电视大学分校、农业广播学校、函授、自学考试、成人高等教育等方法培训干部。1983年，来宾县对职工进行初中文化补课（"初补"）、技术补课（"技补"），1985年12月进行考试，"初补"合格1660人，"技补"合格847人。是年有35名职工进行高中文化补课，经考试合格30人。

1982—1984年，武宣县全县共办34个初中文化补习班，学员1520人，占应补习职工90%；1984年后，金秀瑶族自治县委会鼓励在职干部参加统考，录取后离职带薪就读。1985年，象州县选送干部40人到各类大专院校学习，6人到中等专业学校学习，是培训干部最多的1年。1984—1988年，金秀瑶族自治县办3期业余高中文化补习班，学员162人。同时举办成人高考、中考补习班3期、学员641人，后有139人考取成人高校、228人考上成人中专学校。1986—1988年，来宾县委党校开办学制3年的党政干部中专函授班，学员81名。象州县委党校先后开办中专班2班，招收在职干部43人；开办中专函授班1班，招收干部16人，毕业后回原单位工作。1987年，来宾县委党校开办学制2年的脱产中专培训班，学员31名，两种班制均授予学历资格。忻城县党校开办在职干部中等专业班，抽调在职于部参加学习，期限2年，以学习专业知识基础课为主。至1989年忻城县已有49名学员毕业，领到中等专业毕业证书享受中专待遇。干部参加理论各科自学考试有443人，已获单科结业证书有188人。参加全国和区内办的函授班学习有98人，经考试，获得毕业证书的有96人。至1987年，金秀瑶族自治县被各类大专院校录取就读毕业的干部有17名，中专13名。1989年，建立中共合山市委党校后，根据不同时期，对党员干部进行分期分批培训，每期10~30天，到1990年合山市共举办培训班5期，共270人次。合山市有43人取得大专文凭。合山矿务局1986—1990年经过多种院校学习，取得大专文凭395人、中专文凭371人。1984—1990年，象州县全县共培训干部242人，其中获大学文凭156人、中专文凭86人；1975—1990年，象州县短训班毕业258人。1986—1990年，合山市共有4487名干部职工参加全国高等自学考试，有政治、经济管理以及法律等21个专业。到1990年经考试合格，取得大专文凭191人。合山市政府鼓励干部参加自学考试，所需经费列入财政预算，从1987—1990年先后拨款5.70万元，作为自学考试取得合格证学历者发给一定的奖金，取得文凭者，政府一次性发给奖金200~500元。1950—1990年，来宾县在职干部先后参加培训共943人次，其中培训半年以上的193人次。经培训取得大专以上文凭的153人，中专文凭的106人；在职干部到各级各类学校深造的772名，其中中专毕业214名、大专毕业以上277名。1988年，干部参加岗位职务培训151名、技术业务培训67名。

1954—1990年，武宣县全县先后选派960多名有文化的年轻干部到基层挂职任职。至1990年底，武宣县全县有47名职工获高等教育自学考试毕业证书。

1991年，广西区人事厅决定定向培养乡镇基层干部，中等专业招收边境县、贫困县、山区及少数民族聚居区乡镇中的聘用制干部；乡镇骨干企业非国家干部的管理人员，学制2年，毕业后分别转为、录用为国家干部。1991年，武宣县对新录用的干部、公务员进行培训。每年举办一次新干部入门培训班，至1996年，共培训新入伍干部660人。

1992年起，境内各县（市）对新录用的干部、公务员、聘用村干部、教师、卫生医务人员进行上岗前培训。至2005年共培训55267人次，其中民办、代课教师转公、录用、招聘用公办教师4225人次，行政、企事业单位录（聘）用的新干部51042人次。

1996年，武宣县分期分批对51岁以下国家干部进行电脑培训，年底有248名正副科级干部参加了培训。1997年，境内依照《中华人民共和国公务员法》有关规定，公务员必须参加培训。武宣县新录用国家公务员初任培训先后举办2期94人参加。

2002年12月28日撤销柳州地区，来宾市正式建立。是年，兴宾区共有12100名公务员和事业单位工作人员参加了WTO基本知识考试，占应考人数的99.5%。年内共举办公务员、专业技术人员计算机技能培训班6期320人，新干部岗前培训班5期587人。

2003年，来宾市政府制定《来宾市2003—2007年在职干部全员培训计划》和《来宾市2003—2007年在职公务员全员培训规划》，明确了来宾市第一轮五年大规模培训干部工作的目标、任务和要求。根据来宾市直单位分驻两地的特点，结合全市干部培训工作的实际，在柳州市、来宾市两地同时开展干部教育培训工作，拉开了来宾市“大教育、大培训”全员干部培训的序幕。当年全市完成2个月脱产培训任务的科级及以下公务员7891人，占全市科级以下公务员总数的98%，较好地完成了第一次五年大规模培训公务员的任务。全市共组织培训、考试5943人次；组织举办各类培训班22期，培训人数2796人，占公务员总数(5512人）的50.23%。其中，举办市直机关公务员初任培训、任职培训、科级干部培训、人事科长培训以及公务员更新知识培训等12个班（次），共参加培训班1796人次。另外，组织开展《公务员依法行政》和《公务员行为规范》两个读本及行政许可法的培训考试，举办城市建设和城镇化知识专题讲座等，参加培训和自学考试2705人次。合山市成立干教培训工作领导小组，并向全市干部职工颁发《干部职工全员培训证书》，用于记录干部职工培训情况，按职责划分，人事部门每年组织脱产培训一般干部职工每年人均培训天数不少于12天。先后开展的专题培训有：公务员队伍及专业技术人员队伍WTO知识培训、东盟知识培训、公务员公共管理核心课程培训和考试工作，全市干部职工参加考试年均3600多人次，考试率达100%，合格率均达98%以上。其中WTO考试及东盟知识考试合格后颁发考试合格证书。兴宾全区1643名公务员（含机关工作者）参加《公务员行为规范》《职业道德》《公务员依法行政读本》培训考试。1991—2005年，忻城县共培训公务员3486人。

2004年，来宾市重点落实《2003—2007年来宾市在职公务员全员培训规划》，以能力建设为核心，进一步规范初任培训，突出任职培训，强化更新知识培训，深化专业知识培训，全面提升公务员队伍的整体素质。同时组织开展公务员《中华人民共和国行政许可法》学习培训，提高公务员的执政水平和依法行政意识。当年举办了公务员任职培训班、公务员初任培训班和科级干部培训班等班次，参加脱产培训人数近200人；会同法制办举办行政许可法知识讲座，并组织进行统一考试，参加考试人数达1450人。在全市公务员中开展了中国—东盟自由贸易区基本知识学习与考试，有1220人参加。兴宾区1738名公务员参加《中华人民共和国行政许可法》《中国—东盟知识读本》培训考试，13000多名事业单位专业技术人员参加中国—东盟知识培训考试。

2005年，来宾市规范初任培训，对科级以下干部培训负总责。同时实行分块、分类培训方式，即采取公务员培训由市人事局、业务主管部门两块分工负责的培训方式(8门公共知识培训由市人事局统筹安排，业务知识培训由业务主管部门具体负责)，既确保科级以下公务员的培训能纵到底、横到边，又保证公务员8+ x 课程的培训，圆满完成公务员培训任务。至12月底止，市直共举办各类公务员培训班17期，受训人数达1560人；全市共举办专业技术人员和管理人员继续教育培训班31期，培训3582人；共组织130场次4990个模块的专业技术人员全国计算机应用能力考试，考试合格人员达2000多人次；组织3次“中国—东盟知识”和WTO知识考试，33540名专业技术人员参加考试。兴宾区培训公务员（含参照公务员管理单位）1558名；培训1037名新干部（岗前培训），9773名事业单位在职干部全员参加培训考试。

干部惩戒

20世纪50年代，对干部考察主要是考察其家庭出身、无产阶级立场坚定性、“革命斗争性”是否强。20世纪60年代，强调“红与专”（政治与业务），政治要红，业务要专；20世纪70年代，要“三忠于”（忠于毛泽东主席、忠于毛泽东思想、忠于毛主席革命路线）。1978年后，考核的内容要求“四有”（有理想、有道德、有纪律、有文化）和“四化”（革命化、年轻化、知识化、专业化），“四有”是首位。考核方法除仍由组织个别进行、中共党委会集体审评外，还有请群众评议，自我评议，领导干部作述职报告等。

1952—1978年，来宾县受惩戒的职工1607人次，其中警告179人次、严重警告229人次、记过6人次、记大过13人次、降级18人次、撤职34人次、开除留用察看311人次、开除党籍公职458人次、行政处分249人次、其他处分110人次。由于受“左”的影响，对处罚曾有过滥的情况。1984年，国家行政机关机构改革，来宾县考核干部314名，考核后晋升89名，调换岗位29名，免职7名，留原任或不入选189名；1979—1990年，来宾县党员受党纪处分897人次。1988年，来宾县考核干部163名、晋升66名、换岗60名、免职8名、留任或不入选29名。1988—1990年，来宾县干部受行政处分共78人次，其中受警告8人次，记过、记大过均为10人次，降级3人次，撤销职务1人，开除留用察看27人次，开除公职19人。1990年，来宾县全民单位职工各种奖金1028.68万元，占当年工资总额16.6%。评奖的一般程序是民主推荐、评选，领导人审查、批准。

第四节　大中专毕业生接收分配
部队军转干部安置

大中专毕业生接受分配

中华人民共和国成立后，境内贯彻执行“统筹安排、合理使用，面向基层和教育第一线”的方针，按照“学以致用人尽其才”的原则进行分配大中专毕业生。

1959—1990年，来宾县接受国家分配的各级各类专业学校毕业生2341名，其中大专以上毕业生512名、中专毕业生1829名。接受分配300名以上的年份是1989年（319名）和1990年（354名）。1967—1970年，金秀瑶族自治县接收国家分配的大中专毕业生100余名。1981—1983年，金秀瑶族自治县对口安排大专毕业生51名，中专生119名。1965—1990年，武宣县共接收大中专毕业生分配2142名（大专658名）。1991—1996年，武宣县共接收分配大中专毕业生1375人。1993年，来宾县统一分配大中专毕业生279人，其中大专以上学历64人；安排在机关事业单位245人，企业单位35人。1997年，来宾县接收大中专毕业生610人，其中，大学17人、大专33人、中专560人；分配到基层单位460人，其中，429名毕业生被安排到财政全额拨款单位。1998年，来宾县按照《来宾县人民政府关于做好1998年大中专毕业生就业安置工作意见的通知》（来政发〔1998〕46号）文件规定，分配安置大中专毕业生809名，其中：大学专科以上223名。1988—1997年，金秀瑶族自治县事业单位共录接收分配大中专毕业生410人。1999年，武宣县从大中专毕业生中选拔70名优秀毕业生到70个行政村当“村官”。1999年，来宾县组织考核选派344名优秀大中专毕业生到213个行政村挂任“村官”。1991—1999年，忻城县接收大中专院校毕业生共1934人，年均215人，最少是1993年95人，最多是1999年481人。就业安置：实际分配到机关单位134人；事业单位1369人，其中：教育757人、卫生161人、其他248人；企业364人；村委67人（1999年村干部）。1991—1999年，合山市全市共安排各类技校毕业生67名。

2000年，国家取消大中专毕业生指令性计划就业模式，实行指导性就业办法。按“政府宏观调控，制定指导计划，由人才市场配置毕业生资源”的毕业生就业办法，把所有大中专毕业生全部推向市场，自主择业。忻城县当年接收大、中专毕业生报到总人数476人（本科生38人、专科生112人、中专生319人、高职生7人），落实就业人数318人（本科生37人、专科生115人、中专生159人、高职生7人），未落实就业158人。

2001年，来宾县接收大中专毕业生1350人；推荐大中专毕业生就业520人，县人才市场推荐到其他非公有制单位95人，共推荐大中专毕业生就业615人，占当年接收大中专毕业生的45.6%。武宣县从70名大学生“村官”中，录用61人为国家公务员。

2002年，来宾县接收大中专毕业生1154人；推荐大中专毕业生就业465名，其中大学本科生33名，专科生183名，中专生249名。

2003年，是来宾市在高校扩招后接收的首届毕业生，人数增幅大，共有4838名毕业生（本科347人、专科1217人、中专3274人）回来宾市择业、就业，加上历年未就业的毕业生15409人，大中专学生就业形势十分严峻。为切实做好毕业生就业指导工作，市政府印发了《关于做好大中专毕业生就业指导工作有关问题的通知》，通过深化毕业生就业制度改革、拓宽毕业生就业渠道、不断完善市场功能，为毕业生就业提供优质服务等措施，为毕业生营造公平、竞争、择优的就业环境，引导和鼓励毕业生多种形式就业，努力实现毕业生的充分就业。截至12月上旬，全市已报到的毕业生3914人（本科262人、专科1048人、中专2604人），占毕业生总数的70.7%；已就业毕业生496人（本科184人、专科170人、中专142人），就业率为12.7%。

2004年，来宾市完善人才求职登记库，收集整理全市大中专毕业生需求信息并通过自治区高校毕业生就业指导办公室向区内外发布需求信息163条。全年共接收来宾市生源高校毕业生1054人、中专毕业生2386人。组织开展两次来宾市“双选会”，签订就业协议书80人；举办了来宾市首届人才交流会，入会求职人员达3700人次，提供就业岗位5000多个，达成就业意向800多人。当年，人才市场开始开展人才培训业务。

2005年，市人事局采取措施加强人才流动管理工作，积极开展人事代理业务。当年新增个人人事代理395人，续签代理合同285人，户籍托管239人，年底累计保管个人档案2073份。新增单位人事代理2个，办理代理23人。充分发挥人才市场的配置作用，多渠道发布人才需求信息，努力拓宽毕业生就业渠道，稳定毕业生队伍的思想情绪。年初，组织全市28家企、事业单位参加全区高校双选会，签订就业协议书56人。为市直单位接收聘用毕业生签证87人，办理毕业生转正定级75人，职称定级62人。至2005年年底，全市大中专毕业生人事代理档案库累计达3910份。2003—2005年，兴宾区指导推荐586名大中专毕业生就业。2000—2005年，武宣县向企业单位推荐大中专毕业生就业886人，招考录用公务员106名，招聘教师289人。

部队转业干部安置

中华人民共和国成立后，境内注重做好军队转业干部安置工作，各县历次吸收干部均注意从复退军人中选拔录用。1951年，来宾县安排部队转业干部14名。1951—1967年，武宣、石龙县共接收复员退伍军人安置在党政机关企事业单位176人。1966—1971年，金秀瑶族自治县从复退军人中选拔3人为干部。1968—1982年，武宣县共接收安置复退军人到党政机关和企事业单位127人。同时接收伤残军人和参战支前的原复退军人56人，安置到国营企事业单位当工人，接收自卫还击战中再次入伍的复退军人40人到集体所有制单位当工人。1972—1986年，金秀瑶族自治县共选拔复退军人182人当干部。至1988年底，金秀共接收从军队转业到地方干部60人。来宾县1978年接收安排军转干部67人，1979年接收安排44人，至1990年，来宾县共安排军队转业干部315名。1964—1990年，武宣县共安置复退军人到党政机关和企事业单位计2563人。排级以上军队干部转业，都由人事组织部门安排工作。1976—1990年，武宣县共接收安置军队转业干部家属80人。1991—1996年，武宣县共接收安置从部队转业干部12人，随军家属8人。1994—1998年，来宾县安置军队转业干部6人。其中营级干部2人，连级干部4人。2000—2005年，来宾县（兴宾区）正常安置军队转业干部13人，其中军队转业干部家属3人。1996—2000年，来宾县人事局两次荣获“全区军转干部安置工作先进单位”称号。1997—2005年，武宣县共安置军转干部9人。1991—2005年，合山市安置军转干部1人，忻城县全县安置军转干部共16人。1988—2005年，各县共安置退伍军人976人（其中农村818人、城镇158人）。

2003年3月，来宾市加强对军转工作进行协调指导，成立军队转业干部安置工作小组。是年，自治区下达来宾市7名军队转业干部安置任务，其中4名计划分配干部和2名随调家属落实工作单位，3名自主择业。

2004年是全国军队体制编制调整、裁减军队员额22万的第1年，也是军转安置难度较大的1年。来宾市按照《军队转业干部安置暂行办法》及自治区军转安置政策的规定，认真审查符合进来宾市安置的10名军队转业干部（其中计划分配6名，自主择业4名）及1名随调家属的档案材料。提出转业干部及随调家属安置去向分配方案，完成6名转业干部及1名随调家属的安置任务。市军转办被评为“全区企业军转干部解困稳定工作先进单位”。

2005年，来宾市认真贯彻落实《军队转业干部安置暂行办法》等文件精神，是年共接收安置军转干部9名，其中计划分配8名（营职干部5名，连排职干部3名），自主择业1名，随调家属1名。市军转办被自治区评为“2005年度企业军转干部解困维稳工作先进单位”。

第五节　人才开发交流

人才市场建设

1988年，境内各县（市）成立人才交流中心，积极开展人才交流服务工作。依据尊重知识，尊重人才；为人民服务，为干部服务，为基层服务；发掘人才资源，促进人才、智力与技术的广泛交流，努力创造人尽其才的环境的服务宗旨。依托人才市场，广泛收集各类人才信息动态，进行人才交流服务；委托、代管流动人员的人事关系，承担流动人员的登记求职、推荐、聘用、档案管理等。1995年2月22日，来宾县成立县人才市场（属县人事局主管的二层事业单位），1997年8月8日正式挂牌开业，与人才交流服务中心合署办公，实行一套人马两块牌子。1996年，武宣县人才市场挂牌成立，挂靠人事局人才交流服务中心，两块牌子一套人马。人才市场成立后，为境内人才交流和企事业单位招聘人才服务。来宾县先后办理人才求职登记1236人，进行人才流动登记326人，企、事业单位委托人事代理245人，托管大中专毕业生档案2923宗，管理毕业生户籍2351名。推荐就业777人，为乡镇中学招聘教师252名，为企业聘用人员102人，办理录（聘）用报批手续1175人，办理续聘手续381人。根据柳署人才批〔1998〕11、12号文件精神，有113名人才录用为国家干部。2001年，来宾县人才市场为各业务单位推荐聘用人才238人，续聘344人，办理人事代理124人，办理集体户口495人。2002年，兴宾区人才市场共接收大中专毕业生报到1154人，办理机关、企事业单位聘用人员73人，办理续聘440人，签收和管理当年大中专毕业生档案1120份，办理毕业生落户手续630人。1996—2005年，武宣县人才市场共办理人才登记5210人，推荐人才2120多人，聘用1085人，管理在职人员档案1085人，办理人事代理3405人，办理人才中心集体户口903人。

2003年1月20日，设立来宾市人才市场。编制4人，属自收自支事业单位。人才市场的宗旨是运用市场机制，按照公开、平等、竞争、择优和双向选择的原则运行，多方位的、不分地域的为用人单位择人、个人择业服务，推进人才合理流动、合理配置、合理使用，推进智力交流，充分发挥人才与智力效益，促进经济发展和社会进步。

2004年，来宾市人才市场建设主要是完善服务功能，努力为各类人才和用人单位服务。拓展人才市场服务领域，积极开展人事代理、人事招聘业务。年内共办理人事代理518人，有69家招聘单位到人才市场办理招聘业务，提供各类职位1480个，办理求职登记460人，招（应）聘成功1156人。从6月起共举办星期五人才集市7场，进场招聘单位50多家，进场求职人员400多人，现场应聘成功50人。

国外智力引进

2002—2005年，来宾市先后有8个引智项目获得自治区外专局立项，项目涉及环保、农业栽培、城市规划、污水处理、医疗科技等技术领域。先后引进来自澳大利亚、德国、香港外籍专家4人，通过专家的指导，扩大了引智项目影响，增强了引智项目的社会效益。同时，积极开展引智培训工作，先后组织各类人员出入境考察学习培训20余人次。2004年，来宾市加强对引智工作的调研。先后深入各企业、事业单位进行调研，了解基层单位的人才培养状况、生产经营情况以及生产中遇到的困难和需要外国专家帮助解决的问题。积极开展引进国外专家项目的申报工作。按照自治区外专局关于申报2005年引进国外专家项目的通知要求，来宾市上报了3个引智项目并通过审批，三个项目分别是八一铁合金（集团）有限公司的摇包硅热法生产铁合金项目、合山坚果实业发展有限公司的澳洲坚果种苗快速繁育与产品深加工技术、象州高宏化工有限公司的沉淀硫酸钡生产线项目。

2003年，来宾市引智引才工作逐渐成效：引进10名懂工业、懂经济、能驾驭市场的年轻干部，充实到市直各有关部位担任领导职务；引进市外高层次人才和高校毕业生140多名，为来宾市的建设注入了新鲜血液。《澳洲坚果种苗快速繁育与产品深加工技术（重点项目）》《美国红皮香蕉栽培技术指导》《水牛品种改良》《千亩桑蚕基地生产技术》和《蔬菜生产技术》等五个聘请外国专家项目列入国家外国专家局2003年度引进国外技术、管理人才项目计划，争取到国家专项经费4万元。

2004年，来宾市引进1名德国专家，对来宾市的部分卫生技术人员进行为期一天的技术培训、讲学，培训效果良好。为学习国外先进的科学技术和管理经验，开拓知识视野，更新思想观念，提高人才的综合素质，根据自治区外专局部署安排，选派3人前往澳大利亚参加大型会展策划与设计人才培训班。

2005年，来宾市引进澳大利亚一名坚果种植专家到合山市指导澳洲坚果种植工作,并对20多名技术人员进行技术培训。申请获得国家外国专家局30万元的资金支持,在德国举办一期“城市建设与规划”培训班,全市计划选派15名公务员于2006年初赴德国参加培训。由于贡献突出,市政协委员澳大利亚籍华人黄壁连,柳州师专外国专家KENNETH ALLAN FLETCHER(肯奈思·艾伦·佛兰查)教授先后荣获“广西金绣球奖”。

第六节 职称管理

职称评聘

1978年后,各县开展专业技术职称评定制度。专业技术职称评定制度特点是以学术技术水平、业务能力和工作成就作为授予和晋升的主要依据;职称评定没有数量限制,不管是否承担一定的岗位职责,一旦授予终身享有;并作为确定工资、政治、生活待遇的依据。虽然这一时期的职称评定对增强专业技术人员的责任感,激励他们的创造性,提高他们的社会地位具有积极意义,但基于职称制度本身的缺陷,也由于经验不足和历史遗留问题太多,无论是在概念上还是在实践上都难以避免地出现了一些问题和矛盾。由于没有适当的数额控制和任期限制,一方面,失去竞争,活力甚少;另一方面,评价与使用混淆,导致职称与岗位职责分离,不可能有效地履行岗位职责,从而大大地削弱了它自身的功能。1983年9月,中共中央和国务院决定暂停职称评定工作,进行整改。当年,武宣县获得中级专业技术职称的19人。

1985年,中共中央和国务院决定改革过去的职称评定,改革的中心是实行专业技术职务聘任制度,并相应地实行以职务工资为主要内容的结构工资制度。聘任制的基本内容是:根据实际需要设置专业技术工作岗位,规定明确的职责;在定编定员的基础上,制定高、中、初级专业技术职务的合理结构比例;由行政领导在经过评审委员会认定、符合条件的专业技术人员中聘任或任命;有一定的任期,在任职期间领取相应地专业技术职务工资。专业技术职务不同于一次获得而终身拥有的学位、学衔等各种学术技术称号。

1986年,职称工作主要是处理历史遗留问题,处理1983年以前职称评定工作中所遗留下来的种种问题,为今后职称改革的顺利开展打下良好基础。

1987年,进行职称制度改革,废除终身制,采用技术资格与聘任分开的评聘制。金秀瑶族自治县对全县各类技术干部开展全面的职称评定,共有1738名各类科技干部获得各级职称,占科技干部总数64.4%;其中高级职称15人、中级职称323人、初级职称1400人,获职称的有少数民族1313人。有职称者除1人外全部被各专业部门聘用。至1990年,武宣县全县累计获得专业技术职务资格4219人,其中高级37人,中级690人,初级3492人(含技术员级1750人)。

1988—1992年,金秀瑶族自治县共评出高级职称30人、中级职称644人、初级职称2708人,取得职称的人全部聘用同时与工资挂钩。1990年,来宾县累计获得专业技术职务资格5930人,其中高级47人、中级1025人、初级4858人。1991年,武宣县有高级技术职务人员37人、中级人员690人、初级人员3492人。1991—1995年,来宾县在20个系列开展评定,全县取得高级职称172人、中级职称1208人、初级职称3510人。

1992—1996年(1991年职称工作进行复查、验收、整顿)。这个阶段主要是把评审资格与聘任职务相分离,评审资格没有数量限制,凡符合相应条例规定标准条件的人员均可评审相应地职务资格,而职务则有数量限制,即有指标才能聘任职务,取得资格并不等于取得职务。从1994年开始,国家对一些特殊专业,实行执业资格准入制度。目前已开考的有注册建筑师、注册城市规划师、房产估价师、注册资产评估师、执业药师、执业中药师、监理工程师、造价工程师、注册税务师、矿业权评估师、珠宝玉石质量检验师、注册结构工程师、企业法律顾问等。1996年后,职称评定工作从科技部门移交人事部门负责。

1998年,来宾县事业单位专业技术人员申报评审技术职务资格1114人。申报经济系列职称评定160人,获得初级职称聘任专业技术人员1200人。

2000年,来宾县共有各类专业技术人员9600人,其中高级职称144人、中级职称2380人、初级职称7076人。

2001年,来宾县有高、中、初级专业技术人员9582人,其中工程系列845人、农业系列497人、卫生系列1022人、教育系列6365人、经济系列426人、会计系列249人、统计系列57人、政工类79人、其他42人。

2002年,兴宾区共有高、中、初级职称8788人,其中工程系列498人、农业系列471人、卫生系列992人、教育系列6337人、经济系列258人、会计系列132人、其他100人。经兴宾区人民政府同意,事业单位全部实行按结构比例聘任专业技术职务后,525名事业单位专业技术人员取得中、高级专业技术职务资格。2003年,兴宾区事业单位专业技术人员申报技术职务资格1038人,其中:高级2人、中级125人,初级911人。2004年,兴宾区事业单位专业技术人员申报技术职务资格1504名;全区196名专业技术人员取得中、高级专业技术职务资格。2005年兴宾区有1318名专业技术人员申报专业技术职务资格。全区497名专业技术人员取得中、高级专业技术职务资格,883名取得初级专业技术职务资格。1993—2005年,金秀瑶族自治县共评出高级职称71人、中级职称1434人、初级职称2216人。

2003年,来宾市完成2002年度10个系列925人的职称评审工作,其中高级33人、中级892人。年末,全市有专业技术人员31594人,其中具有高级专业技术职称942人、中级专业技术职称10244人、初级专业技术职称20408人。按专业技术人员分布:工业2046人、农业1268人、文教19505人、卫生3910、其他行业4865人。按年龄结构分:35岁以下16013人,36~45岁以下8081人,46岁以上7500人。

2004年,来宾市不断深化事业单位专业技术人员聘任管理。结合事业单位人事制度改革,强化岗位聘任,引入竞争机制,打破终身制。全市有8个系列开展了职称评定工作,共审核、审批、下文取得高级职称85人、中级职称864人、初级职称3677人。

2005年,全市共有8个系列开展职称评定工作,审核、审批中、高级职称资格949人,其中高级85人、中级864人。为2004年度参加全国经济、会计、卫生和各类执业资格考试合格人员共356人办理了资格证书及资格确认手续。

专业技术人员构成

1995年,来宾县有专业技术职务资格人员7715人,其中副高334人、中级1549人、助理级3639人、技术员2193人。按部门分,农业有副高18人、中级65人、助理级32人、技术员75人,共190人;畜牧水产有副高7人、中级32人、助理级21人,共60人;林业有副高4人、中级20人、助理级55人、技术员19人,共98人;水电有副高6人、中级25人、助理级58人、技术员33人,共122人;医学卫生有副高38人、中级196人、助理级256人、技术员493人,共983人;经贸有副高18人、中级156人、助理级47人,共221人;教育有副高97人、中级677人、助理级2352人、技术员1176人,共4302人;行政司法机关有副高146人、中级378人、助理级701人、技术员350人,共1575人。

2002年,兴宾区共有高、中、初级职称8788人,其中工程系列498人、农业系列471人、卫生系列992人、教育系列6337人、经济系列258人、会计系列132人、其他100人。2003年,来宾市有专业技术人员32061人,其中具有高级专业技术职称942人、中级专业技术职称10244人、初级专业技术职称20875人。按专业技术人员分布:工业2146人、农业1345人、文教19565人、卫生4090、其他行业4915人。按年龄结构分:35岁以下16013人,36~45岁以下8181人,46岁以上7867人。

第七节 工资 福利

工 资

中华人民共和国成立初,国家机关、事业单位除个别留用的旧政府官员享受薪金制待遇外,其余均实行供给制待遇,伙食及生活日用品由国家发给实物。

1950年6月—1952年2月,根据《广西省柳州区职工公教人员工资发放暂行办法》,境内国家行政机关、人民团体大部分实行供给包干生活费制,事业单位和教职工实行工资制。1951年9月,由供给包干生活费改按工资分计发。国家机关、事业单位个别干部因家庭生活困难经批准改行薪金制,每月工资44.5元(已折新币)。

月工资 1952年2月,境内各县改革工资制度,按照“以职务为主,看工作表现及适当照顾资历”的原则,对职工进行评级,改包干供给制为按月工资分计发。每人每月大灶60工资分,中灶85工资分,小灶110工资分。每分所含实物定量为:食粮0.4千克,白布0.07米,植物油0.25千克,食盐0.01千克,煤1千克,各项实物采取当地多数人习惯用的中等品质,以国营公司或国营零售店价格计算分值,然后以工资分乘分值即得当月工资额。区干部工资每月280分左右,每1工资分值按当时市场物价为人民币2600元(旧人民币),以工资分乘工资分值等于工资额。此外仍有一部分区(乡)干部实行供给制。武宣县经评定,全县702名职工中,行政29~27级有23人,26~23级有410人,22~17级有264人,16~14级有5人。忻城县实行以等级工资分制,全县共有干部职工368人按17~29级工资工分计发(17~21级:

为正副县长和正副科(局)长级;22~26级为科员、助理员、办事员级。27~29级为勤杂人员级);17级工资分为145分,工资金额月为86元(已折算为新版人民币);21级工资分为114分,工资金额为50元(含科长、区委书记、区长);23级工资分为105分,工资额为40.5元(含科员、正副乡长);25级工资分为93分,工资额为30元(含办事员、助理员、文书);28级工资分为88分,工资额为22元(勤杂人员),最低工资分为85分,工资额20元。

1954年,供给个人部分物资改按工资分(以当月大米、布等价格为基础计算)包干发给:正、副处长225分,正、副科长150分,科员117分。11月,忻城县对部分干部职工工资级别进行调整(即晋升一级),在此期间实行供给制待遇有193人,实行工资制待遇有262人,两种待遇同时并存,每人每月另给物价津贴补助1.4元。

1955年,实行级别定额工资制,干部职工按月发放工资。来宾县干部职工月均工资31.17元(新版人民币,下同)。

1956年,进行工资制度改革,国家机关和企事业单位开始实行等级工资制,境内分属3类工资区。较集中体现有42种工资标准。按照国家划分的工资区标准,实行等级工资制,正副县长为13~17级,正副科局长为17~21级,勤杂为26~30级。武宣地区参加工资改革567人,396人获升级,升级面为70%。经过工资改革,全县职工人均月工资比改革前增长13%。金秀瑶族自治县给158名职工增加工资1级。在行政工资32级档次中,县内职工最高级别为行政14级,月薪140元;最低为32级,月薪25元,人均月薪31.8元,比1955年增加3.39元。来宾县对6481名职工进行工资调整。调整后人月均工资由31.17元增加到33.92元,人均月增2.75元。忻城县改为薪金制工资,一律按等级式执行。经调整,干部职工的工资均从低调高一级。全县提高到15级1人、16级1人、17级5人、18级12人、19级7人、20级11人、21级26人、22级43人、23级73人、24级79人、25级35人、26级27人、27级58人、28级69人、29级8人,共455人,平均每人每月工资38.3元,月净增4.8元。

1959年,境内对工业、农业、政法、文教、卫生以及党政群等部门个别工资偏低的人员进行调整,调整幅度5%左右。武宣全县职工人均月增加工资4.62元。象州县调整工交、邮电、农、林、水和商业等部门职工工资,全县固定职工人均月增资4.62元。

1960年4月,各县实行自治区颁布的工资基金管理办法。全民所有制(含人民团体)的工资基金由劳动局,金融部门共同管理。严格按定员编制按季按月编制工资使用计划,于季度前10天报送主管部门,县劳动局和开户银行审批后方可执行。无工资使用计划,银行拒绝支付款项。工资发放后,使用工资单位于次月2日前填报《工资基金结算表》,将执行情况报送审定机关。集体企事业单位工资基金各单位自行管理。

1961年,武宣县调整矿山、林区工人和国家机关行政22级以下职工的工资,参加调资381人,调资后,全县月增资总额1786.89元,人均月增资4.69元。象州县调整矿山、林区工人以及矿山井下和林区采伐现场基层干部工资。人均月增资3.39元。

1962年,为便于银行监督工资使用情况,各县规定凡全民所有制的独立核算单位,必须在银行开设工资基金专户,执行不许突破核定指标。人员和工资增减,经县主管部门和县劳动局核准后,银行方可照付。

1963年,境内各县进行工资调整。金秀瑶族自治县原执行的三类工资区改为四类工资区,同时给594名职工增加一级工资,当年国家职工人均增资5.60元。象州县调整工人和18级以下干部一般按40%升级。升级基数2703人,应升级人数1353人(含地区另拨指标15人),实际升级人数1344人,升级面49.7%,人均月增资5.1元。武宣县获调1293人,升级面为47.7%。调资后,全县职工人均月工资40.6元,比调资前增加3.94元,增长11.09%。忻城县调整部分工资偏低的干部职工和提升部分职工工资级别。全县获得升一级的273人,升二级20人,升级面为58.39%。月总增加工资17805已,套级73人,月增资额250元,转正定级7人,月增资48元。调高后工资总额72.6万元,平均每人每月48.36元,比1956年每人每月净增5.22元。

1964年,来宾县调资3666人,占调资面40%,人均月增资6.91元。

1971年,境内调整工资,主要对象是1957年底以前参加工作的二级工,1966年底以前参加工作的一级工以及与上述工人年限相同,工资等级相似的国家工作人员。武宣县职工4631人,获调2274人,调资面49.1%,共增加工资总额为13196.57元,人均增加5.8元。象州县全民所有制职工调资2722人,月增资15978元,人均月增资5.86元;集体所有制职工调资67人,月增资437元,人均月增资6.52元。

金秀瑶族自治县给家庭困难、工作年限长的510名职工增加工资(其中增加二级的63人、平衡工资级别的94人),人均增加工资6.32元。

1973年,各县对工资基金管理办法进行修订,规定各单位工资基金须经劳动局签章才生效,并到银行办理工资管理手册,人员和工资增减,执册到银行办理。11月,象州县从3类工资区调为4类工资区。

1974年,来宾县农场职工工资下延工资标准,下延1166人,下延面16.73%,人均月增资10.75元。象州县调整国营农、林场职工工资。有123人升级,连同定级、跟级补齐,共450人增加了工资。月增资额867.7元,人均月增资1.51元。

1977年,国家机关、企事业单位调资。来宾县有1024人参加,调资面65.22%,人均月增资4.83元。当年9月底,象州全县职工总数5860人,调资3775人,占职工总数64.4%,月增资17834元。集体所有制单位亦参照调资,当年9月底职工总数1764人,调资682人,占38.7%,月增资3271.5元。金秀瑶族自治县给工作年限长、工资偏低的976位职工增加一级工资,人均增加工资7.12元。忻城县调整在1977年前参加工作工资偏低的干部职工工资。按有关文件规定,全县获得高调的干部有1217人。调整后,月增资总额为6626元。靠级增资371人,月增资额为801元。

1978年,来宾县在集体所有制单位职工727人中调资588人,调资面80.88%,人均月增资4.94元。武宣县职工按2%计算,获调164人,实际调了167人,月增资总额975.28元,其中121名干部人均月增资5.84元,46名工人月增资6.33元。

1979年,境内按国务院和自治区有关文件精神,对全县干部职工工资进行考核评定升级。凡当年生育第三胎或犯有各种错误的干部职工均不予升级。国家机关、企事业单位职工,根据劳动态度、技术高低、贡献大小考核升级。来宾县升级4689人,升级面40.27%,人均月增资6.24元。武宣县职工6494人,获调2723人,调资面41.9%,月增资总额20422.5元,人均月增资7.5元。象州县全民所有制单位职工,升级2740人,升级面43.6%,月增资15604元。另下达科研、文艺单位5%升级指标,全县升级175人,月增资987元。集体所有制有负担能力的单位,参照实行调资,职工总数1238人,升级236人,升级面19.1%,月增资1394元。全县获得升级的干部有1438人,占干部总数的43.25%,职工有2177人,占职工总数42.4%。升级后,月净增工资总额为1.28万元。

1980年,金秀瑶族自治县从四类工资区调整为五类工资区。1981—1983年,金秀瑶族自治县先后给文化、卫生、体育、教育等系统职工和行政机关职工增加一级工资,人均增加工资7.38元。

1981年,境内给中、小学教职工、医疗单位部分职工、体育系统优秀运动员、专职教练员及部分从事体育事业的人员调整工资,采取先靠、后补、再升级的办法。武宣县获调2085人,月增资总额12718.5元,人均月增资6.1元。象州县实际升级706人,补、靠、升月总增资12125.4元。

1982年,调整工资,对象是国家机关、科学文化、农林水、环境卫生等事业单位及中、小学和卫生、体育系统1981年末列入调整工资范围的事业单位人员。8月,忻城县执行由三类工资区调为四类工资区,工资区差为5元。执行后一律套入干部职工工资额。同时对国家机关、科学、文教、卫生事业单位等部门工作人员进行工资普调。全县获普调一级的干部职工共有1857人,月增资总额1.24万元,升二级359人,月增资总额为2493元。来宾县在国家机关、科学文教卫生部门3849人中调资3108人,调资面80.74%,人均月增资7.10元。武宣县给国家机关、事业单位调整工资,获调1815人,月增资总额12033.45元,人均月增资6.63元。象州县升级2195人,其中108人升两级,月增资额15952.8元。忻城县执行由三类工资区调为四类工资区,工资区差为5元。执行后一律套入干部职工工资额。

1983年,象州县给全民所有制企业单位和未列入1982年调整工资范围的事业单位职工调整工资,全县2337人升级,其中升1级2215人;升2级122人,人均月增资9.48元。来宾县对企业职工调资,增资3690人,占调整单位职工总数74%,人均月增资7.39元。

1984年,国家机关、事业单位实行以职务为主要结构内容的工资制度,按工资不同职能分为基础工资、职务工资、工龄津贴、奖励工资4个组成部分,取消等级工资制。工资制度改革后,各级各类工作人员,都不同程度地增加了工资。金秀瑶族自治县给职工每人每月发高寒山区补贴10元。7月,忻城县将原四类工资区调为五类工资区,工资区差5元(套人工资额)。10月,象州县从4类调为5类工资区。武宣县由三类工资区提到四类工资区,金秀瑶族自治县从五类工资区调整为六类工资区。此后,按行国家正常的工资晋升机制,机关、事业单位工作人员两年考核合格晋升职务工资，五年考核合格晋升级别工资。

1985年，武宣县有7900人参加工资改革，月增资总额148432.98元，干部人均月增资21.3元。象州县全民所有制职工6477人参加工资改革，月增资131067.38元，人均月增资20.23元；集体所有制单位职工787人参加工资改革，月增资9304.7元，人均月增资11.82元。来宾县机关、事业职工增资7074人，人均月增资16.68元。忻城县全县干部职工按档次调资有4227人，月工资总额由26.39万元，增至月工资总额35.42万元，其中津贴增加3.5万元，工、教、护龄津贴增加1.3万元，基础工资增加4.21万元。套改后，平均每人每月净增工资21.34元。合山市当年有1300人参加工资调整，月共增资22087元，人均月增资16.99元。金秀瑶族自治县行政、事业单位职工人均月增资19.49元。

1986年，境内调整机关事业单位人员工资，对象是凡已实行专业技术职务聘任制并已验收合格的单位受聘的专业技术人员。按中华人民共和国成立前（科员、技术员以下为1952年底前）、1956年底前、1960年底前、1966年底前、1971年底前等时段，工资达不到国家核定标准的，均调升一级工资。象州县调整国家机关、事业单位986人工资，月增资6006.5元，人均月增资6.09元。合山市有国家机关、事业单位干部职工263人提升工资，占干部职工总数的9.28%，人均月增资6.70元。金秀瑶族自治县发给县内行政、事业单位职工每人每月奖励工资15元。忻城县对1985年的工资改革进行复查，理顺了部分工资偏低的干部、职工工资，获提升一级工资者795人，月增工资总额5981.5元。套人确定职务（政治级别）工资最低档次的53人，月增资总额396.5元。

1987年，象州县为国家机关、事业单位431名职工增加工资，共计增资3470元。合山市有153人调整提升工资，占干部职工总数3.21%，人均月增资7.79元。金秀瑶族自治县将副局（区）级以上级别和专业技术干部1604人的工资调整进档，月增工资总额12304元；进档者人均月增工资7.67元。武宣县给2098名国家工作人员调整工资，月增资总额19490.42元，人均月增资9.29元。忻城县调升公安干警的工资20人，月增资额为166元；给380名干部职工补升工资，月增资总额为2444.5元。

1988年，境内给中年技术人员增加工资，人均月增8.2元；中小学和幼儿园教师及护士在原工资基础上又增升10%。合山市符合条件调整增资750人，占干部职工总数21.22%，人均月增资9.37元。象州县办理中、小学教师提高10%工资1764人，增资额13503.3元；办理中级专业技术人员提高工资486人，增资额3817元；办理专业技术人员提高工资767人，增资8958.5元。忻城县对科技人员评聘专业技术职务与工资挂钩，套人新任职务工资最低档专业技术人员719人，月增资总额8052.5元。中小学教师（包括党校教员）提高10%工资的有2435人。中等专业技术人员升一级工资的有435人，月增加工资总额为2.13万元。

1989年10月，国家规定给国家机关和事业单位工作人员普调一级工资，并在此基础上，重点解决专业技术人员工资中的突出问题，适当解决机关事业人员中的一些突出矛盾，同时对离、退休人员待遇作适当调整；金秀、合山按六类工资区，其余县按五类工资区标准发放。各县（市）农林牧渔业工人改行国家机关技术工人工资标准，月工资额比原来提高。同年，来宾县对全民所有制单位职工进行工资普调，除受党内严重警告、行政记大过以上处分不满1年的人员以及违反计划生育的人员外，人人升级。来宾县升两级7027人；占升级人数的61.58%，普调后人均月增资13.07元。武宣县给国家机关、事业单位职工提高工资，提一级工资的4328人，在原提一级工资的基础上再得提一级的有3071人，月增资总额51053元，人均月增资11.80元；同时给事业单位企业管理的部门提高工资，提高一级的有654人，再升1级工资的有425人，合计月增资总额7102.44元，人均月增资10.86元；另外还给行政事业单位809名离退休职工提高生活待遇，人均月提高8.30元；给领最低保证数的退休人员66人、退职人员42人增加生活补助费，月增总额987.12元，月人均增9.14元。武宣县干部职工有5233人升级，增资金额67308.99元，人均增资12.86元。象州县干部职工有5233人升级，增资金额67308.99元，人均增资12.86元。忻城县给县人民武装部干部，补调一级工资共14人，月增加工资额104.5元；给各级护士人员189人提高10%的工资，月增资总额1173.45元。

1990年，按有关工资普调的补充规定，对工资偏低的干部调升工资。忻城县机关、事业单位工作人员普调一级工资的有5325人（包括机关工人），符合再升一级的3316人，月增加工资总额6.08万元。离退休人员提高工资（生活费）的572人，月增资总额4420元。武宣县微调工资，调资290人，月增资总额1886元，人均月增资6.50元。合山市干部职工27093人，年工资总额6254万元，人年均工资为2308.34元，月均工资192.33元。

1991年，忻城县依照国家有关工资政策，做好全县干部职工工资福利工作。全县机关、事业单位年末总人数5188人，办理各种增资手续4992人（次），年增资额37.5万元。武宣县国家机关、事业单位在册在编5468人，年工资总额1484万元，年人均工资2714元。

1992年，对工龄30、25、20、15、10年以上，工资分别为105、97、89、82、76元以下人员调升一级工资。

1993年，武宣县调整机关、事业单位工资，6640人参加调整，月增资731万元，平均每月增资110元，年工资2243元。

1994年，来宾县套改审批机关事业单位职工工资10833人，正常晋升工资的事业单位工作人员650人，审批民办教师工资人数1453人。忻城县进行工资制度改革工作，参加工改人员6762人，套改后总额2451445元，月增资454664元。行政机关人员1559人，套改前总额446882元，套改后541138元，月增94256元，人均增资60元；事业单位人员4129人，套改前总额1186120元，套改后1462646元，月增276256元，人均增资67元；离退休（退职）人员增加生活待遇1047人，套改前总额363779元，套改后443984元，月增80205元，人均增资75元；机关离退休人员291人，人均增资104元，事业单位退休人员783人，人均增资64元。

1995年起，机关事业单位工作人员正常晋升工资档次开始实施。凡1993年10月1日工资制度改革后，两年考核成绩均为称职（合格）以上的人员，可从1995年10月1日起在本职务（技术等级）所对应的工资标准内晋升一个工资档次（体育运动员晋升一档体育基础津贴）。当年，武宣县有7600人两年考核合格（称职）晋升职务工资，月增资152万元，平均每人月增资20元。

1997年7月，机关行政人员基础工资标准由每人每月90元提高到每人每月110元。武宣县调整晋升职务、转正、晋升级别及各种津贴工资10947人次，月增资492615元，平均每人每月增资45元。连续三年年度考核优秀450人，获得了奖励增级晋升工资。忻城县机关、事业单位年末总人数8050人（含临时工1879人），年职工工资总额3457.7万元。根据自治区《关于1997年调整机关、事业单位工作人员工资标准等问题的通知》文件精神，办理调整机关、事业单位工作人员工资标准的6171人，年增资额147.6万元；办理机关、事业单位工作人员正常晋升工资档次的5171人，年增资额152万元；办理机关、事业单位离退休人员离退休费的1264人，年增加离退休费37.9万元；办理各种增资手续（含级别工资等）928人（次），年增资额16.7万元。其中办理警衔津贴63人（次），年增资额2.2万元。

1998年，调整行政人员基础工资、事业单位人员职务工资标准。武宣县8741人参加调整，月增资262230元，平均每人月增资30元。来宾县按照有关规定，办理机关事业单位工作人员正常晋升工资12808人。

1999年7月，提高机关、事业单位工作人员工资标准，机关行政人员基础工资标准由每人每月110元提高到180元，级别工资标准从十五级至一级，每人每月由55~470元提高到85~720元。武宣县2年考核合格晋升职务工资，5年考核合格晋升级别工资和晋升职务工资、转正定级以及各种津贴等工资13000人次，月增资1344千元，平均每人每月增资112元。

2000年，武宣县有1200人晋升职务工资，月增资37200元；有450人晋升级别工资，月增资18000元。

2001年1月，机关行政人员基础工资由每人每月180元提高到230元，级别工资标准由十五级至一级每人每月85~720元提高到115~1166元。10月，公务员（含参照、依照公务员制度管理的人员）各职务层次职务工资起点标准由最低50元至最高480元提高到100~850元。

从2001年起，执行发放年终一次性奖金的规定，奖金标准为当年12月本人的基本工资。2001年，武宣县有544个单位，在职8451人，离退休1824人，月增资1343010元，平均增资131.39元。按照国家有关文件规定，为机关事业单位工作人员办理工资调标25263人，办理财政统发工资6000多人，职务晋升及工人技术等级工资1581人，提前晋升工资339人。12月14日，来宾华侨农场、凤凰华侨农场、迁江华侨农场职工医院正式移交归口县卫生局管理，当年有88名干部职工重新确定工资标准。忻城县办理在职工作人员调整工资标准的6830人，年增资额852.4万元；办理离退休人员离退休费的1973人，年增加离退休费241.5万元；办理调整边远地区津贴的8513人（含离退休人员），年增边远地区津贴418.8万元。同时调整在职工作人员工资标准的

6787人，年增资额626.3万元；办理增加离退休费的1706人，年增加离退休费153.5万元。

2002年，根据自治区有关文件精神，兴宾区办理正常晋升工资和工资变动34500人次，办理来宾华侨、迁江华侨、凤凰华侨剥离后工资审核5280人，全区实行县、乡财政统发工资。8月31日，八一小学正式移交兴宾区接管由教育局归口管理，有197名教职工（其中退休人员5人）重新确定工资标准。忻城县办理在职工作人员正常晋升工资档次的5607人，年增资额为242.2万元，办理增加离退休费的1705人，年增加离退休费47.1万元。根据有关文件精神，办理各种增资手续（含职务、级别工资变动等）1090人（次），年增资额39.2万元。其中：办理警衔津贴、从优待警津贴的349人（次），年增资额38.1万元。

2003年7月，调整机关行政人员工资标准，各职务起点工资标准由现行的100~850元分别提高到130~1150元。以上机关行政人员调整工资标准时，机关工人及事业单位工作人员的工资标准也相应作了调整。来宾市人事局办理机关工作人员年限滚动、五年考核称职、三年连续优秀、晋升职务和技术等级工资变动审批手续794人，月增资45688元；办理事业单位工作人员晋升职务、职称和技术等级工资变动审批手续1608人，月增资83614元；审批各种津贴1751人，月增补贴425300元；办理政法系统从优待警津贴246人，补贴9840元；重新套改机关新调入（含上划）工作人员工资734人，套改工资243352元；事业单位新调入（含上划）工作人员2444人，套改工资98449元；做好800多名上划人员的工资审核工作，本着有错必纠的原则，纠正150多名上划人员工资方面的错误，维护政策的严肃性。

根据自治区工资会议精神，在12月底前完成机关事业单位工作人员提高职务工资标准的审批，共审批1.5万多人（含离退休），增资约90万元。办理大中专毕业生工资转正定级的手续56人；办理机关、事业单位工作人员遗属生活困难补贴8人。

兴宾区根据自治区人事厅、财政厅有关文件精神，给区直机关、事业单位（不含教育系统）工作人员发放生活补贴，在职工作人员和离退休人员的生活补贴标准一律按每人每月300元计发；新参加工作未转正的工作人员（含学徒期、熟练期工人），每人每月280元；办理退休手续的人员补贴，每人每月260元。给乡（镇）机关、事业单位工作人员发放基层生活补贴。在职工作人员和离退休人员的生活补贴一律按每人每月200元计发；新参加工作转正的人员（含学徒期、熟练期工人）每人每月补贴标准为180元；办理退职手续的人员每人每月补贴标准为160元。给全区中、小学校教职员工（不含聘用、代课教师）发放生活补贴。在职教职员工和离退休人员的生活补贴一律按每人每月100元计发；新参加工作未转正的人员（含学徒期、熟练期工人），每人每月补贴标准为80元；办理退休手续的人员，每人每月补贴标准为70元。当年，兴宾区机关、事业单位工作人员12500人（次）工资变动和正常晋升工资，机关、事业单位工作人员18000多人（次）调资。迁糖学校正式移交兴宾区接管，由教育局归口管理，当年有22名教职员工重新确认工资标准。

忻城县根据国家、自治区有关文件精神，办理调整在职工作人员工资标准的6360人，年增资额381.6万元；办理增加离退休费的2170人，年增加离退休费130.2万元。办理在职人员正常晋升工资档次的5208人，年增资额218.7万元；办理增加离退休费的2161人，年增加离退休费59.6万元。办理各种增资手续的1058人（次），年增资额44.1万元。其中：办理警衔津贴的53人，年增资额1.6万元。

2004年，来宾市人事局审批连续两年(2002—2003)年度考核“称职”“合格”以上的7237名在职人员从2003年10月起正常晋升一档职务工资，月增资额29.74万元，其中行政机关1891人、事业单位5346人。审批3936名离退休、退职人员从2003年10月起增加相应的离退休、退职费，月增资额14.81万元，其中行政机关1392人、事业单位2544人。审批市直机关单位283人从2004年1月起晋升一级级别工资，月增资额1.42万元。审批事业单位112人从2004年1月起提前晋升一档职务工资，月增资5867元。审批1470人职务（职称）晋升变动工资，月增资9.23万元，其中行政机关475人、事业单位995人。办理退休、退职手续175人，兴宾区有18580名干部职工（含离退休、退职人员的退休费调整）正常晋升、提前晋升工资和工资变动。

2005年，来宾市人事局为机关、事业单位1234名在职人员审核办理连续两年考核称职（合格）正常晋升工资；为机关单位人员253名、事业单位人员167名办理2005年1月晋升级别工资和提前晋升职务工资；为市直机关、事业单位694名在职人员核准办理职务晋升、转正定级工资变动；为397名新调入人员重新套改确定工资；为尚留在企业的12名中小学退休人员核准退休工资。

当年，兴宾全区有6375名机关、事业单位工作人员（离退休、退职人员）变动工资。武宣县有1076个单位，在职有4260人，离退休有2285人，月增资236872元，平均增资31元。

奖励工资　1985年结构工资的组成部分，为奖励岗位责任制中有显著成绩者，以县为单位，按不超过一个月基本工资总额提取。1988年奖励工资数按一个半月平均工资发放，1992年改按3个月基本工资提取。1993年10月全国工资改革后，奖励工资停止执行。

浮动工资　1983年4月，对在农村人民公社从事农林水科技工作，具有大中专毕业学历或技术员以上职称的国家干部，在原工资基础上，向上浮动一级工资作为岗位津贴。

1993年10月1日起合山市对机关和事业单位工作人员现行工资制度进行改革，机关行政人员基础工资由40元增加至90元，对年度考核成绩为称职以上的人员，年终发放一次性奖金，按本人当年十二月份的基本工资计发。从1997年7月1日起，机关单位工作人员基础工资标准由原每人每月90元提高到每人每月110元。从1999年7月1日起，合山市机关行政人员基础工资标准由原110元/人·月提高到180元，级别工资标准由十五级至一级55元/人/月至470元/人/月提高到85~720元。从2001年10月1日起，公务员各职务层次职务工资起点标准由最低50~480元提高到100~850元。从2003年7月1日起，调整机关行政人员职务工资标准，各职务起点工资标准由现行的100~850元分别提高到130~1150元，其他各职务工资档次标准相应提高。

福　利

中华人民共和国成立后，职工福利费，国家按工资总额的一定比例划调划拨到工资基金手册持有单位。职工因病、灾及其他非正常支付造成经济生活困难，可向所在单位申请生活困难补助，经群众民主评议，领导人核定，从福利费中支付生活困难补助费。

公费医疗　1953年，各县政府机关、文教卫生和经济建设单位对职工实行公费医疗制度。享受公医待遇人员凭“公费医疗证”到县卫生管理机关指定的医疗单位就诊（个人负担挂号费）。1956年，石龙县人民委员会规定：县、区机关职工的福利费按工资总额4.5%逐月提取。提取的福利费，主要用于生活困难补助、医药费补助、丧葬费补助和女职工产后营养补助（一次10元）等。1956年7月，忻城县成立干部职工福利委员会，负责干部职工福利经费的收取、管理和使用。福利费来源，是县财政按干部职工工资总额的一定比例提取，作为福利基金。干部职工因患重病或天灾人祸造成特殊经济或生活困难者，由个人申请，单位干部职工民主评议，领导审查批准，可以享受福利基金待遇，以缓解暂时性困难。1989年4月起，按《忻城县公费医疗管理暂行办法》，忻城县机关、事业单位的干部职工，门诊药费个人自付20%。住院药费个人自付标准为：1000元以下自付5%、1001~2000元自付4%、2001~4000元自付3%。离退休干部职工一次处方在4元以下，实报实销，企业单位干部职工的公费医疗管理、使用办法，也参照上述办法自行管理使用。

粮食差价补贴　1963年起，对职工实行粮食差价补贴，每人月补贴3元。1979年起，实行副食品差价补贴，每个职工月补贴5元（1988年4月起月补额增至9元）。1964年福利费提存比例降至2.5%。1979年1月起，国家机关、事业单位工作人员，每人每月提出1.1元作福利费。同年11月扣至1.3元。1982年1月起改提1.5元。1984年7月1日起，提到2元。

少数民族地区补贴　1984年起，实行少数民族地区补贴，人月补贴10元。当年，忻城县发给少数民族地区补贴，每人每月12元。在北更、遂意、红渡等山区乡镇工作的干部职工另加发山区补贴，每人每月14元。行政干部职工，每人每年发给年度书刊费48（1989年增至108元）；45岁以上职工每人发给眼镜费12元。给职工发给洗理费，初行每人月发1.50元。之后改为男职工月发4元，女职工月发4.50元（1990年男职工月增至9元，女职工月增至9.50元）。1990年，给职工发燃料费，人均月15元。此外还有水电、物价补贴。当年，来宾县财政支付各种补贴605.5万元，占当年职工工资总额29.1%。忻城县各项补贴仍继续执行。45岁以上的干部一次性发给眼镜费14元。此外，还按月发给洗理费、卫生费、私人单车修理费。工矿企业职工发放防粉尘、防毒保健费，女职工另加发卫生费等多项福利保健费。干部职工还享受国家法定的公休日，节日例假和治病、探亲假待遇，女干部、职工还享受国家规定的妊娠和产期假（一般为30天）待遇。1980—1990年，忻城县由组织部、劳动局、人事局和教育局等单位，给亡故干部、职工482人办理安葬、遗属抚养的补助手续。另外还按政策规定给生活特别困难的遗属共210人，发放补助费3500多元。1978—1990年，来宾县财政支付福利费4101.63万元。1980—1990年，武宣全县行政机关事业单位共开支福利费576258元，其中1980年20379元、1985年40147元、1990年148565元。

年休假 1986年8月实行年休假制度。按上级有关文件规定精神，党政机关工作人员，从1988年起，参加工作满10年的，可享受年休假待遇。其中工作满10年不足20年者，每年休假10天；工作满20年不足30年者，每年休假15天，满30年者可休假20天。休假期间，工资照发，其他待遇不变。工龄10~19年、20~29年、30年以上的，休假期分别为10、15、20天。1991年调整为：工龄5~9年、10~14年、15年以上的，休假期分别为7、10、14天。至2005年不变。

病　假 根据《国务院关于发布〈国家机关工作人员病假期间生活待遇的规定〉的通知》（国发〔1981〕年52号）规定：在6个月以内的，头两个月工资照发。从第三个月起按照其工龄长短发给其本人工资（含物价津贴）的90%—100%不等；病假超过6个月的，从第七个月起依其工龄发给其本人工资70%~80%不等。从文件下发之日(1981年4月6日)起执行。

事　假 根据《广西壮族自治区人事厅关于职工事假待遇问题的复函》(2001年3月30日)规定：国家机关工作人员事假待遇暂按每年累计给假15天掌握，15天以内工资照发，15天以上的时间停发工资。

探亲假 根据《国务院关于公布〈国务院关于职工探亲待遇的规定〉的通知》（国发〔1981〕年36号）规定：职工夫妻分居两地，或与父亲、母亲都不住在一起，又不能在公休假日团聚的，可以享受探望配偶或父母就的待遇：一是职工探望配偶的，每年给予一方探亲假一次，假期为三十天；未婚职工探望父母的，原则上每年给假一次，假期为二十天；已婚职工探望父母，每四年给假一次，假期为二十天。从文件下发之日(1981年3月14日)起执行。

婚假产假 根据《广西壮族自治区人口和计划生育条例》(2004年6月3日广西壮族自治区第十届人民代表大会常务委员会第八次会议修正)第二十九条：男25周岁、女23周岁以上初婚的职工，除国家规定的假期外，另增加晚婚假12天；已婚女职工在24周岁以上生育第一胎的，增加产假14天，同时给予男方护理假10天；在产假期间领取“独生子女父母光荣证”的，另增加产假20天；对晚婚晚育者，婚假、产假期间，工资、奖金照发，不影响其应享受的福利及评奖评优。

遗属生活困难补助 1964年8月，国家机关工作人员遗属生活困难补助发放标准为地（厅）级干部和1945年8月前入伍的处级干部、1937年7月前入伍的其他干部，其遗属每人每月补助20~25元；处县级干部和1949年9月前入伍的干部其遗属，每人月补15~20元；1949年10月以后参加工作的区级以下人员遗属，每人每月补12~15元；1958年元月以后入伍的干部，其遗属每人每月补10~12元。1980年定期补助标准改为：离休干部遗属生活困难的，每人每月补20~25元，其他人员遗属补15~20元（家在农村的补10~15元）。1986年调整补助标准：1937年7月以前入伍的干部遗属，每人每月补45元；其他离休干部遗属补30~35元；其他工作人员遗属补25~30元。1991年遗属困难补助调整为：1937年7月前入伍人员遗属每人每月补60元；其他离休干部遗属居城镇的40~45元，居农村35~40元；工龄不满5年以及满5年以上人员遗属，居城镇月补助分别为35~40元，居农村分别为28、30~35元。1994年调高补助金额：1937年7月前入伍人员遗属每人每月补120元，其他离休人员遗属居城镇补100元，居农村补80~90元；工龄不满5年及5年以上人员遗属，家居城镇补60~70元，居农村的分别补40~50和50~60元。

第八节　离休　退休

离　休

1982年4月，国务院颁布老干部离职休养制度规定，对1949年9月30日前参加中国共产党领导的革命战争（含地下革命工作）的脱产干部，男满60岁，女满55岁，给予离职休养，工资照发。对1945年9月3日前参加工作的，每年增发1~2个月工资作为生活补贴。1982年，来宾县符合离休条件的干部256人。1984年2月，成立中共忻城县委员会老干部科（组织部内设），专司老干部离休之管理，并办理了151名老干部离休手续。至1990年12月止，来宾县办离休手续237人，其中老红军1人，抗日战争时期参加工作的29人，解放战争时期参加工作的207人。在县城以上安置的166人，在农村安置的71人，按离休前本人标准工资1年增发1个月的16人，增发1个半月的11人，增发2个月的1人。调工资升级的211人,其中升1级的154人,升2级的57人。原来工资偏低予以提高的38人,其中抗日时期参加工作的5人(提高3级的1人,提高1、2级的各2人),解放战争时期参加工作的33人(提高1级的24人、2级的9人)。县建离休干部住房40套共2525平方米,其中85平方米的15套、50平方米的25套,给129人发放房屋维修费44.89万元。在已离休的237人中,原属县(处)级干部27人,经批准享受县(处)级待遇66人,享受厅(局)级待遇1人。

1983年,对离休干部的住房、用车标准作了规定:住房面积60平方米(科以下干部)~110(地厅级干部)平方米;回农村安置的,发给房屋修建费,地厅级3000~5000元;其他干部2000~3000元;无住房需新建的,厅级不超10000元,一般干部不超5000元。用车:厅级一般3~4人配1辆,处级10人配1辆。1985年按月发给交通费5元(一般干部)~25元(地厅级干部)。1985年5月,给每人每月生活补贴17元。1986年,合山市办理老干部离休。1986年4月,忻城县成立老干部局。至1987年底,金秀瑶族自治县办理离休手续的干部共46人,其中副处(县)级以上的19人。1985年到1990年止,忻城县全县共有188人办理离休手续。其中厅级干部2人、处级干部47人。离休后,政治待遇不变,生活待遇略为从优,工资照发。外县籍干部离休后,就地定居的有52人(县城定居),异地定居22人。1986年,忻城县政府拨出8万元,在马鞍山路东侧挖土劈岭,平整房屋基地,安排18户老干部建造私人住宅。忻城县籍离休干部110人,在县城定居者37人,回农村定居73人。离休干部住自己的房子又家居农村的国家即一次性发给3000元的房屋维修费、150元的异地安家补助费。还逐月发给离休干部科级以下(含科级)每月每人20元的交通费,处级25元,厅级45元。老干部局为便于离休干部的政治学习活动,作了规定,以县城或各乡镇所在地为单位,每月集中学习一次,每年集中县城开一次座谈会,号召老干部为家乡各项建设贡献余热。每年春节前夕,县委、县政府领导登门慰问,以示关怀。在医疗保健方面,离休干部享受一定的特殊待遇。县医院、各乡镇卫生院,均设有老干部病床,定期为老干部体检,逐人建立健康档案,且看病优先等。1988年忻城县财政拨出8万元,在县城建成一栋2层250平方米的老干部娱乐楼,设有桥牌室、麻将室、学习厅供老干部聚集活动。至1990年底,象州县有91名老干部离休。至1990年底止,合山市共办理58人(其中:合山市机关28人、合山矿务局28人、合山电厂2人)。合山市直机关的28人中,正处级2人、副处级3人、享受副处级待遇23人。离休后,原工资照发,政治待遇不变。每人年发生活补助费180元,特殊经费每人年均150元,交通费每人每月15元。易地安置6人,每人一次性发给房屋修缮费6000元,家具添置300元;在本单位定居的,每人发给家具添置费300元。1987年,对因公致残或瘫痪等原因,生活长期不能自理的离休干部发护理费,住柳州的每月51元,县及县以下不超过50元。1992年,将1937年7月前参加工作的老干部生活困难补贴,从每年30元提高到100元。至1990年,武宣县全县计有离休老干部186人(已故19人),其中享受厅级医疗待遇3人,享受正处级待遇10人,享受副处级待遇67人。

1993年工资制度改革时,离休前有职务的离休人员,原则上按同职务在职人员平均拉资额增加离休费;1997年7月,离休人员按同职务在职人员晋升一个职务工资档次的档差增加离休费;1999年7月1日起,每人每月增加数额不足120元,按120元增加;2001年1月1日起增加离休费,每人每月增加数额不足100元的,按100元增加;2001年10月1日,每人每月增加数额不足80元的,按80元增加;2003年7月1日起,每人每月增加数额不足50元的,按50元增加。

至2005年底,全市离职休养的干部462人。其中,抗日战争时期参加工作的38人,解放战争时期参加工作的424人;按职级分:副省级1人、正厅3人、副厅(含享受副厅待遇)40人、正处89人、副处(含享受副处待遇)142人、正副乡科级160人、其他27人。

退　休

1955年12月,国务院颁发国家机关工作人员退休暂行办法规定:男年满60岁、女满55岁,工作年限5年以上(一般工龄25、20年);或工作年限满10年,因劳致残丧失劳动能力(因公致残不计年限),可办理退休,按本人工资50%~80%发给退休金。1958年对从事有损身体健康工作的,男退休年龄为55周岁,女45周岁(工龄满5年,一般工龄满25年的;专职从事革命工作满20年的不受年龄限制)。退休后,按正常退休年龄退休的,退休金按本人工资50%~70%发放;因身体衰弱丧失劳动能力退休的,按40%~60%发放,专职从事革命工作的按70%计发。1965年12月忻城县办理6名职工的退休手续。1971年,对1937年7月以前入伍的退休干部按本人工资100%发给退休金，对回农村定居的，发给1500元房屋维修费；需建新房的，家庭人口3人以下发3000元，4人以上发3600元建房及家具购置费。1972年调高有特殊贡献人员退休待遇：获全国劳模（含获勋章）、省人民委员会认为有显著贡献的科技文教工作20年以上人员、抗日战争期间入伍人员，退休费标准按本人工资分别提高10%~15%；解放战争期间入伍的提高5%~10%。1974—1977年，忻城县全县有11名职工符合退休条件，给予办理退休手续。1978年对符合退休条件人员，1949年9月30日前参加工作的，按本人工资标准100%发给退休费；10月1日以后参加、工作年限20年以上为75%；10~14年为60%；因公致残退休人员为80%~90%。1983年9月，对骨干教师、医生、科技人员经本人自愿，退休年龄可延长1~5年。1984年象州、武宣、忻城等县累计工作20年以上，退休后继续留在山区的科技人员，退休金标准给予提高10%。同年给1949年12月31日前参加工作的退休人员，补贴本人工资额的20%；1952年12月31日前入伍的补贴15%。1985年5月起，给退休人员每人每月17元生活补贴。1978—1987年的10年，忻城县先后由组织部、人事局、劳动局办理退休手续共有529人，其中干部211人，教职员工和工人318人。按有关政策规定，发给本人标准工资90%的有112人，80%的209人，75%的198人，未达退休年龄病退的10人，发给本人标准工资70%。1989年忻城县办理109名干部职工退休手续，1990年忻城县办理112人退休手续。1990年后，凡属国家干部退休事宜，由人事局办理，属离休的干部、职工，由县委组织部和老干部局承办、管理。至1990年底止，合山市共办理退休手续共1708人。其中：市266人、矿务局1270人、电厂140人、铁路32人。1967年1月来宾县始有1名工人退休。1990年来宾县共发退休金208.46万元。1967—1983年，金秀瑶族自治县共退休37人；1984—1987年，金秀瑶族自治县共退休145人。至1987年底，金秀瑶族自治县共有187名干部办理了退休手续，有354名工人退休。至1990年，来宾县办退休手续的工人1370人。至1990年底止，来宾县办退休手续的干部889人，其中适龄退休261人、提前退休225人、超龄退休401人（其中超5年以上的104人）。工人退休手续由主管局办理。集体单位的干部职工退休，由各单位自理。1966—1990年，象州县有1838名干部退休，有453名全民所有制单位工人、199名集体所有制单位工人退休。

1991年，忻城县办理干部退休人数64人（其中办理离休5人）。1992年，除按1978年有关规定发退休费外，以工作年满15年为起点，从16年开始，每增加1年，加发本人工资1%退休补助费。至1990年，武宣县全县累计有退休干部1287人，其中副处级以上干部35人、退休工人811人。1992年，忻城县办理干部退休人数114人，1993年工资制度改革后，行政部门对工龄满35年、30年、20年的，分别按职务工资、级别工资之和的88%、82%、75%发放退休金（工龄工资不动）；事业部门按90%、85%、80%计发。1993年工资制度改革时，退休前有职务的退休人员，原则上按同职务在职人员平均增资额的90%增加退休费。同职务同条件在职人员增资额高于平均增资额的90%的，可参照同职务同条件在职人员套改办法，按工资制度改革后退休人员计发退休费的比例，计发退休费。1993年，忻城县办理干部退休人数178人（其中办理离休4人）。1994年，忻城县办理干部退休人数107人（其中办理离休2人）。1997年10月1日起，退休人员按每月20元增加退休费。之后，1999年7月—2003年7月，机关事业单位退休人员先后共四次按退休前职务增加了退休费。

1991—1995年，武宣县共有退休人员1489人。1991—1996年，来宾县机关事业单位共有离退休人员2390人。1998年，来宾县机关事业单位工作人员退休160人。1996—2000年，武宣县共为562名干部办理了退休手续，有4名干部办理退职手续。2001年，武宣县办理机关事业单位工作人员退休223人。1995—2005年，忻城县办理干部退休人数1279人。2002年，来宾县办理提前退休460人，办理正常退休738人。2001—2005年武宣县办理了退休1108名。截至2005年12月31日，武宣县机关、事业单位实有在册退休干部2361人。

2005年，合山市事业单位在职人员2594人，退休人员789人；办理大、中专毕业生见习期满转正定10人，办理退休、退职手续20人；办理病故抚恤金、丧葬费及遗属困难生活补助26人，接访答复和政策解答598人次；年内完成全市2594名在职人员，789名离退休人员工资统发审核及上报工作。

退 职

1951年11月，对纳入行政编制，参加工作满3年，因年老（55岁以上）或长期病弱不能继续工作的，经医生证明，任免机关首长批准，可办退职，发给生活补助金。补助金以250千克粮食为基数，工龄5年以内,每月增加5千克;第6—10年每月增加10千克,11~15年每月增加20千克,民国16年以上每月增加40千克,由原籍县人民政府发给。1958年3月国务院颁发退职处理暂行规定,对连续工龄不满3年,因病或非因公负伤而停止工作满1年的;或录用后在6个月以内,发现原有严重慢性疾病不能坚持工作的,经自己申请,任免机关批准可以退职。退职时发给一次性补助费,连续工龄不满1年的,发1个月本人工资;1~10年的,每满1年加发1个月工资;10年以上,从第11年起发1个半月工资,但补助费总额不得超过30个月工资。至1987年底,金秀瑶族自治县办理退职手续的,有干部41人、工人12人。

1978年国务院下达老弱病残干部安置暂行办法规定,对不具备退休条件的,应当退职。退职后,按月发给其标准工资40%的生活费。低于20元的按20元发给。至1990年底,来宾县退职干部12人,除1986年有2人因出国定居而办退职手续外,其余均为历次政治运动被错误排出干部队伍后,于1981年在落实干部政策时改作退职处理的。至1990年底,忻城县全县办理退职的干部、职工有98人。其中属于组织劝退的有28人,本人主动要求退职的39人,因其他原因作退职处理的31人。

1961—1990年,武宣县全县共有67人退职。1993年机关事业单位工资制度改革时,退职前有职务的退职人员,按同职务在职人员平均增资额的70%增加退职生活费,增加退职生活费低于25元的,按25元发给。从1997年10月1日起,依照国家规定退职的人员,按每月15元增加退职生活费;1999年7月1日,按每人每月80元增加退职生活费;2001年1月1日起,按每人每月70元增加退职生活费;2001年10月1日起,按每人每月50元增加退职生活费;2003年7月1日起,按每人30元增加退职生活费。

第三章　劳　动

中华人民共和国成立后,境内各县先后建立劳动行政管理机构,设立劳动科,后成立劳动局,负责全民所有制固定工、集体所有制固定工、临时工、亦工亦农人员的招收、调配和管理。2002年12月,来宾市劳动和社会保障局成立,主要负责社会保险、劳动保障监察、就业和再就业、劳动仲裁、劳动工资、职业技能培训、职业技能鉴定和社会办学的管理,下设5个二层机构,即社会劳动保险事业管理所、就业服务中心、医疗保险事业管理中心、技工学校和劳动保障监察支队。1950年,来宾县全民所有制单位固定工1731人。1956年,来宾县全民所有制单位固定工7460人。1958年,各县兴办一批企业。来宾县全民所有制单位固定工13476人。1960年,来宾县全民所有制单位固定工26932人。1961年以后,调整国民经济发展速度,职业结构相应改变。1969年,来宾县全民所有制单位固定工17631人。1978年,来宾县全民所有制单位固定工51267人。1990年,来宾县全民所有制单位固定工35038人。2003年,来宾市城镇集体所有制单位职工人数4660人。2004年,来宾市城镇集体所有制单位职工人数5105人。2005年,城镇集体所有制单位职工人数5099人。全市单位数2957个,单位从业人员111572人。

第一节　机　构

行政机构

中华人民共和国成立前,境内无专门劳动行政管理机构。中华人民共和国成立后,境内各县先后建立劳动行政管理机构。1956年7月,石龙县人民委员会成立劳动科。10月,来宾县、忻城县设劳动科,专注于工人的招收、调配和社会劳动力的安置等。1958年1月,石龙县劳动科并入民政科,1959年,境内各县劳动科并入计划委员会。1960年,石龙县设劳动局,1961年,石龙县劳动局并入计划委员会。1962年4月,恢复武宣县建置后,随即成立县劳动科。1963年,来宾县、象州县设劳动科。1966年8月,象州县劳动科并入计划委员会。1969年起,劳动部门有关业务由县革命委员会政工组群工小组、生产指挥组秘书小组负责。1973年,境内各县恢复劳动科,负责全民所有制固定工,集体所有制固定工、临时工、亦工亦农人员的招收、调配和管理。7月,武宣县恢复劳动科,10月,忻城县恢复劳动科。武宣县成立“知识青年上山下乡办公室”(简称“知识办”),负责城镇知识青年上山下乡、插场插队工作。

是年,象州县复设劳动科。1976年,来宾县设劳动局。1977年10月,武宣县劳动科改为劳动局。12月,忻城县劳动科改为劳动局。1978年2月,象州县撤销劳动科成立劳动局。1981年4月,武宣县“知青办”并入劳动局。同时成立劳动服务公司属于劳动局二层机构,具体负责城镇待业人员的安置和社会劳动力的管理。1983年,合山市设立市劳动人事局。1984年,境内各县劳动局与人事局合并称劳动人事局。同年5月,忻城县人事局与劳动局合并,称为劳动人事局。9月,来宾县、象州县、武宣县劳动局与人事局合并。1986年后,各县劳动、人事局复分,恢复原称谓。1986年9月,来宾县、忻城县、武宣县劳动、人事局复分,恢复原称。1987年1月,象州县恢复劳动局。1988年,金秀瑶族自治县恢复劳动局。合山市成立劳动局,管理工人。劳动局下设劳动服务公司,负责全市待业人员的调查、统计、技术培训、安排就业等工作。1990年,武宣县劳动局内设办公室、劳动争议仲裁室、劳动保护安全监察室、劳动工资统计室、劳动调配室、档案室,共有职工11人。来宾县劳动局配员13人。

1991年,武宣县劳动局内设办公室、劳动争议仲裁室、劳动保护安全监察室、劳动工资统计室、劳动调配室、档案室,共有职工11人。忻城县劳动局内设办公室、劳动工资股、安全生产监察股、劳动仲裁股,劳动保障监察股、调配股,编制11人。

1997年1月,金秀瑶族自治县人事局和劳动局合并,称金秀瑶族自治县人事与劳动局,各自内设机构不变。2001年12月,武宣县机构改革,根据《武宣县劳动和社会保障局职能配置内设机构和人员编制规定的通知》文件精神,在武宣县劳动局基础上组建武宣县劳动和社会保障局,内设秘书股、劳动保障监察股、仲裁法规股、就业培训股、劳动工资股、社会保险股6个职能机构,下辖二层机构四个。金秀瑶族自治县人事与劳动局改为金秀瑶族自治县人事劳动和社会保障局。金秀瑶族自治县人事劳动和社会保障局内设办公室、劳动执法仲裁股、职称股、考核奖惩股、工资福利退休股、公务员管理调配培训股。

2002年1月,忻城县劳动局更名为忻城县劳动和社会保障局。内设办公室及劳动保障监察、仲裁法规、培训就业、劳动工资、社会保险5个股。编制11人。其中行政编制10人、事业编制1人。下辖事业单位四个:劳动保险所(包括机构改革时从县民政局农保所职能人员划入)13人、城乡社保中心9人、就业服务中心9人、医保中心7人,至2005年编制不变。12月,来宾市劳动和社会保障局成立,为正处级单位,内设机构和人员编制不变。下辖兴宾区、合山市、象州县、金秀瑶族自治县、武宣县和忻城县6个县(市、区)劳动和社会保障局(科级)。

市劳动和社会保障局历任局长:李生安(2002年12月—2005年12月)。

2003年1月,来宾市劳动和社会保障局租借兴宾区劳动和社会保障局办公楼正式挂牌办公,地址:来宾市柳来路243号。其主要职能有:社会保险(包括养老保险、失业保险、医疗保险、工伤保险和生育保险)、劳动保障监察、就业和再就业、劳动仲裁、劳动工资、职业技能培训、职业技能鉴定和社会办学的管理。下设有5个二层机构,即社会劳动保险事业管理所、就业服务中心、医疗保险事业管理中心、技工学校和劳动保障监察支队,至2005年不变。2005年底,金秀瑶族自治县人事劳动和社会保障局内设机构有办公室、调配培训股、工资福利退休管理股、劳动执法仲裁股、职称改革办公室;有在职人员12人,均为行政编制。下设劳动就业办公室(2003年更名为就业服务中心)、城镇职工基本医疗保险中心、人才交流服务中心、社会劳动保险事业管理所(2003年劳动保险所与人事保险所合并)和劳动监察大队等5个二层机构。

事业机构

社会劳动保险事业管理所 根据国务院1986年《关于改革劳动制度四个规定的通知》精神,境内各县(市)先后成立社会劳动保险事业管理所(下称劳动保险所),负责职工劳动养老保险业务。1986年10月9日,忻城县成立社会劳动保险管理所。1987年3月,成立武宣县社会劳动保险事业管理所。6月,来宾县成立社会劳动保险事业管理所。

2003年4月,来宾市社会劳动保险事业管理所成立,编制8人,实有人数8人,办公地址:来宾市兴宾区柳来路243号。2005年单位编制12人,在编12人。

就业服务中心 20世纪80年代,境内各人民政府为解决城镇待业人员的就业问题,设立了各级各类劳动服务公司,加强对待业人员的管理、教育,广开就业门路,并贯彻“在国家统筹规划和指导下,实行劳动部门介绍职业,自愿组织起来就业和自谋职业相结合”的方针,改革劳动就业制度,多渠道安置待业人员。1981年,境内各县劳动服务公司,具体负责城镇待业人员的安置和社会劳动力的管理。

1998年，各县（市）成立再就业服务指导中心。2003年7月，来宾市就业服务中心成立，单位编制13人，至2005年底实有13人，借用来宾市兴宾区就业服务中心办公楼办公（地址在来宾市柳来路）。截至2003年7月，已全部更名为就业服务中心。截至2003年底，全市已有64个乡镇建立劳动保障事务所，占全市乡镇总数的86%。

医疗保险事业管理中心　2000年，境内各县（市）成立城镇职工基本医疗保险事业管理中心（简称医保中心，下同）。12月，来宾县医保中心成立，单位编制、在编人员均为9人。2003年4月，来宾市医保中心成立，单位编制、在编人员均为11人。

市劳动保障监察支队　成立于2004年，配员4人。2005年单位编制6人，在编6人。

第二节　劳动力资源

1950年，来宾县全民所有制单位固定工1731人。其中农林水气象系统21人、工业系统1144人、交通邮电部门9人，商业、饮食业、服务行业、供销物资部门129人，科研、文教、卫生、体育部门共162人、金融部门19人、机关团体247人。1952年，忻城县有固定工1134人。其中农业系统2人，工业系统70人，交通邮电部门8人，商业、饮食业、供销部门36人，文教、卫生、体育部门共410人，金融部门33人，机关团体575人。1956年，来宾县全民所有制单位固定工7460人。其中农林水气象系统319人，工业系统2821人，交通邮电部门89人，商业、饮食业、服务行业、供销物资部门1394人，科研、文教、卫生、体育部门共1551人，金融部门147人，机关团体1139人。忻城县全民所有制固定工2990人。其中农业系统102人，工业系统244人，交通邮电部门41人，商业、饮食业、供销部门698人，文教、卫生、体育部门共1077人，金融部门106人，机关团体722人。1958年，各县兴办一批企业。忻城县固定工人数达3823人。来宾县全民所有制单位固定工13476人。其中农林水气象系统2707人，工业系统6898人，交通邮电部门133人，商业、饮食业、服务行业、供销物资部门1363人，科研、文教、卫生、体育部门共1345人，金融部门120人，机关团体910人。1959年，忻城县全民所有制固定工4254人。其中农业系统269人，工业系统1296人，交通邮电部门97人，商业、饮食业、供销部门784人，文教、卫生、体育部门共1022人，金融部门90人，机关团体597人。1960年，来宾县全民所有制单位固定工26932人。其中农林水气象系统9348人，工业系统9087人，基本建设、建筑业、资源勘探3079人，交通邮电部门794人，商业、饮食业、服务行业、供销物资部门1498人，科研、文教、卫生、体育部门共1422人，金融部门121人，机关团体1583人。1961年以后，调整国民经济发展速度，职业结构相应改变。1963年，来宾县全民所有制单位固定工14328人。其中农林水气象系统2660人，工业系统6027人，基本建设、建筑业、资源勘探566人，交通邮电部门178人，商业、饮食业、服务行业、供销物资部门1694人，科研、文教、卫生、体育部门共1399人，金融部门137人，机关团体1667人。忻城县全民所有制固定工2675人。其中农业系统182人，工业系统43人，交通邮电部门84人，商业、饮食业、供销部门718人，文教、卫生、体育部门共1005人，金融部门90人，机关团体553人。1969年，忻城县全民所有制固定工3150人。其中农业系统210人，工业系统218人，交通邮电部门139人，商业、饮食业、供销部门850人，文教、卫生、体育部门共1107人，金融部门100人，机关团体526人。来宾县全民所有制单位固定工17631人。其中农林水气象系统3393人，工业系统7514人，基本建设、建筑业、资源勘探1376人，交通邮电部门417人，商业、饮食业、服务行业、供销物资部门2146人，科研、文教、卫生、体育部门共1650人，金融部门196人，机关团体939人。1978年，来宾县全民所有制单位固定工51267人。其中农林水气象系统10343人，工业系统26463人，基本建设、建筑业、资源勘探14011人，交通邮电部门422人，商业、饮食业、服务行业、供销物资部门3590人，科研、文教、卫生、体育部门共7487人，金融部门302人，机关团体1259人。1989年，忻城县全民所有制固定工10684人。其中农业系统564人，工业系统2299人，交通邮电部门184人，商业、饮食业、供销部门1401人，科研79人，文教、卫生、体育部门共4013人，金融部门220人，机关团体1761人，其他163人。1990年，忻城县全民所有制固定工10794人。其中农业系统558人，工业系统2205人，交通邮电部门236人，商业、饮食业、供销部门1399人，科研82人，文教、卫生、体育部门共4140人，金融部门219人，机关团体1842人，其他113人。来宾县全民所有制单位固定工35038人。其中农林水气象系统8877人，工业系统13810人，基本建设、建筑业、资源勘探10人，交通邮电部门303人，商业、饮食业、服务行业、供销物资部门1757人，科研、文教、卫生、体育部门共6552人，金融部门452人，机关团体3277人。武宣县有全民所有制固定职工4611人。

2003年，来宾市城镇集体所有制单位职工人数4660人。2004年，来宾市城镇集体所有制单位职工人数5105人。2005年，城镇集体所有制单位职工人数5099人。全市单位数2957个，单位从业人员111572人，其中国有单位2692个80810人、城镇集体单位142个4163人、其他单位25个5819人。在国有企业中，农林牧渔业有196个单位10143人、采矿业1个单位346人、制造业11个单位471人，电力、燃气及水的生产和供应业14个单位4331人、建筑业2个单位221人，交通运输、仓储和邮政业42个单位1685人，信息传输、计算机服务和软件业12个单位541人、批发和零售业55个单位1311人、住宿和餐饮业8个单位193人、金融业44个单位1486人、房地产业21个单位275人、租赁和商务服务业45个单位1317人，科学研究、技术服务和地质勘查业249个单位2388人，水利、环境和公共设施管理业69个单位2296人，居民服务和其他服务业2个单位20人，教育614个单位24506人，卫生、社会保障和社会福利业225个单位8074人，文化、体育和娱乐业107们852人，公共管理和社会组织975个16084人。在城镇集体单位中，企事业单位126个3998人，事业单位16个165人。在其他单位中，25个单位5819人。

第三节　用工制度

固定工制度

中华人民共和国成立前，雇主所需劳工，自行招聘、雇佣，工薪、工期，由双方议定。中华人民共和国成立后，各行业所需工人，由劳动部门招收和调配。1952年，忻城县全县有固定工1134人。1957年，合山市共有固定职工2832人。1958，忻城县固定工人数达3823人。至1959年底，金秀瑶族自治县大集体工人达150名。1960年，合山市固定工剧增到6968人。1964年，忻城县固定工人减少至2675人。1965年，合山市固定工降到4313人。1969年后，由于扩大生产和境内企业的增加，需要工人日益增多。1975年末，合山市内全民固定工增至12859人。1970—1976年大集体企业共招收工人166名。1976年，金秀瑶族自治县国营金秀林场招收固定工人139名。1979年，金秀瑶族自治县贯彻“统筹兼顾、择优录用”的方针，国营企业从上山下乡插队知识青年、按政策留城的待业人员及大集体工人中招收固定工84人。1980年，金秀瑶族自治县在农业人口中招收全民固定工182人，在非农业人口中招收固定工118名。至1982年，忻城县全民所有制企业固定工8131人，集体所有制企业固定工802人。1990年，合山市有全民固定工17642人、集体固定工89名。象州县有固定工3681人，其中全民所有制工人2600人、集体所有制工人681人。来宾县全民所有制固定工35038人。

从1997年起，境内各县进行国有企业改制工作。2001年起国有企业改制与职工解除劳动合同同时给予经济补偿金。2002年，来宾市逐步完善国有企业改制职工安置的各项工作。从2001年—2002年8月，来宾县先后有来宾县印刷厂、来宾县制药厂、来宾县水产公司3家国有企业改制，退出国有，改为股份制企业。2003年7月，兴宾区糖业公司改制，退出国有，兴宾区4家国有企业改制涉及职工人数445人，按国家有关国有企业改制政策规定，国有企业改制后，职工置换身份与原单位解除劳动合同关系，并由原单位发给经济补偿。从2001—2003年国有企业改制发放经济补偿359.83万元。

劳动合同制度

1963年，规定用工期限和用工条件，规定劳动者和用工单位的权、责、利，并按规定缴交统筹养老保险金。1964—1978年，象州县内共招收工人3805人。1982年起，武宣县依照“公开招收，自愿报名，德智体全面考核，择优录用”的原则，试行劳动合同工制度。1983年，忻城县新村糖厂首批招收劳动合同制工人82人。合山市在城镇非农业人口中，招收待业青年合同486人。经考试合格后，签订合同，时间3~5年。新工人入场(厂)后，常采取师傅带徒弟或送外地厂、校学习等办法进行技术培训。合同期满后因生产和工作需要，可以继续签订合同，如不需要或在合同期间表现不好的辞退。1986—1990年，象州县共招收合同制工人977人(含县外企业于县内招工数)。1990年，合山市有合同工2313人。至1990年，武宣县招收合同工1217人。忻城县共招收劳动合同制工人874人。象州县共有合同制工人647人。1988—1998年，金秀瑶族自治县共招收全民所有制合同制工人420人。

临时工制度

国营厂矿企业因工作和生产需要，经劳动部门批准招收，完成任务后即辞退，有的成为生产和业务骨干的转为固定工。从1958年起，武宣县内开始大量使用临时工。1969年，金秀瑶族自治县国营纸厂、纺织器材厂、化工厂相继建成，从县内农村招收141名固定、临时工人入新厂工作。至1971年，武宣县共招用临时工1399人。1972年，根据国务院《关于改革临时工、轮换工制度的通知》，将1971年以前（含1971年）招收到国营企业、事业单位中并已具有较强业务能力的临时工1089人转为固定工，同时辞退了16人。此后，县内国营企业和农林水等事业单位大量使用计划外工人（即临时工），其中1976—1990年武宣县临时工就达2100余人，农业户口占1352人。1979年，根据广西壮族自治区革命委员会《关于清理压缩计划外用工的办法的通知》精神，对计划外用工进行清理，这年共清退156人（农村劳动力）。1980—1983年，武宣县再清退来自农村的1196人。1981—1990年，武宣县允许糖厂在榨季招用季节工，榨季过后即行辞退。1990年，合山市有临时工572人。

亦工亦农工

1964年始行亦工亦农的用工形式，以便企业保持一支能进能出的劳动队伍。1964—1966年，武宣县全县共使用亦工亦农人员488人。1965年9月，忻城县正式推行“亦工亦农”的用工制度。属于国家计划指标，经批准从农村中招收的工人，一律实行“亦工亦农”。招收时县将指标分配到各公社，公社分配到有关大队，经生产队提名推荐，逐级上报，经县劳动部门审查批准。实行“劳动在厂、分配在队、厂队结算，补贴归己”的分配办法。1965年始，合山矿务局招收亦工亦农轮换工，至1979年合山矿务局共有12295人。1966年和1976年，金秀瑶族自治县共招收“亦工亦农”人员481人。1976年，象州县用亦工亦农工最多达827人。1976—1978年，武宣县从农村招收亦工亦农1352人。这些人员主要分配到县氮肥厂、糖厂、磷肥厂、水泥厂、农机厂、构件厂、印刷厂、锰锌矿、商业部门和农林水电部门。1978年，金秀瑶族自治县对168名尚属“亦工亦农”人员及56名知识青年计划外顶补工进行清理，共辞退216人。其余转为固定工或提拔为干部。1980年起，由于插队知识青年大批收回安置，县劳动管理部门和有关企事业单位，全面清退亦工亦农人员，并自此停招同类工人。1956—1980年，忻城县全县共招收亦工亦农工人478人。1980年，因生产需要，合山转为固定工8459人，清退回乡2861人。1990年，合山市有亦工亦农轮换工975人。

轮换工

1986年，合山矿务局根据《国务院关于发布改革制度四个规定的通知》精神，从农村招收富余劳动力补充井下工人。同年12月，合山市招收500名，以后由于生产的需要，继续招收，至1990年，合山市有农民轮换工1057人。1972年，国营企事业单位将125名计划内临时工转为国家固定工；同时招收18名轮换工。

第四节　劳动就业

劳务输出与劳务合作

1987年，境内各县（市）劳动服务公司派员到广东珠江三角洲考察劳务市场后，与区内、外劳动部门联系，按外地需要组织知识青年到外地务工，以后每年均输送一批。1991年以来，为转移农村富余劳动力和安置待业人员就业，减少社会就业压力，各县（市）劳动局开展劳动输出工作。1996年后，劳动部门把劳务输出作为农民奔小康的重点工作来抓，充分发挥劳动力市场的作用，组织指导农民工进城务工。由劳动部门输出的一般经过劳动部门派人对用工单位进行考察，对输出人员进行专业技术培训，签订劳务合同，跟踪管理服务等环节，确保了务工人员的权益，也提高了务工人员的思想技术素质和市场竞争能力。

1990年，合山市劳动服务公司参加自治区劳动厅劳力资源处组织部分县（市）的劳动服务公司到广东考察劳力资源的使用问题。之后便着手开展劳务输出工作。是年市劳动服务公司输送了一批到广东珠海新中玩具厂工作。1991年，市劳动服务公司又输送了302名到珠海务工，并由公司的1名领导坐镇珠海，负责协调、处理各类问题，在302名务工者中，城镇非农业户口有59人，农村劳动力243人。在一定程度上缓解了合山的就业压力，按人均每年收入3000元之计，可获取90.6万元的回报。

1994年，合山市劳动服务公司分别输送了两批人员到广东的中山市坦洲镇兴浓玩具厂和珠海市童之宝玩具厂务工。其中:输送的第二批是为解决合山市当年受灾地区人民生活问题,并与厂方联系,由厂方给受灾区青年务工者先行垫支车费和生活费,得到了灾区人民的好评。是年,全市共输送劳工592人。同年12月,根据合山市人民政府办公室(1994)63、64号两个文件精神,分别成立了岭南、北泗、河里三个劳动服务公司,协助市劳动服务公司负责全市劳务输出的任务。以后合山市的劳务输出渐成规模。1994—2005年底,合山市先后组织全市输出剩余劳动力17957人次。在输出的劳务人员中,区外的主要有广州、深圳、东莞、顺德、珠海、中山等地,区内的主要有南宁、柳州等地。2004年,合山市有农村富余劳动力4275人在区内外实现转移就业,比2003年增加1870人。按人月纯收入300元,在外务工6个月计算,年创劳务收入769.5万元,人均增收比2003年增加42元。2005年,全市有农村富余劳动力7280人(其中:劳动部门输送3935人)转移就业,比2004年增加3386人,按人月纯收入300元,平均在外务工5个月计算,创劳务收入1092万元,人均增收比2004年增加63元,完成市委、市政府于2005年年初提出的农民年人均增收50元的126%。

1991—2005年,武宣县组织劳务输出25.89万人次,奔赴广西北海、柳州,广东的东莞、深圳、珠海、肇庆、茂名及海南省等地务工。其中区内6.39万人、区外19.50万人,下岗失业人员2792人、农村劳动力25.61万人。

兴宾区根据本区人口多,富余劳动力充裕的特点,着力开展劳务输出,以解决富余劳动力就业问题,在广西区内的柳州、南宁,广西区外的深圳、珠海等地建立有劳动力长期供求关系基地,从1991—2005年,兴宾区(来宾县)共输出劳动力9.33万人,其中:广西区内2.85万人,广西区外4.55万人。1988—2005年底,金秀瑶族自治县共向深圳、东莞、珠海、中山、惠州等地的玩具厂、电子厂、制鞋厂输送了3.46万人次(政府劳动部门组织1.61万人次,社会力量组织1.85万人次)。

2003年,来宾市把劳务输出作为农民奔小康的重点工作来抓,充分发挥劳动力市场的作用,组织、指导农民工进城务工,劳务输出4.35万人,其中区内0.63万人、区外3.73万人,占市人民政府下达任务4万人的108.8%,占自治区下达任务1.8万人的219%。其中劳动保障部门组织输出2.67万人,完成自治区下达任务的148.1%。劳务输出已成为增加农民收入的主渠道之一。

2004年,全市农村劳动力转移就业新增7.06万人,完成市政府下达6.2万人任务的114%。2005年,全市劳务输出7.44万人,完成自治区下达全年4.3万人目标任务的169.97%,完成来宾市人民政府下达任务6万人目标任务的124.82%。

招工安置

中华人民共和国成立后,境内职工统一安置就业及招聘、培训、调配办法。20世纪50年代始招收固定工,以后逐步招收临时工、临时性质合同工、亦工亦农、轮换工和季节工。特别是合山矿务局用工量大。1950年,武宣县人民政府对旧政府职员和中小学教员,依照"低工资多就业"的方针,采取包下来的办法统一安排就业。并通过兴办国营贸易公司,鼓励发展私营经济等解决城镇失业人员的就业问题。兴办各种商业购销公司和印刷厂、陶瓷厂、粮食加工等工业企业,拓宽了县人的就业门路。1952年,忻城县有固定工1134人。其中农业系统2人,工业系统70人,交通邮电部门8人,商业、饮食业、供销部门36人,文教、卫生、体育部门共410人,金融部门33人,机关团体575人。1954年后,开始在社会上招收工人,其对象多数是城镇非农业人口,也在农村招收部分农业人口中的知识青年、特别优先录用部分复员退伍军人。招收办法是:成批招收的,则由县将招收指标分配到区(公社),区分配到乡(大队),由群众提名推荐,经乡审核,报区审批,转报县即可录用。零星招收少量工人的,由主管部门直接到区或乡招收,用工单位考核后录用。1950—1956年,来宾县安置4200多名各种人员就业。1955年,在金秀镇办电厂,金秀瑶族自治县首批招收工人4名;是年冬开办国营金秀林场,招收了部分工人。1956年,金秀瑶族自治县随着县办厂场的增加,面向农村招收固定工、临时工391名。1957年,金秀瑶族自治县为大量采伐原始森林,从县内农村及县外招收两批固定、临时采伐工共129人。合山矿务局使用的劳动力不断增加,共有职工2832人。1958年"大跃进",地方工业发展较快,武宣县内外企业在县招工激增,当年共招1.1万人,其中到县外的1万名。金秀瑶族自治县国营大瑶山通用机械厂(今农机厂)、印刷厂汽车队相继建立,招收固定工、合同工80人。金秀瑶族自治县有国家固定工、合同工临时工共651名。忻城县当年固定工人数达3823人。分布在农业部门的有110人,工业系统1608人,交通邮电45人,商业、饮食、供销系统的490人,文教、卫生、体育的885人，金融、保险82人，机关团体603人。至1959年底，金秀瑶族自治县大集体工人达150名。1960年，合山矿务局工人剧增到6968人。1962年，由于调整国民经济、精简机构、下放人员，至1965年合山矿务局工人降到4313人。来宾县有计划招工始于1963年，当年招用全民企业固定工343人，临时工、合同工和亦工亦农666人。从1964年10月，各县在县办企业试行"亦工亦农"的用工制度。1965年9月，境内正式推行。属于国家计划指标，经批准从农村中招收的工人，一律实行"亦工亦农"。招收时县将指标分配到各公社，公社分配到有关大队，经生产队提名推荐，逐级上报，经县劳动部门审查批准。实行"劳动在厂、分配在队、厂队结算，补贴归己"的分配办法。1965年始，合山矿务局招收亦工亦农轮换工，至1979年共有12295人。1969年，金秀瑶族自治县国营纸厂、纺织器材厂、化工厂相继建成，从县内农村招收141名固定、临时工人入新厂工作。1969年后，由于扩大生产和境内企业的增加。尤其是1971年建成合山电厂，需要工人日益增多。1975年末，合山市内全民固定工增至12859人。1976年，合山市贯彻"统筹兼顾，适当安排"的方针，招用城镇的复员退伍军人和政策允许留城的中学毕业生。同时招收一定数量的农村复员退伍军人和回乡知识青年，共602人。来宾县1971年始招集体企业工551人。1972年，国营企事业单位将125名计划内临时工转为国家固定工；同时招收18名轮换工。1966—1976年，金秀瑶族自治县共招收"亦工亦农"人员481人。1976年，国营金秀林场招收固定工人139名。1978年，金秀瑶族自治县对168名尚属"亦工亦农"人员及56名知识青年计划外顶补工进行清理，共辞退216人。其余转为固定工或提拔为干部。1964—1978年，象州县内共招收工人3805人。1970—1976年，金秀瑶族自治县大集体企业共招收工人166名。1979年，金秀瑶族自治县贯彻"统筹兼顾、择优录用"的方针，国营企业从上山下乡插队知识青年、按政策留城的待业人员及大集体工人中招收固定工84人。

1980年起，随着经济体制改革的进行和各种不同性质经济形式的发展，依照"劳动部门介绍就业，自愿组织就业与自谋职业相结合"的方针，逐步改革劳动用工制度，停止了职工子女顶替就业和内招职工子女的做法。实行面向社会公开招收，全面考核择优录用的招工制度。金秀瑶族自治县在农业人口中招收全民固定工182人，在非农业人口中招收固定工118名。合山矿务局亦工亦农轮换工转为固定工8459人，清退回乡2861人。1981年，农村实行家庭联产承包责任制后，剩余劳动力则向外输出，到厂矿的亦工亦农劳动者，符合招工条件的，可转换为固定工或合同工。劳务市场开放以后，亦工亦农用工制度自行废止。至1982年止，忻城县全民所有制企业固定工8131人，集体所有制企业固定工802人。1983年，忻城县新村糖厂首批招收劳动合同制工人82人。上半年，金秀瑶族自治县内招收全民固定工45名。合山市在城镇非农业人口中，招收待业青年合同工486人。合山矿务局根据生产的需要，从1983年开始使用协议工（也称计划外）500名。1985年后实行劳动合同制度。对于待业者，采用凭待业证经考核安排就业的办法。金秀瑶族自治县有乡镇企业工人1567人。1986年后，劳动制度改革，用工形式由固定工制度改为劳动合同制。企业招收工人贯彻"先培训，后就业"的原则，实行面向社会、公开招收、全面考核、择优录用。合山矿务局根据《国务院关于发布改革制度四个规定的通知》精神，从农村招收富余劳动力农民轮换工补充井下工人，当年12月招收500名，以后由于生产的需要，继续招收。1987年，金秀瑶族自治县乡镇企业工人达3885人。至1988年底，金秀瑶族自治县全民所有制企事业单位共招收"合同制"工人598名。有大集体工人127名。合山矿务局使用协议工300名。1989年后，矿山的五煤小井，协议工变成了主力，但随着生产的需要而增减，人员不稳定。1965—1990年，武宣县累计招工29366人（包括县外来县内招收人员），其中全民所有制固定工7971人、集体所有制固定工4572人、轮换工718人、临时工3727人、亦工亦农1436人、合同制工人1207人、季节工7801人、其他1934人。1963—1990年，来宾县共招用全民固定工21875人，临时工、合同工和亦工亦农44938人，集体工2842人。1983—1990年，合山市全市共安置了9730人次。1986—1990年，象州县共招收合同制工人977人（含县外企业于县内招工数）。1990年底，忻城县共招收劳动合同制工人874人，全县有全民所有制工人10794人、集体所有制工人944人。合山市有全民固定工17642人，有合同工2313人、临时工572人、亦工亦农轮换工975人、农民轮换工1057人、协议工854人、集体固定工89名。

1991—2002年，用工由县（市）劳动局审批，2002年后，由县（市、区）劳动和社会保障局审批。境内各单位、企业、个体和外商雇请的临时工、季节工，按照规定须到劳动部门进行登记，办理用工手续，未经劳动部门批准，不得招雇工人。1991年，合山市内单位和柳州服装厂、南防铁路公司、柳铁水电段、广西体工大队等在合山招收城镇待业青年、农村青年、退伍军人为新工人共222人。其中，招收为固定工的34名，合同工107名、集体合同制工人66名、农民合同工13名，顶调工2名。1992年，合山市按国家计划内指标招收83名，其中：招收为固定工41名、招收为合同工40名、招收为全民工1名、招收农民合同工1名；市内部分单位依据单位工作需要报市政府后，招为合同制工人48名。全年共招收新工人131名。1994年，合山市全市自主招工625人，其中：国有企业344人，集体企业281人。向外输送国有企业就业465人。1988—1998年，金秀瑶族自治县共招收全民所有制合同制工人420人，安排技工学校毕业生250人，工人调配270人。1998年以后，国家不再实行统包统分办法，不再招收全民合同制工人。国家机关和事业单位所需工人，由劳动部门以报考录取的办法解决。企业所需工人，由企业自主吸收。1991—2000年，来宾县劳动部门为用工单位安置就业人员5890人。其中招工4216人、复退军人安置865人、技校毕业生分配809人、季节安置13607人、调配2981人。

1988—2005年，金秀瑶族自治县劳动部门安置城镇就业8429人次，其中：下岗失业人员再就业962人次，安置社会公益性岗位的下岗失业大龄就业困难人员362人次。至2003年末，合山市经劳动主管部门审核，市政府审批招用的合同制工人有1123人。2001—2005年，兴宾区经劳动和社会保障部门办理用工登记手续9936人次，其中国有企业招收334人。

2003年，来宾市就业和再就业工作的主要目标是：新增就业岗位8100人（其中用1400个就业岗位安排“40、50”人员），95%以上的大龄就业困难对象获得再就业援助；城镇登记失业率控制在4.2%；再就业政策全面落实；就业服务体系建立健全；再就业资金落实到位。7月10日，市委、市人民政府发出《关于进一步做好来宾市就业和再就业工作的通知》（来发〔2003〕50号），明确各级党委、政府的一把手要担任就业和再就业工作的主要负责人。从2003年开始，把就业和再就业工作目标任务作为考核各级党政领导政绩的重要内容。全市新增就业人数、公益性位岗位开发、下岗失业人员再就业和城镇失业率四大指标全面完成或超额完成任务。2005年全市新增城镇就业8950人，占任务8100人的110.4%；下岗失业人员实现再就业4561人，占任务的123%；“4050”人员，即国有企业下岗职工女的40岁、男的50岁大龄就业困难人员实现再就业1432人，占任务1400人的102%，其中977人“4050”人员从公益性岗位中获得再就业；全市城镇登记失业率为3.7%，比国家控制数低0.8%。

城镇知识青年上山下乡

1964年9月，根据中共中央关于动员城市知识青年参加农村社会主义建设的决定精神，动员城镇知识青年、应届高初中毕业生1354人到来宾等县农村插队。除本县知青外，还有柳州市、柳州铁路局属单位共560多人。他们被安排到桥巩公社桥巩、高槐大队（今桥巩乡桥巩、高槐村公所）当农民。此后除1966—1968年、1971年、1972年无知青上山下乡外，来宾县先后分9批接收安置知青。有到生产队落户的，有自办农场、林场（队）的。人员除本县知青人外，来自南宁市、柳州市、柳州铁路局的居多。此外，还接收安置来自柳城、武宣、融水等县知青和城镇其他人员1806人及南宁、柳州市民150户581人到生产队落户。自1964—1977年，来宾县共接收安置知青和市民8852人（其中本县知青2067人），分布在21个公社和60个大队506个生产队。1973年，中央规定上山下乡人员的补助费标准，每名下乡知青补助480元。1974—1977年，来宾县开支补助费共255.64万多元。1965年，武宣县根据中共中央、国务院《关于动员和组织城镇知识青年参加农村社会主义建设的决定（草案）》精神，于7月和9月分两批，动员城镇知识青年127人（非农业）到黄茆公社尚文大队的16个生产队插队落户，参加农业生产。此后，城镇知识青年不断被安排到各公社生产队、六峰山林场、黄茆竹种场、国营武宣农场、县园艺场、樟村良种繁殖场和县外的来宾良江林场、来宾华侨农场、柳城华侨农场插队（场）落户。1966年忻城县安置城镇下乡青年领导小组成立。1966—1968年动员应届高初中毕业生到农村。1969年，武宣县接收来自柳州市的知识青年495人，居民26户（16周岁以上108人），到黄茆、三里等插队。1972年，还动员部分城镇居民全家到农村落户。1973年成立忻城县知识青年上山下乡办公室（简称知青办），加强城镇非农业人口知识青年上山下乡插队落户工作的领导。凡非农业城镇户口中的初中、高中毕业生、除录取大、中专院校学生和每户留1人在父母身边外，其余均属下乡插队对象。1974年忻城县根据上级有关文件规定精神，因病或因公致伤的插队知识青年，经县知青办和县公安局审批，给予办理回城手续的共有52名。1973年冬—1977年，忻城县共有1541名城镇知识青年分别到7个公社121个生产队插队落户劳动锻炼。至1977年，全县共接收柳州插队知识青年856人，南宁市1人。至1978年，武宣县全县共有城镇插队知识青年4394人，城镇插队居民191户。城镇知识青年到农村插队，由国家发给棉被、蚊帐、铁桶和劳动工具，并兴建住房，此外，国家每月给每名插队知识青年发12~15元伙食补助费。1965—1978年，武宣县全县共开支知青安置经费115.9万多元。1979年后停止插队。1969—1977年，城镇知识青年上山下乡参加农业生产劳动，经锻炼后逐步吸收到厂场就业。

1978年冬，上山下乡运动终止。原已安置的上山下乡人员，除个别人留下外，绝大多数已自发回城或通过招工、招干、升学、参军等各种渠道离开农村。根据中共中央和自治区有关文件精神，从1979年2月起，开始分批将插队知识青年收回城镇安置，至1981年5月止，武宣县回收安置完毕，全县合计收回插队知识青年3029人，其中男1138人、女1891人。根据国家劳动人事部门的规定，城镇知识青年插队期间，可作其本人工龄计算。1979年，忻城县通过招工、招干等渠道招收为厂矿企事业单位工人1381人，国家干部109人，录取大中院校就读升学19人、应征入伍当兵11人、自谋职业21人。至此，忻城县上山下乡知识青年安置工作结束。至1980年底，金秀瑶族自治县上山下乡知识青年313人全部安置完毕。

失业登记

1952年，境内各级政府对待业人员进行登记，统筹安排就业。至1959年，凡有就业条件的待业人员基本上得到安置。1959年底，忻城县办厂矿企业安置城镇待业人员当工人达2817人。1963年后，主要由劳动部门介绍到企事业单位当工人，或者自己组织起来搞服务性行业。1971年，来宾县招集体企业工551人。1964—1977年，对城镇待业的知识青年，先动员上山下乡参加农业生产，接受“贫下中农再教育”，后逐步招收到企事业单位当工人。合山电厂1974—1977年共招收工人1039人。1969—1978年，象州县全县共组织4706人上山下乡插队（含柳州市知青到象州插队人数）。历年招工时，已安排部分插队青年进厂工作。1978年后，“上山下乡”运动停止，原则上都收回安排作计划外用工。刚从学校毕业的待业青年，实行劳动部门介绍就业和自谋职业相结合的办法。1979年4月起，象州县大批回收插队青年回城安排工作。同年12月，回收工作全部结束。当年象州县内共有插队青年1048名，其中柳州知识青年185名，由柳州市安排回收；象州县除少数已在农村结婚成家的知识青年暂不回收，共回收插队知识青年761人，分别安置到53个国营、集体单位。1980年起，按照“劳动部门介绍就业，自愿组织起来就业和自谋职业相结合”的方针，较好地解决了待业人员的安置。1981年，境内各县劳动管理部门，开始对全县城镇待业青年，进行全面调查登记，并发给待业证。1982年，合山市待业青年1038人，当年安置38人，仅占总人数的3.5%。至1982年，忻城县共安置城镇非农业人口待业人员2654名。1983年后，各县（市）成立劳动服务公司，对待业人员进行就业培训，实行先招生后招工，先培训后就业，每期培训15天左右，设有法律知识、职业道德、就业指导和安全技术等4门课程。学习结束后，经考试合格，发给“就业训练结业证书”和“城镇待业人员待业证”。1983—1990年，忻城县招工吸收为国营企业工人3225人、集体企业工人944人、厂矿企业单位自行安置当临时工351人、劳动部门介绍劳务输出者1786人、自谋职业者1107人、尚有待业人员1222人。1963—1990年，来宾县共招用全民固定工21875人，临时工、合同工和亦工亦农44938人，集体工2842人。1981—1990年，武宣县共有城镇待业青年15748人，累计已安置8804人，占待业总数55.2%，其中招工安排到国营企、事业单位1480人，集体单位3115人，推荐到单位做临时工1345人，季节工1533人，组织待业青年自谋职业1331人。1990年，合山全市共有待业人员6880人、经劳动部门安置就业1326人，其中招收合同工339人、安排临时工856人、集体工69人、劳务输出62人；尚有待业人员5554人。象州县全县共安置待业人员8969人就业。其中发证从事个体工商经营2309人，尚有待业人员1261人。

1991年，合山市有城镇待业人员4217人。1994年，合山市安置城镇待业人员就业1370人，其中，全民合同制工人367人、集体所有制工人473人、个体劳动者395人、从事临时工135人。1997年，合山市安置城镇待业人员就业1274人，其中：劳动部门按政策规定招收全民制工人104人，招收单位合同制工人150人、单位临时工188人，异地安置3人，从事个体经商、自谋职业686人，劳务输出143人。1998年，合山市企事业单位招收全民合同制工人81人，工商劳务市场自谋职业850人，劳务输出141人、企业招收单位合同工210人，合山市全年共安置1282人。1991—1998年，合山市累计安置城镇待业人员11253人。2005年，合山市工商劳务市场自谋职业580人，劳务输出537人，全年共安置1117人。1991—2005年，合山市累计安置城镇待业人员11253人。1991—2005年，兴宾区（来宾县）各类专业培班（含社会各类培训）共培训人员8713人次，岗前培训班培训13343人次，再就业培训1588人次。下岗失业人员就业培训从1998开始实施，培训内容有烹饪、裁缝、摩修、电焊、机电制冷、装潢、电脑技术、美容美发、种养等。1998—2005年共举办下岗失业人员就业培训班51期，培训下岗失业人员2876人，通过培训，实现再就业的下岗失业人员2272人。其中，推荐就业1035人，自谋职业1234人。

2003年，来宾全市共培训下岗失业人员5826人，占自治区下达任务的108.4%，主要培训专业是适应自谋职业和社会需求大的实用技术。其中有2379人通过培训实现就业。全市城镇登记失业率为3.7%，比国家控制数低0.8%。来宾市把劳务输出作为农民奔小康的重点工作来抓，充分发挥劳动力市场的作用，组织、指导农民工进城务工，劳务输出43525人，其中区内6271人、区外37254人，占市人民政府下达任务40000人的108.8%，占自治区下达任务18000人的219%。其中劳动保障部门组织输出26651人，完成自治区下达任务的148.1%。劳务输出已成为增加农民收入的主渠道之一。

2004年，来宾市社会力量培训继续发展，全市社会力量培训机构已发展到8所。全年招生2180人，完成自治区下达2000人任务的109.1%。全年应届毕业生775人，推荐就业733人，就业率达94.6%。全市农村劳动力转移就业技能培训2.35万人，完成自治区下达1万人任务的235%；培训下岗失业人员5126人，完成5000人任务的102.5%；创业培训296人，完成自治下达200人任务的148%。全市共鉴定6675人，完成自治区下达6000人任务的111.3%，有6275人取得职业资格证书。四是高技能人才培训考核评定工作实现零的突破。全年技师评审49人，通过35人；高级工考评465人，取证412人。

2005年，全市技工学校招生1268人，完成自治区下达1000人任务的126.8%；职业技能鉴定6640人，同比增长8.8%；职业鉴定办证6525本，占自治区下达6500本任务的100.4%，其中：初级工2925本、中级工3290本、高级工310本；免费培训下岗失业人员5114人，占自治区下达培训5000人任务的102.2%；开展创业培训306人，占自治区下达290人任务的105.5%；农村劳动力转移培训30020人，占自治区下达10500人任务的287%。

下岗失业人员再就业

来宾市劳动保障部门，加强再就业援助与困难职工慰问工作，帮助再就业职工提供援助，做好困难职工慰问工作。1999—2002年，合山市共组织引导5963名下岗失业人员实现了就业和再就业，就业率占下岗失业人员的61%。

2003年，全市新增城镇就业8950人，占任务8100人的110.4%；下岗失业人员实现再就业4561人，占任务的123%；“4050”人员（即国有企业下岗职工女满40岁、男满50岁大龄就业困难人员。下同）实现再就业1432人，占任务1400人的102%，其中977人“4050”人员从公益性岗位中获得再就业；全市城镇登记失业率为3.7%，比国家控制数低0.8%。是年，对下岗职工自谋职业的小额贷款全面启动，全市已贷款25户，金额23万元，是自治区地级市放贷最快的一个市，得到自治区人民政府的好评；再就业资金投入公益性岗位就业的“4050”人员社会保险补贴80万元，解决“4050”下岗大龄人员的后顾之忧；市人民政府购买岗位安置“4050”人员公益性岗位补贴150万元；职业培训、职业介绍补贴补贴145万元。为鼓励国有企业下岗职工自谋职业，适应改革和社会主义市场经济的发展要求，对从事个体经营的下岗职工共发放“再就业优惠证”3971本，完成发放优惠证任务92.3%，为下岗职工减免各种税费，为实现再就业，打下良好的基础。全市全年共培训下岗失业人员5826人，占自治区下达任务的108.4%，主要培训专业是适应自谋职业和社会需求大的实用技术，其中有2379人通过培训实现就业。合山市妥善解决下岗失业人员就业和再就业的问题，下发了《关于进一步做好就业和再就业工作的通知》《关于安排“4050”下岗失业人员再就业工作的通知》，转发了中国人民银行南宁中心支行、自治区财政厅、自治区经贸委、自治区劳动和社会保障厅《关于广西下岗失业人员小额担保贷款实施办法的通知》等促进下岗失业人再就业的文件，为开展就业和再就业工作提供了强有力的保证。是年，为3户下岗失业人员发放小额贷款2.6万元；合山市水泥厂、铁合金厂及鱼峰水泥厂、合山电厂重新吸纳638名下岗失业人员；豪和公司吸纳1160名下岗失业人员。合山市全市新增就业岗位2899个，新增就业人数3000人，其中：国家机关事业单位31人、国有企业42人、企业主辅分离、辅业改制安置1789人、个体私营企业580人、开发公益性岗位安排“4050”人员93人、灵活形式就业465人，城镇登记失业率控制在4.0%。

2004年，来宾市根据国家和自治区有关就业和再就业政策，加大就业岗位开发力度，促进下岗、失业人员再就业。全市新增城镇就业人数8236人，占6000人任务的137.2%；下岗失业人员实现再就业3865人，占2000人任务的193.2%；“4050”大龄就业困难人员实现再就业939人，占800人任务的117.4%；全市劳务输出共6.81万人，占自治区下达4.15万人任务的164.1%，其中政府部门组织输出3.09万人，占输出总数的45.3%；全市农民劳务纯收入人均达349元，人均增收80元，实现了市政府提出的目标。全市城镇登记失业率为3.8%，比自治区下达的控制数低0.5个百分点。全市7个部门共为2255名持优惠证从事个体经营的下岗失业人员减免各类税费132.1万元。财政部门安排小额贷款担保资金230万元，申请小额担保贷款的下岗失业人员81人，经担保机构审核符合条件，发放贷款36户32.4万元。另外，落实社保补贴29.3万元，公益性岗位补贴52.3万元，职业培训、职业介绍补贴127.2万元。

2005年，全市下岗失业人员实现再就业2207人，占自治区下达1800人任务的122%，其中安置“4050”人员882人，占自治区下达500人任务的176%。期末城镇登记失业5554人，城镇登记失业率3.45%，比自治区下达控制数低0.75个百分点。全年全市共为符合条件的下岗失业人员发放“再就业优惠证”6538本；共为从事个体经营的下岗失业人员和符合享受再就业扶持政策条件的企业减免税收207.5万元，减免各类行政事业性收费67.2万元；为6216人次下岗失业人员提供“四项补贴”1216.2万元，其中社会保险金补贴1962人、资金468.5万元，岗位补贴1962人、470万元，再就业培训补贴5114人、255.7万元，职业介绍补贴2207人、22万元。合山市全市城镇新增就业人数1127人，下岗失业人员实现再就业138人，其中：安置“4050”人员等就业困难群体130人。8户下岗失业人员申请小额贷款共5.2万元进行行自主创业。年末，城镇登记失业率为3.7%，低于4%的年度目标。

第五节 职业技能培训

技校培训

1975年，来宾县农业机械化学校成立，着重对农机技术人员进行培训。1987年，来宾县外出受训工人590人。1984—1990年，县外各种技术工人学校在县招生917名。1983年7月，忻城县招收制糖工人，经文化考试，从高分到低分录取89人，全部送到柳州地区技工学校培训2年。毕业后回厂，按技术高低及熟练程度，分配从事化验、制炼、机榨、锅炉等技术工种工作。2003—2005年，全市技校共招生7097名，毕业后推荐实现就业率达96.58%。

2003年，柳州地区技校着重加强课堂纪律巡查和教师教案、教育质量评比，并进行两次全校性的评学评教活动，同时加强对学生的管理，使技校教育质量明显提高，校风明显好转。年内组织76名驾校生参加自治区组织的全区技工学校技能鉴定统考，取得优异成绩。教育质量得到学生和学生家长及社会的认可，2003年计划招生400名，实际招生460名，完成计划的115%。是年，来宾市审批社会培训机构6所、职业介绍机构3所，年内对10430人进行职业技能鉴定，为5775人办理职业资格证书。持证参加鉴定5870人，通过率达98%。年内直接组织职业技能培训150人，动员社会力量开展各种职业技能培训7760人，其中有下岗失业人员2310人参加培训，培训后实现了再就业。

2004年，来宾市社会力量培训继续发展，全市社会力量培训机构已发展到8所，职业技能教育培训成绩斐然，技工学校招生、推荐就业成效显著。全年招生2180人，完成自治区下达2000人任务的109.1%。当年应届毕业生775人，推荐就业733人，就业率达94.6%。全年技师评审49人，通过35人；高级工考评465人，取证412人。

2005年全市技工学校招生1268人，完成自治区下达1000人任务的126.8%；职业技能鉴定6640人，同比增长8.8%；职业鉴定办证6525本，占自治区下达6500本任务的100.4%，其中：初级工2925本，中级工3290本，高级工310本。

就业培训

对工人培训，有上岗前培训，先训后用；也有在岗培训，提高技艺的。1950—1973年，新招收进厂的工人,采用师傅带徒弟的方式进行技术培训。1974年以前,境内无专门劳动就业培训机构。用工单位培训工人,采用送到老厂学习或岗位带徒等形式进行。1974年起,对新工人由企业或主管部门先组织学习培训,经考试考核合格后,方能单独上岗作业。1984年起,实行“先培训后就业”的制度,由县劳动局办班培训。至1990年,全市先后举办就业培训和上岗技术培训班36期,参加培训3641人次。1983年后,各县(市)成立县(市)劳动服务公司,对待业人员进行就业培训,实行先招生后招工,先培训后就业,每期培训15天左右,设有法律知识、职业道德、就业指导和安全技术等4门课程。学习结束后,经考试合格,发给“就业训练结业证书”和“城镇待业人员待业证”。1987年后,为适应现代化建设的需要,提高工人素质,武宣县先后举办在职工人技术培训班94期参加受训5020人次,其中劳动管理部门组织办9期468人次;商业系统办38期2034人次;供销社系统办16期816人次,农机工交系统办11期594人次;矿场办8期368人次;其他单位办12期740人次。县总工会、县职工教育办公室等办文化补习班21期1764人次。通过学习培训,所有在职工人基本达到初级技工的水平。部分原文化水平较高的工人,通过自学或参加函授大专班学习,有306名已达到中级技工水平,有2名获得高级技师技术职称。县劳动服务公司于1987年建成劳动力培训中心大楼,但缺师资未办常规班,仅与用工单位合办上岗前的短训班,共培训463人次。县豆制品厂自1980—1986年,先后派出60多人次到北京、浙江、江西等省(市)和区内南宁、柳州市等地短训。1987年全县外出受训工人590人。

1988年起,各县(市)设立劳动就业培训中心,对国有、集体所有制单位新吸收人员进行岗前培训,时间2~8个月。1989年,合山市共办4期培训班,参加1377人。1990年,合山市共有待业人员6880人,经劳动部门安置就业1326人,(其中招收合同工339人、安排临时工856人、集体工69人、劳务输出62人);尚有待业人员5554人。

1991年起,各县(市)劳动服务公司积极开展劳动用工专业培训、岗前培训和再就业培训,与相关单位、部门和学校合作,举办各类专业培班(含社会各类培训)和岗前培训班。忻城县为帮助下岗失业人员自主创业、自谋职业、县就业服务中心开展了烹调、美容、美发、家电维修、计算机、缝纫、电工、电焊、养殖、种植、建筑等行业的转岗转业培训,保证每个下岗、失业人员均有免费培训机会。1992年,忻城县按照《劳动部关于加强工人培训工作的决定》,对企业单位新进职工实行“先培训后就业,先培训后上岗”的原则。县就业中心先后对县糖厂、县制药厂、县缫丝厂等企业单位自主招用的工人作上岗前的职业道德和专业技术培训,共举办培训班33期,受训人员2300人,培训内容主要是就业指导、职业道德、法律知识、安全生产、种养、建筑、美发美容、电工、餐饮服务及外出务工须知等培训。经培训考试考核合格后,再向各招用职工的厂矿企业单位输送。

1991—1996年,武宣县共培训企业职工4735人。1991—2005年,合山市就业训练中心分别开办了电器维修、汽车修理、缝纫、电工、氧焊、电焊、水电安装、机修、会计、理发、烹饪、旅游服务、企业管理等专业共36期,先后共培训5984人。其中:1989年—1991年10月,共举办了51个班2116人,总结业人数为2015人。即:1989年培训619人,结业563人,结业率为92.2%;1990年培训1254人,结业1234人,结业率为98.4%;1991年培训243人,结业222人,结业率为91.3%。1989年—1991年10月培训的学员结业后,共有1289人就了业。其中:被全民所有制企业单位、事业单位和集体所有制企业单位录用为合同制工人的有639人;被各企、事业单位聘用为临时工的有557人,自谋职业的有48人,就业率为64%。1998年,合山市开展了举办下岗职工再就业培训工作,当年设置的工种专业技术有:裁缝技术、烹饪技术、家用电器维修技术、维修电工技术、手工电弧焊和氧焊割技术、井下采煤安全技术、商品营销员技术、养猪和养鸡及养鸭技术、甘蔗种植技术等9个内容。参训人员45人。1999年,合山市开设有烹调等6个专业共12期847人参加培训。2000年后,区直企业的合山矿务局、合山电厂的下岗失业人员也进入培训之列,由市劳动部门统一负责组织培训。开设的专业有美发美容、家电维修、烹调、电脑、物业管理及其他与市场紧缺的相关专业共9个。至2005年底合山市共培训下岗失业人员9419人,下岗失业重新就业的有6897人,就业率为73.2%。1991—2005年,合山市就业训练中心分别开办了电器维修、汽车修理、缝纫、电工、氧焊、电焊、水电安装、机修、会计、理发、烹饪、旅游服务、企业管理等专业共36期,先后共培训5984人。1994—2005年,合山市共举办岗前培训班39期,培训人数共3800人。1995—2005年止,合山市共举办转业培训29期,培训人数3402人。

1991—2005年,武宣县共举办各种培训班157期、培训11259人。1998—2005年,武宣县举办了培训班55期,培训4178人,培训后实现再就业2465人。至2005年,忻城县全县共计开展培训632期,培训农民工44723人。县供电公司、县糖厂、县新华书店、县房地产开发公司、县水厂,县百货公司等企业单位相继举办了电工、焊工、天车工、制糖工艺、图书发行、物业管理、管道工、净水工、仓库保管等各类技术等级培训班27期,受训人员640人,取得初级工证410人,中级工证270人,高级工证230人。累计培训1857人,通过考试有1843人获得培训结业证,有1324人获得再就业。1991—2005年,兴宾区(来宾县)各类专业培班(含社会各类培训)共培训人员8713人次,岗前培训班培训13343人次,再就业培训1588人次。下岗失业人员就业培训从1998开始实施,培训内容有烹饪、裁缝、摩修、电焊、机电制冷、装潢、电脑技术、美容美发、种养等。1998—2005年共举办下岗失业人员就业培训班51期,培训下岗失业人员2876人,通过培训,实现再就业的下岗失业人员2272人。其中,推荐就业1035人,自谋职业1234人。

2003年,来宾市本级组织职业技能培训150人,动员社会力量开展各种职业技能培训7760人,其中有下岗失业人员2310人参加培训,培训后实现了再就业。

2004年,来宾市就业和再就业培训成果丰硕。全市农村劳动力转移就业技能培训2.35万人,完成自治区下达1万人任务的235%;培训下岗失业人员5126人,完成5000人任务的102.5%;创业培训296人,完成自治下达200人任务的148%。

在职培训

在职培训包含工人技术进修和特种作业人员培训。工人技术进修是为提高在岗工人的技术素质,培训方式有脱产和半脱产等,形式多种多样。特种作业人员培训是按照国家安全技术规定制订的培训大纲进行理论学习和实际操作技能,如锅炉工、电焊工、绞车工、行车工、电工等等,必须经过考核合格后,才能持证上岗。

其他培训

1950—1980年,亦有以老带新、师傅带徒弟培训新工人,但师徒之间没有民国以前的一定人身依附关系。20世纪50年代,忻城县仍沿用“师傅带徒弟”办法培训工人。1976年后,各级领导重视对工人的培训工作。20世纪80年代还注意抓新工人上岗前的技术培训工作。1982年后,各县成立职工教育办公室,县经委、县商业局、县供销合作社等企业主管部门和较大的厂矿企业,先后成立了职工教育股或人事教育股。1982年10月后,各厂矿企业,特别注意抓好专业技术性强的在岗工人的技术培训。忻城县煤炭系统,在国家地质院校的支持下,开办技术培训班1期,培训工人169人。考试合格率98.70%。1989年,忻城县举办县、乡(镇)煤矿矿长培训1期,受训105人。1990年,忻城县水泥厂、县新村糖厂、铁合金厂、县电石厂举办各类技术培训班,受训工人307人。全县共举办各类技术培训班38期,培训工人1285人。

从1981—1990年,来宾县经委主管的厂矿企业,选送34名职工到区内外各类专业技术院校进修培训。县铁合金厂,还先后选送112名职工到八一锰矿和融安县铁合金厂学习电工和司炉工技术。经柳州地区劳动部门考试、考核全部合格,并获得柳州地区劳动部门发给的专业技术证书。

此外,全市普通工种作业安全技术,由各厂矿企业自行培训。从1988年以来,忻城县红渡、凌头煤矿、县水泥厂、砖厂、糖厂、铁合金厂、电石厂分别开办井下技术操作和炉工、电工技术培训班。至1990年,受训工人2896人(次),占上述厂矿职工总数的62.5%。忻城县受训工人2896人(次),占上述厂矿职工总数的62.5%。据不完全统计,1991—2005年,合山市对市属单位的部分职工进行专业技术培训8期共661人;进行特种行业培训6期共289人;进行矿山安全培训15期共928人,其中,对矿长和技术员培训6期229人次,矿山民工培训9期699人;进行汽车修理行业等级培训2期共50人。

第六节　劳动力市场

20世纪90年代以后,各县(市)陆续建立劳动力市场,主要建在县(市)。最早建立劳动力市场是来宾县,主要从事职业介绍、用工登记、劳务输出等,规模小,功能不全。兴宾区(来宾县)劳动力市场建于1994年,时称来宾县职业介绍服务中心,规模较小。从事的主要业务为职业介绍、用人登记、劳务输出等,规模较小。2002年,为使职业介绍服务中心的工作与自治区接轨,来宾县筹集15万元资金,建立了一个总面积为250平方米的职业介绍服务办公场地，命名为来宾县劳动力市场。配备了一定规模的办公设备，增加了人员，扩大了业务，在原来的职业介绍、用人登记、劳务输出等业务基础上增加了求职登记、用工信息及招聘信息发布、档案托管、信息咨询、培训申请、职业指导等业务。

2003年，来宾市辖区6个劳动力市场建设投入226.5万元，新建、改建场所740平方米。配备65台电脑、大屏幕彩电7台、传真机8台等现代化办公设备，建立起与自治区内外的就业需求信息网络，初步形成求职登记、职业能力测评、职业指导、职业介绍、培训申请、劳动保障政策咨询的“一条龙”服务；并为用人单位终止或解除劳动关系人员代办档案托管、代出具有关证明重新就业、代出具有关证明和组织专场招聘会、用工备案等全方位代理服务；为政府规定的特殊困难人员（如残疾人、军嫂、大龄下岗和失业人员）提供公共就业服务。全市劳动力市场体系初步建立。是年，按劳动部《劳动力市场管理规定》和“三化”建设要求，兴宾区筹集25万元资金，将兴宾区劳动力市场从柳来路243号兴宾区就业服务中心院内搬迁到东南一路110号劳动大厦。

2004年，来宾市及所辖6个县（市、区）劳动力市场全部建成，并投入使用。是年，进入两级劳动力市场招聘的用人单位63家次，提供就业岗位4410个，进场求职登记人数达32740人，职业介绍成功21200人（其中，下岗失业人员537人），介绍成功率为64.7%；托管档案3016份，开展社保事务代理382人。经过1年的艰苦努力，来宾市级劳动力市场建成开业，劳动力市场内设置有失业登记、求职登记、职业指导、职业培训、劳动事务代理、劳务输出和派遣、政策咨询、失业保险、大中专毕业生就业指导等窗口。市场内全部实现微机管理，配置了大型电子显示屏、触摸屏，可滚动播发劳动力供求信息。应聘人员可免费进入市场、免费用工登记、免费求职登记，劳动力市场实行“一条龙”办公，“一站式”服务。

2005年，来宾市各级劳动力市场建设更加完善，为劳动就业、劳务输出提供“一站式”服务。

第七节 工资 福利

1952—1953年，国家职工实行供给制，职工的伙食由单位统一掌握开支。每年发给每名干部衣服1套、鞋1双、棉衣1件，人均月零用钱2.5~3元。1955年—1985年6月，国家行政机关、全民企事业单位、大集体企业单位实行级别定额工资制。从1985年7月1日起，国家行政、事业单位干部、工人实行结构工资制，工资由结构工资和辅助工资组成；国营企业和大集体企业职工实行标准工资制，工资由标准工资（工人15级、干部16级）和辅助工资组成。

工 资

1950年—1952年2月，企业实行等级工资制度。企事业单位和教职工实行工资制。实行包干供给制的职工，由单位按大、中、小灶标准统一开支生活费，每人每年发单衣2套，每两年发棉衣1件，夹裤1条；县级干部每人每月发津贴费1.85万元；区级干部每人每月1.1万元；勤杂人员每人每月7500元。每个职工月供应大米22.5千克。理发费每人发大米1千克（折人民币1100元）；保健费一等大米2千克、二等1.5千克、三等1千克，猪肉费5000元，还发每人单人蚊帐、棉被各1床（以上各款额均为旧版人民币）。1952年2月，由供给包干生活费改按工资分计发。合山煤矿实行工资分制，每月低的50分，高达300分。并规定每分含实物量为大米0.75千克，细白布10厘米，盐油15.6克，木柴1.5千克。发薪时以柳州市当月物价折合旧人民币发放。1955年8月，工人工资由工资分制改为薪金制。1956年，工资改革，实行不同的等级工资制，如工业企业实行八级工资制，建筑业实行七级、商业业务人员实行三类七级工资制。厂矿企业，为了调动职工的生产积极性，提高经济效益，在等级工资的基础上实行计件（产量）工资，以体现多劳多得的原则。合山煤矿对井下作业的职工实行计件（产量）工资，除1958—1963年和1966—1977年停止外，其余各年都实行。1978年10月始实行计件工资总包干制度试行办法，以一个掘进当头为计算单位，实行圆班直接无限制计件，包括全部工人为计件范围。在生产过程中，掘进必须保证完成月掘进计划，每个当头按定员标准配够人员，不准采用减员降低掘进计划，实行三包干（伤病假按90%包干，停工按每月2天包干，材料节约奖15%超支罚10%定额内工资按标准工资计发给个人，超定额工资按计分算奖法分配给个人。1987年后，实行超额累进计件工资制，制定“采、掘、运、工区月份超额加价办法”，在完成或超额完成当月生产计划，搞好安全、确保质量前提下，按下列标准发给加价工资。实行结果，当年人均超收632.60元。

1963年8月，忻城县工人工资按照中央《关于1963年职工升级若干具体问题的通知》，县人民政府对工人工资按各自技术业务熟练程度与成绩大小等条件，采取群众评议，领导批准来确定，一般按 40% 升级。全县有 1059 名工人获得升一级工资，平均每人每月增加工资 3.97 元。

1958—1971 年，按政策对部分人员工资进行 6 次调整，1977—1984 年又进行 7 次调整。

1977 年 8 月，根据国务院《关于调整部分职工工资的通知》精神，调整工资范围：1971 年底以前参加工作的一级工；1966 年底以前参加工作的二级工和同等工作年限、同工资等级的企业干部以及商业、服务业、文教、卫生、国家机关等部门的职工，按现行工资级差增加 5~7 元。1978 年按照国务院《关于给工作成绩特别突出的职工升级的通知》，这次调整工资要经过群众评议，逐级上报批准，忻城县共有 6 人获得升级，升级后月工资增长 32 元，人均月增加工资 5.33 元。1979 年，忻城县按照自治区《关于忻城县从 3 类工资区改为 4 类工资区的通知》规定，以 1979 年 10 月底在册职工人数中，1978 年底以前参加工作的固定职工和计划内临时工为基础，除按新定工资区补发外，按照劳动态度、技术高低、贡献大小为重点考核，由群众评议，单位领导审查，报县调资领导小组批准。全县获得升一级工资的工人有 2177 人，升级后月增资总额为 1.3 万元，人均每月增加工资 5.9 元。1983 年，根据中央人事劳动部、财政部、国家经委、计委印发《国营企业工资改革试行办法》的通知精神，对职工进行按计件工资与等级工资套改，忻城县全县 62 个企业单位 2564 人职工，均获套改。套后月增加工资总额 3.76 万元，人均月增资 14.67 元。

1985 年，进行第 3 次工资制度改革时，将工业 8 级工资的 8 个序号改为 15 个序号，每人每月工资最低 33 元，最高 114 元。10 月，根据自治区人民政府《关于国营企业工资改革的具体做法的通知》规定，境内实行了“工资总额与经济效益挂钩和浮动升级相结合的工资制”，企业在全面完成国家下达的主要经济指标，上缴税利和劳动生产率达到规定的增长幅度时，在不降低国家对企业核定的奖励水平的基础上，每年从企业留成的奖励基金中，对一定比例的职工在现行工资标准基础上，进行企业内部职工升级、浮动工资。连续两年保持升级的职工，经考核合格的，则给予固定升级工资。固定后，成绩显著的亦可获得再上升一级工资待遇。劳动态度较差，又不完成定额生产任务和不保质保量完成的，则不给予升级。1988 年，实行工资总额同实现税利挂钩的企业年新增效益工资增长 5% 以内、5% 以上至 10% 以内的、10% 以上的，每增长 1% 时，升级面分别为 2.5%、3.5% 和 4.5%。实行工资总额同产品销售、销售价值量、产量等其他形式挂钩的企业，按上缴（或实现）税利比上年增长幅度在 5%、5% 以上到 10% 以内、10% 以上的，每增长 1%，升级面为 2%、2.5% 和 3.5%，升级时间、升级对象由企业自主确定。企业单位职工工资标准含套入新拟等级标准和浮动工资、物价补贴（5 元）3 项，还可根据企业盈利情况享受奖金。

1989 年，武宣县给国营企业调资 2618 人，月增资总额 41364.4 元，人均月增资 15.80 元；给集体企业调资 1257 人，月增资总额 20237.7 元，人均月增资 16.10 元；给国营企业离退休职工 446 人提高生活费，人月均提高 18.93 元，给大集体企业职工 253 人提高工资，每人每月增加 27.17 元。

1990 年，境内各县（市）根据柳州地区工资会议精神，对企业职工进行工资改革，按工种定基础工资套入级别工资和岗位工资。忻城县按 5 类工资区发给其标准工资。按职工勤、绩进行考核，分别另发给奖金，县所属企业职工普遍上浮 1 级工资，人均月增资额 15 元。1988—1990 年底，忻城县国营企业职工有 1296 人获得浮动升级。

1991 年，来宾县在一些生产经营较稳定、经济效益好的企业实行工资总额与经济效益挂钩。忻城县企业职工工资情况按工资区类别和产业类别，按企业工人工资标准和企业干部工资标准表执行。1992 年，对未实行工效挂钩的企业实行效益浮动升级办法，根据当年企业实现利税、销售收入和劳动生产增长幅度确定工资升级比例，一般两年进行一次工资调整。1994 年，企业执行新的工资标准，企业干部和工人执行同一工资标准。新增效益工资比核定数增长 30% 以内部分，按全额提取，超过 30% 以上部分，按不超过工资会含量（系数）的 70% 提取含量工资。9 月，忻城县对企业职工工资进行套改，工资标准不再划分工资区类别和产业类别，起点线分别按标一 136 元、标二 133 元，标三 130 元设置，全县按照自治区当年企业工资改革的通知，一、二类型企业执行标一；三、四类型企业执行标二；五、六类型企业执行标三。企业职工工资套改打破企业干部、工人工资标准，实行统一的工资标准制度。套改标准为：工人五级以下、干部十五级以下对应套入新标准 1 级，金额为标一 136 元、标二 133 元、标三 130 元；工人六级、干部十四副对应套入新标准 2 级，金额为标一 148 元、标二 144 元、标三 140 元；工人七级、干部十四级对应套入新标准 3 级，金额为标一 160 元、标二155元、标三150元;……依此类推,进行一一对应套改,同时提高了职工的定级标准:普工定级标准为4级;中专、技校毕业生定级标准为5级;大专毕业生定级标准为6级;本科毕业生定级标准为7级;研究生定级标准为8级;硕士生定级标准为9级;博士生定级标准为10级。按照职工所处的企业类型对应套入标一、标二或标三。通过对全县企业职工3317人进行工资套改,月增资153820元,人均月增资46.4元。工资套改后,企业单位不再有统一的工资调整。按照现代企业收入分配制度的总体目标,坚持以按劳分配为主体,多种分配方式并存和效率优先、兼顾公平的原则,实行工资总额宏观调控,企业自主分配的企业工资分配机制。1991—1994年,企业工资按自治区工改办文件精神,进行过5次调整升级。来宾县共有26565人参加调资,增资额576.23万元,人均增资216.91元。

1995年后,对新挂钩企业工资总额基数中奖金、加班加点工资与夜班津贴之和,控制在职工平均标准工资6个月的水平内。倒挂企业挂钩浮动比例最高不能超过1∶0.5;减亏企业与减亏挂钩比例最高不能超过1∶0.4。1996年,忻城县对全县44户国有企业实行工资总额与经济效益挂钩,涉及职工人数3317人。

1999年,来宾县企业工资全面放开,劳动部门实行宏观调制。对企业内部工资分配加强宏观调控。2000年,忻城县企业实行浮动工资,在不突破下达的工资总额范围内企业自主调整职工工资。同时与集体企业主管部门一道,通过对集体企业工资发放情况和经济效益状况进行结算。

1996—2005年,武宣县为21个企业单位核定工效挂钩工资总额基数计9905.67元,税利基数4280.83元。为19个企业单位结算效益工资升级,参加升级1454人,年新增效益工资30.38万元。2001—2005年,忻城县每年对全县14户集体企业(涉及职工560多人)下达了《关于工资总额控制数的通知》。所有企业所发放的工资和奖金不能突破总额基数,通过实行这一企业工资总量宏观调控,有效地控制了消费基金的过快增长。2004年,来宾市企业工资宏观调控体系得到进一步改进。企业内部分配制度改革继续深化,全市有362家企业实行了以岗位工资为主的企业内部分配制度,占职工总数的95%。同时国有和国有控股企业经营者年薪制试点工作平稳推进家,全市坚决贯彻执行自治区规定的最低工资标准,劳动力市场工资指导价位制度初步建立。

奖　励

1951—1965年,奖励以精神鼓励为主,辅以少许物质奖励。1966—1977年,仅有精神奖励。1978—1990年,以物质奖励为主。

1951年,合山矿务局对超额完成生产任务的职工,年终发给笔记本、毛巾、口盅等少许奖品。1978年后,普遍实行定额超产奖、节约奖、综合奖等多种形式的奖励。奖金额按参加评奖职工月标准工资总额的10%提取。奖金分为经常性和一次性两种,经常性奖金有相对固定范围、条件和制度的一项奖金,直接计入生产成本,分为甲、乙、丙三等,每等分为一、二、三级。1987年后,实行经济责任制的考核办法,作为职工月份奖金的计发依据,在完成当月产煤、进尺、利润、安全、质量等项指标前提下,系数为"1"的奖金标准为每人月18元作为奖金基数,再根据考核指标完成情况的增减计算,按奖金系数记发奖金,系数分为1~2.5,共14级。一次性奖金,是从利润中提取的企业基金开支,不包括在工资总额之内,根据单位的减亏增盈,留用奖励基金20.65%,其中上缴给矿务局特别奖励基金2.3%。其余作单位奖金,1987年发放经济效益先进奖,每月20~40元,1988年,合山矿务局发放每人每月35~45元。

1985年,合山电厂利用本厂的奖励基金,设有浮动升级奖、运行小指标奖、食堂营业超额奖、劳动竞赛奖等,1988年全厂人均奖金560元,1990年986元。合山市机关行政单位设有公务费节支奖或增收节支奖;工业、交通、建筑系统设有定额超产奖、原材料节约奖和全优工程奖等;商业系统有利润超额提成奖;金融系统有完成任务和利润提成奖;农林场有包干提成奖等,每月发放10~30元不等,1988年始,合山市机关、事业单位,视各单位的经济效益情况,发放年终奖金,分为三级:1990年一级530元、二级500元、三级480元。1988年,金秀瑶族自治县对在岗工人工作效率高,成绩显著的270人次给予晋升1级工资;对违纪或者造成经济损失的人员实行警告、终止合同、开除留用、开除等处分。至1988年,金秀瑶族自治县计给予警告的54人、终止合同的4人、开除留用的18人、开除的20人。

福　利

1950年以后,职工享受的福利项目有:公费医疗(1952年起执行)、职工探亲假、年休假(1953年)、女职工产假(1953年)、病假生活待遇(1956年)、遗属生活困难补助(1961年)、清凉饮料(1956年)、交通费补贴(1978年起,地区及部分县执行)、职工婚、丧假(1980年)、洗理费(1982年)等。

1951年起,企业提取福利基金。1954年,境内县以下行政事业福利费预算标准为每人每月为6个工资分。1956年改为县以上按工资总额5%,乡镇按需分配3%提取;1957年分别降低为3%和1%。1960年不分级别,按2.5%预算。1979年、1984年、1987年、1992年,分别按每人每月1.3元、2元、3元和5元标准计支。

1955年,金秀瑶族自治县开始按单位工资总额提成2%的款额,分由单位和县人事局掌握(1984年后县人事局不再抽提掌握福利费)。对有经济困难的职工进行定期和不定期补助。1985年,金秀瑶族自治县共提取福利补助费75222元,补助职工1508人、10973元,补助该项资金不足的单位44809元。

岗位津贴 企事业单位对从事有毒、有害以及高空、高温作业等工种的职工,按不同工种、不同岗位发给岗位津贴。例如:医院职工每人每月卫生津贴13元;从事畜牧兽医工作发给兽医卫生津贴每人每月11.20元;从事农业工作的农牧局职工每人每月发放津贴8.40元;环卫局对从事有毒有害工作的职工,每人每月发岗位津贴21~26元;合山矿务局对矿井下作业的职工实行保健餐津贴,分为甲、乙、丙三等。1990年,甲等每人每月17元,乙等13元,丙等10元。

临时补贴 洗理费,男职工每月9元女职工9.50元。清凉饮料补贴费,每年5—9月,每月发给每个职工1.20~4元。取暖费,每年冬季发给每人木炭30千克,1988年以后,大部分的单位均以现金形式发放。1962—1987年,金秀瑶族自治县人均夜班费发0.3~0.5元。1987年2月起,市内职工发城建补贴费每人每月12元,1988年停发。1988年1月始,职工每人每月发水电费补贴2元,1989年11月提高5元。1990年4月始,职工每人每月发燃料费15元。

公费医疗 国家机关、事业单位职工患病,在享受公费医疗待遇范围内,凭证就诊,实支实报,医院向市公费医疗办公室结账,经费由地方财政支付。工矿企业职工患病就诊,医疗费回单位报销。公费医疗开支。1955年,金秀瑶族自治县医疗费用实行实报实销。1984年后,金秀瑶族自治县医疗费用实行包干制,人均月发医疗费4~10元。1987年,金秀瑶族自治县医疗费用共支出308810元,人均80元。

医疗保健 1952年7月,国家机关、事业单位工作人员全部享受公费医疗,企业职工医疗费全部报销,由其供养的直系亲属可报销50%。1964年4月起,实行计划生育所需各项医疗费,亦在公费医疗经费中开支。1985年以后,公费医疗费用实际支出大多超过预算,一些县或企业开始实行公费医疗经费与个人挂钩制度。1995年地区直属机关个人负担医疗费用:在职人员门诊负担15%、退休人员10%;在职人员住院负担10%,退休人员5%。

休 假 职工享受国家法定公休和节日假期、探亲制度规定的假期,女职工享受国家规定的孕、产假。1950年,来宾县各界人民代表大会通过决议:妇女分娩时,应保证产期给予休假1个月。1953年执行妇女“四期”(月经、怀孕、分娩、哺乳期)“三调三不调”(月经期调干不调湿、怀孕期工作调轻不调重、哺乳期工场与居所调近不调远)的妇女劳动保护制度。1986年8月实行年休假制度。工龄10~19年、20~29年、30年以上的,休假期分别为10、15、20天。1988年9月起,执行国务院颁布的《女职工劳动保护规定》。1987年起,对国家职工执行按工龄长短享受年休假制度。1991年调整为:工龄5~9年、10~14年、15年以上的,休假分别为7、10、14天。

遗属生活困难补助 1964年8月,国家机关工作人员遗属生活困难补助标准为:地(厅)级和1945年8月前入伍的处级,1937年7月前入伍的其他干部,其遗属每人每月补助20~25元;处县级和1949年9月前入伍的干部,每人每月补15~20元;1949年10月以后参加工作的区级以下人员遗属,每人每月补12~15元;1958年元月以后入伍的,每人每月补10~12元。1980年定期补助标准改为:离休干部遗属生活困难的,每人每月补20~25元,其他人员遗属补15~20元(家在农村的补10~15元)。1986年调整补助标准:1937年7月以前入伍干部遗属,每人每月补45元;其他离休干部遗属补30~35元;其他工作人员遗属补25~30元。1991年遗属困难补助调整为:1937年7月前入伍人员遗属每人每月补助60元;其他离休干部遗属家居城镇的40~45元,家居农村35~40元;工龄不满5年以及满5年以上人员遗属,家居城镇月补助分别为35、35~40元;家居农村分别为28、30~35元。1994年调高补助金额:1937年7月前入伍人员遗属每人每月补120元,其他离休人员遗属家居城镇补100元,家居农村补80~90元;工龄不满5年及5年以上人员遗属,家居城镇补60~70元,家居农村的分别补40~50和50~60元。

第八节　离休　退休　退职

1987年开始，境内实行企业职工基本养老保险制度，职工离退休后根据缴纳基本养老保险费时间长短和金额多少领取养老保险。养老金实行全县统筹。1988年，合山市人民政府下文《关于对国营企业固定职工退休费用实行社会统筹暂行规定》，规定从当年的5月1日起对市直国营企业（含市主管局、公司所下设国营独立核算的企业）及企业管理的事业单位的职工养老保险实行社会统筹。离退休费统筹基金的比例，根据“以支定筹，略有结余”的原则，参加统筹的单位按固定职工工资总额的9.5%和离退休费用的20%提取。1989年市人民政府在《关于对国营企业固定职工退休费实行社会统筹的补充规定》中规定，从元月1日起对原统筹比例进行调整，参加统筹的单位固定职工工资总额12.5%和离退休费用20%提取。1991年后，境内养老保险实行社会统筹与个人缴费相结合，职工个人缴费比例按职工本人标准工资的绝对数缴纳。1992年，根据原柳州地区行署关于《全民企业及企业化管理的事业单位职工基本养老保险基金实行地区统筹的实行办法》的通知，从6月1日起由地区实行统筹，参加统筹单位按在职职工（含1971年底前临时工、混岗集体工）月工资总额和离退休职工退休费之和18.5%提取。从1992年6月起，职工个人缴费比例按离退休费用和在职职工工资总额的18.5%缴纳。1994年6月30日以前，退休待遇按国发〔1978〕104号文件执行。从7月1日起，单位和职工缴费满10年及以上的，退休后基本养老金由社会性养老金和缴费性养老金两部分组成。同时，各项补贴按现行国家和自治区规定的标准统一改为缴费性补贴。从10月1日起，职工个人缴费比例按离退休费用和在职职工工资总额的20.5%缴纳。从1997年1月1日起，按在职职工工资总额的21%缴纳。1996年上半年，境内实行社会统筹与个人账户相结合。从1997年元月1日起，企业职工缴费工资总额一个基数缴纳基本养老保险比例调整为21%，不再按缴费工资总额和退休费总额两项之和为基数缴费。1998年7月起实行自治区级统筹，并实行“统一制度、统一标准、统一管理、统一调剂”的四统一的养老保险制度管理办法。至2000年实现养老保险社会化发放，发放率达100%。各县（市）社会劳动养老保险所对参加养老保险的企业职工都建立了个人账户，个人账户比例按8%记入，定期向职工公布，退休费的发放采取社会化发放形式，即离、退休、退职职工凭工资领取证到指定的银行直接领取离、退休费用。

2003年，来宾市对全市参保的企业离退休人员实行社会化管理，其养老金的发放100%通过金融部门，社会化达100%，比自治区平均水平高2.9个百分点。企业离退休人员社会化管理服务工作取得新进展，全市已建企业退休人员社会化管理服务机构22个，市劳动和社会保障局采取先委托企业管理与逐步健全管理服务机构相结合的办法，全市属地管理的企业退休人员共有20984人，现委托企业和社区管理的企业退休人员16468人，社保机构管理的企业退休人员326人，社会化管理占企业离退休人数的80.03%，达到自治区提出的目标。

2004年，来宾市有企业离退人员2.1万名，下岗失业人员3729名，由于全市各级劳动保障部门加大基金征缴和基本生活保障费的筹集力度，确保全市企业离退人员的养老金、国有企业下岗人员基本生活保障费的按时足额发放，失业人员按时足额领到失业金，均没有发生拖欠。年内，来宾市企业退休人员社会化管理服务工作全面推开，全市共有1.92万名企业退休人员实行了社会化管理，占企业退休人员总数的93%，达到自治区提出90%的目标。

2005年，全市养老保险社会统筹的企业离退休人员14359人，全年共发放企业离退休人员养老金9345.10万元；年末领取失业保险的失业人员5011人，发放失业保险金768.62万元。“两金”实现按时足额发放，确保了企业离退休人员和失业人员的基本生活。全市共有21237名企业离退休人员实行了社会化管理，占企业离退休人员总数的98%，达到了自治区要求98%的目标。

第九节　劳动保护

劳动保护

中华人民共和国成立前，境内劳动保护与安全工作无专门机构管理，矿区和手工业作坊的生产安全条件极差，职工劳动保护没有保障，工伤事故时有发生。

中华人民共和国成立后，党和政府十分注意加强劳动保护工作，根据国家颁布的劳动安全保护法规，把劳动保护列入各级劳动部门的目标管理，把劳动保护工作作为各用工单位的重要工作，采取了一系列防止工伤事故发生，确保安全生产，保护职工健康的措施，认真抓好落实。对不同行业的生产人员发给劳动保护用品和饮料，如工作服、防水鞋、绝缘鞋、手套、防尘口罩、减光眼镜、高温清凉饮料等，特殊工种按防疫站的检测规定给予营养津贴。从1980年起，每年6—9月，职工每人每月发给清凉饮料费1元(1983年以后，实行月从5月起共发5个月；1988年起实行月不变，月发额增至4元，1989年，月发额再次增到8元)；冬季发给办公室取暖费，按职工数每人计发木炭30千克(1978年12月以后，改发木炭为发现金4元)。1954年，合山煤矿将劳动保护措施纳入了生产计划和生产过程，对招收的工人，首先进行劳动安全教育。1956年，组织卫生医务人员对接触粉尘较多的职工，开展职业病普查和防治。同时，实行安全卫生、建筑安装安全技术和工人伤亡事故报告3项劳动保护规程。对从事高温、矿井下作业和接触有毒物质的职工采取措施，进行保护。对女工实行“四期”(月经期、孕期、产前产后期、哺乳期)保护。7月，石龙县人民委员会劳动科成立后，把生产安全劳动保护列入头等大事来抓，经常派人深入各厂矿、督促检查安全生产，并要求按规定时间，用书面汇报安全生产劳动保护的实施情况，对工伤事故，要及时写专题报告。此后，各厂矿场始设安全检查组织和安全管理员。从1957年开始，对接触尘毒的工人和从事高温高空和矿井下作业人员，实行食品保健制度和发放劳动保护用品。劳动保护部门对特殊工种的职工，开展安全技术培训。1972年，来宾县卫生防疫部门始开展劳动卫生监督，对煤矿井下进行粉尘浓度监测。次年在县水泥厂安装8套旋风除尘器。1975年，对工矿企业职工进行职业病普查，受查职工2938人。1976年，忻城县劳动部门强调各厂矿企业把安全生产提到议事日程上来，建立安全生产制度。全县有21家工矿企业，都建立安全生产领导小组，县煤炭局、欧洞林场、屏山糖厂设有安全生产股和安全火险救护队，共138个队员。煤矿工区、车间、班组设有兼职安全员、建立健全以岗位责任制为中心的安全制度，突出抓好安全教育、安全作业、安全检查，使安全生产有了保障。武宣县过去，因设备简陋、安全措施不力，县锰锌矿区的粉尘曾一度使不少矿工患矽肺病。1973年检测，患者达98人。1974年，武宣县革委会拨款3万元，县锰锌矿自筹3万元，在矿部东区兴建了工人疗养所，收治矽肺病患者。1978年，自治区财政局、劳动局等单位，拨款5万多元用以改善武宣县锰锌矿的通风除尘条件。1980年后，武宣县锰锌矿除健全内部安全小组外，并制定和完善安全生产检查制度，安全防火制度，爆炸物品和毒品管理制度，仓库安全制度以及安全技术操作规程等。这期间，武宣县劳动管理部门规定，凡有矽尘危害的企业，严禁干式凿岩和敞开式干法生产，令行湿式作业法，加强通风、冲洗、喷雾式通风密闭除尘等防尘除尘措施，同时，对铸造和清砂作业等，都作出了有关工业生产卫生的规定。20世纪80年代起，各县(市)劳动安全管理部门每年定期对厂矿避雷针进行检测，并加强了对建筑业施工安全的监督。同时，对锅炉压力容器等进行定期检查。1981年后，企业的主管部门和厂矿单位普遍建立安全责任制，实行安全操作规程和安全生产检查制度。各工厂设安全生产领导小组，车间设专职或兼职安全员。负责督促安全生产，对容易引起事故的电器、压力容器、易燃易爆品、运行设备等进行经常性检查，以消除事故隐患。并配备灭火器和沙池等消防设备。1984—1990年，武宣县国营工矿企业共有安全生产管理机构49个，安全管理人员195人。

1985年，各县(市)劳动局成立劳动安全监察办公室，专管劳动安全监察，包括安全生产、劳动保护，工业卫生诸方面，并检查企业执行劳动保护法规和政策情况，处理工伤事故等。根据国家法规和劳动安全管理部门的要求，境内各工厂为确保劳动安全，对于新工人，首先进行上岗前安全教育。厂矿企业建立劳动卫生普查档案，对接触有毒物质的职工进行职业病普查。特别是对小煤窑加强安全生产管理。特种作业人员则需要经专业培训，合格后方可上岗独立操作。并要求工人佩带防护用品及注意安全标志等。劳动保护监察部门，每年进行1~5次安全生产大检查，落实安全生产责任制、劳动保护措施等。并贯彻“安全第一，预防为主”方针，对企业安全生产、安全卫生、技术规程进行监督。1985年，来宾县进行第二次职业病普查，实查1260人，均未发现职业病患者。1985—1990年，各县(市)劳动局协同有关部门先后举办安全培训班，对司炉、电焊工、爆破工、安全管理员讲授劳动保护法规、安全生产知识及意外事故的紧急处理知识。从1979年开始，对于从事矿山、井下及接触有害毒品的职工，每两年安排一次体检，并对患有职业病的职工及时给予治疗。同时，加强对生产安全的检查。1987年，武宣县劳动局生产安全管理部门共下发安全整改指令书20

份，处理伤亡事故8起，并对其中4起的肇事者实行了经济制裁。1987年，来宾县对1076名触毒人员进行体检，发现尿铅超标3人。1988年，武宣县进行安全生产大检查4次，举办安全教育学习班8期。1988年9月起，劳动管理部门和各企业单位等开始执行国务院《女职工劳动保护规定》。女职工的经期、孕期、产期、哺乳期、更年期都能按规定给予保护和照顾。金秀瑶族自治县对县内国营厂、场工人，1年半至2年发给1套劳保服、1双劳保鞋，半年袖套1对，每月发手套1对。室外作业的林场工人、伐木工、高温作业工、与有毒物接触的打字员、x光医生、农资销售营业员等人月发白糖0.5~1千克、绿豆0.25千克、肥皂1块、毛巾1条。从事危险工种作业的伐木、机械驾驶等工人每年发安全帽1顶。林业工人、乡邮员、巡回教学教师等，每年发帆布雨衣1件、雨鞋1双、水壶1只。从事有尘工作的化工、纺织器材加工、大米加工及销售的工人年发防尘帽1顶、围裙1块，口罩每人1季度1个。金秀瑶族自治县发放劳保费用人均40元。1989年、1990年，来宾县对288个职工进行粉尘作业拍片，发现尘肺病1例；对2195个妇女进行一般妇科检查，发现各种妇科病1199人，以上全部患者都得到治疗。

1979—1990年，境内各县(市)企业内部在实行经济承包责任制中，出现只注意抓生产，忽视安全管理的现象，以致发生伤亡事故。1979年3月29日和5月19日，忻城县煤矿红渡、凌头两矿区因违反爆破操作规程，巷道塌方造成2人死亡，重伤2人，轻伤3人的工伤事故。1985年新村糖厂严重违反操作规程，造成锅炉爆炸，损失价值10万余元。据1988年统计，合山市有小煤窑828个，年产煤量295万吨，当年发生事故67起，死亡82人，百万吨死亡率27.8%。针对上述情况，市劳动局下发了《关于小煤窑安全和事故通报》和《加强小煤窑安全管理的通知》。同时还加强对矿长(煤窑主)和技术人员以及新工人的安全生产知识教育。1990年1月11日，古蓬镇凌头个体联营的煤矿井口，发生井下瓦斯爆炸，烧死23人，重伤5人，轻伤7人的特大伤亡事故。1989—1990年，忻城县煤炭公司从维修费中拨出资金21.5万元，用于购买电动爆炸器、瓦斯检测器、矿灯、风扇、风筒、安全帽等设备。1990年，忻城县财政局给县桥头煤矿拨款40万元，加上自筹16万元，共56万元，用于那接井口防水、防塌的技术改造工程。县属各厂也采取各种有效的防护措施，不断添置防尘、防毒、湿式作业和防燥、防火、防爆、防暑、防电击的设备等，使安全生产设施日益完备。1980—1990年，武宣县共开支劳动保护经费87.42万元，其中1990年6.4万元。

1990年，来宾县有12个单位802人享受保健费共12.82万元。其中享受甲等保健费260人，乙等保健费155人，丙等保健费387人。合山市发生事故5起，死亡13人，百万吨死亡率为15.25%。

1991年，境内贯彻《劳动保障监察条例》，坚持开展劳动保护安全监察、矿山安全监察，锅炉、压力容器安全监察和易燃易爆管理监察。1991—1996年，武宣县劳动安全监察人员深入厂矿，查出事故隐患466起，查处事故7起。

来宾县劳动保障监察工作自1996年开始，2001年机构改革后，劳动安全监察工作职能移交经贸部门。主要是贯彻《中华人民共和国劳动法》和国家有关劳动工作的法律、法规和政策，督促用人单位和劳动者贯彻执行，依法纠正和查处违反规定的行为，受理劳动者举报，并进行调查处理，维护劳动关系双方的合法权益。主要以劳动监察年审为主，1996—2005年，兴宾区(来宾县)劳动保障监察年审共5571个单位，每年平均为557个单位；涉及职工327432人，涉及职工每年平均人数32743人；日常巡察共2550个单位，每年日常巡察平均255个单位，日常巡察共涉及职工人数155703人，每年日常巡察平均涉及职工人数15570人；纠正违法违规行为63起，为农民工追回拖欠工资55.99万元，押金2300元。至2005年，忻城县劳动部门受理群众举报各类违法案31件，立案30件，结案30件，其中，清退使用童工4起5人。共审查用工单位1628户，追收拖欠工资额11.5万元，开展检查168户，追缴养老保险费69万元。

2003年，来宾市出动宣传车514辆次，印刷宣传资料900条，分发劳动保障法律法规知识问答8000份，上街举办咨询活动21次，接待来访和咨询人数7500人，增加了劳动保障监察工作的透明度，提高用人单位和劳动者遵守和运用劳动保障法律法规维护自身合法权益的自觉性。劳动保障监察年审共审查用人单位1389个，涉及职工52416人，下达限期改正通知书35份，限期补签劳动合同1421人，督促缴纳社会保险费229户，涉及职工人数1059人。全年共发放“劳动保障监察年审合格证”1354户。开展劳动保障监察日常主动巡查，共监察902个单位，涉及劳动者25825人，计受理投诉举报案件25件，追回劳动者工资待遇93.99万元。已结案25件，结案率100%。得到广大劳动者的好评。

2004年，来宾市劳动保障监察执法进一步得到加强。在规范劳动用工行为、加强劳动合同管理、全面贯彻实施《妇女权益保障法》和追讨农民工工资等方面取得较大的成效，全年开展三次大规模的专项执法检查，共出动执法人员318人次，检查单位4318家，补签劳动合同5620份，责令用人单位支付经济补偿金3.70万元，催缴社会保险费157.9万元。立案查处劳动违法案件124件，结案率为100%，清退童工2人。为1802名民工追讨工资536.57万元，占拖欠民工工资总额的59.13%。

2005年，来宾市劳动部门以建立劳动者权益维护特别是农民工工资清欠的长效机制入手，全面开展三次劳动保障综合执法检查，加大劳动保障监察执法力度，切实保护劳动者特别是农民工的合法权益。当年清欠农民工工资317.35万元，清欠率82.63%；责令用人单位与3753名劳动者补签劳动合同，132户用人单位进行社会保险登记，涉及12504人，督促缴交社会保险费1367.6万元，清退收取劳动者风险抵押金5.36万元，支付劳动者经济补偿金19.9万元。依法受理群众举报投诉案件216件，结案214件，结案率为99.07%。

第十节　劳动监察与劳动争议仲裁

劳动保障监察

中华人民共和国成立前，境内农民工权益得不到保障。中华人民共和国成立后，党和人民政府十分关注农民工的权益保障和维护。境内各级劳动保障部门履行职责，依法加强劳动保障监察工作，保护职工合法权益，保护妇女和儿童有关劳动保障方面的合法权益。

1995年以前，境内各县（市）劳动部门未设专门劳动监察机构。1995年后，各县（市）劳动部门先后设立劳动监察股，开展劳动监察工作。主要是贯彻《中华人民共和国劳动法》和国家有关劳动工作的法律、法规和政策，督促用人单位和劳动者贯彻执行，依法纠正和查处违反规定的行为，受理劳动者举报，并进行调查处理，维护劳动关系双方的合法权益。1998年以后根据《劳动保障监察条例》和《企业法》，国有企业和集体企业实行企业负责、行业管理、国家监察、群众监督的方法，对用人单位和劳动者遵守劳动政策、法律、法规情况进行监督检查，依法查处违反劳动法规的行为。各县（市）劳动局逐步完善劳动保障监察程序和监察员管理工作制度，重点推进企业劳动保障守法诚信制度，加大劳动保障监察执法力度，督促用人单位依法用工、依法与劳动者签订劳动合同，督促劳动者依法维权。抓好农民工工资清欠工作，督促落实农民工工资保障金制度，建立农民工工资支付备案制度，遏制新的拖欠。

2003年，来宾市劳动与社会保障部门加大劳动保障法律法规的宣传力度，出动宣传车514辆次，印刷宣传资料900条，分发劳动保障法律法规知识问答8000份，上街举办咨询活动21次，接待来访和咨询人数7500人，提高了劳动保障监察工作的透明度，提高了用人单位和劳动者自觉遵守劳动保障法律法规及其运用劳动保障法律法规维护自身合法权益的自觉性。劳动保障年审工作注重实效，全年共审查用人单位1389个，涉及职工52416人，下达限期改正通知书35份，限期补签劳动合同1421人，督促缴纳社会保险费229户，涉及职工人数1059人；全年共发放“劳动保障监察年审合格证”1354户。劳动保障监察主动巡查，监察902个单位，涉及劳动者25825人，共受理投诉举报案件25件，追回劳动者工资待遇93.99万元；已结案25件，结案率100%。依法行政，加大缴纳社会保险基数的稽核力度，全市共稽核233个企业，涉及职工14886人，分别完成稽核任务的101.3%和100.3%。坚持依法办事，对少报缴费基数的9个单位发《基本养老保险稽核结论通知书》限期改正，这9个单位占稽核总数的3.9%，限期改正取得明显效果，这些单位少报职工缴费工资基数79.13万元，少缴养老、工伤保险费66万元。当年已有5个单位进行整改，补报补缴养老保险费27.66万元。

2004年，来宾市成立清理拖欠农民工工资及工程款工作领导小组，领导小组下设办公室，设在市建规委，落实专人负责全市的清欠工作的协调及信息的统计和上报工作。设置民工投诉专用电话，接待民工上访。为维护农民工的权益开展专项劳动保障执法检查。年内共接待民工投诉103件，自治区清欠办转办12件，涉及工程款1098.7万元，涉及农民工工资34万元，都根据实际情况给予答复和处理，并做好追踪督办工作。至年底，已兑付农民工工资626.5万元，兑付工程款6509.88万元。按照自治区和来宾市的有关文件精神，责成欠款单位制定还款计划，保证在三年内付清工程欠款。全市开展三次大规模专项执法检查，共出动执法人员318人次，检查单位4318家，补签劳动合同5620份，责令用人单位支付经济补偿金37000元，催缴社会保险费157.9万元。立案查处劳动违法案件124件，结案率为100%，清退童工2人。为1802名民工追讨工资536.57万元，占拖欠民工工资总额的59.13%。

2005年，全市以建立劳动者权益维护特别是农民工工资清欠的长效机制入手，全面开展三次劳动保障综合执法检查，加大劳动保障监察执法力度，切实保护劳动者特别是农民工的合法权益。全清欠农民工工资317.35万元，清欠率82.63%；责令用人单位与3753名劳动者补签劳动合同，132户用人单位进行社会保险登记，涉及12504人，督促缴交社会保险费1367.6万元；清退收取劳动者风险抵押金5.36万元，支付劳动者经济补偿金19.9万元；依法受理群众举报投诉案件216件，结案214件，结案率为99.07%。年底，来宾市解决2003年底前拖欠工程款9441.71万元，解决比例为83.50%；其中解决政府投资项目拖欠工程款7496.73万元，解决比例为82.73%。2004年后新竣工项目的工程款和农民工工资拖欠得到较好的控制，各项防止产生新的拖欠政策措施逐步得到落实。

1996—2005年，兴宾区（来宾县）劳动保障监察年审共5571个单位，每年平均为557个单位；涉及职工327432人，涉及职工每年平均人数32743人；日常巡察共2550个单位，每年日常巡察平均255个单位，日常巡察共涉及职工人数155703人，每年日常巡察平均涉及职工人数15570人；纠正违法违规行为63起，为农民工追回拖欠工资55.99万元，押金2300元。1998—2005年，武宣县监察年审单位1824个、职工10.5万人，日常巡察单位1224个，职工6.46万人，纠正违法违规51起，追回农民工被拖欠工资28.71万元，追回押金124.53万元。1991—2005年，合山市劳动监察大队共接到信访举报投诉案件369起（包括来信、来电、来访），结案369起，结案率为100%，其中：社会保险187起、克扣拖欠工资130起、其他类型52起。另责令限期改正975件，共追讨被拖欠劳动者工资99.5万元（其中：农民工工资81.5万元），涉及劳动者人数1023人（其中：农民工910人）。出动检查人员215余人次，对市属及区属派驻本市的有关用人单位进行了多次检查。共检查用人单位1058户次（含重复检查），涉及劳动者10797人次；督促598户企业为劳动者缴纳保险费65.5万元，涉及31456人次。忻城县受理群众举报各类违法案31件，立案30件，结案30件，其中，清退使用童工4起5人。共审查用工单位1628户，追收拖欠工资额11.5万元，开展检查168户，追缴养老保险费69万元。

劳动争议仲裁

境内各级劳动保障部门注重加强劳动争议仲裁工作，成立仲裁机构，协助企事业单位成立劳动争议调解委员会，负责处理职工与企业间的劳动争议，维护职工合法权益。劳动争议仲裁委员会受理有关劳动争议案件，接受劳动关系双方的劳动争议申诉，对劳动争议案件进行审查、立案，调查、审理、调解和仲裁。当用人单位与劳动者双方发生劳动争议后，先由争议双方协商解决，协商不成者，国营、集体企业由争议双方上级主管部门协商解决，仍不能解决的，当事人双方都可以提请劳动争议仲裁委员会仲裁，劳动争议仲裁委员会进行审理、仲裁，当事人不服仲裁的，15日内向人民法院起诉。

1986年10月，忻城县劳动局配有1名劳动争议仲裁员。1987年后，境内各县（市）劳动部门设立仲裁机构，开展劳动仲裁工作。1月，忻城县成立仲裁委员会（下称仲裁委），增配2名仲裁员。2月，来宾县成立劳动争议仲裁委员会，劳动局设立劳动争议仲裁股，并协助企事业单位成立了28个劳动争议调解委员会。武宣县成立劳动争议仲裁委员会，还在全县建立了45个劳动争议调解委员会。至1990年，共受理劳动争议案件12起，对1217份劳动合同进行鉴证。1987—1990年底，忻城县共有60个企业单位成立调解委员会，有调解员225名。1991—2005年，兴宾区（来宾县）共受理劳动争议案件222件，其中调解成功204件，劳动争议仲裁庭开庭审理18件。武宣县共受理劳动争议仲裁案件97件，结案97件，结案率100%，案外调解27件。合山市共受理案件292件，其中：劳动报酬109件、工伤待遇案件30件、非因工死亡案件21件、社会保险70件、解除劳动关系经济补偿47件、确认劳动关系15件、结案292件。在结案的292件中，仲裁调解处理64件、仲裁裁决198件、仲裁决定30件、目前未结案0件、不予受理案件3件。忻城县共受理立案55起，结案55起。在这些案件中，涉及劳动者人数74人、涉及劳动报酬19起、保险福利20起、工伤1起、解除劳动合同6起、其他5起；这些案件以仲裁调解方式结案5起、仲裁方式结案37起，其他方式结案9起。

2003年，来宾市劳动和社会保障部门，依法受理劳动争议案件46件，结案41件，有5件正在调解之中。由于依法办事，没有一件上诉法院。2004年，来宾市建立企业、工会和劳动保障部门三方协调机制，劳动争议仲裁工作不断加强。全市各级劳动争议仲裁机构共立案受理劳动争议案件47件，结案44件，结案率为95%，另有3件正在审理中。全年接待群众来访481人次，处理人民来信426件。2005年，共受理劳动争议案件171件，其中案前调解73件，立案处理98件，结案率为99%。全年接待群众来信来访929人(次)，其中仲裁机构接待来信来访356人(次)。

第十一节　社会保险

1987年，境内各县(市)成立社会劳动保险事业管理所，专门负责企业职工离退休费的筹集和管理，承担的社会保险业务有基本养老保险、基本医疗保险、失业保险、工伤保险、生育保险等。2000年后，成立城镇职工基本医疗保险事业管理中心，正式启动城镇职工基本医疗保险制度。

城镇企业职工养老保险

1951年起，实行劳动保险条例的企业，男职工年满60岁，女满50岁；本企业工龄满10年，一般工龄男满25年、女满20年的，可以退休，退休费按本人的月工资35%~60%发给。1953年，企业工龄调短为5年；退休费调高为50%~70%。1956年，石龙县总工会按照国家《劳动保险条例》，开展全民所有制企业职工养老保险工作。当时，养老退休金按企业职工工资总额30%缴纳。这项工作到1958年因“大跃进”运动而停顿。1983年，规定退休费最低保证数为每人每月30元。是年，按劳动合同制工人养老保险试行办法，企业按合同制工人标准工资总额的15%提取保险金，向当地人民保险公司投保；工人则按月标准工资3%提取交给企业。1985年5月，正式启动实施城镇职工基本养老保险制度，由县级统筹。1986年12月，忻城县开始收缴合同制保险金。1987年后，境内社会劳动保险事业管理所成立后，即开展全民所有制、集体所有制企业职工退休费统筹，劳动合同制工人和临时工养老保险。保险金陆续移交社会保险机构。武宣县社会劳动保险事业管理所成立后，即从县保险公司接管33个企业单位2099名职工的退休统筹金，按规定每月给448名离退休工人发了养老保险金。武宣县累计承包了207个企业单位4244名职工的退休金、社会统筹和劳动保险业务，结存金额341337.4元，其中全民所有制企业53个2500人，集体所有制企业29个723人，实行劳动合同制企业125个901人，临时工保险120人。同时逐月给768名离退休职工发了养老保险金。1988年，武宣县实行国营企业固定职工退休费社会统筹，按“以支定收，略有结余，留有部分积累”原则筹集。忻城县在全县范围内，开设国营企业职工退休费用社会统筹(离退人员发粮差3.5元、物价补贴5元、民族补助10元、离休补助费5元、副食品补贴9元、油价补贴1.5元、水电补贴2元。离休人员的交通费，按企业实际支付离退休费用的20%和企业在职职工、工资总额的20%分别提取)。合山市人民政府下文《关于对国营企业固定职工退休费用实行社会统筹暂行规定》，规定从当年的5月1日起对市直国营企业(含市主管局、公司所下设国营独立核算的企业)及企业管理的事业单位的职工养老保险实行社会统筹。离退休费统筹基金的比例，根据“以支定筹，略有结余”的原则，参加统筹的单位按固定职工工资总额的9.5%和离退休费用的20%提取。金秀瑶族自治县参加统筹的全民企业40个，固定职工1269人，离退休退职277人；使用合同制工人的单位120个，工人583人，缴纳养老金408万元。合同制工人工人缴费标准：企业按月工资15%、个人按月工资3%缴纳。1989年，合山市人民政府在《关于对国营企业固定职工退休费实行社会统筹的补充规定》中规定，从1月1日起对原统筹比例进行调整，参加统筹的单位固定职工工资总额12.5%和离退休费用20%提取。12月，忻城县开始收缴临时工养老保险金，由用工单位按人数每人每月交2元，本人每月交2元。1990年5月1日起，忻城县在全县范围内实行集体工退休费用统筹制度(统筹退休费、粮差、物价、民族、副食品价格、粮价、水电等补贴，按单位实行支付退休费用的20%及在职职工工资总额的22%分别提取)。是年，境内社会保险工作，已由单一的合同制工人退休养老保险，发展到合同制工人、国营企业固定职工、临时工和集体所有制职工的多种用工形式的社会保险。年末，忻城县社会养老保险金为全民所有制单位固定工，按20%和122%收取，参加保险单位65个，参加率为94.2%，收缴统筹金为95.58万元。合同制工人参加养老保险739人，收取金额2.27万元，集体工参加保险的3个单位，收取保险金3.5万元，临时工参加保险的83个单位，107名职工，收保险金2.12万元。参加待业保险有176个单位，受担保职工4247人，收取保险金1.5万元。武宣县共有158个国营企业、1299名合同制工人参加养老保险，共缴纳养老保险金712179元。另有65个国营、集体企业和企业化事业单位固定工4333人参加了退休费统筹，共缴纳养老保险金1987931元。1991年，合山全市参加养老保险单位32个，参加养老保险职工2814人，缴纳养老保险金80.41万元。来宾县参加养老保险人员11653人，职工10187人，退休职工1466人，征缴养老保险统筹金379.87万元，退休统筹金支出253万元，退休人员退休费年人均1721.2元。武宣县参加养老保险3553人，职工2705人，退休职工848人，征缴养老保险统筹金260.5万元，退休统筹金支出141.6万元。1992年，根据原柳州地区行署关于《全民企业及企业化管理的事业单位职工基本养老保险基金实行地区统筹的实行办法》的通知，从6月1日起由地区实行统筹，参加统筹单位按在职职工（含1971年底前临时工、混岗集体工）月工资总额和离退休职工退休费之和18.5%提取。当年，金秀瑶族自治县参加养老保险人数2958人，退休人员374人。1994年7月1日起，合山市单位缴纳职工基本养老保险金的比例调整为按职工（含劳动合同制工人）工资总额和统筹的离退休费用之和的20.5%提取。对交满保险费10年及其以上的退休职工，改为按月发基本养老金。武宣县参加养老保险3633人，职工2733人，退休职工900人，征缴养老保险统筹金278.9万元，退休统筹金支出172.7万元。1995年，武宣县参加养老保险3180人，职工2105人，退休职工1075人，征缴养老保险统筹金260.5万元，退休统筹金支出141.6万元。参保的国有企业退休职工人数比1989年增长1.17倍，人均年保险费支出2844.28元；集体企业退休113人，人均年保险费支出1513.27元。合山市参加养老保险单位32个，参加养老保险职工1630人，缴纳养老保险金169.02万元。1996年7月起实行社会统筹与个人账户相结合。当年，武宣县参加养老保险5666人，职工4450人，退休职工1216人，征缴养老保险统筹金463.6万元，退休统筹金支出409.7万元。1997年1月1日起，合山市的企业职工缴费工资总额一个基数缴纳基本养老保险比例调整为21%，不再按缴费工资总额和退休费总额两项之和为基数缴费。武宣县参加养老保险5618人，职工4314人，退休职工1304人，征缴养老保险统筹金534.8万元，退休统筹金支出453.5万元。

1998年7月，实行由自治区统筹，并实行统一制度、统一标准、统一管理，统一调剂的“四统一”养老保险制度管理办法。当年，武宣县参加养老保险5361人，职工3995人，退休职工1366人，征缴养老保险统筹金499.5万元，退休统筹金支出534.6万元。2000年1月起，基本养老保险金实行收支两条线管理，保险金专款专用，实行财政专户管理。当年，合山市参加养老保险单位50个，参加养老保险职工1302人，缴纳养老保险金151.99万元。武宣县参加养老保险6250人，职工4562人，退休职工1688人，征缴养老保险统筹金705.0万元，退休统筹金支出858.6万元。1988—2005年，金秀瑶族自治县参加养老保险的职工3051人，基本养老保险100%。

2003年，来宾市参加养老保险的企业职工人数为35620人，其中新扩面人数为3738人，减去当年新增的退休人员1077人，实际扩面净增人数为2449人，完成全年扩面任务的104.7%。当年全市基本养老保险基金收缴额为3779万元，超额完成299万元，收缴率为92.1%，完成当年基金收缴任务的105.4%。全年追缴历年久费为1190万元，完成全年追缴任务的170%，超额完成任务170万元。金秀瑶族自治县参加社会保险的各类企业90家，参保人数2428人，实际征收养老保险费287.31万元。领取养老保险金人数为680人，支付养老保险费373.61万元，发放率100%。

2004年，全市参加企业职工基本养老保险人数为37306人，完成参保37100人任务的100.5%，其中扩面净增人数为1684人，完成扩面净增任务的112.3%。全市基本养老保险基金收缴额为8013万元，收缴率为95.3%，完成当年基金收缴任务的127.8%。全市追缴历年欠费379万元，完成全年追缴任务的142.5%。在全面实现基本养老金社会化发放基础上，发放形式更加规范。建立了基本养老保险业务代理制度、企业职工退休审批“两公示”制度及特殊工种登记制度。武宣县参加养老保险5973人，职工3860人，退休职工2113人，征缴养老保险统筹金1057万元，退休统筹金支出1520万元。

2005年，企业养老保险参保人数39206人占自治区下达38900人任务的100.78%，养老保险扩面净增1848人，占自治区下达任务的102.67%；基本养老保险基金收缴9813万元，占自治区下达9800万元的100.13%；追缴历年久费355万元，占自治区下达350万元任务的101.42%。合山市参保企业65户；自收自支的事业单位34户，参保职工人数2542人，参保的个体工商户和城镇居民有560户共584人。累计收缴养老保险金873万元，发放退休金459万元（不含支付丧葬、抚恤、救济金等费用），滚存结余1346万元。至2005年，忻城县参加养老保险的单位120个，参保人数4766人，参保人员从企业职工扩展到个体工商户及自由职业者。年基金征缴900万元。全县享受基本养老保险的离退休人员1361人，年基本养老金支出1283万元。

行政机关事业单位职工养老保险

1994年后，境内各县（市）成立机关事业单位职工养老保险所，开展机关事业单位职工养老保险工作。负责境内行政事业单位干部职工养老保险基金收支、管理的保险业务。单位负责分担部分基金按单位工资总额征缴比例为26.5%，个人部分按个人工资总额2%的比例缴纳养老保险基金，征缴所得的养老保险基金存入县财政专户，执行收支两条线管理。9月，忻城县机关事业单位职工养老保险基金管理所成立。1995年6月，来宾县机关事业单位社会保险所成立，人员编制共5名，退职退休人员2名。单位性质属于自收自支事业单位，2002年5月，变更为财政全额拨款事业单位，由县人事局主管。2003年7月，根据政府职能划分规定，将机关事业单位保险所从人事局整体移交到劳动和社会保障局归口管理，单位名称、人员编制和经费来源（人员经费）保持不变。根据自治区党委书记办公会议的有关精神，该保险基金已从2002年5月1日开始至今全部停收停付。

至2002年4月底，来宾县机关事业单位保险所参加养老保险的单位共480个，干部职工人13779人。其中，全额拨款390个，10518人，差额拨款单位51个，1735人，自收自支39个单位，1526人。享受养老保险待遇（机关单位未享受）的离退休从员共592人，其中，差额拨款单位391人，自收自支单位201人。从1995年6月—2002年4月30日止，基本养老保险基金收入为2030万元，基本养老保险基金支出为580万元，基本养老保险基金结余1450万元。忻城县机关事业单位参保共计302个（其中：机关单位78个；全额拨款事业单位199个；差额拨款事业单位25个），在职工作人员投保人数共计5869人（其中：机关单位1270人；全额拨款事业单位3941人；差额拨款事业单位658人）。

农村社会养老保险

1996年后，境内各县（市）根据国务院、自治区有关文件精神，成立农村养老保险所，开展农村养老保险工作，属民政局管理的二层机构。8月1日，来宾县农村养老保险所成立。同月，武宣县农村养老保险所成立，10月，武宣县在三里镇和禄新乡开展农村社会养老保险试点工作，然后在全县铺开。来宾县农村养老保险所成立后，对在民政办理婚姻登记人员和当年现役士兵征收养老金每人400元/年，退役士兵的养老保险金从慰问金中扣除，1997—1998年，根据自治区党委书记办公会议的有关精神，从2002年，境内根据《关于规范我区机关事业单位养老保险和农村社会养老保险管理工作的会议纪要》精神，“农村社会养老保险也一律停止发展新业务，继续维护现状”，5月1日开始，县暂停农村社会养老保险业务。该保险金全部停收停支。5月，来宾县农村养老保险所从县民政局移交给县劳动和社会保障局管理。至2002年底，武宣县投保人数为13600人，收取保费273万元，基金结余314万元。

失业保险

失业保险的前身是企业职工待业保险。1986年，国务院发布国营企业职工待业保险规定，对宣告破产企业职工和濒临破产企业被精减的职工，工龄在5年及5年以上的，最多发给24个月的待业救济金。境内各县（市）开展失业保险工作。境内开始对企业单位征缴职工待业保险金，征收标准是按企业职工工资总额的1%比例向企业收取。并同时给予宣告破产的企业职工、濒临破产企业法定整顿期间被精减的职工、终止和解除劳动合同的工人以及企业辞退的职工按照规定的标准享受待业救济。1986年7月，境内正式启动实施城镇职工失业保险制度，业务由县劳动服务公司失业保险股经办。至1990年底，来宾县有184个单位13518人参加失业保险，共收保险费593.54万元，支付退休统筹费432.56万元。1998年，各县（市）开始实施国有企业下岗职工基本生活保障制度。当年，来宾县共有11家国有企业成立了再就业服务中心，先后有601名国有企业下岗职工到再就业服务中心签协议，领取基本生活保障费。按中央规定，实行“三三制”（即财政预算安排三分之一，企业负担三分之一，社会统筹三分之一）原则，筹集解决下岗职工基本生活保障费和为下岗职工缴纳社会保险费用所需资金，兴宾区（来宾县）从1998—2005年筹集国有企业下岗职工基本生活保障费833.99万元。发放国有企业下岗基本职工生活保障费583.01万元。其中代缴养老保险费199.48万元，代缴失业保险费23.41万元，实发基本生活保障费360.12万元。1999年，忻城县失业救济标准为每月107元，下岗职工基本生活费为每月144.9元。1999年1月，国务院第258号令发布的《失业保险条例》施行，失业保险基金征缴标准由企业1%提高到2%，并增加收取职工个人部分1%，参保范围扩展到城镇事业单位。2000年，忻城县失业救济标准为每月140.3元，初次进中心的下岗职工基本生活费为每月188.37元，第二年下岗职工基本生活费为每月140.3元。2001年，忻城县失业救济标准为每月162元。2002年，忻城县失业救济标准为每月221元，下岗职工基本生活费为114.1元。4月，经来宾县人民政府批准，城镇职工失业保险股从县劳动服务公司分离出来，成为具有独立法人资格的财政全额拨款事业单位，称来宾县失业保险管理所。有职工8人，担负兴宾区（来宾县）职工失业保险业务。1991—2005年，兴宾区（来宾县）参加职工失业保险人数平均为19483人，失业保险全部征缴总收入为2058.46万元，其中正常征缴收入2008.64万元，扩面征缴收入(2069人)49.82万元。领取失业保险金人数1574人，支付失业保险金1648.44万元。失业保险基金结余410.03万元，加上1991年前基金滚存结余608.23万元，累计失业保险基金滚存结余1018.25万元，确保了基金支付能力。武宣县累计全县参加失业保险117852人，征缴基金收入1243.04万元，领取失业保险4290人，支出失业保险1308.84万元。同时对全县企、事业单位的2481名下岗失业人员发放救济金1082.26万元。1988—2005年，金秀瑶族自治县参加失业保险的职工5821人，失业保险覆盖面达100%。

2003年，来宾市应参加失业保险的单位有1781个，已参加的有1726个，参保率达97%，应参保人数为57184人，已参保人数为56978人，参保率达99%。失业保险基金收缴完成770.44万元，占任务600万元的128%，比上年同期新增119.52万元。

2004年，全市失业保险覆盖面进一步扩大。失业保险以事业单位为扩面重点，全市参保单位1948个，占应参保单位数94%，参保人数61131人。失业保险基金收入984.51万元，完成900万元任务的109.4%，比上年多收295万元。忻城县参保人员为6429人，领取失业保险金人数592人。

2005年，来宾市失业保险参保人数62721人，占自治区下达55000人任务的114.04%，比去年净增1590人；失业保险基金收缴1254.55万元，占自治区下达900万元任务的139.39%，比去年净增142.9万元。忻城县参保人员为6000人，领取失业保险金人数608人。

城镇职工基本医疗保险

城镇职工（指行政机关的干部、工人，事业单位的干部、工人，国有企业的干部工人）医疗费，原由县（市）公费医疗办公室管理。2000年后，各县（市）组建医疗保险所，城镇职工医疗费由医疗保险所管理。2001年1月开始实施城镇职工医疗保险，征缴比例是以上年度工资总额8.2%缴费（单位比例6.2%、个人比例2%），以县统筹。9月，忻城县制定《忻城县城镇职工基本医疗保险暂行规定》正式启动医疗保险。11月，来宾县成立城镇职工基本医疗保险管理中心，制定《来宾县城镇职工基本医疗保险暂行规定》（来政发〔2001〕67号）及12个配套规章制度，全县机关、企事业单位及其职工都参加职工基本医疗保险。来宾县全县定点医疗机构35所。区城镇职工基本医疗保险管理中心，对城镇职工基本医疗保险、工伤保险、生育保险进行规范化管理。当年，武宣县全县11424名干部职工参保，基金收缴336万元，其中收缴个人医疗保险费216万元；基金支出257万元，基金结余79万元。征缴大病医疗保险费，每人每年50元，当年征缴57万元。

2002年1月起，来宾县根据《来宾县城镇职工基本医疗保险暂行规定》及12个配套规章制度，对机关企事业单位及职工基本医疗保险开始征缴。缴费比例为用人单位以在职职工个人上年度工资总额为基数的6.9%的比例缴纳，在职职工个人以本人上年度工资总额为基数的2%比例缴纳。退休人员个人不交纳基本医疗保险费，其费用由用人单位以退休人员上年度退休金总额为基数按比例缴纳基本医疗保险费（第1年比例为6.9%，第2年比例为5.9%，第3年比例为4.9%）基金实行社会统筹和个人账户相结合，医疗保险费从2002年1月开始征缴。是年，新的医疗保险制度在统筹单位得到全面落实，基本医疗保险基金征缴工作步入正常轨道。当年，兴宾区参加城镇职工基本医疗保险20902人，医疗保险基金征缴1023.82万元，医疗保险费支出151.79万元。2001—2005年，武宣县参加城镇职工基本医疗保险63133人，医疗保险基金征缴4065万元，其中统筹基金1098万元,个人账户723万元;医疗保险费支出2399万元。其中统筹基金605万元,个人账户610万元;基金结存3208万元。其中统筹基金493万元,个人账户107万元。

2003年,来宾市按照“巩固成果,继续扩面,完善政策,强化管理”的工作思路,坚持医疗保险制度改革、医疗卫生体制改革和药品流通体制改革“三改并举”,促进了医疗保险各项改革平稳运行,医疗保险覆盖面不断扩大。全市实际参保人数为94663人,其中:在职人员68844人,退休人员25819人。本年度累计新增参保人数为11621人,参保率为71.7%,完成自治区下达参保人数任务的105.18%。全市征缴基本医疗保险费4605万元,占应缴纳医疗保险费5702万元的80.76%;参保单位欠缴医疗保险费1097万元,欠缴率为23.49%,造成欠费的主要原因是各级财政资金不到位。基本医疗金支出3322.06万元,其中个人账户基金2414.32万元,统筹基金2051.86万元,做到基金收支平衡,略有结余。当年医疗保险实现规范化管理,基本医疗保险费实行单位和个人共同负担;基金实行社会统筹与个人账户相结合;以收定支、收支平衡的原则;金实行财政专户,收支两条线。每年将参保人员的缴费工资、个人账户上年余额及本年度指标通知单位和个人,采取“阳光工程”,接受群众和社会的监督。当年年底,全市确定定点医疗机构105所,定点药店4所。市本级建立基本医疗保险计算机结算系统。个人使用IC卡结算。对缴费单位个人和医疗单位实行规范化和现代化计算机系统管理。兴宾区参保人员25149人,基本医疗保险统筹基金收入1312.88万元,正常征缴1286.55万元,扩面人数748人,扩面征缴基本医疗统筹基金26.33万元,支出647.22万元。

2004年,全市医疗保险制度改革进一步深化,工伤、生育保险同步协调发展。参加基本医疗保险职工达101375人,参保率76.86%,完成自治区下达95000人任务的106.7%;基本医疗保险统筹基金收入3466.71万元,支出2219.49万元;个人账户基金收入2915.71万元,支出2089.17万元;大病互助费收入493.95万元,支出170.04万元。实现了基金收支平衡、略有节余的目标,基本保障参保人员的基本医疗需求。参加生育保险职工3.5万人,完成自治区下达3万人任务的116.67%。

2005年,全市医疗保险扩面征缴,医疗保险参保人员11.12万人,占自治区下达11万人任务的101.1%;收缴基本医疗保险基金1.01亿元,占自治区下达9886万元任务的102.17%。是年9月,忻城县下发《忻城县城镇职工基本医疗保险暂行规定》。基本医疗保险设住院起付标准,使用统筹基金前必须由个人支付的医疗费用额度(不含自费和乙类药品及特殊检查、特殊治疗按比例个人先支付的费用)。三级医疗机构住院起付标准为上年度全县职工平均工资的8%;二级医疗机构为6%;一级医疗机构为4%。1988—2005年金秀瑶族自治县参加医疗保险的职工7270人。城镇职工基本医疗保险覆盖面达90%。兴宾区参保人员25375人,基本医疗保险统筹基金收入2048.01万元,正常征缴2012.69万元,扩面人数842人,扩面征缴基本医疗统筹基金35.31万元,支出1700.05万元。

工伤保险

中华人民共和国成立后,境内各县为促进企业安全生产,保障职工因工伤残后的基本生活和对死亡职工供养的亲属进行抚恤。1950年后,实行《劳动保险条例》的企业,职工因工负伤、残废,诊疗费、住院费床费及膳食费、就医旅差费等,全部由企业负担。医疗期间发给全额工资。确定为残废而退职的,按原工资的60%~75%发给抚恤费;部分丧失劳动能力、尚能工作的,发原工资10%~30%的残废补助费。1966年、1978年、1987年,对治疗期间膳食费,抚恤费、护理费作了适当调整。1992—1995年,各县(市)进行工伤保险制度改革。实行工伤保险的企业,职工因工负伤的医疗费、挂号费、就医旅差费,由社会保险机构和企业按比例分摊,住院期间的伙食费,由企业按因公出差伙食补助标准发给。医疗期在18个月内,工资及各种补贴照发。职工医疗期满,达到伤残等级的,按10个等级,一次性发给残废补偿金(职工个6~24个月平均工资)。职工因工死亡的,一次性发给丧葬费(按5个月工资计),并给其亲属抚恤金(按其24个月工资计)。武宣县于1992年开始启动工伤保险,在县境内的各类企业、有雇工的个体工商户以及不属于财政拨款支持范围或者没有经常性财政拨款的事业单位、社会团体、基金会、民办非企业单位(以下称用人单位)应当依法参加工伤保险,为本单位全部职工或者雇工及聘用人员(含农民工,以下统称职工)缴纳工伤保险费。1995年,根据相关文件规定,境内国有、集体、私营企业及实行企业化管理的事业单位职工参加工伤保险,实行社会统筹。来宾县社会劳动保险事业管理所启动工伤保险，征收工伤保险费30222.97元。1999年，来宾县参加工伤保险5666人，征收工伤保险费13.9万元，支付7.58万元。2000年，来宾县参加工伤保险5009人，征收工伤保险费5.79万元，支付5.61万元。2001年，来宾县参加工伤保险4067人，征收工伤保险费16.38万元，支付21.49万元。2002年，兴宾区参加工伤保险3844人，征收工伤保险费19.23万元，支付11.33万元。

1992—2005年，武宣县工伤保险参保人数6760人，基金征缴收入26.5万元，基金支出36万元，基金滚存结余163万元。1988—2005年，金秀瑶族自治县参加工伤保险1261人。

2003年8月，兴宾区城镇职工医疗保险中心移交来宾市劳动和社会保障局医疗保险管理中心。当年兴宾区征收工伤保险费244.55万元，支付26.68万元。

2004年8月，市局下放到兴宾区城镇职工基本医疗保险管理中心。是年，全市参加工伤保险职工3.3万人，占应参保2.88万人的114.7%。忻城县参加工伤保险3681人，工伤保险费收入69万元，领取工伤保险金2人，支付工伤保险金8.2万元。

2005年，全市工伤保险参保人数37277人，占自治区下达36000人任务的103.55%，收缴工伤保险基金275万元，占目标任务268万元的102.61%。忻城县参加工伤保险参保人数3683人，工伤保险费收入16.3万元，领取工伤保险金7人，支付工伤保险金2.2万元。

生育保险

根据1994年国家劳动部关于《企业职工生育保险试行办法》，为维护企业女职工的权益，保障她们在生育期间获得必要的经济补偿和医疗保健，均衡企业间生育保险费用的负担，境内各级劳动部门开展生育保险业务。生育保险根据“以支定收，收支基本平衡”的原则筹集资金，由企业按照其工资总额的一定比例县社会保险经办机构缴纳生育保险费，建立生育保险基金。生育保险费的提取比例，由县人民政府根据计划内生育人数和生育津贴、生育医疗费等项费用确定，并可根据费用支出情况适时调整，但最高不得超过工资总额的百分之一。企业缴纳的生育保险费作为女职工生育期间费用处理，列入企业管理费用。职工个人不缴纳生育保险费。女职工生育按照法律、法规的规定享受产假。产假期间的生育津贴按照本企业上年度职工月平均工资计发，由生育保险基金支付。武宣县于1994年开始起动企业职工生育保险。1999年来宾县企业职工生育保险启动，按照《来宾县企业职工生育保险社会统筹试行办法》，由来宾县社会劳动保险事业管理所经办，按《办法》规定生育保险缴费标准为：按企业全部职工工资总额1%征缴，由用人单位缴纳。2005年4月移交兴宾区城镇职工医疗保险管理中心。1999—2002年，来宾县参加生育保险9130人，征收生育保险费33.29万元，支付医疗保险费92人，共15.96万元。

2003年，兴宾区参加生育保险1520人，征收生育保险费10.19万元，支出6.54万元。

2004年，来宾市参加生育保险职工3.5万人，完成自治区下达3万人任务的116.67%。

2005年，全市生育保险参保人数3.21万人，占自治区下达3.2万人任务的100.18%，收缴生育保险基金135.28万元，占自治区下达任务的126万元的107.06%。